D1727620

Großkommentare der Praxis

Löwe-Rosenberg

Die Strafprozeßordnung und das Gerichtsverfassungsgesetz

Großkommentar

27., neu bearbeitete Auflage

herausgegeben von
Jörg-Peter Becker, Volker Erb, Robert Esser,
Kirsten Graalmann-Scheerer, Hans Hilger, Alexander Ignor

Zwölfter Band
EMRK; IPBPR

Bearbeiter:
Robert Esser
Sachregister: Christian Klie

DE GRUYTER

ISBN 978-3-11-027483-7
e-ISBN (PDF) 978-3-11-027506-3
e-ISBN (EPUB) 978-3-11-038123-8

Library of Congress Control Number: 2023909276

Bibliografische Information der Deutschen Nationalbibliothek
Die Deutsche Nationalbibliothek verzeichnet diese Publikation in der Deutschen
Nationalbibliografie; detaillierte bibliografische Daten sind im Internet
über http://dnb.dnb.de abrufbar.

© 2024 Walter de Gruyter GmbH, Berlin/Boston
Satz: Meta Systems Publishing & Printservices GmbH, Wustermark
Druck und Bindung: Druckerei C.H.Beck, Nördlingen

www.degruyter.com

Die Bearbeiter der 27. Auflage

Jörg-Peter Becker, Vorsitzender Richter am Bundesgerichtshof a.D., Obernburg
Dr. *Johannes Berg*, Richter am Bundesgerichtshof, Karlsruhe
Dr. *Camilla Bertheau*, Rechtsanwältin in Berlin, Richterin am Anwaltsgericht Berlin
Dr. *Tillmann Böß*, Richter am Landgericht Darmstadt, Bundesministerium der Justiz, Berlin
Gabriele Cirener, Vorsitzende Richterin am Bundesgerichtshof, Leipzig
Dr. *Volker Erb*, Professor an der Johannes Gutenberg-Universität Mainz
Dr. *Robert Esser*, Professor an der Universität Passau
Dr. *Karsten Gaede*, Professor an der Bucerius Law School, Hamburg
Kerstin Gärtner, Richterin am Kammergericht, Berlin
Dr. *Oliver Harry Gerson*, Wissenschaftlicher Mitarbeiter an der Universität Passau
Dr. *Dirk Gittermann*, Richter am Oberlandesgericht Celle
Dr. *Sabine Gleß*, Professorin an der Universität Basel
Dr. Dr. h.c. *Karl Heinz Gössel* (†), em. Professor an der Friedrich-Alexander-Universität Erlangen-Nürnberg,
    Richter am Bayerischen Obersten Landesgericht a.D., München
Dr. *Kirsten Graalmann-Scheerer*, Generalstaatsanwältin a.D. in Bremen, Honorarprofessorin an
    der Hochschule für öffentliche Verwaltung in Bremen
Klaus-Peter Hanschke, Richter am Kammergericht a.D., Berlin
Dr. *Pierre Hauck*, Professor an der Justus-Liebig-Universität Gießen
Dr. *Hans Hilger*, Ministerialdirektor im Bundesministerium der Justiz a.D., Bad Honnef
Dr. Dr. *Alexander Ignor*, Rechtsanwalt in Berlin, Apl. Professor an der Humboldt-Universität zu Berlin
Dr. *Christian Jäger*, Professor an der Friedrich-Alexander-Universität Erlangen-Nürnberg
Dr. *Matthias Jahn*, Professor an der Goethe-Universität Frankfurt am Main, Richter am Oberlandesgericht
    Frankfurt a.M.
Dr. *Björn Jesse*, Vorsitzender Richter am Landgericht Frankfurt (Oder)
Dr. *Pascal Johann*, Rechtsanwalt in Wiesbaden
Dr. *Daniel M. Krause*, Rechtsanwalt in Berlin
Dr. *Matthias Krauß*, Bundesanwalt beim Bundesgerichtshof, Karlsruhe
Dr. Dr. h.c. mult. *Hans-Heiner Kühne*, em. Professor an der Universität Trier
Claudia Kurtze, Richterin am Oberlandesgericht, Zweibrücken
Detlef Lind, Richter am Kammergericht, Berlin
Dr. *Holger Matt*, Rechtsanwalt in Frankfurt am Main, Honorarprofessor an der Goethe-Universität
    Frankfurt am Main
Dr. *Markus Mavany*, Richter am Amtsgericht Wittlich
Dr. *Eva Menges*, Richterin am Bundesgerichtshof, Karlsruhe
Dr. *Andreas Mosbacher*, Richter am Bundesgerichtshof, Leipzig, Honorarprofessor an der Universität Leipzig
Dr. *Ali B. Norouzi*, Rechtsanwalt in Berlin, Honorarprofessor an der Humboldt-Universität zu Berlin
Dr. *Günther M. Sander*, Vorsitzender Richter am Bundesgerichtshof, Leipzig, Honorarprofessor an der
    Humboldt-Universität zu Berlin
Dr. *Frank Peter Schuster*, Professor an der Julius-Maximilians-Universität Würzburg
Dr. *Eric Simon*, Staatsanwalt beim Bundesgerichtshof, Karlsruhe
Dr. *Wolfgang Siolek*, Vorsitzender Richter am Oberlandesgericht Celle a.D.
Dr. *Carl-Friedrich Stuckenberg*, Professor an der Rheinischen Friedrich-Wilhelms-Universität Bonn
Dana Tillich, Regierungsdirektorin im Bundesministerium der Justiz, Berlin
Dr. *Michael Tsambikakis*, Rechtsanwalt in Köln, Honorarprofessor an der Universität Passau
Dr. *Brian Valerius*, Professor an der Universität Passau
Marc Wenske, Richter am Bundesgerichtshof, Leipzig
Dr. *Raik Werner*, Richter am Bundesgerichtshof, Leipzig, Honorarprofessor an der
    Ludwig-Maximilians-Universität München

Vorwort

Der LÖWE-ROSENBERG feierte im Jahr 2019 seinen 140. Geburtstag und ist damit das älteste weiterhin aktuelle Erläuterungswerk zur Strafprozessordnung und der mit ihr verbundenen Gesetze. Ein Großkommentar hat die Aufgabe, den Erkenntnisstand und die rechtlichen Probleme des Strafverfahrensrechts möglichst vollständig darzustellen und Wege zur Lösung auch entlegener Fragen aufzuzeigen. In einem an Praxis und Wissenschaft gleichermaßen gerichteten Werk müssen dabei der Praxisbezug theoretischer Streitfragen und die historische Entwicklung heute gültiger Normen deutlich werden. Die Entwicklungsgeschichte der Strafprozessordnung und der Strafgerichtsverfassung seit dem Inkrafttreten der Reichsjustizgesetze, nebst dem Strafverfahrensrecht der DDR und dem Recht der Vereinigung Deutschlands, sowie die Entstehungsgeschichte der einzelnen Vorschriften sind sorgfältig darzustellen, gerade vor dem Hintergrund der in jüngerer Zeit erfolgten zahlreichen Änderungen.

Die über 140-jährige Entwicklung des Strafprozessrechts in Deutschland, die fortlaufenden Änderungen sowie eine sich zunehmend verfeinernde und immer stärker ausdifferenzierende wissenschaftliche Entwicklung und Rechtsprechung stellen eine stetige Herausforderung dar. Ein Großkommentar muss sowohl den Rückgriff auf die Grundprinzipien ermöglichen als auch die Ausdifferenzierung dokumentieren sowie – soweit erforderlich – bewerten und systematisieren.

Inhaltlich wird die Konzeption des LÖWE-ROSENBERG auch in der 27. Auflage im Wesentlichen beibehalten. Zudem werden der Einfluss der Menschenrechte, des Rechts der Europäischen Union und der Rechtsprechung internationaler und europäischer Gerichte auf das Strafverfahrensrecht und das Recht der Strafgerichtsverfassung sowie die Rechtsprechung nationaler Gerichte hierzu eingehend berücksichtigt. Die gesonderte Kommentierung der für das Strafverfahren bedeutsamen Vorschriften der EMRK und des IPBPR wird weitergeführt.

Auf der Grundlage dieser Konzeption sind die Autorinnen und Autoren für den Inhalt ihrer jeweiligen Kommentierung verantwortlich.

Die zunehmende Flut der Veröffentlichungen hat inzwischen einen Umfang erreicht, der es nicht mehr in allen Bereichen möglich macht, den Grundsatz der vollständigen Dokumentation des Materials uneingeschränkt zu erfüllen. Es bleibt daher der Verantwortung eines jeden Autors bzw. einer jeden Autorin überlassen, ob und in welchem Umfang er bzw. sie eine Auswahl trifft.

Für die 27. Auflage sind derzeit zwölf Bände, in einigen Fällen in Teilbänden, mit insgesamt voraussichtlich 14.000 Seiten geplant. Das Werk erscheint bandweise und soll im Jahre 2024 abgeschlossen werden. Fünf Herausgeber und eine Herausgeberin betreuen den Kommentar, wobei jeweils zwei von ihnen einen Band verantwortlich betreuen. Die Autorinnen und Autoren sind in einem gesonderten Verzeichnis eines jeden Bandes aufgeführt.

Verlag, Herausgeberin und Herausgeber sowie Autorinnen und Autoren sind stets bemüht, die hohen Erwartungen zu erfüllen, die sich mit dem LÖWE-ROSENBERG seit jeher verbinden.

Der hiermit vorgelegte Band 12 enthält die Kommentierung der Europäischen Menschenrechtskonvention (EMRK) sowie des Internationalen Paktes über bürgerliche und politische Rechte (IPBPR). Der Bearbeitungsstand ist Februar 2023, teilweise wurden aber auch noch später erschienene Literatur und Rechtsprechung berücksichtigt.

Berlin, im November 2023   Die Herausgeberin und Herausgeber

https://doi.org/10.1515/9783110275063-202

Europäische Menschenrechtskonvention (EMRK)
Internationaler Pakt über bürgerliche und politische Rechte (IPBPR)

Vorwort

I.

Mit der Konvention zum Schutze der Menschenrechte und Grundfreiheiten (**Europä-ische Menschenrechtskonvention**) wurden am 4. November 1950 erstmals im Völker-recht Grund- und Freiheitsrechte als einklagbare individuelle Rechte kodifiziert. Seit ihrem Inkrafttreten am 3. September 1953 wurde die EMRK durch insgesamt sechzehn Protokolle ergänzt, darunter sechs Zusatzprotokolle, die der Konvention weitere Garantien hinzugefügt haben.

Zunächst sicherte ein mehrstufiges Kontrollsystem – bestehend aus der Europäischen Kommission für Menschenrechte (EKMR), dem Europäischen Gerichtshof für Menschen-rechte (EGMR) und dem Ministerkomitee des Europarates – die von der Konvention ver-bürgten Garantien. Mit dem am 1. November 1998 in Kraft getretenen 11. Protokoll wurde das Rechtsschutzsystem der EMRK tiefgreifend verändert: Die EKMR wurde aufgelöst und ein ständiger Europäischer Gerichtshof für Menschenrechte mit hauptamtlichen Richtern geschaffen. Nachdem alle erforderlichen Ratifikationen vorlagen, konnte der „neue" Gerichtshof seine Arbeit Ende November 1998 aufnehmen, mit einer obligatorischen und automatischen Zuständigkeit für alle Vertragsstaaten der Konvention.

Der EGMR ist heute ein ständiger Gerichtshof, der nach Erschöpfung der innerstaatli-chen Rechtsbehelfe von jeder Person mit der Behauptung der Verletzung eines der in der EMRK oder ihren Zusatzprotokollen garantierten Rechtes angerufen werden kann. Es war vor allem dieses Individualbeschwerderecht (Art. 34 EMRK), das die EMRK zu einem herausragenden Modellsystem für andere Regionen dieser Welt werden ließ, u.a. für die Verabschiedung der Amerikanischen Menschenrechtskonvention am 22. November 1969, der Afrikanischen Charta der Rechte des Menschen und der Völker (Banjul-Charta) am 27. Juni 1981, der Arab Charter of Human Rights am 22. Mai 2004 und der ASEAN-Human Rights Declaration am 18. November 2012.

Zwischenzeitlich bot die EMRK ein Schutzsystem für rund eine Milliarde Menschen in 47 Staaten Europas. Als Reaktion auf den am 24. Februar 2022 begonnenen und zum Zeitpunkt der Drucklegung noch andauernden Angriffskrieg Russlands auf die Ukraine und dem von Russland am 15. März 2022 erklärten Austritt aus dem Europarat erklärte das Ministerkomitee des Europarates am 16. März 2022 den unvermeidlichen Ausschluss der Russischen Föderation aus dem Europarat, so dass die Zahl der Vertragsstaaten der EMRK mittlerweile auf 46 Staaten gesunken ist.

Aus menschenrechtlicher Perspektive sind die wachsende Akzeptanz und Verbreitung der durch die Konvention festgeschriebenen Standards eine höchst erfreuliche Entwick-lung. Für den Gerichtshof selbst bedeutet die hohe Zahl an Beschwerden weiterhin eine kaum zu bewältigende Arbeitslast. Die durch das am 1. Juni 2010 in Kraft getretene 14. Pro-tokoll eingeleiteten Reformen im Kontrollsystem haben bislang nur wenig Entlastung gebracht – nicht zuletzt bedingt durch neue bewaffnete Konflikte, weltpolitische Krisen und Herausforderungen (u.a. die Corona-Pandemie 2020–2022), die auch für das System europäischer Grund- und Menschenrechte Wirkung zeigen.

Am 19. Dezember 1966 wurde auf UN-Ebene der **Internationale Pakt über bürgerli-che und politische Rechte** (IPBPR) verabschiedet. Die Möglichkeit einer Individualbe-schwerde („Mitteilung") zum UN-Menschenrechtsausschuss (HRC) wurde außerhalb des

https://doi.org/10.1515/9783110275063-203

Paktes in einem Fakultativprotokoll (FP-IPBPR) niedergelegt. Inhaltlich hat der IPBPR gerade die strafrechtlichen Garantien der EMRK weiter präzisiert und durch seine prinzipiell weltweite Anwendung für menschenrechtliche Standards im Strafverfahren auch über Europa hinaus gesorgt.

Durch die seit dem Inkrafttreten des Vertrags von Lissabon am 1. Dezember 2009 rechtsverbindliche **Charta der Grundrechte der Europäischen Union** (EUC) hat der Grundrechtsschutz in Europa einen zusätzlichen Impuls bekommen. Die Charta gilt allerdings im Gegensatz zur EMRK für die Mitgliedstaaten der Union nur, *soweit* diese Unionsrecht umsetzen bzw. anwenden. Obgleich der EuGH den entsprechenden Passus *Durchführung des Rechts der Union* (Art. 51 Abs. 1 Satz 1 EUC) durchaus weit interpretiert, hat die EMRK auch im Europa der Union weiterhin einen originären Anwendungsbereich und Schutzgehalt. Eine weiterhin mit Spannung zu verfolgende Entwicklung in diesem Kontext sind die in jüngerer Zeit wiederaufgenommenen Gespräche über den Beitritt der Europäischen Union zur EMRK. Nach einem solchen Beitritt wäre es möglich, Handlungen der Union auch durch den EGMR auf ihre Grundrechtskonformität überprüfen zu lassen, in einem noch auszutarierenden Kooperationsverhältnis mit dem EuGH.

II.

Mit der Zeichnung und Ratifizierung der EMRK und des IPBPR hat sich auch Deutschland völkerrechtlich zur Gewährleistung wichtiger Freiheitsgarantien und Menschenrechte verpflichtet. Beide Verträge sind innerstaatlich seit vielen Jahren unmittelbar geltendes Recht – nicht nur, aber eben auch im Strafrecht und Strafverfahrensrecht. Die Beachtung der Konventionsverpflichtungen spielte allerdings in der Diskussion über den Grundrechtsschutz auf nationaler Ebene lange Zeit keine entscheidende Rolle. Der zufriedene Blick ruhte über viele Jahrzehnte nahezu ausschließlich auf der Verfassung (Grundgesetz) und auf der Spruchpraxis des Bundesverfassungsgerichts, vor allem geprägt durch den außerordentlichen Rechtsbehelf der Verfassungsbeschwerde. Die EMRK wurde dagegen bis in die 1990er Jahre hinsichtlich eines gegenüber dem Grundgesetz eigenständigen Aussage- und Schutzgehaltes eher skeptisch beäugt. Zu spektakulären Urteilen des Gerichtshofs in Straßburg kam es nur in wenigen, in ihrer praktischen Relevanz zudem überschaubaren Einzelfällen.

Dies hat sich in den letzten Jahren grundlegend geändert. Die Konventionsgarantien gehören an den Juristischen Fakultäten der Universitäten mittlerweile zum Curriculum (sei es in Vorlesungen zum Europarecht oder in fachspezifischen Vertiefungsveranstaltungen wie etwa zum Europäischen und Internationalen Straf- und Strafverfahrensrecht). Die Grundfreiheiten von EMRK und IPBPR werden darüber hinaus auch im Rechtsalltag verstärkt – vor allem über die Anwaltschaft – zur Geltung gebracht. Immer häufiger werden innerstaatliche Maßnahmen und Urteile, bis hin zu jenen des BVerfG selbst, auf ihre Vereinbarkeit mit den Konventionsverpflichtungen überprüft; auch das Schrifttum befasst sich nun verstärkt mit ihnen.

„Neue" Strafgesetze und Änderungen im innerstaatlichen Strafverfahrensrecht werden von nationalen und internationalen Gremien inzwischen konsequent auch daran gemessen, ob sie im konkreten Fall von der Verfahrensgestaltung und vom Ergebnis her den Anforderungen der Menschenrechtspakte genügen. Gerade in der Strafrechtspraxis stellen sich dabei immer häufiger Fragen zu Inhalt und Tragweite einzelner Konventionsgarantien, namentlich zum Recht auf ein faires Verfahren (Art. 6 Abs. 1 EMRK). Das in Deutschland geltende und in den letzten Jahrzehnten vom BVerfG verfassungsrechtlich konturierte Strafprozessrecht wird zwar weitgehend den Anforderungen der Konventionen gerecht; in Einzelfragen ist es aber immer wieder erforderlich, auf die Konventionsgarantien zur Auslegung des geltenden Rechts, zur Korrektur herrschender Rechtsmeinungen und zur Ausfüllung im Recht wahrgenommener Lücken zurückzugreifen – auch und gerade zur Überwindung über die Jahre eingerichteter verfahrensrechtlicher Komfortzonen, eingefräster Praktiken und nicht zuletzt einer beharrlich gepflegten Systemtreue.

Der Schutz der Menschenrechte kostet Kraft und Aufwand, ihr effektiver Schutz drängt bisweilen nach Veränderungen – nicht nur in der Politik, sondern auch und gerade im Recht. Diese Notwendigkeit nachzuvollziehen fällt gerade den am Strafverfahren Beteiligten mitunter schwer, auch das ist nur allzu menschlich. Aber geht es dann in einer speziellen Konstellation um den Schutz der Menschenrechte, konkret um die Vorgabe einer vom EGMR oder vom HRC formulierten Vorgabe, so müssen Traditionen zurückstehen und Systeme überprüft und nicht selten auch angepasst werden.

Für eine vollständige Rezeption der durch die internationalen Verträge vermittelten menschenrechtlichen Garantien ist die Lektüre des mitunter programmatischen und für konkrete Sachfragen wenig ergiebigen Wortlauts der eigentlichen Konventionstexte oftmals nicht ausreichend. Die vollständige inhaltliche Tragweite der dort garantierten Rechte und Freiheiten wird weitgehend von der Judikatur der Kontrollorgane bestimmt. Bei der EMRK haben vor allem die Urteile des EGMR die einzelnen Konventionsverbürgungen zu einem effektiven Instrumentarium mit Praxisnähe fortentwickelt, um sie so den geänderten Auffassungen von der Tragweite des Menschenrechtsschutzes und der Weiterentwicklung der gesellschaftlichen Verhältnisse in den Mitgliedstaaten anpassen zu können. In der Praxis des Strafverfahrens bleibt gleichwohl die Feststellung von Inhalt und aktueller Tragweite der einzelnen Konventionsverbürgungen eine Herausforderung – auch deshalb, weil der Fokus der menschenrechtlichen Kontrolle durch EGMR und HRC auf dem jeweiligen Einzelfall liegt.

Um Wissenschaft, Justiz und Anwaltschaft gleichermaßen den inhaltlich weitreichenden Gehalt der EMRK- und IPBPR-Garantien im Strafverfahren zu erschließen, wurde 2010 an der Universität Passau die **Forschungsstelle Menschenrechte im Strafverfahren – Human Rights in Criminal Proceedings (HRCP)** eingerichtet (www.uni-passau.de/hrcp). Zum Aufgabenspektrum von HRCP gehört seit nunmehr dreizehn Jahren neben der Beratung von Regierungen im In- und Ausland über konkrete menschenrechtliche Fragen das Angebot von Seminaren, Kolloquien und diversen Fortbildungsveranstaltungen für die Wissenschaft, die Praxis und den juristischen Nachwuchs (etwa in Form eines Coachings von Studierenden am internationalen Moot Court Wettbewerb HPMCC, bei dem Teams der der Universität Passau in den letzten Jahren beachtliche Erfolge erzielen konnten).

III.

Ziel und Zweck der vorliegenden Kommentierung ist es, den Zugang zu den Vertragswerken der EMRK und des IPBPR sowie zu den einschlägigen Urteilen und Entscheidungen ihrer Kontrollorgane zu erleichtern und dabei zugleich durch eine fundierte Aufbereitung des europäischen und internationalen Menschenrechtsschutzes zu einem besseren Verständnis der in diesem Bereich bestehenden Fragen, Probleme und Auffassungen beizutragen.

Bei den Erläuterungen der einzelnen Bestimmungen von StPO und GVG im Großkommentar *Löwe-Rosenberg* werden ebenfalls einschlägige menschenrechtliche Fragen reflektiert. Zur Abrundung sollen die nachstehenden Erläuterungen diese Einzelhinweise durch einen Gesamtüberblick über die Konventionen und die von ihnen garantierten Rechte und Freiheiten und deren Zusammenhang mit anderen Vertragswerken des internationalen Menschenrechtsschutzes ergänzen. Diese Art der Darstellung soll zu einem besseren Verständnis der Eigenart dieser Vertragswerke beitragen und ihre auch für die Auslegung bedeutsame Verknüpfung mit den menschenrechtlichen Gewährleistungen anderer völkerrechtlicher Übereinkommen aufzeigen. Dies gilt vor allem für die Rezeption der EMRK im Recht der Europäischen Union und für ihre Bedeutung für das in steter Weiterentwicklung begriffene europäische Verfassungsrecht.

Entsprechend der bei einem Kommentar zur Strafprozessordnung begrenzten Zielsetzung liegt der Schwerpunkt der Erläuterungen bei den für das Strafverfahren relevanten Fragen. Nach einer grundlegenden Einleitung in die Bedeutung des Menschenrechtsschutzes im Strafverfahren (**Teil I**) werden die für das Straf- und Strafverfahrensrecht einschlägigen Konventionsgarantien behandelt– der Zielsetzung entsprechend ausführlicher als die anderen Konventionsverbürgungen, bei denen meist nur die für ihr auch strafrechtliches Verständnis wichtigen Grundzüge dargestellt werden und auf die Erörterung vieler Einzelheiten verzichtet werden muss.

Auch die Verfahren zur internationalen Durchsetzung des Menschenrechtsschutzes (**Teil II**), in erster Linie das Verfahren vor dem EGMR und vor den UN-Kontrollausschüssen, werden nur in ihren für das strafrechtliche Verständnis des Schutzsystems wichtigen Grundzügen dargestellt. Für diese Beschränkung sprach, dass die vorliegende Kommentierung vor allem den ersten, komprimierten Zugang zu den Vertragswerken, zu deutschsprachigem Spezialschrifttum und zu den ergangenen Urteilen des EGMR eröffnen soll. Sie kann und will daher nicht die ausführlicheren Darstellungen ersetzen, die die Menschenrechtskonventionen und einzelne Fragen ihrer Umsetzung im internationalen Spezialschrifttum erfahren haben.

Aufgrund inhaltlicher Übereinstimmungen bietet es sich an, die EMRK und den innerstaatlich gleichermaßen rechtsverbindlichen IPBPR im Verbund zu erläutern. Der EMRK und ihren Zusatzprotokollen kommt dabei eine Art Leitfunktion innerhalb der Kommentierung zu. Der Text der Zusatzprotokolle zur EMRK, der den Erläuterungen vorangestellt wird, gibt nur auszugsweise den für die Kommentierung wesentlichen Teil wieder. Ein vollständiger Abdruck der Zusatzprotokolle (Bekanntmachung im Bundesgesetzblatt) erfolgt in **Teil III** (mit Ausnahme des 7. ZP-EMRK, das Deutschland nicht ratifiziert hat).

In den Fußnoten abgekürzte Literatur findet sich entweder im Hauptliteraturverzeichnis oder in den jeweils der Kommentierung vorangestellten Literaturangaben. Internationale Titel – insbesondere solche zum Europarecht und zum Menschenrechtsschutz im Allgemeinen – finden sich auch in den der Einführung (zu Beginn von Teil I) vorangestellten Literaturnachweisen.

IV.

In der nachfolgenden Kommentierung werden die Urteile und Entscheidungen von EGMR und HRC mit Datum, Fallname (für die **Länderbezeichnung** siehe das gesonderte Verzeichnis), Fundstelle (meist einer deutschsprachigen Übersetzung) angegeben.

Urteile der Großen Kammer des EGMR sind mit **(GK)** gekennzeichnet; ein in derselben Sache ergangenes Kammerurteil wird mit einem **(K)** kenntlich gemacht. Entscheidungen des EGMR (anstelle von Urteilen) sind in der nachfolgenden Kommentierung mit einem **(E)** versehen und betreffen in der Regel nur Fragen zur Zulässigkeit der Beschwerde. Meist erfolgte eine Abweisung der jeweiligen Beschwerde wegen Frist- oder Formfragen, nicht selten aber auch aufgrund „offensichtlicher Unbegründetheit" gem. Art. 35 Abs. 3 *lit.* a EMRK; gleichwohl können auch solche in der Sache nicht verbindliche Entscheidungen in Einzelfällen bedeutsame Ausführungen zum materiellen Recht enthalten.

Der Verzicht auf die Angabe der Beschwerdenummer aus Platzgründen erscheint vertretbar, da der sprachlich maßgebende englische oder französische Text an Hand der angegebenen Daten ohne große Mühe über die Suchmaske **HUDOC** (hudoc.echr.coe.int) abgerufen werden kann. Diese enthält sämtliche seit 1960 ergangenen Urteile und ausgewählte Entscheidungen des EGMR sowie zahlreiche Entscheidungen der EKMR aus den Jahren 1955 bis 1998.

Der als Download bereitgestellte **HUDOC MANUAL** enthält Hinweise für Suchfunktionen und -kriterien. Neben einer Einzeldokumentensuche vermittelt die Homepage des EGMR (**Case Law**) eine chronologische Auflistung aller seit 1960 ergangenen Urteile (**List of Judgments**).

Eine Zusammenfassung der aktuellen Entwicklung der Straßburger Rechtsprechung bieten die Jahresberichte (**Annual reports**), die monatlich auf der Homepage des EGMR bereitgestellten Rechtsprechungsübersichten (**Case-Law Information Notes**) und Presseberichte (**Press Releases**).

Die zwischen 1960 und 1995 ergangenen Urteile des EGMR sind in englischer und französischer Sprache in der **amtlichen Sammlung** (Publications of the European Court of Human Rights – Series A) erschienen. In den seit 1996 von der Kanzlei herausgegebenen Sammelbänden (Reports of Judgments and Decisions – Recueil des arrêts et décisions und nachfolgend ECHR) sind ausgewählte Urteile und Entscheidungen des Gerichtshofs enthalten (vgl. Art. 78 VerfO – Rules of Court). Auf die Erwähnung der amtlichen Sammlung bei den einschlägigen Rechtsprechungszitaten wurde in der Kommentierung allerdings verzichtet, da die Sammlung für Rechtspraktiker, an die das Werk ebenfalls adressiert ist, nur schwer zugänglich ist.

Die Urteile und Entscheidungen des EGMR sind entweder in **englischer oder in französischer Sprache** abgefasst; in den Anfangsjahren wurden sie generell in beiden Sprachen veröffentlicht, während inzwischen nur noch einige als sehr bedeutend angesehene Judikate zwei offizielle Fassungen erhalten. Bei einer besonderen regionalen Bedeutung kommt auch die Übersetzung in weitere Sprachen der Vertragsstaaten in Betracht.

Wichtige Urteile und Entscheidungen – insbesondere die gerade Deutschland betreffende Judikatur des EGMR – sind über die Internetseite des BMJ **www.bmj.bund.de** (Themen – Menschenrechte/Ausgewählte Entscheidungen des EGMR und Rechtsprechungsberichte) und über das deutsche Portal des EGMR (**https://www.coe.int/de/web/portal/gerichtshof-fur-menschenrechte**) zugänglich. Ein **Fundstellenverzeichnis** der in deutschsprachigen Rechtszeitschriften veröffentlichten Urteile und Entscheidungen des EGMR findet sich auf der von *Marten Breuer* betreuten Webseite (**http://www.egmr.org**). Im **Engel-Verlag** ist zudem in Kooperation mit dem BMJ eine Sammlung ausgewählter Judikate des Gerichtshofs in deutscher Sprache (EGMR-E; Bände 1–4; 1961–1989) erschienen. Übersetzungen von Urteilen des EGMR in deutscher Sprache und zusammenfassende deutschsprachige Berichte über die Rechtsprechung des EGMR insgesamt finden sich mittlerweile auch in diversen **juristischen Fachzeitschriften** (u.a. NJW, NStZ, StV, EuGRZ, JIR, GYIL, ZaöRV, ÖJZ).

Die Entscheidungen und Empfehlungen (Views) des **UN-Menschenrechtsausschusses (HRC)** sind beim *Office of the United Nations High Commissioner of Human Rights* eingestellt (https://www.ohchr.org/en/treaty-bodies/ccpr).

V.

Ausgehend von der Vorauflage aus dem Jahr 2012 hat die inhaltliche Analyse und systematische Zusammenstellung der Judikatur von EGMR und HRC mehr als nur *ein* Lehrstuhlteam in Anspruch genommen. Allen Beteiligten, die sich im Laufe der letzten zehn Jahre durch ihre Beiträge und Mitarbeit an diesem Werk wissenschaftlich um den Menschenrechtsschutz im Strafverfahren nachhaltig verdient gemacht haben, bin ich zu tiefem Dank verpflichtet. Ohne ein leistungsfähiges und engagiertes Team von jungen Nachwuchswissenschaftlern wäre eine vollständige Kommentierung von EMRK und IPBPR nicht möglich gewesen. Viele von ihnen haben auf diese Weise parallel ihre wissenschaftliche Qualifikation in Form einer Promotion mit menschenrechtlichen Inhalten abgeschlossen. Sie tragen die gewonnenen Erkenntnisse ganz im Sinne einer heute vielgepriesenen Nachhaltigkeit an unterschiedlichen Stellen in die justizielle, behördliche und anwaltliche Praxis.

Genannt seien hier die Wissenschaftlichen Mitarbeiterinnen und Mitarbeiter *Dr. Sandra Beckert, Dr. Susanne Bettendorf, Dr. Lena Donaubauer, Dr. Oliver Gerson, Dr. Clara Herz, Elisa Holzinger, Stefan Kim, Ulrike Koch, Helmut Krickl, Dr. Helena Krüger, Dr. Melanie Langbauer (Rochner), Yi-Chien Lin, Dr. Felix Lubrich, Judith Lutz, Dr. Annegret Michel, Romina Milles, Dr. Lena Mitterhuber, Lena Nerb, Dr. Jennifer Pöschl (Skringer), Dr. Ludwig Reißmann, Dr. Johannes Rochner, Anna-Lena Sümnick, Anna Wasmeier* und *Dr. Kathrin Zitzelsberger.*

Einen wichtigen Beitrag haben darüber hinaus auch die Studentischen Mitarbeiter und Mitarbeiterinnen geleistet, die mit der Recherche aktueller Judikatur und Literatur betraut waren. Auch ihnen – *Sina Hoffmann, Rebecca Kania, Veronika Kolitz, Lena Maußner, Elisabeth Rickert, Pia Stehr, Lea Urban, Julia Weilhart* – sei an dieser Stelle ganz herzlich gedankt.

Am 4. November 2020 hat die EMRK ohne großes Aufsehen den 70. Jahrestag ihrer Verabschiedung gefeiert. Bis heute hat die Konvention „leider" nichts von ihrer Aktualität, Brisanz und Bedeutungskraft verloren. In ganz Europa – auch in Deutschland – geraten menschenrechtliche Garantien nahezu täglich auf den Prüfstand, sie stören die ein oder andere politische Marsch- oder Denkrichtung, fallen bisweilen lästig – und kosten nicht selten Geld (z.B. für Gefängnisneubauen und Personal). Beschuldigten- und Verteidigungsrechte werden beinahe täglich und schonungslos auf ihre Berechtigung „hinterfragt", mit dem Ziel einer weiteren „Effektivierung" der Strafverfolgung. Nicht nur die Instanzgerichte, sondern auch Ober- und Verfassungsgerichte tun sich bisweilen schwer mit der konsequenten „Berücksichtigung" von Urteilen aus Straßburg. Hier sind vor allem die Universitäten gefragt, entsprechendes „Wissen" zu „schaffen". Auch aus dieser Perspektive will das vorliegende Werk zu einem in der Praxis täglich gelebten, effektiven Menschenrechtsschutz im Strafverfahren beitragen.

Passau, im Juli 2023

Hinweise für die Benutzung
des Löwe-Rosenberg

1. Inhalt der Kommentierung

Der LÖWE-ROSENBERG kommentiert die StPO, das EGStPO, das GVG und das EGGVG mit Ausnahme der nur den Zivilprozess betreffenden Teile, sowie – mit dem Schwerpunkt auf den strafverfahrensrechtlich besonders bedeutsamen Regelungen – die EMRK und den IPBPR. Wenig bekannte oder schwer auffindbare strafverfahrensrechtliche Nebengesetze, deren Wortlaut für die Kommentierung erforderlich ist, werden bei den einschlägigen Erläuterungen im Kleindruck wiedergegeben.

2. Erscheinungsweise und Stand der Bearbeitung

Die 27. Auflage des LÖWE-ROSENBERG erscheint in **Bänden**, deren Erscheinungs-Reihenfolge von der des Gesetzes abweichen kann. Die Bände werden in der vom Gesetz vorgegebenen Reihenfolge durchnummeriert.

Der **Stand der Bearbeitung** ist dem Vorwort jedes Bandes zu entnehmen. Die Autoren sind bemüht, besonders wichtige Änderungen und Entwicklungen auch noch nach diesem Stichtag bis zur Drucklegung des Bandes zu berücksichtigen.

3. Bearbeiter

Jeder Bearbeiter (in der Fußzeile angegeben) trägt für seinen Teil die alleinige inhaltliche Verantwortung. Die Stellungnahmen zu Rechtsfragen, die an mehreren Stellen des Kommentars behandelt werden, können daher voneinander abweichen. Auf solche Abweichungen wird nach Möglichkeit hingewiesen.

4. Aufbau der Kommentierung

Neben der umfassenden Einleitung zum Gesamtwerk sind den Untereinheiten der kommentierten Gesetze (Bücher, Abschnitte, Titel), soweit erforderlich, **Vorbemerkungen** vorangestellt, die das für die jeweilige Untereinheit Gemeinsame erläutern.

Der den Vorbemerkungen und den Kommentierungen der einzelnen Vorschriften erforderlichenfalls vorangestellte Abschnitt **Geltungsbereich** enthält Hinweise auf zeitliche und örtliche Besonderheiten. Der Abschnitt **Entstehungsgeschichte** gibt, abgesehen von ganz unwesentlichen Änderungen, die Entwicklung der geltenden Fassung der Vorschrift vom Erlass des jeweiligen Gesetzes an wieder. Fehlt er, so kann davon ausgegangen werden, dass die Vorschrift unverändert ist. Der Hinweis auf **geplante Änderungen** verzeichnet Änderungsvorschläge, die sich beim Abschlusszeitpunkt der Lieferung im parlamentarischen Gesetzgebungsverfahren befinden.

Die Erläuterungen sind nach systematischen Gesichtspunkten gegliedert, die durch Überschriften oder Stichworte hervorgehoben sind. In der Regel ist den Erläuterungen eine **systematische Übersicht** vorangestellt. Soweit angebracht wird sie bei besonders umfangreichen Erläuterungen durch eine **alphabetische Übersicht** ergänzt. Bei den Erläuterungen selbst werden für jede Vorschrift (zur Erleichterung des Zitierens) durchlaufende Randnummern verwendet.

https://doi.org/10.1515/9783110275063-204

5. Schrifttum

Der Kommentar enthält am Anfang jedes Bandes ein allgemeines Literaturverzeichnis, das nur die häufiger verwendete oder allgemeine Literatur enthält. Den Vorbemerkungen und den Kommentierungen der einzelnen Vorschriften sind Schrifttumsverzeichnisse vorangestellt, die einen Überblick über das wesentliche Schrifttum zu dem jeweils behandelten Thema geben.

6. Zitierweise

Literatur, die in diesen Schrifttumsverzeichnissen enthalten ist, wird im laufenden Text im allgemeinen nur mit dem Namen des Verfassers (ggfs. mit einer unterscheidenden Kurzbezeichnung) oder der sonstigen im Schrifttumsverzeichnis angegebenen Kurzbezeichnung zitiert, doch wird bei Veröffentlichungen in Zeitschriften vielfach auch die genaue Fundstelle nachgewiesen. Sonst sind selbständige Werke mit (gelegentlich verkürztem) Titel und Jahreszahl, unselbständige Veröffentlichungen (auch Beiträge in Festschriften u.ä.) mit der Fundstelle angegeben. **Auflagen** sind durch hochgestellte Zahlen gekennzeichnet; fehlt eine solche Angabe, so wird aus der Auflage zitiert, die im allgemeinen Schrifttumsverzeichnis angegeben ist. Hat ein Werk Randnummern, so wird nach diesen, sonst nach Seitenzahl oder Gliederungspunkten zitiert.

Befindet sich beim Zitat anderer **Kommentare** die in Bezug genommene Stelle im selben Paragraphen, so wird nur die Randnummer oder (bei deren Fehlen) der Gliederungspunkt angegeben; wird auf die Erläuterungen bei einem anderen Paragraphen Bezug genommen, so wird dieser genannt. Entsprechend wird auch im LÖWE-ROSENBERG selbst verwiesen. Bei diesem wird, wenn nichts anderes angegeben ist, auf die gegenwärtige 27. Auflage verwiesen. Ist der Band mit den Erläuterungen, auf die verwiesen werden soll, noch nicht erschienen, so ist, soweit dies sachdienlich erschien, in Klammern ergänzend die genaue Fundstelle in der 26. Auflage angegeben.

Zeitschriften werden regelmäßig mit dem Jahrgang zitiert. Ausnahmen (Bandangabe) bilden namentlich ZStW, GA (bis 1933) und VRS; hier ist regelmäßig die Jahreszahl zusätzlich angegeben. Bei der Angabe der Fundstelle eines amtlichen Verkündungsblattes wird die Jahreszahl nur angegeben, wenn sie von der Jahreszahl der Rechtsvorschrift abweicht.

Entscheidungen werden im allgemeinen nur mit einer Fundstelle angegeben. Dabei hat die amtliche Sammlung eines obersten Bundesgerichtes den Vorrang, sonst die Fundstelle, die die Entscheidung mit Anmerkung oder am ausführlichsten wiedergibt.

7. Abkürzungen

Die verwendeten Abkürzungen, namentlich von Gesetzen, Verwaltungsvorschriften, Entscheidungssammlungen, Zeitschriften usw. sind im Abkürzungsverzeichnis nachgewiesen.

Inhaltsverzeichnis

Die Bearbeiter der 27. Auflage —— **V**
Vorwort HrsG —— **VII**
Vorwort des Autors —— **IX**
Hinweise für die Benutzung des Löwe-Rosenberg —— **XV**
Abkürzungsverzeichnis —— **XIX**
Abkürzungsverzeichnis Länder Teil II —— **LV**
Literaturverzeichnis —— **LVII**
Fundstellen der Erläuterungen des IPBPR —— **LXXIX**

TEIL I Erläuterungen
Einführung —— **1**
Präambel —— **97**
Art. 1 bis 18 EMRK und die einschlägigen Artikel des IPBPR —— **101**
Zusatzprotokolle zur EMRK —— **1524**

TEIL II Verfahren des internationalen Menschenrechtsschutzes —— **1607**
A. Verfahren des europäischen Menschenrechtsschutzes (EGMR) —— **1616**
B. Verfahren vor dem Menschenrechtsauschuss der Vereinten Nationen – Human
   Rights Committee (HRC) —— **1756**
C. Sonstige Verfahren des internationalen Menschenrechtsschutzes —— **1760**
D. Internationale Strafgerichtsbarkeit —— **1769**

TEIL III Vertragstexte
Gesetz über die Konvention zum Schutze der Menschenrechte und Grundfreihei-
   ten —— **1771**
Protokoll Nr. 16 zur Konvention zum Schutze der Menschenrechte und Grundfreihei-
   ten —— **1807**
Rules of Court —— **1810**
Gesetz zu dem Internationalen Pakt vom 19. Dezember 1966 über bürgerliche und
   politische Rechte —— **1892**
Gesetz zum Fakultativprotokoll vom 19. Dezember 1966 zum Internationalen Pakt
   über bürgerliche und politische Rechte —— **1916**
Bekanntmachung über das Inkrafttreten des Fakultativprotokolls zum Internationa-
   len Pakt über bürgerliche und politische Rechte —— **1916**
Gesetz zum Zweiten Fakultativprotokoll vom 15. Dezember 1989 zu dem Internationa-
   len Pakt über bürgerliche und politische Rechte zur Abschaffung der Todesstrafe —— **1921**
Gesetz zu dem VN-Übereinkommen vom 10. Dezember 1984 gegen Folter und andere
   grausame, unmenschliche oder erniedrigende Behandlung oder Strafe —— **1925**
Gesetz zu der Resolution vom 15. Januar 1992 zur Änderung des Internationalen
   Übereinkommens vom 7. März 1966 zur Beseitigung jeder Form von Rassendiskriminierung und zu der Resolution vom 8. September 1992 zur Änderung des
   Übereinkommens vom 10. Dezember 1984 gegen Folter und andere grausame,
   unmenschliche oder erniedrigende Behandlung oder Strafe —— **1926**

Gesetz zu dem Fakultativprotokoll vom 18. Dezember 2002 zum Übereinkommen gegen Folter und andere grausame, unmenschliche oder erniedrigende Behandlung oder Strafe —— **1942**

Gesetz zu dem Europäischen Übereinkommen vom 26. November 1987 zur Verhütung von Folter und unmenschlicher oder erniedrigender Behandlung oder Strafe —— **1958**

Gesetz zu den Protokollen Nr. 1 und Nr. 2 vom 4. November 1993 zu dem Europäischen Übereinkommen zur Verhütung von Folter und unmenschlicher oder erniedrigender Behandlung oder Strafe —— **1958**

Sachregister —— **1967**

Abkürzungsverzeichnis

AA	Auswärtiges Amt
a.A.	anderer Ansicht
a.a.O.	am angegebenen Ort
Abg.	Abgeordneter
AbgG	Gesetz über die Rechtsverhältnisse der Mitglieder des Deutschen Bundestages (Abgeordnetengesetz – AbgG) vom 18.2.1977 i.d.F. der Bek. vom 21.2.1996 (BGBl. I S. 326)
abl.	ablehnend
ABl.	Amtsblatt
ABlEG	Amtsblatt der Europäischen Gemeinschaften; Ausgabe C: Mitteilungen und Bekanntmachungen; Ausgabe L: Rechtsvorschriften (zit.: ABlEG Nr. L … /(Seite) vom …)
ABlEU	Amtsblatt der Europäischen Union (ab 2003); Ausgabe C: Mitteilungen und Bekanntmachungen; Ausgabe L: Rechtsvorschriften (zit.: ABlEU Nr. L …/(Seite) vom …)
ABMG	Autobahnmautgesetz für schwere Nutzfahrzeuge vom 5.4.2002 (BGBl. I S. 1234) aufgehoben durch Art. 6 Nr. 1 des Gesetzes vom 12.7.2011 (BGBl. I S. 1378)
Abs.	Absatz
Abschn.	Abschnitt
abw.	abweichend
ACHR	Arab Charter on Human Rights
AChRMV	Afrikanische Charta der Rechte der Menschen und Völker vom 26.6.1981, deutsche Übersetzung EuGRZ 1990, 348
AcP	Archiv für die civilistische Praxis
AdG	Adoptionsgesetz vom 2.7.1976 (BGBl. I S. 1749)
AdVermiG	Adoptionsvermittlungsgesetz vom 27.11.1989 (BGBl. I S. 2014) neugefasst durch Bek. vom 21.6.2021 (BGBl. I S. 2010)
a.E.	am Ende
AEPC	Association of European Police Colleges
ÄndG	Änderungsgesetz
ÄndVO	Änderungsverordnung
a.F.	alte Fassung
AfkKR	Archiv für katholisches Kirchenrecht
AfP	Archiv für Presserecht, Zeitschrift für Medien- und Kommunikationsrecht
AG	Amtsgericht; in Verbindung mit einem Gesetz: Ausführungsgesetz
AGIS	Beschluss des Rates der Europäischen Union vom 22.7.2002 über ein Rahmenprogramm für die polizeiliche und justitielle Zusammenarbeit in Strafsachen – AGIS (ABlEG Nr. C 203 vom 1.8.2002, S. 5)
AGGewVerbrG	Ausführungsgesetz zum Gesetz gegen gefährliche Gewohnheitsverbrecher und über Maßregeln der Sicherung und Besserung vom 24.11.1933 (RGBl. I S. 1000)
AGGVG	Gesetz zur Ausführung des Gerichtsverfassungsgesetzes (Landesrecht)
AGS	Zeitschrift für das gesamte Gebührenrecht und Anwaltsmanagement
AGStPO	Ausführungsgesetz zur Strafprozessordnung (Landesrecht)
AHK	Alliierte Hohe Kommission
AI	Amnesty International
AIDP	Association Internationale de Droit Pénal
AJIL	American Journal of International Law
AK	Arbeitskreis
AKLS	Automatisches Kennzeichenlesesystem
AktG	Gesetz über Aktiengesellschaften und Kommanditgesellschaften auf Aktien (Aktiengesetz) vom 6.9.1965 (BGBl. I S. 1089)
AktO	Anweisung für die Verwaltung des Schriftguts bei den Geschäftsstellen der Gerichte und der Staatsanwaltschaften (Aktenordnung)
allg. M.	allgemeine Meinung
Alsb.E	Die strafprozessualen Entscheidungen der Oberlandesgerichte, herausgegeben von Alsberg und Friedrich (1927), 3 Bände

https://doi.org/10.1515/9783110275063-205

Alt.	Alternative
a.M.	anderer Meinung
AMRK	Amerikanische Menschenrechtskonvention vom 22.11.1969 (Pact of San José), deutsche Übersetzung EuGRZ 1980, 435
amtl.	amtlich
amtl. Begr.	amtliche Begründung
Anh.	Anhang
AnhRügG	Gesetz über die Rechtsbehelfe bei Verletzung des Anspruchs auf rechtliches Gehör (Anhörungsrügengesetz) vom 9.12.2004 (BGBl. I S. 3220)
Anl.	Anlage
Anm.	Anmerkung
AnwBl.	Anwaltsblatt
AöR	Archiv des öffentlichen Rechts
AO	Abgabenordnung vom 16.3.1976 (BGBl. I S. 613) i.d.F. der Bek. vom 1.10.2002 (BGBl. I S. 3866)
AOStrÄndG	Gesetz zur Änderung strafrechtlicher Vorschriften der Reichsabgabenordnung und anderer Gesetze vom 10.8.1967 (BGBl. I S. 877)
apf	Ausbildung Prüfung Praxis – Zeitschrift für die staatliche und kommunale Verwaltung
APR	Allgemeines Persönlichkeitsrecht
APuZ	Aus Politik und Zeitgeschichte (Zeitschrift)
ArbGG	Arbeitsgerichtsgesetz vom 3.9.1953 i.d.F. der Bek. vom 2.7.1979 (BGBl. I S. 853)
ArchKrim.	Archiv für Kriminologie
ArchPF	Archiv für das Post- und Fernmeldewesen
ArchVR	Archiv des Völkerrechts
arg.	argumentum
Art.	Artikel
ASIL	The American Society of International Law
AsylG	Asylgesetz i.d.F. der Bek. vom 2.9.2008 (BGBl. I S. 1798)
ATDG	Gesetz zur Errichtung einer standardisierten zentralen Antiterrordatei von Polizeibehörden und Nachrichtendiensten von Bund und Ländern (Antiterrordateigesetz – ATDG) vom. 22.12.2006 (BGBl. I S. 3409)
AtG	Gesetz über die friedliche Verwendung der Kernenergie und den Schutz gegen ihre Gefahren (Atomgesetz) vom 31.10.1976 (BGBl. I S. 3053) i.d.F. der Bek. vom 15.7.1985 (BGBl. I S. 1565)
AufenthG	Gesetz über den Aufenthalt, die Erwerbstätigkeit und die Integration von Ausländern im Bundesgebiet (Aufenthaltsgesetz – AufenthG), neugefasst durch Bek. vom 25.2.2008 (BGBl. I S. 162)
aufg.	aufgehoben
Aufl.	Auflage
AUILR	American University International Law Review
AUR	Agrar- und Umweltrecht
AuR	Arbeit und Recht (Zeitschrift)
ausf.	ausführlich
AuslG	Gesetz über die Einreise und den Aufenthalt von Ausländern im Bundesgebiet (Ausländergesetz) vom 9.7.1990 (BGBl. I S. 1354), außer Kraft getreten am 31.12.2004
AusnVO	Ausnahme-(Not-)Verordnung
	(1) VO zur Sicherung von Wirtschaft und Finanzen vom 1.12.1930 (RGBl. I S. 517)
	(2) VO zur Sicherung von Wirtschaft und Finanzen vom 6.10.1931 (RGBl. I S. 537, 563)
	(3) VO zur Sicherung von Wirtschaft und Finanzen und zum Schutz des inneren Friedens vom 8.12.1931 (RGBl. I S. 743)
	(4) VO über Maßnahmen auf dem Gebiet der Rechtspflege und Verwaltung vom 14.6.1932 (RGBl. I S. 285)

AV	Allgemeine Verfügung
AVG	Allgemeines Verwaltungsverfahrensgesetz (Österreich)
AVR	Archiv des Völkerrechts
AWG	Außenwirtschaftsgesetz vom 28.4.1961 (BGBl. I S. 481)
Az	Aktenzeichen
AZR-Gesetz	Gesetz über das Ausländerzentralregister (AZR-Gesetz) vom 2.9.1994 (BGBl. I S. 2265) i.d.F. der Bek. vom 23.12.2003 (BGBl. I S. 2848)
BACDJ	Bundesarbeitskreis Christlich Demokratischer Juristen
BAFin	Bundesanstalt für Finanzdienstleistungsaufsicht
BAG	Bundesarbeitsgericht
BAGE	Sammlung der Entscheidungen des Bundesarbeitsgerichts
BÄO	Bundesärzteordnung, neugefasst durch Bek. vom 16.4.1987 (BGBl. I S. 1218)
BAK	Blutalkoholkonzentration
BAMF	Bundesamt für Migration und Flüchtlinge
BAnz.	Bundesanzeiger
BaWü.	Baden-Württemberg
Bay.	Bayern, bayerisch
BayAGGVG	Bayerisches Gesetz zur Ausführung des Gerichtsverfassungsgesetzes und von Verfahrensgesetzen des Bundes vom 23.6.1981 (BayGVBl. S. 188)
BayBS	Bereinigte Sammlung des Bayerischen Landesrechts (1802 bis 1956)
BayObLG	Bayerisches Oberstes Landesgericht
BayObLGSt	Sammlung von Entscheidungen des Bayerischen Obersten Landesgerichts in Strafsachen
BayPAG	Gesetz über die Aufgaben und Befugnisse der Bayerischen Staatlichen Polizei (Polizeiaufgabengesetz – PAG) i.d.F. d. Bek. vom 14.9.1990 (GVBl. S. 397)
BayRS	Bayerische Rechtssammlung (ab 1.1.1983)
BayStVollzG	Bayerisches Strafvollzugsgesetz vom 10.9.2007 (BayGVBl. S. 866)
BayVerf.	Verfassung des Freistaates Bayern vom 2.12.1946 (BayBS. I 3)
BayVerfGH	Bayerischer Verfassungsgerichtshof
BayVerfGHE	s. BayVGHE
BayVerwBl.	Bayerische Verwaltungsblätter
BayVGH	Bayerischer Verwaltungsgerichtshof
BayVGHE	Sammlung von Entscheidungen des Bayerischen Verwaltungsgerichtshofs mit Entscheidungen des Bayerischen Verfassungsgerichtshofes, des Bayerischen Dienststrafhofs und des Bayerischen Gerichtshofs für Kompetenzkonflikte
BayZ	Zeitschrift für Rechtspflege in Bayern (1905–34)
BB	Betriebs-Berater (Zeitschrift)
BBG	Bundesbeamtengesetz vom 14.7.1953 (BGBl. I S. 551) i.d.F. der Bek. vom 31.3.1999 (BGBl. I S. 675)
Bbg.	Brandenburg
BbgVerfG	Brandenburgisches Verfassungsgericht
BC	Business Compliance (Zeitschrift)
Bd.	Band
BDG	Bundesdisziplinargesetz vom 9.7.2001 (BGBl. I S. 1510)
BDH	Bundesdisziplinarhof (jetzt Bundesverwaltungsgericht)
BDSG	Bundesdatenschutzgesetz i.d.F. der Bek. vom 14.1.2003 (BGBl. I S. 66)
beA	besonderes elektronisches Anwaltspostfach
BeamtStG	Gesetz zur Regelung des Statusrechts der Beamtinnen und Beamten in den Ländern (Beamtenstatusgesetz – BeamtStG) vom 17.6.2008 (BGBl. I S. 1010)
Begr.	Begründung
BegrenzungsVO	Verordnung über die Begrenzung der Geschäfte des Rechtspflegers bei der Vollstreckung in Straf- und Bußgeldsachen vom 26.6.1970 (BGBl. I S. 992) i.d.F. der Bek. vom 16.2.1982 (BGBl. I S. 188)

BEG-SchlußG	Zweites Gesetz zur Änderung des Bundesentschädigungsgesetzes vom 14.9.1965 (BGBl. I S. 1315)
Bek.	Bekanntmachung
Bek. 1924	Strafprozeßordnung i.d.F. der Bek. vom 22.3.1924 (RGBl. I S. 299, 322)
Bek. 1950	Strafprozeßordnung i.d.F. der Bek. vom 12.9.1950 (BGBl. I S. 629)
Bek. 1965	Strafprozeßordnung i.d.F. der Bek. vom 17.9.1965 (BGBl. I S. 1373)
Bek. 1975	Strafprozeßordnung i.d.F. der Bek. vom 7.1.1975 (BGBl. I S. 129)
Bek. 1987	Strafprozeßordnung i.d.F. der Bek. vom 7.4.1987 (BGBl. I S. 1074)
ber.	berichtigt
BerHG	Gesetz über Rechtsberatung und Vertretung für Bürger mit geringem Einkommen (Beratungshilfegesetz) vom 18.6.1980 (BGBl. I S. 689)
BerlVerf	Verfassung von Berlin
BerlVerfGH	Berliner Verfassungsgerichtshof
BerRehaG	Gesetz über den Ausgleich beruflicher Benachteiligungen für Opfer politischer Verfolgung im Beitrittsgebiet (Berufliches Rehabilitierungsgesetz – BerRehaG) vom 23.6.1994 (BGBl. I S. 1314)
Beschl.	Beschluss
Bespr.	Besprechung
betr.	betreffend
BeurkG	Beurkundungsgesetz vom 28.8.1969 (BGBl. I S. 1513)
BewHi.	Bewährungshilfe (Zeitschrift)
BezG	Bezirksgericht
Bf.	Beschwerdeführer
BFH	Bundesfinanzhof
BFHE	Sammlung der Entscheidungen des Bundesfinanzhofs (BFH)
BfJG	Gesetz über die Errichtung des Bundesamtes für Justiz = Art. 1 des Gesetzes zur Errichtung und zur Regelung der Aufgaben des Bundesamtes für Justiz vom 17.12.2006 (BGBl. I S. 3171)
BGB	Bürgerliches Gesetzbuch vom 18.8.1896 (RGBl. S. 195) i.d.F. der Bek. vom 2.1.2002 (BGBl. I S. 42, ber. S. 2909 und BGBl. 2003 I S. 738)
BGBl. I, II, III	Bundesgesetzblatt Teil I, II und III
BGer	Schweizerisches Bundesgericht
BGH	Bundesgerichtshof
BGH-DAT	Datenbank der Rechtsprechung des Bundesgerichtshofs auf CD-ROM, herausgegeben von Werner Theune
BGH (ER)	Ermittlungsrichter beim Bundesgerichtshof
BGHE Strafs.	Rechtsprechung des Bundesgerichtshofes in Strafsachen auf CD-ROM, herausgegeben von Mitgliedern des Gerichts
BGHGrS	Bundesgerichtshof, Großer Senat (hier in Strafsachen)
BGHR	BGH-Rechtsprechung in Strafsachen (Loseblattsammlung)
BGHRZ	BGH-Rechtsprechung in Zivilsachen (Loseblattsammlung)
BGHSt	Entscheidungen des Bundesgerichtshofs in Strafsachen
BGHZ	Entscheidungen des Bundesgerichtshofs in Zivilsachen
BGSG	Gesetz über den Bundesgrenzschutz (Bundesgrenzschutzgesetz – BGSG) vom 19.10.1994 (BGBl. I S. 2978)
BGSNeuRegG	Gesetz zur Neuregelung der Vorschriften über den Bundesgrenzschutz (Bundesgrenzschutzneuregelungsgesetz – BGSNeuRegG) vom 19.10.1994 (BGBl. I S. 2978)
BHRJ	Business and Human Rights Journal
BinSchG	Gesetz betr. die privatrechtlichen Verhältnisse der Binnenschiffahrt (Binnenschifffahrtsgesetz) vom 15.6.1895 i.d.F. der Bek. vom 15.6.1898 (RGBl. S. 868)
BinSchGG	Gesetz über das gerichtliche Verfahren in Binnenschiffahrtssachen vom 27.9.1952 (BGBl. I S. 641)
BJM	Basler Juristische Mitteilungen
BJOG	An International Journal of Obstetrics and Gynaecology
BKA	Bundeskriminalamt

BKAG	Gesetz über das Bundeskriminalamt und die Zusammenarbeit des Bundes und der Länder in kriminalpolizeilichen Angelegenheiten (Bundeskriminalamtgesetz – BKAG) vom 7.7.1997 (BGBl. I S. 1650)
Bln.	Berlin
Bln.GVBl.Sb.	Sammlung des bereinigten Berliner Landesrechts, Sonderband I (1806 bis 1945) und II (1945 bis 1967)
Blutalkohol	Blutalkohol, Wissenschaftliche Zeitschrift für die medizinische und juristische Praxis
BMAS	Bundesministerium für Arbeit und Soziales
BMFSFJ	Bundesministerium für Familie, Senioren, Frauen und Jugend
BMI	Bundesminister(-ium) des Innern und für Heimat
BMinG	Gesetz über die Rechtsverhältnisse der Mitglieder der Bundesregierung (Bundesministergesetz) vom 17.6.1953 (BGBl. I S. 407) i.d.F. der Bek. vom 27.7.1971 (BGBl. I S. 1166)
BMJ	Bundesminister(-ium) für Justiz
BMJV	Bundesminister(-ium) der Justiz und für Verbraucherschutz
BNDG	Gesetz über den Bundesnachrichtendienst vom 20.12.1990 (BGBl. I S. 2979) i.d.F. der Bek. vom 9.1.2002 (BGBl. I S. 361 ff.)
Bonn.Komm.	Kommentar zum Bonner Grundgesetz (Loseblattausgabe)
BORA	Berufsordnung für Rechtsanwälte i.d.F. der Bek. vom 1.11.2001
BPolBG	Bundespolizeibeamtengesetz i.d.F. der Bek. vom 3.6.1976 (BGBl. I S. 1357)
BR	s. BRat
BRAGO	Bundesgebührenordnung für Rechtsanwälte vom 26.7.1957 (BGBl. I S. 907); ersetzt durch das Rechtsanwaltsvergütungsgesetz (RVG) aufgehoben durch Art. 6 Nr. 4 des Gesetzes vom 5.5.2004 (BGBl. I. S. 718, 850)
BRAK	Bundesrechtsanwaltskammer
BRAK-Mitt.	Mitteilungen der Bundesrechtsanwaltskammer
BranntWMonG	Branntweinmonopolgesetz vom 8.4.1922 (RGBl. I S. 405; BGBl. III 612-7)
BRAO	Bundesrechtsanwaltsordnung vom 1.8.1959 (BGBl. I S. 565)
BRat	Bundesrat
BRDrucks.	Drucksachen des Bundesrats
BReg.	Bundesregierung
Brem.	Bremen
BRJ	Bonner Rechtsjournal
BRProt.	Protokolle des Bundesrates
BS	Sammlung des bereinigten Landesrechts
BSG	Bundessozialgericht
Bsp.	Beispiel
BT	Bundestag
BTDrucks.	Drucksachen des Bundestags
BtG	Gesetz zur Reform des Rechts der Vormundschaft und Pflegschaft für Volljährige (Betreuungsgesetz – BtG) vom 12.9.1990 (BGBl. I S. 2002) aufgehoben durch Art. 9 und 10 des Gesetzes vom 19.4.2006 (BGBl. I S. 866)
BtMG	Gesetz über den Verkehr mit Betäubungsmitteln (Betäubungsmittelgesetz) vom 28.7.1981 (BGBl. I S. 681) i.d.F. der Bek. vom 1.3.1994 (BGBl. I S. 358)
BTProt.	s. BTVerh.
BTRAussch.	Rechtsausschuss des Deutschen Bundestags
BTVerh.	Verhandlungen des Deutschen Bundestags
BVerfG	Bundesverfassungsgericht
BVerfGE	Entscheidungen des Bundesverfassungsgerichts
BVerfGG	Gesetz über das Bundesverfassungsgericht vom 12.3.1951 i.d.F. der Bek. vom 11.8.1993 (BGBl. I S. 1473)
BVerfGK	Kammerentscheidungen des Bundesverfassungsgerichts
BVerfSchG	Gesetz über die Zusammenarbeit des Bundes und der Länder in Angelegenheiten des Verfassungsschutzes und über das Bundesamt für Verfassungsschutz (Bundesverfassungsschutzgesetz) vom 20.12.1990 (BGBl. I S. 2954)
BVerwG	Bundesverwaltungsgericht

BVerwGE	Entscheidungen des Bundesverwaltungsgerichts
BV-G	Bundesverfassungsgesetz (österreichische Verfassung)
BW	Baden-Württemberg
BWahlG	Bundeswahlgesetz neugefasst durch Bek. vom 23.7.1993 (BGBl. I S. 1288, 1594)
bzgl.	bezüglich
BZRG	Gesetz über das Zentralregister und das Erziehungsregister (Bundeszentralregisterge-setz), neugefasst durch Bek. vom 21.9.1984 (BGBl. I S. 1229, 1985 I S. 195);
2. BZRÄndG	Zweites Gesetz zur Änderung des Bundeszentralregistergesetzes (2. BZRÄndG) vom 17.7.1984 (BGBl. I S. 990)
bzw.	beziehungsweise
CAT	s. UN-CAT
Causa Sport	Die Sport-Zeitschrift für nationales und internationales Recht sowie für Wirtschaft
CB	Compliance Berater (Zeitschrift)
CCBE	Council of the Bars and Law Societies of the European Union
CCC	Constitutio Criminalis Carolina
CCJE	Consultative Council of European Judges
CCPR	s. HRC
CCZ	Corporate Compliance Zeitschrift
CD	Collection of Decisions Bd. 1 bis 46 (1960 bis 1974), Entscheidungen der Europäischen Kommission für Menschenrechte über die Zulässigkeit von Beschwerden
CDDH	Steering Committee for Human Rights (Europarat)
CDE	Cahiers de droit européen (Zeitschrift)
CDPC	European Committee on Crime Problems
CEAS	Common European Asylum System
CELJ	China-EU Law Journal
CEPEJ	European Commission on the Efficiency of Justice
CEPOL	European Police College (Budapest)
CERD	Internationales Übereinkommen zur Beseitigung von jeder Form von Rassendiskrimi-nierung (CERD) vom 7.3.1966
CERT	Computer Emergency Response Team
CETS	(vgl. CTS)
ChE	Chiemsee-Entwurf (Verfassungsausschuß der Ministerpräsidentenkonferenz der West-lichen Besatzungszonen. Bericht über den Verfassungskonvent auf Herrenchiemsee vom 10. bis 23.8.1948) (1948)
ChemG	Chemikaliengesetz i.d.F. der Bek. vom 20.6.2002 (BGBl. I S. 2090)
CJ	Corpus Juris
CJEL	Columbia Journal of European Law
CMLRev	Common Market Law Review
COSI	Ständiger Ausschuss für die operative Zusammenarbeit im Bereich der inneren Si-cherheit (EU)
COVuR	COVID-19 und Recht (Zeitschrift)
CPP	Code de procédure pénale
CPS	Crown Prosecution Service
CPT	Committee for the Prevention of Torture – Europäischer Ausschuss zur Verhütung von Folter und unmenschlicher oder erniedrigender Behandlung oder Strafe (Europa-rat)
CR	Computer und Recht (Zeitschrift)
CRC	Übereinkommen über die Rechte des Kindes vom 20.11.1989 (BGBl. 1992 II S. 122)
Crim.L.R.	Criminal Law Review
CrimeLawSoc-Change	Crime, Law and Social Change (Zeitschrift)
CSW	Cross-Border Surveillance Working Group
CWÜAG	Ausführungsgesetz zum Chemiewaffenübereinkommen vom 2.8.1994 (BGBl. I S. 1954)

DA	Dienstanweisung
DAG	Deutsches Auslieferungsgesetz vom 23.12.1929 (BGBl. I S. 239), aufgehoben durch IRG vom 23.12.1982 (BGBl. I S. 2071)
DAJV-Newsletter	Zeitschrift der Deutsch-Amerikanischen Juristen-Vereinigung e.V.
DAR	Deutsches Autorecht (Zeitschrift)
DAV	DeutscherAnwaltVerein
DB	Der Betrieb (Zeitschrift)
DDevR	Deutsche Devisen-Rundschau (1951–59)
DDR	Deutsche Demokratische Republik
ders.	derselbe
DERechtsmittelG	Diskussionsentwurf für ein Gesetz über die Rechtsmittel in Strafsachen, im Auftrag der JMK vorgelegt von der Bund-Länder-Arbeitsgruppe Strafverfahrensreform (1975)
DG	Disziplinargesetz (der Länder)
Die Justiz	Die Justiz, Amtsblatt des Justizministeriums Baden-Württemberg
Die Polizei	Die Polizei (seit 1955: Die Polizei – Polizeipraxis)
dies.	dieselbe
Diss.	Dissertation
DiszO	Disziplinarordnung (der Länder)
DJ	Deutsche Justiz, Rechtspflege und Rechtspolitik (1933–45)
DJT	Deutscher Juristentag (s. auch VerhDJT)
DJZ	Deutsche Juristenzeitung (1896–1936)
DNA-AnalyseG	Gesetz zur Novellierung der forensischen DNA-Analyse vom 12.8.2005 (BGBl. I S. 2360)
DNA-IFG	DNA-Identitätsfeststellungsgesetz vom 7.9.1998 (BGBl. I S. 2646; 1999 I S. 1242) aufgehoben durch Art. 4 des Gesetzes vom 12.8.2005 (BGBl. I S. 2360, 2362)
DNP	Die Neue Polizei
DNutzG	Gesetz zur effektiveren Nutzung von Dateien im Bereich der Staatsanwaltschaften vom 10.9.2004 (BGBl. I S. 2318)
DÖD	Der Öffentliche Dienst
DÖV	Die Öffentliche Verwaltung
DOGE	Entscheidungen des Deutschen Obergerichts für das Vereinigte Wirtschaftsgebiet
DPA	Deutsches Patentamt
DR	Deutsches Recht (1931 bis 1945) Decisions and Reports (ab 1975): Entscheidungen über die Zulässigkeit von Beschwerden; Berichte der Europäischen Kommission für Menschenrechte; Resolutionen des Ministerkomitees des Europarates
DRechtsw.	Deutsche Rechtswissenschaft (1936–43)
DRiG	Deutsches Richtergesetz, neugefasst durch Bek. vom 19.4.1972 (BGBl. I S. 713)
DRiZ	Deutsche Richterzeitung
DRpfl.	Deutsche Rechtspflege (1936–1939)
DRsp.	Deutsche Rechtsprechung, herausgegeben von Feuerhake (Loseblattsammlung)
Drucks.	Drucksache
DRZ	Deutsche Rechts-Zeitschrift (1946 bis 1950)
DSB	Datenschutz-Berater
DSteuerR	Deutsches Steuerrecht (Zeitschrift)
DStR	Deutsches Strafrecht (1934 bis 1944)
DStRE	Deutsches Steuerrecht Entscheidungsdienst (Zeitschrift)
DStrZ	Deutsche Strafrechts-Zeitung (1914 bis 1922)
DStZ	Deutsche Steuer-Zeitung
dt.	deutsch
DtBR	Das Deutsche Bundesrecht, Gesetzessammlung mit Erläuterungen (Loseblattausgabe)
DtZ	Deutsch-Deutsche Rechts-Zeitschrift
DuD	Datenschutz und Datensicherheit (Zeitschrift)
DuR	Demokratie und Recht (Zeitschrift)
DVBl.	Deutsches Verwaltungsblatt (Zeitschrift)
DVO	Durchführungsverordnung

DVollzO	Dienst- und Vollzugsordnung
DVOVereinf.VO	Verordnung zur Durchführung der Verordnung über Maßnahmen auf dem Gebiete der Gerichtsverfassung und der Rechtspflege vom 8.9.1939 (RGBl. I S. 1703)
DVOZust.VO	Verordnung zur Durchführung der Verordnung über die Zuständigkeit der Strafgerichte, die Sonderstrafgerichte sowie sonstige strafverfahrensrechtliche Vorschriften vom 13.3.1940 (RGBl. I S. 489)
DVP	Deutsche Verwaltungspraxis – Fachzeitschrift für die öffentliche Verwaltung
DVR	Datenverarbeitung im Recht (Zeitschrift)
DWiR	Deutsche Zeitschrift für Wirtschaftsrecht
E	Entwurf
E. & P.	International Journal of Evidence & Proof
EA	Vertrag über Gründung der Europäischen Atomgemeinschaft i.d.F. nach dem 1.5.1999
EAG	Europäische Atomgemeinschaft
EAGV	Vertrag zur Gründung der Europäischen Atomgemeinschaft vom 25.3.1957, Gesetz vom 27.7.1957 (BGBl. II S. 753), Bek. vom 27.12. 1957 (BGBl. 1958 II S. 1)
EAJLG	European-Asian Journal of Law and Governance
EAkte	Elektronische Akte
EAkteJEG	Gesetz zur Einführung der elektronischen Akte in der Justiz und zur weiteren Förderung des elektronischen Rechtsverkehrs vom 5.7.2017 (BGBl. I S. 2208)
EAW	European Arrest Warrant, s. EuHb
EB	Ergänzungsband
EBA	Europäische Beweisanordnung
EBAO	Einforderungs- und Beitreibungsanordnung i.d.F. der Bek. vom 1.4.2001
ebda.	Ebenda
ECBA	European Criminal Bar Association
ECG	European Cooperation Group on Undercover Activities (ECG)
ECJ	s. EuGH (European Court of Justice)
ECLAN	European Criminal Law Academic Network
ECOSOC	Wirtschafts- und Sozialrat (UN)
ECPI	European Criminal Policy Initiative
ECPT	Europäisches Übereinkommen zur Verhütung von Folter und unmenschlicher oder erniedrigender Behandlung oder Strafe vom 26.11.1987 (ETS 126; BGBl. 1989 II S. 946)
ECRI	European Commission against Racism and Intolerance / Europäische Kommission gegen Rassismus und Intoleranz
ECRIS	European Criminal Records Information System
EDS/EDU	Europäische Drogeneinheit (Vorläufer von Europol)/European Drug Unit
EDV	Elektronische Datenverarbeitung
EEA	Europäische Ermittlungsanordnung/European Investigation Order (EIO)
EFG	Entscheidungen der Finanzgerichte (Zeitschrift)
EG	Vertrag zur Gründung einer Europäischen Gemeinschaft i.d.F. nach dem 1.5.1999 (vor dem 1.5.1999: EGV); Europäische Gemeinschaft
EGBGB	Einführungsgesetz zum Bürgerlichen Gesetzbuch vom 18.8.1896 (RGBl. S. 604) i.d.F. der Bek. vom 21.9.1994 (BGBl. I S. 2494)
EGFaxÜbk	Abkommen vom 26.5.1989 zwischen den Mitgliedstaaten der Europäischen Gemeinschaften über die Vereinfachung und Modernisierung der Verfahren zur Übermittlung von Auslieferungsersuchen (BGBl. 1995 II S. 969)
EGFinSchÜbk	Übereinkommen vom 26.7.1995 über den Schutz der finanziellen Interessen der Europäischen Gemeinschaften (PIF-Übereinkommen; ABlEG Nr. C 316 vom 27.11.1995, S. 49)
EGFinSchG	Gesetz zu dem Übereinkommen vom 26. Juli 1995 über den Schutz der finanziellen Interessen der Europäischen Gemeinschaften (EG-Finanzschutzgesetz – EGFinSchG) vom 10.9.1998 (BGBl. II S. 2322)
EGG	Gesetz über rechtliche Rahmenbedingungen für den elektronischen Geschäftsverkehr (Elektronischer Geschäftsverkehr-Gesetz – EGG) vom 14.12.2001 (BGBl. I S. 3721)

EGGVG	Einführungsgesetz zum Gerichtsverfassungsgesetz vom 27.1.1877 (RGBl. S. 77) zuletzt geändert durch Art. 3 des Gesetzes vom 25.6.2021 (BGBl. I S. 2099)
EGH	Ehrengerichtshof in Anwaltssachen
EGInsO	Einführungsgesetz zur Insolvenzordnung vom 5.10.1994 (BGBl. I S. 2911) zuletzt geändert durch Art. 7 des Gesetzes vom 22.12.2020 (BGBl. I S. 3328)
EGKS	Europäische Gemeinschaft für Kohle und Stahl
EGKSV	Vertrag über die Gründung der EGKS vom 18.4.1951 (BGBl. II S. 447)
EGMR	Europäischer Gerichtshof für Menschenrechte
EGMR (GK)	Europäischer Gerichtshof für Menschenrechte (Große Kammer)
EGMR (K)	Europäischer Gerichtshof für Menschenrechte (Kammer)
EGMRVerfO	Verfahrensordnung des Europäischen Gerichtshofs für Menschenrechte (Rules of Court) i.d.F. der Bek. vom 1.1.2020 (www.echr.coe.int)
EG-ne bis in idem-Übk	Übereinkommen vom 25.5.1987 zwischen den Mitgliedstaaten der Europäischen Gemeinschaften über das Verbot der doppelten Strafverfolgung – EG-ne bis in idem-Übk (BGBl. 1998 II S. 2227)
EGOWiG	Einführungsgesetz zum Gesetz über Ordnungswidrigkeiten vom 24.5.1968 (BGBl. I S. 503)
EGStGB 1870	Einführungsgesetz zum Strafgesetzbuch vom 31.5.1870 (RGBl. S. 195)
EGStGB 1974	Einführungsgesetz zum Strafgesetzbuch vom 2.3.1974 (BGBl. I S. 469)
EGStPO	Einführungsgesetz zur Strafprozeßordnung vom 1.2.1877
EGV	Vertrag zur Gründung einer Europäischen Gemeinschaft i.d.F. vor dem 1.5.1999 (nach dem 1.5.1999: EG)
EGVollstrÜbk	Übereinkommen vom 13.11.1991 zwischen den Mitgliedstaaten der Europäischen Gemeinschaft über die Vollstreckung ausländischer strafrechtlicher Verurteilungen
EGWStrG	Einführungsgesetz zum Wehrstrafgesetz vom 30.4.1957 (BGBl. I S. 393)
EGZPO	Einführungsgesetz zur Zivilprozeßordnung vom 30.1.1877 (RGBl. S. 244)
EhrenGHE	Ehrengerichtliche Entscheidungen (der Ehrengerichtshöfe der Rechtsanwaltschaft des Bundesgebietes und des Landes Berlin)
EHRLR	European Human Rights Law Review
EhrRiVG	Gesetz zur Vereinfachung und Vereinheitlichung der Verfahrensvorschriften zur Wahl und Berufung ehrenamtlicher Richter vom 21.12.2004 (BGBl. I S. 3599)
Einf.	Einführung
EinigungsV	Vertrag zwischen der Bundesrepublik Deutschland und der Deutschen Demokratischen Republik über die Herstellung der Einheit Deutschlands vom 31.8.1990 (BGBl. II S. 889)
EinigungsVG	Gesetz zu dem Vertrag vom 31.8.1990 zwischen der Bundesrepublik Deutschland und der Deutschen Demokratischen Republik über die Herstellung der Einheit Deutschlands – Einigungsvertragsgesetz – und der Vereinbarung vom 18.9.1990 vom 23.9.1990 (BGBl. II S. 885)
Einl.	Einleitung
EIO	s. EEA
EIS	Europol-Informationssystem
EJB	Beschluss des Rates (2002/187/JI) vom 28.2.2002 über die Errichtung von Eurojust zur Verstärkung der Bekämpfung der schweren Kriminalität (ABlEG Nr. L 63 vom 6.3.2002, S. 1), geändert durch Beschluss 2003/659/JI des Rates vom 18.6.2003 (ABlEU Nr. L 245 vom 23.9.2003, S. 44) und den Beschluss 2009/426/JI des Rates vom 16.12.2008 zur Stärkung von Eurojust (ABlEU Nr. L 138 vom 4.6.2009, S. 14)
EJF	Entscheidungen aus dem Jugend- und Familienrecht (1951–1969)
EJG	Gesetz zur Umsetzung des Beschlusses (2002/187/JI) des Rates vom 28. Februar 2002 über die Errichtung von Eurojust zur Verstärkung der Bekämpfung der schweren Kriminalität (Eurojust-Gesetz – EJG) vom 12.5.2004 (BGBl. I S. 902)
EJKoV	Verordnung über die Koordinierung der Zusammenarbeit mit Eurojust (Eurojust-Koordinierungs-Verordnung –) vom 26.9.2012 (BGBl. I S. 2093)
EJN	Europäisches Justitielles Netz/European Judicial Network

XXVII

EJTAnV	Verordnung über die Benennung und Einrichtung der nationalen Eurojust-Anlaufstelle für Terrorismusfragen (Eurojust-Anlaufstellen-Verordnung –) vom 17.12.2004 (BGBl. I S. 3520)
EJTN	European Judicial Training Network
EKMR	Europäische Kommission für Menschenrechte
EKMRVerfO	Verfahrensordnung der Europäischen Kommission für Menschenrechte i.d.F. der Bek. vom 29.5.1991 (BGBl. II S. 838)
eIDAS	elektronische Identifizierung und Vertrauensdienste für elektronische Transaktionen im Binnenmarkt
eIDASDG	Gesetz zur Durchführung der Verordnung (EU) Nr. 910/2014 des Europäischen Parlaments und des Rates vom 23. Juli 2014 über und zur Aufhebung der Richtlinie 1999/93/EG (eIDAS-Durchführungsgesetz) vom 18.7.2017 (BGBl. I S. 2745)
EL	Ergänzungslieferung
ELJ	European Law Journal
ELRev	European Law Review
EMCDDA	European Monitoring Centre for Drugs and Drug Addiction
EmmingerVO	Verordnung über Gerichtsverfassung und Strafrechtspflege vom 4.1.1924 (RGBl. I S. 23)
EMöGG	Gesetz zur Erweiterung der Medienöffentlichkeit in Gerichtsverfahren und zur Verbesserung der Kommunikationshilfen für Menschen mit Sprach- und Hörbehinderungen (Gesetz über die Erweiterung der Medienöffentlichkeit in Gerichtsverfahren – EMöGG) vom 8.10.2017 (BGBl. I S. 3546)
EMRK	Konvention zum Schutze der Menschenrechte und Grundfreiheiten vom 4.11.1950 (BGBl. II S. 685, 953) i.d.F. der Bek. vom 22.10.2010 (BGBl. II S. 1198)
	1. ZP-EMRK vom 20.3.1952 (BGBl. 1956 II S. 1880)
	2. P-EMRK vom 6.5.1963 (BGBl. 1968 II S. 1112)
	3. P-EMRK vom 6.5.1963 (BGBl. 1968 II S. 1116)
	4. ZP-EMRK vom 16.9.1963 (BGBl. 1968 II S. 423)
	5. P-EMRK vom 20.1.1966 (BGBl. 1968 II S. 1120)
	6. ZP-EMRK vom 28.4.1983 (BGBl. 1988 II S. 662)
	7. ZP-EMRK vom 22.11.1984
	8. P-EMRK vom 19.3.1985 (BGBl. 1989 II S. 547)
	9. P-EMRK vom 6.11.1990 (BGBl. 1994 II S. 490)
	10. P-EMRK vom 25.3.1992 (BGBl. 1994 II S. 490)
	11. P-EMRK vom 11.5.1994 (BGBl. 1995 II S. 578)
	12. ZP-EMRK vom 4.11.2000
	13. ZP-EMRK vom 3.5.2002 (BGBl. 2004 II S. 982)
	14. P-EMRK vom 13.5.2004 (BGBl. 2006 II S. 138)
	14bis P-EMRK vom 27.5.2009
	15. P-EMRK vom 24.6.2013 (BGBl. 2014 II S. 1034)
	16. P-EMRK vom 2.10.2013
ENeuOG	Gesetz zur Neuordnung des Eisenbahnwesens (Eisenbahnneuordnungsgesetz – ENeuOG) vom 27.12.1993 (BGBl. I S. 2378) zuletzt geändert durch Art. 107 des Gesetzes vom 8.7.2016 (BGBl. I S. 1594)
ENFSI	European Network of Forensic Institute
EntlG	Gesetz zur Entlastung der Gerichte vom 11.3.1921 (RGBl. S. 229)
Entsch.	Entscheidung
entspr.	entsprechend
Entw.	Entwurf
Entw. 1908	Entwurf einer Strafprozeßordnung und Novelle zum Gerichtsverfassungsgesetz nebst Begründung (1908), E 1908, MatStrR-Ref. Bd. 11
Entw. 1909	Entwürfe 1. eines Gesetzes, betreffend Änderungen des Gerichtsverfassungsgesetzes, 2. der Strafprozeßordnung (1909), E 1909 RT-Verhandl. Bd. 254 Drucks. Nr. 1310 = MatStrRRef Bd. 12; Bericht der 7. Kommission des Reichstags 1909 bis 1911 zur Vorbereitung der Entwürfe 1. eines Gesetzes betreffend die Änderung des Gerichtsverfas-

	sungsgesetzes, 2. einer Strafprozeßordnung, 3. eines zu beiden Gesetzen gehörenden Einführungsgesetzes = MatStrRRef. Bd. 13
Entw. 1919/1920	Entwürfe 1. eines Gesetzes zur Änderung des Gerichtsverfassungsgesetzes (1919), 2. eines Gesetzes über den Rechtsgang in Strafsachen (1920), E 1919/1920, MatStrRRef. Bd. 14
Entw. 1930	Entwurf eines Einführungsgesetzes zum Allgemeinen Deutschen Strafgesetzbuch und zum Strafvollzugsgesetz 1930, EGStGB-Entw. 1930, RT-Drucks. Nr. 2070 = MatStrRRef. Bd. 7
Entw. 1939	Entwurf einer Strafverfahrensordnung und einer Friedens- und Schiedsmannsordnung (1939), StPO-Entw. 1939, Nachdruck 1954
EP	Europäisches Parlament
EPA	Europäisches Patentamt
EPO	s. ESA
EPPO	European Public Prosecutor's Office/Europäische Staatsanwaltschaft
EPZ	Europäische Politische Zusammenarbeit
ERA	Europäische Rechtsakademie (Trier)
ERA-Forum	ERA-Forum (Zeitschrift)
ErbR	Zeitschrift für die gesamte erbrechtliche Praxis
erg.	ergänzend
Erg.	Ergänzung; Ergebnis
ErgBd.	Ergänzungsband
Erl.	Erlass; Erläuterung(en)
ErwG	Erwägungsgrund
ESA	Europäische Schutzanordnung/European Protection Order (EPO)
EStG	Einkommensteuergesetz
ETS	European Treaty Series; Übereinkommen des Europarates (fortlaufend nummeriert; www.coe.int; ab 1949)
EU	Vertrag über die Europäische Union
EuAbgG	Europaabgeordnetengesetz vom 6.4.1979 (BGBl. I S. 413) zuletzt geändert durch Art. 2 des Gesetzes vom 11.7.2014 (BGBl. I S. 906)
EuAlÜbk	Europäisches Auslieferungsübereinkommen vom 13.12.1957 (ETS 024; BGBl. 1964 II S. 1369); 2. ZP EuAlÜbk vom 17.3.1978 (ETS 098; BGBl. 1990 II S. 118; 1991 II S. 874)
EUAlÜbk	Übereinkommen vom 27.9.1996 aufgrund von Artikel K.3 des Vertrags über die Europäische Union über die Auslieferung zwischen den Mitgliedstaaten der Europäischen Union (ABlEG Nr. C 313/11 vom 23.10.1996; BGBl. 1998 II S. 2253)
EuArch	Europa-Archiv
EUBestG	Gesetz zu dem Protokoll vom 27. September 1996 zum Übereinkommen über den Schutz der finanziellen Interessen der Europäischen Gemeinschaften (EU-Bestechungsgesetz – EUBestG) vom 10.9.1998 (BGBl. II S. 2340)
EUC	Charta der Grundrechte der Europäischen Union
EUCARIS	Vertrag über ein Europäisches Fahrzeug- und Führerscheininformationssystem
EuCLR	European Criminal Law Review (Zeitschrift)
eucrim	Journal for the Protection of the Financial Interests of the European Communities
EuDrogenÜbk	Übereinkommen vom 31.1.1995 über den unerlaubten Verkehr mit Drogen auf hoher See zur Durchführung des Art. 17 des Übereinkommens der Vereinten Nationen vom 20.12.1988 gegen den unerlaubten Verkehr mit Suchtstoffen und psychotropen Stoffen (ETS 156; BGBl. 2000 II S. 1313)
EuG	Europäisches Gericht erster Instanz (Luxemburg)
EuGeldwÜbk	Übereinkommen vom 8.11.1990 über Geldwäsche sowie Ermittlung, Beschlagnahme und Einziehung von Erträgen aus Straftaten (ETS 141; BGBl. 1998 II S. 519)
EuGH	Gerichtshof der Europäischen Union
EuGH Slg.	Entscheidungen des Gerichtshofs der Europäischen Union (EuGH) – Amtliche Sammlung
EuGHG	Gesetz vom 6.8.1998 betreffend die Anrufung des Gerichtshofs der Europäischen Gemeinschaften im Wege des Vorabentscheidungsverfahrens auf dem Gebiet der polizei-

	lichen Zusammenarbeit und der justitiellen Zusammenarbeit in Strafsachen nach Art. 35 des EU-Vertrages – EuGHG (BGBl. 1998 I S. 2035; 1999 II S. 728)
EuGRAG	Gesetz zur Durchführung der Richtlinie des Rates der EG vom 22.3.1977 zur Erleichterung der tatsächlichen Ausübung des freien Dienstleistungsverkehrs der Rechtsanwälte vom 16.8.1980 (BGBl. I S. 1453)
EuGRZ	Europäische Grundrechte-Zeitschrift
EuHb	Europäischer Haftbefehl/European Arrest Warrant (EAW)
EuHbG	Gesetz zur Umsetzung des Rahmenbeschlusses über den Europäischen Haftbefehl und die Übergabeverfahren zwischen den Mitgliedstaaten der Europäischen Union (Europäisches Haftbefehlsgesetz – EuHbG) vom 21.7.2004 (BGBl. I S. 1748) und vom 20.7.2006 (BGBl. I S. 1721)
EuJCCCJ	European Journal of Crime, Criminal Law and Criminal Justice (Zeitschrift)
EuKonv	Europäischer Konvent
EUMC	s. ECRI
EuOEÜbk	Europäisches Übereinkommen vom 24.11.1983 über die Entschädigung für Opfer von Gewalttaten (ETS 116; BGBl. 2000 II S. 1209)
EuR	Europarecht (Zeitschrift)
EuRAG	Gesetz über die Tätigkeit europäischer Rechtsanwälte in Deutschland vom 9.3.2000 (BGBl. I S. 182) zuletzt geändert durch Art. 24 des Gesetzes vom 5.10.2021 (BGBl. I S. 4607)
EuRhÜbk	Europäisches Übereinkommen über die Rechtshilfe in Strafsachen vom 20.4.1959 (ETS 30; BGBl. 1964 II S. 1369; 1976 II S. 1799); ZP EuRhÜbk vom 17.3.1978 (ETS 99; BGBl. 1990 II S. 124; 1991 II S. 909); 2. ZP EuRHÜbk vom 8.11.2001 (ETS 182)
EURhÜbk	Rechtshilfeübereinkommen der Mitgliedstaaten der Europäischen Union vom 29.5.2000, ABlEG Nr. C 197 vom 12.7.2000, S. 1; ZP EURHÜbk vom 16.10.2001 (ABlEG Nr. C 326 vom 21.11.2001, S. 1)
EurJCrimeCrLJ	European Journal of Crime, Criminal Law and Criminal Justice
EURODAC	Daktyloskopische Datenbank im Rahmen von Asylantragsverfahren
Eurojust	Europäische Justitielle Clearing- und Dokumentationsstelle (Den Haag)
Europol	Europäisches Polizeiamt (Den Haag)
EuropolG	Europolgesetz vom 16.12.1997 (BGBl. II S. 2150)
EuropolÜbk	Übereinkommen vom 26.7.1995 auf Grund von Artikel K.3 des EUV über die Errichtung eines Europäischen Polizeiamtes, ABlEG Nr. C 316 vom 27.11.1995, S. 1
EuropolVO	Verordnung (EU) 2016/794 des Europäischen Parlaments und des Rates vom 11. Mai 2016 über die Agentur der Europäischen Union für die Zusammenarbeit auf dem Gebiet der Strafverfolgung (Europol) und zur Ersetzung und Aufhebung der Beschlüsse 2009/371/JI, 2009/934/JI, 2009/935/JI, 2009/936/JI und 2009/968/JI des Rates, ABlEU Nr. L 135 vom 23.5.2016, S. 53
EuroPris	European Organisation of Prison and Correctional Services
EUStA	Europäische Staatsanwaltschaft
EUStA-VO	Verordnung (EU) 2017/1939 des Rates vom 12.10.2017 zur Durchführung einer Verstärkten Zusammenarbeit zur Errichtung der Europäischen Staatsanwaltschaft (EUStA)
EuTerrÜbk	Übereinkommen zur Bekämpfung des Terrorismus vom 27.1.1977 (ETS 90; BGBl. 1978 II S. 321, 907)
EUV	Vertrag über die Europäische Union
EUVEntw	Entwurf einer Europäischen Verfassung i.d.F des am 18.6.2004 zwischen den Staats- und Regierungschefs erzielten Konsenses (Dokument der Regierungskonferenz CIG 86/04 vom 25.6.2004)
EUVereinfAlÜbk	Übereinkommen vom 10.3.1995 aufgrund von Artikel K.3 des Vertrags über die Europäische Union über das vereinfachte Auslieferungsverfahren zwischen den Mitgliedstaaten der Europäischen Union (ABlEG Nr. C 78 vom 30.3.1995, S. 1; BGBl. 1998 II S. 2229)
EuVKonv	Entwurf eines Vertrags über eine Verfassung für Europa – vom Europäischen Konvent im Konsensverfahren angenommen am 13.6. und 10.7.2003 – dem Präsidenten des Europäischen Rates in Rom überreicht am 18.7.2003
EuZ	Zeitschrift für Europarecht (Schweiz)

EuZA	Europäische Zeitschrift für Arbeitsrecht
EuZW	Europäische Zeitschrift für Wirtschaftsrecht
evt.	eventuell
EWG	Europäische Wirtschaftsgemeinschaft
EWGV	Vertrag zur Gründung der Europäischen Wirtschaftsgemeinschaft vom 25.3.1957 (BGBl. II S. 766)
EWiR	Entscheidungen zum Wirtschaftsrecht
EWR-Abk.	Gesetz zu dem Abkommen vom 2.5.1992 über den Europäischen Wirtschaftsraum
EYHR	European Yearbook on Human Rights
EZAR	Entscheidungssammlung zum Zuwanderungs-, Asyl- und Freizügigkeitsrecht
EzSt	Entscheidungssammlung zum Straf- und Ordnungswidrigkeitenrecht, 1983 bis 1990 (Loseblattausgabe)
f., ff.	folgende
FAG	Gesetz über Fernmeldeanlagen vom 6.4.1892 i.d.F. der Bek. vom 3.7.1989 (BGBl. I S. 1455); ersetzt durch das TKG
FamFG	Gesetz über das Verfahren in Familiensachen und in den Angelegenheiten der freiwilligen Gerichtsbarkeit (FamFG), Art. 1 des Gesetzes vom 17.12.2008 (BGBl. I S. 2586, 2009 I S. 1102)
FamPLG	Gesetz über Aufklärung, Verhütung, Familienplanung und Beratung vom 27.7.1992 (BGBl. I S. 1398) nun Schwangerschaftskonfliktgesetz (SchKG)
FamRZ	Zeitschrift für das gesamte Familienrecht
FAO	Fachanwaltsordnung i.d.F. vom 1.1.2020
FG	Finanzgericht/Festgabe
FGG	Gesetz über die Angelegenheiten der freiwilligen Gerichtsbarkeit vom 17.5.1898 i.d.F. der Bek. vom 20.5.1898 (RGBl. S. 771) aufgehoben durch Art. 112 Abs. 1 des Gesetzes vom 17.12.2008 (BGBl. I S. 2586)
FGO	Finanzgerichtsordnung, neugefasst durch Bek. vom 28.3.2001 (BGBl. I S. 442, 2262, 2002 I S. 679)
FGPrax	Praxis der freiwilligen Gerichtsbarkeit
1. FiMaNoG	Erstes Gesetz zur Novellierung von Finanzmarktvorschriften auf Grund europäischer Rechtsakte (Erstes Finanzmarktnovellierungsgesetz) vom 30.6.2016 (BGBl. I S. 1514)
2. FiMaNoG	Zweites Gesetz zur Novellierung von Finanzmarktvorschriften auf Grund europäischer Rechtsakte (Zweites Finanzmarktnovellierungsgesetz) vom 23.6.2017 (BGBl. I S. 1693)
FinB	Finanzbehörde
FinVerwG	Gesetz über die Finanzverwaltung vom 6.9.1950 (BGBl. I S. 448) i.d.F. der Bek. vom 30.8.1971 (BGBl. I S. 1426)
FLF	Finanzierung Leasing Factoring (Zeitschrift)
FlRG	Gesetz über das Flaggenrecht der Seeschiffe und die Flaggenführung der Binnenschiffe (Flaggenrechtsgesetz) vom 8.2.1951 i.d.F. der Bek. vom 29.10.1994 (BGBl. I S. 3140)
FIU	Financial Intelligence Unit
Fn.	Fußnote
FN A	Fundstellennachweis des Deutschen Bundesrechts, Bundesrecht ohne völkerrechtliche Vereinbarungen und Verträge mit der DDR
FN B	Fundstellennachweis des Deutschen Bundesrechts, Völkerrechtliche Vereinbarungen und Verträge mit der DDR
FO	Fernmeldeordnung i.d.F. der Bek. vom 5.5.1971 (BGBl. I S. 541)
FoR	Forum Recht (Zeitschrift)
FP-IPBPR	1. Fakultativprotokoll zum Internationalen Pakt über bürgerliche und politische Rechte vom 19.12.1966 (BGBl. 1992 II S. 1247)
2. FP-IPBPR	2. Fakultativprotokoll zu dem Internationalen Pakt über bürgerliche und politische Rechte zur Abschaffung der Todesstrafe vom 15.12.1989 (BGBl. 1992 II S. 390)

FPR	Familie Partnerschaft Recht
FRA	Agentur der Europäischen Union für Grundrechte/Agency for Fundamental Rights
FRONTEX	Europäische Grenzschutzagentur
FS	Forum Strafvollzug – Zeitschrift für Strafvollzug und Straffälligenhilfe (früher ZfStrV)
FS (Name)	Festschrift, auch Festgabe usw. (angefügt Name des Geehrten)
FuR	Familie und Recht
G 10	Gesetz zur Beschränkung des Brief-, Post- und Fernmeldegeheimnisses vom 26.6.2001 (BGBl. I S. 1254)
GA	Goltdammer's Archiv für Strafrecht, zitiert nach Jahr und Seite (bis 1933: Archiv für Strafrecht und Strafpolitik, zitiert nach Band und Seite)
GASP	Gemeinsame Außen- und Sicherheitspolitik
GBA	Generalbundesanwalt
GBl.	Gesetzblatt
GBl./DDR I, II	Gesetzblatt der Deutschen Demokratischen Republik, Teil I und II (1949 bis 1990)
GDolmG	Gesetz über die allgemeine Beeidigung von gerichtlichen Dolmetschern (Gerichtsdolmetschergesetz) vom 10.12.2019 (BGBl. I S. 2121, 2124)
GedS	Gedächtnisschrift (angefügt Name des Geehrten)
gem.	gemäß
GemDatG	Gesetz zur Errichtung gemeinsamer Dateien von Polizeibehörden und Nachrichtendiensten des Bundes und der Länder vom 22.12.2006 (Gemeinsame-Dateien-Gesetz) (BGBl. I S. 3409)
GemProt.	Gemeinsames Protokoll
GenG	Gesetz betreffend die Erwerbs- und Wirtschaftsgenossenschaften vom 1.5.1889, neugefasst durch Bek. vom 16.10.2006 (BGBl. I S. 2230)
GenStA	Generalstaatsanwaltschaft
GerS	Der Gerichtssaal (1849–1942)
Ges.	Gesetz
GeschlkrG	Gesetz zur Bekämpfung der Geschlechtskrankheiten vom 23.7.1953 (BGBl. I S. 700)
GeschO	Geschäftsordnung
GETZ	Gemeinsames Extremismus- und Terrorismusabwehrzentrum
GewO	Gewerbeordnung vom 21.6.1869, neugefasst durch Bek. vom 22.2.1999 (BGBl. I S. 202)
GewSchG	Gesetz vom 11.12.2001 zur Verbesserung des zivilgerichtlichen Schutzes bei Gewalttaten und Nachstellungen sowie zur Erleichterung der Überlassung der Ehewohnung bei Trennung (Gewaltschutzgesetz – GewSchG; BGBl. I S. 3513)
GewVerbrG	Gesetz gegen gefährliche Gewohnheitsverbrecher und über Maßregeln der Sicherung und Besserung vom 24.11.1933 (RGBl. I S. 995)
GG	Grundgesetz für die Bundesrepublik Deutschland vom 23.5.1949 (BGBl. S. 1)
ggf.	gegebenenfalls
GKG	Gerichtskostengesetz vom 5.5.2004 (BGBl. I S. 718)
GKI	Gemeinsame Kontrollinstanz
GKÖD	Gesamtkommentar Öffentliches Dienstrecht
GLY	German Law Journal (Internet-Zeitschrift; www.germanlawjournal.de)
GmbH	Gesellschaft mit beschränkter Haftung
GmbHG	Gesetz betreffend die Gesellschaften mit beschränkter Haftung vom 20.4.1892 (RGBl. S. 477)
GMBl.	Gemeinsames Ministerialblatt
GmS-OGB	Gemeinsamer Senat der obersten Gerichtshöfe des Bundes
GnO	Gnadenordnung
GNotKG	Gesetz über Kosten der freiwilligen Gerichtsbarkeit für Gerichte und Notare (Gerichts- und Notarkostengesetz) vom 23.7.2013
GoJIL	Göttingen Journal of International Law (Online-Zeitschrift)
GoltdA	s. GA

G&R	Geldwäsche & Recht (Zeitschrift)
GRC	Europäische Grundrechtecharta
grds.	grundsätzlich
GRECO	Group of States against Corruption
GreifRecht	Greifswalder Halbjahresschrift für Rechtswissenschaft
GRETA	Group of Experts on Action against Trafficking in Human Beings
GREVIO	Expertengruppe zur Überwachung des Übereinkommens zum Schutz von Frauen vor Gewalt und häuslicher Gewalt (CETS 210)
GrSSt	Großer Senat in Strafsachen
Gruchot	Beiträge zur Erläuterung des deutschen Rechts, begründet von Gruchot
GRUR	Gewerblicher Rechtsschutz und Urheberrecht (Zeitschrift)
GRURInt	Gewerblicher Rechtsschutz und Urheberrecht International (Zeitschrift)
GS	Gesetzessammlung
GSNW	Sammlung des bereinigten Landesrechts Nordrhein-Westfalen (1945–56)
GSSchlH	Sammlung des schleswig-holsteinischen Landesrechts, 2 Bände (1963)
GStA	Generalstaatsanwalt
GSZ	Zeitschrift für das Gesamte Sicherheitsrecht
GÜG	Gesetz zur Überwachung des Verkehrs mit Grundstoffen, die für die unerlaubte Herstellung von Betäubungsmitteln mißbraucht werden können (Grundstoffüberwachungsgesetz – GÜG) vom 7.10.1994 (BGBl. I S. 2835)
GuP	Gesundheit und Pflege (Zeitschrift)
GÜV	Gesetz zur Überwachung strafrechtlicher und anderer Verbringungsverbote vom 24.5.1961 (BGBl. I S. 607)
GV	Gemeinsame Verfügung (mehrerer Ministerien)
GVBl.	Gesetz- und Verordnungsblatt
GVBl. II	Sammlung des bereinigten Hessischen Landesrechts
GVG	Gerichtsverfassungsgesetz vom 27.1.1877 i.d.F. der Bek. vom 9.5.1975 (BGBl. I S. 1077)
GVGA	Geschäftsanweisung für Gerichtsvollzieher
GVGÄG 1971	Gesetz zur Änderung des Gerichtsverfassungsgesetzes vom 8.9.1971 (BGBl. I S. 1513)
GVGÄG 1974	Gesetz zur Änderung des Gerichtsverfassungsgesetzes vom 25.3.1974 (BGBl. I S. 761)
GVG/DDR	Gesetz über die Verfassung der Gerichte der Deutschen Demokratischen Republik – Gerichtsverfassungsgesetz – vom 27.9.1974 (GBl. I S. 457)
GVO	Gerichtsvollzieherordnung
GVVG-ÄndG	Gesetz zur Änderung der Verfolgung der Vorbereitung von schweren staatsgefährdenden Gewalttaten vom 12.6.2015 (BGBl. I S. 926)
GVVO	Verordnung zur einheitlichen Regelung der Gerichtsverfassung vom 20.3.1935 (RGBl. I S. 403) in der im BGBl. III Gliederungsnummer 300-5 veröffentlichten bereinigten Fassung
GWB	Gesetz gegen Wettbewerbsbeschränkungen vom 27.7.1957 i.d.F. der Bek. vom 26.8.1998 (BGBl. I S. 2546)
GwG	Gesetz über das Aufspüren von Gewinnen aus schweren Straftaten (Geldwäschegesetz – GwG) vom 25.10.1993 (BGBl. I S. 1770)
GWR	Gesellschafts- und Wirtschaftsrecht (Zeitschrift)
GWuR	Geldwäsche & Recht (Zeitschrift)
GYIL	German Yearbook of International Law (Zeitschrift)
Haager Abk.	Haager Abkommen über den Zivilprozeß vom 17.7.1905 (RGBl. 1909 S. 409)
HalbleiterschutzG	Gesetz über den Schutz der Topographien von mikroelektronischen Halbleitererzeugnissen (Halbleiterschutzgesetz) vom 22.10.1987 (BGBl. I S. 2294)
Hamb.	Hamburg
HambJVBl.	Hamburgisches Justizverwaltungsblatt
Hans.	Hanseatisch
HansGZ	Hanseatische Gerichtszeitung (1880 bis 1927)
HansJVBl.	Hanseatisches Justizverwaltungsblatt (bis 1946/47)

HansOLGSt	Entscheidungen des Hanseatischen Oberlandesgerichts in Strafsachen (1879 bis 1932/33)
HansRGZ	Hanseatische Rechts- und Gerichtszeitschrift (1928–43), vorher: HansGZ (1880–1927)
HansRZ	Hanseatische Rechtzeitschrift für Handel, Schiff-Fahrt und Versicherung, Kolonial- und Auslandsbeziehungen sowie für Hansestädtisches Recht (1918 bis 1927)
HbStrVf/*Verfasser*	Handbuch zum Strafverfahren, hrsg. von Heghmanns/Scheffler
HdR	Handwörterbuch der Rechtswissenschaft, hrsg. von Stier-Somlo und Elster (1926 bis 1937)
Hess.	Hessen
HESt	Höchstrichterliche Entscheidungen, Sammlung von Entscheidungen der Oberlandesgerichte und der Obersten Gerichte in Strafsachen (1948–49)
HGB	Handelsgesetzbuch vom 10.5.1897 (RGBl. S. 219)
HKÜ	Haager Übereinkommen über die zivilrechtlichen Aspekte internationaler Kindesentführung vom 25.10.1980
h.M.	herrschende Meinung
HmbStVollzG	Hamburgisches Strafvollzugsgesetz
HRC	Human Rights Committee – UN-Menschenrechtsausschuss
HRLJ	Human Rights Law Journal
HRLR	Human Rights Law Review
HRN	Hamburger Rechtsnotizen (Zeitschrift)
HRR	Höchstrichterliche Rechtsprechung (1928 bis 1942)
HRRS	Online-Zeitschrift für Höchstrichterliche Rechtsprechung im Strafrecht (www.hrr-strafrecht.de)
HRSt	Entscheidungen zum Strafrecht, Strafverfahrensrecht und zu den Nebengebieten (Höchstrichterliche Rechtsprechung) (ab 1996)
Hs.	Halbsatz
HSOG	Hessisches Gesetz über die öffentliche Sicherheit und Ordnung
HStVollzG	Hessisches Strafvollzugsgesetz
HUDOC	Human Rights Documentation des Europarates
HuV-I	Humanitäres Völkerrecht – Informationsschriften
HV	Hauptverhandlung
IAGMR	Interamerikanischer Gerichtshof für Menschenrechte
ICC	s. IStGH
ICC-Statut	s. IStGH-Statut
ICJ	s. IGH
ICLQ	The International and Cooperative Law Quarterly
ICLR	International Criminal Law Review
ICPA	International Corrections and Prisons Association
ICTR	Internationaler Strafgerichtshof für Ruanda
ICTY	Internationaler Strafgerichtshof für das ehemalige Jugoslawien
i.d.F.	in der Fassung
i.d.R.	in der Regel
i.E.	im Ergebnis
i.e.S.	im engeren Sinne
IFCCLGE	International Forum on Crime and Criminal Law in the Global Era (Peking)
IGH	Internationaler Gerichtshof ICJ (Den Haag)
i.H.v.	in Höhe von
IKV	Internationale Kriminalistische Vereinigung
ILEA	International Law Enforcement Academy
ILO	International Labour Organization (Internationale Arbeitsorganisation)
InfAuslR	Informationsbrief Ausländerrecht
INPOL	Informationssystem der Polizei
InsO	Insolvenzordnung vom 5.10.1994 (BGBl. I S. 2866)

INTERPA	International Association of Police Academies
IPBPR	Internationaler Pakt über bürgerliche und politische Rechte vom 19.12.1966 (BGBl. 1973 II S. 1534)
IPBPRG	Zustimmungsgesetz zu dem Internationalen Pakt über bürgerliche und politische Rechte vom 15.11.1973 (BGBl. II S. 1533)
IPWSKR	Internationaler Pakt über die wirtschaftlichen, sozialen und kulturellen Rechte vom 19.12.1966 (BGBl. 1973 II S. 1570)
IRG	Gesetz über die internationale Rechtshilfe in Strafsachen i.d.F. der Bek. vom 27.6.1994 (BGBl. I S. 1537)
i.S.	im Sinne
i.S.d.	im Sinne des/der
IStR	Internationales Steuerrecht – Zeitschrift für europäische und internationale Wirtschaftsberatung
i.S.v.	im Sinne von
IStGH	Internationaler Strafgerichtshof ICC (Den Haag)
IStGHG	Gesetz über die Zusammenarbeit mit dem Internationalen Strafgerichtshof vom 21.6.2002 (BGBl. I S. 2144)
IStGHSt	Gesetz vom 4.12.2000 zum Römischen Statut des Internationalen Strafgerichtshofs vom 17. Juli 1998 – IStGH-Statutgesetz (BGBl. II S. 1393)
ITRB	IT-Rechts-Berater
Iurratio	Zeitschrift für Stud. iur und junge Juristen
i.V.m.	in Verbindung mit
IWG	International Working Group on Police Undercover Activities
i.w.S.	im weiteren Sinne
JA	Juristische Arbeitsblätter für Ausbildung und Examen
JahrbÖR	Jahrbuch des öffentlichen Rechts der Gegenwart
JahrbPostw.	Jahrbuch des Postwesens (1937 bis 1941/42)
JAVollzO	Jugendarrestvollzugsordnung vom 12.8.1966 i.d.F. der Bek. vom 30.11.1976 (BGBl. I S. 3270)
JBeitrO	Justizbeitreibungsordnung vom 11.3.1937 (RGBl. I S. 298)
JBl.	Justizblatt/Juristische Blätter (Österreich)
JBlRhPf.	Justizblatt Rheinland-Pfalz
JBlSaar	Justizblatt des Saarlandes
JGG	Jugendgerichtsgesetz vom 4.8.1953 i.d.F. der Bek. vom 11.12.1974 (BGBl. I S. 3427)
JICJ	Journal of International Criminal Justice
JIR	Jahrbuch für internationales Recht
JK	Jura-Kartei
JKassO	Justizkassenordnung
JKomG	Gesetz über die Verwendung elektronischer Kommunikationsformen in der Justiz (Justizkommunikationsgesetz – JKomG) vom 22.3.2005 (BGBl. I S. 832)
JKostG	Justizkostengesetz (Landesrecht)
JLCJ	Journal of Law and Criminal Justice
jM	juris – Die Monatsschrift
JMBl.	Justizministerialblatt
JMBlNRW, JMBlNW	Justizministerialblatt für das Land Nordrhein-Westfalen
JMK	Justizministerkonferenz (Konferenz der Landesjustizministerinnen und -minister)
JoJZG	Journal der Juristischen Zeitgeschichte
JOR	Jahrbuch für Ostrecht
JöR	Jahrbuch des öffentlichen Rechts
JP	Juristische Person
JR	Juristische Rundschau
JRP	Journal für Rechtspolitik
JSt	Journal für Strafrecht

JStVollzG (NRW)	Gesetz zur Regelung des Vollzuges der Freiheitsstrafe in Nordrhein-Westfalen (Straf-vollzugsgesetz Nordrhein-Westfalen – StVollzG NRW) vom 27.1.2015 (GVNRW S. 76)
JStVollzG (Saar-land)	Gesetz über den Vollzug der Freiheitsstrafe im Saarland (Saarländisches Strafvollzugs-gesetz – SLStVollzG) vom 24.4.2013 (ABl. I S. 116)
JugG	Jugendgericht
JugK	Jugendkammer
JugSchG	Jugendschöffengericht
JugStrafgG	Gesetz über die Zusammenarbeit mit dem Internationalen Strafgerichtshof für das ehe-malige Jugoslawien (Jugoslawien-Strafgerichtshof-Gesetz) vom 10.4.1995 (BGBl. I S. 485)
Jura	Juristische Ausbildung (Zeitschrift)
JUFIL	Journal on the Use of Force and International Law
JurBüro	Das juristische Büro (Zeitschrift)
JurJahrb.	Juristen-Jahrbuch
JuS	Juristische Schulung (Zeitschrift)
JustG NRW	Gesetz über die Justiz im Land Nordrhein-Westfalen (Justizgesetz Nordrhein-Westfa-len – JustG NRW) vom 1.1.2011 (GVNRW S. 30)
Justiz	Die Justiz, Amtsblatt des Justizministeriums Baden-Württemberg
JV	Justizverwaltung
JVA	Justizvollzugsanstalt
JVBl.	Justizverwaltungsblatt
JVEG	Gesetz über die Vergütung von Sachverständigen, Dolmetscherinnen, Dolmetschern, Übersetzerinnen und Übersetzern sowie die Entschädigung von ehrenamtlichen Rich-terinnen, ehrenamtlichen Richtern, Zeuginnen, Zeugen und Dritten (Justizvergütungs-und -entschädigungsgesetz) vom 5.5.2004 (BGBl. I S. 718)
JVerwA	Justizverwaltungsakt
JVerwB	Justizverwaltungsbehörde
JVKostG	Gesetz über Kosten in Angelegenheiten der Justizverwaltung vom 23.7.2013 (BGBl. I S. 2586)
JVKostO	Verordnung über Kosten im Bereich der Justizverwaltung vom 14.2.1940 (RGBl. I S. 357) – ersetzt durch das JVKostG mit Wirkung zum 1.8.2013 (BGBl. I S. 2586)
JVollz.	Jugendstrafvollzugsordnung: s. auch JAVollzO
JVollzGB	Gesetzbuch über den Justizvollzug in Baden-Württemberg
JW	Juristische Wochenschrift
JZ	Juristen-Zeitung
1. JuMoG	Erstes Gesetz zur Modernisierung der Justiz (1. Justizmodernisierungsgesetz) vom 24.8.2004 (BGBl. I S. 2198)
2. JuMoG	Zweites Gesetz zur Modernisierung der Justiz (2. Justizmodernisierungsgesetz) vom 22.10.2006 (BGBl. I S. 3416)
Kap.	Kapitel
KAS	Konrad-Adenauer-Stiftung
kes	Zeitschrift für Informations-Sicherheit
KFZ	Kraftfahrzeug
KG	Kammergericht/Kommanditgesellschaft
KGJ	Jahrbuch der Entscheidungen des Kammergerichts in Sachen der freiwilligen Ge-richtsbarkeit, in Kosten-, Stempel- und Strafsachen (1881–1922)
KJ	Kritische Justiz (Zeitschrift)
KO	Konkursordnung vom 10.2.1877 i.d.F. der Bek. vom 20.5.1898 (RGBl. S. 612)
KoDD	Koordinierungsdauerdienst (Eurojust)
KOM	Dokument(e) der Europäischen Kommission
KonsG	Gesetz über die Konsularbeamten, ihre Aufgaben und Befugnisse (Konsulargesetz) vom 1.9.1974 (BGBl. I S. 2317)
KostÄndG	Gesetz zur Änderung und Ergänzung kostenrechtlicher Vorschriften vom 26.7.1957 (BGBl. I S. 861)

KostRMoG	Gesetz zur Modernisierung des Kostenrechts vom 5.5.2004 – Kostenrechtsmodernisierungsgesetz (BGBl. I S. 718)
2. KostRMoG	Zweites Gesetz zur Modernisierung des Kostenrechts vom 23.7.2013 – 2. Kostenrechtsmodernisierungsgesetz (BGBl. I S. 2586)
KostMaßnG	Gesetz über Maßnahmen auf dem Gebiet des Kostenrechts vom 7.8.1952 (BGBl. I S. 401)
KostO	Gesetz über die Kosten in Angelegenheiten der freiwilligen Gerichtsbarkeit i.d.F. der Bek. vom 26.7.1957 (BGBl. I S. 861) – ersetzt durch das GNotKG mit Wirkung zum 1.8.2013
KostRÄndG 1994	Gesetz zur Änderung von Kostengesetzen und anderen Gesetzen (Kostenrechtsänderungsgesetz 1994 – KostRÄndG 1994) vom 24.6.1994 (BGBl. I S. 1325)
KostRspr.	Kostenrechtsprechung (Loseblattsammlung)
KostVfg.	Kostenverfügung, Durchführungsbestimmungen zu den Kostengesetzen
K&R	Kommunikation und Recht (Zeitschrift)
KrG	Kreisgericht
Kriminalist	Der Kriminalist (Zeitschrift)
Kriminalistik	Kriminalistik, Zeitschrift für die gesamte kriminalistische Wissenschaft und Praxis
KrimJ	Kriminologisches Journal
KrimOJ	Kriminologie – Das Online-Journal
KrimPäd.	Kriminalpädagogische Praxis (Zeitschrift)
KriPoZ	Kriminalpolitische Zeitschrift
Krit.	Kritisch
KritV/CritQ/RCrit	Kritische Vierteljahresschrift für Gesetzgebung und Rechtswissenschaft/Critical Quarterly for Legislation and Law/Revue critique trimestrielle de jurisprudence et de législation
KronzG	Gesetz zur Einführung einer Kronzeugenregelung bei terroristischen Straftaten (Art. 4 des StGBÄndG 1989) vom 9.6.1989 (BGBl. I S. 1059)
KronzVerlG	Gesetz zur Änderung des Gesetzes zur Änderung des Strafgesetzbuches, der Strafprozeßordnung und des Versammlungsgesetzes und zur Einführung einer Kronzeugenregelung bei terroristischen Straftaten (Kronzeugen-Verlängerungs-Gesetz) vom 16.2.1993 (BGBl. I S. 238)
2. KronzVerlG	Zweites Gesetz zur Änderung des Gesetzes zur Änderung des Strafgesetzbuches, der Strafprozeßordnung und des Versammlungsgesetzes und zur Einführung einer Kronzeugenregelung bei terroristischen Straftaten (2. Kronzeugen-Verlängerungs-Gesetz) vom 19.1.1996 (BGBl. I S. 58)
KSI	Krisen-, Sanierungs- und Insolvenzberatung (Zeitschrift)
KSZE	Konferenz für Sicherheit und Zusammenarbeit in Europa
KSzW	Kölner Schrift zum Wirtschaftsrecht
KUG	Gesetz über das Urheberrecht an Werken der bildenden Künste und der Fotografie vom 9.1.1907 (RGBl. S. 7)
KUP	Kriminologie und Praxis (Schriftenreihe der Kriminologischen Zentralstelle)
KuR	Kirche und Recht (Zeitschrift)
KUR	Kunst und Recht (Zeitschrift)
k + v	Kraftfahrt und Verkehrsrecht, Zeitschrift der Akademie für Verkehrswissenschaft
KVGKG	Kostenverzeichnis (Anlage 1 zum GKG)
KWKG	Gesetz über die Kontrolle von Kriegswaffen i.d.F. der Bek. vom 22.11.1990 (BGBl. I S. 2506)
LDÜJG RP	Landesgesetz über Dolmetscherinnen und Dolmetscher und Übersetzerinnen und Übersetzer in der Justiz (LDÜJG) vom 10.9.2008 (GVBl. 358)
LegPer.	Legislaturperiode
Lfg.	Lieferung
LFGB	Lebensmittel-, Bedarfsgegenstände- und Futtermittelgesetzbuch
LG	Landgericht
LJV	Landesjustizverwaltung
LKA	Landeskriminalamt

LKV	Landes- und Kommunalverwaltung (Zeitschrift)
LM	Nachschlagewerk des Bundesgerichtshofs (Loseblattsammlung), hrsg. von Lindenmaier/Möhring u.a.
LMBG	Gesetz über den Verkehr mit Lebensmitteln, Tabakerzeugnissen, kosmetischen Mitteln und sonstigen Bedarfsgegenständen (Lebensmittel- und Bedarfsgegenständegesetz) i.d.F. der Bek. vom 9.9.1997 (BGBl. I S. 2297) aufgehoben durch Art. 8 des Gesetzes vom 4.4.2016 (BGBl. I S. 569)
LMG (1936)	Gesetz über den Verkehr mit Lebensmitteln und Bedarfsgegenständen (Lebensmittelgesetz) vom 5.7.1927 i.d.F. der Bek. vom 17.1.1936 (RGBl. I S. 17)
LPartG	Gesetz über die Eingetragene Lebenspartnerschaft (Lebenspartnerschaftsgesetz) vom 16.2.2001 (BGBl. I S. 266)
LPG	Landespressegesetz
LRE	Sammlung lebensmittelrechtlicher Entscheidungen
Ls.	Leitsatz
LuftFzgG	Gesetz über Rechte an Luftfahrzeugen vom 26.2.1959 (BGBl. I 57)
LuftVG	Luftverkehrsgesetz i.d.F. der Bek. vom 27.3.1999 (BGBl. I S. 550)
LuftVO	Luftverkehrs-Ordnung i.d.F. der Bek. vom 27.3.1999 (BGBl. I S. 580)
LV	Literaturverzeichnis, Schrifttumsverzeichnis
LVerf.	Landesverfassung
LVG	Landesverwaltungsgericht
LZ	Leipziger Zeitschrift für Deutsches Recht (1907 bis 1933)
MABl.	Ministerialamtsblatt
MarkenG	Gesetz über den Schutz von Marken und sonstigen Kennzeichen (Markengesetz – MarkenG) vom 25.10.1994 (BGBl. I S. 3082, 1995 I S. 156, 1996 I S. 682)
Mat.	s. Hahn
MatStrRRef.	Materialien zur Strafrechtsreform, herausgegeben vom BMJ, Bd. 1–15 (1954–1960) (s. auch Entw.)
MBl.	Ministerialblatt
MDR	Monatsschrift für Deutsches Recht
MedR	Medizinrecht (Zeitschrift)
medstra	Zeitschrift für Medizinstrafrecht
MEPA	Mitteleuropäische Polizeiakademie
MiStra.	Anordnung über Mitteilungen in Strafsachen vom 15.3.1985 i.d.F. der Bek. vom 29.4.1998, bundeseinheitlich
MittKV	Mitteilungen der Internationalen Kriminalistischen Vereinigung (1889 bis 1914; 1926 bis 1933)
MMR	MultiMedia und Recht (Zeitschrift)
MOG	Gesetz zur Durchführung der Gemeinsamen Marktorganisation vom 31.8.1972 (BGBl. I S. 1617)
MONEYVAL	Committee of Experts on the Evaluation of Anti-Money Laundering Measures and the Financing of Terrorism
Mot.	Begründung zur Strafprozeßordnung bei Hahn (s. dort)
MR	Medien und Recht (Österreich)
MRG	Militärregierungsgesetz
MSchrKrim.	Monatsschrift für Kriminologie und Strafrechtsreform
MSchrKrimPsych.	Monatsschrift für Kriminalpsychologie und Strafrechtsreform (1904/05 bis 1936)
MStGO	Militärstrafgerichtsordnung i.d.F. der Bek. vom 29.9.1936 (RGBl. I S. 755)
Muster-Entw.	Muster-Entwurf eines einheitlichen Polizeigesetzes, verabschiedet von der JMK am 10./11.6.1976, geändert durch Beschluss der JMK vom 25.11.1977
MV	Mecklenburg-Vorpommern
m.w.B.	mit weiteren Beispielen
m.w.N.	mit weiteren Nachweisen
NachtrSichVG	Gesetz zur Einführung einer nachträglichen Sicherungsverwahrung vom 23.7.2004 (BGBl. I S. 1838)

NATO-Truppen-statut	Abkommen zwischen den Parteien des Nordatlantikvertrags vom 19.6.1951 über die Rechtsstellung ihrer Truppen (BGBl. 1961 II S. 1183, 1190), Bek. vom 16.6.1963 (BGBl. II S. 745)
Nds.	Niedersachsen
NdsAGGVG	Niedersächsisches Ausführungsgesetz zum Gerichtsverfassungsgesetz vom 5.4.1963 (GVBl. S. 225)
NdsRpfl.	Niedersächsische Rechtspflege
n.F.	neue Fassung
N.F.	Neue Folge
Nieders. GVBl. Sb. I, II	Niedersächsisches Gesetz und Verordnungsblatt, Sonderband I und II, Sammlung des bereinigten niedersächsischen Rechts
NJ	Neue Justiz (bis 1990 DDR)
NJECL	New Journal of European Criminal Law
NJOZ	Neue Juristische Online-Zeitschrift (nur über beck-online abrufbar)
NJVollzG	Niedersächsisches Justizvollzugsgesetz
NJW	Neue Juristische Wochenschrift
NKrimpol.	Neue Kriminalpolitik (Zeitschrift)
NLMR	Newsletter Menschenrechte
noeP	Nicht offen ermittelnder Polizeibeamter
NordÖR	Zeitschrift für Öffentliches Recht in Norddeutschland
NotVO	s. Ausn. VO
NPA	Neues Polizei-Archiv
NRO	Nichtregierungsorganisation
NRW	Nordrhein-Westfalen
NRWO	(österreichisches) Bundesgesetz über die Wahl des Nationalrates (Nationalrats-Wahlordnung 1992)
NStE	Neue Entscheidungssammlung für Strafrecht
NStZ	Neue Zeitschrift für Strafrecht
NStZ-RR	NStZ – Rechtsprechungs-Report (Zeitschrift, ab 1996)
NuR	Natur und Recht (Zeitschrift)
NVwZ	Neue Zeitschrift für Verwaltungsrecht
NWB	NWB Steuer- und Wirtschaftsrecht (Zeitschrift)
NWVBl.	Nordrheinwestfälische Verwaltungsblätter
NZA	Neue Zeitschrift für Arbeitsrecht
NZA-RR	NZA-Rechtsprechungs-Report Arbeitsrecht
NZI	Neue Zeitschrift für Insolvenzrecht
NZM	Neue Zeitschrift für Miet- und Wohnungsrecht
NZS	Neue Zeitschrift für Sozialrecht
NZV	Neue Zeitschrift für Verkehrsrecht
NZWehrr	Neue Zeitschrift für Wehrrecht
NZWiSt	Neue Zeitschrift für Wirtschafts-, Steuer- und Unternehmensstrafrecht
OASG	Gesetz zur Sicherung der zivilrechtlichen Ansprüche der Opfer von Straftaten (Opferanspruchsicherungsgesetz) vom 8.5.1998 (BGBl. I S. 905)
OBLG	Oberstes Landesgericht
OECD	Organisation für Wirtschaftliche Zusammenarbeit und Entwicklung
OEG	Gesetz über die Entschädigung für Opfer von Gewalttaten vom 11.5.1976 (BGBl. I S. 1181) i.d.F. der Bek. vom 7.1.1985 (BGBl. I S. 1)
OER	Osteuropa-Recht
OG	Oberstes Gericht der DDR
OGH	Oberster Gerichtshof (Österreich)
OGHSt	Entscheidungen des Obersten Gerichtshofes für die Britische Zone in Strafsachen (1949/50)
ÖJZ	Österreichische Juristen-Zeitung
OLAF	Europäisches Amt für Betrugsbekämpfung (Office Européen de Lutte Anti-Fraude)

OLG	Oberlandesgericht
OLG-NL	OLG-Report Neue Länder
OLGR	OLG-Report
OLGSt	Entscheidungen der Oberlandesgerichte zum Straf- und Strafverfahrensrecht (Loseblattausgabe, bis 1983)
OLGSt N.F.	Entscheidungen der Oberlandesgerichte zum Straf- und Strafverfahrensrecht, Neue Folge (Loseblattausgabe, ab 1983)
OLGVertrÄndG	Gesetz zur Änderung des Rechts der Vertretung durch Rechtsanwälte vor den Oberlandesgerichten vom 23.7.2002 (BGBl. I S. 2850)
OPCAT	s. UNCAT
OpferRRG	Gesetz zur Verbesserung der Rechte von Verletzten im Strafverfahren (Opferrechtsreformgesetz – OpferRRG) vom 24.6.2004 (BGBl. I S. 1354)
2. OpferRRG	Gesetz zur Stärkung der Rechte von Verletzten und Zeugen im Strafverfahren (2. Opferrechtsreformgesetz) vom 29.7.2009 (BGBl. I S. 2280)
3. OpferRRG	Gesetz zur Stärkung der Opferrechte im Strafverfahren (3. Opferrechtsreformgesetz) vom 21.12.2015 (BGBl. I S. 2525)
OpferschutzG	Erstes Gesetz zur Verbesserung der Stellung des Verletzten im Strafverfahren (Opferschutzgesetz) vom 18.12.1986 (BGBl. I S. 2496) aufgehoben durch Art. 68 des Gesetzes vom 19.4.2006 (BGBl. I S. 866)
OrgKG	Gesetz zur Bekämpfung des illegalen Rauschgifthandels und anderer Erscheinungsformen der Organisierten Kriminalität (OrgKG) vom 15.7.1992 (BGBl. I S. 1302)
OrgStA	Anordnung über Organisation und Dienstbetrieb der Staatsanwaltschaften
ÖRiZ	Österreichische Richterzeitung
ÖRZ	Österreichische Raiffeisen-Zeitung
OStA	Oberstaatsanwalt
ÖstAnwBl.	Österreichisches Anwaltsblatt
öStVG	Österreichisches Strafvollzugsgesetz
ÖStZ	Österreichische Steuerzeitung
OSZE	Organisation für Sicherheit und Zusammenarbeit in Europa
ÖVerfG	Österreichischer Verfassungsgerichtshof
OVG	Oberverwaltungsgericht
OWG/DDR	Gesetz zur Bekämpfung von Ordnungswidrigkeiten (der Deutschen Demokratischen Republik) vom 12.1.1968 (GBl. I S. 101)
OWiG	Gesetz über Ordnungswidrigkeiten, neugefasst durch Bek. vom 19.2.1987 (BGBl. I S. 602)
OWiGÄndG	Gesetz zur Änderung des Gesetzes über Ordnungswidrigkeiten, des Straßenverkehrsgesetzes und anderer Gesetze vom 7.7.1986 (BGBl. I S. 977)
PaO	Patentanwaltsordnung vom 7.9.1966 (BGBl. I S. 557)
ParlStG	Gesetz über die Rechtsverhältnisse der parlamentarischen Staatssekretäre vom 24.7.1974 (BGBl. I S. 1538)
PartG	Gesetz über die politischen Parteien (Parteiengesetz), neugefasst durch Bek. vom 31.1.1994 (BGBl. I S. 149)
PaßG	Paßgesetz vom 19.4.1986 (BGBl. I S. 537)
PatG	Patentgesetz, neugefasst durch Bek. vom 16.12.1980 (BGBl. 1981 I S. 1)
PAuswG	Gesetz über Personalausweise vom 19.12.1950 (BGBl. I S. 807) i.d.F. der Bek. vom 21.4.1986 (BGBl. I S. 548)
PD-I	Practice Direction – Institution of Proceedings (EGMR)
PD-IM	http://www.echr.coe.int/NR/rdonlyres/5F40172B-450F-4107-9514-69D6CBDECF5C/0/Practice_Direction_Requests_for_Interim_MeasuresRule_39DEC2009.pdf Interim Measures
PD-JS	Practice Direction – Just Satisfaction Claims (EGMR)
PD-RfA	Practice Direction – Request for Anonymity (EGMR)
PdR	Praxis der Rechtspsychologie (Zeitschrift)
PD-SEF	http://www.echr.coe.int/NR/rdonlyres/C3F78149-F39D-48E9-B348-99C86FFDD273/0/SecuredDocumentsDecember2008.pdf Secured Electronic Filing

PD-WP	Practice Direction – Written Pleadings (EGMR)
PflVG	Gesetz über die Pflichtversicherung für Kraftfahrzeughalter i.d.F. der Bek. vom 5.4.1965 (BGBl. I S. 213)
PJZS	Polizeiliche und Justizielle Zusammenarbeit in Strafsachen
PKH	Prozesskostenhilfe
PKHÄndG	Gesetz zur Änderung von Vorschriften über die Prozeßkostenhilfe (Prozeßkostenhilfeänderungsgesetz – PKHÄndG) vom 10.10.1994 (BGBl. I S. 2954), aufgehoben durch Art. 64 des Gesetzes vom 19.4.2006 (BGBl. I S. 866)
PlenProt.	Plenarprotokoll, Stenographische Berichte der Sitzungen des Deutschen Bundestages
PNR	Passenger Name Record
POGNRW	Polizeiorganisationsgesetz (des Landes NRW) i.d.F. der Bek. vom 22.10.1994 (GVNRW S. 852)
PolGBW	Polizeigesetz (des Landes BW) i.d.F. der Bek. vom 13.1.1992 (GBl. S. 1)
Polizei	s. Die Polizei
PostG	Gesetz über das Postwesen i.d.F. der Bek. vom 22.12.1997 (BGBl. I S. 3294)
PostO	Postordnung vom 16.5.1963 (BGBl. I S. 341)
PostStruktG	Gesetz zur Neustrukturierung des Post- und Fernmeldewesens und der Deutschen Bundespost (Poststrukturgesetz – PostStruktG) vom 8.6.1989 (BGBl. I S. 1026)
Pr.	Preußen
prALR	Allgemeines Landrecht für die Preußischen Staaten
PräsLG	Präsident des Landgerichts
PräsOLG	Präsident des Oberlandesgerichts
PräsVerfG	Gesetz über die Änderung der Bezeichnungen der Richter und ehrenamtlichen Richter und der Präsidialverfassungen der Gerichte vom 26.5.1972 (BGBl. I S. 841)
PrG	Pressegesetz (Landesrecht)
PrGS	Preußische Gesetzessammlung (1810–1945)
Prot.	Protokoll
ProzeßkostenhG	Gesetz über die Prozeßkostenhilfe vom 13.6.1980 (BGBl. I S. 677), aufgelöst durch Art. 62 des Gesetzes vom 19.4.2006 (BGBl. I S. 866)
Pro-Eurojust	Vorgänger- und Gründungseinheit von Eurojust
PrPG	Gesetz zur Stärkung des Schutzes des geistigen Eigentums und zur Bekämpfung der Produktpiraterie (PrPG) vom 7.3.1990 (BGBl. I S. 422)
PrZeugnVerwG	Gesetz über das Zeugnisverweigerungsrecht der Mitarbeiter von Presse und Rundfunk vom 25.7.1975 (BGBl. I S. 1973)
PStR	Praxis Steuerstrafrecht
PsychPbG	Gesetz über die psychosoziale Prozessbegleitung im Strafverfahren, Art. 4 des Gesetzes vom 21.12.2015, BGBl. I S. 2525, 2529 (Nr. 55).
PTNeuOG	Gesetz zur Neuordnung des Postwesens und der Telekommunikation (Postneuordnungsgesetz – PTNeuOG) vom 14.9.1994 (BGBl. I S. 2325)
PUAG	Gesetz zur Regelung des Rechts der Untersuchungsausschüsse des Deutschen Bundestages (Untersuchungsausschussgesetz – PUAG) vom 19.6.2001 (BGBl. I S. 1142)
PV	Personenvereinigung
PVG	Polizeiverwaltungsgesetz
PVR	Praxis Verkehrsrecht
RA	Rechtsanwalt
RabelsZ	Rabels-Zeitschrift für ausländisches und internationales Privatrecht
RAG/DDR	Rechtsanwaltsgesetz der Deutschen Demokratischen Republik vom 13.9.1990 (GBl. I S. 1504)
RAHG	s. RHG
RANotz.PrG	Gesetz zur Prüfung von Rechtsanwaltszulassungen, Notarbestellungen und Berufungen ehrenamtlicher Richter vom 24.6.1992 (BGBl. I S. 1386)
RAO	Reichsabgabenordnung vom 13.12.1919, aufgehoben durch AO vom 16.3.1976
RAussch.	Rechtsausschuss
RB	Rahmenbeschluss (Art. 34 EU)

RBerG	Gesetz zur Verhütung von Mißbrauch auf dem Gebiet der Rechtsberatung vom 13.12.1935 (RGBl. I S. 1478); aufgehoben durch Art. 20 des Gesetzes vom 12.12.2007 (BGBl. I S. 2840)
RBEuHb	Rahmenbeschluss des Rates (2002/584/JI) vom 13.6.2002 über den Europäischen Haftbefehl und die Übergabeverfahren zwischen den Mitgliedstaaten (ABlEU Nr. L 190 vom 18.7.2002, S. 1)
RdA	Recht der Arbeit
RdErl.	Runderlass
RDG	Gesetz über außergerichtliche Rechtsdienstleistungen (Rechtsdienstleistungsgesetz – RDG) vom 12.12.2007 (BGBl. I. S. 2840)
RDH	Revue des Droits de l'Homme
RDIDC	Revue de droit international et de droit comparé
RdJB	Recht der Jugend und des Bildungswesens (Zeitschrift)
RdK	Das Recht des Kraftfahrers (1926–43, 1949–55)
RdM	Recht der Medizin
RDStH	Entscheidungen des Reichsdienststrafhofs (1939–41)
RDStO	Reichsdienststrafordnung vom 26.1.1937 (RGBl. I S. 71)
RDV	Recht der Datenverarbeitung
Recht	Das Recht, begründet von Soergel (1897 bis 1944)
recht	Information des Bundesministers der Justiz
RefE	Referentenentwurf
Reg.	Regierung
RegBl.	Regierungsblatt
RegE	Regierungsentwurf
RegE TKÜ	Entwurf der Bundesregierung eines Gesetzes zur Neuregelung der Telekommunikationsüberwachung und anderer verdeckter Ermittlungsmaßnahmen sowie zur Umsetzung der Richtlinie 2006/EG vom 18.4.2007
RehabG	Rehabilitierungsgesetz (der Deutschen Demokratischen Republik) vom 6.9.1990 (GBl. I S. 1459), aufgehoben durch StRehaG
Res.	Resolution
RevMC	Revue du Marché commun et de l'Union européenne
Rev.trim.dr.h.	Revue trimestrielle des droits de l'homme
RG	Reichsgericht
RGBl., RGBl. I, II	Reichsgesetzblatt, von 1922 bis 1945 Teil I und II
RGRspr.	Rechtsprechung des Reichsgerichts in Strafsachen (1879 bis 1888)
RGSt	Entscheidungen des Reichsgerichts in Strafsachen
RGZ	Entscheidungen des Reichsgerichts in Zivilsachen
RheinSchA	Revidierte Rheinschiffahrtsakte (Mannheimer Akte) i.d.F. der Bek. vom 11.3.1969 (BGBl. II S. 597)
RHG	Gesetz über die innerdeutsche Rechts- und Amtshilfe in Strafsachen vom 2.5.1953 (BGBl. I S. 161)
RHGDVO	Verordnung zur Durchführung des Gesetzes über die innerdeutsche Rechts- und Amtshilfe in Strafsachen vom 23.12.1953 (BGBl. I S. 1569)
RhPf.	Rheinland-Pfalz
RiA	Recht im Amt
RichtlRA	Grundsätze des anwaltlichen Standesrechts – Richtlinien gem. § 177 Abs. 2 Satz 2 BRAO vom 21.6.1973
RiG/DDR	Richtergesetz der Deutschen Demokratischen Republik vom 5.7.1990 (GBl. I S. 637)
RiJGG	Richtlinien zum Jugendgerichtsgesetz
RiStBV	Richtlinien für das Strafverfahren und das Bußgeldverfahren vom 1.12.1970 (BAnz. Nr. 17/1971), i.d.F. der Bek. vom 1.2.1997 mit spät. Änderungen, bundeseinheitlich
RiVASt	Richtlinien für den Rechtshilfeverkehr mit dem Ausland in strafrechtlichen Angelegenheiten
RIW	Recht der Internationalen Wirtschaft (Zeitschrift)

RKG(E)	Reichskriegsgericht (Entscheidungen des RKG)
RL	Richtlinie
RMBl.	Reichsministerialblatt, Zentralblatt für das Deutsche Reich (1923–45)
RMilGE	Entscheidungen des Reichsmilitärgerichts
Rn.	Randnummer
ROW	Recht in Ost und West (Zeitschrift)
RpflAnpG	Gesetz zur Anpassung der Rechtspflege im Beitrittsgebiet (Rechtspflege-Anpassungsgesetz – RpflAnpG) vom 26.6.1992 (BGBl. I S. 1147)
RpflAnpÄndG	Gesetz zur Änderung des Rechtspflege-Anpassungsgesetzes – RpflAnpG vom 7.12.1995 (BGBl. I S. 1590)
Rpfleger	Der Deutsche Rechtspfleger
RpflEntlG	Gesetz zur Entlastung der Rechtspflege vom 11.1.1993 (BGBl. I S. 50), aufgehoben durch Art. 5 des Gesetzes vom 6.12.2011 (BGBl. S. 2554)
RPflG	Rechtspflegergesetz vom 5.11.1969 (BGBl. I S. 2065)
RpflVereinfG	Rechtspflege-Vereinfachungsgesetz vom 17.12.1990 (BGBl. I S. 2847)
RPsych	Rechtspsychologie (Zeitschrift)
Rs.	Rechtssache
Rspr.	Rechtsprechung
RT	Reichstag
RTDE	Revue trimestrielle de droit européen
RTDrucks.	Drucksachen des Reichstags
RTh	Zeitschrift für Logik und Juristische Methodenlehre, Rechtsinformatik, Kommunikationsforschung, Normen- und Handlungstheorie, Soziologie und Philosophie des Rechts – eJournal
RTVerh.	Verhandlungen des Reichstags
RuP	Recht und Politik (Zeitschrift)
RVerf.	s. WeimVerf.
RVG	Gesetz über die Vergütung der Rechtsanwältinnen und Rechtsanwälte – Rechtsanwaltsvergütungsgesetz vom 5.5.2004 (BGBl. I S. 718)
RVO	Reichsversicherungsordnung vom 19.7.1911 i.d.F. der Bek. vom 15.12.1924 (RGBl. I S. 779)
RW	Rechtswissenschaft – Zeitschrift für rechtswissenschaftliche Forschung
RZ	s. ÖRiZ
R&P	Recht und Psychiatrie (Zeitschrift)
r+s	Recht und Schaden (Zeitschrift)
s.	siehe
s.o.	s. oben/siehe oben
s.u.	s. unten/siehe unten
S.	Satz, Seite
Sa.	Sachsen
SaAnh.	Sachsen-Anhalt
SaBremR	Sammlung des bremischen Rechts (1964)
SächsArch.	Sächsisches Archiv für Rechtspflege, seit 1924 (bis 1941/42) Archiv für Rechtspflege in Sachsen, Thüringen und Anhalt
SächsOLG	Annalen des Sächsischen Oberlandesgerichts zu Dresden (1880 bis 1920)
SAM	Steueranwaltsmagazin
SchAZtg	Schiedsamtszeitung
SchiedsmZ	Schiedsmannszeitung (1926 bis 1945), seit 1950 Der Schiedsmann
SchiedsstG	Gesetz (der Deutschen Demokratischen Republik) über die Schiedsstellen in den Gemeinden vom 13.9.1990 (GBl. I S. 1527)
SchlH	Schleswig-Holstein
SchlHA	Schleswig-Holsteinische Anzeigen
SchrR	Schriftenreihe
SchrRAGStrafR	Schriftenreihe der Arbeitsgemeinschaft Strafrecht im Deutschen Anwaltverein

SchRG	Gesetz über Rechte an eingetragenen Schiffen und Schiffsbauwerken vom 15.11.1940 (RGBl. I S. 1499)
SchrRBRAK	Schriftenreihe der Bundesrechtsanwaltskammer
SchwarzArbG	Gesetz zur Bekämpfung der Schwarzarbeit und illegalen Beschäftigung vom 23.7.2004 (Schwarzarbeitsbekämpfungsgesetz – SchwarzArbG) (BGBl. I S. 1842)
SchwGBG	Gesetz zur Verbesserung der Bekämpfung der Geldwäsche und Steuerhinterziehung vom 28.4.2011 (Schwarzgeldbekämpfungsgesetz) (BGBl. I S. 676)
SchwJZ	Schweizerische Juristenzeitung
SchwZStr	Schweizer Zeitschrift für Strafrecht
SDÜ	Übereinkommen vom 19.6.1990 zwischen dem Königreich Belgien, der Bundesrepublik Deutschland, der Französischen Republik, dem Großherzogtum Luxemburg und dem Königreich der Niederlande zur Durchführung des am 14.6.1985 in Schengen unterzeichneten Übereinkommens betreffend den schrittweisen Abbau der Kontrollen an den gemeinsamen Grenzen (Schengener Durchführungsübereinkommen; ABlEG Nr. L 239 vom 22.9.2000, S. 19)
1. SED-UnberG	Erstes Gesetz zur Bereinigung von SED-Unrecht (Erstes SED-Unrechtsbereinigungsgesetz – 1. SED-UnberG) vom 29.10.1992 (BGBl. I S. 1814)
2. SED-UnberG	Zweites Gesetz zur Bereinigung von SED-Unrecht (Zweites SED-Unrechtsbereinigungsgesetz – 2. SED–UnBerG) vom 23.6.1994 (BGBl. I S. 1311)
SeeAufgG	Gesetz über die Aufgaben des Bundes auf dem Gebiet der Seeschiffahrt (Seeaufgabengesetz – SeeAufgG) vom 24.5.1965 i.d.F. der Bek. vom 27.9.1994 (BGBl. I S. 2802)
SeemG	Seemannsgesetz vom 26.7.1957 (BGBl. II S. 713), aufgehoben durch Art. 7 des Gesetzes vom 20.4.2013 (BGBl. I S. 868)
SeuffBl.	Seufferts Blätter für Rechtsanwendung (1836–1913)
SFHÄndG	Schwangeren- und Familienhilfeänderungsgesetz (SFHÄndG) vom 21.8.1995 (BGBl. I S. 1050)
SFHG	Gesetz zum Schutz des vorgeburtlichen/werdenden Lebens, zur Förderung einer kinderfreundlicheren Gesellschaft, für Hilfe im Schwangerschaftskonflikt und zur Regelung des Schwangerschaftsabbruchs (Schwangeren- und Familienhilfegesetz) vom 27.7.1992 (BGBl. I S. 1398)
SGb	Die Sozialgerichtsbarkeit (Zeitschrift)
SGB	Sozialgesetzbuch SGB I – Sozialgesetzbuch, Allgemeiner Teil (1. Buch), vom 27.12. 2003 (BGBl. I S. 3022) SGB II – Sozialgesetzbuch, Grundsicherung für Arbeitsuchende (2. Buch), vom 24.12.2003 (BGBl. I S. 2954) SGB III – Sozialgesetzbuch, Arbeitsförderung (3. Buch), vom 27.12.2003 (BGBl. I S. 3022) SGB IV – Sozialgesetzbuch, Gemeinsame Vorschriften für die Sozialversicherung (4. Buch) vom 24.7.2003 (BGBl. I S. 1526) SGB V – Sozialgesetzbuch, Gesetzliche Krankenversicherung (5. Buch) vom 27.12.2003 (BGBl. I S. 3022) SGB VI – Sozialgesetzbuch, Gesetzliche Rentenversicherung (6. Buch) vom 29.4.2004 (BGBl. I S. 678) SGB VII – Sozialgesetzbuch, Gesetzliche Unfallversicherung (7. Buch) vom 27.12.2003 (BGBl. I S. 3019) SGB VIII – Sozialgesetzbuch, Kinder- und Jugendhilfe (8. Buch) vom 27.12.2003 (BGBl. I S. 3022) SGB IX – Sozialgesetzbuch, Rehabilitation und Teilhabe behinderter Menschen (9. Buch) vom 23.4.2004 (BGBl. I S. 606) SGB X – Sozialgesetzbuch, Verwaltungsverfahren (10. Buch) vom 5.4.2004 (BGBl. I S. 718) SGB XI – Sozialgesetzbuch, Soziale Pflegeversicherung (11. Buch) vom 27.12.2003 (BGBl. I S. 3022) SGB XII – Sozialgesetzbuch, Sozialhilfe (12. Buch) vom 27.12.2003 (BGBl. I S. 3022)
SGG	Sozialgerichtsgesetz, neugefasst durch Bek. vom 23.9.1975 (BGBl. I S. 2535)

SGV.NW	Sammlung des bereinigten Gesetz- und Verordnungsblatts für das Land Nordrhein-Westfalen (Loseblattsammlung)
SIAK	Zeitschrift für Polizeiwissenschaft und polizeiliche Praxis (Österreich)
SichVG	Gesetz zur Rechtsvereinheitlichung der Sicherungsverwahrung (SichVG) vom 16.6.1995 (BGBl. I S. 818)
SIRENE	Supplementary Information Request at the National Entry (nationale Kontaktstelle des SIS)
SIS	Schengener Informationssystem
SJIR	Schweizerisches Jahrbuch für internationales Recht
SJZ	Schweizerische Juristen-Zeitung/Süddeutsche Juristenzeitung (1946–50), dann Juristenzeitung
SkAufG	Gesetz über die Rechtsstellung ausländischer Streitkräfte bei vorübergehenden Aufenthalten in der Bundesrepublik Deutschland (Streitkräfteaufenthaltsgesetz – SkAufG) vom 20.7.1995 (BGBl. II S. 554)
s.o.	siehe oben
SortSchG	Gesetz über den Schutz von Pflanzensorten (Sortenschutzgesetz) vom 20.5.1968 i.d.F. der Bek. vom 4.1.1977 (BGBl. I S. 105)
SozVw	Die Sozialverwaltung (Zeitschrift)
SprengG	Gesetz über explosionsgefährliche Stoffe (Sprengstoffgesetz – SprengG) vom 13.9.1976 (BGBl. I S. 2737) i.d.F. der Bek. vom 17.4. 1986 (BGBl. I S. 577)
SprengstG	Gesetz über explosionsgefährliche Stoffe (Sprengstoffgesetz) vom 25.8.1969 (BGBl. I S. 1358, ber. BGBl. 1970 I S. 224), aufgehoben durch SprengG vom 13.9.1976
SpuRt	Sport und Recht (Zeitschrift)
SR	Soziales Recht (Zeitschrift)
SRÜ	Seerechtsübereinkommen der Vereinten Nationen vom 10.12.1982 (BGBl. 1994 II S. 1799)
StA	Staatsanwalt, Staatsanwaltschaft
StaatsGH	Staatsgerichtshof
StaatsschStrafsG	Gesetz zur allgemeinen Einführung eines zweiten Rechtszuges in Staatsschutz-Strafsachen vom 8.9.1969 (BGBl. I S. 1582)
StAG/DDR	Gesetz über die Staatsanwaltschaft der Deutschen Demokratischen Republik vom 7.4.1977 (GBl. I S. 93)
StAZ	Das Standesamt (Zeitschrift)
StBerG	Steuerberatungsgesetz, neugefasst durch Bek. vom 4.11.1975 (BGBl. I S. 2735)
StGB	Strafgesetzbuch, neugefasst durch Bek. vom 13.11.1998 (BGBl. I S. 3322)
StGB/DDR	Strafgesetzbuch der Deutschen Demokratischen Republik vom 12.1.1968 in der Neufassung vom 14.12.1988 (GBl. I S. 93)
StGBÄndG 1976	Gesetz zur Änderung des Strafgesetzbuches, der Strafprozeßordnung, des Gerichtsverfassungsgesetzes, der Bundesrechtsanwaltsordnung und des Strafvollzugsgesetzes vom 18.8.1976 (BGBl. I S. 2181)
StGBÄndG 1989	Gesetz zur Änderung des Strafgesetzbuches, der Strafprozeßordnung und des Versammlungsgesetzes und zur Einführung einer Kronzeugenregelung bei terroristischen Straftaten vom 9.6.1989 (BGBl. I S. 1059)
StORMG	Gesetz zur Stärkung der Rechte von Opfern sexuellen Missbrauchs vom 26.6.2013 (BGBl. I S. 1805)
StPÄG 1964	Gesetz zur Änderung der Strafprozeßordnung und des Gerichtsverfassungsgesetzes vom 19.12.1964 (BGBl. I S. 1067)
StPÄG 1972	Gesetz zur Änderung der Strafprozeßordnung vom 7.8.1972 (BGBl. I S. 1361)
StPÄG 1978	Gesetz zur Änderung der Strafprozeßordnung vom 14.4.1978 (BGBl. I S. 497)
StPÄG 1986	Paßgesetz und Gesetz zur Änderung der Strafprozeßordnung vom 19.4.1986 (BGBl. I S. 537)
StPÄG 1988	Gesetz zur Änderung der Strafprozeßordnung vom 17.5.1988 (BGBl. I S. 606)
StPO	Strafprozeßordnung vom 1.2.1877 i.d.F. der Bek. vom 7.4.1987 (BGBl. I S. 1074)
StPO/DDR	Strafprozeßordnung der Deutschen Demokratischen Republik vom 12.1.1968 in der Neufassung vom 19.12.1974 (GBl. 1975 I S. 61)

StraFo	Strafverteidiger Forum (Zeitschrift)
StrafrAbh.	Strafrechtliche Abhandlungen, herausgegeben von Bennecke, dann von Beling, v. Lilienthal und Schoetensack
StraftVVG	Gesetz zur Verfolgung der Vorbereitung von schweren staatsgefährdenden Gewalttaten vom 30.7.2009 (BGBl. I S. 2437)
StRÄndG	Strafrechtsänderungsgesetz

    1. ~ vom 30.8.1951 (BGBl. I S. 739)
    2. ~ vom 6.3.1953 (BGBl. I S. 42)
    3. ~ vom 4.8.1953 (BGBl. I S. 735)
    4. ~ vom 11.6.1957 (BGBl. I S. 597)
    5. ~ vom 24.6.1960 (BGBl. I S. 477)
    6. ~ vom 30.6.1960 (BGBl. I S. 478)
    7. ~ vom 1.6.1964 (BGBl. I S. 337)
    8. ~ vom 25.6.1968 (BGBl. I S. 741)
    9. ~ vom 4.8.1969 (BGBl. I S. 1065)
    10. ~ vom 7.4.1970 (BGBl. I S. 313)
    11. ~ vom 16.12.1971 (BGBl. I S. 1977)
    12. ~ vom 16.12.1971 (BGBl. I S. 1779)
    13. ~ vom 13.6.1975 (BGBl. I S. 1349)
    14. ~ vom 22.4.1976 (BGBl. I S. 1056)
    15. ~ vom 18.5.1976 (BGBl. I S. 1213)
    16. ~ vom 16.7.1979 (BGBl. I S. 1078)
    17. ~ vom 21.12.1979 (BGBl. I S. 2324)
    18. ~ vom 28.3.1980 (BGBl. I S. 379) – Gesetz zur Bekämpfung der Umweltkriminalität
    19. ~ vom 7.8.1981 (BGBl. I S. 808)
    20. ~ vom 8.12.1981 (BGBl. I S. 1329)
    21. ~ vom 13.6.1985 (BGBl. I S. 963)
    22. ~ vom 18.7.1985 (BGBl. I S. 1510)
    23. ~ vom 13.4.1986 (BGBl. I S. 1986)
    24. ~ vom 13.1.1987 (BGBl. I S. 141)
    25. ~ vom 20.8.1990 – § 201 StG – (BGBl. I S. 1764)
    26. ~ vom 24.7.1992 – Menschenhandel – (BGBl. I S. 1255)
    27. ~ vom 23.7.1993 – Kinderpornographie – (BGBl. I S. 1346)
    28. ~ vom 13.1.1994 – Abgeordnetenbestechung – (BGBl. I S. 84)
    29. ~ vom 31.5.1994 – §§ 175, 182 StGB – (BGBl. I S. 1168)
    30. ~ vom 23.6.1994 – Verjährung von Sexualstraftaten an Kindern und Jugendlichen – BGBl. I S. 1310)
    31. ~ vom 27.6.1994 – 2. Gesetz zur Bekämpfung der Umweltkriminalität – (BGBl. I S. 1440)
    32. ~ vom 1.6.1995 – §§ 44, 69b StGB – (BGBl. I S. 747)
    33. ~ vom 1.7.1997 – §§ 177, 178 StGB (BGBl. I S. 1607)
    34. ~ vom 22.8.2002 – § 129b StGB (BGBl. I S. 3390)
    35. ~ vom 22.12.2003 – Betrug und Fälschung im Zusammenhang mit unbaren Zahlungsmitteln (BGBl. I S. 2838)
    36. ~ vom 30.7.2004 – § 201a StGB (BGBl. I S. 2012)
    37. ~ vom 18.2.2005 – §§ 180b, 181 StGB (BGBl. I S. 239)
    40. ~ vom 22.3.2007 – Strafbarkeit beharrlicher Nachstellungen (Anti-Stalking-Gesetz) (BGBl. I S. 354)
    41. ~ vom 7.8.2007 – Bekämpfung der Computerkriminalität (BGBl. I S. 1786)
    42. ~ vom 29.6.2009 – Anhebung der Höchstgrenze des Tagessatzes bei Geldstrafen (BGBl. I S. 1658)
    43. ~ vom 29.7.2009 – Strafzumessung bei Aufklärungs- und Präventionshilfe (BGBl. I S. 2288)
    44. ~ vom 1.11.2011 – Widerstand gegen Vollstreckungsbeamte (BGBl. I S. 2130)

45. ~ vom 6.12.2011 – Umsetzung der Richtlinie des Europäischen Parlaments und des Rates zum strafrechtlichen Schutz der Umwelt (BGBl. I S. 2557)

46. ~ vom 10.6.2013 – Beschränkung der Möglichkeit zur Strafmilderung bei Aufklärungs- und Präventionshilfe (BGBl. I S. 1497)

47. ~vom 24.9.2013 – Strafbarkeit der Verstümmelung weiblicher Genitalien (BGBl. I S. 3671)

48. ~ vom 23.4.2014 – Erweiterung des Straftatbestandes der Abgeordnetenbestechung (BGBl. I S. 410)

49. ~ vom 21.1.2015 – Umsetzung europäischer Vorgaben zum Sexualstrafrecht (BGBl. I S. 10)

50. ~ vom 4.11.2016 – Verbesserung des Schutzes der sexuellen Selbstbestimmung (BGBl. I S. 2460)

51. ~ vom 11.4.2017 – Strafbarkeit von Sportwettbetrug und der Manipulation von berufssportlichen Wettbewerben (BGBl. I S. 815)

52. ~ vom 23.5.2017 – Stärkung des Schutzes von Vollstreckungsbeamten und Rettungskräften (BGBl. I S. 1226)

53. ~ vom 11.6.2017 – Ausweitung des Maßregelrechts bei extremistischen Straftätern (BGBl. I S. 1612)

54. ~ vom 17.7.2017 – Umsetzung des Rahmenbeschlusses 2008/841/JI des Rates vom 24. Oktober 2008 zur Bekämpfung der organisierten Kriminalität (BGBl. I S. 2440)

55. ~ vom 17.7.2017 – Wohnungseinbruchdiebstahl (BGBl. I S. 2442)

56. ~ vom 30.9.2017 – Strafbarkeit nicht genehmigter Kraftfahrzeugrennen im Straßenverkehr (BGBl. I S. 3532)

57. ~ vom 3.3.2020 – Versuchsstrafbarkeit des Cybergroomings (BGBl. I S. 431)

58. ~ vom 12.6.2020 – Strafrechtlicher Schutz bei Verunglimpfung der Europäischen Union und ihrer Symbole (BGBl. I S. 1247)

59. ~ vom 9.10.2020 – Verbesserung des Persönlichkeitsschutzes bei Bildaufnahmen (BGBl. I S. 2075)

60. ~ vom 30.11.2020 – Modernisierung des Schriftenbegriffs und anderer Begriffe sowie Erweiterung der Strafbarkeit nach den §§ 86, 86a, 111 und 130 des Strafgesetzbuches bei Handlungen im Ausland (BGBl. I S. 2600)

61. ~ vom 10.3.2021 – Umsetzung der Richtlinie (EU) 2019/713 des Europäischen Parlaments und des Rates vom 17. April 2019 zur Bekämpfung von Betrug und Fälschung im Zusammenhang mit unbaren Zahlungsmitteln und zur Ersetzung des Rahmenbeschlusses 2001/413/JI des Rates (BGBl. I S. 333)

StraßenVSichG	1. Gesetz zur Sicherung des Straßenverkehrs (Straßenverkehrssicherungsgesetz) vom 19.12.1952 (BGBl. I S. 832)
	2. Zweites ~ vom 26.11.1964 (BGBl. I S. 921)
StREG	Gesetz über ergänzende Maßnahmen zum 5. StrRG (Strafrechtsreformergänzungsgesetz) vom 28.8.1975 (BGBl. I S. 2289)
StrEG	Gesetz über die Entschädigung für Strafverfolgungsmaßnahmen vom 8.3.1971 (BGBl. I S. 157)
STREIT	Feministische Rechtszeitschrift
StrFG	Straffreiheitsgesetz
	– 1949 vom 31.12.1949 (BGBl. I S. 37)
	– 1954 vom 17.7.1954 (BGBl. I S. 203)
	– 1968 vom 9.7.1968 (BGBl. I S. 773)
	– 1970 vom 20.5.1970 (BGBl. I S. 509)
StRG	Gesetz zur Reform des Strafrechts
	1. ~ vom 25.6.1969 (BGBl. I S. 645)
	2. ~ vom 4.7.1969 (BGBl. I S. 717)
	3. ~ vom 20.5.1970 (BGBl. I S. 505)
	4. ~ vom 23.11.1973 (BGBl. I S. 1725)

XLVII

	5. ~ vom 18.6.1974 (BGBl. I S. 1297)
	6. ~ vom 26.1.1998 (BGBl. I S. 164)
StRR	StrafRechtsReport – Arbeitszeitschrift für das gesamte Strafrecht
StRehaG	Gesetz über die Rehabilitierung und Entschädigung von Opfern rechtsstaatswidriger Strafverfolgungsmaßnahmen im Beitrittsgebiet (Strafrechtliches Rehabilitierungsgesetz – StRehaG) vom 29.10.1992 (BGBl. I S. 1814) i.d.F. der Bek. vom 17.12.1999 (BGBl. I S. 2664)
st.Rspr.	ständige Rechtsprechung
StudZR	Studentische Zeitschrift für Rechtswissenschaft Heidelberg
StUG	Gesetz über die Unterlagen des Staatssicherheitsdienstes der ehemaligen Deutschen Demokratischen Republik (Stasi-Unterlagen-Gesetz – StUG) vom 20.12.1991 (BGBl. I S. 2272); neugefasst durch Bekanntmachung vom 6.9.2021 (BGBl. I S. 4129)
StuR	Staat und Recht (Zeitschrift DDR, 1950 bis 1990)
StuW	Steuern und Wirtschaft (Zeitschrift)
StV	Strafverteidiger (Zeitschrift)
StVÄG 1979	Strafverfahrensänderungsgesetz 1979 vom 5.10.1978 (BGBl. I S. 1645)
StVÄG 1987	Strafverfahrensänderungsgesetz 1987 vom 27.1.1987 (BGBl. I S. 475)
StVÄG 1999	Strafverfahrensänderungsgesetz 1999 vom 2.8.2000 (BGBl. I S. 1253)
StVG	Straßenverkehrsgesetz vom 3.5.1909 i.d.F. der Bek. vom 19.12.1952 (BGBl. I S. 837)
StVO	Straßenverkehrsordnung vom 16.11.1970 (BGBl. I S. 1565, ber. 1971, S. 38)
StVollstrO	Strafvollstreckungsordnung vom 1.4.2001 (BAnz. Nr. 87) bundeseinheitlich
StVollzG	Gesetz über den Vollzug der Freiheitsstrafe und der freiheitsentziehenden Maßregeln der Besserung und Sicherung – Strafvollzugsgesetz – vom 16.3.1976 (BGBl. I S. 581)
StVollzGK	StrafvollzugsgesetzKommissionsentwurf, herausgegeben vom Bundesministerium der Justiz
StVollzK	Blätter für Strafvollzugskunde (Beilage zur Zeitschrift „Der Vollzugsdienst")
1. StVRErgG	Gesetz zur Ergänzung des 1. StVRG vom 20.12.1974 (BGBl. I S. 3686)
1. StVRG	Erstes Gesetz zur Reform des Strafverfahrensrechts vom 9.12.1974 (BGBl. I S. 3393)
StVZO	Straßenverkehrs-Zulassungs-Ordnung vom 13.11.1937 i.d.F. der Bek. vom 28.9.1988 (BGBl. I S. 1793)
s.u.	siehe unten
SubvG	Subventionsgesetz vom 29.7.1976 (BGBl. I S. 2034)
SVR	Straßenverkehrsrecht (Zeitschrift)
SZ	Süddeutsche Zeitung
SZIER	Schweizerische Zeitschrift für internationales und europäisches Recht
TerrorismusG	Gesetz zur Bekämpfung des Terrorismus vom 19.12.1986 (BGBl. I S. 2566)
TerrorBekämpfG	Gesetz vom 9.1.2002 zur Bekämpfung des internationalen Terrorismus (Terrorismusbekämpfungsgesetz) (BGBl. I S. 361)
TerrorBekErgG	Gesetz zur Ergänzung des Terrorismusbekämpfungsgesetzes (Terrorismusbekämpfungsergänzungsgesetz) vom 5.1.2007 (BGBl. I S. 2)
TFTP	Terrorist Finance Tracking Program
ThUG	Gesetz zur Therapierung und Unterbringung psychisch gestörter Gewalttäter (Therapieunterbringungsgesetz) vom 22.12.2010 (BGBl. I S. 2300, 2305)
Thür.	Thüringen
TiefseebergbauG	Gesetz zur vorläufigen Regelung des Tiefseebergbaus vom 16.8.1980 (BGBl. I S. 1457)
TierSchG	Tierschutzgesetz vom 24.7.1972 (BGBl. I S. 1277)
TKG	Telekommunikationsgesetz (TKG) vom 25.7.1996 (BGBl. I S. 1120) i.d.F. vom 22.6.2004 (BGBl. I S. 1190)
TKÜG	Gesetz zur Neuregelung der Telekommunikationsüberwachung und anderer Ermittlungsmaßnahmen sowie zur Umsetzung der Richtlinie 2006/24/EG vom 21.12.2007 (BGBl. I S. 3198)
TKO	Telekommunikationsordnung vom 16.7.1987 (BGBl. I S. 1761)
TMG	Telemediengesetz vom 26.2.2007 (BGBl. I S. 179)

TREVI	Terrorisme, Radicalisme, Extremisme et Violence Internationale (1975) – Koordinierungsgruppe
TVöD	Tarifvertrag für den öffentlichen Dienst
TV/L	Tarifvertrag für den öffentlichen Dienst der Länder
Tz.	Teilziffer
UCLAF	Unité de Coordination de la Lutte Anti-Fraude
UdG	Urkundsbeamter der Geschäftsstelle
ÜAG	Gesetz vom 26.9.1991 zur Ausführung des Übereinkommens über die Überstellung verurteilter Personen vom 21.3.1983 – Überstellungsausführungsgesetz (BGBl. 1991 I S. 1954)
ÜberlG	Gesetz zur Überleitung von Bundesrecht nach Berlin (West) (Sechstes Überleitungsgesetz) vom 25.9.1990 (BGBl. I S. 2106)
ÜberstÜbk	Übereinkommen über die Überstellung verurteilter Personen vom 21.3.1983 (ETS 112; BGBl. 1991 II S. 1006; 1992 II S. 98); ZP ÜberstÜbk vom 18.12.1997 (ETS 167)
Übk	Übereinkommen
ÜF	Übergangsfassung
UFITA	Archiv für Medienrecht und Medienwissenschaft
UHaftÄndG	Gesetz zur Abänderung der Untersuchungshaft vom 27.12.1926 (RGBl. I S. 529)
UN	Vereinte Nationen
UNCAT	Übereinkommen (der Vereinten Nationen) gegen Folter und andere grausame, unmenschliche oder erniedrigende Behandlung oder Strafe vom 10.12.1984 (BGBl. 1990 II S. 246) OPCAT – Fakultativprotokoll vom 18.12.2002 zum Übereinkommen gegen Folter und andere grausame, unmenschliche oder erniedrigende Behandlung oder Strafe; Gesetz vom 26.8.2008 (BGBl. 2008 II S. 854)
UN-CAT	United Nations Committee against Torture – UN-Anti-Folter-Ausschuss
UN-FoltKonv.	s. UNCAT
UNHCR	United Nations High Commissioner for Refugees – Hoher Flüchtlingskommissar der Vereinten Nationen
UNO-Pakt	s. IPBPR
UnterbrSichG	Gesetz zur Reform des Rechts der Unterbringung in einem psychiatrischen Krankenhaus und in einer Entziehungsanstalt vom 16.7.2007 (BGBl. I S. 1327)
UrhG	Gesetz über Urheberrecht und verwandte Schutzrechte (Urheberrechtsgesetz) vom 9.9.1965 (BGBl. I S. 1273)
UVollzO	Untersuchungshaftvollzugsordnung vom 12.2.1953 i.d.F. der Bek. vom 15.12.1976, bundeseinheitlich
UZwG	Gesetz über den unmittelbaren Zwang bei Ausübung öffentlicher Gewalt durch Vollzugsbeamte des Bundes vom 10.3.1961 (BGBl. I S. 165)
UZwGBw	Gesetz über die Anwendung unmittelbaren Zwanges und die Ausübung besonderer Befugnisse durch Soldaten der Bundeswehr und verbündeter Streitkräfte sowie zivile Wachpersonen vom 12.8.1965 (BGBl. I S. 796)
VA	Vorzeitige Anwendung (internationaler Übereinkommen)
VBlBW	Verwaltungsblätter für Baden-Württemberg (Zeitschrift)
VDA	Vergleichende Darstellung des deutschen und ausländischen Strafrechts, Allgemeiner Teil, Bd. 1 bis 6 (1908)
VDB	Vergleichende Darstellung des deutschen und ausländischen Strafrechts, Besonderer Teil, Bd. 1 bis 9 (1906)
VerbrbekG	Gesetz zur Änderung des Strafgesetzbuches, der Strafprozeßordnung und anderer Gesetze (Verbrechensbekämpfungsgesetz) vom 28.10.1994 (BGBl. I S. 3186)
VerbringungsverbG	Gesetz zur Überwachung strafrechtlicher und anderer Verbringungsverbote vom 24.5.1961 (BGBl. I S. 607)
VereinfVO	Vereinfachungsverordnung 1. ~, VO über Maßnahmen auf dem Gebiet der Gerichtsverfassung und Rechtspflege vom 1.9.1939 (RGBl. I S. 1658)

	2. ~, VO zur weiteren Vereinfachung der Strafrechtspflege vom 13.8.1942 (RGBl. I S. 508)
	3. ~, Dritte VO zur Vereinfachung der Strafrechtspflege vom 29.5.1943 (RGBl. I S. 342)
	4. ~, Vierte VO zur Vereinfachung der Strafrechtspflege vom 13.12.1944 (RGBl. I S. 339)
VereinhG	Gesetz zur Wiederherstellung der Rechtseinheit auf dem Gebiete der Gerichtsverfassung, der bürgerlichen Rechtspflege, des Strafverfahrens und des Kostenrechts vom 12.9.1950 (BGBl. I S. 455)
VereinsG	Gesetz zur Regelung des öffentlichen Vereinsrechts (Vereinsgesetz) vom 5.8.1964 (BGBl. I S. 593) zuletzt geändert durch Art. 5 des Gesetzes vom 30.11.2020 (BGBl. I S. 2600)
VerfGH	Verfassungsgerichtshof
VerfO	Verfahrensordnung (s. EGMRVerfO)
Verh.	Verhandlungen des Deutschen Bundestages (BT), des Deutschen Juristentages (DJT) usw.
1. VerjährungsG	Gesetz über das Ruhen der Verjährung bei SED-Unrechtstaten vom 26.3.1993 (BGBl. I S. 392)
2. VerjährungsG	Gesetz zur Verlängerung strafrechtlicher Verjährungsfristen vom 27.9.1993 (BGBl. I S. 1657)
VerkMitt.	Verkehrsrechtliche Mitteilungen
VerpflichtG	Gesetz über die förmliche Verpflichtung nichtbeamteter Personen (Verpflichtungsgesetz) vom 2.3.1974 (BGBl. I S. 469) zuletzt geändert durch § 1 Nr. 4 des Gesetzes vom 15.8.1974 (BGBl. I S. 1942)
VerschG	Verschollenheitsgesetz vom 15.1.1951 (BGBl. I S. 59) zuletzt geändert durch Art. 182 der Verordnung vom 31.8.2015 (BGBl. I S. 1474)
VersR	Versicherungsrecht, Juristische Rundschau für die Individualversicherung
VerständigungsG	Gesetz zur Regelung der Verständigung im Strafverfahren vom 29.7.2009 (BGBl. I S. 2353)
VerwArch	Verwaltungsarchiv
VG	Verwaltungsgericht
VGH	Verfassungsgerichtshof; Verwaltungsgerichtshof
vgl.	vergleiche
Vhdlgen	s. Verh.
VideokonfIntensG	Gesetz zur Intensivierung des Einsatzes von Videokonferenztechnik in gerichtlichen und staatsanwaltschaftlichen Verfahren v. 25.4.2013 (BGBl. I S. 935)
VIS	Visa-Informations-System
VIZ	Vermögens- und Immobilienrecht (Zeitschrift)
VO	Verordnung; s. auch AusnVO
VOBl.	Verordnungsblatt
VOR	Zeitschrift für Verkehrs- und Ordnungswidrigkeitenrecht
VR	Verwaltungsrundschau
VRR	VerkehrsRechtsReport
VRS	Verkehrsrechts-Sammlung
VRÜ	Verfassung und Recht in Übersee
VStGB	Völkerstrafgesetzbuch vom 26.6.2002 (BGBl. I 2254), zuletzt geändert durch Art. 1 des Gesetzes vom 22.12.2016 (BGBl. I 3150).
VStGBG	Gesetz vom 26.6.2002 zur Einführung des Völkerstrafgesetzbuches (BGBl. I S. 2254)
VVDStRL	Veröffentlichungen der Vereinigung der Deutschen Staatsrechtslehrer
VVStVollzG	Verwaltungsvorschriften zum Strafvollzugsgesetz (bundeseinheitlich) vom 1.7.1976
VwGO	Verwaltungsgerichtsordnung, neugefasst durch Bek. vom 19.3.1991 (BGBl. I S. 686); zuletzt geändert durch Art. 2 des Gesetzes vom 8.10.2021 (BGBl. I S. 4650)
VwRehaG	Gesetz über die Aufhebung rechtsstaatswidriger Verwaltungsentscheidungen im Beitrittsgebiet und die daran anknüpfenden Folgeansprüche (Verwaltungsrechtliches Re-

	habilitierungsgesetz – VwRehaG) vom 23.6.1994 (BGBl. I S. 1311) zuletzt geändert durch Art. 13 des Gesetzes vom 12.12.2019 (BGBl. I S. 2652)
VwVfG	Verwaltungsverfahrensgesetz vom 25.5.1976 (BGBl. I S. 1253)
VwZG	Verwaltungszustellungsgesetz vom 3.7.1952 (BGBl. I S. 379)
WDO	Wehrdisziplinarordnung vom 15.3.1957 i.d.F. der Bek. vom 9.6.1961 (BGBl. I S. 697)
WehrbeauftrG	Gesetz über den Wehrbeauftragten des Deutschen Bundestages i.d.F. der Bek. vom 16.6.1982 (BGBl. I S. 673)
WeinG	Gesetz über Wein, Likörwein, Schaumwein, weinhaltige Getränke und Branntwein aus Wein (Weingesetz) vom 14.1.1971 (BGBl. I S. 893)
Wiener Übereinkommen	1. Wiener Übereinkommen über diplomatische Beziehungen vom 18.4.1961 (Zustimmungsgesetz vom 6.8.1964, BGBl. II S. 957) 2. Wiener Übereinkommen über konsularische Beziehungen vom 24.4.1963 (Zustimmungsgesetz vom 26.8.1969, BGBl. II S. 1585)
WiJ	Journal der Wirtschaftsstrafrechtlichen Vereinigung e.V.
1. WiKG	Erstes Gesetz zur Bekämpfung der Wirtschaftskriminalität vom 29.7.1976 (BGBl. I S. 2034)
2. WiKG	Zweites Gesetz zur Bekämpfung der Wirtschaftskriminalität vom 15.5.1986 (BGBl. I S. 721)
WisteV	Wirtschaftsstrafrechtliche Vereinigung e.V.
WiStG	Gesetz zur weiteren Vereinfachung des Wirtschaftsstrafrechts (Wirtschaftsstrafgesetz 1954) vom 9.7.1954 i.d.F. der Bek. vom 3.6.1975 (BGBl. I S. 1313)
wistra	Zeitschrift für Wirtschafts- und Steuerstrafrecht
WLR	Weekly Law Reports (Zeitschrift)
WoÜbG	Gesetz zur Umsetzung des Urteils des Bundesverfassungsgerichts vom 3. März 2004 (akustische Wohnraumüberwachung) vom 24.6.2005 (BGBl. I S. 1841)
WRV	Weimarer Verfassung, Verfassung des Deutschen Reichs vom 11.8.1919 (RGBl. S. 1383)
WStG	Wehrstrafgesetz vom 30.3.1957 i.d.F. der Bek. vom 24.5.1974 (BGBl. I S. 1213)
WM	Wertpapiermitteilungen (Zeitschrift)
WuV	Wirtschaft und Verwaltung (Zeitschrift)
WuW	Entscheidungssammlung der Zeitschrift Wirtschaft und Wettbewerb
WÜD	s. 1. Wiener Übereinkommen
WÜK	s. 2. Wiener Übereinkommen
WVK	Wiener Vertragsrechtskonvention vom 23.5.1969 (BGBl. 1985 II S. 926)
WWSUV	Vertrag über die Schaffung einer Währungs-, Wirtschafts- und Sozialunion zwischen der Bundesrepublik Deutschland und der Deutschen Demokratischen Republik vom 18.5.1990 (BGBl. II S. 537)
WWSUVG	Gesetz zu dem Vertrag vom 18.5.1990 über die Schaffung einer Währungs-, Wirtschafts- und Sozialunion ... vom 25.6.1990 (BGBl. II S. 518)
WZG	Warenzeichengesetz vom 5.5.1936 i.d.F. der Bek. vom 2.1.1968 (BGBl. I S. 29)
WzS	Wege zur Sozialversicherung (Zeitschrift)
YB	Yearbook of the European Convention of the Human Rights, the European Commission and the European Court of Human Rights/Annuaire de la Convention Européenne des Droits de l'Homme; Commission et Cour Européenne des Droits de l'Homme, hrsg. vom Europarat
YEL	Yearbook of European Law
ZAG	Zahlungsdiensteaufsichtsgesetz
ZahlVGJG	Gesetz über den Zahlungsverkehr mit Gerichten und Justizbehörden vom 22.12.2006 = Art. 2 des 2. Justizmodernisierungsgesetzes (BGBl. 2006 I S. 3416)
ZAkDR	Zeitschrift der Akademie für Deutsches Recht (1934–44)
ZaöRV	Zeitschrift für ausländisches öffentliches Recht und Völkerrecht
ZAP	Zeitschrift für die Anwaltspraxis

ZAR	Zeitschrift für Ausländerrecht und Ausländerpolitik
ZBJV	Zeitschrift des Bernischen Juristenvereins
ZBlJugR	Zentralblatt für Jugendrecht und Jugendwohlfahrt
ZBR	Zeitschrift für Beamtenrecht
ZCG	Zeitschrift für Corporate Governance
ZD	Zeitschrift für Datenschutz
ZDRW	Zeitschrift für Didaktik der Rechtswissenschaft
ZER	Zeitschrift für Europarecht (Österreich)
ZERP	Zentrum für europäische Rechtspolitik (Universität Bremen)
ZESAR	Zeitschrift für europäisches Sozial- und Arbeitsrecht
ZEUP	Zeitschrift für europäisches Privatrecht
ZEuS	Zeitschrift für Europarechtliche Studien
ZEV	Zeitschrift für Erbrecht und Vermögensnachfolge
ZfBR	Zeitschrift für deutsches und internationales Bau- und Vergaberecht
ZfC	Zeitschrift für Compliance
ZfDG	Gesetz über das Zollkriminalamt und die Zollfahndungsämter (Zollfahndungsdienstgesetz) vom 16.8.2002 (BGBl. I S. 3202) aufgehoben durch Art. 3 des Gesetzes vom 30.3.2021 (BGBl. I S. 402)
ZfDR	Zeitschrift für Digitalisierung und Recht (ZfDR)
ZfJ	Zentralblatt für Jugendrecht
ZfL	Zeitschrift für Lebensrecht
ZfRV	Zeitschrift für Europarecht, Internationales Privatrecht und Rechtsvergleichung
ZfS	Zeitschrift für Schadensrecht
ZFSH SGB	Zeitschrift für die sozialrechtliche Praxis
ZfStrVo	Zeitschrift für Strafvollzug und Straffälligenhilfe (jetzt: FS – Forum Strafvollzug)
ZfWG	Zeitschrift für Wett- und Glücksspielrecht
ZfZ	Zeitschrift für Zölle und Verbrauchssteuern
ZG	Zeitschrift für Gesetzgebung
ZInsO	Zeitschrift für das gesamte Insolvenzrecht
ZIP	Zeitschrift für Wirtschaftsrecht
ZIR	Zeitschrift für Interne Revision
ZIS	Zeitschrift für Internationale Strafrechtsdogmatik (Online-Zeitschrift)
ZJJ	Zeitschrift für Jugendkriminalrecht und Jugendhilfe
ZJS	Zeitschrift für das Juristische Studium (Online-Zeitschrift)
ZKA	Zollkriminalamt
ZKJ	Zeitschrift für Kindschaftsrecht und Jugendhilfe
ZLR	Zeitschrift für Lebensmittelrecht
ZOV	Zeitschrift für offene Vermögensfragen
ZÖR	Zeitschrift für öffentliches Recht
ZollG	Zollgesetz vom 14.6.1961 i.d.F. der Bek. vom 18.5.1970 (BGBl. I S. 529), mit der Vollendung des EU-Binnenmarktes aufgehoben
ZP	Zusatzprotokoll
ZPO	Zivilprozeßordnung vom 30.1.1877 i.d.F. der Bek. vom 12.9.1950 (BGBl. I S. 533)
ZRFC	Zeitschrift für Risk, Fraud & Compliance
ZRP	Zeitschrift für Rechtspolitik
ZSchG	Gesetz vom 30.4.1998 zum Schutz von Zeugen bei Vernehmungen im Strafverfahren und zur Verbesserung des Opferschutzes (Zeugenschutzgesetz – ZSchG) (BGBl. I S. 820)
ZSE	Zeitschrift für Staats- und Europawissenschaften
ZSEG	Gesetz über die Entschädigung von Zeugen und Sachverständigen vom 26.7.1957 i.d.F. der Bek. vom 1.10.1969 (BGBl. I S. 1756); abgelöst durch das JVEG vom 5.5.2004
ZSHG	Gesetz zur Harmonisierung des Schutzes gefährdeter Zeugen (Zeugenschutz-Harmonisierungsgesetz) vom 11.12.2001 (BGBl. I S. 3510)
ZSR	Zeitschrift für Schweizerisches Recht

ZST	Zeitschrift für Schweizer Recht
ZSteu	Zeitschrift für Steuern und Recht
ZStW	Zeitschrift für die gesamte Strafrechtswissenschaft
ZTR	Zeitschrift für Tarif-, Arbeits- und Sozialrecht des öffentlichen Dienstes
ZUM	Zeitschrift für Urheber- und Medienrecht
ZUM-RD	Zeitschrift für Urheber- und Medienrecht – Rechtsprechungsdienst
ZUR	Zeitschrift für Umweltrecht
ZusatzAbk.	Zusatzabkommen zum NATOTruppenstatut vom 3.8.1959 (BGBl. 1961 II S. 1183, 1218)
Zusatzvereinb.	Vereinbarung zwischen der Bundesrepublik Deutschland und der Deutschen Demokratischen Republik zur Durchführung und Auslegung des am 31.8.1990 in Berlin unterzeichneten Vertrages zwischen der Bundesrepublik Deutschland und der Deutschen Demokratischen Republik über die Herstellung der Einheit Deutschlands vom 18.9.1990 (BGBl. II S. 1239)
zust.	zustimmend
ZustErgG	Gesetz zur Ergänzung von Zuständigkeiten auf den Gebieten des Bürgerlichen Rechts, des Handelsrechts und des Strafrechts (Zuständigkeitsergänzungsgesetz) vom 7.8.1952 (BGBl. I S. 407)
ZustG	Gesetz über die Zuständigkeit der Gerichte bei Änderung der Gerichtseinteilung vom 6.12.1933 (RGBl. I S. 1037)
ZustRG	Gesetz zur Reform des Verfahrens bei Zustellung im gerichtlichen Verfahren (Zustellungsreformgesetz – ZustRG) vom 25.6.2001 (BGBl. I S. 1206)
ZustVO	Verordnung über die Zuständigkeit der Strafgerichte, die Sondergerichte und sonstige strafverfahrensrechtliche Vorschriften vom 21.2.1940 (RGBl. I S. 405)
Zuwanderungsgesetz	Gesetz zur Steuerung und Begrenzung der Zuwanderung und zur Regelung des Aufenthalts und der Integration von Unionsbürgern und Ausländern vom 30.7.2004 (BGBl. I S. 1950)
ZVG	Gesetz über die Zwangsversteigerung und die Zwangsverwaltung (Zwangsversteigerungsgesetz) vom 24.3.1897 i.d.F. der Bek. vom 20.5.1898 (RGBl. S. 369, 713)
ZWehrR	Zeitschrift für Wehrrecht (1936/37–44)
ZWF	Zeitschrift für Wirtschafts- und Finanzstrafrecht (Österreich)
ZWH	Zeitschrift für Wirtschaftsstrafrecht und Haftung im Unternehmen
ZwHeiratBekG	Gesetz zur Bekämpfung der Zwangsheirat und zum besseren Schutz der Opfer von Zwangsheirat sowie zur Änderung weiterer aufenthalts- und asylrechtlicher Vorschriften vom 23.6.2011 (BGBl. I S. 1266)
ZZP	Zeitschrift für Zivilprozeß

Abkürzungsverzeichnis Länder Teil II

In den Erläuterungen der einzelnen Artikel der EMRK und des IPBPR (Teil II) werden in den Fußnotennachweisen die Vertragsstaaten, gegen die sich die einzelne Beschwerde richtete, aus Platzgründen in der Regel abgekürzt wie folgt wiedergegeben:

A	Österreich	LKA	Sri Lanka
ALB	Albanien	LUX	Luxemburg
AND	Andorra	MA	Marokko
ARM	Armenien	MAZ	Mazedonien
ASE	Aserbaidschan	MCO	Monaco
AUS	Australien	MEX	Mexiko
B	Belgien	MKD	Nordmazedonien
BDI	Burundi	MLT	Malta
BIH	Bosnien-Herzegowina	MOL	Moldau
BLR	Weißrussland	MTN	Montenegro
BUL	Bulgarien	MUS	Mauritius
CAN	Kanada	N	Norwegen
CH	Schweiz	NL	Niederlande
CMR	Kamerun	NPL	Nepal
COD	Kongo, D.R.	NZL	Neuseeland
COL	Kolumbien	P	Portugal
CS	Tschechische Republik	PER	Peru
D	Deutschland	PHL	Philippinen
DK	Dänemark	PL	Polen
DZA	Algerien	R	Russland
E	Spanien	RUM	Rumänien
EST	Estland	S	Schweden
F	Frankreich	SFR (bis 1992)	Jugoslawien
FIN	Finnland	SLO	Slowakische Republik
FL	Liechtenstein	SLW	Slowenien
GEO	Georgien	SM	San Marino
GHA	Ghana	SRB	Serbien (JUG)
GNQ	Äquatorialguinea	SUR	Surinam
GR	Griechenland	TJK	Tadschikistan
H	Ungarn	TKM	Turkmenistan
I	Italien	TRK	Türkei
IR	Irland	TTO	Trinidad und Tobago
ISL	Island	TUN	Tunesien
JAM	Jamaika	UK	Vereinigtes Königreich
KAZ	Kasachstan	UKR	Ukraine
KGZ	Kirgistan	URY	Uruguay
KOR	Südkorea	UZB	Usbekistan
KRO	Kroatien	VEN	Venezuela
LBY	Libyen	ZAF	Südafrika
LET	Lettland	ZM	Sambia
LIT	Litauen	ZYP	Zypern

https://doi.org/10.1515/9783110275063-206

Äquatorialguinea	GNQ	Moldau	MOL
Albanien	ALB	Monaco	MCO
Algerien	DZA	Montenegro	MTN
Andorra	AND	Nepal	NPL
Armenien	ARM	Neuseeland	NZL
Aserbaidschan	ASE	Niederlande	NL
Australien	AUS	Nordmazedonien	MKD
Belgien	B	Norwegen	N
Bosnien-Herzegowina	BIH	Österreich	A
Bulgarien	BUL	Peru	PER
Burundi	BDI	Philippinen	PHL
Dänemark	DK	Polen	PL
Deutschland	D	Portugal	P
Estland	EST	Rumänien	RUM
Finnland	FIN	Russland	R
Frankreich	F	Sambia	ZM
Georgien	GEO	San Marino	SM
Ghana	GHA	Schweden	S
Griechenland	GR	Schweiz	CH
Irland	IR	Serbien (JUG)	SRB
Island	ISL	Slowakische Republik	SLO
Italien	I	Slowenien	SLW
Jamaika	JAM	Spanien	E
Jugoslawien	SFR (bis 1992)	Sri Lanka	LKA
Kamerun	CMR	Südafrika	ZAF
Kanada	CAN	Südkorea	KOR
Kasachstan	KAZ	Surinam	SUR
Kirgistan	KGZ	Tadschikistan	TJK
Kolumbien	COL	Trinidad und Tobago	TTO
Kongo, D.R.	COD	Tschechische Republik	CS
Kroatien	KRO	Tunesien	TUN
Lettland	LET	Turkmenistan	TKM
Libyen	LBY	Türkei	TRK
Liechtenstein	FL	Ukraine	UKR
Litauen	LIT	Ungarn	H
Luxemburg	LUX	Uruguay	URY
Malta	MLT	Usbekistan	UZB
Marokko	MA	Venezuela	VEN
Mauritius	MUS	Vereinigtes Königreich	UK
Mazedonien	MAZ	Weißrussland	BLR
Mexiko	MEX	Zypern	ZYP

Literaturverzeichnis

Achenbach/Ransiek/Rönnau	Achenbach/Ransiek/Rönnau, Handbuch Wirtschaftsstrafrecht, 5. Aufl. (2019)
AE-EV	Alternativ-Entwurf Reform des Ermittlungsverfahrens (AE-EV); Entwurf eines Arbeitskreises deutscher, österreichischer und schweizerischer Strafrechtslehrer (2001)
AE-EuStV	Alternativentwurf Europäische Strafverfolgung; hrsg. von Schünemann (2004)
AE-StuM	Alternativ-Entwurf Strafjustiz und Medien (AE-StuM: Entwurf eines Arbeitskreises deutscher, österreichischer und schweizerischer Strafrechtslehrer (2004)
Ahlbrecht/Böhm/Esser/ Eckelmans	Ahlbrecht/Böhm/Esser/Eckelmans, Internationales Strafrecht, 2. Aufl. (2017)
AK	Alternativkommentar zur Strafprozessordnung, Bd. I (§§ 1 bis 93; 1988), Bd. II 1 (§§ 94 bis 212b; 1992), Bd. II 2 (§§ 213 bis 275; 1993), Bd. III (§§ 276 bis 477; 1996)
AK-GG	Alternativkommentar zum Grundgesetz, 2. Aufl., Bd. I (Art. 1 bis 37; 1989), Bd. II (Art. 38 bis 146; 1989)
AK-StGB	Alternativkommentar zum Strafgesetzbuch, Bd. I (§§ 1 bis 21; 1990), Bd. III (§§ 80 bis 145d; 1986)
AnwK	Krekeler/Löffelmann/Sommer, AnwaltKommentar zur Strafprozessordnung, 2. Aufl. (2009)
AnwK-StGB	Leipold/Tsambikakis/Zöller (Hrsg.), AnwaltKommentar StGB, 3. Aufl. (2020)
AnwK-UHaft	König (Hrsg.), AnwaltKommentar Untersuchungshaft (2011)
Albrecht	Albrecht, Jugendstrafrecht, 3. Aufl. (2000)
Albrecht (Krim.)	Albrecht, Kriminologie, 4. Aufl. (2010)
Alsberg	Alsberg, Der Beweisantrag im Strafprozess, 8. Aufl. (2021)
Ambos	Ambos, Internationales Strafrecht, 5. Aufl. (2018)
Ambos/König/Rackow	Ambos/König/Rackow (Hrsg.), Rechtshilferecht in Strafsachen, 2. Aufl. (2020)
Anders/Gehle	Anders/Gehle (vormals Baumbach/Lauterbach/Hartmann/Anders/Gehle, Zivilprozessordnung, Kurz-Kommentar, 81. Aufl. (2023)
Arloth	Arloth, Strafprozeßrecht (1995)
Arloth/Krä	Arloth/Krä, Strafvollzugsgesetz, 5. Aufl. (2021)
Artkämper	Artkämper, Die „gestörte" Hauptverhandlung, 6. Aufl. (2022)
Artkämper/Esders/Jakobs/ Sotelsek	Artkämper/Esders/Jakobs/Sotelsek, Praxiswissen Strafverfahren bei Tötungsdelikten (2012)
Aschrott	Reform des Strafprozesses, kritische Besprechung der von der Kommission für die Reform des Strafprozesses gemachten Vorschläge, hrsg. von Aschrott (1906)
Aubert	Aubert, Fernmelderecht I, 3. Aufl. (1976)
Barczak	Barczak (Hrsg.), BKAG – Gesetz über das Bundeskriminalamt (2023)
Barton	Barton, Mindeststandards der Strafverteidigung (1994)
Barton (Verfahrensg.)	Barton, Verfahrensgerechtigkeit und Zeugenbeweis (2002)
Barton (Strafverteidigung)	Barton, Einführung in die Strafverteidigung, 2. Aufl. (2013)
Baumann	Baumann, Grundbegriffe und Verfahrensprinzipien des Strafprozeßrechts, 3. Aufl. (1979)
Baumann/Weber/Mitsch/ Eisele	Baumann/Weber/Mitsch/Eisele, Strafrecht, Allgemeiner Teil, Lehrbuch, 13. Aufl. (2021)
Beck/Berr/Schäpe	Beck/Berr/Schäpe, OWi-Sachen im Straßenverkehrsrecht, 8. Aufl. (2022)
Beck/Müller	Beck/Müller, Fälle und Lösungen zur StPO, 6. Aufl. (2020)
Beck'sches Formularbuch	Hamm/Leipold (Hrsg.), Beck'sches Formularbuch für den Strafverteidiger, 6. Aufl. (2018)
Beling	Beling, Deutsches Reichsstrafprozeßrecht (1928)
Bender/Nack/Treuer	Bender/Nack/Treuer, Tatsachenfeststellung vor Gericht, 5. Aufl. (2021)

https://doi.org/10.1515/9783110275063-207

Benfer/Bialon	Benfer/Bialon, Rechtseingriffe von Polizei und Staatsanwaltschaft, 4. Aufl. (2010)
Bernsmann/Gatzweiler	Bernsmann/Gatzweiler, Verteidigung bei Korruptionsfällen, 2. Aufl. (2014)
Berz/Burmann	Berz/Burmann, Handbuch des Straßenverkehrsrechts, Loseblattausgabe, 2 Bände, 46. Aufl. (2022)
Beulke/Swoboda	Beulke, Strafprozessrecht, 16. Aufl. (2022)
Beulke/Swoboda (JugStr)	Beulke/Swoboda, Jugendstrafrecht, 16. Aufl. (2020)
Beulke/Ruhmannseder	Beulke/Ruhmannseder, Die Strafbarkeit des Verteidigers, 2. Aufl. (2010)
Binding	Binding, Grundriss des Deutschen Strafprozessrechts, 5. Aufl. 1904
Birkenstock	Birkenstock, Verfahrensrügen im Strafprozess – Rechtsprechungssammlung, 2 Bände (2004)
Birkmeyer	Birkmeyer, Deutsches Strafprozeßrecht (1898)
Bittmann/Köhler/Seeger/ Tschakert/Rettke	Bittmann/Köhler/Seeger/Tschakert/Rettke, Handbuch der strafrechtlichen Vermögensabschöpfung: Sicherstellung – Einziehung – Opferentschädigung, 2. Aufl. (2023)
Bock	Bock, Criminal Compliance, 2. Aufl. (2013)
Bockemühl	Bockemühl (Hrsg.), Handbuch des Fachanwalts Strafrecht, 8. Aufl. (2020)
Bohnert	Bohnert, Beschränkungen der strafprozessualen Revision durch Zwischenverfahren (1983)
Bohnert/Bülte	Bohnert/Bülte, Ordnungswidrigkeitenrecht, 6 Aufl. (2020)
Bonn.Komm.	Kommentar zum Bonner Grundgesetz, Loseblattausgabe (ab 1950)
Booß	Booß, Straßenverkehrsordnung, Kommentar, 3. Aufl. (1980)
Bosbach/Ackermann/Caba	Bosbach/Ackermann/Caba, Verteidigung im Ermittlungsverfahren, 9. Aufl. (2022)
Bouska/Laeverenz	Bouska/Laeverenz, Fahrerlaubnisrecht, 3. Aufl. (2004)
Böhm/Feuerhelm	Böhm/Feuerhelm, Einführung in das Jugendstrafrecht, 4. Aufl. (2004)
Böhm (Strafvollzug)	Böhm, Strafvollzug, 3. Aufl. (2002)
Böse	Böse (Hrsg.), Europäisches Strafrecht, Enzyklopädie Europarecht, 2. Aufl. Band 9 (2021)
Böttger	Böttger (Hrsg.), Wirtschaftsstrafrecht in der Praxis, 3. Aufl. (2022)
Brandstetter	Brandstetter, Straffreiheitsgesetz, Kommentar (1956)
Brenner	Brenner, Ordnungswidrigkeitenrecht (1996)
Brettel/Schneider	Brettel/Schneider, Wirtschaftsstrafrecht, 4. Aufl. 2020
Breyer/Mehle/Osnabrügge/ Schaefer	Breyer/Mehle/Osnabrügge/Schaefer, Strafprozessrecht (2005)
von Briel/Ehlscheid	von Briel/Ehlscheid, Steuerstrafrecht, 2. Aufl. (2000)
Bringewat	Bringewat, Strafvollstreckung, Kommentar zu den §§ 449 bis 463d StPO (1993)
Brodag	Brodag, Strafverfahrensrecht, 13. Aufl. (2014)
Brunner	Brunner, Abschlussverfügung der Staatsanwaltschaft, 15. Aufl. (2021)
Brunner/Dölling	Brunner/Dölling, Jugendgerichtsgesetz, Kommentar, 14. Aufl. (2023)
Bruns/Schröder/Tappert	Bruns/Schröder/Tappert, Kommentar zum strafrechtlichen Rehabilitierungsgesetz (1993)
Brüssow/Gatzweiler/Krekeler/ Mehle	Brüssow/Gatzweiler/Krekeler/Mehle, Strafverteidigung in der Praxis, 4. Aufl. (2007)
Buddendiek/Rutkowski	Buddendiek/Rutkowski, Lexikon des Nebenstrafrechts, zugleich Registerband zum Erbs/Kohlhaas, Strafrechtliche Nebengesetze, 45. Aufl. (2022)
Burchardi/Klempahn/ Wetterich	Burchardi/Klempahn/Wetterich, Der Staatsanwalt und sein Arbeitsgebiet, 5. Aufl. (1982)
Burhoff (Ermittlungsv.)	Burhoff, Handbuch für das strafrechtliche Ermittlungsverfahren, 9. Aufl. (2021)
Burhoff (Hauptv.)	Burhoff, Handbuch für die strafrechtliche Hauptverhandlung, 10. Aufl. (2021)
Burhoff (StrV-OWi)	Burhoff, Handbuch für das straßenverkehrsrechtliche OW-Verfahren, 6. Aufl. 2021

Burhoff/Stephan	Burhoff/Stephan, Strafvereitelung durch Strafverteidiger (2008)
Burhoff/Kotz	Burhoff/Kotz, Handbuch für strafrechtliche Rechtsmittel und Rechtsbehelfe, 2. Aufl. (2016)
Burhoff/Volpert	Burhoff/Volpert, RVG Straf- und Bußgeldsachen, 6. Aufl. 2021
Burmann/Heß/Hühnermann/Jahnke	Burmann/Heß/Hühnermann/Jahnke, Straßenverkehrsrecht, 27. Aufl. (2022)
Ciolek-Krepold	Ciolek-Krepold, Durchsuchung und Beschlagnahme in Wirtschaftsstrafsachen (2000)
Cirener/Jahn/Radtke	Cirener/Jahn/Radtke (Hrsg.), Bild-Ton-Dokumentation und „Konkurrenzlehre 2.0" (2020)
Corstens/Pradel	Corstens/Pradel, European Criminal Law (2002)
Cramer	Cramer, Straßenverkehrsrecht StVO – StGB, Kommentar, 2. Aufl. (1977)
Cramer/Bürgle	Cramer/Bürgle, Die strafprozessualen Beweisverwertungsverbote, 2. Aufl. (2004)
Cramer/Cramer	Cramer/Cramer, Anwalts-Handbuch Strafrecht (2002)
Cryer/Friman/Robinson/Wilmshurst	Cryer/Friman/Robinson/Wilmshurst, An Introduction to International Criminal Law and Procedure, 4th ed. (2019)
Cullen/Jund	Cullen/Jund, Strafrechtliche Zusammenarbeit in der Europäischen Union nach Tampere (2002)
Dahs (Hdb.)	Dahs, Handbuch des Strafverteidigers, 8. Aufl. (2015)
Dahs (Rechtl. Gehör)	Dahs, Rechtliches Gehör im Strafverfahren (1963)
Dahs	Dahs, Die Revision im Strafprozess, 9. Aufl. (2017)
Daimagüler	Daimagüler, Der Verletzte im Strafverfahren – Handbuch für die Praxis (2016)
Dalcke/Fuhrmann/Schäfer	Dalcke/Fuhrmann/Schäfer, Strafrecht und Strafverfahren, Kommentar, 37. Aufl. (1961) (Reprint 2020)
Dallinger/Lackner	Dallinger/Lackner, Jugendgerichtsgesetz und ergänzende Vorschriften, Kommentar, 2. Aufl. (1965)
Dannecker/Knierim	Dannecker/Knierim, Insolvenzstrafrecht, 3. Aufl. (2018)
Deckers	Deckers, Der strafprozessuale Beweisantrag, 3. Aufl. (2013)
Delmas-Marty	Delmas-Marty, Corpus Juris der strafrechtlichen Regelungen zum Schutz der finanziellen Interessen der Europäischen Union (1998)
Delmas-Marty/Vervaele	Delmas-Marty/Verwaele, The Implementation of the Corpus Juris in the Member States, 4 Bände (2001)
Detter	Detter, Revision im Strafverfahren (2011)
Diemer/Schatz/Sonnen	Diemer/Schatz/Sonnen, Jugendgerichtsgesetz, Kommentar, 8. Aufl. (2020)
Dölling/Duttge/König/Rössner	Dölling/Duttge/König/Rössner, Gesamtes Strafrecht – Handkommentar 5. Aufl. (2022) (zit.: HK-GS/*Verfasser*)
Dörndorfer	Dörndorfer, Rechtspflegergesetz, Kommentar, 3. Aufl. (2020)
Dörr/Grote/Marauhn	Dörr/Grote/Marauhn, EMRK/GG, Konkordanzkommentar zum europäischen und deutschen Grundrechtsschutz, 3. Aufl. (2022)
Doswald-Beck/Kolb	Doswald-Beck/Kolb, Judicial Process and Human Rights – United Nations, European, American and African Systems – Texts and summaries of international case law, 2004
Dürig/Herzog/Scholz	Dürig/Herzog/Scholz, Grundgesetz, Kommentar, Loseblattausgabe, 99. Aufl. (2022)
Eb. Schmidt	Eberhard Schmidt, Lehrkommentar zur Strafprozeßordnung und zum Gerichtsverfassungsgesetz, Teil I: Die rechtstheoretischen und die rechtspolitischen Grundlagen des Strafverfahrensrechts, 2. Aufl. (1964); Teil II: Erläuterungen zur Strafprozeßordnung und zum Einführungsgesetz (1957); Teil III: Erläuterungen zum Gerichtsverfassungsgesetz und zum Einführungsgesetz (1960), Nachtrag I: Nachträge und Ergänzungen zu Teil II (1967), Nachtrag II: Nachtragsband II (1970)
Eb. Schmidt (Geschichte)	Schmidt, Einführung in die Geschichte der deutschen Strafrechtspflege, 3. Aufl. (1965)

Eb. Schmidt (Kolleg)	Schmidt, Deutsches Strafprozeßrecht, ein Kolleg (1967)
Eberth/Müller/Schütrumpf	Eberth/Müller/Schütrumpf, Verteidigung in Betäubungsmittelsachen, 7. Aufl. (2018)
Eidam	Eidam, Unternehmen und Strafe, 5. Aufl. (2018)
Eisenberg/Kölbel	Eisenberg/Kölbel, Jugendgerichtsgesetz, Kommentar, 24. Aufl. (2023)
Eisenberg (Beweismittel)	Eisenberg, Persönliche Beweismittel in der StPO, 2. Aufl. (1996)
Eisenberg (Beweisrecht)	Eisenberg, Beweisrecht der StPO, Spezialkommentar, 10. Aufl. (2017)
Eisenberg/Kölbel	Eisenberg/Kölbel, Kriminologie, 7. Aufl. (2017)
Endriß (BtM-Verfahren)	Endriß, Verteidigung in Betäubungsmittelverfahren (1998)
Engländer	Engländer, Examensrepetitorium Strafprozessrecht, 11. Aufl. (2022)
Erbs/Kohlhaas	Erbs/Kohlhaas, Strafrechtliche Nebengesetze, Kurzkommentar, Loseblattausgabe, 244. Aufl. (2023)
Erhardt	Erhardt, Strafrecht für Polizeibeamte, 7. Aufl. (2021)
ERST	Esser/Rübenstahl/Saliger/Tsambikakis (Hrsg.), Wirtschaftsstrafrecht, 2017
Eser	Eser, Einführung in das Strafprozeßrecht (1983)
Eser/Hassemer/Burkhardt	Eser/Hassemer/Burkhardt, Die deutsche Strafrechtswissenschaft vor der Jahrtausendwende (2000)
Esser	Esser, Auf dem Weg zu einem europäischen Strafverfahrensrecht (2002)
Esser, EuStR	Esser, Europäisches und Internationales Strafrecht, 3. Aufl. (2023)
Esser/Ida	Esser/Ida (Hrsg.), Menschenrechtsschutz und Zusammenarbeit im Strafrecht als globale Herausforderung (2018)
Esser/Tsambikakis	Esser/Tsambikakis (Hrsg.), Pandemiestrafrecht (2020)
Fahl	Fahl, Rechtsmißbrauch im Strafprozeß (2004)
Fahrner	Fahrner, Handbuch Internationale Ermittlungen (2020)
Feest/Lesting/Lindemann	Feest/Lesting/Lindemann (Hrsg.), Strafvollzugsgesetze, 8. Aufl. (2021)
Fehn/Wamers	Fehn/Wamers, ZfdG – Zollfahndungsdienstgesetz – Handkommentar (2003)
Feisenberger	Feisenberger, Strafprozeßordnung und Gerichtsverfassungsgesetz (1926)
Ferner	Ferner, Strafzumessung (2005)
Fezer	Fezer, Strafprozeßrecht, 2. Aufl. (1995)
FG Beulke	Strafverteidigung – Grundlagen und Stolpersteine: Symposion für Werner Beulke (2012)
Fischer	Fischer, Strafgesetzbuch und Nebengesetze, Kommentar, 70. Aufl. (2023)
Flore/Tsambikakis	Flore/Tsambikakis (Hrsg.), Steuerstrafrecht, 2. Aufl. (2016)
Franke/Wienroeder	Franke/Wienroeder, BtMG, 3. Aufl. (2007)
Freyschmidt/Krumm	Freyschmidt/Krumm, Verteidigung in Straßenverkehrssachen, 11. Aufl. (2019)
Fromm	Fromm, Verteidigung in Straßenverkehrs- und Ordnungswidrigkeitenverfahren, 2. Aufl. (2015)
Frowein/Peukert	Frowein/Peukert, Europäische Menschenrechtskonvention, EMRK-Kommentar, 4. Aufl. (2023)
FS 45. DJT	Festschrift für den 45. Deutschen Juristentag (1964)
FS Achenbach	Festschrift für Hans Achenbach zum 70. Geburtstag (2011)
FS Adamovich	Staatsrecht und Staatswissenschaften in Zeiten des Wandels – Festschrift für Ludwig Adamovich zum 60. Geburtstag (1992)
FS AG Strafrecht DAV	Strafverteidigung im Rechtsstaat – 25 Jahre Arbeitsgemeinschaft Strafrecht des Deutschen Anwaltvereins (2009)
FS Albrecht	Unterwegs in Kriminologie und Strafrecht – Exploring the World of Crime and Criminology, Festschrift für Hans-Jörg Albrecht zum 70. Geburtstag (2021)
FS Amelung	Grundlagen des Straf- und Strafverfahrensrechts – Festschrift für Knut Amelung zum 70. Geburtstag (2009)
FS Androulakis	Festschrift für Nikolaos Androulakis zum 70. Geburtstag (2003)
FS Augsburg	Recht in Europa – Festgabe zum 30-jährigen Bestehen der Juristischen Fakultät Augsburg (2002)
FS Barton	Festschrift für Stefan Barton zum 70. Geburtstag (2023)

FS Baudenbacher	Economic law and justice in times of globalisation – Festschrift für Carl Baudenbacher (2007)
FS Baumann	Festschrift für Jürgen Baumann zum 70. Geburtstag (1992)
FS Baumgärtel	Festschrift für Gottfried Baumgärtel zum 70. Geburtstag (1990)
FS BayVerfGH	Festschrift zum 50-jährigen Bestehen des Bayerischen Verfassungsgerichtshofs (1997)
FS Bemmann	Festschrift für Günther Bemmann zum 70. Geburtstag (1997)
FS Bernhardt	Recht zwischen Umbruch und Bewahrung – Festschrift für Rudolf Bernhardt (1995)
FS Beulke	Ein menschengerechtes Strafrecht als Lebensaufgabe – Festschrift für Werner Beulke zum 70. Geburtstag (2015)
FS Binding	Festschrift für Karl Binding zum 4. Juni 1911
FS BGH	Festschrift aus Anlass des 50-jährigen Bestehens von Bundesgerichtshof, Bundesanwaltschaft und Rechtsanwaltschaft beim Bundesgerichtshof (2000)
FS II BGH	50 Jahre Bundesgerichtshof, Festgabe aus der Wissenschaft, hrsg. von Roxin/Widmaier, Bd. IV: Strafrecht (2000)
FS Blau	Festschrift für Günter Blau zum 70. Geburtstag (1985)
FS Bockelmann	Festschrift für Paul Bockelmann zum 70. Geburtstag (1979)
FS Böhm	Festschrift für Alexander Böhm zum 70. Geburtstag (1999)
FS Böttcher	Recht gestalten – dem Recht dienen, Festschrift für Reinhard Böttcher zum 70. Geburtstag (2007)
FS Boujong	Verantwortung und Gestaltung, Festschrift für Karlheinz Boujong zum 65. Geburtstag (1996)
FS BRAK	Festschrift zu Ehren des Strafrechtsausschusses der Bundesrechtsanwaltskammer (2006)
FS Brauneck	Ehrengabe für Anne-Eva Brauneck (1999)
FS Breidling	Festschrift für Ottmar Breidling zum 70. Geburtstag (2017)
FS v. Brünneck	Festschrift für Alexander von Brünneck zum 70. Geburtstag (2011)
FS Bruns	Festschrift für Hans-Jürgen Bruns zum 70. Geburtstag (1978)
FS Burgstaller	Festschrift für Manfred Burgstaller zum 65. Geburtstag (2004)
FS Burhoff	Festschrift für Detlef Burhoff zum 70. Geburtstag (2020)
FS Carstens	Einigkeit und Recht und Freiheit, Festschrift für Karl Carstens zum 70. Geburtstag (1984)
FS Dahs	Festschrift für Hans Dahs zum 70. Geburtstag (2005)
FS Damaska	Festschrift for Mirjan Damaska (2008)
FS Dannecker	Strafrecht in Deutschland und Europa – Festschrift für Gerhard Dannecker zum 70. Geburtstag (2023)
FS Delbrück	Liber Amicorum Jost Delbrück (2005)
FS Dencker	Festschrift für Friedrich Dencker zum 70. Geburtstag (2012)
FS Doehring	Staat und Völkerrechtsordnung – Festschrift für Karl Doehring; Beiträge zum ausländischen Recht und Völkerrecht Bd. 98 (1989)
FS Dölling	Die Kriminalwissenschaften als Teil der Humanwissenschaften, Festschrift für Dieter Dölling zum 70. Geburtstag (2022)
FS Dreher	Festschrift für Eduard Dreher zum 70. Geburtstag (1977)
FS Dünnebier	Festschrift für Hanns Dünnebier zum 75. Geburtstag (1982)
FS Eide	Human rights and criminal justice for the downtrodden; Essays in honour of Asbjørn Eide (2003)
FS Eisenberg	Festschrift für Ulrich Eisenberg zum 70. Geburtstag (2009)
FS Eisenberg II	Für die Sache – Kriminalwissenschaften aus unabhängiger Perspektive – Festschrift für Ulrich Eisenberg zum 80. Geburtstag (2019)
FS Engisch	Festschrift für Karl Engisch zum 70. Geburtstag (1969)
FS Ermacora	Fortschritt im Bewußtsein der Grund- und Menschenrechte, Festschrift für Felix Ermacora zum 65. Geburtstag (1988)
FS Eser	Menschengerechtes Strafrecht, Festschrift für Albin Eser zum 70. Geburtstag (2005)

FS Eser II	Scripta amicitiae – Freundschaftsgabe für Albin Eser zum 80. Geburtstag (2015)
FS Europa-Institut	Europäische Integration und Globalisierung, Festschrift zum 60-jährigen Bestehen des Europa-Instituts (2011)
FS Everling	Festschrift für Ulrich Everling (1993)
FS Faller	Festschrift für Hans Joachim Faller (1984)
FS Feltes	Auf neuen Wegen. Kriminologie, Kriminalpolitik und Polizeiwissenschaft aus interdisziplinärer Perspektive, Festschrift für Thomas Feltes zum 70. Geburtstag (2021)
FS Fezer	Festschrift für Gerhard Fezer zum 70. Geburtstag (2008)
FS Fiedler	Verfassung – Völkerrecht – Kulturgüterschutz, Festschrift für Wilfried Fiedler zum 70. Geburtstag (2011)
FS Fischer	Festschrift für Thomas Fischer (2018)
FS Flume	Festgabe für Werner Flume zum 90. Geburtstag (1998)
FS Friauf	Festschrift für Karl Heinrich Friauf (1996)
FS Friebertshäuser	Festgabe für den Strafverteidiger Dr. Heino Friebertshäuser (1997)
FS Frisch	Grundlagen und Dogmatik des gesamten Strafrechtssystems – Festschrift für Wolfgang Frisch zum 70. Geburtstag (2013)
FS Fuchs	Festschrift für Helmut Fuchs zum 65. Geburtstag (2014)
FS Gallas	Festschrift für Wilhelm Gallas zum 70. Geburtstag (1973)
FS Geerds	Kriminalistik und Strafrecht, Festschrift für Friedrich Geerds zum 70. Geburtstag (1995)
FS Geiger	Verantwortlichkeit und Freiheit. Die Verfassung als wertbestimmende Ordnung; Festschrift für Willi Geiger zum 80. Geburtstag (1989)
FS Geiß	Festschrift für Karlmann Geiß zum 65. Geburtstag (2000)
FS Geppert	Festschrift für Klaus Geppert zum 70. Geburtstag (2011)
FS Gollwitzer	Verfassungsrecht – Menschenrechte – Strafrecht, Kolloquium für Dr. Walter Gollwitzer zum 80. Geburtstag (2004)
FS Gössel	Festschrift für Karl Heinz Gössel zum 70. Geburtstag (2002)
FS Graf-Schlicker	Festschrift zu Ehren von Marie Luise Graf-Schlicker (2018)
FS Graßhoff	Der verfasste Rechtsstaat, Festgabe für Karin Graßhoff (1998)
FS Graulich	Sicherheitsverfassung – Sicherheitsrecht, Festgabe für Kurt Graulich zum 70. Geburtstag (2019)
FS Grünwald	Festschrift für Gerald Grünwald zum 70. Geburtstag (1999)
FS Grützner	Aktuelle Probleme des Internationalen Strafrechts, Festschrift für Heinrich Grützner zum 65. Geburtstag (1970)
FS Hacker	Wandel durch Beständigkeit, Festschrift für Jens Hacker (1998)
FS Haffke	Das Dilemma des rechtsstaatlichen Strafrechts: Symposium für Bernhard Haffke zum 65. Geburtstag (2009)
FS Hamm	Festschrift für Rainer Hamm zum 65. Geburtstag (2008)
FS Hanack	Festschrift für Ernst-Walter Hanack zum 70. Geburtstag (1999)
FS Hassemer	Festschrift für Winfried Hassemer zum 70. Geburtstag (2010)
FS Heinitz	Festschrift für Ernst Heinitz zum 70. Geburtstag (1972)
FS Heintschel-Heinegg	Festschrift für Bernd von Heintschel-Heinegg zum 70. Geburtstag (2015)
FS Heinz	Festschrift für Wolfgang Heinz zum 70. Geburtstag (2012)
FS Heldrich	Festschrift für Andreas Heldrich zum 70. Geburtstag (2005)
FS Helmrich	Für Staat und Recht, Festschrift für Herbert Helmrich zum 60. Geburtstag (1994)
FS Henkel	Grundfragen der gesamten Strafrechtswissenschaft, Festschrift für Heinrich Henkel zum 70. Geburtstag (1974)
FS Herzberg	Strafrecht zwischen System und Telos, Festschrift für Rolf Dietrich Herzberg zum 70. Geburtstag (2008)
FS Heusinger	Ehrengabe für Bruno Heusinger (1968)
FS Hilger	Datenübermittlungen und Vorermittlungen, Festgabe für Hans Hilger (2003)

FS Hirsch	Berliner Festschrift für Ernst E. Hirsch (1968)
FS B. Hirsch	Mit Recht für Menschenwürde und Verfassungsstaat, Festgabe für Burkhard Hirsch (2007)
FS H. J. Hirsch	Festschrift Hans Joachim Hirsch zum 70. Geburtstag (1999)
FS Höpfel	Vielfalt des Strafrechts im internationalen Kontext – Festschrift für Frank Höpfel zum 65. Geburtstag (2018)
FS HU Berlin	Festschrift 200 Jahre Juristische Fakultät der Humboldt-Universität zu Berlin (2010)
FS Huber	Recht als Prozess und Gefüge, Festschrift für Hans Huber zum 80. Geburtstag (1981)
FS Hubmann	Beiträge zum Schutz der Persönlichkeit und ihrer schöpferischen Leistung, Festschrift für Heinrich Hubmann zum 70. Geburtstag (1985)
FS Imme Roxin	Festschrift für Imme Roxin zum 75. Geburtstag (2012)
FS Ismayr	Analyse demokratischer Regierungssysteme, Festschrift für Wolfgang Ismayr zum 65. Geburtstag (2010)
FS Jahrreiß	Festschrift für Hermann Jahrreiß zum 70. Geburtstag (1964)
FS Jahrreiß II	Festschrift für Hermann Jahrreiß zum 80. Geburtstag (1974)
FS Renate Jäger	Grundrechte und Solidarität: Durchsetzung und Verfahren, Festschrift für Renate Jäger zum 70. Geburtstag (2011)
FS Jakobs	Festschrift für Günther Jakobs zum 70. Geburtstag (2007)
FS Jescheck	Festschrift für HansHeinrich Jescheck zum 70. Geburtstag (1985)
FS Joerden	Festschrift für Jan Joerden zum 70. Geburtstag (2023)
FS Jung	Festschrift für Heike Jung zum 65. Geburtstag (2007)
FS JurGes. Berlin	Festschrift zum 125jährigen Bestehen der Juristischen Gesellschaft zu Berlin (1984)
FS Kaiser	Internationale Perspektiven in Kriminologie und Strafrecht, Festschrift für Günther Kaiser zum 70. Geburtstag (1998)
FS Kargl	Festschrift für Walter Kargl zum 70. Geburtstag (2015)
FS Katoh	Blick über den Tellerrand, Festschrift für Hisao Katoh (2008)
FS Arthur Kaufmann	Strafgerechtigkeit, Festschrift für Arthur Kaufmann zum 70. Geburtstag (1993)
FS Kern	Tübinger Festschrift für Eduard Kern (1968)
FS Kerner	Kriminologie – Kriminalpolitik – Strafrecht, Festschrift für Hans-Jürgen Kerner zum 70. Geburtstag (2013)
FS Kielwein	Dogmatik und Praxis des Strafverfahrens, Beiträge anläßlich des Colloquiums zum 65. Geburtstag von Gerhard Kielwein (1989)
FS Kindhäuser	Festschrift für Urs Kindhäuser zum 70. Geburtstag (2019)
FS Kirchberg	Festschrift für Christian Kirchberg zum 70. Geburtstag (2017)
FS Klecatsky	Auf dem Weg zur Menschenwürde und Gerechtigkeit, Festschrift für Hans Klecatsky zum 60. Geburtstag (1980)
FS Klein	Festschrift für Franz Klein zum 60. Geburtstag (1914)
FS Kleinheyer	Festschrift für Gerd Kleinheyer zum 70. Geburtstag (2001)
FS Kleinknecht	Strafverfahren im Rechtsstaat, Festschrift für Theodor Kleinknecht zum 75. Geburtstag (1985)
FS Klug	Festschrift für Ulrich Klug zum 70. Geburtstag (1983)
FS Koch	Strafverteidigung und Strafprozeß, Festgabe für Ludwig Koch (1989)
FS Kohlmann	Festschrift für Günter Kohlmann zum 70. Geburtstag (2003)
FS Kralik	Festschrift für Winfried Kralik zum 65. Geburtstag (1986)
FS Krause	Festschrift für Friedrich-Wihelm Krause zum 70. Geburtstag (1990)
FS Krauss	Prozessuales Denken als Innovationsanreiz für das materielle Strafrecht, Kolloquium zum 70. Geburtstag von Detlef Krauss (2006)
FS Kreuzer	Mittler zwischen Recht und Wirklichkeit – Festschrift für Arthur Kreuzer zum 80. Geburtstag (2018)
FS Kriele	Staatsphilosophie und Rechtspolitik, Festschrift für Martin Kriele zum 65. Geburtstag (1997)

FS Krey	Festschrift für Volker Krey zum 70. Geburtstag (2010)
FS Kroeschell	Wirkungen europäischer Rechtskultur – Festschrift für Karl Kroeschell zum 70. Geburtstag (1997)
FS Kunert	Freiheit, Gesetz und Toleranz, Symposium zum 75. Geburtstag von Karl Heinz Kunert (2006)
FS Kühl	Festschrift für Kristian Kühl zum 70. Geburtstag (2014)
FS Kühne	Festschrift für Hans-Heiner Kühne zum 70. Geburtstag (2013)
FS Küper	Festschrift für Wilfried Küper zum 70. Geburtstag (2007)
FS Lackner	Festschrift für Karl Lackner zum 70. Geburtstag (1987)
FS Lampe	Jus humanum: Grundlagen des Rechts und Strafrechts, Festschrift für Ernst-Joachim Lampe zum 70. Geburtstag (2003)
FS Landau	Grundgesetz und Europa – Liber Amicorum für Herbert Landau zum Ausscheiden aus dem Bundesverfassungsgericht (2016)
FS Lange	Festschrift für Richard Lange zum 70. Geburtstag (1976)
FS Leferenz	Kriminologie – Psychiatrie – Strafrecht, Festschrift für Heinz Leferenz zum 70. Geburtstag (1983)
FS Lenckner	Festschrift für Theodor Lenckner zum 70. Geburtstag (1998)
FS Lerche	Wege und Verfahren des Verfassungslebens, Festschrift für Peter Lerche zum 65. Geburtstag (1993)
FS Loebenstein	Der Rechtsstaat in der Krise – Festschrift für Edwin Loebenstein zum 80. Geburtstag (1991)
FS Loewenstein	Festschrift für Karl Loewenstein zum 80. Geburtstag (1971)
FS von Lübtow	De iustitia et iure – Festschrift für Ulrich von Lübtow zum 80. Geburtstag (1980)
FS Lüderssen	Festschrift für Klaus Lüderssen zum 70. Geburtstag (2002)
FS Machacek und Matscher	Rechtsschutz gestern – heute – morgen, Festgabe zum 80. Geburtstag für Rudolf Machacek und Franz Matscher (2008)
FS Maelicke	Wertschöpfung durch Wertschätzung, Festschrift für Bernd Maelicke zum 70. Geburtstag (2011)
FS Maihofer	Festschrift für Werner Maihofer zum 70. Geburtstag (1988)
FS Maiwald	Fragmentarisches Strafrecht, Für Manfred Maiwald aus Anlass seiner Emeritierung (2003)
FS Maiwald II	Gerechte Strafe und legitimes Strafen, Festschrift für Manfred Maiwald zum 75. Geburtstag (2010)
FS Mangakis	Festschrift für Georgios Mangakis (1999)
FS Manoledakis	Festschrift für Ioannis Manoledakis (2005)
FS Maurach	Festschrift für Reinhard Maurach zum 70. Geburtstag (1972)
FS Mayer	Beiträge zur gesamten Strafrechtswissenschaft, Festschrift für Hellmuth Mayer zum 70. Geburtstag (1966)
FS Mehle	Festschrift für Volkmar Mehle zum 65. Geburtstag (2009)
FS Merkel	Recht – Philosophie – Literatur, Festschrift für Reinhard Merkel zum 70. Geburtstag (2020)
FS Meyer-Goßner	Festschrift für Lutz Meyer-Goßner zum 65. Geburtstag (2001)
FS Mezger	Festschrift für Edmund Mezger zum 70. Geburtstag (1954)
FS Middendorf	Festschrift für Wolf Middendorf zum 70. Geburtstag (1986)
FS Miebach	NStZ-Sonderheft – Zum Eintritt in den Ruhestand für Klaus Miebach (2009)
FS Miklau	Strafprozessrecht im Wandel, Festschrift für Roland Miklau zum 65. Geburtstag (2006)
FS Miyazawa	Festschrift für Koichi Miyazawa (1995)
FS Möhring	Festschrift für Philipp Möhring zum 65. Geburtstag (1965)
FS Mosler	Völkerrecht als Rechtsordnung, Internationale Gerichtsbarkeit, Menschenrechte; Festschrift für Hermann Mosler zum 70. Geburtstag (1983)
FS E. Müller	Opuscula Honoraria, Egon Müller zum 65. Geburtstag (2003)
FS E. Müller II	Festschrift für Egon Müller zum 70. Geburtstag (2008)

FS Müller-Dietz	Grundlagen staatlichen Strafens, Festschrift für Heinz Müller-Dietz zum 70. Geburtstag (2001)
FS Nehm	Strafrecht und Justizgewährung, Festschrift für Kay Nehm zum 65. Geburtstag (2006)
FS Neumann	Rechtsstaatliches Strafrecht, Festschrift für Ulfrid Neumann zum 70. Geburtstag (2017)
FS Nishihara	Festschrift für Harua Nishihara zum 70. Geburtstag (1998)
FS Odersky	Festschrift für Walter Odersky zum 65. Geburtstag (1996)
FS Oehler	Festschrift für Dietrich Oehler zum 70. Geburtstag (1985)
FS Ostendorf	Strafrecht – Jugendstrafrecht – Kriminalprävention in Wissenschaft und Praxis – Festschrift für Heribert Ostendorf zum 70. Geburtstag (2015)
FS Otto	Festschrift für Harro Otto zum 70. Geburtstag (2007)
FS Paarhammer	In mandatis meditari, Festschrift für Hans Paarhammer zum 65. Geburtstag (2012)
FS Paeffgen	Strafe und Prozess im freiheitlichen Rechtsstaat – Festschrift für Hans-Ullrich Paeffgen zum 70. Geburtstag (2015)
FS Partsch	Des Menschen Recht zwischen Freiheit und Verantwortung, Festschrift für Karl Josef Partsch zum 75. Geburtstag (1989)
FS Paulus	Festgabe des Instituts für Strafrecht und Kriminologie der Juristischen Fakultät der Julius-Maximilians-Universität Würzburg für Rainer Paulus zum 70. Geburtstag (2009)
FS Pavisic	Kazneno Pravo, Kazneno Postupovno I Kriminalistika, Festschrift für Berislav Pavisic zum 70. Geburtstag (2014)
FS Peters	Einheit und Vielfalt des Strafrechts, Festschrift für Karl Peters zum 70. Geburtstag (1974)
FS Peters II	Wahrheit und Gerechtigkeit im Strafverfahren, Festgabe für Karl Peters zum 80. Geburtstag (1984)
FS Chr. Pfeiffer	Kriminologie ist Gesellschaftswissenschaft, Festschrift für Christian Pfeiffer zum 70. Geburtstag (2014)
FS Pfeiffer	Strafrecht, Unternehmensrecht, Anwaltsrecht, Festschrift für Gerd Pfeiffer zum Abschied aus dem Amt als Präsident des Bundesgerichtshofes (1988)
FS Pfenniger	Strafprozeß und Rechtsstaat, Festschrift zum 70. Geburtstag von H. F. Pfenniger (1976)
FS Platzgummer	Festschrift für Winfried Platzgummer zum 65. Geburtstag (1995)
FS Posser	Anwalt des Rechtsstaats – Festschrift für Diether Posser zum 75. Geburtstag (1997)
FS Pöttering	Processus Criminalis Europeus, Festschrift für Hans-Gert Pöttering (2008)
FS Prittwitz	Risikostrafrecht und Strafrecht als Risiko – Festschrift für Cornelius Prittwitz zum 70. Geburtstag (2023)
FS Puppe	Strafrechtswissenschaft als Analyse und Konstruktion, Festschrift für Ingeborg Puppe zum 70. Geburtstag (2011)
FS RAV	40 Jahre RAV – Im Kampf um die freie Advokatur und um ein demokratisches Recht (2019)
FS Rebmann	Festschrift für Kurt Rebmann zum 65. Geburtstag (1989)
FS Reichsgericht	Die Reichsgerichtspraxis im deutschen Rechtsleben, Festgabe der juristischen Fakultäten zum 50jährigen Bestehen des Reichsgerichts, Bd. 5, Strafrecht und Strafprozeß (1929)
FS Reichsjustizamt	Vom Reichsjustizamt zum Bundesministerium der Justiz, Festschrift zum 100jährigen Gründungstag des Reichsjustizamtes am 1.1.1877 (1977)
FS Remmers	Vertrauen in den Rechtsstaat, Beiträge zur deutschen Einheit im Recht, Festschrift für Walter Remmers (1995)
FS Rengier	Festschrift für Rudolf Rengier zum 70. Geburtstag (2018)
FS Ress	Internationale Gemeinschaft und Menschenrechte, Festschrift für Georg Ress zum 70. Geburtstag (2005)

LXV

FS Richter	Verstehen und Widerstehen, Festschrift für Christian Richter II zum 65. Geburtstag (2006)
FS Rieß	Festschrift für Peter Rieß zum 70. Geburtstag (2002)
FS Rill	Grundfragen und aktuelle Probleme des öffentlichen Rechts – Festschrift für Heinz Peter Rill zum 60. Geburtstag (1995)
FS Rissing-van Saan	Festschrift für Ruth Rissing-van Saan zum 65. Geburtstag (2011)
FS Rittler	Festschrift für Theodor Rittler zu seinem achtzigsten Geburtstag (1957)
FS Rogall	Systematik in Strafrechtswissenschaft und Gesetzgebung – Festschrift für Klaus Rogall zum 70. Geburtstag (2018)
FS Rolinski	Festschrift für Klaus Rolinski zum 70. Geburtstag (2002)
FS Rosenfeld	Festschrift für Ernst Heinrich Rosenfeld zu seinem 80. Geburtstag (1949)
FS Rowedder	Festschrift für Heinz Rowedder zum 75. Geburtstag (1994)
FS Roxin	Festschrift für Claus Roxin zum 70. Geburtstag (2001)
FS Roxin II	Festschrift für Claus Roxin zum 80. Geburtstag (2011)
FS Rössner	Über allem: Menschlichkeit – Festschrift für Dieter Rössner zum 70. Geburtstag (2015)
Rudolphi-Symp.	Zur Theorie und Systematik des Strafprozeßrechts, Symposium zu Ehren von HansJoachim Rudolphi zum 60. Geburtstag (1995)
FS Rudolphi	Festschrift für Hans-Joachim Rudolphi zum 70. Geburtstag (2004)
FS Rüping	Recht und Macht: zur Theorie und Praxis von Strafe, Festschrift für Hinrich Rüping zum 65. Geburtstag (2008)
FS Rüter	Festschrift für C. F. Rüter zum 65. Geburtstag (2003)
FS Salger	Straf- und Strafverfahrensrecht, Recht und Verkehr, Recht und Medizin, Festschrift für Hannskarl Salger zum Abschied aus dem Amt als Vizepräsident des Bundesgerichtshofes (1995)
FS Samson	Festschrift für Erich Samson zum 70. Geburtstag (2010)
FS Sarstedt	Festschrift für Werner Sarstedt zum 70. Geburtstag (1981)
FS Sauer	Festschrift für Wilhelm Sauer zu seinem 70. Geburtstag (1949)
FS G. Schäfer	NJW-Sonderheft für Gerhard Schäfer zum 65. Geburtstag (2002)
FS Schäfer	Festschrift für Karl Schäfer zum 80. Geburtstag (1980)
FS Scharf	Festschrift für Ulrich Scharf zum 70. Geburtstag (2008)
FS W. Schiller	Festschrift für Wolf Schiller zum 65. Geburtstag (2014)
FS Schindler	Im Dienst an der Gemeinschaft, Festschrift für Dietrich Schindler zum 65. Geburtstag (1989)
FS Schlochauer	Staatsrecht – Völkerrecht – Europarecht, Festschrift für Hans Jürgen Schlochauer (1981)
FS Schlothauer	Festschrift für Reinhold Schlothauer zum 70. Geburtstag (2018)
FS Schlüchter	Freiheit und Verantwortung in schwieriger Zeit, Kritische Studien aus vorwiegend straf(prozess-)rechtlicher Sicht zum 60. Geburtstag von Ellen Schlüchter (1998)
FS Schmidt	Festschrift für Eberhard Schmidt zum 70. Geburtstag (1961)
FS H. Schmidt	Kostenerstattung und Streitwert, Festschrift für Herbert Schmidt (1981)
FS Schmidt-Leichner	Festschrift für Erich Schmidt-Leichner zum 65. Geburtstag (1975)
FS Schmitt-Glaeser	Recht im Pluralismus, Festschrift für Walter Schmitt-Glaeser zum 70. Geburtstag (2003)
FS Schneider	Kriminologie an der Schwelle zum 21. Jahrhundert, Festschrift für Hans Joachim Schneider zum 70. Geburtstag (1998)
FS Schomburg	Justice Without Borders – Essays in Honour of Wolfgang Schomburg (2018)
FS Schöch	Festschrift für Heinz Schöch zum 70. Geburtstag (2010)
FS Schreiber	Strafrecht, Biorecht, Rechtsphilosophie, Festschrift für Hans-Ludwig Schreiber zum 70. Geburtstag (2003)
FS Schroeder	Festschrift für Friedrich-Christian Schroeder zum 70. Geburtstag (2006)
FS Schüler-Springorum	Festschrift für Horst Schüler-Springorum zum 65. Geburtstag (1993)
FS Schünemann	Festschrift für Bernd Schünemann zum 70. Geburtstag (2014)
FS Schultz	Lebendiges Strafrecht. Festgabe zum 65. Geburtstag von Hans Schultz (1977)

FS Schwind	Kriminalpolitik und ihre wissenschaftlichen Grundlagen, Festschrift für Hans-Dieter Schwind zum 70. Geburtstag (2006)
FS Seebode	Festschrift für Manfred Seebode zum 70. Geburtstag (2008)
FS Seidl-Hohenveldern	Völkerrecht, Recht der Internationalen Organisationen, Weltwirtschaftsrecht; Festschrift für Ignaz Seidl-Hohenveldern zum 70. Geburtstag (1988)
FS Sellert	Zur Erhaltung guter Ordnung – Beiträge zur Geschichte von Recht und Justiz, Festschrift für Wolfgang Sellert zum 65. Geburtstag (2000)
FS Sellner	Verfassung – Umwelt – Wirtschaft, Festschrift für Dieter Sellner zum 75. Geburtstag (2010)
FS Sendler	Bürger Richter Staat, Festschrift für Horst Sendler zum Abschied aus seinem Amt (1991)
FS Sieber	Digitalisierung, Globalisierung und Risikoprävention, Festschrift für Ulrich Sieber zum 70. Geburtstag (2021)
FS Spendel	Festschrift für Günter Spendel zum 70. Geburtstag (1992)
FS Spinellis	Festschrift für Dionysios Spinellis zum 70. Geburtstag (1999–2003)
FS StA Schleswig-Holstein	Strafverfolgung und Strafverzicht, Festschrift zum 125jährigen Bestehen der Staatsanwaltschaft Schleswig-Holstein (1992)
FS Steinberger	Tradition und Weltoffenheit des Rechts, Festschrift für Helmut Steinberger (2002)
FS Steinhilper	Kriminologie und Medizinrecht, Festschrift für Gernot Steinhilper zum 70. Geburtstag (2013)
FS Stober	Festschrift für Rolf Stober, Wirtschaft – Verwaltung – Recht (2008)
FS Stock	Studien zur Strafrechtswissenschaft, Festgabe für Ulrich Stock zum 70. Geburtstag (1966)
FS Stöckel	Strafrechtspraxis und Reform, Festschrift für Heinz Stöckel zum 70. Geburtstag (2010)
FS Strauda	Festschrift zu Ehren des Strafrechtsausschusses der Bundesrechtsanwaltskammer anlässlich seiner 196. Tagung vom 13.–15.10.2006 in Münster (2006)
FS Stree/Wessels	Beiträge zur Rechtswissenschaft, Festschrift für Walter Stree und Johannes Wessels zum 70. Geburtstag (1993)
FS Streng	Festschrift für Franz Streng zum 70. Geburtstag (2017)
FS Szwarc	Vergleichende Strafrechtswissenschaft, Frankfurter Festschrift für Andrzej J. Szwarc zum 70. Geburtstag (2009)
FS Tepperwien	NJW-Festheft zum 65. Geburtstag von Ingeborg Tepperwien (2010)
FS Tiedemann	Strafrecht und Wirtschaftsstrafrecht, Festschrift für Klaus Tiedemann zum 70. Geburtstag (2008)
FS Tondorf	Festschrift für Günter Tondorf zum 70. Geburtstag (2004)
FS Trechsel	Strafrecht, Strafprozessrecht und Menschenrechte, Festschrift für Stefan Trechsel zum 65. Geburtstag (2002)
FS Triffterer	Festschrift für Otto Triffterer zum 65. Geburtstag (1996)
FS Tröndle	Festschrift für Herbert Tröndle zum 70. Geburtstag (1989)
FS Trusen	Festschrift für Winfried Trusen zum 70. Geburtstag (1994)
FS Verdross	Völkerrecht und zeitliches Weltbild, Festschrift für Alfred Verdross zum 70. Geburtstag (1960)
FS Verdross II	Ius humanitas, Festschrift für Alfred Verdross zum 90. Geburtstag (1980)
FS Verosta	Völkerrecht und Rechtsphilosophie, Internationale Festschrift für Stephan Verosta zum 70. Geburtstag (1980)
FS Volk	In dubio pro libertate, Festschrift für Klaus Volk zum 65. Geburtstag (2009)
FS von Simson	Grundrechtsschutz im nationalen und internationalen Recht – Festschrift für Werner von Simson zum 75. Geburtstag (1983)
FS Vormbaum	Strafrecht und Juristische Zeitgeschichte – Symposium anlässlich des 70. Geburtstages von Thomas Vormbaum
FS Wassermann	Festschrift für Rudolf Wassermann zum 60. Geburtstag (1985)

FS v. Weber	Festschrift für Hellmuth von Weber zum 70. Geburtstag (1963)
FS Weber	Festschrift für Ulrich Weber zum 70. Geburtstag (2004)
FS Weißauer	Ärztliches Handeln – Verrechtlichung eines Berufsstandes; Festschrift für Walther Weißauer zum 65. Geburtstag (1986)
FS Welp	Strafverteidigung in Forschung und Praxis, Kriminalwissenschaftliches Kolloquium aus Anlaß des 70. Geburtstages von Jügen Welp (2006)
FS Welzel	Festschrift für Hans Welzel zum 70. Geburtstag (1974)
FS Werle	Strafrecht und Systemunrecht – Festschrift für Gerhard Werle zum 70. Geburtstag (2022)
FS Wessing	Unternehmensstrafrecht – Festschrift für Jürgen Wessing zum 65. Geburtstag (2015)
FS Wiarda	Festschrift für Gerard J. Wiarda zum 70. Geburtstag (1990)
FS Widmaier	Strafverteidigung, Revision und die gesamten Strafrechtswissenschaften – Festschrift für Gunter Widmaier zum 70. Geburtstag (2008)
FS Wildhaber	Liber Amicorum Luzius Wildhaber – Human Rights – Strasbourg Views (2007)
FS Winkler	Beiträge zum Verfassungs- und Wirtschaftsrecht, Festschrift für Günther Winkler (1989)
FS Wolff	Festschrift für Ernst Amadeus Wolff zum 70. Geburtstag (1998)
FS Wolter	Festschrift für Jürgen Wolter zum 70. Geburtstag (2013)
FS Würtenberger	Kultur, Kriminalität, Strafrecht, Festschrift für Thomas Würtenberger zum 70. Geburtstag (1977)
FS Würtenberger II	Verfassungsstaatlichkeit im Wandel, Festschrift für Thomas Würtenberger zum 70. Geburtstag (2013)
FS Würzburger Juristenfakultät	Raum und Recht, Festschrift 600 Jahre Würzburger Juristenfakultät (2002)
FS Yamanaka	Rechtsstaatliches Strafen, Festschrift für Keiichi Yamanaka zum 70. Geburtstag (2017)
FS Zeidler	Festschrift für Wolfgang Zeidler (1987)
FS Zoll	Rechtsstaat und Strafrecht, Festschrift für Andrzej Zoll zum 70. Geburtstag (2012)
Full/Möhl/Rüth	s. Rüth/Berr/Berz
Gaede	Gaede, Fairness als Teilhabe – das Recht auf konkrete und wirksame Teilhabe durch Verteidigung gemäß Art. 6 EMRK (2007)
Gaier/Wolf/Göcken	Gaier/Wolf/Göcken, Anwaltliches Berufsrecht, 3. Aufl. (2019)
GedS Bleckmann	Rechtsstaatliche Ordnung Europas – Gedächtnisschrift für Albert Bleckmann (2007)
GedS Blomeyer	Recht der Wirtschaft und Arbeit in Europa. Gedächtnisschrift für Wolfgang Blomeyer (2004)
GedS Blumenwitz	Iustitia et Pax, Gedächtnisschrift für Dieter Blumenwitz (2008)
GedS Bruns	Gedächtnisschrift für Rudolf Bruns (1980)
GedS Eckert	Gedächtnisschrift für Jörn Eckert (2008)
GedS Geck	Verfassungsrecht und Völkerrecht, Gedächtnisschrift für Wilhelm Karl Geck (1989)
GedS Heine	Strafrecht als ultima ratio – Gießener Gedächtnisschrift für Günter Heine (2015)
GedS Joecks	Strafrecht – Wirtschaftsstrafrecht – Steuerrecht – Gedächtnisschrift für Wolfgang Joecks (2018)
GedS A. Kaufmann	Gedächtnisschrift für Armin Kaufmann (1986)
GedS H. Kaufmann	Gedächtnisschrift für Hilde Kaufmann (1986)
GedS Keller	Gedächtnisschrift für Rolf Keller (2003)
GedS Küchenhoff	Recht und Rechtsbesinnung, Gedächtnisschrift für Günter Küchenhoff (1987)
GedS Lisken	Lauschen im Rechtsstaat – Zu den Konsequenzen des Urteils des Bundesverfassungsgerichts zum großen Lauschangriff, Gedächtnisschrift für Hans Lisken (2004)

GedS Lüderssen	Gedächtnisschrift für Klaus Lüderssen (2023)
GedS Meurer	Gedächtnisschrift für Dieter Meurer (2002)
GedS Meyer	Gedächtnisschrift für Karlheinz Meyer (1990)
GedS Noll	Gedächtnisschrift für Peter Noll (1984)
GedS H. Peters	Gedächtnisschrift für Hans Peters (1967)
GedS Ryssdal	Protection des droits de l'homme: la perspective européenne/Protecting Human Rights: The European Perspective, Gedächtnisschrift für Rolv Ryssdal (2000)
GedS Schlüchter	Gedächtnisschrift für Ellen Schlüchter (2002)
GedS Schröder	Gedächtnisschrift für Horst Schröder (1978)
GedS Seebode	Im Zweifel für die Freiheit – Gedächtnisschrift für Manfred Seebode (2015)
GedS Tröndle	Gedächtnisschrift für Herbert Tröndle (2020)
GedS Trzaskalik	Gedächtnisschrift für Christoph Trzaskalik (2005)
GedS Vogler	Gedächtnisschrift für Theo Vogler (2004)
GedS Walter	Kriminologie – Jugendkriminalrecht – Strafvollzug, Gedächtnisschrift für Michael Walter (2014)
GedS Weßlau	Rechtsstaatlicher Strafprozess und Bürgerrechte – Gedächtnisschrift für Edda Weßlau (2016)
GedS Zipf	Gedächtnisschrift für Heinz Zipf (1999)
Geerds	Handbuch der Kriminalistik, begr. von H. Groß, neubearbeitet von Geerds, 10. Aufl. (Bd. I 1977, Bd. II 1978)
Geiger/Khan/Kotzur/ Kirchmair	Geiger/Khan/Kotzur/Kirchmair, EUV/AEUV, Kommentar, 7. Aufl. (2023)
Geipel	Geipel, Handbuch der Beweiswürdigung, 3. Aufl. (2017)
Gercke/Leimenstoll/Stirner	Gercke/Leimenstoll/Stirner, Handbuch Medizinstrafrecht (2020)
Gerland	Gerland, Der Deutsche Strafprozeß (1927)
Gerold/Schmidt	Gerold/Schmidt, Rechtsanwaltsvergütungsgesetz, Kommentar, 25. Aufl. (2021)
Gerson	Gerson, Das Recht auf Beschuldigung (2016)
Gerst	Gerst (Hrsg.), Zeugen in der Hauptverhandlung, 2. Aufl. (2020)
Glaser	Glaser, Handbuch des Strafprozesses, in Binding, Systematisches Handbuch der Deutschen Rechtswissenschaft (Bd. I 1883, Bd. II 1885)
Göbel	Göbel, Strafprozess, 8. Aufl. (2013)
Göhler	Göhler, Ordnungswidrigkeitengesetz, Kurzkommentar erläutert von Erich Göhler, fortgef. von Peter König und Helmut Seitz, 18. Aufl. (2021)
Gössel	Gössel, Strafverfahrensrecht, Studienbuch (1977)
Gössel/Dölling	Gössel/Dölling, Strafrecht, Besonderer Teil 1, 2. Aufl. (2004)
Goldschmidt	Goldschmidt, Der Prozeß als Rechtslage (1925)
Grabenwarter/Pabel	Grabenwarter/Pabel, Europäische Menschenrechtskonvention, 7. Aufl. (2021)
Grabitz/Hilf/Nettesheim	Grabitz/Hilf/Nettesheim, Das Recht der Europäischen Union, begr. von Grabitz, Loseblattausgabe, 78. Aufl. (2023)
Graf	Graf, Strafprozessordnung, 4. Aufl. (2021)
Graf/Goers (BGH Jahr)	Graf, BGH-Rechtsprechung Strafrecht 2010 (2011); 2011 (2012); 2012/2013 (2013); 2014 (2014); 2015 (2015); 2016 (2016); 2017 (2017); 2018 (2018); 2020 (2020)
Graf/Jäger/Wittig	Graf/Jäger/Wittig, Wirtschafts- und Steuerstrafrecht, 2. Aufl. (2017)
Graf zu Dohna	Graf zu Dohna, Das Strafprozeßrecht, 3. Aufl. (1929)
Greeve/Leipold	Greeve/Leipold, Handbuch des Baustrafrechts (2004)
Grunau/Tiesler	Grunau/Tiesler, Strafvollzugsgesetz, Kommentar, 2. Aufl. (1982)
von der Grün	von der Grün, Verdeckte Ermittlungen (2018)
Grüneberg	Grüneberg (vormals Palandt), Bürgerliches Gesetzbuch, 82. Aufl. (2023)
Grützner/Pötz/Kreß/Gazeas	Grützner/Pötz/Kreß/Gazeas, Internationaler Rechtshilfeverkehr in Strafsachen, Loseblattausgabe, Stand 2022
Guradze	Guradze, Die Europäische Menschenrechtskonvention, 1968

Gürtner	Das kommende deutsche Strafverfahren, Bericht der amtlichen Strafprozeßkommission, hrsg. von Gürtner (1938)
Habschick	Habschick, Erfolgreich Vernehmen, 4. Aufl. (2016)
Hackner/Schierholt	Hackner/Schierholt, Internationale Rechtshilfe in Strafsachen, 4. Aufl. (2023)
Hahn	Hahn, Die gesamten Materialien zur Strafprozeßordnung und dem Einführungsgesetz, Bd. I (1880), Bd. II (1881)
Haller/Conzen	Haller/Conzen, Das Strafverfahren, 9. Aufl. (2021)
Hamm/Hassemer/Pauly	Hamm/Hassemer/Pauly, Beweisantragsrecht, 3. Aufl. (2019)
Hamm/Pauly	Hamm/Pauly, Die Revision in Strafsachen, 8. Aufl. (2020)
Hanack-Symp.	Aktuelle Probleme der Strafrechtspflege, Beiträge eines Symposions anläßlich des 60. Geburtstags von Ernst Walter Hanack (1991)
Hansens	Hansens, RVG, Rechtsanwaltsvergütungsgesetz, 9. Aufl. (2018)
Hartung/Schons/Enders	Hartung/Schons/Enders, Rechtsanwaltsvergütungsgesetz (RVG), Kommentar, 3. Aufl. (2017)
Haupt/Weber/Bürner/ Frankfurth/Luxemburger/ Marth	Haupt/Weber/Bürner/Frankfurth/Luxemburger/Marth, Handbuch Opferschutz und Opferhilfe, 2. Aufl. (2003)
HdbGR	Handbuch der Grundrechte in Deutschland und Europa, hrsg. von Merten/ Papier (ab 2004)
HdbStR	Handbuch des Strafrechts, hrsg. von Hilgendorf/Kudlich/Valerius, ab 2018
HdbVerfR	Handbuch des Verfassungsrechts, hrsg. von Benda/Maihofer/Vogel, 2. Aufl. (1994)
Hecker	Hecker, Europäisches Strafrecht, 6. Aufl. (2021)
Heghmanns/Herrmann	Heghmanns/Herrmann, Das Arbeitsgebiet des Staatsanwalts, 6. Aufl. (2021)
Heghmanns, Verteidigung	Heghmanns, Verteidigung in Strafvollstreckung und Strafvollzug, 2. Aufl. (2012)
Heghmanns/Scheffler	Heghmanns/Scheffler, Handbuch zum Strafverfahren (2008) (zit.: HbStRVf/ *Verfasser*)
Hellebrand	Hellebrand, Die Staatsanwaltschaft (1999)
Hellmann	Hellmann, Strafprozessrecht, 2. Aufl. (2005)
Henkel	Henkel, Strafverfahrensrecht, Lehrbuch, 2. Aufl. (1968)
Henssler/Prütting	Bundesrechtsanwaltsordnung, Kommentar, hrsg. von Henssler/Prütting, 5. Aufl. (2019)
Hentschel	Hentschel, Trunkenheit, Fahrerlaubnisentziehung, Fahrverbot im Straf- und Ordnungswidrigkeitenrecht, 10. Aufl. (2006)
Hentschel/König/Dauer	Hentschel/König/Dauer, Straßenverkehrsrecht, 47. Aufl. (2023)
Herdegen	Herdegen, Völkerrecht, 22. Aufl. (2023)
Herdegen, EuR	Herdegen, Europarecht, 24. Aufl. (2023)
Herrmann	Herrmann, Untersuchungshaft (2007)
Herrnfeld/Brodowski/ Burchard	Herrnfeld/Brodowski/Burchard, European Public Prosecutor's Office, 2021
Herrnfeld/Esser	Herrnfeld/Esser (Hrsg.), Europäische Staatsanwaltschaft (2022)
Heselhaus/Nowak	Heselhaus/Nowak, Handbuch der Europäischen Grundrechte, 2. Aufl. (2020)
Herzog/Mülhausen	Herzog/Mülhausen, Geldwäschebekämpfung und Gewinnabschöpfung (2006)
von Hippel	von Hippel, Der deutsche Strafprozeß, Lehrbuch (1941)
HK	Heidelberger Kommentar zur Strafprozessordnung, 6. Aufl. (2019)
HK-GS	*siehe* Dölling/Duttge/Rössner
Höflich/Schriever/Bartmeier	Höflich/Schriever/Bartmeier, Grundriss Vollzugsrecht, 4. Aufl. (2014)
Hömig/Wolff	Hömig/Wolff, Grundgesetz für die Bundesrepublik Deutschland, 13. Aufl. (2022)
Hofmann	Hofmann, IPBPR Erläuterung, in: Das Deutsche Bundesrecht I A 10c (1986)
von Holtzendorff	von Holtzendorff, Handbuch des deutschen Strafprozesses (1879)
HRRS-FG Fezer	HRRS-Festgabe für Gerald Fezer zum 70. Geburtstag (2008)
Ignor/Mosbacher	Ignor/Mosbacher, Handbuch Arbeitsstrafrecht, 3. Aufl. (2016)

IK-EMRK	Pabel/Schmahl (Hrsg.), Internationaler Kommentar zur Europäischen Menschenrechtskonvention, Loseblattausgabe, 21. Lfg., Kommentar, 8. Aufl. (2015)
Ipsen	Ipsen, Völkerrecht, 7. Aufl. (2018)
Isele	Isele, Bundesrechtsanwaltsordnung, Kommentar (1976)
Jacobs/White/Ovey	Jacobs/White/Ovey, The European Convention on Human Rights, 8 ed. (2021)
Jahn/Krehl/Löffelmann/Güntge	Jahn/Krehl/Löffelmann/Güntge, Die Verfassungsbeschwerde in Strafsachen, 2. Aufl. (2017)
Jahn/Nack (I)	Jahn/Nack (Hrsg.), Strafprozessrechtspraxis und Rechtswissenschaft, 1. Karlsruher Strafrechtsdialog (2007)
Jahn/Nack (II)	Jahn/Nack (Hrsg.), Rechtsprechung, Gesetzgebung, Lehre: Wer regelt das Strafrecht? 2. Karlsruher Strafrechtsdialog (2009)
Jahn/Nack (III)	Jahn/Nack (Hrsg.), Gegenwartsfragen des europäischen und deutschen Strafrechts, 3. Karlsruher Strafrechtsdialog (2011)
Jahn/Nack (IV)	Jahn/Nack (Hrsg.), Rechtsprechung in Strafsachen zwischen Theorie und Praxis – zwei Seiten einer Medaille? 4. Karlsruher Strafrechtsdialog (2013)
Jahn/Radtke (V)	Deutsche Strafprozessreform und Europäische Grundrechte – Herausforderungen auch für die Rechtsprechung des BGH in Strafsachen? – Referate und Diskussionen auf dem 5. Karlsruher Strafrechtsdialog (2015)
Jahn/Radtke (VI)	Der Bundesgerichtshof im Spiegel der Öffentlichkeit – Referate und Diskussionen auf dem 6. Karlsruher Strafrechtsdialog (2017)
Jakobs	Jakobs, Strafrecht Allg. Teil, Lehrbuch, 2. Aufl. (1991)
Janiszewski	Janiszewski, Verkehrsstrafrecht, 5. Aufl. (2004)
Jansen	Jansen, Zeuge und Aussagepsychologie, 3. Aufl. (2021)
Janssen	Janssen, Gewinnabschöpfung im Strafverfahren (2007)
Jarass	Jarass, Charta der Grundrechte der Europäischen Union, 4. Aufl. (2021)
Jarass/Pieroth	Jarass/Pieroth, Grundgesetz für die Bundesrepublik Deutschland, 17. Aufl. (2022)
Jescheck/Weigend	Jescheck/Weigend, Lehrbuch des Strafrechts, Allgemeiner Teil, 5. Aufl. (1996)
Joachimski/Haumer	Joachimski/Haumer, Strafverfahrensrecht, 7. Aufl. (2015)
Joecks/Jäger	Joecks/Jäger, Studienkommentar StPO, 5. Auflage (2022)
Joecks/Jäger/Randt	Joecks/Jäger/Randt, Steuerstrafrecht mit Zoll- und Verbrauchsteuerstrafrecht, 9. Aufl. (2023)
Johann	Johann, Möglichkeiten und Grenzen des neuen Vermögensabschöpfungsrechts (2019)
John	John, Strafprozeßordnung, Kommentar, Bd. I (1884), Bd. II (1888), Bd. III Lfg. 1 (1889)
Joseph/Castan	The International Covenant on Civil and Political Rights, 3. Aufl. (2013)
Jung	Jung, Praxiswissen Strafverteidigung von Ausländern (2009)
Junker	Junker, Beweisantragsrecht im Strafprozess, 3. Aufl. (2019)
Junker/Armatage	Junker/Armatage, Praxiswissen Strafverteidigung (2009)
Kaiser	Kaiser, Kriminologie, Lehrbuch, 3. Aufl. (1996)
Kaiser/Schöch/Kinzig	Kaiser/Schöch/Kinzig, Kriminologie, Jugendstrafrecht, Strafvollzug, Lehrbuch, 8. Aufl. (2015)
Kamann	Kamann, Handbuch für die Strafvollstreckung und den Strafvollzug, 2. Aufl. (2008)
Kammeier/Pollähne	Kommentar zum Maßregelvollzugsrecht, hrsg. von Kammeier/Pollähne, 4. Aufl. (2018)
Karpenstein/Mayer	Karpenstein/Mayer (Hrsg.) EMRK – Konvention zum Schutz der Menschenrechte und Grundfreiheiten, 3. Aufl. (2022)
Katholnigg	Katholnigg, Strafgerichtsverfassungsrecht, 3. Aufl. (1999)
Kämmerer/Eidenmüller	Kämmerer/Eidenmüller, Post- und Fernmeldewesen (1971)

LXXI

Kindhäuser/Hilgendorf	Kindhäuser/Hilgendorf, Strafgesetzbuch, Lehr- und Praxiskommentar, 9. Aufl. (2022)
Kindhäuser/Schumann	Kindhäuser/Schumann, Strafprozessrecht, 6. Aufl. (2021)
Kinzig	Kinzig, Die rechtliche Bewältigung von Erscheinungsformen organisierter Kriminalität (2004)
Kirsch	Kirsch (Hrsg.), Internationale Strafgerichtshöfe (2005)
Kissel/Mayer	Kissel/Mayer, Gerichtsverfassungsgesetz (GVG), 10. Aufl. 2021
KK	Karlsruher Kommentar zur Strafprozeßordnung, hrsg. von Barthe und Gericke, 9. Aufl. (2023)
KK-OWiG	Karlsruher Kommentar zum Ordnungswidrigkeitengesetz, hrsg. von Mitsch, 5. Aufl. (2018)
Klein/(Orlopp)	Klein, Abgabenordnung, Kommentar, 16. Aufl. (2022)
Kleine-Cosack	Bundesrechtsanwaltsordnung, 9. Aufl. (2022)
Klemke/Elbs	Klemke/Elbs, Einführung in die Praxis der Strafverteidigung, 4. Aufl. (2019)
Klesczewski	Klesczewski, Strafprozessrecht, 2. Aufl. (2013)
KMR	Kommentar zur Strafprozeßordnung und zum Gerichtsverfassungsgesetz, hrsg. von Heintschel-Heinegg/Stöckel, Loseblattausgabe (ab 1998)
Knierim/Rübenstahl/ Tsambikakis	Knierim/Rübenstahl/Tsambikakis (Hrsg.), Internal Investigations, 2. Aufl. (2016)
Koch/Scholtz	Koch/Scholtz, Abgabenordnung, Kommentar, 5. Aufl. (1996)
Koeniger	Koeniger, Die Hauptverhandlung in Strafsachen (1966)
Kohlmann	Kohlmann, Steuerstrafrecht mit Ordnungswidrigkeitenrecht und Verfahrensrecht, Loseblattausgabe, Stand November 2023
Kohlrausch	Kohlrausch, Strafprozeßordnung und Gerichtsverfassungsgesetz, Kommentar, 24. Aufl. (1936)
Kraatz	Kraatz, Ordnungswidrigkeitenrecht (2020)
Krack	Krack, Die Rehabilitierung des Beschuldigten im Strafverfahren (2002)
Kramer	Kramer, Grundlagen des Strafverfahrensrechts, 9. Aufl. (2021)
Krause/Nehring	Krause/Nehring, Strafverfahrensrecht in der Polizeipraxis (1978)
Krekeler/Werner	Krekeler/Werner, Verteidigung in Wirtschaftsstrafsachen, 2. Aufl. (2013)
Krenberger/Krumm	Krenberger/Krumm, Ordnungswidrigkeitengesetz, 7. Aufl. (2022)
Krey/Esser	Krey/Esser, Strafrecht, Allgemeiner Teil, 7. Aufl. (2022)
Krey/Heinrich	Krey/Heinrich, Deutsches Strafverfahrensrecht, 2. Aufl. (2018)
von Kries	von Kries, Lehrbuch des Deutschen Strafprozeßrechts (1892)
Kühne	Kühne, Strafprozessrecht, 9. Aufl. (2015)
Kunz	Kunz, StrEG – Gesetz über die Entschädigung für Strafverfolgungsmaßnahmen, 4. Aufl. (2010)
Kunz/Zellner/Gelhausen/ Weiner	Kunz/Zellner/Gelhausen/Weiner, Opferentschädigungsgesetz, 6. Aufl. (2015)
Lackner/Kühl	Lackner/Kühl, Strafgesetzbuch, Kommentar, 30. Aufl. (2023)
Laubenthal	Laubenthal, Strafvollzug, 8. Aufl. (2019)
Laubenthal/Baier/Nestler	Laubenthal/Baier/Nestler, Jugendstrafrecht, 3. Aufl. (2015)
Laubenthal/Nestler	Laubenthal/Nestler, Strafvollstreckung, 2. Aufl. (2018)
Laubenthal/Nestler/ Neubacher/Verrel	Laubenthal/Nestler/Neubacher/Verrel, Strafvollzugsgesetze, Kommentar, 12. Aufl. (2015)
Lemke/Mosbacher	Lemke/Mosbacher, Ordnungswidrigkeitengesetz, 2. Aufl. (2005)
Lesch	Lesch, Strafprozeßrecht, 2. Aufl. (2002)
von Lilienthal	von Lilienthal, Strafprozeßrecht, Lehrbuch (1923)
Lindemann	Lindemann, Voraussetzungen und Grenzen legitimen Wirtschaftsstrafrechts (2012)
Lingens/Korte	Lingens/Korte, Wehrstrafgesetz, 6. Aufl. (2023)
Lisken/Denninger	Handbuch des Polizeirechts, hrsg. von Lisken/Denninger, 7. Aufl. (2021)
LK	Leipziger Kommentar zum Strafgesetzbuch, 12. Aufl. (2011–2023), 13. Aufl. (ab 2020) hrsg. von Laufhütte/Rissing-van Saan/Tiedemann (ab 2006)
Löffler	Löffler, Presserecht, 6. Aufl. (2015)

LR[25]	Löwe-Rosenberg, Die Strafprozeßordnung und das Gerichtsverfassungsgesetz, hrsg. von Rieß, 26. Aufl. (2012)
LR	Löwe-Rosenberg, Die Strafprozeßordnung und das Gerichtsverfassungsgesetz, 26. Aufl. (2006 bis 2014), hrsg. von Erb, Esser, Franke, Graalmann-Scheerer, Hilger, Ignor; 27. Aufl. (ab 2016), hrsg. von Becker, Erb, Esser, Graalmann-Scheerer, Hilger, Ignor
MAH	Münchener Anwaltshandbuch Strafverteidigung, hrsg. von Müller/Schlothauer/Knauer, 3. Aufl. (2022)
MAH (WSSt)	Münchener Anwaltshandbuch Verteidigung in Wirtschafts- und Steuerstrafsachen, hrsg. von Volk, 3. Aufl. (2020)
Malek	Malek, Verteidigung in der Hauptverhandlung, 5. Aufl. (2017)
Malek (BtMG)	Malek, Betäubungsmittelstrafrecht, 4. Aufl. (2014)
Malek/Popp (Internet)	Malek/Popp, Strafsachen im Internet, 2. Aufl. (2015)
von Mangoldt/Klein/Starck	von Mangoldt/Klein/Starck, Das Bonner Grundgesetz, 7. Aufl. (2018), 3. Bd.
Marberth-Kubicki	Marberth-Kubicki, Computer- und Internetstrafrecht, 2. Aufl. (2010)
Marschner/Lesting/Stahmann	Marschner/Lesting/Stahmann, Freiheitsentziehung und Unterbringung, 6. Aufl. (2019)
Marx/Roderfeld	Marz/Roderfeld, Rechtsschutz bei überlangen Gerichts- und Ermittlungsverfahren (2013)
Marxen/Tiemann	Marxen/Tiemann, Die Wiederaufnahme in Strafsachen, 3. Aufl. (2014)
Matt/Renzikowski	Matt/Renzikowski, StGB, Kommentar, 2. Aufl. (2020)
Maurach/Zipf	Maurach/Zipf, Strafrecht, Allgemeiner Teil, Teilbd. 1, 8. Aufl. (1992)
Maurach/Gössel/Zipf	Maurach/Gössel/Zipf, Strafrecht, Allgemeiner Teil, Teilbd. 2, 8. Aufl. (2014)
Maurach/Schroeder/Maiwald	Maurach/Schroeder/Maiwald, Strafrecht, Besonderer Teil, Teilbd. 1, 11. Aufl. (2019), Teilbd. 2, 10. Aufl. (2013)
Mayer/Kroiß	Mayer/Kroiß, Rechtsanwaltsvergütungsgesetz, 8. Aufl. (2021)
Meier (Kriminologie)	Meier, Kriminologie, 6. Aufl. (2021)
Meier (Sanktionen)	Meier, Strafrechtliche Sanktionen, 5. Aufl. (2019)
Meier/Rössner/Trüg/Wulf	Meier/Rössner/Trüg/Wulf, Jugendgerichtsgesetz, 2. Aufl. (2014)
Meißner/Schütrumpf	Meißner/Schütrumpf, Vermögensabschöpfung, 2. Aufl. (2022)
Mellinghoff	Mellinghoff, Fragestellung, Abstimmungsverfahren und Abstimmungsgeheimnis im Strafverfahren (1988)
Mende	Mende, Grenzen privater Ermittlungen durch den Verletzten einer Straftat (2001)
Merten/Papier	Merten/Papier, Handbuch der Grundrechte in Deutschland und Europa (ab 2004)
Mertens/Stuff/Mück	Mertens/Stuff/Mück, Verteidigervergütung, 2. Aufl. (2016)
Meyer D.	Meyer D., Strafrechtsentschädigung, 11. Aufl. (2020)
Meyer D. (GKG)	Meyer D., GKG/FamGKG, Kommentar, 17. Aufl. (2020)
Meyer/Höver/Bach/Oberlack	Meyer/Höver/Bach/Oberlack, Die Vergütung und Entschädigung von Sachverständigen, Zeugen, Dritten und von ehrenamtlichen Richtern nach dem JVEG, 28. Aufl. (2021)
Meyer-Goßner (Prozess)	Meyer-Goßner, Prozessvoraussetzungen und Prozesshindernisse (2011)
Meyer-Goßner/Schmitt	Meyer-Goßner/Schmitt, Strafprozessordnung mit GVG, Nebengesetzen und ergänzenden Bestimmungen, Kommentar, 66. Aufl. (2023)
Meyer-Goßner/Appl	Meyer-Goßner/Appl, Die Urteile in Strafsachen sowie Beschlüsse und Protokoll der Hauptverhandlung, 30. Aufl. (2021)
Meyer-Ladewig/Nettesheim/Raumer	Meyer-Ladewig/Nettesheim/Raumer, Handkommentar zur EMRK, 4. Aufl. (2017)
Michalke	Michalke, Strafprozessuale Zwangsmaßnahmen, 2. Aufl. (2022)
Minkoff/Sahan/Wittig	Minkoff/Sahan/Wittig, Konzernstrafrecht (2020)
Minoggio	Minoggio, Unternehmensverteidigung, 3. Aufl. (2016)
Mitsch	Mitsch, Recht der Ordnungswidrigkeiten, Lehrbuch, 2. Aufl. (2005)
Momsen/Grützner	Momsen/Grützner, Wirtschafts- und Steuerstrafrecht, 2. Aufl. (2020)
Möller/Warg	Möller/Warg, Allgemeines Polizei- und Ordnungsrecht, 6. Aufl. (2011)

Möthrath/Rüther/Bahr	Möthrath/Rüther/Bahr, Verteidigung ausländischer Beschuldigter (2012)
Müller	Müller, Der Sachverständige im gerichtlichen Verfahren, Handbuch des Sachverständigenbeweises, 3. Aufl. (1988)
Müller (Beiträge)	Müller, Beiträge zum Strafprozessrecht 1969–2001 (2003)
Müller/Sax	s. KMR
Müller-Gugenberger	Müller-Gugenberger, Wirtschaftsstrafrecht, 7. Aufl. (2020)
von Münch/Kunig	von Münch/Kunig, Grundgesetz, Kommentar, 2 Bände, 7. Aufl. (2021)
Münchhalffen/Gatzweiler	Münchhalffen/Gatzweiler, Das Recht der Untersuchungshaft, 3. Aufl. (2009)
Murmann	Murmann, Prüfungswissen Strafprozessrecht, 5. Aufl. (2022)
MüKo	Münchener Kommentar zur Strafprozessordnung, hrsg. von Knauer/Kudlich/Schneider (ab 2014)
MüKo-ZPO	Münchener Kommentar zur Zivilprozessordnung, hrsg. von Krüger/Rauscher, 6. Aufl. (ab 2020)
MüKo-BGB	Münchener Kommentar zum Bürgerlichen Gesetzbuch, hrsg. von Rixecker/Säcker/Limperg/Oetker, 8. Aufl. (2018)/9. Aufl. (ab 2021)
MüKo-StGB	Münchener Kommentar zum Strafgesetzbuch; 4. Aufl. (ab 2020), hrsg. von Erb/Schäfer
Niese	Niese, Doppelfunktionelle Prozeßhandlungen (1950)
Nipperdey/Scheuner	Nipperdey/Scheuner, Die Grundrechte, 4 Bände (ab 1954)
NK-StGB	Nomos-Kommentar zum Strafgesetzbuch, hrsg. von Kindhäuser/Neumann/Paeffgen, 5. Aufl. (2017)
Nobis	Nobis, Strafverteidigung vor dem Amtsgericht, 2. Aufl. (2018)
Nobis/Schlothauer/Weider	Nobis/Schlothauer/Weider, Untersuchungshaft, 5. Aufl. (2016)
Nowak	Nowak, CCPR – Commentary – Commentary on the U.N. Covenant on Civil and Political Rights, 2nd Edition (2005)
Oetjen/Endriß	Oetjen/Endriß, Leitfaden Untersuchungshaft (1999)
OK-GG	Beck-Online-Kommentar zum GG
OK-StGB	Beck-Online-Kommentar zum StGB
OK-StPO	Beck-Online-Kommentar zur StPO
Ostendorf/Brüning	Ostendorf/Brüning, Strafprozessrecht, 4. Aufl. (2021)
Ostendorf (U-Haft)	Ostendorf, Untersuchungshaft und Abschiebehaft (2012)
Ostendorf (JStVollzR)	Ostendorf (Hrsg.), Jugendstrafvollzugsrecht, 4. Aufl. (2022)
Ostendorf (JGG)	Ostendorf, Jugendgerichtsgesetz, 11. Aufl. (2021)
Ostendorf/Drenkhahn	Ostendorf/Drenkhahn, Jugendstrafrecht, 11. Aufl. (2022)
Park	Park, Handbuch Durchsuchung und Beschlagnahme, 5. Aufl. (2022)
Park (Kapitalmarkt)	Park, Kapitalmarktstrafrecht, Handkommentar, 5. Aufl. (2019)
Partsch	Partsch, Die Rechte und Freiheiten der Europäischen Menschenrechtskonvention, 1966 (Sonderdruck aus Bettermann/Neumann/Nipperdey (Hrsg.), Die Grundrechte der Welt Bd. I 1)
Patzak/Volkmer/Fabricius	Patzak/Volkmer/Fabricius, Betäubungsmittelgesetz, Kommentar, 10. Aufl. (2022)
Peter (Opferanwalt)	Peter, Das 1x1 des Opferanwalts, 3. Aufl. (2017)
Peter	Peter, Das 1x1 der Hauptverhandlung, 2. Aufl. (2011)
Peters/Altwicker (EMRK)	Peters/Altwicker, Europäische Menschenrechtskonvention, 2. Aufl. (2012)
Peters	Peters, Strafprozeß, Lehrbuch, 4. Aufl. (1985)
Peters (Fehlerquellen)	Peters, Fehlerquellen im Strafprozeß, Band I (1970), Band II (1972), Band III (1974)
Pfeiffer	Pfeiffer, Strafprozessordnung, Kommentar, 5. Aufl. (2005)
Pfordte/Degenhard	Pfordte/Degenhard, Der Anwalt im Strafrecht (2005)
Piller/Hermann	Piller/Hermann, Justizverwaltungsvorschriften, Loseblattsammlung
Plötz (Fürsorgepflicht)	Plötz, Die gerichtliche Fürsorgepflicht im Strafverfahren (1980)
Pohlmann/Jabel/Wolf	Pohlmann/Jabel/Wolf, Strafvollstreckungsordnung, Kommentar, 9. Aufl. (2015)
Poller/Teubel	Poller/Teubel, Gesamtes Kostenhilferecht, 3. Aufl. (2018)
Popp	Popp, Grundzüge der internationalen Rechtshilfe in Strafsachen (2001)

Potrykus	Potrykus, Kommentar zum Jugendgerichtsgesetz, 4. Aufl. (1955)
Protokolle	Protokolle der Kommission für die Reform des Strafprozesses (1905)
Püschel/Bartmeier/Mertens	Püschel/Bartmeier/Mertens, Untersuchungshaft in der anwaltlichen Praxis (2011)
Putzke/Scheinfeld/Putzke	Putzke/Scheinfeld/Putzke, Strafprozessrecht, 9. Aufl. (2022)
Quedenfeld/Füllsack	Quedenfeld/Füllsack, Verteidigung in Steuerstrafsachen, 5. Aufl. (2016)
Quellen	Quellen zur Reform des Straf und Strafprozeßrechts, hrsg. von Schubert/Regge/Rieß/Schmid, I. Abt. – Weimarer Republik, II. Abt. NS-Zeit – Strafgesetzbuch, III. Abt. NS-Zeit – Strafverfahrensrecht (ab 1988)
Radtke/Hohmann	Radtke/Hohmann, Strafprozessordnung, Kommentar (2011)
Randt	Randt, Der Steuerfahndungsfall (2004)
Ranft	Ranft, Strafprozeßrecht (2005)
Rebmann/Roth/Hermann	Rebmann/Roth/Hermann, Gesetz über Ordnungswidrigkeiten, Kommentar, Loseblattausgabe, Stand 2022
Rebmann/Uhlig/Pieper	Rebmann/Uhlig/Pieper, Bundeszentralregistergesetz, Kommentar (1985)
Reisert	Reisert, Anwaltsgebühren im Straf- und Bußgeldrecht, 3. Aufl. (2021)
Ricker/Weberling	Ricker/Weberling, Handbuch des Presserechts, 7. Aufl. (2021)
Riedel/Sußbauer	Riedel/Sußbauer, Rechtsanwaltsvergütungsgesetz, 10. Aufl. (2015)
Rieß	Rieß, Beiträge zur Entwicklung der deutschen Strafprozessordnung (2012)
Rode/Legnaro	Rode/Legnaro, Psychiatrische Sachverständige im Strafverfahren (1994)
Röttle/Wagner/Theurer	Röttle/Wagner/Theurer, Strafvollstreckung, 9. Aufl. (2023)
Rolletschke	Rolletschke, Steuerstrafrecht, 5. Aufl. (2021)
Rolletschke/Kemper	Rolletschke/Kemper, Steuerstrafrecht – Kommentar zum Steuerstrafrecht, Loseblattausgabe (2018)
Rosenberg/Schwab/Gottwald	Rosenberg/Schwab/Gottwald, Zivilprozessrecht, 18. Aufl. (2018)
Rosenfeld	Rosenfeld, Deutsches Strafprozeßrecht, 2 Bände (1926)
Rostek	Rostek, Verteidigung in Kapitalstrafsachen, 2. Aufl. (2012)
Rotberg	Rotberg, Gesetz über Ordnungswidrigkeiten, Kommentar, 5. Aufl., bearbeitet von Kleinwefers, Boujong und Wilts (1975)
Rotsch	Rotsch (Hrsg.), Criminal Compliance (2015)
Roxin/Greco	Roxin/Greco, Strafrecht, Allgemeiner Teil, Bd. I, 5. Aufl. (2020), Bd. II (2003)
Roxin/Schünemann	Roxin/Schünemann, Strafverfahrensrecht, 30. Aufl. (2022)
Roxin-Symp.	Bausteine des Europäischen Strafrechts, Coimbra-Symposium für Claus Roxin, hrsg. von Schünemann/de Figueiredo Dias (1995)
Roxin (I.)	Roxin, I., Die Rechtsfolgen schwerwiegender Rechtsstaatsverstöße in der Strafrechtspflege, 4. Aufl. (2005)
Rönnau	Rönnau, Vermögensabschöpfung in der Praxis, 2. Aufl. (2015)
Rösch (Jugendrichter)	Rösch, Handbuch für den Jugendrichter (2001)
Rösch	Rösch, Das Urteil in Straf- und Bußgeldsachen, 5. Aufl. (2022)
Rüping	Rüping, Das Strafverfahren, 3. Aufl. (1997)
Rüth/Berr/Berz	Rüth/Berr/Berz, Straßenverkehrsrecht, 2. Aufl. (1988)
Sachs	Sachs, Grundgesetz, Kommentar, 9. Aufl. (2021)
Sack	Sack, Umweltschutz-Strafrecht, Erläuterungen der Straf- und Bußgeldvorschriften, Loseblattausgabe (ab 2003)
Saliger/Tsambikakis	Saliger/Tsambikakis (Hrsg.), Strafrecht der Medizin (2022)
Satzger	Satzger, Die Europäisierung des Strafrechts (2001)
Satzger (Intern. Strafrecht)	Satzger, Internationales und Europäisches Strafrecht, 10. Aufl. (2022)
Sauer	Sauer, Allgemeine Prozeßrechtslehre (1951)
Sauer/Münkel (Absprachen)	Sauer/Münkel, Absprachen im Strafprozess, 2. Aufl. (2014)
Schäfer	Schäfer, Die Praxis des Strafverfahrens, 6. Aufl. (2018)
Schäfer/Sander/van Gemmeren	Schäfer/Sander/van Gemmeren, Praxis der Strafzumessung, 6. Aufl. (2017)
Schellenberg	Schellenberg, Die Hauptverhandlung im Strafverfahren, 2. Aufl. (2000)
Schenke	Schenke, Polizei- und Ordnungsrecht, 12. Aufl. (2023)
Schenke/Graulich/Ruthig	Schenke/Graulich/Ruthig, Sicherheitsrecht des Bundes, 2. Aufl. (2019)

Schilken	Schilken, Gerichtsverfassungsrecht, Lehrbuch, 4. Aufl. (2007)
Schlothauer/Weider/ Wollschläger	Schlothauer/Weider/Wollschläger, Verteidigung im Revisionsverfahren, 3. Aufl. (2017)
Schlüchter	Schlüchter, Das Strafverfahren, Lehrbuch, 2. Aufl. (1983)
Schmahl	Schmahl, Kinderrechtskonvention, 2. Aufl. (2017)
Schmid	Schmid, Die Verwirkung von Verfahrensrügen im Strafprozess (1967)
Schmidt	s. Eb. Schmidt
Schmidt (Ausländer)	Schmidt, Verteidigung von Ausländern, 4. Aufl. (2016)
Schmidt (Vermögensabschöpfung)	Schmidt, Vermögensabschöpfung, Handbuch für das Straf- und Ordnungswidrigkeitenverfahren, 2. Aufl. (2019)
Schmidt-Bleibtreu/ Hofmann/Henneke	Schmidt-Bleibtreu/Hofmann/Henneke, Kommentar zum Grundgesetz, 15. Aufl. (2021)
Schmidt-Räntsch	Schmidt-Räntsch, Deutsches Richtergesetz, Kommentar, 6. Aufl. (2009)
Schneider	Schneider, Kriminologie, Lehrbuch, 3. Aufl. (1992)
Schneider (JVEG)	Schneider, JVEG, Justizvergütungs- und -entschädigungsgesetz, 4. Aufl. (2021)
Schneider/Volpert/Fölsch	Schneider/Volpert/Fölsch (Hrsg.), Gesamtes Kostenrecht, 3. Aufl. (2021)
Schomburg/Lagodny/Gleß/ Hackner	Schomburg/Lagodny/Gleß/Hackner, Internationale Rechtshilfe in Strafsachen, 6. Aufl. (2020)
Schönke/Schröder	Schönke/Schröder, Strafgesetzbuch, Kommentar, 30. Aufl. (2019)
Schorn	Schorn, Die Europäische Konvention zum Schutze der Menschenrechte und Grundfreiheiten und ihr Zusatzprotokoll in Einwirkung auf das deutsche Recht (1965)
Schorn/Stanicki	Schorn/Stanicki, Die Präsidialverfassung der Gerichte aller Rechtswege, 2. Aufl. (1975)
Schroeder/Verrel	Schroeder/Verrel, Strafprozessrecht, 8. Aufl. (2022)
Schröder	Schröder, Europäische Richtlinien und deutsches Strafrecht (2002)
Schröder (KapitalStR)	Schröder, Handbuch Kapitalmarktstrafrecht, 3. Aufl. (2015)
Schroth	Schroth, Die Rechte des Opfers im Strafprozess, 4. Aufl. (2020)
Schulz/Berke-Müller/Händel	Schulz/Berke-Müller/Händel, Strafprozeßordnung, 7. Aufl. (1983)
Schünemann-Symp.	Empirische und dogmatische Fundamente, kriminalpolitischer Impetus, Symposium für Bernd Schünemann zum 60. Geburtstag, hrsg. von Hefendehl (2005)
Schwind	Schwind, Kriminologie und Kriminalpolitik, 24. Aufl. (2021)
Schwind/Böhm/Jehle/ Laubenthal	Strafvollzugsgesetz, Kommentar, hrsg. von Schwind/Böhm/Jehle/ Laubenthal, 7. Aufl. (2020)
Schwinge	Schwinge, Grundlagen des Revisionsrechts, 2. Aufl. (1960)
Seier	Seier, Verteidigung in Straßenverkehrssachen (2012)
Sieber/Satzger/ v. Heintschel-Heinegg	Sieber/Satzger/v. Heintschel-Heinegg, Europäisches Strafrecht, 2. Aufl. (2014)
Simma/Fastenrath	Simma/Fastenrath, Menschenrechte. Ihr Internationaler Schutz, Textsammlung, 7. Aufl. (2018)
Sinn/Zöller/Esser	Sinn/Zöller/Esser (Hrsg.), Reform der Vermögensabschöpfung (2019)
SK	Systematischer Kommentar zur Strafprozeßordnung. Mit GVG und EMRK, 5. Aufl. (ab 2016)
SK-StGB	Systematischer Kommentar zum Strafgesetzbuch, 9. Aufl. (ab 2017), hrsg. von Wolter
Sommer	Sommer, Effektive Strafverteidigung, 4. Aufl. (2020)
Sowada	Sowada, Der gesetzliche Richter im Strafverfahren (2002)
SSW-StGB	Satzger/Schluckebier/Widmaier (Hrsg.), Strafgesetzbuch, Kommentar, 5. Aufl. (2020)
SSW	Satzger/Schluckebier/Widmaier (Hrsg.), Strafprozessordnung, Kommentar, 4. Aufl. (2020)
Stegbauer	Stegbauer, Das Urteil in Straf- und Bußgeldsachen, 5. Aufl. (2022)
Stein/Jonas	Stein/Jonas, Zivilprozessordnung, 23. Aufl. (ab 2017–2021)

Stern	Stern, Verteidigung in Mord- und Totschlagsverfahren, 3. Aufl. (2013)
Strauda-Denkschrift	Reform der Verteidigung im Ermittlungsverfahren – Thesen mit Begründung, vorgelegt vom Strafrechtsausschuss der Bundesrechtsanwaltskammer (2004)
Streinz/Ohler/Herrmann	Streinz/Ohler/Herrmann, Der Vertrag von Lissabon zur Reform der EU, 3. Aufl. 2010
Streng	Streng, Strafrechtliche Sanktionen, 3. Aufl. (2012)
Taylor	A Commentary on the International Covenant on Civil and Political Rights (2020)
Tettinger/Stern	Tettinger/Stern, Kölner Gemeinschaftskommentar zur Europäischen Grundrechte-Charta (2006)
Thomas/Putzo	Thomas/Putzo, Zivilprozessordnung, Kommentar, 44. Aufl. (2023)
Tolzmann	Bundeszentralregistergesetz, Kommentar, 5. Aufl. (2015)
Tondorf/Tondorf	Tondorf, Psychologische und psychiatrische Sachverständige im Strafverfahren, 3. Aufl. (2011)
Toussaint	Toussaint, Kostengesetze, 53. Aufl. (2023)
Trechsel	Trechsel, Human Rights in Criminal Prodeedings (2005)
Tsambikakis/Rostalski	Tsambikakis/Rostalski (Hrsg.), Medizinstrafrecht (2023)
Ulrich	Ulrich, Der gerichtliche Sachverständige, Handbuch für die Praxis, 13. Aufl. (2019)
Ulsenheimer/Gaede	Ulsenheimer/Gaede, Arztstrafrecht in der Praxis, 6. Aufl. (2020)
Umbach/Clemens/Dollinger	Umbach/Clemens/Dollinger, Bundesverfassungsgerichtsgesetz: Mitarbeiterkommentar und Handbuch, 2. Aufl. (2005)
Verdross/Simma	Verdross/Simma, Universelles Völkerrecht, 3. Aufl. (1984)
Villiger	Villiger, Handbuch der Europäischen Menschenrechtskonvention (EMRK), 3. Aufl. 2020
Vogler/Walter/Wilkitzki	Vogler/Walter/Wilkitzki, Gesetz über die internationale Rechtshilfe in Strafsachen, Kommentar (1983)
Volckart/Pollähne/Woynar	Volckart/Pollähne/Woynar, Verteidigung in der Strafvollstreckung und im Vollzug, 5. Aufl. (2014)
Volk (Prozessvoraussetzungen)	Volk, Prozeßvoraussetzungen im Strafrecht (1978)
Volk/Engländer	Volk/Engländer, Grundkurs StPO, 10. Aufl. (2021)
Vordermayer/v. Heintschel-Heinegg/Schnabl/Beckstein	Handbuch für den Staatsanwalt, hrsg. von Vordermayer/v. Heintschel-Heinegg/ Schnabl/Beckstein, 7. Aufl. (2022)
Wabnitz/Janovsky/Schmitt	Wabnitz/Janovsky/Schmitt, Handbuch des Wirtschafts- und Steuerstrafrechts, 5. Aufl. (2020)
Wagner/Kallin/Kruse	Wagner/Kallin/Kruse, Betäubungsmittelstrafrecht, 2. Aufl. (2004)
Wankel	Wankel, Zuständigkeitsfragen im Haftrecht (2002)
Wasmeier/Möhlig	Wasmeier/Möhlig, Strafrecht der Europäischen Union, 2. Aufl. (2008)
Weber/Kornprobst/Maier	Weber/Kornprobst/Maier, Betäubungsmittelgesetz: BtMG, 6. Aufl. (2021)
Weidemann/Scherf	Weidemann/Scherf, Die Revision im Strafrecht, 4. Aufl. (2021)
Weiner/Ferber	Weiner/Ferber, Handbuch des Adhäsionsverfahrens, 2. Aufl. (2016)
Welzel	Welzel, Das Deutsche Strafrecht, 11. Aufl. (1969)
Wendler/Hoffmann	Wendler/Hoffmann, Technik und Befragung im Gerichtsverfahren, 2. Aufl. (2015)
Werle/Jeßberger	Werle/Jeßberger, Völkerstrafrecht, 5. Aufl. (2020)
Weyland	Weyland, Bundesrechtsanwaltsordnung, Kommentar, 10. Aufl. (2020)
Wieczorek/Schütze	Wieczorek/Schütze, Zivilprozeßordnung und Nebengesetze, 4. Aufl. (ab 2012)
Wiesneth	Wiesneth, Handbuch für das ermittlungsrichterliche Verfahren (2006)
Wiesneth (U-Haft)	Wiesneth, Untersuchungshaft (2010)
Wiesneth (Bereitschaftsdienst)	Wiesneth, Der amtsgerichtliche Bereitschaftsdienst, 2. Aufl. (2012)
Wolf	Wolf, Gerichtsverfassungsrecht aller Verfahrenszweige, 6. Aufl. (1987)

Zieschang/Hilgendorf/ Laubenthal	Strafrecht und Kriminalität in Europa, hrsg. von Zieschang/Hilgendorf/ Laubenthal (2003)
Zieger/Nöding	Zieger/Nöding, Verteidigung in Jugendstrafsachen, 7. Aufl. (2018)
Ziegert	Ziegert, Grundlagen der Strafverteidigung (2000)
Zipf	Zipf, Kriminalpolitik, 2. Aufl. (1980)
Zöller (ZPO)	Zöller, Zivilprozessordnung, Kommentar, 34. Aufl. (2022)
Zöller	Terrorismusstrafrecht, 2009
Zöller/Esser	Zöller/Esser (Hrsg.), Justizielle Medienarbeit im Strafverfahren (2019)
Zwiehoff	Zwiehoff, Der Befangenheitsantrag im Strafverfahren, 2. Aufl. (2013)

Fundstellen der Erläuterungen des IPBPR

Bei den erläuterten Artikeln der EMRK und der ZP-EMRK wird die Reihenfolge des Vertragstextes eingehalten; da dies bei den jeweils gemeinsam damit abgehandelten Bestimmungen des IPBPR nicht möglich ist, werden nachstehend die Fundstellen aufgeführt.

IPBPR	wird erläutert bei EMRK	IPBPR	wird erläutert bei EMRK
Präambel	Präambel	Präambel	Präambel
Art. 1	nicht erläutert	Art. 14	Art. 6
Art. 2 Abs. 1, 2	Art. 1	Art. 15	Art. 7
Art. 2 Abs. 3	Art. 13	Art. 16	Art. 14
Art. 3	Art. 14	Art. 17	Art. 8
Art. 4	Art. 15	Art. 18	Art. 9
Art. 5 Abs. 1	Art. 17	Art. 19	Art. 10
Art. 5 Abs. 2	Teil I (Einf.) Rn. 121, 228, 258	Art. 20	Art. 10 Rn. 142 ff.
Art. 6	Art. 2	Art. 21	Art. 11
Art. 7	Art. 3	Art. 22	Art. 11
Art. 8	Art. 4	Art. 23	Art. 8; Art. 12
Art. 9	Art. 5	Art. 24	Art. 8; Art. 14
Art. 10	Art. 5 Rn. 640 ff.	Art. 25	Art. 3; (erstes) ZP-EMRK
Art. 11	Art. 5 Rn. 6, 95	Art. 26	Art. 14
Art. 12	Art. 2 und Art. 3 des 4. ZP-EMRK	Art. 27	Art. 14
Art. 13	Art. 4 des 4. ZP-EMRK	Art. 28 bis 52	Teil II (Anhang) Rn. 422 ff.
		Art. 53	Teil I (Einf.) Rn. 238

https://doi.org/10.1515/9783110275063-208

TEIL I
Erläuterungen

Einführung

Schrifttum (Auswahl)

Alber/Widmaier Die EU-Charta der Grundrechte und ihre Auswirkung auf die Rechtsprechung, EuGRZ **2000** 497; *Ambos* Europarechtliche Vorgaben für das deutsche Strafverfahren, Teil I – Zur Rechtsprechung des EGMR von 2000–2002, NStZ **2002** 628; Teil II, NStZ **2003** 14; *Ambos/Ruegenberg* Rechtsprechung zum internationalen Straf- und Strafverfahrensrecht, NStZ-RR **1999** 193; *Amos* Human Rights Law (2007); *Arai-Takahashi* The Margin of Appreciation Doctrine and the Principle of Proportionality in the Jurisprudence of the ECHR (2002); *von Arnauld* Minderheitenschutz im Recht der Europäischen Union, AVR **42** (2004) 111; *ders.* Völkerrecht (2019)⁴; *Bauer-Kirsch* Herrenchiemsee. Der Verfassungskonvent von Herrenchiemsee. – Wegbereiter des Parlamentarischen Rates (2005); *Baumann* Auf dem Weg zu einem doppelten EMRK-Schutzstandard? Die Fortschreibung der Bosphorus-Rechtsprechung des EGMR im Nederlandse Kokkelvisserij, EuGRZ **2011** 1; *Benavides Casals* Die Auslegungsmethoden bei Menschenrechtsverträgen – Die Rechtsprechung des EGMR und IAGMR (2010); *Berger* Jurisprudence de la Cour européenne des droits de l'homme (2004)⁹; *ders.* Rechtsprechung des Europäischen Gerichtshofs für Menschenrechte (1987); *Berka* Die Grundrechte, Grundfreiheiten und Menschenrechte in Österreich (1999); *Bernhardt* Einwirkungen der Entscheidungen internationaler Menschenrechtsinstitutionen auf das nationale Recht, FS Doehring (1989) 23; *ders.* Probleme eines Beitritts der Europäischen Gemeinschaften zur Europäischen Menschenrechtskonvention, FS Everling (1995) 103; *ders.* Die Entscheidung des Europäischen Gerichtshofs für Menschenrechte im deutschen Rechtsraum, in: Geiger (Hrsg.), Völkerrechtlicher Vertrag und staatliches Recht vor dem Hintergrund zunehmender Verdichtung der internationalen Beziehungen (2000) 147; *ders.* Der Europäische Gerichtshof für Menschenrechte im Spiegel der Zeit, in: Karl (Hrsg.), Internationale Gerichtshöfe und nationale Rechtsordnung (2005) 21; *Biehl* Die Europäische Menschenrechtskonvention in internationalen und nicht-internationalen bewaffneten Konflikten (2020); *Blackburn/Polakiewicz* Fundamental Rights in Europe: The European Convention on Human Rights and its Member States (1950–2000) (2001); *Bleckmann* Zur Entwicklung europäischer Grundrechte, DVBl. **1978** 457; *ders.* Der Beurteilungsspielraum im Europa- und im Völkerrecht, EuGRZ **1979** 485; *ders.* Die Bindung der Europäischen Gemeinschaft an die Europäische Menschenrechtskonvention (1986); *ders.* Verfassungsrang der Europäischen Menschenrechtskonvention? EuGRZ **1994** 149; *ders.* Die Entwicklung staatlicher Schutzpflichten aus den Freiheiten der Europäischen Menschenrechtskonvention, FS Bernhardt (1995) 309; *ders.* Bundesverfassungsgericht versus Europäischer Gerichtshof für Menschenrechte, EuGRZ **1995** 387; *ders.* Der Grundsatz der Völkerrechtsfreundlichkeit in der deutschen Rechtsordnung, DÖV **1996** 137; *Bogdandy* Europäische Verfassung und europäische Identität, JZ **2004** 53; *Böse* Der Beitritt der EG zur EMRK aus der Sicht des Strafrechts, ZRP **2001** 402; *Breitenmoser/Riemer/Seitz* Praxis des Europarechts – Grundrechtsschutz (2006); *Breuer* Von Lyons zu Sejdovic: Auf dem Weg zu einer Wiederaufnahme konventionswidrig zustande gekommener nationaler Urteile? EuGRZ **2004** 782; *ders.* Urteilsfolgen bei strukturellen Problemen – Das erste „Piloturteil" des EGMR, EuGRZ **2004** 445; *ders.* Karlsruhe und die Gretchenfrage: Wie hast du's mit Straßburg? NVwZ **2005** 412; *ders.* Offene Fragen im Verhältnis von EGMR und EuGH. Zur Entscheidung des EGMR im Fall Emesa Sugar, EuGRZ **2005** 229; *ders.* Die Bosphorus-Entscheidung des Europäischen Gerichtshofs für Menschenrechte – Der Schutz der Grund- und Menschenrechte in der EU und das Verhältnis zur EMRK, EuZW **2006** 71; *ders.* Das Recht auf Individualbeschwerde zum EGMR im Spannungsfeld zwischen Subsidiarität und Einzelfallgerechtigkeit, EuGRZ **2008** 121; *Britz* Bedeutung der EMRK für nationale Verwaltungsgerichte und Behörden, NVwZ **2004** 173; *Bröhmer* Das Europäische Parlament: Echtes Legislativorgan oder bloßes Hilfsorgan im politischen Prozess? ZEuS **1999** 197; *ders.* Der Grundrechtsschutz in Europa (2002); *Broß* Grundrechte und Grundwerte in Europa, JZ **2003** 429; *Brune* Menschenrechte und transnationale Unternehmen – Grenzen und Potentiale des UN Framework for Business and Human Rights (2020); *Bryde* Konstitutionalisierung des Völkerrechts und Internationalisierung des Verfassungsrechts, Der Staat **42** (2003) 61; *Buschle* Ein neues „Solange"? – Die Rechtsprechung aus Karlsruhe und der Straßburger Konflikt, VBlBW **2005** 293; *Busse* Die Geltung der EMRK für die Rechtsakte der EU, NJW **2000** 1074; *Buyse/Hamilton* (Hrsg.), Transitional Jurisprudence and the ECHR

https://doi.org/10.1515/9783110275063-001

(2011); *Byrne/Entzinger* (Hrsg.), Human Rights Law and Evidence-Based Policy – The Impact of the EU Fundamental Rights Agency (2019); *Callewaert* Die EMRK und die EU-Grundrechte-Charta, EuGRZ **2003** 198; *Calliess* Zwischen staatlicher Souveränität und europäischer Effektivität. Zum Beurteilungsspielraum der Vertragsstaaten im Rahmen des Art. 10 EMRK, EuGRZ **1996** 293; *Cassebohm* Beitritt der Europäischen Union zur Europäischen Menschenrechtskonvention (2008); *Cassese* The influence of the European Court of Human Rights on international criminal tribunals – some methodological remarks, FS Eide (2003) 19; *Chryssogonos* Zur Inkorporation der Europäischen Menschenrechtskonvention in den nationalen Rechtsordnungen der Mitgliedstaaten, EuR **36** (2001) 49; *Cirkel* Die Bindung der Mitgliedstaaten an die Gemeinschaftsgrundrechte (2000); *Coester-Waltjen* Grundgesetz und EMRK im deutschen Familienrecht, Jura **2007** 914; *Colvin/Cooper* Human Rights in the Investigation and Prosecution of Crime (2009); *Corstens/Pradel* European Criminal Law (2002); *Decker* Grundrechtsschutz bei Handlungen des Europäischen Amtes für Betrugsbekämpfung (OLAF) (2008); *Delmas-Marty* Procédures pénales d'Europe (1995); *De Salvia* Compendium de la CEDH: les principes directeurs de la jurisprudence relative à la Convention européenne des droits de l'homme: vol.1, jurisprudence 1960 à 2002 (2003); *ders.* Compendium de la CEDH – Les principes directeurs de la jurisprudence relative à la Convention européenne des droits de l'homme (1998); *Dettmers* Europäische Entwicklungen im Strafverfahren, DRiZ **2011** 402; *Diehm* Die Menschenrechte der EMRK und ihr Einfluss auf das deutsche Strafgesetzbuch (2006); *ders.* Der Einfluß der EMRK auf das deutsche Strafrecht (2002); *Di Fabio* Eine europäische Charta, JZ **2000** 737; *Doswald-Beck/Kolb* Judicial Process and Human Rights-United Nations, European, American and African systems – Texts and summaries of international case law (2004); *Drzemczewski* The European Human Rights Convention in Domestic Law (1983); *Echterhölter* Die Europäische Menschenrechtskonvention im Rahmen der verfassungsmäßigen Ordnung, JZ **1955** 689; *ders.* Die Europäische Menschenrechtskonvention in der juristischen Praxis, JZ **1956** 142; *Ehlers* Die Europäische Menschenrechtskonvention, Jura **2000** 372; *ders.* Europäische Grundrechte und Grundfreiheiten (2014)[4]; *Eiffler* Die Auslegung unbestimmter Schrankenbegriffe der Europäischen Menschenrechtskonvention – Eine Untersuchung unter besonderer Berücksichtigung des Begriffs der „Ordnung" (1999); *Eiler* Der Grundrechtsschutz durch BVerfG, EGMR und EuGH, JuS **1999** 1068; *Eisele* Die Bedeutung der Europäischen Menschenrechtskonvention für das deutsche Strafverfahren, JA **2005** 390; *Engel* Status, Ausstattung und Personalhoheit des Inter-Amerikanischen und des Europäischen Gerichtshofs für Menschenrechte, Facetten und Wirkungen des institutionellen Rahmens, EuGRZ **2003** 122; *Eoucaides* Essays on the Developing Law and Human Rights (1995); *Epping* Die Verfassung Europas? JZ **2003** 821; *Erberich* Auslandseinsätze der Bundeswehr und Europäische Menschenrechtskonvention (2004); *Ercman* European Convention on Human Rights – Guide to Case Law/Convention européenne des Droits de l'Homme – Guide de Jurisprudence/Europäische Menschenrechtskonvention – Wegweiser der Rechtsprechung (1981); *Ermacora* Handbuch der Grundfreiheiten und der Menschenrechte (1963); *ders.* Die Menschenrechte als Grundnorm des Rechts, FS Klecatsky (1980) 151; *Ermacora/Nowak/Tretter* (Hrsg.), Die Europäische Menschenrechtskonvention in der Rechtsprechung der österreichischen Höchstgerichte (1983); *Esser* Auf dem Weg zu einem europäischen Strafverfahrensrecht (2002); *ders.* Mindeststandards einer Europäischen Strafprozessordnung unter Berücksichtigung der Rechtsprechung des Europäischen Gerichtshofs für Menschenrechte, StraFo **2003** 335; *ders.* Rahmenbedingungen der Europäischen Union für das Strafverfahrensrecht in Europa, ZEuS **2004** 289; *ders.* Strafprozessuale Verfahrensrechte in der Europäischen Union, Rahmenbeschluss versus EGMR-System, BRAK-Mitteilungen **2007** 53; *Esser/Harich/Lohse/Sinn* (Hrsg.), Die Bedeutung der EMRK für die nationale Rechtsordnung (2005); *Evrigenis* L'interaction entre la dimension internationale et la dimension nationale de la Convention européenne des Droits de l'Homme, FS Mosler (1983) 193; *Fassbender* Die Völkerrechtssubjektivität der Europäischen Union nach dem Entwurf des Verfassungsvertrags, AVR **42** (2004) 26; *Fawcett* The Application of the European Convention on Human Rights (1987)[2]; *Fitzmaurice* Some Reflections on the European Convention on Human Rights – and on Human Rights, FS Mosler (1983) 203; *Frenz* Grundfreiheiten und Grundrechte – Verhältnis zwischen beiden, EuR **2002** 603; *Friesenhahn* Der Internationale Schutz der Menschenrechte (1966); *Fromont* Die Bedeutung der Europäischen Menschenrechtskonvention in der Französischen Rechtsordnung, DÖV **2005** 1; *Frowein* Die europäische und die amerikanische Menschenrechtskonvention – Ein Vergleich, EuGRZ **1980** 442; *ders.* Der europäische Grundrechtsschutz und die nationale Gerichtsbarkeit (1983); *ders.* Der europäische Menschenrechtsschutz als Beginn einer europäischen Verfassungsrechtsprechung, JuS **1986** 845; *ders.* Das Bundesverfassungsgericht und die Europäische Menschenrechtskonvention, FS Zeidler (1987) 1763; *ders.* The Internal and External Effects of Resolutions by International Organizations, ZaöZV

49 (1989) 778; *ders.* Der europäische Grundrechtsschutz und die deutsche Rechtsprechung, NVwZ **2002** 29; *ders.* Die traurigen Missverständnisse. Bundesverfassungsgericht und Europäischer Gerichtshof für Menschenrechte, FS Delbrück (2005) 279; *Frowein/Ulsamer* Europäische Menschenrechtskonvention und nationaler Rechtsschutz (1985); *Fuchs* Der Einfluss der Europäischen Menschenrechtskonvention auf das österreichische Straf- und Strafverfahrensrecht, ZStW **100** (1988) 444; *Ganshof van der Meersch* Die Bezugnahme auf das nationale Recht der Vertragsstaaten in der Rechtsprechung des Europäischen Gerichtshofs für Menschenrechte, EuGRZ **1981** 481; *Gardner* (Hrsg.) Aspects of incorporation of the European Convention of Human Rights into domestic law (1993); *Gaus* Materiell-rechtliche Gewährleistungen und verfahrensrechtliche Durchsetzbarkeit völkerrechtlich garantierter Menschenrechte (2011); *Gerards* Die Europäische Menschenrechtskonvention im Konstitutionalisierungsprozess einer gemeineuropäischen Grundrechtsordnung (2007); *Gerhardt* Europa als Rechtsgemeinschaft: Der Beitrag des Bundesverfassungsgerichts, ZRP **2010** 161; *Giegerich* Luxemburg, Karlsruhe, Straßburg – Dreistufiger Grundrechtsschutz in Europa, ZaöRV **50** (1990) 836; *ders.* Vorbehalte zu Menschenrechtsabkommen. Zulässigkeit, Gültigkeit und Prüfungskompetenz von Vertragsgremien, ZaöRV **55** (1995) 713; *Glauben* Der Europäische Gerichtshof für Menschenrechte, DRiZ **2003** 128; *Gleß* Das Europäische Amt für Betrugsbekämpfung (OLAF), EuZW **1999** 618; *Golsong* Das Rechtsschutzsystem der Europäischen Menschenrechtskonvention (1958); *ders.* Grundrechtsschutz im Rahmen der Europäischen Gemeinschaften – Ist der Katalog der in der EMRK enthaltenen Grundrechte für die EG verwendbar? EuGRZ **1978** 346; *ders.* Nochmals: Zur Frage des Beitritts der Europäischen Gemeinschaften zur Europäischen Menschenrechtskonvention, EuGRZ **1979** 70; *Gomien/Harris/Zwack* Law and practice of the European Convention on Human Rights and the European Social Charter (1996); *Görgen* Unternehmerische Haftung in transnationalen Menschenrechtsfällen (2019); *Gorzoni* Der „margin of appreciation" beim Europäischen Gerichtshof für Menschenrechte (2018); *Grabenwarter* Die deutsche Sicherungsverwahrung als Treffpunkt grundrechtlicher Parallelwelten, EuGRZ **2012** 507; *ders.* Europäisches und nationales Verfassungsrecht (Tagungsbericht – 4. bis 6.10.2000), VVDStRL **60** (2001) 290; *ders.* Auf dem Weg in die Grundrechtsgemeinschaft, EuGRZ **2004** 563; *ders.* Europäisches und nationales Verfassungsrecht, VVDStRL **60** (2001) 290; *ders.* Die Menschenrechtskonvention und Grundrechte-Charta in der europäischen Verfassungsentwicklung, FS Steinberger (2002) 1129; *ders.* Zur Zukunft des Europäischen Gerichtshofs für Menschenrechte, EuGRZ **2003** 174; *Grabenwarter/Thienel* (Hrsg.), Kontinuität und Wandel der EMRK (1998); *Gramlich* Grundfreiheiten contra Grundrechte im Gemeinschaftsrecht, DÖV **1996** 801; *Grewe* Vergleich zwischen den Interpretationsmethoden europäischer Verfassungsgerichte und des Europäischen Gerichtshofs für Menschenrechte, ZaöRV **61** (2001) 459; *Grote* Die Inkorporierung der Europäischen Menschenrechtskonvention in das britische Recht durch den Human Rights Act 1998, ZaöRV **58** (1998) 309; *Gundel* Die Krombach-Entscheidung des EGMR: Europäischer Menschenrechtsschutz mit (Durchsetzungs-) Schwächen, NJW **2001** 2380; *ders.* Neue Anforderungen des EGMR an die Ausgestaltung des nationalen Rechtsschutzsystems, DVBl. **2004** 17; *Günther* Europol: Rechtsschutzmöglichkeiten und deren Vereinbarkeit mit nationalen und internationalen Anforderungen (2006); *Gundel* Erste Erfahrungen mit der neuen Gutachtenvorlage zum EGMR nach dem Protokoll Nr. 16 zur EMRK, EuR **2019** 421; *Guradze* Die Menschenrechtskonventionen der Vereinten Nationen vom 16.12.1966, JIR **1971** 242; *ders.* Die Europäische Menschenrechtskonvention (1968); *Haedrich* Von der Allgemeinen Erklärung der Menschenrechte zur internationalen Menschenrechtsordnung, JA **1999** 251; *Haefliger* Die Europäische Menschenrechtskonvention und die Schweiz (1999)[2]; *Haider* Haftung von transnationalen Unternehmen und Staaten für Menschenrechtsverletzungen (2019); *Hailbronner* Die Einschränkung von Grundrechten in einer demokratischen Gesellschaft, FS Mosler (1983) 359; *Hänni* Menschenrechtlicher Schutz in der Klimakrise – Das Leiturteil Urgenda, EuGRZ **2020** 616; *Hannum* Guide to the International Human Rights Practice (1992)[2]; *Harris/O'Boyle/Warbrick* Law of the European Convention on Human Rights (2018)[4]; *Haß* Die Urteile des Europäischen Gerichtshofs für Menschenrechte. Charakter, Bindungswirkung und Durchsetzung (2006); *Hatje/Nettesheim* (Hrsg.), Grundrechtsschutz im Dreieck von nationalem, europäischem und internationalem Recht, EuR Beiheft 1/**2008**; *Haug* Die Bedeutung der EMRK in Deutschland und ihre Auslegung durch den EGMR, AfP **2016** 223; *Heckötter* Die Bedeutung der Europäischen Menschenrechtskonvention und der Rechtsprechung des EGMR für die deutschen Gerichte (2008); *Heer-Reißmann* Straßburg oder Luxemburg? – Der EGMR zum Grundrechtsschutz bei Verordnungen der EG in der Rechtssache Bosphorus, NJW **2006** 192; *dies.* Die Letztentscheidungskompetenz des Europäischen Gerichtshofes für Menschenrechte in Europa (2008); *Heffernan* Human Rights, A European Perspective (1994); *Hilf* Europäische Union und Europäische Menschenrechtskonvention, FS Bernhardt (1995)

1193; *Herzog* Das Verhältnis der Europäischen Menschenrechtskonvention zu späteren Gesetzen, DÖV **1959** 44; *Hilpold* Neue Minderheiten im Völkerrecht und im Europarecht, AVR **42** (2004) 80; *Hirsch* Grundrechtspluralismus in der europäischen Union, Gollwitzer-Koll. 81; *Hobe* Einführung in das Völkerrecht (2020)[11]; *Hoffmann* Das neue EU-Sanktionsregime wegen Menschenrechtsverletzungen, NVwZ **2021** 1356; *Höland* Rechts- und Moralbildung in Europa durch die Konvention zum Schutz der Menschenrechte und Grundfreiheiten, in: Renzikowski (Hrsg.), Die EMRK im Privat-, Straf- und Öffentlichen Recht. Grundlagen einer europäischen Rechtskultur (2004) 9; *Hoffmann-Riem* Kohärenz der Anwendung europäischer und nationaler Grundrechte, EuGRZ **2002** 473; *Hoffmeister* Die Europäische Menschenrechtskonvention als Grundrechtsverfassung und ihre Bedeutung in Deutschland, Der Staat **40** (2002) 349; *Huber, A.* Der Beitritt der Europäischen Union zur Europäischen Menschenrechtskonvention: Art. 6 Abs. 2 S. 1 EUV (2008); *Huber, H.* Das Zusammentreffen der Europäischen Konvention zum Schutze der Menschenrechte und Grundfreiheiten mit den Grundrechten der Verfassungen, GedS H. Peters (1967) 375; *Iglesias* Zur Stellung der Europäischen Menschenrechtskonvention im europäischen Gemeinschaftsrecht, FS Bernhardt (1995) 1269; *Iliopoulos-Strangas* Der Beitritt der Europäischen Gemeinschaft zur Europäischen Menschenrechtskonvention aus der Sicht der Mitgliedsstaaten, in: Iliopoulos-Strangas (Hrsg.), Grundrechtsschutz im europäischen Raum (1993) 343; *dies.* Die allgemeinen Rechtsgrundsätze in der Praxis der Straßburger Organe am Beispiel des Verhältnismäßigkeitsprinzips, RabelsZ **1999** 415; *Imbert* Die Frage der Vorbehalte und die Menschenrechtskonvention, in: Maier (Hrsg.), Europäischer Menschenrechtsschutz (1982) 95; *Jacobs/ White/Ovey* The European Convention on Human Rights (2020)[8]; *Jaeckel* Schutzpflichten im deutschen und europäischen Recht (2001); *Jaeger* Menschenrechtsschutz im Herzen Europas. Zur Kooperation des Bundesverfassungsgerichts mit dem Europäischen Gerichtshof für Menschenrechte und dem Gerichtshof der Europäischen Gemeinschaften, EuGRZ **2005** 193; *Jaeger/Broß* Die Beziehungen zwischen dem Bundesverfassungsgericht und den übrigen einzelstaatlichen Rechtsprechungsorganen – einschließlich der diesbezüglichen Interferenz des Handelns der europäischen Rechtsprechungsorgane, EuGRZ **2004** 1; *Jelitte* Die Umsetzung völkerrechtlicher Verträge in nationales Recht in Deutschland und Spanien – Unter besonderer Berücksichtigung der Europäischen Menschenrechtskonvention (2007); *Jung* Sanktionensysteme und Menschenrechte (1992); *Kadelbach* Der Status der Europäischen Menschenrechtskonvention im deutschen Recht, Jura **2005** 480; *Kadelbach/Petersen* Europäische Grundrechte als Schranken der Grundfreiheiten, EuGRZ **2003** 694; *Kälin* Die Europäische Menschenrechtskonvention als Faktor der europäischen Integration, FS Schindler (1989) 529; *Kälin/Künzli* Universeller Menschenrechtsschutz (2008); *Kanitz/Steinberg* Grenzenloses Gemeinschaftsrecht, EuR **2003** 1013; *Karl* (Hrsg.), Internationale Gerichtshöfe und nationale Rechtsordnung (2005); *ders.* Zur Bedeutung der Entscheidungen des EGMR in der Praxis der österreichischen Höchstgerichte, ÖRiZ **2007** 130; *Karl/Czech* (Hrsg.), Der Europäische Gerichtshof für Menschenrechte vor neuen Herausforderungen – Aktuelle Entwicklungen in Verfahren und Rechtsprechung (2007); *Kasolowsky/Voland*, Die Ruggie Revolution – Menschenrechte im unternehmerischen Handeln, AnwBl. **2014** 388; *Kastanas* Unité et diversité notions autonomes et marge d'appreciation des Etats dans la jurisprudence de la Cour européenne des droits de l'homme (1996); *Keller/Stone Sweet* A Europe of Rights – The Impact of the ECHR on National Legal Systems (2008); *Keller* Reception of the European Convention for the Protection of Human Rights and Fundamental Freedoms (ECHR) in Poland and Switzerland, ZaöRV **65** (2005) 283; *Keller/Kühne* Zur Verfassungsgerichtsbarkeit des Europäischen Gerichtshofs für Menschenrechte, ZaöRV **76** (2016) 245; *Kempees* A systematic guide to the case-law of the European Court of Human Rights, Bd. I u. II (1960–1994), 1996/1998, Bd. III (1995–1996), 1998; *Kieschke* Die Praxis des Europäischen Gerichtshofs für Menschenrechte und ihre Auswirkungen auf das deutsche Strafverfahrensrecht (2003); *Kleeberger* Die Stellung der Rechte der Europäischen Menschenrechtskonvention in der Rechtsordnung der BR Deutschland (1992); *Klein* Anmerkung – Zur Bindung staatlicher Organe an Entscheidungen des Europäischen Gerichtshofs für Menschenrechte, JZ **2004** 1176; *ders.* Dogmatische und methodische Überlegungen zur Einordnung der Europäischen Menschenrechtskonvention in den Grundrechtsfundus der Europäischen Union, GedS Bleckmann (2007) 257; *Klocke* Die dynamische Auslegung der EMRK im Lichte der Dokumente des Europarats, EuR **2015** 148; *Klose* Grundrechtsschutz in der Europäischen Union und die Europäische Menschenrechtskonvention, DRiZ **1997** 122; *Knauff* Konstitutionalisierung im inner- und überstaatlichen Recht – Konvergenz oder Divergenz, ZaöRV **68** (2008) 453; *ders.* Das Verhältnis zwischen Bundesverfassungsgericht, Europäischem Gerichtshof und Europäischem Gerichtshof für Menschenrechte, DVBl. **2010** 533; *König/Nguyen* Der Vertrag von Lissabon – ausbildungsrelevante Reformen im Überblick, ZJS **2008** 140; *Kokott* Der Grundrechtsschutz im Europäischen Gemeinschaftsrecht, AöR **121** (1996) 599; *Kokott/Sobotta* Die Charta der Grundrechte der Europäischen Union nach dem Inkrafttreten des Vertrages von Lissabon, EuGRZ **2010** 265; *Konstantinov* Die osteuropäischen Länder und der Rechtsschutz durch die Europäische Menschenrechtskonvention, ROW **1998** 21; *Krüger/Polakiewicz* Vorschläge für ein kohärentes System des Menschenrechtsschutzes in Europa, Europäische Menschenrechtskonvention und EU-Grundrechtscharta, EuGRZ **2001** 92; *Kühl* Der Einfluß der Europäischen Menschenrechtskonvention auf das Strafrecht und das Strafverfahrensrecht der Bundesrepublik Deutschland (Teil 1), ZStW **100** (1988) 406; (Teil 2), ZStW **100** (1988) 601; *Kühne* Die Rechtsprechung des EGMR als Motor für eine Verbesserung des Schutzes von Beschuldigtenrechten in den nationalen Strafverfahrensrechten der Mitgliedstaaten, StV **2001** 73; *ders.* Europäische Methodenvielfalt und nationale Umsetzung von Entscheidungen europäischer Gerichte, GA **2005** 195; *Landau/Trésoret* Menschenrechtsschutz im Europäischen Mehrebenensystem, DVBl. **2012** 1329; *Lauff* Der Schutz bürgerlicher und politischer Rechte durch die Vereinten Nationen, NJW **1981** 2611; *Letsas* The ECHR as a living instrument: its meaning and legitimacy, in: Føllesdal/Peters/Ulfstein (Hrsg.), Constituting Europe: The European Court of Human Rights in a National, European and Global Context (2013); *Lawson/De Blois* (Hrsg.), The Dynamics of the Protection of Human Rights in Europe, Essays in Honour of Henry G. Schermers, Vol III (1994); *Lawson/Schermers* Leading cases of the European Court of Human Rights (1997); *Letsas* A Theory of Interpretation of the European Convention on Human Rights (2009); *Limbach* Die Kooperation der Gerichte in der zukünftigen europäischen Grundrechtsarchitektur, EuGRZ **2000** 417; *Linke* Die Rechtsprechung der Straßburger Instanzen aufgrund von Menschenrechtsbeschwerden im strafrechtlichen Bereich, ÖJZ **1979** 309; *Lorz* Menschenrechte und Vorbehalt, Der Staat **2002** 29 ff.; *Loucaides* An Alternative View on the Jurisprudence of the European Court of Human Rights (2008); *Maaß* Der europäische Konsens und die Rolle rechtsunverbindlicher Europaratsdokumente in der Rechtsprechung des Europäischen Gerichtshofs für Menschenrechte (2021); *Macdonald/Matscher/Petzold* (Hrsg.), The European System for the Protection of Human Rights (1993); *Machacek/Pahr/Stadler* (Hrsg.), Grund- und Menschenrechte in Österreich, I (1991), II (1992), III (1997); *Magliveras/Naldi* The Arab Court of Human Rights: A Study in Impotence, Quebec Journal of International Law **2016** (Vol. 29 No. 2) 147; *Maier* Europäischer Menschenrechtsschutz: Schranken und Wirkungen (1982); *Malinverni/Wildhaber* Schweizerische Praxis zur Europäischen Menschenrechtskonvention 1977, SJIR **34** (1978) und Folgejahre, ab 1990 SZIER I (1991) ff.; *dies.* Schweizerische Praxis zur Europäischen Menschenrechtskonvention, SJIR **37** (1980) 279; *v. Mangoldt/Klein/Starck* Kommentar zum Grundgesetz, Band 1 (2010), Band 3 (2005); *Masuch* Zur fallübergreifenden Bindungswirkung von Urteilen des EGMR, NVwZ **2000** 1266; *Matscher* Der Gesetzesbegriff der EMRK, FS Loebenstein (1991) 105; *ders.* Heilung von konventionswidrigen Mängeln unterinstanzlicher Verfahren durch Rechtsmittel – Konventionswidrige Rechtsmittelverfahren bei konventionskonformen unterinstanzlichen Verfahren, FS Adamovich (1992) 405; *ders.* Probleme der österreichischen Strafrechtspflege im Lichte der neueren Rechtsprechung der Straßburger Konventionsorgane, ÖRiZ **1993** 154; *ders.* Die Organe der Europäischen Menschenrechtskonvention vor neuen Herausforderungen, ÖJZ **1993** 329; *ders.* (Hrsg.), Erweitertes Grundrechtsverständnis – Internationale Rechtsprechung und nationale Entwicklungen – EGMR, EuGH, Österreich, Deutschland, Schweiz (2003); *ders.* Vertragsauslegung durch Vertragsrechtsvergleichung in der Judikatur internationaler Gerichte, vornehmlich vor den Organen der EMRK; *Mayer* Der Vertrag von Lissabon und die Grundrechte, EuR **2009** 87; *Mellech* Die Rezeption der EMRK sowie der Urteile des EGMR in der französischen und deutschen Rechtsprechung (2012); *Melzer* Der Europarat und Russland 1992–2006 (2011); *Menzel* Die Einwirkung der Menschenrechtskonvention auf das deutsche Recht, DÖV **1970** 509; *Merrills* The Development of International Law by the European Court of Human Rights (1993); *Meyer* Menschenrechte in Afrika (2013); *Meyer-Cabri* Mehr Europa wagen auch in der Europäischen Rechtspolitik – eventuell der Anfang vom Ende für Eurojust, die erfolgreiche Europäische Justizbehörde für justizielle Zusammenarbeit in der EU? in: Anders/Graalmann-Scheerer/Schady (Hrsg.), Innovative Entwicklungen in den deutschen Staatsanwaltschaften (2021) 273; *Meyer-Ladewig/Petzold* 50 Jahre Europäischer Gerichtshof für Menschenrechte, NJW **2009** 3749; *Miehsler/Petzold* (Hrsg.), European Convention of Human Rights, Texts and Documents – Convention européenne des Droits de l'Homme, Textes et documents – Europäische Menschenrechtskonvention, Texte und Dokumente, Bd. I und II (1982); *Mikaelsen* European Protection of Human Rights (1980); *Minichmayr* Der Beitritt der Europäischen Gemeinschaft zur Konvention zum Schutze der Menschenrechte und Grundfreiheiten (1999); *Molthagen* Das Verhältnis der EU-Grundrechte zur EMRK (2003); *Monconduit* La Commission européenne des Droits de l'Homme (1965); *Morrisson* The Developing European Law of Human Rights (1967); *Müller* Menschenrechtsmonitoring (2011); *Münch* Zur Anwendung der Menschenrechtskonvention in der Bundesrepublik Deutschland, JZ **1961** 153; *Nedjati* Human Rights and the European Convention (1978); *Nelles* Europäisierung des Strafverfahrens – Strafprozessrecht für Europa? ZStW **109** (1997) 727; *Nestler* Europäisches Strafprozessrecht, ZStW **116** (2004) 332; *Nettesheim* Das kommunitäre Völkerrecht, JZ **2002** 569; *Newman* Natural Justice, Due Process and the new International Convention on Human Rights Prospectus, Public Law **3** (1967) 274; *Nowak* Einführung in das internationale Menschenrechtssystem (2002); *Nussberger* The European Court of Human Rights (2020); *Nusser* Die Bindung der Mitgliedstaaten an die Unionsgrundrechte (2011); *Öhlinger* Perspektiven des Grundrechtsschutzes in Europa: Das Zusammenspiel von EGMR, EuGH und VfGH im Lichte des Verfassungsentwurfs der Europäischen Union; *Okresek* Die EMRK und ihre Auswirkungen auf das österreichische Strafverfahrensrecht, EuGRZ **1987** 497; *ders.* Die Umsetzung der EGMR-Urteile auf ihre Überwachung. Probleme der Vollstreckung und der Behandlung von Wiederholungsfällen, EuGRZ **2003** 168; *Opsahl* Law and Equality – Selected Articles on Human Rights (1996); *Ostermann* Entwicklung und gegenwärtiger Stand der europäischen Grundrechte nach der Rechtsprechung des Europäischen Gerichtshofs sowie des Gerichts erster Instanz (2008); *Otz* Intertemporalität und Spannungsverhältnis von Staatenimmunität und Menschenrechtsverletzungen (2019); *Pache* Die Europäische Menschenrechtskonvention und die deutsche Rechtsordnung, EuR **2004** 393; *Pache/Rösch* Europäischer Grundrechtsschutz nach Lissabon – die Rolle der EMRK und der Grundrechtecharta in der EU, EuZW **2008** 519; *Pahr* Der Verfassungsrang der Europäischen Menschenrechtskonvention in Österreich, EuGRZ **1975** 576; *Partsch* Die Entstehung der EMRK, ZaöRV **15** (1954) 631; *ders.* Die EMRK vor den nationalen Parlamenten, ZaöRV **17** (1956/57) 93; *ders.* Die Rechte und Freiheiten der europäischen Menschenrechtskonvention (1966); *ders.* Vor- und Nachteile der Regionalisierung des internationalen Menschenrechtsschutzes, EuGRZ **1989** 1; *ders.* Von der Souveränität zur Solidarität: Wandelt sich das Völkerrecht? EuGRZ **1991** 469; *Payandeh* Konventionswidrige Gesetze vor deutschen Gerichten, DÖV **2011** 382; *ders.* Einführung in das Recht der Vereinten Nationen, JuS **2012** 506; *Peglau* Zur Rückwirkung von § 67d StGB gem. Art. 1a III EGStGB, NJW **2000** 179; *Pellonpää* Der europäische Gerichtshof für Menschenrechte und der Aufbau des Rechtsstaats in den neuen Demokratien, FS Trechsel (2002) 79; *ders.* Kontrolldichte des Grund- und Menschenrechtsschutzes in mehrpoligen Rechtsverhältnissen – Aus Sicht des Europäischen Gerichtshofs für Menschenrechte, EuGRZ **2006** 483; *Pernice* Gemeinschaftsverfassung und Grundrechtsschutz – Grundlagen, Bestand, Perspektiven, NJW **1990** 2409; *ders.* Kompetenzabgrenzung im europäischen Verfassungsverbund, JZ **2000** 866; *ders.* BVerfG, EGMR und die Rechtsgemeinschaft, EuZW **2004** 705; *Pescatore* La Cour de justice des Communautés européennes et la Convention européen des Droits de l'Homme, FS Wiarda (1988) 441; *Peters/Altwicker* Einführung in die Europäische Menschenrechtskonvention (2012)[2]; *Pettiti/Decaux/Imbert* La Convention Européenne de Droits de l'Homme (2000)[2]; *Peukert* Vorschläge zur Reform des Europäischen Menschenrechtsschutzsystems, EuGRZ **1993** 173; *Pfeffer* Das Verhältnis von Völkerrecht und Landesrecht (2009); *Philippi* Divergenzen im Grundrechtsschutz zwischen EuGH und EGMR, ZEuS **2000** 97; *Pianka* Konkurrenzen und Konflikte beim Rechtsschutz im europäischen Mehrebenensystem (2016); *Pieck* Der Anspruch auf ein rechtsstaatliches Gerichtsverfahren – Art. 6 Abs. 1 der Europäischen Menschenrechtskonvention in seiner Bedeutung für das deutsche Verfahrensrecht (1966); *Pikart/Werner* Der Parlamentarische Rat 1948–1949, Band 5: Ausschuß für Grundsatzfragen, 2010; *Polakiewicz* Europäischer Menschenrechtsschutz zwischen Europarat und Europäischer Union, in: Marauhn (Hrsg.), Die Rechtsstellung des Menschen im Völkerrecht (2003) 37; *ders.* Die Verpflichtung der Staaten aus den Urteilen des EGMR (1993); *ders.* Verfahrensgarantien im Strafverfahren: Fortschritte und Fehltritte in der Europäischen Rechtssetzung, ZEuS **2010** 1; *Polakiewicz/Jacob-Foltzer* The European Human Rights Convention in domestic law: the impact of Strasbourg case-law on states where direct effect is given to the convention, HRLJ **12** (1991) 65, 125; *Postberg* Die polizeiliche und justitielle Zusammenarbeit in Strafsachen im Wandel – unter besonderer Berücksichtigung der Organisation Eurojust (2011); *Prepeluh* Die Entwicklung der Margin of Appreciation-Doktrin im Hinblick auf die Pressefreiheit, ZaöRV **61** (2001) 771; *Quiroga/Contreras* The American Convention on Human Rights (2022)[3]; *Raymond* La Suisse devant les organes de la Convention européenne des Droits de l'Homme, ZSR **98** (1979) 1; *Reich* Beitritt der EU zur EMRK – Gefahr für das Verwerfungsmonopol des EuGH? EuZW **2010** 641; *Reindl* EGMR und EuGH – Stören Europäische Gerichte die nationale Strafjustiz? in: 32. Ottensteiner Fortbildungsseminar aus Strafrecht und Kriminologie (2005) 155; *Rengeling/Szczekalla* Grundrechte in der Europäischen Union (2004); *Renzikowski* (Hrsg.), Die EMRK im Privat-, Straf- und Öffentlichen Recht (2004); *Ress* Verfassungsrechtliche Auswirkungen der Fortentwicklung völkerrechtlicher Verträge, FS Zeidler (1987) 1775; *ders.* Die „Einzelfallbezogenheit" in der Rechtsprechung des Europäischen Gerichtshofs für Menschenrechte, FS Mosler (1983) 719; *ders.* Wirkung und Beachtung der Urteile und Entscheidungen der Straßburger Konventionsorgane, EuGRZ **1996** 350; *ders.* Manche Länder haben Nachholbedarf bei den Menschenrechten. Urteile „aus Straßburg" können die Verfassungspraxis ändern, ZRP **2002** 367; *ders.* Horizontale Grundrechtskollisionen – Zur Bedeutung von Artikel 53 der Europäischen Menschenrechtskonvention, GedS Bleckmann (2007) 313; *ders.* The legal relationship between the European Court of Human Rights and the Court of Justice of the European Communities according to the European Convention on Human Rights, in: Blanke/ Mangiameli (Hrsg.), Governing Europe under a constitution (2006) 279; *ders.* Der Europäische Gerichtshof für Menschenrechte als *pouvoir neutre*, ZaöRV **69** (2009) 289; *ders.* Presumption of equivalent protection of EU-law, EuZW **2021** 711; *Riedel* Menschenrechte der Dritten Dimension, EuGRZ **1989** 9; *Riemer/Berger* Einführung in den internationalen Schutz der Menschenrechte und seine Bedeutung für das nationale Recht, JuS **2022** 216; *Riz* Der Einfluß der Europäischen Menschenrechtskonvention auf das Strafrecht und Strafverfahrensrecht Italiens, ZStW **100** (1988) 645; *Robertson/Merrills* Human Rights in Europe, A study of the European Convention on Human Rights (1993)[3], (1977)[2]; *Ronc* Die Menschenwürde als Prinzip der EMRK: Eine Analyse unter besonderer Berücksichtigung der Rechtsprechung des EGMR zum Strafrecht – zugleich ein Beitrag zur Methodik der Auslegung der EMRK (2020); *Rodriguez-Iglesias* Zur Stellung der Europäischen Menschenrechtskonvention im Europäischen Gemeinschaftsrecht, FS Bernhardt (1995) 1269; *Ros* Die unmittelbare Anwendbarkeit der EMRK (1984); *Rudolf/Giese* Ein EU-Rahmenbeschluss über die Rechte des Beschuldigten im Strafverfahren? ZRP **2007** 113; *Ruffert* Schlüsselfragen der Europäischen Verfassung der Zukunft, Grundrechte – Institutionen – Kompetenzen – Ratifizierung, EuR **2004** 165; *ders.* Die künftige Rolle des EuGH im europäischen Grundrechteschutzsystem, EuGRZ **2004** 466; *ders.* Die Europäische Menschenrechtskonvention und innerstaatliches Recht, EuGRZ **2007** 245; *ders.* Die Europäische Menschenrechtskonvention und innerstaatliches Recht – Eine deutsche Perspektive, in: Masing u.a. (Hrsg.), Terrorismusbekämpfung, Menschenrechtsschutz und Föderation (2008) 51; *Rüping* Der Schutz der Menschenrechte im Strafverfahren, ZStW **91** (1979) 351; *Saage-Maaß* Arbeitsbedingungen in der globalen Zuliefererkette, in: Friedrich-Ebert-Stiftung (Hrsg.), Globale Politik und Entwicklung (2011) 4; *Sachs* Grundgesetz Kommentar (2021)[9]; *Sauer* Die Schlagkraft der gemeineuropäischen Grundrechtsjudikatur – Zur Bindung deutscher Gerichte an die Entscheidungen des Europäischen Gerichtshofs für Menschenrechte, ZaöRV **65** (2005) 35; *ders.* Jurisdiktionskonflikte in Mehrebenensystemen – Die Entwicklung eines Modells zur Lösung von Konflikten zwischen Gerichten unterschiedlicher Ebenen in vernetzten Rechtsordnungen (2008); *Satzger* Die Rechtsprechung des EGMR als Motor der europäischen Strafrechtsharmonisierung, JA **2004** 656; *ders.* Der Einfluss der EMRK auf das deutsche Straf- und Strafprozessrecht – Grundlagen und wichtige Einzelprobleme, Jura **2009** 759; *Schäfer* Humanitäres Völkerrecht in Zeiten des internationalen Terrorismus, JuS **2015** 218; *Schaffarzik* Europäische Menschenrechte unter der Ägide des Bundesverfassungsgerichts, DÖV **2005** 860; *Scheuing* Zur Grundrechtsbindung der EU-Mitgliedstaaten, EuR **2005** 162; *Scheyli* Konstitutioneller Anspruch des EGMR und Umgang mit nationalen Argumenten, EuGRZ **2004** 404; *Schilling* Deutscher Grundrechtsschutz zwischen staatlicher Souveränität und menschenrechtlicher Europäisierung (2009); *Schimke* Arbeit und Einfluss der Venedig-Kommission des Europarats, HRN **2013** 12; *Schmahl* Das Verhältnis der deutschen Rechtsordnung zu Regeln des Völkerrechts, JuS **2013** 961; *dies.* Die völkerrechtsdogmatische Einordnung internationaler Menschenrechtsverträge, JuS **2018** 737; *Schmalz* Die Rechtsfolgen eines Verstoßes gegen die Europäische Menschenrechtskonvention für die Bundesrepublik Deutschland (2006); *Schmid* Rang und Geltung der Europäischen Konvention zum Schutze der Menschenrechte und Grundfreiheiten vom 3. November 1950 in den Vertragsstaaten (1984); *Schmittmann* Rechte und Grundsätze in der Grundrechtecharta (2007); *Schmitz* Die Grundrechtecharta als Teil der Verfassung der Europäischen Union, EuR **2004** 691; *Schneiders* Die Grundrechte der EU und die EMRK: Das Verhältnis zwischen ungeschriebenen Grundrechten, Grundrechtecharta und Europäischer Menschenrechtskonvention (2010); *Schohe* Das Urteil Bosphorus: Zum Unbehagen gegenüber dem Grundrechtsschutz durch die Gemeinschaft, EuZW **2006** 33; *Schorn* Die Europäische Konvention zum Schutze der Menschenrechte und Grundfreiheiten und ihr Zusatzprotokoll in Einwirkung auf das deutsche Recht, Text und Kommentar (1965); *Schroth* Der Einfluß der Europäischen Menschenrechtskonvention auf das Strafrecht und Strafverfahrensrecht Großbritanniens, ZStW **100** (1988) 470; *Schubert* Die Umsetzung der Leitprinzipien der Vereinten Nationen für Wirtschaft und Menschenrechte durch nationale Aktionspläne (2019); *Schulte-Herbrüggen* Der Grundrechtschutz in der Europäischen Union nach dem Vertrag von Lissabon, ZEuS **2009** 343; *De Schutter* International Human Rights Law (2019); *Seidel* Der Rang der Europäischen Menschenrechtskonvention in den Mitgliedstaaten, DVBl. **1975** 747; *ders.* Handbuch der Grund- und Menschenrechte auf staatlicher, europäischer und universeller Ebene (1996); *ders.* Die Völkerrechtsordnung an der Schwelle zum 21. Jahrhundert, AVR **38** (2000) 23; *Selbmann* Restitutionsklagen aufgrund von Urteilen des EGMR? NJ **2005** 103; *Shelton* Subsidiarity and Human Rights Law, HRLJ **2006** 4; *Siess-Scherz* Bestandsaufnahme: Der EGMR nach Erweiterung des Europarats, EuGRZ **2003** 100; *Sommermann* Völkerrechtlich garantierte Menschenrechte als Maßstab der Verfassungskonkretisierung, AöR **114** (1989) 391; *Speyer* Das Gegenteil von gut ist gut gemeint – Wie ein Weltmenschenrechtsgerichtshof die Menschenrechte schwächt, zib **2018** 6 ff.; *Staebe* Umsetzung der EMRK in das nationale Recht des Vereinigten Königreiches, EuGRZ **1997** 401; *ders.* Die Europäische Menschenrechtskonvention und ihre Bedeutung für die Rechtsordnung der Bundesrepublik, JA **1996** 75; *Stahn* Vorbehalte zu Menschenrechtsverträgen, EuGRZ **2000** 607; *Steiger* Geht das Zeitalter des souveränen Staates zu Ende, Der Staat **2002** 331; *Steiner* Das Fairneßprinzip im Strafprozeß (1995); *Steiner/Leyers* Impulsgeber für einen effektiven Grundrechtsschutz: Der Interamerikanische Gerichtshof für Menschenrechte, KAS **2010** 7; *Steinl* Der Einfluss der Istanbul-Konvention auf das deutsche Strafrecht: Völkerrechtliche Vorgaben für den Umgang mit Gewalt gegen Frauen und häuslicher Gewalt, ZStW **133** (2021) 819; *Stenger* Gegebener und gebotener Einfluß der Europäischen Menschenrechtskonvention auf die Rechtsprechung der bundesdeutschen Strafgerichte (1991); *Stern* Von der Europäischen Menschenrechtskonvention zur Europäischen Grundrechte-Charta – Perspektiven des Grundrechtsschutzes in Europa, in: Stern/Tettinger (Hrsg.), Die Europäische Grundrechte-Charta im wertenden Verfassungsvergleich (2005) 13; *Sternberg* Der Rang von Menschenrechtsverträgen im deutschen Recht unter besonderer Berücksichtigung von Art. 1 Abs. 2 GG (1999); *Stieglitz* Allgemeine Lehren im Grundrechtsverständnis nach der EMRK und der Grundrechtsjudikatur des EuGH. Zur Nutzbarmachung konventionsrechtlicher Grundrechtsdogmatik im Bereich der Gemeinschaftsgrundrechte (2002); *Stock* Der Beitritt der Europäischen Union zur Europäischen Menschenrechtskonvention als Gemischtes Abkommen? (2010); *Stöcker* Europäische Menschenrechtskonvention, Ordre-public-Vorbehalt und nationales Selbstbestimmungsrecht, EuGRZ **1987** 473; *Strasser* Grundrechtsschutz in Europa und der Beitritt der Europäischen Gemeinschaften zur Europäischen Menschenrechtskonvention (2001); *Streinz/Ohler/Herrmann* Der Vertrag von Lissabon zur Reform der EU (2010)[3]; *Sudre* Droit international et européen des droits de l'homme (1997)[3]; *ders.* La Convention européenne des droits de l'homme (1997)[4]; *ders.* L'interpretation de la Convention européenne des droits de l'homme (1998); *Sundberg* The European Convention on Human Rights and the Nordic Countries, JIR **40** (1997) 181; *Tavernier* (Hrsg.), Quelle Europe pour les droits de l'homme? La Cour de Strasbourg et la realisation d'une „Union plus étroite" (1996); *Tettinger/Stern* (Hrsg.), Europäische Grundrechtecharta (2006); *Tjetje* Die EMRK als Bestandteil einer transnationalen europäischen Rechtsordnung, in: Renzikowski (Hrsg.), Die EMRK im Privat-, Straf- und Öffentlichen Recht (2004) 179; *Tomuschat* Individueller Rechtsschutz: das Herzstück des „ordre public européen" nach der Europäischen Menschenrechtskonvention, EuGRZ **2003** 95; *Trechsel* Die Europäische Menschenrechtskonvention, ihr Schutz der persönlichen Freiheit und die schweizerischen Strafprozessrechte (1974); *ders.* Erste Erfahrungen mit der Europäischen Menschenrechtskonvention, ZBJV **115** (1979) 457; *ders.* Grundrechtsschutz bei der internationalen Zusammenarbeit in Strafsachen, EuGRZ **1987** 69; *ders.* Der Einfluss der Europäischen Menschenrechtskonvention auf das Strafrecht und Strafverfahrensrecht der Schweiz, ZStW **100** (1988) 667; *ders.* Die Bedeutung der Europäischen Menschenrechtskonvention im Strafrecht, ZStW **101** (1989) 819; *ders.* Aus der Rechtsprechung des Europäischen Gerichtshofes für Menschenrechte, StV **1992** 187; *Tretter* Die Menschenrechte im abschließenden Dokument des Wiener KSZE-Folgetreffens, EuGRZ **1989** 79; *ders.* Von der KSZE zur OSZE, EuGRZ **1995** 296; *Uerpmann* Die Europäische Menschenrechtskonvention und die deutsche Rechtsprechung (1993); *Ulsamer* Menschenrechtskonvention und Strafverfahren, in: Lexikon des Rechts 1989 (Band Strafverfahrensrecht) 526; *van der Meersch* Die Bezugnahme auf das innerstaatliche Recht der Vertragsstaaten in der Rechtsprechung des Europäischen Gerichtshofs für Menschenrechte, EuGRZ **1981** 481; *van Dijk/van Hoof/van Rijn/Zwaak* Theory and Practice of the European Convention on Human Rights (2006); *Vasak* La Convention européenne des droits de l'homme (1964); *Vegleris* Valeur et significance de la clause „dans une société democratique" dans le Convention européenne des dorits de l'homme, RDH **1968** 219; *Velu/Ergec* La Convention Européenne des Droits de l'Homme (1990); *Verdross/Simma* Universelles Völkerrecht – Theorie und Praxis (1984)[3]; *Verlodt* Naissance et signification de la Declaration universelle des Droits de l'Homme (1964); *Villiger* Handbuch der Europäischen Menschenrechtskonvention (EMRK) (2020)[3]; *ders.* Die EMRK und die schweizerische Rechtsordnung, EuGRZ **1991** 81; *Vogler* Zur Tätigkeit des Europarats auf dem Gebiet des Strafrechts, ZStW **79** (1967) 371; *ders.* Auslieferungsrecht und Grundgesetz (1970); *ders.* Straf- und strafverfahrensrechtliche Fragen in der Spruchpraxis der Europäischen Kommission und des Europäischen Gerichtshofes für Menschenrechte, ZStW **89** (1977) 761; *Vondung* Die Architektur des europäischen Grundrechtsschutzes nach dem Beitritt der EU zur EMRK (2011); *ders.* Der EGMR als Ersatzspieler des EuGH? EuR **2013** 688; *Wachsmann* Les Droits de l'Homme (1992); *ders.* Die Europäische Menschenrechtskonvention und innerstaatliches Recht – Eine französische Perspektive, in: Masing u.a. (Hrsg.), Terrorismusbekämpfung, Menschenrechtsschutz und Föderation (2008) 79; *Wahl* Die EU-Richtlinien zur Stärkung der Verfahrensrechte im Spiegel der EMRK, ERA Forum **2017** 311; *Walker* The Oxford Companion to Law (1980); *Walter* Die Europäische Menschenrechtskonvention als Konstitutionalisierungsprozeß, ZaöRV **59** (1999) 961; *ders.* Grundrechtsschutz gegen Hoheitsakte internationaler Organisationen, AöR **129** (2004) 39; *Warnken* Das Verhältnis der Europäischen Gemeinschaft zur Europäischen Menschenrechtskonvention (2002); *v. Weber* Die strafrechtliche Bedeutung der EMRK, ZStW **65** (1953) 334; *ders.* Die Grundrechte im Integrationsprozeß der Gemeinschaft in vergleichender Perspektive, JZ **1989** 965; *ders.* Einheit und Vielheit der europäischen Grundrechtsordnungen, DVBl. **2003** 220; *K. Weidmann* Der Beitrag der OECD-Leitsätze für multinationale Unternehmen zum Schutz der Menschenrechte (2014); *K. W. Weidmann* Der Europäische Gerichtshof für Menschenrechte auf dem Weg zu einem europäischen Verfassungsgerichtshof (1985); *Weigend* Die Europäische Menschenrechtskonvention als deutsches Recht – Kollisionen und ihre Lösung, StV **2000** 384; *Weil* The European Convention on Human Rights (1963); *Weiß* Das Gesetz im Sinne der Europäischen Menschenrechtskonvention (1996); *ders.* Die neuen Mitgliedstaaten des Europarates im Spiegel der Rechtsprechung der Straßburger Organe – eine erste Bilanz (1998); *Werwie-Haas* Die Umsetzung der strafrechtlichen Entscheidungen des Europäischen Gerichtshofs für Menschenrechte in Deutschland, Österreich, der Schweiz und im Vereinigten Königreich (2008); *Wiebringhaus* Die Rom-Konvention für Menschenrechte in der Praxis der Straßburger Menschenrechtskommission (1959); *Wiethoff* Das konzeptionelle Verhältnis von EuGH und EGMR (2008); *Wildhaber* The European Court of Human Rights 1998–2006 – History, Achievements, Reform (2006); *ders.* Eine verfassungsrechtliche Zukunft für den Europäischen Gerichtshof für Menschenrechte? EuGRZ **2002** 569; *ders.* Erfahrungen mit der Europäischen Menschenrechtskonvention, ZSR **98** (1979) 229; *Winkler* Der EGMR vom innerstaatlich und gemeinschaftsrechtlich (RL 65/65/EWG) definierten Arzneimittelbegriff beim Apothekenmonopol, EuGRZ **1999** 181; *ders.* Der Europäische Gerichtshof für Menschenrechte, das Europäische Parlament und der Schutz der Konventionsgrundrechte im Europäischen Gemeinschaftsrecht, EuGRZ **2001** 18; *Woesner* Die MRK in der deutschen Strafrechtspflege, NJW **1961** 1381; *Ziegenhorn* Der Einfluss der EMRK im Recht der EU-Grundrechtecharta (2009); *Zimmermann* Das „Protokoll des Dialogs" – Gedanken zum Vorab-Gutachtenverfahren gemäß dem 16. Zusatzprotokoll zur EMRK, EuGRZ **2015** 153; *Zoellner* Das Verhältnis von Bundesverfassungsgericht und Europäischem Gerichtshof für Menschenrechte (2009); *Zuleeg* Zum Verhältnis nationaler und europäischer Grundrechte/Funktion einer EU-Charta der Grundrechte, EuGRZ **2000** 511.

Schrifttum zum IPBPR

Carlson/Gisvold Practical Guide to the International Covenant on Civil and Political Rights (2003); *Conte/Burchill* Defining Civil and Political Rights – The Jurisprudence of the United Nations Human Rights Committee (2009)[2]; Deutsches Institut für Menschenrechte (Hrsg.), Die „General Comments" zu den VN-Menschenrechtsverträgen (2005); *Goose* Der internationale Pakt über bürgerliche und politische Rechte, NJW **1974** 1305; *Guradze* Die Menschenrechtskonventionen der Vereinten Nationen vom 16.12.1966, JIR **1971** 242; *Joseph/Schultz/Castan* The International Covenant on Civil and Political Rights – Cases, Materials and Commentary (2004)[2]; *Kälin/Riedel/Karl/Brydel/von Bar/Geimer* Aktuelle Probleme des Menschenrechts-Schutzes, Berichte der Deutschen Gesellschaft für Völkerrecht, Bd. 33 (1994); *Kälin/Malinverni/Nowak* Die Schweiz und die UNO-Menschenrechtspakte (1997)[2]; *Keller* Human Rights Treaty Bodies (2012); *Klein/Breuer* (Un-)Vollendete Reformschritte in den Vereinten Nationen: die Beispiele Sicherheitsrat und Menschenrechtsrat, in: Münk (Hrsg.), Die Vereinten Nationen sechs Jahrzehnte nach ihrer Gründung (2008) 75; *McGoldrick* The Human Rights Committee (1994); *Möller/De Zayas* United Nations Human Rights Committee Case Law 1977–2008 (2009); *Nowak* Durchsetzung der UNO-Menschenrechtskonvention in Österreich, in: Machacek/Pahr/Stadler (Hrsg.), Grund- und Menschenrechte in Österreich (1991) 722; *ders.* Commentary on the U.N. Covenant on Civil and Political Rights (2005)[2]; *Pappa* Das Individualbeschwerdeverfahren des Fakultativprotokolls zum

Internationalen Pakt über bürgerliche und politische Recht (1996); *Schäfer* Die Individualbeschwerde nach dem Fakultativprotokoll zum Zivilpakt (2002); *von der Wense* Der UN-Menschenrechtsausschuss und sein Beitrag zum universellen Schutz der Menschenrechte (1999).

Übersicht

A. Entstehung des internationalen Menschenrechtsschutzes
  I. Geschichtliche Entwicklung —— 1
  II. Verrechtlichung des internationalen Menschenrechtsschutzes auf der Ebene der Vereinten Nationen
    1. Charta der Vereinten Nationen —— 9
    2. Allgemeine Erklärung der Menschenrechte —— 12
  III. Umsetzung der UN-Arbeiten zum Menschenrechtsschutz in multinationale Verträge
    1. IPBPR/IPWSKR —— 14
    2. Europäische Menschenrechtskonvention (EMRK) —— 18
    3. Amerikanische Menschenrechtskonvention (AMRK) —— 19
    4. Afrikanische Charta der Rechte des Menschen und der Völker —— 24
    5. Arab Charter of Human Rights —— 27
    6. ASEAN Charta —— 31
  IV. Weitere Konventionen und Initiativen zum Schutz von Menschenrechten
    1. Vereinte Nationen —— 34
    2. Europäische Union —— 37
    3. Europarat —— 38
  V. Ämter und Gremien der Vereinten Nationen
    1. UN High Commissioner for Human Rights —— 39
    2. UN Special Rapporteur on Torture —— 40
    3. UN Special Rapporteur on Human Rights and the Environment —— 41
  VI. Ämter und Gremien zur Überwachung und Gestaltung der Menschenrechtslage auf der Ebene des Europarates
    1. Menschenrechtskommissar des Europarates —— 42
    2. Europäische Kommission für Demokratie durch Recht —— 46
    3. Komitee zur Verhütung von Folter und unmenschlicher und erniedrigender Behandlung oder Strafe (CPT) —— 49

    4. Leitungskomitee für Menschenrechte —— 50
    5. Europäische Kommission für die Wirksamkeit der Justiz —— 51
    6. Europäischer Ausschuss für Strafrechtsfragen (CDPC) —— 52
    7. Europäischer Ausschuss für rechtliche Zusammenarbeit (CDCJ) —— 53
    8. Ausschuss der Rechtsberater (CAHDI) —— 54
    9. Beirat der Europäischen Richter (CCJE) —— 55
    10. Rat der europäischen Staatsanwälte (CCPE) —— 58
  VII. Ämter und Gremien zum Schutz der Menschenrechte auf der Ebene der EU
    1. EU-Sonderbeauftragter für Menschenrechte —— 59
    2. European Instrument for Democracy and Human Rights —— 60
  VIII. Internationale Ahndung von Völkermord und Verbrechen gegen die Menschlichkeit —— 61
  IX. Menschenrechtsschutz als Element des Wirtschaftsstrafrechts
    1. Bindung von (Wirtschafts-)Unternehmen an die Menschenrechte/Human Rights Compliance —— 63
    2. UN Guiding Principles on Business and Human Rights —— 65
    3. OECD Guidelines for Multinational Enterprises —— 66
    4. Umsetzung in Deutschland —— 67
B. Europäische Menschenrechtskonvention (EMRK)
  I. Konvention (Grundtext) —— 69
  II. Protokolle und Zusatzprotokolle —— 73
  III. Vorbehalte —— 91
  IV. Berlin/Länder der ehemaligen DDR —— 95
C. Internationaler Pakt über bürgerliche und politische Rechte (IPBPR)
  I. Grundkonvention —— 97
  II. Fakultativprotokolle —— 101
  III. Vorbehalte —— 103
D. Bestätigung der Menschenrechtskonventionen in anderen internationalen Dokumenten
  I. KSZE/OSZE —— 104

II. Charta der Grundrechte der Europäischen Union
1. Allgemeines —— 110
2. Reichweite der Bindung —— 111
3. Verhältnis zur EMRK —— 115
E. Rechtsnatur der Konventionen/Innerstaatliche Geltung
I. Völkerrechtliches Vertragsrecht —— 116
II. Innerstaatliche Geltung
1. Allgemeine Grundsätze —— 118
2. Umsetzung dieser Grundsätze in der BR Deutschland
a) Rangwirkung —— 119
b) Verhältnis zum Verfassungsrecht —— 120
3. Konkretisierung und Konturierung strafrechtlicher Standards im Verfassungsrecht —— 126
4. Verhältnis der Konventionen zu anderem Bundesrecht —— 137
F. Geltung von EMRK und IPBPR in der Europäischen Union
I. Rechtslage vor dem Inkrafttreten des Vertrags von Lissabon —— 142
II. Vertrag von Lissabon/Beitritt der Europäischen Union zur EMRK —— 151
III. Bindung Europäischer Polizei- und Strafverfolgungsbehörden an die EMRK
1. Europol —— 165
2. Eurojust —— 171
3. OLAF —— 173
4. Frontex —— 177
5. Institutioneller Grundrechtsschutz
a) Vorbemerkung —— 181
b) Nichtigkeitsklage —— 182
c) Vorabentscheidungsverfahren —— 183
6. Beschwerde zum Europäischen Bürgerbeauftragten —— 184
7. Europäische Staatsanwaltschaft —— 187
G. Verhältnis der EMRK zur Charta der Grundrechte der Europäischen Union
I. Rechtslage vor dem Inkrafttreten des Vertrags von Lissabon —— 191
II. Rechtslage nach dem Inkrafttreten des Vertrages von Lissabon —— 193

H. Europäischer Grundrechtsschutz durch Harmonisierung der nationalen Strafrechtsordnungen – Mindestvorschriften zur Angleichung strafprozessualer Standards
I. Rechtsharmonisierung auf der Grundlage des AEUV —— 211
II. Initiativen zur Harmonisierung bestimmter Verfahrensrechte —— 213
III. Bedeutung der EMRK für die Arbeit der Europäischen Grundrechte Agentur (FRA) —— 221
J. Verhältnis zwischen EU bzw. EMRK und IPBPR —— 227
K. Auslegungsgrundsätze
I. Allgemeines —— 232
II. Einzelaspekte
1. Wortlaut —— 237
2. Entstehungsgeschichte —— 241
3. Vorrang der teleologischen Auslegung
a) Gemeinsames, übernationales Ziel —— 242
b) Praktische Erfordernisse eines wirksamen Menschenrechtsschutzes —— 244
4. Gemeinsame Rechtsüberzeugungen der Vertragsstaaten —— 245
5. Dynamische Interpretation —— 247
III. Auslegung des IPBPR —— 251
IV. Individueller Menschenrechtsschutz —— 252
V. Einschätzungs- und Beurteilungsspielraum der Staaten —— 253
VI. Verschiedene Anwendungsebenen
1. Grundsätze —— 258
2. Auswirkung auf die innerstaatliche Rechtsanwendung —— 259
3. Auswirkung auf innerstaatliches Verfassungsrecht —— 261
4. Regelungsbereich der Europäischen Union —— 265
5. Völkerrechtliche Ebene des vertraglich vereinbarten Menschenrechtsschutzes —— 266

Alphabetische Übersicht

Afrikanische Charta der Rechte des Menschen und der Völker („Banjul Charta") 24 ff.
Afrikanischer Gerichtshof für Menschenrechte 25
Agentur der Europäischen Union für Grundrechte (FRA) 226 ff.

Allgemeine Erklärung der Menschenrechte 12 f.
Atlantik Charta 8
Amerikanische Menschenrechtskonvention 19 ff.
– Inter-Amerikanische Kommission zum Schutz der Menschenrechte 20

- Inter-Amerikanischer Gerichtshof für Menschenrechte 20 f.
- Anwendungsvorrang 141, 148 ff., 193, 202, 265
- Arbeitssprache 239
- Association of Southeast Asian Nations (ASEAN) 31 ff.
- Aufklärung, Zeitalter 1
- Ausfüllen von Lücken 249, 259
- Auslegung
  - autonome (zweckorientiert) 235, 240
  - der Konventionen 232 ff.
  - des nationalen Rechts, konventionsfreundliche 140, 263
  - Entstehungsgeschichte 241
  - gegenwartsorientiert (evolutiv) 248 ff.
  - „living instrument", dynamische Weiterentwicklung 247 ff., 236
  - Präjudizien 248
  - völkerrechtliche Grundsätze 232
  - Wortlaut 237 ff.
- Ausweisung
  - von Ausländern 77, 80
  - eigener Staatsangehöriger 77
- Beitritt der EU zur EMRK 151 ff.
- Bindungswirkung (EGMR) 136
- CAHDI 54
- CDCJ 57
- CDPC 52
- CEPEJ 57
- CESCR 17
- Charta der Grundrechte der Europäischen Union 110 ff., 161 f., 169 ff., 189, 191 ff., 226
- Charta der Vereinten Nationen (UN-Charta) 5, 9 ff., 153, 251
- DDR 95 f., 99
- Diskriminierungsverbote 9, 86
- Doppelbestrafung/Strafklageverbrauch 37, 80, 207
- Effektivität im Einzelfall („effet utile") 244
- Ehe, Gleichberechtigung 80
- Eigentum, Achtung des 4, 74
- Einschätzungsspielraum („margin of appreciation") 253 ff.
- Entschädigung bei fehlerhaften Strafurteilen 19, 80
- Eurojust 171 f.
- Europäische Menschenrechtskonvention 69 ff.
  - Beitritt 69
  - Entstehung 69
  - Rangwirkung (im nationalen Recht) 116, 118 ff.
  - Vorbehalte 91 ff.
  - (Zusatz-)Protokolle 73 ff., 95 f., 231, 237
- Europäische Menschenrechtskommission (EKMR) 72, 95, 236
- Europäische Sozialcharta 38
- Europäischer Gerichtshof (EuGH) 100 ff.

- Europäischer Gerichtshof für Menschenrechte (EGMR) 39, 43 f., 45, 55, 58, 103
  - Gutachten 48
  - Richterwahl 43, 58
  - Verfahrensordnung 58
- Europäisches Übereinkommen zur Verhütung von Folter und unmenschlicher Behandlung oder Strafe 38
- Europäische Union 37
  - Grundfreiheiten 98, 105, 192
  - Verantwortung der Mitgliedstaaten 102
- Europarat 34, 43, 110
  - Generalsekretär 44
  - Generalversammlung 43
  - Menschenrechtskommissar 35 ff.
  - Ministerkomitee 43, 56, 58
- Europol 165 ff.
- Folter 24, 36, 37, 38, 40, 49, 135, 204
  - OPCAT 36
  - UNCAT 36
- Franz. Erklärung der Menschen- und Bürgerrechte 1
- Frauen, Rechte der 9, 20, 31
- Freiheitsgarantie 15, 245
- Freizügigkeit 77
- Fremdenrecht 4
- Gemeinschaftsrecht (früheres), allgemeine Grundsätze 143
- Genfer Abkommen über den Schutz der Personen bei bewaffneten Konflikten 35
- Genfer Flüchtlingskonvention 35
- Gewohnheitsrecht, völkerrechtliches 13, 166
- Gleichberechtigung 9, 80
- Gleichheitsgrundsatz 245
- Grundrechtsschutz, mittelbare Teilhabe 121
- Günstigkeitsprinzip 94, 138 f., 141, 174, 201
- HRC (Human Rights Committee) 15 f., 101, 230 f., 253, 266
- ILO-Übereinkommen 36
- Immunität der Staaten 233
- Individualbeschwerde 16, 26, 29, 32, 36, 44, 72, 81, 84, 88 f., 230
- Innere Angelegenheit eines Staates („domaine reservé") 3 f., 5, 107
- Internationale Strafgerichtsbarkeit 61 f.
  - ad hoc Strafgerichtshöfe 61
  - Internationaler Strafgerichtshof (ICC) 62
- Internationaler Pakt über bürgerliche und politische Rechte (IPBPR; Zivilpakt) 14 ff., 80, 97 ff., 118 ff., 142 ff., 227 ff.
  - Fakultativprotokoll(e) 16 f., 101 f.
  - Rangwirkung 119, 227 ff.
- Internationaler Gerichtshof (IGH) 15

Internationaler Pakt über wirtschaftliche, soziale und kulturelle Rechte (IPWSKR; Sozialpakt) 15, 17
Kind, Rechte 36
Konkordanzklausel 163
KSZE 104 ff.
Kumulationsverbot 230 f.
lex posterior-Regel 138
Menschenrechtsausschuss > HRC 16 f., 101, 230 f.
Menschenwürde 38, 105, 153
Minderheitenschutz 28, 38, 86
Moralvorstellungen 256
Ne bis in idem (siehe Doppelbestrafung)
Nichteinmischung 33
Niederlassungsfreiheit 149
OLAF 173 ff.
Organisation Amerikanischer Staaten (OAS) 19
OSZE 104 ff., 221
Pressefreiheit 257
Rasse, Diskriminierung 9, 12, 20, 36, 86
Ratifikation 23, 30 f., 87, 92 f., 119 f., 166, 238
Rechtsordnung, supranationale 120, 122
Rechtsstaatsprinzip 125, 136, 245,
Rechtsweg, Erschöpfung 264 f.
Schengener Durchführungsübereinkommen (SDÜ) 37
Schutzpflichten des Staates 146, 260
Selbstbestimmungsrecht der Völker 14
Sklaverei 36, 116
Souveränitätsverständnis 3 ff.
Staatenbericht 15
Staatenbeschwerde 15, 98

Stockholmer Programm 219
Subsidiaritätsprinzip 89, 200
Todesstrafe, Abschaffung 19, 79, 87, 102
Universalität der Menschenrechte 6
Verbrechen gegen die Menschlichkeit 37, 61 f.
Vereinte Nationen 5, 8, 9 ff., 34 ff.
– Charta 5, 9 ff.
– Generalversammlung 12, 17, 36, 39, 102
– Menschenrechtsausschuss > HRC 16 f., 101, 230 f.
– Sicherheitsrat 61
– Wirtschafts- und Sozialrat (ECOSOC) 10, 251
Verfassungsbeschwerde 123, 136
Verfassungsrecht, nationales 120 ff., 136, 143, 261 ff., 266,
Verhältnismäßigkeit 181, 208 f., 244 f., 256
Vertrag von Lissabon 149, 151 ff., 161, 165, 169, 172, 174, 176, 181, 191 ff., 226
Völkermord 36 f., 61 f.
Völkerrechtliches Vertragsrecht 116 f.
Völkerrechtssubjekt 3
Vorabentscheidungsverfahren 155, 183, 189
Vorbehalte
– zur EMRK 91 ff.
– zum IPBPR 103
Vorlagepflicht der Gerichte 263
Wahlen, freie und geheime 74
Warenverkehrsfreiheit 149
Wiener Vertragsrechtskonvention (WVK) 232 f.
Willkür 24, 245, 255, 261
Zwangs- und Pflichtarbeit 36
Zwischenstaatliche Einrichtung i.S.d. Art. 24 GG 122

A. Entstehung des internationalen Menschenrechtsschutzes

I. Geschichtliche Entwicklung

Die Einsicht, dass die Achtung der Menschenrechte mehr ist als nur ein von der staatli- **1** chen Ordnung nach Möglichkeit zu beachtendes Postulat und dass der Einzelne seine Menschenrechte auch gegenüber seinem eigenen Staat durchsetzen kann, fand im Zeitalter der **Aufklärung** erstmals ihren Niederschlag, sodann in den das Gedankengut der britischen Verfassungstradition[1] fortentwickelnden **amerikanischen Verfassungsdokumenten**[2] und schließlich in der auch die Bürgerpflichten betonenden französischen **Erklärung der Menschen- und Bürgerrechte vom 26.8.1789.** Letztere ist auch heute noch Bestandteil der französischen Verfassung. In der Folgezeit wurden die Menschenrechte in den **Verfassungen**

---

1 So etwa die Habeas Corpus Akte 1679 und die an sich die Parlamentsrechte gegen den König festlegenden **Bill of Rights** v. 13.2.1689 sowie etwa die Schriften von *John Locke.*
2 So in der Bill of Rights von Virginia v. 12.6.1778, der amerikanischen Unabhängigkeitserklärung v. 4.7.1776 und den zehn Zusatzartikeln der amerikanischen Bundesverfassung von 1783.

Esser

vieler Staaten als Grundrechte ihrer Bürger oder als allgemeine Menschenrechte in unterschiedlichem Umfang und mit unterschiedlichen Detailvarianten innerstaatlich garantiert,[3] so auch in dem an die Weimarer Verfassung anknüpfenden Grundgesetz und in den Verfassungen der deutschen Länder.

2   Als Teil der innerstaatlichen Rechtsordnung endete der Menschenrechtsschutz der nationalen Verfassungen traditionell an der **Staatsgrenze**. Ihm fehlte die internationale Dimension. Die innerstaatliche Beachtung wurde ursprünglich weder durch internationale Instanzen von außen gesichert, noch hatte ein Staat Anspruch darauf, dass die Menschenrechte in anderen Staaten geachtet werden.

3   Die **zwischenstaatlichen Beziehungen** waren im 19. Jahrhundert von einem uneingeschränkten **Souveränitätsverständnis** geprägt. Das Völkerrecht wurde als Koordinationsrecht souveräner Staaten verstanden.[4] Nur diese waren Träger der sich aus dem Völkerrecht ergebenden Rechte und Pflichten, über die sie einvernehmlich verfügen konnten. Der einzelne **Mensch war nicht Subjekt des Völkerrechts**, er konnte aus einer völkerrechtlichen Regelung weder gegen den eigenen Staat noch gegen einen anderen Staat unmittelbare Rechte herleiten. Selbst wenn er Objekt einer ihn begünstigenden völkerrechtlichen Regelung war, etwa eines Staatsvertrages, erwuchsen ihm unmittelbar daraus keine eigenen Rechte. Der Gedanke, dass der Einzelne gegen seinen eigenen Staat die Hilfe einer internationalen Instanz anrufen könne, wurde als lächerliche Utopie eingestuft oder gar als Hochverrat abgelehnt.[5] Nach dem auch heute noch nachwirkenden Souveränitätsverständnis dieser Epoche war es allein die eigene, jeder Einmischung durch andere Staaten entzogene **innere Angelegenheit** jedes einzelnen Staates, ob und welche Rechte er seinen eigenen Bürgern gewähren wollte.

4   Dem entsprach es, dass das allgemeine Völkerrecht einen gewissen internationalen Mindeststandard von Rechtsgarantien nur für das „**Fremdenrecht**", also für die Behandlung der Bürger eines anderen Staates entwickelt hatte, das fremden Staaten ein Eingreifen zum Schutze wichtiger Menschenrechte (Leben, Freiheit, Eigentum) ihrer eigenen Staatsangehörigen gestattete. Wie ein Staat seine eigenen Staatsangehörigen behandelte, blieb grundsätzlich seine alleinige Angelegenheit. Nach der damals herrschenden Auffassung gehörte dies zu den **inneren Angelegenheiten eines Staates**, die von jeder Ingerenz anderer Staaten ausgenommen waren.

5   Die Existenz eines solchen jeder Einmischung durch andere Staaten entzogenen Bereiches („**domaine reservé**") als Kernbereich der staatlichen Souveränität erkennt **Art. 2 Abs. 7 der UN-Charta** noch grundsätzlich an. Dort wird festgehalten, dass aus der Charta keine Befugnis der Vereinten Nationen hergeleitet werden kann, in Angelegenheiten einzugreifen, die *„ihrem Wesen nach zu der **inneren Zuständigkeit eines Staates** gehören"*. Dieses Argument wird auch heute noch benutzt, wenn Staaten Menschenrechtsverletzungen in einem anderen Staat anmahnen. Selbst Staaten, die innerstaatlich den Menschenrechten in ihrem Rechtssystem Rechnung tragen, sind mitunter wenig geneigt, sich gegen

---

3 Zuvor enthielten schon die meisten der zwischen 1795 und 1830 in Europa verkündeten 70 Verfassungen Grundrechtskataloge: vgl. *Kühnhardt* Die Universalität der Menschenrechte (1987) 77.

4 Zur jetzigen Weiterentwicklung des Völkerrechts von einem Koordinationsrecht souveräner Staaten zu einem kooperativen und kommunitären Völkerrecht vgl. etwa *Herdegen* § 2, § 5, 17; *Nettesheim* JZ **2002** 569; *Seidl* AVR **38** (2000) 23; *Knauff* Konstitutionalisierung im inner- und überstaatlichen Recht – Konvergenz oder Divergenz ZaöRV **68** (2008) 453 ff.

5 *Tardu* FS Partsch 287 f.; vertiefend: *Parlett* The Individual in the International Legal System (2011).

den Vorwurf einer Verletzung von Menschenrechten vor einer internationalen Instanz rechtfertigen zu müssen.[6]

Das Konzept der **Universalität der Menschenrechte**, von dem heute gesprochen 6 wird,[7] bedeutet nicht notwendig auch eine Universalität der Schutzsysteme.[8] Die Spannung zwischen dem staatlichen **Souveränitätsanspruch**[9] einerseits und der ihn einschränkenden überstaatlichen Kontrolle des effektiven Menschenrechtsschutzes andererseits, wie er im modernen Völkerrecht anerkannt wird, liegt in der Natur der Sache. Er zeigt sich in anderer Form, wenn es um das Ausmaß geht, in dem die Organe des internationalen Menschenrechtsschutzes Wertentscheidungen des innerstaatlichen Gesetzgebers respektieren müssen. Im Übrigen verdeckt der Gedanke der Universalität der Menschenrechte mitunter zu leicht, dass nicht nur in der Realität, sondern auch vom Grundverständnis her in der heutigen Welt über Inhalt und Stellenwert einzelner Menschenrechte und deren verfahrensrechtlicher Durchsetzbarkeit weiterhin sehr unterschiedliche Auffassungen bestehen.[10] Zwar nimmt auch der Menschenrechtsschutz am Phänomen der **Globalisierung** teil,[11] doch dürfte derzeit weiterhin nur ein Mindeststandard grundlegender Rechte, deren Umsetzung verschiedenen Lebens- und Rechtsgewohnheiten Raum lässt, dauerhaft konsensfähig sein.[12] Überlegungen zur Einrichtung eines **Weltmenschenrechtsgerichtshofs** sind vor diesem Hintergrund mit Skepsis zu betrachten.[13]

Der Gedanke, den **Schutz der Menschenrechte völkerrechtlich staatsübergreifend** 7 zu gewährleisten, weil ihre weltweite Beachtung eine wichtige Garantie des Friedens ist, war zwar auch ab Ende des 19. Jahrhunderts gelegentlich erörtert worden, von der Politik mit Nachdruck aufgegriffen wurde er aber erst während des **Zweiten Weltkriegs**.[14] Die

---

6 So etwa auch die USA, die weitestgehend versuchen, direkte Auswirkungen von Menschenrechtspakten auf ihre Gesetzgebung und Rechtsprechung zu verhindern. Den weitestgehenden Vorbehalt dieser Art erklärten die USA 1988 in Bezug auf die Völkermordkonvention. Die Amerikanische Menschenrechtskonvention (AMRK) wurde zwar 1977 von den USA unterzeichnet, aber bis heute nicht ratifiziert (vgl. https://www.oas.org/dil/treaties_b-32_american_convention_on_human_rights_sign.htm). Die USA fallen damit nicht unter die Gerichtsbarkeit des Inter-Amerikanischen Gerichtshofs. Den IPBPR haben die USA zwar ratifiziert, aber Vorbehalte erklärt und Erklärungen abgegeben (vgl. https://treaties.un.org/); vgl. *Giegerich* ZaöRV **55** (1995) 712 ff.

7 Zur Vielschichtigkeit dieses Begriffs siehe die Beiträge in: von Hoffmann (Hrsg.), Universalität der Menschenrechte (2009). Zur Universalität der Menschenrechte vor dem Hintergrund der jüngeren Verfassungsentwicklungen in islamischen Staaten siehe *Blanke/Abdelrehim* JöR **68** (2020) 735 ff.

8 Vertiefend: Steiner/Kannowski (Hrsg.), Regional Human Rights – International and Regional Human Rights: Friends or Foe? 2021.

9 Dieser Souveränitätsanspruch wird auch aus dem Primat der innerstaatlichen demokratischen Entscheidungen vor internationalen Bindungen hergeleitet, vgl. nur im Fall *LaGrand*, US-Supreme Court, Deutschland u.a./USA, 3.3.1999, No. 127, in welchem betont wird, dass die USA gegenüber dem IGH nicht auf ihre *„sovereign immunity"* verzichtet haben.

10 Hierzu: *Gaus* Materiell-rechtliche Gewährleistungen und verfahrensrechtliche Durchsetzbarkeit völkerrechtlich garantierter Menschenrechte (2011).

11 Ballesteros/Fernández Ruiz-Gálvez/Talavera (Eds.), Globalization and Human Rights – Challenges and Answers from a European Perspective (2012).

12 Vgl. etwa *Calliess* EuGRZ **1996** 293; *Klein* EuGRZ **1999** 109, 111.

13 Instruktiv aus politikwissenschaftlicher Perspektive: *Speyer* zib **2018** 6 ff.

14 So nahm etwa das Institut de Droit International maßgeblichen Einfluss auf die erste Friedenskonferenz in Den Haag im Jahr 1899. Eine Vorreiterrolle nimmt auch die Resolution zum Schutz der Menschenrechte von 1929 „Déclaration des droits internationaux de l'Homme" ein (abgedruckt in: Annuaire de l'Institut de Droit International, Bd. 2, 1929, 298 ff.); vgl. auch *Sommermann* Staatsziele und Staatszielbestimmungen (1997) 254 f.

Idee einer universellen internationalen Organisation entstand bereits durch die Schrecken des Ersten Weltkriegs. Trotz des Scheiterns des Völkerbundes von 1919, welcher den Ausbruch des Zweiten Weltkriegs nicht zu verhindern vermochte, waren bereits während des Krieges Pläne vorhanden, einen neue Weltorganisation zur Friedenssicherung zu erschaffen,[15] Die unter der Führerschaft der USA zusammengeschlossenen alliierten Staaten stellten als eines ihrer Kriegsziele die weltweite Garantie der Menschenrechte mit einer freiheitssichernden und friedensfördernden Funktion heraus. Sie sahen darin ein politisches Kontrastprogramm zu den die Menschenrechte missachtenden Ideologien der totalitären Staaten, das diesen auch propagandistisch wirksam entgegengesetzt werden konnte.

8   Dies geschah in der **Erklärung der Vereinten Nationen v. 1.1.1942**,[16] in der erstmals dieser von *Theodore Roosevelt* geprägte Name verwendet wurde, und in der als **Atlantik Charta** bezeichneten gemeinsamen Erklärung des Präsidenten der Vereinigten Staaten und des Premierministers von Großbritannien v. 14.8.1941,[17] in der u.a. gefordert wurde, dass der künftige Friede die Zusicherung erhalten solle, dass alle Menschen in allen Ländern ihr Leben in Freiheit von Angst und Not führen können. Diese Grundsätze fanden weltweit Zustimmung, zumal viele Gruppen sich von der weltweiten Anerkennung des Selbstbestimmungsrechts der Völker und der Freiheitsrechte einen wirksamen Anstoß zur Entkolonialisierung bei der sich anbahnenden politischen Neuordnung der Welt erhofften.

II. Verrechtlichung des internationalen Menschenrechtsschutzes auf der Ebene der Vereinten Nationen

9   **1. Charta der Vereinten Nationen.** In der **Charta der Vereinten Nationen** v. 26.6.1945 wurde der Gedanke einer die Menschenrechte wahrenden internationalen Friedensordnung als **Zielsetzung** aufgenommen. Abgesehen von einigen **Diskriminierungsverboten**[18] verzichtete man aber auf eine nähere Fixierung der einzelnen Menschenrechte. Die Charta beschränkt sich auf **allgemeine Programmsätze**. So erwähnt sie in der Präambel, dass die Völker der Vereinten Nationen fest entschlossen sind, den Glauben an

---

15 *Payandeh* JuS **2012** 506.

16 Die „Erklärung der Vereinten Nationen" v. 1.1.1942 (*Bevans* Treaties and other international agreements of the United States of America 1776–1949, Vol. 3, Multilateral 1931–1945; *Knipping/von Mangold/Rittberger* Das System der Vereinten Nationen und seine Vorläufer, Bd. 1,1, 1995, Dok. 2), in der 26 am Krieg beteiligte Staaten erstmals unter Verwendung dieser Bezeichnung ihren Entschluss zur Niederwerfung der Achsenmächte bekräftigten, gab als gemeinsames Ziel u.a. an: „Leben, Freiheit, Unabhängigkeit und religiöse Freiheit zu verteidigen und sowohl in ihren eigenen wie auch in allen anderen Ländern die Menschenrechte und die Gerechtigkeit zu wahren".

17 In Anlehnung an die von *Roosevelt* in seiner Rede an den Kongress am 6.1.1941 als Grundlage der künftigen Weltordnung geforderten vier Freiheiten (freedom of speach and expression, freedom of every person to worship God in his own way, freedom of want and from fear, everywhere in the world) wurde in Nr. 6 der Atlantik-Charta gefordert, „dass der künftige Frieden die Zusicherung erhalten solle, dass alle Menschen in allen Ländern ihr Leben in Freiheit von Angst und Not führen können" (*Knipping/v. Mangold/ Rittberger* a.a.O., Dok. 1).

18 Diese werden als unmittelbar anwendbare Rechtssätze angesehen; vgl. IGH-Gutachten zu Namibia, ICJ Reports, 1971, 16/57.

die Grundrechte der Menschen, an Würde und Wert der menschlichen Persönlichkeit, an die Gleichberechtigung von Mann und Frau zu bekräftigen"; in **Art. 1 Abs. 3** führt sie unter ihren Zielen auf, *„die Achtung von den Menschenrechten und Grundfreiheiten für alle ohne Unterschied der Rasse, des Geschlechts, der Sprache und der Religion zu fördern und zu festigen"*.

Diese Verpflichtung wird in **Art. 55 lit. c UN-Charta** wiederholt, der die Zusammenar- **10** beit auf wirtschaftlichem und sozialem Gebiet vorsieht. Durch Art. 56 UN-Charta wird sie in die Verpflichtung aller Mitgliedstaaten einbezogen, *„gemeinsam und jeder für sich mit der Organisation zusammenzuarbeiten, um die in Art. 55 dargelegten Ziele zu erreichen"*. Nach Art. 62 Abs. 3 UN-Charta gehört es zu den Aufgaben des **Wirtschafts- und Sozialrats** (ECOSOC),[19] durch Empfehlungen die Achtung und Verwirklichung der Menschenrechte und Grundfreiheiten für alle zu fördern.

Diese Formulierungen legen **keine Einzelrechte** konkret fest, wohl auch, um den für **11** die Schaffung der Vereinten Nationen notwendigen Konsens der Staaten verschiedener Gesellschaftsordnungen nicht zu gefährden. Aus ihnen wird aber vor allem von Völkerrechtlern der westlichen Welt hergeleitet, dass die Sicherung des Menschenrechtsschutzes zu den Aufgaben der Vereinten Nationen zählt und damit keine Angelegenheit ist, die ihrem Wesen nach zur inneren Zuständigkeit eines Staates i.S.d. bereits erwähnten Art. 2 Abs. 7 UN-Charta gehört.[20] Weitere Menschenrechtliche Bezüge normieren die Aufgabenbestimmungen einzelner Organe. Auch diese Vorschriften enthalten keinen konkreten Verpflichtungen. Vielmehr machen sie den Schutz der Menschenrechte zur Aufgabe der Vereinten Nationen, dadurch wird der mögliche Einwand des Einmischungsverbotes, Art. 2 Nr. 7 UN-Charta, bei einer Diskussion oder Verurteilung der Menschenrechtlage eines Mitgliedstaates vorbeugend verhindert.[21]

2. Allgemeine Erklärung der Menschenrechte. Die **Allgemeine Erklärung der Men- 12 schenrechte (AEMR)**, die am 10.12.1948 von der UN-Generalversammlung als „Proklamation" mit Zustimmung von 48 der damals 56 Mitgliedstaaten verabschiedet wurde,[22] lieferte die in der UN-Charta fehlende Ausformulierung einzelner Menschenrechte.[23] Sie beeinflusst seither die Ausformulierung der Menschenrechte in den Verfassungen einzelner Staaten und in den internationalen Konventionen, auch wenn sie als **Resolution der Generalversammlung** der rechtlich bindenden Wirkung eines völkerrechtlichen Vertrages entbehrt.[24] Die Erklärung wurde damals eher als ein menschenrechtliches Legislativprogramm verstanden,

---

19 Economic and Social Council (ECOSOC).

20 Ob die Achtung der Menschenrechte wegen ihrer friedenssichernden Funktion zu den *„matters of international concern"* gehören und daher nicht mehr – wie früher – zu den jeder Einmischung von außen entzogenen inneren Angelegenheiten, wird unterschiedlich beurteilt, vgl. etwa *Simma* EuGRZ 1977 235; *Kimminich* BayVerwBl. **1990** 1. Nach *Bryde* Der Staat **42** (2003) 61, 64 regeln die Staaten in den allgemeinen Menschenrechtsverträgen nicht mehr ihre gegenseitigen Beziehungen, sondern verpflichten sich zur Beachtung der Menschenrechte gegenüber einer Staatengemeinschaft als übergeordneter Legitimationsinstanz.

21 *Payandeh* JuS **2012** 506, 511.

22 Nicht zugestimmt hatten die damalige UdSSR und fünf weitere sozialistische Staaten sowie Saudi-Arabien und Südafrika.

23 Vgl. die Einschränkung in Form einer Generalklausel in Art. 29 AEMR. Zu den Vorarbeiten: *Schabas* The Universal Declaration of Human Rights (2012).

24 So etwa BayVerfGH NJW **1961** 1615; *Jescheck* NJW **1954** 784; *Vogler* ZStW **82** (1979) 743; vgl. aber auch *Bartsch* NJW **1989** 3066 (praktisch Status als Rechtsquelle); *Nowak* Einf. 2 (Mindeststandard universell anerkannter Menschenrechte), ferner allgemein zur rechtlichen Bedeutung solcher Erklärungen *Frowein* ZaöRV **49** (1989) 778; *Riemer/Berger* JuS **2022** 217.

das erst in einer nächsten Stufe durch Verträge in für die einzelnen Staaten bindende Rechts-normen umgesetzt werden sollte.[25] Die AEMR enthält in 30 Artikeln die grundlegenden Rech-te, die jedem Menschen *„ohne irgendeinen Unterschied, etwa nach Rasse, Hautfarbe, Ge-schlecht, Sprache, Religion, politischer oder sonstiger Anschauung, nationaler oder sozialer Herkunft, Vermögen, Geburt oder sonstigem Stand"* zustehen.

13   Wurde die AEMR in den Anfangsjahren noch als unverbindliche Deklaration angese-hen,[26] so gelten weite Teile – v.a. seit der Verabschiedung der beiden Zivilrechtspakte der UN, die die wesentlichen Rechte verbindlich festschreiben – als **Völkergewohnheits-recht**.[27] Strittig ist heute lediglich die *Reichweite* ihrer völkergewohnheitsrechtlichen Aner-kennung.[28]

III. Umsetzung der UN-Arbeiten zum Menschenrechtsschutz in multinationale Verträge

14   **1. IPBPR/IPWSKR.** Alsbald nach Verkündung der AEMR begannen in den Gremien der Vereinten Nationen, vor allem die 1946 durch den ECOSOC errichtete Menschenrechtskom-mission, die Arbeiten, die die Grundsätze dieser Erklärung entsprechend den Zielen der Ver-einten Nationen[29] zum Gegenstand rechtlich verbindlicher multilateraler Abkommen ma-chen sollten.[30] Der darauf beruhende **Internationale Pakt über bürgerliche und politische Rechte (IPBPR)** wurde aber erst viele Jahre später am 19.12.1966 verabschiedet.[31] Der einset-zende Kalte Krieg und die mit der Entkolonialisierung verbundenen Probleme, die durch die neu hinzukommenden Staaten in den Vereinten Nationen ihren Niederschlag fanden, hatten zu verstärkten wirtschaftlichen und ideologischen Gegensätzen und zu zahlreichen Mei-nungsverschiedenheiten geführt. Strittig war etwa das Anliegen der Staaten der sog. dritten Welt, ob und wie das Selbstbestimmungsrecht der Völker angesprochen werden sollte. Ein anderer Differenzpunkt war, ob die **wirtschaftlichen, sozialen und kulturellen Rechte** (mitunter als Menschenrechte der zweiten Generation bezeichnet) im gleichen Pakt wie die bürgerlichen und politischen Freiheitsrechte (Menschenrechte der ersten Generation) gere-gelt werden sollten.[32]

15   Für die Aufteilung auf zwei Konventionen (Zivil- und Sozialpakt) wurde angeführt, dass dies die innerstaatliche Umsetzung erleichtert, denn die individuellen Freiheitsgarantien

---

25 *Klein* EuGRZ **1999** 109.

26 *Kälin/Künzli* 4, 20 f.; *Tomuschat* ZaöRV **45** (1985) 562 ff.

27 Vgl. zur Bedeutung der Erklärung aus Anlass des 60. Jahrestages ihrer Verabschiedung: Jaichand/Suksi (Hrsg.), 60 Years of the Universal Declaration of Human Rights (2009); Sandkühler (Hrsg.), Menschenrechte in die Zukunft denken (2009). Zur Anerkennung der AEMR als Völkergewohnheitsrecht: *Verdross/Simma* Univer-selles Völkerrecht (1984) § 822; *Tomuschat* in: von Hoffmann (Hrsg.), Universalität der Menschenrechte (2009) 15 ff.

28 Sie reicht dabei von einer restriktiven Anerkennung nur einzelner Rechte (*Buergenthal/Thürer* Men-schenrechte (2010) 31 m.w.N.) bis zu einer vollständigen gewohnheitsrechtlichen Anerkennung der AEMR (Erklärung der UN-Generalversammlung v. 18.12.2007, Res. 62/147, die die AEMR gemeinsam mit den Zivilpak-ten als Grundlage („core") des internationalen Menschenrechtsschutzes bezeichnet).

29 Vgl. Art. 1 Abs. 3, Art. 55 *lit.* c, Art. 56 UN-Charta.

30 Vgl. *Klein* EuGRZ **1999** 109; *Payandeh* JuS **2012** 506, 507.

31 Der IPBPR wurde am 19.12.1966 zusammen mit dem IPWSKR von der UN-Vollversammlung verabschie-det; er trat nach Ratifizierung durch 35 Staaten auch für die BR Deutschland erst am 23.3.1976 in Kraft (vgl. BGBl. 1973 II S. 1534; 1976 II S. 1068). Zur Bilanz nach 50 Jahren im Jahr 2016: Gunnarsson/Weiß/Zimmermann (Hrsg.), Akzeptanz und Wirksamkeit von Menschenrechtsverträgen (2018).

32 Aus rechtsvergleichender Sicht: *Iliopoulos-Strangas* Soziale Grundrechte in Europa, Teil 1 (2009).

kann der Staat in der Regel schon dadurch gewährleisten, dass er Eingriffe unterlässt, während die im **Internationalen Pakt über wirtschaftliche, soziale und kulturelle Rechte v. 19.12.1966 (IPWSKR)**[33] angesprochenen Aspekte der sozialen Sicherheit zu ihrer Umsetzung erfordern, dass in Staat und Wirtschaft die institutionellen Voraussetzungen dafür geschaffen werden.[34] Strittig waren auch die Fragen der **rechtlichen Kontrolle.** Ein Entwurf, der für den Zivilrechtspakt die Staatenbeschwerde zu einem neunköpfigen Ausschuss und bei Scheitern einer gütlichen Einigung die Anrufung des Internationalen Gerichtshofs (IGH) vorsah, fand keine Zustimmung.[35] Als obligatorische Verfahren wurden für beide Pakte nur **periodische Staatenberichte** festgelegt (Art. 40 IPBPR, Art. 16 IPWSKR).[36] Eine **Staatenbeschwerde** an den aus 18 Mitgliedern bestehenden Ausschuss (**Human Rights Committee** – HRC) – nicht zu verwechseln mit der ehemaligen Menschenrechtskommission oder dem Menschenrechtsrat – war nur fakultativ vorgesehen, also nur für die Fälle, in denen beide betroffenen Staaten die Zuständigkeit des Ausschusses für die Entgegennahme einer solchen Beschwerde anerkannt haben (Art. 41 IPBPR).[37]

Die Möglichkeit einer **Individualbeschwerde** („Mitteilung") zum **UN-Menschenrechts-** **16** **ausschuss** (HRC) wurde außerhalb des IPBPR in einem **Fakultativprotokoll** (FP-IPBPR) geregelt, dem beizutreten den Vertragsstaaten freisteht. Dieser Ausschuss darf Mitteilungen über Menschenrechtsverletzungen nur entgegennehmen, wenn der betroffene Staat dem FP beigetreten ist. Nach Prüfung der Zulässigkeit und der Begründetheit der Mitteilung teilt der Ausschuss seine Auffassung („View") dem betroffenen Vertragsstaat und der Einzelperson mit (Art. 5 FP-IPBPR; vgl. Teil II Rn. 426, 431 ff.).

Der **Sozialpakt (IPWSKR)** ergänzt den Zivilpakt (IPBPR) durch die Festlegung wirt- **17** schaftlicher und sozialer Rechte (vgl. Rn. 15).[38] In einem am 10.12.2008 aufgelegten und von der UN-Generalversammlung (Res. 63/117) verabschiedeten **Fakultativprotokoll** wird die Einklagbarkeit dieser Rechte (Art. 2 IPWSKR) gewährleistet.[39] Von Deutschland wurden die Zeichnung und Ratifizierung des Protokolls aufgrund eines angenommenen Klärungs- und Prüfbedarfs lange Zeit zurückgestellt und erst im Januar 2023 vollzogen.[40] Das Zusatzprotokoll tritt mit Wirkung vom 13.1.2023 für Deutschland in Kraft. Es enthält u.a. ein Verfahren, mit dem Einzelpersonen im sog. **Individualbeschwerdeverfahren** (sog. Communications) im eigenen Namen, im Namen von Individuen oder durch Gruppen von Individuen beim **UN-Ausschuss für wirtschaftliche, soziale und kulturelle Rechte** (*Committee on Economic, Social and Cultural Rights* – **CESCR**) Beschwerde einlegen kön-

---

33 Für die BR Deutschland in Kraft seit 3.1.1976 (BGBl. II S. 428); zur Bedeutung in der Praxis: *Mahler* AnwBl. **2013** 245. Zur Dimension sozialer Menschenrechte: *Eichenhofer* Soziale Menschenrechte im Völker-, europäischen und deutschen Recht (2012).

34 Siehe hierzu: Ssenyonjo (Hrsg.), Economic, Social and Cultural Rights (2011).

35 Vgl. *Nowak* Einl. 8.

36 Zur Problematik des Berichtssystems als Kontrollmittel vgl. *Opsahl* FS Wiarda 433.

37 Dieser hat nur die Möglichkeit, einen Bericht vorzulegen und, wenn einer der beteiligten Staaten damit nicht zufrieden ist, mit vorheriger Zustimmung der betroffenen Staaten *ad hoc* eine Vergleichskommission einzusetzen, die sich auf der Grundlage der Achtung des Paktes um eine gütliche Regelung bemühen soll (Art. 42 IPBPR).

38 Zur Bedeutung beider Übereinkommen in der Rechtspraxis: Gunnarsson/Weiß/Zimmermann (Hrsg.), Akzeptanz und Wirksamkeit von Menschenrechtsverträgen (2018).

39 Das am 5.5.2013 in Kraft getretene FP haben 46 Staaten unterzeichnet; 27 Staaten haben es ratifiziert (Stand: 07/2023); kritisch hierzu für den Bereich des Strafvollzugs: *Bung* KrimPäd **2012** 28, 29.

40 Gesetz v. 4.1.2023 zu dem Fakultativprotokoll vom 10. Dezember 2008 zum Internationalen Pakt vom 19. Dezember 1966 über wirtschaftliche, soziale und kulturelle Rechte, BGBl. 2023 II Nr. 4 v. 12.1.2023; vgl. auch SPD, Bündnis 90/Die Grünen, FDP: Koalitionsvertrag 2021–2025, S. 116–117.

nen.[41] Hierdurch wird es auch NGOs ermöglicht, Partei solcher Verfahren zu werden, was insbesondere Klagen zur Geschlechtergerechtigkeit ermöglicht.

18   **2. Europäische Menschenrechtskonvention (EMRK).** Auch die **Konvention zum Schutze der Menschenrechte und Grundfreiheiten (EMRK)** bezweckt, wie ihre Präambel hervorhebt, die Umsetzung der AEMR in ein rechtlich bindendes Vertragswerk, das auch einen wirksamen staatenübergreifenden internationalen Schutz der Menschenrechte garantiert. Im Gegensatz zu den Vereinten Nationen konnten sich die viel homogeneren westeuropäischen Staaten relativ schnell auf das Vertragswerk einigen. Die Europäische Menschenrechtskonvention wurde am **4.11.1950** in Rom verabschiedet (Rn. 69) und hat die Grundlagen für ein im Laufe der folgenden Jahrzehnte in Europa geschaffenes **System des internationalen Menschenrechtsschutzes** entwickelt, das zu den **weltweit wirksamsten Kontrollsystemen** für mutmaßliche staatliche Rechtsverletzungen gehört (Teil II Rn. 1 ff.). Andere Regionen haben für ihren Bereich später ebenfalls gesonderte Menschenrechtspakte geschlossen.[42]

19   **3. Amerikanische Menschenrechtskonvention (AMRK).** Die Organisation Amerikanischer Staaten (OAS) hat die **Amerikanische Menschenrechtskonvention** (American Convention on Human Rights; ACHR/AMRK) am 22.11.1969[43] beschlossen, die am 18.7.1978 in Kraft trat.[44] Sie enthält einen Katalog mit bürgerlichen und politischen Rechten. In einem Zusatzprotokoll, dem **Protocol of San Salvador** v. 17.11.1988, werden wirtschaftliche, kulturelle und soziale Menschenrechte garantiert. Die Konvention verbrieft zahlreiche **strafrechtliche Garantien**. Staaten, welche die **Todesstrafe** abgeschafft haben, dürfen diese Sanktion nicht wieder einführen (Art. 4 Abs. 3 AMRK); der Verhängung einer Todesstrafe in den übrigen Staaten wird durch Art. 4 Abs. 2 AMRK Grenzen gesetzt. Ein weiteres Protokoll, welches die gänzliche Abschaffung der Todesstrafe zum Gegenstand hat, wurde 1990 angenommen, jedoch bislang nur von 13 Staaten ratifiziert.[45] Außerdem werden das Recht auf **menschenwürdige Behandlung** (Art. 5 AMRK) und das Recht auf persönliche Freiheit (Art. 7 AMRK) garantiert. Art. 8 AMRK verbürgt das Recht auf ein **faires Verfahren**; Art. 9 AMRK enthält das **Verbot rückwirkender Strafgesetze**. Gewährleistet wird auch das Recht auf **Entschädigung**, wenn eine Person durch eine abschließende Entscheidung fehlerhaft verurteilt wurde (Art. 10 AMRK).

20   Überwacht wird die Einhaltung dieser Rechte durch die seit 1959 tätige **Inter-Amerikanische Kommission für Menschenrechte** (*Inter-American Commission on Human Rights –* IACHR/IAKMR) mit Sitz in *Washington D.C.* und den **Inter-Amerikanischen Gerichtshof für Menschenrechte** (*Inter-American Court of Human Rights –* IAGMR), der 1979 auf der Grundlage der AMRK errichtet wurde und seinen Sitz in *San José* (Costa Rica) hat.[46] Der **IAGMR** ist für die Entscheidung über die Verletzung von Rechten aus der AMRK zuständig (Art. 63

---

41 Dazu auch *Riedel* in: The Max Planck Encyclopedia of Public International Law, Vol. II (2012) 427 ff. Zur Debatte über eine Ratifikation, insbesondere vor dem Hintergrund des beamtenrechtlichen Streikverbotes, siehe BTDrucks. **17** 8461, **17** 8452, **19** 4561, **19** 4554, **19** 10098, **19** 29959.

42 Zur Regionalisierung des Menschenrechtsschutzes vgl. *Partsch* EuGRZ **1989** 1; Kalny/Wagner (Hrsg.), Menschenrechte in Lateinamerika (2019).

43 Deutsche Übersetzung: EuGRZ **1980** 435; zur Entwicklung: *Buergenthal* EuGRZ **1984** 169; *Frowein* EuGRZ **1980** 442.

44 Näher zur Bedeutung der AMRK: *v. Bogdandy* Der Staat 58 (2019) 41 ff.; *Quiroga/Contreras* The American Convention on Human Rights (2022)³.

45 Stand: 07/2023; aktueller Ratifikationsstand: https://www.oas.org/juridico/english/treaties/a-53.html.

46 Eingehend zur Reform der Strukturen des inter-amerikanischen Menschenrechtsschutzsystems: *Seifert* Das interamerikanische System zum Schutz der Menschenrechte und seine Reformierung (2008).

AMRK) und verfügt zudem über die Kompetenz, Gutachten zur Auslegung der AMRK und anderer Menschenrechtsverträge zu erstellen (Art. 64 AMRK). Er besteht aus sieben Richtern der Mitgliedstaaten der OAS (Art. 52 AMRK), die von der Generalversammlung der OAS für eine Amtszeit von sechs Jahren gewählt werden, mit der Möglichkeit einer einmaligen Wiederwahl (Art. 53 f. AMRK). Der Gerichtshof tagt planmäßig mehrmals pro Jahr in sog. *„regular sessions“*.[47] Art. 18 des Statuts der IAKMR beschreibt die Befugnisse die Kommission vis-à-vis OAS-Mitgliedstaaten, die nicht Vertragsstaat der AMRK sind. Dazu zählen Berichte und Empfehlungen und Überwachungsmechanismen zur Eihaltung der Menschenrechte. Um diese Verpflichtungen zu erfüllen, hat die IAMRK Berichterstatter für die Rechte Indigener, die Rechte von Frauen, die Rechte von Kindern, die Rechte von Afroamerikanern und gegen Rassendiskriminierung ernannt.[48]

Nur die Vertragsstaaten und die **IAKMR** können den **IAGMR** anrufen (Art. 61 AMRK);   **21** für **individuell Betroffene** besteht die Möglichkeit, sich unmittelbar an die **IAKMR** zu wenden (Art. 44 AMRK), die dann ihrerseits den Fall dem Gerichtshof vorlegen kann. Gegen die Urteile des Gerichtshofs kann kein Rechtsmittel eingelegt werden; innerhalb von 90 Tagen kann lediglich um eine Interpretation ersucht werden (Art. 67 AMRK).[49] Im Fall einer Konventionsverletzung durch einen Vertragsstaat kann der Gerichtshof eine Wiedergutmachung anordnen, Art. 63 Abs. 1 AMRK. Zwar sind seine Urteile für den betroffenen Vertragsstaat bindend (Art. 68 AMRK). Weder verfügt der Gerichtshof formal über eine eigene Befugnis zur Vollstreckung seiner Urteile, noch ist hierfür eine eigenständige Instanz vorgesehen, so dass die Umsetzung in der Praxis oft ausbleibt.[50]

Der IAGMR ist zwischenzeitlich dazu übergegangen, neben der Veröffentlichung von   **22** **Compliance Reports**[51] zur Umsetzung seiner Urteile, die durchaus einen gewissen Druck auf unwillige Mitgliedstaaten ausüben können,[52] zusätzlich als Kompensation konkrete Vorgaben an die Mitgliedstaaten hinsichtlich der Durchführung von Ermittlungen und Verfahren gegen Individuen zu erlassen.[53] Anders als der EGMR, der die Ausführung seiner Urteile nicht selbst überwacht (vgl. Art. 46 Abs. 2),[54] betrachtet der IAGMR die Überwachung der Implementierung seiner Vorgaben als Teil seiner Aufgaben[55] und spricht eine fehlende Umsetzung in seinen *Compliance Reports* an. *Huneeus* bezeichnet diese Art der Aufgabenverteilung als *„quasi criminal jurisdiction“*, wobei die Souveränität der Nationalstaaten gewahrt bleibt, indem diese die alleinige Kompetenz zur Durchführung der Verfahren haben, der IAGMR allerdings die Umsetzung überwacht und zum Teil in den Prozess mit konkreten Ermittlungsempfehlungen eingreift.[56] Auch dadurch münden die

---

47 Vgl. dazu die angesetzten Termine (im Jahr 2022 fanden 9 Tagungen statt; auch für das Jahr 2023 sind insgesamt 9 Tagungen vorgesehen) unter: https://www.corteidh.or.cr/periodo_de_sesiones.cfm?lang=en (Stand: 21.7.2023); *Steiner/Leyers* Impulsgeber für einen effektiven Grundrechtsschutz: Der amerikanische Gerichtshof für Menschenrechte, KAS (2010) 7, 11.

48 *De Schutter* 1024.

49 Zur Ausstattung des Gerichtshofs: *Engel* EuGRZ **2003** 122 ff.

50 *Steiner/Leyers* KAS **2010** 7, 11, 22 f.

51 Diese sind nicht zu verwechseln mit den Länderberichten der IACHR; dazu: *Carazo Ortiz* Das Länderberichtverfahren der Interamerikanischen Kommission für Menschenrechte (2019).

52 *Huneeus* AJIL **2013** 1, 2.

53 Seit 1996, *Huneeus* AJIL **2013** 1, 6, 8. Was als unzulässige Ausdehnung der Aufgaben des Gerichtshofs zum Teil kritisiert wird, *Huneeus* AJIL **2013** 1, 12; vertiefend: *Stöckle* Guarantees of Non-Repetition – Die Anordnung struktureller Reformen durch den Inter-Amerikanischen Gerichtshof für Menschenrechte (2021).

54 *Huneeus* AJIL **2013** 1, 24.

55 *Huneeus* AJIL **2013** 1, 9.

56 *Huneeus* AJIL **2013** 1, 31.

Urteile des IAGMR zum Teil in komplizierten Reformprozessen und wirken sich auf diese Weise auch auf die innerstaatliche Gerichtspraxis der Vertragsstaaten aus.[57]

23   Seit Beginn ihrer Tätigkeit haben **IACHR** und **IAGMR** eine wachsende praktische Bedeutung erlangt: Im Jahr 2020 gingen bei der Kommission ca. 2448 Beschwerden ein (darunter 540 aus Mexiko und 847 aus Kolumbien).[58] Bislang haben 24 Mitgliedstaaten der OAS sowie Venezuela die AMRK ratifiziert. Die USA lehnen eine Ratifikation bislang – trotz Unterzeichnung des Abkommens – ab. Kanada und einige karibische Inselstaaten haben die AMRK weder unterzeichnet noch ratifiziert.[59]

24   **4. Afrikanische Charta der Rechte des Menschen und der Völker.** Die **Afrikanische Charta der Rechte des Menschen und der Völker** (AChRMV – **Banjul-Charta**)[60] wurde am 27.6.1981 in *Nairobi* verabschiedet, trat am 21.10.1986 in Kraft und stellt das wichtigste Dokument für den Menschenrechtsschutz in Afrika dar.[61] Die Konvention verbrieft das **Verbot unmenschlicher und erniedrigender Strafen und Behandlungen** sowie das **Verbot der Folter** (Art. 5 AChRMV). Des Weiteren wird in Art. 6 AChRMV das Recht auf Freiheit garantiert; sowohl die willkürliche Festnahme als auch das willkürliche Gefangenhalten werden verboten. Normiert werden außerdem zentrale strafrechtliche Garantien wie etwa das Recht auf ein **faires Verfahren**, die **Unschuldsvermutung** und der Grundsatz *„nulla poena sine lege"* (Art. 7 AChRMV).[62] Im Gegensatz zur EMRK und AMRK finden sich in der AChRMV auch soziale Rechte (Art. 15–18), wie beispielsweise das Recht auf Gesundheit (Art. 16), Bildung (Art. 17) oder die Gleichstellung der Frau (Art. 18) sowie Rechte der Völker (Art. 19–24).[63] Heute haben 54 der 55 Mitgliedstaaten der **Afrikanischen Union** (AU) auch die Charta ratifiziert.[64]

25   Am 10.6.1998 wurde in *Ouagadougou* (Burkina Faso) ein **Zusatzprotokoll** verabschiedet, das die Errichtung eines **Afrikanischen Gerichtshofs für Menschenrechte und Rechte der Völker** (*African Court on Human and Peoples' Rights*) vorsah.[65] Das Protokoll trat am 25.1.2004 in Kraft. Der **ACHPR** mit Sitz in *Arusha* (Tansania) soll den Schutz der Menschen- und Völkerrechte in Ergänzung zur Arbeit der Afrikanischen Menschenrechtskommission (*African Commission on Human and Peoples' Rights*, **ACommHPR**)[66] intensi-

---

57 *Steiner/Leyers* KAS **2010** 7, 24 f.

58 Zahlen abrufbar unter: https://www.oas.org/en/iachr/multimedia/statistics/statistics.html (Stand: 21.7.2023) dazu auch: *von Arnauld* Rn. 767.

59 Stand 07/2023: https://www.oas.org/dil/treaties_b-32_american_convention_on_human_rights_sign.htm; hierzu allgemein auch: *Steiner/Leyers* KAS **2010** 7 f.

60 Deutsche Übersetzung: EuGRZ **1990** 348.

61 Vertiefend: *Meyer* Menschenrechte in Afrika – Regionaler Menschenrechtsschutz als Herausforderung an menschenrechtliches Universalitätsdenken (2013).

62 In der Folgezeit traten das *Protocol on the Rights of Women in Africa* am 25.11.2005 und die *Convention on the Rights of the Child* (CRC; siehe Rn. 36) am 2.9.1990 in Kraft.

63 *Von Arnauld* Rn. 769.

64 Marokko hat als einziges Land der AU bislang weder eine Unterzeichnung noch eine Ratifikation vorgenommen. Vgl. zum Ratifikationsstand: http://achpr.au.int/en/charter/african-charter-human-and-peoples-rights (Stand: Juli 2023).

65 *Bortfeld* Der Afrikanische Gerichtshof für Menschenrechte (2005); Viljoen (Hrsg.), Judiciary Watch Report – The African Human Rights System (2006); Wachira (Hrsg.), Regional and Sub-regional Platforms for Vindicating Human Rights in Africa (2007); *Löffelmann* EuGRZ **2013** 577; Jalloh/Clarke/Nmehielle (Hrsg.), The African Court of Justice and Human and Peoples' Rights in Context Development and Challenges (2019). Für eine Analyse der Rechtsprechung des Gerichtshofs siehe *Löffelmann* EuGRZ **2018** 361 ff.

66 Die Kommission überwacht seit 1987 die Einhaltung der Menschenrechte auf dem afrikanischen Kontinent und hat bereits zahlreiche Menschenrechtsbeschwerden von Individuen und NGOs untersucht. Sie kann – anders als der ACHPR – keine die Staaten bindenden Entscheidungen treffen, sondern lediglich

vieren (Art. 2 Prot.) und nahm im Jahr 2006 seine Tätigkeit (Wahl der Richter) auf. Er ist als **Organ der Afrikanischen Union** (AU) für die streitige Gerichtsbarkeit zuständig (Art. 3 Prot.) und kann Rechtsgutachten erstellen (Art. 4 Prot.).[67] Die elf Richter des Gerichts (Art. 11 Prot.) wurden 2006 erstmals von der Versammlung der Staats- und Regierungschefs der AU (Art. 14 f. Prot.) für eine Amtszeit von sechs Jahren gewählt (einmalige Wiederwahl zulässig). Sie sind in ihrer Funktion nebenberuflich tätig (Art. 15 Prot.); der Gerichtspräsident und der Vizepräsident (auf zwei Jahre gewählt) üben ihr Amt hauptberuflich aus (Art. 21 Prot.). Die Urteile des Gerichts sind für die Vertragsstaaten bindend (Art. 28 Prot.). Gemäß Art. 5 Abs. 1 Prot. sind die **Afrikanische Menschenrechtskommission**, die an einem Kommissionsverfahren beteiligten Staaten, der Heimatstaat des Verletzten und afrikanische Regierungsorganisationen beschwerdeberechtigt. Im Jahr 2004 wurde eine Fusion des ACHPR mit dem Gerichtshof der Afrikanischen Union zum **African Court of Justice and Human Rights** beschlossen, jedoch bisher nicht umgesetzt.[68]

Der Gerichtshof erhält seine Fälle in der Regel über die ACommHPR; **Individualbe-** 26 **schwerden** sind möglich, soweit die Staaten eine entsprechende Zuständigkeit des ACHPR anerkannt haben. Am 15.12.2009 erging das erste Urteil des ACHPR.[69] Bedauerlicherweise haben sich in den vergangenen Jahren mehrere afrikanische Staaten vom ACHPR abgewandt; es verbleiben derzeit lediglich sechs Staaten, gegen die im Wege einer Individualbeschwerden vor dem Gerichtshof vorgegangen werden kann.[70]

5. Arab Charter of Human Rights. Die Arab Charter of Human Rights stellt den jüngs- 27 ten regionalen Menschenrechtspakt mit sachlich umfassendem Anspruch dar. Bereits seit 1968 hatte sich die Liga der Arabischen Staaten **(Arabische Liga)** mit dem Projekt einer arabischen Charta zum Schutz der Menschenrechte befasst. Eine erste Charta aus dem Jahr 1994 wurde allerdings nur von einem einzigen Staat (Irak) unterzeichnet und trat nie in Kraft.[71]

Eine 2004 überarbeitete Charta trat am 15.3.2008 in Kraft. Sie entstand in engem Zu- 28 sammenwirken der Arabischen Liga mit dem UN-Hochkommissariat für Menschenrechte (UNHCHR) und zahlreichen Menschenrechtsorganisationen[72] und enthält 53 Artikel, die in vier Hauptkategorien eingeteilt werden. Der auf die Präambel folgende **erste Teil** enthält klassische Schutzrechte, wie das Recht auf Leben und persönliche Freiheit und Sicherheit. Das Selbstbestimmungsrecht der Völker wird thematisiert; als *„wesentliches Hindernis für die Verwirklichung der grundlegenden Rechte der Völker"* wird neben *„Rassismus, Besatzung und Fremdherrschaft"* auch – einem Menschenrechtstext nicht angemessen und auch im Übrigen höchst bedenklich – auch der *„Zionismus"* bezeichnet (Art. 1 Abs. 2). Der **zweite Teil** der Charta enthält Verfahrensrechte, insbesondere die Gleichheit aller vor dem Gesetz, das Recht auf einen fairen Prozess und Rechtsstaatlichkeit. Im **dritten Teil** befinden sich insbesondere zivile und politische Rechte, wie das Recht auf Bewegungsfreiheit, das Recht auf Achtung des Privat- und Familienlebens sowie das Recht der Minderheiten.

Empfehlungen abgeben. Dokumente und Material zur Tätigkeit der ACommHPR: *Murray* The African Commission on Human and Peoples' Rights and International Law (2005); *Murray/Evans* Documents of the African Commission on Human and Peoples' Rights, Volume II: 1999–2005 (2008); Volume I: 1987–1998 (2001).

67 Vertiefend zum afrikanischen Menschenrechtsschutzsystem: *Okafor* The African Human Rights Systems (2007); *Ruppel* VRÜ **2009** 173.

68 *Von Arnauld* Rn. 770. Näher dazu: Jalloh/Clarke/Nmehielle (Hrsg.), The African Court of Justice and Human and Peoples' Rights in Context (2022).

69 *Zimmermann/Bäumler* Der Afrikanische Gerichtshof für Menschen- und Völkerrechte, KAS (2010) 41 ff.

70 Vgl. https://www.dw.com/en/africas-court-of-human-rights-on-the-brink-of-collapse/a-53776946.

71 *Von Arnauld* 772.

72 *Von Arnauld* 772.

Im **vierten Teil** sind schließlich ökonomische, soziale und kulturelle Rechte, wie etwa das Recht auf Arbeit, das Recht auf sozialen Schutz und das Recht auf Bildung verortet. Abschließend in den Artikeln 43 bis 53 befinden sich organisatorische Festlegungen, u.a. die Gestaltung und Arbeitsweise des Überwachungsorgans.[73]

29   Wichtige Errungenschaften in der überarbeiteten Version sind das Bekenntnis zur Gleichstellung von Frau und Mann (Art. 3; Art. 34 Abs. 4), spezielle Kinderrechte (Art. 34) sowie Rechte für Behinderte (Art. 40, Abs. 34). Doch sieht auch die überarbeitete Charta keinen effektiven Überwachungs- und Durchsetzungsmechanismus vor. Zwar legt die Charta fest, dass die Vertragsstaaten ein Jahr nach der Ratifizierung dem Menschenrechts-ausschuss einen Bericht zur Umsetzung ihrer Inhalte vorzulegen haben, sodann alle drei Jahre einen periodischen Bericht. Ein **Individualbeschwerderecht** sowie die Einrichtung eines Gerichtshofs als Kontrollorgan sieht die Charta aber explizit nicht vor. Das 2009 geschaffene **Arab Human Rights Committee** soll die Umsetzung der Charta überprüfen.

30   Im Jahr 2014 hat die Liga der Arabischen Staaten das **Statut des Arabischen Menschen-rechtsgerichtshofs** (*Statute of the Arab Court of Human Rights*) verabschiedet, das einen **zwi-schenstaatlichen Beschwerdemechanismus** vorsieht, d.h. Staaten können für ihre Bürger Beschwerde erheben, die vorbringen, in ihren Menschenrechten durch einen anderen Signa-tarstaat verletzt zu sein (vgl. Art. 19 Statut).[74] Saudi-Arabien hat das Statut im Jahr 2016 als ers-ter Staat ratifiziert. Für ein Inkrafttreten sind sieben Ratifikationen erforderlich.

31   **6. ASEAN Charta.** Die 1967 in Bangkok als lose politische Verbindung gegründete und derzeit zehn südostasiatische Staaten[75] umfassende **Association of Southeast Asian Nati-ons (ASEAN)** mit Sitz in *Jakarta* (Indonesien) verabschiedete im November 2007 auf dem ASEAN-Gipfel in Singapur nach vorangegangenen zweijährigen Beratungen eine **Charta**,[76] in der sich die Mitglieder der asiatischen Regionalorganisation auf gemeinsame Prinzipien, wie Demokratie, Rechtsstaatlichkeit und Menschenrechte verständigt haben. Die Charta ist am 15.12.2008 nach der Ratifikation durch alle Mitgliedstaaten der ASEAN in Kraft getreten.[77] Im Februar 2010 entstand die *ASEAN Commission on the Promotion and Protection of the Rights of Women and Children* (ACWC);[78] diese soll Grundfreiheiten und die Rechte von Frauen und Kindern in den Mitgliedstaaten stärken.

32   Die Charta enthält **keinen Menschenrechtskatalog**, sondern verpflichtet die Vertrags-staaten nur allgemein auf die Einhaltung der Menschenrechte (Art. 1 Abs. 7; Art. 2 Abs. 2 *lit.* i). Seit der Einrichtung der Menschenrechtskommission *ASEAN Intergovernmental Commission on Human Rights* (AICHR),[79] wurde die *ASEAN Human Rights Declaration* (AHRD) erarbeitet. Diese wurde am 18.11.2012 auf dem ASEAN-Gipfel in Phnom Penh durch die Staats- und Regie-

---

73 https://www.humanrights.ch/de/ipf/grundlagen/rechtsquellen-instrumente/regionale/arabische-liga/arabi sche-charta/.

74 In englischer Sprache aufrufbar: https://acihl.org/texts.htm?article_id=44&lang=ar-SA (Stand: Juli 2023). Hierzu die kritische Analyse von ICJ, The Arab Court of Human Rights: A Flawed Statute for an Ineffective Court (2015), aufrufbar unter https://www.icj.org/wp-content/uploads/2015/04/MENA-Arab-Court-of-Human-Rights-Publications-Report-2015-ENG.pdf; ferner *Magliveras/Naldi* Quebec Journal of International Law **2016** (Vol. 29/2) 147 ff.

75 Brunei, Kambodscha, Indonesien, Laos, Malaysia, Myanmar, Philippinen, Singapur, Thailand, Vietnam; vgl. https://asean.org/asean/asean-member-states/.

76 Umfassend dazu: *Woon* The ASEAN Charter – A Commentary (2016).

77 Dazu Chachavalpongpun (Hrsg.), The Road to Ratification and Implementation of the ASEAN Charter (2008).

78 Vgl. https://asean.org/asean-socio-cultural/asean-ministerial-meeting-on-social-welfare-and-development-ammswd/acwc-php/; dazu auch *Pisanò* in: Reilly (Hrsg.), International Human Rights of Women (2019) 155 ff.

79 Vgl. https://aichr.org/*Tan* The ASEAN Intergovernmental Commission on Human Rights (2011).

rungschefs der Mitgliedstaaten verabschiedet und enthält neben allgemeinen Grundsätzen (*general principles*) Abschnitte über Bürger- und politische Rechte (*civil and political rights*), wirtschaftliche, soziale und kulturelle Rechte (*economic, social and cultural rights*) sowie Abschnitte über das Recht auf Entwicklung (*right to development*) und das Recht auf Frieden (*right to peace*). Die AHRD ist im Gegensatz zu anderen Menschenrechtspakten von einer generellen Skepsis gegenüber dem Konzept der Individualrechte geprägt; so enthält Art. 6 Satz 1 eine Bestimmung, nach der die Menschenrechte mit den Pflichten des Individuums der Gesellschaft gegenüber ausbalanciert werden müssten („the enjoyment of human rights and fundamental freedoms must be balanced with the performance of corresponding duties as every person has responsibilities to all other individuals"). Art. 7 Satz 2 AHRD bestimmt, dass die Ausübung der Menschenrechte im Lichte des regionalen und lokalen Kontextes eingedenk der verschiedenen politischen, wirtschaftlichen, rechtlichen, sozialen, kulturellen, geschichtlichen und religiösen Hintergründe geschehen müsse. Die AHRD kennt keinen der EMRK vergleichbaren Schutzmechanismus wie etwa ein Individualbeschwerdeverfahren. Die AICHR ist (bislang) nicht in die Durchsetzung der Rechte auf der AHRD eingebunden.

Insgesamt dürfen keine hohen Erwartungen an die Rechtswirklichkeit und praktische **33** Umsetzung der Charta und der AHRD gestellt werden, zumal die politische und wirtschaftliche Lage in den Mitgliedstaaten der ASEAN sehr unterschiedlich ist. In einigen ASEAN-Staaten, wie etwa Myanmar oder Kambodscha, gibt es weiterhin erhebliche Defizite im Menschenrechtsschutz. Zudem sind nicht alle ASEAN-Mitglieder in gleichem Maße am Thema Menschenrechte interessiert.[80] Die wohl größte Gefahr besteht darin, dass das auch nach der Charta maßgebliche Prinzip der Nichteinmischung in die internen Angelegenheiten eines Landes eine Schwächung der neu eingeführten Verpflichtung aller Mitgliedsländer zu Demokratie, Rechtstaatlichkeit und Menschenrechten mit sich bringen könnte.[81]

IV. Weitere Konventionen und Initiativen zum Schutz von Menschenrechten

1. Vereinte Nationen. Auf der Ebene der Vereinten Nationen wird der Menschenrechts- **34** schutz durch zusätzliche **Konventionen** ergänzt, die teilweise auch strafrechtliche Bezüge haben.

Von besonderer Bedeutung sind die Übereinkommen, die das humanitäre Kriegsvöl- **35** kerrecht fortentwickelt haben, wie etwa die **Genfer Abkommen** v. 12.8.1949 **und ihre Zusatzprotokolle** v. 8.6.1977, die den Schutz der Personen bei bewaffneten Konflikten bezwecken,[82] ebenso humanitäre Abkommen wie das Abkommen über die Rechtsstellung der Flüchtlinge **(Genfer Flüchtlingskonvention)** v. 28.7.1951.[83]

---

80 Hierzu: *Desierto* GoJIL **2009** 77.

81 Vertiefend: *Severino* Framing the ASEAN Charter – An ISEAS Perspective (2005); *Dürkop* Die ASEAN-Charta, KAS-Länderbericht (2007); *Loewen* Menschenrechte im Asien-Europa-Dialog, Südostasien aktuell **2008** 75; *Jones* International Affairs **84** (2008) 735.

82 III. Genfer Abkommen über die Behandlung von Kriegsgefangenen v. 12.8.1949 (BGBl. 1954 II S. 838), IV. Genfer Abkommen v. 12.8.1949 (BGBl. 1954 II S. 917; ber. 1956 II S. 1586) und die Zusatzprotokolle I und II v. 8.6.1977 (BGBl. 1990 II S. 1551 bzw. BGBl. 1990 II S. 1637); vgl. dazu etwa *Partsch* EuGRZ **1991** 469, 471; ferner zu dem Verhältnis der Genfer Konventionen zu den auf den gleichen sittlichen Grundanschauungen beruhenden Menschenrechtspakten das Gutachten der Europäischen Kommission für Demokratie durch Recht (Venedig-Kommission) v. 13.12.2003 (EuGRZ **2004** 343). Umfassend zur Bedeutung der EMRK: *Biehl* Die Europäische Menschenrechtskonvention in internationalen und nicht-internationalen bewaffneten Konflikten (2020); *Payandeh* JuS Kurzinterview v. 8.3.2022.

83 BGBl. 1953 II S. 560; der Anwendungsbereich wurde durch das Protokoll v. 31.1.1967 (BGBl. 1969 II S. 1294) auf alle Flüchtlinge ausgedehnt.

36   Als weitere Konventionen die – meist unter speziellen Gesichtspunkten und Lagen –
bestimmte Menschenrechte schützen, sind namentlich zu nennen:
–   das Übereinkommen betreffend die **Sklaverei** v. 25.9.1926 i.d.F. des Änderungsprotokolls
v. 7.12.1953;[84] Zusatzübereinkommen über die Abschaffung der **Sklaverei, des Sklavenhandels und sklavereiähnlicher Einrichtungen und Praktiken** v. 7.9.1956;[85]
–   das Übereinkommen über **Zwangs- und Pflichtarbeit** (ILO-Übereinkommen 29) v.
28.6.1930,[86] geändert durch ILO-Übereinkommen 116 v. 26.6.1961;[87]
–   die Konvention über Verhütung und Bestrafung des Völkermordes v. 9.12.1948;[88]
–   das Übereinkommen über die **politischen Rechte der Frau** v. 31.3.1953;[89]
–   das Übereinkommen über die Abschaffung der **Zwangs- und Pflichtarbeit** (ILO-Übereinkommen 105) v. 25.6.1957;[90]
–   das Übereinkommen zur **Beseitigung von jeder Form der Rassendiskriminierung**
v. 7.3.1966 **(CERD)**,[91] das u.a. auch die Möglichkeit der Individualbeschwerde zum
Ausschuss für die Beseitigung der Rassendiskriminierung (Art. 14 CERD) vorsieht;[92]
–   das Übereinkommen zur **Beseitigung von jeder Form der Diskriminierung der
Frau** v. 18.12.1979 **(CEDAW)**[93] mit dem **Fakultativprotokoll** v. 6.10.1999,[94] das die Individualbeschwerde („Mitteilung") an den Ausschuss für die Beseitigung der Diskriminierung der Frau zulässt;
–   das **Übereinkommen gegen Folter und andere grausame, unmenschliche oder
erniedrigende Behandlung** v. 10.12.1984 **(UNCAT)**,[95] das ebenfalls einen Ausschuss
der Vertragsstaaten vorsieht, dem die Berichte der Vertragsstaaten vorzulegen sind
und der auch die Beschwerden der Vertragsstaaten und Individualbeschwerden („Mitteilung") entgegennimmt, sofern ein Vertragsstaat dieser fakultativ eröffneten Möglichkeit beigetreten ist; durch das am **18.12.2002** durch die UN-Generalversammlung

---

84   BGBl. 1972 II S. 1473; zu diesen Abkommen vgl. Art. 4 Rn. 1, 51.
85   BGBl. 1958 II S. 205.
86   BGBl. 1956 II S. 641.
87   BGBl. 1963 II S. 1136.
88   BGBl. 1954 II S. 730. Zur Bedeutung der Konvention für die Entwicklung des Völkerstrafrechts: Safferling/
Conze (Hrsg.), The Genocide Convention – Sixty Years After Its Adoption (2010).
89   BGBl. 1969 II S. 1929.
90   BGBl. 1959 II S. 442.
91   BGBl. 1969 II S. 962; 2211.
92   Vgl. Teil II Rn. 452 f.; zur Zulässigkeit vorläufiger Anordnungen siehe: IGH-Anordnung v. 15.10.2008 (Ge-
orgien/Russland); hierzu: *Thienel* GoJIL **2009** 143.
93   BGBl. 1985 II S. 648. Dazu siehe *Freeman/Chinkin/Rudolf* The UN Convention on the Elimination of All
Forms of Discrimination Against Women (2012); Hellum/Aasen (Hrsg.), Women's Human Rights – CEDAW in
International, Regional and National Law (2013); *Zwingel* Translating International Women's Rights – The
CEDAW Convention in Context (2016); *Campbell* Women, Poverty, Equality – The Role of CEDAW (2018). Vgl.
hierzu aus strafrechtlicher Sicht die Forderungen nach einem Gesamtstraftatbestand „Häusliche Gewalt"
sowie ablehnend die Antwort der Bundesregierung (BTDrucks. **16** 12152; **16** 12839); zum Auslegungspotential
des CEDAW: *König/Schadendorf* DÖV **2014** 853 ff.; *Schöpp-Schilling/Rudolf/Gothe* Mit Recht zur Gleichheit –
Die Bedeutung des CEDAW-Ausschusses für die Verwirklichung der Menschenrechte von Frauen weltweit
(2015); *Schläppi/Ulrich/Wyttenbach* CEDAW-Kommentar zum UNO-Übereinkommen über die Beseitigung jeder Form der Diskriminierung der Frau (CEDAW und Optional Protocol) (2015).
94   BGBl. 2001 II S. 1238; für Deutschland in Kraft seit 15.4.2002 (BGBl. II S. 1197), vgl. Teil II Rn. 436.
95   BGBl. 1990 II S. 246, für die BR Deutschland am 31.10.1990 in Kraft getreten (BGBl. 1993 II S. 715); geändert
aufgrund einer Resolution der UN-Generalversammlung durch Gesetz v. 7.3.1996 (BGBl. II S. 252); vgl. Teil II
Rn. 436, 438 ff.

Esser

angenommene **Zusatzprotokoll (OPCAT)**[96] wurde auf der Ebene der UN ein internationaler Präventionsmechanismus (*Subcommittee on Prevention of Torture and other Cruel, Inhuman or Degrading Treatment or Punishment – SubCoP/SPT*) geschaffen; dieser CAT-Unterausschuss hat uneingeschränkten Zugang zu Vollzugs- und Gewahrsamseinrichtungen in den Vertragsstaaten (vgl. Art. 3 Rn. 7);

– das **Übereinkommen über die Rechte des Kindes** v. 20.11.1989 (CRC bzw. UN-Kinderrechtskonvention);[97] ergänzt durch: **Fakultativprotokoll** v. 25.5.2000,[98] das die Beteiligung von Jugendlichen unter 18 Jahren an bewaffneten Konflikten verhindern soll: **zweites Fakultativprotokoll** v. 25.5.2000[99] zum Übereinkommen über die Rechte des Kindes betreffend den Verkauf von Kindern, die Kinderprostitution und die Kinderpornographie; **drittes Fakultativprotokoll** v. 19.12.2011, mit dem ein Individualbeschwerdeverfahren („Mitteilungsverfahren") für Kinder eingeführt wird;[100]

– das Internationale Übereinkommen v. 20.12.2006 zum **Schutz aller Personen vor dem Verschwindenlassen**; dazu Teil II Rn. 443 ff.;[101]

---

96 Am 20.6.2006 nach der 20. Ratifikation in Kraft getreten; für die BR Deutschland am 3.1.2009, BGBl. II 536; Gesetz zu dem Fakultativprotokoll v. 18.12.2002 zum Übereinkommen gegen Folter und andere grausame, unmenschliche oder erniedrigende Behandlung oder Strafe v. 26.8.2008 (BGBl. 2008 II S. 854). Zum Ratifikationsprozess in Deutschland: BTDrucks. **15** 3507; **16** 8249; *Follmar-Otto* in: Deutsches Institut für Menschenrechte, Prävention von Folter und Misshandlung in Deutschland (2007) 57 ff.

97 Convention on the Rights of the Child (CRC); Gesetz v. 17.2.1992 (BGBl. II S. 121); zur Einführung eines Individualbeschwerdeverfahrens vgl. BTDrucks. **16** 11603 S. 3. Zu den Garantien der CRC und ihrer Umsetzung in nationales Recht: *Schmahl*; *Liefaard/Sloth-Nielsen* The United Nations Convention on the Rights of the Child Taking Stock after 25 Years and Looking Ahead (2017); *Vandenhole/Türkelli/Lembrechts* Children's Rights – A Commentary on the Convention on the Rights of the Child and Its Protocols (2019); *Tobin* (Hrsg.), The UN Convention on the Rights of the Child – A Commentary (2019); Kilkelly/Lundy/Byrne (eds.) Incorporating the UN Convention on the Rights of the Child into National Law (2021). Zur Diskussion um die Aufnahme von Kinderrechten ins Grundgesetz: BTDrucks. **18** 6042; **19** 28138; hierzu *Eufinger* NJ **2021** 53 ff.; *Heilmann* FamRZ **2021** 487; *v. Landenberg-Roberg* NZFam **2021** 145 ff.; Bundestag, WD 3 – 3000 – 013/21 v. 1.2.2021 (Ausarbeitung – Aufnahme von Kinderrechten ins Grundgesetz).

98 OP to the Convention on the Rights of the Child on the Involvement of Children in Armed Conflict; Gesetz v. 16.9.2004 (BGBl. II S. 1354).

99 OP to the Convention on the Rights of the Child on the Sale of Children, Child Prostitution and Child Pornography; Gesetz v. 31.10.2008 (BGBl. II S. 1222); am 15.8.2009 für Deutschland in Kraft getreten.

100 OP to the Convention on the Rights of the Child on a communications procedure; Gesetz v. 20.12.2012 (BGBl. II S. 1546); BTDrucks. **17** 10916. Deutschland hat das OP am 28.2.2013 ratifiziert. Das Protokoll ist am 14.4.2014 in Kraft getreten (vgl. https://treaties.un.org/); dazu *Grover* Children Defending Their Human Rights Under the CRC Communications Procedure (2015).

101 International Convention for the Protection of All Persons from Enforced Disappearance; am 23.12.2010 in Kraft getreten. Das Übereinkommen sieht eine staatliche Strafbefugnis nach dem Weltrechtsprinzip vor (Art. 9) und verpflichtet die Vertragsstaaten, die Tatverdächtigen entweder selbst vor Gericht zu stellen oder sie an einen verfolgungswilligen Staat oder ein internationales Strafgericht auszuliefern (Art. 11); zur Staatenverantwortlichkeit unter der Konvention siehe *Vermeulen* Enforced Disappearance (2012); ferner siehe *Kyriakou* MJIL **2012** 424 ff. Mit dem Gesetz zum Internationalen Übereinkommen vom 20.12.2006 zum Schutz aller Personen vor dem Verschwindenlassen vom 30.7.2009 hat Deutschland die innerstaatlichen Voraussetzungen (Art. 59 Abs. 2 GG) zur Umsetzung der Konvention geschaffen; vertiefend: *Schniederjahn* Das Verschwindenlassen von Personen in der Rechtsprechung internationaler Menschenrechtsgerichtshöfe (2017); *Hummer/Mayr-Singer* UN **2007** 183; *Heinz* Das neue internationale Übereinkommen zum Schutz aller Personen vor dem Verschwindenlassen, Deutsches Institut für Menschenrechte (2008); *von Braun/Diehl* ZIS **2011** 214 ff. Deutschland hat das Übereinkommen am 24.9.2009 ratifiziert: Gesetz zu dem Internationalen Übereinkommen v. 20.12.2006 zum Schutz aller Personen vor dem Verschwindenlassen v. 30.7.2009 (BGBl. II S. 932 ff.; BTDrucks. **16** 12592; BRDrucks. 187/09); vgl. ferner: Art. 7 Abs. 1 *lit.* i ICC-Statut (Verbrechen gegen die Menschlichkeit). Zur Umsetzung in Österreich: *Staffler* ÖJZ **2016** 499.

- das **Übereinkommen über die Rechte von Menschen mit Behinderungen** v. 13.12.2006 (Convention on the Rights of Persons with Disabilities); ergänzt durch das Fakultativprotokoll v. 13.12.2006;[102]
- die **Erklärung der Rechte indigener Völker** v. 13.9.2007 (Declaration on the Rights of Indigenous People).[103]

37   **2. Europäische Union.** Auch in Europa werden die EMRK und ihre Zusatzprotokolle durch weitere Abkommen ergänzt.[104] Auf der Ebene der Europäischen Union modifizieren bzw. erweitern eine Reihe von Abkommen einzelne Konventionsrechte. Hierzu gehört etwa das **Verbot der Doppelbestrafung** (*ne bis in idem*), das über **Art. 50 EUC** und **Art. 54 des Schengener Durchführungsübereinkommens** (SDÜ) v. 19.6.1990[105] transnationale Geltung erhält (vgl. Art. 6 Rn. 1579).[106] Erwähnung verdient auch die **VO 2020/1998**[107] v. 7.12.2020, die Maßnahmen gegen **schwere Menschenrechtsverletzungen**, wie das Einfrieren von Geldern und wirtschaftlichen Ressourcen oder das Verbot der Bereitstellung etwaiger Gelder, vorsieht. Die Verordnung gilt dabei u.a. für Völkermord, Verbrechen gegen die Menschlichkeit, Folter oder auch das Verschwindenlassen von Personen (vgl. Art. 2 VO).

38   **3. Europarat.** Von den Übereinkommen auf der Ebene des **Europarates** sind insbesondere zu erwähnen: das **Europäische Niederlassungsabkommen** v. 13.12.1955 (ETS 019),[108] die – nur zum Teil verpflichtende – **Europäische Sozialcharta** v. 18.10.1961 (ETS 035),[109] das **Protokoll** zu dem Europäischen Übereinkommen über konsularische Aufgaben **betreffend**

---

102 Gesetz zum Übereinkommen der Vereinten Nationen über die Rechte von Menschen mit Behinderungen (UN-Behindertenrechtskonvention – BRK) und zum FP v. 21.12.2008 (BGBl. II S. 1419). Das Übereinkommen ist am 3.5.2008 in Kraft getreten. Beide völkerrechtlichen Verträge wurden am 26.3.2009 für Deutschland verbindlich (BGBl. 2009 II S. 812). Ziel des Übereinkommens ist es, die gleichberechtigte Gewährleistung der Menschenrechte und Grundfreiheiten gegenüber Menschen mit Behinderungen zu fördern, zu schützen und zu gewährleisten. Der Begriff der „Teilhabe" wird dabei für einzelne Lebensbereiche konkretisiert (vgl. BTDrucks. **16** 12240); eingehend: *Rothfritz* Die Konvention zum Schutz der Rechte von Menschen mit Behinderungen (2010); zur Umsetzung in der EU: *Pieper* NDV **2017** 22; dazu EuGH 22.5.2014, C-356/12 (Glatzel); ferner aus der gerichtlichen Praxis: EGMR Z.H./H, 8.11.2012, § 43; R.P. u.a./UK, 9.10.2012, § 65; (GK) Stanev/BUL, 17.1.2012, NJOZ **2013** 1190, § 244; Kiyutin/R, 10.3.2011, NVwZ **2012** 221, § 57; Glor/CH, 30.4.2009, § 53; s.a. *Aichele* Die UN-Behindertenkonvention und ihr Fakultativprotokoll (2008); *ders.* AnwBl. **2011** 727; *Roller* NZS **2019** 368 ff.; *Kreutz/Lachwitz/Trenk-Hinterberger* Die UN-Behindertenrechtskonvention in der Praxis (2013); *Luthe* SGb **2013** 391; dagegen *Schulte* SGb **2013** 691; *ders.* ZESAR **2012** 69; 112; *Kocher/Wenckebach* SR **2013** 17, 18 ff.; speziell unter dem Aspekt der psychiatrischen Zwangsbehandlung: *Lehmann* R&P **2015** 20, 22 ff.
103 Vertiefend: Connolly (Hrsg.), Indigenous Rights (2009); *Pulitano* Indigenous Rights in the Age of the UN Declaration (2012).
104 Vgl. die Kritik von *Broß* JZ **2003** 429 an der Vielzahl der Regelwerke (eher Ausdruck der Unsicherheit).
105 BGBl. 1993 II S. 1013.
106 Näher dazu (insb. auch zum Verhältnis der beiden Vorschriften): *Stalberg* Zum Anwendungsbereich des Art. 50 der Charta der Grundrechte der Europäischen Union (2013); Hochmayr (Hrsg.), „Ne bis in idem" in Europa (2015); *van Bockel* Ne Bis in Idem in EU Law (2016); *Gölly* Ne bis in idem – Das unionsrechtliche Doppelverfolgungsverbot (2017); *Zöller* GA **2016** 325 ff.; *El-Ghazi* JZ **2020** 115 ff.; ferner s.a. *Mansdörfer* Das Prinzip ne bis in idem im europäischen Strafrecht (2004).
107 Verordnung (EU) 2020/1998 des Rates v. 7.12.2020 über restriktive Maßnahmen gegen schwere Menschenrechtsverletzungen und -verstöße, ABlEU Nr. L 410 v. 7.12.2020 S. 1; vertiefend: *Hoffmann* NVwZ **2021** 1356 ff.
108 BGBl. 1959 II S. 998.
109 BGBl. 1964 II S. 1262; Zusatzprotokoll v. 5.5.1988 (ETS 128), von Deutschland noch nicht ratifiziert; Zusatzprotokoll über Kollektivbeschwerden v. 9.11.1995 (ETS 158), von Deutschland nicht gezeichnet.

den Schutz der Flüchtlinge v. 11.12.1967 (ETS 061A),[110] das **Europäische Übereinkommen zur Verhütung von Folter und unmenschlicher Behandlung oder Strafe** v. 26.11.1987 (ETS 126),[111] das **Rahmenübereinkommen zum Schutze nationaler Minderheiten** v. 1.2.1995 (ETS 157),[112] die **Europäische Sozialcharta** (revidiert) v. 3.5.1996 (ETS 163),[113] das Europäische Abkommen zum Schutz der Menschenrechte und der Menschenwürde im Hinblick auf die **Anwendung der Biologie und der Medizin** v. 4.4.1997 (ETS 164) mit dem ZP über das **Verbot des Klonens von Menschen** v. 12.1.1998 (ETS 168), dem ZP über die **Transplantationsmedizin** v. 24.1.2002 (ETS 186) und dem **ZP über die biomedizinische Forschung** v. 25.1.2005 (CETS 195),[114] das Europäische Übereinkommen über **Maßnahmen gegen den Menschenhandel** v. 16.5.2005 (CETS 197),[115] das **Übereinkommen des Europarates zum Schutz von Kindern vor sexueller Ausbeutung und sexuellem Missbrauch** v. 25.10.2007 (CETS 201),[116] die Konvention des Europarates über den **Zugang zu amtlichen Dokumenten** v. 18.6.2009 (CETS 205),[117] das Übereinkommen v. 11.5.2011 (CETS 210) über den **Schutz von Frauen vor Gewalt und häuslicher Gewalt (Istanbul-Konvention)**,[118] Übereinkommen des Europarates gegen den **Handel mit menschlichen Organen** v. 23.5.2015 (CETS 216).[119]

V. Ämter und Gremien der Vereinten Nationen

1. UN High Commissioner for Human Rights. Durch die Resolution der UN-General- 39 versammlung 48/141 v. 20.12.1993 wurde das Amt der **Hohen Kommissarin für Menschenrechte** geschaffen, das seit September 2022 von dem Österreicher *Volker Türk* wahrgenommen wird. Der *High Commissioner* leitet das **Office of the United Nations High Commissioner for Human Rights (OHCHR)**,[120] welches u.a. den UN-Menschenrechtsrat und das Expertenkomitee bei der Überwachung der internationalen Menschenrechtsabkommen unterstützt. Er ist Hauptverantwortlicher für die Menschenrechtsaktivitäten der UN.[121]

2. UN Special Rapporteur on Torture. Die United Nations Commission on Human 40 Rights hat mit der Resolution 1985/33 einen **UN-Sonderberichterstatter über Folter** (*Spe-*

---

110 Von der BR Deutschland am selben Tag unterzeichnet; noch nicht in Kraft getreten.

111 BGBl. 1989 II S. 946; geändert durch Prot. Nr. 1 und Nr. 2 v. 4.11.1993 (BGBl. 1996 II S. 1115). Die Änderungen sind für Deutschland am 1.3.2002 in Kraft getreten (BGBl. II S. 1019).

112 BGBl. 1997 II S. 1408.

113 Von der BR Deutschland am 29.6.2007 unterzeichnet, am 29.3.2021 mit zahlreichen Vorbehalten und Erklärungen ratifiziert und am 1.5.2021 in Kraft getreten (vgl. https://www.coe.int/en/web/conventions/full-list; BGBl. 2020 II S. 900, dazu s.a. BTDrucks. **19** 20976; *Lörcher* ArbuR **2020** 303 ff.).

114 Jeweils nicht von der BR Deutschland unterzeichnet.

115 Von der BR Deutschland am 17.11.2005 unterzeichnet, am 19.12.2012 ratifiziert und am 1.4.2013 in Kraft getreten (BGBl. 2012 II S. 1107).

116 Von der BR Deutschland am 25.10.2007 unterzeichnet, am 18.11.2015 ratifiziert und am 1.3.2016 in Kraft getreten (BGBl. 2015 II S. 26).

117 Bislang nicht von der BR Deutschland unterzeichnet.

118 Von der BR Deutschland am 11.5.2011 unterzeichnet, am 12.10.2017 ratifiziert und am 1.2.2018 in Kraft getreten (BGBl. 2017 II S. 1026); zur innerstaatlichen Wirkung siehe *Uerpmann-Wittzack* FamRZ **2017** 1812 ff.; aus strafrechtlicher Sicht: *Blume/Wegner* HRRS **2014** 357; *Steinl* ZStW **133** (2021) 819 ff.

119 Bislang nicht von der BR Deutschland unterzeichnet.

120 Vertiefend *Spohr* Der neue Menschenrechtsrat und das Hochkommissariat für Menschenrechte der Vereinten Nationen (2014); *Riemer/Berger* JuS **2022** 216, 217.

121 Vgl. https://www.ohchr.org/EN/pages/home.aspx; *Kälin/Künzli* 300 f.; Gaer/Broecker (Hrsg.), The United Nations High Commissioner for Human Rights – Conscience for the World (2014).

cial Rapporteur on torture and other cruel, inhuman or degrading treatment or punishment) eingesetzt. Durch die Resolution 43/20 des Human Rights Council wurde das Mandat des Sonderberichterstatters im März 2020 um drei Jahre verlängert.[122]

41   **3. UN Special Rapporteur on Human Rights and the Environment.** Im Jahr 2012 setzte der Menschenrechtsrat der Vereinten Nationen einen Unabhängigen Experten für Menschenrechte und Umweltschutz ein.[123] Seit 2015 wird das Amt durch einen *Special Rapporteur* wahrgenommen und als solches fortgeführt.[124] Aufgabe des Sonderberichterstatters ist es, die menschenrechtlichen Verpflichtungen staatlicher und nicht-staatlicher Akteure im Hinblick auf Umwelt und Naturschutz zu untersuchen, Leitlinien für die Umweltpolitik zu entwickeln und zu deren Implementierung beizutragen; dazu gehören auch Länderbesuche, um vor Ort auf konkrete Menschenrechtsverletzungen zu reagieren.[125] Angesichts des fortschreitenden Klimawandels wurde diskutiert, ob ein eigenständiger **UN Special Rapporteur on Human Rights and Climate Change** eingesetzt werden sollte.[126] Insgesamt waren 2022 auf Grundlage von UN-Resolutionen 44 thematische und 11 Länder Sonderberichterstatter/-innen eingesetzt.[127]

VI. Ämter und Gremien zur Überwachung und Gestaltung der Menschenrechtslage auf der Ebene des Europarates

42   **1. Menschenrechtskommissar des Europarates.** Im Mai 1999 wurde im Zuge der Feierlichkeiten zum 50-jährigen Bestehen des Europarates das Amt des **Menschenrechtskommissars des Europarates (Commissioner for Human Rights of the Council of Europe)** geschaffen mit Sitz in Straßburg.[128] Der Menschenrechtskommissar wird von der Parlamentarischen Versammlung des Europarates aus einer vom Ministerkomitee erstellten Liste von drei Kandidaten für eine einmalige Amtszeit von sechs Jahren gewählt.

43   Das weite **Aufgabenfeld** des Menschenrechtskommissars umfasst die Bildung auf dem Gebiet der Menschenrechte sowie die Förderung des Bewusstseins für ihre Achtung. Zur Umsetzung dieser Vorgaben soll er praktische und rechtliche Defizite in Fragen des Menschenrechtsschutzes in den Mitgliedstaaten zu identifizieren und diese bei der Umsetzung des menschenrechtlichen Regelwerks des Europarates unterstützen.

---

122   https://www.ohchr.org/en/issues/torture/srtorture/pages/srtortureindex.aspx.
123   Human Rights Council, Res. A/HRC/RES/19/10 v. 22.3.2012.
124   Human Rights Council, Res. A/HRC/RES/28/11 v. 26.3.2015; Res. A/HRC/RES/37/8 v. 22.3.2018; Res. A/HRC/RES/46/7 v. 23.3.2021.
125   https://www.ohchr.org/en/Issues/environment/SRenvironment/Pages/SRenvironmentIndex.aspx. In diesem Zusammenhang siehe auch das wegweisende Urteil des niederländischen Hoge Raad, Urgenda v. Niederlande (Ministerium für Wirtschaft und Klimapolitik), 20.12.2019: ECLI:NL:HR:2019:2007; dazu *Saurer/Purnhagen* ZUR **2016** 16; *Wegener* ZUR **2019** 3; *Voland* NVwZ **2019** 114; *Hänni* EuGRZ **2020** 616.
126   Dazu Friedrich-Ebert-Stiftung (FES), A UN Special Rapporteur on Human Rights and Climate Change? (2021), aufrufbar unter: http://library.fes.de/pdf-files/iez/17300.pdf.; Human Rights Council, Res. 48/14, A/HRC/48/L.27 v. 8.10.2021; siehe auch die wegweisende Res. 48/13 (A/HRC/48/L.23/Rev.1) v. 8.10.2021, mit der der Human Rights Council das Bestehen eines Menschenrechts auf sichere, saubere, gesunde und nachhaltige Umwelt („human right to safe, clean, healthy and sustainable environment") anerkennt.
127   *Riemer/Berger* JuS **2022** 218.
128   Res. 99 (50) des Ministerkomitees; vgl. *Brummer* Der Europarat (2008) 193; *Müller* RuP **2008** 217; *Gusy* Der Staat **47** (2008) 511, 527 ff.; *Sivonen* in: Human Rights Monitoring Mechanisms of the Council of Europe (2012), 17 ff.

Der Menschenrechtskommissar übt seine **Tätigkeit** unabhängig und unparteiisch aus, ist **44** aber keine gerichtliche Institution und behandelt auch keine Individualbeschwerden. Wichtigstes Instrument sind Besuche (*assessment visits*) in den CoE-Mitgliedstaaten. Besuche zur Nachbereitung (*follow-up visits*) dienen der Einschätzung der seit dem letzten Besuch erzielten Fortschritte. Hinzu kommen Kontaktbesuche im Dialog mit nationalen Behörden und der Zivilgesellschaft des jeweiligen Landes (*contact visits*) sowie Sonderbesuche bei spezifischen Problemlagen im besuchten Staat (*special visits*). Die Ergebnisse der Besuche werden in einem öffentlich zugänglichen Besuchsbericht zusammengefasst, der an das Ministerkomitee und die Parlamentarische Versammlung weitergeleitet wird. Eine Pflicht der Staaten zur Stellungnahme oder Kommentierung der Berichte besteht allerdings nicht.

Mit dem am 1.6.2010 in Kraft getretenen 14. Protokoll zur EMRK **(14. P-EMRK)** hat **45** der Menschenrechtskommissar das Recht erhalten, **schriftliche Stellungnahmen beim Europäischen Gerichtshof für Menschenrechte** (EGMR) abzugeben und dort an mündlichen Verhandlungen teilzunehmen (vgl. Art. 36 Abs. 3 EMRK). Ebenso ist er im Rahmen des neu geschaffenen Vorlageverfahrens nach dem 16. Protokoll zur EMRK **(16. P-EMRK)**, das am 1.8.2018 in Kraft trat, zur Abgabe schriftlicher Stellungnahmen sowie zur Teilnahme an mündlichen Verhandlungen berechtigt (vgl. Art. 3 des 16. P-EMRK).

2. Europäische Kommission für Demokratie durch Recht. Die **Europäische Kom-** **46** **mission für Demokratie durch Recht** wurde 1990 durch ein Teilabkommen des Europarates eingerichtet.[129] Die **Venedig-Kommission (Venice Commission)** bestand zunächst nur aus den 18 Mitgliedstaaten des Europarates, wurde aber 2002 durch ein erweitertes Teilabkommen erweitert, so dass ihr mittlerweile auch Nichtmitglieder beitreten können.[130] 2023 waren 62 Staaten Mitglieder der Kommission, darunter alle Mitgliedstaaten des Europarates, einige nordafrikanische sowie südamerikanische Staaten und die USA; vier weitere Staaten haben **Beobachterstatus**, Belarus ist assoziiertes Mitglied. Darüber hinaus gibt es fünf Mitglieder mit einem „**Special Status**" (Europäische Union, Südafrika, Palästina, die OAS sowie die OSZE).[131] Der Kommission steht ein achtköpfiges Präsidium vor, es wird vom Plenum gewählt.[132] Die Mitglieder entsenden als Vertreter „unabhängige Sachverständige internationalen Ansehens", die in eigener Verantwortung in der Kommission mitarbeiten und nicht weisungsgebunden sind.[133] Die deutschen Vertreter sind derzeit (Juli 2023) die ehemalige Richterin am EGMR Prof. *Dr. Angelika Nußberger* und – als *substitute member* – der ehemalige Richter am Bundesverfassungsgericht *Andreas Paulus*.

Die Venedig-Kommission ist ein **unabhängiges beratendes Gremium**, die einen jähr- **47** lichen Tätigkeitsbericht vorlegt.[134] Ihre Aufgabe besteht primär darin, ihre Mitglieder beim Aufbau eines demokratischen Rechtsstaates zu unterstützen und zu diesem Zweck technische Hilfe bei der Ausarbeitung neuer Verfassungen, Grundrechtskataloge oder anderer legislativer Maßnahmen zu gewähren, die auch das Strafrecht betreffen können.[135] Einen

---

129 Resolution des Ministerkomitees CM(90) 6.

130 Resolution des Ministerkomitees CM(2002) 3. Die Satzung der Venedig-Kommission ist der Resolution angehängt. Sie ist abrufbar unter: https://www.venice.coe.int/webforms/events/ > Main Documents > Statute.

131 Stand: 21.7.2023; https://www.venice.coe.int/WebForms/members/countries.aspx?lang=EN.

132 Art. 4 Satzung Venedig-Kommission.

133 Vgl. Art. 2 Abs. 1 Satzung Venedig-Kommission.

134 Siehe https://www.venice.coe.int/webforms/events/ > Main Documents > Annual Reports.

135 Vgl. für die Aufgaben der Venedig-Kommission mit Beispiel *Brummer* Der Europarat (2008) 222 ff. Vgl. auch *Rülke* Venedig-Kommission und Verfassungsgerichtsbarkeit – Eine Untersuchung über den Beitrag des Europarates in Mittel- und Osteuropa (2003). Näher zur Art und Weise der Herausbildung europäischer Verfassungsstandards in der Venedig-Kommission: *Grabenwarter* JöR **66** (2018) 21 ff.

besonderen Schwerpunkt legt die Kommission auf die effektive Durchsetzung von **Verfassungsgarantien**. Zu diesem Zweck arbeitet sie eng mit den Verfassungsgerichten der Mitgliedstaaten zusammen.

48   2002 wurde diese Arbeit durch die Gründung des **Joint Council on Constitutional Justice (JCCJ)** institutionalisiert; ihm gehören Verfassungsrichter aus 50 Staaten sowie Mitglieder des EGMR, des EuGH und des IAGMR an. Die Kommission hat ferner die elektronische **CODICES-Datenbank** für Verfassungsrechtsprechung ins Leben gerufen.[136] Ein weiterer Schwerpunkt ihrer Arbeit liegt auf der **Wahlrechtsgesetzgebung** mit dem zu diesem Themenschwerpunkt eigens gegründeten Gremium (*Council for Democratic Elections, CDE*), eine elektronische Wahlrechtsdatenbank (*VOTA*)[137] und einem entsprechenden Regelkatalog (*Code for Good Practice in Electoral Matters*).[138] Sämtliche Tätigkeiten und Handlungsformen der Venedig-Kommission erzeugen keinerlei rechtliche Bindungswirkungen.[139] **Gutachten** der Kommission finden allerdings Eingang in die Rechtsprechung des **EGMR**, wenn der Gerichtshof sie als geeignete Rechtserkenntnisquelle einstuft.[140]

49   **3. Komitee zur Verhütung von Folter und unmenschlicher und erniedrigender Behandlung oder Strafe (CPT).** Zur Kontrolle der Einhaltung der Garantien des Europäischen Übereinkommens zur Verhütung von Folter und unmenschlicher oder erniedrigender Behandlung oder Strafe vom 26.11.1987 (European Convention for the Prevention of Torture and Inhuman or Degrading Treatment or Punishment – ECPT)[141] wurde das Komitee zur Verhütung von Folter und unmenschlicher und erniedrigender Behandlung oder Strafe (CPT) geschaffen, das europaweit durch Kontrollbesuche von Gefängnissen und sonstigen freiheitsentziehenden Einrichtungen die Haftsituation der Insassen kontrollieren und verbessern soll (dazu Art. 3 Rn. 16 ff.).[142]

50   **4. Leitungskomitee für Menschenrechte.** Die Hauptaufgabe des **Leitungskomitees für Menschenrechte (Steering Committee for Human Rights, CDDH)**[143] besteht darin, unter der Führung des Ministerkomitees des Europarates Standards und Strategien zur Förderung der Menschenrechte in den 46 Mitgliedstaaten des Europarates zu entwickeln. Das CDDH setzt sich aus Vertretern der CoE-Mitgliedstaaten zusammen. Die Arbeit des dem CCDH untergeordneten Expertenkomitees zur Verbesserung der Verfahren zum Schutz der Menschenrechte (Committee of Experts for the Improvement of Procedures for the Protection of Human Rights/**DH-PR**), dessen Ziel u.a. in der Effektivierung der Kontrollmechanismen der EMRK bestand, wurde im Jahr 2010 eingestellt.[144]

---

136   www.codices.coe.int.www.codices.coe.int/NXT/gateway.dll?f=templates&fn=default.htm.

137   https://www.te.gob.mx/vota_elections/.

138   https://www.venice.coe.int/webforms/documents/default.aspx?pdffile=CDL-AD(2002)023rev2-cor-e.

139   *Schimke* HRN **2013** 12. Näher zur „Wirkungsmacht" der Venedig-Kommission: *Hoffmann-Riem* FS Bryde (2013) 595 ff.

140   Vgl. *Schimke* HRN **2013** 12, 16, 18.

141   ETS 126. Völkerrechtlich ist die ECPT am 1.2.1989 in Kraft getreten, von der Bundesrepublik mit Gesetz vom 29.11.1989 (BGBl. II S. 946) ratifiziert worden und am 1.6.1990 für Deutschland in Kraft getreten.

142   Committee for the Prevention of Torture or Degrading Treatment or Punishment – Europäischer Ausschuss zur Verhütung von Folter und unmenschlicher oder erniedrigender Behandlung oder Strafe; *Nowak* 2, Fn. 4. 2019 konnte das CPT 16 Kontrollbesuche in Haftanstalten durchführen, näher dazu 29th General Report, CPT/Inf(2020)17; allgemein: *Brummer* Der Europarat (2008) 205 ff.; *Cernko* Die Umsetzung der CPT-Empfehlungen im deutschen Strafvollzug (2014); *Schmidt* FS **2008** 120 f.; *Heinz* FS **2015** 175 ff.

143   Näher dazu: https://www.coe.int/en/web/human-rights-intergovernmental-cooperation/.

144   Vgl. https://www.coe.int/en/web/human-rights-intergovernmental-cooperation/work-completed/improvement-procedures-for-human-rights-protection.

5. Europäische Kommission für die Wirksamkeit der Justiz. Die ebenfalls auf der 51
Ebene des Europarates angesiedelte, 2002 gegründete **Europäische Kommission für die
Wirksamkeit der Justiz (CEPEJ/European Commission for the Efficiency of Justice)**[145]
hat das Ziel, in Zusammenarbeit mit dem Europarat und der Europäischen Kommission
die Arbeitsweise und Effizienz der Justiz in den Mitgliedstaaten zu verbessern. Zu den
Aufgaben der CEPEJ zählt die Auswertung nationaler Urteile aus verschiedenen Rechtsord-
nungen. Die Erkenntnisse sollen Richtern, Behördenleitern, Rechtsexperten und Politikern
helfen, das nationale Justizwesen weiterzuentwickeln, um die Prinzipien der Demokratie
und Rechtsstaatlichkeit auf Basis der EMRK zu verstärken. Nicht zu verwechseln ist die
Tätigkeit des CEPEJ mit dem **EU-Justizbarometer**, einem Bericht, der jährlich von der
Europäischen Kommission veröffentlicht wird und einen vergleichenden Überblick über
Qualität, Effizienz und Unabhängigkeit der Justizsysteme in den EU-Mitgliedstaaten gibt.[146]
Ein Großteil des Zahlenmaterials des EU-Justizbarometers beruht allerdings auf den Erhe-
bungen der CEPEJ.

6. Europäischer Ausschuss für Strafrechtsfragen (CDPC). Der 1958 vom Minister- 52
ausschuss gegründete **Europäische Ausschuss für Strafrechtsfragen (CDPC/European
Committee on Crime Problems)** mit Sitz in Straßburg setzt die Aufgabenstellungen des
Europarates im Bereich der Verbrechensverhütung und -kontrolle um. Das CDPC arbeitet
Prioritäten der zwischenstaatlichen rechtlichen Kooperation heraus und unterbreitet den
Ministerausschuss Vorschläge für Abkommen, Rechtstexte und Berichte im Bereich des
Straf- und Strafprozessrechts, der Kriminologie und Strafrechtswissenschaft. Der CDPC
organisiert kriminologische Forschungskonferenzen und Kolloquien.[147] Seit dem Jahr 2021
wird zudem eine neue Expertengruppe für Umwelt und Strafrecht eingesetzt (CDPC-EC/
Working Group of Experts on the Environment and Criminal Law), die künftige Maßnahmen im Bereich Umwelt und Strafrecht – u.a. im Hinblick auf eine möglichweise bestehende Notwendigkeit der Etablierung eines neuen Instruments zum Schutz der Umwelt durch
das Strafrecht – diskutiert.[148] Ferner wurde im Jahr 2021 der Einsatz einer Expertengruppe
für Opferrechte (CDPC-VR/Working Group of Experts on Victims' Rights) beschlossen, die
Anfang 2022 ein erstes Treffen abhielt.[149]

7. Europäischer Ausschuss für rechtliche Zusammenarbeit (CDCJ). Der **Europä-** 53
**ische Ausschuss für rechtliche Zusammenarbeit (CDCJ/European Committee on Legal
Co-operation)** setzt sich aus Repräsentanten aller Mitgliedstaaten (vor allem der Justizmi-
nisterien) zusammen und ist ein zwischenstaatliches Gremium, das 1963 im Bereich des
Öffentlichen Rechts und des Privatrechts gegründet wurde. Hauptaufgabe des CDCJ ist die
Formulierung von Standards für die rechtliche Kooperation der Mitgliedstaaten und eine
entsprechende rechtliche Beratung. Ziel sind gerechte, moderne, transparente und effiziente Justizwesen.[150]

8. Ausschuss der Rechtsberater (CAHDI). Der **Ausschuss der Rechtsberater (CAH-** 54
DI/Ad Hoc Committee of Legal Advisers on Public International Law) ist eine gesamt-

---

145 Näher dazu: https://www.coe.int/en/web/cepej.
146 Siehe COM(2020) 306 v. 10.7.2020; COM(2021) 389 v. 8.7.2021.
147 Näher dazu unter https://www.coe.int/en/web/cdpc.
148 Vgl. dazu: CDPC(2021) 4 v. 25.1.2021; siehe zudem z.B. CDPC-EC(2021) OJ1 v. 22.3.2021 mit der Agenda für
das erste Treffen, das Anfang 2021 online stattfand.
149 Siehe: CDPC(2022) OJ1 v. 13.1.2022 mit der Agenda des ersten Treffens; CDPC-VR(2022) 1 v. 15.2.2022.
150 Vgl. https://www.coe.int/en/web/cdcj.

europäische Beratungsstelle, die sich auf der Ebene des Europarates mit Fragen im Bereich des Völkerrechts im Allgemeinen und der Menschenrechte im Besonderen beschäftigt.[151] Es findet u.a. ein Austausch nationaler Staatspraxis in Gerichtsprozessen von öffentlichem Interesse statt. Daneben werden außenpolitische Angelegenheiten und völkerrechtliche Streitfragen diskutiert. Der Ausschuss beobachtet die Tätigkeit des Internationalen Strafgerichtshofs (ICC) und die Arbeit anderer internationaler Strafgerichte (ICTY, ICTR, Special Courts for Sierra Leone, Libanon, Kambodscha).[152]

55   **9. Beirat der Europäischen Richter (CCJE).** Der im Jahr 2000 gegründete **Beirat der Europäischen Richter (CCJE/Consultative Council of European Judges)** ist ein Beratungsorgan des Europarates in Fragen, die im Zusammenhang mit der Unabhängigkeit, Unparteilichkeit und Zuständigkeit von Richtern in Europa stehen. Es handelt sich um das weltweit erste Organ innerhalb einer internationalen Organisation, das ausschließlich aus Richtern besteht. Der Beirat zeigt die Schlüsselrolle des Rechtswesens bei der Schaffung von Demokratie und Regeln zu ihrer Umsetzung auf, mit einem Fokus auf dem Status des Richters.[153]

56   Das **Recht auf einen unabhängigen und unparteilichen Richter** wurde in Art. 6 Abs. 1 verankert (dort Rn. 192 ff.). An diese Garantie anknüpfend soll die Arbeit des CCJE die Rechtsstaatlichkeit fördern und effektiven Menschenrechtsschutz garantieren. Die Hauptaufgabe des Beirats ist die Erfüllung/Umsetzung des *Framework Global Action Plan for Judges in Europe,*[154] der vom Ministerkomitee des Europarates im Februar 2001 verabschiedet wurde, um die Unabhängigkeit der Richter in den Mitgliedstaaten des Europarates zu stärken.

57   Außerdem erarbeitet der CCJE Stellungnahmen (*opinions*) zu Fragen des richterlichen Status in den nationalen Justizsystemen.[155] Der CCJE kooperiert regelmäßig mit der CEPEJ (Europäische Kommission für die Wirksamkeit der Justiz; Rn. 51) und dem CDCJ (Europäischer Ausschuss für rechtliche Zusammenarbeit; Rn. 53) bei Themen von gemeinsamem Interesse.

58   **10. Rat der europäischen Staatsanwälte (CCPE).** Im Juli 2005 wurde aus der jährlichen „Conference of Prosecutors General of Europe (CPCE) ein institutioneller **Rat der europäischen Staatsanwälte** geschaffen **(CCPE/Consultative Council of European Prosecutors)**. Die Aufgabe dieser Institution ist es, Mindeststandards bei der Arbeit und Struktur von Staatsanwaltschaften in den Mitgliedstaaten festzulegen.[156] So berät der Rat neben dem Ministerkomitee des Europarates einzelne Staaten hinsichtlich der Rolle eines Staatsanwalts und die Ausführung seiner Pflichten. Die einzelnen Staatsanwälte werden zwar von den nationalen Behörden als Vertreter in dem CCPE entsandt, handeln innerhalb des CCPE aber in ihrem eigenen Namen.[157]

---

151 Näher dazu: *Wood* in: The Max Planck Encyclopedia of Public International Law, Vol. II (2012) 422 ff.
152 Näher zu den Aufgaben und Tätigkeiten des CAHDI unter: https://www.coe.int/en/web/cahdi. Ferner *Council of Europe* The CAHDI Contribution to the Development of Public International Law – Achievements and Future Challenges (2016).
153 Vgl. https://www.coe.int/en/web/ccje/home?.
154 Vgl. CCJE (2001) 24; ferner hierzu *Esser* in: Glaser (Hrsg.), Constitutional Jurisprudence (2016) 89, 113 ff.
155 Abrufbar unter: https://www.coe.int/en/web/ccje/opinions-of-the-ccje; dazu *Mallmann* ZRP **2009** 151 ff.
156 *Melzer* Der Europarat und Russland 372 ff.
157 Vgl. https://www.coe.int/en/web/ccpe.

VII. Ämter und Gremien zum Schutz der Menschenrechte auf der Ebene der EU

1. EU-Sonderbeauftragter für Menschenrechte. Das im Juli 2012 eingerichtete Man- 59
dat des EU-Sonderbeauftragten für Menschenrechte basierte auf dem Beschluss 2012/440/
GASP,[158] nunmehr auf dem Beschluss (GASP) 2019/346.[159] Nach dessen Art. 3 ist es Aufgabe
des EU-Sonderbeauftragten, sowohl zur Umsetzung der Menschenrechtspolitik der EU als
auch zur Förderung der Einhaltung des humanitären Völkerrechts sowie zur Unterstützung der internationalen Strafrechtspflege beizutragen. Darüber hinaus soll er u.a. Men-
schenrechtsdialoge mit Regierungen von Drittstaaten, internationalen Menschenrechtsorganisationen und zivilgesellschaftlichen Akteuren führen. Der Sonderbeauftragte ist
verpflichtet, dem Hohen Vertreter, den entsprechenden Arbeitsgruppen des Rates und dem
Politischen und Sicherheitspolitischen Komitee (PSK) regelmäßig mündlich und schriftlich
Bericht zu erstatten, Art. 10 Beschluss (GASP) 2019/346. Durch Bereitstellung eines eigenen
Arbeitsstabs und der Gewährleistung des Zugangs zu allen für die Tätigkeit notwendigen
Informationen bzw. mit Hilfe von logistischer Unterstützung durch diplomatische Vertre-
tungen der Union soll dem Sonderbeauftragten ein effizientes Arbeiten ermöglicht wer-
den, Art. 6, 8 Beschluss (GASP) 2019/346.

2. European Instrument for Democracy and Human Rights. Das Europäische In- 60
strument für (weltweite) Demokratie und Menschenrechte (**EIDHR**) wurde 2007 durch
die Europäische Union ins Leben gerufen und für den Zeitraum 2014–2020 durch einen
Anschlussmechanismus fortgeführt.[160] Es handelte sich um ein Programm, das der bis
2006 bestehenden Europäischen Initiative für Demokratie und Menschenrechte (**European Initiative for Democracy and Human Rights**) nachfolgte und dessen Ziel vor allem
in der Bereitstellung finanzieller Hilfen zur Förderung der Demokratie und der Menschenrechte in Drittstaaten bestand. Zusammen mit dem Mehrjährigen Finanzrahmen (MFR)
2021–2027 hat die EU im Dezember 2020 die Einführung eines **Instruments für Nachbar-
schaft, Entwicklungszusammenarbeit und internationale Zusammenarbeit** (**NDICI**)
beschlossen, das Budget für verschiedene EU-Außeninstrumente bündeln soll.[161] Für die
Jahre 2020 bis 2024 wurde zudem einen Aktionsplan verabschiedet, der sich dem Thema
„Human Rights and Democracy" widmet.[162] Darin verfolgte Ansätze betreffen den Schutz
von Individuen und die Förderung der Selbstbefähigung gleichermaßen wie die Bildung
resilienter, inklusiver und demokratischer Gesellschaften. Die EU bedient sich dabei unter

---

158 ABlEU Nr. L 200 v. 27.7.2012 S. 21.
159 ABlEU Nr. L 62 v. 1.3.2019 S. 12. Durch den Beschluss (GASP) 2021/284 (ABlEU Nr. L 62 v. 23.2.2021 S. 49)
wurde das Mandat des amtierenden EU-Sonderbeauftragten für Menschenrechte bis Ende Februar 2023
verlängert.
160 Vgl. Verordnung (EG) Nr. 1889/2006 des Europäischen Parlaments und des Rates v. 20.12.2006 zur Einführung eines Finanzierungsinstruments für die weltweite Förderung der Demokratie und der Menschenrechte (ABlEG Nr. L 386 v. 29.12.2006 S. 1); Verordnung (EU) Nr. 235/2014 des Europäischen Parlaments und
des Rates v. 11.3.2014 zur Schaffung eines Finanzierungsinstruments für weltweite Demokratie und Menschenrechte (ABlEU Nr. L 77 v. 15.3.2014 S. 85).
161 Vgl. Vertretung der Europäischen Kommission in Deutschland, Mitteilung v. 19.3.2021: EU-Gesetzgeber
beschließen Instrument für auswärtiges Handeln der EU: https://ec.europa.eu/germany/news/20210319-instru
ment-auswaertiges-handeln_de.
162 Dazu vgl. European Commission/High Representative of the Union for Foreign Affairs and Security
Policy, Joint Communication to the European Parliament and the Council – EU Action Plan on Human Rights
and Democracy 2020–2024 v. 25.3.2020, JOIN(2020) 5 final.

anderem bi- und multilateraler Kooperationen, um weltweit mit Menschenrechtlern in Kontakt zu treten.[163]

VIII. Internationale Ahndung von Völkermord und Verbrechen gegen die Menschlichkeit

61   Der Gedanke, dass es eine Aufgabe der Völkergemeinschaft sei, Verbrechen des Völkermordes und Verbrechen gegen die Menschlichkeit staatsübergreifend zu ahnden, hat im letzten Jahrzehnt des 20. Jahrhunderts durch die politischen Ereignisse im früheren Jugoslawien und in Ruanda neuen Auftrieb erhalten. Das Fehlen anwendbarer Konventionsregeln und internationaler Organe erforderte, dass der UN-Sicherheitsrat *ad hoc* **internationale Strafgerichtshöfe** für die Ahndung von Völkermord und schwerwiegenden Menschenrechtsverletzungen im früheren Jugoslawien und Ruanda[164] in Anwendung von Kapitel VII der UN-Charta[165] (Maßnahmen bei Bedrohung oder Bruch des Friedens und bei Angriffshandlungen) einsetzen musste.

62   Das am 17. Juli 1998 in Rom verabschiedete **Statut des Internationalen Strafgerichtshofs** zur Ahndung von Völkermord, Verbrechen gegen die Menschlichkeit und Kriegsverbrechen[166] hat nunmehr eine internationale Strafgerichtsbarkeit (ICC – IStGH) geschaffen, die subsidiär gegenüber der Gerichtsbarkeit der einzelnen Vertragsstaaten schwerwiegende Verbrechen gegen die Menschlichkeit und Kriegsverbrechen ahnden kann. In Deutschland können derartige Verbrechen seit 2002 auf der Grundlage des **VStGB** verfolgt werden.

IX. Menschenrechtsschutz als Element des Wirtschaftsstrafrechts

63   **1. Bindung von (Wirtschafts-)Unternehmen an die Menschenrechte/Human Rights Compliance.** Die fortschreitende Globalisierung hat den wirtschaftlichen und politischen Einfluss von Unternehmen auf die Gesellschaft erheblich erweitert (Schaffung von Arbeitsplätzen, Einkommen für Bevölkerung; Einnahmen für die öffentliche Hand; Bildung von Humankapital). Unternehmen selbst sind **keine Völkerrechtssubjekte** und damit unmittelbar nicht an Menschenrechtsverträge gebunden,[167] wirtschaftliche Interessen von Unternehmen (ausgeübt über Netzwerke aus Tochter-/Subunternehmen, Zulieferern) können aber gleichwohl Menschenrechte im materiellen Sinne „verletzen" (Arbeitsausbeutung, Kinderarbeit, Verhinderung von Gewerkschaften, Verstöße gegen Arbeitssicherheit, Diskriminierung, Vergiftung von Wasser und Boden, Zerstörung natürlicher Ressourcen, Vertreibung indigener

---

163 Vgl. den EU Action Plan on Human Rights and Democracy, 2020–2024.

164 UN-Sicherheitsrat, Res. 827 v. 25.5.1993 und Res. 955 v. 8.11.1994.

165 Bei der Umsetzung von SR-Resolutionen, die nach Kapitel VII der UN-Charta ergehen, sind die EMRK-Vertragsstaaten im Übrigen allgemein verpflichtet, etwaige ihnen obliegende Umsetzungsspielräume im Einklang mit der Konvention auszufüllen, vgl. dazu EGMR (GK) Nada/CH, 12.9.2012, §§ 181 ff.; m. krit. Bespr. Meyer HRRS **2013** 79; ausführlich dazu Art. 1 EMRK Rn. 32.

166 EuGRZ **1998** 618; dazu *Ambos* ZStW **111** (1999) 175; *Kinkel* NJW **1998** 2650.

167 Näher dazu: *Fasterling* in: Accountability, International Business Operations, and the Law (2020) 18 ff. Anerkannte Völkerrechtssubjekte sind nach h.A. Staaten, Internationale Organisationen sowie, sofern es um die Wahrung der ihnen inhärenten Rechte geht, auch Menschengruppen und Individuen und NGOs; siehe vertiefend hierzu *Ipsen*, 3. Kap.

Bevölkerung).[168] Juristisch handelt es sich um Verletzungen der **Kernarbeitsnormen der IAO/ILO** (Verbot der Diskriminierung am Arbeitsplatz, Verbot der Zwangs- und Kinderarbeit, Recht auf Vereinigungsfreiheit und Kollektivverhandlungen),[169] die menschenrechtlich durch die IAO-Konventionen abgebildet werden.[170]

Als Reaktion auf diese Zustände hat die EU die sog. **CSR-Richtlinie** erlassen, die für Un- **64** ternehmen eine **verpflichtende Berichterstattung** zu den Auswirkungen ihres Handelns auf die Umwelt vorschreibt.[171] Obwohl die Hauptverantwortung für die Achtung der Menschenrechte primär bei den Staaten liegt, kommt zunehmend auch nicht-staatlichen Akteuren eine menschenrechtliche Verantwortung zu. Mit dem Beitritt zum **„Global Compact" der Vereinten Nationen** haben sich viele Unternehmen weltweit verpflichtet, dieser Verantwortung nachzukommen und die dort niedergelegten zehn Prinzipien einzuhalten.[172] Die Staaten müssen daher wirtschaftliche Abläufe derart regulieren, dass Unternehmen dieser Verantwortung entsprechend wirtschaften.[173]

2. UN Guiding Principles on Business and Human Rights. In diesem Zusammen- **65** hang hervorzuheben sind die **UN-Leitprinzipien für Wirtschaft und Menschenrechte** aus dem Jahr 2008, die maßgeblich auf den UN-Sonderberichterstatter *John Ruggie*[174] zurückgehen.[175] Das Konzept der UN Guiding Principles (**UNGP**) basiert auf **drei Säulen**: der staatlichen Pflicht zum Schutz der Menschenrechte, der Verantwortung von Unternehmen zur Achtung der Menschenrechte und dem Zugang zu Abhilfe für Opfer unternehmensbezogener Menschenrechtsverletzungen. Unternehmen trifft damit die Pflicht, bei ihrem Handeln zu prüfen, ob Menschenrechte negativ beeinträchtigt werden könnten (*human rights due diligence*).[176] Gegebenenfalls sind Geschäftsbeziehungen einzustellen oder unter besondere Konditionen zu stellen.[177] Das Konzept beruht damit auf den Elementen

---

168 Vgl. dazu etwa ECCHR, Jahresbericht 2020 u. Jahresbericht 2011, 14 ff.; *Kasolowsky/Voland* AnwBl. **2014** 388; *Saage-Maaß* 2 m.w.N.

169 Vgl. *Saage-Maaß* 2 m.w.N.

170 Verbot von Zwangsarbeit: Art. 8 Abs 3 IPBPR sowie Art. 6 IPWSR; Verbot der Kinderarbeit: Internationaler Pakt über die Rechte des Kindes; Gewerkschaftsfreiheit: Art. 22 Abs. 1 IPBPR sowie Art. 8 IPWSR; Diskriminierungsverbot: Art. 3 Abs. 1 IPBPR sowie Art. 3 IPWSR; Recht auf gerechte und günstige Arbeitsbedingungen (Arbeitsstunden, Ruhetag, Sicherheit): Art. 7 IPWSR; siehe auch *Saage-Maaß* 2; die besondere Bedeutung der IAO-Normen betont auch das BMZ, BTDrucks. **17** 6374 S. 10.

171 Richtlinie 2014/95/EU des Parlaments und des Rates vom 22.10.2014 zur Änderung der Richtlinie 2013/34/EU im Hinblick auf die Angabe nichtfinanzieller und die Diversität betreffender Informationen durch bestimmte große Unternehmen und Gruppen, ABlEU Nr. L 330 v. 15.11.2014 S. 1; KOM (2013) 207 endg. Zur Umsetzung in Deutschland: *Wiedmann/Greubel* BB **2018** 1027 ff.; *Berndt/Jablowski* ZCG **2019** 86 ff.

172 *Göbel* Unternehmensethik (2017) 283.

173 *Gesang* Wirtschaftsethik und Menschenrechte (2016) 126; dazu OLG Hamm NJW **2019** 3537 m. Anm. *Mankowski* EWiR **2019** 739; zur zivilrechtlichen Haftung siehe u.a. *Saage-Maaß/Leifker* BB **2015** 2499 ff.; *Weller/Thomale* ZGR **2017** 509 ff.; *Heinlein* NZA **2018** 276 ff.; *Kramer* RIW **2020** 96 ff.; *Bälz* BB **2021** 648 ff.; umfassend: *Görgen* Unternehmerische Haftung in transnationalen Menschenrechtsfällen (2019); *Haider* Haftung von transnationalen Unternehmen und Staaten für Menschenrechtsverletzungen (2019); *v. Falkenhausen* Menschenrechtsschutz durch Deliktsrecht (2020).

174 Zu seinem Wirken vgl. *Kasolowsky/Voland* AnwBl. **2014** 388 ff.

175 UN Human Rights Council (Hrsg.), Protect, Respect and Remedy: A Framework for Business and Human Rights, Report of the Special Representative of the Secretary-General on the Issue of Human Rights and Transnational Corporations and Other Business Enterprises, UN Doc.A/HRC/8/5 v. 7.4.2008. Näher dazu: *Brune* Menschenrechte und transnationale Unternehmen – Grenzen und Potentiale des UN Framework for Business and Human Rights (2020).

176 *Saage-Maaß* 4.

177 *Kasolowsky/Voland* AnwBl. **2014** 388, 391.

protection, respect, due dilligence und *remedy*.[178] Ein effektiver Mechanismus zur Sanktionierung von Unternehmen, die ihrer Verpflichtung zu einer menschenrechtlichen Risikoanalyse nicht oder unzureichend nachkommen, sehen die UN-Leitprinzipien allerdings nicht vor.[179]

66   **3. OECD Guidelines for Multinational Enterprises.** Die OECD-Leitsätze für Multinationale Unternehmen[180] enthalten ebenfalls generelle Sorgfaltspflichten[181] und werden von den **Nationalen Kontaktstellen** (NKS) der OECD für multinationale Unternehmen vorangetrieben.[182] Zu den Aufgaben der Kontaktstellen gehört es u.a., den Bekanntheitsgrad der Leitsätze in der Arbeitswelt sowie in der Zivilgesellschaft zu erhöhen sowie ihre Durchsetzung und Anwendung zu verbessern. Bei Beschwerden und Hinweisen auf Verstöße bieten die NKS zudem eine Plattform, um zwischen den Beteiligten zu vermitteln.[183]

67   **4. Umsetzung in Deutschland.** Zur Umsetzung der **UN-Leitprinzipien hat die Bundesregierung den Nationalen Aktionsplan (NAP) Wirtschaft und Menschenrechte (2016–2020)** verabschiedet.[184] Grundlage des Aktionsplans ist die Einhaltung der menschenrechtlichen Sorgfaltspflicht entlang der gesamten Liefer- und Wertschöpfungskette in Deutschland durch die Ermittlung von Menschenrechtsverletzungen, Maßnahmen zur Einhaltung der Standards, eine transparente Berichterstattung und einen Beschwerdemechanismus. Vor dem Hintergrund des Aktionsplans ist auch das **Lieferkettengesetz**[185] zu sehen, das die internationale Menschenrechtslage durch eine verantwortungsvolle Gestaltung der Lieferketten in Deutschland ansässiger Unternehmen verbessern soll. Das Gesetz verpflichtet ab 1.1.2023 Unternehmen mit 3.000 Beschäftigten (ab 1.1.2024: 1.000) zur Einrichtung eines angemessenen und wirksamen Risikomanagements (§ 4), zu Abhilfemaßnahmen (§ 7) sowie zur Einrichtung eines unternehmensinternen Beschwerdeverfahrens (§ 8).

68   Parallel zu den nationalen Bestrebungen erarbeitete die EU-Kommission auf **unionsrechtlicher Ebene** einen Legislativvorschlag, der sich ebenfalls mit unternehmerischen Sorgfaltspflichten in Lieferketten beschäftigt („European Supply Chain law" bzw. „Due Dilligence Law").[186]

---

178 Siehe auch: BTDrucks. **17** 6374 S. 10; *Kasolowsky/Voland* AnwBl. **2014** 388.

179 Empfehlung zur Umsetzung durch CM/Rec (2016) 3 of the Committee of Ministers to member states on human rights and business, 2.3.2016; *Saage-Maaß* 4; BTDrucks. **18** 10157 S. 3.

180 Aufrufbar unter https://mneguidelines.oecd.org/guidelines/; dazu *Krajewski/Bozorgzad/Heß* ZaöRV **76** (2016) 309 ff.; *Weidmann* Der Beitrag der OECD-Leitsätze für multinationale Unternehmen zum Schutz der Menschenrechte (2014).

181 *Kasolowsky/Voland* AnwBl. **2014** 388, 389 f.

182 Die deutsche Kontaktstelle ist dem Bundesministerium für Wirtschaft und Energie (BMWi) zugeordnet.

183 Näher zum Beschwerdeverfahren: *Kasolowsky/Voland* NZG **2014** 1288 ff.

184 Allgemein: *Schubert* Die Umsetzung der Leitprinzipien der Vereinten Nationen für Wirtschaft und Menschenrechte durch nationale Aktionspläne (2019).

185 Gesetz über die unternehmerischen Sorgfaltspflichten in Lieferketten v. 16.7.2021, BGBl. I S. 2959; vertiefend dazu: *Brunk* Menschenrechtscompliance – Eine Untersuchung menschenrechtlicher Verhaltenspflichten von Unternehmen und ihrer Umsetzung im Gesellschaftsrecht 457 ff.; vgl. zudem: *Hübner* Unternehmenshaftung für Menschenrechtsverletzungen (2022) 497 ff.

186 Vgl. dazu: Proposal for a directive of the European Parliament and of the Council on Corporate Sustainability Due Diligence and amending Directive (EU) 2019/1937, COM(2022) 71 v. 23.2.2022.

B. Europäische Menschenrechtskonvention (EMRK)

I. Konvention (Grundtext)

Die am 4.11.1950 in Rom unterzeichnete Europäische Menschenrechtskonvention[187] ist **69**
ein **multilateraler völkerrechtlicher Vertrag**, durch den sich alsbald nach Ende des
Zweiten Weltkriegs die im Europarat zusammengeschlossenen westeuropäischen Staaten
verpflichtet haben, die darin angeführten Menschenrechte zu achten (vgl. Art. 3 der Satzung des Europarates).[188] Die EMRK trat nach Ratifizierung durch zehn Staaten am
3.9.1953 in Kraft. Nur **Staaten**, die dem Europarat angehören, können der Konvention
beitreten (Art. 59 Abs. 1 EMRK), während umgekehrt der Beitritt zum Europarat davon
abhängig gemacht wird, dass die beitrittswilligen Staaten auch die EMRK zeichnen.[189]
Nach dem am 15.3.2022 von Russland erklärten Austritt aus dem Europarat infolge des am
24.2.2022 gegen die Ukraine gestarteten Angriffskrieges sind derzeit **46 Staaten** Mitglied
des Europarates.[190] Das am 1.6.2010 in Kraft getretene 14. P-EMRK (Rn. 61; Teil II Rn. 134)
ermöglicht nun auch den Beitritt der **Europäischen Union** zur Konvention (Rn. 157).

Die EMRK ist ein **eigenständiges Vertragswerk ihrer Vertragsstaaten**. Mit dem Eu- **70**
roparat ist sie aber organisatorisch dadurch verflochten, dass dessen Organe auch Aufgaben im Rahmen der Konvention wahrnehmen. Die Richter des Gerichtshofs werden von
der **Generalversammlung des Europarates** gewählt (Art. 22).[191] Das **Ministerkomitee
des Europarates** überwacht die Durchführung der Urteile des Gerichtshofs (Art. 46
Abs. 2). Neue Kompetenzen erhielt das Ministerkomitee durch das 14. P-EMRK bezüglich
einer effektiveren Überwachung der Umsetzung der Urteile: So kann es den Gerichtshof
hinsichtlich der Auslegung eines Urteils anrufen (Art. 46 Abs. 3) bzw. diesen darauf hinweisen, dass eine Vertragspartei der Verpflichtung zur Umsetzung nicht nachzukommen
scheint (Art. 46 Abs. 4).

Der **Generalsekretär des Europarates** ist Dienstherr der Bediensteten des organisa- **71**
torisch an den Europarat angebundenen Gerichtshofs, dessen Kosten der Europarat trägt

---

187 Zur Entstehungsgeschichte *Partsch* ZaöRV **15** (1954) 631; *ders.* ZaöRV **17** (1956) 93; „60 Jahre Europäische
Menschenrechtskonvention", BTDrucks. **17** 3423. Zur Bedeutung der EMRK im Europarat siehe: *Ehlers,* Europäische Grundrechte und Grundfreiheiten, § 2 Rn. 8 f.
188 Die Satzung des Europarates wurde am 5.5.1949 (ETS 1) unterzeichnet; Deutschland ist seit 2.5.1951
Vollmitglied.
189 Vgl. *Bartsch* NJW **1989** 3061; *Keller/Kühne* ZaöRV **76** (2016) 245, 249.
190 Nach einer vorrangegangenen Entscheidung zur Suspendierung der Repräsentationsrechte Russlands
am 25.3.2022 erging CM/Res(2022)2 on the cessation of the membership of the Russian Federation to the
Council of Europe v. 16.3.2022; vgl. hierzu **Art. 8 der Satzung des Europarates** v. 5.5.1949 (ETS 1): *Jedem
Mitglied des Europarats, das sich eines schweren Verstoßes gegen die Bestimmungen des Artikels 3 schuldig
macht, kann sein Recht auf Vertretung vorläufig abgesprochen und es kann vom Minister-Komitee aufgefordert
werden, gemäß den Bestimmungen des Artikels 7 auszutreten. Wird dieser Aufforderung nicht Folge geleistet,
so kann das Minister-Komitee beschließen, daß das betreffende Mitglied, von einem durch das Komitee selbst
bestimmten Zeitpunkt ab, dem Europarat nicht mehr angehört.* Siehe auch: Resolution of the European Court
of Human Rights on the consequences of the cessation of membership of the Russian Federation to the
Council of Europe in light of Article 58 of the European Convention on Human Rights v. 22.3.2022 (Russland
verliert seine Eigenschaft als Hohe Vertragspartei i.S.d. Art. 19 EMRK am 16.9.2022; zunächst ausgesetzte
Individualbeschwerden werden weiter geprüft; EGMR behält Zuständigkeit für alle Beschwerden gegen
Russland, die bis zum 16.9.2022 eingereicht werden). Vertiefend: *Giegerich* ZEuS **2022** 519.
191 Zu der Verknüpfung der Funktionen und deren Zweckmäßigkeit vgl. *Maud de Boer-Buquicchio* EuGRZ
2003 561; zur Kritik an der Verknüpfung: *Engel* EuGRZ **2003** 122 u. 388; ferner die Antwort des Generalsekretärs auf eine parlamentarische Anfrage EuGRZ **2004** 113.

(Art. 50). Er hat außerdem das Recht, die Konventionsstaaten zu befragen, wie sie inner-staatlich die Konventionsbestimmungen wirksam durchsetzen (Art. 52).

72   In der **BR Deutschland** ist die durch Gesetz v. 7.8.1952[192] ratifizierte Konvention **am 3.9.1953 in Kraft** getreten.[193] Bis zur Neufassung der EMRK durch das 11. P-EMRK stand es den beitretenden Staaten frei, die Befugnis der **Europäischen Menschenrechtskommission (EKMR)** zur Annahme von Individualbeschwerden (Art. 25 EMRK a.F.) anzuerkennen und sich der Gerichtsbarkeit des EGMR (Art. 46 EMRK a.F.) zu unterwerfen. Die BR Deutschland hat bei-des getan,[194] desgleichen, wenn auch mit teilweise erheblicher zeitlicher Verzögerung, alle an-deren Mitgliedstaaten des Europarates.[195] Die Neufassung der EMRK durch das **11. P-EMRK** hat diese Optionsmöglichkeit beseitigt, einen **ständigen Gerichtshof für Menschenrechte (EGMR)** etabliert (1998) und dessen Gerichtsbarkeit obligatorisch gemacht.

II. Protokolle und Zusatzprotokolle

73   **Spätere Vereinbarungen** der Konventionsstaaten (**Protokolle – P-EMRK**) haben den Text einiger Artikel der EMRK geändert. Die Protokolle Nr. 1, 4, 6, 7, 12 und 13 haben den Gewährleistungen der Konvention weitere Rechte und Freiheiten hinzugefügt (**Zusatzpro-tokolle – ZP-EMRK**). Die Vertragsstaaten der Konvention sind nicht stets auch allen ZP-EMRK beigetreten. Es muss daher im Einzelfall geprüft werden, ob und ggf. mit welchen Vorbehalten diese zusätzlichen Gewährleistungen in den jeweiligen Staaten gelten.[196] Bis-lang sind u.a. Deutschland, Österreich, die Schweiz und Liechtenstein dem 12. ZP-EMRK nicht beigetreten. Außerdem gelten das 7. ZP-EMRK bislang nicht für Deutschland und das 1. sowie das 4. ZP-EMRK nicht für die Schweiz. Diese Individualrechte gewährenden Zusatzprotokolle enthalten jeweils eine Bestimmung, wonach diese Rechte zusätzlich zu den von der EMRK gewährten Rechten bestehen.[197] Es ist daher nicht möglich, durch Einlegung eines Vorbehalts gegen einen bestimmten Artikel eines ZP ein weitgehend iden-tisches oder thematisch verwandtes (und für den betreffenden Staat längst geltendes) Menschenrecht der EMRK nachträglich einzuschränken.[198] Gleichermaßen kann auch der Nichtbeitritt zu einem Zusatzprotokoll nicht dazu führen, dass ein Konventionsrecht, das in die gleiche Richtung wie ein sich aus jenem Zusatzprotokoll ergebendes Recht zielt, nunmehr einschränkend auszulegen wäre.[199]

---

192 BGBl. II S. 685, ber. S. 953.

193 BGBl. 1954 II S. 14. Am 17.5.2002 (BGBl. II S. 1054) und zuletzt am 22.10.2010 (BGBl. II S. 1198) wurde der Text der Konvention nebst ZP in einer die bisherigen Änderungen berücksichtigenden Neufassung zusam-men mit einer sprachlich überarbeiteten deutschen Übersetzung neu bekannt gemacht.

194 Die fakultative Gerichtsbarkeit des EGMR wurde von der BR Deutschland, ähnlich wie von mehreren anderen Mitgliedstaaten, jeweils nur zeitlich befristet für fünf Jahre anerkannt und jeweils verlängert.

195 Vgl. *Tomuschat* EuGRZ **2003** 95, 97.

196 Der Stand des Beitritts und etwaige Vorbehalte sind der Webseite des Europarates zu entnehmen (https://www.coe.int/de/web/conventions/search-on-treaties/-/conventions/treaty/all).

197 „(...) the provisions of Articles (...) of this Protocol shall be regarded as additional articles to the Convention, and all the provisions of the Convention shall apply accordingly."/„(...) betrachten die Artikel (...) dieses Protokolls als Zusatzartikel zur Konvention; alle Bestimmungen der Konvention sind dementspre-chend anzuwenden.".

198 EGMR Burghartz/CH, 22.2.1994, ÖJZ **1994** 559, §§ 22 f.

199 EGMR Lalmahomed/NL, 22.2.2011, §§ 34, 38 („Protocol No. 7 adds to the guarantees contained in the Convention: it does not detract from them. [...] Article 2 of Protocol No. 7 cannot be construed *a contrario* as limiting the scope of Article 6 guarantees in appellate proceedings with respect to those Contracting Parties for which Protocol No. 7 is not in force.").

Das **Zusatzprotokoll** v. 20.3.1952 (ETS 009) garantiert die Achtung des Eigentums und 74 das Recht auf Bildung sowie freie und geheime Wahlen. Die Bundesrepublik hat es durch Gesetz v. 20.12.1956 (BGBl. II S. 1880) ratifiziert, es ist am 13.2.1957 in Kraft getreten (BGBl. II S. 226).

Das **2. Protokoll** v. 6.5.1963 (ETS 044) regelte die Erstattung von Gutachten durch den 75 EGMR. Es ist durch Gesetz v. 10.12.1968 (BGBl. II S. 1111) ratifiziert worden und am 21.9.1970 in der Bundesrepublik in Kraft getreten (BGBl. II S. 1315). Es ist durch Art. 47 bis 49 EMRK i.d.F. des 11. P-EMRK ersetzt worden.

Das **3. Protokoll** v. 6.5.1963 (ETS 045) änderte die Art. 29, 30 und 34 EMRK a.F. Es ist 76 gleichzeitig mit dem 2. ZP-EMRK und dem 5. P-EMRK durch Gesetz v. 10.12.1968 ratifiziert worden und für Deutschland am 21.9.1970 in Kraft getreten. Durch die Neufassung der Verfahrensregeln der EMRK durch das 11. P-EMRK (Rn. 84 f.) wurde das 3. P-EMRK gegenstandslos.

Das **4. Zusatzprotokoll** v. 16.9.1963 (ETS 046) verbietet die **Freiheitsentziehung we-** 77 **gen Nichterfüllung vertraglicher Pflichten**, die **Ausweisung eigener Staatsangehöriger** und die **Kollektivausweisung von Ausländern**. Es gewährleistet die **Freizügigkeit**. Das 4. ZP-EMRK ist durch Gesetz v. 9.5.1968 ratifiziert worden und am 1.6.1968 in Kraft getreten.[200]

Das **5. Protokoll** v. 20.1.1966 (ETS 055) ändert die Art. 22 und 40 EMRK (a.F.). Es wurde 78 durch Gesetz v. 10.12.1968 ratifiziert und trat am 20.12.1971 in Kraft.[201] Die Neufassung der Verfahrensregeln durch das 11. P-EMRK hat auch diese Änderungen aufgenommen.

Das **6. Zusatzprotokoll** v. 28.4.1983 (ETS 114) schafft die **Todesstrafe** in Friedenszeiten 79 ab.[202] Es wurde mit Gesetz v. 23.7.1988 (BGBl. II S. 662) ratifiziert und ist in der Bundesrepublik seit 1.8.1989 in Kraft (BGBl. II S. 814).

Das **7. Zusatzprotokoll** v. 22.11.1984 (ETS 117) betrifft die **Ausweisung von Auslän-** 80 **dern**, das Recht auf **Rechtsmittel bei einer strafgerichtlichen Verurteilung**, die **Entschädigung bei fehlerhaften Strafurteilen**, das **Verbot der Doppelbestrafung** (*ne bis in idem*) und die Gleichberechtigung in der Ehe. Deutschland hat dieses Protokoll bislang nicht ratifiziert.[203] Soweit die dort enthaltenen Verbürgungen auch im IPBPR enthalten sind[204] und dort nicht von einem Vorbehalt erfasst werden, gelten sie in dessen Fassung materiell auch in der BR Deutschland; der EGMR kann aber insoweit nicht angerufen werden.

Das **8. Protokoll** v. 19.3.1985 (ETS 118) änderte zur Vereinfachung des Verfahrens bei 81 Individualbeschwerden die Art. 20, 21, 23, 28, 29, 30, 31, 34, 40, 41 und 43 (a.F.).[205] Die Bundesrepublik hat es mit Gesetz v. 30.6.1989 ratifiziert.[206] Es ist für die Bundesrepublik am 1.1.1990 in Kraft getreten.[207] Seine Änderungen sind mit Inkrafttreten der neuen Verfahrensvorschriften des 11. P-EMRK gegenstandslos geworden.

Das **9. Protokoll** v. 6.11.1990 (ETS 140), das u.a. den Beschwerdeführern nach Art. 25 82 a.F. das Recht zur Anrufung des Gerichtshofs und die Parteifähigkeit vor diesem einräumte, änderte die Art. 31 Abs. 2, Art. 44, Art. 45 und Art. 48 a.F. für die Staaten ab, die ihm

---

200 BGBl. 1968 II S. 422; 1968 II S. 1109.
201 BGBl. 1972 II S. 105.
202 Dazu *Hartig* EuGRZ **1983** 270 sowie die gesonderte Kommentierung des 6. und 13. ZP-EMRK.
203 Die Möglichkeit der Ratifikation wird geprüft (BTDrucks. **19** 10411 S. 6).
204 Vgl. Art. 13; Art. 14 Abs. 5 bis 7; Art. 23 Abs. 4 IPBPR; Art. 1 Nr. 3 des Gesetzes v. 15.11.1973.
205 Vgl. *Bartsch* NJW **1986** 1374; 1385.
206 BGBl. 1989 II S. 546.
207 BGBl. 1989 II S. 991.

beigetreten waren. Die Bundesrepublik ist dem Protokoll nicht beigetreten, da es durch die grundlegende Neuregelung des Verfahrens im 11. P-EMRK gegenstandslos wurde.

83   Das **10. Protokoll** v. 25.3.1992 (ETS 146) ersetzte die bisher im Ministerkomitee zur Feststellung einer Konventionsverletzung notwendige Zweidrittel-Mehrheit durch die einfache Mehrheit. Es ist durch die grundlegenden Verfahrensänderungen des 11. P-EMRK überholt worden.

84   Das **11. Protokoll** v. 11.5.1994 (ETS 155) brachte eine grundlegende Reform der Konventionsorgane und des Rechtsschutzverfahrens.[208] Die Abschnitte II bis IV der EMRK (Art. 19 bis 59 a.F.) wurden durch einen neuen Abschnitt II (Art. 19 bis 51) ersetzt.[209] Das komplizierte ursprüngliche Kontrollsystem der EMRK mit seinen fakultativen Möglichkeiten, die es jedem Vertragsstaat freistellte, die Individualbeschwerde zur Europäischen Menschenrechtskommission (EMRK) zuzulassen und sich der Gerichtsbarkeit des EGMR zu unterwerfen, entfiel.

85   Die **Europäische Menschenrechtskommission** (Art. 20 bis Art. 37 a.F.) wurde 1998 aufgelöst,[210] desgleichen die Befugnis des Ministerkomitees zur Entscheidung über Menschenrechtsverletzungen. Die Befugnis zur Feststellung von Verletzungen der EMRK ist jetzt ausschließlich dem zu einem **ständig tagenden Gericht mit Vollzeitrichtern umgewandelten Gerichtshof** übertragen, dessen Gerichtsbarkeit alle Vertragsstaaten unterworfen sind. Nicht, wie ursprünglich, allein die Vertragsstaaten, sondern jeder von einer Menschenrechtsverletzung Betroffene kann jetzt den Gerichtshof unmittelbar anrufen. Die Wahl der Richter, die Organisation des in verschiedene Spruchkörper aufgeteilten Gerichts und die Grundzüge seines Verfahrens wurden neu geregelt. Nachdem alle CoE-Mitgliedstaaten dem 11. P-EMRK zugestimmt hatten,[211] trat dieses am 1.11.1998 zusammen mit der vom Plenum des Gerichtshofs am 4.11.1998 beschlossenen neuen **Verfahrensordnung (Rules of Court)**[212] in Kraft.[213]

86   Das **12. Zusatzprotokoll** v. 4.11.2000 (ETS 177), das den Genuss aller auf Gesetz beruhenden Rechte **ohne Diskriminierung** wegen des Geschlechts, der Rasse, der Hautfarbe, der Sprache, der Religion, der politischen oder sonstigen Anschauungen, der nationalen oder sozialen Herkunft, der Zugehörigkeit zu einer nationalen Minderheit, des Vermögens, der Geburt oder eines sonstigen sozialen Status garantiert und jede Benachteiligung, insbesondere von einer Behörde, aus einem dieser Gesichtspunkte verbietet (allgemeines Diskriminierungsverbot), ist nach Ratifizierung durch zehn Vertragsstaaten am 1.4.2005 in Kraft getreten. Die BR Deutschland hat es (noch) nicht ratifiziert.[214]

87   Das **13. Zusatzprotokoll** (ETS 187), das die **Todesstrafe** unter allen Umständen abschafft, wurde am 3.5.2002 verabschiedet.[215] Es ist nach der Ratifikation durch zehn Staaten am 1.7.2003 in Kraft getreten; für die BR Deutschland am 1.2.2005.[216]

---

208 Zur Reform des 11. P-EMRK *Meyer-Ladewig* NJW **1995** 2813; NJW **1998** 512; *Meyer-Ladewig/Petzold* NJW **1999** 1165; *Schlette* ZaöRV **56** (1996) 903; *ders.* JZ **1999** 219; *Wittinger* NJW **2001** 1238.
209 Art. 1 des 11. P-EMRK.
210 Sie hat aufgrund einer Übergangsvorschrift (Art. 5 Abs. 3 des 11. P-EMRK) noch ein Jahr lang zulässige Beschwerden weiterbehandelt und am 28.10.1999 ihre Tätigkeit eingestellt (EuGRZ **1999** 616).
211 Die BR Deutschland hat es mit Gesetz v. 24.7.1995 (BGBl. II S. 578) ratifiziert.
212 BGBl. 2002 II S. 1080. Die *Rules of Court* sind seither mehrfach geändert worden. Der aktuelle Stand ist (englisch/französisch) abrufbar unter https://www.echr.coe.int/Pages/home.aspx?p=basictexts/rules%26c=.
213 Näher dazu auch *Keller/Kühne* ZaöVR **76** (2016) 245, 253 f.
214 Siehe hierzu BTDrucks. **16** 6314; **16** 11603 S. 6; Art. 14 Rn. 72, 77.
215 Die BR Deutschland hat es mit Gesetz v. 5.7.2004 (BGBl. II S. 982) ratifiziert.
216 Gesetz v. 5.7.2004, BGBl. II S. 982.

Die stetig steigende Zahl der beim EGMR eingehenden Beschwerden[217] hat eine weite- **88**
re strukturelle und personelle Reform des Kontrollsystems erforderlich gemacht. Das am
13.5.2004 zur Zeichnung aufgelegte und (erst) am 1.6.2010 in Kraft getretene **14. Protokoll**
über die **Änderung des Kontrollsystems der Konvention**[218] (CETS 194) hat zu signifikanten Änderungen im Verfahren der Individualbeschwerde (Art. 34) geführt (vgl. Teil II
Rn. 339 ff.).

Durch das am 1.8.2021 in Kraft getretene **15. Protokoll** vom 24.6.2013 (ETS 213) wurden **89**
der Grundsatz der **Subsidiarität** sowie der **Beurteilungsspielraum der Vertragsstaaten**
bei der Umsetzung der EMRK in die Präambel der Konvention aufgenommen.[219] Weitere
Änderungen betreffen das **Verfahren vor dem Gerichtshof** (Verkürzung der in Art. 35
Abs. 1 festgelegten Frist für Individualbeschwerden von sechs auf **vier Monate** seit
1.2.2022; Abschaffung des Erfordernisses einer gebührenden Prüfung durch ein nationales
Gericht vor Feststellung der Unzulässigkeit einer Individualbeschwerde nach Art. 35 Abs. 2
lit. b; Abschaffung der Widerspruchsmöglichkeit von Parteien gegen die Verweisung einer
anhängigen Rechtssache an die Große Kammer nach Art. 30). Auch die Regelungen zum
Höchstalter der Richter wurden reformiert.[220]

Das **16. Protokoll** vom 2.10.2013 (ETS 214) schafft eine **Vorlagemöglichkeit** zur Gro- **90**
ßen Kammer des EGMR.[221] Von den Vertragsstaaten festgelegte nationale Gerichte können
danach zu bei ihnen anhängigen Verfahren Fragen betreffend die Auslegung der Konvention und ihrer Protokolle dem EGMR vorlegen.[222] Die daraufhin vom EGMR erstellte und
veröffentlichte **„advisory opinion"** ist jedoch für den Vertragsstaat nicht bindend. Dieses
Protokoll ist nach Ratifizierung durch zehn Vertragsstaaten am 1.8.2018 in Kraft getreten;
die BR Deutschland hat das Protokoll noch nicht gezeichnet.[223] Bislang (Stand: Juli 2023)
hat der EGMR sechs Gutachten auf der Grundlage des 16. P-EMRK erstattet (siehe ausführlich Teil II Rn. 109, 398).[224]

III. Vorbehalte

Mehrere Staaten haben bei ihrem Beitritt Vorbehalte zu einzelnen Bestimmungen der **91**
Konvention abgegeben.[225] Die Bundesrepublik hatte beim Beitritt zur EMRK einen Vorbehalt zu **Art. 7 Abs. 2** erklärt;[226] zwei weitere Erklärungen betrafen Berlin und das Saarland.[227] Die an sich bei völkerrechtlichen Verträgen nach Art. 2 Abs. 1 *lit.* d, Art. 19 ff. der
Wiener Vertragsrechtskonvention (WVK)[228] grundsätzlich bestehende Möglichkeit, Vorbe-

---

217 Vgl. dazu und zu den Gründen der hohen Anzahl an Beschwerden: *Keller/Kühne* ZaöVR **76** (2016) 245,
254 f.; *Nussberger* The European Court of Human Rights 31 f.
218 Vgl. dazu *Nussberger* The European Court of Human Rights 34 f.
219 Ausführlicher zum Subsidiaritätsprinzip, *Harris/O'Boyle/Warbrick* 17.
220 Zur Umsetzung in Deutschland siehe BTDrucks **18** 2847.
221 Zu Entstehung und Inhalt des Protokolls *Zimmermann* EuGRZ **2015** 156.
222 Hierzu *Gundel* EuR **2019** 421.
223 Zu ersten Erfahrungen in der Praxis: *Gundel* EuR **2019** 421 ff.
224 Vgl. https://www.echr.coe.int/advisory-opinions (Stand: Juli 2023).
225 Vgl. die Auflistung bei *Frowein/Peukert* 724. Die durch die Ratifikation herbeigeführte Rechtslage ist
im Übrigen in den einzelnen Signatarstaaten verschieden; vgl. Rn. 118 ff. Abzugrenzen von Vorbehalten sind
(vorübergehende) *Derogationen* nach Art. 15; vertiefend: *Schmahl* JuS **2018** 737, 740.
226 Dieser Vorbehalt wurde zwischenzeitlich zurückgenommen, vgl. Art. 7 Rn. 10.
227 Zum Vorbehalt *Süsterhenn* DVBl. **1955** 753.
228 Wiener Übereinkommen über das Recht der Verträge v. 23.5.1969 (BGBl. 1985 II S. 926); hierzu: *Dörr/
Schmalenbach* Vienna Convention on the Law of Treaties (2018)².

halte zu erklären, wird durch **Art. 57** (Art. 64 a.F.) zulässig eingeschränkt.[229] Dies entspricht ihrem Zweck, eine über die subjektiven Vertragspflichten der einzelnen Vertragsstaaten hinausreichende objektive europäische Rechtsordnung zu schaffen.[230]

92   Soweit nicht einzelne Bestimmungen Vorbehalte überhaupt ausschließen, wie Art. 4 des 6. ZP-EMRK, kann ein Staat **nur bei der Unterzeichnung** oder bei der **Hinterlegung der Ratifikationsurkunde** und nur insoweit Vorbehalte zu einzelnen, genau zu bezeichnenden Bestimmungen der Konvention oder eines ZP[231] erklären, als ein zu dieser Zeit in seinem Hoheitsgebiet bereits geltendes Gesetz[232] mit der jeweiligen Bestimmung der Konvention nicht übereinstimmt. Er muss dabei diese gesetzlichen Regelungen im Vorbehalt eindeutig bezeichnen,[233] damit Gegenstand und Tragweite des Vorbehalts für jedermann eindeutig ersichtlich sind. Dies soll einer ausdehnenden Auslegung vorbeugen; der EGMR legt Vorbehalte vielmehr eng aus.[234] Macht die Regierung im Beschwerdeverfahren den Vorbehalt nicht rechtzeitig geltend, läuft sie Gefahr, dass der Gerichtshof das Vorbringen als verspätet ansieht und auf diesen Unzulässigkeitsgrund dann nicht näher eingeht.[235]

93   **Vorbehalte allgemeiner Art**, die sich nicht deutlich auf bereits bestehende, konkrete innerstaatliche Regelungen beziehen und den von der Anwendung der Konvention ausgenommenen Bereich nicht genau bezeichnen, sind nicht zulässig (Art. 57 Abs. 1 Satz 2) und unwirksam.[236] Unwirksam sind Vorbehalte, die nicht bei der Ratifikation der Konvention oder eines ZP, sondern erst später erklärt werden.[237] Der EGMR prüft die Wirksamkeit eines Vorbehalts nach, denn nur soweit ein Staat einen wirksamen Vorbehalt erklärt hat, ist er innerhalb dessen Grenzen durch die EMRK nicht gebunden.[238] Eine diesen Bereich betreffende Beschwerde an den Gerichtshof ist dann *„ratione materiae"* unzulässig (vgl. Art. 1 Rn. 78 ff.).

94   Gibt ein Staat eine **Interpretationserklärung** ab, mit der er erklärt, wie er eine bestimmte Vertragsbestimmung versteht, so muss diese ausgelegt werden. Will der Staat damit nicht nur sein Verständnis einer bestimmten Vertragsbestimmung unverbindlich aufzeigen,

---

229 Vgl. Art. 19 *lit.* b WVK. Zu den Einschränkungen *Grabenwarter/Pabel* § 2, 5 ff.

230 Sog. *Law-making treaty;* vgl. EGMR Loizidou/TRK, 23.3.1995, ÖJZ **1995** 629.

231 Für eine nicht ausdrücklich bezeichnete Konventionsbestimmung gilt ein zu einer anderen Bestimmung erklärter Vorbehalt auch nicht, wenn der sachliche Inhalt beider Vertragsbestimmungen im Wesentlichen gleich ist: EGMR Burghartz/CH, 22.2.1994, ÖJZ **1994** 559; dazu *Hausheer* EuGRZ **1995** 579, 581; *Grabenwarter/Pabel* § 2, 7; siehe auch 7. ZP-EMRK Rn. 12.

232 Zur Absicherung von Gesetzesbestimmungen, die erst nach der Ratifikation in Kraft treten, kann kein Vorbehalt erklärt werden: EGMR Fischer/A, 26.4.1995, ÖJZ **1995** 633 = JBl. **1996** 241; Eisenstecken/A, 3.10.2000, ÖJZ **2001** 194; Meyer-Ladewig/Nettesheim/von Raumer/*Meyer-Ladewig/Renger* Art. 57, 5.

233 EGMR Helle/FIN, 19.12.1997, §§ 29 f.; Chorherr/A, 25.8.1993, JBl. **1994** 104 = ÖJZ **1994** 173 (Hinweis auf Fundstelle im Gesetzblatt genügt); *Grabenwarter/Pabel* § 2, 7; Meyer-Ladewig/Nettesheim/von Raumer/*Meyer-Ladewig/Renger* Art. 57, 7. Nicht ausreichend ist es, wenn der Staat erklärt, dass Art. 2–4 des 7. ZP-EMRK (oder andere Konventionsbestimmungen mit strafrechtlichem Anwendungsbereich) nicht gelten sollen, wenn der Gegenstand nach nationalem Recht nicht strafrechtlicher Natur sei (sondern etwa eine Ordnungswidrigkeit darstelle), EGMR Grande Stevens/I, 4.3.2014, NJOZ **2015** 712, §§ 204, 210 f.

234 EGMR Schädler-Eberle/FL, 18.7.2013, §§ 65, 92.

235 EGMR Szücs/A, 24.11.1997, §§ 39 f. Allerdings kann der EGMR zu jedem Zeitpunkt des Verfahrens die Unzulässigkeit der Beschwerde von Amts wegen feststellen, Teil II Rn. 60.

236 Vgl. etwa EGMR Belilos/CH, 29.4.1988, EuGRZ **1989** 21 (Erklärung zu unbestimmt, weil genauer Anwendungsbereich nicht erkennbar) näher zu diesem Fall: *Harris/O'Boyle/Warbrick* 28; Weber/CH, 22.5.1990, EuGRZ **1990** 265 = NJW **1991** 623 = ÖJZ **1990** 713; dazu *Villiger* 27; EGMR Gradinger/A, 23.10.1995, ÖJZ **1995** 954; Eisenstecken/A, 3.10.2000; *Grabenwarter/Pabel* § 2, 7; siehe auch: *Keller/Kühne* ZaöRV **76** (2016) 245, 270 f., wonach der Gerichtshof die Voraussetzungen eines Vorbehalts sehr streng prüft.

237 *Grabenwarter/Pabel* § 2, 7; *Oeter* ZaöRV **48** (1988) 521; *Villiger* 27.

238 Meyer-Ladewig/Nettesheim/von Raumer/*Meyer-Ladewig/Renger* Art. 57, 8 und zu den Vorbehalten der Bundesrepublik Art. 57, 10 ff.

Esser   **44**

sondern rechtsverbindlich damit auch die Grenzen der von ihm eingegangenen Konventions-
verpflichtung festlegen, so liegt darin ungeachtet der anderen Bezeichnung ein Vorbehalt,
der die Vertragsverpflichtungen des erklärenden Staates einschränkt, sofern er nicht unwirksam ist, weil er die vorgenannten Zulässigkeitsvoraussetzungen nicht erfüllt.[239]

IV. Berlin/Länder der ehemaligen DDR

Im Land **Berlin** wurden die EMRK und die (Zusatz-)Protokolle 1 bis 6 ebenfalls in   95
Geltung gesetzt.[240] Die Maßnahmen der Westberliner Behörden wurden daran gemes-
sen.[241] Auch soweit die britischen und französischen Sektorenkommandanten und ihre
Stationierungstruppen dort eigene Staatsgewalt ausübten, unterlagen sie der EMRK. Wie-
weit ihre Maßnahmen mit der Menschenrechtsbeschwerde angreifbar waren, ist von der
EKMR aber nicht abschließend geklärt worden.[242] Bei Maßnahmen der früheren Vier-
Mächte-Verwaltung, die auf älteren Übereinkommen beruhten, lehnte sie die Überprüfung
ab.[243]

Seit der **Wiedervereinigung** erstreckt sich der Geltungsbereich der EMRK nach dem   96
Grundsatz der beweglichen Staatsgrenzen auf ganz Berlin und die Länder im Gebiet der
ehemaligen DDR und Berlin-Ost. Die EMRK und die von Deutschland ratifizierten (Zusatz-)
Protokolle sind auch dort innerstaatlich geltendes Bundesrecht geworden.[244]

C. Internationaler Pakt über bürgerliche und politische Rechte (IPBPR)

I. Grundkonvention

Der Internationale Pakt über bürgerliche und politische Rechte (IPBPR)[245] v. 16.12.1966   97
ist im Rahmen der Vereinten Nationen erarbeitet worden.[246] Er steht den UN-Mitgliedstaaten und aufgrund einer generellen Aufforderung praktisch auch allen anderen Staaten
(vgl. Art. 48 IPBPR) zum Beitritt offen.[247] Er wurde bisher von 173 Staaten[248] mit zahlreichen Vorbehalten und Interpretationserklärungen ratifiziert.[249]

---

239 Vgl. Meyer-Ladewig/Nettesheim/von Raumer/*Meyer-Ladewig/Renger* Art. 57, 2; *Grabenwarter/Pabel* § 2, 7.

240 Vgl. Berl.GVBl. **1953** 1163; **1968** 943; **1969** 338. Zur Einbeziehung Berlins *Partsch* ZaöRV **17** (1956/57) 101;
Pestalozza FS JurGes. Berlin 549.

241 *Geulen* NJW **1985** 1057; *Pestalozza* FS JurGes. Berlin 549, 561 ff. mit Darstellung der Praxis der Konventionsorgane.

242 Dazu *Geulen* NJW **1985** 1057; *Wengler* ROW **1986** 153.

243 EKMR Hess/UK, 28.5.1975, EuGRZ **1975** 482; dazu *Blumenwitz* EuGRZ **1975** 497; *Frowein* FS Schlochauer
290; *Frowein/Peukert* Einf. 14; *Wilms* ZaöRV **51** (1991) 470.

244 Art. 8, 11 Einigungsvertrag, BGBl. 1990 II S. 889. Zur Auswirkung auf die völkerrechtlichen Verträge
vgl. etwa *Grabitz/v. Bogdandy* NJW **1990** 1076; *Horn* NJW **1990** 2173; *Mansel* JR **1990** 441; *v. Münch* NJW **1991**
868; *Oeter* ZaöRV **51** (1991) 349; *Rauschning* DVBl. **1990** 403. Zur Geltung des Grundgesetzes vgl. etwa BVerf-
GE **97** 117 (keine Überprüfung von DDR-Strafrecht am Maßstab des Grundgesetzes).

245 International Covenant on Civil and Political Rights (CCPR).

246 Zur Entstehungsgeschichte *Nowak* Einf. 7; *ders.* EuGRZ **1980** 532.

247 *Nowak* Art. 48, 5 f.

248 Stand: Juli 2023; abrufbar unter: http://treaties.un.org > Depositary > Status of Treaties.

249 Vgl. *Nowak* Anh. A 4; *Bartsch* NJW **1989** 3061. Die einzelnen Vorbehalte und Erklärungen sind unter
http://treaties.un.org wiedergegeben.

98   Die **BR Deutschland** hat den IPBPR mit Gesetz v. 15.11.1973 nach Maßgabe der dort in Art. 1 festgelegten Einschränkungen[250] ratifiziert. Der Pakt ist für Deutschland (zunächst ohne Art. 41) am 23.3.1976 in Kraft getreten.[251] Art. 41 IPBPR, der die Staatenbeschwerde anerkennt, trat am 28.3.1979 in Kraft.[252] Der IPBPR galt auch in **Berlin**.

99   Die **DDR** war dem IPBPR mit Wirkung v. 23.3.1976[253] beigetreten. Durch ihren Beitritt zur Bundesrepublik hat sich nur insoweit etwas geändert, als der Zivilpakt jetzt, sofern nicht entsprechend Art. 12 Einigungsvertrag etwas anderes vereinbart wurde, auch im Gebiet der ehemaligen DDR mit den von der Bundesrepublik erklärten Vorbehalten gilt.

100   Im **Vertrag zwischen der BR Deutschland und der Union der sozialistischen Sowjetrepubliken über die Bedingungen des befristeten Aufenthalts und die Modalitäten des planmäßigen Abzugs der sowjetischen Truppen aus dem Gebiet der Bundesrepublik Deutschland** v. 12.10.1990[254] wurden bei den Regelungen über die Ausübung der Gerichtsbarkeit in Art. 18 die einschlägigen Rechte des IPBPR ausdrücklich für anwendbar erklärt.

II. Fakultativprotokolle

101   Das (erste) **Fakultativprotokoll v. 19.12.1966**[255] eröffnet jedem Betroffenen die Möglichkeit, bei Verletzung eines im IPBPR verbürgten Rechts durch Maßnahmen eines Staates, der diesem FP beigetreten ist, den **Menschenrechtsausschuss der Vereinten Nationen** (*Human Rights Committee* – HRC) anzurufen („Mitteilung"/„communication").[256] Die Bundesrepublik ist, ebenso wie andere Vertragsstaaten der EMRK, dem FP-IPBPR zunächst nicht beigetreten. Der vertraglich festgelegte Vorrang des Rechtsschutzsystems der EMRK und die Letztentscheidungskompetenz ihrer Organe sollte nicht beeinträchtigt werden.[257] Erst mit Gesetz v. 21.12.1992[258] trat Deutschland dann doch dem FP mit mehreren Vorbehalten bei, die u.a. die Anrufung des HRC bei den Sachen ausschließen, die in einem anderen internationalen Streitschlichtungsverfahren geprüft wurden. Das FP-IPBPR ist seit 25.11.1993 auch für die Bundesrepublik in Kraft.[259]

102   Das **2. Fakultativprotokoll** über die **Abschaffung der Todesstrafe** wurde von der UN-Generalversammlung am **15.12.1989** angenommen. Die Bundesrepublik ist ihm mit Gesetz v. 2.6.1992[260] beigetreten. Das 2. FP-IPBPR trat für Deutschland am 18.11.1992 in Kraft.[261] Zur Ratifikation eines weiteren, von der UN-Generalversammlung am **10.12.2008** verab-

---

250 BGBl. 1973 II S. 1533; die Einschränkungen entsprechen dem erklärten Vorbehalt.
251 BGBl. 1976 II S. 1068.
252 BGBl. 1979 II S. 1218. Dieses Verfahren ist allerdings nur fakultativ; die Bundesrepublik hat das Verfahren mittlerweile unbefristet anerkannt.
253 GBl. DDR 1976 II S. 1068.
254 BGBl. 1991 II S. 256.
255 BGBl. 1992 II S. 1247; ÖBGBl. **1988** S. 105.
256 Hierzu Teil II Rn. 422 ff. sowie *Esser* in: Ahlbrecht u.a. (Hrsg.), Internationales Strafrecht 563 ff.
257 Vgl. Art. 62 a.F. (jetzt Art. 55). Der Ministerrat des Europarates hatte in einer Resolution v. 17.5.1970 den Mitgliedstaaten empfohlen, das FP-IPBPR wegen dessen Art. 5 Abs. 2 *lit.* a nur mit Vorbehalten zu unterzeichnen; dazu *Nowak* Art. 5, 15 FP-IPBPR.
258 BGBl. 1992 II S. 1246.
259 BGBl. 1994 II S. 311, in der die Vorbehalte der Bundesrepublik mitgeteilt werden. Vgl. Teil II Rn. 426.
260 BGBl. 1992 II S. 390.
261 BGBl. 1993 II S. 880.

schiedeten **Fakultativprotokolls**[262] hat die Bundesregierung dem Bundestag im September 2022 einen entsprechenden Gesetzentwurf vorgelegt.[263]

III. Vorbehalte

Da im IPBPR eine ausdrückliche Regelung über die Zulässigkeit von Vorbehalten fehlt, **103** ist nach Art. 19 *lit.* c WVK davon auszugehen, dass Vorbehalte zulässig sind, sofern sie nicht mit Ziel und Zweck des Vertrages unvereinbar sind.[264] Die anderen Vertragsstaaten können einem Vorbehalt nach Art. 20 Abs. 5 WVK widersprechen. Dies ändert jedoch nichts daran, dass dann insoweit keine Vertragsbindung des erklärenden Staates entstanden ist. Von der Möglichkeit, einen Vorbehalt zu erklären, haben zahlreiche Vertragsstaaten des IPBPR Gebrauch gemacht.[265]

D. Bestätigung der Menschenrechtskonventionen in anderen internationalen Dokumenten

I. KSZE/OSZE

Die **Konferenz über Sicherheit und Zusammenarbeit in Europa** (KSZE) hatte schon **104** in der Schlussakte von Helsinki v. 1.8.1975[266] und dann in den Folgetreffen das Prinzip der Achtung der Menschenrechte unter Verweis auf die bestehenden Verpflichtungen als leitendes Prinzip der Staatengemeinschaft anerkannt und auf den inneren Zusammenhang hingewiesen, der zwischen diesem Prinzip und der Erhaltung des Friedens und der Sicherheit besteht.[267]

Im **Abschlussdokument des Wiener KSZE-Folgetreffens** v. 15.1.1989[268] bekräftigten **105** die Teilnehmerstaaten, dass sie die Menschenrechte und Grundfreiheiten achten und garantieren und dass sie – soweit nicht geschehen – den Beitritt zum IPBPR und zum FP-IPBPR in Erwägung ziehen. Das **Kopenhagener Abschlussdokument** v. 29.6.1990 wiederholte dies.[269] Die wichtigsten Menschenrechte, die meist mit dem Wortlaut der EMRK oder des IPBPR in den Text dieses Dokumentes aufgenommen worden sind, werden als wesentlicher Ausdruck der Menschenwürde und der für alle gleichen, unveräußerlichen Rechte anerkannt.

---

262 Resolution 63/117 v. 10.12.2008, Fakultativprotokoll zum Internationalen Pakt über wirtschaftliche, soziale und kulturelle Rechte.
263 Vgl. BTDrucks. 20 3624 v. 23.9.2022.
264 *Nowak* Einführung 22 ff.; vgl. etwa HRC Kennedy/Trinidad u. Tobago, 2.11.1999, 845/1998, EuGRZ **2000** 615 (Vorbehalt, der bei Todesstrafe jede Beschwerde ausschließt, wegen Verstoßes gegen das Ziel des FP-IPBPR unzulässig); dazu *Stahn* EuGRZ **2000** 607; *Schmahl* JuS **2018** 737.
265 Vgl. die unter http://treaties.un.org wiedergegebenen Erklärungen.
266 Zur Rechtsnatur der Schlussakte (kein völkerrechtlicher Vertrag mit bindenden Verpflichtungen, sondern außerrechtliche – politische – Verständigung über Grundsätze künftigen Verhaltens) vgl. *Schweisfurth* ZaöRV **36** (1976) 681; ferner *Scheuner* FS Verosta 171; *Verdross/Simma* § 545 und zu dem Bestreben nach Verrechtlichung *Breitenmoser/Richter* EuGRZ **1991** 141.
267 Vgl. *Liedermann* FS Verosta 427; *Scheuner* FS Verosta 177.
268 EuGRZ **1989** 85.
269 EuGRZ **1990** 239 mit Einführung *Tretter* EuGRZ **1990** 235.

106   In der **Charta von Paris für ein neues Europa** v. 21.11.1990[270] bekräftigten die Regierungschefs der KSZE-Staaten erneut die Menschenrechte als Grundlage einer auf den Prinzipien der Demokratie und der Rechtsstaatlichkeit aufgebauten, auf gegenseitige Achtung, Frieden und Zusammenarbeit ausgerichteten europäischen Ordnung, wobei die wichtigsten Garantien gegen Menschenrechtsverletzungen einschließlich des Rechts des Einzelnen auf wirksame nationale und internationale Rechtsbehelfe besonders angesprochen werden.

107   In der Konferenz von Moskau über die **Menschenrechtliche Dimension der KSZE** v. 3.10.1991 wurde u.a. hervorgehoben, dass die Achtung der Menschenrechte ein unmittelbares und berechtigtes Anliegen aller Teilnehmerstaaten sei und nicht ausschließlich eine innere Angelegenheit des betroffenen Staates. Diese menschenrechtliche Dimension wird auch im Dokument über das **Budapester KSZE-Folgetreffen** im Jahre 1994 angesprochen, in dem die KSZE mit Wirkung v. 1.1.1995 in **OSZE** umbenannt wurde.[271]

108   Die Bedeutung solcher internationalen Erklärungen liegt darin, dass die Regierungen der jeweiligen Unterzeichnerstaaten ihre Bindungen an die von ihnen übernommenen Konventionspflichten und die sich daraus ergebenden Verpflichtungen bekräftigen. Gleiches gilt auch sonst für Verlautbarungen multinationaler Gremien zu einzelnen Konventionspflichten. Solche gemeinsamen Erklärungen werden auch bei der **Auslegung einzelner Konventionsbestimmungen** zur Bekräftigung eines bestimmten Verständnisses herangezogen.[272]

109   Eine der Aufgaben, die von der OSZE zur Etablierung rechtsstaatlicher Strukturen wahrgenommen wird, ist die Entsendung von Prozessbeobachtern zu politisch brisanten gerichtlichen Verfahren.[273] Das sog. **Trial Monitoring** ist ein Prüfprogramm, mit dessen Hilfe Informationen über die herrschenden Verhältnisse des Justizsystems eines Teilnehmerstaates gesammelt werden, um hieraus Schlüsse über dessen Rechtsstaatlichkeit und Arbeitsweise zu ziehen.[274] Diese Aufgabe übernimmt das *Büro für demokratische Institutionen und Menschenrechte* (**ODIHR**, Office for Democratic Institutions and Human Rights),[275] die größte Institution der OSZE im Bereich der menschlichen Dimension, mit Sitz in Warschau, Polen. Solche Prozessbeobachtungen sollen Transparenz in das gerichtliche Verfahren bringen und den Teilnehmerstaaten bei der Förderung der Rechtsstaatlichkeit und dem Aufbau demokratischer Strukturen helfen. Aus den verschiedenen Projekten gehen Berichte und Empfehlungen hervor. In regelmäßigen Abständen finden dann Implementierungstreffen statt, an denen OSZE-Teilnehmerstaaten, andere zwischenstaatliche Organisationen und Nichtregierungsorganisationen teilnehmen.[276]

II. Charta der Grundrechte der Europäischen Union

110   **1. Allgemeines.** Mit dem Inkrafttreten des Vertrags von Lissabon wurde die **Charta der Grundrechte der Europäischen Union (EUC)**[277] für die Unionsorgane und die Mit-

---

270   UN-AMR EuGRZ **1990** 17; dazu *Hilf* EuR **1991** 19.
271   Vgl. *Tretter* EuGRZ **1995** 296.
272   Vgl. die zur Bekräftigung der Auslegung angeführte Entschließung der Parlamentarischen Versammlung des Europarates über den Schutz des Privatlebens in EGMR v. Hannover/D, 24.6.2004, NJW **2004** 2647.
273   Zu den weltweiten Initiativen: *Müller* Menschenrechtsmonitoring (2011), zur OSZE: 200 ff.; *De Beco* Human Rights Monitoring Mechanisms of the Council of Europe (2012).
274   Vgl. ODIHR Trial Monitoring, https://www.osce.org/odihr/123550.
275   Vgl. https://www.osce.org/odihr.
276   Im Einzelnen zur Tätigkeit der OSZE: IFSH, OSCE Yearbook, https://ifsh.de/en/publications/osce-yearbook.
277   ABlEU Nr. C 326 v. 26.10.2012 S. 391.

gliedstaaten der Union bei Durchführung des Unionsrechts verbindlich (Art. 6 Abs. 1 UAbs. 1 EUV i.V.m. Art. 51 Abs. 1 EUC).[278] Zu dem in Art. 6 Abs. 2 EUV avisierten Beitritt der Union zur Europäischen Menschenrechtskonvention ist es noch nicht gekommen. Die Verhandlungen sind aber bereits weit fortgeschritten (Rn. 151 ff.). Art. 6 Abs. 3 EUV stellt klar, dass auch die vom EuGH entwickelten allgemeinen Rechtsgrundsätze neben der Charta fortgelten. Dass allerdings die geschriebenen Grundrechte vorrangig gegenüber diesen sind, ergibt sich aus der Natur der Sache.

2. Reichweite der Bindung. Die Reichweite der tatsächlichen Bindung der EU-Mit- **111** gliedstaaten an die Charta war anders als diejenige der Union zunächst umstritten:[279] Nach **Art. 51 Abs. 1 EUC** habe die Mitgliedstaaten die Charta zu beachten, wenn sie *Recht der Union durchführen*. In welchen Konstellationen die Mitgliedstaaten allerdings Unionsrecht durchführten, ergab sich nicht aus den Materialien zur Charta. Jedenfalls wenn ein Staat primärrechtliche Pflichten erfüllt oder unmittelbar anwendbares Sekundärrecht durchsetzt, ist unstreitig von einer Bindung auszugehen.

Im Kontext der Richtlinienumsetzung durch den nationalen Gesetzgeber war die Bin- **112** dung dagegen umstritten, jedenfalls soweit es um **nicht-determinierte Bereiche von Richtlinien** ging, als insoweit (auch) die nationalen Grundrechte zu beachten sind. Der EuGH hatte sich vor der Rechtsverbindlichkeit der Charta in seinem Urteil zur Familienzusammenführungs-RL für einen doppelten Schutzstandard ausgesprochen und eine Verbindlichkeit der damaligen allgemeinen Rechtsgrundsätze angenommen.[280] Es ist angesichts des Urteils in der Rs. *Åkerberg Fransson*[281] davon auszugehen, dass er an dieser Rechtsprechung auch unter der Geltung der Charta festhält.

Nach den Leitlinien aus dem Urteil in der Rs. *Åkerberg Fransson* wird man noch **113** weitergehend davon ausgehen müssen, dass die Charta auch bei einem schlichten Tätigwerden im **Anwendungsbereich des Unionsrechts** gilt, ohne dass als spezifisches Unionsrecht um- oder durchgesetzt werden soll:[282] *„Aus der ständigen Rechtsprechung des Gerichtshofs ergibt sich im Wesentlichen, dass die in der Unionsrechtsordnung garantierten Grundrechte in **allen unionsrechtlich geregelten Fallgestaltungen**, aber nicht außerhalb derselben Anwendung finden. Insoweit hat der Gerichtshof bereits festgestellt, dass er eine nationale Rechtsvorschrift nicht im Hinblick auf die Charta beurteilen kann, wenn sie nicht in den **Geltungsbereich des Unionsrechts** fällt. [...].“* Als Beleg verweist der EuGH auf sein **ERT**-Urteil,[283] das dieselbe Reichweite für die allgemeinen Rechtsgrundsätze statuiert hatte.

In der Rs. *Hernández* hat der EuGH außerdem betont, dass der Begriff der „Durchfüh- **114** rung des Rechts der Union" i.S.v. Art. 51 Abs. 1 EUC „das Vorliegen eines Zusammenhangs zwischen einem Unionsrechtsakt und der fraglichen nationalen Maßnahme voraussetzt, der darüber hinausgeht, dass die fraglichen Sachbereiche benachbart sind oder der eine von ihnen

---

278 Vgl. dazu *Hirsch* Gollwitzer-Koll. 81, 84. Näher zum Hintergrund der EUC: *Kadelbach* in: The Max Planck Encyclopedia of Public International Law, Vol. II (2012) 90 ff.
279 Siehe auch *Jarass* NVwZ **2012** 457 ff.; *Pirker* Grundrechtsschutz im Unionsrecht zwischen Subsidiarität und Integration (2018).
280 EuGH 27.6.2006, C-540/03 (EP/Rat), Tz. 105.
281 EuGH 26.2.2013, C-617/10 (Åkerberg Fransson), Tz. 28 f.; dazu *Eckstein* ZIS **2013** 220 ff.; *Rabe* NJW **2013** 1407 f.; *Gooren* NVwZ **2013** 564; aus strafrechtlicher Perspektive: *Rönnau/Wegner* GA **2013** 561 ff.
282 EuGH 26.2.2013, C-617/10 (Åkerberg Fransson), Tz. 19.
283 EuGH 18.6.1991, C-260/89 (ERT/DEP u.a.), Tz. 5, 42 ff., NJW **1992** 2621 (Ls.).

Esser

mittelbare Auswirkungen [sic!] auf den anderen haben kann".[284] Auch reicht es nicht aus, wenn nur ein hypothetischer Bezug zum Recht der EU besteht.[285] Zu prüfen sei unter anderem, *„ob mit der fraglichen nationalen Regelung die Durchführung einer Bestimmung des Unionsrechts bezweckt wird, welchen Charakter diese Regelung hat und ob mit ihr andere als die unter das Unionsrecht fallenden Ziele verfolgt werden, selbst wenn sie das Unionsrecht mittelbar beeinflussen kann, sowie ferner, ob es eine Regelung des Unionsrechts gibt, die für diesen Bereich spezifisch ist oder ihn beeinflussen kann".*[286] Der bloße Umstand, dass eine nationale Maßnahme in einen Bereich fällt, in dem die Union über **Zuständigkeiten** verfügt, kann hingegen (für sich allein) nicht dazu führen, dass die Maßnahme in den Anwendungsbereich des Unionsrechts fällt und die Charta anwendbar wäre.[287]

115   **3. Verhältnis zur EMRK.** Art. 52 Abs. 2 EUC stellt klar, dass die Ausübung der durch die Charta anerkannten Rechte im Rahmen der in den Verträgen (EUV/AEUV) festgelegten Bedingungen und Grenzen erfolgt, d.h. diejenigen Rechte, die bereits von den Verträgen garantiert werden, sollen auch nur unter den dort vorgegebenen Bedingungen eingeschränkt werden können. Soweit die in der EUC garantierten Rechte denen in der EMRK entsprechen, haben sie die gleiche Tragweite und Bedeutung wie die jeweiligen Konventionsrechte (**Art. 52 Abs. 3 EUC**).[288] Günstigere Schrankenregelungen entsprechender EMRK-Garantien werden daher nach Art. 52 Abs. 3 (i.V.m. Art. 53) EUC auf die Charta übertragen. Damit wird zugleich erreicht, dass die Erfüllung der von den einzelnen Mitgliedstaaten der EU eingegangenen Konventionspflichten insoweit gesichert bleibt, als diese Hoheitsbefugnisse auf die Union übertragen haben.[289] Näher dazu unten Rn. 147.

E. Rechtsnatur der Konventionen/Innerstaatliche Geltung

I. Völkerrechtliches Vertragsrecht

116   Als völkerrechtliches Vertragsrecht, das die internationale Anerkennung und die kollektive Garantie eines gemeinsamen Standards bestimmter Menschenrechte in einem vertraglich festgelegten Umfang erst herbeiführen soll, können die Umschreibungen dieser Rechte und ihrer Grenzen im normativen Teil der Konventionen *nicht* mit einer Kodifikation bereits bestehender **allgemeiner Regeln des Völkerrechts** gleichgesetzt werden (h.M.), die nach Art. 25 GG den einfachen Gesetzen vorgehen würden.[290] Dies zeigen auch die

---

284 EuGH 10.7.2014, C-198/13 (Julian Hernández), Tz. 34, EuZW **2014** 795, 796 f.; ebenso: EuGH 24.9.2019, C-467/19 (QR), Tz. 40, BeckRS **2019** 22822.

285 EuGH 14.11.2018, C-215/17 (Nova Kreditna), Tz. 44 f., GRUR **2019** 209.

286 EuGH 10.7.2014, C-198/13 (Julian Hernández), Tz. 37; 6.3.2014, C-206/13 (Siragusa), Tz. 25, NVwZ **2014** 575; 22.1.2020, C-177/18 (Almudena), Tz. 59, NZA **2020** 1391, BeckRS **2020** 220.

287 EuGH 10.7.2014, C-198/13 (Julian Hernández), Tz. 36; bestätigt durch EuGH (GK) 19.11.2019, C-609/17 u. C-610/17 (TSN), Tz. 46, NJW **2020** 35, 37 m. Anm. *Streinz* EuZA **2020** 355 ff.

288 Dazu u.a. *Lenaerts* EuR **2012** 3, 12 ff.; umfassend: *Ziegenhorn* Der Einfluss der EMRK im Recht der EU-Grundrechtecharta (2009).

289 Vgl. Art. 1 Rn. 26.

290 *Dürig/Herzog/Scholz/Herdegen* Art. 25, 43 ff. GG; OK-GG/*Heintschel von Heinegg/Frau* Art. 25, 22 GG; so bereits: *Morvay* ZaöRV **21** (1961) 89, 93; *Echterhölter* JZ **1955** 689; *Frowein* FS Zeidler 1763, 1770; *Herzog* DÖV **1959** 44; *ders.* DÖV **1960** 775; *Hesse* EuGRZ **1978** 427, 428; *Partsch* 29; *Ress* FS Zeidler 1775, 1794; *Silagi* EuGRZ **1980** 632; OVG Münster NJW **1956** 1375 m.w.N.; **a.A.** *Guradze* Einl. § 5 II-V (allgemeine Regeln). Zur Problematik ferner *Frowein* FS Zeidler 1763, 1768; *Ress* FS Zeidler 1775, 1789; vgl. hierzu OVG Münster DVBl. **2015** 514

zahlreichen Vorbehalte der einzelnen Staaten. Soweit die Konventionen Rechtsgrundsätze mit umfassen, die – mit meist weniger scharf umrissenem Inhalt und in weniger detaillierter Form – nach heutiger Auffassung bereits zu allgemein anerkannten Regeln des Völkerrechts erstarkt sind,[291] wie etwa das **Verbot der Sklaverei**,[292] gelten diese nach **Art. 25 GG unmittelbar und unabhängig von jeder Ratifizierung** der Konventionen in der BR Deutschland.[293]

Im Verhältnis zu den Vertragsstaaten und für die Anrufung der Konventionsorgane **117** bei Konventionsverletzungen ist aber auch dann **grundsätzlich** von dem **im Vertragstext festgelegten Inhalt der dort garantierten Rechte und Freiheiten** auszugehen.[294] Dieser enthält meist weitergehende und genauer umrissene Verbürgungen. Der Vertragstext würde im Übrigen zwischen den Vertragsteilen selbst allgemeinen Regeln des Völkerrechts vorgehen, soweit diese nicht zu den zwingenden Normen des allgemeinen Völkerrechts (*ius cogens*)[295] zählen.

II. Innerstaatliche Geltung

1. Allgemeine Grundsätze. Die EMRK und die ZP sowie der IPBPR haben durch **Rati-** **118** **fizierung und Transformierung in das innerstaatliche Recht** ihre Rechtsnatur als völkerrechtliche Verträge keineswegs verloren.[296] Ob und mit welchem **Rang** sie in den einzelnen Vertragsstaaten innerstaatlich gelten, kann nicht allgemein beantwortet werden, da das Verhältnis zwischen dem nationalen Recht und dem Völkervertragsrecht in den einzelnen Staaten unterschiedlich beurteilt wird.[297] Bei der EMRK reicht die Bandbreite von der **Verneinung jeder innerstaatlichen Geltung** des Vertragstextes,[298] der Geltung als **einfaches Gesetz** oder als den **einfachen Gesetzen vorgehendes Recht im Range**

(individuelle Betroffenheit als Voraussetzung für die Herleitung einer Klagebefugnis aus einer allgemeinen Regel des Völkerrechts iSv Art. 25 GG – Unterstützung völkerrechtswidriger Handlungen durch US-Militär am Flughafen Ramstein); *Schmahl* JuS **2013** 961, 963.

291 BVerfGE **46** 342, 362 geht (*obiter dictum*) vom Bestehen allgemeiner Regeln des Völkerrechts im Bereich des menschenrechtlichen Mindeststandards aus; ebenso *Herzog* EuGRZ **1990** 483, 486; *Haefliger* EuGRZ **1990** 474, 481 (Menschenrechte, die nicht nach Art. 15 Abs. 2 außer Kraft gesetzt werden können, rechnen zum völkerrechtlichen ius cogens; *Silagi* EuGRZ **1980** 632, 644; *Weigend* StV **2000** 384, 386.

292 Vgl. BVerfGE **59** 280, 283; **63** 332; *Doehring* ZaöRV **36** (1976) 88; *Silagi* EuGRZ **1980** 632, 647; *Strebel* ZaöRV **36** (1976) 177; vgl. ferner Art. 4 Rn. 1 ff.

293 Vgl. etwa *Grabenwarter* VVDStL **60** (2001) 290, 306; *Walter* ZaöRV **59** (1999) 961, 972; vertiefend: *Schmal* JuS **2018** 737.

294 So EKMR EuGRZ **1975** 483 (Hess.)

295 Zur Definition vgl. Art. 53 WVK; *Verdross/Simma* § 525.

296 *Scheuner* FS Schlochauer 899, 904; *Walter* ZaöRV **59** (1999) 961 ff.; BVerfGE **128** 326, 403 = NJW **2011** 1931, 1945, Tz. 164.

297 Zur Rechtslage in Spanien: *Jelitte* Die Umsetzung völkerrechtlicher Verträge in nationales Recht in Deutschland und Spanien (2007).

298 So nach den relativ spät ergangenen Inkorporationsgesetzen der nordischen Staaten (vgl. *Sundberg* JIR **40** (1997) 181) wohl nur noch in Irland und *vor* dem Erlass des *Human Rights Act 1998* auch Großbritannien; dazu und zu den Besonderheiten des am 2.10.2000 in Kraft getretenen *Human Rights Act*, der zwar die Art. 2 bis 18 (ohne Art. 13 und 15) wortgetreu übernimmt, ihre direkte Anwendbarkeit aber einschränkt: *Grabenwarter* VVDStRL **60** (2001) 290, 300 ff.; *ders.* § 3, 3 ff., 9; *Kühne* StV **2001** 73, 77; *Peters* § 1 II; ferner etwa: *Fröhlich* Von der Parlamentssouveränität zu Verfassungssouveränität (2009); *Young* Parliamentary Sovereignty and the Human Rights Act (2008); Wadham/Mountfield/Edmundson/Gallagher (Edt.), Blackstone's Guide to The Human Rights Act 1998 (2007); *Baum* EuGRZ **2000** 281; *Grote* ZaöRV **58** (1998) 309.

unterhalb der Verfassung[299] bis zur ausdrücklichen Verleihung des **Verfassungsrangs** (Österreich) oder der Zuerkennung von **Überverfassungsrang** (Niederlande).[300] Aus Sicht der EMRK ist jeder Vertragsstaat zur Beachtung der Garantien verpflichtet; das Vorliegen eines Verstoßes gegen die EMRK kann nicht mit der Begründung verneint werden, das betreffende Verhalten sei dem Staat verfassungsrechtlich vorgeschrieben.[301]

2. Umsetzung dieser Grundsätze in der BR Deutschland

119   **a) Rangwirkung.** In Deutschland gelten die EMRK und die ZP, die nach Art. 59 Abs. 2 GG in der Form eines einfachen Bundesgesetzes ratifiziert worden sind, nach h.M. als **einfaches Bundesrecht** im Rang eines Gesetzes.[302] Innerstaatlich sind alle Gerichte und Behörden zu ihrer Beachtung verpflichtet.[303] Die Konventionen begründen **innerstaatlich unmittelbare Rechte und Verpflichtungen für den Einzelnen**, soweit diese bei der gebotenen völkerrechtsfreundlichen Auslegung der jeweiligen Konventionsgarantie entnommen werden können.[304] Auf die in den Konventionen verbürgten Rechte und die dort getroffenen Wertentscheidungen kann sich **jedermann vor den innerstaatlichen Gerichten und Behörden berufen,** ohne dass es dazu neben dem Ratifikationsgesetz noch eines besonderen Ausführungsgesetzes bedarf.[305] Der Wortlaut der Konventionen wird von der

---

299 Mehrere Staaten, darunter auch **Frankreich**, vgl. *Grabenwarter/Pabel* § 3, 3; *Peters* § 1 II. Zur Rezeption in Frankreich *Mellech* 13–40. Das Bundesgericht (**Schweiz**) kann Bundesgesetze nicht wie ein klassisches Verfassungsgericht wegen Verfassungswidrigkeit aufheben, sondern hat sie vielmehr auch dann anzuwenden, wenn sie im Widerspruch zu nationalen Grundrechten stehen (Art. 190 BVerf). Neben Bundesgesetzen ist für das Bundesgericht auch Völkerrecht maßgebend, so dass das Bundesgericht – zur Vermeidung ständiger Verurteilungen in Straßburg – in Konfliktfällen der EMRK Vorrang zuerkennt (Urt. v. 26.7.1999, BGE **125** II 417 (424 ff.): Schweizer Recht ist „in erster Linie völkerrechtskonform" auszulegen; „im Konfliktfall geht das Völkerrecht prinzipiell dem Landesrecht vor, insbesondere wenn die völkerrechtliche Norm dem Schutz der Menschenrechte dient"); ferner: *Schweizer* ZSR **112** (1993) 577, 628 f. („Verfassungsrang"); *Nay* ZSR **124** (2005) 97, 100 ff. („Quasi-Verfassungsrang"); BGE **117** Ib 367, 370 f. (soweit die EMRK Grundrechte verbürgt, habe sie ihrer Natur nach verfassungsrechtlichen Inhalt); *Grabenwarter/Pabel* § 3, 3; zu früheren Einschränkungen bei der Überprüfbarkeit von Bundesgesetzen: *Grabenwarter* VVDStRL **60** (2000) 290, 301; *ders.* EuGRZ **1991** 81; zusammenfassend *Hausheer* ZBJV **2015** 319.

300 Vgl. *Grabenwarter/Pabel* § 3, 2 m.w.N.; *Grabenwarter* VVDStRL **60** (2001) 290, 300 ff.; ferner etwa *Bleckmann* EuGRZ **1994** 149, 150.

301 EGMR Anchugov u. Gladkov/R, 4.7.2013, §§ 108 f.; implizit EGMR Alajos Kiss/H, 20.5.2010, §§ 7, 9, 11, 42 ff.

302 So etwa BVerfGE **74** 358, 370; **82** 102, 120; **111** 307 = NJW **2004** 3407; **128** 326, 366 f. = NJW **2011** 1931, 1935 = NStZ **2011** 450 = StV **2011** 470, Tz. 86 f.; OVG Münster NJW **1956** 1375: BGH NJW **1957** 1480; **2001** 309; BVerwG DVBl. **1977** 57; NJW **1958** 35; BayVerfGH NJW **1961** 1619; *Bernhardt* EuGRZ **1996** 339; *Britz* NVwZ **2004** 173; *Golsong* DVBl. **1956** 525; *Grabenwarter* VVDStRL **60** (2001) 290, 305; *Herzog* AöR **86** (1961) 194, 237; *ders.* EuGRZ **1990** 483, 486; *Maur* NJW **2000** 338; *Sommermann* AöR **114** (1989) 391, 410; *Weigend* StV **2000** 384, 386; *Dörr* 88; wegen weiterer Nachweise zum Streitstand *Kühl* ZStW **100** (1988) 406, 408; *Morvay* ZaöRV **21** (1961) 78; *Staebe* JA **1996** 75 ff.; *Meyer/Ladewig/Nettesheim/*von Raumer Einl. 18; *Grabenwarter/Pabel* § 3, 8 ff.; *Ruffert,* EuGRZ **2007** 245 ff. Zum IPBPR etwa BVerwGE **65** 188; *Hofmann* Einf. 22; *Mellech* 41–51 (zur Umsetzung der Konvention in Deutschland); *Schmahl* JuS **2013** 961, 964.

303 Ausnahmsweise kann ein Staat nicht verantwortlich sein, wenn ein anderer Staat Gewalt auf seinem Hoheitsgebiet ausübt, *Ehlers* Europäische Grundrechte und Grundfreiheiten, § 2 Rn. 47.

304 Zur Stellung der EMRK in den Mitgliedstaaten des Europarats: *Ehlers* Europäische Grundrechte und Grundfreiheiten, § 2 Rn. 11 ff.

305 So schon der Bundestag bei der Ratifizierung, BTDrucks. **1** 3338; vgl. auch *Huber* GedS H. Peters 375 ff.; *Villiger* 20; Für die Notwendigkeit eines Ausführungsgesetzes wegen der Unbestimmtheit der Garantien *Jescheck* NJW **1954** 783; *Henrichs* MDR **1955** 40; *ders.* NJW **1959** 1529; vgl. auch *Mattil* JR **1965** 167 („wünschenswert").

Rechtsprechung und der vorherrschenden Meinung bei Übernahme ins innerstaatliche Recht als *self-executing* angesehen.[306]

b) Verhältnis zum Verfassungsrecht. Durch die mit einfachem Bundesgesetz durch- **120** geführte Ratifikation (Art. 59 Abs. 2 GG) konnten die EMRK und die in ihr garantierten Rechte **nicht den Rang von formellem Verfassungsrecht** erhalten. Die Vertragsstaaten haben für den Text der Konventionen aber auch völkervertraglich keinen innerstaatlichen Verfassungsrang gefordert. Noch weniger wollten sie der Konvention den Überverfassungsrang einer supranationalen Rechtsordnung verleihen.[307] Dies zeigt sich schon darin, dass die getroffenen Übereinkommen nach h.M. die Staaten nicht einmal verpflichten, den Konventionstext ins nationale Recht zu transformieren.[308] Es stand ihnen außerdem jahrzehntelang frei, ob sie sich den Durchsetzungsmechanismen der Konvention unterwerfen wollten.[309] Formal sind die Gewährleistungen der Konventionen als solche aber auch dort **kein materielles Verfassungsrecht**, wo sie inhaltlich mit innerstaatlichen Verfassungsnormen, vor allem mit Grundrechten des GG, übereinstimmen[310] oder dessen Auslegung sogar mitbestimmt haben.[311]

Die Konventionen verdrängen die innerstaatlichen Gewährleistungen der Menschen- **121** rechte und Grundfreiheiten nicht, sondern setzen deren Fortbestand voraus. Wo im Einzelfall der innerstaatliche **Grundrechtsschutz über die Konventionen hinausreicht**, gilt er ohnehin unbeeinträchtigt weiter **(Art. 53 EMRK/Art. 5 Abs. 2 IPBPR)**.[312] Als Parallelausformung allgemein anerkannter Menschenrechte nimmt der Inhalt eines Großteils ihrer Verbürgungen allerdings – zumindest was ihren Kernbereich angeht[313] – in der Bundesrepublik **mittelbar am Grundrechtsschutz** teil, den das GG und die Länderverfassungen nach Maßgabe der in ihnen getroffenen jeweiligen Festlegungen gewährleisten.

---

306 Str. bei der Formulierung einzelner Artikel, vgl. *Scheuner* FS Jahrreiß 375. Die USA sehen den IPBPR als *non-self-executing* an; vgl. etwa *Seibert-Fohr* ZaöRV **62** (2002) 391, 406.

307 Weitgehend h.M., für die **EMRK**: BVerfGE **74** 358, 378, BGHSt **45** 321, 329, je m.w.N.; *Eisele* JR **2004** 12; 13; *Weigend* StV **2000** 384, 386. **Verfassungsrang** der EMRK nehmen an: *Echterhölter* JZ **1955** 689 (Ableitung aus Art. 1 Abs. 2 GG; dazu etwa *Grabenwarter* VVDStRL **60** (2001) 290 ff.; *v. Stackelberg* NJW **1960** 1265; vgl. auch: *Klug* GedS H. Peters 434, der Überverfassungsrang annimmt. Zur unterschiedlichen Praxis der Vertragsstaaten beim **IPBPR**: *Seibert-Fohr* ZaöRV **62** (2002) 391 ff., die (409 ff.) darauf hinweist, dass nach Ansicht des HRC der Pakt Vorrang vor dem nationalen Recht verlangt.

308 Dies ist bei einigen Mitgliedstaaten auch nicht geschehen, so wurden im Vereinigten Königreich die Konventionen zunächst kein Bestandteil des innerstaatlichen Rechts: vgl. etwa *Bartsch* House of Lords EuGRZ **1991** 102; *Schroth* ZStW **100** (1988) 470; erst durch den Human Rights Act (1998) sind wesentliche Teile der Konvention im UK auch innerstaatlich abgesegnet geworden; zur komplexen Rechtslage vgl. *Baum* EuGRZ **2000** 281, *Grabenwarter* VVDStL **60** (2001) 290, 303; *Rivers* JZ **2001** 127; *Chryssogonos* EuR **2001** 49. Zur unterschiedlichen Umsetzung der IPBPR: *Seibert-Fohr* ZaöRV **62** (2002) 391 ff.

309 Erst die Reform des Verfahrens der EMRK durch das 11. P-EMRK machte die Gerichtsbarkeit zwingend.

310 Vgl. etwa *Jaeger/Broß* EuGRZ **2004**, 1 13 ff., sowie die dort (16 ff.; 42 ff.; 54 ff.) wiedergegebenen Landesberichte zur Rechtslage in Österreich, Schweiz und Liechtenstein.

311 Als Auslegungshilfe ist die EMRK in ihrer konkreten Ausgestaltung durch die Rechtsprechung des EGMR vorrangig heranzuziehen, vgl. BVerfGE **74** 258, 370; **111** 307 = NJW **2004** 3407, Tz. 61, 62; *Pache* EuR **2004** 293, 401; ferner *Grabenwarter/Pabel* § 3, 10.

312 Vgl. Meyer-Ladewig/Nettesheim/von Raumer/*Meyer-Ladewig/Renger* 53, 1; *Frowein/Peukert* Art. 60 EMRK a.F.; zur Problematik *Grabenwarter* DVBl. **2001** 1.

313 Zu der vor allem in Randbereichen anzutreffenden Einbuße an Allgemeingültigkeit, die in jeder von nationalgeschichtlichen Traditionen mitbestimmten Wortfassung (Positivierung) der Grundsätze liegt, vgl. *Huber* GedS H. Peters 38 ff.

122   Die **weitergehenden Auffassungen**, die der EMRK **Übergesetzesrang** oder **Verfassungsrang** zuerkennen,[314] weil an ihren Regeln auch die innerstaatliche Gesetzgebung gemessen wird, oder sie trotz des Fehlens einer unmittelbaren eigenen Hoheitsgewalt des EGMR als eine der Verfassung vorgehende Rechtsordnung einer **supranationalen Einrichtung i.S.d. Art. 24 GG** einstufen wollen, haben sich in der Praxis nicht durchgesetzt.[315] Der EGMR als Organ der EMRK wird als Einrichtung der Vertragsstaaten angesehen. Ihm wurde keine eigene Hoheitsgewalt übertragen, die er auch in den Vertragsstaaten unmittelbar ausüben könnte. Deshalb lehnt die vorherrschende Meinung es ab, den EGMR als zwischenstaatliche Einrichtung anzusehen, der in Bezug auf die Vertragsstaaten eigene Hoheitsrechte i.S.d. Art. 24 GG eingeräumt wurden. Den Konventionsverbürgungen der EMRK wird unter diesem Gesichtspunkt deshalb kein Rang über den nationalen Gesetzen zugebilligt.[316]

123   Die **Verfassungsbeschwerde** kann aber auch in diesen Fällen nur auf die Verletzung des GG bzw. der jeweiligen Landesverfassung und nicht *unmittelbar* allein auf die Verletzung eines Konventionsrechts gestützt werden. Durch das Bekenntnis zu den Menschenrechten in Art. 1 Abs. 2 GG wird der Wortlaut der einzelnen Verbürgungen der internationalen Menschenrechtspakte nicht unmittelbar in das GG inkorporiert.[317] Die Beachtung dieser Rechte wird aber insoweit überprüft, als **in Verbindung mit dem einschlägigen Grundrecht** ein Verstoß gegen die Auslegung eines Konventionsrechts durch den EGMR behauptet wird.

124   Wo **innerstaatlich Auslegungs- und Abwägungsspielräume** bestehen, kommt der EMRK in der Auslegung des EGMR auch innerstaatlich der Vorrang zu, sofern nicht die durch GG und Grundrechte Dritter gezogenen verfassungsrechtlichen Grenzen überschritten werden;[318] im letzteren Fall ist das Verfassungsrecht den für die Bundesrepublik im Außenverhältnis nach der EMRK obliegenden Verpflichtungen – im Wege einer Auslegung durch das BVerfG oder durch den die Verfassung ändernden Gesetzgeber – anzupassen.

125   Ist ein Recht aus den Menschenrechtspakten verletzt, das nicht bereits in einem entsprechenden speziellen Grundrecht des GG mit enthalten ist, sondern innerstaatlich nur als einfaches Recht gilt, wäre denkbar, dies unter dem Blickwinkel eines Verstoßes gegen das „**Auffanggrundrecht**" des Art. 2 Abs. 1 GG auch verfassungsgerichtlich zu rügen, da dann ein auch innerstaatlich gesetzlich nicht gedeckter und damit gesetzwidriger Eingriff in dessen umfassenden Schutzbereich vorliegt.[319] Näher liegt indes die Geltendmachung eines **Verstoßes gegen das Rechtsstaatsprinzip** (Art. 20 Abs. 3 GG). Schließlich gilt die EMRK innerstaatlich im Rang eines einfachen Gesetzes und ist von der Judikative zu beachten.[320]

---

314 Etwa *Bleckmann* EuGRZ **1994** 152.

315 *Eisele* JR **2004** 12, 13; *Sommermann* AöR **114** (1989) 408; *Staebe* JA **1996** 80; *Weigend* StV **2000** 384, 386. Zum Meinungsstand vgl. etwa die Nachweise bei *Klug* GedS H. Peters 434; für Verfassungsrang (Art. 1 Abs. 2, 25 GG, „ordre public international"): *Bleckmann* EuGRZ **1994** 149, 152; *Frowein* FS Zeidler 1763, 1770; *Sternberg* Der Rang von Menschenrechtsverträgen (1999); ferner auch *Ress* FS Zeidler 1775, 1790 ff.; *ders.* EuGRZ **1996** 353; *Walter* ZaöRV 59 (1999) 961, 972 ff. (Vorrang über Art. 24 GG).

316 Vgl. *Grabenwarter/Pabel* § 3, 9. Zur Tendenz, der EMRK über eine „Staatengemeinschaft Menschenrechtskonvention" als zwischenstaatliche Einrichtung i.S.d. Art. 24 GG Übergesetzesrang zu verleihen vgl. *Ress* FS Zeidler 1775, 1779, 1789 ff.; *Walter* ZaöRV 59 (1999) 961, 974.

317 Vgl. BVerfGE **128** 326, 366 = NJW **2011** 1931, 1935, Tz. 87; *Staebe* JA **1996** 79; *Weigend* StV **2000** 384, 386; *Gerhardt* ZRP **2010** 161.

318 Vgl. BVerfGE **111** 307 = NJW **2004** 3407 (Görgülü), § 61; BVerfG NJW **2007** 499; *Payandeh* DÖV **2011** 382, 386.

319 Vgl. *Grabenwarter* VVDStL **60** (2001) 290, 306; *Grabenwarter/Pabel* § 3, 10; *Frowein* ZaöRV **46** (1986) 286; *Frowein* FS Zeidler 1763, 1770; *Uerpmann* 106; *Limbach* EuGRZ **2000** 418.

320 Das BVerfG favorisiert eine Rüge des „einschlägigen Grundrechts", welches jedoch in einem „engen Zusammenhang" mit dem Rechtsstaatsprinzip stehe, vgl. BVerfGE **111** 307, 329 f. = NJW **2004** 3407, 3411 (Görgülü).

3. Konkretisierung und Konturierung strafrechtlicher Standards im Verfassungs- 126
recht. Genuin *strafrechtliche* Mindestverbürgungen sind in der deutschen Verfassung (Grundgesetz) nur sporadisch zu finden. Das liegt maßgeblich an der Entstehungsgeschichte des Verfassungstextes und an den bei der Erstellung der Leitlinien zum Grundgesetz Mitwirkenden. Wichtige Vorarbeiten wurden durch den Verfassungskonvent auf Herrenchiemsee erbracht (10.-23.8.1948).[321] Das Sachverständigengremium präsentierte als Ergebnis seiner Beratungen eine von den Ministerpräsidenten der Länder genehmigte Arbeitsgrundlage für das Grundgesetz der Bundesrepublik Deutschland (sog. **„Herrenchiemseer Entwurf" – HE**). Der aus 65 gewählten Mitgliedern bestehende Parlamentarische Rat tagte sodann von September 1948 bis Mai/Juni 1949 in Bonn.[322] Der im Parlamentarischen Rat für die Grundrechte hauptsächlich zuständige Ausschuss für Grundsatzfragen[323] (Vorsitz: *von Mangoldt*) lehnte sich dazu, neben dem HE, an die entsprechenden Abschnitte der „Grundrechte des Deutschen Volkes von 1948", der WRV von 1919 sowie der Allgemeinen Erklärung der Menschenrechte der Vereinten Nationen vom 10.12.1948 (AEMR) an.[324]

Maßgeblich bei der Entwicklung des Verfassungstextes war der Wunsch nach der Kodifi- 127
kation der *bis dato* bereits aus historischen Vorläufern bekannten *leges fundamentales*.[325] Aufgrund der zum Zeitpunkt der Beratungen (1948–1949) noch nicht wiederhergestellten Souveränität des in Besatzungszonen aufgeteilten Deutschlands wurde das Grundgesetz (rückblickend irrtümlich) als Provisorium[326] konzipiert, welches ein *„Staatsfragment organisieren"* sollte,[327] um das *„verfassungsrechtliche Vakuum"* nach dem Zusammenbruch des NS-Regimes zu füllen.[328] Die Beratungen des Parlamentarischen Rates wurden – anders als die des Verfassungskonvents – als *politische Beratungen* aufgefasst.[329]

Schon im Sachverständigenrat von Herrenchiemsee saß **kein ausgewiesener Straf-** 128
rechtsexperte,[330] und trotz der zahlenmäßigen Dominanz der juristischen Sachverständigen im Parlamentarischen Rat trat auch hier strafrechtliche Expertise wenig ans Licht. Allerdings spielten die zeitgleich veröffentlichten **Vorentwürfe zur Allgemeinen Erklärung der Menschenrechte (AEMR)** in den Diskussionen des Ausschusses für Grundsatzfragen eine wesentliche Rolle, die auch in den weiteren Beratungen vielfach Erwähnung

---

321 Instruktiv zur Arbeit des Konvents *Bauer-Kirsch* 91 ff. sowie zur späteren Rezeption durch den Parlamentarischen Rat 195 ff.

322 Vgl. Sachs/*Sachs* Einführung Rn. 17 ff.

323 Zur genauen Entstehungsgeschichte Sachs/*Sachs* vor Art. 1 Rn. 10–15 GG.

324 v. Mangoldt/Klein/*Starck* Art. 1 Rn. 148 GG.

325 v. Mangoldt/Klein/*Starck* Präambel Rn. 5.

326 *Bericht über den Verfassungskonvent auf Herrenchiemsee* 16; *Bauer-Kirsch* 66 f.; das ließen auch die ersten Fassungen der Präambel erkennen, so Sachs/*Huber* Präambel Rn. 5.

327 *Carlo Schmid*, zitiert nach v. Mangoldt/Klein/*Starck* Präambel Rn. 2; vgl. auch *Bericht über den Verfassungskonvent auf Herrenchiemsee* 17 und Protokoll Nr. 8 (Siebente Sitzung des Ausschusses für Grundsatzfragen v. 6.10.1948), in: *Pikart/Werner* 156, 159.

328 *Maunz* zitiert nach v. Mangoldt/Klein/*Starck* Präambel Rn. 17.

329 So *Pfeiffer* Protokoll Nr. 2 (Zweite Sitzung des Ausschusses für Grundsatzfragen v. 16.9.1948, in: *Pikart/Werner* 4: „*Der Parlamentarische Rat ist nicht nur ein sachliches, sondern auch ein politisches Gremium; daher werden seine Beratungen notwendigerweise ein anderes Gesicht haben als die Verhandlungen von Herrenchiemsee.*".

330 An den Beratungen des Konvents nahmen elf Delegierte teil, die von 14 sachverständigen Mitarbeitern begleitet wurden. Entsandte: Für Baden *Paul Zürcher*, für Bayern *Josef Schwalber*, für Bremen *Theodor Spitta*, für Hamburg *Wilhelm Drexelius*, für Hessen *Hermann Brill*, für Niedersachsen *Justus Danckwerts*, für Nordrhein-Westfalen *Theodor Kordt*, für Rheinland-Pfalz *Adolf Süsterhenn*, für Schleswig-Holstein *Fritz Baade*, für Württemberg-Baden *Josef Beyerle*, für Württemberg-Hohenzollern *Carlo Schmid*. Vorsitz führte *Anton Pfeiffer* (Bayern), vgl. *Bericht über den Verfassungskonvent auf Herrenchiemsee* 3.

fanden.[331] Aufgrund der im Ergebnis jedoch nur fragmentarischen Diskurse zu strafrechtlichen Mindestverbürgungen innerhalb der Gremien erfolgte ein direkter Bezug auf die Materialien des Konvents von Herrenchiemsee sowie die Arbeiten des Parlamentarischen Rates in der strafrechtlichen Normauslegung bis heute eher selten.[332]

129 Die für das Strafrecht besonders wichtigen **Justizgrundrechte**, namentlich Art. 101 Abs. 1, Art. 103 und Art. 104 GG, wurzeln in wesentlich älteren Kodifikationen und Prinzipien. Ihre Wiederentdeckung für das Grundgesetz „verdanken" die Prozessgrundrechte insbesondere ihrer Missachtung in der NS-Zeit, da das NS-Regime die entsprechenden Kodifikationen der WRV entweder außer Kraft gesetzt oder sie jeder Funktion entledigt hatte.[333] Intendiert wurde bereits im HE eine Wiederherstellung des „Vertrauenskapitals" in die Rechtspflege.[334]

130 Die **Garantie des gesetzlichen Richters** (Art. 101 Abs. 1 GG) geht zurück auf die Paulskirchen-Verfassung von 1848 und stellt damit „altes deutsches Verfassungsgut" dar.[335] Das **Recht auf rechtliches Gehör** (Art. 103 Abs. 1 GG) bildet ein „prozessuales Urrecht des Menschen" und ist als Rechtsregel *„audiatur et altera pars"* seit den Zeiten des römischen Rechts tradiert.[336] Der positivrechtliche Einzug in die deutschen Länderverfassungen sowie in das Grundgesetz gelang diesem „Prozessgrundrecht"[337] erst nach 1945, aufgrund der vorangegangenen Missbräuche weitgehend unstreitig.[338] Schwerste Verletzungen des Rechts auf rechtliches Gehör in gerichtlichen Verfahren sollten unmöglich gemacht und das „Vertrauen des Volkes in eine unparteiische Rechtspflege" wiederhergestellt werden.[339]

131 Die Garantien des **Art. 103 Abs. 2 GG (*nulla poena sine lege*)** sind seit Zeiten der europäischen Aufklärung international verbreitet. Dennoch berief sich das Reichsgericht im sog. „Reichstagsbrandurteil" vom 23.12.1933 auf eine geringfügige sprachliche Veränderung zwischen dem preußischen StGB von 1851 und dem RStGB von 1871 zu Art. 116 WRV (Ersetzung von „Strafe" durch „Strafbarkeit"[340]), um den Weg zu einer rückwirkenden Erhöhung von Strafrahmen zu ermöglichen. Die rechtspolitischen Entwicklungen gipfelten 1935 in einer **Aufhebung des Analogieverbotes**,[341] was eine Bestrafung aus Gründen des „gesunden Volksempfindens"[342] ermöglichte sowie die weitgehende Umformung von rechtlich bestimmten Straftatbeständen zu weiten Generalklauseln erleichterte.[343]

132 Die spätere Wiedereinfügung des **Rückwirkungsverbots**, wortlautgleich aus der WRV übernommen, erfolgte zugleich unter bewusster Nichtthematisierung der Rezeption der Urteile der Nürnberger Prozesse.[344] Auch der Grundsatz *ne bis in idem* (Art. 103 Abs. 3

---

331 Vgl. Fn. 1 im Dokument 10 Z 5/126, in: *Pikart/Werner* 220; Protokoll Nr. 4 (Dritte Sitzung des Ausschusses für Grundsatzfragen v. 21.9.1948), in: *Pikart/Werner* 40, 53.

332 Vgl. aber BVerfGE **74** 102 (Vereinbarkeit von Erziehungsmaßregeln mit Art. 12 GG); BVerfGE **103** 142 (Auslegung von „Gefahr im Verzug" bei Durchsuchungsanordnungen); BVerfGE **109** 133 (Verfassungsmäßigkeit der Streichung der zehnjährigen Höchstgrenze bei einer erstmalig angeordneten Sicherungsverwahrung); auch zur Sicherungsverwahrung *Peglau* NJW **2000** 179, 180.

333 Vgl. Sachs/*Sachs* vor Art. 1 Rn. 8.

334 Bericht über den Verfassungskonvent auf Herrenchiemsee 56.

335 v. Mangoldt/Klein/Starck/*Classen* Art. 101 Rn. 1 GG.

336 BVerfGE **107** 395, 408; v. Mangoldt/Klein/Starck/*Nolte/Aust* Art. 103 Rn. 1 f. GG.

337 Vgl. nur BVerfGE **89** 381, 382.

338 BVerfGE **9** 89, 95; v. Mangoldt/Klein/Starck/*Nolte/Aust* Art. 103 Rn. 3 GG.

339 BVerfGE **9** 89, 95.

340 Hierzu auch *Peglau* NJW **2000** 179.

341 Gesetz zur Änderung des Strafgesetzbuches v. 28.6.1935, RGBl. I S. 839.

342 Explizit aufgenommen in § 2 des Strafgesetzbuchs in der Fassung v. 28.6.1935.

343 v. Mangoldt/Klein/Starck/*Nolte/Aust* Art. 103, 98–100 GG.

344 v. Mangoldt/Klein/Starck/*Nolte/Aust* Art. 103, 122 f. GG.

GG) wurde in das Grundgesetz inkorporiert, da es im Nationalsozialismus zu schwersten Brüchen dieses Rechts gekommen war.[345] Andere Stimmen vermuten hierfür den starken Einfluss der amerikanischen Besatzungsmacht auf die sich den Beratungen anschließenden Gesetzgebungsprozesse.[346]

Der in **Art. 104 GG** bewusst kleinteilig kodifizierte Grundsatz „**habeas corpus**", des- **133** sen Ursprünge sowohl in Art. 39 der *Magna Charta Libertatum* (1215) und dem *Habeas Corpus Act* (1679) gründen, war bereits in **Art. 114 WRV** zu finden. Das Grundrecht wurde jedoch am 28.2.1933 „bis auf weiteres" außer Kraft gesetzt, um die vom nationalsozialistischen Regime massenhaft verhängte „**Schutzhaft**" ohne gerichtliche Mitwirkung ausüben zu können.[347] Die Beratungen des Parlamentarischen Rates fanden im noch aktuellen Bewusstsein dieses Missbrauchs statt[348] und schlossen sich zumindest inhaltlich dem Vorschlag des Art. 3 des Verfassungsentwurfs des Konvents von Herrenchiemsee an, um eine „bewusste Antithese" gegen die Praxis des NS-Regimes zu formulieren.

Der Art. 3 Abs. 4 HE enthielt zudem das Postulat der **Freiheit von körperlicher und** **134** **seelischer Misshandlung**,[349] der auch in einzelnen Vorschlägen in den Beratungen des Parlamentarischen Rates noch zu finden gewesen ist.[350] Bewusst wurde das Grundrecht jedoch aufgeteilt,[351] in seinen materiellen Gehalt (Art. 2 Abs. 2 Satz 2 GG) sowie in seine prozessuale Verfestigung (Art. 104 GG). Aus „ästhetischen" Gründen[352] wurde der später sehr konkret ausformulierte Art. 104 GG aus dem allgemeinen Grundrechtsteil ausgelagert, ohne dass man damit allerdings seine Bedeutung schmälern wollte.[353]

Nicht ausdrücklich übernommen aus dem HE wurde das **Grundrecht auf Strafver-** **135** **teidigung**.[354] Ebenso verworfen wurde ein unabhängig von der Festnahme[355] geltendes

---

345 BVerfGE **56** 22, 32.

346 v. Mangoldt/Klein/Starck/*Nolte/Aust* Art. 103 178 GG.

347 v. Mangoldt/Klein/Starck/*Gusy* Art. 104, 2–5 GG.

348 Vgl. *Heuss* Protokoll Nr. 5 (Vierte Sitzung des Ausschusses für Grundsatzfragen v. 23. September 1948), in: *Pikart/Werner* 62, 82: „*Der Grundsatz, daß festgehaltene Personen weder körperlich noch seelisch mißhandelt werden dürfen, ist wichtig und gehört nach den Erfahrungen in der Nazizeit in die Verfassung. Aber sie paßt nicht hierher [...]. Ich bin durchaus damit einverstanden, daß solche Dinge ins Bewußtsein der Menschen treten sollen.*".

349 Vgl. *Bericht über den Verfassungskonvent auf Herrenchiemsee* 62.

350 Vgl. Protokoll Nr. 3 (Katalog der Grundrechte, Anregungen von Dr. *Bergsträsser* als Berichterstatter v. 21. September 1948), in: *Pikart/Werner* 15 ff.; Protokoll Nr. 18 (Prof. *Richard Thoma*: Kritische Würdigung des vom Grundsatzausschuss des Parlamentarischen Rates beschlossenen und veröffentlichten Grundrechtskatalogs vom 25.10.1948), in: *Pikart/Werner* 361, 362.

351 Vgl. noch Protokoll Nr. 16 (Überschrift, Präambel, Art. 1–32 in erster Lesung vom Ausschuß für Grundsatzfragen angenommen v. 18.10.1948), in: *Pikart/Werner* 333 ff.: Art. 3 zu Festnahme und Untersuchungshaft mit Vermerk, dass über den Standort „noch entschieden werden müsse".

352 *Heuss* und *Schmid*, Protokoll Nr. 5 (Vierte Sitzung des Ausschusses für Grundsatzfragen v. 23.9.1948) in: *Pikart/Werner* 62, 81.

353 v. Mangoldt/Klein/Starck/*Gusy* Art. 104 Rn. 6 GG; Sachs/*Degenhart* vor Art. 104 Rn. 1 GG.

354 *Bericht über den Verfassungskonvent auf Herrenchiemsee* 61 ff. – Entwurf eines Grundgesetzes, Art. 135 II: „Jeder Angeklagte kann sich eines Verteidigers bedienen". Vgl. demgegenüber aber das in der geltenden Bayerischen Landesverfassung verankerte Recht auf Verteidigung: „Jeder wegen einer strafbaren Handlung Angeklagte kann sich eines Verteidigers bedienen." (Art. 91 Abs. 2).

355 Vgl. aber noch den Entwurf des Art. 3 III, Protokoll Nr. Nr. 35 (Art. 1–21 in der vom Ausschuß für Grundsatzfragen in zweiter Lesung angenommenen Fassung v. 1.12.1948), in: *Pikart/Werner* 784 ff.: „Festgehaltene Personen dürfen weder körperlich noch seelisch mißhandelt werden" und der folgende Entwurf des Art. 3 III, Protokoll Nr. 40 (Präambel, Art. 1–29 c in der vom Allgemeinen Redaktionsausschuß redigierten Fassung. Abdruck aus Teil A, Art. 1–85 v. 13.12.1948), in: *Pikart/Werner* 875. Entfallen ist im späteren Entwurf der vormalige Absatz 2: „Niemand darf willkürlich festgenommen, verhaftet oder festgehalten werden."

Folter- und Missbrauchsverbot, zum Teil aus dogmatischen, zum Teil aus politischen Gründen.[356]

136   Bei der **Auslegung des Grundgesetzes**, vor allem bei Bestimmung von Inhalt und Reichweite der Grundrechte und des Rechtsstaatsprinzips, werden auch der jeweilige Inhalt und Entwicklungsstand der Menschenrechtskonventionen und die Rechtsprechung des EGMR als **Auslegungshilfe** in Betracht gezogen.[357] Dies gilt grundsätzlich auch, soweit sich der Inhalt der Konventionsverbürgungen dadurch fortentwickelt.[358] Eine *formale* Bindung des BVerfG an die Auslegung der EMRK durch den EGMR besteht aber nicht.[359] Die Heranziehung der Konventionsrechte als Auslegungshilfe verlangt außerdem **keine schematische Parallelisierung** der Aussagen des Grundgesetzes mit denen der EMRK, sondern ein Aufnehmen der Wertungen der EMRK, soweit dies **methodisch vertretbar** und mit den Vorgaben des Grundgesetzes vereinbar ist[360] – ein durchaus kritisch zu sehender Zusatz, den das BVerfG aber zunehmend konventionsfreundlicher formuliert.[361] Durch die Rechtsprechung des EGMR kann sich ferner eine „rechtserhebliche Änderung der Sach- und Rechtslage" ergeben. Dadurch kann das im Hinblick auf eine erneute Normenkontrolle (auch im Rahmen einer Verfassungsbeschwerde) grundsätzlich bestehende Prozesshindernis der Rechtskraft einer in einer früheren Entscheidung des BVerfG erklärten Vereinbarkeit einer bestimmten Norm mit dem Grundgesetz beseitigt werden.[362] Dies

---

356 Protokoll Nr. 4 (Dritte Sitzung des Ausschusses für Grundsatzfragen v. 21.9.1948), in: *Pikart/Werner* 40, 56. Der Vorschlag in Art. 29 lautete: „Jeder hat das Recht auf das Leben und auf die Unverletzlichkeit seines Körpers. Niemand, selbst wenn er eines Verbrechens schuldig ist, darf gefoltert oder anderen grausamen Strafen und entwürdigenden Behandlungen ausgesetzt werden." Nach Diskussion im Plenum wurde der Vorschlag abgelehnt (*Heuss:* „*Ich würde gern darauf verzichten. Ich sehe darin eine Heroisierung der Widerstandsbewegungen*"). *Thoma* schlug stattdessen vor, es in Art. 1 GG einzufügen, vgl. Protokoll Nr. 18 (Prof. *Richard Thoma:* Kritische Würdigung des vom Grundsatzausschuß des Parlamentarischen Rates beschlossenen und veröffentlichten Grundrechtskatalogs vom 25.10.1948), in: *Pikart/Werner* 361, 362.
357 Für die EMRK vor allem: BVerfG NVwZ **2008** 780, 785 (Berlin-Schönefeld); BVerfGE **111** 307, 317 = NJW **2004** 3407, 3408 (Görgülü); **70** 370; BVerfG NJW **1990** 2741; zur Entwicklung der Rechtsprechung bei der Auslegung des GG vgl. etwa *Bernhardt* EuGRZ **1996** 339; *Frowein* FS Zeidler 1763; ferner *Bryde* Der Staat **42** (2003) 61, 65 ff.; *Kühl* ZStW **100** (1988) 406, 410; *Ress* FS Zeidler 1775, 1795 ff.; *Weigend* StV **2000** 384, 387; *Gerhardt* ZRP **2010** 161; *Haug* AfP **2016** 223, 226.
358 Zum evolutiven Charakter und dessen Grenzen vgl. *Ress* FS Zeidler 1775 ff.
359 Vgl. BVerfGE **111** 307, 317 = NJW **2004** 3407, 3408 (Rechtswirkung unterhalb des Verfassungsrechts); ferner *Jaeger/Broß* EuGRZ **2004** 1, 13. Näher zur Verbindlichkeit von Urteilen des EGMR über den Fall hinaus Teil II Rn. 314 ff.; speziell zur Frage nach der Verbindlichkeit von gegen andere Vertragsstaaten ergangene Judikatur Teil II Rn. 319 ff.
360 BVerfGE **131** 268 = NJW **2012** 3357, 3360 = EuGRZ **2012** 458, Tz. 91; BVerfGE **128** 326, 366 = NJW **2011** 1931, 1935, Tz. 86; ähnlich bereits BVerfGE **111** 307, 315 = NJW **2004** 3407, 3411. Diese Methodik der völkerrechtsfreundlichen (hier also: konventionsfreundlichen) Auslegung des Grundgesetzes wird z.B. von EGMR Kronfeldner/D, 19.1.2012, § 44 (insoweit in NJW **2013** 1791 nicht abgedruckt), und Glien/D, 28.11.2013, § 45, referiert; in letzterem Urteil (§ 124) sowie in EGMR Bergmann/D, 7.1.2016, § 163, wird außerdem gebilligt, dass keine „schematische Parallelisierung" erfolgt, wenn die Konventionsrechte der Sache nach beachtet werden („a schematic alignment of the meaning of the constitutional notion of „penalty" to that under the Convention was not mandatory if, in substance, the minimum standards set by the Convention were complied with"); dazu auch *Haug* AfP **2016** 223, 226.
361 BVerfG (K) Beschl. v. 9.12.2021 – 2 BvR 1789/16, BeckRS **2021** 41147, Tz. 18 („verpflichtet sind, die Gewährleistungen der EMRK in der Auslegung des Gerichtshofs bei ihrer Rechtsanwendung im Rahmen des methodisch Vertretbaren zu berücksichtigen und – soweit möglich – der konventionsgemäßen Auslegung den Vorrang einzuräumen").
362 BVerfGE **128** 326, 364 f. = NJW **2011** 1931, 1934, Tz. 81 f.

ist notwendig, damit das BVerfG seine Rechtsprechung an die des EGMR anpassen kann, soweit es das für verfassungsrechtlich zulässig hält.

4. Verhältnis der Konventionen zu anderem Bundesrecht. Bei der Beurteilung des 137
Verhältnisses zu anderem Bundesrecht ist zu beachten, dass die Konventionen durch die Transformierung ins innerstaatliche Recht nach Art. 59 Abs. 2 GG ihren Charakter als völkerrechtliche Verträge behalten haben, die den Fortbestand des nationalen Rechts voraussetzen und dieses mit ihren Garantien nur überlagern, nicht aber ersetzen sollen.

Als einfaches **Bundesrecht im Gesetzesrang** geht der Inhalt der Konventionen den 138
Verordnungen des Bundes und allem Landesrecht vor. Ihren Gewährleistungen widersprechende ältere Bundesgesetze wurden mit ihrem Inkrafttreten in der Bundesrepublik schon durch ihre Änderungskraft als späteres Gesetz (*lex posterior*) abgeändert oder aufgehoben, soweit sie nicht durch eine vertretbare Auslegung mit ihr in Einklang gebracht werden können.[363]

Soweit das Bundesrecht keine Aussagen enthielt, haben die Konventionen es **ergänzt.** 139
Übereinstimmendes Bundes- und Landesrecht ist bestehen geblieben. Es hat durch sie nur zusätzliche, übernationale Rechtsschutzgarantien erhalten. Innerstaatliches Recht, das in den Freiheitsgewährleistungen über die Forderungen der Konventionen hinausreicht, wird durch sie nicht eingeschränkt (Art. 53 EMRK/Art. 5 Abs. 2 IPBPR).

Später erlassenes Bundesrecht ist **im Lichte der völkerrechtlichen Verpflichtungen** 140
der Bundesrepublik durch die Konventionen so **auszulegen,** dass es mit ihnen in Einklang gebracht werden kann.[364] Es ist ohne eine ausdrückliche Aussage des Bundesgesetzgebers nicht anzunehmen, dass sich dieser mit neuem Recht über die völkerrechtlichen Verpflichtungen der Bundesrepublik hinwegsetzen wollte. Nur wenn eindeutig feststünde, dass der Gesetzgeber in einem späteren Bundesgesetz bewusst von der EMRK oder dem IPBPR abweichen wollte[365] oder wenn er eine mit den Konventionen bei jeder Auslegung schlechthin unvereinbare Regelung erließe und wenn diese dann nicht ihrerseits gegen eine im Lichte der Konventionen auszulegende Verbürgung des GG[366] verstieße, ginge diese einer Konventionsregelung *innerstaatlich* vor – auch wenn dadurch im Außenverhältnis eine völkervertragliche Verpflichtung der Bundesrepublik verletzt werden sollte.[367] Der Grundsatz **„lex specialis derogat legi generali"** gilt im Verhältnis von Bundesrecht und EMRK daher nur ausnahmsweise.[368] Gleiches gilt, soweit **spätere völkerrechtliche Verträge** mit anderen Staaten innerstaatlich Bundesrecht geworden sind.[369]

In dem vom Vertragsgegenstand sachlich **begrenzten Rechtsraum der EU** nehmen 141
allerdings die materiellen Verbürgungen der EMRK ebenso wie die Verfassungsüberliefe-

---

363 Für die EMRK OLG Bremen NJW **1960** 1265; OLG Düsseldorf NStZ **1985** 370; NStZ **1985** 731; *Echterhölter* JZ **1955** 689; *Kühne* NJW **1971** 224.

364 Vgl. BVerfGE **74** 370; *Bernhardt* EuGRZ **1996** 339; *Echterhölter* JZ **1955** 689; *Frowein* FS Zeidler 1763; *ders.* DÖV **1998** 809. Das Harmonisierungsgebot wird aus der Völkerrechtsfreundlichkeit des Grundgesetzes hergeleitet, vgl. *Bleckmann* DÖV **1979** 309; *Ress/Schreuer* 36 ff.; *Weigend* StV **2000** 384, 387; *Payandeh* DÖV **2011** 382, 386 f.

365 Die damit erreichte weitgehende „Gesetzesfestigkeit" kommt im Ergebnis den Meinungen im Schrifttum nahe, die zur Einschränkung der *lex-posterior*-Regel einen **Übergesetzesrang** bzw. den Vorrang der Konventionsgarantien als *lex specialis* oder **Kraft antizipierten Änderungsverzichts** annehmen; vgl. etwa *Ress* FS Zeidler 1775, 1790; *ders.* in: I. Maier 274 m.w.N.; ferner *Kühl* ZStW **100** (1988) 406, 408 m.w.N.

366 *Herzog* DÖV **1959** 49.

367 Vgl. ÖVerfG EuGRZ **1990** 186; auch BVerfGE **74** 370; *Weigend* StV **2000** 384, 387; zum gleichen Ergebnis kommt *Villiger* EuGRZ **1991** 81 für die Schweiz.

368 BVerfG (K) Beschl. v. 9.12.2021 – 2 BvR 1789/16, BeckRS **2021** 41147, Tz. 18.

369 Vgl. auch Art. 30 WVK.

Esser

rungen der EU-Mitgliedstaaten als **allgemeine Rechtsgrundsätze** des Unionsrechts (vgl. Art. 6 Abs. 3 EUV; Rn. 160) auch **innerstaatlich** an dessen **Anwendungsvorrang** teil. In seinem Anwendungsbereich, also auch bei der innerstaatlichen Durchführung des Unionsrechts, gehen sie deshalb allem innerstaatlichen Recht vor. Insoweit greift der Vorrang späterer (nationaler) Gesetze nach der *lex-posterior*-Regel dann ohnehin nicht.

F. Geltung von EMRK und IPBPR in der Europäischen Union

I. Rechtslage vor dem Inkrafttreten des Vertrags von Lissabon

142   Bereits recht **früh** hatten die Europäischen Gemeinschaften die Bindung der Staatsgewalt durch Grundrechte als gemeinsame europäische Rechtstradition zum Ausdruck gebracht, so etwa in der **Gemeinsamen Erklärung** des Europäischen Parlaments, des Rates und der Kommission v. 5.4.1977[370] sowie durch die **Erklärung der Grundrechte und Grundfreiheiten**, die das **Europäische Parlament** unter Berufung hierauf am 12.4.1989 verabschiedete und die wesentliche Verbürgungen der EMRK und ihrer Zusatzprotokolle mit einschloss.[371] Solche Texte, die keine rechtliche Verpflichtung begründen, konnten als **Bekräftigung einer gemeinsamen Überzeugung**[372] auch für die Auslegung der in die gleiche Richtung zielenden rechtsverbindlichen Texte der Konventionen und auch für deren Fortentwicklung mit herangezogen werden.

143   Die **normativen Grundrechtsverbürgungen** der EMRK wurden schon auf der Grundlage des Vertragswerks von Nizza als eine **allgemeine Quelle** des Gemeinschaftsrechts angesehen. In Art. 6 Abs. 2 EUV a.F.[373] wurde im Anschluss an die Feststellung, dass die Europäische Union auf die allen ihren Mitgliedstaaten gemeinsamen Grundsätze der Freiheit, der Demokratie, der Achtung der Menschenrechte und Grundfreiheiten sowie der Rechtsstaatlichkeit beruht, ausdrücklich angesprochen, dass die Union die Grundrechte achtete, wie sie in der EMRK gewährleistet sind und wie sie sich aus den gemeinsamen Verfassungsüberlieferungen der Mitgliedstaaten **als allgemeine Grundsätze des Gemeinschaftsrechts** ergaben. Die Organe der Gemeinschaften wurden dadurch ausdrücklich auch an die in der EMRK festgelegten Grundsätze gebunden,[374] die als rudimentäres Verfassungsrecht die Auslegung der in den Gemeinschaftsverträgen verankerten Grundfreiheiten mitbestimmten.[375] Soweit die Mitgliedstaaten der EU Gemeinschaftsrecht innerstaatlich unmittelbar umsetzten, nahmen die Grundrechte der EMRK auch **innerstaatlich am Vorrang des früheren Gemeinschaftsrechts** teil. Wieweit dazu auch die Rechte aus den nicht von allen Mitgliedstaaten ratifizierten **Zusatzprotokollen** gehörten, erschien

---

370 EuGRZ **1977** 157; zur rechtlichen Bedeutung *Hill* EuGRZ **1977** 158; *Bothe* FS Schlochauer 761, 766.
371 Deutscher Text EuGRZ **1989** 204; dazu *Beutler* EuGRZ **1989** 185.
372 *Bothe* FS Schlochauer 761; zur ähnlichen Bedeutung der Erklärungen der UN-Vollversammlung vgl. *Frowein* ZaöRV **36** (1976) 149; *Tomuschat* ZaöRV **36** (1976) 467 ff.; differenzierend *Frowein* ZaöRV **49** (1989) 778; *Ehricke* NJW **1989** 1906; zu der wenig glücklichen Bezeichnung als völkerrechtliches soft law *Verdross/Simma* § 654 ff.
373 Art. 6 Abs. 2 EUV i.d.F. des Vertrags von Amsterdam hatte bereits wortgleich Art. F Abs. 2 des Vertrags von Maastricht übernommen.
374 Vgl. *Schilling* EuGRZ **2000** 2, 11 f., 25 ff. m.w.N.
375 Ob man den Garantien deshalb schon auf der Grundlage des alten Vertragswerks einen Vorrang vor den Grundfreiheiten der Gemeinschaftsverträge zuerkennen musste oder ob sie diesen wegen des gleichen Rangs ihrer vertraglichen Rechtsgrundlage erst mit ihrer Inkorporation in den Vertrag von Lissabon erhielten, ist fraglich, vgl. dazu *Frenz* EuR **2002** 603.

vor einem Beitritt der Union zur EMRK fraglich.[376] Als Beleg für eine gemeinsame europäische Rechtstradition konnten sie aber wohl bei allen Mitgliedstaaten der Gemeinschaften herangezogen werden.[377]

Die **Rechtsprechung des EuGH** ging bereits früh davon aus, dass die normativen **144** Verbürgungen der EMRK zu den allgemeinen Rechtsgrundsätzen gehören, die der Gerichtshof zu wahren hat „*in Einklang mit den gemeinsamen Verfassungsüberlieferungen der Mitgliedstaaten und den völkerrechtlichen Verträgen, an deren Abschluss die Mitgliedstaaten beteiligt waren oder denen sie beigetreten sind*".[378] Verstieß das frühere Gemeinschaftsrecht einschließlich des darauf beruhenden nationalen Rechts gegen sie, konnte dies schon vor einem (heute wieder in Planung befindlichen) Beitritt der Europäischen Union zur EMRK gegenüber den Organen der Gemeinschaften, vor allem auch vor den Gerichten der Gemeinschaften, geltend gemacht werden. Eine solche Entscheidung konnte von den Gerichten der Mitgliedstaaten im Rahmen des **Vorabentscheidungsverfahrens** (Art. 234 EGV, jetzt: Art. 267 AEUV) herbeigeführt werden. Soweit dagegen ein Bezug zum Gemeinschaftsrecht fehlte, lehnte es der EuGH ab, Rechtsvorschriften, die in den Regelungsbereich des nationalen Gesetzgebers der Mitgliedstaaten fielen, auf ihre Vereinbarkeit mit der EMRK zu überprüfen.[379]

Hielt sich der EuGH dagegen für zuständig, orientierte er sich bei seinen Entscheidun- **145** gen über die **Vereinbarkeit des Gemeinschaftshandelns** mit der gemeinsamen Rechtsüberzeugung und der Verfassungstradition der Mitgliedstaaten auch an der Rechtsprechung des EGMR.[380] Der Gerichtshof selbst konnte aber gegen die Entscheidungen des EuGH nicht angerufen werden,[381] so dass unterschiedliche Auffassungen über die Tragweite einzelner in der EMRK verbürgter Rechte möglich waren und sich auch tatsächlich in Einzelfällen realisiert haben.[382] **Konventionsverstöße durch Gemeinschaftsrecht** oder durch andere Maßnahmen der Organe der Gemeinschaften konnten grundsätzlich nur bei den Gemeinschaftsorganen, vor allem bei den Gerichten der Gemeinschaften (EuG, EuGH), geltend gemacht werden,[383] nicht hingegen vor dem EGMR.[384]

---

376 Vgl. *Grabenwarter* VVDStL **60** (2001) 290, 328 ff., der auf den unterschiedlichen gegenwärtigen Ratifikationsstand der ZP hinweist; ferner *Grabenwarter/Pabel* § 4, 11 f.

377 Dies galt besonders, wenn die Staaten, die ein ZP nicht ratifiziert hatten, inhaltsgleiche Rechte im IPBPR verbindlich anerkannt hatten; ferner, wenn Rechte aus den ZP auch in der seinerzeit noch nicht rechtsverbindlichen Charta der Grundrechte aufgenommen worden waren.

378 Etwa EuGH 14.5.1974, 4/73, NJW **1975** 518 = EuGRZ **1974** 3; zur Entwicklung *Bleckmann* EuGRZ **1981** 257; *Pernice* NJW **1990** 2414; *Pescatore* EuR **1979** 1; *Scheuner* FS Schlochauer 899, 915; *Schiffauer* EuGRZ **1981** 193; *Weber* JZ **1989** 969; vgl. BVerfGE **73** 339, 381 (Solange II) m.N. der Rspr. des EuGH; ferner allgemein *Bleckmann* Die Bindung der Europäischen Gemeinschaft an die Europäische Menschenrechtskonvention (1986); *Giegerich* ZaöRV **50** (1990) 836.

379 EuGH 11.7.1985, Rs. 60/84 (Cinéthèque), GRURInt **1986** 114; 18.6.1991, C-260/89 (staatl. Rundfunkmonopol), NJW **1992** 2621 = EuGRZ **1991** 279, 280 = JZ **1992** 682; 22.10.2002, C-94/00 (Roquette Frères), NJW **2003** 35 = EuGRZ **2002** 604, 606; ferner *Hilf/Ciesla* EuGRZ **1990** 364, 367; *Pernice* NJW **1990** 2416.

380 Vgl. *Rodriguez Iglesias* NJW **1999** 1, 8.

381 Vgl. *Krüger/Polakiewicz* EuGRZ **2001** 92, 94; *Kokott* AöR **121** (1996) 599; *Lenz* EuGRZ **1993** 585; *Pernice* NJW **1990** 2409.

382 Vgl. Rn. 152 und die Beispiele bei *Böse* ZRP **2001** 402, 403 f. Zu den ähnlichen Problemen des unabhängigen Nebeneinanders zwischen BVerfG und EuGH vgl. BVerfGE **37** 271 (Solange I); **73** 339 (Solange II); **89** 155 (Maastricht); **102** 147 (Bananenmarkt-Ordnung); **123** 267 (Vertrag von Lissabon); **126** 286 (Mangold); dazu *Sauer* EuZW **2011** 94. Ferner auch unter dem Blickwinkel einer die Charta der Grundrechte inkorporierenden Verfassung der Europäischen Union *Hirsch* Gollwitzer-Koll. 81, 84 ff.

383 Zu den hier bestehenden Lücken im Rechtsschutz *Krüger/Polakiewicz* EuGRZ **2001** 92, 95.

384 Vgl. nur EGMR (GK) Matthews/UK, 18.2.1999, NJW **1999** 3107 = EuGRZ **1999** 200 = ÖJZ **2000** 34 = EuZW **1999** 308 (nur Sachverhalt auf Deutsch) m. Anm. *Lenz*.

146   Wieweit ein Handeln der Unionsorgane auch die eigene **Verantwortung der einzelnen Mitgliedstaaten** für die Einhaltung der EMRK durch diese begründen kann, scheint bis heute nicht endgültig geklärt.[385] Fest steht jedoch der Grundsatz, dass die Vertragsparteien der EMRK sich ihrer auf Art. 1 begründeten Schutzpflicht[386] nicht durch die Übertragung von Kompetenzen auf internationale Organisationen entziehen können. Insbesondere waren schon vor dem Inkrafttreten des Vertrags von Lissabon ergangene nationale Ausführungsakte, die inhaltlich durch Gemeinschaftsrecht determiniert waren, ohne weiteres vom EGMR überprüfbar: Die Umsetzung in innerstaatliches Recht war und ist stets dem Mitgliedstaat selber zuzurechnen und nicht lediglich der Union.[387] Eine unbeschränkte Verpflichtung der einzelnen Staaten, die Beachtung der Verfahrensrechte des Art. 6 durch die europäischen Gerichte (EuG, EuGH) zu kontrollieren, wurde allerdings verneint.[388] Das BVerfG hat hierzu nunmehr klargestellt, dass ein Konventionsstaat auch dann an Art. 6 Abs. 1 und die Rechtsprechung des EGMR gebunden bleibt, wenn er Hoheitsrechte auf eine zwischenstaatliche Einrichtung überträgt, und dass dieser dann auch insoweit einen Grundrechtsschutz gewährleisten muss, der dem in der Konvention verbürgten Schutz gleichwertig ist.[389]

147   Der EGMR hat eine **Vermutung für das Bestehen eines adäquaten Rechtschutzes auf Unions- bzw. Gemeinschaftsebene** aufgestellt („*Bosphorus*").[390] Der Gerichtshof wich schon im Jahr 2005 von seiner bisherigen Rechtsprechung zu Rechtsakten der EU-Mitgliedstaaten, die durch Unionsrecht inhaltlich determiniert werden, insoweit ab, als er – ähnlich des *Solange-II*-Beschlusses des BVerfG[391] – eine **widerlegbare Vermutung der Vereinbarkeit von Rechtsakten der Vertragsstaaten der EMRK** mit der Konvention aufstellte.[392] Diese Vermutung soll dann gelten, wenn die internationale Organisation, durch deren Normen der nationale Rechtsakt inhaltlich bestimmt worden ist, über einen mit dem Schutzniveau des Mitgliedstaates qualitativ vergleichbaren Grundrechtsschutz verfügt.[393] Wenn jedoch der EuGH, der auf EU-Ebene die Grundrechte schützen soll, bislang nicht über den dem staatlichen Handeln zugrunde liegenden Rechtsakt des Unionsrechts befunden hat, greift diese Vermutung nicht, und der EGMR überprüft das staatliche Handeln vollumfänglich; für die Bejahung eines eigenen Prüfungsrechts lässt es der EGMR dabei genügen, dass der EuGH den EU-Rechtsakt noch nicht unter dem Blickwinkel des

385 *Frowein* FS Schlochauer 292.
386 Zur Verletzung der Schutzpflicht aus Art. 1 als dogmatischer Anknüpfungspunkt der Verantwortlichkeit der Mitgliedstaaten vgl. *Walter* AöR **129** (2004) 39, 68 ff.
387 So EGMR (GK) Matthews/UK, 18.2.1999, §§ 31 ff.; Waite u. Kennedy/D, 18.2.1999, NJW **1999** 1173 = EuGRZ **1999** 207 = ÖJZ **1999** 776; Beer u. Regan/D, 18.2.1999; Cantoni/F, 15.11.1996, EuGRZ **1999** 193 = ÖJZ **1997** 579; *Grabenwarter* VVDStL **60** (2001) 290, 329; *ders.* § 4, 5 f.; *Pietsch* ZRP **2003** 4; *Villiger* 31; *Walter* AöR **129** (2004) 39, 54 ff.; *Weber* DVBl. **2003** 220, 225; *Winkler* EuGRZ **2001** 23.
388 EGMR Cooperatieve Producentenorganisatie van de Nederlandse Kokkelvisserij/NL (E), 20.1.2009, EuGRZ **2011** 11 = NJOZ **2010** 1914 = ÖJZ **2009** 829; vgl. *Frowein/Peukert* 10.
389 BVerfGE **149** 346, Tz. 38 = NJW **2018** 3374, 3377 (Europäische Schule) m. Anm. *Gruber* NVwZ **2018** 1554; ferner siehe *Gärditz* EuGRZ **2018** 530 ff.
390 EGMR Bosphorus Hava Yolları Turizm ve Ticaret Anonim Şirketi/IR, 30.6.2005, NJW **2006** 197 = EuGRZ **2007** 662 m. Anm. *Heer-Reißmann* NJW **2006** 192; *Lavranos* EuR **2006** 78; *Dörr* JuS **2006** 442; ausführlich dazu auch *Ress* EuZW **2021** 711, 712 ff.; seither ständige Rspr. vgl. nur EGMR Cooperatieve Producentenorganisatie van de Nederlandse Kokkelvisserij/NL (E), 20.1.2009; Avotiņš/LET (GK) 23.5.2016 (Vollstreckung eines in Abwesenheit ergangenen zivilrechtlichen Urteils; Art. 34 Nr. 2 EuGVVO a.F.; Dissenting Opinion *Sajó* mit Zweifeln an der Berechtigung einer „reduzierten Kontrolle") m. Anm. *Ress* EuZW **2016** 800.
391 BVerfGE **73** 339 = NJW **1987** 577 = EuGRZ **1987** 10.
392 EGMR Bosphorus Hava Yolları Turizm ve Ticaret Anonim Sirketi/IR, 30.6.2005.
393 Vgl. *Bröhmer* EuZW **2006** 71, 73; *Baumann* EuGRZ **2011** 1 ff.

der konkreten EGMR-Beschwerde zugrunde liegenden Menschenrechts geprüft hat.[394] Eine Abweichung von der Vermutung des gleichwertigen Schutzes ist zudem im Zusammenhang mit der Vollstreckung eines Europäischen Haftbefehls denkbar. Insofern ist die Ablehnung der Vollstreckung durch einen ersuchten Staat im Ausnahmefall möglich, wenn für die zu inhaftierende Person im Ausstellerstaat ein (sich aus einer hinreichenden Faktengrundlage ergebendes) tatsächliches Risiko einer unmenschlichen oder erniedrigenden Behandlung aufgrund der dortigen Haftbedingungen besteht.[395]

Gemeinschaftsverfassungsrang hatten die materiellen Verbürgungen der EMRK als **148** Teil der allgemeinen Grundsätze des Gemeinschaftsrechts nach Art. 6 Abs. 2 EUV a.F. **nur im Anwendungsbereich des Gemeinschaftsrechts.** Für diesen sachlich eingegrenzten Bereich waren die Grundrechte der EMRK neben den unmittelbar durch die Gemeinschaftsverträge selbst garantierten Grundfreiheiten für alle **Organe der Gemeinschaft** und auch für die **Mitgliedstaaten innerstaatlich bei Ausführung des Gemeinschaftsrechts** verbindlich;[396] sie nahmen insoweit auch an dessen Anwendungsvorrang teil. Verstießen die Mitgliedstaaten bei Anwendung des Gemeinschaftsrechts gegen die EMRK, verletzten sie auch vor dem Inkrafttreten des Vertrages von Lissabon Gemeinschaftsrecht, so dass insoweit der Rechtsweg zu den Gerichten der Gemeinschaft neben der Möglichkeit, Beschwerde zum EGMR einzulegen, gegeben war.[397]

Das frühere Vertragswerk verpflichtete die Mitgliedstaaten darüber hinaus, die **149** **Grundfreiheiten des Gemeinschaftsrechts,** wie etwa die Niederlassungsfreiheit oder die Warenverkehrsfreiheit, auch innerstaatlich zu gewährleisten. Für deren Tragweite und auch für deren Schranken konnten und können auch weiterhin Rechte maßgebend sein, die in den europäischen Grundrechten, vor allem also in der EMRK wurzeln.[398] Da diese Grundfreiheiten in ihrem Anwendungsbereich auch die jeweils einschlägigen Freiheitsver-

---

394 EGMR Michaud/F, 6.12.2012, NJW **2013** 3423, §§ 114 ff. In diesem Fall war der EU-Rechtsakt schon vom EuGH geprüft worden, aber nicht aus der Sicht desjenigen Konventionsrechts, das der EGMR untersuchte. Daneben stellt der EGMR heraus, dass weder in dem nationalen Verfahren, das den Gegenstand der EGMR-Beschwerde bildet, noch in einem anderen Verfahren eine Vorabentscheidung über die Auslegung des EU-Rechtsaktes (unter dem den EGMR interessierenden Aspekt) herbeigeführt worden war, und dass der EuGH auch nicht auf Initiative eines EU-Mitgliedstaates oder eines EU-Organs entsprechend tätig wurde. Die Nichtigkeitsklage durch natürliche oder juristische Personen gem. Art. 263 Abs. 4 AEUV ist mitgemeint; der EGMR erwähnt sie wohl deswegen nicht ausdrücklich, weil im Fall *Michaud* EU-Richtlinien und nicht in Art. 263 Abs. 4 AEUV genannte Rechtsakte in Rede standen. Näher zur Fortentwicklung der *Bosphorus*-Rechtsprechung durch *Michaud: Vondung* EuR **2013** 688; *Indlekofer/Engel* ZEuS **2015** 75.
395 EGMR Romeo Castaño/B, 9.7.2019, § 85 (Ablehnung der Vollstreckung eines von Spanien erlassenen EuHb durch Belgien, mangels hinreichend dargelegter Faktengrundlage; Verstoß gegen die prozessuale Verpflichtung zur Zusammenarbeit aus Art. 2); darauf verweisend: EGMR Bivolaru u. Moldovan/F, 25.3.2021, § 105, JSt **2021** 441 m. Anm. *Reuss* EuZW **2021** 711 (Vollstreckung eines EuHb durch Frankreich trotz gegen Art. 3 verstoßender Haftbedingungen im Ausstellungsstaat Rumänien).
396 Vgl. EuGH 25.7.2002, C-50/00 P (Unión de Pequeños Agricultores), NJW **2002** 2935 = EuGRZ **2002** 420 = EuZW **2002** 529 (Anspruch auf effektiven Rechtsschutz); 11.7.2002, C-60/00 (Carpenter), EuGRZ **2002** 332 = EuR **2002** 852 = JZ **2002** 202; 29.4.2004, C-482/01 (Orfanopoulos u. Oliveri) u. C-493/01 (Oliveri), EuGRZ **2004** 422 = EuZW **2004** 402 (beide zu Art. 8); ferner etwa EuGH 29.4.2004, C-224/02 (Pusa), EuGRZ **2004** 416 (Auswirkung der Freizügigkeit auf innerstaatliche Pfändungsfreigrenzen); weitere Nachweise bei *Suerbaum* EuR **2003** 390, 400; vgl. ferner *Britz* NVwZ **2004** 173, 174; *Bleckmann* EuGRZ **1994** 149; *Magiera* DÖV **2000** 1016; *Pache* EuR **2001** 475; zur Problematik ferner *Ruffert* EuGRZ **1995** 518, 527.
397 Zur Vorlagepflicht nach Art. 234 Abs. 2 EGV (seit dem Vertrag von Lissabon: Art. 267 AEUV) siehe *Britz* NVwZ **2004** 173, 174.
398 Wegen der verschiedenen Lösungsansätze vgl. *Kadelbach/Petersen* EuGRZ **2003** 694 zu EuGH 12.6.2003, C-112/00 (Brenner-Blockade), NJW **2003** 3185 = EuGRZ **2003** 492; vgl. ferner EuGH 11.7.2002, C-60/00 (Carpenter).

bürgungen der Konvention mit umfassen, stellte sich die Frage, ob diese dann mit **Anwendungsvorrang** in das nationale Recht auch insoweit hineinwirken, als dieses im Anwendungsbereich der Gemeinschaftsfreiheiten eigene Regelungen trifft. Dies hätte zur Folge, dass im weiten Geltungsraum dieser binnenmarktbezogenen Freiheiten der EuGH das einschlägige nationale Recht auch daraufhin überprüfen kann, ob es mit den Gewährleistungen der EMRK vereinbar war. Der EuGH vertrat in einigen Entscheidungen diese Ansicht,[399] die im Anwendungsbereich der Grundfreiheiten auch die Beachtung der Rechte aus der EMRK im nationalen Recht einer zusätzlichen Kontrolle durch den EuGH unterwarf. Für andere Sachgebiete galt dies ebenfalls, so für die mit dem Schutzbereich des Art. 8 korrespondierende Datenschutzrichtlinie[400] und auch für die Ausdehnung der Rechte aus der Unionsbürgschaft in Verbindung mit den Gleichheitsgrundrechten.[401] Gegen diese Kompetenzausweitung werden im Schrifttum Bedenken erhoben.[402] Die Problematik stellt sich in dieser Form nach Inkrafttreten des Vertrages von Lissabon nicht mehr: Die Bestimmungen der EMRK sind nach dem (geplanten) Beitritt der Union zur Konvention für die Mitgliedstaaten und die Organe der Union gleichermaßen verbindlich (Rn. 157 ff.).

150 Eine Überschneidung trat auch dort ein, wo Rechtssätze des Gemeinschaftsrechts als Teil der im jeweiligen Mitgliedstaat geltenden Rechtsordnung zu den *„gesetzlich vorgesehenen"* **Maßnahmen** gehören konnten, welche die Tragweite[403] eines Konventionsrechts bestimmen. Die Zulässigkeit und Angemessenheit solcher Ausübungsschranken ist grundsätzlich im gleichen Umfang wie beim rein nationalen Recht der Prüfung des EGMR unterstellt.

II. Vertrag von Lissabon/Beitritt der Europäischen Union zur EMRK

151 Die Europäischen Gemeinschaften und ihre Fortentwicklung als Europäische Union waren bis zum Inkrafttreten des Vertrags von Lissabon **keine Vertragsparteien** der EMRK. Die vom Grundsatz der begrenzten Einzelermächtigung bestimmten Gemeinschaftsverträge in ihrer bis dahin geltenden Fassung verliehen der Gemeinschaft keine allgemeine Befugnis, Vorschriften auf dem Gebiet des Menschenrechtsschutzes zu erlassen oder völkerrechtliche Verträge auf diesem Gebiet zu schließen. Der wiederholt geforderte Beitritt zur EMRK[404] setzte eine Änderung der Gemeinschaftsverträge[405] und auch eine

---

399 EuGH 7.7.1992, C-370/90, NJW **1993** 2093 = NVwZ **1993** 261; 11.7.2002, C-60/00 (Carpenter; Art. 8 Prüfungsmaßstab), dazu *Mager* JZ **2003** 204; *Puth* EuR **2002** 860, 867 (auch zu den Unterschieden der einzelnen Entscheidungen); ferner C-459/99, NJW **2003** 195 = EuGRZ **2002** 519 = EuZW **2002** 595 (Aufenthaltsrecht Drittstaatsangehöriger).

400 Vgl. EuGH 11.7.2002, C-60/00 (Carpenter); dazu *Ruffert* EuGRZ **2004** 466.

401 EuGH 24.11.1998, C-274/96 (Bickel u. Franz), EuGRZ **1998** 591 = EuR **1999** 87 (Gerichtssprache im Strafverfahren), dazu *Gleß* NStZ **1999** 315; EuGH 20.9.2001, C-184/99 (Grzelczyk), EuGRZ **2001** 492 = EuR **2001** 872; dazu *Kanitz/Steinberg* EuR **2003** 113 (insbes. auch zum Gleichheitsgebot des Art. 12 EGV); *Rossi* JZ **2002** 351; ferner *Hailbronner* NJW **2004** 2185; auch die Diskriminierungsverbote des Art. 13 EGV führten zu weit in das nationale Recht hineinwirkenden Gleichstellungsrichtlinien der EU.

402 *Britz* NVwZ **2004** 173, 177; *Mager* JZ **2003** 204; *Ruffert* EuGRZ **2004** 466.

403 *Grabenwarter/Pabel* § 18, 27 verweisen auf den Ausländerbegriff des Art. 16, der dahin zu verstehen ist, dass die Rechte von Unionsbürgern in einem Mitgliedstaat der Union nicht beschnitten werden dürfen.

404 Vgl. *Golsong* EuGRZ **1978** 346; EuGRZ **1979** 70; *Vogel* EuGRZ **1979** 66; *Rodriguez Iglesias* EuGRZ **2002** 206.

405 Gutachten des EuGH 28.3.1996, 2/94, EuGRZ **1996** 197 ff. Vgl. ferner Memorandum der EG-Kommission zum Beitritt EuGRZ **1979** 330 mit Anm. *Bieber* und die Entschließung des EP v. 29.10.1982 (EuGRZ **1982** 485); vgl. den Antrag Finnlands zur Kompetenzerweiterung EuGRZ **2000** 572; sowie etwa *Callewaert* EuGRZ **2003** 198; *Grabenwarter* VVDStRL **60** (2001) 290, 325 ff. Zu den verschiedenartigen Problemen eines Beitritts etwa *Engel* EuGRZ **2003** 388; *Frowein/Peukert* Einl. 13; *Rengeling* EuR **1979** 124; *Rengeling* DÖV **1977** 409; *Weber*

Änderung der EMRK voraus, deren Vertragsparteien vor dem Inkrafttreten des 14. P-EMRK nur Staaten sein konnten, die Mitglieder des Europarates waren (Rn. 69).[406]

Vor dem Beitritt der Europäischen Union zur EMRK bestanden unmittelbare Vertrags- **152** rechte oder Vertragspflichten aus der Konvention für die Gemeinschaft nicht. Rechtsakte der Gemeinschaft konnte der EGMR nicht nachprüfen (vgl. Rn. 101).[407] Auch soweit die materiellen Verbürgungen der EMRK als allgemeine Quelle des früheren Gemeinschaftsrechts nach Art. 6 Abs. 2 EUV a.F. für das Handeln der Organe der Gemeinschaft verbindlich waren, entschied über deren Tragweite der EuGH (vgl. Art. 46 *lit.* d EUV), so dass die Gefahr von formal nicht zu bereinigenden Rechtsprechungsdivergenzen zwischen beiden unabhängig nebeneinander judizierenden Gerichten bestand,[408] die sich in Einzelfällen auch realisiert hat.[409]

Der **Vertrag von Lissabon** sieht vor, dass sich die Europäische Union bei ihrem Han- **153** deln auf internationaler Ebene von den Grundsätzen leiten lässt, die für ihre eigene Entstehung, Entwicklung und Erweiterung maßgebend waren und denen sie auch weltweit zu stärkerer Geltung verhelfen will: Demokratie, Rechtsstaatlichkeit, die universelle Gültigkeit und Unteilbarkeit der Menschenrechte und Grundfreiheiten, die Achtung der Menschenwürde, der Grundsatz der Gleichheit und der Grundsatz der Solidarität sowie die Achtung der Grundsätze der Charta der Vereinten Nationen und des Völkerrechts (Art. 21 EUV). Das neue Vertragswerk regelt weiterhin, dass die Europäische Union der EMRK als Vertragspartei beitreten soll (Art. 6 Abs. 2 EUV n.F.).[410] Der **Beitritt der Union zur EMRK** muss einstimmig beschlossen werden (Art. 218 Abs. 8 Satz 3 AEUV). Das Übereinkommen kann erst in Kraft treten, nachdem alle Mitgliedstaaten es gemäß ihren nationalen Vorschriften ratifiziert haben (Art. 218 Abs. 8 Satz 3 a.E. AEUV). Nachdem der Rat der Justiz- und Innenminister der Europäischen Kommission am 4.6.2010 das Mandat für die Verhandlungen über den EU-Beitritt zur EMRK erteilt hatte, begannen die offiziellen Beitrittsgespräche mit dem Europarat am 7.7.2010.[411]

Die Verhandlungen konnten zunächst am 5.4.2013 abgeschlossen werden.[412] Nach dem **154** **Entwurf des Beitrittsübereinkommens** sollte die EU nur dann an die EMRK gebunden sein, wenn sie oder ihre Unterorganisationen in eigener Verantwortung („acting on its on behalf") handeln (Art. 1 Abs. 3 BeitrittsÜbk).[413] Wenn die Mitgliedstaaten dagegen Unionsrechtsakte in

---

DVBl. **2003** 220, 225. Schon der Entwurf für einen Verfassungsvertrag (2003) sah einen Beitritt der Union vor; dazu etwa *Callewaert* EuGRZ **2003** 198; *Grabenwarter* EuGRZ **2004** 563, 569; *Pache* EuR **2004** 393, 413; *Ruffert* EuGRZ **2004** 466, 471 ff.

406   *Grabenwarter/Pabel* § 4, 14; *Krüger/Polakiewicz* EuGRZ **2001** 92, 102; *Pache* EuR **2004** 413 sowie Rn. 69.

407   EGMR (GK) Matthews/UK, 18.2.1999, § 32; *Böse* ZRP **2001** 403.

408   Vgl. *Grabenwarter* DVBl. **2001** 3 ff.; *Krüger/Polakiewicz* EuGRZ **2001** 92, 98 ff.

409   So in der unterschiedlichen Beurteilung des **Schutzbereichs von Art. 8**: EuGH 21.9.1989, 46/87 u. 227/88 (Hoechst), NJW **1989** 3080 = EuGRZ **1989** 395 und EGMR Niemietz/D, 16.12.1992, NJW **1993** 718 = EuGRZ **1993** 65 = JBl. **1993** 451 = ÖJZ **1993** 389; zum *nemo tenetur*-Grundsatz aus Art. 6: EuGH 18.10.1989, 374/87 (Orkem) und EGMR Funke/F, 25.2.1993, ÖJZ **1993** 532; Murray/UK, 8.2.1996, EuGRZ **1996** 587 = ÖJZ **1996** 627; Condron/UK, 2.5.2000, ÖJZ **2001** 610; siehe ferner abweichende Stellungnahmen zu **Art. 10**: EuGH 4.10.1991, C-159/90 (Society for the Protection of Unborn Children/Grogan), NJW **1993** 776 = EuGRZ **1992** 491 und EGMR Open Door u. Dublin Well Woman/IR, 29.10.1992, NJW **1993** 773 = EuGRZ **1992** 484 = ÖJZ **1993** 280. EuGH und EGMR waren jedoch grundsätzlich bemüht, Differenzen zu vermeiden; vgl. *Knauff* DVBl. **2010** 533, 539.

410   Art. 6 Abs. 2 EUV eingefügt durch Vertrag von Lissabon v. 13.12.2007 (ABlEU Nr. C 306 v. 17.12.2007 S. 1).

411   Das EP hat am 19.5.2010 eine Entschließung zu „Institutionellen Aspekten des Beitritts der EU zur EMRK" verabschiedet (EuGRZ **2010** 362). Der EuGH hat sich in einem Reflexionspapier v. 5.5.2010 zu den Aspekten eines Beitritts geäußert (EuGRZ **2010** 366).

412   Abschlussbericht und Entwurf eines Beitrittsabkommens der Verhandlungsgruppe sind unter https://www.echr.coe.int/Documents/UE_Report_CDDH_ENG.pdf abrufbar (Stand: 21.7.2023).

413   Näher zum Beitrittsübereinkommen *Ehlers* Europäische Grundrechte und Grundfreiheiten, § 2 Rn. 23.

nationales Recht umsetzen, sollte diese Maßnahme ihnen zurechenbar bleiben (Art. 1 Abs. 4 BeitrittsÜbk); sollte die EU dem jeweiligen Mitgliedstaat als Streitgenosse beitreten. Zu diesem Zweck sollte Art. 36 entsprechend ergänzt werden. Dem Sinn und Zweck des Beitritts der EU zur EMRK entsprechend, sollten Verfahren vor dem EuGH nicht als Verfahren „vor einer anderen internationalen Untersuchungs- oder Vergleichsinstanz" i.S.v. Art. 35 Abs. 2 *lit*. b betrachtet werden, so dass der EGMR nicht durch eine Vorbefassung durch den EuGH an der Annahme der Beschwerde gehindert gewesen wäre. Art. 3 Abs. 6 des Beitrittsabkommens sah vor, dass gegebenenfalls ein Zwischenverfahren hinsichtlich der Grundrechtskonformität eines EU-Rechtsaktes beim EuGH eingeleitet werden kann, was einige Mitgliedstaaten als ungerechtfertigte Privilegierung der Union kritisieren.[414] Die EU sollte ferner Mitwirkungsrechte bei der Richterwahl und dem Ministerkomitee des Europarates erhalten. Im Gegenzug hätte sie sich auch an der Finanzierung des EGMR beteiligen müssen.

155   In seinem **Gutachten vom 18.12.2014** monierte der **EuGH (Plenum)** allerdings, dass der Entwurf des Beitrittsübereinkommens die besonderen Merkmale der Union und die Autonomie des Unionsrechts nicht hinreichend berücksichtige.[415] Es bestehe u.a. die Gefahr, dass Art. 344 AEUV durch das Übereinkommen beeinträchtigt werde.[416] Ferner sei zu beanstanden, dass der Entwurf keine Regelung zum Verhältnis zwischen dem durch das 16. Protokoll zur EMRK geschaffenen Vorlageverfahren (Rn. 45) und dem unionsrechtlichen Vorabentscheidungsverfahren nach Art. 267 AEUV enthalte.[417] Ebenso enthalte der Entwurf keine Bestimmung, durch die sichergestellt werde, dass Art. 53 EMRK und Art. 53 EUC hinreichend aufeinander abgestimmt würden.[418]

156   Infolgedessen gerieten die Beitrittsverhandlungen ins Stocken und es war lange Zeit unklar, wann ein Beitritt der EU zur EMRK erfolgen würde. Im Herbst 2020 nahmen die Europäische Kommission und die Mitgliedstaaten des Europarates die Beitrittsverhandlungen wieder förmlich auf.[419] Der Beitritt der Union zur Konvention wird jedenfalls nichts an den durch den Unionsvertrag festgelegten Kompetenzen der Union ändern. Dies wird in Art. 6 Abs. 2 Satz 2 EUV ausdrücklich festgestellt.

157   Für den Beitritt der Europäischen Union musste auch die EMRK geändert werden. Bis 2010 erlaubte es **Art. 59 Abs. 1 Satz 1** lediglich Mitgliedern des Europarates, der Konvention beizutreten. Da die Mitgliedschaft beim Europarat allein Staaten vorbehalten ist,[420] die Union aber nach allgemeinem staatsrechtlichem Verständnis kein Staat ist,[421] konnte die Union der Konvention nicht beitreten. Das am 1.6.2010 in Kraft getretene 14. P-EMRK fügt daher einen **neuen Absatz 2** in Art. 59 ein: *„Die Europäische Union kann dieser Konvention beitreten."*[422] Weiterhin sind Änderungen im Konventionstext erforderlich, die lediglich technischer Natur sind.[423]

---

414 Vgl. Nachweise bei *Brodowski* ZIS **2013** 455.
415 EuGH (Plenum) Gutachten 2/13, 18.12.2014, Tz. 200 = EuGRZ **2014** 30 = JZ **2015** 773 = DÖV **2016** 36.
416 EuGH (Plenum) Gutachten 2/13, 18.12.2014, Tz. 214.
417 EuGH (Plenum) Gutachten 2/13, 18.12.2014, Tz. 199.
418 EuGH (Plenum) Gutachten 2/13, 18.12.2014, Tz. 189, 190.
419 Vgl. https://www.coe.int/de/web/portal/eu-accession-echr-questions-and-answers; BTDrucks. **19** 21482.
420 Art. 4 der Satzung des Europarates (BGBl. 1950 I S. 263; 2003 II S. 703).
421 Vgl. dazu auch: Grabitz/Hilf/Nettesheim/*Terchechte* Das Recht der Europäischen Union, 74. EL 2021, Präambel 7.
422 Art. 17 Abs. 1 des 14. P-EMRK. Das Protokoll trat am 1.6.2010 in Kraft, nachdem als letzter Vertragsstaat die Russische Föderation das Protokoll ratifiziert hatte. Zur Vorgeschichte dieser Ratifikation *Schmidt* EuGRZ **2007** 507; *Engel* EuGRZ **2007** 241.
423 Vgl. den Explanatory Report zum 14. P-EMRK, Rn. 101 f.; *Krüger/Polakiewicz* EuGRZ **2001** 92, 101 ff.; *Grabenwarter* FS Steinberger 1129, 1149 ff.; *Ress* in: Blanke/Mangiameli 279, 289 ff.

Einigkeit herrscht über die Frage, ob die Mitgliedstaaten auch im **Außenverhältnis** zu **158** anderen Vertragspartnern der EU an die Konvention gebunden sind: Da völkerrechtliche Verträge gemäß Art. 34 WVRK keine Pflichten oder Rechte für einen Drittstaat ohne dessen Zustimmung begründen, kann der Beitritt der Union für die Mitgliedstaaten in Verhältnissen zu Dritten keine Auswirkungen haben.[424]

Im Übrigen ist **Großbritannien** nach seinem Ausscheiden aus der Europäischen Uni- **159** on (sog. **Brexit) weiterhin Vertragsstaat der EMRK.** Im Jahr 2019 erfolgte eine entsprechende politische Vereinbarung[425] zwischen Großbritannien und der EU, in der insbesondere auch die weiterhin bestehende Selbstverpflichtung Großbritanniens im Hinblick auf die Verbürgungen der EMRK bekräftigt wurde.

Schon bisher waren die **normativen Grundrechtsverbürgungen** der EMRK eine all- **160** gemeine Quelle des früheren Gemeinschaftsrechts und somit für die Organe der Gemeinschaft **primärrechtlich** verbindlich.[426] Die sich aus der gemeinsamen Verfassungsüberlieferung ergebenden Grundrechte sind unverändert als **allgemeine Grundsätze Teil des Unionsrechts** und für die Organe der Europäischen Union verbindlich (**Art. 6 Abs. 3 EUV**). Die Vereinbarkeit mit Unionsrecht überprüft der **EGMR** nicht; er sieht sich ausschließlich für die Wahrung der Konventionsverbürgungen zuständig, nicht hingegen für die Überprüfung der Vereinbarkeit mit anderen internationalen Gewährleistungen/Vorgaben.[427]

Die Beibehaltung des bisherigen Art. 6 Abs. 2 EUV n.F. ist nicht unumstritten.[428] Zur **161** Begründung der Übernahme der Bestimmung wird hauptsächlich auf die bisherige Rechtsprechung des EuGH verwiesen, die auch nach dem Inkrafttreten des Vertrages von Lissabon und der damit verbundenen Rechtswirksamkeit der Charta der Grundrechte (Rn. 131) Gültigkeit behalten soll.[429] Des Weiteren wird geltend gemacht, nur unter Beibehaltung des bisherigen Art. 6 Abs. 2 EUV könnten künftige Entwicklungen der EMRK und der Gesetzgebung der Mitgliedstaaten zu den Menschenrechten Eingang in die Rechtsprechung des EuGH finden.[430]

Diese Argumente für die Beibehaltung der bisherigen Bestimmung vermögen nur be- **162** dingt zu überzeugen: Die bisherige Rechtsprechung des EuGH zu den Grundrechten soll durch die Charta der Grundrechte der Europäischen Union festgeschrieben werden.[431] Es besteht also an sich kein Bedarf, durch Beibehaltung einer überkommenen Bestimmung im EUV diese Tatsache noch zu bekräftigen.

---

424 Vgl. noch zu Art. 300 Abs. 7 EGV a.F.: Calliess/Ruffert/*Schmalenbach* EUV/EGV³, Art. 300, 56 EGV.

425 Political declaration setting out the framework for the future relationship between the European Union and the United Kingdom (2019/C 384 I/02), vgl. ABlEU Nr. C 384 v. 12.11.2019 S. 178, 179.

426 Vgl. *Suerbaum* EuR **2003** 390, 400; *Grabenwarter* VVDStRL **60** (2001) 290, 325; weiter *Kokott* AöR **121** (1996) 599 (zu Art. F Abs. 2 EUV i.d.F. des Vertrags von Maastricht).

427 So etwa EGMR Hristozov/BUL, 13.11.2012, § 105. Hinsichtlich der Überprüfung durch nationale Gerichte hat der EGMR angemahnt: „[…] where the courts of a State which is both a Contracting Party to the Convention and a member State of the European Union are called upon to apply a mutual-recognition mechanism established by EU law, they must give full effect to that mechanism where the protection of Convention rights cannot be considered manifestly deficient. However, if a serious and substantiated complaint is raised before them to the effect that the protection of a Convention right has been manifestly deficient and that this situation cannot be remedied by European Union law, they cannot refrain from examining that complaint on the sole ground that they are applying EU law." (EGMR [GK] Avotiņš/LET, 23.5.2016, § 116).

428 Zustimmend *König/Nguyen* ZJS **2008** 140, 142; **a.A.** *Schmitz* EuR **2004** 691, 697 f.

429 Vgl. *König/Nguyen* ZJS **2008** 140, 142.

430 Vgl. den Schlussbericht der Gruppe II v. 22.10.2002 (CONV 354/02) 9 f.

431 Vgl. die Erläuterung zu Art. 51 Abs. 1 EUC.

163   Auch im Rahmen der Rechtsfortbildung wird der Verweis auf die EMRK als Rechtserkenntnisquelle nicht benötigt: Die **Konkordanzklausel** des Art. 52 Abs. 3 Satz 1 EUC stellt
sicher, dass die in der EUC gewährten Grundrechte sich an den in der EMRK gewährten
und durch die Rechtsprechung des EGMR ausgeformten Grundrechten orientieren: Der
EuGH kann also gar nicht anders, als Weiterentwicklungen der EMRK in seine Rechtsprechung aufzunehmen.

164   Die Bedenken der Kritiker vermögen höchstens im Hinblick auf die Weiterentwicklung
der Gesetzgebung in den Mitgliedstaaten zu verfangen. Jedoch würde auch der Wegfall des
Art. 6 Abs. 2 EUV a.F. den EuGH nicht daran hindern, die gemeinsamen Verfassungsüberlieferungen der Mitgliedstaaten als Rechtserkenntnisquelle zu nutzen.[432] Angesichts der Vorbehalte Polens, Tschechiens und des Vereinigten Königsreich hinsichtlich der Entstehung neuer
einklagbarer Rechte aus der EUC (Rn. 132) mag die Beibehaltung des Art. 6 Abs. 2 EUV a.F. zur
Sicherung des bisherigen Grundrechtsschutzniveaus eine Berechtigung haben.[433]

III. Bindung Europäischer Polizei- und Strafverfolgungsbehörden an die EMRK

165   **1. Europol.** Durch ein auf Art. 30 EUV a.F.[434] gestütztes Abkommen[435] wurde 1998 das
Europäische Polizeiamt (Europol) geschaffen. Bis zum Inkrafttreten des Vertrags von
Lissabon handelte es sich bei Europol um eine eigenständige internationale Organisation,
die gemäß Art. 26 Abs. 1 Europol-Übk mit Rechtspersönlichkeit ausgestattet war.[436] Die Bindung von Europol an die EMRK traf also auf ähnliche Problemstellungen wie die Bindung
der Union an die Konvention (Rn. 143 ff.). Da die Konvention nur Mitgliedern des Europarates zur Ratifizierung offen stand[437] und die Mitgliedschaft wiederum lediglich Staaten
vorbehalten war,[438] konnte Europol der Konvention nicht beitreten.[439]

166   Der Annahme, die EMRK binde als Völkergewohnheitsrecht auch Institutionen wie Europol, stehen gewichtige Bedenken entgegen: Insbesondere die unterschiedliche Art und Weise
der Umsetzung der Konvention in den einzelnen Unterzeichnerstaaten und der unterschiedliche Ratifikationsstand der Protokolle lässt zumindest am Vorliegen des für die Entstehung
von Völkergewohnheitsrecht notwendigen Elements der „allgemeinen Übung"[440] zweifeln
(vgl. Rn. 118). Eine **Geltung der Konvention als gemeinsame Erkenntnisquelle des Rechts**,
wie dies Art. 6 Abs. 3 EUV n.F. jetzt für die Europäische Union normiert, konnte für Europol
nicht angenommen werden, da eine vergleichbare Verweisung gerade fehlte.[441]

167   Eine Bindung von Europol an die Konvention über die direkte Anwendung von Art. 6
Abs. 2 EUV a.F. schied ebenfalls aus, da dieser sich nur an die Union richtete, nicht jedoch

---

432 Vgl. *Epping* JZ **2003** 821, 826 f.

433 Vgl. *König/Nguyen* ZJS **2008** 140, 142.

434 Nunmehr Art. 87 AEUV.

435 Übereinkommen auf der Grundlage von Art. 31 des Vertrages über die Europäische Union über die
Einrichtung eines Europäischen Polizeiamts v. 26.7.1995 (BGBl. 1997 II S. 2150; zuletzt geändert durch Protokoll v. 27.11.2003, BGBl. 2006 II S. 252). Spätere Rechtsgrundlage war der Beschluss 2009/371/JI des Rates v.
6.4.2009 zur Errichtung des Europäischen Polizeiamts (Europol), ABlEU Nr. L 121 v. 15.5.2009 S. 37. Aktuell
basiert die Tätigkeit von Europol auf der **Verordnung (EU) 2016/794** des EP und des Rates v. 11.5.2016, ABlEU
Nr. L 315 v. 24.5.2016 S. 53.

436 Vgl. zur Rechtsnatur von Europol *Günther* 40 ff.

437 Art. 59 Abs. 1.

438 Art. 4 Abs. 1 Satzung des Europarates.

439 Vgl. zum Problem des Beitritts der EU oben Rn. 157.

440 Vgl. Art. 38 Abs. 1 *lit.* b IGH-Statut (BGBl. 1973 II S. 505).

441 Ebenso *Günther* 193.

an aus ihr hervorgegangene selbständige internationale Organisationen. Die Nennung des EUV in der Präambel des Europol-Übereinkommens sollte ebenfalls keine Bindung an die Konvention begründen.[442]

Unbestritten ist indes, dass Europol **indirekt** über die vertraglichen Verpflichtungen **168** der Vertragsstaaten des Europol-Übk an die Konvention gebunden war: Der EGMR hat in seiner Rechtsprechung wiederholt festgestellt, dass sich die Vertragsstaaten nicht durch ihr internationales Handeln ihrer Pflichten zur Gewährung der in der EMRK garantierten Rechte entledigen können.[443] Diese Verpflichtung zur Gewährung der in der Konvention garantierten Rechte in der Form ihrer konkreten Auslegung durch den EGMR richtete sich allerdings **nicht direkt** an Europol; eine gerichtliche Kontrolle von Rechtsakten von Europol durch den EGMR konnte nicht stattfinden.

Seit Inkrafttreten des Vertrags von Lissabon bindet die **Charta der Grundrechte der** **169** **Europäischen Union** dagegen alle *„Einrichtungen und sonstige Stellen der Union"* (Art. 51 Abs. 1 EUC). Hierunter fallen auch im Rahmen der Polizeilichen und Justiziellen Zusammenarbeit (frühere „Dritte Säule") gegründete eigenständige Stellen wie Europol,[444] wobei Europol erst durch den **Europol-Beschluss v. 6.4.2009**[445] formal in die sog. „Dritte Säule" integriert wurde. Dies sollte in erster Linie eine Vereinfachung des Änderungsprozesses der Strukturen von Europol bewirken, der bislang zeitaufwendig mittels einer Änderung des Europol-Übk und der damit einhergehenden Ratifikationsprozesse in den Vertragsstaaten zu geschehen hatte, beseitigte aber auch die andernfalls drohende grundrechtliche Schutzlücke. Durch **Art. 88 AEUV** wurde Europol endgültig zu einer **Agentur** der Europäischen Union. Nach dem (zu erwartenden) Beitritt der Union zur EMRK wird Europol zudem als Einrichtung der Union **unmittelbar an die EMRK gebunden** sein.

Aufgrund der Bindung an die Charta der Grundrechte wird Europol hinsichtlich der **170** EMRK und der EUC der doppelten Kontrolle durch EuGH und EGMR unterliegen.[446] Eine lückenlose Grundrechtsbindung und gerichtliche Kontrolle dürfte angesichts des Potenzials des Art. 88 AEUV nun auch kaum mehr bestritten werden. Vor allem die nun explizit mögliche Übertragung von Eingriffsbefugnissen (vgl. Art. 88 Abs. 2 Satz 2 AEUV) stellt einen „Quantensprung" in der Entwicklung der europäischen Strafverfolgung dar.[447] Auch wenn die Anwendung von Zwangsmaßnahmen den zuständigen einzelstaatlichen Behörden vorbehalten bleibt (Art. 88 Abs. 3 AEUV), wird Europol auf Basis dieser Kompetenzgrundlage zu einer Strafverfolgungsbehörde mit exekutiven Befugnissen.[448] Die **Europol-Verordnung** selbst enthält allerdings nur rudimentäre Regelungen zu Haftung und Rechtsschutz (vgl. Art. 47 ff. VO); auch aus der Verordnung (EU) 2022/991[449] zur Änderung der Europol-Verordnung ergeben sich diesbezüglich – bis auf einen neu eingefügten Verweis

---

442 Vgl. ausführlich zum Ganzen *Günther* 194 f.
443 Siehe insbesondere: EGMR (GK) Matthews/UK, 18.2.1999.
444 *Jarass* Art. 51, 15 EUC.
445 ABlEU Nr. L 121 v. 15.5.2009 S. 37.
446 Zum Rechtsschutz gegen das Handeln der Europäischen Agenturen vgl. *Saurer* EuR **2010** 51. Zur Problematik etwaiger Immunitäten: *Hailbronner* JZ **1998** 283 ff.; *Böse* NJW **1999** 2416 f.; *Voß* Europol – Polizei ohne Grenzen? (2003).
447 So *Weigend* ZStW **116** (2004) 275, 296.
448 Anstelle vieler: *Esser* in: Walter-Hallstein-Symposium, 25, 39.
449 Verordnung (EU) 2022/991 des Europäischen Parlaments und des Rates vom 8.6.2022 zur Änderung der Verordnung (EU) 2016/794 in Bezug auf die Zusammenarbeit von Europol mit privaten Parteien, die Verarbeitung personenbezogener Daten durch Europol zur Unterstützung strafrechtlicher Ermittlungen und die Rolle von Europol in Forschung und Innovation, ABlEU Nr. L 169 v. 27.6.2022 S. 1.

Esser

auf die Verordnung (EU) 2018/1725[450] – keine wesentlichen Neuerungen in Hinblick auf den Rechtsschutz. Mit Blick auf das in Art. 50 normierte Recht auf Schadenersatz wurde jedoch durchaus eine weitergehende Regelung geschaffen.[451] Zur gemeinsamen parlamentarischen Kontrolle siehe Art. 51 VO.[452] Zur Kontrolle durch den EuGH siehe noch Rn. 144.

171   **2. Eurojust.** Durch einen Beschluss des Rates v. 28.2.2002[453] wurde auf Grundlage von Art. 31 EUV a.F. die **Europäische Stelle für justizielle Zusammenarbeit in Den Haag (Eurojust)** eingerichtet.[454] Aufgabe von Eurojust sollte (neben der ursprünglich vorgesehenen, aber nie umgesetzten justiziellen *Kontrolle* von Europol) die sachgerechte Koordinierung nationaler Rechtshilfeersuchen und sonstiger justizieller Anliegen sein, insbesondere auf dem Gebiet der Bekämpfung organisierter Kriminalität.[455] Zu diesem Zweck unterhält jeder Mitgliedstaat ein eigenes Büro, das idR von einem Mitglied der Staatsanwaltschaft aus dem jeweiligen Land geleitet wird. Die Strafverfolgungsbehörden der Mitgliedstaaten können sich an das nationale Büro wenden, wenn sie Unterstützung benötigen.[456]

172   Eurojust wurde als eigenständige **Einrichtung** der Europäischen Union geschaffen. Die Bindung an EMRK und EUC unterscheidet sich insoweit nicht von der Bindung anderer Einrichtungen der EU. Auf Grundlage des **Vertrags von Lissabon** können die Kompetenzen von Eurojust erweitert werden (vgl. Art. 85 AEUV).[457] Unter Bezugnahme auf Art. 85 AEUV wurde Eurojust im Jahr 2018 auf eine neue Rechtsgrundlage gestellt.[458] Nach Art. 77 der **VO 2018/1727** ist die Verwaltungstätigkeit von Eurojust den Untersuchungen des Europäischen Bürgerbeauftragten (Rn. 184 ff.) zugänglich.

450 Verordnung (EU) 2018/1725 des Europäischen Parlaments und des Rates vom 23.10.2018 zum Schutz natürlicher Personen bei der Verarbeitung personenbezogener Daten durch die Organe, Einrichtungen und sonstigen Stellen der Union, zum freien Datenverkehr und zur Aufhebung der Verordnung (EG) Nr. 45/2001 und des Beschlusses Nr. 1247/2002/EG, ABlEU Nr. L 295 v. 21.11.2018 S. 39.
451 Ersatzfähig soll nach dem neuen Art. 50 nunmehr jeder materielle und immaterielle Schaden sein, der einer Person wegen eines Verstoßes gegen die Europol-Verordnung entsteht.
452 Zur geplanten Änderung der Europol-Verordnung, die auch eine umfassendere Verantwortlichkeit von Europol begründen soll, siehe KOM (2020) 796 final; dazu s.a. BRDrucks. 94/1/21.
453 Beschluss 2002/187/JI v. 28.2.2002, ABlEU Nr. L 63 v. 6.3.2002 S. 1.
454 In Deutschland umgesetzt durch das Eurojust-Gesetz (EJG) v. 12.5.2004 (BGBl. 2004 I S. 902), dazu *Esser/Herbold* NJW **2004** 2421. Näher zur Bedeutung der Institution Eurojust: *Postberg* Die polizeiliche und justitielle Zusammenarbeit in Strafsachen im Wandel (2011).
455 Vgl. Erklärung Nr. 2 zur Schlussakte zum Vertrag von Nizza v. 26.2.2001 (ABlEG Nr. C 80 v. 10.3.2001 S. 70); Insgesamt wurden im Jahr 2019 3892 neue Fälle registriert, näher hierzu *Meyer-Cabri* in: Anders/Graalmann-Scheerer/Schady (Hrsg.), Innovative Entwicklungen in den deutschen Staatsanwaltschaften (2021) 273, 278–280; zur Bekämpfung grenzüberschreitender Umweltstraftaten durch Eurojust siehe: *Mitsilegas/Giuffrida* The Role of EU Agencies in Fighting Transnational Environmental Crime (2017) 64 ff., 102 ff.
456 *Meyer-Cabri* in: Anders/Graalmann-Scheerer/Schady (Hrsg.), Innovative Entwicklungen in den deutschen Staatsanwaltschaften (2021) 273, 275, zur Einrichtung Gemeinsamer Ermittlungsgruppen 276 f., zur Kooperation mit Drittstaaten 277.
457 Im Einzelnen *Streinz/Ohler/Herrmann* § 21 IV.
458 Maßgeblich ist seither die **Verordnung (EU) 2018/1727** des Europäischen Parlaments und des Rates v. 14.11.2018 betreffend die Agentur der Europäischen Union für justizielle Zusammenarbeit in Strafsachen (Eurojust) und zur Ersetzung und Aufhebung des Beschlusses 2002/187/JI des Rates (ABlEU Nr. L 295 v. 21.11.2018 S. 138); in Deutschland siehe hierzu das Gesetz zur Durchführung der Eurojust-Verordnung v. 9.12.2019 (BGBl. I S. 2010); zur zukünftigen Bedeutung von Eurojust: *Meyer-Cabri* in: Anders/Graalmann-Scheerer/Schady (Hrsg.), Innovative Entwicklungen in den deutschen Staatsanwaltschaften (2021) 273, 282 ff.

3. OLAF. Das **Europäische Amt für Betrugsbekämpfung** (OLAF – Office européen 173
de lutte anti-fraude) wurde 1999[459] durch die Kommission als neue, fachlich unabhängige
Dienststelle der Kommission eingerichtet.[460] Mit dem Errichtungsbeschluss wurden entsprechende Ermittlungsbefugnisse der Kommission auf OLAF übertragen.[461] Obwohl OLAF
selbständig agiert und fachlich nicht weisungsgebunden ist,[462] handelt es sich bei der
Stelle um eine der Kommission organisatorisch zuzurechnende Einheit.[463]

Vor Inkrafttreten des Vertrags von Lissabon war OLAF wie alle Organe der Ge- 174
meinschaften und der Union nach der Rechtsprechung des EuGH allgemein an die EMRK
gebunden. Gleiches gilt für die vor Inkrafttreten des Vertrags von Lissabon noch nicht
rechtsverbindliche EUC.[464] Sekundärrechtlich wurde die Bindung von OLAF an bestimmte
Grundrechte ausdrücklich erstmals in Art. 9 der VO 883/2013 näher ausgeführt; die weitere
Konkretisierung hatte durch die Rechtsprechung zu erfolgen.[465] Das EuG hat hierzu festgestellt, dass bei Missachtung der Unschuldsvermutung durch öffentliche Äußerungen von
Beamten von OLAF bzw. der Kommission sowie des Anhörungsrechts der Betroffenen
ein Schadensersatzanspruch gegen die (frühere) Gemeinschaft gemäß Art. 288 Abs. 2 EGV
bestand.[466] Weitere durch die Rechtsprechung festgestellte Grundrechtsverletzungen betrafen das Gebot der Unparteilichkeit,[467] Verletzungen des Datenschutzes[468] sowie wiederum das Anhörungsrecht des Betroffenen.[469] Gerade wegen des umstrittenen Charakters
des OLAF-Verfahrens führt dieser Umstand zu einer erheblichen *Rechtsunsicherheit* im
Hinblick auf die anwendbaren Grundsätze.

In den Jahren 2016 und 2020 wurde einzelnen Kritikpunkten durch **Reformen der** 175
OLAF-VO Rechnung getragen.[470] So wurde etwa ein Kontrollbeauftragter eingesetzt, der
die Einhaltung der in Art. 9 VO 883/2013 vorgesehenen Verfahrensgarantien überwachen
soll (Art. 9a VO 883/2013 n.F.). Dies wird durch ein entsprechendes Beschwerdeverfahren
ergänzt, das einzelnen Betroffenen das Recht einräumt, sich bei Verstößen gegen die Verfahrensgarantien bzw. gegen die für die Untersuchungen von OLAF geltenden Bestimmun-

---

459 Beschluss 1999/352/EG, EGKS, EURATOM v. 28.4.1999, ABlEG Nr. L 136 v. 31.5.1999 S. 20.
460 Es untersteht dem für den Haushalt zuständigen Kommissionsmitglied, vgl. zur Entstehungsgeschichte
Kuhl/Spitzer EuR **2000** 671, 672 ff.
461 Vgl. zum Entstehungsprozess im Einzelnen *Decker* Grundrechtsschutz bei Handlungen des Europäischen Amtes für Betrugsbekämpfung (**OLAF**) (2008) 19 ff.; *Gleß* EuZW **1999** 618; *Hallmann-Häbler/Stiegel*
DRiZ **2003** 241.
462 Vgl. Art. 3 Beschluss 1999/352/EG, EGKS, EURATOM.
463 Vgl. *Hecker* Kap. 13, 16 f.
464 Vgl. Art. 51 Abs. 1 EUC.
465 Vgl. zur Kritik an der vorherigen Rechtslage unter der Verordnung (EG) Nr. 1073/99, ABlEG Nr. L 136 v.
25.5.1999 S. 1.
466 EuG 8.7.2008, Rs. T-48/05 (Franchet u. Byk); dazu *Niestedt/Boeckmann* EuZW **2009** 70.
467 EuG 6.4.2006, Rs. T-309/03 (Camós Grau).
468 EuG 12.9.2007, Rs. T-259/03 (Nikolaou); 6.7.2006, Rs. T-391/03 u. T-70/04 (Franchet u. Byk).
469 EuG 12.9.2007, Rs. T-259/03 (Nikolaou).
470 Vgl. **Verordnung (EU, Euratom) 2016/2030** des Europäischen Parlaments und des Rates v. 26.10.2016
zur Änderung der Verordnung (EU, Euratom) Nr. 883/2013 hinsichtlich des Sekretariats des Überwachungsausschusses des Europäischen Amtes für Betrugsbekämpfung (OLAF) (ABlEU Nr. L 317 v. 23.11.2016 S. 1);
Verordnung (EU, Euratom) 2020/2223 des Europäischen Parlaments und des Rates vom 23.12.2020 zur
Änderung der Verordnung (EU, Euratom) Nr. 883/2013 im Hinblick auf die Zusammenarbeit mit der Europäischen Staatsanwaltschaft und die Wirksamkeit der Untersuchungen des Europäischen Amtes für Betrugsbekämpfung (ABlEU Nr. L 437 v. 28.12.2020 S. 49); zu Reformbestrebungen siehe auch *Brüner/Spitzer* EuR **2008**
859; *Niestedt/Boeckmann* EuZW **2009** 70; *Lingenthal* ZEuS **2012** 195 ff.; ferner zu den Rechtsschutzlücken in
Bezug auf OLAF: *Langbauer* Das Strafrecht vor den Unionsgerichten (2014) 354 ff., 384 f., 387 f.

---

gen (insb. bei Verstößen gegen Grundrechte) im Wege einer Beschwerde an den Kontroll-beauftragten zu wenden (Art. 9b VO 883/2013 n.F.).

176   Nach dem **Inkrafttreten des Vertrags von Lissabon** *und* dem Beitritt der Union zur EMRK wird OLAF als Einrichtung der Europäischen Union direkt an die Konvention gebunden sein. Ebenfalls bindend für OLAF bleibt die nunmehr rechtsverbindliche Charta der Grundrechte. Im Übrigen spielt es nach **Art. 51 Abs. 1 Satz 1 EUC** keine Rolle, ob die Einrichtungen auf der Grundlage von Primär- oder Sekundärrecht oder als rechtlich selbstständige Institutionen errichtet wurden. Gebunden an die Charta sind daher auch die unselbstständigen Ämter der Union wie OLAF.[471]

177   **4. Frontex.** Die im Jahr 2004 gegründete **Europäische Agentur für die Grenz- und Küstenwache** (European Border and Coast Guard Agency; auch bekannt unter dem Akronym **Frontex**)[472] mit Sitz in Warschau hat die Aufgabe, die EU-Mitgliedstaaten und die Schengen-assoziierten Länder beim Schutz der EU-Außengrenzen zu unterstützen. Ihre Tätigkeit basiert derzeit auf der Verordnung (EU) 2019/1896.[473] Zusammen mit den für die Grenzverwaltung sowie den für die Rückkehr zuständigen nationalen Behörden bildet Frontex die Europäische Grenz- und Küstenwache (EBCG; vgl. Art. 4 VO 2019/1896), die die „Außengrenzen effizient unter uneingeschränkter Wahrung der Grundrechte [verwalten soll]" (Art. 1 UAbs. 1 VO 2019/1896). Nach der juristischen Konzeption soll Frontex dabei „zu einer konstanten und einheitlichen Anwendung des Unionsrechts, einschließlich des Besitzstands der Union im Bereich der Grundrechte, insbesondere der Charta der Grundrechte der Europäischen Union [...], an den Außengrenzen [beitragen]" (Art. 5 Abs. 4 Satz 1 VO 2019/1896).

178   Frontex verfügt über einen **Grundrechtsbeauftragten**, der nicht nur Empfehlungen zur Grundrechtsstrategie der Agentur abgibt, sondern auch die Einhaltung der Grundrechte durch die Agentur überwachen soll, wozu er u.a. entsprechende Untersuchungen durchführen kann (Art. 109 Abs. 2 lit. a und b VO 2019/1896). Unterstützt wird der Grundrechtsbeauftragte durch **Grundrechtsbeobachter** (Art. 110 VO 2019/1896).

179   In jüngerer Zeit geriet die Agentur in die Kritik, weil sie in **illegale Pushbacks** im Mittelmeer möglicherweise aktiv verwickelt war; die Verantwortlichen sollen entsprechende Vorgänge nicht verhindert haben, obwohl sie hiervon Kenntnis hatten.[474] Dies wäre evident nicht mit der Aufgabe von Frontex, die Einhaltung der Grundrechte bei allen Tätigkeiten der Agentur an den Außengrenzen und bei Rückkehraktionen zu überwachen (Art. 10 Abs. 1 lit. e VO 2019/1896), vereinbar. Zugleich läge darin eine Verweigerung ggf. gebotener Seenotrettungen (vgl. Art. 10 Abs. 1 lit. g VO 2019/1896).

180   Als Einrichtung der Union (Art. 93 Abs. 1 Satz 1 VO 2019/1896) ist Frontex an die Charta der Grundrechte gebunden (Art. 51 Abs. 1 EUC).[475] Einzelne Handlungen der Agentur mit Rechtswirkung gegenüber Dritten sind einer Nichtigkeitsklage zugänglich (Art. 263 AEUV i.V.m. Art. 98 Abs. 1 VO 2019/1896); ebenso kann Frontex wegen Untätigbleibens durch den EuGH gerügt werden (Art. 265 Abs. 1 Satz 2 AEUV i.V.m. Art. 98 Abs. 1 VO 2019/1896). Es besteht außerdem die Möglichkeit einer gegen Frontex gerichteten Beschwerde (Art. 111

---

471   Vgl. *Jarass* Art. 51, 15 EUC.
472   Näher zur Entstehungsgeschichte: *Neumann* Die Europäische Grenzschutzagentur Frontex (2014) 23 ff.
473   ABlEU Nr. L 295 v. 14.11.2019 S. 1; dazu s.a. BTDrucks. **19** 12151; **19** 18523.
474   Vgl. dazu etwa BTDrucks. **19** 27519.
475   Umfassend: *Fritz* Die Bindung an die Europäische Grundrechtecharta bei operativen Einsätzen im Rahmen der Gemeinsamen Außen- und Sicherheitspolitik und der Grenzschutzagentur Frontex (2020) 197 ff.

VO 2019/1896). Insgesamt erweist sich der Grundrechtsschutz bei Frontex-Einsätzen aber als defizitär.[476]

5. Institutioneller Grundrechtsschutz

a) Vorbemerkung. Während eines Übergangszeitraums von fünf Jahren nach Inkraft- **181** treten des Reformvertrags der Union, also bis zum 1.12.2014, richtete sich der Rechtsschutz gegen Europol und Eurojust nach den Vorschriften des **Amsterdamer Vertrags** (Art. 10 Abs. 1, 3 Protokoll (Nr. 36) zum Vertrag von Lissabon). Hinzu kam, dass der EuGH die PJZS nur eingeschränkt überprüfen konnte (vgl. Art. 35 EUV a.F.). Durch die Vergemeinschaf- tung der PJZS sind die Einschränkungen der Jurisdiktionsgewalt der Unionsgerichte gemäß Art. 35 EUV a.F. weitgehend entfallen. Beibehalten wurde allerdings die Nichtzuständigkeit des EuGH für die Überprüfung der Gültigkeit oder Verhältnismäßigkeit von Maßnahmen der Polizei oder anderer Strafverfolgungsbehörden der EU-Mitgliedstaaten (Art. 35 Abs. 5 EUV a.F.; **Art. 276 AEUV**).

b) Nichtigkeitsklage. Gemäß **Art. 263 Abs. 1 Satz 2 AEUV** überwacht der EuGH (auch) **182** die Rechtmäßigkeit der Handlungen der Einrichtungen und sonstigen Stellen der Union mit Rechtswirkung gegenüber Dritten. Dies erfasst insbesondere die Tätigkeit von Eurojust und Europol.[477] Die Möglichkeit einer Nichtigkeitsklage steht dabei nicht nur den Mitgliedstaaten, dem Europäischen Parlament und anderen Organen/Institutionen der EU offen (vgl. Art. 263 Abs. 2 und 3 AEUV), sondern – unter den in **Art. 263 Abs. 4 AEUV** genannten Voraussetzun- gen – auch **natürlichen und juristischen Personen**. Zu beachten ist insoweit allerdings, dass die Klagemöglichkeit von natürlichen oder juristischen Personen in den Rechtsakten zur Gründung der Einrichtungen und sonstigen Stellen der Union an bestimmte Vorausset- zungen geknüpft werden kann (Art. 263 Abs. 5 AEUV). Dabei darf aber durch die konkrete Ausgestaltung der Grundgedanke des Rechtsschutzes, wie er in Art. 263 Abs. 1 Satz 2 AEUV niedergelegt ist, nicht elementar beschränkt werden.[478]

c) Vorabentscheidungsverfahren. Im Wege eines Vorabentscheidungsersuchens kön- **183** nen sich mitgliedstaatliche Gerichte nicht nur bei Fragen zur Auslegung der Verträge (Art. 267 Abs. 1 *lit.* a AEUV), sondern auch bei Fragen zur Gültigkeit und zur Auslegung der Handlungen der Organe, Einrichtungen und sonstigen Stellen der Union (**Art. 267 Abs. 1 *lit.* b AEUV**) an den EuGH wenden. Unter den Begriff der *Einrichtung* i.S. dieser Vorschrift fallen auch Eurojust und Europol.[479] Besonders dringliche Vorabentscheidungs- ersuchen, die Titel V des Dritten Teils des AEUV betreffen (Raum der Freiheit, der Sicher- heit und des Rechts, Art. 67–89 AEUV) können dem **Eilvorabentscheidungsverfahren** un- terworfen werden (Art. 107 ff. VerfO-EuGH).

6. Beschwerde zum Europäischen Bürgerbeauftragten. Art. 43 EUC räumt den Uni- **184** onsbürgerinnen und Unionsbürgern sowie jeder natürlichen oder juristischen Person mit Wohnsitz oder satzungsmäßigem Sitz in einem EU-Mitgliedstaat das Recht ein, „den Euro-

---

476 Näher dazu die Analyse der unterschiedlichen Rechtsschutzmöglichkeiten bei *Groß* ZAR **2020** 51 ff.
477 *Langbauer* Das Strafrecht vor den Unionsgerichten (2014) 389 f.; vgl. auch von der Groeben/Schwarze/ Hatje/*Gaitanides* Art. 263, 14 AEUV; Rengeling/Middeke/Gellermann/*Dannecker*/*Müller* § 39, 173, 210. Nichtig- keitsklagen gegen Maßnahmen von OLAF werden häufig als unzulässig abgewiesen, dazu *Mader* EuR **2018** 339, 351 f.
478 Vgl. *Esser* StRR **2010** 133 (135); *Everling* EuR-Beih. 1/**2009** 71 (77 f.).
479 Grabitz/Hilf/Nettesheim/*Karpenstein* Art. 267, 19.

päischen Bürgerbeauftragten im Falle von Missständen bei der Tätigkeit der Organe, Einrichtungen und sonstigen Stellen der Union, mit Ausnahme des Gerichtshofs der Europäischen Union in Ausübung seiner Rechtsprechungsbefugnisse, zu befassen".

185   Nach Art. 228 Abs. 1 UAbs. 1 Satz 1 AEUV ist der Europäische Bürgerbeauftragte „befugt, Beschwerden von jedem Bürger der Union oder von jeder natürlichen oder juristischen Person mit Wohnort oder satzungsmäßigem Sitz in einem Mitgliedstaat über Missstände bei der Tätigkeit der Organe, Einrichtungen oder sonstigen Stellen der Union, mit Ausnahme des Gerichtshofs der Europäischen Union in Ausübung seiner Rechtsprechungsbefugnisse, entgegenzunehmen".

186   Gegen bestimmte Entscheidungen von **Europol**, die den Zugang zu Dokumenten betreffen, lässt Art. 65 Abs. 3 der Europol-VO 2016/794 die Beschwerde zum Europäischen Bürgerbeauftragten zu. Gleiches gilt für entsprechende Entscheidungen von **Eurojust** (Art. 74 Abs. 3 Eurojust-VO 2018/1727) sowie der **EUStA** (Art. 109 Abs. 3 EUStA-VO 2017/1939). Für **OLAF** fehlt eine entsprechende Regelung; hinzuweisen ist insoweit aber auf die neu geschaffene Beschwerde zum Kontrollbeauftragten nach Art. 9a, 9b OLAF-VO n.F. (VO Nr. 883/2013 i.d.F. der VO 2020/2223). Für **Frontex** gilt Art. 119 VO 2019/1896, wonach der Europäische Bürgerbeauftragte die Tätigkeiten der Agentur nach Maßgabe des Art. 228 AEUV kontrolliert.

187   **7. Europäische Staatsanwaltschaft.** Art. 86 AEUV ermöglicht die Errichtung der Europäischen Staatsanwaltschaft (EUStA; European Public Prosecutor's Office – **EPPO**) möglich. Im Oktober 2017 wurde eine entsprechende Verordnung verabschiedet, wonach die EUStA im Rahmen einer sog. **Verstärkten Zusammenarbeit** errichtet wird.[480] Eine **Geschäftsordnung** hat das Kollegium der Europäischen Staatsanwaltschaft im Herbst 2020 angenommen.[481] Ihre Arbeit hat die EUStA, an der sich 22 Mitgliedstaaten der Union (Stand: 07/2023) beteiligen, im Juni 2021 aufgenommen.[482]

188   Zuständig ist die EUStA u.a. für Straftaten zum Nachteil der finanziellen Interessen der Union sowie für bestimmte Straftaten aus dem Bereich des Terrorismus (vgl. Art. 86 AEUV i.V.m. Art. 22 VO 2017/1939). In organisatorischer Hinsicht weist die EUStA die Besonderheit auf, dass sie dezentral aufgebaut ist. Sie verfügt über eine **zentrale Dienststelle** am Sitz der EUStA in **Luxemburg**, während ihre dezentrale Ebene aus **Delegierten Europäischen Staatsanwälten (DEStA)** besteht, die in den einzelnen Mitgliedstaaten angesiedelt sind (Art. 8 VO 2017/1939). Die (zentralen) Europäischen Staatsanwälte **(EStA)** fungieren in diesem Zusammenhang als „Verbindungsstellen und Informationskanäle" für die DEStA (Art. 12 Abs. 5 VO 2017/1939).

189   Bei der EUStA handelt es sich um eine **Einrichtung** der Europäischen Union mit Rechtspersönlichkeit (Art. 3 Abs. 1 und 2 VO 2017/1939). Sie ist an die **Charta der Grundrechte** gebunden **(Art. 51 Abs. 1 EUC)** und hat dementsprechend zu gewährleisten, dass bei ihrer Tätigkeit die in der Charta verankerten Rechte beachtet werden (Art. 5 Abs. 1 VO 2017/1939). Verdächtigen und Beschuldigten stehen darüber hinaus sowohl die im Unionsrecht als auch die ihnen nach nationalem Recht zuerkannten Verfahrensrechte zu (Art. 41 VO 2017/1939). Einzelne Verfahrenshandlungen der EUStA mit Rechtswirkung gegenüber

---

[480]   Vgl. Verordnung (EU) 2017/1939 des Rates v. 12.10.2017 zur Durchführung einer Verstärkten Zusammenarbeit zur Errichtung der Europäischen Staatsanwaltschaft (ABlEU Nr. L 283 v. 31.10.2017 S. 1); dazu siehe u.a. *Magnus* HRRS **2018** 143 ff.; *Hummer* ZfRV **2018** 4 ff.; ferner s.a. *Rheinbay* Die Errichtung einer Europäischen Staatsanwaltschaft (2014).

[481]   Siehe ABlEU Nr. C 22 v. 21.1.2021 S. 3.

[482]   Hierzu siehe auch den Ausblick bei *Thomas* KriPoZ **2021** 106 ff. Zur Zusammenarbeit zwischen Eurojust und der EUStA siehe *Esser* StV **2020** 636 ff.

Esser

Dritten unterliegen der gerichtlichen Kontrolle durch die nationalen Gerichte; ebenso können dem EuGH bestimmte Fragen zur Tätigkeit der EUStA gemäß dem Vorabentscheidungsverfahren nach Art. 267 AEUV unterbreitet werden (vgl. Art. 42 Abs. 1 und 2 VO 2017/1939). Verfahrenseinstellende Beschlüsse der EUStA können im Wege einer Nichtigkeitsklage nach Art. 263 Abs. 4 AEUV angefochten werden (Art. 42 Abs. 3 VO 2017/1939). Da ein Beitritt der EU zur EMRK noch nicht erfolgt ist, d.h. die EU noch nicht zur Vertragspartei der EMRK geworden ist, besteht für den Einzelnen bislang keine Rechtsschutzmöglichkeit aus der EMRK unmittelbar gegenüber der EU bzw. Unionseinrichtungen wie der EUStA.[483]

Im Hinblick auf die **Bindung der EUStA and die EMRK**[484] kommt wiederum den vom **190** EGMR in der Rs. ***Bosphorus***[485] (vgl. Rn. 147) entwickelten Grundsätzen besondere Relevanz zu, wonach der Gerichtshof in Bezug auf die EU und ihre Einrichtungen – insbesondere seit der verbindlichen Geltung der Charta der Grundrechte in der EU[486] – für unionsrechtlich determinierten Bereiche von einem gleichwertigen Grundrechtsschutz ausgeht.[487] Eine Widerlegung der Vermutung im Ausnahmefall ist dabei allerdings möglich.[488] Insofern können die Konventionsstaaten auch bei der Erfüllung ihrer Pflichten im Zusammenhang mit der EUStA nicht ihrer nationalen Verantwortung auf die Einhaltung der sich aus der EMRK ergebenden Anforderungen „entfliehen".[489] Grundsätzlich wird der Gerichtshof jedoch von der Konventionskonformität der mitgliedstaatlichen Handlungen zur Erfüllung von Verpflichtungen aus der EUStA-VO ausgehen.[490]

G. Verhältnis der EMRK zur Charta der Grundrechte der Europäischen Union

I. Rechtslage vor dem Inkrafttreten des Vertrags von Lissabon

Die am 7.12.2000 in Nizza „feierlich proklamierte" **Charta der Grundrechte der Eu-** **191** **ropäischen Union,**[491] die aufgrund des Beschlusses des Europäischen Rates v. 4.6.1999 erarbeitet wurde, war keine in Ausübung einer Rechtsetzungsbefugnis erlassene und deshalb nach innen und außen rechtlich verbindliche Festlegung der in ihr gewährleisteten Grundrechte.[492] Die Organe der Union[493] wie auch die EU-Mitgliedstaaten hatten sich durch die Charta an deren normative Grundrechtsverbürgungen gebunden. Ihrer unver-

---

483 Vgl. hierzu: *Callewaert* No Case to Answer for the European Public Prosecutor under the European Convention on Human Rights? Considerations on Convention Liability for Actions of the European Public Prosecutor's Office, Europe of Rights & Liberties/Europe des Droits & Libertés 2021, 20, 21 f.; siehe allgemein: EGMR Bosphorus Hava Yollari Turizm ve Ticaret Anonim Sirketi/IR, 30.6.2005, § 152, wonach auch die erfolgte Übertragung von Souveränitätsrechten durch Konventionsstaaten nichts ändert; ausführlich: Herrnfeld/Esser/*Esser* § 12 Rn. 167.
484 Ausführlich zum Ganzen siehe auch bereits Herrnfeld/Esser/*Esser* § 12 Rn. 167 f.
485 EGMR Bosphorus Hava Yollari Turizm ve Ticaret Anonim Sirketi/IR, 30.6.2005, §§ 152 ff. = NJW **2006** 197, 202 = JuS **2006** 442 m. Anm. *Dörr*.
486 *Vondung* EuR **2013** 688, 691.
487 EGMR Michaud/F, 6.12.2012, § 111.
488 EGMR Bosphorus Hava Yollari Turizm ve Ticaret Anonim Sirketi/IR, 30.6.2005, § 156.
489 Vgl. EGMR Bosphorus Hava Yollari Turizm ve Ticaret Anonim Sirketi, 30.6.2005, § 154.
490 Siehe auch Herrnfeld/Esser/*Esser* § 12, 167 f.
491 ABlEG Nr. C 364 v. 18.12.2000 S. 1 = EuGRZ **2000** 554.
492 Dazu etwa *Alber*/*Widmaier* EuGRZ **2000** 497; *Busse* EuGRZ **2002** 559 ff., *Magiera* DÖV **2000** 1017; *Weber* NJW **2000** 537; *Zuleeg* EuGRZ **2000** 511 je m.w.N.
493 Zum Verständnis des Begriffes Meyer/Hölscheidt/*Schwerdtfeger* Art. 51, 29 GrCh.

bindlichen Rechtsnatur zufolge konnte sich kein Bürger direkt auf die EUC berufen. Ihm blieb nur der „schmale" Rekurs auf die EMRK (Rn. 145).

192　　Gleichwohl wurde die Charta in den Schlussanträgen der Generalanwälte[494] bei EuGH und EuG sowie in deren Rechtsprechung[495] berücksichtigt. Auch der EGMR bezog die Charta schon vor Inkrafttreten des Vertrags von Lissabon in seine Rechtsprechung mit ein.[496]

II. Rechtslage nach dem Inkrafttreten des Vertrages von Lissabon

193　　Mit dem Inkrafttreten des Vertrags von Lissabon wurde die Charta der Grundrechte der Europäischen Union in ihrer am 12.12.2007 modifizierten Form gemäß Art. 6 Abs. 1 UAbs. 1 EUV **rechtsverbindlich**.[497] Das Europäische Parlament, der Rat und die Kommission haben die Charta in Straßburg „feierlich proklamiert".[498] Art. 6 Abs. 1 UAbs. 1 EUV bekräftigt ausdrücklich, dass die Charta den **gleichen Rang wie die Verträge** einnimmt. Dies bedeutet, dass die Charta **Anwendungsvorrang vor nationalem Recht** genießt, falls und soweit Unionsrecht betroffen ist.

194　　Durch die Charta werden die in den Verträgen geregelten Kompetenzen nicht erweitert (Art. 6 Abs. 1 UAbs. 2 EUV; Art. 51 Abs. 2 EUC).[499]

195　　Polen und das Vereinigte Königreich haben **Erklärungen zur Geltung der Charta** für ihre nationalen Gerichte abgegeben.[500] Beim EU-Gipfel am 29./30.11.2009 konnte zudem die Tschechische Republik erreichen, dass das Protokoll Nr. 30 auch für Tschechien anwendbar ist.[501] Dabei stellt sich jeweils die Frage nach Inhalt und Rechtsfolgen des **Protokolls Nr. 30**. Es wird teilweise als *opt-out* verstanden, zum Teil aber auch als Beschränkung der Gerichtsbarkeit des EuGH. Das Protokoll Nr. 30 begründet dem Wortlaut nach keine Ausnahme von der Bindung aus Art. 6 Abs. 1 EUV. Ein solcher Wille hätte durch eine eindeutige Erklärung der Nichtanwendung manifestiert werden müssen. Vielmehr wird – wie auch der Titel nahelegt – die **Anwendungsregel des Art. 51 EUC präzisiert.** bzw. geändert, das Protokoll dient also lediglich als **Interpretationshilfe**. Dies ergibt sich auch aus den ErwG 8 und 9, die in der Präambel niedergelegt sind.[502] Nach Art. 1 Abs. 2 des Protokolls Nr. 30 sollen durch die Charta keine neuen einklagbaren Rechte begründet wer-

---

494　EuGH 6.3.2003, C-466/00 (Kaba); 3.5.2005, C-387/02, C-391/02, C-403/02 (Berlusconi).

495　Für den **EuGH** erstmals: 27.6.2006, C-540/03 (EP/Rat), NJW **2006** 3266 = EuGRZ **2006** 417; seither ständig: vgl. nur EuGH 3.5.2007, C-303/05 (Advocaaten voor de Wereld) = NJW **2007** 2237 = StV **2007** 362 L = EuGRZ **2007** 273; 13.3.2007, C-432/05 (Unibet/Justitiekansler), NJW **2007** 3555 = EuGRZ **2007** 439; für das **EuG** zum ersten Mal: 30.1.2002, T-54/99 (max.mobi), EuGRZ **2002** 266 = EuZW **2002** 186.

496　Vgl. EGMR (GK) Goodwin/UK, 11.7.2002, NJW-RR **2004** 289; Bosphorus Hava Yollari Turizm ve Ticaret Anonim Sirketi/IR, 30.6.2005.

497　ABlEU Nr. C 303 v. 14.12.2007 S. 1; zur Entstehungsgeschichte vgl. *Streinz/Ohler/Herrmann* § 14 II; zu den Auswirkungen des Inkrafttretens des Vertrags von Lissabon vgl. *Kokott/Sobotta* EuGRZ **2010** 265.

498　Text der Proklamation EuGRZ **2007** 747; Billigung des EP: EuGRZ **2007** 751; Veröffentlichung der amtlichen deutschen Fassung: BGBl. 2008 II S. 1165. Näher zur Diskussion um die EUC im Grundrechtekonvent: Meyer/Hölscheidt/*Schwerdtfeger* Art. 51, 6 ff. GrCh.

499　So schon zur Rechtslage vor Inkrafttreten des Vertrages von Lissabon: EuGH 17.2.1998, C-249/96 (Grant/ Southwest Trains Ltd.), NJW **1998** 969 = EuGRZ **1998** 140 = JZ **1998** 724.

500　Protokoll über die Anwendung der Charta der Grundrechte der Europäischen Union auf Polen und das Vereinigte Königreich, Protokoll Nr. 30 zum EUV (ABlEU Nr. C 306 v. 17.12.2007 S. 154); zu den sich daraus ergebenden Problemen *Mayer* EuR **2009** Beiheft 1, 87.

501　Protokoll über die Anwendung der Charta der Grundrechte der Europäischen Union auf die Tschechische Republik – beschlossen auf dem Europäischen Rat v. 29./30.10.2009.

502　Siehe Näheres bei *Schulte-Herbrüggen* ZEuS **2009** 343, 364 ff.

den, soweit diese nicht im nationalen Recht ohnehin vorgesehen sind. Es soll damit verhindert werden, dass bloße Zielbestimmungen zu subjektiven Rechten uminterpretiert werden. Diese Befürchtung geht insbesondere darauf zurück, dass die im Titel IV des AEUV aufgeführten Zielbestimmungen in ihrer Formulierung von Grundrechten nicht zu unterscheiden sind.[503] In der Praxis wird aus diesem Grunde der Verweisung auf die gemeinsamen Verfassungsüberlieferungen der EU-Mitgliedstaaten und die EMRK in Art. 6 Abs. 3 EUV n.F. eine gewisse Bedeutung zukommen: Der EuGH kann auf Grundlage der Verweisung das Grundrechtsschutzniveau in den Staaten, für die das Protokoll Nr. 30 gilt, vergleichbar mit dem in den übrigen Mitgliedstaaten gestalten.

Mit dem endgültigen Austritt des Vereinigten Königreichs aus der Europäischen Union **196** („Brexit") zum 1.1.2021 gilt die EUC im Vereinigten Königreich nicht mehr. Das *EU-UK Trade and Cooperation Agreement*[504] stellt für die künftige Zusammenarbeit im Bereich der Strafverfolgung und der Strafjustiz allerdings klar, dass die „Verpflichtung zur Achtung der Grundrechte und Rechtsgrundsätze, wie sie insbesondere in der Europäischen Menschenrechtskonvention und – im Falle der Union und ihrer Mitgliedstaaten – in der Charta der Grundrechte der Europäischen Union zum Ausdruck kommen", nicht berührt werden soll (Art. LAW.GEN.3 Abs. 2).

Soweit in der Charta Rechte enthalten sind, die den in der EMRK garantierten Rechten **197** entsprechen, kommt diesen nach der ausdrücklichen Bestimmung in **Art. 52 Abs. 3 EUC** stets die gleiche Tragweite und Bedeutung zu, die sie nach der EMRK haben.[505] Durch diese (dynamische) Verweisung werden alle der EMRK entsprechenden Grundrechte der Charta inhaltlich an die jeweilige Auslegung dieser Rechte in der EMRK gebunden, sowohl hinsichtlich der Weiterentwicklung ihrer Tragweite als auch hinsichtlich der dort vorgesehenen Einschränkungsmöglichkeiten (vgl. etwa die Absätze 2 der Art. 8 bis 11).

Einer eigenständigen Auslegung offen sind nur die Rechte aus der EUC, die in der **198** EMRK und ihren Zusatzprotokollen nicht enthalten sind. Die EMRK bildet allerdings gemäß Art. 52 Abs. 3 Satz 2 EUC auch für inhaltsgleiche Grundrechte in der EUC lediglich einen Mindeststandard. In der EUC verbürgte Grundrechte können daher ein **höheres Schutzniveau** gewährleisten als die inhaltsgleichen Rechte in der EMRK.[506]

Art. 53 EUC enthält außerdem eine **Niveauschutzklausel**: Die in der Charta normier- **199** ten Rechte sollen keine Menschenrechte aus dem Recht der Union, dem Völkerrecht oder aus von den Mitgliedstaaten eingegangenen internationalen Übereinkünften einschränken. Dies bedeutet jedoch nicht etwa, dass die in der Charta gewährten Rechte automatisch das Schutzniveau des jeweils stärksten in Art. 53 EUC erwähnten Rechts bieten sollen. Vielmehr soll vermieden werden, dass statt schutzintensiverer, schon vor Inkrafttreten der Charta bestehender Rechte nunmehr die Charta angewandt wird und das Schutzniveau effektiv sinkt. Art. 53 EUC hat insofern die Funktion einer **Kollisionsnorm**.[507] Das vor Bestehen der Charta vorhandene Grundrechtsschutzniveau bleibt also umfassend erhalten. Dazu gehört, dass die bisherige Judikatur von EGMR und EuGH weiterhin Beachtung finden soll.[508]

Der **sachliche Anwendungsbereich** der Charta wird in **Art. 51 Abs. 1 EUC** ausdrück- **200** lich auf die **Organe und Einrichtungen der Union** beschränkt, wobei auf die Beachtung

---

503   Vgl. *Schulte-Herbrüggen* ZEuS **2009** 343, 373 ff.

504   ABlEU Nr. L 444 v. 31.12.2020 S. 14.

505   Zur Harmonisierung der EMRK mit der EUC bereits *Callewaert* EuGRZ **2003** 198; *Pache* EuR **2004** 393; ferner siehe *Grabenwarter/Pabel* § 4, 5 ff.

506   Näher dazu Meyer/Hölscheidt/*Schwerdtfeger* Art. 52, 52 ff. GrCH; Stern/Sachs/*Krämer* Art. 52, 65 ff.

507   So auch *Ruffert* EuR **2004** 165, 174.

508   Ebenso *Scheuing* EuR **2005** 162, 188 f.

des Subsidiaritätsprinzips besonders hingewiesen wird. Für die **EU-Mitgliedstaaten** soll die Charta nur gelten, soweit sie ausschließlich das Recht der Union durchführen.[509] Die Charta hebelt also wegen ihrer Beschränkung auf die Organe der Union und die Ausführung des Unionsrechts weder die nationalen Grundrechtsverbürgungen in den einzelnen Mitgliedstaaten noch deren zusätzliche völkervertragliche Festlegung durch die Menschenrechtskonvention und die anderen Menschenrechtspakte aus.

201   Nur im **Anwendungsbereich des Unionsrechts** gelten die EMRK und die Charta nebeneinander; das Konkurrenzverhältnis wird aber dadurch entschärft, dass die Charta insoweit die in ihr mit anderen Worten und meist vereinfacht formulierten Grundrechte in Art. 52 Abs. 3 EUC an die (jeweilige) Auslegung der EMRK und damit auch an deren Fortentwicklung durch den EGMR bindet;[510] der mögliche Konflikt mehrerer Günstigkeitsprinzipien wird dadurch zu Gunsten der EMRK gelöst (vgl. Rn. 199). Eine höchstrichterliche Klärung derartiger Konfliktfragen kann sowohl durch den EGMR, durch den EuGH als auch durch das BVerfG erfolgen,[511] sofern deren Zuständigkeit eröffnet ist, was sich im Einzelfall nicht immer leicht beantworten lässt.[512]

202   Die nicht in der EMRK und ihren Zusatzprotokollen enthaltenen sonstigen Verbürgungen der Charta können ohnehin in ihrer Geltung von dieser nicht beeinflusst werden, der EGMR ist in seiner Prüfungskompetenz ausschließlich auf die EMRK und deren ZP beschränkt (vgl. Art. 53 EMRK). Im Gegensatz zur EMRK hat die Charta in der deutschen Rechtsordnung nicht den Rang eines einfachen Bundesgesetzes, genießt aber vor nationalen Strafgerichten und Strafverfolgungsbehörden als Teil des Unionsrechts (sogar) einen **Anwendungsvorrang** gegenüber dem nationalen Strafrecht, dies allerdings nur, wenn also in dem strafrechtlich relevanten Strafverfahren Unionsrecht aus- bzw. durchgeführt oder umgesetzt wird (vgl. Art. 51 Abs. 1 EUC: **„bei der Durchführung des Rechts der Union"**).

203   Die der Charta beigefügten **Erläuterungen**[513] wurden als Anleitung für die Auslegung der EUC verfasst und dienen als Interpretationshilfe dazu, die einzelnen Bestimmungen inhaltlich zu konkretisieren. Die Erläuterungen haben als solche keinen rechtlichen Status,[514] sind aber von den Gerichten der Union und denen der Mitgliedstaaten **gebührend zu berücksichtigen** (Art. 52 Abs. 7 EUC). Diese interpretatorischen Erläuterungen werden den EuGH nicht daran hindern, auch in Zukunft in seiner Rechtsprechung die in der Charta garantierten Rechte dynamisch fortzuentwickeln.

204   Der **materiell-strafrechtliche Gehalt der Charta** ist begrenzt. Anders als die EMRK normiert die Charta ausdrücklich die Unantastbarkeit der menschlichen Würde (Art. 1 EUC) als „Fundament der Grundrechte".[515] Sie verbürgt darüber hinaus das Recht auf Leben (Art. 2 EUC), das Recht auf Unversehrtheit (Art. 3 EUC), das Verbot der Folter und unmenschlicher oder erniedrigender Strafe oder Behandlung (Art. 4 EUC), die Achtung des

---

509   Vgl. *Hirsch* Gollwitzer-Koll. 81, 84; ferner *Grabenwarter* EuGRZ **2004** 563, 564 zur unterschiedlich weiten Auslegung dieser Wendung; diese hat vor allem dafür Bedeutung, wiewiet eine die Dienstleistungsfreiheit beschränkende innerstaatliche Maßnahme am Gemeinschaftsrecht zu messen ist. Zum Verhältnis der EU-Grundfreiheiten zu den Grundrechten vgl. *Grabenwarter* EuGRZ **2004** 563, 567; *Kingreen* EuGRZ **2004** 570, 572 ff.; *Ruffert* EuGRZ **2004** 467.

510   Vgl. *Grabenwarter/Pabel* § 4, 9; *Grabenwarter* EuGRZ **2004** 563, 566.

511   Insoweit ist u.a. die Rede vom „Europäischen Verfassungsgerichtsverbund"; begriffsprägend: *Voßkuhle* NVwZ **2010** 1 ff.

512   Näher dazu: *Pianka* Konkurrenzen und Konflikte beim Rechtsschutz im europäischen Mehrebenensystem (2016).

513   ABlEU Nr. C 303 v. 14.12.2007 S. 17.

514   Vgl. insoweit die Einleitung der Erläuterungen, ABlEU Nr. C 303 v. 14.12.2007 S. 17.

515   Vgl. die Erläuterungen zu Art. 1 EUC (ABlEU Nr. C 303 v. 14.12.2007 S. 17).

Privat- und Familienlebens (Art. 7 EUC) sowie den Schutz personenbezogener Daten (Art. 8 EUC). An diesen zentralen Bestimmungen müssen sich strafprozessuale Eingriffe im europäischen Kontext messen lassen.[516]

Als Maßstab für freiheitsbeschränkende Maßnahmen jeglicher Art statuiert Art. 6 **205** EUC – in Anlehnung an Art. 5 Abs. 1 – ein **Recht auf Freiheit und Sicherheit**; spezielle Haftrechte des Beschuldigten (vgl. Art. 5 Abs. 2–4) sucht man im Text der Charta indes vergeblich. Über Art. 52 Abs. 3 EUC und den Hinweis in den Erläuterungen ergibt sich auch hier, dass die Eingriffsvoraussetzungen der EMRK nicht unterschritten, wohl aber verschärft werden dürfen (vgl. Rn. 198 f.).

Besondere Beachtung verdienen die im Titel VI genannten **Justiziellen Rechte**.[517] Der **206** **Beistand eines Verteidigers** ist in zwei Bestimmungen verbürgt. Während Art. 47 Abs. 2 Satz 2 EUC allgemein jedem Menschen das Recht garantiert, sich beraten, verteidigen und vertreten zu lassen, wird in Art. 48 Abs. 2 EUC – pauschalierend – die Achtung der **Verteidigungsrechte des Angeklagten**[518] eingefordert.[519]

Als weitere prozessuale Beschuldigtenrechte sind in der Charta explizit genannt (in An- **207** lehnung an Art. 6): der Anspruch auf ein **unabhängiges, unparteiisches und zuvor durch Gesetz errichtetes Gericht** (Art. 47 Abs. 2 EUC) sowie der Anspruch auf eine **faire, öffentliche Verhandlung** innerhalb angemessener Frist (Art. 47 Abs. 2 Satz 1 EUC), die **Unschuldsvermutung** (Art. 48 Abs. 1 EUC) sowie der **Strafklageverbrauch** auf Unions-Ebene, d.h. auch zwischen den Gerichtsbarkeiten mehrerer Mitgliedstaaten (Art. 50 EUC).[520]

Als materiellrechtliche Elemente des Strafrechts enthält Art. 49 EUC den Grundsatz der **208** **Gesetzmäßigkeit von Straftaten und Strafen** (*nulla poena, nullum crimen sine lege*).[521] Explizit genannt sind das **Rückwirkungsverbot für Straftaten** (Absatz 1 Satz 1) und Strafen (Absatz 1 Satz 2) – mit einer völkerstrafrechtlichen Einschränkung (Absatz 2) – die Regel der **Rückwirkung von milderen Strafrechtsvorschriften** (Absatz 1 Satz 3: *lex mitior*)[522] – sowie die **Verhältnismäßigkeit des Strafmaßes** (Absatz 3).

Eingriffe in die von der Charta anerkannten Rechte und Freiheiten müssen eine **209** **gesetzliche Grundlage** haben, den Wesensgehalt dieser Rechte und Freiheiten achten und – unter Beachtung des Grundsatzes der Verhältnismäßigkeit – notwendig sein sowie den von der Union anerkannten dem Gemeinwohl dienenden Zielsetzungen oder den Erfordernissen des Schutzes der Rechte und Freiheiten anderer tatsächlich entsprechen (**Art. 52 Abs. 1 EUC**).[523]

Die in der Charta enthaltenen Beschuldigtenrechte liefern als „Wertemodell" – nicht **210** zuletzt über die bereits vorliegende „konkretisierende" Rechtsprechung des EuGH – für den Verteidiger ein wichtiges Argumentationspotential (unabhängig davon, ob der konkrete Fall den für die Geltung der EUC erforderlichen Unionsbezug aufweist). Ihr Schutzgehalt

---

516 Hinzu kommen weitere in der Charta verbürgte Grundrechte, die im Einzelfall ebenfalls strafprozessual relevant werden können: Art. 10 EUC (Gedanken-, Gewissens- und Religionsfreiheit), Art. 11 EUC (Freiheit der Meinungsäußerung und Informationsfreiheit), Art. 15 EUC (Berufsfreiheit), Art. 17 EUC (Eigentumsrecht), Art. 24 EUC (Rechte des Kindes), Art. 25 EUC (Rechte älterer Menschen).
517 Hierzu: *Abetz* Justizgrundrechte (2005) 108 ff.
518 Die deutsche Fassung der Charta übernimmt den aus Art. 6 stammenden Begriff der *angeklagten Person* (vgl. Art. 6 Rn. 79 ff.).
519 Zur Notwendigkeit von Verteidigungsrechten auf europäischer Ebene: *Bendler* StV **2003** 133; *Vogel/Matt* StV **2007** 206 ff.
520 Vgl. Art. 54–58 SDÜ; Art. 7 des Übereinkommens über den Schutz der finanziellen Interessen der Europäischen Gemeinschaften v. 26.7.1995, ABlEG Nr. C 316 v. 27.11.1995 S. 49.
521 Siehe: Meyer/Hölscheidt/*Eser/Kubiciel* Art. 49, 10 ff. GrCh.
522 Vgl. Art. 15 Abs. 1 Satz 3 IPBPR; § 2 Abs. 3 StGB.
523 Ausführlich hierzu: *Eisner* Schrankenregelung der Grundrechtecharta (2005).

geht aber zumeist nicht über den der EMRK hinaus. Insgesamt wird die Charta in Zukunft immer wichtiger werden.[524]

H. Europäischer Grundrechtsschutz durch Harmonisierung der nationalen Strafrechtsordnungen – Mindestvorschriften zur Angleichung strafprozessualer Standards

I. Rechtsharmonisierung auf der Grundlage des AEUV

211   Zur **justiziellen Zusammenarbeit in Strafsachen** (Art. 82 AEUV) zählt auch die Angleichung der Rechtsvorschriften der Mitgliedstaaten der Europäischen Union. Das EP und der Rat können – unter Berücksichtigung der zwischen den Rechtsordnungen und Rechtstraditionen der Mitgliedstaaten bestehenden Unterschiede – mit Hilfe von **Richtlinien** (Art. 288 UAbs. 3 AEUV) sog. Mindestvorschriften festlegen, die auch grundrechtliche Aspekte des Strafverfahrens berühren können. Der Begriff **Mindestvorschriften** impliziert, dass die Mitgliedstaaten nicht gehindert sind, auf nationaler Ebene ein im Verhältnis zu den Bestimmungen der Richtlinie höheres Schutzniveau vorzusehen (Art. 82 Abs. 2 UAbs. 3 AEUV).

212   Als Regelungsmaterie nennt Art. 82 Abs. 2 UAbs. 2 AEUV: die Zulässigkeit von **Beweismitteln** auf gegenseitiger Basis zwischen den Mitgliedstaaten (*lit.* a), die **Rechte des Einzelnen im Strafverfahren** (*lit.* b) sowie die **Rechte der Opfer von Straftaten** (*lit.* c). Weitere „spezifische Aspekte des Strafverfahrens" können durch einen (einstimmigen) Beschluss des Rates zum Gegenstand von Mindestvorschriften gemacht werden (*lit.* d).

II. Initiativen zur Harmonisierung bestimmter Verfahrensrechte

213   Eine erste Bestandsaufnahme grundlegender strafprozessualer Standards in Europa hatte die Kommission bereits im Jahre 2002 durch das **Konsultationspapier – Verfahrensgarantien für Verdächtige und Beklagte in Strafverfahren** in Gang gebracht. Dieses Papier und die eingegangenen Stellungnahmen waren Grundlage des von der Kommission am 19.2.2003 vorgelegten **Grünbuchs Verfahrensgarantien in Strafverfahren innerhalb der Europäischen Union.**[525]

214   Am 28.4.2004 hatte die Kommission sodann – basierend auf dem alten EU-Vertragswerk – den **Vorschlag für einen Rahmenbeschluss des Rates über bestimmte Verfahrensrechte in Strafverfahren innerhalb der Europäischen Union** unterbreitet,[526] der allerdings nicht mehr als ein Rudiment strafprozessualer Standards verbriefte und aufgrund dessen nicht nur in der Wissenschaft, sondern auch bei Strafverteidigern auf Kritik stieß.[527]

---

524 Hierzu siehe auch die Strategie der EU-Kommission für eine verstärkte Anwendung der Grundrechtecharta: COM(2020) 711 final.
525 KOM (2003) 75 endg.
526 KOM (2004) 328 endg.
527 *Ahlbrecht* JR **2005** 400, 402; *ders.* StraFo **2003** 185; *ders.* ZRP **2004** 1, 3; *Braum* StV **2003** 576, 578; vgl. auch die im Bereich der Verteidigungsrechte deutlich weitergehenden Vorschläge von: *Ahlbrecht/Lagodny* StraFo **2003** 329 ff.; *Vogel/Matt* StV **2007** 206.

Der RB-Vorschlag ging auf die EMRK und die Rechtsprechung des EGMR zurück. Ziel **215** war nicht die Etablierung *neuer* strafprozessualer Verfahrensgarantien, sondern die Visua-lisierung als wesentlich eingestufter Verfahrensgarantien: die **Vertretung durch einen Rechtsbeistand** (sowohl im Ermittlungs- als auch im Hauptverfahren), die **Inanspruch-nahme eines Dolmetschers**, die **Information des Beschuldigten über seine Rechte** (*Letter of Rights*), die Gewährleistung eines angemessenen **Schutzes für besonders schutzbedürftige Beschuldigte** sowie das **Recht festgenommener bzw. inhaftierter Be-schuldigter auf konsularischen Beistand**.

In ihrer Gesamtheit waren die geplanten Regelungen nicht kompensatorisch für die **216** auf EU-Ebene parallel und systematisch ausgebauten Befugnisse der Justiz- und Strafver-folgungsbehörden. Da sich der geplante Rahmenbeschluss auf gerade einmal fünf Verfah-rensgarantien beschränkte, war er **zwangsläufig fragmentarisch** und in seinem **Rege-lungsgehalt wenig homogen**.

Zentraler Streitpunkt, an dem die Verabschiedung des Rahmenbeschlusses scheiterte, **217** war die **Kompetenz der Union zur Regelung strafprozessualer Verfahrensrechte**. Die zentrale Kompetenznorm, die der Union eine Harmonisierung *prozessualer* strafrechtli-cher Bestimmungen erlaubt hätte, fand sich in **ex-Art. 31 Abs. 1** *lit.* **c EUV**, der als einen Teilaspekt des gemeinsamen Vorgehens im Bereich der justiziellen Zusammenarbeit in Strafsachen *„die Gewährleistung der Vereinbarkeit der jeweils geltenden Vorschriften der Mitgliedstaaten untereinander"* als Zielvorgabe nannte, allerdings nur *„soweit dies zur Ver-besserung dieser Zusammenarbeit erforderlich"* war.

Eine weite Interpretation dieses Kompetenztitels hätte praktisch jede strafverfahrens- **218** rechtliche Problematik erfasst, da man niemals ausschließen kann, dass ein prozessuales Problem *„grenzüberschreitend"* (*„cross-border"*) relevant wird.[528] Aber auch unter Berück-sichtigung dieser Vorgaben war der RB-Vorschlag – angesichts seiner beschränkten Rege-lungsmaterie – von ex-Art. 31 Abs. 1 *lit.* c EUV gedeckt. Erst recht gilt dies für die neue **Richtlinienkompetenz der Union zur Festlegung von Mindestvorschriften betreffend** *„die Rechte des Einzelnen im Strafverfahren"* (Art. 82 Abs. 2 UAbs. 2 *lit.* b AEUV).[529]

Nach mehrfacher Überarbeitung des ursprünglichen RB-Vorschlags[530] wurde das Vor- **219** haben zugunsten eines abschnittsweisen Vorgehens endgültig aufgegeben.[531] Der Rat ver-abschiedete Ende 2009 das **Stockholmer Programm**, das eine Normierung einzelner Be-schuldigtenrechte im Strafverfahren in separaten Rechtsetzungsakten vorsieht.[532] Im Einzelnen geht es dabei – in dieser Reihenfolge – um (A) Übersetzungen und Dolmet-schleistungen, (B) die Belehrung über die Rechte und Unterrichtung über die Beschuldi-gung, (C) Rechtsbeistand und Prozesskostenhilfe, (D) Kommunikation mit Angehörigen, Arbeitgebern und Konsularbehörden, (E) besondere Garantien für schutzbedürftige Ver-dächtige oder Beschuldigte sowie (F) um ein Grünbuch zur Untersuchungshaft.

---

528   Aus Sicht der Kommission: *Morgan* ERA-Forum **2003** 91, 97.

529   Insoweit kann auch das BVerfG keine Bedenken hegen; vgl. BVerfGE **123** 267 = NJW **2009** 2267, Rn. 360.

530   Zuletzt unter der schwedischen Ratspräsidentschaft; zur letzten Version des Vorschlags *Vogel/Matt* StV **2007** 206, 207.

531   Vgl. Entschließung des Rates v. 30.11.2009 über einen Fahrplan zur Stärkung der Verfahrensrechte von Verdächtigen oder Beschuldigten in Strafverfahren, ABlEU Nr. C 295 v. 4.12.2009 S. 1.

532   Schlussfolgerungen des Rates der Europäischen Union v. 11.12.2009, Dok.-Nr. EUCO 6/09, Ziff. 25 ff., ins-bes. 28; Aktionsplan zur Umsetzung, KOM (2010) 171 endg. v. 20.4.2010; siehe auch *Jimeno-Bulnes* eucrim **2009** 157; *Spronken* StRR **2010** 138; ausführlich zum Scheitern des Rahmenbeschlusses und zum Stockholmer Programm: *Polakiewicz* EuGRZ **2010** 16.

220   Daraufhin verabschiedeten das Europäische Parlament und der Rat **Richtlinien**[533] über das Recht auf Dolmetsch- und Übersetzungsleistungen im Strafverfahren (**2010/64/EU**),[534] das Recht auf Belehrung und Unterrichtung in Strafverfahren (**2012/13/EU**),[535] das Recht auf Zugang zu einem Rechtsbeistand in Strafverfahren (**2013/48/EU**),[536] die Stärkung bestimmter Aspekte der Unschuldsvermutung und des Rechts auf Anwesenheit in der Verhandlung in Strafverfahren (**2016/343**),[537] Verfahrensrechte für Minderjährige als Beschuldigte (**2016/800**),[538] Prozesskostenhilfe für Verdächtige und beschuldigte Personen in Strafverfahren (**2016/1919**).[539]

III. Bedeutung der EMRK für die Arbeit der Europäischen Grundrechte Agentur (FRA)

221   Während das **Deutsche Institut für Menschenrechte (DIMR)** in Deutschland die für einen effektiven Grundrechtsschutz wesentliche Aufgabe des Menschenrechts-Monitorings wahrnimmt,[540] besteht auf Unionsebene die **Agentur der Europäischen Union für Grundrechte (European Union Agency for Fundamental Rights, FRA)**, die mit der Verordnung (EG) Nr. 168/2007 des Rates v. 15.2.2007 ins Leben gerufen wurde.[541] Die FRA (mit Sitz in Wien) ist eine Einrichtung mit eigenem Rechtsstatus; sie hat die Europäische Stelle zur Beobachtung von Rassismus und Fremdenfeindlichkeit (EUMC) ersetzt. Die Agentur handelt im Rahmen ihrer Aufgabenwahrnehmung unabhängig und soll mit den nationalen und internationalen Organisationen (u.a. OSZE, Europarat) kooperieren. Formal gesehen konkurriert die Einrichtung der Agentur nicht mit der Arbeit des Europarates, da dieser Monitoring-Arbeit betreibt und Standards setzt, wohingegen die Agentur beratend tätig ist, Berichte verfasst und sich mit der Lage der Grundrechte in der EU und ihren 27 Mitgliedstaaten beschäftigt.[542]

222   Die Agentur besteht aus einem Verwaltungsrat, einem Exekutivausschuss, einem wissenschaftlichen Ausschuss, sowie einem Direktor. Ihre thematischen **Tätigkeitsbereiche** werden in einem Mehrjahresrahmen festgelegt; dazu gehören vor allem die Bekämpfung

---

533 Näher dazu unter besonderer Berücksichtigung der EMRK: *Wahl* ERA Forum **2017** 311 ff.

534 ABlEU Nr. L 280 v. 26.10.2010 S. 1.

535 ABlEU Nr. L 142 v. 1.6.2012 S. 1.

536 ABlEU Nr. L 294 v. 6.11.2013 S. 1.

537 ABlEU Nr. L 65 v. 11.3.2016 S. 1.

538 ABlEU Nr. L 132 v. 21.5.2016 S. 1.

539 ABlEU Nr. L 297 v. 4.11.2016 S. 1.

540 Gegründet wurde das DIMR im Jahr 2001. Im Jahr 2015 wurde es schließlich auf eine gesetzliche Grundlage gestellt; dazu vgl. das Gesetz über die Rechtsstellung und Aufgaben des Deutschen Instituts für Menschenrechte v. 16.7.2015 (BGBl. I S. 1194).

541 Eingehend zu den Aufgaben der FRA: *Schlichting/Pietsch* EuZW **2005** 587 ff.; *Härtel* EuR **2008** 489 ff.; s.a. *Lindner* BayVerwBl. **2008** 129 ff.; *Margaritis* European View **2019** 97 ff. Aktuelle Informationen und Berichte stellt die FRA auf ihrer Homepage bereit: https://fra.europa.eu/de.

542 Sie ist darüber hinaus auf Beschluss des Assoziationsrates auch offen für Bewerberländer. Zudem kann der Rat die Länder, die ein Stabilisierungs- und Assoziierungsabkommen mit der EU geschlossen haben, zur Beteiligung an der FRA einladen. Näher zur FRA: Alston/De Schutter (Hrsg.), Monitoring Fundamental Rights in the EU – The Contribution of the Fundamental Rights Agency (2005); *Violini* in: Baraggia/Violini (Hrsg.), The Fragmented Landscape of Fundamental Rights Protection in Europe (2018) 139 ff.; Byrne/Entzinger (Hrsg.), Human Rights Law and Evidence-Based Policy – The Impact of the EU Fundamental Rights Agency (2019).

von Rassismus, Fremdenfeindlichkeit und damit einhergehender Intoleranz. Ein inhaltlicher Schwerpunkt der Arbeit der Agentur sind der Datenschutz und der Schutz der Privatsphäre der Bürger.

Die Aufgaben der FRA bestehen in der **Sammlung, Analyse und Verbreitung vergleichbarer Informationen und Daten**. Ferner ist die Agentur mit der Entwicklung von Standards und Methoden betraut, die eine bessere Qualität und Vergleichbarkeit von Daten ermöglichen sollen. Die FRA führt wissenschaftliche Forschungsarbeiten und Erhebungen durch. Ebenfalls zu ihren Aufgaben gehört die Förderung des Dialogs mit der Zivilgesellschaft, sowie die Sensibilisierung der Öffentlichkeit in Bezug auf Grundrechtsfragen. **223**

Für die Organe der EU und deren Mitgliedstaaten ist die FRA auch **beratend** tätig, indem sie Schlussfolgerungen und Gutachten im Zusammenhang mit der Durchführung des Unionsrechts erarbeitet und veröffentlicht. Dabei gehört die Agentur weder der Exekutive noch der Legislative an. Die FRA gibt jährlich einen Bericht über Grundrechtsfragen in der EU und themenspezifische Berichte heraus. **224**

Zur Untersuchung **individueller Beschwerden**, zur Ausübung regulatorischer Entscheidungsbefugnisse sowie zur Überwachung von Grundrechten in den EU-Ländern für die Zwecke von Art. 7 EUV fehlt der FRA allerdings die erforderliche Ermächtigung. Wichtigster Bündnispartner bei der Umsetzung der Menschenrechte sind, nach Auffassung der Agentur, die nationalen Parlamente. **225**

Die FRA bezieht ihr Mandat aus den in Art. 6 Abs. 3 EUV genannten Grundrechten, die in der Charta der Grundrechte Ausdruck finden.[543] Die Agentur nimmt auf die Rechtsprechung des EuGH und des EGMR Bezug. Vor Inkrafttreten des Vertrags von Lissabon übte sie ihre Aufgaben im Rahmen des Gemeinschaftsrechts (Erste Säule) aus. Zur Ausübung von Tätigkeiten, welche die polizeiliche und justizielle Zusammenarbeit in Strafsachen (Dritte Säule) betreffen, war die FRA generell nicht ermächtigt. Hier konnte sie lediglich auf Ersuchen des Europäischen Parlaments, des Rates oder der Kommission tätig werden. Mit dem Inkrafttreten des Vertrags von Lissabon und der damit einhergehenden Rechtsverbindlichkeit der Bestimmungen der Charta der Grundrechte hat die Agentur an Bedeutung gewonnen.[544] Durch die Aufnahme der früheren Dritten Säule in den AEUV hat sie auch die Möglichkeit, andere grundrechtssensible Bereiche zu kontrollieren.[545] Es besteht aktuell zudem ein Vorhaben, die Verordnung zur Errichtung der FRA zu ändern und dabei vor allem ihren Tätigkeitsbereich auf die polizeiliche und justizielle Zusammenarbeit in Strafsachen auszudehnen.[546] **226**

J. Verhältnis zwischen EU bzw. EMRK und IPBPR

Für das **Verhältnis zwischen dem IPBPR und der Europäischen Union** gelten weitgehend ähnliche Grundsätze. Die Union als solche ist keine Vertragspartei dieses Paktes. Soweit die materiellen Verbürgungen des IPBPR mit denen der EMRK inhaltlich übereinstimmen, ist deren Beachtung *mittelbar* über Art. 6 Abs. 3 EUV abgesichert. Im Übrigen bleiben für die Erfüllung der sich aus diesem Pakt ergebenden Verpflichtungen die Mit- **227**

---

543 Zum Verhältnis der EMRK und der Charta der Grundrechte siehe Rn. 115.
544 Hierzu umfassend *von Bogdandy/von Bernstorff* EuR **2010** 141.
545 Vgl. *von Bogdandy/von Bernstorff* EuR **2010** 141, 151.
546 Vgl. hierzu: COM(2020) 225 v. 5.6.2020, S. 1. Dieser Vorschlag wurde inzwischen im Rat der Europäischen Union angenommen und hat bereits die Zustimmung des Europäischen Parlaments, siehe BTDrucks. **20** 147 S. 1.

gliedstaaten auch in den Bereichen verantwortlich, in denen sie den Unionsorganen Regelungsbefugnisse übertragen haben.[547]

228   Die völkerrechtlichen Verpflichtungen, die den Vertragsstaaten aus EMRK und IPBPR erwachsen, sind auch dort miteinander vereinbar, wo die Vertragstexte in ihrem materiellen Menschenrechtsteil unterschiedlich weitgehende Verpflichtungen begründen. Beide Verträge sehen im Interesse des **bestmöglichen Menschenrechtsschutzes** vor, dass sie jeweils **weitergehende Gewährleistungen** des nationalen oder internationalen Rechts in ihrer Wirksamkeit unberührt lassen (Art. 53 EMRK/Art. 5 Abs. 2 IPBPR). Wo die Konventionsverpflichtungen unmittelbar innerstaatliches Recht geworden sind, können die Rechtsunterworfenen innerstaatlich beanspruchen, jeweils nach der für sie günstigsten Norm behandelt zu werden.[548] Diese wird dadurch aber nicht zugleich Bestandteil des Vertragssystems, das sie nicht garantiert. Der EGMR kann zum Beispiel nicht angerufen werden, wenn ein Recht missachtet wurde, das nicht in der EMRK, sondern nur im nationalen Recht oder nur im IPBPR garantiert wird. Gleiches gilt für die Organe des IPBPR. Soweit die gleichen Menschenrechte im nationalen Recht und in den beiden Pakten garantiert sind, gelten die Garantien nebeneinander.

229   Für den **Rechtsschutz** räumt Art. 55 den Rechtsbehelfen der EMRK insoweit den Vorrang ein, als sich die Vertragsstaaten verpflichten, keinen Gebrauch von zwischen ihnen geltenden Verträgen zu machen, um von sich aus einen Streit um die Auslegung oder Anwendung der EMRK einem anderen als dem in der Konvention vorgesehenen Verfahren zu unterwerfen.

230   Das **Kumulationsverbot** des Art. 35 Abs. 2 *lit.* b schließt die Behandlung einer Individualbeschwerde nach Art. 34 durch den EGMR aus, wenn deren wesentlicher Inhalt bereits einer anderen internationalen Untersuchungs- oder Ausgleichsinstanz unterbreitet worden ist und keine neuen Tatsachen vorgetragen werden.[549] Dieselbe Sache liegt aber nur vor, wenn sie denselben Anspruch bezüglich derselben Einzelperson betrifft.[550] Nach Art. 5 Abs. 2 *lit.* a FP-IPBPR wird dagegen die Behandlung der Individualbeschwerde nur solange aufgeschoben, als dieselbe Sache vor einer anderen internationalen Instanz geprüft wird; nach Abschluss dieser Prüfung kann sich das HRC damit befassen.

231   Dies gilt auch für die vom EGMR behandelten Sachen, die damit einer doppelten internationalen Überprüfung unterliegen könnten. Um dies zu vermeiden und um den Vorrang des einen effektiveren Rechtsschutz gewährenden gerichtlichen Verfahrens der EMRK (Art. 55) nicht zu gefährden, sind entsprechend der CMResolution (70) 17 v. 15.5.1970[551] mehrere Vertragsstaaten der EMRK dem FP-IPBPR zunächst überhaupt nicht beigetreten oder haben entsprechende Vorbehalte erklärt,[552] wie auch die Bundesrepublik seinerzeit bei ihrem Beitritt. Soweit allerdings Staaten Zusatzprotokolle zur EMRK, die Rechte aus dem IPBPR wiederholen, nicht ratifiziert haben, wie etwa Deutschland das 7. ZP-EMRK, steht das Kumulationsverbot des Art. 35 Abs. 2 *lit.* b der Anrufung des HRC nach dem FP-IPBPR nicht entgegen.

---

547   Es bestehen hier die gleichen Probleme wie bei der EMRK, vgl. Rn. 146.
548   *Eissen* ZaöRV **30** (1970) 14; *Nowak* Art. 5 IPBPR, 14; wenn diese Regel nicht im Verhältnis zum Staat, sondern zwischeneinander gleichstehenden Rechtsträgern angewendet werden soll, versagt sie, vgl. *Grabenwarter* VVDStRL **60** (2001) 290.
549   Vgl. allgemein zum Kumulationsverbot *Ermacora* FS Verosta 187 und Teil II Rn. 241 ff.
550   Etwa HRC EuGRZ **1983** 407 zu Art. 5 Abs. 2 *lit.* a FP-IPBPR. Vgl. Teil II Rn. 241.
551   Deutsche Übersetzung bei *Simma/Fastenrath* Nr. 38.
552   *Nowak* Art. 5, 15 ff. FP-IPBPR; *Nowak* EuGRZ **1981** 513, 514.

Esser   84

K. Auslegungsgrundsätze

I. Allgemeines

Die Auslegung der Konventionen hat davon auszugehen, dass diese – ungeachtet ihrer 232
Transformation ins innerstaatliche Recht – völkerrechtliche Verträge geblieben sind. Primär finden daher die **Grundsätze der völkerrechtlichen Vertragsauslegung**, also auch
die Regeln der Wiener Vertragsrechtskonvention (WVK), Anwendung.[553] Nach Art. 31 Abs. 3
lit. c WVK sind dabei auch die maßgeblichen völkerrechtlichen Regelungen, die zwischen
den beteiligten Staaten anwendbar sind, in Betracht zu ziehen.[554] Allerdings prüft der
EGMR nur die Vereinbarkeit des staatlichen Verhaltens mit der EMRK und nicht mit anderen völkerrechtlichen Verträgen.[555]

Die Konventionen, die selbst völkerrechtlicher Natur sind, müssen in Einklang mit 233
den anderen **Grundsätzen des Völkerrechts** ausgelegt werden,[556] einschließlich denjenigen über die Immunität der Staaten[557] und ihrer Vertreter. Wie bei anderen multilateralen,
zum Beitritt offenen, rechtsetzenden Konventionen, die nicht wechselseitige Interessen
zwischen zwei oder mehreren Staaten regeln, sondern einen gemeinsamen übernationalen Schutzzweck verfolgen, ist diese **gemeinsame Zielsetzung** zugleich Richtmaß für die
Auslegung der Konventionsbestimmungen.[558] Deren Bedeutung ist unter Berücksichtigung
ihres üblichen Wortsinnes der maßgebenden Vertragssprachen und des Gesamtzusammenhangs des Vertragstextes im Lichte ihres Gegenstandes und Zweckes zu ermitteln (vgl.
Art. 31 WVK).[559] Bei Zweifeln hinsichtlich des Umfangs der eingegangenen Vertragspflichten sind diese aber grundsätzlich nicht wie bei zweiseitigen Staatsverträgen, die Interessen

---

553 H.M., etwa EGMR (GK) Hassan/UK, 16.9.2014, §§ 100 ff.; Marckx/B, 13.6.1979, EuGRZ **1979** 454, 457 = NJW
1979 2449 = FamRZ **1979** 903; instruktiv EGMR Deumeland/D, 29.5.1986, EuGRZ **1988** 20 –Sondervoten; Loizidou/TRK, 18.12.1996, EuGRZ **1997** 555 = ÖJZ **1997** 793; Mamatkulov u. Abdurasulovic/TRK, 6.2.2003, EuGRZ
2003 704 = NJW **2003** 2221 = ÖJZ **2004** 775; *Nowak* Einf. 17; *Scheuner* FS Schlochauer 899, 904; *Kleine-Cosack*
1663; *v. Weber* ZStW **65** (1953) 335; Meyer-Ladewig/Nettesheim/von Raumer/*Meyer-Ladewig/Nettesheim* Einl.
23. Zu den Auslegungsregeln der WVK: Dörr/Schmalenbach (Hrsg.), Vienna Convention on the Law of Treaties (2018); *Lo* Treaty Interpretation Under the Vienna Convention on the Law of Treaties (2018).
554 EGMR National Union of Rail, Maritime and Transport Workers/UK, 8.4.2014, § 76; Golder/UK, 21.2.1975,
§ 35, EuGRZ **1975** 91, 96 f.; Johnston u.a./IR, 18.12.1986; Loizidou/TRK, 18.12.1996; Kalogeropoulou u.a./GR u. D,
12.12.2002, NJW **2004** 273; näher dazu auch: *Rosentreter* Article 31(3)(c) of the Vienna Convention on the Law
of Treaties and the Principle of Systemic Integration in International Investment Law and Arbitration (2015)
95 ff.; *Schmahl* JuS **2018** 737.
555 EGMR Cestaro/I, 7.4.2015, §§ 244 f.; National Union of Rail, Maritime and Transport Workers/UK,
8.4.2014, § 106.
556 EGMR G.S./GEO, 21.7.2015, § 42; Phostira Efthymiou u. Ribeiro Fernandes/P, 5.2.2015, § 38 (jeweils: Auslegung von Art. 8 im Lichte des HKÜ und der UN-Kinderrechtskonvention); Al-Adsani/UK, § 55, 21.11.2001,
EuGRZ **2002** 403; Fogarty/UK, 21.11.2001, EuGRZ **2002** 411; McElhinney/IR, 21.11.2001, EuGRZ **2002** 416; ferner
EGMR Kalogeropoulos/GR u. D, 10.3.2005; Mamatkulov u. Abdurasulovic/TRK, 6.2.2003; *Maierhöfer* EuGRZ
2002 391.
557 Hierzu siehe auch *Otz* Intertemporalität und Spannungsverhältnis von Staatenimmunität und Menschenrechtsverletzungen (2019).
558 *Bryde* Der Staat **42** (2003) 61, 64. *Echterhölter* JZ **1956** 142 stellt für die Auslegung folgende Rangfolge
auf: Gesamtinhalt und Zweck der Konvention unter Berücksichtigung der anderen Menschenrechtsverbürgungen, Auslegungsregeln des Völkerrechts, allen Vertragsstaaten gemeinsame Auslegungsregeln, wenn eine
Vorschrift offensichtlich einem bestimmten Rechtskreis entnommen ist, dessen Verständnis, und dann erst
der Wortlaut. Gegen eine starre Rangfolge zu Recht schon: *Guradze* Einl. § 11 II m.w.N.
559 Vgl. etwa EGMR Golder/UK, 21.2.1975, §§ 29 f.; Johnston/IR, 18.12.1986; *Nowak* Einf. 18; näher zur Auslegung: *Grabenwarter/Pabel* § 5, 1 ff.; ferner unten Rn. 241.

der beteiligten Staaten regeln, auf das Minimum des mit Sicherheit von allen Vertrags-schließenden Gewollten zu reduzieren.[560] Die Notwendigkeit eines vernünftigen, nicht am Wortsinn oder an nationalen Rechtsbegriffen gefesselten **zweckbezogenen Verständnis-ses** der Konventionsverpflichtungen hat auch Vorrang vor dem Grundsatz völkerrechtli-cher Vertragsauslegung, wonach **im Zweifel** diejenige Auslegung zu wählen ist, die die Handlungsfreiheit der vertragsschließenden Staaten am wenigsten einschränkt. Dies wi-derspräche nicht nur dem Verständnis der Konventionen als rechtsetzende objektive Re-gelwerke zum internationalen Grundrechtsschutz, sondern auch ihrem Integrationsziel.[561]

234   Abzulehnen ist die Auffassung, die Konventionen seien, wenn irgend möglich, so aus-zulegen, dass ihre Gewährleistungen mit den **bestehenden nationalen Vorschriften** übereinstimmen.[562] Trotz weitgehend einheitlicher Grundanschauungen weisen die in den Vertragsstaaten historisch gewachsenen Rechtsinstitute im Detail oft erhebliche Unter-schiede auf. Angesichts der Vielzahl der Staaten und der Unterschiedlichkeit ihrer Rechts-ordnungen wäre eine solche Auslegung weder praktikabel noch würde sie der Zielsetzung der Konvention und der mit ihr erstrebten **Kollektivgarantie eines einheitlichen Min-deststandards** an Menschenrechten gerecht.

235   Die am Schutzziel orientierte **autonome Auslegung der Begriffe** der Konventionen ist auch deswegen unerlässlich, weil die Konventionen kein einheitliches Recht in den Vertragsstaaten fordern, sondern davon ausgehen, dass den Vertragsstaaten zur Verwirkli-chung ihrer Garantien verschiedene Lösungsmöglichkeiten offenstehen. Maßgebend für die Auslegung ist vielmehr der mit den Konventionen **gemeinsam verfolgte Zweck**, die in ihnen anerkannten Menschenrechte und Grundfreiheiten in allen Vertragsstaaten voll zur Entfaltung zu bringen. Bei Ermittlung des objektiven Inhalts der einzelnen Rechte und Grundfreiheiten ist deshalb neben ihrem historischen Gehalt vor allem ihr Zusammen-hang mit der allgemeinen Fortentwicklung dieser Rechte in den Vertragsstaaten und allge-mein in der Völkergemeinschaft in Betracht zu ziehen.

236   Die **Praxis der Konventionsorgane (EKMR/EGMR)** verstand die Konvention schon sehr früh als **lebendes Instrument** (*„living instrument"*), das sich fortentwickelt und nicht unabhängig von den jeweiligen Zeitumständen interpretiert werden darf.[563] Die Urteile und Entscheidungen des EGMR waren und sind grundsätzlich einzelfallbezogen, sie sollen aber auch dazu dienen, anhand der entschiedenen Fälle die Bestimmungen der Konventio-nen zu verdeutlichen und fortzuentwickeln.[564]

---

560 Der These, dass die Auslegung die Linie des Einverständnisses der Staaten nicht überschreiten dürfe, sind die Straßburger Organe nicht gefolgt, vgl. *Scheuner* FS Schlochauer 899, 902; gegen die Anwendung der „in dubio mitius-Regel" bei der EMRK auch *Breuer* EuGRZ **2003** 449 (Anm. zu EGMR Öcalan/TRK, 12.3.2003); vgl. andererseits EuGH 12.11.1969, 29/69 (Stauder), EuR **1970** 39.

561 *Hobe* Kap. 3, 160; *Guradze* Einl. § 11 II 4; *Herzog* AöR **86** (1961) 194, 200. Zur Integrationsfunktion der EMRK und ihrem Ziel, einen Mindeststandard unabhängig vom nationalen Recht kollektiv zu garantieren, schon *Partsch* 86.

562 So *Bockelmann* FS Engisch 464; *D. Meyer* NJW **1974** 1175; *v. Weber* ZStW **65** (1954) 344; *Mattil* JR **1965** 167; dagegen *Guradze* Einl. § 11; *Herzog* AöR **86** (1961) 194, 198.

563 EGMR (GK) Zolothukin/R, 10.2.2009, § 80; (GK) Vo/F, 8.7.2004, NJW **2005** 727 = EuGRZ **2005** 568; (GK) Goodwin/UK, 11.7.2002, § 75; Tyrer/UK, 25.4.1978, EuGRZ **1979** 162 = NJW **1979** 1089; Artico/I, 13.5.1980, EuGRZ **1980** 662; Soering/UK, 7.7.1989, EuGRZ **1989** 314 = NJW **1990** 2183; vgl. *Frowein/Peukert* Einf. 8; *Meyer-Ladewig/Nettesheim*/von Raumer Einl. 24; *Grabenwarter/Pabel* § 5, 15 f.; *Letsas* The ECHR as a living instrument: its meaning and legitimacy v. 14.3.2012, abrufbar bei SSRN unter: https://ssrn.com/abstract=2021836 (Stand: Juli 2023); vgl. außerdem: *Keller/Kühne* ZaöRV **76** (2016) 245, 302; *Harris/O'Boyle/Warbrick*, 8 f., 23–24.

564 EGMR IRL/UK, 18.1.1978, EuGRZ **1979** 149 mit Anm. *Bleckmann* EuGRZ **1979** 188.

II. Einzelaspekte

1. Wortlaut. Der im Bundesgesetzblatt veröffentlichte **deutsche Wortlaut** ist nur eine   237
Übersetzung der **fremdsprachigen Vertragstexte**, die für die Auslegung **allein maßge-**
bend sind (vgl. Art. 33 WVK). Bei der EMRK wurde die alte deutsche Übersetzung von
1952, die dem Sinn einzelner Bestimmungen nicht immer voll gerecht wurde,[565] in einer
mit den anderen deutschsprachigen Ländern abgestimmten sprachlichen Überarbeitung
unter dem 17.5.2002 neu bekannt gemacht.[566] Nach Inkrafttreten des 14. Protokolls erfolgte
eine Bekanntmachung der **Neufassung der EMRK** im BGBl. am **22.10.2010.**[567]

Maßgebend sind aber gleichrangig bei der EMRK nur der **englische und französische**   238
Wortlaut (Schlussformel), beim IPBPR der chinesische, englische, französische, russische
und spanische Wortlaut (Art. 53 Abs. 1 IPBPR).[568] Die internationalen Organe und die Staaten als Parteien der Verträge gehen daher vom **Wortlaut der Vertragssprachen** aus,[569]
wobei nach Art. 33 Abs. 3 WVK vermutet wird, dass die Begriffe in allen authentischen
Texten die gleiche Bedeutung haben.[570] Auch die innerstaatlichen Organe müssen in Zweifelsfällen auf den fremdsprachigen Wortlaut der Vertragstexte zurückgreifen. Selbst wenn
der Bundesgesetzgeber durch die Ratifikationsgesetze die ihm mit vorliegende deutsche
Übersetzung gebilligt haben sollte,[571] transformiert ins nationale Recht wurde bei den
Konventionen jeweils der völkerrechtliche Vertrag einschließlich der jeweiligen Schluss-
klausel, durch die auch innerstaatlich der mitverkündete fremdsprachige Wortlaut für
maßgeblich erklärt wurde.[572] Etwas anderes wäre schon deswegen nicht sinnvoll gewesen,
weil der Bundesgesetzgeber sonst seinen völkerrechtlichen Verpflichtungen aus der Konvention mitunter nicht voll entsprochen hätte.

Bei **Differenzen des Wortlauts der Vertragssprachen** ist nicht der weniger ver-   239
pflichtende zugrunde zu legen. Unter Berücksichtigung der Zielsetzungen der Konventionen ist die Bedeutung zu ermitteln, die die verschiedensprachigen Texte am besten miteinander in Einklang bringt **(harmonisierende Auslegung)**.[573] Führt dies zu keinem
eindeutigen Ergebnis, ist die Auslegung zu wählen, die mit **Ziel und Zweck des Vertrags**
am besten vereinbar ist.[574] Im Allgemeinen wird bei Verträgen versucht, den Sinngehalt
aus der bei der Abfassung der Entwürfe verwendeten **Arbeitssprache** zu ermitteln. Bei

---

565   Zur EMRK *Partsch* 84; *Ulsamer* FS Zeidler 1799, 1812 f.; Beispiele etwa *Bockelmann* FS Engisch 456 ff.
566   BGBl. 2002 II S. 1054.
567   BGBl. 2010 II S. 1198.
568   Zum IPBPR: *Nowak* Einf. 17.
569   Vgl. *Matscher* EuGRZ **1982** 489; *Partsch* 84 (mit Hinweis auf eine Entscheidung der EKMR); *Grabenwar-*
ter/Pabel § 5, 2.
570   *Grabenwarter/Pabel* § 5, 3; *Nowak* Einf. 18. Vertiefend *Nehls* Die Auslegung mehrsprachiger völkerrechtlicher Verträge – Eine Darstellung der Auslegungsregeln unter Berücksichtigung ihrer historischen Entwicklung (2019).
571   *Guradze* Einl. § 11; *Bockelmann* FS Engisch 456, 464; *Echterhölter* JZ **1956** 143; *Herzog* JZ **1966** 657;
Meyer-Goßner/Schmitt MRK Vorbem. 5; *Lenckner* GA **1968** 6; *Partsch* 83; *Ulsamer* FS Zeidler 1799, 1813; **a.A.**
Krüger NJW **1970** 1485; *Woesner* NJW **1961** 1383; ob auch BGHZ **45** 68 sich selbst der dort wiedergegebenen
Meinung anschließen wollte, mag offenbleiben, da der BGH auf den Wortlaut kein entscheidendes Gewicht
legte.
572   *Grabenwarter/Pabel* § 5, 2; *Guradze* Einl. § 11, I; *Partsch* 84. Der Ansicht, dort sei nur der Gleichrang
zwischen den Vertragssprachen geregelt worden (*Krüger* NJW **1970** 1483), kann nicht gefolgt werden.
573   Etwa *Grabenwarter/Pabel* § 5, 4.
574   Art. 33 Abs. 4 WVK; *Nowak* Einf. 17. Vgl. *etwa* EGMR Wemhoff/D, 27.6.1968, § 8 der Gründe, JR **1968**
463; Belg. Sprachenfall, 23.7.1968, EuGRZ **1975** 298; Sunday Times/UK (Nr. 1), 26.4.1979, EuGRZ **1979** 386, § 48;
Grabenwarter/Pabel § 5, 4 („Auffangregel").

der EMRK führt dies mitunter nicht weiter, da Englisch und Französisch gleichermaßen als Arbeitssprache dienten.

240   Im Übrigen kann auch der maßgebende Wortlaut nur erste Anhaltspunkte für die Auslegung geben. Gleiches gilt für die **nationalen Rechtsbegriffe und -systeme**. Auch soweit diese die Ausarbeitung der Vertragstexte mit beeinflusst haben, müssen die Konventionsrechte inhaltlich nicht notwendig den gleichen Sinn wie im jeweiligen nationalen Recht haben. Da eine international einheitliche Rechtssprache fehlt,[575] muss die **Tragweite jeder einzelnen Konventionsverbürgung** aus sich selbst heraus ermittelt werden. Aus diesen Gründen greift eine von den Vorstellungen der nationalen Rechte gelöste **autonome Auslegung** der in den Konventionen verwendeten Begriffe Platz.[576] Anders lässt sich das Ziel der Konventionen, in allen Vertragsstaaten mit unterschiedlichen Rechtssystemen einen einheitlichen Mindeststandard zu garantieren, gar nicht erreichen. Auch wo der Wortlaut der Übersetzung Begriffe aus der deutschen Rechtssprache verwendet, darf dies nicht vergessen lassen, dass es sich um transformiertes Völkervertragsrecht handelt und es irreführend sein kann, sie mit gleichlautenden innerdeutschen Begriffen gleichzusetzen oder gar aus der innerdeutschen Dogmatik hergeleitete Schlussfolgerungen daran zu knüpfen.[577]

241   **2. Entstehungsgeschichte.** Die Entstehungsgeschichte kann gelegentlich erhellen, was die am Entwurf der Konvention beteiligten Staaten damals mit der Regelung bezweckt haben[578] und wie sie eine Bestimmung verstanden wissen wollten. Als zusätzliches Auslegungsmittel hat sie aber entsprechend **Art. 32 WVK** nur dann Gewicht, wenn sie das Auslegungsergebnis nach Art. 31 WVK bestätigt oder wenn die Auslegung nach Wortlaut, Ziel und Zweck zu keinem eindeutigen oder zu einem unvernünftigen Ergebnis führen würde. Bei einem genügend klaren Text hat der EGMR den Rückgriff auf die Materialien abgelehnt.[579] Bei einer Konvention, die als ein sich fortentwickelndes, lebendiges Regelsystem zur effektiven Gewährleistung der Menschenrechte verstanden wird, treten außerdem die aus der Entstehungsgeschichte ersichtlichen Vorstellungen bei dem viele Jahre zurückliegenden Vertragsschluss hinter diese objektive Zielsetzung[580] und die ständige Praxis bei der Anwendung in den Vertragsstaaten und in der Spruchpraxis der internationalen Vertragsorgane und Gerichte zurück.[581] Die später den Konventionen beitretenden Staaten haben deren Verbürgungen ohnehin mit dem Inhalt übernommen, den dieser durch die Spruchpraxis ihrer Organe erhalten hat. Demgegenüber sind für sie die Details der Entstehung, an der sie nicht beteiligt waren und die ihnen beim Beitritt möglicherweise nur begrenzt zugänglich waren, ungeachtet ihrer grundsätzlichen Verbindlichkeit[582] von nachrangiger Bedeutung.[583] Obwohl die Vertragsparteien der EMRK weit über die

---

575 *Mattil* JR 1965 167; *D. Meyer* NJW **1974** 1175; *v. Weber* ZStW **65** (1953) 344.
576 Vgl. etwa *Ganshof van der Meersch* EuGRZ **1981** 481, 488; *Ulsamer* FS Zeidler 1799, 1813; *Ronc* Die Menschenwürde als Prinzip der EMRK (2020) 92 f.
577 Vgl. *Ulsamer* FS Zeidler 1799, 1812.
578 Bei EMRK vgl. etwa die Auslegung des Art. 1; ferner EGMR Johnston u.a./IR, 18.12.1986 (kein Recht auf Scheidung); ferner *Partsch* 87 ff. (Bedeutung für Aufhellung logischer Widersprüche des Wortlauts). Beim IPBPR vgl. zur Heranziehung der *travaux préparatoires Hofmann* Einf. 23; *Nowak* Einf. 19.
579 Etwa EGMR Lawless/IR, 1.7.1961; dazu *Partsch* 87.
580 Vgl. etwa *Khol* ZaöRV **30** (1970) 280.
581 Auch wenn es keine Institution zur Sicherung der Einheit der Rechtsprechung ähnlich Art. 267 AEUV gibt, vgl. *Scheuner* FS Schlochauer 904.
582 Etwa *Grabenwarter/Pabel* § 5, 5.
583 Vgl. *Partsch* 87; *Verdross/Simma* § 779 Fn. 8.

Mitgliedstaaten der Europäischen Union hinausreichen, können selbst Entwicklungen des Unionsrechts der EU die Auslegung der EMRK faktisch mit beeinflussen.[584]

3. Vorrang der teleologischen Auslegung

a) Gemeinsames, übernationales Ziel. Das **gemeinsame, übernationale Ziel**, die 242 Menschenrechte in den Vertragsstaaten **wirksam zu schützen** und ihre Verwirklichung zu fördern, bestimmt entsprechend dem Charakter dieser Verträge als rechtsetzende Konventionen maßgeblich deren Auslegung. Die Konventionen setzen die Tradition der Kodifizierung der Menschenrechte fort. Der Sinngehalt, den diese Freiheitsrechte in ihrer Jahrhunderte alten, wenn auch von nationalen Besonderheiten der einzelnen Staaten mitbestimmten Entwicklung[585] erhalten haben, hat das Vorverständnis geprägt, das Gegenstand und Inhalt der Kodifizierungen war und oft auch die Wortwahl bei der Abfassung der einzelnen Garantien bestimmte.

Zweck der Kodifikationen ist die staatenübergreifend bessere Verwirklichung und 243 praktische Durchsetzung der in ihnen umrissenen Menschenrechte und damit auch ihre Weiterentwicklung. Dies heben die **Präambeln** hervor, deren Aussagen und Zielvorstellungen nach Art. 31 WVK als Vertragsbestandteil zur Auslegung heranziehbar sind.[586] Zusammen mit Sinn und Schutzzweck der jeweiligen Garantie führt dies zu einer Auslegung, die sich weniger an dem oft unscharfen und unvollständigen Vertragswortlaut und den dort nicht notwendig stets mit gleichem Inhalt verwendeten Rechtsbegriffen[587] orientiert als an dem von der allgemeinen Zielsetzung her meist eindeutigen Zweck der jeweiligen Menschenrechtsverbürgung. Die Garantien der Konventionen sind so auszulegen, dass der erstrebte Menschenrechtsschutz in dem zu entscheidenden Einzelfall unter den **zur Zeit der Anwendung** gegebenen örtlichen und personellen Umständen („present day conditions") nicht leerläuft, sondern im größtmöglichen Umfang praktische Wirklichkeit erlangt. Dies erfordert auch, dass dabei auch den geänderten gesellschaftlichen Bedingungen und Anschauungen Rechnung getragen wird.[588]

b) Praktische Erfordernisse eines wirksamen Menschenrechtsschutzes. Die **prak-** 244 **tische Erfordernisse eines wirksamen Menschenrechtsschutzes** verlangen eine Auslegung, die den Konventionsverbürgungen unter den gegenwärtigen Bedingungen größtmögliche Wirksamkeit verleiht **(„effet utile")**, denn garantiert werden konkrete und effektive Rechte, nicht theoretische und illusorische.[589] Die wirksame und vernünftige Durchsetzung eines Konventionsrechts in dem zur Entscheidung anstehenden Einzelfall hat dabei stärkeres Gewicht als begriffsjuristisch scharf trennende, systematische, theore-

---

584 Vgl. die Beispiele bei *Grabenwarter* VVDStRL **60** (2001) 290, 336; insbes. EGMR Pellegrin/F, 8.12.1999, NVwZ **2000** 661 = ÖJZ **2000** 695 – funktionelle Abgrenzung des öffentlichen Dienstes bei Auslegung der zivilrechtlichen Streitigkeiten nach Art. 6 Abs. 1.
585 *Huber* GedS H. Peters 375, 378 ff.; vgl. *Grabenwarter* VVDStRL **60** (2001) 290, 344 (Interpretationsansatz wie bei nationalen Verfassungen statt völkerrechtlicher Vertragsauslegung).
586 Vgl. Präambel Rn. 4 ff.
587 *Ulsamer* FS Zeidler 1799, 1813; zum unterschiedlichen Begriff „Gericht" Art. 5 Rn. 322 ff.; Art. 6 Rn. 127 ff.
588 Vgl. *Grabenwarter/Pabel* § 5, 12, 16; *Grewe* ZaöRV **61** (2001) 459, 467 je m.w.N.
589 Zu der Auslegung nach dem *„effet utile"* und deren Zusammenhang mit der teleologischen Auslegung vgl. grundlegend EGMR Belg. Sprachenfall, 23.7.1968; Luedicke u.a./D, 28.11.1978, EuGRZ **1979** 34 = NJW **1979** 1091; Marckx/B, 13.6.1979; Airey/IR, 9.10.1979, EuGRZ **1979** 626; Artico/I, 13.5.1980; Meyer-Ladewig/Nettesheim/ von Raumer/*Meyer-Ladewig/Nettesheim* Einl. 26; *Trechsel* EuGRZ **1987** 69, 71.

tische und dogmatische Überlegungen,[590] die gelegentlich vom EGMR ausdrücklich dahingestellt werden.[591] Bei dem mitunter wenig bestimmten und sichere juristische Konturen vermissen lassenden Wortlaut der Konventionen führen abstrakte rechtstheoretische Überlegungen ohnehin kaum weiter. Eine am nationalen Recht entwickelte Dogmatik wäre bei der Vielzahl der von den Konventionen umfassten unterschiedlichen nationalen Rechtsordnungen zur Erarbeitung allgemeingültiger Lösungen ungeeignet. Eine vernünftige und praktikable[592] Interpretation der Garantien, die deren Reichweite im Hinblick auf die konkreten Gegenwartserfordernisse des von den Konventionen erstrebten effektiven Menschenrechtsschutzes bestimmt, kann im Übrigen auf die durch die historische Entwicklung tradierte grundsätzliche Zielsetzung dieser Rechte und Freiheiten zurückgreifen und damit zumindest für deren Kernbereich auch ihre gegenwartsbezogenen Inhalte hinreichend deutlich festlegen. Als maßgebende Kriterien für die dafür erforderliche Wertung werden vielfach auch die Üblichkeit und Vereinbarkeit einer Maßnahme mit der allerdings nur von der EMRK vorausgesetzten **freien demokratischen Staatsordnung** angeführt,[593] ferner der eng damit verbundene Grundsatz **in dubio pro libertate**[594] und vor allem der alles staatliche Handeln im Menschenrechtsbereich begrenzende **Grundsatz der Verhältnismäßigkeit**.

245   **4. Gemeinsame Rechtsüberzeugungen der Vertragsstaaten.** Zurückgegriffen wird bei der Auslegung auch auf die gemeinsamen Rechtsüberzeugungen aller Vertragsstaaten: Bei der **EMRK** sind dies die als Bestandteil des gemeinsamen europäischen Erbes angesehenen, allgemeinen Rechtsgrundsätze der westeuropäischen Demokratien.[595] Das sind vor allem der **Gleichheitsgrundsatz** und das **Rechtsstaatsprinzip (*rule of law*)**,[596] das vom Ausschluss jeder Willkür und dem Grundgedanken bestimmt wird, dass alle staatlichen Eingriffe in den Bereich des Einzelnen der Rechtsbindung unterliegen, für den Einzelnen vorhersehbar sein und den Grundsatz der Verhältnismäßigkeit wahren müssen. Die Notwendigkeit von Eingriffen wird oft an der **Erforderlichkeit in einer demokratischen Gesellschaft**[597] gemessen, dabei wird auch mit in Betracht gezogen, wieweit vergleichbare Regelungen in anderen europäischen Staaten bestehen. Neben der Praktikabilität und Vernünftigkeit der Regelung wird auf ein ausgewogenes Verhältnis zwischen der effektiven Verwirklichung der Freiheitsgarantien und den Erfordernissen einer funktionierenden

---

590 Etwa EGMR Artico/I, 13.5.1980; *Ganshof van der Meersch* EuGRZ **1978** 37, 42 m.w.N.; *Trechsel* EuGRZ **1987** 69, 71. Zum praktischen Vorrang der kasuistischen Rechtsprechung bei der Umsetzung eines unscharfen Wortlauts, wobei erst später als zweiter Schritt eine Systematisierung folgen kann, vgl. *Bleckmann* EuGRZ **1981** 257.

591 So beispielsweise der Gerichtsbegriff; näher dazu bei Art. 6 Rn. 178 ff.

592 Zu dem vor allem im angelsächsischen Rechtsbereich entwickelten Grundsatz der „vernünftigen Auslegung" („rule of reason") vgl. etwa *Echterhölter* JZ **1956** 142; *Guradze* Einl. § 11, II 1; *Khol* ZaöRV **30** (1970) 282 („reasonableness and practicability").

593 Vgl. etwa die ausdrückliche Forderung der Demokratieüblichkeit in den Absätzen 2 der Art. 8 bis 11.

594 *Calliess* EuGRZ **1996** 291, 297 unter Hinweis auf EGMR Sunday Times/UK (Nr. 1), 26.4.1979, EuGRZ **1979** 386, wonach die Ausnahmen und nicht die Grundsätze eng zu interpretieren sind, sowie auf EGMR Soering/ UK, 7.7.1989.

595 Die später beigetretenen Staaten des ehem. Ostblocks dürften diese Grundsätze ebenfalls weitgehend übernommen haben, wie ihre neuen Verfassungen zeigen.

596 Zur grundsätzlichen Übereinstimmung vgl. *MacCormick* JZ **1984** 65. Vgl. hierzu die „Rule of Law Checklist" der European Commission for Democracy through Law (Venice Commission), Study No. 711/2013 v. 18.3.2016, HRLJ **2017** 184.

597 Zur Bedeutung dieses aus Art. 29 Abs. 2 AEMR stammenden Begriffes *Partsch* 88; vertiefend: *Hailbronner* FS Mosler 359.

Esser

Staats- und Rechtsordnung Wert gelegt. Die Konventionsgarantien sind so auszulegen, dass ein **gerechter Ausgleich („fair balance")** zwischen den Interessen der Allgemeinheit und den Interessen des Einzelnen gewahrt wird.[598]

Ein weiteres Ziel ist die **Förderung des Friedens und der Einheit Europas** durch Gewährleistung eines einheitlichen Grundstandards von Menschenrechten und Grundfreiheiten in allen Vertragsstaaten.[599]   **246**

5. Dynamische Interpretation. Diese zweckorientierte Auslegung schließt eine gewisse dynamische **Weiterentwicklung** der garantierten Rechte und Freiheiten mit ein,[600] wobei auch deren Ausformungen in völkerrechtlich nicht bindenden Erklärungen internationaler Organe mit in Betracht gezogen werden, da diese die Erklärenden politisch festlegen und mitunter auch deklaratorisch für ihre Rechtsauffassung sind.[601] Vor allem die Auslegung der EMRK wird von den **europäischen Einigungstendenzen** mitbestimmt, von der Bereitschaft, den Rechtsstandard der jeweiligen Mitgliedsländer und deren Weiterentwicklung in der allgemeinen Auffassung an die europaweit anerkannten Erfordernisse eines effektiven Schutzes der Menschenrechte anzupassen und diesen auch in seiner Weiterentwicklung als Grundlage einer inneren Gemeinschaftsordnung kollektiv zu garantieren.[602]   **247**

Wegen dieses evolutiven Charakters wird es abgelehnt, die einzelnen Rechte und Grundfreiheiten nur auf der Grundlage des bei ihrer Abfassung bestehenden Vorverständnisses oder in Bindung an frühere Entscheidungen der Konventionsorgane auszulegen statt **gegenwartsorientiert** („in the light of present day conditions")[603] unter Berücksichtigung der Änderungen der **wirtschaftlichen, sozialen und gesellschaftlichen Verhältnisse und der ethischen Auffassungen** in den Vertragsstaaten.[604] Trotz der großen Bedeutung, die eine auf Präjudizien gestützte konstante Rechtsprechung für die Rechtssicherheit und die Gleichheit aller vor den Gesetzen hat, kann ein Abweichen davon gerechtfertigt sein, wenn sich die Verhältnisse und Auffassungen im belangten Staat und auch in den anderen Vertragsstaaten geändert haben.   **248**

---

598 Vgl. etwa EGMR Lithgow u.a./UK, 8.7.1986, EuGRZ **1988** 350; Cossey/UK, 27.9.1990, ÖJZ **1991** 173; Moustaquim/B, 18.2.1991, EuGRZ **1993** 552 = ÖJZ **1991** 452.

599 Die Erklärung des Europäischen Parlaments über Grundrechte und Grundfreiheiten v. 12.4.1989 (EuGRZ **1989** 204) betont die Bedeutung der Anerkennung der Grundrechte für das Zusammenwachsen Europas.

600 Vgl. EGMR Tyrer/UK, 25.4.1978; Selmouni/F, 28.7.1999, NJW **2001** 56: Folterbegriff; *Scheuner* FS Schlochauer 899, 902 („EMRK zweckvoll zur Entfaltung bringen"); *Verdroß/Simma* § 782; *Ronc* Die Menschenwürde als Prinzip der EMRK (2020) 83 ff.

601 Vgl. *Frowein* ZaöRV **49** (1989) 788; *Karl* JZ **1991** 594; *Verdross/Simma* § 654 (auch zur Bezeichnung „soft law"); zum Verhältnis zwischen dynamischer Auslegung der EMRK und der Einbeziehung der Dokumente des Europarates in die Auslegung: *Klocke* EuR **2015** 148 ff.; *Maaß* Der europäische Konsens und die Rolle rechtsunverbindlicher Europaratsdokumente in der Rechtsprechung des Europäischen Gerichtshofs für Menschenrechte (2021).

602 So schon *Partsch* 86; vgl. Erklärung des Europäischen Parlaments über Grundrechte und Grundfreiheiten v. 12.4.1989 (EuGRZ **1989** 204). Vertiefend Abi-Saab/Keith/Marceau/Marquet (Edts.), Evolutionary Interpretation and International Law (2021).

603 Etwa EGMR Tyrer/UK, 25.4.1978; Marckx/B, 13.6.1979; Airey/IR, 9.10.1979; Cossey/UK, 27.9.1990; Loizidou/TRK, 18.12.1996; Mamatkulov u. Abdurasulovic/TRK, 6.2.2003; *Grabenwarter/Pabel* § 5, 15; *Meyer-Ladewig/Nettesheim/von Raumer* Einl. 25.

604 So EGMR (GK) Goodwin/UK, 11.7.2002: Recht Transsexueller nach Geschlechtsumwandlung auf Ehe in Abkehr von früheren Entscheidungen; etwa EGMR Sheffield u. Horsham/UK, 30.7.1998, ÖJZ **1999** 571; vgl. etwa Art. 8 Rn. 92.

249   Nach Ansicht des EGMR ist es von zentraler Bedeutung, dass die Konventionsgarantien so ausgelegt werden, dass sie sich **unter den jeweiligen gesellschaftlichen Gegebenheiten** voll entfalten können. Ohne einen solchen dynamischen und evolutiven Ansatz würde die Gefahr einer Sperre von Reformen oder von Verbesserungen im Menschenrechtsschutz bestehen.[605] Es kommt darauf an, dass der grundlegende Schutzgedanke ihrer Garantien unter den **im Zeitpunkt der Entscheidungen gegebenen Verhältnissen** wirksam zum Tragen kommt.[606] Die ungeschriebenen (immanenten) Grenzen der jeweiligen Verbürgungen sind deshalb fließend. Sie bestimmen sich nach dem, was nach Ansicht des Gerichtshofs unter Berücksichtigung der Ziele der Konvention und des zu ihrer Verwirklichung angestrebten gemeinsamen demokratischen Rechtsstandards[607] unter den jeweils gegebenen Umständen vernünftigerweise als gerecht anzusehen ist. Gleiches gilt für das Ausfüllen von Lücken.

250   Eine **Grenze** ergibt sich aber daraus, dass ein in der Konvention nicht enthaltenes Recht auch im Wege der evolutiven Auslegung nicht in sie hineininterpretiert werden kann. Dies gilt erst recht, wenn es bewusst nicht aufgenommen wurde.[608]

III. Auslegung des IPBPR

251   Der IPBPR ist ebenfalls in der Tradition der Menschenrechte und ihrer Fortentwicklung durch die Staatenpraxis und die internationalen Organe eingebunden.[609] Als Instrument der Vereinten Nationen ist er deren Zielsetzungen, vor allem der Achtung, Förderung und Festigung der Menschenrechte (Art. 1 Abs. 3; Art. 55, 56 UN-Charta) verpflichtet, zu deren Förderung der Wirtschafts- und Sozialrat nach Art. 62 Abs. 2 UN-Charta Empfehlungen abgeben kann. Vor dem Hintergrund dieser Zielsetzungen gebührt auch bei ihm einer **zweckorientierten Auslegung**, die den garantierten Menschenrechten unter den jeweiligen Verhältnissen die größtmögliche Wirksamkeit sichert, der Vorrang. Auch hier wird die Auffassung vertreten, dass die Rechte und Grundfreiheiten dieses Paktes nicht statisch, sondern im Lichte der auf ihre Förderung und Festigung gerichteten Zielsetzung der UN-Charta und der gesellschaftlich relevanten Entwicklungen in den Vertragsstaaten zu interpretieren sind.[610]

IV. Individueller Menschenrechtsschutz

252   Die **Verwirklichung der Garantien im Einzelfall** steht im Vordergrund. Wie die bisherigen Entscheidungen zeigen, sieht der EGMR die Aufgabe des internationalen Menschenrechtsschutzes nicht darin, das nationale Recht der Vertragsstaaten als sol-

---

605 EGMR Stafford/UK, 28.5.2002.
606 EGMR Golder/UK, 21.2.1975; Tyrer/UK, 25.4.1978; Marckx/B, 13.6.1979; Dudgeon/UK, 22.10.1981, EuGRZ **1983** 488 = NJW **1984** 541; Pretty/UK, 29.4.2002, EuGRZ **2002** 234 = NJW **2002** 2851 = ÖJZ **2003** 311; ferner EGMR Deumeland/D, 29.5.1986; siehe auch das Minderheitenvotum; ferner *Frowein* EuGRZ **1980** 231, 235 („keine historische Versteinerung"); *Ganshof van der Meersch* EuGRZ **1978** 37, 42 (evolutive Auslegung); *Khol* ZaöRV **30** (1970) 281; *Peukert* EuGRZ **1980** 261; vgl. auch *Verdross/Simma* § 782.
607 Vgl. EGMR Marckx/B, 13.6.1979 (mit europäischem Standard unvereinbar).
608 EGMR Johnston/IR, 18.12.1986; *Schmahl* JuS **2018** 737, 742.
609 Vgl. *Hofmann* Einf. 22; *Nowak* Einf. 20 ff. unter Hinweis auf die Spruchpraxis des HRC; *Wolfrum* FS Partsch 67 ff.
610 *Nowak* Einl. 20. Zur Auslegung durch den UN-Menschenrechtsausschuss (HRC) vgl. *Seibert-Fohr* ZaöRV **62** (2002) 391, 401 ff.

ches abstrakt zu kontrollieren.[611] Die zu entscheidenden Fälle wurden in der Regel betont **einzelfallbezogen pragmatisch** und nicht dogmatisch gelöst. Diese Praxis hat – im Großen und Ganzen – auch der 1998 zum ständigen Gerichtshof gewordene EGMR beibehalten. Auch er begnügt sich vielfach damit, zu entscheiden, ob aufgrund einer Gesamtwürdigung des Sachverhalts und aller Argumente im jeweiligen Fall ein Konventionsrecht gewahrt oder verletzt wird. Dabei wird der Grund des Verstoßes nicht immer begrifflich eindeutig fixiert, so etwa, wenn die Verfahrensverstöße nach den einzelnen Tatbeständen des Art. 6 Abs. 3 zusammen mit dem Gebot eines fairen Verfahrens nach Art. 6 Abs. 1 erörtert und dann festgestellt wird, dass der Beschwerdeführer insgesamt ein oder aber auch kein faires Verfahren hatte.[612] Ähnlich verfahren auch andere mit dem Menschenrechtsschutz befasste internationale Organe, wie etwa das HRC, das aber in letzter Zeit von den Vertragsstaaten verstärkt fordert, dass sie die uneingeschränkte Anwendung des IPBPR innerhalb der nationalen Rechtsordnungen auch formal sicherstellen.[613]

V. Einschätzungs- und Beurteilungsspielraum der Staaten

Das Schutzsystem der Konventionen zur Durchsetzung ihrer Rechte und Freiheiten **253** ist gegenüber staatlichen Systemen des Grundrechtsschutzes subsidiär. Die Konventionen schreiben den Vertragsstaaten nicht vor, wie sie die Konvention in ihrer Rechtsordnung wirksam umsetzen müssen, sondern räumen dem nationalen Recht für die Umsetzung der Konventionsgarantien vielfach einen gewissen Gestaltungsspielraum ein. Sie gehen davon aus, dass sein Erlass, Auslegung und Anwendung primär Sache der nationalen Stellen sind, die auch wegen ihrer Sach- und Ortsnähe die jeweiligen innerstaatlichen Verhältnisse und die Erforderlichkeit einer Regelung meist besser beurteilen können.[614]

Die richtige Anwendung des nationalen Rechts durch die innerstaatlichen Organe **254** wird grundsätzlich vom EGMR nicht im Einzelnen überprüft, sofern dadurch Konventionsrechte nicht unmittelbar betroffen sind.[615] Soweit diese berührt werden, behält er sich insoweit aber die **endgültige Kontrolle** vor, bei der er den Sachverhalt im Lichte des Gesamtzusammenhangs unabhängig von der Einschätzung durch die nationalen Instanzen auf seine Vereinbarkeit mit den Konventionsgarantien beurteilt.[616]

Bindet eine Konventionsbestimmung die Zulässigkeit eines Eingriffs an die (richtige) **255** Anwendung des nationalen Rechts, prüft der Gerichtshof nach, ob das jeweilige nationale Recht den Eingriff rechtfertigt. Die Intensität dieser Prüfung ist unterschiedlich; mitunter begnügt er sich auch hier mit der Feststellung, dass im nationalen Recht eine ausreichende Rechtsgrundlage besteht und dieses nicht willkürlich angewandt worden ist. Soweit keine eindeutige Überschreitung des nationalen Rechts vorliegt, sieht er es nicht als seine Aufga-

---

611 Vgl. etwa *Frowein* EuGRZ **1980** 231, 234.
612 Vgl. bei Art. 6 Rn. 173, 249, 257.
613 Vgl. dazu und zu den Umsetzungsproblemen: *Seibert-Fohr* ZaöRV **62** (2002) 391, 400 ff.
614 EGMR (GK) Sisojeva u.a./LET, 15.1.2007, § 90, NVwZ **2008** 979; Dudgeon/UK, 22.10.1981.
615 Etwa EGMR (GK) Garcia Ruiz/E, 21.1.1999, EuGRZ **1999** 10 = NJW **1999** 2429.
616 Etwa EGMR Fressoz, Roire/F, 21.1.1999, EuGRZ **1999** 5 = NJW **1999** 1315 = ÖJZ **1999** 774 = AfP **1999** 251; Bladet Tromsø u. Stensas/N, 20.5.1999, EuGRZ **1999** 453 = NJW **2000** 1015 = ÖJZ **2000** 232; vgl. auch EGMR Sunday Times/UK (Nr. 1), 26.4.1979; Dudgeon/UK, 22.10.1981; (GK) Kudrevicius u.a./LIT,15.10.2015, NVwZ-RR **2017** 103, 105; *Ganshof van der Meersch* EuGRZ **1981** 488 f.

be an, dessen Einhaltung in allen Einzelheiten selbst nachzuprüfen.[617] Bei der Entscheidung über einen nach den Konventionen unter bestimmten Voraussetzungen zulässigen Eingriff in Konventionsrechte wird dem Staat sowohl bei der Rechtsetzung als auch bei der Anwendung des nationalen Rechts im Einzelfall ein **Einschätzungs- und Beurteilungsspielraum („margin of appreciation"/„marge d'apprécation")** zuerkannt, der sowohl die zu ergreifenden Maßnahmen als auch die Feststellung ihrer tatbestandsmäßigen Voraussetzungen umfasst.[618] Dieser wird je nach dem Gewicht der betroffenen öffentlichen Interessen und der Art und Wirkung des jeweiligen Eingriffs selbst bei der gleichen Konventionsverbürgung unterschiedlich weit bemessen,[619] wobei mitunter auch nationale Wertungsunterschiede mitberücksichtigt werden.[620]

256 Vor allem in **Bereichen, die einem starken gesellschaftlichen Wandel** unterliegen oder in denen die Individualinteressen oder der Schutz wichtiger staatlicher Belange Vorrang haben oder wo keine einheitlichen Auffassungen in den Vertragsstaaten bestehen,[621] wie etwa bei Moralvorstellungen,[622] wird der Handlungsspielraum weit gezogen. Das „Ob" und – abgesehen von gewissen inhaltlichen Mindestvorgaben, wie das Vorliegen eines **vernünftigen Grundes** („reasonable ground") oder die Beachtung der Grundsätze der Rechtsstaatlichkeit[623] – auch das „Wie" der Regelung wird den Mitgliedstaaten oft weitgehend freigestellt. **Grenzen** ergeben sich auch hier aus dem **Grundsatz der Verhältnismäßigkeit** und der **Notwendigkeit in einer demokratischen Gesellschaft.**[624]

257 Bei der Grenzziehung berücksichtigt der EGMR mitunter auch, ob in den meisten anderen Konventionsstaaten vergleichbare Regelungen bestehen, was für einen Konsens über die Üblichkeit in demokratischen Gesellschaften sprechen kann, während bei einer in den anderen Staaten nicht zu findenden Regelung näher zu prüfen ist, ob besondere Umstände vorliegen, die im konkreten Fall für deren Erforderlichkeit in einer demokratischen Gesellschaft sprechen.[625] Ergibt der Vergleich, dass die einzelnen Konventionsstaaten die Materie sehr unterschiedlich geregelt haben, spricht dies dafür, jedem Staat einen weiten Ermessensraum zuzuerkennen.[626] Sind allerdings Konventionsrechte betroffen, die eine Grundvoraussetzung jeder demokratischen Gesellschaft sind, wie etwa die Pressefrei-

---

617 Etwa EGMR Barthold/D, 25.3.1985, EuGRZ **1985** 170 = NJW **1985** 2885 = AfP **1986** 33 = GRURInt **1985** 468; Kruslin u.a./F, 24.4.1990, ÖJZ **1990** 546; Vogt/D, 26.9.1995, NJW **1996** 375 = EuGRZ **1995** 590 = ÖJZ **1996** 75 = NJ **1996** 248 = ZBR **1996** 174; die Nachprüfung bejahend EGMR Winterwerp/NL, 24.10.1979, EuGRZ **1979** 650; Piersack/B, 1.10.1982, EuGRZ **1985** 301; vgl. insbes. Art. 8 Rn. 29, 45, 52; Art. 10 Rn. 24, 32.

618 Vgl. etwa *Ganshof van der Meersch* EuGRZ **1981** 481, 486; *Kelly* in I. Maier 182; *Calliess* EuGRZ **1996** 293, 298; *Prepeluh* ZaöRV **61** (2001) 771 ff.; vertiefend: *Gorzoni* Der „margin of appreciation" beim Europäischen Gerichtshof für Menschenrechte (2018); *Schulte* Zur Übertragbarkeit der Margin-of-appreciation-Doktrin des EGMR auf die Rechtsprechung des EuGH im Bereich der Grundfreiheiten (2018).

619 Etwa EGMR Handyside/UK, 7.12.1976, EuGRZ **1977** 38; Lingens/A, 8.7.1986, EuGRZ **1986** 424 = NJW **1987** 2143; Jacubowski/D, 23.6.1994, EuGRZ **1996** 306 = NJW **1995** 857 = ÖJZ **1995** 151; vgl. *Calliess* EuGRZ **1996** 293; *Frowein/Peukert* Vor Art. 8–11, 12 f.

620 So etwa beim örtlich und zeitlich unterschiedlichen Moralbegriff: EGMR Handyside/UK, 7.12.1976; dazu *Ermacora* EuGRZ **1977** 363; *Müller/CH*, 24.5.1988, EuGRZ **1988** 543 = NJW **1989** 379 = ÖJZ **1989** 182; Otto-Premminger-Institut/A, 20.9.1994, ÖJZ **1995** 154 = JBl. **1995** 304; Wingrove/UK, 25.11.1996, ÖJZ **1997** 714; *Frowein* EuGRZ **1980** 231, 237.

621 Etwa EGMR Handyside/UK, 7.12.1976; *Prepeluh* ZaöRV **61** (2001) 771, 772 ff.

622 Etwa EGMR Handyside/UK, 7.12.1976; Müller/CH, 24.5.1988; dazu Art. 8 Rn. 65.

623 Etwa EGMR Malone/UK, 2.8.1984, EuGRZ **1985** 17; James u.a./UK, 21.2.1986, EuGRZ **1988** 341.

624 Vgl. *Hwang* EuR **2013** 307; *Prepeluh* ZaöRV **61** (2001) 771; ferner bei Art. 8 Rn. 59.

625 *Prepeluh* ZaöRV **61** (2001) 771, 778.

626 EGMR Casado Coca/E, 24.2.1994, ÖJZ **1994** 636.

heit[627] oder das Recht auf freie Meinungsäußerung, haben die Staaten nur einen sehr geringen Spielraum für einschränkende Regelungen.[628]

VI. Verschiedene Anwendungsebenen

1. Grundsätze. Grundsätzlich muss bei jeder Beurteilung des Zusammenspiels zwi- 258 schen Konventionsrecht, Recht der Europäischen Union und nationalem Recht beachtet werden, dass ungeachtet der wechselseitigen Durchdringung bei der unmittelbaren Heranziehung der einzelnen Rechtsordnungen stets von der jeweiligen Anwendungsebene auszugehen ist. Diese bedingt die Reihenfolge der Ansatzpunkte für die Prüfung der nebeneinander geltenden Vorschriften. Die Konventionen, deren materiellrechtliche Verbürgungen partiell auch als Unionsrecht beachtlich sind (vgl. Rn. 142 ff.), verdrängen das (unterschiedliche) nationale Recht nicht. Sie gehen, wie Art. 53 EMRK/Art. 5 Abs. 2 IPBPR belegen, von der Existenz, Beachtlichkeit und Verschiedenheit des nationalen Rechts auch im Umsetzungsbereich der Menschenrechte aus. Sie lassen für die Verwirklichung der Konventionsgarantien im jeweiligen Rechtssystem der einzelnen Staaten mehrere Lösungsmöglichkeiten offen.[629] Vielfach räumen sie dem nationalen Gesetzgeber dafür einen **weiten Gestaltungsspielraum** ein (vgl. Rn. 253). Mitunter begnügen sie sich auch mit der Forderung, dass das nationale Recht für einen bestimmten Eingriffszweck eine ausreichende Regelung enthält.

2. Auswirkung auf die innerstaatliche Rechtsanwendung. Die **innerstaatliche** 259 **Rechtsanwendung** muss daher grundsätzlich vom **einfachen nationalen Recht** ausgehen, das allerdings im Lichte der nationalen Verfassungsgarantien und der Menschenrechtsgarantien der Konventionen zu interpretieren ist. Nur zur Ausfüllung von Lücken bedarf es des unmittelbaren Rückgriffs auf Verfassungsgarantien und Konventionsgewährleistungen. Wo die Konventionen ins innerstaatliche Recht transformiert worden sind, ergänzen sie es, da ihre Vorgaben durch Übernahme in das nationale Recht auch innerstaatlich rechtsverbindlich geworden sind.[630] **Verbotsnormen** der Konventionen sind insoweit auch innerstaatlich unmittelbar wirksam.

Wo die Konventionen zur Verwirklichung eines verbürgten Rechts über den abwehr- 260 rechtlichen Inhalt hinaus Schutzpflichten des Staates begründen,[631] kann aus ihnen unmittelbar auch innerstaatlich eine Pflicht zu einem **aktiven Tätigwerden des Staates** hergeleitet werden. Daraus folgt aber nicht, dass dieser sein Recht verliert, selbst zu entscheiden, welche von mehreren in Frage kommenden Lösungen er wählen will.

3. Auswirkung auf innerstaatliches Verfassungsrecht. Auf der **Ebene des inner-** 261 **staatlichen Verfassungsrechts** zählen die Konventionen nach der vorherrschenden Meinung in Deutschland zum einfachen Gesetzesrecht (Rn. 119). Sie sind also auch dort, wo sie mit Verfassungsgewährleistungen inhaltlich übereinstimmen, **nicht unmittelbarer**

---

[627] Etwa EGMR Lingens/A, 8.7.1986; Thorgeir Thorgeirson/ISL, 25.6.1992, ÖJZ **1992** 810; Jersild/DK, 23.9.1994, ÖJZ **1995** 227 = NStZ **1995** 237; Prager u. Oberschlick/A, 26.4.1995, ÖJZ **1995** 675; vgl. Art. 10 Rn. 21 ff., 75 ff.

[628] *Prepeluh* ZaöRV **61** (2001) 771, 772 ff.

[629] *Scheuner* FS Schlochauer 899, 922.

[630] Zur Geltung als einfaches Bundesrecht vgl. Rn. 119. Zum Verhältnis zwischen nationalem Recht und Völkerrecht allgemein vgl. *Strebel* ZaöRV **36** (1976) 168; *Ress/Schreuer* Wechselwirkungen zwischen Völkerrecht und Verfassung bei der Auslegung völkerrechtlicher Verträge (1982).

[631] Für den IPBPR *Seibert-Fohr* ZaöRV **62** (2002) 391, 404 ff.

Prüfungsmaßstab für die Verfassungsgerichte.[632] Mittelbar sind sie als Auslegungshilfe bei der Ermittlung des Inhalts des Rechtsstaatsgrundsatzes und der Tragweite der Grundrechte zu berücksichtigen.[633] Wo sie kraft ihrer unmittelbaren Geltung als innerstaatliches Recht dem Einzelnen eine Rechtsposition verschaffen, kann deren Gewährleistung zur verfassungsmäßigen Ordnung gehören und ist dann insoweit durch einfaches Recht nicht oder nur begrenzt einschränkbar. Ihre Verletzung ist in solchen Fällen mittelbar auch unter dem Blickwinkel eines Grundrechtseingriffs, vor allem eines Verstoßes gegen Art. 2 Abs. 1 GG[634] und ggf. auch gegen das Willkürverbot[635] zu prüfen.

262   Zu berücksichtigen ist, dass die innerstaatlichen Verfassungsgarantien und die Konventionsgewährleistungen selbst dann einen **unterschiedlichen Regelungsumfang** haben können, wenn sie im Kernbereich übereinstimmen.[636] Die Konventionen schließen weitergehende Gewährleistungen des innerstaatlichen Rechts, des Unionsrechts und auch durch andere völkerrechtliche Abkommen nicht aus.[637] Sie garantieren diese aber nicht selbst, so dass sich bei Auslegung der Konventionen die völlige Gleichsetzung mit einem innerstaatlichen Verfassungsgrundsatz gleicher Zielrichtung vor allem in den Randbereichen verbieten kann. Umgekehrt können trotz der Berücksichtigung bei der Verfassungsauslegung Konventionsgarantien über das innerstaatliche Verfassungsrecht hinausreichen.

263   Während die Gerichte nach **Art. 100 Abs. 1 GG** die Entscheidung des BVerfG herbeiführen müssen, wenn sie eine Norm des Landes- oder Bundesrechts als unvereinbar mit dem Grundgesetz ansehen, besteht **keine Vorlagepflicht**, wenn sie eine innerstaatliche gesetzliche Regelung ohne einen verfassungsrechtlichen Bezug als unvereinbar mit der EMRK oder dem IPBPR ansehen.[638] Das Gericht muss dann selbst entscheiden, wie der Konflikt zwischen einer in das nationale Recht übernommenen Konventionsverbürgung und dem gleichrangigen Bundesrecht zu lösen ist, vor allem, ob die völkerrechtlich gebotene Achtung der Konventionen schon durch eine konventionsfreundliche Auslegung des einfachen Rechts erreicht werden kann (vgl. Rn. 95). Sollte Deutschland das 16. P-EMRK zeichnen und ratifizieren, bestünde allerdings die Möglichkeit, Fragen zur Auslegung der EMRK unmittelbar dem EGMR zur Klärung vorzulegen.

264   Da **Art. 100 Abs. 2 GG** nur bei allgemeinen Regeln des Völkerrechts i.S.d. Art. 25 GG (dazu Rn. 82) eingreift, können nur Zweifel hinsichtlich Existenz oder Tragweite einer solchen *unabhängig* von den Konventionen bestehenden Regel die Vorlage beim BVerfG rechtfertigen.[639] Im Übrigen kann eine Überprüfung der richtigen Anwendung der Konventionen erst nach Erschöpfung des innerstaatlichen Rechtswegs, zu dem auch die Anrufung des BVerfG gehört, durch den EGMR erreicht werden (vgl. Art. 35 Abs. 1).

265   **4. Regelungsbereich der Europäischen Union.** Im sachlich begrenzten Regelungsbereich der Europäischen Union sind die in der EMRK gewährleisteten Grundrechte als allgemeine Grundsätze und damit als Teil des Unionsrechts anerkannt (Art. 6 Abs. 3 EUV).

---

632 Vgl. BVerfGE **10** 274; **34** 395; **41** 149; **64** 157; **148** 296, 342 m.w.N.

633 BVerfGE **74** 370; BVerfG NJW **1990** 2741.

634 Vgl. *Frowein* FS Zeidler 1763, 1768 ff. (auch soweit man keine allgemeinen Regeln i.S.d. Art. 25 GG annimmt); vgl. *Ress* FS Zeidler 1775, 1794 ff.; zur Konstruktion der subjektiven Verfahrensgarantien *Dörr* 143.

635 Vgl. BVerfGE **64** 157; *Frowein* FS Zeidler 1763, 1767 m.w.N.

636 Etwa *Dörr* 92; *Kühl* ZStW **100** (1988) 406, 413.

637 Art. 53 (Art. 60 a.F.), Art. 5 Abs. 2 IPBPR setzen dies voraus; vgl. *Frowein/Peukert* Art. 53, 1; Meyer-Ladewig/Nettesheim/von Raumer/*Meyer-Ladewig/Renger* Art. 53, 1.

638 Näher dazu: *Payandeh* DÖV **2011** 382 ff.; grundlegend: *Herz* Die konkrete Normenkontrolle in Strafsachen – Zugleich ein Beitrag zur Reformbedürftigkeit des Art. 100 Abs. 1 GG (2022).

639 Vgl. Dürig/Herzog/Scholz/*Dederer* Art. 100, 293 GG.

In dessen Anwendungsbereich nehmen sie auch innerstaatlich am Anwendungsvorrang des Unionsrechts teil. Die Kompetenz zur Prüfung der Beachtung dieser Grundsätze im Unionsrecht hat derzeit aber nicht der EGMR in Straßburg, sondern der Gerichtshof der Europäischen Union (EuGH) in Luxemburg, der durch eine Richtervorlage nach **Art. 267 AEUV** schon vor der Erschöpfung des Rechtswegs zur **Vorabentscheidung** über diese Frage angegangen werden kann.

5. Völkerrechtliche Ebene des vertraglich vereinbarten Menschenrechtsschutzes. 266 Auf der **völkerrechtlichen Ebene des vertraglich vereinbarten Menschenrechtsschutzes** und damit auch im Verhältnis der Konventionsstaaten zueinander und im Verfahren vor den Konventionsorganen (EGMR, HRC) wird dagegen die Anwendung des gesamten nationalen Rechts einschließlich des Verfassungsrechts daran gemessen, ob die Rechtsanwendung im zu entscheidenden Einzelfall den Anforderungen der EMRK und des IPBPR entsprach. Eine Normenkontrolle im Sinne einer Prüfung der Vereinbarkeit nationalen Rechts mit der EMRK bzw. dem IPBPR durch die Konventionsorgane ist hingegen nicht vorgesehen.

Bei Prüfung des konkreten Einzelfalls ist die jeweilige Konvention der **alleinige Prü-** 267 **fungsmaßstab für das vertragsgemäße Verhalten des Staates**. Dies gilt auch für die Frage, wie groß der Regelungs- bzw. Gestaltungsspielraum ist, den die einzelnen Konventionsgarantien jeweils dem nationalen Recht einräumen.[640] Auch dort, wo der EGMR den Vertragsstaaten weite Spielräume zuerkennt, behält er sich die abschließende Gesamtwertung des Einzelfalls unter dem Blickwinkel der effektiven Verwirklichung der einschlägigen Konventionsgarantien vor (Rn. 190). Fehlt in solchen Fällen eine ausreichende Regelung im nationalen Recht, kann der dadurch nicht oder nicht konventionsgemäß gerechtfertigte Eingriff in ein garantiertes Recht – unabhängig von seiner Zulässigkeit nach nationalem Recht – eine Konventionsverletzung bedeuten.

Präambel

EMRK

Die Unterzeichnerregierungen, Mitglieder des Europarats
– in Anbetracht der Allgemeinen Erklärung der Menschenrechte, die am 10. Dezember 1948 von der Generalversammlung der Vereinten Nationen verkündet worden ist;
in der Erwägung, dass diese Erklärung bezweckt, die universelle und wirksame Anerkennung und die in ihr aufgeführten Rechte zu gewährleisten;
in der Erwägung, dass es das Ziel des Europarats ist, eine engere Verbindung zwischen seinen Mitgliedern herzustellen, und dass eines der Mittel zur Erreichung dieses Zieles die Wahrung und Fortentwicklung der Menschenrechte und Grundfreiheiten ist;
in Bekräftigung ihres tiefen Glaubens an diese Grundfreiheiten, welche die Grundlage von Gerechtigkeit und Frieden in der Welt bilden und die am besten durch eine wahrhaft demokratische politische Ordnung sowie durch ein gemeinsames Verständnis und eine gemeinsame Achtung der diesen Grundfreiheiten zugrunde liegenden Menschenrechte gesichert werden;

---

640 Vgl. *Ganshof van der Meersch* EuGRZ **1981** 481, 488 f.

https://doi.org/10.1515/9783110275063-002

entschlossen, als Regierungen europäischer Staaten, die vom gleichen Geiste beseelt sind und ein gemeinsames Erbe an politischen Überlieferungen, Idealen, Achtung der Freiheit und Rechtsstaatlichkeit besitzen, die ersten Schritte auf dem Wege zu einer kollektiven Garantie bestimmter in der Allgemeinen Erklärung aufgeführter Rechte zu unternehmen

– haben Folgendes vereinbart:

IPBPR

DIE VERTRAGSSTAATEN DIESES PAKTES,

IN DER ERWÄGUNG, daß nach den in der Charta der Vereinten Nationen verkündeten Grundsätzen die Anerkennung der allen Mitgliedern der menschlichen Gesellschaft innewohnenden Würde und der Gleichheit und Unveräußerlichkeit ihrer Rechte die Grundlage von Freiheit, Gerechtigkeit und Frieden in der Welt bildet,

IN DER ERKENNTNIS, daß sich diese Rechte aus der dem Menschen innewohnenden Würde herleiten,

IN DER ERKENNTNIS, daß nach der Allgemeinen Erklärung der Menschenrechte das Ideal vom freien Menschen, der bürgerliche und politische Freiheit genießt und frei von Furcht und Not lebt, nur verwirklicht werden kann, wenn Verhältnisse geschaffen werden, in denen jeder seine bürgerlichen und politischen Rechte ebenso wie seine wirtschaftlichen, sozialen und kulturellen Rechte genießen kann,

IN DER ERWÄGUNG, daß die Charta der Vereinten Nationen die Staaten verpflichtet, die allgemeine und wirksame Achtung der Rechte und Freiheiten des Menschen zu fördern,

IM HINBLICK DARAUF, daß der einzelne gegenüber seinen Mitmenschen und der Gemeinschaft, der er angehört, Pflichten hat und gehalten ist, für die Förderung und Achtung der in diesem Pakt anerkannten Rechte einzutreten,

VEREINBAREN folgende Artikel:

Übersicht

1. Inhalt
   a) Allgemein —— 1
   b) Präambel der EMRK —— 2
   c) Präambel des IPBPR —— 3
2. Bedeutung —— 4

1. Inhalt

1   **a) Allgemein.** Wie bei völkerrechtlichen Verträgen üblich werden den beiden Konventionen in einer Präambel die Erwägungen vorangestellt, die die vertragsschließenden Staaten zum Abschluss bewogen haben. Ferner werden die Ziele aufgezeigt, die mit dem Übereinkommen verfolgt werden sollen. EMRK und IPBPR knüpfen ausdrücklich an die **Allgemeine Erklärung der Menschenrechte der Vereinten Nationen vom 10.12.1948** an, deren Gedanken zum Teil wörtlich im Text der Präambeln wiederkehren. Als Vertragszweck werden die Anerkennung der (naturrechtlich vorgegebenen) Menschenrechte und die Gewährleistung der sich daraus ergebenden Grundfreiheiten[1] herausgestellt. In Übereinstimmung mit den Zielen der **Charta der Vereinten Nationen** (Art. 1 Abs. 3, Art. 55 *lit.* c, Art. 56 UN-Charta) wird betont, dass die Anerkennung der Menschenrechte

---

1 Zum Verhältnis zwischen beiden *Herzog* DÖV **1959** 46; *Schorn* 17.

die Grundlage für Frieden, Freiheit und Gerechtigkeit in der Welt bildet, ein Gedanke, der vielfach auch in anderen internationalen Dokumenten wiederkehrt.[2]

b) Präambel der EMRK hebt darüber hinaus hervor, dass die Aufrechterhaltung der **2** Grundfreiheiten am besten durch eine **effektive demokratische Regierungsform** gewahrt werden kann, die auf einer gemeinsamen Auffassung von den Menschenrechten und auf deren Achtung beruht. Sie beruft sich auf das gemeinsame geistige und politische Erbe Europas und seine freiheitliche und rechtsstaatliche Tradition, in der die Menschenrechte und Grundfreiheiten ungeachtet aller nationalgeschichtlich gewachsener Eigentümlichkeiten wurzeln.[3] In der Wahrung und Entwicklung der Menschenrechte und Grundfreiheiten wird ein Mittel gesehen, die vom Europarat erstrebte größere Einigkeit unter seinen Mitgliedern zu erreichen. Als ein erster Schritt dazu werden deshalb einige Menschenrechte (nicht alle, wie die späteren Zusatzprotokolle zeigen) zum Gegenstand einer kollektiven völkerrechtlichen Garantie gemacht. In den Zusatzprotokollen werden dann weitere Rechte in die kollektive Garantie mit einbezogen und die Gewährleistungen der EMRK dem inhaltlich umfassenderen Katalog des IPBPR angeglichen. Durch Art. 1 des **15. Protokolls zur EMRK** (ETS 213) hat die die Präambel eine Erweiterung erfahren: der **Grundsatz der Subsidiarität**[4] sowie der **Ermessensspielraum der Vertragsstaaten**,[5] welcher diesen bei der Anwendung und Umsetzung der Konvention zukommt und bisher bereits von der Rechtsprechung des EGMR anerkannt wurde, wurden namentlich in die Präambel aufgenommen.[6]

c) Präambel des IPBPR. Der weltumfassend gedachte und deshalb zur Erreichung eines **3** allgemeinen Konsenses auch in der Präambel vorsichtiger formulierende **IPBPR** spricht die Bedeutung der effektiven Demokratie für den Menschenrechtsschutz nicht an. Er knüpft im ersten Absatz an die Ziele und Grundsätze der Charta der Vereinten Nationen an[7] und hebt im vierten Absatz die aus dieser Charta sich ergebende Pflicht der Staaten hervor, die allgemeine und wirksame Achtung der Rechte und Freiheiten des Menschen zu fördern (Art. 55 *lit.* c, Art. 56 UN-Charta). Der zweite und dritte Absatz der Präambel stellen die Würde des Menschen, seine Gleichheit und die Unveräußerlichkeit der aus der Menschenwürde abgeleiteten Freiheitsrechte heraus.[8] In Verknüpfung der bürgerlichen Freiheitsrechte (Menschenrechte der ersten Generation) mit den sozialen und kulturellen Rechten (Menschenrechte der zweiten Generation) betont sie, dass das Ideal des freien Menschen,[9] der frei von

---

2 So etwa in Korb 1 Art. VII der KSZE Schlussakte von Helsinki und in anderen regionalen Menschenrechtspakten, wie etwa in der Präambel der AMRK (EuGRZ **1980** 435). Zur friedensstiftenden Wirkung der Menschenrechte *Kimminich* BayVBl. **1990** 6; dazu auch *Voßkuhle* NVwZ **2010** 1, 5.

3 *Huber* GedS H. Peters 380; *Schorn* 2.

4 Dazu auch *Thym* JZ **2015** 53, nach dem das gestärkte Subsidiaritätsprinzip zu einer intensiveren Beschäftigung mit der EMRK anleitet (54); zum Ganzen auch *Schilling* Internationaler Menschenrechtsschutz 57 ff.

5 Begrifflich zur amtlichen Übersetzung von *„margin of appreciation"* siehe *Schilling* Internationaler Menschenrechtsschutz, Rn. 130 m. Fn. 251.

6 Allgemein zur Fortentwicklung der EMRK durch Protokolle vgl. etwa Meyer-Ladewig/Nettesheim/von Raumer/*Meyer-Ladewig/Nettesheim* Einleitung 7 ff.

7 „Principles" in Absatz 1 bezieht sich nicht nur auf die Grundsätze des Art. 2 sondern auch auf die Ziele des Art. 1 der UN-Charta; vgl. *Nowak* 3.

8 Auffassung vom naturrechtlichen Ursprung der Menschenrechte, vgl. etwa *Nowak* 4.

9 Der Ausdruck *„ideal of free human beings"* wurde bewusst wegen der Gleichberechtigung von Mann und Frau gewählt, *Nowak* 5.

Furcht und Not[10] lebt, nur zu verwirklichen ist, wenn Verhältnisse geschaffen werden, in denen jeder die bürgerlichen und politischen Freiheiten ebenso genießen kann wie wirtschaftliche, soziale und kulturelle Rechte. Absatz 5 hebt die Gemeinschaftsbindung des Individuums hervor und damit den für jedes Zusammenleben unerlässlichen Zusammenhang zwischen Grundrechten und Grundpflichten gegenüber den Mitmenschen und der Gemeinschaft.[11] Von letzteren erwähnt sie dann noch besonders die Pflicht, für die Förderung und Achtung der in der Konvention verkörperten Rechte einzutreten.

4   **2. Bedeutung.** Die Präambeln der Konventionen dienen dem besseren Verständnis ihres ideengeschichtlichen Zusammenhangs. Sie erhellen die Motive der vertragsschließenden Staaten und zeigen die mit den Konventionen verfolgten Zwecke auf. Sie sind als Bestandteil der Verträge nach Art. 31 Abs. 2 der Wiener Vertragsrechtskonvention bei der dem Zusammenhang Rechnung tragenden, **sinnorientierten Auslegung** der einzelnen Bestimmungen des Vertragstextes mit heranzuziehen.[12]

5   Beim **IPBPR** ist dies vor allem die Anbindung an die **Ziele und Grundsätze der Vereinten Nationen,** die klarstellt, dass dieser Pakt eine Konkretisierung der von deren Mitgliedstaaten vereinbarten Pflicht zur Förderung der Menschenrechte bedeutet. Nichtmitgliedstaaten der Vereinten Nationen werden dadurch aber nicht an deren Ziele gebunden.[13]

6   Bei der **EMRK** werden als Leitlinien einige Grundsätze angesprochen, die das ganze Konventionssystem und auch die Ausformung der einzelnen Gewährleistungen mitbestimmt haben. Dies gilt vor allem für das Bekenntnis zum **Rechtsstaatsprinzip** („rule of law") und zu einer **funktionierenden Demokratie** als Grundvoraussetzung der Freiheitsrechte.[14] Diese werden als begrenzender Maßstab für die Notwendigkeit an sich zulässiger staatlicher Eingriffe herangezogen; ihr Schutz kann andererseits aber auch ungeschriebene Schranken für die Gewährleistung des Konventionsrechtes rechtfertigen. Die Einzelheiten sind bei den jeweiligen Artikeln erörtert. Ein weiteres Ziel ist, die **Einheit Europas** durch die Einheitlichkeit des Verständnisses und der Durchsetzung der garantierten Menschenrechte zu fördern und durch deren Fortentwicklung zu stärken; die garantierten Menschenrechte werden als Grundlage des europäischen *„ordre public"* verstanden.[15] Daraus wird hergeleitet, dass die Bestimmungen der EMRK nicht statisch entsprechend ihrer Bedeutung beim Vertragsschluss auszulegen, sondern dynamisch in Übereinstimmung mit den jeweiligen Verhältnissen fortzuentwickeln sind, um das Ziel eines den jewei-

---

10 Die Betonung der Freiheit von Furcht und Not (*freedom of fear and want*) geht auf die von *Roosevelt* am 6.1.1941 vor dem Kongress als politisches Ziel verkündeten vier Freiheiten zurück, die dann in internationale Dokumente Eingang fanden, so in Nr. 6 der Atlantik Charta v. 14.8.1941 oder die Präambel der AMRK. Vgl. Teil I (Einf.) Rn. 8, 19 ff.

11 Zur Beschränkung der allgemeinen Aussage auf die Präambel sowie zur Konkretisierung in einzelnen Artikeln vgl. *Nowak* 7.

12 Etwa EGMR Golder/UK, 21.2.1975, EuGRZ **1975** 91, § 34; Soering/UK, 7.7.1989, NJW **1990** 2183 = EuGRZ **1989** 314, § 88 (ohne Bezugnahme auf die Wiener Vertragsrechtskonvention); *Frowein/Peukert* 6; *Nowak* 1. Vgl. Teil I (Einf.) Rn. 232.

13 *Nowak* 6.

14 *Frowein/Peukert* 6; vgl. auch *Schilling* Internationaler Menschenrechtsschutz 48 ff.; vgl. Teil I (Einf.) Rn. 245.

15 Vgl. etwa EKMR Chrysostomos, Papachrysostomou, Loizidou/TRK, 4.3.1991, EuGRZ **1991** 254, 256 („gemeinsame öffentliche Ordnung der freien Demokratien Europas").

ligen Verhältnissen Rechnung tragenden wirksamen Schutzes der Menschenrechte und Grundfreiheiten zu erreichen.[16]

Mit der Erklärung, die Rechte und Grundfreiheiten zum Gegenstand einer **kollekti-** 7 **ven Garantie** zu machen, spricht die Präambel der EMRK ein Hauptanliegen der Menschenrechtspakte ausdrücklich an, das aber auch für den IPBPR gilt. Die Beachtung der Menschenrechte in jedem Vertragsstaat wird zu einer völkerrechtlichen Verpflichtung gegenüber allen anderen Vertragsstaaten. Sie wird damit aus dem nach überkommenem allgemeinem Völkerrecht von allen anderen Staaten durch Nichteinmischung zu respektierenden Bereich der inneren Angelegenheiten herausgenommen. Es ist damit nicht mehr allein Sache des einzelnen Staates, ob und wieweit er die Menschenrechte seiner eigenen Bürger achten will. Jeder Vertragsstaat kann dies ohne den Vorwurf einer unzulässigen Einmischung in die inneren Angelegenheiten vertraglich fordern; er kann, ebenso wie die Konventionsorgane, auf den in den Konventionen vorgezeichneten Wegen auf die Wahrung der Menschenrechte in den anderen Vertragsstaaten hinwirken. Das Ziel einer Kollektivgarantie verdeutlicht, dass die Konventionen nicht nur wie die üblichen völkerrechtlichen Verträge in deren eigenem Interesse eingegangene Verpflichtungen zwischen den Vertragsstaaten begründen, sondern dass sie darüber hinaus eine **objektive Rechtsordnung** schaffen („law-making treaty"), die im Interesse der Menschen kollektiv garantiert werden soll.[17] Hierin liegt der wesentliche Fortschritt des durch beide Konventionen internationalisierten Menschenrechtsschutzes gegenüber den Verbürgungen dieser Rechte in den Verfassungen der einzelnen Staaten.[18]

Europäische Menschenrechtskonvention
(Konvention zum Schutze der Menschenrechte und Grundfreiheiten)

Vom 4. November 1950
Zuletzt geändert durch Protokoll Nr. 15 vom 24. Juni 2013 m.W.v. 1. August 2021

Art. 1 EMRK (Art. 2 IPBPR)

EMRK
Artikel 1
Verpflichtung zur Achtung der Menschenrechte

Die Hohen Vertragsparteien sichern allen ihrer Hoheitsgewalt unterstehenden Personen die in Abschnitt I bestimmten Rechte und Freiheiten zu.

---

16 Zu den für die Auslegung daraus zu ziehenden Folgerungen, insbes. zur dynamischen Interpretation vgl. Teil I (Einf.) Rn. 247 ff.; vgl. dazu auch Meyer-Ladewig/Nettesheim/von Raumer/*Meyer-Ladewig/Nettesheim* Einleitung 23 ff.; Meyer-Goßner/*Schmitt* Vor Art. 1 Rn. 5.
17 Vgl. etwa EGMR Irland/UK, 18.1.1978, EuGRZ **1979** 149; EKMR Chrysostomos, Papachrysostomou, Loizidou/TRK, 4.3.1991, EuGRZ **1991** 254, 256. Allgemein zur Fortentwicklung des Völkerrechts etwa *Herdegen* § 5, 20 ff.; Graf Vitzthum/*Graf Vitzthum* Völkerrecht[8] 38 ff.; *Kimminich* BayVBl. **1990** 1; ferner *Nettesheim* JZ **2004** 569 (wonach die besonders hohe Integrationsdichte der EMRK nicht als Ausdruck der allgemeinen Entwicklung des Völkerrechts angesehen werden kann).
18 Vgl. Teil I (Einf.) Rn. 91, 234.

https://doi.org/10.1515/9783110275063-003

IPBPR
Artikel 2

(1) Jeder Vertragsstaat verpflichtet sich, die in diesem Pakt anerkannten Rechte zu achten und sie allen in seinem Gebiet befindlichen und seiner Herrschaftsgewalt unterstehenden Personen ohne Unterschied wie insbesondere der Rasse, der Hautfarbe, des Geschlechts, der Sprache, der Religion, der politischen oder sonstigen Anschauung, der nationalen oder sozialen Herkunft, des Vermögens, der Geburt oder des sonstigen Status zu gewährleisten.

(2) Jeder Vertragsstaat verpflichtet sich, im Einklang mit seinem verfassungsmäßigen Verfahren und mit den Bestimmungen dieses Paktes die erforderlichen Schritte zu unternehmen, um die gesetzgeberischen oder sonstigen Vorkehrungen zu treffen, die notwendig sind, um den in diesem Pakt anerkannten Rechten Wirksamkeit zu verleihen, soweit solche Vorkehrungen nicht bereits getroffen worden sind.

(3) Jeder Vertragsstaat verpflichtet sich,

a) dafür Sorge zu tragen, dass jeder, der in seinen in diesem Pakt anerkannten Rechten oder Freiheiten verletzt worden ist, das Recht hat, eine wirksame Beschwerde einzulegen, selbst wenn die Verletzung von Personen begangen worden ist, die in amtlicher Eigenschaft gehandelt haben;

b) dafür Sorge zu tragen, dass jeder, der eine solche Beschwerde erhebt, sein Recht durch das zuständige Gerichts-, Verwaltungs- oder Gesetzgebungsorgan oder durch eine andere, nach den Rechtsvorschriften des Staates zuständige Stelle feststellen lassen kann, und den gerichtlichen Rechtsschutz auszubauen;

c) dafür Sorge zu tragen, dass die zuständigen Stellen Beschwerden, denen stattgegeben wurde, Geltung verschaffen.

Schrifttum (Auswahl)

Aras Die Bedeutung der EMRK für den Grundrechtsschutz in der Türkei, ZEuS 2007 219; *Bettendorf* Die Geltung der Europäischen Menschenrechtskonvention bei militärischen Auslandseinsätzen (2010); *Biehl* Die Europäische Menschenrechtskonvention in internationalen und nicht-internationalen bewaffneten Konflikten (2020); *Bodeau-Livinec/Buzzini/Villalpando* Agim Behrami & Bekir Behrami v. France; Ruzhdi Saramati v. France, Germany and Norway, American Society of International Law (ASIL) **12** (2008) 323; *Bothe* Die Anwendung der Europäischen Menschenrechtskonvention in bewaffneten Konflikten – eine Überforderung? ZaöRV **65** (2005) 615; *Cremer* in Stiftung Gesellschaft für Rechtspolitik, Trier/Institut für Rechtspolitik an der Universität Trier, Bitburger Gespräche: Jahrbuch 2005/II (2006) 153; *Drzemczewski* European Human Rights Convention in Domestic Law (1983); *Erberich* Auslandseinsätze der Bundeswehr und Europäische Menschenrechtskonvention (2004); *Filos* Die Entwicklung der Zypern-Frage unter besonderer Berücksichtigung der geplanten EU-Mitgliedschaft der Republik Zypern, ZaöRV **59** (1999) 185; *Fleck* Extraterritorial Implementation of Human Rights Obligations: A Challenge for Peacekeepers, Sending States and International Organisations, GedS Blumenwitz (2008) 365; *ders.* Schutz der Menschenrechte bei Auslandseinsätzen: eine Herausforderung für Friedenstruppen, Entsendestaaten und internationale Organisationen, NZWehrr **2008** 164; *Frau* Extraterritorial Application of Human Rights Law – New Developments with regard to Germany, Theory and Practice of the European Convention on Human Rights (2022) 291; *Gomien* Short guide to the European Convention on Human Rights (2005); *Grabenwarter* Das EMRK-Gutachten des EuGH, EuZW **2015** 180; *Haedrich* Gedanken zum Verhältnis von Menschenrechten und humanitärem Völkerrecht, Menschenrechte und humanitäres Völkerrecht – eine Verhältnisbestimmung (2019) 13; *Heintze* Las Palmeras v. Bacama-Velasquez und Bankovic v. Loizidou? Widersprüchliche Entscheidungen zum Menschenrechtsschutz in bewaffneten Konflikten, HuV-I **2005** 177; *Jankowska-Gilberg* Extraterritorialität der Menschenrechte – Das Konzept der Jurisdiktion im Sinne von Art. 1 EMRK (2008); *Karpenstein* in Leutheusser-Schnarrenberger (Hrsg.), Vom Recht auf Menschenwürde, 60 Jahre Europäische Menschenrechtskonvention (2013) 209; *Kirchner* The Jurisdiction of the European Court of Human Rights and Armed Conflicts, Recent Developments, International Law Working

Paper (2003); *Klein* in Leutheusser-Schnarrenberger, Vom Recht auf Menschenwürde, 60 Jahre Europäische Menschenrechtskonvention (2013) 43; *ders.* Internationale Menschenrechtsinstrumente und extraterritoriale Staatenpflichten, MenschenRechtsMagazin (MRM) **2010** 18; *Krieger* A Credibility Gap: The Behrami and Saramati Decision of the European Court of Human Rights, Journal of International Peacekeeping **13** (2009) 159; *dies.* Die Verantwortlichkeit Deutschlands nach der EMRK für seine Streitkräfte im Auslandseinsatz, ZaöRV **62** (2002) 669; *Lorenz* Der territoriale Anwendungsbereich der Grund- und Menschenrechte (2005); *Matscher* Bemerkungen zur extraterritorialen oder indirekten Wirkung der EMRK, FS Trechsel (2002) 25; *Meyer* Der Fall Nada vor dem EGMR: Nichts Neues zur Normhierarchie zwischen UN-Recht und EMRK, HRRS **2013** 79; *ders.* Der „Kadi"-Moment des EGMR. Besprechung von EGMR v. 26.11.2013, 5809/08, Al-Dulimi und Montana Management Inc. v. Schweiz, HRRS **2014** 404; *Milanovic/Papic* As bad as it gets: The European Court of Human Rights's Behrami and Saramati Decision and general international law, ICLQ **2009** 267; *Neubert* Der Einsatz tödlicher Waffengewalt durch die deutsche auswärtige Gewalt (2016); *Payandeh* Rechtskontrolle des UN-Sicherheitsrates durch staatliche und überstaatliche Gerichte, ZaöRV **66** (2006) 41; *ders.* Einführung in das Recht der Vereinten Nationen, JuS **2012** 510; *Ress* Supranationaler Menschenrechtsschutz und der Wandel der Staatlichkeit, ZaöRV **64** (2004) 621; *Riemer/Berger* Einführung in den internationalen Schutz der Menschenrechte und seine Bedeutung für das nationale Recht, JuS **2022** 216; *Rowe* Control over armed forces exercised by the European Court of Human Rights, Geneva Centre for the Democratic Control of Armed Forces (DCAF), Working Paper Series – No. 56 (2002); *Sari* Jurisdiction and International Responsibility in Peace Support Operations: The Behrami and Saramati Cases, HRLR **2008** 151; *Schabas* The European Convention on Human Rights: A Commentary (2017); *Schäfer* Die Individualbeschwerde nach dem Fakultativprotokoll zum Zivilpakt (2004); *ders.* Zum Verhältnis Menschenrechte und humanitäres Völkerrecht (2006); *ders.* Humanitäres Völkerrecht in Zeiten des internationalen Terrorismus, JuS **2015** 218; *Schmahl* Die völkerrechtsdogmatische Einordnung internationaler Menschenrechtsverträge, JuS **2018** 737; *Schmitz-Elvenich* Targeted Killing (2008); *Stoltenberg* Auslandseinsätze der Bundeswehr im menschenrechtlichen Niemandsland? ZRP **2008** 111; *Taylor* A Commentary on the International Covenant on Civil and Political Rights (2020); *Thallinger* Grundrechte und extraterritoriale Hoheitsakte – Auslandseinsätze des Bundesheeres und Europäische Menschenrechtskonvention (2008); van Dijk/van Hoof/van Rijn/Zwaack (Hrsg.), Theory and Practice of the European Convention on Human Rights (2018)[5]; *Wagner* Zu Grenzen des Menschenrechtsschutzes bei Auslandsfriedenseinsätzen deutscher Streitkräfte, NZWehr **2007** 1; *Wallace* The Application of the European Convention on Human Rights to Military Operations (2019); *Weingärtner* Streitkräfte und Menschenrechte (2008); *Wiefelspütz* Auslandseinsatz der Streitkräfte und Grundrechte, NZWehr **2008** 89; *Wiesbrock* Internationaler Schutz der Menschenrechte vor Verletzungen durch Private (1999); *Yousif* Die extraterritoriale Geltung der Grundrechte bei der Ausübung deutscher Staatsgewalt im Ausland (2007); *Zimmermann* Extraterritoriale Staatenpflichten, Anhörung des BT-Ausschusses für Menschenrechte und Humanitäre Hilfe am 17.12.2008; *ders.* in Leutheusser-Schnarrenberger (Hrsg.), Vom Recht auf Menschenwürde, 60 Jahre Europäische Menschenrechtskonvention (2013) 219; *ders./Jötten* Extraterritoriale Staatenpflichten und internationale Friedensmissionen, MenschenRechtsMagazin (MRM) **2010** 5.

Übersicht

A. Geltungsbereich; Bedeutung für den Rechtsschutz —— 1
    I. Art. 1 EMRK —— 2
    II. Art. 2 IPBPR —— 8
B. Geltung der EMRK —— 11
    I. Zeitlicher Schutzbereich (*ratione temporis*) —— 12
    II. Persönlicher Schutzbereich (*ratione personae*) —— 13
        1. Aktivlegitimation —— 14
           a) Natürliche Personen —— 15
           b) Juristische Personen und Personengruppen —— 19
        2. Passivlegitimation —— 20

           a) Zurechenbarkeit staatlicher Handlungen —— 21
           b) Maßnahmen zwischenstaatlicher Einrichtungen und internationaler Organisationen —— 25
    III. Räumlicher Schutzbereich (*ratione loci*) —— 35
        1. Begriff der Hoheitsgewalt —— 35
        2. Völkerrechtliche Ausnahmetatbestände —— 42
        3. Sonderkonstellationen in der Rechtsprechungslinie des EGMR —— 47

a) Handlungen von Angehöri-
    gen diplomatischer/konsulari-
    scher Vertretungen —— 48
b) Internationale Militär- und
    Polizeieinsätze —— 50
    aa) Punktuelle Maßnahmen.
        Festnahmen —— 51
    bb) Dauerhafte Maßnahmen.
        Einsetzung von UN-Über-
        gangsregierun-
        gen —— 52
c) Internationale Rechtsstreitig-
    keiten —— 74
IV. Beschwerdegegenstand aus dem Anwen-
    dungsbereich der Konvention (ratione
    materiae) —— 78

C. Formen staatlichen Handelns
    I.   Eingriff (aktiv) —— 79
    II. Unterlassen/Schutzpflicht —— 83
    III. Gewährung diplomatischen Schut-
         zes —— 89
D. Handeln von Privatpersonen
    I.   Unmittelbare Drittwirkung —— 90
    II. Mittelbare Drittwirkung —— 91
    III. Staatliche Steuerung —— 92
    IV. Berücksichtigung bei der Ausle-
         gung —— 93
E. Einwilligung, Verzicht —— 94
F. Geltung des IPBPR —— 95

Alphabetische Übersicht

Actual authority and control – Test 55
Auslegung 93 f., 98
Besetzung eines anderen Staates (Zurechnung) 45,
  54
diplomatisches/r
– Handeln 35, 48
– Schutz 89
Drittwirkung (mittelbare/ unmittelbare) 90 f.
Durchsetzbarkeit Rechte
– EGMR
   – Beschwerde EGMR 7
   – Innerstaatlich 4 ff.
– IPBPR
   – Innerstaatlich 9
   – Völkerrechtlich 10
effective control – actual authority and control 57,
  60, 98
Einwilligung 94
EU 26 f.
Europäischer Haftbefehl 76 f.
extraterritoriale Auswirkungen innerstaatlichen
  Handelns 49
extraterritoriales Handeln Vertragsstaaten 54, 56,
  61
Flugzeuge (Hoheitsgewalt) 43

Geschäftsfähigkeit 17
Geschäftsunfähige 17
Grenzgebiet 23
Handlungen privater Personen 84, 90 ff.
Hoheitsgewalt/Jurisdiction 2, 15, 19, 21 ff., 34, 35 ff.
– Ausnahmetatbestände 42 ff.
– Sonderkonstellationen (EGMR) 47 ff.
Kinder 17
Militäreinsätze (extraterritorial/ international) 50,
  66, 68
mittelbare Drittwirkung 91, 93
ratione loci 2, 13, 35 ff.
ratione materiae 2, 78
ratione personae 2, 13 ff.
ratione temporis 2, 12, 52
Rechtshilfe 75 ff.
Schiffe (Hoheitsgewalt) 43, 70
Schutzpflicht 17, 21 ff., 48, 83 ff., 91 f.
Schutzzweck 94
Terrorismus 69
Transitzonen 72 f.
UN-Auslandseinsatz 28
UN-Übergangsregierungen 52
Verfassungsbeschwerde 5, 9
Verzicht 94

A. Geltungsbereich; Bedeutung für den Rechtsschutz

1   Als völkerrechtliche Verträge verpflichten die Konventionen ihre Vertragsstaaten als
solche zur Beachtung der in ihnen garantierten Rechte. Die Staaten müssen international
dafür einstehen, dass alle ihre Organe und Stellen – in Gesetzgebung, Verwaltung und
Rechtsprechung – die Konventionsrechte des Einzelnen achten. Intern ist es ihnen überlas-

sen, in welcher Form und durch welche innerstaatlichen Einrichtungen sie dafür sorgen, dass diese Verpflichtungen erfüllt werden.[1]

I. Art. 1 EMRK

Art. 1 grenzt – in Form einer Rechtsanwendungsregelung[2] – den zeitlichen, sachlichen, **2** räumlichen und persönlichen Geltungsbereich der Konventionsrechte der EMRK (*„ratione temporis*[3]*, ratione materiae, ratione loci, ratione personae"*) ab.[4] Er bestätigt den **bindenden Charakter** der Konvention, indem er allen Personen, die der Hoheitsgewalt[5] (*„jurisdiction", „juridiction"*, Rn. 34 ff.) der Vertragsstaaten unterliegen, die im 1. Abschnitt (Art. 2– 18) festgelegten Rechte garantiert.[6] Diese Zusicherung erstreckt sich auch auf die Rechte aus den (sechs) **Zusatzprotokollen** (Teil I Rn. 74 ff.),[7] soweit die Staaten sie ratifiziert haben. Dies stellt jedes ZP ausdrücklich fest.[8] Art. 1 begründet aber selbst **keine eigenen materiellen Rechte**, sondern kann erst im Zusammenspiel mit den anderen materiellen Garantien der EMRK geltend gemacht werden.[9]

Anders als bei den meisten (früheren) völkerrechtlichen Verträgen ist die Gewährleis- **3** tung der Menschenrechte im Rahmen der EMRK nicht nur eine bloße völkerrechtliche Verpflichtung zwischen den Vertragsstaaten, aus der zwar diese selbst, nicht aber deren Bürger unmittelbare Rechte herleiten können.[10] Die EMRK garantiert jedem Einzelnen bestimmte Rechte und Grundfreiheiten, auf die sich jedes Individuum auch in eigener Person berufen kann. Dafür steht dem von einer staatlichen Maßnahme Betroffenen ein **zweifacher Weg der Durchsetzung** zur Verfügung.

Innerstaatlich muss der in seinen Rechten Betroffene zumindest nach **Art. 13** die **4** Möglichkeit haben, die Verletzung **bei einer nationalen Stelle** zu rügen, sofern ihm nicht für bestimmte Fälle darüber hinaus ein mit bestimmten Verfahrensgarantien verbundener Anspruch auf Nachprüfung durch ein Gericht oder eine gerichtsähnliche Stelle zugesichert ist, wie etwa in Art. 5 Abs. 3 und Abs. 4, Art. 6 Abs. 1.[11] Die Ausgestaltung der innerstaatlichen Rechtsbehelfe wird weitgehend dem nationalen Gesetzgeber überlassen.[12] In Deutschland ist die EMRK gemäß Art. 59 Abs. 2 GG in innerstaatliches Recht übernommen

---

1   *Grabenwarter/Pabel* § 17, 6 f.; *Schabas* 90; Leutheusser-Schnarrenberger/*Klein* 43, 45.

2   SK/*Meyer* 2.

3   IK-EMRK/*Fastenrath* 6 geht davon aus, dass der Anwendungsbereich *ratione temporis* aus den allgemeinen völkerrechtlichen Regelungen des Art. 28 WVK folge.

4   Vgl. EGMR Irland/UK, 18.1.1978, EuGRZ **1979** 149; (GK) Streletz u.a./D, 22.3.2001, NJW **2001** 3035 = EuGRZ **2001** 210 = NJ **2001** 261 = ÖJZ **2002** 274; Meyer-Ladewig/Nettesheim/von Raumer/*Meyer-Ladewig/Nettesheim* 1; Karpenstein/Mayer/*Johann* 1; KK/*Lohse/Jakobs* 1; *Schabas* 84.

5   Früher auch mit Herrschaftsgewalt übersetzt; zur Entstehungsgeschichte des Begriffes: EGMR (GK) Bankovic u.a./B u. 16 andere NATO-Staaten (E), 12.12.2001, NJW **2003** 413 = EuGRZ **2002** 133 (Bombenangriffe auf Sendeeinrichtung in Belgrad); zur Auslegung: *Krieger* ZaöRV **62** (2002) 669, 671.

6   *Schabas* 88.

7   KK/*Lohse/Jakobs* 1.

8   Siehe z.B. Art. 5 des 1. ZP-EMRK.

9   Meyer-Ladewig/Nettesheim/von Raumer/*Meyer-Ladewig/Nettesheim* 4; IK-EMRK/*Fastenrath* 4; Karpenstein/Mayer/*Johann* 1; KK/*Lohse/Jakobs* 1; *Schabas* 88; *Gomien* 13.

10   Karpenstein/Mayer/*Johann* 3. Dies belegt die Entstehungsgeschichte. Der Entwurf sah zunächst nur eine Staatenverpflichtung vor (*„undertake to secure"/„s'engagent a reconnaître"*); vgl. *Frowein/Peukert* 2.

11   Zum Verhältnis des Art. 13 zu den weitergehenden Garantien vgl. *Matscher* FS Seidl-Hohenveldern 315 ff., ferner Art. 6 Rn. 4; Art. 13 Rn. 14.

12   Vgl. Art. 13 Rn. 25; *Schabas* 90.

worden und gilt im Rang eines einfachen Bundesgesetzes. Damit kann jede Person ihre Rechte aus der Konvention unter **unmittelbarer Berufung** auf diese auch innerstaatlich gegenüber allen staatlichen Stellen geltend machen; sie kann sie auch gerichtlich durchsetzen, da ihr Art. 19 Abs. 4 GG den Weg zu den Gerichten bei jeder Verletzung ihrer Rechte durch die öffentliche Gewalt garantiert.[13]

5   Bei der **Verfassungsbeschwerde** ist allerdings die Besonderheit zu beachten, dass die Bestimmungen der EMRK sowie die Rechtsprechung des EGMR nicht zum unmittelbaren Prüfungsumfang des BVerfG gehören, sondern lediglich mittelbar über das Rechtsstaatsprinzip (Art. 20 Abs. 3 GG) Eingang in die verfassungsrechtliche Kontrolle finden. Das BVerfG hat allerdings mit seiner diffusen Begriffswahl, wonach die konkreten Regelungen der EMRK sowie die Rechtsprechung des EGMR von deutschen Gerichten (lediglich) „**berücksichtigt**" werden müssen (*Görgülü*), letztlich nicht verbindlich geklärt, unter welchen Bedingungen eine Abweichung von Konventionsrechten zur Wahrung der Identität des GG möglich ist bzw. ob es verfassungsrechtlich ausreicht, wenn nur eine argumentative Auseinandersetzung mit den Garantien der Menschenrechtskonvention erfolgt (ausführlich in Teil I Rn. 123 ff. und Teil II Rn. 321 ff.).[14] So hat das BVerfG in seiner Entscheidung zum Luftangriff von Kunduz auf die EMRK und die Möglichkeit im Falle einer Konventionsverletzung eine gerechte Entschädigung nach Art. 41 zuzusprechen, berücksichtigt.[15] Jedoch hat es festgestellt, dass Individuen sich nicht automatisch auf völkervertragliche Verpflichtungen der BR Deutschland berufen können.[16]

6   Auch die meisten anderen Mitgliedstaaten des Europarates haben die EMRK zum Bestandteil ihres innerstaatlichen Rechts gemacht.[17] Die Vertragsstaaten sind jedoch aus der Konvention nicht verpflichtet, deren Text selbst ins nationale Recht zu transformieren;[18] sie können ihren Verpflichtungen aus der EMRK auch durch eine entsprechende Ausgestaltung ihres (sonstigen) nationalen Rechts erfüllen. In solchen Fällen ist den Bürgern innerstaatlich die unmittelbare Berufung auf die EMRK versperrt (vgl. Teil I Rn. 119 ff., 123).

7   Nach der ursprünglichen Konzeption der EMRK war dem von einer staatlichen Maßnahme Betroffenen die direkte **Individualbeschwerde zum Gerichtshof** versperrt. Er hatte nur die Möglichkeit, die **Europäische Menschenrechtskommission (EKMR)**[19] anzurufen (Art. 25 a.F.), sofern der Staat, dem die Verletzung zuzurechnen war, sich dieser fakultativen Regelung unterworfen hatte, wie dies – nach anfänglichem Zögern zeitversetzt und meist nur befristet – alle Mitgliedstaaten des Europarates getan haben.[20] Seit dem Inkrafttreten des 11. Protokolls am 1.11.1998 besteht nun auf internationaler Ebene eine (zweite, d.h. zusätzlich zur innerstaatlichen Geltendmachung bestehende) **obligatorische Durchsetzungsmöglichkeit** bei Verletzung von Menschenrechten aus der EMRK. Jeder Einzelne kann seither gemäß Art. 34 den nun ständigen **Europäischen Gerichtshof für Menschenrechte (EGMR)** anrufen.[21]

---

13 *Grabenwarter/Pabel* § 3, 8 ff.; Leutheusser-Schnarrenberger/*Klein* 43, 45.
14 BVerfGE **111** 307, 323; Leutheusser-Schnarrenberger/*Klein* 43, 46; Meyer-Goßner/*Schmitt* Vor Art. 1, 4 ff.; strenger: *Esser* StV **2005** 348 ff.
15 BVerfG Beschl. v. 18.11.2020 = NJW **2021** 2108 = NVwZ **2021** 398 = JuS **2021** 382.
16 *Riemer/Berger* JuS **2022** 216, 218.
17 Vgl. Teil I Rn. 118; *Drzemczewski* 59 ff.
18 EGMR Irland/UK, 18.1.1978, EuGRZ **1979** 149; Silver u.a./UK, 25.3.1983, EuGRZ **1984** 147; *Frowein/Peukert* 2; *Scheuner* FS Jahrreiß 371; **a.A.** *Golsong* DVBl. **1958** 809 unter Berufung auf Art. 13; *Schabas* 90.
19 Diese wurde durch das 11. P-EMRK aufgelöst und stellte nach einer Übergangsfrist von einem Jahr (Art. 5 Abs. 3 des 11. P-EMRK) am 28.10.1999 ihre Tätigkeit ein (vgl. EuGRZ **1999** 616).
20 Zum Teil mit Vorbehalten, vgl. *Bartsch* NJW **1989** 3061.
21 Zu den näheren Zulässigkeitsvoraussetzungen der Individualbeschwerde vgl. Teil II Rn. 119 ff.

II. Art. 2 IPBPR

Der von den Vereinten Nationen ausgearbeitete, am 16.12.1966 zur Zeichnung aufgelegte **8** und am 23.3.1976 in Kraft getretene Internationale Pakt über bürgerliche und politische Rechte (**IPBPR**; *International Covenant on Civil and Political Rights* – **ICCPR**) ist auch für Deutschland am 23.3.1976 in Kraft getreten.[22] Er enthält überwiegend klassische Freiheitsrechte und geht mit einigen, auch strafverfahrensrechtlichen Garantien über die Gewährleistungen der EMRK hinaus.[23] Der zur Kontrolle der staatlichen Verpflichtungen geschaffene **UN-Menschenrechtsausschuss** (*Human Rights Committee* – HRC/CCPR, Art. 28 ff. IPBPR) stellt in seiner Spruchpraxis formale Anforderungen an die Umsetzung des Paktes in den Vertragsstaaten.[24] Mittlerweile sind 173 Staaten dem Pakt beigetreten.[25] Art. 2 IPBPR begründet keine eigenen, über die Garantien des Pakts hinausreichenden materiellen Rechte. Er verpflichtet die Paktstaaten, die in ihm gewährleisteten Rechte ohne Diskriminierung[26] gegenüber jedermann zu achten und zu gewährleisten.[27] Nicht abschließend geklärt ist, ob aus Art. 2 IPBPR für das Individuum **unmittelbare Rechte** abzuleiten sind, die nicht nur im Rahmen einer Individualbeschwerde nach dem Fakultativprotokoll (FP-IPBPR; Rn. 10), sondern auch vor nationalen Gerichten direkt geltend gemacht werden können.[28] Für eine unmittelbare nationale Anwendbarkeit sprechen jedenfalls Art. 2 Abs. 1 und Abs. 3 IPBPR. Eine in der Literatur vertretene Ansicht weist jedoch darauf hin, dass Art. 2 Abs. 2 IPBPR ausdrücklich Umsetzungsmaßnahmen voraussetze. Zwar etabliere der Pakt eine eigenständige Rechtsordnung zum Schutz der Menschenrechte; es sei allerdings davon auszugehen, dass die Vertragsstaaten weiterhin die Wahl der Mittel zur Umsetzung (auch im Hinblick auf die Einfügung in nationales Recht) behalten wollten und somit eine unmittelbare nationale Geltung abzulehnen sei.[29]

Innerstaatlich kann sich jedermann gegenüber den Behörden und vor Gericht unmit- **9** telbar auf die Rechte des IPBPR berufen, wenn der betreffende Staat (so etwa Deutschland) den IPBPR ins nationale Recht transformiert hat.[30] Auch dann ist allerdings zu beachten, dass eine Berufung *allein* auf den IPBPR vor dem BVerfG im Rahmen einer Verfassungsbeschwerde nicht möglich ist. Dies kann nur in Verbindung mit den Grundrechten oder grundrechtsgleichen Rechten des Grundgesetzes geschehen. Eine Verpflichtung zur unmittelbaren Umsetzung des IPBPR besteht für die Vertragsstaaten nicht.[31] Sie müssen, wie Art. 2 Abs. 2 IPBPR zeigt, nur sicherstellen, dass die gewährleisteten Rechte, wenn sie schon nicht formal gelten, dann wenigstens im vollen Umfang materiell innerstaatlich wirksam

---

22 BGBl. 1976 II S. 1068.

23 Dazu Leutheusser-Schnarrenberger/*Klein* 43, 49.

24 Hierzu: *Seibert-Fohr* ZaöRV **62** (2002) 391 ff.

25 Stand Juli 2023; vgl. http://treaties.un.org, Chapter IV, Human Rights.

26 Vgl. das akzessorische Diskriminierungsverbot des Art. 14; Leutheusser-Schnarrenberger/*Klein* 43, 49.

27 Zur Entstehungsgeschichte und zum akzessorischen Charakter des Art. 2 IPBPR: *Nowak* 5–12, 13 ff.; ferner: *Seibert-Fohr* ZaöRV **62** (2002) 391, 393; *Schabas* 84.

28 Unmittelbare Rechte des Einzelnen bejahend: *Hofmann/Boldt* 2; siehe auch BVerwG NVwZ **2000** 1290, 1296 und BAG NJW **1998** 1012, 1013, wo Rechte des IPBPR jeweils unmittelbar Anwendung finden; vgl. zudem *Seibert-Fohr* ZaöRV **62** (2002) 391 ff., 413 ff.; *Partsch* EuGRZ **1989** 1; zur ähnlichen Rechtslage bei Art. 2 AEMRK: *Buergenthal* EuGRZ **1984** 169, 170; zur Situation in den USA („non-self-executing-status"): *Lynch* The ICCPR, Non-Self-Execution, and DACA Recipients' Right to Remain in the United States, Georgetown Immigration Law Journal Vol. **34** (2020) 386 ff.

29 *Hofmann* 25; *Seibert-Fohr* ZaöRV **62** (2002) 391, 404; UN. Docs. E/CN.4/AC.1/SR.33, 4 (1948); E/CN.4/AC.1/SR.43, 2 (1948).

30 *Hofmann* 25; *Nowak* 48 ff.

31 *Nowak* 50.

sind[32] und dass der Betroffene bei einer mutmaßlichen Verletzung effektive innerstaatliche Rechtsschutzmöglichkeiten hat.[33]

10   **Völkerrechtlich** kann sich der Einzelne nach Erschöpfen des innerstaatlichen Rechtswegs mit der Behauptung der Verletzung eines im IPBPR gewährleisteten Rechts nur dann unmittelbar an das HRC wenden, wenn der betreffende Vertragsstaat das **Fakultativprotokoll** (Optional Protocol to the International Covenant on Civil and Political Rights) **vom 16.12.1966** ratifiziert hat (Art. 1 FP-IPBPR; Rule 96 *lit.* a, b; Rule 84 Abs. 3 VerfO).[34] Dabei ist allerdings zu beachten, dass den Auffassungen („Views") des HRC keine unmittelbare oder gar kassatorische Wirkung zukommt.[35] Deutschland ist dem FP-IPBPR mit **Vorbehalten** beigetreten, die eine Anrufung des HRC ausschließen, wenn die Rechtsache vor der Ratifizierung des FP-IPBPR stattgefunden hat[36] oder sie bereits in einem anderen internationalen Streitschlichtungsverfahren geprüft worden ist.[37]

B. Geltung der EMRK

11   Die EMRK entfaltet nur auf diejenigen Sachverhalte Anwendung, die alle in Art. 1 genannten Voraussetzungen erfüllen. Da die EMRK nicht statisch interpretiert wird, sondern durch die stetige Rechtsprechung des EGMR ständig weiterentwickelt wird (*„living instrument"*),[38] ist auch die genaue Ausgestaltung der Zulässigkeitsvoraussetzungen einem gewissen Wandel unterworfen.

I. Zeitlicher Schutzbereich (*ratione temporis*)

12   Der Schutzbereich der EMRK in zeitlicher Hinsicht ist erst dann eröffnet, wenn der Sachverhalt einen Zeitraum nach der Ratifizierung der Konvention bzw. eines ZP betrifft.[39] Deutschland hat die Konvention mit Wirkung vom 3.9.1953 ratifiziert, womit die EMRK seit diesem Datum als einfachgesetzliches, innerstaatliches Recht Geltung erlangt hat und auf spätere Sachverhalte anwendbar ist.[40] Diese Zuständigkeit ist vom Gerichtshof von Amts wegen und in jedem Stadium des Verfahrens zu prüfen.[41]

---

32 Zur Tendenz des HRC, zunehmend höhere Anforderungen an die formale innerstaatliche Umsetzung des IPBPR zu stellen *Seibert-Fohr* ZaöRV **62** (2002) 391, 393.

33 *Nowak* 58 ff.; *Seibert-Fohr* ZaöRV **62** (2002) 391, 404.

34 Beitritt der BR Deutschland am 25.11.1993 m.W.v. 30.12.1993 (BGBl. 1994 II S. 311). Zu den drei möglichen Formen der internationalen Durchsetzung des IPBPR vgl. *Nowak* EuGRZ **1981** 513, 514; *Schäfer* Individualbeschwerde 17 ff.; ferner Teil II Rn. 431 ff.

35 *Schäfer* Individualbeschwerde 22.

36 *Schäfer* Individualbeschwerde 76 f., der auch die Möglichkeit der fortdauernden Verletzung beschreibt.

37 BGBl. 1994 II S. 311; *Schäfer* Individualbeschwerde 87 ff. m.w.N.

38 Siehe hierzu etwa: EGMR Tyrer/UK, 25.4.1978, § 31; (GK) Christine Goodwin/UK, 11.7.2002, § 75, NJW-RR **2004** 289; (GK) X u.a./A, 19.2.2013, § 139; IK-EMRK/*Fastenrath* 23.

39 Vgl. Teil II Rn. 119 ff. bezüglich der Möglichkeit der fortdauernden Verletzung sowie zu weiteren Einzelaspekten der zeitlichen Geltung; Meyer-Ladewig/Nettesheim/von Raumer/*Meyer-Ladewig/Nettesheim* 36.

40 Vgl. Meyer-Ladewig/Nettesheim/von Raumer/*Meyer-Ladewig/Nettesheim* 5, 36; *Lorenz* 7 f.

41 EGMR (GK) Blecic/KRO, 8.3.2006, § 67, NJW **2007** 347.

II. Persönlicher Schutzbereich (*ratione personae*)

13 Die Zuständigkeit *ratione personae* wird vom EGMR weit verstanden: Innerhalb der Zulässigkeit *ratione personae* prüft der Gerichtshof nicht nur, ob der Beschwerdeführer aktiv und der Beschwerdegegner passiv legitimiert sind,[42] sondern auch, ob die in Rede stehende Konventionsverletzung durch einen Vertragsstaat begangen worden ist, d.h. ihm zugerechnet werden kann.[43] Im Hinblick auf die Zurechnung von Handlungen gerade im Rahmen der Tätigkeit internationaler Organisationen (Rn. 25 ff.) oder bei militärischen Auslandseinsätzen (Rn. 28 ff.) geht der EGMR dazu über, nicht mehr zwischen der Anwendbarkeit *ratione personae* und *ratione loci* zu unterscheiden, sondern stellt nur noch allgemein nach Durchführung einer „Gesamtwürdigung" der vorgetragenen Umstände fest, ob ein *„jurisdictional link"* vorliegt.[44]

14 **1. Aktivlegitimation.** Im Hinblick auf die Aktivlegitimation ergeben sich Probleme hinsichtlich der **Partei- und Prozessfähigkeit** des Beschwerdeführers (Teil II Rn. 143). Nach Art. 34 kann jede natürliche Person, sowie jede nichtstaatliche Organisation oder Personengruppe den Gerichtshof mit einer Rechtssache befassen. Allerdings müssen diese Parteien Träger der geltend gemachten Konventionsrechte sein (können).[45]

15 **a) Natürliche Personen.** In der EMRK werden die Rechte und Grundfreiheiten grundsätzlich **allen Menschen** gleichermaßen und ohne jede Unterscheidung nach Nationalität, Geschlecht, Herkommen, Rasse oder irgendeinem sonstigen generellen, mit den konventionsrechtlichen Diskriminierungsverboten nicht zu vereinbarenden Gesichtspunkt gewährleistet.[46] Unerheblich ist, ob sie Staatsangehörige eines Vertragsstaates sind oder dort ihren Wohnsitz haben.[47] Von Bedeutung ist nur, dass sie eine der Hoheitsgewalt eines Vertragsstaates zurechenbare Maßnahme erleiden.[48]

16 **Ausnahmen** bestehen bei einigen Rechten, die nur Staatsangehörige betreffen, wie das Verbot der Ausweisung eigener Staatsangehöriger nach Art. 3 des 4. ZP-EMRK, oder wenn umgekehrt Regelungen nur Ausländer betreffen, wie Art. 5 Abs. 1 Satz 2 lit. f oder das Verbot der Kollektivausweisung von Ausländern (Art. 4 des 4. ZP-EMRK) oder die Möglichkeit, die politische Betätigung von Ausländern zu beschränken (Art. 16).[49]

---

42 Karpenstein/Mayer/*Johann* 1; Meyer-Ladewig/Nettesheim/von Raumer/*Meyer-Ladewig*/*Peters* Art. 35, 41; *Reid* A Practitioner's Guide to the European Convention on Human Rights, 6. Aufl. 2019, 46 f.

43 Vgl. Practical Guide on admissibility criteria, abrufbar unter: https://www.echr.coe.int/Pages/home.aspx?p=caselaw/analysis/admi_guide (Stand: 7/2023), 57, Nr. 217.

44 EGMR (GK) Al-Skeini/UK, 7.7.2011, § 150, NJW **2012** 283; (GK) Güzelyurtlu u.a./CYP u. TRK, 29.1.2019, § 188; Razvozzhayev/R u. UKR und Udaltsov/R, 19.11.2019, § 157; Romeo Castaño/B, 9.7.2019, §§ 38–42.

45 *Grabenwarter*/*Pabel* § 13, 6, 11 ff.; KK/*Lohse*/*Jakobs* 3; *Schabas* 91 f.

46 Vgl. die Diskriminierungsverbote in Art. 14/Art. 1 Abs. 1 IPBPR; *Schabas* 84.

47 Vgl. *Grabenwarter*/*Pabel* § 17, 2, die jedoch auf vereinzelte Ausnahmen (Art. 3 des 4. ZP – Verbot der Ausweisung eigener Staatsangehöriger; Art. 4 des 4. ZP – Verbot der Kollektivausweisung von Ausländern) hinweisen; ebenso Meyer-Ladewig/Nettesheim/von Raumer/*Meyer-Ladewig*/*Nettesheim* 22; *Hofmann* 25; Karpenstein/Mayer/*Johann* 16; KK/*Lohse*/*Jakobs* 2; van Dijk/van Hoof/van Rijn/Zwaack/*Lemmens* Ch. 1, Sec. 4, 4.1; Meyer-Goßner/*Schmitt* 2; *Gomien* 13.

48 Vertiefend: *Weissbrodt* The Human Rights of Non-citizens (2008). Die Klärung der Frage der Unterstellung unter die Hoheitsgewalt eines Vertragsstaates erlangt größere Bedeutung unter dem Prüfungspunkt der Zulässigkeit *ratione loci* (Rn. 35 ff.).

49 Siehe dazu auch: KK/*Lohse*/*Jakobs* 2.

17   Unerheblich für die Partei- und Prozessfähigkeit von natürlichen Personen ist ihre **Geschäftsfähigkeit**. Auch **Kinder**[50] oder **Geschäftsunfähige** unterfallen dem materiellen Schutz der Konventionsgarantien; sie werden verfahrensrechtlich vor dem EGMR in der Regel von der sorge- oder vertretungsberechtigten Person repräsentiert.[51] Zu den Schutzpflichten am Anfang und Ende des Lebens eines Menschen (vgl. Art. 2 Rn. 9 ff.).

18   Der persönliche Schutzbereich der Konvention endet mit dem **Tod** einer Person, so dass es keine Möglichkeit der postmortalen Geltendmachung von Menschenrechten gibt.[52] Davon zu unterscheiden ist die Verfahrenskonstellation, dass Angehörige des verstorbenen Beschwerdeführers ein bereits anhängiges Individualbeschwerdeverfahren fortführen.[53] Dies ist allerdings nur dann möglich, wenn die Erben oder nahen Verwandten ein berechtigtes Interesse an der Fortsetzung haben oder wenn der Beschwerde allgemeine Bedeutung zukommt (vgl. dazu Teil II Rn. 150).[54]

19   **b) Juristische Personen und Personengruppen.** Juristische Personen und Personengruppen können sich ebenfalls unmittelbar auf ein in der EMRK oder in einem ZP gewährleistetes Recht berufen, sofern dieses seiner Natur nach nicht nur natürlichen Personen zustehen kann.[55] Dies zeigt Art. 34, der grundsätzlich nichtstaatlichen Organisationen und Personengruppen das Beschwerderecht zuerkennt. Nicht entscheidend ist dabei, ob diese als juristische Personen des privaten oder des öffentlichen Rechts organisiert sind; nur wenn sie selbst Träger der Staatsgewalt sind, etwa weil sie Hoheitsgewalt für den Staat ausüben oder wenn sie (und sei es in einer privatrechtlichen Organisationsform) vollständig unter dem Einfluss des Staates stehen, fallen sie aus dem Schutz der Konvention heraus.[56] Gemischtwirtschaftlichen Unternehmen können daher Konventionsrechte zustehen, ebenso bei genügender Staatsferne auch öffentlich-rechtlichen Körperschaften, Stiftungen, Universitäten, öffentlich-rechtlichen Rundfunkanstalten oder Religionsgemeinschaften (hierzu Teil II Rn. 142.).[57]

20   **2. Passivlegitimation.** Im Rahmen der Passivlegitimation überprüft der Gerichtshof nicht nur, ob der betreffende Staat Mitglied der Konvention ist, sondern auch, ob das den Gegenstand der Beschwerde bildende Handeln oder Unterlassen dem Staat generell zugerechnet werden kann.

21   **a) Zurechenbarkeit staatlicher Handlungen.** Die konventionsrechtliche Verantwortlichkeit jedes Staates ist auf die Maßnahmen begrenzt, die seiner **eigenen Hoheitsgewalt**[58] zuzurechnen sind. Die Konventionen begründen keine Verpflichtung ihrer Vertrags-

---

50 Dazu *Buquicchio/de Boer* FS Wiarda 73.
51 *Grabenwarter/Pabel* § 13, 7; EGMR Marckx/B, 13.6.1979, § 1, NJW **1979** 2449 = EuGRZ **1979** 454 = FamRZ **1979** 903 = StAZ **1981** 23.
52 SK/*Meyer* 47; *Grabenwarter/Pabel* § 13, 8, § 17, 4.
53 Vgl. etwa: EGMR (GK) Bankovic u.a./B u. 16 andere NATO-Staaten (E), 12.12.2001, NJW **2003** 413 = EuGRZ **2002** 133.
54 *Grabenwarter/Pabel* § 13, 8 f. m.w.N.
55 Wie etwa das Recht auf Leben (Art. 2) oder auf Freiheit (Art. 5) oder auf Familienleben (Art. 8); vgl. *Frowein/Peukert* 3; *Grabenwarter/Pabel* § 17, 5; Meyer-Goßner/*Schmitt* 2; Meyer-Ladewig/Nettesheim/von Raumer/*Meyer-Ladewig*/Nettesheim 25; KK/*Lohse/Jakobs* 3; *Schabas* 92; vertiefend aus völkerrechtlicher Sicht: Jones (Edt.), Group Rights (2009).
56 *Grabenwarter/Pabel* § 17, 5; KK/*Lohse/Jakobs* 3; *Schabas* 92.
57 Vgl. *Grabenwarter/Pabel* § 17, 5.
58 KK/*Lohse/Jakobs* 4; *Schabas* 92 f. Der Begriff der Hoheitsgewalt („jurisdiction") wird genauer unter dem Zulässigkeitskriterium „ratione loci" behandelt, siehe Rn. 34 ff.

staaten, dafür zu sorgen, dass ihre Rechte und Freiheiten auch den Menschen unter der Jurisdiktion eines fremden Staates gewährleistet werden. Die Missachtung eines Konventionsrechts in einem anderen Staat fällt einem Vertragsstaat nicht zur Last, es sei denn, dass er in seinem eigenen Herrschaftsbereich *durch sein eigenes Verhalten* unter Verletzung einer ihm obliegenden Schutzpflicht einen Menschenrechtsverstoß in einem fremden Staat ermöglicht (z.B. durch eine Auslieferung oder Abschiebung; Art. 3).[59]

Für die auf seinem Territorium begangenen **Handlungen** der Organe **eines fremden** **22** **Staates** hat ein Vertragsstaat grundsätzlich nicht einzustehen.[60] Allerdings bestehen für den betroffenen Staat bestimmte Schutzpflichten, solange und soweit er diese noch erfüllen kann bzw. könnte.[61]

Handlungen eigener Beamter im **Grenzgebiet** sind einem Staat zuzurechnen, ggf. auch **23** dann, wenn sie außerhalb des eigenen Territoriums erfolgen. So stellte die Weigerung litauischer Grenzbeamter, Asylanträge einer tschetschenischen Familie an der Grenze zu Weißrussland anzunehmen, eine Handlung dar, die Litauen zuzurechnen war.[62] In der Rs. *N.D.* *und N.T.*, betreffend die Rückführung von Migranten in der Grenzzone der spanischen **Enklave Melilla** nach Marokko durch den spanischen Grenzschutz, stellte der EGMR fest, dass Spanien auch jenseits seines Territoriums bei der Rückführung Kontrolle über die betreffenden Personen hatte und somit Hoheitsgewalt i.S.v. Art. 1 ausübte. Dies wurde relevant, weil sich zwei von drei Grenzzäunen auf marokkanischem und nur einer auf spanischem Hoheitsgebiet befanden. Während der Bf. *N.D.* bereits den dritten Zaun erklommen hatte, wurde der Bf. *N.T.* zwischen dem zweiten und dritten Grenzzaun aufgegriffen.[63]

Empfängt ein Staat **Informationen eines ausländischen Geheimdienstes**, kann dessen **24** Tätigwerden nach Ansicht des Gerichtshofs nur dann dem Empfängerstaat zugerechnet werden, wenn er Autorität oder Kontrolle über den ausländischen Geheimdienst ausübt.[64] Letzteres gilt auch dann, wenn das Tätigwerden des ausländischen Geheimdienstes auf Ersuchen des Empfängerstaats erfolgt ist.[65]

---

59 EGMR Soering/UK, 7.7.1989, NJW **1990** 2183 = EuGRZ **1989** 314; Cruz Varas u.a./S, 20.3.1991, NJW **1991** 3079 = EuGRZ **1991** 203 = InfAuslR **1991** 217 = ÖJZ **1991** 519; auch OLG Rostock NStZ-RR **2010** 340 bzgl. der Verantwortung des Vollstreckungsstaates bei Verfahrensverzögerungen im Urteilsstaat; vgl. *Vogler* GedS Meyer 488; ferner Art. 3 Rn. 90 ff.; *Schabas* 95 f.

60 EKMR X u. Y/CH (E), 14.7.1977, EuGRZ **1977** 497.

61 Vgl. EGMR (GK) El-Masri/MAZ, 13.12.2012, § 198, NVwZ **2013** 631 = StV **2013** 129 m. Anm. *Ambos*; (GK) Ilaşcu u.a./MOL u. R, 8.7.2004, §§ 300, 313, NJW **2005** 1849; (GK) Z u.a./UK, 10.5.2001, § 73 = ZfJ **2005** 154; (GK) Mozer/MOL u. R, 23.2.2016; Sandu u.a./MOL u. R, 17.7.2018; Apcov/MOL u. R, 30.5.2017, § 21; Pocasovschi u. Mihaila/MOL u. R, 29.5.2018, §§ 43–46; *Schabas* 90; vgl. auch: BVerwG Urt. v. 25.11.2020 – 6 C 7/19, NVwZ **2021** 800 m. Anm. *Heinemann* und Anm. *Jacob* jM **2021** 205 ff. (Weiterleitung des Datenstroms von in Jemen und Somalia eingesetzten waffenfähigen US-Drohnen durch eine Satelliten-Relaisstation in Ramstein auf deutschem Boden). Nach Ansicht des BVerwG genügt es für die Begründung von grundrechtlichen Schutzpflichten (im Fall aus Art. 2 Abs. 2 Satz 1 GG) dabei nicht, wenn technische Einrichtungen auf deutschem Staatsgebiet lediglich einen Teil eines Gesamtvorgangs bilden, dessen Konzeption, Planung und Ausführung jedoch sonst rein von außerhalb Deutschlands tätigen Amtsträgern eines anderen Staates (hier: USA) gesteuert wird.

62 EGMR M.A. u.a./LTU, 11.12.2018, § 70.

63 EGMR N.D. u. N.T./E, 3.10.2017, §§ 53 f.; siehe zudem: EGMR (GK) N.D. u. N.T/E, 13.2.2020, §§ 90 ff., 104–111.

64 EGMR (GK) Big Brother Watch u.a./UK, 25.5.2021, § 495 unter Verweis auf die Rechtsprechung in (GK) Al-Skeini u.a./UK, 7.7.2011, §§ 130 ff.; (GK) Jaloud/NL, 20.11.2014, §§ 139, 151. Im Hinblick darauf, ob Organisationen, die ihren Sitz im Ausland haben und durch den britischen Geheimdienst überwacht wurden, sich gegenüber UK auf die Gewährleistungen der EMRK berufen können, hat der EGMR nicht entschieden, vgl. EGMR (GK) Big Brother Watch u.a./UK, 25.5.2021, § 272.

65 EGMR (GK) Big Brother Watch u.a./UK, 25.5.2021, § 495.

25 **b) Maßnahmen zwischenstaatlicher Einrichtungen und internationaler Organisationen.** Gerade bei Handlungen im Rahmen zwischenstaatlicher Einrichtungen wie der Europäischen Union oder internationaler Organisationen (UN, NATO) ist die Zurechenbarkeit von Handlungen an einen Konventionsstaat mitunter problematisch, wenn die internationale Organisation selbst nicht Mitglied der Konvention ist. Sind die Handlungen nur der internationalen Organisation und damit keinem Vertragsstaat der EMRK zurechenbar, so scheitern entsprechende Beschwerden bereits auf der Ebene der Zulässigkeit an Art. 1.[66]

26 **Europäische Union.** Die Mitgliedstaaten der Europäischen Union haben der EU durch völkerrechtliche Verträge gewisse Hoheitsrechte übertragen. Trotzdem hat jeder Staat grundsätzlich dafür zu sorgen, dass auch bei einer Übertragung von Rechten auf einen anderen Staat oder eine zwischenstaatliche Einrichtung die Wahrnehmung der Konventionsrechte nicht notwendig in der gleichen Form, wohl aber der Substanz nach gewährleistet bleibt.[67] Zumindest eine mittelbare Verantwortung jedes Vertragsstaates für die von **Organen der zwischenstaatlichen Einrichtungen ergriffenen Maßnahmen** wird heute weitgehend angenommen.[68] Allerdings überprüft der EGMR **Maßnahmen der EU** dann nicht, wenn die Grundrechte durch die EU geschützt sind und dieser Schutz dem der EMRK wenigstens gleichwertig ist. Der Schutz der Menschenrechte muss dabei lediglich **vergleichbar**, nicht aber identisch mit dem der EMRK sein. Somit wird grundsätzlich die Menschenrechtskonformität bei bestimmten Institutionen **vermutet**,[69] ohne dass dies im Einzelfall zu widerlegen wäre. Eine Kontrolle durch den EGMR kommt nur und erst dann in Betracht, wenn der Schutz von Konventionsrechten offensichtlich unzureichend ist (hierzu Teil I Rn. 147).[70] Im Fall der EU prüft der EGMR das angegriffene staatliche Handeln, wenn der EuGH, der auf EU-Ebene im Rahmen der Anwendung von Unionsrecht auch die Einhaltung der Grundrechte garantieren soll, den EU-Rechtsakt noch nicht geprüft hat.[71]

27 Aufgrund der **verstärkten justiziellen und polizeilichen Zusammenarbeit verschiedener EU-Staaten** und der damit verbundenen Zunahme grenzüberschreitender Ermittlungs-/Überwachungsmaßnahmen (z.B. Nacheile, VE-Einsatz, TKÜ)[72] stellt sich die Frage der Zurechnung staatlichen Handelns im Bereich der Union vor allem in diesem

---

66 So auch Karpenstein/Mayer/*Johann* 12; *Schabas* 105 f.

67 Vgl. EGMR (GK) Waite u. Kennedy/D, 18.2.1999, NJW **1999** 1173 = EuGRZ **1999** 207 = ÖJZ **1999** 776; (GK) Matthews/UK, 18.2.1999, §§ 31 ff., NJW **1999** 3107 = EuGRZ **1999** 200 = JBl. **1999** 590 = ÖJZ **2000** 24; (GK) Bosphorus Hava Yolları Turizm ve Ticaret Anonim Şirketi/IR, 30.6.2005, NJW **2006** 197 = EuGRZ **2007** 662 (ministeriell angeordnete Beschlagnahme auf der Grundlage einer EG-Verordnung, die ihrerseits aufgrund einer Resolution des UN-Sicherheitsrates erlassen wurde); Michaud/F, 6.12.2012, NJW **2013** 3423, §§ 102 ff. (Umsetzung von EU-Richtlinien); Cooperatieve Producentenorganisatie van de Nederlandse Kokkelvisserij/ NL, 20.1.2009, EuGRZ **2011** 11 = NJOZ **2010** 1914 = ÖJZ **2009** 829; (GK) Al-Dulimi u. Montana Management Inc/ CH, 21.6.2016, § 95; *Grabenwarter* VVDStL **60** (2001) 190; *ders.*/*Pabel* § 17, 9; *Walter* AöR **129** (2004) 39, 67 ff. („Schutzpflichtverletzung"); Meyer-Ladewig/Nettesheim/von Raumer/*Meyer-Ladewig*/*Nettesheim* 8, 10 ff.; KK/ *Lohse*/*Jakobs* 4; IK-EMRK/*Fastenrath* 141, der darauf hinweist, dass es bezüglich der UN an einem der EMRK vergleichbaren Rechtsschutzsystem fehlt (148).

68 Vgl. etwa *Tomuschat* EuR **1990** 340, 356.

69 *Grabenwarter*/*Pabel* § 4, 4.

70 EGMR (GK) Bosphorus Hava Yolları Turizm ve Ticaret Anonim Şirketi/IR, 30.6.2005, NJW **2006** 197 = EuGRZ **2007** 662; für die NATO: EGMR (E) Gasparini/I u. B, 12.5.2009; offen gelassen für Eurocontrol: EGMR (E) Boivin/34 Mitgliedstaaten des Europarates, 9.9.2008; Karpenstein/Mayer/*Johann* 13; KK/*Lohse*/*Jakobs* 4; van Dijk/van Hoof/van Rijn/Zwaack/*Lemmens* Ch. 1, Sec. 4, 4.4; krit. im Hinblick auf eine dauerhafte Aufrechterhaltung der *Bosphorus*-Rechtsprechung des EGMR: *Grabenwarter* EuZW **2015** 180; *Grabenwarter*/*Pabel* § 4, 4.

71 EGMR Michaud/F, 6.12.2012, NJW **2013** 3423, §§ 114 ff.

72 *Fastenrath*/*Skerka* ZEUS **2009** 219, 224, 235 f. (zur grenzüberschreitenden Nacheile im Rahmen des SDÜ), 237 f. (zum VE-Einsatz).

Esser

zwischenstaatlichen Kontext, der den allgemeinen Regeln folgt. Dass ein Staat durch einen bi- oder multilateralen Vertrag die Ausübung fremder Hoheitsgewalt auf seinem Territorium **duldet**, führt dabei nicht automatisch dazu, dass ihm die Handlungen der fremden Hoheitsträger zuzurechnen sind. Zwar ist weiterhin von einer „effektiven Kontrolle" des Gebietsstaates über das eigene Territorium auszugehen, anders als bei Festnahmen oder Überstellungen ist aber der „link" zu dem fremden Hoheitsträger schwächer ausgeprägt; zudem handeln die Organe des anderen Staates meist unabhängig vom Gebietsstaat, so dass der „Entsendestaat" völkerrechtlich die Verantwortung für das Handeln seiner Hoheitsträger übernehmen muss.[73] Ab einem gewissen **Grad der Duldung** von Handlungen fremdstaatlicher Hoheitsträger kommt allerdings auch eine (zusätzliche) Zurechnung der betreffenden Maßnahmen an den Gebietsstaat in Betracht.

UN. Im Zusammenhang mit den Aufgaben und Tätigkeiten der Vereinten Nationen 28 wird eine Zurechenbarkeit von Handlungen der Konventionsstaaten vor allem bei **militärischen Auslandseinsätzen** relevant. Die Regeln des humanitären Völkerrechts sind bei militärischen Auseinandersetzungen im bewaffneten Konflikt zwar *leges speciales*, die Menschenrechte gelten aber grundsätzlich parallel weiter.[74] In Zeiten der Globalisierung werden militärische Einsätze weltweit meist innerhalb von kollektiven Verteidigungsbündnissen wie der NATO oder Sicherheitsbündnissen wie der UN durchgeführt. Militärische Aktionen der UN nach Art. 42 UN-Charta sind jeweils *ultima ratio* und nur anwendbar, wenn Maßnahmen nach Art. 41 UN-Charta nicht ausreichen (werden).[75] Zunächst war vorgesehen, dass der UN (Art. 42 i.V.m. Art. 43 UN-Charta) eigene Truppen zur Durchsetzung von erforderlichen Zwangsmaßnahmen zur Verfügung stehen. Derartige Truppenstellungsabkommen wurden allerdings bis heute nicht geschlossen, so dass die Mitgliedstaaten der UN *ad hoc* nationale Truppenteile für eine konkrete Aufgabe zur Verfügung stellen.[76] Als **Zurechnungsobjekte** kommen jeweils der Aufnahmestaat, die Entsendestaaten oder die internationale Organisation selbst in Betracht, wobei auch eine Verantwortlichkeit mehrerer Völkerrechtssubjekte möglich ist.[77]

Die **Aufnahmestaaten** vereinbaren bei militärischen Auslandseinsätzen regelmäßig, 29 dass die internationalen Truppen vor ihren nationalen Gerichten weder straf- noch zivilrechtlich verfolgt werden können (**Status of Forces-Agreements**). Weiterhin üben die Aufnahmestaaten keinerlei Kontrolle über die Truppen anderer Staaten aus. Sie scheiden somit in der Regel als Zurechnungsobjekte aus.[78]

Zur Beantwortung der Frage, ob der **Entsendestaat** oder die **internationale Organisa-** 30 **tion** als Zurechnungsobjekt anzusehen ist, kommt es seit dem Urteil des EGMR (GK) im Fall *Al-Jedda*[79] darauf an, ob die UN auf der Grundlage einer UN-SR-Resolution die **Weisungs-**

---

73 *Fastenrath/Skerka* ZEUS **2009** 245 f., 249 f., 252, wobei eine Ausnahme bei gemeinsamen Einsätzen, bei denen die ausländischen Hoheitsträger in die Strukturen des Gebietsstaates eingegliedert werden, gelten soll (246).

74 EGMR Hanan/D, 16.2.2021, §§ 125, 137, NJW **2021** 1291; *Fleck* in: Gornig (Hrsg.), In Iustitia et pax, GedS Blumenwitz 365, 366, 369, 378; diff. *Neubert* 96 ff.; Leutheusser-Schnarrenberger/*Karpenstein* 209, 210 ff., 214 f.

75 *Frowein* in: *Simma* Charta der Vereinten Nationen (1991), Art. 42, 10.

76 *Bothe* in: Vitzthum (Hrsg.), Völkerrecht (2020)[8] 783; *Herdegen* § 41, 6; *Payandeh* JuS **2012** 510.

77 *Bodeau-Livinec/Buzzini/Villalpando* ASIL **2008** 329; *Yousif* 54; *Milanovic* EJIL **23** (2012) 136.

78 UN Doc. A 45/594, 9.10.1990, abgedruckt in: *Siekmann* National Contingents (1991) 200 ff.; *Beck* Auslandseinsätze deutscher Streitkräfte (2008) 46 f., 129 f.; *Fleck* GedS Blumenwitz 365, 379.

79 EGMR (GK) Al-Jedda/UK, 7.7.2011; vgl. auch EGMR (GK) Jaloud/NL, 20.11.2014, §§ 143 ff., 146, 149 ff. (entscheidend sei, ob der Vertragsstaat noch selbst Kontrolle über die Handlungen seiner Streitkräfte habe: Eine Unterstellung von Truppen unter Übertragung von *operational control* bei gleichzeitiger Beibehaltung des *full command* belasse die Kontrolle über die Streitkräfte gerade beim Entsendestaat; ausführlich unter Rn. 60 ff.).

und Kontrollbefugnisse[80] und damit die Verantwortlichkeit über die zur Verfügung gestellten Truppen übernehmen will oder nicht. Mithin behält sich der EGMR vor, die UN-SR-Resolutionen hinsichtlich dieser Frage auszulegen und geht nicht von einem automatischen Eingreifen von **Art. 103 UN-Charta** aus, wonach sämtliche anderen Vertragswerke hinter der UN-Charta zurückstehen müssen.[81] Im Falle des multinationalen Einmarsches in den Irak im Jahr 2003 (*Iraqi Freedom*) konnte der EGMR diese Übernahme der Letztverantwortlichkeit durch die UN nicht feststellen. Stattdessen erfolgten sowohl der Einmarsch als auch der Wiederaufbau des Landes mit Errichtung einer Übergangsregierung eigenverantwortlich durch die USA, das Vereinigte Königreich und weitere Koalitionsstaaten. Auch UN-SR-Resolutionen 1483/2003, 1511/2003 und 1546/2004 änderten nach Ansicht der GK nichts an dieser staatlichen Verantwortlichkeit – die Resolutionen erkannten die *„multinational force"* zwar als solche an, die UN kontrollierten damit aber nicht deren Handlungen. Weitere Indizien für die fehlende Kontrolle der Streitkräfte durch die UN sah der Gerichtshof darin, dass sich die **Kommandostruktur** nach Erlass der Resolutionen nicht verändert hatte und sich UN-Organe (Generalsekretär, UNAMI) über einzelne Handlungen der britischen Truppen beschwerten, so dass das Handeln des Vereinigten Königreichs in den Anwendungsbereich des Art. 1 fiel und Art. 103 UN-Charta nicht einschlägig war.[82]

31   Ist **Art. 103 UN-Charta** hingegen anwendbar, so sind die UN alleiniges Zurechnungsobjekt und die betreffende Mission ist von einer Überprüfung durch den EGMR ausgenommen. Zwangsmaßnahmen dürften in diesem Fall nicht überprüfbar sein, um das wichtige Ziel der UN (Weltfrieden) nicht zu gefährden. Das gelte sogar, wenn die Staaten unabhängig von der UN-Befehlsstruktur selbständig Aktionen durchführen, solange diese der Friedenssicherung dienen.[83] Für Einsätze unter Inanspruchnahme der **NATO** als militärischer Organisationsstruktur würde der EGMR ebenfalls eine Zurechnung zu den UN im Falle einer entsprechenden Mandatierung vornehmen (müssen). Mithin wäre aber auch diese Zurechnung im Hinblick auf die tatsächliche Befehls- und Kommandogewalt sowie auf die Verpflichtung der Konventionsstaaten zum Menschenrechtsschutz zu kritisieren.[84]

32   Der EGMR hat daher in der Rs. *Nada* klargestellt, dass die Vertragsstaaten der EMRK auch bei der Umsetzung von UN-SR-Resolutionen, die nach Kapitel VII der UN-Charta ergehen, die ihnen **verbliebenen Umsetzungsspielräume konventionsgemäß ausfüllen** müssen. In dem Fall hatte die Schweiz einem italienischen Staatsangehörigen die Ein- und Durchreise durch die Schweiz verwehrt, da dieser auf einer Liste im Zusammenhang mit den durch den Sicherheitsrat verhängten Sanktionen gegen Personen stand, die den Taliban in Afghanistan nahestanden. Da der Betroffene in der italienischen Exklave Campione d'Italia lebte, die vollständig von schweizerischem Staatsgebiet umgeben ist, war es ihm nicht mehr möglich, seinen Wohnort zu verlassen.[85] Die GK stellte klar, dass die Verweigerung der Ein- und Durchreise durch die schweizerischen Behörden der Schweiz zugerechnet werden könne, da insoweit – anders als im Fall *Behrami* – **keine übergeordnete**

---

80 *Krieger* ZaöRV **62** (2002) 669, 686 ff. weist zu Recht darauf hin, dass die Verantwortlichkeit unter den Konventionen bei den Entsendestaaten insoweit verbleibt, als sie die Disziplinar- oder Strafgewalt haben und daher auch für deren Ausüben oder Unterlassen einstehen müssen, vgl. zur konkreten Befehls- und Kommandogewalt auch *Bettendorf* 35 f.

81 „In the event of a conflict between the obligations of the Members of the United Nations under the present Charter and their obligations under any other international agreement, their obligations under the present Charter shall prevail.".

82 EGMR Al-Jedda/UK, 7.7.2011, §§ 78 ff.

83 EGMR (GK) Behrami u. Behrami/F, Saramati/F, D u. N (E), 2.5.2007, EuGRZ **2007** 522 = NVwZ **2008** 645.

84 *Lorenz* 275; *Rowe* The impact of Human Rights Law on Armed Forces (2006) 237.

85 EGMR (GK) Nada/CH, 12.9.2012, §§ 11 ff., NJOZ **2013** 1183 (Gebiet mit weniger als 1 km² Landfläche; ca. 2000 Bewohner; Liechtenstein hat eine Fläche von ca. 160 km²).

Kommando- oder Befehlsstruktur der UN vorliege.[86] Einen Verstoß gegen Art. 8 stellte die GK deshalb fest, weil die Schweiz es unterlassen hatte, vorhandene Ausnahmetatbestände in der UN-SR-Resolution zugunsten des Betroffenen zu nutzen und auf eine Streichung des Betroffenen von der Sanktionsliste hinzuwirken, nachdem strafrechtliche Ermittlungen der schweizerischen Behörden ergebnislos eingestellt worden waren.[87]

In der Rs. *Al-Dulimi* hielt die GK fest, dass die Schweiz mit dem Sperren der Vermö- **33** genswerte des mutmaßlichen Finanzchefs des Geheimdienstes von *Saddam Hussein* gegen das Recht auf ein faires Verfahren (Art. 6 Abs. 1) verstoßen hatte.[88] Die Schweiz hatte sich für ihr Vorgehen auf die Sanktionsliste des UN-SR berufen. Der Gerichtshof befand, dass die fragliche Irak-Resolution (1483/2003) es nicht ausdrücklich verbot, die angeordneten Sanktionen zu überprüfen, so dass eine Harmonisierung der unterschiedlichen völkerrechtlichen Verpflichtungen möglich gewesen wäre. Die Schweiz hätte dem Bf. daher die Möglichkeit einräumen müssen, Beweismittel vorzubringen, die belegen, dass sein Name zu Unrecht auf der schwarzen Liste aufgeführt wurde.[89]

Kritik. Die Rechtsprechung des EGMR hinsichtlich der Berufung auf Art. 103 UN-Charta **34** (*Behrami/Saramati* sowie Nachfolgeentscheidungen[90]) ist zu Recht deutlich kritisiert worden.[91] Ein Staat kann sich seiner Verantwortung für die Beachtung der von ihm vertraglich zugesicherten Menschenrechte nicht dadurch entziehen, dass er **Herrschaftsbefugnisse auf multinationale Organe überträgt, die selbst keine Mitglieder der Konventionen** sind. Der formale Ansatz des EGMR verkennt, dass Handlungen nationaler Kontingente bei UN-Missionen letztlich immer den Entsendestaaten zuzurechnen sind, da aufgrund der Befehls- und Kommandostrukturen nur die nationalen Kommandeure kraft nationaler Kommandogewalt Befehle an die einzelnen Soldaten richten dürfen.[92] Daher wird tatsächlich **nationale Hoheitsgewalt** ausgeübt, die der EGMR dann auch überprüfen muss.[93] Dies gilt nicht zuletzt vor dem Hintergrund, dass es sich bei den UN um ein **Haftungsobjekt mit Immunität** handelt und sich die Staaten sonst durch die bloße Eingliederung in internationale Organisationen von ihrer menschenrechtlichen Verantwortung freizeichnen könnten.[94] Zudem differen-

---

86 EGMR (GK) Nada/CH, 12.9.2012, §§ 120 ff.

87 EGMR (GK) Nada/CH, 12.9.2012, §§ 181 ff.; vgl. auch: *Fasciati/Stoffels* StraFo **2021** 370; kritisch dazu: *Meyer* HRRS **2013** 79, 81 ff., wonach die UN-SR-Resolutionen im Urteil nur eine sehr ergebnisorientierte und oberflächliche Auslegung erfahren.

88 EGMR Al-Dulimi u. Montana Management Inc./CH, 21.6.2016, §§ 93 ff., 97 ff. (zur Verantwortlichkeit der Schweiz *ratione personae* und *ratione materiae*); vgl. dazu auch: *Meyer* HRRS **2014** 404 ff.

89 Die GK widerspricht damit dem Kammer-Urteil, das einen solchen Ermessensspielraum der Schweiz noch verneint hatte, vgl. EGMR (GK) Al-Dulimi u. Montana Management Inc/CH, 21.6.2016, §§ 150 ff.

90 Vgl. EGMR Kasumaj/GR (E), 5.7.2007 (E); Gajic/D, 28.8.2007; Beric u.a./BIH (E), 16.10.2007; Galic/NL (E), 9.6.2009 (Anwendung der *Behrami/Saramati*-Regeln nicht nur auf militärische Aktionen, sondern Ausdehnung auch auf Handlungen des ICTY, den der EGMR als Hilfsorgan der UN gemäß Art. 29 UN-Charta ansieht, wobei der Sitz des Gerichtes keine Verantwortlichkeit des jeweiligen Staates nach der Konvention begründet); Blagojevic/NL, 9.6.2009, § 35, 46; zur Problematik auch *Schabas* 98 f. Auf diese Urteile nimmt Bezug: EuGH 3.9.2008, C-402/05 P u. C-415/05 P, Rn. 310–312, DVBl. **2009** 175, 177 (EG-Verordnung zur Einfrierung von Finanzmitteln terroristischer Organisationen).

91 KK/*Lohse/Jakobs* 4 („inkonsistent"); *Zimmermann/Jötten* MRM **2010** 5, 12.

92 Es wird lediglich „operational control" bzw. „operational command" an die zwischenstaatlichen Einrichtungen übertragen. Gemäß Art. 65a GG bleibt die Letztentscheidung auch bei Einsätzen im Rahmen internationaler Organisationen beim Bundesminister der Verteidigung, vgl. *Zimmermann* 18; IK-EMRK/*Fastenrath* 59, 65.

93 *Stoltenberg* ZRP **2008** 111; *Zimmermann* 15 ff.; *ders./Jötten* MRM **2010** 5, 13.

94 EGMR (GK) Behrami u. Behrami/F, Saramati/F, D u. N (E), 2.5.2007; ferner wird den UN bei militärischen Einsätzen durch die Status of Forces Agreements (SoFAs) zivil- und strafrechtliche Immunität vertraglich zugesichert. Auch bei nicht-militärischen Handlungen können die UN selbst nicht gerichtlich belangt wer-

---

ziert der EGMR nicht genügend in der Sache: Im Rahmen des Peacekeeping (Art. 29 UN-Charta) handeln die Truppenteile als Hilfs- bzw. Nebenorgan der UN; in diesem Fall kann von einer Kontrolle der UN ausgegangen werden. Zwangsmaßnahmen (Art. 42 UN-Charta; *Peace-enforcement, Peacebuilding*) werden allerdings nicht durch Hilfsorgane ausgeführt, sondern die nationalen Truppen bleiben autonom.[95]

III. Räumlicher Schutzbereich (*ratione loci*)

35 **1. Begriff der Hoheitsgewalt.** Der Schutzgehalt der EMRK als regionaler Menschen-rechtsvertrag ist durch Art. 1 auch räumlich auf diejenigen Beschwerdeführer beschränkt, die der Hoheitsgewalt eines Vertragsstaates unterstehen. Der Begriff der **Hoheitsgewalt** („jurisdiction"/„juridiction") setzt sich aus einem räumlichen Element (Gebietshoheit) und einer persönlichen Komponente (Personalhoheit) zusammen.[96] Im weitesten Sinne ist Ju-risdiktion als jedes dem Staat **völkerrechtlich zurechenbare Handeln seiner Organe** und der für sie tätigen Personen zu verstehen.[97] Der Eingriff muss im **Zeitpunkt seiner Ausübung** der Herrschaftsgewalt des betreffenden Staates zuzurechnen sein. Es kommt nicht darauf an, ob die staatlichen Organe diese Gewalt umfassend und längerfristig oder nur zeitlich begrenzt oder nur für einen bestimmten Bereich oder Zweck ausüben.[98] Gleichgültig ist es ferner, ob der Staat und die für ihn handelnden Organe völkerrechtlich oder national legitimiert sind, wie etwa durch eine diplomatische Vertretung oder ein Konsulat[99] oder aufgrund eines Staatsvertrags,[100] der etwa Polizeibefugnisse oder die Stati-onierung von Truppen regelt, oder im Rahmen der völkerrechtlichen Befugnisse einer Besatzungsmacht[101] oder aufgrund einer formlos getroffenen Vereinbarung für den Einzel-fall.[102] Die Verantwortung besteht auch dann, wenn für die tatsächlich ausgeübte Hoheits-gewalt keine völkerrechtliche Befugnis verliehen worden ist oder wenn sie überschritten wird, wie etwa bei Ausschreitungen im Ausland operierender Truppen[103] oder illegalen Entführungen (*male captus*).[104]

36 **Personalhoheit.** Bezüglich der von Art. 1 erfassten Personen ist allgemein anerkannt, dass es nicht auf zusätzliche Kriterien wie etwa die Staatsangehörigkeit, sondern nur auf

---

den, da sowohl der EGMR als auch der IGH und das HRC jegliche Kompetenz zur Überprüfung von UN-Beschlüssen ablehnen. Lediglich der EuGH führte eine mittelbare Kontrolle bei der Umsetzung einer UN-Resolution in EU-Recht durch, vgl. EuGH 3.9.2008, C-402/05 P u. C-415/05 P, Rn. 310–312, DVBl. **2009** 175, 177; *Yousuf* 55 ff.; BTDrucks. **16** 75 S. 32.

95 *Bettendorf* 34 ff. m.w.N.

96 Siehe dazu auch: EGMR (GK) Al-Skeini u.a./UK, 7.7.2011, §§ 133 ff., NJW **2012** 283, 285 f.; darauf verwei-send: EGMR (GK) GEO/R (II), 21.1.2021, §§ 115, 136 m. Anm. *Payandeh* JuS **2022** 372.

97 *Erberich* 6 f.; *Krieger* ZaöRV **62** (2002) 669, 671; *Herdegen* § 23, 2; § 25, 1 ff.; *Yousif* 92.

98 *Krieger* ZaöRV **62** (2002) 669, 671.

99 *Nowak* EuGRZ **1984** 421, 424; *Yousif* 212.

100 Vgl. etwa EKMR X u. Y/CH, 14.7.1977, EuGRZ **1977** 497 (schweizerische Befugnisse in Liechtenstein); dazu *Krieger* ZaöRV **62** (2002) 669, 675; *Frowein/Peukert* 7; anders bei bloßer Organleihe, vgl. *Yousif* 51 ff.

101 EKMR Hess/UK, 28.5.1975, EuGRZ **1975** 482, 483; dazu *Blumenwitz* EuGRZ **1975** 497; EKMR Chrysostomos u.a./TRK, 4.3.1991, EuGRZ **1991** 254; dazu *Rumpf* EuGRZ **1991** 199; *Frowein/Peukert* 4; 5 m.w.N. zur Praxis der früheren EKMR.

102 Vgl. EGMR (GK) Öcalan/TRK, 12.5.2005, §§ 162 ff., EuGRZ **2005** 463 = NVwZ **2006** 1267; vgl. Kammer-Urteil, 12.3.2003, §§ 189 ff., EuGRZ **2003** 473.

103 *Frowein/Peukert* 4; *Frowein* FS Schlochauer 289, 297.

104 HRC Delia Saldias de Lopez/URY, 29.7.1981, 52/1979, EuGRZ **1981** 520 m. Anm. *Tomuschat*; *Nowak* 28 m.w.N. Zur Problematik *male captus* vgl. Art. 5 Rn. 193.

die Unterwerfung unter die Hoheitsgewalt des Staates ankommt.[105] Die EMRK entfaltet demnach sowohl gegenüber Angehörigen des Konventionsstaates als auch gegenüber Ausländern Wirkung.[106]

Gebietshoheit. Die räumliche Komponente der Hoheitsgewalt wird unter Berufung 37 auf das allgemeine Völkerrecht primär nach dem **Territorialitätsprinzip** bestimmt:[107] Die Jurisdiktion eines Staates endet im Allgemeinen an den Grenzen seines Territoriums.[108] Grundsätzlich gilt die **Vermutung**, dass ein Staat seine Hoheitsgewalt **im gesamten Staatsgebiet** ausübt.[109] Diese Vermutung kann widerlegt werden, wenn anhand objektiver Umstände zu belegen ist, dass keine wirksame Ausübung der Staatsgewalt möglich ist. Das kann der Fall sein, wenn aufgrund **separatistischer Bewegungen** keine umfassende Kontrolle bewerkstelligt werden kann oder wenn ein anderer Staat das Gebiet kontrolliert.[110] Solange der Vertragsstaat seine Hoheitsgewalt jedoch nur in einem **Teilgebiet** seines Staates nicht ausüben kann, hat er weiterhin die Pflicht, für den noch unter seiner Hoheitsgewalt stehenden Teil die Konventionsrechte so zu garantieren, wie es ihm möglich ist.[111] Ebenso kann ein Staat keine Gebiete vom Anwendungsbereich der EMRK ausschließen, indem er einen territorialen Vorbehalt oder Bundesstaatsklauseln erlässt.[112]

Die territoriale Bestimmung der Hoheitsgewalt schließt grundsätzlich auch Handlun- 38 gen in **autonomen Gebieten** auf dem staatlichen Territorium mit ein. Dort muss der Staat nicht nur für die Ausübung eigener Hoheitsgewalt einstehen. Vielmehr ist er auch für das Verhalten der lokalen Behörden verantwortlich; ihn trifft daher die Verpflichtung, diese Behörden derart zu organisieren, dass Menschenrechtsverstöße ausgeschlossen werden. Ohne Rücksicht auf die sonstige interne Kompetenzaufteilung muss er durch entsprechende Regelungen dafür sorgen, dass die Einhaltung der Konvention im Gebiet des Gesamtstaats für jedermann sichergestellt ist.[113]

---

105 Meyer-Ladewig/Nettesheim/von Raumer/*Meyer-Ladewig/Nettesheim* 22; *Erberich* 8; *Lorenz* 103; Karpenstein/Mayer/*Johann* 16; in Bezug auf Art. 2 IPBPR: *Taylor*, S. 65.

106 OK-StPO/*Valerius* 12; KK/*Lohse/Jakobs* 2; *Gomien* 13.

107 EGMR (GK) N.D. u. N.T./E, 13.2.2020, § 103; Razvozzhayev/R u. UKR und Udaltsov/R, 19.11.2019, §§ 160, 162: Auch ein gegen mehrere Vertragsstaaten gerichteter Antrag muss *ratione loci* mit den Bestimmungen der Konvention vereinbar sein, wenn die Umstände, die zu dem vermeintlichen Verstoß geführt haben, in einem grenzüberschreitenden oder grenzüberschreitenden Kontext eingetreten sind, §§ 160 ff.; dazu *Neubert* 65 f.

108 *Herdegen* § 26, 4 ff. Der EGMR geht davon aus, dass die territoriale Auslegung von Art. 1 vorrangig ist, vgl. EGMR Ben El Mahi u.a./DK (E), 11.12.2006, 7 f. (*no jurisdictional link*); Rantsev/ZYP u. R, 7.1.2010, NJW **2010** 3003, § 206; (GK) Bankovic u.a./B u. 16 andere NATO-Staaten (E), 12.12.2001, NJW **2003** 413 = EuGRZ **2002** 133, §§ 59, 63, 66 f.; (GK) Hirsi Jamaal u.a./I, 23.2.2012, § 71; (GK) Al-Skeini/UK, 7.7.2011, § 131. Dies lässt sich auch aus den *travaux préparatoires* ersehen, wonach Art. 1 zunächst folgendermaßen gefasst sein sollte: „member States shall undertake to ensure to all *persons residing within their territories* the rights..." (vgl. [GK] Bankovic u.a./B u. 16 andere NATO-Staaten (E), 12.12.2001, § 19). Vgl. auch IGH Advisory Opinion on the Legal Consequences of the Construction of a Wall in the Occupied Palestinian Territory § 109; EGMR Khan/ UK (E), 28.1.2014, §§ 25 ff. (kein Recht auf Einreise, um „konventionswidrigen" Behandlungen im Aufenthaltsstaat zu entgehen; auch dann nicht, wenn der Betroffene sich zuvor im Gebiet des Konventionsstaats aufgehalten und dieses freiwillig verlassen hat).

109 Karpenstein/Mayer/*Johann* Rn. 19.

110 *Schabas* 99 f.

111 *Schabas* 99.

112 EGMR (GK) Assanidze/GEO, 8.4.2004, §§ 140 f., NJW **2005** 2207 = EuGRZ **2004** 268; Ilaşcu u.a./MOL u. R, 8.7.2004, §§ 324 ff., NJW **2005** 1849.

113 EGMR (GK) Assanidze/GEO, 8.4.2004, § 141, mit dem Hinweis, dass in der EMRK eine Bundesstaatsklausel ähnlich Art. 28 AMRK fehlt, dass aber auch diese den Zentralstaat nicht von der Verpflichtung entbinden würde, durch entsprechende Regelungen dafür zu sorgen, dass in seinen Gliedstaaten die Konvention eingehalten wird.

39   Eine **Ausnahme** vom Grundsatz, dass jeder Staat für die Achtung der Konventionsrechte in allen seiner Herrschaftsgewalt unterstehenden Gebieten einzustehen hat, findet
sich in **Art. 56** und in den Parallelvorschriften in den einzelnen ZP (vgl. z.B. Art. 4 des
1. ZP-EMRK), in denen die Einbeziehung abhängiger Gebiete in den Schutzbereich der
Konvention zur Disposition des für die internationalen Beziehungen verantwortlichen Vertragsstaates gestellt wird.[114] Art. 1 ist im Lichte dieser Vorschriften auszulegen,[115] die die
Achtung der Selbstverwaltung von Gebieten, die einem Schutzstaat unterstehen, zum Ziel
haben. Wenn der Schutzstaat Mitglied der EMRK sei, so soll sich die Verpflichtung zur
Achtung der Konvention nicht automatisch auf das untergeordnete Gebiet erstrecken.[116]
Der übergeordnete Staat müsse dafür erst eine gesonderte Erklärung nach Art. 56 abge-
ben, womit das Recht auf Selbstbestimmung des Protektorats zum Ausdruck käme.[117]
Art. 56 (sog. „Kolonialklausel") hat für Deutschland keine Bedeutung, gilt allerdings nicht
nur für klassische, geographisch außerhalb Europas gelegene Überbleibsel vergangener
Kolonialreiche, sondern z.B. auch für die Kanalinseln[118] und für Gibraltar.[119] Der Staat
kann die Erstreckung der EMRK oder einzelner ZP auf derartige Gebiete widerrufen
(Art. 58 Abs. 4 und die Parallelvorschriften in den einzelnen Zusatzprotokollen). Da der
Beweggrund der **Rücksichtnahme auf das Recht auf Selbstbestimmung der betroffenen Gebiete** keine Wirksamkeitsvoraussetzung für eine (Nicht-)Erklärung oder für eine
Kündigung ist, ist das betreffende staatliche Handeln auch anzuerkennen, wenn es nicht
um Rücksichtnahme auf das Handeln örtlicher Behörden, sondern um – möglicherweise
der Konvention widersprechende – Eingriffe der übergeordneten nationalen Regierung
geht.[120] Ob die Konvention auf ein bestimmtes, von Art. 56 gemeintes Gebiet Anwendung
findet, prüft der EGMR von Amts wegen; die Anwendbarkeit der EMRK und Anerkennung
der Zuständigkeit des EGMR für den konkreten Fall ergibt sich daher nicht etwa daraus,
dass der betroffene Staat vor dem EGMR nicht oder verspätet vorträgt, keine Erklärung
gemäß Art. 56 abgegeben zu haben.[121] Die Regelung in Art. 56 und in den Parallelvorschriften der Zusatzprotokolle ist zu akzeptieren, auch wenn der EGMR selber andeutet, dass
sie sich vielleicht überlebt hat.[122]

40   Die Ausdehnung der Verantwortlichkeit der Staaten über ihr Hoheitsgebiet hinaus
führt nicht dazu, dass das Hoheitsgebiet selbst erweitert wäre. So kann etwa die Anwendung von Art. 2 und Art. 3 des 4. ZP-EMRK oder von Art. 1 des 7. ZP-EMRK nicht auf die
ausweitenden Auslegungen des Art. 1 gestützt werden, da es in diesen beiden ZP nicht

---

114 *Frowein/Peukert* 7; *Schabas* 104; van Dijk/van Hoof/van Rijn/Zwaack/*Lemmens* Ch. 1, Sec. 4, 4.2.
115 EGMR Yonghong/P (E), 25.11.1999.
116 EGMR Drozd u. Janousek/F u. E, 26.6.1992, § 87.
117 EGMR Drozd u. Janousek/F u. E, 26.6.1992, §§ 70, 86 f. (Andorra); *Erberich* 19 ff.; *Lorenz* 77.
118 Reservations and Declarations for Treaty No. 005 – Convention for the Protection of Human Rights
and Fundamental Freedoms, Nature of declaration: Territorial Applications; UK: Declaration contained in a
letter from the Permanent Representative, 23 Oct. 1953, registered at the Secretariat General on 23 Oct. 1953.
119 EGMR (GK) Matthews/UK, 18.2.1999, § 30.
120 EGMR Misick/UK (E), 16.10.2012, §§ 11 ff., 16, 22: Die britische Regierung hatte das 1. ZP-EMRK für die
Turks-/Caicosinseln extra gekündigt, um die gewählte parlamentarische Versammlung auflösen zu können
(passives Wahlrecht der gewählten Parlamentarier, Art. 3 des 1. ZP-EMRK); der Bf. gab jedoch zu verstehen,
dass er die Entscheidung der Regierung, die Geltung des 1. ZP-EMRK zu beenden, nicht angriff.
121 EGMR Gillow/UK, 24.11.1986, §§ 60 ff. (keine Geltung des 1. ZP-EMRK für Guernsey).
122 EGMR (Quark Fishing Ltd./UK (E), 19.9.2006: „situation has changed considerably since the time that the
Contracting Parties drafted the Convention, including former Article 63" (Art. 56 war ursprünglich Art. 63).

nur um die Hoheitsgewalt der Staaten geht, sondern das Hoheitsgebiet vielmehr selbst Tatbestandsmerkmal des Konventionsrechts ist.[123]

Zur Gewährleistung eines effektiven Menschenrechtsschutzes gibt es allerdings auch **41** **Ausnahmen vom strikten Territorialitätsprinzip**, die sich entweder direkt aus dem Völkerrecht ergeben oder die in der Rechtsprechung des EGMR zu Art. 1 entwickelt worden sind.

2. Völkerrechtliche Ausnahmetatbestände. Das Völkerrecht legt den Begriff des Ter- **42** ritoriums weit aus. Eine Ausübung eigener Hoheitsgewalt eines Staates wird auch dann angenommen, wenn ein Verhalten auf eigenem Staatsgebiet **Auswirkungen** auf fremdem Territorium hervorruft.[124]

Eine weitere Ausnahme ergibt sich durch das **Personalitätsprinzip**, wonach ein Staat **43** in bestimmten Fällen auch im Ausland eine gewisse Wirkungsgewalt über seine Staatsangehörigen behält. So sind Personen, die auf fremdem Territorium **Immunität** genießen (z.B. ausländische Staatsoberhäupter oder Diplomaten), trotz ihres Aufenthalts im Ausland nur der Hoheitsgewalt ihres Entsendestaates unterworfen.[125] **Strafbare Handlungen**, die Personen im Ausland gegen die Interessen des Staates oder seiner Staatsangehörigen begehen, ebenso solche auf **Schiffen** unter der Flagge des betroffenen Staates oder auf **Flugzeugen** oder Raumschiffen, die in dem Staat registriert sind,[126] sowie besonders schwerwiegende Straftaten (nicht zwingend) im internationalen Kontext (Weltrechtsprinzip, § 1 VStGB), unterliegen der Strafgewalt des betroffenen Staates nach den Grundsätzen des Internationalen Strafrechts (siehe etwa §§ 3 ff. StGB).

Eine weitere Ausnahme besteht nach völkerrechtlichen Regeln dann, wenn Staaten **44** internationalen Organisationen gestatten, auf ihrem Staatsgebiet ihren Sitz einzurichten: Allein durch die **Gestattung der Niederlassung der Internationalen Organisation** können Handlungen und Unterlassungen der Organisationen nicht dem Sitzstaat zugerechnet werden.[127]

Die Ausübung von Hoheitsgewalt durch einen Fremdstaat wird bejaht, wenn der „be- **45** setzte" Staat nicht mehr die Kontrolle über einen bestimmten Teil seines Territoriums ausübt, z.B. bei einer **militärischen Besetzung** oder bei **separatistischen Bestrebungen**.[128] Unter diesem Gesichtspunkt bestätigte der EGMR wiederholt die Hoheitsgewalt der Russischen Föderation in Transnistrien. Das dortige de-facto-Regime könne nur deshalb fortbestehen, da die militärische Präsenz Russlands in Transnistrien ungebrochen anhalte. Ausschlaggebend seien neben militärischen aber auch wirtschaftliche Gesichtspunkte, wie

---

123 Siehe EKMR M./DK, 14.10.1992, 17392/90, Nr. 2: Botschaften/Konsulate sind nicht Hoheitsgebiet des Entsendestaates, daher keine Berufung gegenüber dem Entsendestaat auf die o.g. speziellen Rechte aus den ZP; siehe auch die subtile Argumentation in EGMR (GK) Hirsi Jamaa u.a./I, 23.2.2012, NVwZ **2012** 809, §§ 173, 178, 180.

124 *Peters* AVR **48** (2010) 7; EGMR Issa u.a./TRK, 16.11.2004, §§ 68, 71; Andreou/TRK, 27.10.2009, §§ 25 f.; dazu auch *Zimmermann/Jötten* MRM **2010** 5, 7 f.

125 *Herdegen* § 26, 9 ff.; § 37, 3, § 38, 1 f.; *Schabas* 100; zu den Grenzen funktionaler Immunität für Kriegsverbrechen: BGH NJW **2021** 1325 m. Anm. *Kreß* u. Anm. *Payandeh* JuS **2021** 991.

126 EGMR Bakanova/LIT, 31.5.2016, § 63; (GK) Bankovic u.a./B u. 16 andere NATO-Staaten (E), 12.12.2001, §§ 59–61; (GK) Medvedyev/F u.a., 29.3.2010, § 65.

127 EGMR Djokaba Lambi Longa/NL (E), 9.10.2012, §§ 69 ff. (Inhaftierung von Verfahrensbeteiligten vor dem ICC in dessen Untersuchungshaftanstalt); Galić/NL (E), 9.6.2009, § 28 (vom ICTY verurteilter Bf. rügt Verletzung des Rechts auf einen unparteilichen Richter durch Sitzstaat). Ebenso EGMR Blagojević/NL (E), 9.6.2009. Vgl. bereits EGMR Milošević/NL (E), 19.3.2002, EuGRZ **2002** 131.

128 EGMR (GK) Assanidze/GEO, 8.4.2004, § 137; Meyer-Ladewig/Nettesheim/von Raumer/*Meyer-Ladewig/ Nettesheim* 9; *Schabas* 95, 99; van Dijk/van Hoof/van Rijn/Zwaack/*Lemmens* Ch. 1, Sec. 4, 4.1.

　　　　　　　　　　　　　　　　　　　　　　　　　　　Esser

etwa Gaslieferungen oder humanitäre Hilfe zugunsten der Bevölkerung.[129] Auch in Hinblick auf die Annexion der Krim durch Russland urteilte der EGMR etwa, dass Russland ab Ende Februar 2014 die „effektive Kontrolle" auf der Halbinsel innehatte.[130]

46   Überdies kann ein Staat auch der **Ausübung fremder Hoheitsgewalt** in seinem Staatsgebiet **zustimmen**, insoweit also auch wirksam auf die Ausübung eigener Hoheitsgewalt verzichten. Er muss es dulden, dass ein anderer Staat über seine im Gebiet des ersten Staates mit dessen Zustimmung **stationierten Truppen** Kommandogewalt ausübt.[131]

47   **3. Sonderkonstellationen in der Rechtsprechungslinie des EGMR.**[132] Parallel zum steigenden Engagement der Mitgliedstaaten des Europarates außerhalb ihres Territoriums hatte zunächst die EKMR und sodann der EGMR verschiedene Fallgruppen entwickelt, um die Anwendbarkeit von Art. 1 näher in diesem Kontext zu bestimmen und das Grundprinzip besser auf die konkreten territorialen Gegebenheiten und politischen Situationen anzupassen.

48   **a) Handlungen von Angehörigen diplomatischer/konsularischer Vertretungen.** Seit den 1960er Jahren engagieren sich die Mitgliedstaaten des Europarates zunehmend in Nicht-Konventionsstaaten (zumeist militärisch), so dass EGMR entscheiden musste, ob diese Fälle ebenfalls unter den Schutzbereich der Konvention fallen. Zunächst knüpfte der Gerichtshof – ebenso wie die völkerrechtlichen Ausnahmetatbestände – an die **Personalhoheit** an. Ein Staatsangehöriger, der sich im Ausland befindet, steht weiterhin, zumindest wenn Hoheitsakte ihm gegenüber von **diplomatischen/konsularischen Vertretungen** seines eigenen Staates vorgenommen oder ihm bewusst vorenthalten werden, in einem gewissen Umfang unter der Hoheitsgewalt seines Staates.[133] Dieser hat gegenüber seinen Staatsangehörigen auch im Ausland **bestimmte Schutzpflichten** zu erfüllen.[134] Innerhalb der Hoheitsgewalt des Staates, dem der diplomatische/konsularische Vertreter angehört, befindet sich auch ein Nicht-Staatsangehöriger, soweit er von einem aktiven Handeln oder einem Unterlassen des Diplomaten/Konsuls betroffen ist.[135]

49   Ebenfalls in Anknüpfung an völkerrechtliche Ausnahmetatbestände greift Art. 1 ein, wenn staatliche Akte, die aufgrund eigener Kompetenzen und auf eigenem Territorium

---

129 EGMR (GK) Ilaşcu u.a./MOL u. R, 8.7.2004, NJW **2005** 1849 („Transnistrische Moldau"); Catan u.a./MOL u. R, 19.10.2012, Fn. 121 f.; Pisari/MOL u. R., 20.4.2015; (GK) Mozer/MOL u. R, 23.2.2016; Apcov/MOL u. R, 30.5.2017, §§ 23 f.; Sandu u.a./MOL u. R, 17.7.2018; dazu *Schabas* 99; van Dijk/van Hoof/van Rijn/Zwaack/ *Lemmens* Ch. 1, Sec. 4, 4.1; siehe auch: EGMR (GK) GEO/R (II), 21.1.2021, §§ 144, 164 ff., 173 f. (Angesichts einer hohen Militärpräsenz russischer Truppen in Südossetien, Abchasien und in einer „Pufferzone" zwischen Südossetien und Georgien sowie aufgrund der Unterstützung der dortigen untergeordneten, lokalen Verwaltungen, unterfallen diese Gebiete seit dem Waffenstillstandsabkommen v. 12.8.2008 und auch noch nach dem offiziellen Rückzug russischer Truppen am 10.10.2008 der Hoheitsgewalt Russlands).
130 EGMR (GK) UKR/R, 16.12.2020, § 51.
131 *Erberich* 6 ff.
132 Zur extraterritorialen Anwendbarkeit der EMRK mit Kurzzusammenfassungen der relevantesten Fälle: Factsheet des EGMR, Art. 1, https://www.echr.coe.int/Documents/FS_Extra-territorial_jurisdiction_ENG.pdf (Stand: 7/2023); ausführlich dazu: *Biehl* Die Europäische Menschenrechtskonvention in internationalen und nicht-internationalen bewaffneten Konflikten, 2020, S. 47 ff.
133 EKMR X/D, 25.9.1965; *Erberich* 10; *Lorenz* 103.
134 *Lorenz* 103.
135 EKMR M./DK, 14.10.1992, 17392/90, Nr. 1.

Esser   120

wahrgenommen werden, **Wirkung im Ausland** entfalten.[136] Neben diesen völkerrechtlichen Anknüpfungspunkten hat der EGMR eigene Kriterien für die Ausübung extraterritorialer Hoheitsgewalt entwickelt, da sich weder aus dem Wortlaut des Art. 1, noch aus den *travaux préparatoires* eine ausschließliche Begrenzung auf das Territorium der Vertragsstaaten erkennen lasse.[137]

b) Internationale Militär- und Polizeieinsätze. Im Rahmen internationaler Militär- **50** oder Polizeieinsätze kommt es immer wieder zu Situationen, in denen die Ausübung von Hoheitsgewalt durch einen Vertragsstaat fraglich ist. Unterschieden werden kann dabei zwischen punktuellen (z.B. Festnahmen) und dauerhaften (z.B. Einsetzung von Übergangsregierungen) Maßnahmen.

aa) Punktuelle Maßnahmen. Festnahmen. Ein Vertragsstaat kann ausnahmsweise[138] **51** für **Handlungen außerhalb seines Territoriums** verantwortlich sein, wenn er dort eigene Hoheitsgewalt – und sei es in einem möglicherweise zeitlich, räumlich oder gegenständlich eng limitierten Umfang – durch seine Organe ausübt, d.h. er muss dafür einstehen, dass seine Organe und die in seinem Auftrag oder mit seiner Duldung handelnden Personen in den Bereichen, in denen sie rechtlich oder faktisch für ihn Vollzugsgewalt ausüben, die Konventionsrechte der davon betroffenen Personen achten,[139] wie etwa bei der **Festnahme einer Person** auf dem Gebiet eines anderen (Nichtkonventions-)Staates.[140]

bb) Dauerhafte Maßnahmen. Einsetzung von UN-Übergangsregierungen. Ein Staat **52** ist für Handlungen nicht verantwortlich, wenn er keine effektive Kontrolle mehr über sein Staatsgebiet aufgrund der Einsetzung von internationalen Übergangsregierungen oder Friedenstruppen innehat.[141] So hat der EGMR die Verantwortlichkeit Serbiens ab dem 3.3.2004 (Beitritt zur EMRK – vorher keine Anwendbarkeit *ratione temporis*[142]) auf seinem Hoheitsgebiet abgelehnt, da zu diesem Zeitpunkt immer noch die **UNMIK-Mission** („*United Nations Mission in Kosovo*"; UN-SR-Resolution 1244/1999) durch ihren „*Special Representative*" die alleinige gesetzgeberische Kontrolle innehatte.[143]

---

136 EKMR X u. Y/CH (E), 14.7.1977, EuGRZ **1977** 497 („extraterritorial effect": schweizerische Befugnisse in Liechtenstein); ferner EGMR Andreou/TRK (E), 3.6.2008, § 25, sowie EGMR Andreou/TRK, 27.10.2009, §§ 11 f. (im Rahmen von Spannungen in der UN-Pufferzone auf Zypern im August 1996, gaben türkisch uniformierte Streitkräfte, die sich zu diesem Zeitpunkt auf dem Gebiet der „Türkischen Republik Nord-Zypern" befanden, Schüsse auf eine Menschenmenge ab, die sich in der UN-Pufferzone aufhielten. Dabei wurde auch die Bf. angeschossen und verletzt, die sich zu diesem Zeitpunkt zwar außerhalb der UN-Pufferzone, jedoch in unmittelbarer Nähe eines Kontrollpunktes der *griechisch*-zyprischen Nationalgarde befand).
137 IK-EMRK/*Fastenrath* 7 ff., 79; *Schmahl* JuS **2018** 737.
138 Ausdrücklich: EGMR Razvozzhayev/R u. UKR und Udaltsov/R, 19.11.2019, §§ 161 f.; Al-Saadoon u. Mufdhi/UK (E), 30.6.2009, § 85.
139 Vgl. *Krieger* ZaöRV **62** (2002) 669, 675 ff., auch zu Unterschieden bei den Auslandseinsätzen von Streitkräften im Gebiet des ehemaligen Jugoslawiens bzw. in Afghanistan.
140 EGMR (GK) Öcalan/TRK, 12.5.2005; Al-Saadoon u. Mufdhi/UK, 2.3.2010, §§ 126 ff.; bei der vorgeschalteten Zulässigkeitsentscheidung stellte der Gerichtshof v.a. auch auf die *de facto*-Kontrolle der Briten über die irakischen Gefangenen ab, vgl. EGMR Al-Saadoon u. Mufdhi/UK (E), 30.6.2009, §§ 87 ff.; Razvozzhayev/R u. UKR und Udaltsov/R, 19.11.2019, § 161; EKMR Sanchez Ramirez/F (E), 24.6.1996, D.R. 59, 155, 161 f. (Festnahme durch französische Polizeibeamte im Sudan); *Schabas* 101.
141 EGMR Azemi/SRB (E), 5.11.2013, §§ 42 ff., 47; *Schabas* 106 f.
142 EGMR Azemi/SRB (E), 5.11.2013, §§ 39 f.
143 EGMR Azemi/SRB (E), 5.11.2013, §§ 13 f.; Leutheusser-Schnarrenberger/*Zimmermann* 219, 221 f.

53   **Bestimmung von Organen durch Vertragsstaaten.** Die Verantwortlichkeit eines Vertragsstaates und damit die Anwendbarkeit von Art. 1 ist auch insoweit zu verneinen, wenn ein Konventionsstaat nur das Recht hat, in einem anderen Staat bestimmte Organe für diesen zu ernennen, wie etwa die **Ernennung der Richter** in Andorra durch Spanien und Frankreich. Die Rechtsprechung eines solchen Gerichts, das als Organ des fremden Staates tätig wird, ist nicht der Hoheitsgewalt des die Richter ernennenden Staates zuzurechnen.[144]

54   **Militärische Besetzung und Kontrolle.** Neben punktuellem staatlichem Handeln im Ausland können im Rahmen von militärischen Besetzungen oder Festnahmen (unabhängig von deren Rechtmäßigkeit) auch länger andauernde Sachverhalte die Frage nach der extraterritorialen Ausübung von Hoheitsgewalt aufwerfen.[145] Neben den vorherrschenden integrationistischen und komplementaristischen Theorien zur **kumulativen Anwendbarkeit von EMRK und humanitärem Völkerrecht**[146] zeigt Art. 15, dass die EMRK auch im Falle eines **(internationalen) bewaffneten Konfliktes** neben dem humanitären Völkerrecht anwendbar wäre.[147] Somit sind Handlungen von Amtsträgern der Vertragsstaaten auch bei bewaffneten Konflikten grundsätzlich der Kontrolle des EGMR zugänglich,[148] im Kollisionsfall ist allerdings das **humanitäre Völkerrecht *lex specialis*.**[149] Indiz für eine militärische Kontrolle ist der Aufenthalt von Soldaten, wobei eine faktische Betrachtungsweise (Anzahl der Soldaten, Art und Umfang der militärischen Infrastruktur) anzustellen ist.[150] Ob und inwieweit eine derartige Hoheitsgewalt ausgeübt wird, muss von betroffenen Personen substantiiert dargelegt werden, insbesondere ob und inwieweit der Vertragsstaat auf die militärischen Kommandostrukturen einwirken kann (dazu bereits Rn. 34 ff.).[151]

55   Zunächst versuchte der EGMR, diese Problematik mittels des *actual authority and control-Tests* zu lösen. Demnach ist die Anwendbarkeit von Art. 1 nicht nur territorial zu verstehen, sondern es kommt darauf an, ob sich der Betroffene unter der tatsächlichen Autorität und Kontrolle eines Konventionsstaates befindet. Demzufolge kann es genügen, wenn die betroffene Person – gleich wo und aus welchem Anlass – **tatsächlich** in irgendeiner Beziehung der Hoheitsgewalt untersteht.[152] Ansätze in diese Richtung finden sich bis in die jüngere Rechtsprechung: Im Fall *Hassan* nahm der EGMR – wenngleich ohne konkrete Bezugnahme auf besagten Test – die Verantwortlichkeit des UK an, da die irakische

---

144 EGMR Drozd u. Janousek/F u. E, 26.6.1992; vgl. dazu den in der Sache vorangegangenen Bericht der EKMR EuGRZ **1992** 129; vgl. in der Sache auch: EGMR (GK) Bankovic u.a./B u. 16 andere NATO-Staaten (E), 12.12.2001, NJW **2003** 413 = EuGRZ **2002** 133.

145 EGMR (GK) Loizidou/TRK, 18.12.1996, EuGRZ **1997** 555 = ÖJZ **1997** 793; vertiefend: *Rowe* The Impact of Human Rights Law on Armed Forces (2006); *Neubert* 64 f.

146 Vertiefend dazu: *Haedrich* Menschenrechte und humanitäres Völkerrecht – eine Verhältnisbestimmung (2019) 13, 21 ff. m.w.N.; *Droege* International Review of the Red Cross Vol. **90** (2008) 501, 521 f.

147 *Pictet* Die Grundsätze des humanitären Völkerrechts (1969) 7 ff.; *Robertson/Merrils* Human rights in the world (1989)³ 174 ff.; *Schäfer* Menschenrechte und humanitäres Völkerrecht 35 ff.; *Zimmermann* 13.

148 Zu den Problemen *ratione personae* bei militärischen Aktionen im Rahmen von UN und NATO vgl. Rn. 24 ff.

149 IGH Advisory Opinion, Legality of the Threat or Use of Nuclear Weapons, No. 96/23; IGH Summary of the Advisory Opinion, Legal Consequences of the Construction of a Wall in the Occupied Palestinian Territory, 2004/2, 9; Coard et al. v. United States, Case 10.951, Rep. Nr. 109/99; HRC General Comment No. 31 (80), CCPR/C/21/Rev.1/Add.13, 2004, Anm. 11; IK-EMRK/*Fastenrath* 134; zur Problematik *Neubert* 96 ff.; näher dazu auch: *Haedrich* 13, 27 ff.

150 EGMR Issa u.a./TRK, 16.11.2004; *Schabas* 101 f.

151 EGMR Hussein/21 Staaten (E), 14.3.2006, NJW **2006** 2971 = EuGRZ **2006** 247.

152 Vgl. *Breuer* EuGRZ **2003** 449; *Grabenwarter/Pabel* § 17, 16; *Krieger* ZaöRV **62** (2002) 669, je m.w.N.; umfassend: *Jankowska-Gilberg*; *Schmitz-Elvenich*.

Haftanstalt Camp Bucca zwar grundsätzlich von den USA geführt und verwaltet wurde, *faktisch* von den britischen Truppen aber zur Unterbringung von Häftlingen genutzt wurde; entsprechende Aufnahmelisten waren dem UK zugänglich.[153]

Bereits 1995 prägte der EGMR im Zusammenhang mit dem **Nordzypern-Konflikt** eine **56** neue Argumentation für die Begründung der Anwendbarkeit des Art. 1 bei der Ausübung extraterritorialer Hoheitsgewalt. Der Gerichtshof berief sich nicht mehr auf eine *tatsächliche* Autorität und Kontrolle, sondern auf das Vorhandensein einer *effektiven* Kontrolle („**effective control**") des Konventionsstaates. Dabei sei es unerheblich, ob die Kontrolle direkt durch militärische Kräfte oder indirekt durch eine untergeordnete, lokale Verwaltung ausgeübt werde.[154] Wesentliche Anhaltspunkte für das Vorliegen einer „effective control" können sich etwa aus der bestehenden Militärpräsenz oder dem Ausmaß der militärischen, wirtschaftlichen oder politischen Unterstützung für die den Einfluss auf die Region ausübende untergeordnete lokale Verwaltung ergeben.[155]

Eine klare, stringente Abgrenzung zwischen beiden Begriffen und entsprechenden **57** Konstellationen ist allerdings in der Spruchpraxis des EGMR nicht feststellbar: Von *„actual authority and control"* sprach der Gerichtshof sowohl bei der Bezugnahme auf ein Territorium[156] als auch bei der Ausübung staatlicher Gewalt über Personen oder Dinge.[157] Derselbe Befund trifft den Begriff der *„effective control"*, wobei hier aber meistens ein territorialer Bezug[158] bestand. Die Beispiele lassen den Schluss zu, dass der EGMR **beide Begriffe zuweilen synonym** verwendet.[159] In jüngerer Rechtsprechung wird teilweise eine etwas deutlichere Unterscheidung der Begriffe *„State agent authority and control"* (sog. „personal concept of jurisdiction") über Personen und *„effective control"* über ein Territorium (sog. „spatial concept of jurisdiction") aufgegriffen und vorgenommen.[160]

Bankovic. Eine – vielfach kritisierte[161] – Entscheidung traf der EGMR im Jahr 2001 **58** im Fall *Bankovic*, als er im Rahmen von militärischen Kampfhandlungen ein neues Kriterium bzgl. der Anwendbarkeit von Art. 1 einführte und die Anwendbarkeit der EMRK in dem Fall verneinte, in dem eine bloße **militärische Kampfhandlung ohne territoriale Kontrolle** vorliege. Der Fall *Bankovic* behandelte das NATO-Bombardement einer Rundfunkstation ohne Truppenstationierungen. Der EGMR entschied schwer nachvollziehbar, dass derartige Kampfhandlungen der Streitkräfte eines Vertragsstaates den Betroffenen

---

153 EGMR (GK) Hassan/UK, 16.9.2014, §§ 47 ff., NJOZ **2016** 351, wobei die Anwendbarkeit von Art. 1 nicht ausdrücklich bejaht wird, durch die Prüfung von Art. 2, 3, 5 aber implizit vorausgesetzt wird.

154 EGMR (GK) Loizidou/TRK, 18.12.1996; Issa u.a./TRK, 16.11.2004, § 69; (GK) Chiragov/ARM, 16.6.2015, §§ 12– 31, 169–186 (effektive Kontrolle Armeniens über die Region Berg-Karabach); Sandu u.a./MOL u. R, 17.7.2018; OK-StPO/*Valerius* 6; *Grabenwarter/Pabel* § 17, 15; van Dijk/van Hoof/van Rijn/Zwaack/*Lemmens* Ch. 1, Sec. 4, 4.3; *Schabas* 102 f.; *Weiß* Menschenrechtsbindung bei Auslandseinsätzen (2006) 13.

155 EGMR (GK) Loizidou/TRK, 18.12.1996, §§ 16, 56; (GK) Ilaşcu u.a./MOL u. R, 8.7.2004, §§ 387 ff.; siehe auch: EGMR (GK) GEO/R (II), 21.1.2021, §§ 144, 164 ff., 173 f.; vgl. zudem oben Rn. 44.

156 EKMR Zypern/TRK, 10.7.1978, D.R. 13, 93.

157 EKMR Zypern/TRK, 26.5.1975, D.R. 2, 137.

158 EGMR (GK) Ilaşcu u.a./MOL u. R, 8.7.2004, NJW **2005** 1849; (GK) Loizidou/TRK, 18.12.1996; Ivantoc u.a./ MOL u. R, 15.11.2011, §§ 115 ff.

159 EGMR Hussein/21 Staaten, 14.3.2006; (GK) Ilaşcu u.a./MOL u. R, 8.7.2004, NJW **2005** 1849; Issa u.a./TRK, 16.11.2004; *Mowbray* Cases and Materials on the European Convention on Human Rights (2007)², 59 ff.; *Bettendorf* 17 f.

160 EGMR (GK) Al-Skeini u.a./UK, 7.7.2011, §§ 133 ff., NJW **2012** 283, 285 f.; darauf verweisend in jüngerer Rechtsprechung: EGMR (GK) GEO/R (II), 21.1.2021, §§ 115, 136; Carter/R, 21.9.2021, § 125, BeckRS **2021** 26955.

161 *Neubert* 65.

und ihre (faktischen) Folgen noch nicht den Schutz der EMRK eröffnen;[162] es müsse zusätzlich eine **ausreichende hoheitliche Beziehung (*„jurisdictional link")*** zwischen den Betroffenen und den staatlichen Truppen bestehen.[163] Zusätzlich prüfte der Gerichtshof in Abweichung von seiner früheren Rechtsprechung[164] zum ersten Mal eine Rechtfertigung der Ausübung der Hoheitsgewalt nach allgemeinen Völkerrechtsgrundsätzen, während er früher die tatsächliche Kontrolle durch einen Konventionsstaat als ausreichend angesehen hatte.[165]

59   Diese Rechtsprechungslinie – insbesondere auch das Erfordernis eines *„jurisdictional links"*[166]– hat der EGMR inzwischen im Sinne seiner allgemeinen Entscheidungspraxis im Rahmen von Militärhandlungen konkretisiert und fortgeführt. Dabei hat er festgestellt, dass militärische Kampfhandlungen unter den Anwendungsbereich von Art. 1 fallen, wenn nicht nur eine personelle Kontrolle über die Betroffenen gegeben ist, sondern der Vertragsstaat daneben noch gewisse **öffentliche Befugnisse (*„public powers")***[167] ausübt.[168] Damit müssen zwei Ausnahmen vom Territorialitätsprinzip kumulativ nebeneinander vorliegen, um eine Verantwortlichkeit zu begründen.[169]

60   ***Al-Skeini.*** Als Einzelfall stellte sich in der Rs. *Al-Skeini* das *„legal space"*-Argument (EMRK als regionaler Menschenrechtsvertrag).[170] Der Gerichtshof widersprach der Auffassung, dass die EMRK nicht *„divided and tailored"* sein könnte, d.h. dass die Anwendbarkeit der Konvention dem Alles-oder-nichts-Prinzip folge.[171] Es sei von einem Staat wie dem UK, der vorbrachte, dass er angesichts seiner geringen Anzahl von Streitkräften keine effektive Kontrolle über die Stadt Basrah gehabt habe und somit die EMRK-Garantien nicht habe vollumfänglich gewährleisten können, zu erwarten, dass er die Rechte, die dem betroffe-

---

162   *Neubert* 65 f.; *Schabas* 97, 103 f. Der Anwendungsbereich des humanitären Kriegsvölkerrechts ist sachlich auf bewaffnete Konflikte, nicht auf die Ausübung territorialer Herrschaftsgewalt beschränkt, vgl. *Krieger* ZaöRV **62** (2002) 669, 690 ff.; Leutheusser-Schnarrenberger/*Karpenstein* 209, 210 ff.

163   EGMR (GK) Bankovic u.a./B u. 16 andere NATO-Staaten (E), 12.12.2001, NJW **2003** 413 = EuGRZ **2002** 133; dazu auch Leutheusser-Schnarrenberger/*Karpenstein* 209, 215; van Dijk/van Hoof/van Rijn/Zwaack/*Lemmens* Ch. 1, Sec. 4, 4.3; *Zimmermann/Jötten* MRM **2010** 5, 6 f.

164   Ausführlich zu diesem Rechtsprechungswandel auch: *Wallace* The Application of the European Convention on Human Rights to Military Operations 48 ff.

165   *Lorenz* 80 f., 120, 122; *Rensmann* in: Weingärtner (Hrsg.), Einsatz der Bundeswehr im Ausland (2008) 57.

166   Vgl. etwa EGMR (GK) Al-Skeini u.a./UK, 7.7.2011, §§ 149 f.

167   Die genaue Bedeutung sowie das Ausmaß dieser *„public powers"* blieb der EGMR allerdings schuldig: *Jankowska-Gilberg* AVR **2012** 61, 72 f.

168   *Jankowska-Gilberg* AVR **2012** 61, 70; *Ronchi* Al-Skeini v UK, Law Quarterly Review **128** (2012) 24, der aber gleichzeitig auch feststellt, dass Bankovic u.a./Belgien damit nicht verworfen wurde, sondern im Kosovo keine territoriale Kontrolle der Vertragsstaaten bestand; i.E. ebenso *Milanovic* EJIL **23** (2012) 129, 131. Dies bestätigt auch EGMR (GK) Hirsi Jamaa u.a./I, 23.2.2012, § 73, *„In its first judgement in the case of Loizidou, the Court ruled that bearing in mind the object and purpose of the Convention, the responsibility of a Contracting Party may also arise when as a consequence of military action [...] it **exercises effective control of an area** outside its national territory, which is however **ruled out when**, as in Bankovic, only **an instantaneous extra-territorial act** is at issue".* Zur Kritik an dieser Art des „Tests" *Milanovic* European Court Decides Al-Skeini and Al-Jedda, http://www.ejiltalk.org/european-court-decides-al-skeini-and-al-jedda/.

169   *Henderson* War, power and control: The problem of jurisdiction, abrufbar unter: http://ukhumanrightsblog.com/2011/07/14/war-power-and-control-the-problem-of-jurisdiction/, 2.3.2020; *Jankowska-Gilberg* AVR **2012** 61, 66.

170   *Milanovic* EJIL **23** (2012) 129; *Jankowska-Gilberg* AVR **2012** 61, 64, 73.

171   *Ronchi* Al-Skeini v UK, The Law Quarterly Review **128** (2012) 21; *Henderson* War, power and control: The problem of jurisdiction: http://ukhumanrightsblog.com/2011/07/14/war-power-and-control-the-problem-of-jurisdiction/.

nen Individuum in der jeweiligen Situation zustehen (hier schnelle und unabhängige Untersuchungen der Todesfälle, Art. 2), weitestmöglich garantiere.[172] Auch die Feststellung der Ausübung von Hoheitsgewalt anhand des *actual-authority and control-* bzw. des *effective-control*-Tests blieb grundsätzlich erhalten, so dass Situationen wie die Bombardierung im Fall *Bankovic* einen (rechtspolitischen) Sonderfall darstellen dürften.[173]

Jaloud. Im Fall *Jaloud* hat die GK 2014 zu einem Tätigwerden von Soldaten im Auslandseinsatz als Teil einer internationalen Streitmacht bei **Übertragung von *operational control***[174] unter **Beibehaltung des *full command***[175] durch die Entsendestaaten Stellung genommen und den Schutz der Menschenrechte auch im Fall von **extraterritorialen Sachverhalten** ausgedehnt. **61**

Der Bf. war der Vater des getöteten irakischen Staatsbürgers *Azhar Sabah Jaloud*, der die Verletzung von Art. 2 aufgrund ineffektiver Ermittlungen zum Tod seines Sohnes geltend gemacht hatte.[176] *Azhar Sabah Jaloud* kam zu Tode, als sich ein PKW, in dem er als Beifahrer Platz genommen hatte, am 21.4.2004 gegen 2.45 Uhr morgens sehr schnell der Fahrzeugkontrollstation „B 13" nördlich der Stadt *Ar Rumaytah* (Irak) näherte und dabei eine der Tonnen umfuhr, die die Kontrollstation darstellten. Circa eine Dreiviertelstunde früher, gegen 2.12 Uhr war bereits ein anderer PKW auf die Kontrollstation zugefahren und hatte auf die Kontrollposten mehrere Schüsse abgegeben.[177] Die Kontrollposten gaben insgesamt mehr als 30 Schüsse ab, wodurch *Jaloud* getötet wurde.[178] Der Kontrollposten wurde durch irakische Sicherheitskräfte, die dem Iraqui Civil Defense Corps (ICDC) angehörten, sowie durch niederländische Soldaten gesichert. Die niederländischen Streitkräfte befanden sich von Juli 2003 bis März 2005 als Teil der *Stabilization Force in Iraq* (SFIR) auf Grundlage der UN-SR-Resolution 1483 auf irakischem Territorium und waren als Teil der *Multinational Division South-East* (MND-SE) im südöstlichen Teil des Landes unter dem Kommando eines Offiziers der Streitkräfte des UK eingesetzt.[179] In einem Brief des niederländischen Außenministers und Verteidigungsministers an das Unterhaus des Parlaments des UK wurde für die niederländischen Streitkräfte der SFIR festgehalten, dass diese unter dem „*operational control of the British division as an independent unit*" tätig werden.[180] Die Niederlande behielten sich jedoch „*full command*" über ihre Streitkräfte vor.[181] **62**

Die Niederlande beriefen sich vor der GK auf die fehlende Ausübung von Hoheitsgewalt i.S.v. Art. 1 und machten geltend, dass sie anders als die USA und das UK keine Besatzungsmacht gemäß dem humanitären Völkerrecht gewesen seien und keine öffentlichen Aufgaben („*public powers*") ausgeübt hätten.[182] Darüber hinaus hätten sie im Rahmen des Kontrollpostens nur eine Überwachungsfunktion innegehabt, seien hierarchisch nicht den irakischen Sicherheitskräften übergeordnet und durch die Übertragung von *operational control* unter **63**

---

172 *Milanovic* EJIL **23** (2012) 126; *Jankowska-Gilberg* AVR **2012** 61, 64, 67; Leutheusser-Schnarrenberger/ *Karpenstein* 209, 214 f.; *Zimmermann/Jötten* MRM **2010** 5, 8.

173 EGMR (GK) Öcalan/TRK, 12.5.2005; Ilaşcu u.a./MOL u. R, 8.7.2004, NJW **2005** 1849; *Lorenz* 34; *Zimmermann* 4; **a.A.** *Peters* AVR **48** (2010) 13.

174 Nach der NATO-Definition bezeichnet *operational control* die auf den Einzelfall begrenzte Möglichkeit eines Befehlshabers, Truppen nach Art, Zeit und Raum einzusetzen.

175 EGMR (GK) Jaloud/NL, 20.11.2014, NJOZ **2016** 76; näher zu diesem Fall auch *Biehl* Die Europäische Menschenrechtskonvention in internationalen und nicht-internationalen bewaffneten Konflikten (2020) 91 f.

176 EGMR (GK) Jaloud/NL, 20.11.2014, §§ 1, 3, 9; zur Verletzung von Art. 2 dort Rn. 66.

177 EGMR (GK) Jaloud/NL, 20.11.2014, §§ 10–12.

178 EGMR (GK) Jaloud/NL, 20.11.2014, § 12, davon allein 28 Schüsse durch *Lieutenant A.*

179 EGMR (GK) Jaloud/NL, 20.11.2014, §§ 53, 54, 57.

180 EGMR (GK) Jaloud/NL, 20.11.2014, § 57 – Command Structure, Absatz 1.

181 EGMR (GK) Jaloud/NL, 20.11.2014, § 57 – Command Structure, Absatz 2.

182 EGMR (GK) Jaloud/NL, 20.11.2014, §§ 113 f.

Kontrolle des UK nicht in Ausübung eigener Hoheitsgewalt tätig geworden.[183] Indem sie lediglich Schüsse auf das Fahrzeug abgegeben, jedoch zu keiner Zeit physische Kontrolle über *Jaloud* innegehabt hätten, müsse ihr Handeln nach den *Bankovic*-Regeln beurteilt werden.[184]

64   Die GK folgte den Argumenten der Niederlande nicht und bejahte stattdessen die Ausübung von Hoheitsgewalt i.S.v. Art. 1. So sei der **Status als Besatzungsmacht** i.S.d. humanitären Völkerrechts unter Zugrundelegung der Rechtsprechung des EGMR **nicht per se entscheidend** für die Annahme oder Ablehnung der Ausübung von Hoheitsgewalt.[185] Auch ein Handeln auf **Weisung oder Befehl eines anderen Staates** (hier UK) befreie den Vertragsstaat nicht automatisch von seiner Verantwortlichkeit.[186] Entscheidend ist vielmehr, ob der Vertragsstaat noch **selbst Kontrolle über seine Handlungen** habe: Eine Unterstellung von Truppen unter **Übertragung von** *operational control* bei gleichzeitiger **Beibehaltung des** *full command* belasse nach Ansicht der GK die Kontrolle über die Streitkräfte gerade beim Entsendestaat.[187] So bestimmte der niederländische Staat allein über die Befugnisse seiner Streitkräfte im allgemeinen durch den Erlass sog. *Rules of Engagement* (RoE)[188] oder **Taschenkarten**, die auch die Anwendung von Gewalt für die entsandten Soldaten verbindlich vorgaben.[189] Die RoE bzw. Taschenkarte der niederländischen Streitkräfte sahen vor, dass die Anwendung von Gewalt strikt unter Beachtung des Verhältnismäßigkeitsgrundsatzes zu erfolgen hatte.[190] Zudem standen die irakischen Sicherheitskräfte nach Ansicht des EGMR in einem Unterordnungsverhältnis zu den niederländischen Streitkräften.[191]

65   **Folgen für militärische Auslandseinsätze deutscher Soldaten.** Da auch deutsche Soldaten in militärische Auslandseinsätze unter Übertragung von *operational control* bei Beibehaltung des *full commands* in den Händen des Entsendestaates (Deutschland) geschickt werden,[192] ist das Urteil *Jaloud* für die deutsche Rechtspraxis von erheblicher Bedeutung. Die Bejahung der Ausübung von Hoheitsgewalt durch die NATO (wie etwa im Fall des **Kundus-Bombardements**, Rn. 66 ff.)[193] wird in Zukunft unter Beachtung der Rechtsprechung des EGMR nicht mehr möglich sein. So sehr der EGMR mit diesem Urteil damit im Ergebnis den Menschenrechtsschutz stärkt, so besteht dabei zugleich die Gefahr – auf die das Vereinigte Königreich als *„intervening state"* in seiner Argumentation vor der GK hingewiesen hatte[194] – dass sich die Vertragsstaaten internationaler Militärbündnisse (NATO) oder Organisationen (UN) in Zukunft genau überlegen werden, ob sie ihre Streitkräfte in derartige Auslandseinsätze entsenden, da sie persönlich für mögliche zivil- oder strafrechtliche Verletzungen ihrer Soldaten weiterhin einzustehen haben.

---

183   EGMR (GK) Jaloud/NL, 20.11.2014, §§ 115–118.
184   EGMR (GK) Jaloud/NL, 20.11.2014, §§ 118 f.
185   EGMR (GK) Jaloud/NL, 20.11.2014, § 142.
186   EGMR (GK) Jaloud/NL, 20.11.2014, § 143.
187   EGMR (GK) Jaloud/NL, 20.11.2014, §§ 146 ff.
188   EGMR (GK) Jaloud/NL, 20.11.2014, § 57 – Instruction on the use of force: *„Rules of Engagement (ROE) are instructions to military units which set out the circumstances, conditions, degree and modality of the permitted use of force"*; vgl. dazu auch *Zimmermann/Jötten* MRM **2010** 5, 17.
189   EGMR (GK) Jaloud/NL, 20.11.2014, § 147.
190   EGMR (GK) Jaloud/NL, 20.11.2014, § 59 – *The aide-mémoire for SFIR commanders/The SFIR soldier's card.*
191   EGMR (GK) Jaloud/NL, 20.11.2014, § 150.
192   Dazu ausführlich *Bettendorf* Die strafrechtliche Verantwortlichkeit deutscher Soldaten bei der Anwendung militärischer Gewalt – Exemplarisch dargestellt anhand des Einsatzes in Afghanistan und des Luftschlages von Kundus am 4. September 2009 (2015).
193   LG Bonn Urt. v. 11.12.2013 – 1 O 460/11, BeckRS **2013** 21875; hierzu EGMR (GK) Hanan/D, 16.2.2021, §§ 142, 134.
194   EGMR (GK) Jaloud/NL, 20.11.2014, § 126.

Hanan. Eine Weiterentwicklung der Grundsätze zur Begründung des *locus standi* im 66
Rahmen von extraterritorialen Militäreinsätzen nahm der Gerichtshof (GK) in der Rs. **Ha-nan** vor. Diese betraf das oben bereits erwähnte Bombardement von zwei Tanklastzügen
am 4.9.2009 im Rahmen eines NATO-geführten ISAF-Einsatzes in der Nähe von Kundus
(Afghanistan). Der Luftangriff war von einem deutschen Bundeswehroffizier befohlen
worden und hatte u.a. die beiden acht- und zehnjährigen Söhne des Bf. getötet.[195] Der
Bf. rügte, dass Deutschland entgegen seiner prozessualen Verpflichtung aus Art. 2 **keine
hinreichend effektive Untersuchung des Vorfalls** durchgeführt hätte.[196]

Bei der Beurteilung des *locus standi* orientierte sich der Gerichtshof an den in der Rs. 67
Güzelyurtlu u.a.[197] entwickelten Leitlinien: Auch dieser Fall betraf eine mögliche Verlet-zung der prozessualen staatlichen Verpflichtung aus Art. 2 zur hinreichenden Aufklärung
des Todes einer Person, der außerhalb des Territoriums eines Vertragsstaates eingetreten
war. Dort urteilte der Gerichtshof, dass die für die Bejahung des *locus standi* nach Art. 1
erforderliche hoheitliche Beziehung[198] („jurisdictional link") zwischen dem Staat und den
Betroffenen sich schon **allein aufgrund der Durchführung von staatlichen Ermittlun-gen** zur Aufklärung des Todes begründen ließe.[199] Wurden in einem Staat keine Ermittlun-gen zum Tod eines Menschen eingeleitet, könne sich der *„jurisdictional link"* zudem auch
aus **besonderen Umständen** („special features") im Einzelfall ergeben.[200]

Da sich im Fall *Hanan* anders als im Fall *Güzelyurtlu* die in Frage stehenden Todesfälle 68
im Rahmen eines **extraterritorialen Militäreinsatzes** ereignet hatten, nahm die GK je-doch keine gänzliche Übertragung der vorgenannten Grundsätze vor:[201] Allein die Durch-führung strafrechtlicher Ermittlungen will der Gerichtshof bei Todesfällen im Rahmen
extraterritorialer Militäreinsätze u.a. angesichts der dann künftig zu erwartenden Zurück-haltung der Staaten bei der Einleitung solcher Untersuchungen nicht für die Bejahung des
erforderlichen **„jurisdictional link"** ausreichen lassen. Jedoch soll das Bestehen einer
solchen **hinreichenden hoheitlichen Beziehung** und damit die Anwendbarkeit der
EMRK – wie im Fall *Güzelyurtlu* – mit dem Vorliegen **besonderer Umstände („special
features")** begründet werden können.[202] Im Fall *Hanan* erblickte die GK solche besonde-ren Umstände in der sich aus dem Völkerrecht und dem nationalen Recht ergebenden
Verpflichtung Deutschlands zur Durchführung effektiver Ermittlungen sowie in dem
Beibehalten der **alleinigen gerichtlichen Zuständigkeit** über die Truppen in Bezug auf
schwere Verbrechen. Im Ergebnis bejahte die GK damit den *locus standi* für die prozessua-le Verpflichtung aus Art. 2 iVm Art. 1.[203] Mit dem äußerst vagen Prüfparameter der „beson-deren Umstände" hat der Fall aber mehr Verunsicherung als Klarheit bei der Zurechnung
eines entsprechenden staatlichen Handelns geschaffen.

Innerstaatlich kam es im Fall *Hanan* zu einem Beschluss des BVerfG bzgl. der **staatli-** 69
chen Haftung für Völkerrechtsverletzungen. Diese ist demnach in den Grundrechten
verankert und können mit der Verfassungsbeschwerde geltend gemacht werden. Diese

---

195 EGMR (GK) Hanan/D, 16.2.2021, §§ 3, 15 ff., 25, NJW **2021** 1291 = NLMR 1/**2021** 29; *Frau* Theory and
Practice of the European Convention on Human Rights (2022) 291, 300 ff.
196 EGMR (GK) Hanan/D, 16.2.2021, § 154.
197 EGMR (GK) Güzelyurtlu u.a./ZYP und TRK, 29.1.2019, BeckRS **2019** 52734.
198 Zu den Anforderungen an das Bestehen eines hinreichend qualifizierten Bezugs zum deutschen Staat
im Hinblick auf die Anwendung *grundrechtlicher Schutzpflichten* vgl. BVerwG NVwZ **2021** 800 m. Anm.
Heinemann und Anm. *Jacob* jM **2021** 205 ff.
199 EGMR (GK) Güzelyurtlu u.a./ZYP und TRK, 29.1.2019, § 188.
200 EGMR (GK) Güzelyurtlu u.a./ZYP und TRK, 29.1.2019, § 188; dazu: EGMR Carter/R, 21.9.2021, § 132.
201 EGMR (GK) Hanan/D, 16.2.2021, § 135, NJW **2021** 129.
202 EGMR (GK) Hanan/D, 16.2.2021, § 136.
203 EGMR (GK) Hanan/D, 16.2.2021, § 142.

Esser

gelten auch für staatliches Handeln im Ausland oder für Auslandseinsätze der Bundeswehr und begründen eine Verpflichtung zum Ausgleich oder zur Entschädigung.[204]

70   **Militäreinsätze auf Hoher See/Piraterie-/Terrorismusbekämpfung/„Push-backs".** Die vorstehenden Grundsätze zur Ausübung militärischer Kontrolle gelten ebenfalls für staatliches Handeln auf Hoher See, etwa zur Bekämpfung der **Drogenkriminalität** oder der **Piraterie**.[205] Eine von Soldaten zu fordernde ausgeübte *„effektive Kontrolle"* über Verdächtige ist schon in der Abgabe von Warnschüssen[206] sowie im Betreten eines anderes Schiffes (idR unter Vorhalt von Waffen),[207] spätestens aber im Verbringen der Verdächtigen auf ein Militärschiff zu sehen.[208] Die Notwendigkeit einer **Bekämpfung des** (internationalen) **Terrorismus und des Drogenhandels** kann Einschränkungen hinsichtlich der grundsätzlichen Verantwortlichkeit für ein staatliches Handeln im Ausland nach den allgemeinen Grundsätzen rechtfertigen.[209] Die notstandsfesten Rechte (Art. 15 Abs. 3) dürfen aber auch mit einer solchen Begründung nicht außer Kraft gesetzt werden.

71   Auch bei einem (Militär-)Einsatz zum **Abfangen von Flüchtlingen auf Hoher See** bereits außerhalb des Hoheitsgebietes unterstehen die Flüchtlinge der Hoheitsgewalt des betreffenden Staates, zumindest dann, wenn sie auf Schiffe des Vertragsstaates verbracht werden.[210] Daran ändert sich auch nichts, wenn der Vorgang als „Rettungsoperation" dargestellt wird, d.h. die Flüchtlinge in internationalen Gewässern aus Seenot gerettet werden.[211] Bereits 2012 entschied der EGMR, dass Italiens Praxis, Migranten auf Hoher See abzufangen und sie zur Rückkehr nach Libyen zu zwingen, gegen die EMRK, insbesondere gegen das Verbot sog. Kollektivausweisungen (Art. 4 des 4. ZP-EMRK), verstoße.[212] In einem gegen Italien anhängigen Verfahren[213] machen die Bf. geltend, Italien habe seine Verpflichtungen aus der EMRK, insbesondere das Refoulement-Verbot, verletzt, indem es mit der libyschen Küstenwache kooperiert habe, um Menschen auf dem Mittelmeer abzufangen und nach Libyen zurückzubringen. Im Rahmen solcher Rückführungsoperationen (sog. **Push-Backs**) kommen regelmäßig Menschen zu Tode, im betreffenden Verfahren die Kinder der Beschwerdeführer. Außerdem seien Personen, die nach Libyen zurückgebracht

204 BVerfG NJW **2021** 2108 = NVwZ **2021** 398.

205 EGMR (K) Medvedyev u.a./F, 10.7.2008, § 50; (GK) 29.3.2010, §§ 62 ff., NJOZ **2011** 231 (Aufbringen eines zum Drogenhandel eingesetzten Schiffes durch französische Militäreinheiten; Freiheitsentziehungen); zur Pirateriebekämpfung: *Esser/Fischer* JR **2010** 513, 515; *Schäfer* JuS **2015** 218, 220.

206 EGMR (GK) Medvedyev u.a./F, 29.3.2010, § 66.

207 In diesem Sinne: EGMR (GK) Medvedyev u.a./F, 29.3.2010, § 66; (K) 10.7.2008, § 50: die Verdächtigen waren auf *ihrem* Schiff unter Aufsicht verblieben; der Grad an Kontrolle bei einem Verbringen auf ein Marineschiff dürfte höher zu bewerten sein; vgl. bejahend *Fleck* NZWehr **2008** 164, 165 (bei Festnahmen).

208 Siehe auch: *Guilfoyle* ICLQ **59** (2010) 141, 155.

209 Vgl. Art. 5 Rn. 403; EGMR Medvedyev u.a./F, 10.7.2008, § 49: *„However, legitimate as it may be, the end does not justify the use of no matter what means: the States must secure to everyone within their jurisdiction the rights and freedoms defined in the Convention and the additional Protocols they have ratified, in all circumstances and with only those restrictions provided for in those same texts."*; bestätigt durch die GK, 29.3.2010, § 121; kritisch zum Menschenrechtsschutz bei der Bekämpfung des Terrorismus: *Marx* KJ **2006** 151.

210 EGMR (GK) Hirsi Jamaa/I, 23.2.2012, NVwZ **2012** 809, §§ 76 ff. (im konkreten Fall u.a. durch die EU-Grenzschutzagentur FRONTEX); hierzu: *Groß* JZ **2012** 1087, 1088; *Lehnert/Markard* ZAR **2012** 194; *Weber* ZAR **2012** 265; *Schabas* 102.

211 EGMR (GK) Hirsi Jamaa/I, 23.2.2012, NVwZ **2012** 809, § 79.

212 Vgl. dazu auch EGMR M.K. u.a./PL, 23.7.2020, §§ 197 ff., 204 ff. (mehrfache Zurückweisung Asylsuchender an der polnisch-belarussischen Grenze).

213 EGMR S.S. u.a./I, 26.6.2019 (communicated).

werden, dort regelmäßig Folter und anderen Misshandlungen ausgesetzt.[214] In der Sache *Women on Waves* sprach der Gerichtshof die Frage der Hoheitsgewalt zwar nicht ausdrücklich an, schien jedoch davon auszugehen, dass eine Kombination aus einer an den Kapitän des betreffenden Schiffs der NGO gesendeten Regierungsmitteilung, die ihm das **Einlaufen in die portugiesischen Hoheitsgewässer untersagte**, sowie der **Platzierung eines Kriegsschiffes** in dessen Nähe, ausreichend war, um eine solche anzunehmen.[215]

Transitzonen: Während sich der EGMR (GK) im November 2019 in der Rs. *Ilias und* **72** *Ahmed* zurückhaltend zur generellen Situation von Flüchtlingen in der ungarischen **Transitzone** *Röszke* äußerte und argumentierte, dass vor allem der vergleichsweise kurze Aufenthalt der Beschwerdeführer[216] und die materielle Ausstattung in der Zone gegen eine Verletzung von Art. 3 (unmenschliche Behandlung) sprächen,[217] entschied der EuGH im Mai 2020, dass der Freiheitsentzug gegenüber Asylbewerbern in den Transitzonen nahe der serbischen Grenze durch Ungarn rechtswidrig war.[218]

Nach der Rechtsprechung des EGMR gehören auch **Flughäfen** sowie deren internationale Transitzonen auf dem Gebiet eines Staates rechtlich zum Teil des Staatsgebietes.[219] **73**

c) Internationale Rechtsstreitigkeiten. Wenn ein Staat als Partei in einem anderen **74** Land an einem **Rechtsstreit teilnimmt**, übt er insoweit keine exterritoriale Hoheitsgewalt gegenüber seinem Prozessgegner aus.[220] Dagegen unterliegt eine Rechtssache, welche eigentlich aus einem Nicht-Konventionsstaat stammt, aber in einem Konventionsstaat anhängig gemacht wird, der EMRK, d.h. es besteht von diesem Augenblick an über den Begriff der Hoheitsgewalt eine Verknüpfung zwischen dem Kläger und dem beteiligten Staat.[221]

Rechtshilfe. Wenn ein Vertragsstaat im Rahmen der Rechtshilfe strafrechtliche Er- **75** mittlungsmaßnahmen von einem anderen Staat ausführen lässt (z.B. Vernehmungen), dann ist nicht nur der die Maßnahmen ausführende, ersuchte Staat, sondern auch der ersuchende Staat dafür verantwortlich, dass die Vorgaben der EMRK, beispielsweise die Beschuldigtenrechte und die Fairness des Verfahrens, gewahrt sind.[222]

Einem Staat sind allerdings grundsätzlich keine Handlungen zuzurechnen, die von **76** einem anderen (Vertrags-) Staat aufgrund eines ausgeschriebenen Haftbefehls vorgenommen werden; widrige Haftbedingungen bei der **Auslieferungshaft** begründen daher in diesem Zusammenhang keine Verantwortlichkeit des ersuchenden Staates.[223] Allerdings

---

214 Vgl. EGMR Communiquée v. 26.6.2019 im Verfahren S.S. u.a./I; UNHCR Position on the designations of Libya as a safe third country and as a place of safety for the purpose of disembarkation following rescue at sea, Sept. 2020, https://www.refworld.org/cgi-bin/texis/vtx/rwmain?docid=5f1edee24; UNHCR Position on Returns to Libya, Sept. 2018: https://www.refworld.org/docid/5b8d02314.html; *Blanke/Johr* DÖV **2019** 929.

215 EGMR Women on Waves/PT, 3.2.2009, §§ 8 ff.

216 EGMR (GK) Ilias u. Ahmed/H, 21.11.2019, §§ 8, 180, 195 ff. (23 Tage Transitzone; nach Ablehnung ihrer Asylanträge Verbringung nach Serbien; gerügt worden waren die Bedingungen in der Transitzone [Art. 3] und der Aufenthalt in der Transitzone als faktische Inhaftierung [Art. 5 Abs. 1, Abs. 4]).

217 EGMR (GK) Ilias u. Ahmed/H, 21.11.2019, § 194.

218 EuGH 14.5.2020, C-924/19 PPU u. C-925/19 PPU, Rn. 282 ff.; PM Nr. 60/20 v. 14.5.2020; 17.12.2020, C-808/18.

219 EGMR (GK) 21.11.2019 (Z.A. u.a./R), § 130, NVwZ **2020** 777 – Zwangsaufenthalt in Transitzone des Flughafens; ebenso EGMR Amuur/F, 25.6.1996, § 49; Shamsa/PL, 27.11.2003, §§ 44 ff.; Riad u. Idiab/B, 24.1.2008, §§ 64 ff.; Rashed/CS, 27.11.2008, §§ 70 ff.; Abou Amer/RUM, 24.5.2011, §§ 10, 39.

220 EGMR (GK) McElhinney/IR, 21.11.2001, EuGRZ **2002** 415; dazu *Maierhöfer* EuGRZ **2002** 391; Kalogeropoulou/GR u. D, 12.12.2002, NJW **2004** 273.

221 EGMR (GK) Markovic u.a./I, 14.12.2006, NJOZ **2008** 1086.

222 EGMR Stojkovic/F u. B, 27.10.2011, NJW **2012** 3709, § 55; vgl. *Esser/Gaede/Tsambikakis* NStZ **2012** 619, 623.

223 EGMR Collmann/D (E), 3.4.2007; vgl. auch zur Nicht-Anrechnung von Auslieferungshaft nach Art. 5 Abs. 3 Satz 2: EGMR Elsner/A, 24.5.2011, ÖJZ **2011** 887, § 137.

liegt es in der Verantwortlichkeit des ersuchenden Staats, wenn dieser einen rechtswidrigen **Europäischen Haftbefehl** ausschreibt oder Interpol um Ausstellung eines internationalen Haftbefehls ersucht, der dann vom ersuchten Staat vollstreckt wird.[224] Der ersuchende Staat (Ausstellerstaat) ist dann für die rechtswidrige Inhaftierung des Betroffenen verantwortlich, wenn der ersuchte Staat von der Rechtswidrigkeit des Haftbefehls keine Kenntnis haben konnte. Grund ist, dass der ersuchte Staat den Haftbefehl lediglich im Rahmen seiner internationalen Verpflichtungen vollstreckt.[225]

77   In Bezug auf die Vollstreckung des Europäischen Haftbefehls gelten die allgemeinen, im Rahmen der *Bosphorus*-**Rechtsprechung** des EGMR entwickelten Grundsätze zur **Vermutung eines gleichwertigen Schutzes** bei der Umsetzung sich aus der Mitgliedschaft in der EU ergebender rechtlicher Verpflichtungen.[226] In der Rechtssache *Romeo Castaño* hat der Gerichtshof in diesem Zusammenhang festgestellt, dass ein ersuchter Staat die **Vollstreckung des Europäischen Haftbefehls** jedoch in Abweichung von der Vermutung ausnahmsweise **abzulehnen hat**, wenn für die zu inhaftierende Person im ersuchenden Staat im Einzelfall ein tatsächliches Risiko („real risk") einer unmenschlichen oder erniedrigenden Behandlung aufgrund der dortigen Haftbedingungen besteht.[227] Letzteres muss sich jedoch auf eine ausreichend dargelegte Faktengrundlage stützen lassen.[228] An einer solchen fehlte es letztlich in der Rs. *Romeo Castaño*; dort konnte Belgien das Bestehen eines solchen Risikos in Haftanstalten des Ausstellungsstaats Spanien nicht hinreichend begründen.[229]

IV. Beschwerdegegenstand aus dem Anwendungsbereich der Konvention (*ratione materiae*)

78   Bei der Zuständigkeit *ratione materiae* wird überprüft, ob das geltend gemachte Recht im konkreten Einzelfall von der Konvention gewährleistet wird.[230]

C. Formen staatlichen Handelns

I. Eingriff (aktiv)

79   Nach dem Wortlaut des Art. 1 sind die Vertragsstaaten verpflichtet, die Konventionsrechte und -freiheiten zu sichern. Welche Einrichtungen aber den Vertragsstaaten zugerechnet werden, ist nicht im Vertragstext selbst geregelt, sondern ergibt sich aus allgemei-

---

224 EGMR Vasiliciuc/MOL, 2.5.2017, §§ 23–24; Stephens/MLT (Nr. 1), 21.4.2009, §§ 51–54.
225 EGMR Stephens/MLT (Nr. 1), 21.4.2009, § 52 (formeller Fehler).
226 EGMR Bosphorus Hava Yollari Turizm ve Ticaret Anonim Sirketi/IR, 30.6.2005, NJW **2006** 197 = EuGRZ **2007** 662, §§ 155 f.; *Vondung* EuR **2013** 688, 690; Michaud/F, 6.12.2012, NJW **2013** 3423, § 111.
227 EGMR Romeo Castaño/B, 9.7.2019, § 85 (Ablehnung der Vollstreckung eines von spanischen Behörden erlassenen europäischen Haftbefehls durch Belgien; Mangels hinreichend dargelegter Faktengrundlage, stellte die Ablehnung im Fall jedoch einen Verstoß gegen die prozessuale Verpflichtung zur Zusammenarbeit aus Art. 2 dar.); darauf verweisend: EGMR Bivolaru u. Moldovan/F, 25.3.2021, § 105, JSt **2021** 441 (Vollstreckung eines Haftbefehls durch die französischen Behörden trotz gegen Art. 3 verstoßender Haftbedingungen im Ausstellungsstaat Rumänien).
228 EGMR Romeo Castaño/B, 9.7.2019, § 85; Bivolaru u. Moldovan/F, 25.3.2021, § 105.
229 EGMR Romeo Castaño/B, 9.7.2019, § 90.
230 *Grabenwarter/Pabel* § 13, 58 f.; *Schabas* 94; Näheres unter Teil II Rn. 130.

nem Völkerrecht.[231] Dabei kann vor allem der – nicht rechtsverbindliche – Entwurf der UN zur Staatenverantwortlichkeit als Kodifikation des Völkergewohnheitsrechtes in diesem Bereich angesehen werden.[232] Demnach hat jeder Staat für die Ausübung von Hoheitsbefugnissen **durch alle ihm in seiner Gesamtheit zuzurechnenden Institutionen/Organe** – ungeachtet aller Unterschiede der nationalen innerstaatlichen Organisationsformen – völkerrechtlich einzustehen, gleich, ob sie der Legislative, der Exekutive oder der Judikative zuzurechnen sind, ob die Staatsgewalt von Zentralorganen oder dezentral von weitgehend selbständigen örtlichen Stellen ausgeübt wird und ob diese in der Lage oder willens sind, die Konventionspflichten zu erfüllen.[233]

Ein **Gesamtstaat**, der sich aus mehreren Gliedstaaten, autonomen Provinzen oder **80** sonstigen dezentralen Gebietskörperschaften zusammensetzt, bleibt völkerrechtlich dafür verantwortlich, dass die von ihm abgeschlossene Konvention in seinem gesamten Staatsgebiet beachtet wird.[234]

Die Verantwortlichkeit des Staates umfasst **alle Formen**, in denen seine Organe **81** Staatsgewalt gegen Personen oder Sachen ausüben. Sie gilt für Gesetzgebung, Verwaltung und Rechtsprechung gleichermaßen und setzt **kein Verschulden** voraus. Die Pflicht für Konventionsverletzungen einzustehen, entfällt nicht dadurch, dass das Verhalten untergeordneter Stellen nach innerstaatlichem Recht **rechtswidrig** war oder dass diese ihren Instruktionen zuwider gehandelt hatten.[235] Es ist auch unerheblich, ob die Regierung oder höhere Staatsorgane die Konventionsverletzungen ihrer untergeordneten Stellen hätten verhindern können.[236] Die Grenze der Verantwortlichkeit der Konventionsstaaten ist allerdings dort erreicht, wo sich **lokal autonome Regierungen** bilden, die nicht mehr kontrolliert werden können (vgl. Rn. 36).[237]

Untersagt ist jeder mit den Konventionspflichten nicht zu vereinbarende Eingriff in **82** die gewährleisteten Menschenrechte und Freiheiten. Die Konventionsverletzung setzt in der Regel einen (positiven) **Eingriff des Staates** durch seine Organe in diese Rechte voraus. Der Gerichtshof stellt an die Kriterien für das Vorliegen eines Eingriffs keine hohen Anforderungen.[238] Es muss nicht etwa ein völliger Entzug eines Rechts vorliegen, sondern schon **jede nicht nur unwesentliche Beeinträchtigung** des Einzelnen in einem seiner Rechte ist als Eingriff in eine Konventionsgarantie anzusehen und im Ergebnis eine Verletzung, sofern nicht eine der Voraussetzungen vorliegt, unter denen die Konvention den Eingriff gestattet.

II. Unterlassen/Schutzpflicht

Neben der Verpflichtung, nicht aktiv gegen ein in der EMRK niedergelegtes Recht zu **83** verstoßen, können einen Vertragsstaat **positive Handlungspflichten** treffen. Dann müs-

---

231 *Kälin/Künzli* 3.6.

232 *Kälin/Künzli* 3.6; ILC-Entwurf zur Staatenverantwortlichkeit, Yearbook of the International Law Commission Vol. 2 (2001).

233 EGMR Irland/UK, 18.1.1978, EuGRZ **1979** 149; Loizidou/TRK, 23.3.1995, ÖJZ **1995** 629 (Vorfragen); (GK) Loizidou/TRK, 18.12.1996; (GK) Öcalan/TRK, 12.5.2005; dazu *Breuer* EuGRZ **2003** 449; *Frowein/Peukert* 9; Meyer-Ladewig/Nettesheim/von Raumer/*Meyer-Ladewig/Nettesheim* 6; KK/*Lohse/Jakobs* 4; *Schabas* 90.

234 *Kälin/Künzli* 3.8 und 4.32.

235 *Frowein* EuGRZ **1980** 231, 232; *Filos* ZaöRV **59** (1999) 185, 199; *Aras* ZEuS **2007** 219, 236 f.; *Cremer* 153, 155.

236 EGMR Irland/UK, 18.1.1978, EuGRZ **1979** 149; Tyrer/UK, 25.4.1978, NJW **1979** 1089 = EuGRZ **1979** 162.

237 *Kälin/Künzli* 3.8.

238 *Grabenwarter/Pabel* § 18, 6.

sen die staatlichen Stellen geeignete Maßnahmen treffen, um die Achtung der Menschenrechte im gesamten Staatsgebiet sicherzustellen.[239] Die zurechenbaren Konventionsverletzungen können daher auch in einem **Unterlassen der Erfüllung derartiger Pflichten** liegen, wenn die Gewährleistungen der Konvention ohne ein positives Handeln des Staates leerlaufen würden. Dies gilt vor allem dann, wenn ein Staat eine ihm aufgrund einer Konventionsverbürgung obliegende **Schutzpflicht** nicht erfüllt, weil er deren Beachtung durch staatliche Stellen nicht ausreichend sichergestellt hat.[240] Scheitert der Schutz an **Versäumnissen der Gesetzgebung oder des Vollzugs**, hat der jeweilige Staat auch dies zu verantworten. Dies gilt auch für ein Gebiet, in dem der Staat de facto die Ausübung von Vollzugsgewalt[241] für seine Organe beansprucht und deshalb in der Lage und kraft seiner ihm daraus erwachsenden Verantwortung auch verpflichtet ist, die Verletzung des Konventionsrechts durch Dritte zu verhindern. Schutzpflichten entstehen allerdings nur insoweit, als der Staat von einer (möglichen) Beeinträchtigung weiß oder hätte wissen können und die Möglichkeit hatte, die Verletzung abzuwehren.[242]

84   Auch die ausdrückliche oder stillschweigende **Billigung von Handlungen privater Personen**, welche die Konventionsrechte anderer Personen in der Hoheitsgewalt des Staates verletzen, können eine Verantwortung dieses Staates begründen. Diese positive Handlungspflicht zur Abwendung einer durch Private drohenden Beeinträchtigung in einem Konventionsrecht besteht auch, wenn die Staatsgewalt in einem Teil des Landes beschränkt ist.[243]

85   Welche positiven Maßnahmen konkret der Staat vor allem in Gesetzgebung und Verwaltung zur angemessenen Gewährleistung der in der Konvention garantierten Rechte zu treffen hat, richtet sich nach dem Schutzgehalt des jeweiligen Rechts[244] sowie nach Art und Intensität seiner Gefährdung, die von den jeweiligen tatsächlichen Umständen ausgehen. Bei der Einschätzung aller Umstände und der für erforderlich gehaltenen Maßnahmen ist dem Staat ein angemessener **Beurteilungsspielraum** zuzubilligen.[245] Dessen Grenze ist dort überschritten, wo das nationale Recht keine oder nur unzureichende Rechtsinstitute, Sanktionen oder Verfahrensgarantien zur Erfüllung der staatlichen Schutzpflicht vorsieht.[246]

86   In besonders gelagerten Fällen (z.B. bei Art. 2)[247] kann durch das **Fehlen ausreichender Strafvorschriften** eine Verantwortung des Staates für eine dadurch ungestraft mögliche Konventionsverletzung begründet sein.[248] Es genügt jedenfalls nicht, dass der Staat lediglich ein Rechtssystem schafft, durch das in der einen oder anderen Form, durch

---

239   EGMR Ilaşcu u.a.u.a./MOL u. R, 8.7.2004; SK/*Meyer* 13.
240   IAGMR Velasquez Rodriguez, 29.7.1988, C, No. 4 (1988), §§ 149 ff., EuGRZ **1989** 157 (Verantwortung für Verschwindenlassen).
241   Nach *Krieger* ZaöRV **62** (2002) 669, 672 ist ebenso wie bei dem humanitären Kriegsvölkerrecht nach den vier Genfer Abkommen v. 12.8.1949 die „Vollzugsgewalt" *(jurisdiction to enforce)* entscheidend dafür, ob ein Staat in der Lage ist, die Beachtung der Konventionsrechte zu gewährleisten.
242   *Kälin/Künzli* 3. 71 und 3.110.
243   EGMR (GK) Ilaşcu u.a./MOL u. R, 8.7.2004, NJW **2005** 1849; Wos/PL, 8.6.2006, NJOZ **2007** 2326.
244   Vgl. EGMR Marckx/B, 13.6.1979; grundsätzlich betrifft die Gewährleistungspflicht alle Rechte, vgl. *Nowak* 19.
245   *Grabenwarter/Pabel* § 19, 7.
246   Nach *Nowak* 19 bestimmt der Grundsatz der Relativität, was die Staaten innerhalb ihres großen Gestaltungsspielraums bei Berücksichtigung ihrer finanziellen und sozioökonomischen Leistungskraft tun müssen. Vgl. auch IAGMR Velasquez Rodriguez, 29.7.1988, C, No. 4 (1988); ferner *Nowak* 21 mit Beispielen aus der Praxis des HRC; ferner zum „Untermaßverbot" auch BVerfGE **88** 203, 254; BVerfG NJW **1995** 2343.
247   *Grabenwarter/Pabel* § 19, 4.
248   EGMR X u. Y/NL, 26.3.1985, NJW **1985** 2075 = EuGRZ **1985** 297 (Schutz der sexuellen Integrität verwahrter psychisch Kranker); zur Pönalisierungspflicht vgl. etwa *Kühl* ZStW **100** (1988) 406, 412; *Suerbaum* EuR **2003** 391, 404.

Esser

Eingriffsermächtigungen für die staatlichen Organe oder auch durch Rechtsbehelfe für den unmittelbar Betroffenen dessen Konventionsrechte geschützt werden können: er muss darüber hinaus dafür sorgen, dass diese Garantien im Rechtsalltag **tatsächlich wirksam** ausgeübt werden können.

Eine besagte Schutzpflicht kann auch verletzt sein, wenn staatliche Stellen erfor- 87 derliche **Belehrungen oder Kontrollen** unterlassen, oder wenn sie nicht eingreifen, um ein konventionsgemäß gewährleistetes Recht im Einzelfall zum Tragen zu bringen, etwa, wenn sie erkennen, dass im Strafverfahren der beigeordnete Verteidiger (Art. 6 Abs. 3 *lit.* c) untätig bleibt.[249]

Durch Auslegung der jeweiligen Regelung ist zu ermitteln, ob die einzelnen Bestim- 88 mungen der Konvention über das negative Unterlassungsgebot hinausreichende derartige **positive Schutzpflichten** für den Staat begründen und welche Tragweite diese jeweils haben. Solche Schutzpflichten werden etwa für den Schutz des Lebens (vgl. Art. 2 Rn. 9 ff.)[250] oder hinsichtlich des Verbots der Folter (vgl. Art. 3 Rn. 41) angenommen, zu deren Beachtung ein Staat auch dann selbst verpflichtet bleibt, wenn er durch eine Abschiebung oder Auslieferung die Voraussetzungen für die Verletzung dieser Rechte in einem anderen Staat schafft.[251]

III. Gewährung diplomatischen Schutzes

Eine Pflicht zur **Gewährung diplomatischen Schutzes** bei Konventionsverletzungen 89 durch fremde Hoheitsträger im Ausland kann aus Art. 1 nicht hergeleitet werden.[252]

D. Handeln von Privatpersonen

I. Unmittelbare Drittwirkung

Privatpersonen werden durch die Gewährleistungen der Konventionen, die die Aus- 90 übung der Staatsgewalt begrenzen sollen, grundsätzlich **nicht verpflichtet**. Das **Rechtsverhältnis zwischen Privatpersonen** wird von den Konventionen nicht berührt. Selbst bei wörtlicher Inkorporierung in das nationale Recht können deren Bestimmungen nicht so ausgelegt werden, dass sie in Abänderung der nationalen bürgerlichen Rechtsordnung auch private Eingriffe in die gewährleisteten Rechte umfassen (unmittelbare Drittwirkung).[253]

---

249 EGMR Artico/I, 13.5.1980, EuGRZ **1980** 662; vgl. Art. 6 Rn. 1096 ff.

250 Vgl. *Kühl* ZStW **100** (1988) 406, 412.

251 EGMR Kaplan/D (E), 15.12.2009, EuGRZ **2010** 285 (Abschiebung in die Türkei trotz möglicher Defizite bzgl. der Fairness des dortigen Strafprozesses); *Grabenwarter/Pabel* § 17, 18.

252 Zu Art. 2 IPBPR *Hofmann* 25 unter Berufung auf die Entstehungsgeschichte.

253 *Frowein/Peukert* 12; *Herzog* JZ **1966** 658; *Grabenwarter/Pabel* § 19, 8; Meyer-Goßner/*Schmitt* 4; Meyer-Ladewig/Nettesheim/von Raumer/*Meyer-Ladewig/Nettesheim* 19; Karpenstein/Mayer/*Johann* 9; *Kühl* ZStW **100** (1988) 406, 411; KK/*Lohse/Jakobs* 5; van Dijk/van Hoof/van Rijn/Zwaack/*Lemmens* Ch. 1, Sec. 7; *Morvay* ZaöRV **21** (1961) 316, 319; *Schabas* 105; *Ulsamer* FS Zeidler 1799, 1802; ferner *Fuchs* ZStW **100** (1988) 446 (Österreich); *Schorn* 38; *Trechsel* ZStW **100** (1988) 671 (Schweiz); **a.A.** *Guradze* Einl. 22; vgl. auch *Frister* GA **1985** 554.

II. Mittelbare Drittwirkung

91   Wieweit dem Staat aus den Konventionen die Pflicht erwächst, seine Rechtsordnung so zu gestalten, dass die Ausübung der Konventionsrechte auch vor Störungen durch Private geschützt wird (mittelbare Drittwirkung, „Rundumwirkung", „Horizontalwirkung"[254]), ist im Einzelnen strittig. Eine staatliche Schutzpflicht wird allenfalls insoweit zu bejahen sein, als der Private den Verstoß gegen eine Konventionsverbürgung in einem der staatlichen Verantwortung unterstehenden Bereich begeht,[255] oder wenn andernfalls die Zusicherung einzelner Konventionsverbürgungen durch den Staat, und damit seine Zusicherung in Art. 1, leerlaufen würde. In solchen Fällen hat der Staat das Dulden eines allgemein konventionswidrigen Zustands als Schutzpflichtverletzung zu verantworten.[256] Ob, in welcher Hinsicht und in welchem Umfang eine Schutzpflicht des Staates besteht und durch welche Maßnahmen der Staat sie erfüllen kann, hängt stets von den Umständen des Einzelfalls ab, bei deren Würdigung der Staat einen **Beurteilungsspielraum** hat.[257] Maßgebend für die Beurteilung sind Sinn und Tragweite des jeweils garantierten Freiheitsrechts sowie die allgemeinen Auswirkungen staatlicher Schutzmaßnahmen, die den Grundsatz der Verhältnismäßigkeit wahren müssen.[258] Eine Ansicht im Schrifttum nimmt sogar an, dass der Staat für alle Rechte, die durch Private verletzt werden können, schutzpflichtig sei.[259]

III. Staatliche Steuerung

92   Verletzen Private ein in der Konvention gewährleistetes Recht eines anderen, kann dies grundsätzlich dem Staat nur angelastet werden, wenn er sich ihrer an Stelle eigener Organe zur Erfüllung einer staatlichen Aufgabe bedient hat (z.B. VP-Einsatz), so dass in Wirklichkeit ein **verdecktes staatliches Handeln** vorliegt.[260] Abgesehen von dieser Konstellation trifft den Staat nur dann eine eigene Verantwortung, wenn er durch die Duldung der Verletzung oder Duldung eines sie ermöglichenden Zustandes eine ihm aus einem

---

254   Vgl. *Nowak* 20; *Frowein/Peukert* 12; *Wiesbrock* 84 ff.; van Dijk/van Hoof/van Rijn/Zwaack/*Lemmens* Ch. 1, Sec. 7.

255   EGMR Costello-Roberts/UK, 25.3.1993, ÖJZ **1993** 707 (körperliche Züchtigung eines Schülers in einer Privatschule).

256   *Frowein/Peukert* 11 ff.; *Kühl* ZStW **100** (1988) 406, 411; KK/*Lohse/Jakobs* 5; *Ulsamer* FS Zeidler 1799, 1802; verneinend: *Morvay* ZaöRV **21** (1961) 316, 321; aus der neueren Rechtsprechung siehe etwa: EGMR (GK) Palomo Sánchez u.a./E, 12.9.2011, NZA **2012** 1421, §§ 60 f. für die Kündigung eines Arbeitsverhältnisses durch den Arbeitgeber (Staat hat im Gerichtsverfahren über die Kündigung die Menschenrechte des Arbeitnehmers zu beachten, so dass der EGMR prüft, ob das Verhalten des Arbeitnehmers, das zur Kündigung geführt hat, nur eine Ausübung seines Rechts aus Art. 10 war); ähnlich bereits EGMR Heinisch/D, 21.7.2011, §§ 43 f. = NJW **2011** 3501 = EuGRZ **2011** 555 = NZA **2011** 1269 = AuR **2011** 355); ferner EGMR Redfearn/UK, 6.11.2012, § 42 (staatlicher Schutz vor Entlassung durch privaten Arbeitgeber wegen Zugehörigkeit des Arbeitnehmers zu einer politischen Partei); Galović/KRO (E), 5.3.2013, §§ 11 ff., 56, 63 (gerichtliche Verfügung einer Wohnungsräumung als Eingriff in die Rechte der Bewohner aus Art. 8, auch wenn der Gerichtsentscheidung ein privatrechtlicher Streit zwischen Vermieter und Mieter zugrunde liegt); vgl. ferner die Erläuterungen bei den einzelnen Artikeln.

257   *Grabenwarter/Pabel* § 19, 7.

258   Vgl. *Suerbaum* EuR **2003** 390, 404; vertiefend: *Wiesbrock* 84 ff.

259   *Wiesbrock* 88 ff.

260   *Kälin/Künzli* 3.10, 3.14.

Artikel der Konvention erwachsende Schutzpflicht verletzt. Privatpersonen werden durch die Konventionen untereinander nicht verpflichtet.[261]

IV. Berücksichtigung bei der Auslegung

Die Ablehnung einer Drittwirkung schließt nicht aus, dass in Auslegungsfragen die **93** Gewährleistungen der Konventionen – ebenso wie andere freiheitsschützende Normen – als **Wertfestlegungen** mit herangezogen werden.[262] Als Bestandteil der Rechtsordnung sind sie bei der Auslegung des Umfangs der Rechte Privater mit in Betracht zu ziehen, etwa zur Ausfüllung unbestimmter Rechtsbegriffe oder im Rahmen von Generalklauseln als Wertungselemente.

E. Einwilligung, Verzicht

Die Konventionen garantieren **subjektive Rechte** des Einzelnen. Es liegt in der Ziel- **94** setzung dieser Garantien, dass niemand auf sie dem Staat gegenüber im Voraus generell und für alle Zeit wirksam verzichten kann.[263] Bei vielen der garantierten Freiheits-, Abwehr- und Teilhaberechte steht es aber dem Einzelnen frei, ob und wieweit er sich dem Staat gegenüber aus **konkretem Anlass** darauf berufen will. Ob und wieweit ein verbürgtes Konventionsrecht insoweit zur Disposition des einzelnen Rechtsträgers steht, ist – ähnlich wie im innerstaatlichen Verfassungsrecht[264] – anhand vom **Art- und Schutzzweck der einzelnen Gewährleistung** durch Auslegung zu ermitteln. Dabei ist nicht allein entscheidend, ob der Konventionstext ausdrücklich auf die Einwilligung abstellt, wie etwa Art. 7 Satz 2 IPBPR, oder ob der Schutzzweck der jeweiligen Verbürgung ergibt, dass sie nur staatliche Maßnahmen erfasst, die gegen oder ohne den Willen des Betroffenen durchgeführt werden, so dass bei dessen Einverständnis ein konventionswidriger Eingriff von vornherein ausscheidet. Die Fragen sind für die einzelnen Konventionsverbürgungen noch wenig geklärt und strittig.[265] Während einige Konventionsverbürgungen wegen des hohen, übersubjektiven Ranges ihres Schutzgutes nicht zur Disposition des Betroffenen stehen und deshalb auch mit seiner Einwilligung nicht außer Acht gelassen werden dürfen, wird bei anderen ein freiwilliger, *ex nunc* frei widerruflicher „Verzicht"[266] für wirksam gehalten, wobei allerdings an die **Freiwilligkeit strenge Anforderungen** gestellt werden.[267]

261 Meyer-Ladewig/Nettesheim/von Raumer/*Meyer-Ladewig/Nettesheim* 20.

262 *Wiesbrock* 59 ff.

263 Kein Totalverzicht, vgl. *Grabenwarter/Pabel* § 18, 37 m.w.N.; KK/*Lohse/Jakobs* 6.

264 Etwa *Amelung* Die Einwilligung in die Beeinträchtigung eines Grundrechtsgutes (1981); *Dürig* AöR **81** (1956) 152; *Sturm* FS Geiger (1974) 173 je m.w.N. zu den strittigen Fragen.

265 *Dörr* 85 ff.; *Echterhölter* JZ **1956** 145; *Frister* 94, IK-EMRK/*Kühne* Art. 6, 371 ff.; ferner etwa Art. 3 Rn. 197; Art. 5 Rn. 400; BGer EuGRZ **1991** 226; KK/*Lohse/Jakobs* 6; bei dem Verbot der Diskriminierung wegen der Rasse (Art. 14) geht der EGMR davon aus, dass wichtige öffentliche Interessen einem Verzicht von vornherein entgegenstünden, vgl. EGMR D. H. u.a./CS, 13.11.2007, § 204.

266 Die Terminologie ist nicht einheitlich, da Verzicht vielfach als Oberbegriff gebraucht wird.

267 EGMR Oberschlick/A, 23.5.1991, NJW **1992** 613 = EuGRZ **1991** 216 = MR **1991** 171 = ÖJZ **1991** 641; *Grabenwarter/Pabel* § 18, 38 (Abwägung öffentlicher und privater Interessen); Meyer-Goßner/*Schmitt* 3 (Vorhersehbarkeit der Konsequenzen des Tuns).

F. Geltung des IPBPR

95   Auch der IPBPR dient dem Schutz der Menschenrechte des Individuums.[268] Bezüglich seiner Anwendbarkeit sollen nachfolgend nur die Abweichungen zu den Regeln der EMRK dargestellt werden.

96   Beschwerdebefugt ist grundsätzlich nur der **Betroffene**. Ausnahmsweise kann die Beschwerde **im Namen des angeblichen Opfers** eingereicht werden, wenn die betreffende Person nicht in der Lage ist, die Beschwerde selbst einzureichen (Art. 96 *lit.* b VerfO). In diesem Fall ist aber der Nachweis zu erbringen, dass der Betroffene die Beschwerde aus plausiblen Gründen nicht selbst einreichen kann und dass eine hinreichende Verbindung zwischen dem Beschwerdeführer und dem Opfer besteht.[269] Stirbt das Opfer nach Einreichung der Beschwerde, so können die nahen Angehörigen die Beschwerde auf Antrag fortführen.[270]

97   Ob **juristische Personen** auch dem unmittelbaren Schutz des IPBPR unterfallen, ist strittig:[271] Hiergegen lässt sich anführen, dass der IPBPR bewusst nur von Individuen („individuals") spricht und dass auch die Vorarbeiten gegen eine Ausdehnung des Schutzes tendieren.[272] Die meisten dort garantierten Rechte sind allerdings ihrer Natur nach ohnehin auf natürliche Personen beschränkt oder betreffen sie unmittelbar mit, wenn sie einem Kollektiv versagt werden, wie dies etwa bei einem Verbot einer Religionsgemeinschaft, einer Partei oder einer Gewerkschaft der Fall ist.[273] Gegen Eingriffe in die kollektive Ausübung gewährleisteter Rechte können sich demnach die betroffenen Mitglieder selbst wenden.

98   Bezüglich der Ausübung von **Hoheitsgewalt** spricht Art. 2 Abs. 1 IPBPR von Personen, die sich auf dem Staatsgebiet eines Vertragsstaates befinden[274] sowie dessen Herrschaftsgewalt unterstehen.[275] Während Israel und die USA sich unter Berufung auf diesen Wortlaut nur im Hinblick auf ihr eigenes Staatsgebiet an den Pakt gebunden sahen, traten der IGH und das HRC dieser Auslegung entschieden entgegen. Der Pakt ist demnach auf jede Person anwendbar, die sich *„within the power or effective control"* eines Vertragsstaates befindet.[276]

99   Auch das HRC geht davon aus, dass **militärische Handlungen** nationaler Truppenkontingente jeweils den truppenstellenden Staaten zuzurechnen sind. So fordert der Aus-

268 Leutheusser-Schnarrenberger/*Klein* 43, 45 f. Zur Entstehungsgeschichte *Hofmann* 25.
269 *Schäfer* Individualbeschwerde 65 ff.
270 Vgl. HRC Croes/NL, 7.11.1988, CCPR/C/OP/3 (2002) 14, § 1; *Schäfer* Individualbeschwerde 67 f.
271 Verneinend: HRC A Newspaper Publishing Company/TTO, 14.7.1989, A/44/40 (1989), CCPR/C/OP/3 (2002) 57; *Hofmann* 25; *Schäfer* Individualbeschwerde 62; **a.A.** (zumindest für das Selbstbestimmungsrecht): *Nowak* 24 ff.
272 *Nowak* 22 ff.
273 Vgl. HRC J.R.T. u. W.G. Party/CAN, 6.4.1983, CCPR/C/OP/2(1990)25, § 8a; Mahuika u.a./NZL, 27.10.2000, CCPR/C/70/D/547/1993; *Hofmann* 25; *Nowak* 24.
274 Aber nur als Unterworfene der Territorialgewalt des Staates, *Hofmann* 25; *Nowak* 27.
275 Vgl. HRC Cox/CAN, 31.10.1994, CCPR/C/52/D/539/19930 (1994); *Nowak* 26 ff.; zur Problematik *Nowak* EuGRZ **1980** 532, 538 f.; *Tomuschat* EuGRZ **1981** 520, 521.
276 IGH Legal Consequences of the Construction of a Wall in the Occupied Palestinian Territory, 9.7.2004, ICJ Rep. 2004 136; HRC General Comment No. 31, Nature of the General Legal Obligation Imposed on State Parties to the Covenant, 26.5.2004, UN Doc. CCPR/C/21/Rev.1/Add.13, 10; *Zimmermann* 5; *ders.*/*Jötten* MRM **2010** 5, 8 ff.; *Meron* AJIL **1995** 78 ff.; *Klein* MRM **2010** 18, 19; zur Frage, ob und inwieweit der IPBPR die Vertragsstaaten auch extraterritorial verpflichtet vgl. *Neubert* 68 ff.; *Schmahl* JuS **2018** 740.

schuss regelmäßig in den Staatenberichtsverfahren Informationen zu Auslandseinsätzen, selbst wenn diese im Rahmen internationaler Organisationen erfolgen.[277]

Art. 2 IPBPR etabliert ebenfalls eine duale Struktur des Menschenrechtsschutzes: Er **100** verpflichtet die Vertragsstaaten nicht nur, die in ihm gewährleisteten Rechte ohne Diskriminierung[278] gegenüber jedermann zu achten und Verletzungen zu sanktionieren, sondern begründet auch **Gewährleistungspflichten** für den Staat („to respect and to ensure").[279]

ERSTER ABSCHNITT
Rechte und Freiheiten

EMRK
Artikel 2 (Recht auf Leben)

(1) Das Recht jedes Menschen auf Leben wird gesetzlich geschützt. Niemand darf absichtlich getötet werden, außer durch Vollstreckung eines Todesurteils, das ein Gericht wegen eines Verbrechens verhängt hat, für das die Todesstrafe gesetzlich vorgesehen ist.

(2) Eine Tötung wird nicht als Verletzung dieses Artikels betrachtet, wenn sie durch eine Gewaltanwendung verursacht wird, die unbedingt erforderlich ist, um

a) jemanden gegen rechtswidrige Gewalt zu verteidigen;

b) jemanden rechtmäßig festzunehmen oder jemanden, dem die Freiheit rechtmäßig entzogen ist, an der Flucht zu hindern;

c) einen Aufruhr oder Aufstand rechtmäßig niederzuschlagen.

Ergänzend dazu:

Protokoll Nr. 6 zur Konvention zum Schutze der Menschenrechte und Grundfreiheiten über die Abschaffung der Todesstrafe vom 28.4.1983 (ETS 114; abgedruckt in Teil III). Durch das 6. ZP-EMRK verpflichten sich die Vertragsstaaten, niemanden zur Todesstrafe zu verurteilen oder hinzurichten, mit Ausnahme für Taten, die in Kriegszeiten oder bei unmittelbarer Kriegsgefahr begangen wurden.

Protokoll Nr. 13 zur Konvention zum Schutze der Menschenrechte und Grundfreiheiten bezüglich der Abschaffung der Todesstrafe unter allen Umständen vom 3.5.2002 (ETS 187; abgedruckt in Teil III). Art. 1 des 13. ZP-EMRK stellt ohne jede Ausnahme fest, dass die Todesstrafe abgeschafft ist und niemand zu dieser Strafe verurteilt oder hingerichtet werden darf. Nach Art. 2 des 13. ZP-EMRK darf auch im Notstandsfall (Art. 15) nicht von diesem Verbot abgewichen werden.

---

[277] *Zimmermann* 16, der allerdings betont, dass das HRC noch keine Entscheidung in einem der *Behrami/Saramati*-Entscheidung vergleichbaren Fall treffen musste; BTDrucks. **16** 75 S. 11; *Schäfer* Individualbeschwerde 80.

[278] Leutheusser-Schnarrenberger/*Klein* 43, 49. Vgl. auch das akzessorische Diskriminierungsverbot des Art. 14.

[279] Zur Entstehungsgeschichte und zum akzessorischen Charakter des Art. 2 IPBPR: *Nowak* 5–12; 13 ff.; ferner *Seibert-Fohr* ZaöRV **62** (2002) 393; *Herdegen* § 48, 3; General Comment Nr. 31, UN Dok. CCPR/C/21/Rev.1/Add.13; zur Formulierung des IPBPR, die dahin zu interpretieren ist, dass sie auf die völkerrechtliche Verantwortlichkeit abstellt, im Einzelnen *Nowak* 27.

https://doi.org/10.1515/9783110275063-004

IPBPR
Artikel 6

(1) Jeder Mensch hat ein angeborenes Recht auf Leben. Dieses Recht ist gesetzlich zu schützen. Niemand darf willkürlich seines Lebens beraubt werden.

(2) In Staaten, in denen die Todesstrafe nicht abgeschafft worden ist, darf ein Todesurteil nur für schwerste Verbrechen auf Grund von Gesetzen verhängt werden, die zur Zeit der Begehung der Tat in Kraft waren und die den Bestimmungen dieses Paktes und der Konvention über die Verhütung und Bestrafung des Völkermordes nicht widersprechen. Diese Strafe darf nur auf Grund eines von einem zuständigen Gericht erlassenen rechtskräftigen Urteils vollstreckt werden.

(3) Erfüllt die Tötung den Tatbestand des Völkermordes, so ermächtigt dieser Artikel die Vertragsstaaten nicht, sich in irgendeiner Weise einer Verpflichtung zu entziehen, die sie nach den Bestimmungen der Konvention über die Verhütung und Bestrafung des Völkermordes übernommen haben.

(4) Jeder zum Tode Verurteilte hat das Recht, um Begnadigung oder Umwandlung der Strafe zu bitten. Amnestie, Begnadigung oder Umwandlung der Todesstrafe kann in allen Fällen gewährt werden.

(5) Die Todesstrafe darf für strafbare Handlungen, die von Jugendlichen unter 18 Jahren begangen worden sind, nicht verhängt und an schwangeren Frauen nicht vollstreckt werden.

(6) Keine Bestimmung dieses Artikels darf herangezogen werden, um die Abschaffung der Todesstrafe durch einen Vertragsstaat zu verzögern oder zu verhindern.

Ergänzend dazu: **Zweites Fakultativprotokoll zu dem Internationalen Pakt über bürgerliche und politische Rechte zur Abschaffung der Todesstrafe vom 15.12.1989** (Teil III).

Schrifttum (Auswahl)

Albert Das Grundrecht auf Leben als Schranke für aufenthaltsbeendende Maßnahmen (1990); *Altermann* Ermittlungspflichten der Staaten aus der Europäischen Menschenrechtskonvention (2006); *Anderheiden* „Leben" im Grundgesetz, KritV **2001** 353; *Arzt* Europäische Menschenrechtskonvention und polizeilicher Todesschuss, DÖV **2007** 235; *ders.* Gezielter Todesschuss – Zulässigkeit und Voraussetzungen nach der EMRK, Die Polizei **2009** 52; *Ballhausen* Todesstrafe durch Alliierte – ein Verstoß gegen das Grundgesetz, NJW **1988** 2656; *Becchi/Mathis* (Edt.), Handbook of Human Dignity in Europe (2019); *Bergmann* Das Menschenbild der Europäischen Menschenrechtskonvention (1995); *Bernsmann* Überlegungen zur tödlichen Notwehr bei nicht lebensbedrohlichen Angriffen, ZStW **104** (1992) 290; *Blau* Neuere Entwicklungen in der Schutzpflichtdogmatik des EGMR am Beispiel des Falles „Vo/Frankreich", ZEuS **2005** 397; *Bleckmann* Die Entwicklung staatlicher Schutzpflichten aus den Freiheiten der Europäischen Menschenrechtskonvention, FS Bernhardt (1995) 309; *Bockelmann* Menschenrechtskonvention und Notwehrrecht, FS Engisch (1969) 456; *Boehme-Neßler* Das Grundrecht auf Suizid, NVwZ **2020** 1012; *Broda* Europas Kampf gegen die Todesstrafe, ZfRV **1986** 1; *ders.* Europäische Menschenrechtskonvention und Todesstrafe, FS Klecatsky (1980) 75; *Bührer* Das Menschenwürdekonzept der Europäischen Menschenrechtskonvention (2020); *Calliess* Die Abschaffung der Todesstrafe – Zusatzprotokoll Nr. 6 zur Europäischen Menschenrechtskonvention, NJW **1989** 1019; *Daimagüler/Drexler* Die individuelle Kennzeichnung von Polizistinnen und Polizisten in geschlossenen Einsätzen, NVwZ **2018** 1530; *Dietz* Grundlinien des deutschen Asyl- und europäischen Flüchtlingsrechts, BayVBl. **2012** 645; *Doehring* Zum „Recht auf Leben" aus nationaler und internationaler Sicht, FS Mosler (1983) 145; *Fassbender* Lebensschutz am Lebensende und Europäische Menschenrechtskonvention, Jura **2004** 115; *Frankenberg* Die Ausweisung und Abschiebung trotz drohender Todesstrafe, JZ **1986** 414; *Frister* Die Einschränkung des Notwehrrechts durch Art. 2 EMRK, GA **1985** 553; *Gaede/Kubiciel/Saliger/Tsambikakis* Rechtmäßiges Handeln in der dilemmatischen Triage-Entscheidungssituation, medstra **2020** 129; *Gintzel* Gezielter Todesschuss – Zulässigkeit und Voraussetzungen nach der EMRK, Die Polizei **2009** 114; *ders.* Gezielter Todesschuss ohne gesetzliche Ermächtigungsgrundlage? Die Polizei **2008** 333; *Groß* Die Ableitung von Klimaschutzmaßnahmen aus grundrechtlichen Schutzpflichten, NVwZ **2020** 337; *Gusy* Auslieferung bei drohender Todesstrafe? GA **1983** 73; *Gutmann/Fateh-Maghadam* Geplante Regelung der Triage – Grundrechtsschutz als Farce, ZRP **2022** 130; *Hale* A Pretty Pass: when is there a right to die? Clinical Medicine **2003** 142; *Hartig* Abschaffung der Todesstrafe in Europa – Das 6. Zusatzprotokoll zur EMRK, EuGRZ **1983** 270; *Heymann* Die Europäische Menschenrechtskonvention und das Recht auf aktive Sterbehilfe – EGMR, NJW 2002, 2851, JuS **2002** 957; *Hilgendorf* Problem Areas in the Dignity Debate and the Ensemble Theory of Human Dignity, in: Hilgendorf/Marschelke/Sekora (Hrsg.), Slavery as a Global and Regional Phenomenon (2015) 161; *Hufen* Selbstbestimmtes Sterben – Das verweigerte Grundrecht, NJW **2018** 1524; *Irmscher* Menschenrechtsverletzungen und bewaffneter Konflikt: die ersten Tschetschenien-Entscheidungen des Europäischen Gerichtshofs für Menschenrechte, EuGRZ **2006** 11; *Jacob* Aktive Sterbehilfe im Rechtsvergleich und unter der Europäischen Menschenrechtskonvention (2013); *Klugmann* Europäische Menschenrechtskonvention und antiterroristische Maßnahmen (2002); *Kneihs* Recht auf Leben und Terrorismusbekämpfung – Anmerkungen zur jüngsten Judikatur des EGMR in: Grabenwarter/Thienel (Hrsg.), Kontinuität und Wandel der EMRK (1998) 21; *Kreppel* Verfassungsrechtliche Grenzen der Auslieferung und Ausweisung (1965); *Krüger* Die Bedeutung der Menschenrechtskonvention für das deutsche Notwehrrecht, NJW **1970** 1483; *Kutscha* Gezielter Todesschuss – Zulässigkeit und Voraussetzungen nach der EMRK, Die Polizei **2009** 114; *ders.* Gezielter Todesschuss ohne gesetzliche Ermächtigungsgrundlage? Die Polizei **2008** 289; *Kühn* Schutz vor Todesstrafe im Ausland, ZRP **2001** 542; *Lehnert* Menschenrechtliche Vorgaben an das Aufenthaltsrecht in der jüngeren Rechtsprechung des EGMR, NVwZ **2018** 1359; *Lindner* Sterbehilfe in Deutschland – mögliche Regelungsoptionen, ZRP **2020** 66; *ders.* Verfassungswidrigkeit des Verbots aktiver Sterbehilfe? NStZ **2020** 505; *Machacek* Das Recht auf Leben in Österreich, EuGRZ **1983** 453; *Mahler* Besteht ein Anspruch auf den Tod nach der Europäischen Menschenrechtskonvention? – Der Fall Pretty, ZfL **2003** 17; *Mathieu* The right to life (2006); *Merkel* Behandlungsabbruch und Lebensschutz (2020); *Meyer-Ladewig* Menschenwürde und Europäische Menschenrechtskonvention, NJW **2004** 981; *Moslehi* Unabhängige Untersuchungskommissionen zur Kontrolle der Polizei, HRN **2016** 18; *Mowbray* The Development of Positive Obligations under the European Convention on Human Rights by the European Court of Human Rights (2004); *Neubacher/Bachmann/Goeck* Konvergenz oder Divergenz? – Einstellungen zur Todesstrafe weltweit, ZIS **2011** 517; *Nußberger* Menschenrechtsschutz im Ausländerrecht, NVwZ **2013** 1305; *Pedain* The Human Rights Dimension of the Diane Pretty Case, CLJ **2003** 181 *Peters* Die Mißbilligung der Todesstrafe durch die Völkerrechtsgemeinschaft, EuGRZ **1999** 650; *Peukert* Human Rights in International Law and the Protecting of Unborn Human Beings, FS Wiarda (1988) 511; *Reis* Die Europäische Kommission für Menschenrechte zur rechtlichen Regelung des Schwangerschaftsabbruchs, JZ **1981** 738; *Ronc* Die Menschenwürde als Prinzip der EMRK – Eine Analyse unter besonderer Berücksichtigung der Rechtsprechung des EGMR zum Strafrecht – zugleich ein Beitrag zur Methodik und Auslegung der EMRK (2020); *Schlund* Straflosigkeit der geschäftsmäßigen Förderung einer Selbsttötung, NJW-Spezial **2020** 184; *Schlüter* Passive Sterbehilfe vor dem EGMR im Fall Lambert – Das „Gewissen Europas" vor dem non liquet, HRRS **2015** 327; *Schmitz-Elvenich* Targeted Killing – Die völkerrechtliche Zulässigkeit der gezielten Tötung von Terroristen im Ausland (2008); *Schüssler* Todesstrafe und Grundgesetz im Auslieferungsverfahren, NJW **1965** 1896; *Skinner* Lethal Force, the Right to Life and the ECHR (2019); *Sperlich* Suizidbeihilfe in der Rechtsprechung des EGMR (2019); *Verrel* Selbstbestimmungsrecht contra Lebensschutz, JZ **1996** 224; *Vogler* Auslieferung bei drohender Todesstrafe und Europäische Menschenrechtskonvention (EMRK) – Der Fall Soering vor dem Europäischen Gerichtshof für Menschenrechte (EGMR), GedS Meyer (1990) 477; *ders.* Auslieferung bei drohender Todesstrafe – ein Dauerthema, NJW **1994** 1433; *von Schichow* Die Menschenwürde in der EMRK (2016); *Wolff* Der finale Rettungsschuss setzt sich durch, NVwZ **2021** 695; *Woll* Sterben dürfen und sterben lassen? Die Herrschaft über den eigenen Tod im Lichte der EMRK, des deutschen Rechts und des Unionsrechts, ZEuS **2018** 181; *Zieschang* Tödliche Notwehr zur Verteidigung von Sachen und Art. 2 II a EMRK, GA **2006** 415; *Zöller* Die Bedeutung staatlicher Schutzpflichten für das Recht auf Leben nach Art. 2 EMRK, FS Kühne (2013) 629.

Übersicht

1. Recht auf Leben – Allgemeines
   a) Art. 2 Abs. 1 EMRK/Art. 6 Abs. 1 IPBPR — 1
   b) Ausnahmen — 3
   c) Charta der Grundrechte der Europäischen Union — 5
   d) Völkermord-Konvention/ICC-Statut — 6
   e) Zusatzprotokolle — 7
2. Sachlicher Gehalt des Konventionsschutzes
   a) Schutzgut — 8
   b) Reichweite des Schutzes — 13
   c) Andere Rechtsgüter — 21
3. Grundsätzliches Tötungsverbot — 22
4. Präventive Schutzpflicht des Staates zur Verhinderung von Gefahren durch Dritte
   a) Umfang — 33
   b) Art und Umfang — 47
   c) Handeln sämtlicher Staatsorgane — 56
5. Effektive Aufklärung der Ursächlichkeit eines Todes („repressive" Schutzpflicht)
   a) Allgemeine Grundsätze — 61
   b) Maßstäbe im bewaffneten Konflikt — 74
   c) Aufklärung rechtswidriger Polizeigewalt — 75
   d) Freiheitsentziehende Maßnahmen — 84
6. Pflicht zur Entschädigung — 90
7. Verhältnis zwischen Privatpersonen — 92
8. Ausnahmen vom Schutz des Lebens
   a) Todesstrafe — 93
   b) Verteidigung eines Menschen gegenüber rechtswidriger Gewaltanwendung — 101
   c) Ordnungsgemäße Festnahme – Verhindern des Entkommens — 109
   d) Unterdrückung eines Aufruhrs oder Aufstands (Art. 2 Abs. 2 lit. c) — 114

Alphabetische Übersicht

Allgemeiner Schutz der Bevölkerung (*„afford general protection of society"*) 58
Arbeitsschutz 46
Aufstand 114
Auslieferung, Abschiebung 6, 60, 99 f.
besondere Sorgfalt (*„special diligence"*) 54
Beurteilungs- /Gestaltungsspielraum 9, 27, 48, 51
bewaffneter Konflikt 74
Beweislast 73, 88
Entschädigung 90 f.
Erforderlichkeit 101, 103, 107
Ermessensspielraum 11
Freiheitsentziehung 53, 84 ff.
gefährdete, vulnerable Personengruppe 59
Gefährdung des menschlichen Lebens 14, 17 f., 42
Geiselnahme 25 ff., 37 f.
Hungerstreik 36, 84
Kennzeichnungspflicht von Polizeibeamten 80

Menschenwürde, Achtung der 1 f.
Notwehr, Nothilfe 92, 106 ff.
Personenschutz 58
Polizeigewalt 75 f., 83
präventive Schutzpflicht 34
Rettungsschuss (finaler/polizeilicher) 102, 104
Sachgüter, Schutz von 105 ff.
Schutz des ungeborenen Lebens 9
Schutzwaffen, Einsatz von 16, 80, 102 f., 109, 111, 115
Sicherungsverwahrung 53
Sterbehilfe, Selbsttötung 8, 12
Strafverfolgung, Recht auf 62 f.
Todesstrafe 4 f., 6 f., 31, 93 ff.
Tötungsverbot 22 ff.
Verhältnismäßigkeit, Gebot der 16, 24, 27, 30, 83, 101, 110, 113, 115
Verschwinden(lassen) von Personen 20, 89, 91

1. Recht auf Leben – Allgemeines

1   **a) Art. 2 Abs. 1 EMRK/Art. 6 Abs. 1 IPBPR.** Das jedermann garantierte Recht auf Leben wird in Art. 2 Abs. 1 EMRK/Art. 6 Abs. 1 IPBPR – im Gegensatz zur Menschenwürde[1] – in

---

1 Vgl. aber Art. 10 IPBPR, der bei Freiheitsentziehungen *eine mit der Achtung vor der dem Menschen innewohnenden Würde* verlangt.

den Vertragstexten *ausdrücklich* als eigenständiges Menschenrecht anerkannt[2] und generell in den Schutz der Gesetze gestellt. Der IPBPR betont die vorgegebene naturrechtliche Grundlage dieses elementaren Menschenrechtes dadurch besonders, dass er das Recht auf Leben, das Voraussetzung für den Genuss aller übrigen Grundrechte und Grundfreiheiten ist, als vorgegebenes („inherent"/„inhérent") Recht bezeichnet.[3] Der Schutz der Konventionen deckt sich mit dem Schutz der Art. 1 Abs. 2, Art. 2 Abs. 2 Satz 1 GG.[4]

Die **Achtung der Menschenwürde** ist – obwohl im Gegensatz zu **Art. 1 EUC**[5] nicht 2 ausdrücklich in den Konventionen erwähnt – neben der Freiheit des Menschen ein wesentlicher materieller Gehalt der Konventionsgarantien.[6] Ein eigenständiges menschenrechtliches Konzept der Menschenwürde auf der Basis der EMRK ist allerdings nach wie vor erst in der Entwicklung.[7]

b) Ausnahmen. Die **Ausnahmen** (Rn. 93 ff.), in denen der Lebensschutz gegenüber 3 hoheitlichen Maßnahmen zurücktreten muss, werden in **Art. 2 Abs. 1 Satz 2, Abs. 2** aufgezählt,[8] wobei der Katalog dann noch um die in Art. 2 nicht erwähnte, nach **Art. 15** aber zulässige Tötung im Rahmen rechtmäßiger Kriegshandlungen zu ergänzen ist.[9] Abgesehen von dieser Ausnahme wird Art. 2 durch Art. 15 notstandsfest gewährleistet.

Art. 6 Abs. 2 IPBPR stellt nur die Voraussetzungen fest, unter denen die Todesstrafe 4 zulässig ist. Im Übrigen begnügt Art. 6 Abs. 2 IPBPR sich damit, generell die willkürliche Tötung zu verbieten.[10] Auf einen die Gefahr von Lücken in sich tragenden[11] Ausnahmekatalog wird verzichtet.

c) Charta der Grundrechte der Europäischen Union. Die Charta der Grundrechte 5 der Europäischen Union stellt in Art. 2 heraus, dass jede Person das Recht auf Leben hat und niemand zur Todesstrafe verurteilt und hingerichtet werden darf. Im Übrigen hat das in der Charta angesprochene Recht auf Leben die gleiche Tragweite wie jenes in Art. 2; dies legt Art. 52 Abs. 3 EUC ausdrücklich fest.

d) Völkermord-Konvention/ICC-Statut. Die Konventionspflichten über den Lebens- 6 schutz werden ergänzt durch zusätzliche völkerrechtliche Verpflichtungen, so vor allem durch die **Konvention über die Verhütung und Bestrafung des Völkermords** vom

---

2 Die Regelung wird als deklaratorisch verstanden, da das Recht auf Leben als *ius cogens* des allgemeinen Völkerrechts angesehen wird: *Nowak* 2; *Hofmann* 28. Vgl. auch Art. 3 AEMR vom 10.12.1948.

3 Die Bedenken von *Goose* NJW **1974** 1305 gegen die frühere Übersetzung „angeborenes Recht" richteten sich vor allem gegen den daraus gezogenen Schluss, der Lebensschutz beginne mit der Geburt.

4 BVerfGE **6** 389, 441; BVerfG NJW **2017** 53, 55 ff., 58 f. (kein Widerspruch zu entnehmen); *Morvay* ZaöRV **21** (1961) 317.

5 Hierzu: *Schwarzburg* Die Menschenwürde im Recht der Europäischen Union (2012); zur Anlehnung an die Vorgaben der EMRK: *Becchi/Mathis/Heselhaus* Human Dignity in the EU 943 ff.

6 Vgl. EGMR Pretty/UK, 29.4.2002, NJW **2002** 2851 = EuGRZ **2002** 234 = ÖJZ **2003** 311.

7 Hierzu kritisch: *Ekardt/Kornack* ZEuS **2010** 111, 130 ff.; *von Schichow* Die Menschenwürde in der EMRK (2016); vertiefend: *Bührer* Das Menschenwürdekonzept der Europäischen Menschenrechtskonvention (2020); *Ronc* Die Menschenwürde als Prinzip der EMRK (2020); *Hilgendorf* Problem Areas in the Dignity Debate 161 ff.

8 Zur Entstehungsgeschichte des auf unterschiedlichen Quellen beruhenden Art. 2: *Partsch* 100.

9 *Partsch* 105; *Guradze* 13.

10 Zur Entstehungsgeschichte *Nowak* 12 ff.

11 *Nowak* 12; *Frowein/Peukert* 10.

9.12.1948[12] und durch die Art. 89 ff. des **Römischen Statuts des Internationalen Strafgerichtshofs (ICC-Statut)**,[13] in denen sich die jeweiligen Vertragsstaaten u.a. zur Bestrafung oder Auslieferung der für Verbrechen gegen das Leben verantwortlichen Personen verpflichten. Solche besonderen Verpflichtungen werden, wie Art. 6 Abs. 2, 3 IPBPR hervorhebt, von Art. 6 IPBPR nicht eingeschränkt.

7   **e) Zusatzprotokolle.** Der Lebensschutz des Art. 2 wird dadurch verstärkt, dass die von den Konventionen ursprünglich noch zugelassene **Todesstrafe** durch das **6. ZP-EMRK** vom 28.4.1983[14] grundsätzlich abgeschafft wurde, ebenso auch durch das von der UN-Generalversammlung am 15.12.1989 angenommene **2. Fakultativprotokoll zum IPBPR**.[15] Durch eine Ratifizierung des am 1.7.2003 in Kraft getretenen **13. ZP-EMRK** haben fast alle Vertragsstaaten der EMRK die Todesstrafe, die nach Art. 2 des 6. ZP-EMRK noch für Kriegszeiten zugelassen war, mittlerweile vollständig abgeschafft.[16]

2. Sachlicher Gehalt des Konventionsschutzes

8   **a) Schutzgut. Schutzgut** ist das **menschliche Leben.** Jeder Einzelne – auch eine körperlich behinderte, an einer geistig-seelischen Störung leidende oder unheilbar kranke Person[17] – hat dem Staat gegenüber ein Recht auf Schutz seines Lebens bis zum Tode.[18] Art. 2 EMRK/Art. 6 Abs. 1 IPBPR gewähren weder ein **Recht, das Leben zu beenden** noch ein **Recht auf Sterbehilfe** durch Mithilfe eines Dritten[19] oder durch die Hilfe des Staates;[20]

---

12 BGBl. 1954 II S. 730; siehe auch: Art. 6 Abs. 3 IPBPR; vertiefend zur Völkermord-Konvention: *Tams/Mennecke* Convention on the Prevention and Punishment of the Crime of Genocide (2012).
13 BGBl. 2002 II S. 1393.
14 BGBl. 1988 II S. 663. Das 6. ZP-EMRK wurde mittlerweile (Stand: 7/2023) – mit Ausnahme Russlands – von sämtlichen Vertragsstaaten der EMRK ratifiziert.
15 Deutschland ist diesem Protokoll beigetreten (BGBl. 1992 II S. 391; 1993 II S. 880).
16 Aktueller Ratifikationsstand abrufbar unter: http://www.conventions.coe.int ➡ Gesamtverzeichnis (Stand 7/2023): keine Ratifikation durch Armenien und Aserbaidschan; Russland hat das ZP nicht gezeichnet; vertiefend vgl. *Ronc* Die Menschenwürde als Prinzip der EMRK 143 ff.
17 IK-EMRK/*Lagodny* 47; vgl. HRC Tornel/E, 24.4.2009, 1473/2006, § 7.2 (keine Verletzung von Art. 6 Abs. 1 IPBPR, wenn der Antrag auf Entlassung aus der Haft eines unheilbar Kranken abgelehnt wird; zwischen dem Tod und der andauernden Inhaftierung bestehe keine kausale Verbindung).
18 Vgl. *Grabenwarter/Pabel* § 20, 2. Der Todesbegriff wird dabei nicht definiert, entsprechend der derzeitigen Auffassung dürfte vom Hirntod (dauerhafter Funktionsausfall des gesamten Gehirns) auszugehen sein: IK-EMRK/*Lagodny* 50; vgl. auch: Heissl/*Eberhard* Handbuch Menschenrechte (2009) 4/4; Auch in Deutschland wird unter dem Begriff des Todes der Gesamthirntod verstanden: Dürig/Herzog/Scholz/*Di Fabio* Art. 2 Abs. 2 Satz 1, 22 GG.
19 Vgl. dazu auch: EGMR Lings/DK, 12.4.2022, §§ 33, 60 ff. (Verurteilung eines Arztes für erfolgte Unterstützung und Hinweise zur Selbsttötung; Prüfung der Meinungsäußerungsfreiheit des Arztes (Art. 10); angesichts eines hierbei bestehenden, weiten Beurteilungsspielraums wurde ein Verstoß durch die Verurteilung verneint).
20 Vgl. dazu auch BGH Beschl. v. 12.4.2021 – 1 Vollz (Ws) 524/20, BeckRS **2021** 14236, wonach die Justizvollzugsbehörde die Ermöglichung der Beschaffung von Medikamenten für die von einem Strafgefangenen beabsichtigte Selbsttötung verweigern dürfe – auch wenn der Strafgefangene bereit ist, die Kosten dafür selbst zu tragen. Auch aus dem Recht auf ein selbstbestimmtes Sterben folge insofern keine Pflicht der Justizvollzugsbehörde zur Unterstützung der Selbsttötung eines Strafgefangenen; dazu aber auch: BVerfG (K) Beschl. v. 3.11.2021 – 2 BvR 828/21, medstra **2022** 102 m. Anm. *Lindemann* (Inhalt der Sachaufklärungspflicht bei Ablehnung eines Antrags des Gefangenen auf Unterstützung der JVA bei seiner Beschaffung von Medikamenten zur Selbsttötung, NStZ-RR **2022** 32. Zur Möglichkeit eines assistierten Suizids im österreichischen Strafvollzug: *Steiner* JSt **2022** 526.

Gründe hierfür sind die restriktive Formulierung von Art. 2, der keine solche Interpretation zulässt, sowie sein Schrankenvorbehalt.[21] Auch geht aus Art. 2 keine Ermächtigung hervor, sich für den Tod anstelle des Lebens zu entscheiden.[22] Vielmehr ist Art. 2 als Missbilligung jeder Art des Tötens zu verstehen.[23] Art. 2 verpflichtet schließlich den Staat zum Schutz des Lebens des Einzelnen (Rn. 9 f.).[24] Daraus folgt aber nicht notwendig, dass der Staat dadurch umgekehrt auch verpflichtet wird, jemanden gegen seinen eigenen Willen unter Einsatz aller Mittel zum Weiterleben zu zwingen.[25] Wer sein Leben beenden will, kann aus den Konventionsgarantien aber nicht herleiten, dass der Staat etwaige Beihilfehandlungen zur **Selbsttötung** straffrei stellen[26] oder sie sogar fördern müsse.[27]

Bezüglich der Schutzpflichten am Anfang und Ende des Lebens eines Menschen äußerst sich der Vertragstext der Konventionen nicht. Ob und wieweit bereits das **werdende Leben** in den Schutzbereich des Art. 2 fällt, ist nicht abschließend geklärt.[28] Anders als Art. 4 Abs. 1 AMRK, der das Recht auf Leben *„im Allgemeinen vom Zeitpunkt der Empfängnis an"* schützt, ist in der EMRK nicht festgelegt, von welchem Zeitpunkt an der Schutz **9**

---

21 EGMR Haas/CH, 20.1.2011, NJW **2011** 3773; *Grabenwarter/Pabel* § 20, 4; *Mahler* 18; *Heymann* JuS **2002** 957 sieht im Urteil Pretty/UK, 29.4.2002, keine Absage an das Recht auf einen selbstbestimmten Tod aus der EMRK oder gar ein Grundsatzurteil zur aktiven Sterbehilfe, da die Bf. hier nur geltend gemacht habe, dass die Regelung dadurch, dass sie keine Beihilfe zu einem Suizid erlaubte, gegen Art. 2 verstieß. Bzgl. Deutschland vgl. EGMR Koch/D (E), 31.5.2011; Koch/D, 19.7.2012, NJW **2013** 2953; *Wolf* ZEuS **2018** 181, 204 ff.; ferner EGMR (GK) Lambert u.a./F, 5.6.2015: die Kammer hatte den Fall an die GK abgegeben (Art. 30); kritisch zum prozessualen Ansatz des EGMR und zur Beschränkung auf die Kontrolle des nationalen Verfahrens unter Vermeidung einer eigenen Wertentscheidung: *Schlüter* HRRS **2015** 327; vertiefend: *Merkel* Behandlungsabbruch und Lebensschutz (2020) 69 ff. Zum begleiteten Sterben aus schweizerischer Perspektive: *Lötscher/ Dittmann/Voser/Gerlach* Kriminalistik **2016** 186; *Kunz* NK **2011** 102; zum Erfordernis hinreichend konkreter gesetzlicher Vorgaben für die erlaubte Sterbehilfe vgl. EGMR Gross/CH, 14.5.2013 (dazu bei Art. 8 Rn. 64); *Wolf* ZEuS **2018** 181, 197 ff.
22 EGMR Pretty/UK, 29.4.2002; Haas/CH, 20.1.2011; Das Recht, über den Zeitpunkt des eigenen Todes zu entscheiden, ordnet der EGMR als einen von Art. 8 Abs. 1 geschützten Aspekt ein.
23 EGMR Pretty/UK, 29.4.2002; *Mahler* 17; *Kneihs* EuGRZ **2002** 242.
24 EGMR Pretty/UK, 29.4.2002.
25 IK-EMRK/*Lagodny* 55; *Nowak* 37; zum Recht auf Selbsttötung vgl. IK-EMRK/*Wildhaber/Breitenmoser* Art. 8, 270 ff., zur Sterbehilfe: High Court, Family Division, London, 12.7.2000, EuGRZ **2000** 458; ferner etwa *Nowak* 37; *Kutzer* NStZ **1994** 310; *Schreiber* NStZ **1986** 338; *Verrel* JZ **1996** 225; vertiefend: *Sperlich* Suizidbeihilfe in der Rechtsprechung des EGMR (2019).
26 EGMR Pretty/UK, 29.4.2002, vorher schon High Court Queen's Bench Divisional Court (London), 18.10.2001, EuGRZ **2002** 55; dazu *Grabenwarter/Pabel* § 20, 4; Meyer-Ladewig/Nettesheim/von Raumer/*Meyer-Ladewig/Huber* 1; *Peters* 40 ff.; *Wolf* ZEuS **2018** 181, 184 ff.
27 IK-EMRK/*Lagodny* 56, 57 unter Hinweis auf die EKMR; vgl. hierzu: BGH BeckRS **2021** 14236 (keine Verpflichtung zur Unterstützung der Selbsttötung eines Strafgefangenen); vgl. zu den Anforderungen an die Sachaufklärungspflicht bei der Ablehnung eines Antrags: BVerfG NStZ-RR **2022** 32 (Hintergrund: Vom zuständigen LG abgelehnter Antrag eines Gefangenen gegen eine zuvor ergangene Entscheidung der JVA, ihn nicht bei der Beschaffung von tödlichen Medikamenten zu unterstützen; das BVerfG stellte einen Verstoß gegen Art. 19 Abs. 4 GG fest, da das LG u.a. keine hinreichende Sachverhaltsaufklärung durchgeführt hatte und daher keine ausreichende Begründung seines ablehnenden Beschlusses erfolgt war. Soweit er den Aufklärungsmängeln nicht abhalf, verstieß zudem der in der Sache ebenfalls ergangene, die Entscheidung des LG aufrechterhaltende Beschluss des OLG gegen Art. 19 Abs. 4 GG).
28 EGMR (GK) Vo/F, 8.7.2004, §§ 82 ff.; Mehmet Şentürk u. Bekir Şentürk/TRK, 9.4.2013, §§ 107 ff., wonach keine Veranlassung zur Beantwortung dieser Frage besteht, da das Leben des ungeborenen Kindes ohnehin sehr eng mit dem Leben der Mutter verbunden und davon abhängig sei; *Grabenwarter/Pabel* § 20, 3 m.w.N.

des Lebens beginnt.[29] Die EKMR hatte den Zeitpunkt ausdrücklich offen gelassen;[30] der EGMR spricht den Vertragsstaaten angesichts eines fehlenden, europäischen Konsenses über die wissenschaftliche und gesetzliche Definition des Lebensbeginns einen **Beurteilungsspielraum** zu.[31] Der Schutz des ungeborenen Lebens ist mit anderen von der Entscheidung betroffenen Rechten (z.B. bei Schwangerschaftsabbrüchen mit dem Recht auf Selbstbestimmung der schwangeren Frau) abzuwägen.[32] Somit ist der *Nasciturus* nicht per se aus dem Schutzbereich der Konvention ausgenommen.[33]

10   Bei **Art. 6 IPBPR** wird aus der Entstehungsgeschichte geschlossen, dass der Lebensschutz nicht schon mit der Empfängnis beginnen sollte.[34] Da absolute Abtreibungsverbote große Risiken für das Leben der Frauen mit sich bringen, denen illegale Schwangerschaftsabbrüche zugänglich sind, werden derartige Verbote vom HRC kritisiert.[35]

11   Ein Gesetz, das in bestimmten Fällen die Vernichtung von durch **In-vitro-Fertilisation** gezeugten, konservierten **Embryonen** vorsieht, überschreitet diesen Ermessensspielraum nicht.[36] Dafür, dass der eigentliche Schutzbereich des Art. 2 Abs. 1 erst mit der selbständigen Lebensfähigkeit beginnt, lässt sich anführen, dass die Ausnahmen des Absatzes 2 davor liegende Eingriffe nicht regeln, andernfalls würde das Fehlen jeglicher diesbezüglicher

---

29 *Grabenwarter/Pabel* § 20, 4; Meyer-Ladewig/Nettesheim/von Raumer/*Meyer-Ladewig/Huber* 3; KK-EMRK-GG/*Alleweldt* Kap. 10, 11 vgl. auch EKMR Brüggemann u. Scheuten/D, 12.7.1977, EuGRZ **1978** 199 (deutsche Abtreibungsregelung kein Verstoß); *Frowein/Peukert* 3 (Schutzpflicht aus Art. 2 bei Lebensfähigkeit des Fötus).

30 EKMR Brüggemann u. Scheuten/D, 12.7.1977; Paton/UK, 13.5.1980, EuGRZ **1981** 20 (med. Indikation); auch EGMR Open Door u. Dublin Well Woman/IR, 29.10.1992, NJW **1993** 773 = EuGRZ **1992** 484 = ÖJZ **1993** 280; (GK) Vo/F, 8.7.2004, §§ 82 ff. = NJW **2005** 727 = EuGRZ **2005** 568 lässt dies offen. Der ÖVerfG EuGRZ **1975** 74 hat das ungeborene Leben unter Hinweis auf die das ungeborene Leben nicht erfassenden Ausnahmen des Absatzes 2 nicht in den Schutz des Art. 2 mit einbezogen; dazu *Folz* FS Verosta 202; *Stadler* EuGRZ **1975** 74; vgl. ferner *Frowein/Peukert* 3 (Schutzpflicht bei Lebensfähigkeit des Fötus); Meyer-Ladewig/Nettesheim/von Raumer/*Meyer-Ladewig/Huber* 3; *Partsch* 103; *Villiger* 293; *Kretschmer* GA **2011** 514 f. Das BVerfG bejaht menschliches Leben jedenfalls vom Zeitpunkt der Nidation an, es geht aber – mit unterschiedlichen Ableitungen – von einer verringerten staatlichen Schutzpflicht aus (vgl. BVerfGE **39** 1, 45; **88** 203, 275, 321), vgl. hierzu KK-EMRK-GG/*Alleweldt* Kap. 10, 14 ff.; *Peukert* FS Wiarda 511, 518. Aus rechtsvergleichender Perspektive: *Köck* ÖJZ **2011** 546. Zum Beginn des Lebens unter dem Blickwinkel der Fortpflanzungstechnologie: *Fahrenhorst* EuGRZ **1988** 125 sowie IK-EMRK/*Lagodny* 24 ff.; ferner zu den Stufungen des vorgeburtlichen Lebensschutzes: *Dreier* ZRP **2002** 377; zur Menschenwürde als mit der Befruchtung einsetzendes normatives Schutzprinzip *Böckenförde* JZ **2003** 809.

31 EGMR (GK) Vo/F, 8.7.2004, §§ 82 ff.: Beendigung einer Schwangerschaft gegen den Willen der Mutter aufgrund von Fahrlässigkeit des Arztes (Personenverwechslung), die nach französischem Recht nicht strafbar war. Die Frage, ob ein Fötus vom Schutzbereich des Art. 2 erfasst wird, hat der EGMR offengelassen; siehe zudem: EGMR (GK) A., B. und C./IR, 16.12.2010, § 237, NJW **2011** 2107, 2110; Mehmet Şentürk u. Bekir Şentürk/TRK, 9.4.2013, § 107; vgl. auch *Groh/Lange-Bertahlot* NJW **2005** 713; *Blau* ZEuS **2005** 397; *Mathieu* The Right to Life (2006) 37 ff.; *Jung* FS Schroeder 809; *Lux-Wesener* EuGRZ **2005** 558; *Grabenwarter/Pabel* § 20, 3; MüKo/*Gaede* 2.

32 EGMR (GK) Vo/F, 8.7.2004; (GK) Evans/UK, 10.4.2007, NJW **2008** 2013 (durch In-Vitro-Fertilisation gezeugte Embryonen); *Kretschmer* GA **2011** 514 f.

33 Vgl. auch: *Kälin/Künzli* 342 f.; BGH NJW **1981** 1141 f.; krit. zu dieser offenen Frage unter dem Aspekt des Menschenwürdegehaltes der EMRK bereits: *Ekhardt/Kornack* ZEuS **2010** 111, 130 ff.

34 *Nowak* 35.

35 Vgl. HRC General Comment 28, 29.3.2000; *Kälin/Künzli* 342; vgl. auch BTDrucks. **16** 13244.

36 EGMR (GK) Evans/UK, 10.4.2007; Widerruf der Zustimmung zur Konservierung von durch In-vitro-Fertilisation gezeugten Embryonen nach dem Scheitern der Lebensgemeinschaft). Zum Schutz von in vitro gezeugten Embryonen auch: CoE/Steering Committee on Bioethics (CDBI), The Protection of the Human Embryo in vitro, CDBI-CO-GT3 (2003) 13. Zur Präimplantationsdiagnostik (PID) und Art. 2: *Voß* in: Esser u.a. (Hrsg.), Die Bedeutung der EMRK für die nationale Rechtsordnung (2004) 207.

Ausnahmen bedeuten, dass selbst in den medizinisch begründeten Fällen der Schwangerschaftsabbruch per se konventionswidrig wäre.[37]

Bezüglich des **Endes des Lebens** stellt sich die Frage nach der Zulässigkeit **aktiver** **12** **Sterbehilfe**. Da die Ermöglichung einer zielgerichteten Tötung nicht vom Recht auf Leben umfasst ist (Rn. 7), gilt ein Verbot der aktiven Sterbehilfe als konventionskonform.[38] Ganz andere Wege geht **Belgien** mit einem Gesetz, dass die Sterbehilfe auch Kindern und Jugendlichen ermöglicht, die unheilbar krank sind und unerträgliche Schmerzen erleiden müssen,[39] so dass auch dieser Personenkreis über den Zeitpunkt des Todes (weitgehend) selbst entscheiden kann.[40] Diese Entwicklung ist insoweit kritisch zu hinterfragen, als das Recht auf Leben hier zum Teil in die Hände Dritter gelegt wird, da ein Kind nie völlig unabhängig von seinen Angehörigen oder beeinflusst durch Ärzte entscheiden können wird. Das Mehr an Verfügungsfreiheit geht somit mit einem Weniger an Sicherheit einher. In **Deutschland** sah das BVerfG[41] das in § 217 StGB enthaltene Verbot einer geschäftsmäßigen Förderung der Selbsttötung als verfassungswidrig an und hob diese Strafnorm auf. Von dem in Art. 2 Abs. 1 und Art. 1 Abs. 1 GG geregelten Allgemeinen Persönlichkeitsrecht sei insofern auch das **Recht auf selbstbestimmtes Sterben**[42] umfasst.

---

37 *Grabenwarter/Pabel* § 20, 3; IK-EMRK/*Lagodny* 46.

38 EGMR Pretty/UK, 29.4.2002; Haas/CH, 20.1.2011: die Ablehnung „sei mit den Vorstellungen der meisten Konventionsstaaten vereinbar"; *Kälin/Künzli* 343; KK/*Schädler* 3; KK-EMRK-GG/*Alleweldt* Kap. 10, 91 ff.; vertiefend: *Jacob* Aktive Sterbehilfe im Rechtsvergleich und unter der Europäischen Menschenrechtskonvention (2013); zum Fall *Haas* auch: *Wolf* ZEuS **2018** 181, 190 ff.

39 Vgl. Projet de Loi modifiant la loi du 28 mai 2002 relative à l'euthanasie en vue de l'étendre aux mineurs v. 13.12.2013 (Doc 53 3245/001), verabschiedet am 14.2.2014.

40 Die Betroffenen benötigen einerseits die Zustimmung der Eltern, zudem müssen der behandelnde Arzt, unabhängige Kollegen und ein Psychologe einwilligen – dennoch verbleibt die grundsätzliche Entscheidung beim Kind. Die Patienten müssen unheilbar krank sein und unter starken Schmerzen leiden, die durch Medikamente nicht gelindert werden können. Ein Psychologe muss die Urteilsfähigkeit versichern. Das Gesetz gilt somit nicht für todkranke Säuglinge und Kleinkinder.

41 BVerfG Urt. v. 26.2.2020 – 2 BvR 2347/15, NJW **2020** 905 m. Anm. *Sachs* JuS **2020** 580 u. m. Anm. *Muckel* JA **2020** 473; vgl. hierzu auch *Schlund* NJW-Spezial, **2020** 184; hinsichtlich der Regelungsoptionen des deutschen Gesetzgebers zur Sterbehilfe nach dieser Entscheidung siehe *Lindner* ZRP **2020** 66; zu den weiteren Konsequenzen dieser Entscheidung für die aktive Sterbehilfe, insbesondere für das Verbot in § 216 StGB: *Lindner* NStZ **2020** 505; Abgeordnete des Deutschen Bundestages haben als Reaktion den Entwurf eines Gesetzes zur Strafbarkeit der geschäftsmäßigen Hilfe zur Selbsttötung und zur Sicherstellung der Freiverantwortlichkeit der Entscheidung zur Selbsttötung vorgelegt, BTDrucks. **20** 904; im Juni 2022 erfolgte außerdem die Vorlage des Gesetzentwurfs für ein Gesetz zum Schutz des Rechts auf selbstbestimmtes Sterben und zur Änderung weiterer Gesetze, vgl. BTDrucks. **20** 2293. Die darin enthaltenen Regelungen sollen Betroffenen einen sicheren Zugang zu Betäubungsmitteln ermöglichen, um ihren Suizidwunsch zu erfüllen. Danach soll zwischen Betroffenen differenziert werden, die den Tod aufgrund einer Krankheit anstreben oder wollen, deren Sterbewunsch sich aus anderen Gründen ergibt. In ersterem Fall soll der Ärzteschaft eine zentrale Rolle bei der Beurteilung der Überprüfung der Anforderungen zukommen, während es in der zweiten Konstellation u.a. auf die Dokumentation und den Nachweis der Dauerhaftigkeit und der Selbstbestimmtheit des Betroffenen ankommen soll.

42 Zu einem Recht auf Suizid im deutschen Grundgesetz vgl. *Boehme-Neßler* NVwZ **2020** 1012 ff.; zu etwaigen damit einhergehenden praktischen Schwierigkeiten: *Hufen* NJW **2018** 1524 ff.; vgl. außerdem BVerwG NJW **2017** 2215 = NVwZ **2017** 1452 = MedR **2017** 823 m. Anm. *Merkel* = NZS **2018** 97 m. Anm. *Christl*; BVerfG NJW **2021** 1086 = NVwZ **2021** 485 = StV **2021** 356: Eine Verfassungsbeschwerde gegen Entscheidungen, die die Erlaubnis zum Erwerb tödlicher Arzneimittel für eine Selbsttötung abgelehnt haben, ist seit der festgestellten Nichtigkeit des § 217 StGB nur noch dann zulässig, wenn der Bf. zuvor alle anderen (nun wieder erlaubten) Möglichkeiten, sein Recht auf Suizid zu verfolgen, ausgeschöpft hat. So müsse der Bf. zuvor aktiv versuchen, suizidhilfebereite Personen im Inland zu finden oder sich den tödlichen Wirkstoff ärztlich ver-

13   **b) Reichweite des Schutzes.** Der Schutz des Lebens soll in **zweifacher Weise** erzielt werden: **Zum einem** ist es dem Staat untersagt, bei **Ausübung seiner Staatsgewalt** durch seine Organe einer Person das Leben zu nehmen, sofern nicht eine der Ausnahmesituationen des Absatzes 2 vorliegt, in der die Konvention es ausnahmsweise zulässt, dass der Einsatz der Gewalt zu einem dieser Zwecke den Tod des Betroffenen – absichtlich oder unbeabsichtigt – verursacht.[43]

14   Hervorzuheben ist dabei, dass Art. 2 auch dann anwendbar sein kann, wenn eine Person zwar **nicht stirbt**, aber Opfer eines Verhaltens geworden ist, was seiner Natur nach **lebensgefährdend** war.[44] Dabei reicht es mitunter aus, wenn die gegen den Bf. angewandte staatliche Maßnahme einen tödlichen Verlauf hätte nehmen können, auch wenn das Leben des Bf. letztlich nicht „auf dem Spiel" stand.[45] Bei der Beurteilung müssen alle Umstände sowie das Ausmaß und die Art der angewendeten Gewalt berücksichtigt werden.[46] Die EKMR hatte zunächst offengelassen, ob bereits die rein *potentielle*, abstrakte Gefährdung menschlichen Lebens von Art. 2 erfasst wird.[47] In der Regel wird dies zu verneinen sein, so dass zumindest ein Verhalten vorliegen muss, dass bei ungestörtem Verlauf der Dinge **zur Herbeiführung des Todes** im jeweiligen Einzelfall **geeignet** war. Die sachliche Grenze zwischen dem Lebensschutz des Art. 2 und dem Schutz vor anderen Gewalttaten, die nicht zum Tode geführt haben und die insbesondere von Art. 3 erfasst sein können, darf insoweit nicht aufgeweicht werden.[48] Eine **konkrete Lebensgefahr** ist allerdings nicht zu fordern, weil der staatliche Schutz des Lebens ansonsten auf zugespitzte Gefahrenmomente reduziert wäre und vielfach zu spät käme. Für die Anwendbarkeit des Art. 2 ist es in jedem Fall unerheblich, ob bei den beteiligten staatlichen Akteuren **Tötungsvorsatz** vorlag.[49]

15   **Zum anderen** werden die Vertragsstaaten zur **Schaffung einer Staats-/Rechtsordnung** verpflichtet, die das Leben aller Personen unter einen angemessenen Schutz des Staates stellt.[50] Dazu gehört, dass der Staat die entsprechenden Gesetze, insbesondere auch **Strafvorschriften** mit einem angemessenen Strafrahmen, erlässt und tatsächlich dafür sorgt, dass alle gewaltsamen Tötungen in seinem Hoheitsbereich unverzüglich und von Amts wegen von seinen Organen **effektiv verfolgt** und im Falle eines Schuldnachweises

---

schreiben zu lassen. Beide Vorgehensweisen seien seit der Nichtigkeit des § 217 StGB gestattet und ein entsprechendes Vorgehen nicht aussichtslos.

43 EGMR (GK) Oğur/TRK, 20.5.1999, NJW **2001** 1991; (GK) Salman/TRK, 27.6.2000, NJW **2001** 2001; Meyer-Ladewig/Nettesheim/von Raumer/*Meyer-Ladewig/Huber* 1; näher Rn. 93 ff.

44 EGMR (GK) Makaratzis/GR, 20.12.2004, § 55, NJW **2005** 3405 („victim of conduct which, by its very nature, put his life at risk"); Vilnes u.a./N, 5.12.2013, § 219; Trévalec/B, 14.6.2011, § 55, NVwZ **2012** 1017; Saso Gorgiev/MAZ, 19.4.2012, § 38; Kolyadenko u.a./R, 28.2.2012, § 151 („there clearly existed a risk to his or her life"), NVwZ **2013** 993; Makuchyan u. Minasyan/ASE u. H, 26.5.2020, §§ 93 f., NLMR **2020** 170 (Verstoß gegen Art. 2 trotz Überleben und Verletzungsfreiheit des Opfers aufgrund der Herbeiführung einer unmittelbaren Lebensgefahr); vgl. auch *Zöller* FS Kühne 629, 630.

45 EGMR Trévalec/B, 14.6.2011, insb. §§ 57 ff., NVwZ **2012** 1017 (sieben „instinktive" Schüsse der Polizei in Richtung eines Journalisten, der die Polizei zu Filmzwecken begleitete, zwei Kugeln trafen sein Bein; Art. 2 einschlägig).

46 EGMR (GK) Makaratzis/GR, 20.12.2004, § 55, NJW **2005** 3405; Trévalec/B, 14.6.2011, § 60, NVwZ **2012** 1017.

47 Vgl. *Partsch* 104 (Atomversuche, Abschussrampen für Atomraketen); EGMR Soering/UK, 7.7.1989, NJW **1990** 2183 = EuGRZ **1989** 314, ließ bereits die potentielle Gefahr eines Verstoßes gegen Art. 3 im Kontext von Auslieferungshindernissen genügen.

48 Meyer-Ladewig/Nettesheim/von Raumer/*Meyer-Ladewig/Huber* 5.

49 EGMR (GK) Makaratzis/GR, 20.12.2004, §§ 49, 55, NJW **2005** 3405; Vilnes u.a./N, 5.12.2013, § 219; Trévalec/B, 14.6.2011, § 59, NVwZ **2012** 1017. Vgl. dazu Rn. 26.

50 Vertiefend hierzu: *Skinner* 76 ff.

auch **strafrechtlich geahndet** werden, unabhängig davon, welche Person die Tat begangen hat.[51]

Die darin zum Ausdruck kommende (präventive) staatliche **Pflicht zum Lebens-** 16 **schutz** besteht bei **staatlichen Maßnahmen** schon dann, wenn diese das Leben einer Person **erheblich gefährden**. Solche Maßnahmen dürfen nur in die Wege geleitet werden, wenn sie nach den Umständen des Falles erforderlich[52] sind, d.h. sie müssen strikt verhältnismäßig in Bezug auf die in Absatz 2 angeführten Ziele sein.[53] Bei Vorbereitung und Durchführung eines entsprechenden Einsatzes sind alle nach der Sachlage möglichen und konventionsrechtlich zulässigen **Schutzvorkehrungen** zu treffen;[54] dem gezielten Schusswaffengebrauch hat nach Möglichkeit ein **Warnschuss** voranzugehen.[55]

Inwieweit das Leben einer Person bereits im **Vorfeld seines drohenden Verlustes** 17 durch den Staat zu schützen ist, d.h. die Frage, ob der Staat seine Pflicht zum Lebensschutz auch dann verletzen kann, wenn niemand getötet wird, staatliche Zwangsmaßnahmen aber eine **unmittelbare Lebensgefahr** für bestimmter Personen herbeigeführt haben[56] oder wenn eine konkrete Lebensgefahr durch die staatliche Duldung eines unmittelbar gefahrdrohenden Zustandes tatenlos hingenommen wird, ist noch nicht abschließend geklärt.[57]

Unabhängig von der Konstellation eines lebensgefährdenden Verhaltens durch staatli- 18 che Stellen, ist der Frage nachzugehen, ob zuständige staatliche Stellen jedenfalls bei konkreten **Hinweisen auf eine akute und ernsthafte Gefährdung des Lebens** einer Person **durch Dritte** (Private) tätig werden und alle nach der Sachlage gebotenen und ihnen möglichen Schutzvorkehrungen treffen müssen.[58] In Anbetracht der Unvorhersehbarkeit und Unberechenbarkeit menschlichen Verhaltens sind dem Staat in diesem Kontext **keine unrealistischen oder unverhältnismäßigen Pflichten** aufzuerlegen.[59] Bei einer die Vertragspflichten nicht unzulässig erweiternden Auslegung der Konvention lässt sich ein Verstoß gegen Art. 2 nur in besonderen Ausnahmefällen bejahen, etwa dann, wenn der Staat seine Pflicht zum Lebensschutz dadurch verletzt, dass seine zuständigen Stellen die nach

51 Etwa EGMR (GK) Streletz, Keßler u. Krenz/D, 22.3.2001, NJW **2001** 3035 = EuGRZ **2001** 210 = NJ **2001** 261 = ÖJZ **2002** 274; *Esser* 105 ff.; Meyer-Ladewig/Nettesheim/von Raumer/*Meyer-Ladewig*/*Huber* 12; *Villiger* 311 je m.w.N. zur Rspr. des EGMR; ferner auch HRC Baumgarten/D, 31.7.2003, 960/2000, EuGRZ **2004** 143 (Schießefehl an der Berliner Mauer).
52 *Unbedingt erforderlich* ist begrifflich enger als „*in einer demokratischen Gesellschaft notwendig*" i.S.v. Art. 8 Abs. 2, Art. 10 Abs. 2; in bezug auf den finalen Rettungsschuss: EGMR (GK) Mc Cann u.a./UK, 27.9.1995, §§ 199 f.; Andronicou u. Constantinou/ZYP, 9.10.1997, §§ 191 ff.; (GK) Armani da Silva/UK, 30.3.2016, §§ 247; *Grabenwarter*/*Pabel* § 20, 14.
53 BGH NStZ-RR **2012** 114 = StraFo **2012** 58 (Aufhebung von Beugehaft wegen schwerer Erkrankung der Zeugin); MüKo/*Gaede* 40.
54 Vgl. EGMR (GK) McCann u.a./UK, 27.9.1995, ÖJZ **1996** 233; dazu EGMR (GK) Oğur/TRK, 20.5.1999.
55 EGMR Aydan/TRK, 12.3.2013, §§ 66, 85 f.; Kallis u. Androulla Panayi/TRK, 27.10.2009, § 62; (GK) Oğur/TRK, 20.5.1999.
56 EGMR Yasa/TRK, 2.9.1998; Meyer-Ladewig/Nettesheim/von Raumer/*Meyer-Ladewig*/*Huber* 4.
57 Die EKMR hatte den Anspruch eines von Terroristen Bedrohten auf eine Leibwache verneint; der EGMR hat inzwischen aber Beurteilungskriterien aufgestellt, die bei der Frage nach der Fortführung von Strafverfolgungsmaßnahmen berücksichtigt werden können. Allgemein sind die Schwere des drohenden Deliktes sowie das Risiko weiterer Tätlichkeiten maßgeblich, vgl. EGMR Opuz/TRK, 9.6.2009; *Frowein*/*Peukert* 7; andererseits aber IAGMR EuGRZ **1990** 523, 524.
58 Vgl. Schutzpflicht im konkreten Fall verneinend: EGMR (GK) Osman/UK, 28.10.1998; Meyer-Ladewig/Nettesheim/von Raumer/*Meyer-Ladewig*/*Huber* 13; *Peters* 36; ferner EGMR L.C.B./UK, 9.6.1998, ÖJZ **1999** 353. Vgl. dazu auch *Zöller* FS Kühne 629, 635 ff.
59 EGMR (GK) Osman/UK, 28.10.1998, § 116; (GK) Nicolae Virgiliu Tănase/RUM, 25.6.2019, § 136; Tërshana/ALB, 4.8.2020, § 148; (GK) Kurt/A, 15.6.2021, § 158.

den besonderen Umständen gebotenen und ihnen nach der Sachlage auch möglichen Vorkehrungen zum Lebensschutz nicht getroffen haben, obwohl sie von einer **realen und unmittelbaren Gefährdung des Lebens einer bestimmten Person** durch Dritte **wussten oder diese hätten erkennen können** (sog. *Osman-Test*).[60] Ausreichend hierfür soll noch nicht sein, dass eine Person Opfer von Menschenhandel geworden und einem generellen Missbrauchsrisiko ausgesetzt sein könnte; notwendig für die Annahme eines Verstoßes gegen Art. 2 sei auch hier eine konkrete und unmittelbare **Lebensgefahr**,[61] wobei das Merkmal der Vorhersehbarkeit restriktiv ausgelegt wird. Besonders umfassende Pflichten bereits im Vorfeld bzw. bei der Beurteilung des Vorliegens einer solchen realen und unmittelbaren Gefährdung treffen staatliche Stellen in Fällen **häuslicher Gewalt**.[62] Um ihre positive Verpflichtung aus Art. 2 zu erfüllen, sind die staatlichen Behörden zunächst verpflichtet, **sofort** nach einem entsprechenden Hinweis auf häusliche Gewalt **zu reagieren** (*„requirement to respond immediately to allegations of domestic violence"*).[63] Im Anschluss haben sie die Pflicht, eine **autonome, proaktive und vollständige Risikoeinschätzung** vorzunehmen (*„duty to carry out a lethality risk assessment which is autonomous, proactive and comprehensive"*).[64] Die Behörden sollen sich dabei nicht allein auf die Angaben des

---

60 Vgl. maßgebliche Grundsätze in EGMR (GK) Osman/UK, 28.10.1998, § 116 („authorities knew or ought to have known at the time of the existence of a real and immediate risk to the life of an identified individual or individuals from the criminal acts of a third party and (...) they failed to take measures within the scope of their powers which, judged reasonably, might have been expected to avoid that risk"); vgl. auch EGMR Koku/TRK, 31.5.2005; Osmanoğlu/TRK, 24.1.2008 (Untätigkeit der Behörden trotz Kenntnis von Entführung); Opuz/TRK, 9.6.2009, § 130; Dink/TRK, 14.9.2010, NJOZ **2011** 1067 (kein Einschreiten der Sicherheitsbehörden zum Schutz des Lebens eines Journalisten trotz Kenntnis von dem sicheren Plan, ihn umzubringen); Nencheva u.a./BUL, 18.6.2013, § 108; Bljakaj u.a./KRO, 18.9.2014, § 106; Tagayeva u.a./R, 13.4.2017, § 482; Olewnik-Ciepliṅska u. Olewnik/PL, 5.9.2019, § 121; (GK) Kurt/A, 15.6.2021, §§ 158 f., BeckRS **2021** 14126 (keine Verletzung von Art. 2 bei fehlender Erkennbarkeit einer akuten und ernsthaften Gefährdung durch einen gewaltsamen Ehemann bzw. Vater; Anwendung hinreichender Sorgfalt durch die Behörden); Tkhelidze/GEO, 8.7.2021, § 49; A. u. B./GEO, 10.2.2022, § 43; Y u.a./BUL, 22.3.2022, § 89; Safi u.a./GR, 7.7.2022, §§ 149 ff. (Verletzung von Art. 2 im Falle einer verspäteten Rettungsaktion von Geflüchteten im Mittelmeer); *Grabenwarter/Pabel* § 20, 22; *Karpenstein/Mayer/Schübel/Pfister* 36; Meyer-Ladewig/Nettesheim/von Raumer/*Meyer-Ladewig/Huber* 13; bei Situationen, in denen ex ante nicht eindeutig feststeht, ob tatsächlich eine Lebensgefahr vorliegt, ist es ausreichend, wenn ein Risiko für das Leben in dem jeweiligen Moment zumindest als echt und unmittelbar bevorstehend *erscheint* oder Verletzungen sich zumindest als lebensgefährlich *darstellen*, vgl. EGMR (GK) Nicolae Virgiliu Tänase/RUM, 25.6.2019, § 145.

61 Vgl. EGMR Rantsev/ZYP u. R, 7.1.2010, § 222, NJW **2010** 3003, 3006 (aber Verletzung von Art. 4); vgl. auch Ablehnung einer Schutzpflicht aus Art. 2 in EGMR van Colle/UK, 12.11.2012, NJOZ **2014** 717, § 103 (Erschießung eines Belastungszeugen nach Einschüchterungs- und Bestechungsversuchen), insb. § 99 („there remained a substantial difference between such intimidatory conduct vis-à-vis witnesses and the shooting dead of a minor witness.").

62 EGMR (GK) Kurt/A, 15.6.2021, §§ 166, 168 ff.; Tkhelidze/GEO, 8.7.2021, §§ 48 f. („special diligence"); wesentlich auf letztgenannten Bezug nehmend: EGMR A. u. B./GEO, 10.2.2022, §§ 43 ff., 47 ff. (zu passives Agieren der Behörden trotz hinreichender Kenntnis bezüglich der Situation häuslicher Gewalt und der damit einhergehenden Gefahr für das getötete Opfer); vgl. hierzu: Art. 3 Rn. 48.

63 EGMR (GK) Kurt/A, 15.6.2021, § 165; darauf verweisend auch EGMR Y u.a./BUL, 22.3.2022, § 89 (kein ausreichender Schutz des Lebens einer von ihrem Ehemann getöteten Frau durch die Behörden trotz mehrerer, sich über einen Zeitraum von neun Monaten erstreckenden Beschwerden von ihr bezüglich der häuslichen Gewalt).

64 EGMR (GK) Kurt/A, 15.6.2021, §§ 167 ff.; siehe ebenfalls: EGMR Y u.a./BUL, 22.3.2022, § 89; Landi/I, 7.4.2022 (Verstoß gegen die Pflicht zur Durchführung einer sofortigen und proaktiven Abschätzung der Wiederholungsgefahr von häuslicher Gewalt; mangelnder Schutz der Leben von Frau und Kind, so dass ein Tötungsversuch gegen die Frau und die Tötung des einjährigen Kindes nicht verhindert wurde).

Opfers stützen, sondern diese mit einer eigenen Beurteilung des Sachverhalts ergänzen.[65] Bedeutsam ist außerdem das Stellen geeigneter Fragen, eine hinreichende Dokumentation der Risikoeinschätzung sowie die Berücksichtigung allgemeinen Wissens und von Erkenntnissen der Wissenschaft auf dem Gebiet der häuslichen Gewalt.[66] Wird das Bestehen einer realen und unmittelbaren Gefährdung dann im Ergebnis bejaht, löst dies wiederum die Pflicht der Behörden zum Ergreifen präventiv operativer Maßnahmen gegen die häusliche Gewalt aus, welche in Bezug auf den Grad des erkannten Risikos angemessen sein müssen.[67]

Auf eine Verletzung von Art. 2 können sich die **unmittelbar betroffene Person** selbst 19 (direktes Opfer, im Falle einer versuchten Tötungshandlung bzw. einer Gefahrsituation, die nicht den Tod herbeigeführt hat) sowie deren **Angehörige** und Personen, die in einer **engen persönlichen Beziehung** zu dem Getöteten standen (indirekte Opfer), in eigener Person berufen; der EGMR hat deren Opfereigenschaft unabhängig vom formalen Bestehen einer Ehe ausdrücklich bejaht.[68] Auch Beschwerden von **Geschwistern**, welche mit der getöteten Person nicht in demselben Haushalt oder derselben Stadt wohnen, erklärte der Gerichtshof für zulässig.[69]

Ist das (direkte) Opfer verstorben, besteht für Angehörige die Möglichkeit, im Namen 20 des Toten eine bereits von diesem zu Lebzeiten eingelegte Beschwerde fortzuführen oder erst *post mortem* einzuleiten sowie ggf. auch eine Beschwerde im eigenen Namen (in der Eigenschaft als indirektes Opfer) einzulegen, wenn jeweils ein **berechtigtes Interesse** an der Fortsetzung bzw. Einleitung des Verfahrens vorliegt.[70] Dies gilt bei einer gerügten Verletzung des Art. 2 gerade dann, wenn der Tod oder das Verschwinden des Opfers mutmaßlich den Verantwortungsbereich des Staates betreffen.[71]

c) Andere Rechtsgüter. Andere, für ein menschenwürdiges Leben notwendige 21 **Rechtsgüter** sichert die Verpflichtung des Staates aus Art. 2 Abs. 1 EMRK/Art. 6 Abs. 1 IPBPR nicht.[72] Geschützt wird nur das **Leben als solches**. Die freie Entfaltung der Persönlichkeit wird durch besagte Vorschriften nicht gewährleistet,[73] ebenso wenig wie **menschenwürdige Lebensbedingungen**, bessere **medizinische Behandlungsmöglichkeiten**[74] oder die **körperliche Unversehrtheit**, für die allerdings der sachliche Schutzbereich der Art. 3 EMRK/Art. 7 IPBPR bzw. Art. 8 EMRK/Art. 17 IPBPR eröffnet sein kann.

3. Grundsätzliches Tötungsverbot. Dem Staat wird durch **Art. 2 Abs. 1 Satz 2** verboten, 22 eine Person **in Ausübung seiner Staatsgewalt „absichtlich"** zu töten, sofern nicht

---

65 EGMR (GK) Kurt/A, 15.6.2021, § 169.

66 EGMR (GK) Kurt/A, 15.6.2021, §§ 174 f.

67 EGMR (GK) Kurt/A, 15.6.2021, § 190; Y u.a./BUL, 22.3.2022, § 89.

68 EGMR Finogenov u.a./R, 20.12.2011, § 205, NJOZ **2013** 137; Velikova/BUL, 18.5.2000; Grams/D (E), 5.10.1999, NJW **2001** 1989 (Tod eines Terrorverdächtigen bei Festnahmeversuch/Eltern); siehe ebenfalls: EGMR Akbay u.a./D, 15.10.2020, § 70 m.w.N., wobei der EGMR in Bezug auf andere Konventionsverletzungen als Art. 2 nur sehr restriktiv vorgeht; vgl. dazu auch Teil II Rn. 145 ff., 151.

69 EGMR Bljakaj u.a./KRO, 18.9.2014, §§ 90–94.

70 EGMR Karpylenko/UKR, 11.2.2016, §§ 104 f.; Dzidzava/R, 20.12.2016, § 46; dazu auch Teil II Rn. 151 f.

71 EGMR Karpylenko/UKR, 11.2.2016, §§ 104 f.; Dzidzava/R, 20.12.2016, § 46; Khayrullina/R, 19.3.2018, § 91.

72 *Hofmann* 28. Zur Tendenz, nicht nur willkürliche Tötungen, sondern auch andere Bedrohungen des menschlichen Lebens (u.a. Unterernährung, lebensgefährliche Krankheiten, kriegerische Auseinandersetzungen) in den Schutzumfang mit einzubeziehen: *Nowak* 5 ff.

73 Meyer-Goßner/*Schmitt* 1; *Morvay* ZaöRV **21** (1961) 317.

74 EGMR Tatar/CH, 14.4.2015, §§ 43 f.; S.C.C./S (E), 15.2.2000, ÖJZ **2000** 911 = InfAuslR **2000** 421 (Ausweisung eines Aids-Kranken nach Sambia).

besondere Voraussetzungen vorliegen, unter denen dies ausnahmsweise zulässig ist. Die Ausnahmen des Absatzes 2 zeigen, dass sich die Verantwortlichkeit des Staates für den Lebensschutz nicht nur auf die Verhinderung einer **absichtlichen Tötung** beschränkt.[75] Staatliches Handeln ist auch dann an der Pflicht zur Achtung des Lebens zu messen, wenn es unbeabsichtigt zum Tod eines Menschen geführt hat. Entsprechend dem Schutzzweck des Absatzes 1 Satz 1 sind die Ausnahmefälle des Absatzes 2 daher auch als Maßstab dafür heranzuziehen, ob eine von den Staatsorganen bei der Anwendung von Gewalt **nicht beabsichtigte Tötung** gegen die Verpflichtung des Staates zum Lebensschutz verstößt.[76]

23   Staatliche Eingriffe in das Leben sind an so enge konventionsgemäße Voraussetzungen zu binden, dass sie strikt auf **Ausnahmesituationen** begrenzt bleiben.[77] Ihre strikte Einhaltung muss derart **kontrollierbar** sein, dass jeder Willkür staatlicher Organe entgegengewirkt und jede direkte oder indirekte Beteiligung staatlicher Stellen effektiv aufgeklärt werden kann,[78] ggf. durch eine **Kennzeichnungspflicht** handelnder Amtsträger (Rn. 80). Dies gilt auch für den Einsatz von Freiwilligen in polizeiähnlicher Funktion.[79] Eine zu weit gefasste gesetzliche Ermächtigungsgrundlage, die den Eingriff in das Leben dem **Ermessen staatlicher Exekutivorgane** überlässt, verletzt regelmäßig die staatliche Schutzpflicht.[80]

24   Art. 2 ist verletzt, wenn staatliche Stellen bei ihrem Handeln nicht alle in Anbetracht der Sachlage **faktisch möglichen und zumutbaren Maßnahmen zur Vermeidung der Tötung** eines Menschen getroffen haben.[81] Ein Verzicht auf eine Schutzmaßnahme muss demnach zur Durchsetzung der in Absatz 2 genannten Zwecke stets erforderlich sein.[82] Die handelnden Staatsorgane haben bei der Wahl der Mittel und Methoden im Rahmen eines konkreten Einsatzes alle ihnen nach der Lage möglichen **Vorkehrungen** treffen, um das Risiko eines Verlustes von Menschenleben auszuschließen oder zumindest bestmöglich zu minimieren. Dazu gehört die **Ausrüstung der Einsatzkräfte mit Abwehr- und Angriffsmitteln,** die ein **gestuftes Vorgehen** im Einzelfall ermöglichen (z.B. Pfefferspray; Schlagstock; zu Elektroimpulsgeräten [„Taser"] siehe Art. 3 Rn. 193), ferner eine grundlegende Ausbildung in den relevanten Rechtsfragen (auch in Menschenrechtsfragen) sowie die Einweisung von Einsatzkräften in **Deeskalationsstrategien** bei Bedrohungslagen und in die **Verhältnismäßigkeitsprüfung beim (Schuss-)Waffeneinsatz** (Warnschuss, Zielbereich) mit klaren, eindeutigen Handlungsanweisungen. Die Vertragsstaaten sind verpflichtet sicherzustellen, dass waffentragende Sicherheitsorgane die **Gewähr für einen ordnungsgemäßen Umgang mit den ihnen anvertrauten Waffen** bieten.[83]

---

[75] Zur missglückten Formulierung und zum Zusammenhang des Verbots der absichtlichen Tötung mit der Todesstrafe vgl. *Frowein/Peukert* 10.

[76] *Esser* 103; vgl. *Frister* GA **1985** 560, auch zum nicht auf die Absicht beschränkten Begriff „*intention*" im englischen Recht. Für die Auslegung ist der durch die Ausnahmen des Absatzes 2 verdeutlichte Schutzzweck heranzuziehen und nicht etwa eine Abgrenzung der nationalen Strafrechtsdogmatik.

[77] EGMR (GK) McCann/UK, 27.9.1995; (GK) Salman/TRK, 27.6.2000.

[78] Für eine „strikte Eingrenzung": HRC Suárez de Guerrero/COL, 31.3.1982, 11/45; Baboeram-Adhin/SUR, 4.4.1985, 146/1983, EuGRZ **1985** 563.

[79] EGMR Acar u.a./TRK, 24.5.2005, § 84 (Tötung durch sog. „Dorfwachen").

[80] Vgl. *Nowak* 15.

[81] EGMR (GK) McCann/UK, 27.9.1995; (GK) Oğur/TRK, 20.5.1999; (GK) Salman/TRK, 27.6.2000; *Esser* 103; *Frowein/Peukert* 1; IK-EMRK/*Lagodny* 13.

[82] Vgl. etwa EGMR (GK) McCann/UK, 27.9.1995; (GK) Oğur/TRK, 20.5.1999, dazu auch *Frowein/Peukert* 5 in Kritik an einer auf die Absicht abstellenden Entscheidung der EKMR. Vertiefend: *Skinner* Lethal Force, the Right to Life and the ECHR (2019).

[83] EGMR Gorovenky u. Bugara/UKR, 12.1.2012, §§ 35 ff. (u.a. Überprüfung der persönlichen Eignung, sachgerechte Aufbewahrung der Waffen).

Bei komplexeren, aufgeheizten Situationen, Krisen und Bedrohungslagen sind die **25**
staatlicherseits zu ergreifenden Maßnahmen durch eine **effiziente, vorausschauende**
Einsatzleitung zu koordinieren. Auch die Einrichtung, Ausstattung und Gewährleistung
der Erreichbarkeit von geschulten **Spezialeinsatzkräften** (etwa zur Beendigung von Geiselnahmen) ist ein wichtiges Element des präventiven staatlichen Lebensschutzes.

Beim Einsatz gegen eine Person, von der eine Gefahr für das Leben anderer ausgeht **26**
(z.B. bei Geiselnahmen), sind die mit dem Einsatz verbundenen **Gefahren für unbeteiligte Dritte**[84] neben den vom Täter selbst ausgehenden Gefahren zu berücksichtigen.[85] Unter
dem Blickwinkel ungenügender Schutzvorkehrungen des Staates kommt es darauf an, ob
eine bei Anwendung der gebotenen Sorgfalt vermeidbare Fehlbeurteilung der staatlichen
Organe oder ungenügende **Planung oder Durchführung** des staatlichen Eingriffs für die
Tötung mitverantwortlich war, nicht so sehr auf die Tötungsabsicht des unmittelbar Handelnden.

Im **Einsatz eines gasförmigen Narkosemittels** über die Lüftungsanlage eines von **27**
Terroristen besetzten Theatergebäudes (mit der Folge zahlreicher toter Geiseln) sah der
EGMR für sich noch kein unverhältnismäßiges Mittel für eine die Beendigung einer **Geisel-
nahme**; den Staaten sei angesichts der Schwierigkeiten bei der Einschätzung einer solchen
Situation ein gewisser Spielraum zuzugestehen.[86] Der Gerichtshof verwies dabei auch auf
ein Urteil des BVerfG[87] zur Verfassungswidrigkeit des § 14 Abs. 3 LuftSiG, wonach ein von
Terroristen als Waffe eingesetztes Flugzeug mit unbeteiligten Dritten an Bord nicht abge-
schossen werden darf. Anders als der gezielte Abschuss eines Flugzeuges[88] **bezwecke der**
Einsatz von Narkosegas jedoch gerade nicht den Tod aller Beteiligten; vielmehr sei
eine hohe Überlebenschance gegeben, welcher der Staat jedoch durch die Sicherstellung
adäquater Rettungsmaßnahmen nach Durchführung der eigentlichen Maßnahme zum Erfolg verhelfen müsse, um seiner auch beim Einsatz staatlicher Gewalt zur Abwehr der
von einem Dritten ausgehenden Gefahr für das Leben relevanten **präventiven Schutzpflicht** aus Art. 2 zu entsprechen (dazu Rn. 33 ff.).[89]

Andererseits verletzt aber nicht jede Verursachung des Todes eines Menschen im **28**
Zuge einer staatlichen Maßnahme die staatliche Fürsorgepflicht,[90] vor allem nicht eine
unbeabsichtigte und nach den Umständen nicht vorhersehbare, im Ergebnis **unvermeidbare** Tötung. Für die Abgrenzung sind die **Verhältnisse des Einzelfalles** maßgebend,
so wie sie von den staatlichen Organen im Zeitpunkt des Einsatzes aus guten Gründen

---

84 Vgl. EGMR (GK) Oğur/TRK, 20.5.1999.

85 EGMR Ergi/TRK, 28.7.1998; (GK) Oğur/TRK, 20.5.1999; *Esser* 103. Vgl. auch EGMR Huohvanainen/FIN,
13.3.2007 (unbeabsichtigte Tötung eines Mannes, der trotz mehrfacher Warnung den Beschuss von Polizeibeamten fortsetzte; kein Verstoß); dagegen: EGMR Juozaitiene u. Bikulcius/LIT, 24.4.2008 (Tötung der Insassen
eines unkontrolliert fahrenden Autos; keine konkrete Gefährdung anderer Personen; Verstoß).

86 EGMR Finogenov u.a./R, 20.12.2011, §§ 198 ff. = NJOZ **2013** 137 (Geiselnahme im Moskauer Dubrowka-
Theater 2002). Zur Verantwortung Russlands für eine eskalierte Geiselnahme von über 1.100 Personen in
einer Schule in Beslan im Jahr 2004: EGMR Tagayeva u.a./R, 13.4.2017, NLMR **2017** 107 (mehrere Verstöße
gegen Art. 2, u.a. keine ausreichend effektiv geführten Ermittlungen; Mängel bei der Planung und Durchführung der Operation; unzulässiger Einsatz tödlicher Gewalt).

87 BVerfG NJW **2006** 751 = NVwZ **2006** 447.

88 Ausstehend zur Verantwortung Russlands in Bezug auf den Absturz des Fluges MH-17 über der Ostukrai-
ne: EGMR Sharlene Ayley u.a./R, Nr. 25714/16 u. 56328/18, Beschwerden v. 6.5.2016 bzw. 23.11.2018.

89 EGMR Finogenov u.a./R, 20.12.2011, insb. § 232 = NJOZ **2013** 137.

90 Vgl. EGMR Andronicou u. Constantinou/ZYP, 9.10.1997, ÖJZ **1998** 674; *Frowein/Peukert* 5, 7.

angenommen werden durften,[91] auch wenn sie sich dann später als unzutreffend herausstellen.

29   Diese Grundsätze gelten auch im Rahmen von **Friedensmissionen und Kampfeinsätzen des Militärs**,[92] bei denen stets auf das Leben von Zivilisten Rücksicht zu nehmen ist.
Tötungshandlungen von Soldaten zum Nachteil von Zivilisten sind zu vermeiden, sonstigen drohenden Menschenrechtsverletzungen ist – in den Grenzen der staatlichen Schutzpflicht (vgl. Rn. 9 ff.) – entgegenzuwirken.[93] Eine willkürliche Luftbombardierung von Zivilisten und ihren Dörfern ist in einer demokratischen Gesellschaft untragbar und mit
keiner der im Absatz 2 genannten Ausnahmen zu rechtfertigen.[94]

30   **Art. 6 Abs. 1 Satz 3 IPBPR** beschränkt sich – anders als Art. 2 – darauf, jede **willkürliche**, also nicht mit dem jeweiligen Recht in Einklang stehende,[95] unberechenbare und
sachlich unangemessene (unverhältnismäßige) Tötung zu verbieten.[96] Die Tötung muss
nicht notwendig **absichtlich** erfolgt sein, auch eine nur bedingt vorsätzliche oder fahrlässige Herbeiführung des Todes durch die Träger der Staatsgewalt kann unter Umständen
als „willkürlich" einzustufen sein,[97] etwa dann, wenn eine real mögliche **vorherige Aufklärung der Lage unterblieben** ist oder wenn sie auf einer **inneren Einstellung** beruht,
die das Lebensrecht anderer Personen gering achtet. Ob Willkür vorliegt, bleibt aber immer der Bewertung des Einzelfalls überlassen.[98] Ein Ausnahmekatalog, der ähnlich wie
bei Art. 2 die Fälle aufzählt, in denen eine zur Erreichung der dort angeführten Zwecke
unbedingt erforderliche Tötung mit der Konvention vereinbar ist, wurde in Art. 6 IPBPR
bewusst nicht aufgenommen. Jedoch dürfte in den Fällen, in denen Art. 2 eine Tötung als
konventionsgemäß ansieht, in der Regel auch Willkür i.S.d. Art. 6 IPBPR zu verneinen
sein.[99]

31   Beide Konventionsartikel betreffen trotz ihres allgemein gehaltenen Wortlauts nur
Handlungen des Staates und seiner Organe,[100] wie der Zusammenhang mit der Todes-
strafe und der auf die Ausübung staatlicher Gewalt abstellende Ausnahmekatalog des
Art. 2 Abs. 2 zeigen.[101] Ob Handlungen eines Polizeibeamten außerhalb seines **beruflichen
Einsatzes und Pflichtenkreises** dem Staat zuzurechnen sind, entscheidet der EGMR an-

---

91 Maßgebend ist die Beurteilung *ex ante*; den Einsatzkräften wird insoweit eine durch die Augenblickssi-
tuation bedingte Einschätzungsprärogative zugestanden, vgl. EGMR Bubbins/UK, 17.3.2005, §§ 138 ff.; *Esser*
103 ff.

92 Vertiefend: *Wills* Protecting Civilians – The Obligation of Peacekeepers (2009).

93 EGMR Isayeva/R, 24.2.2005; Khashiyev u. Akayeva/R, 24.2.2005, EuGRZ **2006** 47 (Tschetschenien); hierzu:
Irmscher EuGRZ **2006** 11; ferner Art. 51 ZP zu den Genfer Abkommen v. 12.8.1949 über den Schutz der Opfer
internationaler bewaffneter Konflikte (Protokoll I).

94 EGMR Benzer u.a./TRK, 12.11.2013, § 184, NVwZ **2014** 1646 (Ls.) m. Anm. *Meyer-Ladewig/Nettesheim/von
Raumer/Petzold* = NJOZ **2014** 1874 (Tötung von 33 Angehörigen der Bf., Bombardierung durch das türkische
Militär; Verantwortlichkeit vom EGMR ausführlich angezweifelt, vgl. §§ 166 ff.; zudem Verstoß gegen
Art. 2 wegen fehlender Ermittlungen, §§ 186 ff.).

95 Der Mangel an scharfen Konturen wirft vor allem bei unterschiedlichen Wertmaßstäben in den einzelnen Staaten und bei zu großzügigen nationalen Regelungen Probleme auf; vgl. *Nowak* 15; ferner zur Lösung
über die Schutzpflicht Rn. 15, 48 ff.

96 Zur Entstehungsgeschichte und Auslegung des Begriffs Willkür in einzelnen Konstellationen *Nowak*
12 ff.

97 *Nowak* 12 Fn. 35.

98 Vgl. HRC Suárez de Guerrero/COL, 31.3.1982, 11/45, EuGRZ **1982** 340; Baboeram-Adhin u.a./SUR, 4.4.1985,
146/1963, EuGRZ **1985** 563 (Tötung als *ultima ratio* staatlichen Handelns).

99 *Hofmann* 29; *Nowak* 14.

100 *Partsch* 102; *Guradze* 1; *Frowein/Peukert* 2; *Nowak* 12.

101 Wohl auch die Entstehungsgeschichte, vgl. *Partsch* 102, strittig, **a.A.** etwa *Frister* GA **1985** 553.

hand der konkreten Umstände und der Natur des Verhaltens.[102] Für Tötungen eines Polizisten, die dieser außerhalb seines Dienstes privat begeht, trägt der Staat grundsätzlich keine Verantwortung (beachte aber die Grundsätze zur Verhinderung von Taten Privater, Rn. 33 ff.).[103]

Auch durch **Maßnahmen der Gesetzgebung** kann der Staat gegen das Tötungsverbot **32** verstoßen, wenn dort die Tötung von Menschen in einem mit den Konventionen nicht zu vereinbarenden Fall vorgesehen ist oder wenn die staatlichen Gesetze das Leben der Bürger nur unzureichend schützen, erst recht, wenn die Tötung durch staatliche Organe bei bestimmten, der Verbrechensbekämpfung dienenden Maßnahmen im Voraus durch ein Dekret generell für gerechtfertigt erklärt wird.[104]

4. Präventive Schutzpflicht des Staates zur Verhinderung von Gefahren durch Dritte

a) Umfang. Der Staat wird über das grundsätzliche Tötungsverbot hinaus durch Art. 1 **33** Abs. 1 EMRK/Art. 6 Abs. 1 IPBPR allgemein verpflichtet, in seinem Hoheitsbereich das Leben aller Menschen durch angemessene Maßnahmen vor einem Verlust zu schützen.[105] Auch das HRC bejaht eine aus Art. 6 IPBPR resultierende Pflicht der Mitgliedstaaten, Eingriffen in das Recht auf Leben sowohl von privater als auch von staatlicher Seite vorzubeugen.[106]

Diese **präventive Schutzpflicht** erfordert ein Einschreiten staatlicher Exekutivorgane **34** jedenfalls dann, wenn das Leben eines Menschen durch das Handeln einer anderen Person oder durch eine Situation **unmittelbar ernsthaft gefährdet** ist. In solchen Fällen verpflichtet Art. 2 zum Ergreifen präventiver operativer Maßnahmen (*„preventive operational measures"*) zum Schutz der Person.[107]

Die staatliche Schutzpflicht erfasst den **gesamten Bereich des öffentlichen Lebens 35** und ist grundsätzlich eröffnet, wenn der Staat eine echte und unmittelbare Gefährdung des Lebens einer in seinem Hoheitsbereich befindlichen Person erkennt oder erkennen muss.[108]

Wenn staatliche Stellen in ihrem jeweiligen Zuständigkeitsbereich eine solche unmit- **36** telbare ernstliche Gefährdung erkennen oder erkennen müssen, sind sie gehalten, zum Schutz der betroffenen Personen alle ihnen **real möglichen** und nach der Sachlage ver-

---

102 EGMR Saso Gorgiev/MAZ, 19.4.2012, §§ 48 ff. (Schüsse eines Polizisten innerhalb seiner Dienstzeit und in Uniform, er hatte seinen Dienstplatz jedoch eigenmächtig verlassen).

103 Vgl. EGMR Gorovenky u. Bugara/UKR, 12.1.2012, § 31 (zugleich aber hohe Anforderungen u.a. an Eignung als Polizist, bei Tötungen mit der Dienstwaffe daher oftmals Verstoß gegen Schutzpflicht).

104 HRC Suárez de Guerrero/COL, 31.3.1982, 11/45; dazu *Nowak* 15.

105 EGMR (GK) Mastromatteo/I, 24.10.2002, NJW **2003** 3259, m.w.N.; ferner etwa EGMR (GK) Osman/UK, 28.10.1998; Belenko/R, 18.12.2014, § 69; Kotilainen u.a./FIN, 17.9.2020, § 66, BeckRS **2020** 23085; *Esser* 108 ff.; *Frowein/Peukert* 2; IK-EMRK/*Lagodny* 9; Meyer-Ladewig/Nettesheim/von Raumer/*Meyer-Ladewig/Huber* 10. Vgl. zur Schutzpflichtdogmatik *Grabenwarter/Pabel* § 19, 5 ff.

106 HRC Peiris/LKA, 18.4.2012.

107 EGMR (GK) Mastromatteo/I, 24.10.2002, § 67; Bljakaj u.a./KRO, 18.9.2014, § 104; Ribcheva u.a./BUL, 30.3.2021, §§ 158–180 (Schutzmaßnahmen bezüglich eines im Einsatz getöteten Mitglieds einer Anti-Terror-Einheit; Verletzung von Art. 2 verneint).

108 EGMR (GK) Osman/UK, 28.10.1998, § 116 („the authorities knew or ought to have known at the time of the existence of a real and immediate risk to the life of an identified individual or individuals"). Vgl. auch *Zöller* FS Kühne 629, 643 f. für einen Kriterienkatalog, wann im Hinblick auf Art. 2 von einer staatlichen Schutzpflicht auszugehen sei.

nünftigerweise **vertretbaren Schutzvorkehrungen** zu treffen.[109] Dazu gehört etwa die (Androhung einer) medizinische(n) **Zwangsernährung eines Gefangenen** bei einem länger andauernden **Hungerstreik**.[110] Schutzpflichten nach Art. 2 werden auch bei **Suizidandrohungen** ausgelöst; den Staat trifft hier die Pflicht, die Umsetzung der Androhung durch die Ergreifung aller vernünftigen und erfolgversprechenden Maßnahmen zu verhindern.[111] Dabei dürfen an die staatlichen Organe allerdings keine überzogenen Anforderungen gestellt werden.[112]

37   Generell gilt, dass die staatliche Schutzpflicht umso intensiver ausgeprägt ist, je vorhersehbarer die ihr zugrunde liegende Gefahr erscheint („*the more predictable a hazard, the greater the obligation to protect against it*"); der EGMR stellt insofern strenge Anforderungen an die im Vorfeld einer **gewaltsamen Geiselbefreiung** durchzuführenden staatlichen Vorsorgemaßnahmen (Bereithaltung von Rettungskräften, Transport- und Krankenhauskontingenten), soweit von vornherein feststeht, dass im Anschluss an die Aktion eine Vielzahl von Betroffenen medizinische Hilfe benötigen wird.[113] Obgleich der Gerichtshof ein grundsätzliches Interesse staatlicher Stellen an der **Geheimhaltung einsatztaktischer Informationen** anerkennt, um die erfolgreiche Durchführung der Maßnahme nicht zu gefährden, kann in der verspäteten Information der Einsatzkräfte über die im Einsatz verwendeten Mittel (Narkosegas) ein Verstoß gegen die positive Schutzpflicht aus Art. 2 zu sehen sein.[114]

38   Der EGMR hat die Frage, ob etwa im Rahmen von Geiselnahmen, Entführungsfällen etc. eine staatliche Verpflichtung zur Aufnahme von **Verhandlungen mit den Geiselnehmern** oder gar zu einem „Freikaufen" von Geiseln besteht, ausdrücklich offengelassen, um zu verhindern, dass Staaten in diesem kritischen Punkt künftig für Terroristen etc. erpressbar werden.[115]

39   Zum Inhalt der Schutzpflicht gehört auch die Schaffung allgemeiner, einer potentiellen Gefährdungslage adäquater **gesetzlicher Regelungen** – einschließlich solcher der Strafverfolgung und Strafvollstreckung, die das Leben der von einer Gefahr betroffener Personen ausreichend und effektiv schützen (Rn. 15, 48 ff.).[116] Über diesen allgemeinen Rahmen hinaus, erfordert es die Schutzpflicht des Staates, dass Betroffene ausreichend

---

109 Z.B. EGMR Maiorano u.a./I, 15.12.2009 (keine Aufhebung des offenen Vollzugs, obwohl Kontaktaufnahme des Gefangenen mit krimineller Szene zu erwarten war); Paşa u. Erkan Erol/TRK, 12.12.2006 (unzureichende Sicherheitsvorkehrungen für ein vermintes Gebiet, das Dorfbewohnern als Weideland diente); Kontrová/SLO, 31.5.2007 (ungenügende Maßnahmen der Polizei zum Schutz von Kindern, die schließlich von ihrem Vater getötet wurden).
110 EGMR Rappaz/CH (E), 26.3.2013, §§ 52–58 (Vorwurf der Verweigerung einer Haftunterbrechung); *Grabenwarter/Pabel* § 20, 27.
111 EGMR Bljakaj u.a./KRO, 18.9.2014, § 129; Mikayil Mammadov/AZR, 17.12.2009, § 115; vgl. auch BVerfG NJW **2019** 2012 m. Anm. *Sachs* JuS **2019** 1124, wonach der Staat im Falle von Suizidgefahr aufgrund einer Zwangsversteigerung alle erforderlichen Vorkehrungen zu treffen hat, um seiner Schutzpflicht für das Leben der Betroffenen Genüge zu tun.
112 EGMR (GK) Mastromatteo/I, 24.10.2002; (GK) Osman/UK, 28.10.1998; Akkoc/TRK, 10.10.2000; Bljakaj u.a./KRO, 18.9.2014, § 105.
113 EGMR Finogenov u.a./R, 20.12.2011, § 243.
114 EGMR Finogenov u.a./R, 20.12.2011, § 257.
115 EGMR Finogenov u.a./R, 20.12.2011, § 223.
116 Vgl. EGMR Öneryldiz/TRK, 30.11.2004, § 89; Kolyadenko u.a./R, 28.2.2012, § 157; Talpis/I, 2.3.2017, § 100; Kurt/A, 15.6.2021, § 63; Kotilainen u.a./FIN, 17.9.2020, § 66; hierzu: BVerfG Beschl. v. 23.1.2013 – 2 BvR 1645/10 u.a., BayVBl. **2013** 334 (weiter Gestaltungsspielraum des Gesetzgebers bei der Regelung des nationalen **Waffenrechts** – Fall Winnenden).

über das Bestehen einer ernsthaften Gefahr für ihr Leben **informiert** bzw. – je nach Gefahrenlage – vor den absehbaren Folgen **gewarnt werden.**[117]

Im Rahmen von **Friedens- und Kampfeinsätzen des Militärs** ist das Leben von Zivi- 40 listen vor staatlichen, aber auch vor privaten Übergriffen bestmöglich zu schützen;[118] entsprechende Maßnahmen und Vorkehrungen sind schon im Stadium der Planung solcher Einsätze zu erwägen.[119]

Für Polizei- und Ordnungskräfte greift der EGMR bei der Beurteilung von Einzelfällen 41 auf die **Basic Principles on the Use of Force and Firearms by Law Enforcement Officials**[120] zurück. Insbesondere verlangt Art. 18 dieser Grundsätze, dass die eingesetzten Kräfte über die nötigen charakterlichen Eigenschaften sowie über die physischen und psychischen Fähigkeiten zur Ausübung ihres Amtes verfügen. Im besonderen Maße besteht der EGMR auf die Beachtung dieser Grundsätze bei einem Einsatz von Ordnungskräften in **Krisen- und Spannungsregionen.**[121]

Im öffentlichen und privaten **Gesundheitswesen** ist der Staat verpflichtet, durch ent- 42 sprechende Vorschriften dafür zu sorgen, dass insbesondere (öffentliche wie private) Krankenhäuser angemessene Maßnahmen zum Schutz des Lebens ihrer Patienten treffen (können).[122] Es müssen daher Regelungen bestehen, die verhindern, dass eine medizinische Notfallversorgung von der vorherigen Zahlung einer Gebühr abhängig gemacht wird.[123] Trifft ein Patient eine selbstschädigende, lebensgefährliche Behandlungsentscheidung nicht in vollem Bewusstsein und Verständnis der konkret sein Leben gefährdenden Umstände, kann eine Verpflichtung des Staates bestehen, Patienten nachdrücklich davon abzuhalten, ihr Leben aufs Spiel zu setzen.[124]

---

117 Vgl. EGMR L.C.B./UK, 9.6.1998; verneinend für erkrankte Tochter eines Armeeangehörigen im Zusammenhang mit Nukleartests, weil innerstaatliche Erkundigungspflicht nicht beachtet); vgl. auch EGMR McGinley u. Egan/UK, 9.6.1998, ÖJZ **1999** 335.
118 Vgl. allgemein: EGMR Isayeva/R, 24.2.2005; Khashiyev u. Akayeva/R, 24.2.2005; zu diesen den **Tschetschenien**-Konflikt betreffenden Urteilen: *Irmscher* EuGRZ **2006** 11; siehe ferner Art. 51 des ZP zu den Genfer Abkommen v. 12.8.1949 über den Schutz der Opfer internationaler bewaffneter Konflikte (Protokoll I).
119 EGMR Abuyeva u.a./R, 2.12.2010 (russische Militäraktion gegen tschetschenische Rebellen; Tötung unbeteiligter Zivilisten während Bombardements).
120 Beschlossen vom 8. UN-Kongress on „The Prevention of Crime and the Treatment of Offenders", Havanna, 27.8.–7.9.1990, U.N. Doc. A/Conf.144/28/REv.1 (1990).
121 EGMR Aydan/TRK, 12.3.2013, § 99.
122 EGMR (GK) Calvelli u. Ciglio/I, 17.1.2002, ÖJZ **2003** 307; Oyal/TRK, 23.3.2010 (Schadensersatzpflicht des Staates bei Infektion eines Neugeborenen mit HIV durch Bluttransfusion im staatlichen Krankenhaus); Belenko/R, 18.12.2014, § 70; Aydemir/TRK (E), 3.11.2015, § 36; Cojocaru/RUM, 22.3.2016, § 101; (GK) Lopes de Sousa Fernandes/P, 19.12.2017, § 166; (GK) Fernandes de Oliveira/P, 31.1.2019, § 105; Kamińska u.a./PL, 3.9.2020, §§ 55 f.; Meyer-Ladewig/Nettesheim/von Raumer/*Meyer-Ladewig/Huber* 16; zur Normierung spezieller gesetzlicher Regelungen im Zusammenhang mit der Triage, *Gaede/Kubiciel/Saliger/Tsambikakis*, medstra **2020** 129 ff.; zur Verpflichtung des Staates zur Schaffung von Regelungen zur Triage vgl. BVerfG NJW **2022** 380 = MedR **2022** 212 m. Anm. *Gutmann* u. Anm. *Sachs* JuS **2022** 281; NVwZ **2020** 1353 (kein Eilrechtsschutz); auf Initiative der Bundesregierung wurde daraufhin ein Gesetz zur Änderung des IfSG verabschiedet. Mit dem Inkrafttreten am 14.12.2022 wurde in § 5c IfSG eine entsprechende Regelung zur Triage festgelegt; zum Regelungsentwurf: *Gutmann/Fateh-Moghadam* ZRP **2022** 130.
123 EGMR Mehmet Şentürk u. Bekir Şentürk/TRK, 9.4.2013, §§ 84 ff., insb. §§ 88, 95–97 (Tod einer schwangeren Frau auf dem Weg in ein anderes Krankenhaus nach Verweigerung einer Notfalloperation, da diese die Gebühren nicht sofort aufbringen konnte).
124 EGMR Haas/CH, 20.1.2011, § 54; Arskaya/UKR, 5.12.2013, §§ 69 f.; Lambert/F, 5.6.2015, §§ 140 ff.; siehe hierzu auch BVerfG NJW **2017** 53, 58 (keine Beschränkung ärztlicher Zwangsbehandlung bei nicht einsichtsfähigem Betreuten).

Esser

43   Für **ärztliche Kunstfehler** oder eine fehlende bzw. mangelhafte Koordination zwischen Ärzten ist der Staat nicht verantwortlich, wenn er durch allgemeine Regelungen eine grundsätzlich ausreichende Sachkunde der Ärzte sichergestellt hat;[125] bei Personen, denen die **Freiheit entzogen** ist, besteht eine gesteigerte (Organisations-)Verantwortung des Staates.[126]

44   Ein Recht auf kostenlose **Versorgung mit Medikamenten**[127] oder auf den Ersatz für Schäden einer ordnungsgemäß durchgeführten **Impfung**[128] gewährleisten die Konventionen nicht, ebenso wenig einen lückenlosen und unbegrenzten rechtlichen Schutz des Lebens vor jedweder Gefahrenlage.[129] Zudem kann Art. 2 nicht so ausgelegt werden, dass die Staaten den Zugang zu nicht zugelassenen Medikamenten für Kranke im Endstadium in einer ganz *bestimmten* Weise regeln müssten.[130]

45   Der Staat ist verpflichtet, Maßnahmen zum Schutz der Bevölkerung vor das Leben gefährdenden **Umweltschäden** zu ergreifen.[131] Zu den erforderlichen Maßnahmen kann die Schaffung eines rechtlichen Rahmens zur Vermeidung solcher Gefahren gehören, der einen wirksamen Schutz der Öffentlichkeit gewährleistet und dessen Einhaltung überwacht wird, ebenso wie die ausreichende Information der Bürger über Umweltgefahren. Das Justizwesen muss so beschaffen sein, dass die Durchführung einer unabhängigen und unparteilichen Untersuchung, die bestimmte Mindeststandards an Gründlichkeit erfüllt und die die Ahndung von Verstößen gegen Umweltschutzbestimmungen ermöglicht, sichergestellt ist. Ob den Staat auch eine Pflicht zum **Schutz und Erhalt einer gesunden Umwelt** als menschliche Existenzgrundlage trifft, ist Gegenstand mehrerer Verfahren vor dem EGMR zur sog. **Klimakrise**.[132]

46   Ebenso ist der Staat gehalten, praxistaugliche Regelungen zur Gewährleistung der **Sicherheit im öffentlichen Raum** einzuführen sowie die effektive Umsetzung solch ge-

---

125 EGMR Istrățoiu/RUM (E), 27.1.2015, § 74; Powell/UK (E), 4.5.2000; Belenko/R, 18.12.2014, § 73; Byrzykowski/ PL, 27.6.2006, § 104; Meyer-Ladewig/Nettesheim/von Raumer/*Meyer-Ladewig*/*Huber* 9. Unter bestimmten Umständen sind jedoch (strenge) Ausnahmen von diesem Grundsatz denkbar, vgl. EGMR (GK) Lopes de Sousa Fernandes/P, 19.12.2017, § 190 (Vorenthaltung einer lebensrettenden Notfallversorgung durch Verweigerung oder aufgrund struktureller oder systemischer Fehlfunktionen im Krankenhaus).

126 EGMR Olsoy/TRK (E), 26.5.2015, §§ 39 ff.

127 Die EKMR hat dies zunächst offengelassen, später aber verneint (vgl. IK-EMRK/*Lagodny* 15, 16); KK-EMRK-GG/*Alleweldt* Kap. 10, 111; siehe in diesem Zusammenhang auch EGMR Fedulov/R, 8.10.2019 (Verweigerung der kostenlosen Bereitstellung von Medikamenten für eine Krebsbehandlung; Verletzung von Art. 1 Abs. 1 des 1. ZP-EMRK).

128 Meyer-Ladewig/Nettesheim/von Raumer/*Meyer-Ladewig*/*Huber* 8; vgl. zu Impfschäden EKMR Association X/UK, 12.7.1978, DR **14** 31.

129 Vgl. *Frowein*/*Peukert* 7; IK-EMRK/*Lagodny* 15. Zur Schutzpflicht aus Art. 2 Abs. 2 GG etwa BVerfGE **46** 164; **53** 57; **56** 73; **121** 317, 356.

130 EGMR Hristozov u.a./BUL, 13.11.2012, § 108, NJW **2014** 447 (Verweigerung nicht zugelassener Medikamente gegen eine Krebserkrankung, auch keine Verletzung von Art. 3 oder Art. 8).

131 EGMR (GK) Öneryildiz/TRK, 30.11.2004 (Methangasexplosion auf einer Mülldeponie; Tötung von Bewohnern einer Siedlung in der Nähe der Deponie; Untätigkeit der Behörden in Kenntnis, dass die Mülldeponie nicht den Sicherheitsvorschriften entsprach); Budayeva u.a./R, 20.3.2008 (keine Schutzmaßnahmen und keine Warnung der Bevölkerung vor akuter Erdrutschgefahr); Kolyadenko u.a./R, 28.2.2012, §§ 157 ff., NVwZ **2013** 993 (Öffnung eines wegen starker Regenfälle überfüllten Wasserspeichers, fehlende Hochwasserschutzmaßnahmen); Meyer-Ladewig/Nettesheim/von Raumer/*Meyer-Ladewig*/*Huber* 7, 14; KK-EMRK-GG/*Alleweldt* Kap. 10, 109.

132 Gestützt sind die Beschwerden auf Art. 2, Art. 8 und z.T. auch auf Art. 13. Vgl. Duarte Agostinho u.a./P und 32 andere Staaten, Nr. 39371/20 (unzureichende Maßnahmen gegen Erderwärmung; Verein Klimaseniorinnen Schweiz u.a., Nr. 53600/20 (Schutz älterer Menschen vor Erderwärmung); Mex M./A, Beschwerde v. 25.3.2021, Nr. 18859/21; zur Thematik: *Schmahl* JZ **2022** 317, 320 f.

Esser

schaffener Regelungen sicherzustellen.[133] So hat der Staat für die Gewährleistung der Sicherheit im **Straßenverkehr** und für eine Reduzierung von Verkehrsunfällen zu sorgen.[134] Seine Schutzpflicht zu einem konkreten Handeln soll aber nicht schon allein deshalb eröffnet sein, wenn der Transport von Schulkindern in Schulbussen unter Verletzung einschlägiger Rechtsnormen erfolgt,[135] was man aber sicherlich von den konkreten Umständen abhängig machen muss. Gefahren für das Leben am Arbeitsplatz hat der Staat durch effektive **Arbeitsschutzregelungen** zur Verhinderung gefährlicher Arbeitsbedingungen, -stoffe und -methoden abzuwenden.[136]

b) Art und Umfang. Ein Mindestmaß und -umfang **allgemeiner gesetzlicher Regelungen**, die das Leben des Einzelnen wirksam vor Eingriffen Dritter und der Entstehung sonstiger Gefahren schützen, sind für ein geordnetes gesellschaftliches Zusammenleben unerlässlich.[137] Wegen der Bedeutung des Schutzguts Leben sind in diesem Kontext vorrangig **formelle Gesetze** erforderlich,[138] von der jeweiligen Rechtsordnung allgemein anerkannte und bekannte Sätze des Gewohnheitsrechts (wie im Geltungsbereich des *common law*) können jedoch ebenfalls genügen, wenn sie einen effektiven Schutz des Lebens gewährleisten. **47**

Grundsätzlich bleibt es den Staaten innerhalb des vom EGMR durchaus weit gespannten **Beurteilungs- und Gestaltungsspielraums** überlassen, welche gesetzlichen Bestimmungen sie unter den jeweils gegebenen Umständen zu diesem Zweck für erforderlich halten. Abgesehen vom Verbot einer **willkürlichen Tötung** in Art. 6 Abs. 1 Satz 3 IPBPR[139] und von den ausdrücklich festgelegten Ausnahmen, in denen die Konventionen staatliche Eingriffe in das Recht auf Leben als zulässig ansehen, enthalten diese selbst keine konkreten **materiellen Vorgaben** für das geforderte Maß und den Inhalt der erforderlichen staatlichen Regelungen.[140] **48**

Notwendig sind in jedem Fall **Strafvorschriften**, welche die *absichtliche* Tötung eines Menschen mit einer der Schwere der Tat angemessenen Strafe bedrohen,[141] andererseits auch dem Betroffenen selbst die Abwehr eines lebensbedrohlichen Angriffs in einer Notsituation gestatten. Der EGMR verlangt einen wirksamen Schutz durch die gerichtliche Verhängung abschreckender Kriminalstrafen aber nur bei **vorsätzlichen (vollendeten oder versuchten) Verletzungen des Rechts auf Leben**.[142] Bei fahrlässigem Fehlverhalten kann der Staat seiner Schutzpflicht grundsätzlich auch dadurch genügen, dass er den Weg zu **49**

---

133 EGMR Banel/LIT, 18.6.2013, §§ 68 f. (fehlende Gebäudeinstandhaltung, Tod eines 13-Jährigen nach Einsturz eines Balkons).

134 EGMR (GK) Nicolae Virgiliu Tănase/RUM, 25.6.2019, § 135; Smiljanić/KRO, 25.3.2021, §§ 69 f.

135 EGMR Ellès/CH, 16.12.2010, § 32.

136 EGMR Kosmata/UKR, 15.1.2015, § 49; Brincat u.a./MLT, 24.7.2014, NVwZ-RR **2016** 121, §§ 79 ff., 101, 103 ff.; davor bereits EGMR Vilnes u.a./N, 5.12.2013, §§ 220 ff., 245 (Verletzung von Art. 8; Frage nach Verletzung von Art. 2 ausdrücklich offengelassen); hierzu *Sprecher* ZSR **135** (2016) II 139, 204; vgl. auch: *Groß* NVwZ **2020** 337, 339.

137 EGMR (GK) McCann/UK, 27.9.1995; L.C.B./UK, 9.6.1998; *Esser* 108; *Nowak* 4; vgl. *Frowein/Peukert* 2.

138 So wohl *Nowak* 4; zum Gesetzesbegriff der Konventionen *Nowak* Art. 12, 25 bis 27.

139 Die EMRK lässt ebenfalls keine willkürliche Tötung zu, auch wenn sie dies nicht besonders ausspricht.

140 Vgl. BVerfG Beschl. v. 21.1.2013 – 2 BvR 1645/10 u.a. (Schutz vor Missbrauchsgefahren im Umgang mit Schusswaffen; Waffengesetz; Amoklauf von Winnenden) BayVBl. **2013** 334 m. Anm. *Muckel* JA **2013** 554.

141 Vgl. EGMR Aydan/TRK, 12.3.2013, §§ 100 ff.: zu weite Auslegung der strafbefreienden/entschuldigenden Notwehrüberschreitung (ähnlich § 33 StGB) verletzt Art. 2.

142 EGMR (GK) Streletz, Kessler u. Krenz/D, 22.3.2001; (GK) Mastromatteo/I, 24.10.2002; Meyer-Ladewig/Nettesheim/von Raumer/*Meyer-Ladewig/Huber* 5; *Nowak* 4; vgl. *Esser* 108 ff. (Grenze für Maßnahmen zum Lebensschutz in den durch die Konventionen ebenfalls garantierten Beschuldigtenrechten).

den Zivil- oder Verwaltungsgerichten eröffnet. Ein Betroffener muss zum Schutz seines Lebens und der persönlichen Integrität vor sonstigen Gefahren zumindest **zivil-, disziplinar- oder verwaltungsgerichtliche Hilfe** in Anspruch nehmen können.[143] Das bloße Fehlen eines zivilrechtlichen Entschädigungsanspruchs für immaterielle Schäden im Falle der fahrlässigen Tötung soll dabei noch keinen Verstoß gegen Art. 2 (i.V.m. Art. 13) darstellen.[144]

50   Unter **besonderen Umständen** sind eine effektive strafrechtliche Verfolgung und entsprechende gesetzliche Vorschriften als ihre Grundlage ausnahmsweise auch bei **nicht vorsätzlich** herbeigeführten Verletzungen zu verlangen.[145] Dies kann etwa der Fall sein bei Eintritt des Todes eines Menschen oder einer Lebensgefahr aufgrund eines Verhaltens öffentlicher Autoritäten, das über einen bloßen Irrtum, Fehleinschätzungen oder Nachlässigkeit hinausgeht.[146]

51   Grundsätzlich hängt es von den jeweiligen Umständen des Einzelfalles sowie von der konkreten sachlichen und örtlichen Gefahrensituation ab, ob und welche Rechtsvorschriften ein Staat erlassen muss, um innerhalb seines Beurteilungsspielraums seiner Pflicht zum Lebensschutz in dem dafür unerlässlichen Mindestumfang nachzukommen.[147] Einschlägige staatliche Regelungen können u.a. für die Bereiche der **Genehmigung, Ein-/Errichtung, Ausführung, Sicherheit** und **Kontrolle/Überwachung gefährlicher Anlagen bzw. Aktivitäten** umfassen.[148] Voraussetzung ist in jedem Fall eine effektive Funktionsweise des Rechtsrahmens zum Schutz des Lebens insgesamt.[149]

52   Aus Art. 2 erwächst eine Schutzpflicht des Staates gegenüber der Gesellschaft, wenn **wegen Gewalttaten inhaftierte Straftäter** zum Zwecke ihrer Resozialisierung in den offenen Strafvollzug verlegt, beurlaubt oder sonst „gelockert" bzw. vorzeitig aus der Haft entlassen werden (Strafrestaussetzung). Die für die **Lockerung einer strafvollzuglichen Maßnahme** verantwortlichen Stellen müssen, bevor sie eine solche Maßnahme bewilligen, mit der gebotenen Sorgfalt aufgrund aller ihnen bekannten und der für sie erkennbaren Umstände prüfen, ob durch die beabsichtigten Maßnahmen das Leben anderer Personen unmittelbar gefährdet werden kann.[150] Auch ohne konkrete Anhaltspunkte für eine besondere Gefährlichkeit des späteren Täters kann Art. 2 verletzt sein, wenn ihm sein Handeln von den staatlichen Stellen allzu leicht gemacht wurde und das Opfer zudem unter staatlichem Schutz stand.[151]

53   Nicht unter Berufung auf die Schutzpflicht aus Art. 2 zu rechtfertigen und dementsprechend auch von dieser Bestimmung nicht gefordert sind Vorschriften für eine **Sicherungsverwahrung**, also für die Entziehung der Freiheit gegenüber einer als gefährlich eingestuften Person, *wenn* die betreffende Maßnahme ihrerseits den strengen Vorgaben

---

143 EGMR (GK) Vo/F, 8.7.2004 (Straflosigkeit eines Arztes, der fahrlässig einen Embryo getötet hatte; keine Verletzung von Art. 2); (GK) Calvelli u. Ciglio/I, 17.1.2002, §§ 51 ff.; (GK) Lopes de Sousa Fernandes/P, 19.12.2017, § 215; Kotilainen u.a./FIN, 17.9.2020, § 91; Tkhelidze/GEO, 8.7.2021, § 59; (GK) Mastromatteo/I, 24.10.2002, je m.w.N.); (GK) Öneryildiz/TRK, 30.11.2004; *Grabenwarter/Pabel* § 20, 19.

144 EGMR Zavoloka/LET, 7.7.2009, § 39.

145 Vgl. EGMR (GK) Nicolae Virgiliu Tănase, 25.6.2019, § 160.

146 Hierzu: EGMR Sinim/TRK, 6.6.2017, § 63; Asiye Genç/TRK, 27.1.2015, § 73; Oruk/TRK, 4.2.2014, §§ 56 ff.

147 *Nowak* 4.

148 EGMR Cevrioğlu/TRK, 4.10.2016, § 51; Zinatullin/R, 28.1.2020, § 26; Kotilainen u.a./FIN, 17.9.2020, § 67.

149 EGMR Kotilainen u.a./FIN, 17.9.2020, §§ 66, 75; Cavit Tınarhoğlu/TRK, 2.2.2016, § 86.

150 EGMR (GK) Mastromatteo/I, 24.10.2002 (Verletzung der Sorgfaltspflicht verneinend); Maiorano u.a./I, 15.12.2009; Choreftakis u. Choreftaki/GR, 17.1.2012; vertiefend zu dieser Problematik: *Koranyi* Europäische Standards für die Öffnung des Strafvollzugs (2012).

151 Vgl. EGMR Kayak/TRK, 10.7.2012, §§ 59 ff., 64 ff. (Schüler tötete einen ehemaligen Schüler in unmittelbarer Nähe zum Schulgelände; die Tatwaffe, ein Brotmesser, besorgte er sich ungehindert aus der für ihn eigentlich nicht zugänglichen Schulküche).

aus Art. 5 (dort Rn. 142 ff., 278 ff.) und/oder Art. 7 (dort Rn. 62 ff.) widerspricht, die insoweit *lex specialis* sind.[152] Dies gilt gleichermaßen für alle zur **Prävention** von Gefahren für das Leben konzipierten **Freiheitsentziehungen**; sie bedürfen stets einer Rechtfertigung nach Art. 5 Abs. 1 Satz 2 (siehe dort Rn. 108 ff., 221 ff.) und können nicht allgemein als Präventionsmaßnahme über Art. 2 gerechtfertigt werden, schon gar nicht im Wege einer gesetzlichen Generalklausel oder Bestimmungen, die den staatlichen Stellen ein weites Ermessen einräumen.

Ähnlich hohe Sorgfaltspflichten wie beim Schutz der Bevölkerung vor gefährlichen 54 inhaftierten Personen treffen den Staat auch im Zusammenhang mit der **Kontrolle der Einhaltung der Voraussetzungen für den Waffenbesitz**, wie der Gerichtshof in der Rs. *Kotilainen u.a.*[153] herausstellte. In diesem Fall ging es um einen 22-jährigen Berufsschüler mit psychischen Problemen, der dennoch eine Waffe erwerben konnte und diese auch nach Veröffentlichung von Internetposts mit seiner Waffe und Texten zum Thema Tod und Krieg nicht abgeben musste. Der junge Mann führte schließlich einen **Amoklauf** in seiner Schule durch, bei dem er zehn Personen und sich selbst tötete. Obwohl sich der Täter in diesem Fall nicht in staatlichem Gewahrsam befand (Rn. 84), traf die Behörden nach Ansicht des Gerichtshofs eine Verpflichtung zur Anwendung **besonderer Sorgfalt** („*special diligence*") bei der Überprüfung der Zulässigkeit seines Waffenbesitzes. Angesichts der mit einem missbräuchlichen Waffeneinsatz verbundenen hohen Gefahr für das Leben besteht eine Pflicht des Staates einzugreifen, sobald sich ein konkreter Verdacht von Unregelmäßigkeiten ergibt.[154]

Die Möglichkeit einer **Amnestie**, die auch Tötungsdelikte miteinschließt, ist nur dann 55 mit dem Gebot eines präventiven Lebensschutzes aus Art. 2 vereinbar, sofern sie auf besonderen sachlichen Gründen beruht und nicht etwa das Ziel hat, die Bestrafung solcher Taten allgemein zu verhindern oder rückgängig zu machen.[155]

c) Handeln sämtlicher Staatsorgane. Neben der Rechtsordnung wird auch und gera- 56 de das eigentliche **Handeln sämtlicher Staatsorgane** von der Pflicht zum Lebensschutz umfasst. Der Staat darf sich also nicht damit begnügen, dass seine Rechtsordnung das Leben entsprechend den Anforderungen der Konventionen schützt und dass jede Gewaltanwendung auf das unbedingt Erforderliche beschränkt bleibt. Er hat dafür einzustehen, dass alle seine Organe sich so verhalten, dass diese Gewährleistungen jederzeit für jedermann auch **tatsächlich gewährleistet** werden.[156] Zu konventionswidrigen Verletzungen des Rechtsguts Leben darf von Staats wegen weder direkt noch indirekt aufgefordert werden; der Staat darf solche Verletzungen auch nicht sanktionslos dulden. Er muss seinen Regierungsapparat und alle Institutionen und Personen, durch die öffentliche Gewalt ausgeübt wird, so organisieren und strukturieren, dass das Recht auf Leben unterschiedslos für alle Menschen gesichert wird. Hierzu gehört auch, dass hohe fachliche und charakterliche Anforderungen an die **Auswahl und Eignung von Polizeibeamten** gestellt werden;

---

152 EGMR S./D, 28.6.2012, § 103, JR **2013** 78 m. Anm. *Peglau*; G./D, 7.6.2012, § 79.
153 EGMR Kotilainen u.a./FIN, 17.9.2020, § 85, BeckRS **2020** 23085.
154 EGMR Kotilainen u.a./FIN, 17.9.2020, § 85.
155 EGMR Ali u. Ayse Duran/TRK, 8.4.2008 (Suspendierung einer Gefängnisstrafe wegen Körperverletzung im Amt als Verstoß gegen Art. 2); *Frowein/Peukert* 7 (zur früheren EKMR); vgl. zur Vereinbarkeit von Amnestien mit menschenrechtlichen Schutzpflichten die Studie von *Mallinder* Amnesty, Human Rights and Political Transitions (2008) – mit umfangreicher Datendokumentation.
156 EGMR Mansuroglu/TRK, 26.2.2008; Evrim Öktem/TRK, 4.11.2008.

Esser

die zum Schutz des Lebens bestehenden Gesetze müssen von diesen in der Praxis auch tatsächlich vollzogen werden.[157]

57   Ein wesentlicher Teil der (präventiven) Schutzpflicht des Staates, die sicherstellen soll, dass die Menschen in seinem Herrschaftsbereich auch vor Angriffen Privater auf ihr Leben geschützt sind, ist es, dass Angriffe auf das Leben von Personen **von Amts wegen** und mit **Nachdruck/Gründlichkeit** verfolgt werden, so dass von der Verfolgungspraxis eine abschreckende Wirkung ausgeht. Dazu gehört auch ein **unabhängiges und effektives Gerichtssystem**, dessen Schutz bei Angriffen auf das Leben von jedermann angerufen werden kann und vor dem auch Verstöße staatlicher Stellen gegen ihre Pflicht zum Lebensschutz verfolgt und gegebenenfalls durch angemessene Maßnahmen geahndet werden können.[158]

58   Die Schutzpflicht des Staates kann sich auf **konkrete, präventive Maßnahmen** zum Lebensschutz für eine bestimmte Person verdichten (**Personenschutz**),[159] so etwa, wenn die Behörden erkennen oder erkennen müssten, dass das Leben eines Menschen unmittelbar und ernsthaft bedroht ist.[160] Die Konventionen geben aber weder ein Recht auf individuellen Schutz vor Terrorakten[161] noch auf zeitlich unbegrenzten Polizeischutz nach einem Attentat.[162] Entsprechende Schutzpflichten bestehen aber nicht nur, sofern sich drohende tödliche Akte auf eine oder mehrere identifizierbare Personen konkretisieren: Schutzpflichten aus Art. 2 können auch schon darauf gerichtet sein, der Bevölkerung allgemein Schutz zu gewähren (*„afford general protection to society"*), etwa vor den drohenden Handlungen psychisch gestörter Personen gegen sich selbst oder andere.[163] Auch hier gelten aber als Schranke die oben beschriebenen Grenzen von Art. 5 (Rn. 53).

59   Gerade in Bezug auf **vulnerable Personen-/Berufsgruppen** wird diskutiert, ob sich aus Art. 2 besondere präventive Schutzpflichten herleiten lassen. Im Rahmen eines Sondervotums sprachen sich die Richter *Trajkovska* und *de Albuquerque* dafür aus, in Bezug auf **besonders gefährdete Personengruppen** (im konkreten Fall: Rechtsanwälte in Ausübung ihres Berufs) einen strengeren Test der offensichtlichen und gegenwärtigen Gefahr (*„clear and present danger"*) anzuwenden.[164]

60   In der **Auslieferung oder Abschiebung** einer Person in einen Staat, in dem erkennbar das Leben des Ausgelieferten schwerwiegend und ernsthaft gefährdet ist, kann je nach den konkreten Umständen auch eine Verletzung der dem Staat nach Art. 2 obliegenden

---

157 Vgl. EGMR Gorovenky u. Bugara/UKR, 12.1.2012, insb. §§ 38 ff. (Morde eines Polizisten mit seiner Dienstwaffe, die er nach nationalem Recht nicht hätte bekommen dürfen).

158 EGMR (GK) Calvelli & Ciglio/I, 17.1.2002; (GK) Mastromatteo/I, 24.10.2002; (GK) Osman/UK, 28.10.1998, § 115; vertiefend: *Seibert-Fohr* Prosecuting Serious Human Rights Violations (2009).

159 Esser 108; vgl. auch *Grabenwarter/Pabel* § 20, 21 f., 24; Meyer-Ladewig/Nettesheim/von Raumer/*Meyer-Ladewig/Huber* 10, 13; siehe auch EGMR Fernandes de Oliveira/P, 31.1.2019, § 108 („protect an individual from another individual" in „certain well-defined circumstances"); (GK) Osman/UK, 28.10.1998, § 115; (GK) Nicolae Virgiliu Tănase/RUM, 25.6.2019, § 136.

160 Vgl. EGMR Akkoc/TRK, 10.10.2000; Koku/TRK, 31.5.2005; Osmanoğlu/TRK, 24.1.2008; Bljakaj/KRO, 18.9.2014, § 104; siehe auch: EGMR Gongadze/UKR, 8.11.2005, NJW **2007** 895 (Unterlassen staatlicher Schutzmaßnahmen für einen Regimekritiker, der den Generalprokurator auf seine bedrohliche Lage hingewiesen hatte); R.R. u.a./H, 4.12.2012, §§ 28 ff. und A. u B./RUM, 2.6.2020, § 119 (jeweils Zeugenschutzprogramm); Vgl. auch Meyer-Ladewig/Nettesheim/von Raumer/*Meyer-Ladewig/Huber* 13.

161 EGMR (GK) Osman/UK, 28.10.1998; *Frowein/Peukert* 7; IK-EMRK/*Lagodny* 15 (EKMR für Nordirland).

162 *Frowein/Peukert* 7; IK-EMRK/*Lagodny* 15.

163 EGMR Bljakaj/KRO, 18.9.2014, §§ 108, 121.

164 Sondervotum *Trajkovska* und *de Albuquerque* in EGMR Bljakaj/KRO, 18.9.2014, §§ 7–9.

Schutzpflicht liegen.[165] Die Auslieferung ist unzulässig, wenn der ersuchende Staat nicht verlässlich in der Lage ist, in seinem Hoheitsgebiet die betroffene Person vor zu befürchtenden Anschlägen auf ihr Leben einer gewaltbereiten, bandenmäßig vorgehenden, kriminellen Tätergruppe zu schützen (vgl. hierzu auch Art. 3 Rn. 130).[166]

5. Effektive Aufklärung der Ursächlichkeit eines Todes („repressive" Schutzpflicht)

a) Allgemeine Grundsätze. Die **schnelle** und **effektive Aufklärung** der **Ursache einer** 61
Tötung durch eine von staatlichen Stellen oder privaten Personen mutmaßlich ausgeübte Gewalt ist ein zentrales Element der „repressiven" Schutzpflicht des Staates aus Art. 2. Mögliche Todesursachen müssen – ggf. von einer unabhängigen Stelle – gründlich ermittelt werden.[167]

Art. 2 enthält **weder ein Recht auf Strafverfolgung Dritter** noch muss eine Strafver- 62
folgung stets zu einer **Verurteilung** führen, sondern die Ermittlungen zu den Umständen einer Tötung müssen **sorgfältig** und **gründlich** durchgeführt werden.[168] Zudem verpflichtet Art. 2 nicht zur Verhängung einer bestimmten (strafrechtlichen) Sanktion.[169]

Das **BVerfG** leitet aus Art. 2 Abs. 2 Satz 1, 2 GG i.V.m. Art. 2 und Art. 1 GG in Ausnahme- 63
fällen einen möglichen **Anspruch des Einzelnen auf eine effektive Strafverfolgung Dritter** ab, wenn es sich um a) erhebliche Straftaten handelt, b) Amtsträger Straftaten bei der Wahrnehmung hoheitlicher Aufgaben begangen haben oder c) den Staat eine spezifische Obhutspflicht für die Opfer trifft (Maßregel- oder Strafvollzug).[170] Liegt eine dieser Voraussetzungen vor, so hat der Einzelne – das Opfer selbst oder seine Angehörigen – aber auch insoweit lediglich einen Anspruch auf die **Durchführung effektiver strafrechtlicher Ermittlungen** durch die Strafverfolgungsbehörden, jedoch nicht zwingend auf eine strafrechtliche Inanspruchnahme der betreffenden Personen, die in jedem Fall von der Feststellung einer individuellen Schuld abhängt. Kommt es zu einer Einstellung des Ermittlungsverfahrens gemäß § 152 Abs. 2, 170 Abs. 2 StPO, so genügt der Staat seiner

---

165 Der EGMR prüft diese Fragen meist gemeinsam mit Art. 3, vgl. EGMR D./UK, 2.5.1997, ÖJZ **1998** 354 = NVwZ **1998** 161; S.C.C./S (E), 15.2.2000; (GK) Mocanu u.a./RUM, 17.9.2014, § 314; T.A./S, 19.12.2013, § 37; A/S, 19.12.2017, § 32; (GK) F.G./S, 23.3.2016, § 110 (Ausweisung nach dem Iran nach Konvertierung zum Christentum in Schweden); M.A. u.a./BUL, 20.2.2020, § 68, NLMR **2020** 13 (Ausweisung von Uiguren aus Bulgarien nach China als Verstoß gegen Art. 2 und 3); vertiefend *Lehnert* NVwZ **2018** 1359 ff.; M.D. u.a./R, 14.9.2021, §§ 89, 111 (Auslieferung nach Syrien als Verletzung von Art. 2 und 3); Schlussantrag des GA beim EuGH 19.4.2012, C-71/11 (Y.u. Z), Tz. 74 f., BeckRS **2012** 81409; zudem HRC Choudhary/CAN, 5.11.2013, 1898/2009; Masih Shakeel/CAN, 30.9.2013, 1881/2009 (Ausweisung von Kanada nach Pakistan; Verstoß gegen Art. 6 IPBPR); HRC A.H./DK, 7.9.2015, 2370/2014 und Q.A./S, 20.2.2020, 3070/2017 (jeweils betreffend einer Ausweisung nach Afghanistan; Verstoß gegen Art. 6 IPBPR) vgl. Art. 3 Rn. 124; dazu auch: *Nußberger* NVwZ **2016** 815, 818.
166 OLG Düsseldorf NStZ **2006** 692 = StV **2007** 143 = StraFo **2006** 207 (in einem deutschen Zeugenschutzprogramm aufgenommener Verfolgter; Art. 3 anstelle von Art. 2 angeführt). Ggf. ist es dem Betroffenen zuzumuten, in einem Teil des Gebietes des Empfangsstaates zu leben, in dem die ihn bedrohende kriminelle Bande, verfeindete Familie pp. nicht aktiv ist: EGMR Tatar/CH, 14.4.2015, §§ 41, 44, 51.
167 EGMR (GK) Vo/F, 8.7.2004; (GK) Fernandes des Oliveira/P, 31.1.2019, § 105; vgl. Meyer-Ladewig/Nettesheim/von Raumer/*Meyer-Ladewig/Huber* 16.
168 EGMR Banel/LIT, 18.6.2013, § 71; Nencheva u.a./BUL, 18.6.2013, § 115; Gray/D, 22.5.2014, § 93; Karpenstein/Mayer/*Schübel-Pfister* 44.
169 Vgl. EGMR Gray/D, 22.5.2014, § 93 (Nichtauslieferung an UK; dort angedrohte höhere Strafe, aber Verfolgung in Deutschland; zudem: „the procedural obligation under Article 2 is not an obligation of result but of means only").
170 Vgl. BVerfG NJW **2020** 675 ff.; NStZ-RR **2020** 51; BeckRS **2019** 28642; NJW **2015** 150; NStZ-RR **2015** 347; BeckRS **2015** 9867.

Schutzpflicht, wenn diese Verfahrenseinstellung nicht willkürlich erfolgt.[171] An die **Zugänglichkeit eines Klageerzwingungsverfahrens** (§ 172 Abs. 3 Satz 1 StPO) dürfen im Lichte der staatlichen Schutzpflicht bei Todesfällen keine unzumutbaren, aus Sachgründen nicht mehr zu rechtfertigende Voraussetzungen geknüpft werden.[172]

64   Die beschriebene Aufklärungspflicht besteht auch bei einer **versuchten Tötung**, zumindest, wenn die betreffende Handlung zu erheblichen Verletzungen geführt hat, vor allem, aber nicht nur dann, wenn die Möglichkeit besteht, dass staatliche Organe daran beteiligt waren.[173]

65   Im Falle eines mutmaßlichen (in der Regel nur **fahrlässigen**) ärztlichen **Fehlverhaltens** ist nicht zwingend ein Strafverfahren vorzusehen; auch zivilrechtliche Verfahren können genügen, sofern sie die Verantwortlichkeit der Ärzte für die Verletzung von Art. 2 feststellen können und einen angemessenen Schadensersatz zusprechen (vgl. Rn. 90).[174] Selbst wenn der durch einen ärztlichen Fehler betroffene Patient überlebt, muss der Staat bei einem latent das Leben gefährdenden körperlichen Zustand (z.B. **HIV-Infizierung**) schnell und effektiv die Ursachen ermitteln und durch seine Gerichte einen angemessenen Schadensersatz zusprechen. Unterlässt der Staat dies und dauert vor allem das diesbezügliche Verfahren zu lange, kann darin ein Verstoß gegen Art. 2 liegen.[175]

66   Der Staat verletzt seine Schutzpflicht, wenn er nicht mit Nachdruck und Gründlichkeit versucht, eine Tötung durch eine mit den **notwendigen Befugnissen** ausgestattete **unabhängige**[176] **öffentliche Stelle**[177] aufzuklären, um ggf. – auch im Interesse der Generalprävention (Rn. 57) – die Verantwortlichen zu bestrafen.[178] Gemeint und gefordert ist dabei

---

171 BVerfG NJW **2020** 675 ff. (Fixierung); NJW **2015** 150 = EuGRZ **2014** 719 = StV **2015** 203 (Einstellung der Ermittlungen nach dem Tod einer Offiziersanwärterin auf dem Segelschulschiff *Gorch Fock*); vertiefend: *Esser/Lubrich* StV **2017** 418.

172 BVerfG Beschl. v. 23.3.2020 – 2 BvR 1615/16, medstra **2020** 361 m. Anm. *Hehr*; Beschl. v. 15.1.2020 – 2 BvR 1763/16, NJW **2020** 675; Beschl. v. 2.7.2018 – 2 BvR 1550/17, medstra **2019** 35 m. Anm. *Neßeler* (Forderung einer originären Kontrolltätigkeit des OLG; kein hinreichender Tatverdacht für Zulässigkeit des Antrags gemäß § 172 Abs. 2 Satz 1 StPO erforderlich).

173 EGMR Ergi/TRK, 28.7.1998; Luluyev u.a./R, 9.11.2006, § 90; *Esser* 106; Meyer-Ladewig/Nettesheim/von Raumer/*Meyer-Ladewig*/*Huber* 21; siehe auch: EGMR Lapshin/ASE, 20.5.2021, §§ 103 ff., 109 (ineffektive Untersuchung einer versuchten Tötung eines Inhaftierten).

174 EGMR Belenko/R, 18.12.2014, § 76; siehe auch EGMR Cojocaru/RUM, 22.3.2016, §§ 102 f. u. Calvelli u.Ciglio/I, 17.1.2002, § 53, wonach dieser Rechtsschutz nicht nur abstrakt bestehen, sondern auch in der Praxis effektiv funktionieren muss.

175 EGMR Oyal/TRK, 23.3.2010 (Infizierung eines Säuglings bei Bluttransfusion mit HI-Virus; Verfahrensdauer 9,5 Jahre; Verstoß gegen Art. 2; weiterer Verstoß dadurch, dass das Gericht keine lebenslange medizinische Versorgung zugesprochen hatte).

176 EGMR Finucane/UK, 1.7.2003, §§ 68 f.; (GK) Ramsahai u.a./NL, 15.5.2007, §§ 333 ff.; Brecknell/UK, 27.11.2007; (GK) Giuliani/Gaggio/I, 24.3.2011, § 300; (GK) Mustafa Tunç u. Fecire Tunç/TRK, 14.4.2015, § 177; (GK) Jaloud/NL, 20.11.2014, §§ 188 f. 195 f., NJOZ **2016** 76 (Unabhängigkeit der Ermittlungen nicht bereits dadurch beeinträchtigt, dass die Ermittelnden und die von der Ermittlung Betroffenen gemeinsam untergebracht waren; keine Bedenken hinsichtlich der Zusammensetzung eines Militärgerichts, dessen Kammer neben zwei zivilen Richtern aus einem Angehörigen des Militärs bestand, der jedoch nicht der militärischen Disziplin oder Autorität unterstand, sondern genauso unabhängig und neutral wie seine zivilen Richterkollegen war); (GK) Kotilainen u.a./FIN, 17.9.2020, § 94 (Kammer hatte mit 4:3 die Unabhängigkeit der Militärjustiz verneint); Saribekyan u. Balyan/ASE, 30.1.2020, § 63.

177 EGMR (GK) Oğur/TRK, 20.5.1999; *Esser* 105 mit Hinweis auf EGMR Gülec/TRK, 27.7.1998; Kaya/TRK, 19.2.1998.

178 Vgl. etwa EGMR Yasa/TRK, 2.9.1998; (GK) Oğur/TRK, 20.5.1999; (GK) ZYP/TRK, 10.5.2001; Feyzi Yildirim/TRK, 19.7.2007, §§ 74 ff.; Goncharuk/R, 4.10.2007; Dzieciak/PL, 9.12.2008; Mosendz/UKR, 17.1.2013, insb. §§ 105 f. (angebliche Selbsttötung eines Wehrdienstleistenden nach Schikane, ungenügende Sachaufklärung, insb.

nicht nur das Fehlen hierarchischer oder institutioneller Verbindungen, sondern auch eine **„praktische" Unabhängigkeit**.[179] Die alleinige Untersuchung durch eine **private Stelle** genügt diesen Anforderungen regelmäßig nicht, auch wenn sich die staatlichen Stellen später deren Ergebnisse zu eigen machen sollten.[180]

Die geforderte effektive Untersuchung der mutmaßlich gewaltsamen Tötung eines 67 Menschen muss über die **Aufklärung des Tathergangs** hinaus um die **Ermittlung und Feststellung aller für die Tötung mutmaßlich Verantwortlichen** ernsthaft bemüht sein, so dass diese entsprechend ihrem individuellen Verschulden verurteilt und ggf. bestraft werden *können*.[181]

Um in diesem Sinne effektiv zu sein, muss die Aufklärung schon **vom Umfang her** 68 **angemessen** („adequate") erfolgen.[182] Dies umfasst die Analyse, ob die (staatliche oder private) Gewaltanwendung in Anbetracht der konkreten Umstände **gerechtfertigt** war sowie die **Identifizierung** der mutmaßlich Verantwortlichen.[183]

Sobald staatliche Stellen von der nicht-natürlichen Tötung eines Menschen Kenntnis 69 erhalten (sei es durch eine offizielle Anzeige oder auf anderem Wege),[184] müssen sie deren nähere Umstände und mögliche an der Tat beteiligte Personen **von Amts wegen** und

---

Zulassung, dass Vorwürfe gegen Vorgesetzte nach zehn Jahren verjähren); siehe auch: EGMR (GK) Streletz, Kessler u. Krenz/D, 22.3.2001; Carter/R, 21.9.2021, § 138, BeckRS **2021** 26955; HRC Baumgarten/D, 31.7.2003, 960/ 2000; Meyer-Ladewig/Nettesheim/von Raumer/*Meyer-Ladewig/Huber* 22. Vgl. hierzu BVerfG Beschl. v. 4.2.2010 – 2 BvR 2307/06 (Klageerzwingungsverfahren zur Wiederaufnahme eingestellter Ermittlungen; Bf. machte unter Hinweis auf die Rechtsprechung des EGMR geltend, dass sich aus der aufgrund Art. 2 Abs. 2 GG bestehenden Schutzpflicht für das Leben eine staatliche Ermittlungspflicht bei ungeklärten Todesfällen ergebe. Die Zulässigkeit der Verfassungsbeschwerde wurde abgelehnt; bereits durchgeführte Ermittlungen genügten der staatlichen Schutzpflicht). Anders EGMR Agache u.a./RUM, 20.10.2009 (Verletzung des Art. 2; zu lange Verfahrensdauer; ungenügende Ermittlung; Ermittlungsverfahren ruhte 2 Jahre 6 Monate, es wurden zu wenige Zeugen vernommen, Beweise nicht adäquat gesichert); HRC Pestano/PHL, 11.5.2010, 1619/2007 (Behauptung, Staat sei nicht direkt an der der Verletzung von Art. 6 IPBPR beteiligt, nicht ausreichend); vgl. hierzu auch den (abgelehnten) Antrag (BÜNDNIS 90/DIE GRÜNEN) zur Erleichterung der Aufklärung polizeilichen Fehlverhaltens, BTDrucks. **19** 7929.
179 Vgl. u.a. EGMR (GK) Armani da Silva/UK, 30.3.2016, § 232; Skavadse/GEO, 19.11.2020, § 33; Karpenstein/ Mayer/*Schübel-Pfister* 43 („tatsächliche Unabhängigkeit").
180 *Esser* 105; *Grabenwarter/Pabel* § 20, 37 mit Hinweis auf die fehlenden Zwangsbefugnisse und auf EGMR Edwards/UK, 14.3.2002.
181 EGMR (GK) Oğur/TRK, 20.5.1999; Ceyhan Demir u.a./TRK, 13.1.2005; Gomi u.a./TRK, 21.12.2006, § 63; Nihayet Arıcı u.a./TRK, 23.10.2012, §§ 163, 167; Asiye Genç/TRK, 27.1.2015, §§ 68 ff.; (GK) Lopes de Sousa Fernandes/P, 19.12.2017, § 214 (Feststellung des für den Tod verantwortlichen Arztes oder Gesundheitspersonals); Yukhymovych/UKR, 17.12.2020, § 65; *Grabenwarter/Pabel* § 20, 35 (Todesfälle im Gesundheitsbereich); Meyer-Ladewig/Nettesheim/von Raumer/*Meyer-Ladewig/Huber* 22.
182 EGMR Ramsahai u.a./NL, 15.5.2007, § 324; Mustafa Tunç u. Fecire Tunç/TRK, 14.4.2015, § 172; (GK) Armani da Silva/UK, 30.3.2016, § 233; (GK) Hanan/D, 16.2.2021, § 202, NJW **2021** 1291; bei staatenübergreifenden Sachverhalten kann eine Verpflichtung zur Zusammenarbeit von Vertragsstaaten bei der Aufklärung bestehen, vgl. EGMR (GK) Güzelyuthu/ZYP u. TRK, 29.1.2019, §§ 233 ff., NLMR **2019** 13 sowie darauf verweisend EGMR Romeo Castaño/B, 9.7.2019, § 81, JSt **2020** 87, NLMR **2019** 296 (Ablehnung der Vollstreckung eines von den spanischen Behörden erlassenen EuHb durch Belgien als Verstoß gegen die prozessuale Verpflichtung zur Zusammenarbeit aus Art. 2); siehe auch: EGMR Carter/R, 21.9.2021, §§ 144 ff. (Unterstützungsanfrage Großbritanniens an Russland im Rahmen britischer Ermittlungen zur Aufklärung eines Giftanschlags auf russischen Oppositionellen; Ablehnung der Anfrage durch Russland unsubstantiiert; Verstoß gegen Art. 2).
183 EGMR (GK) Armani da Silva/UK, 30.3.2016, § 243; Ramsahai u.a./NL, 15.5.2007, § 324; Boguta Tereshenko/ UKR, 13.1.2022, § 9.
184 EGMR Scavuzzo-Hager u.a./CH, 7.2.2006, ÖJZ **2006** 822, § 75; vgl. *Esser* 105 m.w.N.

unverzüglich[185] erforschen;[186] dies gilt auch für eine mutmaßlich fahrlässige Tötung.[187] Die Erforschung der Todesumstände wird meist durch (wegen der noch „frischen" Erinnerung) zeitnahe **Zeugenbefragungen**[188] und mithilfe **forensischer Beweismittel**[189] zu erfolgen haben.[190] Die zuständige Stelle (Rn. 66) muss – ungehindert durch andere staatliche Einrichtungen – die Tat und deren genauen Hergang **alsbald und gründlich erforschen** und dabei alle **erreichbaren Zeugen** ungehindert befragen und alle sonstigen Ermittlungsmöglichkeiten ausschöpfen können.

70   Geboten ist in der Regel eine **Obduktion/Autopsie des Getöteten** durch forensische Spezialisten mit einer genauen Dokumentation der Befunde.[191] Der unerklärte Verlust der dabei entnommenen Gewebeproben und der Krankenakte des Verstorbenen kann auf eine Verletzung der staatlichen Aufklärungspflicht hinweisen.[192] Dabei muss der Autopsiebericht ausreichend und detailreich sein sowie Fotos des Untersuchten enthalten.[193]

---

185 Siehe EGMR Aydan/TRK, 12.3.2013, § 112 (erstmalige Vernehmung des Todesschützen, eines Gendarmen, acht Tage nach der Tötung; Verstoß gegen die Aufklärungspflicht); Yelkhoroyev/R, 6.10.2020, § 60: Augenzeugen einer Entführung erst nach fast drei bzw. sieben Monaten vernommen; vgl. auch erhebliche Verspätung (21 Jahre) der Untersuchungen in EGMR McCaughey u.a./UK, 16.7.2013, §§ 130 ff. (Tötungen in Nordirland durch die britische Armee).
186 EGMR Hugh Jordan/UK, 4.5.2001; Ceyhan Demir u.a./TRK, 13.1.2005; Byrzykowski/PL, 27.6.2006; Yelkhoroyev/R, 6.10.2020, §§ 61 f.; Daniliny/R, 6.10.2020, §§ 49 f. (keine ausreichenden, effektiven Ermittlungen in Bezug auf das Verschwinden einer Person); Ribcheva u.a./BUL, 30.3.2021, § 125; Rantsev/ZYP u. R, 7.1.2010 (Zusammenarbeit zweier Staaten bei der Aufklärung einer Todesursache; Verletzung des Art. 2 wurde nur bei Zypern angenommen, in dessen Zuständigkeitsbereich die Todesaufklärung einer russischen Staatsangehörigen fiel, nicht jedoch bei Russland, das mit Zypern zusammengearbeitet hatte und mehrfach weitergehende Maßnahmen von Zypern gefordert hatte); Pugoyeva/R, 7.12.2021 (keine Einleitung strafrechtlicher Ermittlungen bei glaubhaften Anhaltspunkten für Entführung und Gewaltanwendung durch Staatsbedienstete); Meyer-Ladewig/Nettesheim/von Raumer/*Meyer-Ladewig/Huber* 21; KK-GG/*Alleweldt* 106 ff.; zur richterlichen Aufklärungspflicht in Todesfällen vgl. auch BGH („Oury Jalloh"), BGHSt **59** 292 = NStZ **2010** 407 = NJW **2015** 96 = NStZ **2015** 641; hierzu: *Rostalski* JR **2015** 306.
187 EGMR Hacıömeroğlu/TRK (E), 13.10.2015; Bakanova/LIT, 31.5.2016, §§ 65 ff., 68 ff. (Aufklärung von Arbeitsunfällen).
188 Die Befragung von Zeugen sollte möglichst zeitnah erfolgen, wenn deren Erinnerung noch „frisch" ist, vgl. etwa EGMR Dinn/RUM, 7.2.2017, § 82; Danciu u.a./RUM, 12.5.2020, §§ 88 f., 97; siehe dazu auch EGMR Alhowais/H, 2.2.2023, §§ 90 f., BeckRS **2023** 838 (u.a. keine hinreichenden Bemühungen im Hinblick auf das Auffinden und die Befragung von Zeugen).
189 Vgl. hierzu EGMR Skuriyya Zeynalov/ASE, 10.9.2020, § 85 (fehlende Erwähnung mehrerer Verletzungen im forensischen Bericht); Tërshana/ALB, 4.8.2020, §§ 158 f. (kein chemisches oder toxikologisches Gutachten zur Bestimmung des Tatmittels bei Säureangriff); M.H. u.a./KRO, 18.11.2021, §§ 149 f., 158 ff., BeckRS **2021** 34869 (ineffiziente Aufklärung des Todes eines 6 Jahre alten afghanischen Mädchens im Zusammenhang mit ihrer Rücksendung nach Serbien nach abgelehntem Asylantrag in Kroatien; u.a. keine Auswertung von GPS-Daten zur Standortbestimmung).
190 EGMR (GK) Armani da Silva/UK, 30.3.2016, § 233; Ceesay/A, 16.11.2017, § 89; Skavadse/GEO, 19.11.2020, § 32; (GK) Hanan/D, 16.2.2021, § 202; Lapshin/ASE, 20.5.2021, § 98; siehe auch EGMR (GK) Nagmetov/R, 30.3.2017, §§ 45 ff. (Verstoß gegen Art. 2 nach Verzögerungen bei der Erhebung/Auswertung forensischer Beweise).
191 EGMR (GK) Oğur/TRK, 20.5.1999; (GK) Salman/TRK, 27.6.2000; Eugenia Lazár/RUM, 16.2.2010 (keine effektive Aufklärung der Todesursache von Patienten in medizinischen Einrichtungen); zu zentralen Rechtsfragen der Obduktion: *Magnus* medstra **2022** 71; *Klauck/Gratz* medstra **2022** 77.
192 EGMR Belenko/R, 18.12.2014, § 81.
193 EGMR (GK) Jaloud/NL, 20.11.2014, § 214; HRC Eshonov/UZB, 18.8.2010, 1225/2003 (zur Klärung der Todesursache muss Leichnam notfalls exhumiert werden, um eine Autopsie durchführen zu können. Angehörige des Verstorbenen müssen über die Ermittlungen und Erkenntnisse informiert werden).

Die Untersuchung ist in einem **angemessenen Zeitrahmen** durchzuführen und abzu- 71
schließen.[194] Zwar können sich Untersuchungen durchaus über mehrere Jahre hinziehen,
doch kann eine hohe Zahl von Verfahrenswiederaufnahmen (insbesondere, wenn diese
nach ihrer gerichtlichen Anordnung nur mit erheblicher zeitlicher Verzögerung erfolgen)
durchaus ein Anzeichen dafür sein, dass keine ernsthafte Wahrheitserforschung betrieben
wird.[195] Um das Vertrauen der Öffentlichkeit zu stärken und die Verantwortlichkeit des
Staates für Untersuchungen zu unterstreichen, muss die Öffentlichkeit in angemessenem
Ausmaß am Verfahren oder an den Ergebnissen beteiligt werden, das erforderliche Ausmaß hängt von dem jeweiligen Fall ab.[196]

Die nahen **Angehörigen** des Getöteten – bei einer versuchten Tötung auch das Opfer 72
selbst – haben ein Recht, über Ermittlungsfortschritte und -ergebnisse ausreichend unterrichtet zu werden.[197] Sie müssen angemessen **am Verfahren beteiligt** werden und ausreichenden Zugang zu den **Verfahrensakten** erhalten.[198] Dies ist auch eine Voraussetzung
für ihr Recht, wegen einer dem Staat zuzurechnenden Tötung oder wegen der Verletzung
seiner Pflicht zum Lebensschutz eine wirksame Beschwerde i.S.d. Art. 13 erheben zu können.[199] Eine Pflicht zur Involvierung der Angehörigen in das Verfahren soll sich dagegen
nicht aus Art. 2 ergeben, wenn eine Verantwortlichkeit des Staates am Tod der betreffenden Person nicht nachweisbar ist.[200]

In Konstellationen, in denen sich die zur Aufklärung des Todes erforderlichen Kennt- 73
nisse und Beweismittel allein oder zu einem großen Teil bei staatlichen Stellen selbst
befinden, etwa bei verstorbenen Häftlingen, liegt die **Beweislast** insofern beim Staat, als
er zu seiner **Entlastung** eine besonders hinreichende und überzeugende Erklärung der
Todesumstände sowie solide Beweise für die behauptete Ursache vorzubringen hat.[201] Das
Verbot willkürlicher Tötungen durch den Staat wäre praktisch unwirksam, wenn es kein
effizientes und objektives Verfahren zur Überprüfung der Rechtmäßigkeit einer Gewaltanwendung gäbe,[202] ebenso ist die Ermittlung der Wahrheit bei fundamentalen Menschen-

---

194 Verstoß gegen Art. 2 bei: EGMR Camekan/TRK, 28.1.2014 (Verletzung nach Schusswechsel mit der Polizei; Strafverfahren gegen Polizeibeamte nach 13 Jahren noch nicht abgeschlossen; 11 Jahre bis zum erstinstanzlichen Urteil); Yukhymovych/UKR, 17.12.2020, § 69 (über 19 Jahre lang andauernde Untersuchung der
Hintergründe eines Todes während eines Festnahmeversuchs).
195 EGMR Belenko/R, 18.12.2014, § 80 („Although a reopening of a criminal investigation is not in itself
ultimate proof of its „deficiency“ in terms of the Court's case-law, the sheer number of the reopenings shows
that no genuine attempt to establish the truth was made.").
196 EGMR (GK) Giuliani u. Gaggio/I, 24.3.2011, § 303 (insoweit in NVwZ **2011** 1441 nicht abgedruckt); Meyer-
Ladewig/Nettesheim/von Raumer/*Meyer-Ladewig/Huber* 25.
197 EGMR (GK) Oğur/TRK, 20.5.1999; Khashiyev u. Akayeva/R, 24.2.2005, § 164; Luluyev u.a./R, 9.11.2006;
(GK) Mocanu u.a./RUM, 17.9.2014, §§ 324, 349 ff.; Ceesay/A, 16.11.2017, § 94; Skuriyya Zeynalov/ASE, 10.9.2020,
§ 86.
198 EGMR (GK) Oğur/TRK, 20.5.1999; Wasilewska u. Kalucka/PL, 23.2.2010; *Esser* 106; Meyer-Ladewig/Nettes-
heim/von Raumer/*Meyer-Ladewig/Huber* 25.
199 Dazu *Esser* 107.
200 Vgl. EGMR Gray/D, 22.5.2014, § 87 (Tod eines Patienten im UK durch Fehlbehandlung eines deutschen
Arztes; britische Angehörige wurden weder über die Einleitung des Verfahrens in Deutschland, den Strafbe-
fehlsantrag noch Einspruchsmöglichkeiten informiert, vgl. dazu insg. die Ausführungen in §§ 86 ff.).
201 U.a. EGMR Skavadse/GEO, 19.11.2020, § 31; Shuriyya Zeynalov/ASE, 10.9.2020, § 73 (keine überzeugende
Erklärung der Todesumstände); siehe auch EGMR Lapshin/ASE, 20.5.2021, § 95 (Vorlage nicht überzeugender
Sachverständigengutachten).
202 Vgl. etwa EGMR Benzer u.a./ TRK, 12.11.2013, § 164; (GK) Armani da Silva/UK, 30.3.2016, § 230.

rechtsverletzungen, wie etwa Tötungen, wichtig, um das Vertrauen der Öffentlichkeit in den Rechtsstaat zu erhalten.[203]

74 **b) Maßstäbe im bewaffneten Konflikt.** Kommt es im Rahmen eines bewaffneten Konfliktes im Sinne des humanitären Völkerrechts[204] zu Tötungen, so muss der Staat trotz etwaiger faktischer Hindernisse weiterhin seinen Aufklärungspflichten bestmöglich nachkommen.[205] Der Gerichtshof zeigt nur insofern Verständnis für Probleme in der Praxis, dass Art. 2 in diesen Fällen *„realistically"* angewendet werden soll,[206] ggf. kommen *„reasonable allowances"*[207] in Betracht. Es gehört jedoch auch in einem bewaffneten Konflikt zu einer erforderlichen unabhängigen Ermittlung von Umständen einer Tötung, dass die **Zeugen vor der ersten Befragung voneinander getrennt** werden, so dass sie sich nicht gegenseitig beeinflussen oder ihre Aussagen absprechen können. Es reicht bereits die bloße Möglichkeit des Zusammenwirkens von Zeugen, um die Effektivität der Ermittlungen i.S.v. Art. 2 zu verneinen.[208] Diese müssen außerdem **inhaltlich offen** und **weit genug** geführt werden, d.h. nicht nur das Verhalten der mutmaßlich unmittelbar die tödliche Gewalt anwendenden staatlichen Akteure in den Blick nehmen, sondern auch weitere **Begleitumstände** und **Hintergründe**, wie z.B. die Planung und Kontrolle der in Frage stehenden Operation, aufklären.[209]

75 **c) Aufklärung rechtswidriger Polizeigewalt.** Im Falle des Verdachts einer mutmaßlich **rechtswidrigen Polizeigewalt** (siehe hierzu auch Art. 3 Rn. 51)[210] wird der beschriebenen Aufklärungspflicht nicht Genüge getan, wenn **Polizeibeamte derselben Dienststelle oder gar Abteilung** an der Untersuchung beteiligt sind, zu der auch der Beamte gehört, der einer Straftat verdächtig ist oder gar schon als Beschuldigter gilt; in diesem Fall ist die Unabhängigkeit und Effektivität der Aufklärung gefährdet.[211] Präventiv geboten ist daher die Einrichtung einer **unabhängigen, neutralen Stelle**[212] (etwa eines **Beauftrag-**

203 Vgl. etwa EGMR (GK) Mocanu u.a./RUM, 17.9.2014, § 323, NJOZ **2016** 1383. Zu grundlegenden dogmatischen Bedenken *Zöller* FS Kühne 629, 640 f.: Ableitung nachträglicher Untersuchungspflichten aus Art. 2 sei kein Lebensschutz mehr, sondern lediglich Folgenbeseitigung von Lebensverletzungen. Hintergrund sei u.a. eine Überforderung des EGMR durch entsprechende Ermittlungspflichten.
204 Zum Verhältnis von humanitärem Völkerrecht und dem menschenrechtlichen Rahmen des Art. 2: *Schmalz* KritV **2016** 234, 240 ff.
205 EGMR (GK) Al-Skeini u.a./UK, 7.7.2011, § 164, NJW **2012** 283; (GK) Hanan/D, 16.2.2021, § 204 (Hindernis, wie z.B. konkreter Zwang, kann dazu führen, dass Ermittler nur weniger effektive Untersuchungsmaßnahmen anwenden können oder eine Verzögerung der Ermittlungen rechtfertigen).
206 EGMR (GK) Al-Skeini u.a./UK, 7.7.2011, § 168; (GK) Hanan/D, 16.2.2021, §§ 200, 224.
207 EGMR (GK) Jaloud/NL, 20.11.2014, § 226.
208 EGMR (GK) Jaloud/NL, 20.11.2014, §§ 206 ff.
209 EGMR (GK) Hanan/D, 16.2.2021, § 205; (GK) Al-Skeini u.a./UK, 7.7.2011, § 163.
210 Von rechtswidriger Polizeigewalt ist auszugehen, wenn von Eingriffsbefugnissen unter Berücksichtigung der situativen Umstände aus Sicht eines objektiven Betrachters in unverhältnismäßiger Weise Gebrauch gemacht wird (*Braun/Albrecht* DÖV **2015** 937, 944); vgl. auch EGMR Abdulkhanov/R, 6.7.2021, §§ 89 ff. (schwere Verwundung während eines Polizeieinsatzes; unzureichende Aufklärung der Umstände); Yukhymovych/UKR, 17.12.2020 (keine ausreichende Untersuchung eines Todeseintritts während eines Festnahmeversuchs).
211 EGMR Mizigarova/SLO, 14.12.2010 (zum Tode führende Schussverletzung während eines polizeilichen Verhörs); Scavuzzo-Hager u.a./CH, 7.2.2006, §§ 78, 81, 85; auch bei den Staatsanwaltschaften eingerichtete Spezialabteilungen oder für Ermittlungen gegen Polizeibeamte zuständige besondere Dienststellen können nicht zielführend sein, da die institutionelle Nähe zu einem Interessenskonflikt führen kann (*Braun/Albrecht* DÖV **2015** 937, 944).
212 Zur Forderung nach einer unabhängigen Polizeibeschwerdestelle auf Bundesebene BTDrucks **19** 7119.

ten[213] oder einer **Ombudsperson**),[214] die sowohl Bürgern (extern) als auch Mitarbeitern staatlicher Stellen (intern) als Anlaufstelle für die Anzeige von Vorwürfen gegen Kollegen,[215] Polizeibeamte anderer Dienststellen und sonstige Sicherheitsbehörden offensteht (**Beschwerdemanagement; Früherkennung**).[216]

Effektive **interne Ermittlungen** zur Aufklärung von rechtswidriger Polizeigewalt sind 76 nur garantiert, wenn die betreffende Stelle **von Amts wegen** über interne Informationskanäle **zeitnah** über jede Verletzung von Personen im Zuge polizeilicher Maßnahmen informiert wird (**Berichtspflicht**).[217] Zur Wahrung ihrer **Neutralität** müssen interne Ermittler aus dem klassischen hierarchischen Aufbau der örtlichen Polizeidienste herausgelöst werden und ihre Arbeit sollte direkt der obersten Polizeidienststelle(n) unterstellt werden. Chef der Aufklärungseinheit muss ein Beamter im höheren Dienstrang sein, der auch ggf. beschuldigten hochrangigen Polizeibeamten „auf Augenhöhe" entgegentreten kann. Die Einheit selbst ist nach Qualität und Quantität angemessen mit **Personal und Sachmitteln** auszustatten, damit eine effektive Aufklärungsarbeit gewährleistet ist. Je nach Einzugsgebiet sind ggf. mehrere dieser internen Ermittlungseinheiten vorzusehen, damit ein **rasches Ermitteln vor Ort** jederzeit gewährleistet ist.[218] Zur Verhinderung bzw. Aufklärung einer mutmaßlich rechtswidrigen Polizeigewalt kann auch der **Einsatz von Videotechnik** eine geeignete Maßnahme sein (z.B. bei Demonstrationen, aber auch auf den Revieren),[219] speziell auch im Rahmen polizeilicher Vernehmungen.[220]

---

213 Hierzu: *Debus* DÖV **2017** 810, 815 – Rheinland-Pfalz; weitergehend *Botta* JZ **2022** 664.

214 So auch bei *Braun/Albrecht* DÖV **2015** 937, 944.

215 Aufgrund der innerhalb des Polizeiapparates bestehenden Copculture müsse parallel das Bewusstsein entwickelt werden, dass Whistleblower keine „Nestbeschmutzer" seien (*Braun/Albrecht* DÖV **2015** 937, 940, 944).

216 Hierzu: *Töpfer* Unabhängige Polizei-Beschwerdestellen: Eckpunkte für ihre Ausgestaltung, Deutsches Institut für Menschenrechte (2014); *Moslehi* HRN **2016** 18; siehe in diesem Kontext auch: Antrag der Bundestagsfraktion Die Linke für die Einrichtung einer unabhängigen Polizeibeschwerdestelle für die Polizeien des Bundes, die „den Grundsätzen der Unabhängigkeit, Angemessenheit, Öffentlichkeit und Einbeziehung der Betroffenen folgt" (BTDrucks. **18** 4450). Für den Aufgabenbereich der **Bundespolizei** wurde 2015 zusätzlich zu bereits vorhandenen inner- und außerbehördlichen Beschwerdemöglichkeiten im Bundespolizeipräsidium eine **Vertrauensstelle** geschaffen, an die sich sowohl Bürger als auch Beamte der Bundespolizei im Falle gravierender Rechtsverletzungen durch ein individuelles Fehlverhalten von Polizeivollzugsbeamten wenden können. Die Stelle ist unmittelbar dem Präsidenten des Bundespolizeipräsidiums unterstellt (BTDrucks. **18** 5435, 5726); die Fraktion BÜNDNIS 90/DIE GRÜNEN strebt die Einrichtung eines **unabhängigen Bundespolizeibeauftragten** an. Dadurch sollen polizeiliche Missstände bzw. Fehler aufgeklärt und das Vertrauen in die Polizei gestärkt werden. Aus Sicht der Bürger trete diese Möglichkeit ergänzend neben die Einleitung eines „nichttransparenten internen Ermittlungsverfahrens beziehungsweise eines meist langwierigen und erfolglosen Strafverfahrens". Ferner bezweckt eine entsprechende Stelle den Schutz der Polizisten vor ungerechtfertigten Anschuldigungen (BTDrucks. **18** 7616); dieser Antrag wurde am 28.6.2022 abgelehnt, vgl. BTDrucks. **18** 12978.

217 Siehe hierzu etwa auch EGMR Safi u.a./GR, 7.7.2022, §§ 115 ff.

218 Zur Reaktion auf exzessive physische Gewalt durch Polizeibeamte (mit rechtsvergleichendem Blick in die USA): *Arabi* Polizeilicher Zwang und dessen staatliche Kontrolle (2017).

219 Um die Gewalt *gegen* Polizeibeamte einzudämmen, erscheint eine Dokumentation der Polizeieinsätze mittels Videotechnik, z.B. durch den Einsatz von sog. **bodycams**, sinnvoll und geboten (*Braun/Albrecht* DÖV **2015** 937, 945); *Donaubauer* Der polizeiliche Einsatz von Bodycams (2017). Zum Einsatzbereich der Bodycam im Polizeieinsatz auch: *Schmidt* Polizeiliche Videoüberwachung durch den Einsatz von Bodycams (2018); *Starnecker* Videoüberwachung zur Risikovorsorge (2017); *Zander* Kriminalistik **2017** 393; *Baier/Manzoni* Kriminalistik **2018** 685.

220 *Michel* Die audiovisuelle Aufzeichnung der Beschuldigtenvernehmung im Ermittlungsverfahren (2019).

77   Die Nachbereitung und Analyse des polizeilichen Beschwerdemanagements durch eine **kriminologische Forschungsgruppe** der Polizei[221] ist angesichts der innerhalb des polizeilichen Apparates kaum zu gewährleistenden Unabhängigkeit kritisch zu sehen; sie kann und sollte jedenfalls die vorgenannten Aufklärungsmechanismen nicht ersetzen.

78   Aufgrund des staatlichen Gewaltmonopols haben Polizisten die Grenzen ihrer Befugnisse genau zu beachten. Da diese Grenze aber gelegentlich – vor allem im Rahmen von Großveranstaltungen und Ingewahrsamnahmen – von einzelnen Beamten überschritten wird, sollten auch bei der Polizei **umfassende Compliance-Systeme und -strukturen** eingeführt werden, zu denen auch das sog. **Whistleblowing** (Meldestellen, Verbot von Sanktionen für Meldeverhalten usw.) gehört. Nur ein derart breit angelegtes präventives System der Verhaltenssteuerung kann ein effektives Mittel zur Gewährleistung einer rechtstreuen Tätigkeit der Dienstverpflichteten darstellen.[222]

79   Kommt es im Rahmen eines **Polizei- oder Militäreinsatzes** zu einem tödlichen Verlauf, so hat sich die Untersuchung auch auf Örtlichkeit und Planung dieses Einsatzes zu erstrecken.[223] Dies muss nicht zwingend in einem Strafverfahren geschehen, auch eine andere offizielle staatliche Untersuchung kann dafür genügen (z.B. parlamentarische Untersuchungsausschüsse oder Militäreinrichtungen), *sofern* die damit befasste Stelle die gebotenen Untersuchungen mit der unerlässlichen Unabhängigkeit (Rn. 66) von den für den Einsatz verantwortlichen Stellen und ungehindert durch diese oder andere Stellen durchführen kann.[224]

80   Dass sich die Identität der an einem (mit Schusswaffengebrauch verbundenen) Polizeieinsatz beteiligten Beamten nicht ermitteln lässt, kann nach Ansicht des EGMR eine Verletzung des in Art. 2 garantierten Rechts auf effektive Ermittlungen darstellen, soweit der Staat nicht die **erforderliche Anstrengung zu ihrer Identifizierung** unternimmt (vgl. Art. 3 Rn. 50 f.).[225] Zur Ermöglichung einer solchen gründlichen Aufklärung des Verlaufs und der Folgen eines gewaltsamen Polizeieinsatzes (ggf. mit tödlichem Ausgang) sollte daher (präventiv) auch eine **Kennzeichnungspflicht von Polizeibeamten** gehören,[226] die eine Identifizierung einzelner Beamter im Nachgang ermöglicht.[227] Die konkrete Art und Weise des Vorgangs der nachträglichen Entanonymisierung sowie der Umfang der Kennzeichnung haben dabei auch dem Lebensschutz und dem Persönlichkeitsrecht des Beamten (Art. 2 Abs. 1 GG, Art. 8 Abs. 1 EMRK) Rechnung zu tragen (**Verschlüsselung** der Kennzeichen mit **Zugang für einen eng begrenzten Personenkreis**; sog. **pseudonyme Kennzeichnung**).[228] Eine solche Kennzeichnung stellt zwar einen Eingriff in das Recht des Beamten auf den Schutz seiner

---

221 Vgl. *Luff* Kriminalistik **2019** 96.

222 *Braun/Albrecht* DÖV **2015** 937.

223 EGMR Ergi/TRK, 28.7.1998; (GK) Oğur/TRK, 20.5.1999; *Esser* 106. Insbesondere in den zahlreichen Verfahren von Opfern **russischer Militäreinsätze in Tschetschenien** vor dem EGMR kam der Verletzung der staatlichen Pflicht zu einer schnellen und effektiven Aufklärung besondere Bedeutung zu, vgl. EGMR Betayev u. Betayeva/R, 29.5.2008; Gekhayeva u.a./R, 29.5.2008; Ibragimov u.a./R, 29.5.2008; Sangariyeva u.a./R, 29.5.2008; Utsayeva u.a./R, 29.5.2008.

224 Vgl. EGMR (GK) Oğur/TRK, 20.5.1999 (ernsthafte Zweifel an der Unabhängigkeit).

225 EGMR (GK) Makaratzis/GR, 20.12.2004, § 76.

226 EGMR Hentschel u. Stark/D, 9.11.2017, §§ 91, 99 EuGRZ **2018** 142 = NJW **2018** 3763 (Polizeieinsatz gegen rivalisierende Fußballfans); Atakaya/TRK, 22.7.2014, § 53; Özalp Ulusoy/TRK, 4.6.2013, § 54 (jeweils in Bezug auf Art. 3); vertiefend: *Neuwald* Die Kennzeichnungspflicht von Polizeibeamten (2018). Zu Forderungen nach einer Kennzeichnungspflicht bei der Bundespolizei: BTDrucks. **19** 5178.

227 Vgl. für Art. 3: EGMR Hentschel u. Stark/D, 9.11.2017; BVerwG NVwZ **2020** 247 (Brandenburg); in diesem Kontext auch: *Donaubauer* Der polizeiliche Einsatz von Bodycams (2017) 283 ff.

228 Aus verfassungsrechtlicher Sicht: LVerfG LSA NVwZ **2019** 1198; *Barczak* NVwZ **2011** 852; *Daimagüler/Drexler* NVwZ **2018** 1530.

personenbezogenen Daten dar (Art. 4 Nr. 1 u. 5 DSGVO);[229] dieser Eingriff kann allerdings durch überwiegende Allgemeininteressen (Stärken des Vertrauens der Bürger in die Polizei durch **Transparenz und Bürgernähe**[230]) gerechtfertigt sein. Die entsprechende polizeirechtliche Regelung muss einen gewissen Spielraum zulassen. Außerdem müssen Ausnahmen von einer Kennzeichnungspflicht ausdrücklich vorgesehen sein.[231]

Die am Ende gewählte Form der Kennzeichnung muss es ermöglichen, Polizeibeamte als **81** Verdächtige, vor allem aber auch als **potentielle Zeugen** zu identifizieren.[232] Da auf diese Weise die nachträgliche Individualisierung von Tatverdächtigen im Polizeiapparat ermöglicht wird und das Entdeckungsrisiko polizeilichen Fehlverhaltens steigt, entfaltet die Maßnahme in jedem Fall eine **präventiv-disziplinierende Wirkung** und kann deviantes Verhalten daher schon im Vorfeld verhindern. Der in der Politik häufig zu vernehmende Einwand, dass durch eine solche Kennzeichnung die Gefährdungslage für Polizeibeamte in Bezug auf zu befürchtende Racheaktionen gegen sie selbst und ihre Familien steige, lässt sich durch empirische Untersuchungen nicht belegen.[233] Mit einer solchen Kennzeichnungspflicht kann vielmehr ein effektiver Rechtsschutz des Bürgers gewährleistet werden (Art. 19 Abs. 4 GG).

Die Mehrzahl der Bundesländer, darunter NRW[234] und Bayern, lehnen im Gegensatz **82** zu einer Mehrzahl von EU-Mitgliedstaaten eine solche Kennzeichnung mit der Begründung gleichwohl ab, da Bürger auf diese Weise einen Polizisten grundlos im Internet an den Pranger stellen könnten. Nr. 45 des vom Ministerkomitee des Europarates angenommenen **Europäischen Kodexes für die Polizeiethik**[235] sieht vor, dass Polizeikräfte sich während des Einsatzes sowohl hinsichtlich ihrer Polizeizugehörigkeit (*„police status"*) als auch ihrer „beruflichen Identität" (*„professional identity"*) ausweisen können sollen. Aus dem Kommentar zu Nr. 45 ergibt sich, dass mit letzterem die Identifikation des individuellen Beamten (zum Schutz seiner persönlichen Sicherheit nicht notwendigerweise anhand des Namens) sichergestellt werden soll, um eine tatsächliche Durchsetzbarkeit des Prinzips der persönlichen Verantwortlichkeit (Nr. 16) zu gewährleisten.

Eine Verletzung der Aufklärungspflicht wird regelmäßig vorliegen, wenn das zuständige **83** Gericht eine Polizeigewalt unter Hinweis auf eine Eingriffsnorm rechtfertigt, ohne dabei eingehend zu untersuchen, ob das **Gebot der Verhältnismäßigkeit** gewahrt wurde.[236]

d) Freiheitsentziehende Maßnahmen. Eine **gesteigerte Verantwortung** für das **84** Leben trifft den Staat gegenüber Personen im **staatlichen Gewahrsam**, vor allem gegenüber **Straf- und Untersuchungsgefangenen**,[237] vorläufig **festgenommenen Perso-**

229 Vgl. BVerfGE **65** 1, NJW **1984** 419, 422 („kein ‚belangloses' Datum").
230 Siehe hierzu BVerfG Beschl. v. 4.11.2022 – 2 BvR 2202/19, NVwZ **2023** 159 (Verfassungsbeschwerde gegen Kennzeichnungspflicht mangels hinreichender Begründung nicht zur Entscheidung angenommen).
231 Vgl. VerfG Bbg Beschl. v. 20.6.2014 – VfGBbg 51/13, BeckRS **2014** 53064.
232 Siehe hierzu: BVerwG NJW **2012** 2676 (Untersagung von Bildaufnahmen eines Polizeieinsatzes).
233 *Braun/Albrecht* DÖV **2015** 937, 939.
234 Vgl. hierzu die im Dezember 2016 eingeführte Regelung des § 6a PolG NRW, der wenige Monate später durch eine neue Landesregierung wieder abgeschafft wurde; für Berlin: § 5a BerlASOG; historisch Kennzeichnung der Königlichen Schutzmannschaft zu Berlin (1848).
235 RecCM (2001) 10 (European Code of Police Ethics) v. 19.9.2001.
236 Siehe EGMR Dinu/RUM, 7.2.2017, §§ 84 f. (betraf Verletzung von Art. 3).
237 Vgl. etwa EGMR Tekin u. Arslan/B, 5.9.2017, § 85 (Tod eines Inhaftierten nach Anwendung unmittelbaren Zwangs durch Gefängnispersonal während seiner Verlegung in eine Isolationszelle; Verstoß gegen Art. 2, da der angewendete Zwang nach den Umständen nicht „absolutely necessary" war).

nen[238] sowie gegenüber **Soldaten**,[239] aber auch Schülern an öffentlichen Schulen.[240] Der Staat muss den Schutz des Lebens dieser Personen durch eine angemessene Gestaltung ihrer Lebensbedingungen einschließlich einer ausreichenden **ärztlichen Versorgung** sicherstellen.[241] Dazu gehören auch Vorkehrungen gegen eine erkennbare Gefährdung durch andere Gefangene sowie gegen **Hungerstreik**[242] oder **Selbsttötung**.[243]

85   Zur Beurteilung und Feststellung einer bestehenden **Suizidgefahr** wurden vom EGMR folgende Kriterien und Parameter entwickelt: Vergangene Probleme in Bezug auf psychische Gesundheit, Schwere der psychischen Probleme, bisherige Suizidversuche oder Selbstverletzungen, Selbsttötungsgedanken oder -androhungen sowie Anzeichen für physische oder psychische Belastung.[244]

86   Die **Einnahme verschriebener Medikamente** muss beaufsichtigt werden, damit der Gefangene nicht die Möglichkeit hat, durch eine Überdosis einen Suizid zu begehen.[245] Allerdings ist der Staat nicht für fehlende Schutzmaßnahmen verantwortlich, wenn kein Anhalts-

---

238 EGMR Saoud/F, 9.10.2007 (Tod eines psychisch Kranken, der bei seiner Festnahme über 30 Minuten lang mit dem Gesicht zum Boden in Handschellen immobilisiert wurde und dabei erstickte); Ceesay/A, 16.11.2017, §§ 96–101 (Tod durch Dehydrierung; nicht erkennbare Sichelzellenkrankheit; kein Verstoß); Frick/CH, 30.6.2020, NLMR **2020** 177 (keine hinreichenden Vorkehrungen zur Verhinderung eines Suizids während eines Polizeigewahrsams).
239 EGMR Abdullah Yilmaz/TRK, 17.6.2008, §§ 56 ff.; Mosendz/UKR, 17.1.2013, §§ 91 ff. (angebliche Selbsttötung eines Wehrdienstleistenden nach Schikane); Boychenko/R, 12.10.2021, §§ 77 ff., 95 f.; Khabirov/R, 12.10.2021, §§ 88 ff. (jeweils Selbsttötung eines Soldaten im Militärdienst); Lyubov Vasilyeva/R, 18.1.2022, §§ 51, 58 ff., 63 f. (Selbsttötung eines Wehrpflichtigen; Fehlen notwendiger, spezifischer Mechanismen zum Schutz vor Schikane oder anderen Formen von Misshandlung in der Truppe); Meyer-Ladewig/Nettesheim/von Raumer/*Meyer-Ladewig/Huber* 17.
240 EGMR Kayak/TRK, 10.7.2012, §§ 59 ff.; Nencheva u.a./BUL, 18.6.2013, § 119 (behinderte Kinder in Kinderheim).
241 EGMR Jasinskis/LIT, 21.12.2010, § 59; Tais/F, 1.6.2006, § 98; Huylu/TRK, 16.11.2006, § 58; Kamińska u.a./PL, 3.9.2020, § 57; Plokhovy/R, 22.12.2020, §§ 85 f. (Tod eines erkrankten Wehrdienstleistenden nach verspäteter Gewährung des Zugangs zu notwendiger medizinischer Versorgung).
242 Vgl. *Grabenwarter/Pabel* § 20, 27 m.w.N.; Rappaz/CH (E), 26.3.2013, §§ 52 ff.
243 EGMR Jeanty/B, 31.3.2020, § 71 (mehrfache Suizidversuche eines psychisch kranken Gefangenen in der Haft); Isenc/F, 4.2.2016, § 39 (zur Vulnerabilität von Gefangenen zu Beginn der Haftzeit); Renolde/F, 16.10.2008, § 83 (Überwachung der täglichen Medikamentenration); Keenan/UK, 3.4.2001, §§ 89 ff.; Tanribilir/TRK, 16.11.2000, §§ 70 ff.; Dzieciak/P, 9.12.2008, §§ 89 ff.; Lütfi Demirci u.a./TRK, 2.3.2010 (Selbsttötung eines Soldaten mit bekannten psychischen Problemen im Militärdienst); Boychenko/R, 12.10.2021, §§ 95 f.; IK-EMRK/*Lagodny* 15, BVerfG Beschl. v. 9.3.2010 – 2 BvR 3012/09 (Gebot, den staatlichen Strafanspruch durchzusetzen, erreicht seine Grenze, wenn der Gesundheitszustand des Verurteilten ernsthaft befürchten lässt, dass dieser die Durchführung der Strafvollstreckung nicht überleben wird); *Grabenwarter/Pabel* § 20, 27; Meyer-Ladewig/Nettesheim/von Raumer/*Meyer-Ladewig/Huber* 18 f.; Karpenstein/Mayer/*Schübel-Pfister* 39. Ebenso bei Angehörigen der Streitkräfte: EGMR Kilinc u.a./TRK, 7.6.2005; Abdullah Yilmaz/TRK, 17.6.2008; vgl. hierzu BGH NJW **2015** 96 = NStZ **2015** 641 (fahrlässige Tötung wegen unterlassener Anordnung der ständigen optischen Überwachung eines in Gewahrsam Genommenen – *Oury Jalloh*) m. Anm. *Jäger* JA **2015** 72 und Anm. *Schiemann* NJW **2015** 20 sowie krit. *Zimmermann/Linder* ZStW **128** (2016) 713 ff.; zudem: BGH Besch. v. 24.3.2021 – 1 Vollz (Ws) 525/20, BeckRS **2021** 17599 (Unterbringung in einem besonders gesicherten Haftraum wegen Suizidgefahr unzulässig, wenn nicht zum frühestmöglichen Zeitpunkt die Heranziehung eines Psychologen erfolgt); BVerfG Beschl. v. 21.12.2022, BeckRS **2022** 43385 Rz. 56 f. (Beschwerdeführer begehrte die Durchführung weiterer Ermittlungen zum Tod seines Bruders, der im Polizeigewahrsam verbrannte; Nichtannahme der Verfassungsbeschwerde zur Entscheidung).
244 Zusammengefasst: EGMR (GK) Fernandes de Oliveira, 31.1.2019, § 115; Ražnatović/MTN, 2.9.2021, § 38.
245 EGMR Jasinska/PL, 1.6.2010.

punkt für eine Suizidgefahr vorliegt.[246] Zudem dürfen dem Staat bei der Erfüllung seiner Schutzpflicht angesichts der Unvorhersehbarkeit menschlichen Verhaltens und mit Rücksicht auf die in Bezug auf Ressourcen und Prioritäten zu treffenden Entscheidungen, generell auch **keine unzumutbare oder exzessive Kontrollpflichten** auferlegt werden.[247]

So ist es nicht erforderlich, jedes Fenster einer Polizeistation zu vergittern, wenn **87** zumindest grundlegende Sicherheitsmaßnahmen vorliegen, um eine Fluchtgefahr zu minimieren.[248] An einer **geistig-seelischen Störung** leidende Häftlinge dürfen in der Regel nicht in einem herkömmlichen Gefängnis untergebracht werden, sondern müssen in ein **psychiatrisches Krankenhaus** oder eine sonstige speziell auf ihre Bedürfnisse zugeschnittene Einrichtung eingewiesen werden.[249] Darüber hinaus muss auch die Effektivität einer erforderlichen **psychiatrischen Behandlung** sichergestellt werden.[250] Erfolgt die Unterbringung solcher Häftlinge dennoch in einem Gefängnis, trifft den Staat die Verpflichtung, auch dort eine **hinreichende medizinische Versorgung** sowie insbesondere den Zugang zu einem Psychiater zu ermöglichen.[251] Nicht zwangsläufig in staatlichem Gewahrsam befinden sich psychisch kranke Personen,[252] auch wenn sie aufgrund einer ernsthaften Erkrankung zwangsweise in eine Einrichtung eingewiesen wurden.[253] Im Hinblick auf die an die staatlichen Stellen gerichteten Anforderungen ist grundsätzlich zwischen Patienten zu unterscheiden, die zwangsweise bzw. aufgrund richterlicher Anordnung in die Einrichtung eingewiesen wurden und solchen, die sich freiwillig (selbst) eingewiesen haben.[254]

Beim **Tod eines Inhaftierten** trägt der Staat darüber hinaus die **Beweislast** dafür, **88** dass er alle erforderlichen Maßnahmen zum Schutz des Lebens getroffen hat.[255] Die Pflicht des Staates, durch zureichende Vorschriften und Kontrollen für diesen Schutz zu sorgen und allen ihm bekannt werdenden Verstößen unverzüglich nachzugehen, sie aufzuklären

---

246 EGMR Yigit u.a./TRK, 9.11.2010 (Selbsttötung eines türkischen Militärdienstleistenden, der angegeben hatte, physisch und psychisch gesund zu sein, tatsächlich aber unter schweren Depressionen litt); Yıldız u.a./ TRK (E), 7.4.2015, §§ 52 ff. (§ 55 f.: kein Schluss aus Cannabisabhängigkeit auf Suizidgefahr); Kałużna/PL (E), 17.2.2015, § 13; Robineau u.a./F (E), 3.9.2013; Jeanty/B, 31.3.2020, § 71.

247 EGMR Jeanty/B, 31.3.2020, §§ 73 ff.

248 EGMR Keller/R, 17.10.2013, §§ 88 f. (Unterlassen der Aufsicht über einen nervösen Drogenabhängigen in einem unverschlossenen Zimmer; Flucht/Sprung aus dem dritten Stock); Eremiášová u. Pechová/CS, 16.2.2012, §§ 110, 117.

249 EGMR Renolde/F, 16.10.2008, §§ 95–97; Rivière/F, 11.7.2006, §§ 71–72. Dasselbe Erfordernis ergibt sich aus der Rechtsprechung zu Art. 5 Abs. 1, falls die Freiheitsentziehung auf Art. 5 Abs. 1 Satz 2 *lit.* e (und nicht, wie sonst für Strafgefangene, auf *lit.* a) gestützt wird; vgl. Art. 5 Rn. 270.

250 EGMR Branko Tomasic u.a./RUM, 15.1.2009.

251 Vgl. EGMR Jeanty/B, 31.3.2020.

252 Zum Erfordernis der Berücksichtigung der besonderen Verwundbarkeit psychisch Kranker, vgl. etwa EGMR (GK) Centre for Legal Resources on behalf of Câmpeanu/RUM, 17.7.2014, § 131; Hiller/A, 22.11.2016, § 48, NLMR **2016** 503.

253 EGMR Belenko/R, 18.12.2014, § 71 („despite having been subjected to an involuntary confinement [...], the applicant's daughter was not a detainee").

254 EGMR Fernandes de Oliveira/P, 31.1.2019, § 124 (Suizid eines Patienten, der sich auf freiwilliger Basis in der Einrichtung befand); ähnlich: EGMR Ražnatović/MTN, 2.9.2021, § 35.

255 EGMR Anguelova/BUL, 13.6.2002; Tekin u. Arslan/B, 5.9.2017, § 83; vgl. HRC Telitsina/R, 29.4.2004, 888/ 1999; die Todesumstände müssen dabei hinreichend und überzeugend („sactisfactory and convincing") erklärt sowie mit soliden Beweisen untermauert werden, vgl. EGMR Skuriyya Zeynalov/ASE, 10.9.2020, § 73; Skavadse/GEO, 19.11.2020, § 31; Saribekyan u. Balyan/ASE, 30.1.2020, § 61 (Tod eines Armeniers, der sich in Aserbaidschan in Haft befand; keine hinreichende Darlegung der Todesumstände durch den aserbaidschanischen Staat); siehe *Kälin/Künzli* 337; vgl. dazu Rn. 69, 73.

und ggf. angemessen zu bestrafen, gilt auch hier uneingeschränkt und in besonderem Maße.[256] Dies entspricht auch der Sichtweise des HRC im Hinblick auf Art. 6 IPBPR.[257]

89   Zur Erfüllung seiner Schutzpflicht aus Art. 2 EMRK/Art. 6 IPBPR gegenüber Festgenommenen und Inhaftierten muss ein Staat angemessene Maßnahmen treffen, um ein **Verschwinden(lassen) von Personen** zu verhindern und sich für den Fall, dass ein solcher Zustand eintritt, um effektive Ermittlungen zur Feststellung der dafür Verantwortlichen bemühen.[258] Er ist zu Nachforschungen verpflichtet, wenn jemand plausibel (*„arguable claim"*) geltend macht, dass jemand, der zuletzt im Gewahrsam staatlicher Organe gesehen wurde, unauffindbar verschwunden ist, insbesondere wenn es sich dabei um einen nahen Angehörigen handelt.[259] Insbesondere sind eine schnelle und entschiedene Reaktion wie etwa eine **umgehende Inspektion der Örtlichkeiten** erforderlich, sobald Anhaltspunkte dafür bestehen, dass ein Festgenommener unter lebensbedrohenden Umständen verschwunden ist.[260] Welche Maßnahmen, Kontrollen und sonstige Vorkehrungen die staatlichen Organe im Übrigen zur Erfüllung ihrer Schutzpflicht zu treffen haben, bestimmt sich nach Lage des Einzelfalls.[261]

90   **6. Pflicht zur Entschädigung.** Bei einer dem Staat zuzurechnenden schuldhaften Verletzung des Rechts auf Leben sind die Betroffenen (innerstaatlich)[262] zu **entschädigen**.[263] Eine verschuldensunabhängige Haftung des Staates folgt daraus aber nicht.[264] Die Möglichkeit der Betroffen, innerstaatlich eine Entschädigung zu erlangen, ersetzt nicht die Verpflichtung des Staates, in Erfüllung seiner Schutzpflicht die für die Tötung Verantwortlichen festzustellen und ggf. zu bestrafen (vgl. Rn. 65).[265]

91   In den letzten Jahren verurteilte das HRC die **algerische Regierung** mehrmals für seine Verwicklung in Fälle des Verschwindenlassens von Personen und außergerichtlichen Hinrichtungen im Schnellverfahren wegen einer Verletzung des Rechts auf Leben aus

---

256 EGMR Olsoy/TRK (E), 26.5.2015, § 41 (medizinische Versorgung); Akdeniz u.a./TRK, 31.5.2001; (GK) Salman/TRK, 27.6.2000; Taïs/F, 1.6.2006; Bazorkina/R, 27.7.2006. Vgl. *Nowak* EuGRZ **1983** 11, 15; IAGMR Rodríguez/ HND, 29.7.1988, EuGRZ **1989** 157.

257 HRC Olimzhon Eshonov/UZB, 22.7.2010, CCPR/C/99/D/1225/2003; Berzig/DZA, 18.1.2012, CCPR/C/103/D/1781/ 2008.

258 HRC Herrera Rubio/COL, 2.11.1987, 161/1983, UN-AMR EuGRZ **1990** 16; EGMR (GK) Varnava u.a./TRK, 18.9.2009, §§ 180 ff., NJOZ **2011** 516 = NVwZ-RR **2011** 251 (bestehende Verpflichtung, nach den Vermissten zu suchen und Rechenschaft darüber abzulegen, was mit den Verschwundenen geschehen ist); Dodov/BUL, 17.1.2008, NJW-RR **2009** 1394; Osmanoğlu/TRK, 24.1.2008; Medova/R, 15.1.2009; Yandiyev u.a./R, 10.10.2013, §§ 131 f.; HRC Mihoubi/DZA, 1874/2009, 18.10.2013, §§ 7.4 ff; Marouf/DZA, 1889/2009, 21.3.2014, §§ 7.3 ff; Bouzeri-ba/DZA, 1931/2010, 23.7.2014, §§ 8.4 ff.; Boudehane/DZA, 1924/2010, 24.7.2014, §§ 8.3 ff.; Bousseloub/DZA, 1974/ 2010, 23.7.2014, §§ 7.4 ff.; Al Daquel/LBY, 1882/2009, 21.7.2014, §§ 6.3 ff.

259 EGMR Merzhuyeva u.a./R, 7.10.2010, §§ 192 ff.; (GK) ZYP/TRK, 10.5.2001; Tanis u.a./TRK, 2.8.2005; Ikincisoy/TRK, 27.7.2004.

260 EGMR Turluyeva/R, 20.6.2013, §§ 97 f.

261 Vgl. IAGMR EuGRZ **1990** 523; zur Subsidiarität der Ermittlungen des EGMR Meyer-Ladewig/Nettesheim/ von Raumer/*Meyer-Ladewig/Huber* 34.

262 Speziell zu Entschädigungsleistungen des EGMR (Art. 41) bei Verurteilungen aus Art. 2 (Recht auf Leben): *Bruckmann* Was kostet ein Menschenleben? (2009).

263 EGMR (GK) McCann/UK, 27.9.1995; (GK) Oğur/TRK, 20.5.1999; Grams/D (E), 5.10.1999, NJW **2001** 1989; (GK) Salman/TRK, 27.6.2000; (GK) Mastromatteo/I, 24.10.2002.

264 EGMR (GK) Mastromatteo/I, 24.10.2002.

265 EGMR (GK) Oğur/TRK, 20.5.1999.

Art. 6 IPBPR.[266] Weder stehe den Angehörigen/Hinterbliebenen der Opfer in solchen Fällen der Rechtsweg offen, noch fände eine umfassende Aufklärung statt.[267]

7. Verhältnis zwischen Privatpersonen. Das in den nationalen Rechtsordnungen ge- 92 regelte **Rechtsverhältnis zwischen Privatpersonen** wird durch die Konventionen, die das Leben des Einzelnen im Verhältnis zum Staat schützen sollen, nicht unmittelbar betroffen. Art. 2 EMRK/Art. 6 IPBPR gelten dementsprechend nicht direkt zwischen Privatpersonen[268] und entfalten somit im Verhältnis der Bürger untereinander auch keine das Notwehrrecht beschränkende Wirkung.[269] Die Pflicht des Staates, das Leben auch im Verhältnis der Priva-ten untereinander angemessen zu schützen, erfordert aber, dass der Staat als Ausnahme von seinem Gewaltmonopol das **Notwehrrecht des Einzelnen** regelt (Rn. 107).

8. Ausnahmen vom Schutz des Lebens

a) Todesstrafe. Art. 2 Abs. 1 Satz 2 EMRK/Art. 6 Abs. 2 bis 6 IPBPR gehen noch von 93 der Zulässigkeit der nach allgemeinem Völkerrecht bisher nicht vollständig geächteten[270] Todesstrafe aus, wobei sie die Verbrechen (Art. 6 Abs. 2 IPBPR: „schwerste Verbrechen"), bei denen sie verhängt werden kann, materiell nicht näher festlegen. Art. 6 Abs. 2 IPBPR fordert als zusätzliches materielles Bewertungskriterium lediglich, dass **diese Gesetze nicht den sonstigen Bestimmungen des IPBPR** sowie der **Konvention über Verhütung und Bestrafung des Völkermords vom 9.12.1948 widersprechen dürfen.**[271] Der gesetzli-che Tatbestand, für den die Todesstrafe angedroht wird, muss also auch aus der Sicht der Werteordnung des IPBPR und bei Berücksichtigung der dort dem Einzelnen garantierten Rechte und Freiheiten als **„schwerstes Verbrechen"** einzustufen sein und er darf ande-

---

266 HRC Fedsi/DZA, 23.7.2014, 1964/2010, § 2.2: Die Brüder wurden 1997 festgenommen und sogleich von der lokalen Polizei und weiteren Beamten des Staates Algerien regelrecht hingerichtet. Die Praxis der außer-gerichtlichen Hinrichtungen durch algerische Sicherheitsbehörden war v.a. während des Bürgerkriegs in den 1990er Jahren in abgelegenen Gebieten Algeriens weit verbreitet.

267 *Ibid*, §§ 4.5 ff.; HRC Aouali u.a./DZA, 25.7.2013, 1884/2009, §§ 6.1, 9 (Verstoß gegen Verpflichtung, den Fall umfassend zu untersuchen und die Täter anzuklagen; Wirksamkeit des Justizsystems); ähnlich HRC Azouz/ DZA, 25.7.2013, 1798/2008, §§ 2.1, 7.6, 8.1 ff.: Sohn der Bf. wurde im April 1996 vom Militär verhaftet, seither nicht mehr gesehen. Weder fand auf Drängen der Bf. in Algerien eine Untersuchung zum Verbleib ihres Sohnes statt, noch stand ihr der Rechtsweg offen (Art. 2 Abs. 3, Art. 6 IPBPR); Larbi/DZA, 25.7.2013, 1831/2008, §§ 2.1 ff., 8.4, 8.10; Zerrougui/DZA, 25.7.2013, 1796/2008, §§ 2.1 ff., 8.4, 8.10; Mihoubi/DZA, 1874/2009, 18.10.2013, §§ 7.4 ff.; Marouf/DZA, 1889/2009, 21.3.2014, §§ 7.3 ff.; Bouzeriba/DZA, 1931/2010, 23.7.2014, §§ 8.4 ff.; Boudeha-ne/DZA, 1924/2010, 24.7.2014, §§ 8.3 ff.; Bousseloub/DZA, 1974/2010, 23.7.2014, §§ 7.4 ff.; Fedsi/DZA, 23.7.2014, 1964/2010, §§ 4.1 ff.; Al-Khazmi/LBY, 18.7.2013, 1832/2008, §§ 3.4, 8.2; Sedhai/NPL, 19.7.2013, 1865/2009, §§ 8.2 ff. (Ehemann der Bf. wurde 2003 vom Militär festgenommen, gefoltert und gilt seither als verschwunden; keine Ermittlungen über den Verbleib).

268 *Frowein/Peukert* 2; IK-EMRK/*Lagodny* 84; *Krey* JZ **1979** 707; **a.A.** *Frister* GA **1985** 553; wegen weiterer Nachweise zum Streitstand vgl. die Kommentierungen zu §§ 32, 33 StGB; dazu auch EGMR Colak u. Tsakiridis/ D, 5.3.2009, NJW **2010** 1865 = EuGRZ **2009** 203 (Schadensersatzpflicht des Arztes, der die Klägerin nicht über die HIV-Infektion ihres Partners informiert hatte; keine Verletzung von Art. 2 Abs. 1).

269 *Eisele* JA **2000** 428; *ders.* JA **2005** 902; Lackner/*Kühl* § 32, 11 StGB; zurückhaltender: *Perron* FS Eser 1024 f.; *Kühl* FS Jung 440.

270 Zur (weitgehenden) Ächtung auf *regionaler* Ebene in Europa vgl. Grützner/Pötz/Kreß/*Vogel* § 8, 15 IRG. *Rosenau* ZIS **2006** 338; *Eisele* JA **2005** 902 (zum Fall *Öcalan*) sowie die unverbindliche Erklärung in Nr. 17.1 des Kopenhagener Abschlussdokuments über die menschliche Dimension der KSZE v. 29.6.1990, EuGRZ **1990** 239; *Möhrenschlager* FS Dünnebier 611; *Platz* ZaöRV **41** (1981) 345.

271 Nicht unter den Art. 6 Abs. 2 IPBPR fallen z.B. Drogendelikte, siehe hierzu und zur dennoch praktizier-ten Todesstrafe: *Neubacher/Bachmann/Goeck* ZIS **2011** 517, 520 f.

---

rerseits nicht ein Ziel verfolgen, das gegen die Konvention gegen den Völkermord verstößt, weil sie Ausdruck einer gegen bestimmte Personengruppen gerichteten Ausrottungspolitik ist. Im Übrigen überlassen die Konventionen die Festlegung der mit Todesstrafe bewehrten Tatbestände dem jeweiligen Staat und stellen nur einige zusätzliche generelle Anforderungen auf, wie die **vorherige gesetzliche Androhung** dieser Strafe.

94   Das HRC betont, dass die Verhängung der Todesstrafe aufgrund eines Prozesses, der die Grundsätze des fairen Verfahrens nicht berücksichtigt hat, gegen Art. 6 IPBPR verstößt.[272] Wenn allerdings eine **Umwandlung der Todesstrafe in eine lange Freiheitsstrafe** stattgefunden hat, soll ein solcher Verstoß nicht vorliegen.[273] Hierbei ist allerdings zu differenzieren: Zwar ist eine Freiheitsstrafe im Vergleich zur Vollstreckung einer Todesstrafe das geringere Strafübel. Zum Teil wird die Todesstrafe aber durch eine lebenslange, zum Teil durch eine zeitige Freiheitsstrafe ersetzt. Unterschiedlich (zwischen 1/2 und 2/3) handhaben die Länder auch die Mindesthaftdauer, die erreicht sein muss, bevor eine vorzeitige Entlassung erwogen werden kann. Das HRC hat hierzu bislang keine verbindlichen Leitlinien formuliert.

95   Ein weniger zu befürwortender Trend zeichnet sich dagegen in den USA ab. Zwar hat sich die Zahl der ausgesprochenen Todesurteile prozentual vermindert. Die stattdessen verhängten lebenslangen Freiheitsstrafen hingegen wurden vermehrt von der Möglichkeit der vorzeitigen Entlassung ausgenommen. Solche Tendenzen sind kritisch zu würdigen. Auch zu einer lebenslangen Freiheitsstrafe Verurteilte können sich auf **Art. 10 Abs. 3 IPBPR** stützen, der neben der Sanktion auch die Resozialisierung der Strafgefangenen postuliert (Art. 5 Rn. 665 ff.). Weitergehender geregelt ist diese Prämisse nach „Nichtisolation" auch in den Europäischen Strafvollzugsgrundsätzen (European Prison Rules (2006, zuletzt überarbeitet 2020). Hier widmet sich ein ganzer Abschnitt (Regeln 107.1 bis 107.5) der allmählichen Wiedereingliederung der langjährigen Gefangenen zurück in ihr Leben in Freiheit.[274]

96   Die sonstigen Voraussetzungen und Ausnahmen, die der IPBPR vorsieht (nicht bei Jugendlichen unter 18 Jahren, keine Vollstreckung bei schwangeren Frauen),[275] brauchen hier nicht näher erörtert werden, da – ebenso wie nach Art. 102 GG – die Todesstrafe durch das **6. ZP-EMRK** vom 28.4.1983 in den Staaten abgeschafft ist, die dem Protokoll beigetreten sind.[276]

97   Auch die früher bestehende Ausnahme vom Verbot der Todesstrafe für Kriegszeiten oder unmittelbare Kriegsgefahr wurde durch das **13. ZP-EMRK** vom 3.5.2002, das am 1.7.2003 in Kraft getreten ist, in fast allen Mitgliedstaaten des Europarates zwischenzeitlich beseitigt.[277] Der EGMR hat angedeutet, dass mit der Ratifikation des 6. ZP-EMRK durch fast

---

272 HRC Idieva/TJK, 23.4.2009, 1276/2004, § 9.7; Siragev/UZB, 1.11.2005, 907/2000, § 6.4; Isaeva/UZB, 22.4.2009, 1163/2003, § 9.3; Dunaev/TJK, 22.4.2009, 1195/2003, § 7.4; Khuseynova u.a./TJK, 30.10.2008, 1264/2004, § 8.6; Johnson/GHA, 2177/2012, 21.3.2014, §§ 7.2 ff. (zwingende Verhängung der Todesstrafe für den Tatbestand des Mordes mit breitem Spektrum an Tatumständen willkürlich, wenn die individuellen Umstände des Einzelfalles nicht berücksichtigt werden).

273 HRC Sattorova/TJK, 22.4.2009, 1200/2003, § 8.7; Gougnina/UZB, 13.12.2002, 1141/2002, § 5.6.

274 Zum Ganzen *Neubacher/Bachmann/Goeck* ZIS **2011** 517, 522 f. m.w.N.

275 Dazu näher *Hofmann* 29; *Nowak* 18 ff.; *Neubacher/Bachmann/Goeck* ZIS **2011** 517 ff.; vgl. zu möglichen Ausnahmen von der lebenslangen Freiheitsstrafe bei Jugendlichen und Frauen: EGMR (GK) Khamtokhu u. Aksenchik/R, 24.1.2017, §§ 69 ff., 80 ff. (in Bezug auf Art. 14 und Art. 5).

276 Das 6. ZP-EMRK ersetzt insoweit nicht Art. 2, sondern ergänzt ihn für die Staaten, die dem Protokoll beigetreten sind (mittlerweile alle mit Ausnahme Russlands).

277 Aktueller Ratifikationsstand (Stand Februar 2023): 44 Staaten; keine Ratifikation durch Armenien; Russland und Aserbaidschan haben das ZP nicht gezeichnet; für Deutschland ist das 13. ZP-EMRK am 1.2.2005 in Kraft getreten, BGBl. 2004 II S. 1722.

alle CoE-Vertragsstaaten die Todesstrafe als unzulässige Form der Strafe anzusehen ist und daher nicht mehr mit Art. 2 vereinbar ist (vgl. auch Art. 3 Rn. 281).[278]

Das **2. FP-IPBPR**[279] verpflichtet die ihm beigetretenen Staaten ebenfalls, keine ihrer **98** Hoheitsgewalt unterstehende Person hinzurichten und die erforderlichen Maßnahmen zur Abschaffung der Todesstrafe zu ergreifen. Es lässt allerdings einen Vorbehalt zu, der bei Verurteilungen wegen schwerer militärischer Verbrechen in Kriegszeiten die Todesstrafe gestattet.

Die **Auslieferung** in ein Land, das wegen der dem Auszuliefernden zur Last gelegten **99** Taten noch die **Todesstrafe** wegen des Verbrechens des Auszuliefernden (formell) vorsieht, wird durch Art. 2 EMRK/Art. 6 IPBPR an sich nicht untersagt.[280] Nach **Art. 2** ist eine **Auslieferung in einen anderen Staat** jedoch **verboten**, wenn mit **gewichtigen Gründen** nachgewiesen wurde, dass für den Betroffenen dort tatsächlich die **reale Gefahr einer Verurteilung zum Tode bzw. einer Hinrichtung** besteht.[281] Seit 2003 sind die Staaten, welche die Todesstrafe auf nationaler Ebene abgeschafft haben, unabhängig von der Ratifizierung des 2. FP-IPBPR, zudem nach der Spruchpraxis des HRC verpflichtet, eine Auslieferung bei drohender Todesstrafe abzulehnen.[282] Darüber hinaus können unter Umständen auch Art. 3 EMRK und Art. 7 IPBPR wegen besonderer Belastungen, denen ein zum Tode Verurteilter im ersuchenden Staat ausgesetzt ist, der Auslieferung im Einzelfall entgegenstehen.[283]

§ 8 IRG legt innerstaatlich fest, dass die **Auslieferung** generell von der Zusicherung **100** abhängig gemacht werden muss, dass die Todesstrafe nicht verhängt oder nicht vollstreckt wird.[284] Auch eine **Abschiebung** darf nach **§ 60 Abs. 3 AufenthG** nicht erfolgen, wenn aufgrund einer Straftat für den betroffenen Ausländer im Zielland die Gefahr der Verhängung oder Vollstreckung der Todesstrafe besteht; eine zwischenstaatliche Zusicherung der Nichtverhängung bzw. -vollstreckung vermag allerdings, außer bei substantiierten Zweifeln an ihrer Einhaltung, dieses Abschiebungshindernis auszuschließen.[285] Der Gewährung **sonstiger Rechtshilfe**, wie etwa der Herausgabe von Beweismitteln für ein ausländisches

---

278 EGMR (K) Öcalan/TRK, 12.3.2003, § 195, EuGRZ **2003** 472; unter Berufung darauf wiederholt von (GK) Öcalan/TRK, 12.5.2005, § 163, EuGRZ **2005** 463 = NVwZ **2006** 1267. Ungeachtet der noch fehlenden Ratifikationen, die nur als letzter Schritt zur völligen Abschaffung der Todesstrafe gewertet werden, spricht der EGMR in diesen Urteilen von einer *todesstrafenfreien Zone* („a zone free of capital punishment") in den Mitgliedstaaten des Europarates.

279 Das 2. FP-IPBPR v. 15.12.1989 zur Abschaffung der Todesstrafe (siehe Teil III) ist am 11.7.1991 in Kraft getreten; Ratifizierung durch Gesetz v. 2.6.1992 (BGBl. 1992 II S. 390); hierzu: *Kühn* ZRP **2001** 542 f.

280 EGMR Soering/UK, 7.7.1989; Saidani/D (E), 4.9.2018, § 33, NVwZ **2019** 1585, 1586; vgl. auch BVerfGE **60** 345 (offen); **18** 118 (Auslieferung kein Verstoß); OLG Karlsruhe NStZ **1991** 138 m. krit. Anm. *Lagodny*.

281 EGMR Saidani/D (E), 4.9.2018, § 32 („real risk of being subjected to the death penalty there") = NVwZ **2019** 1585; Bader u. Kanbor/S, 8.11.2005; Ismaili/D (E), 15.3.2001; S.R./S (E), 23.4.2002; siehe zudem BVerfG Beschl. v.4.5.2018 – 2 BvR 632/18, NVwZ **2018** 1390, 1392 f. (kein Verstoß gegen Art. 2; von den tunesischen Behörden seit 1991 eingehaltenes Moratorium, weshalb eine beachtliche Wahrscheinlichkeit bestehe, dass die Todesstrafe nicht vollstreckt werde); näher zum Thema auch: *Nußberger* NVwZ **2013** 1305, 1308 ff.

282 HRC Judge/CAN, 20.10.2003, 829/1998; vgl. *Kälin/Künzli* 326.

283 EGMR Soering/UK, 7.7.1989; Todeszellensyndrom); Al Saadoon u. Mufdhi/UK, 2.3.2010, § 123; (GK) Saadi/I, 28.2.2008, § 149, § 125; dazu *Vogler* GedS Meyer 477; *Trechsel* EuGZR **1987** 72; vgl. Art. 3 Rn. 73 ff.

284 IK-EMRK/*Lagodny* Anh. zu Art. 2, 6; Grützner/Pötz/Kreß/*Vogel* § 8, 5 IRG. Hierzu: OLG Rostock NStZ-RR **2012** 144 (Auslieferung nach Weißrussland). Zum Verhältnis von § 8 IRG und etwaig davon abweichenden Verpflichtungen Deutschlands durch Auslieferungsverträge vgl. Schomburg/Lagodny/*Hackner/Gleß* § 8, 10 ff. IRG; ferner § 11 EuAuslÜbk.

285 *Dietz* BayVBl. **2012** 645, 652.

Verfahren, an dessen Ende die Todesstrafe droht, stehen Art. 2 EMRK/Art. 6 IPBPR nicht entgegen.[286]

101   **b) Verteidigung eines Menschen gegenüber rechtswidriger Gewaltanwendung.** Zur **Verteidigung eines Menschen gegenüber rechtswidriger Gewaltanwendung** lässt es **Art. 2 Abs. 2 *lit.* a** zu, dass *staatliche* Organe (bzw. sonstige dem Staat zurechenbare Personen) einen Angreifer absichtlich oder unbeabsichtigt töten, sofern dies unbedingt erforderlich ist, um einen Bedrohten vor Gewaltanwendung zu schützen.[287] Unter **Gewalt** ist dabei nicht notwendig körperliche Krafteinwirkung auf den Körper des Opfers zu verstehen, vielmehr genügt insoweit eine Freiheitsberaubung sowie jede andere Form der Ausübung starken seelischen Drucks (z.B. auch durch Scheinwaffen).[288] Die **Erforderlichkeit** i.S.d. Art. 2 Abs. 2 wird eng ausgelegt,[289] maßgebend ist dabei die Einschätzung der Lage *ex ante*. Bei der Planung einer Gewaltanwendung, ihrer Anordnung und ihrer Durchführung dürfen den handelnden Behörden keine milderen Mittel zur Verfügung stehen, durch die sich die Bedrohung in gleicher Weise effektiv beseitigen lässt.[290] Die staatliche Maßnahme muss außerdem immer die **Verhältnismäßigkeit in Bezug auf den rechtfertigenden Schutzzweck** wahren.[291]

102   Obwohl der EGMR darauf hinweist, dass Art. 2 Abs. 2 nicht zur Tötung, sondern allein zur Zwangsanwendung ermächtige, die unbeabsichtigt auch den Tod zur Folge haben könne,[292] ist der sog. **finale Rettungsschuss**, den die Polizeigesetze der meisten Bundesländer[293] zur Rettung von Personen ausdrücklich vorsehen, bei Anlegung eines strengen Maßstabs mit dieser Bestimmung vereinbar.[294] Menschenrechtlich besteht die nachvollziehbare Forderung nach einer **eindeutigen gesetzlichen Normierung** der Voraussetzungen und Grenzen eines (un-)beabsichtigt letalen Schusswaffengebrauchs durch Polizeibeamte im Rahmen einer dienstlichen Handlung.[295]

---

286 Vgl. OLG Karlsruhe NStZ **1991** 138 m. Anm. *Lagodny.*

287 EGMR (GK) Salman/TRK, 27.6.2000. Zur Vereinbarkeit der gezielten Tötung von Terroristen mit Art. 2 und Art. 6 IPBPR: *Schmitz-Elvenich* 248 ff. Auch für Polizeibeamte ist zur Selbstverteidigung als letzte Möglichkeit ein Todesschuss zulässig, vgl. EGMR Andronicou u. Constantinou/ZYP, 9.10.1997, §§ 191 ff. (Befreiung von sich in Lebensgefahr befindlichen Geiseln durch Rettungsschuss); (GK) Giuliani u. Gaggio/I, 24.3.2011, NVwZ **2011** 1441 (keine Verurteilung Italiens wegen Todesschuss auf einen Demonstranten beim G8-Gipfeltreffen in Genua 2011; Polizist war bei Abgabe des Schusses davon überzeugt, sein eigenes Leben sowie das seiner Kollegen seien ernsthaft in Gefahr); vgl. auch EGMR (GK) Armani da Silva/UK, 30.3.2016, §§ 246 ff.; Bouras/F, 19.5.2022, NLMR **2022** 221 (tödlicher Schusswaffeneinsatz eines Polizisten gegen einen Gefangenen zur Verteidigung seiner von diesem attackierten Kollegin; Verstoß gegen Art. 2 verneint); *Grabenwarter/ Pabel* § 20, 14.

288 *Frister* GA **1985** 553, 563.

289 *Schmitz-Elvenich* 250.

290 Vgl. EGMR (GK) McCann u.a./UK, 27.9.1995 (Festnahme der getöteten Terroristen wäre bei der Einreise möglich gewesen); (GK) Oğur/TRK, 20.5.1999.

291 Vgl. EGMR Isaak/TRK, 24.6.2008 (Anwendung tödlicher Gewalt gegen unbewaffneten Demonstranten); Meyer-Ladewig/Nettesheim/von Raumer/*Meyer-Ladewig/Huber* 43.

292 EGMR Dölek/TRK, 2.10.2007.

293 § 54 Abs. 2 BWPolG, Art. 83 Abs. 2 Satz 2 BayPAG, § 66 Abs. 2 Satz 2 BbgPolG, § 46 Abs. 2 Satz 2 BremPolG, § 25 Abs. 2 Satz 1 HmbSOG, § 60 Abs. 2 Satz 2 HSOG, § 76 Abs. 2 Satz 2 NPOG, § 63 Abs. 2 Satz 2 RhPfPOG, § 33 Abs. 2 Satz 2 SächsPolG, § 57 Abs. 1 Satz 2 SPolG, § 65 Abs. 2 Satz 2 SOG LSA, § 64 Abs. 2 Satz 2 ThürPAG; zur Entwicklung auf Länderebene: *Wolff* NVwZ **2021** 695 ff.

294 Vgl. EGMR (GK) Oğur/TRK, 20.5.1999; Andronicou u. Constantinou/ZYP, 9.10.1997; *Frowein/Peukert* 11 ff.; *Grabenwarter/Pabel* § 20, 14; Meyer-Ladewig/Nettesheim/von Raumer/*Meyer-Ladewig/Huber* 47 f.; *Peters* 39; *Villiger* 299 f; MüKo/*Gaede* 35.

295 *Arzt* DÖV **2007** 230; *ders.* Die Polizei **2009** 52; *Kälin/Künzli* 313; HRC General Comment Nr. 6 (1982).

Das **strikte Prinzip der Erforderlichkeit** für den Einsatz von Gewalt erstreckt sich **103** auf die gesamte Planung, Organisation und Durchführung polizeilicher Maßnahmen.[296] Ist keine solche Regelung vorsehen,[297] wird der sog. finale Rettungsschuss aber für die eingesetzten Polizeibeamten „freigegeben" und auf die Zulässigkeit der Maßnahme in Ausübung strafrechtlicher Notrechte verwiesen, ist der gezielt tödliche Schuss angesichts des Urteils des EGMR im Fall *Makaratzis*[298] nicht mit Art. 2 vereinbar.[299] Dass eine *allgemeine* Bestimmung zum Schusswaffengebrauch der Polizei den finalen Rettungsschuss ebenso abdeckt, ohne diesen ausdrücklich zu regeln, ist zu verneinen.[300]

Die Frage, ob ein (gezielter) **polizeilicher Rettungsschuss** auch dann nicht gegen **104** Art. 2 verstößt, wenn dieser zum Schutz **anderer als höchstpersönlicher Rechtsgüter** ausgeführt wird, etwa zum Schutz von Sachgütern, ist angesichts des bindenden[301] englischen und französischen Textes des Art. 2 Abs. 2 *lit.* a[302] zu verneinen. Die Vorschrift enthält in Bezug auf den Schutz von anderen als höchstpersönlichen Rechtsgütern implizit ein Tötungsverbot.[303]

Zum **Schutz von Sachgütern** oder immateriellen Gütern gestattet *lit.* a den *staatli-* **105** *chen* Eingriff in das Leben daher nicht.[304] Zwar wurde vorgeschlagen,[305] auch die Verteidigung von Sachwerten als „Verteidigung eines Menschen (nämlich des betroffenen Rechtsgutsträgers) gegenüber rechtswidriger Gewaltanwendung" i.S.v. Art. 2 auszulegen. Diese Interpretation überstrapaziert jedoch den Wortlaut der Norm.[306] Eine Ermächtigungsgrundlage (Eingriffsnorm), die staatlichen Stellen auch die Tötung zur Abwehr einer ausschließlich gegen Sachen gerichteten Straftat zulässt, ist mit Art. 2 nicht vereinbar (zum Rettungsschuss bereits Rn. 102).[307]

Dabei ist zu beachten, dass es hier nicht um die Frage geht, ob die EMRK Tötungshand- **106** lungen **unmittelbar unter Privaten** regelt (**Sachgüternotwehr**), sondern dass die Konvention sowohl im Verhältnis **Staat-Angreifer** wie auch im Verhältnis **Staat-Angegriffener** jeweils in ihrer Abwehr- und Schutzfunktion wirksam wird.[308] Wird den Anforderungen an den staatlichen Schutz des Lebens in diesem Bereich nicht Genüge getan, weil das nationale

---

296 Vgl. EGMR Andronicou u. Constantinou/ZYP, 9.10.1997; *Arzt* DÖV **2007** 230.

297 Derzeit (Juli 2023) nur noch im Bundesland Berlin; vgl. zur Entwicklung der Normierung des finalen Rettungsschusses in den Polizeigesetzen der Länder und krit. mit Blick auf die fehlende Regelung in Berlin: *Wolff* NVwZ **2021** 695, 698 f.

298 EGMR (GK) Makaratzis/GR, 20.12.2004.

299 Vgl. insbesondere zur Problematik der sog. „Unberührtheitsklauseln": *Arzt* DÖV **2007** 230; *ders.* Die Polizei **2009** 52; zustimmend *Kutscha* Die Polizei **2008** 289; **a.A.** *Gintzel* Die Polizei **2008** 333; *ders.* Die Polizei **2009** 114 (Regelungen der Bundesländer nicht als Ermächtigungsgrundlage, sondern vielmehr als Definition des Begriffs „angriffsunfähig", womit diese Bundesländer der Wesentlichkeitstheorie des BVerfG entsprächen; finaler Rettungsschuss als Anwendung unmittelbaren Zwangs).

300 Vgl. *Kutscha* Die Polizei **2008** 289; dagegen: *Sundermann* Schusswaffengebrauch im Polizeirecht (1984) 105; *Gusy* Polizeirecht[10] 450 f.

301 Vgl. Schlussformel der EMRK.

302 Im Englischen: „in defence of any person"; im Französischen: „pour assurer la défense de toute personne".

303 Vgl. *Jakobs* DVBl. **2006** 83; **a.A.** *Lange* MDR **1974** 357.

304 *Guradze* 9; Meyer-Goßner/*Schmitt* 3; IK-EMRK/*Lagodny* 83, 88; *Schorn* 2.

305 Vertiefend: LK/*Rönnau/Hohn* § 32, 216 ff. StGB; *Doehring* FS Mosler 146; *Laber* Der Schutz des Lebens im Strafrecht (1997) 142.

306 MüKo-StGB/*Erb* § 32, 20 StGB; *Krey* JZ **1979** 702.

307 *Frowein/Peukert* 11; IK-EMRK/*Lagodny* 89; *Krey* JZ **1979** 702.

308 IK-EMRK/*Lagodny* 90.

Recht insoweit keinen oder nur einen offensichtlich unzureichenden Schutz gegen *staatliche* Eingriffe gewährt, kann darin eine Verletzung des Art. 2 liegen.[309]

107   Ob man Art. 2 Abs. 2 *lit.* a entnehmen kann, dass der Staat kraft seiner Schutzpflicht gehalten ist, auch das **Notwehr- und Nothilferecht im Verhältnis der Privatpersonen** untereinander in gleicher Weise zu beschränken[310] wie bei Eingriffen der Staatsorgane, ist umstritten. Beim **Notwehrrecht des Angegriffenen** und beim Nothilferecht eines ihm beistehenden Dritten (§§ 32 StGB, § 15 OWiG) legt die **h.M.** Art. 2 aus dem Gesamtzusammenhang heraus aus und versteht auch *lit.* a nur als Schranke für die **Ausübung staatlicher Gewalt.**[311] Erlaubt ist demzufolge unter bestimmten Voraussetzungen (im deutschen Recht: Erforderlichkeit, Gebotenheit der Notwehrhandlung) auch die Tötung des Angreifers zum Schutz von Sachgütern – bis zur Grenze eines sog. „krassen Missverhältnisses". Zur Bestimmung des schutzrechtlichen Gehalts ist darauf abzustellen, inwieweit ein Schutzbedürfnis des Rechtsgutsträgers besteht und welcher Wert dem Schutzgut zukommt. Von Seiten des Staates besteht eine Verpflichtung dahingehend, dem schutzbedürftigen Rechtsgutsträger gerade in einer Notsituation den Schutz zu gewähren, der bezüglich der Bedeutung des Schutzgutes angemessen ist. Dem Leben als Schutzgut kommt freilich ein hoher Wert zu, der Angreifer selbst bedarf aber keines Schutzes.[312]

108   Nach **anderer Ansicht**[313] (international h.M.) darf der zum Lebensschutz verpflichtete Staat die vorsätzliche Tötung des Angreifers zur Abwehr eines erkennbar ausschließlich gegen ein Sachgut gerichteten Angriffs nicht zulassen (Rn. 105). Das staatliche Recht, das dem Einzelnen die Notwehr gegenüber einem rechtswidrigen Angriff gestattet (vgl. § 32 StGB), habe auch im Verhältnis zwischen Angreifer und Angegriffenem die durch Art. 2 zum Ausdruck gebrachte **Rangstellung des Lebens** zu beachten; zwar müsse der Staat die Notwehr nicht an die gleichen strengen Voraussetzungen binden, die er seinen Organen bei der Gewaltanwendung auferlegt (Absatz 2 *lit.* a). Er dürfe daher im Rahmen seines Regelungsspielraums (Rn. 47 ff.) im Interesse des Angegriffenen die Grenze für die rechtfertigende Notwehr bis zu einem gewissen Grad anders ziehen, ohne seine Schutzpflicht aus Art. 2 zu verletzen. Eine Schutzpflichtverletzung des Staates allein durch die Zulassung der Tötung eines Angreifers in Notwehr scheidet aus (Rn. 105). Die staatliche Akzeptanz einer gezielten **Sachgüternotwehr** unter Privaten sei hiervon allerdings nicht mehr gedeckt und stelle eine Schutzpflichtverletzung dar.[314] Gleiches gelte auch bei den **Notstandsregelungen** der §§ 34, 35 StGB, § 16 OWiG, wo aber ohnehin das Prinzip der Güterabwägung den Vorrang des Lebensschutzes vor dem Sachgüterschutz sichere.[315]

109   **c) Ordnungsgemäße Festnahme – Verhindern des Entkommens.** Art. 2 Abs. 2 *lit.* b rechtfertigt die Anwendung von unmittelbarem Zwang bei der Festnahme einer Person oder bei der Vereitelung der Flucht eines Festgenommenen. Die Zwangsanwendung braucht also nicht etwa deshalb zu unterbleiben, weil (etwa bei Gebrauch von Schusswaffen) eine Lebensgefahr für den Flüchtenden nicht auszuschließen ist. Auch in diesen Fäl-

---

309   Vgl. IK-EMRK/*Lagodny* 83 ff. *Nowak* 3 misst der Gewährleistung eine „Rundumwirkung" bei.
310   So *Frowein/Peukert* 11.
311   Vgl. die Kommentare zu § 32 StGB m.w.N. zum Streitstand; ferner *Bülte* GA **2011** 145, 163.
312   Vgl. *Engländer* Grund und Grenzen der Nothilfe (2009) 352.
313   *Roxin/Greco* § 15, 86 ff.; vgl. auch: *Zieschang* GA **2006** 405, 415, der aus Art. 2 nur ein Verbot der absichtlich oder wissentlich durchgeführten Tötung zur Verteidigung einer Sache herleitet, hingegen eine mit dolus eventualis oder fahrlässige Tötung nicht vom Anwendungsbereich des Art. 2 erfasst sieht. Zu den Einwänden gegen diese Auffassung: *Engländer* Grund und Grenzen der Nothilfe (2009) 352.
314   Vgl. IK-EMRK/*Lagodny* 89; *Grabenwarter/Pabel* § 20, 15.
315   Vgl. *Frowein/Peukert* 11.

Esser

len kommt die Tötung **nur als Folge, nicht aber als Zweck** der Anwendung eines Zwangsmittels in Betracht.[316] Durch eine absichtliche Tötung kann das Ziel der Festnahme oder der Fluchtverhinderung nicht realisiert werden, so dass für diese keine Rechtfertigung nach Art. 2 Abs. 2 *lit.* b möglich ist.[317]

Im Übrigen müssen die **gesetzlichen Voraussetzungen** für eine Festnahme bzw. für **110** ein Festhalten im behördlichen Gewahrsam vorliegen. Die Zwangsanwendung muss nach dem anzuwendenden nationalen Recht (UZwG des Bundes; §§ 95 ff. StVollzG; entsprechende Vorschriften in den StVollzG der Länder; Polizeirecht der Länder) zulässig sein; dazu gehört, dass sie im konkreten Einzelfall sowohl hinsichtlich des Anlasses als auch hinsichtlich der Wahl der Mittel verhältnismäßig ist.[318] Die staatliche **Gewaltanwendung** muss ferner zur Ermöglichung der Festnahme bzw. zur Aufrechterhaltung eines behördlichen Gewahrsams **unerlässlich** („absolutely necessary") sein.[319] Ob und in welchem Umfang die Maßnahme notwendig ist und ob sie in Extremfällen sogar die gezielte Tötung eines Menschen als unerlässlich rechtfertigen kann,[320] ist aus der Sicht und dem Kenntnisstand des handelnden Beamten im Zeitpunkt der Entscheidung für die Maßnahme (*ex ante*) zu beurteilen. Unerheblich ist es daher, wenn sich nachträglich die Lage abweichend darstellen sollte.[321] Ein Verstoß gegen Art. 2 kommt jedoch nicht in Betracht, wenn die (letalen) Folgen für das Opfer nicht nachweisbar kausal („causal link") auf der polizeilichen Zwangsanwendung beruhen.[322]

In Fällen, in denen mit dem Einsatz von Schusswaffen zu rechnen ist, erfordert die **111** aus Art. 2 abzuleitende staatliche Schutzpflicht, dass eine geplante Festnahmeaktion auch unter dem Blickwinkel einer möglichen Vermeidung der Tötung **mit der erforderlichen Sorgfalt vorbereitet** wird und die mit ihrer Durchführung beauftragten Personen entsprechend unterrichtet und eingewiesen werden.[323] Eine etwaig tödlich verlaufende Gewaltanwendung kann nicht als „unbedingt erforderlich" eingestuft werden, wenn bekannt ist, dass von der flüchtenden Person kein Risiko für Leib oder Leben einer anderen Person ausgeht und diese auch keiner unter Gewaltanwendung begangenen Straftat verdächtigt wird.[324]

Der **Waffengebrauch** zur Verhinderung einer Straftat, die sich ausschließlich **gegen 112 Sachen oder immaterielle Rechtsgüter**, nicht aber gegen eine Person i.S.v. *lit.* a richtet, wird von *lit.* b nicht unmittelbar erfasst. Er kann unter diese Alternative fallen, wenn er zugleich bezweckt, den Täter zu identifizieren und ihn festzunehmen.[325] Gleiches gilt in Bezug auf die in *lit.* b nicht genannten Personen, die einen Gefangenen befreien wollen.[326]

---

316 *Frowein/Peukert* 12; Meyer-Goßner/*Schmitt* 4.
317 *Frowein/Peukert* 11 f.; *Grabenwarter/Pabel* § 20, 16.
318 IK-EMRK/*Lagodny* 94 ff.; zu der vom EGMR geforderten strengen Prüfung der Verhältnismäßigkeit: Meyer-Ladewig/Nettesheim/von Raumer/*Meyer-Ladewig/Huber* 47.; EGMR Cangöz u.a./TRK, 26.4.2016, § 113 (Erwägung/Einsatz nicht letaler Mittel); vgl. *Grabenwarter/Pabel* § 20, 16.
319 EGMR (GK) McCann/UK, 27.9.1995, § 148; (GK) Oğur Oğur/TRK, 20.5.1999, § 71; (GK) Nachova u.a./BUL, 6.7.2005, EuGRZ **2005** 693, §§ 94 ff., 107; Akkum u.a./TRK, 24.3.2005; Karandja/BUL, 7.10.2010, § 61; vgl. ÖVerfG bei *Folz* FS Verosta 207; Jabłońska/PL, 14.5.2020, § 60.
320 EGMR (GK) McCann/UK, 27.9.1995 (Verhütung des Auslösens einer Bombe); vgl. *Esser* 254.
321 EGMR (GK) McCann/UK, 27.9.1995; Celikbilek/TRK, 31.5.2005; *Esser* 254.
322 Vgl. EGMR Jabłońska/PL, 14.5.2020, § 79.
323 Vgl. EGMR (GK) McCann/UK, 27.9.1995; Guerdner u.a./F, 17.4.2014, § 64.
324 EGMR Guerdner u.a./F, 17.4.2014, § 63; Putintseva/R, 10.5.2012, § 69 (tödlicher Schuss auf einen Wehrdienstleistenden bei seiner Flucht von einem zehntägigen Arrest für ein Disziplinarvergehen); (GK) Nachova u.a./BUL, 6.7.2005, §§ 95, 107.
325 Dazu *Frowein/Peukert* 12, 13.
326 *Frowein/Peukert* 13.

113   Unter *lit.* b fällt ferner **jede dem nationalen Recht entsprechende Festnahme** einer Person durch staatliche Organe, auch wenn sie anderen Zwecken als der Sicherung der Strafverfolgung oder Strafvollstreckung dient. Als Rechtsgrundlage kommen hier die Festnahmegründe im **Polizeirecht** der Länder, in den **Unterbringungsgesetzen** oder in sonstigen Gesetzen in Betracht, die die Anordnung oder den Vollzug freiheitsentziehender Maßnahmen regeln. Neben den jeweiligen gesetzlichen Einschränkungen ist auch hier der bei jedem Eingriff relevante Grundsatz der Verhältnismäßigkeit[327] zu beachten, welcher der Anwendung unmittelbaren Zwangs und vor allem dem Waffengebrauch entgegenstehen kann. Die Festnahme durch **private Personen** nach § 127 Abs. 1 StPO wird nicht von *lit.* b erfasst.[328]

114   **d) Unterdrückung eines Aufruhrs oder Aufstands (Art. 2 Abs. 2 *lit. c*).** Eine Tötung ist ferner nicht konventionswidrig, wenn sie durch eine sich im Rahmen der nationalen Gesetze haltende Gewaltanwendung zur Unterdrückung eines Aufruhrs oder eines Aufstandes („riot or insurrection"/„émeute ou insurrection") erfolgt. Unter **Aufruhr** ist jede ungesetzliche Zusammenrottung einer Menschenmenge zu verstehen, aus der heraus Gewalttaten begangen werden oder drohen,[329] während **Aufstand** als offener und aktiver bewaffneter Widerstand einer größeren Personenzahl gegen die Staatsgewalt zu verstehen ist.[330] Dass beide Handlungsformen nebeneinander gestellt sind, trägt dem Umstand Rechnung, dass die Übergänge mitunter fließend sein können. In der Bedrohung der Polizei durch eine verschiedenartige Wurfgeschosse schleudernde Menschenmenge hatte die EKMR eine den Einsatz von Plastikgeschossen rechtfertigende Situation gesehen.[331]

115   Die Anwendung der staatlichen Zwangsmittel, die zur Tötung führen können, muss in beiden Fällen **rechtmäßig** („lawful") sein. Es müssen alle Voraussetzungen vorliegen, an die das nationale Recht im jeweiligen Fall die Anwendung unmittelbaren Zwangs knüpft, ebenso wie die dafür bestehenden besonderen gesetzlichen Voraussetzungen (etwa im UZwG und in den Polizeigesetzen der Länder) enthalten sind. Für den **Einsatz von Schusswaffen** muss der Staat verbindliche Regelungen schaffen, die sich an internationalen Standards orientieren.[332] Wie Art. 2 herausstellt, muss die Zwangsanwendung und der Einsatz des jeweiligen Mittels auch in dieser Variante im konkreten Fall **unbedingt erforderlich** („absolutely necessary") sein, um die öffentliche Ordnung durch Unterdrückung des Aufruhrs oder Aufstandes wiederherzustellen; sie darf auch nicht unverhältnismäßig gegenüber dem verfolgten Zweck sein.[333] Zusätzlich ist der Staat verpflichtet, seine Bediensteten in den gesetzlichen Bedingungen für den Gebrauch von Zwangsmitteln besonders zu schulen.[334] Eine willkürliche Luftbombardierung von Zivilisten und ihren Dörfern

---

327 *Villiger* 300; vgl. zur Schussabgabe an der früheren innerdeutschen Grenze: EGMR (GK) Streletz, Kessler u. Krenz/D, 22.3.2001; (GK) K.-H.W./D, 22.3.2001, NJW **2001** 3042 = EuGRZ **2001** 219 = NJ **2001** 268; dazu *Werle* NJW **2001** 3001; *Rau* NJW **2001** 3008; IK-EMRK/*Lagodny* 98; HRC Baumgarten/D, 31.7.2003, 960/2000; *Kadelbach* Jura **2002** 329.

328 *Guradze* 11; Meyer-Goßner/*Schmitt* 4; **a.A.** Schorn 19, 20.

329 *Frowein/Peukert* 14; *Schorn* 21 (Interpretation i.S.d § 115 StGB a.F.).

330 *Schorn* 23. Zur Bedeutung der Begriffe im Englischen: *Guradze* 12.

331 EKMR nach *Frowein/Peukert* 15; vgl. aber auch EGMR Gülec/TRK, 27.7.1998 (im konkreten Fall unverhältnismäßig); dazu IK-EMRK/*Lagodny* 102.

332 EGMR Şimşek u.a./TRK, 26.7.2005, § 105 (mit Hinweis auf die „UN Force and Firearms Principles").

333 *Frowein/Peukert* 15; IK-EMRK/*Lagodny* 101; Meyer-Ladewig/Nettesheim/von Raumer/*Meyer-Ladewig/Huber* 46 f.

334 EGMR Şimşek u.a./TRK, 26.7.2005, § 109; Kakoulli/TRK, 22.11.2005, § 114; die Schulungsverpflichtung betrifft insbesondere die Einschätzung der unbedingten Erforderlichkeit des Schusswaffengebrauchs, vgl. EGMR (GK) Nachova u.a./BUL, 6.7.2005, §§ 97, 103.

Esser   180

ist in einer demokratischen Gesellschaft untragbar und mit keiner der im Absatz 2 genannten Ausnahmen zu vereinen.[335]

EMRK
Artikel 3 Verbot der Folter

Niemand darf der Folter oder unmenschlicher oder erniedrigender Strafe oder Behandlung unterworfen werden.

IPBPR
Artikel 7

Niemand darf der Folter oder grausamer, unmenschlicher oder erniedrigender Behandlung oder Strafe unterworfen werden. Insbesondere darf niemand ohne seine freiwillige Zustimmung medizinischen oder wissenschaftlichen Versuchen unterworfen werden.

Ergänzend hierzu:
Europäisches Übereinkommen zur Verhütung von Folter und unmenschlicher oder erniedrigender Behandlung oder Strafe vom 26.11.1987 (CTS 126)[1]
Übereinkommen gegen Folter und andere grausame, unmenschliche oder erniedrigende Behandlung oder Strafe (UN-Antifolterkonvention) vom 10.12.1984[2]

Schrifttum (Auswahl)

Abresch A Human Rights Law of Internal Conflict: The European Court of Human Rights in Chechnya, EJIL **2005** 741; *Adam* Gefahrabwendungsfolter und Menschenwürde im Lichte des Unabwägbarkeitsdogmas des Art. 1 Abs. 1 GG (2008); *Alleweldt* Schutz vor Abschiebung bei drohender Folter oder unmenschlicher oder erniedrigender Behandlung oder Strafe (1996); *ders.* Auf dem Weg zur wirksamen Folterprävention in der Türkei? EuGRZ **2000** 193; *Alleweldt/Reiserer* Allgemeine Empfehlungen für die Prävention von Folter und Mißhandlungen: der Corpus of Standards des CPT, EuGRZ **2000** 247; *Ambos* Völkerrechtliche Bestrafungspflichten bei schweren Menschenrechtsverletzungen, AVR **37** (1999) 318; *ders.* Die transnationale Verwertung von Folterbeweisen, StV **2009** 153; *Bachmann/Goeck* Folter im deutschen Strafvollzug? NJ **2012** 407; *Bank* Schutz gegen Abschiebung nach Deutschland unter der EMRK bei nicht-staatlicher Gefährdung im Heimatland? NVwZ **2002** 430; *ders.* Die internationale Bekämpfung von Folter und unmenschlicher Behandlung auf den Ebenen der Vereinten Nationen und des Europarats (1996); *Bausback* Die stigmatisierende Wirkung des Rechtsbruchs als wichtiger Durchsetzungsmechanismus – aufgezeigt am völkerrechtlichen Folterverbot, GedS Blumenwitz (2008) 343; *Beestermöller/Brunkhorst* (Hrsg.), Rückkehr der Folter (2006); *Bendek* Ein Plädo-

---

335 EGMR Benzer u.a./TRK, 12.11.2013, § 184 (Bombardierung durch das türkische Militär, Konflikte mit der PKK).
1 BGBl. 1989 II S. 946; geändert und ergänzt durch die Protokolle Nr. 1 (ETS 151) u. Nr. 2 v. 4.11.1993 (ETS 152); Gesetz v. 17.7.1996, BGBl. II S. 1114. Die Protokolle sind am 1.3.2002 für Deutschland in Kraft getreten (BGBl. 2002 II S. 1019).
2 BGBl. 1990 II S. 246; in Deutschland in Kraft seit 31.10.1990 (BGBl. II S. 715); geändert durch die UN-Resolution v. 8.9.1992; Gesetz vom 7.3.1996 [...] zu der Resolution vom 8.9.1992 zur Änderung des Übereinkommens v. 10.12.1984 gegen Folter und andere grausame, unmenschliche oder erniedrigende Behandlung oder Strafe (BGBl. II S. 282). Die Änderung ist noch nicht in Kraft getreten (Stand: Februar 2023). Dafür bedarf es einer innerstaatlichen Annahme der Änderung durch zwei Drittel der Vertragsstaaten des Übereinkommens (vgl. Art. 29 Abs. 2 UNCAT).

https://doi.org/10.1515/9783110275063-005

yer für die flächendeckende Etablierung der Substitutionsbehandlung im deutschen Strafvollzug, HRRS **2017** 458; *van der Berg* Folter, unmenschliche und erniedrigende Behandlung in der Rechtsprechung des EGMR und die strafprozessualen Konsequenzen (2019); *Beutler* Strafbarkeit der Folter zu Vernehmungszwecken (2006); *Blume/Wegner* Reform des § 177 StGB? – Zur Vereinbarkeit des deutschen Sexualstrafrechts mit Art. 36 der „Istanbul-Konvention", HRRS **2014** 357; *Böhm* Aktuelle Entwicklungen im Auslieferungsrecht, NStZ **2020** 204; *Bossuyt* The European Court of Human Rights and Irreducible Life Sentences, HRLJ **2014** 269; *Boulesbaa* The U.N. Convention on Torture and the Prospects for Enforcement (1999); *Breuer* Zum Öcalan-Urteil der Großen Kammer des EGMR, EuGRZ **2005** 471; *Brugger* Vom unbedingten Verbot der Folter zum bedingten Recht auf Folter? JZ **2000** 165; *Bruha/Steiger* Das Folterverbot im Völkerrecht (2006); *Brunner* Subsidiaritäts-grundsatz und Tatsachenfeststellung unter der Europäischen Menschenrechtskonvention – Analyse der Rechtsprechung zu Art. 3 EMRK (2019); Clucas/Johnstone/Ward (Hrsg.), Torture: Moral Absolutes and Ambiguities (2009); *Bung* Strafvollzug unter Bedingungen der Menschenrechte, KrimPäd **2012** 28; *Cernko* Die Umsetzung der CPT-Empfehlungen im deutschen Strafvollzug – Eine Untersuchung über den Einfluss des Europäischen Komitees zur Verhütung von Folter und unmenschlicher oder erniedrigender Behandlung oder Strafe (CPT) auf die deutsche Strafvollzugsverwaltung (2014); *Craig/Scott* Torture as Tort – Comparative Perspectives on the Development of Transnational Human Rights Litigation (2001); *Demko* Zur „Einzelfallprüfung" und „geltungszeitlichen Interpretation" im Rahmen des Art. 3 EMRK, HRRS **2005** 94; *Dietz* Grundlinien des deutschen Asyl- und europäischen Flüchtlingsrechts, BayVBl. **2012** 645; *Donaubauer* Der polizeiliche Einsatz von Bodycams (2017); *Dörig* Der Abschiebungsschutz für Ausländer nach der Europäischen Menschenrechtskonvention, ThürVBl. **2006** 217; *ders* Auf dem Weg in ein Gemeinsames Europäisches Asylsystem, NVwZ **2014** 106; *Dünkel* Strafvollzug und Menschenrechte, in: Koop/Kappenberg (Hrsg.), Wohin fährt der Justiz-Vollzug? (2009) 33; *Erb* Zur strafrechtlichen Behandlung von „Folter" in der Notwehrlage, FS Seebode (2008) 99; *Esser* Menschenrechte im Strafvollzug: Grenzen für die körperliche Durchsuchung von Strafgefangenen, NStZ **2022** 24; *ders.* Die Fesselung des Angeklagten in der Hauptverhandlung – eine haftgrundbezogene Beschränkung der Untersuchungshaft? GedS Weßlau (2016) 97 ff.; *ders.* Die menschenrechtliche Konzeption des Folterverbotes im deutschen Strafverfahren in: Gehl (Hrsg.), Folter – zulässiges Instrument im Strafrecht? (2005) 143; *ders.* EGMR in Sachen Gäfgen v. Deutschland (22978/05), Urt. v. 30.6.2008, NStZ **2008** 657; *Follmar-Otto/Cremer* Das neue Zusatzprotokoll zum UN-Übereinkommen gegen Folter, KJ **2004** 154; *Frowein* Freiheit von Folter oder grausamer, unmenschlicher oder erniedrigender Behandlung oder Strafe nach der Europäischen Menschenrechtskonvention, in: Matscher (Hrsg.), Folterverbot sowie Religions- und Gewissensfreiheit im Rechtsvergleich (1990) 96; *Frowein/Kühner* Drohende Folterung als Asylgrund und Grenze für Auslieferung und Ausweisung, ZaöRV **43** (1983) 537; *Gaede* Die Fragilität des Folterverbots – Präventiv begründete Ausnahmen vom absoluten Folterverbot zur Herstellung absoluter Sicherheit? in: Camprubi (Hrsg.), Angst und Streben nach Sicherheit in Gesetzgebung und Praxis (2004) 155; *Gebauer* Zur Grundlage des absoluten Folterverbots, NVwZ **2004** 1405; *Gehl* (Hrsg.), Folter – zulässiges Instrument im Strafrecht? (2005); *Ginbar* Why Not Torture Terrorists? Moral, practical and legal aspects of the ‚ticking bomb' justification for torture (2008); *Goerlich* (Hrsg.), Staatliche Folter – Heiligt der Zweck die Mittel? (2007); *Gornig* Das „non-refoulement"-Prinzip, ein Menschenrecht „in statu nascendi" – Auch ein Beitrag zu Art. 3 Folterkonvention, EuGRZ **1986** 521; *Graben-warter* Androhung von Folter und faires Strafverfahren – Das (vorläufig) letzte Wort aus Straßburg, NJW **2010** 3128; *Gusy* Zur Bedeutung von Art. 3 EMRK im Ausländerrecht, ZAR **1993** 63; *Haefeli* Steuerung der Migrationsströme und Non-refoulement-Prinzip gemäß GFK und EMRK, ZAR **2020** 25; *Hailbronner* Refoulement-Verbote und Drittstaatenregelung (Art. 33 GK und Art. 3 EMRK), FS Bernhardt (1995) 365; *ders.* Art. 3 EMRK – Ein neues europäisches Konzept der Schutzgewährung? DÖV **1999** 617; *Hailbronner/Randelzhofer* Zur Zeichnung der UNFolterkonvention durch die Bundesrepublik, EuGRZ **1986** 641; *Hamm* Schluss mit der Debatte über Ausnahmen vom Folterverbot! NJW **2003** 946; *Herzog/Roggan* Zu einer Reform der Strafbarkeit wegen Aussageerpressung – § 343 StGB, GA **2008** 142; *Hilgendorf* Folter im Rechtsstaat? JZ **2004** 331; *Hruschka/Lindner* Der internationale Schutz nach Art. 15 b) und c) Qualifikationsrichtlinie im Lichte der Maßstäbe von Art. 3 EMRK und § 60 VII AufenthG, NVwZ **2007** 645; *Jerouschek/Kölbel* Folter von Staats wegen? JZ **2003** 613; *Isfen* Foltern, um Leben zu retten – gerechtfertigt? in: Esser u.a. (Hrsg.), Die Bedeutung der EMRK für die nationale Rechtsordnung (2004) 21; *Joseph/Castan* The International Covenant on Civil and Political Rights (2013); *Kaiser* Die Europäische Antifolterkonvention als Bestandteil internationalen Strafverfahrens- und Strafvollzugsrechts, SchwZStr **1991** 213; *Kicker* The Council of Europe Committee for the Prevention of Torture (CPT), EYHR **2009** 199; *Kosin* The Attribution of Torture in the Private Sphere, 2020; *Krammer* Menschenwürde und Art. 3 EMRK (2012); *Kretschmer* Die menschen(un)würdige Unterbringung von Strafgefangenen,

NJW **2009** 2406; *Krieger* A Conflict of Norms: The Relationship Between Humanitarian Law and Human Rights Law in the ICRC Customary Law Study, JCSL **2006** 265; *Kromrey/Morgenstern* Auslieferung bei drohender lebenslanger Freiheitsstrafe ohne Aussetzungsmöglichkeit, ZIS **2014** 704; *dies.* Die Menschenwürde und das Auslieferungsverfahren, ZIS **2017** 106; *Krüger/Kroke* Brechmitteleinsatz in den Fängen von Straf-, Strafprozess- und Medizinrecht, Jura **2011** 289; *Lagodny* Grundrechte als Auslieferungs-Gegenrechte, NJW **1988** 2146; *Lehnert* Menschenrechtliche Vorgaben an das Aufenthaltsrecht in der jüngeren Rechtsprechung des EGMR, NVwZ **2018** 1359; *ders.* Menschenrechtliche Vorgaben an das Migrationsrecht in der jüngeren Rechtsprechung des EGMR, NVwZ **2020** 766; *Lorz/Sauer* Wann genau steht Art. 3 EMRK einer Auslieferung oder Ausweisung entgegen? EuGRZ **2010** 389; *Lubrich* Menschenrechtliche Standards im Strafvollzug – Umsetzung nationaler und internationaler Vorgaben bei der Unterbringung in Gemeinschaftshafträumen, in: Esser/Ida (Hrsg.), Menschenrechtsschutz und Zusammenarbeit im Strafrecht als globale Herausforderung. Rezeption internationaler Standards in Deutschland und Japan (2018) 123; *Lührs* Überstellungsschutz und gegenseitiges Vertrauen (2021); *Lüthke* Die Europäische Konvention über den Schutz inhaftierter Personen vor Folter, ZRP **1988** 54; *Marx* Die Konvention der Vereinten Nationen gegen Folter und andere grausame, unmenschliche oder erniedrigende Behandlung oder Strafe, ZRP **1986** 81; *ders.* Abschiebungsschutz bei fehlendem staatlichen Schutz: Die neuere Rechtsprechung des EGMR, NVwZ **1998** 153; Matscher (Hrsg.), Folterverbot sowie Religions- und Gewissensfreiheit im Rechtsvergleich (1990); *Mavronicola* Güler and Öngel v Turkey: Article 3 of the European Convention on Human Rights and Strasbourg's Discourse on the Justified Use of Force, MLR **2013** 370; *dies.* Torture, Inhumanity and Degradation under Article 3 of the ECHR – Absolute Rights and Absolute Wrongs (2021); *Mavronicola/Messineo* Relatively Absolute? The Undermining of Article 3 ECHR in Ahmad v UK, MLR **2013** 589; *Mertens* Die Rechtsprechung zum Recht der internationalen Rechtshilfe in Strafsachen seit dem Jahr 2005, NStZ-RR **2010** 265; *ders.* Die Rechtsprechung zum Recht der internationalen Rechtshilfe in Strafsachen seit dem Jahr 2015 – 1. Teil, NStZ-RR **2020** 164; 2. Teil, NStZ-RR **2020** 201; *Meyer-Ladewig* Menschenwürde und Europäische Menschenrechtskonvention, NJW **2004** 981; *Möhlenbeck* Das absolute Folterverbot (2008); *Morgan/Malcolm* Bekämpfung der Folter in Europa – Tätigkeit und Standards des Europäischen Ausschusses zur Verhütung von Folter (2003); *Morgan/Evans* Combating torture in Europe: the work and standards of the European Committee for the Prevention of Torture (CPT) (2001); *Mooser* Nervendrucktechniken im Polizeieinsatz – unzulässiges Zwangsmittel und Verstoß gegen die Menschenrechte? (2022); *Murdoch* The treatment of prisoners – European Standards (2004); *Nitschke* (Hrsg.) Rettungsfolter im modernen Rechtsstaat? Eine Verortung (2005); *Noll* Seeking Asylum at Embassies: A Right to Entry under International Law? IJRL **2005** 542; *Nowak* Die UNO-Konvention gegen die Folter vom 10.12.1984, EuGRZ **1985** 109; *ders.* Die Durchführungsfunktion des UN-Folterkomitees, FS Ermacora (1988) 493; *Nowak/McArthur* The United Nations Convention Against Torture (2008); *Ohlin/Fletcher* (Hrsg.), The Law of Cruelty: Torture as an International Crime – Special Issue, JICJ **2008** 157; *Perron* Folter in Notwehr? FS Weber (2004) 143; *Pitea* Rape as a Human Rights Violation and a Criminal Offence: The European Court's Judgment in M.C. v. Bulgaria, JICJ **2005** 447; *Pohlreich* Die Rechtsprechung des EGMR zum Vollzug von Straf- und Untersuchungshaft, NStZ **2011** 560; *ders.* Gewalt gegen Häftlinge und Unterbringung in besonders gesicherten Hafträumen – Der Fall Hellig vor dem EGMR, JZ **2011** 1058; *Pollähne/Kemper* Unmenschliche und erniedrigende Drogenkontrollpolitik, Brechmitteleinsätze gegen das Folterverbot – zur Entscheidung des EGMR, KrimJ **2007** 185; *Polzin* Strafrechtliche Rechtfertigung der Rettungsfolter? (2008); *Pösl* Das Verbot der Folter in Art. 3 EMRK (2015); *Puhl* Europäisches Anti-Folter-Abkommen, NJW **1990** 3057; *Raess* Der Schutz vor Folter im Völkerrecht (1989); *Reemtsma* Folter im Rechtsstaat? (2005); *Reeh* Das menschenrechtliche Prinzip des Non-Refoulement vor den Vertragsorganen der Vereinten Nationen (2023); *Rixen* Die Würde des Strafgefangenen ist unantastbar – auch im Staatshaftungsrecht? FS Kerner (2013) 803 ff.; *Rochner* Strafvollstreckung und Strafvollzug im internationalen Strafrecht. Zu den rechtsstaatlichen Problemen der Vollstreckung der Strafen der internationalen Strafgerichte (2014); *Rodley* The Treatment of Prisoners under International Law (2009); *Ronc* Die Menschenwürde als Prinzip der EMRK (2020); *Roos/Schneider*, Verhütung von Folter und anderen Misshandlungen in Deutschland – Die Tätigkeit der Nationalen Stelle zur Verhütung von Folter im nationalen und internationalen Kontext, in: Bouffier/Horn/Poseck/Radtke/Safferling (Hrsg.), Grundgesetz und Europa: Liber Amicorum für Herbert Landau zum Ausscheiden aus dem Bundesverfassungsgericht (2016) 577; *Rottmann* in: Goerlich (Hrsg.), Staatliche Folter (2007) 75; *Rudolf* Beweisprobleme in Verfahren wegen Verletzung von Art. 3 EMRK, EuGRZ **1996** 497; *Safferling* Die zwangsweise Verabreichung von Brechmitteln: Die StPO auf dem menschenrechtlichen Prüfstand, Jura **2008** 100; *Safoklov* Die Rechtsprechung des EGMR zum Folterverbot. Eine Typologie der Verstöße in der Russischen Föderation, OER **2009** 167; *Saliger* Absolutes im Strafprozess? Über das

Folterverbot, seine Verletzung und die Folgen seiner Verletzung, ZStW **116** (2004) 35; *Schneider* Schutz vor Folter durch einstweilige Maßnahmen bzw. durch diplomatische Zusicherungen, EuGRZ **2014** 168; *Schuhr* Brechmitteleinsatz als unmenschliche und erniedrigende Behandlung, NJW **2006** 3538; *Schumann* Brechmitteleinsatz ist Folter? Die Rechtsprechung des EGMR zum Brechmitteleinsatz im Strafverfahren, StV **2006** 661; *Schwab* Strafvollzug an alten Gefangenen (2020); *Sonderegger* Die Rückkehr der Folter? Anwendung von Zwang bei Vernehmung im deutschen und US-amerikanischen Recht (2012); *Stavropoulus* Das Verbot der Folter und der unmenschlichen oder erniedrigenden Behandlung oder Strafe im gegenwärtigen Völkerrecht; insbesondere nach Art. 3 der Europäischen Menschenrechtskonvention (1976); *Stein* Auslieferung und Europäische Menschenrechtskonvention, ZaöRV **41** (1981) 285; *Thienel* The Admissibility of Evidence Obtained by Torture under International Law, EJIL **2006** 349; *Thurin* Der Schutz des Fremden vor rechtswidriger Abschiebung (2012)[2]; *Tomerius* Die Fesselung im Polizeirecht im Licht der neueren Rechtsprechung des Bundesverfassungsgerichts, NVwZ **2021** 289; *Villinger* Neuere Entwicklungen in der Rechtsprechung des Europäischen Gerichtshofs für Menschenrechte zu Artikel 3 EMRK (Verbot der unmenschlichen oder erniedrigenden Behandlung und Strafe sowie der Folter), in: Thürer (Hrsg.), EMRK: Neuere Entwicklungen (2005) 61; *van der Stroom* Menschenrechtliche Anforderungen an den Strafvollzug (2021); *van Zyl Smit/Snacken* Principles of European Prison Law and Policy – Penology and Human Rights (2009); *Vogler* Auslieferung bei drohender Todesstrafe und die Europäische Menschenrechtskonvention (EMRK) – Der Fall Soering vor dem Europäischen Gerichtshof für Menschenrechte (EGMR), GedS Meyer (1990) 477; *Wagner* The Justification of Torture, ZaöRV **63** (2003) 817; *Wegner* Entlastung durch Versprechen? – Die diplomatische Zusicherung als prozessuales „Schmiermittel" im Auslieferungsverfahren, GVRZ **2020** 7; *Weigend* Deutschland als Folterstaat?, in: Buruma u.a. (Hrsg.), Op het rechte pad, Liber amicorum P. Tak (2008) 321; *Weilert* Grundlagen und Grenzen des Folterverbotes in verschiedenen Rechtskreisen (2009); *Welsch* Die Wiederkehr der Folter als letztes Verteidigungsmittel des Rechtsstaats? BayVerwBl. **2003** 481; *Wendel* Menschenrechtliche Überstellungsverbote: Völkerrechtliche Grundlagen und verwaltungsrechtliche Konkretisierung, DVBl. **2015** 731; *Weßel/Lang* Rechtliche und Medizin-Ethische Fragen zur Freiwilligkeit der Kastration bei Sexualstraftätern, MedR **2019** 106; *Wolff* Die verfassungsrechtlichen Auslieferungsverbote, StV **2004** 154; *Zimmermann* Erste praktische Erfahrungen mit dem Europäischen Übereinkommen zur Verhütung von Folter, NStZ **1992** 318.

Übersicht

I. Allgemeines
  1. Entwicklung des Völkervertragsrechts
    a) Internationale Menschenrechtspakte —— 1
    b) UN-Antifolterkonvention vom 10.12.1984 (UNCAT) —— 3
    c) Fakultativprotokoll vom 18.12.2002 (OPCAT) —— 8
    d) Europäisches Übereinkommen zur Verhütung von Folter vom 26.11.1987 —— 15
    e) Charta der Grundrechte der Europäischen Union —— 22
    f) Andere multinationale Übereinkommen —— 25
    g) Ius cogens des allgemeinen Völkerrechts —— 29
    h) Gedanke einer transstaatlichen Strafvollzugsordnung —— 31
  2. Notstandsfestigkeit des Folterverbots —— 34
  3. Innerstaatliches Verfassungsrecht —— 35

II. Regelungsgehalt und Reichweite des Verbots
  1. Unterlassungspflicht des Staates —— 38
  2. Gewährleistungspflicht des Staates
    a) Allgemeines —— 41
    b) Pflicht zur Aufklärung und Dokumentation —— 45
    c) Darlegungs- und Erklärungspflichten —— 54
    d) Präventionsmaßnahmen —— 58
  3. Schutz vor Misshandlung und Bestrafung durch Privatpersonen —— 67
  4. Behandlung oder Bestrafung —— 71
  5. Auslieferung, Ausweisung und Abschiebung
    a) Allgemeine Grundsätze —— 73
    b) Verfassungsrechtliche Ebene —— 81

c) Abschiebungs-/
Auslieferungsverbot aus
Art. 3 EMRK —— 90
d) Verbot der Vollstreckung eines Europäischen Haftbe-
fehls —— 101
e) Anwendung der Grundsätze
auf ein Auslieferungsersuchen Deutschlands —— 118
f) Relevante Gefahren —— 120
g) Prüfungsdichte/
Gefahrengrad —— 131
h) Entscheidungsgrundlage/
Maßgeblicher Zeitpunkt/Mit-
wirkungsobliegenheit des Betroffenen —— 147
6. Rechtsfolgen eines Verstoßes gegen
Art. 3 —— 150
III. Schutzgehalt der Verbote im Einzelnen
1. Allgemeines zur Abgren-
zung —— 167
2. Folter —— 171

3. Grausame, unmenschliche Behandlung —— 189
4. Erniedrigende Behandlung —— 201
5. Unmenschliche/erniedrigende Behandlung von Gefangenen und
Untergebrachten – Haftbedingun-
gen/Unterbringung
a) Allgemeine Grund-
sätze —— 223
b) Gewaltverbot/
Behandlungsgrundsätze/
Sicherungs- und Disziplinarmaßnahmen —— 233
c) Medizinische Versorgung und
Betreuung —— 248
d) Haftraumgröße und -ausstat-
tung —— 264
e) Verhältnis von Art. 3 EMRK/
Art. 7 IPBPR zu Art. 10 IPBPR/
Art. 8 EMRK —— 274
6. Unmenschliche und erniedrigende
Strafen —— 275

Alphabetische Übersicht

Abschiebung 73 ff., 90 ff., 127 ff., 147 ff., 283
– Anhörungsgebot 95
– Informierungspflicht 147 ff.
– Rs. M.S.S./B u. GR 100
– Rechtsprechung des EGMR 127 ff.
– Verbot 90 ff.
Allgemeine Erklärung der Menschenrechte 1
Anti-Folter-Verordnung (EU) Nr. 1236/2005 24
Aufklärungs- und Dokumentationspflicht 45 ff.
Auslieferung 73 ff., 118 f., 147 ff., 283, 287
– Auslieferungshindernis des § 73 IRG 86, 89
– an Nicht-Konventionsstaaten 99
– deutsche Auslieferungsersuchen 118 f.
– Informierungspflicht 147 ff.
– Verbot 90
Ausweisung 73 ff.
Behandlung 71 ff.
Bestrafung 71 ff.
Beweisverwertungsverbot 150 ff.
Bosphorus-Rechtsprechung 33
Charta der Grundrechte der Europäischen Union
22 ff.
Corona 9, 232
CPT 16 ff., 226, 232
Darlegungs- und Beweislast des Staates 54 ff.
ECPT (EU) 15 ff.
EIDHR 23
Einwilligung 261, 263
erniedrigende Behandlung 167 f., 201 ff.

Europäischer Antifolterausschuss (CPT) 9, 263
Europäischer Haftbefehl 101 ff., 287
– Abstrakte Feststellung einer Gefahr der un-
menschlichen oder erniedrigenden Behand-
lung 102
– Ansatz des BVerfG 107 ff.
– Ansatz des EGMR 111 ff.
– Konkrete Prüfung 103 ff.
– Vermutung des gleichwertigen Schutzes 111 f.
– Zusicherung vom ersuchenden Mitgliedstaat
109 f.
failed states 130
Folter 167 ff., 179 f., 186 f., 191
Folterandrohung 175, 181
Freiwillige Fond für Opfer der Folter 13
Gewalt(verbot) 234, 239
Grundgesetz 35 f., 81 ff.
Haftbedingungen 113 ff., 223 ff., 248 ff., 264 ff.
– European Prison Rules – EPR 226
– Haftraum 264 ff.
– Medizinische Versorgung 248 ff.
Humanitäres Völkerrecht 25 ff.
International Day in Support of Victims of Torture
(UN) 14
Internationale Friedens- und Militäreinsätze 98
ius cogens 30, 96
Kopenhagener Abschlussdokument (KSZE) 3
Körperliche Durchsuchung 208 f., 211, 240 ff.
Lebenslange Freiheitsstrafe 87 f., 283 ff.

Minderjährige 221, 228
Nationale Stelle zur Verhütung von Folter 9 ff.
nationaler ordre public 83 f.
Nelson Mandela Rules 241
Notstandsfestigkeit 34
OPCAT 8
Opfereigenschaft des Angehörigen 62 ff.
Polizei 214 ff., 237, 250
Präventionsmaßnahmen 58 ff.
Privatpersonen 67 ff.
Reale Gefahr 120 ff.
– Beweislast des Betroffenen 134 ff.
– Prüfung 131 ff.
– Situation allgemeiner Instabilität 140 ff.
real risk 97
Rule 39 VerfO 79
Schutzpflichten 41 ff., 67 ff., 90 ff., 147, 228

Selbsttötungsgefahr 123
soft-law 227
Todesstrafe 281 ff.
Transsstaatliche Strafvollzugsordnung 31 ff.
UN-Antifolterausschuss (CAT) 3, 155 ff., 182 f.
UN-Antifolterkonvention (UNCAT) 3 ff., 34, 61, 155 ff., 179 ff.
Unmenschliche Behandlung 167, 175, 189 ff., 210
Unmenschliche und erniedrigende Strafen 275 ff.
UN-Sonderberichterstatter über Folter 12
UN-Unterausschuss zur Verhütung von Folter (SPT) 9
Verhältnismäßigkeit 35 f., 84, 86, 288
Verordnung (EU) 2019/125 24
Wissenschaftliche/medizinische Versuche 195 ff.
Zustimmung 18 f., 197, 263, 265
Zwangsbehandlung 261 f.

I. Allgemeines

1. Entwicklung des Völkervertragsrechts

1   **a) Internationale Menschenrechtspakte.** In dem Verbot der Folter, das auf dem Gedankengut der Aufklärung beruht,[3] wird heute ein in der Achtung der Menschenwürde[4] wurzelnder unantastbarer Grundwert demokratischer Gesellschaften gesehen.[5] Es ist – ergänzt durch das Verbot der grausamen, unmenschlichen und erniedrigenden Behandlung oder Strafe – Gegenstand einer Reihe internationaler Vereinbarungen und Erklärungen.[6] Es findet sich schon in **Art. 5 der Allgemeinen Erklärung der Menschenrechte vom 10.12.1948,** deren Wortlaut (*„Niemand darf der Folter oder grausamer, unmenschlicher oder erniedrigender Behandlung oder Strafe unterworfen werden.“*) zum Vorbild für entsprechende Regelungen in den internationalen Menschenrechtspakten wurde.[7]

2   **Art. 3 EMRK** und **Art. 7 IPBPR** haben den Wortlaut des Art. 5 AEMR übernommen; in Art. 3 wurde lediglich das Wort *„grausam“* weggelassen,[8] während dem Art. 7 IPBPR noch ein Satz 2 angefügt wurde, der die zwangsweise Heranziehung zu medizinischen oder wissenschaftlichen Versuchen als Beispiel einer unmenschlichen Behandlung besonders untersagt.[9] In Ergänzung des Verbots des Art. 7 IPBPR schreibt **Art. 10 Abs. 1 IPBPR** ausdrücklich vor, dass jeder, dem seine Freiheit entzogen ist, menschlich und mit Achtung

---

3 Zur Geschichte der Folter vgl. etwa *Hilgendorf* JZ **2004** 331, 332.

4 Anders als etwa die Präambel und Art. 1 AEMR v. 10.12.1948 und andere internationale Übereinkommen spricht die EMRK die Menschenwürde nicht ausdrücklich an. Ihr Schutz ist aber gleichwohl das Ziel ihrer Verbürgungen, vor allem auch der Art. 3 und Art. 8. vgl. *Meyer-Ladewig* NJW **2004** 981. Umfassend zur Menschenwürde und ihrer Verankerung in der EMRK: *Ronc* Die Menschenwürde als Prinzip der EMRK (2020).

5 Etwa EGMR Soering/UK, 7.7.1989, EuGRZ **1989** 314 = NJW **1990** 2184; H.L.R./F, 29.4.1997, ÖJZ **1998** 309 = NVwZ **1998** 163 = InfAuslR **1997** 333; T.I./UK (E), 7.3.2000, NVwZ **2001** 301 = InfAuslR **2000** 321; erneut: EGMR A.T./EST (Nr. 2), 13.11.2018, § 69: „[...] most fundamental values of democratic societies“.

6 Nachweise schon bei *Frowein/Kühner* ZaöRV **43** (1983) 537, 540; *Nowak* EuGRZ **1985** 109, 110.

7 Zum Folterverbot in Art. 5 AMRK: *Frowein* EuGRZ **1980** 442; vgl. ferner Art. 5 AChRMV.

8 Zur Entstehungsgeschichte *Partsch* 106.

9 Zur Entstehungsgeschichte *Nowak* 3.

der dem Menschen innewohnenden Würde zu behandeln ist.[10] Insgesamt ergibt eine Analyse der Rechtsprechung des **EGMR**, dass der Gerichtshof den Schutz durch Art. 3 auf der Grundlage der *„living-instrument-Doktrin"* zunehmend weit handhabt und auch auf neue Konstellationen erstreckt.[11]

b) UN-Antifolterkonvention vom 10.12.1984 (UNCAT). Art. 7 IPBPR wird durch das 3 Übereinkommen gegen Folter und andere grausame, unmenschliche oder erniedrigende Behandlung oder Strafe vom 10.12.1984 (UN-Antifolterkonvention – UNCAT) ergänzt.[12] Die Verpflichtung, Folter und andere grausame, unmenschliche oder erniedrigende Behandlung oder Bestrafung zu verbieten, wurde in Nr. 16.1 des Kopenhagener Abschlussdokuments über die menschliche Dimension der KSZE vom 29.6.1990[13] nochmals bekräftigt. Die Teilnehmerstaaten hatten sich zugleich u.a. zu Belehrungs- und Überwachungsmaßnahmen und zur vordringlichen Prüfung des Beitritts zur UN-Antifolterkonvention (1984) und zur Anerkennung der Befugnisse des in dieser Konvention vorgesehenen Kontrollausschusses (UN-Antifolterausschuss/Committee Against Torture – CAT; Teil II Rn. 454 ff.) verpflichtet.

Völkerrechtlich ist die UNCAT am 26.6.1987 nach Ratifikation durch 20 Staaten in 4 Kraft getreten.[14] Deutschland hat sie mit Gesetz vom 6.4.1990[15] ratifiziert.[16] Nach Art. 1 Abs. 2 UNCAT bleiben weitergehende internationale Rechtsvorschriften und Übereinkommen unberührt.

Art. 1 UNCAT definiert den **Begriff der Folter** (Rn. 179) – unmittelbar nur für die Zwe- 5 cke dieses Übereinkommens. Der EGMR hat sich jedoch bei der Auslegung der einzelnen Merkmale des Art. 3 EMRK am Folterbegriff des Art. 1 UNCAT orientiert (Rn. 180) und auch im Übrigen die Ausführungen des UN-Antifolterausschusses (CAT) – ebenso wie Erkenntnisse und Leitlinien des CPT[17] – als Rechtserkenntnisquelle für seine Judikatur genutzt. Das UNCAT soll der internationalen Beachtung des Folterverbots größere Wirksamkeit dadurch verleihen, dass es die Staaten zu wirksamen Maßnahmen zur Verhinderung der Folter im engeren Sinn verpflichtet, die **Abschiebung und Auslieferung** bei Gefahr einer Folter untersagt,[18] Vorkehrungen für die weltweite Verfolgung und Bestrafung mutmaßlicher Anwendung von Folter trifft,[19] innerstaatliche Belehrungs- und Überwachungsmaßnahmen vorsieht sowie die Vertragsstaaten verpflichtet, wirksame innerstaatliche Rechtsbehelfe für eine unparteiliche

---

10 Vgl. Art. 5 Rn. 651 ff. (Art. 10 IPBPR).

11 Ausführlich: *van der Berg* Folter, unmenschliche und erniedrigende Behandlung in der Rechtsprechung des EGMR und die strafprozessualen Konsequenzen (2019) 176 ff., 254.

12 BGBl. 1990 II S. 247; vgl. EuGRZ **1985** 131 (Übersetzung UN); zur Entstehung *Nowak* EuGRZ **1985** 109.

13 EuGRZ **1990** 239.

14 Hierzu: *Bartsch* NJW **1989** 3068; *Nowak* 2, Fn. 3. 173 Staaten haben die UNCAT ratifiziert (Juli 2023: http://treaties.un.org).

15 BGBl. II S. 246.

16 BGBl. II S. 715. Seit 31.10.1990 ist sie hier in Kraft.

17 Vgl. EGMR Ali Güneş/TRK, 10.4.2012, BeckRS **2013** 19468, §§ 39 ff. (Einsatz von Tränengas auf bereits festgenommene Demonstranten).

18 Zum sog. *„non refoulment"*-Grundsatz: *Gornig* EuGRZ **1986** 521; *Hailbronner/Randelzhofer* EuGRZ **1986** 641, 643; *Kimminich* FS Ermacora 383 (allenfalls allgemeines Völkerrecht in status nascendi); *Schneider* EuGRZ **2014** 168 (zu: CAT Abichou/D, 430/2010); vgl. auch CAT V.L./CH, 20.11.2006, 262/2005; Njamba u. Balikosa/S, 14.5.2010, 322/2007; Korban/S, 16.11.1998, 88/1997; Sogi/CAN, 16.11.2007, 297/2006.

19 Vgl. Präambel der UNCAT; Ermöglichung der Verfolgung durch die nationalen Behörden und Gerichte nach dem Grundsatz „aut dedere, aut iudicare", hierzu: EGMR H. u. J./NL (E), 13.11.2014, §§ 71 f., 74; *Hailbronner/Randelzhofer* EuGRZ **1986** 641; *Marx* ZRP **1986** 81; *Nowak* EuGRZ **1985** 109, 113; *Wolfrum* FS Partsch 76; *Burgstaller/Nowak* (Hrsg.), Aut dedere aut iudicare (2010); *Berg* Universal Criminal Jurisdiction and the Crime of Torture (2012).

Prüfung der Behauptung einer Folterung sowie einen einklagbaren Anspruch auf Schadensersatz zu schaffen.[20] **Art. 15 UNCAT** normiert ein gesetzliches **Beweisverwertungsverbot** für durch Folter herbeigeführte Aussagen (Rn. 61, 155).

6   Die **unmenschliche oder erniedrigende Behandlung** durch staatliche Organe muss der Staat zwar nach der UNCAT auch dann verhindern, wenn sie keiner Folter i.S.d. Art. 1 UNCAT gleichkommt, jedoch trifft ihn insoweit nur ein Teil der Verpflichtungen dieser Konvention (vgl. Art. 16 UNCAT).[21]

7   Erstmals hat das CAT eine Verletzung der UNCAT durch Deutschland in der Rs. *Abichou* festgestellt (Verletzung des sog. Non-refoulement-Gebotes, Art. 3 UNCAT).[22]

8   **c) Fakultativprotokoll vom 18.12.2002 (OPCAT).** Am 18.12.2002 hat die UN-Generalversammlung das **Fakultativprotokoll** zum Übereinkommen gegen Folter und andere grausame, unmenschliche oder erniedrigende Behandlung oder Strafe **(OPCAT)** angenommen, das am 22.6.2006 in Kraft getreten ist.[23] Als Ergänzung der UNCAT dient das Protokoll der Etablierung eines Systems zur Inspektion von Haftanstalten und sonstigen Einrichtungen durch internationale und nationale Gremien/Stellen. Auf der Ebene der UN ist ein internationaler Präventionsmechanismus in Form eines **CAT-Unterausschusses (Subcommittee on Prevention of Torture – SubCoP/SPT)** geschaffen worden. Der Ausschuss hat uneingeschränkten Zugang zu Vollzugs- und Gewahrsamseinrichtungen in den Vertragsstaaten. Zu seinen wichtigsten Rechten gehört die Möglichkeit, vertraulich, d.h. in Abwesenheit von Zeugen, mit Gefangenen zu korrespondieren. Die Vertragsstaaten werden darüber hinaus verpflichtet, einen oder mehrere nationale Mechanismen zur Verhütung von Folter **(nationale Präventionsmechanismen/National Preventive Mechanisms – NPM)** zu unterhalten. Diese nationalen Mechanismen haben dieselben Rechte wie das SubCoP und sollen als unabhängige Kontrollstellen fungieren. Ihre wesentliche Aufgabe besteht darin, die Vollzugs- und Gewahrsamseinrichtungen zu überprüfen, Mängel zu beanstanden und Verbesserungen anzuregen.

9   Deutschland entschied sich 2008 für die Einrichtung einer **Kommission zur Verhütung von Folter**[24] auf **Länderebene** und einer **Bundesstelle zur Verhütung von Folter**[25] für den Zuständigkeitsbereich des Bundes (Bundeswehr, Bundespolizei, Zoll), die als **Nationale Stel-**

---

20 Zu der staatlichen Entschädigungspflicht nach Art. 14 Abs. 1 Satz 1 UNCAT und den Fragen der Staatenimmunität bei Zivilklagen gegen einen dafür verantwortlichen fremden Staat: *Cremer* AVR **41** (2003) 137, 163, auch zu EGMR (GK) Al-Adsani/UK, 21.11.2001, EuGRZ **2002** 403; dazu: *Maierhöfer* EuGRZ **2002** 391.

21 *Hailbronner/Randelzhofer* EuGRZ **1986** 641, 642; *Marx* ZRP **1986** 82; *Nowak* EuGRZ **1985** 109, 113.

22 CAT Abichou/D, 21.5.2013, 430/2010, §§ 11.3 ff. (Auslieferung des Ehemannes nach Tunesien trotz eines „forseeable, real and personal risk of being subjected to torture"; Ignorieren eines offenkundigen Folterrisikos, zumal diplomatische Zusicherungen sich nicht spezifisch auf den Schutz vor Folter/erniedrigender Behandlung bezogen) m. Anm. *Schneider* EuGRZ **2014** 168. Vertiefend: *Reeh* Das menschenrechtliche Prinzip des Non-Refoulement vor den Vertragsorganen der Vereinten Nationen (2023).

23 Gesetz zu dem Fakultativprotokoll vom 18.12.2002 zum Übereinkommen gegen Folter und andere grausame, unmenschliche oder erniedrigende Behandlung oder Strafe v. 26.8.2008 (BGBl. II S. 854); hierzu: *Buchinger* The Optional Protocol to the United Nations Convention against Torture (2009); *Follmar-Otto/Cremer* KJ **2004** 154. Zum Ratifikationsprozess: BTDrucks. **15** 3507; **16** 8249. Bislang (März 2022) haben 91 Staaten das OPCAT ratifiziert; http://treaties.un.org). Das Protokoll ist am 3.1.2009 für Deutschland in Kraft getreten (BGBl. 2009 II S. 536).

24 Durch Staatsvertrag der Länder erfolgte die Einrichtung eines nationalen Mechanismus nach Art. 3 des Fakultativprotokolls v. 18.12.2002. Dieser Staatsvertrag vom 25.6.2009 ist am 1.9.2010 in Kraft getreten. Die ehrenamtlich tätigen Mitglieder der Kommission wurden durch Beschluss der 81. JuMiKo (Juni 2010) benannt; BTDrucks. **17** 3134 S. 40.

25 Eingerichtet durch Organisationserlass des BMJ v. 20.11.2008 (Banz. Nr. 182 S. 4277).

le zur Verhütung von Folter zusammenarbeiten und im Jahr 2023 über insgesamt zehn Mitglieder verfügen. Das (hauptamtliche) Sekretariat (Geschäftsstelle) der beiden Einrichtungen ist bei der **Kriminologischen Zentralstelle** in Wiesbaden eingerichtet.[26] Die Arbeit der Nationalen Stelle besteht in regelmäßigen Besuchen an Orten, an denen Person die Freiheit entzogen werden kann, in der Abgabe von Empfehlungen[27] zur Unterbringungssituation und zur Behandlung von Personen, zu Gesetzentwürfen sowie in der Erstellung eines jährlichen Berichtes an die Bundesregierung über die durchgeführten Maßnahmen. Schwerpunkte der Tätigkeit waren in den letzten Jahren die Abschiebungshaft/Rückführungsflüge (2013),[28] der Jugendarrest (2014), der Jugendstrafvollzug (2015), der Frauenstrafvollzug (2016), polizeiliche Maßnahmen/Einrichtungen (2017), Alten- und Pflegeheime (2018), psychiatrische Einrichtungen[29] und der Zoll (2019),[30] die Freiheitsbeschränkungen in der Corona-Pandemie (2020),[31] der Maßregelvollzug und Abschiebungen (2021)[32] sowie der Maßregelvollzug (2022).[33] Die Stelle steht im engen Austausch mit dem UN-Unterausschuss zur Verhütung von Folter (SPT) und dem Europäischen Antifolterausschuss (CPT).

Die Mitarbeiter der für die Kontrolle von Bundeseinrichtungen zuständigen **Bundes-** **10** **stelle** nahmen ihre (ehrenamtliche) Tätigkeit am 1.5.2009 auf. Aufgrund der geringen Personalausstattung konnte die Bundesstelle ihre Aufgaben nach eigener Aussage zunächst „nur ansatzweise erfüllen".[34] Innerhalb des ersten Jahres fanden lediglich sechs Inspektionsbesuche bei Bundespolizei/Bundeswehr statt, die zudem 24 bis 48 Stunden vorher angekündigt wurden.[35] Von Mai bis Dezember 2011 waren es dann schon 42 Inspektionsbesuche.[36]

Die für die Überprüfung der Gewahrsamseinrichtungen der **Länder** (Strafvollzug, Un- **11** tersuchungshaft, Jugendarrest, Polizei, Abschiebungshaft, Pflegeheime, Einrichtungen für Menschen mit Behinderungen und Einrichtungen zur Unterbringung von Kindern und Jugendlichen) zuständige **Kommission** wurde am 24.9.2010 eingerichtet. Auch sie war anfangs mit lediglich vier ehrenamtlichen Kontrolleuren unzureichend ausgestattet. Bemerkenswert und beschämend ist es rückblickend, dass ein Antrag, die Ausstattung der Nationalen Stelle aufzustocken, auf Empfehlung des Menschenrechtsausschusses des Bundestages im Jahr 2013

26 *Roos/Schneider* 577, 584 ff.
27 Vgl. Nationale Stelle zur Verhütung von Folter, Jahresbericht 2010/2011, 6; dazu: BTDrucks. 17 9382, 9593) zur humanitären und menschenrechtlichen Bewertung von Haftbedingungen in Deutschland.
28 Vgl. dazu Nationale Stelle zur Verhütung von Folter, Jahresbericht 2013, BTDrucks. 18 1178 S. 14 ff., 33 ff.; dazu: *Dopp/Bartelt/Hof* FS **2015** 105.
29 Nationale Stelle zur Verhütung von Folter, Jahresbericht 2019: Belegung von Patientenzimmern in einigen psychiatrischen Einrichtungen mit bis zu vier Personen sowie die Praxis von Zwangsmaßnahmen (insb. „teils sehr lange Absonderungen"/mit lediglich einer Matratze ausgestattete „Krisenräume") und Fixierungen; BTDrucks. **19** 19680.
30 Nationale Stelle zur Verhütung von Folter, Jahresbericht 2019, 1, 36 ff., 44 ff.
31 Nationale Stelle zur Verhütung von Folter, Jahresbericht 2020, 24 ff.
32 Vgl. Nationale Stelle zur Verhütung von Folter, Jahresbericht 2021, 1, 54 ff., 66 ff.
33 Vgl. Nationale Stelle zur Verhütung von Folter, Jahresbericht 2022, 3, 38 ff.
34 Vgl. Nationale Stelle zur Verhütung von Folter, Jahresbericht 2009/2010, 5, 8 f.
35 Vgl. Nationale Stelle zur Verhütung von Folter, Jahresbericht 2009/2010, 10 f.
36 Vgl. Nationale Stelle zur Verhütung von Folter, Jahresbericht 2010/2011 (BTDrucks. 17 9377) 12: Besuch von 17 Dienststellen der Bundespolizei (u.a. Rückführungsbereiche an Flughäfen; Beobachtung der Verbringung von Rückzuführenden auf das Flugzeug), fünf Bundeswehrkasernen und zwei Zollfahndungsämtern; Länderkommission: sieben JVA (darunter eine Jugendstrafanstalt, zwei Anstalten für den Vollzug an Frauen jeweils mit Mutter-Kind-Abteilung sowie eine Abteilung für Sicherungsverwahrung), acht Polizeidienststellen der Länder, zwei psychiatrische Kliniken und eine Abschiebehafteinrichtung.

im Bundestag zunächst abgelehnt worden war.[37] Auf der 85. JuMiKo im Juni 2014 wurde sodann eine Aufstockung der Anzahl der ehrenamtlichen Mitglieder von vier auf **acht** Personen beschlossen.[38]

12   Die United Nations Commission on Human Rights hat in ihrer Resolution 1985/33 entschieden, einen **UN-Sonderberichterstatter über Folter** (*Special Rapporteur on torture and other cruel, inhuman or degrading treatment or punishment*) als Experten einzusetzen, der Fragen in Bezug auf die Folter untersuchen soll.[39]

13   Ferner existiert auf UN-Ebene der 1982 geschaffene **Freiwillige Fonds für Opfer der Folter**, der Organisationen unterstützt, die Folteropfern und ihren Angehörigen beistehen.[40]

14   Der **26. Juni** wurde von den Vereinten Nationen zum jährlichen **International Day in Support of Victims of Torture** ausgerufen. Das HRC hat in einer Resolution über die Verpflichtungen der Staaten zur Unterstützung von Folteropfern festgestellt, dass die UN-CAT nicht nur jede Art der Folter verbiete und den Staat dazu verpflichte, alle Verdachtsfälle umfänglich aufzuklären, sondern auch, angemessene Schritte zur Rehabilitierung der Opfer von Folter zu unternehmen.[41] Insbesondere sollten die Staaten einen „opferzentrierten" Ansatz bei der Aufarbeitung von Folterfällen wählen, in dem auch dem Opfer eine angemessene Rolle zukomme. Ferner seien die Besonderheiten bei Vorliegen von Folter aufgrund des Geschlechts oder der sexuellen Orientierung des Opfers zu berücksichtigen. Schließlich dürften die Staaten die Opfer von Folter nicht diskriminieren, sondern müssten sie ohne Ansehung ihrer Nationalität, ethnischen Zugehörigkeit oder ihres Geschlechts gleichbehandeln.

15   **d) Europäisches Übereinkommen zur Verhütung von Folter vom 26.11.1987.** Das **Europäische Übereinkommen zur Verhütung von Folter und unmenschlicher oder erniedrigender Behandlung oder Strafe vom 26.11.1987** (European Convention for the Prevention of Torture and Inhuman or Degrading Treatment or Punishment – **ECPT**)[42] will in Ergänzung zu den in Art. 3 niedergelegten Verboten den Schutz vor Folter und unmenschlicher Behandlung in den Vertragsstaaten schon präventiv durch **Kontrollbesuche** verbessern.[43]

16   Die Mitglieder eines unabhängigen internationalen Komitees (**CPT**)[44] sollen in den Vertragsstaaten ungehindert die Haftanstalten und sonstigen Einrichtungen besuchen (perio-

---

37 BTDrucks. **17** 11207 (BÜNDNIS 90/DIE GRÜNEN); **17** 12730.
38 Vgl. Beschluss der 85. JuMiKo v. 26.6.2014, TOP II.21.
39 Siehe auch http://www2.ohchr.org/english/issues/torture/rapporteur/, insbesondere zu den Aufgaben des UN-Sonderberichterstatters über Folter.
40 Siehe http://www.un.org/events/torture/fund.htm.
41 HRC Res. 22/21 v. 12.4.2013, UN-Dok. A/HRC/RES/22/21.
42 ETS 126. Völkerrechtlich ist die ECPT am 1.2.1989 in Kraft getreten, von Deutschland mit Gesetz vom 29.11.1989 (BGBl. II S. 946) ratifiziert worden und am 1.6.1990 für Deutschland in Kraft getreten. Zur Konvention vgl. *Lüthke* ZRP **1988** 54; *Nowak* EuGRZ **1988** 537; *Puhl* NJW **1990** 3057. Geändert und ergänzt wurde das Übereinkommen durch die **Protokolle Nr. 1** (ETS 151 – Beitritt von Nichtmitgliedstaaten) und **Nr. 2** (ETS 152 – Wiederwahl der Ausschussmitglieder) vom 4.11.1993 (BGBl. II S. 1114), in Deutschland in Kraft seit 1.3.2002 (BGBl. II S. 1019).
43 Die periodischen Besuche werden vom CPT im vorhergehenden Jahr angekündigt, vgl: *Heinz* ZfStrVo **2015** 175, 176.
44 Committee for the Prevention of Torture or Degrading Treatment or Punishment – Europäischer Ausschuss zur Verhütung von Folter und unmenschlicher oder erniedrigender Behandlung oder Strafe; *Nowak* 2, Fn. 4. Jedem Mitgliedstaat steht dabei ein Sitz im CPT zu, 2013 betrug die Mitgliederzahl aber nur 45, da zwei Sitze unbesetzt sind, 23rd General Report of the CPT, CPT/Inf (2013) 29, 43, Nr. 85.

disch und ad-hoc[45]), in denen Personen auf behördliche Anordnung gegen ihren Willen die Freiheit entzogen wird (u.a. **Gefängnisse, Polizeigebäude, Abschiebungshafteinrichtungen, Entziehungsanstalten, psychiatrische Krankenhäuser, Alten- und Pflegeheime**[46]).[47] Das seit 1989 tätige CPT besteht aus 46 nebenberuflich tätigen Mitgliedern (ein Mitglied pro CoE-Mitgliedstaat), die durch ein hauptamtliches Sekretariat in Straßburg unterstützt werden. Neben dem Zugang zu den personenbezogenen Dokumenten und Akten (einschließlich der medizinischen Befunde) erhalten die CPT-Mitglieder die Möglichkeit, mit den betroffenen Personen und auch mit Mitarbeitern der Einrichtungen vertraulich zu sprechen, um etwaige Missstände feststellen und nach Konsultation des betreffenden Vertragsstaates etwaige Verbesserungsvorschläge unterbreiten und auf die Behebung der Mängel hinwirken zu können.[48]

Die Besuche werden von mindestens zwei Mitgliedern des CPT durchgeführt, die – **17** falls erforderlich – von Mitgliedern des CPT-Sekretariats, Sachverständigen und Dolmetschern begleitet werden.[49] Bei der Bewertung der Verhältnisse in den besuchten Einrichtungen richtet sich die Delegation nach den vom CPT festgelegten, aktuellen Standards.[50] Über jeden Besuch wird ein **Bericht** erstellt, der die Äußerungen des jeweils betroffenen Vertragsstaates und das Ergebnis etwaiger Konsultationen berücksichtigt und Empfehlungen enthalten kann.[51] Zusätzlich zu diesen Berichten können die Mitglieder, bei Besichtigung der Einrichtungen, in dringenden Fällen auch sofortige Maßnahmen anregen.[52]

Das Verfahren ist vertraulich, nur auf Wunsch des betroffenen Staates oder wenn **18** dieser die Zusammenarbeit verweigert oder vorgeschlagene Verbesserungen ablehnt, was durch **follow-up Besuche** und dadurch überprüft wird, dass der betroffene Staat um einen **Bericht** über die Umsetzung gebeten wird, kann der Ausschuss eine öffentliche Erklärung beschließen (vgl. Art. 10 Abs. 2; 11 Abs. 2 ECPT),[53] bei der jedoch auch dann personenbezogene Daten nur mit Zustimmung der jeweils Betroffenen veröffentlicht werden dürfen (Art. 11 Abs. 3 ECPT). Für den Fall, dass sich der betroffene Staat verweigert,

---

45 Ad-Hoc-Kontrollbesuche durch das CPT finden nur statt, wenn sie dem CPT angezeigt werden (*„to be required in the circumstances"*), 23rd General Report of the CPT, CPT/Inf (2013) 29, 47.
46 Hierzu: *Lubrich* Strafrechtliche Compliance in der stationären Altenpflege – Konzepte und Strategien zur Vermeidung von Straftaten gegen die Person (2017).
47 *Feest* Verhütung von Folter und unmenschlicher oder erniedrigender Behandlung oder Strafe: Ergebnisse einer Bestandsaufnahme und zugleich Einschätzung des Berichtes des CPT über seinen ersten Besuch in Deutschland [...], 1994.
48 Zu den Aufgaben und zur Arbeitsweise des CPT: *Heinz* in: Zimmermann (Hrsg.), Folterprävention im völkerrechtlichen Mehrebenensystem (2011) 81 ff.; *Kicker* EYHR **2009** 199; *Brummer* Der Europarat (2008) 205 ff.; *Lettau* ZfStrVo **2002** 195; *Puhl* NJW **1990** 3057; CoE (Hrsg.), Bekämpfung der Folter in Europa, Die Tätigkeit und Standards des Europäischen Ausschusses zur Verhütung von Folter (2003); *Müller* Menschenrechtsmonitoring (2010) 165 ff., zur Wirkung des Monitorings 187 ff. Beispielhaft für allgemeine Verbesserungsvorschläge sei auf den 23rd General Report of the CPT, CPT/Inf (2013) 29, 35 ff. verwiesen, in dem das CPT konkrete Anforderungen für angemessene medizinische Eingangsuntersuchungen sowie die weitere medizinische Versorgung in Haftanstalten benennt.
49 *Heinz* ZfStrVo **2015** 175, 176.
50 *Heinz* ZfStrVo **2015** 175, 176.
51 23rd General Report of the CPT, CPT/Inf (2013) 29, 47. Vgl. hierzu: *Cernko* Die Umsetzung der CPT-Empfehlungen im deutschen Strafvollzug (2014).
52 Sog. „immediate observation", dazu: *Heinz* ZfStrVo **2015** 175, 176.
53 So beispielsweise geschehen im Falle der Überprüfung bulgarischer Haftanstalten durch das CPT: Öffentliche Erklärung v. 26.3.2015, HRLJ **2015** 474 ff. (gerügt wurden u.a. die Überfüllung der Gefängnisse, die unzureichende medizinische Versorgung der Insassen, die Baufälligkeit der Gebäude); siehe dazu auch *Heinz* ZfStrVo **2015** 175, 176.

ist eine Zweidrittelmehrheit der Mitglieder des Komitees erforderlich, um die öffentliche Erklärung zu beschließen.[54]

19 Die **Berichte des Ausschusses** werden mit Zustimmung der von der Kontrolle betroffenen Regierung inzwischen fast durchweg veröffentlicht[55] und auch von nationalen Gerichten rezipiert.[56] Auch werden die Berichte des CPT immer häufiger vom EGMR als Argumentationshilfe genutzt.[57]

20 Das Übereinkommen lässt den **weitergehenden Schutz** inhaftierter Personen durch das **innerstaatliche Recht** oder durch andere Konventionen unberührt (Art. 17 Abs. 1 ECPT). Die Prüfung durch den Ausschuss ist, wie schon die Präambel zeigt, nicht als Ersatz für das Verfahren vor der EMRK oder anderen Konventionen gedacht; sie schließt die Individualbeschwerde nach Art. 34 nicht aus (vgl. Art. 35 Abs. 2 *lit.* b). Art. 17 Abs. 2 ECPT stellt ausdrücklich klar, dass keine Bestimmung so auszulegen ist, dass die Befugnisse der Organe der EMRK oder die von den Vertragsparteien nach jener Konvention eingegangenen Verpflichtungen eingeschränkt oder aufgehoben werden.

21 **§ 29 Abs. 2 Satz 1 u. 2 StVollzG/Art. 32 Abs. 2 Satz 1 und 2 BayStVollzG** (beispielhaft für viele der Strafvollzugsgesetze der Länder) sehen vor, dass Schreiben eines Strafgefangenen ***an das CPT***[58] ausnahmslos unüberwacht bleiben. Voraussetzung ist lediglich, dass die Schreiben an das CPT „*gerichtet sind*" und „*den Absender zutreffend angeben*". Schreiben des CPT **an den Gefangenen** sollen nur dann nicht der Überwachung unterliegen, „*wenn die Identität des Absenders zweifelsfrei feststeht*". An die berechtigte Annahme solcher *Zweifel* sind hohe Anforderungen zu stellen, da der EGMR das Risiko, dass eine Person außerhalb der Anstalt Briefumschläge von privilegierten Einrichtungen (wie etwa des EGMR oder des CPT) kopiert und auf diese Weise verbotene Substanzen in die Haftanstalt bringt, für vernachlässigbar hält.[59]

22 **e) Charta der Grundrechte der Europäischen Union.** Die am 1.12.2009 in Kraft getretene **Charta der Grundrechte der Europäischen Union**[60] wiederholt in **Art. 4** das Verbot der Folter, während die Freiwilligkeit der Heranziehung zu medizinischen und biologischen Versuchen in **Art. 3 Abs. 2** *lit.* **a EUC** im Zusammenhang mit dem Recht auf körperliche und geistige Unversehrtheit angesprochen wird. **Art. 19 Abs. 2 EUC** verbietet die Abschiebung, Ausweisung oder Auslieferung in ein Land, in dem für den Betroffenen

---

54 Bisher ist eine solche öffentliche Erklärung sieben Mal vom CPT beschlossen worden. Siehe dazu: *Heinz* ZfStrVo **2015** 175, 177.

55 Vgl. EuGRZ **1991** 549; **1993** 329; **1998** 301, 306; **2007** 150; RuP **2010** 38; *Alleweldt* EuGRZ **1998** 345; **2000** 193; *Zimmermann* NStZ **1992** 318; *Heinz* ZfStrVo **2015** 175, 176; siehe ferner: CoE (Hrsg.), Europäisches Komitee zur Verhütung von Folter und unmenschlicher oder erniedrigender Behandlung oder Strafe (CPT), CPT/Inf/E (2002) 1 – Rev. 2010; „*Allgemeinen Empfehlungen für die Prävention von Folter und Misshandlung; Corpus of Standards des CPT*" bei *Alleweldt/Reiserer* EuGRZ **2000** 247 ff., sowie die bei *Doswald-Beck/Kolb* 396 ff. auszugsweise wiedergegebenen Berichte und Erklärungen des CPT über seine Feststellungen in mehreren Staaten.

56 Siehe KG NStZ-RR **2008** 222, 224 (Unterbringung Einzelhaftraum); OLG München NStZ-RR **2016** 29 (Auslieferung Bulgarien); OLG Saarbrücken BeckRS **2016** 111700 (Auslieferung Litauen); OLG Celle BeckRS 2017 114224 (Auslieferung Rumänien); BVerfG NJW **2017** 1014, 1015 (Anspruch auf Einsicht in die Krankenakte); VG Düsseldorf BeckRS **2021** 45273 (Haftbedingungen für Asylanten in Malta).

57 Siehe z.B. EGMR Iacov Stanciu/RUM, 24.7.2012 (GK) Muršić/KRO, 20.10.2016, §§ 108, 111 ff., 128 ff., 141; Strazimiri/ALB, 21.1.2020, §§ 106, 109, 120 ff.; *Heinz* ZfStrVo **2015** 175, 177.

58 Art. 32 Abs. 1 Satz 1 Nr. 14 BayStVollzG sieht etwa auch für Schreiben an den UN-Antifolterausschuss (CAT) eine entsprechende Regelung vor, nicht jedoch § 29 Abs. 2 StVollzG.

59 EGMR Peers/GR, 19.4.2001, §§ 79 ff., insbes. § 84; Petkov/BUL, 9.12.2010, § 21. Vgl. Teil II Rn. 51 f.

60 ABlEU Nr. C 83 v. 30.3.2010 S. 389.

das ernsthafte Risiko der Todesstrafe, der Folter oder einer anderen unmenschlichen oder erniedrigenden Strafe oder Behandlung besteht (vgl. § 60 Abs. 2 Seite 1 AufenthG: Verweis § 4 Abs. 1 AsylG).[61]

Die Europäische Union verwendet auch finanzielle Mittel für Projekte zur Bekämp- **23** fung und Verhütung von Folter an, so etwa über das **Europäische Instrument für Demokratie und Menschenrechte (EIDHR)** als international wichtigste Finanzierungsquelle für Projekte von zivilgesellschaftlichen Organisationen zur Rehabilitierung von Folteropfern und zum weltweiten Kampf gegen Folter.

Ein weiteres politisches Signal gegen Folter und unmenschliche oder erniedrigende **24** Behandlung – und die Todesstrafe – setzte die **Europäische Union** im Jahr 2005 mit der sog. **Anti-Folter-Verordnung Nr. 1236/2005**, die den Handel mit bestimmten Gütern betraf, die zur Vollstreckung der Todesstrafe, zu Folter oder zu anderer grausamer, unmenschlicher oder erniedrigender Behandlung oder Strafe verwendet werden könnten.[62] Zum 20.2.2019 wurde die Verordnung aufgehoben und durch die **Verordnung (EU) 2019/125**[63] ersetzt. Diese enthält u.a. das grundsätzliche Verbot der Ausfuhr, Einfuhr und Durchfuhr – in Bezug auf das Zollgebiet der Union – von bestimmten Gütern, die außer zur Vollstreckung der Todesstrafe oder zum Zwecke der Folter[64] und anderer grausamer, unmenschlicher oder erniedrigender Behandlung oder Strafe keine praktische Verwendung haben (z.B. elektrische Stühle zur Hinrichtung von Menschen oder Elektroschockgeräte; im Einzelnen vgl. hierzu Anhang II der VO). Eine Ausnahme besteht lediglich zum Zwecke der öffentlichen Ausstellung der betreffenden Güter in einem Museum, vorbehaltlich einer Genehmigung der zuständigen Behörde.[65] Darüber hinaus sieht die VO weitere Einschränkungen im Umgang mit Gütern vor, die zum Zwecke der Folter und anderer grausamer, unmenschlicher oder erniedrigender Behandlung oder Strafe (Art. 11 ff. VO) bzw. zur Vollstreckung der Todesstrafe verwendet werden könnten (Art. 16 ff. VO). Für die Klärung von Fragen im Zusammenhang mit der Anwendung der VO ist eine **Antifolter-Koordinierungsgruppe** eingesetzt (Art. 31 VO).

f) Andere multinationale Übereinkommen. Auch in **anderen multinationalen** **25** **Übereinkommen** findet sich das Verbot der Folter bzw. das Verbot einer grausamen, unmenschlichen und erniedrigenden Behandlung sowie die Verpflichtung der Staaten, Zuwiderhandlungen zu bestrafen. Vor allem ist dies ein Anliegen des **humanitären Völkerrechts** (vgl. Art. 32, 146, 147 des IV. Genfer Abkommens zum Schutze der Zivilbevölkerung

---

61 Zur Umsetzung dieser Vorgabe im nationalen Recht: BVerwG NVwZ **2011** 51, 53, Tz. 17; BeckRS **2017** 128 308 Tz. 51; siehe zudem: VG Köln BeckRS **2010** 56208.

62 Verordnung (EG) Nr. 1236/2005 des Rates v. 27.6.2005, ABlEU Nr. L 200 v. 30.7.2005 S. 1.

63 ABlEU Nr. L 30 v. 31.1.2019 S. 1; auf der Ebene des Europarates: CM/Rec (2021)2 of the Committee of Ministers to member States on measures against the trade in goods used for the death penalty, torture and other cruel, inhuman or degrading treatment or punishment.

64 Als „Folter" i.S.d. VO 2019/125 gilt „jede Handlung, durch die einer Person vorsätzlich große körperliche oder seelische Schmerzen oder Leiden zugefügt werden, zum Beispiel um von ihr oder einem Dritten eine Aussage oder ein Geständnis zu erlangen, um sie für eine tatsächlich oder mutmaßlich von ihr oder einem Dritten begangene Tat zu bestrafen oder um sie oder einen Dritten einzuschüchtern oder zu nötigen, oder aus einem anderen, auf irgendeiner Art von Diskriminierung beruhenden Grund, wenn diese Schmerzen oder Leiden von einem Angehörigen des öffentlichen Diensts oder einer anderen in amtlicher Eigenschaft handelnden Person, auf deren Veranlassung oder mit deren ausdrücklichem oder stillschweigendem Einverständnis verursacht werden. Der Ausdruck umfasst jedoch nicht Schmerzen oder Leiden, die sich lediglich aus gesetzlich zulässigen Strafen ergeben, dazu gehören oder damit verbunden sind. Die Todesstrafe gilt unter keinen Umständen als gesetzlich zulässige Strafe." (Art. 2 *lit.* a VO).

65 Vgl. Art. 3 Abs. 2, 4 Abs. 2 und 5 Abs. 2 VO (EU) 2019/125.

in Kriegszeiten vom 12.8.1949;[66] Art. 75 Abs. 2 *lit.* a, b; Art. 85 des ZP I vom 8.6.1977;[67] Art. 4 Abs. 2 *lit.* a, e des ZP II vom 8.6.1977[68]).[69]

26 Das **Römische Statut über den Internationalen Strafgerichtshof – IStGH-Statut**[70] spricht bei den Verbrechen, die der Gerichtsbarkeit des Gerichtshofs unterliegen, die Folter als besondere Begehungsweise der **Verbrechen gegen die Menschlichkeit** an; Art. 7 Abs. 1 *lit.* f, Abs. 2 *lit.* e IStGH-Statut statuieren eine besondere Definition der Folter, die unter Verzicht auf jede Bindung an bestimmte Zwecke nur auf die vorsätzliche Zufügung großer körperlicher oder seelischer Schmerzen abstellt.[71] Auch bei den Tatbeständen der **Kriegsverbrechen**[72] wird sie in verschiedenen Formen besonders erfasst (Art. 8 Abs. 2 *slit.* a, ii, iii; *lit.* b, x, xxi; *lit.* e, xi IStGH-Statut).[73]

27 Das **VStGB** bestraft das **Kriegsverbrechen der Folter** in § 8 Abs. 1 Nr. 3 VStGB, welcher auf Art. 8 Abs. 2 *lit.* a Nr. ii, iii, *lit.* b Nr. x, *lit.* c Nr. i, *lit.* e Nr. xi des IStGH-Statuts beruht. Der Begriff der **Folter** in § 8 Abs. 1 Nr. 3 VStGB wird wie der in § 7 Abs. 1 Nr. 5 VStGB als **Verbrechen gegen die Menschlichkeit** verwendete (auf Art. 7 Abs. 1 *lit.* f IStGH-Statut[74] beruhende) Begriff verstanden; daher ist zur Erfüllung des Tatbestandes nach der Gesetzesbegründung die **Zufügung schwerer körperlicher oder seelischer Schäden**[75] notwendig.[76] Der Begriff der **Erheblichkeit** stellt hier mehr als ein bloßes Abgrenzungsmerkmal zu Bagatellfällen dar und verlangt daher ein *„hinreichend großes Maß der durch die Tathandlung verursachten Beeinträchtigung".*[77] § 8 Abs. 1 Nr. 9 VStGB normiert das – völkergewohnheitsrechtlich anerkannte – Kriegsverbrechen der **entwürdigenden oder erniedrigenden Behandlung** in schwerwiegender Weise einer nach dem humanitären Völkerrecht zu schützenden Person.

28 Im Zusammenhang der Verurteilung wegen eines Kriegsverbrechens durch ein deutsches Gericht ist das **Verfahrenshindernis der funktionellen Immunität** beachten. Zwar ist ein Staat aufgrund der souveränen Gleichheit der Staaten zumindest in Bezug auf Hoheitsakte keiner fremden staatlichen Gerichtsbarkeit unterworfen, woraus sich auch eine funktionelle Immunität für natürliche Personen ergeben kann, da der Staat regelmäßig durch sie handelt. Anders liegt der Fall aber, wenn das Strafverfahren die **individuelle strafrechtliche Verantwortlichkeit** eines (niederrangigen) Hoheitsträgers eines fremden

---

66 BGBl. 1954 II S. 917; ber. 1956 II S. 1586; dazu etwa BGHSt **46** 292, 303; zur Frage, wieweit die Vorschriften des für Konfliktfälle geltenden „humanitären Völkerrechts" als lex specialis den Menschenrechtsverbürgungen vorgehen, vgl. *Krieger* ZaöRV **62** (2002) 669, 691 ff.

67 BGBl. 1990 II S. 1551.

68 BGBl. 1990 II S. 1637.

69 Zum Verhältnis des humanitären Völkerrechts zu den Menschenrechten vgl. *Abresch* EJIL **2005** 741; *Krieger* JCSL **2006** 265.

70 BGBl. 2002 II S. 1393.

71 Hierzu: BGHSt **46** 292, 304.

72 Art. 8 Abs. 2 *lit.* a, ii, iii, *lit.* b, x, xxi *lit.* e, xi IStGH-Statut.

73 Vgl. auch Section 7 der East-Timor Reg. 2000/15 on the Establishment of Panels with Exclusive Jurisdiction over Serious Criminal Offences, UNTAET/REG/2000/15.

74 Nach der in Art. 7 Abs. 2 *lit.* e IStGH-Statut enthaltenen Legaldefinition ist Folter i.S.d. Art. 7 Abs. 1 IStGH-Statut die vorsätzliche Zufügung großer körperlicher oder seelischer Schmerzen oder Leiden; sie umfasst jedoch nicht Schmerzen oder Leiden, die sich lediglich aus gesetzlich zulässigen Sanktionen ergeben, dazu gehören oder damit verbunden sind.

75 BTDrucks. **14** 8524 S. 26.

76 So: BGH Urt. v. 28.1.2021 – 3 StR 564/19, Rn. 69, BGHSt **65** 286 = NJW **2021** 1326 m. Anm. *Kreß* = StV **2021** 549 m. Anm. *Ambos.* = JZ **2021** 724 m. Anm. *Werle.*

77 BGH NJW **2021** 1326, 1333, Rn. 65, Rn. 74 ff. (zur Feststellung der Erheblichkeit im Einzelfall ist eine Gesamtschau der Situation vorzunehmen).

Staates u.a. aufgrund von Kriegsverbrechen betrifft. Nach allgemeiner Staatenpraxis ist in einem solchen Fall die Strafverfolgung durch ein nationales Gericht möglich.[78]

g) Ius cogens des allgemeinen Völkerrechts. Vielfach wird die Ansicht vertreten, **29** dass – ungeachtet der erschreckenden gegenteiligen Praxis in vielen Staaten – das Verbot der Folter durch die allgemeine verbale Akzeptanz und die völkervertragliche Ächtung zu einem *ius cogens* **des allgemeinen Völkerrechts** erstarkt sei, das allgemein und unabhängig von den Konventionen gelte.[79]

Folgt man dieser Auffassung, dann ist das Folterverbot eine mit Vorrang geltende **30** **allgemeine Regel des Völkerrechts** i.S.d. Art. 25 GG. Der nicht näher bestimmte Rechtsbegriff der Folter ist dann aber eng auszulegen, da er durch das allgemein anerkannte Minimum begrenzt wird.[80] Auch im Übrigen gehen die Bindungen durch eine solche Regel nicht über das hinaus, was die Vertragsstaaten in den Konventionen vereinbart haben, so dass es im Verhältnis zwischen ihnen immer auf die im Einzelnen meist weiterreichenden Verpflichtungen durch die Konventionstexte ankommt.

h) Gedanke einer transstaatlichen Strafvollzugsordnung. Weiterhin unterentwi- **31** ckelt ist der Gedanke einer **transstaatlichen Strafvollzugsordnung**, auf der Grundlage menschenrechtlicher Standards, für die Vollstreckung und den Vollzug von Freiheitsstrafen, die von internationalen Strafgerichtshöfen (ICTY, ICTR, ICC) verhängt werden.[81] Die von diesen Gerichten verhängten Strafen werden nicht von diesen selbst, sondern von Staaten in deren jeweiligen Vollzugsanstalten vollstreckt. Die Vollstreckungsstaaten erklären sich zur Vollstreckung bereit und werden auf eine Liste aufgenommen, von der für jeden Einzelfall ein Vollstreckungsstaat ausgewählt wird.[82] Dabei kommt hinsichtlich des Strafvollzuges das jeweilige **nationale Recht der Vollstreckungsstaaten** zur Anwendung. Lediglich hinsichtlich Fragen der Strafvollstreckung i.e.S. („Ob") ist autonomes Recht der internationalen Strafgerichtshöfe anwendbar.[83] Die Gerichte sind in der Auswahl der Vollstreckungsstaaten grundsätzlich frei. Sie schließen mit potentiellen Vollstreckungsstaaten individuelle **Vollstreckungsübereinkommen**, die allesamt vorsehen, dass die Haftbedingungen ein gewisses Mindestmaß nicht unterschreiten dürfen.[84] In den Übereinkommen

---

78 BGH NJW **2021** 1326, 1328, Rn. 19 (Verurteilung eines Oberleutnants der afghanischen Armee u.a. wegen gefährlicher Körperverletzung und eines Kriegsverbrechens gegen Personen), Rn. 40 f. (im Gegensatz zu Inhabern hochrangiger Staatsämter, die persönliche Immunität vor der Strafgerichtsbarkeit anderer Staaten genießen aufgrund ihrer Stellung als Staatsoberhaupt, Regierungschef oder Außenminister); siehe hierzu auch die zustimmenden Anm. von *Werle* JZ **2021** 732 f., *Kreß* NJW **2021** 1326, 1335 u. *Krüger* FD-StrafR **2021** 437984; vgl. zudem: MüKo-StGB/*Kreß* § 6, 116 VStGB.

79 Bejahend: EGMR (GK) Al-Adsani/UK, 21.11.2001; House of Lords 24.3.1999, WLR **1999** 827 ff. (*Pinochet*) m. Anm. *Dolzer* NJW **2000** 1700 ff.; *Herdegen* § 16, 14, der das Gebot der Achtung elementarer Menschenrechte als ius cogens anführt, was das Verbot der Folter, als Missachtung fundamentaler Rechte, mit einschließen dürfte; *Schweitzer/Dederer* Staatsrecht III, 279; zum Gewaltverbot: *Frowein/Kühner* ZaöRV **43** (1983) 537; *Hofmann* 30; *ders.* FS Zeidler 1885, 1890; *Nowak* 1; *ders.* EuGRZ **1985** 109, 110; *Vogler* GedS Meyer 489.

80 Vgl. etwa die Definition der Folter in Art. 1 Res. 3452 (XXX) der UN-Generalversammlung v. 9.12.1975 und die daran anknüpfende, teils weitere, teils aber auch engere in Art. 1 UNCAT; siehe ferner *Erb* FS Seebode 99, 117.

81 Kritisch hierzu: *Bung* KrimPäd **2012** 28; eingehend *Rochner* Strafvollstreckung und Strafvollzug im internationalen Strafrecht (2014).

82 Vgl. Art. 103 Abs. 1 *lit.* a IStGH-Statut.

83 Zu den schwierigen Zuordnungsfragen OLG Hamm Beschl. v. 2.8.2005 – III(-2) 4 Ausl 283/02 (129-135/05), dazu *Rochner* 143 ff.

84 Vgl. etwa für den ICTY *Rochner* 143 ff.

wird häufig auf völkerrechtliches soft-law wie die **European Prison Rules (EPR)** oder die **Standard Minimum Rules for the Treatment of Prisoners** verwiesen. Lediglich **Art. 106 Abs. 2 IStGH-Statut** bestimmt darüber hinaus, dass die Haftbedingungen „*consistent with widely accepted international treaty standards*" sein müssen.[85] Die internationalen Strafgerichte sind ihrerseits nicht an völkerrechtliche Verträge zum Schutz der Menschenrechte wie die EMRK gebunden, da sie diese nicht ratifiziert haben.[86]

32   Schwierige Fragen wirft die **Bindung der Vollstreckungsstaaten** an die von ihnen ratifizierten völkerrechtlichen Verträge zum Schutz der Menschenrechte auf.[87] Eine Bindung an Vorgaben der EMRK – etwa das Folterverbot aus Art. 3 – besteht grundsätzlich für alle Maßnahmen, die dem jeweiligen Vollstreckungsstaat als Vertragsstaat der Konvention zugerechnet werden können.

33   Zuzurechnen ist den jeweiligen Staaten jedenfalls die Übertragung von Hoheitsrechten auf die internationalen Strafgerichte. Diese ist nach der *Bosphorus*-Rechtsprechung des EGMR nur dann zulässig, wenn die internationalen Organisationen, auf die Hoheitsrechte übertragen werden sollen, bestimmte Mindeststandards erfüllen.[88] Die internationalen Strafgerichte unterhalten alle eigene **Untersuchungshaftanstalten**, in denen autonome Regelungen der internationalen Strafgerichte die Haftbedingungen festsetzen. Die Gefangenen in den Untersuchungshaftanstalten von IStGH und ICTY unterliegen formal weder dem Schutz der EMRK noch sonst einem internationalen Menschenrechtsregime.[89] Allerdings haben die internationalen Strafgerichte **durch eigene interne Regelungen und Aufsichtsbefugnisse**[90] sichergestellt, dass die Haftbedingungen in ihren Untersuchungshaftanstalten sich im Rahmen internationaler Standards (u.a. der EPR) bewegen. Die Einhaltung solcher Standards wird zudem im Falle von ICC und ICTY durch **unabhängige Inspektionen** der Anstalten durch das IKRK sichergestellt.

34   **2. Notstandsfestigkeit des Folterverbots.** Die Verbote der Art. 3 EMRK/Art. 7 IPBPR werden notstandsfest garantiert und können selbst durch das Recht auf Leben anderer Personen nicht eingeschränkt werden. Auch eine analoge Anwendung von Art. 2 Abs. 2 *lit.* a scheidet aus.[91] Selbst im Falle eines Krieges[92] oder eines sonstigen öffentlichen Not-

---

85 Vgl. zum Problem dieser Begrifflichkeit *Rochner* 291 ff.

86 Zur Frage, inwieweit die internationalen Strafgerichte an zwingendes Völkerrecht bzw. unter dem Gesichtspunkt des *estoppel* an menschenrechtliche Standards gebunden sind *Rochner* 70 ff.

87 Die meisten „aktiven" Vollstreckungsstaaten der internationalen Strafgerichte befinden sich in West- und Mitteleuropa; alle europäischen Vollstreckungsstaaten haben die EMRK ratifiziert. Eine Parallelproblematik besteht in gleicher Art und Weise auch für die Vertragsstaaten des IPBPR oder der UNCAT.

88 EGMR (GK) Bosphorus Hava Yollari Turizm ve Ticaret Anonim Sirketi/IR, 30.6.2005, NJW **2006** 197, §§ 155 ff. Zur Übertragbarkeit dieser Rechtsprechung auf die Situation der internationalen Strafgerichte vgl. *Rochner* 58 ff.

89 Vgl. *Flügge* FS **2012** 150, 154.

90 Beim ICC finden sich diese internen Regelungen in der Geschäftsordnung des Gerichtshofs in Art. 90–106. Die Aufsicht über die Einhaltung der U-Haftbedingungen obliegt dem Kanzler (Art. 90 Abs. 1). Im Falle des ICTY/ICTR bestehen ebenfalls Regelungen (**rules of detention**), die einen hohen Menschenrechtsstandard während der U-Haft garantieren sollen, https://www.icty.org/en/sid/292 (ICTY), https://unictr.irmct.org/en/documents/regulations-and-policies (ICTR) (Juli 2023).

91 Vgl. *Adam* 133 f.

92 Zur drohenden Aufweichung des Folterverbotes in kriegerischen Auseinandersetzungen am Beispiel des Afghanistan- und des Irak-Konflikts: *Bahar* Folter im 21. Jahrhundert (2009).

Esser

standes[93] können sie nicht von den Vertragsparteien außer Kraft gesetzt werden (**Art. 15 Abs. 2 EMRK/Art. 4 Abs. 2 IPBPR**).[94] **Art. 2 Abs. 2 UNCAT** schließt ebenfalls die Rechtfertigung von Folter durch Krieg, Kriegsgefahr, innenpolitische Instabilität oder einen sonstigen öffentlichen Notstand aus. Die Uneinschränkbarkeit des Folterverbots folgt innerstaatlich bereits aus der durch keine Abwägung mit anderen Rechten zu relativierenden **Unantastbarkeit der Menschenwürde** (Art. 1 Abs. 1 GG).[95]

3. Innerstaatliches Verfassungsrecht. Das Verbot der Folter und der grausamen und menschenunwürdigen Behandlung ergibt sich in Deutschland bereits aus der Verpflichtung aller Staatsorgane, die **Menschenwürde** zu achten und zu schützen (Art. 1 Abs. 1 GG) sowie aus der Gewährleistung des **Rechts auf körperliche Unversehrtheit** (Art. 2 Abs. 2 Satz 1 GG). Die Achtung der Menschenwürde verbietet es, den Menschen zum bloßen Objekt des Staates zu machen und ihn zu welchen Zwecken auch immer einer Behandlung auszusetzen, die seinen sozialen Wert und Achtungsanspruch negiert. **Art. 104 Abs. 1 Satz 2 GG** konkretisiert diesen Verfassungsgrundsatz durch das Verbot, **festgehaltene Personen** seelisch oder körperlich zu misshandeln.[96] Ferner folgt aus dem Gebot der Achtung der Menschenwürde, der Gewährleistung der körperlichen Unversehrtheit (Art. 1, Art. 2 Abs. 2 Satz 1 GG) und aus dem auch im Rechtsstaatsprinzip wurzelnden Grundsatz der Verhältnismäßigkeit, dass die Verfassung **grausame, unmenschliche und erniedrigende Strafen** verbietet. **35**

Sie verbietet darüber hinaus auch nach Art und Maß **schlechthin unangemessene Strafen**, die in keinem gerechten Verhältnis zur Schwere der Tat und der Schuld des Täters stehen.[97] Auch die **Auslieferung** oder **Ausweisung** in einen anderen Staat ist verfassungswidrig, wenn das dort zu erwartende (Strafverfolgung)[98] oder bereits abgeschlossene **Verfahren** (Strafvollstreckung) oder die zu erwartenden **Haftbedingungen** dem völkerrechtlichen Mindeststandard und den **elementaren Anforderungen an ein rechtsstaatliches Verfahren**[99] sowie den **Schutz der Menschenwürde** nicht entsprechen; es dürfen insoweit **36**

---

93 Vgl. etwa EGMR Irland/UK, 18.1.1978, EuGRZ **1979** 149; Tyrer/UK, 25.4.1978, EuGRZ **1979** 162 = NJW **1979** 1089; Abdulaziz u.a./UK, 28.5.1985, EuGRZ **1985** 567 = NJW **1986** 3007; Vilvarajah u.a./UK, 30.10.1991, ÖJZ **1992** 309 = NVwZ **1992** 869; Tomasi/F, 27.8.1992, EuGRZ **1994** 101 = ÖJZ **1993** 137; Chahal/UK, 15.11.1996, § 79, NVwZ **1997** 1093 = ÖJZ **1997** 632 = InfAuslR **1997** 97 (zu diesem Urteil siehe *Alleweldt* NVwZ **1997** 1078); (GK) Öcalan/TRK, 12.5.2005, EuGRZ **2005** 463 = NVwZ **2006** 1267; (K) 12.3.2003, EuGRZ **2003** 472; *Esser* 374 m.w.N.
94 Hierzu: OLG München NStZ-RR **2016** 323, 324 (Haftbedingungen in der Türkei nach dem gescheiterten Putsch im Juli 2016); KG StraFo **2017** 70 f.; OLG Celle NStZ **2017** 327 (Ls.) = BeckRS **2017** 113786.
95 Zur Problematik bei extremen Notstandssituationen *Brugger* JZ **2000** 165; MüKo-StGB/*Erb* § 32, 6 ff., 196 ff.; *Hamm* NJW **2003** 946; *Hilgendorf* JZ **2004** 331; *Jerouschek/Köbel* JZ **2003** 613; *Merten* JR **2003** 404; *Miehe* NJW **2003** 1219; *H. Ch. Schäfer* NJW **2003** 947 (Androhung zur Abwehr akuter Lebensgefahr); *Wagner* ZaöRV **63** (2003) 817.
96 Zu den verfassungsrechtlichen Grundlagen eines absoluten Folterverbots: *Jerouschek/Köbel* JZ **2003** 613; *Merten* JR **2003** 404; siehe auch *Rottmann* 75 ff.
97 Vgl. etwa: BVerfGE **6** 439; **45** 228; **50** 133; **72** 116; **75** 16; **105** 135, 145; **110** 1, 13; **120** 224, 254.
98 OLG Karlsruhe Beschl. v. 2.6.2020 – Ausl 301 AR 20/20, BeckRS **2020** 10958 (Womöglich durch Folter „erpresstes" Geständnis durch die Strafverfolgungsbehörden des ersuchenden Staates; Tatverdachtsprüfung im Auslieferungsverfahren ausnahmsweise geboten im Falle konkreter Anhaltspunkte für einen Verstoß gegen elementare Grundsätze eines rechtsstaatlichen Verfahrens).
99 Vgl. OLG Karlsruhe Beschl. v. 17.2.2020 – 301 AR 156/19, BeckRS **2020** 1720 (polnische „Justizreform", dazu Art. 6 Rn. 105) m. Anm. *Oehmichen* FD-StrafR **2020** 427866.

keine begründeten Anhaltspunkte dafür bestehen, dass dem Betroffenen im ersuchenden Staat Folter oder sonst eine menschenrechtswidrige Behandlung drohen (vgl. Rn. 90 ff.).[100]

37   **Einfachrechtlich** ist das Verbot der Folter durch Straftatbestände, etwa **§§ 223 ff., 240, 340, 343 StGB** und **§ 7 Abs. 1 Nr. 5, § 8 Nr. 3, 8, 9 VStGB**, verfahrensrechtlich durch **§ 114b StPO** sowie durch die Verbote in **§§ 136a, 69 Abs. 3, 163a Abs. 3 bis 4 StPO** geschützt, wobei § 136a Abs. 3 StPO ausschließt, die durch solche Maßnahmen verbotswidrig gewonnenen Aussagen im Strafverfahren zu verwerten.[101] Zahlreiche **Länderpolizeigesetze** sehen ein **Verbot unmittelbaren Zwangs** zur Abgabe einer Erklärung vor (vgl. bspw. Art. 58 Abs. 2 BayPAG).

II. Regelungsgehalt und Reichweite des Verbots

38   **1. Unterlassungspflicht des Staates.** Für die Tat*handlung* der **Folter** oder der **unmenschlichen Behandlung** *als solche* kommt es nicht darauf an, ob der Täter in amtlicher Eigenschaft die menschenrechtswidrigen Handlungen begeht (vgl. dagegen Art. 1 UNCAT).[102] Dies gilt auch, soweit nationale oder internationale Straftatbestände auf die Folter als Tatbestandsmerkmal abstellen. Die **Verpflichtungen der Konventionen** betreffen dagegen das Verhältnis des Staates zu dem betroffenen Einzelnen. Art. 3 EMRK und Art. 7 IPBPR verlangen vom Staat, dass er jedes Verhalten unterlässt, das gegen die sich daraus ergebenden Verpflichtungen verstoßen würde. Er hat dafür einzustehen, dass sich alle seine Institutionen konventionsgemäß verhalten.[103] Auch wenn der Staat bestreitet, dass die mutmaßlichen Täter Staatsbedienstete waren, kann der EGMR aufgrund der Umstände zu dem Schluss gelangen, dass dies der Fall war und der Staat somit für die zu beurteilenden Handlungen verantwortlich ist.[104] Art. 3 ist jedoch – nach allgemeinen Grundsätzen (vgl. Art. 1 Rn. 35 ff.; Teil II Rn. 125 ff.) – nur anwendbar, soweit die Verpflichtung aus Art. 1 reicht.[105]

39   Die **Gesetzgebung** darf auf allen Stufen der Normsetzung keine unmenschliche oder erniedrigende Behandlung oder Bestrafung von Personen vorschreiben oder erlauben, vor allem nicht bei bestimmten Personengruppen[106] oder Personen in bestimmter Lage.[107] Das Verbot einer unmenschlichen oder erniedrigenden Strafe oder Behandlung bindet auch die **Rechtsprechung** im Einzelfall; es dürfen daher keine solchen Strafen verhängt und keine mit diesem Verbot unvereinbaren Maßnahmen angeordnet werden. Vor allem aber gelten die Verbote für alle **Maßnahmen der Exekutive**, nicht zuletzt auch für die Behand-

---

100 BVerfGE 63 332, 337 = NJW **1983** 1726; **75** 1, 16 ff. = NJW **1987** 2155; **108** 129 = NVwZ **2003** 1499; BVerfG StV **2004** 440; NVwZ **2008** 71.
101 Vgl. LR/*Gleß* § 136a, 69 ff. StPO.
102 Zur Folter durch nichtstaatliche Gruppen: *Ambos/Tiwenning* NStZ-RR **2002** 289 (bzgl. Judikatur des ICTY).
103 EGMR Z u.a./UK, 10.5.2001, ZfJ **2005** 154; Meyer-Ladewig/Nettesheim/von Raumer/*Meyer-Ladewig/Lehnert* 7 f.
104 EGMR Orlov u.a./R, 14.3.2017, §§ 93 ff.
105 Vgl. etwa EGMR H.F. u.a./F, 14.9.2022, § 215: Anwendbarkeit jedenfalls des Art. 3 verneint bei der Frage einer etwaigen staatlichen Verpflichtung zur Rückholung von Anhängerinnen des sog. „Islamischen Staates".
106 Insoweit spielen auch die Diskriminierungsverbote der Konventionen eine Rolle.
107 Zur Prügelstrafe: EGMR Tyrer/UK, 25.4.1978; vgl. aber auch: EGMR Costello-Roberts/UK, 25.3.1993, ÖJZ **1993** 707 (Körperstrafe in Privatschule); EKMR Campbell u. Cosans/UK, 25.2.1982, EuGRZ **1982** 153; **1983** 430; *Esser* 383. Zu einer als demütigend angesehenen, aber nicht erniedrigenden gesetzlichen Regelung im Bereich des Familienrechts: EGMR Marckx/B, 13.6.1979, EuGRZ **1979** 454 = NJW **1979** 2449 = FamRZ **1979** 903; *Frowein/Peukert* 11.

lung aller auf behördliche Anordnung in Gewahrsam genommenen und in Gefängnissen, Heimen oder Krankenhäusern usw. untergebrachten Personen.

Die staatliche Verantwortung erstreckt sich auch auf das Verhalten der Personen, die **40** im **Auftrag amtlicher Stellen** oder mit deren **stillschweigendem Einverständnis oder Duldung** tätig werden.[108] Der Staat ist ebenso verantwortlich für Handlungen, die ausländische Amtsträger auf seinem Hoheitsgebiet mit seiner stillschweigenden oder ausdrücklichen Billigung vornehmen.[109] Andere Einzelhandlungen **privater Personen** sind dem Staat nicht zuzurechnen; er hat seine Verpflichtungen aus den Konventionen erfüllt, wenn er solche Taten unter eine angemessene Strafe stellt und sich nach besten Kräften um deren Verhütung, Aufklärung und Ahndung bemüht (Rn. 69).

2. Gewährleistungspflicht des Staates

a) Allgemeines. Die Pflicht, in seinem Herrschaftsbereich sicherzustellen, dass das Ver- **41** bot der Folter und der unmenschlichen oder erniedrigenden Behandlung von allen seinen Organen beachtet wird,[110] löst für den Staat auch **positive Schutzpflichten**[111] aus. Neben der Schaffung entsprechender gesetzlicher und administrativer Regelungen sowie einer ausreichenden **Strafbewehrung** von Misshandlungen[112] sind die **laufende Kontrolle** staatlicher Organe,[113] eine **präventive Aufklärung und Schulung** von Exekutivorganen[114] sowie ein **unverzügliches Einschreiten** erforderlich, sobald Verstöße bekannt werden.[115] Diese Verpflichtungen aus Art. 3 beschränken sich nicht auf das Ermittlungsverfahren, sondern gelten

---

108 So ausdrücklich Art. 1 Abs. 1 Satz 1 UNCAT und Art. 1 Abs. 1 UN-Res 3452 (XXX); EGMR Hovhannisyan/ARM, 19.7.2018 (Mitarbeiter des Ministeriums für Umweltschutz, die eine Untergebene misshandelten).

109 EGMR (GK) El-Masri/MAZ, 13.12.2012, § 206, NVwZ **2013** 631, 636 (Folterung durch die CIA auf einem mazedonischen Flughafen in Gegenwart mazedonischer Sicherheitskräfte); Al Nashiri/PL, 24.7.2014, § 507, NVwZ **2015** 955 (dort nicht abgedruckt): Folterung durch die CIA in einer sog. „black site" in Polen; ebenso: EGMR Husayn (Abu Zubaydah)/PL, 24.7.2014; Al Nashiri/RUM, 31.5.2018, §§ 543, 666 ff. (sog. „black site" in Rumänien).

110 Die Verpflichtung des Staates, Folterungen in allen seiner Hoheitsgewalt unterstehenden Gebieten durch gesetzgeberische, verwaltungsmäßige, gerichtliche und sonstige Maßnahmen zu verhindern und alle Folterhandlungen als Straftaten angemessen zu bestrafen, wird ausdrücklich auch in Art. 2 und 4 UNCAT festgelegt. Für die Deutschland folgt dies aus der Pflicht, die Menschenwürde zu achten (Art. 1 GG).

111 Vgl. *Grabenwarter/Pabel* § 20, 55; Meyer-Ladewig/Nettesheim/von Raumer/*Meyer-Ladewig/Lehnert* 7 ff.

112 Die Suspendierung einer Gefängnisstrafe wegen Folter bzw. Körperverletzung im Amt aufgrund eines entsprechenden Gesetzes genügt diesem Erfordernis nicht und verstößt gegen Art. 3: EGMR Ali u. Ayse Duran/TRK, 8.4.2008. Zur Pönalisierungspflicht von Folter: *von Schenck* Pönalisierung der Folter in Deutschland – de lege lata et ferenda (2011). Für den Bereich des Sexualstrafrechts: EGMR M.C./BUL, 4.12.2003 (Art. 3 und 8).

113 Hierzu trägt auch das Gebot des Art. 5 Abs. 3 bei, jeden Festgenommenen unverzüglich einem Richter vorzuführen, vgl. Art. 5 Rn. 360 ff. Das HRC, General Comment Nr. 20 (1992), hat eine Reihe von Vorkehrungen aufgeführt, durch die die Staaten der Gefahr der Folter oder einer unmenschlichen oder grausamen Behandlung inhaftierter Personen vorbeugen sollen. Diese reichen von ausreichenden nationalen Strafvorschriften und der Aufklärung und Bestrafung von Folter, der Unterrichtung der Bevölkerung über das Folterverbot, der Unverwertbarkeit durch Folter erlangter Aussagen bis zu einer zugänglichen Dokumentation über jede Inhaftierung.

114 Zur Behandlung des Folterverbotes im lebenskundlichen Unterricht für Bundeswehrsoldaten durch Angehörige der katholischen Militärseelsorge kritisch BTDrucks. 17 4640; 17 4396.

115 Vgl. auch zu Art. 7 IPBPR: HRC Agabekov/UZB, 3.5.2007, 1071/2002, § 7.2; General Comment Nr. 20 (1992), § 14.

Esser

gleichermaßen für das **gesamte Verfahren** einschließlich des (straf-)gerichtlichen Verfahrens.[116]

42   Bei **erkennbaren konkreten Anzeichen** für eine drohende Misshandlung i.S.v. Art. 3, gleich von wem sie ausgeht, müssen staatliche Stellen präventiv eingreifen, um ernsthafte Gefährdungen und Verletzungen zu verhindern.[117] Von seinen Schutzpflichten kann sich der Staat auch nicht dadurch freisprechen, dass er Aufgaben, die ihm typischerweise zufallen, auf andere, nicht-staatliche Organisationen überträgt.[118]

43   Dagegen ist ein Staat nicht verpflichtet, einem Betroffenen durchsetzbare **Rechtsbehelfe gegen einen anderen Staat** wegen einer dort erlittenen Verletzung einzuräumen.[119]

44   Maßgebliche Grundsätze für ein erforderliches gesetzgeberisches Tätigwerden im Bereich des **Sexualstrafrechts** hat der EGMR im Urteil *M.C.*[120] aufgestellt. Aus Art. 3 und Art. 8 ergibt sich eine positive Verpflichtung der Vertragsstaaten zum Erlass strafrechtlicher Vorschriften, Handlungen der **Vergewaltigung** wirksam mit Strafe zu bedrohen.[121] Darüber hinaus sind die Vertragsstaaten verpflichtet, eine **Anwendung dieser Strafbestimmungen in der Praxis** durch eine effektive Untersuchung und Strafverfolgung sicherzustellen.[122] Im Ausgangspunkt kommt den nationalen Gesetzgebern dabei allerdings ein weiter Beurteilungsspielraum zu.[123] Um einen *wirksamen* Schutz der sexuellen Selbstbestimmung zu gewährleisten, muss der maßgebliche Anknüpfungspunkt im Vorliegen einer **nicht einverständlichen sexuellen Handlung** liegen, wobei auch solche Fälle zu erfassen sind, in denen das Opfer körperlich keinen Widerstand leistet.[124] In diesem Zusammenhang hat der Gerichtshof die staatliche Pflicht zur Schaffung eines **angemessenen gesetzlichen Rahmens**, zur Ergreifung **präventiver Maßnahmen** und zur **Vornahme effektiver Ermittlungen** erneut betont.[125] Hierbei kann den Staat in Fällen mit länderübergreifendem Kontext außerdem eine Verpflichtung zur Kooperation mit anderen Staaten im Interesse einer effektiven Untersuchung und Strafverfolgung treffen.[126] In einem anderen Fall hat der EGMR klargestellt, dass eine strafrechtliche Verurteilung aufgrund einer Sexualstraftat auch **vollstreckt** werden muss, der aus Art. 3 und Art. 8 abgeleitete Opferschutz darf also nicht etwa durch staatliche Amnestien umgangen werden.[127] Einen Verstoß gegen Art. 3 und Art. 8 hat der

---

116 Sehr weitgehend in der Erstreckung auf nachlässige Ermittlungen zu einem (privaten) Arbeitsunfall: EGMR Mažukna/LIT, 11.4.2017, § 87 (beachtliche abw. Sondervoten *Tsotsoria, Sajó* und *Bošnjak*).
117 Vgl. *Grabenwarter/Pabel* § 20, 55 m.w.N.; EGMR Nizomkhon Dzhurayev/R, 3.10.2013, § 144 (Gefahr der unrechtmäßigen Verbringung des Bf. nach Tadschikistan).
118 EGMR (GK) O'Keeffe/IR, 28.1.2014, NVwZ **2014** 1641, § 150 (sexueller Missbrauch an „National Schools" in Irland, die von der katholischen Kirche geführt wurden).
119 EGMR (GK) Al-Adsani/UK, 21.11.2001; Meyer-Ladewig/Nettesheim/von Raumer/*Meyer-Ladewig/Lehnert* 9.
120 EGMR M.C./BUL, 4.12.2003.
121 EGMR M.C./BUL, 4.12.2003, § 153; bestätigt u.a. durch EGMR E.G./MOL, 13.4.2021, § 39.
122 EGMR M.C./BUL, 4.12.2003, § 153; P.M./BUL, 24.1.2012, §§ 64 ff.; Y./SLW, 25.5.2015, §§ 97 ff.; zur Ermittlungs- und Schutzpflicht bei häuslicher Gewalt: EGMR Bălşan/RUM, 23.5.2017; zur Gewalt in einer medizinischen Schulungseinrichtung: EGMR V.K./R, 7.3.2017, HRLJ **2018** 351.
123 EGMR M.C./BUL, 4.12.2003, § 154.
124 EGMR M.C./BUL, 4.12.2003, § 166. Das Inkrafttreten der sog. Istanbul-Konvention des Europarates (*Convention on preventing and combating violence against women and domestic violence*, CETS 210) am 1.8.2014 verlieh der Frage nach einer menschenrechtskonformen Änderung des § 177 StGB besondere Brisanz, da Art. 36 Abs. 1 der Konvention maßgeblich auf das Kriterium des fehlenden Einverständnisses abstellt. Näheres hierzu *Rabe/von Normann* Policy Paper des Deutschen Instituts für Menschenrechte, Nr. 24, Schutzlücken bei der Strafverfolgung von Vergewaltigungen (2014); ferner *Blume/Wegner* HRRS **2014** 357.
125 Vgl. EGMR (GK) X u.a./BUL, 2.2.2021, §§ 176 ff., 193 ff.
126 EGMR (GK) X u.a./BUL, 2.2.2021, §§ 217 ff.
127 EGMR E.G./MOL, 13.4.2021, § 41.

Esser

EGMR beispielsweise auch in einem Fall festgestellt, in dem die Behörden es versäumt hatten, ein 4-jähriges mutmaßliches Opfer einer Sexualstraftat über sein Aussageverweigerungsrecht zu belehren und seine Aussage in der Folge als nicht verwertbar eingestuft wurde. Der EGMR wies in dem Zuge darauf hin, dass hinsichtlich der Effektivität der Ermittlungen dann **besondere Standards** gelten, wenn die Wahrung von Kinderrechten im Strafverfahren aufgrund deren erhöhter Schutzbedürftigkeit dies gebietet.[128]

b) Pflicht zur Aufklärung und Dokumentation. Eines der größten Probleme bei der **45** Prävention und Aufklärung von Foltervorwürfen und behaupteten Fällen rechtswidriger Polizeigewalt war lange Zeit das Fehlen allgemeingültiger Richtlinien zur **Dokumentation** entsprechender Untersuchungen. Nach der Veröffentlichung solcher Standards (**Istanbul-Protokoll**) im Jahr 1999 wurden diese als Dokument ein Jahr später von den UN offiziell angenommen.[129] Unabhängig von diesen Vorgaben auf UN-Ebene hat der EGMR Aufklärungs- und Dokumentationsstandards entwickelt und formuliert. Die zuständigen staatlichen Stellen müssen unverzüglich eine umfassende und wirksame **Untersuchung von Amts wegen**[130] einleiten, wenn substantiierte Anhaltspunkte einen Verstoß als möglich erscheinen lassen, unabhängig davon, ob seitens des mutmaßlichen Opfers Anzeige erstattet worden ist.[131] Eine Missachtung dieser aus Art. 3 abzuleitenden **prozessualen Aufklärungspflicht** wird vor allem konventionsrechtlich relevant, wenn es dem EGMR nicht möglich ist, festzustellen, ob eine gegen Art. 3 verstoßende Behandlung tatsächlich stattgefunden hat.[132]

Zu den Mindestanforderungen, die der Gerichtshof an die **Effektivität derartiger** **46** **Untersuchungen** stellt, gehört, dass diese von den zuständigen **unabhängigen**[133] Behör-

---

[128] Siehe EGMR R.B./EST, 22.6.2021, §§ 90 ff., 102 f.
[129] Res. 55/89 v. 4.12.2000, Anlage; Frewer/Furtmayr/Krása/Wenzel (Hrsg.), Istanbul-Protokoll, Untersuchung und Dokumentation von Folter und Menschenrechtsverletzungen (2009); allgemein zur Problematik auch: *Zimmermann* (Hrsg.), Folterprävention im völkerrechtlichen Mehrebenensystem (2011); seit EGMR R.C./S, 9.3.2010, ist eine verstärkte Rezeption des Istanbul-Protokolls zur Untersuchung und Dokumentation von Folter zu beobachten.
[130] Vgl. EGMR (GK) Bouyid/B, 28.9.2015, §§ 115–123; folgend EGMR Thuo/ZYP, 4.4.2017, § 125. Zu den Anforderungen des EGMR an die **unverzügliche Aufklärung**: EGMR Caloc/F, 20.7.2000; **sofortige Einvernahme der Zeugen**: EGMR Assenov/BUL, 28.10.1998; **Besichtigung des mutmaßlichen Tatorts**: EGMR Aydin/TRK, 25.9.1997, § 93; Notwendigkeit einer **forensischen und medizinischen Untersuchung** zur Feststellung von in der Haft erlittenen Verletzungen: EGMR Chitayev u. Chitayev/R, 18.1.2007, §§ 163 ff.; Zontul/GR, 17.1.2012, § 100; *Esser* 387; Meyer-Ladewig/Nettesheim/von Raumer/*Meyer-Ladewig/Lehnert* 11 m.w.N.; zu Art. 7 IPBPR vgl. HRC Avadanov/ASE, 2.11.2010, 1633/2007 (Pflicht zur Aufklärung von Vorwürfen betreffend Folter/unmenschliche Behandlung).
[131] So auch Art. 12 UNCAT; *Esser* 387, 388 m.w.N. (auch zur Frage der Mitwirkungspflicht des Opfers).
[132] EGMR Maslova u. Nalbandov/R, 24.1.2008; Mikheyev/R, 26.1.2006, § 121 (Verstoß festgestellt, Einwand der fehlenden Rechtswegerschöpfung zurückgewiesen); Khashiyev u. Akayeva/R, 24.2.2005, § 178; EuGRZ **2006** 47; Martinez Sala u.a./E, 2.11.2004, § 160 (Polizeihaft); Mehdiyev/ASE, 18.6.2015, §§ 66 f. Zum verfassungsrechtlich hergeleiteten Recht auf effektive Strafverfolgung bei erheblichen Straftaten gegen das Leben, die körperliche Unversehrtheit, die sexuelle Selbstbestimmung und die Freiheit der Person: BVerfG Beschl. v. 22.1.2021 – 2 BvR 757/17; Beschl. v. 26.6.2014 – 2 BvR 2699/10; für Straftaten von Amtsträgern bei Wahrnehmung hoheitlicher Aufgaben: BVerfG NStZ-RR **2022** 141.
[133] Nicht gewährleistet, wenn die Ermittlungen von Mitgliedern der Division oder Abteilung („*division or detachment*") durchgeführt werden, der auch die Tatverdächtigen angehören: EGMR Savitskyy/UKR, 26.7.2012, § 103; ähnlich EGMR Karabet u.a./UKR, 17.1.2013, §§ 260, 279 ff. (Untersuchung von Misshandlungen im Gefängnis durch einen Staatsanwalt, der auch im Strafvollzug tätig ist und mit dem Gefängnis zusammenarbeitet, sowie Bearbeitung von Beschwerden durch das Gefängnispersonal; jeweils Verstoß gegen Art. 3). Vgl. etwas verklausuliert auch EGMR Güleç/TRK, 27.7.1998, §§ 76, 78, 81 (zu Art. 2), mit einem „türkischen

den/Stellen **objektiv, unverzüglich**[134] sowie mit **besonderer Sorgfalt** durchgeführt werden.[135] Ist das Opfer verstorben, berücksichtigt der EGMR, inwiefern die Angehörigen in die Untersuchungen einbezogen wurden.[136] Aufzuklären ist ggf. das **Motiv** der Tat (z.B. Handeln aus religiösem Hass).[137] Der Staat muss einerseits effektiv aufklären und die Verantwortlichen identifizieren und, nach einem Nachweis individueller Schuld,[138] sanktionieren. Zudem ist er gehalten, den beim Betroffenen erlittenen finanziellen Schaden zu kompensieren. Gleichwohl kann die **Entschädigung** nicht genügen (und damit auch die Eigenschaft als „Opfer" nicht aufgehoben werden), wenn der eigentliche Verstoß gegen Art. 3 nicht hinreichend aufgeklärt und gesühnt wird.[139] Die Ermittlungen müssen demnach zum Ziel haben und dazu geeignet sein, die Verantwortlichen festzustellen und zu verurteilen, ggf. auch zu bestrafen.[140] Auch darf **keine Unverhältnismäßigkeit** zwischen der **Schwere des Eingriffs** einerseits und der auferlegten **Bestrafung** andererseits bestehen; andernfalls würde die Pflicht des Staates, ein nachhaltiges Ermittlungsverfahren durchzuführen, viel an Bedeutung verlieren.[141] Zudem darf die abschreckende Wirkung

---

Spezifikum"; vgl. hierzu die in EGMR Mimtaş/TRK, 19.3.2013, § 60, aufgeführte Rspr.; zur inzwischen geänderten Rechtslage in der Türkei: EGMR Ümüt Gül/TRK, § 55.

134 Dazu vgl. EGMR R.R. u. R.D./SLO, 1.9.2020, §§ 184, 186 („inherent effect on human memory"/„particularly urgent since the large-scale operation surrounding it was not directly recorded"); als die Effektivität nicht unerheblich beeinträchtigend hat der EGMR bereits eine Untersuchung angesehen, die erst ca. sieben Monate nach dem zu untersuchenden Vorfall begonnen hatte, Ebd, §§ 180 ff.; siehe auch: EGMR (GK) X u.a./BUL, 2.2.2021, § 188.

135 Vgl. EGMR Menesheva/R, 9.3.2006, § 67; (GK) Gäfgen/D, 1.6.2010, § 117, NJW **2010** 3145 = EuGRZ **2010** 417 m. Anm. *Weigend* StV **2011** 325; *Sauer* JZ **2011** 23; *Grabenwarter* NJW **2010** 3128; Al Nashiri/PL, 24.7.2014, § 486; V.D./KRO (Nr. 2), 15.11.2018, §§ 68 ff.; O.R. u. L.R/MOL, 30.10.2018, §§ 58 f.; Güngör/TRK, 23.10.2018, § 33; Chiceanu/RUM, 16.10.2018, § 16; A.K./TRK, 9.10.2018, §§ 41 f.; Štitić/KRO, 6.9.2018, §§ 64 ff. (kein Verstoß wegen der nicht hinreichend belegten Ursachen der Verletzungen des Bf., jedoch wegen der ungenügenden Aufklärung der Vorfälle); HRC Isaeva/UZB, 22.4.2009, 1163/2003, § 9.2; Sattorova/TJK, 22.4.2009, 1200/2003, § 8.4; Dunaev/TJK, 22.4.2009, 1195/2003, § 7.3: Sobald ein Verstoß gegen Art. 7 IPBPR plausibel behauptet wird, muss der Staat umgehend und unparteilich Untersuchungen anstellen (*„promptly and impartially"*). Die Beweislast hinsichtlich des Verstoßes kann dabei nicht allein beim Betroffenen liegen, vielmehr müssen die ungleichen Zugangsmöglichkeiten von Staat und Betroffenem zu den Beweismitteln berücksichtigt werden. Vgl. zu Art. 7 IPBPR auch HRC Eshonov/UZB, 18.8.2010, 1225/2003 (bei Gefangenem besondere staatliche Aufsichtspflicht zur Vermeidung von Folter; staatliche Stellen müssen einer behaupteten Folter sofort und unparteilich nachgehen und gewährleisten, dass die Verantwortlichen angeklagt werden).

136 Vgl. EGMR R.R. u. R.D./SLO, 1.9.2020, § 178.

137 EGMR Kornilova/UKR, 12.11.2020, § 59.

138 Insgesamt seien Ermittlungen *„not an obligation of result, but of means"*, vgl. EGMR Matevosyan/ARM, 14.9.2017, § 73.

139 EGMR Balajevs/LET, 28.4.2016, §§ 70 f.; Artur Ivanov/R, 5.6.2018, §§ 27 ff. (Fortbestehen der Opfereigenschaft bei lediglich 440 € Kompensation nach Misshandlung während polizeilichem Verhör); Grecu/MOL, 30.5.2017, §§ 21 f. (Fortbestehen der Opfereigenschaft trotz Zahlung von 3.200 €).

140 EGMR (GK) Labita/I, 6.4.2000, § 131; Camdereli/TRK, 17.7.2008; Stoica/RUM, 4.3.2008; Savin/UKR, 16.2.2012, §§ 64 ff.; Virabyan/ARM, 2.10.2012, §§ 165 ff.; Işik u.a./TRK, 9.10.2018, §§ 25 ff.; Gorkovlyuk u. Kaganovskiy/R, 4.10.2018, §§ 78 ff.; Lyapin/R, 24.7.2014, §§ 125 ff.; (GK) Jeronovičs/LET, 5.7.2016, §§ 122 f. (Zahlung einer Entschädigung entbindet nicht von Ermittlungspflicht); (GK) Jeronovičs/LET, 5.7.2016, § 107 (einseitiges Eingeständnis des Staates über die Vorfälle genügte ausnahmsweise nicht); vgl. auch HRC General Comment Nr. 31 (2004), § 18.

141 EGMR (GK) Gäfgen/D, 1.6.2010, §§ 123–124 zur Klassifizierung eines Verhaltens als unmenschliche Behandlung einerseits und der Auferlegung einer Geldstrafe von 60/90 Tagessätzen à 60/120 Euro (unter Verwarnung mit Strafvorbehalt, § 59 StGB) andererseits; ähnlich geringe Sanktion gegen Polizisten (kurze Haftstrafe, ausgesetzt zur Bewährung); Taylan/TRK, 3.7.2012, §§ 19 ff., 26, 42, 45 f.; Zontul/GR, 17.1.2012, §§ 106 ff.; Voroshilov/R, 17.7.2018, § 26 ff. (drei Jahre Haft und eine dreijährige Suspendierung vom Dienst für die

---

und vorbeugende Funktion des Justizwesens nicht unterlaufen werden.[142] Gerichte dürfen nicht ermächtigt sein, **Straffreiheit** (z.B. durch Begnadigung[143]) für erhebliche Angriffe auf die physische und psychische Unversehrtheit eines anderen zu gewähren.[144]

Während des Verfahrens sind beschuldigte Amtsträger **vom Dienst zu suspendie-** 47 **ren** – ohne dass mit dieser vorläufigen Entscheidung (sprachlich oder tatsächlich) die vorweggenommene Feststellung einer Tatschuld verbunden sein darf (Unschuldsvermutung, Art. 6 Abs. 2) – und im Falle der Verurteilung aus diesem disziplinarrechtlich zu entfernen.[145] Die Behörden müssen sämtliche zumutbaren Maßnahmen ergreifen, um die **Beweise für den fraglichen Vorfall zu sichern** (z.B. Aussagen der Augenzeugen; forensische Beweise).[146] Auch die Untersuchung von angezeigtem polizeilichen Fehlverhalten[147] im Rahmen großangelegter Aufstände muss mit derselben Sorgfalt erfolgen; die Einstellung von Strafverfahren unter Hinweis auf eine nicht ausreichende Beweislage ohne Anstellung weiterer Untersuchungen genügt nicht; Beweise müssen auch bei komplexen Sachverhalten im Rahmen eines vertretbaren Aufwandes (*„reasonable effort"*) erhoben und verwertet werden.[148]

Außerdem muss die **Kontrolle durchgeführter staatlicher Maßnahmen durch die** 48 **Öffentlichkeit** möglich sein.[149] Auch wenn Hindernisse dem Fortschritt der Ermittlungen im Einzelfall entgegenstehen können (wie die Berufung auf den Schutz von Staatsgeheimnissen), müssen sich die Behörden dennoch um effektive Ermittlungen bemühen, gerade auch um jeden Anschein eines Zusammenspiels oder der Duldung rechtswidriger Handlungen zu vermeiden und somit das Vertrauen der Öffentlichkeit in die Achtung des Rechtsstaatsprinzips zu erhalten.[150] Insbesondere das Vertrauen von Opfern **häuslicher**

Beamten; „lenient sentences"); krit. zur Überprüfung der Strafbemessung durch den EGMR: *Grabenwarter* NJW **2010** 3128, 3129 f.; *Weigend* StV **2011** 325, 327; *Sauer* JZ **2011** 23, 27.

142 EGMR (GK) Gäfgen/D, 1.6.2010, § 121; (GK) Jeronovičs/LET, 5.7.2016, § 106; zur generalpräventiven Funktion staatlicher Untersuchungen auch *Grabenwarter* NJW **2010** 3128, 3129.

143 EGMR Okkali/TRK, 17.10.2006, ÖJZ **2008** 293, §§ 65, 76 („criminal proceedings and sentencing must not be time-barred").

144 Vgl. EGMR Wiktorko/PL, 31.3.2009, § 58; HRC Uteeva/UZB, 13.11.2007, 1150/2003, § 7.2; HRC General Comment Nr. 20 (1992), § 14.

145 EGMR Taylan/TRK, 3.7.2012, § 45; Savin/UKR, 16.2.2012, §§ 68 ff. § 68 („where a State agent has been charged with crimes involving torture or ill-treatment, it is of the utmost importance that he or she be suspended from duty during the investigation and trial, and should be dismissed if convicted"/nicht ernsthaft geführte Ermittlungen über mehr als zehn Jahre; Suspendierung von einem Jahr und Beförderungen als „lack of any meaningful efforts to prevent future similar violations and the virtually total impunity for torture or ill-treatment being afforded to the law-enforcement agencies"), § 71 (wegen Verjährung keine Verurteilung des Polizisten mehr möglich); O.R. u. L.R./MOL, 30.10.2018, §§ 77 ff.

146 EGMR Zelilof/GR, 24.5.2007, § 56; Karabet u.a./UKR, 17.1.2013, §§ 264 ff. (beim Einsatz von Spezialeinheiten im Gefängnis verletzte Gefangene nicht von unabhängigen Medizinern untersucht); Giurcano u.a./RUM, 16.10.2018, §§ 18 ff. (fast 30 Jahre andauernde Ermittlungen nicht effektiv/zielführend); Haziyev u.a./AZE, 5.11.2020, § 98; Mahaddinova u.a./AZE, 19.11.2020, § 35.

147 EGMR Musheg Saghatelyan/ARM, 20.10.2018, §§ 149 ff.; zur Einführung umfassender Compliance-Systeme im Polizeibereich zur Gewährleistung eines verantwortungsvollen und rechtstreuen Verhaltens: *Braun/ Albrecht* DÖV **2015** 937.

148 EGMR Korobov u.a./EST, 28.3.2013, § 115.

149 EGMR Menesheva/R, 9.3.2006, § 67.

150 EGMR (GK) El-Masri/MAZ, 13.12.2012, §§ 182 ff., § 192 (geheime Überstellung eines Terrorverdächtigen an die CIA), NVwZ **2013** 631, 634; Al Nashiri/PL, 24.7.2014, § 494 (insoweit in NVwZ **2015** 955 nicht abgedruckt); Husayn (Abu Zubaydah)/PL, 24.7.2014; Lingurar u.a./RUM, 16.10.2018, § 94; zur Verletzung des Art. 12 UNCAT bei bekannter Folter eines Generalsekretärs einer politischen Partei: CAT Niyonzima/BDI, 21.11.2014, 514/2012, § 8.4.

Gewalt in eine gewissenhafte staatliche Aufklärungsarbeit wird in diesem Zusammenhang als schützenswert erachtet.[151]

49 Der von einer mutmaßlichen Misshandlung **Betroffene** ist angemessen zu den Ermittlungen hinzuzuziehen.[152] Damit er auch selbst seine rechtlichen Interessen vertreten und auf eine Bestrafung hinwirken kann, sind ihm die Ergebnisse der Untersuchung zugänglich zu machen.[153] Ebenso muss ihm unter bestimmten Umständen **unentgeltlicher anwaltlicher Beistand** gewährt werden.[154] Für ihn müssen **effektive Rechtsbehelfe** statthaft sein;[155] dies ist bei einer überlangen Verfahrensdauer ausgeschlossen.[156]

50 Wird einem **Polizeibeamten** eine erniedrigende oder unmenschliche Behandlung vorgeworfen, so müssen alle zur Verfügung stehenden Maßnahmen ergriffen werden, um **Beweise zum Vorfall zu sichern.**[157] In diesem Zusammenhang ist auch eine (präventive) **Kennzeichnungspflicht für Polizeibeamte** relevant (Art. 2 Rn. 80).[158]

51 Eine Verletzung der Aufklärungspflicht liegt regelmäßig vor, wenn das zuständige Gericht eine Polizeigewalt unter Hinweis auf eine Eingriffsnorm rechtfertigt, ohne dabei zu untersuchen, ob das **Gebot der Verhältnismäßigkeit** gewahrt wurde.[159] Sollte das erforderliche Maß an Effektivität der Ermittlungen nicht erreicht werden und liegt aufgrund dessen ein Ermittlungsmangel vor, der verhindert, dass der Sachverhalt oder die Identität der Verantwortlichen festgestellt werden kann, so führt dies in **verfahrensrechtlicher** Hinsicht zu einem Verstoß gegen Art. 3.[160]

52 Ein Verstoß gegen Art. 3 liegt vor, wenn die Verfolgung strafrechtlich relevanter Taten aufgrund eines Verschuldens staatlicher Behörden **verjährt.**[161]

---

151 EGMR E.M./RUM, 30.10.2012, § 69; Dornean/MOL, 29.5.2018, § 49 (Versäumnisse bei Ermittlungen wegen massiver häuslicher Gewalt); M.G./TRK, 22.3.2016, §§ 93 ff., 106 (Betonung der Verpflichtungen aus der Istanbul-Konvention).

152 EGMR M.C./BUL, 4.12.2003, §§ 169 ff.; dazu *Pitea* JICJ **2005** 447; Bekos u. Koutropoulos/GR, 13.12.2005, §§ 53 ff. (Fehlen einer *effektiven* Untersuchung begründet für sich Verstoß gegen Art. 3); V.D./KRO (Nr. 2), 15.11.2018, §§ 66, 77; HRC McCallum/ZAF, 2.11.2010, 1818/2008 (Verletzung von Art. 7 IPBPR, wenn der Staat auf die detaillierten Aussagen, Beschreibungen und Auskünfte des Folteropfers nicht eingeht und sie nicht in die Ermittlungen mit einbezieht). Allerdings betont das HRC nicht nur ein Mitwirkungsrecht, sondern auch eine Mitwirkungspflicht des Betroffenen: HRC Lyashkevich/UZB, 11.5.2010, 1552/2007 (keine Verletzung von Art. 7 IPBPR; unterbliebene gerichtliche Geltendmachung der behaupteten Verletzung).

153 EGMR Karabet u.a./UKR, 17.1.2013, §§ 262, 289 ff.; Aksoy/TRK, 18.12.1996, §§ 97–99; Aydin/TRK, 25.9.1997, § 103; Tekin/TRK; (GK) Cakici/TRK, 8.7.1999; *Esser* 287.

154 EGMR Savitskyy/UKR, 26.7.2012, §§ 115 ff. (körperliche Behinderung des Bf. als Folge der Folter).

155 EGMR Macovei u.a./RUM, 21.6.2007 (Rechtsbehelf gegen die Weigerung der StA, Anklage gegen die Tatverdächtigen zu erheben); Taştan/TRK, 4.3.2008; Dedovskiy u.a./R, 15.5.2008; (GK) Gäfgen/D, 1.6.2010.

156 EGMR (GK) Gäfgen/D, 1.6.2010, § 127; S.Z./BUL, 3.3.2015, §§ 48 ff.

157 Hierzu EGMR Hentschel u. Stark/D, 9.11.2017, § 94, NJW **2018** 3763 = EuGRZ **2018** 142 (Polizeieinsatz gegen rivalisierende Fußballfans).

158 EGMR Hentschel u. Stark/D, 9.11.2017, § 99; Atakaya/TRK, 22.7.2014, § 53; Özalp Ulusoy/TRK, 4.6.2013, § 54. BVerwG NVwZ **2020** 247 (Brandenburg); *Donaubauer* Der polizeiliche Einsatz von Bodycams (2017) 283 ff.; *Neuwald* Die Kennzeichnungspflicht von Polizeibeamten (2018); siehe auch: BTDrucks. **19** 354 S. 2 f. (Bundespolizei; Hinweis auf die Persönlichkeitsrechte der Beamten).

159 Siehe EGMR Dinu/RUM, 7.2.2017, §§ 84 f.

160 EGMR Zemaitis/LIT, 15.10.2019 (verfahrensrechtlicher Verstoß gegen Art. 3, weil Vorwurf der Verletzung durch Polizeibeamten nicht hinreichend nachgegangen; insbesondere werde die **Glaubwürdigkeit von polizeilichen Berichten enorm untergraben**, wenn die Berichte von einem Unteroffizier verfasst und anschließend von den betreffenden Polizisten schlicht unterschrieben werden).

161 EGMR (GK) Mocanu u.a./RUM, 17.9.2014, § 346, NJOZ **2016** 1383; Valiuliene/LIT, 26.3.2013, §§ 79 ff. Falls das (mutmaßliche) Opfer wegen dieser Verjährung auch zivilrechtliche Ansprüche (z.B. Adhäsionsverfahren) nicht mehr geltend machen kann, wird oft auch eine Verletzung von Art. 6 Abs. 1 (dort Rn. 72) vorliegen.

Ein Verstoß gegen Aufklärungspflichten ist auch dann gegeben, wenn die zuständigen 53
Behörden trotz offensichtlich zur Schau gestellter, **rassistischer Motive der Tat** („*hate
crimes*") keine effektive Verfolgung der Täter betreiben.[162]

c) Darlegungs- und Erklärungspflichten. Bei einer Person, die sich im **Gewahrsam** 54
staatlicher Organe befand (einschließlich Vernehmungssituationen), obliegt es dem Staat
nachzuweisen, wie er seinen Verpflichtungen nachgekommen ist (**Darlegungs- und Beweislast**). Er ist gehalten, eine auf gründliche Untersuchungen gestützte **plausible, überzeugende Erklärung** dafür zu geben, warum eine Person bei der Entlassung Verletzungen
aufweist, die sie noch nicht hatte, als sie in Gewahrsam genommen worden war.[163] Anderenfalls kann der Gerichtshof aus den Behauptungen des Bf., ebenso aus der sonstigen
Verdachts- und Beweislage Schlüsse zu Lasten des Staates ziehen.[164] Dabei geht er davon
aus, dass in dieser Situation im Prinzip jede Anwendung körperlicher Gewalt eine Verletzung von Art. 3 darstellt, sofern sie nicht aufgrund des Verhaltens des Betroffenen **zwingend erforderlich** war (vgl. Rn. 234 ff.).[165] Für die Feststellung einer Verletzung des Art. 3
dürfen keine „vernünftigen Zweifel" bestehen; es müssen hinreichend starke, klare und
zusammenhängende Indizien oder ähnliche unbestrittene Tatsachenvermutungen vorliegen („sufficiently strong, clear and concordant inferences or similar unrebutted presumptions of fact").[166]

Diesen Maßstab (Darlegungs- und Beweislast des Staates) wendet der Gerichtshof 55
auch auf Teilnehmer von **Demonstrationen** an, ebenso auf Journalisten, die lediglich als
Berichterstatter teilnehmen,[167] die durch einen Polizeieinsatz Schaden nehmen.[168] Ebenso
ist dieser Maßstab anzuwenden, wenn ein **enger zeitlicher und räumlicher Zusammenhang** zwischen den Verletzungen einer Person und einem polizeilichen Einsatz besteht.[169]

Sind die Voraussetzungen effektiver Ermittlungen erfüllt, so resultiert aus dem Fehlen 56
eines tatsächlichen Ermittlungs*erfolges* (z.B. keine Individualisierung von Tatverdächtigen)

---

162 EGMR Škorjanec/KRO, 28.3.2017, § 52 (Gewalt gegen Roma-Stämmige); Šečić/KRO, 31.5.2007, §§ 50 ff.,
66 f.; anders, wenn der Bf. es versäumt, die Intensität der rassistisch motivierten Tat hinreichend zu belegen:
EGMR Karaahmed/BUL, 24.2.2015, NVwZ **2016** 1071 (kein Verstoß bei fehlender behördlicher Aufklärung einer
Demonstration gegen Freitagsgebet von Muslimen); sind Polizeibeamte selbst rassistisch motiviert, kann dies
neben dem Verstoß gegen Art. 3, vor allem bei mangelhafter Aufklärung, eine eigenständige Verletzung des
Art. 14 nach sich ziehen, vgl. EGMR M.F./H, 31.10.2017, §§ 50, 56, 77. In EGMR Osman/RUM, 11.4.2017, §§ 71 ff.
74 ff. lag zwar ein Verstoß gegen Art. 3 vor, die rassistische Motivation (Betroffener ist Roma-Stämmiger)
wurde aber nicht hinreichend belegt.
163 EGMR Ribitsch/A, 4.12.1995, §§ 31, 34, EuGRZ **1996** 504 = ÖJZ **1996** 148; Selmouni/F, 28.7.1999, § 87; NJW
2001 56; Salman/TRK, 27.6.2000, § 99, NJW **2001** 2001; (GK) Bouyid/B, 28.9.2015, § 91. Vgl. auch EGMR Tomasi/
F, 27.8.1992; Doganay/TRK, 21.2.2006, § 30; Mammadov (Jalaloglu)/ASE, 11.1.2007, §§ 60 ff.; Chitayev u. Chitayev/
R, 18.1.2007, §§ 148 ff.; Koçak/TRK, 3.5.2007, §§ 47 f.; Haci Özen/TRK, 12.4.2007, §§ 45, 56 f.; Colibaba/MOL,
23.10.2007, § 43; Taştan/TRK, 4.3.2008, § 27; Palushi/A, 22.12.2009, § 53, ÖJZ **2010** 426; Bunov/R, 5.6.2012,
§§ 116 ff.; Virabyan/ARM, 2.10.2012, §§ 151 ff.; Ghedir u.a./F, 16.7.2015, §§ 114 ff.; Polat/TRK (E), 3.11.2015, § 42;
Esser 386 m.w.N.; HRC Sirageva/UZB, 18.11.2005, 907/2000, § 6.2; Sathasivam, Saraswathi/LKA, 31.7.2008, 1436/
2005, §§ 6.2 f.
164 Vgl. EGMR Mikheyev/R, 26.1.2006, § 102; HRC Komarovski/TKM, 5.8.2008, 1450/2006, § 7.6.
165 EGMR Protopapa/TRK, 24.2.2009, § 43.
166 Vgl. EGMR (GK) Labita/I, 6.4.2000, § 121 m.w.N. Ferner zur Darlegungslast des Betroffenen und Erklärungspflicht des Staates: EGMR Pawełkowicz/PL, 6.11.2018 (E), § 26 (körperliche Durchsuchung Gefangener);
Valašinas/LIT, 24.7.2001, §§ 116 ff.
167 EGMR Najafli/ASE, 2.10.2012, § 38.
168 *Mavronicola* MLR **2013** 370, 372 f., unter Hinweis auf EGMR Güler u. Öngel/TRK, 4.10.2011, §§ 26 f.
169 EGMR Savitskyy/UKR, 26.7.2012, §§ 128 ff. (Suche der Polizei nach Bf. in Park), mit Bezugnahme auf
EGMR Ribitsch/A, 4.12.1995.

allein kein Verstoß gegen Art. 3.[170] Andererseits schließt der **Freispruch** der für eine Misshandlung verantwortlich gemachten Person durch ein an die Unschuldsvermutung und die damit zusammenhängende Beweislast gebundenes innerstaatliches Gericht die Erklärungspflicht des betroffenen Staates gegenüber den Konventionsorganen und seine Verantwortung für nicht aufgeklärte Verletzungen nicht aus.[171]

57 Der Gerichtshof sieht sich zwar nicht an die Feststellung von Tatsachen durch die nationalen Instanzen gebunden, vermeidet es aber im Allgemeinen, seine eigene Würdigung der Tatsachen an die Stelle der innerstaatlichen Gerichte zu setzen. Bei Beschwerden im Rahmen von Art. 3 nimmt der EGMR aber stets eine **besonders strenge Prüfung der auf nationaler Ebene ermittelten Tatsachen** vor.[172]

58 **d) Präventionsmaßnahmen.** Zur Vorbeugung einer Folter, erniedrigenden und/oder unmenschlichen Behandlung gehört der **Erlass hinreichend bestimmter gesetzlicher Regelungen und Ausführungsbestimmungen** für misshandlungsanfällige staatliche Aufgaben- und Zuständigkeitsbereiche. Dazu fallen etwa Bestimmungen zur Größe und Ausstattung von Haftträumen (vgl. Rn. 264 ff.) sowie zur Unterbringung festgenommener, inhaftierter oder verurteilter Personen, vor allem in einem besonders gesicherten Haftraum („Beruhigungszelle").[173]

59 Die Vertragsstaaten müssen gewährleisten, dass die **Ausbildung des Gefängnispersonals** darauf ausgerichtet wird, das Aufsichtspersonal dahingehend zu befähigen, mit schwierigen Häftlingen ohne Anwendung übermäßiger physischer Gewalt umzugehen.[174]

60 Kommt es im Rahmen staatlich zurechenbarer **Aktivitäten im Ausland** (u.a. Militär- und Polizeieinsätze) zur Festnahme einer Person, so darf der Betroffene nur dann an die örtliche Polizei überstellt werden, wenn **gründlich geprüft** wurde, dass er dort weder Folter noch Misshandlungen ausgesetzt sein wird.

61 Wichtig sind auch prozessuale Präventivmaßnahmen, die den Anreiz zur Folter mindern, wie etwa die Vorsehung eines **Beweisverbotes**, das alle durch Folter erlangten Aussagen unverwertbar macht (vgl. Art. 15 UNCAT), Regelungen zur **ärztlichen Untersuchung** und **alsbaldigen Vorführung eines Festgenommenen/Verhafteten** vor einen Richter[175] oder das **Verbot der völligen Isolierung** eines Gefangenen. Art. 2, 4, 10, 11, 15 UNCAT schreiben solche Präventivmaßnahmen ausdrücklich vor. Im Übrigen begründet die UN-Antifolterkonvention über Art. 3 EMRK/Art. 7 IPBPR hinausreichende detaillierte Verpflichtungen des Staates, wie etwa jene zur **innerstaatlichen Bestrafung oder Auslieferung von Personen** (Art. 4, 6, 8 UNCAT), die verdächtig sind, im Ausland Folterhandlungen begangen zu haben, ferner die **Verpflichtung, im innerstaatlichen Recht einen wirksamen Rechtsbehelf** und einen **Anspruch auf Entschädigung** vorzusehen (Art. 13, 14 UNCAT).[176]

---

170 EGMR Mikheyev/R, 26.1.2006, §§ 107 f.

171 *Esser* 390.

172 EGMR Palushi/A, 22.12.2009, § 55; Romanov/R, 24.7.2008, § 59; Matko/SLO, 2.11.2006, § 100; vertiefend: *Brunner* Subsidiaritätsgrundsatz und Tatsachenfeststellung unter der Europäischen Menschenrechtskonvention (2019).

173 EGMR Hellig/D, 7.7.2011, NJW **2012** 2173 (mehrtägiger Aufenthalt in einem besonders gesicherten Haftraum ohne Kleidung); zu diesem Urteil *Pohlreich* JZ **2011** 1058; *Esser/Gaede/Tsambikakis* NStZ **2012** 554; krit. zur unzureichenden *gesetzlichen* Ausgestaltung: *Köhne* DRiZ **2012** 202, 203; krit. zur Rechtsprechung des EGMR: *Graebsch* FS **2014** 390, 392.

174 EGMR Palushi/A, 22.12.2009, § 63.

175 Vgl. Art. 5 Rn. 360 ff.

176 Diese Entschädigungspflicht würde konterkariert, wenn der Staat gegen die aus Anlass einer Folter gewährte Entschädigung (z.B. Schmerzensgeld) mit eigenen Ansprüchen gegen den Verletzten (etwa einem Anspruch auf Übernahme der Prozesskosten) aufrechnen könnte. Vgl. hierzu den Fall EGMR (GK) Gäfgen/D,

Erweiterung des Kreises der Betroffenen auf Angehörige von Opfern. Auch für nahe 62
Angehörige von mutmaßlich getöteten, gefolterten oder verschwundenen Personen kann die
Sorge um den Verbleib des Opfers schweres psychisches Leid mit sich bringen und damit ihrerseits dem Art. 3 unterfallen (**Opfereigenschaft des Angehörigen**).[177] Es müssen allerdings
besondere Umstände vorliegen, die über das Leid hinausgehen, das Angehörige von Opfern
einer schweren Menschenrechtsverletzung regelmäßig empfinden.[178] Es kommt dabei insbesondere auf die Nähe und die Umstände der Familienbeziehung an sowie darauf, ob der betreffende Angehörige versucht hat, Informationen über den Verbleib des Opfers zu erhalten,
sowie auf das Verhalten und die Reaktionsweise der Behörden.[179]

Art. 3 findet nicht schon per se Anwendung, wenn nach dem **Tod eines nahen Angehöri-** 63
gen keine **gründlichen Ermittlungen** angestellt worden sind (dazu aber Art. 2 Rn. 63), es sei
denn, dass besondere Umstände vorliegen. Selbst wenn ein Staat aus juristischer Sicht nicht
für den Tod oder das Verschwinden einer Person verantwortlich ist, erfordert Art. 3 einen **re-**
spektvollen Umgang mit den Angehörigen und die Unterstützung der Angehörigen bei der
Suche nach Informationen. Ein Verstoß gegen Art. 3 kann sich insbesondere dann ergeben,
wenn die Angehörigen von den Behörden über das Schicksal des Opfers bewusst im Ungewissen gelassen werden und sich somit einem **ständigen Wechsel von Hoffnung und Verzweif-**
lung ausgesetzt sehen.[180] Dies gilt jedoch nur dann, wenn nicht aufgrund der langen Zeitspan-

---

1.6.2010 – Androhung von Folter als unmenschliche und erniedrigende Behandlung; Zusprechung von Schmerzensgeld i.H.v. 3.000 € (LG Frankfurt a.M. Urt. v. 4.8.2011 – 204 O 521/05; OLG Frankfurt NJW **2013** 75; die Entschädigungspflicht in diesem Fall ablehnend *Amelung* JR **2012** 18), das allerdings nach Mitteilung der StA Frankfurt
zunächst nicht an den Verurteilten ausgezahlt wurden, da dieser noch Teile der Prozesskosten zu tragen hatte.
Ein Verstoß gegen Art. 16 UNCAT (Verbot der grausamen, unmenschlichen und erniedrigenden Behandlung) lag
im konkreten Fall nicht vor, da die Vorschrift nicht auf die Entschädigungspflicht aus Art. 14 UNCAT verweist.
177 Vgl. SK/*Meyer* 159 m.w.N.; EGMR Tanis u.a./TRK, 24.1.2006, § 221; Bazorkina/R, 27.7.2006, §§ 139 ff.;
Akhmadova u. Sadulayeva/R, 10.5.2007; Mubilanzila Mayeka u. Kaniki Mitunga/B, 12.10.2006, NVwZ-RR **2008**
573 (Sorge einer Mutter um ihr 5-jähriges Kind, das in einem Transit-Zentrum festgehalten und anschließend
abgeschoben wurde); Akpinar u. Altun/TRK, 27.2.2007, §§ 84 ff. (durch die Verstümmelung der Leiche eines
nahen Angehörigen verursachtes psychisches Leid); kein Verstoß im Fall EGMR Sabanchiyeva u.a./R, 6.6.2013,
§§ 112 f. (unzureichende Lagerung der sterblichen Überreste von Angehörigen aufgrund von objektiven äußeren Umständen). Ergänzend auch EGMR Elberte/LET, 13.1.2015, §§ 135 ff.: Auch die unerlaubte Entnahme
von Gewebe von Verstorbenen kann zu einer Verletzung von Art. 3 bei den Angehörigen (hier: der Ehefrau)
führen; im konkreten Fall Verletzung insbesondere deswegen bejaht, weil die näheren Umstände nicht
angemessen aufgeklärt wurden, §§ 139 ff.
178 EGMR Khadzhialiyev u.a./R, 6.11.2008 (Unmöglichkeit der angemessenen Beerdigung von verstümmel-
ten und enthaupteten Opfern, da die fehlenden Körperteile nicht gefunden wurden), auch: EGMR Salakhov
u. Islyamova/UKR, 14.3.2013, § 204 (die Verletzung von Art. 3 stützte sich auf mehrere Umstände, darunter
das Leid einer Mutter, die mitansehen musste, wie ihr Sohn in Haft verstarb, ohne ihm helfen zu können);
Nasr u. Ghali/I, 23.2.2016, §§ 314 ff.
179 EGMR Kurt/TRK, 25.5.1998; Togcu/TRK, 31.5.2005, § 127; Luluyev u.a./R, 9.11.2006, §§ 116 ff.; (GK) Varnava
u.a./TRK, 18.9.2009, §§ 200 ff. = NVwZ-RR **2011** 251, 259 = NJOZ **2011** 516, 529 f.(zu der Reaktion und dem
Verhalten der Behörden); Askhabova/R, 18.4.2013, §§ 165 f.; (GK) Janowiec u.a./R, 21.10.2013, § 177 (Katyn-
Massaker: Verweigerung von Informationen durch die russischen Behörden gegenüber den Angehörigen
bzgl. des Schicksals von polnischen Kriegsgefangenen); Cangöz u.a./TRK, 26.4.2016, § 167 (kein Verstoß, da
die Behörden in diesem Fall gesetzesmäßig handelten).
180 EGMR (GK) Janowiec u.a./R, 21.10.2013, § 178. In EGMR Bitsayeva u.a./R, 23.10.2018, §§ 225 ff. wurde das
Verschwindenlassen von Angehörigen gegenüber den absolut uninformierten Hinterbliebenen als mentale
Belastung eingestuft, welche Art. 3 verletzte; vgl. auch EGMR Makhloyev/R, 16.10.2018, §§ 99 ff.; Alikhanovy/
R, 28.8.2018, § 94; Kushtova u.a./R, 21.2.2017, §§ 90 ff.

ne, die seit dem Verschwinden der Opfer vergangen ist, zwingend davon auszugehen ist, dass diese inzwischen nicht mehr am Leben sind.[181]

64   Auch wenn im Einzelfall die durch den Tod eines Angehörigen ausgelösten Leiden nicht die Schwelle des Art. 3 hinsichtlich der Angehörigen erreichen sollten, kann den Angehörigen gleichwohl wegen der Verletzung anderer Konventionsgewährleistungen (insb. Art. 2) ein Geldbetrag für ihren eigenen, in dieser Hinsicht erlittenen **immateriellen Schaden** zugesprochen werden.[182]

65   Von der dargestellten Fallkonstellation, in der Angehörige als **indirektes Opfer in eigenem Namen** Beschwerde einreichen, sind Fälle zu unterscheiden in denen Angehörige lediglich *im Namen* des verstorbenen Opfers eine Verletzung des Art. 3 rügen.[183] Die Einleitung oder Fortführung der Beschwerde nach dem Tod des direkten Opfers durch Angehörige ist im Falle des Art. 3 trotz dessen sehr persönlicher Natur[184] in gewissen Fällen möglich. Maßgeblich ist dabei zunächst ein **berechtigtes Interesse** der nahen Angehörigen. Dieses erfordert ein starkes, über das reine finanzielle Interesse am Ausgang des Verfahrens hinausgehendes moralisches Interesse, oder andere zwingende Gründe, wie etwa ein wichtiges Allgemeininteresse an der Aufklärung.[185] Bedeutsam ist des Weiteren, inwiefern der Tod oder das Verschwinden des Opfers den Verantwortungsbereich des Staates betreffen. Der EGMR hat insofern mehrfach in restriktiver Haltung entschieden, dass Angehörige nur dann *post mortem* Beschwerde für das verstorbene oder verschwundene Opfer einlegen können, wenn die Folter oder unmenschliche Behandlung i.S.d. Art. 3 einen engen Bezug zum Tod oder Verschwinden des Opfers aufweisen.[186]

66   Das HRC sah eine Verletzung des Art. 7 IPBPR darin, dass der Vertragsstaat den **Tod eines Gefangenen** dessen Familie über einen Zeitraum von 12 Jahren **verschwiegen** hatte. Die festgestellte Konventionsverletzung bezog sich in diesem Fall sowohl auf die Eltern als auch auf die Geschwister des Opfers.[187]

67   **3. Schutz vor Misshandlung und Bestrafung durch Privatpersonen.** Die Konventionen (EMRK, IPBPR, UNCAT) erfassen nur die einem Staat zurechenbaren Maßnahmen. Wieweit der Staat aufgrund der Konventionen auch jede Art von **Folter** und **unmenschlicher Behandlung** durch **Privatpersonen** in seinem **eigenen Hoheitsbereich** zu verantworten hat, kann daher im Einzelnen zweifelhaft sein.[188] Eine Zurechnung ist zu bejahen, soweit Einzelhandlungen Privater wegen der besonderen Verhältnisse auch vom Staat zu verantworten sind, weil sie von ihm **initiiert oder geduldet** wurden (etwa Übergriffe durch Mithäftlinge im **Strafvollzug**)[189] oder weil seine Organe sie **hätten rechtzeitig er-**

---

181   EGMR (GK) Janowiec u.a./R, 21.10.2013, § 185 (Katyn-Massaker: Zum Zeitpunkt des Inkrafttretens der EMRK in Russland waren bereits mehr als 58 Jahre seit dem Verschwinden der Opfer vergangen).
182   EGMR Aydan/TRK, 12.3.2013, §§ 129, 131, 141.
183   Der EGMR legt hierbei jedoch ein eher restriktives Verständnis zugrunde, vgl. hierzu die Ausführungen in Teil II Rn. 171 ff.
184   EGMR Kaburov/BUL (E), 19.6.2012, § 56.
185   EGMR Kaburov/BUL (E), 19.6.2012, § 56; Karpylenko/UKR, 11.2.2016, § 106.
186   EGMR Karpylenko/UKR, 11.2.2016, §§ 104 f.; Dzidzava/R, 20.12.2016, § 46; De Donder u. De Clippel/B, 6.12.2011, §§ 53 ff.
187   HRC Al Daquel/LBY, 26.8.2014, 1882/2009, § 6.7; Tripathi/NPL, 25.11.2014, 2111/2011, § 7.5.
188   Bejahend etwa *Nowak* 41; siehe auch: EGMR O/TRK, 9.6.2009; CAT Dzemajl u.a./SFR, 21.11.2002, 161/2000; G.R.B./S, 15.5.1998, 83/1997; Elmi/AUS, 14.5.1999, 120/1998.
189   Vgl. die Studie: „Gewalt im Strafvollzug": *Baier/Bergmann* FS **2013** 76; ferner: *Langenhoff* FS **2013** 89.

kennen und verhindern können.[190] Auf eine tatsächliche Kenntnis der Verstöße kommt es also nicht an.[191] Dies gilt vor allem, wenn die Organe im staatlichen Hoheitsbereich unter Missachtung der staatlichen Schutzpflicht Übergriffe von privaten Gruppen – oder auch von Einzelpersonen – bewusst ermöglichen oder zumindest dulden oder unbestraft lassen, obwohl sie an sich zum Eingreifen verpflichtet und auch in der Lage gewesen wären.[192] Namentlich gilt dies bei **Kindern und anderen schutzbedürftigen Personen**; hier obliegen dem Staat besondere Schutzpflichten, denen er durch angemessene Maßnahmen nachkommen muss.[193]

Unzureichende Maßnahmen des Staates zum Schutz potentieller Opfer vor **häusli- 68 cher Gewalt** stellen eine Verletzung von Art. 3 in materieller und verfahrensrechtlicher Hinsicht dar. Art. 3 gebietet es, einen hinreichend differenzierten **rechtlichen Rahmen** zum effektiven Schutz[194] von Opfern häuslicher Gewalt zu schaffen[195] und unverzüglich auf Meldungen von häuslicher Gewalt durch **konkrete Maßnahmen** präventiv zu reagieren, um die betroffenen Personen vor weiteren Gefahren und Übergriffen zu schützen.[196]

---

190 Vgl. *Grabenwarter/Pabel* § 20, 73; *Joseph/Castan*, Rn. 9.11; EGMR Eremia/MOL, 28.5.2013, §§ 53 ff., NJOZ **2014** 1995 (Untätigkeit der Behörden im Fall von häuslicher Gewalt, obwohl Kenntnis von Verstößen gegen Schutzanordnungen bestand); Identoba u.a./GEO, 12.5.2015, §§ 79 ff. (Nichtverhinderung von Angriffen auf eine friedliche LGBT-Demonstration, obwohl von den Veranstaltern bereits im Vorhinein befürchtet); im Kontext Ausweisung: EGMR N.A./FIN, 14.11.2019, § 73 („it must be shown that the risk is real and that the authorities of the receiving State are not able or willing to obviate the risk by providing appropriate protection").

191 EGMR (GK) O'Keeffe/IR, 28.1.2014, § 168 (keine Kenntnis von konkretem Missbrauchsfall an einer Schule, welche der katholischen Kirche unterstand).

192 EGMR Abdu/BUL, 11.3.2014, §§ 40 f.; Sakir/GR, 24.3.2016, §§ 65 ff.; Secic/KRO, 31.5.2007, §§ 50 ff. (unzureichende Ermittlungen nach einem rassistisch motivierten Angriff); Members of the Gldani Congregation of Jehova's Witnesses u.a./GEO, 3.5.2007, §§ 98 ff. (Weigerung der Polizei, gegen einen Angriff vorzugehen); A./UK, 23.9.1998, ÖJZ **1999** 617, §§ 14, 22–24 (wiederholte, mit beträchtlicher Gewalt ausgeführte Stockschläge durch den Stiefvater als „lawful punishment"/„reasonable chastisement").

193 Vgl. EGMR Khan/F, 28.2.2020, NVwZ **2020** 617 (minderjähriger unbegleiteter Flüchtling); Osman/UK, 28.10.1998; Z u.a./UK, 10.5.2001, § 73; (GK) X u.a./BUL, 2.2.2021, § 180; *Grabenwarter/Pabel* § 20, 55; Meyer-Ladewig/Nettesheim/von Raumer/*Meyer-Ladewig/Lehnert* 10; unter dem besonderen Schutz des Staates stehen auch Wehrdienstleistende: EGMR Placi/I, 21.1.2014, §§ 49 ff.

194 Opfer häuslicher Gewalt werden dabei als bersonders vulnerabel angesehen, vgl. EGMR Hajduová/SLO, 30.11.2006, § 46; Bevacqua u. S./BUL, 12.6.2008, § 65; Volodina/R, 9.7.2019, § 72, BeckRS **2019** 48847.

195 Hierbei sind vor allem auch strafrechtliche Schutzregelungen erforderlich, vgl. EGMR Volodina/R, 9.7.2019, §§ 78, 81 f., wonach die bloße Möglichkeit zur Privatklage im Kontext der häuslichen Gewalt etwa nicht ausreichend ist. Vgl. außerdem die Mechanismen im Gesetz zum zivilrechtlichen Schutz vor Gewalttaten und Nachstellungen (Gewaltschutzgesetz); hierzu: KG StraFo **2022** 124 = NZFam **2022** 332 (Pflicht des Strafgerichts bei einer Verurteilung nach § 4 Satz 1 GewSchG zur eigenständigen Prüfung der materiellen Anordnung nach § 1 Abs. 1 Satz 1 GewSchG).

196 Vgl. EGMR Tunikova u.a./R, 14.12.2021, §§ 76 ff. (rechtlicher Rahmen in Russland bot zwar hinreichenden Schutz, jedoch waren die Behörden ihrer Pflicht, eine unmittelbare Gefahrenbewertung sowie daran angepasste operative Maßnahmen zu treffen, nicht nachgekommen; effektive und gründliche Ermittlung eines solchen Sachverhaltes als essentielles Element des Art. 3); M.S./I, 7.7.2022, § 115; siehe ebenfalls bereits: EGMR Volodina/R, 9.7.2019, §§ 77 ff., 86 ff. (starke Zurückhaltung bei der Eröffnung strafrechtlicher Ermittlungen, kein Ergreifen effektiver Maßnahmen gegen häusliche Gewalt); ähnlich EGMR De Giorgi/I, 16.6.2022, §§ 72 ff. (sehr schwerfällige Ermittlungen, Teileinstellung des Verfahrens unter anderem wegen angeblicher Ungenauigkeit der Strafanzeigen); vgl. im Kontext von Art. 2: EGMR (GK) Kurt/A, 15.6.2021, § 165 („requirement to to respond immediately to allegations of domestic violence"); für den Schutz vor wiederholter Cybergewalt in Bezug auf Art. 8 vgl. EGMR Volodina/R (Nr. 2), 14.9.2021, §§ 50 ff.; siehe zudem: Vorschlag für eine Richtlinie des EP und des Rates zur Bekämpfung von Gewalt gegen Frauen und häusliche Gewalt, COM(2022) 105.

Dabei ist stets **besondere Sorgfalt** anzuwenden („special diligence") sowie der spezifische Charakter von häuslicher Gewalt zu berücksichtigen.[197]

69   Grundsätzlich genügt der Staat seiner Schutzpflicht, wenn er Verletzungshandlungen von Privatpersonen, die vom Schweregrad her als Folter oder unmenschliche oder erniedrigende Behandlung einzustufen sind, im innerstaatlichen Recht abstrakt-generell als **Straftaten**[198] einstuft und im konkreten Fall bei einem entsprechenden Verdacht mit dem gebotenen Nachdruck **(effektiv) verfolgt** und bei entsprechendem Schuldnachweis **angemessen ahndet**. Hinsichtlich der jeweils erforderlichen Maßnahmen hat der Staat einen **Beurteilungsspielraum**.[199] Er muss jedoch alle erfolgversprechenden und zumutbaren Maßnahmen treffen, um eine angemessene Untersuchung von plausibel behaupteten Straftaten zu gewährleisten. Werden keine derartigen effektiven Schritte zur Aufklärung unternommen, die auch das Ziel haben, einen Menschen vor (permanenten, neuen) Übergriffen anderer Personen in Zukunft zu schützen, kann in diesem pflichtwidrigen Unterlassen auch insoweit (präventiv) eine Verletzung von Art. 3 liegen.[200]

70   Da jede staatliche Maßnahme zum Schutz vor Straftaten durch Private im Einklang mit der Konvention stehen muss, findet die staatliche Schutzpflicht **(Opferschutz)** stets ihre **Grenze in unabdingbaren Elementen anderer Konventionsgarantien**, namentlich der Art. 5 und Art. 7. So kann Art. 3 weder die nachträgliche Verlängerung einer präventiven Unterbringung (Sicherungsverwahrung) über einen ursprünglich gesetzlich festgelegten Höchstzeitraum hinaus noch die nachträgliche Anordnung einer Sicherungsverwahrung rechtfertigen, da ihrerseits weder die Verlängerung noch die nachträgliche Anordnung unter keinem Gesichtspunkt der Art. 5 und Art. 7 zu rechtfertigen sind.[201] Dies gilt gleichermaßen für alle Freiheitsentziehungen; sie bedürfen stets einer Rechtfertigung nach Art. 5 Abs. 1 Satz 2 und können nicht über Art. 3 (oder Art. 2) gerechtfertigt werden.[202]

---

197 EGMR Volodina/R, 9.7.2019, § 92; zu den besonderen Anforderungen im Kontext des Art. 2 vgl. EGMR (GK) Kurt/A, 15.6.2021, §§ 165 ff.; Art. 2 Rn. 18.

198 Vgl. im Kontext von häuslicher Gewalt: EGMR Volodina/R, 9.7.2019, §§ 78, 81.

199 EGMR Bevacqua u. S./BUL, 12.6.2008, § 82.

200 EGMR Muta/UKR, 31.7.2012, §§ 59 ff.; Milanovic/SRB, 14.12.2010 (unzureichende Untersuchung und Fahndung nach Personen, die immer wiederkehrende Angriffe auf einen Hare-Krishna-Anhänger ausführten); Đorđević/KRO, 24.7.2012, §§ 137 ff. (andauernde Schikane eines behinderten Kindes durch andere Kinder, unzureichende Maßnahmen der zuständigen Behörden); Valiuliene/LIT, 26.3.2013, §§ 79 ff. (kein effektiver Schutz vor Misshandlungen bei Verfolgungsverjährung, deren Eintritt auf Fehlern der staatlichen Behörden beruhte).

201 EGMR S./D, 28.6.2012, JR **2013** 78 m. Anm. *Peglau*, § 103 (in JR **2013** 78: § 25, da redaktionell aufbereitet); K./D, 7.6.2012, § 88; B./D, 19.4.2012, §§ 87 f., EuGRZ **2012** 383; Kronfeldner/D, 19.1.2012, §§ 86 f., NJW **2013** 1791; Jendrowiak/D, 14.4.2011, DÖV **2011** 570 (Ls.), §§ 36–37, 48 (gilt ebenso für eine Schutzpflicht aus Art. 2, so das vorstehende Urteil *S.*; ebenso: EGMR G./D, 7.6.2012, § 79). Nicht in allen hier aufgeführten Fällen wurde eine Verletzung von Art. 5 und von Art. 7 bejaht, in einigen Fällen entschied der EGMR nur auf eine Verletzung von Art. 5, in anderen nur auf eine Verletzung von Art. 7. Damit ist klar, dass bereits eine der beiden Verletzungen die Rechtfertigung einer Sicherungsverwahrung/Präventivunterbringung über Art. 3 oder Art. 2 ausschließt. Der EGMR hat das System der Sicherungsverwahrung nach dem ThUG für konventionskonform erachtet: Bergmann/D, 7.1.2016, §§ 104 f., 133 f. (rückwirkende Verlängerung der Sicherungsverwahrung eines Straftäters keine Verletzung von Art. 5 oder Art. 7, wenn sie auf der Feststellung einer „psychischen Störung" i.S.d. § 1 Abs. 1 ThUG gründet und das Abstandsgebot bei der Therapieunterbringung gewahrt bleibt), vgl. auch *Köhne* NJW **2017** 1013; *Schmitt-Leonardy* StV **2017** 598.

202 Da dies spätestens nach den diversen EGMR-Urteilen zur Sicherungsverwahrung klar war, konnten die Ausführungen des VG Hannover NVwZ-RR **2012** 925, 927 = DVBl. **2012** 1323 m. Anm. *Söllner* nur mit Erstaunen zur Kenntnis genommen werden: Als Rechtfertigung des vorbeugenden Polizeigewahrsams beruft sich das VG (auch) auf die „Pflichten des Staates zum Schutz des Lebens und der körperlichen Unversehrtheit

Auf das vorgetragene gegenteilige Argument hin präzisierte der Gerichtshof, dass die in Art. 5 Abs. 1 Satz 2 *lit.* a–f genannten Rechtfertigungsgründe für Freiheitsentziehungen bereits alle widerstreitenden Interessen gebührend berücksichtigen, auch das Interesse der Öffentlichkeit am Schutz vor Straftaten, so dass **Art. 5 Abs. 1 Satz 2 nicht im Lichte der Art. 2 und Art. 3 erweiternd zu interpretieren** sei.[203] Im Einzelfall kommt es allerdings vor, dass bei konventionswidrigen (unverhältnismäßigen) Freiheitsentziehungen, mit denen der Staat in lauterer Absicht („in good faith"/„de bonne foi") seinen sich aus Art. 2, Art. 3 ergebenden Pflichten zum Schutz *anderer* Personen nachkommen wollte, der Gerichtshof eine unter dem Üblichen liegende Entschädigung (Art. 41) für die Freiheitsentziehung festsetzt.[204]

4. Behandlung oder Bestrafung. Eine **Behandlung** setzt ein Tun oder Unterlassen 71 bestimmter Personen in Bezug auf den Betroffenen voraus, das aber nur bei der Folter von der Absicht einer zweckgerichteten, die Menschenwürde bewusst missachtenden Leidenszuführung bestimmt sein muss.[205] Andererseits hat der EGMR im Zusammenhang mit (Verkehrs-)Unfällen betont, dass **rein zufällig oder fahrlässig** verursachte körperliche Leiden oder Schmerzen keine Behandlung darstellen, der ein Betroffener i.S.d. Art. 3 *unterworfen* („subjected to") wird.[206]

Die **Bestrafung** ist ein Sonderfall der Behandlung; sie umfasst jede von staatlichen 72 Organen als Sanktion für ein Fehlverhalten angeordnete Zufügung von Leiden, Beschränkungen oder Nachteilen. Darunter fallen nicht nur die echten **Kriminalstrafen** und alle Rechtsfolgen mit **punitivem Sanktionscharakter** einschließlich der Maßregeln der Besserung und Sicherung und der sonstigen Nebenfolgen, sondern auch **Disziplinarmaßnahmen**, **Schulstrafen**, Maßnahmen zur **Durchsetzung der Anstaltsordnung** (etwa in Erziehungsheimen, psychiatrischen Krankenhäusern) sowie andere Sanktionen, wobei deren Qualifizierung im nationalen Recht oder die Bezeichnung durch die Behörden nicht entscheidend ist. Ob eine Bestrafung vorliegt, entscheidet der Gerichtshof anhand der Umstände des Einzelfalls.[207] Die Grenze zur Behandlung ist fließend, vor allem bei Maßnahmen, die auch Präventivcharakter haben. Wegen der Gleichstellung beider ist dies aber ohne größere praktische Auswirkung.

---

gegenüber der Allgemeinheit, welche sich nach der Rechtsprechung des EGMR gerade aus der Konvention" ergäben. Anstatt die Rechtsprechung des EGMR gebührend zu berücksichtigen, griff das Gericht auf die Stellungnahme der Bundesregierung in der damals noch nicht entschiedenen Rs. *Ostendorf/*D, 7.3.2013, zurück – ein wahrlich erstaunliches und, wie zu hoffen ist, seltenes Beispiel dafür, wie Äußerungen der Exekutive, die diese als Partei in einem Verfahren macht, von unabhängigen Gerichten praktisch Rechtsnormcharakter zuerkannt wird.

203 EGMR Ostendorf/D, 7.3.2013, NVwZ **2014** 43 = EuGRZ **2013** 489, §§ 87 f.
204 EGMR (GK) A. u.a./UK, 19.2.2009, §§ 250, 252 f., wo der Gerichtshof der Sache nach Art. 2, Art. 3 anführt („obligation to protect the population of the United Kingdom from terrorist violence [...] the need to prevent the commission of acts of terrorism"/„une situation [...] qui [...] a obligé [die Regierung] à protéger la population du Royaume-Uni de la violence terroriste [...] la nécessité d'empêcher la commission d'actes de terrorisme").
205 *Nowak* 6 unter Hinweis auf einen im Vorarlberger Gemeindekotter vergessenen Gefangenen.
206 EGMR (GK) Nicolae Virgiliu Tănase/RUM, 25.6.2019, §§ 121, 123; zur staatlichen Pflicht zur Sachverhaltsermittlung bei Unfällen („procedural limb of Article 3"): EGMR Kraulaidis/LIT, 8.11.2016, §§ 56 ff.
207 EGMR Dedovskiy u.a./R, 15.5.2008 (Bestrafung der Gefangen durch Schläge mit Gummiknüppeln, die offiziell andere Ziele erreichen sollte, hierfür jedoch nicht geeignet und unverhältnismäßig waren).

Esser

5. Auslieferung, Ausweisung und Abschiebung

73   **a) Allgemeine Grundsätze.** Auslieferung, Ausweisung und Abschiebung werden ebenfalls vom Begriff der *Behandlung* umfasst. Sie werden durch Art. 3 EMRK/Art. 7 IPBPR grundsätzlich nicht ausgeschlossen,[208] da aus diesen **weder ein Aufenthalts- oder Asylrecht** hergeleitet werden kann,[209] **noch ein Verbot der Abschiebung oder Auslieferung**.[210] Den Staaten steht es grundsätzlich frei, wie sie Einreise, Aufenthalt und Ausweisung von Personen mit ausländischer Staatsangehörigkeit im Rahmen des Völkerrechts und ihrer vertraglichen Verpflichtungen selbst regeln wollen.[211] Die Konventionen gehen von der **grundsätzlichen Zulässigkeit** der Ausweisung, Abschiebung oder Auslieferung aus (vgl. Art. 5 Abs. 1 Satz 2 *lit.* f). Dies gilt **im Verhältnis zu allen Staaten**, nicht nur zu den Konventionsstaaten. In der Auslieferung oder Abschiebung *als solcher* liegt in der Regel keine unmenschliche oder entwürdigende Behandlung.[212]

74   Selbst die Auslieferung oder Abschiebung[213] in ein **Land, in welchem dem Betroffenen Folter oder eine unmenschliche/erniedrigende Behandlung droht**, wird den Vertragsstaaten von Art. 3 EMRK/Art. 7 IPBPR nicht *ausdrücklich* verboten. Da das Folterverbot aber im Hinblick darauf, dass es eine der Grundwerte aller demokratischen Gesellschaften darstellt, **absolut**[214] und **unabhängig vom Verhalten des Betroffenen** gilt, wird aus Sinn und Zweck des Art. 3 in Verbindung mit der aus der Präambel sich ergebenden Zielsetzung der Konvention hergeleitet,[215] dass ein Staat auch nicht dadurch **mittelbar** zu einem **Verstoß gegen das Folterverbot** beitragen darf, dass er eine Person in ein Land ausliefert, ausweist oder abschiebt, wenn hinreichende Tatsachen ergeben, dass ihr dort konkret durch Träger der staatlichen Herrschaftsgewalt oder durch von diesen geduldete oder mangels Durchsetzungsfähigkeit nicht verhinderte Gruppierungen (territorial dominante Banden, Bürgerkriegsparteien oder andere Gruppen) Folter oder eine unmenschli-

---

208   *Frowein/Kühne* ZaöRV **43** (1983) 555; *Morvay* ZaöRV **21** (1961) 323 ff.

209   Etwa EGMR Sufi u. Elmi/UK, 28.6.2011, § 212, NVwZ **2012** 681; Vilvarajah/UK, 30.10.1991; Ahmed/A, 17.12.1996, ÖJZ **1997** 231 = NVwZ **1997** 1078 = InfAuslR **1997** 279; Chahal/UK, 15.11.1996; BVerfG NVwZ **1990** 452 (Folter nur asylerheblich, wenn wegen asylrelevanter Merkmale eingesetzt oder verschärft angewendet); vgl. auch *Noll* IJRL **2005** 542; Meyer-Ladewig/Nettesheim/von Raumer/*Meyer-Ladewig/Lehnert* 64; *Dörig* NVwZ **2014** 106 ff.

210   Etwa EGMR Soering/UK, 7.7.1989; Bensaid/UK, 6.2.2001, NVwZ **2002** 453 = InfAuslR **2001** 364; BVerwGE **67** 184, 195; BVerfG JZ **2004** 141 (Auslieferung Indien) m. krit. Anm. *Vogel*; *Frowein/Kühner* ZaöRV **43** (1983) 537, 555; *Kimminich* EuGRZ **1986** 317; *Trechsel* EuGRZ **1987** 69 ff.; *Vogler* ZStW **89** (1977) 765.

211   § 60 Abs. 5 AufenthG verbietet ausdrücklich die Abschiebung, soweit sich ihre Unzulässigkeit aus der EMRK ergibt. Siehe Art. 15 *lit.* b RiL 2004/83/EG über Mindestnormen für die Anerkennung und den Status von Drittstaatsangehörigen oder Staatenlosen als Flüchtlinge oder als Personen, die anderweitig internationalen Schutz benötigen, und über den Inhalt des zu gewährenden Schutzes (sog. Qualifikationsrichtlinie), ABlEU Nr. L 304 v. 30.9.2004 S. 12; dazu *Hruschka/Lindner* NVwZ **2007** 645.

212   EGMR Aronica/D (E), 18.4.2002, EuGRZ **2002** 514 = ÖJZ **2003** 309.

213   Im Folgenden wird die Abschiebung als zwangsweise Vollstreckung der Ausreisepflicht in den Fokus genommen.

214   Vertiefend: *Mavronicola* Torture, Inhumanity and Degradation under Article 3 of the ECHR – Absolute Rights and Absolute Wrongs (2021); dagegen zur Frage der Wandelbarkeit der Begrifflichkeiten: *Demko* HRRS **2005** 94; *Mavronicola/Messineo* MLR **2013** 589.

215   Vgl. EGMR Soering/UK, 7.7.1989, §§ 88, 91; Varas/S, 20.3.1991, §§ 69 f., EuGRZ **1991** 203 = NJW **1991** 3079 = ÖJZ **1991** 519 = InfAuslR **1991** 217; Vilvarajah u.a./UK, 30.10.1991; Chahall/UK, 15.11.1996; (GK) Mamatkulov u. Abdurasulovic/TRK, 6.2.2003, EuGRZ **2003** 704; S.F. u.a./S, 15.5.2012.

che Behandlung oder Bestrafung drohen.[216] **Haftbedingungen** spielen in diesem Zusammenhang eine wichtige Rolle (dazu auch Rn. 92, 101 ff.).[217]

Erst recht darf ein Staat einen Menschen nicht in/auf seinem Territorium **entführen** 75 und unter illegalen Bedingungen in einen anderen Staat befördern.[218]

Aufgrund der absoluten Natur der in Art. 3 normierten Verbote (Rn. 34, 75, 145) werden 76 die Konventionsstaaten auch in **besonderen Krisen und Situationen**, z.B. im Falle **anwachsender Migrationsströme**, nicht von der Einhaltung ihrer diesbezüglichen menschenrechtlichen Verpflichtungen entbunden.[219]

Inhaltlich vergleichbare Grundsätze wenden das HRC auf der Grundlage von **Art. 7** 77 **IPBPR**[220] und der **EuGH** auf der Basis von **Art. 4 EUC**[221] an.

Für die Einhaltung von Art. 3 und der Vorbeugung einer Misshandlung im Ausland hat 78 es auch keine Bedeutung, **welche Straftaten** den Betroffenen (im Falle einer Auslieferung) vorgeworfen werden; das **Verhalten der betroffenen Person**, so unerwünscht und gefährlich es auch sein mag, kann deswegen nicht berücksichtigt werden (Rn. 74, 90).[222] Eine Rolle spielen kann dagegen, ob dem Betroffenen ein **anerkannter Flüchtlingsstatus** zukommt.[223]

Gibt es **ernsthafte Gründe** (Rn. 134) dafür, dass der Betroffene im Fall seiner Auslieferung 79 rung bzw. Abschiebung tatsächlich Gefahr läuft, einer Art. 3 widersprechenden Behandlung ausgesetzt zu werden, folgt unmittelbar aus dieser Konventionsgarantie die Pflicht des Staates, die entsprechende Maßnahme und damit die Verbringung der betroffenen

---

216 EGMR Chahal/UK, 15.11.1996; Ahmed/A, 17.12.1996 m. Anm. *Alleweldt*; Aronica/D (E) (E), 18.4.2002; Nsona/NL, 28.11.1996, ÖJZ **1997** 712 = InfAuslR **1998** 97 (Abschiebung nicht unmenschlich oder erniedrigend); D. u.a./TRK, 22.6.2006, EHRLR **2006** 586 (Abschiebung bei drohender Leibesstrafe als Verstoß gegen Art. 3, selbst wenn die Strafe im Heimatstaat aus zwei „symbolischen" Peitschenhieben anstatt aus 100 Peitschenhieben besteht); Amerkhanov/TRK, 5.6.2018; §§ 57 f. (Abschiebung eines möglicherweise aus religiösen Gründen verfolgten Muslimen nach Kasachstan ohne hinreichende Prüfung und ohne Gewährung von Rechtsschutz); Batyrkhairov/TRK, 5.6.2018, §§ 50 ff.; (GK) Khasanov u. Rakhmanov/R, 29.4.2022, §§ 94 f. (Auslieferung von Personen usbekischer Ethnie nach Kirgisistan; Verstoß gegen Art. 3 verneint); Verletzung von Art. 3 ebenso verneint in M.N. u.a./TRK, 21.6.2022, §§ 43 ff. (Abschiebungen tadschikischer Staatsangehöriger islamischer Religionszugehörigkeit nach Tadschikistan); W./F, 30.8.2022, §§ 68 ff. u. R./F, 30.8.2022, §§ 113 ff., NVwZ **2023** 579 ff. m. Anm. *Franz* (Ausweisung russischer Staatsangehöriger tschetschenischer Herkunft nach Russland); *Mavronicola/Messineo* MLR **2013** 589, 595; *Geburtig* ZaöRV **59** (1999) 295 ff.; Meyer-Ladewig/Nettesheim/von Raumer/*Meyer-Ladewig/Lehnert* 64 ff.; zur Verletzung von Art. 7 IPBPR wegen drohender Folter im Ausland: HRC Dastgir/CAN, 20.11.2008, 1578/2007, § 3.1 (Abschiebung nach Pakistan); Valetov/KAZ, 14.3.2014, § 14.6 (Abschiebung nach Kirgisistan); eingehend auch *Reeh* Das menschenrechtliche Prinzip des Non-Refoulement vor den Vertragsorganen der Vereinten Nationen (2023) 23 ff.
217 Vertiefend: *Kromrey* Haftbedingungen als Auslieferungshindernis (2017). Eine länderspezifische Übersicht der Haftbedingungen in der EU liefert die Übersicht bei EuroPris (www.europris.org).
218 Vgl. EGMR Iskandarov/R, 23.9.2010 (Entführung eines tadschikischen Oppositionellen durch russische Polizisten in Moskau; Ausfliegen nach Tadschikistan; schon Behandlung während Gefangenschaft verstieß gegen Art. 3); (GK) El-Masri/MAZ, 13.12.2012, NVwZ **2013** 631 (außerordentliche Überstellung eines Terrorverdächtigen an die CIA, die ihn zwecks Befragung außerhalb der normalen Rechtsordnung nach Afghanistan ausflog); Al Nashiri/PL, 24.7.2014, § 518; *Frowein/Kühner* ZaöRV **43** (1983) 537, 555 ff.
219 EGMR J.R. u.a./GR, 25.1.2018, NVwZ **2018** 1375, 1379.
220 HRC Aarrass/E, 21.7.2014, 2008/2010, §§ 10.1, HRLJ **2016** 320.
221 EuGH 24.4.2018, C-353/16 (MP/UK), Tz. 34, NVwZ **2018** 1784, 1785; 16.2.2017, C-578/16 PPU (C.K., H.F. u.A.S./SLW), NVwZ **2017** 691 (krankheitsbedingtes Überstellungshindernis) m. Anm. *Hruschka* (Dublin-Verfahren); 21.12.2011, C-411/10 u. C-493/10, NVwZ **2012** 417.
222 EGMR Sufi u. Elmi/UK, 28.6.2011, § 212; Saadi/I, 28.2.2008, § 138, NVwZ **2008** 1330; Chahal/UK, 15.11.1996, § 79, NVwZ **1997** 1093 m. Bespr. *Alleweldt* NVwZ **1997** 1078.
223 Näher dazu EGMR K.I./F, 15.4.2021, §§ 128 ff.

Person ins Ausland zu unterlassen.[224] Wurde der Staat nach **Rule 39 VerfO** (Teil II Rn. 112 ff.) durch eine **vorläufige Anordnung** des EGMR aufgefordert, den Betroffenen vorläufig nicht abzuschieben, so ist er gehalten, umgehend **präventive Maßnahmen** zu treffen, die verhindern, dass die Person zwangsweise in das Land, in dem ihm Folter oder erniedrigende/unmenschliche Behandlung droht, überführt wird.[225] Die trotz einer solchen Anordnung erfolgte Abschiebung begründet einen **Verstoß gegen Art. 34** (näher Teil II Rn. 116); auch die Abschiebung des Bf. in ein anderes Land als dasjenige, wegen dem die Anordnung erlassen worden war, kann, je nach den Umständen des Einzelfalls, einen solchen Verstoß darstellen.[226]

80   Aus Art. 3 kann sich demnach im Einzelfall ein Verbot der Abschiebung oder Auslieferung ergeben, jedoch **kein Recht auf Einreise** in einen Vertragsstaat, selbst wenn dem Betroffenen in seinem Aufenthaltsstaat eine Behandlung droht oder bereits widerfährt, die Art. 3 widerspricht.[227]

81   **b) Verfassungsrechtliche Ebene.** In Deutschland steht einer Auslieferung bei der ernsthaften Gefahr der Folter oder einer unmenschlichen Behandlung oder Strafe auch **§ 73 IRG** entgegen.[228] Desgleichen wird aus der Schutzpflicht des Staates nach **Art. 1 Abs. 1 GG** ein solches Verbot hergeleitet,[229] sofern die Gefahr nicht durch eine verlässliche Zusicherung des Empfängerstaates abgewendet werden kann.[230] Für den Fall, in dem die Haft-/ Lebensbedingungen im Zielstaat einer Abschiebung den in Art. 3 verankerten menschenrechtlichen Mindestanforderungen zuwiderlaufen, kann sich ein Abschiebungsverbot auch aus **§ 60 Abs. 5 AufenthG** ergeben.[231]

82   Auf verfassungsrechtlicher Ebene ist umstritten, ob die im Ausland zu erwartende Behandlung im vollen Umfang **an den deutschen Grundrechten gemessen** werden kann bzw. muss. Überwiegend wird ein solcher Ansatz abgelehnt, da es sich bei der Behandlung des Betroffenen im ersuchenden Staat um eine **Maßnahme fremder Staatsgewalt** handele und eine vollständige Grundrechtsprüfung auf eine Art Bevormundung des ausländischen Staates hinausliefe.[232] Eine Ansicht mahnt dagegen zu Recht eine **vollständige**

---

224 EGMR Egamberdiyev/R, 26.6.2014, §§ 50 f.; K.R.S./UK (E), 2.12.2008.

225 EGMR Mamazhonov/R, 23.10.2014, §§ 177 ff.; K.I./F, 15.4.2021, §§ 115 f.

226 EGMR Abdulkhakov/R, 2.10.2012, §§ 227 ff. m.w.N.

227 EGMR Khan/UK (E), 28.1.2014, §§ 26 f.

228 BVerfG StV **2004** 440 (Haftbedingungen Weißrussland); OLG Karlsruhe StV **2004** 442 (Türkei; Zweifel an Eindämmung der Folterpraxis); Grützner/Pötz/*Vogel* § 73, 8 ff. IRG; *Frowein/Kühner* ZaöRV **43** (1983) 537, 561 ff. (verfassungskonforme Auslegung); KG StraFo **2010** 191 (lebenslange, nicht gesamtstrafenfähige Freiheitsstrafe im Ausland); OLG Hamm StraFo **2013** 215 (§ 73 IRG; Ukraine; Untersuchungsgefängnis unsicher für die Gesundheit der Insassen/Strafkolonie; zu mit Art. 3 nicht vereinbaren Haftbedingungen in Rumänien: OLG München NStZ-RR **2017** 229; OLG Celle StraFo **2017** 287; OLG Nürnberg StraFo **2017** 291.

229 BVerfG EuGRZ **1990** 114; BVerwGE **67** 194; **3** 235; *Frowein/ Kühner* ZaöRV **43** (1983) 537, 563.

230 Vgl. hierzu: OLG Rostock NStZ-RR **2012** 144 (Auslieferung Weißrussland).

231 BVerfG Beschl. v. 25.9.2020 – 2 BvR 854/20, BeckRS **2020** 26438 (Sklaverei in Mauretanien; gerichtliche Aufklärungspflicht); BVerwGE **166** 113 = NVwZ **2020** 158 (gemeinsame Rückkehr im Familienverband); NVwZ **2019** 61 (Abschiebungsverbot für anerkannte Flüchtlinge nach Bulgarien); NVwZ **2017** 1798 m. Anm. *Gutmann*: Abschiebung eines islamistischen Gefährders in die Türkei, wo im Haft droht (i.E. jedoch abgelehnt, da „keine beachtliche Wahrscheinlichkeit" dafür besteht, dass dem Betroffenen in der Haft oder im Polizeigewahrsam eine gegen Art. 3 verstoßende Behandlung widerfahren wird); OVG Bremen Urt. v. 22.9.2020 – 1 LB 260/20, BeckRS **2020** 27547 (Abschiebung Afghanistan).

232 Grützner/Pötz/*Vogel* § 8, 12 IRG; *Isensee* VVDStRL **32** 49, 63.

Überprüfung deutscher Grundrechtsstandards auch im Auslieferungsverfahren an (mit Einschränkungen beim EuHb).[233]

Das **BVerfG** nimmt – unter Hinweis auf die Völkerrechtsfreundlichkeit des GG, die 83 außenpolitische Handlungsfreiheit der Bundesregierung und die Achtung der Strukturen und Inhalte fremder Rechtsordnungen und -anschauungen gerade im zwischenstaatlichen Rechtshilfe- und Auslieferungsverkehr – lediglich eine auf den *„Schutz eines rechtsstaatlichen, von der Achtung der Würde des Menschen bestimmten Kernbereichs"* beschränkte Kontrolle vor.[234] Daher sind die deutschen Gerichte bei der Prüfung der Zulässigkeit der Auslieferung von Verfassung wegen gehalten (lediglich) zu prüfen, ob die Auslieferung und die ihr zu Grunde liegenden Akte mit den nach Art. 25 GG in der BR Deutschland **verbindlichen völkerrechtlichen Mindeststandards** (internationaler *ordre public*)[235] und mit den **unabdingbaren verfassungsrechtlichen Grundsätzen ihrer öffentlichen Ordnung** (nationaler *ordre public*)[236] vereinbar sind.[237]

Zu den unabdingbaren Grundsätzen der deutschen verfassungsrechtlichen Ordnung 84 zählt sowohl die **(menschenwürdige) Behandlung** des Betroffenen im ersuchenden Staat[238] als auch – wegen Art. 1 Abs. 1, Art. 2 Abs. 1 GG – dass eine **angedrohte oder verhängte Strafe nicht grausam, unmenschlich oder erniedrigend** sein darf.[239] Zu diesen „unabdingbaren verfassungsrechtlichen Grundsätzen" gehört auch der **Grundsatz der Verhältnismäßigkeit**. Den zuständigen Organen der BR Deutschland sei daher die Auslieferung eines Verfolgten untersagt, wenn die Strafe, die diesem im ersuchenden Staat erwartet, **„unerträglich hart, mithin unter jedem denkbaren Gesichtspunkt unangemessen"** ist; Tatbestand und Rechtsfolge müssten „sachgerecht aufeinander abgestimmt" sein.[240] Diese unabdingbaren Grundsätze sollen noch nicht verletzt sein, wenn die zu vollstreckende Strafe lediglich als in hohem Maße hart anzusehen ist und bei einer strengen innerstaatlichen Beurteilung *anhand deutschen Verfassungsrechts* nicht mehr als angemessen erachtet werden könnte.[241] Aus der Entscheidung des Gerichts über die Zulässigkeit der Auslieferung muss sich eine **sorgfältige Prüfung** der Vereinbarkeit mit den verfassungsrechtlichen Mindeststandards ersehen lassen.

---

233 Vgl. *Gusy* GA **1983** 73 ff.; *Lagodny* Die Rechtsstellung des Ausliefernden in der Bundesrepublik Deutschland (1987) 129 ff., 161 ff.; *ders.* NJW **1988** 2146, 2150; siehe außerdem: *Payandeh/Sauer* NJW **2021** 1570, die dies jedoch unter Bezugnahme auf amerikanische Drohnenangriffe unter Einbeziehung der Airbase Ramstein kritisieren.

234 Vgl. BVerfGE **75** 1, 16 f.; **108** 129, 137; **113** 154, 162 f.; BVerfG StraFo **2010** 63, 64.

235 Hierzu zählen im Bereich der Auslieferung der Grundsatz der Spezialität (BVerfGE **57** 9, 28) und der Anspruch auf gerichtlichen Rechtsschutz im ersuchenden Staat (vgl. BVerfGE **69** 253, 303).

236 Für das (im ersuchenden Staat) zu erwartende Strafverfahren ist insb. der Anspruch auf rechtliches Gehör (BVerfGE **63** 332, 338) maßgeblich; unabdingbar sind die Beachtung des Grundsatzes der Verhältnismäßigkeit i.V.m. dem Schuldprinzip bei der konkreten Straffestsetzung sowie der Grundsatz, dass eine angedrohte oder verhängte Strafe nicht grausam, unmenschlich oder erniedrigend sein darf (BVerfGE **75** 1, 16).

237 BVerfG Beschl. v. 20.11.2014 – 2 BvR 1820/14, WM **2015** 65 = wistra **2015** 96.

238 Siehe nur BVerfGE **59** 280, 283; **63** 332, 337; **83** 130, 143; BVerfG StV **2004** 440, 441 m.w.N.; StraFo **2010** 63, 64; siehe auch: *Graßhof/Backhaus* EuGRZ **1996** 445.

239 Vgl. BVerfGE **75** 1, 16 f.; **108** 129, 136 f.; **113** 154, 162.

240 BVerfG Beschl. v. 20.11.2014 – 2 BvR 1820/14, WM **2015** 65 = wistra **2015** 96; hierzu: KG StraFo **2018** 250.

241 BVerfG Beschl. v. 20.11.2014 – 2 BvR 1820/14: „Da das Grundgesetz von der Eingliederung Deutschlands in die Völkerrechtsordnung der Staatengemeinschaft ausgeht, gebietet es zugleich, im Rechtshilfeverkehr auch dann Strukturen und Inhalte fremder Rechtsordnungen und -anschauungen grundsätzlich zu achten, wenn sie im Einzelnen nicht mit den deutschen innerstaatlichen Auffassungen übereinstimmen."; vgl. auch OLG Köln Beschl. v. 30.5.2016 – 6 AuslA 134/15 – 102 (Auslieferung an die USA; Mordverdacht).

85   Die zur Gewährleistung einer mit Art. 1 GG vereinbaren Behandlung einzuholende **Zusicherung des ausländischen Staates** muss mit **spezifischen Garantien** verbunden sein, die eine Überprüfung der vorgeblichen Haftbedingungen im Falle der Inhaftierung des Betroffenen und insbesondere den ungehinderten Zugang zu den Prozessbevollmächtigten gestattet.[242] Die Anforderungen an die Begründung steigen mit der Intensität des Eingriffs in die persönliche Freiheit des Betroffenen. Hat etwa das BAMF per Bescheid festgestellt, dass für den von einer Abschiebung Betroffenen in Bezug auf ein bestimmtes Land ein Abschiebungsverbot besteht, bindet diese Feststellung auch die übrigen Behörden, solange der Bescheid nicht widerrufen ist oder anderweitig zurückgenommen wurde. Demnach verbleibt auch im einstweiligen Rechtsschutz kein Raum für die gerichtliche Prüfung der Frage, ob dem Antragsteller im Zielland tatsächlich Folter oder eine unmenschliche Behandlung drohen.[243] Bei der Prüfung des Abschiebungsverbots ist auch zu berücksichtigen, welche **Möglichkeiten der Wohnsitznahme im Zielstaat** der Abschiebung in Betracht kommen, da zwar grundsätzlich auf die Verhältnisse im gesamten Zielstaat abzustellen ist, konkret aber entscheidet, welche Umstände an dem Ort vorherrschen, an dem die Abschiebung endet.[244]

86   Dem folgt im Wesentlichen auch ein Beschluss des OLG Zweibrücken. Eine **unangemessen lange Strafe** stelle **keine erniedrigende oder unmenschliche Behandlung** dar, jedoch müsse die Auslieferung in einem solchen Fall verweigert werden (Auslieferungshindernis des § 73 IRG), wenn die (mindestens) zu vollstreckende Freiheitsstrafe *unangemessen und unerträglich hart* sei.[245] Zwar gebiete es die Eingliederung Deutschlands in die Völkerrechtsordnung der Staatengemeinschaft, im Rechtshilfeverkehr Strukturen und Inhalte der anderen Rechtsordnungen und -anschauungen zu achten, jedoch sei der Grundsatz der **Verhältnismäßigkeit ein allgemeiner Grundsatz des Europarechts**, weshalb auch aus Art. 49 Abs. 2 EUC eine Unzulässigkeit eines unverhältnismäßigen Strafmaßes folge.[246]

87   Eine drohende **lebenslange Freiheitsstrafe** stellt als solche keine unerträglich harte oder unmenschliche Strafe dar, die einer Auslieferung per se entgegensteht.[247] Im Rechts-

---

242 Zur Verfassungsmäßigkeit des § 58a AufenthG, aufgrund dessen zur Abwehr einer besonderen Gefahr für die Sicherheit der BR Deutschland oder einer terroristischen Gefahr ohne vorhergehende Ausweisung eine Abschiebungsanordnung erlassen werden kann: BVerfG NVwZ **2017** 1526; BVerwGE **159** 296; BVerwG NVwZ-RR **2019** 971; von der gänzlichen Ungeeignetheit der Zusicherung des anderen Staates, die die Befürchtung ausräumen soll, dem betroffenen Ausländer drohe im Abschiebungszielstaat möglicherweise eine gegen Art. 1 Abs. 1 GG und Art. 3 verstoßende Behandlung, muss dabei nur in Ausnahmefällen ausgegangen werden. Bevor auf der Grundlage einer solchen Zusicherung die Abschiebung erfolgt, ist dem Betroffenen Gelegenheit zu gewähren, Stellung zu nehmen und um Rechtsschutz nachzusuchen; die Gefahrenprognose im Rahmen eines Abschiebungsverbots nach § 60 Abs. 5 AufenthG kann sich während eines Klageverfahrens auch durch Erklärungen von Vertretern des Zielstaats, die nicht den Charakter einer echten Zusicherung haben, bis zum Zeitpunkt der Abschiebung soweit verändern, dass nicht (mehr) von einem realen Risiko einer gegen Art. 3 verstoßenden Behandlung auszugehen ist, vgl. BVerwGE **159** 296 = ZAR **2018** 117.
243 OVG Münster NVwZ **2018** 1493 = NJW **2018** 3264 (Rückholung; Fall Sami A.).
244 BayVGH Urt. v. 17.7.2018 – 20 B 17.31659 (Abschiebung Somalia/Mogadischu; Nachrangig ist zu prüfen, ob eine Niederlassung des Betroffenen an seinem eigentlichen Herkunftsort möglich ist und ob er diesen zumutbar erreichen kann, sowie ob eine innerstaatliche Fluchtalternative an einem anderen Ort im Zielstaat bzw. deren Erreichbarkeit anzunehmen ist).
245 OLG Zweibrücken NStZ-RR **2021** 223, 224 (Verhängung einer Freiheitsstrafe von 226 Jahren sowie einer Geldstrafe von 2.310.000 € nicht mehr verhältnismäßig).
246 OLG Zweibrücken NStZ-RR **2021** 223, 224; hierzu: HbStR/*Esser*, § 64, 60.
247 BVerfG StraFo **2010** 63, 65 (Verfahrenspraxis der regelmäßigen Aussetzung des Strafrestes bei lebenslanger Freiheitsstrafe nach fünfzehn Jahren verbüßter Strafe, § 57a StGB, nicht maßgeblich); vgl. auch:

system des ersuchenden Staates muss aber eine **konkrete und praktisch realisierbare Chance auf Wiedererlangung der Freiheit** bestehen.[248] Verfahrensrechtliche Einzelheiten, mit denen diese praktische Chance auf Wiedererlangung der Freiheit in Deutschland verstärkt und gesichert wird, müssen dafür nicht erfüllt werden.

Eine lebenslange Freiheitsstrafe ist allerdings dann grausam und erniedrigend, wenn **88** sie ohne hinreichende praktische Aussicht – sei es in einem den Gerichten anvertrauten oder in einem grundsätzlich erfolgversprechenden Gnadenverfahren – auf Wiedererlangung der Freiheit regelmäßig bis zum Tod vollstreckt wird. Der Verurteilte muss auch hier eine realistische **Perspektive** behalten, **zu Lebzeiten den Strafvollzug verlassen** zu können (**„genuine prospect of release"**).[249] Die unabdingbaren verfassungsrechtlichen Grundsätze können daher verletzt sein, wenn nur bei schweren Gebrechen oder bei einer lebensbedrohlichen Erkrankung des Häftlings von der weiteren Vollstreckung der lebenslangen Freiheitsstrafe bis zum Tod abgesehen werden kann. Dies gilt jedenfalls, wenn auch bei Vorliegen dieser Umstände die Wiedererlangung der Freiheit ungewiss bleibt, weil der Häftling nur auf einen Gnadenweg hoffen kann.[250] Eine Beschränkung der Anordnungsmöglichkeit einer lebenslangen Freiheitsstrafe auf *männliche* Verurteilte im Alter zwischen 18 und 65 Jahren soll im staatlichen Gestaltungsspielraum liegen und daher **keine ungerechtfertigte Diskriminierung** (Art. 14 i.V.m. Art. 5) darstellen.[251]

In Auslieferungsverfahren, die einen **deutschen Staatsangehörigen** betreffen, ist **89** dessen Rechten gegenüber ausländischen Verfolgungsinteressen besonderes Gewicht beizumessen. Es besteht eine Pflicht staatlicher Stellen zu einem möglichst schonenden Ein-

---

BVerfGE **113** 154, 163 f. – Auslieferung an die USA bei dort drohender Verurteilung zu einer lebenslangen Freiheitsstrafe („imprisonment in the state prison for life without the possibility of parole"); zu den Auslieferungsverträgen zwischen Deutschland und den USA: *Priewer/Begemeier* NZWiSt **2022** 352; s.a. OLG Dresden NStZ-RR **2011** 181 (Ls.), BeckRS **2011** 05185, dazu NJW-Spezial **2011** 217. Vertiefend zu den menschenrechtlichen Implikationen der lebenslangen Freiheitsstrafe: van Zyl Smit/Appleton (Hrsg.), Life Imprisonment and Human Rights (2016); dies. (Hrsg.), Life Imprisonment – A Global Human Rights Analysis (2019); vgl. auch EGMR Findikoglu/D (E), 7.6.2016, §§ 37 ff. (allein abstrakte Gefahr einer Verurteilung zu 247,5 Jahren Freiheitsstrafe/USA kein Verstoß gegen Art. 3 bei Auslieferung); vgl. auch EGMR López Elorza/E, 12.12.2017, § 119; zur Beweislast des Bf. vgl. EGMR (GK) Sanchez-Sanchez/UK, 3.11.2022, §§ 87 ff., 100 ff.

248 Vgl. BVerfG NStZ-RR **2012** 387 („Erhaltung der Lebenstüchtigkeit"; „Lockerungsperspektive"); OLG Karlsruhe NStZ-RR **2011** 145 (Forderung einer regelmäßigen Überprüfung der Sicherungsmaßnahme der Unterbringung in einer psychiatrischen Anstalt in einem ordnungsgemäßen gerichtlichen Verfahren zu bestimmten Fristen; Maßstab hier: Grundsatz der Verhältnismäßigkeit/faires Verfahren, Art. 6); KG NStZ-RR **2018** 326; zur Vollzugsgestaltung auch: LG Marburg R&P **2012** 49 in Anlehnung an die Grundsätze des BVerfGE **128** 326 = NJW **2011** 1931 zur Neuordnung der Sicherungsverwahrung; vgl. auch: *Sánchez Robert* EuCLR **2017** 177 (mit besonderem Bezug zu Spanien); BGH NStZ **2018** 331 = StV **2019** 442 = StraFo **2018** 160 (Gebot einer realistischer Chance der Wiedererlangung der Freiheit bei zeitiger Freiheitsstrafe und schwerer Krebserkrankung).

249 EGMR Starishko/UKR, 15.10.2020, §§ 18 ff. mit Bezug auf EGMR Petrukhov/UKR (Nr. 2), 12.3.2019, §§ 169 ff. (Möglichkeit des Gnadenerweises, jedoch mangelnde Klarheit, Gewissheit und Transparenz hinsichtlich der Anwendung des Verfahrens); BVerfG NJW **2018** 289, 290, Tz. 11, 20 (*Gröning*) = medstra **2018** 95 – Forderung ausreichender Mittel zur medizinischen Betreuung und zur Abwehr vorhandener Gesundheitsgefahren; KG StraFo **2010** 191.

250 BVerfG StraFo **2010** 63, 65 (Auslieferung zum Zwecke der Strafverfolgung an die Türkei wegen Staatsschutzdelikten bei drohender Verurteilung zu einer sog. erschwerten lebenslangen Freiheitsstrafe); vgl. auch BVerfGE **113** 154, 165.

251 EGMR (GK) Khamtokhu u. Aksenchik/R, 24.1.2017, §§ 53–88.

griff in den Schutzbereich des **Art. 16 Abs. 2 Satz 1 GG**. Dies wirkt sich insbesondere bei der Auslegung des § 73 IRG aus.[252]

90 **c) Abschiebungs-/Auslieferungsverbot aus Art. 3 EMRK.**[253] **Schutzgehalt/Anwendungsbereich.** Der Staat verstößt gegen seine **Schutzpflicht** aus Art. 3, wenn er durch Auslieferung oder Abschiebung zu einer Missachtung der materiellen Standards der Konvention durch eine Situation im Ausland beiträgt.[254] **Art. 3 UNCAT** formuliert dies für die Folter ausdrücklich.[255] Ob ein solches Verbot bereits dem **allgemeinen Völkerrecht** entnommen werden kann, ist dagegen fraglich.[256] So lässt **Art. 33 Abs. 2 GFK** bei Gefährlichkeit des Betroffenen die Abschiebung auch bei zu vermutender Verfolgung des Betroffenen im Empfangsstaat zu; der EGMR lehnt die Übertragung dieser Schranke auf Art. 3 ausdrücklich ab.[257]

91 Einfachgesetzlich verbietet in Deutschland § 60 **Abs. 2 AufenthG** eine Abschiebung von Ausländern bei konkreter Gefahr im Zielstaat der Folter oder unmenschlicher oder erniedrigender Behandlung oder Bestrafung unterworfen zu werden; wie schon am Wortlaut zu erkennen ist, fußt die Regelung maßgeblich auf Art. 3[258] und dient der Umsetzung des **Art. 15 lit. b RL 2004/83/EG.**[259] Bei ihrer Auslegung ist insbesondere die Rechtsprechung des EGMR zu Art. 3 zu berücksichtigen.[260] Ebenso spielt Art. 3 (i.V.m. Art. 4 EUC) bei der Auslegung des § 29 Abs. 1 AsylG eine Rolle.[261]

---

252 Vgl. etwa KG StraFo **2010** 191 (nicht gesamtstrafenfähige lebenslange Freiheitsstrafe bei drohender Auslandsverurteilung; Verweis auf Gnadenweg nicht mit Art. 16 Abs. 2 Satz 1 GG vereinbar).

253 Vertiefend: *Lorz/Sauer* EuGRZ **2010** 389.

254 So bereits: EKMR Memis/D, 15.3.1984, EuGRZ **1986** 324; OVG Münster DÖV **1956** 143; BVerwGE **67** 194; BGer EuGRZ **1983** 253; *Frowein/Peukert* 20 ff.; *Gornig* EuGRZ **1986** 521, 524; *Hofmann* 31; *Kimminich* EuGRZ **1986** 317, 318; Meyer-Goßner/*Schmitt* 4; *Marx* ZRP **1986** 83; *Morvay* ZaöRV **21** (1961) 33; *Vogler* ZStW **89** (1977) 765; vgl. auch HRC Kaur/CAN, 18.11.2008, 1455/2006, § 7.2 (kein Aussetzen in Gefahr von Folter oder Misshandlung durch Auslieferung); ähnlich HRC X./KOR, 1908/2009, 25.3.2014, §§ 11.2 ff. (Auslieferung eines konvertierten Christen in den Iran); Choudhary/CAN, 28.10.2013, 1898/2009, §§ 9.2, 9.5, 9.7 ff., 11 (Abschiebung eines Schiiten und seiner Familie nach Pakistan; drohende Folter und religiöse Verfolgung); dagegen: HRC Z./AUS, 18.7.2014, 2049/2011, §§ 9.6 ff. (keine Verletzung von Art. 7 IPBPR, wenn nicht substantiiert dargelegt und bewiesen werden kann, dass Bf. Mitglied einer religiös bzw. politisch verfolgten Gruppe oder Bewegung ist (hier Mitglied, der in China staatlich verfolgten Falun Gong-Bewegung); vgl. BVerfG Beschl. v. 14.12.2017 – 2 BvR 1872/17, EuGRZ **2018** 69 (nicht hinreichend dargelegt, dass dem in Italien anerkannt Schutzberechtigten dort eine gegen Art. 3 EMRK und Art. 4 EUC verstoßende Behandlung drohte; im fachgerichtlichen Verfahren wurde lediglich zu den allgemeinen Aufnahmebedingungen für Asylsuchende in Italien vorgetragen, nicht jedoch zur Situation der dort anerkannten Schutzberechtigten).

255 Das Auslieferungsverbot des Art. 3 Abs. 1 UNCAT gilt nur bei drohender Folter, nicht bei einer unmenschlichen oder erniedrigenden Behandlung, vgl. Art. 16 UNCAT.

256 Vgl. dazu *Vogler* GedS Meyer 477 ff. (keine Auslieferung, weil dadurch im Einzelfall völkerrechtliches ius cogens verletzt würde); ferner *Hofmann* FS Zeidler 1885, 1897; *Frowein/Kühner* ZaöRV **43** (1983) 537, 551 ff. (zu dem über Art. 33 Abs. 1 GFK hinaus geltenden Prinzip des „non refoulement" als Auslieferungsschranke); *Gornig* EuGRZ **1986** 521; *Hailbronner/Randelzhofer* EuGRZ **1986** 641, 643; vertiefend *Reeh* Das menschenrechtliche Prinzip des Non-Refoulement vor den Vertragsorganen der Vereinten Nationen (2023) 28 ff.

257 EGMR Chahal/UK, 15.11.1996, § 80.

258 *Dietz* BayVBl. **2012** 645, 650.

259 Vgl. BVerwG ZAR **2013** 297, 299.

260 BVerwG ZAR **2013** 297, 299; NVwZ **2017** 1798 (Abschiebung eines islamistischen Gefährders in die Türkei; drohende Haft; i.E. jedoch abgelehnt, da „keine beachtliche Wahrscheinlichkeit" für Haft oder Polizeigewahrsam mit einer gegen Art. 3 verstoßenden Behandlung) m. Anm. *Gutmann*.

261 Hierzu vgl. EuGH (GK) 9.3.2019, C-297/17 (Ibrahim u.a.), JZ **2019** 999 = NVwZ **2019** 785 (Ls.); 13.11.2019, C-540/17, C-541/17 (Adel Hamed u. Amar Omar), NVwZ **2020** 137 m. Anm. *Vogt* (internationaler Schutz auch

Diese staatliche Schutzpflicht steht einer Auslieferung oder Abschiebung entgegen, **92**
wenn diese Maßnahme zu einer **Folter oder unmenschlichen bzw. erniedrigenden Behandlung** des Betroffenen im ersuchenden Staat führen würde, weil dieser dort einer ernsthaften und unabwendbaren Gefahr (Rn. 134) für sein Leben oder einer konventionswidrigen Behandlung nach Art. 3 ausgesetzt wäre – sei es durch **Personengewalt** oder situative **Haft-/Unterbringungs-/Lebensbedingungen.**[262] Einer Auslieferung an die Russische Föderation steht seit Anfang 2022 § 73 IRG i.V.m. Art. 3 EMRK entgegen, da seit dem Ausschluss der Russischen Föderation aus dem Europarat am 16.3.2022 mangels einer im Verhältnis zu den Mitgliedstaaten des Europarats verbindlicher Verpflichtung zur Rechtsstaatlichkeit und zur Beachtung der Menschenrechte erhebliche Zweifel an der dortigen Einhaltung völkerrechtlicher Mindeststandards bestehen.[263]

Der von der jüngeren Rechtsprechung bejahte Verstoß gegen Art. 3 von **lebenslanger** **93** **Haft ohne Aussicht auf Freilassung** (Rn. 285) wird seit 2014 auch auf Auslieferungsfälle übertragen, so dass eine entsprechende Strafdrohung im ersuchenden Staat ein Auslieferungshindernis als begründet gilt.[264] Der EGMR wendet seit 2022 allerdings eine **modifizierte, zweistufige Prüfung** an. Im ersten Schritt muss der beweisbelastete Bf. zunächst stichhaltige Gründe vorbringen, die beweisen, dass er einem *realen Risiko* (*real risk assessment*) ausgesetzt wäre, einer gegen Art. 3 verstoßenden Behandlung unterworfen zu werden. In einem zweiten Schritt muss sodann geprüft werden, ob es einen Mechanismus zur Überprüfung des Urteils gibt, der es den Behörden des ersuchenden Staates ermöglicht, etwaige Fortschritte in seiner Rehabilitation oder andere Gründe für eine vorzeitige Entlassung aufgrund seines Verhaltens oder anderer relevanter persönlicher Umstände zu

dann, wenn dem Betroffenen bereits von einem anderen EU-Mitgliedstaat die Flüchtlingseigenschaft zuerkannt worden ist, sofern die Lebensverhältnisse dort für den Betroffenen als anerkannter Flüchtling die ernsthafte Gefahr einer unmenschlichen oder erniedrigenden Behandlung bedeuten würden).

262 Zur Ausdehnung der Schutzpflicht auf solche Fälle: EGMR D./UK, 2.5.1997, NVwZ **1998** 161 = ÖJZ **1998** 354 = InfAuslR **1997** 381, §§ 49–54; S.C.C./S, 16.2.2000, ÖJZ **2000** 911 = InfAuslR **2000** 421 (Aids); T.I./UK (E), 7.3.2000; Bensaid/UK, 6.2.2001 (verneinend für Abschiebung eines an einer geistig-seelischen Störung Leidenden); Soldatenko/UKR, 23.10.2008 (Ausweisung **Turkmenistan**); R.C./S, 9.3.2010 (Ausweisung **Iran**); OLG Nürnberg NStZ-RR **2012** 49 (Ls.) (Überstellung zu Strafvollstreckung Mazedonien). Zur strittigen engeren Auffassung des BVerwG (nur staatliche und quasistaatliche Stellen): BVerwGE **99** 331; **104** 254; BVerwG Beschl. v. 19.9.2017 – 1 VR 7.17, Tz. 51 ff.; Beschl. v. 22.8.2017 – 1 A 2.17, Tz. 50 ff. Vgl. zur Auslieferung nach **Russland**: EGMR I.K./A, 28.3.2013, §§ 83, 86, ÖJZ **2014** 140, NLMR 2/**2013** 111 – Abschiebung des **tschetschenischen** Bf. trotz konstatierter Misshandlungsgefahr („real and individual risk"); K.I./F, 15.4.2021, §§ 128 ff.; OLG Karlsruhe StraFo **2009** 167 (§ 73 IRG i.V.m. Art. 3; tschetschenische Volkszugehörigkeit; drohende Misshandlung durch Aufseher und Häftlinge); OLG Köln StraFo **2005** 254 (Haftbedingungen); *Buß* DÖV **1998** 323; *Frowein* DÖV **1998** 809; *Grabenwarter/Pabel* § 20, 77 ff.; vgl. aber auch *Hailbronner* DÖV **1999** 619 (Gefahr einer Generalklausel für allgemeinen Flüchtlingsschutz); OLG Stuttgart wistra **2016** 335 (Haftbedingungen). Zum Verbot der Auslieferung in die **Türkei** aufgrund der Rechtspraxis im Anschluss an den gescheiterten Militärputsch 2016: OLG Schleswig Beschl. v. 22.9.2016 – 1 Ausl(A) 45/15, 1 Ausl(A) 41/15, DRiZ **2016** 386; BTDrucks. **18** 10737. Zur Situation in **Bulgarien**: OVG Münster DVBl. **2018** 392. Zum Gebot der medizinischen Untersuchung von Asylsuchenden bei dem Verdacht auf bereits erfahrene Folter: CAT F.K./DK, 23.11.2015, 580/2014, § 7.6; M.B. u.a./DK, 25.11.2016, 634/2014, § 9.8; Adam Harun/CH, 6.12.2018, 758/2016, § 9.11.

263 OLG Zweibrücken Beschl. v. 10.11.2022 – 1 AR 45/22 A, NStZ-RR **2023** 124 (Stand: Juni 2023).

264 EGMR Trabelsi/B, 4.9.2014, §§ 121 ff., 131 ff., 137 f., NJOZ **2016** 389 (in den **USA** drohende lebenslange Freiheitsstrafe ohne Chance auf Freilassung); zu diesem Urteil: *Bossuyt* HRLJ **2015** 269 ff.; zu den Konsequenzen für Deutschland: *Kromrey/Morgenstern* ZIS **2014** 704; ferner EGMR Findikoglu/D (E), 7.6.2016, §§ 37 ff. (Auslieferung USA; allein abstrakte Gefahr der Verurteilung zu 247,5 Jahren Freiheitsstrafe kein Verstoß gegen Art. 3); näher zur (Un-)Vereinbarkeit von lebenslanger Freiheitsstrafe mit Art. 3: Rn. 285); EGMR (GK) McCallum/I (E), 21.9.2022; HRC Blessington, Elliot/AUS, 22.10.2014, 1968/2010, §§ 7.2 ff., 7.12 (lebenslange Freiheitsstrafe für Jugendliche ohne Möglichkeit auf vorzeitige Freilassung).

berücksichtigen.[265] Der EGMR etabliert hiermit nicht nur einen zusätzlichen ersten Prüfungsschritt, den der Bf. erfüllen muss, sondern es wird gleichzeitig auch der Prüfmaßstab im zweiten Schritt auf die Vereinbarkeit von lebenslangen Freiheitsstrafen in Auslieferungsfällen mit den substantiellen Aspekten der post-*Vinter*-Rechtsprechung beschränkt. Die prozessualen Rechte hingegen werden aus dem Prüfmaßstab herausgenommen.[266] Diese unterschiedliche Behandlung von Fällen von **innerstaatlichen lebenslangen Freiheitsstrafen** und Fällen, in denen **lebenslange Freiheitsstrafen in Auslieferungsfällen** drohen, begründet der EGMR damit, dass die innerstaatlichen Fälle eine Überprüfung der verhängten Sanktion vollumfänglich ermöglichen, einerseits, weil die zu verurteilende Person sich bereits in der Haftanstalt befindet und andererseits, weil ein Vertragsstaat die Kompetenz besitzt, sein eigenes Rechtssystem zu überprüfen.[267] Im Gegensatz dazu sieht es der EGMR als unangemessen schwierig an, von einem Vertragsstaat die ausführliche Prüfung des Rechtes des auslieferungsersuchenden Drittstaates zu verlangen. Eine solche Verpflichtung würde unter anderem mit den internationalen Verpflichtungen der Staaten untereinander kollidieren. Die unterschiedliche Behandlung sei demnach notwendig, um das Risiko der Straflosigkeit solcher Täter einerseits und der Schaffung von „safe havens" andererseits zu vermeiden.[268]

94   Das Auslieferungs-/Abschiebungsverbot gilt auch (und gerade) dann, wenn der ersuchende Staat bzw. Zielstaat *nicht* zu den Vertragsstaaten der EMRK gehört,[269] da maßgeblicher **Anknüpfungspunkt** für die Beachtung und Anwendung von Art. 3 allein der handelnde (auch wenn im Falle der Auslieferung ersucht) Staat ist (Art. 1), der die konventionswidrige Behandlung/Situation des Betroffenen im Ausland nicht ermöglichen darf und daher durch sein Unterlassen zu verhindern hat.[270] Aber auch die Auslieferung bzw. Abschiebung in einen (Durchgangs-)**Konventionsstaat** beseitigt nicht die Verantwortung des ausliefernden/abschiebenden Staates dahingehend sicherzustellen, dass der Betroffene keiner Art. 3 widersprechenden Behandlung (dort und im Zielstaat) ausgesetzt wird.[271] Die indirekte Rückführung eines Asylbe-

---

265 EGMR (GK) Sanchez-Sanchez/UK, 3.11.2022, §§ 83 ff.; anders noch EGMR Trabelsi/B, 4.9.2014, §§ 121 ff.
266 EGMR (GK) Sanchez-Sanchez/UK, 3.11.2022, §§ 90 ff.
267 EGMR (GK) Sanchez-Sanchez/UK, 3.11.2022, §§ 83 ff.
268 EGMR (GK) Sanchez-Sanchez/UK, 3.11.2022, §§ 93–95; zur Anwendung der modifizierten, zweischrittigen Prüfung siehe EGMR (GK) McCallum/I (E), 21.9.2022.
269 Vgl. hierzu: EGMR (GK) Hirsi Jamaa u.a./I, 23.2.2012, §§ 120, 147 = NVwZ **2012** 809 (Rückführung nach Libyen im Jahr 2009); dazu *Lehnert/Markard* ZAR **2012** 194; *Weber* ZAR **2012** 265; *Haefeli* ZAR **2020** 25, 28 ff.; s.a. EGMR (GK) N.D. u. N.T./E, 13.2.2020, §§ 102 ff. (zu Art. 1) und §§ 186 ff. (zu Art. 3) – Rückführung nach Marokko (**Melilla**); Ilias u. Ahmed/H, 21.11.2019, §§ 128 ff. (Serbien; Transitzone **Röszke**); dazu auch *Lehnert* NVwZ **2020** 766 ff., 770 ff.
270 Vgl. OLG Frankfurt NStZ **2008** 166 (Zusicherung im Auslieferungsverfahren – Südafrika) m. Anm. *Schneider/Schultehinrichs/Fehn/Lagodny*.
271 EGMR T.I./UK (E), 7.3.2000; vgl. BayVGH BayVBl. **2014** 628 (keine „systemischen Mängel" des italienischen Asylverfahrens und Aufnahmesystems); aber: in EGMR (GK) Tarakhel/CH, 4.11.2014, §§ 87 ff., 122, NVwZ **2015** 127 m. krit. Bespr. *Tiedemann* NVwZ **2015** 121 u. *Sharma* ZEuS **2019** 197, 202 (zur weiteren Entwicklung des Falles: BVGer EuGRZ **2015** 415 m. Anm. *Steinmann*) wird trotz dieser Feststellung (keine „systemischen Mängel") die Abschiebung einer Familie mit minderjährigen Kindern nach Italien als konventionswidrig erachtet, sofern keine individuelle Garantie vorliegt, dass die Familieneinheit gewahrt werde und die Unterbringung dem Alter der Kinder angemessen sei; auf derselben Linie: BVerfG NVwZ **2015** 810 = ZAR **2015** 279 = EuGRZ **2015** 444; zur Thematik auch: *Wendel* Menschenrechtliche Überstellungsverbote: Völkerrechtliche Grundlagen und verwaltungsrechtliche Konkretisierung: es erfolgt also eine zweistufige Prüfung, einerseits eine abstrakt-generelle Bewertung der Gesamtsituation („systemische Mängel"), weiterhin eine konkret-individuelle Prüfung der Gefährdung, insbesondere im Hinblick auf die Bedürfnisse von besonders gefährdeten Personen, hier der Kinder; keine Konventionsverletzung folglich im Falle der Abschiebung eines Alleinstehenden bzw. einer Einzelperson nach **Italien**: EGMR A.M.E./NL (E), 13.1.2015, §§ 32 ff.; M.O.S.H./NL (E),

werbers über einen **Durchreisestaat**, der als Vertragsstaat der EMRK ebenfalls zur Beachtung der Verbote des Art. 3 verpflichtet ist, entbindet den ihn dorthin abschiebenden Staat nicht von der eigenen Verpflichtung, sich selbst zu vergewissern, dass der Abgeschobene auch dort Schutz vor Folter pp. genießt und einen entsprechenden Anspruch geltend machen kann.[272]

Unwirksam ist ein, an eine Abschiebung anknüpfendes, allein auf der Anordnung des **95** Gesetzgebers **beruhendes Einreise- und Aufenthaltsverbot** (vgl. § 11 Abs. 1 AufenthG), da es nicht mit der RL 2008/115/EG (Rückführungsrichtlinie) in Einklang zu bringen ist.[273] Ein **Anhörungsgebot** vor Erlass einer Rückkehrentscheidung enthält die RL hingegen nicht. Ein solches Gebot wird aber regelmäßig als allgemeiner Grundsatz des Unionsrechts angesehen.[274] Da die RL jedoch die Erleichterung der wirksamen Rückführung von illegal aufhältigen Drittstaatsangehörigen in ihr Herkunftsland bezweckt, ist die grundsätzliche Entbehrlichkeit einer Anhörung vor Erlass einer Abschiebungsanordnung (§ 58a AufenthG) mit dem Unionsrecht vereinbar.[275] Erfolgen die Überstellungen im **Dublin-Verfahren**, ist der hierzu spezifische menschenrechtliche Überstellungsschutz zu beachten.[276]

Von der Verpflichtung, niemanden wissentlich in ein Land auszuliefern oder abzu- **96** schieben, in dem ihm nach den konkreten Umständen ein ernstzunehmendes Risiko der Folter oder der unmenschlichen oder erniedrigenden Behandlung oder Bestrafung droht, wird ein Staat nicht dadurch entbunden, dass ein geschlossener **Auslieferungsvertrag** solche Fälle nicht explizit von der Auslieferung ausnimmt. Wegen des Vorrangs des Folterverbots als **zwingendes Völkerrecht** ist ein Staat auch dann nicht zur Auslieferung verpflichtet, noch könnte ein solcher Vertrag sie rechtfertigen.[277]

Die Auslieferung hat zu unterbleiben, wenn im konkreten Fall wesentliche Gründe **97** dafür vorgebracht werden oder bekannt sind, dass dem Betreffenden im ersuchenden Staat die ernstzunehmende echte/„tatsächliche" Gefahr (*„real risk"*) der Folter oder einer unmenschlichen/erniedrigenden Behandlung droht.[278] Zu bestimmen ist dieser geforderte

---

3.2.2015, §§ 22 ff.; vgl. auch: OVG Münster Urt. v. 24.8.2016 – 13 A 63/16.A, DÖV **2016** 1056 (Ls.); VGH Mannheim DVBl. **2016** 1615 (keine Rückführung eines Asylsuchenden nach Ungarn); vertiefend: *Diekmann* Menschenrechtliche Grenzen des Rückführungsverfahrens in Europa (2016).

272   EGMR T.I./UK (E), 7.3.2000 (Abschiebung eines in Deutschland bereits abgelehnten Asylbewerbers aufgrund des Dubliner Abkommens von Großbritannien nach Deutschland); K.R.S./UK (E), 2.12.2008, NVwZ **2009** 965 (Ausweisung eines iranischen Asylbewerbers nach Griechenland – Dubliner Abkommen – trotz einer Kritik des UNHCR an dem griechischen Aufnahmeverfahren). Siehe auch EGMR Mohammed/A, 6.6.2013, § 110, ÖJZ **2014** 525 (Ungarn bot die Gewähr, dass Bf. nicht unter Verstoß gegen Art. 3 in den Sudan abgeschoben wurde); Halimi/A u. I (E), 18.6.2013, §§ 66 ff. (ähnlich für Italien); sehr misstrauisch dann aber: EGMR (GK) Tarakhel/CH, 4.11.2014, §§ 87 ff., 122. Zu den menschenrechtlichen Anforderungen an die Unterbringung in Transitzonen: EGMR R.R. u.a./H, 2.3.2021 (*Röszke*).

273   BVerwG NVwZ **2017** 1531 (behördliche Befristungsentscheidungen eines vermeintlich kraft Gesetzes eintretenden Einreiseverbots als „Einreiseverbot von bestimmter Dauer").

274   EuGH 5.11.2014, C-166/13 (Mukarubega), Tz. 40–45, NVwZ-RR **2014** 978.

275   BVerwG NVwZ **2017** 1531, 1533.

276   Umfassend hierzu: *Lührs* Überstellungsschutz und gegenseitiges Vertrauen (2021).

277   EGMR Soering/UK, 7.7.1989; vgl. Rn. 30; Nivette/F, 3.7.2001 (lebenslange Haft ohne Aussicht auf vorzeitige Entlassung); *Frowein/Kühner* ZaöRV **43** (1983) 537, 557 ff.; *Vogler* FS Wiarda 663, 669, jeweils unter Hinweis auf Art. 53, 64 WVK; vgl. auch *Graßhof/Backhaus* EuGRZ **1996** 445; HRC Blessington, Elliot/AUS, 1968/2010, 22.10.2014, §§ 7.2 ff., 7.12.

278   EGMR Cruz Varas/S, 20.3.1991; Vilvarajah/UK, 30.10.1991, Chahal/UK, 15.11.1996; dazu *Alleweldt* NVwZ **1997** 1078; EGMR Jabari/TRK, 11.7.2000, ÖJZ **2002** 37 = InfAuslR **2001** 57; Halimi/A u. I,18.6.2013, ZAR **2013** 338 (Asylverfahren Italien); Mohammed Hussein u.a./Nl u. I, 2.4.2013, ZAR **2013** 336, §§ 43 ff., 78; Paposhvili/B, 13.12.2016, § 173; X./CH, 26.1.2017, §§ 61 f. (Abschiebung Sri Lanka); M.A. (u.a.)/BUL, 20.2.2020, § 70 (auch wenn

---

Gefahrengrad anhand einer „qualifizierenden" Betrachtungsweise, die alle Umstände sowie deren Bedeutung gegeneinander abzuwägen hat und im Ergebnis eine „beachtliche Wahrscheinlichkeit" ergeben muss.[279] Das **BVerfG** rezipiert in Bezug auf den **Europäischen Haftbefehl** nunmehr insbesondere die Rechtsprechung des EuGH in dessen Rechtsprechungslinie *Melloni* und *Dorobantu* (u.a.) zu Art. 4 der EU-Grundrechtecharta, und fordert für die Bestimmung des Gefahrengrads eine Prüfung im Zweischritt: Auf einer **ersten Stufe** habe das Gericht anhand von objektiven, zuverlässigen, genauen und aktuellen Angaben über die Haftbedingungen in den Haftanstalten des den EuHb ausstellenden Staates zu eruieren, ob im Ausstellungsstaat systemische oder allgemeine, bestimmte Personengruppen oder bestimmte Haftanstalten betreffende Mängel vorliegen. Das mit einem Übermittlungsersuchen befasste Gericht muss die Entscheidung über die Zulässigkeit der Übergabe dabei so lange aufschieben, bis ihm Informationen vorliegen, die es gestatten, auf das Vorliegen oder Nicht-Vorliegen einer solchen Gefahr zu schließen. In einem **zweiten Schritt** sei schließlich zu prüfen, ob es unter den konkreten Umständen ernsthafte und durch Tatsachen bestätigte Gründe für die Annahme gibt, dass der Betroffene aufgrund der ihn erwartenden Haftbedingungen einer echten Gefahr unmenschlicher oder erniedrigender Behandlung ausgesetzt sein werde. Eine Zusicherung des Ausstellungsmitgliedstaats entbinde dabei das befasste Gericht nicht von der Pflicht, zunächst eine eigene Gefahrenprognose anzustellen, um dadurch die Belastbarkeit der Zusicherung einschätzen zu können.[280] Wie der EGMR hat auch das **HRC** ein Verbot der Abschiebung oder Auslieferung in ein Land postuliert, in dem die Gefahr von Folter droht.[281] Auch das Bundesverwaltungsgericht betont, dass im Zusammenhang mit der Beurteilung eines ernsthaften Risikos einer unmenschlichen oder erniedrigenden Behandlung i.S.d. Art. 3 EMRK und des Art. 4 EUC zunächst von dem Grundsatz gegenseitigen Vertrauens zwischen den Mitgliedstaaten auszugehen, und von der daraus resultierenden Vermutung nur dann abzuweichen sei, wenn systemische Schwachstellen in einem Mitgliedstaat ernsthafte und durch Tatsachen bestätigte Gründe für die Annahme darstellen, dass die betreffende Person bei ihrer Überstellung, im Rahmen des Asylverfahrens oder nach dessen Abschluss einem ernsthaften Risiko ausgesetzt wäre, eine unmenschliche oder erniedrigende Behandlung zu erfahren. Diese Schwelle könne dabei in Bezug auf vulnerable Personen schneller erreicht sein als etwa in Bezug auf gesunde und erwerbsfähige erwachsene Personen, bei denen die Anforderungen an die Entkräftung dieser Vermutung höher anzusetzen seien.[282] Art. 5 der RL 2008/115/EG steht zudem dem Erlass einer Rückkehrentscheidung oder einer aufenthaltsbeendenden Maßnahme gegen einen illegal im Hoheitsgebiet eines Mitglied-

---

die Person mutmaßlich mit terroristischen Organisationen in Verbindung steht); A.M./F, 29.4.2019, NVwZ **2020** 535 (Algerien; keine drohende Gefahr; Personen mit Verbindung zum Terrorismus); M.A. u.a./BUL, 20.2.2020, § 70 (auch wenn die Person mutmaßlich mit terroristischen Organisationen in Verbindung steht); M.D. u.a./R, 14.9.2021, §§ 89, 91; D./BUL, 20.7.2021, § 109; BayVGH Urt. v. 28.2.2014 – 13a B 13.30295, BayVBl. **2014** 628 (keine „systemischen Mängel" des italienischen Asylverfahrens und Aufnahmesystems); OVG Münster Urt. v. 19.5.2016 – 13 A 516/14.A; *Frowein/Peukert* 20; *Villiger* 360 f.

279 BVerwG NVwZ **2020** 161, 163; als ungenügend zur Entkräftung eines solchen Gefahrenverdachts sah der EGMR Liu/PL, 6.10.2022, eine informelle Zusicherung angemessener Haftbedingungen durch China (§§ 81 f.).
280 Vgl. BVerfG Beschl. v. 18.8.2021 – 2 BvR 908/21, BeckRS **2021** 24419; vgl. hierzu Art. 6 Rn. 1007.
281 HRC General Comment Nr. 31 (CCPR/C/GC/33, v. 25.6.2009) und Nr. 20 (30.9.1992) § 9; X/DK, 2389/2014, 22.7.2015, §§ 7.3, HRLJ **2016** 22 („risk must be personal"/„high threshold for providing substantial grounds to establish that a real risk of irreparable harm exists"; „all relevant facts and circumstances must be considered"); M.S./DK, 4.9.2017, 2601/2015, §§ 9.1 ff.; einschränkend: HRC A.P.J./DK, 26.4.2017, 2253/2013, § 10; zur (zulässigen) Abschiebung eines „Gefährders": EGMR X./D, 7.11.2017, §§ 29 f., 34 f., NVwZ **2018** 715 (Nord-Kaukasus); BVerfG NVwZ **2017** 1530; NVwZ **2017** 1531.
282 Zum Ganzen BVerwG Beschl. v. 3.7.2022 – 1 B 21/22, NVwZ **2022** 1473.

staats aufhältigen Drittstaatsangehörigen, der an einer schweren Krankheit leidet, entgegen, wenn ernsthafte und durch Tatsachen bestätigte Gründe für die Annahme vorliegen, dass der Betroffene in dem Drittstaat, in den er abgeschoben würde, im Fall der Rückkehr der tatsächlichen Gefahr einer erheblichen, unumkehrbaren und raschen Zunahme seiner Schmerzen ausgesetzt wäre, weil in diesem Staat die einzige wirksame schmerzlindernde Behandlung verboten ist.[283]

Die Grundsätze über das Verbot der Abschiebung oder Auslieferung in ein Land, in dem die Gefahr der Folter droht, gelten auch im Rahmen **internationaler Friedens- und Militäreinsätze** bei der Überstellung bzw. Übergabe festgenommener Personen (an Nichtvertragsstaaten zum Zwecke der Strafverfolgung), insbesondere für **formlose Überstellungen**, wenn etwa aufgrund zwischenstaatlicher Vereinbarungen oder solchen auf EU-Ebene eine Übergabe von Tatverdächtigen (außerhalb eines förmlichen Auslieferungsverfahrens) an einen Drittstaat erfolgen soll – etwa im Zuge der **Pirateriebekämpfung**.[284] Die staatliche Schutzpflicht aus Art. 3 gebietet es, bereits in den entsprechenden Vereinbarungen eine Einhaltung der durch die EMRK gebotenen Standards als Verpflichtung des Aufnahmestaates niederzulegen. Dies entbindet jedoch nicht von der in jedem Einzelfall anzustellenden Prüfung der konkreten Umstände.[285] Ebenso müssen diese Prinzipien bei Überwachungseinsätzen an den Seeaußengrenzen der EU-Mitgliedstaaten eingehalten werden. Insbesondere dürfen abgefangene/gerettete Personen nicht den Behörden eines Drittstaats überstellt werden, wenn bekannt ist, dass dort das ernsthafte Risiko der Folter oder der unmenschlichen oder erniedrigenden Behandlung besteht.[286]

98

---

283 EuGH (GK) 22.11.2022, C-69/21 (X/Staatssecretaris van Justitie en Veiligheid), NVwZ **2023** 405 (medizinisches Cannabis).
284 Vgl. Art. 12 Abs. 2 der Gemeinsamen Aktion 2008/851/GASP des Rates vom 10.11.2008 über die Militäroperation der Europäischen Union als Beitrag zur Abschreckung, Verhütung und Bekämpfung von seeräuberischen Handlungen und bewaffneten Raubüberfällen vor der Küste Somalias (ABlEU Nr. L 301 v. 12.11.2008 S. 33, 36; Nr. 2 *lit.* c, 3 *lit.* a der Anlage zum *Briefwechsel der Europäischen Union und der Regierung Kenias über die Bedingungen und Modalitäten für die Übergabe von Personen, die seeräuberischer Handlungen verdächtigt werden und von den EU-geführten Streitkräften (EUNAVFOR) in Haft genommen werden, ... und für ihre Behandlung nach einer solchen Übergabe* (ABlEU Nr. L 79 v. 25.3.2009 S. 49, 52); vgl. BTDrucks. **18** 1282; *Esser/Fischer* ZIS **2009** 771; *dies.* JR **2010** 513.
285 Vgl. etwa: Beschluss 2009/293/GASP des Rates vom 26.2.2009, ABlEU Nr. L 79 v. 25.3.2009 S. 47; Briefwechsel vom 6.3.2009 zwischen der Europäischen Union und der Regierung Kenias über die Bedingungen und Modalitäten für die Übergabe von Personen, die seeräuberischer Handlungen verdächtigt werden und von den EU-geführten Seestreitkräften (EUNAVFOR) in Haft genommen wurden, und von im Besitz der EUNAVFOR befindlichen beschlagnahmten Gütern durch die EUNAVFOR an Kenia und für ihre Behandlung nach einer solchen Übergabe, ABlEU Nr. L 79 v. 25.3.2009 S. 49 – Anlage (Nr. 2, 3). Inwiefern die Einhaltung rechtsstaatlicher und menschenrechtlicher Standards der Partnerstaaten Deutschlands im Rahmen von Sicherheitsabkommen generell überprüft wird, vgl. BTDrucks. **18** 7762, **18** 8148: Die Sicherheitsabkommen dienten insbesondere der Verbesserung der Bekämpfung schwerer und organisierter Kriminalität im Rahmen der sog. Vorverlagerungsstrategie der Bundesregierung. Die Überprüfung der Einhaltung der Menschenrechte und der Rechtsstaatlichkeit sei nicht Gegenstand dieser bilateralen Verträge; diese erfolge vielmehr im Rahmen der UN oder durch andere Nichtregierungsorganisationen. Die Sicherheitsabkommen seien jedoch so ausgestaltet, dass Maßnahmen zu ihrer Umsetzung keinen Menschenrechtsverletzungen Vorschub leisten können (S. 3).
286 Vgl. Art. 4 der Verordnung (EU) Nr. 656/2014 des EP und des Rates, 15.5.2014, ABlEU Nr. L 189 v. 27.6.2014 S. 93. Die Bewertung der allgemeinen Lage der Drittstaaten ist Teil des Einsatzplans, der den Einsatzkräften zur Verfügung gestellt wird. Darüber hinaus sind die Einsatzkräfte verpflichtet, alle Möglichkeiten zu nutzen, um u.A. die Identität der abgefangenen/geretteten Personen zu klären, sowie deren persönliche Situation zu bewerten; hierzu: OVG Münster DVBl. **2015** 375.

99   Für die **Ausweisung oder Auslieferung an Nicht-Konventionsstaaten** hatten Stimmen den Verdacht geäußert, dass sich in der Rechtsprechung des EGMR ein Wandel bei der Auslegung von Art. 3 andeute: Aus dem Grundsatz, dass die EMRK ihre Vertragsstaaten nicht dazu verpflichte, Konventionsgarantien auf Nicht-Mitgliedstaaten zu übertragen, könnte folgen, dass Art. 3 in diesen Konstellationen einen geringeren Schutzgehalt habe.[287] Dieser Verdacht hat sich jedenfalls hinsichtlich einer möglicherweise **drohenden lebenslangen Freiheitsstrafe** in der neueren Rechtsprechung bestätigt, siehe Rn. 93. Zur Frage, ob die Vollstreckung von in Nichtkonventionsstaaten verhängten – unverhältnismäßigen – Freiheitsstrafen gegen Art. 3 verstoßen kann, siehe Rn. 120, 275 f.

100   In der Rs. *M.S.S.*[288] hat der EGMR entschieden, dass die seinerzeitigen Haft- und Lebensbedingungen Asylsuchender sowie die Mängel des Asylverfahrens in Griechenland gegen die Konvention verstießen. Einen Konventionsverstoß (Belgiens) stelle es auch dar, ohne wirksamen Rechtsbehelf Asylsuchende im Rahmen von EU-Verteilungsregelungen in ein solches Land zu überstellen. Der **Ausschluss der aufschiebenden Wirkung von Rechtsbehelfen** in angeblich sichere Drittstaaten verletze die EMRK.

101   **d) Verbot der Vollstreckung eines Europäischen Haftbefehls.** Auch im Rahmen der Vollstreckung eines Europäischen Haftbefehls ist das Verbot von Folter sowie unmenschlicher oder erniedrigender Behandlung oder Strafe zu beachten. So hat der EuGH entschieden, dass Art. 1 Abs. 3, Art. 5 und Art. 6 Abs. 1 des **RB 2002/584/JI (EuHb)**[289] unter Beachtung des Art. 3 EMRK und Art. 4 EUC auszulegen sind.[290] Eine Übergabe der betreffenden Person an den Ausstellungsstaat ist näher zu prüfen, wenn die vollstreckende Justizbehörde über objektive, zuverlässige, genaue und gebührend aktualisierte Angaben verfügt, die das Vorliegen systemischer oder allgemeiner, bestimmte Personengruppen oder bestimmte Haftanstalten betreffender Mängel der Haftbedingungen im Ausstellungsmitgliedstaat belegen.[291] Diese Angaben können sich u.a. aus der Spruchpraxis internationaler Gerichte (EGMR), aus Judikaten von Gerichten des Ausstellungsmitgliedstaats oder aus Entscheidun-

---

287   So *Mavronicola/Messineo* MLR **2013** 589, 600 unter Verweis auf EGMR Harkins u. Edwards/UK, 17.1.2012 und EGMR Babar Ahmad u.a./UK, 10.4.2012.
288   EGMR M.S.S./B u. GR, 21.1.2011, NVwZ **2011** 413 = EuGRZ **2011** 243 = ZAR **2011** 395 m. Bespr. *Thym* 368 (vgl. auch *Lembke* HRN **2011** 85). Das BVerfG hatte schon 2009 (2 BvQ 56/09) die Überprüfungspflicht bzgl. der Urteile zur Änderung des Grundrechts auf Asyl (2 BvR 1983/93 und 2315/93) mit Blick auf die Situation in Griechenland festgestellt; hierzu: BTDrucks. **17** 4635, **17** 4827; vgl. hierzu auch *Dörig* NVwZ **2014** 106, 109. Zur Umsetzung bei der Anordnung von Auslieferungshaft bei einem entsprechenden Ersuchen aus Griechenland: OLG Stuttgart StV **2016** 589 = wistra **2016** 335.
289   Rahmenbeschluss des Rates v. 13.6.2002 über den Europäischen Haftbefehl und die Übergabeverfahren zwischen den Mitgliedstaaten, ABlEG Nr. L 190 v. 18.7.2002 S. 1.
290   EuGH 5.4.2016, C-404/15, C-659/15 PPU (Aranyosi, Căldăraru), NJW **2016** 1709 m. Anm. *Böhm, Kromrey/ Morgenstern* ZIS **2017** 106, 108 ff.; vgl. auch BVerfG Beschl. v. 19.12.2017 – 2 BvR 424/17, Rn. 502), auf Vorlage des OLG Bremen Beschl. v. 23.7.2015 – 1 Ausl. A 3/15, NStZ-RR **2015** 322 (**Aranyosi**) – Ungarn); Beschl. v. 8.12.2015 – 1 Ausl. A 23/15, NJW-Spezial **2016** 122 (**Căldăraru** – Rumänien); der Umfang der erforderlichen Aufklärung der Haftbedingungen im Ausstellungsmitgliedstaat durch den Vollstreckungsmitgliedstaat war Gegenstand einer erneuten Vorlage an den EuGH: OLG Bremen NStZ **2017** 48. Zur Umsetzung dieser unionsrechtlichen Vorgaben: OLG München StraFo **2018** 422 (Bulgarien; auf im Falle der vereinfachten Auslieferung). Zur Verweigerung der Vollstreckung eines EuHb: EGMR Romeo Castaño/B, 9.7.2019, §§ 79 ff.; zur Vermutung des gleichwertigen Grundrechtsschutzes in Fällen der Vollstreckung eines EuHb: EGMR Bivolaru u. Moldovan/F, 25.3.2021, §§ 96 ff., JSt **2021** 441; dazu auch *Kaufmann* EuZW **2021** 984, 987 („gelungenes Beispiel für kooperativen Grundrechtsschutz in der Europäischen Union").
291   EuGH 5.3.2016, C-404/15, C-659/15 PPU (Aranyosi, Căldăraru), Tz. 104; hierauf Bezug nehmend: OLG Köln StraFo **2018** 248 (Auslieferung Belgien) mit Hinweis auf EGMR Sylla u. Nollomont/B, 16.5.2017.

gen, Berichten und anderen Schriftstücken von Organen des Europarats oder aus dem System der Vereinten Nationen ergeben.[292]

Die **abstrakte Feststellung** einer Gefahr der unmenschlichen oder erniedrigenden **102** Behandlung **(Stufe 1)** kann alleine jedoch noch nicht zur Ablehnung der Übergabe führen, da dies noch nicht zwingend bedeutet, dass auch die im *konkreten Fall* betroffene Person einer solchen Behandlung ausgesetzt sein wird, sofern sie den Behörden dieses EU-Mitgliedstaats übergeben wird.[293]

Die vollstreckende Justizbehörde ist demnach verpflichtet, bei Vorliegen solcher An- **103** haltspunkte konkret und genau zu prüfen (ggf. unter Anforderung entsprechender Informationen beim Anordnungsstaat), ob es ernsthafte und durch Tatsachen bestätigte Gründe für die Annahme gibt, dass der Betroffene aufgrund der Bedingungen seiner beabsichtigten Inhaftierung im Ausstellungsmitgliedstaat einer **echten Gefahr unmenschlicher oder erniedrigender Behandlung i.S.v. Art. 4 EUC** ausgesetzt sein wird **(Stufe 2)**.[294] Die ausstellende Justizbehörde ist zur Erteilung der erforderlichen Informationen verpflichtet.[295] Die vollstreckende Justizbehörde kann hierbei der ausstellenden Justizbehörde eine an den Einzelfall angepasste Frist für die Zusendung der notwendigen Informationen setzen.[296]

Stellt die Justizbehörde aufgrund der erhaltenen Informationen fest, dass für die Person, **104** gegen die sich der EuHb richtet, eine echte Gefahr unmenschlicher oder erniedrigender Behandlung besteht, so hat die Behörde die Vollstreckung des Haftbefehls aufzuschieben, aber nicht aufzugeben.[297] Im Falle eines solchen **Aufschubs** setzt der Vollstreckungsstaat Eurojust davon in Kenntnis (Art. 17 Abs. 7 RB-EuHb).

Kann das Vorliegen einer solchen echten Gefahr nicht ausgeschlossen werden, so hat **105** die vollstreckende Justizbehörde zu entscheiden, ob das Übergabeverfahren auszusetzen ist.[298] Die Person darf nur in Haft behalten werden, solange das Verfahren zur Vollstreckung mit einer hinreichenden Sorgfalt durchgeführt wird und keine übermäßig lange Inhaftierung vorliegt.[299] Sieht die Behörde sich gezwungen, die Inhaftierung der gesuchten Person zu beenden, so hat die Behörde die vorläufige Freilassung der Person mit Maßnahmen zu verbinden, die eine Flucht verhindern und sicherzustellen, dass die materiellen Voraussetzungen für eine tatsächliche Übergabe der Person weiterhin vorhanden sind, Art. 12 und Art. 17 Abs. 5 RB-EuHb.[300]

Es besteht allerdings keine Pflicht des Vollstreckungsstaates, die Haftbedingungen in **106** sämtlichen Haftanstalten des ersuchenden Staates (Ausstellungsstaat) zu überprüfen, sondern nur in Bezug auf **diejenige(n) Haftanstalt(en), in der/denen der Auszuliefernde nach Angaben der ersuchenden Behörde untergebracht werden soll.** Die rein theoreti-

---

292 EuGH 5.4.2016, C-404/15, C-659/15 PPU (Aranyosi, Căldăraru), Tz. 89.
293 EuGH 5.4.2016, C-404/15, C-659/15 PPU (Aranyosi, Căldăraru), Tz. 91.
294 EuGH 5.4.2016, C-404/15, C-659/15 PPU (Aranyosi, Căldăraru), Tz. 92.
295 EuGH 5.4.2016, C-404/15, C-659/15 PPU (Aranyosi, Căldăraru), Tz. 97; hierzu: KG StraFo **2018** 250, 251 (Ungarn – Zusicherung einer menschenrechtskonformen Haftanstalt); vgl. zudem: OLG Bremen StV **2021** 671 (Unzulässigkeit der Auslieferung; kein hinreichendes Vertrauen in Zusicherungen Ungarns).
296 EuGH 5.4.2016, C-404/15, C-659/15 PPU (Aranyosi, Căldăraru), Tz. 97.
297 EuGH 5.4.2016, C-404/15, C-659/15 PPU (Aranyosi, Căldăraru), Tz. 98.
298 EuGH 5.4.2016, C-404/15, C-659/15 PPU (Aranyosi, Căldăraru), Tz. 104.
299 EuGH 5.4.2016, C-404/15, C-659/15 PPU (Aranyosi, Căldăraru), Tz. 100.
300 EuGH 5.4.2016, C-404/15, C-659/15 PPU (Aranyosi, Căldăraru), Tz. 102. Zur Umsetzung dieser Vorgaben OLG Celle NStZ-RR **2017** 325 (Auslieferung zur Strafvollstreckung nach Lettland; Haftbedingungen).

sche Möglichkeit einer späteren Verlegung in eine andere Haftanstalt soll daran nichts ändern.[301]

107   Der vom **EuGH** vertretene Ansatz geht insgesamt betrachtet über die vom BVerfG gestellten Prüfungsanforderungen hinaus (s.o. Rn. 102 ff.).[302] Jener verweist auf den Grundsatz des gegenseitigen Vertrauens, welcher es rechtfertige, von einer konkreten Nachprüfung zunächst abzusehen. Das für die Entscheidung über die Zulässigkeit der Auslieferung zuständige Gericht ist also nicht verpflichtet, bestehende Aufklärungsmöglichkeiten – von sich aus – auszuschöpfen, oder **positiv festzustellen**, da dem um Auslieferung ersuchenden Mitgliedstaat hinsichtlich der Wahrung des Schuldprinzips vertraut werden kann.[303] Dies gilt jedoch nur, solange dieses Vertrauen nicht durch hinreichende gegenläufige Tatsachen **erschüttert** ist. Das BVerfG schien hieran auch weiterhin festzuhalten: zwar betonte es, dass der Grundsatz des gegenseitigen Vertrauens nicht unbegrenzt gelte, so dass die Verweigerung der Auslieferung auf der Grundlage eines EuHb gerechtfertigt sein könne. Dass eine konkrete Gefahr ausgeschlossen werden müsse, wurde allerdings zunächst jedoch nicht verlangt.[304]

108   In einem Beschluss aus dem Jahr 2021 konkretisierte das BVerfG dann seine Anforderungen an die innerstaatlichen Behörden. Aus **Art. 4 EUC** folge die Pflicht eines Staates **von Amts wegen** und in **zwei Prüfungsschritten** aufzuklären, ob eine konkrete Gefahr besteht, dass die zu überstellende Person nach der Übergabe im Rahmen eines EuHb einer unmenschlichen oder erniedrigenden Behandlung ausgesetzt sein wird. Im **ersten Schritt** muss sich das Gericht auf „objektive, zuverlässige, **genaue und gebührend aktualisierte Angaben über die Haftbedingungen in den Haftanstalten des Ausstellungsmitgliedstaats** stützen, die das Vorliegen systematischer oder allgemeiner, bestimmte Personengruppen oder bestimmte Haftanstalten betreffender Mängel belegen können".[305] Hierzu muss das Gericht innerhalb der Frist des Art. 17 RB-EuHb den ersuchenden Mitgliedstaat um eine **unverzügliche Übermittlung der notwendigen Informationen bitten**.[306] Der zweite Prüfungsschritt ist auf die spezielle Situation bezogen und verpflichtet das Gericht zu prüfen, ob die konkrete Gefahr einer unmenschlichen oder erniedrigenden Behandlung der zu überstellenden Person besteht, was eine **aktuelle und eingehende Prüfung der konkreten Situation** erfordert.[307] Insbesondere ist auf **alle Haftanstalten** einzugehen, in denen die zu überstellende Person höchstwahrscheinlich, wenn auch nur übergangsweise, untergebracht wird.[308] Insofern stellt das BVerfG hier ähnlich strenge Anforderungen als der EuGH (vgl. Rn. 102 ff.).

109   Eine **rechtsverbindliche Zusicherung vom ersuchenden Mitgliedstaat** ist grundsätzlich geeignet, etwaige Bedenken hinsichtlich der Zulässigkeit einer Überstellung auszuräumen, jedoch muss diese, **konkrete Anhaltspunkte für die menschenrechtliche Situation im Einzelfall aufzeigen**. Wird der Zweck der Zusicherung nicht erfüllt, kann sich das Gericht des ersuchten Staates auch nicht auf jene verlassen und ist zur weiteren Prüfung der genannten Umstände verpflichtet.[309]

---

301   EuGH 25.7.2018, C-220/18 PPU (ML), NJW **2018** 3161; anknüpfend: OLG München StraFo **2018** 422 (Bulgarien; Aufforderung an die GenStA zur Einholung von Informationen über Haftbedingungen).
302   Dazu auch *Kromrey/Morgenstern* ZIS **2017** 106, 116 ff.
303   BVerfGE **140** 317 = NJW **2016** 1149.
304   BVerfG (eA) Beschl. v. 18.8.2017 – 2 BvR 424/17, BeckRS **2017** 125588; NJW **2018** 686.
305   BVerfG Beschl. v. 27.4.2021 – 2 BvR 156/21, NStZ-RR **2021** 257; EuGRZ **2021** 321 Tz. 20.
306   BVerfG Beschl. v. 27.4.2021 – 2 BvR 156/21, Tz. 20.
307   BVerfG Beschl. v. 27.4.2021 – 2 BvR 156/21, Tz. 18.
308   BVerfG Beschl. v. 27.4.2021 – 2 BvR 156/21, Tz. 24.
309   BVerfG Beschl. v. 27.4.2021 – 2 BvR 156/21, Tz. 27.

Das Gericht kann sich zumindest dann auf die Zusicherung verlassen, wenn **keine** 110 **tatsächlichen gegenteiligen Anhaltspunkte vorliegen** (u.a. AI-Berichte; EGMR-Urteile, CPT-Berichte).[310] Eine allgemeine Wiedergabe der Gesetzeslage und Haftbedingungen im ersuchenden Staat erfüllt die Anforderungen an eine Zusicherung nicht.[311] Folglich kommt ein **Gericht dieser Pflicht nicht nach**, wenn es sich lediglich auf die Aussagen des ersuchenden Staates verlässt, obgleich Anhaltspunkte dafür vorliegen, dass die betroffene Person möglicherweise doch menschenunwürdigen Haftbedingungen ausgesetzt werden wird.

Einem anders gelagerten Ansatz bei der Prüfung einer möglichen Notwendigkeit der 111 Aussetzung der Vollstreckung eines EuHb folgt der **EGMR**. Dieser sieht in der Ablehnung der Vollstreckung eines (wegen der Verfolgung eines Tötungsdeliktes ausgestellten) EuHb aufgrund einer in Betracht gezogenen Grundrechtsverletzung (Haftbedingungen) grundsätzlich eine Verletzung der Verpflichtung der Staaten zur Zusammenarbeit aus Art. 2, wenn nicht **ausreichende Tatsachen für die behauptete Grundrechtsverletzung** vorgebracht werden können.[312] Bezüglich der Vollstreckung des EuHb wendet der Gerichtshof die **Vermutung des gleichwertigen Schutzes** an,[313] da die Vollstreckung eines EuHb für die jeweilige Justizbehörde verbindlich ist, sofern keine nach dem RB-EuHb zulässigen Gründe für die Nichtvollstreckung vorliegen.[314] Demzufolge ist es im Einzelfall durchaus möglich, dass (umgekehrt) in einer Vollstreckung eines EuHb eine Verletzung von Art. 3 zu sehen ist, wenn dem Betroffenen die konkrete und individuelle Gefahr einer unmenschlichen Behandlung im ersuchenden Staat droht. In einem solchen Fall erstreckt sich die Prüfung des EGMR nicht auf die Verpflichtungen des Staates, in den der Bf. überführt werden soll, sondern allein auf die Entscheidung des vollstreckenden Staates, den EuHB zu vollstrecken.[315] Hierbei obliegt es dem Betroffenen, Beweise für eine solche tatsächliche Gefahr der Verletzung von Art. 3 vorzulegen; sofern dies geschehen ist, obliegt es der Regierung des um Auslieferung ersuchten Staates, diese Beweise zu widerlegen.[316]

Die Vermutung des gleichwertigen Schutzes wird zunächst angenommen, aber kann 112 widerlegt werden, wenn der Schutz der Konventionsrechte **offenkundig mangelhaft** ist. In diesem Fall würde die Achtung der Konvention als „Verfassungsinstrument des europäischen *ordre public*" im Bereich der Menschenrechte dem Interesse an einer effektiven internationalen Zusammenarbeit der Vertragsstaaten bei der Strafverfolgung überwiegen.[317] Zunächst ist daher zu prüfen, ob der von den Behörden im ersuchenden Staat gebotene Grundrechtsschutz offenkundig mangelhaft ist und ob somit die Vermutung widerlegt werden kann.[318] Gleichzeitig hat die zur Vollstreckung des EuHb aufgerufene Behörde im ersuchten Staat zu eruieren, ob sie **eine ausreichende Tatsachengrundlage für die Annahme einer konkreten und individuellen Gefahr** für eine drohende Verletzung des Art. 3 und damit für eine Aussetzung der Vollstreckung des EuHb hat. Ist dies der Fall, so muss die Vollstreckung des EuHb ausgesetzt werden. Liegen diese Voraussetzungen

---

310 BVerfG Beschl. v. 27.4.2021 – 2 BvR 156/21, Tz. 26.
311 BVerfG Beschl. v. 27.4.2021 – 2 BvR 156/21, Tz. 26.
312 EGMR Bivolaru u. Moldovan/F, 25.3.2021, JSt **2021** 441, § 105; eingehend zu diesem Urteil *Kaufmann* EuZW **2021** 984.
313 Entwickelt im Fall **Bosphorus**: Zwei Bedingungen: 1) Fehlen eines Handlungsspielraumes auf Seite der innerstaatlichen Behörden und 2) Entfaltung des vollen Potentials des vom EU-Recht vorgesehenen Überprüfungsmechanismus: EGMR Bosphorus Hava Yollari Turizm ve Ticaret Anonim Sirketi/IR, 30.6.2005.
314 EGMR Bivolaru u. Moldovan/F, 25.3.2021, § 104.
315 EGMR Bivolaru u. Moldovan/F, 25.3.2021, § 110.
316 EGMR Allanazarova/R, 14.2.2017, § 71.
317 EGMR Bivolaru u. Moldovan/F, 25.3.2021, § 116.
318 EGMR Bivolaru u. Moldovan/F, 25.3.2021, § 118, dort auch zum folgenden Text.

dagegen nicht vor und wird der EuHb folglich vollstreckt, so kann keine Verletzung des Art. 3 durch den vollstreckenden Staat angenommen werden.

113   Ob rumänische Gefängnisse die Mindeststandards für Haftbedingungen in der EU erfüllen und ein EuHb aus **Rumänien** von der Justiz des ersuchten Staates vollstreckt werden muss, hatte der **EuGH** aus Anlass eines Vorabentscheidungsersuchens (Art. 267 AEUV) des OLG Hamburg zu klären. Die GK hat hierzu betont, dass die vollstreckende Justizbehörde eine Gesamtwürdigung der materiellen Haftbedingungen im Ausstellungsstaat vorzunehmen hat.[319] Hinsichtlich der Unterbringung in einer **Gemeinschaftszelle** gilt, dass eine „**starke Vermutung**" für einen Verstoß gegen Art. 3 EMRK/Art. 4 EUC besteht, wenn der dem *jeweiligen* Inhaftierten zur Verfügung stehende Raum eine **Fläche von 3 m² unterschreitet**.[320] Widerlegbar ist diese Vermutung, wenn die 3 m²-Grenze lediglich „kurz, gelegentlich und unerheblich" reduziert wird, genügend Bewegungsfreiheit und ausreichend Aktivitäten außerhalb der Zelle zur Verfügung stehen und zumindest generell angemessene Haftbedingungen in der Anstalt herrschen.[321]

114   Verfügt ein Gefangener in einer Gemeinschaftszelle über eine **Fläche von 3 m² bis 4 m²**, kann ein Verstoß gegen Art. 3 aus anderen schlechten Haftbedingungen resultieren (z.B. fehlender Zugang zu Frischluft und Tageslicht, schlechte Belüftung oder schlechten Sanitär-/Hygienebedingungen).[322]

115   Eine persönliche **Fläche von mehr als 4 m²** in einer Gemeinschaftszelle wertet der EuGH grundsätzlich als unproblematisch, hebt jedoch hervor, dass sich eine Verletzung von Art. 3 ggf. im Hinblick auf andere Haftbedingungen ergeben kann. Für die Berechnung der persönlichen Fläche in einer Gemeinschaftszelle ist die durch **Möbel** eingenommene Fläche einzuschließen („wobei es den Gefangenen jedoch möglich bleiben muss, sich in der Zelle normal zu bewegen"), nicht aber die Fläche der **Sanitärvorrichtungen**.[323] Der EuGH hat damit die Kriterien, die der EGMR in der Rs. *Muršić*[324] entwickelt hat, auf Art. 4 EUC übertragen. Zur Beurteilung der Haftbedingungen hat die vollstreckende Justizbehörde, wenn notwendig, weitere als die bereits bekannten Informationen von der ausstellenden Justizbehörde anzufordern.[325]

116   Wie das BVerfG und die OLG diese Linie in ihre Rechtsprechung langfristig integrieren werden, bleibt abzuwarten.[326] 2020 hat das BVerfG zwei – auf eine Verletzung von Art. 4 EUC gestützte – Verfassungsbeschwerden, die jeweils Haftbedingungen in **Rumänien** betrafen, für begründet erachtet, und entschieden, dass sich die vom EuGH bei der Auslegung des Art. 4 EUC angewandten Maßstäbe mit Art. 1 Abs. 1 GG sowohl hinsichtlich der Mindestanforderungen an Haftbedingungen im ersuchenden Staat als auch hinsichtlich der damit verbundenen Aufklärungspflichten des mit dem Überstellungsersuchen befassten Gerichts decken.[327] Ebenso hat es die unzureichende fachgerichtliche Prüfung der bei einer Auslieferung nach **Lettland** zu erwartenden Haftbedingungen als Verstoß gegen Art. 4 EUC gewertet.[328]

---

319 EuGH (GK) 15.10.2019, C-128/18 (Dorobantu), Tz. 61, EuGRZ **2019** 498.
320 EuGH (GK) 15.10.2019, C-128/18 (Dorobantu), Tz. 72: Verweis auf EuGH 25.7.2018, C-220/18 PPU (ML), Tz. 92; siehe auch BVerfG Beschl. v. 18.8.2021 – 2 BvR 908/21, BeckRS **2021** 24419.
321 EuGH (GK) 15.10.2019, C-128/18 (Dorobantu), Tz. 73: Verweis auf EuGH 25.7.2018, C-220/18 PPU (ML), Tz. 93.
322 EuGH (GK) 15.10.2019, C-128/18 (Dorobantu), Tz. 74; vgl. hierzu auch: BVerfG NJW **2022** 932, 933 f.
323 EuGH (GK) 15.10.2019, C-128/18 (Dorobantu), Tz. 77.
324 EGMR (GK) Muršić/KRO, 20.10.2016, NLMR **2016** 406; hierzu Rn. 266.
325 EuGH (GK) 15.10.2019, C-128/18 (Dorobantu), Tz. 78.
326 Hierzu auch *Böhm* NStZ **2020** 204, 208.
327 BVerfG NJW **2021** 1518; hierzu *Kaufmann* EuZW **2021** 984, 987; vgl. auch Rn. 113.
328 BVerfG EuGRZ **2021** 321.

Der EGMR hat den räumlich **beschränkten Haftraum in ungarischen Gefängnissen** 117
(oftmals weniger als 3 m², manchmal sogar weniger als 2 m²)[329] als **erniedrigende Behandlung** eingestuft und damit eine Verletzung des Art. 3 angenommen.[330] Nach Ansicht
des OLG Celle steht einer Auslieferung nach Ungarn § 73 IRG, welcher die Leistung zum
Rechtshilfeverkehr verbietet, wenn ihre Erledigung zu den in Art. 6 EUV verankerten
Grundsätzen nicht in Einklang steht, **gleichwohl nicht entgegen.** Dies wird damit begründet, dass Ungarn nach der Verurteilung durch den Gerichtshof sowohl gesetzliche als auch
bauliche Maßnahmen getroffen habe, um konventionskonforme Bedingungen zu schaffen.[331] Die ungarischen Behörden sicherten zu, dass die Haftbedingungen, welchen der
Verurteilte ausgesetzt sein wird, kontinuierlich im Einklang mit der EMRK seien.[332] Auch
wenn nicht genau festgestellt werden konnte, wo der Verurteilte untergebracht werden
würde, sah das OLG die Zusicherung der ungarischen Behörden als ausreichend an, da
die allgemein zugänglichen Informationen sowie die **ersichtliche Entwicklung der Lage
in den ungarischen Gefängnissen** ausreichend seien, um festzustellen, dass eine Auslieferung an Ungarn den menschenrechtlichen Standards genügt.[333]

e) Anwendung der Grundsätze auf ein Auslieferungsersuchen Deutschlands. Die 118
Frage, ob die Grundsätze, die für die Auslieferung *an* einen anderen Staat gelten, auch
auf **deutsche Auslieferungsersuchen** angewendet werden können – was konkret bedeutet, ob von einem Auslieferungs*ersuchen* an einen Staat abgesehen werden muss, wenn in
diesem menschenunwürdige Haftbedingungen herrschen – verneint der BGH.[334] Demnach
sei die Situation eines Beschuldigten, der sich der Durchführung eines Strafverfahrens
unter Einhaltung der rechtsstaatlichen Garantien entzieht und freiwillig in einen Staat
flieht, in welchem die Haftbedingungen den menschenrechtlichen Standards nicht genügen, **nicht mit der einer Auslieferung an einen Staat vergleichbar**, der in der Regel ein
längerfristiges Strafverfahren mit Untersuchungshaft folgt.

Im Übrigen würde der Verzicht Deutschlands auf eine Zusammenarbeit mit dem je- 119
weils anderen Staat einfache **Fluchtmöglichkeiten** eröffnen und widerspräche damit der
staatlichen Verpflichtung zur Strafverfolgung.

f) Relevante Gefahren. Es müssen **begründete Anhaltspunkte im konkreten Fall** 120
bestehen, dass einer Person individuell im Fall einer Ausweisung (bzw. Abschiebung) oder
Auslieferung in dem Staat, in den sie überstellt bzw. verbracht werden soll, oder auf
dem Weg dorthin (z.B. Durchlieferung) **Folter** oder eine **unmenschliche/erniedrigende
Behandlung** oder **Bestrafung** droht („reale Gefahr"); die bloße Möglichkeit einer drohenden, mit Art. 3 unvereinbaren Behandlung ist nicht ausreichend.[335] Dass den Betroffenen
im ersuchenden Staat oder in einem Durchgangsstaat ein **Strafverfahren, Untersuchungshaft oder Strafhaft** erwartet, stellt für sich betrachtet keine relevante Gefahr dar,
sofern die **Haftbedingungen** (Rn. 223 ff.) nicht selbst gegen Art. 3 verstoßen.[336]

---

329 EGMR Varga u.a./H, 10.3.2015, §§ 80 ff.
330 EGMR Varga u.a./H, 10.3.2015, §§ 91 f.
331 OLG Celle Beschl. v. 21.7.2021 – 2 AR (Ausl) 40/21, StraFo **2021** 393, 393 (Ls.).
332 OLG Celle StraFo **2021** 393, 393.
333 OLG Celle StraFo **2021** 393, 394 f.
334 BGH Beschl. v. 27.11.2019 – 5 StR 272/19, BeckRS **2019** 31921.
335 EGMR (GK) J.K. u.a./S, 23.8.2016, §§ 108, 112 ff. (Ausweisung einer von Al Qaida bedrohten Familie in
den Irak); zur Umsetzung dieser Rechtsprechung: OGH ÖJZ **2014** 179, 180 („reales, anhand stichhaltiger
Gründe belegbares Risiko"); VG Berlin Urt. v. 26.7.2018 – 29 K 377.17 A, Tz. 47 ff.
336 EKMR bei *Bleckmann* EuGRZ **1983** 415, 416; vgl. auch EGMR X/S, 9.1.2018, § 55.

121   Ist zu erwarten, dass eine bereits erfolgte Verurteilung des ausweisenden Staats respektiert wird **(ne bis in idem)**, besteht kein Abschiebungsverbot.[337]

122   Ist es anhand konkreter Einzelnachweise, welche die persönliche Situation des Betroffenen tangieren, **sehr wahrscheinlich**, dass dieser nach der Ausweisung/Auslieferung (erneut) in seinem Heimatland gefoltert wird, stellt eine solche Ausweisung eine Verletzung von Art. 3 dar.[338] In diesem Zusammenhang sind z.B. die Folgen eines **Religionswechsels** von der über die Ausweisung entscheidenden Stelle ernsthaft zu prüfen.[339] Dass jemand **medizinische, soziale oder sonstige Unterstützung** durch den Aufnahmestaat verliert, weil er zur Beendigung seines illegalen Aufenthalts gezwungen wird, in sein soziale Absicherungen entbehrendes Heimatland zurückzukehren, begründet grundsätzlich keine unmenschliche Behandlung i.S.d. Art. 3.[340]

123   Auch eine drohende **Selbsttötungsgefahr** im Zielland schließt eine Abschiebung nicht generell aus, wenn die Behörden des abschiebenden Staates die erforderlichen Vorsichtsmaßnahmen treffen.[341] Etwas anderes kann aber dann gelten, wenn diese Gefahr darauf beruht, dass einem frühen Folteropfer im Fall der Zurückweisung eine angemessene Behandlung seiner durch die Folter erlittenen **physischen oder psychischen Folgeschäden** vorenthalten werden wird.[342]

124   Nur in besonderen Ausnahmefällen können **zwingende humanitäre Gründe** dem Vollzug der Ausweisung entgegenstehen, etwa, wenn der abrupte **Abbruch einer medizinischen Behandlung** zu einer ernstlichen, schnellen und unwiderruflichen Verschlechterung des Gesundheitszustands und damit großem Leiden oder einer **signifikanten Verringerung der Lebenserwartung** führen würde.[343] Diese Schwelle ist nicht erst dann erreicht, wenn die Krankheit der auszuweisenden Person in einem konkret und unmittelbar lebensbedrohlichen Stadium ist.[344] Sofern schlechte humanitäre Bedingungen über-

---

337 EGMR X./NL, 10.7.2018, §§ 71 ff. (Abschiebung nach Marokko und Geltendmachung erneuter Verurteilung wegen terroristischer Taten).

338 So bei EGMR R.C./S, 9.3.2010 (drohende Folterungen bzw. unmenschliche Behandlungen bei Rückkehr in Iran); ähnlich auch: EGMR Z.N.S./TRK, 19.1.2010 (keine Ausweisung einer zum Christentum konvertierten Iranerin); EGMR A./CH, 19.12.2017, §§ 38 ff. (Ausweisung eines zum Christentum konvertierten Iraners; keine Verletzung von Art. 2 oder 3; krit. *Lehnert* NVwZ **2018** 1359 ff.); I.K./A, 28.3.2013, §§ 78 f., ÖJZ **2014** 140, 141 f. (Abschiebung Russland; tschetschenische Herkunft).

339 EGMR A.A./CH, 5.11.2019, § 58, NVwZ **2020** 538, 541 (zum Christentum übergetretener Afghane); vgl. dazu auch: EGMR M.A.M./CH, 26.4.2021, §§ 78 ff. (zum Christentum konvertierter Pakistane).

340 EGMR Bensaid/UK, 6.2.2001; Dragan/D (E), 7.10.2004, NVwZ **2005** 1043 (auch zur Notwendigkeit von Vorkehrungen gegen Suizid während des Transportes; hierzu: *Dörig* NVwZ **2022** 192); Aoulmi/F, 17.1.2006, § 57 (lediglich erschwerter Zugang zu medizinischer Versorgung im Heimatstaat; Hepatitis C); *Villiger* 365.

341 EGMR Dragan/D (E), 7.10.2004; hierzu auch: VGH Mannheim DVBl. **2017** 582 (Übergabe an medizinisch qualifiziertes Personal im Zielstaat).

342 EuGH 24.4.2018, C-353/16 (MP/UK), NVwZ **2018** 1784, 1785.

343 EGMR Paposhvili/B, 13.12.2016, §§ 183, 189 ff. Es muss dabei eine Beurteilung anhand des jeweiligen Einzelfalls erfolgen, ob für den Erkrankten auch im Zielstaat entsprechende Behandlungsmöglichkeiten bestehen. Dabei kommt es nach Ansicht des Gerichtshofs nicht nur auf ihr abstraktes Vorliegen an, sondern auch darauf, dass sie dem Betroffenen wirklich zugänglich sind. Neben rein finanziellen Gesichtspunkten sind hierbei auch etwaige geographische sowie mit Blick auf Art. 8 familiäre und soziale Aspekte zu berücksichtigen; dazu auch *Lehnert* NVwZ **2018** 1359, 1361 f.; bestätigt durch EGMR Savran/DK, 7.12.2021, §§ 129 ff., 133.

344 Verdeutlichung der „besonderen Ausnahmefälle" in EGMR (GK) Paposhvili/B, 13.12.2016, §§ 181 ff., NVwZ **2017** 1187 = HRLJ **2017** 85 ff. (dazu: *Lehnert* NVwZ **2018** 1359, 1361 f.); anders noch EGMR Ahmed/A, 17.12.1996; D./UK, 2.5.1997, §§ 49 ff.; (GK) N./UK, 27.5.2008, NVwZ **2008** 1334 (HIV-Patientin, die noch nicht schwerkrank war, so dass noch keine besonders außergewöhnlichen Umstände vorlagen); siehe auch Tatar/CH, 14.4.2015, §§ 43, 46 ff., wo diese besonderen Umstände nicht gegeben waren; zur Frage der angemessenen Behandlung psychisch Kranker im Empfangsstaat EGMR A.M./CH (E), 3.11.2015, §§ 16 ff.; vgl. ferner: OLG

wiegend auf **Handlungen von Konfliktparteien** zurückgehen,[345] also ihre Ursache nicht etwa nur bzw. überwiegend in der Armut des Landes haben, kann eine Abschiebung gegen Art. 3 verstoßen.[346] In solchen besonders gelagerten Ausnahmefällen kann in der Vollstreckung der Ausreisepflicht eine mit den Art. 2 und Art. 3 unvereinbare **lebensbedrohende** (unmenschliche) Behandlung liegen.[347]

Eine menschenunwürdige Lage, die eine Folge der **allgemeinen Lebensbedingungen** und der **sozioökonomischen Verhältnisse** des Aufnahme-/Zielstaates ist, fällt dagegen nicht unter den Begriff der Behandlung i.S.v. Art. 3.[348] Anders können die Dinge jedoch wiederum liegen, wenn anerkannte Flüchtlinge nicht in der Lage sind, ihren **existenziellen Lebensunterhalt** zu sichern, sie kein Obdach finden oder sie keinen Zugang zu einer medizinischen Basisbehandlung erhalten; notwendig ist insoweit immer eine Würdigung aller Umstände des Einzelfalles.[349] **125**

Art. 3 ist nicht tangiert, wenn es dem Betroffenen freisteht, nach seiner Abschiebung einen Aufenthalt unter möglicherweise menschenunwürdigen Bedingungen im **Transit-Zentrum eines Flughafens** durch die Einreise in sein Herkunftsland abzuwenden.[350] **126**

Der EGMR hat eine Verletzung von Art. 3 in einem Fall angenommen, in dem einer afghanischen Frau, die sich von ihrem Ehemann getrennt hatte und eine neue Beziehung eingegangen war, der Asylantrag verwehrt worden war, sie nach Afghanistan zurückkehren und dort mit sozialer Isolation und Strafverfolgung rechnen musste. Trotz mangelnder konkreter Gefahr reichten **Erfahrungsberichte und Statistiken** aus, um schon vor der Rückkehr nach Afghanistan eine Verletzung von Art. 3 zu bejahen.[351] **127**

Eine Verletzung von Art. 3 hat der EGMR außerdem in einem Fall bejaht, in dem russischen Staatsangehörigen an der polnischen **Staatsgrenze** verwehrt wurde, Asylanträge zu stellen, sie dann nach Weißrussland zurückgeschoben[352] wurden, ohne dass eine **128**

Karlsruhe Beschl. v. 21.10.2010 – 1 AK 45/10 (Sicherstellung einer ausreichenden medikamentösen Versorgung zur Vermeidung des Todes/schwerster gesundheitlicher Beeinträchtigungen während Auslieferung/Überstellung nach Polen, § 73 Satz 2 IRG).

345 So wohl in Somalia: EGMR Sufi u. Elmi/UK, 28.6.2011, NVwZ **2012** 681 (Anwendungsbereich von Art. 3 erweitert, um eine sehr schlechte Gewährleistung sozio-ökonomischer Rechte zu berücksichtigen); BVerwG ZAR **2013** 297, 300.

346 Kein Abschiebungshindernis hingegen für Afghanistan: EGMR A.M./NL, 5.7.2016; Husseini/S, 13.10.2011, NJOZ **2012** 952; A.W.Q. u. D.H./NL, 12.1.2016, §§ 71 ff.; A.G.R./NL, 12.1.2016, §§ 58 ff.; M.R.A. u.a./NL, 12.1.2016, §§ 112 ff., 116; S.D.M. u.a./NL, 12.1.2016, §§ 79 ff.; S.S./NL, 12.1.2016, §§ 66 ff.; siehe zudem: BVerwG NVwZ **2013** 1167 = ZAR **2013** 297.

347 Da diese beiden Aspekte oftmals nicht auseinandergehalten werden können, prüft der EGMR beide Artikel gemeinsam; vgl. EGMR S.C.C./S, 16.2.2000: Ausweisung nach Somalia trotz Krankheit (Aids) zulässig; ferner siehe *Villiger* 365 mit weiteren Beispielen, ferner auch Art. 2 Rn. 60.

348 *Nowak* 3; *Schorn* 10 (unwürdige Unterkunft).

349 EuGH 19.3.2019, C-297/17 u.a. (Ibrahim u.a.), Tz. 89–91; 19.3.2019, C-163/17 (Jawo), Tz. 91–93; 13.11.2019, C-540/17 u.a. (Hamed u.a.), Tz. 39; BVerwG Urt. v. 7.9.2021 – 1 C 3.21, Tz. 19, BeckRS **2021** 42834 (Maßstab: „Situation extremer materieller Not"; Befriedigung der „elementarsten Bedürfnisse"; Berücksichtigung von Hilfe-/Unterstützungsleistungen nichtstaatlicher Organisationen bei der Prognose materieller Lebensverhältnisse im Abschiebungszielstaat; Ungarn); NVwZ **2019** 61, 62.

350 EGMR Ghiban/D (E), 16.9.2004, NVwZ **2005** 1046 (Abschiebung eines Staatenlosen, der für den Fall der Abschiebung menschenunwürdige Bedingungen im Transit-Zentrum des Flughafens Bukarest-Otopeni geltend machte); Mogos/RUM, 13.10.2005 (Nachweis menschenunwürdiger Lebensbedingungen in eben diesem Transit-Zentrum nicht erbracht).

351 EGMR N./S, 20.7.2010.

352 Siehe auch EGMR D./BUL, 20.7.2021, § 137 (systematische Zurückschiebung von Migranten in die Türkei ohne Überprüfung des Bestehens eines realen Risikos für die Betroffenen; Verstoß gegen Art. 3 i.V.m. Art. 13 bejaht).

Prüfung dahingehend erfolgte, ob die Bf. tatsächlich der (behaupteten) Gefahr ausgesetzt waren, nach Tschetschenien abgeschoben und dort misshandelt zu werden.[353]

129   Die allgemeinen Haftbedingungen in einem **Hochsicherheitsgefängnis in den USA** (sog. **ADX-Gefängnis**; United States Prison Administrative Maximum Facility) konstituieren nach Ansicht des EGMR für sich genommen noch keinen Verstoß gegen Art. 3. Auch wenn die Kontaktmöglichkeiten zu Mitgefangenen und Gefängnispersonal auf ein Minimum beschränkt werden, sei aufgrund der verbleibenden Beschäftigungsmöglichkeiten (TV, Radio, Zeitschriften, Bücher, Erziehungsprogramm, Telefonate und Besuchsmöglichkeiten) die etwaige Isolation der Gefangenen nur teilweise und relativ.[354] Im Zusammenspiel mit einer psychischen Erkrankung des Häftlings kann jedoch durch die Belastungen aufgrund der speziellen Sicherheitsvorkehrungen die Schwelle des Art. 3 überschritten werden.[355]

130   Eine relevante Gefahr muss nicht notwendig von staatlichen Stellen ausgehen (vgl. Rn. 27). Es kann genügen, wenn eine solche gegen Art. 3 verstoßende Behandlung durch **nicht-staatliche (private) Gruppen** mit hinreichender Wahrscheinlichkeit und nicht nur hypothetisch zu befürchten ist, weil diese faktisch ungehindert von den Staatsorganen Gewalt gegen ihnen missliebige Personen ausüben können[356] oder weil die Behörden des Empfangsstaats nicht in der Lage sind, den Betroffenen vor der ihm drohenden Gefahr einer Folterung/Misshandlung durch eine dortige Personengruppe (territorial dominante Banden, Bürgerkriegsparteien u.a. Gruppen) zu schützen.[357] Unabhängig von diesen Fällen der sog. *„failed states"* ist in jedem Fall ein **zielgerichtetes Handeln** gleich welcher Personen immer erforderlich („Folter"/„Behandlung"); allgemeine Gefahren und Nöte im Zielland sind hingegen bereits vom Wortlaut des Art. 3 nicht umfasst (vgl. Rn. 125).[358]

131   **g) Prüfungsdichte/Gefahrengrad.** Die **Prüfung**, ob eine i.S.v. Art. 3 relevante Gefahr im Ausland tatsächlich besteht, muss **gründlich** erfolgen; die Behauptung des Betroffenen muss **umfassend** analysiert werden,[359] anhand verlässlicher und objektiver Quellen; dazu können auch die Berichte etablierter Nichtregierungsorganisationen gehören.[360]

---

353 EGMR M.A. u.a./LIT, 11.12.2018, §§ 105 ff., 115, NVwZ **2019** 865, 867 f.
354 EGMR Babar Ahmad u.a./UK, 10.4.2012, § 222, NVwZ **2013** 925 = BeckRS **2013** 09643.
355 EGMR Aswat/UK, 16.4.2013, § 57 (im Falle eines an paranoider Schizophrenie erkrankten Häftlings).
356 EGMR A.G.R./NL, 12.1.2016, § 54, NVwZ **2017** 293; Ahmed/A, 17.12.1996; Bensaid/UK, 6.2.2001; Enitan Pamela Izevekhai u.a./IR, 17.5.2011, § 72, NVwZ **2012** 686 (Genitalverstümmelung; Nigeria); vgl. auch: OLG Düsseldorf NStZ **2006** 692 = StV **2007** 143 = StraFo **2006** 207 (in einem deutschen Zeugenschutzprogramm befindlicher Verfolgter).
357 Etwa EGMR Sufi u. Elmi/UK, 28.6.2011, § 213 (Mogadischu; Süd-/Zentralsomalia; auch zum Verhältnis von Art. 3 EMRK und Art. 15 *lit.* c RL 200/82/EG; vgl. hierzu: EuGH 17.2.2009, C-465/07 (Elgafaji), NVwZ **2009** 705 = EuGRZ **2009** 111; EGMR H.L.R./F, 29.4.1997, § 40 (im konkreten Fall Gefahr verneinend); T.I./UK (E), 7.3.2000; OLG Karlsruhe NStZ-RR **2016** 257 (drohende „Blutrache"/Kosovo); *Grabenwarter/Pabel* § 20, 78; *Frowein/Peukert* 22; Meyer-Ladewig/Nettesheim/von Raumer/*Meyer-Ladewig/Lehnert* 76. Für eine umfassende Untersuchung der Zurechnungskriterien des EGMR und des CAT hinsichtlich einer staatlichen Verantwortlichkeit für privates Handeln im Bereich des Art. 3 EMRK/Art. 2 Abs. 1, 16 Abs. 1 UNCAT siehe: *Kosin* The Attribution of Torture in the Private Sphere (2020).
358 *Dietz* BayVBl. **2012** 645, 651; s.a. BVerwG Urt. v. 20.5.2020 – 1 C 11/19, Rn. 9 ff. (juris) = InfAuslR **2020** 363 (zu § 4 Abs. 3 i.V.m. § 3c AsylG).
359 EGMR K.R.S./UK (E), 2.12.2008; Jabari/TRK, 11.7.2000; Chahal/UK, 15.11.1996, § 128; A.N. u.a./R, 23.10.2018, § 24; I.U./R, 10.1.2017, §§ 31 ff.; K.I./F, 15.4.2021 (Abschiebung eines Russen tschetschenischer Herkunft; Verstoß gegen Art. 3 in verfahrensrechtlicher Hinsicht, wenn der Bf. in ein Land abgeschoben wird, ohne dass die Behörde eine [*ex nunc*] vorherige Prüfung der Gefahrenlage vornimmt, insbesondere, wenn dem Bf. die Gewährung eines Asylstatus nachträglich aberkannt wird).
360 EGMR A.G.R./NL, 12.1.2016, § 54, NVwZ **2017** 293; siehe etwa EGMR Liu/PL, 6.10.2022, §§ 81 f. (UNCAT-Berichte über Haftbedingungen in China).

Die Notwendigkeit, alle relevanten Umstände zu berücksichtigen, macht es erforder- 132
lich, die **absehbaren Folgen** einer Abschiebung oder Auslieferung eines Betroffenen in
das Bestimmungs-/Zielland zu prüfen. Das muss unter Berücksichtigung der dort bestehenden **allgemeinen Lage** und der **besonderen Umstände** des Bf. geschehen. Gegebenenfalls
ist aufzuklären, ob im Bestimmungsland allgemein Gewalttätigkeit herrscht.[361]

Maßgeblicher Zeitpunkt für die Beurteilung der fallrelevanten Tatsachen ist derjeni- 133
ge der Auslieferung/Abschiebung;[362] falls es nicht zu einer Auslieferung/Abschiebung
kommt, ist im späteren Verfahren vor dem EGMR der Zeitpunkt der Entscheidung durch
den Gerichtshof maßgeblich („examined in the light of the present-day situation").[363]

Grundsätzlich muss der Betroffene den **Beweis** führen, dass es **ernsthafte Gründe** für 134
die Annahme gibt, dass gerade er persönlich im Fall der Durchführung der Maßnahme tatsächlich Gefahr läuft, einer Art. 3 widersprechenden Behandlung ausgesetzt zu werden.[364]

Der EGMR kommt dem Bf, der insoweit nicht selten faktischen Hindernissen und 135
prognostischen Schwierigkeiten ausgesetzt ist, insoweit entgegen, als **Beweiserleichterungen** dann gewährt werden, wenn die Menschenrechtslage im ersuchenden Staat generell
besorgniserregend ist.[365]

Grundsätzlich muss der Betroffene ein begründetes, **individuelles, in seiner Person** 136
liegendes Risiko vortragen.[366] Dies gilt auch für das Verfahren bei der **Antragstellung**
auf Asyl sowie für Rechtsbehelfsverfahren gegen negative erstinstanzliche gerichtliche
Entscheidungen. Eine automatische und schematische Anwendung dieser Prüfungsanforderungen auf das Verfahren steht allerdings nicht mit dem von Art. 3 geforderten Schutz
im individuellen Einzelfall in Einklang.[367]

---

361 EGMR Vilvarajah u.a./UK, 30.10.1991, § 108; Sufi u. Elmi/UK, 28.6.2011, § 216; bestätigt in EGMR S.F. u.a./
S, 15.5.2012, §§ 65 ff.

362 BVerwG Urt. v. 22.8.2017 – 1 A 3.17, BVerwGE **159** 296; Urt. v. 27.3.2018 – 1 A 5/17, NVwZ **2018** 1322
(Abschiebung eines radikal-islamistischen Gefährders); Urt. v. 21.8.2018 – 1 A 16/17, Tz. 15 (Abschiebung eines
türkischen Gefährders); BVerwGE **164** 317 = NVwZ-RR **2019** 738 (Abschiebung eines radikal-islamistischen
Gefährders).

363 EGMR A.G.R./NL, 12.1.2016, § 55, NVwZ **2017** 293; A./CH, 19.12.2017, § 39.

364 EGMR N./FIN, 26.7.2005, § 167; Sufi u. Elmi/UK, 28.6.2011, § 214; Bajsultanov/A, 12.6.2012, ÖJZ **2012** 1025,
§§ 64 ff. (Teilnahme am ersten Krieg in Tschetschenien; Abschiebung Russland; kein Verstoß) EGMR N.K./F,
19.12.2013, §§ 42 ff. (Abschiebung eines Anhängers der Ahmadiyya-Bewegung nach Pakistan, wo ihm aufgrund der offenen Ausübung seines Glaubens Misshandlungen drohten, als Verstoß gegen Art. 3); A.N. u.a./
R, 23.10.2018, §§ 17 ff. (Abschiebung Usbekistan/Tadschikistan; drohende politisch/religiös motivierte Verfolgung); E.H./F, 22.7.2021, §§ 131–133, 142 ff. (Abschiebung Marokko; Darstellung einer Gefahr für Personen, die
einer bestimmten Gruppe angehören, genügt nicht, um eine konkrete Gefahr einer unmenschlichen Behandlung der Einzelperson zu begründen).

365 EGMR Saadi/I, 28.2.2008; (GK) Tahsin Acar/TRK, 6.5.2003, NJW **2004** 2357.; vgl. auch VerfGH Sachsen
Beschl. v. 27.2.2020 – Vf. 6-IV-20, BeckRS **2020** 3138 (bereits frühere Zuerkennung eines Abschiebeverbots
nach § 60 Abs. 5 AufenthG i.V.m. Art. 3 durch eine Verwaltungsbehörde als wichtiges Indiz für die Sachverhaltsaufklärung bei einer späteren Entscheidung über die Zulässigkeit einer Auslieferung).

366 EGMR (GK) Mamatkulov u. Askarov/T, 4.2.2005; Saadi/I, 28.2.2008. Dabei kommt einerseits ein **gruppen-
spezifisches Verfolgungsrisiko** in Betracht (bestätigt in EGMR Khodzhayev/R, 12.5.2010), andererseits ist
eine Beweiserleichterung bei **bereichsspezifischem Verfolgungsrisiko** denkbar (EGMR Kaboulov/UKR,
19.11.2009); eine dritte Fallgruppe von Beweiserleichterungen (EGMR Klein/R, 1.4.2010; Khodzhayev/R,
12.5.2010) kommt ins Spiel, wenn der Aufenthaltsstaat es versäumt, sorgfältig die vorhersehbaren Folgen
einer aufenthaltsbeendenden Maßnahme zu prüfen (erhöhte Kontrolldichte des Gerichtshofs); vgl. hierzu:
Lorz ÖJZ **2010** 1055 ff.

367 EGMR K.R.S./UK (E), 2.12.2008: Eine Verletzung von Art. 3 kann aber auch schon darin liegen, wenn
den Antragstellenden kein Zugang zu einem Asylverfahren gewährt wird, EGMR M.K. u.a./PL, 14.12.2020,
§§ 152 ff. Auch wenn die Mitgliedstaaten das Recht haben, den Eintritt in ihr Gebiet zu kontrollieren, enthalte

137   Der ausliefernde/abschiebende Staat muss also grundsätzlich nicht von sich aus eigene Nachforschungen hinsichtlich der Existenz etwaiger gegen die Maßnahme sprechender Gründe anstrengen. Sind ihm jedoch gewichtige Anhaltspunkte bekannt, dass die konkret betroffene Person bei Auslieferung/Abschiebung eine Behandlung droht, die gegen Art. 3 verstoßen würde, so hat er diese Gefahr und die ihr zugrunde liegenden Umstände **eigenständig, von Amts wegen aufzuklären** und zu bewerten (Art. 19 Abs. 4 Satz 1 GG/Art. 103 Abs. 1 GG – Gehörsverstoß),[368] auch dann, wenn sich der Betroffene selbst nicht auf sie beruft.[369]

138   Die **verfahrensrechtlichen Anforderungen (Art. 19 Abs. 4 GG)**[370] an die Sachverhaltsaufklärung haben dem hohen Wert der durch Art. 1 GG, Art. 2 Abs. 1 GG, Art. 3 geschützten Rechte Rechnung zu tragen und die Vorgaben der EMRK zu berücksichtigen. In Fällen, in denen die möglicherweise bestehende Gefahr, Folter oder unmenschlichen/erniedrigenden Haftbedingungen ausgesetzt zu sein, in Rede steht, kommt der verfahrensrechtlichen Sachaufklärungspflicht (§ 86 Abs. 1 VwGO) verfassungsrechtliches Gewicht zu.[371] Dies gilt insbesondere in Situationen, in denen sich der Betroffene auf eine in seinem Abschiebungszielstaat bestehende **Foltergefahr** beruft, für die **ernsthafte Anhaltspunkte** bestehen.[372] Sowohl verfassungsrechtlich als auch konventionsrechtlich ist es in solchen Konstellationen geboten, dass sich die zuständigen Behörden und Gerichte vor einer Rückführung in den Zielstaat über die dortigen Verhältnisse informieren und ggf. Zusicherungen der zuständigen Behörden einholen, die geeignet sind, eine ansonsten bestehende beachtliche Gefahr einer Art. 3 verletzenden Behandlung wirksam auszuschließen.[373]

Art. 3 als einer der fundamentalsten Werte einer Demokratie und Herzstück der Konvention **die Pflicht, eine Person: nicht abzuschieben, wenn es substantielle Gründe dafür gibt, dass diese im Falle einer Zurückweisung Folter oder einer unmenschlichen Behandlung unterzogen wird**, EGMR M.K. u.a./PL, 14.12.2020, §§ 166, 168. Im konkreten Fall stellten die Bf. tschetschenischer Herkunft individuell und glaubhaft dar, dass sie in Belarus keinen Zugang zu einem Asylverfahren bekommen würden, und somit zurück nach Russland müssten, EGMR M.K. u.a./PL, 14.12.2020, §§ 177, 178. Die Bf. verfügten mithin nicht über wirksame Garantien, die sie vor einer tatsächlichen Gefahr einer unmenschlichen oder erniedrigenden Behandlung oder Folter geschützt hätten. Daher stellt bereits die Tatsache, dass in den vielen Fällen, in welchen die Bf. an der polnischen Grenze ein Asylverfahren erbaten, welches ihnen verwehrt wurde, eine Verletzung von Art. 3 dar, EGMR M.K. u.a./PL, 14.12.2020, §§ 184 f.

368 BVerfG Beschl. v. 25.9.2020 – 2 BvR 854/20 (gerichtlicher Aufklärungsbedarf aufgrund substantiierten Vortrags einer Asylsuchenden zur Sklaverei in ihrem Herkunftsstaat, Art. 103 Abs. 1 GG); Beschl. v. 18.12.2017 – 2 BvR 2259/17 (Türkei), NVwZ **2018** 318; vgl. auch BVerfG Beschl. v. 13.11.2017 – 2 BvR 1381/17 (Aufklärung der Gefahr einer politischen Verfolgung – Asyl); hierzu auch: BVerfG Beschl. v. 13.11.2017 – 2 BvR 1381/17, StraFo **2018** 19 (Gefahr politischer Verfolgung; Russland); Beschl. v. 30.10.2019 – 2 BvR 828/19, NVwZ **2020** 147 (Gefahr politischer Verfolgung; Tschetschenien).

369 EGMR (GK) F.G./S, 23.3.2016, § 127; folgend EGMR A.N. u.a./R, 23.10.2018, §§ 16 ff.; in Abgrenzung dazu: EGMR A./CH, 19.12.2017, § 41.

370 Zum Gebot eines effektiven und möglichst lückenlosen (einstweiligen) Rechtsschutzes gegen eine angedrohte, jedoch aufgrund einer internen Weisungslage (jederzeit änderbare Verwaltungsvorschriften) zurückgestellten Abschiebung (Afghanistan): BVerfG Beschl. v. 10.6.2020 – 2 BvR 297/20, BeckRS **2020** 13383 m. Anm. *Muckel* JA **2020** 715; Beschl. v. 10.6.2020 – 2 BvR 11/20, BeckRS **2020** 14498 m. Bespr. *Sachs* JuS **2021** 92; Beschl. v. 10.6.2020 – 2 BvR 2389/18, BeckRS **2020** 14490.

371 VerfGH Sachsen Beschl. v. 27.2.2020 – Vf. 6-IV-20, BeckRS **2020** 3138 (Zurückverweisung einer die Zulässigkeit der Auslieferung feststellende Entscheidung an das OLG, da dieses seiner Pflicht zur Sachverhaltsaufklärung im Hinblick auf eine zu erwartende menschenrechtswidrige Behandlung im Zielstaat nicht nachgekommen war).

372 BVerfG NVwZ **2018** 318.

373 BVerfG NVwZ **2018** 318, 319 (Anordnung der aufschiebenden Wirkung der Klage zur Sicherung effektiven Rechtsschutzes); BVerfG NVwZ **2017** 1526; BVerfGE **94** 49, 100 = NVwZ **1996** 700; EGMR Othman/UK, 17.1.2012, §§ 192 ff., NVwZ **2013** 487 Rn. 187.

Esser   234

Das **HRC** ruft seinen Vertragsstaaten ebenfalls immer wieder in Erinnerung, dass **139** Personen, die substantiiert einen nichtwiedergutzumachenden Nachteil im Falle ihrer Abschiebung geltend machen, nicht ohne Weiteres ausgewiesen werden dürfen.[374]

Eine **allgemeine Sicherheitslage** kann ausnahmsweise derart gestaltet sein, dass jede **140** Überstellung/Abschiebung in die betreffende Region gegen Art. 3 verstößt; dann kommt es nicht auf einen individuellen Grund in der Person des Betroffenen an.[375] Auch bei einer **Situation allgemeiner Instabilität** kann Art. 3 verletzt sein, ohne dass der Betroffene beweisen muss, dass seine persönliche Lage schlechter ist als die aller anderen Mitglieder seiner Gruppe.[376] Vom Betroffenen sind jedenfalls dann keine Hinweise auf (persönliche) Besonderheiten zu verlangen, wenn er sonst beweisen kann, dass die **allgemeine Lage/ Situation der Gewalt** im Bestimmungsland so dramatisch ist, dass sie tatsächlich die Gefahr einer Verletzung von Art. 3 im Fall einer Abschiebung/Auslieferung in dieses Land begründet. In solchen Fällen darauf zu bestehen, dass der Betroffene das Bestehen von Besonderheiten zu seiner Person nachweist, machte den Schutz durch Art. 3 illusorisch und stellte absolute Natur der Vorschrift in Frage.[377]

Die einzige bei Abschiebungsfällen zu prüfende Frage ist, ob unter Berücksichtigung **141** aller Umstände ernstliche Gründe für die Annahme nachgewiesen worden sind, dass der Betroffene im Fall seiner Abschiebung tatsächlich Gefahr liefe, einer Art. 3 widersprechenden Behandlung ausgesetzt zu werden, einerlei, ob sich die Gefahr aus einer allgemeinen Situation der Gewalt ergibt, einem besonderen Merkmal des Betroffenen oder einer Verbindung von beiden. Eine allgemeine Situation der Gewalt kann nur in **äußerst extremen Fällen** intensiv genug sein, um eine solche Gefahr zu begründen: es muss eine Gefahr von Misshandlungen tatsächlich dadurch gegeben sein, dass eine Person einer solchen Gewalt bei Rückkehr ausgesetzt wäre.[378]

Der EGMR hat, um eine solche Gefahr näher einzugrenzen, auf **vier Kriterien** zurück- **142** gegriffen: zum einen darauf, ob die Konfliktparteien Methoden anwenden, die direkt gegen Zivilisten gerichtet sind oder die das Risiko ziviler Opfer erhöhen; wie weitgehend diese Methoden verbreitet sind; weiterhin ob die Kampfhandlungen lokal beschränkt oder weiter verbreitet sind; schließlich die Anzahl der zivilen Opfer aufgrund bisheriger Kampfhandlungen. Diese Liste soll zwar nicht als abschließend und auf jeden Fall anwendbar gelten, kann jedoch als erster Maßstab für eine Prüfung herangezogen werden.[379]

Das Vorkommen **vereinzelter Verstöße** genügt für sich allein für die Annahme einer **143** für Art. 3 maßgeblichen Gefahr ebenso wenig[380] wie der bloße Umstand, dass eine solche Behandlung theoretisch möglich erscheint. Dass in dem Staat, in den der Betroffene verbracht werden soll, nur **allgemein eine relevante Gefahr** der Misshandlung besteht,

---

[374] HRC M.I./S, 25.7.2013, 2149/2012, §§ 7.2, 7.5 (lesbische Bf.; Verletzung von Art. 7 IPBPR; Neubeurteilung des Asylgesuchs notwendig; Drohungen, sexuelle Gewalt, Haft und Verfolgung wegen sexueller Orientierung im Falle der Abschiebung nach Bangladesch; ähnlich: HRC Shakeel/CAN, 24.7.2013, 1881/2009, §§ 2.1, 3.1, 6.3 (christlicher Pastor; drohende Ausweisung; Pakistan; dortige Diskriminierung und Verfolgung); Choudhary/CAN, 28.10.2013, 1898/2009, §§ 2.1 ff.; Aarrass/E, 2008/2010, 21.7.2014, §§ 2.1 ff., 3.2, 10.2 ff. (Furcht vor Folter; Auslieferung nach Marokko; Berichte anderer Mitangeklagter desselben Falles).

[375] EGMR A.G.R./NL, 12.1.2016, § 59, NVwZ **2017** 293 (abgelehnt für Afghanistan).

[376] Missverständlich insoweit: EGMR Vilvarajah u.a./UK, 30.10.1991, § 111; ausdrücklich klargestellt in: EGMR Sufi u. Elmi/UK 28.6.2011, § 217.

[377] EGMR NA./UK, 17.7.2008, § 116; Sufi u. Elmi/UK, 28.6.2011, § 217.

[378] EGMR NA./UK, 17.7.2008, § 115; Sufi u. Elmi/UK, 28.6.2011, § 218.

[379] EGMR Sufi u. Elmi/UK, 28.6.2011, § 241; ebenfalls angewandt in EGMR K.A.B./S, 5.9.2013, § 77 und §§ 86 ff. (aufgestellt wurden die vier Kriterien durch das Asylum and Immigration Tribunal, UK, im Fall AM und AM (Somalia), 27–29.10.2008, GC [2008] UKAIT 00091).

[380] Vgl. BVerfGE **15** 255; *v. Bubnoff* 69; *Zöbeley* NJW **1983** 1705.

ohne Nachweis einer konkreten Gefährdung des Auszuliefernden, steht einer Auslieferung grundsätzlich nicht entgegen.[381] Andererseits vermag das Fehlen einer permanenten allgemeinen Gefahr in einem Land die persönliche und aktuelle Gefährdung des Einzelnen dort nicht von vornherein auszuschließen.[382] Für den Nachweis einer konkreten Gefährdung des Betroffenen durch eine *nichtstaatliche* **Gruppierung** werden **höhere Anforderungen** gestellt als für den Nachweis der Gefahr einer gegen Art. 3 verstoßenden Behandlung durch staatliche Organe.[383]

144   Auf eine **innerstaatliche Fluchtalternative** kann ein Betroffener nur verwiesen werden, wenn bestimmte Garantien bestehen: Der Ausgewiesene muss die Möglichkeit haben, in das fragliche Gebiet zu reisen, dort aufgenommen zu werden und sich niederzulassen. Ist das nicht der Fall, kann sich eine Frage nach Art. 3 stellen, insbesondere, wenn er mangels dieser Garantien möglicherweise in einem Gebiet seines Herkunftslandes endet, in dem er Misshandlungen ausgesetzt sein kann.[384]

145   Wegen der absoluten Geltung[385] des durch Art. 3 normierten Folterverbotes darf **keine Abwägung der Gefahren** für den Ausgewiesenen und derjenigen Gefahren, die von ihm ausgehen, erfolgen. Dies gilt unabhängig davon, ob der Betroffene in besonders schwerer Weise straffällig geworden ist[386] und uneingeschränkt auch in den Fällen, in denen der Betroffene möglicherweise eine **Gefahr für die Gesellschaft des Aufenthaltsstaates** darstellt.[387] Ihm darf auch in diesem Fall keine erhöhte Beweislast in Bezug auf die Gefahr der Folter oder einer unmenschlichen Behandlung auferlegt werden.[388]

146   Die Gefahr eines Verstoßes gegen Art. 3 EMRK/Art. 7 IPBPR entfällt nicht schon deshalb, weil der **Grundsatz der Spezialität** die Befugnis zur Aburteilung auf die Tat beschränkt, wegen der die Auslieferung begehrt wird.[389] Sie kann aber unter Umständen durch eine **Vereinbarung mit dem Empfängerstaat** ausgeschlossen werden, *sofern* auch zu erwarten ist, dass sich dessen Organe im konkreten Einzelfall an diese halten.[390] Gleiches gilt, wenn der ersuchende Staat in einer völkerrechtlich verbindlichen **diplomatischen Erklärung (Zusage)**[391]

---

381 EGMR Vilvarajah u.a./UK, 30.10.1991; H.L.R./F, 29.4.1997; Venkadajalasarma/NL, 17.2.2004, § 66; Thampibillai/NL, 17.2.2004, § 64; Y./R, 4.12.2008 (Ausweisung eines vom UNHCR-Büro anerkannten Flüchtlings); vgl. auch BVerfG JZ **2004** 141 m. abl. Anm. *Vogel*; OLG Karlsruhe StV **2004** 442 (Zweifel zugunsten des Verfolgten); Meyer-Ladewig/Nettesheim/von Raumer/*Meyer-Ladewig/Lehnert* 70; siehe dagegen die strengen Vorgaben von BVerwG NVwZ **2011** 48, 50, Tz. 15 („hoher Wahrscheinlichkeitsgrad"; Realisierung der Gefahr „alsbald nach der Rückkehr").

382 Vgl. auch: CAT Dadar/CAN, 5.12.2005, 258/2004, §§ 8.3 f.

383 EGMR Bensaid/UK, 6.2.2001.

384 EGMR Salah Sheekh/NL, 11.1.2007, § 141; Sufi u. Elmi/UK, 28.6.2011, § 266.

385 Hierzu *Gebauer* NVwZ **2004** 1405; *Mavronicola/Messineo* MLR **2013** 589.

386 EGMR Ahmed/A, 17.12.1996.

387 EGMR Dbouba/TRK, 13.7.2010 (keine Auslieferung von Al-Qaida-Mitglied bei drohender Folter).

388 EGMR (GK) Saadi/I, 28.2.2008, NVwZ **2008** 1330 (Terrorismus).

389 Vgl. *Vogler* FS Wiarda 663, 669.

390 Vgl. EGMR Soering/UK, 7.7.1989, wo dies nicht gesichert erschien; ferner etwa *Frowein/Kühner* ZaöRV **43** (1983) 537, 563; *Trechsel* EuGRZ **1987** 69, 74 (auch zur Praxis der Schweiz, Auslieferung an Bedingungen zu knüpfen); EGMR Olaechea Cahuas/S, 10.8.2006, §§ 37 ff. (Garantie der peruanischen Regierung); Al-Moayad/D (E), 20.2.2007, NVwZ **2008** 761 (verlässliche Zusicherung der US-Behörden, den Bf. nicht in einer Haftanstalt außerhalb der USA zu inhaftieren, um die dortigen Verhörmethoden auszuschließen).

391 Hierbei handelt es sich zugleich um „erforderliche Unterlagen" i.S.d. § 62 Abs. 4 Satz 3 AufenthG, so dass eine Verlängerung der Sicherungshaft (§ 62 Abs. 3 Satz 1 Nr. 3 AufenthG) – sollte sich die Übermittlung der Zusicherung verzögern – gerechtfertigt sein kann (BGH Beschl. v. 20.5.2020 – XIII ZB 10/19, BeckRS **2020** 15569).

eine korrekte und konventionsgemäße Behandlung des Betroffenen zusichert[392] und eventuell auch deren **Kontrolle ermöglicht**.[393] Nicht ausreichend ist eine solche diplomatische Zusicherung, wenn sie Zweifel an der Ernsthaftigkeit und tatsächlichen Befolgung solcher Versprechen entstehen lässt und im Widerspruch zu seriösen und zuverlässigen (internationalen) Berichten über tatsächliche Folterungen oder Misshandlungen steht.[394] Das absolute Folterverbot darf jedenfalls nicht dadurch ausgehebelt werden, dass der ausliefernde Staat eine unzureichende diplomatische Zusicherung hinnimmt.[395] Ebenso wenig entbindet eine diplomatische Zusicherung das über die Zulässigkeit einer Auslieferung befindende Gericht von der Pflicht, zunächst eine eigene Gefahrenprognose über die Situation im Zielland anzustellen.[396] Darüber hinaus muss die Zusage des ersuchenden Staates **individuell auf den im konkreten Fall Verfolgten bezogen** sein,[397] zudem **inhaltlich hinreichend** konkret und **bestimmt**[398] sein, im **Außenverhältnis (völkerrechtlich) verbindlich** abgegeben werden[399] und einer **objektiven Überprüfung** zugänglich sein,[400] was die Existenz einer effektiven Folter-/Misshandlungsprävention voraussetzt.[401] Art. 3 kann bei einer Ausweisung/Abschiebung auch dann verletzt sein, wenn der Empfangsstaat internationale Menschenrechtspakte abgeschlossen hat oder durch eigene Gesetze Folter verbietet, sich **in der Praxis** aber nicht an diese vereinbarten Standards hält.[402] Erst recht kann eine Zusicherung zweifelhaft sein, wenn der betreffende Staat eine Zeichnung der UNCAT beharrlich ablehnt.[403]

---

[392] EGMR Einhorn/F, 16.10.2001, ÖJZ **2003** 34: Auslieferung in die USA, Zusicherung, keine Todesstrafe. Vgl. BVerfGE **92** 245 = EuGRZ **1995** 172; Meyer-Ladewig/Nettesheim/von Raumer/*Meyer-Ladewig/Lehnert* 66, 74; OGH ÖJZ **2014** 179, 181 (Zusage der Russischen Föderation); zur Bedeutung und Zulässigkeit diplomatischer Zusicherungen s.a. *Wegner* GVRZ **2020** 7 ff.

[393] EGMR Ryabikin/R, 19.6.2008 (verschiedene Berichte legten systematische Ablehnung internationaler Beobachter durch turkmenische Behörden nahe); Soldatenko/UKR, 23.10.2008 (weder Zuständigkeit der turkmenischen Behörden für die staatliche Zusicherung noch effektive Kontrollmöglichkeiten gesichert); kein Verstoß in EGMR Othman Abu Qatada/UK, 17.1.2012, §§ 190 ff. (sehr detaillierte Absichtserklärung, welche von höchsten Regierungsstellen bestätigt wurde; regelmäßige Überprüfung durch unabhängiges Institut).

[394] EGMR Khodzhayev/R, 12.5.2010; Toumi/I, 5.4.2011, NVwZ **2012** 1159, §§ 48 ff. (Abschiebung Tunesien); vgl. hierzu Entschließung 1433 (2005) der Parlamentarischen Versammlung des Europarates v. 26.4.2005. Kritisch zur Zusicherungspraxis: *Nowak* in: Burgstaller/Nowak (Hrsg.), Aut dedere aut iudicare (2010) 85; EGMR Nizomkhon Dzhurayev/R, 3.10.2013, §§ 131 ff. (unzureichende Zusicherungen der tadschikischen Behörden).

[395] Vgl. CAT Abichou/D, 21.5.2013, 430/2010; hierzu *Schneider* EuGRZ **2014** 168.

[396] BVerfG NJW **2018** 37, 39 (Auslieferung Russland); NStZ-RR **2020** 59, 61 (Auslieferung Russland); NStZ-RR **2020** 62, 64 (Auslieferung Russland); NVwZ **2020** 144, 146 (Auslieferung Türkei); NVwZ **2020** 147, 149 (Auslieferung Russland); jeweils zur Gefahr politischer Verfolgung.

[397] BVerfG (eA) 16.7.2019 – 2 BvR 1258/19, BeckRS **2019** 15724; Beschl. v. 4.12.2019 – 2 BvR 1258/19 u.a., BeckRS **2019** 32770 (Haftbedingungen USA/Kalifornien; unzureichende Aufklärung, Art. 19 Abs. 4 GG); OLG Stuttgart Beschl. v. 21.4.2016 – 1 Ausl 321/15, wistra **2016** 335 (Haftbedingungen Griechenland).

[398] EGMR G.S./BUL, 4.4.2019, NVwZ-RR **2020** 457, 460 (in allgemeine, stereotype Worte gefasste Zusicherung); Olaechea Cahuas/E, 10.8.2006; OLG Dresden NStZ-RR **2015** 26 = StV **2015** 363 = StraFo **2014** 521 (dort falsches Datum genannt) (Auslieferung Argentinien); OLG München NStZ-RR **2016** 323, 324 und OLG Celle StraFo **2017** 292 (Haftbedingungen in der Türkei nach dem gescheiterten Putsch im Juli 2016); OLG Bremen NStZ-RR **2016** 325 (Haftbedingungen Lettland; keine Aussage des Vollstreckungsstaates über konkrete Haftanstalt).

[399] EGMR Baysakov/UKR, 18.2.2010.

[400] EGMR Ryabikin/R, 19.6.2008, § 119; Kolesnik/R, 17.6.2010, § 73.

[401] EGMR Soldatenko/UKR, 23.10.2008, § 73; Baysakov/UKR, 18.2.2010, § 51; Klein/R, 1.4.2010; vgl. auch *Lorz* ÖJZ **2010** 1055, 1057; s.a. EGMR Al-Moayad/D (E), 20.2.2007, §§ 67 ff.

[402] EGMR Egamberdiyev/R, 26.6.2014, § 49; (GK) Hirsi Jamaa u.a./I, 20.2.2007, § 128; A./NL, 20.7.2010.

[403] EGMR G.S./BUL, 4.4.2019, NVwZ-RR **2020** 457, 460 (Auslieferung Iran; drohende Auspeitschung).

147   **h) Entscheidungsgrundlage/Maßgeblicher Zeitpunkt/Mitwirkungsobliegenheit des Betroffenen.** Vor der Auslieferung bzw. Abschiebung ist der Staat verpflichtet, die vorhandenen Informationen angemessen zu berücksichtigen und ggf. weitere **Informationen einzuholen**. Kommt er dieser Pflicht nicht nach, so kann er seine Schutzpflicht aus Art. 3 verletzen.[404] Die von den staatlichen Stellen anzustellende Prüfung und Entscheidung hat im Wege einer **Gesamtschau** von allgemeinen und individuellen Risikofaktoren zu erfolgen, um auch deren wechselseitige Auswirkungen berücksichtigen zu können.[405]

148   Dabei kommt es grundsätzlich auf die Informationen an, die dem Staat im **Zeitpunkt** der zu treffenden Entscheidung bekannt waren oder bekannt sein mussten.[406] Wenn der Betroffene im Zeitpunkt der Verhandlung des Falles vor dem EGMR noch nicht ausgeliefert oder abgeschoben worden ist, ist der maßgebende Zeitpunkt der des **Verfahrens vor dem Gerichtshof**.[407] Da sich die Verhältnisse im Bestimmungsland im Laufe der Zeit ändern können, ist eine umfassende Prüfung *ex nunc* erforderlich. Die ursprüngliche Lage bleibt von Bedeutung, soweit sie die jetzigen Verhältnisse und die wahrscheinliche Entwicklung erklärt; entscheidend kommt es aber auf die **aktuellen Verhältnisse** an. Deswegen müssen auch solche Hinweise und Informationen berücksichtigt werden, die nach der endgültigen Entscheidung der staatlichen Gerichte bekannt geworden sind.[408]

149   Es obliegt dem Betroffenen, (soweit möglich) Material und Informationen beizubringen, die die Beurteilung des bei einer Abschiebung oder Auslieferung drohenden Risikos erlauben.[409] Je größer das Ausmaß allgemeiner willkürlicher Gewalt ist, desto weniger muss eine Person eine persönliche Bedrohung darlegen.[410] Der EGMR prüft die Indizien für die konkrete Gefährdung wegen der Bedeutung des Art. 3 eingehend auf der Grundlage des gesamten ihm zur Verfügung stehenden Materials[411] und berücksichtigt dabei auch Berichte anderer Institutionen, z.B. des UN-Flüchtlingskommissars (UNHCR) und des CPT.[412] Ebenso können wiederholte Medienberichte als Anhaltspunkt gewertet werden, dass die Gefahr einer gegen Art. 3 verstoßenden Behandlung dem Staat bekannt gewesen sein musste.[413]

150   **6. Rechtsfolgen eines Verstoßes gegen Art. 3.** Konventionswidrige (menschenunwürdige) Behandlungen, insbesondere Haftbedingungen, können **Amtshaftungsansprü-**

---

404 Vgl. EGMR Garabayev/R, 7.6.2007, §§ 79 f.
405 EGMR N.A./UK, 17.7.2008 (Ausweisung eines tamilischen Asylsuchenden nach Sri Lanka).
406 EGMR Said/NL, 5.7.2005, § 48; (GK) El-Masri/MAZ, 13.12.2012, § 214, NVwZ **2013** 631; N.A./FIN, 14.11.2019, § 74.
407 EGMR B.M./F (E), 7.4.2015, § 47; Saadi/I, 28.2.2008, § 133; Sufi u. Elmi/UK, 28.6.2011, § 215; A.A./CH, 5.11.2019, § 41, NVwZ **2020** 538, 539.
408 EGMR (GK) Mamatkulov u. Abdurasulovic/TRK, 6.2.2003, § 69; Salah Sheekh/NL, 11.1.2007, InfAuslR **2007** 223 (nur Ls.), § 136 (Beurteilung *ex nunc*); s.a. EGMR K.I./F, 15.4.2021, § 120.
409 EGMR Said/NL, 5.7.2005, § 49; A.A./CH, 5.11.2019, §§ 44 f., NVwZ **2020** 538, 540.
410 EuGH 17.2.2009, C-465/07 (subsidiärer Schutz der EMRK auch bei Nichtvorliegen der Voraussetzungen der GFK).
411 Sowohl Material, das ihm von den Parteien zur Verfügung gestellt wird, als auch solches, das er von Amts wegen einholt, insbesondere weil der Bf. oder ein Dritter i.S.d. Art. 36 begründete Zweifel an den Informationen der Regierung vortragen: vgl. EGMR Salah Sheekh/NL, 11.1.2007, § 136.
412 EGMR Ismoilov u.a./R, 24.4.2008; Jabari/TRK, 11.7.2000; (GK) El-Masri/MAZ, 13.12.2012, § 214, NVwZ **2013** 631; Allanazarova/R, 14.2.2017, §§ 70 f.
413 EGMR (GK) El-Masri/MAZ, 13.12.2012, § 218, NVwZ **2013** 631 (Verhörmethoden der CIA bei Terrorverdächtigen in Afghanistan); Al Nashiri/PL, 24.7.2014, § 442; Husayn (Abu Zubaydah)/PL, 24.7.2014.

che (§ 839 BGB i.V.m. Art. 34 Satz 1 GG) begründen.[414] Im Strafverfahren stehen allerdings Fragen der **Beweisverwertung** im Mittelpunkt.

Aus Art. 3 selbst leitet der EGMR **kein *unmittelbares* Verwertungsverbot für Beweise** ab, die zum Zwecke der Strafverfolgung u.ä. unter Verstoß gegen das Verbot der Folter und der unmenschlichen oder erniedrigenden Behandlung von den Behörden erlangt wurden.[415] Vielmehr prüft er im Rahmen von **Art. 6 Abs. 1** im Wege einer **Gesamtbetrachtung** (dort Rn. 258, 390 ff., 833), ob die Verwendung dieser Beweise das **Verfahren im Ganzen als unfair** erscheinen lassen. Jedenfalls bei der Verwendung von Geständnissen und sonstigen Beweisen, die *direkt* aus der Anwendung von **Folter**[416] resultieren, ist die Annahme einer Unfairness des Verfahrens (d.h. der Beweisverwertung) – anders als bei einer („nur") unmenschlichen oder erniedrigenden Behandlung bzgl. **sonstiger Beweise**[417] als Ausgangslage – wegen der grundlegenden Bedeutung und Absolutheit des Folterverbots **zwingend**.[418]   **151**

Im Urteil *Ćwik* stand der EGMR erstmals vor der Frage der Verwend- und Verwertbarkeit von Beweisen, die **durch Folter begangen durch private Akteure** – welche **nicht in einer Verbindung zum Staat** stehen – erlangt wurden.[419] Der Bf. wurde wegen (versuchten) Schmuggels großer Mengen Kokain angeklagt.[420] Im Auftrag des Chefs eines Drogenrings wurde er entführt und „verhört", um den Verbleib von verschwundenem Kokain und Geld preiszugeben. Während des „Verhörs" wurde dem Bf. eine Pistole an den Kopf gehalten, ihm wurde zwischen die Beine geschossen und Teile seines Körpers wurden mit kochendem Wasser übergossen.[421] Seine Angaben wurden aufgezeichnet, die das Gericht   **152**

---

414 BGHZ **198** 1 = NJW **2013** 3176; ferner BVerfG Beschl. v. 17.2.2020 – 1 BvR 3182/15, StV **2020** 564 (Ls.); Beschl. v. 17.2.2020 – 1 BvR 1624/16, StV **2020** 564 (Ls.); Beschl. v. 28.7.2016 – 1 BvR 1695/15, StV **2018** 621; Beschl. v. 20.5.2016 – 1 BvR 3359/14, NJW **2016** 3228; Beschl. v. 28.8.2014 – 1 BvR 3001/11 (jeweils vor dem Hintergrund von Prozesskostenhilfeverfahren); zur Kausalitätsfrage: BGH NJW-RR **2010** 1465.

415 Kritisch *Esser* NStZ **2008** 657, auch unter Hinweis auf die Rechtslage bei außerhalb des Geltungsbereichs der EMRK durch Folter gewonnenen Beweisen; *Weigend* StV **2011** 325, 329; für ein Beweisverwertungsverbot aber EGMR (GK) Gäfgen/D, 1.6.2010, Joint Partly Dissenting Opinion *Rozakis/Tulkens/Jebens/Ziemele/Bianku/Power*; siehe auch: EGMR Harutyunyan/ARM, 28.6.2007 (fehlende Prüfungskompetenz *ratione temporis* bzgl. Art. 3, aber Berücksichtigung im Rahmen des Art. 6). Gegen die Verwertung von durch Folter erlangten Informationen, auch und insbesondere wenn die Folter nicht vom eigenen, sondern von anderen Staaten ausgeübt wurde, das britische House of Lords am 8.12.2005 in *A and Others v. Secretary of State for the Home Department (No. 2)* [2005] UKHL 71, [2005] 3 WLR 1249.

416 Insofern reicht bereits das Bestehen eines realen Risikos („real risk"), dass der Beweis durch Folter erlangt wurde, vgl. EGMR El Haski/B, 25.9.2012, § 88, ZIS **2013** m. Anm. *Schüller*.

417 Ein Gleichlauf besteht hingegen bei Geständnissen, vgl. EGMR (GK) Gäfgen/D, 1.6.2010, § 173; El Haski/B, 25.9.2012, § 85; Zyakun/UKR, 25.2.2016, §§ 62 ff.; Zličić/SRB, 26.1.2021, § 119; dieser Gleichlauf gilt auch, wenn das Geständnis auf der Grundlage von Folter oder einer unmenschlichen oder erniedrigenden Behandlung durch Privatpersonen erlangt wurde, vgl. EGMR Ćwik/PL, 5.11.2020, § 89; *van der Berg* 305.

418 Vgl. ausführlich Art. 6 Rn. 397, 420; *Ambos* StV **2009** 151, 157; EGMR (GK) Jalloh/D, 11.7.2006 („Brechmitteleinsatz"), EuGRZ **2007** 150 = NJW **2006** 3117 ≈ StV **2006** 617; (GK) Gäfgen/D, 1.6.2010, §§ 166–167; Nechiporuk u. Yonkalo/UKR, 21.4.2011, § 259 („admission of statements obtained as a result of torture as evidence to establish the relevant facts in criminal proceedings renders the proceedings as a whole unfair irrespective of their probative value and of whether their use was decisive in securing the defendant's conviction."); Zličić/SRB, 26.1.2021, § 119; Mazur/UKR, 31.10.2019, §§ 66 ff. (obwohl das Berufungsgericht die Aussagen des Bf., welche unter einer Verletzung von Art. 3 getätigt wurden, vom Beweismaterial ausschloss, attestierte der EGMR eine Verletzung von Art. 6 Abs. 1 (kein faires Verfahren) – unabhängig davon, welche Bedeutung diesen Aussagen beigemessen wurde. Hierzu und zu weiteren Fallgruppen *van der Berg* 283 ff., 305 f.

419 EGMR Ćwik/PL, 5.11.2020, § 80.

420 EGMR Ćwik/PL, 5.11.2020, § 7.

421 EGMR Ćwik/PL, 5.11.2020, §§ 16 ff.

später als Schlüsselbeweis verwendete, um die Schuld des Bf. zu belegen. Staatlicherseits wurde der Bf. **nie vernommen**.

153   Der EGMR ließ es dahinstehen, ob die Behandlung von K.G. unter den Begriff der Folter i.S.d. Art. 3 zu subsumieren war und ordnete die Behandlung als **ausreichend schwere Misshandlung** i.S.d Art. 3 ein („ill-treatment to which Article 3 is applicable"). Dabei stellte er klar, dass die Verwendung jeglicher Beweise, die unter Umständen entstanden sind, die gegen die Misshandlungsverbote des Art. 3 verstoßen, zu einem **unfairen Verfahren** und damit zu einer **Verletzung von Art. 6 Abs. 1** führt.[422] Dieses Prinzip soll explizit auch auf Fälle Anwendung finden, in denen die **gegen Art. 3 verstoßende Behandlung durch private Akteure** geschieht.

154   In einem abweichenden Votum lehnten allerdings immerhin zwei Richter eine Verletzung des Art. 6 Abs. 1 ab und betonen, das „Verhör" habe zwar in einer Weise stattgefunden, die Art. 3 verletzt, auch habe der Staat eine Schutzpflicht inne, solche Verletzungen zu verhindern. Allerdings sei die Vernehmung **ohne jedwede Kenntnis staatlicher Stellen geschehen**, so dass der dadurch erlangte Beweis verwendet werden könne und nicht zu einer Verletzung von Art. 6 Abs. 1 führe.[423]

155   Bei einem festgestellten Verstoß gegen Art. 3 sollte für die beweisrechtlichen Folgen auch ein Blick auf die UNCAT geworfen werden. Ausdrücklich normiert **Art. 15 UNCAT** auf völkerrechtlicher Ebene (in Deutschland im Range eines Bundesgesetzes ratifiziert), dass jeder Vertragsstaat dafür Sorge trägt, *dass Aussagen, die nachweislich durch Folter herbeigeführt worden sind, nicht als Beweis in einem Verfahren verwendet werden, es sei denn gegen eine der Folter angeklagte Person als Beweis dafür, dass die Aussage gemacht wurde.*[424]

156   Aus der Spruchpraxis des CAT folgt, dass Art. 15 UNCAT **unmittelbar vor nationalen Behörden und Gerichten Anwendung** findet.[425] Das Übereinkommen entfaltet unabhängig davon eine darüber hinaus gehende Wirkung, indem es auf die Auslegung des nationalen Rechts der einzelnen Vertragsstaaten Einfluss nimmt.

157   Der **Sinn und Zweck** der Vorschrift besteht sowohl in der Sicherung der **Verfahrensfairness**, indem eine durch Folter erzwungene Aussage als nicht gerichtsverwertbar eingestuft wird, als auch (präventiv) in der Unterdrückung/Vermeidung von Folter, indem Verfolgungsbehörden der **prozessuale Anreiz** für Androhung oder Durchführung einer Folter – die anschließende gerichtliche Verwertung der Beweise – **entzogen** wird.[426]

158   Nach ihrem Wortlaut unterscheidet Art. 15 UNCAT nicht zwischen der **Herkunft** der Beweise, sondern erstreckt sich auf jeden durch Folter gewonnenen Beweis unabhängig von dessen Herkunft, einschließlich der darauf beruhenden, mittelbar gewonnenen, Beweise als sog. **„Früchte des verbotenen Baumes"**.[427] Die Vorschrift beansprucht damit

---

422   EGMR Ćwik/PL, 5.11.2020, § 88.
423   Kritisch zur Gleichstellung der Verwertung von Beweismitteln durch eine Misshandlung durch Private und staatliche Akteure, insbesondere unter Beachtung des Schutzzwecks des Art. 3: *Jasinski* EuJCCCJ **2021** 127, 145–153.
424   „Each State Party shall ensure that any statement which is established to have been made as a result of torture **shall not be invoked as evidence** in any proceedings, except against a person accused of torture as evidence that the statement was made.".
425   CAT Halimi-Nedzibi/A, 18.11.1993, 8/1991; Blanco Abad/E, 14.5.1998, 59/1996; P.E./F, 21.11.2002, 193/2001; G.K./CH, 7.5.2003, 219/2002. Einzelne Vertragsstaaten bringen gegen eine unmittelbare Anwendbarkeit vor, dass sich die Vorschrift ihrem Wortlaut nach nur an „jeden Vertragsstaat" richte; hierzu: *Thienel* EJIL **2006** 349, 353. Für eine unmittelbare Anwendbarkeit: BVerfG NJW **1994** 2883; OLG Hamburg NJW **2005** 2326.
426   *Nowak/McArthur* 2, 75.
427   Vgl. *Esser* NStZ **2008** 657, 659; *Nowak/McArthur* 2, 88; *Griesbaum* NJW-Spezial **2008** 666.

eine **absolute Geltung**.[428] Ihrem Sinn und Zweck wird auch nur dieser weit gefasste Schutzbereich hinreichend gerecht, denn die Herkunft des Beweises ändert nichts an dessen menschenrechtswidriger Erhebung bzw. Entstehung.

Art. 15 UNCAT bezieht sich jedoch nur auf Aussagen, die nachweislich durch Folter 159 herbeigeführt worden sind, und deshalb in einem (repressiven) **Verfahren** als Beweis **weder verwendet noch** (erst recht) **verwertet** werden dürfen.[429] Hingegen verbietet die Norm ihrem Wortlaut nach zumindest nicht ausdrücklich die präventive Verwendung von Folterbeweisen zur **Gefahrenabwehr**. Im Zuge einer zunehmenden Vernetzung von Polizei- und Geheimdiensten erscheint es denkbar, dass deutsche Sicherheitsdienste in den Besitz von Informationen ausländischer Dienste gelangen, bei denen sie annehmen müssen, dass sie durch Folter erlangt worden sind. Jedoch erscheint angesichts der Schutzpflicht des Staates aus Art. 2 (dort Rn. 13 ff., 16) und Art. 1 Abs. 1 Satz 2 GG und des Wortlautes des Art. 15 UNCAT, insbesondere in seiner englischen Fassung *„any proceedings"*, der sich lediglich auf die Einführung von Beweisen vor einer gerichtlichen oder administrativen Stelle in einem dort geführten *Verfahren* bezieht, eine Ausweitung der Vorschrift auf den Bereich Gefahrenabwehr nicht sinngemäß.[430] Sollen mutmaßlich durch Folter entstandene Erkenntnisse zur Abwehr von Gefahren verwendet werden, so wird man dies – angesichts der herausragenden Stellung des Folterverbotes im Gefüge menschenrechtlicher Garantien – allerdings nur unter **strenger Wahrung des Grundsatzes der Verhältnismäßigkeit** und **nur zur Abwehr von Gefahren für überragend wichtige Rechtsgüter** (Leben; schwere Beeinträchtigung der körperlichen Unversehrtheit) akzeptieren dürfen – der *gezielte* Einsatz von Folter zum präventiven Schutz dieser Rechtsgüter ist unter keinen Umständen akzeptabel.

In einem inquisitorischen Verfahren, für das dem Gericht die Aufklärungspflicht ob- 160 liegt (§ 244 Abs. 2 StPO), verlagert sich das Risiko eines nicht aufklärbaren Sachverhalts faktisch auf den Angeklagten,[431] dem jedoch der Nachweis einer Folter, insbesondere wenn diese durch ausländische Ermittlungsbeamte in einem ausländischen Staat erfolgt ist, nur selten gelingen wird. Entscheidend ist demnach die Reichweite des **Beweismaßstabs** für die Anwendbarkeit von Art. 15 UNCAT: Reicht bereits der Hinweis auf die Folter sowie die Anführung plausibler Gründe aus oder muss ihr Einsatz jenseits vernünftiger Zweifel nachgewiesen werden.

Das **OLG Hamburg** entschied im Verfahren **El Motassadeq**, dass stets der volle Nach- 161 weis der das Beweisverbot begründenden Umstände – auch bei schwieriger Beweislage – erbracht werden müsse.[432] Eine lediglich *mögliche* Beeinträchtigung der freien Willensentscheidung von Zeugen könne bei nicht erwiesener Anwendung unzulässiger Vernehmungsmethoden auf der Ebene der Beweiswürdigung Berücksichtigung finden. In einem

---

428 *Ambos* StV **2009** 151, 155; gleichzeitig sei keine Fernwirkung des Verwertungsverbots anzunehmen; jedenfalls für die Konstellation, in der ein anderer als der Verfolgte gefoltert wurde, sei eine Fernwirkung des Verwertungsverbots der durch Folter erlangten Aussage auch nicht als elementares rechtsstaatliches Gebot des deutschen Strafverfahrensrechts anzusehen, vgl. BVerfG Beschl. v. 29.5.1996 – 2 BvR 66/96, EuGRZ **1996** 324 = StV **1997** 361.
429 Nicht unter Folter geschieht eine Aussage, die nach erfolgten Schlägen gemacht wurde, wenn der Angeklagte in einem Betreuungsgespräch mit einem Konsularbeamten Angaben zu der ihm vorgeworfenen Tat macht. Die erlittenen Misshandlungen hatten keine Auswirkungen auf die Angaben gegenüber dem Konsularbeamten, weshalb auch die so gewonnenen Beweise im Strafprozess voll verwertet werden durften, der Konsularbeamte also als Zeuge vernommen werden konnte (BGH NJW Spezial **2011** 25).
430 Zust. *Nowak/McArthur* 77–80 (auch zur Grenzziehung zwischen Verfahren und Gefahrenabwehr); *Griesbaum* NJW-Spezial **2008** 666 unter Hinweis auf das Prinzip der Verhältnismäßigkeit.
431 BGHSt **16** 164, 167; Meyer-Goßner/*Schmitt* § 136a, 32 StPO.
432 OLG Hamburg NStZ-RR **2005** 380.

anderen Verfahren sah es der BGH aufgrund pauschaler und widersprüchlicher Angaben des Angeklagten nicht als erwiesen an, dass dessen vorherige Angaben durch verbotene Vernehmungsmethoden in Pakistan gewonnen worden waren.[433]

162   Die vom OLG Hamburg eingenommene Position erscheint jedoch angesichts des Umstandes, dass ein Staat, der Folter ausübt, kein unmittelbares Interesse daran haben wird, an der Sachverhaltsaufklärung mitzuwirken, äußerst fragwürdig.[434] Vielmehr muss gerade im Hinblick auf die Fairness des Verfahrens bei verbleibenden Zweifeln an der Entstehung der Aussage zugunsten des Angeklagten entschieden werden, wenn dieser durch plausible Hintergründe die Annahme der Rechtmäßigkeit und Justizförmigkeit des staatlichen Verfahrens, in dem der maßgebliche Beweis entstanden ist, ernsthaft erschüttert hat.[435]

163   Diesen Ansatz bestätigt das **CAT**, wenn es trotz seiner restriktiven Handhabung des Art. 15 UNCAT der Auffassung ist, dass der Angeklagte, um die Beweislast auf den Staat übergehen zu lassen, seine Behauptung **lediglich plausibel begründen** muss.[436]

164   Im Verfahren **A and Others v. Secretary of State for the Home Departement** entschied das **House of Lords** (4:3), bezogen auf ein adversatorisches Verfahrensmodell, dass bei einem Vorbringen, eine bestimmte Aussage sei unter Folter herbeigeführt worden, eine Beweislastverschiebung auf die Partei eintrete, welche den mutmaßlichen Folterbeweis verwerten wolle. Jedoch müsse diese dann lediglich beweisen, dass **kein reales Risiko** besteht, dass die Aussage unter Folter erzwungen wurde.[437]

165   Aus § 136a Abs. 3 Satz 2 StPO ergibt sich ein (zusätzliches und von Art. 15 UNCAT unabhängiges) Beweisverwertungsverbot im deutschen Recht, das sich – entsprechend seiner Rechtsnatur als Vorschrift des Strafverfahrensrechts – an die mit der Strafverfolgung beauftragten Stellen (Gerichte, Strafverfolgungsbehörden usw.) des deutschen Staates richtet.[438] Allerdings wird die Norm zu Recht auf (private) Dritte entsprechend angewandt, wenn diese den Beweis unter einem besonders krassen Verstoß gegen die Menschenwürde zutage gefördert haben.[439] Dazu zählen insbesondere die dem Art. 15 UNCAT unterfallenden Foltermethoden, so dass letztlich auch im Rahmen von § 136a Abs. 3 Satz 2 StPO die Frage des Beweismaßstabs bei der Anwendung des Art. 15 UNCAT von entscheidender Bedeutung ist (Rn. 160 ff.).

166   Anders als § 136a Abs. 3 Satz 2 StPO setzt **§ 166 Abs. 1 öStPO** die Vorgaben aus Art. 15 UNCAT fast **wortwörtlich** um, indem er eine Aussage des Beschuldigten, eines Zeugen oder eines Mitbeschuldigten, die unter Folter zustande gekommen ist, als nichtig einstuft; sie darf zum Nachteil des Beschuldigten – außer gegen eine Person, die im Zusammenhang mit einer Vernehmung einer Rechtsverletzung beschuldigt ist – nicht verwendet werden. Damit ist sie in ihrem unmittelbaren Anwendungsbereich weiter gefasst als § 136a Abs. 3 Satz 2 StPO, indem sie sich auch auf die Aussage eines Zeugen oder eines Mitbeschuldigten bezieht.

---

433 BGH NStZ **2008** 643. Vgl. hierzu auch BVerfG NJW **2004** 1858, wo jedoch die Feststellung, ob die belastenden Aussagen unter Anwendung oder Androhung von Folter zustande kommen sind, abschließend erst im spanischen Strafverfahren erfolgen kann.

434 Zust. *Ambos* StV **2009** 151, 161 m.w.N.

435 So auch LR/*Gleß* § 136a, 72, 79 StPO.

436 *Nowak/McArthur* 82 m.w.N.

437 *Nowak/McArthur* 67 ff., 72; *Ambos* StV **2009** 151, 160.

438 BGHSt **17** 14, 19; Meyer-Goßner/*Schmitt* § 136a, 2 StPO. Zur absoluten Geltung, auch zugunsten von Mitbeschuldigten: BGH NJW **2022** 2487.

439 *Ambos* StV **2009** 151, 158 m.w.N.; Meyer-Goßner/*Schmitt* § 136a, 3 StPO; OLG Hamburg NStZ-RR **2005** 380, 382.

III. Schutzgehalt der Verbote im Einzelnen

1. Allgemeines zur Abgrenzung. Die Folter sowie die unmenschliche oder erniedri- **167** gende (oder grausame: nur Art. 7 IPBPR) Strafe oder Behandlung werden in den Konventionen **nebeneinander** als untersagte Formen der Misshandlung genannt. Die Übergänge zwischen den einzelnen Formen der gegen die Menschenwürde verstoßenden Behandlung und Bestrafung sind dabei graduell[440] und fließend. Folter ist letztlich immer auch eine vorsätzlich begangene, grausame, unmenschliche und erniedrigende Behandlung; eine unmenschliche Behandlung ist in aller Regel auch erniedrigend.[441] Eine erniedrigende Behandlung kann aber auch vorliegen, wenn die Zufügung schwerer körperlicher oder seelischer Qualen nicht beabsichtigt ist oder wenn dem Opfer keine körperlichen Schmerzen zugefügt werden.[442]

Anders als bei der UNCAT, deren wichtigste Verpflichtungen nur für die Folter im **168** engeren Sinn gelten (Rn. 179 f.), ist für den Konventionsverstoß nach Art. 3 EMRK/Art. 7 IPBPR eine nähere Einordnung nur insoweit von Bedeutung, als die Schwere des Vorwurfs entsprechend der Abstufung von der Folter bis zur erniedrigenden Behandlung und Bestrafung abnimmt.[443] Auch die erniedrigende Behandlung i.S.d. Art. 3 EMRK/Art. 7 IPBPR setzt aber immer einen gewissen Grad an **Intensität und Schwere der Beeinträchtigung** voraus,[444] die auch darin liegen kann, dass eine Person erniedrigende Maßnahmen längere Zeit erdulden muss. Ist bei der stets erforderlichen **Gesamtwürdigung aller Umstände des Einzelfalles**[445] das bei allen Eingriffen i.S.d. Art. 3 vorausgesetzte Mindestmaß an Schwere nicht erreicht, ist der Eingriff an **Art. 8 EMRK/Art. 17 IPBPR** zu messen, die auch die persönliche Integrität schützen.[446]

Bei Personen, denen die **Freiheit entzogen** ist, greifen ferner das aus **Art. 5** abzulei- **169** tende allgemeine Misshandlungsverbot (dort Rn. 81) sowie das über Art. 7 IPBPR hinausreichende allgemeine Gebot der menschlichen und die Menschenwürde achtenden Behandlung, **Art. 10 Abs. 1 IPBPR** (Art. 5 Rn. 5, 640 ff.).

Festzuhalten ist damit, dass Art. 3 nicht schlechthin jede Form der Gewaltanwendung **170** verbietet: eine Gewaltanwendung muss aber in jedem Fall **auf bestimmte Umstände begrenzt** und **unumgänglich** sein; sie darf **nicht exzessiv** angewendet werden.[447]

2. Folter. Folter ist innerhalb der Behandlungsverbote des Art. 3 der schwerste Vor- **171** wurf der Misshandlung eines Menschen. Der EGMR versteht darunter eine *„vorbedachte unmenschliche Behandlung, die sehr ernste und grausame Leiden hervorrufen"* soll.[448] Spätere Judikate greifen auf die Begriffsbestimmung von **Art. 1 UNCAT** zurück (Rn. 179).[449] Folter umfasst die beabsichtigte schwere physische oder psychische Misshand-

---

440 Zu den fließenden Übergängen *Jerouschek/Kölbel* JZ **2003** 613.
441 EKMR (Griechenland) bei *Frowein/Peukert* 2; vgl. auch *Joseph/Castan* Rn. 9.05 ff.
442 Vgl. BGHSt **46** 292, 303; *Esser* 382.
443 *Nowak* 5.
444 *Esser* 382.
445 Vgl. z.B. EGMR A.T./EST (Nr. 2), 13.11.2018, § 70.
446 Vgl. EGMR Szafrański/PL, 15.12.2015, § 34; Schmidt/D (E), 5.1.2006 (Blut- und Speichelprobe; § 81a StPO); Raninen/FIN, 16.12.1997; *Esser* 376.
447 EGMR Güler u. Öngel/TRK, 4.10.2011, § 28.
448 EGMR Irland/UK, 18.1.1978; Al Nashiri/RUM, 31.5.2018, § 666; Olisov u.a./R, 2.5.2017, § 86.
449 EGMR Selmouni/F, 28.7.1999; BGHSt **46** 292, 303; hierzu: *Esser* 377; *Safferling* Jura **2008** 100; *Polzin* 25 ff.

lung einer Person,[450] durch die diese in einen länger währenden Zustand körperlicher oder seelischer Schmerzen und Angst versetzt werden soll.

172   Das dafür erforderliche **Mindestmaß an Schwere** beurteilt der EGMR relativ nach **Art und Dauer der Misshandlungen**, aber auch unter Berücksichtigung des **Gesundheitszustandes, des Alters und des Geschlechts** des Opfers. Aufgrund der veränderten gesellschaftlichen Verhältnisse und des zunehmend höheren Menschenrechtsstandards ist es möglich, dass in früherer Zeit (nur) als unmenschlich oder erniedrigend eingestufte Behandlungen mittlerweile als Folter angesehen werden.[451]

173   Maßgebend dafür, ob eine absichtliche physische oder psychische Misshandlung den Grad der Folter erreicht, ist immer die **Gesamtwürdigung aller Umstände**. Dabei können physische und psychische Formen der Misshandlung in ihrer Gesamtheit als Folter gewertet werden.[452]

174   Unter deren Berücksichtigung wurden das **Abschneiden eines Ohres** durch einen Polizeibeamten (in einem permanenten Zustand von Angst und Schmerzen),[453] das 40-minütige Fesseln, Luftabschneiden und Drosseln mit Seilen, Plastiktüten und durch auf den Brustkorb-Setzen, um ein Geständnis zu erwirken,[454] ebenso wie eine **Vergewaltigung in der Haft** durch Polizei oder Sicherheitskräfte vom EGMR als Folter eingestuft.[455] Auch das gewaltsame Vorgehen der Polizei gegen Globalisierungsgegner im Rahmen des G8-Gipfels 2001 wurde als Folter gewertet.[456] Ebenso liegt Folter bei zur Behinderung des Bf. führenden Schlägen gegen den Kopf durch einen Polizeibeamten zur Erzwingung eines

---

450 EGMR Aksoy/TRK, 18.12.1996, § 63; Kemal Kahraman/TRK, 22.7.2008, § 33; vgl. BGHSt **46** 292, 303; *Frowein/Peukert* 6; Meyer-Ladewig/Nettesheim/von Raumer/*Meyer-Ladewig/Lehnert* 20.
451 EGMR Selmouni/F, 28.7.1999; Salman/TRK, 27.6.2000; *Esser* 380; *Grabenwarter/Pabel* § 20, 43; Meyer-Ladewig/Nettesheim/von Raumer/*Meyer-Ladewig/Lehnert* 21.
452 EGMR Selmouni/F, 28.7.1999, § 105; Bati u.a./TRK, 3.6.2004; Cirino u. Renne/I, 26.10.2017, §§ 78 ff. (Bf. wurden in Haft über einen längeren Zeitraum von mehreren Beamten ins Gesicht und auf den Körper geschlagen und getreten, bei notdürftiger Ernährung gehalten, nur leicht bekleidet oder mussten nackt in der Zelle verweilen; hinzu kamen Isolationshaft, Schlafentzug und Beleidigungen; der Kontakt zu Angehörigen/Rechtsbeistand wurde verwehrt); in Fällen häuslicher Gewalt hat der Gerichtshof bislang keine Folter angenommen, vgl. etwa EGMR Bălșan/RUM, 23.5.2017, § 60; Volodina/R, 9.7.2019, § 75; siehe aber die (allerdings abzulehnende) Meinung von *Albuquerque/Dedov*, die Folter im Fall Volodina nach den Gesamtumständen bejahen wollten (vgl. dort Sondermeinung, § 10); offen gelassen durch EGMR Tunikova u.a./R, 14.12.2021, § 77.
453 EGMR Sadykov/R, 7.10.2010, §§ 226–238.
454 EGMR Shestopalov/R, 28.3.2017, § 48; Mukayev/R, 14.3.2017, § 70 (u.a. mehrmaliges Verprügeln, Elektroschocks, Überziehen von Gasmasken, Drohung mit Tötung); Ovakimyan/R, 21.2.2017, § 48 (Verbringen in einen Wald mit Plastiktüte über dem Kopf, dort Schläge auf den Kopf, Tritte am Boden und Elektroschocks über die Daumen); Olisov u.a./R, 2.5.2017 (Hochziehen an Seilen mit den Armen hinter dem Rücken, Schmerzzufügung bis zur Bewusstlosigkeit etc.); HRC Ismanov u. Nazhmutdinova/TJK, 6.11.2019, 2356/2014, § 7.2 (Zufügen von Stromschlägen u.a. an den Genitalien durch Polizeibeamte und Überschütten des Kopfes mit kochendem Wasser, um ein Geständnis zu erzwingen).
455 EGMR Aydin/TRK, 25.9.1997; Maslova u. Nalbandov/R, 24.1.2008; *Esser* 379 ff. Ähnlich EGMR Zontul/GR, 17.1.2012 (Vergewaltigung durch Mitarbeiter der staatlichen Küstenwache in einer Asylbewerberunterkunft; zu Überfüllung und schlechten Unterbringungsbedingungen in Asylbewerberheimen: EGMR M.S.A u.a./R, 12.12.2017; hierzu auch: HRC Nyaya/NPL, 11.6.2019, 2556/2015, § 7.3 (besondere Schutzbedürftigkeit von Frauen; Pflicht der Vertragsstaaten, besondere Maßnahmen zu treffen, um Mädchen/Frauen vor Vergewaltigung, Entführung und anderen Formen von geschlechterbasierter Gewalt zu schützen; Hinweis auf General Comment Nr. 28, § 8).
456 EGMR Cestaro/I, 7.4.2015, §§ 177 ff. (Polizisten drangen nachts in Schule ein, die von der Stadt als Schlafplatz zur Verfügung gestellt worden war; dort, z.T. schlafende Demonstranten, wurden teils schwer misshandelt, ohne nachvollziehbare Begründung; gegen Polizisten verhängte Strafen deutlich zu gering).

Geständnisses vor,[457] ebenso bei der Traktierung des Betroffenen in der sog. „swallow"-Folter.[458] **Psychotechniken**, die die äußere körperliche Integrität unberührt lassen, aber zu schweren seelischen Leiden und geistigen Störungen führen, wie Sinnberaubungs- und Desorientierungsmethoden, können bei entsprechender Schwere und Dauer der Beeinträchtigung ebenfalls als Folter anzusehen sein.[459] **Fehlende Kontrollmechanismen zur Überwachung von Gefängnissen** lassen das Risiko für inhaftierte Personen, gefoltert zu werden, jedenfalls steigen.[460]

Die **Androhung von Folter** zu dem Zweck, eine Information zu erlangen, um auf 175 diese Weise eine Gefahr für Leib und Leben einer Person abwenden zu können, stellt nach Ansicht des EGMR regelmäßig „nur" eine **unmenschliche Behandlung** dar – es sei denn, dass die konkreten Umstände des Einzelfalles (insb. Beweggründe der staatlichen Organe; Dauer der Einwirkung) einen der Folter vergleichbaren Schweregrad aufweisen.[461] Um die Schwelle der Folter zu erreichen, muss es sich bei der Androhung, ebenso wie nach Art. 1 Abs. 1 UNCAT, stets um eine **vorbedachte** und **gewollte** und nicht nur um eine (gelegentliche) grob fahrlässige[462] Zufügung schwerster körperlicher oder seelischer Qualen handeln.[463] Hierunter kann auch die **„psychische Folter"** mittels Androhung von

---

457 EGMR Savin/UKR, 16.2.2012, §§ 59 ff.; Sergey Ivanov/R, 15.5.2018 (wiederholte physische und psychische Misshandlungen während der Vernehmung durch Festbinden mit Seilen, auf den Rücken springen bis zur Bewusstlosigkeit, Androhung sexueller Gewalt, um dadurch ein Geständnis zu erwirken); vgl. auch EGMR Mindadze u. Nemsitsveridze/GEO, 1.6.2017, §§ 109 f. (Elektroschocks und Schläge mit einem eisernen Vorhängeschloss, um Geständnis zu erwirken).

458 Hierbei werden Kopf und Extremitäten hinter dem Rücken zusammengebunden; in EGMR Shmeleva/R, 28.11.2017, § 26 (Folter; führte im Verbund mit weiteren erheblichen Misshandlungen zum Tod); Zolotorev/R, 19.9.2017, §§ 70 ff. (Folter sowie unmenschliche/erniedrigende Behandlung durch Schläge in die Magengegend bis zur Bewusstlosigkeit; Schläge in den Rücken und Schlagen des Kopfes gegen die Wand eines einarmig mit Handschellen Gefesselten).

459 *Frowein/Peukert* 6; die EKMR stützte diese Auslegung auch auf Art. 17 Abs. 4 des Genfer Abkommens über die Behandlung von Kriegsgefangenen, die *„physical or mental torture"* ihnen gegenüber verbietet. Siehe ferner: EGMR Soering/UK, 7.7.1989 – psychische Belastungen unter dem Blickwinkel des Art. 3; vgl. auch BGHSt **46** 292, 303; BVerwGE **67** 192; zum Begriff der Quälerei LR/*Gleß* § 136a, 37 StPO.

460 CAT Déogratias Niyonzima/BDI, 21.11.2014, 514/2012, § 8.8.

461 In EGMR (GK) Gäfgen/D, 1.6.2010, hatte sich der Bf. geweigert, den Aufenthaltsort eines von ihm entführten 11-jährigen Jungen preiszugeben. In der Hoffnung, das Kind lebend zu befreien, hatte ihm die Polizei daraufhin die Zufügung erheblicher Schmerzen angedroht, woraufhin der Bf. gestand. Er hatte das Kind schon vor der Festnahme getötet, was die Polizei jedoch nicht wusste. Gegen den die Ausführung der Drohung anordnenden Polizeibeamten wurde eine Verwarnung mit Strafvorbehalt (§ 59 StGB) ausgesprochen, der Bf. wurde zu lebenslanger Freiheitsstrafe verurteilt. Vgl. zu diesem Fall: LG Frankfurt/M StV **2003** 325 m. Anm. *Weigend* StV **2003** 436; BVerfG NJW **2005** 656; LG Frankfurt/M NJW **2005** 692; *Roxin* FS Eser 461; *Götz* NJW **2005** 953; *Gebauer* NVwZ **2004** 1405; *Welsch* BayVBl. **2003** 481; *Esser* in: Gehl (Hrsg.) 143; *Herzog/Roggan* GA **2008** 142; *Isfen* 21; *Anders* in: Esser u.a. (Hrsg.), Die Bedeutung der EMRK für die nationale Rechtsordnung (2004) 1. Die Beschwerde (zur Zulässigkeit: EGMR Gäfgen/D (E), 10.4.2007, NJW **2007** 2461 = EuGRZ **2007** 508) hatte im Ergebnis Erfolg: Androhung als unmenschliche und erniedrigende Behandlung; kein Wegfall der Opfereigenschaft, da Bestrafung des Verantwortlichen unverhältnismäßig niedrig ausgefallen sei und die vom Bf. angestrengten Entschädigungsklagen vor den Zivilgerichten immer noch anhängig waren; dazu *Grabenwarter* NJW **2010** 3128. Anders noch das Kammer-Urteil (6:1): Wegfall der Opfereigenschaft, da dem Bf. Genugtuung widerfahren sei, da die deutschen Gerichte einen Konventionsverstoß anerkannt hätten, die Verantwortlichen verurteilt worden waren *und* das unter Verstoß gegen Art. 3 gewonnene Geständnis nicht verwertet worden war: EGMR (K) Gäfgen/D, 30.6.2008, NStZ **2008** 699 m. Anm. *Esser* NStZ **2008** 657 = ÖJZ **2009** 571 = EuGRZ **2008** 466.

462 EGMR Irland/UK, 18.1.1978; Selmouni/F, 28.7.1999; *Nowak* EuGRZ **1985** 109, 112.

463 Vgl. Art. 1 Abs. 2 Res. 3452 (XXX) der UN-Generalversammlung: „verschärfte Form absichtlicher grausamer, unmenschlicher oder erniedrigender Behandlung oder Strafe".

Folter gefasst werden, so dass jedenfalls prinzipiell auch die ausgebliebene Umsetzung dieser Drohung keine Rechtfertigung für eine Herabstufung der Drohung zu einer unmenschlichen Behandlung darstellen kann.[464]

176   Der Handelnde wird mit einer Zufügung körperlicher oder seelischer Schmerzen meist einen **bestimmten Zweck** verbinden, wie die Erzwingung eines Geständnisses oder die Erlangung einer Information.[465] Auch andere Zwecke, wie etwa die Zufügung schwerster Leiden zum Zwecke der Einschüchterung anderer oder zur Diskriminierung einer Person als Angehöriger einer bestimmten Gruppe fallen hierunter,[466] desgleichen Quälereien, die als Bestrafung vorgenommen werden.[467] Praktisch kann damit jede zweckbezogene Quälerei (mit einem entsprechenden Schweregrad) als Folter erfasst werden.[468]

177   Die strittige Frage, ob eine **sadistische Behandlung** ohne jeden sonstigen Zweck oder aus **persönlicher Rachsucht** als Folter oder als grausame und unmenschliche Behandlung einzustufen ist,[469] hat bei beiden Konventionen jedenfalls im strafverfahrensrechtlichen Kontext an praktischer Bedeutung verloren. Bei dem vom Schutzzweck bestimmten, weiten, ohnehin schon fast alle Motive umfassenden jetzigen Folterbegriff spricht einiges dafür, bei EMRK und IPBPR in Abkehr vom engeren, rechtshistorischen Folterbegriff nur noch auf **Dauer und Schwere** der **absichtlich** zugefügten Qualen abzustellen und das Motiv des Handelnden bzw. des die Folter anordnenden oder zulassenden Staatsorgans weitgehend unbeachtet zu lassen.[470]

178   Die Einordnung einer bestimmten Behandlung als Folter lässt sich somit nicht dadurch relativieren, dass die entsprechende Maßnahme zum Zwecke der **Gefahrenabwehr** eingesetzt wird. Das HRC sieht daher keine taugliche Rechtfertigung darin, dass sich ein Vertragsstaat in **„situations of public emergency"** befindet.[471] Ein Verhalten, das aufgrund der objektiven Schwere des Eingriffs und des Vorsatzes des Täters als Folter einzustufen ist, behält dieses Stigma auch dann, wenn die Maßnahme zur **Abwehr terroristischer Gefahren** oder zur **Rettung eines Menschenlebens** eingesetzt wird (sog. „Rettungsfolter").[472]

179   **Art. 1 Abs. 1 Satz 1 UNCAT** versteht unter Folter *„jede Handlung, durch die einer Person vorsätzlich starke körperliche und geistig-seelische Schmerzen oder Leiden zugefügt*

---

464 Vgl. ausführlich *Esser* NStZ **2008** 657; in diese Richtung auch (bezogen auf die Situation im staatlichen Gewahrsam): *Joerden* Staatswesen und rechtsstaatlicher Anspruch (2008) 160 f., 166 (These 4).

465 So Meyer-Goßner/*Schmitt* 1; vgl. *Jerousek/Kölbel* JZ **2003** 613, wonach sich der Folterzweck zur präventiven Informationsgewinnung verschoben hat; dazu auch *Hilgendorf* JZ **2004** 331; vgl. HRC Iskiyaev/UZB, 22.4.2009, 1418/2005, § 9.2; Abdiev/KGZ, 18.12.2018, 2892/2016, §§ 2.2, 7.2; L.G./UZB, 18.11.2008, 1018/2001, § 5.5 (Folter während der Haft zur Erzwingung eines Geständnisses; vgl. auch EGMR Lykova/R, 22.12.2015, §§ 125 ff. (Polizeigewahrsam; Erlangung eines Geständnisses).

466 BGHSt **46** 292, 303; *Nowak* 6; so ausdrücklich Art. 1 Abs. 1 Satz 1 UNCAT, vgl. *Nowak* EuGRZ **1985** 109, 112.

467 EGMR Vladimir Romanov/R, 24.7.2008 (Schläge mit einem Gummiknüppel, nachdem der Häftling der Aufforderung, seine Zelle zu verlassen, bereits gefolgt war und am Boden lag); Dedovskiy u.a./R, 15.5.2008; Karabet u.a./UKR, 17.1.2013, §§ 323 ff. (Misshandlung von Gefangenen als Bestrafung für friedlichen Hungerstreik).

468 Nach BVerwGE **67** 184, 192 kommt jeder beliebige Zweck in Betracht (wohl *obiter dictum*).

469 Bejahend *Bleckmann* EuGRZ **1979** 191; wohl auch BVerwGE **67** 192, 193; verneinend *Nowak* 6 m.w.N.; *Nowak* EuGRZ **1985** 109, 112 unter Hinweis auf die Zweckbezogenheit des Folterbegriffs in Art. 1 UNCAT und in Art. 1 Res 3452 (XXX).

470 So Art. 7 Abs. 2 *lit.* e IStGH-Statut; vgl. dazu BGHSt **46** 292, 304; *Ambos* NJW **2001** 405.

471 HRC Sedahi/NPL, 28.10.2013, 1865/2009, § 8.3.

472 EGMR (GK) Gäfgen/D, 1.6.2010, § 107; (K) 30.6.2008, § 69; vgl. auch: EGMR Tomasi/F, 27.8.1992, § 115. Kritsch dagegen: MüKo-StGB/*Erb* § 32, 6 ff., 196 ff.; Lackner/Kühl/Heger/*Heger* § 32, 17a f. StGB m.w.N.

*werden, zum Beispiel in der Absicht, von ihr oder einem Dritten eine Aussage oder ein
Geständnis zu erlangen, um sie für eine tatsächlich oder mutmaßlich von ihr oder einem
Dritten begangene Tat zu bestrafen oder um sie oder einen Dritten einzuschüchtern oder zu
nötigen oder aus einem anderen, auf irgendeine Art von Diskriminierung beruhenden Grund,
wenn diese Schmerzen oder Leiden von einem Angehörigen des öffentlichen Dienstes oder
einer anderen in amtlicher Eigenschaft handelnden Person, auf deren Veranlassung oder
mit deren ausdrücklichem oder stillschweigendem Einverständnis verursacht werden".*

Sadistische Quälereien, mit denen kein anderer davon trennbarer Zweck verfolgt **180**
wird, werden vom Wortlaut nicht erfasst.[473] Diese engere Definition der Folter in Art. 1
UNCAT ist an sich weder für die Auslegung von Art. 7 IPBPR noch für die von Art. 3
verbindlich. Man wird sie aber trotzdem auch über die Vertragsparteien der UNCAT hinaus insoweit für die Auslegung des Folterbegriffs dieser beiden Konventionen heranziehen können,[474] als auch ihr (engerer) Folterbegriff erfüllt ist.

Dies gilt vor allem, soweit sie die seelisch-geistigen Qualen mit einbeziehen – so dass **181**
im Einzelfall auch die Androhung von Folter als „seelisches Leiden" und damit als Folter
i.S.v. Art. 1 UNCAT eingestuft werden[475] – und soweit sie im Gegensatz zur grausamen,
unmenschlichen oder erniedrigenden Behandlung neben der Schwere der Qualen darauf
abstellt, dass diese Handlungen bei der Folter **vorsätzlich** begangen sein müssen, während bei den von Art. 16 Abs. 1 der UNCAT erfassten Formen der grausamen, unmenschlichen oder erniedrigenden Behandlung oder Strafe ein hierauf gerichteter Vorsatz nicht
erforderlich ist.[476]

In seiner Spruchpraxis hat das **CAT** das **Blutig-Schlagen** eines Inhaftierten unter **182**
Verwenden verschiedenster Schlaginstrumente,[477] den Zwang zum Ausharren in der **Käl-
te**[478] bzw. zum **Einnehmen schmerzhafter Positionen** beim Beten, und während der
Anwendung von Schlägen durch Polizeibeamte die Zufügung **elektrischer Schocks**, das
Ausdrücken von Zigaretten auf dem Körper und das **Schieben eines Stockes in den
Anus**[479] ebenso als Folter eingestuft wie die **Verweigerung medizinischer Hilfe** in der
Untersuchungshaft[480] trotz eines lebensgefährlichen Zustandes.[481] All diese Maßnahmen
dienten der Erlangung eines Geständnisses. Auch das Schlagen[482] oder das Misshandeln
einer Person über **einen längeren Zeitraum** können aufgrund dieses zeitlichen Ausmaßes
die Stufe einer Folter erreichen.[483]

Das **Verschwindenlassen von Personen** hat das CAT im Einzelfall ebenfalls als Folter **183**
eingestuft, obwohl das Schicksal der betroffenen Personen ungeklärt blieb.[484] Diese Klassifizierung wird darauf gestützt, dass die Person aufgrund ihres Verschwindenlassens dem
Schutz des Rechtssystems entzogen wird; darüber hinaus müssen jedoch weitere Anhalts-

---

473 Zur strittigen Frage bei den Konventionen vgl. Rn. 177.

474 EGMR (GK) Gäfgen/D, 1.6.2010, §§ 64, 90, 108; *Hailbronner/Randelzhofer* EuGRZ **1986** 641, 642; *Hofmann*
30; *Nowak* 6; *Esser* NStZ **2008** 657 f.

475 In diesem Sinne auch: *Polzin* 41 ff.

476 *Nowak* 6; zur Abgrenzung CAT Sonko/E, 25.11.2011, 368/2008; Keremedchiev/BUL, 11.11.2008, 257/2004.

477 CAT Niyonzima/BDI, 21.11.2014, 514/2012, § 8.2.

478 CAT Gabdulkhakov/R, 17.5.2018, 637/2014, § 2.2, 9.2.

479 CAT Jaidane/TUN, 11.8.2017, 654/2015, §§ 2.2 ff., 7.3.

480 Siehe hierzu auch HRC A.S./NPL, 4.1.2016, 2077/2011, § 2.2 (Verweigerung medizinischer Hilfe).

481 CAT Rakishev/KAZ, 30.7.2017, 661/2015, § 8.3.

482 CAT Ndagijimana/BDI, 30.11.2017, 496/2012, § 8.2.

483 CAT Asfari/MA, 15.11.2016, 606/2014, § 13.2.

484 CAT Hernández Colmenarez u. Guerrero Sánchez/VEN, 15.5.2015, 456/2011, § 6.6.

Esser

punkte für eine Misshandlung hinzutreten, um die Einstufung einer solchen Situation als Folter zu rechtfertigen.[485]

184   Im Vergleich dazu sieht das HRC u.a. Schläge mit einem **Revolver** auf Oberschenkel und Leistengegend, das Würgen, das **Befestigen von Metallklammern an Hoden und Zunge**, die **Vergewaltigung** durch das Gefängnispersonal, sowie das Zwingen, bei der Vergewaltigung des Zellennachbarn zusehen zu müssen, als Folter an.[486] Auch wird das **Schlagen mit Bambusstöcken** durch Polizeibeamte während der Haft[487] und das Zwingen hierbei, eine Straftat zu gestehen[488] in den Begriff der Folter eingestuft, genauso wie das **Urinieren auf Gefangene** durch Polizeibeamte,[489] die sog. *„helicopter position"*[490] (Aufhängen an den Knöcheln) und das Schlagen auf die Fußsohlen mit einem Stock (*„falanga"* oder *„caning"*; engl. cane = Rohrstock).[491]

185   In seiner Spruchpraxis hat das HRC zudem festgestellt, dass auch das Scheitern eines Staates, eine behauptete Verletzung der Konvention aufzuklären und die Verantwortlichen zu ermitteln, selbst eine Verletzung der Konvention darstellt.[492] Demnach sei auch **das Fehlen einer sofortigen und effektiven Ermittlung** einer plausibel behaupteten Folter eine Verletzung des Art. 7 IPBPR.[493]

186   Die **Einschränkung des Folterbegriffs** durch Art. 1 Abs. 1 Satz 2 UNCAT zu übernehmen, wonach unter den Begriff Folter nicht *„Schmerzen und Leiden [fallen], die sich ausschließlich aus gesetzlich zulässigen Sanktionen ergeben, diesen anhaften oder als deren Nebenwirkungen auftreten"*, erscheint dagegen problematisch. Durch diese Einschränkung, die sich auch im IStGH-Statut[494] findet, wird einerseits klargestellt, dass die mit jedem **Strafvollzug** verbundenen, in den einzelnen Vertragsstaaten entsprechend ihrer Rechtstradition nach Art und Intensität unterschiedlichen Beeinträchtigungen des körperlichen und seelischen Wohlbefindens und ihre Nebenwirkungen keine Folter im Sinne dieser Konventionen sind, wenn sie sich in den üblichen, unabdingbaren Grenzen halten.[495] Es werden andererseits auch die in anderen Rechtskreisen, etwa im islamischen Recht, vorgesehenen (schweren) **Leibesstrafen**, selbst die verstümmelnden, aus dem Folterbegriff herausgenommen.[496] Diese als Rückschritt[497] empfundene Einschränkung kann im Verhältnis zwischen den Signatarstaaten der UNCAT als Voraussetzung für die dort festgelegten Rechte und Pflichten eine Rolle spielen, denn der Vorwurf der Folter oder eines Verstoßes gegen die sonstigen an die Folter anknüpfenden Verpflichtungen aus der UNCAT kann kaum mit Erfolg erhoben werden, wenn ein Staat entsprechend seiner Rechtsordnung

---

485   Solche Anhaltspunkte sind im konkreten Fall (CAT 15.5.2015, 456/2011), dass das mutmaßliche Opfer, ein Gefängnisinsasse, im Gefängnis ermordet, verstümmelt und vergraben worden war, weil es Informationen über illegale Machenschaften zwischen Gefängnisinsassen und dem Führer der Nationalgarde hatte.

486   HRC Tshidika/COD, 2.11.2015, 2214/2012, § 6.4.

487   HRC A.S./NPL, 4.1.2016, 2077/2011, § 2.2.

488   HRC Bazarov/KGZ, 8.12.2016, 2187/2012, §§ 2.1 ff.

489   HRC Chani/DZA, 12.5.2016, 2297/2013, § 7.3.

490   HRC Ortikov/UZB, 27.1.2017, 2317/2013, §§ 2.5, 11.

491   HRC Pharaka/NPL, 2.10.2019, 2773/2016, § 7.2.

492   HRC General Comment Nr. 20 (1992), § 14; General Comment Nr. 31 (2004), § 15.

493   HRC Batanov/R, 6.10.2017, 2532/2015, § 11.2.

494   Begriffsbestimmung der Folter bei den Verbrechen gegen die Menschlichkeit in Art. 7 Abs. 2 *lit.* e IStGH-Statut (BGBl. 2002 II S. 1393).

495   Art. 1 Abs. 1 Satz 2 Res 3452 (XX) der UN-Generalversammlung verdeutlicht dies besser, wenn nur solche Beeinträchtigungen durch den Strafvollzug ausgenommen werden, die das mit den Mindestbestimmungen über die Behandlung von Strafgefangenen zu vereinbarende Maß nicht überschreiten.

496   Dazu *Nowak* EuGRZ **1985** 109, 112.

497   *Marx* ZRP **1986** 81, 84.

solche Strafen verhängt. Gleiches gilt auch, wenn ein anderer Staat deswegen keine der in dieser Konvention vorgesehenen Maßnahmen ergreift oder wenn er eine Person trotz der Gefahr einer solchen Bestrafung dorthin abschiebt oder ausliefert.

Ob diese Einschränkung darüber hinaus auch auf die internationale **Auslegung des** 187 **Art. 7 IPBPR** insoweit zurückwirkt, dass solche Strafen allgemein aus dessen Folterbegriff herausfallen, scheint fraglich, bleibt aber abzuwarten. Für die Auslegung von Art. 3, der diese Einschränkung nicht enthält, spielt die Frage kaum eine Rolle, da Strafen, die nach Art und Schwere des Eingriffs zumindest als unmenschliche Behandlung anzusehen wären, in keinem der Signatarstaaten der EMRK gesetzlich vorgesehen sein sollten.[498] Solche Strafen unterfallen uneingeschränkt dem Verbot des Art. 3, das jedenfalls die weitergehende Verbürgung („wider application") i.S.d. Art. 1 Abs. 2 UNCAT ist.[499]

Als problematisch gestalten sich solche Fälle, in denen die Folter oder unmenschliche 188 Behandlung der Opfer **zeitlich vor Unterzeichnung des Fakultativprotokolls** (Rn. 8) durch den jeweiligen Staat geschehen ist, jedoch Langzeitschäden entstehen, welche als **konstanter Verstoß** gegen Art. 7 IPBPR angesehen werden könnten.[500] Eine solche Verletzung des Art. 7 IPBPR könne nach der Spruchpraxis des HRC aber nur angenommen werden, wenn Verletzungen nach diesem Zeitpunkt **fortdauern oder weiterhin eine Wirkung** haben, die für sich genommen eine Verletzung von Art. 7 IPBPR darstellt.[501] Dennoch hat das HRC einzelne Akte der Folter nicht als mit der Individualbeschwerde rügefähige fortdauernde Verletzung des Art. 7 IPBPR angesehen, selbst wenn solche Akte aus einer Haft resultierten, welche auch noch andauerten, als das FP-IPBPR für das jeweilige Land in Kraft getreten war.[502]

3. Grausame, unmenschliche Behandlung. Art. 3 EMRK und Art. 7 IPBPR verbieten 189 jede unmenschliche Behandlung und Bestrafung, Art. 7 IPBPR außerdem noch die **„grausame"** Behandlung und Bestrafung. Wenn Art. 3 darauf verzichtet hat, diese besonders zu erwähnen, so liegt darin keine Einschränkung, denn sie fällt, sofern sie nicht ohnehin im Einzelfall als Folter zu betrachten ist, unter das Verbot der unmenschlichen Behandlung oder Bestrafung. Gleiches gilt im Regelfall für die nur von Art. 7 IPBPR ausdrücklich angesprochene Heranziehung zu medizinischen oder wissenschaftlichen Versuchen.[503]

Eine **unmenschliche Behandlung** liegt vor, wenn dem Betroffenen in einer seine 190 Menschenwürde missachtenden Art und Weise[504] schwere und nach den Umständen mit den allgemeinen Geboten der Menschlichkeit schlechthin unvereinbare **körperliche oder seelische Qualen oder Leiden** zugefügt werden.[505] Maßgebend für diese Beurteilung sind die gesamten **Umstände des Einzelfalls**, wie Art, Dauer und Schwere der zugefügten

---

498 Die gesetzlich zugelassene Prügelstrafe auf der Isle of Man wurde von EGMR Tyrer/UK, 25.4.1978, und in derselben Sache von der EKMR 14.12.1976, NJW **1978** 475 = EuGRZ **1977** 486, nicht als Folter, sondern als erniedrigende Behandlung qualifiziert; verneint wurde diese für Schläge mit einem Turnschuh als Schulstrafe: EGMR Costello-Roberts/UK, 25.3.1993.

499 *Hailbronner/Randelzhofer* EuGRZ **1986** 641, 642.

500 HRC Houseynov/ASE, 26.8.2014, 2042/2011, § 6.6.

501 HRC Kouidis/GR, 28.3.2006, 1070/2002, § 6.3.

502 HRC Houseynov/ASE, 26.8.2014, 2042/2011, § 6.6.

503 Art. 8 Abs. 2 *lit.* a, ii; *lit.* b x; *lit.* e, xi IStGH-Statut sieht darin bei Vorliegen der jeweiligen sonstigen Voraussetzungen Kriegsverbrechen; auch § 8 Abs. 1 Nr. 8 VStGB führt dies als Kriegsverbrechen besonders an, so auch schon Art. 32, 146, 147 des IV. Genfer Abkommens zum Schutze von Zivilpersonen in Kriegszeiten vom 12.8.1949 (BGBl. 1954 II S. 917; ber. 1956 II S. 1586).

504 Vgl. OLG Celle NdsRpfl. **1964** 225.

505 Vgl. etwa EGMR Soering/UK, 7.7.1989, § 100 (Leiden von außergewöhnlicher Intensität und Dauer); Cobzaru/RUM, 26.7.2007, § 61; Olisov u.a./R, 2.5.2017, § 86; BGHSt **46** 292, 306.

Leiden sowie Verhalten und Motive des Täters, insbesondere eine etwaige Absicht,[506] das Opfer zu demütigen und zu erniedrigen.[507] In der Verhängung der **Todesstrafe** nach einem die Gebote der Fairness (Art. 6 Abs. 1) verletzenden Verfahren kann eine unmenschliche Behandlung zu sehen sein.[508] Bei der Gesamtwürdigung sind die Verhältnisse und Anschauungen des jeweiligen Landes von untergeordneter Bedeutung;[509] es ist vielmehr der **allgemeine Standard** zu berücksichtigen, zu dem sich die internationale Staatengemeinschaft bekennt. Bei Art. 3 wird darüber hinaus auf den durch die gemeinsamen Anschauungen der europäischen Staaten begründeten **Standard an Wertvorstellungen** zurückgegriffen, der aus ihrem gemeinsamen Erbe an geistigen Gütern und politischen Überlieferungen erwachsen ist.[510] Da die Konvention nicht rein statisch, sondern als dynamisches („living") Übereinkommen verstanden wird, kann sie sich entsprechend den gemeinsamen Anschauungen und dem gestiegenen Menschenrechtsstandard fortentwickeln.[511] Auch **örtliche Notwendigkeiten** i.S.d. Art. 56 Abs. 3 können daher heute in Europa eine nach allgemeiner Auffassung unmenschliche (bzw. erniedrigende) Behandlung oder Bestrafung nicht mehr rechtfertigen,[512] erst recht nicht kann die **Einstellung der Bevölkerung** zu einer bestimmten Behandlung oder Bestrafung dazu Anlass geben.[513]

191 Die **Grenze zwischen der unmenschlichen Behandlung und Folter** ist bei der vorsätzlichen Zufügung von Leiden fließend.[514] Zur Abgrenzung ist vor allem auf die **Dauer** und die **Intensität** der Leidenszufügung und die Verursachung **bleibender schwerer gesundheitlicher Schäden** abzustellen.[515] Schon die EKMR hatte als unmenschlich eine Be-

---

506 Vgl. EGMR Olisov u.a./R, 2.5.2017, § 86: „The Court reiterates that it has deemed treatment to be „inhuman" because it was premeditated [vorsätzlich], was applied for hours at a stretch and caused either actual bodily injury or intense physical and mental suffering." Eine Verletzung des Art. 3 kann allerdings auch ohne vorsätzliches/absichtliches Handeln gegeben sein, vgl. EGMR Manea/RUM, 13.10.2015, § 68; Stana/RUM, 5.3.2013, § 48 („en l'espèce rien n'indique qu'il y ait eu véritablement intention d'humilier ou de rabaisser le requérant. Toutefois, l'absence d'un tel but ne saurait exclure un constat de violation de l'article 3 de la Convention"); Geanopol/RUM, 5.3.2013, § 65 („Even though in the present case there is no indication that there was a positive intention to humiliate or debase the applicant [...]"); ebenso fast wörtlich EGMR Zuyev/R, 19.2.2013, § 61; Vasiliy Vasilyev/R, 19.2.2013, § 61; ausführlich EGMR D.G./PL, 12.2.2013, § 177; Payet/F, 20.1.2011, §§ 75, 85.

507 Etwa EGMR Raninen/FIN, 16.12.1997; (GK) Kudla/PL, 26.10.2000, EuGRZ **2004** 484 = ÖJZ **2001** 904 = NJW **2001** 2694; Abdulkadyrov u. Dakhtayev/R, 10.7.2018, § 69; dazu *Meyer-Ladewig* NJW **2001** 2679; EGMR (GK) Jalloh/D, 11.7.2006 – Brechmitteleinsatz, hierzu: *Schuhr* NJW **2006** 3538; *Safferling* Jura **2008** 100 (aufgrund der sonstigen Umstände des Einzelfalls unmenschliche Behandlung durch erzwungenen Brechmitteleinsatz auch ohne Misshandlungsabsicht); *Krüger/Kroke* Jura **2011** 289; vgl. allerdings auch die abweichenden Voten sowie *Schumann* StV **2006** 661; zum Fall auch: *Gaede* HRRS **2006** 241.

508 EGMR (GK) Öcalan/TRK, 12.5.2005, § 166 unter Wiederholung von (K) Öcalan/TRK, 12.3.2003, § 202: Forderung nach dem höchsten Stand an Fairness („the most rigorous standards of fairness"); dazu *Breuer* EuGRZ **2003** 44; *Kühne* JZ **2003** 670; siehe auch: EGMR Ilaşcu u.a./MOL u. R, 8.7.2004, NJW **2005** 1849, §§ 429 ff.; HRC Larranaga/PHL, 14.9.2006, 1421/2005, §§ 7.11, 8 (Verletzung von Art. 6, 7 und 14 IPBPR).

509 Zweifelhaft dagegen: EGMR Albert u. Le Compte/B, 10.2.1983, EuGRZ **1983** 190.

510 Vgl. EGMR Soering/UK, 7.7.1989.

511 EGMR Irland/UK, 18.1.1978; Soering/UK, 7.7.1989; *Frowein/Peukert* 1; und hinsichtlich der Abgrenzung zur Folter, die sich wegen des höheren Menschenrechtsstandards verschieben kann: EGMR Selmouni/F, 28.7.1999; Meyer-Ladewig/Nettesheim/von Raumer/*Meyer-Ladewig/Lehnert* 21.

512 Vgl. EGMR Tyrer/UK, 25.4.1978 (Prügelstrafe); dagegen: EGMR Costello-Roberts/UK, 25.3.1993; Soering/UK, 7.7.1989; *Esser* 375.

513 EGMR Campbell u. Cosans/UK, 25.2.1982, EuGRZ **1982** 153; *Esser* 383.

514 Meyer-Ladewig/Nettesheim/von Raumer/*Meyer-Ladewig/Lehnert* 20 (Abgrenzung graduell).

515 Vgl. die bei *Frowein/Peukert* 6 f.; *Nowak* 11 geschilderten Verhörpraktiken, die von EGMR Irland/UK, 18.1.1978, lediglich als unmenschliche Behandlung, nicht aber als Folter eingestuft wurden.

handlung bezeichnet, die absichtlich schwere geistige oder körperliche Leiden verursacht und die selbst in einer besonderen Situation nicht zu rechtfertigen ist.[516] Sie hatte später unter Hinweis auf Art. 15 und auf den jeweiligen Art. 3 aller Genfer Abkommen explizit klargestellt, dass der Hinweis auf besagte besondere Situation nicht bedeutet, dass eine unmenschliche Behandlung durch besondere Ausnahmefälle gerechtfertigt werden könne.[517] Die Lage des jeweiligen Einzelfalls spielt jedoch bei der Bestimmung des **Mindestmaßes an Schwere** des Eingriffs, das notwendig ist, um eine Behandlung als unmenschlich zu bewerten, eine Rolle. Dieses Mindestmaß hängt von den jeweiligen Umständen, vor allem von der Art und der Dauer der Einwirkung und mitunter auch von Alter, Geschlecht und Gesundheitszustand des Betroffenen ab.[518]

Als unmenschliche Behandlung wurden angesehen: die **Fesselung** mithilfe eines Rück- **192** haltegurtes („restraining belt");[519] die sog. **fünf Techniken** britischer Verhörorgane[520] in ihrer Gesamtheit;[521] die **Androhung von erheblichen Schmerzen**, zu dem Zweck, mittels einer auf diese Weise erhaltenen Information das Leben einer Person zu retten;[522] **Schläge**, die zu erheblichen Verletzungen führen;[523] die **Zerstörung eines Wohnhauses** und seines

---

516 EKMR NJW **1978** 475; *Frowein/Peukert* 2.
517 EKMR Irland/UK, 18.1.1978 NJW **1978** 475; *Frowein/Peukert* 2.
518 EGMR Irland/UK, 18.1.1978; Lorsé u.a./NL, 4.2.2003, § 59; EKMR Hurtado/CH, 8.7.1993 (Urteil des EGMR vom 28.1.1994), EuGRZ **1994** 271; *Esser* 376; *Frowein/Peukert* 3.
519 EGMR Wiktorko/PL, 31.3.2009.
520 Darunter fielen: **„Wall-standing"** (Zwang, sich lange Zeit in angespannter Körperhaltung an der Wand abzustützen, wobei das Körpergewicht hauptsächlich auf den Fingern lastet), **„Hooding"** (Überstülpen von Kapuzen zwischen den Vernehmungsphasen), **„Subjecting to noise"** (Verursachung stetigen Lärms); **„Deprivation of sleep"** (Entzug von angemessenem Schlaf), **„Deprivation of food and drink"** (Entzug von Nahrung und Flüssigkeit). In EGMR Irland/UK, 20.3.2018, sollten die „five techniques" nach Maßgabe von *Rule 80 VerfO-EGMR* (Rules of Court) dem Gerichtshof erneut vorgelegt werden („revision"), um sie als Folter i.S.d. Art. 3 einstufen zu lassen; der EGMR wies den Antrag jedoch ab, da er die neu vorgelegten Dokumente weder als „entscheidend", noch als zum damaligen Zeitpunkt „unbekannt" einstufte; vgl. aber die Dissenting Opinion *O'Leary*. Für eine Zulässigkeit des sog. „Hooding" (im Einzelfall): EGMR Portmann/CH, 11.10.2011, §§ 48–55 mit Dissenting Opionion *Pinto de Albuquerque*.
521 EGMR Irland/UK, 18.1.1978; vgl. *Esser* 385; *Frowein/Peukert* 17; *Grabenwarter/Pabel* § 20, 44.
522 EGMR (GK) Gäfgen/D, 1.6.2010, §§ 101–108; (K) 30.6.2008, §§ 63–70.
523 EGMR Denizci u.a./ZYP, 23.5.2001 (Schläge mit Knüppeln und Schlagstöcken vornehmlich auf Rücken, Schultern und Schlüsselbein; Blut im Urin; vgl. auch EGMR R.R. u. R.D./SLO, 1.9.2020, §§ 151 ff., 161 (Schlagstockeinsatz durch Polizei); Pop/RUM, 16.10.2018, §§ 60 ff. (wiederkehrende Ohrfeigen, Faustschläge, Fußtritte und Schläge mit einem Baseballschläger auf die Hände während eines zweistündigen Verhörs); Golubyatnikov a. Zhuchkov/R, 9.10.2018, §§ 90 ff., 98 ff. (Schläge mit Gummiknüppel, die zu Rippenfrakturen führten, Überziehen einer Gasmaske, um die Luftzufuhr zu erschweren, Anbinden an ein Geländer über Nacht); Shcherbakov/UKR, 20.9.2018 (während Vernehmung: Schläge, Überziehen einer Plastiktüte, Elektroschocks, Verbot, die Toilette aufzusuchen); Sergey Ryabov/R, 17.7.2018, §§ 50 ff. (Schläge in die Nierengegend während der Vernehmung; mehrfach Schläge mit Knüppeln während der Haft: unmenschliche und erniedrigende Behandlung); Kryutchenko/R, 26.6.2018, §§ 22 ff. (Tritte in Bauch durch Polizisten); Khani Kabbara/ZYP, 5.6.2018, § 139 (Schläge mit Eisenstuhl auf Körper/Gesicht durch Polizei, als Betroffener bereits auf dem Boden lag; Abbruch eines Zahns; offen gelassen); Aleksandr Konovalov/R, 28.11.2017, § 42 (Elektroschocks während Verhör: zugleich erniedrigende Behandlung); Kovalevy/R, 7.11.2017, § 42 (Herausziehen aus dem eigenen PKW sowie Faustschläge ins Gesicht sowie mit dem Schaft einer Pistole); Ostroveņecs/LET, 5.10.2017, §§ 95 f. (Erzwingen von Sit-ups/„Entengang", Schläge mit Knüppeln und Drohung mit dem Tod bei Nichtabgabe eines Geständnisses); Sitnikov/R, 2.5.2017, § 42 (Tritte in den Bauch eines Festgehaltenen; Werfen auf den Boden; Sprühen von Gas ins Gesicht; Schlag mit Gummiknüppeln; Schleudern des Kopfes gegen Zellenwand, um Geständnis zu erwirken); Kondakov/R, 2.5.2017, § 37 (Tritte und Schläge mit Gummiknüppeln während eines achtstündigen Verhörs); Morgunov/R, 11.4.2017, § 42 (Überziehen von Plastiktüten/Gasmaske, Aufhängen an einem Geländer; Schläge in Nierengegend und Extremitäten mit Baseballschläger bis zur Bewusstlo-

---

Mobiliars durch Sicherheitskräfte (wegen der konkreten Begleitumstände);[524] das Bombardieren von ausschließlich von Zivilisten bewohnten Dörfern;[525] die jahrelange **Vernachlässigung und körperliche und geistige Misshandlung von Kindern**;[526] die fehlende Unterstützung einer Minderjährigen, die nach einer Vergewaltigung einen Schwangerschaftsabbruch vornehmen lassen wollte;[527] Mitteilung des **Aufschubs der Vollstreckung der Todesstrafe** erst 45 Minuten vor dem angesetzten Hinrichtungstermin;[528] die **Genitalverstümmelung** an einem Mädchen oder einer erwachsenen Frau;[529] das Besprühen bereits festgenommener Demonstranten mit **Tränengas**[530] sowie der direkt auf Personen gerichtete Einsatz von **Tränengasgranaten**.[531] Auch der Einsatz sog. **Nervendrucktechniken**[532] durch die Polizei könnte im Einzelfall einen Verstoß gegen Art. 3 begründen.[533]

193   Umstritten ist der Einsatz von **Elektroschockpistolen** bzw. **Distanz-Elektroimpulswaffen** („Taser") im Rahmen von Polizeieinsätzen. Diese werden, sofern sie – aus der Distanz heraus – zur kurzfristigen Immobilisierung verwendet werden, zwar als grundsätzlich mit Art. 3 vereinbar angesehen. Im Hinblick auf ihren direkten Einsatz auf das Opfer (sog. „drive-stun-Modus") hat das CPT Bedenken geäußert, da gut ausgebildeten Polizisten andere Möglichkeiten zur Verfügung stünden, eine sich in greifbarer Nähe befindliche Person unter Kontrolle zu bringen.[534]

---

sigkeit, Zufügen von Verbrennungen mit Zigaretten); Grigoryan u. Sergeyeva/UKR, 28.3.2017, § 76 (Anbinden in Zelle und gleichzeitige Schläge unter Androhung von Vergewaltigung); Orlov u.a./R, 14.3.2017, § 98 (Entführung/Misshandlung durch schwer bewaffnete „Spezialeinheit" des Innenministeriums); Milić u. Nikezić/MTN, 28.4.2015, §§ 78 ff., 93 ff. (Misshandlungen während Zellendurchsuchung; nicht effektive Aufklärung).

524 EGMR Bilgin/TRK, 16.11.2000; Dulas/TRK, 30.1.2001; Meyer-Ladewig/Nettesheim/von Raumer/*Meyer-Ladewig/Lehnert* 23.

525 EGMR Benzer/TRK, 12.11.2013, §§ 199 ff. (keinerlei humanitäre Hilfe nach dem Bombardement; Versuch Angriff zu vertuschen).

526 EGMR Z u.a./UK, 10.5.2001; Meyer-Ladewig/Nettesheim/von Raumer/*Meyer-Ladewig/Lehnert* 23.

527 EGMR P. u. S./PL, 30.10.2012, §§ 160 ff. (Versuch mit allen Mitteln, 14-Jährige von der – nach polnischem Recht rechtmäßigen – Abtreibung abzubringen; Fall wurde öffentlich gemacht, wodurch Minderjährige der Belästigung von Abtreibungsgegnern ausgesetzt wurde); zum Vorwurf der systematischen Verhinderung von Abtreibungen bereits: EGMR R. R./PL, 26.5.2011, §§ 159 f.

528 HRC Pratt u. Morgan/JAM, 6.4.1989, 210/1986 u. 225/1987, EuGRZ **1989** 430, 435.

529 EGMR Enitan Pamela Izevekhai u.a./IR, 17.5.2011, § 73 (Nigeria; keine Gefahr angenommen aufgrund der Familienverhältnisse); A.L./UK, 13.3.2018. Zur weiblichen Genitalverstümmelung (FGM) COM(2013) 833; UN-GA, Res. 67/146.

530 Vgl. EGMR Ali Günes/TRK, 10.4.2012, § 46, NVwZ **2013** 1599.

531 EGMR Abdullah Yaşa u.a./TRK, 16.7.2013, §§ 41 ff. (selbst bei gewaltsamen Demonstrationen bedeutet der Einsatz direkt gegen Teilnehmer einen Verstoß gegen Art. 3; der ordnungsgemäße Einsatz – d.h. der Abschuss der Granate in einem so hohen Winkel, dass das Tränengas noch in der Luft freigesetzt wird – wohl gerechtfertigt); Abdurrahman Tekin/TRK, 25.9.2018, §§ 26 ff. (Einsatz von Tränengas; Beleidigung).

532 Dabei handelt es sich in weiter Begriffsauslegung um Griff-, Schlag-, oder Drucktechniken, die zu Schmerz bei dem Betroffenen führen und der Hervorrufung einer Handlung, Unterlassung oder Duldung dienen, vgl. *Mooser* 35 ff., 143.

533 Vgl. dazu ausführlich: *Mooser* 145 ff., 159 f., wonach dies nicht immer der Fall sein wird, jedoch besonders bei der Erzwingung eines positiven Tuns in Betracht kommen kann.

534 20th General Report of the CPT (2010) 72, 78; EGMR Anzhelo Georgiev u.a./BUL, 30.9.2014, §§ 42, 76. In diesem Modus können Taser enorme, stark konzentrierte Schmerzen und Verbrennungen hervorrufen. Das CPT sieht das Problem eines vorschnellen Einsatzes der Geräte, sollten diese sich zahlenmäßig verbreiten („disproportionate response"); vgl. BT, WD 3 – 3000 – 044/17 v. 25.4.2017 (Der Einsatz von Elektroschockern bei der Bundespolizei) 7: „Der Einsatz von Elektroimpulsgeräten durch die Bundespolizei bedarf einer Rechtsgrundlage und zwar auch dann, wenn er nur testweise erfolgt. Eine solche Rechtsgrundlage ist derzeit nicht ersichtlich.".

Esser   252

Die in den USA von der *Bush*-Regierung in der Zeit zwischen 2002 und 2005 gebilligten **194** „harten Verhörmethoden"[535] – u.a. „Water-Boarding"[536] und „Walling"[537] – erfüllen ebenfalls die vom EGMR aufgestellten Anforderungen an die Unmenschlichkeit einer Behandlung und sind darüber hinaus auch als erniedrigend einzustufen. Vorbehaltlich der weiteren Voraussetzungen (Rn. 56 ff.) kann bei ihrer Anwendung auch die Schwelle der Folter erreicht sein.[538]

Die **zwangsweise Heranziehung zu wissenschaftlichen, vor allem medizinischen** **195** **Versuchen** wird in Art. 7 Satz 2 IPBPR als Beispiel für eine unmenschliche Behandlung besonders erwähnt.[539] Daraus wird gefolgert, dass das Verbot nur eingreift, wenn der im Versuch liegende Eingriff in die persönliche Integrität das Ausmaß einer erniedrigenden oder unmenschlichen Behandlung erreicht.[540] Solche Versuche sind auch nach Art. 3 als unmenschliche Behandlung verboten, wenn sie die dafür erforderliche Erheblichkeit der Beeinträchtigung erreichen.[541]

Das Verbot betrifft **nicht Maßnahmen zur Heilbehandlung**, wenn diese zur Behand- **196** lung einer Krankheit des Betroffenen ärztlich geboten sind und nach den Regeln der ärztlichen Kunst ausgeführt werden.[542] Auch **Maßnahmen**, die **im Interesse der Gesund-** **heit anderer Personen** erzwungen werden, wie etwa die Impfung gegen ansteckende Krankheiten oder die zwangsweise ärztliche Behandlung einer ansteckenden Krankheit, sind keine verbotenen Versuche i.S.d. Art. 7 Satz 2 IPBPR.[543] Umgekehrt stellt es keine unmenschliche Behandlung dar, wenn ein Staat tödlich erkrankten Patienten die Nutzung nicht zugelassener Medikamente untersagt, selbst wenn diese in anderen Staaten zu Versuchszwecken verfügbar sein sollten.[544]

Nur mit der **freiwilligen Zustimmung** des Betroffenen dürfen **Experimente** durchge- **197** führt werden, die einen beschriebenen Eingriff (Rn. 195) in die Rechtssphäre des Betroffenen bedeuten.[545] Die zur Verhinderung von Zwang erforderliche Einwilligung ist nur wirksam, wenn sie alle relevanten Umstände des Versuchs einschließlich der damit verbundenen Folgen und Risiken umfasst; sie setzt also eine entsprechende **Aufklärung** voraus. Sie muss freiwillig, d.h. ohne jeden Zwang und ohne unzulässigen Druck von außen erklärt worden sein.

---

535 Vgl. Memorandum des US-Justizministeriums v. 16.4.2009.

536 Bei dieser Art des simulierten Ertrinkens wird wiederholt Wasser aus einer bestimmten Höhe auf Nase und Mund einer Person geschüttet, dessen Gesicht mit mehreren Handtüchern bedeckt ist. Der Betroffene wird in einer Position fixiert, in der der Kopf niedriger als der Rest des Körpers gelagert ist. Auf diese Weise soll das tatsächliche Ertrinken durch versehentliches Eindringen von Wasser in die Lunge verhindert werden. Beim Einatmen saugen sich die nassen Handtücher am Gesicht fest und verursachen einen starken Würgereiz, der den Eindruck des drohenden Ertrinkens auslöst. Da in der Regel eine geringe Menge Luft eingeatmet werden kann, ist der Erstickungstod bei kurzer Anwendung unwahrscheinlich – aber nicht ausgeschlossen.

537 Dabei zieht die Verhörsperson den Betroffenen zunächst zu sich heran und stößt ihn dann schnell und mit voller Wucht gegen eine Wand, die mitunter zur Schockwirkung so präpariert ist, dass der Aufprall mit einem lauten Geräusch verbunden ist.

538 Zur „Ineffektivität" solcher Verhörmethoden aus neurobiologischer Sicht: *O'Mara* Trends Cognitive Science (online) **2009** 497.

539 Zur Entstehung *Nowak* 51 ff.

540 *Nowak* 58 f.; ablehnend: HRC G.J./LIT, 25.3.2014, 1894/2009, § 8.12.

541 *Partsch* 107; EGMR Bataliny/R, 23.7.2015, §§ 89 ff.

542 EGMR Kucheruk/UKR, 6.9.2007; Bogumil/F, 7.10.2008 (Entfernung von verschluckten Drogenpäckchen aus Magentrakt); BGer EuGRZ **1993** 396; **2001** 634; *Nowak* 56 f.

543 *Nowak* 57.

544 EGMR Hristozov u.a./BUL, 13.11.2012, § 113, NJW **2014** 447.

545 Vgl. auch *Deutsch* MedR **2013** 100.

Esser

Die Einwilligung kann wegen der **höchstpersönlichen** Natur des Rechts auf persönliche Integrität nur vom Betroffenen selbst, nicht aber von seinem gesetzlichen Vertreter, erteilt und auch jederzeit **zurückgenommen** werden.[546] Experimente, die nach Art und Ausmaß der zugefügten Leiden als Folter einzustufen sind, können auch durch eine Einwilligung nicht gedeckt sein.[547]

198   Während die sachlich nicht gebotene zwangsweise **Verabreichung einer Injektion** zur Ruhigstellung eines Festgenommenen gegen Art. 3 verstoßen kann,[548] verneint der EGMR bei medizinisch als notwendig einzustufenden Zwangsmaßnahmen gegenüber einer untergebrachten, geistig erkrankten Person (Sicherheitsbett, Fesselung, Zwangsmedikation,[549] **Zwangsernährung**[550]) einen solchen Konventionsverstoß.[551] Die **medizinische Notwendigkeit** und die Durchführbarkeit der Maßnahme muss stets hinreichend begründet[552] und von qualifizierten Personen festgestellt werden, insbesondere dann, wenn das geplante Vorgehen vom üblichen Prozedere abweicht.[553] Gleichzeitig bedarf es für die Anordnung einer solchen Zwangsmaßnahme **verfahrensrechtliche Garantien**.[554] Eine medizinisch nicht gebotene zwangsweise Anordnung oder Überführung in eine **psychiatrische Behandlung** kann als unmenschliche oder erniedrigende Behandlung einzustufen sein.[555] Für Zwangsmaßnahmen

---

546   HRC G.J./LIT, 25.3.2014, 1894/2009, §§ 8.12 (freiwillige Teilnahme).

547   Vgl. *Nowak* 57 (Wortlaut und travaux préparatoires lassen eher Verstoß verneinen).

548   ÖVerfG EuGRZ **1984** 503 (erniedrigende Behandlung); weitere Fälle *Nowak* 60.

549   Vgl. hierzu: OLG Frankfurt NStZ-RR **2016** 295.

550   Ohne medizinische Notwendigkeit kann die Durchführung gegen Art. 3 verstoßen: EGMR Nevmerzhitsky/UKR, 5.4.2005, §§ 93 ff.; Ciorap/MOL, 19.6.2007, §§ 76 ff.; vgl. auch EGMR Duval/F, 26.5.2011 (medizinische Untersuchung eines gefesselten U-Gefangenen).

551   EGMR D.D./LIT, 14.2.2012, § 174; Bogumil/F, 7.10.2008; Herczegfalvy/A, 24.9.1992, EuGRZ **1992** 535 = ÖJZ **1993** 96, § 82; siehe auch EGMR Zierd/D (E), 8.4.2014, §§ 19 ff., 25; *Villiger* 365 f.

552   EGMR Rappaz/CH (E), 11.4.2013, §§ 66–81 (Vorwurf der Verweigerung einer Haftunterbrechung).

553   EGMR Naumenko/UKR, 10.2.2004, § 112; Kucheruk/UKR, 6.9.2007 (Anordnung von Handschellen durch das Gefängnispersonal allein aufgrund der Einschätzung eines Sanitäters und eines Arztes ohne psychiatrische Qualifikation; Fesselung während der Unterbringung in einer Disziplinarzelle rund um die Uhr an sieben von neun Tagen).

554   EGMR (GK) Jalloh/D, 11.7.2006, § 69; anders zuvor: BVerfG NStZ **2000** 96; OLG Bremen NStZ-RR **2000** 270; KG JR **2001** 162; *Rogall* NStZ **1998** 66 (67 ff.: zulässig bei Verhältnismäßigkeit und Vermeidung einer Gesundheitsgefahr); siehe restriktiver zu (psychiatrischen bzw. medizinischen) Zwangsbehandlungen im Maßregelvollzug: BVerfGE **128** 282 = NJW **2011** 2113 = EuGRZ **2011** 321 = StV **2012** 94 (strenge Verhältnismäßigkeitsprüfung; Gebot verfahrensmäßiger Sicherungen); BVerfGE **129** 269 = NJW **2011** 3571 = R&P **2012** 31; zu beiden Beschlüssen und zu den Änderungen in den Landesgesetzen: *Schöch* GA **2016** 553 ff.; BVerfGE **133** 112 = NJW **2013** 2337. Hieran anknüpfend für Zwangsbehandlungen Betreuter in geschlossenen Einrichtungen: BGHZ **193** 337 = NJW **2012** 2967 = R&P **2012** 206 (§ 1906 Abs. 1 u. 4 BGB; BGH Beschl. v. 20.6.2012 – XII ZB 130/12; hierzu: *Mittag* R&P **2012** 197; *Dodegge* NJW **2012** 3694. BVerfGE **128** 282 (s.o.) wurde mit Wohlwollen aufgenommen von EGMR Pleso/H, 2.10.2012, §§ 36, 66). Als Reaktion auf diese Urteile wurde § 1906 Abs. 1 BGB geändert (Gesetz v. 18.2.2013 zur Regelung der betreuungsrechtlichen Einwilligung in eine ärztliche Zwangsmaßnahme, BGBl. I S. 266; das Gesetz trat am 26.2.2013 in Kraft; hierzu: *Dodegge* NJW **2013** 1265); zur psychiatrischen Zwangsbehandlung im Kontext der Behindertenrechtskonvention: *Lehmann* R&P **2015** 20. Zur Beschränkung der Möglichkeit einer ärztlichen Zwangsbehandlung auf untergebrachte Betreute als Verstoß gegen die staatliche Schutzpflicht aus Art. 2 Abs. 2 Satz 1 GG: BVerfGE **142** 313 = NJW **2017** 53.

555   Vgl. Nr. 16.1 des Kopenhagener Abschlussdokuments über die menschliche Dimension der KSZE EuGRZ **1990** 239; EGMR Bataliny/R, 23.7.2015, §§ 88 ff.; HRC Mukhortova/KAZ, 10.12.2019, 2920/2016, § 7.16 (nicht freiwillige Einweisung in ein psychiatrisches Krankenhaus als letztes Mittel, um „das Leben und die Gesundheit von Einzelpersonen zu schützen"; illegale, willkürliche Einweisung in ein Krankenhaus als unmenschliche und erniedrigende Behandlung, da psychisches und physisches Leiden bei der eingewiesenen Person möglich).

Esser

aus Gründen der Körperhygiene ist ebenfalls eine eingehende Verhältnismäßigkeitsprüfung geboten.[556]

Auch ohne therapeutische Notwendigkeit verstoßen **medizinische Eingriffe**, die **zur Be-** **199** **weisgewinnung** in Bezug auf die Aufklärung einer Straftat gegen den Willen des Betroffenen durchgeführt werden, nicht *per se* gegen Art. 3, sofern unter Berücksichtigung sämtlicher Umstände des Einzelfalls weder der ausgeübte Zwang noch der Eingriff selbst das erforderliche Mindestmaß an Schwere erreichen.[557] Für die Entnahme von **Blut- und Speichelproben** hat der EGMR dieses Mindestmaß grundsätzlich verneint.[558] Je schwerer der Eingriff jedoch wiegt, desto strenger hat die Abwägung der Gesamtumstände zu seiner Rechtfertigung auszufallen und umso stärker muss die Wahl alternativer, weniger eingriffsintensiver Methoden der Beweisgewinnung in Betracht gezogen werden. Wichtige Abwägungskriterien sind der **Grad der Notwendigkeit** des zwangsweise vorgenommenen medizinischen Eingriffs zur Beweissicherung,[559] die mit ihm verbundenen **gesundheitlichen Risiken** für den Verdächtigen, die Art und Weise der Durchführung des Eingriffs und die hervorgerufenen physischen Schmerzen und psychischen Leiden, die Gewährleistung der **ärztlichen Aufsicht** sowie die **Auswirkungen auf die Gesundheit** des Verdächtigen. Ein Risiko dauerhafter Gesundheitsschädigung darf nicht bestehen.[560] Die **zwangsweise Verabreichung von Brechmitteln** zur Gewinnung im Magen befindlicher Drogentütchen stellt i.d.R. eine unmenschliche und erniedrigende Behandlung dar.[561] Die Alternative des Wartens auf das natürliche Ausscheiden der Betäubungsmittel ist als geringerer Eingriff in die physische und psychische Unversehrtheit des Betroffenen noch mit Art. 3 vereinbar.[562] Gerechtfertigt ist in diesem Zusammenhang auch die Verpflichtung von Gefängnisinsassen, einen komplett verschlossenen Overall zu tragen, wodurch eine Kontrolle der Toilettengänge ermöglicht werden soll.[563]

In der Rs. *A.D.* stufte der EGMR die **Lebensbedingungen** einer schwangeren Asylbe- **200** werberin **in einer Flüchtlingsunterkunft** auf der griechischen Insel Samos als unmenschliche bzw. erniedrigende Behandlung ein.[564] Eine unmenschliche (und erniedrigende) Behandlung und damit eine Verletzung des **Art. 7 IPBPR** liegt nach dem HRC auch dann vor,

---

556 Vgl. OLG Karlsruhe NStZ-RR **2017** 32 (zwangsweises Duschen).

557 EGMR (GK) Jalloh/D, 11.7.2006, §§ 70, 72, 76.

558 Vgl. EGMR Schmidt/D (E), 5.1.2006; zu dieser Problematik auch *Mavronicola* MLR **2013** 370, 381.

559 Kritisch, sofern die Schwere des begangenen Delikts relevant sein sollte: Sondervotum *Bratza*; *Schuhr* NJW **2006** 3538.

560 EGMR (GK) Jalloh/D, 11.7.2006, §§ 71, 73, 76.

561 Siehe auch die Sondervoten *Zupancic* (Folter im engeren Sinn); abweichende Voten *Wildhaber* u. *Calfisch* (Art. 3 ablehnend; kein typischer Anlass zur Gewaltanwendung, Verhalten des Betroffenen ursächlich; krit. bzgl. Argumenten der abw. Meinung: *Ashworth* Crim.L.R. **2007** 717). Zur Rs. *Jalloh* auch: *Gaede* HRRS **2006** 241: Grundsatzurteil, das den erzwungenen Brechmitteleinsatz praktisch ausschließt; dagegen die „Einzelfallgefangenheit" und ihre Risiken kritisierend: *Schuhr* NJW **2006** 3538; vertiefend: *N. Schlothauer* Strafbarkeit ärztlicher Brechmittelvergabe (2010). Vgl. auch zu den Sorgfaltsanforderungen eines Arztes beim Brechmitteleinsatz (Übernahmeverschulden/Vorhersehbarkeit der Todesfolge): BGHSt **55** 121 = NJW **2010** 2595 = StV **2010** 678 = NStZ-RR **2011** 54 = StRR **2010** 350 (§§ 222, 227 StGB; Aufhebung des erstinstanzlichen Freispruchs) m. Anm. *Eidam* NJW **2010** 2599; *Krüger/Kroke* Jura **2011** 289, *Brüning* ZJS **2010** 549; *Barton* StRR **2010** 350; BGH NJW **2012** 2453 = StV **2013** 150 hatte den auch im zweiten Anlauf vom LG Bremen ausgesprochenen Freispruch erneut aufgehoben.

562 Die demütigende Wirkung eines durchsichtigen „Drogenklos" hervorhebend: *Pollähne/Kemper* KrimJ **2007** 185 (Drohung mit Brechmitteleinsatz als Verstoß gegen § 136a StPO); krit. auch *Schuhr* NJW **2006** 3538, der die Degradierung des Betroffenen zum Objekt des Verfahrens hervorhebt, wenn den Behörden die Wahl zwischen den Eingriffsarten überlassen wird.

563 EGMR Lindström u. Mässeli/FIN, 14.1.2014, §§ 44 ff. (Ausziehen der Overalls/selbständige Toilettengänge nicht möglich, sondern nur mithilfe des Gefängnispersonals; begrenzt auf wenige Tage).

564 EGMR A.D./GR, 4.4.2023, §§ 29 ff. (hinreichender Schweregrad für eine Verletzung des Art. 3 erreicht).

wenn ein **geflüchteter Mensch** aufgrund des Dublin-Verfahrens in einen anderen Dublin-Staat **ausreisen muss, in dem ihm** – bezogen auf die persönliche Situation und auch auf die Situation im jeweiligen Land – **Bedingungen** drohen, die selbst als grausam und erniedrigend angesehen werden.[565] Hierbei verweist das HRC auf den General Comment Nr. 31. Genauso sieht das HRC eine unmenschliche Behandlung eines Elternteils darin, dass der durch Folter verursachte **Tod des Kindes nicht ausreichend ermittelt** wurde und somit zu einer andauernden Unsicherheit und psychischen Problemen führte[566] (vgl. auch Rn. 185).

201   **4. Erniedrigende Behandlung.** Eine erniedrigende Behandlung liegt vor, wenn ein Mensch vor sich selbst[567] oder vor anderen in einer seine Menschenwürde beeinträchtigenden, ihn als Person gröblich missachtenden Weise **erheblich herabgesetzt oder gedemütigt** wird.[568] Das ist etwa der Fall, wenn er gezwungen wird, gegen seinen eigenen Willen oder sein Gewissen zu handeln[569] oder wenn er bewusst in eine nach den ganzen Umständen mit seinem sozialen Achtungsanspruch nicht zu vereinbarende **menschenunwürdige Lage** gebracht wird, um in ihm **Gefühle der Angst oder der Unterlegenheit** zu wecken und um seinen körperlichen oder moralischen Widerstand zu brechen.[570] Daher kann auch eine **Zwangsheirat** den Grad einer erniedrigenden Behandlung erreichen.[571]

202   Eine entsprechende **Absicht** des Handelnden stellt keine notwendige Voraussetzung für eine Herabwürdigung dar, sie ist aber ein wichtiger Faktor im Rahmen der auch hier geforderten Gesamtwürdigung.[572] Notwendig ist dagegen immer eine aus der Maßnahme resultierende **Erheblichkeit der Beeinträchtigung**,[573] nicht aber, dass sie (anders bei der Folter, Rn. 167, 171) mit der Zufügung intensiver körperlicher Schmerzen oder seelischer Leiden verbunden ist.[574] Ist eine staatliche Maßnahme im Übrigen mit der Konvention vereinbar, bedarf es zur Annahme eines Verstoßes gegen Art. 3 besonderer Umstände, die eine Beeinträchtigung über das mit der Maßnahme unvermeidliche Maß hinaus begründen.[575]

203   Zur Abgrenzung von leichteren Formen der Verletzung des persönlichen Achtungsanspruchs, wie der Missachtung des auch dem Inhaftierten zustehenden Rechts auf Achtung seiner Integrität und seines Privatlebens (Art. 8 EMRK/Art. 10 Abs. 1 IPBPR) oder einer

---

565 HRC Hashi/DK, 9.10.2017, 2470/2014, §§ 9.1 ff.; R.A.A. & Z.M./DK, 28.10.2016, 2608/2015, §§ 7.1 ff.
566 HRC Boboev/TJK, 19.7.2017, 2173/2012, § 9.7.
567 EGMR Smith u. Grady/UK, 27.9.1999, NJW **2000** 2089; Meyer-Ladewig/Nettesheim/von Raumer/*Meyer-Ladewig/Lehnert* 22.
568 ÖVerfG EuGRZ **1984** 503; **1988** 366; *Folz* FS Verosta 208; *Grabenwarter/Pabel* § 20, 49; Meyer-Ladewig/Nettesheim/von Raumer/*Meyer-Ladewig/Lehnert* 19, 22; *Nowak* 12.
569 EKMR bei *Strasser* EuGRZ **1990** 86; Meyer-Goßner/*Schmitt* 2.
570 Vgl. EGMR Abdulkadyrov u. Dakhtayev/R. 10.7.2018, § 69; Ksenz u.a./R, 12.12.2017, § 105; Olisov u.a./R, 2.5.2017, § 86; Meyer-Ladewig/Nettesheim/von Raumer/*Meyer-Ladewig/Lehnert* 22.
571 Vgl. VGH München NVwZ **2016** 1271 (§ 4 Abs. 1 Satz 2 Nr. 2 AsylG).
572 EGMR Roth/D, 22.10.2020, § 64, NJW **2022** 35 = NLMR **2020** 329 m. Anm. *Esser* NStZ **2022** 24; Z.H./H, 8.11.2012, § 28; Raninen/FIN, 16.12.1997, §§ 55, 58; Price/UK, 10.7.2001, § 24; Cobzaru/RUM, 26.7.2007; ferner EGMR (GK) Labita/I, 6.4.2000, § 120; Peers/GR, 19.4.2001, §§ 67 ff.; Valašinas/LIT, 24.7.2001, § 101.
573 EKMR und EGMR Irland/UK, 18.1.1978 (Behandlung in Internierungslagern); EGMR Cruz Varas u.a./S, 20.3.1991; *Esser* 381 f.; *Frowein/Peukert* 8 f. m.w.N.
574 Vgl. EGMR Raninen/FIN, 16.12.1997, § 58; Oganezova/ARM, 17.5.2022, § 80; *Grabenwarter/Pabel* § 20, 49.
575 EGMR (GK) Kudla/PL, 26.10.2000, § 92; (GK) Jalloh/D, 11.7.2006, § 68; Valašinas/LIT, 24.7.2001, § 102; Wainwright/UK, 26.9.2006, § 41; Roth/D, 22.10.2020, § 64; ferner EGMR D. u.a./UK (E), 12.2.2008 (Maßnahme zum Schutz des Kindes vor Misshandlungen und Stigmatisierung der Eltern – Glasknochenkrankheit).

reinen Ehrverletzung (vgl. Art. 17 IPBPR) ist aus **objektiver Perspektive** eine **erhebliche Negierung der Menschenwürde** des Betroffenen zu fordern. Auch der EGMR verlangt auch für die erniedrigende Behandlung eine **gewisse Schwere** des Verstoßes.[576]

Ob eine solche, die Menschenwürde einer Person in Frage stellende erniedrigende **204** Behandlung von Gewicht vorliegt, hängt von der Lage des Einzelfalls ab und ist in weit stärkerem Umfang als bei der unmenschlichen Behandlung situationsbedingt. Dies richtet sich nach der **Zielrichtung** der jeweiligen Maßnahme,[577] aber auch nach dem **sozialen Umfeld**, den jeweiligen **örtlichen Verhältnissen und Anschauungen**.[578] Darüber hinaus sind auch die **Dauer**, die **physischen und psychischen Auswirkungen**[579] und ggf. das **Geschlecht**, das **Alter**[580] und der **Gesundheitszustand**[581] des Betroffenen für die Beurteilung einer Maßnahme von Bedeutung.[582]

Die diskriminierende **Behandlung einer ganzen Bevölkerungsgruppe** kann eine er- **205** niedrigende Behandlung jedes einzelnen Mitgliedes dieser Gruppe darstellen.[583] Eine erniedrigende Behandlung kann bei entsprechender Erheblichkeit auch in der Diskriminierung aufgrund sexueller Orientierung liegen.[584]

Auf körperliche Mängel oder sonstige in seiner Person liegende, äußerlich nicht er- **206** kennbare **gesundheitliche Umstände**, aus den sich ein objektiv erniedrigendes Element einer Behandlung ergeben kann, hat der Betroffene die staatlichen Stellen vor/bei einer körperlichen Durchsuchung **hinzuweisen**.[585] Für die nachträgliche Feststellung eines *ill-treatment* i.S.v. Art. 3 im Rahmen einer solchen Durchsuchung kann es auch eine Rolle spielen, ob die Behörden dem von einem Gefangenen plausibel behaupteten Mangel/Verstoß nachgegangen sind.[586]

Eine spezielle Maßnahme oder Art der Behandlung ist immer in der konkreten Situati- **207** on auf ihre Erniedrigung hin zu bewerten. Neben Art und Anlass der jeweiligen Behand-

---

576 EGMR IR/UK, 18.1.1978, EuGRZ **1979** 149; vgl. *Frowein/Peukert* 8 f. m.w.N.

577 Vgl. etwa BonnK/*Zippelius* Art. 1, 62 GG; BVerfGE **30** 194.

578 Das Abstellen auf die überkommene örtliche Übung und auf die Einstellung der Bevölkerung kann aber problematisch sein, vgl. *Esser* 383 (zu bestimmten Formen der Bestrafung).

579 HRC Eshonov/UZB, 18.8.2010, 1225/2003 (unmenschliche Behandlung, Art. 7 IPBPR; permanenter seelischer Stress eines Vaters wegen Unklarheit über Zustand des Leichnams seines Sohnes nach Misshandlung im Gefängnis); Benaziza/DZA, 16.9.2010, 1588/2007 (Nichtinformation von Familienangehörigen über Verbleib/ Schicksal der Mutter nach staatlicher Festnahme); Al-Khazmi/LBY, 18.7.2013, §§ 3.6, 5.6, 8.3 (Nichtinformation von Angehörigen über Details zu Umständen der Haft, des Todes und des Verbleibs der Leiche von Sohn/ Bruder nach Verschwinden nach staatlicher Festnahme); Mihoubi/DZA, 18.10.2013, 1874/2009, §§ 7.4 ff.; Rizvanovic/BIH, 21.3.2014, 1997/2010, §§ 9.5 ff.; Duric/BIH, 16.7.2014, 1956/2010, §§ 9.6 ff. (Ungewissheit über Verbleib des Verwandten/Angst/finanzielle Not); Terafi/DZA, 21.3.2014, 1899/2009, §§ 7.3 ff.; Marouf/DZA, 21.3.2014, 1889/ 2009, §§ 7.3 ff.; Jum'a u.a./LBY, 21.7.2014, 1958/2010, §§ 6.3 ff. (keine/falsche Informationen über Verbleib/Hinrichtung des Sohnes); Al Daquel/LBY, 21.7.2014, 1882/2009, §§ 6.3 ff.; Bouzeriba/DZA, 23.7.2014, 1931/2010, §§ 8.4 ff.; Bousseloub/DZA, 23.7.2014, 1974/2010, §§ 7.4 ff.; Boudehane/DZA, 24.7.2014, 1924/2010, §§ 8.3 ff.

580 EGMR Taştan/TRK, 4.3.2008; 71-Jähriger; uneingeschränkte Pflicht zum Wehrdienst).

581 EGMR Chember/R, 3.7.2008 (Bestrafung eines Wehrdienstleistenden mit exzessiven Kniebeugen trotz bekannter Kniebeschwerden und offizieller Befreiung von Leibes- und Mannschaftsübungen [„physical exercise and squad drill"]; dadurch irreparable Schädigung).

582 EGMR Farbtuhs/LET, 2.12.2004, §§ 56 ff.; Cobzaru/RUM, 26.7.2007, § 61.

583 EGMR ZYP/GR, 20.5.2001.

584 EGMR Oganezova/ARM, 17.5.2022, §§ 81, 87 ff. (kein hinreichender Schutz des Besitzers einer LGBT-Bar und LGBT-Aktivisten vor homophoben Attacken; Verstoß gegen Art. 3 bejaht); ähnlich: EGMR Women's Initiatives Supporting Group u.a./GEO, 16.12.2021, §§ 60 f.; Aghdgomelashvili u. Japaridze/GEO, 8.10.2020, §§ 47 ff.

585 EGMR Dejnek/PL, 1.6.2017, §§ 61 ff.

586 EGMR Valašinas/LIT, 24.7.2001, § 116.

lung und den sonstigen Umständen des Einzelfalls ist zu prüfen, ob mit ihr ein **legitimer Zweck** verfolgt wird, ob sie schon objektiv außer jedem Verhältnis zu dem mit ihr verfolgten Zweck steht oder ob sie gar ohne einen solchen als bloßes Mittel der **Demütigung** oder **Verhöhnung** bewusst gewollt ist.[587] So wurde eine erniedrigende Behandlung darin gesehen, dass einem Festgenommenen mehrere Tage verwehrt wurde, seine durch den eigenen Kot **verschmutzte Bekleidung zu wechseln** und **sich zu waschen**[588] oder dass ein Inhaftierter gezwungen wurde, sich **in Gegenwart einer weiblichen Aufsichtsperson** für eine **Leibesvisitation** auszuziehen.[589]

208   In der **körperlichen Durchsuchung** (mit Entkleidung) von **Besuchern** in einer Haftanstalt mit einem endemischen Drogenproblem sah der EGMR mangels Erheblichkeit der Beeinträchtigung dagegen keine erniedrigende Behandlung, bejahte aber einen Verstoß gegen Art. 8.[590]

209   Der EGMR zieht die zur **körperlichen Durchsuchung von Strafgefangenen** entwickelten Grundsätze (dazu Rn. 240 ff.) auch für andere Fälle heran, in denen eine Person aufgefordert wird, sich auszuziehen.[591] Als erniedrigend anzusehen sind daher die für eine Durchsuchung (auf Waffen) **nicht notwendige Entkleidung** des mit Handschellen gefesselten Tatverdächtigen durch Polizeibeamte anlässlich seiner Festnahme.[592]

210   Ebenso liegt eine unmenschliche und erniedrigende Behandlung vor, wenn einem Gefangenen (und sei es auch in einem Hochsicherheitsgefängnis) systematisch, d.h. ohne konkreten Verdacht oder Anlass („routinemäßig") und über einen längeren Zeitraum ohne hinreichende Rechtfertigung **Fesselungen** (z.B. **Handschellen**) angelegt werden, etwa bei jedem Verlassen der Haftzelle.[593]

211   Diese Grundsätze gelten übertragen auch für Leibesvisitationen von nicht-inhaftierten/festgenommenen Personen, etwa zur Klärung eines **Diebstahlsverdachts**. Die Kontrolle der Genitalien einer Person durch die Polizei („**Intimkontrolle**") zur **Bekämpfung von Drogenkriminalität** an öffentlichen Plätzen (z.B. Bahnhöfen, Marktplätzen) muss stets anlassbezogen sein. Erfolgt sie ohne einen **konkreten Verdacht** gegenüber der jeweiligen Person oder gar „im Regelfall", ist diese Form der körperlichen Durchsuchung schon allein aus diesem Grund als erniedrigend einzustufen. Bei Vorliegen eines Verdachtes stellt die

---

587 EGMR (GK) Bouyid/B, 28.9.2015, § 104 (Ohrfeige durch Polizeibeamten während der Identitätsfeststellung; Schlag ins Gesicht als Körperteil, das Individualität des Einzelnen besonders ausmacht); Feti Demirtaş/TRK, 17.1.2012 (Zeuge Jehovas; Zwang zum Tragen einer Uniform in Militärhaft zur Willensbeugung); *Grabenwarter/Pabel* § 20, 4.
588 EKMR Hurtado/CH, 8.7.1993, EuGRZ **1994** 271.
589 EGMR Valasinas/LIT, 24.7.2001; *Meyer-Ladewig* NJW **2004** 981, 982; *ders.* 12c m.w.N.; anders EGMR Rakuzovs/LET, 15.12.2016, §§ 27 ff., da die Visitationen nur von gleichgeschlechtlichem Personal durchgeführt wurden.
590 EGMR Wainwright/UK, 26.9.2006.
591 EGMR Lyalyakin/R, 12.3.2015, §§ 76 ff. (Vorführen eines nur mit Unterwäsche bekleideten 19-jährigen Soldaten vor dem Bataillon aufgrund dessen mehrmaliger Fluchtversuche).
592 EGMR Wieser/A, 22.2.2007, ÖJZ **2007** 792, §§ 40 ff.; zur Rechtswidrigkeit der zwangsmäßigen Entkleidung einer sich in Polizeigewahrsam befindlichen Person vgl. auch BayObLG Beschl. v. 7.12.2022 – 206 StRR 296/22 (fehlende Erforderlichkeit der Entkleidung im Rahmen einer mit Blick auf Art. 2 Abs. 1 und Art. 1 Abs. 1 GG strengen Verhältnismäßigkeitsprüfung).
593 EGMR Kashavelov/BUL, 20.1.2011, §§ 39 f. (routinemäßiges Anlegen von Handschellen beim Verlassen des Haftraums; Zeitraum: über 13 Jahre); Enache/RUM, 1.4.2014, § 61 (Zeitraum von 14 Jahren); Zherdev/UKR, 27.4.2017, § 91 (Minderjähriger); Goriunov/MOL, 29.5.2018, §§ 36 ff. (unbestimmter Zeitraum), 41; N.T./R, 2.6.2020, §§ 53 ff. (mehr als 5 Jahre); Shlykov u.a./R, 19.1.2021, §§ 79, 90 ff., 93 (über 19 Jahre routinemäßiges Anlegen von Handschellen bei einem zu lebenslanger Freiheitsstrafe Verurteilten bei jedem Verlassen seiner Zelle).

Verhältnismäßigkeit der Maßnahme das entscheidende Kriterium für die konkrete Einstufung der Maßnahme dar. Zentrale Frage ist dann, ob der Zweck der Maßnahme auch hinter einem Sichtschutz oder außerhalb der Öffentlichkeit zu erreichen ist.

Nach Ansicht des EGMR ist es als eine (unmenschliche und) erniedrigende Behand- 212 lung einzustufen, wenn ein Häftling während längerer Zeit **ohne Kleidung** in einem **besonders gesicherten Haftraum** belassen wird, sofern im Einzelfall keine ausreichenden Gründe vorliegen (und dokumentiert werden), die eine solche Behandlung ausnahmsweise rechtfertigen können.[594]

Eine erniedrigende Behandlung sah der EGMR in der Einsperrung eines Angeklagten 213 in einen **Metallkäfig** für die gesamte Dauer der öffentlichen Hauptverhandlung.[595] Hatte der Gerichtshof zunächst noch darauf abgestellt, ob Anhaltspunkte für eine Gewaltbereitschaft des Angeklagten vorlagen, insbesondere ob er wegen Gewaltdelikten angeklagt oder vorbestraft war,[596] so ist nach dem GK-Urteil in der Rs. *Svinarenko u. Slyadnev* eine derartige Zurschaustellung/Präsentierung des Angeklagten im Metallkäfig[597] generell als mit Art. 3 unvereinbar einzustufen.[598] Das HRC sah ein derartiges Vorgehen – in Verbindung

---

594 EGMR Hellig/D, 7.7.2011, §§ 56 f. (Zustand ohne Kleidung/Gefühle von Angst, Qual und Minderwertigkeit/Demütigung und Erniedrigung/keine ernsthafte Gefahr von Selbstverletzungen oder Suizid/weniger einschneidende Mittel [reißfeste Kleidung nach CPT-Empfehlung nicht erwogen; Entschädigung: 10.000 Euro) m. Anm. *Pohlreich* JZ **2011** 1058; *Köhne* DRiZ **2012** 202; *Esser/Gaede/Tsambikakis* NStZ **2012** 554. Zum Erfordernis der Bereitstellung von Ersatzkleidung aus schnell reißendem Material als Ausprägung der Verhältnismäßigkeit ebenfalls – unter ausdrücklicher Bezugnahme auf die Rs. *Hellig*: BVerfG NJW **2015** 2100 = EuGRZ **2015** 326 m. Anm. *Muckel* JA **2015** 794. Zum Einsatz einer „elektronischen Medienwand" zur Vermeidung einer Suizid-/Isolationsgefahr in einem besonders gesicherten Haftraum: *Melia/Schmid* FS **2020** 256; OLG Hamm Beschl. v. 24.3.2021 – III-1 Vollz(Ws) 525/20, BeckRS **2021** 17599 (Rechtswidrigkeit der Unterbringung eines Strafgefangenen in einem besonders gesicherten Haftraum unter Ausschluss von Freizeitaktivitäten und Arbeit über neun Tage als **Maßnahme zur Suizidprävention**; schwerwiegender und unverhältnismäßiger Grundrechtseingriff, weil die Anstalt es unterließ, vor der Unterbringung des Gefangenen ein psychologisches Gutachten über dessen Notwendigkeit einzuholen); allgemein zur Suizidprävention BTDrucks. **20** 1121.
595 EGMR (GK) Svinarenko u. Slyadnev/R, 17.7.2014, NJW **2015** 3423, §§ 129 ff. (die Angeklagten wurden über das gesamte Verfahren hinweg in einen Metallkäfig eingesperrt, berührt sei auch **Art. 6 Abs. 2** – Unschuldsvermutung); in dieser Richtung auch: EGMR Khodorkovskiy u. Lebedev/R, 25.7.2013, § 743; folgend EGMR Pokusin u.a./R, 4.10.2018, Kulminsiy u.a./R, 4.10.2018.
596 EGMR Ramishvili u. Kokhreidze/GEO, 27.1.2009, §§ 96 ff. (jeweils Verstoß gegen Art. 3); Ashot Harutyunyan/ARM, 15.6.2010, §§ 123 ff.; Khodorkovskiy/R, 31.5.2011, NJOZ **2012** 1902, §§ 123 ff. m. Anm. *Schroeder* JOR **2011** 229; in Abgrenzung dazu EGMR Titarenko/UKR, 20.9.2012, §§ 58 ff., 63, wo dem (nicht vorbestraften) Angeklagten gerade Gewaltdelikte vorgeworfen worden waren und die auch auf Sicherheitserwägungen beruhende Einsperrung bei Gewaltdelikten in den Metallkäfig nach damaliger Ansicht des EGMR nicht automatisch gegen Art. 3 verstieß.
597 Die EGMR-Rechtsprechung gilt grundsätzlich nicht für Behältnisse aus durchsichtigem Glas, die den Betroffenen nicht derart bloßstellen wie ein Metallkäfig: EGMR Yaroslav/R, 4.10.2016, §§ 124 ff. (allein die Präsentierung in einem Glaskäfig, ohne Hinzutreten weiterer erniedrigender Faktoren, erreicht nicht die Schwelle des Art. 3); erneut bestätigt in EGMR Yaroslav Belousov/R, 4.10.2016, §§ 124 ff. (Differenzierung zwischen verschiedenen Formen von Glaskabinen sowie der Dauer der Unterbringung); weitere erniedrigende Faktoren können erhebliche mediale Aufmerksamkeit und neben den Glaskäfigen positionierte Wachhunde sein, vgl. EGMR Mariya Alekhina u.a./R, 17.7.2018, („Pussy Riot"); davor bereits EGMR (GK) Svinarenko u. Slyadnev/R, 17.7.2014, § 137 („the use of cages [as described above]") und §§ 66, 75 f., 101, 112 sowie Nr. 2 des (in NJW **2015** 3423 nicht abgedruckten) zustimmenden Sondervotums *Nicolaou/Keller*; Kovyazin/R, 29.5.2018 (Metall- und Glaskäfig).
598 EGMR (GK) Svinarenko u. Slyadnev/R, 17.7.2014, §§ 137 f. (einstimmig); die GK führt (hilfsweise) aus, dass die Regierung konkrete, vom Angeklagten ausgehende Gefahren nicht substantiiert vorgetragen habe

---

mit hinter dem Rücken gefesselten Händen – ebenso als erniedrigende Behandlung an, anders als der EGMR jedoch nicht als grundsätzlich unvereinbar mit Art. 7 IPBPR.[599]

214 Ob eine **Gewaltanwendung durch die Polizei** bei einer Festnahme, beim Transport, im Rahmen der anschließenden erkennungsdienstlichen Behandlung oder vor/in der Vernehmung auf der Polizeiwache bzw. später durch Vollzugspersonal zu einem Verstoß gegen Art. 3 führt, hängt maßgeblich vom (aufgrund konkreter Tatsachen zu erwartenden) Verhalten des jeweils individuell Festgenommenen, etwa der Leistung aktiven oder auch nur passiven Widerstands, ab.[600] Das gilt speziell für das **Anlegen von Hand- und/oder Fußfesseln** bei einer Festnahme,[601] einem Transport,[602] während der **Hauptverhandlung** (sachlicher Grund im konkreten Einzelfall)[603] oder in einem **psychiatrischen Krankenhaus.**[604] Jede Anwendung physischer Gewalt von Polizeivollzugsbeamten gegenüber einer Person, die nicht aufgrund des Verhaltens dieser Person **unbedingt notwendig** ist, stellt eine Herabsetzung der Menschenwürde dar und verletzt die betreffende Person in ihrem Recht aus Art. 3.[605] Staatliche Gewalt darf mithin nur dann angewandt werden, wenn ihre Anwendung in der konkreten Situation unabdingbar ist und ihre Intensität nicht über das notwendige Maß hinausgeht; die **Beweislast** hierfür liegt beim Staat.[606] Hinreichend

---

bzw. sich diese nicht aus den nationalen Gerichtsentscheidungen ergäben; zur hohen Bedeutung der Sicherheit im Gerichtssaal siehe §§ 127 ff.; zur Rechtsprechungsänderung siehe auch das zustimmende Sondervotum *Silvis* sowie Nr. 6 des zustimmenden Sondervotums *Nicolaou/Keller* (in NJW **2015** 3423 jeweils nicht abgedruckt).

599 HCR Pustovoit/UKR, 20.3.2014, 1405/2005, § 9.3 unter Verweis auf General Comment Nr. 32 (2007): „Defendants should normally not be shackled or kept in cages during trials or otherwise presented to the court in a manner indicating that they may be dangerous criminals" (bejaht wurde der Verstoß, weil nicht überzeugend dargestellt wurde, dass das Einsperren in einen Metallkäfig aus Sicherheitsgründen erforderlich gewesen wäre).

600 EGMR Perrillat-Bottonet/CH, 20.11.2014, §§ 42 ff., NLMR **2014** 490 (Einsatz eines Armhebels zum Anlegen von Handschellen bei aggressivem Verhalten); vgl. auch: ÖVerfG EuGRZ **1988** 366 (grundlose Schläge mit Gummiknüppel und Faust gegen einen unbeteiligten Journalisten; vgl. *Fuchs* ZStW **100** (1988) 459 mit weiteren Beispielen; ferner *Folz* FS Verosta 208); BVerwGE **26** 161 (grundloses Schlagen eines Unbeteiligten).

601 Sofern dies nicht mit Gewaltanwendung und **öffentlicher Zurschaustellung** einhergeht: EGMR Erdogan Yagiz/TRK, 6.3.2007, § 42; Kucheruk/UKR, 6.9.2007, § 139; keine erniedrigende Behandlung stellt die Anbringung eines sog. **Spuckschutzes** (dünne Baumwolltüte, die über den Kopf gezogen wird) für festgehaltene/festgenommene Personen aus Gründen des Infektionsschutzes dar, wenn die betreffende Person bereits gespuckt hat oder als notorischer Spucker bekannt ist. Allgemein präventiv und nicht anlassbezogen darf ein solcher Spuckschutz hingegen nicht zum Einsatz kommen. Ein Einsatz vor den Augen der Öffentlichkeit ist in jedem Fall auf das notwendige Maß zu reduzieren.

602 EGMR Raninen/FIN, 16.12.1997; (GK) Öcalan/TRK, 12.5.2005, § 182; Naumenko/UKR, 10.2.2004, § 117; *Esser* 398; wohl aber eine dauernde Fesselung mit Draht: EGMR Tarariyeva/R, 14.12.2006, (Verletzung durch Anlegen von Handschellen nach einer schweren Operation und während Transport); vgl. auch EGMR R.R. u. R.D./SLO, 1.9.2020, § 143. Mariya Alekhina u.a./R, 17.7.2018, §§ 135 ff. („Pussy Riot"; „Transportboxen" zu klein – 0,4 bis 0,8 m²; Überführungsfahrt 4h).

603 Vgl. OLG Saarbrücken Beschl. v. 8.3.2016 – 1 Ws 28/16, BeckRS **2016** 05196; OLG Naumburg Beschl. v. 24.6.2019 – 1 Ws (s) 213/19, StraFo **2020** 203 m. Anm. *Esser* StraFo **2020** 188 ff. (Fußfessel während der Hauptverhandlung; keine ausreichende Begründung im konkreten Einzelfall). Zur Thematik ausführlich: *Esser* GedS Weßlau 97 ff.; ferner Art. 5 Rn. 71 ff., 215 sowie ErwG 20 RL (EU) 2016/343 (ABlEU Nr. L 65 v. 11.3.2016 S. 1). Zum Problem der Rechtsgrundlage im deutschen Strafverfahrensrecht für eine Fesselung des Angeklagten in der Hauptverhandlung: *Esser* GedS Weßlau 97 ff.

604 EGMR Herczegfalvy/A, 24.9.1992, EuGRZ **1992** 535 = ÖJZ **1993** 96 (therapeutisch veranlasste Fesselung eines an einer seelischen Störung Leidenden); Kucheruk/UKR, 6.9.2007 (Beurteilung der Notwendigkeit durch qualifiziertes Personal).

605 EGMR R.R. u. R.D./SLO, 1.9.2020, § 146.

606 EGMR R.R. u. R.D./SLO, 1.9.2020, § 146.

---

bewiesen, dass das eingesetzte Mittel verhältnismäßig war, hat es der Staat nicht, wenn keine außergewöhnlichen Umstände dafür dargelegt werden, dass nicht auf das mildeste aller verfügbaren Zwangsmaßnahmen zurückgegriffen wurde.[607]

Erfolgt das Anlegen von **Handschellen** durch die Polizei ohne sachlichen Grund in **215** der Öffentlichkeit (etwa bei einer Festnahme am Arbeitsplatz; im Stadtviertel, in Gegenwart von Angehörigen), stellt es eine erniedrigende Behandlung dar, wenn die mit dem Tragen der Handschellen notwenderweise verbundene Demütigung durch die Öffentlichkeit vertieft wird und bei dem Betroffenen erhebliche psychische Beschwerden auslöst.[608] Dies gilt insbesondere dann, wenn Handfesseln in Kombination mit einem sog. **Bauchgurt** verwendet werden. Auch ohne einen Bezug zur Öffentlichkeit kann das Anlegen von Handschellen Art. 3 verletzen (dazu für Gefangene bereits Rn. 210).[609]

Ebenso kann eine **Festnahme** im Haus des Verdächtigen eine erniedrigende Behand- **216** lung darstellen, wenn sie unter **ungerechtfertigt hohem Polizeiaufgebot** erfolgt.[610]

Sofern **sachliche Gründe** dies im konkreten Einzelfall rechtfertigen, ist die zwangs- **217** weise Veränderung der **Haar- und Barttracht** eines Festgenommenen/U-Gefangenen zum Zwecke der **Gegenüberstellung** mit einem Augenzeugen im Strafverfahren keine erniedrigende Behandlung,[611] desgleichen nicht die **Extraktion einzelner Haare** zum Nachweis eines Drogenkonsums.[612]

Soll eine Person **ruhiggestellt** oder sonst **bewegungsunfähig** gemacht werden, ist **218** auch bei einer Rechtfertigung der Maßnahme als solcher stets darauf zu achten, dass das gesundheitliche Wohlbefinden des Betroffenen in **regelmäßigen Abständen**[613] überprüft wird; so z.B. bei Verwendung eines **Sicherungsgürtels** („restraining belt") wegen aggressiven Verhaltens während einer Intoxikationspsychose.[614] Ebenso ist das Fortbestehen der Gründe, die zu einer (rechtmäßigen) Fixierung geführt haben, regelmäßig zu überprüfen. Insbesondere, wenn keine medizinischen Gründe für die Maßnahme vorliegen, sind besonders hohe Ansprüche an die Rechtfertigung der Fixierung über einen längeren Zeit-

---

607 EGMR R.R. u. R.D./SLO, 1.9.2020, §§ 152, 159 f. (Schlagstockeinsatz gegen eine stark alkoholisierte, an der Grenze zur Alkoholvergiftung befindliche Person, ohne dass von staatlicher Seite erklärt wurde, weshalb die Person in diesem Zustand eine bedeutende Gefahr darstellen oder bedeutenden Widerstand leisten konnte).

608 EGMR Erdogan Yagiz/TRK, 6.3.2007; siehe auch EGMR Gorodnichev/R, 24.5.2007 (Tragen der Handschellen in der öffentlichen Gerichtsverhandlung unverhältnismäßig und erniedrigend, da keine Anhaltspunkte für Fluchtgefahr, Gefährdung der Zuhörer oder Behinderung der Justiz; restriktiv auch: OLG Hamm NStZ-RR **2014** 11 (Ls.) m. Anm. *Arnoldi* StRR **2014** 143; zusammenfassend EGMR Canan/TRK (E), 10.3.2015, §§ 27 ff.; siehe auch Meyer-Ladewig/Nettesheim/von Raumer/*Meyer-Ladewig*/*Lehnert* 40. Mangels Notwendigkeit ist die in den USA praktizierte *Chain Gang* (Kettenbande) als *erniedrigend* anzusehen, bei der mehrere aneinander gekettete Gefangene Reinigungs- und Ordnungsdienste in der Öffentlichkeit verrichten müssen. Gleiches gilt für die Zurschaustellung von Prostituierten bzw. mutmaßlichen oder verurteilten Kriminellen („*Schamparaden*"), etwa in China.

609 EGMR Salakhov u. Islyamova/UKR, 14.3.2013, §§ 154 ff. (nicht wegen Gewalt aufgefallener Bf. lag im Krankenhaus, erkennbar sehr krank und geschwächt); ähnlich EGMR Ilievska/MAZ, 7.5.2015, §§ 60 ff.

610 EGMR Gutsanovi/BUL, 15.10.2013, §§ 127 ff. (Festnahme in den frühen Morgenstunden im Familienhaus, in Anwesenheit der Ehefrau und der beiden minderjährigen Töchter, u.a. gewaltsamer Aufbruch der Eingangstür).

611 BVerfGE **47** 247; BGer EuGRZ **1986** 695 (Identifizierung nach Bankraub); LR/*Krause* § 81a, 47 StPO; vgl. auch BVerwGE **43** 355; **46** 1; MDR **1995** 231 (Haartracht bei Bundeswehr); ferner Art. 8 Rn. 79 ff., 106.

612 BGer EuGRZ **1996** 470.

613 Das CPT empfiehlt eine ständige, unmittelbare und persönliche Überwachung der fixierten Person durch einen qualifiziert Beschäftigten, CPT/Inf (2022) 18, S. 64.

614 EGMR Wiktorko/PL, 31.3.2009.

raum zu stellen.[615] Allein die besonders lange Dauer der Maßnahme vermag (für sich genommen) zwar noch keinen Verstoß gegen Art. 3 begründen; zu prüfen ist aber gleichwohl, ob die Fixierung erforderlich war, um eine drohende Schädigung des Betroffenen selbst oder anderer zu verhindern (Fehlen milderer Mittel).[616]

219   Das **Verbinden der Augen** während des Transports zum Gericht oder zur Haftanstalt verstößt als Sicherheitsmaßnahme nicht zwingend gegen Art. 3.[617] Maßgebend ist auch hier immer eine Gesamtwürdigung aller Umstände des Einzelfalls. So liegt eine erniedrigende Behandlung vor, wenn die Maßnahme nur dazu dienen soll, einen starken psychologischen oder physischen Druck gegen den Betroffenen zu verstärken, etwa in Verbindung mit sonstigen Misshandlungen.

220   In der **anlassbezogenen** Einweisung einer Person in ein **psychiatrisches Krankenhaus** *als solcher*, zur Feststellung der strafrechtlichen Verantwortlichkeit/Schuldfähigkeit[618] oder zum Schutz des Eingewiesenen (Suizid) bzw. sonstiger wichtiger Interessen der Allgemeinheit, ist ohne weitere hinzukommende besondere Umstände keine erniedrigende Behandlung zu sehen (siehe jedoch Rn. 198).

221   Eine erniedrigende Behandlung hat der EGMR darin gesehen, dass ein **Minderjähriger** unrechtmäßig und ohne Rechtsbeistand offensichtlich zu dem Zweck in (Verwaltungs)Haft genommen wurde, um ein **Geständnis** zu erhalten, was sich aus den Gesamtumständen ergab.[619] Regelmäßig wird in derartigen Fallkonstellationen allerdings Art. 6 Abs. 1 und das Rechte auf effektive Verteidigung (Art. 6 Abs. 3 *lit.* c) im Rampenlicht stehen.

222   Eine **humanitär unzureichende Unterbringung und Versorgung von Asylbewerbern/Flüchtlingen** kann ebenfalls eine erniedrigende Behandlung darstellen.[620] Obwohl die EMRK und ihre Protokolle weder ein Recht auf Asyl noch ein Recht auf Unterkunft noch eine Recht auf allgemeine finanzielle Unterstützung für ein bestimmtes Lebensniveau garantieren,[621] haben die Vertragsstaaten die Vorgaben des Art. 3 auch insoweit stets zu beachten.[622] Muss ein Asylbewerber mehrere Monate obdachlos und ständiger Furcht vor Angriffen, ohne jegliche Aussicht auf die Verbesserung seiner Lage auf der Straße leben, kann dies eine Verletzung von Art. 3 darstellen, wenn die zuständige Asylbehörde in der Sache untätig bleibt und weder materielle noch finanzielle Hilfe zur Verfügung stellt.[623] Die erniedrigende Behandlung liegt in der fehlenden Achtung der **Menschenwürde** („manque de respect pour leur dignité") des Asylbewerbers, wenn dieser monatelang keine Möglichkeit hat, seine **elementarsten Bedürfnisse** zu befriedigen, sich zu ernähren und zu waschen. Bei der Bewertung des jeweils konkreten Falles ist allerdings auf die **Intensität des staatlichen Eingriffs** abzustellen.[624]

---

615 EGMR Julin/EST, 29.5.2013, § 127 (Fixierung eines Inhaftierten für über neun Stunden auf einem sog. „restraint bed" aufgrund aggressiven Verhaltens); bestätigt in EGMR Tali/EST, 13.2.2014, NLMR **2014** 105 („restraint bed" als letztes Mittel, auch bei aggressivem Verhalten nur sehr eingeschränkt einzusetzen); Aggerholm/DK, 15.9.2020, §§ 84, 95 (Fixierung eines in einem psychiatrischen Krankenhaus Untergebrachten auf einem „restraint bed" zum Schutz des Personals und anderer Patienten).

616 EGMR Aggerholm/DK, 15.9.2020, § 105. Zur Fixierung auch BVerfGE **149** 293 = NJW **2018** 2619; ferner *Tomerius* NVwZ **2021** 289 ff.

617 EGMR (GK) Öcalan/TRK, 12.5.2005, § 183.

618 Zur Wahrung des Grundsatzes der Verhältnismäßigkeit: LR/*Krause* § 81, 14 f. StPO.

619 EGMR Dushka/UKR, 3.2.2011, §§ 52 f.

620 EGMR N.H. u.a./F, 2.7.2020, NVwZ **2021** 1121.

621 EGMR N.H. u.a./F, 2.7.2020, §§ 155, 160.

622 EGMR N.H. u.a./F, 2.7.2020, § 156.

623 EGMR N.H. u.a./F, 2.7.2020, §§ 184 ff.

624 EGMR N.H. u.a./F, 2.7.2020, §§ 187 f. (kein Verstoß gegen Art. 3, wenn Betroffener wenigstens Überbrückungsgeld erhält und dadurch seine Grundbedürfnisse befriedigen kann).

5. Unmenschliche/erniedrigende Behandlung von Gefangenen und Untergebrachten – Haftbedingungen/Unterbringung

a) Allgemeine Grundsätze. Beim Vollzug von Freiheitsstrafen[625] oder sonstigen frei- **223** heitsentziehenden Maßnahmen sowie beim Vollzug der Untersuchungshaft kann sich die Frage stellen, ob bestimmte **Modalitäten des Vollzugs** (d.h. ohne eine spezielle Form der Gewaltanwendung; dazu Rn. 214) eine unmenschliche oder erniedrigende Behandlung darstellen.[626] Da eine exakte Unterscheidung zwischen einer unmenschlichen oder erniedrigenden Behandlung in Haftfällen nicht immer leicht fällt und auch der EGMR mitunter nur pauschal einen **„Verstoß gegen Art. 3"** ohne weitere Spezifizierung feststellt, erfolgt die Darstellung dieser speziellen Thematik im Rahmen von Art. 3 im Verbund.[627] Individualbeschwerden sollten gleichwohl stets eine differenzierte Betrachtungsweise an den Tag legen und den spezifischen Charakter der „Unmenschlichkeit" bzw. „Erniedrigung" einer konkreten Behandlung herausarbeiten.

Eine **unmenschliche** oder **erniedrigende** Behandlung liegt nicht schon dann vor, **224** wenn landesübliche Haftbedingungen im Vergleich zu den in (West-)Europa üblichen Bedingungen und Standards als primitiv oder hart erscheinen.[628] **Strenge Haftbedingungen im Allgemeinen** (z.B. ein sog. hartes Lager; Reduzierung von Essen)[629] verstoßen vorbehaltlich ihrer medizinischen Unbedenklichkeit nicht per se, sondern nur dann gegen EMRK und IPBPR, wenn sie nach den Umständen eine **unmenschliche oder erniedrigende Komponente** aufweisen,[630] so zum Beispiel wenn einem Gefangenen weniger als 4 m² **Fläche** in einer Mehrpersonenzelle zur Verfügung stehen (Rn. 266)[631] oder wenn ein Gefangener, der an den Folgen einer Operationswunde leidet, auf dem **Fußboden** einer kleinen Zelle **schlafen** muss.[632] Eine starke Vermutung für erniedrigende Haftbedingungen besteht auch dann, wenn **nicht jeder Häftling einen Schlafplatz** in der Zelle hat,[633] oder

---

625 Vgl. allgemein zur Beachtung der Menschenrechte im Strafvollzug: *Dünkel* FS Jung 99; *Schlüter* in: Esser u.a. (Hrsg.), Die Bedeutung der EMRK für die nationale Rechtsordnung (2004) 89.

626 Dazu auch *Meyer* ZIS **2018** 455, 460.

627 Siehe hierzu: *Lubrich* 123 ff.

628 Vgl. *v. Bubnoff* 39 ff., 41; zu strukturellen Schwächen einer konkreten Haftanstalt in Moldawien: EGMR Hadji/MOL, 14.2.2012, § 20; Silvestru/MOL, 13.1.2015; Pisaroglu/MOL, 3.3.2015; daran anschließend auch Valentin Baştovoi/MOL, 28.11.2017, §§ 21 ff.; Goremîchin/MOL, 5.6.2018, §§ 30 ff.; Botnari/MOL, 5.6.2018, § 41 (fehlende Behandlung bei diagnostiziertem Blutkrebs); Miron/MOL, 4.9.2018, § 11 (keine ausreichende Heizung, teilweise zwei Insassen, die sich ein Bett teilen müssen); Secrieru/MOL, 23.10.2018, § 37; Coteţ/MOL, 23.10.2018, § 59 (überfüllte Zellen, keine separierten Toiletten, unzureichende Lüftung, verschmutztes Wasser etc.); vgl. auch EGMR Tkachuk/R, 16.10.2018; Rezmiveş u.a./RUM, 25.4.2017 (Pilot-Urteil; strukturelle Probleme in mehr als 10 Haftanstalten); folgend EGMR Stănculeanu/RUM, 9.1.2018, §§ 36 ff. Zur Situation der Haftbedingungen in der Europäischen Union: Europäisches Parlament (EP), Prisons and detention conditions in the EU, Study (February 2023).

629 Etwa VGH Bremen DÖV **1956** 703; *Frowein/Peukert* 17; *Esser* 395 je m.w.N.

630 Vgl. OLG Hamm StraFo **2013** 215 (§ 73 IRG; Ukraine; Strafkolonie); in der Gesamtschau nicht ausreichend in EGMR Ruiz Pena u. Perez Oberght/MLT, 17.7.2018, § 56; Abdilla/MLT, 17.7.2018, § 53.

631 EGMR Khodorkovskiy/R, 31.5.2011.

632 EGMR Ciorap/MOL, 20.7.2010; Barbu/RUM, 14.2.2017, 257/14, § 27 (acht Tage Schlafen auf dem kalten Boden der Zelle; auch bei fehlender Intention für Misshandlung).

633 EGMR (GK) M.S.S./B u. GR, 21.1.2011 (z.T. 145 Flüchtlinge auf 110 m², wobei sich 14–17 Personen ein Bett teilen mussten); Hănţescu/RUM, 30.10.2018 (14 Insassen auf 17 m²); vgl. aber auch EGMR (GK) Khlaifia u.a./I, 15.12.2016 (kein Verstoß, da nicht hinreichend dargelegt).

wenn es deren Raum nicht zulässt, dass sich die Insassen zwischen dem Mobiliar **frei bewegen** können.[634]

225　　Auch in einer Zelle, deren reine Größe (Fläche) groß genug erscheint für die jeweilige in ihr untergebrachte Personenanzahl, können sich Verstöße gegen Art. 3 aus einem fehlendem Zugang zu Tageslicht und frischer Luft (**„natural light and fresh air"**),[635] ebenso aus den **hygienischen Bedingungen** und den daraus resultierenden Gefahren für die Gesundheit ergeben.[636] Gefangene müssen angemessene Möglichkeiten zur Ausübung von **Sport** bzw. zur **Bewegung** unter freiem Himmel (**„outdoor exercise"**) haben.[637] Auch **Gefangenentransporte**, etwa vom Untersuchungsgefängnis zum Gericht, dürfen nicht auf sehr engem Raum erfolgen.[638]

226　　Wichtige Anhaltspunkte dafür, welche Maßnahmen beim Vollzug einer Freiheitsentziehung europäischen und internationalen Wertvorstellungen entsprechen, liefern auch die von internationalen Organisationen (UN, Europarat) aufgestellten Grundsätze und Empfehlungen, so etwa die vom Ministerkomitee des Europarates zuletzt im Jahr 2020 überarbeiteten **Europäischen Strafvollzugsgrundsätze (European Prison Rules – EPR)**,[639] die auch die U-Haft[640] und andere Freiheitsentziehungen umfassen. Ein Leitfaden zu den Europäischen Strafvollzugsgrundsätzen aus dem Juni 2023, der unter Zusammenarbeit der Penal Reform International und dem Europarat im Rahmen des Projekts „SPACE Reports and EU Network of prison monitoring bodies" herausgegeben wird, soll bezüglich der in den Strafvollzugsgrundsätzen geforderten Haftbedingungen als Orientierungshilfe dienen für Gesetzgeber, politische Entscheidungsträger, Strafvollzugsbehörden, Überwachungsgremien, Bewährungshilfe, Sozial- und Gesundheitsdienste und Nichtregierungsorganisationen.[641] Weitere Anhaltspunkte liefern die Berichte des aufgrund der ECPT eingerichteten Europä-

---

634 EGMR Ananyev u.a./R, 10.1.2012, §§ 149, 153 ff., 164; NVwZ-RR **2013** 284 (Piloturteil); Varga/H, 10.3.2015, §§ 80 ff., JSt **2015** 602 (Piloturteil: § 100: strukturelles Problem der Überfüllung ungarischer Gefängnisse); Vasilescu/F, 25.11.2014; die Vermutung muss sich jedoch auf Belege stützen lassen, vgl. EGMR Koureas u.a./ GR, 18.1.2018, §§ 66 ff. (keine ausreichende Darlegung schlechter Haftbedingungen); Fenech/MLT, 1.3.2022, § 89.

635 EGMR Ananyev u.a./R, 10.1.2012, §§ 149, 153 ff., 164, NVwZ-RR **2013** 284 (Piloturteil); (GK) Mozer/MOL, 23.2.2016, § 180; Mangîr u.a./MOL u. R, 17.7.2018, §§ 50 ff.

636 EGMR Iorgoiu/RUM, 17.7.2012; Pocasovschi u. Mihaila/MOL, 29.5.2018 (kein Zugang zu sauberem Wasser/ Strom über längeren Zeitraum bei tuberkulösen Inhaftierten); vgl. auch EGMR Braga/MOL u. R, 17.10.2017, § 37; Draci/MOL u. R, 17.10.2017, § 58 (zwei Jahre Einzelhaft in einer Zelle ohne Fenster oder sanitäre Einrichtungen; danach Verbringung in eine Zelle mit tuberkulösen Insassen); OLG Hamm StraFo **2013** 215 (§ 73 IRG; Ukraine; Untersuchungsgefängnis unsicher für die Gesundheit des Insassen).

637 EGMR Ananyev u.a./R, 10.1.2012, §§ 150 ff., 164, 166; Yarashonen/TRK, 24.6.2014, §§ 78 f.

638 EGMR M.S./R, 10.7.2014, §§ 74–79, auch unter Berufung auf Beschlüsse des CPT (Rn. 16 ff.); Akimenkov/ R, 6.2.2018, §§ 86 f. unter Verweis auf Yaroslav Belousov, 4.10.2016, §§ 69–73. Sind „Transportboxen" zu klein (0,4 bis 0,8 m²) und kann die Überführungsfahrt bis zu 4h andauern, liegt ein Verstoß gegen Art. 3 vor: EGMR Mariya Alekhina u.a./R, 17.7.2018, §§ 135 ff. („Pussy Riot").

639 Empfehlung des Ministerkomitees des Europarates – Rec (2006) 2 (European Prison Rules) v. 11.1.2006 (überarbeitet und ergänzt vom CoM am 1.7.2020); deutsche Übersetzung: BMJ u.a. (Hrsg.) Freiheitsentzug – Die Empfehlung des Europarates – Europäische Strafvollzugsgrundsätze – 2006 (2007) 60.3; vgl. auch die früheren Empfehlungen: R (87) 3 v. 12.2.1987; Entschließung 73/3 v. 19.1.1973; vgl. BMJ (Hrsg.) – Die Empfehlungen des Europarates zum Justizvollzug 1962–2003; hierauf bezugnehmend: OLG Hamm StraFo **2013** 215 (§ 73 IRG; Ukraine).

640 Hierzu speziell: Rec(2006)13 betreffend die Anwendung von Untersuchungshaft, die Bedingungen, unter denen sie vollzogen wird, und Schutzmaßnahmen gegen Missbrauch v. 27.9.2006.

641 Vgl. https://www.bag-s.de/aktuelles/aktuelles0/leitfaden-zu-den-europaeischen-strafvollzugsvorschrif ten, Stand: 7.6.2022; siehe dazu auch Art. 8 Rn. 193.

ischen Antifolterausschusses (**CPT**).[642] So hat das CPT etwa in Bezug auf Deutschland bemängelt, dass Gefangenen in einem **besonders gesicherten Haftraum** im Allgemeinen keine Bewegung im Freien angeboten wird und empfohlen, das **Verbot der Bewegung** im Freien als besondere Sicherungsmaßnahme generell abzuschaffen.[643] Ferner hat das CPT auf unzureichende Behandlungsmaßnahmen bei Sicherungsverwahrten hingewiesen, die den Erfordernissen an einen therapiegerichteten, freiheitsorientierten und motivationsfördernden Vollzug nicht gerecht werden können.[644]

Dieses sog. **„soft-law"** wendet sich an die Regierungen und begründet selbst keine **227** subjektiven Rechte und Pflichten des Einzelnen; es ist jedoch als **Ausdruck einer gemeinsamen Rechtsüberzeugung** bei der Auslegung rechtsverbindlicher Normen mit heranzuziehen und wird als Rechtserkenntnisquelle von Gerichten zunehmend über konkrete Verfahren erschlossen.[645] Vergleichbare Vorgaben enthalten die seit 1955 auf UN-Ebene erstmals erarbeiteten und zuletzt 2015 von der UN-Generalversammlung in überarbeiteter Form angenommenen **Mindestregeln für die Behandlung der Gefangenen** (UN Standard Minimum Rules for the Treatment of Prisoners – **Nelson Mandela Rules**).[646]

Minderjährige sind im Falle einer Freiheitsentziehung besonders verletzlich und **228** schutzbedürftig, was insbesondere bei ihrer Festnahme und Inhaftierung schon im Ermittlungsverfahren zu berücksichtigen ist.[647] Für das Maß der den Staat treffenden Schutzpflichten ist von Bedeutung, ob der Minderjährige unbegleitet ist oder sich in **Begleitung einer Schutzperson**, etwa eines erwachsenen Verwandten, befindet.[648] Bei in Haftanstalten untergebrachten Kindern (auch im Rahmen der Abschiebungshaft) sind drei Faktoren für eine menschenwürdige Gestaltung des Vollzugs von Bedeutung: das Alter der Kinder, die Dauer des Aufenthalts sowie die Geeignetheit der Räumlichkeiten für die Unterbringung von Kindern.[649]

Auch im Falle der Inhaftierung von Personen mit einer geistigen oder körperlichen **229** **Behinderung** ist auf deren spezielle Bedürfnisse zu achten.[650] Den Staat trifft die Beweis-

---

642 CPT-Berichte über die bei seinen Besuchen getroffenen Feststellungen; diese zieht auch der EGMR als Erkenntnisquelle heran, vgl. etwa EGMR Dougoz/GR, 6.3.2001; Peers/GR, 19.4.2001; Modarca/MOL, 10.5.2007; Danilczuk/ZYP, 3.4.2018, §§ 25 ff.; *Grabenwarter/Pabel* § 20, 72.

643 Report to the German Government on the visit to Germany carried out by the European Committee for the Prevention of Torture and Inhuman or Degrading Treatment or Punishment (CPT) from 25 November to 2 December 2013, 19 ff.

644 Report to the German Government on the visit to Germany carried out by the European Committee for the Prevention of Torture and Inhuman or Degrading Treatment or Punishment (CPT) from 25 November to 2 December 2013, 11 f.

645 Vgl. BVerfGE **116** 69, 90 f. = NJW **2006** 2093 = EuGRZ **2006** 465; BGer EuGRZ **1981** 530, 531; VerfGH Berlin StV **2010** 374; hierzu: *Bung* KrimPäd **2012** 28, 30.

646 UN-GA, Res. 70/175 v. 17.12.2015; siehe zur früheren Fassung: *Höynck/Neubacher/Schüler-Springorum* Internationale Menschenrechtsstandards und das Jugendkriminalrecht – Dokumente der Vereinten Nationen und des Europarates (2001) 142 ff.

647 EGMR Rahimi/GR, 5.4.2011, §§ 59, 62, 86, 87, 95; (GK) Blokhin/R, 23.3.2016, §§ 141 ff. (Zwölfjähriger, der nach vorübergehendem polizeilichem Gewahrsam für drei Wochen in psychiatrischer Klinik untergebracht wurde); Ioan Pop u.a./RUM, 6.2.2016, §§ 61 ff. (fehlende Beaufsichtigung über mehrere Stunden eines Zwölfjährigen, nachdem seine Eltern verhaftet worden waren).

648 EGMR Rahimi/GR, 5.4.2011, § 63.

649 Dies betonte der Gerichtshof hinsichtlich mehrerer Beschwerden gegen die Bedingungen in Abschiebungshaft in französischen Haftanstalten, EGMR A.B. u.a./F, 12.7.2016, §§ 109, 115; ebenso in EGMR R.K. u.a./F, R.C. u. V.C./F, R.M. u.a./F, A.M. u.a./F, sämtlich vom 12.7.2016; N.B. u.a./F, 31.3.2022, § 46 = NLMR **2022** 99; Popov/F, 19.1.2012, § 103.

650 EGMR Z.H./H, 8.11.2012, § 29 (geistige Behinderung); Price/UK, 10.7.2001, § 24 (körperliche Behinderung).

---

last, dass die betreffenden Personen den Anforderungen von Art. 3 entsprechend behandelt wurden.[651]

230   Ferner ist auf die besonderen Bedürfnisse **alter Menschen** im Strafvollzug zu achten.[652]

231   Die EMRK garantiert kein Recht auf **Hafturlaub**. Wenn gegen die Ablehnung eines entsprechenden Antrags kein effektiver Rechtsbehelf besteht, ist Art. 6 Abs. 1 nur dann verletzt, wenn das nationale Recht ein entsprechendes Recht gewährt und dadurch den Anwendungsbereich von Art. 6 eröffnet.[653] Zum Recht auf **Besuche durch Familienangehörige** vgl. Art. 8 Rn. 113 ff., 194 ff.[654]

232   Auch die **Corona-Pandemie** (2020–2022) hat die Vertragsstaaten vor neue Herausforderungen gestellt. Angesichts der für Inhaftierte – insbesondere aufgrund beengter Raumverhältnisse in Gemeinschaftszellen – bestehenden besonderen Gesundheitsrisiken[655] forderte das CPT die Vertragsstaaten auf, in größerem Umfang von **Haftlockerungen** Gebrauch zu machen, um eine Entlastung überfüllter Haftanstalten zu erreichen; gleichzeitig betonte das CPT, dass die Rechte Inhaftierter auch in Pandemiezeiten im Grundsatz umfassend zu gewährleistet seien, mit notwendigen infektionsschutzrechtlichen Einschränkungen im Einzelfall.[656]

233   **b) Gewaltverbot/Behandlungsgrundsätze/Sicherungs- und Disziplinarmaßnahmen.** Auch für die Verletzung des Art. 3 EMRK/Art. 7 IPBPR gegenüber Gefangenen ist eine gewisse **Dauer und Erheblichkeit der Einwirkungen** erforderlich, die über die Beeinträchtigungen und Leiden hinausgeht, die mit dem Vollzug einer (an sich konventionskonformen) Strafe oder einer Unterbringung notwendigerweise verbunden bzw. zur Aufrechterhaltung der Ordnung innerhalb der Anstalt notwendig sind.[657]

234   Speziell für **körperliche Misshandlungen** (durch staatliche Stellen) in Gewahrsam oder Haft formuliert der Gerichtshof mittlerweile eine ebenso unmissverständliche wie strenge Leitlinie: Grundsätzlich stellt *jede* Anwendung körperlicher Gewalt gegen Personen, denen die Freiheit entzogen ist, unabhängig vom Grad ihrer Schwere und Häufig-

---

651 EGMR Z.H./H, 8.11.2012, § 31.

652 Zur Vollzugsgestaltung sowie zur Vollzugspraxis in Bezug auf alte Gefangene in Deutschland: *Schwab* Strafvollzug an alten Gefangenen (2020) 59 ff., 67 ff., 88 ff.

653 EGMR (GK) Boulois/LUX, 3.4.2012, §§ 102, 104. Diese Rechtsprechung ist in dieser Absolutheit unrichtig; zutreffend ist vielmehr, jegliches staatliche Verhalten, also auch die Verweigerung von Hafturlaub, danach zu untersuchen, ob es eine unangemessene oder erniedrigende Behandlung i.S.d. Art. 3 darstellt, unabhängig davon, ob die Konvention eine bestimmte staatliche Handlungspflicht ausdrücklich aufführt. Das Vorliegen eines „civil right" und damit die Anwendbarkeit von Art. 6 Abs. 1 mögen dennoch verneint werden können.

654 HRC Djahangir/ASE, 19.11.2014, 1972/2010, 8.7 (unmenschliche und erniedrigende Behandlung, Art. 7 IPBPR, wenn Gefangenem jährlich nur bis zu sechs Besuche der Familie zustehen); ähnlich: CAT Khater/MA, 14.11.2017, 782/2016, § 10.10 (limitierter und unregelmäßiger Kontakt des Häftlings zu Anwalt und Familie).

655 Für angemessen erachtete der EGMR etwa im Fall Fenech/MLT, 1.3.2022, die in einem maltesischen Gefängnis ergriffenen Maßnahmen und Einschränkungen zur Verhinderung der Ausbreitung des Coronavirus, vgl. dort §§ 131 ff.

656 Hierzu vgl. CPT, Statement of principles relating to the treatment of persons deprived of their liberty in the context of the coronavirus disease (COVID-19) pandemic, 20.3.2020, CPT/Inf(2020)13, § 5, § 7: „[...] in particular the right to maintain adequate personal hygiene (including access to hot water and soap) and the right of daily access to the open air (of at least one hour). Further, any restrictions on contact with the outside world, including visits, should be compensated for by increased access to alternative means of communication (such as telephone or Voice-over-Internet-Protocol communication)".

657 EGMR (GK) Kudla/PL, 26.10.2000; Meyer-Ladewig/Nettesheim/von Raumer/*Meyer-Ladewig/Lehnert* 28; CAT I.K./N, 16.5.2018, 678/2015, § 10.2.

keit[658] einen Verstoß gegen Art. 3 dar **(allgemeines Gewaltverbot)**[659] – es sei denn, der Einsatz von Gewalt ist im konkreten Einzelfall *dringend erforderlich* („strictly necessary").[660]

Schläge und Misshandlungen[661] verstoßen ebenso wie eine **Vergewaltigung** während der Haft[662] schon offensichtlich gegen die Konvention. Eine sachlich begründete und verhältnismäßige, d.h. im konkreten Einzelfall notwendige Anwendung physischer Gewalt zur **Verhinderung eines Ausbruchs** bzw. zur **Gewährleistung oder Wiederherstellung der Ordnung** in der gerichtlichen Hauptverhandlung[663] oder in einem Gefängnis ist dagegen regelmäßig nicht zu beanstanden.[664] 235

Auch für die **Fesselung** eines Gefangenen während einer Krankenhausbehandlung gelten diesbezüglich die bereits beschriebenen strengen Maßstäbe (Rn. 198),[665] da gerade die Fesselung von kranken oder aus anderen Gründen geschwächten Personen in der Regel die Unverhältnismäßigkeit der Maßnahme impliziert.[666] Insbesondere muss auch eine vollständige Dokumentation der angeordneten Fesselung erfolgen.[667] 236

Diese ursprünglich (nur) für **staatlich „kontrollierte" Personen** aufgestellten Grundsätze (Haft, Unterbringung, Gewahrsam) hat der EGMR verallgemeinernd auf den **Kontakt mit staatlichen Vollzugsorgangen** ausgeweitet (ob nur *in* oder generell auch *außerhalb* 237

---

658 So noch differenzierend: EGMR Tomasi/F, 27.8.1992; vgl. auch EGMR Irland/UK, 18.1.1978.
659 *Esser* 391 ff. unter Hinweis auf EGMR Ribitsch/A, 4.12.1995; aus der neueren Rechtsprechung EGMR Cazan/RUM, 5.4.2016, §§ 35, 46 (Schwelle zur Erheblichkeit überschritten; Verletzung des Bf. wurde mehrere Tage im Krankenhaus stationär behandelt).
660 EGMR Ribitsch/A, 4.12.1995, § 38; Selmouni/F, 28.7.1999, § 99; Palushi/A, 22.12.2009, § 62; Hellig/D, 7.7.2011, § 33; R.R. u. R.D./SLO, 1.9.2020, § 148; Navalnyy u. Gunko/R, 10.11.2020, §§ 41, 43 ff.
661 Vgl. EGMR Tomasi/F, 27.8.1992; Ribitsch/A, 4.12.1995; dazu: *Rudolf* EuGRZ **1996** 497; *Esser* 388 ff.; vgl. auch HRC Gunaratna/LKA, 23.4.2009, 1432/2005, § 8.2.
662 EGMR Aydin/TRK, 25.9.1997; *Esser* 379.
663 Streng auf den konkreten Einzelfall abstellend: OLG Naumburg Beschl. v. 24.6.2019 – 1 Ws (s) 213/19, StraFo **2020** 203 (Anordnung des Vorsitzenden – auch während der Hauptverhandlung) m. Anm. *Esser* StraFo **2020** 188 ff. (Fußfessel während der Hauptverhandlung; keine ausreichende Begründung im konkreten Einzelfall; ausführlich: *Esser* GedS Weßlau 97 ff.
664 *Frowein/Peukert* 16 m.w.N.; dabei berücksichtigt der EGMR bei Anwendung physischer Gewalt auch, ob diese von den Behörden provoziert wurde: EGMR Shamayev u.a./GEO u. R, 12.4.2005, § 102.
665 LG Marburg NVwZ-RR **2016** 381 (Verabreichung von Einläufen bei angelegten Hand- und Fußfesseln in Gegenwart von mind. sechs Polizeibeamten; Verstoß gegen die Menschenwürde; Geldentschädigung 2.500 Euro).
666 EGMR Hénaf/F, 27.11.2003, §§ 56 ff. (Verstoß gegen Art. 3; Unverhältnismäßigkeit der Fesselung mit Blick auf das Alter, den Gesundheitszustand und fehlender Anhaltspunkte für ein Sicherheitsrisiko bei zeitgleicher Bewachung durch zwei Sicherheitsbeamte); Salakhov und Islyamova/UKR, 14.3.2013, §§ 156 f. (Fesselung eines schwer aidskranken Insassen mit Handschellen für insgesamt 28 Tage während seines Krankenhausaufenthalts); Korneykova u. Korneykov/UKR, 22.3.2016, §§ 109 ff. (Fesselung einer schwangeren Insassin an den gynäkologischen Untersuchungsstuhl auf der Entbindungsstation des Krankenhauses); vgl. auch: BVerfG Beschl. v. 19.1.2023 – 2 BvR 1719/21, BeckRS **2023** 2734 = medstra **2023** 175 m. Anm. *Lesting* (Verstoß gegen das Allgemeine Persönlichkeitsrecht bei mehrtägiger Fesselung (96 Stunden) eines Sicherungverwahrten während seines Krankenhausaufenthalts; das BVerfG stufte die Dauer der Fesselung als unverhältnismäßig ein und stellte heraus, dass alternative Möglichkeiten zur Gewährleistung der Sicherheit, wie z.B. die Bewachung des Patienten, nicht ausreichend in die Bewertung einbezogen wurden). In Rezeption der Rechtsprechung des EGMR zu Art. 3 stellte das BVerfG auch fest, dass eine vollzugsbehördliche Praxis, die durch Justizbedienstete beaufsichtigte Ausführungen ohne Prüfung der individuellen Flucht- bzw. Missbrauchsgefahr nur erlaubt, wenn der Gefangene gefesselt ist, unter anderem mit Blick auf die EMRK verfassungsrechtlichen Bedenken begegnet).
667 EGMR Bureš/CS, 18.10.2012, §§ 104 ff.

räumlicher staatlicher Sphäre, bleibt abzuwarten).[668] Auch zur Beruhigung bzw. Kontrolle von aufgebrachten Personen (z.B. auf einer Polizeistation) ist die Anwendung physischer Gewalt nur im erforderlichen Umfang erlaubt. Den staatlichen Stellen ist auch in einer angespannten Situation stets ein **gewisses Maß an Selbstkontrolle** abzuverlangen, das zur Auswahl nicht nur der im jeweiligen Einzelfall erforderlichen, sondern auch **der jeweiligen Situation angemessenen Maßnahmen** zwingt.[669]

238   **Sicherungsmaßnahmen**, darunter die Anwendung unmittelbaren Zwangs, sowie körperlich wirkende **Disziplinarmaßnahmen** sind nicht konventionswidrig, *wenn* deren Ursache im Verhalten des Inhaftierten liegt, d.h. diese einen **sachlichen Grund** haben, und sich als **notwendig** zur Aufrechterhaltung der Sicherheit und Disziplin in der Anstalt erweisen.[670] Keinesfalls dürfen derartige Maßnahmen jedoch eine Reaktion auf häufige Haftbeschwerden eines Gefängnisinsassen sein.[671]

239   Unterhalb der Schwelle körperlicher Gewalt beurteilt der EGMR das Vorliegen einer (situativen) unmenschlichen bzw. erniedrigenden Behandlung i.S.d. Art. 3 EMRK/Art. 7 IPBPR anhand der **Gesamtheit der Haftumstände** sowie deren kumulativer Auswirkungen im Einzelfall.[672] Auch hier verstoßen Einschränkungen, die mit der Natur einer im Haftvollzug erforderlichen Maßnahme unvermeidlich verbunden sind, nicht gegen die Konventionen.[673] Nicht mit Art. 3 vereinbar sind demzufolge etwa die (grundlose) Verpflichtung zum **Tragen einer Sturmhaube** außerhalb der Zelle,[674] der Zwang, unter Drohungen tagelang bewegungslos auf einer Matratze zu sitzen, ständig **verdunkelte oder unter Wasser stehende ungeheizte Zellen**, zum Teil ohne Licht und mit Fesseln,[675] sowie eine diskriminierende Sonderbehandlung.

240   Die mit einer Entkleidung und der (äußeren) Inspektion der zuvor verdeckten Körperöffnungen (Achselhöhlen, Anus, Fußsohlen, Vagina) verbundene Durchsuchung von **Gefangenen** (sog. *strip searches*[676]) *kann* im *Einzelfall* zur Wahrung der Sicherheit und

---

668   EGMR Fahriye Çalişkan/TRK, 2.10.2007, § 38 („lorsqu'un individu se trouve privé de sa liberté ou, plus généralement, se trouve confronté à des agents des forces de l'ordre"; Polizeirevier); (GK) Stanev/BUL, 17.1.2012, § 206 („anyone in the care of the authorities"; Pflegeheim für geistig behinderte Personen).

669   EGMR Fahriye Çalişkan/TRK, 2.10.2007, §§ 42–44; da die rechtlichen Grenzen des legitimen polizeilichen Handelns oftmals überschritten werden, sollte über eine Einführung umfassender Compliance-Systeme nachgedacht werden. Diese können ein effektives Mittel zur Gewährleistung verantwortungsvollen und rechtstreuen Verhaltens darstellen (*Braun/Albrecht* DÖV **2015** 937).

670   Vgl. EGMR Kucheruk/UKR, 6.9.2007, § 131; *Esser* 389; vertiefend *Rodley* The Treatment of Prisoners under International Law (2009).

671   EGMR Harakchiev u. Tolumov/BUL, 8.7.2014, § 205 (häufige, querulatorische Beschwerden, etwa zur Qualität des Essens im Gefängnis, können Disziplinarmaßnahme – Isolationshaft – nicht rechtfertigen).

672   EGMR Dobrev/BUL, 10.8.2006, § 138; ebenso für die Haftraumgröße/-ausstattung: EGMR Dăscălescu/RUM, 17.1.2017, § 34; VerfGH Berlin StV **2010** 374 = StraFo **2010** 65 („Gesamtschau"); Piechowicz/PL, 17.4.2012, § 178 (fast ausschließlich Isolationshaft, ständige Überwachung mit Kamera, teils mehrfach täglich körperliche Durchsuchungen; Gesamtbetrachtung: Verstoß); Horych/PL, 17.4.2012, §§ 85 ff., 93 ff.

673   EGMR Tyrer/UK, 25.4.1978; (GK) Kudla/PL, 26.10.2000; (GK) Paladi/MOL, 10.3.2009.

674   EGMR Petyo Petkov/BUL, 7.1.2010, §§ 39 ff.

675   *Nowak* 12, 13 m.w.N.

676   Hierzu: United Nations Standard Minimum Rules for the Treatment of Prisoners (Nelson Mandela Rules), A/RES/70/175 v. 17.12.2015, Rule 51: „Searches shall not be used to harass, intimidate or unnecessarily intrude upon a prisoner's privacy. For the purpose of accountability, the prison administration shall keep appropriate records of searches, in particular strip and body cavity searches and searches of cells, as well as the reasons for the searches, the identities of those who conducted them and any results of the searches."; vgl. auch: CAT/C/FRA/CO/7 v. 10.6.2016, Nr. 27 f. (Body Searches).

Ordnung der Haftanstalt sowie zur Verhinderung von Straftaten gerechtfertigt sein.[677] Eine solche Maßnahme muss aber stets einen *legitimen Zweck* verfolgen, bezogen auf den individuellen Gefangenen und die Anstaltssicherheit **erforderlich** sein[678] und in einer der **Menschenwürde** entsprechenden Art und Weise vollzogen werden.[679]

Dieser Ansatz entspricht **Rule 52** der von den UN verabschiedeten Mindestgrundsätze für **241** den Strafvollzug (**Nelson Mandela Rules**): *Intrusive searches, including strip and body cavity searches, should be undertaken only if absolutely necessary. Prison administrations shall be encouraged to develop and use appropriate alternatives to intrusive searches. Intrusive searches shall be conducted in private and by trained staff of the same sex as the prisoner. (2) Body cavity searches shall be conducted only by qualified health-care professionals other than those primarily responsible for the care of the prisoner or, at a minimum, by staff appropriately trained by a medical professional in standards of hygiene, health and safety.*

Einen erniedrigenden Charakter haben solche Maßnahmen, wenn sie **routinemäßig** **242** oder unter **demütigenden Begleitumständen** (Örtlichkeit, Art und Weise, Anwesenheit von Personen) erfolgen.[680] Auch nach dem **Zufallsprinzip** durchgeführte körperliche Durchsuchungen mit Entkleidung ohne einen in der jeweiligen Person liegenden **sachlichen Grund** und ohne Möglichkeit des Dispenses stellen eine erniedrige Behandlung dar.[681]

---

677 EGMR Valašinas/LIT, 24.7.2001, § 117; Iwańczuk/PL, 15.11.2001, § 59; Van der Ven/NL, 4.2.2003, § 60; Lorsé u.a./NL, 4.2.2003, § 72; Wainwright/UK, 26.9.2006, §§ 42 f.; Frérot/F, 12.6.2007, § 38; Zherdev/UKR, 27.4.2017, § 90; Dejnek/PL, 1.6.2017, § 60; Roth/D, 22.10.2020, § 65.

678 EGMR Iwańczuk/PL, 15.11.2001, §§ 54, 56, 58–59; Van der Ven/NL, 4.2.2003, § 60 (Gesamtschau mit anderen Sicherheits-/Überwachungsmaßnahmen); Frérot/F, 12.6.2007, § 47 („convincing security needs"); Dejnek/ PL, 1.6.2017, § 75 („plausible justification").

679 EGMR Roth/D, 22.10.2020, § 65; zur Darlegungslast des Betroffenen bei behaupteten Verstößen: EGMR (E), Pawełkowicz/PL, 6.11.2018, § 26. Vgl. zum Kontext auch: BVerfG NStZ-RR **2022** 322 (beaufsichtigte Drogenscreenings mittels Urinkontrollen bei Strafgefangenen) m. Anm. *Esser* = medstra **2022** 379 m. Anm. *Lesting*.

680 EGMR Valašinas/LIT, 24.7.2001, § 117 (Gegenwart von Personal eines anderen Geschlechts; Berühren von Geschlechtsteilen/Essen mit bloßer Hand, ohne Handschuhe); Iwańczuk/PL, 15.11.2001, §§ 19, 59 (U-Gefangener; Verlangen der vollständigen Entkleidung für Stimmabgabe zur Parlamentswahl; vier Beamte; verbale Beleidigungen/Verhöhnungen, auch bzgl. Körper); Van der Ven/NL, 4.2.2003, §§ 52 ff. (unmenschlich oder erniedrigend); Lorsé u.a./NL, 4.2.2003, §§ 64 ff. (unmenschlich oder erniedrigend); Baybasin/NL, 6.7.2006; Frérot/F, 12.6.2007, §§ 35 ff.; Wiktorko/PL, 31.3.2009 (gewaltsame Entkleidung einer weiblichen Gefangenen durch zwei männliche Vollzugsbeamte); Ciupercescu/RUM, 15.6.2010; Michał Korgul/PL, 21.3.2017, §§ 37 ff. (Leibesvisitation mit erforderlicher Entblößung und Video-Überwachung der Zelle); Artur Pawlak/PL, 5.10.2017, §§ 50 ff. (zusätzlich erzwungenes Beugen zur Untersuchung des Anus); ferner: EGMR Yankov/BUL, 11.12.2003, §§ 112 ff. (Rasieren der Kopfbehaarung ohne zwingenden Grund); ablehnend (zweifelhaft): EGMR Milka/PL, 15.9.2015, § 40 (körperliche Durchsuchung wegen der Weigerung des Gefangenen nicht ausgeführt; „nur" Sanktionierung; u.a. 7 Tage Einzelhaft).

681 EGMR Roth/D, 22.10.2020, §§ 70 ff. (erniedrigende Behandlung; fehlende konkrete Anhaltspunkte, dass die Maßnahmen zur Aufrechterhaltung der Anstaltssicherheit bzw. zur Verhinderung einer Straftat erforderlich gewesen wären); zur Thematik: *Esser* NStZ **2022** 24. Zu den Anforderungen an die Notwendigkeit einer Entkleidung im Einzelfall: BVerfG Beschl. v. 29.10.2003 – 2 BvR 1745/01, NJW **2004** 1728 = NStZ **2004** 227 = StV **2004** 145; Beschl. v. 4.2.2009 – 2 BvR 455/08 (U-Haft), StV **2009** 253; Beschl. v. 10.7.2013 – 2 BvR 2815/1, NJW **2013** 3291 = NStZ-RR **2013** 324 = StV **2014** 352; Beschl. v. 5.3.2015 – 2 BvR 746/13, NJW **2015** 3158 = StV **2015** 714; Beschl. v. 5.11.2016 – 2 BvR 6/16, NJW **2017** 725 = NStZ **2018** 164 m. Anm. *Schmitt-Leonardy/Lantermann* jurisPR-StrafR 6/**2017** Anm. 1; Beschl. v. 23.9.2020 – 2 BvR 1810/19, BeckRS **2020** 25423, Rn. 30; BVerfG Beschl. v. 27.3.2019 – 2 BvR 2294/18, NStZ-RR **2019** 261; VG Köln Urt. v. 25.11.2015 – 20 K 2624/14, BeckRS **2016** 40072; vgl. außerdem: BVerfG 2 BvR 78/22 v. 19.5.2023, BeckRS **2023** 13749 (erfolgreiche Verfassungsbeschwerde eines Strafgefangenen gegen Versagung einer angemessenen Entschädigung nach einer mit einer vollständigen Entkleidung verbundenen körperlichen Durchsuchung; Verletzung von Art. 2 Abs. 1 i.V.m. Art. 1 Abs. 1 GG sowie Art. 20 Abs. 3 GG bejaht).

243   Aus einem **wichtigen sachlichen Grund** (z.B. Sicherung der Ermittlungen; Sicherheit der Anstalt oder der Disziplin; Fürsorge gegenüber Mitgefangenen[682]) kann ein Gefangener von den anderen Gefängnisinsassen oder von Kontakten mit Außenstehenden unter bestimmten Bedingungen isoliert in **Einzelhaft** untergebracht werden.[683] Allein aus Verurteilung zu einer lebenslangen Freiheitsstrafe darf nicht auf eine besondere Gefährlichkeit des Häftlings geschlossen werden, welche Einzelhaft rechtfertigen könnte.[684]

244   Zu den Parametern, die über die Zulässigkeit einer solchen Art der Unterbringung als Regelform, spezielle Sicherungsmaßnahme oder Disziplinarmaßnahme entscheiden und die der EGMR neben dem **Grund** für die Anordnung in einer Gesamtumstände des Einzelfalles bewertet, zählen die **Dauer**, die **Ausgestaltung**, das **Ausmaß** und die **Art der Isolierung**[685] sowie die **persönliche Lage und Situation des Gefangenen** (Alter, Gesundheit, Bedürftigkeit) einschließlich der ihm verbleibenden **Kontaktmöglichkeiten** zu anderen Personen.[686]

245   Konventionswidrig sind ein die Persönlichkeit zerstörender, langfristiger völliger **Ausschluss aller Kontakte**[687] sowie das regelrechte **Verschwindenlassen** eines Gefangenen („incommunicado").[688] Besonders strengen Anforderungen unterliegt die Anordnung von Arrest bzw. der Unterbringung in einem Einzelhaftraum bei **psychisch auffälligen Gefan-**

---

682 Vgl. hierzu: BVerfG Beschl. v. 5.10.2015 – 2 BvR 253/14, StV **2016** 175.

683 So bereits: EKMR Mahler/D, 11.7.1973, EuGRZ **1974** 107; Baader, Meins, Meinhof u. Grundmann/D, 30.5.1975, EuGRZ **1975** 455; Jansen/D, 7.7.1975, EuGRZ **1976** 22; Ensslin, Baader u. Raspe/D, 8.7.1978, EuGRZ **1978** 314; E./N, 12.5.1988, EuGRZ **1990** 86 bei Strasser; *Frowein/Peukert* 12 ff.; *Villiger* 356 f.; Meyer-Ladewig/ Nettesheim/von Raumer/*Meyer-Ladewig/Lehnert* 37.

684 EGMR Harakchiev u. Tolumov/BUL, 8.7.2014, § 204; Dimitrov u. Ribov/BUL, 17.11.2015, § 37.

685 EGMR Lorse u.a./NL, 4.2.2003, § 68; Mathew/NL, 29.9.2005; Gorodnichev/R, 24.5.2007 (Überschreitung der gesetzlichen Höchstdauer bei einem kranken und unterernährten Häftling); Palushi/A, 22.12.2009, § 68 (mangelhafte medizinische Betreuung; Hungerstreik); Öcalan/TRK (Nr. 2), 18.3.2014, NJOZ **2015** 234, § 146 (über 19 Jahre; je länger relative Isolationshaft andauert, umso mehr ist auf Informationszugang und Besuchsmöglichkeiten zu achten); Enache/RUM, 1.4.2015, §§ 55–56; Petrov u.a./BUL, 21.6.2018, §§ 24–27 (Isolationshaft bei bis zu 20h Einschluss am Tag); A.T./EST (Nr. 2), 13.11.2018, §§ 72 f.; Feilazoo/MLT, 11.3.2021, § 89 (ca. 75 Tage Einzelunterbringung in einem Container ohne Zugang zu frischer Luft oder natürlichem Licht); CAT Charles Gurmurkh Sobhraj/NPL, 27.7.2010, 1870/2009, § 7.7; McCallum/ZAF, 2.11.2010, 1818/2002 (totale Isolation ohne Kontakt zu Ärzten, Anwälten und Familie für einen Monat); Khwildy/LBY, 1.11.2012, 1804/2008, §§ 7.3, 7.4 (Folter in Haft; totale Isolation ohne Kontakt zu Anwalt/Familie für fast zwei Jahre); A.A./DK, 13.11.2012, 412/2010, § 7.4; Aarrass/MA, 25.11.2019, 817/2017, § 8.5; KG StraFo **2015** 303 (belastende Haftbedingungen unzumutbar, wenn Dauer seines Verbleibs für den Gefangenen intransparent); StraFo **2015** 303 (tägliche Einschlusszeit von 23h auch bei angemessenem Haftraum menschenunwürdig); In seinem Bericht aus dem Jahr 2022 hat der Europäische Ausschuss zur Verhütung von Folter und unmenschlicher oder erniedrigender Behandlung oder Strafe (CPT) empfohlen, dass Häftlinge in Einzelhaft mindestens zwei Stunden täglich Kontakt zu anderen Menschen haben sollten, CPT/Inf (2022) 18, S. 64.

686 Keine Verletzung von Art. 3 bei Einzelhaft mit Zugang zu Fernsehen und Zeitungen, Sprachkurs, medizinischer Behandlung, Kontakt zum Gefängnisseelsorger und zum Anwalt sowie regelmäßigem Besuch durch die Familie: EGMR Rohde/DK, 21.7.2005, § 97; (GK) Ramirez Sanchez/F, 4.7.2006, EuGRZ **2007** 141, § 134 („Carlos"), dazu *Irmscher* EuGRZ **2007** 135; Verstoß gegen Art. 3 jedoch angenommen: EGMR X./TRK, 9.10.2012, §§ 36 ff. (homosexueller Häftling in Isolationshaft ohne Kontaktmöglichkeiten/Hofgang zum „Schutz" vor anderen Häftlingen); A.T./EST (Nr. 2), 13.11.2018, §§ 74 ff.; CAT Vogel/NZL, 14.11.2017, 672/2015, §§ 7.2 f. (21 Tage Einzelhaft eines chronisch depressiven, drogenabhängigen Inhaftierten; geäußerter Wunsch nach Einzelunterbringung unbeachtlich).

687 EGMR Yurttas/TRK, 27.5.2004, § 47; vgl. auch: EKMR bei *Bleckmann* EuGRZ **1981** 88, 91.

688 IAGMR Rodrìguez/Honduras, 29.7.1988, EuGRZ **1989** 157; EGMR (K) Öcalan/TRK, 12.3.2003 (Verstoß gegen Art. 5 Abs. 3, Art. 6 Abs. 1 lit. c; 7 Tage „incomunicado" eines Beschuldigten) m. Anm. *Kühne* JZ **2003** 670, 672; HRC Jum'a u.a./LBY, 21.7.2014, 1958/2010, §§ 6.3 ff.; Al Daquel/LBY, 21.7.2014, 1882/2009, §§ 6.3 ff. (Verschwindenlassen und Tod des Sohnes „incommunicado"), Bhandari/NPL, 29.10.2010, 2031/2011, § 8.5.

genen.[689] Vom CAT wird auch die Unterbringung von **Minderjährigen** in Einzelhaft als äußerst problematisch angesehen, insbesondere in Untersuchungshaft.[690]

Häufige **Verlegungen in verschiedene Haftanstalten** können zur Verletzung von **246** Art. 3 führen, wenn sie das Wohlbefinden, die Chance zur Wiedereingliederung sowie die Kontaktpflege mit Anwalt und Familie beeinträchtigen und die Grundvoraussetzungen für geordnete Lebensverhältnisse gefährden.[691] Erfolgen solche Verlegungen dagegen aus nachvollziehbaren Gründen der Sicherheit und Ordnung, insbesondere um Ausbrüche des Inhaftierten zu verhindern, liegt meist keine unmenschliche Behandlung vor.[692]

Zum **Schutz der Gesundheit**[693] und der **Sicherheit des Gefangenen**, die eine (vorü- **247** bergehende) Unterbringung in einem Einzelhaftraum rechtfertigen können, gehört auch der **Schutz vor Übergriffen**[694] **durch Mithäftlinge**,[695] insbesondere auch solcher unterschiedlicher ethnischer Gruppen.[696] Zu berücksichtigen ist die besondere Gefahr solcher Übergriffe, der ehemalige Informanten der Polizei ausgesetzt sind.[697]

c) Medizinische Versorgung und Betreuung. Spezielle Grundsätze gelten für die be- **248** reitzustellende medizinische Versorgung von Personen, denen die Freiheit entzogen ist.[698] Der Staat hat die Gesundheit des Gefangenen unter Berücksichtigung der praktischen Erfordernisse der Haft sicherzustellen, u.a. durch eine **erforderliche und angemessene**

---

689 EGMR Renolde/F, 16.10.2008, §§ 120 ff. (45 Tage Isolation; Disziplinarzelle); generell zum Umgang mit psychisch labilen/kranken Festgenommenen: EGMR Rupa/RUM (Nr. 1), 16.12.2008, §§ 129, 133 f., 166 ff., 174 und passim sowie das zustimmende Sondervotum *Myjer*.

690 Vgl. zur Praxis in Schweden: CAT Abschließende Beobachtungen zum 6./7. Bericht Schwedens, CAT/C/SWE/CO/6-7.

691 EGMR Khider/F, 9.7.2009, §§ 108 f., 111 (14 Verlegungen in weniger als 7 Jahren); Payet/F, 20.1.2011, §§ 57, 61 (26 Verlegungen in weniger als 6 Jahren); HRC Khwildy/LBY, 1.11.2012, 1804/2008, §§ 2.3, 2.5, 7.3, 7.4 (Verlegung in anderes Gefängnis statt vermeintlicher Entlassung bei totaler Isolation von Familie und Anwalt; fast 2 Jahre).

692 EGMR Payet/F, 20.1.2011, §§ 62, 64 (Ausbrüche, Ausbruchsversuch, Gefangenenbefreiung); Konventionsverstoß aber bei: EGMR Khider/F, 9.7.2009, §§ 110 ff. (Ausbruchsversuch 2001; häufige Verlegungen bis 2008; besondere Belastung für Bf., Angstzustände).

693 Vertiefend zur Gesundheitsversorgung im Strafvollzug und den diesbezüglichen Anforderungen des Art. 3: *van der Stroom* 211 ff.

694 Vgl. EGMR M.C./PL, 3.3.2015, §§ 89 ff.; HRC Sirageva/UZB, 18.11.2005, 907/2000, § 6.2; siehe auch *Bieneck/Pfeiffer* Viktimisierungserfahrungen im Justizvollzug (2012), KFN Forschungsbericht Nr. 119 (online). Nahezu die Hälfte der Jugendlichen/Heranwachsenden und über ein Viertel der übrigen Gefangenen gaben in einer anonymen Befragung an, im Monat davor Opfer physischer Gewalt geworden zu sein.

695 Zur Problematik: EGMR Ostermünchner/D, 22.3.2012, §§ 80 ff. NJW **2013** 3709 (Ls.): Sexualstraftäter in Sicherungsverwahrung; im Falle einer erfolgreichen Therapierung wäre die Sicherungsverwahrung nicht vollstreckt worden; Teilnahme an Gesprächsgruppe in JVA als Voraussetzung für Therapie in sozialtherapeutischer Anstalt; abgelehnt vom Bf.; Befürchtung von Schikanen durch Mitgefangene ("fear of being harassed"); LG Regensburg: guter Grund; EGMR akzeptierte, dass andere Gerichte ohne Willkür keinen "guten Grund" angenommen hatten; "unkooperative Haltung" ausschlaggebend ("decisive") für die Verweigerung der Therapierung; Sicherungsverwahrung nicht konventionswidrig (Art. 5 Abs. 1).

696 EGMR Rodić u.a./BIH, 27.5.2008 (Verurteilung wegen Kriegsverbrechen gegen bosnische Zivilisten; Unterbringung in einem Gefängnis mit ca. 90 % bosnischen Häftlingen; Unzulässigkeit der Rechtfertigung unterlassener Schutzmaßnahmen mit Personalkürzungen).

697 EGMR J.L./LET, 17.4.2012, § 87; D.F./LIT, 29.10.2013, §§ 77 ff.

698 EGMR (GK) Mozer/MOL, 23.2.2016, § 178; Olsoy/TRK (E), 26.5.2015, §§ 39 ff. (zu Art. 2, da der Inhaftierte zu Tode gekommen war); *Frowein/Peukert* 4; allgemein: *Helck* Die medizinische Betreuung in der Untersuchungshaft unter Berücksichtigung der freien Arztwahl (2009).

medizinische Behandlung im Rahmen **wirtschaftlich angemessener Mittel.**[699] Das erforderliche **Niveau der Gesundheitsfürsorge** (Art und Umfang) muss den Standards entsprechen, die von staatlichen Stellen gegenüber der Gesamtbevölkerung als angemessen angesehen werden (**Äquivalenzprinzip**). Nicht erforderlich ist demzufolge ein im jeweiligen Staat höchstmöglicher Standard.[700] Ebenso hat ein Strafgefangener keinen Anspruch auf bestimmte Behandlungsmaßnahmen oder die Hinzuziehung eines bestimmten Facharztes.[701] Vielmehr hat der Anstaltsarzt im Hinblick auf die Notwendigkeit einer weiteren Behandlung durch einen Facharzt eine an den Regeln der Kunst ausgerichtete Ermessensentscheidung zu treffen.[702]

249 Plausibel behauptete Mängel, die von diesen Standards abweichen, müssen von einem Betroffenen mit einem *effektiven* **Rechtsbehelf** i.S.v. Art. 13 (dort Rn. 41 ff.) geltend gemacht werden können.[703] Zu beachten ist dabei jdoch, dass die Strafvollstreckungskammer bei ärztlichen Anordnungen lediglich befugt ist zu überprüfen, ob der Arzt sein Ermessen rechtmäßig ausgeübt hat.[704]

250 Eine angemessene medizinische Versorgung und Behandlung müssen auch einer Person gewährt werden, die sich in **Polizeigewahrsam** befindet, insbesondere wenn sie unter offensichtlichen Schmerzen leidet. Das gilt auch dann, wenn die festgehaltene Person nicht für entstehende Arztkosten aufkommen kann.[705]

251 **Unterbleibt** eine erforderliche medizinische Behandlung oder wird sie nur **völlig unzureichend** gewährt, kann schon dies gegen Art. 3 verstoßen;[706] auch dann, wenn eine

---

699 EGMR Prencipe/MCO, 16.7.2009, § 105; Testa/KRO, 12.7.2007, § 46 („adequately secured"; chronische Hepatitis); (GK) Kudla/PL, 26.10.2000, § 94; Kotsaftis/GR, 12.6.2008 (Hepatitis B); (GK) Paladi/MOL, 10.3.2009; Vladimir Vasilyev/R, 10.1.2012 (orthopädische Schuhe); so bereits: EKMR Hurtado/CH, 8.7.1993 (Urteil des EGMR vom 28.1.1994); EuGRZ **1994** 271; Fenech/MLT, 1.3.2022, §§ 126, 131 ff., 140 ff. (angemessene Maßnahmen zum Schutz eines Insassen mit nur einer Niere vor einer Corona-Infektion; kein Verstoß gegen Art. 3); Ebedin Abi/TRK, 13.3.2018 (unzureichend erstellter und modifizierter Diätplan bei erheblicher Diabetes Typ 2); Dorneanu/RUM, 28.11.2017 (unzureichende Betreuung und Nachsicht bei metastasiertem Prostatakrebs); Yunusova u. Yunusov/ASE, 2.6.2016 (unzureichende Behandlung bei chronischer Hepatitis C, Diabetes Typ 2 und Gallensteinen); Kolesnikovich/R, 22.3.2016 (zu später und nur symptomatische Behandlung ohne mögliche heilungsorientierte Therapie bei bösartigen Geschwüren: „authorities failed to ensure prompt and effective medical care that involved a comprehensive therapeutic strategy aimed at successfully treating [...] health problems"]); siehe aber auch: EGMR Aleksanyan/R, 22.12.2008 (keine uneingeschränkte Pflicht zur Gabe teurer antiretroviraler Medikamente bei HIV-Erkrankung); Ivko/R, 15.12.2015, §§ 100 ff. (Hepatitis C), anders EGMR Cătălin Eugen Micu, 5.1.2016 (kein Verstoß, da ausreichende Behandlung von Hepatitis C); vgl. OLG Karlsruhe Beschl. v. 21.10.2010 – 1 AK 45/10 (Sicherstellung einer ausreichenden medikamentösen Versorgung zur Vermeidung des Todes oder schwerster gesundheitlicher Beeinträchtigungen während Auslieferung/Überstellung nach Polen, § 73 Satz 2 IRG). Allgemein zur Gesundheitsfürsorge in Gefängnissen: WHO (Hrsg.), Status report on prison health in the WHO European Region (2019); *Müller* FS **2022** 112 (Abschlussbericht Expertenkommission Baden-Württemberg).

700 EGMR Petrov/R, 6.7.2017, § 19.

701 Vgl. BayObLG Beschl. v. 30.11.2021 – 203 StObWs 501/21, BeckRS **2021** 45023 = FS **2022** 285; zur Telemedizin: *Ruf* FS **2022** 195 f.

702 Vgl. BayObLG FS **2022** 285, 286 (hier: Art. 58 Abs. 1 Satz 1 i.V.m. Art. 60 BayStVollzG).

703 Siehe hierzu: OLG Celle StraFo **2018** 298 (ärztliche Behandlung als Maßnahme i.S.v. § 109 StVollzG).

704 Vgl. BayObLG FS **2022** 285, 286.

705 EGMR Karatepe/TRK, 12.10.2010 (Schädeltrauma nach Schlägen in polizeilichem Gewahrsam; Verweigerung der Behandlung durch Ärzte/Neurologie).

706 EGMR Aronica/D (E), 18.4.2002; Yakovenko/UKR, 25.10.2007; V.D./RUM, 16.2.2010, § 92; Provenzano/I, 25.10.2018, §§ 128–141 (kein Verstoß der *ersten* Unterbringung, da der chronisch kranke Betroffene [u.a. Hepatitis C und Parkinson] zwar schwerste gesundheitliche Beschwerden darlegen konnte, aber während

Verschlechterung des Gesundheitszustandes bzw. ein Voranschreiten der Krankheit nicht feststellbar ist.[707]

Ebenso liegt ein Konventionsverstoß bei **Haftbedingungen** vor (Rn. 223 ff.), die zu **252** einer dauerhaften wesentlichen Beeinträchtigung der Gesundheit führen.[708] Erkrankt eine Person in der Haft, kann daraus eine Verletzung von Art. 3 folgen, wenn dem Gefangenen nicht die erforderliche Behandlung zuteil wird, unabhängig davon, ob die Entstehung bzw. Verbreitung der Krankheit auf ein Versagen der Behörden oder ein individuelles Verschulden von Mitarbeitern zurückzuführen ist.[709] Die **Beweislast** für ein entlastendes Vorbringen, der Betroffene habe die Krankheit *nicht* in der Haft bekommen, trifft die staatlichen Stellen. Die Behauptung, dass der Betroffene die Bakterien schon zu Haftbeginn in sich getragen habe, die Krankheit aber zu diesem Zeitpunkt noch nicht ausgebrochen war, wird nur durch eine **gründliche medizinische Untersuchung bei Haftantritt** nachzuweisen sein.[710] Aber auch für den Fall, dass ein derartiger Nachweis geführt wird und der Gefangene die Krankheit nicht erst in der Haft bekommen hat, ist er **angemessen medizinisch zu versorgen** (Rn. 248 ff.).

Aus Art. 3 folgt keine grundsätzliche Verpflichtung, einen **erkrankten Gefangenen** **253** aus der Haft zu entlassen oder in einem zivilen Krankenhaus unterzubringen.[711] Die Grenze der gebotenen Durchsetzung des staatlichen Strafanspruchs ist erreicht, wenn angesichts des Gesundheitszustands des Verurteilten ernsthaft zu befürchten ist, dass er bei einer weiteren Durchführung der Strafvollstreckung sein Leben einbüßen oder schwerwiegenden Schaden an seiner Gesundheit nehmen wird (**Grundrecht auf Leben und**

---

der Unterbringung von Spezialisten untersucht und behandelt wurde; Verstoß aber durch die Anordnung der weiteren Unterbringung ohne hinreichende Begründung trotz schwerster Krankheit, §§ 147 ff.); Sępczyński/PL, 26.4.2018, §§ 42–46; Mirzashvili/GEO, 7.9.2017, § 72 (unzureichende Behandlung Hodenkrebs); Yankovskiy/R, 25.7.2017, §§ 60 ff. (Diabetes Typ I/Pankreatitis); Bulava/R, 25.7.2017, § 40 (Nichtbehandlung schweres Rückenleiden); *Frowein/Peukert* 15; HRC Rouse/PHL, 5.8.2005, 1089/2002, § 7.8.

707 EGMR Saban/MOL, 4.10.2005, §§ 86 f., 90 (keine unmenschliche, aber erniedrigende Behandlung, u.a. weil Wissen, dass im Bedarfsfall keine medizinische Versorgung zur Verfügung steht, zu Angstzuständen führen musste); ähnlich EGMR Ashot Harutyunyan/ARM, 15.6.2010, §§ 114 f.; M.S./R, 10.7.2014, §§ 101 f. (keine Verschlechterung des Krankheitsbildes vorgetragen; unterbliebene Behandlung der Tuberkulose keine unmenschliche Behandlung; erhebliche Risiken durch Unterlassen der medizinischen Behandlung/psychisches Leid [„considerable mental suffering"]; erniedrigende Behandlung).

708 EGMR Kalashnikov/R, 15.7.2002, NVwZ **2005** 303 (zum Strafvollzug in Russland: *Beresnatzki* FS **2013** 113; *Ovchinnikov/Müller/von der Wense*, FS **2015** 53); Elefteriadis/RUM, 25.1.2011, §§ 48 ff., und Florea/RUM, 14.9.2010, §§ 60 ff. (Unterbringung eines kranken Gefangener entgegen ärztlichem Ratschlag mit Rauchern in einer Zelle); deutsche Gerichte differenzieren danach, ob der Inhaftierte selbst Raucher ist: BVerfG NJW **2013** 1943; OLG Hamm StV **2015** 709; OLG München Urt. v. 27.10.2016 – 1 U 1913/16 (Passivrauchen; keine menschenunwürdige Bedingungen); ferner EGMR Ceesay/A, 16.11.2017, §§ 115 ff.; Palushi/A, 22.12.2009, §§ 68–71 (Hungerstreik); vgl. auch das Vorbringen des Beschwerdeführers zu in mehrlei Hinsicht unerträglichen Haftbedingungen in EGMR Epistatu/RUM, 24.9.2013, §§ 18 f. (dahingestellt gelassen, § 55); *Grabenwarter/Pabel* § 20, 62, 69.

709 Vgl. EGMR Yevgeniy Alekseyenko/R, 27.1.2011, § 104; Pyatkov/R, 13.11.2012, § 73; W.D./B, 6.9.2016 (fehlende psychosoziale Betreuung eines Sexualstraftäters; 9 Jahre Inhaftierung; erniedrigende Behandlung); Dzidzava/R, 20.12.2016, §§ 70 f. (keine Berücksichtigung der Belange eines Asthmatikers); Golubar/KRO, 2.5.2017, § 44 (ausreichende medizinische Betreuung nach Schlaganfall); Meskhidze/GEO, 21.12.2017, § 47 (unzureichende Behandlung eines Gangrän); (GK) Rooman/B, 31.1.2019, § 143; CAT Ndarisigaranye/BDI, 10.11.2017, 493/2012, § 8.8 (kein Zugang zu ärztlicher Behandlung der Folgen von in der Haft durchgeführter Folter und Unterbringung in unhygienischem, überfülltem Gefängnis).

710 EGMR Yevgeniy Alekseyenko/R, 27.1.2011, § 103 m.w.N.

711 EGMR Testa/KRO, 12.7.2007, § 46, EuGRZ **2008** 21; Prencipe/MCO, 16.7.2009, § 105; Aliyev/ASE, 20.9.2018, §§ 109 ff. (kein Verstoß wegen schlechter Versorgung, aber wegen zu geringer Zellengröße).

körperliche Unversehrtheit, Art. 2 Abs. 2 Satz 1 GG). Die Vollstreckungsbehörde ist daher von Verfassungs wegen gehalten, bei Entscheidungen, die den Entzug der persönlichen Freiheit betreffen, und bei diesbezüglichen Anhaltspunkten Einzelheiten insbesondere über den Gesundheitszustand, die Lebenserwartung und die Gefährlichkeit des Verurteilten zu klären.[712]

254   So verstößt es gegen Art. 3, wenn einem mittellosen Gefangenen kein **Zahnersatz** gewährleistet wird,[713] bei einem durch multiple Operationen und Krankheiten schwer urogenital-behinderten Patienten die erforderliche Nachsorge ausbleibt[714] oder ein unter starker **Sehschwäche** leidender Gefangener mehrere Monate auf eine neue Brille warten muss und auch seine noch nutzbare zerbrochene Brille nicht zurückerhält, die das Sehproblem wenigstens abgemildert hätte.[715]

255   Aus Art. 3 lassen sich Schutzpflichten gegenüber den Inhaftierten herleiten, die auch die Untersuchung durch ein auf **Drogensubstitution** spezialisiertes Ärztepersonal umfassen.[716] Zur angemessenen medizinischen Versorgung drogenabhängiger Gefängnisinsassen kann auch die **Substitutionstherapie** gehören. Wird deren Notwendigkeit im Einzelfall nicht angemessen geprüft, so ist schon darin eine unmenschliche Behandlung i.S.v. Art. 3 zu sehen.[717]

256   Die Vereinbarkeit des eingeschränkten Gesundheitszustandes eines Gefangenen mit seinem weiteren Verbleiben in Haft hängt im Wesentlichen von **drei Kriterien** ab: den konkreten **Haftbedingungen** (*„conditions de détention"*), der **Qualität der der zur Verfügung stehenden Pflege bzw. medizinischen Versorgung** (*„la qualité des soins"*) und der **Zweckmäßigkeit** (*„l'opportunité"*) der Aufrechterhaltung der Haft angesichts des Gesundheitszustandes des Gefangenen.[718]

257   Ist die momentane Haftsituation dem Gesundheitszustand des Gefangenen abträglich, so müssen die zuständigen Stellen eigeninitiativ versuchen, diese Situation zu verbessern, ggf. auch durch **Verlegung** in eine auf die Bedürfnisse des Gefangenen besser ausgerichtete Haftanstalt.[719] Für den Fall, dass die Krankheit der inhaftierten Person in ein **terminales Stadium** eintritt, muss dafür Sorge getragen werden, dass diese ihre letzten Tage in

---

712 BVerfG Beschl. v. 9.3.2010 – 2 BvR 3012/09, BeckRS **2010** 47959; RhPfVerfGH NJW **2013** 524 (Ls.), BeckRS **2012** 60593.

713 EGMR V.D./RUM, 16.2.2010.

714 EGMR Barsukov/R, 6.6.2017, §§ 36 f.

715 EGMR Slyusarev/R, 20.4.2010, §§ 34 ff., 42 f.; zum Ausmaß der Sehschwäche: §§ 18, 36 („myopia of medium severity"); nur einige Tage ohne Brille erreicht nicht Erheblichkeitsschwelle des Art. 3 (§ 34); anders in EGMR T.K./LIT, 12.6.2018, §§ 82 ff. (4 Monate ohne Brille); zu einem erheblichen Augenleiden und einem Verstoß gegen Art. 3 bei Nichtbehandlung: EGMR Balkov/R, 6.6.2017, § 31; vgl. auch EGMR Nizov/R. 2.5.2017, § 46 (Vorenthaltung einer Bein-Prothese über 3 Jahre; schwere Thrombosen).

716 EGMR Wenner/D, 1.9.2016, § 57, EuGRZ **2017** 260 = NJOZ **2018** 464 (40 Jahre Heroinabhängigkeit; Verwehrung von Methadon-Substitution in bayerischer JVA mangels medizinischer Notwendigkeit/Schmälerung der Chancen auf ein drogenfreies Leben; BÄK-Richtlinien zur Durchführung der substitutionsgestützten Behandlung Opiatabhängiger und Aufnahme des Bf. in ein Substitutionsprogramm unmittelbar nach Freilassung sprachen für Notwendigkeit der Therapie); hierzu: *Fährmann/Schuster/Stöver/Häßler/Keppler* NStZ **2021** 271, 275.

717 EGMR Wenner/D, 1.9.2016, § 62; hierzu: *Bendek* HRRS **2017** 458; allgemein zur Substitutionsbehandlung: *Häßler/Stöver/Keppler/Lesting/Fährmann/Schuster* FS **2021** 29 ff.; *Keppler/Stöver* FS **2021** 34 f. (Buprenorphin).

718 EGMR Hüseyin Yildirim/TRK, 3.5.2007, § 75 unter Verweis auf EGMR Farbtuhs/LET, 2.12.2004, § 53, dort aber mit abw. erster Kategorie („la condition du détenu" [Zustand des Inhaftierten] anstatt „conditions de détention"); Zarzycki/PL, 12.3.2013, § 103, NLMR **2013** 94 (Haftbedingungen des armamputierten Bf. konventionskonform).

719 EGMR Arutyunyan/R, 10.1.2012, § 79.

Würde verleben kann.[720] In außergewöhnlichen Fällen, in denen der Gesundheitszustand des Gefangenen schlechthin unvereinbar ist mit den Bedingungen seiner Freiheitsentziehung, kann sich aus Art. 3 unmittelbar ein **Anspruch auf Freilassung** ergeben.[721]

Ein Verstoß gegen Art. 3 kommt in Betracht bei einer auf ein medizinisch bedenkliches 258 Niveau fallenden **Versorgung mit Essen**[722] und **Getränken**. Tritt der Gefangene in einen gesundheits-/lebensbedrohlichen **Hungerstreik**, so bedarf es seiner (jedenfalls bei Einzelhaft) ärztlichen Untersuchung und seiner Beaufsichtigung durch ein solide medizinisch ausgebildetes Personal (in regelmäßigen Abständen).[723] Unerfüllbare Pflichten dürfen dem Personal und den Verantwortlichen dadurch jedoch nicht auferlegt werden.[724]

Zwar stellt hiernach die Inhaftierung einer **HIV**-infizierten Person mit einer kurzen 259 bis mittleren Lebenserwartung grundsätzlich keine Verletzung des Art. 3 dar,[725] es kann sich aber aufgrund des schlechten **Gesundheitszustandes** des Häftlings die Verpflichtung ergeben, diesen in eine Spezialklinik zur Behandlung von AIDS zu verlegen.[726] Bei lediglich HIV-positiven Personen, bei denen die Krankheit AIDS noch nicht ausgebrochen ist, kann eine von den anderen, nicht infizierten Häftlingen getrennte Unterbringung eine demütigende, diskriminierende Behandlung darstellen.[727] Einem Gefangenen muss bei entsprechendem Verdacht ein HIV-Test angeboten werden.[728] Die erneute Inhaftierung nach erfolgreicher Behandlung eines **Krebsleidens** verstößt grundsätzlich nicht gegen Art. 3.[729]

Körperlich behinderte Gefangene haben Anspruch auf eine **Unterstützung durch** 260 **das Gefängnispersonal** und dürfen nicht der bloßen Hilfe durch Mitgefangene überantwortet werden.[730] Bei **psychisch kranken oder an einer seelischen Störung leidenden Häftlingen** sind deren besondere Verletzlichkeit[731] sowie die Möglichkeit zu berücksichtigen, dass sie ggf. nicht imstande sind, ihren Beschwerden über eine bestimmte Behandlung hinreichend Ausdruck zu verleihen.[732] Eine erniedrigende Behandlung liegt vor, wenn psychisch kranke Personen, die **selbsttötungsgefährdet** sind, nicht genügend überwacht

---

720 EGMR Gülay Çetin/TRK, 5.3.2013, §§ 123 f. (Situation kann unmittelbare Freilassung unter Verzicht auf Formalitäten erfordern); Semenova/R, 3.10.2017, §§ 51 f. (nicht heilbarer Gebärmutterhalskrebs mit starken, nicht hinreichend durch Schmerzmittel gelinderten Schmerzen).

721 EGMR Testa/KRO, 12.7.2007, § 45; Papon/F (Nr. 1) (E), 7.6.2001, EuGRZ **2001** 382; Priebke/I (E), 5.4.2001, Nr. 4 *lit.* c der Gründe, EuGRZ **2001** 387.

722 EGMR Stepuleac/MOL, 6.11.2007, §§ 55, 65 (eine volle Mahlzeit am Tag; Erlaubnis, einmal pro Woche Essen von Ehefrau zu erhalten).

723 EGMR Palushi/A, 22.12.2009, § 72; Ceesay/A, 16.11.2017, §§ 116–123 (Tod durch Dehydrierung; nicht erkennbare Sichelzellenkrankheit).

724 EGMR Ceesay/A, 16.11.2017, § 114.

725 EGMR Gelfmann/F, 14.12.2004, §§ 54 ff.

726 EGMR Aleksanyan/R, 22.12.2008 (unmenschliche und erniedrigende Behandlung; ohne besondere medizinische Behandlung über das Unvermeidliche hinausgehenden Leiden).

727 EGMR Martzaklis u.a./GR, 9.7.2015, §§ 72 ff. („Ghettoisierung" ohne sachlichen Grund; Intention, kranken Inhaftierten bessere Haftbedingungen zu verschaffen im konkreten Fall nicht verwirklicht).

728 HRC McCallum/ZAF 2.11.2010, 1818/2002 (Verletzung von Art. 7 IPBPR; kein HIV-Test für Gefangenen nach erfolgter Misshandlung durch das Gefängnispersonal trotz hoher Ansteckungswahrscheinlichkeit).

729 EGMR Saydam/TRK, 7.3.2006.

730 EGMR Engel/H, 20.5.2010, §§ 27, 30; Farbtuhs/LET, 2.12.2004, § 60 (englische Übersetzung relevanter Passage in EGMR Grimailovs/LET, 25.6.2013, § 152); Semikhvostov/R, 6.2.2014, §§ 83 ff. (Häftling im Rollstuhl; keine Fortbewegungsmöglichkeit in Haftanstalt ohne Hilfe der Mitinsassen); bestätigt: EGMR Topekhin/R, 10.5.2016, §§ 85 ff.; Bujak/PL, 21.3.2017, §§ 70 f.; Vinogradov/R, 7.3.2017, § 46; Mihăilescu/RUM, 14.2.2017, §§ 48 ff.

731 Allgemein zur Inhaftierung Personen, die an einer seelischen Störung leiden: EGMR Z.H./H, 8.11.2012, § 29.

732 EGMR Kucheruk/UKR, 6.9.2007, § 148.

---

und psychologisch betreut werden.[733] Angenommen wurde dies insbesondere in Fällen, in denen der Betroffene zu lange in einer Zelle untergebracht war, die normalerweise nur für den kurzfristigen Aufenthalt vorgesehen war.[734] Dies gilt ebenso, wenn ein psychisch kranker Häftling entweder gar nicht in einer für seinen Zustand geeigneten Einrichtung[735] oder zwar wiederholt in einer Spezialklinik behandelt wird, jedoch bei einer Besserung seines Gesundheitszustandes sofort wieder in den normalen Strafvollzug zurückgebracht wird, bis sich wiederum eine Verschlechterung seines Zustandes einstellt.[736] Zur Überwindung etwaiger **Sprachbarrieren** muss sichergestellt sein, dass einem psychisch kranken Häftling ein Psychotherapeut zugeteilt wird, der dessen Sprache spricht.[737]

261   Die Pflicht des Staates zum Schutze des Lebens des Einzelnen umfasst nicht die **Zwangsbehandlung** einer im Maßregelvollzug untergebrachten **Person**.[738] Auch eine zum Zweck der Heilung vorgenommene Zwangsbehandlung greift in das Grundrecht auf körperliche Unversehrtheit aus Art. 2 Abs. 2 Satz 1 GG ein[739] und ist nur gerechtfertigt, wenn die betreute Person frei und auf der Grundlage der gebotenen ärztlichen Aufklärung **einwilligt**, nicht etwa schon dann, wenn die Person die Behandlung ohne physischen Widerstand über sich ergehen lässt.[740] Nur in gravierenden Fällen können Zwangsbehandlungen auch unter Überwindung des entgegenstehenden Willens einer Person vorgenommen werden; der Eingriff muss in diesem Fall die *ultima ratio* darstellen, d.h. ein milderes Mittel, eine weniger in die Grundrechte eingreifende Behandlungsmaßnahme darf nicht mehr in Betracht kommen.[741] Hat die betreute Person im Voraus und im Zustand der Einsichtsfähigkeit (mit Blick auf eben eine solche Situation) wirksam über ihre Grundrechte in Ausübung ihres **Selbstbestimmungsrechts als Patient** (Art. 2 Abs. 1 i.V.m. Art. 1 Abs. 1 GG) verfügt, so darf sich der Staat zum Schutz der Person im Maßregelvollzug nicht über diese Disposition hinwegsetzen.[742]

262   Der EGMR sieht in einer den Vorgaben des Art. 8 Abs. 2 widersprechenden **medizinischen Zwangsbehandlung** von inhaftierten/untergebrachten Personen jedenfalls eine Verletzung ihres Rechtes auf Achtung des Privatlebens (Art. 8 Abs. 1).[743] Ob im Einzelfall

---

733 EGMR Renolde/F, 16.10.2008, §§ 120 ff. (unmenschliche und erniedrigende Behandlung und Bestrafung); Keenan/UK, 3.4.2001; *Grabenwarter/Pabel* § 20, 65; Meyer-Ladewig/Nettesheim/von Raumer/*Meyer-Ladewig/ Lehnert* 43.

734 EGMR Riad u. Idiab/B, 24.1.2008 (Unterbringung in der Transitzone des Flughafens für ca. einen Monat statt maximal 10 Tage; keine interne Verpflegungseinrichtung, keine Bewegungsmöglichkeiten an der frischen Luft, kein Radio/TV); Shchebet/R, 12.6.2008 (34 Tage, weniger als 7 m², dunkel, schmutzig, unsichere Versorgung mit Essen und Trinken etc. – Bericht des CPT: Eignung für Aufenthalt von max. 3 Stunden); Moiseyev/R, 9.10.2008 (über 150 Aufenthalte in der Gerichtszelle; häufig stundenlang ohne Lüftung, Essen, Trinken und Zugang zur Toilette; Verletzung des Art. 3 aufgrund der Zusammenschau mit den sonstigen Haft- und Transportbedingungen); vgl. ebenfalls: EGMR H.M./H, 2.6.2022, §§ 18 f. (u.a. Unterbringung einer Frau mit Hochrisikoschwangerschaft in der Transitzone Tompa für 4 Monate).

735 EGMR Claes/B, 10.1.2013, §§ 88 ff. (über 15 Jahre Unterbringung im Gefängnis, das lediglich einen für die Bedürfnisse des Bf. nicht ausreichenden psychiatrischen Trakt besaß).

736 EGMR G./F, 23.2.2012, §§ 41 ff. (an Schizophrenie erkrankter Häftling innerhalb von 4 Jahren immer wieder kurzfristig in Spezialklinik behandelt, obwohl eine längerfristige Behandlung nötig gewesen wäre).

737 EGMR (GK) Rooman/B, 31.1.2019, §§ 153 ff.

738 BVerfG Beschl. v. 8.6.2021 – 2 BvR 1866/17 u.a., NStZ-RR **2021** 356 = medstra **2022** 36 = EuGRZ **2021** 565.

739 BVerfG NStZ-RR **2021** 356, 357.

740 BVerfG NStZ-RR **2021** 356, 357.

741 BVerfG NStZ-RR **2021** 356, 357 f.

742 BVerfG NStZ-RR **2021** 356, 358 f.

743 EGMR X/F, 3.7.2012, § 222; vgl. hierzu auch: EGMR G.M. u.a./MOL, 22.11.2022, §§ 96, 131 ff., 141 (keine hinreichende Aufklärung u.a. von ohne Zustimmung erfolgenden Schwangerschaftsabbrüchen bei geistig eingeschränkten Frauen sowie kein Vorliegen eines hinreichenden rechtlicher Rahmens zu ihrem Schutz).

auch eine unmenschliche Behandlung i.S.d. Art. 3 vorliegen kann, ist bisher noch nicht
entschieden.

Das CPT (Rn. 16) hat 2009 die sofortige Einstellung der in Tschechien vorgenommenen **263**
chirurgischen Kastration von inhaftierten Sexualstraftätern gefordert („surgical castrati-
on of detained sex offenders amounts to degrading treatment.").[744] 2011 empfahl das CPT
auch Deutschland, die Anwendung der durch das Kastrationsgesetz (KastrG) – mit Einwilligung des Betroffenen – erlaubten chirurgischen Kastration im Rahmen der Behandlung
von Sexualstraftätern einzustellen und die einschlägigen Rechtsvorschriften entsprechend
zu ändern, da die chirurgische Kastration ein **verstümmelnder, irreversibler Eingriff**
sei, der im Kontext der Behandlung von Sexualstraftätern nicht als medizinisch notwendig
angesehen und als **erniedrigende Behandlung** (Art. 3) eingestuft werden könne. Diese
kann weder durch das elementare Senken der Rückfallquote (von 50 % auf 3 %) der Sexualstraftäter nach dem Eingriff und den damit verbundenen Interessen der Allgemeinheit
noch durch das Zustimmungserfordernis des Häftlings gerechtfertigt werden. Im Jahr 2010
stufte das CPT die **chirurgische Kastration** bereits als verstümmelnden, irreversiblen
Eingriff ein, der nicht als notwendig angesehen werden kann.[745] Im Jahr 2013 prangerte
das CPT erneut die Umstände von freiwilligen[746] Kastrationen an.[747] Die Unterstützung
der Anstalt zur Durchführung einer chirurgischen Kastration genügt derzeit den Anforderungen des § 66c Abs. 1 Nr. 1 StGB. Zu beachten ist des Weiteren, dass eine Kastration nur
in Verbindung mit therapeutischer Behandlung die Gefährlichkeit des Sexualstraftäters
senken kann.[748]

d) Haftraumgröße und -ausstattung. Schlechte Haftbedingungen können ebenfalls **264**
das Ausmaß einer erniedrigenden oder unmenschlichen Behandlung erreichen,[749] ohne
dass hierfür der Eintritt gesundheitlicher Schäden erforderlich wäre. **Nr. 18.1 EPR** sieht
vor, dass alle für Gefangene, insbesondere für deren nächtliche Unterbringung, vorgesehenen Räume der Achtung der **Menschenwürde** entsprechen, die Privatsphäre so weit wie

---

[744] Report to the Czech Government on the visit to the Czech Republic carried out by the European
Committee for the Prevention of Torture and Inhuman or Degrading Treatment or Punishment (CPT), 21.–
23.10.2009, 10; dazu: *Pfäfflin* R&P **2010** 180; allgemein zur Zulässigkeit der chemischen und chirurgischen
Kastration in Deutschland: *Koller* R&P **2008** 187–199; zur unfreiwilligen Sterilisation, die eine Verletzung von
Art. 3, aber auch von Art. 8 darstellen könnte: IK-EMRK/*Wildhaber* Art. 8, 250; zur Zulässigkeit der chemischen Kastration: Report to the Government of the Slovak Republic on the visit to the Slovak Republic
carried out by the European Committee for the Prevention of Torture an Inhuman or Degrading Treatment
or Punishment (CPT), 2.3.-2.4.2009, 54 ff.
[745] Report to the German Government on the visit to Germany carried out by the European Committee
for the Prevention of Torture and Inhuman or Degrading Treatment or Punishment (CPT) from 25 November
to 7 December 2010, CPT/Inf (2012) 6, 59; hierzu: Stellungnahme der Bundesregierung CPT/Inf (2012) 7.
[746] Zu Bedenken im Hinblick auf die Freiwilligkeit bei betroffenen Sexualstraftätern vgl. *Weßel/Lang* MedR
2019 106, 111.
[747] Zu Überlegungen hinsichtlich einer Aufhebung der Bestimmungen: Report to the German Government
on the visit to Germany carried out by the European Committee for the Prevention of Torture and Inhuman
or Degrading Treatment or Punishment (CPT) from 25 November to 2 December 2013, CPT/Inf (2014) 23;
hierzu: Stellungnahme der Bundesregierung: CPT/Inf (2014) 24. In der Stellungnahme vom 28.2.2017 zum
Bericht des CPT von 2015 kam das Thema Kastration zwar wieder zur Sprache, dort hat die Bundesregierung
jedoch nicht mehr davon gesprochen, dass sie die Aufhebung des KastrG prüft, sondern die Regelung weiter
verteidigt (Quelle: CPT/Inf (2017) 14, Seite 112). Im neuesten Bericht bzw. der neuesten Stellungnahme (von
2019) wurde das Thema Kastration nicht mehr aufgegriffen.
[748] KG Beschl. v. 19.8.2015 – 2 Ws 154/15 – 141 AR 327/15, BeckRS **2015** 15493, Rn. 22 ff.
[749] *Meyer-Ladewig* NJW **2004** 981, 982; *Lubrich* 123, 131 ff.; vgl. dazu Art. 5 Rn. 640 ff. (Art. 10 IPBPR).

möglich schützen und den Erfordernissen der **Gesundheit** und **Hygiene**[750] entsprechen müssen. Dabei sind die **klimatischen Verhältnisse** und insbesondere die **Bodenfläche, Luftmenge** sowie die **Beleuchtung, Heizung** und **Belüftung** zu berücksichtigen. Gefangene müssen jederzeit Zugang zu **sanitären Einrichtungen** haben, die hygienisch sind und die **Intimsphäre** schützen (**Nr. 19.3 EPR**).

265   Eine länger andauernde Haft in einer **zu kleinen oder überfüllten Zelle** verstößt regelmäßig gegen Art. 3.[751] Auch der Umstand, ob eine (menschenwürdige) hypothetische Alternativunterbringung für den Gefangenen in der Anstalt besteht (etwa: Einzelzelle statt Gemeinschaftsunterbringung), kann dabei zu berücksichtigen sein.[752] Im Rahmen einer **Gesamtwürdigung**[753] spielen auch das Alter und der Gesundheitszustand des Betroffenen eine Rolle.[754] Angesichts des absoluten Charakters des in Art. 3 normierten Verbotes darf einer etwaigen Zustimmung des Betroffenen hingegen keine Bedeutung beigemessen werden.[755]

266   Allein aufgrund der **Haftraumgröße** (Bodenfläche) – d.h. ohne das Hinzutreten sonstiger menschenunwürdiger Umstände – ist eine unmenschliche und/oder erniedrigende Behandlung *in der Regel* bei einem zur Verfügung stehenden Raum von **weniger als 4 m²** pro Gefangenen[756] anzunehmen;[757] der Zeitraum des Tages, den der Gefangene auf der

---

750 Vgl. EGMR Ursei/RUM, 14.3.2017, §§ 8 ff., 29 (nicht ausreichend: 100 g Seife, ein Rasierset, eine Rolle Klopapier pro Monat, 50 g Rasiergel und 50 g Zahncreme alle zwei Monate und zwei Zahnbürsten pro Monat).

751 Vgl. EGMR Ciprian Vlăduţ u. Ioan Florin Pop/RUM, 16.7.2015, §§ 57 ff. m.w.N.; (GK) GEO/R, 3.7.2014, NVwZ **2015** 569, §§ 200, 205; Torreggiani u.a./I, 8.1.2013 (Überbelegung; Piloturteil); Novoselov/R, 2.6.2005, §§ 38 ff. (Überbelegung); Kadikis /LET (Nr. 2), 4.5.2006, § 56 (überbelegte Zelle, Nahrungs- und Wassermangel); Budnik/ PL, 7.9.2017, § 28 (Überbelegung für über 800 Tage und zugleich Einzelhaft in einer Zelle ohne abgetrennte Sanitäranlagen); Yakovenko/UKR, 25.10.2007 (1,5 m² pro Häftling, unzureichende Belüftung); Shchebet/R, 12.6.2008; 34 Tage in Zelle für kurzzeitige Unterbringungen; CPT-Bericht: Eignung für Aufenthalt von nicht mehr als 3 Stunden); Petrescu/P, 3.12.2019, §§ 97 ff., 102 ff., 116; vertiefend zur Überbelegung im Lichte des Art. 3: *van der Stroom* 176 ff.

752 Vgl. BVerfG (K) Beschl. v. 8.12.2020 – 1 BvR 149/16, Rn. 21, BayVBl **2021** 247 = StV Spezial **2021** 110.

753 Vgl. EGMR Modarca/MOL, 10.5.2007 (Haftbedingungen und -dauer; überfüllte Zelle, unzureichende Versorgung mit Frischluft, Essen, Elektrizität und Wasser für fast 9 Monate); s.a. BVerfG (K) NJW **2016** 389, 390; BeckRS **2016** 49647, Rn. 14; NStZ **2017** 111, 113; (K) Beschl. v. 8.12.2020 – 1 BvR 149/16, Rn. 17 („Gesamtschau der tatsächlichen, die Haftsituation bestimmenden Umstände"), BayVBl. **2021** 247 = StV Spezial **2021** 110.

754 EGMR Mouisel/F, 14.11.2002, § 45; Tekin Yildiz/TRK, 10.11.2005, §§ 70 ff.; Rivière/F, 11.7.2006, NJOZ **2007** 2934, §§ 73 ff.; Dybeku/ALB, 18.12.2007 (chronische paranoide Schizophrenie); Muskhadzhiyeva u.a./B, 19.1.2010.

755 Diese Frage offenlassend: BVerfG (K) Beschl. v. 8.12.2020 – 1 BvR 149/16, Rn. 26 (Unterschrift des Betroffenen, mit Mehrfachbelegung seines Haftraums einverstanden zu sein); StV **2012** 354 = BeckRS **2011** 56799, Rn. 42 (konkludente Einwilligung); für die Unerheblichkeit einer Einwilligung: BVerwG NJW **2001** 2343 f.; KG Urt. v. 17.8.2012 – 9 U 59/12, Rn. 23 (juris), zudem betonend, dass der Wunsch des Gefangenen, statt in einer Gemeinschaftszelle in einer Einzelzelle untergebracht zu werden, schon *tatbestandlich* keine (konkludente) Einwilligung in die dort gegebenen Haftbedingungen darstellt; ebenso KG BeckRS **2014** 124523, Rn. 12.

756 EGMR Ananyev u.a./R, 10.1.2012, §§ 145 (3 m² als Untergrenze, die ohne weitere, hinzutretende Komponente einen Verstoß gegen Art. 3 darstellt); Bakchizhov/UKR, 30.10.2018, § 56; Liu/R, 10.4.2018, §§ 26 ff. (weniger als bzw. knapp 3 m² und seltener als einmal Duschen pro Woche); Stemplys u. Debesys/LIT, 17.10.2017, §§ 27 f. (von 1,59 bis 2,74 m² über einen Zeitraum von 4 Jahren).

757 EGMR Mladenov u. Anagnostopoulos/GR, 16.10.2018, § 28 (kein Verstoß, da zwar nur 4 m² Platz pro Gefangenem, aber keine weitere Einschränkung); Epistatu/RUM, 24.9.2013 (weniger als 4 m² Platz pro Gefangenem genügte bereits für einen Verstoß gegen Art. 3, so dass der Gerichtshof eine Entscheidung über zusätzlich vorgebrachte, erhebliche Mängel hinsichtlich der Haftbedingungen dahingestellt ließ, § 55); OLG Braunschweig NStZ-RR **2015** 28 (Auslieferung nach Bulgarien; dort 4 m² als persönlicher Bereich); BVerfG

Zelle verbringen muss (**Einschlusszeit**), ist dabei zu berücksichtigen.[758] Solange die Unterbringung auf derart begrenztem Raum jedoch nur für kurze – wenn auch wiederholte – Zeiträume erfolgt, liegt nicht zwingend ein Verstoß gegen Art. 3 vor.[759] Die starke Vermutung für einen Verstoß kann widerlegt werden, wenn die Unterschreitung der vorausgesetzten Haftraumgröße nur **kurzzeitig**, **vereinzelt** und **geringfügig** erfolgt; wenn daneben ausreichend Gelegenheit zur Bewegung außerhalb der Zelle besteht und keine weiteren verschlimmernden Haftzustände hinzutreten, die Unterbringung an sich also angemessen ist.[760]

Neben der jedem Gefangenen zur Verfügung stehenden Bodenfläche ist vor allem die **Situation der sanitären Anlagen** (Wasch-/Duschgelegenheit;[761] Abtrennung und Belüftung der Toilette) im Haftraum ein Umstand, der zu einer menschenunwürdigen Haftsitua- 267

NJW 2016 3228 = EuGRZ **2016** 484 (Frage der angemessenen Haftraumgröße – auch im Verhältnis von Art. 1 GG und Art. 3 – als nicht geklärt angesehen; keine Vorabentscheidung von Grundsatzfragen im Prozesskostenhilfeverfahren); BVerfG Beschl. v. 18.8.2021 – 2 BvR 908/21, BeckRS **2021** 24419 = NStZ-RR **2021** 386 (Ls.) (Gemeinschaftszelle; unter 3 m² Fläche pro Häftling).

758 EGMR Testa/KRO, 12.7.2007, §§ 56–58 m.w.N.; Sulejmanovic/I, 6.11.2009; (GK) Simeonovi/BUL, 12.5.2017 (bis zu 23h Einschlusszeit; Inhaftierung seit 1999); Pendiuc/RUM, 14.2.2017, §§ 85 ff. (unzureichende Unterbringung einer Schwangeren); BVerfG NJW **2016** 1872 = NStZ **2017** 111 (längerfristige Unterbringung; Haftraum von etwa 4,5 m²); BVerfG (K) NJW **2002** 2699 (Verstoß gegen die Menschenwürde bei täglich 23-stündigem Einschluss an fünf Wochentagen in einer 7,6 m² großen, doppelt belegten Zelle mit baulich nicht abgetrennter Toilette); KG StV **2015** 707 = StraFo **2015** 303 (täglich 23-stündiger Einschluss ohne Ausbildungs-/Arbeitsmöglichkeiten, Gruppenangebote im weiteren Sinne und jeden sozialen Austausch; Menschenwürde verletzt; Unterbringung in 8,9 m² großem Einzelhaftraum für sich genommen unproblematisch); KG BeckRS **2013** 12443 (Menschenwürdeverstoß bei Unterbringung in Einzelhaftzelle von weniger als 5,5 m² mit räumlich nicht abgetrennter Toilette bei z.T. stark variierenden Einschlusszeiten); vgl. zur **Verkürzung der Einschlusszeiten** als die Haftsituation abmildernder Faktor: BVerfG EuGRZ **2011** 177 = NJW-RR **2011** 1043 = StraFo **2011** 142; BGH NJW **2006** 3572. Zum erforderlichen Platz, der Gefangenen bei einem **Transport** zur Verfügung stehen muss, siehe EGMR M.S./R, 10.7.2014, §§ 74–79.

759 EGMR (GK) Muršić/KRO, 20.10.2016, §§ 151 ff. (mehrere, nicht direkt aufeinander folgende Zeiträume von mehreren Tagen, während derer nur etwas weniger als 3 m² zur Verfügung standen; im Fall des längsten Zeitraums von 27 Tagen nahm die GK einen Verstoß gegen Art. 3 an); Kanalas/RUM, 6.12.2016, §§ 33–37. An *Muršić* anknüpfend: EGMR J.M.B. u.a./F, 30.1.2020, §§ 254 ff.; Garmash/UKR, 8.11.2018, § 6; Hănţescu/RUM, 30.10.2018 (teilweise weniger als 2 m²); Jatsõšõn/EST, 30.10.2018 (Überführung zur Beerdigung der Großmutter vorübergehend in einem Transportwagen mit lediglich 0,5 m²; sehr kurze Dauer; kein Verstoß); Tamašauskas u. Radzevičius/LIT, 16.10.2018, §§ 34–38 (140 Tage unter 3 m²); Oleksa/P, 12.7.2018, § 38; Ščensnovičius/LIT, 10.7.2018, §§ 77 ff.; S.Z./GR, 21.6.2018, § 38; Syria u. Nollomont/B, 16.5.2017, §§ 23 ff.; Cela u.a./RUM, 20.4.2017, §§ 44 ff.; Muscalu/RUM, 14.3.2017, §§ 55 ff.; Vonica/RUM, 28.2.2017, §§ 40 ff.; Pendiuc/RUM, 14.2.2017, §§ 85 (unzureichende Unterbringung einer Schwangeren); Alexandru Enache/RUM, 3.10.2017, §§ 42 ff.; OLG Celle StraFo **2017** 167 = StV **2018** 579; StraFo **2017** 287.

760 EGMR (GK) Muršić /KRO, 20.10.2016, § 138; Walasek/PL, 18.10.2018, § 25 (30 min Bewegung und sonstige Beschäftigung außerhalb der Zelle bei weniger als 3 m² genügen nicht zur Kompensation, wenn JVA „Milderungsmaßnahmen" nicht konkret benennen kann); Corallo/NL, 9.10.2018, §§ 35 ff. (Verstoß bei 114 Tagen Unterbringung in einer 16 m² großen Zelle, die mit bis zu 6 Personen belegt ist); Laniauskas u. Januška/LIT, 25.9.2018, §§ 31 ff.; Oskirko/LIT, 25.9.2018; Pekov u. Andreeva/GR, 6.9.2018 (20 m² bei bis zu 11 Insassen); Daoukopoulos/GR, 12.7.2018, §§ 26 ff. In Bezug auf Art. 4 EUC auch EuGH (GK) 15.10.2019, C-128/18 (Dorobantu).

761 EGMR Alexandru Enache/RUM, 3.10.2017, §§ 44; zur Körperhygiene im Strafvollzug: OLG Hamm Beschl. v. 10.11.2015 – 1 Vollz (Ws) 458/15 (**tägliche Möglichkeit zum Duschen nicht notwendig**, außer bei schweißtreibender Arbeit und Sport); Beschl. v. 5.1.2016 – 1 Vollz (Ws) 529/15; Angleichungsgrundsatz verlangt mindestens vier Mal pro Woche Möglichkeit, Körperhygiene mit **warmem Wasser** durchzuführen).

tion führen kann.[762] In diesem Fall liegt *jedenfalls* bei Haftraumgrößen mit einer **Fläche von weniger als 6 m²** pro Gefangenem ein Verstoß gegen Art. 3 vor,[763] was in der Rechtsprechung deutscher Gerichte auch weitgehend umgesetzt ist.[764]

268   Das BVerfG hingegen scheint es für möglich zu halten, dass menschenwürdige Haftbedingungen auch bei einer anteiligen Grundfläche von unter 6 m² vorliegen können, sofern andere Faktoren die knappe Bodenfläche kompensieren.[765] Zugleich hat das BVerfG aber auch angemerkt, dass eine menschenunwürdige Unterbringung bei einer 7,8 m² großen doppelt belegten Zelle ohne baulich **abgetrennte Toilette** „nicht fernliegend" sei.[766] Eben dieses in der Rechtsprechung gelegentlich bemühte **„argumentative Zusammenspiel" von Haftraumgröße und Sanitärsituation** darf jedenfalls nicht zu dem Schluss verleiten, dass mit Erhöhung der Haftraumgröße (oder der Verringerung der Belegungsstärke) bei für sich betrachtet inakzeptablen sanitären Zuständen (mangelnde Abtrennung oder Belüftung) das Verdikt der menschenunwürdigen Haftsituation vermieden werden kann: Das

---

762 VerfGH Berlin Beschl. v. 3.11.2009 – VerfGH 184/07, StV **2010** 374 (3 Monate Unterbringung Einzelhaftraum von 5,25 m² mit räumlich nicht abgetrennter Toilette; zeitweise zwischen 15 und fast 21 Stunden unter Verschluss; Verstoß gegen die Menschenwürde); BVerfG NJW **2011** 137 (Gebot effektiven fachgerichtlichen Rechtsschutzes gegen die kurzzeitige Unterbringung eines Strafgefangenen in einem mit **gewaltverherrlichenden rassistischen Schmierereien** versehenen Haftraum des Transporthauses einer JVA); vgl. auch EGMR Marouggas/GR, 4.10.2018 (nur eine Stunde Heizung und max. 2 h warmes Wasser pro Tag bei einer Haftraumgröße von 24 m² inklusive Toiletten für 10 Insassen); J.M.B. u.a./F, 30.1.2020, § 257; zum Ganzen auch *Lubrich* 123, 138 f.; siehe aber auch BVerfG NStZ-RR **2020** 186 (kein Anspruch auf **Sichtschutzvorhang** in Einzelzelle; jedoch immerhin Anspruch auf besondere Rücksichtnahme durch die Bediensteten der JVA, etwa durch Anklopfen/vernehmbare Ankündigung des Betretens); BVerfG (K) Beschl. v. 8.12.2020 – 1 BvR 149/16, Rn. 17; zudem: LG Regensburg Beschl. v. 20.1.2022 – SR StVK 245/21, BeckRS **2022** 390 (Toilette ohne ausreichenden Sichtschutz; besondere Rücksichtnahme des Personals bei Betreten erforderlich, z.B. Klopfen/Ankündigung; sofortiges Eintreten nur bei Gefahr im Verzug).

763 Die „schematische Festlegung allgemeiner Maßzahlen" aus *verfassungsrechtlicher* Sicht ablehnend: BVerfG (K) Beschl. v. 8.12.2020 – 1 BvR 149/16, Rn. 18.

764 Zur Umsetzung dieser Rechtsprechung nebst Rechtsfolgenseite (zu trennen von der Frage der Menschenunwürdigkeit der Unterbringung), d.h. einer **Entschädigungspflicht im Falle menschenunwürdiger Unterbringung**: BVerfG EuGRZ **2011** 177 = NJW-RR **2011** 1043 = StraFo **2011** 142; BVerfG NJW **2006** 1580; BGH NJW-RR **2010** 1465 = MDR **2010** 743 = FS **2010** 235 = StraFo **2011** 157 zum Anspruch auf Schadensersatz wegen menschenunwürdiger Haftbedingungen in der JVA und der Frage der Kausalität zwischen dieser und der Nichteinlegung eines Rechtsmittels); BGH NJW **2006** 306; NJW **2006** 3572; OLG Frankfurt NStZ **1985** 572 (überbelegte Zelle); NJW **2003** 2843; OLG Celle NJW **2004** 2766; OLG Naumburg NJW **2005** 514; OLG Frankfurt NStZ-RR **2005** 155; OLG Hamm Beschl. v. 20.1.2005 – 1 Vollz (Ws) 147/04; OLG Hamburg OLGR **2005** 306; OLG Hamm NStZ-RR **2009** 326 = StRR **2009** 36 m. Anm. *Artkämper* = FS **2009** 206 mit krit. Anm. *Krä*; dagegen: OLG Celle NStZ-RR **2003** 316; OLG Karlsruhe NStZ-RR **2005** 224; OLG Köln FS **2010** 108 (Erheblichkeitskriterium für Geldentschädigung; Vorrang des Primärrechtsschutzes) m. krit. Anm. *Neubacher/Eichinger*. Zum Antrag nach § 109 StVollzG als zu erschöpfender Rechtsbehelf bei menschenunwürdiger Unterbringung (Art. 1 GG; Art. 3): BGH Urt. v. 11.3.2010 (s.o.) hier bezogen auf § 839 Abs. 3 BGB – Amtshaftung) m. Anm. *Artkämper* StRR **2010** 275. Zur Unzulässigkeit der Pfändung eines Geldentschädigungsanspruchs wegen menschenunwürdiger Haftbedingungen: BGH Beschl. v. 5.5.2011 – VII ZB 17/10; NJW-RR **2011** 959 = RPfleger **2011** 535 = WM **2011** 1141. Zur angemessenen Größe der **Verwahrräume für Sicherungsverwahrte**: OLG Naumburg Beschl. v. 30.11.2011 – 1 Ws 64/11, FS **2012** 55 (Mindestgröße 20 m² zzgl. eigener Nasszelle und eigener Kochgelegenheit mit Kühlschrank) m. krit. Anm. *Arloth*; OLG Hamburg Beschl. v. 12.3.2013 – 3 Vollz (Ws) 37/12, R&P **2013** 179.

765 In diese Richtung lässt sich BVerfG (K) Beschl. v. 8.12.2020 – 1 BvR 149/16, Rn. 17 verstehen, wird dort jedoch im Ergebnis offengelassen; vgl. auch BVerfG (K) NStZ-RR **2013** 91 (Grundfläche von „nur wenig über 6 m² [...] an der unteren Grenze des Hinnehmbaren, verletzt aber – jedenfalls wenn es sich [...] um eine Unterbringung im wohngruppennahen Vollzug mit weitreichenden Möglichkeiten der Zeitverbringung außerhalb des Haftraums handelt – noch nicht die Menschenwürde").

766 BVerfG (K) Beschl. v. 8.12.2020 – 1 BvR 149/16, Rn. 20.

Mindestmaß an Schwere des Eingriffs ist erreicht, wenn ein Gefangener – ohne ein konkretes und ernstes Sicherheitsrisiko oder einen sonstigen zwingenden Grund – auf seiner Zelle in Gegenwart anderer (Mithäftling, Sicherheitspersonal) die Toilette benutzen muss.[767] Bereits das Vorhandensein einer lediglich 120 cm hohen, dünnen Abtrennung der Toilette (Sichtschutz) kann genügen, um einen Verstoß gegen Art. 3 zu verneinen.[768]

Ein weiterer Aspekt ist die **Raumtemperatur**. So lag ein Verstoß gegen Art. 3 vor bei **269** der Unterbringung einer auf den Rollstuhl angewiesenen Gefangenen in einer **schlecht geheizten Zelle**, in der *sie* nur mit Hilfe des männlichen Gefängnispersonals ins Bett oder auf die Toilette gehen konnte.[769]

Zu einer menschenunwürdigen Haftsituation kann auch ein **Schlafentzug/-mangel 270** infolge **permanenter Beleuchtung der Zelle** oder aufgrund eines **Bettenmangels** führen.[770] Eine **Videoüberwachung** erreicht in der Regel nicht den für eine Verletzung von Art. 3 erforderlichen Schweregrad,[771] muss sich aber an den Vorgaben des Art. 8 EMRK messen lassen.[772] Gleiches gilt für den **Zwang zu körperlichen Übungen** oder die Unterbringung in einem **Hochsicherheitstrakt**, *wenn* dies die Informationsmöglichkeiten und Kontakte mit anderen Menschen nicht ausschließt.[773]

Die Schwelle der Verletzung von Art. 3 wird auch bei **feuchten Zellenwänden und 271 feuchter Zimmerdecke** aufgrund der mit einem solchen Zustand verbundenen schwerwiegenden Gesundheitsgefahren regelmäßig erreicht sein.[774] Die zum Teil uneinheitliche Judikatur des Gerichtshofs lehnt bisweilen die erforderliche Erheblichkeit der Einschränkung/Belastung ab, jedoch meist nur in Bezug auf eine kurze Verweildauer.[775]

Einer inhaftierten Person muss stets vollzugstaugliche **Kleidung** in einem der Art und 272 Dauer der Unterbringung (Temperaturen; Arbeitsbedingungen) angemessenem Umfang zur Verfügung stehen.[776]

Der Justizverwaltung ist unter dem Gesichtspunkt der unzulässigen Rechtsausübung 273 (§ 242 BGB) die **Aufrechnung mit einer Gegenforderung auf Erstattung offener Kosten**

---

[767] EGMR (GK) GEO/R, 3.7.2014, §§ 203, 205; Kehayov/BUL, 18.1.2005, §§ 71 ff. (auch auf fehlende Bewegungsfreiheit abgestellt); Sabev/BUL, 28.5.2013, §§ 21, 28, 99 (im Rahmen der Gesamtbetrachtung des EGMR wog sehr schwer, dass außerhalb der reglementierten Toilettengänge nur auf einen Eimer in der von mehreren Personen belegten Zelle zurückgegriffen werden konnte); Sulejmanovic/I, 6.11.2009.

[768] EGMR Szafranski/PL, 15.12.2015, §§ 25 ff. (Verstoß gegen Art. 8, da Abtrennung der Toiletten, ohne Türen, kein Mindestmaß an Privatsphäre bot); für Einzelhafträume dagegen: LGSt Wien JSt **2022** 74 (fehlende Abtrennung kein Verstoß gegen Menschenwürde).

[769] EGMR Price/UK, 10.7.2001; *Grabenwarter/Pabel* § 20, 65.

[770] EGMR Yakovenko/UKR, 25.10.2007, §§ 85, 89 (Insassen schliefen abwechselnd).

[771] EGMR Van der Graaf/NL (E), 1.6.2004 (4,5 Monate).

[772] Vgl. zum Einsatz von Videoüberwachung und künstlicher Intelligenz (KI) zur Suizidprävention im Justizvollzug: *Esser/Reißmann* JZ **2019** 975.

[773] EGMR Babar Ahmad u.a./UK, 10.4.2012, § 222 (allgemeine Haftbedingungen in US-Hochsicherheitsgefängnis); EKMR EuGRZ **1978** 314 (RAF-Terroristen, Stammheim); Meyer-Ladewig/Nettesheim/von Raumer/ *Meyer-Ladewig/Lehnert* 24.

[774] EGMR Eriomenco/MOL u. R, 9.5.2017, § 57 (feuchte Zellenwände sowie penetranter Schweiß- und Schimmelpilzgestank in Zellen ohne ausreichende Belüftung unmenschlich und erniedrigend).

[775] Äußerst zweifelhaft: EGMR Yurkevich/R (E), 18.2.2014, §§ 10, 28; erneut offengelassen in EGMR Mladenov u. Anagnostopoulos/GR, 16.10.2018, § 31 (vom Bf. nicht hinreichend dargelegt); vgl. EGMR Fetisov u.a./R, 17.1.2012, §§ 134, 138.

[776] OLG München Beschl. v. 29.3.2012 – 1 W 253/12, BeckRS **2012** 7945 (kein Anspruch auf täglich frische Unterwäsche; hier 10 Garnituren für 14 Tage).

des **Strafverfahrens** gegenüber dem Anspruch eines Strafgefangenen auf Geldentschädigung wegen menschenunwürdiger Haftbedingungen grundsätzlich verwehrt.[777]

274   **e) Verhältnis von Art. 3 EMRK/Art. 7 IPBPR zu Art. 10 IPBPR/Art. 8 EMRK.** Erreichen Haftbedingungen nicht den für einen Verstoß gegen Art. 3 EMRK/Art. 7 IPBPR erforderlichen Schweregrad einer Einzeleinwirkung,[778] kann im konkreten Einzelfall gleichwohl ein Verstoß gegen **Art. 8 EMRK und Art. 10 Abs. 1 IPBPR** vorliegen.[779] Umgekehrt ist Art. 3 nicht immer dann verletzt, wenn gegen das Gebot des Art. 10 Abs. 1 IPBPR verstoßen wird, dass ein Gefangener menschlich und mit Achtung der dem Menschen innewohnenden Würde zu behandeln ist.[780]

275   **6. Unmenschliche und erniedrigende Strafen.** Unmenschliche und erniedrigende Strafen werden ebenfalls von Art. 3 EMRK/Art. 7 IPBPR (von Letzterem zusätzlich: grausame; Rn. 2) erfasst. Das Verbot richtet sich sowohl an den **Gesetzgeber** bei der Schaffung von Strafvorschriften mit der generell-abstrakten **Festlegung von Strafarten und Strafrahmen/-höhen** auf der Rechtsfolgenebene als auch an das **Gericht** bei der konkreten **Strafzumessung**[781] als auch die mit dem **Vollzug bzw. der Vollstreckung** solcher Strafen betrauten staatlichen Stellen. Unter den Begriff der Strafe fallen im Rahmen von Art. 3 nach Sinn und Zweck der Regelung auch die **Maßregeln der Besserung und Sicherung**[782] (vgl. auch Art. 5 Rn. 121; Art. 7 Rn. 62 ff.).

276   Eine Strafe ist dann **unmenschlich**, wenn sie außer jedem gerechten Verhältnis zur Schwere der Tat und der Schuld des Täters steht.[783] Sie ist dann **erniedrigend**, wenn die unnötig verursachten Leiden oder Erniedrigungen über die mit jeder rechtmäßigen Bestrafung verbundenen Leiden und Demütigungen deutlich hinausgehen und (bei Freiheitsstrafen) einen durch die Erfordernisse des Strafvollzugs nicht zu rechtfertigenden (zusätzlichen) Leidensdruck von einer gewissen Schwere erzeugen.[784]

277   Eine Strafe fällt nicht schon deshalb unter das Verbot, weil sie aufgrund einer **öffentlichen Verhandlung** ausgesprochen wurde oder weil sie, was in der Natur der Sache liegt, eine mit dem Strafzweck verbundene **Missbilligung** des Verurteilten und seiner Tat

---

777   BGHZ **182** 301 = NJW-RR **2010** 167 = StraFo **2010** 42 = JR **2010** 489 m. Anm. *Lindemann* JR **2010** 469 = DRiZ **2011** 259.

778   Vgl. EGMR Guzzardi/I, 6.11.1980, EuGRZ **1983** 633 = NJW **1984** 544; Assenov/BUL, 28.10.1998; *Esser* 394 ff.

779   EGMR Szafrański/PL, 15.12.2015, § 34; vgl. *Nowak* Art. 10, 14; ferner Art. 5 Rn. 649 ff. (Art. 10 IPBPR).

780   Zu der auf die Intensität und die Bezogenheit auf die Einzelperson abstellenden Abgrenzung der Verletzungen des Art. 7 IPBPR von denen der Art. 10 Abs. 1 IPBPR vgl. *Nowak* Art. 10, 9 ff. IPBPR; HRC Sedhai/ NPL, 19.7.2013, 1865/2009, §§ 8.3, 8.6 (schwere Verstöße gegen Art. 7 u. 10 IPBPR; Ehemann wurde Ende 2003 vom Militär festgenommen; seither verschwunden; Zeugen-/Mitgefangenen-Berichte von schwerer Folter und Verletzungen des Mannes).

781   Meyer-Goßner/*Schmitt* 3; *Woesner* NJW **1961** 1384.

782   Vgl. dazu etwa EGMR Haidn/D, 13.1.2011, §§ 108 ff., NJW **2011** 3423 (Sicherungsverwahrung); *Grabenwarter/Pabel* § 20, 47.

783   EGMR (GK) Vinter u.a./UK, 9.7.2013, NJOZ **2014** 1582, § 102 („grossly disproportionate"); Trabelsi/B, 4.9.2014, § 112; der EGMR urteilt dabei tendenziell **restriktiv**, vgl. etwa Gatt/MLT, 27.7.2010, § 29; T/UK, 16.12.1999, §§ 96 f., 99 f. (lebenslange Freiheitsstrafe für Minderjährige; kein Verstoß bejaht); dazu auch: *Grabenwarter/Pabel* § 20, 47 („ausnahmsweise"; bei „Verhängung einer grob unverhältnismäßigen oder willkürlichen Strafe"); *Karpenstein/Mayer* 10 („hohe Eingriffsschwelle"); vgl. auch BayVerfGHE **5** 145; *Echterhölter* JZ **1956** 144.

784   EGMR Peers/GR, 19.4.2001, §§ 74 f.; (GK) M.S.S./B u. GR, 21.1.2011, §§ 220 ff., 233 f.; Portmann/CH, 11.10.2011, §§ 48, 56 f. (jeweils erniedrigende, unwürdige Haftbedingungen); vgl. *Esser* 382; *Rixen* FS Kerner 803 ff. (insbesondere zur Kompensation bei unwürdigen Haftbedingungen).

öffentlich ausdrücken,[785] eine gewisse **stigmatisierende Wirkung** hat und ihm als zur sog. Vergeltung oder zur Prävention Nachteile auferlegt.[786] Vorausgesetzt wird dabei allerdings, dass die Strafe sich nach Art und Maß in einem Rahmen hält, der in Anbetracht der jeweiligen Verfehlung nicht völlig unangemessen ist.

Gegen Art. 3 können alle mit dem allgemein akzeptierten Standard der Mitgliedstaa- **278** ten nicht mehr zu vereinbarenden **Strafandrohungen und Strafarten** verstoßen. Bei der Beurteilung, welches deviante Verhalten strafwürdig ist, sowie bei der Ausgestaltung der Straftatbestände im Einzelnen ist dem nationalen Gesetzgeber allerdings ein weiter **Spielraum** zuzubilligen. Die Verurteilung zu einer der Höhe nach **unbestimmten Freiheitsstrafe** wurde auch bei einem elfjährigen Kind nicht als erniedrigend oder unmenschlich angesehen.[787] Dagegen werden Strafarten, die nach der zum Aburteilungszeitpunkt erkennbaren **europäischen Rechtsauffassung**[788] als unmenschlich oder erniedrigend angesehen werden, vom Verbot erfasst, darunter etwa schwere **Leibesstrafen**.[789]

Dies gilt auch für die **Prügelstrafe**, die selbst in einer relativ gemäßigten Form als **279** eine erniedrigende Behandlung anzusehen ist.[790] Die Akzeptanz bzw. Ablehnung der Anwendung **körperlicher Gewalt gegen Kinder in der Familie** wird in Europa weiterhin kontrovers diskutiert. Noch 2015 rügte der Sozialausschuss des Europarats Frankreich, weil es die Anwendung von Prügel an Kindern nicht eindeutig verbietet (Verstoß gegen Art. 17 ESC). Erlaubt seien allenfalls leichte Formen der Gewalt zu erzieherischen Zwecken.[791] In Deutschland ist das Recht auf gewaltfreie Erziehung im häuslichen Bereich in **§ 1631 Abs. 2 BGB** verankert.

Auch die achtmalige **Bestrafung wegen Wehrdienstverweigerung** wurde vom EGMR **280** als erniedrigend gewertet.[792] Nicht entscheidend ist, ob die Strafart im jeweiligen Rechtskreis seit jeher üblich ist. Auch **herkömmliche Strafen** können nach der zum Aburteilungszeitpunkt geltenden Auffassung erniedrigend sein. **Außergewöhnliche** Strafen sind nicht schon deshalb konventionswidrig, weil es sich um neuartige und neu eingeführte Sanktionen handelt.[793]

Die **Todesstrafe** verstößt – jedenfalls seit dem Inkrafttreten des 13. ZP-EMRK am **281** 1.7.2003 – trotz der Vorbehalte in Art. 2 EMRK bzw. Art. 6 IPBPR – gegen Art. 3 EMRK.[794]

---

785 Vgl. EKMR EuGRZ **1988** 380 (Veröffentlichung des Urteils ist keine erniedrigende Strafe).

786 Vgl. EGMR Albert u. Le Compte/B, 10.2.1983 (Streichung in Ärzteliste); EKMR bei *Bleckmann* EuGRZ **1983** 415, 416 (Rückzahlung des Gehalts).

787 EGMR V/UK, 16.12.1999; Meyer-Ladewig/Nettesheim/von Raumer/*Meyer-Ladewig/Lehnert* 24 m.w.N.

788 Vgl. die Ausnahme in Art. 1 Abs. 1 Satz 2 UNCAT, dazu Rn. 179.

789 *Nowak* 14.

790 Zur Prügelstrafe auf der Isle of Man: EGMR Tyrer/UK, 25.4.1978; dazu *Riedel* EuGRZ **1977** 484; zu Stockschlägen in Schule: EKMR bei *Strasser* EuGRZ **1988** 47 (Brandt/UK); EGMR Costello-Roberts/UK, 25.3.1993 (drei Schläge mit Gymnastikschuh, Art. 3 nicht verletzt); A./UK, 23.9.1998 (wiederholte Stockschläge mit beträchtlicher Gewalt durch Stiefvater); vgl. *Frowein/Peukert* 10; *Grabenwarter/Pabel* § 20, 49; *Nowak* 16; *Esser* 383.

791 European Committee of Social Rights, Association for the Protection of All Children (APPROACH) Ltd. v. France, 92/2013; vgl. auch zur Auslegung des Art. 17 der Europäischen Sozialcharta im Hinblick auf die körperliche Züchtigung von Kindern: World Organisation Against Torture (OMCT) v. Portugal, Collective 34/ 2006).

792 EGMR Ülke/TRK, 24.1.2006, §§ 62 f.

793 *Nowak* 16 unter Hinweis auf die *travaux préparatoires*.

794 So bereits: *Trechsel* EuGRZ **1987** 69, 73 unter Hinweis auf die Änderung durch das 6. ZP-EMRK; vgl. dagegen: EGMR Soering/UK, 7.7.1989 m. Anm. *Blumenwitz*); dazu *Vogler* GedS Meyer 477.

In *Al Saadoon und Mufdhi*[795] hat der EGMR hierzu festgestellt, dass die Androhung der Todesstrafe als Folge des Wissens um den baldigen Tod physische Schmerzen und starke psychische Leiden hervorruft und deswegen als unmenschlich und erniedrigend angesehen werden kann.[796] Ein solcher Verstoß gegen Art. 3 war zuvor nur bei Vorliegen besonderer Umstände anerkannt, etwa bei einer extrem langen Zeitspanne, die ein Verurteilter in der **Todeszelle** unter besonderen Haftbedingungen verbringen musste (**„Death-Row-Phenomenon"**)[797] oder wegen einer besonders **grausamen Form ihrer Vollstreckung**, die sogar den Tatbestand der Folter erfüllen kann.[798]

282   Auch die (zulässige) Verhängung der Todesstrafe könnte eine unmenschliche Behandlung darstellen, wenn der Verurteilte nicht das wegen der Strafe erforderliche **Höchstmaß an einem fairen Verfahren** hatte,[799] auch wenn die Todesstrafe später aufgrund einer Gesetzesänderung in lebenslange Freiheitsstrafe umgewandelt wurde.

283   Droht dem Verfolgten **nach der Auslieferung oder Abschiebung** (Rn. 73 ff.) die Verurteilung zu einer bzw. die Vollstreckung einer bereits verhängten Todesstrafe, steht die mit den Zusatzprotokollen zu den Menschenrechtspakten[800] übereinstimmende Wertentscheidung des Grundgesetzes gegen die Todesstrafe (**Art. 102 GG**) nach § 8 IRG auch einer Auslieferung entgegen, sofern nicht der ersuchende Staat (vgl. Art. 11 EuAlÜbk) verbindlich zusichert (Rn. 146), dass sie nicht vollstreckt wird.[801] Ein Abschiebungsverbot nach § 60 Abs. 5 AufenthG i.V.m. Art. 3 soll jedenfalls dann nicht gegeben sein, wenn die Todesstrafe durch den Zielstaat der Abschiebung **stets** in eine lebenslange oder zeitige Freiheitsstrafe umgewandelt und der Verurteilte eine effektive Überprüfung der gegen ihn verhängten Strafe mit Aussicht auf Herabsetzung der Haftdauer erwirken kann.[802] Zahlrei-

---

795 EGMR Al Saadoon u. Mufdhi/UK, 2.3.2010, § 144 (Verletzung von Art. 3; Auslieferung eines Irakers an die irakischen Behörden, obwohl mit einer Verurteilung zur Todesstrafe zu rechnen war), zum Verhältnis von Auslieferung bei drohender Todesstrafe und einem Verstoß gegen Art. 2 sowie Art. 1 des 13. ZP-EMRK vgl. dort § 123.

796 Bestätigt durch EGMR A.L. (X.W.)/R, 29.10.2015, § 64: „[...] the Court considers that the finding made in the case of *Al-Saadoon* and *Mufdhi* – namely that **capital punishment has become an unacceptable form of punishment that is no longer permissible under Article 2 as amended by Protocols Nos. 6 and 13 and that it amounts to ‚inhuman or degrading treatment or punishment‘ under Article 3** [...] – applies fully to Russia, even though it has not ratified Protocol No. 6 or signed Protocol No. 13. Russia is therefore bound by an obligation that stems from Articles 2 and 3 not to extradite or deport an individual to another State where there exist substantial grounds for believing that he or she would face a real risk of being subjected to the death penalty there."; vgl. auch: EGMR Al Nashiri/RUM, 8.10.2018, §§ 728–729; Al Nashiri/PL, 24.7.2014, §§ 576–579.

797 EGMR Soering/UK, 7.7.1989, abgestellt auf Einzelfall); HRC Mwamba/ZM, 30.4.2010, 1520/2006 (Art. 7 IPBPR; zum Tode Verurteilte musste über 8 Jahre in der Todeszelle auf die Verhandlung in der nächsthöheren Instanz warten); Privy Council EuGRZ **1996** 162; vgl. aber auch EKMR (Kirkwood) bei *Trechsel* EuGRZ **1987** 69, 72; ferner *Kühne* JZ **2003** 670 zu EGMR (K) Öcalan/TRK, 12.3.2003 (reales Risiko der Vollstreckung der Todesstrafe).

798 *Nowak* 16; SZ v. 18./19.1.2014, 10 „Qualvolles Experiment": Erstickungstod eines Hingerichteten (USA), Ohio hatte wegen Boykotten europäischer Hersteller eine neuartige Giftmischung verwendet.

799 EGMR (GK) Öcalan/TRK, 12.5.2005; (K) 12.3.2003; dazu *Breuer* EuGRZ **2003** 449; *Kühne* JZ **2003** 670; EGMR Iorgov/BUL, 11.3.2004, § 72.

800 6. und 13. ZP-EMRK; 2. FP-IPBPR; Art. 2 Rn. 47.

801 Vgl. *Vogler* NJW **1994** 1433; Meyer-Goßner/*Schmitt* 4; weitergehend OLG Düsseldorf StV **1994** 34: allgemeines völkerrechtliches Verbot; siehe auch: EGMR Al-Saadoon u. Mufdhi/UK, 2.3.2010. Zur Zuverlässigkeit solcher Zusicherungen EGMR Rrapo/ALB, 25.9.2012, §§ 72 f.; Harkins u. Edwards/UK, 17.1.2012, §§ 86, 91; (GK) Harkins/UK, 15.6.2017 (als unzulässig abgewiesen).

802 BVerwG NVwZ **2018** 1395; gebilligt durch BVerfG NVwZ **2018** 1390; EGMR Saidani/D, 4.9.2018, NVwZ **2019** 1585.

che Auslieferungsverträge mit Drittstaaten, in denen die Todesstrafe als Sanktionsform vorgesehen ist, sehen mittlerweile vor, dass eine Pflicht zur Auslieferung und Überstellung nicht besteht, wenn der betroffene Drittstaat keine derartige Zusicherung abgibt.[803] Eine unmissverständliche Befolgung des Verbots der Todesstrafe kann allerdings letztlich nur darin liegen, eine Auslieferung immer von der Zusicherung abhängig zu machen, dass die Todesstrafe gar nicht erst verhängt wird – was aber der ersuchende Staat aus Gründen der Gewaltenteilung kaum garantieren können wird.

Die Verhängung und Vollstreckung einer **lebenslangen Freiheitsstrafe** verstößt nach **284** derzeitiger Judikatur des EGMR (Stand: März 2023) nur dann nicht gegen Art. 3, wenn für den Verurteilten die Möglichkeit einer **regelmäßigen Überprüfung** („possibility of review") der Haftfortdauer im Hinblick auf ihre Umwandlung, Ermäßigung, Beendigung und dem Ziel einer vorzeitigen Entlassung besteht.[804] Dies gilt auch bei einer voraussichtlichen **Vollstreckungsdauer** von 30[805] oder mehr als 20 Jahren;[806] eine Dauer von **40 Jahren**, bevor die Überprüfung erstmals möglich ist, hat der EGMR hingegen als zu lang eingestuft.[807]

Ein Verstoß liegt vor, wenn der Betroffene tatsächlich nicht entlassen wird, wenn eine **285** konventionskonforme **Hafthöchstdauer erreicht** ist; zum Zeitpunkt der Verhängung der Strafe und zu Beginn des Vollzugs genügt es insoweit, dass die realistische Möglichkeit zur Erreichung einer vorzeitigen Freilassung besteht („**praktische Chance auf Wiedererlangung der Freiheit**"),[808] wenngleich die Freilassung etwa wegen der nachgewiesenen Gefährlichkeit des Betroffenen später abgelehnt wird.[809]

---

803 Vgl. Art. 13 des am 1.2.2010 in Kraft getretenen Abkommens zwischen der Europäischen Union und den Vereinigten Staaten von Amerika über Auslieferung und Rechtshilfe in Strafsachen (vgl. Beschluss des Rates v. 6.6.2003, ABlEU Nr. L 181 v. 19.7.2003 S. 25) gemäß dem Beschluss v. 23.10.2009 (ABlEU Nr. L 325 v. 11.12.2009 S. 4).

804 EGMR (GK) Kafkaris/ZYP, 12.2.2008, §§ 97–98, NJOZ **2010** 1599 (auch ohne Mindeststrafe trotz der damit verbundenen Unsicherheit kein Verstoß; jedenfalls kein schützenswertes Vertrauen in die Ankündigung der vorzeitigen Entlassung durch die Gefängnisleitung, wenn das Gericht die Dauer einer lebenslangen Strafe konkretisiert hat); Garagin/I (E), 29.4.2008 (Verkürzung *de jure* und *de facto* möglich; überdies gemilderte Haftbedingungen); (GK) A u.a./UK, 19.2.2009, § 128, NJOZ **2010** 1903 = NJW **2010** 3359 (Ls.); Hawkins u. Edwards/UK, 17.1.2012; (GK) Vinter u.a./UK, 9.7.2013, §§ 108 ff., 119 ff. (zur Reaktion der englischen Rechtsprechung auf *Vinter u.a.*: EGMR (GK) Hutchinson/UK, 17.1.2017, §§ 56 ff., 65: die Formulierung „humanitäre Gründe" („release on compassionate grounds") müsse und könne konform mit Art. 3 ausgelegt werden; auch Kriterium der „außergewöhnlichen Umstände" ausreichend konkret: EGMR Harakchiev u. Tolumov/BUL, 8.7.2014, §§ 251 ff. (§§ 51–107, 248–262 ausführlich zur lebenslangen Freiheitsstrafe im bulgarischen Recht); Meixner/D (E), 3.11.2009, EuGRZ **2010** 283 = NJOZ **2011** 237 (Ablehnung eines Antrags nach § 57a StGB; Vollzugsdauer 25 Jahre); für die Entscheidung über eine Auslieferung, wenn dem Bf. lebenslange Freiheitsstrafe droht: Rn. 87 ff.; HRC Blessington, Elliot/AUS, 22.10.2014, 1968/2010, §§ 7.2 ff., 7.12 (Verletzung von Art. 7 IPBPR; lebenslange Freiheitsstrafe bei Jugendlichen ohne Möglichkeit auf vorzeitige Freilassung). Einen Überblick zur Rechtsprechung bei: *Esser/Milles* Zur Judikatur: Esser/Milles Life imprisonment in extradition cases in the light of the ECHR, La legislazione penale, 28.10.2023.

805 EGMR Bodein/F, 13.11.2014, §§ 58, 61.

806 EGMR Streicher/D (E), 10.2.2009; Meixner/D (E), 3.11.2009. Zur Statistik in Deutschland siehe die KrimZ-Berichte: Dessecker/Rausch (Hrsg.), Die Vollstreckung lebenslanger Freiheitsstrafen – Dauer und Gründe der Beendigung im Jahr 2019 (2021).

807 EGMR T.P. u.A.T./H, 4.10.2016, §§ 40 ff.; zum Sonderfall der Auslieferung eines „Computer-Hackers" in die USA, dem dort über 200 Jahre Haft drohen können: BVerfG WM **2015** 65.

808 Vgl. BVerfG NVwZ **2018** 1390 (Tunesien); KG NStZ-RR **2018** 326 (Russland).

809 EGMR (GK) Vinter u.a./UK, 9.7.2013, § 108; (GK) Hutchinson/UK, 17.1.2017, § 29; zu bejahen ist der Verstoß jedoch dann, wenn dem Häftling keine angemessene Therapie seiner psychischen Krankheit gewährt wird, welche den Grund für die Ablehnung der Freilassung darstellt: EGMR (GK) Murray/NL, 26.4.2016, §§ 115, 122 ff. m. Anm. *Pabel/Sündhofer* JSt **2016** 472.

286   Ist die lebenslange Freiheitsstrafe de jure oder de facto nicht herabsetzbar, ist Art. 3 regelmäßig verletzt.[810] Nicht als Form der „Überprüfung" oder der Möglichkeit hierzu anzusehen sind die Möglichkeit einer Freilassung aus humanitären Gründen, etwa wegen schwerer Erkrankung,[811] oder die Möglichkeit einer Begnadigung durch den Staatschef ohne Festschreibung der dabei zu berücksichtigenden Kriterien.[812] Zu beachten ist, dass – unabhängig von den Bedenken gegen die lebenslange Freiheitsstrafe als Strafform als solche – die **Haftbedingungen** bei einer langzeitigen Freiheitsstrafe eine Verletzung von Art. 3 begründen können (Rn. 92).[813]

287   Gemäß **§ 83 Abs. 1 Nr. 4 IRG** ist die Auslieferung auf der Grundlage eines Europäischen Haftbefehls rechtswidrig, wenn die dem Ersuchen zugrunde liegende Tat nach dem Recht des ersuchenden Mitgliedstaats mit lebenslanger Freiheitsstrafe oder einer sonstigen lebenslangen freiheitsentziehenden Sanktion bedroht ist oder der Verfolgte zu einer solchen Strafe verurteilt worden war und eine **Überprüfung** der Vollstreckung der verhängten Strafe oder Sanktion auf Antrag oder von Amts wegen nicht spätestens nach 20 Jahren erfolgt. Als eine solche Art der „Überprüfung" soll nach Ansicht deutscher Gerichte die Möglichkeit einer **Begnadigung** ausreichen, wenn dieses Verfahren die Aussetzung der lebenslangen Freiheitsstrafe ermöglicht und dem Verurteilten einen Anspruch auf eine sachliche Kriterien berücksichtigende Entscheidung über sein Gnadengesuch einräumt.[814]

288   Auch über die Todesstrafe und die lebenslange Freiheitsstrafe hinaus können **freiheitsentziehende Strafen** wegen ihrer im Einzelfall mit dem **Gerechtigkeitsgebot** und dem Grundsatz der Verhältnismäßigkeit **unvereinbaren Höhe** als unmenschlich oder grausam eingestuft werden.[815] Die Strafe oder sonstige Maßregel muss dann allerdings nicht nur hart, sondern so schwer und in so einem Ausmaß **exzessiv** sein, dass sie unter keinem Blickwinkel mehr als dem Schuldausgleich dienende („gerechte") und nachvollziehbare staatliche Reaktion auf das Verhalten des Betroffenen verstanden werden kann. Das ist etwa dann der Fall, wenn sie offensichtlich gegen das auch von Verfassungs wegen zu beachtende **Übermaßverbot** verstößt, weil sie **völlig außer Verhältnis zum Unrechtsgehalt** der Tat steht,[816] *oder* wenn sie nur dazu dient, am Täter ohne Rücksicht auf persön-

---

810   BVerfG NVwZ **2018** 1390, 1393 ff.

811   EGMR Öcalan/TRK (Nr. 2), 18.3.2014, § 203 („aggravated life imprisonment"); Kayatan/TRK, 15.9.2015, § 65.

812   EGMR László Magyar/H, 20.5.2014, §§ 57 f. m. Anm. *Küpper* OER **2014** 516 u. Bespr. *Nagy* ZIS **2016** 199; auf dieses Urteil nimmt Bezug: KG NStZ-RR **2016** 122, 123 = StV **2016** 241 = StraFo **2016** 157. Zur weiteren Entwicklung und Gesetzesänderung in Ungarn siehe EGMR T.P. u.A.T./H, 4.10.2016, §§ 17, 40 ff. (ein Verfahren, in dem über die Begnadigung von zu lebenslanger Freiheitsstrafe Verurteilten entschieden wird, ist verpflichtend nach 40 Jahren Strafhaft [§ 45: U-Haft nicht mitgerechnet] einzuleiten).

813   Bejahend etwa: EGMR Shlykov u.a./R, 19.1.2021, §§ 67 ff., 95.

814   BGHSt 57 258, 264 = NJW **2012** 2980 – Polen; **a.A.** noch OLG Düsseldorf StraFo **2011** 350, Tz. 10 ff.; OLG Düsseldorf Beschl. v. 5.10.2009 – III-4 Ausl (A) 145/09-609/09 III, Tz. 15 ff. Wie BGHSt 57 258 schon OLG Koblenz Beschl. v. 21.6.2007 – (1) Ausl-III-41/05 = OLGSt IRG § 10 Nr. 2, Rn. 29 ff.; OLG Dresden Beschl. v. 19.12.2011 – OLG Ausl 219/11, Rn. 5 ff.; vgl. auch OLG Köln NStZ-RR **2012** 260 (Ls.) – Niederlande; ablehnend in Bezug auf Ungarn: KG NStZ-RR **2016** 122, 123 = StV **2016** 241 = StraFo **2016** 157; hierzu auch *Mertens* NStZ-RR **2020** 164, 167 m.w.N.

815   EGMR (GK) Vinter u.a./UK, 9.7.2013, § 102.

816   OLG Stuttgart NJW **2002** 3188 (Freiheitsstrafe von einem Monat; Diebstahl einer Milchschnitte; Wert 0,26 EUR); vgl. auch *Böse* Anm. zu OLG Wien NStZ **2002** 669 (Verurteilung zu 845 Jahren Freiheitsstrafe wegen Vermögensdelikten in Florida ist unmenschlich und erniedrigend, Auslieferung zur Vollziehung dieser Strafe verstößt gegen Art. 3); OLG Zweibrücken Beschl. v. 22.4.2021 – 1 AR 12/20 A (EuHb; Auslieferung nach Griechenland; Beteiligung am Einschleusen von Ausländern; Freiheitsstrafe von 20 Jahren zzgl. Geldstrafe in Höhe von rund 2,3 Mio. Euro als unangemessene, unerträglich hohe Strafe mit der Folge eines Auslieferungsverbots nach § 73 Satz 1 IRG), NStZ-RR **2021** 223 = BeckRS **2021** 8805; **ablehnend** (§ 73 IRG) trotz

liche Schuld und das Tatunrecht um einer öffentlichen Zielsetzung (**Abschreckung**) willen ein **Exempel** zu statuieren.[817] Eine Haftfortdauer über den zur Verbüßung der Schuld erforderlichen Zeitraum hinaus kann jedoch durch Erwägungen des Risikos und der Gefährlichkeit einer Freilassung begründet sein.[818] Die Grenzen nach den Konventionen entsprechen damit denjenigen, die Art. 1 Abs. 2, Art. 2 Abs. 2 GG i.V.m. dem Übermaßverbot innerstaatlich den Strafen gesetzt hat.[819] Das Verbot gilt **für alle Arten staatlicher Sanktionen**, auch für Disziplinarmaßnahmen gegen Gefangene.[820]

Nicht jedoch soll Art. 3 verletzt sein, wenn in Nichtkonventionsstaaten verhängte hohe **289** Strafen im Konventionsstaat vollstreckt werden (**Vollstreckungsübernahme**), zumindest wenn der Verurteilte selbst die Überstellung in den Konventionsstaat (der in der Regel der Heimatstaat sein wird) beantragt oder ihr zugestimmt hat.[821] Der EGMR geht pragmatisch vor und stellt fest, dass ein Strafvollzug im Urteilsstaat in der Regel härter wäre[822] und dass der Vollstreckungsstaat in Übernahmefällen nicht wie der ersuchte Staat in Auslieferungsfällen das Strafurteil als solches verhindern kann.[823] Der Gerichtshof weist zutreffend darauf hin, dass die Vollstreckungsübernahme oft im Interesse der Betroffenen liegt,[824] ist sich dabei aber der Gefahr bewusst, auch wenn er es nicht ausdrücklich sagt, dass zumindest der im konkreten Fall betroffene Urteilsstaat keinen weiteren solchen Überstellungen zustimmen wird, wenn der Vollstreckungsstaat sich nicht vertragstreu zeigt bzw. seine Zusicherungen zur Vollstreckung nicht einhält.

Der Umstand allein, dass eine Freiheitsstrafe auch noch gegen **hochbetagte Straftä- 290 ter** vollstreckt wird, verstößt nicht gegen Art. 3.[825] Allerdings sind in dieser Frage stets auch der Gesundheitszustand des Inhaftierten und die medizinische Versorgung in der Haft als **Haftbedingungen** zu berücksichtigen.[826]

Übersteigen des deutschen Strafrahmens um ein Jahr: OLG München NStZ-RR **2016** 323 (Fahrlässige Tötung im Straßenverkehr, Freiheitsstrafe 6 Jahre).

817 *Woesner* NJW **1961** 1384.

818 EGMR Léger/F, 11.4.2006, §§ 90 f. (nicht in Frage gestellt durch GK, 30.3.2009, wegen des Todes des Bf. nicht mehr in der Sache entschieden).

819 BVerfGE **6** 389, 439; **45** 187, 228; **50** 125, 133; **72** 105, 116; Meyer-Goßner/*Schmitt* 3.

820 VGH Bremen DÖV **1956** 703; Meyer-Goßner/*Schmitt* 3.

821 EGMR Willcox u. Hurford (E), 8.1.2013, §§ 74 ff.; im konkreten Fall waren die Strafen nach Einschätzung des EGMR nicht exorbitant (§ 77; siehe aber auch § 72).

822 EGMR Willcox u. Hurford (E), 8.1.2013, § 79.

823 EGMR Willcox u. Hurford (E), 8.1.2013, §§ 74 f. Zwar ließe sich einwenden, dass der ersuchte Staat ein Abwesenheitsurteil nicht verhindern könnte, jedoch wird jenes keine Bedeutung erlangen, wenn nicht ausgeliefert wird.

824 EGMR Willcox u. Hurford (E), 8.1.2013, § 76.

825 EGMR Priebke/I (E), 5.4.2001; Sawoniuk/UK, 29.5.2001, Papon/F (Nr. 1) (E), 7.6.2001; Meyer-Ladewig/Nettesheim/von Raumer/*Meyer-Ladewig/Lehnert* 42.

826 EGMR Renolde/F, 16.10.2008, §§ 120 ff.; Farbtuhs/LET, 2.12.2004, §§ 56 ff.

EMRK
Artikel 4 Verbot der Sklaverei und der Zwangsarbeit

(1) Niemand darf in Sklaverei oder Leibeigenschaft gehalten werden.

(2) Niemand darf gezwungen werden, Zwangs- oder Pflichtarbeit zu verrichten.

(3) Nicht als „Zwangs- oder Pflichtarbeit" im Sinne dieses Artikels gilt:

a) eine Arbeit, die üblicherweise von einer Person verlangt wird, der unter den Voraussetzungen des Artikels 5 die Freiheit entzogen oder die bedingt entlassen worden ist;

b) eine Dienstleistung militärischer Art oder eine Dienstleistung, die an die Stelle des im Rahmen der Wehrpflicht zu leistenden Dienstes tritt in Ländern, wo die Dienstverweigerung aus Gewissensgründen anerkannt ist;

c) eine Dienstleistung, die verlangt wird, wenn Notstände oder Katastrophen das Leben oder das Wohl der Gemeinschaft bedrohen;

d) eine Arbeit oder Dienstleistung, die zu den üblichen Bürgerpflichten gehört.

IPBPR
Artikel 8

(1) Niemand darf in Sklaverei gehalten werden; Sklaverei und Sklavenhandel in allen ihren Formen sind verboten.

(2) Niemand darf in Leibeigenschaft gehalten werden.

(3)

a) Niemand darf gezwungen werden, Zwangs- oder Pflichtarbeit zu verrichten;

b) Buchstabe a ist nicht so auszulegen, daß er in Staaten, in denen bestimmte Straftaten mit einem mit Zwangsarbeit verbundenen Freiheitsentzug geahndet werden können, die Leistung von Zwangsarbeit auf Grund einer Verurteilung durch ein zuständiges Gericht ausschließt;

c) als „Zwangs- oder Pflichtarbeit" im Sinne dieses Absatzes gilt nicht

   i)   jede nicht unter Buchstabe b genannte Arbeit oder Dienstleistung, die normalerweise von einer Person verlangt wird, der auf Grund einer rechtmäßigen Gerichtsentscheidung die Freiheit entzogen oder die aus einem solchen Freiheitsentzug bedingt entlassen worden ist;

   ii) jede Dienstleistung militärischer Art sowie in Staaten, in denen die Wehrdienstverweigerung aus Gewissensgründen anerkannt wird, jede für Wehrdienstverweigerer gesetzlich vorgeschriebene nationale Dienstleistung;

   iii) jede Dienstleistung im Falle von Notständen oder Katastrophen, die das Leben oder das Wohl der Gemeinschaft bedrohen;

   iv) jede Arbeit oder Dienstleistung, die zu den normalen Bürgerpflichten gehört.

Schrifttum (Auswahl)

Bleckmann Bundesverfassungsgericht versus Europäischer Gerichtshof für Menschenrechte EuGRZ **1995** 387; *Bliesener* Die Resozialisierungsfunktion der Arbeit und der schulisch-beruflichen Qualifizierung in Haft, FS **2022** 254; *Bock* ZIS **2013** 201; *Bürger* ZIS **2017** 169; *Drenkhahn* Gefangenenarbeit und Resozialisierung, FS **2022** 176 (Teil 1), FS **2022** 276 (Teil 2); *Fahrenhorst* Bedeutung der „Zwangs- oder Pflichtarbeit" (Art. 4 Abs. 2 und 3 EMRK) – Anmerkung zum Fall Van der Mussele, EuGRZ **1985** 477, 485; *Bressan* Criminal Law against Human Trafficking within the EU: A Comparison of an Approximated Legislation, EuJCCCJ **2012** 137; *Evju* The European Social Charter

and the International Labour Organisation – interlinks past and present (2013) 146; *Goerdeler* Die Gefangenenentlohnung vor dem Bundesverfassungsgericht, FS **2022** 173; *Hempel* Menschenhandel zum Zweck der sexuellen
Ausbeutung (2011); *Heppe* Die strafrechtliche Bekämpfung des Menschenhandels auf internationaler, europäischer und nationaler Ebene (2013); *Herring* Domestic Abuse and Human Rights (2020); *Hildebrand* Die Bekämpfung der Zwangsheirat in Deutschland (2015); *Jehle* Lohnt sich Gefangenenarbeit? FS **2022** 259; *Jelinek* Mindest-
lohn für Inhaftierte, FS **2022** 272; *Karabayir-Günay* Der Menschenhandel – unter besonderer Berücksichtigung
völkerrechtlicher Verträge (2020); *Köhler* Opferschutz im Bereich des Menschenhandels: Eine Analyse der völker-
und europarechtlichen Vorgaben zum Aufenthalt (2016); *Kreuzer* Prostitutionsgesetzgebung und Opferschutz,
ZRP **2016** 148; *Lindner* Die Effektivität transnationaler Maßnahmen gegen Menschenhandel in Europa (2014); *Meier* Neues aus Europa? Die Opferschutzrichtlinie der EU, FS Wolter (2013) 1387; *Mertens* Die Zulässigkeit von Arbeitszwang und Zwangsarbeit nach dem Grundgesetz und der Europäischen Konvention für Menschenrechte
und Grundfreiheiten (1964); *Ofosu-Ayeh* Die Strafbarkeit des Menschenhandels und seine Ausbeutungsformen:
§§ 232–232b StGB (2020); *ders.* Erfasst Art. 4 EMRK auch die Zwangsprostitution? – Anmerkung zum Urteil des
EGMR vom 19.7.2018 – 60561/14, HRRS **2019** 134; *Pati* Der Schutz der EMRK gegen Menschenhandel NJW **2011** 128;
Petschke Die Neuregelung des Menschenhandels im Strafgesetzbuch – zwischen europarechtlichen Pflichten und
politischen Kompromissen, KJ **2017** 236; *Pfuhl* Menschenhandel zum Zweck der sexuellen Ausbeutung (§§ 232,
233a StGB (2012); *Post* Kampf gegen Menschenhandel im Kontext des europäischen Menschenrechtsschutzes
(2008); *Radetzki* Gefangenenentlohnung im Wandel der Zeit – ist diese in der Höhe noch angemessen? FS **2022**
181; *Ritter* Art. 4 EMRK und das Verbot des Menschenhandels – Eine Untersuchung zu den positiven Pflichten der
Bundesrepublik Deutschland zur Bekämpfung des Menschenhandels im Kontext des europäischen Menschenrechtsschutzes (2014); *Samuel* The long Way towards more Social Rights in Europe, FS Lörcher (2013) 137; *Schönhöfer* Political determinants of efforts to protect victims of human trafficking, Crime Law Soc Change **2017** 153; *Schumacher* Die Rechte der Migrant Domestic Workers nach dem ILO-Übereinkommen 189. Ein Beispiel: Äthiopien,
FS Lörcher (2013) 62; *Seesko* Die Strafbarkeit von Zwangsverheiratungen nach dem StGB und dem VStGB (2017);
Tretter Entwicklung und gegenwärtige Bedeutung der Internationalen Sklavereiverbote, FS Ermacora (1988) 527;
Vašek Verpflichtender Sozialdienst und MRK, ÖJZ **2011** 158; *Villacampa Estiarte* The European Directive on Preventing and Combating Trafficking in Human Beings and the Victim-Centric Treatment of this Criminal Phenome-
non EuCLR **2012** 291; *Weiß/Höfer* Zum unzureichenden Schutz vor Zwangsprostitution in Deutschland, NJOZ **2021**
1473; *Witz* Importware Frau – Eine kriminologisch- strafrechtliche Untersuchung von Zwangsprostitution in
Deutschland mit dem Fokus auf Osteuropäerinnen (2017); *Zimmer* Wirkungsweise, Auslegung und Implementierung der Standards der Internationalen Arbeitsorganisation in Deutschland, FS Lörcher (2013) 29; *Zimmermann*
Die Strafbarkeit des Menschenhandels im Lichte internationaler und europarechtlicher Rechtsakte (2010).

Übersicht

I. Allgemeines
   1. Völker- und europarechtliche Ent-
      wicklung
     a) Verbot der Sklaverei und
        Leibeigenschaft ━━ 1
     b) Verbot der Zwangs- und
        Pflichtarbeit ━━ 34
     c) Zwingende Regeln des allge-
        meinen Völkerrechts ━━ 36
   2. Notstandsfestigkeit ━━ 37
   3. Innerstaatliches Verfassungs-
      recht ━━ 38
II. Adressat der Verpflichtungen ━━ 39
III. Verbot der Sklaverei und der Leibeigen-
    schaft
   1. Sklaverei ━━ 51
   2. Leibeigenschaft ━━ 58
   3. Tragweite des Verbots ━━ 64

IV. Verbot der Zwangs- oder Pflichtarbeit
   1. Begriff der Zwangs- oder Pflichtar-
      beit ━━ 66
   2. Tatbestandliche Ausgrenzungen in
      Art. 4 Abs. 3 EMRK/Art. 8 Abs. 3
      lit. b, c IPBPR ━━ 76
     a) Zwangsarbeit als eigenständi-
        ge Strafe ━━ 77
     b) Arbeitspflicht während einer
        Freiheitsentziehung ━━ 78
     c) Militärdienst/
        Zivildienst ━━ 95
     d) Dienstleistungen im Fall von
        Notständen und Katastro-
        phen ━━ 97
     e) Normale Bürgerpflich-
        ten ━━ 98

Alphabetische Übersicht

Abschiebung 75
Arbeitsauflagen 94
Arbeitspflicht 78 ff., 86 ff.
Bürgerpflichten 98
CETS 201 8
CETS 210 9
Charta der Grundrechte der Europäischen Union 14
EGMR 40, 46 ff., 50, 60, 70, 81, 96
– Leibeigenschaft 60
– Schutz-/Verfahrenspflichten 40, 46 ff., 50
– Zwangs- oder Pflichtarbeit 70, 81, 96
Erniedrigende Behandlung i.S.v. § 4 AsylG 57
EU 16 ff., 25 ff.
– Better Migration Management 32
– EURESCL 30
– Plattform der Zivilgesellschaft zum Kampf gegen Menschenhandel 31
– RL 2004/80/EG (Opferentschädigung) 29
– RL 2011/36/EU 16, 18 f.
– RL 2012/29/EU 26
– Strategie für Opferrechte (2020–2025) 28
– Strategiepapier zur Beseitigung des Menschenhandels für die Jahre 2012–2016 17
Gewalt 9
Global Slavery Index 2018 85
GRETA 7, 11 f., 19, 48
Hartz-IV-Sanktionen 99
ILO-Übereinkommen Nr. 189 (ILO-189) v. 16.6.2011 61
Ius cogens 36
Konvention gegen Menschenhandel 7
Leibeigenschaft 55, 58 ff.
Mädchen-/Frauen-/Kinderhandel 2 f., 52, 58
Menschenhandel 2 ff.
Mittelbare Drittwirkung 39

Mitwirkungspflichten 99
Notstand 37, 97 f.
Organhandel 10
Organisierte Kriminalität 4, 5, 15
OSZE 33
Palermo-Protokoll 3, 55
Prostitution 20 ff.
– Prostitutionsgesetz 20 f.
– Prostituiertenschutzgesetz 21
Psychiatrisches Krankenhaus 87 f.
Resozialisierungsgebot 82 f.
Schutzpflichten 39 ff.
Sexueller Missbrauch von Kindern 8, 58
Sicherungsverwahrung 86
Sklavenhandel 30, 36, 51 f.
Sklaverei 1 ff., 51 ff., 85
Soziales/ökologisches Pflichtjahr 74
Strafgesetzbuch (StGB) 18, 24
Strafvollzug
– Gefangenenentlohnung 93
– Landesjustizvollzugsgesetz Rheinland-Pfalz 82, 84
United Nations
– Global Plan of Action to Combat Trafficking in Persons 6
– Koordinierungsgruppe gegen den Menschenhandel (ICAT) 19
– Resolutionen 4 ff.
– Voluntary Trust Fund for Victims of Trafficking in Persons 6
Untersuchungspflichten 45, 48
Verfassungsrecht 38
Zwangsheirat 56 f.
Zwangs- oder Pflichtarbeit 34 ff., 59 ff., 66 ff.
– Pflichtarbeit 69, 71 ff.
– Zwangsarbeit 34 ff., 59 ff., 66 ff.

I. Allgemeines

1. Völker- und europarechtliche Entwicklung

1   **a) Verbot der Sklaverei und Leibeigenschaft.** Das **Verbot der Sklaverei** und der **Leibeigenschaft** findet sich nicht nur in Art. 4 EMRK und Art. 8 IPBPR, sondern auch schon in Art. 4 AEMR und in Art. 6 AMRK. Die Ächtung der Sklaverei hat im internationalen Menschenrechtsschutz eine lange Tradition, die auf die völkerrechtlichen Verträge zur Bekämpfung des Sklavenhandels im 19. Jahrhundert zurückgeht.[1] Detaillierte Regelungen

---

1 Zur Entwicklung vgl. *Doehring* ZaöRV **36** (1976) 77; *Strebel* ZaöRV **36** (1976) 177; *Tretter* FS Ermacora 527 ff.; ferner *Nowak* 9 ff.; *Verdross/Simma* § 1261. Zu politischen „Faktoren" der Umsetzung internationaler Vorgaben im Bereich der Bekämpfung des Menschenhandels: *Schönhöfer* Crime Law Social Change **2017** 153 ff.

Esser   290

enthält das **Übereinkommen betreffend die Sklaverei** vom 25.9.1926 (Slavery Convention – SC).[2] Die Bundesrepublik ist dem Abkommen beigetreten,[3] ebenso dem **Zusatzübereinkommen (ZÜ) über die Abschaffung der Sklaverei, des Sklavenhandels und der Sklaverei ähnlichen Einrichtungen** vom 7.9.1956.[4] Letzteres enthält auch das Verbot der Leibeigenschaft und anderer Ersatzformen der Sklaverei.[5]

Dem Schutz vor der Sklaverei ähnlichen Lagen dienen auch das **Internationale Über- 2 einkommen zur Gewährung wirksamen Schutzes gegen das unter dem Namen „Mädchenhandel" bekannte verbrecherische Treiben** vom 18.5.1904 und das **Internationale Übereinkommen zur Bekämpfung des Mädchenhandels** vom 4.5.1910,[6] ferner das **Internationale Übereinkommen zur Unterdrückung des Frauen- und Kinderhandels** vom 30.9.1921, das **Übereinkommen zur Unterdrückung des Handels mit volljährigen Frauen** vom 11.10.1933 – beide durch das Protokoll vom 12.11.1947[7] geändert – sowie die **Konvention zur Unterbindung des Menschenhandels und der Ausnutzung der Prostitution Anderer** vom 2.12.1949[8] und[9] Art. 6 des **Übereinkommens zur Beseitigung jeder Form von Diskriminierung der Frau** vom 18.12.1979[10] verpflichtet die Vertragsstaaten ebenfalls, alle geeigneten Maßnahmen zur Abschaffung jeder Form des Frauenhandels und der Ausbeutung der Prostitution der Frauen zu treffen.[11]

Als jüngste internationale Vertragswerke[12] zur Bekämpfung des Menschenhandels 3 sind zu nennen das **Zusatzprotokoll** zur Konvention der Vereinten Nationen gegen die grenzüberschreitende organisierte Kriminalität **betreffend die Verhütung, Bekämpfung und Bestrafung des Menschenhandels, insbesondere des Frauen- und Kinderhandels** vom 15.11.2000 (Palermo-Protokoll)[13] und das **Fakultativprotokoll** zum Übereinkommen über die Rechte des Kindes **betreffend den Verkauf von Kindern, die Kinderprostitution und die Kinderpornographie** vom 25.5.2000.[14]

---

2 RGBl. 1929 II S. 64; i.d.F. des Änderungsprotokolls v. 7.12.1953 (BGBl. 1972 II S. 1473).
3 BGBl. 1972 II S. 1069; Neubekanntmachung des Abkommens in der geänderten Fassung BGBl. 1972 II S. 1473. Das Abkommen galt auch in der DDR (GBl. 1974 II S. 136).
4 BGBl. 1958 II S. 203. Auch die DDR war beigetreten (GBl. 1974 II S. 1250).
5 Zur Weiterentwicklung des Begriffs der Sklaverei *Köhler* 27 f.
6 BGBl. 1972 II S. 1074. Die beiden Übereinkommen sind in der geänderten Fassung neu bekannt gemacht worden (BGBl. 1972 II S. 1479, 1482). Sie galten auch für die DDR (GBl. 1976 II S. 1254, 1255).
7 BGBl. 1972 II S. 1074 ff. Deutschland trat dem Änderungsprotokoll am 9.9.1972 bei, allerdings unter dem Vorbehalt, „dass sich die Zustimmung nicht auf die Änderung des Übereinkommens v. 11.10.1933 erstreckt" (BGBl. 1972 II S. 1074).
8 Diese Konvention wurde zunächst am 2.12.1949 als Resolution der UN-GA verabschiedet, vgl. A/Res/317 (IV), bevor sie am 21.3.1950 als Konvention zur Unterzeichnung ausgelegt wurde.
9 Eine nähere Betrachtung der Abkommen: *Köhler* 30 f.
10 In der durch das Protokoll v. 4.5.1949 geänderten Fassung; BGBl. 1985 II S. 648.
11 Siehe die Studie zur „Nachfrage" von Prostitution in Verbindung mit Menschenhandel: Di Nicola/Lombardi/Ruspini (Hrsg.), Prostitution and Human Trafficking (2009).
12 Vertiefend: *Zimmermann* Die Strafbarkeit des Menschenhandels im Lichte internationaler und europarechtlicher Rechtsakte (2010); *Hempel* Menschenhandel zum Zweck der sexuellen Ausbeutung (2011); *Farthofer* Mitwirkung an kriminellen Organisationen und beim Menschenhandel in Italien und Österreich (2011); *Pfuhl* Menschenhandel zum Zweck der sexuellen Ausbeutung – §§ 232, 233a StGB (2012); zur historischen Entwicklung des Schutzes vor Menschenhandels bis heute: *Karabayir-Günay* Der Menschenhandel – unter besonderer Berücksichtigung völkerrechtlicher Verträge (2020) 43–75.
13 UN Doc. A/55/383, am 29.9.2003 in Kraft getreten, durch Deutschland am 14.6.2006 ratifiziert. Ergänzt und fortentwickelt durch das Übereinkommen des Europarates zur Bekämpfung des Menschenhandels v. 16.5.2005 (CETS 197); zur Regelungsstruktur der Definition des Palermo-Protokolls *Köhler* 37; *Lindner* 11 ff., 52 f.; siehe zudem: *Weiß/Höfer* NJOZ **2021** 1473, 1474 f.; *Weatherburn* Labour Exploitation in Human Trafficking (2021).
14 Gesetz v. 31.10.2008 (BGBl. II S. 1222); am 15.8.2009 für Deutschland in Kraft getreten.

4   Seit 2016 verabschiedet der **UN-Sicherheitsrat** fortlaufend Resolutionen zum Menschenhandel im Rahmen bewaffneter Konflikte einerseits sowie zur Schleusung von Menschen im Rahmen grenzüberschreitender organisierter Kriminalität andererseits.[15] Am 20.12.2016 hat der UN-SR die (erste) **Resolution 2331 (2016) gegen Menschenhandel** verabschiedet, die sich speziell auf politische Konflikte bezieht (IS/Da'esh, Boko Haram, Al-Shabab).[16] Die Resolution betont die Geschlechterdimension des Menschenhandels (Verkauf von Frauen als Sklavinnen und wichtige Geldquelle) und zieht direkte Verbindungen zwischen sexualisierter Gewalt gegen Frauen, dem internationalen Terrorismus und der OK. Sie empfiehlt den Mitgliedstaaten, Menschenhandel in Konfliktgebieten als Straftat zu definieren, die Opfer von Menschenhandel besser zu schützen und Menschenhandel als Straftat effektiv zu verfolgen. Abweichend von ihrer Entwurfsfassung fehlt der Resolution allerdings die Forderung nach einer leichteren Anerkennung des Flüchtlingsstatus für Opfer von Menschenhandel.[17] Mit der **Resolution 2388 (2017)** verurteilte der UN-SR am 21.11.2017 erneut den Handel mit Menschen im Rahmen bewaffneter Konflikte, insbesondere durch die o.g. bewaffneten Gruppierungen zu Zwecken sexueller Sklaverei, sexueller Ausbeutung und Zwangsarbeit.[18] Die Resolution fordert die Mitgliedstaaten auf, Vorschriften zur **Erfassung jeglicher Formen des Menschenhandels** zu schaffen, ihren bestehenden rechtlichen Rahmen auf diesbezüglichen Verbesserungsbedarf hin zu untersuchen und Finanzströme im Zusammenhang mit Terrorismusaktivitäten durch Menschenhandel ausfindig zu machen.[19]

5   In den **Resolutionen 2359 (2017)**[20] und **2374 (2017)**[21] bringt der UN-SR seine besondere Besorgnis im Hinblick auf grenzüberschreitende organisierte Kriminalität einschließlich des Menschenhandels und der Schleusung von Migranten in der Sahelzone zum Ausdruck. Die **Resolutionen 2240 (2015)**[22] und **2380 (2017)**[23] betreffen die Situation in Libyen. Dort werden Menschenhandel und die Schleusung von Migranten durch Terrorismus und zunehmende organisierte Kriminalität begünstigt.

6   Am 27.9.2017 bekräftigte die UN-Generalversammlung die Umsetzung des **United Nations Global Plan of Action to Combat Trafficking in Persons (2010)**, der die Mitgliedstaaten dazu anhält, effektive Maßnahmen zur Beendigung des Menschenhandels zu ergreifen.[24] Ein besonderes Merkmal ist die Einrichtung des **United Nations Voluntary Trust Fund for Victims of Trafficking in Persons**, mit dem die Mitgliedstaaten Opfer von Menschenhandel unterstützen.

7   Die vom **Europarat** zur Unterzeichnung aufgelegte **Konvention gegen Menschenhandel** vom 16.5.2005 (CETS 197)[25] zielt auf den Schutz von Opfern allen Formen des Menschen-

---

15 UN SC S/RES/2388 (2017) v. 21.11.2017 nimmt Bezug auf zahlreiche weitere Resolutionen, Pläne und Maßnahmen.

16 Zur Methodik der Interpretation von UN-SR-Resolutionen vertiefend *Kleinlein* KritV **2016** 254.

17 Zum Stand der Umsetzung der von der Resolution vorgegebenen Maßnahmen durch die Mitgliedstaaten, vgl. Report of the Secretary-General on trafficking in persons in armed conflict pursuant to Security Council Resolution 2331 (2016), UN SC S/2017/939 v. 10.11.2017.

18 UN SC S/RES/2388 (2017) v. 21.11.2017, Rn. 10.

19 UN SC S/RES/2388 (2017) Rn. 4, 9; „Follow-up"-Bericht des UN-Generalsekretärs v. 21.11.2018: UN SC S/2018/1042, Report of the Secretary General on trafficking in persons in armed conflict pursuant to Security Council resolution 2388 (2017).

20 UN SC S/RES/2359 (2017) v. 21.6.2017.

21 UN SC S/RES/2374 (2017) v. 5.9.2017.

22 UN SC S/RES/2240 (2015) v. 9.10.2015.

23 UN SC S/RES/2380 (2017) v. 5.10.2017.

24 Vgl. Draft Resolution, UN GA A/72/L.1 v. 18.9.2017.

25 Die Konvention ist am 1.2.2008 in Kraft getreten. Deutschland hat die Konvention (erst) mit Gesetz v. 12.10.2012 umgesetzt (BGBl. I S. 1107), das am 18.10.2012 in Kraft trat; BTDrucks. **17** 7316; **17** 8156; *Planitzer*

handels und der Sicherung ihrer Rechte ab; sie ergänzt das auf UN-Ebene aufgelegte Palermo-Protokoll (Rn. 3). Die Konvention bezieht sich auf Frauen, Männer und Kinder gleichermaßen, unabhängig von der Art des Delikts (sexuelle Ausbeutung, Zwangsarbeit-/dienste etc.) und kann auch von Staaten, die nicht zum Europarat gehören, gezeichnet werden. Die Durchführung des Übereinkommens wird überwacht von der **GRETA**[26] (Rn. 11).

Das **Übereinkommen zum Schutz von Kindern vor sexueller Ausbeutung und** 8 **sexuellem Missbrauch** vom 25.10.2007 (CETS 201)[27] ist das erste Rechtsinstrument, das die zahlreichen Formen sexuellen Missbrauchs von Kindern zu Straftaten erklärt (u.a. sexuelle Handlungen; Prostitution; Pornografie). Neben Präventivmaßnahmen (Screening, Rekrutierung und Training von Personen, die mit Kindern arbeiten, Aufklärung von Kindern, Überwachungsmaßnahmen im Hinblick auf – potenzielle – Straftäter) sieht das Übereinkommen Programme zur Unterstützung von Opfern vor.

In einem weiteren **Übereinkommen vom 11.5.2011** (CETS 210) hat sich der Europarat 9 des **Schutzes von Frauen vor Gewalt und häuslicher Gewalt** angenommen.[28] Die Konvention fordert einen umfassenden Schutz von Mädchen und Frauen vor Gewalt, wobei als Gewalt nicht nur Tätlichkeiten verstanden werden, sondern jegliche Formen von Diskriminierung – darunter auch Lohndifferenzierungen aufgrund des Geschlechts. Ihre Einhaltung soll durch eine vom Europarat gewählte Expertengruppe (**GREVIO**) sichergestellt werden.

Das ebenfalls den weiten Bereich des Menschenhandelns betreffende **Übereinkom-** 10 **men gegen den Handel mit menschlichen Organen** vom 25.3.2015[29] ist am 1.3.2018 in Kraft getreten und soll insbesondere den „Transplantationstourismus" eindämmen.

Als unabhängiger Überwachungsmechanismus ist auf der Ebene des Europarates die 11 Experten-/Monitoring-Gruppe für die Bekämpfung des Menschenhandels (**Group of Experts on Action Against Trafficking in Human Beings – GRETA**) eingerichtet, die für eine Umsetzung der Konvention des Europarats zur Bekämpfung des Menschenhandels von 2005 und die fortlaufende Evaluierung der getroffenen Maßnahmen in den Vertragsstaaten sorgen soll. GRETA erstellt einen Bericht sowie Schlussfolgerungen zur Umsetzung der Konvention durch jede Vertragspartei.

Für Deutschland wurden bereits zwei Evaluierungszyklen mit Berichten und Empfehlun- 12 gen abgeschlossen; der dritte Evaluierungszyklus findet gerade statt.[30] Der aktuelle Bericht des zweiten Zyklus[31] vom 20.6.2019 rügt das **Fehlen eines umfassenden nationalen Aktionsplans** bzw. einer **Strategie zur Bekämpfung des Menschenhandels** (Ziff. 37).[32] Darin sollte insbesondere die Schulung der zuständigen Beamten und Richter sichergestellt werden (Ziff. 38 ff.). Besonders hervorgehoben werden die Missstände im Bereich des Menschenhan-

---

Trafficking in Human Beings and Human Rights – The Role of the Council of Europe Convention on Action against Trafficking in Human Beings (2014); näher zu inhaltlichen Ausgestaltung der Konvention: *Weiß/Höfer* NJOZ **2021** 1473, 1475.

26 Die bisherigen Evaluierungen (2015/2019): https://www.coe.int/en/web/anti-human-trafficking/germany.

27 Die Konvention ist am 1.7.2010 in Kraft getreten. Für Deutschland (ratifiziert am 18.11.2015) trat sie am 1.3.2016 in Kraft.

28 Vgl. auch *Herring* Domestic Abuse and Human Rights 19 ff.

29 Convention against Trafficking in Human Organs (CTS 216); Deutschland ist bislang nicht Vertragspartei, Zu den Erscheinungsformen des Organhandels *Lindner* 43 f.

30 Hierzu: Report concerning the implementation of the Council of Europe Convention on Action against Trafficking in Human Beings by Germany, GRETA(2015)10 v. 3.6.2015; Recommendation of the Committee of the Parties v. 15.6.2015; Government's Reply to the Committee of the Parties' Recommendation" v. 15.6.2017.

31 Report concerning the implementation of the Council of Europe Convention on Action against Trafficking in Human Beings by Germany, GRETA(2019)07, 20.6.2019.

32 Ende 2014 wurde der Entwurf für ein Gesetz zur Verbesserung der Situation von Opfern von Menschenhandel vorgelegt, BTDrucks. **18** 3256, das nie verabschiedet wurde.

dels zum Zwecke der Ausbeutung der Arbeitskraft und in Lieferketten. Hier sei die soziale Verantwortung der Unternehmen zu stärken, damit die Empfehlung CM/Rec(2016)3 an die Mitgliedstaaten zu Menschenrechten und Unternehmen[33] umgesetzt werden könne (vgl. dazu Einl. Rn. 67).

13 Schon 2014 wurde über die Schaffung einer **Berichterstatter-Stelle „Menschenhandel" beim BMAS** gesprochen, die die nationalen Entwicklungen im Bereich Menschenhandel bewerten und Konzepte zur Verbesserung der rechtlichen und tatsächlichen Situation der Betroffenen entwerfen soll.[34] Das Deutsche Institut für Menschenrechte (DIMR) hat 2016 Vorschläge für den **Ausbau einer nationalen Berichterstatter- und Koordinierungsstelle gegen den Menschenhandel** vorgestellt.[35] Das **BMFSFJ** fördert seit Anfang 2020 ein Projekt des DIMR, welches ein Gesamtkonzept für zwei unabhängige Berichterstattungsstellen zu geschlechterspezifischer Gewalt und zum Menschenhandel erarbeitet, wobei von Mai 2021 bis Oktober 2022 noch eine Planungs- und Erprobungsphase durchgeführt wurde.[36] Von Seiten der Bundesregierung war beabsichtigt, dass die Berichterstattungsstellen Ende 2022 ihre Arbeit vollständig aufnehmen sollten.[37] Eine der geplanten Berichterstattungsstellen nahm ihre Arbeit am DIMR Ende 2022 auf.[38]

14 Die **Charta der Grundrechte der Europäischen Union**[39] bekräftigt in **Art. 5** das Verbot der Sklaverei und des hier besonders erwähnten Menschenhandels (Absatz 3) sowie der Zwangs- und Pflichtarbeit, wobei für Bedeutung und Tragweite dieser Verbote die Abgrenzungen und Einschränkungen der EMRK maßgeblich sind (Art. 52 Abs. 3 EUC).[40]

15 Die auf internationaler Ebene zur Bekämpfung des Menschenhandels und diverser Formen der Ausbeutung von Menschen verabschiedeten Rechtsinstrumente lassen in ihrem Regelungsgehalt erkennen, dass es sich bei den beschriebenen Phänomenen regelmäßig um solche der **organisierten Kriminalität** handelt.[41] Trotz zahlreicher internationaler Vorgaben weisen die nationalen Bestimmungen zur Bekämpfung des Menschenhandels und der sexuellen Ausbeutung von Menschen, insbesondere von Kindern, weiterhin beträchtliche Unterschiede auf.[42]

16 Mit dem Ziel einer Harmonisierung der nationalen Vorschriften zur Bekämpfung des Menschenhandels hat die Union den früheren Rahmenbeschluss 2002/629/JI[43] durch die **Richtlinie 2011/36/EU zur Verhütung und Bekämpfung des Menschenhandels und zum**

---

33 Council of Europe, Recommendation CM/Rec(2016)3 of the Committee of Ministers to member States on human rights and business, 2.3.2016.
34 BTDrucks. **18** 3256 S. 6, 12 f.
35 https://www.institut-fuer-menschenrechte.de/publikationen/detail/expertise-konzeptentwurf-fuer-eine-nationale-berichterstatterstelle-menschenhandel-und-eine-koordinierungsstelle-menschenhandel.
36 Vgl. BTDrucks. **20** 1670 S. 3.
37 Vgl. BTDrucks. **20** 1670 S. 4.
38 Vgl. die Meldung des BMFSFJ v. 18.11.2022, abrufbar unter: https://www.bmfsfj.de/bmfsfj/aktuelles/alle-meldungen/bundesregierung-verstaerkt-kampf-gegen-menschenhandel-205132, Stand: 21.7.2023.
39 ABlEU Nr. C 83 v. 30.3.2010 S. 389.
40 Vgl. dazu *Ritter* 330 ff. m.w.N.
41 BTDrucks. **17** 8156.
42 Siehe hierzu den Ländervergleich (Schweden, UK, Niederlande, Ungarn, Italien): *Kelemen/Johansson* EuJCCCJ **2013** 317.
43 ABlEG Nr. L 203 v. 1.8.2002, 1. Es folgte die RL 2004/81/EG v. 29.4.2004 über die Erteilung von Aufenthaltstiteln für Drittstaatsangehörige, die Opfer des Menschenhandels sind [...], ABlEU Nr. L 261 v. 6.8.2004 S. 19 ff.; *Köhler* 102 ff., 113 ff. m.w.N.

Schutz seiner Opfer vom 5.4.2011[44] ersetzt.[45] Die RL will die Präventionsmaßnahmen und die Strategien zur Strafverfolgung im Bereich des Menschenhandels verstärken und bietet erstmals ein Regelungskonzept zur Prävention und Bekämpfung von Menschenhandel in Europa.[46] Als Menschenhandel werden auch Betteltätigkeiten, Organentnahmen, Adoption oder Zwangsheirat erfasst. Besonderes Augenmerk ist auf die Unterstützung des Opfers sowohl in rechtlicher (Rechtsberatung und Beistand im Verfahren, Verzicht auf Strafverfolgung oder Straffreiheit der Opfer) als auch in sozialer Hinsicht (keine sekundäre Viktimisierung, nationale Entschädigung) gerichtet. Vor dem Hintergrund, dass sich kein signifikanter Rückgang der Kriminalität in diesem Bereich abzeichnet sowie angesichts nach wie vor geringer Verurteilungszahlen, hat die Kommission im April 2021 mitgeteilt, eine Bewertung der Umsetzung der Richtlinie zu beabsichtigen, um gegebenenfalls eine Überarbeitung vorzuschlagen.[47]

Im Juni 2012 legte die Europäische Union ein umfassendes **Strategiepapier zur Beseitigung des Menschenhandels für die Jahre 2012–2016** vor, das die RL 2011/36/EU (Rn. 16) ergänzte.[48] Im April 2013 erschien der erste Bericht der Kommission über Menschenhandel („Trafficking in Human Beings").[49] Weitere Berichte folgten in den Jahren 2016,[50] 2018[51] und 2020.[52] Im April 2021 legte die Kommission die **EU-Strategie zur Bekämpfung des Menschenhandels (2021–2025)**[53] vor.[54] Als eine Kernmaßnahme sieht die Strategie die Bewertung und Überarbeitung der Richtlinie 2011/36/EU vor. Ein Vorschlag der Kommission zur Überarbeitung folgte schließlich im Dezember 2022.[55] Dieser sieht unter anderem vor, dass mögliche Online-Dimensionen von Verbrechen in Bezug auf Menschenhandel stärker berücksichtigt werden sollen, dass Zwangsheirat und illegale Adoption in die Liste der Formen der Ausbeutung aufgenommen werden, und dass Sanktionsregelungen für juristische Personen verpflichtenden Charakter erhalten. Darüber hinaus sollen auch nicht-legislative Maßnahmen zur Förderung der Zusammenarbeit etwa zwischen der Kommission und Internetunternehmen im Rahmen des EU-Internetforums unternommen werden.[56] Die Annahme des Vorschlags durch das Europäische Parlament und den Rat steht derzeit noch aus (Stand: Juli 2023). **17**

---

44 ABlEU Nr. L 101 v. 15.4.2011 S. 1; KOM (2010) 95; *Bressan* EuJCCCJ **2012** 137, 138 f.; *Villacampa Estiarte* EuCLR **2012** 291.
45 Für die Mitgliedstaaten, die sich an der Annahme der RL beteiligen (vgl. Art. 21 RL).
46 *Lindner* 144 ff., 262; *Ritter* 274, 275; *Brière* The External Dimension of the EU's Policy against Trafficking in Human Beings (2021).
47 KOM (2021) 171 final v. 14.4.2021, S. 4 f.
48 KOM (2012) 286.
49 Hierzu: *Drewes* DRiZ **2013** 153; zum Hintergrundverständnis: Haverkamp/Herlin-Karnell/Lernestedt (Hrsg.), What is Wrong with Human Trafficking? – Critical Perspectives on the Law (2020).
50 Vgl. KOM (2016) 267 final v. 19.5.2016.
51 Vgl. KOM (2018) 777 final v. 3.12.2018.
52 Vgl. KOM (2020) 661 final v. 20.10.2020.
53 KOM (2021) 171 final v. 14.4.2021.
54 Vgl. Pressemitteilung der Europäischen Kommission vom 19.12.2022, abrufbar unter: https://ec.europa.eu/commission/presscorner/detail/de/ip_22_7781, Stand: 21.7.2023.
55 Vgl. KOM (2022) 732 final v. 19.12.2022; Dringenden Bedarf für die Überarbeitung der Richtlinie sieht angesichts der gesellschaftlichen Veränderungen auch die BRAK, vgl. BRAK Stellungnahme Nr. 39/2023, Juli 2023, abrufbar unter: https://www.brak.de/fileadmin/05_zur_rechtspolitik/stellungnahmen-pdf/stellungnahmen-deutschland/2023/stellungnahme-der-brak-2023-39.pdf, Stand: 21.7.2023.
56 Dazu KOM (2022) 732 final v. 19.12.2022, S. 11, 14 ff.

18   Deutschland hat die RL 2011/36/EU mit dem **Gesetz zur Verbesserung der Bekämpfung des Menschenhandels** [...] v. 11.10.2016 in nationales Recht umgesetzt.[57] Wesentliche Neuerungen waren:[58] die Neufassung und Erweiterung des **§ 232 StGB** um die Strafbarkeit im Fall von Organhandel (§ 232 Abs. 1 Satz 1 Nr. 3 StGB);[59] die Erweiterung des **§ 233 StGB** um die Strafbarkeit von Bettelei und der Ausnutzung strafbarer Handlungen; die Heraufsetzung der Schutzaltersgrenze von 14 auf 18 Jahre sowie die Erweiterung des Qualifikationstatbestands in Fällen der Förderung des Menschenhandels (**§ 233a StGB**); die Einfügung der **§§ 232a,**[60] **232b StGB** (Zwangsprostitution und Zwangsarbeit) sowie die Anpassung verschiedener Strafrahmen.[61] Demnach werden Täter härter bestraft, wenn das Opfer unter 18 Jahren alt ist (§§ 232 Abs. 3 Satz 1 Nr. 1, 233 Abs. 2 Nr. 1 StGB), oder der Täter das Opfers wenigstens leichtfertig in die Gefahr des Todes oder einer schweren Gesundheitsschädigung bringt (§§ 232 Abs. 3 Satz 1 Nr. 2, 233 Abs. 2 Nr. 2 StGB). Jede Form anderweitiger Ausbeutung wird ebenfalls unter Strafe gestellt.[62]

19   Die RL 2011/36/EU steht für einen neuen Ansatz gegen jedwede Formen des Menschenhandels: ein „integriertes, ganzheitliches und menschenrechtsbasiertes Vorgehen" mit menschenrechtlicher Ausrichtung, wobei aber solche inter-/transnationale Maßnahmen nicht zwangsläufig zu einer Verbesserung der Lage der Opfer oder zu einer konsequenten und erfolgreichen Strafverfolgung führen.[63] Nur ein abgestimmtes **multidimensionales Vorgehen** gegen Menschenhandel, koordiniert über **GRETA** und die UN-Koordinierungsgruppe gegen den Menschenhandel (**ICAT**), führt letztlich zu einer nachhaltigen Prävention und zu einem Schutz der Opfer.[64] Mit dem Urteil in der Rs. *Rantsev*[65] hat der EGMR einen Meilenstein hinsichtlich der Schutzpflichten von Staaten bei Menschenrechtsverletzungen durch Private im Bereich von Abhängigkeitsverhältnissen gesetzt.[66]

20   **Prostitution**, d.h. das gewerbsmäßige Anbieten sowie Ausüben sexueller Handlungen, galt in Deutschland vor einer grundlegenden Gesetzesänderung im Jahr 2001 weitgehend als sittenwidrig. Durch das **Prostitutionsgesetz** vom 20.12.2001[67] wurden die sozialen und rechtlichen Bedingungen der Prostituierten verbessert. Im Zentrum stand dabei der Gedanke, die Prostitution juristisch als Dienstleistung einzuordnen und im Gesetz zu verankern, um so den Anbietern den Zugang zur Sozialversicherung zu gewährleisten.[68] Seither sind Ausübung und Nachfrage von Prostitution in Deutschland legal, solange die Prostitu-

---

57 BGBl. 2016 I S. 2226; BTDrucks. **18** 4613, **17** 13706; zur Umsetzung: *Brodowski* ZIS **2011** 944; *Ofosu-Ayeh* 31 ff.

58 Hierzu: *Bürger* JR **2017** 143; *Petzschke* KJ **2017** 236, 239 ff.; *Weiß/Höfer* NJOZ **2021** 1473, 1477 f.

59 BTDrucks. **18** 4613.

60 Zum Begriff „Veranlassen" der Aufnahme/Fortsetzung der Prostitution auch nach der Neufassung: BGH NStZ-RR **2020** 346 = StV **2021** 309 (Ls.); NJW **2021** 869 = StV **2021** 309 (Ls.); BGH Beschl. v. 29.10.2019 – 3 StR 437/19, BeckRS **2019**; NStZ-RR **2017** 174 (Unrechtskontinuität, § 2 Abs. 3 StGB); siehe auch *Weiß/Höfer* NJOZ **2021** 1473, 1478, wonach dieses Merkmal zu Beweisschwierigkeiten führen kann.

61 Ausführlich zur neuen Rechtslage *Bürger* ZIS **2017** 169 ff.; *Ofosu-Ayeh* 53 ff.

62 BRDrucks. 54/**15**; BTDrucks. **18** 4613.

63 *Lindner* 264 f.

64 *Lindner* 261 f.; auf die Bedeutung von GRETA verweisend EGMR (GK) S.M./KRO, 25.6.2020, § 344.

65 EGMR Rantsev/ZYP u. R, 7.1.2010, NJW **2010** 3003; hierzu *Ritter* 51 ff.

66 *Bürger* ZIS **2017** 169. Zu staatlichen Pflichten zur effektiven Verhinderung von Zwangsprostitution und Zwangsarbeit EGMR L.E./GR, 21.1.2016; zur Zwangsprostitution EGMR (K) S.M./KRO, 19.7.2018, § 62 m. Anm. *Ofosu-Ayeh* HRRS **2019** 134; (GK) 25.6.2020, §§ 304 ff.; *Lindner* 264; *Ritter* 62 ff.

67 Gesetz zur Regelung der Rechtsverhältnisse der Prostituierten (Prostitutionsgesetz – ProstG), BGBl. 2001 I S. 3983. Das Gesetz trat am 1.1.2002 in Kraft. Zu früheren Rechtsänderungen: *Kelker* KritV **1993** 289.

68 BTDrucks. **14** 5958 S. 2.

Esser

ierten nicht unter den in § 180a StGB (Ausbeutung von Prostituierten) und § 181a StGB (Zuhälterei) genannten Bedingungen zur Arbeit angehalten werden.

Die am 1.7.2017 in Kraft getretenen gesetzlichen Neuregelungen des **Prostituierten-** **21** **schutzgesetzes**[69] dienen der Stärkung des Selbstbestimmungsrechts der Prostituierten[70] durch eine erweiterte Möglichkeit der sozialen Absicherung und verbesserte Arbeitsbedingungen als auch die Vermeidung von Stigmatisierung und Diskriminierung.[71] Prostitutionsstätten sollen als Gewerbebetriebe erfasst werden, verbunden mit einer Erlaubnispflicht,[72] die nur bei Einhaltung bestimmter Mindeststandards erteilt werden darf. Ferner soll das Angebot von Beratungsgesprächen ausgebaut werden.[73] Die damit einhergehenden **Änderungen des Prostitutionsgesetzes**[74] erfolgen in einem breiten Maßnahmenpaket.[75] Der Anwendungsbereich des ProstSchG erstreckt sich auf die Ausübung der Prostitution durch volljährige Personen sowie auf das Betreiben eines Prostitutionsgewerbes (§ 1). Normiert sind spezifische Anmeldungs- und Beratungspflichten für Prostituierten (§§ 3–11) sowie betriebsbezogene Erlaubnisverpflichtungen der Betreiber (§§ 12–23), welche durch aufsichts-, sicherheits- und gesundheitsschutzrechtliche Einzelvorschriften konkretisiert werden (§§ 24–28). Auskunftspflichten sowie Überwachungs- und Eingriffsbefugnisse der zuständigen Behörden wurden gegenüber der alten Rechtslage verschärft (§§ 29–31). Im sanktionsrechtlichen Sinne bedeutsam sind die §§ 32–33a („Kondompflicht" und Werbeverbot). Ordnungswidrig handelt u.a. der gegen die Kondompflicht verstoßende Kunde (§ 33 Abs. 1 Nr. 3), ebenso wer als Betreiber vorsätzlich oder fahrlässig die Hinweispflicht auf die Kondompflicht missachtet (§ 33 Abs. 2 Nr. 8b).[76] Weitere Ordnungswidrigkeiten beziehen sich auf die Vorschriften des erlaubnis- und auflagenwidrigen Betreibens des Prostitutionsgewerbes.[77] Nachhaltige Veränderungen in der Praxis werden aber bezweifelt.[78] Die **Evaluierung des Prostituiertenschutzgesetzes** soll **2025** durchgeführt werden.[79]

Bis zum Ende des Jahres **2018** hatten sich nach Auskunft des Statistischen Bundesam- **22** tes 32.800 Prostituierte bei den Behörden angemeldet; 1.600 Prostitutionsgewerbe wurden erlaubt oder vorläufig erlaubt; es wurden etwa 30 Aufstellungen von Prostitutionsfahrzeugen und 10 geplante Prostitutionsveranstaltungen angemeldet.[80] Im Jahr **2019** waren es 60 Aufstellungen von Prostitutionsfahrzeugen und 30 geplante Prostitutionsveranstaltungen; die Zahl der gültig angemeldeten Prostituierten stieg auf rund 40.400; 2.170 Prostitutions-

---

69 Gesetz zur Regulierung des Prostitutionsgewerbes sowie zum Schutz von in der Prostitution tätigen Personen – Prostituiertenschutzgesetz (ProstSchG) v. 21.10.2016 (BGBl. I S. 2372); BRDrucks. 156/**16**; BRDrucks. 156/1/**16** (Einschränkungen); zum Gesetzgebungsverfahren: *Kreuzer* ZRP **2016** 148, 150 ff.

70 Vgl. BTDrucks. **18** 7236; BRDrucks. 156/**16** 32 f.; ferner *Ofosu-Ayeh* HRRS **2019** 134, 137 f.

71 Zuvor hatte es Bestrebungen für Abschwächung der Formalitäten gegeben (vgl. *Kailitz* Das Parlament Nr. 3–4, 18.1.2016), die sich allesamt nicht durchsetzen, vgl. BGBl. 2016 I S. 2372.

72 Hierzu: Deutscher Bundestag, Plenarprotokoll 18/149, 14742; hierzu: BTDrucks. **18** 7243.

73 Vgl. BTDrucks. **18** 7243 S. 2.

74 Siehe Art. 1 und Art. 2 ProstSchG; hierzu: *Flügge* Streit 2016, 99; *Büttner* Prostitutionsschutzgesetz (2017); aus verwaltungsrechtlicher Sicht: *von Alemann* BDRV-Rundschreiben **2016** 156.

75 Zu den Vorarbeiten: BTDrucks. **18** 7236 S. 2 f.; Deutscher Bundestag, Plenarprotokoll 18/149, 14741.

76 Kritisiert wird allerdings deren fehlende Überprüfbarkeit, sowie ebenfalls die ausgebliebene Erhöhung des Mindestalters auf 21 Jahre, *Witz* Importware Frau 302 ff.

77 Art. 1 des Gesetzes zur Regulierung des Prostitutionsgewerbes sowie zum Schutz von in der Prostitution tätigen Personen v. 21.10.2016 (BGBl. I S. 2372).

78 *Paulus* Kriminalistik **2020** 445 (insbesondere zur Zeit der Corona-Pandemie); kritisch auch im Hinblick auf eine vorwiegend verwaltungsrechtliche Kontrolle des Bordellwesens: *Weiß/Höfer* NVwZ **2022** 31 = NJOZ **2021** 1473, 1476 ff.

79 Kritisch BTDrucks. **19** 29265.

80 Vgl. Statistisches Bundesamt/DeStatis, PM 451 v. 26.11.2019.

gewerbe wurden erlaubt.[81] Bis Ende des Jahres **2020** sank die Zahl bei den Behörden angemeldeten Prostituierten auf rund 24.900, was einen Rückgang um etwa 38 Prozent darstellt; 2.290 Prostitutionsgewerbe hatten eine erteilte oder vorläufige Erlaubnis.[82] Bei der Bewertung der Zahlen muss berücksichtigt werden, dass sich die Verwaltungsstrukturen noch im Aufbau befinden und dass die **Dunkelziffer** im Bereich der illegalen Prostitution sehr hoch liegen dürfte.[83] Außerdem kann der Rückgang in den Zahlen von Ende 2020 vor allem (vorübergehende) durch die Corona-Pandemie (2020–2022) bedingte Einschränkungen bei der Ausübung der Prostitutionstätigkeit und ihrer Anmeldungen widerspiegeln.[84]

23   Im Jahr **2021** wurden im Bereich Menschenhandel zum Zweck der sexuellen Ausbeutung insgesamt **291 Ermittlungsverfahren**[85] (polizeilich) abgeschlossen (Menschenhandel zum Zweck der Arbeitsausbeutung: 28 Verfahren[86]). Gegen diverse OK-Gruppierungen mit Schwerpunkten im Bereich des Menschenhandels zum Zweck der sexuellen Ausbeutung und der Ausbeutung von Prostituierten bzw. der Zuhälterei seien Ermittlungen geführt worden.[87] Zur Verbesserung der Verfolgung des Kriminalitätsbereichs bietet das BKA jährlich/halbjährlich Schulungen zum Thema Menschenhandel für Polizeibeamte der Bundes- und Länderpolizeidienststellen an.[88]

24   Als weiterer Schritt gegen den Menschenhandel wurde § 232a Abs. 6 StGB durch das **Gesetz zur Änderung des Strafgesetzbuches** vom 10.8.2021[89] erneut novelliert und beinhaltet nun eine **Strafbarkeit für Freier** für die Begehungsform der **Leichtfertigkeit**.[90] Die Schutzrichtung zielt auf besonders vulnerable Opfer von Menschenhandel oder Zwangsprostitution ab. Aufdrängen müssen sich dem Freier entsprechende Umstände, z.B. Merkmale der Gewaltanwendung oder Einschüchterung, der Ort der Kontaktaufnahme, die Vorgabe bestimmter sexueller Handlungen durch Dritte oder die Bezahlung an Zuhälter.[91]

25   Mitte 2011 hatte die Union ein **Opferschutzpaket**[92] auf den Weg gebracht, das u.a. den Schutz und die Rechte der Opfer von Menschenhandel und Ausbeutung garantieren sowie eine respekt- und würdevolle Behandlung der Opfer sicherstellen soll. Das Legislativpaket enthielt **drei Komponenten**: die Mitteilung über die Stärkung der Opferrechte in der EU,[93] eine Richtlinie über Mindeststandards für die Rechte und den Schutz von Opfern von Straftaten sowie für die Opferhilfe[94] sowie die Verordnung über die gegenseitige Anerkennung von Schutzmaßnahmen in Zivilsachen.[95]

---

81 Vgl. Statistisches Bundesamt/DeStatis, PM 286 v. 30.7.2020.
82 Vgl. Statistisches Bundesamt/DeStatis, PM 314 v. 1.7.2021.
83 BT Drucks. **19** 29265 S. 2.
84 Vgl. Statistisches Bundesamt/DeStatis, PM 314 v. 1.7.2021.
85 BKA (Hrsg.), Bundeslagebild, Menschenhandel und Ausbeutung 2021, 5.
86 BKA (Hrsg.), Bundeslagebild, Menschenhandel und Ausbeutung 2021, 14.
87 Vgl. BTDrucks. **19** 7622 S. 7; BKA (Hrsg.), Bundeslagebild, Menschenhandel und Ausbeutung 2020, 27.
88 BTDrucks. **19** 7622 S. 6 f.
89 Gesetz zur Änderung des Strafgesetzbuches – effektivere Bekämpfung von Nachstellungen und bessere Erfassung des Cyberstalkings sowie Verbesserung des strafrechtlichen Schutzes gegen Zwangsprostitution v. 10.8.2021, BGBl. I S. 3513.
90 BTDrucks. **19** 30948.
91 BTDrucks. **19** 31111; vgl. Schönke/Schröder/*Eisele* § 232a, 43 StGB.
92 Vgl. hierzu: *Brodowski* ZIS **2011** 944, 949; *Bock* ZIS **2013** 201, 201.
93 Europäische Kommission, Mitteilung der Kommission: Stärkung der Opferrechte in der EU, KOM (2011) 274.
94 KOM (2011) 275.
95 Verordnung 2013/606/EU des Europäischen Parlaments und des Rates v. 12.6.2013 über die gegenseitige Anerkennung von Schutzmaßnahmen in Zivilsachen (ABlEU Nr. L 181 v. 29.6.2013 S. 4), die am 11.1.2015 in Kraft trat; KOM (2011) 276.

Zur Stärkung des Opferschutzes (auch im Bereich des Menschenhandels) wurde als 26 erste Maßnahme die **Richtlinie 2012/29/EU über Mindeststandards für die Rechte, die Unterstützung und den Schutz von Opfern von Straftaten**[96] verabschiedet, die neben allgemeinen Vorgaben zum Schutz des Opfers im Strafverfahren auch spezielle Vorgaben für die Opfer von Menschenhandel enthält. Zentrales Ziel der Richtlinie ist die Verhinderung einer sekundären Viktimisierung durch die Strafverfolgungsorgane.[97] Während das BMJV keinen Umsetzungsbedarf sah, kam eine Studie des EP zu dem Schluss, dass Deutschland Art. 6 RL (Recht auf Information) sowie Art. 10 (Anspruch auf rechtliches Gehör) unzureichend umgesetzt habe.[98]

Wegen **mangelhafter Umsetzung der RL-Opferschutz** übermittelte die Europäische 27 Kommission am 25.7.2019 Aufforderungsschreiben an neun EU-Mitgliedstaaten (Deutschland, Estland, Italien, Malta, Polen, Portugal, Schweden, Tschechien, Ungarn).[99] Bis zur Veröffentlichung des Berichts der Kommission über die Umsetzung der RL 2012/29/EU vom 11.5.2020 hatte Deutschland die RL nach Ansicht der Kommission immer noch nicht vollständig umgesetzt; das Vertragsverletzungsverfahren ist immer noch anhängig.[100]

Im Juni 2020 hat die Europäische Kommission, nach Auswertung der bisherigen Fort- 28 schritte, insbesondere der Bewertung der RL 2012/29/EU, eine **Strategie für Opferrechte (2020–2025)** vorgestellt.[101] Um die zwei grundlegenden Ziele, die Stärkung der Opfer von Straftaten und die Intensivierung der Zusammenarbeit beim Schutz der Opferrechte zu erreichen, sollen Maßnahmen in fünf Schwerpunktbereichen[102] ergriffen werden.

Ein zentraler Punkt, der schon im Fahrplan der Kommission zur Stärkung der Rechte und 29 des Schutzes der Opfer von Straftaten (2011) enthalten war und in der aktuellen Strategie weiter verfolgt wird, ist die **Überprüfung der RL-Opferentschädigung 2004/80/EG** (Rn. 25), insbesondere im Hinblick auf die Frage, ob die bestehenden Verfahren, nach denen Opfer eine Entschädigung beantragen können, vereinfacht werden sollten.[103] Als eine der Maßnahmen im Rahmen der Strategie für Opferrechte (2020–2025) legte die Kommission im Juli 2023 eine Überarbeitung[104] der Opferschutzrichtlinie 2012/29/EU vor. Die Überarbeitung sieht insbesondere vor, das Problem mangelnder Information von Opfern durch Aufklärungsmaßnahmen anzugehen und Opfern ein Recht auf Unterstützung vor Gericht zu gewähren, bzw. ein Recht, Entscheidungen im Verfahren anzufechten. Auch die überarbeitete Fassung der Richtlinie 2012/29/EU will eine effektivere Entschädigung von Opfern sicherzustellen. Zudem sollen die Bedürfnisse besonders schutzwürdiger Opfer verstärkt Berücksichtigung finden.[105]

---

96 ABlEU Nr. L 315 v. 14.11.2012 S. 57 (Art. 27 Abs. 1 RL); zum Vorschlag der Kommission: KOM (2011) 275; Überblick zur Regelungsmaterie der RL: *Brand* DRiZ **2012** 342; *Meier* FS Wolter 1387, 1388.
97 Vgl. *Meier* FS Wolter 1387; *Bock* ZIS **2013** 201, 208.
98 The Victims' Rights Directive 2012/29/EU, European Implementation Assessment, Study, European Parliament Research Service, Dec. 2017, 54, 66. Unklarheiten bezüglich der ausreichenden deutschen Umsetzung bestehen daneben im Hinblick auf Art. 18, 19 und 20 der RL, vgl. Study, a.a.O., 61.
99 Vgl. Europäische Kommission, PM 25.7.2019, https://ec.europa.eu/germany/news/20190725-vertragsverletzungsverfahren_de.
100 KOM (2020) 188, 3.
101 Europäische Kommission, 24.6.2021: https://ec.europa.eu/commission/-presscorner/detail/de/ip_20_1168.
102 (1) wirksame Kommunikation mit den Opfern und sicheres Umfeld, in dem Opfer Straftaten melden können, (2) Verbesserung der Unterstützung und des Schutzes der am stärksten gefährdeten Opfer, (3) Erleichterung des Zugangs zu Entschädigungsleistungen, (4) Stärkung der Zusammenarbeit und der Koordinierung zwischen allen zuständigen Beteiligten, (5) Stärkung der internationalen Dimension der Opferrechte.
103 ABlEU Nr. C 187 v. 10.6.2011 S. 5.
104 KOM (2023) 424 final v. 12.7.2023.
105 Siehe KOM (2023) 424 final v. 12.7.2023, S. 3, 9.

30   Die 2012 ins Leben gerufene, aus EU-Mitteln geförderte Initiative **EURESCL** (Slave trade, slavery abolitions and their legacies in European histories and identities) will die Rolle des Sklavenhandels und der Sklaverei in Europa näher untersuchen. Die Zahl der Sklavenarbeiter in der Union wird nach einem Bericht des Sonderausschusses gegen organisiertes Verbrechen, Korruption und Geldwäsche des Europäischen Parlaments (**CRIM-Komitee**) auf rund 880.000 Menschen geschätzt, von denen ca. 270.000 sexuell ausgebeutet werden.[106]

31   An der 2013 durch die Europäische Kommission eingerichteten **Plattform der Zivilgesellschaft zum Kampf gegen Menschenhandel**[107] beteiligen sich mehr als 100 europäische Organisationen aller 27 Mitgliedstaaten sowie Organisationen aus Albanien, Marokko, der Türkei sowie der Ukraine,[108] um auf lokaler, nationaler und europäischer Ebene vereint effektiv gegen Menschenhandel vorzugehen. Durch Veranstaltungen sowie regelmäßige Treffen sollen die Netzwerke der Organisationen ausgebaut werden. Ziel der Plattform ist es ein Forum als Angebot des Erfahrungsaustausches zu Themen der Opferhilfe sowie zur Prävention des Menschenhandels zu schaffen. Die Plattform umfasst zivilgesellschaftliche Organisationen der Bereiche Menschenrechte, Rechte des Kindes, Rechte der Frau und Gleichstellung der Geschlechter, Rechte von Migranten und Opferschutz.

32   Im Rahmen des im November 2016 gestarteten Vorhabens **Better Migration Management**[109] plant die Europäische Union kriminelle Schleuseraktivitäten und Menschenhandel im östlichen Afrika sowie am Horn von Afrika zu bekämpfen.[110] Ziel des Vorhabens ist es, dass Beamte des Grenzmanagements schutzbedürftige Flüchtlinge und Migranten, wie etwa Betroffene von Menschenhandel, erkennen und sie unter Beachtung aller internationalen Standards an die zuständigen staatlichen oder zivilgesellschaftlichen Stellen weitervermitteln.[111]

33   Die **OSZE** hat im Kampf gegen den Menschenhandel das Büro eines **Sonderbeauftragten** und Koordinators für die Bekämpfung von Menschenhandel eingerichtet.[112] Grundlage ist der OSZE-**Aktionsplan zur Bekämpfung des Menschenhandels**:[113] Verhütung, darunter Bewusstseinsbildung und Bekämpfung der Ursachen; Strafverfolgung, darunter Durchführung von Ermittlungen und Zusammenarbeit mit internationalen Strafverfolgungsbehörden; Schutz der Opferrechte, darunter Unterstützungs- und Entschädigungsleistungen; Partner-

---

106 EP (Sonderausschuss gegen organisiertes Verbrechen, Korruption und Geldwäsche), Bericht v. 26.9.2013, 2013/2107(INI), 15; vgl. auch Menschenhandel zum Zweck der Arbeitsausbeutung, Eine Auswertung staatsanwaltschaftlicher Ermittlungsakten und gerichtlicher Entscheidungen, FES, 2015, 10; BTDrucks. **19** 7622 S. 1; vgl. den im UK geschaffenen Modern Slavery Act v. 26.3.2015.

107 Europäische Kommission, PM 31.5.2013, http://europa.eu/rapid/press-release_IP-13-484_de.htm; Informationen zur EU-Plattform auf http://ec.europa.eu/anti-trafficking/.

108 Vgl. EU Civil Society e-Platform, http://ec.europa.eu/anti-trafficking/media-outreach-els/eu-civil-society-e-platform_en.

109 *Angenendt/Kipp*: Zusammenfassung des Projekts für die Stiftung Wissenschaft und Politik (SWP), Juli 2017, https://www.swp-berlin.org/fileadmin/contents/products/aktuell/2017A52_adt_kpp.pdf; Eine kurze Projektbeschreibung findet sich unter: https://www.giz.de/de/weltweit/40602.html.

110 BTDrucks. **18** 10556.

111 Vertiefend zu EU-Strategien im Rahmen des Migrantenschmuggels: Carrera/Mitsilegas/Allsopp/Vosyliute (Hrsg.), Policing Humanitarianism – EU Policies Against Human Smuggling and their Impact on Civil Society (2019). Die bei der EU-Stelle für justizielle Zusammenarbeit (Eurojust) eingerichtete „Thematic Group Illegal Immigrant Smuggling" (TG IIS) befasst sich „mit den strategischen und taktischen Aspekten des Kampfes gegen ‚Illegal Immigrant Smuggling'", vgl. BTDrucks. **18** 13206 S. 7 (mit Fallzahlen zu Eurojust).

112 Http://www.osce.org/de/secretariat/31340.

113 OSZE Beschl. Nr. 557 über den Aktionsplan der OSZE zur Bekämpfung des Menschenhandels, PC.DEC/557, 24.7.2003.

schaften für eine verstärkte Zusammenarbeit mit internationalen Organisationen in Bezug auf Nationale Leitsysteme (NRM) und die gemeinsame Arbeit von öffentlichen Einrichtungen und dem Privatsektor (seit 2013).

b) Verbot der Zwangs- und Pflichtarbeit. Das **Verbot der Zwangsarbeit und der** **34** **Pflichtarbeit** in Art. 4 Abs. 2 EMRK/Art. 8 Abs. 3 IPBPR hat eine über die Verbote der Sklaverei und der Leibeigenschaft hinausgehende eigenständige Bedeutung. Es setzt der Heranziehung von Menschen zur Zwangsarbeit Schranken; zur Abgrenzung werden zulässige Formen unfreiwilliger Arbeit aufgezählt. In Art. 4 AEMR wird dieses Verbot nicht erwähnt. Es hat aber Vorbilder in den **ILO-Übereinkommen Nr. 29 über Zwangs- und Pflichtarbeit vom 28.6.1930** (ILO-29)[114] und **Nr. 105 über die Abschaffung der Zwangsarbeit vom 25.6.1957** (ILO-105).[115]

Die Europäische Kommission veröffentlichte am 12.7.2021 einen **Leitfaden über die** **35** **Sorgfaltspflicht von Unternehmen in der EU zur Bekämpfung des Risikos von Zwangsarbeit** in ihren Betrieben und den Lieferketten,[116] mit konkreten Handlungsempfehlungen gegen **Zwangsarbeit in Lieferketten.**[117] Der Leitfaden setzt neben eine Reihe von Prioritäten des EU-Aktionsplans für Menschenrechte und Demokratie 2020–2024[118] auch die Säule der Förderung verantwortungsvoller und nachhaltiger Wertschöpfungsketten der jüngsten EU-Handelsstrategie[119] um. Am 23.2.2022 hat die Europäische Kommission sodann einen konkreten **Vorschlag** über eine **Richtlinie über die Sorgfaltspflicht von Unternehmen im Hinblick auf Nachhaltigkeit** unterbreitet.[120] Ziel der Richtlinie ist die Förderung nachhaltigen und verantwortungsvollen Verhaltens von Unternehmen innerhalb globaler Lieferketten. Sie enthält u.a. entsprechende Sorgfaltspflichten für Unternehmen im Hinblick auf Menschenrechte und Umwelt (Art. 4 RL-E) und sieht die Etablierung von Beschwerdemöglichkeiten im Falle von Verstößen vor (Art. 9 RL-E). Das EU-Parlament stimmte im Juni 2023 schließlich für eine Verschärfung des Vorschlags der Kommission. Danach soll der Anwendungsbereich der geplanten Richtlinie erweitert werden.[121] Eine Einigung über den endgültigen Text steht derzeit noch aus (Stand: Juli 2023). Am 14.9.2022 hat die EU-Kommission überdies den Entwurf für eine **Verordnung** präsentiert, mit der in Zwangsarbeit hergestellte Produkte auf dem europäischen Markt verboten werden sollen. Das Verbot soll sich dabei sowohl auf Importe be-

---

114 BGBl. 1956 II S. 640; mit Änderung BGBl. 1963 II S. 1135; zur Vorbildfunktion: EGMR *Van der Mussele/ B*, 23.11.1983, EuGRZ **1985** 477; *Frowein/Peukert* 6; zum Übereinkommen *Ritter* 190 ff. m.w.N.; zur Auslegung: *Zimmer* FS Lörcher 29, 35.

115 BGBl. 1959 II S. 441.

116 Europäische Kommission, Guidance on due diligence for EU business to addtess the risk of forced labour in their operations and supply chains, https://trade.ec.europa.eu/doclib/docs/2021/july/tradoc_159709.pdf.

117 Vgl. Europäische Kommission, PM 17.7.2021.

118 JOIN(2020) 5 v. 25.3.2020, EU Action Plan on Human Rights and Democracy 2020–2024.

119 KOM(2021) 66 v. 18.2.2021, Trade Policy Review – An Open, Sustainable and Assertive Trade Policy.

120 Vorschlag für eine Richtlinie des Europäischen Parlaments und des Rates über die Sorgfaltspflichten von Unternehmen im Hinblick auf Nachhaltigkeit und zur Änderung der Richtlinie (EU) 2019/1937, vgl. KOM (2022) 0051 v. 23.2.2022.

121 Vgl. die Pressemitteilung des Europäischen Parlaments vom 1.6.2023, abrufbar unter: https://www.euro parl.europa.eu/news/de/press-room/20230524IPR91907/lieferketten-unternehmen-sollen-menschenrechte-und -umweltnormen-berucksichtigen, Stand: 21.7.2023: Nach der Vorstellung des EU-Parlaments sollen von der geplanten Richtlinie nunmehr branchenunabhängig Unternehmen mit Sitz in der EU mit mehr als 250 Beschäftigten und einem Jahresumsatz von über 40 Millionen Euro erfasst sein, ebenso Muttergesellschaften mit mehr als 500 Beschäftigten und einem weltweiten Umsatz von mehr als 150 Millionen Euro. Unternehmen mit Sitz außerhalb der EU sollen erfasst sein, wenn sie von mehr als 150 Millionen Euro Jahresumsatz mindestens 40 Millionen Euro in der EU erwirtschaften.

ziehen als auch auf Produkte, die innerhalb der EU gefertigt wurden, und alle Wirtschaftssektoren umfassen. Die Situation von kleinen und mittleren Unternehmen soll jedoch besondere Berücksichtigung erfahren. Die Durchsetzung der Verordnung soll vor allem durch die nationalen Behörden erfolgen.[122]

36   **c) Zwingende Regeln des allgemeinen Völkerrechts.** Als zwingende Regel (*ius cogens*) des allgemeinen Völkerrechts werden nur das Verbot der Sklaverei und des Sklavenhandels angesehen, für das Verbot der Leibeigenschaft und der Zwangsarbeit gilt dies nicht.[123] Nur soweit es sich um allgemeine Regeln des Völkerrechts handelt, gelten diese nach Art. 25 GG unabhängig vom Inhalt der Konventionen unmittelbar als Bundesrecht mit Vorrang vor den Gesetzen.

37   **2. Notstandsfestigkeit. Im Falle eines Krieges oder anderen öffentlichen Notstands** kann das Verbot der Sklaverei und der Leibeigenschaft (Art. 4 Abs. 1 EMRK/Art. 8 Abs. 1, 2 IPBPR) nicht außer Kraft gesetzt werden (Art. 15 Abs. 2 EMRK/Art. 4 Abs. 2 IPBPR).[124] Das Verbot der Zwangsarbeit wird dagegen nicht „notstandsfest" gewährleistet.

38   **3. Innerstaatliches Verfassungsrecht.** Das **innerstaatliche Verfassungsrecht** geht zum Teil über Art. 4 EMRK/Art. 8 IPBPR hinaus. **Sklaverei und Leibeigenschaft**, einschließlich der Sklaverei ähnliche Zwangsbindungen, sind mit der unantastbaren Menschenwürde (Art. 1 GG), dem Gleichheitssatz (Art. 3 GG) und mit den Freiheitsgarantien der Grundrechte, vor allem mit Art. 2 GG und Art. 12 GG schlechthin unvereinbar. Der Staat darf sie in seiner Rechtsordnung weder vorsehen noch darf er sie unter Verletzung seiner Schutzpflicht dulden. Das Verbot der **Zwangsarbeit** und seiner Ausnahmen entspricht den Art. 12, 12a GG. Die weitergehenden Garantien des Art. 12 GG, der auch die „negative Berufsfreiheit" mitumfasst[125] und der darüber hinaus eine positive Gewährleistung der Freiheit der Berufswahl und der Berufsausübung enthält, haben in den beiden Konventionen keine Entsprechung.[126] Ein Ansatz dazu findet sich aber in **Art. 6 Abs. 1 IPWSKR**,[127] der beim Recht auf Arbeit vorsieht, dass der Einzelne die Möglichkeit haben muss, seinen Lebensunterhalt durch frei gewählte oder angenommene Arbeit zu verdienen.

II. Adressat der Verpflichtungen

39   Art. 4 EMRK/Art. 8 IPBPR wenden sich an den Staat und begründen für diesen nicht nur Unterlassungspflichten, sondern auch **positive Schutzpflichten**.[128] Während aber das Verbot der Zwangs- und Pflichtarbeit primär staatsgerichtet ist, gilt das Verbot der Sklaverei auch im Verhältnis zwischen Privaten, so dass sich zumindest in den Staaten, in denen

---

122 Siehe etwa https://ec.europa.eu/commission/presscorner/detail/de/ip_22_5415 (Stand: März 2023).
123 *Nowak* 8; *Ipsen* § 15, 59; *Herdegen* § 16, 14; *v. Arnauld* Rn. 289; *Stein/v. Buttlar/Kotzur* Rn. 150; *Tretter* FS Ermacora 527, 570 ff.; *Verdross/Simma* § 1261 je m.w.N.
124 Vgl. VG Köln Urt. v. 25.4.2019 – 20 K 1163/17.A, BeckRS **2019** 11973 Tz. 19.
125 Vgl. etwa BVerfGE **58** 358; ErfKomArbR/*Schmidt* Art. 12, 10 GG; zur engen Auslegung des Begriffs Zwangsarbeit in Anlehnung an Art. 4: *Zöbeley* FS Faller 349.
126 *Frowein/Peukert* 1; KK-EMRK-GG/*Marauhn* Kap. 12, 5.
127 BGBl. 1973 II S. 1570. Ähnlich Europäische Sozialcharta v. 18.10.1961 (ETS 35; BGBl. 1964 II S. 1262); zu deren Entwicklung *Samuel* FS Lörcher 137 ff.; *Evju* FS Lörcher 146, 147 ff. m.w.N.
128 EGMR (K) S.M./KRO, 19.7.2018, § 58; (GK) 25.6.2020, §§ 304 ff.; L.E./GR, 21.1.2016, §§ 66 ff.; T.I./GR, 18.7.2019, §§ 136, 142; V.C.L. u. A.N./UK, 16.2.2021, §§ 150 ff., 156; *Nowak* 11, 18; SK/*Meyer* 8; *Tretter* FS Ermacora 527, 569; *Ritter* 59 ff., 395, 396.

die allgemeinen Regeln des Völkerrechts und die Konventionen unmittelbar Teil der inner-staatlichen Rechtsordnung sind, jedermann darauf berufen kann. Die EMRK etabliert auch in dieser Frage ähnlich wie die Grundrechte des GG eine objektive Wertordnung, aus der sich eine **mittelbare Drittwirkung**[129] ableitet. Die Vertragsstaaten sind zudem unmittel-bar verpflichtet, präventive und repressive Maßnahmen zu treffen, um derartige men-schenrechtswidrige Zustände durch Private zu unterbinden.[130]

Diese dem Staat obliegende positive Schutzpflicht hat der EGMR in der Rs. *Siliadin*[131]   **40** im Hinblick auf bestimmte Konventionsbestimmungen (Art. 2, Art. 3 und Art. 8) festge-stellt; ansonsten würde ein Staat seine Verpflichtungen aus Art. 1 nicht erfüllen. Dieser Fall behandelte die „Verleihung" einer 15-jährigen togolesischen Staatsangehörigen als Hausangestellte zur „Abarbeitung" eines ihr überlassenen Flugtickets. Die Beschwerdefüh-rerin musste mehrere Jahre lang fünfzehn Stunden am Tag als Hausangestellte arbeiten, ohne einen Tag frei zu haben oder bezahlt zu werden. Der Gerichtshof stellte fest, dass die erlittene Behandlung einer Leibeigenschaft sowie Zwangs- und Pflichtarbeit gleichkam, auch wenn sie nicht an Sklaverei grenzte.[132] Die positive Verpflichtung des Staates aus Art. 4 ergebe sich daraus, dass Abstriche im nationalen Recht von den Vorgaben in den internationalen Instrumenten, die sich speziell mit dieser Frage befassen, völkerrechtlich unvereinbar wäre und die Wirksamkeit dieser Instrumente beeinträchtigen würde.[133]

Die **Verpflichtung des Staates** gilt für Gesetzgebung, Verwaltung und Rechtspre-   **41** chung gleichermaßen.[134] Inhaltlich muss der Staat einen **legislativen und administrati-ven Rahmen** schaffen, um insgesamt seiner verfahrensrechtlichen Pflicht zur Untersu-chung entsprechender Vorwürfe nachzukommen.[135] Das gilt auch für die Formulierung entsprechender Vorschriften und Abläufe im nationalen Einwanderungsrecht.[136]

Der Gesetzgeber darf daher im **Arbeits- und Sozialrecht** keine konventionswidrigen   **42** Rechtsinstitute vorsehen und muss zudem für ausreichende Handlungsoptionen sorgen, vor allem für einen **effektiven Schutz durch strafrechtliche Bestimmungen,** für den Fall, dass es zu erkennbaren Fehlentwicklungen kommt. Erforderlich sind eindeutige Ver-botstatbestände mit angemessenen **strafrechtlichen Sanktionen.** Tatbestände im Ord-nungswidrigkeitenrecht sind dagegen grundsätzlich nicht ausreichend. Außerdem hat der Gerichtshof festgestellt, dass die Vertragsstaaten neben der strafrechtlichen Verfolgung von Einzelpersonen auch gehalten sind, **angemessene Maßnahmen zur Regulierung von Unternehmen** vorzusehen und im konkreten Fall auch zu ergreifen, wenn diese als Deck-mantel für den Menschenhandel dienen.[137]

Zu dem von der positiven Schutzpflicht des Staates geforderten Rechtsrahmen gehört   **43** neben der Möglichkeit strafrechtlicher Ermittlungen, dass für Fälle der Sklaverei bzw. der Sklaverei ähnliche Zustände auch ein **effektives bürgerlich-rechtliches Instrumentari-um** zur Verfügung gestellt wird, das es dem Betroffenen ermöglicht, sich im Verhältnis zu

---

129 Vgl. auch SK/*Meyer* 8, der dabei jedoch betont, dass eine *unmittelbare* Drittwirkung nicht anerkannt sei.
130 Vgl. allgemein: *Satzger* § 11, 26; *Grabenwarter/Pabel* § 19, 9; *Peters/Altwicker* § 2 IV, 15 f.
131 EGMR Siliadin/F, 26.7.2005, § 77, NJW **2007** 41 m. Anm. *Frenz* NZA **2007** 734; *Nußberger* AuR **2014** 130, 135. Zur Umsetzung im russischen Recht: *Post* 244 f.; zum Fall auch *Ritter* 46 f.
132 EGMR Siliadin/F, 26.7.2005, § 122.
133 EGMR Siliadin/F, 26.7.2005, § 89.
134 EGMR (GK) S.M./KRO, 25.6.2020, § 306.
135 EGMR Siliadin/F, 26.7.2005, §§ 89, 112; Rantsev/ZYP u. R, 7.1.2010, § 285; C.N./UK, 13.11.2012, § 66; C.N. u. V./F, 11.10.2012, § 105; (GK) S.M./KRO, 25.6.2020, § 306; V.C.L. u. A.N./UK, 16.2.2021, § 151.
136 EGMR Rantsev/ZYP u. R, 7.1.2010, § 287.
137 EGMR Rantsev/ZYP u. R, 7.1.2010, § 284.

Esser

einer Privatperson unmittelbar gegen deren Verhalten zur Wehr zu setzen und den Schutz durch die Zivil-/Arbeitsgerichtsbarkeit ohne relevante Hürden zu erreichen.

44   Um eine wirksame Anwendung des Rechtsrahmens in der Praxis zu gewährleisten, müssen die zuständigen staatlichen Organe **personell und organisatorisch** in die Lage versetzt werden, rechtswidrige Zustände schnell und effektiv zu unterbinden; dazu gehört auch die **regelmäßige Schulung** von Beamten, die für Fragen der Einwanderung und eine etwaige Strafverfolgung in diesem Bereich zuständig sind.[138]

45   Die zuständigen Stellen müssen auch tatsächlich gegen erkennbare Missstände **wirksam einschreiten**. Auf verfahrensrechtlicher Ebene besteht daher die Pflicht, **Untersuchungen zeitnah aufzunehmen und effektiv durchzuführen**, wenn ein glaubwürdiger Verdacht besteht, dass die Rechte einer Person nach Art. 4 verletzt worden sind.[139] Die Vertragsstaaten sind neben der Durchführung innerstaatlicher Untersuchungen auch dazu verpflichtet, in Fällen von **grenzüberschreitendem Menschenhandel** wirksam mit den zuständigen Behörden anderer betroffener Staaten bei der Untersuchung von Ereignissen zusammenzuarbeiten, die sich außerhalb ihres Hoheitsgebiets ereignet haben.[140]

46   Zum Umfang der dem Staat obliegenden Pflichten stellte der EGMR in der Rs. *L.E.* fest, Griechenland habe seiner Verpflichtung zur Durchführung umfassender Maßnahmen gegen den Menschenhandel zwar durch den Erlass entsprechender Gesetze entsprochen, aus Art. 4 ergebe sich aber ferner bei einem Verdacht auf das Vorliegen von Menschenhandel eine Pflicht zur Aufnahme effektiver Ermittlungen. Griechenland habe durch die zeitliche Verzögerung der Anklageerhebung, obwohl die Beschwerdeführerin bereits als Opfer von Menschenhandel anerkannt war, seinen Pflichten nicht entsprochen.[141]

47   Dagegen konnte der EGMR in der Rs. *J. u.a.* keine Verletzung positiver Verpflichtungen Österreichs feststellen, da Art. 4 **keine Verpflichtung** zur Schaffung einer **universellen Gerichtsbarkeit** vorsehe.[142]

48   In den Rs. *S.M.* und *Zoletic* stellte der Gerichtshof fest, dass Kroatien und Aserbaidschan ihren **verfahrensrechtlichen Pflichten** nicht entsprochen hatten, da die nationalen Behörden keinen Versuch unternommen hätten, alle relevanten Umstände der jeweiligen Fälle **eingehend und effektiv zu untersuchen** und alle verfügbaren Beweise zu sammeln.[143] In der Rs. *Zoletic* hatte es wiederholt hinreichende Anhaltspunkte auf Zwangsarbeit und Menschenhandel gegeben. Der EGMR verwies auf die Feststellungen im GRETA-Bericht 2014 zu Aserbaidschan, der den dortigen Strafverfolgungsbehörden vorwirft, potenzielle Fälle von Menschenhandel zum Zwecke der Ausbeutung der Arbeitskraft als bloße arbeitsrechtliche Streitigkeiten zwischen Arbeitnehmer und Arbeitgeber zu betrachten.[144]

49   Unter bestimmten Umständen ist ein Staat auch dazu verpflichtet, **operative Maßnahmen** zu ergreifen, um (potentielle) Opfer von Menschenhandel zu schützen.[145] Eine entsprechende **Pflicht zur Prävention** entsteht, wenn staatliche Stellen von Umständen

---

138 EGMR Rantsev/ZYP u. R, 7.1.2010, § 287.
139 EGMR Rantsev/ZYP u. R, 7.1.2010, § 288 – Menschenhandel; C.N./UK, 13.11.2012, §§ 80 ff. – Sklaverei und Zwangsarbeit; (GK) S.M./KRO, 25.6.2020, § 307 – Zwangsprostitution; V.C.L. u. A.N./UK, 16.2.2021, §§ 150 ff. – Menschenhandel; Zoletic u.a./ASE, 7.10.2021, §§ 185 ff. – Zwangsarbeit und Menschenhandel.
140 EGMR Rantsev/ZYP u. R, 7.1.2010, § 289.
141 EGMR L.E./GR, 21.1.2016, §§ 73 ff.; ähnlich EGMR (K) S.M./KRO, 19.7.2018, § 80; (GK) 25.6.2020, §§ 308, 313.
142 EGMR J. u.a./A, 18.7.1994, § 114; ähnlich EGMR Rantsev/ZYP u. R, 7.1.2010, § 244.
143 EGMR (K) S.M./KRO, 19.7.2018, §§ 77 ff., 80 f. Die Feststellungen bestätigend und die Versäumnisse der Ermittlungsbehörden erneut betonend: (GK) 25.6.2020, §§ 322 ff., 333 ff.; Zoletic/ASE, 7.10.2021, §§ 201 ff.
144 EGMR Zoletic/ASE, 7.10.2021, § 118; Report concerning the implementation of the CoE Convention on Action against Trafficking in Human Beings by Azerbaijan, GRETA(2014)9, 23.5.2014.
145 EGMR Rantsev/ZYP u. R, 7.1.2010, § 286; C.N./UK, 13.11.2012, § 67.

erfahren oder von diesen wissen müssen, die einen glaubhaften Verdacht begründen, dass eine Person einer Behandlung unter Missachtung der Vorgaben von Art. 4 **bereits ausgesetzt** ist oder eine **reale und unmittelbare Gefahr** für eine solche Behandlung besteht.[146] Inhaltlich geht es dabei um von Amts wegen zu ergreifende Maßnahmen zur **Stärkung der Koordination auf nationaler Ebene** zwischen den verschiedenen Stellen zur Bekämpfung des Menschenhandels und zur Ermutigung der Nachfrage nach allen Formen der Ausbeutung von Personen (ggf. mit einer Befreiung der betroffenen Person aus ihrer Lage) sowie um **Schutzmaßnahmen** zur Erleichterung der Identifizierung und Unterstützung der Opfer bei ihrer physischen, psychischen und sozialen Genesung[147] – unter besonderer Berücksichtigung der Vulnerabilität minderjähriger Opfer.[148] Mit § **154c Abs. 2 StPO** sieht das deutsche Verfahrensrecht eine solche Maßnahme vor, da die Vorschrift die Möglichkeit bietet, von der Verfolgung eines Vergehens abzusehen, wenn das Opfer eines Menschenhandels (§ 232 StGB) diese Straftat anzeigt und hierdurch sein eigenes Vergehen bekannt wird.[149]

Im Falle von drei russischen Beschwerdeführerinnen, die in Griechenland Opfer von 50 Menschenhandel zum Zwecke sexueller Ausbeutung wurden, stellte der EGMR in der Rs. *T.I.* ausdrücklich fest, dass der rechtliche Rahmen im nationalen Recht Griechenlands zur Zeit der Taten weder zur **Bestrafung** überführter Täter von Menschenhandel noch zur **wirksamen Verhinderung des Menschenhandels** ausreichend gewesen sei.[150] Nach Ansicht des Gerichtshofs hatten die griechischen Gerichte die Verfahren wegen Menschenhandels mit einer jeweiligen Verfahrensdauer von sieben bis zehn Jahren nicht effektiv geführt sowie letztlich, zu Unrecht, teilweise eingestellt, d.h. nicht mit der von Art. 4 geforderten Sorgfalt behandelt.[151] Daneben habe das griechische Recht Menschenhandel lediglich als geringwertige Straftat angesehen und andererseits die Strafbarkeit des Menschenhandels zum Zwecke sexueller Ausbeutung vor einer Gesetzesänderung im Jahr 2002 gar nicht vorgesehen.[152]

III. Verbot der Sklaverei und der Leibeigenschaft

1. Sklaverei. Nach Art. 4 Abs. 1 EMRK/Art. 8 Abs. 1 Satz 1 IPBPR darf niemand in Skla- 51 verei gehalten werden. In Übereinstimmung mit dem Text des Art. 4 AEMR fügt Art. 8 Abs. 1 IPBPR noch in einem zweiten Satz hinzu, dass Sklaverei und **Sklavenhandel** in all ihren Formen verboten sind. Eine Erweiterung des Verbots gegenüber Art. 4 liegt in dieser Klarstellung nicht. Auch wenn man ihn im weiten Sinne der Begriffsbestimmung des Art. 1 Nr. 2 SC1926 (Rn. 1) versteht, die neben allen Formen des **Erwerbs** und der **Veräußerung**

---

146 EGMR V.C.L. u. A.N./UK, 16.2.2021, §§ 152, 172–173, 181–182 – Verstoß gegen Pflicht zum Ergreifen operativer Maßnahmen gegen die Arbeit als Minderjährige aus Vietnam in Cannabisfabriken (UK); Bf. wurden trotz Umständen, die darauf hindeuteten, dass sie Opfer von Menschenhandel waren, einer Straftat angeklagt, ohne dass ihr Status als Opfer des Menschenhandels zuvor von der zuständigen Behörde geprüft worden war.
147 EGMR V.C.L. u. A.N./UK, 16.2.2021, § 153; (K) S.M./KRO, 19.7.2018, §§ 58 f. sowie (GK) 25.6.2020, §§ 306 f., 312 ff. Vgl. dazu *Pati* NJW **2011** 128, 131; *Pati* in: The Diversity of International Law: Essays in Honour of Professor Kalliopi K. Koufa (2009) 319.
148 EGMR V.C.L. u. A.N./UK, 16.2.2021, § 153; A.I./I, 1.4.2021.
149 Dazu LR/*Mavany* § 154c, 9 StPO; SSW/*Schnabl* § 154c, 4 StPO; MüKo/*Teßmer* § 154c, 10 StPO.
150 EGMR T.I./GR, 18.7.2019, §§ 141 ff., 147 ff.
151 EGMR T.I./GR, 18.7.2019, § 158.
152 EGMR T.I./GR, 18.7.2019, § 143.

auch die **Festnahme** und die **Beförderung von Sklaven** umfasst,[153] setzt Sklavenhandel stets voraus, dass eine Person verbotswidrig in Sklaverei gebracht oder gehalten wird. Auch der Hinweis auf **Sklaverei in allen Formen** bringt keine Ausdehnung des Verbots über Satz 1 hinaus.[154] Aus der Entstehungsgeschichte des Art. 8 Abs. 1 IPBPR ergibt sich, dass dieser nur die Sklaverei und den Sklavenhandel im eigentlichen („klassischen") Sinn erfassen sollte und nicht andere der Sklaverei ähnliche Formen,[155] wie die Abkommen über den Frauenhandel (Rn. 2) zeigen.

52   Ob diese Einengung aus heutiger Sicht noch zeitgemäß ist, mag bei den mit Ausbeutung verbundenen Formen eines Gewaltverhältnisses über die Betroffenen, wie etwa bei bestimmten Formen des **Menschenhandels**, speziell des **Frauenhandels**[156] oder des **Kinderhandels** zweifelhaft sein.[157] Einige dieser Formen fallen jedenfalls unter das Verbot der Leibeigenschaft (vgl. Rn. 58 ff.).

53   Eine eigene **Definition der Sklaverei** enthalten EMRK und IPBPR nicht. Unter Rückgriff auf die Definition in Art. 1 Abs. 1 SC1926 (Rn. 1) wird darunter die Rechtsstellung oder Lage einer Person verstanden, an der einzelne oder alle mit dem Eigentumsrecht verbundenen Befugnisse ausgeübt werden,[158] also ein Zustand, in dem eine Person unter Verletzung ihres Persönlichkeitsrechts und ihres Rechts auf Anerkennung ihrer Rechtsfähigkeit (Art. 16 IPBPR) wie eine Sache behandelt wird.[159] Der ICTY verwendet eine weite Begriffsbestimmung des Verbots der Sklaverei und rechnet dazu die Ausübung der Macht, die sich aus dem Besitzrecht an einer Person ergibt, wie die Kontrolle ihrer Fortbewegungsfreiheit, fluchtverhindernde Maßnahmen, physische und psychische Unterjochung, aber auch Anwendung oder Androhung von Zwang und Gewalt, grausame Behandlung und Missbrauch zur Sklaverei, wobei der Verkauf einer Person als ein Indiz gewertet wurde.[160]

54   Während der ICTY sich noch eingehend mit der Frage auseinandersetzte, ob **Menschenhandel** unter den Begriff der Sklaverei zu fassen ist,[161] hält der EGMR eine solche Prüfung angesichts des Grundsatzes, wonach die Konvention im Lichte der heutigen Verhältnisse auszulegen sei, für nicht mehr erforderlich. Jedenfalls falle Menschenhandel in den Anwendungsbereich des Art. 4 und sei den explizit in der Vorschrift aufgeführten Begriffen „hinzuzufügen".[162] Im Falle des Vorliegens von Menschenhandel bedarf es vielmehr nach Ansicht des Gerichtshofs für die Bejahung des Anwendungsbereichs des Art. 4

---

153 BGBl. 1972 II S. 1474; ebenso Art. 7 *lit.* b ZÜ1956 (BGBl. 1958 II S. 205).

154 So auch *Ritter* 309, 312.

155 *Nowak* 9, 10; *Guradze* 3; vgl. auch *Tretter* FS Ermacora 527, 562; zum Begriff der klassischen Sklaverei vgl. *Ritter* 303 f.

156 Siehe auch: Gesetz zur Bekämpfung der Zwangsheirat und zum besseren Schutz der Opfer von Zwangsheirat sowie zur Änderung weiterer aufenthalts- und asylrechtlicher Vorschriften v. 23.6.2011 (BGBl. I S. 1266; BTDrucks. **17** 4401); hierzu: *Sering* NJW **2011** 2161; *Eisele/Majer* NStZ **2011** 546; *Eichenhofer* NVwZ **2011** 792; *Schumann* JuS **2011** 789; *Valerius* JR **2011** 430; *Bülte/Becker* ZIS **2012** 61; zu einem Fall des Frauenhandels: EGMR C.N./UK, 13.11.2012; *Seesko* 70 ff. m.w.N.

157 *Tretter* FS Ermacora 527, 559; vgl. hierzu auch: vertiefend: *Segrave* (Hrsg.) Human Trafficking (2013).

158 EGMR Siliadin/F, 26.7.2005; *Frowein/Peukert* 2; *Nowak* 10; *Partsch* 112. Art. 7 *lit.* a ZÜ1956 hat diese Definition ebenfalls übernommen; vgl. auch BGH MDR **1993** 889 (zu § 234 StGB).

159 *Hofmann* 31; *Tretter* FS Ermacora 527, 562 (Zerstörung der Rechtspersönlichkeit).

160 ICTY Prosecutor v. *Dragoljub Kunarec* et. al., IT-96-23-T u. IT-96-23/1-T, 22.2.2001; vgl. auch: *Ambos/Wenning* NStZ-RR **2002** 290; *Paulus* Kriminalistik **2017** 656 („Sexsklaverei").

161 ICTY Prosecutor v. *Dragoljub Kunarec* et. al., IT-96-23-T u. IT-96-23/1-T, 22.2.2001.

162 EGMR Rantsev/ZYP u. R, 7.1.2010, NJW **2010** 3003; Zoletic u.a./ASE, 7.10.2021, § 154.

schon gar keiner genauen definitorischen Abgrenzung der einzelnen Begriffe „Sklaverei", „Leibeigenschaft" und „Zwangsarbeit" mehr.[163]

Der Begriff des Menschenhandels ist im **Palermo-Protokoll** (Rn. 3) definiert und setzt 55 sich danach zusammen aus einer **Tathandlung** in Form der „Anwerbung, Beförderung, Verbringung, Beherbergung oder Aufnahme von Personen", einem **Tatmittel** in Form der „Androhung oder Anwendung von Gewalt oder anderen Formen der Nötigung [...], Entführung, Betrug, Täuschung, Missbrauch von Macht oder Ausnutzung besonderer Hilflosigkeit oder [...] Gewährung oder Entgegennahme von Zahlungen oder Vorteilen zur Erlangung des Einverständnisses einer Person, die Gewalt über eine andere Person hat" und dem **ausbeuterischen Zweck** der Handlung.[164] Die der Sklaverei ähnlichen Formen der Abhängigkeit, wie sie in Art. 1 ZÜ1956 aufgezählt werden, rechnet man dem Begriff der Leibeigenschaft (Rn. 58) zu. Nach Ansicht des EGMR ist Art. 4 dahingehend auszulegen, dass für die Annahme von Menschenhandel diese drei, durch die einschlägigen völkerrechtlichen Vereinbarungen festgelegten Grundvoraussetzungen erfüllt sein müssen. Der Gerichtshof betonte dabei jedoch explizit, dass der Begriff „Zwangs- oder Pflichtarbeit" i.S.d. Art. 4 Abs. 2 nach seiner Zweckrichtung in jedem Fall gegen Situationen ernsthafter Ausbeutung schützen soll, sodass ein Sachverhalt dementsprechend selbstverständlich auch dann vom Schutzbereich des Art. 4 erfasst sein kann, wenn er zwar ähnlich gelagert ist, die Voraussetzungen für das Vorliegen von Menschenhandel im Sinne der Vorschrift jedoch nicht erfüllt sind. Weiterhin kann im Einzelfall selbstverständlich auch ein Verstoß gegen eine andere Konventionsgarantie zu bejahen sein.[165]

Im Falle einer **Zwangsheirat**[166] verneinte der EGMR allerdings den Tatbestand des 56 Menschenhandels. Eine junge Frau mit ethnischer Herkunft der Sinti und Roma fand bei der gemeinsamen Einreise mit ihrer Familie nach Italien (Grund waren die Suche nach Arbeit) zunächst in einem italienischen Dorf eine Anstellung. Nach einiger Zeit wollte der Arbeitgeber der Familie, dass die spätere Beschwerdeführerin den Neffen des Hausherrn heirate. Als sie und ihre Familie sich weigerten, wurden die Eltern geschlagen und mit vorgehaltener Waffe mit dem Tode bedroht. Schließlich wurde ihnen Geld angeboten, wenn sie ihre Tochter in Italien zurückließen und nach Bulgarien ausreisten. Die Tochter wurde zwangsverheiratet, zu sexuellen Handlungen genötigt und letztlich sogar zu zahlreichen Straftaten wie Diebstählen und Raubüberfällen gezwungen. Der EGMR sah darin eine Behandlung, die der Folter und der menschenunwürdigen Behandlung i.S.d. **Art. 3** gleichkam. Sklaverei, Leibeigenschaft oder Menschenhandel hingegen nahm der Gerichtshof nicht an.[167]

---

163 EGMR Rantsev/ZYP u. R, 7.1.2010, § 282; V.C.L. u. A.N./UK, 16.2.2021, § 148, BeckRS **2021** 1822; dazu auch *Weiß/Höfer* NJOZ **2021** 1473 f.

164 *Ritter* 36 f. m.w.N.; eingehend hierzu *Weatherburn* Labour Exploitation in Human Trafficking Law 63 ff.

165 Zum Ganzen EGMR S.M./KRO, 25.6.2020, §§ 290, 303.

166 EGMR M. u.a./I u. BUL, 31.7.2012; vertiefend zur Thematik: *Hildebrand* Die Bekämpfung der Zwangsheirat in Deutschland (2015); *Karayel* JAmt **2016** 297. In Deutschland wurden 2012–2014 von der PKS 56, 62 und 58 Fälle der Zwangsverheiratung erfasst (hohe Dunkelziffer; 2012–2013: drei Urteile wegen § 237 StGB (2011 geschaffen), darunter ein Freispruch, vgl. BTDrucks. **18** 7749 S. 3 ff.; zu § 237 StGB im Einzelnen *Seesko* 70 ff.; *Potkanski-Palka* Zwangsheirat in Österreich – Ergebnisse der qualitativen Studie „(...) da war keine Liebe: Zwangsheirat und geschlechtsbezogene Gewalt in Österreich (2018); *dies.* SIAK-Journal 4/**2018**. Nach einer Studie von *Save the Children International* hat sich im Jahr 2020 angesichts der Covid-19-Pandemie das Risiko junger Mädchen weltweit von Zwangsverheiratung betroffen zu sein, deutlich erhöht. Weil Familien an den wirtschaftlichen Folgen der Situation leiden, sehen Eltern keine Alternative als ihre Töchter häufig mit älteren Männern zu verheiraten (größter Anstieg seit 25 Jahren), vgl. The Global Girlhood Report 2020 – „How COVID-19 is putting progress at peril", 10/**2020** 13 ff.

167 EGMR M. u.a./I u. BUL, 31.7.2012, §§ 152 f.; 166, 170.

Esser

57   Der **BayVerfGH**[168] hat ebenfalls eine **erniedrigende Behandlung** i.S.v. § 4 Abs. 1 Satz 2 Nr. 2 AsylG im Falle einer Zwangsheirat in Anlehnung an Art. 3 bejaht. Die Klägerin irakischer Staatsangehörigkeit sollte in ihrem Heimatland an ihren Cousin zwangsverheiratet werden. Um dem zu entgehen, flüchtete sie nach Deutschland. Der Senat ging davon aus, dass die Klägerin bei ihrer Rückkehr in die Heimat mit schweren Repressalien – im schlimmsten Fall der Tötung (Ehrenmord) – zu rechnen habe. Ihr drohe daher aufgrund der geplanten Zwangsheirat ein ernsthafter Schaden durch ihre eigene Familie.[169]

58   **2. Leibeigenschaft.** Leibeigenschaft ist eine zu enge Übersetzung des Begriffs „**servitude**", der in Art. 4 Abs. 1 EMRK/Art. 8 Abs. 2 IPBPR nicht definiert wird.[170] Der Gerichtshof hat den Begriff der „Leibeigenschaft" als eine Verpflichtung zur Erbringung von Dienstleistungen, die durch die Anwendung von Zwang auferlegt wird, definiert und den Begriff mit dem der Sklaverei verknüpft.[171] Nach h.M. umfasst das Verbot zumindest bei einer am Schutzzweck orientierten Weiterentwicklung des Konventionsrechts („living instrument")[172] auch der Sklaverei ähnliche Verhältnisse, wie sie in der Begriffsbestimmung des Art. 1 ZÜ1956 (Rn. 1) aufgezählt werden.[173] Dazu gehört nicht nur die Leibeigenschaft im engeren Sinn, die dort als die Rechtsstellung eines Pächters definiert wird, der verpflichtet ist, auf einem Grundstück zu leben und zu arbeiten und bestimmte entgeltliche oder unentgeltliche Dienste zu leisten, ohne seine Rechtsstellung selbständig ändern zu können,[174] sondern auch die **Schuldknechtschaft** („debt", „bondage")[175] und die verschiedenen Formen des **Frauen- und Kinderhandels** sowie Verfügungen über Frauen, die ihre Selbstbestimmung negieren,[176] etwa dadurch, dass diese ohne Weigerungsrecht gegen Geld **zwangsweise verheiratet** oder abgetreten oder bei Tod ihres Mannes zwangsläufig **vererbt** werden;[177] ferner der **Handel mit Kindern**, so auch die entgeltliche Übergabe eines Kindes an einen anderen, damit **das Kind oder seine Arbeitskraft ausgenutzt**[178] oder das **Kind sexuell missbraucht** werden kann.[179]

59   **Zwangsarbeit** kann beim Hinzutreten weiterer Merkmale eine Leibeigenschaft begründen, etwa wenn die Person vollkommen von ihrem Arbeitgeber abhängig ist, sie

---

168 BayVGH NVwZ **2016** 1271 f., Tz. 18.

169 Nach § 4 Abs. 3 i.V.m. § 3c Nr. 3 AsylG kann die Gefahr eines ernsthaften Schadens infolge einer erniedrigenden Behandlung i.S.v. § 4 Abs. 1 Satz 2 Nr. 2 AsylG ebenso von nichtstaatlichen Akteuren ausgehen, vgl. BayVGH NVwZ **2016** 1271 f., Tz. 18; dazu *Köhler* 169, 237.

170 *Guradze* 4; *Frowein/Peukert* 2; *Nowak* 12; *Tretter* FS Ermacora 527, 545.

171 EGMR Seguin/F, 16.4.2004; Siliadin/F, 26.7.2005, § 124; eine genaue definitorische Abgrenzung der verschiedenen in Art. 4 genannten Begriffe im Falle einer Bejahung von Menschenhandel als solchem im Ergebnis für entbehrlich haltend: EGMR Rantsev/ZYP u. R, 7.1.2010, § 282, NJW **2010** 3003; V.C.L. u. A.N./UK, 16.2.2021, § 148, BeckRS **2021** 1822.

172 Vgl. EGMR Van der Mussele/B, 23.11.1983; dazu *Fahrenhorst* EuGRZ **1985** 485.

173 *Nowak* 13; *Tretter* FS Ermacora 527, 564.

174 *Frowein/Peukert* 2; vgl. Art. 1 *lit.* b ZÜ1956; BGH MDR **1993** 889.

175 Art. 1 *lit.* a ZÜ1956 versteht darunter die Verpfändung einer Person zu persönlichen Dienstleistungen als Sicherheit für eine Schuld, wenn diese nach Art oder Dauer unbestimmt sind oder nicht mit einem angemessenen Wert die Schuld tilgen.

176 Schuldknechtschaft, Frauenhandel u. Kinderarbeit sind auch mit der Begründung erfasst, dass die EMRK in der englischen Originalfassung den Begriff „*servitude*" anstelle von „*serfdom*" (wie noch 1956) verwendet; vgl. auch: SK/*Meyer* 16; KK-EMRK-GG/*Marauhn* Kap. 12, 13; *Frowein/Peukert* 2.

177 Vgl. *Nowak* 13; *Tretter* FS Ermacora 527, 549.

178 *Grabenwarter/Pabel* § 20, 91; SK/*Meyer* 16.

179 Art. 1 *lit.* c, d ZÜ1956; vgl. *Nowak* 13; *Tretter* FS Ermacora 527, 552 ff.

Esser   **308**

durch Angst daran gehindert wird, ihren Zustand zu verändern und keinerlei Bewegungsfreiheit oder Freizeit hat.[180]

Im Falle einer jungen Frau aus Uganda (**C.N.**), die aus Angst vor weiteren sexuellen 60
Übergriffen in ihrem Heimatland nach Großbritannien geflohen war, nahm der Gerichtshof alle verbotenen Behandlungen i.S.d. Art. 4 an.[181] Der Beschwerdeführerin waren bei der Einreise ihre (gefälschten) Papiere abgenommen und bis zu ihrer Flucht aus der Knechtschaft, in die sie daraufhin verbracht wurde, nicht wieder herausgegeben. Einer der Männer (S), der ihr zu den gefälschten Papieren verhalf, passte sie am Flughafen in London ab und verbrachte sie für mehrere Monate in verschiedene Wohnungen. Die Frau wurde ständig und unter Androhung von Strafen angehalten, mit niemandem zu sprechen, keine öffentlichen Verkehrsmittel zu benutzen und keinerlei Aufmerksamkeit zu erregen. Durch permanentes Einreden dieser Behauptungen sowie durch die Vorführung angeblicher Folterungen im Fernsehen, die Großbritannien mit Flüchtlingen angeblich verübte, geriet die Frau in ein schier unausweichliches Abhängigkeitsverhältnis zu ihrem Menschenhändler. Unter Aufsicht ließ dieser sie zur Pflegerin ausbilden und schickte sie fortan zu einem älteren Ehepaar, bei dem sie als persönliche Pflegerin arbeiten musste. Trotz völliger Überforderung musste sie drei Jahre lang den schwer an Parkinson erkrankten Ehemann pflegen. In dieser Zeit wurde ihr weiterhin jeglicher Kontakt zur Außenwelt sowie jedes Ansprechen Fremder verboten. Die monatliche Bezahlung für die Dienste wurde auf das Konto des S überwiesen. Freizeit wurde ihr nicht zugestanden, sie war vollumfassend weisungsgebunden und fremdbestimmt. Sie selbst erhielt nach eigener Aussage nichts von diesen Zahlungen. Erst 2006, nach drei Jahren, gelang ihr während der Arbeitszeit die Flucht in eine nahegelegene Bank. Ein psychiatrisches Gutachten stellte fest, dass die Frau aufgrund der sexuellen Übergriffe in Uganda und der jahrelangen Knechtschaft in London unter schweren posttraumatischen Störungen litt. Sie war schwer depressiv und HIV-positiv, was wegen des verbotenen Kontakts zu Dritten unbekannt und somit auch unbehandelt geblieben war. Nach ihrer Befreiung schenkten ihr die Behörden zunächst keinen Glauben und unterließen die notwendigen Ermittlungsmaßnahmen. Erst nach monatelangem Insistieren durch den Anwalt der Frau kamen die Ermittlungen ins Rollen und überführten schließlich den S und seine Komplizen. Aufgrund der unzureichenden Ermittlungen bejahte der Gerichtshof einen Verstoß gegen die in Art. 4 Abs. 1 garantierten Rechte. Besonders schwer wog, dass es an spezifischen Gesetzen fehlte, die ein solches Verbrechen angemessen ahndeten.

Das **Übereinkommen Nr. 189** (ILO-189)[182] vom 16.6.2011 über **menschenwürdige Ar-** 61
beit für Hausangestellte hat die Schaffung von Mindestarbeitsbedingungen, Sozialschutz sowie die Verwirklichung der Menschenrechte in diesem Berufsfeld zum Ziel.[183] Mit welt-

---

180 EGMR Siliadin/F, 26.7.2005: keine Androhung von Strafe, jedoch subjektiv ähnlich bedrohliche Lage/ psychische Abhängigkeit: Minderjährigkeit; illegaler Aufenthalt in Frankreich; Angst vor Festnahme; Hoffnung auf Aufenthaltsgenehmigung und Einschulung). Vgl. weiterführend zu den Vorgaben des Europarates und der EU zum Aufenthalt von Menschenhandelsopfern *Köhler* 85 ff., 102 ff.

181 EGMR C.N./UK, 13.11.2012; vergleichbarer Fall: EGMR C.N. u. V./F, 11.10.2012 (Bf. aus Burundi; Zwangsarbeit u. Leibeigenschaft bejaht; menschenunwürdige Bedingungen, Androhung von Gewalt, Anwendung psychischen Drucks, jahrelang zu Diensten als Hausmädchen und Arbeitskraft missbraucht); hierzu *Nußberger* AuR **2014** 130, 135; ähnlich EGMR Kawogo/UK v. 3.9.2013 (Bf. aus Tansania, die, nachdem ihr UK-Visum für häusliche Arbeit abgelaufen war, mehrere Monate lang täglich unentgeltlich mehr als 15 Stunden zur Hausarbeit gezwungen wurde; die Rüge Zwangsarbeit wurde von der Verfahrensliste gestrichen, Art. 37 Abs. 1 *lit.* c, nachdem die britische Regierung die Verletzung anerkannt und der Bf. eine Entschädigung angeboten hatte).

182 BGBl. 2013 II S. 922 ff.

183 *Schumacher* FS Lörcher 62, 63 m.w.N.

weit mehr als 50 Mio. Hausangestellten[184] ist ihre Anerkennung als Arbeitnehmer[185] sowie ihre rechtliche Gleichbehandlung[186] ein wichtiger Schritt,[187] auch weil noch immer aufgrund einer behaupteten Familienähnlichkeit[188] der Tätigkeit international zahlreiche benachteiligende Sonderregelungen legitimiert werden.[189] Deutschland hat das Übereinkommen am 7.6.2013 ratifiziert. Das entsprechende Gesetz vom 27.6.2013 trat für Deutschland am 20.9.2014 in Kraft.[190] Am 25.6.2021 ist zudem das **Übereinkommen Nr. 190** (ILO-190) als erstes internationales Abkommen gegen Gewalt und Belästigung in der Arbeitswelt in Kraft getreten.[191] Es legt einen gemeinsamen Handlungsrahmen zum Schutz von Arbeitnehmern fest und enthält u.a. erstmals eine Begriffsbestimmung[192] für Gewalt und Belästigung in der Arbeitswelt. Die Ratifikation dieses Übereinkommens durch Deutschland steht noch aus. Am 15.2.2023 hat die Bundesregierung einen Gesetzentwurf hierzu vorgelegt.[193]

62   Über die bisherige Aufzählung verbotener Behandlungen (Rn. 58) hinaus erfasst das Verbot der Leibeigenschaft auch andere **ähnliche Praktiken**, durch die ein Mensch in ein ihm aufgezwungenes, für ihn faktisch unlösbares, seine Menschenwürde und seine freie Selbstbestimmung negierendes Abhängigkeitsverhältnis gebracht oder darin gehalten wird, wie dies auch bei schweren Formen der **Ausbeutung illegaler Arbeiter oder Drogensüchtiger** der Fall sein kann.[194]

63   Eine Verpflichtung zum **Militärdienst** für minderjährige Jungen im Alter von 15 und 16 Jahren stellt dagegen keine Leibeigenschaft dar.[195] Schon die EKMR hatte in einer mit Zustimmung der Erziehungsberechtigten eingegangenen, unkündbaren Verpflichtung Minderjähriger zu einem langjährigen Dienst in den Streitkräften keine *„servitude"* gesehen;[196] desgleichen wurde dies verneint, wenn ein Rückfalltäter der Verfügungsmacht der Regierung (*„mise à la disposition du gouvernement"*[197]) überantwortet wurde.[198]

184 *Zimmer* FS Lörcher 29, 30.
185 Vgl. Art. 2 des Übereinkommens.
186 Vgl. Art. 10 des Übereinkommens.
187 Dazu bereits EGMR Siliadin/F, 26.7.2005; C.N./UK, 13.11.2012; C.N. u. V./F, 11.10.2012.
188 Vgl. dazu EGMR C.N. u. V./F, 11.10.2012 – Missbrauch der Bf. aus Burundi im Haus ihrer Tante und ihres Onkels zu jahrelangen unentgeltlichen Diensten als Hausmädchen und Arbeitskraft unter menschenunwürdigen Bedingungen, unter Androhung von Gewalt und durch Anwendung psychischen Drucks. Auch der EGMR hat zwischen Tätigkeiten im familiären Zusammenhang und „Zwangsarbeit" nach Art und Umfang der Tätigkeit unterschieden.
189 *Schumacher* FS Lörcher 62, 64.
190 BGBl. 2013 II S. 922; 1570.
191 Vgl. Presseinformation ILO v. 21.6.2021, abrufbar unter: https://www.ilo.org/berlin/presseinformationen/ WCMS_807442/lang–de/index.htm (Stand: 2/2023); Die Bundesregierung plant die Ratifizierung dieses Übereinkommens, vgl. Koalitionsvertrag 2021–2025, 91.
192 Vgl. Art. 1 des Übereinkommens.
193 Siehe BTDrucks. 20 5652.
194 *Nowak* 3, 4, 13; *Tretter* FS Ermacora 527, 554 ff.
195 EGMR W., X., Y. u. Z./UK, 19.7.1968.
196 EKMR W. u.a./UK, 19.7.1968 („Sailors Boy Case": freiwillige Verpflichtung von 15- u. 16jährigen Angehörigen der britischen Streitkräfte zum mehrjährigem Marine-/Militärdienst: keine Sklaverei, da Zustimmung der Eltern vorlag und Verpflichtung aus freiem Willen; Leibeigenschaft i.S. einer „sklavenähnlichen Lage" verneint: Militär- und Marinedienste seien einer Freiheitsentziehung und einer Entziehung der Persönlichkeitsrechte nicht gleichzusetzen; keine Zwangs-/Pflichtarbeit wegen Art. 4 Abs. 3 *lit.* b); *Frowein/Peukert* 3; *Grabenwarter/Pabel* § 20, 91; *Nowak* 13.
197 Eine besondere Form der bedingten Entlassung und der Sicherungsaufsicht, vgl. Art. 5 Fn. 138, 275.
198 EGMR Van Droogenbroeck/B, 24.6.1982, EuGRZ **1984** 6; *Frowein/Peukert* 3; SK/*Meyer* 16.

3. Tragweite des Verbots. Verboten ist jedes **Halten** einer Person in Sklaverei oder 64
einem der Sklaverei ähnlichen Abhängigkeitsverhältnis (Art. 4 Abs. 1 EMRK/Art. 8 Abs. 1, 2
IPBPR). Das Verbot wendet sich primär an die Vertragsstaaten, die in ihrer Rechtsordnung
keine derartigen Rechtsformen zulassen dürfen und die darüber hinaus positiv zu gewährleisten haben, dass das Verbot eingehalten wird.[199] Dies umfasst nicht zuletzt die Verpflichtung zum Erlass ausreichender **Strafvorschriften** mit fühlbaren, der Schwere der Menschenrechtsverletzung angemessenen Strafandrohungen (vgl. etwa §§ 232–234,[200] 237,[201]
180, 180a StGB) und eine **effektive Strafverfolgung**.[202]

Darüber hinaus sind die Vertragsstaaten zum (aktiven) **Schutz vor Menschenhandel** 65
und zur **Aufklärung** verpflichtet.[203] Durch welche Maßnahmen die Staaten in ihrer Gesetzgebung und im Bereich der Exekutive ihre Vertragspflicht erfüllen, wird von den Konventionen nicht vorgeschrieben; es ist im Einzelnen weitgehend ihrer Einschätzung überlassen. Sie haben insoweit einen weiten Gestaltungsspielraum, sofern nur die Summe ihrer
Maßnahmen den von den Konventionen erstrebten Schutz gewährt. Die weitergehenden
Verpflichtungen in Bezug auf **internationale Zusammenarbeit** und **Gewährung von
Rechtshilfe** bei der Bekämpfung von Sklaverei und den der Sklaverei ähnlichen Prakti-
ken, die sich aus den in Rn. 2, 8 ff. angeführten Übereinkommen ergeben, bestehen neben
Art. 4 Abs. 1 EMRK/Art. 8 Abs. 1, 2 IPBPR fort.

IV. Verbot der Zwangs- oder Pflichtarbeit

1. Begriff der Zwangs- oder Pflichtarbeit. Der **Begriff der Zwangs- oder Pflichtar-** 66
beit wird in Art. 4 Abs. 2 EMRK/Art. 8 Abs. 3 IPBPR nicht näher definiert, nur die als Auslegungshilfe heranziehbaren Ausnahmen in Absatz 3 geben den Begriffen gewisse Konturen.
Sie decken sich weitgehend mit denen des **ILO-29** (Rn. 34). Im Einklang mit der historischen Entstehung dieses Menschenrechts wird an den dort entwickelten Begriff der
Zwangsarbeit angeknüpft.[204] Nach Art. 2 Abs. 1 ILO-29 ist Zwangsarbeit **„jede Art von
Arbeit oder Dienstleistung, die von einer Person unter Androhung irgendeiner Strafe
verlangt wird und für die sie sich nicht freiwillig zur Verfügung stellt"**.

Die **ILO-105** (Rn. 34) hat die ILO-29 dahin ergänzt, dass die Staaten Zwangs- oder 67
Pflichtarbeit nicht als Mittel des politischen Zwangs, der Erziehung oder als Bestrafung
für politische Anschauungen, als Methode der wirtschaftlichen Entwicklung, als Mittel zur
Erhaltung der Arbeitsdisziplin, als Bestrafung für die Teilnahme an Streiks oder als Mittel
der rassischen, sozialen, nationalen oder religiösen Diskriminierung verwenden dürfen.
Neben natürlichen Personen können im Rahmen des Art. 4 Abs. 2 und Abs. 3 **auch juristische Personen** grundrechtsberechtigt sein.[205]

---

199 EGMR C.N./UK, 13.11.2012, §§ 80 ff.; *Nowak* 11.

200 Zum (weiten) Begriff der „Zwangslage" i.S.v. § 232 Abs. 1 Satz 1 StGB: BGH NStZ **2014** 576.

201 Zur Neuschaffung des Straftatbestandes der Zwangsheirat im deutschen Recht: *Haas* JZ **2013** 72; *Kubik/
Zimmermann* JR **2013** 192; *Kaiser* FamRZ **2013** 77; *Seesko* 70 ff.

202 *Nowak* 11; 14; *Hofmann* 32; aus der Sicht der Praxis: *Kepura* Kriminalistik **2007** 256.

203 EGMR Rantsev/ZYP u. R, 7.1.2010 (20-jährige Russin mit „Artisten-Visum"; Handel zur sexuellen Ausbeutung von Ost- nach Zentraleuropa; ungeklärter Tod in Zypern).

204 EGMR Graziani-Weiss/A, 18.10.2011, § 36; (GK) Stummer/A, 7.7.2011, §§ 117 f.; Siliadin/F, 26.7.2005,
§§ 115 f.; vgl. Verweise in EGMR Adigüzel/TRK, 6.2.2018, §§ 26 f., *Frowein/Peukert* 6; *Grabenwarter/Pabel* § 20,
93; Meyer-Ladewig/Nettesheim/von Raumer/*Meyer-Ladewig/Huber* 4; *Nowak* 15; *Partsch* 113; vertiefend auch
Weatherburn Labour Exploitation in Human Trafficking Law 119 ff.

205 EKMR DR 7, 148 (Four companies); KK-EMRK-GG/*Marauhn* Kap. 12, 24.

---

68   Für die **Auslegung** stellt sich die Frage, wieweit sich bei Berücksichtigung der geschichtlichen Entwicklung und der Zielsetzungen dieser Abkommen und der Wertvorstellungen, die den Abgrenzungen in Art. 4 Abs. 3 EMRK/Art. 8 Abs. 3 *lit.* b u. c IPBPR zugrunde liegen (Schutz der Menschenwürde vor Herabwürdigung durch bestimmte Methoden des Arbeitseinsatzes[206]), Einschränkungen des Begriffs der Zwangs- und Pflichtarbeit ergeben.

69   **Zwangsarbeit** wurde vom EGMR als eine durch **körperlichen oder moralischen Zwang** veranlasste höchstpersönliche Arbeit angesehen, während **Pflichtarbeit** eine **unfreiwillige Arbeit** ist, die vom Betroffenen unter Androhung irgendeiner Art von Strafe oder einer sonstigen Sanktion verlangt wird.[207] Große praktische Bedeutung hat diese Unterscheidung heute nicht mehr. Unstreitig ist, dass es sich in beiden Fällen um keine **freiwillige**, etwa aufgrund eines frei abgeschlossenen Vertrages,[208] übernommene Verpflichtung handeln darf, die nicht als der Sklaverei ähnliche Praktik den weitergehenden Verboten nach Art. 4 Abs. 1, 2 EMRK/Art. 8 Abs. 1, 2 IPBPR unterfällt.[209] Die persönliche Dienstleistung, die in körperlicher oder geistiger Arbeit bestehen kann,[210] muss dem Betroffenen von einem Träger der öffentlichen Gewalt **gegen seinen Willen** abverlangt werden, entweder durch Anwendung unmittelbarer **Gewalt** oder unter Androhung einer **fühlbaren Sanktion**. Als solche kommen nicht nur Kriminalstrafen in Betracht; auch andere fühlbare Nachteile, wie die Nichtzulassung zum Anwaltsberuf,[211] können die Freiwilligkeit einer geforderten Arbeit entfallen lassen. Im Wegfall der Arbeitslosenunterstützung bei Verweigerung einer zumutbaren Arbeit hatte die EKMR keine Zwangsarbeit gesehen.[212]

70   In der Rs. *Chowdury*[213] stellte der EGMR einen Verstoß gegen das Verbot der **Zwangsarbeit** aus Art. 4 Abs. 2 fest. Die Beschwerdeführer, 42 Erntehelfer aus Bangladesch, arbeiteten ohne Arbeitserlaubnis als Erdbeerpflücker in einem Betrieb in Griechenland, jeden Tag von 7.00 bis 19.00 Uhr, bewacht **von bewaffneten Männern**, untergebracht in Hütten ohne Wasser und ohne sanitäre Einrichtungen. Als eine Gruppe im April 2013 versuchte, ihren Forderungen für eine Verbesserung der Lage Nachdruck zu verleihen, schoss einer der Wächter und verletzte 30 Beschwerdeführer schwer. Beiden Arbeitgebern und dem Wächter wurden zunächst versuchter Totschlag sowie Menschenhandel vorgeworfen. Am Ende wurden alle Angeklagten nur wegen Körperverletzung zu einer Geldstrafe verurteilt und vom Vorwurf des Menschenhandels freigesprochen. Von den Erntearbeitern wurden 35 als Opfer anerkannt. Ihnen wurde pro Person 43 Euro Schmerzensgeld zugesprochen. Der EGMR stellte fest, dass der griechische Staat die Saisonarbeiter nicht ausreichend vor **Menschenhandel** und **Ausbeutung durch Zwangsarbeit** geschützt habe und sprach ihnen eine Entschädigung i.H.v. je 12.000 bis 16.000 Euro zu. Er rügte die griechische Justiz für eine zu restriktive Auslegung des Begriffs Menschenhandel. Mit dem Urteil erweiterte der Gerichtshof die staatliche Pflicht zum Schutz vor Menschenhandel im Bereich der **Opferrechte**, indem er ausdrücklich eine Pflicht zur Identifikation der Täter und zur

---

206 Zur ähnlichen Einschränkung bei Art. 12 Abs. 2, 3 GG vgl. BVerfGE **74** 102, 119 = NJW **1998** 45; BVerfG NJW **1991** 1043 = NStZ **1991** 181; BVerfGE **98** 169, 182, 200, 217 f. = NJW **1998** 3337, 3339.

207 EGMR Van der Mussele/B, 23.11.1983; zur Unterscheidung ferner *Ritter* 191, 367.

208 Vgl. EGMR Van der Mussele/B, 23.11.1983, § 36: Im Hinblick auf das Element der Freiwilligkeit der gegenständlichen Arbeit bezog der EGMR die vorherige Zustimmung des Bf. zu seinen Aufgaben in seine Erwägungen ein, ließ dem jedoch kein entscheidendes Gewicht zukommen, vgl. EGMR Adigüzel/TRK, 6.2.2018, § 30, Graziani-Weiß/A, 18.10.2011, § 40.

209 *Nowak* 15.

210 EGMR Van der Mussele/B, 23.11.1983.

211 EGMR Van der Mussele/B, 23.11.1983 (Verpflichtung des Anwaltsanwärters zur kostenlosen Übernahme von Pflichtverteidigungen: kein Verstoß).

212 *Frowein/Peukert* 12.

213 EGMR Chowdury/GR, 30.3.2017, NJOZ **2018** 1394.

Gewährung einer Erholungs- und Bedenkfrist (von 30 Tagen) der Opfer feststellte sowie eine angemessene Entschädigung im Sinne des Übereinkommens zur Bekämpfung des Menschenhandels[214] festlegte.[215]

Strittig ist eine **zusätzliche Eingrenzung**. Die frühere **EKMR** nahm den Begriff der 71 Zwangs- oder Pflichtarbeit nicht wortwörtlich. Bestimmt durch das tradierte Vorverständnis dieses Begriffes schränkte sie ihn dadurch ein, dass es nicht ausreichen sollte, wenn die angesonnene Arbeit die Folge nicht frei vereinbarter oder akzeptierter Arbeitsbedingungen war; zur Unfreiwilligkeit und der Androhung einer Sanktion musste als weitere (ungeschriebene) Voraussetzung hinzukommen, dass die verlangte Arbeit **unbillig** („unjust"), **unterdrückend** („oppressive") oder **zwangsläufig mit Härten** verbunden war.[216] Dabei sollte zu berücksichtigen sein, ob die Belastungen durch die angesonnene Arbeit durch spätere berufliche Vorteile angemessen ausgeglichen wurden.[217] Die Mehrheit der Kommissionsmitglieder sah keine Zwangsarbeit in einer zeitlich begrenzten Verpflichtung zu einer nicht diskriminierenden Arbeit im eigenen Beruf (Verpflichtung, gegen ein vorteilhaftes Entgelt zwei Jahre in einem sonst nicht versorgten Gebiet als Zahnarzt zu arbeiten[218]) oder zur unentgeltlichen Vertretung von Berufskollegen (Richter[219]) oder in der Bestellung als unentgeltlicher Pflichtverteidiger[220] oder in der Bestellung als Anwalt im Rahmen der Prozesskostenhilfe.[221] Auch die Verpflichtung eines Berufsfußballspielers, weiterhin bei seinem alten Club zu spielen, weil die vereinbarte Ablösungssumme vom neuen Club nicht gezahlt wird, ist nicht als Zwangsarbeit anzusehen.[222] Keine Zwangsarbeit ist ferner die **Verpflichtung von Ärzten zum Notdienst**, und dies auch dann nicht, wenn der Arzt keine Kassenzulassung hat und nur Privatpatienten betreut, für den Notdienst jedoch die (meist geringere) Vergütung der Gesetzlichen Krankenkassen erhält.[223] Die Verurteilung zu **gemeinnütziger Arbeit** ist ebenfalls keine Zwangsarbeit.[224] Der Gerichtshof lehnte eine Zwangs- oder Pflichtarbeit in Fällen ab, in denen ein Arbeitnehmer für geleistete Arbeit nicht bezahlt wurde, die Arbeit aber freiwillig verrichtet wurde und der Anspruch auf Bezahlung nicht strittig war,[225] in denen die Klägerin auf eine weniger lukrative Beschäftigung versetzt wurde,[226] in denen das Sozialhilfegesetz von der Klägerin verlangte,

---

214 Vgl. Art. 4, 5, 10, 13, 15 des CoE-Übereinkommens zur Bekämpfung des Menschenhandels (Rn. 7).

215 EGMR Chowdury/GR, 30.3.2017, §§ 116, 122, 131.

216 Vgl. *Grabenwarter/Pabel* § 20, 93; gegen diese Einschränkung: *Nowak* 17; EGMR Van der Mussele/B (Fn. 20).

217 EGMR Van der Mussele/B, 23.11.1983; vgl. *Grabenwarter/Pabel* § 20, 93 (Gewichtung der Zwangswirkung bereits auf der Tatbestandsseite des absoluten Verbots).

218 EKMR Iversen/N, 17.12.1963, EuGRZ **1975** 51 (Pflichten im Rahmen eines selbst gewählten Berufes vor der endgültigen Zulassung üblich; zudem nur untergeordnete Bedeutung); dazu *Frowein/Peukert* 8; *Grabenwarter/Pabel* § 20, 94; *Nowak* 17; *Partsch* 113.

219 EKMR ÖJZ **1995** 116 (Vertretungspflicht der öster. Arbeits- und Sozialrichter).

220 EGMR Van der Mussele/B, 23.11.1983; *Frowein/Peukert* 9 f.; zur Bestellung eines deutschen Anwalts nach dem früheren Armenrecht EKMR (EuGRZ **1975** 47) und zur Pflichtverteidigerbestellung ohne oder mit Entschädigung; ferner *Villiger* 384; SK/*Meyer* 45 mit Verweis u.a. auf EKMR Gussenbauer/A, 2.4.1973.

221 Vgl. EKMR Husmann/D, 1.4.1974, EuGRZ **1975** 47; Meyer-Ladewig/Nettesheim/von Raumer/*Meyer-Ladewig/Huber* 5; ähnlich EGMR Bucha/SLO (E),10.9.2011.

222 EKMR nach *Frowein/Peukert* 12.

223 EGMR Steindel/D (E), 14.9.2010.

224 EGMR Tiunov/R, 15.1.2019.

225 EGMR Sokur/UKR, 15.1.2010; Mihal/SLO, 28.6.2011.

226 EGMR Antonov/R, 22.1.2016.

jede Art von Arbeit zu beschaffen und anzunehmen, unabhängig von der Frage, ob sie geeignet ist oder nicht.[227]

72   Ebenfalls keine Zwangs- oder Pflichtarbeit konnte der EGMR in der Rs. *Adigüzel*[228] erkennen. Der Beschwerdeführer, ein **Gerichtsmediziner**, machte geltend, über 20 Jahre lang gezwungen worden zu sein, ohne finanzielle Entschädigung außerhalb der gewöhnlichen Arbeitszeiten, häufig auch **nachts und an Wochenenden**, zu arbeiten. Der Gerichtshof stellte fest, der Beschwerdeführer habe sich entschieden als Beamter der Kommune zu arbeiten; er müsse sich von Beginn an darüber im Klaren gewesen sein, dass diese Arbeit auch außerhalb der gewöhnlichen Arbeitszeiten habe stattfinden können. Ferner habe dem Beschwerdeführer zum Ausgleich **Urlaub** zugestanden, wonach er jedoch nie verlangt habe.[229] Aus diesem Grund könne er sich im Nachhinein nicht auf eine unverhältnismäßige Belastung berufen. Auch reiche die Aussicht der Kürzung des Gehalts oder einer Entlassung wegen Arbeitsverweigerung außerhalb der gewöhnlichen Arbeitszeiten nicht an die Androhung einer „Strafe" i.S.v. Art. 4 heran.[230]

73   Der **EGMR** gründet demgegenüber seine **einschränkende Auslegung** des Begriffs der Zwangs- oder Pflichtarbeit auf das **geschichtliche Vorverständnis** dieses Begriffs, das durch die in Art. 4 Abs. 3 aufgeführten Fälle verdeutlicht wird. Diese sind als klarstellende Teile der Begriffsbestimmung des Absatzes 2 und nicht etwa als Ausnahmen von einem umfassenden Begriff der Zwangsarbeit zu verstehen.[231] Sie bestätigen den Grundgedanken, dass **normal-übliche Arbeiten und Dienstleistungen**, vor allem auch solche, die aus einer vom Leitgedanken des Allgemeininteresses und der **gesellschaftlichen Solidarität** bestimmten Einbindung des Einzelnen in ein soziales System erwachsen, zu den normalen **staatsbürgerlichen Pflichten** zählen oder die zu den **Berufspflichten** eines selbst gewählten Berufes gehören, keine Zwangsarbeit im Sinne des Konventionsverbotes sind.[232]

74   Ein sog. **soziales/ökologisches Pflichtjahr** dürfte daher mit Art. 4 in Einklang stehen.[233] Der EGMR hat deshalb in der durch die Nichtzulassung zur Anwaltschaft sanktionierten Verpflichtung, eine Strafverteidigung auch ohne Entgelt zu übernehmen, keinen Verstoß gegen Art. 4 gesehen;[234] desgleichen nicht im Wegfall der Arbeitslosenunterstützung wegen der Weigerung, eine zumutbare Arbeit aufzunehmen.[235] Gleiches gilt wohl auch für die aus erzieherischen Gründen angeordnete Verpflichtung eines noch nicht Volljährigen zu bestimmten (zumutbaren) Arbeiten. Ebenso abgelehnt hat der EGMR die Einordung einer Tätigkeit als Zwangsarbeit, wenn ein Anwalt zur **alltäglichen rechtlichen**

---

227 EGMR Schuitemaker/NL, 4.5.2010.

228 EGMR Adigüzel/TRK, 6.2.2018.

229 EGMR Adigüzel/TRK, 6.2.2018, § 33; ähnlich: EGMR Tibet Menteş u.a./TRK, 24.10.2017 (Duty-free-Geschäfte am Flughafen Izmir; unbezahlte Überstunden; zuvor freiwillige Zustimmung zu den Arbeitsbedingungen; ununterbrochene 24-Stunden-Schichten; keine Hinweise auf körperlichen oder geistigen Zwang im Hinblick auf Überstunden; bloße Möglichkeit der Entlassung im Falle einer Arbeitsverweigerung keine Androhung einer Strafe i.S.v. Art. 4 (§ 68)); ferner EGMR Chowdury u.a./GR, 30.3.2017, § 90, Van der Mussele/B, 23.11.1983, § 34.

230 EGMR Adigüzel/TRK, 6.2.2018, §§ 30–35.

231 Vgl. EGMR Karlheinz Schmidt/D, 18.7.1994, EuGRZ **1995** 392 = NVwZ **1995** 365 = ÖJZ **1995** 148 = VBlBW **1994** 402: Absatz 2 als Einheit mit Absatz 3 zu verstehen, der zeigt, was Absatz 2 nicht umfasst.

232 EGMR Zarb Adami/MLT, 20.9.2006 (Geschworenendienst); Karlheinz Schmidt/D, 18.7.1994 – Feuerwehrdienst; Reitmayr/A, 28.6.1995 – kostenlose medizinische Untersuchungen; Steindel/D (E), 14.9.2010 – Teilnahme am ärztlichen Notdienst.

233 Hierzu: *Feger* BayVBl. **2011** 364.

234 EGMR Van der Mussele/B, 23.11.1983; *Grabenwarter/Pabel* § 20, 94; vgl. auch BVerfGE **47** 285, 319 (ermäßigte Gebührensätze bei Notaren keine Zwangsarbeit i.S.v. Art. 12 Abs. 2 GG).

235 *Frowein/Peukert* 12; *Nowak* 19.

Betreuung eines Nicht-Geschäftsfähigen bestellt wird, und sich dieser Beiordnung auch durch Vorbringen sachlicher Gründe nicht entziehen kann.[236]

Zu begutachten hat der EGMR auch Fälle, in denen die Beschwerdeführer eine Verletzung des Art. 4 rügen, da eine **Abschiebung in das Heimatland** bevorsteht. So bracht etwa in der Rs. *V.F.*[237] die nigerianische Beschwerdeführerin vor, dass bei einer Abschiebung die Gefahr bestehe, dass sie in die Prostitution, der sie entkommen sei, zurückgeschickt werde und die nigerianischen Behörden nicht zu ihrem Schutz in der Lage seien. Der Gerichtshof erklärte die Beschwerde für unzulässig, da die vorgelegten Informationen nicht ausreichten, um zu beweisen, dass die Polizei wusste oder hätte wissen müssen, dass die Beschwerdeführerin Opfer eines Ringes von Menschenhändlern war und weiterhin diese Gefahr für sie bestand. Außerdem habe die nigerianische Gesetzgebung zur Verhinderung von Prostitution und zur Bekämpfung krimineller Prostitutionsnetze beträchtliche Fortschritte gemacht, so dass es wahrscheinlich sei, dass sie bei ihrer Rückkehr Unterstützung erhalten würde. Die meisten dieser Beschwerden scheitern an verschiedenen Zulässigkeitsvoraussetzungen[238] oder werden durch eine Streichung aus dem Register erledigt,[239] weil die Beschwerdeführer eine unbefristete Aufenthaltserlaubnis erhalten hatten. 75

2. Tatbestandliche Ausgrenzungen in Art. 4 Abs. 3 EMRK/Art. 8 Abs. 3 lit. b, c IPBPR. Art. 4 Abs. 2 enthält ein absolutes Verbot, so dass jeder Eingriff zugleich eine Konventionsverletzung darstellt. Jedoch legt Absatz 3, der in Verbindung mit Absatz 2 zu lesen ist, per Definition (tatbestandliche) Ausnahmen fest und beschränkt damit den sachlichen Schutzbereich. Er findet seine Entsprechung in Art. 12 Abs. 2 und 3 GG. 76

a) Zwangsarbeit als eigenständige Strafe. Zwangsarbeit, die als **eigenständige Strafart** („hard labor"/„travail forcé") bei einem Verbrechen von einem Gericht verhängt wird, fällt nach Art. 8 Abs. 3 *lit.* b IPBPR nicht unter das Verbot der Zwangsarbeit in Art. 8 Abs. 3 *lit.* a IPBPR. Diese Klausel wurde auf Wunsch einiger Staaten in Art. 8 Abs. 3 *lit.* b IPBPR aufgenommen, deren Sanktionssysteme Zwangsarbeit als besondere Strafart vorsehen, die aber an sich nur eine verschärfte Form der beim Vollzug einer Freiheitsentziehung nach Absatz 3 *lit.* c ohnehin zulässigen Arbeitspflicht bedeutet und daher auch von der Ausnahme des Absatzes 3 *lit.* c (Rn. 78) gedeckt ist. Der deutsche Wortlaut dieser Klarstellung ist ungenau. Nach ihrem Sinn lässt sie ausdrücklich zu, dass bei schweren Straftaten der nationale Gesetzgeber als besondere Strafart einen mit schwerer Arbeit verbundenen Freiheitsentzug (Einweisung in ein Arbeitslager) androhen kann, die dann, wenn sie aufgrund eines gerichtlichen Urteils vollstreckt wird, nicht gegen Art. 8 IPBPR verstößt. Bei der Bestimmung der in Betracht kommenden schweren Straftaten hat der nationale Gesetzgeber einen gewissen Regelungsspielraum; nur bei nach allgemeiner Anschauung als geringfügig angesehenen Verfehlungen gestattet Art. 8 Abs. 3 *lit.* b IPBPR die Verurteilung zur Zwangsarbeit nicht. Ebenso wenig deckt er die Einweisung in ein Arbeitshaus durch eine Verwaltungsbehörde.[240] 77

---

236 EGMR Graziani-Weiß/A, 18.10.2011 (zwangsweise Bestellung eines Anwalts zum Betreuer [„Sachwalter"] eines Nicht-Geschäftsfähigen; Übernahme der „finanziellen Angelegenheiten" und rechtlicher Betreuung).
237 EGMR V.F./F, 29.11.2011.
238 Vgl. EGMR F.A./UK (E), 10.9.2013 (Art. 35 Abs. 1); T.E./NL (E), 3.9.2019.
239 EGMR L.R./UK (E), 14.6.2011; D.H./FIN (E), 28.6.2011; O.G.O./UK (E), 18.2.2014.
240 *Nowak* 22, 23.

78   **b) Arbeitspflicht während einer Freiheitsentziehung.** Arbeitspflicht während einer Freiheitsentziehung ist nach Art. 4 Abs. 3 *lit.* a EMRK/Art. 8 Abs. 3 *lit.* c, i IPBPR (nur) zulässig, sofern die Arbeit üblicher- bzw. normalerweise von einer Person verlangt wird, der „unter den Voraussetzungen des **Art. 5 vorgesehenen Bedingungen**" (EMRK) bzw. „**auf Grund einer rechtmäßigen Gerichtsentscheidung**" die Freiheit entzogen ist" (IPBPR).[241] Es muss sich also um eine rechtmäßige, gerichtlich angeordnete oder bestätigte Freiheitsentziehung handeln. Bei der EMRK genügt auch, dass sie von einer Stelle mit richterlicher Funktion bestätigt ist (vgl. Art. 5 Abs. 3 Satz 1);[242] nicht notwendig ist dagegen, dass alle formellen Verfahrensbestimmungen für die Haftprüfung eingehalten sind.[243]

79   Aus **menschenrechtlicher Perspektive** kommt damit die Vorsehung einer Arbeitspflicht bei **allen Arten von Freiheitsentziehung** in Betracht, sofern eine ausreichende Rechtsgrundlage im nationalen Recht besteht und sich die Arbeit im Rahmen des „Üblichen" (Rn. 78) hält.[244] Dies steht auch im Einklang mit dem Übereinkommen Nr. 29 der ILO (Rn. 34).

80   Die **Arbeitspflicht** für **Strafgefangene** (vgl. §§ 37, 41, 130 StVollzG; Art. 43 BayStVollzG; Art. 38 NJVollzG,) ist der **Hauptfall**.[245] In vier Bundesländern (Brandenburg, Rheinland-Pfalz, Sachsen und Saarland; vgl. § 30 BbgJVollzG; § 29 LJVollzG; § 22 SächsStVollzG; § 22 SLStVollzG) wurde die Arbeits*pflicht* mittlerweile **abgeschafft**. Die Aufnahme einer Arbeit durch einen Strafgefangenen ist in diesen Landesgesetzen, bis auf das SLStVollzG, als *Soll*-Vorschrift ausgestaltet und somit durch freiwillige Arbeit ersetzt (so neben § 65 LJVollzG auch § 66 BbgJVollzG, § 55 SächsStVollzG). Ebenso entfällt die Arbeitspflicht in den meisten Bundesländern (mit Ausnahme von Bremen und Mecklenburg-Vorpommern) für **Inhaftierte über 65 Jahre** (vgl. § 41 Abs. 1 Satz 3 StVollzG, § 47 Abs. 1 Satz 3 JVollzGB III BW, Art. 43 Satz 4 BayStVollzG, § 27 Abs. 2 Satz 1 HStVollzG),[246] bzw. im Rentenalter (vgl. § 24 Abs. 2 Alt. 1 StVollzG Bln, § 38 Abs. 1 Satz 5 HmbStVollzG, § 35 Abs. 4 NJVollzG, § 29 Abs. 4 StVollzG NRW, § 35 Abs. 2 Alt. 1 LStVollzG SH, § 29 Abs. 1 Satz 4 Alt.1 THürJVollzGB). Ist der Gefangene schon vor dem Eintritt ins „Rentenalter" aufgrund physischer Beeinträchtigungen verhindert, kann anhand der Feststellung der individuellen Arbeitsfähigkeit bereits vor dem 65. Lebensjahr Dispens erteilt werden.[247]

81   In der Rs. *Meier* stellte der Gerichtshof fest, dass eine Arbeitspflicht während der Inhaftierung auch nach Erreichen des Rentenalters nicht gegen Art. 4 verstoße, da es sich um eine „Arbeit, die im Rahmen der gewöhnlichen Haft zu verrichten ist" i.S.v. Art. 4 Abs. 3 *lit.* a handelte.[248]

82   Wie komplex die Materie allerdings im Detail ist, zeigt ein Blick in das Landesrecht von Rheinland-Pfalz. Mit dem **Inkrafttreten des Landesjustizvollzugsgesetzes** in Rheinland-Pfalz vom 1.6.2013 wurde das StVollzG gem. Art. 125a Abs. 1 Satz 2 GG weitgehend ersetzt. Während seit der Änderung des StVollzG zum 1.1.2001 (Neuregelung der §§ 43, 200

---

241 Vertiefend aus internationaler Perspektive: *Dahmen* Die Verpflichtung zur Arbeit im Strafvollzug (2011).
242 *Nowak* 25 Fn. 49 nimmt an, dass Art. 8 Abs. 3 *lit.* c, i IPBPR enger ist als die EMRK, die für alle in Art. 5 erfassten Haftfälle den Arbeitszwang zulässt. In Deutschland ist die Frage wegen der Notwendigkeit einer richterlichen Entscheidung nach Art. 104 GG ohne praktische Bedeutung.
243 EGMR Van Droogenbroeck/B, 24.6.1982: „Verletzung des Art. 5 Abs. 4 zieht nicht automatisch die des Art. 4 mit sich"; Zhelyazkov/BUL, 9.10.2012 (gemeinnützige Arbeit in einem Gemeindeprojekt während Haftstrafe keine Zwangs- oder Pflichtarbeit).
244 *Laubenthal* Strafvollzug Rn. 395.
245 Meyer-Goßner/*Schmitt* 5; vgl. auch *Frowein*/Peukert 13.
246 Art. 4 erlaubt im Grundsatz auch für ältere, bereits im Rentenalter stehende Inhaftierte die Arbeitspflicht, EGMR Meier/CH, 9.2.2016, §§ 68 ff.
247 *Laubenthal* Strafvollzug Rn. 395.
248 EGMR Meier/CH, 9.2.2016, §§ 74 ff.

StVollzG) die damals bestehende Pflichtarbeit des Gefangenen durch ein erhöhtes Arbeitsentgelt (monetäre Vergütungskomponente) und durch Freistellung von der Arbeit (nicht
monetäre Vergütungskomponente) vergütet wurde, fiel durch die Neuregelung die nichtmonetäre Vergütungskomponente ersatzlos weg. Im Vergleich zu § 43 Abs. 1 StVollzG sieht
§ 65 Abs. 1 Nr. 3 LJVollzG lediglich die Beibehaltung der monetären Vergütungskomponente
in unveränderter Höhe vor. Während das **BVerfG** im Jahr 2002 zu dem Ergebnis gelangte,
dass eine Kombination aus monetärer und nicht monetärer Vergütungskomponente gemessen an dem verfassungsrechtlichen Resozialisierungsgebot noch verfassungsgemäß
sei, ist fraglich, ob die vom BVerfG[249] erhobene Forderung aus dem Resozialisierungsgebot,
Arbeit angemessen anzuerkennen, durch den Wegfall der nicht monetären Vergütungskomponente noch gewahrt ist. Grundsätzlich ist das verfassungsrechtliche Resozialisierungsgebot gem. Art. 2 Abs. 1 i.V.m. Art. 1 Abs. 1 GG für alle staatliche Gewalt verbindlich.[250]
Arbeit im Strafvollzug ist daher nur dann ein wirksames Resozialisierungsmittel, wenn
die geleistete Arbeit **angemessen** anerkannt wird.[251] Dies gilt nicht nur für die einem
Gefangenen zugewiesene Pflichtarbeit, sondern auch für eine freiwillig übernommene
Tätigkeit. Ziel von Pflicht- als auch freiwilliger Arbeit im Vollzug ist es, sowohl Selbstbestä-
tigung und Arbeitsabläufe zu vermitteln, eine Strukturierung des Haftalltags zu ermöglichen, als auch Geld für die Erfüllung von Unterhaltsverpflichtungen, den Schuldenabbau,
den Ausgleich von Tatfolgen oder den Einkauf zu verdienen, um dem Gefangenen den
Wert regelmäßiger Arbeit für ein künftiges eigenverantwortliches und straffreies Leben
in Gestalt eines für ihn greifbaren Vorteils vor Augen zu führen.[252]

Allerdings hat das BVerfG festgestellt, dass dem Gesetzgeber bei der Umsetzung des **83**
verfassungsrechtlichen Resozialisierungsgebots ein grundsätzlich **weiter Gestaltungsspielraum** eröffnet ist, weshalb es ihm freistehe, diesem auch durch andere Maßnahmen
als durch Arbeit gerecht zu werden.[253] So wird der Wegfall der nicht monetären Vergütungskomponente damit begründet, dass die Neukonzeption keine Pflichtarbeit mehr vorsehe, sondern der Gefangene die Wahl habe, eine Tätigkeit aufzunehmen.[254] Die vom
BVerfG erhobene Forderung aus dem Resozialisierungsgebot, Arbeit angemessen anzuerkennen, stelle sich nur für solche Gefangene, denen verpflichtend eine Arbeit oder eine
sonstige Beschäftigung zugewiesen oder zugeteilt worden sei oder die zu einer Hilfstätig-
keit verpflichtet worden seien.[255] Grundgedanke der Konzeption ist es, dass die Straf- und
Jugendstrafgefangenen während der Haftzeit die (mit-)ursächlichen Defizite beheben und
die einer künftigen Straffälligkeit entgegenwirkenden Fähigkeiten stärken sollen, weshalb
Arbeit nicht den zentralen, sondern nur einen von vielen, aber dennoch gewichtigen Reso-
zialisierungsfaktoren darstellt.[256] Somit könne, im Falle des Vorliegens von Defiziten im
Arbeitsbereich, der gezielte Einsatz individueller Arbeitsmaßnahmen in Form einer Ar-
beitstherapie oder des Arbeitstrainings erfolgen, wenn er der Resozialisierung stärker
Rechnung trage (vgl. z.B. § 15 Abs. 1 Satz 1 Nr. 6 bis 12 LJVollzG).[257]

§ 15 Abs. 2 LJVollzG bestimmt, dass solche Maßnahmen, wenn sie nach dem Ergebnis **84**
eines Diagnoseverfahrens als zur **Erreichung des Vollzugsziels** zwingend erforderlich

---

249 Vgl. BVerfGE **98** 169 f.
250 Vgl. BVerfGE **35** 202, 235 f.; **98** 169, 200.
251 Vgl. BVerfGE **98** 169, 201.
252 Vgl. BVerfG NStZ **2016** 236, 237; *Radetzki* FS **2022** 181, 182 f.
253 Vgl. BVerfG NStZ **2016** 236, 237 m.w.N.; *Goerdeler* FS **2022** 175.
254 Vgl. LT-Drucks. **16** 1910, 139f.
255 Vgl. LT-Drucks. **16** 1910, 139.
256 Vertiefend zur Gefangenenarbeit und Resozialisierung: *Drenkhahn* FS **2022** 176 ff.
257 Vgl. LT-Drucks. **16** 1910, 127.

werden, allen anderen Maßnahmen – also auch Arbeit – vorgehen. Als Instrument der Motivationssteigerung sieht § 65 Abs. 1 Nr. 1 LJVollzG eine finanzielle Anerkennung vor. Dennoch füllen therapeutische, psychiatrische sowie Trainings- und Qualifikationsmaßnahmen den Alltag der Gefangenen in der Regel nicht aus, noch kommen diese Maßnahmen für alle Gefangenen in Betracht, weshalb die Arbeit auch nach Inkrafttreten des LJVollzG ein gewichtiger Resozialisierungsfaktor geblieben ist.[258] Die Gefangenenarbeit erweist sich insoweit als resozialisierungsförderlich, als dass sie die Wahrscheinlichkeit für einen Einstieg in das legale Erwerbsleben nach der Haft erhöht.[259] Ein direkter rückfallreduzierender Effekt durch eine Arbeitsstelle lässt sich dagegen nicht nachweisen.[260]

85   Dem sog. **Global Slavery Index 2018** zufolge müssen weltweit 40,3 Millionen Menschen in Gefangenschaft oder Abhängigkeit arbeiten. Hierzu zählen u.a. ausgebeutete Hilfsarbeiter wie die Myanmaren, vom IS entführte jesidische Frauen oder Prostituierte in westeuropäischen Metropolen, welche in Abhängigkeit behandelt werden („moderne Sklaverei"). Unter Sklaverei versteht man die Rechtsstellung oder Lage einer Person, an der sich jemand Eigentum und die damit verbundenen Rechte bzw. Befugnisse anmaßt.[261] Der Global Slavery Index (erstmals 2013) wird durch die von *Andrew Forrest* und seiner Familie gegründete *Walk Free Foundation* bestimmt. Obwohl weltweit – außer in Nordkorea – Sklaverei verboten ist, leben heute nach der Studie zufolge mehr Menschen als je zuvor in Sklaverei (mehr als die Hälfte davon in China, Indien, Pakistan, Bangladesch und Usbekistan). Grund für die steigende Zahl moderner Sklaven stellt die schwierige Verfolgung von Missbrauch und Menschenhandel dar, da billige Arbeitskraft die Grundlage der Wirtschaft vieler Länder bildet. Zur Bestimmung der Anzahl moderner Sklaven führten die Forscher mehr als 40.000 persönliche Interviews in 50 Sprachen. Dabei erhielten sie belastbare Daten für 44 % der Weltbevölkerung; der Rest wurde mit einem mathematischen Modell geschätzt.[262]

86   Für Personen in der **Sicherungsverwahrung** bestand ebenfalls lange Zeit eine Arbeitspflicht nach den einschlägigen Strafvollzugsgesetzen. Das OLG Karlsruhe entschied im Jahr 2007, dass die in § 41 StVollzG normierte Arbeitspflicht gemäß **§ 130 StVollzG** zwar grundsätzlich auch für Sicherungsverwahrte gelte. Die Vollzugsbehörden müssten jedoch dem verfassungsrechtlich geforderten Abstandsgebot zwischen Strafvollzug und Maßregelvollzug Rechnung tragen, soweit dies im Rahmen der Vollzugsorganisation möglich sei und der Einzelfall dies gebiete. Die Vollzugsbehörden hätten daher besonders zu prüfen und transparent nachzuweisen, dass eine bestimmte Arbeit für den Sicherungsverwahrten nach seiner körperlichen und psychischen Verfassung zumutbar sei (Verhältnismäßigkeitsprinzip).[263] In seinem Urteil vom 4.5.2011 zur Neuordnung der Sicherungsverwahrung[264] hat auch das **BVerfG** das mit dem Maßregelvollzug der Sicherungsverwahrung verbunde-

---

258 Vgl. BVerfG NStZ **2016** 236 f.

259 Vgl. *Bliesener* FS **2022** 254, 255 (es konnte festgestellt werden, dass Strafgefangene, die einer Arbeit nachgingen, häufiger eine Anstellung nach ihrer Entlassung fanden).

260 *Bliesener* FS **2022** 254, 257; Vgl. auch: *Jehle* FS **2022** 259.

261 Vgl. KK/*Lohse/Jakobs* 2 m.w.N.

262 Vgl. *Karig* Sklaverei ist modern, SZ Nr. 124, 1.6.2016; weitere Informationen zum Global Slavery Index unter: https://www.globalslaveryindex.org/2018/findings/highlights/ (15.11.2018).

263 Vgl. auch OLG Karlsruhe NStZ-RR **2007** 389.

264 BVerfG Urt. v. 4.5.2011 – 2 BvR 2365-09 u.a., BVerfGE **128** 326 = NStZ **2011** 450; dazu auch *Hörnle* NStZ **2011** 488; vgl. Gesetz zur bundesrechtlichen Umsetzung des Abstandsgebotes im Recht der Sicherungsverwahrung v. 5.12.2012, BGBl. I S. 2425.

ne „Sonderopfer" hervorgehoben, dass der Sicherungsverwahrte erbringen muss.[265] Eine Arbeitspflicht war damit aus verfassungsrechtlichen Gründen (**Abstandsgebot**) nicht mehr haltbar. Die Vollzugsmodalitäten sind an der Leitlinie zu orientieren, dass das Leben im Vollzug lediglich solchen Beschränkungen unterworfen werden darf, die zur Reduzierung der Gefährlichkeit erforderlich sind.[266] Zwar hat das BVerfG die Arbeitspflicht nicht explizit verneint. Eine Pflicht zur Arbeit stünde dem Vollzugsziel der Sicherungsverwahrung, das dem der Freiheitsstrafe verschieden ist, jedoch entgegen. Zweck der Freiheitsstrafe ist die schuldakzessorische Übelzufügung.[267] Arbeit im Strafvollzug dient dabei auch als Mittel der sozialen Integration.[268] Der Maßregelvollzug hingegen gründet auf dem Prinzip des überwiegenden Interesses. Er sei nicht auf Übelzufügung, sondern auf Resozialisierung ausgerichtet, um einen zur freien Selbstbestimmung fähigen Menschen zu erhalten und zu fördern. Der Untergebrachte ist daher nach Ansicht des BVerfG durch ein **Anreizsystem** zur Behandlung anzuregen (**Motivierungsgebot**).[269] Dabei ist das Leben im Maßregelvollzug allerdings den allgemeinen Lebensverhältnissen weitestgehend anzupassen. All diese, auf Resozialisierung und Autonomieerhaltung gegründeten Vollzugsziele wären mit einer Pflicht zur Beschäftigung, die den individuellen Willen des Insassen unterordnet, nicht vereinbar. Die meisten Landesgesetze haben auf diese Vorgaben inzwischen reagiert[270] und eine Arbeitsverpflichtung für Sicherungsverwahrte abgeschafft.[271] **Bayern** nimmt weiterhin eine Arbeitspflicht an, soweit diese dem Sicherungsverwahrten aus Behandlungsgründen zugeteilt wurde, Art. 36 BaySvVollzG.

Für die zwangsweise Unterbringung in einem **psychiatrischen Krankenhaus** oder 87 einer sonstigen Einrichtung aufgrund richterlicher Anordnung sind ebenfalls Konsequenzen aus dem Abstandsgebot abzuleiten. Nach älterer Rechtsprechung waren Untergebrachte zum Teil verpflichtet, notwendige Arbeitsbekleidung selbst zu erwerben, was darauf rückschließen lässt, dass während der Unterbringung gearbeitet werden darf und soll.[272] Nach einigen Länderregelungen hatte der Untergebrachte zudem die Kosten der Unterbringung selbst zu tragen.[273] Davon waren nicht nur Strafgefangene, sondern auch schuldhaft handelnde Maßregelpatienten umfasst, obwohl **keines der Landesgesetze über den Maßregelvollzug eine Arbeitspflicht vorsah**.[274] Dennoch wurde Arbeit häufig als therapeutische Maßnahme verordnet. Eine Arbeitspflicht bei straftatunabhängiger Unterbringung ist allerdings auch hier problematisch.[275] Angesichts der neuen Ausrichtung der Regelungen zur Sicherungsverwahrung („Abstandsgebot") sind Modifikationen bei der Verhängung von Arbeitspflicht gegenüber Untergebrachten ebenfalls notwendig. Nach dem Wortlaut des **§ 138 StVollzG** gibt es im psychiatrischen Krankenhaus (oder in der

---

265 Siehe auch: BVerfG Beschl. v. 27.3.2012 – 2 BvR 2258/09, NJW **2012** 1784 = StV **2012** 741, Tz. 54. Zur „gekippten Regelung", vgl. das Gesetz zur Neuordnung des Rechts der Sicherungsverwahrung und zu begleitenden Regelungen vom 22.12.2010, BGBl. I S. 2300; s. dazu BTDrucks. **17** 3403.

266 BVerfG Urt. v. 4.5.2011, Tz. 108.

267 BVerfG Urt. v. 4.5.2011, Tz. 105.

268 Vgl. BVerfG NJW **1998** 3337, 3338.

269 BVerfG Urt. v. 4.5.2011, Tz. 114.

270 Der Bund verabschiedete zudem das Gesetz zur bundesrechtlichen Umsetzung des Abstandsgebots im Recht der Sicherungsverwahrung vom 5.12.2012, BGBl. I S. 2425; dazu *Renzikowski* NJW **2013** 1638.

271 *Hein/Piel* MAH, § 25, 158; vgl. nur § 37 NSVVollzG; §§ 23, 25 BSVVollzG; § 31 NRWSVVollzG; § 23 BSVVollzG; § 21 SVVollzG SH; §§ 33 ff. SVVollzG LSA; §§ 20 ff. SVVollzG M-V.

272 OLG Hamm NStZ **1989** 590 m. Anm. *Volckart*; instruktiv zur früheren Rechtslage *Müller-Dietz* NStZ **1983** 145; zur aktuellen Entwicklung *Detter* NStZ **2015** 20.

273 BVerfG NJW **1992** 1555, 1556; zur Modifikationspflicht *Schäferskupper/Grote* NStZ **2013** 447, 451.

274 Vgl. Kammeier/*Marschner* E 32.

275 Vgl. Art. 12 Abs. 2 BayUnterbrG.

Entziehungsanstalt) keine explizite Arbeitspflicht (vgl. dagegen § 41 StVollzG). An Arbeits- und Beschäftigungsangeboten des Krankenhauses kann freiwillig teilgenommen wer- den.[276] Denkbar, jedoch aufgrund des therapeutischen Schwerpunkts des Maßregelvollzugs ebenfalls schwer praktikabel, wären dem § 41 StVollzG entsprechende **landesrechtliche Regelungen.** In den Ländern wurden entweder besondere **Maßregelvollzugsgesetze**[277] oder spezielle Vorschriften in den **Unterbringungs- oder Psychisch-Kranken-Gesetzen** mit entsprechenden Regelungen geschaffen.[278 und 279]

88   Zu beachten sind auch die Vorgaben, die sich aus der **UN-Behindertenrechtskonven- tion** ergeben.[280] Psychisch Kranke gelten nach Art. 1 der UN-BRK ebenso als Behinderte. Der Vollzug der Maßregel unterliegt damit insbesondere einem umfassenden Diskriminie- rungsverbot sowie womöglich erforderlichen Maßnahmen zur Schaffung umfassender Barrierefreiheit, vgl. Art. 21, 27 UN-BRK.[281]

89   Arbeitspflicht war nach Art. 4 EMRK/Art. 8 IPBPR ferner zulässig für Personen, die entsprechend dem nationalen Recht zu sog. **Arbeitshaus** verurteilt wurden.[282] Ob das weiterhin gelten kann, ist fraglich, da die Institution „Arbeitshaus" ihrer Historie nach als Maßregel zur „Tüchtigkeitserziehung" von Bettlern und Landstreichern einen völkischen Einschlag trägt, wenngleich es derlei Einrichtungen bereits im Kaiserreich und in der Weimarer Republik gegeben hat. Mit Abschaffung der Maßregel der Arbeitshäuser im Jahre 1968 kann die Frage nach der Vereinbarkeit mit der EMRK inzwischen dahinstehen, da derlei Einrichtungen ein Relikt aus der Vergangenheit darstellen, das jedenfalls mit den heutigen Anforderungen an die Trennung von Freiheitsstrafe und Sicherungsverwah- rung nicht mehr zu vereinen wäre.

90   Art. 4 EMRK/Art. 8 IPBPR schließen es *ihrem Wortlaut nach* zwar nicht aus, eine Ar- beitspflicht auch für **erwachsene**[283] bzw. **jugendliche**[284] Gefangene im **Untersuchungs- haftvollzug** vorzusehen. Indes gerät eine Arbeitspflicht in der Untersuchungshaft mit der **Unschuldsvermutung** in Konflikt. Grenzen ergeben sich insoweit aus Art. 6 Abs. 2 EMRK/ Art. 14 Abs. 2 IPBPR und deren Konkretisierung durch Art. 10 Abs. 2 lit. a IPBPR.[285]

---

276 Kammeier/Pollähne/*Marschner* E 32. Beachte jedoch die entsprechende Anwendung des § 50 StVollzG gemäß § 138 Abs. 2 Satz 1 StVollzG, dazu Kammeier/Pollähne/*Baur* C 128, 131. Aufgrund der mangelnden Anwendbarkeit des § 41 StVollzG kann auch die Erhebung eines Unterbringungskostenbeitrags wegen Verlet- zung der Arbeitspflicht nicht stattfinden, vgl. Schwind/Böhm/Jehle/Laubenthal/*Jehle* § 138, 4 StVollzG; OK- StVollzG/*Beck* § 138, 1, 6.

277 Hamburg, Hessen, Nd., NRW, RhPf, Saarland, SaAnh., SchlH.

278 BW, Bayern, Bb, Bl, Bremen, MV, Sachsen, Thüringen, vgl. OK-StVollzG/*Beck* § 138, 1 m.w.N.; kritisch zu Ausgestaltung als Annex Kammeier/Pollähne/*Baur* C 45; Schwind/Böhm/Jehle/Laubenthal/*Jehle* § 138 Rn. 6 StVollzG.

279 *Arloth*/Krä § 138, 2; Schwind/Böhm/Jehle/Laubenthal/*Jehle* § 138, 8 m.w.N.

280 Übereinkommen über die Rechte von Menschen mit Behinderungen (Convention on the Rights of Persons with Disabilities – CRPD) v. 13.12.2006, in Kraft getreten am 3.5.2008; BGBl. 2008 II S. 1419, 1420; bisher haben 186 Staaten und die EU das Übereinkommen ratifiziert (Stand: 02/2023).

281 *Pollähne* NK **2015** 25, 36.

282 EKMR bei *Frowein*/*Peuker* 13, EGMR De Wilde, Ooms u. Versyp/B, 18.6.1971 (belg. Landstreicherfälle): Sog. Landstreicher, denen nach Art. 5 Abs. 1 Satz 2 *lit.* e die Freiheit entzogen sind, können zur Arbeit ver- pflichtet werden (sehr fraglich und vermutlich nicht mehr gültig).

283 *Villiger* 386.

284 Vgl. auch EKMR bei *Bleckmann* EuGRZ **1981** 93 (Erziehungsgedanke).

285 *Grabenwarter*/*Pabel* § 20, 96 (bzgl. Zwangsarbeit und U-Haft; wegen Zweck der U-Haft unzulässig); KK- EMRK-GG/*Marauhn* Kap. 12, 19 (Schwere des Eingriffs; begrenzter Zweck der U-Haft). Zu verfassungsrechtli- chen Bedenken gegen die Arbeitspflicht für jugendliche U-Gefangene (unzureichende Ermächtigungsgrund- lage, Art. 12 GG, Unschuldsvermutung) siehe *Böhm* FS Dünnebier 687; *Seebode* JA **1979** 611.

Esser

Nur die **normalerweise bzw. üblicherweise verlangten Arbeiten** dürfen den Gefangenen zugewiesen werden, also Arbeiten, die bei der Art der jeweiligen Freiheitsentziehung allgemein vorgesehen und damit üblich sind.[286] Dabei wird vorausgesetzt, dass sie sich im Rahmen der allgemeinen Anforderungen halten, die die anderen Bestimmungen der Konventionen an die Behandlung Gefangener stellen, wie etwa das Verbot einer erniedrigenden Behandlung[287] und nicht zuletzt auch die Sonderregelung des Art. 10 Abs. 1, 3 IPBPR. Umgekehrt zeigt aber auch diese Regelung, dass die Arbeitspflicht der Gefangenen als solche keine erniedrigende Behandlung i.S.d. Art. 3 EMRK/Art. 7 IPBPR ist. Gefängnisarbeit ist auch ohne Einbeziehung in das **Alterspensionssystem** als „normale" Arbeit zu klassifizieren, weil es diesbezüglich keinen einheitlichen europäischen Standard gibt.[288]

Was **im Einzelnen üblich** ist, beurteilt sich nach den für die verschiedenen Arten der Freiheitsentziehung geltenden nationalen Regelungen. Zur Kontrolle, dass diese nicht völlig aus dem Rahmen fallen, wird aber auch der allgemeine europäische Standard mit herangezogen.[289] Zu den normalerweise verlangten Arbeiten zählen etwa die in der Anstalt anfallenden Routinearbeiten (vgl. § 41 Abs. 1 StVollzG) oder die Arbeiten, die im Rahmen der jeweiligen Arbeitsbetriebe in den Anstalten von allen dazu geeigneten Gefangenen zu leisten sind. Die Beschränkung der Arbeitspflicht auf die normalen Arbeiten soll der Auferlegung **extrem schwerer**[290] oder **gefährlicher** Arbeiten ebenso vorbeugen wie der **willkürlichen** Heranziehung einzelner Gefangener zu Sonderarbeiten,[291] die diskriminieren sollen oder die das Maß der allgemeinen Arbeitspflicht erheblich übersteigen oder die bei der betreffenden Art von Freiheitsentziehung von der maßgebenden nationalen Rechtsordnung überhaupt nicht vorgesehen sind. Der nationale Gesetzgeber regelt darüber hinaus in § 41 Abs. 1 Satz 1 StVollzG (bzw. auf Landesebene in BW § 41 Abs. 1 Satz 1, BY Art. 43 Satz 1, HB §§ 22 Abs. 2, HH § 38 Abs. 1 Satz 1, MV § 22 Satz 1, ST § 29 Abs. 1 Satz 1, TH § 29 Abs. 1 Satz 1), dass die dem Gefangenen zugewiesene Arbeit dessen **körperlichen Fähigkeiten entsprechen** soll.

Eine **Entlohnung** der Arbeit wird von den Konventionen nicht vorausgesetzt,[292] ist aber unter Angleichungsgesichtspunkten anzustreben.[293] So ergibt sich aus §§ 43, 200 StVollzG und den entsprechenden **Landesgesetzen** in Deutschland ein Anspruch auf Arbeitsentgelt im Strafvollzug, wobei seit der Entscheidung des BVerfG vom 1.7.1998 aufgrund des Resozialisierungsgebotes das Entgelt in einer der Tätigkeit angemessenen Höhe zu entrichten ist. Infolge dieser Entscheidung hob der Bundesgesetzgeber die Eckvergütung von 5 auf 9 % des durchschnittlichen Arbeitsentgelts der Rentenversicherten an und sah zusätzlich als nichtmonetäre Komponente die Freistellung von der Arbeit mit einem Tag pro zweimonatiger

91

92

93

---

286 EGMR Van Droogenbroeck/B, 24.6.1982.

287 Art. 3 EMRK/Art. 7 IPBPR; vgl. Rn. 201 ff.

288 EGMR (GK) Stummer/A, 7.7.2011, ÖJZ **2012** 138, §§ 116–134.

289 EGMR Van Droogenbroeck/B, 24.6.1982. Vgl. auch Rec(2006)2 des Ministerkomitees an die Mitgliedstaaten betreffend die **Europäischen Strafvollzugsgrundsätze** (European Prison Rules) v. 11.1.2006.

290 *Nowak* 16; SK/*Meyer* 53 (zur Schwerstarbeit in den Staaten des ehemaligen „Ostblocks"); KK/*Lohse*/ *Jakobs* 5.

291 *Frowein/Peukert* 13; *Grabenwarter/Pabel* § 20, 96; *Nowak* 26; KK-EMRK-GG/*Marauhn* Kap. 12, 11.

292 EGMR (GK) Stummer/A, 7.7.2011, ÖJZ **2012** 138, § 122; Floroiu/RUM (E), 12.3.2013, § 33; *Grabenwarter/ Pabel* § 20, 93; Meyer-Ladewig/Nettesheim/von Raumer/*Meyer-Ladewig/Huber* 11; *Nowak* 26 unter Hinweis auf einen nicht angenommenen Vorschlag; KK/*Lohse/Jakobs* 5.

293 Siehe hierzu Nr. 26.10 der European Prison Rules v. 11.1.2006. In der wenig strukturierten Entscheidung *Floroiu* /RUM (E), 12.3.2013, nimmt der EGMR darauf Bezug (§ 34), nachdem er davor (§ 33) noch festgestellt hat, dass auch nicht entlohnte Gefängnisarbeit nicht automatisch gegen Art. 4 verstoße. Weiter heißt es, dass eine „Entlohnung" auch in einem Strafnachlass bestehen könne, noch dazu, wo es dem Betroffenen offenstehe, diesen oder Geld für die Arbeit zu nehmen (§§ 35 f.).

Arbeitsleistung vor (vgl. § 43 StVollzG).[294] In dem am 20.6.2023 vom **BVerfG**[295] entschiedenen Verfahren dreier Strafgefangener aus Bayern, Nordrhein-Westfalen und Sachsen-Anhalt, wobei Letzterer seine Verfassungsbeschwerde unmittelbar vor der mündlichen Verhandlung zurückgenommen hat, sollte geklärt werden, ob das oben beschriebene System aus monetärer und nicht-monetärer Vergütung ausreichend und geeignet ist, dem Strafgefangen zu zeigen, dass sich Arbeit lohnt und ob die gegenwärtige Vergütung mit den steigenden Preisen alltäglicher Güter im Einklang steht.[296] Das BVerfG hat entschieden, dass die Art. 46 Abs. 2 Satz 2, Abs. 3 und Abs. 6 BayStVollzG sowie § 32 Abs. 1 Satz 2, § 34 Abs. 1 StVollzG NRW mit dem Resozialisierungsgebot aus Art. 2 Abs. 1 i.V.m. Art. 1 Abs. 1 GG unvereinbar und folglich verfassungswidrig sind.[297] Das Gericht begründet seine Entscheidung damit, dass den jeweiligen gesetzgeberischen Konzepten nicht nachvollziehbar entnommen werden könne, welche **Bedeutung der Arbeit** – insbesondere im Vergleich zu anderen Behandlungsmaßnahmen – zukomme, welche Behandlungsziele erreicht werden und welchem Zweck die vorgesehene Vergütung für die geleistete Arbeit dienen solle.[298] Darüber hinaus fehle es jeweils an einer **gesetzlichen Regelung zur Kostenbeteiligung der Gefangenen an Gesundheitsleistungen** sowie in Bayern zusätzlich an gesetzlichen Vorgaben für den **Inhalt der Vollzugspläne**.[299] Schließlich kritisiert das BVerfG die mangelnde Durchführung einer kontinuierlichen, wissenschaftlich begleiteten **Evaluation der Resozialisierungswirkung von Arbeit** und deren Vergütung in den jeweiligen Bundesländern.[300] Die betroffenen Regelungen bleiben dennoch bis zu einer gesetzlichen Neuregelung, längstens bis zum 30.6.2025, weiter anwendbar.[301] Die Konvention verbietet auch nicht, dass Gefangene für eine private Firma arbeiten, ohne selbst den vollen Lohn dafür zu erhalten.[302] Die Einschränkung des Art. 2 Abs. 2 *lit.* c ILO-29 (Rn. 34), wonach die Arbeit unter Überwachung einer öffentlichen Behörde ausgeführt werden muss und der Verurteilte nicht an Einzelpersonen oder privaten Gesellschaften verdingt werden darf, ist nicht in die Konventionen übernommen worden.[303] Das Fortbestehen weitergehender völkervertraglicher Verpflichtungen für die Vertragsstaaten der jeweiligen Übereinkommen wird aber nicht dadurch berührt, dass diese in den Konventionen fehlen und mit deren Instrumentarien nicht durchgesetzt werden können.

94 **Arbeitsauflagen** oder die Verpflichtung zu bestimmten Dienstleistungen, die vom **Strafvollzug bedingt verschonten Personen** auferlegt werden, sind ebenfalls keine unzulässige Zwangs- oder Pflichtarbeit.[304] Dies gilt nach dem Sinn dieser nicht gesetzestechnisch nach den Begriffsbestimmungen einer einzelnen nationalen Rechtsordnung auszulegenden Bestimmung für alle inhaltlich eingegrenzten und zumutbaren Dienstleistungsverpflichtungen, die einem strafrechtlich Verurteilten zur Vermeidung oder zur Abwendung eines weiteren Freiheitsentzuges auferlegt werden oder die dazu dienen sollen, ihm die Verurteilung zu einem solchen zu ersparen. So fallen beispielsweise **Auflagen und Weisungen** bei der Strafaussetzung zur **Bewährung** (§§ 56b, 56c StGB; § 23 JGG) oder bei Verwarnung mit Strafvorbe-

---

294 *Jehle* FS **2022** 259.

295 BVerfG Urt. v. 20.6.2023 – 2 BvR 166/16, 2 BvR 1683/17 (2 BvR 914/17).

296 *Jehle* FS **2022** 259, 263; *Jelinek* FS **2022** 272, *Radetzki* FS **2022** 181 ff.; ausführlich zum Inhalt der mündlichen Verhandlung: *Goerdeler* FS **2022** 173 ff.

297 BVerfG Urt. v. 20.6.2023 – 2 BvR 166/16, 2 BvR 1683/17 („Gefangenenvergütung II"), Tz. 153, 233, 236, 247.

298 BVerfG Urt. v. 20.6.2023 – 2 BvR 166/16, 2 BvR 1683/17 („Gefangenenvergütung II"), Tz. 163 f., 167 ff., 206 ff.

299 BVerfG Urt. v. 20.6.2023 – 2 BvR 166/16, 2 BvR 1683/17 („Gefangenenvergütung II"), Tz. 211 ff.

300 BVerfG Urt. v. 20.6.2023 – 2 BvR 166/16, 2 BvR 1683/17 („Gefangenenvergütung II"), Tz. 165, 229 ff.

301 BVerfG Urt. v. 20.6.2023 – 2 BvR 166/16, 2 BvR 1683/17 („Gefangenenvergütung II"), Tz. 234 ff.

302 EKMR nach *Frowein/Peukert* 13.

303 EKMR nach *Frowein/Peukert* 13; *Nowak* 26.

304 Meyer-Goßner/*Schmitt* 5; vgl. BVerfGE **74** 102, 119 ff.; BVerfG NJW **1991** 1043 (Auferlegung gemeinnütziger Arbeiten keine Zwangsarbeit i.S.v. Art. 12 Abs. 2, Abs. 3 GG).

halt (§§ 59, 59a StGB) ebenso darunter wie die Auflagen und Weisungen bei der **bedingten Aussetzung eines Strafrestes** (§§ 57, 57a StGB; §§ 88, 89 JGG)[305] und auch **Auflagen bei Absehen von der Verfolgung** (Diversion) nach § 153a StPO, §§ 45, 47 JGG.[306] Auch die als **Erziehungsmaßregel** ergehende Weisung an einen Jugendlichen oder Heranwachsenden, bestimmte **Arbeitsleistungen** zu erbringen (§ 10 Abs. 1 Nr. 4, § 105 JGG), ist mit dem Verbot der Zwangs- und Pflichtarbeit der Konventionen vereinbar, ganz gleich, ob man diese Auslegung auf den über den Wortlaut hinausreichenden Sinn der Ausnahmeregelung des Art. 4 Abs. 3 *lit.* a EMRK/Art. 8 Abs. 3 *lit.* c, i IPBPR stützt (Minus gegenüber der Freiheitsstrafe)[307] oder ob man einer Gesamtwürdigung des Schutzzweckes entnimmt, dass solche Erziehungsmaßnahmen mit dem in eine ganz andere Richtung zielenden Verbot der Zwangs- und Pflichtarbeit nicht gemeint sein können.[308]

c) Militärdienst/Zivildienst. Die im **Militärdienst** und einem an seine Stelle treten- 95 den **Zivildienst** begründeten Arbeits- und Dienstleistungspflichten rechnen nach Art. 4 Abs. 3 *lit.* b EMRK/Art. 8 Abs. 3 *lit.* c, ii IPBPR ebenfalls nicht zu der verbotenen Zwangs- oder Pflichtarbeit.[309] Dies gilt für alle dazugehörenden Dienstleistungen einschließlich der Nebenpflichten und nicht nur für die Wehrpflichtigen, sondern auch für Soldaten, die sich freiwillig verpflichtet haben.[310]

Eine Einschränkung dieser extensiven Auslegung nahm der EGMR in der Rs. *Chitos*[311] 96 vor. Der Fall betraf die Verpflichtung eines Berufsmilitärarztes, dem Staat eine Geldsumme von über 100.000 Euro zurückzuzahlen aufgrund der Beendigung seiner Tätigkeit bei den Streitkräften vor Ablauf der vertraglich vereinbarten Dienstzeit. Der EGMR stellte fest, dass die Beschränkungen des Art. 4 Abs. 3 *lit.* b vor allem den verpflichtenden Wehrdienst im Blick haben. Art. 4 Abs. 3 *lit.* b müsse in seiner Gesamtheit gelesen werden. Die Lektüre des gesamten Absatzes suggeriere eine Anwendbarkeit der Norm eingeschränkt auf den verpflichtenden Wehrdienst für Länder, die ein solches System vorsehen. Diese Ansicht lasse sich auch auf Art. 2 Abs. 2 *lit.* a ILO-Übereinkommen Nr. 29 (ILO-29) stützen. Der EGMR hielt weiter fest, dass es zwar legitim sei, dass Staaten eine verpflichtende Wehrdienstperiode sowie auch eine Rückzahlung des in die Ausbildung investierten Geldes im Falle eines vorzeitigen Austritts vorsehen. Es müsse aber ein Gleichgewicht zwischen den beteiligten Interessen bestehen. Aufgrund der besonderen Umstände des vorliegenden Falles nahm der EGMR eine Verletzung von Art. 4 Abs. 2 an. Eine Verpflichtung der Konventionsstaaten, die Wehrdienstverweigerung anzuerkennen, kann aus dieser Regelung nicht hergeleitet werden.[312]

---

305 Meyer-Goßner/*Schmitt* 5.

306 KK/*Lohse/Jakobs* 6 sieht dagegen im Wortlaut des Absatzes 3 *lit.* a („*during conditional release ...detention*") eine Beschränkung auf Arbeitsauflagen und -weisungen bei Verurteilten, bei denen gemäß § 57 StGB bzw. § 88 JGG ein Strafrest zur Bewährung ausgesetzt wurde.

307 *Herzog* 214.

308 Vgl. BVerfGE **74** 116; BVerfG NJW **1991** 1043.

309 EGMR Achilovich/R, 4.12.2008; (GK) Bayatyan/ARM, 7.7.2011, § 100; BGer EuGRZ **1994** 68 (Zivilschutzdienst Schweiz); *Grabenwarter/Pabel* § 20, 97; *Villiger* 387. Zum Modell eines Pflichtwehrdienstes mit Belastungsausgleich: *Bausback/Schall* BayVBl. **2011** 33, 38.

310 EKMR nach *Frowein/Peukert* 14; *Guradze* 13, 14; *Nowak* 28. Auf die engeren Grenzen aus Art. 12 GG ist hier nicht einzugehen; KK-EMRK-GG/*Marauhn* Kap. 12, 21.

311 EGMR Chitos/GR, 4.6.2015, § 109; dagegen EGMR Lazaridis/GR, 12.1.2016; vgl. auch EGMR Pierrakos/GR, 26.5.2020.

312 EKMR nach *Frowein/Peukert* 14; Meyer-Ladewig/Nettesheim/von Raumer/*Meyer-Ladewig/Huber* 12; *Nowak* 29.

97   **d) Dienstleistungen im Fall von Notständen und Katastrophen.** Dienstleistungen im Fall von Notständen und Katastrophen, die das Leben oder das Wohl der Gemeinschaft bedrohen, sind nach Art. 4 Abs. 3 *lit.* c EMRK/Art. 8 Abs. 3 *lit.* c, iii IPBPR keine Zwangs- oder Pflichtarbeit. Die Notstände, die hier in Betracht kommen, wie etwa Brände, Überschwemmungen, Erdbeben oder von Menschen ausgelöste Katastrophen, werden anders als in Art. 2 Abs. 2 *lit.* d ILO-29 (Rn. 34) nicht einzeln aufgezählt. Es kommt **jede bedrohliche Lage** in Betracht, von der **erhebliche Gefahren für das Leben oder die Gemeinschaft** ausgehen, wobei hier auch örtliche Katastrophen oder Notstände gemeint sind und nicht nur ein öffentlicher Notstand, der wesentliche Interessen der ganzen Nation bedroht, wie dies bei Art. 15 EMRK/Art. 4 IPBPR vorausgesetzt wird.[313] Auch die Verpflichtung zur Mitwirkung bei Maßnahmen zur **Seuchenbekämpfung** oder **Krankheitsverhütung** kann unter diese Ausnahme fallen,[314] ebenso vorübergehende Dienstleistungen im Falle eines schwerwiegenden Versorgungsnotstands der Bevölkerung eines bestimmten Gebietes.[315]

98   **e) Normale Bürgerpflichten.** Die **normalen Bürgerpflichten** können auch Arbeits- und Dienstleistungspflichten mit umfassen. Art. 4 Abs. 3 *lit.* d EMRK/Art. 8 Abs. 3 *lit.* c, iv IPBPR stellen klar, dass diese Pflichten nicht zu der verbotenen Zwangs- und Pflichtarbeit zählen. Es muss sich um **normale** Arbeits- oder Dienstleistungspflichten handeln, also um solche, die ein demokratisches Gemeinwesen allgemein und ohne Diskriminierung seinen Bürgern abverlangt, wie etwa Straßenreinigungs-, Streu- und Räumpflichten,[316] aber auch Hand- und Spanndienste[317] und ähnliche allgemeine Dienstleistungen im Interesse der Gemeinschaft. Die Verpflichtung zum Dienst in der Feuerwehr[318] oder beim Deichschutz[319] dürfte ebenfalls hierher rechnen; als vorbeugende Maßnahme zur Bekämpfung eines Notstands kann sie aber wohl auch mit Art. 4 Abs. 3 *lit.* c EMRK/Art. 8 Abs. 3 *lit.* c, iii IPBPR gerechtfertigt werden.[320]

99   Auch die **sonstigen Mitwirkungspflichten**, die Bürgern im Interesse der staatlichen Gemeinschaft auferlegt werden, wie etwa bestimmte Pflichten im Rahmen ihres Berufes oder die Pflicht zur Berechnung, Einbehaltung und Abführung der Lohnsteuern und Sozialabgaben ihrer Arbeitnehmer werden als durch diese Bestimmung gerechtfertigt angesehen,[321] obwohl sie mit Zwangs- oder Pflichtarbeit im eigentlichen Sinne wenig zu tun haben. In seinem Urteil vom 5.11.2019 zur Verfassungsmäßigkeit von **Hartz-IV-Sanktionen** entschied das BVerfG, dass die in § 31 Abs. 1 SGB II benannten Mitwirkungspflichten arbeitsloser Personen bei der Suche nach einer Erwerbstätigkeit weder gegen das Verbot der Zwangsarbeit i.S.v. Art. 12 Abs. 2 GG noch gegen Art. 4 Abs. 2 verstoßen.[322]

---

313 *Frowein/Peukert* 15; *Grabenwarter/Pabel* § 20, 98; *Nowak* 30; KK-EMRK-GG/*Marauhn* Kap. 12, 23.

314 *Frowein/Peukert* 15 (EKMR; Jagdpächter – Mitwirkung bei Maßnahmen zur Tollwutverhütung).

315 Vgl. Meyer-Goßner/*Schmitt* 7 unter Hinweis auf die engeren Pflichten aus § 323c StGB; in der Rs. *Iversen* (EuGRZ **1975** 51) begründeten damit zwei Mitglieder der EKMR die Dienstverpflichtung zur Sicherstellung der zahnärztlichen Versorgung.

316 Meyer-Goßner/*Schmitt* 8; *Schorn* 5; KK/*Lohse/Jakobs* 9.

317 *Frowein/Peukert* 16; *Grabenwarter/Pabel* § 21, 99.

318 Die nur bei Männern erhobene Feuerwehrabgabe verstößt evident gegen Art. 14; unter den heutigen gleichgeschlechtlichen Verhältnissen kann dies nicht mehr mit dem Ausgleich der Dienstpflicht gerechtfertigt werden; vgl. EGMR Karlheinz Schmidt/D, 18.7.1994; BVerfGE **92** 91 = NJW **1995** 1733 = EuGRZ **1995** 411; dazu *Bleckmann* EuGRZ **1995** 387; *Villiger* 388.

319 Meyer-Ladewig/Nettesheim/von Raumer/*Meyer-Ladewig/Huber* 14; SK/*Meyer* 63.

320 So *Nowak* 32.

321 *Grabenwarter/Pabel* § 21, 99; *Nowak* 32; ÖVerfG bei *Folz* FS Verosta 209.

322 BVerfG Urt. v. 5.11.2019 – 1 BvL 7/16, Rn. 150 f. NJW **2019** 3703.

EMRK
Artikel 5 Recht auf Freiheit und Sicherheit

(1) Jede Person hat das Recht auf Freiheit und Sicherheit. Die Freiheit darf nur in den folgenden Fällen und nur auf die gesetzlich vorgeschriebene Weise entzogen werden:

a) rechtmäßige Freiheitsentziehung nach Verurteilung durch ein zuständiges Gericht;

b) rechtmäßige Festnahme oder Freiheitsentziehung wegen Nichtbefolgung einer rechtmäßigen gerichtlichen Anordnung oder zur Erzwingung der Erfüllung einer gesetzlichen Verpflichtung;

c) rechtmäßige Festnahme oder Freiheitsentziehung zur Vorführung vor die zuständige Gerichtsbehörde, wenn hinreichender Verdacht besteht, dass die betreffende Person eine Straftat begangen hat, oder wenn begründeter Anlass zu der Annahme besteht, dass es notwendig ist, sie an der Begehung einer Straftat oder an der Flucht nach Begehung einer solchen zu hindern;

d) rechtmäßige Freiheitsentziehung bei Minderjährigen zum Zweck überwachter Erziehung oder zur Vorführung vor die zuständige Behörde;

e) rechtmäßige Freiheitsentziehung mit dem Ziel, eine Verbreitung ansteckender Krankheiten zu verhindern, sowie bei psychisch Kranken, Alkohol- oder Rauschgiftsüchtigen und Landstreichern;

f) rechtmäßige Festnahme oder Freiheitsentziehung zur Verhinderung der unerlaubten Einreise sowie bei Personen, gegen die ein Ausweisungs- oder Auslieferungsverfahren im Gange ist.

(2) Jeder festgenommenen Person muss innerhalb möglichst kurzer Frist in einer ihr verständlichen Sprache mitgeteilt werden, welches die Gründe für ihre Festnahme sind und welche Beschuldigungen gegen sie erhoben werden.

(3) Jede Person, die nach Absatz 1 Buchstabe c von Festnahme oder Freiheitsentziehung betroffen ist, muss unverzüglich einem Richter oder einer anderen gesetzlich zur Wahrnehmung richterlicher Aufgaben ermächtigten Person vorgeführt werden; sie hat Anspruch auf ein Urteil innerhalb angemessener Frist oder auf Entlassung während des Verfahrens. Die Entlassung kann von der Leistung einer Sicherheit für das Erscheinen vor Gericht abhängig gemacht werden.

(4) Jede Person, die festgenommen oder der die Freiheit entzogen ist, hat das Recht zu beantragen, dass ein Gericht innerhalb kurzer Frist über die Rechtmäßigkeit der Freiheitsentziehung entscheidet und ihre Entlassung anordnet, wenn die Freiheitsentziehung nicht rechtmäßig ist.

(5) Jede Person, die unter Verletzung dieses Artikels von Festnahme oder Freiheitsentziehung betroffen ist, hat Anspruch auf Schadensersatz.

4. ZP-EMRK
Artikel 1 Verbot der Freiheitsentziehung wegen Schulden

Niemandem darf die Freiheit allein deshalb entzogen werden, weil er nicht in der Lage ist, eine vertragliche Verpflichtung zu erfüllen.

https://doi.org/10.1515/9783110275063-007
Esser

IPBPR
Artikel 9

(1) Jedermann hat ein Recht auf persönliche Freiheit und Sicherheit. Niemand darf willkürlich festgenommen oder in Haft gehalten werden. Niemand darf seine Freiheit entzogen werden, es sei denn aus gesetzlich bestimmten Gründen und unter Beachtung des im Gesetz vorgeschriebenen Verfahrens.

(2) Jeder Festgenommene ist bei seiner Festnahme über die Gründe der Festnahme zu unterrichten und die gegen ihn erhobenen Beschuldigungen sind ihm unverzüglich mitzuteilen.

(3) Jeder, der unter dem Vorwurf einer strafbaren Handlung festgenommen worden ist oder in Haft gehalten wird, muß unverzüglich einem Richter oder einer anderen gesetzlich zur Ausübung richterlicher Funktionen ermächtigten Amtsperson vorgeführt werden und hat Anspruch auf ein Gerichtsverfahren innerhalb angemessener Frist oder auf Entlassung aus der Haft. Es darf nicht die allgemeine Regel sein, daß Personen, die eine gerichtliche Aburteilung erwarten, in Haft gehalten werden, doch kann die Freilassung davon abhängig gemacht werden, daß für das Erscheinen zur Hauptverhandlung oder zu jeder anderen Verfahrenshandlung und gegebenenfalls zur Vollstreckung des Urteils Sicherheit geleistet wird.

(4) Jeder, dem seine Freiheit durch Festnahme oder Haft entzogen ist, hat das Recht, ein Verfahren vor einem Gericht zu beantragen, damit dieses unverzüglich über die Rechtmäßigkeit der Freiheitsentziehung entscheiden und seine Entlassung anordnen kann, falls die Freiheitsentziehung nicht rechtmäßig ist.

(5) Jeder, der unrechtmäßig festgenommen oder in Haft gehalten worden ist, hat einen Anspruch auf Entschädigung.

Artikel 10

(1) Jeder, dem seine Freiheit entzogen ist, muß menschlich und mit Achtung vor der dem Menschen innewohnenden Würde behandelt werden.

(2)

a) Beschuldigte sind, abgesehen von außergewöhnlichen Umständen, von Verurteilten getrennt unterzubringen und so zu behandeln, wie es ihrer Stellung als Nichtverurteilte entspricht;

b) jugendliche Beschuldigte sind von Erwachsenen zu trennen, und es hat so schnell wie möglich ein Urteil zu ergehen.

(3) Der Strafvollzug schließt eine Behandlung der Gefangenen ein, die vornehmlich auf ihre Besserung und gesellschaftliche Wiedereingliederung hinzielt. Jugendliche Straffällige sind von Erwachsenen zu trennen und ihrem Alter und ihrer Rechtsstellung entsprechend zu behandeln.

Artikel 11

Niemand darf nur deswegen in Haft genommen werden, weil er nicht in der Lage ist, eine vertragliche Verpflichtung zu erfüllen.

Schrifttum (Auswahl)

Baker/Röber To Abduct or to Extradite. Does a Treaty Beg the Question? ZaöRV **53** (1993) 657; *Brockhaus/ Ullrich* Ungeahnte Möglichkeiten in Haftsachen – Eine Erinnerung an Art. 5 Abs. 5 EMRK, StV **2016** 678; *Dax* Die Neuregelung des Vollzugs der Sicherungsverwahrung (2017); *Diehm* Die begrenzten Kompetenzen des „nächsten Richters" – partiell eine Verletzung der EMRK, StraFo **2007** 231; *Belda* Les droits de l'homme des personnes privées de liberté (2010); *Bohle* Piraterie und Strafrecht – Zur Strafverfolgung ausländischer Piraten vor deutschen Gerichten (2018); *von Braun/Diehl* Die Umsetzung der Konvention gegen das Verschwindenlassen in Deutschland – Zur Erforderlichkeit eines eigenen Straftatbestandes, ZIS **2011** 214; *Brockhaus/Ullrich* Ungeahnte Möglichkeiten in Haftsachen – Eine Erinnerung an Art. 5 Abs. 5 EMRK, StV **2016** 678; *Dessecker* Die Sicherungsverwahrung in der Rechtsprechung des Bundesverfassungsgerichts, ZIS **2011** 706; *Drenkhahn/Morgenstern* Dabei soll es uns auf den Namen nicht ankommen – Der Streit um die Sicherheitsverwahrung, ZStW **124** (2012) 132; *Esser* Europäische Initiativen zur Begrenzung der Untersuchungshaft, in: Joerden/Szwarc (Hrsg.), Europäisierung des Strafrechts in Polen und Deutschland – rechtsstaatliche Grundlagen (2007) 233; *ders.* Sicherungsverwahrung, JA **2011** 727; *Esser/Fischer* Festnahme von Piraterieverdächtigen auf Hoher See, ZIS **2009** 771; *dies.* Menschenrechtliche Implikationen der Festnahme von Piraterieverdächtigen – Die EU-Operation Atalanta im Spiegel von EMRK, IPBPR und GG, JR **2010** 513; *Finger* Vorbehaltene und nachträgliche Sicherungsverwahrung (2008); *Fleckenstein* Haftvermeidung durch elektronische Fußfessel, StraFo **2022** 302; *Forster* Freiheitsbeschränkungen für mutmaßliche Terroristen (2010); *Freund* Die Anordnung von Untersuchungshaft wegen Flucht und Fluchtgefahr gegen EU-Ausländer – unter besonderer Berücksichtigung des Europäischen Haftbefehls (2010); *Fünfsinn/Kolz* Gegenwärtige Nutzung und Anwendungsperspektiven der Elektronischen Überwachung in Deutschland, StV **2016** 191; *Grote/Niehoff* Das Beschleunigungsgebot in Haftsachen in Zeiten der Corona-Pandemie, JA **2020** 537; *Haag* Abschiebehaft – Europa- und verfassungsrechtliche Anforderungen an die Anordnung und Durchführung (2015); *Habbe* Bundesrepublik verfehlt europäische Vorgaben zur Abschiebungshaft, ZAR **2011** 286; *Haffner* Die Begründungsmuster von Untersuchungshaftentscheidungen – Eine rechtstatsächliche Untersuchung (2021); *Hammerschick/Reidinger* Untersuchungshaft als Ultima Ratio, JSt **2017** 121; *Hammerschick* Empirische Forschung zur Praxis der Anordnung von Untersuchungshaft als Reflexionsangebot, JSt **2019** 221; *Hantel* Der Begriff der Freiheitsentziehung in Art. 104 Abs. 2 GG (1988); *Hartlaub* Theorie und Praxis der Freiheitsentziehungen nach Strafverfahrens- und Polizeirecht – im Lichte des Habeas-Corpus-Artikels des Grundgesetzes, Art. 104 GG (2000); *Hartwig-Asteroth* Untersuchungshaft im Völkerstrafrecht (2013); *Heidebach* Der polizeiliche Präventivgewahrsam auf konventionsrechtlichem Prüfstand, NVwZ **2014** 554; *Heinemann/Hilker* Zur Vereinbarkeit von Präventivhaft mit Artikel 5 EMRK, DVBl. **2012** 1467; *Herdegen* Die Achtung fremder Hoheitsrechte als Schranke nationaler Staatsgewalt, ZaöRV **47** (1987) 221; *Herzog* Das Grundrecht auf Freiheit in der Europäischen Menschenrechtskonvention, AöR **86** (1961) 194; *ders.* Die Rechtsprechung des Bundesgerichtshofes zu Art. 5 der Europäischen Menschenrechtskonvention, JZ **1966** 657; *Hilger* Der Begriff „derselben Tat" in § 121 Abs. 1 StPO im Lichte der Rechtsprechung des EGHMR zu Art. 5 Abs. 3 Satz 2 MRK, Gollwitzer-Kolloqium (2004) 65; *Hillgruber* Der Schutz des Menschen vor sich selbst (1992); *Höffler/Kaspar* Warum das Abstandsgebot die Probleme der Sicherungsverwahrung nicht lösen kann, ZStW **124** (2012) 87; *Hof/Bartelt* Ein Blick der Nationalen Stelle auf den Frauenstrafvollzug, FS **2017** 325; *Hoffmann* Konventionskonformität des Präventivgewahrsams, NVwZ **2015** 720; *ders.* Der gefahrenabwehrrechtliche Präventivgewahrsam und die Europäische Menschenrechtskonvention, NVwZ **2013** 266; *Jötten* Enforced Disappearances und EMRK (2012); *Kaniess* Abschiebungshaft – Rechtshandbuch für die Praxis (2020); Kaspar (Hrsg.), Sicherungsverwahrung 2.0? (2017); *Kett-Straub/Schuster* Zu gefährlich für die Sicherungsverwahrung – Zum Verhältnis zwischen primärer und nur vorbehaltener Anordnung der Maßregel, NStZ **2021** 19; *Killinger* Staatshaftung für rechtswidrige Untersuchungshaft in Deutschland und Österreich im Lichte von Art. 5 Abs. 5 EMRK (2015); *Kinzig* Stand und Zukunft der Sicherungsverwahrung, StraFo **2011** 429; *Knauer* Untersuchungshaft und Beschleunigungsgrundsatz, StraFo **2007** 309; *Kokott* Zur Rechtsstellung von Asylbewerbern in Transitzonen. Anm. zum Urteil des EGMR im Fall Amuur gegen Frankreich, EuGRZ **1996** 569; *Koschnitz* Die kurzfristige polizeiliche Freiheitsentziehung (1969); *Kramer* Die Europäische Menschenrechtskonvention und die angemessene Dauer von Strafverfahren und Untersuchungshaft (1973); *Krauße* Schadensersatz für rechtswidrige Untersuchungshaft direkt aus der EMRK, StraFo **2017** 349; *Kriebaum* Freiheitsbeschränkungen im Transitbereich, in: Grabenwarter/Thienel (Hrsg.), Kontinuität und Wandel der EMRK (1998), 71 ff.; *Kubiciel* Grund und Grenzen des Präventivgewahrsams für Terrorverdächtige, ZRP **2017** 57; *Kuch* Freiheitsentziehung, Eine Reinterpretation der Freiheit der Person (Art. 2 Abs. 2 S. 2, 104 GG) unter besonderer Berücksichtigung präventiver Haft- und Unterbringungsformen (2023); *Kuch* Gefährder in Haft? Kritische Anmerkungen zu einem bayerischen Experiment, DVBl. **2018** 343; *Kühne/Esser* Die

Rechtsprechung des Europäischen Gerichtshofs für Menschenrechte (EGMR) zur Untersuchungshaft, StV **2002** 383; *Lehnert* Menschenrechtliche Vorgaben an das Migrationsrecht in der jüngeren Rechtsprechung des EGMR NVwZ **2020** 766; *Lenk/Wiedmann* Die Vereinbarkeit des bayerischen Präventivgewahrsams für „Terrorgefährder" mit der EMRK, BayVBl. **2018** 803; *Leuschner* EuGH und Vorratsdatenspeicherung: Erfindet Europa ein Unionsgrundrecht auf Sicherheit? EuR **2016** 431; *Matscher* Der Rechtsmittelbegriff der EMRK, FS Kralik (1986) 257; *Mehde* Dimensionen des Schutzes der persönlichen Freiheit (Art. 2 Abs. 2 Satz 2, Art. 104 GG), JZ **2020** 922; *Merkel* Die trügerische Rechtssicherheit der vorbehaltenen Sicherungsverwahrung und der nachträglichen Therapieunterbringung, R&P **2011** 205; *Meuer* Legalbewährung nach elektronischer Aufsicht im Vollzug der Freiheitsstrafe – Eine experimentelle Rückfallstudie zum baden-württembergischen Modellprojekt (2019); *Möller* Treatment of persons deprived of liberty: analysis of the Human Rights Committee's case law under Article 10 of the International Covenant on Civil and Political Rights (ICCPR), in: Bergsmo (Hrsg.), Human Rights and Criminal Justice for the Downtrodden, FS Eide (2003) 665; *Morgenstern* Die Untersuchungshaft (2018); dies. Untersuchungshaft in Europa: Probleme im Rechts(tatsachen)vergleich, MSchrKrim. **2011** 452; *dies.* Die Stärkung prozessualer Garantien im Recht der Untersuchungshaft in Deutschland und Polen, ZIS **2011** 240; *dies.* Krank – gestört – gefährlich: Wer fällt unter § 1 Therapieunterbringungsgesetz und Art. 5 Abs. 1 lit. e EMRK? ZIS **2011** 974; *dies.* Die Untersuchungshaft – Eine Untersuchung unter rechtsdogmatischen, kriminologischen, rechtsvergleichenden und europarechtlichen Aspekten (2018); *Murdoch* Safeguarding the Liberty of the Person: Recent Strasbourg Jurisprudence, ICLQ **42** (1993) 511; *Müller* Die Verfassungsmäßigkeit des § 66b Abs. 3 StGB im Licht der Entscheidung des EGMR vom 17.12.2009, EuR **2011** 418; *Nimmervoll* Zu den Voraussetzungen einer zwangsweisen Vorführung, JSt **2016** 190 f.; *Paeffgen* Anmerkung zum Urteil des EGMR Dzelili v. Deutschland, StV **2006** 474; *ders.* Vorüberlegungen zu einer Dogmatik des U-Haft-Rechts (1986); *Pauly* Anmerkung zum Urteil des EGMR Cevizovic v. Deutschland, StV **2005** 137; *Pichou* Reception or Detention Centres? The detention of migrants and the EU ‚Hotspot' Approach in the light oft the European Convention on Human Rights, KritV **2016** 114; *Pieronczyk* Die prozessualen Rechte des Verfolgten im Auslieferungsverfahren nach dem Zweiten Teil des IRG (2018); *Rau* Rechtliches Gehör aufgrund von Akteneinsicht in strafprozessualen Beschwerdeverfahren, StraFo **2008** 9; *Reindl* Untersuchungshaft und Menschenrechtskonvention (1997); *dies.* Probleme der Untersuchungshaft in der jüngeren Rechtsprechung der Straßburger Organe, in: Grabenwarter/Thienel (Hrsg.), Kontinuität und Wandel der EMRK (1998) 45 ff.; *Renzikowski* Die nachträgliche Sicherungsverwahrung und die Europäische Menschenrechtskonvention, JR **2004** 271; *ders.* Habeas Corpus – Probleme der Umsetzung von Art. 5 EMRK in Polen und Deutschland, in: Joerden/Szwarc (Hrsg.), Europäisierung des Strafrechts in Polen und Deutschland – rechtsstaatliche Grundlagen (2007) 311; *ders.* Der schwere Weg zum Rechtsstaat – die Umsetzung von Art. 5 EMRK in Bulgarien, in: Petrova (Hrsg.), Processus Criminalis Europeus, Perspektiven des europäischen Strafrechts, FS Pöttering (2008) 124; *ders.* Das Elend mit der rückwirkend verlängerten und der nachträglich angeordneten Sicherungsverwahrung, ZIS **2011** 531; *ders.* Die Neuregelung der Sicherungsverwahrung, NJW **2013** 1638; *Renzikowski/Schmidt-De Caluwe* Menschenrechtliche Grenzen des polizeilichen Unterbindungsgewahrsams, JZ **2013** 289; *Riedl* Die Habeas Corpus-Akte. 300 Jahre Tradition und Praxis einer britischen Freiheitsgarantie, EuGRZ **1980** 192; *Rill* Die Art. 5 und 6 der Europäischen Menschenrechtskonvention, die Praxis der Straßburger Organe und des Verfassungsgerichtshofes, FS Winkler (1989) 16; *Rissing-van Saan* Neuere Aspekte der Sicherungsverwahrung im Kontext der Rechtsprechung des EGMR, FS Roxin II (2011) 1173; *Ruedin* Aliens' and Asylum Seekers' Detention under Article 5(1)(f) ECHR, SZIER **2010** 483; *Sax* Soldaten gegen Piraten – Der extraterritoriale Einsatz der deutschen Marine zur Pirateriebekämpfung im Lichte von Völkerrecht und Grundgesetz (2018); *Scheidler* Beschränkung der Ingewahrsamnahme von Personen zur Gefahrenabwehr durch den EGMR, NVwZ **2012** 1083; *Schemmel* Das Recht auf effektive Strafverfolgung bei rechtswidriger Zwangsfixierung – Ermittlungsintensität und Kontrolldichte im Klageerzwingungsverfahren, NJW **2020** 651; *Schlimm* Der Strafprozeß gegen eine im Ausland entführte Person, ZRP **1993** 262; *Schniederjahn* Das Verschwindenlassen von Personen in der Rechtsprechung internationaler Menschenrechtsgerichtshöfe (2017); *Schöch* Das Urteil des Bundesverfassungsgerichts zur Sicherungsverwahrung, GA **2012** 14; *ders.* Sicherungsverwahrung und Europäische Konvention zum Schutze der Menschenrechte und Grundfreiheiten, FS Roxin II (2011) 1193; *Schubarth* Die Art. 5 und 6 der Konvention, insbesondere im Hinblick auf das schweizerische Strafprozeßrecht, ZST **94** (1975) 465; *Snacken/van Zyl Smit* Europäische Standards zu langen Freiheitsstrafen: Aspekte des Strafrechts, der Strafvollzugsforschung und der Menschenrechte, NK **2009** 58; *Steckermeier* Die nachträgliche Sicherungsverwahrung von zur Entlassung anstehenden Straftätern (§ 66b StGB) und Art. 5 Abs. 1 EMRK (2010); *Stevens* Pre-Trial Detention: The Presumption of Innocence and Article 5 of the European Convention on Human Rights Cannot and Does Not Limit its Increasing Use, EuJCCCJ **2009** 165; *Trechsel* Zwangsmaßnahmen im Ausländerrecht (Art. 5 Abs. 1 f), AJP **1994** 43; *ders.* Liberty and Security of Person, in: Macdonald/Matscher/Petzold (Hrsg.), The European System for the Protection of Human Rights (1993) 328; *ders.* Die Garantie der persönlichen Freiheit (Art. 5 MRK) in der Straßburger Rechtsprechung, EuGRZ **1980** 514; *Thürer/Weber/Zach* Aktuelle Fragen zur Europäischen Menschenrechtskonvention (1994); *Türmen* The Öcalan Case, HRLJ **2014** 263; *Unfried* Die Freiheits- und Sicherheitsrechte nach Art. 5 EMRK (2006); *Vogler* Strafprozessuale Wirkungen völkerrechtswidriger Entführungen von Straftätern aus dem Ausland, FS Oehler (1985) 379; *ders.* Straf- und strafverfahrensrechtliche Fragen in der Spruchpraxis der Europäischen Kommission und des Europäischen Gerichtshofs für Menschenrechte, ZStW **89** (1977) 761; *Waak* Pirateriebekämpfung durch deutsche staatliche Stellen (2018); *Walther* Präventivhaft für terrorismusverdächtige „Gefährder": eine Option für Deutschland? ZIS **2007** 464; *Werndl* Zweispurigkeit und Vertrauensschutz – Das Recht der Sicherungsverwahrung zwischen Sicherheit und rechtsstaatlichem Vertrauensschutzgebot (2019); *Wilske* Strafverfahren gegen völkerrechtswidrig Entführte: Der Abschied von „male captus, bene detentus"? ZStW **107** (1995) 48; *ders.* Die völkerrechtswidrige Entführung und ihre Rechtsfolgen (2000); *Windoffer* Die Maßregel der Sicherungsverwahrung im Spannungsfeld von Europäischer Menschenrechtskonvention und Grundgesetz, DÖV **2011** 590; *Wolf* Das Urteil des BVerfG vom 4.5.2011 zur Sicherungsverwahrung – Konsequenzen für die Strafvollstreckung, Rpfleger **2011** 413; *Zabel* Bürgerrechte ernstgenommen – Das Urteil des *BVerfG* zur nachträglichen Sicherungsverwahrung – 2 BvR 2365/09 vom 4. Mai 2011, JR **2011** 467; *Zellick/Sharpe* The Law of Habeas Corpus (2008).

Schrifttum zum Aktenzugangsrecht (Art. 5 Abs. 4 EMRK)

Ambos Europarechtliche Vorgaben für das deutsche Strafverfahren – Teil II – Zur Rechtsprechung des EGMR von 2000–2002, NStZ **2003** 14; *Beulke/Witzigmann* Das Akteneinsichtsrecht des Strafverteidigers in Fällen der Untersuchungshaft, NStZ **2011** 254; *Bohnert* Untersuchungshaft, Akteneinsicht und Verfassungsrecht, GA **1995** 468; *Borggräfe/Schütt* Grundrechte und dinglicher Arrest – zugleich Anmerkung zum Beschluss des BVerfG vom 19.1.2006, StraFo **2006** 133; *Börner* Akteneinsicht nach Durchsuchung und Beschlagnahme, NStZ **2007** 680; *Bosch* Akteneinsicht, Aussageverweigerung und U-Haft – ein in der Strafprozessordnung nicht vorgesehenes Theater? StV **1999** 333; *Böse* (K)ein Akteneinsichtsrecht für den Beschuldigten? – Die Entscheidungen des EGMR und des LG Mainz, StraFo **1999** 293; *Burhoff* Das Akteneinsichtsrecht des Strafverteidigers nach § 147 StPO, HRRS **2003** 182; *Dedy* Die Neuregelung des Akteneinsichtsrechts durch das Gesetz zur Änderung und Ergänzung des Strafverfahrensrechts (Strafverfahrensänderungsgesetz 1999) – Fortschritt oder Stillstand, StraFo **2000** 149; *Gatzweiler* Folgen des Strafverfahrensänderungsgesetzes 1999 (StVÄG 1999) – Änderung des Akteneinsichtsrechts, StraFo **2001** 1; *Gröger* Das Akteneinsichtsrecht im Strafverfahren unter besonderer Berücksichtigung der Europäischen Menschenrechtskonvention (2009); *Groh* Zum Recht des Strafverteidigers auf Einsichtnahme in staatsanwaltliche Ermittlungsakten, DRiZ **1985** 52; *Jahn* „Parität des Wissens"? – Die konventionskonforme Auslegung der Neuregelung des Akteneinsichtsrechts (§ 147 StPO), FS I. Roxin (2012) 585; *Kempf* Anmerkung zu den EGMR-Urteilen Garcia Alva, Lietzow und Schöps v. Deutschland, StV **2001** 206; *ders.* Die Rechtsprechung des EGMR zum Akteneinsichtsrecht und §§ 114, 115 Abs. 3, 115a Abs. 3 StPO, FS Rieß (2002) 217; *ders.* Zur verfassungsgerichtlichen Entwicklung des Akteneinsichtsrechts, StraFo **2004** 299; *Kieschke/Osterwald* Art. 5 IV EMRK contra § 147 II StPO, NJW **2002** 2003; *Lange* Vollständige oder teilweise Akteneinsicht für inhaftierte Beschuldigte in den Fällen des § 147 II StPO? Falsche und richtige Folgerungen aus den Urteilen des EGMR vom 13.2.2001 gegen Deutschland, NStZ **2003** 348; *Marberth/Kubicki* Die Akteneinsicht in der Praxis, StraFo **2003** 366; *Meglalu* Das Akteneinsichtsrecht der Verteidigung (2023); *Michalke* Das Akteneinsichtsrecht des Strafverteidigers – Aktuelle Fragestellungen, NJW **2013** 2334; *Park* Der Anspruch auf rechtliches Gehör im Rechtsschutzverfahren gegen strafprozessuale Zwangsmaßnahmen, StV **2009** 276; *Peglau* Akteneinsichtsrecht des Verteidigers in Untersuchungshaftfällen (zugleich Bespr. von KG Berlin Beschl. v. 6.7.2011 – 4 Ws 57/11); *Pfeiffer* Das Akteneinsichtsrecht des Verteidigers, FS Odersky (1996) 453; *Rau* Rechtliches Gehör aufgrund von Akteneinsicht in strafprozessualen Beschwerdeverfahren, StraFo **2008** 9; *Schlegel* Das Akteneinsichtsrecht des Beschuldigten, HRRS **2004** 411; *Schlothauer* Zum Rechtsschutz des Beschuldigten nach dem StVÄG 1999 bei Verweigerung der Akteneinsicht durch die Staatsanwaltschaft, StV **2001** 192; *Schmitz* Das Recht auf Akteneinsicht bei Anordnung von Untersuchungshaft, wistra **1993** 319; *v. Stetten* Die elektronische Akte in Strafsachen: Segen oder Fluch? ZRP **2015** 138; *Vogel* „In camera"-Verfahren als Gewährung effektiven Rechtsschutzes? Neue Entwicklungen im europäischen Sicherheitsrecht, ZIS **2017** 28; *Walischewski* Probleme des Akteneinsichtsrechts der Verteidigung im Ermittlungsverfahren im Lichte der Rechtsprechung des Bundesverfassungsgerichts und des Europäischen Gerichtshofs für Menschenrechte (1998); *ders.* Das Recht auf Akteneinsicht bei strafprozessualen Zwangsmaßnahmen im Ermittlungsverfahren, StV **2001** 243; *Welp* Probleme des Akteneinsichtsrechts, FS Peters (1974) 309; *Wu* Einsichtnahme des Verteidigers in Aufzeichnungen aus einer Telekommunikationsüberwachung, HRRS **2018** 108; *Zieger* Akteneinsichtsrecht des Verteidigers bei Untersuchungshaft, StV **1993** 320.

Übersicht

A. Schutzgut/Verhältnis zu anderen Vorschriften
  I. Allgemeines
    1. Freiheit der Person als Grund- und Menschenrecht —— 1
    2. Unterschiede zwischen EMRK und IPBPR —— 4
    3. Verhältnis zu anderen Bestimmungen der Konventionen —— 5
    4. Auslegungsgrundsätze —— 10
  II. Schutz der körperlichen Freiheit und Sicherheit
    1. Körperliche Freiheit —— 12
    2. Sicherheit —— 20
    3. Berechtigte —— 30
    4. Verpflichtung des Staates —— 33
    5. Außerkraftsetzung bei Staatsnotstand —— 38
  III. Freiheitsentziehung versus Freiheitsbeschränkung
    1. Umfassende (allseitige) Entziehung der körperlichen Bewegungsfreiheit —— 42
    2. Freiheitsentziehung/Freiheitsbeschränkung —— 44
    3. Elektronische Aufenthaltsüberwachung —— 52
    4. Freiheitsentziehungen in der Praxis —— 58
    5. Einwilligung des Betroffenen —— 68
    6. Freiheitsbeschränkungen in der Praxis
      a) Beschränkung in Einzelfällen —— 70
      b) Kurzfristige Beschränkungen —— 71
    7. Personen in einem besonderen Pflichtenverhältnis —— 76
B. Zulässigkeitsvoraussetzungen der Freiheitsentziehung
  I. Gesetzmäßigkeit
    1. Verbot der willkürlichen Festnahme und Freiheitsentziehung —— 77
    2. Materielle Rechtmäßigkeit
      a) Gesetz im materiellen Sinn —— 89
      b) Gebot hinreichender Bestimmtheit —— 93

    3. Gesetzlich vorgeschriebenes Verfahren —— 97
    4. Anspruch auf unverzügliche Freilassung bzw. Entlassung aus der Haft —— 104
  II. Besondere Zulässigkeitsvoraussetzungen des Art. 5 Abs. 1 Satz 2
    1. Allgemeine Grundsätze
      a) Abschließende Aufzählung der Haftgründe —— 108
      b) Verhältnis zum nationalen Recht —— 110
      c) Auslegung —— 111
    2. Rechtmäßige Freiheitsentziehung nach Verurteilung durch das zuständige Gericht (*lit.* a) —— 115
      a) Gerichtliche Entscheidung als formelle Voraussetzung —— 115
      b) Verurteilung ("conviction") —— 120
      c) Verhältnis zum Haftgrund der Geisteskrankheit (*lit.* e) —— 129
      d) Rechtmäßigkeit der Freiheitsentziehung —— 132
      e) Kausalzusammenhang ("causal link") —— 136
      f) Nachträglicher Wegfall bzw. Aufhebung der gerichtlichen Entscheidung —— 141
      g) Sonderfall: Sicherungsverwahrung (§§ 66–66c StGB) als schuldunabhängige Präventivunterbringung von Straftätern aus Gründen der Gefährlichkeit —— 142
        aa) Vollstreckung einer im Urteil angeordneten Sicherungsverwahrung —— 142
        bb) Nachträgliche Verlängerung einer im Urteil angeordneten Sicherungsverwahrung —— 144
        cc) Vorbehaltene und nachträgliche Anordnung einer Sicherungsverwahrung —— 146

dd) Nachträgliche Anord-
nung einer Sicherungs-
verwahrung im An-
schluss an eine
Unterbringung ——— 150

ee) Rezeption der EGMR-
Rechtsprechung durch
die deutschen Ge-
richte ——— 152

h) Verhältnis zwischen Freiheitsstrafe und freiheitsentziehender Maßregel ——— 161

3. Nichtbefolgen einer rechtmäßigen
gerichtlichen Anordnung/Erzwin-
gung der Erfüllung einer gesetzlichen Verpflichtung (*lit.* b) ——— 162

a) Allgemeines ——— 162

b) Nichtbefolgung einer rechtmäßigen gerichtlichen Anordnung (*lit.* b, erste Variante) ——— 164

c) Erzwingung der Erfüllung einer durch Gesetz vorgeschriebenen Verpflichtung (*lit.* b,
zweite Variante) ——— 170

4. Festnahme und Freiheitsentziehung bei Verfolgung oder zur Verhütung strafbarer Handlungen
(*lit.* c) ——— 180

a) Zweck der Regelung ——— 182

b) Legitimer Zweck: Vorführung
vor die zuständige Gerichtsbehörde ——— 185

c) Rechtmäßigkeit der Freiheitsentziehung ——— 190

d) Freiheitsentziehung zur Sicherung der Strafverfol-
gung ——— 195

aa) Straftat ——— 196

bb) Hinreichender Tatver-
dacht ——— 203

cc) Fluchtgefahr ——— 216

dd) Alternativmaßnahmen
(Subsidiarität der Unter-
suchungshaft) ——— 220

e) Haft zur Verhinderung von
Straftaten

aa) Begriff der Straftat;
nicht mit Freiheitsstrafe
bedrohte Taten ——— 221

bb) Voraussetzung einer bereits begangenen Straf-
tat als Haft-
grund ——— 225

5. Freiheitsentziehung bei Minderjährigen aus erzieherischen Gründen
(*lit.* d) ——— 239

a) Minderjährige ——— 239

b) Zum Zwecke überwachter Erziehung (erste Vari-
ante) ——— 244

c) Zum Zwecke der Vorführung
vor die zuständige Behörde
(zweite Variante) ——— 249

6. Freiheitsentziehung bei ansteckenden Krankheiten, psychisch Kranken, Alkohol- oder Rauschgiftsüchtigen, Landstreichern
(*lit.* e) ——— 250

a) Allgemeines ——— 250

b) Ansteckende Krankhei-
ten ——— 257

c) Psychisch Kranke, Alkohol-
oder Rauschgiftsüchtige und
Landstreicher

aa) Zweck ——— 259

bb) Psychische Erkran-
kung ——— 261

cc) Sonderfall: Sicherungsverwahrung ——— 278

dd) Alkohol- und Rauschgiftsüchtige ——— 284

ee) Landstreicher ——— 286

7. Freiheitsentziehung zum Zwecke
der Ausweisung oder Auslieferung
(*lit.* f) ——— 292

a) Allgemeine Grund-
sätze ——— 292

b) Verhinderung der unerlaubten Einreise (Alt. 1) ——— 297

c) Personen, gegen die ein Aus-
weisungs- oder Auslieferungsverfahren im Gange ist
(Alt. 2)

aa) Freiheitsentziehung zur
Sicherung der *Auswei-
sung* ——— 300

bb) Freiheitsentziehung zur
Sicherung der *Ausliefe-
rung* ——— 306

cc) Rechtmäßigkeit der
Haft ——— 309

C. Verfahrensgarantien bei Freiheitsentziehungen

I. Recht auf Unterrichtung über die Grün-
de der Festnahme und die erhobenen
Beschuldigungen (Art. 5 Abs. 2 EMRK/
Art. 9 Abs. 2 IPBPR)

1. Schutzgehalt/
   Anwendungsbereich —— 327
2. Zeitpunkt der Mitteilung/Unterrich-
   tung —— 334
3. Form der Mitteilung/Unterrich-
   tung —— 343
4. Verwendung einer verständlichen
   Sprache —— 351
5. Inhalt der Mitteilung/Unterrich-
   tung
   a) Gründe der Fest-
      nahme —— 355
   b) Erhobene Beschuldi-
      gung —— 356
6. Wiederholung der Unterrichtung —— 357
7. Kompensation —— 358
8. Beschwerdefrist —— 359
II. Vorführung und richterliche Haftprüfung von Amts wegen nach Festnahme
   wegen des Verdachts einer Straftat
   (Art. 5 Abs. 3 Satz 1 EMRK/Art. 9 Abs. 3
   Satz 1 IPBPR)
   1. Allgemeines —— 360
      a) Vorführungspflicht —— 361
      b) Beschleunigungsgrund-
         satz —— 363
      c) Ausnahmecharakter von Un-
         tersuchungshaft —— 364
   2. Recht auf Vorführung vor einen
      Richter oder eine andere gesetzlich
      zur Wahrnehmung richterlicher
      Aufgaben ermächtigte Person
      (Art. 5 Abs. 3 EMRK/Art. 9 Abs. 3
      IPBPR) —— 369
      a) Zweck der Vorfüh-
         rung —— 371
      b) Richter/andere ermächtigte
         Person —— 373
      c) Vorführung —— 377
      d) Unverzüglich —— 386
      e) Pflicht zur Vorfüh-
         rung —— 400
      f) Terroristische Strafta-
         ten —— 403
III. Recht auf Aburteilung innerhalb angemessener Frist oder Haftentlassung
   (Art. 5 Abs. 3 Satz 1 EMRK/Art. 9 Abs. 3
   IPBPR)
   1. Zweck der Regelung – Beschleuni-
      gungsgebot —— 405
   2. Verhältnis von Art. 5 Abs. 3 Satz 1
      und Art. 6 Abs. 1 EMRK —— 410

3. Beginn und Ende der Freiheitsentziehung i.S.v. Art. 5 Abs. 3 Satz 1
   i.V.m. Art. 5 Abs. 1 Satz 2 *lit.* c
   EMRK —— 412
4. Kriterien für die Beurteilung der
   Angemessenheit der Dauer der Untersuchungshaft
   a) Keine Höchstfristen —— 420
   b) Zwei-Stufen-Prüfung —— 422
      aa) Relevante und ausrei-
          chende Haftgründe (1.
          Stufe)
      bb) Verfahrensführung/
          Beschleunigungsgebot (2.
          Stufe)
   c) Gesamtbetrachtung der
      Haft(fort)dauer —— 488
   d) Initiativen der Europäischen
      Union zur Begrenzung von Un-
      tersuchungshaft —— 489
IV. Recht auf Haftverschonung gegen Sicherheitsleistung (Art. 5 Abs. 3 Satz 2)
   1. Allgemeines —— 494
   2. Voraussetzungen —— 495
V. Gerichtliche Kontrolle der Freiheitsentziehung (Art. 5 Abs. 4 EMRK/Art. 9 Abs. 4
   IPBPR)
   1. Allgemeine Grundsätze —— 506
   2. Gründe für Freiheitsentziehungen,
      Art. 5 Abs. 1 Satz 2 EMRK —— 510
   3. Verhältnis zu Art. 5 Abs. 3
      EMRK —— 512
   4. Verhältnis zu Art. 5 Abs. 1
      EMRK —— 513
   5. Verhältnis zu Art. 6 EMRK —— 515
   6. Gericht i.S.v. Art. 5 Abs. 4
      EMRK —— 516
   7. Verfahren i.S.v. Art. 5 Abs. 4
      EMRK —— 524
   8. Verfahren i.S.v. Art. 5 Abs. 4 EMRK
      bei Freiheitsentziehungen nach
      Art. 5 Abs. 1 Satz 2 *lit.* c EMRK (vor-
      läufige Festnahme/Untersuchungs-
      haft) —— 531
   9. Zugang zur Verfahrensakte/Akten-
      einsicht
      a) Bedeutung des Zugangs zur
         Akte bei Freiheitsentzie-
         hung —— 541
      b) Umfang des zu gewährenden
         Zugangs —— 547
      c) Ausnahmen/
         Beschränkungen —— 555
      d) Berechtigter —— 562

e)   Nicht verteidigter Beschuldig-
     ter —— 563
f)   Art und Weise des zu gewäh-
     renden Zugangs —— 568
g)   Prozessuales —— 575
h)   Umsetzung in der Strafpro-
     zessordnung —— 578
i)   Übertragbarkeit auf andere
     Zwangsmaßnahmen —— 584
j)   Unionsrechtliche Be-
     züge —— 586
10. Antragsrecht und Überpüfungsin-
     tervalle —— 591
11. Dauer des Überprüfungsverfah-
     rens —— 606
D. Anspruch auf Entschädigung (Art. 5 Abs. 5
    EMRK/Art. 9 Abs. 5 IPBPR)
    I.   Allgemeines —— 617
    II. Einzelfragen
         1. Voraussetzung —— 622
         2. Anspruchsgegner —— 629
         3. Schadensersatz/Immaterieller Scha-
             den —— 631
         4. Verjährung —— 635
         5. Innerstaatlicher Rechts-
             weg —— 636

6.   Anrufung des EGMR —— 637
E. Grundsätze für die Behandlung inhaftierter
    Personen (Art. 10 IPBPR)
    I.   Bedeutung
         1. Grundsätze für die Behandlung in-
             haftierter Personen —— 640
         2. Verhältnis zu anderen Konventions-
             garantien —— 643
         3. Mindestgrundsätze für die Behand-
             lung von Gefangenen —— 645
         4. Innerstaatliches Verfassungs-
             recht —— 648
    II. Geltungsbereich —— 649
    III. Schutz der Menschenwürde (Art. 10
         Abs. 1 IPBPR)
         1. Verpflichtung des Staates —— 651
         2. Alle Fälle des Freiheitsent-
             zugs —— 659
    IV. Rechte eines Nichtverurteilten/Beschul-
         digten (Art. 10 Abs. 2 IPBPR)
         1. Rechtsstellung nicht verurteilter
             Personen allgemein —— 660
         2. Jugendliche Beschuldigte —— 662
    V.   Strafgefangene (Art. 10 Abs. 3
         IPBPR) —— 665

Alphabetische Übersicht

Abschiebung 296, 300 ff., 354, 508 ff.
Aburteilung in angemessener Frist 363, 405 ff., 664
Akteneinsicht 541 ff.
Alkoholkranke 250 ff., 284 ff.
Amtshaftung 618
Angehörige
– Benachrichtigung 94, 328, 333, 652
Anhörung
– persönliche 305, 361, 377 ff.
Anstaltsunterbringung 15, 255, 270
Ansteckende Krankheiten 257 f.
Anwesenheitspflicht 215, 219 f., 431
Arbeit, geregelte 290
Arrest 60 ff.
Asyl 7, 65, 298 ff.
Aufenthaltsbestimmung 241
Aufenthaltsverbot 57
Aufopferungsanspruch 618, 631
Auskunftspflicht 34
Auslegung
– autonome 120, 196, 281, 354
– Haftgründe, enge Auslegung 111
– Schutz vor Willkür 77 ff.
Auslieferung 306 ff.
– eigene Staatsangehörige 311
Auslieferungshaft 306 ff., 309 ff.

Ausweisung 7, 300 ff.
Beistand 31, 383 f., 526, 646
Beschleunigungsgebot 322, 363, 390, 405 ff., 463 ff.
Beugehaft 122, 176, 367
Beurteilungsspielraum 256, 265 f., 487, 521, 632
Bewegungsfreiheit, Einschränkungen 7, 70 ff.
Blutprobe 72
Bürgerpflichten 178
common law 90, 92
Diskriminierungsverbot 30, 79
Disziplinarmaßnahmen 62 f., 76
Drogensucht 250
Effektive Verteidigung 329
Eidesstattliche Versicherung 176
Einreise, unbefugte 297
Einstweilige Unterbringung 332, 384 f.
Einverständnis des Betroffenen 276
Einwilligung 68 f.
Elektronische Fußfessel 52 ff.
Entschädigung für Freiheitsentziehung 617 ff.
Ersatzfreiheitsstrafe 6, 121
Erschöpfung des Rechtswegs 480, 553 ff., 637
Erziehung, überwachte 244 ff.
Erziehungsberechtigte 241, 333
Erzwingung einer gesetzlichen Verpflichtung
    170 ff.

Europäischer Haftbefehl 219, 318, 414
Faires Verfahren 354, 526, 543, 575
Familienverhältnisse, sozial angespannte 249
Festnahme 1, 12 ff., 72 ff.
– Mitteilung der Gründe 334 ff.
– völkerrechtswidrige im Ausland („male cap-
  tus") 193
– vorläufige 185, 531 ff.
Fluchtgefahr 216 ff.
Flughafen 64 f., 296 f., 316
Formalkontrolle der Haft 519
Freiheitseingriffe durch Private 29
Freiheitsentziehung
– Abgrenzung zur Freiheitsbeschränkung 43 ff.
– abschließende Aufzählung der Gründe 4, 85,
  108
– ansteckende Krankheiten 257 f.
– Bindung an nationales Recht 20, 71, 87
– Dauer 169, 187 f., 321, 610
– Geistes-/Suchtkranke 261 ff., 284 f.
– Höchstfristen 388, 396, 420
– Vollzug 5, 15
– Willkürverbot (Art. 9 Abs. 1 IPBPR) 20
Freispruch 131
Freizügigkeit 8, 42, 70, 78
geistige Erkrankung 256, 261
Gefährder 302 f., 325
Geldstrafe 197, 221, 502
– Umwandlung in Freiheitsstrafe 139
Gericht
– des eigenen Staates 82, 326
– kein einheitlicher Gerichtsbegriff 115
– Zuständigkeit 98, 326, 380, 528
Gerichtsbehörde 182, 185 ff.
Gerichtssprache 353
Gesetzesvorbehalt 4, 24, 71, 92
Gesetzliche Pflichten 163, 174
Gnadenentscheidung 139
Grundgesetz (Art. 104 GG) 3, 44, 61, 90
Gutachten, ärztliches 257, 264
Haft
– allgemein 77 ff.
– Auslieferung oder Ausweisung 292 ff.
– Dauer 136, 177, 217, 405 ff.
– Minderjähriger 31, 220, 239 ff., 408
– Sicherung der Strafverfolgung 195 ff.
Haftbefehl 19, 54, 98, 113, 192, 201
Haftfortdauer 188, 231, 429 ff.
Haftgründe
– abschließende Aufzählung, Art. 5 Abs. 1 4, 85,
  108
– mehrere 108, 113, 115 ff.
– Nachprüfung 28, 87, 291, 510, 604
– Unterrichtung über Haftgründe 327 ff.

– Wegfall 189, 602
Haftkontrolle
– durch unabhängige Stelle 20, 506 ff.
– gerichtliche 506 ff.
Haftprüfung
– allgemein 360 ff.
– Antrag 377
– bei Straftaten 371 f.
– innerhalb kurzer Frist 606 ff.
– kontradiktorische Verhandlung 531, 534
– mündliche Verhandlung 531 ff.
– mehrere Haftgründe 113
– nach Widerruf der Entlassung 18, 138, 595
– periodische 265, 597 f., 616
– persönliche Anhörung 305, 361, 377 ff.
– Prüfungsumfang je nach Haftgrund 520
– schriftliche Entscheidung 382
– unverzügliche (insbes. Absatz 3) 386 ff.
– Verteidigungsmöglichkeiten 531 ff., 559
– von Amts wegen 361, 377
– wiederholte 362
– zweite Instanz 537, 604, 612 f.
Handlungsfreiheit 8
Hausarrest 52 ff.
Heimerziehung 244
Identitätsfeststellung 66
Infektionsschutzgesetz 61, 258
Insolvenzordnung 501
Internierung auf Insel 60
Jugendarrest 121, 247
Jugendliche 31, 131, 220, 239 ff.
Kausalzusammenhang Entscheidung-Freiheitsent-
  ziehung 136 ff.
Kaution 216, 363, 380, 494 ff.
Kinder 31
Kollegialgericht 528
Kontaktpersonen 257 f.
Kontradiktorisches Verfahren 531, 534
Konventionswidrige Strafnorm 133
Körperliche Unversehrtheit 8
Krankenbehandlung 270
Laienrichter 116
Landstreicher 250 ff., 286 ff.
„male captus" 193
Maßregeln der Besserung und Sicherung 121, 161,
  200
Meldepflicht 59
Militärgericht 516
Minderjährige 31, 239 ff.
Missbrauch 21, 41, 100, 259, 261, 320, 379
Mündliche Verhandlung 531 ff.
Nachprüfung durch EGMR 87
Nachträgliche Änderung der Sanktionsart 139

Nichtbefolgen einer Gerichtsentscheidung 140, 162 ff.
Offenlegungspflicht 176
Öffentliche Sicherheit und Ordnung 93, 174
Opfereigenschaft 30, 626
Ordnungshaft 122, 166 ff., 367
Personalienfeststellung 72, 174
Personen im besonderen Pflichtverhältnis 76
Persönlichkeitsrecht 632
Piraterie 392
Platzverweis 70, 174
Polizei 19, 36, 45, 59, 174, 253, 383
Polizeihaft 179
Polizeirecht 71, 178 f.
Präambel 20, 30, 77, 94
Präsenzpflicht 72
Private 29
Psychiatrische Untersuchung 144
Recht auf Gehör 531 ff., 542
Rechtsmittel 128, 359, 399, 417 ff., 604 f.
Rechtsschutzsystem in seiner Gesamtheit 524
Richter
– Abgrenzung zu funktionsgleichen Personen 373 ff.
– Begriffsbestimmung 373
– Schutz vor Willkür 1, 89
Richtervorbehalt 61, 168, 185
Sachverständiger, Gutachten 256, 264, 437, 602
Schadensersatz 1, 230, 592, 631 ff.
Schmerzensgeld 632
Schriftliches Verfahren 123, 528 ff.
Schulden 163
Schutz laufender Ermittlungen 556
Schutzniveau der Konventionsverbürgungen 510
Schutzpflichten des Staates 85, 144
Selbstgefährdung 259
Selbsttötung 60
Sicherheit 93, 174
vgl. öffentliche Sicherheit und Ordnung
Sicherheitskontrollen 72, 404
Sicherheitsleistung 216, 363, 380, 494 ff.
Sicherstellung einer Präsenz und Wartepflicht 72
Sicherung der Strafverfolgung 195 ff.
Sicherungshaftbefehl 140
Sicherungsverwahrung 142 ff., 278 ff.
Sklaverei 42
Soldat 62, 76
Spezialitätsgrundsatz 79
Staatenlose 293
Staatsnotstand 38 ff.
Störer 58, 179, 289
Strafbefehl 123
Straferwartung 452
Strafkompanie 60

Straftat 180 ff., 196 ff.
– terroristische 403 f.
StrEG 618, 634
Tatverdacht, hinreichender 203 ff.
Terrorismus 56, 403 f.
Transitbereich Flughafen 64, 296, 316
Transportunfähigkeit 391
Übereinkommen über die Rechte des Kindes 646
Übernahme der Strafvollstreckung 118
Übersetzung des Haftbefehls/Haftgründe 344, 353
– Anspruch auf Übersetzung 344, 353
Unabhängigkeit, richterliche 88, 182, 188, 361
Ungehorsamsstrafen 122
Unionsbürger 304
Unschuldsvermutung 5, 183, 209, 406, 488, 660
Unterbindungsgewahrsam 181, 232
Unterbringung, einstweilige 332, 384 f.
Unterbringung psychiatrisches Krankenhaus 16, 82, 131, 150, 262
Unterrichtung über Gründe der Festnahme 327 ff.
– alsbald/unverzüglich 334 ff.
– Form 343 ff.
– Inhalt 355 f.
– Unterrichtung eines Vertreters 333
– verständliche Sprache 344 f., 351 f.
– Wiederholung 357
Untersuchungshaft
– allgemein 54, 96, 220, 364, 420 ff.
– angemessene Dauer 412 ff.
– EU 489
– Minderjährige 220, 408
– Subsidiarität 220, 364 ff., 408
Urteil
– ausländisches 117, 307
– innerhalb angemessener Frist 363
Verdacht einer Straftat 180 ff., 209, 254, 332
Verdunkelungsgefahr 216, 428, 457 ff.
Verfahrensfehler 98, 133
Verfahrensgarantien 4, 14, 73, 101, 242, 327 ff.
Verfahrenskosten 305, 502
Verfolgung strafbarer Handlungen 195 ff.
Verhältnismäßigkeit 24, 54, 67, 94 ff., 183, 220, 248
Verhinderung von Straftaten 221 ff.
Vermögensschaden 502
Versicherung an Eides statt 176
Verteidigungsrechte 28, 118, 587
Verurteilung durch Gericht 120 ff.
– Anordnung Sicherungsverwahrung 142 ff.
– maßgebend Urteil der ersten Instanz 124
– nachträgliche Änderung der Sanktion 139
– nachträglicher Wegfall 141
– zeitlich vor Freiheitsentziehung 136
Verwahrlosung 249, 287
Verwahrung 142 ff., 256, 616, 659

Verwaltungsanordnung 138
Völkerrecht 86, 89, 193, 306, 617, 623
Vollstreckung
– ausländischer Urteile 117, 307
– rechtmäßige 125, 132, 134
Vorführung
– Fristen 386 ff.
– vor Richter 360 ff.
– vor zuständige Stelle 185 ff., 249
Vorläufige Einweisung 267
Vorläufige Festnahme 66, 185, 198, 201, 531

Wehrdienst 76, 174
Wiederaufnahmeverfahren 139
Wiedergutmachung 501, 626, 635
Wiederholungsgefahr 216, 225, 232, 461
Willkür 11, 12 f., 20, 27 f., 77 ff.
Wohnsitz, fester 286 ff.
Zeugniszwangsverfahren 167
Zivilklage 636
Zuweisung eines Aufenthaltsortes 49
Zwangsarbeit 42

A. Schutzgut/Verhältnis zu anderen Vorschriften

I. Allgemeines

1   **1. Freiheit der Person als Grund- und Menschenrecht.** Die **Allgemeine Erklärung der Menschenrechte** vom 10.12.1948, an die beide Konventionen anknüpfen, bekräftigt in Art. 3 nur allgemein das Recht auf Leben, Freiheit und Sicherheit der Person, während ihr Art. 9[1] u.a. verbietet, dass eine Person willkürlich festgenommen oder in Haft gehalten wird. Sowohl die EMRK als auch der IPBPR streben dagegen explizit den **Schutz vor unrechtmäßiger und willkürlicher Freiheitsentziehung** dadurch an, dass sie die Zulässigkeit der Freiheitsentziehung an einen doppelten Vorbehalt binden: Das nationale Recht, dessen Ausgestaltung den Mitgliedstaaten überlassen ist, muss zum Schutz vor Willkür die Festnahme- und Haftvoraussetzungen **materiellrechtlich** festlegen und es muss sie mit **verfahrensrechtlichen** Regelungen verknüpfen, die die Eingriffe nachprüfbar machen. Dem Schutz vor staatlicher Willkür dient vor allem das Recht auf ein richterliches **Haftprüfungsverfahren** (Rn. 182 ff., 360 ff.). Außerdem soll ein **Schadensersatzanspruch** bei unrechtmäßiger Inhaftierung eine angemessene Kompensation ermöglichen (Rn. 617 ff.). Die Konventionen schaffen damit **Vorgaben für das nationale Recht**, das dort, wo es Freiheitsentziehungen vorsieht, ihren Anforderungen genügen muss.[2]

2   Auch die **Charta der Grundrechte** der Europäischen Union (EUC) garantiert ein Recht auf Freiheit und Sicherheit. Zwar ist **Art. 6 EUC** nach seinem Wortlaut („Jeder Mensch hat das Recht auf Freiheit und Sicherheit") – gerade auch im Vergleich mit Art. 5 – eher vage und allgemein formuliert. Jedoch sind die speziellen Garantien des Art. 5 nach den Erläuterungen zur EUC auf Art. 6 EUC zu übertragen sind (vgl. auch **Art. 52 Abs. 3, Abs. 7 EUC**).[3] Die Judikatur des EGMR zu Art. 5 ist daher auf Unionsebene für die inhaltliche Konkretisierung und Konturierung des Unionsgrundrechts von erheblicher Bedeutung.

3   Im deutschen Grundgesetz wird die Freiheit der Person durch **Art. 2 Abs. 2 Satz 2 GG** und **Art. 104 GG** geschützt.[4]

---

1 HRC Pinchuk/BLR, 24.10.2014, 2165/2012, §§ 8.3 ff. (Verletzung des Art. 9 IPBPR bei politisch motivierter Inhaftierung und Anklage, als Teil systematisch fortgesetzter Drangsalierung von zivilgesellschaftlich engagierten Bürgern durch belarussische Behörden).

2 Vgl. EGMR Winterwerp/NL, 24.10.1979, §§ 45 f., EuGRZ **1979** 650; Herz/D, 12.6.2003, § 43, NJW **2004** 2209.

3 Erläuterungen zur Charta der Grundrechte, ABlEU Nr. C 303 v. 14.12.2007 S. 17, 19; EuGH (GK) 15.2.2016, C-601/15 PPU (J.N.), Tz. 45 ff., NVwZ **2016** 1789, 1790.

4 Näher: *Mehde* JZ **2020** 922 ff.; *Hartlaub* Theorie und Praxis der Freiheitsentziehungen nach Strafverfahrens- und Polizeirecht (2000) 89 ff., 131 ff.; *Kuch* Freiheitsentziehung (2023) 15 ff.

2. Unterschiede zwischen EMRK und IPBPR. Während **Art. 9 Abs. 1 IPBPR** neben 4
formellen Verfahrensgarantien mit einem **allgemeinen Gesetzesvorbehalt** nur die gesetzliche Verankerung der Gründe für eine Freiheitsentziehung fordert, erweitert **Art. 5**
den Schutz dadurch, dass er die Gründe, aus denen das nationale Recht eine Freiheitsentziehung vorsehen darf, in einem Katalog **abschließend aufzählt** und damit die Befugnis
des nationalen Gesetzgebers auch in der Sache beschränkt. Trotz der häufigen Befassung
von EKMR und EGMR mit Fragen zu Art. 5[5] war dessen Tragweite lange Zeit umstritten.[6]
Der Gerichtshof hat sich jedoch in den letzten Jahren in einer Reihe von Einzelfragen auf
bestimmte Standards festgelegt.

3. Verhältnis zu anderen Bestimmungen der Konventionen. Die konkreten Anfor- 5
derungen an die **Behandlung** einer Person **während einer Freiheitsentziehung**, d.h. die
Modalitäten eines Gewahrsams bzw. des Vollzugs von Straf- und Untersuchungshaft, wer-
den in Art. 5 EMRK/Art. 9 IPBPR nicht geregelt, wohl aber in **Art. 10 IPBPR** (Rn. 640 ff.).
Die mit einem speziellen Haftgrund unvereinbare Unterbringung einer Person (z.B. Ort,
Dauer, äußeren Umstände) kann allerdings die Rechtmäßigkeit der Freiheitsentziehung in
Frage stellen (Rn. 270). Für einzelne Fragen sind neben den Verboten der **Art. 3 EMRK**/
Art. 7 IPBPR und der als Leitprinzip für die Behandlung der U-Gefangenen herangezoge-
nen Unschuldsvermutung (**Art. 6 Abs. 2 EMRK**/Art. 14 Abs. 2 IPBPR)[7] für den Haftvollzug
auch die Garantien der **Art. 8 EMRK**/Art. 17 IPBPR einschlägig (vgl. dort Rn. 17, 113 ff.).

Das Verbot, jemanden nur deshalb in Haft zu nehmen, weil er eine **vertragliche** 6
Verpflichtung nicht erfüllen kann (Art. 11 IPBPR), fehlt in der EMRK. Es wurde erst später in **Art. 1 des 4. ZP-EMRK** in das System des europäischen Menschenrechtsschutzes
übernommen. Praktische Bedeutung hat dieses historisch bedingte Verbot („**Schuldturm**")
kaum, da es nur bei einer Freiheitsentziehung wegen der bloßen Nichterfüllung vertraglicher Verpflichtungen greifen würde, nicht aber bei der Verletzung gesetzlicher, insbesondere öffentlich-rechtlicher Pflichten.[8] Auf die gerichtliche Verurteilung zu einer Freiheitsentziehung ist es nicht anwendbar; es erfasst auch nicht Ersatzfreiheitsstrafen.[9]

Art. 5 EMRK/Art. 9 IPBPR vermitteln **keinen Anspruch auf Asyl, auf Einreise oder** 7
Nicht-Ausweisung.[10] Daher ist die sich aus einem Einreiseverbot ergebende Einschränkung der Fortbewegungsfreiheit hinzunehmen, Art. 5 ist insoweit nicht betroffen. Dies gilt
auch dann, wenn sich jemand in einer (naturgemäß nicht großen) Enklave aufhält und
das einzige Land, das die Enklave umschließt, ihm die Einreise und damit faktisch das
Verlassen der Enklave verweigert.[11]

---

5 Vgl. *Trechsel* EuGRZ **1980** 514.
6 Vgl. *Herzog* AöR **86** (1961) 194 ff.; *Trechsel* EuGRZ **1980** 514.
7 Vgl. *Kühne/Esser* StV **2002** 383.
8 EGMR Göktan/F, 2.7.2002, § 51; Gatt/MLT, 27.7.2010, § 39; *Nowak* 5 ff., *Frowein/Peukert* Art. 1 des 4. ZP-
EMRK.
9 Vgl. *Frowein/Peukert* Art. 1 des 4. ZP-EMRK; Meyer-Ladewig/Nettesheim/von Raumer/*Meyer-Ladewig/Har-
rendorf/König* Art. 1 des 4. ZP-EMRK.
10 Meyer-Ladewig/Nettesheim/von Raumer/*Meyer-Ladewig/Harrendorf/König* 7; SK/*Meyer* 17, 174.
11 Zur vom Territorium der Schweiz umschlossenen italienischen Enklave Campione d'Italia: EGMR (GK)
Nada/CH, 12.9.2012, NJOZ **2013** 1183, §§ 229 ff. (Art. 8 und Art. 13 verletzt); EKMR S.F./CH, 2.3.1994: ca. 2000
Einwohnern, weniger als 1 km² Landfläche (vgl. Liechtenstein: 160 km²); im konkreten Fall keine Überwachungsmaßnahmen (vgl. hierzu: Rn. 31, 32). Eine interessante Folgefrage wäre, ob die Schweiz für evtl.
Verstöße, die sich aus italienischen Überwachungsmaßnahmen ergäben, verantwortlich wäre, weil sie die
Ausreise verbieten und ein Entkommen von der (konventionswidrigen) Überwachung unmöglich machen
würde.

8   **Andere Freiheitsverbürgungen**, wie die allgemeine Handlungsfreiheit,[12] die die Freiheit von staatlichem Zwang einschließt oder die freie Entfaltung der Persönlichkeit oder einzelne besondere Freiheitsrechte, wie die Gewissensfreiheit, die Meinungsfreiheit, die Freiheit von Furcht oder die Freizügigkeit[13] unterfallen ebenso wenig wie spezielle Grundrechte, etwa die körperliche Unversehrtheit, dem Schutz durch Art. 5 EMRK/Art. 9 IPBPR.[14]

9   **Art. 6 Abs. 1** ist auf die verfahrensrechtlichen Garantien des Art. 5 nicht anwendbar. Das in Art. 5 Abs. 3, Abs. 4 vorgesehene Vorführungs- bzw. Haftprüfungsverfahren dient nicht der Entscheidung über die Stichhaltigkeit einer erhobenen *strafrechtlichen Anklage* oder einer Streitigkeit über *zivilrechtliche Ansprüche* i.S.v. Art. 6 Abs. 1.[15] Gleiches gilt für das Verhältnis zwischen Art. 9 IPBPR und **Art. 14 IPBPR**.

10   **4. Auslegungsgrundsätze.** Auslegung, Sinn und Tragweite von Art. 9 IPBPR und vor allem des sowohl sprachlich als auch in seiner Struktur komplizierten Art. 5 Abs. 1 können nicht allein aus dem Wortlaut erschlossen werden. Die bei der Abfassung des Ausnahmekatalogs in Art. 5 Abs. 1 Satz 2 verwendeten Begriffe[16] dürfen denen des jeweiligen nationalen Rechts nicht ohne weiteres gleichgesetzt werden. Die Versuche einer logisch systematischen und in sich stimmigen Wortinterpretation brachten weder überzeugende Ergebnisse noch haben sie die Rechtsprechung des EGMR beeinflusst, der die anstehenden Fragen oft unter bewusstem **Verzicht auf dogmatische nationale Begriffsbestimmungen** vorrangig unter dem Blickwinkel einer **praktisch effektiven Verwirklichung des Menschenrechtsschutzes** behandelt und entscheidet.

11   Das eindeutige **Ziel**, den Einzelnen vor **willkürlicher Freiheitsentziehung** zu schützen, ist für die Auslegung richtungsgebend.[17] Die Zielsetzungen anderer Bestimmungen des Grundrechtsteils der Konventionen sind dabei mit zu berücksichtigen, vor allem auch die vom EGMR zu anderen Menschenrechten entwickelten **Schutzpflichten**, wie etwa für das Recht auf Leben (dort Rn. 8 ff.), die den Staat aufgrund anderer Bestimmungen der Konventionen treffen.

II. Schutz der körperlichen Freiheit und Sicherheit

12   **1. Körperliche Freiheit. Art. 5 EMRK** und **Art. 9 IPBPR** schützen die Freiheit des Einzelnen nur in ihrer klassischen Ausprägung als **körperliche (Fort-)Bewegungsfreiheit**. Gemeint ist damit also die Freiheit, den Aufenthaltsort ungehindert von Zwang selbst wählen und verändern zu können.[18] Der Schutz bezieht sich dabei nur auf den vollen **Entzug**, nicht auf partielle Einschränkungen, so dass eine gewisse Intensität der Maßnahme erreicht werden muss. Der vollständige Freiheitsentzug als staatliche Zwangsmaßnah-

---

12 *Grabenwarter/Pabel* § 21, 3; *Herzog* AöR **86** (1961) 194, 201.

13 EGMR Ashingdane/UK, 28.5.1985, NJW **1986** 2173 = EuGRZ **1986** 8; Lavents/LET, 28.11.2002, § 62; *Grabenwarter/Pabel* § 21, 3; Karpenstein/Mayer/*Elberling* 4. Vgl. Art. 12 IPBPR; Art. 2 des 4. ZP-EMRK.

14 *Frowein/Peukert* 9; *Nowak* 3.

15 EGMR Neumeister/A, 27.6.1968, EuGRZ **1975** 393; EKMR EuGRZ **1988** 507.

16 Zur sog. Definitionsmethode vgl. *Koschwitz* Die kurzfristige polizeiliche Freiheitsentziehung (1969) 172; ferner *Herzog* AöR **86** (1961) 194, 198 Fn. 13, 222; BayVerwBl. **1959** 45; *Partsch* ZaöRV **15** (1954) 647.

17 EGMR Winterwerp/NL, 24.10.1979; Guzzardi/I, 6.11.1980, NJW **1984** 544 = EuGRZ **1983** 633; Ashingdane/UK, 28.5.1985; Bozano/F, 18.12.1986, NJW **1987** 3066 = EuGRZ **1987** 101; HRC Pinchuk/BLR, 24.10.2014, 2165/2012, §§ 8.3 ff. (Art. 9 IPBPR verletzt bei politisch motivierter Inhaftierung/Anklage).

18 EGMR Engel u.a./NL, 8.6.1976, EuGRZ **1976** 221; Guzzardi/I, 6.11.1980; ferner *Herzog* AöR **86** (1961) 194, 202; *Frowein/Peukert* 1 f.; *Nowak* 3; *Trechsel* EuGRZ **1980** 514, 515 („liberté d'aller et de venir"); zu Art. 9 IPBPR vgl. *Nowak* 17 ff.

me wird dadurch nicht generell ausgeschlossen; die Konventionsverbürgungen sollen aber verhindern, dass jemand aufgrund einer staatlichen oder dem Staat zuzurechnenden Maßnahme **gesetzwidrig oder willkürlich festgenommen** und **in Haft gehalten** wird.

13 Ziel ist, dass keine Person ihre Freiheit verlieren darf, wenn nicht ein anerkannter, hinreichend bestimmter und in einem **ordnungsgemäßen Verfahren** festgestellter **materiellrechtlicher Tatbestand** des nationalen Rechts dies im konkreten Fall rechtfertigt.[19] Darüber hinaus muss zum Ausschluss von Willkür die Freiheitsentziehung nicht nur konform mit dem nationalen Recht, sondern auch **notwendig** sein.[20]

14 **Festnahme und Haft** werden in den einzelnen Absätzen dieser Artikel nicht in einem engen, rechtstechnisch auf bestimmte Maßnahmen beschränkten Sinn verstanden, sondern entsprechend dem Schutzzweck allgemein als „Entzug der persönlichen Freiheit" bzw. als „Zustand des Freiheitsentzugs". Bei einer engeren, nicht alle Fälle des Freiheitsentzugs umfassenden Auslegung wären die nur an diese Begriffe anknüpfenden Verfahrensgarantien dieser Artikel nicht lückenlos gewährt.[21] Räumlich gesehen liegt dagegen noch keine Haft vor, wenn der Betroffene sich nur innerhalb eines bestimmten Bezirks/einer bestimmten Gemeinde frei bewegen kann, er sich aber nicht außerhalb dieses Bereichs aufhalten darf (vgl. § 56 AsylG, § 116 StPO, § 68b StPO).[22]

15 Art. 5 erfasst *prinzipiell* nur die Frage, **ob** eine Freiheitsentziehung oder ihre Fortdauer zulässig ist, determiniert aber im Grundsatz nicht die Form und die Umstände des Vollzugs („**Wie**").[23] Soweit allerdings die **Art der Unterbringung** (Anstaltstyp) unmittelbar mit einem der Inhaftierungsgründe nach Art. 5 Abs. 1 Satz 2 zusammenhängt, zählt sie zum „Ob" der Freiheitsentziehung. Relevant wird dies vor allem bei Personen, die an einer seelischen Störung leiden (vgl. Rn. 270).

16 Personen, denen (bereits) die **Freiheit entzogen** ist (z.B. Straf-/U-Haft, Unterbringung in einer psychiatrischen Einrichtung), können sich *insoweit* regelmäßig nicht auf Art. 5 EMRK/Art. 9 IPBPR berufen, auch dann nicht, wenn der ihnen während der Freiheitsentziehung verbliebene Raum für eine örtliche Veränderung durch eine behördliche Maßnahme weiter eingeschränkt wird, z.B. durch eine Disziplinarmaßnahme[24] oder die Freiheit stärker einschränkende Maßnahme bei der Unterbringung.[25]

---

19 *Nowak* 2.

20 EGMR Khayredinov/UKR, 14.10.2010, § 27.

21 *Nowak* 17 ff., insbes. 21 (extensiv zu interpretieren).

22 EKMR Ciancimino/I, 27.5.1991, S. 10 f.; Karpenstein/Mayer/*Elberling* 7.

23 KK-EMRK-GG/*Dörr* Kap. 13, 31.

24 EGMR Bollan/UK (E), 4.5.2000, Nr. 2 („Generally […], disciplinary steps, imposed formally or informally, which have effects on conditions of detention within a prison, cannot be considered as constituting deprivation of liberty. Such measures must be regarded *in normal circumstances* as modifications of the conditions of lawful detention and therefore fall outside the scope of [Art. 5 Abs. 1 …]. In appropriate cases, issues may arise however under Articles 3 and 8 of the Convention. [Zum konkreten Fall:] taking into account the *type, duration and manner of implementation of the measure*, the Court finds that the confinement […] in her cell from 11.10 a.m. to 12.50 p.m. disclosed a variation in the routine conditions of her detention, the nature and degree of which did not *in the circumstances* involve a deprivation of liberty."); *Frowein/Peukert* 18; *Trechsel* EuGRZ **1980** 514, 517; vgl. auch unter Berufung auf die EKMR: SK/*Meyer* 40; ferner: BayVerfGH BayVBl. **2011** 562 (Art. 102 BV; Arrest).

25 EGMR Munjaz/UK, 17.7.2012, §§ 68–73 (mehrmalige Verlegung eines in der Psychiatrie Untergebrachten in eine Einzelzelle, u.a. 18 Tage lang; Art. 5 Abs. 1 aufgrund der gesamten Umstände verneint; Isolationsunterbringung in relativ milder Art und Weise vollzogen; Bf. befand sich bereits in Hochsicherheitsklinik mit höheren Freiheitseinschränkungen; dadurch Verlegung relativiert; Verlegung keine Bestrafung, sondern beruhte auf medizinischen Gründen, um der Gefährlichkeit des Bf. zu begegnen; konkrete Länge beruhte auf medizinischen Erwägungen („clinical judgment"); Zeit in Einzelzelle und die genauen Umstände gut

17   Etwas anderes gilt aber dann, wenn eine zusätzliche Einschränkung einen spezifischen, über die bereits vorliegende Freiheitsentziehung hinausgehenden **separaten freiheitsentziehenden Charakter** hat.[26] Ebenfalls den Schutzgehalt des Art. 5 auf den Plan
rufen kann eine Änderung des Grundes der Freiheitsentziehung; etwa wenn der Betroffene von der U-Haft in eine psychiatrische Einrichtung überwiesen wird. Da für jeden Tatbestand einer Freiheitsentziehung spezifische Rechtfertigungsgründe gelten, deren Vorliegen
im konkreten Fall zu prüfen ist, handelt es sich auch hier um eine **neue Art bzw. Form
der Freiheitsentziehung**, auch wenn der Betroffene ohne den Wechsel hypothetisch in
der ursprünglichen Haftform (U-Haft) geblieben wäre.[27]

18   Im als Sanktion für ein Fehlverhalten angeordneten Verlust bzw. Widerruf einer (angekündigten) **vorzeitigen Haftentlassung** („loss of remission") als solchem ist keine zusätzliche, spezifische Freiheitsentziehung zu sehen (anders aber, wenn die Freiheit bereits
wieder erlangt war),[28] ebenso wenig in einer lediglich vorgemerkten, aber noch nicht
vollzogenen Haft, auch wenn diese Vormerkung sich negativ auf Maßnahmen im Rahmen
der derzeit vollstreckten Haft auswirken sollte (kein Urlaub, keine vorzeitige Entlassung).[29]

19   Personen, die sich noch in Freiheit befinden, aber eine ihnen konkret **drohende
staatliche Freiheitsentziehung** überprüfen (Aktenzugang) und ggf. durch eine gerichtliche (Vorab)Kontrolle (Art. 5 Abs. 4) verhindern wollen, können sich nach Ansicht des
EGMR zu diesem Zeitpunkt grundsätzlich (noch) nicht auf Art. 5 Abs. 1 berufen; der Schutzbereich des Rechts auf Freiheit gegen einen Haftbefehl, der aus bestimmten Gründen (und
sei es wegen der Flucht des Beschuldigten) nicht vollstreckt wird, soll (noch) nicht eröffnet
sein.[30] Dieser Ansatz ist insofern zu kritisieren, als er sich sehr formal an der „lediglich"
drohenden Beschränkung des zugrunde liegenden Rechts auf Freiheit orientiert und es
dem Betroffenen zumutet, eine Beschränkung dieses Rechts ggf. selbst herbeizuführen
(Selbststellung bei der Polizei), bevor er deren Gründe und Rechtmäßigkeit selbst, durch
einen Verteidiger oder eine unabhängige gerichtliche Stelle überprüfen lassen kann. Nicht
stimmig ist in diesem Zusammenhang, dass der Gerichtshof die Anwendbarkeit des Art. 5
Abs. 4 in einem Fall, in dem der von der Freiheitsentziehung Betroffene bereits wieder in
Freiheit war, auch damit begründet hat, dass der Betroffene **trotz seines Entweichens**
aus der Unterbringungsanstalt von der Maßnahme **weiterhin betroffen** sei.[31] Nimmt man
diese Judikate beim Wort, müsste man zu der zweifelhaften Erkenntnis gelangen, dass
Art. 5 zwar für einen Beschuldigten weiterhin anwendbar ist, der sich vor der Flucht in
Haft/Unterbringung befunden hat, nicht aber für einen Beschuldigten im „Vorfeld" einer
drohenden Freiheitsentziehung. Der EGMR sollte sich daher auch im Rahmen von Art. 5

---

dokumentiert; Patientenwohl beachtet); zur Isolation eines Gefangenen: EGMR Stoyan Krastev/BUL,
6.10.2020, §§ 36 ff. (14-tägige Einzelunterbringung keine eigenständige Freiheitsentziehung).
26 Vgl. EGMR Schneiter/CH (E), 31.3.2005, Nr. A 2 (Verlegung eines in der Psychiatrie Untergebrachten in
eine Einzelzelle; Dauer; Verlegung war nach nationalem Recht isoliert anfechtbar; separate Maßnahme);
Gulub Atanasov/BUL, 6.11.2008 (Einweisung in Psychiatrie bei bereits bestehendem Hausarrest); nach EGMR
Munjaz/UK, 17.7.2012, §§ 65, 72, begründet *Schneiter* keine allgemeinen Grundsätze („general rule"). Zum
Parallelproblem, ob Disziplinarmaßnahmen gegen Strafgefangene, z.B. Verhängung von Einzelhaft, eine
„Strafe" i.S.v. Art. 6, Art. 7 und 7. ZP-EMRK darstellen vgl. Art. 6 Rn. 95.
27 EGMR Ümit Bilgiç/TRK, 3.9.2013, §§ 86 ff.
28 Zu weit EKMR nach *Trechsel* EuGRZ **1980** 514, 517, der zu Recht Bedenken anmeldet; ferner *Frowein/
Peukert* 19.
29 Vgl. *Trechsel* EuGRZ **1980** 514, 522.
30 EGMR Guliyev/ASE (E), 27.5.2004.
31 EGMR Herz/D, 12.6.2003, § 69 („[der Bf.] restait concerné par la mesure d'internement"). In struktureller
Ähnlichkeit zur Fortsetzungsfeststellungsklage im deutschen Verwaltungsprozessrecht hält der EGMR Art. 5
Abs. 4 in solchen Fällen für einschlägig.

Abs. 1 an einer *„praxistauglichen"* und *„effektiven"* menschenrechtlichen Auslegung der Norm orientieren. Über den gegen eine bereits drohende Freiheitsentziehung eröffneten Schutzbereich des Art. 5 Abs. 1 wäre dann auch das Recht auf Überprüfung der Rechtmäßigkeit der Freiheitsentziehung (Art. 5 Abs. 4) eröffnet – ohne dass sich der Betroffene zuvor seines Rechts auf Freiheit „begeben" müsste.

2. Sicherheit. Die Sicherheit wird in Art. 5 Abs. 1 EMRK/Art. 9 Abs. 1 IPBPR neben **20** der persönlichen Freiheit besonders erwähnt,[32] ihr kommt jedoch **keine eigenständige materiellrechtliche Bedeutung**, sondern nur eine verfahrensrechtliche Dimension zu.[33] Gemeint ist die Sicherheit des Einzelnen vor einem **willkürlichen Entzug** seiner persönlichen physischen Freiheit.[34] Entsprechend dem Bekenntnis der Präambel der EMRK zur Rechtsstaatlichkeit wird für diesen besonders sensiblen Bereich die allgemeine Forderung nach **Rechts*sicherheit*** verdeutlicht.[35] Staatliche Eingriffe in die Freiheit der Person sind daher nur zulässig, wenn sie **vorhersehbar** sind und auf **hinreichend bestimmten sowie zugänglichen Vorschriften des nationalen Rechts** beruhen und wenn durch eine Haftkontrolle durch unabhängige Stellen, vor allem durch Gerichte, ausgeschlossen wird, dass dieses Recht von den Staatsorganen willkürlich ausgelegt oder missachtet wird.

Staatliche Organe dürfen eine freiheitsentziehende Maßnahme nicht dazu missbrau- **21** chen, dass sie mit ihr einen **anderen Zweck** als den zu ihrer Rechtfertigung vorgegebenen verfolgen (vgl. Art. 18 Rn. 2), etwa, um in verschleierter Form ein nach der nationalen Rechtsordnung nicht zulässiges Ziel herbeizuführen, wie die Umgehung einer für unzulässig erklärten Auslieferung durch ein zwangsweises Überstellen in ein zur Auslieferung an den Verfolgerstaat bereites Drittland.[36]

Ebenfalls vom Begriff der Sicherheit erfasst sind Verhaftungen durch Behörden eines **22** Konventionsstaates auf dem Gebiet eines ausländischen Staates ohne dessen Einwilligung, d.h. unter einem **Eingriff in die Territorialgewalt** des jeweiligen Staates.[37] Allerdings macht eine Zusammenarbeit zwischen Staaten zum Zwecke der Übergabe eines Geflüchteten eine Festnahme allein nicht rechtswidrig. Erfolgt eine Festnahme durch einen Staat auf dem Territorium eines anderen Staates, begründet dies keinen Verstoß gegen die gesetzlich vorgeschriebene Weise, wenn die Souveränität des Staates, auf dessen Gebiet die Festnahme stattfindet, nicht beeinträchtigt wird. Das ist etwa dann der Fall, wenn die nationalen Behörden den Festzunehmenden direkt den Behörden des festnehmenden Staates übergeben oder eine solche Übergabe erleichtern wollen.[38]

Eine Ausdehnung der Garantien auf ein **anderes, zusätzliches Schutzgut** liegt in der **23** Garantie von Sicherheit aber nicht.[39] Es wird kein gegenüber der Freiheit neues Rechtsgut

---

32 Zur Entstehung *Nowak* 7 ff.; siehe ebenfalls Art. 6 EUC.

33 EGMR Altun/TRK, 1.6.2004; vgl. auch Karpenstein/Mayer/*Elberling* 5. Der EuGH (GK) 8.4.2014, C-293/12 u. C-594/12 (Digital Rights Ireland), Tz. 42, NJW **2014** 2169, 2171 will der „Parallelgewährleistung" des Art. 6 EUC dagegen neuerdings offenbar ein materiellrechtlich verstandenes Recht auf Sicherheit entnehmen; näher dazu: *Leuschner* EuR **2016** 431 ff.

34 EGMR Hajduova/SLO, 30.11.2010; *Thienel* ÖJZ **2011** 256; *Guradze* 2; *Partsch* 124; *Trechsel* EuGRZ **1980** 514, 518.

35 Karpenstein/Mayer/*Elberling* 5.

36 EGMR Bozano/F, 18.12.1986; dazu und zur Figur *male captus bene detentus* Rn. 193.

37 EGMR (GK) Öcalan/TRK, 12.5.2005, EuGRZ **2005** 463 = NVwZ **2006** 1267; *Grabenwarter/Pabel* § 21, 4.

38 Vgl. EGMR (GK) Öcalan/TRK, 12.5.2005; zum Fall: *Türmen* HRLJ **2014** 263.

39 Zu Art. 5: *Funk/Gimpel-Hinteregger* EuGRZ **1985** 1; *Partsch* 124; *Trechsel* EuGRZ **1980** 514, 518 Fn. 37; abweichend *Frowein/Peukert* 6 f., die eine weite Auslegung des Begriffes „Sicherheit" befürworten und darunter auch die Rechtssicherheit fassen. Zu Art. 9 IPBPR vgl. *Nowak* 7 ff. (auch Anspruch auf staatlichen Schutz der Freiheit).

angesprochen, vor allem keine allgemeine Schutzpflicht des Staates begründet. Ein allgemeines Recht des Einzelnen auf staatlichen Schutz vor anderen Gefährdungen, wie etwa ein Schutz vor Ausweisung oder auf Sicherheit vor Kriminalität, kann aus Art. 5 Abs. 1 Satz 1 ebenfalls nicht hergeleitet werden.[40]

24   Die Forderung nach Sicherheit und dem Ausschluss jedweder Willkür bei Eingriffen in die Freiheit gilt für den gesamten staatlichen Bereich. Neben Verwaltung und Rechtsprechung ist auch das **einen Freiheitsentzug gestattende Recht** selbst an dieser Vorgabe zu messen.[41] **Unbestimmte**, **unberechenbare gesetzliche Gründe** für eine Freiheitsentziehung, welche die Entscheidung über die Anordnung weitgehend dem Belieben ausführender Organe überlassen, gewähren dem Einzelnen keine Sicherheit; sie genügen deshalb nicht den Anforderungen, die der Gesetzesvorbehalt der Konventionen an eine den Freiheitsentzug rechtfertigende nationale Regelung stellt. Die jeweiligen nationalen Gesetze müssen daher einen bestimmten rechtlichen **Qualitätsstandard** („quality of law") aufweisen, d.h. **ausreichend zugänglich**, hinreichend **präzise formuliert** und **in ihrer Aussage vorhersehbar** sein[42] sowie dem **Grundsatz der Verhältnismäßigkeit** genügen.[43]

25   Für das Merkmal der **Vorhersehbarkeit** ist auf das geltende Recht und den Kontext zum **Zeitpunkt einer Freiheitsentziehung** abzustellen – spätere Änderungen der Rechtslage werden nicht berücksichtigt.[44] Wenn der Betroffene durch sein Verhalten Anlass für die Freiheitsentziehung gegeben hat (insbesondere bei Strafhaft und der Sicherungsverwahrung) oder selbiges zumindest in Betracht kommt (insbesondere bei Untersuchungshaft), muss sogar auf den früheren **Tatzeitpunkt** abgestellt werden.[45] Welcher Zeitpunkt maßgeblich ist, ist in der Praxis vor allem dann von Bedeutung, wenn sich die Rechtslage zwischen Tat und Urteil verschärft hat.

26   In der Rs. ***Del Rio Prada*** war die Verschärfung der Rechtslage (Änderung der einschlägigen Rechtsprechung zur Möglichkeit der vorzeitigen Freilassung) nicht nur nach der Tat, sondern auch nach der Verurteilung eingetreten. Dies könnte erklären, warum die GK für die Vorhersehbarkeit der – für die vorzeitige Freilassung maßgebenden – Mindestverbüßungszeit auf die Rechtslage zur Zeit der Verurteilung – oder gar des Zeitraums des Verbüßens der Haftstrafe – abgestellt hatte.[46] Da unbedeutend war, ob der Urteils- oder ein noch früherer Zeitpunkt maßgebend war, könnte es sich auch um eine bloße Formulierungsschwäche/Ungenau-

---

40 Vgl. EGMR Amuur/F, 25.6.1996, EuGRZ **1996** 577 = NVwZ **1997** 1102 = ÖJZ **1996** 956; *Kokott* EuGRZ **1996** 569; *Grabenwarter/Pabel* § 21, 4; Meyer-Ladewig/Nettesheim/von Raumer/*Meyer-Ladewig/Harrendorf/König* 7.
41 *Trechsel* EuGRZ **1980** 514, 518; auch im Bereich des Common Law: EGMR Sunday Times/UK (Nr. 1), 26.4.1979, § 47, EuGRZ **1979** 386 (für „Gesetz" i.S.d. Art. 10 Abs. 2).
42 EGMR Varbanov/BUL, 5.10.2000; Nolan u. K./R, 12.2.2009; (GK) Paladi/MOL, 10.3.2009, § 74; Stephens/MLT (Nr. 1), 21.4.2009; Gilanov/MOL, 13.9.2022, § 49; Başer u. Özçelik/TRK, 13.9.2022, § 145.
43 EGMR Witold Litwa/PL, 4.4.2000 (Prüfungsmaßstab des EGMR beschränkte sich – dem Subsidiaritätsprinzip entsprechend – darauf, ob mildere Mittel tatsächlich erwogen, jedoch als unzureichend empfunden worden waren); Hilda Hafsteinsdóttir/ISL, 8.6.2004; Enhorn/S, 25.1.2005, NJW **2006** 2313 = NVwZ **2006** 1149 (Ls.).
44 EGMR M./D, 17.12.2009, §§ 90, 99, NJW **2010** 2495 = NStZ **2010** 263 = StV **2010** 181 = EuGRZ **2010** 22 = JR **2010** 218.
45 In diese Richtung EGMR M./D, 17.12.2009, § 104. Für Fälle der Strafhaft würden Art. 5 Abs. 1 und Art. 7 dann parallel laufen; siehe aber auch: EGMR Del Rio Prada/E, 21.10.2013.
46 EGMR (GK) Del Rio Prada/E, 21.10.2013, NJOZ **2014** 1587, § 130 („compliance with the foreseeability requirement must be examined with regard to the „law" in force at the time of the initial conviction and throughout the subsequent period of detention"); siehe die vage Bestimmung eines maßgebenden Zeitpunktes durch die Kammer, 10.7.2012, § 74). Zur Sicherungsverwahrung EGMR Grosskopf/D, 21.10.2010, EuGRZ **2011** 20, § 47; Schummer/D (Nr. 1), 13.1.2011, § 54 (Zeitpunkt der Verurteilung); Schmitz/D, 9.6.2011, NJW **2012** 1707, § 39 (Tat- *und* Urteilszeitpunkt maßgeblich; unerheblich aufgrund der konkreten Umstände, da der

igkeit handeln, aus der nicht abzuleiten wäre, dass sich die GK auf die Maßgeblichkeit des Tatzeitpunkts festgelegt hätte. Dafür spräche auch der völlig unpraktikable Schlenker auf den Zeitraum der Verbüßung der Strafe. Indem der EGMR sich, dem Wortlaut seines Urteils zufolge, nicht für den Tatzeitpunkt als maßgeblichen Moment ausspricht, umging der Gerichtshof außerdem das – im konkreten Fall bedeutungslose – Problem, auf *welche* Tat es bei der Bf. (ETA-Mitglied und Mehrfachtäterin) angekommen wäre.

Nationale Regelungen, die eine Freiheitsentziehung erlauben, aber durch keinen **vernünftigen sachlichen Grund** gerechtfertigt sind oder ersichtlich nur einzelne Bevölkerungsgruppen diskriminieren sollen, verstoßen gegen das auch für den Gesetzgeber geltende Willkürverbot des Art. 5 Abs. 1.[47] Derart willkürliche Freiheitsentziehungen können niemals durch die Konventionen gerechtfertigt sein.[48] **27**

Zur Sicherheit gehört im Kern auch der **verfahrensrechtliche Schutz der Freiheit**. Vor einer willkürlichen Freiheitsentziehung ist der Einzelne nur dann effektiv geschützt, wenn für ihn ersichtlich ist, unter welchen Voraussetzungen ihm die Freiheit entzogen wird, und er außerdem bei der Inhaftierung die Möglichkeit hat, die strikte Beachtung des Rechts in einem geregelten, seine Verteidigungsrechte wahrenden **gerichtlichen Verfahren** überprüfen zu lassen (Rn. 360 ff.) Dies setzt nicht notwendig die Anordnung, wohl aber die **effektive Nachprüfung** der Gründe für die Freiheitsentziehung durch eine unabhängige Stelle voraus. Der Einzelne erhält durch das in Art. 5 Abs. 1 genannte Recht auf Sicherheit im Ergebnis ein **Abwehrrecht** gegen jede **dem Staat zuzurechnende** rechtswidrige oder gar willkürliche Freiheitsentziehung. **28**

Zur Gewährleistung der Sicherheit des Einzelnen vor Eingriffen in seine Freiheit gehört ferner, dass staatliche Organe in die Freiheit **nicht indirekt** dadurch rechtswidrig eingreifen, dass sie vom Recht nicht vorgesehene Freiheitsentziehungen durch private Dritte veranlassen oder billigen (vgl. Rn. 12, 37). **29**

3. Berechtigte. Als **Menschenrecht** wird der Schutz vor ungerechtfertigten Eingriffen in die persönliche Freiheit und Sicherheit **jedem Menschen** im Hoheitsbereich des jeweiligen Vertragsstaates garantiert (Art. 1, Art. 14), nicht nur den Staatsangehörigen. Dies ergibt der Wortlaut von Art. 5 EMRK und Art. 9 IPBPR. Für den IPBPR folgt dies aus der Präambel, aus Art. 2 Abs. 1 IPBPR und dem allgemeinen Diskriminierungsverbot (Art. 26 IPBPR). Der Umstand, dass der Betroffene bereits auf nationaler Ebene für die Freiheitsentziehung entschädigt wurde, führt nicht per se zu einem Verlust der Opfereigenschaft i.S.d. Art. 34.[49] **30**

Auch **Kinder und Jugendliche** (Minderjährige) fallen, wie Art. 5 Abs. 1 Satz 2 *lit.* d zeigt (Rn. 239 ff.), in den Schutzbereich dieser Artikel.[50] Gleiches gilt für Personen, deren Geschäftsfähigkeit beschränkt oder aufgehoben ist. Mit dem **Freiheitsentzug bei Minderjährigen** befasst sich auch **Art. 37** des UN-Übereinkommens über die Rechte des Kindes vom 20.11.1989 (CRC),[51] der in *lit.* b neben der Gesetzesbindung der Haft vorschreibt, dass **31**

EGMR, genau genommen, nicht die „lawfulness", sondern lediglich das Beruhen der Sicherungsverwahrung auf der Verurteilung, Art. 5 Abs. 1 Satz 2 *lit.* a, beurteilte); Schönbrod/D, 24.11.2011, § 89; Reiner/D, 19.1.2012, §§ 86 f.

47 *Frowein/Peukert* 4; *Nowak* 29 ff.
48 Etwa EGMR Winterwerp/NL, 24.10.1979; X./UK, 5.11.1981, EuGRZ **1982** 101.
49 Vgl. EGMR Grecu/MOL, 30.5.2017, § 21; Vanchev/BUL, 19.10.2017, §§ 27 ff.
50 Vgl. EGMR Nielsen/DK, 28.11.1988, ÖJZ **1988** 666, § 58; *Grabenwarter/Pabel* § 21, 7.
51 Während das ursprüngliche Übereinkommen (am 5.4.1992 in Kraft getreten) von Deutschland noch mit Vorbehalten angenommen wurde (BGBl. 1992 II S. 121) und nicht unmittelbar anwendbar war (BGBl. 1992 II S. 990), hat Deutschland inzwischen das FP v. 31.10.2008 und damit auch das ursprüngliche Protokoll anerkannt. Es trat am 15.8.2009 für Deutschland in Kraft (BGBl. 2009 II S. 1222).

Esser

die Freiheitsentziehung bei **Kindern im Sinne der CRC**[52] nur als letztes Mittel und für die kürzeste Zeit angewendet werden soll (vgl. Rn. 248)[53] und der in *lit.* d das Recht auf einen geeigneten Beistand, auf Überprüfung durch ein Gericht oder sonst eine unabhängige und unparteiische Stelle und auf alsbaldige Entscheidung wiederholt.

32   Die Gewährleistungen des Art. 5 EMRK bzw. des Art. 9 IPBPR können auch für Beschuldigte im **Verfahren vor internationalen Strafgerichtshöfen** (mittelbare) Bedeutung erlangen.[54] Im Ausgangspunkt sind hier zunächst allein die in den jeweiligen Statuten geregelten Vorschriften maßgeblich. So enthält Art. 55 IStGH-Statut[55] für das Ermittlungsverfahren vor dem IStGH verschiedene Rechte des Verfolgten, darunter insbesondere den Schutz vor willkürlicher Festnahme und Inhaftierung (Art. 55 Abs. 1 *lit.* d IStGH-Statut).[56] Auch das Recht auf Unterrichtung über die Gründe der Festnahme lässt sich dem IStGH-Statut entnehmen (vgl. Art. 55 Abs. 2 *lit.* a IStGH-Statut).[57] Gleiches gilt für das Recht auf unverzügliche Vorführung vor einen Richter (vgl. Art. 59, 60 IStGH-Statut).[58] Die Anwendung und Auslegung dieser Rechte muss nach Art. 21 Abs. 3 IStGH-Statut mit den international anerkannten Menschenrechten vereinbar sein. Deshalb kann insbesondere die einschlägige Rechtsprechung des EGMR, aber auch die Spruchpraxis des UN-Menschenrechtsausschusses als Auslegungshilfe im Bereich des Völkerstrafverfahrensrechts heranzuziehen sein.[59]

33   **4. Verpflichtung des Staates.** Art. 5 EMRK und Art. 9 IPBPR verpflichten den Staat, dafür zu Sorge zu tragen, dass seine Organe nur in den gesetzlich bestimmten und nach den Konventionen zulässigen Fällen in die körperliche Freiheit einer Person eingreifen. Dass nationale Recht muss ein Verfahren vorsehen, das es jedem Betroffenen ermöglicht, seine Rechte bei einem Freiheitsentzug effektiv zu wahren **(Kontroll- und Aufsichtspflicht)**.

34   Zusätzlich trifft den Staat eine **Nachweis- und Auskunftspflicht** zum Verbleib festgenommener bzw. inhaftierter Personen. Hält der Staat eine Freiheitsentziehung geheim oder leugnet er eine solche ab, so liegt darin eine vollständige Negierung der Rechte aus Art. 5. Ein derartiges Verhalten stellt einen besonders schweren Verstoß („most grave violation") gegen die EMRK dar,[60] was sogar bei Freiheitsentziehungen von kurzer Dauer, etwa einigen Stunden,[61] und erst recht bei langer Dauer und einem Verschwindenlassen von Personen gilt, denn der Staat ist aufgrund der Verantwortung für die in seinem Gewahrsam befindlichen Personen verpflichtet, effektive Maßnahmen zu ergreifen, um das **Risiko eines Verschwindens** zu minimieren.[62] Dazu gehören die **Dokumentierung** der

---

52 Unter *Kind* versteht Art. 1 CRC Jugendliche bis zu 18 Jahren, sofern nach dem anwendbaren nationalen Recht die Volljährigkeit nicht bereits früher eintritt.
53 Vgl. CM/Rec(2008)11 – European Rules for juvenile offenders subject to sanctions or measures, Nr. 10 (Empfehlung des Europarates über die europäischen Grundsätze für die von Sanktionen und Maßnahmen betroffenen jugendlichen Straftäter und Straftäterinnen).
54 Näher hierzu: *Hartwig-Asteroth* 39 ff.
55 Römisches Statut des Internationalen Strafgerichtshofs v. 17.7.1998 (BGBl. 2000 II S. 1394).
56 *Hartwig-Asteroth* 130 ff., 137 ff.
57 *Hartwig-Asteroth* 65 ff., 73 ff.
58 *Hartwig-Asteroth* 78 ff., 87 ff.
59 Vgl. *Hartwig-Asteroth* 49 f.
60 EGMR Taniş u.a./TRK, 2.8.2005, § 214; Bazorkina/R, 27.6.2006; Luluyev u.a./R, 9.11.2006; Mutsayeva/R, 23.7.2009; Nagiyev/ASE, 23.4.2015, §§ 57, 64; Barakhoyev/R, 17.1.2017, § 51; Kramarenko/R, 3.10.2017, § 38; Makarenko/UKR, 30.1.2018, § 60; Al Nashiri/RUM, 31.5.2018, § 688; Abu Zubaydah/LIT, 31.5.2018, § 654; vgl. Meyer-Ladewig/Nettesheim/von Raumer/*Meyer-Ladewig/Harrendorf/König* 66.
61 EGMR Čamans u. Timofejeva/LET, 28.4.2016, §§ 128 ff.; Makarenko/UKR, 30.1.2018, § 66.
62 EGMR Luluyev u.a./R. 9.11.2006.

Freiheitsentziehungen[63] und die Anfertigung von **Aufzeichnungen** bezüglich des anschließenden Verbleibs der Betroffenen.[64]

Ein Staat hat **umgehende und sorgfältige Untersuchungen einzuleiten**, um den 35 Verbleib einer vermissten bzw. verschwundenen Person aufzuklären, wenn der Person zum Zeitpunkt ihres Verschwindens die Freiheit staatlicherseits entzogen war.[65] Trägt ein Betroffener glaubhaft vor, dass ihm die Freiheit konventionswidrig entzogen war, so haben die Behörden die näheren Umstände aufzuklären; unterbleibt die Aufklärung, begeht der Staat einen (ggf. erneuten) Verstoß gegen Art. 5.[66]

Die **Auslieferung oder Überstellung** in einen anderen Staat oder an Polizei, Militär, 36 Geheimdienst usw. eines anderen Staates begründet eine Verletzung von Art. 5, wenn damit zu rechnen ist, dass der Zielstaat dem Betroffenen die aus der Konvention folgenden Rechte verweigern wird.[67] Auch in der **Duldung** oder gar aktiven **Bereitstellung** sog. **Geheimgefängnisse** für ausländische Geheimdienste (wie etwa der CIA) hat der EGMR eine Verletzung von Art. 5 gesehen, weil die in diesen Gefängnissen festgehaltenen (mutmaßlichen) Terroristen systematisch gefoltert wurden und dies den Behörden auch hinlänglich bekannt war.[68]

Der Staat hat die Pflicht, seine Bürger, insbesondere vulnerable Personen, vor Eingriffen 37 in ihre Freiheit zu schützen (**Schutzpflicht**). Eine andere Sichtweise würde zu einer erheblichen Lücke im Schutz vor willkürlicher Freiheitsentziehung führen. Diese Pflicht trifft den Staat bei **Handlungen von Privatpersonen** jedenfalls dann, wenn staatliche Stellen an der Freiheitsentziehung **beteiligt** waren.[69] Eine darüber hinausreichende positive Schutzpflicht, vor allem eine Pflicht des Staates, Eingriffen in die körperliche Freiheit durch ihm **nicht zurechenbare Handlungen Dritter** entgegenzuwirken, kann aus Art. 5 Abs. 1 dann hergeleitet werden, wenn es sich um eine Beschränkung erheblicher Art handelt, deren Bevorstehen den staatlichen Stellen bekannt ist oder sich zumindest aufdrängen musste (Rn. 12, 29).[70]

---

63 Zu dokumentieren sind insb. der Name des Betroffenen sowie der beteiligten Beamten, ferner Tag, Uhrzeit, und Ort sowie die Gründe für die Inhaftierung: EGMR Makarenko/UKR, 30.1.2018, § 60; Khayrullina/R, 19.12.2017, § 95 („detailed hour-by-hour report"); näher auch: EGMR Fortalnov u.a./R, 26.6.2018, §§ 76, 80; Kasparov/R, 11.10.2016, §§ 35, 37 ff.

64 EGMR Baisuev u. Anzorov/GEO, 18.12.2012, § 59; Mutsayeva/R, 23.7.2009; Bazorkina/R, 27.6.2006.

65 EGMR (GK) El-Masri/MAZ, 13.12.2012, § 233; (GK) Varnava u.a./TRK, 10.9.2009, §§ 181 ff. mit Verweis auf (K) 10.1.2008, §§ 132 f., NVwZ-RR **2011** 251, 257 f. (materielle Grundsätze zur Aufklärungspflicht bei Art. 2 entsprechend auf Art. 5 anwendbar, vgl. EGMR (GK) Creanga/RUM, 23.2.2012, § 89). Allgemein zu den materiellen Grundsätzen zur Aufklärungspflicht bei Art. 2 dort Rn. 89; Bazorkina/R, 27.6.2006; vertiefend: *Schniederjahn* Das Verschwindenlassen von Personen in der Rechtsprechung internationaler Menschenrechtsgerichtshöfe (2015); *Cornelius* Vom spurlosen Verschwindenlassen zur Benachrichtigungspflicht bei Festnahmen (2006); *Jötten* Enforced Disappearances und EMRK (2012) – speziell auch zu Fragen der Beweiserleichterung. Auch in weniger dramatischen Fällen, etwa eines erzwungenen Aufenthalts bei der Polizei ohne längeres Festhalten wirkt sich das Fehlen von Dokumentation zum Nachteil des Staates aus, der dann die behauptete Kürze der Dauer nicht beweisen kann, vgl. Rn. 45.

66 EGMR (GK) El-Masri/MAZ, 13.12.2012, § 242.

67 EGMR Othman (Abu Qatada)/UK, 17.1.2012, § 233; (GK) El-Masri/MAZ, 13.12.2012, § 239. Nur bei besonders schwerwiegenden Verletzungen von Art. 5 im Aufnahmestaat: Karpenstein/Mayer/*Elberling* 16.

68 Zuletzt: EGMR Al Nashiri/RUM, 31.5.2018, §§ 689 ff.; Abu Zubaydah/LIT, 31.5.2018, §§ 655 ff.; hierzu *Kieber* NLMR **2018** 215. Zuvor bereits: EGMR Al Nashiri/PL, 24.7.2014, §§ 530 ff., NVwZ **2015** 955; Abu Zubaydah/PL, 24.7.2014, §§ 524 ff.

69 Vgl. für die Unterbringung in einer psychiatrischen Anstalt: EGMR Storck/D, 16.6.2005, NJW-RR **2006** 308 = EuGRZ **2008** 582 = R&P **2005** 186.

70 Vgl. Art. 2 Rn. 33 ff.; *Funk/Gimpel-Hinteregger* EuGRZ **1985** 1 (kein Rechtsanspruch auf Schutz). Nach *Nowak* 9 ist der Begriff *Sicherheit* dahingehend zu verstehen, dass er dem Einzelnen auch einen Rechtsanspruch darauf gibt, dass seine persönliche Integrität nicht durch Private beeinträchtigt wird.

38   **5. Außerkraftsetzung bei Staatsnotstand.** Im Falle eines **Staatsnotstandes** kann Art. 5 nach Maßgabe des Art. 15[71] und Art. 9 IBPBR nach Maßgabe des Art. 4 IPBPR außer Kraft gesetzt werden. Erfreulicherweise machen die Vertragsstaaten nur äußerst selten von dieser Derogationsmöglichkeit Gebrauch. Im Zusammenhang mit der **Corona-Pandemie**, die auch den europäischen Kontinent im Frühjahr 2020 erreichte, haben allerdings mehrere Staaten eine Erklärung nach Art. 15 gegenüber dem Europarat abgegeben, von der Konvention abweichen zu wollen (dort Rn. 10 f.).

39   Auch die **Türkei** hatte sich nach dem (gescheiterten) Militärputsch im Juli 2016 auf die Notstandsklausel des Art. 15 berufen, um massenhafte Verhaftungen zu legitimieren.[72] Umso wichtiger ist es, dass derartige Fälle zum EGMR gelangt sind, um auf diese Weise effektiv zu verhindern, dass die Notstandsklausel des Art. 15 für politische Zwecke instrumentalisiert wird.[73] In den beiden Präzedenzfällen der über mehrere Monate hinweg in der Türkei inhaftierten türkischen Journalisten *Mehmet Hasan Altan*[74] und *Sahin Alpay*[75] hatte sich der EGMR näher zur seinerzeitigen Situation in der Türkei geäußert und in beiden Fällen eine Verletzung von Art. 5 Abs. 1 festgestellt, weil die Bf. nach Ansicht der Straßburger Richter inhaftiert worden waren, obwohl keine vernünftigen Anhaltspunkte dafür bestanden, dass sie tatsächlich eine Straftat begangen hatten.[76] Auch im Fall *Ilicak* **(Nr. 2)** stellte der Gerichtshof eine Verletzung des Art. 5 Abs. 1 fest.[77] Eine Berufung auf Art. 15 sei nicht möglich gewesen, da die Verhaftung einer (regierungskritischen) Journalistin[78] – unter dem Vorwand, sie wäre eine Beteiligte beim Putschversuch 2016 gewesen – auf eine rechtliche Grundlage gestützt wurde, die sowohl vor als auch nach dem Ausrufen des Notstandes anwendbar war.[79] Die Voraussetzungen des Art. 15 lagen also nicht vor.[80] Eine reine Berufung auf kritische Tweets sowie Aussagen der Journalistin begründeten keine ausreichenden Beweise für eine etwaige Mitgliedschaft in der FETÖ/PDY oder eine Beteiligung am Puschversuch.[81]

40   Der Gerichtshof betonte auch die **Bedeutung der Rolle von Journalisten als Informationsgeber und -mittler für die Gesellschaft**, weshalb das Recht, eine politische Meinung zu äußern von enormer Wichtigkeit ist, auch wenn sich die betreffende Meinung gegen die Regierung oder Politik richtet.[82] Mit dieser Aussage kritisiert der Gerichtshof die damalige und weiterhin aktuelle politische Situation in der Türkei.

---

71 Zur Zulässigkeit der Außerkraftsetzung von Art. 5 Abs. 2 bis 4 wegen des Terrorismus in Nordirland: EGMR Lawless/IR (Nr. 3), 1.7.1961; dazu *Huber* ZaöRV **21** (1961) 649; EGMR IR/UK, 18.1.1978, EuGRZ **1979** 149; *Frowein/Peukert* 2.

72 Europarat, PM v. 21.7.2016, Nr. DC132(2016); ferner vgl. *Weber* DÖV **2016** 921, 922.

73 Zu diesem Aspekt siehe auch Lemke/*Wolf* Ausnahmezustand (2017) 257 ff. Das Vorgehen des türkischen Regimes nach dem Putschversuch hatte zu einem drastischen Anstieg der Menschenrechtsbeschwerden gegen die Türkei geführt. Deren weit überwiegende Zahl scheiterte jedoch an der fehlenden Ausschöpfung des innerstaatlichen Rechtswegs, vgl. EGMR (E) Köksal/TRK, 6.6.2017, §§ 21 ff.

74 EGMR Mehmet Hasan Altan/TRK, 20.3.2018.

75 EGMR Sahin Alpay/TRK, 20.3.2018.

76 Vgl. EGMR Mehmet Hasan Altan/TRK, 20.3.2018, §§ 122 ff., 143; Sahin Alpay/TRK, 20.3.2018, §§ 101 ff., 122; vgl. auch den Fall der Inhaftierung des damaligen Leiters der Sektion Türkei von Amnesty International: EGMR Taner Kılıç/TRK (Nr. 2), 31.5.2022, § 119.

77 EGMR Ilicak/TRK, 14.12.2021, § 163; Dissenting Opinion *Yüksel*.

78 Vgl. EGMR Ilicak/TRK, 14.12.2021, §§ 4 ff.

79 EGMR Ilicak/TRK, 14.12.2021, § 162.

80 EGMR Ilicak/TRK, 14.12.2021, § 162.

81 EGMR Ilicak/TRK, 14.12.2021, §§ 159 ff.

82 Vgl. EGMR Ilicak/TRK, 14.12.2021, § 141.

Art. 17 kann dagegen keine Einschränkung der Rechte aus Art. 5 rechtfertigen. Bei **41**
Art. 5 handelt es sich (vorrangig) um ein reines Abwehrrecht gegen staatliche Eingriffe,
dessen Ausübung nicht zur Abschaffung oder Einschränkung der von den Konventionen
gewährleisteten positiven Freiheiten und Rechte missbraucht werden kann.[83] Dies gilt
auch für die gleiche Regelung in **Art. 9 Abs. 1 IPBPR**. Der Gedanke, aus dem Grundgedanken des Art. 17 eine staatliche Pflicht zum Schutz der garantierten Rechte und Freiheiten
herzuleiten, die eine erweiternde Auslegung des Katalogs der zulässigen Haftgründe in
Art. 5 Abs. 1 Satz 2 zuließe,[84] ist abzulehnen.

III. Freiheitsentziehung versus Freiheitsbeschränkung

1. Umfassende (allseitige) Entziehung der körperlichen Bewegungsfreiheit. Nur **42**
vor der **umfassenden (allseitigen) Entziehung seiner körperlichen Bewegungsfreiheit**
schützen Art. 5 und Art. 9 IPBPR den Einzelnen. **Freiheitsbeschränkungen**, also Eingriffe
von geringerer Intensität, durch die die Freiheit nicht entzogen, sondern nur in einer
gewissen Richtung eingeschränkt wird, werden von beiden Vorschriften nicht erfasst.[85]
Die Grenzen sind aber naturgemäß fließend. Im konkreten Fall können auch solche Beschränkungen nach Art, Dauer und Auswirkungen die Schwelle zur Freiheitsentziehung
überschreiten.[86] Ist dies nicht der Fall, können andere Konventionsbestimmungen einschlägig sein. So wird die Freizügigkeit durch **Art. 2 des 4. ZP-EMRK**[87] und Art. 12 IPBPR
geschützt; das Verbot der Sklaverei, der Leibeigenschaft und der Zwangsarbeit folgt aus
Art. 4 EMRK und Art. 8 IPBPR. Bezüglich der **Modalitäten der Unterbringung**[88] sowie der
Behandlung während einer Freiheitsentziehung[89] finden sich einschlägige Vorschriften
in den Verboten der Art. 3, Art. 4 Abs. 3 EMRK/Art. 7, 8 Abs. 3 IPBPR und in der speziellen
Regelung des Art. 10 IPBPR (Rn. 640 ff.).[90] Grundsätzlich sind auch die anderen Konventionsgarantien mit den durch die Haft gerechtfertigten Einschränkungen auf Gefangene
anwendbar.

Die Abgrenzung von Freiheitsentziehung und Freiheitsbeschränkung, die wegen der **43**
fließenden Übergänge mitunter schwierig sein kann, ist – soweit der Haftgrund des **Art. 5
Abs. 1 Satz 2 lit. c** greift – im Hinblick auf die **besonderen Garantien des Art. 5 Abs. 3**,
die nur für Freiheitsentziehungen nach diesem gelten, von grundlegender Bedeutung.

---

83 EGMR Lawless/IR (Nr. 3), 1.7.1961; *Guradze* 1; *Frowein/Peukert* 3; *Koschwitz* 179 ff.; insoweit auch *Herzog*
AöR **86** (1961) 194, 204 ff.

84 So *Herzog* BayVBl. **1959** 45; *ders.* AöR **86** (1961) 194, 205.

85 EGMR Engel u.a./NL, 8.6.1976; (GK) De Tommaso/I, 23.2.2017, §§ 80 ff.; *Esser* 200 ff.; *Frowein/Peukert* 11.;
Meyer-Goßner/*Schmitt* 1; zu den Begriffen sowie eingehend zum Verhältnis zwischen Freiheitsentziehung
und Freiheitsbeschränkung *Kuch* Freiheitsentziehung (2023) 239 ff., 254 ff.

86 Vgl. EGMR Guzzardi/I, 6.11.1980; Nielsen/DK, 28.11.1988, §§ 64, 67; Amuur/F, 25.6.1996; Poninski/PL (E),
10.2.2000, Nr. 1.

87 Zur Abgrenzung insb. EGMR (GK) De Tommaso/I, 23.2.2017, §§ 80 ff. (Sicherheitsmaßnahme in Gestalt
einer zweijährigen präventiv-polizeilichen Überwachungsanordnung); Ilias u. Ahmed/H, 21.11.2019, §§ 211 ff.
(Festnahme von Asylsuchenden in Transitzone an Landgrenze zwischen zwei Staaten); vgl. zu Ilias u. Ahmed/
H außerdem: *Lehnert* NVwZ **2020** 766 ff.; ferner *Staffler* JSt **2017** 208.

88 Vgl. EKMR bei *Bleckmann* EuGRZ **1981** 114, 115; *Herzog* AöR **86** (1961) 194, 204 („*kleine Freiheiten des
Haftvollzugs*").

89 Vgl. EGMR Winterwerp/NL, 24.10.1979, § 51 („a mental patient's right to treatment appropriate to his
condition cannot as such be derived from Article 5 para. 1 [e]"), EuGRZ **1979** 650, 655; Ashingdane/UK,
28.5.1985.

90 *Frowein/Peukert* 6, 9; *Herzog* AöR **86** (1961) 194, 204.

44   **2. Freiheitsentziehung/Freiheitsbeschränkung.** Der EGMR hat den Begriff der Freiheitsentziehung nicht abschließend definiert. In Art. 5 werden die **Festnahme** und die **Haft** lediglich als Beispiele angeführt. Das zwingt dazu, den Begriff der Freiheitsentziehung **sinn- und zweckorientiert auszulegen** und Maßnahmen einzubeziehen, deren Hauptzweck eine, wenn auch nur kurzfristige,[91] Entziehung der persönlichen Fortbewegungsfreiheit ist.[92] Ähnlich wie bei Art. 104 GG muss es sich um eine **staatlichen Stellen zurechenbare Maßnahme** handeln, die bezweckt, eine Person ohne oder gegen ihren Willen an einem bestimmten, eng begrenzten Ort für eine nicht nur unbeträchtliche Dauer festzuhalten.[93]

45   Wenn der von einer Maßnahme Betroffene und die Behörden unterschiedliche Angaben zur Dauer einer Freiheitsentziehung, insbesondere eines erzwungenen Aufenthalts bei der Polizei machen, ist grundsätzlich der Staat beweispflichtig für eine von ihm behauptete kürzere Dauer. Wenn es insoweit keinerlei **Dokumentation** gibt, wirkt sich dies zum Nachteil des Staates aus, da dann eine vom Betroffenen plausibel behauptete längere Dauer als zutreffend anzusehen ist.[94]

46   Eine Entziehung der Freiheit kann auch in der Auferlegung **haftähnlicher Bedingungen** liegen, wenn durch diese Umstände die wesentlichen Voraussetzungen der körperlichen Fortbewegungsfreiheit, vor allem die Möglichkeit, den Aufenthaltsort nach Belieben zu wechseln und sich unkontrolliert bewegen zu können, umfassend entzogen und nicht nur in einzelner Hinsicht begrenzt werden.[95] In jedem Fall ist eine Freiheitsentziehung anzunehmen, wenn eine Person **verschwindet** (vgl. CPED), während sie sich in staatlicher Obhut befindet.[96]

47   Ob eine Freiheitsentziehung oder nur eine (vom Schutzbereich des Art. 5 nicht mehr umfasste)[97] Freiheitsbeschränkung i.S.v. **Art. 2 des 4. ZP-EMRK** vorliegt, ist nicht nach der konkreten Bezeichnung der jeweiligen Maßnahme im nationalen Recht,[98] ihrer dortigen dogmatischen Einordnung oder abstrakt nach der Rechtsnatur des jeweiligen Eingriffs zu

---

91 Vgl. EGMR Novotka/SLO (E), 4.11.2003 (Polizeigewahrsam von einer Stunde); Rantsev/ZYP u. R, 7.1.2010, NJW **2010** 3003, § 317 (erzwungener Aufenthalt auf einer Polizeistation und anschließend in einem Apartment einer Privatperson von ca. 2 Stunden); Gillan u. Quinton/UK, 12.1.2010, § 57 (halbstündige Durchsuchung, wenn dem Betroffenen jede Fortbewegungsfreiheit genommen wird bzw. ihm mit weiteren Maßnahmen wie Untersuchungshaft gedroht wird); Shimovolos/R, 21.6.2011, §§ 48 f. (erzwungener Aufenthalt auf einer Polizeistation von höchstens 45 Minuten); D.D./LIT, 14.2.2012, § 149 (Fesselung von ca. 15–30 Minuten einer wegen psychischer Störung untergebrachten Person).
92 *Frowein/Peukert* 10 ff.; *Nowak* 2; *Vogler* ZStW **82** (1970) 754; **89** (1977) 761, 767; **a.A.** *Herzog* AöR **86** (1961) 194, 203.
93 Ausführlich zum Ganzen Dürig/Herzog/Scholz/*Mehde* Art. 104, 59 ff. GG.
94 EGMR Baisuev u. Anzorov/GEO, 18.12.2012, § 52; Fatma Akaltun Fırat/TRK, 10.9.2013, § 34; (GK) El-Masri/MAZ, 13.12.2012, §§ 236 f.; Popov/R, 19.7.2016, § 20; Kasparov/R, 11.10.2016, § 35.
95 Vgl. *Esser* 200 ff.; *Frowein/Peukert* 12 f.; *Nowak* 3. Aufenthalt in einem Pflegeheim (vgl. Rn. 42, 67) führt in der Regel zu einer Freiheitsentziehung, wenn sich Personen bei einem Ausgang stets abmelden müssen, den Ausweis abzugeben haben, ggf. gesucht und auch gegen ihren Willen zurückgebracht werden, vgl. EGMR (GK) Stanev/BUL, 17.1.2012, NJOZ **2013** 1190, §§ 124 ff.; ähnlich BGH NJW **2015** 865 = FamRZ **2015** 567 m. Anm. *Bienwald*; siehe auch EGMR Aleksey Borisov/R, 16.7.2015, § 85; vertiefend: *Glaab* Freiheitsentziehende Maßnahmen in der stationären Altenpflege (2022); in Abgrenzung dazu EGMR Hanzelkovi/CS, 11.12.2014, §§ 15 f., 87 ff. (Bf. musste mit neugeborenem Kind gegen ihren Willen zwei Tage in Klinik verbringen; Verletzung von Art. 8, aber keine Freiheitsentziehung i.S.d. Art. 5 Abs. 1, da die Klinik kein geschlossener Ort sei und die Betroffene von dort soziale Beziehungen mit der Außenwelt unterhalten konnte; fragwürdig).
96 EGMR Bazorkina/R, 27.6.2006; vgl. Rn. 34.
97 EGMR H.M./CH, 26.2.2002, § 40; Gillan u. Quinton/UK, 12.1.2010, § 56; Shimovolos/R, 21.6.2011, § 49.
98 EGMR (GK) Creanga/RUM, 23.2.2012, § 92; Camans u. Timofejeva/LET, 28.4.2016, § 108; Krupko u.a./R, 26.6.2014, NVwZ **2015** 897, § 37. Die Anrechnung des Zeitraums der in Rede stehenden Maßnahme auf eine später ausgesprochene Freiheitsstrafe bildet ein Indiz für das Vorliegen einer Freiheitsentziehung: EGMR Aleksey Borisov/R, 16.7.2015, § 86.

beurteilen. Auch eine rein begriffliche Grenzziehung, die allein auf Zweck oder Dauer der Maßnahme abstellt,[99] wird dem Schutzzweck des Art. 5 Abs. 1 nicht gerecht. Um den Unterschieden der nationalen Rechtsordnungen und den vielfältigen Erscheinungsformen der Eingriffe in die Freiheit Rechnung tragen zu können, ist eine **am Schutzzweck orientierte Abgrenzung** im konkreten Fall vorzugswürdig.[100]

Der EGMR geht davon aus, dass die **Abgrenzung der Freiheitsentziehung** von leich- **48** teren Formen der Freiheitsbeschränkung **nur gradueller Art** ist, es besteht also kein grundsätzlicher Unterschied nach **Art und Wesen**.[101] Der Gerichtshof stellt deshalb auf die **Intensität und den Kontext der jeweiligen Maßnahme** ab, die in einer **Gesamtwürdigung** der konkreten Lage zu prüfen ist.[102] Dabei ist das Zusammenwirken aller dem Betroffenen auferlegten Einschränkungen in Betracht zu ziehen, vor allem ihr **Zweck**,[103] ihre **Dauer**,[104] ferner auch **Art und Umfang** aller auferlegten Beschränkungen sowie ihre **Auswirkungen** auf die persönliche Lebensgestaltung **im konkreten Einzelfall**.[105]

Entscheidendes Kriterium ist, inwieweit im Ergebnis eine **enge räumliche Begren- 49 zung** des Aufenthaltes vorliegt.[106] Da sich aber auch dieses Merkmal in seiner Bewertung als durchaus flexibel gestalten kann, muss letztlich immer auf die konkreten Umstände abgestellt werden,[107] wie etwa die Dauer der Überwachung[108] oder die Erheblichkeit der Einschränkung der Bewegungsfreiheit, z.B. durch die Zuweisung eines **eng begrenzten**

---

99 Vgl. *Koschwitz* 36, 42; Dürig/Herzog/Scholz/*Mehde* Art. 104, 62 f. GG (entscheidend Erfolg, nicht Zweck oder Motiv).

100 EGMR Engel u.a./NL, 8.6.1976; Popov/R, 19.7.2016, § 19; (GK) De Tommaso/I, 23.2.2017, § 80.

101 EGMR Amuur/F, 25.6.1996; J.R. u.a./GR, 25.1.2018, §§ 83, 85–87 (Unterbringung von Migranten in sog. „Hotspot"; anders bei einer halboffenen Einrichtung).

102 Etwa EGMR (GK) Austin u.a./UK, 15.3.2012, §§ 57 ff., NJW-RR **2013** 785; Terheş/RUM (E), 13.4.2021, §§ 41–44, NJW **2021** 2101 = EuGRZ **2021** 370 (52 Tage Ausgangsbeschränkung; Corona-Pandemie).

103 Etwa „humanitäre Gründe" (Polizei kümmert sich um Person in einer Situation, in der, bei Vorliegen einer Freiheitsentziehung, eine Rechtfertigung nach Art. 5 Abs. 1 Satz 2 *lit.* e in Betracht käme), siehe EKMR Guenat/CH, 10.4.1995, DR 81, 130, 134. Darauf nimmt EGMR Venskute/LIT, 11.12.2012, § 74 (keine humanitären Gründe) Bezug. Ob hingegen auch der Zweck der Erfüllung von Formalitäten durch den Betroffenen den Tatbestand ausschließen kann, ist fraglich; bejahend zwar EGMR Foka/TRK, 24.6.2008, § 75 (unter Bezugnahme auf *Foka* wiederholt von EGMR Venskute/LIT, 11.12.2012, § 74, und im Sondervotum von EGMR Fatma Akaltun Fırat/TRK, 10.9.2013, wo dies als Argument gegen die von der Richtermehrheit festgestellte Freiheitsentziehung dient), in den beiden EKMR-Entscheidungen, auf die sich das Urteil *Foka* beruft, ging es nicht um Formalitäten (siehe stattdessen die zutreffende Analyse in EGMR (GK) Creanga/RUM, 23.2.2012, § 93); ferner EGMR Gahramanov/ASE (E), 15.10.2013, NVwZ **2014** 1440, §§ 41, 43 ff. (erzwungener Aufenthalt „a few hours" in einem behördlichen Raum am Flughafen zum Datenabgleich; keine Freiheitsentziehung); zum „Einkesseln" Rn. 50.

104 EGMR Engel u.a./NL, 8.6.1976; Guzzardi/I, 6.11.1980; Ashingdane/UK, 28.5.1985; H.L./UK, 5.10.2004, § 89; Camans u. Timofejeva/LET, 28.4.2016, § 109 (Freiheitsentziehung auch bei sehr kurzer Dauer möglich); ebenso EGMR Krupko u.a./R, 26.6.2014, § 35 m.w.N. („the protection against arbitrary detention enshrined in Article 5 § 1 of the Convention applies to deprivation of liberty of any duration, however short it may have been"); Cazan/RUM, 5.4.2016, §§ 66 ff. (zehn Minuten; unter den konkreten Umständen keine Freiheitsentziehung); Kasparov/R, 11.10.2016, § 36.

105 Vgl. EGMR Guzzardi/I, 6.11.1980, § 92; Ashingdane/UK, 28.5.1985, § 41 („starting point must be the concrete situation of the individual concerned"); *Grabenwarter/Pabel* § 21, 8.

106 KK-EMRK GG/*Dörr* Kap. 13, 122; vgl. EGMR Zelčs/LET, 20.2.2020, §§ 32 ff., 40 (ca. 2h Festhalten in Polizeiauto zur Durchführung einer Alkoholkontrolle sowie zur Erstellung eines Berichtes); OGH 7.5.2014 – 7 Ob 209/13f, ÖJZ **2015** 170 (**Zwangsjacke** ohne Ortsveränderung als Freiheitsentziehung, nicht dagegen Anlegen eines am Rücken verschließbaren Overalls).

107 Vgl. EGMR Guzzardi/I, 6.11.1980.

108 *Frowein/Peukert* 12.

Aufenthaltsortes (näher zum Hausarrest, Rn. 52 ff.) oder im Falle einer **elektronisch überwachten Aufenthaltspflicht**.

50   **Kontext** und **Zweck der Maßnahme** scheinen zwar einerseits in der Rechtsprechung etwas an Bedeutung zu verlieren,[109] der Zweck stand aber durchaus im Mittelpunkt der Rs. *Austin* und dient auch weiterhin dazu, für sachgerecht („effektiv") empfundene Ergebnisse des Rechts auf Freiheit zu erzielen.[110] Der EGMR *verneinte* im konkreten Fall eine Freiheitsentziehung durch **Einkesseln** sowohl von Demonstranten als auch von Passanten.[111] Neben den Erwägungen, wonach es sich in dem konkreten Fall um das mildeste Mittel gehandelt haben soll,[112] stellte der Gerichtshof stark darauf ab, dass die Maßnahme bezweckte, Ausschreitungen zu verhindern.[113] Diese Rechtsprechung ist nicht nur juristisch-dogmatisch fragwürdig, sondern auch rechtspolitisch motiviert: Die Polizei hatte sich umsichtig verhalten und war sichtlich bemüht gewesen, die Betroffenen so wenig wie möglich zu beeinträchtigen.[114] Hätte man eine Freiheitsentziehung bejaht (was aufgrund aller Umstände, insbesondere der mehrstündigen Dauer, nahegelegen hätte),[115] hätte den Behörden kein Rechtfertigungsgrund aus Art. 5 Abs. 1 Satz 1 *lit.* a–f zur Seite gestanden.[116] Die GK sah die Gefahr einer ausufernden Interpretation des Zwecks der Maßnahme, hob den **Ausnahmecharakter** dieses Falles hervor und wies darauf hin, dass derartige Maßnahmen nicht ergriffen werden dürfen, um die Rechte von Demonstranten aus Art. 10 und Art. 11 zu beeinträchtigen.[117]

51   Unmissverständlich klargestellt hat der Gerichtshof in der Rs. *Terheş* allerdings, dass die EMRK auch als *„living instrument"* zur Befriedigung der in einer akuten Gesundheitskrise (Corona-Pandemie) gegenwärtigen Bedürfnisse, Bedingungen, Ansichten oder Normen weder in ihr nicht enthaltene Rechte gewähren noch Ausnahmen („exceptions") von in der Konvention garantierten Rechten erlauben bzw. Rechtfertigungsgründe („justifications") für Einschränkungen der Freiheit vorsehen kann, die in der Konvention nicht anerkannt sind (vgl. förmlich Art. 15).[118]

---

109 Siehe die Analyse in EGMR (GK) Creanga/RUM, 23.2.2012, § 93; (GK) Austin u.a./UK, 15.3.2012, § 58; Terheş/RUM (E), 13.4.2021, §§ 36–37, 41–44 (52 Tage Ausgangsbeschränkung; Corona-Pandemie; keine Freiheits*entziehung*); zur Ausgangsbeschränkung des bayerischen Verordnungsgebers während der Corona-Pandemie so auch BVerwG Urt. v. 22.11.2022 – 3 CN 2.21, BeckRS **2022** 32403 (Ausgangsbeschränkung als erhebliche Beschränkung der körperlichen Bewegungsfreiheit).

110 Hierzu die nicht klar ausgesprochenen, aber wohl maßgeblichen Gründe in EGMR Gahramanov/ASE (E), 15.10.2013 (Festhalten eines Passagiers als Folge eines Sicherheitschecks am Flughafen) und Baisuev u. Anzorov/GEO, 18.12.2012 (allgemeine „Sicherheitskontrollen" von bestimmten Ausländern) sowie Shimovolos/R, 21.6.2011 (offensichtliche Schikanen gegen einen Oppositionellen, der gerade zum Zeitpunkt einer Kundgebung einen Zeitraum von weniger als einer Stunde auf der Polizeistation verbringen musste) andererseits (näher zum Vorliegen einer Freiheitsentziehung in beiden Fällen Rn. 59).

111 Siehe auch EGMR Donat u. Fassnacht-Albers/D (E), 11.2.2014, § 52 (offengelassen, ob ein Polizeikordon anlässlich der sog. Castor-Transporte zur Freiheitsentziehung führte); zum Einkesseln im schweizer Recht *Tschentscher* ZBJV **2014** 802.

112 EGMR (GK) Austin u.a./UK, 15.3.2012, §§ 66 f.

113 EGMR (GK) Austin u.a./UK, 15.3.2012, §§ 66 ff.; deutlich § 68: „Had it not remained necessary for the police to impose and maintain the cordon in order to prevent serious injury or damage (...) its coercive and restrictive nature might have been sufficient to bring it within Article 5".

114 EGMR (GK) Austin u.a./UK, 15.3.2012, §§ 66 f.

115 EGMR (GK) Austin u.a./UK, 15.3.2012, § 64; Sondervotum §§ 11–15.

116 EGMR (GK) Austin u.a./UK, 15.3.2012, Sondervotum, § 9. Die Schutzpflichten aus Art. 2 und 3 können nicht zur Rechtfertigung herangezogen werden, vgl. Rn. 85; zu den diesbezüglichen Ungereimtheiten im Fall *Austin* § 55; § 8 Sondervotum.

117 EGMR (GK) Austin u.a./UK, 15.3.2012, § 68.

118 Vgl. EGMR Terheş/RUM (E), 13.4.2021, § 37 (Ausgangsbeschränkung Corona-Pandemie).

3. Elektronische Aufenthaltsüberwachung. Auch moderne Formen **elektronischer** 52
Überwachung des Aufenthalts (sog. „elektronische Fußfessel"; ca. 150–200 Gramm
schweres Gerät in der Größe eines Mobiltelefons; getragen am Knöchel; teilweise mit Satel-
litenortung/GPS-Tracker; regelmäßige Statusmeldung per SMS; OneTrack-Modell) können
zu einer Freiheits*entziehung* führen, wenn mit ihrer Hilfe der **Aufenthalt in einem eng
bestimmten Raum kontrolliert** und nachverfolgt werden soll (sog. „große Fußfessel").[119]
Anders ist die Situation zu bewerten (bloße Freiheits*beschränkung*), wenn das Gerät –
wie in Deutschland – nur der **reinen Ortung** der Person dient (**Präsenzkontrolle** zur
Haftvermeidung), d.h. lediglich eine Prüfung dahingehend erfolgt, ob ein bestimmter Ort
verlassen wird nach vorher festgelegtem „Stundenplan"[120] – Anwesenheits-/Abwesenheits-
zeiten von zu Hause, z.B. Nacht-/Ausbildungs-/Arbeitszeit; sog. „kleine Fußfessel").[121]
Nach einem **Modellversuch in Hessen**[122] hatte Baden-Württemberg Mitte 2009 diese 53
Form der Überwachung gesetzlich verankert.[123] Diskutiert und auch in der Praxis umgesetzt wurden als Einsatzmöglichkeiten die unbenannte **Anweisung** im Rahmen eines Haftverschonungsbeschlusses nach **§ 116 Abs. 1 Satz 2 StPO** („namentlich") sowie als spezialpräventive, der Resozialisierung dienende und als Unterstützung der Wiedereingliederung
(„geordneter Lebensstil") fungierende Annexmaßnahme zu einer **Weisung**[124] nach **§ 56c
Abs. 2 Nr. 1 StGB** („namentlich") im Rahmen der Strafaussetzung zur Bewährung, auch
zur Vermeidung eines Widerrufs, **§ 56f Abs. 2 Satz 1 Nr. 1 StGB**. In sehr engen Grenzen
wird die elektronische Aufenthaltsüberwachung auch als Weisung im Rahmen von **§ 153a
Abs. 1 Satz 2 StPO**, bei der **Aussetzung des Strafrestes** zur Bewährung (§§ 57, 59a Abs. 2
Satz 1 StGB) und bei **Vollzugslockerungen** erwogen (vgl. § 14 HStVollzG – „vollzugsöffnen-
de Maßnahmen") bzw. als freiwillige Ausstattung von Opfern zur Errichtung „wandelnder
Verbotszonen" praktiziert.[125] Die elektronische Präsenzkontrolle (EPK), die in Hessen zur
Haftvermeidung praktiziert wird, soll nunmehr innerhalb eines Zeitraums von 3 Jahren
(1.2.2023 bis 31.1.2026) evaluiert werden. Gegenstand der Untersuchung soll dabei unter
anderem sein, ob durch die EPK die Haftanstalten entlastet und ob dadurch schädliche
Inhaftierungsfolgen vermieden werden können, sowie ob eine Resozialisierung erleichtert
bzw. eine Entsozialisierung vermieden wird.[126]
Die **Vorteile** einer derartigen elektronischen Aufenthaltsüberwachung aus Sicht des 54
Betroffenen sind, dass dieser keinem schädlichen „Gefängnis-Regime" unterworfen wird,
den Kontakt zu seiner Familie (Art. 8) sowie zu seiner Ausbildungs-/Arbeitsstelle aufrechterhalten kann. Dies wiederum kann in einer späteren Hauptverhandlung im Rahmen der
Entscheidung über die Strafaussetzung zur Bewährung hinsichtlich der Legalprognose eine
gewichtige Rolle spielen.[127] Ein **Nachteil** in der Praxis ist allerdings darin zu sehen, dass

---

119 Vgl. EGMR (GK) Buzadji/MOL, 5.7.2016, §§ 103 f.; Meyer-Ladewig/Nettesheim/von Raumer/*Meyer-Lade-wig/Harrendorf/König* 10.
120 LG Gießen Beschl. v. 25.5.2020 – 2 KLs 599 Js 39989/17 (mit Zeitplan), BeckRS **2020** 36793.
121 Vgl. hierzu LG Frankfurt NJW **2001** 697; *Esser* 235; v.a. auf die zeitliche Komponente (tägliche Überwa-chungsdauer) abstellend: *Morgenstern* 145 f.
122 Vgl. *Volp* FS **2010** 335; *Fünfsinn* FS Eisenberg 691 ff.; *Mayer* Modellprojekt elektronische Fußfessel (2004); vgl. dazu auch: *Fleckenstein* StraFo **2022** 302 ff.
123 Vgl. *Ratzel/Wulf* FS **2010** 336; NJW-Spezial **2009** 554; hierzu: *Meuer* Legalbewährung nach elektronischer Aufsicht im Vollzug der Freiheitsstrafe (2019).
124 Jedoch nicht als eine dem Schuldausgleich dienende, nur nach dem abschließenden Katalog des § 56b StGB mögliche Auflage.
125 *Kühne-Hörmann* DRiZ **2015** 204; näher hierzu *Fünfsinn/Kolz* StV **2016** 191 ff.
126 Siehe dazu Evaluation der Elektronischen Präsenzkontrolle in Hessen, https://www.krimz.de/forschung/elektronische-praesenzkontrolle.html, Stand: 22.6.2023.
127 Vgl.: *Fleckenstein* StraFo **2022** 302, 305.

im Falle einer späteren Verurteilung **keine Anrechnung** der „Überwachungszeit" auf die spätere Freiheitsstrafe erfolgt (vgl. § 51 Abs. 2 Satz 1 StGB *„oder eine andere Freiheitsentziehung erlitten"*), obwohl auch diese Form der Überwachung mit erheblichen Beschränkungen der Fortbewegungsfreiheit verbunden sein kann. Hinzu kommt, dass bei einer Anwendung der elektronischen Aufenthaltsüberwachung im Rahmen von § 116 StPO die **6-Monats-Frist** für die Überprüfung der Rechtmäßigkeit der Untersuchungshaft durch das OLG (§ 121 Abs. 1 StPO) nicht in Gang gesetzt wird, da der Haftbefehl außer Vollzug gesetzt ist (vgl. „kein Vollzug der Untersuchungshaft"). Gerade beim Einsatz der „Fußfessel" als Bewährungsauflage ist einer **reflexartigen Anordnungspraxis** entgegenzuwirken (maßgeblich ist immer die Verhältnismäßigkeit im Einzelfall), so etwa in Fällen mittlerer Kriminalität, in denen früher auch eine Bewährung ausgesprochen worden wäre, aber ohne die Anordnung einer entsprechenden Weisung. Neben diesen rechtlichen Konsequenzen kann die elektronische Aufenthaltsüberwachung auch zu erheblichen Belastungen für die Angehörigen und deren Verhältnis zu dem Betroffenen führen.[128]

55   Zum 1.1.2011 wurde die elektronische Aufenthaltsüberwachung im Zuge der Reform des Rechts der Sicherungsverwahrung[129] im Rahmen der **Führungsaufsicht** als Mittel (Weisung) zur **Kontrolle freizulassender Sicherungsverwahrter** eingeführt (vgl. § 68b Abs. 1 Satz 1 Nr. 12 StGB).[130] Bayern, Baden-Württemberg, Hessen und Nordrhein-Westfalen schlossen daraufhin einen Staatsvertrag, auf dessen Grundlage eine **Gemeinsame elektronische Überwachungsstelle der Länder (GÜL)** in **Hessen** (Bad Vilbel) eingerichtet wurde. In den ersten vier Jahren ihrer Tätigkeit bis zum 31.12.2015 gingen bei der GÜL rund 12.700 „Ereignismeldungen" ein.[131] 2011 beschloss die JuMiKo eine Kooperation und ein gemeinsames Umsetzungskonzept für die Einführung einer **Elektronischen Aufenthaltsüberwachung (EAÜ)** (für Gewalttäter, die unter Führungsaufsicht stehen), um so eine Überwachung des Aufenthalts der überwachten Person im gesamten Bundesgebiet mittels GPS (in Einzelfällen auch LBS) zu gewährleisten. Dabei wird der Aufenthalt nicht lückenlos und in Echtzeit kontrolliert, sondern die Überwachung erfolgt rein anlassbezogen bei einem sog. „Zonenverstoß". Mit der Beendigung des „Zonenverstoßes" endet auch die Überwachung.[132] 2017 wurde deutschlandweit der Aufenthalt von insgesamt 93 (2016: 73; 2015: 73; 2014: 68; 2013: 67; 2012: 34) Personen elektronisch überwacht.[133]

56   Insgesamt lässt sich feststellen, dass die Einsatzmöglichkeiten der elektronischen Fußfessel in Deutschland seit ihrer erstmaligen gesetzlichen Verankerung stetig zugenommen haben.[134] Seit 2017 hat auch das BKA die Möglichkeit, eine rein **präventiv-polizeiliche elektronische Aufenthaltsüberwachung** anzuordnen (§ 20z BKAG; seit 25.5.2018 in **§ 56 BKAG n.F.**).[135] Zurückführen lassen sich diese Überlegungen auf die überwiegend positiven Erfahrungen mit dem Einsatz der EAÜ (Opferschutz, Verbesserung der Sicherheit der

---

128 Vgl.: *Fleckenstein* StraFo **2022** 302, 305.

129 Vgl. Art. 1 Nr. 6 des Gesetzes zur Neuordnung des Rechts der Sicherungsverwahrung und zu begleitenden Regelungen v. 22.12.2010 (BGBl. I S. 2300).

130 Als verfassungskonform eingestuft durch BVerfG Beschl. v. 1.12.2020 – 2 BvR 916/11 u. 2 BvR 636/12, BeckRS **2020** 40592 = NJW-Spezial **2021** 121; ferner OLG Dresden NStZ-RR **2015** 208; *Haverkamp/Schwedler/Wössner* R&P **2012** 9. Zur Ausweitung der EAÜ auf extremistische Straftäter: 53. Gesetz zur Änderung des Strafgesetzbuches – Ausweitung des Maßregelrechts bei extremistischen Straftätern v. 11.6.2017 (BGBl. I S. 1612); hierzu: *Baur* KriPoZ **2017** 119.

131 *Fünfsinn/Kolz* StV **2016** 191, 192.

132 Vgl. *Fünfsinn/Kolz* StV **2016** 191, 192.

133 BTDrucks. **19** 764 S. 2 f.

134 Zum Einsatz als Alternative zum Strafvollzug: *Galli* FS **2019** 191, 194.

135 Zu § 56 BKAG: BTDrucks. **18** 11163 S. 122 ff.; *Guckelberger* DVBl. **2017** 1121 ff.; *Reuter* Kriminalistik **2017** 390 ff.

Esser

Bevölkerung, Vermeidung unnötig tiefer Grundrechtseingriffe, Resozialisierung von Straftätern, Entlastung des Strafvollzuges, Schonung finanzieller Ressourcen des Staates). Die
Ausweitungen EAÜ sind jedoch vor dem Hintergrund des **Terroranschlags auf einen
Berliner Weihnachtsmarkt** im Dezember 2016 zu sehen: Als Reaktion beschloss der Bundestag im Jahr 2017 u.a. eine **Ausweitung des Maßregelrechts bei extremistischen
Straftätern.**[136] Eine Anordnung der EAÜ ist seither auch bei Straftaten nach § 89a Abs. 1–
3 StGB (Vorbereitung einer schweren staatsgefährdenden Gewalttat), § 89c Abs. 1–3 StGB
(Terrorismusfinanzierung) und § 129a Abs. 5 Satz 1 Alt. 1 Satz 2 StGB (Unterstützung/Wer-
ben für eine terroristische Vereinigung; jeweils auch i.V.m. § 129b Abs. 1 StGB) möglich
(§ 66 Abs. 3 Satz 1 StGB n.F. i.V.m. § 68b Abs. 1 Satz 3, Satz 5 Hs. 2 StGB). Durch die **Änderung des § 66 Abs. 3 Satz 1 StGB** hat der Gesetzgeber auch den Anwendungsbereich der
Sicherungsverwahrung ausgeweitet.

Im internationalen Vergleich lässt sich feststellen, dass viele Staaten die elektronische 57
Aufenthaltsüberwachung als Alternative zum Strafvollzug bzw. als Kontrollinstrument im
Rahmen der Strafrestaussetzung[137] anwenden – die **USA** bereits seit den 1980er Jahren.
Anfang 2010 wurde auch in **Russland** die Möglichkeit des elektronisch überwachten Hausarrestes eingeführt (Videoüberwachung/elektronische Sendeeinrichtung am Fuß). Die Regelung sieht erhebliche Aufenthaltsbeschränkungen (Umzug, Arbeitswechsel; Verlassen
des Hauses; Aufenthaltsverbot bzgl. bestimmter Orte; Besuchsverbot bzgl. bestimmter Personen) vor.[138] **Österreich** führte den elektronisch überwachten Hausarrest (eüH) im Jahr
2010 ein (§§ 156b-156d öStVG) und verzeichnet rund 300 Anordnungen pro Jahr (3,5 % der
Gefangenenpopulation).[139]

4. Freiheitsentziehungen in der Praxis. Bezweckt eine staatliche Maßnahme primär, 58
eine Person unter einer Haft gleichzuachtenden Bedingungen nicht nur für eine völlig
unbeträchtliche Dauer festzuhalten, liegt eine *Entziehung* der Freiheit vor – auch wenn
dieser Zustand tatsächlich nicht lange dauert, so etwa beim polizeilichen **Verbringungsgewahrsam**, bei dem der Störer an den Stadtrand oder in ein entlegenes Gebiet verbracht
wird, so dass seine Rückkehr an den Ort der Störung weitgehend ausgeschlossen ist.[140]

Nach Ansicht des EGMR spricht es auch für das Vorliegen einer Freiheitsentziehung, 59
wenn der Betroffene in der Bestimmung seines Aufenthaltes einem (behördlichen) **Zwang
unterliegt**, etwa weil er auf einer Polizeistation erscheinen muss und sich dort nicht ohne
Zustimmung der Beamten entfernen darf.[141] Auch ohne Vorliegen eines Zwanges bzgl.

---

136 53. Gesetz zur Änderung des Strafgesetzbuches – Ausweitung des Maßregelrechts bei extremistischen
Straftätern v. 11.6.2017 (BGBl. I S. 1612); BTDrucks. **18** 11162. Zur Verschärfung des Aufenthaltsrechts Rn. 302
[bei Art. 5 Abs. 1 Satz 2 *lit.* f].
137 Siehe umfassende Studie von Dünkel/Thiele/Treig (Hrsg.), Elektronische Überwachung von Straffälligen
im europäischen Vergleich – Bestandsaufnahme und Perspektiven (2017); OLG Wien JSt **2015** 591.
138 Zur elektronischen Überwachung aus internationaler Perspektive: *Ratzel* FS **2009** 257 (Tagungsbericht).
139 Siehe die Aktenstudie von *Walser* Recht und Wirklichkeit des elektronisch überwachten Hausarrests
(2018); *dies.* JSt **2018** 129; *Hammerschick* JSt **2020** 244 ff.; ferner: *Auer* JSt **2022** 456 (Promotionsstudie); *Hochmayr* NStZ **2013** 13. Zum **Homeoffice** als „geeignete Beschäftigung" im Rahmen einer eüH: OLG Wien JSt
2022 387; zur Missbrauchsprognose beim eüH: OLG Wien 15.6.2022 – 32 Bs 101/22w, JSt **2022** 565.
140 Ebenso OVG Bremen NVwZ **1987** 236 f.; LG Hamburg NVwZ-RR **1997** 538 f.; **a.A.** *Schucht* DÖV **2011** 553,
556.
141 EGMR Foka/TRK, 24.6.2008, §§ 74–79, insbes. § 78 (zwangsweises Verbringen zur Polizei); Gillan u. Quin-
ton/UK, 12.1.2010, § 57 (Bf. standen unter der Drohung, bei Verweigerung der Kooperation verhaftet, in
Gewahrsam genommen und strafrechtlich verfolgt zu werden; EGMR ließ Anwendbarkeit und Verletzung
von Art. 5 letztlich offen, nachdem er Verletzung von Art. 8 bejaht hatte); Shimovolos/R, 21.6.2011, § 50;
Baisuev u. Anzorov/GEO, 18.12.2012, § 55; M.A./ZYP, 23.7.2013, §§ 186 ff., 193; Krupko u.a./R, 26.6.2014, §§ 31, 38

des Erscheinens auf der Polizeistation ist Art. 5 Abs. 1 einschlägig, wenn sich der (z.B. vorgeladene) Betroffene danach unter der „Kontrolle" der Behörden befindet.[142] Bzgl. einer Zwangswirkung reicht auch das subjektive Empfinden des Betroffenen, da der EGMR eine Zwangswirkung auch in einem Fall bejaht, in dem den Betroffenen keine **Handschellen** angelegt wurden und somit objektiv keine Zwangswirkung vorhanden war.[143] Umgekehrt indiziert das Anlegen von Handschellen, dass eine Zwangswirkung und folglich auch eine Freiheitsentziehung i.S.d. Art. 5 Abs. 1 gegeben ist.[144]

60   Der **gelockerte Vollzug** einer Freiheitsstrafe ist als Freiheitsentziehung anzusehen, ebenso im Regelfall – ein **Hausarrest**,[145] die disziplinarische **Überweisung in eine Strafkompanie**[146] bzw. die mit Überwachungsmaßnahmen und Einschränkungen verbundene **Internierung** auf einer Insel.[147] Eine Freiheitsentziehung liegt auch in der Zeit vor, in der ein Inhaftierter in einem (privaten) **Krankenhaus** behandelt wird.[148] Auch der **erzwungene Aufenthalt in einem Hotel** zur psychologischen Intervention nach dem erzwungenen Ausstieg aus einer Sekte und der Gefahr der Selbsttötung, bei dem es den Betroffenen nicht möglich war, ihren Raum für drei Tage zu verlassen, sie jeweils durch eine Person kontinuierlich überwacht wurden und die Fenster mit hölzernen Panelen abgedeckt waren, stellt eine Freiheitsentziehung dar.[149]

61   Eine infektionsschutzrechtliche **Quarantäne** ist im Regelfall als **Freiheitsentziehung** anzusehen, so dass für sie einerseits der **Richtervorbehalt** des Art. 104 Abs. 2 Satz 1 GG gilt und rein behördliche Anordnungen rechtswidrig sind (mit der Konsequenz, dass bei Nichtbefolgung auf diese keine Bußgeldbescheide gestützt werden dürfen).[150] Zur men-

---

(3-stündiges Festhalten auf einer Polizeiwache). Nicht unter Art. 5 Abs. 1 fällt allerdings eine **wöchentliche Meldepflicht** auf einer Polizeistation: EGMR Poninski/PL (E), 10.2.2000, Nr. 1.

142   EGMR I.I./BUL, 9.6.2005, § 87 (Bf. erschien freiwillig bei der Polizei; keine Handschellen und kein Verbringen auf Zelle; keine freie Bestimmung über Aufenthalt; Eingriff in Art. 5 Abs. 1); (GK) Creanga/RUM, 23.2.2012, §§ 55 f., 94 (Bf. war auf Polizeistation gebeten worden; Festhalten; Verbot Station zu verlassen/zu telefonieren); ähnlich EGMR Iustin Robertino Micu/RUM, 13.1.2015, § 89; anders EGMR Cazan/RUM, 5.4.2016, §§ 66 ff. (kurze Dauer von zehn Minuten; kein Eingriff).

143   EGMR Riera Blume u.a./S, 14.10.1999, § 33.

144   EGMR Camans u. Timofejeva/LET, 28.4.2016, § 112.

145   EGMR Lavents/LET, 28.11.2002, § 63; Dacosta Silva/E, 2.11.2006, § 44; Gutsanovi/BUL, 15.10.2013, § 163; Buzadji/MOL, 16.12.2014, § 33; (GK) Buzadji/MOL, 5.7.2016, § 104; Galambos/H, 21.7.2015, § 19; (GK) De Tommaso/I, 23.2.2017, §§ 86 ff.; *Frowein/Peukert* 12, 20. Selbst dann, wenn Ausnahme für Arztbesuche oder Gottesdienste zugelassen sind: Karpenstein/Mayer/*Elberling* 11. Hausarrest ist nicht von Art. 5 Abs. 1 erfasst, wenn Betroffener sich nur an Wochenenden ganztags und während der Woche von 19 bis 7 Uhr zu Hause aufhalten muss, ansonsten aber zur Arbeit gehen und seinen Aufenthalt frei bestimmen kann: EGMR Trijonis/LIT (E), 17.3.2005, Nr. 2 lit. b.

146   EGMR Engel u.a./NL, 8.6.1976.

147   Vgl. EGMR Ashingdane/UK, 28.5.1985; Guzzardi/I, 6.11.1980; *Frowein/Peukert* 11 ff. m.w.N.

148   EGMR Lavents/LET, 28.11.2002, § 63.

149   EGMR Riera Blume u.a./S, 14.10.1999, §§ 13, 29.

150   Anders VG Würzburg Beschl. 30.10.2020 – W 8 S 20.1625, BeckRS **2020** 29689 Tz. 26 unter Verweis auf die Freiwilligkeit der Absonderung nach § 30 Abs. 1 IfSG und die Unterschiede zur zwangsweisen Absonderung nach § 30 Abs. 2 IfSG; ähnlich auch VG Saarlouis Beschl. v. 23.9.2020 – 6 L 1001/20, BeckRS **2020** 23935 Rn. 14 ff. (zusätzlich darauf abstellend, ob es sich um eine straf- bzw. bußgeldbewehrte Absonderungsanordnung handelt oder nicht). Unklar VG Hamburg Beschl. v. 13.5.2020 – 15 E 1967/20, BeckRS **2020** 8685 Rn. 34 (bußgeldbewehrtes Verbot, eigene Wohnung/Haus in einem Zeitraum von 14 Tagen zu verlassen, *kann* eine Freiheitsentziehung darstellen). Auf die Umstände des Einzelfalles (Intensität der Beschränkung des Kontakts zur Außenwelt, Dauer der Maßnahme) abstellend: *Hantel* Der Begriff der Freiheitsentziehung in Art. 104 Abs. 2 GG (1988) 193, der für Absonderungen in der eigenen Wohnung oder im eigenen Haus davon ausgeht, dass regelmäßig nur eine Freiheitsbeschränkung vorliegt. Nicht näher problematisiert in EGMR Enhorn/S,

schenrechtlichen Beurteilung von infektionsschutzrechtlichen Quarantänemaßnahmen im Hinblick auf das 4. ZP (insb. dessen Art. 2 und Art. 3 Abs. 2; dort Rn. 20 und Rn. 30). Ein pandemiebedingter „**Lockdown**" stellt nach Ansicht des EGMR hingegen keine Freiheitsentziehung i.S.d. Art. 5 Abs. 1 dar; einer derartigen Maßnahme können insbesondere nicht Verwaltungshaft oder Hausarrest gleichgesetzt werden.[151]

Militärische Disziplinarmaßnahmen sind nur dann von Art. 5 erfasst, wenn die 62 (zusätzliche) Freiheitsbeschränkung über den militärischen Bereich hinausgeht. Bei der Ausgangsbeschränkung nach § 25 WDO ist der Soldat nur daran gehindert, die dienstliche Unterkunft zu verlassen, während der Disziplinararrest (§ 26 WDO) eine vollständige Freiheitsentziehung beinhaltet; nur letztere Disziplinarmaßnahme unterfällt somit Art. 5.[152]

Sicherungs- bzw. Disziplinarmaßnahmen im Strafvollzug mit (zusätzlich) freiheits- 63 entziehender Wirkung (Arrest/besonders gesicherter Haftraum/Einzelhaft) stellen regelmäßig eine „separate" Freiheits*entziehung* i.S.v. Art. 5 bzw. Art. 104 Abs. 2 Satz 1 GG dar (vgl. Rn. 16).[153]

Die Verpflichtung eines Einreisewilligen, sich im **Transitbereich eines Flughafens** 64 aufzuhalten, ist nur als eine Freiheitsbeschränkung einzustufen,[154] sie kann aber bei fehlender Fürsorge für die Betroffenen oder bei längerer Dauer den Grad einer Freiheitsentziehung erreichen.[155] Die bloße Androhung von Zwangshaft in einem Urteil ist hingegen noch keine Freiheitsentziehung.[156]

Geht es um **Asylsuchende**, so hat sich die Abgrenzung zwischen Freiheitsentziehung 65 und Freiheitsbeschränkung an praktikablen und realistischen Maßstäben auszurichten,

---

25.1.2005 (HIV-Infektion; Zwangseinweisung in Klinik); Kuimov/R, 8.1.2009 (Influenza-Infektion; Kontaktbeschränkung Pflegeheim; nur Art. 8 geprüft).

151 EGMR Terheş/RUM (E), 13.4.2021, §§ 32 ff. (52 Tage Lockdown; März-Mai 2020).

152 Karpenstein/Mayer/*Elberling* 11.

153 In diese Richtung wohl auch BVerfG NStZ **2004** 223, 224; NStZ-RR **2004** 220, 221: Verhängung von Arrest als „erhebliche Verschärfung der Bedingungen der Freiheitsentziehung", mit dem ein „tiefgreifender und schwerwiegender [Grundrechts-]Eingriff" (Art. 19 Abs. 4 GG) einhergeht; deutlich auch BVerfGE **149** 293 = NJW **2018** 2619, 2621: nicht nur kurzfristige Fixierung sämtlicher Gliedmaßen im Rahmen eines bereits bestehenden Freiheitsentziehungsverhältnisses ist aufgrund ihrer besonderen Eingriffsintensität als eigenständige – den Richtervorbehalt abermals auslösende – Freiheitsentziehung zu qualifizieren. Anders hingegen EGMR Bollan/UK, 4.5.2000: „[...] measures adopted within a prison may disclose interferences with the right to liberty in exceptional circumstances. Generally however, disciplinary steps, imposed formally or informally, which have effects on conditions of detention within a prison, cannot be considered as constituting deprivation of liberty. Such measures must be regarded in normal circumstances as modifications of the conditions of lawful detention and therefore fall outside the scope of Article 5 § 1 of the Convention [...]".

154 EGMR Mahdid u. Haddar/A, 8.12.2005, ÖJZ **2006** 613 (Freiheits*beschränkung*, da Bf. 20 Tage freiwillig im Transitbereich verblieben, obwohl ihr Asylantrag nach 3 Tagen abgelehnt wurde, und sich dort selbst überlassen wurden und somit frei waren, ihr tägliches Leben selber zu organisieren sowie in Kontakt mit anderen Personen und Organisationen zu treten); in diese Richtung auch BGH NVwZ-RR **2016** 158 zur Zurückweisungshaft nach § 15 Abs. 5, 6 AufenthG (im konkreten Fall: 30-tägige „Aufenthaltsbeschränkung" auf den Transitbereich des Flughafens); vgl. aber: EGMR Riad u. Idiab/B, 24.1.2008 (Flughafenbereich kein angemessener Platz für eine Unterbringung, auch wenn Person sich frei bewegen kann).

155 EGMR Amuur/F, 25.6.1996, §§ 43, 48 (anders noch die EKMR); Gebremedhin/F, 26.4.2007; (K) Z.A. u.a./R, 4.4.2017, § 86 („such confinement is acceptable only if it is accompanied by safeguards for the persons concerned and is not prolonged excessively"), bestätigt von (GK) 21.11.2019, §§ 137, 156; siehe auch EGMR H.M. u.a./H, 2.6.2022, §§ 29 ff. (Freiheitsentziehung mangels eines den Betroffenen zur Verfügung stehenden Rechtsbehelfs nicht rechtmäßig); ähnlich: Meyer-Ladewig/Nettesheim/von Raumer/*Meyer-Ladewig/Harrendorf/König* 9.

156 EGMR Lipkowsky u. McCormack/D (E), 18.1.2011.

die die aktuelle Lebensrealität und die praktischen Herausforderungen berücksichtigen.[157] Werden die Personen bei der Einreise in der **Transitzone eines Flughafens** aufgegriffen, so trifft der EGMR die Abgrenzung anhand (1) der individuellen Situation und Entscheidungen der Betroffenen, (2) den geltenden rechtlichen Rahmenbedingungen des jeweiligen Staates und deren Zielsetzung, (3) der Dauer der Maßnahme unter besonderer Berücksichtigung ihres Zwecks und des Umstands, ob bzw. inwiefern den Betroffenen verfahrensrechtlicher Schutz während der fraglichen Ereignisse gewährt wurde, sowie (4) der Natur und des Umfangs der Einschränkungen, denen die Betroffenen tatsächlich ausgesetzt waren.[158] Diese Kriterien gelten auch dann, wenn sich die **Transitzone auf der Landgrenze** zwischen zwei Staaten befindet.[159]

66   § 163b Abs. 1 Satz 2 StPO erlaubt – (lediglich) *zur* **Identitätsfeststellung** – das **Festhalten** einer verdächtigen Person. Die Maßnahme als solche muss zur Feststellung der Identität der betreffenden Person **erforderlich** sein (§ 163b Abs. 1 Satz 1 und 2 StPO);[160] die **Dauer eines solchen** *„Festhaltens"* steht unter dem Gebot der **Unerlässlichkeit** (§ 163c Abs. 1 Satz 1 StPO), abgesichert durch die Pflicht zur unverzüglichen richterlichen Vorführung der „festgehaltenen" Person zum Zweck der Entscheidung über die Zulässigkeit und Fortdauer der „Freiheitsentziehung" (§ 163c Abs. 1 Satz 2 StPO). Schon Wortlaut und Systematik des § 163c Abs. 1 StPO lassen keinen Zweifel, dass es sich bei einem „Festhalten" des Tatverdächtigen zum Zwecke der Identitätsfeststellung zwar (noch) nicht um eine „Festnahme" i.S.v. § 127 Abs. 1 StPO handeln muss, wohl aber (schon) um eine **Freiheitsentziehung** – und nicht lediglich um eine Freiheitsbeschränkung.[161] Hierfür spricht, dass seit dem 1.1.2010 die §§ 114a-114c StPO nicht nur für vorläufige Festnahmen (§ 127 Abs. 4 StPO), sondern auch für ein „Festhalten" i.S.v. §§ 163b, 163c Abs. 1 Satz 1 StPO *entsprechend gelten* (§ 163c Abs. 1 Satz 3 StPO).[162]

67   Auch ohne eine förmliche Unterbringung kann die Freiheit einer Person durch **mechanische Vorrichtungen**, **Medikamente** oder auf andere Weise über einen längeren Zeitraum oder regelmäßig entzogen werden. Das Anbringen von **Bettgittern** sowie die **Fixierung im Stuhl** mittels eines **Beckengurts** stellen freiheitsentziehende Maßnahmen in diesem Sinne dar, wenn der Betroffene durch sie in seiner körperlichen Fortbewegungsfreiheit eingeschränkt wird.[163] Dies ist jedenfalls dann der Fall, wenn nicht ausgeschlossen werden kann, dass der Betroffene zu willensgesteuerten Aufenthaltsveränderungen in der Lage wäre, an denen er durch die Maßnahme über einen längeren Zeitraum oder regelmä-

---

157 EGMR (GK) Z.A. u.a./R, 21.11.2019, § 135, NVwZ **2020** 777; Ilias u. Ahmed/H, 21.11.2019, § 213.
158 EGMR (GK) Z.A. u.a./R, 21.11.2019, §§ 138, 140 ff.
159 EGMR (GK) Ilias u. Ahmed/H, 21.11.2019, §§ 217, 219 ff.
160 Restriktiv: BVerfG NJW **2011** 2499 (Ls.) = NVwZ **2011** 743 = NStZ **2011** 529 (Unverhältnismäßigkeit).
161 So auch: Meyer-Goßner/*Schmitt* § 163b, 7 StPO; im speziellen Fall der Piraterriebekämpfung – auch zu den Anforderungen des Art. 104 GG: *Esser/Fischer* JR **2010** 513, 522; vgl. *Sax* 277 f.
162 Vgl. BTDrucks. 16 11644 S. 14: „.... *jedoch kann für die Freiheitsentziehung* [!] *zur Identitätsfeststellung nach § 163b, 163c StPO nichts anderes gelten, auch wenn die Strafprozessordnung insoweit nicht von „Festnahme", sondern nur von „Festhalten" spricht. [...]."*; siehe auch S. 18.
163 Siehe EGMR D.D./LIT, 14.2.2012, § 149. Fixierungen sind ggf. auch am Maßstab von Art. 3 zu messen, vgl. EGMR Aggerholm/DK, 15.9.2020, §§ 79 ff. (rund 23-stündige Fixierungsmaßnahme in psychiatrischem Krankenhaus verletzt Art. 3; keine Prüfung am Maßstab von Art. 5). Sehr kritisch sieht der Europäische Ausschuss zur Verhütung von Folter und unmenschlicher oder erniedrigender Behandlung oder Strafe (CPT) die Fixierung im Rahmen des polizeilichen Gewahrsams und fordert deshalb dessen unverzügliche Beendigung, CPT/Inf (2022) 18, S. 22.

ßig gehindert wird.[164] Auch die besonders eingriffsintensive **5-Punkt- oder 7-Punkt-Fixierung** eines Patienten im Rahmen der öffentlich-rechtlichen Unterbringung hat das BVerfG als (eigengeständige) Freiheitsentziehung i.S.d. Art. 104 Abs. 2 GG qualifiziert, sofern die Maßnahme (absehbar) länger als 30 Minuten aufrechterhalten wird.[165] Derartige Fixierungen unterliegen einem aus Art. 2 Abs. 2 und Art. 104 Abs. 2 GG abgeleiteten **Richtervorbehalt** (d.h. sie sind nicht per se von der früheren richterlichen Unterbringungsanordnung gedeckt) sowie einem strengen Verhältnismäßigkeitsgebot.[166] Zu diesem Zweck muss auch ein entsprechender **richterlicher Bereitschaftsdienst** eingerichtet sein, der täglich zumindest zwischen 6 und 21 Uhr erreichbar ist.[167] Das BVerfG hat außerdem anerkannt, dass den Betroffenen rechtswidriger und nicht lediglich kurzfristiger Zwangsfixierungen

---

164 BGH NJW **2015** 865 = FamRZ **2015** 567 m. Anm. *Bienwald* (regelmäßiges Verschließen der Eingangstür während Nachtstunden ohne Schlüssel/Pförtner als unterbringungsähnliche Maßnahme i.S.v. § 1906 Abs. 4 BGB „wenn sie, ohne eine Unterbringung zu sein, die Bewegungsfreiheit des Betroffenen über einen längeren Zeitraum oder regelmäßig begrenzt und dies zumindest auch bezweckt"; auch zu den Anforderungen an das „regelmäßige" Entziehen der Freiheit); NJW-RR **2012** 1281 = FamRZ **2012** 1372 m. Anm. *Sonnenfeld* = MDR **2012** 970 = R&P **2012** 211 (zur entsprechenden Anwendung von § 1906 Abs. 4 BGB); zur Thematik auch: BVerfG NJW **2017** 2982 (Zwangsbehandlung im Rahmen öffentlich-rechtlicher Unterbringung) m. Anm. *Muckel* JA **2018** 316; BVerfG NJW-RR **2016** 193 = medstra **2015** 370 = R&P **2015** 201 (Fixierung mit Beckengurt im Rollstuhl tagsüber/Erfordernis gerichtlicher Genehmigung); OLG Frankfurt FamRZ **2019** 1952 = RuP **2019** 244 (Schmerzensgeld wegen Fixierung/Zwangsmedikation ohne richterliche Genehmigung); OLG Hamm FamRZ **1993** 1490; MüKo-BGB/*Schneider* § 1906 Rn. 11; *Schmidt* Freiheitsberaubung aus Fürsorge: eine Untersuchung über die Strafbarkeit von Fixierungen und anderen freiheitsentziehenden Maßnahmen in Einrichtungen der Altenpflege gemäß § 239 I StGB (2010); dagegen: OLG Celle NJW **2014** 163 = ZKJ **2013** 502 (Türentriegelungsknopf als „Freigabe" für das Verlassen der Psychiatrie: keine Freiheitsentziehung). Vgl. auch: BVerfG NJW **2017** 53 (Schutzpflicht des Staates zur Vorsehung der Möglichkeit einer medizinischen/ärztlichen Zwangsbehandlung nicht nur für in einer geschlossenen Einrichtung Untergebrachte, § 1906 BGB, sondern auch für sich lediglich in stationärer Behandlung befindliche Betreute) – mit Bezug auf Art. 8 (Tz. 93). Hierzu: Gesetz zur Änderung der materiellen Zulässigkeitsvoraussetzungen von ärztlichen Zwangsmaßnahmen und zur Stärkung des Selbstbestimmungsrechts von Betreuten vom 17.7.2017 (BGBl. I S. 2426; am 22.7.2017 in Kraft getreten); Einfügung von **§ 1906a BGB**, um ärztliche Zwangsmaßnahmen auch ohne parallele Anordnung einer freiheitsentziehenden Maßnahme zu ermöglichen; hierzu: *Fölsch* DRiZ **2017** 286; BVerfG FamRZ **2018** 1599; BGH NJW **2020** 1581 m. Anm. *Mazur/Kießling*; zur Verfassungsmäßigkeit des § 1906a BGB: BTDrucks. **19** 13394, **19** 13813; ferner: BVerfG NJW **2021** 3590 m. Anm. *Fölsch* = FamRZ **2022** 49 (heimliche Medikamentenabgabe als *Zwangsmaßnahme* i.S.d. § 1906a BGB; nicht entschieden); *Glaab* Freiheitsentziehende Maßnahmen in der stationären Altenpflege (2022); *Lubrich* Strafrechtliche Compliance in der stationären Altenpflege (2017).

165 BVerfG NJW **2018** 2619 = medstra **2018** 362, 370, Tz. 68. Zu diesem Urteil: *Brilla/Lust* JM **2019** 27 (u.a. zur Beschränkung von Anordnungen nach § 34 StGB); *Schäfersküpper* FS **2018** 353 (insb. zur Übertragbarkeit auf den Justizvollzug). Zur Umsetzung: Gesetz zur Stärkung der Rechte von Betroffenen bei Fixierungen im Rahmen von Freiheitsentziehungen vom 19.6.2019 (BGBl. I S. 840), BTDrucks. **19** 8939; Bezug nehmend auf das BVerfG: AG Lübeck NStZ-RR **2020** 95 (Fixierung eines Gefangenen – Vorrang der Behandlung) m. Anm. *Müller-Metz*.

166 BVerfG NJW **2018** 2619, medstra **2018** 362, Tz. 69 ff., 98 m. Anm. *Nenadic/Schmidt-Recla* MedR **2019** 55 u. *Ziethen* StV **2019** 278; zu den Folgen für die Praxis: *Rodenbusch* NStZ **2019** 10; *Jürschik/Schulte* NVwZ **2018** 1695; *Gietl* NZFam **2018** 1695; *Fölsch/Grotkopp* DRiZ **2019** 84; *Schemmel* DVBl. **2019** 277, 278 (insbesondere zum Gebot einer nachträglichen richterlichen Entscheidung und zu Freiheitsentziehungen im Privatrechtsverhältnis, § 1906 Abs. 4 BGB). Unter Verhältnismäßigkeitsgesichtspunkten kann sich medikamentöse Zwangsbehandlung als milderes Mittel gegenüber einer Fixierungsmaßnahme darstellen: AG Lübeck NStZ-RR **2020** 95 m. Anm. *Müller-Metz*. Kritisch zur Praxis der Richtervorbehaltsentscheidungen und Fixierungsmaßnahmen: Nationale Stelle zur Verhütung von Folter, Jahresbericht 2019 (BTDrucks. **19** 19680 S. 37 ff.).

167 BVerfG NJW **2018** 2619, Rn. 100 (Verweis auf § 758a Abs. 4 Satz 2 ZPO). Bei akuter Selbst-/Fremdgefährdung ist ein vorheriger gerichtlicher Rechtsschutz allerdings entbehrlich.

Esser

ein **Recht auf effektive Strafverfolgung** zustehen kann.[168] Eine Besonderheit der Rechtsprechung zu Art. 2 Abs. 2 Satz 2 i.V.m. Art. 104 GG im Allgemeinen lag bis vor kurzem darin, dass das BVerfG nur unmittelbar wirkenden körperlichen Zwang als Eingriff im Sinne der Grundrechtsdogmatik ansah. Im Rahmen seiner Entscheidung zur sog. „Bundesnotbremse" in Zeiten der Corona-Pandemie (2020–2021) wies das BVerfG jedoch darauf hin, dass auch staatlichen Maßnahmen mit lediglich psychisch vermittelt wirkendem Zwang Eingriffsqualität zukommen könne, sofern diese Zwangswirkung in Ausmaß und Intensität mit unmittelbar physischem Zwang vergleichbar sei.[169] Im Ergebnis nähert sich das BVerfG mit dieser Auslegung der Rechtsprechung des EGMR zu Art. 5 und dessen Bestimmung einer Freiheitsentziehung unter Abwägung aller Umstände des konkreten Einzelfalls deutlich an.[170]

68 **5. Einwilligung des Betroffenen.** Der Begriff der Freiheitsentziehung lässt sich nicht nur objektiv bestimmen. Der EGMR fordert vielmehr, dass auch ein subjektives Element hinzukommen müsse: die fehlende **Einwilligung des Betroffenen.** Eine Freiheitsentziehung könne somit nur dann vorliegen, wenn die Maßnahme gegen den Willen des Betroffenen stattfindet oder dieser die Freiheitsentziehung nicht jederzeit durch eine eigene Willensentschließung beenden könne.[171] Aufgrund der überragenden Bedeutung des Rechts auf Freiheit schließt eine solche Einwilligung aber nicht aus, eine behördliche Unterbringung als Freiheitsentziehung an den Standards des Art. 5 zu überprüfen.[172] Insbesondere wenn der Betroffene einer freiheitsentziehenden Maßnahme nur deshalb zustimmt, weil er sich in einer **Notsituation** befindet oder die Zustimmung in einem **staatlichen Zwangssystem** erfolgt, verliert er seinen Schutz aus Art. 5 nicht.[173]

69 Auch bei geschäftsunfähigen, an einer seelischen Störung leidenden oder sonst psychisch kranken Personen ist für die Frage nach dem subjektiven Element der (natürliche) Wille der Betroffenen maßgebend,[174] es sei denn, die betreffende Person ist nicht in der Lage, einen solchen Willen zu (bilden bzw. zu) äußern.[175]

6. Freiheitsbeschränkungen in der Praxis

70 **a) Beschränkung in Einzelfällen.** In der Regel **keine Freiheitsentziehung** stellen Maßnahmen dar, die nach dem objektiv erkennbaren Willen der Staatsorgane die Freizügigkeit oder Bewegungsfreiheit des von ihnen Betroffenen nur **in einer bestimmten Hin-**

---

168 BVerfG NJW **2020** 675 m. krit. Anm. *Pollähne* medstra **2020** 22; hierzu *Schemmel* NJW **2020** 651.
169 Vgl. BVerfG Beschl. v. 19.11.2021 – 1 BvR 781/21, NJW **2022** 139, 159.
170 Vgl. für eine ausführliche Analyse der Entwicklung der BVerfG-Rechtsprechung diesbezüglich *Penßel* JZ **2022** 535.
171 EGMR Storck/D, 16.6.2005, § 74 (keine Einwilligung, da Bf. mehrere Fluchtversuche unternommen hatte und immer wieder von Polizisten in die Klinik zurückgebracht wurde); D.D./LIT, 14.2.2012, § 145; Shtukaturov/R, 27.3.2008, FamRZ **2008** 1734, § 106; (GK) Stanev/BUL, 17.1.2012, NJOZ **2013** 1190, § 117; Akopyan/UKR, 5.6.2014, §§ 11, 68 (Bf. war aus der Einrichtung entwichen; deutliches Indiz für fehlende Einwilligung); KK-EMRK-GG/*Dörr* Kap. 13, 121.
172 EGMR De Wilde u.a./B, 18.6.1971, § 65; Osypenko/UKR, 9.11.2010, § 48; Venskute/LIT, 11.12.2012, § 72; *Esser* 202; *Villiger* 395; SK/*Meyer* 21, 44.
173 Vgl. EGMR Storck/D, 16.6.2005.
174 EGMR Shtukaturov/R, 27.3.2008, § 108; (GK) Stanev/BUL, 17.1.2012, § 130.
175 Vgl. EGMR D.D./LIT, 14.2.2012, § 150 („in certain circumstances, due to severity of his or her incapacity, an individual may be wholly incapable of expressing consent or objection to being confined in an institution for the mentally handicapped or other secure environment"). Zur Einwilligung von Menschen mit Demenz in medizinische Maßnahmen („S 2k-Leitlinie"): *Klasen/Klasen* JM 11/**2020** 398 ff.

sicht einschränken, wie etwa ein **Platzverweis**, ein **Verbot**, **sich an bestimmten Orten aufzuhalten** oder sonst eine **Aufenthaltsbeschränkung**,[176] die Auferlegung bestimmter, der Überwachung dienender Pflichten, wie die Anweisung, sich in einer bestimmten Gemeinde aufzuhalten (**Aufenthaltsgebot**;[177] wenn im Übrigen die für Haftverhältnisse charakteristischen Merkmale wie eine weitgehende Beschränkung der persönlichen Lebensgestaltung und dauernde Überwachung fehlen[178]), eine tägliche **Meldeauflage-/pflicht**[179] oder ein **Ausgang nur in Begleitung**.[180] Keine Freiheitsentziehungen sind auch die aufgrund des Art. 2 Abs. 3, 4 des 4. ZP-EMRK bei Vorliegen der dort aufgeführten Gründe zulässigen Einschränkungen der Bewegungsfreiheit und Wohnsitzwahl.[181]

b) Kurzfristige Beschränkungen. Bei **kurzfristigen Eingriffen in die Freiheit**, wie 71 sie vor allem im Polizeirecht häufig vorkommen, kann die Abgrenzung schwierig sein. Bei Art. 9 IPBPR spielt die Eingrenzung der Freiheitsentziehung keine große Rolle; wegen des allgemeinen Gesetzesvorbehalts kommt es nicht auf die Intensität des Freiheitsentzuges an; entspricht ein Eingriff dem nationalen Recht, wird er durch den allgemeinen Gesetzesvorbehalt gerechtfertigt. Bei Art. 5 ist dagegen zweifelhaft und strittig, ob und wieweit solche vorübergehenden Eingriffe in die Bewegungsfreiheit von den Fallgruppen des Ausnahmekatalogs gedeckt werden, wenn man sie als Freiheitsentziehung ansieht.[182]

Eine im früheren Schrifttum vertretene Ansicht wollte solche kurzfristigen Maßnah- 72 men überhaupt nicht in den durch „Festnahme und Haft" charakterisierten Schutzbereich des Art. 5 fallen lassen.[183] Der Schutzzweck von Art. 5 EMRK/Art. 9 IPBPR lasse es vertretbar erscheinen, Maßnahmen, deren **von vornherein erkennbare andere Zielsetzung** die Bewegungsfreiheit des Betroffenen nur als Mittel für einen anderen Zweck kurzfristig aufhebt, aus dem Schutzbereich auszugrenzen,[184] so etwa bei einer Sicherheitskontrolle[185] oder beim Festhalten oder der Mitnahme zur Polizeidienststelle zum Zwecke der Personalienfeststellung (etwa § 163b StPO, vgl. Rn. 66)[186] oder der Entnahme einer Blutprobe oder zu einer Vernehmung.[187] Der Eingriff in die Freiheit sei in solchen Fällen weder Zweck noch Schwerpunkt der jeweiligen Maßnahme, sondern nur die unvermeidliche Folge einer

---

176 Vgl. *Frowein/Peukert* 13 (Ausgehverbot für die Nacht verbunden mit Verbot, sich außerhalb des bebauten Gebiets einer Ortschaft zu bewegen); vgl. *Grabenwarter/Pabel* § 21, 8 (Beschränkung der Bewegungsfreiheit bei Ausländern aufgrund ihres aufenthaltrechtlichen Status); *Esser* 200.

177 EKMR Ciancimino/I, 27.5.1991 (Aufenthaltsanordnung in einer bestimmten Gemeinde, wobei sich der Betroffene zur Tageszeit frei bewegen konnte; *Funk/Gimpel-Hinteregger* EuGRZ **1985** 12 (für Internierung und Konfinierung nach österr. Recht).

178 Vgl. *Frowein/Peukert* 13; Meyer-Ladewig/Nettesheim/von Raumer/*Meyer-Ladewig/Harrendorf/König* 10.

179 Bzgl. einer wöchentlichen Meldeauflage bei der Polizei verneinte der EGMR explizit einen Verstoß gegen Art. 5 Abs. 1: EGMR (E) Poninski/PL, 10.2.2000, § 1. Ebenso liegt kein Verstoß gegen Art. 5 Abs. 1 vor, wenn der Betroffene sein Haus nur mit Zustimmung der Polizei verlassen darf, sich an bestimmten festgelegten Zeiten bei der Polizei melden muss und sein Haus zwischen 21 und 7 Uhr des Folgetages nur in Ausnahmefällen und nach vorheriger Meldung bei den Behörden verlassen darf: EGMR Raimondo/I, 22.2.1994, § 13, 39, ÖJZ **1994** 562. Zur Meldeauflage aus polizeilicher Sicht: *Schucht* NVwZ **2011** 709.

180 *Frowein/Peukert* 12 ff.

181 EGMR Kömürcü/TRK (E), 17.2.2015, §§ 36 f. (Verbot der Ausreise: Art. 2 des 4. ZP-EMRK).

182 Vgl. *Grabenwarter/Pabel* § 21, 9; *Frowein/Peukert* 14 ff., *Koschwitz* 185 ff.; *Stein* EuGRZ **1976** 285.

183 *Koschwitz* 249; *Hodler* NJW **1953** 531; **a.A.** *Maaß* NVwZ **1985** 155; *Franz* NJW **1966** 240 (offen).

184 *Grabenwarter/Pabel* § 21, 9.

185 ÖVerfG EuGRZ **1974** 4, 5; *Trechsel* EuGRZ **1980** 514, 517, vgl. auch *Frowein/Peukert* 14 f.

186 Der Eingriff in die Freiheit kann in solchen Fällen vielfach auch mit der zweiten Alternative von Absatz 1 *lit.* b (Erfüllung einer gesetzlichen Pflicht) gerechtfertigt werden.

187 Vgl. EKMR bei *Bleckmann* EuGRZ **1982** 536, 540; *Frowein/Peukert* 15; vgl. auch: *Grabenwarter/Pabel* § 21, 9 (auch wenn keine ausdrückliche gesetzliche Pflicht besteht).

anderen Maßnahme, die auch für den Betroffenen von Anfang an erkennbar seine volle Bewegungsfreiheit nur für eine kurze Zeit zur Sicherung der Erfüllung einer ihn als Bürger treffenden Pflicht als deren **unvermeidbare Nebenfolge** aufhebe.[188] Solche relativ kurzfristigen Beschränkungen der Bewegungsfreiheit sollen automatisch enden, wenn der Zweck dieser Maßnahme erreicht ist. Eingriffe, die ausschließlich sichern sollen, dass der Betroffene sich nicht der Erfüllung einer **Auskunfts-, Präsenz- oder Wartepflicht** entzieht,[189] dürften aber keinen weiteren Zweck verfolgen und sie dürfen nur solange andauern, als für die Erfüllung der jeweiligen Pflicht unerlässlich.[190] Dauerten sie länger, liege darin eine – in der Regel unzulässige – Freiheitsentziehung.

73   Für diese Ausgrenzung ließ sich zwar anführen, dass bei solchen Maßnahmen die von den Konventionen in Art. 5 EMRK/Art. 9 IPBPR vorgesehenen Verfahrensgarantien der Absätze 2 bis 4 in der Regel nicht passen[191] oder leerlaufen, da der Betroffene bereits wieder in Freiheit ist, bevor sie greifen könnten.[192] Eine Anknüpfung an die Zweckbestimmung der Maßnahme durch staatliche Stellen birgt aber andererseits ein **erhebliches Unsicherheitspotential** und ist mit dem **Willkürschutz**, der von Art. 5 Abs. 1 ausgehen soll, nicht in Einklang zu bringen. In jedem Fall ist die von dieser Ansicht vertretene Ausgrenzung kurzfristiger freiheitsentziehender Maßnahmen aus dem Schutzbereich des Art. 5 Abs. 1 keine qualitative, sondern nur eine quantitative Einschränkung, so dass bei Würdigung der **Umstände des Einzelfalls**, wie Art, Umstände und Auswirkungen der Beschränkung und ihrer Dauer in einem nur die mit der Durchführung einer anderen Maßnahme bezweckenden Festhalten eine von den Konventionen erfasste Freiheitsentziehung liegen kann.[193] Vor allem bei einer längeren Dauer werden die Grenzen zu einer Freiheitsentziehung überschritten sein. Eine solche liegt immer vor, wenn eine Person noch festgehalten wird, obwohl der Zweck der jeweiligen Maßnahme bereits erreicht oder wenn die gesetzlich festgelegte Höchstdauer der Festhaltung überschritten wird.[194]

74   Im Schrifttum wird zum Teil auch der umgekehrte Weg beschritten: die auf kurze Dauer gerichteten freiheitsentziehenden Maßnahmen werden zwar in den Begriff der Freiheitsentziehung mit einbezogen,[195] ihre Zulässigkeit wird dann aber in weiter Ausle-

---

188 Dazu kann auch die Anordnung nach § 231 Abs. 1 StPO gerechnet werden, mit der der Vorsitzende verhindert, dass sich ein zur Anwesenheit verpflichteter Angeklagter unbefugt aus einer nur wenige Stunden dauernden Hauptverhandlung entfernt, ferner auch die verschiedenen Fälle der zwangsweisen **Vorführung** (etwa § 51 Abs. 2, §§ 134, 161a, 163a Abs. 2, §§ 230 Abs. 2; 236 StPO oder § 380 Abs. 2 ZPO), sofern die Bewegungsfreiheit von Anfang an erkennbar nur kurzfristig eingeschränkt werden soll; zur Möglichkeit, solche Eingriffe auch mit Absatz 1 *lit.* b zu rechtfertigen, vgl. Rn. 177.

189 Vgl. EGMR Amuur/F, 25.6.1996.

190 EKMR bei *Bleckmann* EuGRZ **1982** 536, 540; *Trechsel* EuGRZ **1980** 514, 517 (unter Hinweis auf die Problematik bei längerer Dauer); *Vogler* ZStW **82** (1970) 754; ZStW **89** (1977) 761, 767; *Koschwitz* 42 hält den Zweck an sich für ein ungeeignetes Abgrenzungskriterium. Ähnlich auch EGMR (GK) Austin u.a./UK, 15.3.2012, § 59.

191 Sie fallen in den Schutzbereich des Art. 2 des 4. ZP-EMRK.

192 Vgl. *Koschwitz* 26; auch *Trechsel* EuGRZ **1980** 514, 517 hält es für fraglich, ob eine Haft, die kürzer dauert als die Zeit, die für die Herbeiführung der richterlichen Entscheidung erforderlich ist, noch in den Schutzbereich des Art. 5 fällt, vgl. auch *Trechsel* StV **1992** 89 (zu Art. 5 Abs. 4).

193 EGMR Guzzardi/I, 6.11.1980 (Verbannung auf Insel); Amuur/F, 25.6.1996; andererseits EGMR Nielsen/DK, 28.11.1988, §§ 63 f., 67, 72 f. (Unterbringung eines Kindes keine Freiheitsentziehung); *Esser* 200; vgl. auch *Peters/Altwicker* 122 (Unterschied nur graduell); *Gusy* NJW **1992** 457 (keine materielle Abgrenzung nach Dauer und Intensität, sondern formell nach Zweck); ferner Rn. 27.

194 Vgl. EGMR K.-F./D, 27.11.1997, NJW **1999** 775 = StraFo **1998** 266 = EuGRZ **1998** 129.

195 So *Trechsel* EuGRZ **1980** 514, 517; EKMR bei *Bleckmann* EuGRZ **1981** 114, 120 (kurzfristige Festnahme zum Zweck der Blutentnahme); *Frowein/Peukert* 15; Meyer-Ladewig/Nettesheim/von Raumer/*Meyer-Ladewig/Harrendorf/König* 11.

Esser

gung der im Ausnahmekatalog enthaltenen Eingriffsvorbehalte oder in einer dessen Sinn Rechnung tragenden Analogie erreicht.[196]

Die allgemeine Tendenz geht zu Recht dahin, auch solche kurzfristigen Eingriffe in **75** die Freiheit **in den Schutzbereich des Art. 5 mit einzubeziehen,**[197] und so alle Unsicherheiten einer quantitativen Abgrenzung zu vermeiden.[198] Dass die Schutzmechanismen der Art. 5 Abs. 3–4 bei solchen kurzfristigen Eingriffen vielfach nicht zum Tragen kommen können, ist hinzunehmen: die Garantien aus Absatz 1 (Gesetz- und Rechtmäßigkeit) und Absatz 2 des Art. 5 dürfen aber dadurch nicht in Frage gestellt werden. Zum einen werden auch diese Eingriffe in die Freiheit meist durch den Ausnahmekatalog des Art. 5 Abs. 1 Satz 2 (insbes. *lit.* b; Rn. 94 ff.) gedeckt, zum anderen bleibt die nachträgliche Feststellung ihrer Konventionswidrigkeit möglich.

7. Personen in einem besonderen Pflichtenverhältnis. Bei Personen, die in einem **76** besonderen Pflichtenverhältnis stehen (z.B. Wehrdienst), beurteilt es sich nach der konkreten Sachlage, ob eine im Zusammenhang damit angeordnete Beschränkung der Freiheit nur die allgemeine Folge des nicht von Art. 5 EMRK/Art. 9 IPBPR erfassten Pflichtenverhältnisses oder ein darüber hinausreichender zusätzlicher individueller Eingriff in die Bewegungsfreiheit ist. Bei **Disziplinarmaßnahmen** gegen Angehörige der Streitkräfte wird eine unter Art. 5 fallende Freiheitsentziehung nur dann angenommen, wenn die betreffende Maßnahme *zusätzliche* erhebliche Beschränkungen in Bezug auf die Bewegungsfreiheit mit sich bringt, so dass ein einschneidender Unterschied zu den üblichen Lebensbedingungen Truppenangehöriger besteht. Dies kann bei einem als Disziplinarmaßnahme verhängten **strengen Arrest** der Fall sein, bei dem – anders als beim leichten Arrest – der betroffene Soldat nicht am allgemeinen Dienst teilnimmt, sondern eingesperrt bleibt.[199] Zu freiheitsentziehenden Maßnahmen gegenüber **Straf-/Untersuchungs-Gefangenen** Rn. 16 ff.

B. Zulässigkeitsvoraussetzungen der Freiheitsentziehung

I. Gesetzmäßigkeit

1. Verbot der willkürlichen Festnahme und Freiheitsentziehung. Eine willkürliche **77** Freiheitsentziehung kann in einer demokratischen Gesellschaft niemals als rechtmäßig angesehen werden.[200] **Art. 9 Abs. 1 Satz 2 IPBPR** verbietet daher ausdrücklich und konse-

---

196 Dazu *Koschwitz* 248.

197 Etwa EGMR K.-F./D, 27.11.1997; *Esser* 200 ff.; 208; *Frowein/Peukert* 14 ff.; *Maaß* NVwZ **1985** 151, 155; *Trechsel* EuGRZ **1980** 185.

198 Zunehmend schließt der EGMR auch Fälle von längerer Dauer vom Schutzbereich des Art. 5 systemwidrig aus, vgl. EGMR (GK) Austin u.a./UK, 15.3.2012; Gahramanov/ASE (E), 15.10.2013, § 40 (Grenzkontrolle Ausreise: „An air traveller may be seen in this regard as **consenting** to a series of security checks by choosing to travel by plane"). Dabei wird die Frage der Einwilligung (Rn. 68 f.) mit jener des Anwendungsbereichs des Art. 5 vermengt; näher zum Problemkreis Rn. 50).

199 Vgl. EGMR Engel u.a./NL, 8.6.1976, der unter Verneinung für den entschiedenen Fall die einzelnen Arrestformen des niederländischen Militärdisziplinarrechts prüfte, und – anders als die EKMR – eine Freiheitsentziehung nur beim strengen Arrest, nicht aber bei verschärftem Arrest bejahte; dazu schon *Frowein/Peukert* 22; vgl. ferner *Minelli* EuGRZ **1976** 287; *Stein* EuGRZ **1976** 285; *Trechsel* EuGRZ **1980** 514, 516; *Triffterer* EuGRZ **1976** 363; *Vogler* ZStW **89** (1977) 761, 768.

200 EGMR Kemmache/F (Nr. 3), 24.11.1994, ÖJZ **1995** 394; K.-F./D, 27.11.1997; Taner Kılıç/TRK (Nr. 2), 31.5.2022, §§ 99 ff., 116.

quent jede willkürliche Festnahme.[201] In **Art.** 5 wird das Willkürverbot nicht explizit erwähnt; es gilt aber auch hier und bestimmt zentral die Auslegung der einzelnen Tatbestände. Dies folgt sowohl aus der Garantie der Sicherheit (Rn. 20 ff.) als auch aus dem Rechtsstaatsprinzip der Präambel und der Bindung an das innerstaatliche Recht.

78   Zum Schutz vor Willkür müssen alle Eingriffe in die Freiheit, wie der Wortlaut des Art. 5 Abs. 1 verdeutlicht, **rechtmäßig** („lawful") und in der **gesetzlich vorgeschriebenen Weise** („in accordance with a procedure prescribed by law") vorgenommen werden. Auch Art. 2 Abs. 3 des 4. ZP-EMRK stellt in ähnlicher Weise, aber mit geringfügig abweichender Formulierung darauf ab, dass Beschränkungen der durch das 4. ZP-EMRK garantierten Freizügigkeit gesetzmäßig („in accordance with law") erfolgen müssen.[202]

79   Einen abschließenden Katalog von Verhaltensweisen staatlicher Stellen, bei denen von einem willkürlichen Verhalten auszugehen ist, hat der Gerichtshof bislang nicht aufgestellt, weil die Beurteilung immer auch zu einem gewissen Grad von der Art der jeweils in Rede stehenden Freiheitsentziehung abhängt.[203] Nach der Rechtsprechung des EGMR ist ein staatliches Handeln aber jedenfalls dann als willkürlich einzustufen, wenn die Akteure mit **Arglist** („bad faith") oder **Täuschungsabsicht** („deception") handeln.[204] Dies kann etwa bei einer evidenten Missachtung des auslieferungsrechtlichen **Spezialitätsgrundsatzes** der Fall sein.[205] Willkürlich mutet eine Freiheitsentziehung daher an, wenn sie offensichtlich geeignet ist oder gar mit ihr der Zweck verfolgt wird, dem Betroffenen einen **(höheren) verfahrensrechtlichen (Beschuldigten-)Status** einschließlich der damit verbundenen Rechte **vorzuenthalten**.[206] Gleiches gilt, wenn eine Inhaftierung für eine **unbestimmte Zeit** angeordnet wird,[207] eine **Haftentscheidung rückwirkend zur Anwendung** kommt[208] oder eine fehlerhafte Haftanordnung nicht hinreichend zügig durch eine ordnungsgemäße Anordnung ersetzt wird.[209] Willkürlich wäre eine Freiheitsentziehung

---

201 Siehe HRC Komarovski/TKM, 5.8.2008, 1450/2006, § 7.2 (willkürliche Festnahme und Haft, Verletzung von Art. 9 Abs. 1 IPBPR); Madoui/DZA 1.12.2008, 1495/2006, § 7.6 (inadäquate Erklärungen des Staates zur Behauptung, dass Festnahme und darauffolgende Isolationshaft willkürlich und illegal gewesen seien; Verletzung von Art. 9 IPBPR); Tarlue/CAN, 28.4.2009, 1551/2007, § 7.4 („it is generally for the courts [...] to evaluate facts and evidence in a particular case, unless it is apparent that the evaluation was clearly arbitrary or amounted to a denial of justice"); Pinchuk/BLR, 24.10.2014, 2165/2012, §§ 8.3 ff. (Verletzung des Art. 9 IPBPR bei politisch motivierter Inhaftierung).

202 Hierzu EGMR (GK) De Tommaso/I, 23.2.2017, §§ 106 ff.

203 EGMR J.N./UK, 19.5.2016, § 79.

204 EGMR Bozano/F, 18.12.1986, §§ 59–60, NJW **1987** 3066; Čonka/B, 5.2.2002, §§ 40–42; (GK) Saadi/UK, 29.1.2008, § 69, NVwZ **2009** 375; Woolley/UK, 10.4.2012, §§ 77 f. („[es gibt keine] exhaustive list of what types of conduct on the part of the authorities might constitute arbitrariness for the purposes of Art. 5 § 1, but [...] detention will be „arbitrary" where, despite complying with the letter of national law, there has been an element of bad faith or deception on the part of the authorities"); X./FIN, 3.7.2012, §§ 153 ff. (Arglist abgelehnt); Lutsenko/UKR, 3.7.2012, NJW **2013** 2409, § 62; James, Wells u. Lee/UK, 18.9.2012, § 192; J.N./UK, 19.5.2016, § 80; S.M.M./UK, 22.6.2017, § 66; Kolesin/R, 28.11.2017, § 23; Rimševičs/LET, 10.11.2022, § 47; vgl. für einen Fall von „bad faith" z.B. EGMR Monir Lotfy/ZYP, 29.6.2021, §§ 206 ff.; ferner EuGH 15.3.2017, C-528/15 (AlChodor), Tz. 39; 12.2.2019, C-492/18 PPU (TC), Tz. 59.

205 EGMR Woolley/UK, 10.4.2012 – im konkreten Fall abgelehnt.

206 EGMR Doronin/UKR, 19.2.2009, §§ 55–56 (verwaltungsgerichtliche Sanktion gegen Beschuldigten); nach EGMR Nechiporuk u. Yonkalo/UKR, 21.4.2011, §§ 175 ff., §§ 181 f., ist auch der umgekehrte Fall (nach einer „administrative offence" wurde der Betroffene wie ein nach einer schweren Straftat Festgenommener behandelt) ein Verstoß gegen Art. 5 Abs. 1.

207 EGMR Yeloyev/UKR, 6.11.2008, §§ 52–55; Doronin/UKR, 19.2.2009, § 59.

208 EGMR Karalevicius/LIT, 7.4.2005, §§ 51–52; Doronin/UKR, 19.2.2009, § 59.

209 EGMR Kempkes/D, 24.9.2019, §§ 46, 56 (allerdings auch unter Hinweis auf weitere relevante Kriterien wie z.B. die Komplexität des Verfahrens und die Notwendigkeit der Hinzuziehung von Sachverständigen).

Esser   362

auch dann, wenn sie gegen das **Diskriminierungsverbot des Art. 14** (i.V.m. Art. 5) verstößt.[210] In derartigen Fällen stellt der EGMR u.a. darauf ab, ob eine etablierte Sanktionspraxis („established/settled sentencing policy") besteht, durch die der Bf. in ungerechtfertigter Weise benachteiligt wird.[211]

Den Ausschluss jeglicher Willkür mahnt der EGMR auch bei Freiheitsentziehungen **80** im Zusammenhang mit der **Einreise von Ausländern** an, weil es sich bei ihnen nicht um Straftäter, sondern um Personen handelt, die auf der Flucht sind und die ihr Heimatland häufig aus Furcht um ihr Leben verlassen haben.[212] Eine Freiheitsentziehung muss hier stets aus einem besonderen sachlichen Grund erfolgen, ihre Dauer muss verhältnismäßig und eng mit dem mit ihr verfolgten Ziel verbunden sein; außerdem müssen der Ort und die konkreten Bedingungen der Unterbringung angemessen sein.[213] Diese Grundsätze müssen auch gelten, wenn das Betreten des Territoriums aus rein formalen Gründen als Straftat deklariert wird (**illegale Einreise**).

Eine Freiheitsentziehung kann auch dann willkürlich sein, wenn überhaupt **keine 81 Aufzeichnungen oder sonstige Beweisstücke** zum **Datum**, zum **Zeitraum**, zum **Ort** und zum **Grund der Inhaftierung** sowie zum **Namen** sowohl des Inhaftierten als auch der die Freiheitsentziehung ausführenden Person angefertigt werden.[214]

Willkür kann ferner vorliegen, wenn der **Zeitraum** einer angeordneten Freiheits- **82** entziehung **abgelaufen** ist oder **rechtlich keinen Bestand** (mehr) hat, der Betroffene aber dennoch in Haft bleibt, ohne dass ein nationales Gericht zügig über eine weitere, neue Freiheitsentziehung entscheidet.[215] Eine Zeitspanne von 82 Tagen zwischen dem Ablauf der Anordnung einer Unterbringung in einer psychiatrischen Einrichtung und der Verlängerung dieser Anordnung wurde vom EGMR als willkürlich eingestuft,[216] nicht als unangemessen oder zu lang (und damit willkürlich) dagegen ein Zeitraum von zwei Wochen.[217]

Hat ein wegen Gewalttaten verurteilter Straftäter die gegen ihn verhängte Freiheits- **83** strafe verbüßt, kann wegen einer weiterhin bestehenden Gefährlichkeit die Verhängung einer **freiheitsentziehenden Maßregel** in Betracht kommen, soweit das nationale Recht dies unter den engen Rahmenbedingungen des Art. 5 konventionskonform vorsieht (Rn. 121, 132 ff.). Wird dem Betroffenen keine Möglichkeit gegeben, seine **Gefährlichkeit** etwa durch Therapien abzubauen, ist der Vollzug der Maßregel willkürlich; vielmehr sind dem Betroffenen **geeignete Therapieangebote** zu machen. Schon die vorangehende

---

210   Vgl. EGMR Aleksandrov/R, 27.3.2018, §§ 17 ff. (Bf. rügte, dass seine Freiheitsstrafe nur deshalb nicht zur Bewährung ausgesetzt worden sei, weil er keinen dauerhaften Wohnsitz im für seine Verurteilung zuständigen Gerichtsbezirk hatte; nach EGMR keine ungerechtfertigte Diskriminierung); (GK) Khamtokhu u. Aksenchik/R, 24.1.2017, §§ 53 ff. (Verhängung lebenslanger Freiheitsstrafen nach russischem Recht nur für männliche Straftäter in einer Altersgruppe zwischen 18 und 65 Jahren; weite Einschätzungsprärogative des nationalen Gesetzgebers; kein Konventionsverstoß).
211   Vgl. EGMR (GK) Gerger/TRK, 8.7.1999, § 69; Aleksandrov/R, 27.3.2018, § 22.
212   EGMR Chahal/UK, 15.11.1996, § 118; Čonka/B, 5.2.2002, § 39; Khlaifia u.a./I, 15.12.2016, § 91; J.R. u.a/GR, 25.1.2018, § 109.
213   EGMR (GK) Saadi/UK, 29.1.2008, § 74; (GK) A. u.a./UK, 19.2.2009, § 164, NJOZ **2010** 1903; J.R. u.a/GR, 25.1.2018, § 110.
214   EGMR Menesheva/R, 9.3.2006; Shchebet/R, 12.6.2008; Idalova u. Idalov/R, 5.2.2009, §§ 128 ff.; Gelayevy/R, 15.6.2010, § 154; Venskute/LIT, 11.12.2012, § 80; Denisenko/R, 14.2.2017, § 13.
215   EGMR Koendjbiharie/NL, 25.10.1990, § 27; (GK) Mooren/D, 9.7.2009, §§ 80 f., EuGRZ **2009** 566 (insoweit in StV **2010** 490 m. Anm. *Pauly* nicht abgedruckt).
216   EGMR Erkalo/NL, 2.9.1998, §§ 57 ff.
217   EGMR Winterwerp/NL, 24.10.1979, § 49; ähnlich EGMR Rutten/NL, 24.7.2001, §§ 39 ff. (Verzögerung von 32 Tagen).

Strafhaft ist an diesem Ziel auszurichten und freiheitsorientierend zu gestalten, erst recht die Zeit danach, in der die Freiheitsentziehung weiter andauert.[218]

84   Willkür im Zusammenhang mit einer solchen Maßregel kann auch vorliegen bezüglich des Zeitraums, der häufig der Entscheidung über diese Maßregel vorgelagert ist und in dem ein Gericht unter Hinzuziehung eines Sachverständigen prüft, ob die Voraussetzungen für die Anordnung der weiteren Unterbringung vorliegen, insbesondere ob sie erforderlich ist, weil vom Betroffenen die **Gefahr der Begehung (schwerer) erneuter Straftaten** ausgeht.[219] Wenn das Gericht zum Zeitpunkt der vollständigen Verbüßung der Freiheitsstrafe noch nicht über die Aufrechterhaltung der Freiheitsentziehung entschieden hat, stellt sich die Frage, ob dem zur Entlassung Anstehenden – quasi in einer Art „Schwebezustand" – bis zum Vorliegen der gerichtlichen Entscheidung die Freiheit entzogen werden darf. Dasselbe Problem stellt sich, wenn die Entscheidung über die Verlängerung der Sicherungsverwahrung nicht rechtzeitig innerhalb der gesetzlichen Fristen (§ 67e StGB) erfolgt.[220] Nach der deutschen (auch verfassungsgerichtlichen) Rechtsprechung muss der Betroffene am Ende der Strafhaft nicht in Freiheit entlassen werden, vielmehr soll es in diesen nicht ausdrücklich gesetzlich geregelten Fällen genügen, dass das zuständige Gericht die **vorläufige Unterbringung oder Verlängerung der Unterbringung** des Betroffenen anordnet, mit der Prüfung der Erforderlichkeit der Maßregel begonnen hat und die Prüfung ohne vermeidbare Verzögerung zügig zum Abschluss kommt.[221] Der EGMR akzeptiert diese auf Richterrecht beruhende Freiheitsentziehung als nach nationalem Recht „rechtmäßig" i.S.d. Art. 5,[222] stellt jedoch die **Vorhersehbarkeit** in Frage.[223] Je nach den Umständen des Einzelfalls kann also auch hier Willkür vorliegen. Von Bedeutung ist dabei, wie lange dieser Zustand der „richterrechtlichen Haft" bestand, wichtiger aber sind die gesamten Umstände, insbesondere, ob der Betroffene zur Verzögerung beigetragen hat und ob das Verfahren komplex war.[224] So nahm der EGMR infolge einer Würdigung aller Umstände sowohl für einen Zeitraum von etwa zehn Monaten[225] als auch für 27 Tage[226] („a not negligible period of time") Willkür an. Nicht

---

218 EGMR de Schepper/B, 13.10.2009, § 44; James, Wells u. Lee/UK, 18.9.2012, §§ 201 ff., insbes. §§ 209, 218 ff.; Gareth Taylor/UK, 3.3.2015, §§ 38 ff.; Hill/UK, 7.4.2015, §§ 48 ff.; Black/UK (E), 1.7.2014, §§ 53 ff.; Dillon/UK, 4.11.2014, § 47; Alexander/UK, 30.6.2015, §§ 43 ff. Ähnlich EGMR H.W./D, 19.9.2013, § 112, StV **2017** 594; Ostermünchner/D, 22.3.2012, § 74, allerdings rechtlich anders aufgezogen: Ohne Therapiemöglichkeit besteht kein Kausalzusammenhang i.S.d. Art. 5 Abs. 1 Satz 2 *lit.* a zwischen Anordnungsgrund und Vollziehung der Sicherungsverwahrung, Rn. 144. §§ 66c, 67c Abs. 1 Nr. 2 StGB setzen die Vorgaben von BVerfGE **128** 326 = NJW **2011** 1931 zu einem freiheitsorientierten und therapiegerichteten Vollzug um. Die die Sicherungsverwahrung anordnende Strafvollstreckungskammer hat zu prüfen, ob diese Bestimmungen eingehalten sind: OLG Hamburg StraFo **2014** 84.

219 Vgl. § 67c Abs. 1 Satz 1 Nr. 1 StGB; zur insoweit erforderlichen Stellung einer (explizit) ungünstigen Legalprognose siehe OLG Hamm StV **2020** 40 m. Anm. *Dessecker.*

220 Hierzu EGMR H.W./D, 19.9.2013, StV **2017** 594 m. Anm. *Pauly.*

221 BVerfGE **42** 1 = NJW **1976** 1736; OLG Düsseldorf NJW **1993** 1087; BVerfG NStZ-RR **2005** 92; MüKo-StGB/ *Veh* § 67c Rn. 12. Die Rechtsprechung erging zur Sicherungsverwahrung und dürfte auf die Fälle von Unterbringungen übertragbar sein, in denen gem. §§ 63, 67 Abs. 2 StGB erst die Freiheitsstrafe und dann die Unterbringung vollzogen werden soll, MüKo-StGB/*van Gemmeren* § 63, 76 StGB.

222 EGMR H.W./D, 19.9.2013, § 80; Schönbrod/D, 24.11.2011, §§ 103–105.

223 Trotz Zweifel offengelassen von EGMR H.W./D, 19.9.2013, §§ 81 f.

224 EGMR H.W./D, 19.9.2013, §§ 73, 85–88.

225 EGMR Schönbrod/D, 24.11.2011, §§ 106 ff. (sechs Monate bis die Staatsanwaltschaft die Akten an das LG übersandte; weitere sieben Monaten für Gutachten über Gefährlichkeit des Bf.; weitere vier Monate, um über den Fall zu entscheiden); siehe *Esser/Gaede/Tsambikakis* NStZ **2012** 554, 557.

226 EGMR H.W./D, 19.9.2013, §§ 87 f. (Hauptgrund: Verfahren erst sechs Wochen vor Ablauf des Zeitraums zur Überprüfung der Sicherungsverwahrung begonnen).

willkürlich soll es hingegen sein, wenn die Verzögerung ihre Ursache in dem auch dem Interesse des Betroffenen dienenden Bestreben hat, einen die Sicherungsverwahrung vermeidenden **externen Therapieplatz zu finden.**[227]

Anders als in Art. 9 IPBPR, Art. 6 EUC und Art. 2 Abs. 2 Satz 3 GG werden in Art. 5 **85** Abs. 1 Satz 2 die Gründe, aus denen eine Freiheitsentziehung im nationalen Recht angeordnet werden darf, **abschließend aufgezählt.**[228] Diese Gründe berücksichtigen gebührend alle widerstreitenden Interessen, auch das Interesse der Öffentlichkeit am Schutz vor Straftaten, so dass Art. 5 Abs. 1 Satz 2 nicht im Lichte der **staatlichen Schutzpflichten aus Art. 2 und Art. 3** erweiternd zu interpretieren ist.[229]

Eine faktische Erweiterung kann sich allerdings aus dem **Völkerrecht** ergeben.[230] So **86** sollen es die Genfer Konventionen sowohl ermöglichen als auch fordern, Personen als Kriegsgefangene zu deklarieren und bestimmte Zivilisten festzunehmen, auch wenn ein Abweichen von Art. 5 nicht nach Art. 15 Abs. 3 notifiziert wurde (dort Rn. 17). Dabei handele es sich, so der EGMR, weder um einen zusätzlichen akzeptierten Grund für eine Freiheitsentziehung noch um eine Nichtanwendung von Art. 5 Abs. 1, vielmehr werde Art. 5 Abs. 1 Satz 2 *lit.* a–f der Freiheitsentziehung der betroffenen Personen (Kriegsgefangene und bestimmte Zivilisten) „angepasst".[231] Da die in *lit.* a–f genannten Gründe allesamt nicht auf die Konstellation passen, handelt es sich tatsächlich jedoch um einen – vom EGMR entwickelten – zusätzlichen Rechtfertigungsgrund (vgl. Sondervotum).[232]

Die Gründe für Freiheitsentziehungen in Art. 5 Abs. 1 Satz 2 unterliegen einer mehrfa- **87** chen Bindung. Zum einen ist diese abschließende Liste zulässiger Haftgründe **eng auszulegen.**[233] Zum anderen müssen die Gründe im **nationalen Recht** eine **hinreichend bestimmte Rechtsgrundlage** haben, die dortigen Regelungen müssen thematisch und vom Regelungscharakter her zu einer der sechs Gruppen gehören, bei denen Art. 5 Abs. 1 Satz 2 die Freiheitsentziehung gestattet (Rn. 110).[234] Ihr Vorliegen sowie die Erforderlichkeit der Freiheitsentziehung müssen sodann unter **Einhaltung der nationalen Verfahrensregeln** festgestellt sein. Wegen dieser direkten Bezugnahme auf das innerstaatliche Recht erstreckt der Gerichtshof seine Nachprüfung der Rechtmäßigkeit einer Freiheitsentziehung ausnahmsweise auch auf die **Einhaltung der nationalen Rechtsvorschriften,**[235] deren

---

227 OLG Hamm NStZ-RR **2013** 160.

228 EGMR Brand/NL, 11.5.2004, § 58; Lutsenko/UKR, 3.7.2012, § 62.

229 EGMR Ostendorf/D, 7.3.2013, NVwZ **2014** 43 = EuGRZ **2013** 489, §§ 87 f.; zur Sicherungsverwahrung Rn. 142 ff.

230 Die argumentative Grundlage dafür bietet die Interpretation der EMRK im Einklang mit (sonstigem) Völkerrecht, siehe Teil I Rn. 233.

231 EGMR (GK) Hassan/UK, 16.9.2014, §§ 104 ff., NJOZ **2016** 351; „[die in Art. 5 Abs. 1 Satz 2 *lit.* a–f geregelten Freiheitsentziehungsgründe] should be accommodated [...] with the taking of prisoners of war"/„doivent [...] s'accorder avec la capture de prisonniers de guerre [...]". Siehe auch § 97 des Urteils: Art. 5 Abs. 1 Satz 2 *lit.* c (i.V.m. Abs. 3) passt nicht auf diese Personen, da sie üblicherweise nicht vor Gericht gebracht werden sollen.

232 Siehe insbesondere Nr. 16 f., 18 des Sondervotums *Spano* zu EGMR (GK) Hassan/UK, 16.9.2014, dem sich *Nicolaou, Bianku* und *Kalaydjieva* anschlossen.

233 Ständige Rspr., EGMR Ostendorf/D, 7.3.2013, § 65; Kandzhov/BUL, 6.11.2008, § 55; Lukanov/BUL, 20.3.1997, § 41. So auch Karpenstein/Mayer/*Elberling* 28.

234 EGMR Quinn/F, 22.3.1995, ÖJZ **1995** 593, § 42; *Grabenwarter/Pabel* § 21, 13 f.; Meyer-Ladewig/Nettesheim/ von Raumer/*Meyer-Ladewig/Harrendorf/König* 17. Zur Systematik des Art. 5 *Trechsel* EuGRZ **1980** 514, 518.

235 EGMR Winterwerp/NL, 24.10.1979; Bozano/F, 18.12.1986; R.L. u. M.-J.D./F, 19.5.2004, § 85; Bouamar/B, 29.2.1988; Kemmache/F (Nr. 3), 24.11.1994; K.-F./D, 27.11.1997; Douiyeb/NL, 4.8.1999, NJW **2000** 2888; Stănculeanu/RUM, 9.1.2018, § 64; *Grabenwarter/Pabel* § 21, 15.

Ausgestaltung den Vorgaben des Art. 5 entsprechen und insbesondere die Voraussetzungen für eine Freiheitsentziehung klar und für jedermann einsichtig umreißen müssen.[236] Die Logik und die Subsidiarität des Schutz- und Kontrollsystems der EMRK setzen allerdings dem **Umfang der Nachprüfung** durch den EGMR insoweit Grenzen, als die Anwendung und Auslegung des nationalen Rechts *in erster Linie* Sache der dazu (besser) qualifizierten nationalen Gerichte ist.[237] Fehlt es aber im nationalen Recht bereits an einer ausreichend konkreten Rechtsgrundlage für die Freiheitsentziehung oder ist deren Tatbestand eindeutig überschritten oder wird sie nicht oder willkürlich angewandt, ist eine Freiheitsentziehung auch im Sinne der Konventionen *nicht rechtmäßig* und schon deshalb konventionswidrig.[238]

88   An der Rechtmäßigkeit der Freiheitsentziehung fehlt es auch dann, wenn das die Freiheitsentziehung anordnende Gericht nicht Teil eines **Rechtssystems** ist, das auf einer verfassungs- und gesetzmäßigen Grundlage agiert, die ihrerseits mit der Konvention vereinbar ist.[239] Zu den insoweit wesentlichen Anforderungen zählt der EGMR u.a. die Unabhängigkeit und die Unparteilichkeit der Gerichte sowie die Einhaltung des Rechtsstaatsprinzips (dazu speziell Rn. 97 ff., 115 ff.)[240] Nicht gegeben sind diese Voraussetzungen beispielsweise in der – international nicht anerkannten – Moldawischen Republik **Transnistrien** (MRT; sog. „unrecognised entity").[241]

2. Materielle Rechtmäßigkeit

89   **a) Gesetz im materiellen Sinn.** Zum Schutz vor Willkür muss die Freiheitsentziehung durch **einen gültigen (nationalen) Rechtssatz** abstrakt generell festgelegt sein.[242] Auch ihre Anordnung selbst muss dem nationalen Recht entsprechen. Zum nationalen Recht rechnen auch innerstaatlich als rechtens angesehene Übungen,[243] ferner die inner-

236 EGMR (GK) Paladi/MOL, 10.3.2009; *Grabenwarter/Pabel* § 21, 14 f.; Meyer-Ladewig/Nettesheim/von Raumer/*Meyer-Ladewig/Harrendorf/König* 18.
237 Etwa EGMR Winterwerp/NL, 24.10.1979; Bozano/F, 18.12.1986; Bouamar/B, 29.2.1988; Kemmache/F (Nr. 3), 24.11.1994.
238 EGMR Grori/ALB, 7.7.2009 (Gesetzesänderung während des laufenden Verfahrens; Unklarheit bei den Gerichten, welche Fassung anzuwenden war; keine Vorhersehbarkeit des anwendbaren Rechts); *Frowein/Peukert* 25; Meyer-Ladewig/Nettesheim/von Raumer/*Meyer-Ladewig/Harrendorf/König* 15.
239 EGMR (GK) Mozer/MOL u. R, 23.2.2016, §§ 141, 144; (GK) Ilaşcu u.a./MOL u. R, 8.7.2004, §§ 436, 460 („part of a judicial system operating on a constitutional and legal basis reflecting a judicial tradition compatible with the Convention").
240 Vgl. EGMR (GK) Mozer/MOL und R, 23.2.2016, § 144.
241 EGMR (GK) Mozer/MOL u. R, 23.2.2016, §§ 136 ff., 142 ff., 150, NLMR **2016** 13.
242 Hierzu vgl. auch EuGH 15.3.2017, C-528/15 (Al Chodor), Tz. 24 ff., NVwZ **2017** 777 m. Anm. *Beichel-Benedetti/Hoppe*: Pflicht der EU-Mitgliedstaaten, Haftvoraussetzungen im Dublin-Überstellungsverfahren *gesetzlich* („zwingende Vorschrift mit allgemeiner Geltung") zu regeln.
243 EGMR van Droogenbroeck/B, 24.6.1982, EuGRZ **1984** 6 (traditionelle Zuständigkeit des Justizministers); *Esser* 204; nicht ausreichend sind Beschlüsse eines Gerichts, in denen angeordnet wird, ein bestimmtes Verfahren anzuwenden: EGMR Soldatenko/UKR, 23.10.2008, §§ 112 ff. (Auslieferungshaft; keine gesetzliche Regelung eines bestimmten Verfahrens zur Umsetzung der Verfassungsvorgabe, innerhalb von 72 Stunden gerichtlich über den Fortbestand einer Freiheitsentziehung zu entscheiden; stattdessen unverbindlicher, außerhalb eines Strafverfahrens ergangener Beschluss des Obersten Gerichtshofs über die Anwendung diverser StPO-Bestimmungen für die gerichtliche Überprüfung der Auslieferungshaft); vgl. auch EGMR O.G./LET (Nr. 2), 30.6.2016, § 42 (Informationsbroschüre als Grundlage – nicht ausreichend).

staatlich unmittelbar geltenden Regeln des Völkerrechts[244] und unmittelbar anwendbare Rechtsnormen der Europäischen Union.[245]

Erforderlich ist ein **Gesetz im materiellen Sinn**; ein formelles Gesetz (Parlamentsge- 90 setz) ist nicht zwingend notwendig. Soweit im Schrifttum ein Gesetz im formellen Sinn gefordert wird,[246] ergibt sich dieses Erfordernis für Deutschland bereits aus Art. 104 Abs. 1 Satz 1 GG.[247] Für Art. 5 Abs. 1 genügen auch andere, der nationalen Rechtsordnung entsprechende Rechtsnormen,[248] wie etwa im Vereinigten Königreich das **common law**; auch in Rechtsordnungen, die nicht auf dem common law beruhen, kann eine **gefestigte Rechtsprechung** genügen.[249] Auch später als verfassungswidrig eingestufte Gesetze können für die Zeit bis zur Feststellung der Verfassungswidrigkeit als Rechtsgrundlage für eine Freiheitsentziehung genügen, wenn das entsprechende Gesetz nicht mit Rückwirkung aufgehoben wurde.[250] Dagegen kann ein verfassungswidriges Gesetz nach der Entscheidung durch ein Verfassungsgericht (etwa im Wege der angeordneten vorläufigen Weitergeltung der Norm) keine vom Konventionsrecht anerkannte Rechtsgrundlage bieten; die gegenteiligen Tendenzen in der Judikatur des EGMR sind abzulehnen.[251]

Unerlässlich ist, dass das einschlägige Recht **für jedermann deutlich erkennbar** und 91 **ausreichend zugänglich** ist.[252] Jeder Betroffene muss, erforderlichenfalls mit rechtskundiger Hilfe, in einem Maße, das für die jeweiligen Umstände angemessen ist, feststellen können, unter welchen Voraussetzungen die nationale Rechtsordnung eine Freiheitsentzie-

---

244 EGMR (GK) Hassan/UK, 16.9.2014, §§ 105, 108 ff. (Genfer Konventionen zur Entziehung der Freiheit von Kriegsgefangenen); Khadzhiev/BUL, 3.6.2014, §§ 63 ff., und Toniolo/SM u. I, 26.6.2012, §§ 44, 46 (jeweils: bilaterale und multilaterale Auslieferungsverträge; ebs. bereits EGMR Soldatenko/UKR, 23.10.2008, § 112). Im Urteil EGMR (GK) Medvedyev u.a./F, 20.3.2010, § 79 verweist der EGMR anders als bei Toniolo/SMu u. I nicht explizit auf die Anwendbarkeit der völkerrechtlichen Norm im innerstaatlichen Recht *„rules of public international law applicable in the state concerned"*, sondern spricht allgemein von *„other applicable legal standards, including those which have their source in international law"*. Dieser Formulierungsunterschied dürfte aber keinen rechtlichen Unterschied beinhalten, da jeweils die innerstaatliche Anwendbarkeit entscheidend ist (§ 90) und somit nur Völkergewohnheitsrecht sowie Völkerrecht, das innerstaatlich umgesetzt wurde, zu berücksichtigen ist. Zu Resolutionen des UN-Sicherheitsrats: EGMR Hassan u.a./F, 4.12.2014, §§ 61 ff.; zur Frage, ob Art. 105 Satz 1 SRÜ eine hinreichende Grundlage für eine Festnahme liefert: vgl. *Esser/Fischer* ZIS **2009** 771, 772 ff.; *Kreß* in: Weingärtner (Hrsg.), Die Bundeswehr als Armee im Einsatz (2010) 109 ff.
245 EKMR Caprino/UK, 3.3.1978, EuGRZ **1979** 74; *Trechsel* EuGRZ **1980** 514, 520.
246 *Guradze* 6; *Herzog* AöR **86** (1961) 194, 211 (für Kontinentaleuropa); *Trechsel* EuGRZ **1980** 514, 519 (Zweifel, ob Verzicht auf jedes Formerfordernis, sogar auf Schriftform, auf Kontinentaleuropa übertragbar); ebenso *Frowein/Peukert* 26.
247 Vgl. BVerfG Beschl. v. 4.9.2009 – 2 BvR 2520/07 (Analogieverbot); zum Gebot der strengen Auslegung im Rahmen des Art. 104 Abs. 1 Satz 1 GG auch: *Esser/Fischer* ZIS **2009** 771, 775; *dies.* JR **2010** 513, 523 ff.
248 EGMR Sunday Times/UK (Nr. 1) 26.4.1979; *Funk/Gimpel-Hinteregger* EuGRZ **1985** 6; *Frowein/Peukert* 26.
249 EGMR Firoz Muneer/B, 11.4.2013, §§ 44, 57 ff. (bestätigt von M.D./B, 14.11.2013, §§ 50 ff.): Möglichkeit der Behörden, gegen eine Gerichtsentscheidung zur Beendigung der Abschiebungshaft ein Rechtsmittel mit Suspensiveffekt – faktisch gleichbedeutend mit einer Anordnung der Verlängerung/Neubegründung der gerade eben gerichtlich aufgehobenen Freiheitsentziehung – einzulegen, ergab sich nicht direkt aus dem Gesetzestext, sondern aus gefestigter Rechtsprechung); siehe auch Rn. 93.
250 EGMR Schönbrod/D, 24.11.2011, § 102; Reiner/D, 19.1.2012, § 103; Mork/D, 9.6.2011, § 55; Schmitz/D, 9.6.2011, § 42; Ostermünchner/D, 22.3.2012, § 84.
251 Mit erheblichen Bedenken letztlich offengelassen von EGMR Glien/D, 28.11.2013, §§ 100 ff.; nicht lange danach jedoch von EGMR Müller/D (E), 10.2.2015, §§ 63 f., mit nur kurzer Begründung und ohne Erwähnung von *Glien* als Rechtsgrundlage anerkannt.
252 EGMR Gusinskiy/R, 19.5.2004; (GK) Medvedyev u.a./F, 29.3.2010, § 80, NJOZ **2011** 231; I.N./UKR, 23.6.2016, § 67; S.M.M./UK, 22.6.2017, § 70; (GK) Merabishvili/GEO, 28.11.2017, § 186 („sufficiently accessible, precise and foreseeable in its application").

Esser

hung androht (**Vorhersehbarkeit**), so dass er sein Verhalten darauf einstellen und danach ausrichten kann.[253] Nicht ausreichend sind **verwaltungsinterne Dienstanweisungen** sowie (für sich) eine **Verwaltungspraxis**, weil ihnen die erforderliche **Publizität** nach außen[254] und die gesetzliche Verankerung fehlt.[255] Ferner ist nicht hinnehmbar, dass mangels klarer Erkennbarkeit, welcher internationale Vertrag (z.B. für die Auslieferung und damit für eine Auslieferungshaft) auf einen Fall einschlägig ist bzw. ob überhaupt ein derartiges Abkommen Anwendung findet, letztlich die Behörden entscheiden, ob sie ihr Handeln nach einem solchen Vertrag richten oder nicht.[256] Der Rechtmäßigkeit der Freiheitsentziehung steht es jedoch nicht per se entgegen, wenn lediglich **gesetzesausfüllende Rechtsverordnungen** nicht öffentlich zugänglich bzw. nicht veröffentlicht sind. Der Betroffene muss in dieser Konstellation darlegen, inwiefern gerade dieser Umstand geeignet ist, die Rechtmäßigkeit seiner Freiheitentziehung in Frage zu stellen.[257]

92   **Art. 9 Abs. 1 Satz 3 IPBPR** legt den Legalitätsgrundsatz in der Form eines **Gesetzesvorbehalts** ausdrücklich fest, wobei auch hier *Gesetz* als eine generell-abstrakte Norm des innerstaatlichen Gesetzgebers oder als eine allen Rechtsunterworfenen zugängliche Norm des ungeschriebenen Gewohnheitsrechts (common law) verstanden wird.[258]

93   **b) Gebot hinreichender Bestimmtheit. Zu unbestimmte, konturenlose Gesetze**, die die Voraussetzungen einer Freiheitsentziehung nicht abgrenzbar festlegen und eine dementsprechend weite Auslegung von Tatbeständen zulassen, gewähren nicht die von den Konventionen geforderte Sicherheit vor Willkür, da sie Eingriffe in die Freiheit praktisch dem Belieben staatlicher Organe anheimstellen.[259] Gesetzliche **Generalklauseln**, die eine Ingewahrsamnahme einer Person allgemein und undifferenziert zum Schutz der öffentlichen Sicherheit und Ordnung zulassen, genügen dem Erfordernis der rechtssatzmäßigen Bestimmtheit aus Art. 5 Abs. 1 Satz 2 ebenfalls nicht. Lässt sich bei einer Norm ein solcher Mangel an gesetzlicher Bestimmtheit feststellen, ist es vertretbar, **gefestigte Rechtsprechung** zur Auslegung der in Frage stehenden Norm heranzuziehen.[260] Allein die Berufung auf eine Verwaltungspraxis kann den Mangel an Bestimmtheit allerdings

---

253 Vgl. Rn. 13; *Frowein/Peukert* 7; *Funk-Gimpel/Hinteregger* EuGRZ **1985** 6; *Grabenwarter/Pabel* § 21, 14; Meyer-Ladewig/Nettesheim/von Raumer/*Meyer-Ladewig/Harrendorf/König* 18; *Trechsel* EuGRZ **1980** 514, 519; EGMR Shamsa/PL, 27.11.2003; Hilda Hafsteinsdóttir/ISL, 8.6.2004; Khudoyorov/R, 8.11.2005, § 125; J.N./UK, 19.5.2016, § 76; Zelčs/LET, 20.2.2020, §§ 52, 56.

254 KK-EMRK-GG/*Dörr* Kap. 13, 134.

255 EGMR Svipsta/LET, 9.3.2006.

256 EGMR Toniolo/SM u. I, 26.6.2012, §§ 48 f.

257 Vgl. EGMR Calmanovici/RUM, 1.7.2008, § 54 („[...] le requérant n'a nullement indiqué de quelle manière l'absence de publication de ce règlement pourrait entacher d'illégalité son placement et son maintien en détention provisoire [...]").

258 *Nowak* 27.

259 EGMR Svipsta/LET, 9.3.2006; Nasrulloyev/R, 11.10.2007, §§ 72 ff.; *Nowak* 28.

260 EGMR Laumont/F, 8.11.2001, §§ 50 f. und passim; *Grabenwarter/Pabel* § 21, 14. In EGMR Ciobanu/RUM u. I, 9.7.2013, §§ 58 ff., lag weder eine klare Gesetzesbestimmung noch klare Rechtsprechung zu der Frage vor, ob und wie im Ausland (vor der Auslieferung) vollzogener Hausarrest auf die im Inland verhängte Strafe anzurechnen sei, so dass der EGMR die entsprechende Zeit in voller Höhe berücksichtigte; die nach der Auslieferung noch zu verbüßende (Rest)Strafe wäre entsprechend gering gewesen, der Staat vollstreckte aber mehr; dieser Teil der Haftzeit war nicht nach Art. 5 Abs. 1 Satz 2 *lit.* a gerechtfertigt und damit konventionswidrig. Der EGMR bleibt aber auf halbem Wege stehen: Wäre der Hausarrest voll angerechnet worden (wie vom EGMR, wegen der Unklarheit der Rechtslage, verlangt), so hätte der Bf. schon früher zumindest die Chance erhalten, vorzeitig freigelassen zu werden (ähnlich § 57 StGB). Der EGMR beanstandet nur, dass der Bf. länger inhaftiert war, als es der Verurteilung entsprach, nicht jedoch, dass er zu einem noch früheren Zeitpunkt die Chance hätte bekommen müssen, vorzeitig freigelassen zu werden.

nicht überwinden.[261] Eine verbindliche verfassungsgerichtliche Rechtsprechung, die die Möglichkeiten der Freiheitsentziehung restriktiv auslegt, ist auch für Art. 5 Abs. 1 maßgebend, auch wenn die Strafgerichte die fraglichen Rechtsnormen anders ausgelegt haben.[262]

Entsprechend allgemeinen **rechtsstaatlichen Anforderungen** müssen die **Gründe** 94 für die Freiheitsentziehung im nationalen Recht ausreichend deutlich festgelegt sein, damit Willkür ausgeschlossen und die von Art. 5 Abs. 1 geforderte (Rechts-)Sicherheit gewährleistet ist (Rn. 13, 20). Des Weiteren bedarf es einer gesetzlichen Regelung der **Bedingungen** für die Freiheitsentziehung („conditions of deprivation of liberty"), der Möglichkeit einer **Kontaktaufnahme mit einem Verteidiger** bzw. einem **Angehörigen** sowie der **justiziellen Kontrolle** der Freiheitsentziehung.[263] Wie konkret diese Regelungen sein müssen, ist aber nicht generell abstrakt, sondern eben in Würdigung des jeweiligen Einzelfalles zu entscheiden. Eine Abgrenzung, die aufgrund der Gesamtumstände Art, Zweck und Dauer der jeweiligen Freiheitsentziehung berücksichtigt, ist trotz der damit verbundenen Rechtsunsicherheit im Hinblick auf die unterschiedlichen Rechtssysteme der Konventionsstaaten vertretbar. Grenzen ergeben sich aus anderen Prinzipien, wie etwa dem Willkürverbot, dem Grundsatz der Verhältnismäßigkeit als Ausprägung des Rechtsstaatsprinzips sowie im Rahmen der EMRK aus den allgemeinen demokratischen Standards der europäischen Staaten und beim IPBPR aus dem in der Präambel und den dort angeführten Dokumenten geforderten internationalen Mindeststandards.

Der materiellen Festlegung der Gründe, die allein eine Freiheitsentziehung rechtfertigen können, treten ergänzend **weitere Verbote** zur Seite. **Art. 1 des 4. ZP-EMRK** sowie 95 **Art. 11 IPBPR** verbieten, jemandem allein deswegen die Freiheit zu entziehen, weil er einer vertraglichen Verpflichtung nicht nachkommen kann.

Darüber hinaus muss die Freiheitsentziehung stets materiell dem **Grundsatz der** 96 **Verhältnismäßigkeit** entsprechen, d.h. im konkreten Fall erforderlich sein. Mildere Mittel müssen von den zuständigen staatlichen Stellen in Betracht gezogen und als unzureichend verworfen worden sein (vgl. Rn. 13).[264] Für Tatverdächtige formuliert Art. 9 Abs. 3 Satz 2 IPBPR, dass ein Festhalten in Untersuchungshaft nur **ultima ratio** ist und stattdessen als milderes Mittel die Freilassung ohne oder gegen Sicherheitsleistung vorrangig ist.[265]

3. Gesetzlich vorgeschriebenes Verfahren. Zur Eindämmung von Willkür und zur 97 Erhöhung der Sicherheit gehört die **Kontrolle der Legalität der Haftgründe** durch ein ordnungsgemäßes Verfahren. Deshalb fordern sowohl Art. 5 Abs. 1 Satz 1 EMRK als auch Art. 9 Abs. 1 Satz 3 IPBPR, dass die Haft *in gesetzlich vorgeschriebener Weise* („**in accordance with a procedure prescribed by law**") bzw. *unter Beachtung des im Gesetz vorgeschriebenen Verfahrens* („**lawfully**") angeordnet werden muss.[266] Die Freiheitsentziehung muss daher innerstaatlich auch das Ergebnis eines insgesamt rechtmäßigen *Verfahrens* sein. Das nationale Recht selbst muss die jeweiligen verfahrensrechtlichen Voraussetzun-

---

261 EGMR Hilda Hafsteinsdóttir/ISL, 8.6.2004, § 56.

262 EGMR Tsarenko/R, 3.3.2011, §§ 60 f.

263 EGMR Hassan u.a./F, 4.12.2014, §§ 69 ff.; HRC Baruani/COD, 27.3.2014, 1890/2009, §§ 2.1 ff., 6.2 ff. (kein Zugang zu einem Verteidiger bei Festnahme ohne Haftbefehl); (GK) Medvedyev u.a./F, 20.3.2010, § 80.

264 EGMR Ambruszkiewicz/PL, 4.5.2006, § 31; Hilda Hafsteinsdóttir/ISL, 8.6.2004, § 51; Meyer-Ladewig/Nettesheim/von Raumer/*Meyer-Ladewig/Harrendorf/König* 20, 26.

265 Kritisch zur Praxis in sieben europäischen Staaten: *Hammerschick/Reidinger* JSt **2017** 121; *Hammerschick* JSt **2019** 221 (zum Forschungsprojekt DETOUR).

266 Näher hierzu: *Morgenstern* 148 ff.

gen für die Anordnung und Überprüfung der in Frage kommenden Freiheitsentziehung hinreichend genau regeln.[267] Das dabei zu beachtende Verfahren muss von den beteiligten Gerichten und Behörden auch tatsächlich eingehalten werden und zwar auch dort, wo es strengere Anforderungen stellt als die Konventionen. Für Entscheidungen, die den Entzug der persönlichen Freiheit betreffen, hat schon das BVerfG (abgeleitet aus Art. 2 Abs. 2, Art. 104 Abs. 1 GG) ein **Mindestmaß an zuverlässiger Wahrheitserforschung** gefordert und als unverzichtbare Voraussetzung eines rechtsstaatlichen Verfahrens eine **zureichende richterliche Sachaufklärung** angemahnt.[268]

98   **Einzelne Verfahrensfehler** oder ein **Verstoß gegen bestimmte Formvorschriften** begründen regelmäßig noch keinen Konventionsverstoß.[269] Das gilt etwa für den Fall, dass ein unzuständiges Gericht (gutgläubig) die Entscheidung über eine Freiheitsentziehung getroffen hat[270] oder eine Prüfungsfrist überschritten wurde. Sofern nicht **Willkür** (Rn. 20) oder ein **sonstiger schwerwiegender Verstoß**[271] der nationalen Stellen vorliegt, stellt die fehlerhafte Rechtsanwendung grundsätzlich keine Konventionsverletzung dar. Insbesondere bei **Haftbefehlen** ist zwischen einer offensichtlichen Fehlerhaftigkeit und einer bloßen Rechtswidrigkeit zu differenzieren.[272]

99   Der Gerichtshof sieht es nicht als seine Aufgabe an, insoweit die Anwendung des nationalen Rechts im Einzelnen nachzuprüfen und die dort auftretenden Streitfragen zu

---

267 EGMR Chanyev/UKR, 9.10.2014, § 30.

268 BVerfG Beschl. v. 21.12.2017 – 2 BvR 2772/17 (Aufschub der Strafvollstreckung), NJW **2018** 289, 290; Beschl. v. 28.9.2010 – 2 BvR 1081/10, Rn. 19 – Bewährungswiderruf nach § 56f Abs. 1 Satz 1 Nr. 3 StGB (Verstoß gegen Auflagen); Beschl. v. 7.10.1981 – 2 BvR 1194/80 (Unterbringung aus fürsorgerischen Gründen) = BVerfGE **58** 208, 222 = NJW **1982** 691, 692. Zur unter diesem Gesichtspunkt notwendigen Beiziehung von Ausländerakten: BVerfG (K) Beschl. v. 14.5.2020 – 2 BvR 2345/16, Rn. 47 ff.

269 EGMR Douiyeb/NL, 4.8.1999; *Frowein/Peukert* 28 f.; vgl. BGH NVwZ **2006** 960; OLG München FGPrax **2006** 280 (Auslieferungshaft); strenger: EGMR Calmanovici/RUM, 1.7.2008, § 71; OGH ÖJZ **2009** 866 sowie OGH ÖJZ **2010** 1007 (fehlende Begründung für die Fortsetzung einer Haft); strenger EGMR Yunusova u. Yunusov/ AZE (Nr. 2), 16.7.2020, § 96 (Fehlen einer im nationalen Recht vorgesehenen begründeten Entscheidung der Strafverfolgungsbehörden oder eines Gerichts über die zwangsweise Vorführung zur Vornahme einer Befragung führt zu Verletzung von Art. 5 Abs. 1).

270 EGMR Winterwerp/NL, 24.10.1979; *Frowein/Peukert* 29; *Trechsel* EuGRZ **1980** 514, 520.

271 So EGMR Yefimenko/R, 12.2.2013, §§ 109 f. (Richter hatten gar nicht Richter sein dürfen).

272 EGMR (GK) Mooren/D, 9.7.2009, § 75 (zu § 114 Abs. 2 StPO) (insoweit in StV **2010** 490 nicht abgedruckt); Kasangaki/NL (E), 21.4.2015, §§ 35 ff.; Khudoyorov/R, 8.11.2005, §§ 128 ff. Der EGMR spricht oft von einer „gross and obvious irregularity" /„irregularité grave et manifeste", die zu einem Verstoß gegen Art. 5 Abs. 1 führt; so in EGMR Porowski/PL, 21.3.2017, § 111 und EGMR Richmond Yaw u.a./I, 6.20.2016, §§ 72 f. (Unterscheidung zwischen „prima facie" und „ex facie" unwirksamen Haftanordnungen); ferner EGMR Kolevi/BUL, 5.11.2009, §§ 175 ff. (Untersuchungshaft gegen einen Betroffenen, der Immunität vor Strafverfolgung besaß); krit. Karpenstein/Mayer/*Elberling* 20. Kein derart schwerer Fehler soll es hingegen sein, wenn die Anordnung der U-Haft oder der Fortführung derselben auch auf unrechtmäßig zustandekommenen Polizeiprotokollen (kein Staatsanwalt bei der Vernehmung anwesend, obwohl das Gesetz das vorschrieb) beruhte, wenn und weil auch andere Anhaltspunkte für einen ausreichenden Tatverdacht sprachen (EGMR Dinç u. Çakır/TRK, 9.7.2013, §§ 43, 49 ff.). – Teilweise spricht der EGMR auch von einem groben *oder* (statt: und) offensichtlichen Fehler (EGMR Liu/R, 6.12.2007, § 81; Lloyd u.a./UK, 1.3.2005, § 114, siehe aber § 115 und passim für die Wiedergabe des englischen Rechts), ohne dass dieser Unterschied eine erkennbare Folge für die Auslegung zeitigt; in der Formulierung, nicht aber in der Sache abweichend EGMR Garabayev/R, 7.6.2007, § 89: „the procedural flaw in the order authorising the applicant's detention was so fundamental as to render it arbitrary" (Auslieferungshaft gegen eigenen Staatsangehörigen, obwohl diese nicht ausgeliefert werden dürfen; so auch EGMR eNagiyev/ASE, 23.4.2015, § 65).

entscheiden.[273] Dies ist **Aufgabe der nationalen Gerichte**. Soweit allerdings die Konvention inhaltlich – insbesondere bei den Haftgründen des Art. 5 Abs. 1 Satz 2 – so eng an das nationale Recht anknüpft, dass dessen Verletzung einen Konventionsverstoß nahelegt, überprüft der EGMR bis zu einem gewissen Grad auch die Einhaltung der nationalen Rechtsvorschriften (vgl. Rn. 87).[274]

Wo der EGMR die Grenzen dieser Kontrollbefugnis zieht, ist schwer vorherzusagen, **100** da hier die Umstände des Einzelfalls stark ins Gewicht fallen. Mitunter wird nur darauf abgestellt, ob die nationalen Entscheidungen Amtsmissbrauch, Unredlichkeit oder Willkür erkennen lassen.[275] Wenn allerdings nationale Stellen das **nationale Recht bewusst missachtet** haben, was auch durch eine als Willkür zu wertende bewusste (bösgläubige) Fehlinterpretation geschehen kann[276] oder wenn **zwingende nationale Verfahrensregeln** zweifelsfrei und unstreitig verletzt worden sind, wird eine Konventionsverletzung tendenziell bejaht.[277] Desgleichen wertet der EGMR die Überschreitung einer im nationalen Recht bindend festgesetzten **Höchstdauer** für eine Freiheitsentziehung als Konventionsverstoß.[278]

Werden **Verfahrensgarantien der Konventionen** selbst nicht beachtet (Art. 5 **101** Abs. 2–4), so liegt darin auch bei Einhaltung des nationalen Rechts ein Konventionsverstoß *sui generis*, der aber nicht notwendig die Freiheitsentziehung selbst i.S.v. Art. 5 Abs. 1 konventionswidrig machen muss.[279] Auch führt nicht jeder Verstoß gegen Art. 6 zur Annahme von Willkür, wohl aber ein **„flagrant denial of justice"**.[280] Keine Willkür soll dabei vorliegen, wenn entgegen **Art. 6 Abs. 3 lit. b**, aber in Übereinstimmung mit (insoweit konventionswidrigem) reinem innerstaatlichen Recht in der Untersuchungshaft kein Zugang zu einem Verteidiger besteht.[281] Wegen der mittlerweile gefestigten höchstrichterlichen Rechtsprechung dürfte hingegen die wegen Verstoßes gegen die Be-

273 Etwa EGMR Winterwerp/NL, 24.10.1979; X./UK, 5.11.1981; Bozano/F, 18.12.1986; EKMR EuGRZ **1987** 80 (Barbie); *Esser* 205; *Frowein* EuGRZ **1980** 231, 236; ferner *Frowein/Peukert* 30 ff. (Erörterung einzelner Entscheidungen); zur Beschränkung der Prüfungskompetenz unter dem Blickwinkel der Aufgabe vgl. *Herzog* AöR **86** (1961) 194, 212.

274 EGMR Tsirlis u. Kouloumpas/GR, 29.5.1997 (unter Missachtung der Ausnahme zur Ableistung des Militärdienstes bei Geistlichen der Zeugen Jehovas); Nakach/NL, 30.6.2005, so auch ein Verstoß im aserbeidschanischen Recht, den Festgenommenen innerhalb der 48-Stunden-Frist dem Richter vorzuführen: EGMR Salayev/ASE, 9.11.2010; Farhad Aliyev/ASE, 9.11.2010.

275 Vgl. EGMR Kemmache/F (Nr. 3), 24.11.1994; Benham/UK, 10.6.1996, ÖJZ **1996** 915; Gajcsi/H, 3.10.2006, § 21; *Esser* 205 ff. m.w.N.; *Villiger* 401.

276 *Frowein/Peukert* 29, 39.

277 EGMR van der Leer/NL, 21.2.1990 (Unterlassen der Anhörung vor der Unterbringungsanordnung) und EGMR Wassink/NL, 27.9.1990 (keine Mitwirkung des Urkundsbeamten); vgl. auch *Esser* 206 ff. und die bei *Frowein/Peukert* 30 ff. mitgeteilten, unterschiedlich beurteilten weiteren Fälle. Siehe auch: OGH ÖJZ **2010** 823 (verzögerte Stellungnahme der StA zu Enthaftungsantrag verletzt Beschleunigungsgebot). In dieser Richtung EGMR Khadzhiev/BUL, 3.6.2014, § 66 (Auslieferungshaft, ohne dass die Behörden geprüft hatten, ob sich aus dem maßgebenden Auslieferungsvertrag ein Auslieferungsverbot ergab).

278 EGMR K.-F./D, 27.11.1997 (Überschreitung der Zwölf-Stunden-Frist nach § 163c StPO um 45 Minuten); dazu *Eiffler* NJW **1999** 762; EGMR Ignatenco/MOL, 8.2.2011, NJW **2011** 3017 (Überschreitung einer 72-Stunden-Frist um 30 Minuten); *Esser* 208; Meyer-Goßner/*Schmitt* § 163c, 15 StPO. Zur Missachtung der im aserbeidschanischen Recht vorgesehenen Frist, den Festgenommenen innerhalb von 48 Stunden einem Richter vorzuführen: EGMR Salayev/ASE, 9.11.2010; Farhad Aliyev/ASE, 9.11.2010.

279 EGMR De Wilde u.a./B, 18.6.1971; *Vogler* ZStW **89** (1977) 761, 774. Vgl. EGMR Herz/D, 12.6.2003, §§ 64, 68 (Art. 5 Abs. 4 verletzt, wenn Gericht nach Entlassung ablehnt, noch über die Rechtmäßigkeit der vorl. Unterbringung zu entscheiden); ähnlich BVerfG NJW **1998** 2432.

280 EGMR Stoichkov/BUL, 24.3.2005, §§ 51 ff.

281 EGMR Simons/B (E), 28.8.2012, §§ 32 f.

lehrungspflicht nach **Art. 36 Abs. 1 *lit.* b WÜK** rechtswidrige Inhaftierung einen Verstoß gegen Art. 5 Abs. 1 darstellen.[282] Strafhaft oder die Festnahme/Verhaftung/Inhaftierung (U-Haft) von Verdächtigen wird in der Regel auch dann nach Art. 5 Abs. 1 Satz 2 *lit.* a bzw. *lit.* c gerechtfertigt sein, wenn die dieser Maßnahme zugrunde liegende Strafnorm gegen **Art. 7** verstößt.[283]

102   Im spektakulären Fall ***Radu*** hat der EGMR die Nichtanwendung von § 67d Abs. 6 StGB und die Anwendung von § 67d Abs. 2 StGB als rechtmäßig akzeptiert.[284] Gegen den Bf. war wegen verminderter Schuldfähigkeit (§ 21 StGB) die im Anschluss an die Strafhaft zu vollziehende Maßregel nach § 63 StGB verhängt worden. Da sich später herausstellte, dass die psychische Störung, die beim Bf. vorlag, unterhalb der Schwelle des § 21 StGB lag, die Störung als solche zwar richtig erkannt, § 21 StGB jedoch falsch angewandt worden war, wäre eine Beendigung der Maßregel gem. § 67d Abs. 6 StGB naheliegend erschienen. Dem unmittelbaren Wortlaut nach gilt diese Norm zwar nur für „Geheilte", dem Sinn (und der deutschen Rechtsprechung) zufolge aber auch für diejenigen, bei denen irrtümlich ein psychischer Defekt festgestellt wurde und die folglich nie „krank" waren. Der Bf. hingegen war nicht „nie krank", sondern durchaus psychisch auffällig, auf seine in Wahrheit nicht so gravierende Krankheit wurde aber rechtlich fehlerhaft § 21 StGB angewandt. Eine solche Fallkonstellation wird anders behandelt als der Fall desjenigen, der „nie krank" war; diese Gesetzesauslegung war für den Bf. vorhersehbar war (gefestigte deutsche Rechtsprechung).[285] Wegen der Rechtskraft der materiell unrichtigen Bejahung von §§ 21, 63 StGB wurde nicht § 67d Abs. 6 StGB, sondern dessen Absatz 2 angewandt. Die danach bestehende weitere Voraussetzung für die Freilassung, nämlich die fehlende Gefährlichkeit des Betroffenen, wurde für die Person des Bf. von den Gerichten verneint. Mag auch zweifelhaft sein, ob die Nichtanwendung des für den Bf. günstigen § 67d Abs. 6 StGB und die Unterscheidung nach Fehlern in der Feststellung der vermeintlichen psychischen Erkrankung und in der rechtlichen Bewertung der zutreffend festgestellten psychischen Erkrankung sachgerecht ist, so erscheint es doch haltbar, dass der EGMR die Entscheidungen der deutschen Gerichte offenbar für vertretbar erachtet und ein Einschreiten aus EMRK-Sicht nicht für geboten hielt.[286]

103   An der Gesetzmäßigkeit („*lawfulness*") fehlte es bei Verhaftungen von über 400 Juristen im Zusammenhang mit dem **Putschversuch in der Türkei** im Juli 2016. Der EGMR stellte fest, dass die extensive Anwendung des Begriffs „***in flagrante delicto (auf frischer Tat)***" hier zum Verstoß gegen Art. 5 Abs. 1 führte und verurteilte die Türkei zur Zahlung von 5.000 € an jeden einzelnen Bf.[287] Hierbei bezieht sich der Gerichtshof auf das 2019

---

282 Näher zur deutschen Rechtslage (Abschiebungshaft): BGH FGPrax **2010** 212; BVerwG NVwZ **2013** 277 m. Anm. *Gutmann* = ZAR **2013** 152 m. Anm. *Pfersich*, Tz. 28. Belehrungspflicht nach Art. 36 Abs. 1 *lit.* b WÜK gilt auch für Festnahme und Straf- und Untersuchungshaft sowie für anderweitige Freiheitsentziehungen; siehe LG Nürnberg-Fürth BtPrax **2014** 90 = FamRZ **2014** 1575 (red. Ls.): Unwirksamkeit der vorläufigen Unterbringung nach § 331 FamFG bei unterbliebener Belehrung. Zur Belehrungspflicht nach Art. 36 Abs. 1 *lit.* b WÜK vgl. Art. 6 Rn. 877 ff.

283 EKMR Kokkinakis/GR, 7.12.1990, Nr. 2 (Beschwerde gegen Festnahme offensichtlich unbegründet, da dringender Tatverdacht bestanden habe; offengelassen, ob spätere Verurteilung gegen Art. 7 verstieß; hierzu EGMR Kokkinakis/GR, 25.5.1993, §§ 51 ff.).

284 EGMR Radu/D, 16.5.2013, NJW **2014** 369 = EuGRZ **2013** 584, §§ 109 ff.

285 EGMR Radu/D, 16.5.2013, § 114.

286 Siehe EGMR Radu/D, 16.5.2013, §§ 116 ff., wo die gründliche Auseinandersetzung der deutschen Gerichte mit der einschlägigen Rechtsfrage mit Wohlwollen aufgenommen wurde.

287 EGMR Turan u.a./TRK, 23.11.2021, §§ 96, 106.

ergangene Urteil in der Rs. *Alparslan Altan* und bestätigt die dort entwickelten Grundsätze.[288]

4. Anspruch auf unverzügliche Freilassung bzw. Entlassung aus der Haft. Der von **104** einer Freiheitsentziehung Betroffene hat das Recht, **unverzüglich freigelassen bzw. aus der Haft entlassen** zu werden, sobald der Festnahme- bzw. Haftgrund (etwa durch Aufhebung in Form einer gerichtlichen Entscheidung oder durch den Ablauf einer festgesetzten Zeit) weggefallen ist. Gewisse Verzögerungen bei der Vollziehung einer Entlassungsentscheidung hält der EGMR aus Gründen der Justizpraxis (behördliche Umsetzung; Beachtung besonderer Formalitäten) für unvermeidlich, sie sind aber so kurz wie möglich zu halten; eine wesentliche **Verzögerung** seiner Freilassung und damit eine vom ursprünglichen Haftgrund nicht mehr gedeckte Freiheitsentziehung stellt einen Verstoß gegen Art. 5 Abs. 1 dar.[289] Das Erfordernis der Erfüllung von Formalitäten kann eine zusätzliche Haft von **allenfalls ein paar Stunden** rechtfertigen.[290] Auch wenn die Haftzeit nachts, etwa um Mitternacht, endet, ist der Betroffene zu dieser Zeit freizulassen, ansonsten handelt es sich um eine nicht gerechtfertigte Verzögerung.[291] Um die schnellstmögliche Freilassung eines Inhaftierten im Anschluss an eine dahingehende gerichtliche Entscheidung zu gewährleisten, ist schon das Gericht, das etwa einen Haftbefehl aufhebt, gehalten, die jeweilige **Hafteinreichung** (JVA) über diesen Umstand zu **benachrichtigen.**

Kein Konventionsverstoß trotz einer wesentlichen Verzögerung der Abläufe liegt vor, **105** wenn ausgeschlossen werden kann, dass diese auf einem **Organisationsverschulden** der Behörden beruht (**Exkulpation**); können die für die Freilassung verantwortlichen Behörden allerdings keine **hinreichende Dokumentation** der relevanten Fakten und Umstände beibringen, geht das zu Lasten des Staates, so dass in diesen Fällen regelmäßig ein Konventionsverstoß anzunehmen ist.[292]

Strenge Maßstäbe gelten insoweit bei einer **gesetzlich festgelegten Höchstdauer** für **106** eine Freiheitsentziehung, weil deren zulässige Dauer dann im Voraus bekannt ist; hier müssen die zuständigen Stellen alle Vorkehrungen treffen, um eine Zeitüberschreitung zu vermeiden. Die Überschreitung einer gesetzlichen Höchstdauer kann aber mit Art. 5 Abs. 1 in Einklang stehen, wenn die Staatsanwaltschaft die Aufrechterhaltung der Freiheitsentziehung bei Gericht wenigstens innerhalb dieser Frist beantragt.[293] Verständnis mag man aufbringen können, wenn der Ablauf der Haftzeit nicht schon seit längerem feststeht und zu einer Zeit eintritt, zu der die für die Feststellung des Ablaufs zuständigen Stellen gewöhnlich nicht arbeiten (z.B. um Mitternacht), dann ist jedoch in besonderem Maße

---

288 EGMR Turan u.a./TRK, 23.11.2021, 95; zur extensiven Anwendung des Begriffs „in flagrante delicto" siehe EGMR Alparslan Altan/TRK, 16.4.2019, §§ 107 ff. (Festnahme nur wegen Verdacht, am Putschversuch beteiligt gewesen zu sein; für Annahme eines Betreffens auf frischer Tat bereits Verdacht der Mitgliedschaft in der am Putsch beteiligten kriminellen Organisation ausreichend).

289 EGMR Giulia Manzoni/I, 1.7.1997; (GK) Labita/I, 6.4.2000; Ignatenco/MOL, 8.2.2011, § 67; vgl. ferner EGMR Kerem Çiftçi/TRK, 21.12.2021, §§ 32 ff.; Meyer-Ladewig/Nettesheim/von Raumer/*Meyer-Ladewig/Harrendorf/König* 27.

290 EGMR Nikolov/BUL, 30.1.2003, § 82; Gebura/PL, 6.3.2007, §§ 34 f.; Ladent/PL, 18.3.2008, § 81; Kiril Andreev/BUL, 28.1.2016, § 55.

291 EGMR Calmanovici/RUM, 1.7.2008, § 77; Sigarev/R, 30.10.2014, §§ 19 ff., 28 ff., 40 ff.

292 EGMR Nikolov/BUL, 30.1.2003, §§ 80, 83 ff.; Bojinov/BUL, 28.10.2004, §§ 37, 39; Bivolaru/RUM, 28.2.2017, §§ 105 f.

293 EGMR Ignatenco/MOL, 8.2.2011, § 68.

Esser

dafür Sorge zu tragen, dass die Freilassung wenigstens ab Beginn der gewöhnlichen Arbeitszeit zügig in die Wege geleitet wird.[294]

107   Eine fortdauernde Inhaftierung kann auch nicht dadurch gerechtfertigt werden, dass aufgrund der **Gefährlichkeit des Inhaftierten** besondere Maßnahmen ergriffen werden müssen, die eine längere Vorbereitungszeit in Anspruch nehmen. Der Staat kann sich nicht dadurch exkulpieren, dass er sich auf Kommunikationsschwierigkeiten zwischen verschiedenen an der Entlassung beteiligten Behörden beruft, welche das Entlassungsverfahren verlängern.[295]

II. Besondere Zulässigkeitsvoraussetzungen des Art. 5 Abs. 1 Satz 2

1. Allgemeine Grundsätze

108   **a) Abschließende Aufzählung der Haftgründe.** Art. 5 Abs. 1 Satz 2 enthält eine **abschließende Aufzählung zulässiger Gründe für eine Freiheitsentziehung.** Anders als Art. 9 IPBPR lässt er die Freiheitsentziehung nur zu, wenn sie unter eine dieser Kategorien fällt.[296] Das nationale Recht der Vertragsstaaten darf daher keine Freiheitsentziehung aus anderen Gründen vorsehen, wie etwa aus „staatliche Interessen" oder allgemeinen Sicherheitserwägungen.[297] Als Argument für den abschließenden Charakter der Aufzählung lässt sich auch Art. 18 (dort Rn. 2, 4) heranziehen. Nicht akzeptabel ist es daher, zum Schutz von Leib und Leben die **Ingewahrsamnahme eines Suizidgefährdeten** im Hinblick auf die von Art. 2 anerkannte Schutzpflicht des Staates zugunsten eines höherwertigen Rechtsguts auch dann für zulässig zu halten, wenn sie von keiner der Fallgruppen des Art. 5 Abs. 1 erfasst wird (Rn. 85).[298]

109   Die Liste abschließender Haftgründe ist über Art. 52 Abs. 3 Satz 1 EUC auch für die Auslegung von **Art. 6 EUC** relevant, der weder einen solchen Katalog noch einen speziellen Schrankenvorbehalt besitzt.

110   **b) Verhältnis zum nationalen Recht.** Die Zulässigkeitsvoraussetzungen des Art. 5 Abs. 1 Satz 2 setzen notwendig eine ihnen entsprechende, qualitativ ausreichende (Rn. 87) Regelung im nationalen Recht voraus. Sie ersetzen das nationale Recht nicht, binden es aber an ihre Schranken. Aus anderen Bestimmungen der Konventionen allein kann keine eine Freiheitsentziehung rechtfertigende Eingriffsermächtigung hergeleitet werden. Es bleibt andererseits dem nationalen Gesetzgeber überlassen, ob er aus einem der Gründe

---

294 EGMR Calmanovici/RUM, 1.7.2008, §§ 77 f. (Ablauf der Haftzeit um Mitternacht, da bis dahin kein Rechtsmittel bei Gericht gegen eine Freilassungsentscheidung eingelegt wurde; Mitteilung an Gefängnisverwaltung erst um 10.51 Uhr gefaxt, obwohl lediglich ein Brief zu erstellen/unterzeichnen war; Freilassung erst um 16.30 Uhr; angeblich Entlassungsformalitäten zu bewirken und mehrere Freilassungen an einem Tag. Vgl. auch EGMR (GK) Labita/I, 6.4.2000, §§ 171 ff. (Freilassung möglich um 12.25 Uhr; Verzögerung bis zum nächsten Morgen, weil zuständiger „registration officer" erst dann präsent).

295 EGMR Kucheruk/UKR, 6.9.2007.

296 EGMR Engel u.a./NL, 8.6.1976; Weeks/UK, 2.3.1987, NJW **1989** 647 = EuGRZ **1988** 316, § 42; Winterwerp/NL, 24.10.1979; Guzzardi/I, 6.11.1980; Ciulla/I, 22.2.1989; Quinn/F, 22.3.1995, § 42; Brand/NL, 11.5.2004, § 58; Lutsenko/UKR, 3.7.2012, § 62; *Grabenwarter/Pabel* § 21, 19; Meyer-Ladewig/Nettesheim/von Raumer/*Meyer-Ladewig/Harrendorf/König* 17; **a.A.** früher noch *Jescheck* NJW **1954** 785 (nur Beispiele).

297 EGMR Baisuev u. Anzorov/GEO, 18.12.2012, § 60.

298 Vgl. allgemein zum Freitod Dürig/Herzog/Scholz/*Herdegen* Art. 1 Abs. 1, 89 GG; **a.A.** *Hodler* NJW **1953** 532; nach *Partsch* 129 lässt sie sich nur bei einer Untersuchung auf den seelisch-geistigen Zustand nach *lit.* e (Rn. 250 ff.) rechtfertigen.

des Art. 5 Abs. 1 Satz 2 die Möglichkeit einer Freiheitsentziehung vorsehen will. Die Voraussetzungen der einzelnen Fallgruppen überschneiden sich zum Teil (vgl. hierzu Rn. 113).

c) Auslegung. Die im Deutschen sprachlich schlecht gefassten,[299] nicht zuletzt wegen **111** Überschneidungen und Wiederholungen systematisch unklaren Haftgründe des Katalogs in Art. 5 Abs. 1 Satz 2 sind im Hinblick auf die Zielsetzung der EMRK, die Eingriffe in die Freiheit einzudämmen, **eng auszulegen.**[300] Der EGMR hat es abgelehnt, durch eine erweiternde Auslegung der Haftgründe im Einzelfall kriminalpolitische Erfordernisse einzelner Staaten zu berücksichtigen.[301] Im früheren Schrifttum wurde zwar eine am Grundgedanken orientierte, dem Zweck der Regelung Rechnung tragende ausdehnende Interpretation des Wortlauts (*argumentum a fortiori*) für zulässig gehalten.[302] Lehnt man diesen Ansatz nicht schon grundlegend ab, bestimmt der das Schutzsystem der Konventionen beherrschende Grundgedanke, dass zwischen der Verteidigung der demokratischen Institutionen im Allgemeininteresse und dem Schutz der Individualrechte ein angemessener Ausgleich herzustellen ist, auch hier stets die Auslegung der jeweiligen Begrifflichkeiten.[303]

Bei der Auslegung der einzelnen Tatbestände des Art. 5 Abs. 1 Satz 2 ist zu beachten, **112** dass die einzelnen Gruppen zum Teil nur **formelle Erfordernisse** aufstellen, wie etwa bei *lit.* a nur die Verurteilung, d.h. weder die *rechtmäßige* noch die *rechtskräftige* Verurteilung durch das (erste) zuständige Gericht fordern,[304] während andere **auch materielle Vorgaben** enthalten, wie etwa der begründete Anlass für eine Festnahme nach *lit.* c oder *lit.* e. Zum Teil genügt es schon, dass die staatlichen Organe in einer **bestimmten Absicht** handeln (vgl. *lit.* f). Der Unterschied ist für den Umfang der **Prüfungskompetenz des EGMR** von Bedeutung. Im erstgenannten Fall prüft der Gerichtshof nur, ob die geforderten formellen Voraussetzungen vorliegen,[305] während im anderen Fall das tatsächliche Bestehen der materiellen Voraussetzungen einschließlich der Bewertung der dazu gehörenden Tatsachen durch die nationalen Instanzen in die Überprüfung einbezogen wird.[306] Soweit etwa die Gründe des Katalogs genügen lassen, dass die nationalen Organe damit ein bestimmtes Ziel verfolgen, wie beispielsweise *„zum Zwecke der Vorführung vor die zuständige Behörde"* (vgl. *lit.* d), ist allein maßgeblich, ob die nationalen Organe tatsächlich den von der Konvention gebilligten Zweck verfolgt haben.[307]

---

299 Zur Wahl der sog. Definitionsmethode wegen des angelsächsischen Rechts: *Koschwitz* 178; *Herzog* AöR **86** (1961) 194, 198, 222.

300 Etwa EGMR Winterwerp/NL, 24.10.1979; Guzzardi/I, 6.11.1980; Ciulla/I, 22.2.1989; Quinn/F, 22.3.1995, § 42; Lukanov/BUL, 20.3.1997; Nowicka/PL, 3.12.2002, § 59; M./D, 17.12.2009, § 90; *Grabenwarter/Pabel* § 21, 19; *Meyer-Ladewig/Nettesheim/von Raumer/Meyer-Ladewig/Harrendorf/König* 2, 17; vgl. *Frowein/Peukert* 35 und zur Prüfungskompetenz 27 ff.; gegen die Betrachtung als eine unter allen Umständen eng auszulegende Maßnahme: *Echterhölter* JZ **1956** 142; *Herzog* AöR **86** (1961) 194, 200.

301 Etwa EGMR Engel u.a./NL, 8.6.1976; IR/UK, 18.1.1978; Guzzardi/I, 6.11.1980; Bouamar/B, 29.2.1988; Ciulla/I, 22.2.1989; K.-F./D, 27.11.1997; *Esser* 209 m.w.N.; vgl. auch EGMR M./D, 17.12.2009, in dem der Gerichtshof der ständigen Erweiterung der Tatbestände der Sicherungsverwahrung zum Schutz eines „überragenden Gemeinwohlinteresses" (vgl. BTDrucks. **15** 2887 S. 10, 12 f.) eine klare Absage erteilt hat.

302 *Herzog* AöR **86** (1961) 194, 200; *Echterhölter* JZ **1956** 142; *v. Weber* ZStW **65** (1953) 347.

303 EGMR Brogan u.a./UK, 29.11.1988; *Trechsel* StV **1992** 188; vgl. Teil I Rn. 245.

304 *Frowein/Peukert* 38.

305 Vgl. aber EGMR Weeks/UK, 2.3.1987, NJW **1989** 647 = EuGRZ **1988** 316 (Beschränkung gilt nur für die ursprüngliche Entscheidung, nachfolgend inhaltlich voll überprüfbar).

306 Vgl. *Frowein/Peukert* 27 ff.; *Trechsel* EuGRZ **1980** 514, 521.

307 *Frowein/Peukert* 36; *Trechsel* EuGRZ **1980** 514, 521; vgl. auch Art. 18.

113   Wegen der **Überschneidungen der Fallgruppen** kann eine Freiheitsentziehung im Einzelfall durch **mehrere Haftgründe** gerechtfertigt sein.[308] An sich genügt es, wenn ein Haftgrund einschlägig ist; der EGMR lässt aber, ohne scharf zu trennen, die Berufung auf mehrere Haftgründe durchaus zu,[309] wobei der zentral einschlägige Grund maßgebend sein soll.[310] Man wird aber stets fordern müssen, dass die besonderen Anforderungen, die Art. 5 Abs. 2 bis 4 nur für eine der Gruppen aufstellt, dadurch nicht umgangen werden dürfen. Wenn unter dem Blickwinkel des Schutzzwecks ein Fall einer Gruppe schwerpunktmäßig zuzuordnen ist, muss die Haft den dafür geltenden besonderen Anforderungen genügen, auch wenn sie sich noch durch eine andere Gruppe rechtfertigen ließe. So ist etwa Absatz 3 nach dem Sinn dieser Sonderregelung bei einer **Freiheitsentziehung wegen des Verdachts einer strafbaren Handlung** immer anzuwenden, auch wenn eine vorläufige Freiheitsentziehung nicht nur unter Art. 5 Abs. 1 Satz 2 *lit.* c zu subsumieren sein sollte (vgl. Rn. 200, 366 f.). Wegen der praxis- und schutzzweckorientierten Verfahrensweise des EGMR sind diese Fragen nicht abschließend geklärt. Auch der in einigen Vertragsstaaten zulässige gleichzeitige Vollzug mehrerer, auf verschiedene Gründe gestützter Haftbefehle nebeneinander wird vom EGMR nicht beanstandet.[311]

114   Ist eine Freiheitsentziehung nicht nach Art. 5 Abs. 1 Satz 2 gerechtfertigt, weil keiner der dort genannten Gründe einschlägig ist, so kann sie **auch nicht nachträglich** dadurch gerechtfertigt werden bzw. in Rechtmäßigkeit erwachsen, dass zu einem späteren Zeitpunkt eine rechtmäßige Freiheitsentziehung (insbesondere aufgrund einer strafrechtlichen Verurteilung) erfolgt und die zuvor erfolgte Freiheitsentziehung auf diese Strafe angerechnet wird.[312]

2. Rechtmäßige Freiheitsentziehung nach Verurteilung durch das zuständige Gericht (*lit.* a)

115   **a) Gerichtliche Entscheidung als formelle Voraussetzung.** Da die EMRK keinen einheitlichen Gerichtsbegriff kennt, ist das Merkmal *Gericht* i.S.v. *lit.* a („court"/„tribunal") **weit zu verstehen**. Die betreffende Entscheidung muss nicht zwingend das Urteil eines Strafgerichts darstellen; auch solche anderer Gerichtszweige fallen hierunter, wenn sie aufgrund einer Verurteilung (Rn. 120) freiheitsentziehende Sanktionen verhängen.[313] Bei der verurteilenden Stelle muss es sich auch nicht notwendig um eine der klassischen Justiz zugeordnete Stelle handeln. Es genügt, wenn die nach nationalem Recht zur Entscheidung über die Freiheitsentziehung berufene, **zuständige** Institution insofern **gerichtlichen Charakter** hat, als ihre Organträger aufgrund eines geregelten Verfahrens entscheiden und bei der Ausübung dieser Funktion auch der Organisation nach **personell und sachlich unabhängig** von anderen Behörden und Parteien sind, so dass auch ihre **unparteiliche** Haltung nicht in Frage gestellt ist.[314]

---

308 Etwa EGMR X./UK, 5.11.1981; Brand/NL, 11.5.2004, §§ 58 f.; Kucheruk/UKR, 6.9.2007; Constancia/NL (E), 3.3.2015, §§ 29, 31; Kadusic/CH, 9.1.2018, § 38; *Esser* 210.

309 Vgl. *Grabenwarter/Pabel* § 21, 19.

310 EGMR Eriksen/N, 27.5.1997; Johnson/UK, 24.10.1997.

311 Vgl. EGMR Erkalo/NL, 2.9.1998, § 50; Litwa/PL, 4.4.2000, § 49; *Esser* 210.

312 EGMR Asen Kostov/BUL, 26.3.2013, § 39; ähnlich EGMR Calmanovici/RUM, 1.7.2008, § 71.

313 So im Falle einer *„administrative detention"* EGMR Galystan/ARM, 15.11.2007, §§ 46 f.; für den Fall einer zivil- bzw. verwaltungsgerichtlichen Entscheidung: EGMR Gurepka/UKR, 6.9.2005, §§ 27 ff., 39.

314 Zum Gerichtsbegriff vgl. EGMR Engel u.a./NL, 8.6.1976, § 68; *Frowein/Peukert* 42 ff.; *Grabenwarter/Pabel* § 21, 22; *Vogler* ZStW **89** (1977) 761, 768 ff.; enger noch *Herzog* AöR **86** (1961) 194, 213 (Gerichtsbegriff des Art. 6 Abs. 1); siehe auch: EGMR Dacosta Silva/E, 2.11.2006, § 44: Unabhängigkeit eines Generals der Guardia

Diese Forderung schließt ein, dass für eine bestimmte Zeitspanne eine gewisse Stabili- **116** tät in der Besetzung des Spruchkörpers gewährleistet sein muss. Nicht notwendig ist, dass die Richter auf Lebenszeit ernannt sind[315] oder dass es sich bei ihnen um **Berufsrichter** handelt. Auch **Laienrichter** (Schöffen) genügen den Anforderungen, die der EGMR im Rahmen des Art. 5 an ein Gericht stellt. Einzelheiten müssen im nationalen Gesamtsystem geregelt sein, wobei auch die Art und die Schwere der Strafe, die jeweils verhängt werden darf, eine Rolle spielen kann.

Auf der Entscheidung eines (eigenen) nationalen Gerichts muss die in einem Vertrags- **117** staat vollzogene Freiheitsentziehung beruhen. Diese Entscheidung muss aber nicht notwendig die alleinige Grundlage für die Anordnung der Freiheitsentziehung bilden. Soweit Urteile eines **ausländischen** (auch Nichtkonventions-)**Staates** kraft völkerrechtlicher Vereinbarung im Inland anerkannt und vollstreckt werden können, ist auch der Entscheidung, durch die ein ausländisches Urteil für vollstreckbar erklärt wird (**Exequatur**), die Kraft zur Legitimierung der Freiheitsentziehung zuzuerkennen. Gleiches gilt für eine Haftentscheidung nach § 58 IRG (**Sicherung der Vollstreckung eines ausländischen Urteils**).[316]

Vollstreckt ein Vertragsstaat aufgrund einer internationalen Vereinbarung (**Übernah-** **118** **me der Strafvollstreckung**) das Strafurteil eines anderen Staates, muss grundsätzlich das Verfahren des anderen Staates, das zum Urteil als Endentscheidung geführt hat, nicht in jedem Detail überprüft werden. Ist allerdings offensichtlich, dass das zu vollstreckende ausländische Urteil unter offensichtlicher Verweigerung der Verfahrensfairness bzw. wesentlicher Verteidigungsrechte zustande gekommen ist, muss der ersuchte Staat die Übernahme der Vollstreckung ablehnen.[317]

Zum Teil wird vertreten, dass die Entscheidungsfindung auf der Grundlage eines **119** **rechtsstaatlichen Verfahrens** bereits zum Wesen des Gerichts i.S.d. Art. 5 Abs. 1 gehört.[318] Auch wenn man die Status- von der Verfahrensfrage trennen sollte, muss im Ergebnis jedenfalls ein ordnungsgemäß ablaufendes Verfahren mit angemessenen Garantien schon zum Ausschluss von Willkür immer vorliegen (Rn. 11). Art. 5 legt im Übrigen **keine bestimmte Verfahrensart** fest. Das jeweilige Verfahren kann im nationalen Recht bei den verschiedenartigen Fällen der Freiheitsentziehung, die der Katalog des Absatzes 1 Satz 2 beschreibt, auch unterschiedlich ausgestaltet sein. Es muss aber immer hinsichtlich der Rechtsgarantien für den Betroffenen einem gewissen, in den europäischen Demokratien üblichen **Mindeststandard** entsprechen.[319]

Civil zu verneinen, der von der internen Hierarchie her bzw. von anderen Behörden gerade nicht unabhängig war, wenn er sofort vollziehbare Disziplinarstrafen mit freiheitsentziehendem Charakter (z.B. Hausarrest) verhängen konnte.

315 EGMR Weeks/UK, 2.3.1987, § 62 (Bezugnahme auf EGMR Campbell u. Fell/UK, § 79 – und wohl auch § 80 – zu Art. 6 Abs. 1, betreffend Ernennung der Richter/Mitglieder des Spruchkörpers auf drei Jahre).

316 Meyer-Goßner/*Schmitt* 2a. Gleiches muss auch bei der Vollstreckung von Urteilen aus anderen EU-Mitgliedstaaten aufgrund Art. 8 Abs. 1 RB 2008/909/JI über die Anwendung des Grundsatzes der gegenseitigen Anerkennung auf Urteile in Strafsachen, durch die eine freiheitsentziehende Strafe oder Maßnahme verhängt wird, für die Zwecke ihrer Vollstreckung in der Europäischen Union (ABlEU Nr. L 327 v. 5.12.2008 S. 27) gelten.

317 Vgl. EGMR Drozd u. Janousek/F u. E, 26.6.1992, § 110; Willcox u. Hurford/UK, 8.1.2013, §§ 94 ff.; *Frowein/ Peukert* 40 f., 44; *Grabenwarter/Pabel* § 21, 22; vgl. BVerfGE **37** 57 = NJW **1974** 893 (zur früheren innerdeutschen Rechtshilfe).

318 Die EKMR hatte dies zunächst verneint, später aber bejaht, ähnlich EGMR Neumeister/A, 27.6.1968, andererseits EGMR De Wilde u.a./B, 18.6.1971; vgl. *Vogler* ZStW **89** (1977) 761, 769; *Frowein/Peukert* 42.

319 Dazu schon: *Vogler* ZStW **89** (1977) 761, 769.

120   **b) Verurteilung („conviction").** Der EGMR legt den Begriff Verurteilung („condemnation"/„conviction") **autonom** und ohne Rückgriff auf das jeweilige nationale Recht aus und versteht darunter die gerichtliche Feststellung eines **schuldhaften Verstoßes** gegen einen straf- oder disziplinarrechtlichen Tatbestand.[320] Der Begriff ist **weit zu verstehen** und geht über die deutsche Dogmatik der „Verurteilung" hinaus.[321] Erfasst ist jedes **richterliche Erkenntnis**, das in Ausübung staatlicher Strafgewalt im weiten Sinne eine **freiheitsentziehende Maßnahme anordnet.**

121   *Freiheitsentziehung nach Verurteilung* umfasst daher neben den echten **Freiheitsstrafen** und den Ersatzfreiheitsstrafen als Kriminalstrafen u.a. auch die **Jugendstrafe,**[322] den **Jugendarrest, Disziplinarstrafen**[323] sowie **Maßregeln der Besserung und Sicherung,** insbesondere die (anfängliche) **Sicherungsverwahrung** (§ 66 StGB; zu den speziellen Formen der vorbehaltenen und nachträglichen Sicherungsverwahrung, §§ 66a, 66b StGB siehe Rn. 146 ff.).[324]

122   Unter *lit.* a fallen auch die von Gerichten als Sanktion verhängten freiheitsentziehenden **Ungehorsamsstrafen,** die das Verfahrensrecht bei allen Verfahrensarten vorsieht, etwa die **Ordnungshaft** anordnenden Beschlüsse nach § 51 StPO, §§ 390, 888, 890 ZPO oder §§ 177, 178 GVG. Dagegen kann die mit einer anderen Zielsetzung vom Gericht angeordnete **Beugehaft** nicht mehr zu dieser Gruppe gerechnet werden (vgl. *lit.* b, Rn. 176).

123   Auf die **Art oder die nationale Bezeichnung** des richterlichen Erkenntnisses kommt es nicht an. Auch eine gerichtliche Entscheidung in einem **schriftlichen Verfahren** (z.B. Straferkenntnis; Strafbefehl)[325] erfüllt grundsätzlich die Voraussetzungen, wenn der Verurteilte mithilfe eines Rechtsbehelfs die *Möglichkeit* hatte, ein ordnungsgemäßes gerichtliches Verfahren zur Überprüfung herbeizuführen.[326] Allerdings sehen schon die nationalen Regelungen zumeist keine freiheitsentziehenden Maßnahmen als Rechtsfolge vor (vgl. aber § 407 Abs. 1 Satz 2 StPO).

124   Die geforderte (vorherige) **Verurteilung** muss **nicht rechtskräftig** sein.[327] Der EGMR sieht wegen des Zusammenhangs mit Absatz 3 und der dort vorgesehenen Beschränkung der Freiheitsentziehung auf die angemessene Dauer auch die **Untersuchungshaft,**[328] die **nach der ersten Verurteilung** zu einer Freiheitsstrafe[329] vollzogen wird, als durch *lit.* a gedeckt an, da die weitere Haft nicht mehr der Vorführung vor den Richter (Absatz 3) dient. Dies trägt der Praxis mehrerer Konventionsstaaten Rechnung, in denen der Betroffe-

---

320 EGMR B./A, 28.3.1990, ÖJZ **1990** 482; *Grabenwarter/Pabel* § 21, 20; Meyer-Ladewig/Nettesheim/von Raumer/*Meyer-Ladewig/Harrendorf/König* 28; *Trechsel* EuGRZ **1980** 514, 523; *Villiger* 403.

321 So schon: *Herzog* AöR **86** (1961) 194, 213; *Partsch* 124.

322 Vgl. für einen Fall der Anordnung von Jugendstrafe neben der Auflage der Schadenswiedergutmachung als selbstständigem Zuchtmittel BGH NJW **2022** 953.

323 EGMR Engel u.a./NL, 8.6.1976 (Überstellung in Strafkompanie).

324 Zu § 66 StGB: EGMR Grosskopf/D, 21.10.2010, EuGRZ **2011** 20, §§ 46 ff.; Schmitz/D, 9.6.2011, NJW **2012** 1707, §§ 38 ff.; Mork/D, 9.6.2011, NJW **2012** 2093, §§ 51 ff.; vgl. auch EGMR van Droogenbroeck/B, 24.6.1982; zum Thema: SK/*Meyer* 64; *Frowein/Peukert* 45; *Herzog* AöR **86** (1961) 194, 214; Meyer-Goßner/*Schmitt* 2; *Pieroth* JZ **2002** 922, 927; *Renzikowski* JR **2004** 271, 272; zum Strafvollzug: *Dünkel/Geng/Morgenstern* FS **2010** 22.

325 *Guradze* 8; *Herzog* AöR **86** (1961) 194, 213.

326 *Frowein/Peukert* 39.

327 EGMR Wemhoff/D, 27.6.1968, JR **1968** 463; Karpenstein/Mayer/*Elberling* 33; Meyer-Goßner/*Schmitt* 2a; Meyer-Ladewig/Nettesheim/von Raumer/*Meyer-Ladewig/Harrendorf/König* 28; zur Frage der innerstaatlichen Vollstreckbarkeit: *Herzog* AöR **86** (1961) 194, 215; *Trechsel* EuGRZ **1980** 514, 523. Hierzu: OGH ÖJZ **2012** 971.

328 Zur Entwicklung und Zahl der Untersuchungshäftlinge vgl. *Dünkel/Geng/Morgenstern* FS **2010** 22, 23.

329 Maßgebender Zeitpunkt ist nicht der Beginn der Verhandlung (so noch die EKMR), sondern die **Verkündung des Urteils;** der Zeitpunkt der schriftlichen Niederlegung der Urteilsgründe ist dagegen unerheblich, *Esser* 287 unter Hinweis auf EGMR Mitap u. Müftüoglu/TRK, 25.3.1996; hierzu *Frowein/Peukert* 113.

ne bereits nach der (und sei es auch nicht rechtskräftigen) Verurteilung zur Freiheitsstrafe durch das erkennende Gericht formal in Strafhaft genommen wird,[330] während nach deutschem Recht bei einem noch nicht rechtskräftigen Strafurteil die Anordnung der weiteren Untersuchungshaft nicht schon die notwendige Folge der Verurteilung ist, sondern auf einem **gesonderten Beschluss** beruht, der sie nach **§ 268b StPO** anordnet oder aufrechterhält.[331]

Es genügt für eine *Verurteilung* nach *lit.* a daher, wenn das nach nationalem Recht **125** zur Entscheidung berufene, zuständige Gericht (Rn. 115 ff.) die Freiheitsentziehung angeordnet hat und diese sodann aufgrund dieser Entscheidung **rechtmäßig**, d.h. in Übereinstimmung mit den Vorschriften des nationalen Rechts, vollstreckt wird.[332] Dies ist auch der Fall, wenn die gerichtliche Entscheidung selbst materiell unrichtig (z.B. Verurteilung eines Unschuldigen) oder unter **Verstoß gegen nationales Recht** oder gegen eine Konventionsgarantie zustande gekommen sein sollte, da diese Verstöße die Rechtmäßigkeit der Vollstreckung des in seinem Bestand dadurch nicht gefährdeten Urteils unberührt lassen.[333] Anders ist dies nur, wenn ein besonders schwerer Fehler („flagrant denial of justice") zu einer willkürlichen Entscheidung führt.[334]

Die Entscheidung muss für Anordnung und Dauer der Haft **kausal**, d.h. ihre Grundla- **126** ge sein.[335] Ohne Bedeutung für das Vorliegen einer Verurteilung ist es dagegen, wenn nur das Strafmaß ohne die Urteilsgründe verkündet wird. Anders als in der Rs. *Crociani* angeführt, setzt eine Verurteilung nach *lit.* a **kein vollständiges Urteil mit Urteilsgründen** voraus. Stattdessen ist es ausreichend, dass die angeklagte Tat, der Schuldspruch, eine Entscheidung über die strafschärfenden Merkmale sowie die Strafe selbst im Urteil genannt werden.[336]

Will der Bf. die Länge der Untersuchungshaft vor dem EGMR rügen, so beginnt die **127** Beschwerdefrist (Art. 35 Abs. 1) mit der erstinstanzlichen Verurteilung, da damit die Untersuchungshaft endet (Rn. 202, 359).[337] Endete die Untersuchungshaft wegen Freilassung zu einem früheren Zeitpunkt, so beginnt die Frist ebenfalls mit dem Zeitpunkt der Beendigung der Untersuchungshaft wegen Freilassung und nicht etwa erst mit dem erstinstanzlichen oder rechtskräftigen Abschluss des Strafverfahrens.[338]

Wird das erstinstanzliche **Urteil im Rechtsmittelzug aufgehoben**, kann es eine sich **128** daran anschließende (Untersuchungs-)Haft bis zu einer erneuten (erst)gerichtlichen Ent-

---

330 Vgl. EKMR bei *Bleckmann* EuGRZ **1983** 431; BGer EuGRZ **1991** 226 (Verzicht).

331 EGMR Wemhoff/D, 27.6.1968; dagegen mit beachtlichen Gründen *Trechsel* EuGRZ **1980** 514, 523; vgl. *Herzog* AöR **86** (1961) 194, 215; *Trechsel* JR **1981** 137. Der Gerichtshof hat gegen diese Kritik in der Rs. B./A, 28.3.1990, und in der Folge in ständiger Rspr. seine Auffassung bekräftigt; vgl. *Frowein/Peukert* 38; *Kühne/ Esser* StV **2002** 383, 388; *Esser* 287 ff. (Vorteil: exakt abgrenzbare Anwendungsbereiche von Art. 5 Abs. 3 und Art. 6 Abs. 1).

332 EGMR Léger/F, 11.4.2006, § 64 (nicht in Frage gestellt GK, 30.3.2009; wegen Todes des Bf. nicht mehr in der Sache entschieden); *Frowein/Peukert* 37 ff.

333 EGMR Weeks/UK, 2.3.1987; *Frowein/Peukert* 38 f.; *Grabenwarter/Pabel* § 21, 20.

334 EGMR (GK) Ilaşcu u.a./MOL u. R, 8.7.2004, § 461; Stoichkov/BUL, 24.3.2005, §§ 51, 54 ff.; Radu/D, 16.5.2013, §§ 88, 104.

335 Vgl. EGMR Bozano/F, 18.12.1986; Weeks/UK, 2.3.1987; Monnell u. Moris/UK, 2.3.1987; *Grabenwarter/Pabel* § 21, 21.

336 EKMR (E) Crociani u.a./I, 18.12.1980, §§ 22, 26.

337 EGMR Kaçiu u. Kotorri/ALB, 25.6.2013, § 103; Efendiyev/ASE, 18.12.2014, § 53; Priebke/I (E), 5.4.2001, EuGRZ **2001** 387, Nr. 6.

338 EGMR Ulariu/RUM, 19.11.2013, §§ 17 f., 36, 72 (Bf. nach einigen Tagen U-Haft freigelassen; Bewährungsstrafe; Beschwerde gegen U-Haft verfristet; käme es auf rechtskräftigen Abschluss des Strafverfahrens an, wäre Beschwerde fristgerecht gewesen).

scheidung nicht mehr stützen;[339] eine Freiheitsentziehung in diesem Stadium muss wieder alle **Voraussetzungen der lit. c** erfüllen (hierzu Rn. 141, 419). Eine ohne Prüfung dieser Voraussetzungen aufrechterhaltene (d.h. weiterhin auf das aufgehobene Urteil gestützte) Freiheitsentziehung ist konventionswidrig.[340]

129 **c) Verhältnis zum Haftgrund der Geisteskrankheit (lit. e).** Da sich die Haftgründe nach *lit.* a und e nicht gegenseitig ausschließen, werden sie vom EGMR im Einzelfall auch **gemeinsam herangezogen**, wenn eine – im Sinne von *lit.* e – „geisteskranke" (Rn. 261 ff.), aber strafrechtlich noch verantwortliche, d.h. eingeschränkt schuldfähige Person eine Tat schuldhaft begangen hat.[341]

130 Dagegen ist der Haftgrund nach *lit.* e der **alleinige Anknüpfungspunkt**, wenn für die Unterbringung einer Person deren geistig-seelischer Zustand *maßgeblich* ist und das ihr angelastete Verhalten insoweit nur indizielle Bedeutung hat, so dass insoweit auch keine *Verurteilung* im weiten Sinn vorliegt.[342]

131 Ob die von einem Strafgericht wegen einer geistigen Erkrankung angeordnete **Unterbringung in einer psychiatrischen Einrichtung**, **Entziehungsanstalt usw.** (auch) unter *lit.* a fällt, ist vor allem dann problematisch, wenn eine solche Unterbringung nicht zusätzlich zur Strafe, sondern statt dieser – mangels Schuldfähigkeit des Täters – angeordnet wird. Vereinzelt wird vertreten, den mit dem Begriff der Verurteilung verknüpften „Schuldspruch" schon in der richterlichen Feststellung eines objektiv vorliegenden und normalerweise vorwerfbaren Unrechtstatbestandes zu erblicken, sofern dieser zur Folge habe, dass deswegen in Ausübung staatlicher Strafgewalt eine im nationalen Strafrecht vorgesehene Rechtsfolge verhängt wurde.[343] Vom Schutzzweck her erscheine weder die Feststellung einer persönlichen Schuld zwingend erforderlich, noch dass die wegen des im Urteil festgestellten Unrechtstatbestandes verhängte Sanktion im nationalen Recht dogmatisch als Strafe zu qualifizieren sei.[344] Der **EGMR** geht aber *insoweit* von einem engeren Begriff der „Verurteilung" aus und verlangt für eine *conviction* i.S.v. *lit.* a bei einer aus Präventivgründen angeordneten Freiheitsentziehung stets einen **Schuldspruch**.[345] Jedenfalls bei einem ausdrücklichen **Freispruch** wegen fehler Schuldfähigkeit kann daher nicht *lit.* a, sondern nur *lit.* e die (wegen Gefährlichkeit des Betroffenen) angeordnete Freiheitsentziehung (z.B. Unterbringung in einem psychiatrischen Krankenhaus) rechtfertigen.[346]

---

339 Vgl. EGMR Stanimirovic/SRB, 18.10.2011, § 43.
340 Siehe dazu OGH ÖJZ **2012** 971.
341 EGMR E./N, 29.8.1990, StV **1994** 272 (beide Haftgründe) m. Anm. *Trechsel*; Blühdorn/D, 18.2.2016, NJW **2017** 2395, § 63, und Radu/D, 16.5.2013, §§ 96 ff., 108, ließen offen, ob neben *lit.* a auch *lit.* e gegeben war; Klinkenbuss/D, 25.2.2016, §§ 49, 62; vgl. auch *Esser* 214. Die frühere Praxis von EGMR und EKMR subsumierte diese Maßnahme meist unter *lit.* e: EGMR X./UK, 5.11.1981. Vgl. EGMR Thynne u.a./UK, 25.10.1990, ÖJZ **1991** 388, wonach der Zweck der Haft und nicht die Zuordnung zu einer der Kategorien des Art. 5 Abs. 1 maßgebend ist; ferner Rn. 261 ff.; zu einer etwas anderen Konstellation siehe EGMR Kadusic/CH, 9.1.2018, §§ 46 ff.
342 *Esser* 215.
343 *Schorn* Art. 5 Abs. 1 Satz 2 *lit.* a Nr. 1; *Herzog* AöR **86** (1961) 194, 214 (*lit.* a fordert ein strafgerichtliches Erkenntnis, keinen Bestrafungszweck); wohl ebenso Meyer-Goßner/*Schmitt* 2.
344 *Partsch* 124.
345 EGMR Guzzardi/I, 6.11.1980; ebenso: *Trechsel* EuGRZ **1980** 514, 523 (eng auszulegen im Sinne einer Schuldigsprechung, die eine sozialethische Missbilligung enthält und Strafe nach sich zieht); dazu auch: EGMR (GK) Denis u. Irvine/B, 1.6.2021, §§ 139 ff.
346 Vgl. EGMR Luberti/I, 23.2.1984, NJW **1986** 765 = EuGRZ **1985** 642; Johnson/UK, 24.10.1997, § 58 (bei Einweisung in Krankenhaus *lit.* e Vorrang); Frank/D (E), 28.9.2010 (Freispruch infolge Schuldunfähigkeit schließe Anwendung von Art. 5 Abs. 1 Satz 2 *lit.* a aus); *Esser* 215 m.w.N.; vgl. ferner EGMR *Trechsel* EuGRZ **1980** 514, 523.

Auch strafunmündigen Kindern bzw. schuldunfähigen/nicht verantwortlichen Jugendlichen (im deutschen Recht: § 19 StGB, § 3 JGG) kann nicht auf der Grundlage von *lit.* a die Freiheit entzogen werden.[347]

d) Rechtmäßigkeit der Freiheitsentziehung. Die von *lit.* a geforderte Rechtmäßigkeit betrifft nur die **Vollstreckung** des Urteils als Titel, nicht den Inhalt und das Zustandekommen des Urteils. Es genügt, dass die Freiheitsentziehung auf einem **innerstaatlich wirksamen richterlichen Urteil** oder auf einer diesem gleichzuachtenden Entscheidung beruht und **rechtmäßig**, also in Übereinstimmung mit den Vorschriften des nationalen Rechts, **vollstreckt** wird. **132**

Welchen **Inhalt das angewandte materielle nationale Recht** hat und ob die gerichtliche Entscheidung selbst inhaltlich diesem Recht entspricht und ohne Verfahrensfehler zustande gekommen ist, wird im Rahmen des Art. 5 nicht geprüft,[348] auch nicht, ob die Entscheidung auf einer **konventionswidrigen Strafnorm** beruht[349] oder in einem **der Konvention widersprechenden Verfahren** ergangen ist. Die Grenze, bei der auch der EGMR ein Einstieg nach Art. 5 vornähme, ist das Willkürverbot als rechtsstaatlicher Mindeststandard; vgl. Rn. 125).[350] **133**

Auch die Vollstreckung der gerichtlich angeordneten freiheitsentziehenden Maßnahme darf aufgrund des Schutzzwecks des Art. 5 demzufolge nicht **willkürlich** sein. Wird ein Strafgefangener abgeschoben und muss er sodann die Reststrafe in seinem Heimatland verbüßen, kann die **Möglichkeit einer längeren Haftstrafe** zu einem Verstoß gegen Art. 5 Abs. 1 Satz 2 *lit.* a wegen Willkür führen. Das ist aber nur dann der Fall, wenn die zu verbüßende Haftstrafe im Heimatland zeitlich über die verhängte Freiheitsstrafe des abschiebenden Landes hinausgeht oder substantiiert dargelegt werden kann, dass die zu verbüßende Haftstrafe im Heimatland verglichen mit der zu verbüßenden Zeit im abschiebenden Land offensichtlich unverhältnismäßig ist.[351] Nicht willkürlich und damit zulässig kann die eigenartig anmutende Konstellation sein, dass jemand, dessen ursprünglich lebenslange Haftstrafe bereits im Urteilsstaat (Nichtkonventionsstaat) durch eine Teilamnestie, Begnadigung o.ä. auf eine zeitige Freiheitsstrafe reduziert wurde, diese zeitige Freiheitsstrafe im Vollstreckungsstaat (Konventionsstaat) dann auch zu einem erheblichen Teil abzuleisten hat, wenngleich der Vollstreckungsstaat die ursprünglich ausgesprochene lebenslange Strafe, wenn sie noch gegolten hätte, zu einer geringeren zeitigen Freiheitsstrafe reduziert hätte als es im Urteilsstaat tatsächlich geschah.[352] **134**

Stellt ein zu (lebenslanger) Freiheitsstrafe Verurteilter einen **Antrag auf Aussetzung der Vollstreckung des Strafrestes zur Bewährung** (§ 57a StGB) und wird dieser abgelehnt, ist diese ablehnende Entscheidung solange nicht als **willkürlich** anzusehen, als sie auf sachlichen, nachvollziehbaren Gründen beruht, wie z.B. einer schlechten Rückfallprognose oder der Verweigerung einer psychiatrischen Behandlung. Welche Kriterien die nati- **135**

---

347 EGMR Blokhin/R, 14.11.2013, § 126. Zur Rechtfertigung nach *lit.* d EGMR (GK) Blokhin/R, 23.3.2016, §§ 165 ff., NLMR **2016** 118.

348 Vgl. BGHZ **57** 33, 43; inwieweit Art. 6 EMRK /Art. 14 IPBPR verletzt sind, ist eine andere Frage.

349 **A.A.** *Herzog* AöR **86** (1961) 194, 211 (materiell Verstoß gegen EMRK), aber keine Prüfungskompetenz des EGMR im Verfahren nach Art. 5.

350 Vgl. EGMR Vorontsov u.a./UKR, 21.1.2021, § 48; *Guradze* 10; *Frowein/Peukert* 27 ff., 38 ff.; *Herzog* AöR **86** (1961) 194, 215.

351 EGMR Veermäe/FIN, 15.3.2005; Szabó/S (E), 27.6.2006 (keine Unverhältnismäßigkeit bei einer Verlängerung der Haftzeit um 20 %).

352 EGMR Willcox u. Hurford/UK, 8.1.2013, §§ 86 ff., insbes. § 91 (klare Regelungen aus dem Vollstreckungsübernahmeabkommen und aus britischen Gesetzen angewandt; keine Willkür).

Esser

onalen Behörden in die Beurteilung einer möglichen Entlassung einbeziehen, ist Sache der Interpretation der nationalen Vorschriften und kann daher alleine nicht zu einem Verstoß gegen das nationale Recht führen.[353] Gerade in Bezug auf die Rückfallprognose ist allerdings zu beachten, dass den zu einer Freiheitsstrafe Verurteilten von Seiten der Vollzugsbehörden rechtzeitig auf sie zugeschnittene Behandlungsangebote gemacht werden müssen, durch deren Wahrnehmung sie eine weitere Vollstreckung ihrer Freiheitsstrafe in den rechtlichen Grenzen der §§ 57, 57a StGB abwenden können.[354]

136   **e) Kausalzusammenhang („causal link").** Die Freiheitsentziehung muss **zeitlich** *„nach"* der Verurteilung liegen und **deren Folge** sein. Zwischen der Verurteilung und der Freiheitsentziehung muss ein **Kausalzusammenhang** („causal link" oder „causal connection") bestehen, der die spätere, in die Freiheit eingreifende Maßnahme noch als eine vom Gesetz vorgesehene **Folge der Verurteilung** ausweist.[355] Der Kausalzusammenhang ist auch dann noch zu bejahen, wenn die Haft zwar schon außergewöhnlich lang andauert, der ursprüngliche **Zweck** der Verurteilung aber noch fortbesteht.[356] Allerdings nimmt mit zunehmender Haftdauer bzw. allgemein mit fortschreitendem zeitlichen Abstand zwischen der Verurteilung und der aktuellen Freiheitsentziehung der Kausalzusammenhang ab („less strong"); es ist daher immer darauf zu achten, dass die Freiheitsentziehung, insbesondere wenn aktuell über Nichtaussetzung der Vollstreckung des Strafrestes o.ä. entschieden wird, noch auf der Verurteilung beruht.[357]

137   Bei der Vollstreckung einer lebenslangen Freiheitsstrafe über den **Zeitpunkt der Mindestverbüßungsdauer** hinweg (in Deutschland 15 Jahre, § 57a Abs. 1 Satz 1 Nr. 1 StGB) bzw. über einen noch längeren Zeitraum (im Falle der Feststellung der besonderen Schwere der Schuld; § 57a Abs. 1 Satz 1 Nr. 2 StGB) aufgrund der (weiterhin bestehenden) Gefährlichkeit des Betroffenen (vgl. 57a Abs. 1 Nr. 3 i.V.m. § 57 Abs. 1 Satz 2 StGB: „Sicherheitsinteresse der Allgemeinheit") kann der „causal link" fortbestehen, so dass keine Willkür vorliegt.[358] Die **Anforderungen an die Begründung** der staatlichen Stellen für die Fortdauer einer Freiheitsentziehung nimmt allerdings mit zunehmender Haftdauer ebenfalls zu.

138   Eine kausale Verknüpfung mit der ursprünglichen Verurteilung ist weiterhin vorhanden, wenn es infolge des **Widerrufs** einer **Strafaussetzung zur Bewährung** oder einer **bedingten Haftentlassung** zu einer erneuten Freiheitsentziehung kommt,[359] ebenso wenn die Vollstreckung einer Freiheitsstrafe nach einer erfolgten **Ausweisung** in einem anderen Land fortgesetzt wird.[360] Das gilt zunächst für alle Konstellationen, in denen der Widerruf durch eine neue **gerichtliche** Entscheidung erfolgt. Auch bei anderen, dem deutschen Recht fremden Formen einer bereits im Strafurteil zugelassenen Sicherungsmaßnahme,

---

353 EGMR Léger/F, 11.4.2006.

354 Vgl. parallel für die Gefährlichkeitsprognose bei einer anstehenden Maßregelanordnung (§ 66a StGB): BGH NStZ **2022** 155, 157, Tz. 25.

355 EGMR van Droogenbroeck/B, 24.6.1982, § 35; Weeks/UK, 2.3.1987 (unbestimmte lebenslange Freiheitsstrafe gegen Jugendlichen; Widerruf bedingter Entlassung durch Verwaltungsanordnung); Bozano/F, 18.12.1986; Monnell u. Morris/UK, 2.3.1987, § 40; Kafkaris/ZYP, 12.2.2008, NJOZ **2010** 1599, § 117; Kadusic/CH, 9.1.2018, §§ 40 f.; *Frowein/Peukert* 37; *Trechsel* EuGRZ **1980** 514, 522.

356 EGMR Léger/F, 11.4.2006 (Mord an Kind; lebenslange Haft; Verbüßungsdauer über 40 Jahre; Bf. 2008 gestorben; vor GK gestrichen).

357 Siehe schon EGMR van Droogenbroeck/B, 24.6.1982, § 40; Weeks/UK, 2.3.1987, § 49; Leger/F, 30.3.2009, § 71; W. A./CH, 2.11.2021, §§ 37 ff.

358 EGMR Bräunig/D (E), 10.5.2012, §§ 68 ff.; Léger/F, 11.4.2006, §§ 71, 75 ff.

359 EGMR (E) Kerr/UK, 7.12.1999, Nr. 1. Vgl. aber HRC Manuel/NZL, 18.10.2007, 1385/2005, §§ 7.2 f. zu Art. 9 Abs. 1 IPBPR.

360 EGMR Veermäe/FIN, 15.3.2005.

die nach einer bedingten Haftentlassung eine erneute **Inhaftierung durch eine Verwaltungsanordnung** ermöglicht, hat der EGMR allerdings angenommen, dass die Kausalität der früheren Verurteilung für die Freiheitsentziehung fortbestand.[361] Die Anforderungen an die Prüfung von Willkür dürften hier allerdings strenger sein.

Ebenso besteht der Zusammenhang zu einer Verurteilung fort bei einer **nachträgli-** 139 **chen Änderung der Sanktionsart**, wie etwa der Unterbringung in einem psychiatrischen Krankenhaus anstelle eines Vollzugs der Freiheitsstrafe oder beim Vollzug einer lebenslangen Freiheitsstrafe, in die ein Todesurteil durch eine Gnadenentscheidung umgewandelt worden war.[362] Eine Grenze zieht der EGMR jedoch dort, wo eine nachträgliche Änderung der Unterbringungs- bzw. Sanktionsart nicht mehr von der **Zielsetzung** der ursprünglichen gerichtlichen Entscheidung gedeckt wäre.[363] Bei der nachträglichen (nicht bereits im Urteil vorgesehenen) **Umwandlung einer Geldstrafe in eine Freiheitsstrafe** durch eine Verwaltungsbehörde ist der Kausalzusammenhang daher zu verneinen.[364]

Hat die nachträgliche Anordnung einer Freiheitsstrafe den Charakter einer **Sanktion** 140 **für das Nichtbefolgen einer Anordnung** des Gerichts, beruht diese Anordnung nicht mehr auf dem früheren Urteil, sondern auf dem späteren Verhalten des Verurteilten.[365] Der Erlass eines **Sicherungshaftbefehls** nach § 453c StPO ist durch die neue Entscheidung in Verbindung mit dem ursprünglichen Urteil von *lit.* a gedeckt.[366]

f) Nachträglicher Wegfall bzw. Aufhebung der gerichtlichen Entscheidung. Der 141 Anwendungsbereich des Haftgrundes aus *lit.* **a entfällt** (für die Zukunft), sobald das Urteil durch ein höheres Gericht aufgehoben wird (Rn. 128, 419); eine sich daran anschließende (aufrechterhaltene) Freiheitsentziehung kann aber (erneut) unter *lit.* **c** (**Rn. 101 ff.**) oder (weiterhin – auch – unter) *lit.* e (Rn. 129) fallen. Die Rechtmäßigkeit einer auf *lit.* a gestützten Freiheitsentziehung wird allerdings **nicht rückwirkend** dadurch in Frage gestellt, dass die Entscheidung, auf der sie beruht, später im Instanzenzug aufgehoben wird.[367]

g) Sonderfall: Sicherungsverwahrung (§§ 66–66c StGB) als schuldunabhängige Präventivunterbringung von Straftätern aus Gründen der Gefährlichkeit[368]

aa) Vollstreckung einer im Urteil angeordneten Sicherungsverwahrung. Eine im 142 Urteil (anfänglich) zusätzlich zur Kriminalstrafe verhängte und im Anschluss an deren Verbüßung vollstreckte Sicherungsverwahrung (§ 66 StGB) als präventive Form der Unterbringung einer als gefährlich eingestuften Person stellt eine **kausal auf die Verurteilung zurückzuführende Freiheitsentziehung** dar, die nach allgemeinen Grundsätzen (Rn. 121)

---

361 EGMR van Droogenbroeck/B, 24.6.1982 (*„mise à la disposition du gouvernement"*); *Frowein/Peukert* 46; *Trechsel* EuGRZ **1980** 514, 523; *Esser* 213.
362 Vgl. EGMR X./UK, 5.11.1981; *Frowein/Peukert* 47.
363 EGMR Kadusic/CH, 9.1.2018, § 51 (Freiheitsstrafe 8 Jahre; aufgrund neuer Tatsachen Aufhebung des Urteils, Wiederaufnahmeverfahren: Unterbringung in einer therapeutischen Einrichtung; Rechtfertigung der Freiheitsentziehung nach *lit. a in Verbindung mit lit. e*, § 52).
364 So aber ÖVerfG ÖJZ **1962** 499.
365 EGMR Steel u.a./UK, 23.9.1998; *Esser* 213.
366 Meyer-Goßner/*Schmitt* 2a.
367 EGMR Weeks/UK, 2.3.1987; *Frowein/Peukert* 39; *Grabenwarter/Pabel* § 21, 20; BGHZ **57** 33.
368 Zur rasanten Entwicklung des Rechts der Sicherungsverwahrung ab 1998, die zur Feststellung von Verletzungen der EMRK in verschiedenen Konstellationen durch den EGMR geführt hatte, siehe u.a. *Boetticher* NK **2013** 149, 150 ff.; umfassende Bestandsaufnahme auch bei Kaspar (Hrsg.) Sicherungsverwahrung 2.0? (2017). Näher zu den verschiedenen Kategorien der Sicherungsverwahrung: *Werndl* Zweispurigkeit und Vertrauensschutz (2019) 327 ff.

von *lit.* a gedeckt ist.[369] Auch das HRC ist der Ansicht, dass eine Präventivunterbringung (als Strafe) nicht per se einer Verletzung des IPBPR gleichkommt, sofern sie durch nachprüfbare zwingende Gründe gerechtfertigt ist.[370] Der Kausalzusammenhang wird auch hier weniger stark („less strong"), je mehr Zeit zwischen der Verurteilung und der fortdauernden Vollstreckung der Sicherungsverwahrung liegt, er fällt aber nicht automatisch weg, vielmehr sind die Umstände des Einzelfalls maßgebend (Rn. 144).[371] Dieser Ansatz des EGMR ähnelt strukturell der Rechtsprechung des BVerfG zu den steigenden verfassungsrechtlichen Anforderungen an die Feststellung der Voraussetzung für die (Aufrechterhaltung der) Unterbringung nach § 63 StGB oder § 67d Abs. 2 StGB.[372]

143 Wenngleich die Sicherungsverwahrung damit im Normalfall – sofern sie nicht nachträglich verhängt oder nachträglich verlängert wurde (Rn. 144 f.) – unter *lit.* a fällt und wie die im Urteil ausgesprochene Freiheitsstrafe auf einer **„conviction"** und einer **„finding of guilt"** beruht, wird durch sie keine bereits verwirkte Schuld verbüßt. Die Anordnung der Sicherungsverwahrung erfolgt vielmehr aufgrund der prognostizierten Gefährlichkeit des Betroffenen. Die Sicherungsverwahrung „beruht" folglich nur dann auf der ursprünglichen Anordnung (der „conviction") i.S.d. Art. 5 Abs. 1 Satz 2 *lit.* a, wenn der Betroffene **weiterhin als gefährlich anzusehen** ist. Um Freiheitsentziehungen auch in dieser Konstellation auf ein notwendiges Maß zu reduzieren, ist der Betroffene durch **geeignete Therapiemaßnahmen** dabei zu unterstützen, seine Gefährlichkeit im vorangehenden Vollzug der gegen ihn verhängten Freiheitsstrafe abzubauen.[373] Auch aufgrund der Vorgaben des Konventionsrechts ist daher bei der anstehenden **Überprüfung der Fortführung der Sicherungsverwahrung (§ 67e StGB)** stets zu ermitteln, ob der Betroffene noch in einem Maße für die Öffentlichkeit gefährlich ist, das eine weitere Freiheitsentziehung rechtfertigt. Dies wird regelmäßig eine **psychiatrische Untersuchung** des Betroffenen erfordern. Sollte eine derartige Untersuchung bereits einige Zeit zurückliegen, so kann nicht mehr davon ausgegangen werden, dass die Gefährlichkeit und der erforderliche Kausalzusammenhang zwischen Verurteilung und Freiheitsentziehung aktuell tatsächlich noch besteht. Der EGMR hat allerdings in einem Fall den Kausalzusammenhang sogar noch bejaht, bei dem die Untersuchung bereits sechs Jahre zurücklag,[374] während in einem anderen Fall die Dauer von zwölf Jahren als zu lang erachtet wurde.[375] Dabei stellt der EGMR neben dem zeitlichen Aspekt vor allem auf die **Bereitschaft des Betroffenen** ab, sich therapeutisch behandeln zu lassen, so dass die ursprüngliche Gefährlichkeitsprognose keine tragfähige Grundlage für die Freiheitsentziehung mehr darstellt.[376] Dabei kann es auch von Bedeutung sein, ob der Betroffene (berechtigterweise) kein Vertrauen mehr in das Anstaltspersonal hat und sich deshalb einer therapeutischen Behand-

---

369 EGMR Grosskopf/D, 21.10.2010, §§ 46 ff.; Schmitz/D, 9.6.2011, NJW **2012** 1707, §§ 37 ff.; Mork/D, 9.6.2011, NJW **2012** 2093, §§ 50 ff.; James, Wells u. Lee/UK, 18.9.2012, §§ 197 ff.; D.J./D, 7.9.2017, §§ 57 ff., 63 ff. (auch zur Fortdauer der Sicherungsverwahrung). Zum Verhältnis zwischen primärer und vorbehaltener Sicherungsverwahrung (§§ 66, 66a StGB): BGH BeckRS **2018** 33373 m. Bespr. *Kett-Straub/Schuster* NStZ **2021** 19 ff.
370 HRC Dean/NZL, 29.3.2009, 1512/2006, § 7.4.
371 EGMR M./D, 17.12.2009, § 88; Schönbrod/D, 24.11.2011, §§ 90 ff.; Reiner/D, 19.1.2012, §§ 95 f.; näher: *Esser/Gaede/Tsambikakis* NStZ **2013** 554, 557.
372 BVerfG NStZ **2013** 116 = StV **2013** 218; zur Rechtfertigung dieser Art der Freiheitsentziehung gem. Art. 5 Abs. 1 Satz 2 *lit.* e Rn. 250 ff.
373 EGMR H.W./D, 19.9.2013, § 112; Ostermünchner/D, 22.3.2012, § 74; siehe auch Rn. 83.
374 EGMR Dörr/D (E), 22.1.2013.
375 EGMR H.W./D, 19.9.2013, § 111.
376 EGMR Dörr/D (E), 22.1.2013; H.W./D, 19.9.2013, § 110; Mike Filips/D (E), 13.9.2022, § 13; siehe hierzu auch EGMR de Schepper/B, 13.10.2009, §§ 44 ff., 48.

lung entzieht.[377] In einem solchen Fall hat der EGMR eine „nur" drei bis vier Jahre zurückliegende Untersuchung als nicht hinreichend aktuell angesehen.[378] Nach der Rechtsprechung des EGMR haben die innerstaatlichen Gerichte bei der Entscheidung über den weiteren Vollzug der Sicherungsverwahrung auch die Gründe zu berücksichtigen, die das erkennende Gericht ursprünglich für die Verhängung der Sicherungsverwahrung angeführt hat.[379]

bb) Nachträgliche Verlängerung einer im Urteil angeordneten Sicherungsver- 144
wahrung. Im Urteil *M./D* vom 17.12.2009 hatte der EGMR zu überprüfen, ob der Vollzug einer verlängerten („anfänglichen", d.h. im Urteil angeordneten, § 66 StGB) Sicherungsverwahrung, die noch aufgrund des § 67d StGB a.F. ergangen war, über die damals, zum Zeitpunkt der Tat und der Anordnung (bis 1998) geltende 10-Jahres-Höchstdauer hinaus, rechtmäßig und vom Begriff der *Verurteilung* inklusive des damit erforderlichen Kausalzusammenhangs zwischen Urteil und Freiheitsentziehung gedeckt war. Zwar war in der ursprünglichen Verurteilung des Bf. mit anschließender Sicherungsverwahrung keine bestimmte Dauer der Sicherungsverwahrung angegeben, jedoch stellte der Gerichtshof klar, dass diese Verurteilung im Lichte des zum Zeitpunkt der Anordnung geltenden Rechts ausgelegt werden musste (*„read in the light of the law applicable at the relevant time"*). Dem damaligen Recht zufolge galt für eine erstmalig angeordnete Sicherungsverwahrung eine **Höchstdauer von zehn Jahren** – diese zeitlich begrenzte, im Rahmen der ursprünglichen Anordnung bleibende Sicherungsverwahrung erfüllte auch die Voraussetzungen der „conviction" gemäß Art. 5 Abs. 1 Satz 2 *lit.* a. Bei der Verlängerung/Fortsetzung der Sicherungsverwahrung aufgrund der Gesetzesänderung von 1998 über die 10-Jahres-Grenze hinaus fehlte es allerdings an dem von *lit.* a geforderten Kausalzusammenhang zwischen Verurteilung und Freiheitsentziehung, da ohne die Änderung der Gesetzeslage das Überschreiten der 10-Jahres-Grenze nicht möglich gewesen wäre.[380] Der EGMR bekundete ferner große Zweifel („serious doubts"), ob für den Bf. eine mehr als zehn Jahre dauernde Sicherungsverwahrung zur Zeit der Tat **vorhersehbar** war; da die Verlängerung der Sicherungsverwahrung über die 10-Jahres-Grenze hinaus nicht nach Art. 5 Abs. 1 Satz 2 *lit.* a gerechtfertigt war und damit ohnehin schon Art. 5 widersprach, konnte der EGMR diese Art. 5 allgemein betreffende Frage offenlassen.[381] Daneben war auch Art. 7 unter dem Aspekt einer unzulässigen Rückwirkung verletzt (siehe dort Rn. 62 ff.), da der EGMR die Sicherungsverwahrung als „Strafe" ansah.

In mehreren Urteilen[382] stellte der EGMR sodann klar, dass auch die **staatlichen Schutz-** 145
pflichten aus Art. 2 bzw. Art. 3, die seiner Herrschaftsgewalt unterstehenden Personen vor

---

377 Vgl. EGMR Ruiz Rivera/CH, 18.2.2014, § 64, NJOZ **2015** 558; in Abgrenzung dazu (ebenfalls kein Vertrauen des Bf. in die behandelnden Ärzte, aber Beteiligung anderer Mediziner an der Begutachtung): EGMR Vogt/ CH (E), 3.6.2014, § 41, und C.W./CH, 23.9.2014, §§ 47 ff. (jeweils keine Verletzung); van Zandbergen/B, 2.2.2016, §§ 36, 45 (keine Verletzung).
378 EGMR Ruiz Rivera/CH, 18.2.2014, §§ 61 ff., NJOZ **2015** 558.
379 EGMR Reiner/D, 19.1.2012, § 92; Mike Filips/D (E), 13.9.2022, § 10.
380 EGMR M./D, 17.12.2009, § 100 (EGMR lehnte auch die Eingriffstatbestände der *lit.* c und *lit.* e ab). Ebenso in den Parallelfällen EGMR Kallweit/D, 13.1.2011, § 51, NJW **2011** 3427 (Ls.) = EuGRZ **2011** 255 = NJOZ **2011** 1494; Mautes/D, 13.1.2011, § 44; Schummer/D (Nr. 1), 13.1.2011, § 55; Jendrowiak/D, 14.4.2011, DÖV **2011** 570 (Ls.), § 34; O.H./D, 24.11.2011, § 82; Kronfeldner/D, 19.1.2012, § 75, NJW **2013** 1791; ferner: EGMR Mork/D, 9.6.2011, NJW **2012** 2093 (unzulässig; fehlende Rechtswegerschöpfung).
381 EGMR M./D, 17.12.2009, § 104; zur Vorhersehbarkeit vgl. Rn. 20.
382 EGMR Jendrowiak/D, 14.4.2011, DÖV **2011** 570 (nur Ls.) §§ 36 f; wiederholt in EGMR Kronfeldner/D, 19.1.2012, §§ 86 f., B./D, 19.4.2012, EuGRZ **2012** 383, § 88, K./D, 7.6.2012, § 88 (jeweils zu Art. 3); G./D, 7.6.2012, § 79 (zu Art. 2); S./ D, 28.6.2012, § 103, JR **2013** 78 m. Anm. *Peglau* (zu Art. 2 und Art. 3). In den beiden genannten Urteilen vom 7.6.2012 der Bf. G. und K. stellte der EGMR nur Verstöße gegen Art. 7, nicht jedoch gegen Art. 5 fest, vermutlich weil Art. 5 von den Bf. nicht gerügt worden war, denn der Sache nach war auch Art. 5 verletzt.

Esser

Tötungen, Misshandlungen und Bestrafungen durch Privatpersonen zu schützen,[383] eine Freiheitsentziehung über den Zeitraum von 10 Jahren hinaus nicht legitimieren kann: zur Erfüllung dieser positiven Schutzpflichten aus Art. 2 und Art. 3 dürfen nur Maßnahmen ergriffen werden, die *ihrerseits* mit der Konvention zu vereinbaren sind; die Verlängerung einer gesetzlich normierten Höchstfrist für eine Freiheitsentziehung ist jedoch unter keinem Gesichtspunkt durch Art. 5 zu rechtfertigen.[384]

146   **cc) Vorbehaltene und nachträgliche Anordnung einer Sicherungsverwahrung.** Art. 5 Abs. 1 Satz 2 *lit.* a rechtfertigt Freiheitsentziehungen, für deren Verhängung ein strafrechtlicher Anlass erforderlich ist, die aber **konstitutiv erst in einem zweiten gerichtlichen Verfahren angeordnet** werden, nur dann, wenn es auch in diesem zweiten Verfahren zu einer (erneuten) **Verurteilung** (Rn. 120 ff.) durch ein **Gericht** (Rn. 115 ff.) kommt. Ob ein für Art. 5 Abs. 1 Satz 2 *lit.* a erforderliches **Beruhen** der in einer (zweiten gerichtlichen) Entscheidung angeordneten Freiheitsentziehung **auf der (ersten) Verurteilung** angenommen werden kann, bedarf einer differenzierten Betrachtung. Hat das Gericht in seiner Entscheidung, in der auch die strafrechtliche Verurteilung ausgesprochen wird, die spätere Anordnung einer Freiheitsentziehung zum Schutz der Bevölkerung bereits **vorbehalten**, d.h. die spätere Entscheidung sozusagen schon „angelegt" (**Vorbehalt**; vgl. § 66a StGB), so wird man den von Art. 5 Abs. 1 Satz 2 *lit.* a geforderten Kausalzusammenhang annehmen können, *wenn* das Gericht bei seiner zweiten Entscheidung an die bereits festgestellte rechtliche Beurteilung der Tat gebunden ist *und* diese – neben der Gefährlichkeitsprognose und dem Verhalten des Betroffenen im Vollzug – bei der Gesamtwürdigung als „Grund" der Anordnung weiterhin eine Rolle spielt. Nach BVerfGE **131** 268 ist die nachträgliche Anordnung einer vorbehaltenen Sicherungsverwahrung daher nicht nur mit dem Grundgesetz, sondern auch mit Art. 5 Abs. 1 Satz 2 *lit.* a vereinbar, da ein hinreichender Kausalzusammenhang zwischen der Freiheitsentziehung und dem Strafurteil bestehe, in dem der Vorbehalt ausgesprochen wurde.[385] Ein **Vorbehalt „ins Blaue hinein"** oder **„Regelvorbehalte" bei bestimmten Delikten** vermögen den geforderten Kausalzusammenhang jedoch nicht für die Zukunft „anzulegen".

---

383 Eine Zurechnung von Handlungen Privater an den Staat findet statt, wenn diese wegen der besonderen Verhältnisse auch vom Staat (mit) zu verantworten sind, weil sie von ihm geduldet wurden oder weil seine Organe sie hätten rechtzeitig erkennen und verhindern können; vgl. EGMR Z. u.a./UK, 10.5.2001, §§ 74 f.; D.P. u. J.C./UK, 10.10.2002, §§ 110 ff.; *Grabenwarter/Pabel*, § 20, 73.

384 Da auch die nachträgliche Anordnung der Sicherungsverwahrung nicht durch Art. 5 gerechtfertigt ist (Rn. 148 ff.), greift das Argument der Erfüllung von Schutzpflichten auch bei dieser Form der Sicherungsverwahrung nicht. Eine ähnliche Konstellation lag HRC Fardon/AUS, 10.5.2010, CCPR/C/98/D/1629/2007, zugrunde; Bf. wurde wegen eines kurz vor der anstehenden Entlassung in Kraft getretenen Gesetzes betreffend gefährliche Täter (DPSOA) weiterhin präventiv festgehalten; Verletzung des Grundsatzes *ne bis in idem*, weil die Unterbringung nicht auf die Anlassverurteilung zurückzuführen war und die Unterbringung der Inhaftierung entsprach.

385 Das BVerfG beruft sich (Tz. 106 f.) auf zwei *obiter dicta* des EGMR in Haidn/D, 13.1.2011, § 86, und in B./D, 19.4.2012, § 75, wo der EGMR die nachträgliche Sicherungsverwahrung u.a. deswegen für konventionswidrig erklärte, weil sie im Strafurteil noch nicht einmal vorbehalten gewesen war. Vgl. EGMR S./D, 28.6.2012, § 86; Müller/D (E), 10.2.2015, §§ 50 ff.; *Kinzig* NJW **2002** 3204, 3207; *Pieroth* JZ **2002** 922, 927; *Renzikowski* JR **2004** 271, 273; *Finger* 215, 216 („zeitlich versetzte Folge des ersten Urteils"); für generelle Unvereinbarkeit mit Art. 5 Abs. 1 Satz 2 *lit.* a aber *Pollähne* KJ **2010** 255, 264 f; ausführlich zur Diskussion vor dem Beschluss des BVerfG außerdem MüKo-StGB/*Ullenbruch/Morgenstern* § 66a, 31 ff.

Esser

Problematisch im Hinblick darauf ist daher das am **1.1.2011** in Kraft getretene **Gesetz** 147 **zur Neuordnung des Rechts der Sicherungsverwahrung** [...] vom 22.12.2010.[386] Es baute die vorbehaltene Sicherungsverwahrung (§ 66a StGB) als Reaktion auf das EGMR-Urteil in der Rs. *M.* (Rn. 144) in bedenklicher Weise[387] aus, indem gemäß § 66a Abs. 1 Nr. 3 StGB nunmehr bereits die „Wahrscheinlichkeit" eines Hanges und der daraus resultierenden Gefährlichkeit für die Anordnung der vorbehaltenen Sicherungsverwahrung ausreicht – nach Absatz 2 zudem schon im Falle bereits *einer* schweren Katalogtat. Die Regelung in Absatz 3 fordert zudem keine neuen Tatsachen („Nova") mehr. Der für die Entscheidung über die endgültige (Nicht-)Anordnung maßgebliche Zeitpunkt gemäß § 66a Abs. 3 Satz 1 StGB wurde erheblich ausgedehnt, indem diese nunmehr bis zum Ablauf der vollständigen Vollstreckung möglich ist und außerdem auch dann ergehen kann, wenn die Bewährung, zu der die Reststrafe ausgesetzt worden war, widerrufen wurde und nunmehr vollstreckt wird.[388] Mit der Neuregelung ging damit die Gefahr einher, dass es zu einer Vielzahl von „vorsorglichen" Vorbehalten kommen könnte und die „ultima ratio" der Sicherungsverwahrung damit in ihr Gegenteil verkehrt würde.[389] Die zum 1.6.2013 in Kraft getretene (weitere) Neuregelung[390] ließ die vorbehaltene Sicherungsverwahrung im Erwachsenenstrafrecht unberührt; eine Änderung erfuhr hingegen § 7 **Abs. 2 JGG**, der die vorbehaltene Sicherungsverwahrung im Jugendstrafrecht regelt.[391]

Bei der Anordnung einer Freiheitsentziehung allein aufgrund einer im Strafvollzug 148 entstandenen Gefährlichkeitsprognose ist der von Art. 5 Abs. 1 Satz 2 *lit.* a geforderte Kausalzusammenhang dagegen abzulehnen, selbst dann, wenn die abschließende gerichtliche Entscheidung vom Vorliegen einer – im ersten Urteil festgestellten – strafrechtlichen Anlasstat abhängt. Die **nachträgliche Sicherungsverwahrung** nach dem früheren (bis Ende 2010 geltenden) **§ 66b StGB a.F.** genügte dem von Art. 5 Abs. 1 Satz 2 *lit.* a geforderten Kausalzusammenhang daher nicht: sie konnte nicht mehr als eine vom Gesetz vorgesehene Folge der Verurteilung angesehen werden.[392] Grund für die gerichtliche Anordnung der Freiheitsentziehung war vielmehr allein die vermutete Gefährlichkeit der Person für

---

[386] BGBl. 2010 I S. 2300.

[387] Vgl. auch *Kinzig* NJW **2011** 177, 178 ff.

[388] Ausführliche Darstellung der Neuregelungen der Sicherungsverwahrung nach § 66 StGB n.F. sowie der vorläufigen und nachträglichen Sicherungsverwahrung §§ 66a, 66b StGB n.F.: *Rissing-van Saan* FS Roxin II 1180 ff. Zu der in § 66a Abs. 3 Satz 2 StGB vorgesehenen Gesamtwürdigung: BGH BeckRS **2021** 3570.

[389] Vgl. schon *Kinzig* NJW **2011** 177, 180; anders *Kreuzer* StV **2011** 122, 129, der diese Bedenken für nicht realistisch hält und dies v.a. mit der kritisch wie v.a. restriktiven Anordnung dieser Maßregel begründet, die in Zukunft auch „wohl anhalten" wird. So schon *Hörnle* FS Rissing-van Saan 257, die diese Bedenken für den sich damals schon abzeichnenden Fall des Ausbaus der vorbehaltenen Sicherungsverwahrung äußert.

[390] Gesetz zur bundesrechtlichen Umsetzung des Abstandsgebotes im Recht der Sicherungsverwahrung v. 5.12.2012 (BGBl. I S. 2425); hierzu *Dax* Die Neuregelung des Vollzugs der Sicherungsverwahrung (2017) 156 ff., 176 ff.

[391] Zu den formellen und materiellen Voraussetzungen dieser Form der Sicherungsverwahrung BGHSt **65** 221 = NJW **2021** 1687 m. Anm. *Kinzig* = NStZ **2021** 677 = StV **2022** 36 = JR **2022** 144 m. Anm. *Peglau*.

[392] EGMR Haidn/D, 13.1.2011, §§ 84, 88; B./D, 19.4.2012, §§ 72 f.; *Diehm* Die Menschenrechte der EMRK und ihr Einfluss auf das deutsche Strafgesetzbuch (2006) 502 ff.; *Römer* JR **2006** 5, 6; *Gazeas* StraFo **2005** 9, 14; *Rzepka* R&P **2003** 191, 208; *Kinzig* NJW **2002** 3204, 3207; *Renzikowski* JR **2004** 271, 272 f.; *Baier* Jura **2004** 552, 557; MüKo-StGB/*Ullenbruch/Drenkhahn* § 66b, 28 f. StGB; *Finger* 216 f.; *V. Müller* EuR **2011** 418, 428; **a.A.** *Rosenau/Peters* JZ **2007** 582, 586 unter Hinweis auf eine Vergleichbarkeit mit der „Three-Strikes"-Gesetzgebung, die jedoch gerade an eine erneute Straftat anknüpft; vgl. hierzu *Müller* StV **2010** 210 f.; LK/*Rissing-van Saan/ Peglau* § 66b, 59 ff. StGB; *Goll/Wulf* ZRP **2001** 284, 285; *Pieroth* JZ **2002** 922, 927; *Wollmann* NK **2007** 152 ff.; *Hörnle* StV **2006** 383, 387.

die Gesellschaft.[393] Durch das Gesetz zur Neuordnung des Rechts der Sicherungsverwahrung entfielen § 66b Abs. 1 und Abs. 2 StGB a.F.[394]

149   Nicht mit Art. 5 Abs. 1 vereinbar ist daher die **nachträgliche Verwahrung** in der Schweiz, wenn sie auf Art. 64 Abs. 1 *lit.* **a**, Art. 65 Abs. 2 SchwStGB gestützt wird. Möglich ist diese nachträgliche Anordnung nach dem Wortlaut der Normen, wenn sich die bereits bei Verurteilung vorliegende Gefährlichkeit des Betroffenen erst während des Strafvollzugs herausstellte. Das Bundesgericht interpretiert die Übergangsregelungen zur 2007 in Kraft getretenen Möglichkeit der nachträglichen Verwahrung so, dass die auf der Gefährlichkeit (und nicht auf einer psychischen Störung) des Betroffenen beruhende Verwahrung nicht nachträglich angeordnet werden kann, wenn die Verurteilung vor dem Inkrafttreten von Art. 65 Abs. 2 SchwStGB, also vor 2007, erfolgte.[395] Zwar verringert dies die Zahl der möglichen Konflikte mit dem Konventionsrecht, dennoch verbleibt die Möglichkeit, dass im Falle von Verurteilungen nach 2006 die Gefährlichkeit später festgestellt und die deshalb nachträglich angeordnete Verwahrung nicht auf der Verurteilung i.S.d. Art. 5 Abs. 1 Satz 2 *lit.* a beruht. Die nachträgliche Verwahrung aufgrund Art. 64 Abs. 1 *lit.* b, Art. 65 Abs. 2 SchwStGB, die u.a. eine **„psychische Störung von erheblicher Schwere"** voraussetzt, wird hingegen regelmäßig nach **Art. 5 Abs. 1 Satz 2 *lit.* e** gerechtfertigt sein (siehe Rn. 278 f. für die nach *lit.* e gerechtfertigte nachträgliche Sicherungsverwahrung).

150   **dd) Nachträgliche Anordnung einer Sicherungsverwahrung im Anschluss an eine Unterbringung.** Absatz 3 des § 66b StGB a.F. wurde bei der Gesetzesänderung ab 1.1.2011 als alleiniger Absatz von § 66b StGB beibehalten und ausgeweitet. Die Vorschrift ermöglichte die Anordnung der nachträglichen Sicherungsverwahrung für Personen, deren Unterbringung sich nach § 67d Abs. 6 StGB erledigt hat. Das Gericht stellt nach Beginn der Vollstreckung der Unterbringung in einem psychiatrischen Krankenhaus fest, dass die Voraussetzungen hierfür nicht mehr vorliegen bzw. dass die weitere Vollstreckung unverhältnismäßig ist; beispielsweise und insbesondere: bei jemandem, dessen Schuldfähigkeit i.S.d. §§ 20, 21 StGB beeinträchtigt war und der daher gem. § 63 StGB untergebracht war, wurde nun nicht mehr von einem Zustand nach §§ 20, 21 StGB ausgegangen; wurden diese Personen für gefährlich befunden, konnten sie nun in Sicherungsverwahrung genommen werden. Dabei gingen der BGH sowohl vor als auch nach dem grundlegenden BVerfG-Urteil vom 4.5.2011 (Rn. 153, 281) und ursprünglich auch das BVerfG davon aus, es gehe damit nicht um die erstmalige Anordnung einer zeitlich unbegrenzten freiheitsentziehenden Maßnahme, sondern im Kern „nur" um die Überweisung von einer Maßnahme in die andere,[396] so dass hier der nach Art. 5 Abs. 1 Satz 2 *lit.* a geforderte Kausalzusammenhang zur ursprünglichen Tat als gegeben angesehen wurde. Bereits dieser Begründung war der

---

393 EGMR M./D, 17.12.2009, §§ 100 ff.; *Renzikowski* JR **2004** 271, 272. Reine Präventiv-/Sicherungsmaßnahmen gegenüber „allgemein" gefährlichen Personen fallen nicht unter *lit.* a: EGMR Jėčius/LIT, 31.7.2000; Ciulla/I, 22.2.1989; Guzzardi/I, 6.11.1980; *Maierhöfer* EuGRZ **2005** 460, 462.

394 Die im Schrifttum vorherrschende Meinung, auch die nachträgliche Sicherungsverwahrung verstoße gegen die EMRK, wurde von der Bundesregierung ohne Begründung abgelehnt, vgl. BTDrucks. 17 3403 S. 2; mit Unvereinbarerklärung von § 66b Abs. 1 und 2 StGB a.F. hat das BVerfG im Sinne der Literaturmeinungen und gegen die Bundesregierung entschieden, BVerfGE **128** 326, 329 ff. = NJW **2011** 1931, 1933.

395 BGE **137** IV 59, 3.11.2010; hierzu: *Bommer/Kaufmann* ZBJV **2015** 873, 882 ff. (Bundesgericht geht auf eine mögliche Verletzung von Art. 5 nicht ein; nicht substantiiert vorgetragen).

396 BGH NStZ **2012** 317 = StV **2012** 405; BGHSt **52** 379 = NJW **2009** 1010, sowie *BVerfG* NJW **2010** 1514 = NStZ **2010** 265 m. Anm. *Foth* = EuR **2011** 405; vgl. auch BTDrucks. **17** 3403 S. 55; so auch *Rissing-van Saan* FS Roxin II 1184; anders jedoch der 4.Strafsenat des BGH NStZ **2010** 567 f.

Vorwurf eines erneuten „Etikettenschwindels" zu machen;[397] der EGMR hat sie folglich nicht akzeptiert und das Vorliegen eines Kausalzusammenhangs verneint.[398] Dem ist zuzustimmen, denn bei Anwendung von § 66b Abs. 3 StGB a.F. bzw. § 66b StGB n.F. war die erste Maßregel der Unterbringung im psychiatrischen Krankenhaus gerade für erledigt erklärt worden, die nachträgliche Sicherungsverwahrung als zweite Maßregel dagegen weder im Urteil vorgesehen noch vorbehalten worden und so – vom Urteil losgelöst – als weitere Sanktion im Kleide einer „bloßen Überführung" ausgestaltet worden.[399]

Liegt also bei Anwendung von § 66b StGB n.F. (bzw. § 66b Abs. 3 StGB a.F.) kein Kausal- **151** zusammenhang zwischen der ursprünglichen gerichtlichen Entscheidung und der nachträglichen Sicherungsverwahrung vor, so ist darüber hinaus insgesamt das Vorliegen der Voraussetzung einer „Freiheitsentziehung nach einer gerichtlichen **Verurteilung**" problematisch, da eine „Verurteilung" i.S.d. Art. 5 Abs. 1 Satz 2 *lit.* a eine Schuldfeststellung erfordert (vgl. Rn. 120). Selbst für den Fall, dass der EGMR den „Kunstgriff" der Begründung des Kausalzusammenhangs zur ursprünglichen Tat durch den Verweis auf eine ledigliche Überführung in eine andere Maßregel akzeptiert hätte, wäre dies also noch nicht für die Vereinbarkeit mit Art. 5 Abs. 1 Satz 2 *lit.* a ausreichend gewesen. Das **Erfordernis der Schuldfeststellung** bei der Anlassverurteilung führt dazu, dass lediglich dann, wenn die Unterbringung in einem psychiatrischen Krankenhaus aufgrund einer Tat im Zustand nur *verminderter* Schuldfähigkeit (§ 21 StGB) erfolgt ist, eine Rechtfertigung nach Art. 5 Abs. 1 Satz 2 *lit.* a möglich sein könnte;[400] bei Schuld*unfähigen* (§ 20 StGB) hingegen fehlt eine dafür erforderliche „Verurteilung" evident. Da § 66b Satz 2 StGB n.F. davon ausging, dass die nachträgliche Sicherungsverwahrung *auch* dann galt, wenn im Anschluss an die Unterbringung nach § 63 StGB noch eine daneben angeordnete Freiheitsstrafe ganz oder teilweise zu vollstrecken war, erfasste im Umkehrschluss dazu Satz 1 eben auch Fälle, in denen keine Freiheitsstrafe angeordnet wurde, weil Schuldunfähigkeit i.S.d. § 20 StGB festgestellt worden war. Damit konnte die Anwendung von § 66b Satz 1 StGB n.F. auf diese Fälle der Schuldunfähigen keinesfalls von Art. 5 Abs. 1 Satz 2 *lit.* a gedeckt sein;[401] das BVerfG sieht dies mittlerweile ebenso (Rn. 153).

ee) Rezeption der EGMR-Rechtsprechung durch die deutschen Gerichte. Zunächst **152** trat zum 1.1.2011 das **Therapie- und Unterbringungsgesetz (ThUG)** in Kraft. Gemäß § 1 Abs. 1 Nr. 1 ThUG konnten dadurch diejenigen Betroffenen untergebracht werden, die in Sicherungsverwahrung gewesen wären, dies aber, so der Wortlaut des ThUG, „nicht länger" waren, weil dies eine verbotene rückwirkende Verschärfung wäre, mit anderen Worten, weil die Unterbringung in der Sicherungsverwahrung aufgrund der Rechtsprechung des EGMR zu den Altfällen unzulässig geworden war. Neben einer auf bestimmte Deliktsarten beschränkten Gefährlichkeit wurde als Voraussetzung für diese Unterbringung ins Gesetz aufgenommen, dass diese Gefährlichkeit darauf beruht, dass die betroffene Person

---

397 *Kreuzer* StV **2011** 122, 125 („Gefährlichkeitshaft ohne Straftat", Unterbringung nur möglich, wenn psychischer Defekt nicht mehr besteht).

398 EGMR S./D, 26.6.2012, §§ 84 ff. Schon davor war nach *Kinzig* § 66b StGB n.F. mit Art. 5 Abs. 1 Satz 2 nicht vereinbar: NJW **2011** 177, 180.

399 So schon *Kinzig* und *Kreuzer*, Expertenanhörung BMJ, 2.9.2010; krit. auch *V. Müller* EuR **2011** 418, 428.

400 *Steckermeier* 16 zum § 66 Abs. 3 StGB a.F.: in diesem Fall kann § 66b StGB (§ 66b Abs. 3 StGB a.F.) die Anforderung an eine Verurteilung zwar nicht erfüllen; jedoch fehlt auch dann gerade die von Art. 5 Abs. 1 Satz 2 *lit.* a geforderte „innere Verbindung" zum Urteil, weil die Erledigung der Unterbringung nur möglich ist, wenn der psychische Defekt nicht mehr besteht.

401 Ein (auf Schuldunfähigkeit beruhender) Freispruch begründet keine *Verurteilung* i.S.d. Art. 5 Abs. 1 Satz 2 *lit.* a, vgl. EGMR Frank/D (E), 28.9.2010; Claes/B, 10.1.2013, § 110. Offengelassen von EGMR S./D, 28.6.2012, §§ 85, 88.

Esser

unter einer **„psychischen Störung leidet"**, was darauf abzielt, dass der Freiheitsentziehungsgrund des Art. 5 Abs. 1 Satz 2 *lit.* e (als Ersatz für den in diesen Fällen entfallenden *lit.* a) gegeben ist (Rn. 261). § 1 Abs. 1 Nr. 1 ThUG ist verfassungskonform so auszulegen, dass es sich um eine hochgradige Gefahr schwerster Gewalt- oder Sexualstraftaten handeln muss, die aus konkreten Umständen in der Person oder dem Verhalten des Untergebrachten abgeleitet wird.[402] Die Formulierung „nicht länger" kann dahingehend wörtlich ausgelegt werden, dass § 1 Abs. 1 Nr. 1 ThUG nur dann gilt, wenn der Betroffene tatsächlich in Sicherungsverwahrung war und nun, aufgrund der neuen Rechtsprechung, entlassen wurde oder zur Entlassung anstand. Ob darüber hinaus auch Personen erfasst werden können, die zum Inkrafttreten des ThUG noch in Strafhaft waren und bei denen nunmehr die durch rückwirkende Gesetzesverschärfungen möglich gewordene nachträgliche Anordnung der Sicherungsverwahrung erfolgen würde, ist unklar;[403] eine Bejahung ließe sich nur insoweit mit dem Wortlaut vereinbaren, dass die Formulierung „nicht länger" so verstanden wird, dass es aufgrund der neuen, strengen Rechtsprechung „nicht länger möglich" ist, die Sicherungsverwahrung anzuordnen. § 1 Abs. 2 ThUG regelt, dass das ThUG sowohl für Betroffene gilt, die noch in Sicherungsverwahrung sind, als auch für solche, die bereits entlassen wurden, was deutlich gegen eine weite Auslegung und die Anwendung auf Personen spricht, die bisher nicht in Sicherungsverwahrung waren. Folgt man der engen Auslegung, ergibt sich von einem Standpunkt aus gesehen, dass es wünschenswert ist, möglichst flexibel Sicherungsverwahrung verhängen zu können, eine Lücke. Diese Lücke hat der Gesetzgeber geschlossen und in dem am 28.12.2012 in Kraft getretenen **Art. 316 Abs. 4 EGStGB** angeordnet, dass die Unterbringung nach dem ThUG auch erfolgen kann, wenn der Betroffene noch nicht in Sicherungsverwahrung war oder ist, eine Sicherungsverwahrung jedoch angeordnet war und vor dem BVerfG-Urteil vom 4.5.2011 in der Revision entschieden wurde, dass wegen des Verbots rückwirkender Verschärfung (also unter Zugrundelegung der EGMR-Rechtsprechung seit dem Fall M.) keine Sicherungsverwahrung verhängt werden konnte.

153   Durch das **Urteil des BVerfG vom 4.5.2011**, mit dem das höchste deutsche Gericht die Rechtsprechung des EGMR zur Sicherungsverwahrung weitgehend anerkannt hat, sind die Auswirkungen des Urteils *M.* bzgl. der Entlassung von weiteren Betroffenen (vgl. zur Bindungswirkung von Urteilen des EGMR: Teil II Rn. 314 ff.) sowie auf die nachträgliche Sicherungsverwahrung (§ 66b StGB; Rn. 148 ff.) weitgehend geklärt;[404] die verworrene deutsche Rechtslage aus der Zeit zwischen dem genannten EGMR-Urteil vom Dezember 2009 und dem BVerfG-Urteil ist kaum mehr von Bedeutung.[405] Der EGMR hat das Einschwenken des BVerfG auf die Interpretation des EGMR zwischenzeitlich ausdrücklich begrüßt.[406]

154   Über die unmittelbar vom EGMR entschiedene Fallkonstellation hinaus gilt: Wenn schon die nachträgliche, auf der geänderten Rechtslage (Wegfall der 10-Jahres-Grenze) beruhende, aber auf dieselben Motive wie im Urteil gestützte *Verlängerung* einer Sicherungsverwahrung

---

402 BVerfGE **134** 33 = NJW **2013** 3151 = EuGRZ **2013** 536 = JZ **2013** 1097 m. Anm. *Zimmermann.*
403 Bejahend OLG Saarbrücken, StV **2012** 31; anders jedoch die seinerzeit h.M.: BGH NJW **2012** 3181 = StV **2012** 746; OLG Nürnberg StV **2012** 233 = NStZ-RR **2012** 187 = FGPrax **2012** 87 = R&P **2012** 220; gegen das OLG Saarbrücken auch *Ullenbruch* StV **2012** 44, 49 f.
404 BVerfGE **128** 326 = NJW **2011** 1931 = EuGRZ **2011** 297 = JR **2011** 492 = JZ **2011** 845 = StV **2011** 470 m. Anm. *Kreuzer/Bartsch* und *Eisenberg*; zu diesem Urteil Rn. 150 ff., 281 und Art. 7 Rn. 62 ff. Zu den praktischen Konsequenzen der EGMR-Rechtsprechung und der deutschen Reaktion darauf: *Elz* FS **2014** 397.
405 Zum Ganzen Art. 7 Rn. 62 ff.
406 EGMR Schmitz/D, 9.6.2011, § 41, Mork/D, 9.6.2011, § 54, Rangelov/D, 22.3.2012, NJW **2013** 2095, § 66; Ostermünchner/D, 22.3.2012, § 55; deutlicher EGMR O.H./D, 24.11.2011, § 68; Schönbrod/D, 24.11.2011, § 69; Kronfeldner/D, 19.1.2012, §§ 59, 102; Reiner/D, 19.1.2012, § 66. Hierzu auch *Esser/Gaede/Tsambikakis* NStZ **2012** 554, 558; *Esser* JA **2011** 727; MüKo-StGB/*Drenkhahn/Morgenstern* § 66, 40 ff.

zur Durchbrechung des Kausalzusammenhangs nach *lit.* a führt – weil nicht auszuschließen ist, dass das Gericht die Sicherungsverwahrung nicht angeordnet hätte, wenn es gewusst hätte, dass die Maßnahme mehr als 10 Jahre in Kraft bleiben konnte – dann kann die nachträgliche *Anordnung* einer Sicherungsverwahrung erst recht keinen hinreichenden Kausalzusammenhang zum Ausgangsurteil (und damit zum Schuldspruch) begründen, da dieses gerade ausdrücklich nicht die Möglichkeit einer anschließenden Freiheitsentziehung aufgrund etwaiger Gefährlichkeit vorsieht.[407] Auch der erforderliche prognoserelevante symptomatische Zusammenhang mit der Anlassverurteilung[408] und die damit einhergehende Indizwirkung vermögen daran nichts zu ändern (vgl. Rn. 151).

Das BVerfG hatte 2011 die gesamten Normen des StGB zur Sicherungsverwahrung für 155
unvereinbar mit der Verfassung und ihre **Weitergeltung bis längstens 31.5.2013** erklärt.
Die Weitergeltung unterlag in dieser Übergangszeit einer strikten Verhältnismäßigkeitsanforderung, der in der Regel nur Genüge getan war, wenn eine Gefahr schwerer Gewalt- oder Sexualstraftaten aus konkreten Umständen in der Person oder dem Verhalten des Betroffenen abzuleiten war.[409] Dem BGH zufolge konnte die Gefahr der Begehung schwerer Sexualstraftaten auch dann bejaht werden, wenn der Betroffene bislang nur weniger schwere Sexualstraftaten begangen hatte.[410]

Das am 1.6.2013 in Kraft getretene **Gesetz zur bundesrechtlichen Umsetzung des** 156
Abstandsgebots im Recht der Sicherungverwahrung v. 5.12.2012[411] verfolgt mit § 66c
StGB das Ziel, die Gefährlichkeit des Betroffenen zu vermindern, damit die Sicherungsverwahrung zur Bewährung ausgesetzt oder für erledigt erklärt werden kann. Grundlage dafür bilden eine umfassende Behandlungsuntersuchung und ein regelmäßig fortzuschreibender Vollzugsplan sowie eine individuelle, intensive Betreuung und das Angebot von Sozialtherapien (§ 66c Abs. 1 StGB);[412] zur konkreten Ausgestaltung der Unterbringung siehe § 66c Abs. 2 StGB;[413] zur Vollzugslockerung und Betreuung nach Freilassung siehe § 66c Abs. 3 StGB. Ferner ist innerhalb kürzerer (Höchst-)Fristen zu überprüfen, ob die Sicherungsverwahrung ausgesetzt oder aufgehoben wird (§ 67e Abs. 2 StGB; früher: zwei Jahre; nunmehr **ein Jahr**; ab einer Dauer der Sicherungsverwahrung von zehn Jahren: **neun Monate**).[414]

---

407 Ebenso die Literatur im Vorfeld der Urteils des BVerfG: *Kinzig* StV **2010** 233, 239; *Pollähne* KJ **2010** 255, 264; vgl. zur Vereinbarkeit des § 66b StGB mit Art. 5 Abs. 1 u.a.: *Gazeas* StraFo **2005** 9, 14; *Renzikowski* JR **2004** 271, 275; *Finger* 220; zur Vereinbarkeit einer „Präventionshaft" mit Art. 5 Abs. 1: *Möllers* ZRP **2010** 153, 155; zum schützenswerten Vertrauen auf Unterbleiben der nachträglichen Anordnung einer Sicherungsverwahrung, die aufgrund der damaligen Rechtslage ursprünglich nicht angeordnet werden konnte, BVerfGE **129** 37 = EuGRZ **2011** 413.
408 Vgl. BGHSt **50** 275; **51** 191.
409 BVerfGE **128** 326, 405 f. = NJW **2011** 1931, 1946 = EuGRZ **2011** 297, 320; BVerfGE **131** 268, 296 ff. = NJW **2012** 3357 = EuGRZ **2012** 458, Tz. 96 ff., m. Anm. *Merkel* ZIS **2012** 521. Das Merkmal der schweren Sexualstraftaten konnte auch gegeben sein, wenn zu erwarten war, dass diese Taten ohne Gewaltanwendung begangen würden, vgl. BGH Urt. v. 19.2.2013 – 1 StR 275/12, Tz. 31, BeckRS **2013** 3148.
410 BGH NStZ-RR **2013** 204 = StV **2014** 136 m. Anm. *Renzikowski.*
411 BGBl. I S. 2425.
412 *Boetticher* NK **2013** 149, 158 (Versprechungen des § 66c StGB ausgiebiger Therapieprogramme „zu ehrgeizig" und „mit den herkömmlichen Mitteln des Strafvollzuges nicht zu bewältigen").
413 Eine analoge Anwendung dieser Regelung auf zu lebenslanger Freiheitsstrafe Verurteilte, gegen die keine Sicherungsverwahrung angeordnet wurde, soll nach der Rechtsprechung ausgeschlossen sein, so OLG Celle StraFo **2019** 348 = StV **2020** 533 m. krit. Anm. *Pollähne.*
414 Zur neuen gesetzlichen Regelung: *Peglau* JR **2013** 249; *Renzikowski* NJW **2013** 1638; Kaspar/*Bartsch* Sicherungsverwahrung 2.0? (2017) 161, 172 ff.; umfassend *Dax* Die Neuregelung des Vollzugs der Sicherungsverwahrung (2017) 156 ff., 176 ff. (Umsetzung des Abstandesgebots durch den Bund), 259 ff. (Umsetzung des

157   Da das BVerfG die Interpretation des EGMR inhaltlich weitgehend akzeptiert und das Grundgesetz seither im Sinne der Rechtsprechung des EGMR auslegt, muss die Sicherungsverwahrung nun auch nach bloßem innerstaatlichem Recht **auf der Verurteilung beruhen** (Art. 5 Abs. 1 Satz 2 *lit.* a) oder aber durch das Vorliegen einer **psychischen Störung** gerechtfertigt sein (Art. 5 Abs. 1 Satz 2 *lit.* e[415]). Wenn nun die Freiheitsentziehung in der Sicherungsverwahrung tatsächlich durch einen dieser beiden in Frage kommenden Tatbestände des Art. 5 Abs. 1 Satz 2 gerechtfertigt ist, kommt es zu keinem Konflikt mit dem EGMR hinsichtlich Art. 5, wenngleich die Formulierung des BVerfG, dass die Heranziehung der EMRK (und zwar in ihrer Interpretation durch den EGMR) keine „schematische Parallelisierung"[416] der Auslegung von GG und EMRK zur Folge habe, hier vordergründig noch einen Rest von Konfliktpotential offenlassen würde. In der Tat sieht das BVerfG die Sicherungsverwahrung nach wie vor **nicht als „Strafe" i.S.d. Art. 103 Abs. 2 GG** an, während der EGMR Art. 7 auf die Sicherungsverwahrung anwendet, doch kommt es zu keinem Verstoß gegen Art. 7 (mehr), wenn, wie vom BVerfG angeordnet, unter Berücksichtigung der Wertungen der EMRK das Vertrauen der Betroffenen auf ein Unterbleiben einer rückwirkenden Anwendung der für sie ungünstigen Gesetze die für eine Rückwirkung sprechenden Interessen überwiegt. Sach- und ergebnisorientiert zeigt sich auch der EGMR, der es ausdrücklich akzeptiert, dass **keine „schematische Parallelisierung"** zu erfolgen brauche, wenn die Konventionsrechte der Sache nach beachtet werden.[417]

158   Für die Fälle der **nachträglich verlängerten Anordnung der Sicherungsverwahrung** (Parallelfälle zur EGMR-Rs. *M.*) und für die Fälle der **nachträglich angeordneten Sicherungsverwahrung**, in denen nicht die besonderen Umstände der früheren §§ 66b, 67d Abs. 4 StGB vorlagen, hatte dem BVerfG zufolge das Vertrauen der Betroffenen auf ein Unterbleiben der Sicherungsverwahrung nur ausnahmsweise zurückzustehen, so dass eine nachträgliche Anordnung oder Verlängerung der Sicherungsverwahrung noch möglich war, da aber in diesen Fällen eindeutig keine Rechtfertigung nach Art. 5 Abs. 1 Satz 2 *lit.* a gegeben war, musste in diesen Fällen eine **psychische Krankheit i.S.d. Art. 5 Abs. 1 Satz 2 *lit.* e** – gewissermaßen als Ersatz für *lit.* a – vorliegen.[418] Dazu kam eine aus konkreten Umständen in der Person oder dem Verhalten des Untergebrachten ableitbare hochgradige Gefahr schwerster Gewalt- oder Sexualstraftaten. Nach dem BVerfG reichte zur Erfüllung von Art. 5 Abs. 1 Satz 2 *lit.* e eine Störung i.S.d. § 1 Abs. 1 Nr. 1 ThUG, die also nicht unbedingt die Schwelle der §§ 20, 21 StGB erreichen musste, außerdem brauchten die Betroffenen nicht sofort entlassen zu werden, sondern durften längstens bis zum 31.12.2011 (also bis knapp acht Monate nach dem Urteil des BVerfG) in Haft verbleiben, um die Feststellung zu ermöglichen, ob die Bedingungen für die ausnahmsweise Fortsetzung der Sicherungsverwahrung gegeben waren (Rn. 155).

159   Hatte es zunächst noch Zweifel gegeben, ob das grundlegende BVerfG-Urteil vom 4.5.2011 auch die Fortsetzung der Sicherungsverwahrung im Fall ihrer nachträglichen An-

---

Abstandsgebots durch die Länder); speziell für Jugendliche *Bartsch* ZJJ **2013** 182; insbesondere zum Strafvollzug von Personen, deren Sicherungsverwahrung angeordnet ist: *Wolf* Rpfleger **2013** 365; insbesondere zur Ausgestaltung von Punkten des klassischen Strafvollzugsrechts wie Besuche u.ä. für Sicherungsverwahrte: *Schäferskopper/Grote* NStZ **2013** 447, 449 ff.

415 Zu *lit.* e in diesem Zusammenhang Rn. 278 ff.; *lit.* c scheidet praktisch als Rechtfertigung für die Sicherungsverwahrung aus, vgl. Rn. 196 ff.

416 BVerfGE **128** 326, 366 f., 370 = NJW **2011** 1931, 1935, Tz. 86, 1936, Tz. 91.

417 EGMR Glien/D, 28.11.2013, § 124.

418 BVerfGE **128** 326, 388 f., 399 = NJW **2011** 1931, 1941, 1944.

ordnung im Anschluss an eine Unterbringung (Rn. 150 ff.) stark einschränkte,[419] stellte das BVerfG Anfang 2013 klar,[420] dass auch für diese Fälle die weitere Anordnung und Vollziehung der Sicherungsverwahrung nur unter den 2011 festgelegten strengen Voraussetzungen (siehe vorangegangene Rn.) möglich war. Dies geschah wohl auch unter dem Eindruck dreier Verurteilungen Deutschlands durch den EGMR im Juni 2012.[421]

Im Fall ***Bergmann*** hat der EGMR klargestellt, dass das neue Konzept der Sicherungs- **160** verwahrung grundsätzlich nach wie vor eine „Strafe" im Sinne des Art. 7 Abs. 1 darstellt. Etwas anderes gelte lediglich dann, wenn die Sicherungsverwahrung nachträglich auf der Grundlage des **Art. 316f Abs. 2 EGStGB** verlängert werde, um einen psychisch kranken Straftäter in einer entsprechenden Therapieeinrichtung nach dem ThUG (präventiv) unterzubringen.[422] Liegt der Schwerpunkt der Maßnahme dagegen nicht auf einer medizinischen und therapeutischen Behandlung des Betroffenen als psychisch Krankem, so kann Art. 7 Abs. 1 verletzt sein.[423]

h) Verhältnis zwischen Freiheitsstrafe und freiheitsentziehender Maßregel. Das **161** deutsche Sanktionensystem ist nach wie vor *zweispurig* ausgestaltet, also durch ein **Nebeneinander** von Freiheitsstrafen und freiheitsentziehenden Maßregeln charakterisiert (vgl. §§ 38 ff., 61 ff. StGB). In welcher Reihenfolge die Sanktionen nach §§ 63, 64 StGB[424] und eine daneben angeordnete Freiheitsstrafe zu vollstrecken sind, ergibt sich aus § 67 StGB, wobei das BVerfG die Anrechnungsvorschrift des § 67 Abs. 4 StGB als mit Art. 2 Abs. 2 Satz 2 GG unvereinbar und deshalb für verfassungswidrig erklärt hat, soweit die Anrechnung von Maßregelvollzugszeiten auf verfahrensfremde Freiheitsstrafen aufgrund dieser Vorschrift ausgeschlossen war.[425] Diesem Diktum wird nun durch den im Jahr 2016 neu geschaffenen **§ 67 Abs. 6 StGB** Rechnung getragen.[426]

3. Nichtbefolgen einer rechtmäßigen gerichtlichen Anordnung/Erzwingung der Erfüllung einer gesetzlichen Verpflichtung (*lit.* b)

a) Allgemeines. Beide Varianten des *lit.* b setzen voraus, dass dem Betroffenen **recht- 162 mäßig**, d.h. in Übereinstimmung mit einer für den betreffenden Fall einschlägigen Bestimmung des nationalen Rechts, die Freiheit entzogen wird, weil er einer ihm auferlegten konkreten Verpflichtung nicht nachgekommen ist.[427] Unterschiedlich sind dagegen **Rechts-**

---

419 Verneinend BGH NStZ **2012** 317 = StV **2012** 405; OLG Frankfurt NStZ **2012** 154. Argument: BVerfG habe diese Fälle gerade nicht miteinbezogen; wegen ursprünglicher Anordnung einer unbefristeten Unterbringung kein schützenswertes Vertrauen.

420 BVerfGE **133** 40 = StV **2013** 626 = EuGRZ **2013** 233 = R&P **2013** 154 (gegen OLG Frankfurt a.M. NStZ **2012** 154); ebenso BVerfG StraFo **2013** 213 = R&P **2013** 159 = NStZ-RR **2013** 207 (red. Ls.).

421 EGMR S./D, 28.6.2012; G./D, 7.6.2012; K./D, 7.6.2012 (jeweils nur Art. 7 verletzt; Art. 5 offenbar nicht gerügt, in der Sache aber auch verletzt).

422 EGMR Bergmann/D, 7.1.2016, §§ 153 ff., NJW **2017** 1007, 1011 ff. m. Anm. *Köhne* = StV **2017** 597 m. Anm. *Schmitt-Leonardy.*

423 EGMR Becht/D, 6.7.2017, §§ 43 ff.

424 Für die Sicherungsverwahrung gilt § 67 StGB indes nicht; vgl. *Werndl* Zweispurigkeit und Vertrauensschutz 149.

425 Vgl. BVerfGE **130** 372 = NJW **2012** 1784 = StraFo **2012** 172 = StV **2012** 741.

426 Eingefügt durch Gesetz zur Novellierung des Rechts der Unterbringung in einem psychiatrischen Krankenhaus gemäß § 63 des Strafgesetzbuches und zur Änderung anderer Vorschriften v. 8.7.2016 (BGBl. I S. 1619); dazu BTDrucks. **18** 7244 S. 11 f., 25 f.; BGH StV **2020** 510.

427 Karpenstein/Mayer/*Elberling* 41 (Kritik an der Unbestimmtheit der Vorschrift; Plädoyer für einschränkende Auslegung).

grund und Zweck der Freiheitsentziehung. Während nach Var. 1 die Missachtung einer durch eine rechtmäßige richterliche Entscheidung konkretisierten Pflicht die Freiheitsentziehung als Sanktion für den Ungehorsam gegen die richterliche Anordnung gestattet ist, lässt Var. 2 eine Freiheitsentziehung zu, wenn sie erforderlich ist, um die Erfüllung einer bestimmten, wenn auch nur abstrakt festgelegten und nicht durch eine vorangegangene Gerichtsentscheidung konkretisierten gesetzlichen Pflicht zu erzwingen.[428] Die Var. 2 ist einerseits weiter als die Var. 1, da sie keine gerichtliche Individualisierung der Pflicht voraussetzt, sie ist andererseits enger, da sie die Freiheitsentziehung nur als Mittel zur Erzwingung einer schon *gesetzlich* festgelegten Pflicht, nicht aber als Sanktion für deren Missachtung zulässt.

163   Ob die **Verpflichtung zur Bezahlung von Schulden aus einem Vertragsverhältnis** eine von *lit.* b erfasste Verpflichtung sein kann, ist unklar. Die Frage kann jedenfalls nicht unter Berufung auf Art. 1 des 4. ZP-EMRK verneint werden.[429] Mit diesem Argument ließe sich eher das gegenteilige Ergebnis begründen: Das Freiheitsrecht des Art. 1 des 4. ZP-EMRK habe seine Berechtigung, weil der Rechtfertigungsgrund des *lit.* b auch die Verpflichtung zur Begleichung vertraglicher Schulden erfasse. Die Frage dürfte dennoch tendenziell zu verneinen sein, da weder die Auslegung vertraglicher Pflichten als „gesetzliche Pflichten" i.S.d. *lit.* b (mit dem Argument, dass vertragliche Pflichten im Gesetz genannt seien, etwa in § 433 BGB) noch die Auslegung von gerichtlichen Verurteilungen zur Erfüllung vertraglicher Pflichten als „gerichtliche Anordnung" dem Gebot der engen Auslegung der Freiheitsentziehungsgründe (vgl. Rn. 87) entsprechen würden und der EGMR obendrein eine Freiheitsentziehung wegen nicht erfüllter Zahlungspflichten als „archaisch" bezeichnet hat.[430] Von praktischer Bedeutung ist die Frage jedenfalls nur in Konventionsstaaten, die – wie Griechenland, die Schweiz, die Türkei und das Vereinigte Königreich – dem 4. ZP-EMRK nicht beigetreten sind.

164   **b) Nichtbefolgung einer rechtmäßigen gerichtlichen Anordnung (*lit.* b, erste Variante).** Die Nichtbefolgung einer rechtmäßigen gerichtlichen Anordnung liegt vor, wenn eine Person einer Pflicht nicht nachkommt, die ihr in einer gerichtlichen Entscheidung auferlegt worden ist. **Gericht** ist hier ebenso zu verstehen wie bei *lit.* a (Rn. 115 ff.).[431] Mit **Anordnung** ist im weitesten Sinn jede an eine Person gerichtete richterliche Entscheidung gemeint,[432] die eine **bestimmte Pflicht konkretisiert**, wie etwa die Ladung zu einem Termin.[433] Auf die konkrete Bezeichnung kommt es nicht an. Die Freiheitsentziehung setzt voraus, dass dem Betroffenen die gerichtliche Anordnung ordnungsgemäß zugegangen ist[434] und dieser sie **nicht befolgt** hat.

165   **Rechtmäßig** ist die Anordnung nur, wenn bereits das nationale Recht mit genügender Bestimmtheit vorsieht, dass und ggf. unter welchen Voraussetzungen der Verpflichtete bei Nichtbefolgen der gerichtlichen Anordnung in Haft genommen werden kann. Auch die gerichtliche Entscheidung – die nur ergehen darf, wenn das Gericht sich vergewissert hat, dass der Betroffene die geforderte Handlung nicht freiwillig vornehmen wird[435] – muss

---

428 *Frowein/Peukert* 51, 55 ff.
429 So aber *Grabenwarter/Pabel* § 21, 26.
430 EGMR Göktan/F, 2.7.2002, § 51; Gatt/MLT, 27.7.2010, § 39.
431 *Grabenwarter/Pabel* § 21, 24.
432 *Herzog* AöR **86** (1961) 194, 216.
433 Siehe EGMR Trutko/R, 6.12.2016, §§ 33 ff. (Anordnung, zu einer medizinischen bzw. psychologischen Untersuchung zu erscheinen, die zu einer Unterbringung führen könnte).
434 Zu diesem Erfordernis (im österreichischen Recht): *Nimmervoll* JSt **2016** 190 f.
435 EGMR Petukhova/R, 2.5.2013, §§ 53 ff., 57.

die **mit Freiheitsentziehung sanktionierte Verpflichtung eindeutig festlegen** und auf die Folgen ihrer Missachtung hingewiesen haben. Der Betroffene muss die Folgen seines Verhaltens also vor seinem Handeln (Unterlassen) erkennen können.[436] Er muss dazu (mindestens) von der Gerichtsentscheidung in **Kenntnis** gesetzt werden.[437] Diese Information kann auch nicht deswegen unterbleiben, wenn und weil der Betroffene es davor abgelehnt hat, die geforderte Handlung von sich aus oder auf Vorschlag der Behörden vorzunehmen, da daraus nicht geschlossen werden kann, dass sich der Betroffene auch einer gerichtlichen Anordnung widersetzen werde.[438]

Gegenstand der gerichtlichen Entscheidung können Verpflichtungen aller Art sein, **166** also sowohl bürgerlich- als auch öffentlich-rechtliche Pflichten.[439] Ein richterliches **Herausgabe-**[440] **oder Unterlassungsgebot** fällt ebenso darunter wie andere Maßnahmen, etwa die Fälle der Ordnungshaft nach den einschlägigen Verfahrensgesetzen (z.B. §§ 51, 70, 161a StPO, § 380 ZPO).[441]

Eine nicht als Sanktion für vorangegangenes Unrecht oder Ungehorsam, sondern nur **167** als **Zwangsmittel** angeordnete Freiheitsentziehung, d.h. zur Erzwingung einer durch eine vorhergehende richterliche Anordnung konkretisierten prozessualen Pflicht (z.B. **Zeugniszwang**, § 70 Abs. 2 StPO), sowie eine **Beuge-/Erzwingungshaft**[442] (etwa bei Nichtbezahlung einer gerichtlich festgelegten Geldbuße, § 96 OWiG) fallen unter die zweite Variante von *lit.* b (Rn. 176).

Die **Festnahme bzw. sonstige Freiheitsentziehung** muss die durch Rechtssatz angeb- **168** drohte Folge der Nichterfüllung der gerichtlichen Anordnung sein; *lit.* b fordert aber im Unterschied zu *lit.* a **keine Anordnung der Freiheitsentziehung** *durch* **das Gericht**. Vielmehr ist auch eine von einer Verwaltungsbehörde wegen des Ungehorsams gegen den Gerichtsbeschluss angeordnete Freiheitsentziehung mit Art. 5 Abs. 1 Satz 2 *lit.* b Var. 1 vereinbar;[443] für Deutschland gilt jedoch der Richtervorbehalt (**Art. 104 GG**; siehe auch Art. 53). Wird die Freiheitsentziehung in solchen Fällen entsprechend Art. 104 Abs. 2 GG durch eine erneute richterliche Entscheidung angeordnet, ist sie auch durch Art. 5 Abs. 1 Satz 2 *lit.* a gedeckt, sofern ihre gerichtliche Verhängung eine Verurteilung („conviction") bedeutet, was bei einer Ordnungshaft wegen eines schuldhaften Pflichtverstoßes der Fall ist (Rn. 122).

Neben der gerichtlichen Anordnung (Rn. 165) muss auch die Freiheitsentziehung **169** selbst **rechtmäßig** sein (vgl. Rn. 162).[444] Zwischen der Notwendigkeit, die Befolgung gerichtlicher Anordnungen sicherzustellen, und dem Freiheitsrecht des Einzelnen muss immer ein **faires Gleichgewicht** bestehen. Die Dauer der Freiheitsentziehung muss daher gegenüber der Missachtung bzw. Nichtbefolgung der gerichtlichen Anordnung stets **ver-**

---

436 EGMR Steel u.a./UK, 23.9.1998; *Esser* 216.

437 EGMR Beiere/LET, 29.11.2011, §§ 49 ff.; Petukhova/R, 2.5.2013, § 58.

438 EGMR Petukhova/R, 2.5.2013, § 59.

439 EKMR Freda/I, DR 21 (Verstoß gegen Auflagen betreffend Aufenthalt); X/A, DR 18 (Verweigerung gerichtlich angeordneter medizinischer Untersuchung).

440 EGMR Paradis/D (E), 4.9.2007 (Anordnung zur Herausgabe eines Kindes).

441 *Guradze* 11; *Frowein/Peukert* 55 f.; *Herzog* AöR **86** (1961) 194, 216; Meyer-Goßner/*Schmitt* 3.

442 Str., aber wegen des Eingreifens der Var. 2 indes ohne praktische Auswirkung; *Koschwitz* 171 schließt aus dem verbindlichen engl. und franz. Wortlaut, dass die Var. 1 nur die als Sanktion gedachten Ordnungsstrafen betrifft, während die echten Beugemaßnahmen unter die Var. 2 fallen; ebenso *Herzog* AöR **86** (1961) 194, 216. In EGMR Velinov/MAZ, 19.9.2013, §§ 50 ff., bleibt unklar, welche Variante der Gerichtshof untersucht (zwar spricht der Gerichtshof mehrmals von der gerichtlichen Zahlungsaufforderung, sagt aber nicht, ob er damit die 1. Var. meint oder ob das auch die Pflicht gem. der 2. Var. sein könnte).

443 *Frowein/Peukert* 54; *Herzog* AöR **86** (1961) 194, 216; *Partsch* 125.

444 EGMR Velinov/MAZ, 19.9.2013, § 53.

hältnismäßig sein.[445] Daher muss zur Legitimation einer zwangsweisen Vorführung insbesondere dargelegt werden, dass weniger einschneidende **Alternativmaßnahmen**, wie z.B. das Abwarten, nicht ausreichend wären; der Grund, warum sein unverzügliches Erscheinen notwendig ist, muss dem Betroffenen zudem offengelegt werden.[446] Im Regelfall kann *lit.* b 1. Var. nur einen Freiheitsentzug **von kurzer Dauer** rechtfertigen.[447]

170   **c) Erzwingung der Erfüllung einer durch Gesetz vorgeschriebenen Verpflichtung (*lit.* b, zweite Variante).** Die Freiheitsentziehung zur **Erzwingung einer gesetzlichen Verpflichtung** deckt vor allem **Beugemaßnahmen**, mit deren Hilfe die Erfüllung einer gesetzlichen Pflicht durchgesetzt werden soll, nicht aber Maßnahmen, die nur als (punitive) Sanktion für ein zurückliegendes Verhalten verhängt werden,[448] selbst wenn sie möglicherweise spezialpräventiv auch auf künftiges Wohlverhalten hinwirken sollen.[449] Bei der zweiten Variante des *lit.* b fordert der EGMR auch die Eignung der Freiheitsentziehung zur Durchsetzung der Verpflichtung.[450]

171   Die zu erfüllende Verpflichtung muss weder durch eine vorherige richterliche Anordnung individualisiert sein, noch bedürfen Festnahme und Freiheitsentziehung zu ihrer Erzwingung einer richterlichen Anordnung.

172   Da eine extensive Auslegung des *lit.* b Willkür Tür und Tor öffnen würde, ist die zweite Variante so eng auszulegen, dass sie die Festnahme einer Person nur zulässt, wenn ein nationales Gesetz dies vorsieht, um die sonst gefährdete Erfüllung einer **besonderen gesetzlichen Pflicht** zu sichern.[451] Allgemein gehaltene gesetzliche Verpflichtungen genügen wegen ihrer Unbestimmtheit nicht. So ist etwa die allgemeine Verpflichtung, keine und auch keine weiteren (einschlägigen) Straftaten zu begehen, nicht konkret genug.[452]

173   **Gesetzlich** normiert ist die Verpflichtung, wenn sie sich aus einem **Rechtssatz**, nicht aber notwendig aus einem formellen Gesetz, ergibt. Der Rechtssatz muss **inhaltlich genügend bestimmt** nach Inhalt und Umfang eine **konkrete und spezifische Pflicht** des Betroffenen begründen und von ihm – zeitlich *vor* dem Ausspruch der Freiheitsentziehung – ein **bestimmtes Verhalten** (Tun oder Unterlassen) fordern.[453] Der Betroffene muss ersehen können, welche Pflicht ihn trifft, was er in ihrer Erfüllung konkret zu tun oder zu unterlassen hat und dass ihre Befolgung notfalls durch einen Eingriff in seine Freiheit erzwungen werden kann. Ein gesetzlich zwar vorgesehener, in Wirklichkeit aber nur vorgeschobener Grund führt nicht dazu, dass die Freiheitsentziehung rechtmäßig ist.[454]

---

445 EGMR Gatt/MLT, 27.7.2010, §§ 40–41 (Verstoß gegen eine „Bail"-Auflage – Aufenthaltsgebot – nach 5 Jahren; gerichtliche Anordnung der Zahlung einer für diesen Fall zugesagten Sicherheit i.H.v. 23.300 €; mangels finanzieller Mittel „Umwandlung" in Freiheitsentzug), dazu *Thienel* ÖJZ **2011** 257.
446 EGMR Khodorkovskiy/R, 31.5.2011, NJOZ **2012** 1902; ausführlich *Schroeder* JOR **2011** 229.
447 EGMR Gatt/MLT, 27.7.2010, §§ 42–43 (5 Jahre 6 Monate für Nichtzahlung von 23.300 €).
448 EGMR Nowicka/P, 3.12.2002, § 60; Vasileva/DK, 25.9.2003, § 36; Gatt/MLT, 27.7.2010; Stefanov/BUL, 22.5.2008, § 74; *Frowein/Peukert* 51.
449 EGMR Engel u.a./NL, 8.6.1976; *Frowein/Peukert* 55.
450 Karpenstein/Mayer/*Elberling* 44: Verweis auf EGMR Vasileva/DK, 25.9.2003, § 36.
451 EGMR Rozhkov/R (Nr. 2), 31.1.2017, § 76; Lawless/IR (Nr. 3), 1.7.1961.
452 EGMR (GK) S., V. u.A./DK, 22.10.2018, § 83; Ostendorf/D, 7.3.2013, § 70; Schwabe u. M.G./D, 1.12.2011, §§ 73, 82, NVwZ **2012** 1089 = EuGRZ **2012** 141 = DÖV **2012** 201; vgl. *Renzikowski* JR **2004** 271, 274.
453 *Frowein/Peukert* 55 ff.
454 EGMR Khodorkovskiy/R, 31.5.2011, § 142 (Festnahme, weil Ladung als Zeuge nicht nachgekommen; tatsächlich als Beschuldigter festgenommen).

Eine allgemeine **Generalklausel**, die es gestatten würde, jeden durch eine behördli- **174** che Anordnung präventiv in Haft zu nehmen, um zu sichern, dass er nicht gegen das allgemeine Gebot des Rechtsgehorsams verstößt oder die Erfordernisse der öffentlichen Sicherheit und Ordnung nicht missachtet, kann in dieser Regelung daher nicht gesehen werden. Dies wäre unvereinbar mit dem die Konvention bestimmenden Grundgedanken von der Vorherrschaft des Rechts, der strengen Gesetzesbindung aller Eingriffe in die Freiheit zur Garantie der Sicherheit und zum Ausschluss jeder Willkür. Es würde auch dem Zweck des **numerus clausus der zulässigen Freiheitsentziehungsgründe** in Art. 5 Abs. 1 Satz 2 widersprechen.[455] Die EKMR hatte deshalb eine gesetzliche Pflicht, nicht *„notorisch und gewohnheitsmäßig ungesetzlichen Tätigkeiten"* nachzugehen oder sich nicht *„der öffentlichen Moral und den guten Sitten entgegenstehenden Tätigkeiten zu widmen"* als nicht genügend präzise und konkret angesehen.[456] Die Pflicht, **Wehrdienst** zu leisten oder die Pflicht, sich bis zur **Feststellung der eigenen Personalien** festhalten zu lassen[457] oder die Verpflichtung, sich gegenüber der Polizei **auszuweisen**, wurden dagegen als ausreichend konkret eingestuft,[458] ebenso die Verpflichtung, sich **infolge eines polizeilichen Platzverweises zu entfernen**,[459] nicht aber eine präventiv-polizeiliche Freiheitsentziehung zu dem Zweck, den Betroffenen an der **Begehung künftiger Straftaten** zu hindern.[460] Die bis Ende 2010 geregelte **nachträgliche Sicherungsverwahrung** (§ 66b StGB a.F.) konnte daher nicht auf diesen Haftgrund gestützt werden.[461] In den einschlägigen EGMR-Urteilen, beginnend mit der Rs. *M.* (Rn. 144), wird der Rechtfertigungsgrund des *lit.* b folgerichtig noch nicht einmal erwähnt.

Ein **Unterlassen** als eine zu erfüllende Pflicht i.S.d. zweiten Variante des *lit.* b anzuse- **175** hen, ist problematisch, jedoch nicht ausgeschlossen. Dem Betroffenen muss klargemacht werden, was er konkret zu unterlassen hat; gibt er nun zu verstehen, dass er zu diesem Unterlassen nicht gewillt ist, kommt eine Freiheitsentziehung in Betracht.[462] Vor allem aber ist die Verpflichtung, bestimmte **Handlungen *nicht* vorzunehmen**, nur dann **genügend spezifisch und konkret**, wenn Ort und Zeit der bevorstehenden[463] (verbotenen) Handlung hinreichend konkret bzw. eingrenzbar sind.[464] Dem EGMR genügte dabei die Ortsbestimmung „in oder in der Nähe von Frankfurt am Main" und die zeitliche Eingrenzung „in den Stunden vor, während oder nach (einem bestimmten) Fußballspiel".[465]

Ergeht, obwohl nach der Var. 2 von *lit.* b nicht erforderlich (Rn. 162), eine **gerichtliche 176 Anordnung**, die die **Verpflichtung konkretisiert**, ist dies unschädlich. Die Haftgründe des Art. 5 Abs. 1 wollen Mindestanforderungen an das nationale Recht stellen, sie hindern

---

455 EGMR Engel u.a./NL, 8.6.1976; *Partsch* 126.

456 EGMR Guzzardi/I, 6.11.1980; vgl. auch EGMR Engel u.a./NL, 8.6.1976; Ciulla/I, 22.2.1989 (Verpflichtung eines der Zugehörigkeit zur Mafia Verdächtigen, sein Verhalten zu ändern); *Frowein/Peukert* 55; *Grabenwarter/Pabel* § 21, 25; *Partsch* 126.

457 EKMR nach *Frowein/Peukert* 56; *Grabenwarter/Pabel* § 21, 27.

458 EGMR Vasileva/DK, 25.9.2003, § 38; *Frowein/Peukert* 56 je m.w.N.

459 EGMR Epple/D, 24.3.2005, NVwZ **2006** 797, § 38.

460 EGMR Lawless/IR (Nr. 3), 1.7.1961; Guzzardi/I, 6.11.1980; Ciulla/I, 22.2.1989; Schwabe u. M.G./D, 1.12.2012, §§ 65, 73, 81 f., EuGRZ **2012** 141 = NVwZ **2012** 1089.

461 *Sprung* Nachträgliche Sicherungsverwahrung – verfassungsgemäß? (2009) 261; *Richter* ZfStrVo **2003** 201, 204; *Finger* 217; *Renzikowski* JR **2004** 271, 274; *Rzepka* R&P **2003** 191, 208; **a.A.** *Würtenberger/Sydow* NVwZ **2001** 1201, 1204 Fn. 35 mit Verweis auf den Normzweck; *Maaß* NVwZ **1985** 151, 155; KK-EMRK GG/*Dörr* Kap. 13, 161.

462 EGMR Ostendorf/D, 7.3.2013, § 94.

463 EGMR Ostendorf/D, 7.3.2013, § 94 („imminent commission of the offence").

464 EGMR Ostendorf/D, 7.3.2013, § 93.

465 EGMR Ostendorf/D, 7.3.2013, § 93.

Esser

den nationalen Gesetzgeber aber nicht, zugunsten des Betroffenen die Haft von zusätzlichen Sicherungen abhängig zu machen (Art. 53). Daher deckt *lit.* b Var. 2 auch **Beugemaßnahmen**, die nach deutschem Recht durch einen gerichtlichen Beschluss angeordnet werden (**Beugehaft**, §§ 390, 888, 890 ZPO, § 98 Abs. 2 InsO,[466] § 96 OWiG;[467] **Erzwingungshaft**, §§ 51, 70 Abs. 2, 95 Abs. 2, 161a StPO; § 380 ZPO,[468] so auch zur Erfüllung einer **Offenlegungspflicht** und deren Bekräftigung durch eine eidesstattliche Versicherung, §§ 888, 901 ff. ZPO; § 98 Abs. 3 InsO). Gedeckt ist die Haft ungeachtet der Frage, ob in solchen Fällen auch *lit.* a und die erste Alternative des *lit.* b gegeben wären.[469] Gleiches gilt für alle Fälle einer vom Gericht angeordneten zwangsweisen Vorführung oder Festhaltung zur Erfüllung einer prozessualen Pflicht, sofern man darin überhaupt oder nur bei längerer Dauer eine Freiheitsentziehung sieht (Rn. 71 ff.).

177　　Die Freiheitsentziehung zur Durchsetzung der Verpflichtung darf nur solange aufrechterhalten werden, **bis die Verpflichtung erfüllt** ist.[470] Sie darf zur Durchsetzung von Zahlungspflichten nicht vollzogen werden, wenn der Betroffene mittlerweile bezahlt hat. Dies gilt auch dann, wenn er trotz einer gerichtlichen Anordnung das Gericht nicht von der inzwischen erfolgten Zahlung in Kenntnis gesetzt hat, denn die staatlichen Stellen haben selbst für den nötigen Informationsaustausch zu sorgen.[471] Ebenso im Rahmen von *lit.* b zu beachten ist die **Angemessenheit der Haftdauer** im Verhältnis zu der zu erfüllenden Verpflichtung.[472] Ferner sind **mildere Mittel** in Erwägung zu ziehen, mit denen der Zweck ebenfalls erreicht werden kann (vgl. Rn. 96).[473]

178　　Abzulehnen mangels einer Stütze im Wortlaut[474] ist die Ansicht, dass ebenso wie bei der Var. 1 nur **Bürgerpflichten im Zusammenhang mit der Rechtspflege** gemeint seien, nicht aber auch andere, vor allem sicherheits- und polizeirechtliche Pflichten.[475] Diese enge Auslegung würde zwar Festnahmen zur Unterbindung der Störung einer Amtshandlung nach § 164 StPO oder § 177 GVG decken, nicht aber die Festnahme bei Störungen von Amtshandlungen nichtprozessualer Art.

179　　Unabhängig von der Problematik des in *lit.* c anzusprechenden Sonderfalls der Verhütung von Straftaten (Rn. 221 ff.) und den Fällen von Absatz 1 *lit.* d bis f erlaubt *lit.* b die **polizeirechtliche Festnahme und Freiheitsentziehung** zur Sicherung im Gesetz festgelegter Pflichten und zur Verhinderung konkreter Gefahren und Gefährdungslagen. Unter den vorgenannten Voraussetzungen (Rn. 162 ff.) kann ein **Störer** daher für begrenzte Zeit

---

466 *Guradze* 12; Karpenstein/Mayer/*Elberling* 47; *Partsch* 125; str.

467 *Partsch* 125; hierzu: *Fürmann* DRiZ **2009** 365.

468 Vgl. *Guradze* 12; Meyer-Goßner/*Schmitt* 3.

469 *Frowein* /*Peukert* 56.

470 EGMR Vasileva/DK, 25.9.2003, § 36; Rozhkov/R (Nr. 2), 31.1.2017, § 76.

471 EGMR Velinov/MAZ, 19.9.2013, § 56 (Zahlung ans Finanzministerium; keine Information ans Gericht über Zahlungseingang). Dies muss auch für den Fall gelten, dass der Betroffene nicht nur aufgrund gerichtlicher Anordnung, sondern – anders als in *Velinov* – bereits aufgrund einer Rechtsnorm dem Gericht hätte mitteilen müssen, dass er inzwischen bezahlt hat.

472 EGMR Nowicka/P, 3.12.2002, §§ 61 ff.; Vasileva/DK, 25.9.2003, §§ 41 f. (Freiheitsentziehung von 13 Stunden als Verletzung von Art. 5 Abs. 1 *lit.* b, wenn es nur um die Pflicht zur Identitätsfeststellung geht; über sieben Stunden hinweg keine Versuche, die Identität festzustellen – wahrscheinlich aufgrund der Schlafbedürftigkeit der Betroffenen); Stefanov/BUL, 22.5.2008, § 75.

473 EGMR Khodorkovskiy/R, 31.5.2011, § 137.

474 *Guradze* 12 m.w.N.

475 SächsVerfG EuGRZ **1996** 437, 440 (keine Beschränkung des Anwendungsbereichs auf Strafrechtspflege). Eine einschränkende Auslegung nimmt dies dagegen unter Berufung auf die Systematik des Katalogs an: *Herzog* AöR **86** (1961) 194, 217 ff.; *Koschwitz* 171 ff.

in Gewahrsam genommen werden.[476] Die Haft gegen einen **Nichtstörer** lässt sich, sofern nach nationalem Recht überhaupt zulässig, mit *lit.* b Var. 2 aber nicht rechtfertigen.[477]

4. Festnahme und Freiheitsentziehung bei Verfolgung oder zur Verhütung straf- 180 barer Handlungen (*lit.* c). Voraussetzung für eine Freiheitsentziehung auf der Grundlage von *lit.* c ist der **auf konkrete Tatsachen gestützte Verdacht**, dass der Betroffene eine Straftat begangen hat oder sie zu begehen beabsichtigt.[478] Als Teil des abschließenden Katalogs an potentiellen Gründen für eine Freiheitsentziehung (Art. 5 Abs. 1 Satz 2 *lit.* a–f) sind die in *lit.* c genannten Gründe ebenfalls nicht erweiterungsfähig; eine Freiheitsentziehung nach *lit.* c kann sich also nur auf die dort explizit genannten Tatbestände stützen.[479] Mit diesem abschließenden Katalog soll in Strafsachen auch den von der Verteidigung häufig beklagten **apokryphen Haftgründen** (u.a. Geständniserwartung, Erleichterung der Ermittlungen, „Denkzettel") vorgebeugt werden.

Art. 9 Abs. 3 IPBPR, der sich auf eine Person bezieht, die *„unter dem Vorwurf einer* 181 *strafbaren Handlung"* festgenommen oder in Haft gehalten wird, teilt diesen sachlichen Anwendungs- und Schutzbereich des Art. 5 Abs. 1 Satz 2 *lit.* c. Die Vorschrift ist nach einer auf die Entstehungsgeschichte abstellenden Auslegung[480] in dem Sinne zu verstehen, dass sie auch die präventive Unterbringung, etwa in Form eines Unterbindungsgewahrsams, in Hinblick auf eine beabsichtigte Straftat mit umfasst.

a) Zweck der Regelung. *Lit.* c will die **Vorführung einer Person vor die zuständige 182 Gerichtsbehörde** („competent legal authority" / „autorité judiciaire compétente") nach ihrer Festnahme aus einem der angeführten Gründe sichern. Der praktisch häufigste Fall ist die Festnahme einer Person, die der zurückliegenden Begehung einer Straftat (im weitesten Sinn) verdächtig ist.[481] Darüber, ob die eine Freiheitsentziehung zu diesem Zweck nach dem dafür maßgebenden nationalen Recht (Rn. 89)[482] zulässig und den Umständen nach auch erforderlich ist, soll alsbald eine in richterlicher Unabhängigkeit entscheidende Stelle befinden. Dieser **Entscheidungsvorbehalt** soll zugleich verhindern, dass eine Person allein aufgrund einer behördlichen Entscheidung oder aufgrund der Anklageerhebung durch die Staatsanwaltschaft die Freiheit entzogen werden kann.[483] Die nach entsprechen-

---

476 *Guradze* 13 IV; *Hoder* NJW **1953** 531; Meyer-Goßner/*Schmitt* 3; *Maaß* NVwZ **1985** 151, 155; zum Ganzen auch Dürig/Herzog/Scholz/*Di Fabio* Art. 2 Abs. 2 Satz 2, 83 ff. GG; je m.w.N.; ferner *Partsch* 127 ff. (krit.: zu weiter Spielraum für den nationalen Gesetzgeber und ein zu enger für die administrative Haft). Die EKMR hatte die Polizeihaft zur Durchsetzung einer erweiterten Sicherheitskontrolle bei der Einreise aus Irland (**nordirische Antiterrorgesetze**) wegen der besonderen Notwendigkeit der Terrorismusbekämpfung für vereinbar mit Art. 5 Abs. 1 Satz 2 *lit.* b gehalten; Voraussetzung: gewisse Verdachtsmomente); vgl. EKMR und EGMR Lawless/IR (Nr. 3), 1.7.1961; dazu *Koschwitz* 175 ff.; *Partsch* 126; EGMR Engel u.a./NL, 8.6.1976; Guzzardi/ I, 6.11.1980, dazu *Frowein/Peukert* 56 f.; *Trechsel* EuGRZ **1980** 514, 524; ferner EKMR bei *Bleckmann* EuGRZ **1983** 430 (McVeigh/UK). Zum polizeilichen Präventivgewahrsam bei Terrorverdächtigen/Gefährdern: *Kubiciel* ZRP **2017** 57, 59; *Walther* ZIS **2007** 464, 472 ff.
477 *Echterhölter* JZ **1956** 144; *Guradze* 13 IV; *Hodler* NJW **1953** 532; *Koschwitz* 169.
478 Näher zum Tatverdacht: *Morgenstern* 154 ff.; EGMR İlker Deniz Yücel/TRK, 25.1.2022, §§ 96 f., NLMR **2022** 11 (Fehlen plausibel dargelegter Gründe für Tatverdacht; Verstoß gegen Art. 5 Abs. 1).
479 EGMR Tymoshenko/UKR, 30.4.2013, § 270.
480 *Nowak* 37.
481 Vgl. *Esser* 218; *ders.* StraFo **2003** 335, 338; *Kühne/Esser* StV **2002** 383, 385 (Zweck der Haft: Verfahrenssicherung); Begehung einer Ordnungswidrigkeit nach Karpenstein/Mayer/*Elberling* 51 nicht ausreichend.
482 Vgl. ferner *Esser* StraFo **2003** 335, 337.
483 EGMR Lawless/IR (Nr. 3), 1.7.1961; Baranowski/PL, 28.3.2000; Nakhmanovich/R, 2.3.2006, §§ 67 ff.; *Goedecke* JIR **46** (2003) 613; *Kühne/Esser* StV **2002** 383, 385 je m.w.N.

der Vorführung des Festgenommenen für die Entscheidung über die Freiheitsentziehung zuständige *Gerichtsbehörde* muss nach innerstaatlichem Recht verbindlich über deren Rechtmäßigkeit und ggf. auch über die Freilassung der betroffenen Person entscheiden können (Rn. 361, 373 ff.).

183 Die auf den bloßen **Verdacht einer begangenen strafbaren Handlung** abstellende Regelung des Art. 5 Abs. 1 Satz 2 *lit.* c bestätigt, dass Festnahmen, Verhaftungen und die (richterliche) Anordnung von Untersuchungshaft mit der **Unschuldsvermutung** (Art. 6 Abs. 2 EMRK/Art. 14 Abs. 2 IPBPR) vereinbar sind.[484] Um jede Willkür im Rahmen einer staatlichen Freiheitsentziehung vollständig auszuschließen zu können, ist neben bzw. als Element der Rechtmäßigkeit der Freiheitsentziehung nach Maßgabe des nationalen Rechts stets auch ihre Notwendigkeit vom Gericht zu überprüfen; somit steht die Regelung des Art. 5 Abs. 1 Satz 2 *lit.* c auch unter einem **Vorbehalt der Verhältnismäßigkeit** (vgl. § 112 Abs. 1 Satz 2; § 116 StPO).[485]

184 Art. 5 Abs. 1 Satz 2 *lit.* c enthält nur die **Mindestvoraussetzungen**, welche die Konvention an eine rechtmäßige Freiheitsentziehung in dieser Konstellation stellt.[486] Enthalten die nationalen Regelungen eines Landes zusätzliche oder weitergehende Voraussetzungen, ist auch deren Einhaltung für die Annahme der *Rechtmäßigkeit* der Freiheitsentziehung nach Art. 5 Abs. 1 erforderlich (vgl. Rn. 89).

185 **b) Legitimer Zweck: Vorführung vor die zuständige Gerichtsbehörde.** Einen **grundsätzlichen Richtervorbehalt** für die **Anordnung** einer vorläufigen Freiheitsentziehung im strafrechtlichen Kontext enthält *lit.* c nicht.[487] Das nationale Recht kann diese Befugnis behördlichen Stellen verleihen, *sofern* das vorgeschriebene (quasi)richterliche Vorführ-/Überprüfungsverfahren durch eine sachlich unabhängige Stelle (Rn. 373 ff.) erfolgt.[488] Neben dem Vollzug eines nach §§ 112 ff. StPO richterlich erlassenen Haftbefehls **(Verhaftung)** wird damit auch die **vorläufige Festnahme** nach § 127 StPO von Art. 5 Abs. 1 Satz 2 *lit.* c erfasst.[489]

186 Ordnet ein Gericht neben der Untersuchungshaft an, dass der Verhaftete für weitere Befragungen der Polizei übergeben wird; liegt damit eine Situation vor, die dem **Polizeigewahrsam** ähnlich ist (*„situation equivalent to police custody"*) und demnach in ihrer Rechtmäßigkeitskontrolle ebenfalls den Anforderungen des Art. 5 Abs. 1 Satz 2 *lit. c*, Abs. 3 unterliegt.[490]

187 Ob mit der *Vorführung vor die zuständige Gerichtsbehörde* das **erkennende Gericht** gemeint ist, das über die Stichhaltigkeit der erhobenen Anklage i.S.v. Art. 6 Abs. 1, d.h. in der Sache, zu entscheiden hat, oder aber das *Gericht* oder die *ermächtigte Person* (Rn. 373 ff.), das bzw. die nach Art. 5 Abs. 3 über die Fortdauer der Freiheitsentziehung entscheidet, oder aber, ob eine von beiden Möglichkeiten ausreicht, wird vom Wortlaut der Regelung nicht klar festgelegt.[491] Es widerspräche aber dem Sinn der Regelung, *lit.* c

---

484 Vgl. EKMR bei *Bleckmann* EuGRZ **1983** 415, 417; Art. 6 Rn. 449, 475 ff.

485 EGMR Khayredinov/UKR, 14.10.2010, § 27 f. (*„proportionality requirement"*).

486 SK/*Meyer* 124.

487 Vgl. *Esser* StraFo **2003** 335, 338 (auch zur Dokumentationspflicht der die Festnahme durchführenden staatlichen Organe); *Frowein/Peukert* 67; *Grabenwarter/Pabel* § 21, 28; *Guradze* 15.

488 Etwa *Esser* StraFo **2003** 335, 338.

489 *Morgenstern* 139.

490 EGMR Emrullah Karagöz/TRK, 8.11.2005, §§ 56–59 (nationale Vorschrift 2002 abgeschafft, jedoch hat die Entscheidung grundlegende Bedeutung im Hinblick auf das Ausmaß, in dem ein Festgenommener nach Vorführung vor den Richter von der Polizei befragt werden kann).

491 Vgl. *Frowein/Peukert* 72; *Trechsel* EuGRZ **1980** 514, 524; zum Verhältnis von Absatz 1 Satz 2 *lit.* c und Absatz 3: *Villiger* 411, 427.

dahin auszulegen, dass er nur eine Freiheitsentziehung bis zur *ersten* Vorführung vor den Richter abdecken soll, während dann die von diesem angeordnete Untersuchungshaft nur nach anderen Bestimmungen des Katalogs des Absatzes 1 zu rechtfertigen wäre. An sich läge es näher, *lit.* c auf das endgültig entscheidende Gericht zu beziehen, dessen anstehendes Verfahren durch die Freiheitsentziehung gesichert werden soll. Die Bezeichnung „Gerichtsbehörde" („legal authority"/„autorité judiciaire") hätte der Konventionsgeber aber kaum verwendet, wenn damit nur das zur Sachentscheidung berufene Gericht gemeint sein soll. Dagegen spricht auch die unterschiedliche Ausdrucksweise in den beiden Sätzen des Absatzes 3 (Rn. 373).[492]

Der EGMR, der **Absatz 1** *lit.* **c und Absatz 3** als eine zusammenhängende **Einheit** **188** versteht,[493] lässt die Vorführung vor eine Stelle genügen, die nach Absatz 3 über die Fortdauer der Freiheitsentziehung in richterlicher Unabhängigkeit entscheidet (Rn. 373 ff.).[494] *Zuständige Gerichtsbehörde* kann daher sowohl das **Gericht** sein, das nach nationalem Recht über die angeklagte Straftat selbst urteilt oder aber ein anderes Gericht, ein **Richter** oder sonst eine Stelle, die mit richterlichen Befugnissen ausgestattet in **sachlicher Unabhängigkeit**, vollumfänglich und verbindlich in der Sache über die Rechtmäßigkeit der Anordnung und Fortdauer der Freiheitsentziehung entscheiden kann (Rn. 361).[495] In welcher Weise dies im nationalen Recht geregelt ist, ist für die Einhaltung der Konventionsgarantie nicht entscheidend.[496] Nicht ausreichend ist es jedenfalls, wenn die Entscheidung über die **Haftfortdauer von einem Staatsanwalt** getroffen und durch ein Gericht lediglich „überprüft" werden soll.[497]

Die staatlichen Stellen müssen bei der Festnahme und während der anschließenden **189** Freiheitsentziehung stets die **Vorführung vor eine solche Stelle beabsichtigen**; unschädlich ist dann, wenn die Vorführung tatsächlich unterbleibt, weil der Festgenommene wegen Wegfalls der Haftgründe oder fehlender Beweise schon vorher aus der Haft entlassen wird (vgl. Rn. 402).[498] **Fehlt die Absicht** einer Vorführung allerdings von Anfang an, ist die Freiheitsentziehung nicht durch *lit.* c gedeckt,[499] ebenso, wenn die Festnahme **missbräuchlich** („not in good faith") erfolgt, d.h. mit ihr nicht die Aufklärung eines Tatverdachtes oder die Verhütung einer konkreten Straftat, sondern ein anderer Zweck verfolgt wird (vgl. Art. 18).[500]

c) Rechtmäßigkeit der Freiheitsentziehung. Art. 5 Abs. 1 Satz 2 *lit.* c deckt in allen **190** drei angeführten Fällen unmissverständlich nur die **rechtmäßige**, d.h. eine im nationalen

---

492 Vgl. *Koschwitz* 195; anders *Guradze* 16.

493 EGMR Ostendorf/D, 7.3.2013, §§ 67 f.; Tinner/CH, 26.4.2011, § 35; Lawless/IR (Nr. 3), 1.7.1961; Wemhoff/D, 27.6.1968; Schiesser/CH, 4.12.1979, EuGRZ **1980** 202.

494 EGMR IR/UK, 18.1.1978; Schiesser/CH, 4.12.1979.

495 EGMR Lawless/IR (Nr. 3), 1.7.1961 („klarer und natürlicher Sinn von Art. 5 Abs. 1 *lit.* c und Abs. 3"); *Frowein/Peukert* 71 f.; *Koschwitz* 195 ff.; **a.A.** *Herzog* AöR **86** (1961) 194, 220, der Vorführung auf das zur Aburteilung berufene Gericht bezieht und deshalb im Interesse eines vertretbaren Ergebnisses *lit.* c so auslegt, dass das Erfordernis der Vorführung nur die erste und dritte Alternative und nicht die Präventivhaft betrifft; *Morgenstern* ZIS **2011** 244.

496 EGMR Brogan u.a./UK, 29.11.1988; (GK) Murray/UK, 28.10.1994; *Esser* 219.

497 EGMR Nevmerzhitsky/UKR, 5.4.2005.

498 EKMR Fox, Campbell u. Hartley/UK, 10.5.1988, bei *Strasser* EuGRZ **1989** 557; *Esser* 219; vgl. auch EGMR (GK) Merabishvili/GEO, 28.11.2017, §§ 185 („a point to b e considered independently of whether that purpose has been achieved"), §§ 241 ff. (zu Art. 18 i.V.m. Art. 5 Abs. 1).

499 EGMR Engel u.a./NL, 8.6.1976.

500 EGMR Brogan u.a./UK, 29.11.1988; Giorgi Nikolaishvili/GEO, 13.1.2009; (GK) Merabishvili/GEO, 28.11.2017, § 188; *Esser* 219.

Recht generell vorgesehene und diesem auch im Einzelfall entsprechende Festnahme oder andere Form der Freiheitsentziehung. Das nationale Recht muss dabei den Anforderungen der Rechtsprinzipien entsprechen, die der EMRK zugrunde liegen, um jede Art von Willkür ausschließen zu können. Dabei sind insbesondere die **Zugänglichkeit** und die **Bestimmtheit der jeweiligen Gesetze** von Bedeutung (Rn. 93 ff.).[501]

191   Die **Einhaltung der wesentlichen Förmlichkeiten** im nationalen Recht ist dabei auch im Rahmen von Art. 5 Abs. 1 Satz 2 *lit.* c für die Rechtmäßigkeit der Freiheitsentziehung von Relevanz. So kann der Umstand, dass es sich im konkreten Fall um besonders umfangreiche Ermittlungen gegen eine Vielzahl von Beschuldigten handeln mag, eine Überschreitung der **nach** nationalem Recht **zulässigen Höchstdauer einer vorläufigen Freiheitsentziehung** nicht rechtfertigen. Die Strafverfolgungsbehörden müssen bereits im Vorfeld derartiger Ermittlungen sicherstellen, dass genügend Personal für die erforderlichen Vorführungen mehrerer festgenommener Personen vorhanden ist, wenn diese parallel festgenommen werden und anschließend vernommen werden sollen.[502] Ein Verstoß gegen Art. 5 ist daneben auch dann anzunehmen, wenn eine der Sache nach einheitliche strafrechtliche Ermittlung **künstlich in mehrere Ermittlungen aufgeteilt** wird, um nationale Vorschriften zu umgehen.[503]

192   Ist nach nationalem Recht für eine Freiheitsentziehung die **Ausstellung eines Haftbefehls** erforderlich, so ist eine Inhaftierung ohne dessen Anordnung bzw. nach dessen Aufhebung auch i.S.v. Art. 5 Abs. 1 rechtswidrig.[504] Ein Haftbefehl soll aber trotz seiner insgesamt nach nationalem Recht zu konstatierenden Rechtswidrigkeit eine i.S.v. Art. 5 Abs. 1 *rechtmäßige* Grundlage für eine Freiheitsentziehung darstellen können, wenn die **Rechtswidrigkeit nur auf rein formellen Fehlern** beruht, der Haftbefehl bis zu seiner Ersetzung aber ansonsten eine tragfähige Grundlage für eine Freiheitsentziehung darstellt, weil die notwendigen materiellen Anforderungen eingehalten wurden (Rn. 98).[505] Diesen Ansatz wird man allerdings nur für die Missachtung **reiner „Formalia"** tolerieren können, deren Einhaltung nicht am intendierten Schutz gegen staatliche Willkür teilnimmt, weil ansonsten die von Art. 5 Abs. 1 geforderte und vorrangig (wenngleich nicht ausschließlich) am nationalen Recht orientierte *Rechtmäßigkeit* ihren Sinn verliert, die den jeweiligen Staat gerade zur Einhaltung seines eigenen Rechts anhalten will. Nicht erforderlich ist es daher, dass der Haftbefehl selbst nähere Angaben zur Dauer der verhängten Untersuchungshaft enthält – es genügt insoweit, *wenn* sich die zulässige Dauer der Untersuchungshaft aus dem jeweiligen nationalen Recht ergibt.[506]

193   Art. 5 Abs. 1 Satz 2 *lit.* c kann prinzipiell auch die Festnahme einer Person zum Zwecke ihrer **Auslieferung** erfassen; dabei stellt sich allerdings die Frage nach der Abgrenzung zum sachlichen Anwendungsbereich von Art. 5 Abs. 1 Satz 2 *lit.* f.[507] Auch wenn der straf-

---

501 EGMR (GK) Medvedyev u.a./F, 20.3.2010; speziell zur Inhaftierung eines Richters: EGMR Baş/TRK, 3.3.2020, §§ 145 ff.

502 Vgl. EGMR Stănculeanu/RUM, 9.1.2018, §§ 60 f.

503 Vgl. EGMR Cosovan/MOL, 22.3.22, § 99.

504 EGMR Boicenco/MOL, 11.7.2006; HRC Baruani/COD, 1890/2009, 27.3.2014, §§ 2.1 ff., 6.2 ff. (Festnahme ohne Haftbefehl).

505 EGMR (GK) Mooren/D, 9.7.2009, § 75, EuGRZ **2009** 566 (insoweit in StV **2010** 490 nicht abgedruckt); (K) 13.12.2007, StV **2008** 475.

506 EGMR (GK) Merabishvili/GEO, 28.11.2017, §§ 197 ff.

507 Eingehend zu beiden Varianten *Grabenwarter/Pabel* § 21, 28 ff., 47 ff.; Für Personen, die zum Zwecke der Vollstreckung eines EuHb festgenommen werden, sollen die in Art. 4, Art. 6 Abs. 2 und Art. 7 Abs. 1 der RL 2012/13/EU normierten Rechte allerdings *nicht* gelten: EuGH 28.1.2021, C-649/19 (IR), Tz. 41 ff., 62, BeckRS **2021** 623.

verfolgende (ersuchende) Staat für die Umgehung des Auslieferungsverfahrens[508] oder eine eventuell völkerrechtswidrige Festnahme einer Person (im Ausland) mitverantwortlich ist, soll sich die Rechtmäßigkeit der (späteren) Freiheitsentziehung nur nach seinem eigenen, innerstaatlichen Recht beurteilen und nicht danach, ob eine Festnahme im ersuchten Staat und die anschließende Freiheitsentziehung durch eine **Verletzung des Völkerrechts** oder durch eine Umgehung eines vertraglich geregelten Auslieferungsverfahrens ermöglicht wurden.[509] Weder einer Auslieferungshaft noch der späteren Auslieferung selbst soll es entgegenstehen, dass der Auszuliefernde zwar mit **List**, aber ohne Beeinträchtigung seiner Entscheidungsfreiheit, (von Dritten) in den ersuchten Staat gelockt worden ist (**male captus bene detentus**).[510]

Eine Freiheitsentziehung ist als unrechtmäßig anzusehen, wenn gezielt Maßnahmen **194** unternommen werden, die eine **ordnungsgemäße gerichtliche Überprüfung** ihrer Fortdauer durch den Betroffenen verhindern sollen.[511]

d) Freiheitsentziehung zur Sicherung der Strafverfolgung. Die erste und dritte **195** Variante des *lit.* c setzen voraus, dass der Festgenommene der **Begehung einer Straftat hinreichend verdächtig** ist. Dabei kommt es auf eine Beurteilung *ex ante*, d.h. zum Zeitpunkt der Entscheidung über die Freiheitsentziehung, an.

aa) Straftat. Der Begriff *Straftat* in *lit.* c ist ebenso wie die *strafrechtliche Anklage* **196** i.S.v. Art. 6 Abs. 1 EMRK / Art. 14 Abs. 1 IPBPR **autonom auszulegen**,[512] d.h. losgelöst von den Kategorien des jeweiligen nationalen Rechts – aber nicht **inhaltsgleich** mit den beiden genannten Vorschriften, was im deutschen Recht insbesondere in Bezug auf Ordnungswidrigkeiten eine Rolle spielt, die zwar dem sachlichen Schutzbereich von Art. 6 und Art. 7, nicht aber dem Anwendungsbereich des Art. 5 Abs. 1 Satz 2 *lit.* c. Es muss sich auch hier um eine **konkrete und spezifische Tat** handeln („*concrete and specific offence*"). Der Begriff erfasst alle im nationalen Recht mit **Strafe** bedrohte Handlungen, wobei als Strafe unabhängig von der jeweiligen Bezeichnung und Einordnung im nationalen Recht **echte Kriminalstrafen** und andere im Gesetz angedrohte **Sanktionen mit strafähnlichen Rechtsfolgen** erfasst werden, wenn diese **in die Freiheit einer Person eingreifen**

---

508 Zur Problematik der Umgehung der Rechtsschutzmöglichkeiten eines solchen Verfahrens, wenn die Behörden des ausländischen Staates mit der Festnahme auf ihrem Territorium und der Verbringung in den Verfolgerstaat formlos einverstanden sind: *Breuer* EuGRZ **2003** 449, 451 f. unter Hinweis auf EGMR Bozano/ F, 18.12.1986.

509 Vgl. auch EGMR (K) Öcalan/TRK, 12.3.2003, EuGRZ **2003** 472 (Festnahme aufgrund türkischen Haftbefehls in Kenia im Einvernehmen mit den dortigen Stellen rechtmäßig); dagegen *Breuer* EuGRZ **2003** 449, 451. Zu *male captus*: EKMR EuGRZ **1987** 80 (Barbie); EuGRZ **1985** 681 (Bozano); bei *Strasser* EuGRZ **1988** 479 (Stocké); OLG Wien EuGRZ **1996** 214 (keine Auslieferung eines in seinem Heimatland Entführten); US Supreme Court EuGRZ **1993** 3; dazu *Kuner* EuGRZ **1993** 1; *Baker/Röber* ZaöRV **53** (1993) 657; *Frowein/Peukert* 67 ff. m.w.N.; ferner BVerfG (Vorprüfungsausschuss) NStZ **1986** 178; BVerfG NStZ **1986** 468; dazu *Herdegen* EuGRZ **1986** 3; *ders.* ZaöRV **47** (1987) 221; BGH NStZ **1984** 536; OLG Düsseldorf NJW **1984** 2050; OLG Hamburg NStZ **1995** 552 m. Anm. *Wilske*; *Mann* NJW **1986** 2167; ZaöRV **47** (1987) 496; *I. Roxin* 92; 273 ff.; *Schlimm* ZRP **1993** 262; *Trechsel* EuGRZ **1987** 75; *Vogler* FS Oehler 391; *Wilske* ZStW **107** (1995) 48 ff.; *ders.* Die völkerrechtswidrige Entführung und ihre Rechtsfolgen (2000); *Oehmichen* in: Kühne/Esser/Gerding (Hrsg.) Völkerstrafrecht (2007) 237 ff.

510 BVerfG JZ **2004** 410 m. Anm. *Vogel* JZ **2004** 412 = StV **2004** 432 m. abl. Anm. *Dickersbach*. Zur Rechtslage in der Schweiz im Falle einer „gesetzwidrig sichergestellten Anwesenheit": *Noto* ZStrR **2013** 104, 106 ff.

511 EGMR Karagöz/TRK, 8.11.2005 (U-Häftling über 40 Tage zur Befragung an die Polizeistation überstellt).

512 Vgl. *Esser* 221.

oder zumindest in eine in die Freiheit eingreifende Maßnahme umgewandelt werden können.[513]

197   Soweit ersichtlich nicht geklärt ist die Frage, ob damit Taten, die in einem Staat zwar eindeutig als solche klassifizert sind (Regelung im StGB), aber nur mit einer **Geldstrafe** (immerhin eine Kriminalstrafe) bewehrt sind, zum Kreis der *Straftaten* i.S.v. Art. 5 Abs. 1 Satz 2 *lit.* c zählen. Formal gedacht spricht der Wortlaut für eine Einbeziehung, es wäre aber ein Wertungswiderspruch, eine Freiheitsentziehung im Ermittlungsverfahren zuzulassen für eine Tat, die das später erkennende Gericht nicht mit einer solchen ahnden kann.

198   Handlungen, die nur mit einer **Geldbuße** geahndet werden können, wie etwa Ordnungswidrigkeiten, stellen daher keine Straftat i.S.v. Art. 5 Abs. 1 Satz 2 *lit.* c dar.[514] Dass der Begriff Straftat folglich in Art. 5 Abs. 1 Satz 2 *lit.* c enger als in Art. 6 und Art. 7 ausgelegt wird, erklärt sich durch die **unterschiedliche Schutzrichtung** dieser Garantien. Da **§ 46 Abs. 3 Satz 1 OWiG** die Unterbringung, Verhaftung und vorläufige Festnahme für unzulässig erklärt, bleibt die strittige Frage im deutschen Recht praktisch ohne Auswirkung.[515]

199   Bei einer nach nationalem Recht **nicht strafmündigen Person** (Kind) kommt *lit.* c als Grund für eine Freiheitsentziehung nicht in Betracht, da von dieser Person von vornherein keine Straftat begangen worden sein kann.[516]

200   Die mutmaßliche strafbare Handlung muss lediglich **rechtswidrig**, nicht aber schuldhaft begangen worden sein, da auch trotz eines Schuldausschließungsgrundes u.U. noch Sicherungsmaßnahmen (Maßregeln der Besserung und Sicherung) angewandt werden können.[517] Hier ergeben sich allerdings Überschneidungen zu Art. 5 Abs. 1 Satz 2 *lit.* e (Rn. 110, 113).

201   Eine Freiheitsentziehung kann nicht auf Art. 5 Abs. 1 Satz 2 *lit.* c gestützt werden, wenn zwar eine strafbare Handlung vorliegt, die eine vorläufige Festnahme bzw. den Erlass eines Haftbefehls gestatten würde, die Freiheitsentziehung aber schon von vornherein **aus einem anderen Grund** erfolgt.[518] Erfolgt die Freiheitsentziehung aufgrund eines Haftbefehls (Verhaftung), darf die Haft nur der Sicherung der Verfolgung der im Haftbefehl bezeichneten Taten dienen (Art. 18); zur Erleichterung der Aufklärung **anderer Taten** darf sie nicht aufrechterhalten werden; ggf. ist der Haftbefehl zu erweitern.[519]

---

513 Auf Festnahmebefugnis der Polizei und Art der Sanktion abstellend: EGMR Steel u.a./UK, 23.9.1998 („breach of the peace", keine Straftat, aber bei Weigerung Freiheitsentziehung); dazu *Esser* 221.
514 Vgl. EGMR R.L. u. M.-J. D./F, 19.5.2004, § 87; Sabuncu u.a./TRK, 10.11.2020, § 147; (GK) Selahattin Demirtaş/TRK (Nr. 2), 22.12.2020, § 317 m.w.N. („the existence of a ‚reasonable suspicion' within the meaning of Article 5 § 1 [c] requires that the facts relied on can be reasonably considered to **fall under one of the sections of the law dealing with criminal behaviour**. [...] there could clearly not be a ‚reasonable suspicion' if the acts or facts held against a detained person did not **constitute a crime** at the time when they occurred"); Meyer-Ladewig/Nettesheim/von Raumer/*Meyer-Ladewig*/*Harrendorf*/*König* 38 (Freiheitsentziehung; strafrechtliches Ermittlungsverfahren); *Frowein*/*Peukert* 59; Karpenstein/Mayer/*Elberling* 51; siehe aber auch: *Herzog* AöR **86** (1961) 194, 221 (alle Kriminal- und Ordnungsstrafatbestände); zu den österr. Verwaltungsübertretungen vgl. *Funk*/*Gimpel-Hinteregger* EuGRZ **1985** 5.
515 Vgl. aber für die 2. Var. unten Rn. 221 ff.
516 Allgemein: EGMR Mammadli/AZE, 19.4.2018, § 52 („requires that the facts relied on can reasonably be considered criminal behaviour under domestic law").
517 SK/*Meyer* 117.
518 EGMR R.L. u. M.-J.D./F, 19.5.2004.
519 BVerfG NJW **1992** 1749; StV **2001** 694; vgl. auch OLG Stuttgart BeckRS **1996** 9545 Rn. 8; OLG Oldenburg NJW **2006** 2646; zur Berechnung der 6-Monats-Frist (§ 121 Abs. 1 StPO) in diesen Fällen: KG BeckRS **2016** 119932 Rn. 9.

In **zeitlicher Hinsicht** wird von *lit.* c die Zeit von der vorläufigen Festnahme ein- **202** schließlich der gerichtlich angeordneten Untersuchungshaft umfasst, welche sich – anders als im deutschen Recht – von ihrer Anordnung (nur) **bis zum Urteil erster Instanz** erstreckt (Rn. 127).[520]

bb) Hinreichender Tatverdacht. Ein hinreichender Tatverdacht („reasonable suspi- **203** cion") ist nicht nur bei der ersten Variante des *lit.* c erforderlich (hier ist er *formal* einzige Voraussetzung), sondern zumindest auch bei der dritten, die als Grund für die Freiheitsentziehung nur die *Verhinderung der Flucht nach Begehung einer Straftat* besonders anspricht.[521] Hinreichender Tatverdacht i.S.v. *lit.* c darf nicht mit dem für die Anklageerhebung (nach Abschluss der Ermittlungen) erforderlichen Verdachtsgrad nach § 203 StPO[522] gleichgesetzt werden.[523] Er ist vom geforderten Grad des Verdachts formal gesehen geringer als der von §§ 112 ff. StPO geforderte dringende Tatverdacht;[524] jedoch hat der EGMR in seiner Judikatur die konkreten Anforderungen praktisch denjenigen angenähert, die nach dem deutschen Strafprozessrecht für die Anordnung von Untersuchungshaft gelten.

Ein für Art. 5 Abs. 1 Satz 2 *lit.* c erforderlicher hinreichender Tatverdacht liegt vor, **204** wenn die den Verfolgungsbehörden **bekannten Tatsachen und Umstände vernünftigerweise und nachvollziehbar (plausibel)** unter **Berücksichtigung des jeweiligen Verfahrensstandes** einen solchen Verdacht für die Begehung einer Straftat rechtfertigen können. Sie müssen ausreichen, um einen **objektiven Beobachter** zu überzeugen, dass gerade der Festgenommene die strafbare Handlung begangen haben könnte.[525] Es ist – gerade in Anbetracht des häufig frühen Verfahrensstadiums – nicht notwendig, dass die Täterschaft bereits erwiesen ist und bereits für eine Verurteilung ausreichendes Beweismaterial vorliegt.[526] Ebenso ist es unschädlich, wenn sich aufgrund der weiteren Ermittlungen der fortbestehende Verdacht oder eine spätere Verurteilung auf *andere* als die ursprünglich angenommenen Tatsachen stützen.[527]

Das Bestehen eines hinreichenden Tatverdachts setzt sich nach der Rechtsprechung **205** des EGMR aus zwei sich teilweise überschneidenden, gleichwohl dogmatisch voneinander

---

520 *Grabenwarter/Pabel* § 21, 28.

521 *Frowein/Peukert* 63 ff.; *Kühne/Esser* StV **2002** 383, 386 (nicht enumerativ, sondern wichtigster Beispielsfall); *Trechsel* EuGRZ **1980** 514, 524; vgl. EGMR B./A, 28.3.1990; *Herzog* AöR **86** (1961) 194, 224; *Guradze* 19.

522 Vgl. LR/*Stuckenberg* § 203, 6 StPO.

523 EGMR (GK) Merabishvili/GEO, 28.11.2017, § 184; İrfan Güzel/TRK, 7.2.2017, § 43; Çiçek/TRK (E), 3.3.2015, § 63; siehe auch: EGMR (GK) Selahattin Demirtaş/TRK (Nr. 2), 22.12.2020, § 315 („facts which raise a suspicion need not be of the same level as those necessary to justify a conviction or even the bringing of a charge"); Sabuncu u.a./TRK, 10.11.2020, § 144.

524 Meyer-Goßner/*Schmitt* 4.

525 EGMR Taner Kılıç/TRK (Nr. 2), 31.5.2022, §§ 117 ff.; Akgün/TRK, 20.7.2021, §§ 156, 175; (GK) Selahattin Demirtaş/TRK (Nr. 2), 22.12.2020, §§ 314, 339; Şik/TRK (Nr. 2), 24.11.2020, § 121; Yunusova u. Yunusov/AZE (Nr. 2), 16.7.2020, §§ 104, 107; Kavala/TRK, 10.12.2019, § 128; Mammadli/AZE, 19.4.2018, §§ 49 ff.; (GK) Merabishvili/GEO, 28.11.2017, § 184; Bivolaru/RUM, 28.2.2017, § 95; Kasparov/R, 11.10.2016, § 52; Urtāns/LET, 28.10.2014, § 35; İpek u.a./TRK, 3.2.2009, § 29; Fox, Campbell u. Hartley/UK, 30.8.1990, § 32 m. Anm. *Trechsel* StV **1992** 187; vgl. auch EGMR Shmorgunov u.a./UKR, 21.1.2021, §§ 464 ff. (keine hinreichenden Verdachtsmomente bei strategischer Festnahme zur Verhinderung friedlicher Proteste); Başer u. Özçelik/TRK, 13.9.2022, §§ 202 f. (keinerlei Tatsachen dargelegt, die Verdacht begründen konnten); *Frowein/Peukert* 64; *Grabenwarter/Pabel* § 21, 30; *Herzog* AöR **86** (1961) 194, 223.

526 EGMR Brogan u.a./UK, 29.11.1988; (GK) Murray/UK, 28.10.1994; Erdağöz/TRK, 22.10.1997; İpek u.a./TRK, 3.2.2009, § 28; *Esser* 224; insbesondere bei der Aufklärung terroristischer Aktivitäten belässt der EGMR den Verfolgungsbehörden einen erheblichen Freiraum, vgl. aber SK/*Meyer* 122 (Tatsachen und Informationen müssen für ein Gericht zugänglich und nachprüfbar sein).

527 Vgl. *Esser* 224.

---

zu trennenden und sich am Ende doch wieder ergänzenden Säulen zusammen: aus den *tatsächlichen* Umständen und ihrer *rechtlichen* Bewertung, die zusammen betrachtet die Klassifizierung eines Vorgangs als strafrechtlich relevanten Vorgang erlauben.[528]

206   Der bloße, nicht auf konkreten Tatsachen beruhende, **rein subjektiv empfundene Verdacht** eines Strafverfolgungsorgans („good faith") genügt diesen Anforderungen nicht,[529] ebenso wenig das Stützen des Verdachts auf eine **gesetzliche Vermutung**.[530] Wird ein Tatverdacht allein durch die **Strafanzeige** eines potentiellen Opfers begründet, ist eine darauf gestützte Freiheitsentziehung erst zulässig, wenn die Strafverfolgungsbehörden in einem ordnungsgemäßen Verfahren nachgeprüft haben, ob **tatsächlich Anhaltspunkte** für die Begehung einer strafrechtlich relevanten Handlung bestehen oder zusätzliche Beweise beibringen können, die den Tatverdacht erhärten und auf die jeweilige Person als Täter hinweisen.[531]

207   Fehlen solche erforderlichen **konkreten Verdachtsmomente**, darf eine Festnahme oder Freiheitsentziehung niemals zu dem missbräuchlichen Zweck vorgenommen werden, den Betroffenen zu einem Geständnis, zu einer (einen Dritten) belastenden Aussage oder zur Mitteilung von Tatsachen oder Informationen zu verleiten, die selbst erst zur *Annahme* und *Begründung* eines hinreichenden Tatverdachtes führen.[532]

208   Zusätzlicher Beweise über die Behauptung einer Person hinaus bedarf es auch, wenn der Tatverdacht zunächst auf Aussagen beruht, die von mutmaßlichen **Mittätern** u.ä. gemacht wurden, die, in kronzeugenähnlicher Position, durchaus ein Eigeninteresse an der Belastung des Betroffenen haben könnten.[533] Geht es um den **Verdacht terroristischer Straftaten**, so berücksichtigt der EGMR bis zu einem gewissen Grad außerdem die besonderen Schwierigkeiten, die mit der Ermittlung und Verfolgung derartiger Straftaten verbunden sind.[534] Angesichts der besonders hohen Strafandrohung und Schwere der Straftat mahnt der EGMR aber auch hier gleichzeitig zu besonders großer Sorgfalt („great care") bei der Überprüfung der den Tatverdacht begründenden Tatsachen.[535] Ähnlich bezieht der EGMR Lebensumstände des jeweiligen Landes, wie etwa dort vorherrschende Notlagen, bei der Auslegung und Anwendung des Art. 5 Abs. 1 Satz 2 *lit.* c mit ein. Solche Notlagen verleihen den nationalen Behörden indes selbstverständlich keinen „Freifahrtschein", so dass auch in solchen Fällen ein hinreichender Tatverdacht plausibel nachvollziehbar dargelegt werden muss.[536]

209   Die **Unschuldsvermutung** (Art. 6 Abs. 2 EMRK/Art. 14 Abs. 2 IPBPR) steht zwar dem nur auf einem Verdacht der Tatbegehung gegründeten Eingriff in die Fortbewegungsfreiheit des Verdächtigen nicht entgegen, *wenn* dieser die Aufklärung des Sachverhalts und damit ggf. ihre Widerlegung durch eine gerichtliche Entscheidung vorbereiten soll und

---

528 EGMR Şik/TRK (Nr. 2) 24.11.2020, §§ 114 ff., 122 ff.

529 EGMR İpek u.a./TRK, 3.2.2009, § 29; Shimovolos/R, 21.6.2011, §§ 50 ff.; Rasul Jafarov/ASE, 17.3.2016, § 116; Sabuncu u.a./TRK, 10.11.2020, § 145.

530 *Grabenwarter/Pabel* § 21, 31.

531 EGMR Stepuleac/MOL, 6.11.2007; ähnlich EGMR Kavala/TRK, 10.12.2019, § 130 in Bezug auf „hearsay evidence" (kein hinreichender Tatverdacht; Verstoß gegen Art. 5); vgl. zur Rs. Kavala/TRK auch das Vertragsverletzungsverfahren nach fortgesetzer Untersuchungshaft trotz Feststellung eines Verstoßes u.a. gegen Art. 5: EGMR (GK) Verfahren nach Art. 46 Abs. 4, Kavala/TRK, 11.7.2022.

532 EGMR Cebotari/MOL, 13.11.2007, § 48; İpek u.a./TRK, 3.2.2009, § 29.

533 EGMR Ereren/D, 6.11.2014, EuGRZ **2015** 282, § 59; Yaygin/TRK (E), 16.2.2021, §§ 39 ff. (Bewertung der Aussage eines anonymen, mit der Justiz kooperierenden Zeugen).

534 EGMR (GK) Selahattin Demirtaş/TRK (Nr. 2), 22.12.2020, § 323; Fox, Campbell u. Hartley/UK, 30.8.1990, § 32.

535 EGMR Sabuncu u.a./TRK, 10.11.2020, § 152.

536 EGMR Akgün/TRK, 20.7.2021, § 184 (keine *„carte blanche"* für die nationalen Behörden).

die Freiheitsentziehung hierfür im Einzelfall erforderlich ist.[537] Andererseits wird die Unschuldsvermutung durch den bloßen Verdacht einer Straftat (i.S.d. Art. 6 Abs. 1) gerade nicht widerlegt, so dass sie im Umgang mit dem Untersuchungsgefangenen von allen Staatsorganen weiterhin und konsequent zu beachten ist.[538]

Bei der **Überprüfung** aus der Retrospektive, ob ein hinreichender Verdacht zu Recht **210** angenommen wurde, lässt es der EGMR in der Regel genügen, dass die von den zuständigen nationalen Stellen angeführten Umstände **prima facie** geeignet waren, einen solchen Verdacht zu begründen,[539] die Festnahme bzw. Verhaftung sich auf die Haftgründe des nationalen Rechts stützen konnte und dass die Freiheitsentziehung insgesamt **nicht willkürlich war**.[540] Auch bei einer **fehlerhaften Würdigung des Sachverhalts** und bei einer (vertretbar) **rechtlich fehlerhaften Subsumtion** soll nicht automatisch Willkür vorliegen. Anders liegen die Dinge aber, wenn die vorgenommene **Auslegung** des Strafgesetzes **unvertretbar**[541] oder der **Tatvorwurf schlicht unhaltbar** ist oder die **Tatsachen grob fehlerhaft bewertet** oder **nachlässig ausgewertet** werden.[542]

Ob die Voraussetzungen für einen hinreichenden Tatverdacht insoweit vorliegen, haben **211** zwar in erster Linie die nationalen Behörden und Gerichte zu überprüfen.[543] Es finden sich allerdings auch immer wieder Urteile des EGMR, die in diesem Punkt auf eine **erhöhte Darlegungslast** der Vertragsstaaten hinauslaufen.[544] Soweit nationale Gerichte über die Rechtmäßigkeit der Freiheitsentziehung entschieden haben, beschränkt sich der Gerichtshof meist auf eine Art Plausibilitätskontrolle.[545] Teilweise nimmt der EGMR allerdings auch eine recht strenge Prüfung der fallrelevanten Fakten vor (**„high level of scrutiny of the facts"**).[546] Er prüft die Anwendung des nationalen Rechts insbesondere dann genauer, wenn es im innerstaatlichen Verfahren zu **gar keiner gerichtlichen Entscheidung** gekommen ist.[547] Kontrolliert wird vom EGMR ferner explizit, ob der **Tatverdacht vom Beginn bis zur Beendigung der Freiheitsentziehung** durchgehend bestanden hat.[548] Dabei nehmen die Anforderungen, die an die Tatsachengrundlage des Verdachtes und an die Notwendigkeit der weiteren Freiheitsentziehung zu stellen sind, mit ihrer Dauer zu.[549]

---

537 Vgl. Art. 6 Rn. 643 f.

538 EGMR Iwanczuk/PL, 15.11.2001, vgl. *Kühne/Esser* StV **2002** 383.

539 EGMR Fox, Campbell u. Hartley/UK, 30.8.1990, § 32 („existence of facts or information which would satisfy an objective observer that the person concerned may have committed the offence"), 34 („at least some facts or information capable of satisfying the Court that the arrested person was reasonably suspected"); (GK) Murray/UK, 28.10.1994; *Frowein/Peukert* 63; *Trechsel* EuGRZ **1980** 514, 525.

540 Etwa EGMR Fox, Campbell u. Hartley/UK, 30.8.1990; Wassink/NL, 27.9.1990; Kemmache/F (Nr. 3), 24.11.1994 (Hinweis auf EGMR Winterwerp/NL, 24.10.1979: Willkür schließt Rechtmäßigkeit aus); *Grabenwarter/Pabel* § 21, 31.

541 EGMR Khachatryan u.a./ARM, 27.11.2012, § 139 (Vermeidung von Formulierungen wie „unvertretbar" oder „willkürlich"; Verstoß gegen Art. 5 Abs. 1 Satz 2 *lit.* c; im Laufe des nationalen Verfahrens habe sich gezeig, dass Strafnorm auf das Verhalten der Bf. nicht gepasst habe; kein vernünftiger Tatverdacht [„reasonable suspicion of [...] having committed a crime"]).

542 *Frowein/Peukert* 65; enger wohl *Herzog* AöR **86** (1961) 194, 223.

543 *Grabenwarter/Pabel* § 21, 31.

544 EGMR Wloch/PL, 19.10.2000, §§ 108 f.; İpek u.a./TRK, 3.2.2009, § 31 („in the absence of any information or documents demonstrating the contrary").

545 Vgl. *Frowein/Peukert* 65 (Missbrauchskontrolle).

546 Hierfür: EGMR Ibrahimov u. Mammadov/AZE, 13.2.2020, §§ 113 ff. (Strafverfahren als „Vergeltung" für ein Graffiti); Baş/TRK, 3.3.2020, § 182 (Inhaftierung eines Richters).

547 *Esser* 223.

548 *Frowein/Peukert* 63, 65 f.; *Grabenwarter/Pabel* § 21, 31.

549 Vgl. EGMR Stögmüller/A, 10.11.1969, § 4 („persistence of suspicion does not suffice to justify, after a certain lapse of time, the prolongation of the detention").

212 **Entfällt der Verdacht** nachträglich im Zuge der Ermittlungen oder wird der **Festgenommene später freigesprochen**,[550] lässt dies die Rechtmäßigkeit der Festnahme und weiteren Freiheitsentziehung unberührt, sofern der hinreichende Verdacht zunächst aus objektiv nachvollziehbaren Gründen bejaht wurde.[551] Umgekehrt wird eine zunächst nicht gerechtfertigte, weil nicht auf einem hinreichenden Tatverdacht beruhende Festnahme oder Untersuchungshaft nicht dadurch rückwirkend rechtmäßig, dass zu einem späteren Zeitpunkt ein hinreichender Tatverdacht (sogar) für eine Anklage vorliegt (und tatsächlich Anklage erhoben wird), denn auch hier gilt, dass die **Verdachtslage immer zur Zeit** der jeweiligen Freiheitsentziehung (Festnahme bzw. Untersuchungshaft) maßgebend ist.[552]

213 Wie der EGMR verlangt auch das BVerfG hinsichtlich des für eine Untersuchungshaft erforderlichen (dringenden) Tatverdachts eine „**schlüssige Darlegung der konkreten Tat**", bei mehreren Personen explizit in Bezug auf **jeden einzelnen Tatverdächtigen**.[553] Bei mehreren Beteiligten (z.B. Landfriedensbruch, Schlägerei, sexuelle Übergriffe) bedarf es **eingehender, konkreter Ausführungen zu den *einzelnen* Tatbeiträgen** sowie zur **jeweiligen subjektiven Tatseite** *jedes* Tatverdächtigen.[554] Das Strafgericht muss den Sachverhalt in individuelle Handlungen der einzelnen Beschuldigten „**zerlegen**" und darf die Beiträge gerade **nicht zu einem Gesamtbild addieren**; eine pauschalisierte personenbezogene „Gesamtbetrachtung" ist rechtswidrig und kann eine Freiheitsentziehung einer Einzelperson nicht rechtfertigen.[555] Auch in Bezug auf den nach deutschem Recht schon für die Anordnung von Untersuchungshaft zusätzlich erforderlichen **Haftgrund** verlangt das BVerfG **einzelfall-/personenbezogene Ausführungen**, während es „formelhaften, pauschalen und undifferenzierten" Darlegungen zu Recht und in aller Deutlichkeit eine klare Absage erteilt.[556]

214 **Zusätzliche Haftgründe** – neben dem Vorliegen eines hinreichenden Tatverdachts und der Absicht zur Vorführung der betroffenen Person vor eine gerichtliche Stelle – fordert der Wortlaut von *lit.* c Var. 1 nicht.[557] Er bleibt damit hinter den formalen **Anforderungen des nationalen Rechts** (vgl. §§ 112 ff. StPO) deutlich zurück. Dessen Haftgründe und sonstige Anforderungen, so die höhere Schwelle für die Anordnung von Untersuchungshaft, das Vorliegen eines dringenden Tatverdachtes nach § 112 StPO, müssen aber gleichwohl stets erfüllt sein, damit die Untersuchungshaft als **rechtmäßig** i.S.d. Konvention anzusehen ist (vgl. auch den Gedanken des Art. 53).[558] Auf die weitgehende Annäherung der Standards über die Judikatur des EGMR (auch zu Art. 5 Abs. 3) wurde bereits hingewiesen.[559]

215 Zur Sicherung der Strafverfolgung sind nach Maßgabe des jeweiligen nationalen Rechts auch erforderliche Eingriffe in die Freiheit des (wegen eines hinreichenden Tatver-

550 Dazu EGMR I.S./CH, 6.10.2020, §§ 48 ff.
551 EGMR (GK) Murray/UK, 28.10.1994; *Frowein/Peukert* 66.
552 EGMR Rasul Jafarov/ASE, 17.3.2016, § 133.
553 BVerfG Beschl. v. 9.3.2020 – 2 BvR 103/20, § 67 (Augsburger Königsplatz/Weihnachtsmarkt-Fall) = EuGRZ **2020** 365 = NJW **2020** 1504 (Ls.) m. Anm. *Burhoff* StRR **2020** 31 u. *Beukelmann* NJW-Spezial **2020** 249.
554 BVerfG Beschl. v. 9.3.2020 – 2 BvR 103/20, §§ 68 f.
555 BVerfG Beschl. v. 9.3.2020 – 2 BvR 103/20, §§ 68, 70.
556 BVerfG Beschl. v. 9.3.2020 – 2 BvR 103/20, § 74.
557 *Trechsel* EuGRZ **1980** 514, 524.
558 *Frowein/Peukert* 62; Meyer-Ladewig/Nettesheim/von Raumer/*Meyer-Ladewig/Harrendorf/König* 44; *Villiger* 412; vgl. *Esser* StraFo **2003** 335, 338; Rn. 38. Der unterschiedliche englische und französische Wortlaut (in *lit.* c fehlt eine Entsprechung für „lawful" im französischen Text) ändert daran nichts: EGMR Kemmache/F (Nr. 3), 24.11.1994.
559 Ebenso *Grabenwarter/Pabel* § 21, 32 m.w.N. (Hinzutreten zusätzlicher Gründe bei einer Aufrechterhaltung der U-Haft über einen längeren Zeitraum hinweg zwingende Voraussetzung).

dachtes) Angeklagten von *lit.* c gedeckt, mit denen das Gericht die **Anwesenheit des Ange-klagten in der Hauptverhandlung** sicherstellen will, wie etwa nach §§ 230 Abs. 2, 231 Abs. 1 Satz 2 StPO.

cc) Fluchtgefahr. Die Fluchtgefahr wird in der **dritten Variante** des *lit.* c formal als **216** zusätzlicher möglicher Grund für eine Freiheitsentziehung angeführt. Dies kann aber weder bedeuten, dass hier der ansonsten geforderte hinreichende Tatverdacht fehlen darf,[560] noch, dass zusätzlich zu ihm immer auch Fluchtverdacht hinzukommen muss, um die Haft zu rechtfertigen, denn die Konvention lässt *bei hinreichendem Tatverdacht* auch andere Haftgründe des nationalen Rechts (Verdunkelungs- oder Wiederholungsgefahr, Schwere der aufzuklärenden Straftat) zu.[561] Sofern man nicht der den Zusammenhang von *lit.* c mit Art. 5 Abs. 3 negierenden Ansicht folgt, dass mit der dritten Variante schon das bloße Festhalten auch ohne die Absicht einer späteren Vorführung des Betroffenen vor Gericht zugelassen werden sollte,[562] wird man mit der h.M. in der Erwähnung der Fluchtgefahr lediglich die **Herausstellung eines besonders wichtigen Haftgrundes** zu sehen haben, der in der mehr von praktischen Gesichtspunkten als von Gedanken der Logik bestimmten Kasuistik des *lit.* c besonders angesprochen wurde, weil vor allem bei ihm das Recht auf eine Haftverschonung gegen Leistung einer Sicherheit (u.a. Kaution) in Betracht zu ziehen ist (Art. 5 Abs. 3 Satz 2; Rn. 494 ff.).[563]

Eigenständige Bedeutung für die Legitimation einer Untersuchungshaft gewinnt die **217** Fluchtgefahr bei der **Prüfung der Angemessenheit der Haftdauer** (Art. 5 Abs. 3 Satz 1) dann, wenn sich die nationalen gerichtlichen Stellen in ihren Haftentscheidungen explizit auf diese als Grund für die Aufrechterhaltung der Inhaftierung berufen (gemäß § 112 StPO als neben dem dringenden Tatverdacht zusätzlich erforderlicher Haftgrund); vgl. Rn. 446 ff.

Die Annahme einer Fluchtgefahr muss sich, ebenso wie der hinreichende Tatverdacht, **218** auf **konkrete tatsächliche Anhaltspunkte** stützen. Sofern nicht konkrete Tatsachen die Fluchtabsicht *unmittelbar* belegen (z.B. nicht angezeigte Buchung von Flügen), erfordert die Annahme der Fluchtgefahr eine **Gesamtwürdigung** des Verhaltens des Beschuldigten, seiner persönlichen, sozialen und finanziellen Verhältnisse und aller sonstigen Umstände.[564] Dass der Betroffene zur Fahndung ausgeschrieben ist, bedeutet dagegen noch nicht zwingend, dass auch eine entsprechende Fluchtgefahr besteht.[565] Der Erlass eines Haftbefehls in der irrigen Annahme, der Beschuldigte werde sich der Strafverfolgung entziehen, ist (objektiv) **willkürlich**, wenn er sich dem Verfahren nicht gestellt hat, weil ihm die Ladungen (z.B. aufgrund eines Umzugs) nicht zugestellt werden konnten.[566]

---

560 *Kühne/Esser* StV **2002** 383, 386; *Esser* 233; vgl. Rn. 118.

561 Vgl. EGMR Letellier/F, 26.6.1991, ÖJZ **1991** 789 (Aufrechterhaltung der öffentlichen Ordnung); *Frowein/Peukert* 62; *Villiger* 412 f.; vgl. auch Rn. 428 f.; **a.A.** *Grabenwarter/Pabel* § 21, 32 m.w.N. (vgl. Rn. 214). Speziell zur Wiederholungsgefahr: *Morgenstern* 158 ff.

562 So *Herzog* AöR **86** (1961) 194, 221, 224; dagegen: EGMR Urtāns/LET, 28.10.2014, § 29 (Art. 5 Abs. 1 Satz 2 *lit.* c und Abs. 3 als Einheit; ständige Rspr.).

563 Vgl. *Kühne/Esser* StV **2002** 383, 386; *Esser* 233.

564 Vgl. EGMR Wemhoff/D, 27.6.1968; Neumeister/A, 27.6.1968, § 10; Stögmüller/A, 10.11.1969; Matznetter/A, 10.11.1969; Mamedova/R, 1.6.2006, § 76; Cristioglo/MOL, 26.4.2016, § 26 (Fluchtgefahr; Bf. mehrere Jahre im Ausland untergetaucht); *Esser* 233; vgl. hierzu KG StraFo **2015** 201 (gründliche Analyse der privaten Lebenssituation; Forderung nach konkreten Ermittlungsergebnissen); speziell bei Wirtschaftsstrafverfahren: *Bock* NZWiSt **2017** 23 ff. Aus empirischer Perspektive zur Prognosesicherheit in der U-Haftpraxis: *Wolf* Die Fluchtprognose im Untersuchungshaftrecht (2017).

565 EGMR Voykin u.a./UKR, 27.3.2018, § 138; Gusev/R, 5.12.2013, § 85.

566 EGMR Ladent/PL, 18.3.2008, §§ 56 ff.

219   Eine Fluchtgefahr, insbesondere bei **Ausländern**, aber auch bei Deutschen, deren Wohnsitz im Ausland liegt, darf nicht pauschal aufgrund möglicher oder gar nachgewiesener **sozialer Anknüpfungspunkte im Ausland** oder wegen eines **fehlenden Inlandswohnsitzes** angenommen werden, sondern muss sich ebenfalls auf **konkrete Umstände** stützen. Andernfalls läge in der Festnahme- bzw. Haftentscheidung eine unzulässige Diskriminierung (Art. 14 EMRK; Art. 21 EUC).[567] Innerhalb der EU ist die Anwesenheit des Beschuldigten in der Hauptverhandlung in der Regel über das Instrument des **Europäischen Haftbefehls** hinreichend gesichert; eine länderspezifische Ausführungspraxis ist zwar zu berücksichtigen; hat sie Mängel, muss sie schnellstmöglich verbessert werden. Ein Fluchtanreiz darf nicht pauschal darin gesehen werden, dass der betroffene Staat die Überstellung regelmäßig von einer **Rücküberstellung** zur Strafvollstreckung abhängig macht – einhergehend mit einer Umwandlung (Reduzierung) der verhängten Strafe.[568] Die **Höhe der zu erwartenden Strafe** ist *ein* für die Prüfung einer Fluchtgefahr relevanter Umstand, allein ausschlaggebend für ihre Annahme ist sie aber nicht.[569]

220   **dd) Alternativmaßnahmen (Subsidiarität der Untersuchungshaft).** Ebenfalls in die Abwägung vor Anordnung einer Freiheitsentziehung einzustellen sind weniger eingriffsintensive **Alternativmaßnahmen**, mit denen eine Anwesenheit des Beschuldigten in der späteren gerichtlichen Hauptverhandlung ebenfalls sichergestellt werden kann.[570] Dies gebieten schon der Grundsatz der Verhältnismäßigkeit (Rn. 24) und der **Ausnahmecharakter einer Freiheitsentziehung** gegenüber einer als unschuldig geltenden Person (Rn. 406, 488). Vor allem bei **Minderjährigen** (Jugendlichen) ist darauf zu achten, dass alle denkbaren Maßnahmen erwogen werden, durch die schon die Anordnung einer Freiheitsentziehung vermieden werden kann; zudem muss gerade bei dieser vulnerablen Gruppe ständig überprüft werden, ob die Fortdauer der Haft noch zwingend ist (**zeitliche Komponente**; Art. 5 Abs. 3 Satz 1; vgl. Rn. 28).[571]

e) Haft zur Verhinderung von Straftaten

221   **aa) Begriff der Straftat; nicht mit Freiheitsstrafe bedrohte Taten.** Eine Festnahme oder Freiheitsentziehung zur Verhinderung von Straftaten lässt der Wortlaut der **zweiten Variante** von *lit.* c zu.[572] *Straftat* ist auch hier als mit Strafe bedrohte Handlung zu verstehen (vgl. Rn. 197 f.).[573] Dem Gerichtshof zufolge sollen die Haftgründe des *lit.* c insgesamt

---

567 Vgl. hierzu (Diskriminierung ablehnend): OLG Oldenburg Beschl. v. 8.2.2010 – 1 Ws 67/10, NStZ-RR **2010** 177 (Ls.) = StV **2010** 255 m. Anm. *Kirsch*; Beschl. v. 4.11.2009 – 1 Ws 599/09, NStZ **2011** 116 (niederländischer Drogenhändler) = StV **2010** 254 m. Anm. *Kirsch* StV **2010** 256; LG Kleve NStZ-RR **2011** 342; LG Aurich NStZ-RR **2011** 219; dagegen: LG Zweibrücken StraFo **2012** 106 m. Anm. *Gatzweiler.* Vertiefend *Freund* Die Anordnung von Untersuchungshaft wegen Flucht und Fluchtgefahr gegen EU-Ausländer (2010).
568 Vgl. Grünbuch der Europäischen Kommission, KOM (2011) 327, 4.1 (Unschuldsvermutung müsse gerade im Hinblick auf die Untersuchungshaft und ihren Ausnahmecharakter durch eine am Grundsatz der Verhältnismäßigkeit orientierte Anwendung größere Bedeutung zugemessen werden; besonders prekär in Staaten, die keine gesetzlich festgelegte Höchstdauer für die Untersuchungshaft vorsehen).
569 *Esser* 234.
570 EGMR Miminoshvili/R, 28.6.2011, § 92; Mamedova/R, 1.6.2006, § 77; Ambruszkiewicz/PL, 4.5.2006, § 31; Doronin/UKR, 19.2.2009, § 63; ebenso: Empfehlung des Ministerkomitees des Europarates v. 27.9.2006, Rec (2006) 13, § 4. Zur gebotenen Subsidiarität der U-Haft: *Morgenstern* 218 ff., 226 ff.
571 OLG Köln Beschl. v. 6.11.2008 – 2 Ws 552/08 m. Anm. *Artkämper* StRR **2009** 155. Zur U-Haft bei Jugendlichen: *Laubenthal* FS Heinz 440; *Eberitzsch/Eichenauer/Kundt* ZJJ **2015** 310.
572 EGMR Lawless/IR (Nr. 3), 1.7.1961.
573 Zu Verwaltungsübertretungen nach österreichischem Recht: *Funk/Gimpel-Hinteregger* EuGRZ **1985** 9.

keine Anwendung finden, wenn die „Straftat", um die es geht, nur mit einer Geldstrafe/-buße, nicht jedoch mit einer Freiheitsentziehung bedroht sei.[574] Damit wäre im deutschen Recht ein Polizeigewahrsam jedenfalls zur Verhinderung einer Ordnungswidrigkeit (vgl. Art. 17 Abs. 1 Nr. 2 BayPAG; § 32 Abs. 1 Nr. 2 HSOG) auch nach der zweiten Variante des *lit.* c nicht zu rechtfertigen, da Ordnungswidrigkeiten generell nicht mit Freiheitsentziehung geahndet werden können (§ 1 Abs. 1 OWiG). In der vom EGMR entschiedenen Rs. *L. u. M.-J.D.* ging es allerdings nicht um die *Verhinderung* einer Übertretung, in Rede stand lediglich die Rechtfertigung einer Freiheitsentziehung nach der 1. Var. des *lit.* c (vgl. Rn. 201). Daher könnten sich die Ausführungen des EGMR nur auf die erste und die dritte Variante des *lit.* c, die unumstritten eine bereits begangene Straftat (bzw. einen entsprechenden Verdacht) voraussetzen, nicht aber auf die zweite Variante beziehen.

Es ist zwar zur Wahrung der Verhältnismäßigkeit sachgerecht, einer Person, der selbst **222** für den Fall einer späteren Verurteilung **keine Freiheitsentziehung droht**, weder vorläufig noch unter Verdacht die Freiheit zu entziehen, weniger klar ist dies hingegen, wenn es darum geht, eine noch nicht begangene Tat zu verhindern. *Wenn* die üblichen Voraussetzungen gegeben sind, namentlich die zu verhindernde „Übertretung" u.a. nach Zeit, Ort und potentiellem Opfer hinreichend konkret und spezifiziert ist[575] und die **Verhältnismäßigkeit** gewahrt ist, wäre es kaum zu erklären, dass staatlichen Stellen das Mittel eines (allerdings nur) *kurzzeitigen* (vgl. Rn. 232 ff.) Gewahrsams nicht zur Verfügung steht, um eine drohende erhebliche Rechtsverletzung zu verhindern. Zur Verhinderung von **Ordnungswidrigkeiten**[576] generell und auch für die allermeisten Fällen von **Vergehen** (§ 12 Abs. 2 StGB), die in der Rechtspraxis nur mit einer Geldstrafe geahndet werden, dürfte ein solcher Präventivgewahrsam als unverhältnismäßig einzustufen sein, jedenfalls wenn er mehrtägig erfolgt. Für das Vergehen der **Nötigung** (§ 240 StGB) sah die landesrechtliche Rechtspraxis während der sog. **Klimaproteste**[577] (Straßenblockaden durch „Festkleben") allerdings zum Teil anders aus; in einigen Fällen wurden Protestler für mehr als einen Monat in Präventivgewahrsam genommen, was den Vorgaben des EGMR widerspricht.

Die Frage nach der Anwendbarkeit der zweiten Variante des *lit.* c auf gesetzwidrige **223** Handlungen, die (wie Ordnungswidrigkeiten nach deutschem Recht) nicht mit einer Freiheitsentziehung sanktioniert sind, hat zwischenzeitlich Bedeutung erlangt, nachdem der EGMR (GK) in der Rs. *S., V. und A.* seine bisherige Rechtsprechung geändert hat und, anders als noch im Fall *Ostendorf*, Var. 2 der *lit.* c nicht mehr nur auf Fälle anwendet, in denen bereits eine Straftat begangen wurde, sondern hierfür auch präventive Zwecke ausreichen lässt (Rn. 225 ff.).

Das **BVerfG**[578] hatte die Rechtsprechung des EGMR aus der Rs. *Ostendorf* für **Art. 2** **224** **Abs. 2 Satz 2 GG** zwischenzeitlich rezipiert: Eine rein **präventive Ingewahrsamnahme** lasse sich nur auf der Grundlage von **Art. 5 Abs. 1 Satz 2 lit. b**, nicht aber nach Art. 5 Abs. 1 Satz 2 *lit.* c rechtfertigen.[579] Für die Rechtfertigung der Freiheitsentziehung nach Art. 5 Abs. 1 Satz 2 *lit.* b gelte, dass die Verpflichtung, keine Straftaten zu begehen, hinreichend bestimmt sein muss, und der Betroffene gezeigt haben muss, dass er nicht gewillt

---

574 EGMR R.L. u. M.-J.D./F, 19.5.2004, § 87.

575 Vgl. EGMR Schwabe u. M.G./D, 1.12.2011, §§ 70, 77, m.w.N.

576 Vgl. § 17 Abs. 1 Nr. 2 bayPAG: „wenn das unerläßlich ist, um die unmittelbar bevorstehende Begehung oder Fortsetzung einer Ordnungswidrigkeit von erheblicher Bedeutung für die Allgemeinheit oder einer Straftat zu verhindern".

577 Vgl. hierzu: Redaktion beck aktuell v. 7.11.2022, becklink 202 5232; Redaktion beck aktuell v. 2.12.2022, becklink 2025569.

578 BVerfG Beschl. v. 18.4.2016 – 2 BvR 1833/12, 2 BvR 1945/12, NVwZ **2016** 1079 = EuGRZ **2016** 311.

579 BVerfG NVwZ **2016** 1079, 1080.

sei, diese Verpflichtung zu erfüllen.[580] Ort und Zeit der bevorstehenden Tatbegehung sowie das potenzielle Opfer der Straftat müssen hinreichend konkretisiert sein.[581] Außerdem muss der Betroffene, nachdem er auf die Unterlassung der jeweiligen Handlung hingewiesen wurde, eindeutige und aktive Schritte unternommen haben, die darauf hindeuten, dass er der jeweiligen („konkretisierten") Verpflichtung nicht nachkommen wird.[582]

225   **bb) Voraussetzung einer bereits begangenen Straftat als Haftgrund.** In der Rs. *S., V. u. A.* hat der EGMR (GK) entschieden, dass unter bestimmten Voraussetzungen auch eine **Präventivhaft** auf der Basis der zweiten Variante des *lit.* c veranlasst werden kann.[583] Bis dahin war umstritten, ob die Variante entgegen ihrem Wortlaut dahingehend auszulegen ist, dass sie nur den **Haftgrund der Wiederholungsgefahr** bei Verdacht einer bereits **begangenen Straftat** zusätzlich abdeckt, oder ob sie eben darüber hinaus eine Freiheitsentziehung zur Verhinderung einer bevorstehenden Straftat auch dann gestattet, wenn kein Verdacht besteht, dass eine solche Straftat bereits begangen wurde.[584]

226   Zu einem vorläufigen Abschluss kam die Debatte 2013 mit dem Urteil im Fall *Ostendorf.*[585] Der EGMR interpretiert die in *lit.* c genannten Gründe für eine Freiheitsentziehung, also einschließlich der zweiten Variante, systematisch vor dem Hintergrund der Regelung in *lit.* **a** einerseits und insbesondere in einer Zusammenschau mit der Bestimmung des **Absatzes 3** andererseits. Schon nach dem Wortlaut von Art. 5 Abs. 1 Satz 2 *lit.* c hat die Festnahme zur Vorführung vor ein Gericht zu erfolgen, nach Art. 5 Abs. 3 ist die festgenommene Person unverzüglich dem Richter vorzuführen. Der EGMR leitete daraus ab, **dass** *„criminal proceedings"* **stattfinden müssen**, was wiederum voraussetze, dass der Betroffene verdächtig sei, eine Straftat bereits begangen zu haben.[586]

227   Im Urteil *Ostendorf* berief sich der EGMR dabei auf seine bisherige Rechtsprechung. Diese war jedoch keineswegs so gefestigt und eindeutig wie der Gerichtshof dies behauptete und wie auch die Bundesregierung meinte, die eine Änderung der Rechtsprechung anregte. Bereits im Urteil *Guzzardi* hatte der EGMR erwogen, dass die Freiheitsentziehung gerechtfertigt sein könnte, um eine Straftat zu verhindern.[587] Die Rechtfertigung nach *lit.* c Var. 2 scheiterte damals nicht daran, dass der Bf. nicht zur Durchführung eines Strafverfahrens wegen bereits begangener Taten festgehalten wurde, sondern weil die zu verhindernde Straftat nicht konkret und spezifiziert war (Rn. 230, 234 ff.). Im Urteil *Shimovolos* stellte der EGMR ausdrücklich fest, dass der Bf. nicht im Verdacht stand, eine Straftat begangen zu haben, trotzdem kam eine Rechtfertigung der Freiheitsentziehung gem. *lit.* c in Betracht.[588] In der Rs. *Jėčius*[589] untersuchte der EGMR ebenfalls eine Rechtfer-

---

580   BVerfG NVwZ **2016** 1079, 1080.
581   BVerfG NVwZ **2016** 1079, 1080.
582   BVerfG NVwZ **2016** 1079, 1080; krit. zur praktischen Anwendung dieser Kriterien: *Hoffmann* NVwZ **2015** 720, 723.
583   EGMR (GK) S., V. u. A./DK, 22.10.2018, NVwZ **2019** 135 m. Anm. *Hoffmann.*
584   Vgl. *Grabenwarter/Pabel* § 21, 33 (Ausführungsgefahr genügt).
585   EGMR Ostendorf/D, 7.3.2013, EuGRZ **2013** 489 = NVwZ **2014** 43, §§ 66–68, 82–86, 88.
586   EGMR Ostendorf/D, 7.3.2013, § 68; hieran anknüpfend: OVG Lüneburg NVwZ-RR **2014** 552 = NdsRpfl. **2014** 285 = NdsVBl. **2014** 218 = NordÖR **2014** 346 = DÖV **2014** 249 (Ls.).
587   EGMR Guzzardi/I, 6.11.1980, § 102, NJW **1984** 548: *lit.* c (in der zweiten Variante) gibt den Vertragsstaaten „a means of preventing a concrete and specific offence", ohne dass der EGMR es hier zur Voraussetzung machte, dass der Betroffene einer bereits begangenen Tat verdächtig sei.
588   EGMR Shimovolos/R, 21.6.2011, § 53.
589   EGMR Jėčius/LIT, 31.7.2000, §§ 50–51; dazu *Kühne/Esser* StV **2002** 383, 386; für eine engere Auslegung (bereits begangene Straftat erforderlich) vgl. *Koschwitz* 190 ff. (mit Hinweisen auf die Eingriffsbefugnisse des englischen Rechts).

tigung nach *lit.* c, ohne jedoch genau nach den beiden Varianten zu differenzieren. Im konkreten Fall konnte die (rein präventive) Freiheitsentziehung nicht nach *lit.* c gerechtfertigt werden, weil sie – so der EGMR – nicht im Zusammenhang mit einem Strafverfahren stand.[590] Damit brachte der EGMR bereits in der Rs. *Jėčius* zum Ausdruck, dass diese Voraussetzung für beide Varianten des *lit.* c erforderlich ist.

Auch im Urteil **Schwabe u. M.G.** prüfte der EGMR eine Rechtfertigung der Freiheitsentziehung nach *lit.* c, obwohl die Bf. bis zu deren Beginn noch keine *Straftat* begangen hatten.[591] Angesichts dieser klaren Aussage konnte die Formulierung an anderer Stelle im selben Urteil – die Freiheitsentziehung nach *lit.* c stehe stets im Zusammenhang mit einem Strafverfahren (*criminal proceedings*), da sie der Vorführung vor das zuständige Gericht diene – durchaus als verunglückt angesehen werden.[592] Es ergibt offensichtlich keinen Sinn, den Anwendungsbereich des *lit.* c Var. 2 zunächst für den Fall nicht begangener, lediglich drohender Straftaten, zu eröffnen, um anschließend die Rechtfertigung einer Freiheitsentziehung zu verneinen, weil nicht beabsichtigt war, gegen den Betroffenen ein Strafverfahren (i.S.d. StPO, wenn es sich nach innerstaatlichem Recht um eine Straftat handelt) durchzuführen; vielmehr kann die in *lit.* c genannte Vorführung vor ein Gericht, die auch von Art. 5 Abs. 3 abgesichert ist, im Fall der 2. Var. nur meinen, dass nicht die Polizei, sondern ein Gericht über die Verhängung eines Verhinderungsgewahrsams entscheidet.[593]

Wenn nun, wie vom EGMR im Fall *Ostendorf* zunächst entschieden, auch die *zweite* Variante von *lit.* c den **Verdacht bezüglich einer bereits begangenen Straftat voraussetzte**, dann liegt ohnehin der Haftgrund der *ersten* Variante vor. Die zweite Variante ist dann obsolet bzw. hat keinen eigenständigen Anwendungsbereich.[594] Der EGMR bestritt dies mit dem unbrauchbaren Argument, die zweite Variante habe durchaus einen eigenständigen Anwendungsbereich, und brachte die Konstellation ins Spiel, dass jemand eine Straftat vorbereitet hat, dass – aufgrund des nationalen Strafrechts – diese Vorbereitungshandlung ihrerseits bereits eine strafbare Handlung darstellt und dass diese Person nun festgenommen wird, um die Begehung bzw. Ausführung der geplanten Straftat zu verhindern. In so einem Fall sollte nun eine Freiheitsentziehung zur Verhinderung der Tat möglich sein.[595] Jedoch ist auch in diesem Fall wegen (Verdachts) der begangenen strafbaren Vorbereitungshandlung bzw. Vorbereitungstat der Haftgrund von *lit.* c Var. 1 einschlägig.

228

229

---

590 EGMR Jėčius/LIT, 31.7.2000, §§ 50 f.
591 EGMR Schwabe u. M.G./D, 1.12.2011, EuGRZ **2012** 141, § 76 = NVwZ **2012** 1089 m. Anm. *Scheidler* NVwZ **2012** 1083.
592 EGMR Schwabe u. M.G./D, 1.12.2011, §§ 71 f., unter Berufung auf das Urteil *Jėčius*, und § 79 (*pre-trial detention*; die Festnahme soll dazu dienen, die Betroffenen einem *criminal trial* zuzuführen).
593 Rechtsvergleichend *Söllner* DVBl. **2012** 1328: trotz erheblicher Unterschiede in diversen Staaten des Europarats bestehe „(w)eitgehende Einigkeit (...), dass ein polizeilich angeordneter Gewahrsam der unverzüglichen richterlichen Bestätigung bedarf". Gleichfalls verunglückt in EGMR R.L. u. M.-J.D./F, 19.5.2004, § 86, wonach (ohne nach den drei Varianten des *lit.* c zu unterscheiden, u.a. unter Berufung auf *Jėčius*) *lit.* c nur bei Verdacht einer bereits begangenen Straftat in Betracht komme („Une personne ne peut être détenue au regard de l'article 5 § 1 c) que dans le cadre d'une procédure pénale, en vue d'être conduite devant l'autorité judiciaire compétente parce qu'elle est *soupçonnée d'avoir commis une infraction*"). Da nur die Var. 1 in Betracht geprüft wurde (§ 92), kann diese Rechtsprechung, auch angesichts der Aussagen in *Shimovolos* und *Schwabe u. M.G.*, so ausgelegt werden, dass sie sich nicht auf eine Freiheitsentziehung aufgrund der Var. 2 des *lit.* c bezieht.
594 Vgl. Karpenstein/Mayer/*Elberling* 56; dagegen – vor dem Urteil *Ostendorf* – VG Hannover Urt. v. 4.7.2012 – 10 A 1994/11, NVwZ-RR **2012** 925 = DVBl. **2012** 1323 m. Anm. *Söllner*; krit. *Hoffmann* NVwZ **2013** 266.
595 EGMR Ostendorf/D, 7.3.2013, § 86.

230   Durch das Urteil der GK in der Rs. *S., V. u. A.* ist geklärt, dass Art. 5 Abs. 1 Satz 2 *lit.* c Var. 2 die präventive Haft von Personen, die im Verdacht stehen, eine konkrete und bestimmte Straftat zu begehen,[596] stützt. Im konkreten Fall hatte die dänische Polizei im Vorfeld eines Fußballspiels drei Hooligans für sieben Stunden präventiv in Gewahrsam genommen, um eine geplante Schlägerei mit Anhängern der gegnerischen Mannschaft zu verhindern. Nach Ansicht der GK sei sowohl dem eindeutigen Wortlaut der Var. 2 des *lit.* c als auch den vorbereitenden Arbeiten zur EMRK zu entnehmen, dass sie einen – insbesondere gegenüber der ersten Variante und damit unabhängig vom Vorliegen eines hinreichenden Tatverdachts – **selbständigen Haftgrund** regele. Zwar gelte das Erfordernis der Absicht der **Vorführung vor einen Richter** auch für Freiheitsentziehungen nach Var. 2 des *lit.* c, doch müsse dieses mit einer gewissen Flexibilität ausgelegt und angewendet werden.[597] Es komme darauf an, ob der Inhaftierte – wie von Art. 5 Abs. 3 verlangt – unverzüglich einem Richter vorgeführt werden sollte, um die Rechtmäßigkeit der Freiheitsentziehung zu prüfen, oder ob er davor entlassen werden sollte.[598] Die Voraussetzung der Richtervorführung stehe einer kurzfristigen Präventivhaft demnach nicht entgegen, wenn die Behörden zwar keine Absicht hierzu hatten, die Entlassung aber zu einer Zeit erfolgen sollte, *bevor* eine unverzügliche gerichtliche Kontrolle möglich gewesen wäre. Zur Bestimmung der **Unverzüglichkeit** rekurriert der EGMR zunächst auf seine bisherige Rechtsprechung, um sodann eine Abgrenzung insbesondere zu den zur Untersuchungshaft entwickelten Zeitvorgaben vorzunehmen. In Ermangelung strafrechtlicher Ermittlungen könne im Falle der Präventivhaft die Entlassung nur eine **Frage von Stunden**, nicht aber Tagen sein.[599] Weiterhin müsse der Betroffene einen durchsetzbaren **Anspruch auf Schadensersatz** haben, wenn diesen Anforderungen nicht genügt werde (Art. 5 Abs. 5).[600]

231   Dass auch eine Freiheitsentziehung aufgrund von Var. 2 die **Pflicht zur Vorführung** vor den Richter nach Absatz 3 auslöst, zwingt also nicht zu dem Schluss, dass eine solche Pflicht nur den Sinn haben könne, dass der Richter bei Vorliegen des Verdachts einer begangenen Straftat über die Haftfortdauer entscheide.[601] Auch eine Vorführung, die sichern soll, dass nur der Richter zur Verhinderung einer Straftat endgültig eine zeitlich befristete Präventivhaft anordnen kann, ist vom Zweck des *lit.* c gedeckt, der mit der vorläufigen Ingewahrsamnahme die richterliche Entscheidung über die Rechtmäßigkeit der Anordnung einer (kurzfristigen) Freiheitsentziehung zur Verhinderung einer künftigen Straftat ermöglichen soll.[602] Abschließend sei erwähnt, dass eine solche richterliche Entscheidung nicht als eine die „Präventivhaft" rechtfertigende Verurteilung („conviction") i.S.d. *lit.* a angesehen werden kann, vgl. Rn. 120 ff.

232   Die Var. 2 in der Auslegung der neueren EGMR-Rechtsprechung kann einen (nach innerstaatlichem Recht zulässigen) kurzfristigen **präventiv-polizeilichen Unterbindungsgewahrsam** auch dann rechtfertigen, wenn der Betroffene nicht auch einer bereits begange-

---

596 EGMR (GK) S., V. u. A./DK, 22.10.2018, §§ 89 ff. (Rechtfertigung über *lit.* b lehnte der EGMR ab; Straftat nicht im ausreichend bestimmt und konkret; vgl. Rn. 172 f. bei *lit.* b); Bestätigung durch EGMR Eiseman-Renyar u.a./UK, 5.3.2019, §§ 32 ff. (objektiver Betrachter wären – nach Auffassung des EGMR – zu dem Ergebnis gekommen, dass sich die Bf. aller Wahrscheinlichkeit nach an der konkreten und spezifischen Straftat beteiligt hätten, wenn keine Haft angeordnet worden wäre, § 43).
597 EGMR (GK) S., V. u. A./DK, 22.10.2018, §§ 120 ff.
598 EGMR (GK) S., V. u. A./DK, 22.10.2018, §§ 125 ff.
599 EGMR (GK) S., V. u. A./DK, 22.10.2018, §§ 130 ff.
600 EGMR (GK) S., V. u. A./DK, 22.10.2018, §§ 136 f.
601 So auch das Vorbringen der Bundesregierung, EGMR Ostendorf/D, 7.3.2013, § 53. Vgl. aber *Renzikowski* JR 2004 271, 277.
602 In diesem Sinne können die in EGMR Schwabe u. M.G./D, 1.12.2011, § 72, genannten „criminal proceedings" zu verstehen sein, ebs. „criminal trial", §§ 72, 79.

nen Straftat verdächtig ist. Die zweite Variante des *lit.* c greift damit nicht nur bei Wiederholungsgefahr, sondern umfasst auch die **präventiv-polizeiliche Festnahme zur Unterbindung**[603] und **Verhinderung** einer konkret bevorstehenden Straftat (Rn. 234), wobei die drohende Handlung nur objektiv rechtswidrig, nicht notwendig schuldhaft sein muss.[604]

Eine solche **Präventivhaft** lassen namentlich die Landespolizeigesetze zu, wenn sie unter 233 Wahrung des hier besonders bedeutsamen Verhältnismäßigkeitsgrundsatzes zeitlich eng begrenzt verhindern soll, dass der Betroffene alsbald von ihm beabsichtigte Straftaten begehen wird.[605] Die Konventionsmäßigkeit einer aufgrund dieser landespolizeilichen Regelungen erfolgenden Präventivhaft kann sich nunmehr nicht nur aus *lit.* b (Rn. 224), sondern auch aus *lit.* c Var. 2 ergeben. Inwiefern dies neue Impulse für die nationale Rechtsprechung oder Rechtsetzung geben wird, bleibt abzuwarten. Ein besonderes Augenmerk muss dabei jedenfalls der **Spezifizierung der geplanten Straftat** sowie der **strengen zeitlichen Begrenzung** der Ingewahrsamnahme zukommen (zum exzessiven Einsatz des Präventivgewahrsams nach bayerischem Landesrecht während der sog. „Klimaproteste" siehe Rn. 222).

Die Freiheitsentziehung nach Var. 2 muss zur Verhinderung einer **bestimmten Straftat** 234 erforderlich sein, weil **konkrete Tatsachen** den **plausiblen Verdacht** begründen, dass der Betroffene eine nach ihren **äußeren Umständen** (Ort, Art der Begehung, potentielles Opfer) **hinreichend konkretisierte Straftat** alsbald begehen will[606] und dies nicht anderweitig sicher verhindert werden kann. Die allgemeine, **vage Vermutung**, der Betroffene werde sich (auch) künftig kriminell verhalten, reicht auch nach der weiten Auslegung der Var. 2 für die Anordnung einer Freiheitsentziehung nicht aus, ebenso wenig der Umstand, dass von einer Person andere Gefährdungen der öffentlichen Ordnung zu erwarten sind.[607]

Die Regelungen für einen Unterbingungs-/Verhinderungsgewahrsam im nationalen Recht 235 sind wegen des hohen Ranges der Freiheit der Person **eng auszulegen**.[608] Die Freiheitsentziehung muss **notwendig** sein, um die konkret drohende Straftat zu verhindern. Nicht notwendig ist sie, wenn die Straftat auch dadurch verhindert werden kann, dass dem Betroffenen etwa Gegenstände abgenommen werden, ohne die er die Straftat nicht begehen kann.[609]

Die Verhängung einer **längerfristigen Unterbringung aus Gründen der Prävention** 236 (Verhinderung von Straftaten) etwa in Form der **Sicherungsverwahrung (§ 66 StGB)**, speziell

---

603 *Herzog* AöR **86** (1961) 194, 224 (Verhindern schließt Unterbinden mit ein).

604 SächsVerfGH EuGRZ **1996** 437, 439; *Frowein/Peukert* 81 unter Hinweis auf EGMR Guzzardi/I, 6.11.1980, wonach nur Maßnahmen zur Verhinderung bevorstehender konkreter Straftaten durch *lit.* c gedeckt werden, nicht aber eine vorbeugende generalpräventive Haft; vgl. auch *Maaß* NVwZ **1985** 155; *Partsch* 128; **a.A.** Meyer-Ladewig/Nettesheim/von Raumer/*Meyer-Ladewig/Harrendorf/König* 38.

605 Vgl. OLG München BayVerwBl. **2008** 219; siehe auch *Maaß* NVwZ 1985 155; vgl. auch VG Hannover Urt. v. 4.7.2012 – 10 A 1994/11, NVwZ-RR **2012** 925 = DVBl. **2012** 1323 m. Anm. *Söllner*; kritisch dazu *Hoffmann* NVwZ **2013** 266; OVG Lüneburg DÖV **2014** 495 (Ls.). Speziell zur Konventionskonformität des im bayerischen Landesrecht geregelten Präventivgewahrsams: *Lenk/Wiedmann* BayVBl. **2018** 803 ff.

606 EGMR Urtāns/LET, 28.10.2014, § 33; (GK) S., V. u. A./DK, 22.10.2018, §§ 89 ff.; *Esser* 230; *Frowein/Peukert* 70. Zur Ingewahrsamnahme eines der Ultra-Szene zugehörigen Fußballfans – Anforderungen an einen kollektiven Vorsatz: OLG Braunschweig NVwZ **2018** 1742.

607 EGMR Guzzardi/I, 6.11.1980.

608 OVG Münster NWVBl. **2012** 278 = DVBl. **2012** 312 (Ls.) (ohne Art. 5 hinzuzuziehen): Es geht um den Schutz der Allgemeinheit und Einzelner vor mit hoher Wahrscheinlichkeit zu erwartenden Straftaten; nachvollziehbare, bestimmte Tatsachen, die die Annahme begründen, dass der Schaden sofort oder in allernächster Zeit und mit an Sicherheit grenzender Wahrscheinlichkeit eintreten wird; bloße Vermutungen oder vage Verdachtsgründe reichen nicht aus.

609 EGMR Schwabe u. M.G./D, 1.12.2011, § 78; vgl. BayVGH BayVBl. **2012** 657 = DÖV **2012** 444 (Ls.) = DÖV **2012** 816 (Ls.): mehrstündiges Festhalten in einem abgestellten Gefangenentransporter, anstatt den Betr. in eine – geräumigere – Haftzelle zu verbringen.

deren durch neues, insoweit rückwirkendes Recht ermöglichte nachträgliche Verlängerung (§ 67d StGB i.d.F. des Gesetzes vom 26.1.1999), kann nicht auf Art. 5 Abs. 1 Satz 2 *lit.* c Var. 2 gestützt werden: Die potentiell zu befürchtenden weiteren, **neuen Straftaten** sind hierfür in der Regel **nicht hinreichend konkret und spezifisch**, vor allem in Bezug auf Ort und Zeit der Begehung sowie auch ihrer potentiellen Opfer.[610] Außerdem bleibt hier zu berücksichtigen, dass dieser Haftgrund seiner Formulierung nach („zur Vorführung vor die zuständige Gerichtsbehörde") nur die Vorführung vor den Richter bzw. eine alsbaldige Entscheidung sichern soll, was im Hinblick auf die Sicherungsverwahrung nicht der Fall ist (zu *lit.* a Rn. 115 ff.). Dies bestätigte im Mai 2011 auch das **BVerfG**, indem es feststellte, dass die Voraussetzung der Verhütung einer konkreten und spezifischen Straftat bei der Sicherungsverwahrung nur ganz ausnahmsweise vorliegen dürften und auch die formellen Voraussetzungen (Freiheitsentzug zur Vorführung vor ein Gericht) jedenfalls unter normalen Umständen nicht vorliegen.[611] Zudem wies es darauf hin, dass die Existenz des Art. 5 Abs. 1 Satz 2 *lit.* c auf der Wertungsebene zeige, dass die EMRK eine präventive Freiheitsentziehung (nur dann) zulasse, wenn die **Gefahr konkret und spezifisch genug**, u.a. in Bezug auf Tat und Opfer sei. Welche Fälle damit gemeint sein sollen, blieb aber unklar, so dass sich die Frage aufdrängt, ob sich das BVerfG eine Hintertür offenhalten wollte.

237   Nichts anderes kann für die **nachträgliche erstmalige Verhängung einer Sicherungsverwahrung**[612] gelten, da auch hier etwaige künftige Straftaten meist nicht hinreichend konkret genug sind.[613] Hinzu kommt, dass Art. 5 Abs. 1 Satz 2 *lit.* c Var. 2 seiner Zielsetzung nach nur die *vorläufige* Haft bis zur endgültigen gerichtlichen Entscheidung über die Freiheitsentziehung sichern will.[614] § 66b StGB a.F. zielte weder darauf ab, den Betroffenen vor das zuständige Gericht zu stellen, noch wurde eine Verurteilung i.S.v. *lit.* a wegen **bereits begangener** Straftaten bezweckt.

238   Ähnlich verhält es sich mit dem Versuch, die nachträgliche Verlängerung oder Anordnung einer Sicherungsverwahrung mit **Opferschutzaspekten** zu rechtfertigen, d.h. mit dem Gedanken, der Staat sei gemäß Art. 2 bzw. Art. 3 verpflichtet, neue, potentielle Opfer vor künftigen Straftaten eines zur Entlassung anstehenden verurteilten Straftäters zu schützen. Der EGMR lehnt dies kategorisch ab (Rn. 144).

5. Freiheitsentziehung bei Minderjährigen aus erzieherischen Gründen (*lit.* d)

239   **a) Minderjährige.** *Lit.* d betrifft als einziger des Katalogs von Art. 5 Abs. 1 Satz 2 nur **Minderjährige**, stellt aber **keine erschöpfende** Regelung für die Freiheitsentziehung Min-

---

610   EGMR M./D, 17.12.2009, § 102; ebenso in den Parallelfällen EGMR Kallweit/D, 13.1.2011, § 52; Mautes/D, 13.1.2011, § 45; Schummer/D (Nr. 1) 13.1.2011, § 56; krit. *Grosse-Brömer/Klein* ZRP **2010** 172, 173; *Windoffer* DÖV **2011** 592 f. beruft sich in seiner Kritik an BVerfG und EGMR zwar auf Sicherheitsbedürfnisse der Bevölkerung, greift aber auch nicht auf *lit.* c zurück.
611   BVerfGE **128** 326, 395 f. = NJW **2011** 1931, 1943, Tz. 150.
612   Mit Gesetz vom 22.12.2010 wurde die nachträgliche Sicherungsverwahrung folgerichtig weitgehend abgeschafft (§ 66b Abs. 1 und 2 StGB a.F. aufgehoben).
613   Siehe hierzu (bzgl. § 7 Abs. 2 JGG) den Nichteröffnungsbeschluss des LG Zweibrücken Beschl. v. 15.4.2011 – 4029 Js 3517/02-2 Ks jug; vgl. auch EGMR Haidn/D, 13.1.2011, NJW **2011** 3423, § 90. In EGMR B./D, 19.4.2012, EuGRZ **2012** 383 wurde auf *lit.* c überhaupt nicht eingegangen.
614   Ausdrücklich EGMR Haidn/D, 13.1.2011, § 90, auch hier wurden potentielle Straftaten als nicht konkret und spezifisch genug erachtet. Vgl. auch *Pieroth* JZ **2002** 922, 927; *Richter* ZfStrVo **2003** 201, 204 f.; *Renzikowski* JR **2004** 271, 273 ff.; *Baier* Jura **2004** 552, 558; *Römer* JR **2006** 5, 6; *Finger* 218; a.A. *Peglau* NJW **2001** 2436, 2438; *Würtenberger/Sydow* NVwZ **2001** 1201, 1204 gehen von der Regelung zweier Gestattungstatbestände aus [wobei die nachträgliche Sicherungsverwahrung von der zweiten Gruppe (der Festnahme zur Verhinderung weiterer Straftaten) erfasst werde].

derjähriger dar, so dass im Einzelfall auch eine zusätzliche Rechtfertigung nach anderen in Art. 5 Abs. 1 Satz 2 genannten Gründen gegeben sein kann.[615] Bis zu welcher **Altersgrenze** die Minderjährigkeit reicht, richtet sich nach dem nationalen Recht, dem die EMRK einen gewissen Spielraum, zumindest innerhalb der in den Vertragsstaaten allgemein üblichen Grenzen, einräumt.[616] **Art. 1 CRC**[617] hat die Obergrenze mit **18 Jahren** festgesetzt; dies dürfte damit auch die Obergrenze im Rahmen von *lit.* d sein. Dauert eine freiheitsentziehende Maßnahme länger an als bis zur Vollendung des 18. Lebensjahres, kann der darüber hinaus reichende Abschnitt nicht mehr auf Art. 5 Abs. 1 Satz 2 *lit.* d gestützt werden. Für ihn muss ein anderer Grund im Katalog von Art. 5 Abs. 1 Satz 2 vorliegen.[618]

Eine **rechtmäßige Freiheitsentziehung** fordern beide Alternativen, also eine Frei- **240** heitsentziehung, die die Behörden im Einklang mit den Bestimmungen des nationalen Rechts angeordnet haben.[619] Die Maßnahme kann aber trotz einer Übereinstimmung mit den Bestimmungen des nationalen Rechts rechtswidrig sein, wenn sie die extrem verletzliche Situation des Minderjährigen missachtet. Dies ist etwa der Fall, wenn das nationale Recht (zu deren Schutz) keine **speziellen Regelungen für die Freiheitsentziehung von Minderjährigen** bereithält und der Minderjährige an einem Ort festgehalten wird, der (nur) für das Festhalten Erwachsener bestimmt und geeignet ist.[620]

Eine nach nationalem Recht aus dem **Aufenthaltsbestimmungsrecht des Erzie-** **241** **hungsberechtigten** oder einer anderen befugten Privatperson resultierende freiheitsentziehende Unterbringung eines Minderjährigen ist dem Staat jedenfalls dann zuzurechnen, wenn die Unterbringung in einer staatlichen Einrichtung erfolgt.[621] In diesem Fall ist der Staat für den Vollzug der Unterbringung verantwortlich.

Die **Festnahme** wird als Maßnahme nicht besonders erwähnt, doch schließt die Be- **242** fugnis, einem Minderjährigen die Freiheit zu entziehen, auch das Recht zur (vorläufigen) Festnahme mit ein, wie auch die zweite Alternative zeigt, die die Haft zum Zwecke der Vorführung vor die zuständige Behörde zulässt.[622] Bei strafrechtlich relevanten Sachverhalten muss die Festnahme aber immer auch die Voraussetzungen des *lit.* c erfüllen, da ansonsten die Verfahrensgarantien des **Art. 5 Abs. 3** umgangen werden könnten.[623]

Dass eine Freiheitsentziehung nach *lit.* d durch einen **Richter** angeordnet wird, **243** schreiben beide Varianten nicht vor. Prinzipiell wäre demnach, anders als nach Art. 104 Abs. 2 GG, auch eine Freiheitsentziehung auf Anordnung einer Verwaltungsbehörde zulässig. Dass in Deutschland die über *lit.* d hinausgehenden Voraussetzungen des Art. 104 GG stets erfüllt sein müssen, versteht sich von selbst (Art. 53).

b) Zum Zwecke überwachter Erziehung (erste Variante). Zum Zwecke überwach- **244** ter **Erziehung** (educational supervision/éducation surveillée) kann der nationale Gesetzgeber mit Freiheitsentziehung verbundene Maßnahmen vorsehen,[624] wie etwa nach **öffentli-**

---

615 EGMR Mubilanzila Mayeka u. Kaniki Mitunka/B, 12.10.2006, § 100.

616 *Funk/Gimpel-Hinteregger* EuGRZ **1985** 9; *Guradze* 22; *Herzog* AöR **86** (1961) 194, 228.

617 Übereinkommen über die Rechte des Kindes v. 20.11.1989 (BGBl. 1992 II S. 122); ebenfalls für eine Grenzziehung bei 18 Jahren: SK/*Meyer* 131.

618 SK/*Meyer* 131.

619 Zur Statistik der Fremdunterbringung in der Jugendhilfe: *Fendrich/Wilk* FPR **2011** 529.

620 EGMR Mayeka u. Mitunga/B, 12.10.2006, NVwZ-RR **2008** 573.

621 Zurückhaltender: EGMR Nielsen/DK, 28.11.1988; *Grabenwarter/Pabel* § 21, 35. Vgl. auch EKMR EuGRZ **1987** 444 (Brogan).

622 Dazu *Frowein/Peukert* 74 ff.

623 Vgl. auch *Morgenstern* 139 f.

624 Zu den Voraussetzungen dieser Unterbringungsmöglichkeiten von Kindern und Jugendlichen: *Hoffmann* FamRZ **2013** 1346; *Beermann* FPR **2011** 537.

chem Recht die Heimerziehung (§ 34 SGB VIII etwa i.V.m. §§ 9 Nr. 2, 12 Nr. 2 JGG),[625] die Inobhutnahme nach § 42 Abs. 5 SGB VIII oder die Unterbringung nach Landesrecht sowie die **zivilrechtliche** Unterbringung nach **§ 1631b BGB.**[626] Die Erziehungszwecke beziehen sich nicht nur auf Schulunterricht („classroom teaching"), sondern umfassen die staatliche Ausübung von klassischen Elternrechten bzw. des Sorgerechts zum Vorteil und zum Schutz des Minderjährigen.[627] Bei der Ausgestaltung eines effektiven staatlichen Fürsorgerechts steht den einzelnen Staaten ein gewisser Spielraum („margin of appreciation") zu, den der EGMR nur eingeschränkt überprüft.[628]

245   Durch *lit. d* gedeckt werden nur solche Maßnahmen, die **fürsorgend** der **Erziehung** des Minderjährigen dienen sollen[629] und nach den Umständen zu diesem Zweck im konkreten Fall **erforderlich** sind.[630] Nicht erfasst sind daher eine Freiheitsentziehung, die in Wahrheit eine Strafmaßnahme zur Verhaltenskorrektur („behaviour correction") darstellt, bei der keinerlei Erziehung stattfindet[631] sowie die Entziehung der Freiheit einer minderjährigen Schwangeren, um eine **Abtreibung zu verhindern.**[632]

246   Die Unterbringung muss darauf gerichtet sein, erzieherisch auf den Jugendlichen einzuwirken. Die jeweilige Einrichtung muss daher über ein geeignetes **Hilfe-/Betreuungsangebot** („appropriate treatment and rehabilitation") verfügen.[633] Zu den insoweit geltenden Mindeststandards zählt vor allem ein geregelter **Schulunterricht** – auch dann, wenn die Unterbringung nur für einen vergleichsweise kurzen Zeitraum angeordnet wurde.[634]

247   Unerheblich für die Garantie der geforderten Standards ist die **Art des Verfahrens**, in dem die Maßnahmen angeordnet wird. Eine freiheitsentziehende Maßnahme kann auch eine in einem Jugendstrafverfahren verhängte Erziehungsmaßregel sein.[635] Eine Unterbringung zur Erziehung schließt als **provisorische Maßnahme** bis zur Überführung des Minderjährigen in ein geeignetes Heim die vorübergehende **kurzfristige** Unterbringung in einem Untersuchungsgefängnis oder einer für Erziehungszwecke nicht geeigneten Haftanstalt nicht aus, eine längere oder wiederholte Unterbringung in einer für Erziehung

---

625 Karpenstein/Mayer/*Elberling* 61. Vertiefend: *Permien* FPR **2011** 542.

626 Hierzu: BGH FamRZ **2012** 1556; Karpenstein/Mayer/*Elberling* 61; ZKJ **2013** 74 (Genehmigungspflicht einer geschlossenen Unterbringung; Verhältnismäßigkeit); OLG Frankfurt ZKJ **2013** 77 (Unterbringung in offener Einrichtung; freiheitsbeschränkende Maßnahme – Bettgitter/Fixierung – keine genehmigungsbedürftige Unterbringungsmaßnahme i.S.d. § 1631b BGB); ebenso: BGH NJW **2013** 2969 = FamRZ **2013** 1646 = ZKJ **2013** 449 (keine analoge Anwendung des § 1906 Abs. 4 BGB); zur Thematik auch: *Hoops* FPR **2011** 538; *Rüth* ZKJ **2011** 48; speziell zur Frage der Einwilligung des Kindes/Jugendlichen in die Unterbringung: *Salgo* FPR **2011** 546; mit Abgrenzung zur Jugendpsychiatrie: *Rüth* FPR **2011** 554; *Schepker* FPR **2011** 570; ferner: *Vogel* FamRZ **2015** 1 ff. (mit der Forderung nach einer *gesetzlichen* Regelung des Begriffes des Freiheitsentziehung bei der Unterbringung Minderjähriger).

627 EGMR D.L./BUL, 19.5.2016, § 74; (GK) Blokhin/R, 23.3.2016, § 166; Blokhin/R, 14.11.2013, § 110; P. u. S./PL, 30.10.2012, § 147, NJOZ **2014** 709 m. Bespr. *Milej* OER **2012** 116; Koniarska/UK (E), 12.10.2000.

628 Vgl. EGMR D.L./BUL, 19.5.2016, § 77.

629 Kritische Reflexion bei: *Permien* ZJJ **2013** 189.

630 EGMR D.L./BUL, 19.5.2016, § 74.

631 EGMR [GK] Blokhin/R, 23.3.2016, §§ 170 f.; Blokhin/R, 14.11.2013, §§ 112 ff.

632 EGMR P. u. S./PL, 30.10.2012, § 148.

633 Vgl. EGMR (GK) Blokhin/R, 23.3.2016, § 169; ferner EGMR D.L./BUL, 19.5.2016, § 77 (Erfüllung der staatlichen Schutzpflicht durch geregelten Schulunterricht, individuelle Betreuung bei Lernschwächen und Vorbereitung auf eine mögliche berufliche Qualifikation).

634 EGMR (GK) Blokhin/R, 23.3.2016, § 170 (Unterbringung für 30 Tage).

635 *Frowein*/*Peukert* 74.

nicht eingerichteten Einrichtung ist allerdings nicht zu rechtfertigen.[636] Anordnung und Vollzug einer **Jugendstrafe** bzw. eines **Jugendarrestes** unterfallen aufgrund ihres Straf- bzw. Sanktionscharakters *lit.* **a** und nicht *lit.* **d**.[637]

Eine wichtige Vorgabe für die Art der Unterbringung Minderjähriger enthält **Art. 37** *lit.* **b** 248 **CRC**.[638] Diese Vorschrift verpflichtet die Vertragsstaaten sicherzustellen, dass einem Kind[639] die Freiheit nicht rechtswidrig und schon gar nicht willkürlich entzogen wird (Art. 37 *lit.* b Satz 1 CRC). Darüber hinaus gibt Art. 37 *lit.* b Satz 2 CRC dem bei Minderjährigen ganz besonders zu beachtenden Grundsatz der Verhältnismäßigkeit Ausdruck: eine Festnahme, Freiheitsentziehung oder Freiheitsstrafe (*arrest, detention or imprisonment*) gegenüber einem Kind nach den innerstaatlichen gesetzlichen Vorschriften dürfen nur **als letztes Mittel** und für die **kürzeste angemessene Zeit** (*only as a measure of last resort and for the shortest appropriate period of time*) angewendet werden. Den besonderen Anforderungen des Art. 37 *lit.* b Satz 2 CRC müssen jedoch – entgegen der zu weit geratenen deutschen Sprachfassung – nur die freiheitsentziehenden *strafrechtlichen* Sanktionen, nicht aber sonstige (z.B. medizinisch oder aufenthaltsrechtlich begründete) Freiheitsentziehungen genügen.[640]

c) **Zum Zwecke der Vorführung vor die zuständige Behörde (zweite Variante).** 249 **Zum Zwecke der Vorführung vor die zuständige Behörde** darf Minderjährigen ebenfalls die Freiheit entzogen werden. Gemeint ist damit aber nicht jede beliebige Behörde, sondern nur eine solche, die für die mit der Erziehung zusammenhängenden Angelegenheiten des Minderjährigen zuständig ist. Dies kann, muss aber nicht der **Jugendrichter** sein. Aus dem Zweck der Regelung, die Verwahrlosung der Jugend zu bekämpfen und sie schädlichen Einflüssen zu entziehen, wird im Zusammenhang mit der ersten Alternative geschlossen, dass die Anordnung auch nicht gegen jeden Minderjährigen zulässig ist, sondern nur bei solchen, bei denen eine **überwachte Erziehung** in Betracht kommen kann.[641] Unerheblich ist insoweit, ob ein Minderjähriger selbst durch sein Verhalten zu einer solchen Maßnahme Anlass gegeben hat oder ob er schädlichen Einflüssen seiner Umwelt, insbesondere sozial angespannten Familienverhältnissen, entzogen werden soll.[642] Zweck der Vorführung und eventuell einer **vorläufigen Einweisung** kann auch die Prüfung sein, ob eine solche Maßnahme anzuordnen ist.[643] Die Vorführung vor Gericht unter Anwendung unmittelbaren Zwangs nach § 90 FamFG[644] ist ebenfalls hierzu zu rechnen.

---

636 Vgl. EGMR (GK) Blokhin/R, 23.3.2016, §§ 170 f.; Blokhin/R, 14.11.2013, § 111; Bouamar/B, 29.2.1988, §§ 50, 52; *Esser* 801; *Frowein/Peukert* 74; Meyer-Ladewig/Nettesheim/von Raumer/*Meyer-Ladewig/Harrendorf/König* 46; vgl. *Villiger* 414.

637 Karpenstein/Mayer/*Elberling* 61. Kritisch zur Praxis des Jugendarrestes: *Kaplan* FS **2018** 313.

638 Übereinkommen über die Rechte des Kindes (UN-Kinderrechtskonvention) v. 20.11.1989 (BGBl. 1992 II S. 121); für Deutschland in Kraft getreten am 5.4.1992 (BGBl. 1992 II S. 990); hierzu: Deutsches Institut für Menschenrechte/*Cremer* Die UN-Kinderrechtskonvention (2011).

639 Kind i.S.d. CRC ist jeder Mensch unter 18 Jahren, soweit die Volljährigkeit nach den jeweiligen nationalen Rechtsvorschriften nicht bereits früher eintritt (Art. 1 CRC).

640 *Schmahl* Art. 37 Rn. 8 f. m.w.N.; BGH NJW **2012** 2584, 2585 = FamRZ **2012** 1556 m. Anm. *Salgo* = FamFR **2012** 402 m. Anm. *Altrogge* (ferner *Stößer* FamRZ **2013** 117) hat sich dagegen für ein weites Verständnis ausgesprochen (auch im Bereich der kindschaftsrechtlichen Unterbringung nach § 1631b BGB).

641 *Frowein/Peukert* 75; *Herzog* AöR **86** (1961) 194, 229; *Koschwitz* 212.

642 *Frowein/Peukert* 75.

643 *Frowein/Peukert* 75; *Grabenwarter/Pabel* § 21, 36; Meyer-Ladewig/Nettesheim/von Raumer/*Meyer-Ladewig/Harrendorf/König* 46. Vertiefend *Czerner* Vorläufige Freiheitsentziehung bei delinquenten Jugendlichen zwischen Repression und Prävention (2008).

644 §§ 88 ff. FamFG (bis 1.9.2009: § 33 Abs. 2 FGG) sehen die zwangsweise Vorführung vor Gericht unter Androhung von Ordnungsgeld/Ordnungshaft (§ 89 Abs. 1 Satz 1 FamFG) vor.

6. Freiheitsentziehung bei ansteckenden Krankheiten, psychisch Kranken, Alkohol- oder Rauschgiftsüchtigen, Landstreichern (*lit.* e)

250   **a) Allgemeines.** In dieser Gruppe wird die Freiheitsentziehung wegen bestimmter, in der jeweiligen Person liegender Umstände zugelassen, wie etwa **ansteckende Krankheiten**, **Alkohol- oder Drogensucht**, sowohl zum Schutze dieser Personen selbst, d.h. in deren eigenem Interesse,[645] als auch zum Schutz vorrangiger Interessen der Allgemeinheit, wobei es genügt, wenn eine dieser beiden Voraussetzungen vorliegt.[646] *Lit.* e erwähnt zwar die **Festnahme** nicht explizit, die dadurch eingeleitete Freiheitsentziehung wird aber von *lit.* e mitumfasst, selbst wenn sie vor der eigentlichen Anordnung der Unterbringung durch die zuständigen Stellen in die Wege geleitet wurde.[647]

251   Eigene Anforderungen für die Rechtmäßigkeit der Freiheitsentziehung stellt *lit.* e vom Wortlaut her nicht auf, es genügt zunächst, wenn sie nach dem jeweiligen **nationalen Recht** rechtmäßig ist, d.h. die dort für sie festgelegten formellen und materiellen Voraussetzungen erfüllt sind.[648] Die **Rechtmäßigkeit** der Freiheitsentziehung wird vom Wortlaut des *lit.* e nicht nur bei der Unterbringung einer Person zur Verhütung der Verbreitung ansteckender Krankheiten gefordert; ihre Zulässigkeit hängt – liest man die Bestimmung in der englischen Sprachfassung richtig im Verbund – auch in den anderen Fällen des *lit.* e von der Beachtung der jeweils einschlägigen **materiellen und verfahrensrechtlichen Regelungen** des nationalen Rechts ab.

252   Das innerstaatlich festgelegte **Verfahren** muss daher eingehalten werden, einschließlich vorgeschriebener **Formen** und **Fristen**, selbst wenn diese über die Anforderung der Konventionen hinausgehen (Art. 53). Art. 5 Abs. 1 verlangt allerdings auch insoweit immer bestimmte Standards, im Wesentlichen ein **faires und ordnungsgemäßes** Verfahren.[649] Auf diese Weise soll auch in den hier einschlägigen Konstellationen sichergestellt werden, dass der Betroffene **nicht willkürlich** gegen seinen Willen inhaftiert wird. Allein eine besondere fachliche Expertise der begutachtenden Person macht die Einhaltung eines solchen Verfahrens keinesfalls entbehrlich.[650]

253   Anders als Art. 104 Abs. 2 GG und die ihm Rechnung tragenden Gesetze behält *lit.* e formal die Entscheidung nicht dem Richter vor. Ein Gerichtsbeschluss (**Richtervorbehalt**) für die Freiheitsentziehung wird vom Wortlaut her nicht gefordert. Es kann daher auch die Anordnung der Unterbringung durch die Polizei oder eine Verwaltungsbehörde genügen.[651]

254   Die besonderen Verfahrensgarantien des **Art. 5 Abs. 3** gelten für die Fälle des *lit.* e nicht.[652] Deshalb ist dort, wo der **Verdacht einer Straftat** Gegenstand der Festnahme und der anschließenden vorläufigen Unterbringung eines möglicherweise psychisch kranken

---

645   EGMR Guzzardi/I, 6.11.1980.
646   *Frowein/Peukert* 76.
647   Vgl. die nachfolgenden Erläuterungen zu der vom EGMR gebilligten vorläufigen Unterbringung, ferner *Herzog* AöR **86** (1961) 194, 230; **a.A.** *Koschwitz* 211, der aus der Nichterwähnung bei *lit.* e schließt, dass dieser die kurzfristige Festnahme zur Feststellung seiner Voraussetzungen nicht umfasst.
648   Zur maßgeblichen Rechtsgrundlage, wenn sich die rechtlichen Rahmenbedingungen für die Inhaftierung ändern: EGMR (GK) Denis u. Irvine/B, 1.6.2021, §§ 149 ff., 155 ff.
649   EGMR X/R, 20.2.2018, § 35 („fair and proper procedure"); V.K./R, 4.4.2017, §§ 33 ff. (kein faires Verfahren, wenn der gerichtlich beigeordnete Rechtsbeistand die Rechte des Betroffenen nicht effektiv wahrnimmt bzw. wahrnehmen kann); Ruslan Makarov/R, 11.10.2016, § 22.
650   Vgl. EGMR I.N./UKR, 23.6.2016, § 81.
651   *Frowein/Peukert* 76; Meyer-Ladewig/Nettesheim/von Raumer/*Meyer-Ladewig/Harrendorf/König* 47.
652   Zur Gefahr eines Ausweichens der Behörden auf *lit.* e als Haftgrund vgl. *Esser* 236 ff. unter Hinweis auf EGMR Guzzardi/I, 6.11.1980.

Tatverdächtigen ist, dessen vorläufige Festnahme und Unterbringung zur Untersuchung seiner Schuldfähigkeit bis zur erstinstanzlichen gerichtlichen Entscheidung (auch) nach *lit.* c zu behandeln.[653]

Während in den Fällen des *lit.* a schon die formelle richterliche Verurteilung die **255** Freiheitsentziehung rechtfertigt, und zwar auch dann, wenn der zu einer Freiheitsstrafe Verurteilte drogensüchtig ist und die Strafe nicht in einer dafür besonders eingerichteten Anstalt vollstreckt wird,[654] muss in den Fällen einer Unterbringung nach *lit.* e die Rechtmäßigkeit der Freiheitsentziehung stets **sachlich überprüft** werden.[655] Sie muss dem nationalen Recht (Rn. 89, 251) sowie den geschriebenen und ungeschriebenen Anforderungen des *lit.* e entsprechen.

Die Auslegung des nationalen Rechts durch die innerstaatlichen Stellen wird zwar **256** vom EGMR weitgehend hingenommen, zum Teil geht der EGMR den jeweiligen Voraussetzungen aber auch mit **beachtlicher Prüfungstiefe** nach. Den nationalen Behörden wird bei der Würdigung der für die Anordnung bzw. Aufrechterhaltung einer Maßnahme relevanten Tatsachen ein gewisser **Beurteilungsspielraum** zugestanden.[656] Das Vorliegen der jeweiligen materiellen Voraussetzungen für die Unterbringung in der Person des Verwahrten ausreichend nachgewiesen sein, beim Verdacht einer geistig-psychischen Krankheit in der Regel durch eine **ärztliche Begutachtung**.[657] Diese muss ergeben, dass die Unterbringung des Betroffenen in einer für seine Person (Erkrankung, Behandlung) **geeigneten Einrichtung**[658] zwingend **erforderlich** sein. Die Aufrechterhaltung einer solchen Unterbringung ist nur solange zulässig, wie die Verwahrungsvoraussetzungen fortbestehen.[659] In **Eilfällen** kann auch die *vorläufige* Unterbringung **ohne Einholung eines ärztlichen Sachverständigengutachtens** gestattet sein.[660]

b) Ansteckende Krankheiten. Zur Verhütung und Bekämpfung der Verbreitung an- **257** steckender Krankheiten können Personen in Gewahrsam genommen werden, die als mögliche Quelle für deren Ausbreitung eine Gefahr für andere bilden. Das sind in der Regel nicht nur die bereits **Erkrankten**, sondern auch **krankheitsverdächtige Personen** und **Kontaktpersonen**,[661] *wenn* und *solange* dies zum Schutze anderer Personen vor einer Ansteckung unerlässlich ist. Eine **allgemeine Quarantänepflicht**, wie sie von einigen Bundesländern im Zusammenhang mit der Corona-Pandemie 2020–2022 für aus dem Ausland Einreisende angeordnet wurde, wäre dagegen nur zulässig, wenn mit hinreichender Wahrscheinlichkeit davon ausgegangen werden könnte, dass die betroffenen Personen sämtlich ansteckungsverdächtig sind,[662] was in den meisten Fällen unrealistisch ist. Auch

---

653 *Esser* 239.

654 EGMR Bizzotto/GR, 15.11.1996, ÖJZ **1997** 583 (Bestrafung Hauptgrund der Haft).

655 Zur Frage der Konkurrenz von *lit.* a und e Rn. 129 ff.

656 EGMR Luberti/I, 23.2.1984; Herz/D, 12.6.2003; Lorenz/A, 20.7.2017, § 56; *Frowein/Peukert* 76.

657 *Villiger* 415.

658 Diese muss ihrer Art nach dem jeweiligen Unterbringungsgrund Rechnung tragen; vgl. EGMR Ashingdane/UK, 28.5.1985.

659 Diese Minimalbedingungen fordern EGMR X./UK, 5.11.1981; Luberti/I, 23.2.1984; Ashingdane/UK, 28.5.1985.

660 Vgl. EGMR Herz/D, 12.6.2003, §§ 46 ff.

661 *Guradze* 25 I; *Frowein/Peukert* 77; *Herzog* AöR **86** (1961) 194, 230. Somit kann im Rahmen der örtlichen Geltung der EMRK auch eine Maßnahme wie die 2009 in China angeordnete Quarantäne von 300 Hotelgästen – aus Anlass des Verdachts der sog. Schweinegrippe bei einem Hotelgast – nach *lit.* e grundsätzlich gerechtfertigt sein; der Zeitfaktor (Dauer der Quarantäne) spielt dann die entscheidende Rolle.

662 VG Hamburg Beschl. v. 13.5.2020 – 15 E 1967/20, BeckRS **2020** 8685; ähnlich auch OVG Lüneburg Beschl. v. 11.5.2020 – 13 MN 143/20, BeckRS **2020** 8099.

das pandemiebedingte, sowohl in den Tag- als auch Nachtstunden geltende Verbot des bayerischen Verordnungsgebers, die eigene Wohnung zum Zwecke des Verweilens im Freien zu verlassen, war aus Sicht des Bundesverwaltungsgerichts unverhältnismäßig. Das Ziel des Verordnungsgebers, physische Kontakte zu Menschen außerhalb des eigenen Hausstandes auf ein absolut nötiges Minimum zu reduzieren, sei auch durch die Ausgangsbeschränkung aufgrund der darin zugelassenen Ausnahmen nicht vollständig zu erreichen, und diese daher nicht erforderlich gewesen. Das Ausgangsverbot wäre nur verhältnismäßig gewesen, wenn es über eine Kontaktbeschränkung hinaus einen erheblichen Beitrag zur Erreichung des Ziels hätte leisten können.[663] Als mögliche Maßnahme zur Verhütung und Bekämpfung der Verbreitung ansteckender Krankheiten wird überdies auch das erforderliche Festhalten für eine zwangsweise **körperliche Untersuchung** umfasst, die klären soll, ob eine Ansteckungsgefahr besteht.[664] Ob der Betroffene tatsächlich an einer ansteckenden Krankheit leidet, ist (zeitnah) durch ein ärztliches Gutachten (Attest) festzustellen.[665]

258   Die bisweilen diskutierte Ingewahrsamnahme eines **HIV-Trägers** aus konkretem Anlass ist nur höchst eingeschränkt möglich. Voraussetzung wäre, dass die Behörden aufgrund nationaler Regelungen zu einem solchen Eingriff befugt sind (in Deutschland käme das IfSG[666] in Betracht) und im konkreten Einzelfall eine Übertragung des Virus bzw. der durch ihn u.U. ausgelösten Krankheit (AIDS) als Gefahr für die öffentliche Gesundheit oder Sicherheit droht (z.B. durch Ankündigungen). Die Maßnahme muss aber selbst dann **im konkreten Einzelfall erforderlich** sein, d.h. es dürfen zur Abwehr der von der erkrankten Person ausgehenden Gefahren keine weniger einschneidenden Maßnahmen in Betracht kommen (Aufklärung der Kontaktpersonen; Warnung). Es reicht also keinesfalls aus, dass die Freiheitsentziehung in einem solchen Fall dem nationalen Recht entspricht, sondern sie muss unter den gegebenen Umständen immer auch objektiv notwendig und angemessen sein.[667]

c) Psychisch Kranke, Alkohol- oder Rauschgiftsüchtige und Landstreicher

259   **aa) Zweck.** Die in *lit.* e genannten Personen (persons of unsound mind, alcoholics or drug addicts or vagrants) können aus schwerwiegenden sozialpolitischen Gründen zum Schutz der Allgemeinheit, aber auch in Bezug auf eine ärztliche Behandlung zu ihrem eigenen Schutz, zwangsweise in einer dafür geeigneten Einrichtung untergebracht werden. Die Unterbringung ist daher nicht nur zulässig, wenn die Verhütung von Gefahren für **andere Personen** oder für die **öffentliche Sicherheit** dies erfordert, sondern auch, wenn dies allein im **Interesse des Untergebrachten** selbst liegt, etwa um ihn vor einer **Selbstgefährdung** zu schützen.[668] Unter *lit.* e werden alle Verfahren des nationalen Rechts gerechnet, die die behördliche Unterbringung des genannten Personenkreises ermöglichen, vor allem auch behördlich angeordnete Freiheitsentziehungen aus Gründen der Fürsorge.[669] Die konkrete Ausgestaltung und die Beurteilung der Rechtmäßigkeit der Frei-

---

663 BVerwG Urt. v. 22.11.2022 – 3 CN 2.21, BeckRS **2022** 32403.

664 *Herzog* AöR **86** (1961) 194, 230.

665 Vgl. SK/*Meyer* 146.

666 Infektionsschutzgesetz (IfSG) v. 20.7.2000 (BGBl. I S. 1045).

667 Vgl. EGMR Enhorn/S, 25.1.2005. Vgl. auch Karpenstein/Mayer/*Elberling* 78 ff. zur Unterbringung von Personen zur Verhinderung der Verbreitung ansteckender Krankheiten.

668 *Frowein/Peukert* 78; vgl. auch EGMR P.W./A, 21.6.2022, § 54, JSt **2022** 576.

669 Vgl. BGer EuGRZ **1988** 606.

heitsentziehung überlässt die EMRK weitgehend dem nationalen Gesetzgeber;[670] der EGMR nimmt aber auch hier mit Rücksicht auf den Missbrauch entsprechender Vorschriften in der Historie („Geisteskranke") bisweilen recht tief gehende Kontrollen vor.

Wenn die Freiheitsentziehung sicherstellen soll, dass der Betroffene einer gerichtli- **260** chen Anordnung nachkommt, sich einer Untersuchung zu stellen (bei der festgestellt werden soll, ob die Voraussetzungen von *lit.* e vorliegen), unterfällt sie **Art. 5 Abs. 1 Satz 2 lit. b** (Rn. 176).[671]

bb) Psychische Erkrankung. Der Begriff des **psychisch Kranken** (*persons of unsound* **261** *mind*) wird von der Konvention nicht näher definiert. Entsprechend der allgemeinen Auffassung ist darunter jede die Einsichts- oder Handlungsfähigkeit erheblich beeinträchtigende, länger andauernde, schwere Störung der Verstandestätigkeit, des Willens oder des Gefühl- und Trieblebens ohne Rücksicht auf die genaue medizinische Diagnose zu verstehen.[672] Vor allem Personen, die aufgrund einer spezifischen **Persönlichkeitsstörung** strafrechtlich nicht verantwortlich sind und durch deviantes Verhalten in Erscheinung treten, können darunter fallen,[673] nicht aber Personen, die mit ihren Ansichten oder ihrem Benehmen lediglich von den in der Gesellschaft überwiegend akzeptierten Normen, Ansichten und (moralischen) Vorstellungen abweichen.[674] Auch der EGMR hat es wegen der fortwährenden Entwicklung in der Medizin/Psychologie/Psychiatrie und den sich ändernden Anschauungen in der Gesellschaft abgelehnt, den Begriff verbindlich festzuschreiben.[675] Auch die Forderung, es müsse eine „tatsächlich bestehende psychische Störung" („**true mental disorder**") vorliegen,[676] hilft letztlich nicht viel weiter, kann jedoch zumindest einem Missbrauch durch eine vorschnelle, wenig begründete Annahme einer geistigseelischen Erkrankung bei einer Person vorbeugen. Die psychische Erkrankung muss jedenfalls so **schwerwiegend** sein, dass sie eine **medizinische Behandlung** in einer entsprechenden Einrichtung erfordert.[677] Die rechtlichen Umschreibungen des Begriffs im nationalen Recht, vor allem in einschlägigen Unterbringungsgesetzen, müssen den vom Schutzzweck des Art. 5 Abs. 1 Satz 2 lit. e her bestimmten Anforderungen genügen.[678]

Auch ein nach nationalem Recht trotz seiner psychischen Erkrankung (vermindert) **262** **schuldfähiger Straftäter** (§ 21 StGB)[679] kann nach *lit.* e untergebracht werden, wenn die allgemeinen Voraussetzungen (folgende Rn.) vorliegen.[680] Damit fällt die Unterbringung

---

670 Vgl. SK/*Meyer* 150.

671 EGMR Trutko/R, 6.12.2016, §§ 33 ff.

672 Vgl. BGer EuGRZ **1981** 169; *Schorn* 1.

673 *Frowein/Peukert* 79; *Herzog* AöR **86** (1961) 194, 230 (nur chronische Zustände).

674 EGMR Winterwerp/NL, 24.10.1979; Pleso/H, 2.10.2012, § 67 („unconventional lifestyle"); EKMR EuGRZ **1987** 444 (Brogan); *Frowein/Peukert* 79; *Grabenwarter/Pabel* § 21, 41; *Villiger* 417.

675 EGMR Winterwerp/NL, 24.10.1979; Ashingdane/UK, 28.5.1985; *Frowein/Peukert* 79; (GK) Denis u. Irvine/B, 1.6.2021, § 134; *Trechsel* EuGRZ **1980** 514, 526; vgl. auch *Villiger* 417.

676 So EGMR P.W./A, 21.6.2022, § 48; Nawrot/PL, 19.10.2017, §§ 64, 73; Petschulies/D, 2.6.2016, § 67; Glien/D, 28.11.2013, § 85; Kallweit/D, 13.1.2011, § 54.

677 EGMR Nawrot/PL, 19.10.2017, § 73; Petschulies/D, 2.6.2016, § 76; Glien/D, 28.11.2013, § 85.

678 So für niederländisches Recht: EGMR Winterwerp/NL, 24.10.1979.

679 Dazu BGH NStZ-RR **2019** 136 = StV **2020** 368 (durch Alkoholabhängigkeit verursachte krankhafte seelische Störung).

680 Zu § 21 StGB vgl. EGMR Aurnhammer/D (E), 21.10.2014, §§ 38 ff.; Bäcker/D (E), 21.10.2014, §§ 26 ff.; Puttrus/D (E), 24.3.2009; EKMR H.S./D, 30.11.1994; vgl. auch EGMR Brand/NL, 11.5.2004 (Verurteilung zu Gefängnisstrafe von 15 Monaten neben Anordnung der Unterbringung in einem Krankenhaus; letzteres sah der EGMR sowohl vom Haftgrund des *lit.* a als auch des *lit.* e umfasst); ebenso: EGMR Morsink/NL, 11.5.2004; Morley/UK, 13.5.2003; Hutchison Reid/UK, 20.2.2003.

in einem psychiatrischen Krankenhaus nach § 63 StGB[681] auch in ihrer zweiten Alternative unter den Haftgrund des *lit. e.* Zur Frage, ob auch eine (krankhafte) seelische Störung i.S.v. § 20 StGB, die die Schwelle bzw. den Schweregrad des § 21 StGB nicht erreicht, für eine Freiheitsentziehung nach *lit. e* ausreichen kann, siehe Rn. 158 zum ThUG.

263   Die Unterbringung einer Person wegen einer behaupteten psychischen Erkrankung nach *lit. e* ist nur dann rechtmäßig, wenn **drei** (Mindest-)**Voraussetzungen** erfüllt sind (sog. ***Winterwerp*-Kriterien):**[682]

264   *Erstens* muss die geistige Erkrankung des Betroffenen durch ein **objektives** (und zudem hinreichend aktuelles) **ärztliches Gutachten**[683] zuverlässig **nachgewiesen** sein.[684] Nur dann können die Behörden/Gerichte den geistig-seelischen Zustand des Betroffenen sachgerecht beurteilen.[685] Dementsprechend verlangt der EGMR, dass das Sachverständigengutachten bereits ***vor*** der Unterbringung angefertigt wird – lediglich in Ausnahmefällen darf das Gutachten unverzüglich (immediately) nachgeholt werden (Rn. 256, 267).[686] Vor allem dann, wenn der Betroffene noch keine psychische Erkrankung hatte, stellt der EGMR besondere Anforderungen an die **fachliche Qualifikation des Gutachters**. Die Begutachtung muss in einem solchen Fall zwingend von einem **Psychiater** durchgeführt werden.[687] Verweigert die betroffene Person die Mitwirkung an der Exploration, kann ein aufgrund der Fallakten erstelltes Gutachten genügen (Rn. 268).

265   *Zweitens* muss die diagnostizierte Erkrankung einen solchen **Schweregrad** erreichen, der eine zwangsweise Unterbringung der betreffenden Person **notwendig** macht. Dass die Unterbringung wegen einer psychischen Erkrankung üblicherweise in einer geeigneten Einrichtung zu erfolgen hat (Rn. 270), ist Folge der Voraussetzung, dass die Erkrankung ein gewisses Ausmaß erreichen muss.[688] Den staatlichen Stellen, die darüber entscheiden, wird dabei ein gewisser **Beurteilungsspielraum** eingeräumt,[689] der in sog. **dringenden Fällen**, in denen die sofortige Einweisung der Verhütung von Gefahren dient (vgl. auch Rn. 259, 267), zunächst größer ist als bei den notwendigen späteren Entscheidungen über die Aufrechterhaltung der Unterbringung (zur Notwendigkeit der periodischen Überprüfung Rn. 616). Die bloße beobachtende Einschätzung, dass der Betroffene ängstlich, in sich gekehrt, unkonzentriert oder verwirrt ist, erachtet der EGMR als zu unspezifisch, solange nicht zusätzliche Gründe (z.B. verbale/körperliche Attacken, selbstverletzendes Verhalten oder gar Suizidversuche) hinzutreten.[690]

---

681   Zur Änderung des § 63 StGB und weiterer Vorschriften durch das Gesetz v. 8.7.2016 (BGBl. I S. 1610; BTDrucks. **18** 7244): *Kaspar/Schmidt* ZIS **2016** 756 ff.; *Glauch* StraFo **2016** 407 ff.; *Baur* JR **2017** 413 ff.

682   St. Rspr. seit EGMR Winterwerp/NL, 24.10.1979, § 39; Varbanov/BUL, 5.10.2000; Lashin/R, 22.1.2013, § 110; Glien/D, 28.11.2013, § 72; Petschulies/D, 2.6.2016, § 59; X/R, 20.2.2018, §§ 34 ff.; Y.S./R, 30.3.2021, § 21; (GK) Denis u. Irvine/B, 1.6.2021, § 135; P.W./A, 21.6.2022, § 48; Kaganovskyy/UKR, 15.9.2022, § 97.

683   EGMR Ťupa/CS, 26.5.2011, § 47; *Kühne/Esser* StV **2002** 383, 386; Meyer-Ladewig/Nettesheim/von Raumer/ *Meyer-Ladewig/Harrendorf/König* 52. Zu einem während der Gerichtsverhandlung in einer 40minütigen Sitzungspause erstellten Gutachten: EGMR Pleso/H, 2.10.2012, §§ 64 f.

684   EGMR Kadusic/CH, 9.1.2018, §§ 43 f.; ausführlich: EGMR P.W./A, 21.6.2022, §§ 50 ff.

685   Vgl. EGMR Lorenz/A, 20.7.2017, § 55.

686   EGMR C.B./RUM, 20.4.2010, § 48; Varbanov/BUL, 5.10.2000, § 47.

687   EGMR Luberti/I, 23.2.1984, § 29; Ťupa/CS, 26.5.2011, § 47 („except in cases of emergency"); Kadusic/CH, 9.1.2018, § 43; P.W./A, 21.6.2022, § 52.

688   EGMR Glien/D, 28.11.2013, § 85.

689   EGMR X./UK, 5.11.1981; Ashingdane/UK, 28.5.1985; *Trechsel* unter Hinweis auf EGMR Handyside/UK, 7.12.1976, EuGRZ **1977** 38.

690   Vgl. EGMR X/R, 20.2.2018, §§ 42, 44.

Esser

Drittens muss die Erkrankung **während der gesamten Zeit der Unterbringung** fort- 266 bestehen[691] und durch entsprechende, jeweils zeitnah zur/vor Entscheidung über die Fortdauer der Unterbringung eingeholte ärztliche Gutachten nachgewiesen sein.[692] Die erstmalige Unterbringung und ihre spätere Aufrechterhaltung müssen stets durch einen **medizinischen Grund** gerechtfertigt sein; ein solcher ist nicht gegeben, wenn eine Entlassung nur deshalb nicht erfolgt, weil ein Arzt nicht die Befugnis für eine entsprechende Anordnung hat.[693] Auch bei den sich im Rahmen des nationalen Rechts haltenden späteren Entscheidungen wird den staatlichen Stellen ein gewisser **Beurteilungsspielraum** eingeräumt, abgesehen von Fällen klaren Missbrauchs.[694]

In **dringenden Fällen** kann das erforderliche ärztliche Gutachten ausnahmsweise 267 erst nach Beginn des Vollzugs der Unterbringung erstellt werden.[695] Die **vorläufige Einweisung** bzw. Unterbringung zur psychiatrischen Untersuchung des geistig-seelischen Zustandes einer Person wird daher von *lit.* e ebenfalls erfasst.[696] Der zuverlässige Nachweis einer geistig-seelischen Erkrankung, d.h. das erforderliche fachspezifische Gutachten, muss also in diesen Fällen zunächst noch nicht vorliegen.[697] Wird dagegen eine **endgültige (gar unbefristete) Unterbringung** angeordnet, bevor ein medizinisches Gutachten vorliegt, ist die Einweisung nicht als rechtmäßig anzusehen, da der Betroffene zu diesem Zeitpunkt noch nicht als psychisch krank i.S.v. *lit.* e gelten kann.[698] Da eine solche Form der Freiheitsentziehung zu Untersuchungszwecken und zur Vorbereitung der endgültigen Maßnahme lediglich vorläufigen Charakter hat, sind an ihre **Verhältnismäßigkeit**, namentlich an die **Angemessenheit ihrer Dauer**, strenge Anforderungen zu stellen.[699]

Ist eine Begutachtung des Betroffenen nicht möglich, etwa weil er seine **Mitwirkung** 268 verweigert, ist sicherzustellen, dass wenigstens eine aufgrund der Akten getroffene Ein-

---

[691] Dazu s.a. EGMR (GK) Denis u. Irvine/B, 1.6.2021, §§ 135, 168 ff.

[692] EGMR Enhorn/S, 25.1.2005; zwar können auch externe Gutachten eingeholt werden, jedoch bleibt die Letztentscheidung stets beim Gericht, das alle Umstände würdigt und v.a. dann abweichen kann und ggf. auch muss, wenn zusätzlich noch andere, inhaltlich divergierende ärztliche Stellungnahmen eingeholt wurden, so in EGMR Frank/D (E), 28.9.2010.

[693] EGMR R.L. u. M.-J. D./F, 19.5.2004.

[694] Vor allem Willkür: EGMR Herczegfalvy/A, 24.9.1992, EuGRZ **1992** 535 = ÖJZ **1993** 96; Johnson/UK, 24.10.1997; *Esser* 241.

[695] EGMR Ashingdane/UK, 28.5.1985; *Frowein/Peukert* 80; Meyer-Ladewig/Nettesheim/von Raumer/*Meyer-Ladewig/Harrendorf/König* 52. Als Beispiel dafür, wo der Betroffene von einem Staatsanwalt zwar mit dem Ziel eingewiesen wurde, ein Gutachten zu erstellen, mangels Eilbedürftigkeit jedoch ein Gutachten bereits vor der Einweisung unabdingbar war: EGMR Varbanov/BUL, 5.10.2000, § 48; Zaichenko/UKR (Nr. 2), 26.2.2015, § 100.

[696] Vgl. EGMR Herczegfalvy/A, 24.9.1992; Herz/D, 12.6.2003, § 51; *Esser* 243; *Frowein/Peukert* 80. Siehe jedoch EGMR Petukhova/R, 2.5.2013, §§ 48 f.: kommt der Betr. einer gerichtlichen Anordnung, sich untersuchen zu lassen, nicht nach, so richtet sich die folgende Freiheitsentziehung nach Art. 5 Abs. 1 Satz 2 *lit.* b (diese Freiheitsentziehung ist nichts anderes als die zwangsweise Verbringung in die Psychiatrie, damit die Untersuchung erfolgen kann, weshalb der EGMR beanstandet (§ 61), dass die Bf. noch vier Stunden bei der Polizei festgehalten und erst dann in eine Klinik gebracht wurde). Zum Schadenersatz bei überlanger Ingewahrsamnahme bei der Polizei (trotz negativen ärztlichen Befundes): OLG Koblenz DVBl. **2019** 332 (Ls.).

[697] EGMR X./UK, 5.11.1981, §§ 41, 53.

[698] EGMR Filip/RUM, 14.12.2006.

[699] Vgl. EGMR Herz/D, 12.6.2003, § 54 (keine Verletzung von Art. 5 Abs. 1 Satz 2 *lit.* e – u.a. weil die *Dauer* der Unterbringung von vornherein auf sechs Wochen begrenzt war und die Unterbringung gerade zu dem *Zweck* angeordnet worden war festzustellen, ob der Bf. an einer psychischen Erkrankung litt oder nicht); ferner BVerfG NJW **2012** 513 (vorläufige Unterbringung nach § 126a StPO); zu den Verfahrensanforderungen: EGMR Shulepova/R, 11.12.2008, § 51.

schätzung eines Mediziners vorliegt.[700] Nicht jedoch kann die Unterbringung, gewissermaßen als Ersatz für das ärztliche Gutachten, darauf gestützt werden, dass der Betroffene durch eine gerichtliche Entscheidung unter Betreuung gestellt oder gar „allgemein" als geistig/psychisch krank bekannt ist („medical history").[701] Schon gar nicht ist es jedenfalls bei einem nicht wegen einer besonderen Gefährlichkeit aufgefallenen Betroffenen zulässig, in der **Weigerung**, sich einer Behandlung zu unterziehen, ein Argument für das Bestehen einer psychischen Erkrankung zu sehen.[702]

269   Das nationale Recht muss auch bei psychisch Kranken nicht vorsehen, dass die *Anordnung* der Unterbringung nur durch ein Gericht erfolgen kann;[703] für die *Überprüfung* der Rechtmäßigkeit der Freiheitsentziehung siehe jedoch **Art. 5 Abs. 4** (Rn. 506 ff.). Für Deutschland gilt allerdings die Regelung des **Art. 104 Abs. 2 Satz 1 GG**. Dem dortigen **verfassungsrechtlichen Richtervorbehalt** für die Entscheidung über die Zulässigkeit und Fortdauer einer Freiheitsentziehung ist u.a. durch §§ 63, 64 StGB und §§ 413 ff. StPO Rechnung getragen. Siehe ferner die Unterbringung außerhalb des strafrechtlichen Kontextes gem. **§§ 415 ff. FamFG**; das Fehlen der gem. § 420 FamFG erforderlichen Anhörung führt zur Rechtswidrigkeit der Freiheitsentziehung,[704] was auf Art. 5 Abs. 1 Satz 2 *lit.* e EMRK „durchschlägt".

270   **Ort, Form und die konkreten Bedingungen der Unterbringung** wirken sich namentlich bei *lit.* e auf die Rechtmäßigkeit der Freiheitsentziehung maßgeblich aus. Die Unterbringung eines Menschen wegen einer psychischen Erkrankung ist nur dann **rechtmäßig**, wenn sie in einer geeigneten Einrichtung, d.h. in einem **Krankenhaus**, einer **Klinik** oder einer anderen **auf die Bedürfnisse psychisch Kranker zugeschnittenen Einrichtung** erfolgt.[705] Dieses Erfordernis impliziert und untermauert die bereits dargelegte Voraussetzung, dass die psychische Erkrankung eine gewisse Schwere aufweisen muss (Rn. 265), so dass zu ihrer Behandlung die Unterbringung in einer geeigneten Einrichtung erforderlich ist.[706] Zugleich hat der EGMR betont, dass die Behörden mittel- und langfristig alle erforderlichen Maßnahmen ergreifen müssen, um eine **effektive Betreuung** des Betroffenen sicherzustellen (u.a. **psychiatrische Behandlung** sowie soziale Unterstützung)

---

700 EGMR Lorenz/A, 20.7.2017, § 57; Petschulies/D, 2.6.2016, §§ 60, 69; Constancia/NL (E), 3.3.2015, §§ 26, 30; S.R./NL (E), 18.9.2012, § 32; Cristian Teodorescu/RUM, 19.6.2012, § 67; C.B./RUM, 20.4.2010, § 48; Shulepova/R, 11.12.2008, § 42; Filip/RUM, 14.12.2006, § 58; Kayadjieva/BUL, 28.9.2006, § 31; R.L. u. M.-J.D./F, 19.5.2004, § 117; Varbanov/BUL, 5.10.2000, § 47; hierzu: *Kühne/Esser* StV **2002** 383, 386.
701 EGMR Shtukaturov/R, 27.3.2008, §§ 7, 16, 73, 115; in diese Richtung auch EGMR Juncal/UK (E), 17.9.2013, §§ 26 ff.: Feststellung der „unfitness to plead" (ähnlich der Schuldunfähigkeit, wobei aber die Zeit des Prozesses und nicht die Tatzeit maßgebend ist) reicht noch nicht für die Bejahung von *lit.* e aus.
702 EGMR Pleso/H, 2.10.2012, § 67.
703 EGMR D.D./LIT, 14.2.2012, § 157.
704 BGH NJW-RR **2014** 642 = FamRZ **2014** 649, 650, Tz. 25 („zentrale Bedeutung" mit Bezug zu Art. 104 Abs. 1 GG) m. Anm. *Schmidt-Recla* u. Anm. *Finger* NZFam **2014** 415. Zur Anhörung in Unterbringungssachen gem. § 319 FamFG: LG Freiburg BeckRS **2020** 9373; BGH FamRZ **2021** 462 = MDR **2021** 181 („das Unterbleiben einer verfahrensordnungsgemäßen persönlichen Anhörung des Betroffenen stellt einen Verfahrensmangel dar, der derart schwer wiegt, dass der genehmigten Unterbringungsmaßnahme insgesamt der Makel einer rechtswidrigen Freiheitsentziehung anhaftet").
705 EGMR Lorenz/A, 20.7.2017, § 61; Rooman/B, 18.7.2017, § 103; (GK) Stanev/BUL, 17.1.2012, § 147; O.H./D, 24.11.2011, §§ 79, 87 ff.; Kallweit/D, 13.1.2011, §§ 46, 57; Haidn/D, 13.1.2011, §§ 78, 92 ff.; Kronfeldner/D, 19.1.2012, §§ 72, 80 ff.; B./D, 19.4.2012, §§ 69, 80 ff.; Brand/NL, 11.5.2004, § 62; Aerts/B, 30.7.1998, § 46; Ashingdane/UK, 28.5.1985, § 44; Siehe auch: OLG Nürnberg Urt. v. 12.4.2017 – 4 U 1824/16, PKR **2017** 63 (Schadensersatz wegen Vollzugs der Sicherungsverwahrung in Strafanstalt). Zum Erfordernis einer Betreuung i.S.v. § 1896 BGB „trotz" einer Unterbringung in einem psychiatrischen Krankenhaus nach § 63 StGB: BGH NJW-RR **2015** 961.
706 EGMR Glien/D, 28.11.2013, § 85.

und ihm die **Aussicht auf Entlassung** zu geben.[707] Fehlende Kapazitäten in entsprechenden auf die Bedürfnisse psychisch Kranker zugeschnittenen Einrichtungen rechtfertigen dementsprechend auch keine stattdessen erfolgende Unterbringung in einer normalen Haftanstalt.[708]

Wie sich die Ratifikation der **UN-Behindertenrechtskonvention**[709] auf die Einwei- **271** sung psychisch Kranker nach den §§ 63 ff. StGB langfristig auswirkt, ist noch nicht abzusehen.[710] Die CRPD stellt das weltweit erste universelle Rechtsinstrument dar, das bestehende Menschenrechte, besonders in Hinblick auf die spezifischen Lebensumstände behinderter Menschen, weiter konkretisiert. Es werden also durch die Konvention keine Sonderrechte geschaffen, sondern bereits vorhandene Rechte werden spezifiziert. Nach **Art. 1 CRPD** zählen zu den Menschen mit Behinderungen solche Individuen, die langfristige körperliche, seelische, geistige oder Sinnesbeeinträchtigungen haben, welche sie in Wechselwirkung mit verschiedenen Barrieren an der vollen, wirksamen und gleichberechtigten Teilhabe an der Gesellschaft hindern können. Damit dürften auch psychisch Kranke i.S.v. *lit.* e als „Behinderte" i.S.d. Konvention seien.[711] Die Freiheit der Person wird durch Art. 14 CRPD besonders geschützt. Nach Art. 14 Abs. 1 *lit.* b CRPD haben Menschen mit Behinderung ein Recht darauf, dass ihnen – gleichberechtigt mit anderen – die Freiheit nicht rechtswidrig oder willkürlich entzogen wird. Jede Freiheitsentziehung muss im Einklang mit dem allgemeinen Gesetz erfolgen; das Vorliegen einer Behinderung rechtfertigt in keinem Fall eine Freiheitsentziehung (Art. 14 Abs. 1 *lit.* b CRPD). Eine Freiheitsentziehung kann deshalb nur unter zusätzlichen Voraussetzungen (z.B. Vermeidung einer Selbst- oder Fremdgefährdung) zulässig sein.[712]

Die Unterbringung wird aber nicht automatisch deshalb rechtswidrig, wenn ein Be- **272** troffener **übergangsweise** für **kurze Zeit in einer herkömmlichen Haftanstalt** untergebracht wird oder eine gewisse Zeit in einer Einrichtung mit besonderen Sicherheitsmaßnahmen verbleibt, obwohl der Grund dafür nicht mehr besteht.[713] Staatlichen Stellen muss eine angemessene Zeit eingeräumt werden, eine passende Einrichtung für die konkreten Bedürfnisse des Betroffenen zu suchen. Für die Frage der Rechtmäßigkeit der Unterbringung sind daher zwei **Interessen abzuwägen**: das Interesse eines Staates, eine möglichst passende Einrichtung zu finden und das Interesse des Betroffenen auf Freiheit, welchem stets besonders große Bedeutung bei der Entscheidungsfindung beizumessen ist.[714]

---

707 EGMR (GK) Rooman/B, 31.1.2019, § 255; vgl. auch BVerfG (K) Beschl. v. 26.5.2020 – 2 BvR 1529/19 u. 2 BvR 1625/19, Rn. 78, NJW **2020** 2790: auf § 1906 Abs. 1 Nr. 2 BGB gestützte Freiheitsentziehung nur dann verhältnismäßig, wenn während der Unterbringung eine erfolgversprechende Heilbehandlung überhaupt durchgeführt werden kann, ohne ihrerseits Grundrechte der Betroffenen zu verletzen.

708 EGMR SY/I, 24.1.2022, §§ 135 ff.

709 Übereinkommen über die Rechte von Menschen mit Behinderungen (Convention on the Rights of Persons with Disabilities – **CRPD**) v. 13.12.2006, in Kraft getreten am 3.5.2008; BGBl. 2008 II S. 1419, 1420; bisher (Stand: 07/2023) ratifizierten 186 Staaten und die EU.

710 Vgl. auch *Pollähne* NK **2015** 25, 36; BVerfG Beschl. v. 26.1.2018 – 2 BvR 725/16, BeckRS **2018** 777 (Rüge des Bf., dass § 63 StGB gegen Art. 3 Abs. 1 GG i.V.m. Art. 14 Abs. 1 *lit.* b UN-BRK verstoße; das BVerfG hat die Verfassungsbeschwerde jedoch wegen unzureichender Substantiierung nicht zur Entscheidung angenommen). Zur Vereinbarkeit mit Art. 37 *lit.* a CRC: BVerfG Beschl. v. 5.7.2013 – 2 BvR 708/12, Rn. 18 ff., BeckRS **2013** 53752.

711 Dafür ausdrücklich *Pollähne* NK **2015** 25, 36.

712 Insoweit bedenkliche Formulierung des OLG Hamm: „Die Maßregel der Unterbringung gemäß § 63 StGB verfolgt keinen Strafzweck, sondern dient dem Schutz der Allgemeinheit vor *aufgrund* psychischer Erkrankung oder *Behinderung gefährlichen Tätern* [...]" (Beschl. v. 22.11.2017 – 1 Vollz (Ws) 64/17, Rn. 17).

713 EGMR Ashingdane/UK, 28.5.1985.

714 EGMR Morsink/NL, 11.5.2004; Mocarska/PL, 6.11.2007 (Verzögerung von 8 Monaten konventionswidrig).

273   Andererseits hat der EGMR auch klargestellt, dass die Unterbringung eines psychisch Kranken in einer **an eine Haftanstalt angegliederten psychiatrischen Einrichtung** keine geeignete Form der Unterbringung darstellt, solange dieser nicht strafrechtlich verurteilt worden ist.[715] Ebenso befreit der Umstand, dass der Betroffene lediglich vorübergehend in einer (an sich) ungeeigneten Einrichtung untergebracht werden soll, bis eine Verlegung in eine den Anforderungen des *lit.* e entsprechenden Einrichtung möglich ist, die Vertragsstaaten nicht von ihrer Pflicht, den Betroffenen in dieser Zeit **ausreichend medizinisch/psychiatrisch zu betreuen**.[716]

274   Im Rahmen der Prüfung der Rechtmäßigkeit der Unterbringung untersucht der EGMR vor allem, ob zuverlässig nachgewiesen ist, dass Grad und Art der geistigen Erkrankung die Unterbringung bei Berücksichtigung des **Grundsatzes der Verhältnismäßigkeit**[717] zwingend erfordern und dass diese **nicht länger andauert als aufgrund der krankhaften Störung notwendig ist** (Rn. 266).[718] Es muss geprüft und ausgeschlossen werden, dass der Schutzzweck der zwangsweisen Unterbringung auch durch **weniger einschneidende Maßnahmen** erreicht werden kann.[719] Da die Gründe, die die Unterbringung ursprünglich gerechtfertigt haben, nachträglich weggefallen sein können, besteht ein Anspruch des Untergebrachten auf eine **Überprüfung seiner Freiheitsentziehung in angemessenen Zeitabständen** nach Absatz 4 (Rn. 506 ff.);[720] nicht näher begründete Fristüberschreitungen im Rahmen einer Fortdauerentscheidung können den Betroffenen in seinem Freiheitsrecht aus Art. 5 verletzen.[721] Der Betroffene muss das Recht haben, eine solche Überprüfung zu **beantragen**.[722]

275   Kommt ein Gericht sodann bei der Überprüfung zu dem Ergebnis, dass eine weniger einschneidende Maßnahme, wie etwa eine **bedingte Entlassung unter Auflagen**, zum Schutz der Allgemeinheit ausreichend ist, muss die Unterbringung unverzüglich beendet werden. Bei faktischen Zwängen, etwa dass Auflagen nicht eingehalten werden können, weil sich kein Arzt bereitfindet für eine Begutachtung des Patienten, soll die Behörden keine uneingeschränkte Pflicht treffen, die Umsetzung der Auflagen zu gewährleisten.[723] Der Untergebrachte hat in diesem Fall zwar keinen Anspruch auf sofortige Entlassung.[724]

---

715 Vgl. EGMR W.D./B, 6.9.2016, §§ 125 ff., NLMR **2016** 452.
716 Vgl. EGMR Vasenin/R, 21.6.2016, § 117.
717 *Trechsel* EuGRZ **1980** 514, 527; für das innerstaatliche Recht BVerfGE **70** 297; *Trechsel* EuGRZ **1986** 543.
718 EGMR Luberti/I, 23.2.1984; Ashingdane/UK, 28.5.1985; A.K./D (E), 27.9.2022 (Unterbringung für über 10 Jahre verhältnismäßig); vgl. BGH BeckRS **2018** 5161 (Umstand, dass der Betroffene bereits seit mehreren Jahren zivilrechtlich untergebracht ist, führt nicht zu einer Absenkung der Anforderungen an den Gefährdungsbegriff des § 1906 Abs. 1 Nr. 1 BGB); BGH FamRZ **2019** 552 = NJOZ **2019** 1329 (Unterbringung nach § 1906 Abs. 1 Nr. 1 BGB; keine akute, unmittelbar bevorstehende, wohl aber eine ernstliche und konkrete Gefahr für Leib und Leben des Betreuten erforderlich; kein zielgerichtetes Verhalten, wohl aber objektivierbare und konkrete Anhaltspunkte für den Eintritt eines erheblichen Gesundheitsschadens notwendig).
719 EGMR M.S./KRO (Nr. 2), 19.2.2015, § 144; (GK) Stanev/BUL, 17.1.2012, § 143; Karamanof/GR, 26.7.2011, § 42; Varbanov/BUL, 5.10.2000, § 46; Witold Litwa/PL, 4.4.2000, § 78.
720 Etwa EGMR X./UK, 5.11.1981; Megyeri/D, 12.5.1992, NJW **1992** 2945 = NStZ **1993** 148 = EuGRZ **1992** 347 = ÖJZ **1992** 808 = StV **1993** 88 m. Anm. *Bernsmann*; Musial/PL, 25.3.1999, NJW **2000** 2727 = EuGRZ **1999** 322; zur geforderten Begründungstiefe von Haftfortdauerentscheidungen in einem psychiatrischen Krankenhaus: BVerfG NStZ-RR **2022** 156; ferner: BGer EuGRZ **1991** 526; *Frowein/Peukert* 84; Meyer-Ladewig/Nettesheim/von Raumer/*Meyer-Ladewig/Harrendorf/König* 55, 94.
721 Vgl. BVerfG NJW **2012** 516 (Unterbringung in einem psychiatrischen Krankenhaus).
722 EGMR X./FIN, 3.7.2012, § 170.
723 EGMR Kolanis/UK, 21.6.2005.
724 SK/*Meyer* 162.

Allerdings droht auch hier bei **Überschreitung einer gewissen zeitlichen Grenze** ein Verstoß gegen Art. 5 Abs. 1 Satz 1.[725]

Ein **Recht auf eine *Behandlung*** der diagnostizierten psychischen Erkrankung kann 276 der Untergebrachte unmittelbar aus Art. 5 Abs. 1 Satz 2 *lit.* e nicht herleiten, desgleichen kann er darauf keine Beanstandung wegen der Form seiner Unterbringung stützen.[726] Allerdings wird der Staat zur Gewährleistung der Rechtmäßigkeit der Unterbringung verpflichtet sein, eine **angemessene Anzahl von Behandlungsplätzen** anzubieten.[727] Ferner kann ein ohne Einverständnis des Betroffenen vollzogener Klinikaufenthalt nur gerechtfertigt sein, wenn er tatsächlich der Gesundheit des Betroffenen dient und diese objektiv fördert.[728] Darüber hinaus sind jedenfalls in Fällen, in denen die Gesundheit des Betroffenen nicht unmittelbar bedroht ist und es vielmehr nur darum geht, ob durch die Behandlung eine (gewisse) Besserung des Gesundheitszustandes erreicht oder zumindest einer Verschlechterung vorgebeugt werden soll, das Interesse der Gesellschaft, hilfsbedürftigen Personen (bei denen es ggf. auch an der Fähigkeit fehlt, ihren eigenen Zustand zu erkennen) zu helfen, und das Recht des Betroffenen auf Selbstbestimmung in verhältnismäßiger Art und Weise in einen fairen Ausgleich zu bringen.[729] Ist keine gesundheitliche Verbesserung in Sicht, so ist die Unterbringung nur gerechtfertigt, wenn sie erforderlich ist, um Gefahren von anderen oder vom Betroffenen selbst abzuwenden.[730]

Unter dem Blickwinkel des Art. 5 Abs. 1 Satz 2 *lit.* e erscheint das im Juli 2018 verabschie- 277 dete **Bayerische Psychisch-Kranken-Hilfe-Gesetz**[731] (BayPsychKHG), das das bisherige Bayerische Unterbringungsgesetz ablöste, zumindest als bedenklich.[732] Vorgebliches Ziel des Gesetzes ist es, „Unterbringungen und Zwangsmaßnahmen, soweit wie irgend möglich zu vermeiden, die Prävention von psychischen Krisen zu stärken und Menschen in psychischen Krisen noch stärker als bislang wirksam zu unterstützen".[733] Zu diesem Zweck sieht das Gesetz u.a. die Einrichtung sog. Krisendienste vor, die den Betroffenen in psychischen Krisensi-

---

725 EGMR Johnson/UK, 24.10.1997 (Verzögerung der Entlassung 3,5 Jahre).

726 EGMR Winterwerp/NL, 24.10.1979; Ashingdane/UK, 28.5.1985; *Frowein/Peukert* 81; EKMR EuGRZ **1978** 399 (Winterwerp): unter besonderen Umständen **Verweigerung einer Therapie** als Verstoß gegen Art. 5 i.V.m. Art. 18 und Art. 3.

727 EGMR Brand/NL, 11.5.2004, §§ 63 ff.; L.B./B, 2.10.2012, §§ 95 ff.

728 EGMR Plesó/H, 2.10.2012, § 66 („involuntary hospitalisation may indeed be used [...] only if it carries true health benefits without imposing a disproportionate burden on the person concerned"). Das Erfordernis der Verbesserung des Gesundheitszustandes wird sinnvollerweise schon dann erfüllt sein, wenn die Verbesserung aufgrund fundierter Prognose zu erwarten ist; die Erwartungen sind dann aber mit der tatsächlichen Entwicklung abzugleichen, der Betroffene ist ggf. freizulassen.

729 EGMR Plesó/H, 2.10.2012, § 66.

730 EGMR Stanev/BUL, 17.1.2012, § 157; Cristian Teodorescu/RUM, 19.6.2012, § 67; Hutchison Reid/UK, 20.2.2003, § 52; siehe auch EGMR Glien/D, 28.11.2013, § 73 („A mental disorder may be considered as being of a degree warranting compulsory confinement if it is found that the confinement of the person concerned is necessary as the person needs therapy, medication or other clinical treatment to cure or alleviate his condition, but also where the person needs control and supervision to prevent him, for example, causing harm to himself or other persons"); folgerichtig reicht, bei Vorliegen der übrigen Voraussetzungen, die von (deutschen) Gerichten festgestellte hohe Wahrscheinlichkeit der Begehung von Sexualstraftaten für eine Unterbringung aus (§ 91).

731 Gesetz v. 24.7.2018 (GVBl. S. 583); LT-Drucks. **17** 21573; zum Hintergrund des Gesetzentwurfs: LT-Drucks. **17** 2400 sowie LT-Drucks. **17** 2622.

732 Über die Verfassungsmäßigkeit der im Hessischen PsychKHG vorgesehenen Möglichkeit der Fixierung Untergebrachter hat das BVerfG bislang nicht entschieden. Entsprechende Richtervorlagen nach Art. 100 Abs. 1 GG hat es als unzulässig eingestuft; vgl. BVerfG Beschl. v. 17.7.2019 – 2 BvL 11/19, BeckRS **2019** 19246; Beschl. v. 14.8.2019 – 2 BvL 12/19, BeckRS **2019** 21855; Beschl. v. 9.10.2019 – 2 BvL 13/19, FamRZ **2020** 45.

733 LT-Drucks. **17** 21573 S. 1.

tuationen beratend zur Seite stehen sollen (Art. 1 BayPsychKHG). Daneben wird aber auch die Möglichkeit geschaffen, Personen **aufgrund einer psychischen Störung** (*insbesondere* Erkrankung) ohne oder gegen ihren Willen unterzubringen, wenn sie Rechtsgüter anderer, das Allgemeinwohl oder sich selbst erheblich gefährden (Art. 5 Abs. 1 Satz 1 BayPsychKHG). Vor Inkrafttreten des BayPsychKHG durfte eine öffentlich-rechtliche Unterbringung in Bayern dagegen nur angeordnet werden, wenn der Betroffene psychisch krank oder infolge Geistesschwäche oder Sucht psychisch gestört war und dadurch in erheblichem Maß die öffentliche Sicherheit oder Ordnung gefährdete (Art. 1 Abs. 1 Satz 1 BayUnterbrG). Das BayPsychKHG ist demgegenüber deutlich weiter gefasst. Eine **Gefährdung des Allgemeinwohls** i.S.d. **Art. 5 Abs. 1 Satz 1 BayPsychKHG** soll beispielsweise schon bei einem Angriff auf geparkte Polizeifahrzeuge anzunehmen sein.[734] Im Übrigen dürfte die mit der vorgesehenen zwangsweisen Unterbringung verbundene Stigmatisierung der Betroffenen durch eingeschränkten Kontakt mit der Außenwelt/Sicherungsmaßnahmen usw. (vgl. Art. 21 ff. BayPsychKHG), die eine bedenkliche Nähe zum Maßregelvollzug aufweisen, kaum zur Lösung des Problems beitragen. Auch das Anliegen, die enorm hohe Zahl der in Bayern präventiv Untergebrachten zu senken,[735] wird durch die Ausweitung der Möglichkeit einer öffentlich-rechtlichen Unterbringung geradezu konterkariert.

278   **cc) Sonderfall: Sicherungsverwahrung.** Nach der Rechtsprechung des EGMR im Fall **M.** und in den Folgeurteilen sind Fälle der **Sicherungsverwahrung** (§ 66 StGB) denkbar, die durch *lit.* e gerechtfertigt werden können.[736] Für das deutsche Recht ist allerdings zu beachten, dass **§ 63 StGB** vorrangig und grundsätzlich auch allein einschlägig ist, wenn der für § 66 StGB erforderliche Hang zugleich auf eine erheblich verminderte Schuldfähigkeit zurückgeht,[737] denn das deutsche Strafrecht unterscheidet herkömmlich nach uneingeschränkt schuldfähigen Straftätern, die eine Freiheitsstrafe ggf. in einem herkömmlichen Gefängnis ableisten, und nach Personen, die einen Straftatbestand rechtswidrig verwirklicht haben, deren Schuldfähigkeit jedoch i.S.d. §§ 20, 21 StGB beeinträchtigt ist, und die folglich gem. § 63 StGB untergebracht werden.[738] Folgerichtig verneint der EGMR die Rechtfertigung nach *lit.* e, wenn ein Straftäter in einer der Strafhaft ähnlichen Sicherungsverwahrung statt in einem psychiatrischen Krankenhaus untergebracht wurde.[739] Auch für den Fall, dass der Betroffene unkooperativ war bzw. sich einer Therapie verweigert hat, fordert der EGMR die Unterbringung in einer Klinik, da das Erfordernis der adäquaten, dem Zustand der Person angemessenen Unterbringung nicht vom Verhalten des Betroffenen abhängen könne;[740] dabei zeigt sich der EGMR optimistisch, dass Unkooperative

---

734 LT-Drucks. **17** 21573 S. 31.

735 Vgl. LT-Drucks. **17** 21573 S. 1.

736 Aktuell hierzu EGMR Bergmann/D, 7.1.2016, §§ 106 ff.; NJW **2017** 1007, 1009 ff.; W.P./D, 6.10.2016, §§ 50 ff.; Becht/D, 6.7.2017, §§ 30 ff.; speziell zum Zusammenspiel von *lit.* a und *lit.* e: EGMR Lorenz/A, 20.7.2017, §§ 53 ff.

737 Vgl. BGH NStZ **2003** 310; BVerfGE **128** 326, 329 f., 332, 404 = NJW **2011** 1931, 1933, 1934, Tz. 84, 1945, Tz. 167 ff.

738 Zu § 1 ThUG, der dieser traditionellen Abgrenzung nicht folgt, und der grundsätzlich eine Unterbringung nach Art. 5 Abs. 1 Satz 2 *lit.* e von Straftätern, deren Schuldfähigkeit nicht beeinträchtigt ist, ermöglicht, siehe Rn. 158, 281. Zur Fortdauer der Unterbringung nach § 63 StGB bei einem Diagnosewechsel (paranoide Schizophrenie /schizoaffektive Störung): KG BeckRS **2020** 36761.

739 EGMR Kallweit/D, 13.1.2011, § 57; Haidn/D, 13.1.2011, § 92; O.H./D, 24.11.2011, §§ 8, 79, 84 ff.; B./D, 19.4.2012, §§ 79 ff.; Kronfeldner/D, 19.1.2012, § 80; gerechtfertigt nach Art. 5 Abs. 1 Satz 2 *lit.* e war die Freiheitsentziehung (Unterbringung in einer Klinik gem. § 63 StGB) der schuldunfähigen (§ 20 StGB) Bf. in den Fällen EGMR Graf/D (E), 18.10.2011; Frank/D (E), 28.9.2010.

740 EGMR O.H./D, 24.11.2011, §§ 89 f.; Kronfeldner/D, 19.1.2012, §§ 24, 81 ff.; B./D, 19.4.2012, §§ 81 ff.; L.B./B, 2.10.2012, § 99; Claes/B, 10.1.2013, § 119; siehe auch EGMR S./D, 28.6.2012, § 97.

ihre Einstellung ändern, wenn sie in einer für ihre Bedürfnisse geeigneten Umgebung sind.[741] Kommt es wegen der Weigerung des Betroffenen nicht zur Unterbringung in einer Klinik, so ist wenigstens im Gefängnis für eine angemessene medizinische Behandlung zu sorgen.[742]

Eine **nachträgliche Sicherungsverwahrung**[743] (§ 66b StGB a.F.;[744] § 7 Abs. 2 JGG[745, 746]) 279 fiel in der Regel nicht unter *lit.* e, da ihre Anordnung meist nicht wegen eines psychischen Defekts erfolgte. Zwar *können* (bzw. konnten) psychiatrische Befunde neue Tatsachen („nova") i.S.v. § 66b StGB darstellen[747] und in Kumulation mit weiteren maßgeblichen Kriterien die Voraussetzungen des § 66b StGB erfüllen, so dass dadurch der grundlegende Anwendungsbereich der Vorschrift um Fälle des psychiatrischen Maßregelvollzugs erweitert wird bzw. wurde.[748] Jedoch verlangt eine *rechtmäßige* Unterbringung eines psychisch Kranken dessen Einweisung in ein Krankenhaus oder eine entsprechende andere geeignete Einrichtung (Rn. 270).[749] Dieser Anforderung wurde der bis 2011/2012 praktizierte Vollzug der nachträglichen Sicherungsverwahrung in Justizvollzugsanstalten evident nicht gerecht; gerade deshalb hat das **BVerfG** auch Nachbesserungen gefordert („**Abstandsgebot**").[750] Bereits bis zur gesetzlichen Neuregelung des Rechts der Sicherungsverwahrung war den Besonderheiten dieser Form der Freiheitsentziehung durch die Unterbringung und Vollzugsgestaltung hinreichend Rechnung zu tragen.[751] Mit dem Abstandsgebot unvereinbar wäre es, vom Siche-

---

[741] EGMR Glien/D, 28.11.2013, § 96.

[742] EGMR Papillo/CH, 27.1.2015, §§ 47 f. (Unterbringung in Gefängnis statt Klinik war wegen der besonderen Umstände gerechtfertigt). Das in der JVA Straubing für die Behandlung von Sicherungsverwahrten bereitgestellte Therapieangebot hat der EGMR als konventionskonform erachtet, vgl. EGMR (GK) Ilnseher/D, 4.12.2018, §§ 165, 168, NJOZ **2019** 1445.

[743] Mit Gesetz v. 22.12.2010 (BGBl. 2010 I S. 2300) bereits weitgehend für zukünftige Fälle abgeschafft, ferner sind die Vorgaben des BVerfG zu beachten (BVerfGE **128** 326 = NJW **2011** 1931).

[744] Zum 1.1.2011 sind die § 66b Abs. 1 u. 2 StGB a.F. außer Kraft getreten; der frühere Absatz 3 wurde als alleiniger Absatz beibehalten und ausgebaut.

[745] Das JGG wurde zunächst nur prozedural in § 81a JGG angepasst; dies scheint besonders problematisch, da die nachträgliche Sicherungsverwahrung bei Jugendlichen genauso wenig von Art. 5 erfasst wird. Insbesondere ermöglicht Art. 5 Abs. 1 Satz 2 *lit.* d nur eine vorübergehende Freiheitsentziehung bis zur Einweisung in ein Heim oder bis zur Entscheidung der zuständigen Behörde, die gerade nicht Ziel des § 7 JGG ist. Dabei ließ das BMJ jedoch die Vorschriften des JGG bewusst außen vor, eine Einbeziehung „sei erst sinnvoll, wenn die Diskussion zum allgemeinen Strafrecht abgeschlossen ist" (PM v. 23.7.2003); vgl. *Steckermeier* 32 f. Zur Forderung nach einer gänzlichen Abschaffung der nachträglichen Sicherungsverwahrung bei Jugendlichen BTDrucks. **17** 4593.

[746] *Boetticher* NK **2013** 147, 154 zufolge handelte es sich bei der Einführung der nachträglichen Sicherungsverwahrung im JGG um ein „nach dem Grundgesetz verbotenes Einzelfallgesetz" (Art. 19 Abs. 1 Satz 1 GG).

[747] BGH NStZ **2007** 520; NJW **2006** 384, 385; *Schneider* StV **2006** 99, 100.

[748] Vgl. *Bender* Die nachträgliche Sicherungsverwahrung (2007), 69.

[749] So zur nachträglichen Sicherungsverwahrung EGMR Haidn/D, 13.1.2011, § 92; vgl. auch EGMR Enhorn/S, 25.1.2005; Brand/NL, 11.5.2004; Hutchison Reid/UK, 20.2.2003; Ashingdane/UK, 28.5.1985.

[750] BVerfGE **128** 326, 374 ff. = NJW **2011** 1931, 1937, Tz. 100 ff., und BVerfGE **109** 133, 166 = NJW **2004** 739, 743; zur gesetzgeberischen Umsetzung siehe § 66c StGB; zur konkreten Ausgestaltung OLG Hamburg Beschl. v. 12.3.2013 – 3 Vollz (Ws) 37/12, R&P **2013** 179; OLG Naumburg Beschl. v. 30.11.2011 – 1 Ws 64/11, FS **2012** 55 m. Anm. *Arloth* = NJW-Spezial **2012** 25 m. Anm. *Zimmermann* FD-StrafR **2011** 325941; OLG Hamm Beschl. v. 14.1.2014 – 1 Vollz (Ws) 438/13, NStZ-RR **2014** 123 (Ls.); siehe auch *Schöch* GA **2012** 14, 17 ff.; krit. zum Abstandsgebot *Höffler/Kaspar* ZStW **124** (2012) 87, 108 ff. Zu der Frage, ob das Abstandsgebot auch im Verhältnis zwischen dem Vollzug lebenslanger und zeitiger Freiheitsstrafen gelten sollte: *Streng* JZ **2017** 507 ff. Zu der Frage, auf welche Taten sich das Abstandsgebot bezieht: OLG Oldenburg BeckRS **2021** 1926 Rn. 18 (keine Anwendung auf Taten, die vor dem 4.5.2011 rechtskräftig abgeurteilt wurden).

[751] BVerfG StV **2013** 221 = NStZ-RR **2013** 26 („Trennungsgebot").

rungsverwahrten einen Haftkostenbeitrag zu erheben; sofern das entsprechende (Landes-)Gesetz eine solche Erhebung vorschreibt oder zumindest nicht ausschließt, ist es verfassungswidrig, wenn eine verfassungskonforme Auslegung nicht möglich sein sollte.[752]

280   Das am 1.1.2011 in Kraft getretene **Therapieunterbringungsgesetz (ThUG)** betrifft die Personen, die in Sicherungsverwahrung untergebracht wären, wenn dies nicht infolge eines Verbots rückwirkender Verschärfungen unmöglich wäre (vgl. Rn. 152 ff.), und setzt in seinem § 1 Abs. 1 Nr. 1 für diese Personengruppe insbesondere eine psychische Störung voraus; das Gesetz dürfte so – theoretisch – den Anforderungen des Art. 5 Abs. 1 Satz 2 *lit.* e gerecht werden.[753] Geht es jedoch um bisher in der Sicherungsverwahrung Untergebrachte, so liegt die Missbrauchsgefahr nicht fern, ihnen nun (nachträglich) eine psychische Krankheit zu „attestieren".[754]

281   In seinem **Urteil vom 4.5.2011** zum Recht der Sicherungsverwahrung, in dem es die Rechtsprechung des EGMR in weiten Teilen akzeptierte und das Grundgesetz unter Heranziehung der vom EGMR aufgestellten Grundsätze auslegte, hat das **BVerfG** die Möglichkeit bestätigt, die nachträglich angeordnete oder verlängerte Sicherungsverwahrung auf Art. 5 Abs. 1 Satz 2 *lit.* e zu stützen.[755] Zugleich hatte es angeordnet, dass diese „Altfälle", bei denen unter Zugrundelegung der EGMR-Rechtsprechung keine Rechtfertigung nach Art. 5 Abs. 1 Satz 2 *lit.* a–f vorlag (und außerdem auch noch Art. 7 verletzt war), weiter in Sicherungsverwahrung behalten werden durften, jedoch nur unter den engen Voraussetzungen einer spezifischen Gefährlichkeit und einer psychischen Störung (und entsprechender therapeutischer Unterbringung), so dass *lit.* e hier gewissermaßen als Ersatz für *lit.* a einschreiten konnte (Rn. 158). Ausdrücklich geht das BVerfG dabei davon aus, dass eine **„psychische Störung" i.S.d. § 1 Abs. 1 Nr. 1 ThUG** ausreicht, auch wenn und obwohl dabei die Schwelle der §§ 20, 21 StGB gerade nicht erreicht wird.[756] Zwar weist das BVerfG noch

---

752   OLG Celle StV **2012** 746 = NStZ **2013** 172 = StraFo **2012** 426, zur Auslegung von §§ 52 Abs. 5, 112 NJVollzG.
753   In diese Richtung EGMR Bergmann/D, 7.1.2016, §§ 95 ff. (psychische Störung i.S.d. § 1 ThUG, die derart schwerwiegend war, dass die nachträgliche Verlängerung der Sicherungsverwahrung auch mit Art. 5 Abs. 1 Satz 2 *lit.* e in Einklang stand) = NJW **2017** 1007, 1008 ff. (m. Anm. *Köhne*) = StV **2017** 597 (m. Anm. *Schmitt-Leonardy*).
754   So auch *Kinzig* NJW **2011** 177, 181; vgl. auch *Rissing-van Saan* FS Roxin II 1177 f.; *Kreuzer* StV **2011** 127 f.; *Nußstein* NJW **2011** 1194; *Schöch* FS Roxin II 1208 f., betont trotz der vielen Bedenken bzgl. der Sicherungsstrategie jedoch den realistischen Anwendungsbereich: Zwar räumt er ein, dass eine psychische Störung grds. weitergehe als eine psychische Krankheit i.S.d. landesrechtlichen Unterbringungsgesetze, jedoch sei der Begriff des „unsound mind" in Art. 5 Abs. 1 Satz 2 *lit.* e noch nicht präzisiert worden, so dass nach seiner Einschätzung zumindest eine Diagnose nach ICD 10 oder DSM IV ausreiche; darunter fallen auch **dissoziale oder narzisstische Persönlichkeitsstörungen**, die fast nie einen Zustand des § 20 StGB und selten nur den des § 21 StGB begründen können, so dass eine Unterbringung im psychiatrischen Krankenhaus nach § 63 StGB gerade nicht möglich ist. Unter den langzeitinhaftierten Gewalt- und Sexualstraftätern dürfte der Anteil psychisch „Gestörter" nach dem oben Dargestellten dann aber bei über 50 Prozent liegen.
755   BVerfGE **128** 326, 393 f., 396 ff. = NJW **2011** 1931, 1942, Tz. 143 f., 1943, Tz. 151 ff.; faktisch war bzw. ist *lit.* e sogar die einzige Möglichkeit, die Verhängung einer nachträglichen Sicherungsverwahrung zu rechtfertigen (so deutlich das BVerfGE a.a.O.), da die übrigen Rechtfertigungsgründe für die Freiheitsentziehung gemäß Art. 5 Abs. 1 Satz 2 nicht passen: *lit.* a nicht, weil der Kausalzusammenhang zwischen Schuldfeststellung und Freiheitsentziehung fehlt (Rn. 150 ff.), *lit.* c nicht, weil die zu befürchtenden neuen Straftaten nicht hinreichend konkret und spezifisch sind (Rn. 236); vgl. auch Art. 7 Rn. 62 ff.
756   BGHSt **56** 254 = NJW **2011** 2744 = NStZ **2011** 631 = JR **2012** 171 m. Anm. *Schöch* = StV **2011** 674 m. Anm. *Singelnstein* ZJS **2012** 128, stellt unter Berufung auf BVerfGE **128** 326, 406 = NJW **2011** 1931, 1946, Tz. 173, fest, dass die psychische Störung i.S.d. § 1 Abs. 1 Nr. 1 ThUG den Freiheitsentziehungsgrund des Art. 5 Abs. 1 Satz 2 *lit.* e präzisiere und „gerade nicht zu einer Einschränkung der Schuldfähigkeit nach §§ 20, 21 StGB führen" müsse; beides wurde später vom BVerfG (in einem anderen Fall) nochmals bekräftigt (BVerfG StV **2012** 25 m. Anm. *Krehl* = R&P **2012** 39 = EuGRZ **2011** 645, Tz. 35 ff.; zu diesem Beschl. vgl. *Morgenstern* ZIS **2011** 974);

darauf hin, dass das ThUG bis dahin keiner verfassungsrechtlichen Überprüfung unterzogen wurde,[757] stellt aber auch fest, dass der Gesetzgeber mit ihm eine weitere Kategorie psychisch gestörter Personen schaffen wollte.[758] Der EGMR stimmt zu, dass eine psychische Erkrankung i.S.d. *lit.* e vorliegen *kann*, auch wenn die strafrechtliche Verantwortlichkeit nicht nach §§ 20, 21 StGB eingeschränkt ist,[759] ließ jedoch im konkreten Fall offen, ob die im konkreten Fall festgestellte psychische Störung i.S.d. ThUG auch eine psychische Erkrankung i.S.d. *lit.* e war.[760] Mittlerweile hat der EGMR jedoch den Umstand, dass der Betroffene eine psychische Störung i.S.d. ThUG aufwies, als einen von mehreren Aspekten im Rahmen des *lit.* e berücksichtigt, gleichzeitig aber auch darauf hingewiesen, dass die EMRK autonom auszulegen ist.[761]

Die betroffenen Sicherungsverwahrten in den „**Altfällen**" mussten trotz festgestellten 282 Verstoßes gegen die EMRK nicht sofort entlassen werden; vielmehr entschied das BVerfG, dass sie bis zur abschließenden Prüfung der Frage, ob die genannten Voraussetzungen (spezifische Gefährlichkeit und eine psychische Störung – mindestens – von der Schwere, wie sie in Art. 1 Abs. 1 Nr. 1 ThUG genannt ist) für eine weitere Vollziehung der Sicherungsverwahrung gegeben sind, maximal jedoch bis zum 31.12.2011 (also insgesamt knapp acht Monate gerechnet ab dem Urteil des BVerfG), in Haft behalten werden konnten.[762] Würde die Prüfung ergeben, dass die genannten Voraussetzungen vorliegen, wäre die Freiheitsentziehung dann gem. Art. 5 Abs. 1 Satz 2 *lit.* e gerechtfertigt, verneinendenfalls wären die Betroffenen spätestens am 31.12.2011 freizulassen. Das BVerfG stellte klar, dass der konkrete Termin der Freilassung nicht nach Ermessen zu bestimmen und dass ein Hinausschieben, etwa zur Durchführung von Entlassungsvorbereitungen, nicht erlaubt war, sondern dass unverzüglich, auch schon vor dem 31.12.2011, freizulassen war, wenn feststand, dass die (strengen) Voraussetzungen für eine Fortdauer der Sicherungsverwahrung nicht vorlagen.[763]

Dass die Betroffenen somit u.U. ohne einen in Art. 5 Abs. 1 Satz 2 genannten Freiheitsent- 283 ziehungsgrund festgehalten werden konnten, dass also das BVerfG von den Vorgaben des EGMR evtl. geringfügig abwich, spielte nur für kurze Zeit eine Rolle. Ob dies überhaupt eine

so auch LG Regensburg StRR **2012** 74 m. krit. Anm. *Linkhorst*, bestätigt von OLG Nürnberg FGPrax **2012** 86: Gesetzgeber habe mit dem ThUG eine neue Kategorie von psychisch auffälligen Straftätern geschaffen, die mit den überkommenen Kategorisierungen der Psychiatrie nicht deckungsgleich sei; die Verfassungsbeschwerde (BVerfG Beschl. v. 23.1.2014 – 2 BvR 565/12) hatte zwar Erfolg, jedoch nicht hinsichtlich dieser im ThUG geschaffenen neuen Kategorie von psychisch auffälligen Straftätern, sondern weil die vom BVerfG aufgestellten strengen Anforderungen (Rn. 152) nicht beachtet worden waren. Kritisch zu dieser neuen Kategorie u.a. aus medizinischer Sicht *Dannhorn* StRR **2012** 297.

757 Später dann aber BVerfGE **134** 33 = NJW **2013** 3151 = EuGRZ **2013** 536 = JZ **2013** 1097 m. Anm. *Zimmermann*; zum Beschl. des BVerfG v. 11.7.2013 siehe auch *Höffler* StV **2014** 168.

758 BVerfGE **128** 326, 406 = NJW **2011** 1931, 1946, Tz. 173. Kritisch dazu *Renzikowski* ZIS **2011** 531, 538: nur eine krankhafte psychische Persönlichkeitsstörung, die zumindest unter § 21 StGB falle und zur Unterbringung nach § 63 StGB führe, lasse sich auf *lit.* e stützen. Nicht erfasst sei damit die dissoziale Persönlichkeit, was sich auch daraus ergebe, dass der EGMR nur in den Fällen eingeschränkter Schuldfähigkeit Art. 5 Abs. 1 Satz 2 *lit.* a und e in Erwägung ziehe, nie jedoch bei uneingeschränkter Schuldfähigkeit. Das ThUG käme demzufolge nur in extremen Ausnahmefällen zum Zuge. Kritisch ferner *Boetticher* „Wenn Politiker beratungsresistent sind", SZ v. 26.10.2011, 2.

759 EGMR Glien/D, 28.11.2013, § 84.

760 Der Gerichtshof zeigte sich eher skeptisch (EGMR Glien/D, 28.11.2013, §§ 85 ff., insbes. 87 f.; die Freiheitsentziehung war aber mangels Unterbringung in einer besonderen Einrichtung für psychisch Kranke nicht nach *lit.* e gerechtfertigt, so dass es auf das Vorliegen der übrigen Voraussetzungen nicht ankam.

761 Vgl. EGMR (GK) Ilnseher/D, 4.12.2018, §§ 146 ff. = NJOZ **2019** 1445, 1449 = GSZ **2020** 73 m. Anm. *Baumgartner*.

762 BVerfGE **128** 326, 332 f. = NJW **2011** 1931, 1933 f.; vgl. *Wolf* Rpfleger **2011** 414.

763 BVerfG StV **2012** 25 m. Anm. *Krehl* = R&P **2012** 39 = EuGRZ **2011** 645, Tz. 27 ff.

Abweichung war, ist außerdem nicht sicher, da auch bei begründetem Verdacht auf eine psychische Krankheit i.S.d. *lit.* e konventionskonform die Freiheit vorübergehend entzogen werden kann, um zu ermitteln und festzustellen, ob eine solche psychische Krankheit tatsächlich vorliegt.[764] Der EGMR begrüßte grundsätzlich das Vorgehen des BVerfG, die Vorgaben der EMRK bei der Interpretation des Grundgesetzes zu berücksichtigen, und sprach im Zusammenhang mit der Fortdauer der Haft bis längstens zum 31.12.2011 von einer „angemessenen Lösung zur Beendigung fortdauernder Konventionsverstöße".[765]

284   **dd) Alkohol- und Rauschgiftsüchtige.** Alkohol- und Rauschgiftsüchtige werden nicht nur im Sinne des allgemeinen Sprachgebrauchs (chronisch Alkohol- oder Rauschgiftkranke) verstanden.[766] Entsprechend dem Schutzzweck unterfallen der Regelung auch sonstige Personen, von deren Verhalten unter Alkohol- oder Rauschgifteinfluss eine Bedrohung oder Gefahr für die öffentliche Ordnung oder für sie selbst ausgeht.[767] Für diese weite Auslegung spricht, dass die Zulässigkeit der Verwahrung bei dieser Personengruppe nicht so sehr von der Zuordnung zu den sehr dehnbaren Begriffen abhängt, sondern vor allem davon, ob im konkreten Fall die Unterbringung eines Betroffenen nach Art und Ausmaß des Persönlichkeitsabbaus und den sonstigen Umständen in seinem **eigenen Interesse** oder zum **Schutz der Allgemeinheit notwendig** ist, etwa, um ein gefährliches Verhalten nach Alkoholgenuss zu verhindern;[768] das bloße physische Erscheinungsbild eines Betrunkenen, das gegen etwas verstoßen mag, was man „öffentliche Moral" nennen kann, reicht nicht aus.[769]

285   Eine Freiheitsentziehung ist nur dann möglich, wenn bezogen auf den konkreten Fall weniger einschneidende Maßnahmen erwogen und als unzureichend anzusehen sind, den Betroffenen oder die Öffentlichkeit, in deren Interesse die Unterbringung erfolgt sein mag, zu schützen.[770]

286   **ee) Landstreicher.** Der Begriff *Landstreicher* („vagrant"/„vagabond") wird von *lit.* e ebenfalls nicht näher definiert. Der EGMR hat die Definition des (früheren) belgischen Rechts, wonach *Personen ohne festen Wohnsitz, Mittel zum Unterhalt und regelmäßiger Berufstätigkeit* gemeint waren, als mit Art. 5 vereinbar angesehen.[771] Gleiches dürfte für ähnliche Begrifflichkeiten in anderen nationalen Rechtsordnungen gelten.[772]

---

764 EGMR S.R./NL (E), 18.9.2012, §§ 36 f.; Herz/D, 12.6.2003, NJW **2004** 2209, § 46.

765 EGMR O.H./D, 24.11.2011, § 118 („an adequate solution to put an end to ongoing Convention violations"); wiederholt in: Kronfeldner/D, 19.1.2012, § 102; S./D, 28.6.2012, § 121; zur Freiheitsentziehung, die auf für verfassungswidrig befundenen Rechtsnormen beruht, und die aufgrund der vom BVerfG angeordneten Weitergeltung bis 31.5.2013 erfolgte, dann aber sehr kritisch: EGMR Glien/D, 28.11.2013, §§ 100 ff.

766 EGMR Witold Litwa/PL, 4.4.2000, § 61; ebenso *Herzog* AöR **86** (1961) 194, 230.

767 EGMR Gukovych/UKR, 20.10.2016, § 51; Witold/Litwa/PL, 4.4.2000, § 61.

768 EGMR B./D, 19.4.2012, 19.4.2012, § 70; H.D./PL, 7.6.2001; Witold Litwa/PL, 4.4.2000; *Grabenwarter/Pabel* § 21, 38, 46; Meyer-Ladewig/Nettesheim/von Raumer/*Meyer-Ladewig/Harrendorf/König* 59; näher dazu (auch zur Kritik): SK/*Meyer* 163 ff.

769 EGMR Kharin/R, 3.2.2011, § 43.

770 Vgl. EGMR Witold Litwa/PL, 4.4.2000, § 78; Enhorn/S, 25.1.2005; Kharin/R, 3.2.2011, §§ 34, 40; Hilda Hafsteinsdóttir/ISL, 8.6.2004, § 51; BGH NJW-RR **2015** 770 (zivilrechtliche Unterbringung zum Schutz vor Selbstgefährdung durch Alkoholkonsum, § 1906 Abs. 1 Nr. 1 BGB); ebenso BGH NJW-RR **2016** 513.

771 EGMR De Wilde u.a./B, 18.6.1971; Guzzardi/I, 6.11.1980 (siehe auch EKMR EuGRZ **1979** 421); *Frowein/Peukert* 95; *Trechsel* EuGRZ **1980** 514, 526.

772 Vgl. für früheres Recht BGHSt **4** 54 = NJW **1953** 795 (wer aus eingewurzeltem Hang zum Umhertreiben ziel- und zwecklos mit wechselndem Nachtquartier von Ort zu Ort umherzieht und mit seinem Lebensunterhalt überwiegend anderen „zur Last fällt").

Herzog hatte aus dem über den deutschen und französischen Sprachgebrauch hinausrei- **287** chenden englischen Begriff „vagrant" geschlossen, dass das Merkmal der Unstetigkeit des Lebenswandels nicht notwendig vorliegen müsse und dass deshalb entsprechend der Zielsetzung, ein **Vorgehen gegen sozialschädliche Entwicklungen** zu ermöglichen, auch Personen in die Kategorie „Landstreicher" fallen könnten, die einen festen Wohnsitz haben, die aber arbeitsunwillig und aus diesem Grund nicht in der Lage sind, sich und ihren Angehörigen den nötigen Lebensunterhalt zu verschaffen.[773] Diese noch aus den 1960er Jahren stammende Ansicht ist jedenfalls heute nicht mehr vertretbar. Eine bloße **Verwahrlosung**[774] oder **Obdachlosigkeit**[775] allein können eine Freiheitsentziehung grundsätzlich nicht rechtfertigen.

Insbesondere die sog. **freiwillige Obdachlosigkeit** als gesellschaftlich tolerierte Le- **288** bensform stellt keine ordnungsrechtliche Störung dar; ihr darf daher staatlicherseits nicht mit einer Freiheitsentziehung (Zwangsunterbringung) entgegengewirkt werden, mag sie auch mit Arbeitsunwilligkeit und Wohnsitzlosigkeit einhergehen.[776]

Bei **unfreiwilliger Obdachlosigkeit** kann eine Störereigenschaft des Obdachlosen **289** zwar ordnungsrechtlich grundsätzlich bejaht werden; auch hier sind vor der Verfügung einer **Einweisung** aber stets mildere Mittel in Betracht zu ziehen. Selbst eine solche staatliche Reaktion entfaltet für den Obdachlosen **keinerlei Zwangscharakter** sondern stellt nur das Angebot dar, eine entsprechende (menschenwürdige) Unterkunft anzunehmen; lehnt er sie ab, so ist er ab jetzt freiwillig obdachlos (Rn. 288).[777]

Jedenfalls ist eine ausdehnende Auslegung des überkommenen Begriffs *Landstreicher* **290** auf andere Personen, die zwar über die nötigen Mittel zu ihrer Lebensführung verfügen, aber keiner geregelten Arbeit nachgehen und bei denen der Verdacht besteht, dass sie ihren Lebensunterhalt durch kriminelle Handlungen bestreiten, abzulehnen, da dieser Ansatz einer Art **Präventivunterbringung** gleichkäme, die nur unter engsten Voraussetzungen nach *lit.* c zulässig ist (Rn. 221 ff.). Die Unterbringung einer Person wegen *Landstreicherei* ist daher als **fürsorgerische Maßnahme** *im Interesse* **der Betroffenen** aufzufassen und kann daher nicht als Mittel zur Verhütung künftiger Straftaten herhalten.[778]

Für das zu beachtende **Verfahren**, d.h. die Anordnung der Unterbringung gemäß dem **291** jeweiligen nationalen Recht, für die Notwendigkeit der Überprüfung ihrer Voraussetzungen und ihrer Fortdauer und für die Nachprüfung dieser Erfordernisse gilt das zur Unterbringung von Personen, die an einer psychischen Krankheit leiden (Rn. 259 ff.), Ausgeführte entsprechend.

7. Freiheitsentziehung zum Zwecke der Ausweisung oder Auslieferung (*lit.* f)

a) Allgemeine Grundsätze. Art. 5 Abs. 1 garantiert jedem das Recht auf Freiheit und **292** Sicherheit unabhängig vom aufenthaltsrechtlichen Status und der Rechtmäßigkeit des Auf-

---

[773] *Herzog* AöR **86** (1961) 194, 230; **a.A.** *Guradze* 27; *Schorn* 2.

[774] Vgl. EKMR Wilhelm Peyer/CH, 8.3.1979, EuGRZ **1981** 126 (bei Mengel); Vormundschaft wegen „Verschwendung und lasterhaftem Lebenswandel" (Bf. hatte Lottogewinn in kurzer Zeit ausgegeben und sich verschuldet, weil er die Steuer auf den Lottogewinn nicht zahlen konnte), danach Gefängnisstrafe wegen diverser Straftaten; ein Jahr nach der Haft lebte der Bf. bei seiner Mutter, arbeitete nicht und erfüllte nicht „die Bedingungen eines geordneten Lebens"; Einweisung in Anstalt; von EKMR nicht entschieden, da die Beteiligen sich gütlich einigten.

[775] Überaus bedenklich ist daher eine Ende 2011 in Ungarn beschlossene Regelung im Gesetz über Ordnungswidrigkeiten, wonach Obdachlose, die innerhalb von sechs Monaten wiederholt beim Campieren auf der Straße angetroffen werden, mit einem Bußgeld belegt/inhaftiert werden können.

[776] Vgl. hierzu: *Ruder* NVwZ **2012** 1283, 1284; VGH Mannheim NJW **1984** 507; NVwZ-RR **2010** 59.

[777] Vgl. *Ruder* NVwZ **2012** 1283, 1285, 1286.

[778] EGMR Guzzardi/I, 6.11.1980; *Esser* 237; *Frowein/Peukert* 83.

enthalts.[779] Ein Recht, sich in einem fremden Land aufzuhalten, garantieren EMRK und IPBPR jedoch nicht (siehe Art. 8 Rn. 208). Die Vertragsstaaten haben daher das Recht, die Einreise und den Aufenthalt von Nichtstaatsangehörigen selbstständig zu regeln. Nicht vom Schutzbereich des Art. 5 Abs. 1 erfasst sind **Beschränkungen der Bewegungsfreiheit von Ausländern** aufgrund ihres aufenthaltsrechtlichen Status.[780] Maßgebliche Kriterien für die Abgrenzung einer Freiheitsbeschränkung von einer Freiheitsentziehung im Kontext des Festhaltens von Ausländern in Transitzonen o.Ä. zum Zwecke der Identifizierung und Registrierung sind dabei nach den Umständen des Einzelfalls insbesondere die individuelle Situation des Bf. und ob er sich aus freien Stücken in dem betreffenden Land befand, das auf den Bf. anwendbare Regelungsregime des Landes und dessen Zielrichtung, die Dauer seines Aufenthalts sowie Art und Intensität der dadurch vom Bf. erlebten Beschränkungen.[781]

293   Die EMRK regelt weder die Voraussetzungen noch den konkreten Ablauf einer Auslieferung oder Ausweisung.[782] Sie verbietet, anders als Art. 16 Abs. 2 Satz 1 GG (im Grundsatz), auch nicht die **Auslieferung eigener Staatsangehöriger**. Soweit Deutschland nach **Art. 16 Abs. 2 Satz 2 GG** ausnahmsweise auch eigene Staatsangehörige *aufgrund eines Gesetzes*[783] an **Mitgliedstaaten der Europäischen Union**[784] oder an einen **internationalen Gerichtshof**[785] ausliefern darf (soweit rechtsstaatliche Grundsätze gewahrt sind), ist Art. 5 Abs. 1 Satz 2 *lit.* f in diesen Fällen ebenfalls anwendbar; im Übrigen betrifft er nur Ausländer oder Staatenlose.

294   **Eigene Staatsangehörige** genießen nach Art. 11 GG, Art. 3 Abs. 2 des 4. ZP-EMRK und Art. 12 Abs. 4 IPBPR das Recht zur Einreise in den eigenen Staat.[786] Art. 3 Abs. 1 des 4. ZP-EMRK untersagt sowohl die **Kollektiv-** als auch die **Einzelausweisung** eigener Staatsangehöriger; im IPBPR fehlt eine entsprechende Regelung.

295   Art. 4 des 4. ZP-EMRK erklärt die **Kollektivausweisung von Ausländern** für unzulässig; diese Bestimmung fehlt im IPBPR. Art. 13 IPBPR und Art. 1 des von Deutschland lediglich gezeichneten, jedoch bislang nicht ratifizierten 7. ZP-EMRK fordern für die Ausweisung der sich rechtmäßig im Inland aufhaltenden Ausländer die Einhaltung bestimmter Verfahrensgarantien.

---

779 *Pichou*, KritV **2016** 114, 126.

780 Siehe auch 4. ZP-EMRK Rn. 6.

781 Vgl. EGMR R.R. u.a./H, 2.3.2021, § 74; M.B.K. u.a./H, 24.2.2022, § 9 („de facto deprivation of liberty").

782 Dies richtet sich vielmehr nach nationalem Recht bzw. unmittelbar anwendbarem Unionsrecht, wie z.B. §§ 15, 57 Abs. 3, 62 Abs. 2, Abs. 3, 62b AufenthG bzw. Art. 28 Abs. 2 Dublin-III-VO; im Einzelnen hierzu: *Kaniess* Rn. 75 ff., 365 ff.; zur Ermessensausübung bei der Anordnung des Ausreisegewahrsams nach § 62b AufenthG: BGH BeckRS **2021** 10468. Zu den Schranken für Ausweisung und Auslieferung aus Art. 3, dort Rn. 73 ff.; vgl. auch *Herzog* AöR **86** (1961) 194, 234.

783 § 3 i.V.m. § 81 IRG; siehe auch: Gesetz über den Europäischen Haftbefehl v. 20.7.2006 (BGBl. I S. 1721 ff.); §§ 40 ff. des Gesetzes über die Zusammenarbeit mit dem ICC v. 21.6.2002 (BGBl. I S. 2144 ff.), zuletzt geändert durch Art. 10 des Gesetzes vom 21.12.2007 (BGBl. I S. 3198); § 4 des Gesetzes über die Zusammenarbeit mit dem ICTY v. 10.4.1995 (BGBl. I S. 485), zuletzt geändert durch Art. 7 des Gesetzes vom 21.6.2002 (BGBl. I S. 2144); § 3 des Gesetzes über die Zusammenarbeit mit dem ICTR v. 4.5.1998 (BGBl. I S. 843), zuletzt geändert durch Art. 8 des Gesetzes vom 21.6.2002 (BGBl. I S. 2144).

784 Hierzu: *Böhm* NJW **2006** 2592; *Uhle* NJW **2001** 1889; *Klink/Proelß* DÖV **2006** 469.

785 Zur Auslieferung an den ICC: *Globke* Die Auslieferung an den Internationalen Strafgerichtshof (2009).

786 Die Einreise in das Bundesgebiet schützt Art. 11 GG jedoch nur „zum Zwecke der Wohnsitznahme" (BVerfGE **110** 177, 191; **134** 242, 324; *Jarass*/Pieroth 3); tendenziell noch etwas weiter hingegen BVerfGE **2** 266, 273: „Freizügigkeit bedeutet [...] das Recht, an jedem Orte innerhalb des Bundesgebiets Aufenthalt und Wohnsitz zu nehmen, auch zu diesem Zweck in das Bundesgebiet einzureisen [...].".

Eine Freiheitsentziehung im Rahmen einer Einreise oder Abschiebung liegt in der **296** Regel bei einem länger andauernden Festhalten im **Transitbereich eines Flughafens** vor (Rn. 64 f.). Ob dies auch auf den eigentlichen Abschiebungsvorgang[787] zutrifft, ist nach den Umständen des Einzelfalls zu beurteilen. Die deutsche Rechtsprechung sieht darin regelmäßig keine Freiheitsentziehung.[788]

b) Verhinderung der unerlaubten Einreise (Alt. 1). Die Festnahme und Freiheitsent- **297** ziehung gestattet Art. 5 Abs. 1 Satz 2 lit. f bei jedem Ausländer, der unberechtigt auf das Staatsgebiet gelangen will oder in einem Vertragsstaat von einem gegen ihn schwebenden Ausweisungs- oder Auslieferungsverfahren betroffen ist. Die Freiheitsentziehung ist dabei (nur) so lange rechtmäßig, wie das ordnungsgemäß durchgeführte Ausweisungs- oder Auslieferungsverfahren andauert und mit der gebotenen Sorgfalt geführt wird.[789] Unter der **Verhinderung der unerlaubten Einreise** ist vor allem der Fall zu verstehen, dass jemand unmittelbar an der Grenze oder auf einem Flughafen[790] aufgegriffen und bis zu seiner alsbaldigen Rücküberstellung festgehalten wird.[791] Aber auch ein illegal eingereister Ausländer, der sich bereits weiter im Inland befindet, kann noch darunter fallen, wenn er dort nach seinem Grenzübertritt aufgegriffen wird.[792] Ob diese Alternative des *lit.* f auch noch einen Ausländer erfasst, der erst später nach einem Inlandsaufenthalt von längerer Dauer aufgrund seiner unbefugten Einreise erkannt wird[793] und wie das Eindringen vom **unbefugten Aufenthalt** räumlich und zeitlich abzugrenzen wäre, kann meist offen bleiben, da hier jede Festnahme aus solchem Anlass grundsätzlich auch eine in Betracht zu ziehende Ausweisung sichert, so dass die Freiheitsentziehung durch die zweite Variante von *lit.* f (Rn. 300 ff.) gerechtfertigt ist.

Eine Einreise wird nicht dadurch rechtmäßig, dass der Ausländer sich sofort bei der **298** Einreise an die Einwanderungsbehörde wendet und einen Asylantrag stellt. Vielmehr ist die Einreise erst dann nicht mehr unerlaubt, wenn ihm eine Aufenthaltsgenehmigung oder Asyl, d.h. eine **Aufenthaltserlaubnis** (Titel) gewährt wurde. Sieht hingegen das nationale Recht vor, dass Asyl*bewerbern* Einreise und Aufenthalt von vornherein gestattet sind, kann eine Freiheitsentziehung nicht mehr mit Art. 5 Abs. 1 Satz 2 *lit.* f Var. 1 gerechtfertigt werden.[794] Nach *lit.* f ist für eine rechtmäßige Festnahme nicht erforderlich, dass der Ausländer versucht, Einwanderungsbestimmungen zu umgehen.[795] Voraussetzung für eine rechtmäßige Freiheitsentziehung in diesem Fall ist jedoch, dass die Festnahme eine Prüfung der Aufenthaltsgenehmigung oder des Asylrechts erleichtert und mit den allgemeinen Zielen von Art. 5 vereinbar ist.

---

787 Allgemein zur Abschiebung ausführlich *Möthrath/Rüther/Bahr* Verteidigung ausländischer Beschuldigter (2012) 229 ff. und 242 ff. zum Rechtsschutz gegen Aufenthaltsbeendigungen und Abschiebungen.

788 Siehe BTDrucks. **16** 10711, vgl. dort weitere Rechtsprechung BVerfG Beschl. v. 15.3.2002 – 2 BvR 2292/ 00, BVerfGE **105** 239, 250 (Freiheitsentziehung ausnahmsweise aufgrund der Umstände des Einzelfalls bejaht); BVerwGE **62** 325; BVerwG Urt. v. 17.8.1982 – 1 C 85.80OVG, BeckRS **1982** 31242949; BGH Beschl. v. 25.6.1998 – V ZB 8/98. Zur Abschiebungshaft aus verfassungsrechtlicher Sicht: *Kühn* Abschiebungsanordnung und Abschiebungshaft (2009).

789 EGMR Nur Ahmed u.a./UKR, 18.6.2020, § 81; Chanturidze/R, 28.11.2017, § 31; (GK) A. u.a./UK, 19.2.2009, § 164; *Pichou* KritV **2016** 114, 119.

790 Vgl. EGMR Amuur/F, 25.6.1996; *Kokott* EuGRZ **1996** 569.

791 *Villiger* 421.

792 BGer EuGRZ **1994** 174.

793 So unter Berufung auf den Sinn der Regelung: BGer EuGRZ **1984** 295.

794 EGMR Suso Musa/MLT, 27.7.2013, § 97.

795 EGMR (GK) Saadi/UK, 29.1.2008, § 74.

Esser

299 Eine Freiheitentziehung darf auch hier nicht willkürlich sein. Um dem Vorwurf der **Willkürlichkeit** zu entgehen, müssen vier Voraussetzungen kumulativ vorliegen: die Festnahme erfolgt in **gutem Glauben** und nicht in Täuschungsabsicht; Anordnung und Vollzug der Freiheitsentziehung sind eng verknüpft mit dem **Zweck**, eine unerlaubte Einreise zu verhindern; **Ort und Bedingungen der Unterbringung** sind im Hinblick darauf, dass der Einreisende möglicherweise in Todesangst sein Land verlassen hat, angemessen; die **Länge der Haft** überschreitet nicht wesentlich das Maß, welches zur Erreichung des Zwecks erforderlich ist.[796] Eine Festnahme kann unter diesen Voraussetzungen auch dann noch erfolgen, wenn die Person sich schon ein paar Tage auf freiem Fuß befunden hat.[797] Die Bezeichnung oder der Ort der Unterbringung sind dabei für die Beurteilung des Vorliegens einer Freiheitsentziehung unerheblich.[798] Auch wenn Flüchtlinge nicht in Zellen sondern in einer als „Aufnahmelager" („**reception centres**") bezeichneten Einrichtung zur Erstaufnahme untergebracht sind, kann dies eine Freiheitsentziehung darstellen, wenn die dortigen Bedingungen einer Haftsituation ähnlich sind.[799]

c) Personen, gegen die ein Ausweisungs- oder Auslieferungsverfahren im Gange ist (Alt. 2)

300 **aa) Freiheitsentziehung zur Sicherung der *Ausweisung*.** Die Anordnung einer Freiheitsentziehung zur Sicherung der Ausweisung (sog. Abschiebungshaft)[800] setzt ein gleichzeitig eingeleitetes oder bereits schwebendes Verfahren voraus, in dem nach innerstaatlichem Recht über die Frage der Ausweisung einer Person entschieden werden soll.[801] Ein Verfahren, das nur einen Asylantrag zum Gegenstand hat, reicht dafür nicht aus.[802] Nicht notwendig ist, dass die Ausweisung selbst bereits angeordnet wurde.[803] Es bedarf **keiner**

796 EGMR J.R. u.a./GR, 25.1.2018, §§ 110, 114–116 (ein Monat); (GK) Saadi/UK, 29.1.2008; Suso Musa/MLT, 27.7.2013, §§ 100 ff.; krit. zum Schutzstandard in der Praxis des EGMR bei Abschiebungshaft: *Morgenstern* 142.

797 EGMR (K) Saadi/UK, 11.7.2006, §§ 40 ff., NVwZ **2007** 913; (GK) 29.1.2008.

798 *Pichou* KritV **2016** 114,123.

799 EGMR (GK) Khlaifia u.a./I, 15.12.2016, §§ 65 ff.

800 2020 erfolgten in Deutschland 10.800 Abschiebungen (davon 8.970 auf dem Luftweg), vgl. Antwort der BReg, BTDrucks **19** 27007; im ersten Halbjahr 2021 betrug die Zahl der Abschiebungen in Deutschland 5.688 (davon 4.889 auf dem Luftweg); für detaillierte Angaben darüber, wie vielen Abschiebungen – nach Länderangaben – in den Jahren 2018, 2019, 2020 und 2021 (erstes Quartal) eine Abschiebungshaft vorausging, siehe: BTDrucks **19** 31669 S. 71 ff. (z.B. Berlin: 0,5 % [2018], 1,3 % [2019], 1,3 % [2020], 1,1 % [2021]; Hessen: 9,29 % [2018], 16,48 % [2019], 21,27 % [2020], 30,09 % [2021]); zu den Gesetzen, Verwaltungsvorschriften, Rundschreiben etc., mit welchen die Abschiebungshaft in den einzelnen Bundesländern geregelt wird: vgl. BTDrucks **18** 7196 S. 41 ff.

801 EGMR (GK) Slivenko/LET, 9.10.2003, § 146; Chahal/UK, 15.11.1996, ÖJZ **1997** 632 = NVwZ **1997** 1093 = InfAuslR **1997** 97; Meyer-Ladewig/Nettesheim/von Raumer/*Meyer-Ladewig/Harrendorf/König* 63; allgemein zur Ausweisung ausführlich: *Möthrath/Rüther/Bahr* Verteidigung ausländischer Beschuldigter (2012) 206 ff.; *Haag* Abschiebehaft Europa- und verfassungsrechtliche Anforderungen an die Anordnung und Durchführung (2015).

802 Vgl. ÖVerfG EuGRZ **1994** 176.

803 EGMR Chahal/UK, 15.11.1996. Siehe aber auch: BGH NVwZ **2010** 1574 = StRR **2010** 434 (Anordnung der Haft eines Ausländers, gegen den ein Strafverfahren anhängig ist, *zur Sicherung der Abschiebung* scheidet aus, solange die Staatsanwaltschaft der von der Ausländerbehörde beabsichtigten Abschiebung nicht zugestimmt hat); Abschiebungshaft außerdem unzulässig, wenn Abschiebung nach innerstaatlichem Recht wegen schwebenden Asylverfahrens nicht zulässig ist: EGMR A.A./GR, 22.7.2010, NVwZ **2011** 418, § 92; für Deutschland vgl. § 14 Abs. 3 AsylG; zur Frage der Zulässigkeit von Abschiebungshaft nach Stellung eines Asylantrags nach EU-Recht (Art. 7 RL 2005/85/EG v. 1.12.2005; vgl. auch ErwG 9 der RL 2008/115/EG v. 16.12.2008, sog. EU-

weiteren Haftgründe, wie etwa Fluchtgefahr oder der Gefahr der Begehung einer strafbaren Handlung.[804] Langfristig aufenthaltsberechtigte Drittstaatsangehörige genießen allerdings in der Europäischen Union verstärkten Ausweisungsschutz (Art. 12 RL 2003/109/EG[805]), so dass eine Ausweisung hier nicht schon deshalb angeordnet werden darf, weil der Drittstaatsangehörige zu einer Freiheitsstrafe von über einem Jahr verurteilt wurde.[806] Unter der Voraussetzung, dass das Ausweisungsverfahren weiterhin betrieben wird, ist eine Haft zur Sicherung der Ausweisung nicht deswegen unzulässig, weil die Ausweisung aufgrund einer vom EGMR ausgesprochenen **einstweiligen Anordnung** (Art. 39 VerfO) derzeit nicht vollzogen werden kann,[807] sofern dadurch die Dauer der Haft nicht unangemessen lang (**„unreasonably long"**) wird.[808] Die einstweilige Anordnung kann also im Ergebnis zu einer Konventionswidrigkeit der Fortdauer der Abschiebungshaft führen, wenn dadurch die Freiheitsentziehung zu lange dauert, insbesondere wenn die gesetzlich festgelegte Höchstdauer der Abschiebungshaft überschritten wird.[809] Unzulässig ist auch die **„vorsorgliche" Anordnung** von Abschiebungshaft (d.h. für den Fall, dass der Betroffene aus im Anordnungszeitpunkt noch laufender Straf- oder Untersuchungshaft entlassen wird), weil der Beginn der Abschiebungshaft nicht an einen in der Zukunft liegenden ungewissen Zeitpunkt geknüpft werden darf.[810] Unzulässig wäre es auch, den Betroffenen allein deshalb in Haft zu nehmen, weil er nach der RL 2013/32/EU internationalen Schutz beantragt hat.[811]

Rückführungs-RL) und zur richtlinienkonformen Auslegung von § 14 Abs. 3 AsylVfG a.F. (nunmehr § 14 Abs. 3 AsylG) vgl. *Habbe* ZAR **2011** 287 f.

804 EGMR Ha.A./GR, 21.4.2016, § 37; Chahal/UK, 15.11.1996; vgl. auch EGMR S.M.M./UK, 22.6.2017, §§ 67 f.

805 Richtlinie 2003/109/EG des Rates v. 25.11.2003 betreffend die Rechtsstellung der langfristig aufenthaltsberechtigten Drittstaatsangehörigen (ABlEU Nr. L 16 v. 23.1.2004 S. 44); geändert durch RL 2011/51/EU v. 11.5.2011 (ABlEU Nr. L 132 v. 19.5.2011 S. 1).

806 EuGH 7.12.2017, C-636/16 (Pastuzano), Tz. 22 ff., NVwZ-RR **2018** 123, 124.

807 EGMR Umirov/R, 18.9.2012, §§ 140 f.; Al Husin/BIH, 7.2.2012, §§ 68 f.; Al Hanchi/BIH, 15.11.2011, §§ 50 f.; Yoh-Ekale Mwanje/B, 20.12.2011, §§ 120, 123; zu Art. 39 VerfO: Teil II Rn. 112 ff.

808 Vgl. EGMR Ahmed/UK, 2.3.2017, §§ 44 ff. Im Einzelfall hat der Gerichtshof hier bereits eine Haftdauer von knapp zwei Jahren akzeptiert; siehe EGMR A.H. u. J.K./ZYP, 21.7.2015, §§ 188 ff. m.w.N. aus der Rechtsprechung (siehe auch zwei weitere Urteile gegen Zypern vom selben Tag). Zur fehlenden Rechtfertigung nach Art. 5 Abs. 1 Satz 2 *lit.* f Var. 1 wegen langer Dauer der Haft Rn. 299.

809 Exemplarisch EGMR Yoh-Ekale Mwanje/B, 20.12.2011, §§ 32 ff., 123: Nach nationalem Recht konnte Abschiebungshaft nur für eine begrenzte Dauer und den Fall angeordnet werden, dass zu erwarten war, dass die Abschiebung auch tatsächlich innerhalb dieser bzw. innerhalb vernünftiger Dauer erfolgen würde (hier: Abschiebungshaft vom 16.2. bis 15.4.2010 angeordnet; eA des EGMR: 22.2.2010). Das nationale Gericht hielt die Haft aufrecht, da unter Berücksichtigung des (zu erwartenden) EGMR-Urteils in der Hauptsache die Abschiebung noch innerhalb der Frist erfolgen könnte. Der EGMR bemerkt hierzu, dass sich die belgischen Gerichte nicht von der Aussicht hätten leiten lassen dürfen, der EGMR werde innerhalb der im belgischen Recht genannten Frist entscheiden; die weiteren Erwägungen im Urteil (§ 124), u.a. dass die Behörden die Wohnanschrift der Bf. kannten und dass sie unter einer HIV-Infektion im fortgeschrittenen Stadium litt, wobei sich ihr Zustand in der Haft verschlechtert hatte, sind nicht entscheidend, machen jedoch deutlich, dass die Entscheidung der Gerichte zur Fortdauer der Haft schier unbegreiflich ist und unter mechanischer „Anwendung" des Gesetzes getroffen wurde. Im Übrigen wäre zu beachten gewesen, dass die eA bis zur Endgültigkeit des Urteils (Art. 44) weiterbestanden hätte – auch dann, wenn der EGMR die Beschwerde innerhalb sehr kurzer Zeit abgewiesen hätte (vgl. EGMR Mohammed/A, 6.6.2013, § 113).

810 BGHZ **203** 323 = NVwZ **2015** 1079; eine parallele Anordnung von Straf-/Untersuchungshaft und Abschiebungshaft sei dagegen zulässig.

811 EGMR Ilias u. Ahmed/U, 14.3.2017, § 64. Zur RL 2013/32/EU: EuGH (GK) 14.5.2020, C-924/19 PPU u. C-925/19 PPU (FMS u.a.), EuGRZ **2020** 546 = NLMR **2020** 235 (Unterbringung in ungarischem Transitlager Röszke als unzulässige Inhaftierung).

301   Aufgrund des hohen Flüchtlingszustroms in den Jahren 2015/2016 wurde von der EU das Konzept der **„Hotspot-Zentren"** entwickelt, in denen neu ankommende Flüchtlinge an den Außengrenzen registriert wurden und die Rückführung von Flüchtlingen ohne Bleibeperspektive koordiniert wurde. Die Verantwortung in Bezug auf die Unterbringung von Flüchtlingen in derartigen Zentren obliegt den jeweiligen Mitgliedstaaten. Eine konventionskonforme Unterbringung der Flüchtlinge in den Hotspot-Zentren erfordert dabei vor allem eine klare gesetzliche Grundlage und die Beachtung der Garantien des Art. 5.[812]

302   Aus Anlass des **Anschlags auf den Weihnachtsmarkt am Berliner Breitscheidplatz** im Dezember 2016 wurden durch das Gesetz zur besseren Durchsetzung der Ausreisepflicht v. 20.7.2017[813] zahlreiche aufenthaltsrechtliche Vorschriften verschärft.[814] Neben der neu geschaffenen Möglichkeit der **elektronischen Aufenthaltsüberwachung** („Fußfessel") für sog. **Gefährder** (§ 56a AufenthG n.F.) hat der Gesetzgeber den Anwendungsbereich der **Abschiebungshaft** (§ 62 AufenthG) erheblich ausgeweitet. Mit dem Zweiten Gesetz zur besseren Durchsetzung der Ausreisepflicht v. 15.8.2019[815] wurden die Voraussetzungen der Abschiebungshaft erneut reformiert. Seither sind in § 62 Abs. 3a AufenthG Kriterien normiert, nach denen **Fluchtgefahr (widerleglich) vermutet** wird. Ferner hat der Gesetzgeber präzisiert, unter welchen Voraussetzungen konkrete Anhaltspunkte für Fluchtgefahr anzunehmen sind (im Einzelnen: § 62 Abs. 3b AufenthG).[816] Diese Vorgaben entbinden die zuständigen Stellen allerdings nicht von einer individuellen Prüfung im konkreten Einzelfall. Mit einem Gesetz v. 3.12.2020[817] wurde außerdem die Möglichkeit einer **Ergänzenden Vorbereitungshaft** (§ 62c AufenthG) für Personen geschaffen, die nach einer Ausweisung erneut einreisen und (erstmals) Asyl beantragen.

303   Auch die auf Landesebene vollzogene Ausweitung der **Präventivhaft** für sog. **Gefährder**[818] begegnet aus der Perspektive der EMRK erheblichen Bedenken. Ganz konkret hat etwa der bayerische Gesetzgeber die Möglichkeit geschaffen, eine Person (präventiv) in Haft zu nehmen, wenn dies zur Abwehr einer Gefahr für ein bedeutendes Rechtsgut – im Einzelnen: der Bestand oder die Sicherheit des Bundes oder eines Landes, Leben, Gesundheit oder Freiheit, die sexuelle Selbstbestimmung oder Sachen, deren Erhalt im besonderen öffentlichen Interesse liegt – unerlässlich ist (Art. 17 Abs. 1 Nr. 3 BayPAG). Zum anderen

---

812 *Pichou* KritV **2016** 114, 128 f.; zu dieser Problematik auch *Markard/Heuser* ZAR **2016** 165. Zur Unterbringung in einem Hotspot in Griechenland: EGMR J.R. u.a./GR, 25.1.2018, NVwZ **2018** 1375; hierzu BTDrucks. **18** 7196 S. 4; zur Positionierung einzelner Bundesländer zur generellen Abschaffung der Abschiebungshaft und zur Entwicklung von Alternativen: BTDrucks. **18** 7196 S. 119 ff.

813 BGBl. I S. 2780; Gesetzentwurf der BReg: BRDrucks. 179/17; krit. *Kubiciel* ZRP **2017** 57.

814 Umfassende Kritik am Gesetz zur besseren Durchsetzung der Ausreisepflicht bei *Hörich/Tewocht* NVwZ **2017** 1153 ff.

815 BGBl. I S. 1294.

816 Hierzu BGH Beschl. v. 15.12.2020 – XIII ZB 7/19 (Sicherungshaft bei künftigem Wegfall des Abschiebehindernisses); Beschl. v. 24.6.2020 – XIII ZB 33/19, BeckRS **2020** 32209 Rn. 15: *abschließende* Nennung der Anhaltspunkte für (erhebliche) Fluchtgefahr in § 62 Abs. 3a und 3b AufenthG; ferner BGH Beschl. v. 14.1.2020 – XIII ZB 1/19 (Ls.): Sonstige konkrete Vorbereitungshandlungen von vergleichbarem Gewicht, aus denen sich ein konkreter Anhaltspunkt für eine Fluchtgefahr ergeben kann, erfordern bestimmte Handlungen des Ausländers, die auf seine Absicht hindeuten, sich der Abschiebung zu entziehen, und auch objektiv einen gewichtigen Beitrag zur Vorbereitung einer möglichen Flucht darstellen (allerdings zur Rechtslage vor Inkrafttreten des Zweiten Gesetzes zur besseren Durchsetzung der Ausreisepflicht). Ausführlich zu § 62 Abs. 3a und 3b AufenthG: *Kaniess* Rn. 90 ff., 112 ff.

817 Gesetz zur Verschiebung des Zensus in das Jahr 2022 und zur Änderung des Aufenthaltsgesetzes (BGBl. I S. 2675); dazu BTDrucks. **19** 22848 S. 17 f.

818 Gesetz zur effektiveren Überwachung gefährlicher Personen v. 24.7.2017, GVBl. (Nr. 13/2017) S. 388; hierzu auch: BTDrucks. **20** 2410.

Esser   **440**

wurde die vormals in Art. 20 Nr. 3 Satz 2 PAG enthaltene Höchstdauer der Inhaftierung von 14 Tagen gestrichen. Danach war es möglich, die Haft für eine Dauer von bis zu drei Monaten anzuordnen und die Haft jeweils nach Ablauf wiederum um bis zu drei Monate zu verlängern. Seit dem 1.8.2021 darf die Freiheitsentziehung nunmehr gemäß Art. 20 Abs. 2 Satz 2 BayPAG **nicht mehr als einen Monat** betragen und kann insgesamt nur bis zu einer **Gesamtdauer von zwei Monaten** verlängert werden. Auf der Grundlage dieser Regelungen ist es somit möglich, eine Person allein auf der Grundlage ihrer vermuteten generellen Gefährlichkeit für einen immer noch beträchtlichen Zeitraum in Haft zu nehmen. Jedenfalls die bis zum 31.7.2021 geltende Regelung begegnete nicht nur erheblichen verfassungsrechtlichen Bedenken,[819] sondern hätte wohl auch vor dem EGMR nur bei guter Begründung im Einzelfall Bestand gehabt.

Das Ausweisungsverfahren muss stets den **materiellen und formellen Anforde-** **rungen des innerstaatlichen Rechts** entsprechen, es darf demnach weder unzulässig noch offensichtlich unbegründet sein[820] und muss mit der **gebotenen Sorgfalt und Zügigkeit**[821] betrieben werden.[822] Dabei ist im nationalen Recht zu beachten, dass die Haftanordnung nicht dadurch rechtswidrig wird, dass das nach § 72 Abs. 4 Satz 1 AufenthG erforderliche Einvernehmen der Staatsanwaltschaft fehlt, sofern sich ein laufendes Ermittlungsverfahren weder aus dem Haftantrag noch aus den beigefügten Unterlagen ergibt.[823] Liegen etwa die Voraussetzungen des § 14 Abs. 3 Satz 1 AsylG[824] nicht (mehr) vor und ist die Haftfortdauer damit rechtswidrig, so kann diese Rechtswidrigkeit nicht durch das Nachschieben eines anderen Haftgrundes beseitigt werden.[825] Die Ausweisung kann nach Maßgabe der ausländerrechtlichen Bestimmungen im Übrigen auch bei Ausländern zulässig sein, die sich zunächst rechtmäßig im Staatsgebiet aufgehalten haben, deren Aufenthaltsrecht aber abgelaufen ist oder denen es entzogen wird. Zu beachten ist außerdem das Unionsrecht,[826] so etwa die bereits angesprochene **EU-Rückführungsrichtlinie** (2008/115/EG).[827]

Der Grundsatz des fairen Verfahrens garantiert jedem Betroffenen das Recht, sich in **305** einem Verfahren zur Anordnung oder Überprüfung der Rechtmäßigkeit einer Freiheitsent-

304

819 Näher hierzu: *Kuch* DVBl. **2018** 343 ff.

820 EGMR Sanchez-Reisse/CH, 21.10.1986, NJW **1989** 2179 = EuGRZ **1988** 523; Meyer-Ladewig/Nettesheim/von Raumer/*Meyer-Ladewig/Harrendorf/König* 61, 63. Desweiteren ist bei einem gescheiterten Abschiebeversuch zu beachten, dass der ursprüngliche Haftgrund für die Sicherungshaft nicht einfach wiederauflebt; das Gericht muss von Neuem die Anforderungen des Art. 104 Abs. 2 GG und Art. 2 Abs. 2 Satz 2 GG prüfen. Zudem hat es zu überprüfen, wer für das Scheitern des Abschiebeversuches verantwortlich ist und dies bei seiner Entscheidung über die weitere Anordnung der Haft zu berücksichtigen: BVerfG NVwZ **2011** 38 ff.

821 EGMR Khamroev u.a./UKR, 15.9.2016, §§ 85, 90 ff.; (GK) Saadi/UK, 29.1.2008.

822 Bedenklich daher BGH NVwZ-RR **2019** 662, 633: Die Wahl des richtigen Verfahrens durch die Ausländerbehörde (konkret: AufenthG oder Dublin-III-VO) habe der Haftrichter grundsätzlich nicht zu prüfen; diese Frage sei vielmehr durch die Verwaltungsgerichtsbarkeit zu klären. Zum Prüfungsumfang der Gerichte hinsichtlich der Ausweisungsverfügung: BGH NVwZ **2021** 342.

823 BGH Beschl. v. 12.2.2020 – XIII ZB 15/19, Tz. 10 ff.; anders noch BGH NVwZ **2010** 1574 f.; Beschl. v. 12.5.2011 – V ZB 189/10, Rn. 5; Beschl. v. 21.8.2019 – V ZB 142/18, Tz. 7 ff.; Beschl. v. 22.8.2019 – V ZB 11/16, Tz. 8.

824 Vormals: AsylVfG; geändert durch Art. 1 des Asylverfahrensbeschleunigungsgesetzes v. 20.10.2015 (BGBl. I S. 1722).

825 BGH NVwZ-RR **2012** 574.

826 Vgl. EuGH 8.4.1976, C-48/75 (Royer), EuGRZ **1976** 276 zur RiL 64/221/EWG; zu den Sonderrechten der Unionsbürger: BVerwG NVwZ **2001** 1288; EuGH 27.4.2006, C-441/02.

827 Richtlinie 2008/115/EG des Europäischen Parlaments und des Rates vom 16.12.2008 über gemeinsame Normen und Verfahren in den Mitgliedstaaten zur Rückführung illegal aufhältiger Drittstaatsangehöriger (ABlEU Nr. L 348 v. 24.12.2008 S. 98).

ziehung **von einem Bevollmächtigten seiner Wahl vertreten zu lassen** und diesen zu der Anhörung hinzuzuziehen.[828] Eine nicht eindeutige Erklärung des Betroffenen darf nicht ohne weitere Klärung (lediglich) als Verfahrenskostenhilfeantrag verstanden werden. Der Haftrichter muss nachfragen, ob ein Anwalt kontaktiert werden soll, oder dem Betroffenen hierzu Gelegenheit geben. Hätte die Betroffene hierauf einen Anwalt benannt, hätte dieser zum Termin hinzugezogen werden müssen.[829]

306 **bb) Freiheitsentziehung zur Sicherung der *Auslieferung*.** Zur Sicherung der Auslieferung dient die Haft, wenn sie auf der Grundlage des IRG oder einer völkerrechtlichen Vereinbarung im Hinblick auf das Auslieferungsersuchen eines anderen Staates angeordnet wurde.[830] Ein solches Ersuchen kann **zur Strafverfolgung**, d.h. wegen eines Strafverfahrens erfolgen, das in dem ersuchenden Staat gegen den Auszuliefernden eingeleitet worden ist. Die Auslieferung kann aber auch **zur Vollstreckung** eines dort gegen den Beschuldigten bereits ergangenen Strafurteils begehrt werden, das jetzt im ersuchenden Staat vollstreckt werden soll. Die Haft zur Sicherung einer **Durchlieferung** wird entsprechend dem Sinn der Regelung von der Var. 2 des *lit.* f ebenfalls gedeckt.[831]

307 Wenn dagegen ein **ausländisches Urteil im Inland vollstreckt** werden soll, ist *lit.* f nicht anwendbar (keine zu sichernde Auslieferung). Eine Freiheitsentziehung zur Sicherung der Vollstreckung im Inland ist nach *lit.* a zulässig.[832]

308 Mutmaßliche **Terroristen**, die eine latente Gefahr für einen Staat darstellen, aber aus rechtlichen oder faktischen Gründen nicht ausgeliefert werden können, können nicht nach *lit.* f festgehalten werden, wenn in Wahrheit kein Auslieferungsverfahren anhängig ist.[833] Dies käme einer konventionswidrigen Präventivhaft gleich.

309 **cc) Rechtmäßigkeit der Haft.** Als **rein formale Garantie** fordert *lit.* f (nur) die **Rechtmäßigkeit der Freiheitsentziehung.** Es genügt daher für die Var. 2, dass sie zur Sicherung eines laufenden Ausweisungs-/Abschiebungs- bzw. Auslieferungsverfahrens entsprechend den materiellen und formellen Bestimmungen des innerstaatlichen Rechts bzw. internationaler Vereinbarungen[834] von der dafür zuständigen Stelle unter **Ausschluss jeglicher Willkür**[835]

---

828 BGH BeckRS **2020** 41564 = AnwBl. **2021** 241; BeckRS **2020** 34129, Tz. 11; BeckRS **2019** 33159, Rn. 7; InfAuslR **2016** 381 Rn. 7; InfAuslR **2014** 442, Rn. 8.

829 BGH BeckRS **2020** 41564 = AnwBl. **2021** 241; InfAuslR **2016** 381, Tz. 7; vgl. hierzu die europaweit angelegte Studie der EU-Grundrechteagentur (FRA) „Legal Aid for Returnees Deprived of Liberty" (2021), die zu dem Ergebnis kommt, dass der Zugang zu rechtlicher Unterstützung im Abschiebungsverfahren in der Praxis oftmals nicht hinreichend (schnell) zugänglich bzw. von mangelhafter Qualität sei.

830 EGMR Adamov/CH, 21.6.2011, § 61: Auslieferungshaft auch rechtmäßig, wenn der Bf. ursprünglich aufgrund des Auslieferungsersuchens eines Staates in Haft genommen wurde, dann aber einem späteren Auslieferungsersuchen eines *anderen* Staates Vorrang gegeben wurde (Auslieferungshaft wegen eines Ersuchens der USA; Auslieferung an Russland); vgl. auch EGMR Komissarov/CS, 3.2.2022, §§ 46 ff., § 52 (Verstoß gegen Art. 5 bei überlanger Dauer des Auslieferungsverfahrens); ausführlich zur Auslieferung *Möthrath/Rüther/ Bahr* Verteidigung ausländischer Beschuldigter (2012) 262 ff.

831 Meyer-Goßner/*Schmitt* 7.

832 *Esser* 246.

833 EGMR (GK) A. u.a./UK, 19.2.2009, §§ 153 ff., NJOZ **2010** 1903 = NJW **2010** 3359 (Ls.).

834 EGMR Shchebet/R, 12.6.2008; Al-Moayad/D (E), 20.2.2007, NVwZ **2008** 761.

835 EGMR Al-Moayad/D (E), 20.2.2007 (gelingt es einem Land durch List, eine Person in ein anderes abschiebebereites Land zu locken, und nimmt dieses Land die Abschiebung dann vor, liegt darin grundsätzlich kein Verstoß gegen das Willkürverbot, wenn keine Gewalt angewandt wurde).

angeordnet worden ist.[836] Ist das Auslieferungsbegehren des ersuchenden Staates innerstaatlich abgelehnt worden, darf die Haft aus diesem Grund nicht länger aufrechterhalten werden.[837]

Die **Überprüfung der Einhaltung der nationalen Regeln** obliegt grundsätzlich den 310 staatlichen Behörden und Gerichten.[838] Allerdings nimmt der EGMR für sich in Anspruch, die Einhaltung des nationalen Rechts in gewissem Umfang zu überprüfen, um eventuelle Verstöße gegen die EMRK festzustellen.[839]

Die Inhaftierung eines **eigenen Staatsbürgers** zur Vorbereitung der Auslieferung ent- 311 gegen dem eindeutigen Verbot der Auslieferung eigener Staatsbürger in der nationalen Verfassung ist ein derart fundamentaler Fehler, dass er die gesamte Anordnung als willkürlich erscheinen lässt und diese somit als ungültig zu betrachten ist.[840]

Zur Rechtmäßigkeit der Freiheitsentziehung gehört auch die Einhaltung rechtsstaat- 312 lich gebotener, qualifizierter **Belehrungen** im Rahmen des Verfahrens, insbesondere bei nicht anwaltlich vertretenen Betroffenen, etwa bei der (Rücknahme der) Beschwerde gegen die Haftanordnung.[841] Das für die Entscheidung über die Inhaftierung zuständige Gericht darf dem Betroffenen nicht von sich aus nahelegen, seine Beschwerde gegen die Haftanordnung zurückzunehmen.[842]

Lit. f selbst verlangt zwar (grundsätzlich) nicht explizit, dass die Abschiebungshaft 313 **erforderlich**, also das mildeste Mittel ist, um den Betroffenen an einer Flucht oder Begehung einer Straftat zu hindern.[843] Ist die Erforderlichkeit aber Tatbestandsmerkmal der nationalen gesetzlichen Bestimmungen oder wenigstens als Element der **Verhältnismäßigkeit** implizit zu prüfen, was häufig der Fall sein dürfte, so stellt deren Nichtbeachtung einen Verstoß gegen die *Rechtmäßigkeit* der Freiheitsentziehung dar.[844]

Soweit es sich bei dem Betroffenen um eine **besonders schutzbedürftige Person** 314 („vulnerable person") handelt, müssen die Behörden weniger einschneidende Maßnahmen zumindest in Betracht ziehen.[845] Noch strenger sind die Anforderungen bei **Minderjährigen**: hier darf eine Freiheitsentziehung nach der Rechtsprechung des EGMR sogar nur

---

836 EGMR Chahal/UK, 15.11.1996; siehe auch EGMR Suso Musa/MLT, 27.7.2013, §§ 104 f.: Bf. konnte wegen eines gegen ihn geführten Strafverfahrens nicht abgeschoben werden, so dass ab diesem Zeitpunkt die bereits bestehende Haft nicht nach *lit.* f gerechtfertigt werden konnte.

837 Die für unzulässig erklärte Auslieferung darf auch nicht im Wege der Abschiebung in ein zur Auslieferung bereites Drittland herbeigeführt werden, EGMR Bozano/F, 18.12.1986; *Esser* 346 ff.; *Frowein/Peukert* 88.

838 BGH Beschl. v. 22.6.2021 – XIII ZB 88/20 (kein Verzicht auf rechtliches Gehör wegen Haftende; schutzwürdiges Interesse an der Feststellung der Rechtswidrigkeit der freiheitsentziehenden Maßnahme mit einem Antrag entsprechend § 62 FamFG); BGH Beschl. v. 2.8.2022 – XIII ZB 13/21, BeckRS 2022 31902 (Haftantrag im Hinblick auf § 417 Abs. 2 S. 2 Nr. 5 FamFG nur zulässig, wenn die Behörde im Haftantrag darlegt, das Einvernehmen der Staatsanwaltschaft liege zum maßgeblichen Zeitpunkt vor oder sei entbehrlich).

839 EGMR Al-Moayad/D (E), 20.2.2007.

840 EGMR Garabayev/R, 7.6.2007, § 89.

841 BGH NVwZ **2019** 1694 (geforderter Inhalt der Belehrung bei Rücknahme der Beschwerde: weitere Inhaftierung; Feststellung der Rechtswidrigkeit der Haft nicht mehr möglich; Pflicht zur Dokumentation der Belehrung; NVwZ **2012** 319.

842 BGH NVwZ **2019** 1694; NVwZ **2012** 319.

843 EGMR S.M.M./UK, 22.6.2017, § 76; V.M./UK, 1.9.2016, § 94; Djalti/BUL, 12.3.2013, § 51.

844 EGMR Abdolkhani u. Karimnia/TRK, 22.9.2009, InfAuslR **2010** 47; Rusu/A, 2.10.2008, ÖJZ **2009** 426 = NL **2008** 276 (Schubhaft); krit. zur seinerzeitigen Situation in Deutschland: *Fahlbusch* AnwBl. **2011** 203.

845 EGMR S.M.M./UK, 22.6.2017, § 76; V.M./UK, 1.9.2016, §§ 94 f.; Yoh-Ekale Mwanje/B, 20.10.2011, § 124 (HIV-Infektion des Betroffenen); ähnlich EGMR Thimothawes/B, 4.4.2017, § 73; O.M./H, 5.7.2016, § 53 (LGBT).

als *ultima ratio* angeordnet werden („measure of last resort").[846] Zu den einzuhaltenden Erforderlichkeitsstandards gehören deshalb Regelungen, die eine Anordnung von Ausweisungs-/Sicherungshaft bei Jugendlichen von einer besonders strengen Verhältnismäßigkeitsprüfung abhängig machen.[847] Kinder sind in einer für die **Unterbringung von Kindern geeigneten Einrichtung** unterzubringen; ein Verstoß gegen diese Vorgabe wird nicht dadurch geheilt, dass die Kinder gemeinsam mit ihrer Mutter untergebracht sind.[848]

315   Bezüglich der materiellen Rechtmäßigkeit ist zu beachten, dass die **einschlägigen gesetzlichen Bestimmungen für die Unterbringung hinreichend bestimmt** und die jeweiligen **Rechtsfolgen vorhersehbar** sein müssen.[849] Diesen Anforderungen widersprach ein Fall, in dem die russische Regierung das Ersuchen kirgisischer und usbekischer Staatsbürger, aus der Haft entlassen zu werden, zunächst unter Berufung auf eine Regelung in der nationalen Strafprozessordnung ablehnte, da diese keine maximale Haftdauer vorsehe, um sie unter Berufung auf den Ablauf einer angeblich bestehenden Frist in derselben Norm schließlich doch an Usbekistan auszuliefern.[850] Auch ein internationaler Vertrag zwischen einem Mitgliedstaat und einem Drittstaat als Grundlage der Inhaftierung von Flüchtlingen im Mitgliedstaat und der Abschiebung in den Drittstaat genügt diesen Anforderungen nicht, wenn sein Inhalt nicht öffentlich, bestimmt und vorhersehbar ist.[851]

316   Ordnet ein Gericht an, einen Ausländer, der im **Transitbereich eines Flughafens** festgehalten wird, freizulassen, ist eine anschließende Unterbringung in einer Anstalt für illegal aufhältige Ausländer eine Missachtung der gerichtlichen Anordnung und somit nicht rechtmäßig i.S.v. *lit.* f.[852] Bei der Inhaftierung von Asylbewerbern sind außerdem **Art. 8–10 EU-Aufnahmerichtlinie**[853] sowie die **UNHCR-Haftrichtlinien**[854] zu beachten (Voraussetzungen der Haft/Garantien für in Haft befindliche Asylbewerber/Haftbedingungen). Zudem hat der EGMR klargestellt, dass eine Freiheitsentziehung, die im Hinblick auf die Abschiebung eines Asylbewerbers angeordnet wird, nur gerechtfertigt sein kann, so-

---

846 EGMR Popov/F, 19.1.2012, § 119; Rahimi/GR, 5.4.2011, § 109; zur Inhaftierung Minderjähriger, die ihre Eltern begleiten: EGMR Nikoghosyan u.a./PL, 3.3.2022, § 86; R.C. u. V.C./F, 12.7.2016, § 55; A.B. u.a./F, 12.7.2016, § 123 („the presence in a detention centre of a child accompanying its parents will comply with Article 5 § 1 (f) only where the national authorities can establish that this measure of last resort has been taken after actual verification that no other measure involving a lesser restriction of their freedom could be implemented"). Hierzu vgl. auch den noch weitergehenden Gesetzesantrag des Landes Schleswig-Holstein: BRDrucks. 344/21 v. 4.5.2021 (Änderung des AufenthG; Verbot der Abschiebungshaft gegen Minderjährige).

847 Vgl. BGH NVwZ **2012** 775 (§ 62a Abs. 3 AufenthG – minderjährige Abschiebungshaftgefangene); zur Verhältnismäßigkeit von Abschiebungshaft siehe auch die Diskussion um die elektronische Aufenthaltsüberwachung als milderes Mittel: BTDrucks. **18** 1785; HRC Blessington/AUS, 22.10.2014, 1968/2010, §§ 7.2 ff., 7.12: Verletzung von Art. 10 IPBPR bei Anwendung einer lebenslangen Freiheitsstrafe auf Jugendliche ohne Möglichkeit auf Freilassung.

848 EGMR Kanagaratnam u.a./B, 13.12.2011, §§ 86 ff.; Muskhadzhiyeva u.a./B, 19.1.2010, §§ 73 ff. (jeweils: Kinder waren in einer Anstalt für Erwachsene untergebracht); siehe auch: EGMR Housein/GR, 24.10.2013, NVwZ **2014** 1437, §§ 74 ff.; Popov/R, 19.1.2012, § 119; Rahimi/GR, 5.4.2011, §§ 107 ff.; vgl. zur konkreten Umsetzung der Vorgaben des Art. 17 der EU-RL 2008/115/EG hinsichtlich einer Inhaftnahme von Minderjährigen und Familien: BTDrucks. **18** 7196 S. 79 ff.

849 EGMR Nasrulloyev/R, 11.10.2007.

850 EGMR Ismoilov u.a./R, 24.4.2008.

851 *Pichou* KritV **2016** 114, 122; EGMR (GK) Khlaifia u.a./I, 15.12.2016, § 102.

852 EGMR Riad u. Idiab/B, 24.1.2008.

853 Richtlinie 2013/33/EU des Europäischen Parlaments und des Rates v. 26.6.2013 zur Festlegung von Normen für die Aufnahme von Personen, die internationalen Schutz beantragen (ABlEU Nr. L 180 v. 29.6.2013 S. 96).

854 UNHCR, Detention Guidelines – Guidelines on the applicable criteria and standards relating to the detention of asylum-seekers and alternatives to detention (2012).

lange das Abschiebungsverfahren noch andauert und eine realistische Aussicht besteht, dass die Abschiebung auch tatsächlich vollzogen wird.[855]

Die **Rechtmäßigkeit der Auslieferung/Abschiebung** selbst, die mit einer Freiheits- **317** entziehung gesichert werden soll, spielt bei der Beurteilung ihrer Zulässigkeit nach *lit.* f keine Rolle.[856] Der kontinentaleuropäischen Rechtstradition entsprechend ist nicht nur das Auslieferungsverfahren, sondern die Rechtshilfe ganz allgemein vom **formellen Prüfungsprinzip** beherrscht. Danach haben die Behörden im ersuchten Staat grundsätzlich vom Sachverhalt auszugehen, wie er im Rechtshilfeersuchen dargestellt wird, um der endgültigen Klärung des Sachverhalts im ersuchenden Staat nicht vorzugreifen. Eine eigenständige Prüfungspflicht des Tatverdachts besteht im ersuchten Staat aber jedenfalls dann, wenn der von der Rechtshilfe Betroffene durch ein entsprechend substantiiertes Vorbringen **sachlich erhebliche Bedenken** gegen den Tatvorwurf aufzuzeigen vermag.[857]

Beim **Europäischen Haftbefehl** ist der vom ersuchenden Staat behauptete Tatvor- **318** wurf hinsichtlich seiner **Schlüssigkeit** in tatsächlicher und rechtlicher Hinsicht nachzuprüfen, wobei für die rechtliche Würdigung die **Maßstäbe der Auslandsrechtsordnung** anzulegen sind und in der Sache eine **Willkürkontrolle** stattzufinden hat.[858]

Art. 5 Abs. 1 Satz 2 *lit.* f sieht für die Auslieferungshaft – anders als *lit.* c für die Fest- **319** nahme und Untersuchungshaft – **keinen hinreichenden Tatverdacht** als Voraussetzung vor. Anders als bei der Entscheidung über die Anordnung/Fortdauer einer Untersuchungshaft hat das (Beschwerde-)Gericht im Beschluss über Verhängung oder Fortsetzung der Auslieferungshaft demnach zum Tatverdacht keine eigenen Sachverhaltsfeststellungen zu treffen, sondern die in den Auslieferungsunterlagen enthaltene Sachverhaltsschilderung lediglich dahingehend zu prüfen, ob sich daraus schlüssig ein hinreichender Verdacht der Begehung einer der Auslieferung unterliegenden strafbaren Handlung ergibt.[859] In Ausprägung der freiheitssichernden Funktion des Art. 2 Abs. 2 Satz 2 GG hat auch das BVerfG Maßstäbe für die **Aufklärung des Sachverhalts** und damit für Anforderungen in Bezug auf die **tatsächliche Grundlage der richterlichen Entscheidungen** formuliert.[860]

Bei der Entscheidung über die Abschiebung bzw. Auslieferung muss auch geprüft **320** werden, ob der betreffenden Maßnahme anderweitige Rechte des Betroffenen entgegenstehen, insbesondere, ob die Maßnahmen mit dessen **Rechten aus Art. 3 und Art. 8** ver-

---

855 EGMR Nabil u.a./H, 22.9.2015, § 38.

856 EGMR Shiksaitov/SLO, 10.12.2020, § 53 („It is […] immaterial, for the purposes of Article 5 § 1 (f), whether the underlying decision to extradite can be justified under national law or the Convention […].“); Djalti/ BUL, 12.3.2013, § 48 („il n'y a […] pas lieu de rechercher si la décision initiale d'expulsion se justifiait ou non au regard de la législation interne ou de la Convention“).

857 Vgl. OGH ÖJZ **2012** 468.

858 Siehe OLG München StraFo **2012** 513; Schomburg/Lagodny/*Hackner* § 78, 14 und § 83a, 11 IRG (Tatverdachtsprüfung gem. § 10 Abs. 2 IRG); **a.A.** Ambos/König/Rackow/*Meyer* 2. Hauptteil, 795, 955 ff. (grundsätzlich keine Prüfung des Tatverdachts, sofern Einhaltung der formalisierten Voraussetzungen der §§ 78 ff. IRG); ähnlich auch KG Beschl. v. 10.1.2013 – (4) AuslA 144/12 (215/12): grds. keine Tatverdachtsprüfung; Ausnahme erwogen bei Anhaltspunkten für eine missbräuchliche Geltendmachung der Auslieferung durch den ersuchenden Staat oder aufgrund des ordre-public-Vorbehalts. Zu den prozessualen Rechten: *Pieronczyk* Die prozessualen Rechte des Verfolgten im Auslieferungsverfahren nach dem Zweiten Teil des IRG (2018).

859 Vgl. OGH ÖJZ **2012** 468.

860 BVerfG Beschl. v. 16.9.2010 – 2 BvR 1608/07, BeckRS **2010** 54123 m. Anm. *Sachs* JuS **2011** 474 (Festhaltung, § 22 Abs. 3 Satz 2 IRG; summarische Prüfung der Haftvoraussetzungen der §§ 15, 16 IRG; Gebot einer nachprüfbaren Entscheidung über die Freiheitsentziehung).

einbar sind.[861] Die Freiheitsentziehung als solche wird durch die behauptete Verletzung dieser Rechte aber nicht per se konventionswidrig.[862] Lässt das innerstaatliche Recht die Freiheitsentziehung zu den in *lit.* f Var. 2 genannten Zwecken zu, genügt es, dass die zuständige Behörde ein **Ausweisungs-/Auslieferungsverfahren** einleitet, um die Ausweisung oder Auslieferung des Betroffenen sicherzustellen.[863] Die Freiheitsentziehung wird deshalb auch dann von *lit.* f gedeckt, wenn sich später im innerstaatlichen Verfahren[864] oder durch ein Urteil des EGMR[865] ergeben sollte, dass die Ausweisung bzw. Auslieferung im konkreten Fall unzulässig war.[866] Etwas anderes gilt dann, wenn der Antrag auf Ausweisung oder auf Auslieferung *prima facie* unzulässig oder unbegründet ist[867] oder wenn die Haft entgegen dem **Willkürverbot** zu verfahrensfremden Zwecken **missbraucht** wird, etwa um eine bereits rechtskräftig abgelehnte Auslieferung verschleiernd auf dem Umweg der Abschiebung in einen Drittstaat herbeizuführen[868] oder um nach Art. 4 des 4. ZP-EMRK verbotene Kollektivausweisungen umzusetzen.[869]

321   Das **Verfahren** zur Abschiebung oder Auslieferung muss mit der **gebührenden Sorgfalt** und **ohne vermeidbare Verzögerungen** betrieben werden.[870] Ist dies nicht der Fall und wird die Dauer des Verfahrens exzessiv,[871] rechtfertigt Art. 5 Abs. 1 Satz 2 *lit.* f die Fortdauer der Freiheitsentziehung nicht mehr.[872] Eine automatische Überprüfung der Freiheitsentziehung verlangt Art. 5 Abs. 1 Satz 2 *lit.* f dagegen nicht.[873] Ebenso wenig muss das nationale Recht aufgrund Art. 5 Abs. 1 Satz 2 *lit.* f bestimmte **Höchst-/Obergrenzen für die Dauer der Inhaftierung** enthalten.[874] Das Fehlen derartiger Regelungen kann allerdings durchaus eine Rolle spielen, wenn es um die Frage geht, ob das nationale Recht in einer Gesamtschau hinreichende Vorkehrungen zum Schutz vor einer willkürlichen Freiheits-

---

861 Vgl. EGMR Soering/UK, 7.7.1989, NJW **1990** 2183 = EuGRZ **1989** 314; Chahal/UK, 15.11.1996; dazu Art. 3; *Frowein/Peukert* 85. Die Nichtbeachtung der Verteidigungsrechte des Betroffenen führt jedoch nicht ohne weiteres zur Aufhebung der Abschiebungshaft, sondern allenfalls dann, wenn dem Betroffenen tatsächlich die Möglichkeit genommen wurde, sich in solchem Maße zu verteidigen, dass die Berücksichtigung des Verteidigungsvorbringens möglicherweise zu einer anderen Entscheidung geführt hätte, vgl. EuGH 10.9.2013, C-383/13 PPU (M.G. u. N.R.), Tz. 27 ff., BayVBl. **2014** 140, 141 f. = DÖV **2013** 946 (Ls.).

862 EGMR Chahal/UK, 15.11.1996.

863 EKMR bei *Bleckmann* EuGRZ **1982** 531, 534 (Caprino); *Frowein/Peukert* 87 ff.; *Trechsel* EuGRZ **1980** 514, 527.

864 Zum Recht auf ein solches Verfahren vgl. Art. 13 IPBPR und Art. 1 des (in Deutschland nicht geltenden) 7. ZP-EMRK; siehe Kommentierung dort.

865 Exemplarisch EGMR Jeunesse/NL (E), 4.12.2012, §§ 100 ff.: keine Verletzung von Art. 5 Abs. 1, obwohl Verletzung von Art. 8 in Betracht kam und offengelassen wurde (§ 82); später wurde von der GK, 3.10.2014, § 123, das Vorliegen einer Verletzung von Art. 8 bejaht.

866 *Frowein/Peukert* 87 ff.; *Trechsel* EuGRZ **1987** 71.

867 EGMR Sanchez-Reisse/CH, 21.10.1986; *Frowein/Peukert* 87.

868 EKMR (EuGRZ **1985** 681) und EGMR Bozano/F, 18.12.1986; dazu *Frowein/Peukert* 88; *Herdegen* EuGRZ **1986** 3; *Trechsel* EuGRZ **1987** 76.

869 EGMR (GK) GEO/R, 3.7.2014, NVwZ **2015** 569, § 186.

870 EGMR Shiksaitov/SLO, 10.12.2020, § 56; Mikolenko/EST, 8.10.2009, § 63; Abdolkhani u. Karimnia/TRK, 22.9.2009, § 129; (GK) A. u.a./UK, 19.2.2009, § 164; Quinn/F, 22.3.1995, § 48; hierzu BGH Beschl. v. 26.9.2013 – V ZB 2/13.

871 Zur maximalen Dauer von Abschiebungshaft bei Asylbewerbern im Bereich der EU (RL 2008/115/EG): EuGH 30.11.2009, C-357/09 PPU (Kadzoev), NVwZ **2010** 693.

872 EGMR Azimov/R, 18.4.2013, §§ 171 ff.; Amie u.a./BUL, 12.2.2013, §§ 76 ff.; Keshmiri/TRK (Nr. 2), 17.1.2012, § 34; Chahal/UK, 15.11.1996; Quinn/F, 22.3.1995, § 48; Meyer-Ladewig/Nettesheim/von Raumer/*Meyer-Ladewig/Harrendorf/König* 61.

873 EGMR J.N./UK, 19.5.2016, §§ 87, 94.

874 EGMR J.N./UK, 19.5.2016, §§ 83, 90.

entziehung enthält.[875] Sofern das nationale Recht eine solche Höchstdauer für die Freiheitsentziehung zum Zwecke der Abschiebung vorsieht, darf diese nicht dadurch **umgangen** werden, dass der Betroffene aus der Haft entlassen wird und kurze Zeit später aufgrund einer neuen Anordnung wieder festgenommen wird.[876]

Zur **Rechtmäßigkeit der Freiheitsentziehung** gehört die Gewährleistung der von 322 Absatz 4 vorgesehenen Möglichkeit ihrer Überprüfung, ob sie **notwendig** ist und ob ihre Dauer nicht **außer jedem Verhältnis** zur Bedeutung der Sache steht.[877] So kann eine vom Betroffenen nicht durch eigenes Verhalten verschuldete übermäßig lange Dauer des Abschiebungs- oder Auslieferungsverfahrens die Freiheitsentziehung rechtswidrig werden lassen,[878] auch wenn das spezielle Beschleunigungsgebot des Art. 5 Abs. 3 nur für die Fälle von *lit.* c, nicht aber für die zum Zwecke der Strafverfolgung durch einen anderen Staat angeordnete Auslieferungshaft gilt (Rn. 405).[879]

Besteht die Haft nur deswegen fort, weil der Betroffene sich der **Abschiebung wider-** 323 **setzt** und eine solche deshalb trotz mehrfacher Versuche infolge seiner Weigerung nicht durchgeführt werden kann, kann auch eine länger andauernde Freiheitsentziehung rechtmäßig sein.[880] Ist die **Abschiebung** hingegen **praktisch nicht durchführbar**, so ist eine Freiheitsentziehung niemals zulässig, selbst wenn der Betroffene diese Situation durch mangelnde Kooperation selbst hervorgerufen hat.[881]

Zur Rechtmäßigkeit einer Freiheitsentziehung nach *lit.* f Var. 2 gehört auch, dass diese 324 in **geeigneten Einrichtungen** vollzogen wird. Es begegnet daher Bedenken, wenn Personen, die sich lediglich in **Abschiebungshaft** befinden (insbesondere, wenn ihnen kein

---

875 EGMR J.N./UK, 19.5.2016, §§ 90.

876 EGMR John/GR, 10.5.2007: andere Beurteilung nur möglich, wenn das nationale Gericht substantiiert darlegen kann, dass der erneute Haftbefehl tatsächlich auf neuen Tatsachen beruht und nicht lediglich eine Wiederholung der Gründe darstellt, die zu dem ersten Haftbefehl geführt haben.

877 EGMR Rahimi/GR, 5.4.2011, §§ 108 ff., wonach auch eine Haftdauer von zwei Tagen als Konventionsverstoß gewertet werden kann, wenn der Haftbefehl sich als „automatische" Anwendung des geltenden Rechts darstellt, die Behörden offensichtlich keine Alternativmaßnahmen erwogen haben und sich die Freiheitsentziehung somit nicht als *ultima ratio* darstellt; EKMR bei *Bleckmann* EuGRZ **1982** 531, 534 (Caprino); *Frowein/Peukert* 89. Zur Notwendigkeit der Gewährung von **Akteneinsicht** in die Akte bei der Ausländerbehörde BGH DVBl. **2019** 367.

878 EGMR Komissarov/CS, 3.2.2022, §§ 45 ff.; Azimov/R, 18.4.2013, §§ 171 ff.; Amie u.a./BUL, 12.2.2013, §§ 76 ff.; Keshmiri/TRK (Nr. 2), 17.1.2012, § 34; Quinn/F, 22.3.1995, § 48; Chahal/UK, 15.11.1996; Kolompar/B, 24.9.1992 = EuGRZ **1993** 118 = ÖJZ **1993** 177, §§ 36, 40 ff.; *Frowein/Peukert* 89; *Villiger* 422.

879 EKMR bei *Frowein/Peukert* 89; vgl. auch EGMR Kolompar/B, 24.9.1992, § 46 („gives rise to a problem under paragraph 4 of Article 5").

880 EGMR Ntumba Kabongo/B, 2.6.2005 (10 Monate); Kolompar/B, 24.9.1992, EuGRZ **1993** 118 = ÖJZ **1993** 177, §§ 36, 40 ff. (2 Jahre 8 Monate; u.a. Rechtsmittel/Verfahrensverzögerungen durch Bf.; rechtmäßig nach *lit.* f).

881 EGMR Mikolenko/EST, 8.10.2009, §§ 65 ff.; zur Art und Weise der Obstruktion siehe auch Nr. 3 des abl. Sondervotums *Maruste*. Der Zeitfaktor (mehrere Jahre Abschiebungshaft; siehe § 64 und Nr. 1 des Sondervotums) wurde kritisch zur Kenntnis genommen, war aber von untergeordneter Bedeutung, wie § 65 („what is more") verrät. Zu einem Fall mangelnder Kooperation auch EGMR Djalti/BUL, 12.3.2013, § 53: Rechtfertigung nach *lit.* f verneint; zwar war die Abschiebung nicht so gut wie unmöglich, aber sie blieb aus, weil die Behörden das Verfahren nicht vorantrieben; dies und nicht das Verhalten des Bf. war der Hauptgrund für die Verzögerung („compte tenu de la passivité des autorités bulgares, le comportement du requérant n'apparaît cependant pas comme la cause majeure du retard"). Dies deutet darauf hin, dass eine vom Betroffenen zu verantwortende Verzögerung die Behörden teilweise entlasten und eine etwas längere Dauer der Haft rechtfertigen kann, wenn sie ihrerseits das Verfahren angemessen führen und nicht passiv bleiben.

Esser

strafrechtlich relevantes Verhalten zur Last gelegt wird[882]), in herkömmlichen (Untersuchungs-)Haftanstalten untergebracht werden. Das gilt auch dann, wenn diese dort in einer **getrennten Abteilung** untergebracht sind. Für den Vollzug der Abschiebungshaft bedarf es grundsätzlich **eigenständiger Hafteinrichtungen**,[883] wie sich auch aus Art. 16 Abs. 1 Satz 1 **EU-Rückführungs-RL** ergibt.[884] Eine spezielle Hafteinrichtung kann dabei hinsichtlich Organisation und Räumlichkeit derart ausgestaltet sein, dass die dort untergebrachten Personen zwar gezwungen sind, sich ständig in einem eingegrenzten Bereich aufzuhalten; gleichzeitig müssen aber die **Zwangsmaßnahmen auf das unbedingt erforderliche Maß beschränkt** sein. Im Ergebnis muss verhindert werden, dass die Unterbringung einer Inhaftierung gleichkommt.[885]

325   Die Unterbringung von Abschiebungshäftlingen in speziellen Anstalten erfolgte in Deutschland bis 2014 nur, sofern solche im jeweiligen Bundesland vorhanden waren. Eine Verlegung in entsprechende Einrichtungen anderer Bundesländer wurde in der Regel nicht vorgenommen.[886] Diese Praxis stützte sich auf § 62a Abs. 1 Satz 2 AufenthG, der die Ausnahmeregelung des Art. 16 Abs. 1 Satz 2 RüFüRL auf die Länderebene überträgt. Der EuGH hat dieses Vorgehen im Vorabentscheidungsverfahren[887] als unzureichende Umsetzung der RüFüRL angesehen. Nach seiner Auffassung erstreckt sich die Verpflichtung der EU-Mitgliedstaaten zur gesonderten Inhaftierung (**Trennungsgebot**), unabhängig von der jeweiligen Verwaltungs- und Verfassungsstruktur, auf deren Gesamtterritorium.[888] Auch die Einwilligung der abzuschiebenden Person in die gemeinsame Unterbringung mit Strafgefangenen vermag daran nichts zu ändern.[889] Mit der RüFüRL setzt der Unionsgesetzgeber die Vorgaben des EGMR zur *Rechtmäßigkeit* der Freiheitsentziehung i.S.v. Art. 5 Abs. 1 Satz 2 *lit.* f um. Diese muss zum einen angemessen sein, zum anderen muss zwischen dem zulässigen Haftgrund und dem Ort sowie den Bedingungen der Unterbringung ein Zusammenhang bestehen.[890] Eine solche **Wechselbeziehung** fehlt aber, wenn Personen zur Sicherung ihrer Abschiebung in herkömmliche Haftanstalten verbracht und damit

---

882 Eine Strafbarkeit darf vor allem nicht *allein* an den Umstand der illegalen Einreise anknüpfen, weil die EU-Rückführungs-RL (2008/115/EG) einer derartigen Regelung entgegenstünde, vgl. EuGH (GK) 7.6.2016, C-47/15 (Affum), Tz. 63, 65, ZAR **2016** 344 = NVwZ **2016** 1078 (Ls.); hierzu *Kleinlein* NVwZ **2016** 1141; *Hörich/Bergmann* ZAR **2016** 346.

883 Vgl. krit. BTDrucks. **17** 10597, wonach sowohl die Zahl der Abschiebehäftlinge in Deutschland als auch die Haftdauer kontinuierlich zurückgingen – und dadurch bedingt auch die Zahl eigenständiger Hafteinrichtungen. In 11 Bundesländern waren Abschiebehäftlinge gemeinsam mit Strafgefangenen in einem Gefängnis untergebracht (Stand 2012); vgl. zu den Abschiebungshafteinrichtungen in den einzelnen Bundesländern und ihren speziellen Vollzugsregelungen: BTDrucks. **18** 7196 S. 21 ff.

884 RL 2008/115/EG des Europäischen Parlaments und des Rates vom 16.12.2008 über gemeinsame Normen und Verfahren in den Mitgliedstaaten zur Rückführung illegal aufhältiger Drittstaatsangehöriger (ABlEU Nr. L 348 v. 24.12.2008 S. 98); ausführlich: *Kluth* ZAR **2015** 285; *Hörich* Abschiebungen nach europäischen Vorgaben (2015).

885 Vgl. EuGH 10.3.2022, C-519/20 (K), Tz. 45 f., NVwZ **2022** 783.

886 Krit. hierzu LG München II Beschl. v. 16.10.2013 – 6 T 4334/13 = InfAuslR **2013** 441: Unterbringung in anderen Bundesländern wäre zwar aufgrund freier Kapazitäten ohne weiteres möglich, scheiterte jedoch in der Praxis an den jeweiligen Vollstreckungsplänen und fehlenden Kostenübernahmeerklärungen. Auch der Bund hat eine Beteiligung an den Kosten ausdrücklich abgelehnt (speziell zum Vollzug des sog. Ausreisegewahrsams nach § 62b AufenthG: BTDrucks. **18** 4262 S. 12).

887 Vorlage durch BGH Beschl. v. 11.7.2013 – V ZB 40/11, NVwZ **2014** 166; Beschl. v. 11.7.2013 – V ZB 144/12, NVwZ **2014** 167.

888 EuGH 17.7.2014, C-473/13 (Bero); 17.7.2014, C-514/13 (Bouzalmate), Tz. 28 f., NVwZ **2014** 1217 f.; so auch: BGH Beschl. v. 25.7.2014 – V ZB 137/14, NVwZ **2015** 163 = BeckRS **2014** 16030.

889 EuGH (GK) 17.7.2014, C-474/13 (Pham), Tz. 19 f., NVwZ **2014** 1218.

890 Vgl. EGMR (GK) Saadi/UK, 29.1.2008, NVwZ **2009** 375, 378; Amuur/F, 25.6.1996, 1103.

Straftätern gleichgestellt werden. Der EuGH hat allerdings betont, dass Art. 16 Abs. 1 Rü-FüRL der **Unterbringung** sog. **Gefährder** in herkömmlichen Haftanstalten nicht entgegensteht, solange das **Trennungsgebot innerhalb der Einrichtung** gewahrt werde.[891]

Gemäß Art. 18 Abs. 1 RüFüRL kann im Falle einer **Notlage** von der grundsätzlich gebo- 326 tenen Trennung von Abschiebehäftlingen und Strafgefangenen abgewichen werden. Dabei ist Art. 18 RüFüRL so auszulegen, dass ein nationales Gericht, das im Rahmen seiner Zuständigkeiten über die Anordnung der Inhaftnahme oder der Haftverlängerung eines Drittstaatsangehörigen für die Zwecke der Abschiebung in einer gewöhnlichen Haftanstalt zu entscheiden hat, prüfen können muss, ob die Voraussetzungen des Art. 18 RüFüRL für eine **ausnahmsweise zulässige Inhaftierung in einer gewöhnlichen Haftanstalt** eingehalten sind. Kommt das nationale Gericht dabei zu dem Ergebnis, dass keine Notlage i.S.d. Art. 18 Abs. 1 RüFüRL vorliegt, hat es aufgrund des Vorrangs des Unionsrechts eine entsprechende innerstaatliche Regelung, die es erlauben würde, illegal aufhältige Drittstaatsangehörige für ihre Abschiebung in gewöhnlichen Haftanstalten unterzubringen, unangewendet zu lassen.[892]

C. Verfahrensgarantien bei Freiheitsentziehungen

I. Recht auf Unterrichtung über die Gründe der Festnahme und die erhobenen Beschuldigungen (Art. 5 Abs. 2 EMRK/Art. 9 Abs. 2 IPBPR)

1. Schutzgehalt/Anwendungsbereich. Art. 5 Abs. 2 EMRK und Art. 9 Abs. 2 IPBPR nor- 327 mieren eine zentrale Verfahrensgarantie für das die jeweilige Vorschrift prägende **Schutz-system vor willkürlicher Freiheitsentziehung**.[893] **Zweck der Regelung** ist, der „festgenommenen Person" bzw. dem „Festgenommenen" (zum weiten Verständnis der Begriffe Rn. 14, 331) durch die Eröffnung der Gründe für ihre/seine Freiheitsentziehung jedwede Ungewissheit über deren Anlass zu nehmen und sie/ihn in die Lage zu versetzen, deren Rechtmäßigkeit selbst zu beurteilen und sich mit den im nationalen Recht vorgesehenen Rechtsbehelfen sachgerecht gegen die betreffende Maßnahme wehren zu können, nicht zuletzt durch die Beantragung einer dem Art. 5 Abs. 4 EMRK/Art. 9 Abs. 4 IPBPR entsprechenden Kontrolle der Freiheitsentziehung durch eine unabhängige Stelle.[894]

Die Unterrichtungspflicht des Art. 5 Abs. 2 hat demzufolge einen anderen Zweck als 328 die nach Art. 104 Abs. 4 GG/§ 114c StPO bestehende innerstaatliche Pflicht, dass ein **Angehöriger** oder eine **Person seines Vertrauens** von der Freiheitsentziehung unterrichtet wird.[895]

---

891 EuGH 2.7.2020, C-18/19 (WM/Stadt Frankfurt a.M.), BeckRS **2020** 14158; hierzu: § 62a Abs. 1 AufenthG.

892 Vgl. EuGH 10.3.2022, C-519/20 (K).

893 EGMR Fox, Campbell u. Hartley/UK, 30.8.1990, § 40; Bordovskiy/R, 8.2.2005, § 55.

894 EGMR J.R. u.a./GR, 25.1.2018, § 121; Z.H./H, 8.11.2012, § 41; van der Leer/NL, 21.2.1990; *Frowein/Peukert* 91; Meyer-Ladewig/Nettesheim/von Raumer/*Meyer-Ladewig/Harrendorf/König* 69; *Nowak* 36; *Trechsel* EuGRZ **1980** 514, 528; zu den Unsicherheiten, die dem Betroffenen entstehen, wenn ihm keine Freiheitsentziehungsgründe mitgeteilt werden, instruktiv EGMR Baisuev u. Anzorov/GEO, 18.12.2012, § 65; exemplarisch auch EGMR Khodorkovskiy/R (E), 7.5.2009, Nr. 5: Art. 5 Abs. 2 ist gerade deswegen nicht verletzt, weil die Verzögerung zwischen Festnahme und Eröffnung der Gründe so kurz war („a few hours"), dass sie die Möglichkeit des Betroffenen nicht beeinträchtigte, gegen die Festnahme rechtlich vorzugehen.

895 Zur Benachrichtigung von Familienangehörigen und ausländischen Vertretungen sowie zu einer Haft unter Kontaktsperre *Morgenstern* 206 ff. Zur Verletzung des Art. 104 Abs. 4 GG bei Haftanordnungen unter Verstoß gegen die Pflicht zur Benachrichtigung einer Vertrauensperson: BVerfG (K) Beschl. v. 14.5.2020 – 2 BvR 2345/16, Rn. 42 ff., NVwZ-RR **2020** 801.

329   Eine weitere Pflicht zur Unterrichtung des Beschuldigten ergibt sich aus **Art. 6 Abs. 3 *lit.* a EMRK/Art. 14 Abs. 3 *lit.* a IPBPR**. An sich sind beide Unterrichtungspflichten schon wegen ihres unterschiedlichen Zwecks (Ermöglichung von Einwänden gegen die Freiheits-entziehung/Ermöglichung einer effektiven Verteidigung gegen den erhobenen Tatvorwurf) selbst dort, wo sie nebeneinanderstehen, also bei Verfahren wegen einer *strafrechtlichen Anklage* i.S.v. Art. 6 Abs. 1 und einer Freiheitsentziehung nach Art. 5 Abs. 1 Satz 2 *lit.* c, nicht notwendig identisch.[896] Bei den anderen die Freiheitsentziehung rechtfertigenden Gründen werden hinsichtlich ihrer Mitteilung nach Art. 5 Abs. 2 EMRK/Art. 9 Abs. 2 IPBPR geringere inhaltliche Anforderungen gestellt.[897]

330   Die Informationspflicht aus Art. 5 Abs. 2 EMRK/Art. 9 Abs. 2 IPBPR besteht ihrerseits aus **zwei unterschiedlichen Pflichten**: die *Unterrichtung über die Gründe der Festnahme* und die *Mitteilung der erhobenen Beschuldigungen*.

331   Die Pflicht zur **Unterrichtung über die Gründe der *Festnahme*** gilt **bei allen Frei-heitsentziehungen nach Absatz 1**.[898] Sie besteht dem Zweck der Norm entsprechend un-abhängig davon, ob die Freiheitsentziehung rechtmäßig ist[899] und aus welchen Gründen diese angeordnet wurde. Sie greift in allen Fällen des Art. 5 Abs. 1 Satz 2 *lit.* a bis f,[900] auch wenn einige die *Festnahme* nicht erwähnen. Der **Begriff *Festnahme*** ist daher im Rahmen von Art. 5 Abs. 2 weit (i.S.v. Freiheitsentziehung) zu verstehen und erfasst gerade nicht nur die (vorläufige) Festnahme wegen des Verdachts einer Straftat (§ 127 StPO) im engen strafprozessrechtlichen Sinne.[901]

332   Die zusätzliche Pflicht zur **Mitteilung der erhobenen Beschuldigungen** greift insbe-sondere, wenn (auch) der Verdacht einer Straftat der/ein Grund für die Festnahme war. Sie besteht vor allem bei der **vorläufigen strafprozessualen Festnahme/Verhaftung** bzw. anschließenden **Untersuchungshaft** nach Art. 5 Abs. 1 Satz 2 *lit.* c. Sie kann jedoch auch bei den anderen Kategorien des Absatzes 1 zum Tragen kommen, deren Haftgründe an eine Beschuldigung und nicht an eine vollstreckbare Verurteilung wie bei *lit.* a anknüpfen, so etwa bei der **einstweiligen Unterbringung in einem psychiatrischen Krankenhaus bzw. in einer Entziehungsanstalt** nach § 126a StPO (sofern man sie dem *lit.* e zuordnet). Auch wenn eine Person nach *lit.* f in **Abschiebungs-/Auslieferungshaft** genommen wird, muss man ihr neben der formalen Haftanordnung auch die Gründe mitteilen, auf die sich die Freiheitsentziehung stützt.[902] Dazu gehört bei der Auslieferungshaft auch der

---

896 Vgl. IK-EMRK/*Renzikowski* 224.
897 So auch *Grabenwarter/Pabel* § 21, 56 f.; Karpenstein/Mayer/*Elberling* 94; KK-EMRK-GG/*Dörr* Kap. 13, 37.
898 EGMR Shamayev/GEO u. R, 12.4.2005; Abdolkhani u. Karimnia/TRK, 22.9.2009, § 136.
899 Vgl. EGMR IR/UK, 18.1.1978.
900 Für den Art. 9 Abs. 2 IPBPR *Nowak* 35; ebenso für Art. 5 Abs. 2: EGMR van der Leer/NL, 21.2.1990; *Frowein/Peukert* 91; *Grabenwarter/Pabel* § 21, 56; Meyer-Ladewig/Nettesheim/von Raumer/*Meyer-Ladewig/ Harrendorf/König* 69; *Trechsel* EuGRZ **1980** 514, 528. EGMR X./UK, 5.11.1981, hatte zunächst offengelassen, ob Art. 5 Abs. 2 nur bei Verhaftung wegen des Verdachts einer Straftat gilt; die Pflicht, den aus anderen Gründen Verwahrten über die dafür maßgebenden Gründe zu unterrichten, wurde aus dessen Rechtsschutzanspruch nach Art. 5 Abs. 4 hergeleitet.
901 Konsequent daher und menschenrechtlich geboten die Ausdehnung der Festnahmeinformationspflich-ten aus § 114b StPO auch auf das Festhalten zur Identitätsfeststellung (§§ 163b, 163c Abs. 1 Satz 1 StPO); vgl. zur Thematik auch: *Petzsche* ZStW **133** (2021) 502 ff.
902 EGMR Yarashonen/TRK, 24.6.2014, §§ 43 ff.; M.A./ZYP, 23.7.2013, §§ 220, 227 ff.; Kane/ZYP (E), 13.9.2011; Abdolkhani u. Karimnia/TRK, 22.9.2009, §§ 136 ff.; siehe auch EGMR S.A./TRK, 15.12.2015, § 31 (Bf. war infor-miert worden, dass er wegen des Verdachts der Passfälschung und der unerlaubten Einreise festgenommen wurde; jedoch wurde kein Strafverfahren, sondern die Abschiebung eingeleitet, woraus zu folgern ist, dass die geplante Abschiebung der wahre Festnahmegrund war; Verletzung von Art. 5 Abs. 2).

strafrechtliche Vorwurf, auf den sich das Auslieferungsbegehren gründet.[903] Da das Recht auf ausreichende alsbaldige Unterrichtung über alle für die Verhaftung maßgebenden Gründe auch aus Art. 5 Abs. 4 EMRK und Art. 9 Abs. 4 IPBPR folgt,[904] hat insoweit die Frage der Tragweite des Absatzes 2 keine große praktische Bedeutung.

Im deutschen Recht sind die Unterrichtungs-/Mitteilungspflichten aus Anlass einer 333
Freiheitsentziehung im Rahmen eines Strafverfahrens in **§§ 114a-114c, 126a Abs. 2, 127 Abs. 4, 127b Abs. 1 Satz 2, 163c Abs. 1 Satz 3, 275a Abs. 6 Satz 4 StPO** geregelt. Durch die **Richtlinie 2013/48/EU**[905] wurde u.a. das Recht auf eine Unterrichtung bei Freiheitsentziehung auf Unionsebene detailliert harmonisiert (siehe Art. 5 RL). Im Zuge der Richtlinienumsetzung durch das Zweite Gesetz zur Stärkung der Verfahrensrechte von Beschuldigten im Strafverfahren und zur Änderung des Schöffenrechts vom 27.8.2017[906] wurde insbesondere **§ 114c Abs. 1 StPO** geringfügig angepasst; die dort geregelte Benachrichtigung (Angehöriger/Person des Vertrauens) darf seitdem nur noch bei *erheblicher* Gefährdung des Untersuchungszwecks unterbleiben. Im Jugendstrafrecht wurde der Richtlinie durch die Schaffung eines neuen **§ 67a Abs. 2 Satz 2 JGG** Rechnung getragen, der eine Pflicht zur Unterrichtung der Erziehungsberechtigten und der gesetzlichen Vertreter vorsieht, wenn einem jugendlichen Beschuldigten die Freiheit entzogen wird.[907]

2. Zeitpunkt der Mitteilung/Unterrichtung. Nach **Art. 5 Abs. 2** müssen jeder festge- 334
nommenen Person **innerhalb möglichst kurzer Frist** (*„promptly"* / *„dans le plus court délai"*) – nach der Festnahme – deren Gründe und die erhobenen Beschuldigungen mitgeteilt werden. Ob die Mitteilung zeitlich und inhaltlich diesen Anforderungen entspricht, ist jeweils unter Berücksichtigung der konkreten Umstände des Einzelfalls zu beurteilen.[908]

Art. 9 Abs. 2 IPBPR differenziert in diesem Punkt: schon **bei der Festnahme** (*„at the* 335
time of arrest" / *„au moment de son arrestation"*) sind einem Festgenommenen deren **Gründe** (*„reasons for his arrest"* / *„raisons de cette arrestation"*) mitzuteilen, während die Unterrichtung über die gegen sie erhobenen **Beschuldigungen** (*„any charges against him"*; *„toute accusation portée contre lui"*) **unverzüglich** (*„promptly"* / *„dans le plus court délai"*) vorzunehmen ist, also auch zu einem späteren Zeitpunkt, etwa bei der ersten Vernehmung oder bei einer sonstigen Anhörung erfolgen kann.[909]

---

903 *Frowein/Peukert* 91, 98 (auch für die Gründe der Auslieferung, da auch diese im weiteren Sinn die für den Freiheitsentzug maßgebenden Beschuldigungen seien); IK-EMRK/*Renzikowski* 227 (Umfang entsprechend demjenigen der Haftprüfung); weniger streng dagegen: EGMR Bordovskiy/R, 8.2.2005, §§ 56 ff. (Mitteilung des Umstandes, dass der Betroffene in dem anderen Staat gesucht wird, ausreichend); *Grabenwarter/Pabel* § 21, 57; *Trechsel* EuGRZ **1980** 514, 528 (wegen des rein formellen Vorbehalts von *lit.* f kein Recht auf Information über die Auslieferungsgründe). Die Unterrichtungspflicht sichert Rechtsbehelfe nach nationalem Recht, für sie kann es nicht darauf ankommen, dass die EMRK die Grenzen anders zieht.

904 EGMR S.A./TRK, 15.12.2015, § 34; Dbouba/TRK, 13.7.2010, § 54.

905 Richtlinie 2013/48/EU des Europäischen Parlaments und des Rates v. 22.10.2013 über das Recht auf Zugang zu einem Rechtsbeistand in Strafverfahren und in Verfahren zur Vollstreckung des Europäischen Haftbefehls sowie über das Recht auf Benachrichtigung eines Dritten bei Freiheitsentzug und das Recht auf Kommunikation mit Dritten und mit Konsularbehörden während des Freiheitsentzugs (ABlEU Nr. L 294 v. 6.11.2013 S. 1).

906 BGBl. I S. 3295; Gesetzentwurf der Bundesregierung BRDrucks. 419/16; BTDrucks. **18** 9534; hierzu siehe *Heim* NJW-Spezial **2016** 440; *Esser* KriPoZ **2017** 167 ff.

907 Näher hierzu *Sommerfeld* ZJJ **2016** 36 ff.; *Esser* KriPoZ **2017** 167, 177 ff.

908 EGMR Rusu/A, 2.10.2008, § 36; Bordovskiy/R, 8.2.2005, § 55.

909 Vgl. hierzu: HRC Griffin/E, 4.4.1995, 493/1992, § 9.2; Hill/E, 2.4.1997, 526/1993, § 11.2; Komarovski/TKM, 5.8.2008, 1450/2006, § 7.3.

Esser

336   Die **Gründe der Festnahme** werden in der Regel schon dem festnehmenden Organ (i.d.R. ein Polizeibeamter) zumindest in groben Umrissen bekannt sein. Ihre Bekanntgabe bei der Festnahme ist daher möglich und dann auch geboten. Die Mitteilung muss aber nicht in vollem Umfang *unmittelbar* bei der Festnahme erfolgen.[910] Erfolgt die Freiheitsentziehung zum Zwecke der Auslieferung, so *kann* – abhängig vom Einzelfall – auch ein geringerer Umfang an Informationen genügen.[911]

337   Die Bekanntgabe der Festnahmegründe darf aber stets nur aus **sachlichen Erwägungen** und selbst dann nur **kurzfristig aufgeschoben** werden, um sie an einem dafür geeigneten Ort vornehmen zu können. Das ist etwa der Fall, *wenn* eine sofortige Eröffnung wegen der besonderen äußeren Umstände nicht durchführbar (z.B. schlechtes Wetter auf Hoher See[912]) oder unangebracht ist, etwa bei der Festnahme aus einer erregten Menschenmenge heraus, unter sonstigen, längere Erklärungen nicht zulassenden Umständen. Auch in der Person des Festgenommenen können solche Gründe liegen, etwa, wenn er wegen seiner besonderen Situation bei der Festnahme nicht in der Lage ist, die Mitteilung aufzunehmen (körperlicher/psychischer Zustand; Leistung von Widerstand). Wird die Mitteilung dann **sobald als möglich vollständig** nachgeholt, ist ihr Aufschub nach Art. 5 Abs. 2 zulässig. Die Gründe sind dann auch i.S.v. Art. 9 Abs. 2 IPBPR noch *„bei der Festnahme"* erteilt.

338   Die Mitteilung der Gründe nach Art. 5 Abs. 2 muss *„innerhalb möglichst kurzer Frist"*, d.h. **alsbald** geschehen und sollte in der Regel **binnen weniger Stunden** erfolgt sein.[913] Mitteilungen, die erst nach 20[914] oder 76 Stunden[915] bzw. nach 3[916] oder 4[917] oder 10 Tagen[918] erfolgten, hat der Gerichtshof nicht mehr als konform mit Art. 5 Abs. 2 akzeptiert.

339   Eine Verzögerung der Unterrichtung nach Art. 9 Abs. 2 IPBPR im Bereich von Stunden wird auch vom **HRC** als konventionskonform angesehen. Ein Zuwarten bis zur Ankunft des Dolmetschers von drei Stunden stellte jedenfalls noch keinen Verstoß dar.[919] Die kürzeste Verspätung, die zu der Feststellung eines Verstoßes gegen Art. 9 Abs. 2 IPBPR geführt hat, bewegte sich im Bereich von Tagen,[920] was aber auch von den Konstellationen abhängt, die den EGMR erreichen. Nicht mehr rechtzeitig war die Unterrichtung nach 2,[921]

---

910   U.a. EGMR Bordovskiy/R, 8.2.2005, § 55; Kaboulov/UKR, 19.11.2009, § 143.

911   EGMR Bordovskiy/R, 8.2.2005, § 56; Sharma/LET, 24.3.2016, § 87; Kaboulov/UKR, 19.11.2009, § 144.

912   Allgemein zu den Anforderungen des Art. 5 Abs. 2 bei der Piratariebekämpfung auf Hoher See: *Esser/Fischer* JR **2010** 513; vgl. BTDrucks. **18** 1282.

913   Vgl. EGMR Fox, Campbell u. Hartley/UK, 30.8.1990, § 42 („a few hours"; im längsten der drei Fälle: weniger als 7 Stunden); (GK) Murray/UK, 28.10.1994, § 78 (ca. 1,5–2,5 Std.); Egmez/ZYP, 21.12.2000, § 85 (Abend der Festnahme); Khodorkovskiy/R (E), 7.5.2009, Nr. 5 („a few hours later"); Kaboulov/UKR, 19.11.2009, § 147 (40 Minuten; i.E. aber Verstoß bejaht wg. Verzögerung von fast 3 Wochen).

914   EGMR Lutsenko/UKR, 3.7.2012, § 78.

915   EGMR (GK) Saadi/UK, 29.1.2008, §§ 84 f. (insoweit in NVwZ **2009** 375 nicht abgedruckt) unter Hinweis auf (K) 11.7.2006, § 55.

916   EGMR Leva/MOL, 15.12.2009, §§ 62 f. (indirekte Kenntnisnahme nach 3 Tagen Haft).

917   EGMR Shamayev/GEO u. R, 12.4.2005 (Auslieferungshaft; falsche Rechtsgrundlage und ungenaue Angabe zu den zugrunde liegenden Tatsachen).

918   EGMR van der Leer/NL, 21.2.1990; Rusu/A, 2.10.2008.

919   HRC Hill/E, 2.4.1997, § 12.2.; vgl. auch: *Joseph/Schultz/Castan* 11.28.

920   Vgl. *Joseph/Schultz/Castan* 11.28 (7 Tage). Vgl. auch HRC Kennedy/TTO, 26.3.2002, 845/1998, Annex IX.T, § 7.6: *„delays should not exceed a few days."*; kritisch zu sog. „short term arrests" bis zu 12 Stunden ohne besondere Unterrichtungspflichten CCPR/C/HUN/CO/5 (16.11.2010), 13; vgl. hierzu auch HRC Griffin/E, 4.4.1995, 493/1992 (einige Stunden kurz genug).

921   HRC Ismailov/UZB, 25.3.2011, 1769/2008, 7.2; vgl. auch: *Taylor* S. 266.

3,[922] 7,[923] 9,[924] 13[925] und 25[926] Tagen sowie nach 2 Monaten.[927] Wie eine Unterrichtung 48 Stunden nach der Festnahme zu beurteilen ist, hat das HRC nicht ausdrücklich erklärt. Im Fall *Ilombe u. Shandwe* begründete es die Verletzung des Art. 9 Abs. 2 IPBPR damit, dass der erteilte Hinweis unzureichend war.[928] Ob das HRC damit konkludent zum Ausdruck gebracht hat, 2 Tage seien noch angemessen, oder ob es seine Entscheidung lediglich auf den eindeutigsten Fehler stützen wollte, ist unklar.

Die **Mitteilung der erhobenen Beschuldigung**(en), die ohnehin nicht in allen Fest- **340** nahmefällen gefordert ist (Rn. 332), muss nach Art. 5 Abs. 2 EMRK ebenfalls **innerhalb *„möglichst"* kurzer Frist** erfolgen; nach Art. 9 Abs. 2 IPBPR muss dies (lediglich) **unverzüglich** nach der Festnahme geschehen. Sobald sie – vollständig oder auch nur in Teilen – nach den konkreten Umständen durchführbar ist, darf sie daher nicht länger aufgeschoben werden. Unmittelbar im Zusammenhang mit der Festnahme dürfte dies nicht immer möglich sein, denn die Beschuldigung wird dem die Festnahme durchführenden Amtsträger mitunter nicht mit der erforderlichen Genauigkeit bekannt sein. In solchen Fällen darf die Unterrichtung aufgeschoben werden, bis sie ordnungsgemäß, d.h. vollständig durchgeführt werden kann.

Hat der Festnehmende einen schriftlichen **Haftbefehl** zur Hand, in dem die Beschul- **341** digung angeführt ist (vgl. § 114 StPO), so ist in der Regel auch die sofortige Bekanntgabe der darin erhobenen Beschuldigung bei der Verhaftung möglich (vgl. § 114a StPO) und dann auch nach den Konventionen geboten. Nur bei *unverzüglicher* **Vorführung** des Verhafteten vor einen Richter nach Art. 5 Abs. 3 Satz 1 EMRK/Art. 9 Abs. 3 IPBPR bzw. §§ 115 f., 128 StPO kann es im Einzelfall noch genügen, dass (erst) dieser die Mitteilung der Beschuldigung im Rahmen der dort vorgesehenen Anhörung vornimmt.

Fehlen bei der Festnahme selbst die für eine ausreichende Unterrichtung über die **342** Beschuldigung **erforderlichen Informationen** noch, so sind diese sofort anzufordern, damit die Unterrichtung ohne jede vermeidbare Verzögerung durchgeführt werden kann. Welche Maßnahmen von Amts wegen zu treffen sind, um das Gebot der **baldmöglichsten Unterrichtung** einzuhalten, und welche Stelle dafür verantwortlich ist, hängt von der Art des jeweiligen Verfahrens ab. Alle Beteiligten müssen dafür Sorge tragen, dass die erforderlichen Mitteilungen ohne jede vermeidbare Verzögerung gemacht werden können. Die erforderlichen Unterlagen sind mit der gebotenen Eile beizubringen.

3. Form der Mitteilung/Unterrichtung. Art. 5 Abs. 2 EMRK/Art. 9 Abs. 2 IPBPR schrei- **343** ben **keine bestimmte Form** der Mitteilung vor. Durch wen und in welcher Form die Mitteilung bzw. Unterrichtung vorzunehmen ist, überlassen sie dem nationalen Recht. Vor allem behalten sie die Eröffnung nicht dem Richter oder einem Beamten mit richterlichen Befugnissen vor.

922 HRC Komarovski/TKM, 5.8.2008, 1450/2006, § 7.3 (Gründe der Festnahme und Beschuldigung erst nach dreitägiger Haft mitgeteilt).
923 HRC Grant/JAM, 22.5.1996, 597/1994, Annex VIII.Z, § 8.1; Kurbanov/TJK, 6.11.2003, 1096/2002.
924 HRC Morrison/JAM, 3.11.1998, 663/1995, Annex XI.R, § 8.2; ähnlich HRC Latifulin/KGZ, 10.3.2010, 1312/2004 (10 Tage).
925 HRC Kirpo/TJK, 27.10.2009, 1401/2005, § 6.4.
926 HRC Khoroshenko/R, 29.3.2011, 1304/2004.
927 HRC Ndong u.a./GNQ, 31.10.2005, 1152 u. 1190/2003, Annex V.AA, § 6.2.
928 HRC Ilombe u. Shandwe/COD, 17.3.2006, 1177/2003, Annex V.HH (breach of state security), §§ 2.1, 6.2; vgl. dazu auch *Joseph/Castan* 11.47.

344   Die Konventionen fordern nicht, dass die Haftgründe und gegebenenfalls auch die Beschuldigung bei der Festnahme schriftlich fixiert sein müssen.[929] Aus ihnen kann auch kein Recht auf eine Abschrift der Festnahmeanordnung[930] oder auf eine (vollständige) Übersetzung des Haftbefehls[931] hergeleitet werden. Es genügt, wenn der Betroffene auf eine ihm verständliche Weise (zur Sprache Rn. 351 ff.) unterrichtet wird. Die Mitteilung kann daher **in der Regel mündlich** geschehen.[932] Dabei sollten einfache, untechnische und dem Betroffenen leicht verständliche Ausdrücke verwendet werden.[933] Die Unterrichtung kann aber auch durch **Aushändigung eines Schriftstücks**, etwa eines Haftbefehls, vorgenommen werden, sofern dieses alle erforderlichen, auf den konkreten Fall der festgenommenen Person bezogenen[934] Angaben enthält und der Festgenommene in der Lage ist, sie zu lesen und zu verstehen.[935] Eine etwaige bereits geführte Ermittlungsakte muss dem Betroffenen – zum Zeitpunkt der Festnahme – nicht vollständig zugänglich gemacht werden. Gleichwohl ist stets darauf zu achten, dass der Beschuldigte ausreichend Informationen erhält, um von der Möglichkeit einer Haftprüfung (Absatz 4) effektiv Gebrauch machen zu können (Rn. 527).[936]

345   **Allgemeine Erklärungen** wie z.B. parlamentarische Bekanntmachungen, sind nicht ausreichend und können somit die **individuelle Mitteilung** nicht ersetzen. Dies ergibt sich eindeutig aus dem Wortlaut des Art. 5 Abs. 2.[937] Auch die Bereitstellung einer Informationsbroschüre genügt regelmäßig nicht den Anforderungen der Konventionen, weil die Betroffenen meist nicht in einer hinreichend einfachen und verständlichen Sprache über die Gründe der Haft und die ihnen zur Verfügung stehenden Rechtsbehelfe informiert werden.[938]

346   Eine **Mitteilung unter Drohungen** oder unter Anwendung einer gegen Art. 3 verstoßenden Behandlung kann, auch wenn dabei die gegen den Betroffenen erhobenen Beschuldigungen zur Sprache kommen, schon wegen der Begleitumstände und der dadurch bedingten besonderen psychischen Zwangslage des Betroffenen nicht als ausreichende objektive Unterrichtung i.S.d. Art. 5 Abs. 2 angesehen werden.[939]

347   Aus dem Zweck der Regelung folgt, dass es Aufgabe der staatlichen Organe ist, die **sichere und ausreichende Unterrichtung** des Festgenommenen in angemessener, objektiver Form sicherzustellen. Sie müssen die Erfüllung dieser Pflicht ggf. auch **dokumentieren** und **belegen**. Dass sich aus dem späteren Verteidigungsverhalten des Beschuldigten, insbesondere seinen Rechtsbehelfsbegründungen ergibt,[940] dass dieser (inzwischen) sichere Kenntnis der für seine Freiheitsentziehung maßgebenden Umstände erlangt hat, beseitigt nicht den Verstoß gegen den eine *alsbaldige* Unterrichtung fordernden Absatz 2 von Art. 5 EMRK und Art. 9 IPBPR, sondern allenfalls dessen Fortwirken auf das spätere Verfahren.

---

929   *Frowein/Peukert* 93; *Nowak* 37.

930   *Vogler* ZStW **82** (1970) 757.

931   EGMR H.B./CH, 5.4.2001; Meyer-Ladewig/Nettesheim/von Raumer/*Meyer-Ladewig/Harrendorf/König* 70.

932   Vgl. EGMR M.S./SLO u. UKR, 11.6.2020, § 102; *Frowein/Peukert* 93; *Nowak* 37; *Vogler* ZStW **89** (1977) 761.

933   EGMR Fox, Campbell u. Hartley/UK, 30.8.1990, § 40; H.B./CH, 5.4.2001, § 47; Lutsenko/UKR, 3.7.2012, § 77; *Frowein/Peukert* 93; Meyer-Ladewig/Nettesheim/von Raumer/*Meyer-Ladewig/Harrendorf/König* 69; *Villiger* 425.

934   EGMR (GK) Saadi/UK, 29.1.2008 unter Hinweis auf: (K) 11.7.2006.

935   EGMR Lamy/B, 30.3.1989, ÖJZ **1989** 763 = StV **1993** 283 m. Anm. *Zieger* 320 = wistra **1993** 333.

936   EGMR Shamayev/GEO u. R, 12.4.2005.

937   EGMR (GK) Saadi/UK, 29.1.2008.

938   Vgl. EGMR J.R. u.a./GR, 25.1.2018, §§ 123 f.

939   So aber EGMR Dikme/TRK, 11.7.2000; ablehnend *Kühne/Esser* StV **2002** 383, 386.

940   EGMR H.B./CH, 5.4.2001. Dass der Bf. Rechtsmittel gegen die Festnahme eingelegt hatte, wurde aber in EGMR Horshill/GR, 1.8.2013, § 69, und M.A./ZYP, 23.7.2013, § 234, als Argument dafür herangezogen, dass Art. 5 Abs. 2 nicht verletzt war.

Im Einzelfall – je nach Art und Ort der Festnahme, Form und Ausgestaltung der **348** Vernehmung – *kann* es ausreichen, wenn die Festnahmegründe dem Betroffenen bekannt (gemacht) sind oder ihm die gegen ihn erhobenen Beschuldigungen aus den Umständen seiner Festnahme oder aufgrund seiner ersten Vernehmung mit hinreichender Sicherheit ersichtlich sind, die Information/Mitteilung mithin **nicht ausdrücklich** erfolgt.[941] Dass im Einzelfall die Umstände einer Festnahme auch „für sich selbst sprechen können" – mit der Folge, dass der Betroffene einen unterbliebenen Hinweis nicht als Verstoß gegen Art. 5 Abs. 2 EMRK bzw. Art. 9 Abs. 2 IPBPR rügen kann[942] – entbindet die mit der Festnahme befassten staatlichen Stellen aber selbstredend nicht von vornherein von einer Pflicht zur Mitteilung.

Bei festgenommenen **Personen**, die nicht nur vorübergehend **außerstande sind, die** **349** **Unterrichtung zu verstehen** und sachgerecht darauf zu reagieren (u.U. bei **psychisch** **Kranken**), darf die geforderte Unterrichtung entfallen, wenn die Person wegen ihres Zustandes die Mitteilung nicht verstehen kann oder wenn die Mitteilung gefährliche oder für die Person schädliche Reaktionen auslösen würde. Bei einer Besserung des Zustandes ist die Unterrichtung nachzuholen.

Die Mitteilung kann auch anderen Personen, etwa einem behandelnden Arzt, **über-** **350** **tragen** werden.[943] Ist eine unverzügliche Unterrichtung des Betroffenen selbst nicht möglich, muss sie rechtzeitig einer zu seiner **Vertretung berechtigten Person** erteilt werden.[944] Für solche Fälle wird man dem nationalen Gesetzgeber einen Spielraum für der Situation angemessene Regelungen zuzuerkennen haben, die aber immer gewährleisten müssen, dass die Rechte des Untergebrachten, sich gegen die Freiheitsentziehung zu wehren, hinreichend gewahrt sind. Die jeweils einschlägige nationale Verfahrensordnung kann in solchen Fällen auch vorsehen, dass ein gesetzlicher oder auch ein bestellter Vertreter des Festgenommenen oder ein Verteidiger von den Gründen der Freiheitsentziehung zu unterrichten ist.

4. Verwendung einer verständlichen Sprache. Art. 5 Abs. 2 fordert ausdrücklich, **351** dass Festnahme und Beschuldigung dem Betroffenen in einer ihm **verständlichen Spra-** **che** (nicht notwendigerweise in seiner Muttersprache)[945] zu eröffnen sind. Die etwas va-

---

941 EGMR Horshill/GR, 1.8.2013, § 69 (dem Bf. war vor der Festnahme von einer NGO mitgeteilt worden, dass und warum er im Falle eines Asylantrags festgenommen werden würde); Khodorkovskiy/R (E), 7.5.2009, Nr. 5 (Kenntnis soll sich aus den Fragen ergeben haben, die dem Bf. nach der Festnahme gestellt wurden; das Urteil des EGMR ist sehr ermittlungsbehördenfreundlich; falls der vom Bf. vorgetragene Sachverhalt zutrifft – was der EGMR offenließ – ist nicht verständlich, warum der Bf. nicht schon bei der Festnahme oder wenigstens bei der wenige Stunden danach stattfindenden Befragung *ausdrücklich* – und nicht nur implizit – über die Gründe informiert wurde); Mkhitaryan/ARM, 2.12.2008 (offensichtliche Kenntnis); (GK) Murray/UK, 28.10.1994, §§ 76 f.; Fox, Campbell u. Hartley/UK, 30.8.1990, § 41; Lamy/B, 30.3.1989; *Kühne/Esser* StV **2002** 383, 386 m.w.N.; *Esser* 258; vgl. auch *Villiger* 425. Siehe auch EGMR Vakhitov u.a./R, 31.1.2017, § 62 (es genügt nicht, dass der Bf. Kenntnis von strafrechtlichen Ermittlungen gegen sich hatte).

942 Vgl. EGMR Dikme/TRK, 11.7.2000; HRC Grant/JAM, 22.5.1996, 597/1994, § 8.1; Stephens/JAM, 25.10.1995, 373/1989, § 9.5.

943 *Frowein/Peukert* 95.

944 *Trechsel* EuGRZ **1980** 514, 529, EGMR Z.H./H, 8.11.2012, §§ 41, 43.

945 EGMR Nur u.a./UKR, 16.7.2020, §§ 131 ff. (Unterrichtung ukrainischer Bf. in englischer Sprache, zusätzlich im Beisein eines englisch-ukrainischen Übersetzers); Parlanti/D (E), 26.5.2005, Nr. 2 (Bf., ein Italiener, wurde auf Englisch unterrichtet; Belehrung war ordnungsgemäß, insbesondere trug der Bf. nicht vor, die englische Sprache nicht zu können); Karpenstein/Mayer/*Elberling* 97; für die Unterrichtung in der Muttersprache jedoch der Vorschlag der Kommission für eine Richtlinie, KOM(2010) 82 endg. v. 9.3.2010, vgl. Art. 2 Abs. 1, Art. 3 Abs. 1, 5 RiL-KomE. Die Richtlinie 2010/64/EU des Europäischen Parlaments und des Rates über

gen Aussagen des EGMR in einem Urteil, in dem er schließlich aufgrund der (also aller) „vorstehenden Ausführungen" einen Verstoß gegen Art. 5 Abs. 2 feststellte, sind wohl so zu verstehen, dass die „verständliche Sprache" auch die **Gebärdensprache** sein kann und dass die Behörden sicherstellen müssen, dass der Festgenommene gerade diesen Gebärdendolmetscher bzw. diese Gebärdensprache versteht.[946] Zur Verständlichkeit gehört auch, dass die verwendeten sprachlichen Formulierungen einfach gehalten sind, so dass der Betroffene die Informationen auch tatsächlich verstehen kann.[947]

352   Auch die Mitteilung nach Art. 9 Abs. 2 IPBPR muss in einer für den Festgenommenen verständlichen Sprache erfolgen.[948] In den Vertragsstaaten der EMRK gelten jedoch in jedem Fall die Anforderungen des Art. 5 Abs. 2 EMRK (vgl. Art. 5 Abs. 2 IPBPR).[949]

353   Eine Verpflichtung, einem in der Gerichtssprache abzufassenden Haftbefehl eine schriftliche Übersetzung beizufügen, kann zwar nicht unmittelbar auf Art. 5 Abs. 2 gestützt werden.[950] Traditionell wurde in Deutschland von der h.L. aus Art. 5 Abs. 2 i.V.m. § 114a Abs. 2 StPO a.F. (Nr. 181 Abs. 2 RiStBV) ein **Anspruch auf Aushändigung einer schriftlichen Übersetzung des Haftbefehls** abgeleitet.[951] Seit 1.1.2010 ist dieser Anspruch durch das Gesetz zur Änderung des Untersuchungshaftrechts vom 29.7.2009[952] in **§ 114a Satz 1 Hs. 1 StPO** ausdrücklich normiert. Außerdem hat die von Art. 5 Abs. 2 geforderte mündliche Unterrichtung für den Fall, dass die Aushändigung einer Abschrift und einer etwaigen Übersetzung nicht möglich ist, Eingang in § 114a Satz 2 StPO gefunden. Zu Art. 6 Abs. 3 *lit.* a vgl. dort Rn. 758 ff.

354   Teilweise wird gefordert, die Grundsätze zur **unentgeltlichen Unterstützung durch einen Dolmetscher** im Strafverfahren (Art. 6 Rn. 1241 ff.) allgemein auf den Fall der Freiheitsentziehung zu übertragen.[953] Ein Recht auf unentgeltliche Dolmetscherunterstützung lässt sich aus Art. 5 Abs. 2 selbst zwar nicht ableiten,[954] ein solches Recht wird aber bereits im Ermittlungsverfahren[955] von Art. 6 Abs. 3 *lit.* e gewährleistet.[956] Denn einer Straftat *angeklagt* i.S.v. Art. 6 Abs. 3 *lit.* e i.V.m. Art. 6 Abs. 1 ist eine Person nicht erst, wenn gegen

das Recht auf Dolmetscherleistungen und Übersetzungen im Strafverfahren wurde am 20.10.2010 beschlossen; vgl. zum Erfordernis einer Übersetzung in die Muttersprache des Betroffenen Nr. 22, ABlEU Nr. L 280 v. 26.10.2010 S. 1 ff.

946 EGMR Z.H./H, 8.11.2012, §§ 42 ff.
947 Vgl. EGMR J.R. u.a./GR, 25.1.2018, §§ 123 f.; Vakhitov u.a./R, 31.1.2017, § 60.
948 Vgl. HRC Albert Wilson/PHL, 30.10.2003, 868/1999, 3.3, 7.5; Ambaryan/KGZ, 28.7.2017, 2162/2012, 8.6; Griffin/E, 4.4.1995, 493/1992, 9.2 (rechtzeitige Mitteilung in einer für den Festgenommenen verständlichen Sprache); **a.A.** wohl *Nowak* 36 ff. (erforderlich wäre nur, dass die Mitteilung zum Zeitpunkt der Festnahme überhaupt erfolge, die Mitteilung in einer verständlichen Sprache könne zu einem späteren Zeitpunkt [vgl. hierfür insb. 39] stattfinden).
949 Zu den Vorgaben auf EU-Ebene vgl. Art. 6 Rn. 1306 ff. (Anspruch auf Dolmetscherunterstützung ab dem Moment, in dem der betroffenen Person mitgeteilt wird, dass sie der Begehung einer Straftat verdächtigt wird, und schriftliche Übersetzung des Haftbefehls).
950 Vgl. EGMR H.B./CH, 5.4.2001, § 47; vgl. auch LR/*Lind* § 114a, 8 StPO; Meyer-Ladewig/Nettesheim/von Raumer/*Meyer-Ladewig/Harrendorf/König* 70.
951 *Staudinger* StV **2002** 327, 329 m.w.N.
952 BGBl. I S. 2274.
953 So OLG Celle StV **2005** 452 (Abschiebungshaft); LG Lübeck StraFo **2004** 130.
954 KK-EMRK-GG/*Dörr* Kap. 13, 36; *Trechsel* 460 f. (Anwendbarkeit des Art. 6 Abs. 3 *lit.* e auf die Fälle des Art. 5 Abs. 1 Satz 2 *lit.* c ausdrücklich nicht erörtert; Auswirkungen auf die Rechtsausübung in den anderen Fällen unter Bezugnahme auf EGMR Luedicke u.a./D, 28.11.1978, § 42, NJW **1979** 1091 ausgeschlossen); IK-EMRK/*Renzikowski* 581.
955 Vgl. Art. 6 Rn. 1254 f.; BVerfG NJW **2004** 50 (auch unter Berufung auf Art. 3 Abs. 3 Satz 1 GG); Meyer-Ladewig/Nettesheim/von Raumer/*Meyer-Ladewig/Harrendorf/König* Art. 6, 246.
956 EGMR Luedicke u.a./D, 28.11.1978, § 49.

sie die Eröffnung des Hauptverfahrens beschlossen ist (vgl. § 157 StPO).[957] Im Wege einer autonomen Auslegung sieht der EGMR bereits in der Einleitung eines Ermittlungsverfahrens bzw. in der offiziellen amtlichen Unterrichtung des Betroffenen darüber, dass ihm eine Straftat angelastet werde, eine *Anklage* i.S.v. Art. 6 Abs. 1.[958] In deren Folge hat eine Übersetzung sämtlicher Schriftstücke und mündlicher Erklärungen zu erfolgen, soweit der Betroffene auf deren Verständnis angewiesen ist, um ein faires Verfahren zu haben.[959] Hierzu gehört auch die Übersetzung der Erklärungen des Betroffenen zur Wahrnehmung seiner Rechte (z.B. **Einlegung eines Rechtsbehelfs gegen die Festnahme**).[960] Liegt der Freiheitsentziehung indes keine *strafrechtliche Anklage* zugrunde (z.B. im Falle der drohenden Abschiebung wegen Wegfalls des Aufenthaltstitels aus sonstigem Grund), so muss eine Pflicht zur Dolmetscherunterstützung in dem für das Verfahren angemessenen Umfang unmittelbar aus Art. 5 Abs. 2 hergeleitet werden.

5. Inhalt der Mitteilung/Unterrichtung

a) Gründe der Festnahme. Was dem Festgenommenen als **Gründe der Festnahme** 355 jeweils mitzuteilen ist, richtet sich nach den Erfordernissen, an die das nationale Recht die Freiheitsentziehung knüpft.[961] Unerlässlich ist ein Mindestmaß an sachlicher Information.[962] Der bloße Hinweis auf die abstrakte Rechtsgrundlage allein genügt nicht. Zusätzlich sind die **konkreten Tatsachen**, die die rechtlichen Erfordernisse der Freiheitsentziehung belegen, dem Betroffenen bekannt zu geben.[963] Soweit eine förmliche behördliche oder gerichtliche Anordnung vorliegt, ist ihm diese zu eröffnen. Grundsätzlich genügt es, wenn sich die **maßgebenden Tatsachen** und **Rechtsgründe** entsprechend dem Verfahrensstand auf das Wesentliche beschränken. Eine detaillierte Offenlegung aller den Ermittlungsbehörden bekannten oder von ihnen vermuteten Tatsachen und eine eingehende juristische Begründung kann aus Anlass einer Festnahme wegen des Verdachts einer Straftat nicht gefordert werden und wäre im Zeitpunkt der Festnahme vielfach auch noch gar nicht möglich.

b) Erhobene Beschuldigung. Die Mitteilung der **erhobenen Beschuldigung**(en) 356 muss ebenfalls die konkreten Tatsachen umfassen, auf die sich der Vorwurf gründet. Sie muss sich aber noch nicht auf *jedes* Detail bzw. *jeden* rechtlichen Gesichtspunkt erstrecken.[964] Auch wenn nicht in jedem Fall eine vollständige Liste sämtlicher Beschuldigungen mitzuteilen ist,[965] hat die Unterrichtung sich aber stets dann auf *alle* Beschuldigungen zu beziehen, wenn diese sich in der Sache und/oder hinsichtlich der gesammelten Beweise

---

957 EGMR Deweer/B, 27.2.1980, EuGRZ **1980** 667.

958 EGMR Deweer/B, 27.2.1980, §§ 44 ff.

959 EGMR Luedicke u.a./D, 28.11.1978.

960 BGHSt **46** 178, 184 = NJW **2001** 309.

961 Vgl. *Frowein/Peukert* 93, 97 (Verdachtsgründe, die nach der gesetzlichen Regelung keine Voraussetzung für eine Festnahme zu Kontrollzwecken sind, müssen nicht mitgeteilt werden).

962 Vgl. *Trechsel* EuGRZ **1980** 514, 528; auch ein erst in der Hauptverhandlung erlassener Haftbefehl ist zu begründen: LG Zweibrücken NJW **2009** 1828.

963 Vgl. EKMR bei *Bleckmann* EuGRZ **1983** 430 (McVeigh); *Nowak* 38; HRC Drescher/URY, 21.7.1983, 43/1979, § 13.2 („it was not sufficient to inform ... that he was being arrested under the prompt security measures without any indication of the substance of the complaint against him"); HRC Ilombe u. Shandwe/COD, 17.3.2006, 1177/2003, § 6.2.

964 *Vogler* ZStW **89** (1977) 761, 772.

965 Vgl. EGMR Kaboulov/UKR, 19.11.2009, § 144.

hinreichend unterscheiden, so dass sie z.B. Gegenstand separater Ermittlungen sind.[966] Zur Erfüllung der Informationspflicht nach Art. 5 Abs. 2 EMRK/Art. 9 Abs. 2 IPBPR genügen in der Regel weniger umfassende Mitteilungen als sie Art. 6 Abs. 3 *lit.* a EMRK / Art. 14 Abs. 3 *lit.* a IPBPR zur Vorbereitung der Verteidigung erfordern (vgl. Art. 6 Rn. 758 ff.).

357   **6. Wiederholung der Unterrichtung.** Ist der Pflicht zur Mitteilung bzw. Unterrichtung zu Beginn der Haft entsprochen worden, muss die Unterrichtung während der Dauer der Freiheitsentziehung nicht wiederholt werden. Die Rechte im Haftprüfungsverfahren und die damit verbundenen Informationspflichten richten sich nach Art. 5 Abs. 4 EMRK/ Art. 9 Abs. 4 IPBPR. Wird allerdings die Freiheitsentziehung später auf einen **anderen Grund** gestützt, ist dieser dem Inhaftierten entsprechend dem Zweck der Regelungen zu eröffnen, da dieser ein **neues Verteidigungsvorbringen** erfordern *kann*.[967] Eine erneute Unterrichtung ist auch dann geboten, wenn eine Person nach der Entlassung aus der Haft **erneut festgenommen** wird.[968]

358   **7. Kompensation.** Als angemessene Abhilfe/Kompensation für eine Verletzung u.a. der Unterrichtungspflicht aus Art. 9 Abs. 2 IPBPR hat der ICTR eine **Strafmilderung**, nicht aber eine Verwirkung des Strafverfolgungsrechts, angesehen.[969]

359   **8. Beschwerdefrist.** Das Unterbleiben der fristgerechten Mitteilung ist konventionsrechtlich gesehen ein Dauerzustand, der mit dem Ende der Freiheitsentziehung[970] oder mit der (verspäteten) Mitteilung[971] endet. Wenn es keine Rechtsmittel gegen die Fristüberschreitung gibt, ein Durchlaufen des nationalen Rechtswegs insoweit also nicht möglich ist, beginnt die Beschwerdefrist (Art. 35 Abs. 1) mit dieser Beendigung des Dauerzustandes[972] und nicht mit dem Ende des Strafverfahrens, das noch weitergeht, wenn nicht die Ermittlungen (etwa gemäß § 170 Abs. 2 StPO) eingestellt wurden.[973]

II. Vorführung und richterliche Haftprüfung von Amts wegen nach Festnahme wegen des Verdachts einer Straftat (Art. 5 Abs. 3 Satz 1 EMRK/Art. 9 Abs. 3 Satz 1 IPBPR)

360   **1. Allgemeines.** Weitgehend übereinstimmend sehen Art. 5 Abs. 3 EMRK und Art. 9 Abs. 3 IPBPR besondere Verfahrensgarantien und damit **Sonderregelungen** zum Schutz

---

966 EGMR Leva/MOL, 15.12.2009, § 60.

967 Allerdings hat das HRC Leehong/JAM, 13.7.1999, 613/1995, § 9.4 einen Verstoß gegen Art. 9 Abs. 2 IPBPR (nicht aber einen gegen Art. 9 Abs. 3 IPBPR) abgelehnt, obwohl der Betroffene wegen des Verdachts einer Straftat ohne eine entsprechende Unterrichtung weiter in Haft blieb, nachdem der ursprünglich gegen ihn erhobene Vorwurf einer anderen Straftat bereits fallen gelassen worden war.

968 EGMR X./UK, 5.11.1981; *Frowein/Peukert* 92; *Trechsel* EuGRZ **1980** 514, 528.

969 ICTR (Rechtsmittelkammer) 23.5.2005, ICTR-98-44A-A (Juvénal Kajelijeli), NJW **2005** 2934.

970 EGMR Hüseyin Habip Taşkın/TRK, 1.2.2011, §§ 24 ff. (Ende der Polizeihaft, die in richterlich angeordnete Untersuchungshaft mündete).

971 EGMR Rupa/RUM (Nr. 2) (E), 23.2.2010, § 32; Pop Blaga/RUM (Nr. 1) (E), 8.9.2009, §§ 113 f.; Yambolov/BUL (E), 8.9.2005, A Nr. 2.

972 EGMR Dilek Aslan/TRK, 20.10.2015, § 82; Djalti/BUL, 12.3.2013, § 79; Pop Blaga/RUM (Nr. 1) (E), 8.9.2009, §§ 113 f.; Yambolov/BUL (E), 8.9.2005, A Nr. 2.

973 Verspätet war die Beschwerde in EGMR Djalti/BUL, 12.3.2013, § 79; Elawa/TRK, 25.1.2011, § 24.

von Personen gegen rechtswidrige Freiheitsentziehungen[974] aus Anlass des **Verdachts einer Straftat** (Art. 5 Abs. 1 Satz 2 *lit.* c) vor:

a) Vorführungspflicht. Eine festgenommene Person muss von Amts wegen unverzüg- 361 lich einem Richter oder einem funktionsmäßig gleichgestellten Amtsträger vorgeführt werden (*„brought promptly before a judge"*), der sie persönlich anhört und in richterlicher Unabhängigkeit über die Relevanz und das Gewicht der vorgetragenen Tatsachen und die Rechtmäßigkeit der Freiheitsentziehung verbindlich entscheidet (Art. 5 Abs. 3 Satz 1 EMRK / Art. 9 Abs. 3 Satz 1 IPBPR).[975] Die unverzügliche Vorführung zur Herbeiführung einer Entscheidung über die Freiheitsentziehung soll rechtswidrige oder gar missbräuchliche Festnahmen/Verhaftungen frühzeitig beenden und durch die baldige richterliche Anhörung der betroffenen Person Misshandlungen durch die Polizei vorbeugen.[976]

Ein Anspruch auf eine **wiederholte Vorführung** nach Aufrechterhaltung der Freiheits- 362 entziehung im ersten Vorführtermin erwächst dem Beschuldigten aus Absatz 3 nicht; er kann aber eine **Haftprüfung** nach den Bedingungen des Absatzes 4 beantragen (Rn. 512).[977]

b) Beschleunigungsgrundsatz. Art. 5 Abs. 3 Satz 1 2. Halbsatz EMRK und Art. 9 Abs. 3 363 Satz 1 2. Halbsatz IPBPR gewähren einen Anspruch auf ein **Urteil innerhalb angemessener Frist** oder auf **Entlassung** (aus der Haft) während des Verfahrens. Intendiert ist also die zeitliche Begrenzung der Untersuchungshaft (*„length of pre-trial detention"*). Die Aufhebung der Freiheitsentziehung (Entlassung) kann dabei von einer **Sicherheitsleistung (Kaution)** abhängig gemacht werden (Art. 5 Abs. 3 Satz 2 EMRK/Art. 9 Abs. 3 Satz 2 IPBPR; Rn. 494 ff.).

c) Ausnahmecharakter von Untersuchungshaft. Art. 9 Abs. 3 Satz 2 IPBPR spricht 364 außerdem den Grundsatz aus, dass es **nicht die „allgemeine Regel"** sein darf, dass Personen, die „eine gerichtliche Aburteilung erwarten", in Haft gehalten werden.[978] Diesen Grundsatz hat der EGMR auch für Art. 5 proklamiert (vgl. Rn. 96, 183, 220).

Die Garantien des Art. 5 Abs. 3 Satz 1 finden auf **unterschiedliche Zeitabschnitte** 365 (die sich allerdings überschneiden können) nach der Festnahme bzw. Verhaftung Anwendung. Sie bestehen daher ohne logische oder zeitliche Verknüpfung nebeneinander.[979] Während die Vorführungspflicht die Phase unmittelbar nach der Festnahme/Verhaftung betrifft, gelten das Gebot der Verfahrensbeschleunigung und der Grundsatz vom Ausnahmecharakter und einer daraus resultierenden **Rechtfertigungsbedürftigkeit von Unter-**

---

974 Daneben legen zahlreiche Empfehlungen des Ministerkomitees des Europarates – über die Maßstäbe der EMRK z.T. deutlich hinausgehende – Mindeststandards für die Anordnung und den Vollzug von Straf- und Untersuchungshaft fest, vgl. Rec (2006)13 vom 27.9.2006 über die *Anordnung von Untersuchungshaft, der Bedingungen ihres Vollzugs und über die Einrichtung von Sicherheiten gegen ihre missbräuchliche Verwendung*; hierzu auch: *Esser* Begrenzung der Untersuchungshaft 241; zur Haftkontrolle gem. Art. 5 Abs. 3: *Morgenstern* 162 ff.

975 Siehe HRC Komarovski/TKM, 5.8.2008, 1450/2006, § 7.4 (keine Vorführung vor einen Richter oder einen funktionsmäßig gleichgestellten Amtsträger; Haftdauer ohne richterliche Bewilligung sollte wenige Tage nicht überschreiten).

976 EGMR (GK) Aquilina/MLT, 29.4.1999, NJW **2001** 51 m.w.N.; *Morgenstern* 164.

977 *Kühne/Esser* StV **2002** 383, 387.

978 Vgl. HRC Smantser/BLR, 17.11.2008, 1178/2003, § 10.3 (Untersuchungshaft muss Ausnahme sein; bloße Annahme, dass der Beschuldigte die Ermittlungen beeinträchtigen oder fliehen könnte, wenn er auf Kaution entlassen wird, rechtfertigt allein keine Ausnahme); Casanovas/F, 28.10.2008, 1514/2006, § 11.4.

979 EGMR Ladent/PL, 18.3.2008, § 71; (GK) McKay/UK, 3.10.2006, NJW **2007** 3699, § 31.

suchungshaft im konkreten Einzelfall für den gesamten Zeitraum von der Festnahme bis zum (ersten) gerichtlichen Urteil.

366   Die Garantien des Art. 5 Abs. 3 gelten für *alle*, aber eben auch *nur* **für die Fälle des Art. 5 Abs. 1 Satz 2 *lit*. c.**[980] Der Begriff **Straftat** i.S.v. Art. 5 Abs. 3 ist hier – wie auch bei Absatz 1 – in einem weiten Sinn zu verstehen, so dass auch strafähnliche Sanktionen, wie freiheitsentziehende Disziplinarstrafen, darunterfallen. Für Art. 5 Abs. 3 ergibt sich dies auch aus der Bezugnahme auf Art. 5 Abs. 1 Satz 2 *lit*. c sowie aus dem systematischen Zusammenhang beider Vorschriften (vgl. Rn. 188).

367   Für Freiheitsentziehungen, die nur nach **anderen Gründen** des in Art. 5 Abs. 1 Satz 2 normierten Katalogs gerechtfertigt werden können, gilt Absatz 3 nicht,[981] so auch nicht für die Ordnungshaft, die Beugehaft oder für die Verwahrung bzw. Auslieferungshaft nach Art. 5 Abs. 1 Satz 2 *lit*. f.[982] Allerdings hat der EGMR für diese Arten bzw. Formen der Freiheitsentziehung dem Art. 5 Abs. 3 in der Sache vergleichbare Standards über das Merkmal der *Rechtmäßigkeit* der Freiheitsentziehung i.S.v. Art. 5 Abs. 1 entwickelt (vgl. Rn. 87 f.; 97 ff.).

368   Die Nichtgeltung des Art. 5 Abs. 3 für eine **Auslieferungshaft im ersuchten Staat** bzw. im **Vollstreckungsstaat eines EuHb** (Art. 5 Abs. 1 Satz 2 *lit*. f) bestätigt die Auffassung des EuGH, dass dann auf der Ebene des Ausstellungsstaates eine (unabhängige) gerichtliche Kontrolle (bei der *Ausstellung* des EuHb) erforderlich ist.[983] Aber auch hinsichtlich der *Vollstreckung* eines EuHb hat der EGMR angemahnt, dass es sich bei der einen EuHb vollstreckenden Stelle nur dann um eine „Justizbehörde" i.S.d. RB-EuHb handelt, wenn diese keine Einzelweisungen von Seiten der Exekutive erhalten kann.[984] Großzügiger beurteilt der EuGH hingegen die Situation bei der Europäischen Ermittlungsanordnung (EEA), da deren Erlass und Validierung einem anderen Verfahren sowie anderen Garantien unterliegen als der EuHb.[985]

369   **2. Recht auf Vorführung vor einen Richter oder eine andere gesetzlich zur Wahrnehmung richterlicher Aufgaben ermächtigte Person (Art. 5 Abs. 3 EMRK/Art. 9 Abs. 3 IPBPR).** Die polizeiliche Festnahme und eine anschließende Untersuchungshaft stellen für den Betroffenen eine **extreme Ausnahmesituation** in seiner Lebensführung dar, in der er keine rationalen Entscheidungen treffen *sollte* und psychisch auch nicht *kann* – aber *muss*. Der Kontakt zur Familie wird abrupt abgebrochen, die mit der Strafverfolgung im Allgemeinen und der Untersuchungshaft im Besonderen verbundenen Folgen sind unklar, die Situation selbst wird von den Betroffenen in der Regel als **unkontrollierbar** und **orientierungslos** erlebt („breakdown"). Zugleich entstehen nicht selten erhebliche Schuldgefühle, ohne die Möglichkeit, diese einer Person anvertrauen zu können.

---

980 Vgl. zur Frage, ob Art. 5 Abs. 1 Satz 2 *lit*. c eine reine Präventivhaft zur Verhinderung einer konkreten Straftat erlaubt Rn. 225 ff.

981 EGMR De Wilde u.a./B, 18.6.1971 (Landstreicher).

982 *Trechsel* EuGRZ **1987** 69, 71.

983 Hierzu aus unionsrechtlicher Sicht: EuGH (GK) 27.5.2019, C-508/18 u. C-82/19 PPU (OG u. PI), NJW **2019** 2145 m. Anm. *Schubert* u. *Leipold/Beukelmann* NJW-Spezial **2019** 408; 9.10.2019, C-489/19 PPU (NJ) = EuGRZ **2019** 493 = NJW **2020** 203; Urt. v. 12.12.2019 – C-566/19 PPU u. C-626/19 PPU (JR u. YC) = IWRZ **2020** 89 m. Anm. *Gierok*; ferner EuGH (GK) 25.7.2018, C-216/18 PPU (LM), EuGRZ **2018** 396 m. Anm. *Wendel* EuR **2019** 111; zur Thematik: *Eisele/Trentmann* NJW **2019** 2365; *Trüg/Ulrich* NJW **2019** 2811; *Kluth* NVwZ **2019** 1175; *Gierok* IWRZ **2020** 256.

984 Vgl. EuGH (GK) 24.11.2020, C-510/19 (Openbaar Ministerie), IWRZ **2021** 84 m. Anm. *Gierok* = BeckRS **2020** 31838.

985 Vgl. EuGH (GK) 8.12.2020, C-584/19 (StA Wien), NJW **2021** 1373 = BeckRS **2020** 33940 = NLMR **2020** 513; hierzu: *Esser* FS Sieber 1111, 1117 ff.

Wird die vorläufige Freiheitsentziehung im Anschluss an die gerichtliche Vorfüh- **370** rung aufrechterhalten, kommt es häufig und spätestens jetzt zu **körperlich-seelischen Reaktionen**; die psychische Abwehr bricht zusammen, nicht selten verbunden mit einem **erhöhten Suizidrisiko** („Lebensbilanz"). Die Phase der Untersuchungshaft wird zu einer Art „Clearing-Stelle" für Versäumnisse und Fehler in der bisherigen Lebensplanung. Erst der Abschluss der Ermittlungen, meist die Erhebung der Anklage, wird als Zäsur empfunden, die eine gewisse Handlungsfähigkeit zurückbringt. Während der Untersuchungshaft richtet der Beschuldigte all seine Hoffnungen und Erwartungen auf seinen Strafverteidiger, oftmals gepaart mit idealisierenden, unrealistischen und unerfüllbaren Erwartungen, die im späteren Verlauf des Verfahrens häufig zu Enttäuschungen führen.

a) Zweck der Vorführung. Der Zweck der von Art. 5 Abs. 3 Satz 1 geforderten Vor- **371** führung ist vor dem Hintergrund der soeben beschriebenen Ausnahmesituation für den Festgenommenen zu sehen: sie soll die **unverzügliche Kontrolle der Rechtmäßigkeit der Freiheitsentziehung** garantien.[986] Eine Freiheitsentziehung aufgrund eines (möglicherweise schon vor längerer Zeit erlassenen) **richterlichen Haftbefehls (Verhaftung)** lässt die Pflicht zur unverzüglichen Vorführung des Verhafteten daher nicht entfallen.[987]

Die Vorführung vor das zur Entscheidung in der Sache berufene (erkennende) Gericht **372** genügt nur dann, wenn dieses auch zur Entscheidung über die Rechtmäßigkeit der Freiheitsentziehung berufen ist.[988] Das gilt auch dann, wenn dieses Gericht den Angeklagten in einem **beschleunigten Verfahren** sofort aburteilt – und dabei auch über die Aufrechterhaltung der Freiheitsentziehung entscheidet.[989]

b) Richter/andere ermächtigte Person. Ein **Richter** im klassischen Sinn[990] oder eine **373** **andere gesetzlich zur Wahrnehmung richterlicher Aufgaben ermächtigte Person** muss die Freiheitsentziehung überprüfen. Diese Regelung, die dem nationalen Recht mit ihren beiden Alternativen einen gewissen Gestaltungsraum lässt, will zur Sicherung der persönlichen Freiheit und zur Ausschaltung von Willkür erreichen, dass über die Haft schnell und in einem Verfahren entschieden wird, das sich an den Konstitutionsprinzipien des **richterlichen Verfahrens** orientiert,[991] ohne aber mit Rücksicht auf die unterschiedlichen Verhältnisse in den Konventionsstaaten die Einschaltung eines Gerichts im engeren Sinne zwingend vorzuschreiben.

---

986 Vgl. HRC Sharma/NPL, 6.11.2008, 1469/2006, § 7.3 (keine Vorführung vor Richter).

987 EGMR Harkmann/EST, 11.7.2006, §§ 37 f.; *Nowak* 38; *Renzikowski* Habeas Corpus 311, 320; vgl. demgegenüber zum früheren Meinungsstreit: EGMR De Wilde u.a./B, 18.6.1971; *Frowein/Peukert* 101 (Kontrolle der durch Polizei/Exekutivorgane nach *lit.* c angeordneten Freiheitsentziehung).

988 EGMR De Jong, Baljet u. van den Brink/NL, 22.5.1984, NJW **1986** 3012 = EuGRZ **1985** 700; Duinhof u.a./NL, 22.5.1984, EuGRZ **1985** 708; van der Sluijs, Zuiderveld u. Klappe/NL, 22.5.1984, EuGRZ **1985** 708; Lutsenko/UKR, 3.7.2012, §§ 63, 86 ff; *Frowein/Peukert* 101.

989 Dass dabei die Grundsätze eines fairen Verfahrens (Beschuldigtenrechte, Art. 6 Abs. 3) möglicherweise unzureichend beachtet werden, ist von der Frage zu trennen, ob das Gericht eine zur Vorführung i.S.v. Art. 5 Abs. 3 Satz 1 taugliche Stelle ist.

990 Vgl. dazu Rn. 115 ff. (Art. 5 Abs. 1) und Rn. 516 ff. (Art. 5 Abs. 4); ferner zu den Anforderungen an ein Gericht auch Art. 6 Rn. 178 ff. und zu der unterschiedlichen Ausdrucksweise: Rn. 187 sowie EGMR Schiesser/CH, 4.12.1979.

991 EGMR Schiesser/CH, 4.12.1979; De Jong, Baljet u. van den Brink/NL, 22.5.1984 (nationaler *auditeur-militair* hatte nicht die Befugnis, die Freilassung zu verlassen).

Esser

374   Einer (anderen) **Person i.S.v. Art. 5 Abs. 3 Satz 1** müssen die **richterlichen Funktionen und Garantien** für diese Aufgabe kraft Gesetzes übertragen sein. Deren Ausgestaltung kann im nationalen Recht variieren; notwendig ist jedoch immer, dass auch eine solche *Person* in **sachlicher Unabhängigkeit** über die Rechtmäßigkeit der Freiheitsentziehung und ggf. die Freilassung selbst verbindlich entscheiden kann; um dies zu gewährleisten muss die Person insoweit auch ihrer Stellung nach **unabhängig von der Exekutive und den Verfahrensbeteiligten** sein.[992] Die Abhängigkeit von einer weisungsbefugten anderen Stelle schadet nur dann nicht, wenn diese ihrerseits insoweit volle sachliche Unabhängigkeit genießt.[993]

375   Sind der über die Freiheitsentziehung in sachlicher Unabhängigkeit entscheidenden Person für die gleiche Rechtssache auch **Funktionen der Verfolgungsbehörde** übertragen, so widerspricht die Verbindung dieser beider Funktionen nicht nur den Anforderungen an ein Gericht im engeren Sinne bzw. einer diesem gleichgestellten Person, sondern auch den Anforderungen des Art. 5 Abs. 3 insgesamt.[994] Das unerlässliche Vertrauen sowohl in die **richterliche Unabhängigkeit** als auch in die **Unvoreingenommenheit** der über die Freiheitsentziehung entscheidenden Stelle darf schon durch den **äußeren Anschein** einer solchen **Funktionsvermischung** nicht beeinträchtigt werden. Ein solcher läge etwa vor, wenn die mit der Haftprüfung betraute Person später die Rolle eines Verfahrensbeteiligten innehat, etwa indem sie über die Anklageerhebung zu befinden hat oder gar die Vertretung der **Anklage** übernimmt.[995] Dies gilt selbst dann, wenn die Person (retrospektiv betrachtet) im konkreten Fall in der verfolgenden Funktion nicht tätig geworden *ist*.[996] Maßgebend ist die Perspektive des Beschuldigten im Zeitpunkt der Vorführung und Haftentscheidung.[997]

376   Für die auch im Rahmen von Art. 5 Abs. 3 Satz 1 zu fordernde und **Unparteilichkeit**[998] des Richters bzw. der Person gelten die zu Art. 6 Abs. 1 (Rn. 213 ff.) entwickelten Grundsätze.

---

992 EGMR Moulin/F, 23.11.2010, §§ 57 ff.; Vachev/BUL, 8.7.2004 (Ermittlungsbeamter, der Hausarrest anordnet, keine unabhängige Stelle); vgl. auch EGMR Özmen/TRK, 5.7.2016, §§ 66 ff. (Militärgericht); HRC Smantser/BLR, 17.11.2008, 1178/2003, § 10.2 (Staatsanwalt hat nicht die Objektivität und Unparteilichkeit, um als gesetzlich zur Ausübung richterlicher Funktionen ermächtigte Amtsperson gemäß Art. 9 Abs. 3 IPBPR angesehen werden zu können); Kaldarov/KGZ, 18.3.2010, 1338/2005, § 8.2.
993 EGMR Schiesser/CH, 4.12.1979; dazu *Pieth* EuGRZ **1980** 208; *Trechsel* JZ **1981** 135; EGMR De Jong, Baljet u. van den Brink/NL, 22.5.1984; *Frowein/Peukert* 106 ff.
994 Vgl. *Kühne/Esser* StV **2002** 383, 387; sowie die Urteile zum **polnischen Staatsanwalt** (Vertreter der Anklage, *prosecutor*), der vor der Reform im Jahre 1995 für die Anordnung einer auf höchstens drei Monate befristeten Untersuchungshaft zuständig war; dieser war keine unabhängige Person i.S.d. Art. 5 Abs. 3 Satz 1, exemplarisch: EGMR Jansínski/PL, 20.12.2005; hierzu *Renzikowski* Habeas Corpus, 311 ff.
995 EGMR De Jong, Baljet u. van den Brink/NL, 22.5.1984; Duinhof u.a./NL, 22.5.1984; Huber/CH, 23.10.1990, EuGRZ **1990** 502 = NJW **1991** 1403 = ÖJZ **1991** 325 m. Anm. *Trechsel* StV **1992** 191; Hood/UK, 18.2.1999, EuGRZ **1999** 117 = NVwZ **2001** 304 = ÖJZ **1999** 816 (militärischer Vorgesetzter, der auch über Anklage entscheiden kann); vgl. auch EGMR Piersack/B, 1.10.1982, EuGRZ **1985** 301; BGer EuGRZ **1995** 163.
996 Für den Bezirksanwalt im schweizerischen Kanton Zürich: EGMR Huber/CH, 23.10.1990; EKMR bei *Strasser* EuGRZ **1990** 90 (Huber); anders noch: EGMR Schiesser/CH, 4.12.1979, wo nur darauf abgestellt wurde, dass der Bezirksanwalt im konkreten Fall nicht als Anklagebehörde tätig geworden war; vgl. auch BGer EuGRZ **1989** 181; *Trechsel* EuGRZ **1980** 514, 530.
997 EGMR Hood/UK, 18.2.1999; Jordan/UK, 14.3.2000, Niedbala/PL, 4.7.2000; anders Meyer-Ladewig/Nettesheim/von Raumer/*Meyer-Ladewig/Harrendorf/König* 76 (insb. „objektiver Anschein" maßgeblich).
998 Zur „subjektiven" Unparteilichkeit eines Ermittlungsrichters, der über die Anordnung/Fortsetzung von U-Haft entscheidet (Art. 5 Abs. 3): AG Ingolstadt Beschl. v. 10.2.2020 – 1 Gs 2523/19, BeckRS **2020** 8829.

Esser   462

c) Vorführung. Die Vorführung i.S.v. Art. 5 Abs. 3 Satz 1 EMRK und Art. 9 Abs. 3 IPBPR 377
hat stets **von Amts wegen** zu erfolgen; sie darf nicht von einem Antrag oder eine Beschwerde des Festgenommenen bzw. Verhafteten abhängig gemacht werden.[999]

Die erforderliche Vorführung schließt die **persönliche Anhörung** des Festgenomme- 378
nen/Verhafteten zu allen für die Anordnung der Haft maßgebenden Umständen durch den
Richter oder die eine richterliche Funktion ausübende Person ein (*„procedural requirement"*),[1000] so wie dies §§ 115 Abs. 2 u. 3, 128 Abs. 1 Satz 2 StPO vorsehen.

Für das die Vorführung regelnde **Verfahren** ist eine **gesetzliche Grundlage** erforder- 379
lich; eine gefestigte Praxis ist nicht ausreichend.[1001] Der Richter, dem der Festgenommene
vorgeführt wird, muss die **Gründe** der Freiheitsentziehung, zumindest ihre **wesentlichen
tatsächlichen und rechtlichen Voraussetzungen**, insbesondere auch das Vorliegen eines
durch Tatsachen hinreichend belegten Tatverdachts **selbst nachprüfen** („substantive requirement").[1002] Unter Berücksichtigung der Ausführungen des Festgenommenen muss er
über die Aufrechterhaltung der Freiheitsentziehung in Abwägung der dafür und dagegen
sprechenden Umstände alsbald **selbst und in eigener Verantwortung entscheiden.**[1003]
An dieser Voraussetzung fehlt es, wenn der Richter die vorangegangene Festnahme bzw.
Verhaftung nur eng begrenzt auf die Zuständigkeit der anordnenden Behörde und auf
einen Ermessensmissbrauch hin überprüfen[1004] oder nur eine Stellungnahme (Vorschlag/
Empfehlung) zur Haftfrage abgeben darf, ohne selbst im Falle der Rechtswidrigkeit der
Freiheitsentziehung die Freilassung der Person verfügen zu können.[1005]

Kann der Richter die Haftentlassung für den Fall anordnen, dass keine Haftgründe 380
vorliegen, jedoch nicht zugleich über eine **Freilassung gegen Sicherheitsleistung (Kaution)** entscheiden (etwa wegen der Zuständigkeit einer anderen Stelle in dieser Frage), so

---

999 Vgl. EGMR De Jong, Baljet u. van den Brink/NL, 22.5.1984; (GK) Aquilina/MLT, 29.4.1999; Samoila u.
Cionca/RUM, 4.3.2008, §§ 48 ff.; Tiron/RUM, 7.4.2009, § 28; (GK) Medvedyev u.a./F, 20.3.2010, § 122; Nicuţ-Tănă-
sescu/RUM, 6.7.2010, § 19; BVerfG NVwZ **2017** 1198, 2000; Meyer-Ladewig/Nettesheim/von Raumer/*Meyer-Lade-
wig/Harrendorf/König* 74; *Kühne/Esser* StV **2002** 383, 387. Völlig unverständlich: EGMR Varga/RUM, 1.4.2008,
§§ 54 ff.: Obwohl nach damaligem rumänischen Recht die Vorführung vor den Richter nicht „automatisch"
bzw. von Amts wegen, sondern nur aufgrund eines Rechtsmittels des Betroffenen erfolgte, soll Art. 5 Abs. 3
Satz 1 nicht verletzt sein, weil die Vorführung letztlich erfolgte, und zwar nach drei Tagen, also innerhalb
angemessener Frist (Rn. 386); so wohl auch implizit EGMR Cornea/RUM (E), 15.5.2012, §§ 13 f., 18, 20 f., 54, 59
(zwar ist nicht ganz klar, ob der Bf. auch speziell rügte, dass die richterliche Vorführung nicht von Amts
wegen erfolgte, oder aber ob er nur das angebliche Fehlen eines Haftgrundes beanstandete, so dass der
EGMR diesen Punkt womöglich als nicht gerügt betrachtete, allerdings rügte der Bf. zumindest, dass die
Festnahme „de manière illégale" (§ 53) war, was der EGMR unter dem Gesichtspunkt der Beachtung des
innerstaatlichen Rechts untersuchte).
1000 Siehe EGMR De Jong, Baljet u. van den Brink/NL, 22.5.1984; *Frowein/Peukert* 106; *Nowak* 39.
1001 EGMR De Jong, Baljet u. van den Brink/NL, 22.5.1984, § 48; Duinhof u. Duijf/NL, 22.5.1984, § 34; Hood/
UK, 18.2.1999, § 60.
1002 *Kühne/Esser* StV **2002** 383, 387; Meyer-Ladewig/Nettesheim/von Raumer/*Meyer-Ladewig/Harrendorf/
König* 78 f.
1003 EGMR Schiesser/CH, 4.12.1979; De Jong, Baljet u. van den Brink/NL, 22.5.1984; (GK) Aquilina/MLT,
29.4.1999, § 47 („Article 5 § 3 requires the judicial officer to consider the merits of the detention"); Abdulsitar
Akgül/TRK, 25.6.2013, §§ 19 f.; *Frowein/Peukert* 106; *Trechsel* EuGRZ **1980** 514, 531.
1004 Vgl. die Fälle bei Rn. 361 ff.; hierzu auch: BVerfG Beschl. v. 16.9.2010 – 2 BvR 1608/07, StraFo **2010** 495
m. Anm. *Pauly* StRR **2011** 146 (amtsgerichtliche Überprüfung der Auslieferungshaft nach § 22 IRG; mindestens
summarische Prüfung der Haftvoraussetzungen der §§ 15, 16 IRG in „Evidenzfällen" erforderlich; verfassungsrechtliches Gebot einer „zureichenden richterlichen Sachaufklärung", Art. 104 GG; verfassungskonforme Auslegung des § 22 Abs. 3 Satz 1 IRG; Gebot einer *schriftlichen* Festhalteanordnung, um Verteidigungsmöglichkeiten des Festgenommenen nicht zu erschweren).
1005 EGMR De Jong, Baljet u. van den Brink/NL, 22.5.1984; *Nowak* 39.

ist Art. 5 Abs. 3 nur dann nicht verletzt, wenn für den Betroffenen durch die Anrufung jener weiteren Stelle keine maßgebliche Verzögerung (Rn. 387) entsteht.[1006]

381   Den gegen die eingeschränkte Entscheidungskompetenz und mangelnde Aktenkenntnis des *nächsten Richters* i.S.v. § **115a StPO a.F.** zu Recht vorgebrachten Bedenken[1007] hat die am 1.1.2010 in Kraft getretene Neufassung[1008] des § 115a StPO dadurch Rechnung getragen, dass sich der festgenommene Beschuldigte nun auch gegenüber dem *nächsten Richter* umfassend gegen die Voraussetzungen der U-Haft (dringender Tatverdacht; Haftgrund) zur Wehr setzen können muss – ohne dass das Gesetz diesem eine erweiterte Entscheidungskompetenz einräumt. § 115a StPO sieht neben einer *unverzüglich* und *auf dem nach den Umständen angezeigten schnellsten Weg* zu erfolgenden Benachrichtigung des zuständigen Gerichts und der zuständigen Staatsanwaltschaft (§ 115a Abs. 2 Satz 4 1. Hs. StPO) eine unverzügliche Prüfung und Entscheidung des *zuständigen* Gerichts vor, ob der Haftbefehl aufzuheben oder außer Vollzug zu setzen ist, § 115a Abs. 2 Satz 4 2. Hs. StPO.[1009] Für die zu treffende Entscheidung muss das Gericht einen Zugang zur Verfahrensakte erhalten (können). Nur so lassen sich Einwände des Beschuldigten überprüfen. Vorzugswürdig in punkto Effektivität, Zeit und Vollständigkeit scheint hier die **Übersendung einer elektronischen Form der Akte**, wenigstens der haftrelevanten Inhalte.

382   Für die Entscheidung des Richters schreiben die Konventionen keine besondere Form vor. Ihre **schriftliche Abfassung und Begründung** unter konkreter Angabe der für sie wesentlichen Tatsachen ist jedoch auch von Konventions wegen angezeigt, da andernfalls die Gefahr besteht, dass das Vorliegen einer ordnungsgemäßen, die Haft rechtfertigenden Entscheidung im Verfahren vor dem EGMR nicht belegt werden kann.[1010] Das **Gebot einer schriftlichen und mit Gründen versehenen Entscheidung** ergibt sich letztlich daraus, dass ansonsten die Verteidigungs- und Einwendungsmöglichkeiten des Festgenommenen erschwert wären.[1011]

383   Im Übrigen werden für das Verfahren keine besonderen förmlichen Anforderungen aufgestellt. Aus dem **Recht auf effektive Verteidigung** (Art. 6 Abs. 3 *lit.* c) leitet der EGMR allerdings einen Anspruch des Beschuldigten auf **Zugang zu einem Verteidiger und auf dessen Beistand schon bei der ersten** (*polizeilichen*) **Vernehmung** ab, der nur (ausnahmsweise) *aus guten Gründen* eingeschränkt werden darf (dort Rn. 830, 1053 ff.).[1012] Dieses Recht muss der Beschuldigte aber auch dann haben, wenn es während einer Vorführung nach Art. 5 Abs. 3 Satz 1 zu einer Vernehmung durch einen *Richter* bzw. durch die andere ermächtigte Person kommt. Gerade in dieser Situation ist zu befürchten, dass der Beschuldigte sich zur Vermeidung einer Aufrechterhaltung der Freiheitsentziehung ohne

---

1006 EGMR (GK) McKay/UK, 3.10.2006, NJW **2007** 3699; anders noch: EGMR (GK) Aquilina/MLT, 29.4.1999, §§ 42, 54.

1007 *Renzikowski* Habeas Corpus 318 f., 323, hielt die Vorführung vor den *nächsten Richter* gem. § 115a StPO a.F. wegen dessen beschränkter Entscheidungskompetenz (§ 115a Abs. 2 Satz 3 StPO a.F.) für nicht konventionskonform.

1008 Gesetz zur Überarbeitung des Untersuchungshaftrechts v. 29.7.2009 (BGBl. I S. 2274); vgl. auch Beschlussempfehlung und Bericht des Rechtsausschusses, BTDrucks. **16** 13097 S. 18; zur Neufassung des § 115a StPO: *Deckers* StraFo **2009** 441, 443 mit. krit. Anm. zur Frage der Akteneinsicht des Beschuldigten in der Konstellation des § 115a StPO.

1009 *Wiesneth* DRiZ **2010** 49.

1010 Vgl. *Kühne/Esser* StV **2002** 383, 389.

1011 Vgl. hierzu: BVerfG StV **2011** 170 = StraFo **2010** 495, 498 = EuGRZ **2011** 90 (Gebot einer *schriftlichen* Festhalteanordnung nach § 22 Abs. 3 Satz 2 IRG).

1012 EGMR (GK) Salduz/TRK, 27.11.2008, §§ 52, 55.

anwaltlichen Beistand selbst belastet.[1013] Dabei billigt der EGMR dem Beschuldigten sogar ein Recht auf **Anwesenheit seines Verteidigers** bei der Vernehmung zu (ausführlich Art. 6 Rn. 856 ff.).[1014] Wird dem Beschuldigten vor bzw. während einer Vorführung i.S.v. Art. 5 Abs. 3 Satz 1 ein solcher Zugang zu einem Verteidiger vorenthalten, so dürfte derzeit nur Art. 6[1015] und nicht zusätzlich auch Art. 5 Abs. 3 Satz 1 verletzt sein – solange der Gerichtshof sich nicht dazu bekennt, dem Zugangsrecht zum Verteidiger auch im Rahmen von Art. 5 Abs. 3 Satz 1 *originäre* Bedeutung beizumessen. Entsprechende Rügen sind daher dringlich zu empfehlen, um hier eine Rechtsentwicklung auf den Weg zu bringen.

Das deutsche Recht schrieb seit dem 1.1.2010 eine Verteidigerbestellung im Vorverfah- **384** ren zwingend erst *„unverzüglich nach Beginn der Vollstreckung"* von **Untersuchungshaft** bzw. einer einstweiligen Unterbringung (§ 140 Abs. 1 Nr. 4 a.F. i.V.m. § 141 Abs. 3 Satz 5 a.F.) vor. Im Falle der vorläufigen Festnahme (§ 127 StPO) war damit der Termin der richterlichen Vorführung nach § 128 StPO noch nicht erfasst.[1016] Liegt der Freiheitsentziehung allerdings bereits eine richterliche Anordnung (sog. Haftbefehl, § 114 StPO) zugrunde (Verhaftung), so sprach aus beschuldigtenfreundlicher Perspektive schon seinerzeit viel dafür, die *„Vollstreckung"* (i.S.v. § 141 Abs. 3 Satz 5) der durch den Haftbefehl *„angeordneten"* Untersuchungshaft (§ 114 Abs. 1 StPO) bereits mit dem Zugriff, jedenfalls aber im Vorführtermin nach §§ 115, 115a StPO *„beginnen"* zu lassen; für diesen Termin sollte dem Beschuldigten also ein Verteidiger zu bestellen sein.[1017]

§ 140 Abs. 1 Nr. 4 StPO in seiner durch Gesetz zur Neuregelung des Rechts der not- **385** wendigen Verteidigung v. 10.12.2019[1018] geänderten Fassung[1019] greift diesen Gedanken auf und knüpft die Notwendigkeit einer Verteidigung mittlerweile nicht mehr an die Vollstreckung von Untersuchungshaft/einstweiliger Unterbringung,[1020] sondern an den Umstand, ob der Beschuldigte nach §§ 115, 115a StPO bzw. §§ 128 Abs. 1, 129 StPO **einem Richter vorzuführen ist**. Erfasst ist neben der Verhaftung zwar auch die vorläufige Festnahme, allerdings kommt es bei letzterer nur dann zu einer Vorführung, wenn der Festgenommene nicht vorher wieder freigelassen wird (§ 128 Abs. 1 Satz 1 StPO).[1021] Bis zur Klärung, ob ein Antrag auf Erlass eines Haftbefehls gestellt wird, verbleibt damit ein **signifikanter Zeitraum**, der weiterhin nicht der notwendigen Verteidigung unterliegt,[1022] in der ein

---

1013 Zum Zusammenhang zwischen dem Recht auf Verteidigerkonsultation und dem nemo-tenetur-Prinzip EGMR (GK) Salduz/TRK, 27.11.2008, § 54.
1014 EGMR Panovits/ZYP, 11.12.2008, § 66; Pishchalnikov/R, 24.9.2009, § 79; zu dieser Frage *Beijer* EurJCrimeCrLJ **2010** 311, 332 ff.
1015 Vgl. *Villiger* 428: Ist bei der Vorführung nach Art. 5 Abs. 3 Satz 1 die Verteidigung nicht anwesend, kann dies die Fairness des Verfahrens in Frage stellen.
1016 Ebenso *Schlothauer/Weider* 282; *Bittmann* NStZ **2010** 13, 15.
1017 So auch: *Eisenberg* StV **2015** 180; *Kasiske* HRRS **2015** 69, 70; *Deckers* StraFo **2009** 441, 443; *Kazele* NJ **2010** 1, 4; *Schlothauer/Weider* 352; **a.A.** aber die Rechtsprechung: BGH Beschl. v. 20.10.2014 – 5 StR 176/14, BGHSt **60** 38, 41 = NJW **2015** 265 = NStZ **2014** 722 m. insoweit zust. Anm. *Knauer*; BGH NStZ **2004** 390; ferner: *Wohlers* StV **2010** 151, 152 („Vollstreckung" erst im Anschluss an die Entscheidung des Richters).
1018 Gesetz zur Neuregelung des Rechts der notwendigen Verteidigung v. 10.12.2019 (BGBl. I S. 2128).
1019 Allgemein zur StPO-Reform 2017: *Radtke* DRiZ **2017** 190 f.; *Singelnstein/Derin* NJW **2017** 2646 ff.; *Schiemann* KriPoZ **2017** 338 ff.; *Niedernhuber* JA **2018** 169 ff.; speziell zur Novellierung des § 141 Abs. 3 StPO: *Schlothauer* StV **2017** 557 ff.
1020 Vgl. OK-StPO/*Krawczyk* (1.1.2022), § 140, 8; *Böß* NStZ **2020** 185, 186 f.
1021 Vgl. *Kraft/Girkens* NStZ **2021** 454, 455; LR/*Jahn* § 140, 32 StPO; hierzu: BTDrucks. **19** 13829 S. 32.
1022 Vgl. die Gesetzesbegründung: BTDrucks. **19** 13829 S. 33; dazu: LR/*Jahn* § 140, 32 StPO; *Böß* NStZ **2020** 189 f.; *Galneder/Ruppert* StV **2021** 202, 204; *Müller-Jacobsen* NJW **2020** 575, 576.

Esser

Beschuldigter aber bei einem auf ihn ausgeübten Aussagedruck ohne hinreichenden Schutz standhalten muss.[1023]

386   **d) Unverzüglich.** Unverzüglich (*„promptly"*, *„aussitôt"* bzw. *„dans le plus court délai"*) nach der Festnahme ist der Festgenommene dem Richter vorzuführen. Eine bestimmte (Maximal-)Frist ist in Absatz 3 nicht festgelegt. Ob der **Zeitraum bis zur richterlichen Anhörung** den Anforderungen an eine unverzügliche Vorführung i.S.d. Absatzes 3 (noch) genügt, ist unter Berücksichtigung aller **Umstände des Einzelfalls** zu beurteilen.[1024]

387   Der abstrakten Beurteilung bestimmter Zeiträume vorrangig ist das **Gebot der Unverzüglichkeit** einer richterlichen Prüfung der Freiheitsentziehung.[1025] Die von den Konventionen als zulässig angesehene Frist wird stets überschritten, wenn die Zeit bis zur Vorführung ohne vernünftigen Grund länger als nötig ausgedehnt wird, die Verzögerung also nicht mehr mit den Besonderheiten des Einzelfalls gerechtfertigt werden kann. Dies gilt vor allem, wenn eine an sich alsbald durchführbare Vorführung aus Nachlässigkeit, bürokratischer Umständlichkeit oder aber aus Willkür verzögert wird.[1026] Die besondere Bedeutung des **Gebots der unverzüglichen Herbeiführung einer richterlichen Haftentscheidung** per Vorführung hat auch das BVerfG für Art. 104 Abs. 2 Satz 2 GG herausgestellt.[1027]

388   Der EGMR befürwortet mittlerweile eine tendenziell strenge Auslegung der Norm[1028] und mahnt *möglichst* kurze Fristen nachdrücklich an.[1029] **Fristen** von bis zu zwei Tagen zwischen Festnahme und Vorführung werden meist für konventionskonform befunden.[1030] Als **Höchstfrist** sieht der Gerichtshof einen Zeitraum von **4 Tagen** an[1031] und hat folglich bei einer Dauer von 4 Tagen und 2 bzw. 4 Stunden[1032] oder 4 Tagen und 6 Stunden[1033] auf einen Konventionsverstoß erkannt.[1034] Auch das HRC hat betont, dass die Dauer eines vorläufigen Gewahrsams ohne richterliche Bewilligung wenige Tage nicht überschreiten darf.[1035]

1023   Vgl. LR/*Jahn* § 140, 32 StPO; *Müller-Jacobsen* NJW **2020** 575, 576. Für eine Gleichbehandlung von vorläufiger Festnahme und Verhaftung auch *Deckers* StraFo **2009** 441, 444.

1024   EGMR (GK) Aquilina/MLT, 29.4.1999, § 48; Toma/RUM, 24.2.2009.

1025   EGMR Koster/NL, 28.11.1991, ÖJZ **1992** 458.

1026   Vgl. EGMR Kandzhov/BUL, 6.11.2008, § 66.

1027   BVerfG NVwZ **2009** 1034, 1035 = BeckRS **2009** 34072; zudem: BVerfG BeckRS **2009** 39529.

1028   EGMR İpek u.a./TRK, 3.2.2009, § 34 („leaves little flexibility in interpretation").

1029   Ebenso: *Frowein/Peukert* 111; *Trechsel* EuGRZ **1980** 514, 530 m.w.N.; *Esser* 275 ff.; *Nowak* 38; *Grabenwarter/Pabel* § 21, 59 (im Allgemeinen 24 bis 48 Stunden).

1030   EGMR (GK) Aquilina/MLT, 29.4.1999; Grauzinis/LIT, 10.10.2000 (2 Tage); *Kühne/Esser* StV **2002** 383, 387; vgl. *Villiger* 425.

1031   EGMR İpek u.a./TRK, 3.2.2009, § 36 („the strict time constraint imposed for detention without judicial control is a maximum of four days"); (GK) McKay/UK, 3.10.2006, §§ 43, 47; missverständlich dagegen EGMR Tas/TRK, 14.11.2000, § 86 (Andeutung, dass in Ausnahmefällen eine Frist von über 4 Tagen zulässig sein kann).

1032   So bei den beiden Bf. in EGMR Oral u. Atabay/TRK, 23.6.2009, §§ 42 ff.

1033   EGMR Brogan u.a./UK, 29.11.1988, § 62.

1034   Vgl. ferner Fälle, in denen längere Fristüberschreitungen nicht hingenommen wurden: EGMR Moulin/F, 23.11.2010; Oleksiy Mykhaolovych Zakharkin/UKR, 24.6.2010; Yoldas/TRK, 23.2.2010, §§ 43 ff.; (K) Öcalan/TRK, 12.3.2003 (7 Tage); Koster/NL, 28.11.1991 (5 Tage); De Jong, Baljet u. van den Brink/NL, 22.5.1984 (7 Tage); van der Sluijs, Zuiderveld u. Klappe/NL, 22.5.1984; McGoff/S, 26.10.1984, EuGRZ **1985** 671 = NJW **1986** 1413 (15 Tage); vgl. *Esser* 275 ff.; *Frowein/Peukert* 111 ff.; *Kühne/Esser* StV **2002** 383, 387 je m.w.N. aus der Rspr. des EGMR.

1035   Vgl. HRC Komarovski/TKM, 5.8.2008, 1450/2006, § 7.4 (Beschuldigter war nie einem Richter oder einem funktionsmäßig gleichgestellten Amtsträger vorgeführt worden).

Esser

Die Bestimmung eines noch „zulässigen Zeitraums" für die Vorführung bedeutet jedoch nicht, dass die Staaten einen solchen Zeitraum ohne nähere Begründung ausschöpfen dürften – auch bei einem Zeitraum unter vier Tagen bedarf es daher besonderer Gründe, um die Haft zu rechtfertigen.[1036] Verstreicht zwischen der Festnahme und der Vorführung eine unerklärlich bzw. unnötig lange Zeit, so kann eine Freiheitsentziehung auch schon vor dem Erreichen dieser zeitlichen Grenze gegen das **Gebot der Unverzüglichkeit** der Vorführung verstoßen (vgl. Rn. 230).[1037] **389**

Eine besondere Beschleunigung der Vorführung ist bei **jugendlichen Tatverdächtigen** geboten (auch beim Verdacht terroristischer Straftaten).[1038] Die Schutzlosigkeit des Inhaftierten (zunächst kein Verteidigerbeistand) und die Intensität der Ermittlungen im Anschluss an die Festnahme sind bei der Beurteilung der gebotenen Unverzüglichkeit zu berücksichtigen.[1039] **390**

Ein Zeitraum von mehr als vier Tagen zwischen Festnahme und Vorführung ist mit der Konvention nur **bei besonderen Schwierigkeiten** (*„special difficulties"*)[1040] oder unter **ganz außergewöhnlichen Umständen** (*„wholly exceptional circumstances"*)[1041] vereinbar, die eine (rechtzeitige) Vorführung aus technischen oder faktischen Gründen praktisch unmöglich machen,[1042] etwa, weil der Vorzuführende **ernsthaft erkrankt und transportunfähig** ist. **391**

Erfolgt die **Festnahme auf Hoher See** (etwa im Rahmen eines internationalen Einsatzes gegen die Piraterie),[1043] so sind auch Verdächtige, die auf einem Schiff festgehalten werden, unverzüglich einem Richter vorzuführen; bei der Bemessung der Frist sind jedoch die Besonderheiten der Lage auf See zu berücksichtigen, die Verzögerungen – *soweit im Einzelfall erforderlich* – rechtfertigen können.[1044] Die Freiheitsentziehung sollte in diesem Fall von einer (unabhängigen) justiziellen Stelle angeordnet werden oder wenigstens de- **392**

1036 EGMR Döner u.a./TRK, 7.3.2017, § 57.

1037 So EGMR Kandzhov/BUL, 6.11.2008, § 66 (3 Tage 23 Stunden); Gutsanovi/BUL, 15.10.2013, §§ 151 ff.; zum Gebot der Unverzüglichkeit der Vorführung (Art. 104 Abs. 2 Satz 2 GG) i.S. einer Nachholung der richterlichen Entscheidung „ohne jede Verzögerung, die sich nicht aus sachlichen Gründen rechtfertigen lässt" und dem daraus resultierenden Gebot der Nichtausschöpfung gesetzlicher Höchstfristen auch: BVerfG NVwZ **2009** 1034, 1035; BVerfGE **105** 239, 249.

1038 EGMR İpek u.a./TRK, 3.2.2009, § 36 (3 Tage 9 Stunden).

1039 EGMR İpek u.a./TRK, 3.2.2009, § 36.

1040 EGMR Kandzhov/BUL, 6.11.2008, § 66; vgl. auch BVerfG NVwZ **2009** 1034 zu Art. 104 Abs. 2 Satz 2 GG: „Nicht vermeidbar sind zum Beispiel Verzögerungen, die durch die Länge des Weges, Schwierigkeiten beim Transport, die notwendige Registrierung und Protokollierung, ein renitentes Verhalten des Festgenommenen oder vergleichbare Umstände bedingt sind.".

1041 EGMR Rigopoulos/E (E), 12.1.1999 (Festnahme auf Hoher See; 16 Tage bis zur Vorführung, davon 1 Tag Überführung per Flugzeug nach Verbringung an Land); (K) Medvedyev u.a./F, 10.7.2008, § 65 (13 Tage auf Hoher See u. 2/3 Tage Polizeihaft).

1042 EGMR Rigopoulos/E (E), 12.1.1999 („materially impossible to bring the applicant physically before the investigating judge any sooner"); andererseits: EGMR (K) Öcalan/TRK, 12.3.2003, § 109, schlechtes Wetter rechtfertigt auch bei Haft auf Insel Verzögerung nicht); von (GK) 12.5.2005, offengelassen; *Esser* 276.

1043 Hierzu *Sax* 276 ff.; *Salomon* NordÖR **2012** 124. Zur Abgrenzung zwischen Festnahme und Ingewahrsamnahme im Zusammenhang mit Piratereieinsätzen und zur Strategie des „catch-and-release", *Fournier* Der Einsatz der Streitkräfte gegen Piraterie auf See (2014) 217 ff. Zu Fragen der Strafverfolgung ausländischer Piraten vor deutschen Gerichten: *Bohle* Piraterie und Strafrecht (2018). Zur EU-Mission ATALANTA: BTDrucks. **19** 8970; *Pross* Die deutschen Streitkräfte im Einsatz gegen Seeräuber (2018).

1044 *Fournier* Der Einsatz der Streitkräfte gegen Piraterie auf See (2014) 233 ff., 247 f.; *Sax* 323 ff. Vertiefend: *Papastavridis* The Interception of Vessels on the High Seas (2014); Scharf/Newton/Sterio (Hrsg.), Prosecuting Maritime Piracy (2015).

ren Überwachung unterliegen;[1045] ein zwingendes Erfordernis ist dies allerdings nicht.[1046] Werden die Festgenommenen nach einigen Tagen Freiheitsentzug auf Hoher See an die Polizei übergeben, so ist besondere Eile für die richterliche Vorführung geboten; keinesfalls können dann noch nationale Höchstfristen, gerechnet ab der Übergabe an die Polizei, ausgeschöpft werden.[1047]

393   Bei einer **Festnahme zum Zwecke der Auslieferung** hat der EGMR bislang für die Frage der Unverzüglichkeit der Vorführung des Festgenommenen nur auf die Zeit abgestellt, die im *ersuchenden* Staat von der Einlieferung bis zur Vorführung verstreicht (15 Tage).[1048] Im Falle eines institutionalisierten Übergabeverfahrens – wie es dem Modell des Europäischen Haftbefehls zugrunde liegt[1049] – ist ein solcher Ansatz allerdings nicht überzeugend. Hier muss bereits im ersuchten Staat eine den allgemeinen zeitlichen Anforderungen des Art. 5 Abs. 3 Satz 1 entsprechende Vorführung sichergestellt werden.[1050]

394   Ein **Mitverschulden** des Festgenommenen an der Verzögerung (etwa wegen der späteren Beantragung einer Haftprüfung) mit zu berücksichtigen,[1051] widerspricht dem Grundsatz, dass die unverzügliche Vorführung von Amts wegen – d.h. gerade ohne einen Antrag des Festgenommenen – erfolgen muss.

395   Bei der Würdigung, ob nach den jeweiligen Umständen des Einzelfalls eine Vorführung noch als *unverzüglich* im Sinne der Konventionen anzusehen ist, fällt auch ins Gewicht, wenn das nationale Recht in Kenntnis der örtlichen Verhältnisse explizit **kürzere Fristen** vorschreibt. Zwar soll deren Missachtung – anders als bei der *Rechtmäßigkeit* der Freiheitsentziehung i.S.v. Art. 5 Abs. 1 (Rn. 89, 184) – für sich allein nicht notwendig schon einen Verstoß gegen Art. 5 Abs. 3 Satz 1 nach sich ziehen. Einleuchtender scheint es, dass die Vertragsstaaten sich an selbst auferlegten, strengeren Vorgaben stets messen lassen müssen. Zu beachten ist jedenfalls, ob die konventionseigenen Anforderungen an die *Unverzüglichkeit* der Vorführung gewahrt sind.[1052] Im Regelfall ist die von den Konventionen geforderte Vorführung innerhalb dieser kürzeren nationalen Fristen auszuführen, sofern nicht ausnahmsweise ein die Verzögerung rechtfertigender Grund vorliegt.

1045 EGMR Rigopoulos/E (E), 12.1.1999, unter Hinweis auf die im konkreten Fall vorhandene richterliche Anordnung und Kontrolle der Maßnahme sowie die Einhaltung der nationalen Verfahrensvorschriften sowie eines „Mitverschuldens" in Form einer Beschädigung des aufgebrachten Schiffes bei der Festnahme); anders aber: EGMR (GK) Medvedyev u.a./F, 20.3.2010, § 68 („detention ... not under the supervision of a ‚competent legal authority' within the meaning of Article 5"; hier: Staatsanwalt); als völkerrechtlichen Hintergrund siehe: *Papastavridis* The Interception of Vessels on the High Seas (2013). Zu ganz praktischen Fragen in diesem Zusammenhang (etwa zur Richtervorführung per Videokonferenz): *Sax* 345 f., 347 f., 349 ff.

1046 Von EGMR (GK) Medvedyev u.a./F, 20.3.2010, §§ 131 f., nicht mehr aufgegriffen; vertiefend, auch zum Konflikt mit Art. 104 GG: *Esser/Fischer* JR **2010** 513, 522; *Waak* Pirateriebekämpfung durch deutsche staatliche Stellen (2018) 248. ff.

1047 EGMR Vassis u.a./F, 27.6.2013, §§ 58 ff., insb. 60, 61; Hassan u.a./F, 4.12.2014, §§ 100 ff.; Ali Samatar u.a./ F, 4.12.2014, §§ 55 ff.; **a.A.** *Sax* 326 ff., 344 f. (Einhaltung der Fristen des Art. 104 Abs. 2 Satz 3 und Abs. 3 Satz 1 GG bei Festnahme durch die Bundespolizei auf Hoher See geboten). Zum Einsatz privater Bewachungsunternehmen im Rahmen der Piraterieabwehr u.a. aus völkerrechtlicher Perspektive: *Kommer* DÖV **2016** 236.

1048 EGMR McGoff/S, 26.10.1984 (15 Tage; nicht mehr unverzüglich).

1049 Vgl. Rahmenbeschluss 2002/584/JI des Rates vom 13.6.2002 über den Europäischen Haftbefehl und die Übergabeverfahren zwischen den Mitgliedstaaten, ABlEG Nr. L 190 v. 18.7.2002 S. 1.

1050 Findet eine Vorführung erst nach Übergabe des Festgenommenen an den ersuchenden Staat statt, so muss die Haft im ersuchten Staat bei der Fristberechnung i.S.v. Art. 5 Abs. 3 Satz 1 mitberücksichtigt werden.

1051 In diese Richtung: EGMR Salov/UKR, 6.9.2005 (trotz späterer Einlegung eines Rechtsmittels Haftdauer von weiteren 7 Tagen zu lang).

1052 *Vogler* ZStW **89** (1977) 761, 773; *Esser* 281; vgl. hierzu: BGE **136** I 274; **137** IV 92 und 118.

Dem **nationalen Recht** lässt Art. 5 Abs. 3 (begrenzt) Raum für die Festsetzung eigener **396** bei der Vorführung zu beachtender Höchstfristen. Etwaige Fristen im nationalen Recht sind grundsätzlich einzuhalten. Eine gegenüber den Vorgaben der Konventionen (Rn. 386 ff.) **längere Frist** im nationalen Recht kann eine konventionswidrig verzögerte Vorführung allerdings nicht rechtfertigen. Auch im nationalen Recht vorgesehene Höchstfristen für die Vorführung dürfen nicht einfach deswegen ausgeschöpft werden, weil gegen den Festgenommenen noch ermittelt und die für die Verhängung von U-Haft erforderlichen Indizien zusammengetragen werden sollen, vielmehr muss die in Art. 5 Abs. 3 angeordnete richterliche Überprüfung der Festnahme/Verhaftung sicherstellen, dass die *Freiheitsentziehung* stets zu Recht erfolgt.[1053]

Praktisch bedeutsam wird dies für **Art. 104 Abs. 3 Satz 1 GG i.V.m. Art. 104 Abs. 2** **397** **Satz 2 GG** und **§ 128 Abs. 1 Satz 1 StPO**, wonach eine vorläufig festgenommene Person unverzüglich (*spätestens* aber bis zum Ende des Tages nach dem Ergreifen/der Festnahme) dem Richter vorgeführt werden muss. Diese Forderung stellt die Gerichte insbesondere an Wochenenden und Feiertagen zwar vor organisatorische Probleme, die aber in einem Rechtsstaat zu meistern sind. Bei der genannten Frist handelt es sich um eine äußerste Grenze (**Höchstfrist**), die nicht zur Regel gemacht werden darf und daher das verfassungsrechtliche Gebot der **unverzüglichen** Herbeiführung einer gerichtlichen Entscheidung aus Art. 104 Abs. 2 Satz 2 GG[1054] und Art. 5 Abs. 3 Satz 1 unberührt lässt. Auch ein Hinausschieben der Vorführung der festgenommenen Person aus *„sachdienlichen"* Gründen und die damit verbundene Zuerkennung eines *„gewissen zeitlichen Spielraums"* für *„weitere Ermittlungsbefugnisse und -pflichten"*[1055] können daher nur in eng begrenzten Ausnahmefällen und unter Darlegung dieser Gründe (in der Akte) in Betracht kommen.

Die **fehlende Erreichbarkeit eines Richters** kann schon nach der Rechtsprechung **398** des BVerfG nicht ohne Weiteres als unvermeidbares Hindernis für eine unverzügliche Vorführung angesehen werden: Der Staat ist demnach (jedenfalls im Falle eines verfassungsrechtlich vorgeschriebenen Richtervorbehaltes: Art. 13 Abs. 2 GG; Art. 104 Abs. 2 Satz 1 GG) verpflichtet, die Erreichbarkeit eines für die Überprüfung der Zwangsmaßnahme zuständigen Richters zu gewährleisten.[1056] Aufgrund der Bedeutung des Rechts auf Freiheit ist aus menschenrechtlicher Perspektive (wenigstens) die durchgehende Erreich-

---

1053 EGMR Ali Samatar u.a./F, 4.12.2014, NJOZ **2016** 36 m. Anm. *Meyer-Ladewig/Nettesheim/von Raumer/ Paetzold*. Gemeint ist, dass die Freiheitsentziehung schon zu Beginn, ab dem ersten Augenblick, rechtmäßig und gerechtfertigt *ist* und dies nicht erst zu einem (kurz) danach liegenden Zeitpunkt *wird*, wenn weitere Beweise ermittelt worden sind; zum Zweck des Art. 5 Abs. 3 siehe auch EGMR Vakhitov u.a./R, 31.1.2017, § 48 („the automatic nature of the review is necessary to fulfil the purpose of the paragraph, as a person subjected to ill-treatment might be incapable of lodging an application asking for a judge to review his detention").
1054 BVerfG NVwZ **2009** 1034, 1035; LG Hamburg Beschl. v. 9.3.2009 – 604 Qs 3/09.
1055 Vgl. für den Fall der vorläufigen Festnahme (anderes soll bei der Vollstreckung eines Haftbefehls gelten): BGH NStZ **2018** 734 m. Anm. *Berghäuser* = StV **2019** 162.
1056 Zur **Durchsuchung**: BVerfGE **103** 142, 156; BVerfGK **9** 287 = NJW **2007** 1444; siehe auch BVerfGE **105** 239 = NJW **2002** 3161; NJW **2001** 1121; NJW **2004** 1442; zur Forderung eines Beweisverwertungsverbotes dagegen: OLG Hamm NJW **2009** 3109 = NZV **2009** 514 (Forderung eines richterlichen Bereitschaftsdienstes auch für die Nachtzeit jedenfalls dann, wenn innerhalb der Nachtstunden nicht nur ausnahmsweise Ermittlungsmaßnahmen mit Richtervorbehalt anfallen; hier: Durchsuchungsanordnung; Verstoß gegen Art. 13 Abs. 2 GG); zurückhaltend bzgl. **Blutentnahme**: BVerfG Beschl. v. 24.2.2011 – 2 BvR 1596/10 u.a., StraFo **2011** 145 = EuGRZ **2011** 183 = zfs **2011** 287 = BayVBl. **2011** 469 = DVP **2011** 477 = StRR **2011** 154; strenger dagegen: OLG Brandenburg Beschl. v. 25.3.2009 – 1 Ss 15/09 (Blutentnahme um 21.30 Uhr; Verstoß gegen Art. 20 Abs. 3 GG); LG Potsdam Beschl. v. 3.3.2009 – 24 Qs 22/09; Blutentnahme um 22.20 Uhr). Zusammenfassend: *Fickenscher/Dingelstadt* NJW **2009** 3473.

barkeit eines **richterlichen Notdienstes** zu fordern, **auch an Wochenenden und Feiertagen**, auch **in der Nacht**.

399   Das Unterbleiben der fristgerechten Vorführung ist konventionsrechtlich gesehen ein Dauerzustand, der mit der (verspäteten) Vorführung vor den Richter endet. Wenn es keine Rechtsmittel gegen die Fristüberschreitung gibt, ein Durchlaufen des nationalen Rechtswegs insoweit also nicht möglich ist, beginnt die Beschwerdefrist (Art. 35 Abs. 1) mit dieser Beendigung des Dauerzustandes.[1057]

400   **e) Pflicht zur Vorführung.** Anders als für die richterliche Anordnung nach **Art. 104 Abs. 2 GG**[1058] ist ein **Verzicht** des Betroffenen auf die Vorführung aufgrund der menschenrechtlichen Konzeption der Vorschrift unter strengen Voraussetzungen theoretisch möglich. Der EGMR hat aber betont, dass ein Verzicht auf Verfahrensrechte nur dann vor der Konvention Bestand haben kann, wenn er **eindeutig** und **freiwillig** erfolgt, von gewissen Mindestsicherungen begleitet wird und nicht gegen wichtige öffentliche Interessen verstößt.[1059] Damit dürfte der Verzicht auf eine Vorführung in der Praxis nicht in Betracht kommen.

401   Der (freiwillige) **Verzicht des Festgenommenen** auf eine mündliche Anhörung vor dem für die Prüfung der Rechtmäßigkeit der Freiheitsentziehung zuständigen Richter ist möglich. Dass in diesem Fall eine Anhörung des Betroffenen unterbleibt, stellt für sich genommen keinen Verstoß gegen Art. 5 Abs. 3 Satz 1 dar. Die übrigen Anforderungen an die Vorführung – unverzügliche Verbringung vor den Richter – bleiben davon aber unberührt, weil die entsprechenden Pflichten von Amts wegen bestehen.[1060]

402   Die **Pflicht** zur Vorführung **entfällt**, wenn der Festgenommene (vor Erreichen der „Unverzüglichkeitsgrenze") aus dem Gewahrsam entlassen wird.[1061] Bei einer **Haftentlassung** *ohne* (vorherige) *unverzügliche* Vorführung bleibt der bereits eingetretene Konventionsverstoß auch dann bestehen, wenn später eine Anhörung stattfindet (keine Heilung).[1062]

403   **f) Terroristische Straftaten.** Die Mitgliedstaaten des Europarates wurden bereits vor den Anschlägen des 11.9.2001 mit terroristischen Straftaten einzelner Gruppen (z.B. RAF in Deutschland; IRA im Vereinigten Königreich) konfrontiert und erließen daraufhin spezielle Anti-Terror-Gesetze.[1063] Die Bereitschaft, Menschenrechte im Kampf gegen den Terrorismus einzuschränken, erlangte erst nach den Anschlägen vom 11.9.2001 in den USA einen traurigen Höhepunkt[1064] und hat mittlerweile zu korrigierenden Judikaten des EGMR ge-

---

1057 EGMR Begu/RUM, 15.3.2011, § 77; Pop Blaga/RUM (Nr. 1) (E), 8.9.2009, §§ 119 f.
1058 Hierzu: BVerfG NVwZ **2017** 1198, 2000.
1059 So zu Art. 6: EGMR Natsvlishvili u. Togonidze/GEO, 29.4.2014, § 91 („[...] it is also a cornerstone principle that any waiver of procedural rights must always, if it is to be effective for Convention purposes, be established in an unequivocal manner and be attended by minimum safeguards commensurate with its importance. In addition, it must not run counter to any important public interest [...]").
1060 EGMR Harkmann/EST, 11.7.2006 (Konventionsverstoß – 15 Tage bis zur Anhörung/Entlassung); vgl. hierzu auch IK-EMRK/*Renzikowski* 239 („richterliche Überprüfung hänge nicht von einem Antrag ab; Betroffener könne nicht auf die Entscheidung des Richters oder auf die Einhaltung der Vorführungsfrist verzichten).
1061 EGMR Ikincisoy/TRK, 27.7.2004, § 103; De Jong, Baljet u. van den Brink/NL, 22.5.1984; *Vogler* ZStW **89** (1977) 761, 773.
1062 EGMR Harkmann/EST, 11.7.2006.
1063 Vgl. nur den Erlass der Notstandsgesetzgebung v. 24.6.1968 (BGBl. I S. 705).
1064 V.a. im Vereinigten Königreich: Terrorism Act (2000); Anti-Terrorism, Crime and Security Act (2001); Criminal Justice Act (2003); Prevention of Terrorism Act (2005); Counter-Terrorism Act (2008).

führt.[1065] Schon vor „9/11" hatte der Gerichtshof klargestellt, dass es vor allem hinsichtlich drohender Terrorakte darauf ankomme, eine **Abwägung zwischen den Rechten des Einzelnen und dem Schutz der Demokratie** zu treffen.[1066] Dass Art. 5 als grundlegender Ausdruck eines demokratischen Systems den Einzelnen vor Willkür durch den Staat schützen soll,[1067] muss bei dieser Abwägung nachdrücklich berücksichtigt werden.[1068] Im Vordergrund stehen dabei jeweils Fälle, in denen die Inhaftierung über einen längeren Zeitraum ohne Vorführung vor einen Richter aufrecht erhalten wurde. Die genaue Ausgestaltung der unverzüglichen Vorführung vor den Richter hängt zwar von den Umständen des Einzelfalles ab (Rn. 386 ff.) und der EGMR erkennt durchaus sehr wohl an, dass ein Vorgehen gegen (mögliche) Terroristen als ein solcher spezieller Einzelfall zu berücksichtigen ist – allerdings lässt der Wortlaut des Art. 5 Abs. 3 Satz 1 („*promptly*", „*aussitôt*") nur wenig Raum für eine flexible Auslegung.[1069] In Anlehnung an das Urteil **Brogan** ist eine Zeitspanne von **4 Tagen und 6 Stunden** ohne Vorführung auch bei Terroristen als zu lang anzusehen.[1070] Ausnahmen dazu ergeben sich auch bei der Festnahme von Terrorverdächtigen nur dann, wenn es sich um Festnahmen auf Hoher See handelt und ein Richter oder eine gleich gestellte Person **rein faktisch nicht erreichbar** ist (Rn. 392) – solange das Erreichen des Festlandes nicht vorsätzlich verlängert wird.[1071]

Auch eine Derogation der Rechte der Konvention aus **Art. 15** aufgrund der Terroranschläge vom 11.9.2001 erachtete der Gerichtshof für konventionswidrig (vgl. dort auch **404** Rn. 6). Die Berufung auf einen möglichen terroristischen Hintergrund einer Tat stellt danach die Konventionsstaaten nicht von ihren allgemeinen Pflichten frei.[1072] Im Hinblick auf Art. 5 Abs. 1 erlaubt der EGMR den Verfolgungsbehörden lediglich, zur Aufklärung terroristischer Straftaten im Hinblick auf Verdachtsmomente großzügiger zu verfahren; ggf. kommen auch erweiterte Sicherheitskontrollen in Betracht (im Rahmen der Verhältnismäßigkeit).[1073] Bei der Aufklärung terroristischer Straftaten *kann* die Komplexität des Verfahrens (vgl. Rn. 483 ff.) zudem ein signifikanter Faktor bei der Beurteilung der Angemessenheit einer Haftdauer bis zum Abschluss des Verfahrens sein.

III. Recht auf Aburteilung innerhalb angemessener Frist oder Haftentlassung (Art. 5 Abs. 3 Satz 1 EMRK/Art. 9 Abs. 3 IPBPR)

1. Zweck der Regelung – Beschleunigungsgebot. Zur Einschränkung der Dauer der **405** Untersuchungshaft und im Interesse einer über die allgemeinen Anforderungen (vgl. Art. 6 Abs. 1 EMRK/Art. 14 Abs. 3 *lit.* c IPBPR) hinausgehenden **Verfahrensbeschleunigung in Haftsachen** begründen Art. 5 Abs. 3 Satz 1 EMRK und Art. 9 Abs. 3 IPBPR einen Anspruch des nach Art. 5 Abs. 1 Satz 2 *lit.* c festgenommenen Beschuldigten auf Aburteilung inner-

---

1065 *Oehmichen* Terrorism and Anti-Terror-Legislation: The Terrorised Legislator? (2009) 3, 21, 23; EGMR O'Hara/UK, 16.10.2001.

1066 EGMR Brogan u.a./UK, 29.11.1988, § 48.

1067 EGMR Klass u.a./D, 6.9.1978, § 59, EuGRZ 1979 278 = NJW 1979 1755; Brogan u.a./UK, 29.11.1988; (GK) Medvedyev u.a./F, 20.3.2010, § 76; De Wilde u.a./B, 18.6.1971, § 65; Winterwerp/NL, 24.10.1979.

1068 EGMR Brogan u.a./UK, 29.11.1988, § 58.

1069 EGMR Brogan u.a./UK, 29.11.1988, § 62; Ikincisoy/TRK, 27.7.2004, § 101; (GK) Medvedyev u.a./F, 20.3.2010, § 121.

1070 EGMR Brogan u.a./UK, 29.11.1988, § 62; Yoldas/TRK, 23.2.2010, §§ 43 ff.

1071 EGMR (GK) Medvedyev u.a./F, 20.3.2010, §§ 130 ff.; Rigopoulos/E (E), 12.1.1999.

1072 EGMR Ikincisoy/TRK, 27.7.2004, § 102; (GK) Medvedyev u.a./F, 20.3.2010, § 126; *Grabenwarter/Pabel* § 21, 59.

1073 Vgl. auch Art. 15 Rn. 22, 26.

Esser

halb angemessener Frist oder auf Entlassung aus der Haft (**Beschleunigungsgebot**).[1074] Die Formulierung des Art. 5 Abs. 3 Satz 1 gibt weder dem Beschuldigten noch den staatlichen Stellen ein Wahlrecht in dem Sinne, dass bei Haftentlassung der Anspruch auf Verfahrenserledigung in angemessener Frist entfiele.[1075] Sie verdeutlicht vielmehr, dass nach dem **Grundsatz der Verhältnismäßigkeit** jedwede Freiheitsentziehung im Rahmen von *lit.* c nicht über eine angemessene Grenze hinaus aufrechterhalten werden darf.[1076]

406   Die Untersuchungshaft, deren Verhängung im Strafverfahren schon vor dem Hintergrund der Unschuldsvermutung ohnehin nicht die Regel sein darf (vgl. Art. 9 Abs. 3 Satz 2 IPBPR; Rn. 364 f.), soll auch bei Erhärtung des Tatverdachts durch die laufenden Ermittlungen nicht länger dauern, als nach der Sachlage unvermeidlich und dem Beschuldigten unter Berücksichtigung des Tatverdachts und seiner persönlichen Umstände zumutbar ist. Die nach den Konventionen bei Vorliegen der Haftgründe (vgl. Art. 5 Abs. 1 Satz 2) an sich zulässige Freiheitsentziehung wird daher zeitlich auf die **angemessene Dauer begrenzt**.[1077]

407   Bei Überschreitung dieser Grenze ist die weitere Haft i.S.v. Art. 5 Abs. 3 Satz 1 konventionswidrig, die **Zulässigkeit des Strafverfahrens** als solches bleibt davon aber ebenso unberührt[1078] wie das Vorliegen der *gesetzlichen* Grundlage für die Freiheitsentziehung und deren Rechtmäßigkeit i.S.v. Art. 5 Abs. 1 Satz 2, desgleichen die Verpflichtung des Inhaftierten, gegen eine unzulässig lange Dauer der Haft zunächst den innerstaatlichen Rechtsweg zu erschöpfen (Art. 35 Abs. 1).[1079] Die für eine Individualbeschwerde zum EGMR zusätzlich erforderliche Opfereigenschaft kann in Hinblick auf Art. 5 Abs. 3 etwa auch dadurch entfallen, dass das innerstaatliche Gericht aufgrund der Überlänge des Verfahrens eine Strafmilderung – explizit begründet für die gerade durch die (Dauer der) U-Haft in dieser Zeit entstandene Belastung – vornimmt.[1080]

408   Bei **minderjährigen Tatverdächtigen** – hier darf Untersuchungshaft ohnehin nur Ausnahmecharakter haben (Rn. 220) – darf die Inhaftierung nur für einen möglichst kurzen Zeitraum angeordnet werden; das Gebot der Verfahrensbeschleunigung erfährt hier nochmals gesteigerte Beachtung.[1081]

409   Das aus Art. 5 Abs. 3 Satz 1 abzuleitende Beschleunigungsgebot gilt auch, wenn der Beschuldigte bereits in anderer Sache in **Strafhaft** befindet und daher für das anhängige

---

1074 Zur Herleitung dieses Gebotes aus Art. 2 Abs. 2 Satz 2 GG und Art. 5 Abs. 3 Satz 1: BVerfG StV **1992** 121, 122; KG NStZ-RR **2009** 188; BVerfG Beschl. v. 11.6.2008 – 2 BvR 806/08, EuGRZ **2008** 621 = StV **2008** 421; vgl. auch BVerfG Beschl. v. 23.1.2019 – 2 BvR 2429/18, NJW **2019** 915 = EuGRZ **2019** 85.

1075 EGMR Allahverdiyev/ASE, 6.3.2014, § 51; (GK) Bykov/R, 10.3.2009, § 61, JR **2009** 514 = NJW **2010** 213 m. Bespr. *von Gall* OER **2010** 342; Garycki/PL, 6.2.2007; Wemhoff/D, 27.6.1968; Neumeister/A, 27.6.1968, § 4; *Vogler* ZStW **82** (1970) 758; **89** (1977) 773.

1076 Etwa EGMR Wemhoff/D, 27.6.1968; dazu *Schultz* JR **1968** 441.

1077 Vgl. BVerfG Beschl. v. 22.1.2014 – 2 BvR 2248/13 u.a., BeckRS **2014** 51802; StV **2014** 35; EuGRZ **2009** 414 = StV **2009** 479 m. Anm. *Hagmann* StV **2009** 592 = StraFo **2009** 375 = StRR **2009** 358; StV **2005** 220; NJW **2005** 3485; NJW **2006** 672; *Leipold* NJW-Spezial **2005** 567; dies gilt selbstverständlich auch für die freiheitsentziehende Maßnahme „Hausarrest", vgl. EGMR Pekov/BUL, 30.6.2006, §§ 71 ff.

1078 Meyer-Goßner/*Schmitt* 12.

1079 EGMR Civet/F, 28.9.1999, NJW **2001** 54.

1080 Vgl. EGMR Piroth/D (E), 21.9.2021, § 24 („it may have been preferable for the court to state the extent to which the sentence was reduced as a result of the acknowledged breaches of Articles 6 § 1 and 5 § 3 separately in order to avoid uncertainties"); näher Teil II Rn. 161 ff.

1081 EGMR Nart/TRK, 6.5.2008 (48 Tage in einer Einrichtung mit erwachsenen Häftlingen); vgl. auch EGMR Güvec/TRK, 20.1.2009 (PKK-Mitgliedschaft; 5 Jahre im Erwachsenengefängnis; psychische Probleme; Selbsttötungsversuche).

Verfahren **Überhaft** notiert ist.[1082] Für den Fall, dass ein Haftbefehl außer Vollzug gesetzt wird (vgl. § 116 StPO), gilt Art. 5 Abs. 3 Satz 1 für den anschließenden Verfahrensabschnitt allerdings nicht (mehr), sondern lediglich der allgemeine Grundsatz auf eine angemessene Verfahrensdauer (Rn. 410 ff.).

2. Verhältnis von Art. 5 Abs. 3 Satz 1 und Art. 6 Abs. 1 EMRK. Der Anspruch aus 410 Art. 5 Abs. 3 Satz 1 besteht unabhängig von jenem **auf Erledigung des (gesamten) Strafverfahrens in angemessener Frist** (Art. 6 Abs. 1 EMRK / Art. 14 Abs. 3 *lit.* c IPBPR).[1083] Da die Untersuchungshaft **strengeren Beschleunigungs- und Begründungsanforderungen** als die Gesamtverfahrensdauer unterliegt, ist die Angemessenheit der Untersuchungshaft regelmäßig kürzer zu bemessen als die Zeitspanne (Art. 6 Abs. 1 spricht ebenfalls von „Frist"), binnen derer das gesamte Strafverfahren seinen Abschluss finden muss.[1084]

Daraus folgt, dass Art. 5 Abs. 3 Satz 1 auch verletzt sein kann, wenn das (gesamte) 411 *Verfahren* selbst *innerhalb angemessener Frist* i.S.v. Art. 6 Abs. 1 erledigt wurde.[1085] Umgekehrt folgt nicht aus jedem Verstoß gegen Art. 5 Abs. 3 Satz 1 eo ipso ein Verstoß gegen das Gebot angemessener Verfahrensdauer nach Art. 6 Abs. 1.

3. Beginn und Ende der Freiheitsentziehung i.S.v. Art. 5 Abs. 3 Satz 1 i.V.m. Art. 5 412 **Abs. 1 Satz 2 *lit.* c EMRK.** Die **Frist** i.S.v. Art. 5 Abs. 3 Satz 1 **beginnt** mit dem Eintritt der Freiheitsentziehung, in der Regel also mit der vorläufigen Festnahme bzw. Verhaftung.[1086]

Ob eine **Auslieferungshaft im Ausland** dem *ersuchenden* Staat für die Fristberech- 413 nung nach Art. 5 Abs. 3 Satz 1 zugerechnet wird, war lange Zeit unklar. Die EKMR rechnete diese Auslieferungshaft nicht mit ein und ließ die für Absatz 3 Satz 1 maßgebliche Frist erst mit der inländischen Untersuchungshaft nach der Überstellung beginnen;[1087] für die Dauer der Auslieferungshaft war folglich nur der ersuchte Staat nach Art. 5 Abs. 1 Satz 2 *lit.* f verantwortlich.

Auf dieser traditionellen, längst überkommenen „Trennungs-Linie" bewegte sich 414 auch der EGMR, als er 2011 eine nationale Regelung unbeanstandet ließ, nach der die Auslieferungshaft bei der Berechnung der tatsächlichen Dauer der Untersuchungshaft nicht mitgerechnet wurde, und meinte, es gebe kein Rechtsprinzip, wonach dies für die in einem Drittstaat verbrachte Auslieferungshaft anders zu sehen sei.[1088] Für in einem Konventionsstaat vollzogene Auslieferungshaft entschied der Gerichtshof jedoch anders: Maßgeblicher Zeitpunkt für den Fristbeginn einer anschließenden Untersuchungshaft im ersuchten Staat soll der **Beginn der vorangegangenen Auslieferungshaft** sein.[1089] Mit diesem Urteil liegt der EGMR menschenrechtlich im Trend neuartiger **Überstellungsmodelle** (Europäischer Haftbefehl), die das herkömmliche Auslieferungsrecht ablösen (sollen)[1090] und bei denen die Aufspaltung der Freiheitsentziehung in einen Abschnitt „Auslie-

---

[1082] Vgl. allgemein zu dieser Fragestellung: BVerfG StV **2006** 251, 253; KG NStZ-RR **2009** 188; OLG Stuttgart NStZ-RR **2003** 285; OLG Karlsruhe StV **2002** 317; KG StV **2002** 554; OLG Bremen StV **2000** 35; Meyer-Goßner/ *Schmitt* § 120, 6 StPO. Speziell zum Beschleunigungsgebot in Überhaftsachen vor dem Hintergrund der Corona-Pandemie: OLG Braunschweig COVuR **2020** 115.

[1083] Missverständlich daher: KG NStZ-RR **2009** 180.

[1084] Vgl. BGH StraFo **2009** 147, 148.

[1085] EGMR Matznetter/A, 10.11.1969; *Frowein/Peukert* 109; *Vogler* ZStW **86** (1977) 773.

[1086] EGMR Allahverdiyev/ASE, 6.3.2014, § 56; Kalashnikov/R, 15.7.2002, § 110.

[1087] EKMR K/I, D, 14.12.1972; IK-EMRK/*Renzikowski* 255; *Frowein/Peukert* 112 m.w.N.

[1088] EGMR Zandbergs/LET, 20.12.2011, § 63.

[1089] Vgl. EGMR Cesky/CS, 6.6.2000, § 71; dagegen OLG Rostock NStZ-RR **2010** 340 (betreffend Verfahrensverzögerung; keine Anrechnung ausländischer Verzögerung).

[1090] Zur Umsetzung in Deutschland in der Praxis: *Globke* GA **2011** 412.

ferungshaft" im ersuchten Staat (Ausland) und in einen Abschnitt „Untersuchungshaft" im ersuchenden Staat (Inland) willkürlich anmutet. Die aus den 1950er Jahren stammende Ausgestaltung und Interpretation der Haftgründe aus Art. 5 Abs. 1 Satz 2 *lit.* c und *lit.* f stoßen bei diesen Modellen zunehmend an ihre Grenzen. Die Favorisierung einer Einbeziehung von Haftzeiten im Ausland ändert aber nichts an der Tatsache, dass der um die **Auslieferung bzw. Ausweisung ersuchende Staat** nur für die auf seinem Territorium stattfindenden staatlichen Maßnahmen i.S.v. **Art. 1** verantwortlich ist; eine *im Ausland* aufgrund eines Auslieferungsersuchens erfolgte Freiheitsentziehung ist dem ersuchenden Staat daher nicht nach Art. 1 zurechenbar; dem Betroffenen ist daher zu raten, eine Individualbeschwerde gegen alle an der freiheitsentziehenden Maßnahme beteiligten Staaten zu richten.[1091]

415   Bei **mehrfacher (sukzessiver) Inhaftierung auf der Grundlage eines oder mehrerer** (neu erlassener) **Haftbefehle** beginnt die Frist mit der ersten Inhaftierung, die Zeiten der späteren Inhaftierung werden dann **zusammengerechnet.** Etwas anderes soll dagegen gelten, sofern der Bf. zwischenzeitlich die Möglichkeit hat, gesondert gegen die Untersuchungshaft vorzugehen, während er sich auf freiem Fuß befindet. In diesem Fall werden die jeweiligen Abschnitte nicht insgesamt, sondern einzeln betrachtet.[1092] Aufgrund der für die Erhebung einer Menschenrechtsbeschwerde geltenden **4-Monats-Frist** (Art. 35 Abs. 1) muss der Bf. sämtliche Einwände gegen die Untersuchungshaft innerhalb von vier Monaten nach der Entlassung vorbringen, so dass Haftzeiten, die länger als vier Monate zurückliegen, grundsätzlich keine Berücksichtigung finden können.[1093] Erfolgen die Inhaftierungen jedoch im **Zusammenhang mit einem größeren Strafverfahren** gegen den Bf. („where such periods form part of the same set of criminal proceedings against an applicant"), so *berücksichtigt* der EGMR in einer Gesamtschau den Umstand, dass der Bf. bereits zuvor längere Zeit in Untersuchungshaft verbracht hat.[1094] Die Auswirkungen auf den Inhaftierten sind dann anhand der **Gesamtdauer der Untersuchungshaft** zu ermitteln. Entscheidend soll dann sein, ob die Dauer der Haft die nach der gesamten Sachlage angemessene Zeit übersteigt.

416   Ob in die Haftdauer eine Zeit eingerechnet werden muss, in der der Beschuldigte (nach Art. 5 Abs. 1 Satz 2 *lit.* e) zur **psychiatrischen Begutachtung in einem Krankenhaus** untergebracht war, wird uneinheitlich beantwortet.[1095] Bei einer Unterbringung im Rahmen und aus Anlass eines Strafverfahrens erschiene eine Herausrechnung dieser Zeitspanne formalistisch und aus der Sicht des Regelungszwecks von Art. 5 Abs. 3 Satz 1 nicht überzeugend, da die Freiheitsentziehung in den meisten Fällen alternativ auch auf Art. 5 Abs. 1 Satz 2 *lit.* c gestützt werden hätte können (Rn. 200).[1096]

417   Das für die Beurteilung der angemessenen Dauer der Haft maßgebende **Ende der Frist** ist die **Entlassung** aus der Untersuchungshaft während des Verfahrens bzw. aus Anlass der Entscheidung des erkennenden Gerichts („the day when the charge is determined, even if only by a court of first instance").[1097] Dauert die Freiheitsentziehung über

---

1091 Vgl. EGMR Elsner/A, 24.5.2011, § 137, ÖJZ **2011** 887 („since the application is only directed against Austria").

1092 EGMR Süveges/H, 5.1.2016, § 74; (GK) Idalov/R, 22.5.2012, § 129.

1093 EGMR Süveges/H, 5.1.2016, § 75; (GK) Idalov/R, 22.5.2012, § 130.

1094 Vgl. EGMR Süveges/H, 5.1.2016, § 75; (GK) Idalov/R, 22.5.2012, § 130.

1095 Vgl. ablehnend: *Frowein/Peukert* 112 unter Hinweis auf die Spruchpraxis der EKMR.

1096 Ohne Differenzierung bzgl. der in einem psychiatrischen Krankenhaus verbrachten Zeit: EGMR Güvec/TRK, 20.1.2009, §§ 33, 102.

1097 EGMR Allahverdiyev/ASE, 6.3.2014, § 56; (GK) Labita/I, 6.4.2000, § 147; Wemhoff/D, 27.6.1968, §§ 6 ff.

den Zeitpunkt der *ersten* **gerichtlichen Entscheidung**[1098] zur Begründetheit der *Anklage*, also den Erlass[1099] des **verurteilenden Erkenntnisses erster Instanz**,[1100] hinaus fort, so fällt die anschließende Freiheitsentziehung nicht mehr unter Art. 5 Abs. 1 Satz 2 *lit.* c (Rn. 127, 202). Die Freiheitsentziehung beruht ab jetzt – unabhängig von der dogmatischen Konstruktion im nationalen Recht – auf der Verurteilung (Art. 5 Abs. 1 Satz 2 *lit.* **a**) und dient nicht mehr der Vorführung vor den Richter (*lit.* c).[1101] Anders als im deutschen Recht kommt es für das Ende der Untersuchungshaft und die Beurteilung der Angemessenheit ihrer Dauer also nicht auf den *rechtskräftigen* Abschluss des Verfahrens an. Problematisch ist dies insofern, als sich eine (nach deutschem Verständnis) Untersuchungshaft auch und gerade im Stadium des Rechtsmittelverfahrens unangemessen verlängern kann und der EGMR dann insoweit aus Art. 5 *Abs. 3* keinen haftspezifischen Rechtsschutz gewährt (vgl. aber Rn. 418). Zu beachten ist ferner, dass die **4-Monats-Frist** (Art. 35 Abs. 1), innerhalb derer die Dauer der Untersuchungshaft gerügt werden kann, folgerichtig **mit dem erstinstanzlichen Urteil beginnt;**[1102] legt ein Bf. erst nach der letztinstanzlichen, rechtskräftigen Verurteilung binnen vier Monaten Beschwerde gegen die Dauer der Untersuchungshaft ein, so wird die Beschwerde regelmäßig verfristet und damit unzulässig sein.[1103]

Verzögert sich die endgültige Entscheidung über die strafrechtliche Anklage i.S.v. **418** Art. 6 Abs. 1, sprich das **Rechtsmittelverfahren**, unangemessen, so hat der Beschuldigte ebenfalls einen Anspruch auf Entlassung aus der Haft. Unzumutbare Längen in diesem Verfahrensabschnitt lassen sich allerdings nur über die *Rechtmäßigkeit* der Inhaftierung rügen (Art. 5 Abs. 1 Satz 2), da Art. 5 Abs. 3 Satz 1 auf den für dieses Stadium einschlägigen Art. 5 Abs. 1 Satz 2 *lit.* a keine Anwendung findet (Rn. 417). In den Anfangsjahren der Spruchpraxis hatte sich die EKMR noch für eine Anwendung von Art. 5 Abs. 3 auf die Inhaftierung nach einer nicht rechtskräftigen Verurteilung ausgesprochen. Der EGMR ist diesem Ansatz aber nicht gefolgt.[1104]

Wird das **erstinstanzliche Urteil vom Rechtsmittelgericht aufgehoben** und ver- **419** bleibt der Beschuldigte in Haft, so kann sich die Rechtfertigung der Freiheitsentziehung nicht mehr auf Art. 5 Abs. 1 Satz 2 *lit.* a stützen, sondern ist an *lit.* c zu messen; die Frist i.S.v. Art. 5 Abs. 3 Satz 1 beginnt erneut zu laufen.[1105] Zu beachten ist, dass auch in dieser

---

1098 Bei Art. 9 Abs. 3 IPBPR ist dagegen wegen des unterschiedlichen Wortlauts der englischen und französischen bzw. spanischen Fassung zweifelhaft, ob die *Frist* schon mit Beginn der Hauptverhandlung oder erst mit dem Urteil endet; dazu *Nowak* 45 f.

1099 Zur Geltung des Beschleunigungsgebotes auch für den Zeitraum zwischen Urteilsverkündung und der Absetzung der Urteilsgründe, § 275 StPO: *Keller/Meyer-Mews* StraFo **2005** 353, 357.

1100 EGMR Wemhoff/D, 27.6.1968 m. Anm. *Schultz* JR **1968** 441; (GK) Kudla/PL, 26.10.2000, NJW **2001** 2694 = EuGRZ **2004** 484 = ÖJZ **2001** 904; Solmaz/TRK, 16.1.2007, §§ 24–26; Kaemena u. Thöneböhn/D, 22.1.2009, § 90, StV **2009** 561 = JR **2009** 172; *Frowein/Peukert* 113 m.w.N., auch zu den wechselnden Auffassungen der EKMR; Meyer-Goßner/*Schmitt* 11; *Vogler* ZStW **82** (1970) 758; *Kühne/Esser* StV **2002** 383, 388; *Meyer/Ladewig* 35; a.A. *Trechsel* EuGRZ **1980** 514, 523 (Vollstreckbarkeit).

1101 EGMR B./A, 28.3.1990, unter Bekräftigung der früheren Auffassung auch gegen den Einwand, dass nach verschiedenen nationalen Rechtsordnungen die Untersuchungshaft fortbesteht, dies wird in späteren Urteilen durch Bezugnahme wiederholt: EGMR (GK) Kudla/PL, 26.10.2000; Seagal/ZYP, 26.4.2016, § 142.

1102 EGMR Kaçiu u. Kotorri/ALB, 25.6.2013, § 103; Priebke/I (E), 5.4.2001, EuGRZ **2001** 387, Nr. 6.

1103 So EGMR Ulariu/RUM, 19.11.2013, §§ 17 f., 36, 72; Aktaş u. Kırtay/TRK, 16.7.2013, §§ 22 f.

1104 Vgl. Wiederaufgabe der Auffassung der EKMR in EGMR Ringeisen/A, 16.7.1971, § 109; vom EGMR in diesem konkreten Fall offengelassen.

1105 EGMR Chodecki/PL, 26.4.2005; Cesky/CS, 6.6.2000; vgl. auch zur Bestimmung des maßgeblichen Zeitraums EGMR (GK) Labita/I, 6.4.2000, § 147; Vaccaro/I, 16.11.2000, §§ 31–33; Szeloch/PL, 22.2.2001, §§ 78–80; Olstowski/PL, 15.11.2001, § 67.

Konstellation für die Frage der Angemessenheit[1106] stets auf die Gesamtdauer der Haft abzustellen ist, für den Beginn der 4-Monats-Frist des Art. 35 Abs. 1 (Zulässigkeitskriterium der Individualbeschwerde) aber derjenige (letztinstanzliche) Rechtsbehelf maßgeblich ist, der sich auf den letzten Abschnitt der Haft bezieht.[1107]

4. Kriterien für die Beurteilung der Angemessenheit der Dauer der Untersuchungshaft

420   **a) Keine Höchstfristen.** Die Angemessenheit der Dauer, die ein Beschuldigter zur Sicherstellung einer geordneten Durchführung des Strafverfahrens in Haft gehalten werden darf, lässt sich nicht abstrakt bestimmen. Maßgebend ist stets die **Würdigung aller Umstände des Einzelfalles** aus einer *ex-ante*-Perspektive.[1108] Ein **Maximal-/Höchstwert** für die Zulässigkeit der Dauer der Inhaftierung existiert nicht.[1109] In der Rechtsprechung des BVerfG wird allerdings angenommen, dass ein Vollzug der Untersuchungshaft von **mehr als einem Jahr** bis zum Beginn der Hauptverhandlung oder dem Erlass des Urteils nur in ganz besonderen Ausnahmefällen gerechtfertigt werden kann.[1110] Diese Richtschnur ändert aber nichts daran, dass letztlich stets im jeweiligen Einzelfall geprüft werden muss, ob an der Aufrechterhaltung der Haft ein **besonderes öffentliches Interesse**[1111] besteht, welches den Eingriff in die persönliche Freiheit des Beschuldigten rechtfertigen und damit auch kompensieren kann.[1112] Außerdem gibt es natürlich Fälle, in denen die bloße – lange – Dauer den EGMR dazu veranlasst, eine Verletzung festzustellen, weil im Sachverhalt und im Vortrag des Vertragsstaats nichts enthalten ist, was die Dauer erklären bzw. rechtfertigen könnte.[1113]

421   Die **Anforderungen an die Rechtfertigung der Freiheitsentziehung steigen, je länger diese andauert.**[1114] Die damit ebenfalls verbundene Steigerung der Darlegungs- und Begründungslast für die staatlichen Stellen ist insbesondere wichtig, um den irrationalen aus der Psychologie bekannten Phänomenen der **Inertia** und der **Status Quo Bias** entgegenzuwirken: Der Mensch neigt bekanntermaßen ungewollt aufgrund einer rein kogniti-

---

1106 OLG Karlsruhe BeckRS **2021** 9629 (Verstoß gegen Beschleunigungsgebot bei 18 Monaten zwischen der aufhebenden Entscheidung im Revisionsverfahren und der geplanten neuen Hauptverhandlung).

1107 EGMR Isayeva/ASE, 25.6.2015, § 80; Dubinskiy/R, 3.7.2014, § 55; Solmaz/TRK, 16.1.2007.

1108 Meyer-Goßner/*Schmitt* 11; *Morvay* ZaöRV **21** (1961) 331; *Vogler* ZStW **82** (1970) 759; eingehend Dürig/Herzog/Scholz/*Di Fabio* Art. 2 Abs. 2 Satz 2, 55 ff. GG.

1109 Siehe EGMR Ereren/D, 6.11.2014 (aufgrund der Umstände des Einzelfalls U-Haft von mehr als 5 Jahre keine Verletzung von Art. 5 Abs. 3); Hesse/A, 25.1.2007 (2 Jahre 4 Monate konventionskonform); vgl. hierzu auch: BGH NStZ-RR **2015** 221 (mehr als 5 Jahre noch verhältnismäßig) – § 129a StGB (Ruanda – OLG Stuttgart).

1110 BVerfG BeckRS **2020** 5355, Rn. 59; NJW **2019** 915, Tz. 56; StV **2015** 39; StV **2008** 198; StV **2008** 421; NStZ **2000** 153; OLG Karlsruhe NStZ-RR **2018** 114, 115.

1111 Zur Verhältnismäßigkeit zwischen den öffentlichen Belangen und der Freiheitsentziehung: EGMR Ereren/D, 6.11.2014, § 54; Wemhoff/D, 27.6.1968; EKMR bei *Strasser* EuGRZ **1988** 501 (Woukam Moudefo); vgl. BGer EuGRZ **1982** 112; EuGRZ **1988** 69; BGer EuGRZ **1991** 25, aber auch *Vogel* ZStW **86** (1977) 774 (Schwere der Tat rechtfertigt allein die Haft nicht).

1112 EGMR Wemhoff/D, 27.6.1968, § 10; Stögmüller/A, 10.11.1969, § 4; W/CH, 26.1.1993, § 30, EuGRZ **1993** 384 = ÖJZ **1993** 562; van der Tang/E, 13.7.1995, § 55; Scott/E, 18.12.1996, § 74; Contrada/I, 24.8.1998, § 54; Tinner/CH, 26.4.2011 (knapp 3 Jahre angemessen).

1113 EGMR Rifat Demir/TRK, 4.6.2013, §§ 29 f. (mehr als 8 [!] Jahre), m.w.N.

1114 Vgl. EGMR Kavkazskiy/R, 28.11.2017, § 69 („Having regard to the *considerable length* of deprivation of liberty in the light of the presumption in favour of release, the Court finds that the Russian authorities were required to put forward *very weighty reasons* for maintaining that measure against the applicant."); ähnlich auch EGMR Lisovskij/LIT, 2.5.2017, § 74.

ven Verzerrung dazu, den einmal eingeschlagenen Weg („Status Quo") und den darauf zurückzuführenden Zustand (hier: Untersuchungshaft) gegenüber Veränderungen schlicht zur Vermeidung von Eigenaufwand („Trägheit") fortzusetzen, anstelle eine Veränderung (hier: Aufhebung der Haft) herbeizuführen.

b) Zwei-Stufen-Prüfung. Der EGMR hat im Laufe der Jahre eine Zwei-Stufen-Prü- **422** fung[1115] entwickelt und in ständiger Rechtsprechung etabliert. Neben dem **hinreichenden Tatverdacht** i.S.v. Art. 5 Abs. 1 Satz 2 *lit.* c, dessen Fortbestehen eine *conditio sine qua non* für die Rechtmäßigkeit der weiteren Inhaftierung ist,[1116] müssen nach Ablauf einer bestimmten Zeit **weitere Gründe** für die Inhaftierung vorliegen, welche die Justizbehörden zur Aufrechterhaltung der Inhaftierung veranlassen können.[1117] Diese Gründe müssen keine explizit anerkannten Gründe für Freiheitsentziehungen i.S.v. Art. 5 Abs. 1 Satz 2 darstellen, wohl aber sich in deren Rahmen bewegen, d.h. **relevant und ausreichend** („relevant and sufficient")[1118] für die jeweilige Freiheitsentziehung sein und während der Inhaftierung fortbestehen. Liegen diese Gründe schon bei der Anordnung der Haft nicht vor oder fallen sie nachträglich weg, ist die Haft schon allein deswegen nicht angemessen und verstößt gegen Art. 5 Abs. 3 Satz 1 (**1. Stufe**).[1119]

Sind die von Art. 5 Abs. 3 Satz 1 geforderten Standards auf der 1. Stufe gewahrt, wen- **423** det sich der EGMR der **Verfahrensführung** im engeren Sinne zu (**2. Stufe**). Hier geht es um die Frage, ob Gerichte und Strafverfolgungsbehörden das Verfahren stets mit der **gebotenen Beschleunigung** geführt haben (Rn. 463 ff.).

Hält eine Untersuchungshaft über ihren gesamten Zeitraum den strengen Anforderun- **424** gen der Zwei-Stufen-Prüfung stand, so beurteilt der EGMR – quasi auf einer „**dritten Stufe**" – abschließend in einer Art „Endkontrolle" die **Angemessenheit der Freiheitsentziehung** im Rahmen einer **Gesamtschau** – ähnlich wie die Verfahrensdauer i.S.v. Art. 6 Abs. 1 (vgl. Rn. 488; bei Art. 6 Rn. 437 ff.).[1120]

aa) Relevante und ausreichende Haftgründe (1. Stufe)

(1) Allgemeine Grundsätze. Es obliegt primär den nationalen Stellen sicherzustellen, **425** dass – bezogen auf den konkreten Einzelfall – die Untersuchungshaft eine angemessene Zeitspanne nicht überschreitet; dies gilt auch im Falle kurzzeitiger Inhaftierungen.[1121] Aus der bisherigen Rechtsprechung des EGMR hat sich zunächst nicht klar ergeben, ab welchem Zeitpunkt die (über den hinreichenden Tatverdacht hinaus erforderlichen) **zusätzli-**

1115 EGMR (GK) Labita/I, 6.4.2000, §§ 152–153; Trzaska/PL, 11.7.2000, § 63; Barfuss/CS, 31.7.2000, §§ 65–66; Jėčius/LIT, 31.7.2000, § 93; P.B./F, 1.8.2000, § 29; (GK) Kudla/PL, 26.10.2000, §§ 110–111; Vaccaro/I, 16.11.2000, § 36; Gombert u. Gochgarian/F, 13.2.2001, § 43; Bouchet/F, 20.3.2001, §§ 39–40; Kreps/PL, 26.7.2001, §§ 41–42; Zannouti/F, 31.7.2001, §§ 42–43; (GK) Buzadji/MOL, 5.7.2016, §§ 87, 92.
1116 EGMR B./A, 28.3.1990; (GK) Kudla/PL, 26.10.2000; Karagoz/TRK, 20.10.2005; (GK) Buzadji/MOL, 5.7.2016, §§ 87, 92; (GK) Merabishvili/GEO, 28.11.2017, § 222; Hasselbaink/NL, 9.2.2021, § 69; Taner Kılıç/TRK (Nr. 2), 31.5.2022, § 119; *Vogler* ZStW **86** (1977) 773.
1117 Hierzu vgl. auch *Morgenstern* 176 (Haftgründe im „engeren" und „weiteren" Sinne).
1118 Dazu EGMR Hasselbaink/NL, 9.2.2021, §§ 74 ff., 78 (Gründe zwar „relevant", aber nicht „ausreichend").
1119 Vgl. EGMR Kauczor/PL, 3.2.2009, §§ 43 ff., 47; Tiron/RUM, 7.4.2009, §§ 35 ff., 46; Jamroży/PL, 15.9.2009, §§ 61 f.; Taner Kılıç/TRK (Nr. 2), 31.5.2022, §§ 119 f., NLMR **2022** 231 (14-monatige Untersuchungshaft des Vorsitzenden von Amesty International; keine Gründe angeführt).
1120 Zu den Beurteilungskriterien EGMR Wemhoff/D, 27.6.1968; Neumeister/A, 27.6.1968; Ringeisen/A, 16.7.1971; Punzelt/CS, 25.4.2000, §§ 71 ff.; P.B./F, 1.8.2000, §§ 34 ff.; Dirdizov/R, 27.11.2012, §§ 104 ff. m.w.N.; Zherebin/R, 24.3.2016, §§ 49 ff.; Mukhametov u.a./R, 14.12.2021, §§ 46 ff. m.w.N.
1121 Vgl. EGMR (GK) Buzadji/MOL, 5.7.2016, § 95; Belchev/BUL, 8.4.2004, §§ 81 f. (4 Monate).

Esser

chen Gründe hinzutreten müssen. Der EGMR hat lediglich darauf abgestellt, dass diese **nach Ablauf einer bestimmten Zeit** („after a certain lapse of time") **erforderlich** sind. In der Rs. *Buzadji* hat die GK dann aber klargestellt, dass relevante und ausreichende Haftgründe bereits im Zeitpunkt der ersten, die Freiheitsentziehung bestätigenden gerichtlichen Entscheidung vorliegen müssen.[1122] Auf diese Weise soll ein Gleichlauf mit dem Recht auf unverzügliche Vorführung (Art. 5 Abs. 3 Satz 1 Hs. 1) hergestellt werden, das sich in gewissen Konstellationen mit Art. 5 Abs. 3 Satz 1 Hs. 2 überschneiden kann.[1123] Zusätzliche Gründe müssen nunmehr also bereits **unverzüglich nach der Festnahme** hinzutreten, um die Freiheitsentziehung zu rechtfertigen.[1124]

426   Das Gericht hat dabei **alle Tatsachen und Umstände** zu prüfen, die für und gegen ein ernstliches öffentliches Interesse an der Freiheitsentziehung sprechen.[1125] Die Prüfung hat **gewissenhaft** zu erfolgen, insbesondere hinsichtlich Behauptungen staatlicher Stellen. Ggf. sind weitere eigenständige Nachforschungen des Gerichts erforderlich.[1126]

427   Die **Gründe für die Freiheitsentziehung** müssen sowohl in den behördlichen als auch in den gerichtlichen Haftentscheidungen mitgeteilt werden. Spätere Haftentscheidungen müssen in ihrer Begründung erkennen lassen, dass sich das Gericht mit dem **zwischenzeitlichen Stand der Ermittlungen** und den dadurch ggf. eingetretenen Änderungen bei den für die ursprünglich angeführten Haftgründe sprechenden Umständen auseinandergesetzt hat.[1127] So reicht es nicht aus, dass die Anordnung, vor allem aber die Verlängerung einer Untersuchungshaft mit **stereotypen und floskelhaften Argumenten** begründet wird;[1128] vielmehr ist immer eine konkrete Prüfung im **Einzelfall** erforderlich.[1129] Dass Begründungen sehr ähnlich ausfallen, akzeptiert der Gerichtshof nur dann, wenn zwischen den einzelnen Entscheidungen zur Verlängerung der Haft lediglich ein kurzer Zeitraum liegt und sich dabei die Sachlage nicht wirklich verändert hat.[1130]

428   Als vier **grundsätzlich akzeptable Gründe** („basic acceptable reasons") für die Ablehnung einer Sicherheitsleistung (Kaution) und damit für die Aufrechterhaltung einer Untersuchungshaft hat der Gerichtshof anerkannt: **Fluchtgefahr** („risk that the accused with fail to appear for trial"), **Verdunkelungsgefahr** („risk that the accused would take action to prejudice the administration of justice"), **Wiederholungsgefahr** („commit fur-

---

1122   EGMR (GK) Buzadji/MOL, 5.7.2016, § 102.

1123   EGMR (GK) Buzadji/MOL, 5.7.2016, §§ 100 ff.

1124   EGMR (GK) Buzadji/MOL, 5.7.2016, § 102 („[...] the requirement on the judicial officer to give relevant and sufficient reasons for the detention – in addition to the persistence of reasonable suspicion – applies already at the time of the first decision ordering detention on remand, that is to say ‚promptly' after the arrest."); bestätigt durch EGMR (GK) Merabishvili/GEO, 28.11.2017, § 222; Podeschi/SM, 13.4.2017, § 136.

1125   EGMR (GK) Buzadji/MOL, 5.7.2016, §§ 90 f.

1126   EGMR Makarov/R, 12.3.2009 (Vertrauen auf Informationen des russischen Geheimdienstes).

1127   EGMR (GK) Bykov/R, 10.3.2009, § 65; Ereren/D, 6.11.2014, § 58.

1128   EGMR Contrada/I, 24.8.1998, § 61; Bielski/PL u. D, 3.5.2011, § 44 („often limited to repeating the wording of the decisions previously given"); vgl. BGH NJW **2017** 341, 342, Tz. 7 – Pflicht zur (wenigstens knappen) Darlegung der Beweisergebnisse für das Beschwerdegericht; BGH NStZ-RR **2017** 18.

1129   EGMR Polikhovich/R, 30.1.2018, § 60; (GK) Merabishvili/GEO, 28.11.2017, § 222; Caracet/MOL, 16.2.2016, §§ 55 f.; Qing/P, 5.11.2015, §§ 59, 62–70; Piruzyan/ARM, 26.6.2012, §§ 95 f., 99 f.; Farhad Aliyev/ASE, 9.11.2010; sehr deutlich: EGMR Mindadze u. Nemsitsveridze/GEO, 1.6.2017, § 125 (zur Verwendung eines standardisierten Formulars). Umfassend dazu auch die rechtstatsächliche Untersuchung von *Haffner* Die Begründungsmuster von Untersuchungshaftentscheidungen (2021).

1130   EGMR Ştefan/RUM (E), 27.1.2015, § 33.

Esser   478

ther offences") sowie die **Entstehung (erheblicher) öffentlicher Unruhe** („cause public disorder").[1131]

Hiermit ist jedoch **keine abschließende Liste** von Gründen für eine Haftfortdauer 429 aufgestellt; im Einzelfall können auch andere Erwägungen die Aufrechterhaltung einer Freiheitsentziehung rechtfertigen, *wenn* sie denn von den zuständigen Stellen entsprechend in den Haftentscheidungen angeführt und ihre Einschlägigkeit am konkreten Fall belegt werden. Dass der Betroffene **kein Geständnis** ablegt, begründet für sich betrachtet – selbstredend – keinen zulässigen Haftgrund.[1132] Ebenso wenig darf die Verlängerung der Untersuchungshaft darauf gestützt werden, dass noch **weitere Ermittlungen** erforderlich seien oder dass der Verteidiger noch **keinen Zugang zur Akte** habe.[1133]

Für **Haftzeiten von über vier Jahren Dauer** verlangt der Gerichtshof besonders 430 tragfähige Gründe in den Haftentscheidungen (*„particularly strong reasons"*).[1134] Besonders tragfähige Gründe verlangt der EGMR auch dann, wenn die Haft über die nach der einschlägigen Rechtsprechung des EGMR eigentlich akzeptierte/angemessene Dauer hinaus verlängert werden soll.[1135]

Die mit der Überprüfung der Haftfortdauer befassten Stellen müssen in regelmäßigen 431 Abständen, insbesondere in Haftprüfungsverfahren nach Art. 5 Abs. 4, eine **Alternative zur Untersuchungshaft** in Erwägung ziehen und prüfen, ob die Anwesenheit des Beschuldigten in der Hauptverhandlung – d.h. (nur) die **Sicherstellung einer effektiven Strafverfolgung** – auch durch weniger einschneidende Maßnahmen (Hausarrest; Meldeauflagen) erwirkt werden kann.[1136] Dies gilt auch in Fällen, in denen der **Druck der Medien und Öffentlichkeit** auf die Strafverfolgung emotional hoch ist.[1137]

Ist die Vollstreckung haftvermeidender Maßnahmen grenzüberschreitend gesi- 432 chert,[1138] können diese auch und gerade dann eine Alternative zur U-Haft darstellen, wenn der Beschuldigte einen **Wohnsitz im Ausland** hat

Das **Gebot der größtmöglichen Vermeidung von Untersuchungshaft**[1139] findet auch 433 in der Rechtsprechung des BVerfG Ausdruck, wonach ein **Wegfall (Widerruf) der Haftverschonung** bei einem außer Vollzug gesetzten Haftbefehl nur unter den einschränkenden Voraussetzungen des **§ 116 Abs. 4 Nr. 3 StPO** zulässig ist. *„Neu hervorgetreten"* sind nachträglich eingetretene oder nach Erlass des Außervollzugssetzungsbeschlusses bekannt gewordene tatsächliche Umstände nur dann, wenn sie die Gründe des Beschlusses in ei-

---

1131 Zusammenfassend: EGMR Makarenko/UKR, 30.1.2018, § 85; (GK) Buzadji/MOL, 5.7.2016, § 88; Allahverdiyev/ASE, 6.3.2014, § 54; Piruzyan/ARM, 26.6.2012, § 94.
1132 EGMR Podvezko/UKR, 12.2.2015, § 23; Lutsenko/UKR, 3.7.2012, § 72.
1133 Vgl. EGMR Isayeva/ASE, 25.6.2015, § 91.
1134 EGMR Vaccaro/I, 16.11.2000, § 37; Gombert u. Gochgarian/F, 13.2.2001, § 48; siehe auch: EGMR Lisovskij/LIT, 2.5.2017, § 74 („very weighty reasons").
1135 Vgl. EGMR Süveges/H, 5.1.2016, § 98.
1136 EGMR Zielinski/PL, 5.7.2018, § 45; Porowski/PL, 21.3.2017, § 154; Sergey Denisov u.a./R, 19.4.2016, §§ 98 f.; Caracet/MOL, 16.2.2016, § 57; Makarov/R, 12.3.2009; Mamedova/R, 1.6.2006, §§ 77 f.
1137 EGMR Lelievre/B, 8.11.2007 (7 Jahre 10 Monate; Kindesentführung; Druck der Öffentlichkeit).
1138 Vgl. hierzu: RB 2009/829/JI über die Anwendung des Grundsatzes der gegenseitigen Anerkennung auf Entscheidungen über Überwachungsanordnungen als Alternative zur Untersuchungshaft, ABlEU Nr. L 249 v. 11.11.2009 S. 20.
1139 Vgl. hierzu: Studie von Penal Reform International (PRI), Model for Reform – Ten-point plan on reducing pre-trial detention (2016); Umfrage der CEP, Questionnaire on the „Use fo Alternatives to Pre-Trial Detention" in EU-Member States (12/2020), https://www.bag-s.de/fileadmin/user_upload/Alternatives-to-Pre-Trial-Detention-CEP.pdf. Zur Entwicklung der Untersuchungshaft in Deutschland: *Antholz* Kriminalistik **2019** 671 ff.

Esser

nem so wesentlichen Punkt erschüttern, dass keine Aussetzung bewilligt worden wäre, wenn diese Umstände bereits bei der Entscheidung bekannt gewesen wären.[1140]

434   Beurteilungsgrundlage für den EGMR sind die in den **nationalen Haftentscheidungen** aufgeführten Gründe und die Tatsachen.[1141] Ein **Nachschieben von Gründen** (im Verfahren vor dem BVerfG oder dem EGMR) bzw. eine erst **später erfolgende Substantiierung** von zunächst unzureichenden Haftentscheidungen (im Laufe des Verfahrens) ist mit dem Freiheitsrecht des Beschuldigten (Ermöglichung einer effektiven Haftprüfung) nicht in Einklang zu bringen.[1142]

435   Daneben werden auch die vom Beschuldigten in dem gegen ihn geführten Strafverfahren vorgetragenen Argumente vom EGMR als gleichwertige Quellen für die von ihm zu treffende Entscheidung über die angemessene Dauer der Haft herangezogen, wobei aber ein echter Begründungszwang nur für die staatlichen Stellen besteht und auf Seiten des Beschuldigten lediglich von einer **Obliegenheit** auszugehen ist.[1143] Setzt sich der Beschuldigte in seiner Beschwerde (Art. 34) nicht mit dem Vortrag und den Argumenten der staatlichen Stellen auseinander, läuft er Gefahr, dass der Gerichtshof die in den Haftentscheidungen angeführten Gründe als *relevant* und *ausreichend* bewertet, denn bei der Prüfung der Relevanz der Haftgründe wird vom EGMR auch berücksichtigt, inwieweit der Beschuldigte diese Gründe angegriffen und zu entkräften versucht hat.[1144]

436   Ein Verzicht des Beschuldigten auf die Überprüfung der Rechtmäßigkeit seiner Inhaftierung entbindet die staatlichen Stellen nicht von ihrer **Pflicht zur Begründung ihrer Haftentscheidungen**. Andernfalls würde aus dem von Art. 5 Abs. 4 verbürgten *Recht* des Beschuldigten auf Haftprüfung faktisch eine Verpflichtung, entsprechende Anträge zu stellen. Für die nationalen Behörden und Gerichte bedeutet dies eine weitreichende formale **Dokumentationspflicht** verbunden mit einer inhaltlichen **Darlegungs- und Substantiierungslast**.[1145] Art. 5 Abs. 3 kann schon deswegen verletzt sein, weil sich die nationalen Stellen in ihren Haftentscheidungen gar nicht oder ab einem bestimmten Zeitpunkt nicht mehr auf bestimmte Haftgründe berufen,[1146] oder nur bestimmte Haftgründe sprunghaft

---

1140 Vgl. BVerfG StV **2006** 26; StV **2006** 139; StV **2007** 254; StV **2008** 25; wistra **2012** 429; StV **2013** 94; StV **2013** 96; OLG Stuttgart StraFo **2009** 104 m. krit. Anm. *Schlothauer*; OLG Dresden NStZ-RR **2009** 292; OLG Nürnberg StV **2013** 519; OLG Braunschweig StraFo **2016** 509; OLG München NStZ **2020** 627. Übersicht zur Rechtsprechung bzgl. § 116 Abs. 4 Nr. 3 StPO: *Paeffgen* NStZ **2010** 200; *Herrmann* StRR **2013** 12; *Schultheis* NStZ **2014** 73, 75 ff.; vgl. hierzu auch *Herrmann* 1225 ff.

1141 Dabei kann es sich durchaus auch um bestrittene Tatsachen handeln; vgl. EGMR Kuc/SLO, 25.7.2017, §§ 55 f. (Bf. hatte eine Veränderung seines Gesundheitszustandes vorgebracht; keine Erwähung in der späteren gerichtlichen Entscheidung).

1142 EGMR (GK) Bykov/R, 10.3.2009, § 66; Panchenko/R, 8.2.2005, §§ 99, 105; Ilowiecki/PL, 4.10.2001, § 61; Ilijkov/BUL, 26.7.2001, § 86; Gombert u. Gochgarian/F, 13.2.2001, § 45.

1143 Vgl. EGMR (GK) Merabishvili/GEO, 28.11.2017, § 234 („under Article 5 § 3 of the Convention it is incumbent on the authorities, rather than the detainee, to establish the persistence of reasons justifying continued pre-trial detention").

1144 EGMR B./A, 28.3.1990, §§ 19–23, 44; Wemhoff/D, 27.6.1968, § 12.

1145 EGMR (GK) Bykov/R, 10.3.2009, § 65; Khudobin/R, 26.10.2006, § 108; Mamedova/R, 1.6.2006 (Verhalten des Mitbeschuldigten; Auseinandersetzung mit Umständen, die gegen eine Fluchtgefahr sprechen; Alternativmaßnahmen zur Anordnung von Untersuchungshaft – *„preventive measures"*; keine Kooperationspflicht des Beschuldigten); Svipsta/LET, 9.3.2006 (stereotype Haftgründe).

1146 EGMR Kemmache/F (Nr. 3), 24.11.1994, § 56; Tomasi/F, 27.8.1992, EuGRZ **1994** 101 = ÖJZ **1993** 137, § 98; vgl. hierzu auch: BVerfG StV **2015** 39 = JR **2014** 488 = NStZ-RR **2014** 314 (Ls.) BeckRS **2014** 54605: „unterliegen Haftfortdauerentscheidungen insofern einer erhöhten Begründungstiefe" (Tz. 28). „In der Regel sind in jedem Beschluss über die Anordnung der Fortdauer der Untersuchungshaft aktuelle Ausführungen zu dem weiteren Vorliegen ihrer Voraussetzungen, zur Abwägung zwischen dem Freiheitsgrundrecht des Beschuldigten und dem Strafverfolgungsinteresse der Allgemeinheit sowie zur Frage der Verhältnismäßigkeit gebo-

anführen, anstatt diese kontinuierlich hervorzuheben und jeweils nach dem aktuellen Stand des Verfahrens zu begründen.[1147] Eine Verletzung kann auch vorliegen, wenn die Erkenntnisse, die den Haftgrund begründen, illegal erlangt wurden.[1148]

Namentlich **Haftfortdauerentscheidungen** bedürfen einer erhöhten Begründungs- **437** tiefe;[1149] während laufender Hauptverhandlung müssen sie das in der Hauptverhandlung gewonnene Beweisergebnis in einem Umfang darlegen und würdigen, der es dem Beschwerdegericht ermöglicht, seine **eigenverantwortliche Prüfungskompetenz** auszuüben.[1150] Um die (Prognose-)Entscheidung für alle Beteiligten nachvollziehbar zu machen, muss das Gericht die jeweiligen Umstände des Einzelfalles darlegen und regelmäßig auch dazu Stellung nehmen, welche Gründe gegen das Vorliegen eines Haftgrundes sprechen.[1151] Ebenso obliegt es dem Gericht, den Zeitraum für die Erstellung etwaiger Sachverständigengutachten zu überwachen und die entsprechende Kontrolle zu dokumentieren.[1152]

Einen schwerwiegenden Verstoß gegen Art. 5 Abs. 2 u. 3 stellt es dar, wenn der Be- **438** schuldigte nicht über den Haftgrund aufgeklärt wird oder wenn seine Inhaftierung nicht schriftlich festgehalten wird und so die **Verfolgung seines Verbleibs** nicht lückenlos möglich ist.[1153]

Das Vorliegen eines Haftgrundes beurteilt sich nach **sämtlichen Haftentscheidun-** **439** **gen**, unabhängig davon, ob diese von Amts wegen, z.B. anlässlich einer im nationalen Recht vorgesehenen obligatorischen Haftprüfung, oder auf Antrag des inhaftierten Beschuldigten ergehen.[1154] Liegen **mehrere Haftentscheidungen** vor, so prüft der EGMR diese separat, so dass erst dann ein Verstoß gegen Art. 5 Abs. 3 vorliegt, wenn keiner der von den nationalen Stellen genannten Gründe während des *gesamten* Zeitraums objektiv *relevant* und *ausreichend* vorgetragen worden ist.[1155]

Dies stellt die Strafverfolgungsbehörden und Gerichte vor ein gewisses Dilemma. Wer- **440** den möglichst viele Gründe in den Haftentscheidungen aufgeführt, so steigt zwar die Wahrscheinlichkeit, dass wenigstens einer von ihnen die Inhaftierung des Beschuldigten

---

ten, weil sich die dafür maßgeblichen Umstände angesichts des Zeitablaufs in ihrer Gewichtigkeit verschieben können." (Tz. 28).

1147 BVerfG NJW **2019** 915, Tz. 58; BGH NJW **2017** 341, 342.

1148 EGMR Khodorkovskiy/R, 31.5.2011 (illegale Durchsuchung der Verteidigerin und Beschlagnahme von Notizen, die sie sich im Gespräch mit dem inhaftierten Mandanten gemacht hatte, und aus denen angeblich hervorging, dass der Inhaftierte Zeugen beeinflussen wollte, was als Argument für die Fortdauer der Haft diente).

1149 BVerfG NStZ-RR **2021** 50, 52; Beschl. v. 1.4.2020 – 2 BvR 225/20, Rn. 62 = StV **2021** 765 (Ls.); Beschl. v. 23.1.2019 – 2 BvR 2429/18, Tz. 60 = NJW **2019** 915 = EuGRZ **2019** 85; zur Fortdauer der Unterbringung gemäß § 63 StGB: BVerfG NStZ-RR **2019** 272 m. Anm. *Müller-Metz*.

1150 BGH NStZ-RR **2013** 16, 17 f. m. Anm. *Breidling* JR **2013** 422; BGH NJW **2013** 247, 248; vgl. auch KG NStZ-RR **2015** 115.

1151 BVerfG Beschl. v. 1.4.2020 – 2 BvR 225/20, Rn. 63.

1152 BVerfG NStZ-RR **2021** 50, 52.

1153 Ohne Bezug auf einen konkreten Absatz des Art. 5: EGMR Idalova u. Idalov/R, 5.2.2009, §§ 128 ff.; Cicek/ TRK, 27.2.2001, § 164.

1154 EGMR Letellier/F, 26.6.1991, § 52; Clooth/B, 12.12.1991, ÖJZ **1992** 420, §§ 37–48; Tomasi/F, 27.8.1992, §§ 85–99; Herczegfalvy/A, 24.9.1992, § 71; W/CH, 26.1.1993, §§ 31–38; Scott/E, 18.12.1996, §§ 76–79; Muller/F, 17.3.1997, § 36; Contrada/I, 24.8.1998, §§ 55–62. Im Urteil Neumeister/A, 27.6.1968, hatte der EGMR noch ausschließlich auf die Entscheidungen abgestellt, die im Rahmen des Haftprüfungsverfahrens ergangen waren. Dies würde die Entscheidung der Festnahme und die im Anschluss an die Vorführung des Beschuldigten ergehende Haftentscheidung nicht miteinschließen. Diesen engen Ansatz hat der Gerichtshof jedoch später nicht mehr aufgegriffen, so dass *jede* staatliche Haftentscheidung bei der Suche nach einem relevanten und ausreichenden Haftgrund zu berücksichtigen ist.

1155 Siehe EGMR Contrada/I, 24.8.1998, § 62.

über den gesamten Zeitraum trägt. Andererseits kann bei einem solchen Vorgehen (**„Begründungsbreite"**) schnell der Eindruck entstehen, dass die Aufrechterhaltung der Untersuchungshaft in unzulässiger Weise „zementiert" oder „abgesichert" werden soll. Entscheidungen, in denen die Fortdauer der Inhaftierung angeordnet wird, dürfen nicht den **Eindruck einer gewissen „Endgültigkeit" der Inhaftierung** vermitteln; ggf. sind **Überprüfungsfristen** vorzusehen, vor allem wenn dies auch in früheren Haftentscheidungen der Fall war.[1156]

441   Die Problematik wird noch dadurch verschärft, dass der EGMR einer **kumulativen Heranziehung mehrerer Haftgründe** durchaus offen gegenübersteht (vgl. die Formulierung, dass ein bestimmter Grund nicht *allein* oder dass die angegebenen Gründe *weder für sich genommen noch zusammen* ausreichen, um die Aufrechterhaltung der Haft zu rechtfertigen).[1157]

442   Eine besondere Darlegungslast besteht für die staatlichen Stellen, wenn ein Gericht im Laufe des Strafverfahrens die **Freilassung des Beschuldigten** aus der Haft angeordnet hat. Bleibt der Beschuldigte in Haft, etwa weil die gerichtliche Entscheidung im Beschwerdeweg angefochten und aufgehoben wird, so sind die nationalen Gerichte gezwungen, in ihren nachfolgenden Haftentscheidungen in einer klaren, spezifischen und keinesfalls stereotypen Art und Weise darzulegen, warum sie die Aufrechterhaltung der Freiheitsentziehung weiterhin für notwendig halten.[1158]

443   Das die Haft anordnende Gericht darf die Entscheidung über die spätere Verlängerung der Haft zeitlich nicht vorwegnehmen. Schon gar nicht darf eine solche Entscheidung von der Staatsanwaltschaft getroffen werden: Daher ist eine nationale Regelung, wonach die Untersuchungshaft **(generell) bis zu einer bestimmten Dauer zulässig** ist, mit Art. 5 Abs. 3 unvereinbar. Ferner muss das nationale Recht festlegen, unter welchen Bedingungen von einer etwaigen **Regeldauer** abgewichen werden kann.[1159]

444   Der bloße Hinweis auf das **Datum der Festnahme** kann eine Haftfortdauer **nicht** rechtfertigen, da die Gesamtdauer einer Inhaftierung ohne einen von der Konvention anerkannten *relevanten* Grund nie durch sich selbst gerechtfertigt sein kann.[1160]

445   **(2) Schwere der Tat/Schuld.** Die Existenz und Dauerhaftigkeit erheblicher Anzeichen für die **Schuld einer Person** stellen *relevante* Gesichtspunkte für die Aufrechterhaltung einer Untersuchungshaft dar.[1161] Für die **Schwere einer Tat** kann es etwa sprechen, dass die Staatsanwaltschaft in ihren Schlussanträgen eine mehrjährige Freiheitsstrafe fordert.[1162] Aber selbst wenn die dem Beschuldigten zur Last gelegten Verbrechen von schwerer Natur und die ihn belastenden Beweise schlüssig sind, können Anzeichen für seine Schuld oder ein dringender Tatverdacht – obwohl an sich relevante Faktoren – **für sich allein nicht** die Aufrechterhaltung einer Untersuchungshaft über einen längeren Zeitraum rechtfertigen.[1163]

1156   EGMR (GK) Bykov/R, 10.3.2009, § 65.
1157   EGMR Tomasi/F, 27.8.1992, § 89 (2 Jahre 9 Monate); Kemmache/F (Nr. 3), 24.11.1994, § 50 (3 Jahre 2 Monate); van der Tang/E, 13.7.1995, § 63 (5 Jahre 7 Monate); siehe auch: EGMR Scott/E, 18.12.1996, § 78; Mansur/TRK, 8.6.1995, § 56; Yagci u. Sargin/TRK, 8.6.1995, § 53.
1158   EGMR Letellier/F, 26.6.1991, § 52; Szeloch/PL, 22.2.2001, § 91.
1159   EGMR Krejcir/CS, 26.3.2009.
1160   EGMR Yagci u. Sargin/TRK, 8.6.1995, § 54.
1161   EGMR Kemmache/F (Nr. 1/2), 27.11.1991, § 50; Tomasi/F, 27.8.1992, § 89.
1162   EGMR Scott/E, 18.12.1996, § 78.
1163   EGMR Zielinski/PL, 5.7.2018, § 41; Snyatovskiy/R, 13.12.2016, § 50; Allahverdiyev/ASE, 6.3.2014, § 55; Dirdizov/R, 27.11.2012, § 109; Khudobin/R, 26.10.2006, § 107; Kemmache/F (Nr. 1/2), 27.11.1991, § 50; van der Tang/E, 13.7.1995; Tomasi/F, 27.8.1992, § 89.

(3) Flucht/Fluchtgefahr. Häufig führen nationale Haftentscheidungen eine in der Per- **446** son des Beschuldigten bestehende **Fluchtgefahr** an.[1164] Die zum Haftgrund des Art. 5 Abs. 1 Satz 2 *lit.* c dargestellten Voraussetzungen für das Vorliegen einer Fluchtgefahr (Rn. 216 ff.) müssen auch im Falle der Haftfortdauer erfüllt sein. Das Risiko einer Flucht des Beschuldigten muss **real-konkret** bestehen.[1165] Mit fortschreitender Dauer des Verfahrens verliert dieser Aspekt allerdings objektiv an Gewicht.[1166]

Daraus resultieren erhöhte **inhaltliche Anforderungen an die nationalen Haftent-** **447** **scheidungen**: Sie müssen die für die Fluchtgefahr sprechenden besonderen tatsächlichen Umstände darlegen[1167] und ausreichende Gründe enthalten, die erklären, warum trotz der gegenteiligen, vom Beschuldigten in seinen Haftprüfungsanträgen vorgebrachten Argumente eine Fluchtgefahr im konkreten Fall vorliegen soll und ihr mit anderen Mitteln (z.B. Kaution; gerichtliche Überwachung; sonstige Sicherheitsleistung) nicht begegnet werden kann.[1168]

Unzureichend ist es, wenn ein Gericht in nahezu jeder seiner Haftentscheidungen **448** eine **identische, stereotype Wortwahl** trifft (vgl. Rn. 427) und **undifferenziert** auf die Art des Delikts und/oder die Beweislage abstellt, ohne zu erklären, warum gerade **in der Person des Beschuldigten** eine Fluchtgefahr vorliegen soll, oder gar überhaupt keine Gründe für die Aufrechterhaltung der Haft angibt.[1169] Wird ein **Verfahren gegen mehrere Beschuldigte** geführt, so müssen die Haftentscheidungen erkennen lassen, dass das Gericht die Voraussetzungen der einschlägigen Haftgründe (namentlich Fluchtgefahr) individuell, d.h. **für jede einzelne Person**, anhand der konkreten Umstände der Tat geprüft und begründet hat.[1170]

Jedoch finden sich auch Judikate des EGMR, in denen bei **offensichtlicher und signi-** **449** **fikanter Fluchtgefahr**[1171] an die Prüfung und Darlegung derselben in den nationalen Haftentscheidungen keine allzu hohen Anforderungen gestellt wurden.[1172] Zu kritisieren ist diese Rechtsprechung insofern, als der EGMR nicht gewillt zu sein scheint, allein aus „formalen" Gründen einen Konventionsverstoß anzunehmen, wenn eine Fluchtgefahr evi-

---

1164 Zur überproportionalen Annahme von Fluchtgefahr bei ausländischen Beschuldigten vgl. *Esser* Europäische Initiativen 233, 235; ähnlich *Schlothauer/Weider/Nobis* 551; *Münchhalffen/Gatzweiler* 178; vgl. auch bereits *Dahs/Riedel* StV **2003** 416, 417.

1165 EGMR Clooth/B, 12.12.1991, § 48; Muller/F, 17.3.1997, § 43.

1166 Ständige Rechtsprechung, vgl. EGMR Kozik/PL, 18.7.2006, §§ 36–38 (4 Jahre nicht angemessen); ferner EGMR Lutskevich/R, 15.5.2018, § 78 („the risk of flight necessarily decreases with the passage of time spent in detention").

1167 EGMR Tomasi/F, 27.8.1992, § 98.

1168 EGMR Letellier/F, 26.6.1991, § 43; Tomasi/F, 27.8.1992, § 98 („decisions … contained scarcely any reason capable of explaining why, notwithstanding the arguments advanced by the applicant in his applications for release, they considered the risk of his absconding to be decisive and why they did not seek to counter it by …"); vgl. auch EGMR Erol/D, 7.9.2017, § 47 (zu Art. 5 Abs. 4): „The assessment of whether the risk of absconding can be avoided by bail must principally be made with reference to the accused, his assets and his relationship with the persons who are to provide the security, in other words to the degree of confidence in the likelihood that the prospect of loss of security or of action against the guarantors in the case of his non-appearance at the trial will act as a sufficient deterrent to dispel any wish on his part to abscond […]".

1169 EGMR Mansur/TRK, 8.6.1995, § 55; Yagci u. Sargin/TRK, 8.6.1995, § 52; Makarov/R, 12.3.2009; kritisch zur (Nicht)Umsetzung der Vorgaben von BVerfG und EGMR in dieser Frage: *Nobis* StraFo **2013** 318, 322.

1170 EGMR Kavkazskiy/R, 28.11.2017, § 71; Vasilkoski u.a./MAZ, 28.10.2010, § 63; BVerfG NStZ-RR **2015** 79.

1171 EGMR van der Tang/E, 13.7.1995 (fehlende Darstellung der relevanten Umstände allein begründet bei einer bestehenden offensichtlichen und signifikanten Fluchtgefahr aus sich heraus keinen Konventionsverstoß).

1172 EGMR Scott/E, 18.12.1996 (offengelassen, welche Umstände für die Annahme einer Fluchtgefahr sprechen, worauf nur in einer von vielen Haftprüfungsentscheidungen verwiesen worden war).

dent vorhanden ist.[1173] Diese kann der Gerichtshof jedoch aus der Retrospektive schlicht nicht eigenverantwortlich prüfen und ein solcher Vorgang übersteigt auch seinen Kontrollauftrag. Gerade bei einer angeblich „evident" vorliegenden Fluchtgefahr ist den staatlichen Stellen eine entsprechende Dokumentation ohne weiteres zuzumuten.

450   Ein **Wohnsitz im Ausland** begründet isoliert betrachtet noch keine Fluchtgefahr, kann allerdings als Umstand im Rahmen der geforderten individuellen Analyse (Rn. 448) ein relevanter Faktor sein.[1174] Gleiches gilt für den Umstand, dass ein Ausländer den Wunsch äußert, an seinen Wohnsitz im Ausland zurückkehren zu wollen – solange seine Anwesenheit im Verfahren nicht erforderlich ist.[1175]

451   Auf eine Fluchtbereitschaft des Beschuldigten darf nicht allein aufgrund der **Höhe der zu erwartenden Strafe** geschlossen werden.[1176] Es müssen daneben auch weitere **Faktoren** geprüft und gewürdigt werden,[1177] wie z.B. der Charakter des Beschuldigten, seine berufliche Tätigkeit, seine Vermögensverhältnisse, seine Verwurzelung in dem Staat, in welchem die Strafverfolgung stattfindet, sowie seine internationalen Kontakte.[1178] Zu würdigen ist auch, dass der Beschuldigte bestehende **Fluchtmöglichkeiten** (bei vorübergehender Freilassung) **nicht genutzt** hat.[1179] Maßgeblich kann insoweit auch sein, ob sich der Beschuldigte in einem früheren Verfahren bereits einmal ins Ausland abgesetzt hat.[1180]

452   Nach Ablauf einer bestimmten Zeit kann eine **drohende Strafe** die Länge einer Inhaftierung nicht mehr rechtfertigen.[1181] Anderes gilt, wenn während eines Ermittlungsverfahrens ständig neue Straftaten zum Vorschein kommen, welche die Verhängung einer noch schwereren Strafe erwarten lassen. **Bloße Restrisiken** sind dagegen nicht geeignet, eine Fluchtgefahr zu begründen.[1182] Vor diesem Hintergrund muss eine gerichtliche Praxis, im Haftbefehl mehr oder weniger ausschließlich auf eine **hohe Straferwartung** als Indiz für

---

1173 Hierzu bereits kritisch *Esser* 296 f.
1174 Vgl. Karpenstein/Mayer/*Elberling* 118 (Unzulässigkeit einer schematischen Bewertung fluchtbegünstigender Faktoren); vgl. auch EGMR Erdem/D, 5.7.2001, § 44 (Auslandskontakte alleine begründen noch keine Fluchtgefahr), ähnlich bei bloßer Wohnungslosigkeit EGMR Sulaoja/EST, 15.2.2005, § 64; siehe auch: OLG Hamburg StraFo **2018** 513 f. m. Anm. *Schreiner*; zur Berücksichtigung fehlender sozialer Bindung im Inland im Rahmen der gebotenen Gesamtabwägung vgl. EGMR Chraidi/D, 26.10.2006, § 40.
1175 OLG Hamburg StraFo **2018** 513, 514.
1176 EGMR Hovhannisyan/ARM, 20.7.2017, § 39; Gawrecki/PL, 14.4.2015, § 40; Petrov/SLO, 2.12.2014, § 61.
1177 EGMR Letellier/F, 26.6.1991, § 43; Tomasi/F, 27.8.1992, § 98; W/CH, 26.1.1993, § 33; Mansur/TRK, 8.6.1995, § 55; Yagci u. Sargin/TRK, 8.6.1995, § 52; Muller/F, 17.3.1997, § 43.
1178 EGMR Hovhannisyan/ARM, 20.7.2017, § 39; vgl. auch EGMR (GK) Merabishvili/GEO, 28.11.2017, §§ 223, 229 (Beschuldigter verfügte über zahlreiche internationale Kontakte und nahm häufig Auslandsreisen vor; hinzu kamen hohe Mengen an Bargeld und mehrere – auch gefälschte – Pässe; die Ehefrau hatte sich bereits ins Ausland begeben); Galambos/H, 21.7.2015, § 23; Gawrecki/PL, 14.4.2015, § 40 (Fremdsprachenkenntnisse und Auslandsreisen genügen nicht für die Annahme einer Fluchtgefahr); Ereren/D, 6.11.2014, § 60; W/CH, 26.1.1993, § 33 (Fluchtgefahr, gestützt auf die besondere Situation: häufiger Aufenthalt in anderen Staaten nach Verlegung des Wohnsitzes und Anhaltspunkte für Existenz beträchtlicher Geldmittel im Ausland sowie für die erleichterte Möglichkeit des Bf., unterzutauchen; Besitz verschiedener Pässe); Borgmann/D (E), 10.7.2007 (1 Jahr 4 Monate; Anwesen in Frankreich).
1179 EGMR Süveges/H, 5.1.2016, § 94; zum umgekehrten Fall: EGMR Gabor Nagy/H (Nr. 2), 11.4.2017, § 71 (Flucht von der Polizeidienststelle; keine Erreichbarkeit für Familienangehörige).
1180 Erwägung angestellt in EGMR Piroth/D (E), 21.9.2021, § 21.
1181 EGMR Clooth/B, 12.12.1991, §§ 25–26, 47–48 (erstmalige Behauptung einer Fluchtgefahr 31 Monate nach der Festnahme „*immaterial*"); Wemhoff/D, 27.6.1968, § 14; B./A, 28.3.1990, § 44; zum Freiheitsanspruch des Beschuldigten als Korrektiv zum Strafverfolgungsinteresse bei zunehmender Dauer der U-Haft: BVerfGE **19** 342, 347; **36** 264, 270; NJW **2000** 1401.
1182 EGMR W/CH, 26.1.1993, §§ 33, 38 („investigation constantly brought to light further offences").

eine Fluchtgefahr zu rekurrieren, als konventionswidrig eingestuft werden.[1183] Das betrifft allerdings weniger die Anordnung der vorläufigen Festnahme/Verhaftung – für Art. 5 Abs. 1 Satz 2 *lit.* c reicht ein hinreichender Tatverdacht – sondern die Angemessenheit der Haftdauer i.S.v. Art. 5 Abs. 3 Satz 1, wo der EGMR auch schon für die Entscheidung am Ende des Vorführtermins das Vorliegen *ausreichend* begründeter Haftentscheidungen prüft.[1184]

Der **Verstoß gegen eine gerichtliche Auflage** oder das **Nichterscheinen zu einem** 453 **Gerichtstermin** – nach zwischenzeitlicher Entlassung aus der Haft – kann die Aufrechterhaltung der Freiheitsentziehung nur rechtfertigen, wenn sich die zuständigen Stellen darauf berufen, der Beschuldigte wolle sich dem Verfahren entziehen.[1185] Wann Fluchtgefahr bei einem Beschuldigten vorliegt, der nach seiner Freilassung aus einer mehrjährigen Untersuchungshaft ins Ausland geflohen ist, hat der EGMR offengelassen.[1186]

Problematisch ist stets eine **retrospektive Betrachtung**: Dass ein Beschuldigter nach 454 seiner Verurteilung aus jedem Hafturlaub zurückgekehrt ist, kann eine von den nationalen Gerichten im Rahmen eines Haftprüfungsverfahrens im oben beschriebenen Sinne vertretbar (mit ausreichenden Gründen) angenommene und dokumentierte Fluchtgefahr nicht rückwirkend entkräften.[1187]

Substantiiert vom Beschuldigten (oder seinem Verteidiger) geäußerte **Zweifel an der** 455 **Rechtsstaatlichkeit** des zu erwartenden Verfahrens bzw. **Kritik** am bisherigen Verlauf des gegen ihn geführten Verfahrens dürfen nicht zur Grundlage einer behaupteten Fluchtgefahr gemacht werden.[1188]

Die **Geltendmachung von Verfahrensrechten** (in einem Haftprüfungs- oder Auslie- 456 ferungsverfahren) ist kein Umstand, der zur Annahme einer Fluchtgefahr führen darf.[1189]

(4) Verdunkelungs-/Kollusionsgefahr. Das Risiko einer durch den Beschuldigten dro- 457 henden **Unterdrückung von Beweismaterial** stellt prinzipiell einen *relevanten* Grund für die Aufrechterhaltung einer Inhaftierung dar. Hierbei dürfen auch der Anklagevorwurf und die Komplexität des Verfahrens berücksichtigt werden.[1190] Allein die Bezugnahme auf die zwischenzeitlich erfolgte **Freilassung eines Mitbeschuldigten**[1191] oder auf die **drohende Freiheitsstrafe**[1192] genügt für die Annahme einer Kollusionsgefahr allerdings ebensowenig wie die schlichte **Erleichterung der Ermittlungen**. Zu würdigen ist vielmehr auch der Charakter des Beschuldigten, insb. sein Verhalten im Vergleich vor und während der Haft.[1193]

1183 KG StraFo **2015** 108 (mögliche Anwendung von Jugendstrafrecht darf wegen der unterschiedlichen Kriterien von Freiheits- und Jugendstrafe nicht erst in der Hauptverhandlung geklärt werden; Notwendigkeit einer „hohen Wahrscheinlichkeit" für Fluchtanreiz bietende Freiheitsstrafe).
1184 OLG Hamm StV **2001** 115; OLG Karlsruhe StV **1999** 323.
1185 EGMR Kemmache/F (Nr. 1/2), 27.11.1991, §§ 27–28, 56.
1186 EGMR van der Tang/E, 13.7.1995, §§ 64–67.
1187 EGMR W/CH, 26.1.1993, § 33 („cannot retrospectively invalidate the view taken by the courts").
1188 Problematisch daher: OLG Hamburg StraFo **2018** 513, 514 f. m. Anm. *Schreiner*.
1189 OLG Hamburg StraFo **2018** 513, 514 m. Anm. *Schreiner*.
1190 EGMR Gawrecki/PL, 14.4.2015, § 42 (Kollusionsgefahr gründete sich in erster Linie auf die Art der vorgeworfenen Taten – Sexualstraftaten gegen Minderjährige – und der dabei bestehenden besonderen Verletzlichkeit der Tatopfer, mit denen der Beschuldigte in Kontakt treten könnte); Wemhoff/D, 27.6.1968, § 14.
1191 EGMR Trzaska/PL, 11.7.2000, § 65.
1192 EGMR Szeloch/PL, 22.2.2001, § 90.
1193 EGMR Lakatos/H, 26.6.2018, § 59.

Esser

458   Mit **fortschreitender Dauer der Ermittlungen** kann sich die anfangs bestehende Gefahr einer Beeinflussung von Zeugen oder Mitbeschuldigten als Haftgrund relativieren,[1194] z.B. wenn bereits mehrere Zeugen polizeilich oder richterlich vernommen worden sind[1195] oder der vernommene Beschuldigte über mehrere Monate keinerlei Anstalten gemacht hat, Zeugen zu beeinflussen.[1196] Nur ausnahmsweise und stets bezogen auf den konkreten Einzelfall darf vom Vorliegen einer Verdunkelungsgefahr bis zum Erlass des erstinstanzlichen Urteils ausgegangen werden.[1197] Als milderes Mittel fordert Art. 5 auch die Erwägung, ob eine Aussetzung des Haftbefehls gegen Auflagen (z.B. **Kontaktverbote**) in Betracht kommt.

459   Akzeptiert hat der EGMR, dass in Fällen **organisierter Bandenkriminalität** häufig umfangreiche Ermittlungen erforderlich sind, was sich zu Lasten der Beschuldigten auswirken kann.[1198] Hier besteht auch ein generell höheres Risiko, dass die Beschuldigten im Falle ihrer Freilassung mögliche Zeugen beeinflussen oder versuchen, Beweismittel zu unterdrücken.[1199]

460   Das Risiko einer Absprache zwischen mehreren Tatbeteiligten vermag nach **Abschluss einer gerichtlichen Voruntersuchung und Anklageerhebung** die Aufrechterhaltung der Untersuchungshaft wegen Verdunkelungsgefahr in der Regel nicht mehr zu rechtfertigen.[1200] Dass vom Tatvorwurf auch Bandenkriminalität bzw. Organisierte Kriminalität erfasst ist, mag für die Anordnung einer erstmaligen und, in einer Anfangszeit, wiederholten bzw. aufrechterhaltenen Untersuchungshaft relevant sein; wird die Haft jedoch schon über längere Zeit vollzogen, ist dieser Umstand in der Regel nicht mehr oder kaum noch von Bedeutung.[1201] Jedoch können sich in Verfahren betreffend Straftaten der **Organisierten Kriminalität** Besonderheiten ergeben.[1202]

461   **(5) Wiederholungsgefahr.** Eine behauptete Wiederholungsgefahr, für welche die Schwere einer Beschuldigung Anlass bieten *kann*, muss unter Berücksichtigung der Umstände des Einzelfalles, der Lebensgeschichte sowie des Charakters des Beschuldigten hinrei-

---

1194   EGMR Imre/H, 2.12.2003.

1195   EGMR Peša/KRO, 8.4.2010, § 100; Tomasi/F, 27.8.1992, § 95; Letellier/F, 26.6.1991, § 39; siehe auch: EGMR Merčep/KRO, 26.4.2016, §§ 90 ff.; Debboub/F, 9.11.1999; ferner bereits die EKMR, wiedergegeben in EGMR Kemmache/F (Nr. 1/2), 27.11.1991, § 53 (die Anordnung der Untersuchungshaft war nicht auf diesen Grund gestützt, folgerichtig wies der EGMR das diesbezügliche Vorbringen der Regierung zurück, § 54).

1196   EGMR Ringeisen/A, 16.7.1971, § 106 (5 Monate).

1197   EGMR Sigarev/R, 30.10.2014, § 54 (Bf. war ein hochrangiger Polizeibeamter, Verdunkelungsgefahr daher besonders hoch); W/CH, 26.1.1993 (i.E. Kollusionsgefahr während der gesamten Haftzeit); hierzu detailliert: *Esser* 298 f.

1198   EGMR Podeschi/SM, 13.4.2017, § 147.

1199   EGMR Podeschi/SM, 13.4.2017, §§ 147, 149; Staykov/BUL, 8.6.2021, § 83.

1200   EGMR Muller/F, 17.3.1997, §§ 13–14, 40.

1201   EGMR Pyatkov/R, 13.11.2012, § 112; Celejewski/PL, 4.5.2006, §§ 37 f.

1202   EGMR Contrada/I (E), 14.1.1997 (Inhaftierung eines Beschuldigten (mehr als 3 Jahre) erforderlich, der bei seiner Festnahme Mitglied eines Geheimdienstes ist und früher Leiter einer Polizeieinheit war, wegen des Vorwurfs der Mitgliedschaft in einer mafiösen Vereinigung. Der Beschuldigte hatte wichtige berufliche Pflichten in staatlichen Organisationen erfüllt und hatte bereits einen Polizeibeamten angewiesen, bei Durchsuchungen der Wohnungen von Mafiamitgliedern „nicht so streng" zu sein. Aussagen ehemaliger Mitglieder der Mafia sowie weitere im Rahmen der Ermittlungen zusammengetragene belastende Beweise legten den Verdacht nahe, dass der Beschuldigte im Falle seiner Freilassung Druck auf Zeugen ausüben und andere Beweise verfälschen wird; Schutz weiblicher Zeugen vor Druck seitens des Inhaftierten allein nicht ausreichend).

chend plausibel dargelegt werden.[1203] Aus **früheren Verurteilungen** darf nicht pauschal auf das Vorliegen einer Wiederholungsgefahr geschlossen werden, wenn die Straftaten weder ihrer Art noch ihrem Schweregrad nach mit den Delikten vergleichbar sind, die dem Beschuldigten in dem nun gegen ihn geführten Strafverfahren zur Last gelegt werden.[1204] Selbst **einschlägige Vorstrafen** sprechen nicht zwingend für die Annahme einer Wiederholungsgefahr.[1205] Ausreichend kann dagegen eine reale Gefahr sein, dass der Beschuldigte von einem **Netzwerk aus Kontakten** Gebrauch machen werde.[1206] Wollen die nationalen Gerichte eine Wiederholungsgefahr annehmen, obwohl besondere Umstände (z.B. eine schwere Erkrankung) diese vernünftigerweise ausschließen, obliegt es dem Beschuldigten, den Gerichten solche Tatsachen offen zu legen („**Obliegenheit**"; Rn. 435).[1207]

(6) Aufrechterhaltung der öffentlichen Ordnung. Straftaten, die aufgrund ihrer 462 Schwere und durch die auf ihre Begehung folgende öffentliche Reaktion **Anlass zu sozialen Unruhen** bieten, können nur im Falle **außergewöhnlicher Umstände** sowie bei ausreichenden Verdachtsmomenten und auch dann nur für eine gewisse Zeit die Inhaftierung des Beschuldigten rechtfertigen.[1208] Auch das Ziel der Zerschlagung mafiöser Strukturen kann ein Grund für die Aufrechterhaltung einer Inhaftierung sein.[1209] Nationale Rechtsordnungen können die **Aufrechterhaltung der öffentlichen Ordnung** als Haftgrund vorsehen. Eine entsprechende Heranziehung im Einzelfall muss jedoch auf Tatsachen basieren – und nicht nur auf rein abstrakten Anschauungen (wie der Schwere der Tat und ihren gesellschaftlichen Folgen)[1210] –, aus denen sich ergibt, dass die Freilassung des Beschuldigten die öffentliche Ordnung tatsächlich beeinträchtigen würde.[1211] In jedem Fall

---

1203 Siehe EGMR Gál/H, 11.3.2014, § 42; Clooth/B, 12.12.1991, § 40; mit den Vorgaben der EMRK kaum in Einklang zu bringen daher: OLG Naumburg StV **2011** 735 m. krit. Anm. *Tsambikakis*. Als Beispiel für eine absurd anmutende Bejahung der Wiederholungsgefahr durch die nationalen Gerichte EGMR Peša/KRO, 8.4.2010, § 96.

1204 EGMR Clooth/B, 12.12.1991, mangels Vergleichbarkeit der Vorstrafen (versuchter schwerer Diebstahl und Fahnenflucht) kein Haftgrund der Wiederholungsgefahr (Tatverdacht bzgl. Beteiligung am Mord und Brandstiftung) und keine Rechtfertigung einer Wiederholungsgefahr allein aufgrund eines während der Untersuchungshaft erstellten psychiatrischen Gutachtens, welches die fehlende Kontrollfähigkeit und die Gefährlichkeit des Bf. zutage förderte; siehe auch: OLG Köln StraFo **2019** 67, 68 (restriktiver Ansatz in Bezug auf Straftaten als Jugendlicher).

1205 EGMR Clooth/B, 12.12.1991, § 40; Muller/F, 17.3.1997, § 44 (keine Wiederholungsgefahr trotz Geständnis des Bf. bzgl. der Beteiligung an sechs Banküberfällen und Verweis der nationalen Strafverfolgungsbehörden auf ähnliche Vorstrafen); siehe jedoch EGMR Süveges/H, 5.1.2016, §§ 95 ff., wo wegen der Ähnlichkeit der früheren mit der aktuellen mutmaßlichen Straftat die Wiederholungsgefahr bejaht werden durfte.

1206 EGMR Anninos/GR (E), 17.3.2015, § 23 (dem Bf. wurden Bandenkriminalität und Kontakte zu ausländischen Kokainhändlern vorgeworfen); Contrada/I, 24.8.1998, § 58 (Kontakte während seiner Tätigkeit in der Polizei aufgebaut, um Führern der Mafia Unterstützung zu gewähren).

1207 EGMR Matznetter/A, 10.11.1969, § 11 (kein Verstoß gegen Art. 5 Abs. 3, da der Beschuldigte den Umstand der Erkrankung zwar gegenüber den Behörden, nicht aber in seinen Rechtsbehelfen in ausreichendem Maße erwähnt habe und mit diesem Einwand lediglich eine Fluchtgefahr, nicht aber die behauptete Wiederholungsgefahr habe ausräumen wollen).

1208 EGMR Merčep/KRO, 26.4.2016, §§ 93 ff. (Tatvorwurf der Begehung von Kriegsverbrechen); diesen Haftgrund ablehnend: *Morgenstern* 184 ff.

1209 EGMR Pantano/I, 6.11.2003, §§ 69 f.

1210 EGMR Merčep/KRO, 26.4.2016, §§ 94, 101; Tomasi/F, 27.8.1992, § 91 (Sprengstoffanschlag); Kemmache/F (Nr. 1/2), 27.11.1991, § 52; Letellier/F, 26.6.1991, §§ 29, 51.

1211 EGMR Merčep/KRO, 26.4.2016, §§ 106 f.; Kemmache/F (Nr. 1/2), 27.11.1991, § 52 (bloßes Abstellen auf die Tatfolgen eines Geldfälschungsdeliktes – Vertrauen, welches Privatpersonen, Geschäftsleute, Banker und andere Personen in das Geld haben müssen – nicht ausreichend); Letellier/F, 26.6.1991 (Angehörige des

---

Esser

darf die Inhaftierung nur aufrechterhalten bleiben, solange die öffentliche Ordnung tatsächlich bedroht ist.[1212] Eine etwaige Freiheitsstrafe darf auch hier durch die Haft nicht vorweggenommen werden.

bb) Verfahrensführung/Beschleunigungsgebot (2. Stufe)

463 **(1) Allgemeine Grundsätze.** An zweiter Stelle innerhalb der Zwei-Stufen-Prüfung (Rn. 422 ff.) wendet sich der EGMR der **Verfahrensführung** im engeren Sinne zu. Konkret geht es um die Frage, ob Gerichte[1213] und Strafverfolgungsbehörden das Verfahren in Anbetracht sämtlicher Umstände (u.a. **Komplexität; Schwere der Tat; Anzahl der Beschuldigten; Auslandsbezug; Verhalten des Beschuldigten**) mit der gebotenen Beschleunigung geführt haben.[1214] Dies ist abzulehnen, wenn eine **den staatlichen Stellen zurechenbare, vermeidbare Verzögerung** zu einer Haftverlängerung geführt hat.[1215]

464 Das Beschleunigungsgebot in Haftsachen gilt auch, wenn ein Haftbefehl wegen einer Strafhaft in anderer Sache nicht vollzogen wird und lediglich **Überhaft** notiert ist.[1216] Aufgrund der geringeren (zusätzlichen) Eingriffsintensität der Maßnahme sind allerdings weniger strenge Anforderungen an die Verfahrensführung zu stellen.[1217] Dennoch muss das Verfahren in der Zeit, in der der Haftbefehl nicht vollzogen wird, nachhaltig gefördert werden.[1218] Sind haftgrundbezogene Beschränkungen nach § 119 StPO angeordnet, kommt dem mit der Überhaftnotierung einhergehenden Grundrechtseingriff ganz erhebliches Gewicht zu.[1219]

465 Ein Recht inhaftierter Beschuldigter auf eine *besonders* zügige Verfahrensführung besteht neben, letztlich aber über dem allgemeinen Beschleunigungsgebot des Art. 6 Abs. 1. Sein Verfahren muss mit **einer über den Standard des Art. 6 Abs. 1 hinausgehenden besonderen Sorgfalt** („special diligence") geführt werden.[1220] Dies bezieht sich vorrangig auf die Effizienz und Zügigkeit der Verfahrensgestaltung, insbesondere die regelmäßige Ansetzung von Hauptverhandlungterminen mit substantieller Förderung des Verfahrens-

---

Tatopfers hatten den Anträgen auf Freilassung – im Gegensatz zu denen eines Mitangeklagten – nicht widersprochen).

1212 HRC Al-Gertani/BIH, 1.11.2013, 1955/2010, §§ 10.3 ff., 11 f. (Festnahme eines irakischen Asylbewerbers wegen Gefahr für die nationale Sicherheit; keine weitere Information über Grund der Festnahme; Recht auf effektiven Rechtsschutz versagt; lange Inhaftierung, seit 2009, willkürlich; Verstoß gegen Art. 9 IPBPR).

1213 EGMR Cevizovic/D, 29.7.2004, §§ 51 ff. (2 Jahre U-Haft; vier Verhandlungstermine pro Monat nicht ausreichend).

1214 Zu den Gründen, die in der Praxis für Verzögerungen in Haftsachen verantwortlich sind: *Dessecker* KrimZ-Forschungsbericht, HRRS **2007** 112; für eine Fallstudie zu Polen: *Morgenstern* 192 ff.

1215 Vgl. EGMR Wemhoff/D, 27.6.1968; *Frowein/Peukert* 114 f.; zur Problematik der Unterbrechung der Hauptverhandlung, und sog. „Schiebetermine" sowie der Vereinbarkeit des § 229 StPO mit Art. 5 Abs. 3 vgl. *Keller/Meyer-News* StraFo **2005** 353, 355; siehe außerdem: OLG Zweibrücken Beschl. v. 6.10.2022 – 1 Ws 184/2, BeckRS **2022** 27088 (Erfolgreiche Haftbeschwerde wegen keiner ausreichenden Termindichte in der Hauptverhandlung; nur 57 Verhandlungstage mit Verhandlungen von teilweise unter zwei Stunden während zwei Jahre dauernder Hauptverhandlung als Verstoß gegen das Beschleunigungsverbot).

1216 KG Beschl. v. 31.3.2017 – 5 Ws 81/17, Rn. 14 (juris); BeckRS **2017** 117156; OLG Koblenz NJ **2019** 78, 79; OLG Braunschweig COVuR **2020** 115.

1217 OLG Braunschweig COVuR **2020** 115, 120.

1218 OLG Braunschweig COVuR **2020** 115, 120.

1219 OLG Braunschweig COVuR **2020** 115, 121.

1220 EGMR Tomasi/F, 27.8.1992, § 102; Herczegfalvy/A, 24.9.1992, § 71; W/CH, 26.1.1993, §§ 30, 39; van der Tang/E, 13.7.1995, § 67; Scott/E, 18.12.1996, §§ 80–83; Malkov/EST, 4.2.2010 (Mord; U-Haft 4 Jahre 9 Monate); Lisovskij/LIT, 2.5.2017, § 68.

gangs.[1221] Dabei kommt es in der Regel auf Zurechnungsfaktoren und Verschuldenselemente an.[1222]

Art und Umfang von Ermittlungsmaßnahmen, namentlich die Komplexität des Fal- 466
les (Rn. 483 ff.), können die Dauer einer Untersuchungshaft beeinflussen und letztlich auch rechtfertigen. Ermittlungsmaßnahmen müssen stets erforderlich sein und dürfen keine wesentlichen Verzögerungen aufweisen. Die Staatsanwaltschaft trifft insoweit eine **Pflicht zur Koordination und Überwachung** der polizeilich geplanten Maßnahmen.[1223]

Auch das **Verhalten des Beschuldigten** kann den Umfang der Ermittlungen beein- 467
flussen.[1224] Die Inhaftierung eines Verdächtigen am Beginn einer Untersuchung wird vom EGMR toleriert, wenn andernfalls eine Einflussnahme oder Störung des Verfahrens durch ihn zu erwarten ist. Das gilt vor allem in komplizierten Verfahren, wo zahlreiche schwierige Untersuchungen erforderlich sind. Auf die Dauer können noch ausstehende Untersuchungen die Inhaftierung jedoch nicht rechtfertigen, weil sich das entsprechende Risiko wegen der zwischenzeitlich erfolgten Beweissicherungen reduziert (Rn. 457 f.).

Auch hinsichtlich der Notwendigkeit einzelner Ermittlungsmaßnahmen obliegt den Jus- 468
tizbehörden eine gewisse **Darlegungslast**. Die Bezugnahme auf die Erfordernisse der Ermittlungen in einer allgemeinen und abstrakten Art und Weise genügt ebenso wenig den Anforderungen des Art. 5 Abs. 3 wie die wiederholte Verwendung einer stereotypen Formel.[1225] Die Prüfungsdichte des EGMR ist allerdings nicht immer einheitlich. Mitunter beschränkt sich der Gerichtshof auf die Feststellung, die Dauer einer Inhaftierung sei nicht übermäßig gewesen.[1226]

Der Beschleunigungsgrundsatz darf sich allerdings nicht zulasten einer **ordentlichen** 469
Verfahrensführung auswirken.[1227] Das Gericht muss seine Aufgabe, die Ermittlung der Wahrheit, mit der notwendigen Sorgfalt wahrnehmen und den Sachverhalt vollständig ermitteln. Staatsanwaltschaft und Verteidigung muss Gelegenheit gegeben werden, ihre Beweise zum gesamten Fall vorzutragen. Das Gericht darf sein Urteil erst nach sorgfältiger Prüfung der erhobenen Anklage und Auswahl der zu verhängenden Strafe aussprechen.[1228]

Hebt das Rechtsmittelgericht die durch die untere Instanz erfolgte Verurteilung auf, 470
verweist es die Sache zurück und kommt es dadurch zu einer erneuten Untersuchungshaft (bzw., aus Sicht der StPO, dauert dadurch die Untersuchungshaft entsprechend länger), so ist daraus, dass wegen der Fehlerhaftigkeit des aufgehobenen Urteils das Verfahren nun länger dauert, nicht stets, sondern nur dann auf einen Verstoß gegen das Beschleunigungsgebot zu schließen, wenn dem Gericht der unteren Instanz ein **erheblicher prozessrecht-licher Fehler** vorzuwerfen ist.[1229] Dabei wäre es jedenfalls denkbar, dass nach erfolgtem

---

1221 EGMR Bielski/PL u. D, 3.5.2011, § 46 („less than one hearing per month"); hierzu: BVerfG StV **2013** 640; OLG Karlsruhe StraFo **2018** 191, 192.

1222 EGMR Quinn/F, 22.3.1995, § 53; van der Tang/E, 13.7.1995, § 76; vgl. OLG Celle StraFo **2018** 189.

1223 Vgl. OLG Karlsruhe StraFo **2019** 22, 24.

1224 Vgl. EGMR Clooth/B, 12.12.1991 (Behinderung und Verzögerung der Ermittlungen durch häufiges Ändern des Tatsachenvortrags, was Anlass zur Vornahme immer neuer Ermittlungsmaßnahmen gegeben hatte).

1225 EGMR Clooth/B, 12.12.1991, §§ 43, 45; W/CH, 26.1.1993, § 35; Muller/F, 17.3.1997, § 37; vgl. zur Unzulässigkeit der Bezugnahme auf frühere Haftprüfungsentscheidungen: BVerfG StV **1999** 40; NJW **2000** 1401.

1226 EGMR Quinn/F, 22.3.1995, § 56; krit. hierzu *Esser* 302.

1227 EGMR Wemhoff/D, 27.6.1968; Neumeister/A, 27.6.1968, § 21.

1228 EGMR Wemhoff/D, 27.6.1968, § 17; Matznetter/A, 10.11.1969, § 12; B./A, 28.3.1990, § 45; Tomasi/F, 27.8.1992, § 102; W/CH, 26.1.1993, § 42; van der Tang/E, 13.7.1995, § 72; Contrada/I, 24.8.1998, § 67.

1229 EGMR Ereren/D, 6.11.2014, § 61 („The fact that the first instance judgment [...] was quashed by the [BGH] does not reflect a lack of special diligence, as this decision was not based on any grave procedural error committed by the lower court, but on a divergence in the assessment of evidence").

Schuldspruch das Beschleunigungsgebot in Haftsachen zwar nur noch in abgeschwächter Form gelten könnte, so dass Verzögerungen nach dem erstinstanzlichen Urteil grundsätzlich geringer ins Gewicht fielen. Dennoch wäre auch in einem solchen Fall das durch den Schuldspruch erhöhte Strafverfolgungsinteresse gegen den Freiheitsanspruch des Inhaftierten immer sorgfältig abzuwägen.[1230]

471   Das **BVerfG** hat diese Grundsätze dahingehend konkretisiert, dass im Falle der Entscheidungsreife über die Zulassung der Anklage zur Hauptverhandlung zu beschließen und anschließend im Regelfall **innerhalb von weiteren drei Monaten mit der Hauptverhandlung zu beginnen sei**.[1231] Eine nicht mehr angemessene Verhandlungsdichte soll vorliegen, wenn (weit) **weniger als einmal pro Woche verhandelt** wird.[1232] Insgesamt verlangt das Beschleunigungsgebot eine vorausschauende, auch größere Zeiträume umfassende, straffe Planung der Hauptverhandlung.[1233] Auch der EGMR verlangt, dass **Hauptverhandlungstermine** in **regelmäßigen Abständen** anzusetzen sind.[1234]

472   **(2) Gerichtsorganisation.** Verzögerungen im Verfahren dürfen nicht auf einem **Organisations- oder Personalmangel** in der Justiz oder auf dem **Fehlen von Sachmitteln** beruhen.[1235] Schwierigkeiten im Zusammenhang mit der Beantwortung internationaler Rechtshilfeersuchen sind den staatlichen Stellen zuzurechnen und können eine mehrjährige Untersuchungshaft in der Regel auch nicht rechtfertigen.[1236] Auch eine übermäßige **Arbeitslast** der Gerichte ist grundsätzlich nicht zu berücksichtigen.[1237] Die nicht nur kurzfristige Überlastung eines Gerichts fällt – anders als unvorhersehbare Zufälle und schicksalhafte Ereignisse[1238] – in den Verantwortungsbereich der staatlich verfassten Gemeinschaft.[1239]

473   Als gebotenes Bemühen der Justizbehörden, Verzögerungen zu vermeiden, ist es zu werten, wenn einzelne Tatvorwürfe oder Verfahrensteile **abgetrennt** werden und der die

---

1230 So das OLG Schleswig Beschl. v. 21.9.2021 – 1 Ws 160/21, BeckRS **2021** 28645 m.w.N. (Verzögerung der Fertigstellung des Hauptverhandlungsprotokolls über mehrere Monate); für eine uneingeschränkte Geltung des Beschleunigungsgebotes dagegen: EGMR Harkmann/EST, 11.7.2006, § 38; Bergmann/EST, 29.5.2008, § 45 (der Wortlaut des Art. 5 Abs. 3 ließe hinsichtlich des Beschleunigungsgebotes keine Ausnahmen zu, nicht einmal bei bereits erfolgter gerichtlicher Untersuchung).
1231 BVerfG NStZ-RR **2021** 50, 51; BeckRS **2020** 5355, Rn. 60; NJW **2019** 915, Tz. 57; NJW **2018** 2948, Tz. 28 m.w.N.
1232 BVerfG NJW **2019** 915, Tz. 57, 62 ff. (weniger als 0,65 Tage pro Woche); NJW **2018** 2948, Tz. 38.
1233 BVerfG BeckRS **2020** 5355, Rn. 60 (bei absehbar umfangreichen Verfahren mehr als nur durchschnittlich ein Hauptverhandlungstag pro Woche geboten); NJW **2019** 915, Tz. 57; OLG Karlsruhe NStZ-RR **2018** 114, 115 (Verstoß gegen das Beschleunigungsgebot bei einer durchschnittlichen Sitzungsdichte von 0,59 Tagen pro Woche bzw. 0,94 Verhandlungstagen pro Woche bei Berücksichtigung der Urlaubszeiten aller Verfahrensbeteiligten).
1234 EGMR Bielski/PL u. D, 3.5.2011, § 46 („less than one hearing per month").
1235 EGMR W/CH, 26.1.1993, § 42.
1236 EGMR Scott/E, 18.12.1996, §§ 11, 25, 83 (4 Jahre 16 Tage).
1237 EGMR Contrada/I, 24.8.1998, § 67; Goroshchenya/R, 22.4.2010, § 101 (zu Art. 6 Abs. 1); sehr deutlich hierzu auch: BVerfG StV **2015** 39 = JR **2014** 488 = NStZ-RR **2014** 314 (Ls.) = BeckRS **2014** 54605: „Die nicht nur kurzfristige Überlastung eines Gerichts kann insofern niemals Grund für die Anordnung der Haftfortdauer sein" (Tz. 25); „Der Vollzug der Untersuchungshaft von mehr als einem Jahr bis zum Beginn der Hauptverhandlung oder dem Erlass des Urteils wird dabei auch unter Berücksichtigung der genannten Aspekte nur in ganz besonderen Ausnahmefällen zu rechtfertigen sein." (Tz. 27); KG NStZ **2018** 426 m. Anm. *Gerson* NStZ **2018** 379 = StraFo **2018** 151 (Verzögerung im Revisionsverfahren) m. Anm. *Fischer* StraFo **2018** 133.
1238 Vgl. EGMR Cevizovic/D, 29.7.2004, § 54 („unforeseen and unforeeable difficulties").
1239 BVerfG NJW **2018** 29488; Beschl. v. 20.12.2017 – 2 BvR 2552/17, BeckRS **2017** 136740; StV **2015** 39 = JR **2014** 488 = NStZ-RR **2014** 314 (Ls.) = BeckRS **2014** 54605, Tz. 25; OLG Frankfurt StraFo **2022** 313.

Untersuchung leitende Richter beim Eingang neuer Verfahren in seinem Geschäftsbereich entlastet wird.[1240] Andererseits stellt die **Verbindung mehrerer Verfahren** trotz der hieraus ggf. resultierenden Verlängerung der Haft grundsätzlich keinen Verstoß gegen die gebotene Sorgfalt bei der Verfahrensführung dar, *soweit* und *solange* die Verbindung der Verfahren im Interesse einer ordentlichen Prozessführung erfolgt und als *notwendig* oder jedenfalls nicht als *unvernünftig* anzusehen ist.[1241] Eine **Trennung verbundener Verfahren** ist nicht schon deshalb geboten, weil der Tatvorwurf selbstständige, abtrennbare Vorgänge betrifft; die besondere Verfahrenskonstellation oder Beweislage kann auch in diesem Fall eine Verbindung der Verfahren rechtfertigen.

Bei einer in diesem Sinne zulässigen Verbindung mehrerer Verfahren beurteilt sich **474** die Sorgfalt der Verfahrensführung nicht mehr nach dem ursprünglich separat gegen den Beschuldigten geführten Verfahren, sondern nach dem **Verfahren innerhalb des Großverfahrens.**[1242]

Muss eine Hauptverhandlung wegen einer infektionsschutzrechtlichen Gefährdungs- **475** lage (etwa wegen des **SARS-CoV-2-Erregers – COVID-19**) verschoben bzw. ausgesetzt werden, kann dies einen wichtigen Grund darstellen, der die Fortdauer der Untersuchungshaft rechtfertigt.[1243] Gleiches gilt, wenn sich unentbehrliche Verfahrensbeteiligte in **Quarantäne** befinden.[1244] Andererseits ist insoweit aber auch zu bedenken, dass der Festgenommene in der Untersuchungshaft einem besonders hohen Ansteckungsrisiko ausgesetzt ist, weshalb die Gerichte bei ihrer Entscheidung über die Haftfortdauer besonders sorgfältig abzuwägen und dabei insbesondere mögliche **Alternativmaßnahmen zur Haft** in Erwägung zu ziehen haben.[1245] Zu berücksichtigen ist insoweit allerdings auch, dass unvorhersehbare Zufälle und schicksalhafte Ereignisse dem Staat nicht zuzurechnen sind, eine Überlastung des Gerichts hingegen schon – und zwar auch dann, wenn sie auf einem Geschäftsanfall beruht, der sich (trotz Ausschöpfung aller gerichtsorganisatorischer Mittel und Möglichkeiten) nicht mehr innerhalb angemessener Frist bewältigen lässt.[1246] Der Verhältnismäßigkeitsgrundsatz setzt der Untersuchungshaft auch in einer infektionsschutzrechtlichen Zwangslage Grenzen und lässt einen Vollzug von mehr als einem Jahr bis zum Beginn der Hauptverhandlung oder dem Erlass des Urteils nur in ganz besonderen Ausnahmefällen zu.[1247]

(3) Verhalten des Beschuldigten. Für den Beschuldigten besteht **keine Pflicht zur 476 Mitwirkung am Verfahren**; sein Verhalten kann nur in extrem gelagerten Ausnahmefäl-

---

1240 EGMR Matznetter/A, 10.11.1969, § 12.

1241 EGMR van der Tang/E, 13.7.1995, §§ 15, 74; Muller/F, 17.3.1997, §§ 37, 48; vgl. zum Gebot der Verfahrenstrennung auch: KG StraFo **2009** 514.

1242 EGMR van der Tang/E, 13.7.1995, §§ 7–22, 58, 68–76 (wegen der besonderen Probleme bei Verfahren im Bereich des groß angelegten Drogenhandels krimineller Vereinigungen Verfahrensverbindung nicht unvernünftig und Trennung nicht erforderlich; trotz dreijähriger Haftzeit keine Nachlässigkeit der Verfahrensführung); eingehend dazu *Esser* 303 f.

1243 So OLG Karlsruhe NStZ **2020** 375 = COVuR **2020** 166 m. Anm. *Kaltenbach* = StRR **2020** 32 m. Anm. *Burhoff*; OLG Stuttgart Beschl. v. 6.4.2020 – H 4 Ws 72/20, BeckRS **2020** 5689; OLG Naumburg COVuR **2020** 329 = NJ **2020** 364 (Ls.); ferner siehe *Grote/Niehoff* JA **2020** 537 ff.

1244 OLG Stuttgart NStZ-RR **2020** 218 m. Anm. *Metz* = COVuR **2020** 219 m. Anm. *Burhoff* StRR **2020** 35.

1245 Vgl. Fair Trials, COVID19 crisis – Template application for the urgent release from pre-trial detention (2.4.2020), B. 5.

1246 BVerfG Beschl. v. 1.4.2020 – 2 BvR 225/20, Rn. 62, BeckRS **2020** 5355.

1247 So in BGH Beschl. v. 7.12.2021 – AK 51/21, BeckRS **2021** 40129 (mehrere Tatvorwürfe mit unterschiedlichen Geschädigten; insb. erforderliche Ermittlungstätigkeit in einem ausländischen Staat, mit dem kein Rechtshilfeverkehr existiert).

len staatlicherseits zur Rechtfertigung einer Verfahrensverzögerung herangezogen werden. Ein – sei es vor dem Hintergrund der Menschenrechte (Art. 6, 10) oder auch nur nach nationalem Recht – **zulässiges Verteidigungsverhalten** darf unter keinen Umständen als den Staat bei der Verfahrensdauer entlastender Umstand herangezogen werden.

477   Ein das Verfahren pflichtwidrig verzögerndes **Verhalten seines Verteidigers** muss sich der Beschuldigte u.U. zurechnen lassen.[1248] Auch hier gelten allerdings strenge Maßstäbe (vgl. Rn. 481, 614). Gegen einen Sorgfaltsverstoß des Gerichts bei der Verfahrensführung kann es sprechen, wenn die Verteidigung der vom Gericht zur Beschleunigung des Verfahrens vorgeschlagenen Erhöhung der Zahl der Verhandlungstage widerspricht.[1249]

478   Die **Einlegung innerstaatlicher Rechtsbehelfe** stellt regelmäßig kein dem Beschuldigten anzulastendes Element der Verfahrenverzögerung dar.[1250] Gerade umgekehrt kann im Einzelfall das **Versäumen** der Einlegung innerstaatlicher Rechtsbehelfe bzw. das Verstreichenlassen eines gewissen Zeitraums zwischen einzelnen Haftbeschwerden als ein das Verfahren verzögernder Umstand auf Seiten des Beschuldigten zu werten sein.[1251] Grundsätzlich sind aber die Justizbehörden auch dann zu einer beschleunigten Verfahrensgestaltung verpflichtet, wenn der Beschuldigte es versäumt, einen (ihm zeitlich und faktisch möglichen) Antrag auf Haftprüfung/Freilassung zu stellen.[1252]

479   Das Verhalten des Beschuldigten kann im Einzelfall auch eine **besondere Beschleunigung der Verfahrensführung** erfordern, so z.B. wenn dieser die ihm zur Last gelegten Taten bereits am Anfang der Untersuchungen gesteht und keinerlei verfahrensverzögernde Anträge stellt.[1253]

480   Vorzugswürdig ist es, die **Grundsätze zum Recht auf Haftprüfung** (Art. 5 Abs. 4) in Bezug auf die **Erschöpfung des nationalen Rechtsschutzes** als Zulässigkeitskriterium der Individualbeschwerde (Art. 35 Abs. 1) als Maßstab für die Berücksichtigung des Beschuldigtenverhaltens im Rahmen der Angemessenheit der Haftdauer heranzuziehen. Ein danach zulässiges oder gar gefordertes Verhalten des Beschuldigten darf im Rahmen des Art. 5 Abs. 3 nicht zu seinen Lasten Berücksichtigung finden.

481   Eine Verfahrensverzögerung, die durch eine (mehrmalige) **Änderung des Tatsachenvortrags** des Beschuldigten im Ermittlungsverfahren und dadurch erforderliche immer neue Ermittlungsmaßnahmen ausgelöst wird, kann dem Beschuldigten zuzurechnen sein.[1254]

482   Kriterien und Maßstäbe für die Verfahrensführung im Rahmen einer **Auslieferungshaft** (Rn. 306 ff.) können nicht ohne weiteres auf das Strafverfahren übertragen werden.[1255]

1248 Hierzu vgl. BGH NJW **2019** 2249, 2252 (bei der Prüfung, ob sich die Fortdauer der Untersuchungshaft als verhältnismäßig darstellt, könne ein verfahrensverzögerndes Verteidigerverhalten mitzuberücksichtigen sein; konkret: durch Abwesenheit der Wahlverteidigerin bedingte Aussetzung der Hauptverhandlung; diese Konsequenz – einschließlich der dadurch verursachten Verfahrensverzögerung – habe die Verteidigerin in Kauf genommen bzw. habe sich ihr aufdrängen müssen).
1249 EGMR Contrada/I, 24.8.1998, § 67.
1250 Siehe EGMR Stögmüller/A, 10.11.1969, § 16 (Einlegung von Rechtsbehelfen; Ablehnung des Richters; im Ergebnis offengelassen). Kritisch zum Verhalten des Beschuldigten als Maßstab für die *Angemessenheit* der Haftdauer: *Bartsch* JuS **1970** 445, 450.
1251 EGMR Matznetter/A, 10.11.1969, § 10 (mehr als 7 Monate zwischen zwei Haftbeschwerden nicht zu beanstanden).
1252 EGMR B./A, 28.3.1990, § 45.
1253 EGMR Muller/F, 17.3.1997, §§ 6–19, 36–48 (fast 4 Jahre nicht mehr angemessen).
1254 EGMR Clooth/B, 12.12.1991, §§ 12–13, 43 – bedenklich im Hinblick auf eine mittelbar erzeugte Pflicht zur Kooperation mit den Strafverfolgungsbehörden; so bereits *Esser* 305. Zuzurechnen war auch die Verzögerung, die durch einen vom Bf. provozierten Zwischenfall (Spucken ins Gesicht des Vorsitzenden Richters) entstanden war. Siehe auch: EGMR Herczegfalvy/A, 24.9.1992, § 72.
1255 Vgl. EGMR Kolompar/B, 24.9.1992, §§ 40–43.

Das BVerfG hat insoweit allerdings klargestellt, dass die Auslieferungshaft dem Gebot „größtmöglicher Verfahrensbeschleunigung" unterliegt und dass die weitere Vollstreckung der Auslieferungshaft „ab einer gewissen, für die verfahrensmäßige und technische Abwicklung der notwendigen Entscheidungen unabdingbaren Mindestdauer des Verfahrens [...] besondere, das Auslieferungsverfahren selbst betreffende Gründe" erfordert.[1256]

(4) Komplexität des Falles. Die Komplexität des Falles spielt – neben ihrer Bedeu- **483** tung als Haftgrund (vgl. Rn. 457, 463 ff.) – für den EGMR im Rahmen der Verfahrensführung eine wichtige Rolle.[1257] Sie kann im Ausnahmefall sogar eine mehrjährige Haft rechtfertigen, *wenn* das Verfahren gleichwohl stets mit der erforderlichen besonderen Sorgfalt (Rn. 465) geführt wurde.[1258] Dies gilt selbst dann, wenn die Hauptverhandlung zur Vornahme weiterer, insbesondere vom Beschuldigten beantragter Ermittlungsmaßnahmen für längere Zeit unterbrochen werden muss.[1259]

Die besondere Komplexität kann es rechtfertigen, dass zwischen **mehreren Verneh-** **484** **mungen** eines inhaftierten Beschuldigten mehrere Monate liegen und dieser erst über ein Jahr nach seiner Festnahme im Kern zu den ihm vorgeworfenen Handlungen gehört wird.[1260]

Aber auch ein **komplexes Verfahren** mit erheblichen Schwierigkeiten vermag eine **485** Haft nicht mehr zu rechtfertigen, wenn objektiv erkennbar ist, dass sie jede angemessene Zeitspanne übersteigt[1261] und den Inhaftierten dadurch unverhältnismäßig belastet.[1262]

1256 BVerfG NStZ-RR **2020** 386, 387.

1257 EGMR Clooth/B, 12.12.1991, § 43; Tomasi/F, 27.8.1992, § 102; W/CH, 26.1.1993, §§ 41–42; Scott/E, 18.12.1996, § 83; Muller/F, 17.3.1997, § 37; Contrada/I, 24.8.1998, §§ 66–67. **Verstoß gegen Art. 5 Abs. 3** entweder mangels Haftgrund oder nicht sorgfältiger Verfahrensführung wurde u.a. angenommen: EGMR Kemmache/F (Nr. 1/ 2), 27.11.1991, §§ 48–57 (2 Jahre 9 Monate, mangelhafte Haftgründe); Clooth/B, 12.12.1991, §§ 35–49 (3 Jahre 2 Monate 4 Tage; mangelhafte Haftgründe); Tomasi/F, 27.8.1992, §§ 83–103 (5 Jahre 7 Monate; mangelhafte Verfahrensführung); Scott/E, 18.12.1996, §§ 7–31, 79, 83–84 (4 Jahre 16 Tage, mangelhafte Verfahrensführung); Muller/F, 17.3.1997, §§ 6–19, 36–48 (fast 4 Jahre, mangelhafte Haftgründe). **Kein Verstoß** wurde angenommen EGMR: Herczegfalvy/A, 24.9.1992, §§ 13–21, 60, 62, 72 (7 Monate 15 Tage bzw. 6 Monate 6 Tage); W/CH, 26.1.1993, §§ 38, 42–43 (4 Jahre 3 Tage); Quinn/F, 22.3.1995, § 56 (mehr als 1 Jahr); Contrada/I, 24.8.1998, §§ 6–33, 53, 62 (2 Jahre 7 Monate 7 Tage); vgl. zum Urteil EGMR W/CH – speziell zur Entscheidungsdivergenz zwischen Gerichtshof und EKMR in diesem Fall: *Peukert* EuGRZ **1993** 173, 177.

1258 EGMR Ereren/D, 6.11.2014, §§ 53 ff., 61 ff. (5 Jahre 8 Monate); Gawrecki/PL, 14.4.2015, §§ 26, 44 (3 Jahre 2 Monate); Wemhoff/D, 27.6.1968 (anfangs Ermittlungen gegen 13 Personen, 40-maliges Verhör des Bf., umfangreiche Zeugenvernehmung und Einholung von insgesamt 15 Sachverständigen-Gutachten, 855 Seiten umfassende Anklageschrift; 3 Jahre 5 Monate angemessen); W/CH, 26.1.1993 (mehr als 4 Jahre U-Haft); vgl. auch EGMR Piroth/D (E), 21.9.2021 (mehr als 4 Jahre und 6 Monate U-Haft).

1259 EGMR B./A, 28.3.1990, § 46 (2 Jahre 4 Monate 15 Tage wegen der Komplexität des Verfahrens und der dem Beschuldigten zur Last gelegten Vermögensdelikte nicht unangemessen).

1260 EGMR Matznetter/A, 10.11.1969, § 12 (25 Monate 23 Tage nicht beanstandet).

1261 Vgl. EGMR Erdem/D, 5.7.2001, EuGRZ **2001** 391 = NJW **2003** 1439 (5 Jahre 11 Monate); Chraidi/D, 26.10.2006, EuGRZ **2006** 648 legt im Bereich des **internationalen Terrorismus** andere Maßstäbe an und sieht bei einer Haftdauer von 5 Jahren 6 Monaten keinen Konventionsverstoß, unter Hinweis auf ein kompliziertes langwieriges Verfahren sowie auf die fortbestehende Fluchtgefahr des Festgehaltenen, der dem Gerichtsstaat zum Zwecke des Strafverfahrens von seinem Heimatstaat überstellt worden war; vergleichbare Argumentation im Bereich der **Organisierten Kriminalität**: EGMR Laszkiewicz/PL, 15.1.2008; anders die frühere Rechtsprechung: vgl. EGMR Adamiak/PL, 19.12.2006 (OK; 5 Jahre konventionswidrig).

1262 Vgl. BGH StV **1994** 329; so auch EGMR Nevmerzhitsky/UKR, 5.4.2005 (2 Jahre 5 Monate im Hinblick auf die körperliche Verfassung des Inhaftierten unverhältnismäßig); vgl. EGMR Mamedova/R, 1.6.2006, § 83 (Schwierigkeit der Ermittlungen begründet keine Mitwirkungspflicht des Inhaftierten; Inanspruchnahme des Schweigerechts kann unter diesem Aspekt nicht zur Unangemessenheit der Haftdauer führen).

Esser

486 Ein flexiblerer Maßstab gilt bei der Aufklärung von Delikten der **Organisierten Kriminalität** bzw. **mafiösen Strukturen,** da hier selbst gewöhnliche strafprozessuale Ermittlungsmaßnahmen zu Verzögerungen der nicht selten komplex angelegten Ermittlungen führen können.[1263]

487 Bei der Beurteilung der Angemessenheit der Haftdauer spielen oft auch der **Umfang der zu würdigenden Beweise** bzw. **Schwierigkeiten bei der Beibringung von Beweismitteln** (insb. Zeugen) eine Rolle.[1264] Grundsätzlich kommt den staatlichen Stellen hinsichtlich der Zweckmäßigkeit der Beweisaufnahme ein Beurteilungsspielraum bzw. eine Einschätzungsprärogative zu.[1265] Eine fehlende Sorgfalt bei der Verfahrensführung liegt nicht schon vor, wenn lediglich *eine von mehreren* Ermittlungsmaßnahmen schneller hätte durchgeführt werden können.[1266] Tauchen nach Beginn der Haft neue, den Beschuldigten belastende Beweise auf, die weitere Ermittlungshandlungen erforderlich machen, ist dies ebenfalls bei der Beurteilung der Komplexität zu berücksichtigen.[1267]

488 **c) Gesamtbetrachtung der Haft(fort)dauer.** Bei Vorliegen zulässiger und ausreichender Haftgründe (Stufe 1) und einer den Vorgaben des EGMR entsprechenden Verfahrensführung (Stufe 2) ist abschließend immer noch eine Art **Gesamtbetrachtung der Haftdauer** vorzunehmen. Dabei sind sämtliche im konkreten Fall zuvor als relevant eingestufte Kriterien und Umstände dem individuellen Freiheitsinteresse des Betroffenen gegenüberzustellen. Bei der geforderten Abwägung ist vor allem auch die **Unschuldsvermutung** (Art. 6 Abs. 2 EMRK/Art. 14 Abs. 2 IPBPR) zu berücksichtigen,[1268] ebenso die Kriterien und Bedingungen der für die Untersuchungshaft einschlägigen Empfehlung des Europarates – Rec (2006) 13 des Ministerrates.

489 **d) Initiativen der Europäischen Union zur Begrenzung von Untersuchungshaft.** Am 23.10.2009 verabschiedete der Rat den **Rahmenbeschluss 2009/829/JI über die Anwendung des Grundsatzes der gegenseitigen Anerkennung auf Entscheidungen über Überwachungsanordnungen als Alternative zur Untersuchungshaft.**[1269] Die rechtliche Grundlage bildeten Art. 29 Abs. 2, 31 Abs. 1 lit. c, 34 Abs. 2 Satz 2 *lit.* b EUV a.F., Maßnahmen mit dem Ziel, die Anordnung von Untersuchungshaft gegenüber Beschuldigten, die keinen Wohnsitz im Verfolgerstaat haben, zu vermeiden, betreffen *die Vereinbarkeit der jeweils geltenden Vorschriften der Mitgliedstaaten untereinander* (Art. 31 Abs. 1 *lit.* c EUV a.F.).[1270]

490 Zentraler Bestandteil des dem RB zugrunde liegenden Konzeptes war ursprünglich eine **Europäische Überwachungsanordnung** (European Supervision Order) mit dem Ziel, die Strafverfolgung gegen im Ausland lebende Beschuldigte so weit wie möglich durch nicht-freiheitsentziehende gerichtlich angeordnete Überwachungsmaßnahmen im Heimat-

---

1263 EGMR Contrada/I, 24.8.1998, §§ 66–67.

1264 EGMR Malkov/EST, 4.2.2010 (Mord, U-Haft-Dauer: 4 Jahre 9 Monate; Verstoß); vgl. dazu auch die Erwägungen in EGMR Piroth/D (E), 21.9.2021 (besonders umfangreiche Beweiserhebung, die zum Teil im Ausland erforderlich war; mehr als 4 Jahre und 6 Monate U-Haft; Beschwerde im Ergebnis wegen Entfall der Opfereigenschaft als unzulässig abgewiesen). Zur Beweiserhebung mittels Rechtshilfe, was das Verfahren regelmäßig in die Länge ziehen wird: EGMR Ereren/D, 6.11.2014, §§ 61 ff.; BGH NStZ-RR **2015** 221.

1265 EGMR Scott/E, 18.12.1996, § 83; Eriksen/N, 27.5.1997, § 92 (Sachverständigengutachten).

1266 EGMR Contrada/I, 24.8.1998, § 67 (Analyse von Handy-Daten).

1267 EGMR Contrada/I, 24.8.1998, §§ 66–67.

1268 EGMR Wemhoff/D, 27.6.1968, § 9; Kauczor/PL, 3.2.2009 (fehlendes Geständnis; daraus Vermutung, Beschuldigter werde Beweismittel beeinträchtigen; Art. 5 Abs. 3 verletzt); *Frowein/Peukert* 114 ff. m.w.N.

1269 ABlEU Nr. L 249 v. 11.11.2009 S. 20.

1270 Vgl. zur Auslegung des Art. 31 Abs. 1 *lit.* c EUV a.F.: Calliess/Ruffert/*Suhr* EUV/EGV, Art. 31, 20 EUV; Streinz/*Satzger* EUV/EGV, 2003, Art. 31, 10 EUV.

staat zu gewährleisten.[1271] Im RB ist dagegen nur noch von einer **Entscheidung über Überwachungsmaßnahmen** (Art. 4 Abs. 1 *lit.* a) die Rede. Die Justizbehörden des *Anordnungsstaates*[1272] (Art. 4 Abs. 1 *lit.* c) erhalten dadurch die Möglichkeit, während des Ermittlungsverfahrens als Alternative zur Untersuchungshaft sog. *Überwachungsmaßnahmen* (Art. 4 Abs. 1 *lit.* b: Weisungen und Auflagen ohne Freiheitsentzug) auf einen anderen Staat (*Vollstreckungsstaat*[1273]) zu übertragen, der diese Maßnahmen überwacht (Art. 4 Abs. 1 *lit.* d).[1274] Gegenstand der *Entscheidung über Überwachungsmaßnahmen* können insbesondere Meldeauflagen, Aufenthaltsgebote und -verbote sowie Betretungs- und Kontaktverbote sein (Art. 8 Abs. 1). Jeder Mitgliedstaat kann darüber hinaus seine Bereitschaft mitteilen, weitere Maßnahmen dem im RB vorgesehenen Überwachungsmodell zu unterwerfen (z.B. Fahr- und Berufsverbote, Hinterlegung von Geldbeträgen sowie Unterziehung einer Heilbehandlung oder Entziehungskur, Art. 8 Abs. 2).

Die Behörden des Vollstreckungsstaates sind prinzipiell verpflichtet, die vom Anord- **491** nungsstaat in einer standardisierten „Bescheinigung" (Anlage zum RB) festgelegten Überwachungsmaßnahmen anzuerkennen und zu vollstrecken – mit Ausnahme einiger weniger fakultativer Ablehnungsgründe (Art. 15).[1275] Auf der Grundlage einer solchen *Entscheidung* (s.o.) kann der Beschuldigte bis zum Beginn der Hauptverhandlung im Anordnungs-/Verfolgungsstaat in seinen Wohnsitzmitgliedstaat zurückkehren und ist dort in seiner vertrauten Umgebung unter Aufsicht gestellt.[1276]

Der RB 2009/829/JI war bis zum 1.12.2012 umzusetzen (Art. 27). Eine über seinen Rege- **492** lungsgehalt hinausgehende Kompetenz zur Harmonisierung grundlegender Fragestellungen der Untersuchungshaft (z.B. Anordnung, Haftdauer, Haftprüfung, Haftvollzug) hat die Union nur, *soweit* diesen Fragestellungen ein staatenübergreifender Charakter zugeschrieben werden kann; vgl. Art. 82 Abs. 2 Satz 1 AEUV: *„grenzüberschreitende Dimension"*. Die Kommission hat in ihrem **Grünbuch zur Stärkung des gegenseitigen Vertrauens im europäischen Rechtsraum** betont, dass die Instrumente des Europäischen Haftbefehls oder der Europäischen Überwachungsanordnung noch zu wenig genutzt werden. Dies liege vor allem darin begründet, dass sich nicht alle Mitgliedstaaten das gleiche Vertrauen hinsichtlich der Umsetzung europäischer Rahmenbeschlüsse und Richtlinien entgegenbringen. Die Kommission bemüht sich daher durch Workshops zur RB-Umsetzung vor Ort sowie durch eine mögliche Aufstellung von EU-Mindestvorschriften für die regelmäßige Überprüfung der Haftgründe, das gegenseitige Vertrauen zwischen den Mitgliedstaaten zu verbessern.[1277]

1271 KOM (2006) 468 endg.; Ratsdok. 12367/06; im Folgenden: RB-EuÜA; vgl. auch die Unterrichtung des Bundesrates durch die Bundesregierung (BRDrucks. 654/06). Als Diskussionsgrundlage für den RB-Vorschlag hatte die Kommission am 17.8.2004 ein Grünbuch über die gegenseitige Anerkennung von Überwachungsmaßnahmen ohne Freiheitsentzug im Ermittlungsverfahren, KOM (2004) 562, vorgelegt.
1272 In der Regel handelt es sich dabei um den Staat, in dem die dem Beschuldigten zur Last gelegte Straftat begangen wurde und verfolgt wird.
1273 Dies wird meist der Staat sein, in dem der Beschuldigte seinen gewöhnlichen Aufenthalt hat, vgl. Art. 9.
1274 Auf die Überprüfung der beiderseitigen Strafbarkeit wird im Falle eines in Art. 14 Abs. 1 genannten Deliktes verzichtet – soweit die betroffenen Staaten keine verfassungsrechtlichen Vorbehalte äußern (Art. 14 Abs. 1 und 4).
1275 Etwa „ne bis in idem" (Art. 15 Abs. 1 *lit.* c); fehlende Strafbarkeit im Vollstreckungsstaat (Art. 15 Abs. 1 *lit.* d); Verjährung nach dem Recht des Vollstreckungsstaates (Art. 15 Abs. 1 *lit.* e); Immunität (Art. 15 Abs. 1 *lit.* f); fehlende Strafmündigkeit im Vollstreckungsstaat (Art. 15 Abs. 1 *lit.* g); Ablehnungsgrund nach dem RB über den Europäischen Haftbefehl (Art. 15 Abs. 1 *lit.* h).
1276 Ausführlich hierzu: *Esser* in: Joerden/Szwarc 233, 244 ff.
1277 Vgl. Grünbuch zur Stärkung des gegenseitigen Vertrauens im europäischen Rechtsraum, KOM (2011) 327, 3.4 ff.

493   In ihrem **Arbeitsprogramm für 2022** hat die Kommission angekündigt zu prüfen, wie im Rahmen der Verbesserung der grenzüberschreitenden Zusammenarbeit in Strafsachen eine Annäherung zwischen den Mitgliedstaaten in Bezug auf Untersuchungshaft und Haftbedingungen erreicht werden kann.[1278] Eine Harmonisierung diesbezüglich sei wünschenswert, da dadurch insbesondere das gegenseitige Vertrauen in ein rechtsstaatliches Vorgehen der beteiligten Länder gestärkt und damit das Verfahren im Rahmen des Europäischen Haftbefehls vereinfacht bzw. beschleunigt würde.[1279] Als Vorschläge für entsprechende europäische *Mindest*standards hinsichtlich der Haftbedingungen in der Untersuchungshaft wurden dabei unter anderem die Faktoren Zugang zu sanitären Anlagen sowie zu medizinischer Versorgung, ausreichend Platz und Bewegung sowie auch prozessuale Gewährleistungen (z.B. strenge Prüfung der Notwendigkeit von Untersuchungshaft unter Beachtung rechtsstaatlicher Standards) in Erwägung gezogen.[1280] In einer Empfehlung der Europäischen Kommission aus dem Jahr 2022 wird dem Charakter der Untersuchungshaft als *ultima ratio* dementsprechend auch besondere Bedeutung zugemessen. In den Mitgliedstaaten solle etwa eine Vermutung zugunsten der Freilassung gelten und die Beweislast für die Notwendigkeit der Fortführung nach strengen Maßstäben bei den staatlichen Stellen liegen.[1281]

IV. Recht auf Haftverschonung gegen Sicherheitsleistung (Art. 5 Abs. 3 Satz 2)

494   **1. Allgemeines.** Art. 5 Abs. 3 Satz 2 EMRK/Art. 9 Abs. 3 Satz 2 IPBPR stellen klar, dass der **Anspruch auf Haftentlassung** aus Art. 5 Abs. 3 Satz 1 EMRK bzw. Art. 9 Abs. 3 Satz 1 IPBPR von der *Leistung einer Sicherheit*[1282] abhängig gemacht werden kann.[1283] Dabei führt Art. 9 Abs. 3 Satz 2 IPBPR detailliert an, dass die Sicherheit alle Stadien des Verfahrens abdecken kann, also sowohl das *Erscheinen zur Hauptverhandlung* als auch zu *jeder anderen Verfahrenshandlung* als auch *zur Vollstreckung des Urteils*.[1284] Hingegen spricht Art. 5 Abs. 3 Satz 2 nur von dem *Erscheinen vor Gericht*.

495   **2. Voraussetzungen.** Art und Weise der *Entlassung* („release") i.S.d. Art. 5 Abs. 3 Satz 2 hängen von der Art der zu leistenden Sicherheit ab. Als *Entlassung* gilt auch die Verbringung in einen **Hausarrest**, obwohl diese Art der Inhaftierung ebenfalls unter Art. 5 Abs. 1 Satz 2 *lit.* c fallen kann (Rn. 60).[1285] In jedem Fall muss der Beschuldigte nach Sinn und Zweck der Vorschrift die Haftanstalt selbst verlassen.

1278 Vgl. zur den Haftbedingungen in der Europäischen Union: Europäisches Parlament (EP), Prisons and detention conditions in the EU, Study (February 2023).

1279 Mitteilung der Kommission an das Europäische Parlament, den Rat [...], COM(2021) 645 final v. 19.10.2021, S. 12; Rats-Dok 12161/21, Non-paper from the Commission services on detention conditions and procedural rights in pre-trial detention v. 24.9.2021.

1280 Vgl. im Detail Rats-Dok 12161/21, Non-paper from the Commission services on detention conditions and procedural rights in pre-trial detention v. 24.9.2021, 7 ff.

1281 Siehe die Empfehlung der Europäischen Kommission v. 8.12.2022 – Commission Recommendation on procedural rights of suspects and accused persons subject to pre-trial detention and on material detention conditions, C(2022) 8987 final.

1282 Zur Rechtsnatur der Sicherheit vgl. BVerfG NJW **1991** 1043 (keine strafähnliche Sanktion).

1283 Vgl. hierzu auch Rahmenbeschluss 2009/829/JI über die Anwendung des Grundsatzes der gegenseitigen Anerkennung auf Entscheidungen über Überwachungsanordnungen als Alternative zur Untersuchungshaft, ABlEU Nr. L 249 v. 11.11.2009 S. 20; hierzu: *Esser* Begrenzung der Untersuchungshaft 247 ff.

1284 *Nowak* 42 unter Hinweis auf Entstehungsgeschichte.

1285 EGMR Mancini/I, 2.8.2001, §§ 17, 23–26; hierzu *Kühne/Esser* StV **2002** 383, 388.

Die *Leistung einer Sicherheit* („conditioned by guarantees") muss nicht notwendig **496** finanzieller Art (**Kaution**) sein, auch andere Maßnahmen, die geeignet sind, das mit ihr verfolgte Ziel (Rn. 494) zu gewährleisten, sind denkbar,[1286] so etwa **Meldeauflagen**, die Anordnung **polizeilicher Überwachung**,[1287] die **Einschränkung der Bewegungsfreiheit**,[1288] die **Abgabe einer Versicherung** oder die Anordnung eines **Hausarrestes**[1289] (vgl. auch § 116 StPO). Handelt es sich um **Vermögens- und Insolvenzdelikte** („financial cases"), so kommt als Sicherheitsleistung regelmäßig die Stellung einer **Kaution** in Form der Hinterlegung einer bestimmten Geldsumme oder durch Bereitstellung einer **anderen Sicherheit** in Betracht.[1290]

Art. 5 Abs. 3 Satz 2 legt nicht fest, wie die Garantien dieser Vorschrift in den Vertrags- **497** staaten zu gewähren sind und unter welchen Voraussetzungen die Haftverschonung gegen Sicherheitsleistung **widerrufen** werden darf.[1291] Dies liegt in der Gestaltungsfreiheit der Vertragsstaaten, wobei ein Widerruf aber stets aus **sachlichen Gründen** erfolgen muss.

Eine Haftverschonung gegen Sicherheitsleistung ist dem Wortlaut nach nur zur Si- **498** cherstellung des *Erscheinens vor Gericht* („appear for trial") zulässig (vgl. Rn. 428). Dies legt es nahe, dass nur die Haftgründe der **Flucht bzw. Fluchtgefahr** von Art. 5 Abs. 3 Satz 2 erfasst sind. **Anderen Haftgründen** kann jedoch ebenfalls eine Bedeutung bei der Entscheidung über die Haftverschonung gegen Sicherheitsleistung zukommen.[1292] Auch wenn die Hauptverhandlung kurz bevorsteht, darf das Gericht nicht von einer möglichen Entlassung aus der Haft gegen Sicherheitsleistung absehen.[1293]

Die Entscheidung über eine Entlassung aus der Haft gegen Sicherheitsleistung steht **499** im **pflichtgemäßen Ermessen des Gerichts** („may"), die sich an den allgemeinen Grundsätzen zur Notwendigkeit einer Freiheitsentziehung zu orientieren hat. Die Möglichkeit, während des Strafverfahrens aus der Untersuchungshaft entlassen zu werden, kann nicht generell per Gesetz oder pauschal für bestimmte Straftaten ausgeschlossen werden.[1294] Es verstößt daher gegen Art. 5 Abs. 3 Satz 2, wenn im nationalen Recht für bestimmte Fälle die Entlassung aus der Haft gegen Sicherheitsleistung generell ausgeschlossen[1295] oder die Untersuchungshaft zwingend vorgeschrieben wird.[1296] Auch eine durch die nationale Rechtsprechung vorgenommene **Einschränkung bei bestimmten Delikten**[1297] ist vor dem Hintergrund der Unschuldsvermutung[1298] konventionswidrig.

Ein unbedingtes Recht auf Haftentlassung gegen Sicherheitsleistung folgt aus Art. 5 **500** Abs. 3 Satz 2 nicht,[1299] wohl aber eine Pflicht der Behörden, nachvollziehbar darzulegen,

---

1286 *Nowak* 42.

1287 *Kühne/Esser* StV **2002** 383, 388.

1288 KK-EMRK-GG/*Dörr* Kap. 13, 71; EGMR Bergmann/EST, 29.5.2008.

1289 EGMR Mancini/I, 2.8.2001, § 17.

1290 EGMR Wemhoff/D, 27.6.1968.

1291 EGMR Bergmann/EST, 29.5.2008, § 45.

1292 So wenn sich der Haftgrund der Verdunkelungsgefahr aufgrund von Zeitablauf minimiert (EGMR Hristov/BUL, 31.7.2003); vgl. für Wiederholungsgefahr: EGMR Gosselin/F, 13.9.2005; Dumont-Maliverg/F, 31.5.2005.

1293 EGMR Gault/UK, 20.11.2007, § 20; **a.A.** noch LR/*Gollwitzer*[25] 118 m.w.N.

1294 EGMR Piruzyan/ARM, 26.6.2012, §§ 104 ff.; Boicenco/MOL, 11.7.2006, §§ 134–138; S.B.C./UK, 19.6.2001, § 22.

1295 EGMR Caballero/UK, 8.2.2000; S.B.C./UK, 19.6.2001; Boicenco/MOL, 11.7.2006; vgl. *Kühne/Esser* StV **2002** 383, 388; Meyer-Ladewig/Nettesheim/von Raumer/*Meyer-Ladewig/Harrendorf/König* 91.

1296 EGMR Ilijkov/BUL, 26.7.2001; *Kühne/Esser* StV **2002** 383, 388.

1297 Vgl. LR/*Lind* § 116, 2 StPO.

1298 EGMR (GK) McKay/UK, 3.10.2006, § 41.

1299 Vgl. EKMR bei *Bleckmann* EuGRZ **1981** 114, 115, vgl. *Kühne/Esser* StV **2002** 383, 388.

warum die Fluchtgefahr durch die angebotenen Sicherheiten nicht ausgeräumt werden kann (**„Darlegungslast")**.[1300] Lässt dagegen die Sicherheitsleistung die Fluchtgefahr als alleinigen Haftgrund entfallen, ist die Haftentlassung gegen Sicherheitsleistung anzuordnen, die Entscheidung steht dann insoweit nicht mehr im Ermessen der Behörden.[1301]

501   **Art und Höhe der Sicherheit** richten sich allein nach dem konkreten **Sicherungszweck**. Die Sicherheitsleistung dient nicht der Sicherung der Wiedergutmachung des verursachten Schadens sondern soll (lediglich) erreichen, dass sich der Beschuldigte dem Verfahren nicht entzieht.[1302] Die Höhe einer Kaution (oder sonstigen Auflage) ist daher unter menschenrechtlichen Gesichtspunkten insoweit relevant, als sie **nicht unverhältnismäßig** in Relation sowohl zu den **persönlichen Verhältnissen** einschließlich der **finanziellen Lage** der betroffenen Person (**Einkommens- und Vermögensverhältnisse**) als auch zum Gewicht der Straftat und ihren Folgen sein, mit anderen Worten ihre Festsetzung **nicht willkürlich** erfolgen darf.[1303]

502   Dabei sind alle Umstände des Einzelfalls zu berücksichtigen, von denen abhängt, ob der Beschuldigte sich dem Verfahren stellt. Soll die Sicherheit in Form eines Geldbetrags geleistet werden, spielen alle Besonderheiten des Einzelfalls eine Rolle, wie etwa eigene Mittel des Beschuldigten,[1304] seine **familiären Bindungen** oder auch sein Verhältnis zu einer für ihn bürgenden Person.[1305] Die Höhe eines durch die Tat **entstandenen** (Vermögens-)**Schadens** darf bei der Bemessung der Höhe einer Sicherheitsleistung mitberücksichtigt werden,[1306] desgleichen die zu erwartenden **Verfahrenskosten** oder eine zu erwartende **Geldstrafe**.[1307]

503   Das **Verfahren** kann entweder auf Betreiben des Beschuldigten oder nach Initiative des Gerichts in Gang gesetzt werden. Allerdings verstößt es schon gegen Art. 5 Abs. 3 Satz 3, wenn der zuständige Richter es versäumt, die Möglichkeit einer Haftentlassung gegen Sicherheit in Erwägung zu ziehen.[1308] Der **Richter**, welcher die Rechtmäßigkeit der Haft prüft, muss nicht derjenige sein, der auch befugt ist, die Entlassung gegen Sicherheitsleistung anzuordnen, weil die erste Entscheidung „unverzüglich", die zweite nur „schnell"

1300 *Esser* 308; vgl. auch EGMR (GK) McKay/UK, 3.10.2006, § 44; siehe auch: EGMR L'Elièvre/B, 8.11.2007 (Verletzung von Art. 5, weil die Behörden nicht ausreichend geprüft hatten, inwiefern Alternativen zur „preventive detention" bestehen).

1301 EGMR Wemhoff/D, 27.6.1968; dazu *Schultz* JR **1968** 441); Letellier/F, 26.6.1991; vgl. auch EGMR Matznetter/A, 10.11.1969; *Frowein/Peukert* 121; *Grabenwarter/Pabel* § 21, 64 (Ermessen auf Null reduziert); *Villiger* 437.

1302 EGMR (GK) Mangouras/E, 28.9.2010, § 78; Neumeister/A, 27.6.1968, § 14; *Esser* 308; *Frowein/Peukert* 122.

1303 Vgl. BVerfG StV **2013** 96 = wistra **2013** 59 = StRR **2013** 33 = NJW **2013** 40 (Ls.) (willkürliche Bemessung einer Sicherheit ohne Berücksichtigung der Einkommens- und Vermögensverhältnisse in einem laufenden Privatinsolvenzverfahren; fehlendes Verwaltungs-/Verfügungsrecht § 81 Abs. 1 InsO; zudem Verstoß gegen § 116 Abs. 4 Nr. 3 StPO mangels Vorliegens „neuer Umstände" für Widerruf des Haftverschonungsbeschlusses); OGH ÖJZ **2012** 468, 469; zur Verhältnismäßigkeit von Weisungen und Auflagen bei Außervollzugsetzung eines Haftbefehls: OLG Dresden wistra **2014** 78.

1304 Siehe EGMR Bojilov/BUL, 22.12.2004, §§ 60 f. Zur diesbezüglichen Mitwirkungs- und Wahrheitspflicht des Beschuldigten (problematisch in Bezug auf nemo-tenetur) vgl. *Kühne/Esser* StV **2002** 383, 388 unter Hinweis auf EGMR Iwanczuk/PL, 15.11.2001.

1305 EGMR Neumeister/A, 27.6.1968, § 14.

1306 EGMR Mancini/I, 2.8.2001; (GK) Mangouras/E, 28.9.2010 (Öltanker „Prestige"; Umweltstraftaten; 83 Tage Haft; Rechtfertigung einer Kaution i.H.v. 3 Mio. Euro bei einer durch 70.000 t Öl ausgelösten Meeresverschmutzung; berücksichtigt, dass Kaution durch finanziell starke Dritte gestellt wurde); siehe aber auch die abweichenden Voten, die gegen eine Orientierung am verursachten Schaden argumentieren und dafür Tat und Person stärker in den Vordergrund rücken.

1307 *Frowein/Peukert* 122 unter Hinweis auf EGMR Kemmache/F (Nr. 3), 24.11.1994, § 45 (der EGMR habe die Einbeziehung dieser Kosten – anders als die Kommission – nicht beanstandet).

1308 EGMR Golek/PL, 25.7.2006, Ceglowski/PL, 8.11.2006.

Esser   498

getroffen werden muss.[1309] Jedenfalls muss eine **Anfechtung der Entscheidung** über die Haftverschonung gegen Sicherheitsleistung möglich sein, ansonsten liegt ein Verstoß gegen **Art. 5 Abs. 4** vor.[1310]

Auch im Verfahren über die Haftverschonung gegen Sicherheitsleistung gilt der **Be- 504 schleunigungsgrundsatz.**[1311] Fällt die Entscheidung des Gerichts zugunsten des Beschuldigten aus, so ist sie sofort umzusetzen.[1312] Wird der Beschuldigte erst 23 Stunden, nachdem der Nachweis über die Hinterlegung der Kaution geführt wurde freigelassen, so verstößt dies ebenso gegen Art. 5 Abs. 1[1313] wie eine 6 bzw. 3 Tage nach der Gerichtsentscheidung vollstreckte Vollbringung in den Hausarrest.[1314]

Wenn der Betroffene gegen die Auflagen verstößt, insbesondere zum Prozess bzw. zur 505 Hauptverhandlung nicht erscheint, wird die Sicherheitsleistung üblicherweise eingezogen bzw. nicht zurückgezahlt. Dies ist grundsätzlich auch dann möglich, wenn der Betroffene später freigesprochen wird, wenn und weil er durch sein Verhalten die Justiz behindert hat.[1315]

V. Gerichtliche Kontrolle der Freiheitsentziehung (Art. 5 Abs. 4 EMRK/Art. 9 Abs. 4 IPBPR)

1. Allgemeine Grundsätze. Für *alle* Fälle und Konstellationen der **Freiheitsentzie- 506 hung (Art. 5 Abs. 1)** garantieren die inhaltlich übereinstimmenden Art. 5 Abs. 4 EMRK/Art. 5 Abs. 4 IPBPR das **Recht des Festgenommenen**, die alsbaldige **gerichtliche Kontrolle** der Rechtmäßigkeit der jeweiligen Freiheitsentziehung zu beantragen.[1316] Die angelsächsische **Habeas Corpus-Doktrin**, die als Garant der persönlichen Freiheit jedem Inhaftierten das Recht auf Überprüfung der Rechtmäßigkeit der Haft gibt, spiegelt sich hier wider.[1317] Auch dieses spezielle Kontrollrecht soll den Festgenommenen und später Inhaftierten vor willkürlichen Eingriffen in seine Freiheit schützen und gilt daher ohne Ausnahmen, auch wenn die nationale Sicherheit und die Terrorismusbekämpfung betroffen sind.[1318] *Rechtmäßigkeit* ist

---

1309 EGMR (GK) McKay/UK, 3.10.2006, §§ 45–50.

1310 EGMR Staykov/BUL, 12.1.2007.

1311 KK-EMRK-GG/*Dörr* Kap. 13, 71; EGMR Iwanczuk/PL, 15.11.2001.

1312 EGMR Mancini/I, 2.8.2001, § 25; Bojinov/BUL, 28.10.2004, §§ 34, 37 ff.; Rashid/BUL, 18.1.2007.

1313 EGMR Rashid/BUL, 18.1.2007.

1314 EGMR Mancini/I, 2.8.2001.

1315 EGMR Lavrechov/CS, 20.6.2013, § 43 ff., 50 ff.

1316 Vgl. HRC Komarovski/TKM, 5.8.2008, 1450/2006, § 7.4, wo der Beschuldigte daran gehindert wurde, die gerichtliche Kontrolle der Rechtmäßigkeit der Haft zu beantragen; im Fall HRC Dean/NZL, 29.3.2009, 1512/ 2006, § 7.4 wird zunächst betont, dass eine Präventivunterbringung (hier als Strafe) nicht per se einer Verletzung der Konvention gleichkommt, sofern sie durch nachprüfbare zwingende Gründe gerechtfertigt ist; die nicht vorhandene Möglichkeit, die Existenz einer stichhaltigen Begründung für die Freiheitsentziehung aus präventiven Gründen während dieser Zeit (drei Jahre Präventivunterbringung bis zur ersten Bewährungsanhörung) gerichtlich überprüfen lassen zu können, stelle aber eine Verletzung von Art. 9 Abs. 4 IPBPR dar (abl. *Thelin* im Anhang); Aboussedra/LBY, 25.10.2008, 1751/2008, § 7.6.

1317 Vgl. Art. I § 9 Cl. 2 der US-Verfassung; 28 U.S.C. – Judiciary and Judicial Procedure VI/153, §§ 2241 ff.; *Frowein/Peukert* 124; *Villiger* 438; zum Recht auf Haftprüfung im US-Gefangenenlager Guantanamo (Kuba): US Supreme Court, Rasul v. Bush, 542 U.S. 466 (2004); Hamdi v. Rumsfeld, 542 U.S. 507 (2004); Hamdan v. Rumsfeld, 548 U.S. 557 (2006); Boumediene v. Bush, 553 U.S. (2008). Vertiefend zum Habeas Corpus-Gedanken: *Farbey/Sharpe* The Law of Habeas Corpus (2010).

1318 Etwa EGMR Al-Nashif/BUL, 20.6.2002, ÖJZ **2003** 344; Chahal/UK, 15.11.1996.

hier im gleichen Sinne wie bei Absatz 1 zu verstehen (Rn. 77 ff.).[1319] Wegen der unterschiedlichen Arten der Freiheitsentziehung stellen sich auch für die Überprüfung ihrer Rechtmäßigkeit unterschiedliche Anforderungen.[1320]

507   Wenn dem Betroffenen die **Festnahme- bzw. Haftgründe** nicht **mitgeteilt** werden, kann er sich nicht effektiv gegen die Freiheitsentziehung zur Wehr setzen, so dass in solchen Fällen regelmäßig nicht nur Art. 5 Abs. 2, sondern auch Art. 5 Abs. 4 verletzt ist, auch wenn ein Verfahren der Haftkontrolle zur Verfügung steht.[1321]

508   Auch wer „nur" deswegen einer Freiheitsentziehung unterworfen ist, weil er eine **andere Person begleitet**, gegen die sich die Maßnahme richtet (konkret: Kinder, die gemeinsam mit ihren Eltern in Abschiebungshaft sind, wobei die Anordnung aber nur gegen die Eltern ergangen ist), hat ein eigenes Recht aus Art. 5 Abs. 4 und darf sich nicht in einem „rechtlichen Vakuum" befinden.[1322]

509   Art. 5 Abs. 4 soll dagegen nicht anwendbar sein, wenn der Betroffene in Abschiebungshaft ist und weder die Abschiebeentscheidung noch die Verhängung der Abschiebungshaft als solche bestreitet, sondern lediglich die **Freilassung gegen Sicherheitsleistung** („*bail*") beantragt und sich gegen deren Ablehnung vor Gericht wehren will (ohne dass Art. 5 Abs. 3 direkt anwendbar ist, da keine Unterbringung nach lit. c). Hier werde nicht die Rechtmäßigkeit der Freiheitsentziehung beanstandet.[1323] Mit dieser eingeschränkten Sichtweise verkennt der EGMR jedoch die hohe Bedeutung des Freiheitsrechts der Person. Es ist nicht einzusehen, warum gegen die (ggf. rechtswidrige) Ablehnung einer Freilassung gegen Sicherheitsleistung keine Möglichkeit der Überprüfung gem. Art. 5 Abs. 4 zur Verfügung stehen muss, hängt doch auch hier die Frage, ob der Betroffene freigelassen wird oder nicht, von der Entscheidung über seinen Antrag ab. Damit unterscheidet sich diese Konstellation nicht von den anderen Fällen, auf die Art. 5 Abs. 4 unbestritten Anwendung findet und in denen der Betroffene die Freiheitsentziehung rügt und seine Freilassung bewirken will. Die Sichtweise, ein Betroffener, der vor Gericht rüge, dass ihm die Möglichkeit der Freilassung gegen Sicherheitsleistung rechtswidrig versagt worden sei, würde nicht die „Rechtmäßigkeit" der Freiheitsentziehung beanstanden, ist spitzfindig und letztlich eine beinahe willkürliche Konstruktion des EGMR.[1324] Zwar ließe sich für die Ansicht des EGMR, Art. 5 Abs. 4 sei nur auf Fälle der Beanstandung der Rechtmäßigkeit („lawfulness") i.S.d. Art. 5 Abs. 1 anwendbar, das Urteil *Ashingdane* heranziehen,[1325] jedoch ist zweifelhaft, ob die dort gezogene Gleichsetzung der Begriffe der Rechtmäßigkeit nach Absatz 1 und nach Absatz 4 Rechtsschutz einschränken kann. Zwar mag man diese beiden Rechtmäßigkeitsbegriffe durchaus gleichsetzen, der Ansicht des EGMR, dass auch bei rechtswidriger Ablehnung der Freilassung gegen Sicherheitsleistung eine rechtmäßige Freiheitsentziehung vorliegen kann, ist jedoch zu widersprechen.

1319 EGMR (GK) Denis u. Irvine/B, 1.6.2021, § 186; Erol/D, 7.9.2017, § 44; Ashingdane/UK, 28.5.1985, § 52; X./ UK, 5.11.1981, §§ 53, 57; Meyer-Ladewig/Nettesheim/von Raumer//*Meyer-Ladewig/Harrendorf/König* 96; vgl. auch EGMR A.M./F, 12.7.2016, § 40 (Überprüfung der formellen und der materiellen Rechtmäßigkeit geboten).
1320 Etwa EGMR Bouamar/B, 29.2.1988; Chahal/UK, 15.11.1996; Meyer-Ladewig/Nettesheim/von Raumer/ *Meyer-Ladewig/Harrendorf/König* 95. Zum Prüfungsmaßstab in Fällen des Art. 5 Abs. 4 i.V.m. Abs. 1 Satz 2 *lit.* f siehe EGMR A.M./F, 12.7.2016, §§ 41 f.
1321 EGMR S.A./TRK, 15.12.2015, § 34.
1322 EGMR Popov/F, 19.1.2012, § 124; Moustahi/F, 25.6.2020, § 102.
1323 EGMR Ismail/UK (E), 17.9.2013, §§ 28, 30.
1324 Auch nach Ansicht des EGMR gilt diese Rechtsprechung nicht für Untersuchungshaft, wo die Möglichkeit der Freilassung gegen Sicherheitsleistung in Art. 5 Abs. 3 Satz 2 ausdrücklich erwähnt ist: EGMR Ismail/ UK (E), 17.9.2013, §§ 26, 29 f.; siehe § 18 (Ausführungen der britischen Regierung).
1325 EGMR Ashingdane/UK, 28.5.1985, § 52 (vom EGMR im Fall *Ismail* jedoch nicht erwähnt).

2. Gründe für Freiheitsentziehungen, Art. 5 Abs. 1 Satz 2 EMRK. Entsprechend **510** dem unterschiedlichen Schutzniveau der jeweiligen Konventionsverbürgung ist auch das **Maß bzw. die Dichte der gerichtlichen Nachprüfung unterschiedlich.** So unterliegen etwa bei der Abschiebungshaft (Art. 5 Abs. 1 Satz 2 *lit.* f) die behördlichen Ermessenserwägungen, die zur Einleitung eines Abschiebungsverfahrens geführt haben, grundsätzlich nicht der gerichtlichen Überprüfung (Rn. 309 f.).[1326] Gleichwohl muss aber ein Verfahren zur Überprüfung der Rechtmäßigkeit der Freiheitsentziehung zur Verfügung gestellt werden, das unabhängig von der Prüfung der Rechtmäßigkeit der Abschiebung besteht.[1327] Art. 5 Abs. 4 verlangt dagegen nicht, dass dem jeweiligen Rechtsbehelf aufschiebende, d.h. die Abschiebung vorläufig verhindernde Wirkung zukommt.[1328]

Besonderheiten gelten auch hinsichtlich des in Art. 5 Abs. 1 Satz 2 *lit.* a normierten **511** Haftgrundes (Freiheitsentziehung nach Verurteilung). Art. 5 Abs. 4 findet in diesen Fällen nach Auffassung des EGMR regelmäßig keine Anwendung, weil die Haftprüfung bereits in der verfahrensbeendenden gerichtlichen Entscheidung enthalten sei.[1329] Etwas anderes gilt jedoch dann, wenn die Gründe, auf denen die Haft beruht, sich im Verlauf der Zeit als nicht mehr tragfähig erweisen und deshalb eine gerichtliche Überprüfung geboten erscheint.[1330] Einer Überprüfung i.S.v. Art. 5 Abs. 4 bedarf es außerdem auch dann, wenn sich neue Umstände ergeben, die die Rechtmäßigkeit der Freiheitsentziehung in Frage stellen.[1331] Um eine neue, die Gewährleistungen des Art. 5 Abs. 4 auslösende Entscheidung handelt es sich beispielsweise beim Widerruf der Strafrestaussetzung zur Bewährung.[1332]

3. Verhältnis zu Art. 5 Abs. 3 EMRK. Absatz 4 gilt auch für die von Absatz 3 erfassten **512** Fälle der U-Haft wegen des Verdachts einer Straftat, Art. 5 Abs. 1 Satz 2 *lit.* c. Absatz 3 und Absatz 4 des Art. 5 sind nebeneinander anwendbar.[1333] Absatz 3 reicht weiter, wenn in Frage steht, ob die Vorführung gemäß Absatz 3 rasch genug erfolgt ist, so dass nach Feststellung einer Verletzung von Absatz 3 der Gerichtshof auf Absatz 4 nicht näher einzugehen braucht.[1334] Im Verhältnis zur Rechtsschutzgarantie des **Art. 13** (Art. 2 Abs. 2 IPBPR) ist Art. 5 Abs. 4 im Bereich der freiheitsentziehenden Maßnahmen wegen seiner weiter reichenden Garantien *lex specialis*.[1335]

1326 Vgl. EGMR Chahal/UK, 15.11.1996.
1327 EGMR Herman u. Sherazadishvili/GR, 24.4.2014, § 72 (Gericht konnte nach damaliger griechischer Rechtslage – zur späteren Gesetzesänderung EGMR ebd. – nur überprüfen, ob Fluchtgefahr bestand oder ob der Bf., falls in Freiheit, die öffentliche Sicherheit gefährden würde; Verstoß gegen Art. 5 Abs. 4, da der EGMR fordert, dass auch die Rechtmäßigkeit der Anordnung der Ausweisung gerichtlich überprüfbar ist); siehe auch EGMR S.D./GR, 11.6.2009, §§ 72 ff.
1328 Vgl. EGMR A.M./F, 12.7.2016, § 38.
1329 EGMR Etute/LUX, 30.1.2018, § 25; (E) Kafkaris/ZYP, 21.6.2011, § 58; Yosifov/BUL, 6.11.2008, § 57.
1330 EGMR Stollenwerk/D, 7.9.2017, § 36; Erol/D, 7.9.2017, § 45; (E) Kafkaris/ZYP, 21.6.2011, § 58 („in cases where the grounds justifying the person's deprivation of liberty are susceptible to change with the passage of time"; bzgl. einer Verurteilung zu lebenslanger Haft).
1331 EGMR Etute/LUX, 30.1.2018, § 25; Stollenwerk/D, 7.9.2017, § 36; Yosifov/BUL, 6.11.2008, § 57 („where fresh issues affecting the lawfulness of such detention arise").
1332 Vgl. EGMR Etute/LUX, 30.1.2018, §§ 26 ff.
1333 EGMR De Jong, Baljet u. van den Brink/NL, 22.5.1984; Meyer-Ladewig/Nettesheim/von Raumer/*Meyer-Ladewig/Harrendorf/König* 95.
1334 EGMR Hassan u.a./F, 4.12.2014, § 112.
1335 EGMR De Jong, Baljet u. van den Brink/NL, 22.5.1984; Bouamar/B, 29.2.1988; Brogan u.a./UK, 29.11.1988; Brannigan u.a./UK, 26.5.1993, ÖJZ **1994** 65; (GK) Murray/UK, 28.10.1994; Chahal/UK, 15.11.1996; Hood/UK, 18.2.1999, § 72; (GK) Nikolova/BUL, 25.3.1999, NJW **2000** 2883 = EuGRZ **1999** 320 = ÖJZ **1999** 812, § 69; S.T.S./NL, 7.6.2011, NJW **2012** 2331, § 59; *Esser* 328; Meyer-Ladewig/Nettesheim/von Raumer/*Meyer-Ladewig/Harrendorf/König* 94.

513   **4. Verhältnis zu Art. 5 Abs. 1 EMRK.** Das Recht auf Haftkontrolle nach Absatz 4 wird selbständig und unabhängig von den anderen Verbürgungen der Art. 5 EMRK/Art. 9 IPBPR gewährleistet. Ein Verstoß gegen Absatz 4 kann auch vorliegen, wenn die Haft als solche nach Art. 5 Abs. 1 Satz 2 EMRK/Art. 9 Abs. 1 IPBPR rechtmäßig ist und die Verfahrensgarantien den Anforderungen des Art. 5 Abs. 3 entsprechen.[1336]

514   Ist die **Freiheitsentziehung rechtswidrig**, so gewährt Art. 5 Abs. 4 selbst keinen Anspruch auf Haftentlassung. Dieser folgt unmittelbar aus Art. 5 Abs. 1 Satz 2, wonach der Staat verpflichtet ist, den Beschuldigten **unverzüglich** freizulassen (Rn. 104).[1337] Allein die nicht rechtzeitige oder fehlerhafte Überprüfung (Art. 5 Abs. 4) einer Freiheitsentziehung macht diese selbst allerdings noch nicht rechtswidrig i.S.v. Art. 5 Abs. 1 Satz 2.[1338] Sind die Rechte des Inhaftierten in einem Verfahren nach Absatz 4 gewahrt, ist es – für die Einhaltung *dieser* Garantie – unerheblich, ob bei der Haftprüfung andere Formvorschriften des nationalen Rechts (Anwesenheit eines Urkundsbeamten, Aufnahme eines Protokolls) verletzt wurden.[1339]

515   **5. Verhältnis zu Art. 6 EMRK.** Obwohl das Recht auf Freiheit ein *„civil right"* i.S.v. Art. 6 Abs. 1 ist[1340] und die Verfahrensgarantien des Art. 6 Abs. 1 damit prinzipiell auch für das Verfahren zur Überprüfung der Freiheitsentziehung eröffnet sind, hat der EGMR später klargestellt, dass Art. 5 Abs. 4 und Art. 6 unterschiedliche Zwecke verfolgen. Zwar besteht zwischen beiden Verfahrensgarantien ein enges Verhältnis, so dass für Art. 6 auch im Bereich des Haftprüfungsverfahrens ein gewisser Anwendungsbereich verbleibt, jedoch rechtfertigt dies nicht, das Verfahren nach Art. 5 Abs. 4 und Art. 6 Abs. 1 identischen Anforderungen zu unterwerfen. Die Anforderungen des Art. 5 Abs. 4 sind deshalb – zwar nicht *per se*, aber zumindest tendenziell – weniger streng als diejenigen des Art. 6 Abs. 1.[1341] Eine Anhörung im Rahmen des Haftprüfungsverfahrens nach Art. 5 Abs. 4 braucht daher nicht zwingend öffentlich zu erfolgen.[1342] Wenn feststeht, dass eine Anhörung von vornherein nichts zur Klärung der Sache beitragen kann, darf eine Anhörung im Rahmen eines Verfahrens nach Art. 5 Abs. 4 ausnahmsweise sogar ganz unterbleiben.[1343]

516   **6. Gericht i.S.v. Art. 5 Abs. 4 EMRK.** Nur ein **Gericht** – nicht wie in Absatz 3 auch eine Person mit richterlichen Befugnissen (Rn. 188, 373 f.) – darf die Kontrolle der von einer anderen Stelle angeordneten Freiheitsentziehung ausüben. Es muss sich dabei nicht notwendig um ein „Gericht klassischer Art" handeln, also eine in die Justizorganisation integrierte Instanz, wohl aber um eine Stelle, die die allgemeinen wesentlichen Merkmale besitzt, die ein Gericht auszeichnen (vgl. Art. 6 Rn. 178 ff.). Sie muss hinreichende **persönliche und sachliche Unabhängigkeit** von den Verfahrensbeteiligten und auch eine organisatorische Selbst-

---

1336 EGMR Luberti/I, 23.2.1984; Kolompar/B, 24.9.1992, § 45; Douiyeb/NL, 4.8.1999; (GK) Denis u. Irvine/B, 1.6.2021, § 188; BGer EuGRZ **1990** 155; so schon: *Vogler* ZStW **89** (1977) 761, 774.

1337 EGMR (GK) Assanidze/GEO, 8.4.2004.

1338 Vgl. BGer EuGRZ **1989** 180.

1339 EGMR Wassink/NL, 27.9.1990 (Verstoß gegen zwingende Formvorschriften des nationalen Rechts machte Entscheidung rechtswidrig); *Esser* 351.

1340 Vgl. EGMR Aerts/B, 30.7.1998 („right to liberty, which was thus at stake, is a civil right").

1341 Vgl. EGMR Stollenwerk/D, 7.9.2017, § 37; Al Husin/BIH, 25.6.2019, § 114 („[...] Article 5 § 4 procedure must have a judicial character, but it is not always necessary that the procedure be attended by the same guarantees as those required under Article 6 in respect of criminal or civil litigation").

1342 Vgl. EGMR Homann/D, 9.5.2007, NJW **2008** 2320; Reinprecht/A, 15.11.2005, ÖJZ **2006** 511.

1343 EGMR Derungs/CH, 10.5.2016, § 75.

ständigkeit von Anklagebehörde und Exekutive[1344] aufweisen.[1345] Auch andere Entscheidungsgremien, wie **Militärgerichte**[1346] oder **Spezialgremien**, wie etwa eine aus einem Richter, einem Arzt und einem Anwalt bestehende Kommission, können diesen Erfordernissen genügen,[1347] nicht aber eine Stelle, die nicht selbst die **Aufhebung der Freiheitsentziehung** (Entlassung) verbindlich verfügen, sondern nur eine für die entscheidende Behörde rechtlich nicht bindende Empfehlung abgeben kann.[1348]

Die Möglichkeit, eine Entscheidung des Justizministers[1349] oder der Staatsanwaltschaft **517** über die Freiheitsentziehung herbeizuführen, genügt nicht.[1350] Die gerichtliche Stelle muss selbst in voller Unabhängigkeit und Verantwortung entscheiden – in einem **rechtsstaatlichen Verfahren** (Rn. 329 ff.), das ausreichende Garantien gegen staatliche Willkür bietet,[1351] in dem der Betroffene (grundsätzlich) selbst gehört wird[1352] und das eine hinreichende Nachprüfung der sachlichen Voraussetzungen und der Rechtmäßigkeit der Freiheitsentziehung und ihrer Fortdauer ermöglicht.

Die **Prüfungs- und Entscheidungskompetenz des Gerichts** muss die *wesentlichen* **518** (nicht alle) Aspekte der Rechtmäßigkeit der Freiheitsentziehung nach *nationalem* Recht und ihre Vereinbarkeit (umfassend) mit den Konventionen umfassen.[1353] In Strafsachen muss das Gericht nicht nur kontrollieren, ob die innerstaatlichen Verfahrenserfordernisse erfüllt sind, sondern auch, ob ein die Festnahme rechtfertigender hinreichender Tatverdacht (Rn. 203 ff.) besteht und ob das mit Festnahme und Haft verfolgte Ziel *rechtmäßig* i.S.v. Art. 5 Abs. 1 Satz 2 ist.[1354]

Auch bei anderen Freiheitsentziehungen genügt eine bloße **Formalkontrolle** dem **519** Zweck des Absatzes 4 nicht,[1355] desgleichen nicht eine richterliche Kontrolle, die sich darauf beschränkt, dass die Haft von einer zuständigen Stelle ohne ersichtlichen Ermessensmissbrauch angeordnet worden ist, ohne jedoch die dafür maßgebenden Tatsachen und die Ermessensentscheidung der Behörde selbst überprüfen zu können.[1356]

1344 EGMR Neumeister/A, 27.6.1968, § 24; X./UK, 5.11.1981, § 53; Bezicheri/I, 25.10.1989 (Untersuchungsrichter); D.N./CH, 29.3.2001, ÖJZ **2002** 516; *Esser* 329; *Frowein/Peukert* 133 f.; Meyer-Ladewig/Nettesheim/von Raumer/*Meyer-Ladewig/Harrendorf/König* 98.
1345 Vgl. EGMR Revtyuk/R, 9.1.2018, §§ 21 f. („independence" und „impartiality"); ferner EGMR Baş/TRK, 3.3.2020, §§ 265 ff.
1346 EGMR Özmen/TRK, 5.7.2016, § 87; De Jong, Baljet u. van den Brink/NL, 22.5.1984 (Militärgericht).
1347 EKMR bei *Strasser* EuGRZ **1988** 507 (Merkier); *Frowein/Peukert* 134.
1348 EGMR X./UK, 5.11.1981, §§ 58, 61; van Droogenbroeck/B, 24.6.1982; Weeks/UK, 2.3.1987; Thynne u.a./UK, 25.10.1990; Hussain/UK u. Singh/UK, 21.2.1996; *Esser* 329; *Frowein/Peukert* 134.
1349 EGMR (GK) Stafford/UK, 28.5.2002; Hill/UK, 27.4.2004.
1350 EGMR Sharma/LET, 24.3.2016, § 101; Keus/NL, 25.10.1990, § 28; Winterwerp/NL, 24.10.1979, §§ 60 f., 64; *Kühne/Esser* StV **2002** 383, 390; *Frowein/Peukert* 134; Meyer-Ladewig/Nettesheim/von Raumer/*Meyer-Ladewig/Harrendorf/König* 98.
1351 EGMR X./UK, 5.11.1981, § 58; Campell u. Fell/UK, 28.6.1984, EuGRZ **1985** 534; De Jong, Baljet u. van den Brink/NL, 22.5.1984; Weeks/UK, 2.3.1987; BGer EuGRZ **1989** 410, 411; *Nowak* 44.
1352 Vgl. EGMR Sanchez-Reisse/CH, 21.10.1986. Der EGMR geht allerdings davon aus, dass die Anwesenheit des Betroffenen nicht unbedingt erforderlich ist und durch die Teilnahme seines Verteidigers kompensiert werden kann, vgl. *Kühne/Esser* StV **2002** 383, 390.
1353 EGMR Housein/GR, 24.10.2013, §§ 81 ff., NVwZ **2014** 1437.
1354 EGMR Lietzow/D, 13.2.2001, NJW **2002** 2013 = StV **2001** 201 m. Anm. *Kempf*; Schöps/D, 13.2.2001, NJW **2002** 2015 = StV **2001** 203; Garcia Alva/D, 13.2.2001, NJW **2002** 2018 = StV **2001** 205.
1355 EKMR bei *Bleckmann* EuGRZ **1982 531**, 534.
1356 EGMR X./UK, 5.11.1981, §§ 53, 58, 61; vgl. aber auch bei *Bleckmann* EuGRZ **1983** 431; *Frowein/Peukert* 136, 141. Zur zu eng begrenzten Nachprüfung des britischen Habeas Corpus-Verfahrens *Riedel* EuGRZ **1980** 192, und zu dem ähnlichen Verfahren nach norwegischem Recht EKMR E./N 12.5.1988, EuGRZ **1990** 86; das *Habeas Corpus*-Verfahren nach nordirischem Recht wurde von EGMR Brogan u.a./UK, 29.11.1988, als ausreichend angesehen.

520   Die Einzelheiten der Verfahrensregelungen sind dem nationalen Recht überlassen, das nach der Art der Freiheitsentziehung auch den **Prüfungsumfang** und die **Kontrolldichte** unterschiedlich regeln kann.[1357] Eine unbeschränkte Kontrolle aller die Freiheitsentziehung betreffenden Fragen einschließlich ihrer Zweckmäßigkeit wird nicht gefordert, wohl aber die Nachprüfung aller Gesichtspunkte, von denen die Rechtmäßigkeit und Konventionsgemäßheit der Freiheitsentziehung abhängt,[1358] so u.U. auch **spezifische Bedingungen und äußere Umstände**, wenn diese Kriterien der Rechtmäßigkeit der Freiheitsentziehung sind (z.B. die Unterbringung psychisch Kranker in einer Klinik oder einem speziell auf ihre Bedürfnisse ausgerichteten Krankenhaus; vgl. Rn. 270). Fehlt es daran, weil die innerstaatlichen Rechtsbehelfe eine solche Überprüfung nicht in ausreichendem Umfang ermöglichen, ist Art. 5 Abs. 4 verletzt.[1359]

521   Welche (nationale) Prüfungsdichte unerlässlich ist, hängt auch vom **Stand des Verfahrens** ab; beim ersten strafprozessualen Zugriff in Eilfällen wird das Gericht den festnehmenden Stellen einen (vorläufig) weiter reichenden Beurteilungsspielraum zubilligen können als bei einer bereits längere Zeit andauernden Untersuchungshaft. Die richterliche Prüfungsbefugnis muss jedenfalls weit genug sein, um neben der richtigen Anwendung des nationalen Rechts die nach den Konventionen wesentlichen Bedingungen der Rechtmäßigkeit der jeweiligen Art und Weise der Freiheitsentziehung zu erfassen.

522   Das für die Überprüfung der Freiheitsentziehung **zuständige Gericht** (Rn. 188, 373 ff.) bestimmt das nationale Recht. Der Vertragsstaat kann ein besonderes Gremium einrichten, er kann diese Aufgabe aber auch dem in der Hauptsache zuständigen Gericht übertragen. Dieser kann bei **zu kurzen Antragsfristen** in Frage stehen, etwa dann, wenn der Betroffene nicht auf die kurze Frist hingewiesen wurde oder wenn für ihn die Zeit faktisch nicht ausreicht, um die Sachlage zu prüfen und wirksame (erfolgversprechende) Anträge zu stellen.[1360] Die geforderte Zugänglichkeit und Effektivität des nationalen Rechtsschutzes setzen ferner voraus, dass ein nationales Haftprüfungsverfahren praktisch und effektiv mit der erforderlichen Sicherheit und Durchführungspraxis – im Falle eines Strafverfahrens auch während des laufenden Hauptverfahrens[1361] – zur Verfügung steht und nicht nur als eine in der Staatspraxis kaum genutzte und der Bevölkerung unbekannte **theoretische Möglichkeit** besteht.[1362]

523   Ein Rechtsbehelf ist für den Betroffenen nur *zugänglich*, wenn er seine Antragsbefugnis kennt. Ist dies nicht der Fall und wird der Betroffene nicht ausdrücklich auf diese Möglichkeit hingewiesen, ist ihm kein den Anforderungen der Konventionen genügender **effektiver Rechtsbehelf zugänglich**.[1363] Erst recht verstößt eine nationale Regelung gegen Art. 5 Abs. 4, die zwar eine Haftprüfung auf Antrag der Staatsanwaltschaft oder einer vergleichbaren Behörde vorsieht, jedoch dem Inhaftierten kein entsprechendes **Antragsrecht** einräumt.[1364]

1357 Vgl. BGer EuGRZ **1989** 410.

1358 EGMR X./UK, 5.11.1981; van Droogenbroeck/B, 24.6.1982; Ashingdane/UK, 28.5.1985; Thynne u.a./UK, 25.10.1990; Chahal/UK, 15.11.1996; Erol/D, 7.9.2017, § 44.

1359 Vgl. EGMR Chahal/UK, 15.11.1996: unzureichende gerichtliche Garantien und Überprüfungskompetenz einer Kommission („Panel"), die nur eine nicht bindende Empfehlung abgeben konnte.

1360 EGMR Farmakopoulos/B, 27.3.1992 (Einlegungsfrist 24 Std.); *Esser* 343; *Frowein/Peukert* 135.

1361 EGMR Svipsta/LET, 9.3.2006, rügt das Fehlen eines Rechtsbehelfs im Prozessstadium („trial stage").

1362 EGMR Covic/BIH, 3.10.2017, § 29; Stoichkov/BUL, 24.3.2005, § 66; Vachev/BUL, 8.7.2004, § 71 („existence of a remedy must be sufficiently certain, not only in theory but also in practice").

1363 Vgl. aber EGMR E./N, 29.8.1990.

1364 EGMR Nasrulloyev/R, 11.10.2007.

Esser

7. Verfahren i.S.v. Art. 5 Abs. 4 EMRK. Die Konventionen stellen bei der Kontrolle 524
einer Freiheitsentziehung auf die **Effektivität** des nationalen **Rechtsschutzsystems in
seiner Gesamtheit** ab.[1365] Sie eröffnen für dessen Ausgestaltung einen weiten Spielraum.
Auf die **beschleunigte Durchführung des Verfahrens** (Rn. 463 ff.) legen sie größeres Gewicht als auf die vollständige Übernahme aller verfahrensrechtlichen Garantien, die Art. 6
EMRK und Art. 14 IPBPR für ein Strafverfahren fordern (vgl. Rn. 405).[1366] Das im nationalen Recht vorgesehene Verfahren muss nicht für alle Fälle der Freiheitsentziehung gleich
ausgestaltet sein,[1367] wohl aber **hinreichende Rechtsschutzgarantien** vorsehen, die der
Art der Freiheitsentziehung, deren Überprüfung dem Verfahren zugrunde liegt, angepasst
sind.[1368]

Art. 5 Abs. 4 gewährt **keinen Anspruch auf eine automatische bedingte Entlassung** 525
("no right to automatic parole").[1369] Allerdings muss ein Verfahren, in dem es um die
(bedingte) Freilassung von Strafgefangenen geht, willkür- und diskriminierungsfrei
(Art. 14) – geführt werden.[1370] Dazu gehört das der eigentlichen Entscheidung über die
Freilassung vorgelagerte Verfahren.[1371]

Art. 5 Abs. 4 garantiert **kein der Öffentlichkeit zugängliches** Verfahren.[1372] Der Be- 526
troffene muss jedoch stets in den Genuss eines **fairen Verfahrens** kommen, in dem seine
Rechte von ihm selbst oder, wenn er dazu nicht in der Lage ist, von einem Verfahrensbevollmächtigten bzw. Verteidiger gewahrt werden können; der Betroffene muss nicht von
sich aus die Initiative zur **rechtlichen Vertretung** ergreifen,[1373] vielmehr haben die staatlichen Stellen hier tätig zu werden.[1374] Das **Recht auf einen rechtlichen Beistand** gilt
demnach auch im Verfahren nach Art. 5 Abs. 4; hier zieht der EGMR die Grundsätze zu
Art. 6 Abs. 3 *lit.* c entsprechend heran.[1375] Eine zwingende Hinzuziehung eines Rechtsbeistandes ist aufgrund des von Art. 5 Abs. 4 geforderten Kontrollsystems allerdings nicht
geboten. Die Gerichte müssen deshalb nicht per se mit ihrer Haftentscheidung abwarten,
bis der Betroffene sich eines Rechtsbeistandes bedient hat.[1376] Die prozessualen Folgen für
die Fairness des Verfahrens insgesamt (Art. 6 Abs. 1) sind davon getrennt zu betrachten.

1365 Vgl. EGMR X./UK, 5.11.1981.
1366 Vgl. EGMR Neumeister/A, 27.6.1968; BGer EuGRZ **1991** 526.
1367 EGMR Neumeister/A, 27.6.1968; vgl. BGer EuGRZ **1988** 606; *Frowein/Peukert* 136.
1368 Etwa EGMR De Wilde u.a./B, 18.6.1971; Winterwerp/NL, 24.10.1979; Megyeri/D, 12.5.1992; *Frowein/Peu-
kert* 136.
1369 EGMR (GK) Gerger/TRK, 8.7.1999, § 69; (GK) Çelikkaya/TRK, 1.6.2010, § 60; Rangelov/D, 22.3.2012, § 83.
1370 EGMR (GK) Gerger/TRK, 8.7.1999, § 69; (GK) Çelikkaya/TRK, 1.6.2010, § 63; Clift/UK, 13.7.2010, § 42; Ran-
gelov/D, 22.3.2012, § 83.
1371 EGMR Rangelov/D, 22.3.2012, § 83 (Aussetzung des Vollzugs der Sicherungsverwahrung; unterbliebenes
Therapieangebot während der Strafhaft wegen Ausweisung); siehe auch EGMR Hill/UK, 7.4.2015, §§ 56 ff.
(Anhörung vor dem Bewährungsausschuss – Parole Board – erfolgte zu spät, Verfahren wurde nicht so
schnell durchgeführt wie von Art. 5 Abs. 4 gefordert).
1372 Vgl. EGMR Reinprecht/A, 15.11.2005, § 34, auch zum Verhältnis zwischen Art. 5 Abs. 4 und den Garanti-
en des Art. 6.
1373 Vgl. EGMR D.D./LIT, 14.2.2012, § 163; Megyeri/D, 12.5.1992, § 22; Winterwerp/NL, 24.10.1979, § 66; vgl.
auch EGMR Prehn/D (E), 24.8.2010 (zu § 142 Abs. 1 StPO a.F.); *Frowein/Peukert* 137 f.
1374 EGMR Megyeri/D, 12.5.1992, § 23.
1375 EGMR Prehn/D (E), 24.8.2010 ("The right to receive legal assistance, if necessary, is indeed implicit in
the very notion of an adversarial procedure"; "...the national courts must certainly have regard to the
defendant's wishes but these can be overriden when there are *relevant and sufficient grounds* for holding
that this is necessary in the interests of justice. Similarly, Article 6 § 3 (c) cannot be interpreted as securing
a right to have public defence counsel replaced.").
1376 EGMR Karachentsev/R, 17.4.2018, § 62; Shestakov/R, 25.7.2017, § 20.

527   Erforderlich ist, dass jeder Betroffene über die **Gründe seiner Freiheitsentziehung ausreichend informiert** ist und dass er im Verfahren alle Gesichtspunkte vortragen kann, die gegen die Freiheitsentziehung und deren Fortdauer sprechen.[1377] Das Gericht hat sich in einer begründeten Entscheidung („reasoned decision") mit den vom Betroffenen vorgebrachten Argumenten auseinanderzusetzen.[1378] Zwar muss nicht in jedem Fall auf jeden einzelnen Punkt eingegangen werden, wohl aber auf alle vorgetragenen tatsächlichen Umstände, die Zweifel an der Rechtmäßigkeit der Freiheitsentziehung begründen können.[1379] Für die Bundesrepublik folgt dies bereits aus dem Recht auf rechtliches Gehör (Art. 103 Abs. 1 GG) und seiner speziellen Ausprägung in §§ 33, 33a StPO.[1380]

528   Es ist grundsätzlich dem nationalen Recht überlassen, in welchen Fällen es ein **schriftliches Verfahren** genügen lässt, ob zwingend oder nur auf (fristgebundenen) **Antrag** des Inhaftierten **mündlich verhandelt** werden muss, sowie, ob und in welchen Fällen dessen Anwesenheit dabei notwendig ist oder ob, je nach der Sachlage, auch die alleinige Teilnahme eines Verteidigers genügt.[1381] Bei der Zuständigkeit eines Kollegialgerichts ist es allerdings bedenklich, wenn die Befragung des Untergebrachten allein *einem* Mitglied des Kollegialgerichts überlassen wird.[1382]

529   Unerlässlich ist es aber in allen Fällen, dass der Inhaftierte **im vollen Umfang rechtliches Gehör** erhält und etwaigen Ausführungen der Staatsanwaltschaft oder eines anderen Verfahrensgegners ohne Informationsdefizit entgegentreten kann, noch bevor das Gericht über die Haft entscheidet.[1383] Hierzu gehört auch, dass ihm zur Kenntnis gelangt, dass Schriftsätze eingereicht worden sind.

530   In Verfahren, die nur eine schriftliche Anhörung vorsehen, muss der Betroffene die Möglichkeit haben, sich mit allen schriftlichen Stellungnahmen der anderen Verfahrensbeteiligten auseinanderzusetzen.[1384] Eine Verletzung von Art. 5 Abs. 4 kann darin liegen, dass ihm bzw. seinem Verfahrensbevollmächtigten zwar der gesamte Akteninhalt zur Verfügung gestellt wird (Rn. 547 ff.), aus diesem aber nicht ersichtlich ist, auf welche Gründe die Aufrechterhaltung der Freiheitsentziehung gestützt werden wird, insbesondere, wenn diese von einer Vorinstanz nur äußerst vage begründet wurde,[1385] oder wenn ein umfangreiches Dokument (300 Seiten), mit dem der Antrag auf Fortdauer der Haft begründet

---

1377 EGMR Podeschi/SM, 13.4.2017, § 186; Khodorkovskiy/R, 31.5.2011; Sanchez-Reisse/CH, 21.10.1986; Winterwerp/NL, 24.10.1979; De Wilde u.a./B, 18.6.1971.

1378 Siehe EGMR Černák/SLO, 17.12.2013, § 83 (Gericht ging nicht auf Verletzung des auslieferungsrechtlichen Spezialitätsgrundsatzes ein).

1379 EGMR Tymoshenko/UKR, 30.4.2013, §§ 276 f.

1380 Hierzu vor dem Hintergrund von EGMR Stollenwerk/D, 7.12.2017: BVerfG NJW **2019** 41 ff. = StRR **2019** 24 m. Anm. *Deutscher.*

1381 Vgl. *Kühne/Esser* StV **2002** 383, 390. Im Einzelfall kann aber aufgrund der konkreten Umstände aus Konventionssicht eine mündliche Verhandlung erforderlich sein: EGMR Černák/SLO, 17.12.2013, § 81; Michalko/SLO, 21.12.2010, § 161. Dem Inhaftierten darf die persönliche Teilnahme an einem Treffen der übrigen Verfahrensbeteiligten nicht versagt werden, wenn dort Gründe erörtert werden, die den Charakter des Inhaftierten sowie die näheren persönlichen Haftumstände betreffen: EGMR Mamedova/R, 1.6.2006, §§ 91 f.; Lebedev/R, 25.10.2007, § 113.

1382 Vgl. BGer EuGRZ **1989** 410.

1383 EGMR Yağın/TRK, 3.2.2015, §§ 22 f. (zur Änderung der türkischen StPO, die – wohl – einen konventionskonformen Zustand herbeigeführt hat); Hebat Aslan u. Firas Aslan/TRK, 28.10.2014, §§ 85 f.; Toth/A, 12.12.1991, ÖJZ **1992** 242; vgl. *Esser* 346 ff.; *Frowein/Peukert* 138 f.

1384 Vgl. EGMR Sanchez-Reisse/CH, 21.10.1986 (schriftliche Verhandlung in einem Auslieferungsverfahren); Wloch/PL, 19.10.2000; *Esser* 347, 350.

1385 EGMR Krejcir/CS, 26.3.2009.

wird, dem Inhaftierten und dessen Verteidiger erst sehr spät zur Kenntnis gebracht wird.[1386]

8. Verfahren i.S.v. Art. 5 Abs. 4 EMRK bei Freiheitsentziehungen nach Art. 5 Abs. 1 531 **Satz 2 *lit.* c EMRK (vorläufige Festnahme/Untersuchungshaft).** In ständiger Rechtsprechung verlangt der EGMR für die Überprüfung einer Freiheitsentziehung aus Anlass des Verdachts einer strafbaren Handlung (Art. 5 Abs. 1 Satz 2 *lit.* c) – mitunter auch im Anwendungsbereich von Art. 5 Abs. 1 Satz 2 *lit.* a[1387] – ein **kontradiktorisches Verfahren**,[1388] das stets **Waffengleichheit** zwischen den Verfahrensbeteiligten – Staatsanwalt und Beschuldigtem – gewährleistet. Dem Betroffenen muss ausreichend Gelegenheit gegeben werden, seine Argumente vorzutragen und zu den Gegenargumenten Stellung zu nehmen. Dies sichert am besten eine **mündliche Verhandlung**, in der dem Betroffenen ausreichende Verteidigungsmöglichkeiten eingeräumt werden.[1389] Aus Art. 5 Abs. 4 ergibt sich auch hier nicht, dass die Verhandlung öffentlich durchgeführt werden muss (Rn. 527).[1390]

Es genügt nicht, dass zuerst Beschuldigter und Verteidiger dem Gericht ihre Argumen- 532 te vortragen und dann die Staatsanwaltschaft in deren Abwesenheit dazu Stellung nehmen kann.[1391] Der Beschuldigte muss auf den **Vortrag und die Argumente der Staatsanwaltschaft** entgegnen können; schriftliche Stellungnahmen der Staatsanwaltschaft sind von Amts wegen an die Verteidigung weiterzuleiten.[1392]

Zu einer effektiven Verteidigung gehört auch, dass der Beschuldigte im Haftprüfungs- 533 termin eine **Beweisaufnahme anregen** kann.[1393] Wenn nur ein Vertreter der Staatsanwaltschaft, aber weder der Beschuldigte noch sein Verteidiger bei der mündlichen Verhandlung anwesend sind, kann den Ausführungen der Staatsanwaltschaft naturgemäß nicht sogleich entgegengetreten werden, so dass dies einen Verstoß gegen die Waffengleichheit darstellt.[1394] Erforderlich ist hierfür zudem, dass der Beschuldigte **Zugang zu**

1386 EGMR Oravec/KRO, 11.7.2017, § 66; Černák/SLO, 17.12.2013, § 80; Khodorkovskiy/R, 31.5.2011.

1387 Siehe EGMR Stollenwerk/D, 7.9.2017, §§ 35 ff. mit abw. Meinung *Nußberger, Møse* und *Hüseynov.*

1388 EGMR Sanchez-Reisse/CH, 21.10.1986; Lamy/B, 30.3.1989; (GK) Nikolova/BUL, 25.3.1999; Frommelt/FL, 24.6.2004, §§ 30, 36; Fodale/I, 1.6.2006; Falk/D (E), 11.3.2008, NStZ **2009** 164 m. Anm. *Strafner*; BGer EuGRZ **1988** 528; **1989** 410; vgl. *Esser* 346.

1389 Vgl. EGMR Adem Serkan Gündoğu/TRK, 16.1.2018, §§ 40 f.; Oravec/KRO, 11.7.2017, § 66; Burmaga/R, 20.9.2016, § 31 („a detainee should, as a general rule, have the right to participate in a hearing at which his detention is discussed"); Allen/UK, 30.3.2010, §§ 38 f.; Ramishvili u. Kokhreidze/GEO, 27.1.2009 (Waffengleichheit nicht gewahrt); Mamedova/R, 1.6.2006, §§ 89, 91 (Haftprüfung: Anwesenheit des Beschuldigten in der mündlichen Verhandlung); Lietzow/D, 13.2.2001; (GK) Nikolova/BUL, 25.3.1999, § 58; Assenov/BUL, 28.10.1998; Lamy/B, 30.3.1989; vgl. ferner EGMR Bah/NL, 22.6.2021, § 40 ff. (kein Verstoß gegen Art. 5 Abs. 4 EMRK trotz fehlenden persönlichen Vortrags des Beschuldigten neben erfolgter Anhörung seines Verteidigers während COVID-19 Pandemie; überwiegendes Allgemeinwohlinteresse); *Esser* 345; *ders.* StraFo **2003** 335, 339; *Kühne/ Esser* StV **2002** 383, 393; Meyer-Ladewig/Nettesheim/von Raumer/*Meyer-Ladewig/Harrendorf/König* 100.

1390 Vgl. hierzu EGMR D.C./B, 30.3.2021, § 125 m.w.N.

1391 EGMR Wloch/PL, 19.10.2000; *Kühne/Esser* StV **2002** 383, 390.

1392 EGMR Adem Serkan Gündoğu/TRK, 16.1.2018, § 49 (Zustellung weder an den Verteidiger noch an den Beschuldigten); Nihat Ateş/TRK, 22.10.2013, § 21; Altınok/TRK, 29.11.2011, §§ 59 f.; siehe auch EGMR Galambos/ H, 21.7.2015, § 33: Beschuldigter stand unter Spionageverdacht; dennoch akzeptiert der EGMR nicht den Verweis, zumindest nicht einen solchen pauschaler Natur, auf „classified information" in den staatsanwaltlichen Stellungnahmen, mit dem die Ausführungen der Staatsanwaltschaft dem Beschuldigten und dem Verteidiger erst bei der Anhörung zur Kenntnis gelangten.

1393 Zur Erforderlichkeit einer Beweisaufnahme im Haftprüfungstermin: OLG Köln NStZ-RR **2009** 123 (bezogen auf §§ 118a Abs. 3, 166 StPO).

1394 EGMR Abdulsitar Akgül/TRK, 25.6.2013, §§ 29 ff.

allen Dokumenten bekommt, die er benötigt, um eine etwaige Rechtswidrigkeit seiner Freiheitsentziehung wirksam geltend zu machen.[1395]

534   Das Erfordernis einer kontradiktorischen, mündlichen Verhandlung gilt jedenfalls für die **erste Überprüfung** der Rechtmäßigkeit der Freiheitsentziehung.[1396] Ob auch jede spätere Entscheidung in derselben Instanz eine mündliche Verhandlung erfordert, lässt sich nicht pauschal beantworten. Jedenfalls bei einer gegenüber der früheren Entscheidungssituation **plausibel behaupteten veränderten Sachlage** dürfte eine mündliche Verhandlung auch bei einer späteren Haftprüfung regelmäßig notwendig sein, um dem Beschuldigten die Möglichkeit einer *effektiven* Einflussnahme auf den Ablauf des Verfahrens zu sichern.[1397]

535   **Starre Fristen** im nationalen Recht,[1398] die den Anspruch des Beschuldigten auf eine mündliche Verhandlung im Rahmen einer wiederholten Haftprüfung von der Dauer einer bis dahin andauernden Freiheitsentziehung oder dem Ablauf eines Zeitraums zu einer vorangegangenen mündlichen Haftprüfung abhängig machen (vgl. § 118 Abs. 3 StPO), müssen insoweit menschenrechtskonform einschränkend ausgelegt werden, etwa durch den Zusatz *„soweit nicht wegen der Umstände des Einzelfalls oder einer veränderten Sachlage eine mündliche Verhandlung auch schon zu einem früheren Zeitpunkt geboten ist"*.

536   Eröffnet das nationale Recht für die Haftkontrolle einen vollen Rechtszug zu einer **zweiten Instanz**,[1399] so muss der Staat dem Inhaftierten dort prinzipiell dieselben Verfahrensgarantien einräumen wie in der ersten Instanz.[1400] Es muss dort also erneut **kontradiktorisch** verhandelt werden – dies gilt auch dann, wenn der Beschuldigte sich zwischenzeitlich gar nicht mehr in Haft befindet und nun in zweiter Instanz über die ursprüngliche Haftanordnung entschieden werden soll.[1401] Unerlässlich ist, dass der Betroffene die Möglichkeit hat, vor Erlass einer gerichtlichen Entscheidung alle für die Rechtmäßigkeit der Freiheitsentziehung (neu) vorgebrachten Tatsachen und Argumente der Staatsanwaltschaft und die ihnen zu Grunde liegenden Beweismittel selbst zu prüfen und zu ihnen mündlich oder schriftlich Stellung zu nehmen.[1402] In der zweiten (oder höheren) Instanz darf jedenfalls nicht durch die Anwendung prozessualer Kniffe faktisch eine Rechtschutzverweigerung betrieben werden.[1403]

1395 Vgl. EGMR Ragıp Zarakolu/TRK, 15.9.2020, § 59; siehe aber auch EGMR Atilla Taş/TRK, 19.1.2021, § 151 m.w.N. (Art. 5 Abs. 4 dann nicht verletzt, wenn der Beschuldigte trotz beschränkten Zugangs zu den Akten alle relevanten Umstände kennt, die er für ein effektives Vorbringen im Rahmen der Haftprüfung benötigt).

1396 *Kühne/Esser* StV **2002** 383, 390 m.w.N.

1397 Vgl. EGMR Adem Serkan Gündoğu/TRK, 16.1.2018, § 41; Kolomenskiy/R, 13.12.2016, § 98.

1398 Für einen Vergleich der insoweit existierenden Regelungen in verschiedenen europäischen Staaten siehe: *Morgenstern* 201.

1399 Eine Pflicht dazu besteht nicht; Art. 14 Abs. 5 IPBPR bezieht sich, ebenso wie Art. 2 des 7. ZP-EMRK, nur auf das Verfahren in der Hauptsache; *Kühne/Esser* StV **2002** 383, 393.

1400 EGMR Oravec/KRO, 11.7.2017, § 64; Pyatkov/R, 13.11.2012, § 126; Allen/UK, 30.3.2010, § 39; Lanz/A, 31.1.2002, ÖJZ **2002** 433; Toth/A, 12.12.1991, § 84; ferner EGMR Stollenwerk/D, 7.9.2017, §§ 36 f. (bzgl. Art. 5 Abs. 1 Satz 2 *lit.* a).

1401 Vgl. EGMR Oravec/KRO, 11.7.2017, §§ 65, 67.

1402 EGMR Toth/A, 12.12.1991; Bulut/A, 22.2.1996, ÖJZ **1996** 430; Lanz/A, 31.1.2002; *Esser* 345, 348; *Kühne/Esser* StV **2002** 383, 390. Überholt ist daher EGMR Neumeister/A, 27.6.1968, §§ 22 ff., wonach das Prinzip der Waffengleichheit nicht jedoch für Art. 5 Abs. 4 gelte, so dass der Gerichtshof damals nicht beanstandete, dass das Gericht zwar den schriftlichen Haftprüfungsantrag des Betroffenen berücksichtigte, die Staatsanwaltschaft dann aber in seiner Abwesenheit und in Abwesenheit seines Verteidigers anhörte.

1403 EGMR Peša/KRO, 8.4.2010, §§ 125 f. (unter Verletzung des Gebots der Zügigkeit wartete das Verfassungsgericht so lange mit der Entscheidung über die Haftbeschwerde, bis eine neue Entscheidung über die Verlängerung der U-Haft vorlag; unter Hinweis auf diese neue Verlängerung bzw. Anordnung der U-Haft wurde die Beschwerde gegen die davor erfolgte Anordnung für unzulässig erklärt).

Wenn das Verfahren in der ersten Instanz allen prozessualen Anforderungen genügt 537
hat (Rn. 524 ff.) und in der zweiten Instanz eine **mündliche Verhandlung** stattffindet,
besitzt der Beschuldigte nicht automatisch auch ein Anwesenheitsrecht in dieser Verhandlung. Über den Antrag kann grundsätzlich nur in Anwesenheit seines Rechtsbeistands
verhandelt werden; je nach den Umständen des Einzelfalls kann die Anwesenheit des
Beschuldigten aber aus Fairnessgründen notwendig sein, um seinem Anwalt Hintergrund-
informationen zum Tatvorwurf und Hinweise für prozesstaktische Anweisungen geben zu
können.[1404]

Zwar kann der Beschuldigte auf sein Anwesenheitsrecht verzichten, ein derartiger 538
Verzicht kann aber aus dem Fehlen eines (speziellen) Antrags, bei der Haftprüfung anwesend zu sein, allenfalls dann gefolgert werden, wenn das nationale Recht klar regelt (d.h.
es dem Beschuldigten bewusst ist), dass ein derartiger Antrag erforderlich ist.[1405] Beruft
sich der Staat darauf, dass der Verteidiger auf sein Anwesenheitsrecht durch Nichterscheinen verzichtet habe, so hat er zu beweisen, dass der Anwalt formgerecht über den Termin
benachrichtigt wurde.[1406]

Ein Verstoß gegen die **Waffengleichheit** soll nicht vorliegen, wenn nur dem Staat ein 539
Rechtsmittel gegen die Haftprüfungsentscheidung zur Verfügung steht und dem Inhaftierten dafür aber die Möglichkeit eingeräumt wird, erneut Haftprüfung zu beantragen.[1407]
Hier wird es aber stets auf die verfahrensrechtliche Ausgestaltung im Einzelfall ankommen.

Zu den Anforderungen an das Verfahren nach Art. 5 Abs. 4 gehört – als Element der 540
effektiven Verteidigung – die Garantie der Vertraulichkeit der **Kommunikation zwischen
Verteidiger und Inhaftiertem**. Diese ist nicht erst dann verletzt, wenn sicher feststeht,
dass die Verständigung zwischen Verteidiger und Mandanten ab-/mitgehört wird,[1408] sondern es genügen bereits **vernünftige Zweifel** an der Vertraulichkeit des Wortes („could
reasonably have had grounds to believe..." bzw. „genuine fear").[1409] Die Erschwerung der
Kommunikation durch eine räumliche Abtrennung von Verteidiger und inhaftiertem Man-

---

1404 EGMR Pyatkov/R, 13.11.2012, § 129 („[...] to examine it only in the presence of the detainee's lawyer,
provided that the hearing before the first-instance court offered sufficient procedural guarantees (...) depending on the circumstances of the case, the detainee's personal presence was required in order to be able to
give satisfactory information and instructions to his counsel [...]").
1405 EGMR Pyatkov/R, 13.11.2012, § 132.
1406 EGMR Koroleva/R, 13.11.2012, § 114; Pyatkov/R, 13.11.2012, § 132 (ausreichend wohl, wenn feststeht, dass
Anwalt Haftprüfungstermin kannte, unabhängig von formeller Ladung).
1407 EGMR Stephens/MLT (Nr. 1), 21.4.2009, § 97.
1408 So EGMR Demirtaş u. Yüksekdağ Şenoğlu/TRK, 6.6.2023, §§ 107 ff. (Überwachung und Aufzeichnung
der Gespräche mit dem Verteidiger, Beschlagnahme der Anwaltspost).
1409 EGMR Castravet/MOL, 13.3.2007, §§ 48 ff.; Istratii u.a./MOL, 27.3.2007, §§ 89 ff. (Vertraulichkeit nicht
gewährleistet, wenn Verteidiger und Mandant durch eine Glasscheibe voneinander getrennt werden und
Gründe für die Annahme bestehen, dass die Konversation abgehört wird; Verstoß gegen Art. 5 Abs. 4); in
Abgrenzung dazu: EGMR Apostu/RUM, 3.2.2015, § 99 (zwar behinderte die Trennung/Glasscheibe die Kommunikation etwas; Behauptungen/Befürchtungen, das Gespräch werde mitgehört, jedoch nicht fundiert); ferner
EGMR Sarban/MOL, 4.10.2005 (Verletzung von Art. 8 verneint); ähnlich EKMR Kröcher u. Möller/CH, 9.7.1981
(Art. 6 „Waffengleichheit"; kein Verstoß durch Glasscheibe ohne Abhörgefahr). Ergänzend EGMR Cebotari/
MOL, 13.11.2007, §§ 56 ff. (Trennung des Inhaftierten, der Beschwerde beim EGMR einlegen wollte, von sei-
nem Anwalt durch Glasscheibe, mit Abhörgefahr, ohne Öffnung, so dass keine Dokumente, noch nicht einmal
die Vollmacht oder das Beschwerdeformular, übergeben werden konnten; Behinderung der Ausübung des
Beschwerderechts; Verstoß gegen Art. 34).

danten mittels Glasscheibe kann im Einzelfall – nicht aber generell – mit Sicherheitserwägungen begründet werden.[1410]

9. Zugang zur Verfahrensakte/Akteneinsicht

541   **a) Bedeutung des Zugangs zur Akte bei Freiheitsentziehung.** Der Zugang zur Verfahrensakte ist ein **elementarer Bestandteil einer effektiven Verteidigung** sowohl im Strafverfahren insgesamt (dazu Art. 6 Rn. 909 ff.), als auch gegen eine Inhaftierung im Ermittlungsverfahren bzw. während des gerichtlichen Verfahrens über die erhobene strafrechtliche Anklage.[1411] Dem Beschuldigten, in erster Linie seinem Verteidiger, darf es daher durch die Verweigerung eines Zugangs zur Akte nicht verwehrt werden, die **für die Aufrechterhaltung einer Freiheitsentziehung und ihre Rechtmäßigkeit vorgetragenen Gründe** sachlich in Frage zu stellen.[1412]

542   Für das Haftrecht der StPO und die sonstigen dem Art. 104 Abs. 2 GG unterliegenden Verfahren maß die Justizpraxis dem Zugang zur Akte lange Zeit keine weitreichende Bedeutung bei und zog sich auf den Gedanken zurück, dass der Ermittlungsrichter bzw. das erkennende Gericht im Rahmen der Haftprüfung ohnehin gehalten seien, in eigener Verantwortung alle für und gegen eine Haftfortdauer sprechenden Umstände von sich aus prüfen und den Festgenommenen bzw. Verhafteten zu allen dafür wesentlichen Tatsachen vor seiner Entscheidung zu hören.[1413] Man sah den Beschuldigten im Wesentlichen schon durch sein **Recht auf Gehör** ausreichend vor dem Umstand geschützt, dass die Entscheidung über die Anordnung bzw. Fortdauer einer Haft auf Tatsachen gestützt wurde, zu denen er vorher nicht hatte Stellung nehmen können. Gerade ein Recht des inhaftierten *Beschuldigten* auf Zugang zur Akte wurde deshalb lange Zeit nicht anerkannt.[1414]

543   Mitte der 1990er Jahre musste dann das **BVerfG** klarstellen, dass dem Beschuldigten im Hinblick auf seinen **Anspruch auf rechtliches Gehör** (Art. 103 Abs. 1 GG) und das allgemeine Recht auf ein **faires Verfahren**[1415] (Art. 20 Abs. 3 i.V.m. Art. 2 Abs. 1 GG)[1416] die zu seiner effektiven Verteidigung notwendigen Angaben über die Umstände, die zur Anordnung oder Fortdauer der ihm gegenüber vollzogenen Untersuchungshaft herangezogen werden, **zumindest mündlich** bekannt gegeben werden müssen.[1417] Konnte eine solche Mitteilung wegen der zu besorgenden „Sicherung gefährdeter Interessen"[1418] nicht erfolgen, so durften jene Tatsachen nicht gegen den Beschuldigten verwendet werden.[1419]

1410 EGMR Istratii u.a./MOL, 27.3.2007, §§ 98 ff. (Begründung für das Vorliegen eines Verstoßes auch damit, dass den Inhaftierten keine Gewalttätigkeiten vorgeworfen worden waren; die vom Gerichtshof vorgenommene Abgrenzung zu EKMR Kröcher u. Möller/CH, 9.7.1981, jedoch fragwürdig, da die EKMR die Verneinung eines Verstoßes nicht mit der Gefährlichkeit der Bf. begründet hatte).

1411 Zur Akteneinsicht nach rechtskräftigem Abschluss des Verfahrens: BGH NStZ-RR **2020** 50.

1412 EGMR Lamy/B, 30.3.1989; (GK) Nikolova/BUL, 25.3.1999; Svipsta/LET, 9.3.2006.

1413 Zur umfassenden Prüfungspflicht vgl. BVerfGE **83** 24 = NJW **1991** 1281 = EuGRZ **1991** 41; BVerfG NJW **1994** 3219 = NStZ **1994** 551 = StV **1994** 465 m. Anm. *Bohnert* GA **1995** 468.

1414 *Esser* 353 unter Hinweis auf EGMR Foucher/F, 17.2.1997, NStZ **1998** 429 m. Anm. *Deumeland*; vgl. auch BVerfG NJW **1994** 3219 (partielles Akteneinsichtsrecht der Verteidigung).

1415 BVerfG NJW **1994** 3219; instruktiv zur Herleitung des Akteneinsichtsrechts *Michalke* NJW **2013** 2334 ff.

1416 BVerfGE **57** 250 = NJW **1981** 1719.

1417 BVerfG NJW **1994** 3219; NJW **1994** 573 = StV **1994** 1 m. Anm. *Lammer*; vgl. grundsätzlich zum Recht auf Akteneinsicht als Ausprägung des Rechts auf rechtliches Gehör BVerfGE **18** 399 = NJW **1965** 1171; NVwZ **2010** 954, 955; Dürig/Herzog/Scholz/*Remmert* Art. 103 Abs. 1, 87 GG.

1418 BVerfGE **9** 89.

1419 BVerfG NJW **1994** 3219.

Esser

Bei einem bereits **vollzogenen Haftbefehl** (vgl. hingegen Rn. 19)[1420] – d.h. nach der Festnahme – besteht somit schon verfassungsrechtlich ein Recht des Beschuldigten auf jedenfalls **teilweisen Zugang zur Akte**. Schließlich hat der Inhaftierte durch den in der Freiheitsentziehung liegenden Eingriff in Art. 2 Abs. 2 Satz 2 GG, dem auch im Verfahrensrecht freiheitssichernde Bedeutung zukommt,[1421] ein nicht aufschiebbares Interesse an einer Kenntnis vom Inhalt der Akten.[1422] Ein **Recht auf uneingeschränkten Aktenzugang** besteht dagegen **regelmäßig nicht**.[1423] Diesen Ansatz hatte das **BVerfG** später auf Fälle des **dinglichen Arrests** erweitert.[1424]

Durch das **2. OpferRRG** v. 29.7.2009[1425] und das **Gesetz zur Änderung des Untersu-** 544 **chungshaftrechts** v. 29.7.2009[1426] wurden der Rechtsschutz des Verteidigers im Falle einer Verweigerung der Akteneinsicht sowie das Recht auf Zugang zur Akte im Falle einer vollzogenen Untersuchungshaft erweitert.[1427]

Rechtsfolge einer den verfassungsrechtlichen Vorgaben widersprechenden und da- 545 mit rechtswidrigen Verweigerung der Akteneinsicht soll ein unmittelbar aus der Verfassung abzuleitendes **temporäres Beweisverwertungsverbot** sein, welches mit Gewährung der Akteneinsicht wieder erlischt.[1428] Beruht der im konkreten Fall angeführte Haftgrund auf in der Akte befindlichen Tatsachen, die dem Beschuldigten oder seinem Verteidiger nicht zugänglich gemacht worden sind, so muss ein bereits erlassener und vollzogener[1429] Haftbefehl i.d.R. aufgehoben werden.[1430]

Drei für die spätere Rechtsentwicklung wegweisende **Verurteilungen Deutschlands** 546 durch den EGMR aus dem Jahr 2001[1431] machten deutlich, dass die damalige Fassung des § 147 StPO und die auf ihr beruhende Rechtspraxis, die im Grundsatz die mündliche Mitteilung der

---

[1420] Nicht hingegen bei **noch nicht vollzogenem Haftbefehl**: BVerfG NStZ-RR **1998** 108; siehe auch: KG NStZ **2012** 588 = StV **2012** 358 m. Anm. *Börner* = StraFo **2012** 15 m. Anm. *Hermann* u. Anm. *Peglau* JR **2012** 231; OLG München NStZ **2009** 109 = StV **2009** 538 m. Anm. *Wohlers*; OLG München NStZ-RR **2012** 317; OLG Hamm NStZ-RR **2001** 254; **a.A.** bei unmittelbar bevorstehender Inhaftierung: AG Halberstadt StV **2004** 549; vgl. dazu *Hermann* 134 ff., vgl. *Beulke/Witzigmann* NStZ **2011** 254, 257 f.; vgl. auch OLG Köln StV **1998** 269 (Ls. 2: Akteneinsicht muss im Ausland ansässigen Beschuldigten auch vor Inhaftierung gewährt werden); vgl. auch HRC Salikh/UZB, 30.3.2009, 1328/2005.
[1421] BVerfGE **57** 250 = NJW **1981** 1719.
[1422] BVerfG NJW **1994** 3219.
[1423] BVerfG NJW **1994** 3219; wistra **2004** 179; insoweit zustimmend: Meyer-Goßner/*Schmitt* § 147, 25 StPO; *Pfeiffer* § 147, 2 StPO.
[1424] BVerfGK **3** 197 = NJW **2004** 2443 = StV **2004** 411; BVerfGK **7** 205 = NJW **2006** 1048 = NStZ **2006** 459.
[1425] Gesetz zur Stärkung der Rechte von Verletzten und Zeugen im Strafverfahren (2. Opferrechtsreformgesetz) v. 29.7.2009 (BGBl. I S. 2280).
[1426] BGBl. **2009** I S. 2274.
[1427] Ausführlich hierzu *Jahn* FS I. Roxin 585, 586 f.
[1428] BVerfG NJW **1994** 3219; BVerfGK **10** 7 = NStZ **2007** 274; OLG Hamm NStZ **2003** 386 = StV **2002** 318; OLG Brandenburg NStZ-RR **1997** 107; vgl. auch *Park* StV **2009** 276; *Rau* StraFo **2008** 9.
[1429] Bei nicht vollzogenem Haftbefehl ist dies regelmäßig nicht der Fall, vgl. OLG Hamm NStZ-RR **1998** 19; NStZ-RR **2001** 254; Beschl. v. 29.9.2005 – 2 Ws 233/05.
[1430] OLG Hamm NStZ **2003** 386 = StV **2002** 318; LG Leipzig StV **2008** 514 = StRR **2008** 387; LG Magdeburg StV **2004** 327 = StraFo **2004** 167; AG Halle (Saale) StV **2013** 166 m. Anm. *Hunsmann* StRR **2012** 356; AG Halberstadt StV **2004** 549; vgl. auch: EGMR (K) Mooren/D, 13.12.2007, StV **2008** 475 m. Anm. *Hagmann* 483, *Pauly* 484; anders AG Frankfurt (Oder) StRR **2014** 402 (Haftbefehl sei nicht allein wegen unterbliebener Akteneinsicht aufzuheben).
[1431] EGMR Lietzow/D, 13.2.2001; Schöps/D, 13.2.2001; Garcia Alva/D, 13.2.2001; dazu *Kieschke/Osterwald* NJW **2002** 2003; ausführlich *Jahn* FS I. Roxin 585, 587 ff.; vgl. auch EGMR Kunkel/D (E), 2.6.2009, EuGRZ **2009** 472 = HRRS **2009** Nr. 1090.

Esser

Haftgründe für ausreichend hielt,[1432] hinter den **menschenrechtlichen Standards deutlich zurückblieben**.[1433] Der EGMR stellte klar, dass in Haftsachen – entgegen dem in der seinerzeitigen Praxis vorherrschenden Regel-Ausnahme-Prinzip – *grundsätzlich* ein *effektiver* Zugang zur Akte gewährt werden müsse.[1434] Die **mündliche Bekanntgabe der Haftgründe** trete hinter einem solchen **Recht auf *Zugang* zur Akte** subsidiär zurück.[1435] Eine Beschränkung des Zugangsrechts auf eine rein inhaltliche Informationsvermittlung durch eine mündliche Bekanntgabe von Akteninhalten stufte der EGMR überzeugend als konventionswidrig ein.[1436]

547 **b) Umfang des zu gewährenden Zugangs. Qualitativ** (inhaltlich) stellt sich die Frage, welche der Gegenstände und Erkenntnisse, die den Strafverfolgungsbehörden bzw. dem Gericht in einem konkreten Strafverfahren vorliegen, aus menschenrechtlicher Perspektive zur „Akte" gehören und damit prinzipiell einem Zugangsrecht des Beschuldigten unterliegen. Konkret stellt sich die Frage, ob zur Akte nur Schriftstücke oder auch Tonaufzeichnungen[1437] und Bildaufnahmen zu zählen sind. Weiterhin ist fraglich, ob die in der StPO angelegte Trennung von „Akten" und „Beweisstücken" (vgl. § 147 Abs. 1 StPO) mit dem Aktenbegriff der EMRK vereinbar ist. Der EGMR sprach terminologisch lange Zeit von *„case file"*,[1438] was vordergründig eine Beschränkung des dem Zugang unterliegenden Teils der „Akte" auf Schriftstücke nahelegte. Mittlerweile findet sich in den Judikaten aber zunehmend der Begriff *„case materials"*, der auf einen **erweiterten Aktenbegriff** schließen lässt, der sowohl Aktenbestandteile im klassischen Sinne als auch elektronische Aufzeichnungen sowie sonstige Beweisstücke umfasst.[1439] Dies deckt sich mit der Klarstellung des EGMR, dass es vor allem auf die **Bedeutung der jeweiligen Informationen** im Hinblick auf die **Beurteilung der Rechtmäßigkeit der Freiheitsentziehung** ankomme.[1440] Das Akteneinsichtsrecht des Art. 5 Abs. 4 umfasst deshalb der Sache nach auch den Zugang zu **elektronischen Speichermedien**, wenn diese Informationen mit dem Strafverfahren in unmittelbarem Bezug stehen.[1441]

1432 Vgl. BGH NJW **1996** 734 = NStZ **1996** 146; NJW **2000** 84 = NStZ **2000** 46 = StV **2000** 537; OLG Köln NStZ **2002** 659; KG wistra **1994** 38; OLG Saarbrücken NJW **1995** 1440 unter Verweis auf EGMR Lamy/B, 30.3.1989; zur mündlichen Mitteilung *Peglau* JR **2012** 231, 233.

1433 Vgl. dazu IK-EMRK/*Renzikowski* 295, der darauf hinweist, dass das BVerfG zuvor in allen drei Fällen die Verfassungsbeschwerde mangels Erfolgsaussicht nicht zur Entscheidung angenommen hatte; siehe zudem: MüKo/*Gaede* 94.

1434 Instruktiv zu den seinerzeitigen Neuregelungen im Recht der Akteneinsicht *Jahn* FS I. Roxin 585, 589 ff.

1435 EGMR Schöps/D, 13.2.2001, § 50; vgl. auch EGMR (GK) A. u.a./UK, 19.2.2009, § 204; Krejcir/CS, 26.3.2009, § 116; (GK) Mooren/D, 9.7.2009, §§ 121, 124 f.; Lexa/SLO (Nr. 2), 5.1.2010, § 69; Erkan Inan/TRK, 23.2.2010, § 31; dazu: BVerfG NJW **2004** 2443 = StV **2004** 411; BVerfG NJW **2006** 1048 = NStZ **2006** 459; *Püschel* StraFo **2009** 134 (Hinweis, dass durch die zu gewährende Akteneinsicht die Zahl der U-Häftlinge zurückgegangen sei); SSW/*Satzger* 64.

1436 Dazu auch *Jahn* FS I. Roxin 585, 590, 591 mit deutlicher Kritik an der seinerzeitigen Praxis auch im unmittelbaren zeitlichen Nachgang zu den EGMR-Urteilen; vgl. auch MüKo/*Gaede* 94.

1437 Ablehnend: OLG Nürnberg StraFo **2015** 102 m. krit. Anm. *Wesemann/Mehmeti*; ebenfalls ablehnend für bei den Akten befindliche Datenkopien von Videoaufzeichnungen: LG Augsburg StraFo **2020** 150 = StV **2020** 461; eingehend zum Aktenbegriff *Meglalu* 492 ff. („all diejenigen Informationsträger, die mit dem jeweiligen Strafverfahren inhaltlich/thematisch zusammenhängen", 492).

1438 EGMR (GK) Mooren/D, 9.7.2009, § 88.

1439 Vgl. EGMR Moiseyev/R, 9.10.2008, §§ 213 ff. (zu Art. 6 Abs. 3); ebenso: OGH ÖJZ **2012** 82; ferner *Strafner* NStZ **2009** 165, 166.

1440 EGMR (E) Falk/D, 11.3.2008 („information which is essential for the assessment of the lawfulness of a detention should be made available in an appropriate manner").

1441 Vgl. EGMR (E) Falk/D, 11.3.2008, NStZ **2009** 164 m. Anm. *Strafner*.

Esser

Steht fest, was qualitativ/sachlich grundsätzlich zur Akte gehört, die dem Zugangs- **548** recht des Beschuldigten unterliegt, stellt sich die Frage, ob der Zugang zu diesen Gegenständen **quantitativ** aus sachlichen Gründen beschränkt werden kann. Ein genereller Ausschluss des Aktenzugangsrechts oder eine Beschränkung des Zugangsrechts auf die **nach Ansicht der Staatsanwaltschaft** entscheidungserheblichen Aktenteile ist mit dem in Art. 5 Abs. 4 zum Ausdruck kommenden Gebot eines effektiven gerichtlichen Rechtsschutzes offensichtlich nicht zu vereinbaren.

Umstritten war allerdings, ob der Zugang zu den Teilen der Akte beschränkt werden **549** kann, die dem zur Entscheidung über die Rechtmäßigkeit der Freiheitsentziehung berufenen **Gericht** von der Staatsanwaltschaft **vorgelegt werden** bzw. **nach Ansicht *des Gerichts* für die jeweilige Haftentscheidung bedeutsam** sein können.[1442]

Nach gefestigter Rechtsprechung des EGMR ist die Waffengleichheit im strafrechtli- **550** chen Haftprüfungsverfahren nur dann gewährleistet, wenn der Beschuldigte oder wenigstens sein Verteidiger Zugang zu denjenigen **Teilen der Ermittlungsakte** erhält, die für die **wirksame Überprüfung der Rechtmäßigkeit** der Freiheitsentziehung *wesentlich* sind („information which is essential for the assessment of the lawfulness of a detention should be made available in an appropriate manner to the suspect's lawyer").[1443]

Damit umfasst der Zugang zur Verfahrensakte *jedenfalls* **alle dem Gericht** für seine **551** Haftentscheidung **übermittelten Teile der Akte**,[1444] darüber hinaus aber auch solche, die sich (nur/noch) im Besitz der Staatsanwaltschaft oder einer Verwaltungsbehörde[1445] befinden (dem Gericht also bei der Haftprüfung nicht vorgelegt werden), **aber für die Verteidigung des Beschuldigten wesentlich sein können**, sei es zur Entlastung oder zur Prüfung belastender Umstände.[1446]

Werden Aktenbestandteile einem **Sachverständigen** zur Verfügung gestellt und stützt **552** sich die Freiheitsentziehung auch auf dessen späteres Gutachten, so unterliegen dem Aktenzugang jedenfalls die Aktenbestandteile, die dem Sachverständigen zur Verfügung gestellt worden sind. Dieser für das Bußgeldverfahren entwickelte Grundsatz[1447] lässt sich auf Strafverfahren allgemein und auf die speziell von Art. 5 Abs. 4 erfassten Haftsachen übertragen.

1442 *Lange* NStZ **2003** 348; vgl. auch *Michalke* NJW **2013** 2334, 2335.
1443 Vgl. EGMR Lietzow/D, 13.2.2001, §§ 44, 47; Schöps/D, 13.2.2001, § 42; Garcia Alva/D, 13.2.2001, § 42; dazu *Kühne/Esser* StV **2002** 383, 391; vgl. *Kieschke/Osterwald* NJW **2002** 2003; siehe auch EGMR Eren u.a./TRK, 11.12.2018, § 54 (jeder Schriftsatz der Staatsanwaltschaft muss dem Inhaftierten mitgeteilt werden, unabhängig davon, ob er nach Ansicht des Gerichts neue Aspekte enthält); Selahattin Demirtas/TRK (Nr. 2), 20.10.2018, § 201 („equality of arms is not ensured if counsel is denied access to documents in the investigation file which are essential in order to effectively challenge the lawfulness of his or her client's detention"); Onat/ TRK, 25.9.2018, § 25; Gül/D (E), 4.1.2012; Chamaiev u.a./R, 12.4.2005 (Inhaftiertem muss mitgeteilt werden, dass er sich in Auslieferungshaft befindet; Verteidiger muss Einsicht in die Auslieferungsunterlagen gewährt werden); Shishkov/BUL, 9.1.2003, HRRS **2003** Nr. 1000; Lanz/A, 31.1.2002; Karpenstein/Mayer/*Elberling* 104; SK-StPO/*Meyer* 276; zur Darstellung der Folgen der Entscheidungen gegen Deutschland und der daraus folgenden Überarbeitung von § 147 Abs. 2 StPO sowie § 140 Abs. 1 Nr. 4 StPO *Morgenstern* ZIS **2011** 242; krit. zum Begriff „Wesentlichkeit" *Jahn* FS I. Roxin, 585, 592 ff.
1444 So auch BVerfG NJW **2006** 1048 = NStZ **2006** 459; BVerfG NStZ-RR **2008** 16.
1445 Hierzu allgemein, d.h. ohne Bezug zur Haftprüfung: AG Cottbus StRR **2009** 146 (OWi – Zugang zum Messfilm); AG Bad Kissingen ZfS **2006** 706; AG Kleve VRR **2008** 357 (Bedienungsanleitung Messgerät).
1446 IK-EMRK/*Kühne* 517; zu eng: BGH Ermittlungsrichter NStZ-RR **2012** 16, 17 („Schriftsätze und Beweismittel [...], die von der StA dem Gericht zur Beurteilung der Rechtmäßigkeit der Freiheitsentziehung vorgelegt wurden").
1447 Vgl. bezogen auf Art. 6: OLG Celle StRR **2012** 443 (Geschwindigkeitsüberschreitung/Bußgeldverfahren); OLG Naumburg DAR **2013** 37 (Bedienungsanleitung für Messgerät).

553   Das Gericht darf sich demzufolge bei seiner Entscheidung über die Rechtmäßigkeit der Freiheitsentziehung nicht auf für die Verteidigung wesentliche Aktenteile stützen, die der Verteidigung nicht zur Kenntnis gebracht worden sind (**Verwendungsverbot**);[1448] ein entsprechender Haftbefehl ist aufzuheben.[1449] Die nationale Rechtsprechung missachtet diese Vorgaben, wenn sie verlangt, dass die Verteidigung schon für diese Rechtsfolge einen Rechtsbehelf nach § 147 Abs. 5 StPO gegen die Versagung der Akteneinsicht eingelegt haben müsse.[1450] Ein solcher kann allenfalls bei der Erschöpfung des Rechtswegs als Zulässigkeitskriterium für eine Verfassungs-/Individualbeschwerde eine Rolle spielen.

554   Sind dem Beschuldigten/Verteidiger solche für die Verteidigung wesentlichen Teile der Akte explizit bekannt, kann insoweit (ebenfalls unter dem Gesichtspunkt der Rechtswegerschöpfung, Art. 35 Abs. 1) ein entsprechend **substantiierter Antrag auf Zugang** zur Akte erwartet werden.[1451]

555   **c) Ausnahmen/Beschränkungen.** Der EGMR hat immer wieder betont, dass **strafrechtliche Ermittlungen** Rahmenbedingungen benötigen, unter denen sie **effektiv geführt** werden können (*„the need for criminal investigations to be conducted efficiently, which may imply that part of the information collected during them is to be kept secret in order to prevent suspects from tampering with evidence and undermining the course of justice"*).[1452] Dies kann bedeuten, dass wenigstens ein Teil der im Zuge der Ermittlungen zusammengetragenen Informationen (zunächst) geheim gehalten werden kann, um zu verhindern, dass Tatverdächtige Beweismaterial manipulieren und den Gang der Rechtspflege untergraben.

556   Dieser anerkennenswerte Zweck, Informationen zum Schutz der laufenden Ermittlungen geheim zu halten, darf allerdings **nicht auf Kosten erheblicher Beschränkungen der Rechte der Verteidigung** erfolgen (*„pursued at the expense of substantial restrictions on the rights of the defence"*). Der Schutz noch laufender Ermittlungen kann daher angesichts des mit einer **Freiheitsentziehung** immer verbundenen **gravierenden Eingriffs** in die Grundrechte, Persönlichkeitssphäre und Lebensgestaltung der betroffenen Person (*„dramatic impact"*) nur *ausnahmsweise* als Argument gegen die Offenlegung von Aktenteilen in einem Haftprüfungsverfahren angeführt werden.

557   Ein Haftprüfungsverfahren – auch im Vorverfahren – ist daher immer **soweit wie möglich** an den Erfordernissen eines **fairen Verfahrens** auszurichten (*„meet, to the largest extent possible under the circumstances of an ongoing investigation, the basic requirements of a fair trial, even if conducted at pre-trial stage"*) – dazu gehört ein Zugang der Verteidigung zu den für sie wesentlichen Aktenteilen.[1453] Es spricht daher auch und gerade in einem Haftprüfungsverfahren für ein Zugangsrecht des Beschuldigten bzw. seines Verteidigers (dazu Rn. 541, 560) zur Akte, dass er den Verfahrensstoff daraufhin überprüfen können muss, ob sich aus ihm **Argumente gegen die Fortdauer seiner Haft** bzw. gegen

---

1448 BVerfG NJW **1994** 3219; NJW **2019** 41, 42.
1449 Vgl. AG Halle (Saale) StRR **2012** 356; diff. *Peglau* JR **2012** 231, 236.
1450 OLG Hamm (3. Senat) wistra **2008** 195; **a.A.** aber OLG Hamm (2. Senat) NStZ **2003** 386.
1451 EGMR Georgiev/BUL, 26.7.2007, § 89 (Bf. müsse vortragen, welche Dokumente in der Ermittlungsakte für ihn notwendig gewesen seien, um die U-Haft wirkungsvoll angreifen zu können; pauschale Behauptung, ihm sei die Akte vorenthalten worden, genüge nicht).
1452 Vgl. EGMR Lietzow/D, 13.2.2001, § 47; (K) Mooren/D, 13.12.2007, § 92 m.w.N.; Gül/D (E), 4.1.2012; Paşa/MOL, 15.5.2018, § 33.
1453 EGMR Garcia Alva/D, 13.2.2001, § 42; Gül/D (E), 4.1.2012; Iurcovschi u.a./MOL, 10.2.2018, § 47; s.a. *Morgenstern* 216 ff.; Karpenstein/Mayer/*Elberling* 104; Meyer/Ladewig/Nettesheim/von Raumer/*Meyer-Ladewig*/*Harrendorf*/*König* 100; SSW/*Satzger* 64.

seine drohende Verhaftung (im Falle eines **noch nicht vollzogenen Haftbefehls**)[1454] herleiten lassen, die bisher vom zur Entscheidung berufenen Gericht nicht gesehen oder hinreichend gewürdigt worden sind.[1455]

Eine Beschränkung des Aktenzugangs lässt sich allerdings auch nach Ansicht des **558** EGMR rechtfertigen, wenn der Beschuldigte **auf der Flucht** ist („on the run") und noch nicht vernommen werden konnte.[1456] Zudem können **öffentliche Interessen,**[1457] wie die nationale Sicherheit[1458] bzw. insbesondere die Gefahr eines Terroranschlags,[1459] einem Akteneinsichtsrecht entgegenstehen.

Ferner soll der Zugang zur Verfahrensakte eingeschränkt werden können, wenn die **559** gerichtliche Entscheidung über die Rechtmäßigkeit der Freiheitsentziehung angesichts einer festgesetzten Frist besonders zügig ergehen muss und die Gewährung von Akteneinsicht diese Entscheidung verzögern würde.[1460] Ein solches Vorgehen kommt allerdings generell nur in Betracht, sofern die damit verbundene Einschränkung der Verteidigung durch andere Umstände **ausgeglichen** wird, so dass sich der Beschuldigte im Ergebnis gleichwohl effektiv gegen die gegen ihn erhobenen Vorwürfe zur Wehr setzen kann.[1461] Zum Ausgleich zwischen dem Einsichtsrecht einerseits und den staatlichen Geheimhaltungsinteressen andererseits können Vorgehensweisen, wie In-camera-Verfahren oder die Herbeiziehung von Vertrauensanwälten, Bedeutung erlangen.[1462]

Zusammenfassend lässt sich damit sagen, dass Informationen, die für die Beurteilung **560** der Rechtmäßigkeit einer Freiheitsentziehung **wesentlich** sind (Rn. 550 f.), dem Beschuldigten (bzw. seinem Verteidiger) vor/in einem Haftprüfungsverfahren stets zugänglich zu

---

1454 Hierzu restriktiv eine Akteneinsicht ablehnend: BVerfG NStZ-RR **1998** 108; KG NStZ **2012** 588 = StV **2012** 358 m. Anm. *Börner* = StraFo **2012** 15 m. Anm. *Burhoff* StRR **2011** 470 = JR **2012** 260 m. Anm. *Peglau* 231; KG Beschl. v. 5.10.2009 – 3 Ws 466/09; OLG Hamm NStZ-RR **2001** 254; OLG München NStZ **2009** 109 = StV **2009** 538; **a.A.** (jedenfalls wenn Haftbefehl auf Fluchtgefahr gestützt wird): *Beulke/Witzigmann* NStZ **2011** 254; *Börner* NStZ **2010** 417; *Park* StV **2009** 276; zum Ganzen auch *Meglalu* 535 (im Falle von Untersuchungshaft sind dem Verteidiger „trotz Untersuchungszweckgefährdung die Ermittlungsvorgänge zugänglich zu machen").
1455 Vgl. EGMR (GK) A. u.a./UK, 19.2.2009; Lietzow/D, 13.2.2001; Schöps/D, 13.2.2001; Garcia Alva/D, 13.2.2001; dazu *Kempf* StV **2001** 201, 205; *ders.* FS Rieß 217; *Kieschke/Osterwald* NJW **2002** 2003; *Ignor/Matt* StV **2002** 102; *Lange* NStZ **2003** 348; *Hilger* GA **2006** 294 (Einfluss der Rechtsprechung des EGMR auf die Auslegung des § 147 Abs. 2 StPO); *Rau* StraFo **2008** 9; ferner *Zieger* StV **1993** 320; je m.w.N.; krit. zur Umsetzung der Vorgaben des EGMR in Österreich: *Venier* ÖJZ **2009** 591, 595 f.
1456 EGMR Gül/D (E), 4.1.2012 – Verbindungen zum organisierten Drogenhandel; da Art. 5 nicht einschlägig ist, wenn der Betroffene sich (noch) in Freiheit befindet (Rn. 19), behandelt der EGMR das Akteneinsichtsrecht eines flüchtigen Verdächtigen unter Art. 6 – faires Verfahren (vgl. dort Rn. 920); vgl. auch BGH Beschl. v. 10.3.2021 – 2 BGs 751/20, Tz. 32, BeckRS **2021** 24450 = StraFo **2021** 474.
1457 Meyer/Ladewig/Nettesheim/von Raumer/*Meyer-Ladewig/Harrendorf/König* 100.
1458 EGMR (GK) A u.a./UK, 19.2.2009, §§ 214 ff., 217, NJOZ **2010** 1903, 1913 f.; Karpenstein/Mayer/*Elberling* 105; *Grabenwarter/Pabel* § 21, 68; SK-StPO/*Meyer* 280, 288, wonach das „Ziehen von Zulässigkeitsgrenzen" hinsichtlich der Interessen der nationalen Sicherheit jedoch durchaus schwierig sein kann.
1459 EGMR Sher u.a./UK, 20.10.2015, § 149; *Grabenwarter/Pabel* § 21, 68; SSW/*Satzger* 64; SK-StPO/*Meyer* 280; zudem: *Vogel* ZIS **2017** 28, 30.
1460 EGMR Batiashvili/GEO, 10.10.2019, § 69 (24h-Frist nach georgischem Recht).
1461 EGMR (GK) A u.a./UK, 19.2.2009, § 218, NJOZ **2010** 1903, 1913; Piechowicz/PL, 17.4.2012, § 203; Batiashvili/ GEO, 10.10.2019, § 70; vgl. auch EGMR Selahattin Demirtas/TRK (Nr. 2), 20.10.2018, § 203 (Bf. hatte keinen umfassenden Aktenzugang, war stattdessen aber anderweitig über die Tatsachengrundlage für seine Untersuchungshaft ausreichend informiert); *Grabenwarter/Pabel* § 21, 68; Karpenstein/Mayer/*Elberling* 105.
1462 SK-StPO/*Meyer* 282 ff., 288; dazu auch: EGMR Sher u.a./UK, 20.10.2015, §§ 151 f., wobei es dem Gerichtshof darauf ankommt, dass ein etwaiger Ausschluss von Beweismitteln sowie eine spätere Sichtung in camera klar im Gesetz festgeschrieben sind.

machen sind.[1463] Ein über die (im oben beschriebenen Sinne) wesentlichen Aktenbestandteile hinausgehendes, **unbeschränktes Aktenzugangsrecht** (und sei es auch über den Verteidiger) gewährt Art. 5 Abs. 4 in diesem Verfahrensgang/-stadium allerdings grundsätzlich nicht.

561   Wie allerdings in der Praxis eine dem Gebot der Waffengleichheit entsprechende Aufteilung wesentlicher und unwesentlicher Aktenteile konkret erfolgen soll, bleibt damit schwer vorstellbar.[1464] Eine **partielle Beschränkung des Zugangs zur Akte** dürfte daher allenfalls bei nicht unmittelbar hafterheblichen Verfahrensvorgängen menschenrechtlichen Bestand haben,[1465] und auch dies nur dann, wenn erhebliche Gründe des öffentlichen Wohls sie vorübergehend als unumgänglich erscheinen lassen und die erforderliche Information des Verteidigers anderweitig gesichert ist.

562   **d) Berechtigter.** Das Recht auf Zugang zur Verfahrensakte ist zwar im Kern ein **Recht des Beschuldigten**.[1466] Gleichwohl kann die Ausübung dieses Rechts innerstaatlich *grundsätzlich* auf die **Person des Verteidigers** beschränkt werden.[1467] Allerdings muss der **Beschuldigte** dann *neben* seinem Verteidiger unmittelbaren Zugang zur Verfahrensakte (in dem oben beschriebenen Umfang) erhalten können, wenn – z.B. aufgrund der sachlichen oder rechtlichen **Komplexität der Materie** – nur auf diese Weise eine effektive Verteidigung gewährleistet ist.[1468] Die Grundsätze eines fairen Verfahrens machen in diesem Fall folgerichtig die Gestattung eines **Laptops** als Lesegerät in der Untersuchungshaft regelmäßig erforderlich, jedenfalls bei elektronischen Aktenteilen.[1469]

563   **e) Nicht verteidigter Beschuldigter.** Ein nicht verteidigter, inhaftierter Beschuldigter kann aus Art. 5 Abs. 4 ebenfalls ein Recht auf *Zugang* zur Verfahrensakte ableiten, wenn ein solcher Zugang für die Vorbereitung seiner Verteidigung notwendig ist.[1470] Dieser Zugang ist ihm dann persönlich zu gewähren. In Deutschland kann dieser Fall allerdings nur noch im **Zeitraum zwischen der Festnahme bis zur Entscheidung über die Vorführung** relevant werden (§ 140 Abs. 1 Nr. 4 u. 5 StPO).

564   Als Reaktion auf das Urteil des EGMR in der Rs. *Foucher* aus dem Jahr 1998 hatte der Gesetzgeber durch das **StVÄG 1999**[1471] für den nicht verteidigten Beschuldigten in § 147 Abs. 7 StPO a.F. eine Regelung eingeführt, wonach dem nicht verteidigten Beschuldigten **Auskünfte und Abschriften aus der Akte** erteilt werden konnten („können") – im Umfang begrenzt durch die Gefährdung des Untersuchungszwecks sowie durch überwiegende

---

1463 EGMR (GK) Mooren/D, 9.7.2009; (K) 13.12.2007, §§ 91–92; Falk/D (E), 11.3.2008; siehe auch BVerfG NJW **2006** 1048 = NStZ **2006** 459 = StV **2006** 281; ebenso *Michalke* NJW **2013** 2334, 2335; krit. zum Merkmal der Wesentlichkeit *Jahn* FS I. Roxin 585, 592 f.
1464 vgl. insoweit auch den Sachverhalt bei: EGMR Falk/D (E), 11.3.2008.
1465 So auch *Renzikowski* Habeas Corpus 330 f., z.B. Aktenteile mit Ermittlungsansätzen gegen weitere Tatverdächtige.
1466 Im nationalen Recht muss das Aktenzugangsrecht freilich nicht hierauf beschränkt sein (siehe §§ 475, 477 StPO). Zum Akteneinsichtsrecht eines nicht verletzten Zeugen und dessen anwaltlichen Zeugenbeistands: LG Hamburg StraFo **2019** 335 m. Anm. *Rieckhoff*.
1467 EGMR Kamasinski/A, 19.12.1989, ÖJZ **1990** 412; MüKo/*Gaede* 93; diff. *Michalke* NJW **2013** 2334, der aber dann den Begriff des Verteidigers weit verstanden wissen will.
1468 Grundlegend („leading case") zu dieser Frage – bezogen auf Art. 6: EGMR (GK) Öcalan/TRK, 12.5.2005, §§ 138–144 (Organisierte Kriminalität/Terrorismus).
1469 Vgl. LG Frankfurt a.M. StV **2016** 166; OLG Rostock StV **2016** 168.
1470 Grundlegend – bezogen auf Art. 6: EGMR Foucher/F, 17.2.1997; *Kühne* JZ **2003** 670, 672.
1471 BGBl. 2000 I S. 1253; hierzu instruktiv *Jahn* FS I. Roxin 585, 596.

Esser   516

schutzwürdige Interessen Dritter.[1472] Die Vorschrift gewährte damit (auch dem *inhaftierten* nicht verteidigten Beschuldigten) lediglich einen Anspruch auf eine **Ermessensentscheidung** der nach § 147 Abs. 5 StPO zuständigen Stelle und nicht etwa – wie dem Verteidiger nach § 147 Abs. 1 StPO – einen Anspruch auf Aktenzugang/-einsicht.[1473] Das vom EGMR geforderte **Recht** auf Aktenzugang war durch die Vorschrift somit nicht hinreichend gewährt.[1474]

Durch das **Gesetz zur Änderung des Untersuchungshaftrechts v. 29.7.2009**[1475] **565** (Rn. 544) hatte die Regelung eine dahingehende Änderung erfahren, dass dem nicht verteidigten Beschuldigten (auf Antrag) **Auskünfte und Abschriften aus den Akten erteilt werden mussten ("sind"),** *"soweit dies zu einer angemessenen Verteidigung erforderlich ist".* Problematisch war im Hinblick auf die Rechtsprechung des EGMR weiterhin die pauschale „Schranke", dass der Untersuchungszweck (auch in einem anderen Strafverfahren) nicht gefährdet werden durfte und keine überwiegenden schutzwürdigen Interessen Dritter entgegenstehen durften.

Im Zuge des **Gesetzes zur Einführung der elektronischen Akte in der Justiz und 566 zur weiteren Förderung des elektronischen Rechtsverkehrs v. 5.7.2017**[1476] wurde dieses Auskunftsrecht zur Gewährleistung eines fairen Verfahrens[1477] schließlich zu einem *unmittelbaren* Akteneinsichtsrecht des unverteidigten Beschuldigten in dem neu gefassten § **147 Abs. 4 StPO** nach Maßgabe der Absätze 1 bis 3 ausgebaut. Zwar wurden die Verweigerungsgründe der schutzwürdigen Interessen Dritter und der Gefährdung des Untersuchungszwecks aufrechterhalten (vgl. § 147 Abs. 4 Satz 1 StPO), im Unterschied zu dem damit aufgehobenen § 147 Abs. 7 StPO setzt die Neuregelung den Umfang der Akteneinsicht aber nicht mehr in Abhängigkeit dazu, inwieweit diese eine angemessene Verteidigung erfordert.[1478] Die Beurteilung der Erforderlichkeit für eine angemessene Verteidigung obliegt demnach künftig allein dem Beschuldigten.[1479]

Dass (nun) auch der unverteidigte Beschuldigte im Grundsatz einen angemessenen 567 Zugang zur Akte in eigener Person hat, darf allerdings nicht dazu verleiten, die allgemeinen Anforderungen an die **Notwendigkeit seiner Verteidigung** herunterzuschrauben; in Hinblick auf die Notwendigkeit der Bestellung eines Verteidigers ist stets eine Betrachtung des konkreten Einzelfalls erforderlich.[1480]

f) Art und Weise des zu gewährenden Zugangs. Der Zugang zur Verfahrensakte 568 muss dem Beschuldigten (bzw. seinem Verteidiger) **in geeigneter Weise** ermöglicht werden.[1481] Maßstab ist auch hier immer die geforderte **Effektivität der Verteidigung**.

Der **Zugang zur Originalakte** ist für ein Haftprüfungsverfahren im Ermittlungsver- 569 fahren *grundsätzlich* nicht erforderlich; für eine effektive Verteidigung ist es hier in der Regel ausreichend, wenn dem Verteidiger (bzw. dem Beschuldigten) eine **Kopie der Akte** (auch in elektronischer Form) zur Verfügung gestellt wird. Gleichwohl muss der Verteidiger die Vollständigkeit der Originalakte sowie des ihm zur Verfügung gestellten Duplikats

---

1472 So schon vor Einführung des § 147 Abs. 7 StPO: LG Ravensburg NStZ **1996** 100.
1473 LG Ravensburg NStZ **1996** 100; OLG Hamm Beschl. v. 4.10.2001 – 4 Ws 195/01.
1474 Vgl. *Deumeland* r+s **2005** 365 unter Hinweis auf LG Berlin Beschl. v. 27.4.1999 – 526 Qs 119/99.
1475 BGBl. I S. 2274.
1476 BGBl. I S. 2208.
1477 So ausdrücklich der Gesetzentwurf der Bundesregierung, BTDrucks. **18** 9416 S. 60.
1478 SSW/*Beulke* § 147, 47 StPO; Meyer-Goßner/*Schmitt* § 147, 31 StPO.
1479 Vgl. den Gesetzentwurf der Bundesregierung, BTDrucks. **18** 9416 S. 60.
1480 Siehe: KG NStZ-RR **2013** 116 (Videoaufnahme als Teil des Aktenzugangs nach § 147 Abs. 7 StPO a.F.; keine notwendige Pflichtverteidigerbestellung).
1481 Siehe auch MüKo/*Gaede* 95.

anhand der Originalakte überprüfen können, wenn er insoweit Zweifel an der jeweiligen Vollständigkeit hat.

570   Ein unmittelbarer Zugang zur Originalakte darf dem **nicht verteidigten Beschuldigten** mit Rücksicht auf die **Manipulationsgefahr** grundsätzlich versagt werden. Abschriften bzw. Kopien müssen ihm jedoch stets in dem von Art. 5 Abs. 4 geforderten Umfang (vgl. Rn. 547 ff.) zur Verfügung gestellt werden.[1482] Entsprechendes gilt für den Zugang zu Bild- und Tondokumenten.[1483] Verlangt der nicht verteidigte Beschuldigte einen Zugang zur Originalakte, um die Vollständigkeit der Kopien/Abschriften kontrollieren zu können, so ist ihm diese Kontrolle entweder durch die **Bestellung des Verteidigers** oder dadurch zu gewährleisten, dass ihm die Originalakte persönlich **unter Aufsicht** zugänglich gemacht wird.

571   Zu einer „effektiven Verteidigung" im Haftprüfungsverfahren gehört, dass dem Verteidiger bzw. dem Beschuldigten die erforderlichen Unterlagen **so rechtzeitig** zur Verfügung gestellt werden, dass diese sich effektiv auf den Haftprüfungstermin vorbereiten können.[1484]

572   Der Zugang zur Akte **im Herrschaftsbereich der Justiz** (Geschäftsstelle; Verteidigerzimmer im Gerichtsgebäude) *kann* im Einzelfall für die Gewährleistung einer effektiven Verteidigung ausreichend sein, wenn dem Verteidiger Gelegenheit gegeben wird, sich ungestört und im zeitlich angemessenen Rahmen mit dem Inhalt der Akte vertraut zu machen. Bei komplexeren Verfahren wird jedoch eine **Überlassung**[1485] **der Akte** (ggf. Kopie; CD-ROM, s.o.) für einen bestimmten Zeitraum[1486] in die Räumlichkeiten des Verteidigers oder auch den Haftraum des Beschuldigten erforderlich sein.[1487] Über einen entsprechenden Antrag des Verteidigers muss nach sachlichen Kriterien, d.h. unter Ausschluss jeder Willkür entschieden werden.[1488]

573   Der Zugang zur Verfahrensakte in dem oben beschriebenen zu gewährenden Umfang muss grundsätzlich **unentgeltlich** ermöglicht werden. Lediglich für die Fertigung von Kopien oder die Versendung der Akte (durch die Justiz) darf ein dem Verwaltungsaufwand **angemessenes Entgelt**[1489] verlangt werden – nicht aber beim mittellosen Beschuldigten.

1482 EGMR Foucher/F, 17.2.1997.

1483 OLG Schleswig JZ **1979** 816 = NJW **1980** 352.

1484 EGMR (GK) Öcalan/TRK, 12.5.2005; Frommelt/FL, 24.6.2004, §§ 33 ff.; MüKo/*Gaede* 93.

1485 Ein Anspruch auf die Versendung der Akte besteht hingegen grundsätzlich nicht, vgl. BGH NStZ-RR **2008** 48; KG VRS **102** (2002) 205; OLG Brandenburg Beschl. v. 2.7.2008 – 1 Ws 107/08; vgl. für die Akteneinsicht nach § 78 FGO BFH/NV **2009** 194; vgl. aber auch OLG Zweibrücken Beschl. v. 10.7.2020 – 1 OWi 2 SsBs 51/20 (Gewährung der Einsicht durch Bereitstellung einer elektronischen Fassung der Akte).

1486 BGH wistra **2006** 25 m. Anm. *Gaede* HRRS **2005** 377 (Fristbemessung insbesondere unter Berücksichtigung des Umfangs der Akten).

1487 Dies kann etwa der Fall sein, wenn dem Verteidiger die Inaugenscheinnahme eines Ton-Bild-Dokuments zeitlich in den Räumen der StA/Polizei nicht zugemutet werden kann: BayObLGSt **1990** 128 = NJW **1991** 1070 = NStZ **1991** 190 = StV **1991** 200; OLG Frankfurt StV **2001** 611; LG Bonn StV **1995** 632 = StraFo **1996** 26.

1488 Hierzu: BVerfG NJW **2012** 141 (Beschränkung der Einsichtnahme in die Akte auf die Geschäftsstelle des Gerichts allein zur Sanktionierung der Nichtvorlage der Vollmacht).

1489 Als problematisch war die in Österreich seit 1.7.2009 vorgesehene Gebühr für Aktenkopien (Gerichtsgebührengesetz) zu sehen (für alle gerichtlichen Verfahren). Für jede angefangene Seite (!) einer Kopie waren 1,00 € bei Anfertigung durch Kanzleibedienstete des Gerichts bzw. 0,50 € bei Selbstfertigung der Kopie zu entrichten (zuvor: generell 0,40 €). Am 13.12.2011 entschied der ÖVerfG: Sowohl die allgemeine Erhebung einer Gebühr für das Anfertigen von Ablichtungen durch die Partei selbst – ohne Nutzung von Gerichtsinfrastruktur und unter Heranziehung eigener, von der Partei selbst mitgebrachter Geräte (Scanner/Digitalkamera), als auch die Vorsehung von Gebühren für die Anfertigung von Kopien durch Parteien in gleicher Höhe – unabhängig davon, ob Gerichtsinfrastruktur in Anspruch genommen wird oder nicht, verstoße gegen den Gleichheitsgrundsatz aus Art. 7 der Bundesverfassung.

Den Staat trifft eine dahingehende **Darlegungs- und Beweislast** dafür, dass eine be- 574
antragte Akteneinsicht auch tatsächlich gewährt wurde.[1490]

g) Prozessuales. Auf sein Recht auf Zugang zur Verfahrensakte kann der Beschuldigte 575
verzichten.[1491] Denkbar sind etwa Fallkonstellationen, in denen das Gericht die Aufhebung der U-Haft signalisiert und der Betroffene eine rasche Entscheidung herbeiführen
möchte. Allerdings bleibt sein Recht auf Aktenzugang auch bei einer positiven Entscheidung des Gerichts bestehen.[1492] Der Beschuldigte (bzw. sein Verteidiger) muss die Akteneinsicht gemäß dem innerstaatlichen Recht **beantragen;**[1493] der Antrag stellt einen zu
erschöpfenden (i.d.R. effektiven) **Rechtsbehelf** i.S.v. Art. 35 Abs. 1 dar (Teil II Rn. 175 ff.;[1494]
zum **Umfang** des zu stellenden Antrags vgl. Art. 6 Rn. 936). Ein Antrag auf Akteneinsicht
umfasst grundsätzlich auch **später eingegangene Aktenteile**; eine Pflicht der Justizbehörden, den Beschuldigten/Verteidiger über den Eingang neuer Aktenteile zu **informieren**,
wird man aus dem Anspruch auf ein **faires Verfahren** (Art. 6 Abs. 1) ableiten können. Die
Pflicht zur **Darlegung plausibler Gründe**, warum die Akten, in die Einsicht gegeben
werden soll, für den späteren Antrag auf Haftkontrolle *wesentlich* sind, liegt aber beim
Beschuldigten.[1495]

Art, Umfang und ggf. die Verweigerung eines Aktenzugangs muss der Beschuldigte 576
durch eine unabhängige Stelle **überprüfen** lassen können (**Art. 13**). Bei inhaftierten Beschuldigten muss die Entscheidung der StA hinsichtlich des Vorliegens einer Gefährdung
des Untersuchungszwecks und einer dadurch bedingten Beschränkung des Zugangs zur
Akte auch auf **Ermessensfehler** hin kontrolliert werden.[1496]

Bei einem (noch) nicht inhaftierten Beschuldigten ist zu beachten, dass die gegen 577
einen noch **nicht vollzogenen Haftbefehl** gerichtete Beschwerde nach Auffassung des
BGH grundsätzlich nicht schon allein deshalb Erfolg hat, weil die Staatsanwaltschaft Einsicht in die die Haftentscheidung tragenden Aktenteile verweigert hat; die Entscheidung
über die Beschwerde sei auch nicht so lange zurückzustellen, bis Akteneinsicht ohne Gefährdung des Untersuchungszwecks gewährt werden kann.[1497]

h) Umsetzung in der Strafprozessordnung. Das am 1.1.2010 in Kraft getretene **Ge-** 578
setz zur Änderung des Untersuchungshaftrechts v. 29.7.2009[1498] sollte die Vorgaben des
EGMR in der für die Akteneinsicht zentralen Vorschrift des § 147 StPO umsetzen.[1499] Für
den Fall, dass sich der Beschuldigte in Untersuchungshaft befindet oder diese im Fall der
vorläufigen Festnahme (§ 127 StPO) beantragt ist, sollte – zur Vorbereitung der Haftprü-

---

1490   EGMR Baksza/H, 23.4.2013, § 50; Hagyo/H, 23.4.2013, § 71; A.B./H, 16.4.2013, § 39; X.Y./H, 19.3.2013, § 52.
1491   EGMR Schöps/D, 13.2.2001.
1492   Vgl. missverständliche Formulierung bei BVerfG NJW **2004** 2443 = StV **2004** 411; *Rau* StraFo **2008**
9.
1493   EGMR Kampanis/GR, 13.7.1995, ÖJZ **1995** 953; Schöps/D, 13.2.2001.
1494   EGMR (K) Mooren/D, 13.12.2007, §§ 82 ff.
1495   EGMR (E) Falk/D, 11.3.2008 („the applicant failed to demonstrate [...] that any of the material to which
access was delayed would have called into question the suspicion against him if he had received it earlier
and would thus have played a role in his challenge to the arrest warrant"); SSW/*Satzger* 65.
1496   Vgl. LR/*Jahn* § 147, 156, 203 StPO.
1497   BGH NJW **2019** 2105 (Strafverfahren wegen des Verdachts der Beteiligung an einer terroristischen
Vereinigung im Ausland) m. Anm. *Mitsch* NJW **2019** 2108; *Börner* NStZ **2019** 480.
1498   Gesetz zur Änderung des Untersuchungshaftrechts v. 29.7.2009 (BGBl. I S. 2274).
1499   Vgl. BTDrucks. **16** 11644 S. 14, 48 f.

fung – der **Vorrang des Aktenzugangs gegenüber einer bloß mündlichen Unterrichtung** des Beschuldigten klargestellt werden.[1500]

579   Die *„für die Beurteilung der Rechtmäßigkeit der Freiheitsentziehung wesentlichen Informationen"* (dies entspricht im Kern den Vorgaben des EGMR) sind dem Verteidiger allerdings nur *„in geeigneter Weise"* zugänglich zu machen (**§ 147 Abs. 2 Satz 2 Hs. 1 StPO**). Die in § 147 Abs. 2 Satz 2 Hs. 2 StPO n.F. gewählte Formulierung sieht die **Akteneinsicht** dabei nur als **Regel,** nicht aber als einzigen gangbaren Weg der Informationsverschaffung für den nicht auf freiem Fuß befindlichen Beschuldigten vor. Ein uneingeschränkter Vorrang des Zugangs zur Akte gegenüber der bloß mündlichen Information des festgenommenen/inhaftierten Beschuldigten über ihren Inhalt besteht also nicht,[1501] obwohl mittlerweile auch der EGMR klargestellt hat, dass diese Form der Mitteilung gerade keine effektive Überprüfung der mitgeteilten Informationen ermöglicht (Rn. 546).[1502] Damit bleibt die Neuregelung insoweit hinter den Vorgaben des EGMR[1503] zurück.[1504] Es hat daher eine konventionskonforme Auslegung des § 147 Abs. 2 StPO zu erfolgen.[1505]

580   Selbst die besagte *Regel* der Akteneinsicht galt zunächst nur für den verteidigten, nicht aber für den **unverteidigten Beschuldigten.** Für diesen war § 147 Abs. 7 Satz 2 StPO a.F. einschlägig, der nur auf § 147 Abs. 2 Satz 2 Hs. 1 StPO verwies. Zwar wurde diese Unterscheidung durch das **Gesetz zur Einführung der elektronischen Akte in der Justiz** [...] v. 5.7.2017[1506] aufgehoben, indem § 147 Abs. 4 StPO seither das Akteneinsichtsrecht des unverteidigten Beschuldigten in Untersuchungshaft unter vollständiger **Bezugnahme auf Absatz 2** regelt. Trotz vehementer Kritik blieb zunächst die Frage weiterhin ungeklärt, wie dem inhaftierten Beschuldigten der Zugang zur Akte ermöglicht werden soll. Einzig effektiv erscheint die Ermöglichung des Zugangs über **technische Hilfsmittel,** da elektronische wie papiergeführte Akten eine Vielzahl von Dateien enthalten können (Audio/Video), die einem Ausdruck in Papierform unzugänglich sind.[1507]

581   § 32f StPO[1508] hat diese Forderung aufgegriffen und regelt die **Form** der Gewährung von Akteneinsicht mit einer Unterscheidung zwischen **elektronischen Akten** (Absatz 1: Abrufmöglichkeit über das Akteneinsichtsportal; Einsicht in Diensträumen; Überlassung von Ausdrucken oder Datenträgern) und **Papierakten** (Absatz 2: Einsicht in Diensträumen; Bereitstellung über Abrufportal oder von Kopien; Aktenmitgabe an Rechtsanwälte).[1509]

1500   Vgl. den Bericht des Rechtsausschusses des Bundestages, BTDrucks. **16** 13097 S. 28.

1501   *Peglau* JR **2012** 231, 234.

1502   Siehe auch die Stellungnahme (Nr. 38/2008) des Strafrechtsausschusses der BRAK zum RefE zum U-HaftRÄG vom September 2008; *Beulke/Witzigmann* NStZ **2011** 254, 257.

1503   Vgl. nur EGMR Schöps/D, 13.2.2001; Lietzow/D, 13.2.2001; Garcia Alva/D, 13.2.2001.

1504   Vgl. *Pauly* StV **2010** 492, 493; vgl. auch die Stellungnahme des Strafrechtsausschusses des DAV zum RefE des U-HaftRÄG, S. 13, *Münchhalffen/Gatzweiler* 77; krit. zur Neuregelung: *Deckers* StraFo **2009** 441, 444.

1505   Meyer-Ladewig/Nettesheim/von Raumer/*Meyer-Ladewig/Harrendorf/König* 100; SSW/*Satzger* 65; MüKo/*Gaede* 95.

1506   Gesetz zur Einführung der elektronischen Akte in der Justiz und zur weiteren Förderung des elektronischen Rechtsverkehrs v. 5.7.2017 (BGBl. I S. 2208).

1507   Jeweils mit der Forderung strafprozessualer Regelungen in § 147 oder § 148 StPO BRAK-Stellungnahme 47/**2014** 10 f. und 29/**2016** 12; *v. Stetten* ZRP **2015** 138, 139 f. (Verpflichtung zur Schaffung eigener, ausreichender und auch nicht überwachter PC-Terminals in Untersuchungsgefängnissen).

1508   Eingefügt mit dem Gesetz zur Einführung der elektronischen Akte in der Justiz und zur weiteren Förderung des elektronischen Rechtsverkehrs v. 5.7.2017 (BGBl. I S. 2208).

1509   Meyer-Goßner/*Köhler* § 32f, 1 ff. StPO. Zur Einsichtnahme in Aufzeichnungen aus einer TKÜ: *Wu* HRRS **2018** 108 ff. Angesichts des § 32f Abs. 2 Satz 2 StPO kann es sogar ermessensfehlerhaft sein, wenn das Gericht es nicht in Erwägung zieht, eine in Papierform vorliegende Akte einscannen und dem Verteidiger zum elektronischen Abruf bereitstellen zu lassen; OLG Zweibrücken BeckRS **2020** 16186.

In diesem Kontext beschränkt **§ 147 Abs. 4 Satz 2 StPO** die Akteneinsicht des **nicht** 582 **verteidigten Beschuldigten** bei papiergeführten Akten konventionskonform auf die Möglichkeit („kann") der Bereitstellung von Kopien (Rn. 563 ff., 570).

Verwendet werden dürfen die Erkenntnisse aus der Akte nur unter Beachtung der 583 **Zweckbindungsregelung** des § 32f Abs. 5 StPO.[1510]

i) Übertragbarkeit auf andere Zwangsmaßnahmen. Übertragung der Grundsätze 584 auf andere Zwangsmaßnahmen: Ob die von EGMR und BVerfG entwickelten Grundsätze zur Akteneinsicht bei Rechtsbehelfen gegen die Anordnung von Untersuchungshaft auch auf andere strafprozessuale Zwangsmaßnahmen erweitert werden können, ist umstritten. Das BVerfG hat die vom EGMR im Urteil *Lamy*[1511] entwickelten Grundsätze auf gerichtliche Beschwerdeverfahren in Fällen des **dinglichen Arrestes**[1512] erweitert. Die untergerichtliche Rechtsprechung zur Erweiterung der o.g. Grundsätze auf die Durchsuchung war lange Zeit ablehnend.[1513] Das BVerfG hat 2006 die grundsätzliche Anwendung der zur U-Haft entwickelten Leitlinien auf Fälle der **Durchsuchung** bejaht.[1514] Einzelne Untergerichte sind diesem Votum gefolgt.[1515] Insgesamt sollten bei allen strafprozessualen Zwangsmaßnahmen, die einen **schweren Grundrechtseingriff** darstellen, dieselben strengen Grundsätze bzgl. des Rechts auf Aktenzugang wie bei der U-Haft gelten.[1516]

Zum Recht auf Zugang zur Verfahrensakte als **Verteidigungsrecht** und Ausdruck der 585 Verfahrensfairness i.S.v. **Art. 6** vgl. dort Rn. 909 ff.

j) Unionsrechtliche Bezüge. Die **Richtlinie 2012/13/EU über das Recht auf Beleh-** 586 **rung und Unterrichtung in Strafverfahren**[1517] regelt auch das **Recht auf Einsicht in die Verfahrensakte**. Art. 7 RL legt das Recht auf grundsätzlichen Zugang des Festgenommenen/Inhaftierten oder dessen Rechtsanwalts zu allen im Besitz der zuständigen Behörde befindlichen **Unterlagen** fest – sofern diese gemäß dem innerstaatlichen Recht für eine **wirksame Anfechtung der Festnahme bzw. Inhaftierung** wesentlich sind (Absatz 1). Die Vorgaben der RL[1518] entsprechen damit – allerdings nur bei einer für den Beschuldigten freundlichen Interpretation – dem Umfang der Gewährleistungen des Art. 5 Abs. 4.[1519] Die Einsicht in **„bestimmte Unterlagen"** kann aus den in Absatz 4 genannten Gründen versagt werden. Dazu zählen die ernsthafte Gefährdung des Lebens oder der Grundrechte einer anderen Person oder der unbedingt erforderliche Schutz eines wichtigen öffentlichen Interesses wie dem Untersuchungszweck.

Die Akteneinsicht muss nach Art. 1 Abs. 3 RL so rechtzeitig gewährt werden, dass eine 587 effektive Wahrnehmung der Verteidigungsrechte möglich ist. Wie der EuGH in der Rs.

1510 Speziell zur Frage, ob der Beschuldigte die Strafakte auch für Zwecke der Anspruchsverfolgung verwenden darf: *Rauwald* NJW **2018** 3679 ff.

1511 EGMR Lamy/B, 30.3.1989.

1512 BVerfG NJW **1994** 3219 = NStZ **1994** 551 = StV **1994** 465 m. Anm. *Bohnert* GA **1995** 468; BVerfG NJW **2004** 2443 = StV **2004** 411; BVerfG NJW **2006** 1048 = NStZ **2006** 459.

1513 LG Berlin NStZ **2006** 472; LG Saarbrücken NStZ-RR **2006** 80.

1514 BVerfG NStZ **2007** 274.

1515 LG Neubrandenburg NStZ **2008** 655.

1516 Vgl. zum Ganzen *Börner* NStZ **2007** 680; *Park* StV **2009** 276; *Rau* StraFo **2008** 9.

1517 Richtlinie 2012/13/EU des Europäischen Parlaments und des Rates v. 22.5.2012 über das Recht auf Belehrung und Unterrichtung in Strafverfahren, ABlEU Nr. L 142 v. 1.6.2012 S. 1.

1518 Kritisch zu Einzelfragen des Art. 7 RL: *Esser* FS Wolter 1329, 1346 ff.

1519 Vgl. hierzu: SK/*Meyer* 249 ff., 277; *Brodowski* ZIS **2010** 940, 947.

Kolev klargestellt hat, ist hierfür erforderlich, dass das Gericht sich **vergewissert**, dass die **Verteidigung tatsächlich die Möglichkeit zur Einsicht in die Verfahrensakte erhält**.[1520]

588 Weiter meint der EuGH in der Rs. *Kolev*, dass die Akteneinsicht ggf. auch erst „nach Einreichung der Anklageschrift bei Gericht erfolgen kann, aber bevor das Gericht mit der inhaltlichen Prüfung des Tatvorwurfs beginnt und bevor die Verhandlung vor ihm aufgenommen wird, oder sogar nach Beginn der Verhandlung, aber vor dem Eintritt in die abschließende Beratung, falls im gerichtlichen Verfahren neue Beweise zu den Akten genommen werden, vorausgesetzt, dass das Gericht alles Erforderliche unternimmt, um die Verteidigungsrechte und die Fairness des Verfahrens zu wahren".[1521] Dass der EuGH mit dieser Aussage das Zugangsrecht von *inhaftierten* Beschuldigten in einer Haftprüfung im Ermittlungsverfahren einschränken wollte (vgl. Rn. 354, 569), ist allerdings nicht anzunehmen.

589 Der Verdächtige/Beschuldigte und dessen Rechtsanwalt müssen die Möglichkeit erhalten, eine etwaige Verweigerung der Offenlegung von bestimmten Unterlagen **anzufechten** (Art. 8 Abs. 2 RL) – nach den Verfahren des innerstaatlichen Rechts.[1522] In diesem Zusammenhang ist allerdings – auf deutscher Ebene – auch § 32f Abs. 3 StPO zu beachten, wonach Entscheidungen über die **Form der Gewährung** von Akteneinsicht **nicht anfechtbar** sind.[1523] Im Einzelfall wird man allerdings auch an diese pauschale Regelung die Messlatte des **Art. 13** anlegen müssen.

590 Nicht anwendbar ist Art. 7 RL hingegen für Personen, deren Festnahme zur Vollstreckung eines **Europäischen Haftbefehls** erfolgt ist.[1524] Der Zulässigkeit einer Auslieferung aufgrund eines Europäischen Haftbefehls kann **§ 73 Satz 2 IRG** jedoch wegen einer Verletzung von Verteidigungsrechten aus Art. 6 Abs. 1 und 2 EMRK und Art. 48 Abs. 2 GRC entgegenstehen, wenn dem Auszuliefernden im ersuchenden Staat die Akteneinsicht **umfassend verweigert** wird.[1525] Kein Auslieferungshindernis ist allerdings für den Fall anzunehmen, dass die Gewährung der Akteneinsicht erst nach der Überstellung und der nachfolgenden Vernehmung im ersuchenden Staat erfolgt.[1526] Insofern stellen auch Art. 6 EMRK oder Art. 48 Abs. 2 GRC in zeitlicher Hinsicht keine Anforderungen an die Zurverfügungstellung der Akten auf.[1527]

591 **10. Antragsrecht und Überpüfungsintervalle.** Die gerichtliche Kontrolle der Freiheitsentziehung ist ein **Recht zum Schutz des Inhaftierten**. Sie muss nach den Konventionen **nur auf Antrag** während der Freiheitsentziehung durchgeführt werden.[1528] Das nationale Recht kann zusätzlich aber auch die **Haftprüfung von Amts wegen** vorsehen. Geschieht dies innerhalb der von Absatz 4 geforderten Frist, wird dem Betroffenen nicht zur Last gelegt werden können (Art. 35 Abs. 1), dass er seine Anträge auf Haftentlassung

---

1520 EuGH (GK) 5.6.2018, C-612/15 (Kolev), EuGRZ **2018** 649.

1521 EuGH (GK) 5.6.2018, C-612/15 (Kolev).

1522 Das ergibt sich zwar nicht unmittelbar und unbedingt aus dem Wortlaut, der nur von einer Anfechtungsmöglichkeit in Bezug auf die Belehrung bzw. Unterrichtung spricht, aber wohl aus ErwG 36, S. 4.

1523 Dies gilt auch, soweit die Staatsanwaltschaft eine Anfechtung vornehmen will; OLG Hamburg wistra **2018** 229; OLG Saarbrücken NStZ **2019** 362 = StV **2019** 179 = StraFo **2019** 63.

1524 EuGH 28.1.2021, C-649/19 (IR), Tz. 62, BeckRS **2021** 623; OLG Celle Beschl. v. 23.6.2020 – 2 AR (Ausl.) 12/21 Rz. 18, BeckRS **2021** 16793.

1525 BVerfG Beschl. v. 4.12.2019 – 1 BvR 1832/19, Tz. 53, NVwZ **2020** 144, 147; dazu auch: OLG Karlsruhe Beschl. v. 27.11.2020 – Ausl. 301 AR 104/19, BeckRS **2020** 36266.

1526 OLG Celle Beschl. v. 23.6.2020 – 2 AR (Ausl.) 12/21 Rz. 17 ff., BeckRS **2021** 16793 = StraFo **2021** 330.

1527 OLG Celle Beschl. v. 23.6.2020 – 2 AR (Ausl.) 12/21 Rz. 18, BeckRS **2021** 16793.

1528 Etwa EGMR Musial/PL, 25.3.1999.

nur innerhalb eines solchen *ex officio* betriebenen Verfahrens, d.h. nicht gesondert gestellt hat.

Eine **nachträgliche gerichtliche Kontrolle**, die erst nach Beendigung der Freiheits- 592 entziehung einsetzt, etwa im Wege einer Schadensersatzklage, genügt aber allein nicht den Anforderungen des Absatzes.[1529] Die Rechtsprechung, dass es einer richterlichen Entscheidung nach Absatz 4 nicht bedarf, wenn von Anfang an ersichtlich ist, dass die Haftdauer kürzer ist als der Zeitraum, der für die Herbeiführung der gerichtlichen Entscheidung erforderlich wäre,[1530] schien aufgegeben, so dass damit auch bei kurzen Freiheitsentziehungen die Garantien des Art. 5 Abs. 4 hätten angewendet werden müssen.[1531]

Später zog der EGMR die alte Rechtsprechung wieder heran, um davon die Fälle abzu- 593 grenzen, in denen die Dauer zwar recht kurz, aber nicht geradezu **extrem kurz** (einige Stunden) war, und in denen es insbesondere durchaus möglich gewesen wäre, über die Rechtmäßigkeit der Freiheitsentziehung zu entscheiden, so dass die Garantien des Art. 5 Abs. 4 greifen.[1532] Als unklar anzusehen ist hingegen, was für die Fälle extrem kurzer Dauer gilt, in denen in der Tat eine Entscheidung noch vor der Freilassung kaum möglich war. Nach richtiger Ansicht gilt Art. 5 Abs. 4 auch dann: Mindestens im Nachgang kann der Betroffene verlangen, dass über die Rechtmäßigkeit der Freiheitsentziehung entschieden wird.

Mit der endgültigen, d.h. nicht widerruflichen Entlassung aus der Haft erlischt der 594 Anspruch auf eine Haftprüfung nach Absatz 4.[1533] Eine nur vorläufige Entlassung unter Aufrechterhaltung des Haftbefehls (§ 116 StPO) hat diese Wirkung nicht. Auch nach der Aufhebung eines Haftbefehls und erfolgter Freilassung muss allerdings eine Überprüfung der Rechtmäßigkeit der Freiheitsentziehung im fachgerichtlichen Instanzenzug möglich sein,[1534] weil eine Person auch dann noch ein rechtliches Interesse daran haben kann, dass über die Rechtmäßigkeit ihrer Freiheitsentziehung noch entschieden wird, etwa wenn es darum geht, einen Schadensersatzanspruch nach Art. 5 Abs. 5 (Rn. 617 ff.) durchzusetzen. Ein Rechtsbehelf, der Betroffenen zur Überprüfung der Rechtmäßigkeit ihrer Freiheitsentziehung offen steht, hat – um als „wirksam" eingestuft werden zu können – diesem Umstand Rechnung zu tragen.[1535] Dies gilt erst recht, wenn dieser weiterhin von der Maßnahme betroffen ist, die Freiheit lediglich derzeit nicht entzogen ist, weil der Betroffene aus der Anstalt entwichen ist.[1536] Eine derartige Fallkonstellation gelangt nicht oft zum EGMR, und das letzte Wort ist hier sicherlich noch nicht gesprochen.

Solange ein Beschuldigter/Untergebrachter **flüchtig** ist, besteht keine Notwendigkeit, 595 die Überprüfung der Rechtmäßigkeit der Freiheitsentziehung nach Absatz 4 durchzuführen, wohl aber vom Zeitpunkt seiner Wiederergreifung an.[1537] Die Überprüfung muss **erneut** stattfinden, wenn nach dem Widerruf einer vorläufigen Entlassung die Haft bzw.

1529 EKMR bei *Bleckmann* EuGRZ **1982** 531, 534 (Caprino).

1530 EGMR Fox, Campbell u. Hartley/UK, 30.8.1990, § 45.

1531 EGMR Al-Nashif/BUL, 20.6.2002, § 92.

1532 Siehe EGMR Malyk/UKR, 29.1.2015, §§ 36 f. (9 Tage); Asalya/TRK, 15.4.2014, § 72 (7 Tage).

1533 EKMR bei *Trechsel* StV **1992** 191.

1534 BVerfG NStZ-RR **2017** 379 = JR **2018** 524.

1535 EGMR S.T.S./NL, 7.6.2011, § 61. Unsystematisch und verunglückt hingegen EGMR Baisuev u. Anzorov/GEO, 18.12.2012, § 69, wo – nach Bejahung einer Verletzung von Art. 5 Abs. 1 – eine mögliche Verletzung von Art. 5 Abs. 4 zwar nicht mehr untersucht, tendenziell aber verneint wurde. Zur Zulässigkeit der weiteren Beschwerde gem. § 310 Abs. 1 Nr. 1 StPO nach Aufhebung der Haft siehe BVerfG NStZ-RR **2017** 379 (Fortbestehen des Rechtsschutzinteresses angesichts der Schwere des Grundrechtseingriffs, Art. 19 Abs. 4 GG; etwas anderes kann jedoch gelten, wenn der Einsatz des Rechtsmittels aus rein taktischen Gründen erfolgt).

1536 EGMR Herz/D, 12.6.2003, §§ 64 ff., 69.

1537 EKMR Keus/N, 6.7.1988, bei *Strasser* EuGRZ **1990** 50.

Unterbringung wieder vollzogen wird,[1538] wobei es auf die Rechtsnatur der vorangegangenen Entlassung (etwa nur Vergünstigung ohne Rechtsanspruch) nicht entscheidend ankommt.[1539]

596 Wird die Freiheitsentziehung **gerichtlich angeordnet**, so kann darin bereits die von Art. 5 Abs. 4 geforderte (erste) richterliche *Entscheidung* zu sehen sein.[1540] Dies gilt jedoch nicht, wenn die gerichtliche Kontrolle in einem standardisierten Verfahren, etwa unter Verwendung eines vorgefertigten, nur geringfügig angepassten Formblattes erfolgt.[1541] Ein erstinstanzliches, erst später rechtskräftig werdendes Urteil stellt keine konventionsgemäße Überprüfung der Freiheitsentziehung dar, wenn darin nicht auch über einen Haftentlassungsantrag entschieden wird.[1542]

597 Es hängt von der Art und dem Zweck der Freiheitsentziehung und den sonstigen nach nationalem Recht für ihre Dauer bestimmenden Umständen ab, ob die gerichtliche Anordnung und damit einhergehende (einmalige) Kontrolle genügt oder ob in bestimmten **Abständen weitere Überprüfungen der Freiheitsentziehung** erforderlich sind.[1543]

598 Fallen Gründe, die eine Freiheitsentziehung ursprünglich gerechtfertigt haben, später weg, so wird die Freiheitsentziehung von diesem Zeitpunkt an rechtswidrig. Während deshalb etwa bei der Untersuchungshaft[1544] die periodische Überprüfung erforderlich ist, ob deren Voraussetzungen noch fortbestehen, bedarf es nach einer **Verurteilung** zu einer nach der Schwere der Tat und dem Blickwinkel der Vergeltung und Abschreckung bemessenen bestimmten Freiheitsstrafe in der Regel keiner weiteren Kontrolle der Rechtmäßigkeit der Haft mehr.[1545] Dies kann allerdings erst nach Eintritt der **Rechtskraft des Urteils** gelten, da der Haftgrund als solcher erst ab diesem Zeitpunkt verbindlich feststeht und nicht vorzeitig wegfallen kann.[1546] Da die Freiheitsentziehung im System des Art. 5 Abs. 1 Satz 2 ab dem ersten verurteilenden Erkenntnis durch *lit.* a gerechtfertigt wird, auch wenn dieses nicht rechtskräftig ist (Rn. 124), wäre sonst – anders als im deutschen Recht – bis zum Eintritt der Rechtskraft keine weitere Haftprüfung mehr erforderlich, was dem Schutzzweck des Art. 5 evident widerspräche.

599 Ist die Dauer der Vollstreckung einer Freiheitsstrafe in das Ermessen einer Verwaltungsbehörde gestellt oder wird nach einer bedingten Entlassung (Strafaussetzung) die Rückversetzung in den Strafvollzug im Verwaltungswege angeordnet, so ist ebenfalls eine weitere gerichtliche Kontrolle der Freiheitsentziehung erforderlich.[1547]

600 Bei Freiheitsentziehungen, deren Zweck nicht die Bestrafung des Täters, sondern der Schutz der Öffentlichkeit ist,[1548] muss in angemessenen, regelmäßigen Abständen über-

---

1538 EKMR E./N, 12.5.1988, bei *Strasser* EuGRZ **1990** 88.

1539 Vgl. EGMR Weeks/UK, 2.3.1987; EKMR Thynne, Wilson, Weeks u. Gunnell/UK, 6.9.1988, bei *Strasser* EuGRZ **1989** 558.

1540 EGMR De Wilde u.a./B, 18.6.1971; Engel u.a./NL, 8.6.1976; Herz/D, 12.6.2003; *Nowak* 43; *Vogler* ZStW **89** (1977) 761, 774; *Kühne/Esser* StV **2002** 383, 390; **a.A.** *Trechsel* EuGRZ **1980** 514, 529 (auch dann Nachprüfung, ob Vollstreckung rechtmäßig).

1541 EGMR Svipsta/LET, 9.3.2006.

1542 EGMR König/SLO, 20.1.2004, §§ 19 f.

1543 EGMR Kurt/TRK, 25.5.1998, § 123; Varbanov/BUL, 5.10.2000.

1544 Vgl. EKMR bei *Strasser* EuGRZ **1988** 501 (Woukam Moudefo); **1988** 505 (Bezicheri).

1545 EGMR De Wilde u.a./B, 18.6.1971; Engel u.a./NL, 8.6.1976; BGer EuGRZ **1996** 211; *Vogler* ZStW **89** (1977) 761, 774.

1546 EKMR EuGRZ **1982** 531, 534.

1547 Vgl. EGMR van Droogenbroeck/B, 24.6.1982; Weeks/UK, 2.3.1987; EKMR Thynne, Wilson, Weeks u. Gunnell/UK, 6.9.1988, bei Strasser EuGRZ **1989** 558; BGer EuGRZ **1996** 211; *Frowein/Peukert* 144.

1548 Etwa EGMR Winterwerp/NL, 24.10.1979; EKMR Thynne, Wilson, Weeks u. Gunnell/UK, 6.9.1988, EuGRZ **1989** 558.

prüft werden, ob die Gründe, die die Unterbringung zunächst gerechtfertigt haben, noch fortbestehen (Rn. 274).

Die Möglichkeit einer Begnadigung unterliegt nicht der gerichtlichen Kontrolle nach **601** Art. 5 Abs. 4.[1549]

Bei der **Unterbringung psychisch Kranker** ist in regelmäßigen Abständen, die wegen **602** des möglichen Wegfalls der Unterbringungsgründe nicht zu lang bemessen sein dürfen,[1550] vom Gericht zu überprüfen, ob eine weitere Unterbringung notwendig, die Freiheitsentziehung also weiterhin rechtmäßig ist.[1551] Die **Nichteinhaltung nationaler Überprüfungsfristen** ohne rechtfertigenden Grund stellt eine Verletzung des Rechts auf Freiheit dar.[1552] Die gerichtliche Entscheidung muss, sofern nicht außergewöhnliche Umstände vorliegen, innerhalb möglichst kurzer Zeit ergehen (Rn. 524; vgl. auch Rn. 274 f.).[1553] Dass ein Sachverständigengutachten nicht rechtzeitig erstellt wird, rechtfertigt das Hinausschieben der Entscheidung in der Regel nicht.[1554]

Ein Verfahren, in dem ohne eine (mögliche) **Beteiligung des Untergebrachten** über **603** die weitere Freiheitsentziehung entschieden wird, genügt den Anforderungen des Art. 5 Abs. 4 nicht.[1555] Der Untergebrachte ist zu hören und von den Ergebnissen möglicherweise unterbringungserheblicher weiterer Ermittlungen so rechtzeitig vorher zu unterrichten, dass er dazu Stellung nehmen und sie auch selbst für Argumente nutzen kann. Kann er wegen der Art seiner seelischen Störung oder geistigen Erkrankung oder aus anderen Gründen seine Interessen selbst nicht ausreichend wahrnehmen, ist ihm ein Verfahrensbevollmächtigter zu bestellen. Zumindest dieser muss dann gehört werden.[1556] Im Regelfall gebietet die Bedeutung des Verfahrens für den Untergebrachten ohnehin – also auch, wenn er grundsätzlich in der Lage ist, für seine Belange einzutreten – anwaltlichen Beistand;[1557] das Gericht hat sicherzustellen, dass der Vertreter auch tatsächlich für die Rechte des Betroffenen eintritt und nicht nur *pro forma* am Verfahren teilnimmt.[1558] Nicht not-

1549 Meyer-Ladewig/Nettesheim/von Raumer/*Meyer-Ladewig/Harrendorf/König* 94.
1550 Vgl. EGMR Herczegfalvy/A, 24.9.1992 (mehr als ein Jahr zu lang); Oldham/UK, 26.9.2000; Meyer-Ladewig/Nettesheim/von Raumer/*Meyer-Ladewig/Harrendorf/König* 105; Kolanis/UK, 21.6.2005 (psychiatrisches Krankenhaus; 12 Monate bis zur Haftüberprüfung nicht mehr angemessen).
1551 Dazu s.a. EGMR (GK) Denis u. Irvine/B, 1.6.2021, § 191 („where ‚a person of unsound mind' is detained for an indefinite or lengthy period he or she is in principle entitled, at any rate where there is no automatic periodic review of a judicial character, to take proceedings ‚at reasonable intervals' before a court to put in issue the ‚lawfulness' – within the meaning of the Convention – of his or her detention").
1552 Vgl. BVerfG NJW **2012** 516; vgl. Rn. 274.
1553 EGMR Winterwerp/NL, 24.10.1979; Luberti/I, 23.2.1984; Megyeri/D, 12.5.1992; Musial/PL, 25.3.1999.
1554 Meyer-Ladewig/Nettesheim/von Raumer/*Meyer-Ladewig/Harrendorf/König* 105.
1555 Vgl. EGMR M.S./KRO (Nr. 2), 19.2.2015, § 159; EKMR Keus/N, 6.7.1988, bei *Strasser* EuGRZ **1990** 50.
1556 Vgl. EGMR Wassink/NL, 27.9.1990; Megyeri/D, 12.5.1992 m. Anm. *Bernsmann,* der auf § 140 Abs. 2 StPO hinweist; OLG Düsseldorf StV **1996** 221; *Esser* 351; Meyer-Ladewig/Nettesheim/von Raumer/*Meyer-Ladewig/Harrendorf/König* 106.
1557 EGMR M.S./KRO (Nr. 2), 19.2.2015, § 153 („an individual confined in a psychiatric institution because of his or her mental condition should, unless there are special circumstances, actually receive legal assistance in the proceedings relating to the continuation, suspension or termination of his confinement. The importance of what is at stake for him or her, taken together with the very nature of the affliction, compel this conclusion"); Megyeri/D, 12.5.1992, § 23.
1558 EGMR M.S./KRO (Nr. 2), 19.2.2015, §§ 154 ff. („an effective legal representation of persons with disabilities requires an enhanced duty of supervision of their legal representatives by the competent domestic courts").

wendig ist, dass der Untergebrachte selbst die Initiative für eine Haftprüfung ergreift,[1559] aber er muss grundsätzlich ein eigenes Antragsrecht haben.[1560]

604   Art. 5 Abs. 4 fordert die Einrichtung lediglich *einer* **gerichtlichen Instanz** für die Nachprüfung der Rechtmäßigkeit einer Freiheitsentziehung (Rn. 536).[1561] Bietet das Verfahren vor dieser Stelle die erforderlichen rechtsstaatlichen Garantien, muss das nationale Recht **kein Rechtsmittel** gegen die ergehende gerichtliche Entscheidung vorsehen. Gleiches gilt auch bei Art. 9 Abs. 4 IPBPR, da die Garantie einer zweiten Instanz durch Art. 14 Abs. 5 IPBPR nur für Verurteilungen wegen einer Straftat gilt.

605   Sieht das nationale Recht allerdings eine **weitere Beschwerdemöglichkeit** vor, so müssen dieselben Garantien des Absatzes 4 prinzipiell auch in dem Verfahren vor dem Rechtsmittelgericht gewährleistet sein,[1562] Dabei können – insbesondere bei bereits laufender Hauptverhandlung – aufgrund der Sachferne des Beschwerdegerichts zur Beweisaufnahme gewisse Einschränkungen bei der Beurteilung der *tatsächlichen* Voraussetzungen einer Freiheitsentziehung zulässig sein.[1563]

606   **11. Dauer des Überprüfungsverfahrens. Innerhalb kurzer Frist** („speedily"/„à bref délai"; IPBPR: „without delay"/„sans délai") ist die beantragte (erste) gerichtliche Überprüfung der Freiheitsentziehung durchzuführen. Dieser Zeitraum, der länger ist als jener für die Vorführung nach Absatz 3,[1564] **beginnt mit der Antragstellung**, in der Regel durch den Betroffenen,[1565] wobei der Antrag aber auch in einem von der zuständigen Behörde von Amts wegen betriebenen Verfahren über die Aufrechterhaltung/Fortdauer der Freiheitsentziehung gestellt werden kann. Der Zeitraum („Frist") i.S.v. Art. 5 Abs. 4 endet nicht schon, wenn das zuständige Gericht mit der Sache *befasst* wird (Anhängigkeit) oder der Beschuldigte unter Aufrechterhaltung des freiheitsentziehenden Befehls (Außervollzugsetzung) bedingt entlassen wird,[1566] sondern erst dann, wenn das Gericht über die Rechtmäßigkeit der Haft sachlich entschieden hat und die Entscheidung an den Beschuldigten zugestellt wurde.[1567]

607   Art. 5 Abs. 4 EMRK und Art. 9 Abs. 4 IPBPR verzichten bewusst auf eine abstrakte Bestimmung des für die gerichtliche Kontrolle **angemessenen Zeitraums**. Welche Zeit dem Anspruch auf zügige Haftprüfung[1568] angemessen ist, richtet sich nach den Umständen des Einzelfalls, also danach, wann die Entscheidung **ohne vermeidbare Verzögerungen** möglich ist.[1569] Ein Indiz dafür kann ein Vergleich mit der Zeitspanne liefern, die das Gericht beansprucht, um über Anträge der Staatsanwaltschaft bezüglich der Anordnung oder Verlängerung der Haft zu entscheiden.[1570]

1559 Vgl. EGMR Winterwerp/NL, 24.10.1979.

1560 EGMR (GK) Stanev/BUL, 17.1.2012, §§ 170 f.; Gorshkov/UKR, 8.11.2005, § 44; Rakevich/R, 28.10.2003, § 45; Musial/PL, 25.3.1999.

1561 EKMR bei *Strasser* EuGRZ **1988** 505 (Bezicheri); *Vogler* ZStW **89** (1977) 761, 775.

1562 EGMR Herz/D, 12.6.2003; Bagriyanik/TRK, 5.6.2007, § 47; Samoila u. Cionca/RUM, 4.3.2008; S.T.S/NL, 7.6.2011, § 43, NJW **2012** 2331.

1563 Vgl. BGH NStZ-RR **2013** 16, 17.

1564 EGMR Shcherbina/R, 26.6.2014, § 65 (zur dort genannten Einschränkung vgl. Rn. 443). Vgl. *Frowein/ Peukert* 145; *Meyer-Ladewig/Nettesheim/von Raumer/Meyer-Ladewig/Harrendorf/König* 102: „die Regelung ist strenger als in Abs. 3".

1565 Etwa EGMR Bocharov/R, 20.9.2016, § 46; Musial/PL, 25.3.1999.

1566 EGMR van der Leer/NL, 21.2.1990; *Frowein/Peukert* 144.

1567 EGMR Jablonski/PL, 21.12.2000, § 88; Patalakh/D, 8.3.2018, NJW **2019** 2143, 2144.

1568 Zum Gebot einer raschen Überprüfung auch: BVerfG StV **2009** 479 m. Anm. *Haagmann* 592.

1569 Vgl. EGMR Patalakh/D, 8.3.2018, § 33; Abdulkhakov/R, 2.10.2012, § 199.

1570 EGMR Ilowiecki/PL, 4.10.2001.

Allgemein sind für die Bemessung des zulässigen Zeitraums im Einzelfall Art und **608** Anlass der Freiheitsentziehung[1571] sowie die Komplexität des jeweiligen Verfahrens,[1572] so etwa die Notwendigkeit, im Rahmen der Überprüfung einer Unterbringung einen (psychiatrischen) **Sachverständigen** zu hören, heranzuziehen (vgl. Rn. 463 ff. für Art. 5 Abs. 3 Satz 1). Zeiträume für die Entscheidungsfindung von 14 Tagen,[1573] 17 Tagen,[1574] 19 Tagen,[1575] 20 Tagen,[1576] 23 Tagen,[1577] 1 Monat und 9 Tagen,[1578] drei Monaten,[1579] knapp 4 Monaten[1580] und 5 Monaten[1581] hat der EGMR nicht mehr als angemessen angesehen,[1582] wohingegen bei der Prüfung einer Auslieferungshaft ein Zeitraum von 25 Tagen[1583] noch als akzeptabel angesehen wurde.

Ist eine Überprüfungsdauer an sich („prima facie") zu lang, verlangt der EGMR, dass **609** der jeweilige Staat die Verzögerung **ausreichend erklärt** und **außergewöhnliche Gründe vorbringt**, welche die Verzögerung im Einzelfall ausnahmsweise rechtfertigen können.[1584]

Setzt sich ein Vertragsstaat in seinem **nationalen Recht** selbst eine von seinen Stellen **610** im Haftprüfungsverfahren einzuhaltende Frist, binnen derer ein Haftprüfungstermin (vgl. § 118 Abs. 5 StPO) stattfinden oder aber das Haftprüfungsverfahren abgeschlossen sein muss, so ist diese Frist auch vor dem Hintergrund des Art. 5 zwingend einzuhalten. Obwohl Art. 5 Abs. 4 – anders als Art. 5 Abs. 1 (Rn. 89, 184) – keine direkte Anknüpfung an das nationale Recht enthält, führt die **Nichteinhaltung einer national zwingend vorgeschriebenen Frist** unter dem Gesichtspunkt staatlicher Selbstbindung (Aspekt der Vorhersehbarkeit des Verfahrens) zu einem Verstoß gegen Art. 5 Abs. 4.[1585] Davon unberührt bleibt aber die Frage der Rechtmäßigkeit der Freiheitsentziehung als solche (Art. 5 Abs. 1), ebenso die Frage, ob die Dauer der Freiheitsentziehung noch angemessen i.S.v. Art. 5 Abs. 3 ist. Wird die in **§ 306 Abs. 2 Hs. 2 StPO** vorgeschriebene Drei-Tages-Frist zur Vorlage einer Haftbeschwerde an das Rechtsmittelgericht aufgrund von Organisationsmängeln im

---

1571 Vgl. zur Einlieferung psychisch Kranker: EGMR van Glabke/F, 7.3.2006 (Untätigkeit des Gerichts bis 19 Tage nach Antragstellung als Verletzung; Aufenthalt in einem psychiatrischen Krankenhaus); allgemein: EGMR Moiseyev/R, 9.10.2008, 71, 63, 50 Tage – Verstoß); (GK) Mooren/D, 9.7.2009, § 106; S.T.S./NL, 7.6.2011, NJW **2012** 2331, §§ 43 ff. (63 Tage bis Entscheidung des Appellationsgerichts bei komplizierter Verfahrenslage – kein Verstoß; 294 Tage bis zur Entscheidung des Hoge Raad – Verstoß); Leonov/UKR, 26.1.2017, §§ 88, 90 (5 bzw. sogar 9 Monate bis zu einer gerichtlichen Entscheidung über die Untersuchungshaft – Verstoß).
1572 EGMR Patalakh/D, 8.3.2018, §§ 33, 38; M.M./BUL, 8.6.2017, § 57; Sanchez-Reisse/CH, 21.10.1986; EKMR bei *Strasser* EuGRZ **1988** 504 (Ruga); ferner: BGer EuGRZ **1989** 181.
1573 EGMR Bubullima/GR, 28.10.2010, § 31.
1574 EGMR Kadem/MLT, 9.1.2003, § 43.
1575 EGMR Kharchenko/UKR, 10.2.2011, § 86.
1576 EGMR Alican Demir/TRK, 25.2.2014, § 109.
1577 EGMR Rehbock/SLW, 28.11.2000, § 85.
1578 EGMR Khodorkovskiy/R, 31.5.2011, § 248.
1579 EGMR Titarenko/UKR, 20.9.2012, § 78.
1580 EGMR Firoz Muneer/B, 11.4.2013, § 84 (Verfahren durch drei Instanzen).
1581 EGMR Baranowski/PL, 28.3.2000.
1582 Siehe auch EGMR Miminoshvili/R, 28.6.2011, §§ 100 ff., mit weiteren Beispielen. Unangemessen lang war auch die Dauer der Haftprüfung im Fall *Patalakh* mit einer Dauer von über neun Monaten, vgl. EGMR Patalakh/D, 8.3.2018, NJW **2019** 2143, §§ 34 ff., 43 (einschließlich diverser Verzögerungen aufgrund der Komplexität des Verfahrens sowie zweier Befangenheitsanträge).
1583 EGMR Samy/NL (E), 4.12.2001.
1584 EGMR Patalakh/D, NJW **2019** 2143, 2144 f. (Dauer von 6,5 Monaten bei komplexem Strafverfahren und grundlegender Änderung der Prozesssituation nach Anklageerhebung; Verletzung von Art. 5 Abs. 4).
1585 Argumentativ in die gleiche Richtung, aber das Ergebnis offenlassend: *Kühne* StV **2009** 655.

Esser

Aktentransport überschritten, so kann hierin ein Verstoß gegen das Beschleunigungsgebot liegen.[1586]

611　　Beruht die (vorläufige) Freiheitsentziehung (nicht auf einer gerichtlichen, sondern) auf einer polizeilichen oder verwaltungsbehördlichen Anordnung, ist die gerichtliche Überprüfung unverzüglich, also binnen weniger Tage nach dem Beginn der Freiheitsentziehung durchzuführen.[1587] Etwaige im nationalen Recht vorgesehene Zeiträume/Fristen, innerhalb derer die gerichtliche Kontrolle stattzufinden hat, müssen eingehalten werden.[1588] Eine Überschreitung des für die gerichtliche Kontrolle angemessenen Zeitraums allein begründet allerdings nicht automatisch einen Anspruch auf sofortige Freilassung.[1589]

612　　**Verzögerungen während des gerichtlichen Prüfungsverfahrens** können zu einer Fristverletzung und damit zu einem Verstoß gegen Art. 5 Abs. 4 führen. Werden in einem Haftprüfungsverfahren **mehrere Instanzen** mit der Sache befasst, kommt es für die Festlegung des auf seine angemesse Dauer hin zu prüfenden Zeitraums nicht auf die erste sondern auf die abschließende, endgültige gerichtliche Entscheidung an.[1590] Dabei ist nicht maßgeblich, dass die Entscheidung in jeder einzelnen Instanz ohne Verzögerung gefällt wird, sondern dass der **Instanzenweg als Ganzes** in angemessener Zeit durchlaufen wird.[1591] Die im deutschen Verfahrensrecht geläufige Praxis der **Zurückverweisung einer Haftbeschwerde** nach § 309 Abs. 2 StPO hält der EGMR nicht prinzipiell für unvereinbar mit Art. 5, bei einer Dauer von 2 Monaten und 22 Tagen bis zum Erlass eines neuen, fehlerfreien Haftbefehls aber für unvereinbar mit dem speziellen Beschleunigungsgebot des Art. 5 Abs. 4.[1592] Generell ist zu sagen, dass der EGMR erforderlichenfalls das Verfahren auch im Detail betrachtet und dabei Ungereimtheiten beanstandet, etwa dass das zuständige Gericht der Staatsanwaltschaft zehn Tage für eine Stellungnahme einräumt, obwohl diese davor binnen eines Tages für die Unbegründetheit der Haftbeschwerde votiert hatte, und sich das Gericht dann, nach Erhalt der Stellungnahme, noch einmal zehn Tage Zeit für die Entscheidung ließ.[1593]

613　　Verzögerungen des Verfahrens durch die (schleppende) Tätigkeit eines **Sachverständigen** hat der Staat in der Regel zu vertreten. Art. 5 Abs. 4 ist auch verletzt, wenn das Gericht nach Erstellung eines Sachverständigengutachtens die Entscheidung über die Rechtmäßigkeit der Freiheitsentziehung unangemessen lange zurückstellt.[1594] Bei der Befassung **mehrerer Instanzen** mit der Kontrolle der Freiheitsentziehung gehen alle unnöti-

---

1586　Bejaht für eine Fristüberschreitung um 15 Tage: LG Nürnberg-Fürth StV **2020** 477 m. Anm. *Ebner* StraFo **2020** 369; restriktiv dagegen: BVerfG NStZ-RR **2023** 80.

1587　EGMR Shcherbina/R, 26.6.2014, §§ 65, 68. Zu den Entscheidungen der EKMR bei Fristüberschreitung vgl. *Frowein/Peukert* 146.; ferner: EGMR Luberti/I, 23.2.1984; De Jong, Baljet u. van den Brink/NL, 22.5.1984; EKMR bei *Strasser* EuGRZ **1988** 505 (Bezicheri); E./N, 12.5.1988, EuGRZ **1990** 88.

1588　EGMR Mayzit/R, 20.1.2005 (nach nationalem Recht musste eine Entscheidung 5 Tage nach Antragsstellung erfolgen; 4 Monate 15 Tage daher Verletzung von Art. 5 Abs. 4); siehe auch EGMR Shishkov/BUL, 9.1.2003.

1589　Vgl. BGer EuGRZ **1989** 180.

1590　EGMR Lamy/B, 30.3.1989; dazu *Ziegler* StV **1993** 320; Letellier/F, 26.6.1991; vgl. ferner EGMR Luberti/I, 23.2.1984; Toth/A, 12.12.1991; Megyeri/D, 12.5.1992; Navarra/F, 23.11.1993, § 28; Khudobin/R, 26.10.2006, § 43; *Esser* 370 f.; *Villiger* 445.

1591　EGMR Firoz Muneer/B, 11.4.2013, § 84; S.T.S./NL, 7.6.2011, § 43; Navarra/F, 23.11.1993, § 28.

1592　EGMR (GK) Mooren/D, 9.7.2009, §§ 106 f.; so schon (K) 13.12.2007, §§ 72 f.

1593　EGMR G.B./CH, 30.11.2000, §§ 35 ff.

1594　EGMR Musial/PL, 25.3.1999 (9 Monate). Stützt das Gericht seine Entscheidung trotz des zeitlichen Abstandes auf das Gutachten, kann dies auch dem Schutz vor Willkür zuwiderlaufen, da das Gutachten nicht notwendig den Zustand des Betroffenen im Zeitpunkt der Entscheidung wiedergibt.

gen, d.h. vermeidbaren Verzögerungen zu Lasten des Staates.[1595] Die Vertragsstaaten sind verpflichtet, ihr Justizsystem und die Gerichte so auszugestalten, dass diese die Erfordernisse der Konvention erfüllen können.[1596]

Der Betroffene muss sich lediglich die durch sein eigenes, **vorwerfbares Prozessver-** 614 **halten** eingetretenen Verzögerungen zurechnen lassen.[1597] Gleiches gilt, wenn er – trotz einer relevanten Veränderung der äußeren, tatsächlichen Umstände seiner Freiheitsentziehung – die ihm während eines laufenden Überprüfungsverfahrens offen stehende Möglichkeit ungenutzt lässt, durch **neue Anträge auf Freilassung** eine neue Entscheidung über seine Haft herbeizuführen.[1598] Zu seinen Lasten geht auch, wenn er nur formale, pauschale Anträge auf Freilassung ohne sachliche Begründung stellt, da ein solches Vorgehen als Nichtausschöpfen des nationalen Rechtsschutzes gewertet werden kann.[1599]

Eine Verletzung von Art. 5 Abs. 4 wegen zu langer Dauer der Haftprüfung bleibt als 615 solche bestehen, auch wenn die Untersuchungshaft auf die Vollstreckung einer danach verhängten Freiheitsstrafe angerechnet wird.[1600] Trotz unangemessen langer Dauer kann ein Verstoß gegen Art. 5 Abs. 4 hingegen zu verneinen sein, wenn der Betroffene nach der Festnahme rasch („speedily"/„à bref délai") freigelassen wurde, auch wenn über seinen Antrag noch nicht entschieden worden war.[1601]

Die **Angemessenheit der Fristen** für die **späteren, periodischen Überprüfungen** 616 einer Freiheitsentziehung hängen vom konkreten Grund der Inhaftierung, Verwahrung bzw. Unterbringung ab. Während etwa bei der strafprozessualen Untersuchungshaft die Wiederholung einer gerichtlichen Kontrolle in relativ kurzen Abständen zu erfolgen hat, können bei anderen Formen der Freiheitsentziehung auch größere Abstände genügen. Allgemein bedarf es einer Überprüfung der Freiheitsentziehung in Zeitabständen, die **den jeweiligen Umständen und der Art der Unterbringung** angemessen sind.[1602] Das gilt für die Unterbringung von Personen, die an einer geistig-seelischen Erkrankung leiden,[1603] ebenso wie bei einer aus Sicherheitsgründen vollzogenen Haft von unbeschränkter Dauer[1604] oder bei den in den nationalen Rechtsordnungen sehr unterschiedlich ausgestalteten Formen der Präventivunterbringung (u.a. Sicherungsverwahrung).[1605] Ob bereits der erste Antrag des Inhaftierten auch die Pflicht zu den nachfolgenden periodischen Überprüfungen auslöst oder ob die spätere Überprüfung stets einen neuen Antrag des Betroffenen erfordert (dafür spricht der Wortlaut des Art. 5 Abs. 4), kann für diejenigen Staaten offen

1595 EGMR Toma/RUM, 24.2.2009 (Nichtweiterleitung einer Beschwerde durch den Staatsanwalt an das zuständige Gericht über einen Zeitraum von 6 Tagen).
1596 EGMR Derungs/CH, 10.5.2016, § 52; S.T.S./NL, 7.6.2011, § 48; G.B./CH, 30.11.2000, § 38.
1597 Vgl. EGMR Navarra/F, 23.11.1993; *Esser* 372.
1598 Vgl. EGMR Patalakh/D, 8.3.2018, §§ 37, 40 (Verzögerung der Haftprüfung aufgrund von Befangenheitsanträgen); Letellier/F, 26.6.1991; *Esser* 371; *Frowein/Peukert* 146.
1599 EGMR Yahiaoui/F, 20.1.2000; vgl. *Villiger* 438 (unterlassene Antragstellung als Verzicht).
1600 EGMR Shyti/GR, 17.10.2013, §§ 28 ff.
1601 EGMR M.D./B, 14.11.2013, § 44; Firoz Muneer/B, 11.4.2013, § 86, jeweils unter Bezugnahme auf EGMR Fox, Campbell u. Hartley/UK, 30.8.1990, § 45 (Freilassung nach 30 bzw. 44 Stunden).
1602 Vgl. EGMR X./UK, 5.11.1981, § 52 („vernünftige Zeitabstände"); Megyeri/D, 12.5.1992; vgl. auch BGer EuGRZ **1997** 159 (Sperrfrist von 2 Monaten für das Einreichen neuer Haftentlassungsgesuche kann unangemessen sein).
1603 EGMR X./UK, 5.11.1981; Luberti/I, 23.2.1984; Megyeri/D, 12.5.1992; Kolanis/UK, 21.6.2005 (Unterbringung in einem psychiatrischen Krankenhaus – 12 Monate bis zur Überprüfung nicht mehr angemessen).
1604 EGMR Weeks/UK, 2.3.1987; *Frowein/Peukert* 132.
1605 EGMR Homann/D, 9.5.2007; van Droogenbroeck/B, 24.6.1982; EKMR bei *Strasser* EuGRZ **1990** 49 (Koendjbiharie); EuGRZ **1990** 50 (Keus); EuGRZ **1990** 86 (E/N); *Frowein/Peukert* 130 f.

bleiben, in denen spätere periodische Überprüfungen schon von Amts wegen durchgeführt werden müssen.

D. Anspruch auf Entschädigung (Art. 5 Abs. 5 EMRK/Art. 9 Abs. 5 IPBPR)

I. Allgemeines

617 Art. 5 Abs. 5 EMRK/Art. 9 Abs. 5 IPBPR gewähren jedem, der in seinen von den Konventionen garantierten Freiheitsrechten rechtswidrig durch die öffentliche Gewalt beeinträchtigt worden ist, einen **selbstständigen und unmittelbaren Anspruch auf Entschädigung**, der auch innerstaatlich unmittelbar geltend gemacht werden kann.[1606] Die Vertragsstaaten sind verpflichtet, einen **durchsetzbaren und effektiven** Rechtsanspruch auf Entschädigung zu garantieren.[1607] Der Anspruch hat seine Grundlage im völkerrechtlichen Vertragsrecht. Sofern er aber mit den Konventionen in das innerstaatliche Recht transformiert wurde, besteht er unabhängig und zusätzlich zu den sonstigen Ansprüchen, die das nationale Recht bei rechtswidrigen Freiheitsentziehungen ohne Bezug zur EMRK gewährt. Die konkrete **Höhe der Entschädigung** wird durch Art. 5 Abs. 5 allerdings nicht vorgegeben.[1608]

618 Der Anspruch ist nicht an die Voraussetzungen und Grenzen gebunden, von denen die parallel zu ihm bestehenden **Amtshaftungsansprüche** nach § 839 BGB, die (engeren) **Ansprüche nach dem StrEG**[1609] oder der allgemeine Aufopferungsanspruch abhängen.[1610]

619 Absatz 5 begründet die Haftung des Staates für jede **konventionswidrige Freiheitsentziehung** durch hoheitlich handelnde Stellen,[1611] einschließlich der rechtsprechenden Gewalt.[1612] Auch eine Haftung für **legislatives Unrecht** ist möglich.[1613] Der Entschädi-

---

1606 Siehe u.a. EGMR Shiksaitov/SLO, 10.12.2020, § 91; BGHZ **45** 30; **45** 46; *Herzog* AöR **86** (1961) 194, 235; Meyer-Goßner/*Schmitt* 14; SK/*Meyer* 291; Karpenstein/Mayer/*Elberling* 130, 135; für Österreich: OGH ÖJZ **1990** 210.

1607 Vgl. EGMR Vasilevskiy u. Bogdanov/R, 10.7.2018, § 22; Lelyuk/UKR, 17.11.2016, § 51; Zeciri/I, 4.8.2005, § 50; vgl. auch EGMR Taner Kılıç/TRK (Nr. 2), 31.5.2022, §§ 121 ff.; Karpenstein/Mayer/*Elberling* 134; vgl. dazu auch: EGMR Norik Poghosyan/ARM, 22.10.2020, § 34 („... where domestic law provides that the accused shall be, in the event of a final acquittal, entitled to compensation for his detention in the course of the preceding proceedings, such an ,automatic' right to compensation cannot in itself be taken to imply that the detention in question were to be characterised as ,unlawful'. Moreover, while it cannot be said that Article 5 § 5 of the Convention imposes such an ,automatic' right to compensation solely on the grounds that the criminal proceedings have been concluded by an acquittal, the choice of legal solutions to comply with the requirements of that provision remain a policy choice to be determined by domestic law.").

1608 EGMR Vasilevskiy u. Bogdanov/R, 10.7.2018, § 21; Porchet/CH, 8.10.2019, § 18.

1609 KK/*Schädler* 27; *D. Meyer* Einl. 55 u. Art. 5, 2 f. (detaillierter Vergleich mit Voraussetzungen der StrEG-Ansprüche); BGHSt **32** 221, 226 = NJW **1984** 1309 m. Anm. *Schomburg*; Meyer-Goßner/*Schmitt* 14; Karpenstein/Mayer/*Elberling* 137 (Nebeneinander der Ansprüche); *Krauße* StraFo **2017** 349.

1610 Zum Ausschluss des subsidiären allgemeinen Aufopferungsanspruchs etwa BGHZ **45** 58; BGH NJW **1990** 397; *Herzog* JZ **1966** 60; *D. Meyer* Einl. 58 f.; *Kunz* Einl. 73.

1611 Zur früheren Rechtsprechung: BGHZ **45** 58 (Gefährdungshaftung mit deliktsähnlichem Einschlag) a.A. (gesetzlich konkretisierter Aufopferungsanspruch): *Brückler* DRiZ **1965** 253; *Echterhölter* JZ **1956** 145; *Herzog* AöR **86** (1961) 194, 238; *ders.* JZ **1966** 650.

1612 Vgl. auch BGH NJW **2019** 2400.

1613 KG NJW-RR **2016** 346, 347.

gungsanspruch setzt zudem **kein Verschulden** des handelnden Amtsträgers voraus.[1614] Umgekehrt kann der Anspruch aber ausgeschlossen sein, wenn der Betroffene es unterlassen hat, den Eintritt des Schadens durch die Einlegung geeigneter Rechtsbehelfe abzuwehren (§ 839 Abs. 3 BGB analog).[1615]

Wenn das angerufene Gericht nicht über die Rechtmäßigkeit der Freiheitsentziehung **620** entscheidet und zur Begründung anführt, der Antragsteller sei mittlerweile wieder in Freiheit und habe kein rechtlich geschütztes Interesse mehr, ist Art. 5 Abs. 4 verletzt, u.a. weil die Feststellung der Unrechtmäßigkeit zu einem Entschädigungsanspruch aus Art. 5 Abs. 5 führen kann (Rn. 625).[1616] Eine stärkere Wahrnehmung und Beachtung des Art. 5 Abs. 5, der bislang in der Praxis kaum zur Anwendung kommt, ist aus finanziellen und strategischen Gesichtspunkten nicht zuletzt unter den Aspekten der Verschuldensunabhängigkeit und Breite/Vollständigkeit des Entschädigungsanspruchs wünschens-[1617] und in rechtspolitischer Hinsicht erstrebenswert.[1618]

Eine spezielle Entschädigungsregelung zur strafrechtlichen Rehabilierung der nach **621** § 175 StGB a.F. wegen „Homosexueller Handlungen" Verurteilten hat der Gesetzgeber im Juli 2017 mit dem **StrRehaHomG** geschaffen.[1619] Neben der Aufhebung der auf § 175 StGB (a.F.) basierenden Urteile sieht das Gesetz eine Entschädigung in Höhe von 3.000 € je aufgehobenem Urteil sowie von 1.500 € pro angefangenem Jahr Freiheitsentziehung vor (§ 5 Abs. 2 StrRehaHomG).

II. Einzelfragen

1. Voraussetzung. Voraussetzung des Anspruchs nach Art. 5 Abs. 5 ist ein Verstoß gegen **622** Art. 5 („unter Verletzung dieses Artikels"), also insbesondere eine **rechtswidrige Freiheitsentziehung** (z.B. rechtswidrige Untersuchungshaft[1620], Überschreitung der Frist des § 67e Abs. 2 StGB[1621]), die nicht von den Gründen des Absatzes 1 Satz 2 gedeckt ist. Wegen der von der Konvention in Art. 5 Abs. 1 geforderten Bindung an das nationale Recht („gesetzlich vor-

---

1614 EGMR Wassink/NL, 27.9.1990; BGHZ **122** 268 = NJW **1993** 2927; KG StV **1992** 584; BGer EuGRZ **1993** 406, 409; Meyer-Goßner/*Schmitt* 14; *Kunz* Einl. 72; KK-EMRK-GG/*Dörr* Kap. 13, 104; *Nowak* 80; Karpenstein/Mayer/*Elberling* 132, 135.
1615 OLG München NJW **2007** 1986, 1987; OLG Naumburg NJW **2005** 514, 515; LG Duisburg Beschl. v. 11.5.2009 – 1 O 343/08, Rn. 5 (juris); IK-EMRK/*Renzikowski* 379; **a.A.** Karpenstein/Mayer/*Elberling* 136; offen gelassen von BGHZ **198** 1, 13 f. = NJW **2013** 3176, 3179.
1616 EGMR S.T.S./NL, 7.6.2011, § 61.
1617 *Petzold/Killinger* confront **2016** 72; so auch *Brockhaus/Ullrich* StV **2016** 678, 681 (Nicht-Beachtung des Art. 5 Abs. 5 als anwaltlicher Beratungsfehler, der dem originären Mandatsinteresse zuwiderlaufe).
1618 *Brockhaus/Ullrich* StV **2016** 678, 681 (drohende zivilrechtliche Schadensersatzverfahren führen möglicherweise bereits bei der Anordnung von Freiheitsentziehungen zu einer stärkeren Beachtung strafprozessualer Grundsätze); vgl. auch *Petzold/Killinger* confront **2016** 72, 76.
1619 Gesetz zur strafrechtlichen Rehabilierung der nach dem 8. Mai 1945 wegen einvernehmlicher homosexueller Handlungen verurteilten Personen v. 17.7.2017 (BGBl. I S. 2443); BTDrucks. **18** 12038; hierzu *Kaufmann* DRiZ **2016** 366; *Wolff* RuP **2016** 129.
1620 Hierzu *Killinger* Staatshaftung für rechtswidrige Untersuchungshaft in Deutschland und in Österreich im Lichte von Art. 5 Abs. 5 EMRK (2015); *Brockhaus/Ullrich* StV **2016** 678 ff.; *Krauße* StraFo **2017** 349 ff.; *Ujkaše-vić* Die Kompensation von Verfahrensrechtsverstößen in der Rechtsprechung des Europäischen Gerichtshofs für Menschenrechte (2018) 38 f.; *Morgenstern* 630 ff. Grundlegend auch BGHZ **122** 268 ff. (Entschädigung für im Zusammenhang mit rechtswidriger Untersuchungshaft erlittene Gesundheitsbeeinträchtigung).
1621 OLG Braunschweig MDR **2020** 222; vgl. auch für einen Fall der nicht gerechtfertigten Überschreitung der Frist des § 67e Abs. 2 StGB im Falle der Unterbringung in einem psychiatrischen Krankenhaus: BVerfG v. 19.7.2021 – 2 BvR 1317/20, BeckRS **2021** 21074 = NJW **2021** 3041 (Ls.).

geschriebene Weise") hat eine Freiheitsentziehung, die gegen **nationale Bestimmungen verstößt**, in vielen Fällen auch einen Verstoß gegen Art. 5 Abs. 1 Satz 2 zur Folge.[1622]

623   Rechtswidrig i.S.v. Art. 5 Abs. 5 ist eine Freiheitsentziehung auch dann, wenn sie zwar mit dem (sonstigen) innerstaatlichen Recht im Einklang steht, aber gegen **völkerrechtliche Freiheitsgarantien** (z.B. Art. 36 WÜK)[1623] oder die Garantien des Art. 5 verstößt,[1624] so etwa im Falle einer strafprozessualen Untersuchungshaft, die eine nach Art. 5 Abs. 3 angemessene Frist überschreitet.[1625] Allein der Umstand, dass eine Person für eine Inhaftierung entschädigt wurde, lässt keinen zwingenden Schluss auf die Unrechtmäßigkeit der Freiheitsentziehung zu.[1626]

624   Auch eine **Verletzung der Verfahrensrechte** des Art. 5 Abs. 2 bis 4 kann einen Entschädigungsanspruch des Betroffenen begründen.[1627] Ein Anspruch aus Art. 5 Abs. 5 ist nicht gegeben, wenn die Freiheitsentziehung nicht gegen Art. 5 verstoßen hat, etwa in dem Fall, dass ein Unschuldiger verurteilt wurde, aber die Inhaftierung trotzdem rechtmäßig und auch nicht willkürlich war.[1628] Zur Beachtung von Art. 5 Abs. 5 ist nicht unbedingt erforderlich, dass dem Betroffenen tatsächlich eine Entschädigung gewährt wird, vielmehr soll es genügen, wenn ein Verfahren zur Verfügung steht, in dem der Anspruch geltend gemacht werden kann, auch wenn im Einzelfall die Klage dann abgewiesen wird.[1629] Art. 5

[1622] BGHZ **45** 58; **57** 41; BGH NJW **1990** 397; *Frowein/Peukert* 149 (selbst wenn nationales Recht insoweit über Konvention hinausgeht); SK/*Meyer* 294; KK-EMRK-GG/*Dörr* Kap. 13, 104 (selbst wenn nationales Recht insoweit über Konvention hinausgeht); *Herzog* AöR **86** (1961) 194, 237 („rechtswidrig-konventionswidriger Freiheitsentzug"); Meyer-Goßner/*Schmitt* 14; Karpenstein/Mayer/*Elberling* 131; *Brockhaus/Ullrich* StV **2016** 678, 679; EGMR Abashev/R, 27.6.2013, § 37.

[1623] Unterbleibt die Unterrichtung nach Art. 36 Abs. 1 *lit.* b WÜK, so ist die Anordnung einer Sicherungshaft zum Zwecke der Abschiebung rechtswidrig (BGH Beschl. v. 6.5.2010 – V ZB 223/09, FGPrax **2010** 212). Dieser Grundsatz gilt auch für sonstige Formen der Freiheitsentziehung; der BGH hat seine Aussage nicht explizit auf den Fall der Sicherungshaft beschränkt. Zur Entschädigungspflicht aus Art. 5 Abs. 5 siehe Tz. 17 („der zur zweckentsprechenden Rechtsverfolgung notwendigen außergerichtlichen Auslagen").

[1624] EGMR Harkmann/EST, 11.7.2006, § 50; vgl. *Herzog* AöR **86** (1961) 194, 237 (innerstaatliche Abweichung von der Konvention durch ein *lex posterior*); *Kunz* Einl. 72; Karpenstein/Mayer/*Elberling* 131.

[1625] Vgl. BGHZ **45** 36; BGH StV **1994** 329; KG StV **1992** 584; vgl. *Paeffgen* NStZ **1993** 532; IK-EMRK/*Renzikowski* 318. Bei Verstößen gegen das Beschleunigungsgebot des Art. 5 Abs. 3 kann die Entschädigung nach Art. 5 Abs. 5 auch in einem Strafrabatt bestehen, vgl. EGMR Porchet/CH, 8.10.2019, §§ 19 ff.

[1626] HRC W.B.E./NL, 1.12.1992, 432/1990, § 6.5; vgl. hierzu auch *Kälin/Künzli* 554.

[1627] Vgl. EGMR Dimo Dimov u.a./BUL, 7.7.2020, § 94 (Verletzung von Art. 5 Abs. 4); Khayrullina/R, 19.12.2017, § 100; Yağın/TRK, 3.2.2015, § 29; Hebat Aslan u. Firas Aslan/TRK, 28.10.2014, §§ 92 ff.; Velinov/MAZ, 19.9.2013, §§ 72 ff.; (GK) Stanev/BUL, 17.1.2012, § 182; Thynne, Wilson u. Gunnell/UK, 25.10.1990, § 82; Wassink/NL, 27.9.1990, § 38.

[1628] EGMR K.F./UK (E), 3.9.2013, § 19. Auch ein Verstoß gegen Art. 6 eröffnet nicht den Anwendungsbereich des Art. 5 Abs. 5 (näher zur Frage, ob ein Verstoß gegen Art. 6 die Rechtmäßigkeit der Freiheitsentziehung entfallen lässt Rn. 101); dann können jedoch Art. 3 des 7. ZP-EMRK (von Deutschland nicht ratifiziert) und Art. 14 Abs. 6 IPBPR einschlägig sein, vgl. Art. 6 Rn. 1486 ff.

[1629] Exemplarisch EGMR Venskute/LIT, 11.12.2012, § 87, wo die nationalen Gerichte das Verlangen der Bf. nach einer Entschädigung in einem ordnungsgemäßen Verfahren als unbegründet abgelehnt hatten; keine Verletzung von Art. 5 Abs. 5. Der Gerichtshof formuliert zunächst ungenau (§ 85: „Article 5 § 5 guarantees an enforceable right to compensation to (...) the victims of arrest or detention in contravention of the other provisions of Article 5"), kommt dann aber auf den Punkt (§ 87: „in the instant case the applicant's civil claim for pecuniary and non-pecuniary damages was dismissed as unfounded. Yet the Court is reluctant to find that this fact, in itself, is sufficiently conclusive to hold that no legal procedure was envisaged for bringing proceedings in order to seek compensation for the deprivation of liberty"); in diese Richtung auch EGMR Klishyn/UKR, 23.2.2012, § 98 (Verstoß gegen Art. 5 Abs. 5 wegen „the absence of any legally envisaged procedure for bringing proceedings to seek compensation for the deprivation of liberty").

Abs. 5 soll offenbar auch dann anwendbar sein, wenn zur Zeit der Freiheitsentziehung die EMRK für den betreffenden Staat noch nicht in Kraft getreten war, dies aber nunmehr, im Zeitpunkt der Geltendmachung des Entschädigungsanspruchs, der Fall ist.[1630]

Der Anspruch nach Art. 5 Abs. 5 setzt voraus, dass nationale Stellen oder der EGMR **625** eine **Verletzung von Art. 5 Abs. 1 bis 4 festgestellt** haben.[1631] Der EGMR trifft keine solche Feststellung, wenn die diesbezüglichen Menschenrechtsbeschwerden unzulässig, insbesondere verfristet (Art. 35 Abs. 1) sind, mögen auch in der Sache Verstöße gegen Art. 5 stattgefunden haben;[1632] der Gerichtshof prüft die Begründetheit dann auch nicht hilfs- oder ersatzweise. Nationale Gerichte können hingegen auch noch nach der Abweisung einer Menschenrechtsbeschwerde als unzulässig auf eine Verletzung von Art. 5 erkennen und damit den Weg zur einer Entschädigung nach Art. 5 Abs. 5 öffnen, weil sie insoweit nicht an die Entscheidung des EGMR gebunden sind, die lediglich die eingelegte Beschwerde selbst betrifft.

Ob innerstaatlich eine Entschädigung nach Art. 5 Abs. 5 EMRK bzw. Art. 9 Abs. 5 IPBPR **626** beantragt wurde, ist grundsätzlich von der Frage zu trennen, ob wegen einer vor dem EGMR gerügten Konventionsverletzung nach Art. 5 Abs. 1 bis 4 alle innerstaatlichen Rechtsbehelfe erschöpft wurden (Art. 35 Abs. 1) und ob der Betroffene als Opfer einer Konventionsverletzung nach Art. 5 Abs. 1 bis 4 im Verfahren der Individualbeschwerde (Art. 34) einen Anspruch auf eine gerechte Entschädigung nach Art. 41 geltend machen kann.[1633] Eine innerstaatliche Entschädigung wegen einer konventionswidrig erlittenen Freiheitsentziehung lässt die **Opfereigenschaft** nur dann entfallen, wenn der Staat die Konventionsverletzung ausdrücklich anerkannt und eine ausreichende Form der Wiedergutmachung geleistet hat.[1634]

Anspruchsberechtigt i.S.d. Art. 5 Abs. 5 ist regelmäßig nur diejenige Person, deren **627** Rechte aus Art. 5 Abs. 1 bis 4 verletzt wurden; mit anderen Worten: nur der unmittelbar von der Konventionsverletzung Betroffene („direct victim").[1635] Ausnahmsweise kann der Anspruch aber auch anderen Personen zustehen. Dies betrifft insbesondere den Fall, dass der unmittelbar Betroffene bereits verstorben ist und die Verletzung von Art. 5 durch dessen Angehörige vor dem EGMR geltend gemacht wird.[1636]

Auch **Art. 9 Abs. 5 IPBPR** gewährt jedem unrechtmäßig Festgenommenen oder in **628** Haft Gehaltenen einen Anspruch auf Entschädigung. Anders als Art. 5 Abs. 5 nimmt er nicht auf die ihm vorhergehenden Absätze Bezug; es genügt also allein die **Rechtswidrigkeit** der Haft **nach innerstaatlichem Recht**. Wegen der in Art. 9 Abs. 1 Satz 3 IPBPR verankerten Bindung an das nationale Recht („Beachtung des im Gesetz vorgeschriebenen Verfahrens") folgt daraus aber in aller Regel zugleich auch eine Verletzung des Art. 9 Abs. 1 IPBPR. Der Anspruch umfasst ebenfalls die Verstöße gegen die Verfahrensvorschriften der Absätze 2 bis 4. Kein Anspruch nach Art. 9 Abs. 5 IPBPR besteht, wenn die Freiheitsentziehung als solche innerstaatlich formal rechtmäßig und auch konventionskonform gewesen ist, aber die Entscheidung, die der rechtmäßigen Freiheitsentziehung zugrunde lag, mit Fehlern behaftet war oder wegen einer anderen Würdigung des Sachverhalts aufgehoben

1630 EGMR Poghosyan u. Baghdasaryan/ARM, 12.6.2012, §§ 9 f., 35.
1631 EGMR (GK) Kotiy/UKR, 5.3.2015, § 53; (GK) N.C./I, 18.12.2002, § 49; Meyer-Ladewig/Nettesheim/von Raumer/*Meyer-Ladewig*/*Harrendorf*/*König* 108; Karpenstein/Mayer/*Elberling* 131.
1632 EGMR Rupa/RUM (Nr. 2) (E), 23.2.2010, § 37.
1633 Vgl. Teil II Rn. 270 ff.
1634 EGMR (GK) Labita/I, 6.4.2000; Crabtree/CS, 25.2.2010, §§ 20 ff.; İlker Deniz Yücel/TRK, 25.1.2022, §§ 129 ff.; vgl. *Kühne*/*Esser* StV **2002** 383, 384; vgl. auch *Kälin*/*Künzli* 554.
1635 EGMR Khayrullina/R, 19.12.2017, § 100.
1636 Vgl. EGMR Khayrullina/R, 19.12.2017, §§ 102 ff.

wurde. Dies ist etwa der Fall, wenn ein Beschuldigter, der sich in Untersuchungshaft befand, später vom erkennenden Gericht freigesprochen wird.[1637]

629   **2. Anspruchsgegner.** Der Anspruch richtet sich **gegen den Vertragsstaat.** Soweit der Anspruch innerstaatlich geltend gemacht wird, hat der Hoheitsträger (Bund, Land oder sonstige Gebietskörperschaft), dessen Hoheitsgewalt bei der rechtswidrigen Freiheitsentziehung oder der Verletzung des Verfahrensrechts ausgeübt wurde, für die Rechtsverletzung einzustehen.[1638] Dies gilt auch, wenn Organe des Staates die Verletzung im Ausland begangen haben.[1639] Wurde die Freiheitsentziehung richterlich angeordnet, ist regelmäßig nur der Hoheitsträger, in dessen Dienst der Richter steht, passivlegitimiert.[1640]

630   **Völkerrechtlich** bleibt der Bund als Gesamtstaat gegenüber den anderen Vertragsstaaten und den Konventionsorganen verpflichtet.[1641] Er hat dafür einzustehen, dass der Betroffene seinen Anspruch aus Absatz 5 innerstaatlich durchsetzen kann, ganz gleich, welche Gebietskörperschaft die rechtswidrige Verletzung innerstaatlich zu verantworten hat und welchen Organen diese zuzurechnen ist.

631   **3. Schadensersatz/Immaterieller Schaden.** Nach Art. 5 Abs. 5 EMRK/Art. 9 Abs. 5 IPBPR kann **voller Schadensersatz** für die Rechtsverletzung verlangt werden,[1642] nicht nur – wie etwa nach Art. 41 oder beim allgemeinen Aufopferungsanspruch – eine gerechte bzw. angemessene Entschädigung.[1643] Die Frage der **Aufrechenbarkeit von Ansprüchen des Staates** gegenüber aus Art. 5 Abs. 5 bestehenden Haftentschädigungsansprüchen richtet sich mangels entsprechender Regelung in der EMRK nach nationalem Recht.[1644] Bei der Bemessung des Schadensersatzanspruchs ist jeder Tag der (rechtswidrigen) Freiheitsentziehung zu berücksichtigen. Erfolgt beispielsweise eine vorläufige Festnahme auf der Grundlage des § 127 StPO, wird der Betroffene aber erst am Folgetag nach § 128 StPO einem Richter vorgeführt, so ist bereits der Tag der Festnahme für den Beginn

---

1637 BGHZ **57** 43; vgl. OLG Hamm NJW **1989** 1547; *Kunz* Einl. 72; vgl. auch *Haas* MDR **1964** 10; *Pilmacek* ÖJZ **2001** 546, 556; IK-EMRK/*Renzikowski* 319; *Brockhaus/Ullrich* StV **2016** 678, 681.

1638 BGH NJW **2019** 2400 = JR **2020** 608 m. Anm. *Thiel*; BGHZ **45** 36; 54 (keine Haftung des Bundes für Freiheitsentzug in der früheren DDR); *Brückler* DRiZ **1965** 257; *Herzog* AöR **86** (1961) 194, 240; Meyer-Goßner/ *Schmitt* 14; KK-EMRK-GG/*Dörr* Kap. 13, 106; IK-EMRK/*Renzikowski* 322; Karpenstein/Mayer/*Elberling* 136. Für die Entschädigung für eine unter Verstoß gegen Art. 5 Abs. 1 vollzogene Sicherungsverwahrung ist das Land zuständig, dessen Gerichte die Sicherungsverwahrung angeordnet und dessen Beamte sie vollzogen haben: BGH Urt. v. 19.9.2013 – III ZR 406/12, Rn. 25, II 1 c; Vorinstanzen OLG Karlsruhe Urt. v. 29.11.2012 – 12 U 60/12, VersR **2013** 316 = zfs **2013** 81 m. Anm. *Diehl*, und LG Karlsruhe EuGRZ **2012** 260; ebenso BGH Urt. v. 19.9.2013 – III ZR 405/12, NJW **2014** 67 = EuGRZ **2013** 639 = StraFo **2013** 477 = JZ **2013** 1161 m. Anm. *Breuer* = MDR **2013** 1398 (Rn. 25, II 1 c); Vorinstanzen OLG Karlsruhe Urt. v. 29.11.2012 – 12 U 62/12, LG Karlsruhe Urt. v. 24.4.2012 – 2 O 330/11, StraFo **2012** 246; zum Thema: *Schlitzer* LKRZ **2015** 496.

1639 *Vogler* ZStW **89** (1977) 761; IK-EMRK/*Renzikowski* 323.

1640 BGH NJW **2019** 2400.

1641 IK-EMRK/*Renzikowski* 322.

1642 BGHZ **45** 58, 68; BGH NJW **1990** 397; *Guradze* 41; *Herzog* AöR **86** (1961) 194, 239; *ders.* JZ **1966** 657; Meyer-Goßner/*Schmitt* 14; *Vogler* ZStW **82** (1970) 761; *Zörb* NJW **1970** 2146.

1643 Zum Unterschied BGHZ **45** 58, 68; ferner: *Herzog* AöR **86** (1961) 194, 239; *Herzog* JZ **1966** 657, 659; *Frowein/Peukert* 151; KK-EMRK-GG/*Dörr* Kap. 13, 103; IK-EMRK/*Renzikowski* 323; Karpenstein/Mayer/*Elberling* 135; *Villiger* 447 hält die Grundsätze des Art. 41 „zweckmäßigerweise" für anwendbar.

1644 BGH NJW **2016** 636 = BGHZ **207** 365 = VersR **2016** 736 (unter Hinweis darauf, dass sich aus dem mit den Besonderheiten des Anspruchs aus Art. 41 begründeten Abtretungs- und Pfändungsverbot Gleiches gerade nicht für den anders gelagerten Anspruch aus Art. 5 Abs. 5 ableiten lasse).

der rechtswidrigen Freiheitsentziehung und damit zugleich für Art. 5 Abs. 5 maßgeblich.[1645]

Zu ersetzen ist auch ein **immaterieller Schaden**, einschließlich in Form von Schmerzensgeld.[1646] Schon durch die Verletzung des Persönlichkeitsrechts des vom Konventionsverstoß Betroffenen[1647] kann ein Schadensersatzanspruch ausgelöst werden, so auch durch die Belastungen einer rechtswidrigen Haft.[1648] Der Bemessung des immateriellen Schadens sind die Grundsätze des Art. 41 zugrunde zu legen, wobei den innerstaatlichen Behörden ein Beurteilungsspielraum zusteht.[1649] Art. 5 Abs. 5 bezieht sich grundsätzlich nicht auf die Haftmodalitäten. Führen diese jedoch zur Rechtswidrigkeit der Freiheitsentziehung, so folgt daraus ebenfalls ein Entschädigungsanspruch gemäß Art. 5 Abs. 5.[1650]

Im Übrigen gelten die allgemeinen Regeln des nationalen Schadensersatzrechts.[1651] Dies gilt vor allem für den **Nachweis**, dass die rechtswidrige Freiheitsentziehung oder die rechtswidrige Beeinträchtigung der von den Konventionen geforderten Verfahrensgarantien für den zu ersetzenden Schaden **ursächlich** war.[1652] Auch im Wege der Naturalrestitution kann

632

633

1645 *Krauße* StraFo **2017** 349, 350.

1646 EGMR Khachatryan u.a./ARM, 27.11.2012, §§ 157 f. (Art. 5 Abs. 5 erfordert, dass es ein Recht auf Schadensersatz für immaterielle Schäden geben muss; die Formulierung in § 157 scheint zwar zu besagen, dass es *Ersatz in immaterieller Form* geben müsse, aus § 158 und aus dem Gesamtzusammenhang ist aber auf ein Recht auf materiellen Ersatz für immaterielle Schäden zu schließen, außerdem geht der EGMR nicht näher auf ein Vorbringen der Regierung (§ 154) ein, das staatsanwaltliche Entschuldigungsschreiben sei Ersatz genug); siehe auch EGMR Wassink/NL, 27.9.1990, § 38: Voraussetzung für eine Entschädigung ist „pecuniary or non-pecuniary damage"; OLG Celle NJW **2003** 2463; BGHZ **122** 268 = NJW **1993** 2927; KG StV **1992** 584; *Frowein/Peukert* 151; IK-EMRK/*Renzikowski* 324; *Herzog* AöR **86** (1961) 194, 239; Meyer-Goßner/*Schmitt* 14; *Schorn* 5; *Strafner* StV **2010** 275, 276; vgl. auch OGH EuGRZ **1981** 571; ÖJZ **1990** 210; BGer EuGRZ **1993** 406.

1647 Vgl. *Guradze* 41; vgl. EKMR bei *Strasser* EuGRZ **1990** 50 (Keus), wonach das Recht auf Entschädigung nach Art. 5 Abs. 5 nicht vom Vorliegen eines (gemeint wohl materiellen) Schadens abhänge; *Brockhaus/ Ullrich* StV **2016** 678, 679 (insb. unter Hinweis auf den Rufschaden durch mediale und soziale Vorverurteilung).

1648 BGHZ **122** 268 = NJW **1993** 2927; OGH ÖJZ **1990** 210.

1649 SK/*Meyer* 300; KK/*Schädler* 27; *Grabenwarter/Pabel* § 21, 69; *Brockhaus/Ullrich* StV **2016** 678, 680 (fehlende spezielle Regelung durch den Konventions- bzw. nationalen Gesetzgeber führt zur Anwendbarkeit der § 253 Abs. 2 BGB i.V.m. § 287 ZPO); Karpenstein/Mayer/*Elberling* 133 (wobei die Höhe der zugesprochenen Entschädigung der Bedeutung des verletzten Rechts gerecht werden muss); LG Leipzig Beschl. v. 11.7.2016 – 07 O 3907/15, zit. nach *Petzold* confront 2/**2016** 77: Bemessung des Schmerzensgelds auf 500 € pro Tag erlittener Freiheitsentziehung unter Berücksichtigung der Umstände des Einzelfalls; kritisch zur regelmäßigen Höhe der Entschädigungssätze. Zur Bemessung des immateriellen Schadensersatzes OLG Braunschweig MDR **2020** 222 (Verstoß gegen die Prüffrist des § 67e Abs. 2 StGB): liege eine lediglich formell rechtswidrige Freiheitsentziehung und ein Eingriff von geringer Schwere vor, so könne die angemessene Entschädigung auch weniger als 500 € pro Monat betragen.

1650 Vgl. OLG Celle StV **2004** 84, 85, BGHZ **122** 268, 278 f. = NJW **1993** 2927; KK/*Schädler* 27.

1651 Anwendbarkeit von §§ 839 Abs. 3, 254 BGB offengelassen von BGH NJW **2013** 3176, 3179, Rn. 33, und BGHZ **122** 268, 278 f. = NJW **1993** 2927, ebenso in BGH Urt. v. 19.9.2013 – III ZR 405/12, NJW **2014** 67 = EuGRZ **2013** 639 = StraFo **2013** 477, Rn. 29, II 2 b, wo selbst für den Fall der Anwendbarkeit von §§ 839 Abs. 3, 254 BGB zutreffend ein Mitverschulden seitens Sicherungsverwahrter verneint wurde, die vor der Feststellung der Konventionswidrigkeit des deutschen Rechts durch das Urteil M./D, 17.12.2009, gegen die damals noch verfassungsgerichtlich abgesicherte Anordnung und Vollziehung der Sicherungsverwahrung mit Rückwirkungskomponente (BVerfGE **109** 133 = NJW **2004** 739) wegen offensichtlicher Aussichtslosigkeit keine Rechtsmittel eingelegt hatten.

1652 EGMR Wassink/NL, 27.9.1990; vgl. ferner OGH EuGRZ **1981** 571; ÖJZ **1990** 210 (keine besondere Nachweispflicht bei immateriellem Schaden); so auch Karpenstein/Mayer/*Elberling* 132; *Herzog* AöR **86** (1961) 194, 236.

---

ein Schaden behoben werden, etwa durch Anrechnung einer rechtswidrig erlittenen Freiheitsentziehung auf die Strafhaft.[1653] In Fällen, in denen eine Konventionsverletzung nach den Absätzen 1 bis 4 keine bleibenden Folgen für den Betroffenen hervorgerufen hat, kann im Einzelfall schon die ausdrückliche Feststellung der Konventionsverletzung ausreichen, um einen erlittenen immateriellen Schaden auszugleichen.[1654]

634 § 7 StrEG kann für die Bemessung der Höhe einer materiellen Entschädigung zur Orientierung herangezogen werden, ist jedoch nicht maßgeblich.[1655] Bei der Entschädigung für eine mit Art. 5 unvereinbare Sicherungsverwahrung ist tendenziell von höheren Beträgen auszugehen.[1656]

635 **4. Verjährung.** Der Anspruch, den der BGH als eine Art der Gefährdungshaftung qualifiziert hat,[1657] verjährt in rechtsähnlicher Anwendung des auch bei unerlaubten Handlungen geltenden § 195 BGB in **drei Jahren.**[1658] Er kann bereits erhoben werden, wenn das Strafverfahren, in dem es zu der konventionswidrigen Freiheitsentziehung kam, noch nicht beendet ist, so etwa bezüglich der Frage einer angemessenen Dauer der Untersuchungshaft.[1659] Jedoch kann eine Entschädigung nach Art. 41 nur verlangt werden, sofern das innerstaatliche Recht keine ausreichende Wiedergutmachung vorsieht. An dieser Voraussetzung kann es im Hinblick auf die Anrechnung der Untersuchungshaft auf die Strafe fehlen.[1660]

1653 BGH NStZ **2010** 229; *Herzog* AöR **86** (1961) 194, 239.

1654 Vgl. EGMR Hood/UK, 18.2.1999; BVerfG NVwZ **2017** 317 (Gewährung einer Geldentschädigung wegen der Verletzung immaterieller Persönlichkeitsrechte nur unter der Voraussetzung einer hinreichenden Schwere der Verletzung und des Fehlens anderweitiger Genugtuungsmöglichkeiten).

1655 Vgl. OLG Naumburg NVwZ-RR **2012** 366 (nicht auf im StrEG genannte Höhe beschränkt; StrEG bietet allenfalls eine Orientierung); OLG Schleswig SchlHA **2002** 113; OLG Celle Beschl. v. 3.11.2006 – 16 W 102/06, NdsRpfl. **2007** 11. Seit 8.10.2020 beträgt die Entschädigung für den immateriellen Schaden aufgrund strafgerichtlich angeordneter Freiheitsentziehung gem. § 7 Abs. 3 StrEG 75 € pro angefangenem Tag (zuvor: 25 €); Hintergrund ist die Reform durch das 3. StrEGÄndG v. 30.9.2020 (BGBl. I S. 2049); hierzu BTDrucks. **19** 17035, BRDrucks. 135/18 und 639/19. Andere Gesetzesanträge sahen eine Entschädigung von mindestens 150 € (BTDrucks. **19** 17744) bzw. von bis zu 200 € (BTDrucks. **19** 15785) oder 250 € (BTDrucks. **19** 17108) pro Tag vor (zum Teil gestaffelt nach der Dauer der Freiheitsentziehung). Zum Vergleich: In den Niederlanden werden 80 € pro Hafttag gewährt: EGMR Geisterfer/NL, 9.12.2014, §§ 46 ff.; s.a. auch die Länderübersicht bei EJN, Report – Regional meeting „Compensation after detention based on an EAW [European Arrest Warrant]" (22.9.2017), 14 (https://www.ejn-crimjust.europa.eu/ejnupload/RM17/NL_Report_Regional_2017.pdf).

1656 Vgl. OLG Hamm NStZ-RR **2013** 160 (Ls.) (mindestens Tagessatz im StrEG = 25 € (siehe vorherige Fn.); nur summarische Prüfung, da PKH-Antrag), ebenso OLG Frankfurt NStZ-RR **2013** 295 (ebenfalls nur PKH-Antrag); anders LG Karlsruhe EuGRZ **2012** 260, bestätigt von OLG Karlsruhe VersR **2013** 316 = zfs **2013** 81 m. Anm. *Diehl* (500 € monatlich); nicht beanstandet von BGH Urt. v. 19.9.2013 – III ZR 406/12, Rn. 28, II 2 b (Betrag konnte nach oben korrigiert werden, da nur das beklagte Land und nicht auch der Kl. Revision eingelegt hatte); insoweit identisch im Parallelfall BGH NJW **2014** 67 = EuGRZ **2013** 639 = StraFo **2013** 477, Rn. 28, II 2 b. Ferner OLG Hamm Urt. v. 6.3.2015 – 11 U 95/14 = BeckRS **2015** 19792 (500 € pro Monat); nachgehend BGH NJW **2016** 636; jeweils auch zur Frage der Aufrechenbarkeit.

1657 BGHZ **45** 58; **a.A.** gesetzlich normierter Fall des allgemeinen Aufopferungsanspruchs, vgl. *D. Meyer* 1 m.w.N.; *Kunz* Einl. 73.

1658 Zum früheren § 852 Abs. 1 BGB: BGHZ **45** 58, 66; BVerfG NJW **2005** 1567; Meyer-Goßner/*Schmitt* 14; *D. Meyer* 1; Karpenstein/Mayer/*Elberling* 136; *Brockhaus/Ullrich* StV **2016** 678, 681 (Frage der Verjährung noch nicht abschließend geklärt; jedoch überwiegende Anwendung des § 195 BGB); ebenso *Krauße* StraFo **2017** 349, 352; **a.A.** *Herzog* AöR **86** (1961) 194, 241 Fn. 157 (Aufopferungsanspruch: 30 Jahre).

1659 *D. Meyer* Einl. 55; *Kunz* Einl. 75; vgl. auch *Trechsel* EuGRZ **1980** 514.

1660 *Kunz* Einl. 75.

5. Innerstaatlicher Rechtsweg. Der Anspruch ist nach den Regeln des nationalen **636** Gerichtsverfassungsrechts, in der Bundesrepublik vor den ordentlichen Gerichten im Wege der Zivilklage, geltend zu machen.[1661]

6. Anrufung des EGMR. Anders als die Zuerkennung einer gerechten Entschädigung **637** nach Art. 41[1662] als Folge einer vor dem EGMR gerügten Verletzung einer (anderen) Konventionsgarantie kann ein Anspruch wegen Verletzung des Art. 5 Abs. 5 nur in Ausnahmefällen vor dem EGMR geltend gemacht werden. Nur dort, wo diese Vorschrift im nationalen Recht weder unmittelbar gilt noch in einer vergleichbaren Entschädigungsregelung eine Entsprechung hat, kann die Unmöglichkeit, innerstaatlich eine Entschädigung zu erlangen, als Verletzung des Art. 5 Abs. 5 unmittelbar gerügt werden.[1663] Soweit dagegen Absatz 5 auch innerstaatlich anwendbar ist, setzt jede Anrufung des EGMR eine Erschöpfung der innerstaatlichen Rechtsbehelfe voraus (Art. 35 Abs. 1).[1664] Der Konventionsstaat hat darzulegen, wie der Bf. auch innerstaatlich eine Entschädigung bekommen könnte oder hätte bekommen können; der EGMR ermittelt nicht von Amts wegen die innerstaatliche Rechtslage oder Praxis der Gerichte.[1665]

Entgegen einer früheren Praxis der EKMR ist es *nicht erforderlich*, dass eine Verlet- **638** zung des Art. 5 Abs. 1 zuvor vom EGMR festgestellt wird und dass der Betroffene dann wegen des Entschädigungsanspruchs die innerstaatlichen Rechtsbehelfe erschöpft.[1666] Es genügt, dass wegen der Verweigerung einer Entschädigung nach Art. 5 Abs. 5 der Rechtsweg erschöpft ist. Andererseits muss der Verstoß gegen Art. 5 Abs. 1 bis 4 auch nicht – wie früher gefordert – zwingend vom nationalen Gericht festgestellt werden; dies kann auch durch den EGMR geschehen.[1667] Dann steht fest, dass Art. 5 Abs. 5 anwendbar ist;

1661 OLG München NStZ-RR **1996** 125; *Guradze* 43; *Herzog* AöR **86** (1961) 194, 241; Meyer-Goßner/*Schmitt* 14; Karpenstein/Mayer/*Elberling* 136; *Killinger* 85 f.

1662 Die gerechte Entschädigung kann der EGMR auf Antrag wegen jeder von ihm festgestellten Konventionsverletzung nach Art. 41 selbst zusprechen, vgl. Teil II Rn. 220 ff., ferner *Frowein/Peukert* 147; sowie zum Unterschied der Ansprüche nach Art. 5 Abs. 5 und Art. 41: *Villiger* 448.

1663 Exemplarisch EGMR Stoichkov/BUL, 24.3.2005, §§ 74 ff.; Dbouba/TRK, 13.7.2010, §§ 53 ff.; (GK) Stanev/ BUL, 17.1.2012, §§ 189 ff. (insoweit in NJOZ **2013** 1190 nicht wiedergegeben); Tymoshenko/UKR, 30.4.2013, §§ 286 ff.; Yarashonen/TRK, 24.6.2014, §§ 48 ff.; Shcherbina/R, 26.6.2014, §§ 53 ff.; Yağın/TRK, 3.2.2015, §§ 29 f.; ferner EGMR Svetoslav Hristov/BUL, 13.1.2011, §§ 62 ff.; Gutsanovi/BUL, 15.10.2013, § 170 (wenn das nationale Recht für den Schadensersatz fordert, dass die Unrechtmäßigkeit der Freiheitsentziehung durch die zuständigen (nationalen) Gerichte festgestellt worden sein muss, erkennt der EGMR selbst auf eine Verletzung von Art. 5 Abs. 5 in demselben Urteil, in dem er die Verletzung eines anderen Absatzes des Art. 5 feststellt); ähnlich EGMR Veretco/MOL, 7.4.2015, §§ 66 ff. (nationales Recht gewährt eine Entschädigung nur bei Freispruch des Angeklagten); ergänzend EGMR (GK) A. u.a./UK, 19.2.2009, §§ 158, 229 (in NJOZ **2010** 1903 nur zum Teil wiedergegeben): die im britischen Recht vorgesehene Feststellung einer Konventionsverletzung durch das nationale Gericht („declaration of incompatibility with the Convention") ist keine ausreichende Entschädigung; siehe auch EGMR Beet u.a./UK, 1.3.2005; Svetlorusov/UKR, 12.3.2009, § 69.

1664 EGMR Crabtree/CS, 25.2.2010, §§ 25 ff.; *Strafner* StV **2010** 275; IK-EMRK/*Renzikowski* 317; KK/*Schädler* 27. Zur Problematik der Individualbeschwerde gegen eine rechtskräftige innerstaatliche Entscheidung über den Anspruch nach Art. 5 Abs. 5 vgl. *Herzog* AöR **86** (1981) 194, 243.

1665 EGMR Antonio Messina/I, 24.3.2015, §§ 55 ff.

1666 Vgl. *Frowein/Peukert* 148; Karpenstein/Mayer/*Elberling* 131; *Trechsel* EuGRZ **1980** 514, 531.

1667 EGMR Pantea/RUM, 3.6.2003, § 262; Fedotov/R, 25.10.2005 (§ 83: „The right to compensation ... presupposes that a violation of one of the preceding paragraphs of Art. 5 has been established either by a domestic authority or by the Court"; mit Verweis auf EGMR (GK) N.C./I, 18.12.2002, § 49); Dubovik/UKR, 15.10.2009, § 71; siehe auch: EGMR Fedotov/R (E), 23.11.2004, § 3; Wynne/UK, 16.10.2003 (§ 31: „The Court has found above a violation of Article 5 § 4 ... No possibility of obtaining compensation existed at the relevant time in domestic

---

nicht zwingend ergibt sich daraus jedoch, dass der Staat durch die Verweigerung der Entschädigung gegen Art. 5 Abs. 5 verstoßen hat (vgl. die zusätzlichen Voraussetzungen Rn. 631 ff.).

639   Ob eine innerstaatlich gewährte Entschädigung **ausreichend** ist, wird vom EGMR in der Regel nur unter dem Gedanken der Missbräuchlichkeit nachgeprüft.[1668]

E. Grundsätze für die Behandlung inhaftierter Personen (Art. 10 IPBPR)

I. Bedeutung

640   **1. Grundsätze für die Behandlung inhaftierter Personen.** Art. 10 IPBPR legt einige Grundsätze für die Behandlung inhaftierter Personen fest. Die allgemeine Verpflichtung des Staates zu einem humanen und die Menschenwürde des Gefangenen achtenden Vollzug aller freiheitsentziehenden Maßnahmen durch **Art. 10 Abs. 1 IPBPR** trägt der gesteigerten Schutzbedürftigkeit der Personen Rechnung, die der staatlichen Gewalt besonders ausgesetzt sind. Er verpflichtet den Staat zu einer humanen Behandlung aller Gefangenen und eröffnet zugleich dem Einzelnen ein Abwehrrecht gegen unzumutbare Haftbedingungen.[1669]

641   Die Freiheitsgarantie des **Art. 9 IPBPR** (parallel zu Art. 5 EMRK), die im Kern nur den **Entzug der Freiheit**, nicht aber die Behandlung während des Freiheitsentzuges betrifft,[1670] wird durch Art. 10 IPBPR ergänzt. Dieser füllt die Lücke zum Verbot der Folter und der unmenschlichen oder erniedrigenden Behandlung (Art. 3 EMRK/Art. 7 IPBPR), das auch das Verbot der unfreiwilligen Heranziehung zu medizinischen oder wissenschaftlichen Versuchen (Art. 7 Satz 2 IPBPR) mit umfasst. Da all dies in der Regel während einer Freiheitsentziehung geschieht, decken sich beide Garantien in der Praxis weitgehend. Bei einer gegen Art. 7 IPBPR verstoßenden Behandlung eines Inhaftierten ist in aller Regel auch Art. 10 Abs. 1 IPBPR verletzt.[1671] Zum Teil sieht das HRC allerdings auch von einer eigenständigen Beurteilung des Sachverhaltes am Maßstab des Art. 10 IPBPR ab, wenn in derselben Sache bereits eine Verletzung anderer Gewährleistungen des IPBPR festgestellt wurde.[1672]

642   **Art. 10 Abs. 2 und 3 IPBPR** legen wichtige Grundsätze für den Vollzug einer Freiheitsentziehung bei **Untersuchungs- und Strafgefangenen** fest. Beide Bestimmungen können isoliert oder aber auch neben Art. 10 Abs. 1 und Art. 7 IPBPR verletzt sein. Für die Behand-

---

law ... The applicability of Article 5 § 5 is not dependent on a domestic finding of unlawfulness or proof that but for the breach the person would have been released"); *Grabenwarter/Pabel* § 21, 69.

1668   IK-EMRK/*Renzikowski* 317; KK-EMRK-GG/*Dörr* Kap. 13, 105.

1669   Zum gestiegenen Interesse an behandlungsorientierten Sanktionen: *Dessecker* FS 2017 7 ff.

1670   Deutlich auch BGH NJW 2019 2400 zu Art. 5 Abs. 5: die Vorschrift betreffe nur die Freiheitsentziehung als solche, nicht aber die Modalitäten der Haft.

1671   *Nowak* 9; vgl auch HRC Aboussedra/LBY, 25.10.2008, 1751/2008, §§ 7.4, 7.7 (keine Kommunikation mit der Familie und Außenwelt, Folter); Mihoubi/DZA, 18.10.2013, 1874/2009, §§ 7.4 ff.; Marouf/DZA, 21.3.2014, 1889/2009, §§ 7.3 ff.; Duric/BIH, 16.7.2014, 1956/2010, §§ 9.6 ff.; Al Daquel/Libyen, 21.7.2014, 1882/2009, §§ 6.3 ff.; Aarrass/E, 21.7.2014, 2008/2010, §§ 2.1 ff., 3.2, 10.2 ff.; Bouzeriba/DZA, 23.7.2014, 1931/2010, §§ 8.4 ff.; Boudehane/DZA, 24.7.2014, 1924/2010, §§ 8.3 ff.; Blessington, Elliot/AUS, 22.10.2014, 1968/2010, §§ 7.2 ff., 7.12.

1672   Vgl. HRC Tharu u.a./NPL, 3.7.2015, 2038/2011, § 10.11; Icic/BIH, 30.3.2015, 2028/2011, § 9.8.

lung von Personen, die wegen ihrer Beteiligung an einem **internationalen bewaffneten Konflikt** von einem Staat in Gewahrsam gehalten werden, enthalten die **Genfer Konventionen**[1673] Spezialvorschriften über die Behandlung der Kriegsgefangenen und der Kombattanten ohne Kriegsgefangenenstatus, die jedoch die Anwendbarkeit des Art. 10 IPBPR nicht ausschließen.[1674]

2. Verhältnis zu anderen Konventionsgarantien. Der Grundsatz des Art. 10 Abs. 1 **643** IPBPR ist für eine systemimmanente Auslegung anderer Konventionsgarantien des IPBPR von Bedeutung. Er begrenzt die nur unter einem formellen Regelungsvorbehalt stehenden Möglichkeiten zu Einschränkungen der in den Art. 17 ff. IPBPR gewährleisteten Rechte bei Gefangenen inhaltlich durch **sachliche Vorgaben.** Er wirkt so den besonderen Gefährdungen dieser Rechte beim Freiheitsentzug entgegen.[1675] Aus den Ausnahmen bei Art. 8 Abs. 3 *lit.* c, i IPBPR/Art. 4 Abs. 3 *lit.* a ergibt sich umgekehrt, dass die Arbeitspflicht von Strafgefangenen mit den Konventionen grundsätzlich vereinbar ist.[1676]

In der **EMRK** fehlt eine dem Art. 10 IPBPR entsprechende Regelung. Dies wird zum **644** Teil dadurch ausgeglichen, dass die menschenunwürdige Behandlung Gefangener zumindest ab einer gewissen Erheblichkeit als Verstoß gegen das **Verbot der erniedrigenden Behandlung (Art. 3)** angesehen wird. Im Übrigen enthalten – anders als beim IPBPR – die Eingriffsvorbehalte bei den Art. 8 ff. materielle Vorgaben; diese binden auch bei Gefangenen die Zulässigkeit von gesetzlichen Einschränkungen der grundsätzlich auch ihnen garantierten Rechte an besondere Zulässigkeitsvoraussetzungen und an das in einer demokratischen Gesellschaft Notwendige. Anhaltspunkte dafür geben die von internationalen Gremien aufgestellten Strafvollzugsgrundsätze sowie die Empfehlung des Europarates (2003)23,[1677] die wichtige menschenrechtliche Grundsätze für den Vollzug mehrjähriger oder gar lebenslanger Freiheitsstrafen enthält.

3. Mindestgrundsätze für die Behandlung von Gefangenen. Die **UN-Mindestgrund- 645 sätze für die Behandlung von Gefangenen**[1678] sind zwar ebenso völkerrechtlich unverbindlich wie die entsprechenden Grundsätze des Ministerkomitees des Europarates (**Europäische Strafvollzugsgrundsätze**[1679]), sie können aber, ebenso wie andere Resolutionen von internationalen Organisationen, als Ausdruck einer gemeinsamen Anschauung bei der Auslegung des Art. 10 IPBPR mitberücksichtigt werden.[1680]

1673 Vgl. Teil I Rn. 35.

1674 So das auf Ersuchen des Menschenrechtsausschusses der Parlamentarischen Versammlung des Europarates erstattete Gutachten der Kommission für Demokratie durch Recht (Venedig-Kommission) v. 13.12.2003, EuGRZ **2004** 343, 350 ff., 353.

1675 Vgl. *Nowak* 2.

1676 Vgl. Art. 4 Rn. 78 ff.

1677 Rec(2003)23 on the management by prison administrations of life sentence and other long-term prisoners. Näheres zu den europäischen Standards für den Vollzug langer Freiheitsstrafen v. 9.10.2003 (bei *Snacken/van Zyl Smit* NK **2009** 58 ff.).

1678 Vom 30.8.1955, gebilligt durch Res. 663 C (XXIV) des Wirtschafts- und Sozialrats v. 31.7.1957 und Res. 2076 (LXII) v. 13.5.1977; ferner Res. 43/173 der Generalversammlung v. 9.12.1988; vgl. auch *Nowak* 6.

1679 Vgl. Rec(2006)2 des Ministerkommittee an die Mitgliedstaaten betreffend die **Europäischen Strafvollzugsgrundsätze** (European Prison Rules) v. 11.1.2006, zuletzt überarbeitet 2020; siehe auch die früheren Empfehlungen R(87)3 v. 12.2.1987; E 73/3 v. 19.1.1973. Zur Unverbindlichkeit einer solchen Empfehlung, die keine unmittelbaren Rechte der Gefangenen begründet: BGer EuGRZ **1981** 530, 531.

1680 *Nowak* 1, 6.

646   Das **Übereinkommen über die Rechte des Kindes** vom 20.11.1989 **(CRC)**[1681] enthält in seinem Art. 37 ebenfalls Regelungen für die Behandlung Jugendlicher[1682] während eines Freiheitsentzuges (so etwa Vorgaben für eine menschliche, altersgerechte Behandlung, eine Trennung von Erwachsenen, Aufrechterhaltung des Verkehrs mit der eigenen Familie, Recht auf einen Beistand). Ein davon zu trennendes, aber gesellschaftspolitisch zunehmend brisantes Problem ist die **Wahrung der Rechte von Kindern inhaftierter Personen** durch Strategien zur Vermeidung bzw. Aufarbeitung traumatischer Situationen und depressiver Stimmungslagen.[1683]

647   Vor dem Hintergrund der **Coronakrise** hat das **Europäische Antifolterkomitee (CPT)** im März 2020 dezidierte Grundsätze für die Behandlung von Gefangenen während eines Infektionsgeschehens herausgegeben.[1684] Als Grundprinzip gilt demnach, dass – soweit möglich – alle Maßnahmen ergriffen werden müssen, um die Gesundheit und die Sicherheit der Inhaftierten zu schützen (§ 1). Das CPT legt den nationalen Behörden außerdem nahe, **Alternativen zur Haft** in größtmöglichem Umfang zu nutzen (§ 5). Darüber hinaus soll Inhaftierten täglich mindestens eine Stunde an der frischen Luft gewährt werden; ebenso sollen eingeschränkte Besuchsmöglichkeiten durch **andere Mittel zur Kommunikation** mit der Außenwelt (z.B. durch Telefonate) ausgeglichen werden (§ 7). Unmittelbar einklagbare Rechte vermitteln die Grundsätze des CPT den Gefangenen zwar nicht. Gleichwohl ist zu erwarten, dass sowohl der EGMR als auch das HRC und der UN-Antifolterausschuss (CAT) auf das Paper des CPT als Rechtserkenntnisquelle zurückgreifen werden.

648   **4. Innerstaatliches Verfassungsrecht.** Nach **innerstaatlichem Verfassungsrecht** gilt das konstituierende Grundprinzip (Art. 1 Abs. 1, 79 Abs. 3 GG), dass die Staatsgewalt in all ihren Formen verpflichtet ist, die Menschenwürde zu achten. Es gilt auch und gerade für Personen, denen die Freiheit entzogen worden ist, vor allem im Strafvollzug.[1685] Weder die wegen schwerster Verbrechen Verurteilten noch die psychisch Kranken dürfen während der Freiheitsentziehung in Negierung ihres Menschseins zu einem bloßen Objekt des staatlichen Handelns herabgewürdigt werden.[1686]

II. Geltungsbereich

649   Art. 10 **Abs. 1** IPBPR legt mit dem Gebot, jeden, dem die Freiheit entzogen ist, menschlich und mit Achtung seiner Menschenwürde zu behandeln, einen allgemeinen Grundsatz fest, der für alle Personen gilt, denen – aus welchem Grund auch immer – die Freiheit durch eine staatliche Maßnahme entzogen wird. Dagegen betrifft **Absatz 2** nur solche

---

[1681] BGBl. 1992 II S. 121; für die Bundesrepublik am 5.2.1992 in Kraft getreten, die unmittelbare innerstaatliche Anwendung wurde jedoch bei der Ratifizierung ausgeschlossen (BGBl. 1992 II S. 990). Umfassende Kommentierung der CRC bei *Schmahl.*

[1682] „Kind" i.S.d. Art. 1 CRC ist jeder Mensch, der das 18. Lebensjahr noch nicht vollendet hat, sofern nach dem auf das Kind anzuwendenden nationalen Recht die Volljährigkeit nicht früher eintritt.

[1683] Vgl. hierzu BTDrucks 17 11578; vgl. auch CM/Rec(2018)5 – Recommendation concerning children with imprisoned parents (Empfehlung des Europarates zu den Rechten von Kindern inhaftierter Personen v. 4.4.2018) 4 ff.

[1684] CPT, Statement of principles relating to the treatment of persons deprived of their liberty in the context of the coronavirus disease (COVID-19) pandemic (20.3.2020), CPT/Inf(2020)13.

[1685] Vgl. BVerfGE **35** 235; **45** 239; **98** 169, 200; zur Bedeutung des Art. 1 Abs. 1 GG als Auslieferungshindernis: BVerfGE **140** 317 (hierzu u.a. *Kühne* StV **2016** 299 ff.).

[1686] BVerfGE **45** 229.

Esser   540

Personen, die sich wegen einer noch nicht rechtskräftig festgestellten Beschuldigung in **Untersuchungshaft** befinden und deshalb entsprechend der für sie geltenden Unschulds-vermutung wie Unschuldige behandelt werden müssen,[1687] während **Absatz 3** nur die Ge-fangenen im **Strafvollzug** anspricht.[1688]

Da Art. 10 IPBPR explizit nur die Rechte der **Inhaftierten/Gefangenen** schützt, kön- 650 nen andere Personen aus der Vorschrift keine eigenen Rechte, etwa auf Verkehr mit einem Gefangenen, herleiten.

III. Schutz der Menschenwürde (Art. 10 Abs. 1 IPBPR)

1. Verpflichtung des Staates. Das Gebot einer menschlichen und die Menschenwürde 651 achtenden Behandlung[1689] **verpflichtet den Staat**, dafür zu sorgen, dass allen Personen, denen die Freiheit durch eine in seinen Verantwortungsbereich fallende Handlung entzo-gen worden ist, **menschlich** und entsprechend der ihnen zukommenden **Menschenwürde** behandelt werden.[1690] Dies bedeutet nicht nur, dass alle damit unvereinbaren Eingriffe in die persönliche Integrität des Gefangenen im Einzelfall unterbleiben müssen. Vor allem dürfen Maßnahmen, die einen schwerwiegenden Eingriff in den Persönlichkeitsbereich bedeuten, nicht routinemäßig durchgeführt werden; sie müssen auf die unbedingt erfor-derlichen Einzelfälle beschränkt bleiben.[1691] Außerdem muss jeder Staat ungeachtet seiner wirtschaftlichen Lage und etwaiger sonstiger Schwierigkeiten generell für einen Mindest-standard **menschenwürdiger Haftbedingungen** sorgen, der die Grundbedürfnisse der Gefangenen hinsichtlich Unterbringung,[1692] sanitärer Verhältnisse, Kleidung, Ernährung und medizinischer Betreuung sicherstellt.[1693] Auch die Überbelegung eines Haftraums kann das Mindestmaß menschenwürdiger Haftbedingungen unterschreiten.[1694] Bei den zu stellenden Anforderungen werden zwar die lokalen Gegebenheiten und die Möglichkeiten des jeweiligen Staates, ferner aber auch unterschiedliche Anschauungen der jeweiligen Bevölkerung mit zu berücksichtigen sein.[1695] Jedoch rechtfertigen auch wirtschaftliche Schwierigkeiten nicht die Unterschreitung des unerlässlichen Mindeststandards.[1696]

Menschenunwürdige Haftbedingungen können ferner in der **Behinderung der Kom-** 652 **munikation des Gefangenen** mit anderen Personen liegen, wenn diese Beschränkung ungerechtfertigt ist, weil sie durch keine legitimen Ziele i.S.d. Art. 8 EMRK/Art. 17 IPBPR

1687 Vgl. LR/*Gärtner* § 119, 5, 13 StPO.

1688 Vgl. HRC General Comment 9/16 (Haftbedingungen).

1689 Zur Entstehung der Formulierung vgl. *Nowak* 7.

1690 HRC Komarovski/TKM, 5.8.2008, 1450/2006, § 7.5 (Verletzung von Art. 10 Abs. 1 IPBPR). Zum Gebot der menschenwürdigen Behandlung Untersuchungsgefangener als Ausprägung des Art. 3: *Morgenstern* 235 ff.

1691 BVerfG NJW **2004** 1728 (routinemäßige körperliche Durchsuchung mit Entkleidung); vgl. auch EGMR Lorsé u.a./NL, 4.2.2003; van der Ven/NL, 4.2.2003, *Goedecke* JIR **46** (2003) 606, 611.

1692 Vgl. für Deutschland etwa OLG Frankfurt NStZ **1985** 572 (überbelegte Zelle); NJW **2003** 2843 (Mehrfach-unterbringung in Einzelzelle); OLG Hamm NJW **1967** 2024 (unabgetrennte Toilette in Gemeinschaftszelle); LG Gießen NStZ **2003** 624; *von Hinüber* StV **1994** 212; *Theile* StV **2002** 670; *Ullenbruch* NStZ **1999** 430; vgl. diesbezüglich auch zu Art. 3 EGMR Muršić/KRO, 20.10.2016, §§ 91 ff.

1693 Umfassend etwa *Nowak* 11 ff. Weitere Beispiele bei *Conte/Burchill* 126 ff.

1694 Vgl. OLG Frankfurt NStZ **1985** 572 (überbelegte Zelle); NJW **2003** 2843 (Mehrfachunterbringung in Einzelzelle).

1695 Vgl. *von Hinüber* StV **1994** 212, wonach Einzel-/Gemeinschaftsunterbringung je nach Kulturkreis unter-schiedlich bewertet werden.

1696 HRC General Comment 9/16 Nr. 1 zu Art. 10 IPBPR; *Nowak* 9; ferner HRC General Comment 21/44 zu Art. 10 IPBPR.

gedeckt wird[1697] oder in der Form unzumutbar ist. Eine längerfristige Unterbindung des Verkehrs des Gefangenen mit seinen Angehörigen und sonstigen Personen der Außenwelt, insbesondere wenn sie mit einem **Verschwindenlassen** bewusst praktiziert wird, kann gegen Art. 10 Abs. 1 IPBPR verstoßen.[1698] Mit dem Gesetz zum Internationalen Übereinkommen vom 20.12.2006 zum Schutz aller Personen vor dem Verschwindenlassen vom 30.7.2009[1699] hat Deutschland die innerstaatlichen Voraussetzungen gem. Art. 59 Abs. 2 GG zur Umsetzung der Konvention geschaffen. Das in der Konvention enthaltene Verbot des Verschwindenlassens besitzt den Status von Völkergewohnheitsrecht und ist damit (Art. 25 GG) Teil des Bundesrechts.[1700]

653   Im deutschen Recht existiert bislang **kein spezieller Straftatbestand des Verschwindenlassens**, der die Definition des Art. 2 der Konvention konkret erfasst.[1701] Nach Auffassung der Bundesregierung ist dies für die Umsetzung der Verpflichtung aus Art. 4 nicht erforderlich.[1702] Die dort gewählte Klausel (*„take the necessary measures"*) überlässt es den Vertragsstaaten, ob sie das Verschwindenlassen selbst oder die damit verbundenen Einzeltaten unter Strafe stellen. Nach deutschem Strafrecht sei sichergestellt, dass die Begehungsformen des Verschwindenlassens, wie sie Art. 2 definiert, umfassend strafrechtlich sanktioniert sind.[1703] Nach anderer Ansicht kann der besondere Unrechtscharakter des Verschwindenlassens nur durch die Einführung eines eigenen Tatbestandes angemessen zum Ausdruck kommen.[1704] Nach Ansicht der Bundesregierung sehen die nach deutschem Recht für Fälle des Verschwindenlassens in Frage kommenden Straftatbestände angemessene Strafrahmen vor, die die außerordentliche Schwere der Tat berücksichtigen (Verschleppung, § 234a StGB; Freiheitsberaubung, § 239 StGB, dort insbes. Absatz 3; Mord, § 211 StGB).[1705] Diese außerordentliche Schwere wird nach deutschem Recht ferner über die Qualifikationen (im Falle des Verschwindenlassens i.d.R. einschlägig) der in Art. 4 genannten Grundtatbestände gespiegelt (§ 239 Abs. 3, § 239 Abs. 4 sowie § 227 StGB).

654   In der jüngeren Geschichte Deutschlands wurde die Problematik des Verschwindenlassens im Zusammenhang mit spezifischen Ermittlungsmaßnahmen der CIA im Zuge des *„war on terror"* thematisiert.[1706] Ein konkretes Beispiel bildet der Fall **El Masri**.[1707]

655   Eine Person, die verdächtig ist, für das Verschwinden einer anderen Person strafrechtlich verantwortlich zu sein, kann unter den Voraussetzungen des § 112 StPO in Untersuchungshaft genommen werden. Ferner kann jede Person, die davon ausgeht, dass eine

---

1697 Vgl. Art. 8 Rn. 42 ff., 267 ff.

1698 HRC Kang/KOR, 15.7.2003, 878/1999, § 7.3; weitere Nachweise bei *Nowak* 10 ff.; vgl. zum Verschwindenlassen HRC Sharma/NPL, 6.11.2008, 1469/2006, § 7.4; Madoui/DZA, 1.12.2008, 1495/2006, § 7.2; El Abani/LBY, 14.9.2010, 1640/2007. Vertiefend: *Schniederjahn* Das Verschwindenlassen von Personen in der Rechtsprechung internationaler Menschenrechtsgerichtshöfe (2017).

1699 International Convention for the Protection of All Persons from Enforced Disappearance; CED/C/DEU/1, State Report Germany, 22.5.2013, 5, Rn. 11: http://tbinternet.ohchr.org/_layouts/treatybodyexternal/Download.aspx?symbolno=CED%2fC%2fDEU%2f1&Lang=en.

1700 *Ibid,* 5 f., Rn. 11.

1701 *Ibid,* 6, Rn. 20.

1702 *Von Braun/Diehl* ZIS **2011** 214.

1703 *Ibid* 223, 224 Nr. 1 *lit.* a ff.

1704 *Ibid* 227, lit. c.

1705 CED/C/DEU/1, State Report Germany, 22.5.2013, 7.

1706 *Ibid* 15, Rn. 77; s. auch Art. 9 der Konvention.

1707 *Ibid* 12, Rn. 60: *Khaled El Masri* ist deutscher Staatsbürger libanesischer Abstammung, der dem Bayerischen Landesamt für Verfassungsschutz als potentiell verdächtig aufgefallen war. Er wurde im Dezember 2003 auf einer Reise in Mazedonien festgehalten und im Januar 2004 offenbar von der CIA nach Afghanistan verbracht, wo er mehrere Monate festgehalten wurde.

Esser

andere Person unfreiwillig verschwunden ist, die potenzielle Straftat bei einer Polizeidienststelle, Staatsanwaltschaft oder einem Amtsgericht anzeigen (§ 158 Abs. 1 StPO).[1708] In bestimmten Notsituationen, darf jeder eine andere Person vorläufig festnehmen, u.a. dann, wenn diese Person auf frischer Tat betroffen wird (**§ 127 Abs. 1 StPO**).[1709] Wird später eine Freiheitsstrafe oder eine freiheitsentziehende Maßregel verhängt, so bestimmen sich die Einzelheiten nach dem Gesetz über den Vollzug der Freiheitsstrafe und der freiheitsentziehenden Maßregeln der Besserung und Sicherung (**Strafvollzugsgesetz – StVollzG**) bzw. nach den diesbezüglichen Bestimmungen auf der Länderebene. Nach Maßgabe des § 119 StPO ist die Durchführung des Untersuchungshaftvollzugs in den LänderuntersuchungshaftVollzG geregelt.

§ 23 StVollzG (sowie die einschlägigen Bestimmungen der Landesgesetze) legen fest, **656** dass jeder Strafgefangene das Recht hat, mit Personen außerhalb der Anstalt zu verkehren: Dieser Verkehr kann auf persönlichem, telefonischem oder schriftlichem Wege erfolgen: Außerdem darf nach § 24 StVollzG jeder Gefangene Besuch in der Vollzugsanstalt empfangen. Im Strafvollzug werden zu jeder Person eine Gefangenenpersonal-, eine Gefangenenkranken- bzw. Gesundheitsakte geführt.[1710] Es existiert zudem eine sog. „Haftdatei" im polizeilichen Informationssystem (INPOL), in die Personen aufgenommen werden, die sich aufgrund richterlich angeordneter Freiheitsentziehung wegen einer rechtswidrigen Tat in behördlichem Gewahrsam befinden oder befanden.[1711] In der Praxis sind hauptsächlich die (auf Länderebene angesiedelten) Behörden bzw. Amts-/Landgerichte mit Fällen befasst, in denen das Verbot des Verschwindenlassens relevant werden könnte.[1712] Betroffen sein können insbesondere Staatsanwälte und Strafrichter bei Fragen des strafrechtlichen Freiheitsentzugs, Staatsanwälte und Strafrichter bei Fragen des Strafvollzugs sowie Betreuungsrichter bei Fragen einer Unterbringung.[1713]

In Fällen des Verschwindenlassens hat die betroffene Person selbst umfangreiche An- **657** sprüche, welche ihren materiellen und immateriellen Schaden umfassen. Mit dem Tod des „Verschwundenen" gehen diese Ansprüche auf die Erben über; ferner haben Angehörige, die infolge des Verschwindenlassens einen Gesundheitsschaden erleiden (Schockschaden), eigene Ansprüche auf Ersatz des materiellen und immateriellen Schadens.[1714]

Mitunter kann in einem Verschwindenlassen auch ein Eingriff in das Familienleben **658** (Art. 17 IPBPR/Art. 8 EMRK) liegen, der nur bei Vorliegen besonderer Gründe (vgl. Art. 8 Abs. 2) gerechtfertigt ist (dort Rn. 98 ff.). Auch eine Verletzung von Art. 19 oder Art. 6 IPBPR kann in Betracht kommen.[1715] Im Einzelfall kann die Isolierung so schwerwiegend sein, dass auch Art. 3 EMRK/Art. 7 IPBPR verletzt sind.[1716] In Extremfällen werden die Sorgen und Ängste naher Angehöriger, die jahrelang keine Auskunft über den Verbleib des Verschwundenen erhalten, als Verstoß gegen Art. 7 IPBPR gewertet.[1717] Die Übergänge zu diesen schwereren Formen der Verletzung der Menschenwürde sind fließend. Es kommt immer auf eine Würdigung aller Umstände des Einzelfalles an, bei der es auch eine Rolle

---

1708 CED/C/DEU/1, State Report Germany, 22.5.2013, 15, Rn. 73: Die Strafanzeige kann schriftlich oder mündlich erstattet werden (§ 158 Abs. 1 StPO).
1709 *Ibid* S. 20, Rn. 103.
1710 *Ibid* S. 23, Rn. 121 f.
1711 *Ibid* S. 23, Rn. 123.
1712 *Ibid* S. 5, Rn. 13.
1713 *Ibid* S. 29, Rn. 161.
1714 *Ibid* S. 29, Rn. 161.
1715 HRC El Abani/LBY, 14.9.2010, 1640/2007.
1716 Vgl. Art. 3 Rn. 245; HRC El Abani/LBY, 14.9.2010, 1640/2007.
1717 HRC El Abani/LBY, 14.9.2010, 1640/2007.

Esser

spielen kann, ob es sich um allgemein herrschende Missstände oder um eine bewusst gegen einzelne Gefangene gerichtete Maßnahme handelt. Ferner können das subjektive Empfinden der Betroffenen und das Motiv des für die jeweilige Beeinträchtigung Verantwortlichen eine Rolle spielen, da es mitunter von diesem abhängt, ob ein Eingriff den Achtungsanspruch des Gefangenen verletzt.[1718]

659   **2. Alle Fälle des Freiheitsentzugs. Sämtliche Arten und Formen der Freiheitsentziehung** im weiten Sinn der Art. 5 Abs. 1 EMRK/Art. 9 Abs. 1 IPBPR (vgl. Rn. 44 ff.) werden von Art. 10 Abs. 1 IPBPR erfasst, also nicht nur die Straf- oder Untersuchungshaft, sondern auch die präventiv-polizeiliche Verwahrung, die Unterbringung in einem psychiatrischen Krankenhaus, Auslieferungs- oder Abschiebungshaft oder eine sonstige Freiheitsentziehung durch staatliche oder dem Verantwortungsbereich des Staates zuzurechnende Stellen (vgl. Art. 1). Auf Anlass und Zweck der Ingewahrsamnahme kommt es dabei ebenso wenig an wie auf deren Rechtmäßigkeit.[1719] Der Staat ist für die Einhaltung dieser Anforderungen auch in **privat betriebenen Gefängniseinrichtungen** verantwortlich.[1720]

IV. Rechte eines Nichtverurteilten/Beschuldigten (Art. 10 Abs. 2 IPBPR)

660   **1. Rechtsstellung nicht verurteilter Personen allgemein. Absatz 2 lit. a** betrifft **allgemein** die **Rechtsstellung nicht verurteilter Personen**, d.h. inhaftierter Beschuldigter („accused persons"/„prévenus"). Erfasst werden damit vor allem vorläufig Festgenommene, Untersuchungsgefangene und sonstige Personen, denen wegen des Verdachts einer Straftat im weiten Sinne des Art. 6 Abs. 1 EMRK/Art. 14 Abs. 1 IPBPR (dort Rn. 79 ff.) die Freiheit entzogen ist. Dazu zählen auch die zur Untersuchung ihres geistigen Zustandes **vorläufig Untergebrachten.** Als Nichtverurteilte wird diesen Personen der Anspruch auf eine Sonderstellung zuerkannt, die – ungeachtet des als Haftgrund notwendigen Tatverdachts – aus der **Unschuldsvermutung** (Art. 6 Abs. 2 EMRK/Art. 14 Abs. 2 IPBPR) folgt.[1721]

661   Im Grundsatz wird die **getrennte Unterbringung von Nichtverurteilten** (Untersuchungsgefangene bzw. vorläufig Untergebrachte) **und Verurteilten** gefordert.[1722] Nur das Vorliegen außergewöhnlicher Umstände rechtfertigt eine gemeinsame Unterbringung mit Strafgefangenen. Diese Ausnahme vom Grundsatz der strikten Trennung ist bewusst eng auf **besonders gelagerte Ausnahmefälle** begrenzt worden.[1723] Der Grundsatz der Trennung fordert keine Unterbringung in verschiedenen Anstalten oder verschiedenen Gebäuden, wohl aber in getrennten Schlaf- und Aufenthaltsräumen, so dass ein längeres Zusammensein mit Strafgefangenen vermieden wird.[1724] Dass Verurteilte bei Reinigungsarbeiten und als Essensträger mit den U-Gefangenen zusammenkommen, ist mit Art. 10 Abs. 2 lit. a

---

1718 Zur Auslegung des gleichartigen Begriffs erniedrigende Behandlung vgl. Art. 3 Rn. 201 ff.
1719 *Nowak* 8.
1720 HRC Cabal u. Pasini/AUS, 19.9.2003, 1020/2001, §§ 7.2, 8.3; vgl. auch *Nowak* 15.
1721 HRC General Comment 9/16 Nr. 2, 4; zur Entstehungsgeschichte vgl. *Nowak* 15 ff. vgl. ferner BGH NJW **2003** 3698 = JR **2004** 292 m. Anm. *Deiters*; LR/*Gärtner* § 119, 5, 13 StPO.
1722 Siehe hierzu auch § 41 Abs. 3 BPolG (Behandlung festgehaltener Personen): „Die festgehaltene Person soll gesondert, insbesondere ohne ihre Einwilligung nicht in demselben Raum mit Straf- oder Untersuchungsgefangenen untergebracht werden."; HRC Komarovski/TKM, 5.8.2008, 1450/2006, § 7.5 (Verletzung von Art. 10 Abs. 2 lit. a IPBPR).
1723 Vgl. *Nowak* 19.
1724 Vgl. *Nowak* 19 („gesonderte Abteilungen").

IPBPR vereinbar, vorausgesetzt, dass die Kontakte auf das für die Aufgabenerfüllung unerlässliche Minimum beschränkt sind.[1725]

2. Jugendliche Beschuldigte. Jugendliche Beschuldigte sind nach **Absatz 2 *lit*. b** ge- 662
trennt von Erwachsenen unterzubringen, und zwar sowohl von Untersuchungs- als von
Strafgefangenen. Ausnahmen von diesem Grundsatz sind – anders als in **Art. 12 Abs. 1
EU-RL 2016/800**[1726] – nicht vorgesehen;[1727] hinsichtlich der Stringenz der Absonderung
sind noch schärfere Anforderungen an die Modalitäten der Verwahrung zu stellen als bei
der Trennung der erwachsenen Untersuchungsgefangenen von den Strafgefangenen. Wie
das Gebot der strikten Trennung durchzuführen ist, hängt auch hier von den tatsächlichen
Verhältnissen, den räumlichen Gegebenheiten und der Praxis der Verwahrungsorgane ab
und nicht so sehr davon, ob die Gebäude getrennt sind.

Wer als **Jugendlicher** anzusehen ist, bestimmt sich, da keine Altersgrenze festgelegt 663
ist, ebenso wie bei Art. 14 Abs. 4 IPBPR, nach nationalem Recht. Dieses kann die Altersgrenze allerdings nur innerhalb der Bandbreite des im jeweiligen Kulturkreis Üblichen festlegen. Die Obergrenze muss aber nicht, wie in Art. 6 Abs. 5 IPBPR, notwendig bei 18 Jahren
liegen. Dies bestätigt Art. 1 CRC,[1728] wonach als Kind jeder Mensch anzusehen ist, der das
18. Lebensjahr noch nicht vollendet hat, sofern nach dem auf ihn anwendbaren nationalen
Recht die Volljährigkeit nicht bereits früher eintritt.

So schnell wie möglich muss die Sache der in Haft befindlichen Jugendlichen ent- 664
schieden werden („brought as speedily as possible for adjudication"/„il est décidé de leur
cas aussi rapidement que possible"; vgl. Rn. 606 ff., 408 für Art. 5 Abs. 3 Satz 1). An den
Grad der Beschleunigung werden höhere Anforderungen gestellt als in Art. 9 Abs. 3 bzw.
Art. 14 Abs. 3 *lit*. c IPBPR (Art. 5 Abs. 3 Satz 1 bzw. Art. 6 Abs. 1), die eine Aburteilung in
angemessener Frist bzw. ohne unangemessene Verzögerung fordern. Der Zweck dieses
besonderen Beschleunigungsgebotes, dem § 72 Abs. 5 JGG entspricht, liegt darin, dass die
Untersuchungshaft bei Jugendlichen so kurz wie möglich gehalten werden soll. Auch
Art. 37 *lit*. d CRC fordert, dass über die Rechtmäßigkeit der Freiheitsentziehung alsbald
durch ein Gericht oder eine andere unparteiische und unabhängige Stelle entschieden
wird. Wird der Jugendliche aus der Haft entlassen, entfällt der Anspruch auf eine besonders beschleunigte Erledigung.[1729] Es richtet sich nach dem nationalen Recht, von wem
und in welcher Form das Verfahren gegen den beschuldigten Jugendlichen abgeschlossen
wird. Dies muss nicht notwendig ein Urteil sein, auch andere Entscheidungen genügen,
auch solche durch nichtrichterliche Organe.[1730]

[1725] HRC Pinkney/CAN, 29.10.1981, 27/1978, § 30.

[1726] Richtlinie (EU) 2016/800 des Europäischen Parlaments und des Rates v. 11.5.2016 über Verfahrensgarantien in Strafverfahren für Kinder, die Verdächtige oder beschuldigte Personen in Strafverfahren sind
(ABlEU Nr. L 132 v. 21.5.2016 S. 1); demnach ist eine gemeinsame Unterbringung von Kindern und Erwachsenen aus Gründen des Kindeswohls (ausnahmsweise) zulässig. Besondere Grundsätze für die Behandlung
inhaftierter Kinder enthält Art. 12 Abs. 5 RL.

[1727] HRC General Comment 9/16 Nr. 2; General Comment 21/44 Nr. 15. Zur Kritik an der strikten Fassung
und den Vorbehalten verschiedener Staaten vgl. *Nowak* 22; *Tomuschat* ZaöRV **44** (1984) 564. Art. 37 *lit*. c CRC
lässt Ausnahmen von der getrennten Verwahrung zu, wenn dies für das Wohl des Kindes als dienlich
erachtet wird.

[1728] Vgl. aber auch Art. 17 *lit*. a CRC, der für Straftaten, die vor Vollendung des 18. Lebensjahres begangen
wurden, die Todesstrafe und die lebenslange Freiheitsstrafe ohne Möglichkeit einer vorzeitigen Entlassung
ausschließt.

[1729] *Nowak* 24.

[1730] *Nowak* 24.

V. Strafgefangene (Art. 10 Abs. 3 IPBPR)

665   Die **Resozialisierung** der Strafgefangenen wird in Absatz 3 als einer der Strafzwecke festgeschrieben. Dass die Strafhaft *„vornehmlich"* diesem Zwecke dienen soll („shall comprise treatment of prisoners the essential aim of which shall be their reformation and social rehabilitation"), zeigt seine besondere gesellschaftliche Bedeutung.[1731] Es bestätigt aber zugleich, dass dieser Zweck nicht das alleinige Strafziel sein muss, so dass mit der Haft auch noch andere Zwecke verfolgt werden dürfen,[1732] solange diese dem Ziel der Resozialisierung nicht widersprechen.

666   Durch welche **konkreten Maßnahmen** das Ziel der Besserung und sozialen Wiedereingliederung gefördert werden soll, wird nicht näher festgelegt. Abgesehen von den Vorgaben durch andere Zielsetzungen des Art. 10 IPBPR, die wie die Achtung der Menschenwürde, die getrennte Verwahrung und der jugendgerechte Strafvollzug auch der Resozialisierung dienlich sind, haben die Staaten insoweit einen gewissen Gestaltungsraum. Innerhalb dessen können sie den Strafvollzug so gestalten, wie es ihnen unter Berücksichtigung der Besonderheiten ihrer Gesellschafts-, Wirtschafts- und Sozialordnung und sonstiger Erkenntnisse zweckdienlich erscheint, um in den Gefangenen die Fähigkeit und den Willen zur verantwortlichen und rechtstreuen Lebensführung in der Gemeinschaft zu erwecken oder zu festigen. Hierzu zählen etwa ein sinnvoller Arbeitseinsatz, die Förderung der Allgemeinbildung und der beruflichen Aus- und Weiterbildung und die Pflege des Kontaktes mit Angehörigen.[1733] Völlig untätig im Sinne eines Bemühens um Resozialisierung dürfen die Staaten aber nicht bleiben.[1734]

667   **Die Trennung der jugendlichen Straftäter von den Erwachsenen**, die Absatz 3 Satz 2 für den Strafvollzug vorschreibt, soll ebenfalls der Förderung der Resozialisierung der Jugendlichen dienen.[1735] Diese Zielsetzung ist auch für die von Absatz 3 Satz 2 geforderte jugendgerechte Ausgestaltung des Strafvollzugs vorgegeben.[1736] Auch hier hat das nationale Recht hinsichtlich der besonderen Ausgestaltung des Jugendstrafvollzugs einen Gestaltungsspielraum, innerhalb einer gewissen Bandbreite kann es auch die Altersgrenzen des Personenkreises festlegen, der von dieser Sonderform des Strafvollzugs erfasst werden soll.

668   Die **European Prison Rules**[1737] sehen insbesondere die Trennung des Strafvollzugs für Gefangene unter 18 Jahren vom Erwachsenenstrafvollzug vor. Mit der Behandlung

---

[1731] Vgl. BVerfGE **35** 202, 235 („herausragendes Ziel"); **45** 187, 239; *Dessecker* FS **2017** 7.

[1732] *Nowak* 25.

[1733] *Hofmann* 34; *Nowak* 25. Zum Zugang Gefangener zum Internet (Art. 8 Rn. 116): EGMR Kalda/EST, 19.1.2016, §§ 26, 30, 41 ff. (Zugang zu drei Internetseiten, die rechtliche Informationen enthielten, abgelehnt); Jankovskis/LIT, 17.1.2017, §§ 52 ff.; Ramazan Demir/TRK, 9.2.2021, §§ 47 f. (Verweigerung des Internetzugangs in der U-Haft); *Bode* ZIS **2017** 348 ff.; *Esser* NStZ **2018** 121 ff.; *ders.* NStZ **2020** 107 ff.; *ders.* in: Hoven/Kudlich (Hrsg.), Digitalisierung und Strafverfahren (2020) 217 ff.

[1734] Vgl. HRC General Comment 9/16 Nr. 3 (engl. Text *Nowak* 882); General Comment 21/44 (engl. Text *Doswald-Beck/Kolb* 352).

[1735] Art. 37 *lit.* c CRC lässt Ausnahmen vom Gebot der getrennten Verwahrung zu, wenn dies für das Wohl des Kindes als dienlich erachtet wird.

[1736] Art. 40 Abs. 4 CRC stellt die Dienlichkeit für das Wohl des Kindes als Leitlinie der verschiedenen staatlichen Maßnahmen heraus.

[1737] Empfehlung des Ministerkomitees des Europarates Nr. R (2006) 2 über die Europäischen Gefängnisregeln (European Prison Rules) v. 11.1.2006, zuletzt geändert 2020; hierzu insb. *Feest* ZfStrVo **2006** 259 ff.; *Dünkel/Morgenstern/Zolondek* NK **2006** 86 ff.; *Laubenthal* FS Scheuing 355 ff.; *Dünkel* FS **2012** 141 ff.

Esser   546

ausländischer Strafgefangener wiederum setzt sich eine Empfehlung des Europarats aus dem Jahr 2012 auseinander.[1738]

Spezielle Regelungen für eine **Trennung von Männern und Frauen** im Strafvollzug **669** sehen weder die EMRK noch der IPBPR, wohl aber die European Prison Rules vor (Nr. 18.8 *lit.* b).[1739] Falls die anstaltsbezogene Trennung nicht möglich ist, müssen laut *Rule* 8 *lit.* a der **UN-Mindestgrundsätze für die Behandlung der Gefangenen**[1740] „in einer Anstalt, die sowohl Männer als auch Frauen aufnimmt, [...] die gesamten für Frauen bestimmten Räumlichkeiten völlig getrennt sein".[1741]

Detaillierte Regelungen für die Behandlung *weiblicher* Gefangener enthalten die **UN 670 Bangkok Rules**,[1742] die am 21.12.2010 von der UN-Generalversammlung verabschiedet wurden und ergänzend neben die bestehenden UN Standard Minimum Rules treten.[1743] Mit den Bangkok Rules soll speziell auf die Bedürfnisse weiblicher Strafgefangener reagiert werden, da der Strafvollzug allein aufgrund der statistischen Gegebenheiten typischerweise auf männliche Gefangene ausgerichtet ist.[1744] Die Rules umfassen insbesondere **geschlechtsspezifische Regelungen zur Gesundheitsversorgung** (von psychologischer Betreuung und allgemeiner Gesundheitsvorsorge bis hin zu Substitutionsbehandlungen und HIV-Prävention; *Rules* 6 bis 18). Darüber hinaus enthalten die Rules Vorschriften zum Schutz weiblicher Gefangener vor entwürdigender Behandlung und Gewaltanwendung (*Rules* 19 bis 25, *Rule* 42 Abs. 4), zum Verkehr mit der Außenwelt (Kontakt zu Familienmitgliedern usw.; *Rules* 26 bis 28), zur Aufrechterhaltung sozialer Beziehungen während des Vollzugs (z.B. durch Hafturlaub oder Unterbringung im offenen Vollzug) und zur gesellschaftlichen Wiedereingliederung nach der Haftentlassung (*Rules* 43 bis 47), aber auch zur besonderen Qualifizierung des Anstaltspersonals im Umgang mit weiblichen Gefangenen (*Rules* 29 bis 35). Die Rules enthalten außerdem besondere Rechte für jugendliche weibliche Gefangene (*Rules* 36 bis 39) sowie für Schwangere, stillende Mütter und Frauen mit

---

1738 Siehe CM/Rec (2012)12 – Recommendation concerning foreign prisoners (Empfehlung des Europarates über ausländische Gefangene v. 10.10.2012), S. 3 ff.

1739 Ausdrücklich hiervon abweichend die Regelung in Dänemark, nach der eine Trennung nicht obligatorisch ist, jedoch beantragt werden kann. Dazu *Zolondek* Lebens- und Haftbedingungen im deutschen und europäischen Frauenstrafvollzug (2007) 143.

1740 United Nations Standard Minimum Rules for the Treatment of Prisoners (**Nelson Mandela Rules**) v. 30.8.1955; die am 17.12.2015 von der UN-Generalversammlung verabschiedete revidierte Fassung der Rules findet sich im Anhang der Res. Nr. 70/175 (A/RES/70/175, 7 ff.). Ergänzt werden die Nelson Mandela Rules durch die United Nations Standard Minimum Rules for Non-custodial Measures (**Tokyo Rules**) v. 14.12.1990, Resolution Nr. 45/1990.

1741 Hierzu: *Haverkamp* Frauenvollzug in Deutschland. Eine empirische Untersuchung vor dem Hintergrund der Europäischen Strafvollzugsgrundsätze (2011).

1742 United Nations Rules for the Treatment of Women Prisoners and Non-custodial Measures for Women Offenders (UN Resolution Nr. 65/229).

1743 Beispiele aus der Rechtsprechung: EGMR (GK) Khamtokhu u. Aksenchik/R, 24.1.2017 (Verhängung lebenslanger Freiheitsstrafen nur gegen männliche Strafgefangene); Korneykova u. Korneykov/UKR, 24.3.2016 (Schwangerschaft und Geburt während Untersuchungshaft); (GK) Khoroshenko/R, 30.6.2015 (Recht auf Familienbesuche im Strafvollzug); zur Bedeutung der Bangkok Rules für den deutschen Strafvollzug *Hof/Bartelt* FS **2017** 325.

1744 So waren beispielsweise in Deutschland von den insgesamt rund 44.000 Strafgefangenen im offenen und geschlossenen Vollzug lediglich um die 6 % weiblich (vgl. Statistisches Bundesamt, Bestand der Gefangenen und Verwahrten, Stand: 31.12.2021); weitere Statistiken bei van Kempen/Krabbe/*Haverkamp*/*Boetticher* Women in Prison (2017) 379 ff. Für Details zum Hintergrund und zur Notwendigkeit der Bangkok Rules siehe auch deren Erwägungsgründe (A/RES/65/229, 5 ff.) sowie *van Kempen/Krabbe* Women in Prison (2017) 13 ff.

Kindern im Vollzug (*Rules* 48 bis 52).[1745] Darüber hinaus sehen sie vor, dass das Freizeitangebot im Strafvollzug die geschlechtsspezifischen Belange weiblicher Gefangener hinreichend berücksichtigt (vgl. *Rule* 42 Abs. 1). Auch muss die Vollzugsgestaltung sicherstellen, dass die weiblichen Gefangenen vor Diskriminierung aus kulturellen oder religiösen Gründen geschützt werden (vgl. *Rules* 54, 55). Insgesamt handelt es sich bei den Bangkok Rules um ein detailliertes Regelwerk, das einen erheblichen Beitrag zur Stärkung der Rechte weiblicher Gefangener leisten kann. Als bloßes soft law sind die Vorgaben jedoch nicht unmittelbar durch die Strafgefangenen einklagbar.[1746]

EMRK Artikel 6
Recht auf ein faires Verfahren

(1) Jede Person hat ein Recht darauf, dass über Streitigkeiten in Bezug auf ihre zivilrechtlichen Ansprüche und Verpflichtungen oder über eine gegen sie erhobene strafrechtliche Anklage von einem unabhängigen und unparteiischen, auf Gesetz beruhenden Gericht in einem fairen Verfahren, öffentlich und innerhalb angemessener Frist verhandelt wird. Das Urteil muss öffentlich verkündet werden; Presse und Öffentlichkeit können jedoch während des ganzen oder eines Teiles des Verfahrens ausgeschlossen werden, wenn dies im Interesse der Moral, der öffentlichen Ordnung oder der nationalen Sicherheit in einer demokratischen Gesellschaft liegt, wenn die Interessen von Jugendlichen oder der Schutz des Privatlebens der Prozessparteien es verlangen oder – soweit das Gericht es für unbedingt erforderlich hält – wenn unter besonderen Umständen eine öffentliche Verhandlung die Interessen der Rechtspflege beeinträchtigen würde.

(2) Jede Person, die einer Straftat angeklagt ist, gilt bis zum gesetzlichen Beweis ihrer Schuld als unschuldig.

(3) Jede angeklagte Person hat mindestens folgende Rechte:
a) innerhalb möglichst kurzer Frist in einer ihr verständlichen Sprache in allen Einzelheiten über Art und Grund der gegen sie erhobenen Beschuldigung unterrichtet zu werden;
b) ausreichende Zeit und Gelegenheit zur Vorbereitung ihrer Verteidigung zu haben;
c) sich selbst zu verteidigen, sich durch einen Verteidiger ihrer Wahl verteidigen zu lassen oder, falls ihr die Mittel zur Bezahlung fehlen, unentgeltlich den Beistand eines Verteidigers zu erhalten, wenn dies im Interesse der Rechtspflege erforderlich ist;
d) Fragen an die Belastungszeugen zu stellen oder stellen zu lassen und die Ladung und Vernehmung von Entlastungszeugen unter denselben Bedingungen zu erwirken, wie sie für Belastungszeugen gelten;
e) unentgeltliche Unterstützung durch einen Dolmetscher zu erhalten, wenn sie die Verhandlungssprache des Gerichts nicht versteht oder spricht.

[1745] Hierzu: OLG Stuttgart Beschl. v. 1.2.2022 – V 4 Ws 336/21, FS **2022** 129; Beschl. v. 7.10.2021 – 16 UF 95/21, FS **2022** 134 m. Anm. *Goedeler* FS **2022** 136.

[1746] Grundlegend insoweit aber BVerfGE **116** 69, 90 f.: „[...] auf eine den *grundrechtlichen Anforderungen* nicht entsprechende Gewichtung der Belange der Inhaftierten kann es hindeuten, wenn *völkerrechtliche Vorgaben oder internationale Standards mit Menschenrechtsbezug*, wie sie in den im Rahmen der Vereinten Nationen oder von Organen des Europarates beschlossenen einschlägigen Richtlinien und Empfehlungen enthalten sind [...], *nicht beachtet beziehungsweise unterschritten* werden [...]" (Hervorhebung nur hier).

https://doi.org/10.1515/9783110275063-008

IPBPR
Artikel 14

(1) Alle Menschen sind vor Gericht gleich. Jedermann hat Anspruch darauf, dass über eine gegen ihn erhobene strafrechtliche Anklage oder seine zivilrechtlichen Ansprüche und Verpflichtungen durch ein zuständiges, unabhängiges, unparteiisches und auf Gesetz beruhendes Gericht in billiger Weise und öffentlich verhandelt wird. Aus Gründen der Sittlichkeit, der öffentlichen Ordnung (ordre public) oder der nationalen Sicherheit in einer demokratischen Gesellschaft oder wenn es im Interesse des Privatlebens der Parteien erforderlich ist oder – soweit dies nach Auffassung des Gerichts unbedingt erforderlich ist – unter besonderen Umständen, in denen die Öffentlichkeit des Verfahrens die Interessen der Gerechtigkeit beeinträchtigen würde, können Presse und Öffentlichkeit während der ganzen oder eines Teils der Verhandlung ausgeschlossen werden; jedes Urteil in einer Straf- oder Zivilsache ist jedoch öffentlich zu verkünden, sofern nicht die Interessen Jugendlicher dem entgegenstehen oder das Verfahren Ehestreitigkeiten oder die Vormundschaft über Kinder betrifft.

(2) Jeder wegen einer strafbaren Handlung Angeklagte hat Anspruch darauf, bis zu dem im gesetzlichen Verfahren erbrachten Nachweis seiner Schuld als unschuldig zu gelten.

(3) Jeder wegen einer strafbaren Handlung Angeklagte hat in gleicher Weise im Verfahren Anspruch auf folgende Mindestgarantien:
a) Er ist unverzüglich und im einzelnen in einer ihm verständlichen Sprache über Art und Grund der gegen ihn erhobenen Anklage zu unterrichten;
b) er muss hinreichend Zeit und Gelegenheit zur Vorbereitung seiner Verteidigung und zum Verkehr mit einem Verteidiger seiner Wahl haben;
c) es muss ohne unangemessene Verzögerung ein Urteil gegen ihn ergehen;
d) er hat das Recht, bei der Verhandlung anwesend zu sein und sich selbst zu verteidigen oder durch einen Verteidiger seiner Wahl verteidigen zu lassen; falls er keinen Verteidiger hat, ist er über das Recht, einen Verteidiger in Anspruch zu nehmen, zu unterrichten; fehlen ihm die Mittel zur Bezahlung eines Verteidigers, so ist ihm ein Verteidiger unentgeltlich zu bestellen, wenn dies im Interesse der Rechtspflege erforderlich ist;
e) er darf Fragen an die Belastungszeugen stellen oder stellen lassen und das Erscheinen und die Vernehmung der Entlastungszeugen unter den für die Belastungszeugen geltenden Bedingungen erwirken;
f) er kann die unentgeltliche Beiziehung eines Dolmetschers verlangen, wenn er die Verhandlungssprache des Gerichts nicht versteht oder spricht;
g) er darf nicht gezwungen werden, gegen sich selbst als Zeuge auszusagen oder sich schuldig zu bekennen.

(4) Gegen Jugendliche ist das Verfahren in einer Weise zu führen, die ihrem Alter entspricht und ihre Wiedereingliederung in die Gesellschaft fördert.

(5) Jeder, der wegen einer strafbaren Handlung verurteilt worden ist, hat das Recht, das Urteil entsprechend dem Gesetz durch ein höheres Gericht nachprüfen zu lassen.

(6) Ist jemand wegen einer strafbaren Handlung rechtskräftig verurteilt und ist das Urteil später aufgehoben oder der Verurteilte begnadigt worden, weil eine neue oder eine neu bekannt gewordene Tatsache schlüssig beweist, dass ein Fehlurteil vorlag, so ist derjenige, der auf Grund eines solchen Urteils eine Strafe verbüßt hat, entsprechend dem Gesetz zu entschädigen, sofern nicht nachgewiesen wird, dass das

nicht rechtzeitige Bekanntwerden der betreffenden Tatsache ganz oder teilweise ihm zuzuschreiben ist.

(7) Niemand darf wegen einer strafbaren Handlung, wegen der er bereits nach dem Gesetz und dem Strafverfahrensrecht des jeweiligen Landes rechtskräftig verurteilt oder freigesprochen worden ist, erneut verfolgt oder bestraft werden.

Das Ratifizierungsgesetz vom 15.11.1973[1] (BGBl. I S. 1533) schränkt aufgrund eines Vorbehalts der Bundesrepublik bei der Ratifikation die Anwendbarkeit des Art. 14 IPBPR wie folgt ein:

Artikel 1

Dem ... Pakt ... wird mit folgender Maßgabe zugestimmt:

(1) ...

2. Artikel 14 Abs. 3 *lit.* d des Paktes wird derart angewandt, dass die persönliche Anwesenheit eines nicht auf freiem Fuß befindlichen Angeklagten zur Revisionshauptverhandlung in das Ermessen des Gerichts gestellt wird.

3. Artikel 14 Abs. 5 des Paktes wird derart angewandt, dass
   a) ein weiteres Rechtsmittel nicht in allen Fällen allein deshalb eröffnet werden muss, weil der Beschuldigte in der Rechtsmittelinstanz erstmals verurteilt worden ist und
   b) bei Straftaten von geringer Schwere die Überprüfung eines nicht auf Freiheitsstrafe lautenden Urteils durch ein Gericht höherer Instanz nicht in allen Fällen ermöglicht werden muss.

Schrifttum (Auswahl)

Allgemein

Albrecht Wechselwirkungen zwischen Art. 6 EMRK und nationalem Strafverfahrensrecht (2020); *Ambos* Europarechtliche Vorgaben für das deutsche Strafverfahren, Teil I, NStZ **2002** 628; Teil II, NStZ **2003** 14; *Böing/Martin/Rüping* Der Schutz der Menschenrechte im Strafverfahren – Beiträge zum XII. Internationalen Strafrechtskongreß, ZStW **91** (1971) 351; *Brüning* Das Verhältnis des Strafrechts zum Disziplinarrecht (2017); *Cape/Hodgson/Prakken/Spronken* Suspects in Europe – Procedural Rights at the Investigative Stage of the Criminal Process in the European Union (2007); *Cremer* Entschädigungsklagen wegen schwerer Menschenrechtsverletzungen und Staatenimmunität vor nationalen Zivilgerichten, AVR **41** (2003) 137; *Dettmers* Europäische Entwicklungen im Strafverfahren, DRiZ **2011** 402; *Doswald-Beck/Kolb* Judicial Process and Human Rights, Text and summaries of international case-law (2004); *Eibach* Abwesenheitsverfahren vor völkerstrafrechtlichen Tribunalen (2020); *Eisele* Die Berücksichtigung der Beschuldigtenrechte der EMRK im deutschen Strafprozess aus dem Blickwinkel des Revisionsrechts, JR **2004** 12; *ders.* Die einzelnen Beschuldigtenrechte der Europäischen Menschenrechtskonvention, JA **2005** 901; *ders.* Jurisdiktionskonflikte in der Europäischen Union: Vom nationalen Strafanwendungsrecht zum Europäischen Kollisionsrecht? ZStW **125** (2013) 1; *Ernst* Die Haltung Deutschlands und Frankreichs zur EMRK unter besonderer Berücksichtigung der Anwendung des Art. 6 III in den beiden Staaten (1994); *Esser* Mindeststandards einer Europäischen Strafprozessordnung unter Berücksichtigung der Rechtsprechung des Europäischen Gerichtshofs für Menschenrechte, StraFo **2003** 335; *ders.* Reformbedürftigkeit des Ermittlungsverfahrens – eine Zwischenbilanz aus Sicht der Wissenschaft, StV **2022** 600; *Gronke* Verfahrensfairness in transnationalen unternehmensinternen Ermittlungen (2019); *Hahn* Art. 6 der Europäischen Menschenrechtskonvention und das steuerliche Verfahrensrecht, DStZ **2001** 453; 501; *Heine* Die Rechtsstellung des Beschuldigten im Rahmen der Europäisierung des Strafverfahrens (2009); *Herzog* Art. 6 EMRK und kantonale Verwaltungsrechtspflege (1995); *Hirvelä/Heikkilä* Right to a fair

---

1 Gesetz zu dem Internationalen Pakt vom 19. Dezember 1966 über bürgerliche und politische Rechte v. 15.11.1973 (BGBl. I S. 1533).

trial – A Practical Guide to the Article 6 Case-Law of the European Court of Human Rights (2021); *Hörtnagl-Seidner* Abgabensachen und verfahrensrechtliche Garantien des Art. 6 Abs 1 EMRK, ÖStZ **2009** 81; *Hussner* Die Umsetzung von Art. 6 Abs. 3 EMRK in der neuen Strafprozessordnung Russlands (2008); *Jacobs/White/Ovey* The European Convention on Human Rights, 8. Aufl. (2020); *Jung* Die EMRK und das deutsche Strafrecht – eine Fallstudie am Beispiel des Begriffs der „strafrechtlichen Anklage" i.S.d. Art. 6, EuGRZ **1996** 370; *ders.* „Funktionstüchtigkeit der Strafrechtspflege" contra „schützende Formen" – ein prozessualer Klassiker im Lichte der Rechtsprechung des Europäischen Gerichtshofs für Menschenrechte, GA **2003** 191; *Kieschke* Die Praxis des Europäischen Gerichtshofs für Menschenrechte und ihre Auswirkungen auf das deutsche Strafverfahrensrecht (2003); *Kirsch* Schluss mit lustig! Verfahrensrechte im Europäischen Strafrecht, StraFo **2008** 449; *Kruis* Der Einfluß der MRK auf den deutschen Strafprozess, StraFo **2003** 34; *Kühl* Der Einfluß der Europäischen Menschenrechtskonvention auf das Strafrecht und das Strafverfahrensrecht der Bundesrepublik Deutschland, ZStW **100** (1988) 406; 601; *Kühne* Die Rechtsprechung des EGMR als Motor für eine Verbesserung des Schutzes von Beschuldigtenrechten in den nationalen Strafverfahrensrechten der Mitgliedstaaten, StV **2001** 73; *ders.* Nachholbedarf im österreichischen Strafverfahrensrecht? ÖJZ **2002** 741; *Matscher* Art. 6 EMRK und verfassungsgerichtliche Verfahren, EuGRZ **1993** 449; *Mattil* Zur Anwendung des Abschnittes I der Europäischen Menschenrechtskonvention, JR **1965** 167; *May/Wierda* International Criminal Evidence (2002); *Meyer-Goßner* Die Verteidigung vor dem Bundesgerichtshof und dem Instanzgericht, FS II BGH (2000) 615; *Nack* Deutsches Strafverfahrensrecht und Europäische Menschenrechtskonvention, FS G. Schäfer (2022) 46; *Niemöller/Schuppert* Die Rechtsprechung des Bundesverfassungsgerichts zum Strafverfahrensrecht, AöR **107** (1982) 387; *Oswald* Der Einfluss der Europäischen Menschenrechtskonvention (2010); *Perron* Auf dem Weg zu einem Europäischen Ermittlungsverfahren? ZStW **112** (2000) 202; *Pieck* Der Anspruch auf ein rechtsstaatliches Gerichtsverfahren: Art. 6 Abs. 1 der Europäischen Menschenrechtskonvention in seiner Bedeutung für das deutsche Verfahrensrecht (1966); *Poncet* La protection de l'accusé par la convention européenne de droits de l'homme (1977); *Ratz* Grundrechte in der Strafjudikatur des OGH, ÖJZ **2006** 318; *ders.* Zur Bedeutung der Entscheidungen des EGMR in der Praxis des OGH, ÖRiZ **2007** 166; *Rill* Die Art. 5 und 6 der Europäischen Menschenrechtskonvention, die Praxis der Straßburger Organe und des Verfassungsgerichtshofes, FS Winkler (1989) 16; *Roth* Der Anspruch auf öffentliche Verhandlung nach Art. 6 Abs. 1 EMRK im verwaltungsgerichtlichen Rechtsmittelverfahren, EuGRZ **1998** 495; *ders.* Zivilrechtsbegriff der Menschenrechtskonvention, ÖJZ **1965** 511; *Rudolf/Giese* Ein EU-Rahmenbeschluss über die Rechte des Beschuldigten im Strafverfahren? ZRP **2007** 113; *Rüping* Der Schutz der Menschenrechte im Strafverfahren, ZStW **91** (1979) 351; *Safferling* Towards an International Criminal Procedure (2001); *ders.* Die EMRK und das Völkerstrafprozessrecht in: Renzikowski (Hrsg.), Die EMRK im Privat-, Straf- und Öffentlichen Recht (2004) 137; *Satlanis* Die Subjektstellung des Beschuldigten im griechischen Strafverfahren unter den strafprozessualen Garantien des Art. 6 der Europäischen Menschenrechtskonvention (1988); *Satzger* Der Einfluss der EMRK auf das deutsche Straf- und Strafprozessrecht – Grundlagen und wichtige Einzelprobleme, Jura **2009** 759; *Schäffler* Zivilrechtsbegriff der Menschenrechtskonvention, ÖJZ **1965** 511; *Scheffler* Die Mindeststandards des Europarates vs. die Mindeststandards des Rates der Europäischen Union, in: Joerden/Szwarc (Hrsg.), Europäisierung des Strafrechts in Polen und Deutschland – rechtsstaatliche Grundlagen (2007) 97; *Schirinsky* Die Umsetzung der Verfahrensgarantien des Art. 6 EMRK in der russischen Rechtsordnung (2006); *Schmidt-Aßmann* Neue Entwicklungen zu Art. 6 EMRK und ihr Einfluß auf die Rechtsschutzgarantie des Art. 19 Abs. 4 GG, FS Schmitt-Glaeser (2003) 317; *Schmoller* Verlesung früherer Aussagen trotz berechtigter Zeugnisentschlagung? ÖRZ **1987** 192; *Schroth* Europäische Menschenrechtskonvention und Ordnungswidrigkeitenrecht, EuGRZ **1985** 557; *Schubarth* Die Art. 5 und 6 der Konvention, insbesondere im Hinblick auf das schweizerische Strafprozessrecht, ZST **94** (1975) 465; *Schuska* Die Rechtsfolge von Verstößen gegen Art. 6 EMRK und ihre revisionsrechtliche Geltendmachung (2006); *Simon* Die Beschuldigtenrechte nach Art. 6 Abs. 3 EMRK (1998); *Sindl* Die Abschaffung der Rechtsmittelbeschränkung im Jugendstrafrecht (2021); *Sommer* Neue Entscheidungen des Europäischen Gerichtshofs für Menschenrechte, StraFo **1999** 402; *Spitzer* Neuere Rechtsprechung zu § 329 StPO, NStZ **2021** 327; *Stoffers* Anwesenheitsrechte des Verteidigers bei Zeugenvernehmungen im Ermittlungsverfahren, NJW **2013** 1495; *Streinz* Verfahrensgarantien der Europäischen Menschenrechtskonvention und ihre Auswirkungen auf das deutsche Recht, in: Matscher (Hrsg.), Erweitertes Grundrechtsverständnis (2003) 139; *Tiedemann* Die Reformbewegungen im Strafverfahren und der Schutz der Menschenrechte, ZStW **104** (1992) 712; *ders.* 13 Thesen zu einem modernen, menschenrechtsorientierten Strafprozeß, ZRP **1992** 107; *Trechsel* Straßburger Rechtsprechung zum Strafverfahren, JR **1981** 133; *ders.* Der Einfluß der Europäischen Menschenrechtskonvention auf das Strafrecht und Strafverfahrensrecht der Schweiz, ZStW **100** (1988) 667; *ders.* Die Bedeutung der Europäischen Menschenrechtskonvention im Strafrecht, ZStW **101** (1989) 819; *Villiger* Die EKMR und die schweizerische Rechtsordnung, EuGRZ **1991** 84; *ders.* Aus der Rechtsprechung des Europäischen Gerichtshofs für Menschenrechte, StV **1992** 187; *Trifterer/Binner* Zur Einschränkbarkeit der Menschenrechte und zur Anwendbarkeit strafprozessualer Verfahrensgarantien, EuGRZ **1977** 136; *Uerpmann* Die Europäische Menschenrechtskonvention und die deutsche Rechtsprechung (1993); *Ulsamer* Art. 6 Menschenrechtskonvention und deutsche Strafverfolgungspraxis, FS Zeidler (1987) 1799; *Velu Jacques* Le problème d'application aux juridictions administratives des regles de la relatives à la publicité des audiences et du jugements, RDIDC **1960–1961** 129; *Vogel/Matt* Gemeinsame Standards für Strafverfahren in der Europäischen Union, StV **2007** 206; *Vogler* Die Spruchpraxis der Europäischen Kommission und des Europäischen Gerichtshofs für Menschenrechte und ihre Bedeutung für das deutsche Straf- und Strafverfahrensrecht, ZStW **82** (1970) 743; *ders.* Straf- und strafverfahrensrechtliche Fragen in der Spruchpraxis der Europäischen Kommission und des Europäischen Gerichtshofs für Menschenrechte, ZStW **89** (1977) 761; *Wächtler* Verfahrensrechte in Strafsachen in Europa, StV **2007** 220; *Weh* Der Anwendungsbereich des Art. 6 EMRK: Das Ende des „cautious approach" und seine Auswirkungen in den Konventionsstaaten, EuGRZ **1988** 433; *ders.* Für und Wider den „cautious appoach"/civil rights und strafrechtliche Anklage (Art. 6 MRK) in der Rechtsprechung der Straßburger Organe, EuGRZ **1985** 469; *Weiss* Die Europäische Konvention zum Schutze der Menschenrechte und Grundfreiheiten (1954); *Woesner* Die MRK in der deutschen Strafrechtspflege, NJW **1961** 1381; *Wolter* Menschenwürde und Freiheit im Strafprozess, GedS Meyer (1990) 493.

Akteneinsicht/Zugang zur Verfahrensakte

Börner Akteneinsicht nach Durchsuchung und Beschlagnahme, NStZ **2007** 680; *ders.* Grenzfragen der Akteneinsicht nach Zwangsmaßnahmen, NStZ **2010** 417; *Burhoff* Das Akteneinsichtsrecht des Strafverteidigers nach § 147 StPO, HRRS **2003** 182; *Deumeland* Schadenersatzanspruch bei Verweigerung des persönlichen Akteneinsichtsrechts des Beschuldigten in Strafverfahren, r+s **2005** 365; *Gaede* Menschenrechtliche Fragezeichen hinter der Zurückhaltung von Beweismitteln im deutschen Strafverfahren, HRRS **2004** 44; *Gröger* Das Akteneinsichtsrecht im Strafverfahren unter besonderer Berücksichtigung der Europäischen Menschenrechtskonvention (2008); *Marberth/Kubicki* Die Akteneinsicht in der Praxis, StraFo **2003** 366; *Meglalu* Das Akteneinsichtsrecht der Verteidigung (2023); *Michalke* Das Akteneinsichtsrecht des Strafverteidigers – Aktuelle Fragestellungen, NJW **2013** 2334; *Peglau* Akteneinsichtsrecht des Verteidigers in Untersuchungshaftfällen (zugleich Bespr. von KG Berlin Beschl. V. 6.7.2011 – 4 Ws 57/11), JR **2012** 231; *Ritter* Die Akteneinsicht im Eigenverwaltungsverfahrensrecht der Europäischen Union (2020); *Schäfer* Die Einsicht in Strafakten durch Verfahrensbeteiligte und Dritte, NStZ **1985** 198; *Walischewski* Probleme des Akteneinsichtsrechts der Verteidigung im Ermittlungsverfahren im Lichte der Rechtsprechung des Bundesverfassungerichts und des Europäischen Gerichtshofs für Menschenrechte (1998); *ders.* Das Recht auf Akteneinsicht bei strafprozessualen Zwangsmaßnahmen im Ermittlungsverfahren, StV **2001** 243; *Wendt* Das Recht auf Offenlegung der Messunterlagen im Bußgeldverfahren, NZV **2018** 441; *Wengenroth* Asservatenbesichtigung im Wirtschaftsstrafverfahren, StraFo **2021** 111; *Wettley/Nöding* Akteneinsicht in Telekommunikationsdaten, NStZ **2016** 633; *Wohlers/Schlegel* Zum Umfang des Rechts auf Akteneinsicht der Verteidigung gemäß § 147 Abs. 1 StPO, NStZ **2010** 486.

Beweiserhebung und Beweisverwertung

Ahlbrecht Der Rahmenbeschluss-Entwurf der Europäischen Beweisanordnung – eine kritische Bestandsaufnahme, NStZ **2006** 70; *Esser* Auswirkungen der Europäischen Beweisanordnung auf das deutsche Strafverfahren, FS Roxin II (2011) 1497; *ders.* Mindestanforderungen der Europäischen Menschenrechtskonvention an den strafprozessualen Beweis, in: Marauhn (Hrsg.), Bausteine eines europäischen Beweisrechts (2007) 39; *ders.* Anforderungen der EMRK an den strafprozessualen Sachverständigenbeweis, in: Esser u.a. (Hrsg.), Die Bedeutung der EMRK für die nationale Rechtsordnung (2004) 35; *Gazeas* Die Europäische Beweisanordnung – Ein weiterer Schritt in die falsche Richtung? ZRP **2005** 18; *Gleß* Die Verkehrsfähigkeit von Beweisen im Strafverfahren, ZStW **115** (2003) 131; *dies.* Beweisrechtsgrundsätze einer grenzüberschreitenden Strafverfolgung (2006); *dies.* Beweisverbote in Fällen mit Auslandsbezug, JR **2008** 317; *Jugl* Fair Trial als Grundlage der Beweiserhebung und Beweisverwertung im Strafverfahren – Ein Beitrag zu der Lehre von den Beweisverboten am Beispiel des Auskunftsverweigerungsrechts nach § 55 StPO (2017); *Jung* Faires Verfahren und menschenrechtswidrige Beweiserhebung, GA **2009** 651; *Krüßmann* Grenzüberschreitender Beweistransfer durch Europäische Beweisanordnung? StraFo **2008** 458; *Lubig/Sprenger* Beweisverwertungsverbote aus dem Fairnessgebot des Art. 6 EMRK in der Rechtsprechung des EGMR, ZIS **2008** 433; *Marauhn* Bausteine eines europäischen Beweisrechts (2007); *Warnking* Strafprozessuale Beweisverbote in der Rechtsprechung des Europäischen Gerichtshofs für Menschenrechte und ihre Auswirkungen auf das deutsche Recht (2009).

Dolmetscherunterstützung (Art. 6 Abs. 3 *lit.* e EMRK)

Basdorf Strafverfahren gegen die deutsche Sprache nicht mächtige Beschuldigte, GedS Meyer (1990) 19; *Braitsch* Gerichtssprache für Sprachunkundige im Lichte des „fair trial" (1991); *Cierniak/Niehaus* Aus der Rechtsprechung des BGH zum Strafverfahrensrecht – 5. Teil, NStZ-RR **2020** 332; *Cras/de Matteis* The Directive on the Right to Interpretation and Translation in Criminal Proceedings: Genesis and Description, eucrim **2010** 153; *Eisenberg* „Gesetz zur Stärkung der Verfahrensrechte Beschuldigter im Strafverfahren" – Bedeutung und Unzuträglichkeiten, JR **2013** 442; *Kotz* Dolmetsch- und Übersetzungsleistungen zur Überwindung von Sprachbarrieren im Strafverfahren, StRR **2012** 124; *ders.* Anspruch auf Dolmetsch- und Übersetzungsleistungen im Strafverfahren, StV **2012** 626; *Kotzurek* Die Richtlinie 2010/64/EU zum Dolmetschen und Übersetzen in Strafverfahren – Neues Qualitätssiegel oder verpasste Chance? eucrim **2020** 314; *Kühne* Die Kosten für den Dolmetscher im Strafverfahren, FS Schmidt (1961) 36; *ders.* Anwaltlicher Beistand und das Schweigerecht des Beschuldigten im Strafverfahren, EuGRZ **1996** 571; *Kulhanek* Die Sprach- und Ortsfremdheit von Beschuldigten im Strafverfahren – Eine Untersuchung des deutschen Umgangs mit sprach- und ortsfremden Beschuldigten im Lichte des unionsrechtlichen Diskriminierungsverbots (2019); *Makepeace* Ein Beschuldigter zweiter Klasse, StV **2020** 570; *Meyer* „Die Gerichtssprache ist deutsch" – auch für Ausländer? ZStW **93** (1981) 514; *ders.* Nochmals: Auslegung des Art. 6 *lit.* c, e MRK, NJW **1974** 1175; *Reale* Defence Areas and Limits in the Investigations of the European Public Prosecutor, in: Rafaraci/Belfiori (Hrsg.) EU Criminal Justice (2019) 205 ff.; *Sagel-Grande* Die Sprache im Strafverfahren und im Strafvollzug, FS **2010** 100; *Schneider* Der Anspruch des Beschuldigten auf schriftliche Übersetzung wesentlicher Unterlagen, StV **2015** 379; *Schomburg* The Role of International Criminal Tribunals in Promoting Respect for Fair Trial Rights, JHR **2009** 1; *Staffler* Das Recht auf Sprachunterstützung im Strafverfahren nach Art. 6 Abs. 3 *lit.* e EMRK, ZStR **2020** 21; *Staudinger* Dolmetscherzuziehung und/oder Verteidigerbeiordnung bei ausländischen Beschuldigten, StV **2002** 327; *Vogler* Das Recht auf unentgeltliche Beiziehung eines Dolmetschers (Art. 6 Abs. 3e EMRK), EuGRZ **1979** 640; *Yalçın* Das Stigma des Finanzierungsvorbehalts – Stärkung der Beschuldigtenrechte im Strafverfahren, ZRP **2013** 104.

Effektive Verteidigung/Anwesenheit in der Hauptverhandlung

Ahlbrecht EU-Rahmenbeschluss zu Abwesenheitsverurteilungen – ein fatales Fanal, FS 25 Jahre AG Strafrecht (2009) 1055; *Ambos* Der Europäische Gerichtshof für Menschenrechte und die Verfahrensrechte, ZStW **115** (2003) 583; *Ambos/Rackow* Rspr. zum Europäischen Strafrecht – 2018 bis 3/2020, NStZ **2020** 397; *Arasi* The Effects of the Directive 2013/48/EU on the Italian System of Precautionary Measures. Defence in Remand Hearings, in: Ruggeri (Hrsg.), Human Rights in European Criminal Law (2015) 279; *Bannehr* Der europäische Pflichtverteidiger – Die Anforderungen an Prozesskostenhilfe in nationale und transnationalen Strafverfahren aus europäischer Perspektive (2020); *Beijer* False Confessions during Police Interrogations and Measures to Prevent Them, EurJCrimeCrLJ **2010** 311; *Beukelmann* Pflicht zur Beseitigung eines offensichtlichen Verteidigungsmangels, NJW-Spezial **2021** 88; *Beutel* Zur rückwirkenden Pflichtverteidigerbestellung, NStZ **2022** 328; *Bischoff/Kusnik/Bünnigmann* Die Verhandlungsfähigkeit des Beschuldigten im Strafverfahren, StraFo **2015** 222; *Bockemühl* Private Ermittlungen im Strafprozeß (1996); *Böhm* Effektive Strafverteidigung und Vertrauen (2021); *ders.* Die strafrechtliche Abwesenheitsverhandlung im Berufungsverfahren, NJW **2015** 3132; *Böß* Das Gesetz zur Neuregelung des Rechts der notwendigen Verteidigung, NStZ **2020** 185; *Britz* Le „deal" en France: Absprachen im französischen Strafverfahren, jM **2018** 167; *Brodowski* Strafrechtsrelevante Entwicklungen in der Europäischen Union – ein Überblick, ZIS **2010** 940; *Corell/Sidhu* Das Recht auf Rechtsbeistand nach dem europäischen Fahrplan zur Stärkung der Verfahrensrechte in Strafverfahren, StV **2012** 246; *De Hert* European Human Rights Law and the Regulation of European Criminal Law. Lessons learned from the Salduz saga, NJECL **2010** 289; *Degener* Das Fragerecht des Strafverteidigers gem. § 240 Abs. 2 StPO, StV **2002** 618; *Demko* Die gerichtliche Fürsorgepflicht zu Wahrung einer „tatsächlichen und wirksamen" Verteidigung im Rahmen des Art. 6 Abs. 3 *lit.* c EMRK, HRRS **2006** 250; *dies.* Das Recht des Angeklagten auf unentgeltlichen Beistand eines staatlich bestellten Verteidigers und das Erfordernis der „interests of justice",

HRRS-FG Fezer (2008) 1; *Esser* (Nichts) Neues aus Straßburg – Effektive Verteidigung bei Nichterscheinen des Angeklagten zu Beginn der Hauptverhandlung in der Berufungsinstanz (§ 329 Abs. 1 S. 1 StPO), StV **2013** 331; *ders.* Zur Bestellung des Verteidigers im Ermittlungsverfahren – Plädoyer für eine Reform des § 141 Abs. 3 StPO im Lichte der EMRK und der EU-Richtlinie zum Recht auf Rechtsbeistand, FS Kühne (2013) 539; *ders.* Initiativen der Europäischen Union zur Harmonisierung der Beschuldigtenrechte, FS Wolter (2013) 1329; *ders.* Entwurf eines Zweiten Gesetzes zur Stärkung der Verfahrensrechte von Beschuldigten im Strafverfahren und zur Änderung des Schöffenrechts, KriPoZ **2017** 167; *Fahrenhorst* Art. 6 EMRK und die Verhandlung gegen Abwesende, EuGRZ **1985** 629; *Fleischer* Das Schweigerecht des Beschuldigten, in: Esser u.a. (Hrsg.), Die Bedeutung der EMRK für die nationale Rechtsordnung (2004) 77; *Frisch* Verwerfung der Berufung ohne Sachverhandlung und Recht auf Verteidigung – Zur Änderung des § 329 StPO, NStZ **2015** 69; *Frister* Der Anspruch des Beschuldigten auf Mitteilung der Beschuldigung aus Art. 6 Abs. 3 *lit.* a EMRK, StV **1998** 159; *Fromm* Die Verteidigung in Auslieferungsverfahren nach IRG, StRR **2011** 208; *Gaede* Minimalistischer EU-Grundrechtsschutz bei der Kooperation im Strafverfahren, NJW **2013** 1279; *ders.* Fairness als Teilhabe – das Recht auf konkrete und wirksame Teilhabe durch Verteidigung gemäß Art. 6 EMRK (2007); *ders.* Menschenrechtliche Fragezeichen hinter der Zurückhaltung von Beweismitteln im deutschen Strafverfahren, HRRS **2004** 44; *ders.* Die besonders vorsichtige Beweiswürdigung bei der exekutiven Sperrung von Beweismaterial im Konflikt mit dem Offenlegungsanspruch des Art. 6 I 1 EMRK, StraFo **2004** 195; *ders.* Ungehobene Schätze in der Rechtsprechung des EGMR für die Verteidigung? HRRS-FG Fezer (2008) 21; *Galneder/Ruppert* Abwarten und ... vernehmen? Die zeitlichen Grenzen der Pflichtverteidigerbestellung nach neuem Recht (§§ 141, 141a StPO) im Lichte des Art. 6 EMRK, StV **2021** 202; *Gerhold/Meglalu* Für eine Verlängerung der Revisionsbegründungsfrist, ZRP **2020** 154; *Graalmann-Scheerer* Zur Reform des Rechts der notwendigen Verteidigung, StV **2011** 696; *Gundel* Die Krombach-Entscheidung des EGMR: Europäischer Menschenrechtsschutz mit (Durchsetzungs-) Schwächen, NJW **2001** 2380; *Hauck* Richterlicher Anpassungsbedarf durch den EU-Rahmenbeschluss zur Anerkennung strafgerichtlicher Entscheidungen in Abwesenheit des Angeklagten? JR **2009** 141; *Helck* Beschlagnahmefreiheit versehentlich an die Staatsanwaltschaft verschickter Verteidigungsunterlagen, Zugleich Anmerkung zum Beschluss des LG Frankfurt v. 9.11.2017 – 5/12 KLs 14/17, jurisPR-Compl 3/2018 Anm. 3; *Hillenbrand* Aktuelle Rechtsprechung zum neuen Recht der Pflichtverteidigung, ZAP **2021** 181; *Hussner* Die Umsetzung von Art. 6 Abs. 3 EMRK in der neuen Strafprozessordnung Russlands (2008); *Jansen* Verwerfung der Berufung trotz Verteidigung des abwesenden Angeklagten nach § 329 StPO n.F. – nunmehr konventionskonform? StV **2020** 59; *Jackson* Responses to Salduz: Procedural Tradition, Change and the Need for Effective Defence, MLR **2016** 987; *Jahn/Zink* Verteidiger der ersten Stunde *ante portas*: Legal Aid und das Pflichtenheft des deutschen Strafprozessgesetzgebers, FS Graf-Schlicker (2018) 475; *Karsai* Ungeschicktes und folgenreiches Vorgehen in der transnationalen Rechtshilfe, Zugleich Anmerkung zum Beschluss des OLG Stuttgart v. 28.1.2005 – 3 Ausl. 76/03, ZIS **2006** 443; *Kolz* Neue Wege zur Einführung des Wissens anonymer Gewährsleute in das Strafverfahren, FS G. Schäfer (2002) 35; *Kotz* Die Notwendigkeit der Verteidigung im Strafverfahren (2009); *Kotz* Anspruch auf Dolmetsch- und Übersetzungsleistungen im Strafverfahren, StV **2012** 626; *Kratzsch* Notwendige Verteidigung – ein aufgedrängtes Menschenrecht? in: Esser u.a. (Hrsg.), Die Bedeutung der EMRK für die nationale Rechtsordnung (2004) 65; *Krauß* V-Leute im Strafprozess und die Europäische Menschenrechtskonvention (1999); *Kretzschmann* Strafverfahrensrecht und demografischer Wandel (2020); *Kühne* Anwaltlicher Beistand und das Schweigerecht des Beschuldigten im Strafverfahren, EuGRZ **1996** 571; *Laue* Die Hauptverhandlung ohne den Angeklagten, JA **2010** 294; *Makepeace* Ein Beschuldigter zweiter Klasse, StV **2020** 570; *Mangeat/Peter/Villard* Droits de la première heure contre les mauvais traitements, ZStrR **132** (2014) 18; *Mangeat/Peter/Villard* Droits de la première heure contre les mauvais traitements, ZStrR **2014** 18; *Meyer-Mews* Die Völkerrechts- und Konventionswidrigkeit des Verwerfungsurteils gem. § 329 I 1 StPO, NJW **2002** 1928; *Mosbacher* Straßburg locuta – § 329 Absatz I StPO finita? NStZ **2013** 312; *Müller-Jacobsen* Das neue Recht der notwendigen Verteidigung, NJW **2020** 575; *Neudorfer* Verfahrenshilfe im Ermittlungsverfahren – Good Practice im Lichte der Richtlinie 2016/1919 EU über Prozesskostenhilfe (2019); *Niemöller* Die Hinweispflicht des Tatrichters bei Abweichungen vom Tatbild der Anklage (1988); *Paul* Das Abwesenheitsverfahren als rechtsstaatliches Problem (2007); *Penkuhn/Brill* Aktuelle Entwicklungen in der Rechtsprechung des EGMR mit Bezug zum deutschen Strafverfahrensrecht, JuS **2016** 682; *Peukert* Die Garantie des „fair trial" in der Straßburger Rechtsprechung, EuGRZ **1980** 247; *Pierini* Verletzungen der EMRK-Verfahrensgarantien und Wiedergutmachung am Beispiel des italienischen Abwesenheitsverfahrens, ZStW **125** (2014) 951; *Pivaty* The Right to Custodial Legal Assistance in Europe: In Search for the Rationales; *Pöschl* Recht des Angeklagten auf Vertretung – Menschenrechtliche Standards und ihre Auswirkungen auf den deutschen Strafprozess (2015);

Rönnau/Wegner Grund und Grenzen der Einwirkung des europäischen Rechts auf das nationale Strafrecht – ein Überblick unter Einbeziehung aktueller Entwicklungen, GA **2013** 561; *Schaum* Das Recht des mittellosen Beschuldigten auf unentgeltlichen Verteidigerbeistand (2023); *Schlothauer* Europäische Prozesskostenhilfe und notwendige Verteidigung – Zur Umsetzung der „Legal Aid"-Richtlinie EU 2016/1919 in deutsches Strafprozessrecht, StV **2018** 169; *Schoeller* Die Praxis der Beiordnung von Pflichtverteidigern (2016); *Sommer* Die Rezeption der Rechtsprechung des Europäischen Gerichtshofs für Menschenrechte durch die Strafsenate des Bundesgerichtshofs, StraFo **2002** 309; *Soo* Divergence of European Union and Strasbourg Standards on Defence Rights in Criminal Proceedings? EurJCrimeCrLJ **2017** 327; *Spaniol* Das Recht auf Verteidigerbeistand im Grundgesetz und in der europäischen Menschenrechtskonvention (1990); *Streinz* Anm. zu EuGH Rs. C-399/11, 26.2.2013 (NJW 2013, 1215), JuS **2013** 661; *Stricker* Das Abwesenheitsverfahren in der Strafprozessordnung, ÖJZ **2015** 61; *Trechsel* Die Verteidigungsrechte in der Praxis zur Europäischen Menschenrechtskonvention, SchwZStR **1979** 337; *Trifferer/Binner* Zur Einschränkbarkeit der Menschenrechte und zu Anwendbarkeit strafprozessualer Verfahrensgarantien, EuGRZ **1977** 136; *Tully/Wenske* Zur Pflichtverteidigerbestellung im Rahmen haftrichterlicher Vorführungen, NStZ **2019** 183; *Ullenboom* Die Berufungsverhandlung in Abwesenheit der Angeklagten gemäß § 329 StPO, StV **2019** 643; *Vorländer* Die Neufassung des § 136 Absatz 4 Strafprozessordung (2019); *Warnking* Die Anwesenheit des Angeklagten in der Hauptverhandlung – Menschenrecht oder verfahrensrechtliche Obliegenheit, in: Esser u.a. (Hrsg.), Die Bedeutung der EMRK für die nationale Rechtsordnung (2004) 55; *Weigend* „Das erledigt mein Anwalt für mich." – Hat der Angeklagte ein Recht darauf, sich in der Hauptverhandlung vertreten zu lassen? FS Kühl (2014) 947; *Wessing* Zeugnisverweigerungsrechte ausländischer Strafverteidiger, wistra **2007** 171; *Winter* Deutliche Worte des EuGH im Grundrechtsbereich, NZA **2013** 473; *Wohlers* Notwendige Verteidigung im Ermittlungsverfahren – die Bedeutung des Rechts auf konkrete und wirksame Verteidigung i.S.d. Art. 6 Abs. 3 lit. c) EMRK als Maßstab für die Auslegung des § 141 Abs. 3 StPO, FS Rudolphi (2004) 713; *ders.* Die rückwirkende Beiordnung eines Pflichtverteidigers: zur Umsetzung des Anspruchs auf Verteidigung in den Fällen erbetener Verteidigung, StV **2007** 376.

Gericht – Unabhängigkeit und Unparteilichkeit – Verfahrensgrundsätze

Bohn Der gesetzliche Richter als rechtsstaatstragendes Prinzip in europäischen Staaten (2011); *Braum* Unabhängige Justiz – Gegengewicht zur Erosion von Grundrechten in Europa, KritV **2010** 319; *Bucherer* Die Vereinbarkeit von Militärgerichten mit dem Recht auf ein faires Verfahren gemäß Art. 6 Abs. 1 EMRK, Art. 8 Abs. 1 AMRK und Art. 14 Abs. 1 des UN-Paktes über bürgerliche und politische Rechte (2005); *Chioni-Chotouman* Fair Trial for Victims Invoking Civil Claims: Rereading Article 6(1) ECHR, ECCL **2022** 188; *Gabius* Staatenimmunität im Konflikt mit dem Rechtsschutzanspruch des Einzelnen aus Art. 6 Abs. 1 EMRK (2019); *Gerhold/Höft* Kein Ausschluss von Verfassungsrichtern trotz Mitwirkung im Gesetzgebungsverfahren? JZ **2021** 674; *Herbst* Die Bedeutung des Öffentlichkeitsgebotes des Art. 6 Abs. 1 EMRK für Verhandlungen im österreichischen Verwaltungsverfahren, JBl. **1990** 289; *Karpenstein/Mayer* EMRK (2015), *Kierzkowski* Die Unparteilichkeit des Richters im Strafverfahren unter Berücksichtigung von Art. 6 Abs. 1 S. 1 EMRK (2016); *Kloth* Immunities and the Right of Access to Court under Article 6 (1) of the European Convention on Human Rights (2008); *Kühne* Ausschluß der Öffentlichkeit im Strafverfahren, NJW **1971** 224; *Lienbacher* Der Öffentlichkeitsgrundsatz des Zivil- und Strafverfahrens im österreichischen Verfassungsrecht, ÖJZ **1990** 425; 515; *Lippold* Der Richter auf Probe im Lichte der Europäischen Menschenrechtskonvention, NJW **1991** 2383; *Malsch* Democracy in the Courts – Lay Participation in European Criminal Justice Systems (2009); *Matscher* Der Gerichtsbegriff der EMRK, FS Baumgärtel (1990) 363; *Mosbacher* Befangenheit durch Vorbefassung, NStZ **2022** 641; *Müller* Richterliche Unabhängigkeit und Unparteilichkeit nach Art. 6 EMRK – Anforderungen der Europäischen Menschenrechtskonvention und spezifische Probleme in den östlichen Europaratsstaaten (2015); *Müßig* Der gesetzliche Richter im historischen Vergleich von der Kanonistik bis zur Europäischen Menschenrechtskonvention, unter besonderer Berücksichtigung der Rechtsentwicklung in Deutschland, England und Frankreich (2009); *dies.* The Common Legal Tradition of a Court Established by Law: Historical Foundations of Art. 6 para. 1 European Convention on Human Rights, American Journal of Legal History **2005** 161; *Payandeh* Europarecht: Europäischer Haftbefehl und Grundrecht auf ein faires Verfahren, JuS **2018** 919; *Roth* Der Anspruch auf öffentliche Verhandlung nach Art. 6 Abs. 1 EMRK im verwaltungsgerichtlichen Rechtsmittelverfahren, EuGRZ **1998** 495; *Steinfatt* Die Unparteilichkeit des Richters in Europa im Lichte der Rechtsprechung des Europäischen Gerichtshofs für Menschenrechte (2012); *Trechsel* Gericht und Richter nach der

EMRK, GedS Noll (1984) 385; *van Dijk* The applicability in administrative procedures of the right of access to court under Article 6 and the right to an effective remedy under Article 13 of the European Convention on Human Rights: The Case of Bulgaria, in: Konrad-Adenauer-Stiftung (Hrsg.), Rule of Law Program South East Europe (2008); *Wallner* Die Ausgeschlossenheit von Richtern im österreichischen Strafprozess unter besonderer Berücksichtigung der Erfordernisse des Art. 6 EMRK (2000); *Weller* Europäische Mindeststandards für Spruchkörper: Zur richterlichen Unabhängigkeit, in: Althammer/Weller (Hrsg.), Europäische Mindeststandards für Spruchkörper (2017) 1; *Wyss* Öffentlichkeit von Gerichtsverfahren und Fernsehöffentlichkeit, EuGRZ **1996** 1.

Fairness des Verfahrens/Waffengleichheit (Allgemein)

Bottke Fairness im Strafverfahren gegen Bekannt, FS Roxin (2001) 1243; *Brause* Faires Verfahren und Effektivität im Strafprozeß, NJW **1992** 2865; Brooks (Hrsg.), The Right to a Fair Trial (2009); *Dörr* Faires Verfahren (1984); *Gaede* Fairness als Teilhabe – das Recht auf konkrete und wirksame Teilhabe durch Verteidigung gemäß Art. 6 EMRK (2007); *Geppert* Zum „fair-trial-Prinzip" nach Art. 6 Abs. 1 Satz 1 der Europäischen Menschenrechtskonvention, Jura **1992** 597; *Haase* Die Anforderungen an ein faires Gerichtsverfahren auf europäischer Ebene (2007); *Hamm* Die Entdeckung des „fair trial", FS Salger (1995) 273; *Heubel* Der „fair trial" – ein Grundsatz des Strafverfahrens (1981); *Hollaender* Die „Fairness" des Strafverfahrens" und das „richtige Verfahrensergebnis", AnwBl. **2005** 275; *Hübner* Allgemeine Verfahrensgrundsätze, Fürsorgepflicht oder fair trial? (1983); *Jäger* Prozessuale Gesamtbetrachtungs- und Kausalüberlegungen als Erosionserscheinungen in einem justizförmigen Strafverfahren, FS Wolter (2013) 954; *Jahn* Fair trial als strafprozessuales Leitprinzip im Mehrebenensystem, ZStW **127** (2015) 549; *Johnigk* Die Bedeutung des Art. 6 EMRK für den deutschen Zivilprozess, in: DACH (Hrsg.), Das faire Verfahren nach Art. 6 EMRK, Europäische Anwaltsvereinigung e.V., Tagung in Bregenz vom 15.-17. Mai 2003 (2005) 1; *Kamardi* Die Ausformung einer Prozessordnung sui generis durch das ICTY unter Berücksichtigung des Fair-Trial-Prinzips (2009); *Kohlmann* Waffengleichheit im Strafprozeß? FS Peters (1974) 311; *Muckel* Grundrechtsgleiches Recht auf prozessuale Waffengleichheit: Gegenseite muss in presserechtlichen Eilverfahren grundsätzlich gehört werden, JA **2020** 421; *Oswald* Der verfassungsrechtliche Anspruch auf ein faires Verfahren, JZ **1979** 99; *Pache* Das europäische Grundrecht auf einen fairen Prozess, NVwZ **2001** 1342; *ders.* Der Grundsatz des fairen gerichtlichen Verfahrens auf europäischer Ebene, EuGRZ **2000** 601; *Peukert* Die Garantie des „fair trial" in der Straßburger Rechtsprechung, EuGRZ **1980** 247; *Rzepka* Zur Fairness im deutschen Strafverfahren (2000); *Samson* The Right to a Fair Criminal Trial in German Criminal Proceedings Law, in: Weissbrodt/Wolfrum (Hrsg.), The Right to a Fair Trial (1998) 513; *Sandermann* Waffengleichheit im Strafprozeß (1975); *H.-C. Schaefer* Das Fairneßgebot für den Staatsanwalt, FS Rieß (2002) 491; *Schappei* Grundsätze des „fair trial" innerhalb nichtstaatlicher Strafgerichtsbarkeit (1980); *Schroeder* Der Geltungsbereich der Menschenrechte in den Stadien des Strafverfahrens, in: 140 Jahre Goltdammer's Archiv für Strafrecht (1993) 205; *ders.* Die Gesamtprüfung der Verfahrensfairness durch den EGMR, GA **2003** 293; *Schwaighofer* Fairness und Gerechtigkeit im Strafverfahren, FS Miklau (2006) 511; *Sidhu* The Concept of Equality of Arms in Criminal Proceedings under Article 6 of the European Convention on Human Rights (2017); *Steiner* Das Fairneßprinzip im Strafprozeß (1995); *Summers* The European Criminal Procedural Tradition and the European Court of Human Rights (2007); *Tettinger* Fairneß und Waffengleichheit (1984); *Walther* Zum Anspruch des Deliktsopfers auf rechtliches Gehör und auf ein faires Verfahren, GA **2007** 615; Weissbrodt/Wolfrum (Hrsg.), The Right to a fair trial (1998); *Yenisey* Der Begriff des „*fair trial*" im türkischen Recht unter Berücksichtigung der höchstrichterlichen Rechtsprechung, FS Schroeder (2006) 895.

Kinder und Jugendliche

Ackermann Die Altersgrenzen der Strafbarkeit in Deutschland, Österreich und der Schweiz (2009); BMJ (Österreich) (Hrsg.), Jugendliche im Gefängnis? – Modelle im Umgang mit straffälligen Jugendlichen (2009); BMJ (Hrsg.), Internationale Menschenrechtsstandards und das Jugendkriminalrecht – Dokumente der Vereinten Nationen und des Europarates (2001); *Bochmann* Entwicklung eines europäischen Jugendstrafrechts (2009); *Bung* Internationale und innerstaatliche Perspektiven für ein rationales und humanes Jugendkriminalrecht, StV **2011** 625; *Cipriani* Children's Rights and the Minimum Age of Criminal Responsibility (2009); *Cremer* Kinderrechte und der Vorrang des Kindeswohls, AnwBl. **2012** 327; *ders.* Menschenrechtsverträge als Quelle von individuellen Rechten, AnwBl. **2014** 45; *Dünkel* Young People's Rights: The Role of the Council of

Europe, in: Junger-Tas/Dünkel (Hrsg.), Reforming Juvenile Justice (2009) 33; *ders.* Diversion: A Meaningful and Successful Alternative to Punishment in European Juvenile Justice Systems, in: Junger-Tas/Dünkel (Hrsg.), Reforming Juvenile Justice (2009) 147; *ders.* Die Europäische Empfehlung für inhaftierte und ambulant sanktionierte jugendliche Straftäter („European Rules for Juvenile Offenders Subject to Sanctions and Measures", ERJOSSM) und ihre Bedeutung für die deutsche Gesetzgebung, RdJ **2008** 376; *ders.* Die Europäischen Grundsätze für die von Sanktionen oder Maßnahmen betroffenen jugendlichen Straftäter und Straftäterinnen („European Rules for Juvenile Offenders Subject to Sanctions or Measures", ERJOSSM), ZJJ **2011** 140; *ders.* Europäische Mindeststandards und Empfehlungen für jugendliche Straftäter als Orientierungspunkte für die Gesetzgebung und Praxis: Die „European Rules for Juvenile Offenders Subject to Sanctions and Measures", in: DVJJ (Hrsg.), Fördern Fordern Fallenlassen (2008) 55; *ders.* Jugendstrafrecht im europäischen Vergleich im Licht aktueller Empfehlungen des Europarats, NKrimpol. **2008** 102; Giostra/Patanè/Pavisic (Hrsg.), European Juvenile Justice Systems, Vol. 1 (2007); *Hinz* Old enough to commit a Crime – Old enough to do the Time? (2021); Höynck/Neubacher/Schüler-Springorum (Hrsg.), Internationale Menschenrechtsstandards und das Jugendkriminalrecht (2001); *Höynck* Jugendstrafrecht – Bestandsaufnahme und Perspektiven, StraFo **2017** 267; *Junger-Tas/Dünkel* Reforming Juvenile Justice: European Perspectives, in: Junger-Tas/Dünkel (Hrsg.), Reforming Juvenile Justice (2009) 215; *Keiser* Jugendliche Täter als strafrechtlich Erwachsene? Das Phänomen der „Adulteration" im Lichte internationaler Menschenrechte, ZStW **120** (2008) 26; *Kilkelly* The Child and the European Convention on Human Rights (1999); *von Kühlewein* Der Vorrang des Kindeswohls im deutschen Jugendstrafrecht, ZJJ **2011** 134; *Kühl* Die gesetzliche Reform des Jugendstrafvollzugs in Deutschland im Licht der European Rules for Juvenile Offenders Subject to Sanctions or Measures (ERJOSSM) (2012); *Kuhn* Verfahrensfairneß im Jugendstrafrecht: das deutsche Recht und das Recht der USA im Vergleich (1996); *Maywald* Zwischen Geringschätzung und Idealisierung, Wandlungen im gesellschaftlichen Bild vom Kind, ZKJ **2011** 159; *Patanè* (Hrsg.), European Juvenile Justice Systems (2007); *Peschel-Gutzeit* Das Recht auf gewaltfreie Erziehung – Was hat sich seit seiner Einführung im Jahre 2000 geändert? FPR **2012** 195; *Pruin* Die Implementierung internationaler Jugendstrafrechtsstandards in die Rechtssysteme Europas, ZJJ **2011** 127; *Radtke* Europäisches Jugendstrafrecht? Zum unionsrechtlichen Rahmen für die Gestaltung des Jugendstrafrechts in den Mitgliedstaaten der Europäischen Union, ZJJ **2011** 120; *Rau* Zur Arbeit des Europarats im Bereich der Jugendkriminalpolitik, in: Dünkel, Kalmthout, Schüler-Springorum (Hrsg.), Entwicklungstendenzen und Reformstrategien im Jugendstrafrecht im europäischen Vergleich (1997) 519; *Schmahl* Kinderrechtskonvention (2012); *Schüler-Springorum* Die „Instrumente" der Vereinten Nationen zur Jugendgerichtsbarkeit in: BMJ (Hrsg.), Dokumente (2001) 19; *Steindorff-Classen* Europäischer Kinderrechtsschutz nach dem EU-Reformvertrag von Lissabon, EuR **2011** 19.

Konfrontationsrecht

Ackermann/Caroni/Vetterli Anonyme Zeugenaussagen: Bundesgericht contra EGMR, AJP **2007** 1071; *Beulke* Konfrontation und Strafprozessreform – Art. 6 Abs. 3 lit. d EMRK und ein partizipatorisches Vorverfahren anstelle einer Hauptverhandlung in ihrer bisherigen kontradiktorischen Struktur, FS Rieß (2002) 3; *Choo* Hearsay and Confrontation in Criminal Trials (1996); *Cornelius* Konfrontationsrecht und Unmittelbarkeitsgrundsatz, NStZ **2008** 244; *Dehne-Niemann* „Nie sollst du mich befragen" – Zur Behandlung des Rechts zur Konfrontation mitbeschuldigter Belastungszeugen (Art. 6 Abs. 3 lit. d EMRK) durch den BGH, HRRS **2010** 189; *Demko* Das Fragerecht des Angeklagten nach Art. 6 Abs. 3 lit. d EMRK aus Sicht des Europäischen Gerichtshofs für Menschenrechte, der schweizerischen sowie der deutschen Rechtsprechung, ZStR **2004** 416; *dies.* „Menschenrecht auf Verteidigung" und Fairness des Strafverfahrens auf nationaler, europäischer und internationaler Ebene (2014); *Endriß* Vom Fragerecht des Beschuldigten im Vorverfahren, FS Rieß (2002) 65; *Eschelbach* Rechtsfragen zum Einsatz von V-Leuten, StV **2000** 390; *Esser* Anmerkung zu BGH, Beschl. v. 3.12.2004 – 156/04, JR **2005** 247; *Fuchs* Verdeckte Ermittler – anonyme Zeugen, ÖJZ **2001** 495; *Gaede* Schranken des fairen Verfahrens gemäß Art. 6 EMRK bei der Sperrung verteidigungsrelevanter Informationen und Zeugen, StV **2006** 599; *Geppert* Der Grundsatz der Unmittelbarkeit im deutschen Strafverfahren (1979); *Gleß* Sachverhaltsaufklärung durch Auslandszeugen, FS Eisenberg (2009) 499; *Gless* Das Recht auf Konfrontation eines Auslandsbelastungszeugen, FS Wolter (2013) 1355; *Günther* Der Beweisantrag auf Vernehmung eines Auslandszeugen im Lichte des Art. 6 Abs. 3 Buchst. d EMRK, FS Widmaier (2008) 253; *Holdgaard* The Right to Cross-Examine Witnesses, Nordic Journal **2002** 71; *Jahn* Strafprozessrecht: Recht auf ein faires Verfahren, JuS **2014** 948; *Joachim* Anonyme Zeugen im Strafverfahren – Neue Tendenzen in der Rechtsprechung, StV

1992 245; *Jung* Neues zum Konfrontationsrecht? Zugleich Besprechung von EGMR, Urteil vom 20.1.2009, GA **2009** 235; *Kirchbacher/Schroll* Zur Rechtsprechung des OGH betreffend das SMR und die Einbringung der Ergebnisse verdeckter Ermittlungen in die Hauptverhandlung, ÖRiZ **2005** 116; 140; 170; *Kodek* Das Fragerecht des Angeklagten (Art. 6 MRK) und die Verlesung von Zeugenaussagen, JBl. **1988** 551; *Krausbeck* Konfrontative Zeugenbefragung – Vorgaben des Art. 6 Abs. 3 lit. d EMRK für das deutsche Strafverfahren (2010); *Krauß* V-Leute im Strafprozeß und die Europäische Menschenrechtskonvention (1999); *Lagodny* Zur Einführung der Aussage eines verdeckten Ermittlers in die Hauptverhandlung nach österreichischem Recht, NStZ **2005** 347; *Leach* Taking a case to European Court of Human Rights (2017); *Lohse* Konfrontationsrecht, Verfahrensfairness und Beweiswürdigung, JR **2018** 183; *Maaß* Der Schutz besonders sensibler Zeugen durch den Einsatz von Videotechnik unter besonderer Berücksichtigung der Beschuldigtenrechte und Verfahrensprinzipien (2012); *Maffei* The European Right to Confrontation in Criminal Proceedings (2006); *Mahler* Das Recht des Beschuldigten auf konfrontative Befragung der Belastungszeugen (2011); *D. Meyer* Nochmals: Auslegung des Art. 6 lit. c, e MRK, NJW **1974** 1175; *Meyer-Lohkamp* Anmerkung zu AG Hamburg, Urt. v. 2.10.2003 – 141b-395/01, StV **2004** 13; *Mosbacher* Aktuelles Strafprozessrecht, JuS **2017** 742; *Nothelfer* Die Freiheit von Selbstbezichtigungszwang – Verfassungsrechtliche Grundlagen und einfachgesetzliche Ausformungen (1989); *Ott* Verdeckte Ermittlungen im Strafverfahren (2008); *Renzikowski* Das Konfrontationsrecht im Fokus des Anspruchs auf ein faires Verfahren, FS Mehle (2009) 529; *ders.* Fair trial und anonymer Zeuge, Die Drei-Stufen-Theorie des Zeugenschutzes im Lichte der Rechtsprechung des EuGHMR, JZ **1999** 605; *Rosbaud* Aufgedeckt! Muss der verdeckte Ermittler in der Hauptverhandlung aussagen? HRRS **2005** 131; *Safferling* Verdeckte Ermittler im Strafverfahren – deutsche und europäische Rechtsprechung im Konflikt? NStZ **2006** 75; *Schaden* Das Fragerecht des Angeklagten, FS Rill (1995) 213; *Schädler* Das Konfrontationsrecht des Angeklagten mit dem Zeugen nach der EMRK und die Grenzen des Personalbeweises, StraFo **2008** 229; *Schäfer* Die Teilnahme an Einvernahmen on Mittätern – Theorie und Praxis, forumpoenale **2013** 39; *Schleiminger* Konfrontation im Strafprozess (2001); *Schlothauer* Die Flucht aus der Justizförmigkeit durch die europäische Hintertür, StV **2001** 127; *Schmenger* Die verfremdete Videovernehmung: die optisch-akustisch veränderte Vernehmung von verdeckten Ermittlern und Vertrauenspersonen im Rahmen der Videovernehmung gemäß § 247 a StPO (2007); *Schmitt* Zum Konfrontationsrecht nach Art. 6 Abs. 3 lit. d EMRK, FS Rissing-van Saan (2011) 617; *Schramm* Die fehlende Möglichkeit zur konfrontativen Befragung nach Art. 6 Abs. 3 lit. d EMRK und ihre Auswirkungen auf die Beweiswürdigung, Anmerkung von BGH 2 StR 397/09, HRRS **2011** 156; *Schumann* Bedenkliche Tendenzen in der Rechtsprechung des BGH nach „Schatschaschwili vs. Deutschland", HRRS **2017** 354; *Schwaighofer/Giacomuzzi* Die kontradiktorische Vernehmung – Erwägungen aus strafrechtlicher und aussagepsychologischer Sicht (2019); *Schwenn* Was wird aus dem Fragerecht? StraFo **2008** 225; *Sinn* Videovernehmung im Strafverfahren und Chancengleichheit im Lichte der EMRK, in: Esser u.a. (Hrsg.), Die Bedeutung der EMRK in der nationalen Rechtsordnung (2004) 11; *Sommer* Das Fragerecht der Verteidigung, seine Verletzung und die Konsequenzen, NJW **2005** 1240; *Spencer* Hearsay Evidence in Criminal Proceedings (2008); *Walter* Vermummte Gesichter, verzerrte Stimmen – audiovisuell verfremdete Aussagen von V-Leuten? Deutsches Recht und EMRK, StraFo **2004** 224; *Thörnich* Der Auslandszeuge im Strafprozess (2020); *van Dijk/van Hoof/van Rijn/Zwaak* Theory and Practice of the European Convention on Human Rights (2018); *Vilsmeier* Tatsachenkontrolle und Beweisführung im EU-Kartellrecht auf dem Prüfstand der EMRK (2013); *Walther* Zur Frage des Rechts des Beschuldigten auf „Konfrontation von Belastungszeugen", GA **2003** 204; *ders.* Strafprozessuales Konfrontationsrecht – ade? JZ **2004** 1107; *ders.* Zu den Folgen der Verletzung von Art. 6 lit. d EMRK durch unterbliebene Verteidigerbestellung: Beweiswürdigungslösung oder Verwertungsverbot? FS G. Schäfer (2002) 76; *Widmaier* Zum Befragungsrecht nach Art. 6 Abs. 3 Buchst. d EMRK, FS Nehm (2006) 357; *Wohlers* Aktuelle Fragen des Zeugenschutzes – zur Vereinbarkeit der im Strafprozessrecht des Kantons Zürich anwendbaren Zeugenschutznormen mit Art. 6 Abs. 3 lit. d EMRK, ZStR **123** (2005) 144; *ders.* Art. 6 Abs. 3 lit. d) EMRK als Grenze der Einführung des Wissens anonym bleibender Zeugen, FS Trechsel (2002) 813; *Ziegler* Konfrontationsrecht vs. Opferschutz (2016).

Ne bis in idem – Strafklageverbrauch – Doppelbestrafungsverbot

Ackermann/Ebensperger Der EMRK-Grundsatz „ne bis in idem" – Identität der Tat oder Identität der Strafnorm, AJP **1999** 823; *Andreou* Gegenseitige Anerkennung von Entscheidungen in Strafsachen in der Europäischen Union (2008); *Böse* Die transnationale Geltung des Grundsatzes „ne bis in idem" und das „Vollstreckungselement", GA **2011** 504; *ders.* Der Grundsatz „ne bis in idem" in der Europäischen Union, GA

2003 754; *ders.* Ausnahmen vom grenzüberschreitenden „Ne bis in idem"? FS Kühne (2013) 519; *ders.* Die transnationale Geltung des Grundsatzes „ne bis in idem" (Art. 50 GRC, Art. 54 SDÜ), Ad Legendum **2022** 104; *Bubnoff* Der Europäischer Haftbefehl (2005); *Burchard/Brodowski* Art. 50 Charta der Grundrechte der Europäischen Union und das europäische ne bis in idem nach dem Vertrag von Lissabon, StraFo **2010** 179; *Cording* Der Strafklageverbrauch bei Dauer- und Organisationsdelikten (1993); *Dannecker* Die Garantie des Grundsatzes „ne bis in idem" in Europa, FS Kohlmann (2003) 593; *ders.* Der Grundsatz der Einmaligkeit der Strafverfolgung: Verbot der Parallelverfolgung vor erstmaliger rechtskräftiger Sanktionierung, FS Sieber (2021) 1073; *Degenhard* Das Europäische Doppelverfolgungsverbot – eine Aufgabenstellung für die Strafverteidigung auf dem Gebiet des europäischen Strafrechts, StraFo **2005** 65; *Ebensperger* Strafrechtliches „ne bis in idem" in Österreich unter besonderer Berücksichtigung internationaler Übereinkommen, ÖJZ **1999** 171; *Eckstein* Grenzen des Strafklageverbrauchs nach Art. 50 GrCh, JR **2015** 421; *Esser* Das Doppelverfolgungsverbot in der Rechtsprechung des EGMR, in: Hochmayr (Hrsg.), „Ne bis in idem" in Europa; *Franz* Zum Verbot der Doppelbestrafung im internationalen anwaltlichen Berufsrecht, FS Rieß (2002) 875; *Gaede* Transnationales „ne bis in idem" auf schwachem grundrechtlichen Fundament, NJW **2014** 2990; *Gärditz* Ne bis in idem als Justizgrundrecht, Jura **2023** 277; *Giese* Das Grundrecht des „ne bis in idem", in: Grabenwarter/Thienel (Hrsg.), Kontinuität und Wandel der EMRK (1998) 97; *Hackner* Das teileuropäische Doppelverfolgungsverbot insbesondere in der Rechtsprechung des Gerichtshofs der Euopäischen Union, NStZ **2011** 425; *Harta* Anforderungen für die Sperrwirkung gem Art 4 des 7. EMRK, JSt **2020** 473 ff.; *Hecker* Schließt Art. 54 SDÜ die Strafverfolgung in einem anderen Vertragsstaat aus? FS v. Heintschel-Heinegg (2015) 175; *Heger* Das europäische Doppelbestrafungsverbot aus Art. 50 GRC, FS Kühne (2013) 576; *ders.* Der Tatbegriff („idem") des EuGH in Strafsachen, in: Hochmayr (Hrsg.), „Ne bis in idem" in Europa; *Hein* Zuständigkeitskonflikte im internationalen Strafrecht: ein europäisches Lösungsmodell (2002); *Hiéramente* Ne bis in idem in Europa – eine Frage der Einstellung, StraFo **2014** 445; *Hochmayr* Europäische Rechtskraft oder gegenseitige Anerkennung, in: Hochmayr (Hrsg.), „Ne bis in idem" in Europa; *Höft* § 76a Abs. 4 – Ein neues und verfassungswidriges Instrument im deutschen Vermögensabschöpfungsrecht, HRRS **2018** 196 ff.; *Hußung* Der Tatbegriff im Artikel 54 des Schengener Durchführungsübereinkommens (2011); *Jagla* Auf dem Weg zu einem zwischenstaatlichen „ne bis in idem" im Rahmen der Europäischen Union. Zugleich ein Beitrag zur Auslegung der Artikel 54 ff. Schengener Durchführungsübereinkommen (2007); *Jung* Kehrtwende zum Tatbegriff. Zugleich Besprechung von EGMR, Urteil vom 10.2.2009, GA **2010** 472; *Karakosta* Das Prinzip des Ne bis in idem (gemäß Artikel 4 der Protokolls № 7 zur EMRK), KritV **2008** 73; *Koch/Dorn* Verurteilung eines ehem. SS-Mannes vor dem Hintergrund deutschen und europäischen Rechts – Reichweite des transnationalen Doppelbestrafungsverbots, Jura **2011** 690; *Kniebühler* Transnationales ‚ne bis in idem' (2005); *Kretschmer* Der europäische Grundsatz „ne bis in idem" und die europaweite Schleuserkriminalität (§ 96 IV AufenthG), ZAR **2011** 384; *Kruck* Der Grundsatz *ne bis in idem* im Europäischen Kartellverfahrensrecht (2009); *Lagodny* Empfiehlt es sich, eine europäische Gerichtskompetenz für Strafgewaltskonflikte vorzusehen? Gutachten im Auftrag des Bundesministeriums der Justiz (2001); *ders.* Viele Strafgewalten und nur ein transnationales ne-bis-in-idem? FS Trechsel (2002) 253; *Liebau* „Ne bis in idem" in Europa (2005); *Mansdörfer* Das Prinzip des ne bis in idem im europäischen Strafrecht (2004); *Mayer* Ne-bis-in-idem-Wirkung europäischer Strafentscheidungen (1992); *Pauckstadt-Maihold* Der Grundsatz „ne bis in idem" auf EU-Ebene, FS v. Heintschel-Heinegg (2015) 359; *Petropoulos* Das europäische „ne bis in idem" und die Aufwertung des Opportunitätsprinzips auf Unionsebene, FS Schöch (2010) 856; *Plöckinger* Diversion und europäisches Ne bis in idem, ÖJZ **2003** 98; *Radtke* Der strafprozessuale Tatbegriff auf europäischer und nationaler Ebene, NStZ **2012** 479; *ders.* Der Begriff der „Tat" im prozessualen Sinne in Europa, FS Seebode (2008) 297; *Radtke/Mahler* Regelungsmodelle zur Vermeidung von Mehrfachverfolgung derselben Tat innerhalb der Europäischen Union, FS Rüping (1997) 49; *Radtke/Busch* Transnationaler Strafklageverbrauch in der Europäischen Union, NStZ **2003** 281; *Satzger* Auf dem Weg zu einer „europäischen Rechtskraft"? FS Roxin II (2011) 1516; *Schmoller* Ne bis in idem und die Wiederaufnahme des Strafverfahrens, in: Hochmayr (Hrsg.), „Ne bis in idem" in Europa; *Schnabl* Grenzüberschneidende Ahndung von Verkehrsverstößen im europäischen Ausland (2008); *Schomburg* Die Europäisierung des Verbots doppelter Strafverfolgung – Ein Zwischenbericht, NJW **2000** 1883; *Schomburg/Suominen-Picht* Verbot der mehrfachen Strafverfolgung und Kompetenzkonflikte, NJW **2012** 1190; *Schroeder* Die Rechtsnatur des Grundsatzes „ne bis in idem", JuS **1997** 227; *Specht* Die zwischenstaatliche Geltung des ne bis in idem (1999); *Stalberg* Zum Anwendungsbereich des Art. 50 der Charta der Grundrechte der Europäischen Union (ne bis in idem) (2013); *Stein* Ein Meilenstein für das europäische „ne bis in idem", NJW **2003** 1162; *ders.* Grenzüberschreitendes ne bis in idem. Ein Regelungsvorschlag für die Europäische Union, ZStW **115** (2003) 983; *Streinz*

„Ne bis in idem" bei Sanktionen nach deutschem und europäischem Kartellrecht, Jura **2009** 412; *Swoboda* Das Recht der Wiederaufnahme in Europa, HRRS **2009** 188; *Thomas* Das Recht auf Einmaligkeit der Strafverfolgung (2001); *Vogel* Internationales und europäisches *ne bis in idem*, FS Schroeder (2006) 877; *Vogel* Europäisches „ne bis in idem" – Alte und neue Fragen nach dem Vertrag von Lissabon, StRR **2011** 135; *Vogel/Norouzi* Europäisches ne bis in idem, JuS **2003** 1059; *Wohlers* Legalität und Opportunität im teilharmonisierten europäischen Strafverfahren und der Grundsatz ne bis in idem, FS Eisenberg (2009) 807; *Zeder* Sanktionen des EU-Beihilfenrechts, Steuerzuschläge: ne bis in idem zu Betrug? ÖJZ **2014** 494; *ders.* Ne bis in idem als (ältestes) Grundrecht, in: Hochmayr (Hrsg.), „Ne bis in idem" in Europa; *Zöller* Die transnationale Geltung des Grundsatzes ne bis in idem, FS Krey (2010) 501.

Schweigerecht und Selbstbelastungsfreiheit (nemo tenetur se ipsum accusare)

Von Arnim Die Verwertbarkeit widerrechtlich erlangter Beweismittel in Fällen der Verletzung der Selbstbelastungsfreiheit („nemo tenetur se ipsum accusare") nach deutschem Recht und nach der Europäischen Menschenrechtskonvention, GedS Blumenwitz (2008) 265; *Arslan* Die Aussagefreiheit des Beschuldigten in der polizeilichen Befragung (2015); *ders.* Vorgaben des internationalen Menschenrechtsschutzes für das nationale Strafverfahrensrecht am Beispiel der Selbstbelastungsfreiheit, ZStW **127** (2015) 1111; *Arzt* Schutz juristischer Personen gegen Selbstbelastung, JZ **2003** 456; *Ashworth* ‚O'Halloran and Francis v UK' (2007), Crim.L.R. **2007** 897; *ders.* Self-Incrimination in European Human Rights Law – A Pregnant Pragmatism? Cardozo Law Review **2008** 751; *Bekritsky* Der Nemo-Tenetur-Grundsatz im Kapitalmarktrecht, BKR **2021** 340; *Berger* Self-incrimination and the European Court of Human Rights: Procedural issues in the enforcement of the right to silence, EHRLR **2007** 514; *Böse* Die verfassungsrechtlichen Grundlagen des Satzes „Nemo tenetur se ipsum accusare", GA **2002** 98; *Bruns* Der „Verdächtige" als schweigeberechtigte Auskunftsperson und als selbständiger Prozessbeteiligter neben dem Beschuldigten und Zeugen? FS Schmidt-Leichner (1977) 1; *Buchholz* Der nemo tenetur-Grundsatz (2018); *Dannecker* Der nemo tenetur-Grundsatz – prozessuale Fundierung und Geltung für juristische Personen, ZStW **127** (2015) 370; *ders.* Konturierung prozessualer Gewährleistungsgehalte des nemo tenetur-Grundsatzes anhand der Rechtsprechung des EGMR, ZStW **127** (2015) 991; *Eisenhardt* Das nemo tenetur-Prinzip: Grenze körperlicher Untersuchungen beim Beschuldigten (2006); *Engländer* Das nemo-tenetur-Prinzip als Schranke verdeckter Ermittlungen – Eine Besprechung von BGH 3 StR 104/07, ZIS **2008** 163; *Esser* Grenzen für verdeckte Ermittlungen gegen inhaftierte Beschuldigte aus dem europäischen nemo-tenetur-Grundsatz, JR **2004** 98; *Fink* Gilt „nemo tenetur se ipsum accusare" auch für juristische Personen? – Zum Problem der Selbstbelastungsfreiheit anlässlich des Entwurfs eines „Verbandsstrafgesetzbuchs", wistra **2014** 457; *Gaede* Deutscher Brechmitteleinsatz menschenrechtswidrig: Begründungsgang und Konsequenzen der Grundsatzentscheidung des EGMR im Fall Jalloh, HRRS **2006** 241; *ders.* Selbstbelastungsfreiheit im europäischen und deutschen Strafrecht, JR **2005** 426; *Gercke* Gesetzliche Regelung des Einsatzes von V-Leuten im Rahmen der Strafverfolgung? Von Verfassungs wegen geboten, StV **2017** 615; *Gleß* Nemo tenetur se ipsum accusare und verwaltungsrechtliche Auskunftspflichten – Konflikt und Lösungsansätze am Beispiel der Schweizer Finanzmarktaufsicht, FS Beulke (2015) 723; *Greco/Caracas* Internal investigations und Selbstbelastungsfreiheit, NStZ **2015** 7; *Haumer* Der Rat, zu schweigen – Ein guter Verteidigerrat? Zur Frage der Zulässigkeit der negativen Würdigung von Schweigen eines Angeklagten im Strafverfahren, JSt **2017** 455; *Hille* Die Kooperation von Unternehmen mit deutschen Strafverfolgungsbehörden (2020); *Kasiske* Die Selbstbelastungsfreiheit bei verdeckten Befragungen des Beschuldigten, StV **2014** 423; *ders.* Die Selbstbelastungsfreiheit im Strafprozess, JuS **2014** 15; *Koops/Opper* Die Mitarbeiterbefragung gem. § 17 Abs. 1 Nr. 5 lit. c VerSanG-E – Das Ende der „unbedingten Auskunftspflicht" des Arbeitnehmers? BB **2020** 1589; *Kraus* Die Selbstbelastungsfreiheit im Rahmen von Compliance-Befragungen und Amnestieprogrammen in Unternehmen (2017); *Lanzinner/Petrasch* Die Milderung nach §§ 17 f. VerSanG – ein „Anreiz" für den Verband als Arbeitgeber? CCZ **2020** 109; *Michaelis/Krause* Privilege Waiver in Cross-Border Investigations – Kooperation zum eigenen Nachteil? CCZ **2020** 343; *Müller* Neue Ermittlungsmethoden und das Verbot des Zwangs zur Selbstbezichtigung, EuGRZ **2001** 546; *Nowak/McArthur* The United Nations Convention Against Torture (2008); *Paal* Meldepflicht bei Datenschutzverstößen nach Art. 33 DS-GVO, ZD **2020** 119; *Pelz/Habbe* Internal Investigations nach dem Entwurf eines Verbandssanktionengesetzes, ZWH **2020** 176; *Queck* Die Geltung des nemo-tenetur-Grundsatzes zugunsten von Unternehmen (2005); *Ransiek/Winsel* Die Selbstbelastung im Sinne des „nemo tenetur se ipsum accusare"-Grundsatzes GA **2015** 620; *Reinel* Der „nemo-tenetur"-Grundsatz als Grenze steuerlicher Informationshilfe in der Europäischen Union (2015); *Rogall* Der Beschuldigte als Beweismittel gegen sich selbst (1977); *Rösinger* Die Freiheit des Beschuldigten vom Zwang zur Selbstbelastung (2019); *Roth* Das Verhältnis zwischen verwaltungsrechtlichen Mitwirkungspflichten und dem Grundsatz nemo tenetur se ipsum accusare, ZStR **129** (2011) 296; *Rudolph* Nemo tenetur und die Verwertbarkeit von Geschäftsunterlagen, StraFo **2017** 183; *Rüping* Zur Mitwirkungspflicht des Beschuldigten und Angeklagten, JR **1974** 135; *Safferling* Die zwangsweise Verabreichung von Brechmitteln: Die StPO auf dem menschenrechtlichen Prüfstand, Jura **2008** 100; *Salditt* Bruchstellen eines Menschenrechts: Schweigen gefährdet, FS Hamm (2008) 595; *Sartorius/Schmidt* Interne Untersuchungen nach dem geplanten Verbandssanktionengesetz (VerSanG-E) – Das Gegenteil von gut ist gut gemeint, wistra **2020** 393; *Sattler* Sanktionsdurchsetzung in Deutschland – Teil 2: Die Sanktionsdurchsetzungsgesetze I und II, UKuR **2022** 712; *Schaefer* Selbstbelastungsschutz außerhalb des Strafverfahrens, NJW-Spezial **2010** 120; *Schlauri* Das Verbot des Selbstbelastungszwangs im Strafverfahren – Konkretisierung eines Grundrechts durch Rechtsvergleichung (2002); *Schletter* Ad-hoc-Publizität bei strafbewehrten Compliance-Verstößen und die Grenze des Nemo-Tenetur-Grundsatzes (2020); *Schmitz* Kartellordnungswidrigkeitenverfahren des BKartA und der Grundsatz des Fairen Verfahrens nach Art. 6 EMRK, wistra **2016** 129; *Schubert* Legal privilege und Nemo tenetur im reformierten europäischen Kartellermittlungsverfahren der VO 1/2003 (2009); *Schumacher* Nemo tenetur im Spannungsfeld zu außerstrafrechtlichen Offenbarungspflichten (2017); *Summers* The European Criminal Procedural Tradition and the European Court of Human Rights (2007); *Trechsel* Human Rights in Criminal Proceedings (2005); *Verrel* Die Selbstbelastungsfreiheit im Strafverfahren (2001); *Volk* Das Strafrecht des scheinheiligen Reiches deutscher Nation, NJW Spezial **2009** 423; *Wang* Einsatz Verdeckter Ermittler zum Entlocken des Geständnisses eines Beschuldigten (2015); *Wegner/Ladwig/Zimmermann/El-Ghazi* Vorschlag zur Einführung eines Gesetzes über das Aufspüren verdächtiger Vermögensgegenstände und über die selbständige Vermögenseinziehung (Vermögenseinziehungsgesetz), KriPoZ **2022** 428; *Weiß* Zulässigkeit der Verwendung des offengelegten Jahresabschlusses einer GmbH im Strafverfahren gegen ihre Geschäftsführer? DB **2010** 1744; *ders.* Der Schutz des Rechts auf Aussageverweigerung durch die EMRK, NJW **1999** 2236; *Wenzel/Wybitul* Vermeidung hoher DS-GVO-Bußgelder und Kooperation mit Datenschutzbehörden – Strategische Möglichkeiten zur Vermeidung von Sanktionen, ZD **2019** 290; *Wessing/Janssen* Auswirkungen der 9. GWB-Novelle auf kartellrechtliche Bußgeldverfahren, WuW **2017** 253; *Wulf* Steuererklärungspflichten und „nemo tenetur" – zur Strafbarkeit wegen Steuerhinterziehung bei Einkünften aus illegalem Verhalten, wistra **2006** 89.

Tatprovokation

Conen Rechtsstaatswidrige Tatprovokation: Über die Konsequenzen nationaler Gefolgschaftsverweigerung gegenüber dem EGMR, StV **2022** 182; *ders.* Die neuere Rechtsprechung des EGMR zur unzulässigen Tatprovokation – Neue Chancen zur Verteidigung in entsprechenden Konstellationen? StRR **2009** 84; *ders.* Neuere BGH-Entscheidungen zur Tatprovokation – Provokation auch des EGMR? StV **2019** 358 *Dann* Staatliche Tatprovokation im deutschen, englischen und schottischen Recht (2006); *Esser* Vom endgültigen Ende der Strafzumessungslösung bei der Tatprovokation – und der Notwendigkeit einer gesetzlichen Regelung ihres Verbots – Zugleich Anmerkung zu EGMR, Urt. v. 15.10.2020 (Akbay u.a./Deutschland), StV **2021** 383; *ders.* Lockspitzel und V-Leute in der Rechtsprechung des EGMR – Strafrechtliche Ermittlungen jenseits der StPO – außerhalb des Gesetzes? in: Schriftenreihe Strafverteidigervereinigungen (Hrsg.), 35. Strafverteidigertag Berlin (2011); *Gaede/Buermeyer* Beweisverwertungsverbote und „Beweislastumkehr" bei unzulässigen Tatprovokationen nach der jüngsten Rechtsprechung des EGMR, HRRS **2008** 279; *Gottschalk* Verfahrenshindernis bei Tatprovokation durch Lockspitzel? StudZR **2013** 49; *Hoven/Wiedmer* Private Tatprovokation zur Unterstützung von Strafverfolgungsbehörden durch „Pädophilenjäger" im Internet, StV **2022** 247; *Hübner* Rechtsstaatswidrig, aber straflos? Der agent provocateur-Einsatz und seine strafrechtlichen Konsequenzen (2020); *Jahn/Hübner* Notwendigkeit und Ausgestaltung einer gesetzlichen Regelung der Tatprovokation im deutschen Strafprozess, StV **2020** 207; *Janssen/Wennekers* Klarheit im Umgang mit rechtsstaatswidriger Tatprovokation durch Verdeckte Ermittler, StV **2022** 338; *Maluga* Tatprovokation Unverdächtiger durch V-Leute (2006); *Meyer/Wohlers* Tatprovokation quo vadis – zur Verbindlichkeit der Rechtsprechung des EGMR (auch) für das deutsche Strafprozessrecht, JZ **2015** 761; *Ott* Verdeckte Ermittlungen im Strafverfahren (2008); *Schmidt* Kompensation der unzulässigen staatlichen Tatprovokation – Zu den Auswirkungen der Rechtsprechung des EGMR in Deutschland und in Österreich, ZIS **2017** 56; *dies.* Grenzen des Lockspitzeleinsatzes (2016); *Tyskiewicz* Tatprovokation als Ermittlungsmaßnahme – Rechtliche Grenzen der Beweiserhebung und Beweisverwertung beim Einsatz polizeilicher Lockspitzel im Strafverfahren (2014); *van Gemmeren* Tatprovokation, FS

G. Schäfer (2002) 28; *Wang* Einsatz Verdeckter Ermittler zum Entlocken des Geständnisses eines Beschuldigten – Ein Prüfstein für das Täuschungsverbot des § 136a StPO und den nemo-tenetur-Grundsatz aus Art. 6
EMRK (2015); *Zeyher* Das Verfahrenshindernis als strafprozessuale Folge einer rechtsstaatswidrigen Tatprovokation und seine Konsequenzen, NZWiSt **2022** 197.

Unschuldsvermutung

Barrot Die Unschuldsvermutung in der Rechtsprechung des EGMR, ZJS **2010** 701; *Becker/Heuer* Die
Rechtsnatur der Regelungen zur strafrechtlichen Vermögensabschöpfung, NZWiSt **2019** 411; *Beukelmann* Die
Unschuldsvermutung, NJW-Spezial **2016** 696; *Blumenstein* Der Widerruf der Strafaussetzung zur Bewährung
wegen der Begehung einer neuen Straftat nach § 56f Abs. 1 Satz 1 Nr. 1 StGB (1995); *Buchholz* Der nemo
tenetur-Grundsatz (2018); *Demko* Zur Unschuldsvermutung nach Art. 6 Abs. 2 EMRK bei Einstellung des
Strafverfahrens und damit verknüpften Nebenfolgen, HRRS **2007** 286; *Diercks* Die Unschuldsvermutung
(2021); *Esser* Verfahrenseinstellung nach § 154 Abs. 2 StPO und Strafzumessung: Ein schwieriger Spagat zwischen Unschuldsvermutung und Strafklageverbrauch, StV **2019** 492; *Folkmann* Auswirkungen der Unschuld-
vermutung auf außerstrafrechtliche Folgeverfahren in Fällen des Freispruchs aus Mangel an Beweisen
(2022); *Freund/Rostalski* Verfassungswidrigkeit des wahldeutigen Schuldspruchs, JZ **2015** 164; *Frister* Schuldprinzip, Verbot der Verdachtsstrafe und Unschuldsvermutung als materielle Grundprinzipien des Strafrechts
(1988); *ders.* Zur Bedeutung der Unschuldsvermutung und zum Problem gerichtskundiger Tatsachen, Jura
1988 356; *Frowein* Bedeutung der Unschuldsvermutung in Art. 6 (2) EMRK, FS Huber (1981) 553; *Geppert*
Grundlegendes und Aktuelles zur Unschuldsvermutung der Europ. Menschenrechtskonvention, Jura **1993**
160; *Gropp* Zum verfahrenslimitierenden Wirkungsgehalt der Unschuldsvermutung, JZ **1991** 804; *Guradze*
Schweigerecht und Unschuldsvermutung im englisch-amerikanischen und bundesdeutschen Strafprozeß, FS
Loewenstein (1971) 151; *Haberstroh* Unschuldsvermutung und Rechtsfolgenausspruch, NStZ **1984** 289; *Hacker/
Hoffmann* Zur Frage der strafschärfenden Berücksichtigung eines Freispruchs aus einem früheren Strafverfahren, JR **2007** 452; *Hamm* Im Zweifel für den virtuellen Pranger? NJW **2018** 2099; *Heger* Der Tod des
Beschuldigten vor Rechtskraft des Urteils und die Unschuldsvermutung, GA **2009** 45; *Hruschka* Die Unschuldsvermutung in der Rechtsphilosophie der Aufklärung, ZStW **112** (2000) 285; *Humborg* Der Ausschluß
der Öffentlichkeit bei der Vorstrafenerörterung, NJW **1966** 1015; *Isfen* Feststellungen im Strafurteil über
gesondert Verfolgte und Unschuldsvermutung, StV **2009** 611; *Jebens* The Scope of the Presumption of Innocence in Article 6 § 2 of the Convention – Especially on its Reputation-Related Aspect, Liber Amicorum Wildhaber (2007) 207; *Klinger* Der Sicherungshaftbefehl gem. § 453c StPO im Lichte der Rechtsprechung des EGMR
zum Widerruf der Strafaussetzung, NStZ **2012** 70; *Köster* Die Rechtsvermutung der Unschuld (1979); *Kraus*
Der Bewährungswiderruf gemäß § 56f Abs. 1 Satz 1 Nr. 1 StGB und die Unschuldsvermutung: Das Urteil des
Europäischen Gerichtshofs für Menschenrechte im Fall Böhmer und seine Auswirkungen (2007); *Krauß* Der
Grundsatz der Unschuldsvermutung im Strafverfahren in: Müller-Dietz (Hrsg.), Strafrechtsdogmatik und
Kriminalpolitik (1971) 153; *Krawczyk* Der Widerruf der Strafaussetzung wegen einer neuen Straftat, StRR
2010 451; *Krumm* Bewährungswiderruf trotz Unschuldsvermutung? NJW **2005** 1832; *Kühl* Zur Beurteilung
der Unschuldsvermutung bei Einstellungen und Kostenentscheidungen, JR **1978** 94; *ders.* Haftentschädigung
und Unschuldsvermutung, NJW **1980** 806; *ders.* Unschuldsvermutung, Freispruch und Einstellung (1983);
ders. Unschuldsvermutung und Einstellung des Strafverfahrens, NJW **1984** 1264; *ders.* Rückschlag für die
Unschuldsvermutung aus Straßburg, NJW **1988** 3233; *ders.* Persönlichkeitsschutz des Tatverdächtigen durch
die Unschuldsvermutung, FS Hubmann (1985) 241; *Liemersdorf/Miebach* Strafprozessuale Kostenentscheidung im Widerspruch zur Unschuldsvermutung, NJW **1980** 371; *Lilie* Unschuldsvermutung und „Beweislastumkehr", FS Schroeder (2006) 829; *Lindner* Der Verfassungsrechtssatz von der Unschuldsvermutung, AöR
133 (2008) 235; *Linder* Zukunft der Wahlfeststellung, ZIS **2017** 311; *Karlheinz Meyer* Grenzen der Unschuldsvermutung, FS Tröndle (1989) 61; *Mrozynski* Die Wirkung der Unschuldsvermutung auf spezialpräventive
Zwecke des Strafrechts, JZ **1978** 255; *Neubacher* Der Bewährungswiderruf wegen einer neuen Straftat und
die Unschuldsvermutung. Zugleich Besprechung von EGMR, Urteil vom 3.10.2002, GA **2004** 402; *Nierwetberg*
Keine Kostenbelastung des Beschuldigten bei Einstellung nach § 383 II StPO vor Schuldspruchreife, NJW
1989 1978; *Nguyen* Die Unschuldsvermutung in Verfahren vor den internationalen Strafgerichten, Diss.
Bucerius Law School (2012); *Ostendorf* Unschuldsvermutung und Bewährungswiderruf, StV **1990** 230; *Peglau*
Unschuldsvermutung und Widerruf der Strafaussetzung zur Bewährung, ZRP **2003** 242; *ders.* Bewährungswi-
derruf und Unschuldsvermutung, NStZ **2004** 248; *Reiß* Auswirkungen der Unschuldsvermutung aus Art. 6

Abs. 2 der EMRK im Steuerrecht, GedS Trzaskalik (2005) 473; *Rettke* Die Bedeutung der Einziehung gemäß § 73 StGB, NZWiSt **2019** 281; *Rodenbeck* #MeToo vs. Persönlichkeitsrechte und Unschuldsvermutung, NJW **2018** 1227; *Sajuntz* Die Entwicklung des Presse- und Äußerungsrechts im Jahr 2019, NJW **2020** 583; *Schubarth* Zur Tragweite des Grundsatzes der Unschuldsvermutung (1978); *Schumacher* Nemo tenetur im Spannungsfeld zu außerstrafrechtlichen Offenbarungspflichten (2017); *Seher* Bewährungswiderruf wegen Begehung einer neuen Straftat, ZStW **118** (2006) 101; *Seifert* § 56f I 1 Nr. 1 StGB – Der Bewährungswiderruf infolge einer neuerlichen Straftat in der Praxis, Jura **2008** 684; *Staudinger* Welche Folgen hat die Unschuldsvermutung im Strafprozess? (2015); *Stuckenberg* Untersuchungen zur Unschuldsvermutung (1998); dazu Besprechungsaufsatz *Schulz* GA **2001** 226 und Erwiderung *Stuckenberg* GA **2001** 583; *ders.* Die normative Aussage der Unschuldsvermutung, ZStW **111** (1999) 422; *ders.* Strafschärfende Verwertung früherer Einstellungen und Freisprüche – doch ein Verstoß gegen die Unschuldsvermutung? StV **2007** 655; *ders.* Zum Streit um die echte Wahlfeststellung, JZ **2015** 714; *Teske* Die Bedeutung der Unschuldsvermutung bei Einstellung gemäß §§ 153, 153a StPO im Steuerstrafverfahren, wistra **1989** 131; *Trechsel* Struktur und Funktion der Vermutung der Schuldlosigkeit. Ein Beitrag zur Auslegung von Art. 6 Ziff. 2 EMRK, SchwJZ **1981** 317; *Verrel* Die Selbstbelastungsfreiheit im Strafverfahren (2001); *Vogler* Die strafschärfende Verwertung strafbarer Vor- und Nachtaten bei der Strafzumessung und die Unschuldsvermutung (Art. 6 Abs. 2 EMRK), FS Kleinknecht (1985) 429; *ders.* Zum Aussetzungswiderruf wegen einer neuen Straftat (§ 56f Abs. 1 Nr. 1 StGB), FS Tröndle (1989) 423; *Walter* Die Beweislast im Strafprozeß, JZ **2006** 340; *Weber* #BalanceTonPorc: Verpfeif dein Schwein – über die Auswirkungen von #MeToo und die Neuerungen im französischen Sexualstrafrecht, JM **2019** 214; *Weiß* Haben juristische Personen ein Aussageverweigerungsrecht? JZ **1998** 289; *Wendt* Das Recht auf Offenlegung der Messunterlagen im Bußgeldverfahren, NZV **2018** 441; *Westerdiek* Die Straßburger Rechtsprechung zur Unschuldsvermutung bei der Einstellung von Strafverfahren, EuGRZ **1987** 393; *Wita* Widerruf der Strafaussetzung zur Bewährung vor Aburteilung der Anschlusstat (2006).

Verfahrensdauer

Baumanns Der Beschleunigungsgrundsatz im Strafverfahren (2011); *Berrisch* Schadensersatz für überlange Verfahrensdauer – erstmal nur ein Sturm im Wasserglas, EuZW **2017** 254; *Biehl* Die Vollstreckungslösung des BGH – Ein notwendiger Systemwechsel im Einklang mit der EMRK und dem deutschen Straf- und Strafverfahrensrecht (2014); *Bien/Guillaumont* Innerstaatlicher Rechtsschutz gegen überlange Verfahrensdauer, EuGRZ **2004** 451; *Brett* Verfahrensdauer bei Verfassungsbeschwerdeverfahren im Horizont der Rechtsprechung des Europäischen Gerichtshofs für Menschenrechte zu Art. 6 Abs. 1 S. 1 EMRK (2009); *Britz/Pfeifer* Rechtsbehelf gegen unangemessene Verfahrensdauer im Verwaltungsprozeß, DÖV **2004** 245; *Bub* Die „unangemessene Verfahrensdauer" im Sinne von § 198 Abs. 1 GVG, DRiZ **2014** 94; *Burhoff* Verfahrensverzögerung, überlange Gerichtsverfahren und Verzögerungsrüge – die Neuregelungen im GVG, StRR **2012** 4; *ders.* Anmerkung zu OLG Celle, Beschl. v. 17.12.2013 – 23 SchH 6/13, StRR **2014** 119; *Degener* Zur so genannten Ambivalenz des strafprozessualen Beschleunigungsgebots, ZJJ **2015** 4; *Deutscher* Anmerkung zu BGH, Urt. v. 14.11.2013 – III ZR 376/12, StRR **2014** 118; *Eckhardt* Überlange Verfahrensdauer und Verhältnismäßigkeit (2020); *Gohde* Der Entschädigungsanspruch wegen unangemessener Verfahrensdauer nach den §§ 198 ff. GVG (2019); *Hauser* Die Bedeutung des Beschleunigungsgebots im Sinne von Art. 6 Ziff. 1 EMRK für das zürcherische Strafverfahren (1998); *Hebeler* Entschädigung für überlanges Gerichtsverfahren, JA **2014** 319; *Heide/Kassebaum* Rechtsprechungsübersicht zum Jugendstrafrecht, NStZ-RR **2020** 299; *Heuchemer* Praxishinweise und aktuelle Entwicklungen im Verfahren der Individualbeschwerde vor dem Europäischen Gerichtshof für Menschenrechte (EGMR), NZWiSt **2016** 231; *Hochmayr/Lukanko/Malolepszy* Das Problem der überlangen Verfahrensdauer im demokratischen Rechtsstaat (2017); *Hofmarksrichter* Rechtsschutz bei überlangen Gerichtsverfahren im Lichte der Vorgaben des EGMR (2017); *Kier* Das Beschleunigungsgebot in der jüngsten Rechtsprechung des OGH in Strafsachen, ÖJZ **2006** 887; *Kolleck-Feser* Wenn der Strafprozess vor allem schnell zum Ende kommen muss ... Das Beschleunigungsgebot im Strafverfahren und seine ambivalente Wirkung, AnwBl. **2016** 465; *Kotz* Verzögerungsrüge als Fallbeil für die Untätigkeitsbeschwerde? StRR **2012** 207; *Kraatz* Die neue „Vollstreckungslösung" und ihre Auswirkungen, JR **2008** 189; *Kramer* Die Europäische Menschenrechtskonvention und die angemessene Dauer von Strafverfahren und Untersuchungshaft (1973); *Krehl/Eidam* Die überlange Dauer von Strafverfahren, NStZ **2006** 1; *Krumm* Fahrverbot und Fahrerlaubnisentziehung bei langer Verfahrensdauer, NJW **2004** 1627; *Kühne* Die Rechtsprechung des Europäischen Gerichtshofs für Menschenrechte (EGMR) zur Verfahrensdauer in Strafsachen (Fallauswertung für das Jahr 2000/2001), StV **2001**

529; *Küng-Hofer* Die Beschleunigung des Strafverfahrens unter Wahrung der Rechtsstaatlichkeit (1984); *Lansnicker/Schwirtzek* Rechtsverhinderung durch überlange Verfahrensdauer, NJW **2001** 1669; *Liebhart* Das Beschleunigungsgebot in Strafsachen – Grundlagen und Auswirkungen, NStZ **2017** 254; *Link/van Dorp* Rechtsschutz bei überlangen Gerichtsverfahren (2012); *Marx/Roderfeld* Rechtsschutz bei überlangen Gerichts- und Ermittlungsverfahren (2012); *Meyer-Ladewig* Rechtsbehelfe gegen Verzögerungen im gerichtlichen Verfahren – Zum Urteil des EGMR Kudla/Polen, NJW **2001** 2679; *Nicolas* Le droit au délai raisonnable devant les juridictions pénales internationales (2012); *Paeffgen* Zur historischen Entwicklung des „Beschleunigungsdenkens" im Straf(prozeß)recht, ZJJ **2015** 9; *Peschel-Gutzeit* Noch immer keine Untätigkeitsbeschwerde in Kindschaftssachen – Erneute Kritik des EGMR, ZRP **2015** 170; *Peukert* Die überlange Verfahrensdauer (Art. 6 Abs. 1 EKMR) in der Rechtsprechung der Straßburger Instanzen, EuGRZ **1979** 261; *Pietron* Die Effektivität des Rechtsschutzes gegen überlange Verfahrensdauer (2016); *Plankemann* Überlange Verfahrensdauer im Strafverfahren (2015); *Priebe* Die Dauer von Gerichtsverfahren im Lichte der Europäischen Menschenrechtskonvention und des Grundgesetzes, FS v. Simson (1983) 287; *Ramos Tapia* Effective Remedies for the Violation of the Right to Trial within a Reasonable Time in Criminal Proceedings, eucrim **2010** 168; *Rausch* Anmerkung zu BGH, Beschl. v. 30.6.2016 – 1 StR 99/16, NZWiSt **2017** 31; *Reiter* Die Rechtsnatur des Entschädigungsanspruchs wegen unangemessener Verfahrensdauer, NJW **2015** 2554; *ders.* Entschädigungsklagen wegen überlanger Verfahrensdauer in der Rechtsprechung des Bundesgerichtshofs, AL **2015** 151; *Ress* Probleme überlanger Strafverfahren im Lichte der EMRK, FS Müller-Dietz (2001) 627; *Römer* Rechtsschutz gegen überlange Gerichtsverfahren in Deutschland, MRM **2011** 74; *Roller* Der Gesetzentwurf eines Untätigkeitsbeschwerdegesetzes, DRiZ **2007** 82; *Rose* Die Berücksichtigung von Verfahrensverzögerungen bei der Jugendstrafe wegen schädlicher Neigungen – Zugleich Anmerkung zu BGH, Beschluss vom 5.12.2002 – 3 StR 417/02, NStZ **2003** 588; *ders.* Wenn die (Jugend-)Strafe der Tat nicht auf dem Fuße folgt: Die Auswirkung von Verfahrensverzögerungen im Jugendstrafverfahren, NStZ **2013** 315; *I. Roxin* Ambivalente Wirkungen des Beschleunigungsgebotes, StV **2010** 437; *Scheel* Unionsrechtlicher Schadensersatzanspruch bei unangemessener Verfahrensdauer, EuZW **2014** 138; *Scheffler* Die überlange Dauer von Strafverfahren (1991); *Schenke* Die Klage auf Feststellung der unangemessenen Dauer eines gerichtlichen Verfahrens, NJW **2015** 433; *Schlette* Der Anspruch auf Rechtsschutz innerhalb angemessener Frist – Ein neues Prozeßgrundrecht auf EG-Ebene, EuGRZ **1999** 364; *Schlick* Schadensersatz und Entschädigung bei überlangen Gerichtsverfahren, WM **2016** 485; *Schmitt* Die überlange Verfahrensdauer und das Beschleunigungsgebot in Strafsachen, StraFo **2008** 313; *Scholz* Erfahrungen mit dem Rechtsschutz gegen überlange Verfahren, DRiZ **2014** 136; *Schubert* Vorgaben des Grundgesetzes und der Europäischen Menschenrechtskonvention für einen Rechtsschutz gegen überlange Gerichtsverfahren – Eine Analyse des Gesetzes über den Rechtsschutz bei überlangen Gerichtsverfahren und strafrechtlichen Ermittlungsverfahren (2016); *Stahnecker* Entschädigung bei überlangen Gerichtsverfahren (2013); *Steger* Überlange Verfahrensdauer bei öffentlich-rechtlichen Streitigkeiten vor deutschen und europäischen Gerichten (2008); *Steinbeiß-Winkelmann* Rechtsschutz bei überlangen Gerichtsverfahren – Zum neuen Gesetzentwurf der Bundesregierung, ZRP **2010** 205; *dies.* Überlange Gerichtsverfahren – der Ruf nach dem Gesetzgeber, ZRP **2007** 177; *Steinbeiß-Winkelmann/Ott* Rechtsschutz bei überlangen Gerichtsverfahren (2012); *Steinbeiß-Winkelmann/Sporrer* Rechtsschutz bei überlangen Gerichtsverfahren, NJW **2014** 177; *Stiebig* Anmerkung zu BGH, Beschl. v. 23.8.2011 – 1 StR 153/11, JR **2012** 257; *Tepperwien* Beschleunigung über alles? Das Beschleunigungsgebot im Straf- und Ordnungswidrigkeitenverfahren, NStZ **2009**, 1; *Tiwisina* Rechtsfragen überlanger Verfahrensdauer nach nationalem Recht und der Europäischen Menschenrechtskonvention (2010); *Thienel* Die angemessene Verfahrensdauer. Art. 6 Abs. 1 MRK in der Rechtsprechung der Straßburger Organe, ÖJZ **1993** 473; *Ulsamer* Art. 6 Menschenrechtskonvention und die Dauer von Strafverfahren, FS Faller (1984) 373; *Ulsenheimer* Zur Problematik der überlangen Verfahrensdauer und richterlichen Aufklärungspflicht im Strafprozess sowie zur Frage der Steuerhinterziehung durch Steuerumgehung, wistra **1983** 12; *Vorwerk* Kudla gegen Polen – Was kommt danach? JZ **2004** 553; *Waßmer* Rechtsstaatswidrige Verfahrensverzögerungen im Strafverfahren als Verfahrenshindernis von Verfassungs wegen, ZStW **118** (2006) 159; *Wittling-Vogel/Ulick* Kriterien für die Bewertung der Verfahrensdauer nach Art. 6 Abs. 1 EMRK, DRiZ **2008** 87; *Wohlers* Rechtsfolgen prozeßordnungswidriger Untätigkeit von Strafverfolgungsorganen, JR **1994** 138; *Wolf* Die Vollstreckungslösung und die Nichtberücksichtigung ausländischer Verfahrensverzögerungen im Strafprozess (2022); *Ziegert* Die überlange Verfahrensdauer und das Beschleunigungsgebot in Strafsachen, StraFo **2018** 313; *Zuck* Die verfassungsprozessuale Verzögerungsbeschwerde, NVwZ **2013** 779.

Übersicht

I. Einführung
    1. Verfahrensrechte als selbstständige Menschenrechte — 1
    2. Verhältnis zwischen Art. 6 EMRK und Art. 14 IPBPR — 11
    3. Innerstaatliches Verfassungsrecht — 12
II. Persönlicher und sachlicher Geltungsbereich
    1. Persönlicher Geltungsbereich
        a) Allgemeines — 24
        b) Strafrechtliche Anklage — 28
        c) Zivilrechtliche Streitigkeiten — 31
    2. Sachlicher Geltungsbereich
        a) Eingrenzung auf spezielle Sachbereiche — 32
        b) Autonome Auslegung — 33
        c) Internationale Gerichte — 35
        d) Formelle Bindung des Internationalen Strafgerichtshofs — 37
    3. Meinungsverschiedenheiten des privaten Lebensbereichs: Zivilrechtliche Ansprüche und Verpflichtungen
        a) Zivilrechtliche Ansprüche und Verpflichtungen — 43
        b) Meinungsverschiedenheit — 45
        c) Zivilrechtliche Streitigkeiten im engeren Sinne — 52
        d) Streitigkeiten im öffentlich-rechtlichen Kontext — 54
        e) Streitigkeiten im Öffentlichen Dienst — 66
        f) Zivilrechtliche Ansprüche im Strafverfahren — 70
        g) Verfahren vor einem Verfassungsgericht — 78
    4. Strafrechtliche Anklage
        a) Autonome Auslegung — 79
        b) Erstes Kriterium — 84
        c) Zweites Kriterium — 86
        d) Drittes Kriterium — 92
        e) Maßregeln der Besserung und Sicherung/Präventivmaßnahmen — 93
        f) Einziehung — 94
        g) Disziplinarverfahren — 95
        h) Verfahren vor einem Verfassungsgericht — 97
        i) Auslieferungsverfahren — 102
        j) Exequaturverfahren — 106
        k) Spezielle Verfahrenskonstellation im Rahmen der Strafverfolgung — 107
        l) Administrative Maßnahme — 108
        m) Ausweisung — 109
    5. Zeitpunkt der Erhebung einer *strafrechtlichen Anklage* — 110
    6. Ende des Verfahrens über die erhobene strafrechtliche Anklage — 124
    7. Anwendungsbereich und Schutzgehalt im Wiederaufnahmeverfahren — 128
III. Recht auf Entscheidung durch ein Gericht
    1. Recht auf Zugang zu einem Gericht
        a) Schutzgehalt — 142
        b) Einschränkungen — 154
        c) Immunität — 166
    2. Anspruch auf einen gerichtlichen Instanzenzug — 173
    3. Anforderungen an ein Gericht i.S.v. Art. 6 Abs. 1
        a) Begriff — 178
        b) Eigene, umfassende Prüfungs- und Entscheidungskompetenz — 181
        c) Gesetzliche Grundlage — 184
        d) Unabhängigkeit — 192
        e) Möglichkeit der Wiederwahl — 205
        f) Unparteilichkeit — 213
        g) Anwesenheit und Konzentrationsfähigkeit der Richter — 236
        h) Heilung von Verstößen — 237
        i) Europäische und internationale Referenzdokumente — 239
IV. Gleichheit vor Gericht/Fairness des Verfahrens (Art. 6 Abs. 1 EMRK/Art. 14 Abs. 1 IPBPR)
    1. Zweck und Zielsetzung — 247
    2. Gleichheit vor Gericht — 252
    3. Anspruch auf ein faires Verfahren als Kernstück menschenrechtlicher Verfahrensgarantien
        a) Allgemeines — 256
        b) Verhältnis zum Recht der Europäischen Union — 261
        c) Verhältnis zum nationalen Verfassungsrecht — 263
        d) Prozessmaxime/Verhältnis zum einfachen Verfahrensrecht — 267
        e) Anwendungsbereich — 271
        f) Inhalt — 279
        g) Fallgruppen — 284
    4. Prinzip der Waffengleichheit („Equality of Arms") — 286
    5. Recht auf ein kontradiktorisches Verfahren („Right to adversarial trial/proceedings")

a) Recht auf rechtliches Gehör —— 307
b) Recht auf Zugang zum Beweismaterial —— 310
6. Pflicht zur Begründung einer Entscheidung —— 319
7. Gerichtliche Fürsorge als Aspekt der Verfahrensfairness —— 329
8. Enttäuschung berechtigten Vertrauens —— 332
9. Verfahrensabsprache/ Verständigung —— 337
10. Verfahrensrechte des Beschuldigten (Art. 6 Abs. 3 EMRK/Art. 14 Abs. 3 IPBPR) —— 345
V. Tatprovokation als Grenze der Verfahrensfairness
1. Staatliche Zurechenbarkeit —— 352
2. Voraussetzungen einer Tatprovokation —— 357
a) EGMR —— 358
b) BGH —— 366
3. Rechtsfolge der Tatprovokation —— 369
4. Verfahrensrechtliche Besonderheiten („Zwei-Stufen-Modell") —— 372
5. Kompensationsmodelle —— 376
VI. Grundsätze der Beweiserhebung und Beweisverwertung
1. Allgemeines —— 390
2. Beweisgewinnung —— 394
3. Beweiswürdigung (im engeren Sinne) —— 402
4. Beweisverbote —— 408
a) Beweiserhebungsverbote —— 409
b) Beweisverwertungsverbote —— 415
5. Angleichung der nationalen Regeln zur Beweiserhebung und -verwertung auf der Ebene der Europäischen Union —— 424
VII. Anspruch auf eine (gerichtliche) Entscheidung über die Anklage in angemessener Zeit
1. Allgemeines —— 428
2. Kriterien für die Beurteilung der Angemessenheit einer Verfahrensdauer
a) Allgemeine Grundsätze —— 437
b) Komplexität des Verfahrens —— 444
c) Verfahrensgang und Behörden-/Justizorganisation —— 446
d) Bedeutung des Verfahrens für Betroffene —— 459
e) Verhalten der Verfahrensbeteiligten/Aspekte außerhalb des staatlichen Verantwortungsbereiches —— 460
3. Zeitraum des zu berücksichtigenden Verfahrens
a) Beginn —— 468
b) Ende —— 472
4. Rechtsfolgen einer unangemessenen Verfahrensdauer
a) Vorrang der Fachgerichtsbarkeit —— 477
b) Rügeobliegenheiten der Verfahrensbeteiligten —— 479
c) Kompensationsmöglichkeiten auf nationaler Ebene —— 483
5. Gesetz über den Rechtsschutz bei überlangen Gerichtsverfahren und strafrechtlichen Ermittlungsverfahren —— 509
VIII. Öffentlichkeit der Verhandlung und Entscheidungsverkündung
1. Schutzzweck —— 538
2. Mündlichkeit der Verhandlung —— 547
3. Verzicht —— 552
4. Ausnahmen vom Recht auf Durchführung einer öffentlichen Verhandlung —— 559
5. Verhandlung in der Rechtsmittelinstanz —— 568
6. Heilung —— 575
7. Verkündung der gerichtlichen Entscheidung —— 577
8. Ausnahmen vom Gebot der Öffentlichkeit der Verhandlung —— 587
IX. Unschuldsvermutung (Art. 6 Abs. 2 EMRK/ Art. 14 Abs. 2 IPBPR)
1. Allgemeines
a) Konstituierendes Prinzip rechtsstaatlicher Strafrechtspflege —— 605
b) Konventionsgarantien —— 607
c) Charta der Grundrechte der Europäischen Union —— 608
d) Innerstaatliches Recht —— 609
e) Verhältnis zwischen der Garantie der Konventionen und der Verfassungsgewährleistung —— 619
f) Keine unmittelbare Drittwirkung —— 621
g) Allgemeine Schutzpflicht des Staates —— 625
h) Verzichtbarkeit —— 626
2. Tragweite der Unschuldsvermutung der Konventionen

Esser

a) Allgemeines Verhaltensprinzip ⎯ 629
b) Tragweite der Konventionsgarantien ⎯ 630
3. Verfahren aufgrund einer strafrechtlichen Anklage
a) Strafrechtliche Anklage ⎯ 634
b) Bemessung der Rechtsfolgen ⎯ 638
c) An den Tatverdacht anknüpfende
Strafverfolgungsmaßnah-
men ⎯ 643
4. Zeitlicher Anwendungsbereich im Strafverfahren
a) Grundregel während dessen ganzer Dauer ⎯ 650
b) Abschließende Entscheidung der
Schuldfrage ⎯ 653
c) Mit Abschluss des Erkenntnisverfahrens ⎯ 656
5. Amtliche Verlautbarungen über ein
Strafverfahren ⎯ 657
6. Einzelfragen des Strafverfahrens
a) Verhaltensregel für das Gericht ⎯ 668
b) Schuldzuweisungen durch am Verfahren beteiligte Dritte ⎯ 672
c) Als Entscheidungsregel für das
Strafverfahren ⎯ 673
d) Schuldnachweis ⎯ 675
e) Schuldvermutungen ⎯ 678
f) Durchführung des vom nationalen
Recht vorgeschriebenen Verfahrens ⎯ 685
g) Einstellung des Verfahrens ⎯ 687
h) Kosten und Auslagen ⎯ 696
i) Feststellungen zu und Mitberücksichtigung von nicht verfahrensgegenständlichen Straftaten ⎯ 711
j) Widerruf einer Strafaussetzung
zur Bewährung ⎯ 717
k) Prognosebeurteilungen ⎯ 726
7. Anwendbarkeit außerhalb eines Strafverfahrens
a) Verfahren, die nicht auf die Feststellung und Ahndung strafrechtlicher Schuld gerichtet sind ⎯ 728
b) Allgemeiner Schutz vor Zuweisung
unbewiesener strafrechtlicher
Schuld ⎯ 737
c) Exklusivität der strafgerichtlichen
Schuldfeststellung ⎯ 738

8. Schutz der Unschuldsvermutung im Unionsrecht
a) Richtlinie (EU) 2016/343 zur Stärkung bestimmter Aspekte der Unschuldsvermutung im Strafverfahren ⎯ 748
b) Festlegung harmonisierter Vorschriften für künstliche Intelligenz ⎯ 757
X. Unterrichtung über die erhobene Beschuldigung (Art. 6 Abs. 3 lit. a EMRK/Art. 14 Abs. 3
lit. a IPBPR) ⎯ 758
1. Zweck der Unterrichtung ⎯ 759
2. Anlass der Unterrichtung ⎯ 762
3. Zeitpunkt der Unterrichtung ⎯ 763
4. Gegenstand der Unterrichtung ⎯ 771
5. Form und Adressat der Unterrichtung ⎯ 779
6. Sprache der Unterrichtung ⎯ 785
7. Rechtsinstrumente und Initiativen auf
EU-Ebene ⎯ 793
a) Richtlinie über das Recht auf Dol-
metsch- und Übersetzungsleistungen im Strafverfahren ⎯ 793
b) Richtlinie über das Recht auf Belehrung und Unterrichtung in
Strafverfahren ⎯ 796
c) Fahrplan zur Stärkung der Verfahrensrechte ⎯ 803
8. Rechtsbehelfe ⎯ 804
XI. Zeit und Gelegenheit zur Vorbereitung der
Verteidigung (Art. 6 Abs. 3 lit. b EMRK/Art. 14
Abs. 3 lit. b IPBPR) ⎯ 806
1. Hintergrund und Zweck der Regelung ⎯ 806
2. Vorbereitung der Verteidigung ⎯ 809
3. Zugang zum Verteidiger im Ermittlungsverfahren ⎯ 821
4. Recht des Beschuldigten auf Anwesenheit seines Verteidigers bei der polizeilichen Vernehmung ⎯ 856
5. Ausreichende „Gelegenheit" zur Vorbereitung der Verteidigung
a) Auf freiem Fuß befindlicher Beschuldigter ⎯ 861
b) Vorläufig festgenommer oder inhaftierter Beschuldigter ⎯ 866
6. Pflicht zur Benachrichtigung der konsularischen Vertretung (Art. 36
WÜK) ⎯ 877
7. Ausreichende Zeit zur Vorbereitung der
Verteidigung ⎯ 887
8. Richtlinie über das Recht auf Zugang zu
einem Rechtsbeistand in Strafverfahren

sowie über das Recht auf Benachrichtigung und Kontaktaufnahme bei der Festnahme — 900

9. Europäische Konvention zum Schutz der Anwaltschaft — 907

XII. Recht auf Zugang zur Verfahrensakte und zu den Beweisgegenständen
1. Umfang des Aktenzugangsrechts — 909
2. Ausnahmen — 920
3. Verweigerung des Aktenzugangs — 923
4. Aktenzugang bei Freiheitsentziehungen (Haftfälle) — 924
5. Berechtigter — 925
6. Art und Weise des Aktenzugangs — 927
7. Prozessuales — 938
8. Aktenzugangsrecht in Verfahren mit Bezug zum Unionsrecht — 941

XIII. Anwesenheit bei und Teilhabe an der Verhandlung/Verteidigung in eigener Person oder durch einen Verteidiger (Art. 6 Abs. 3 lit. c EMRK/Art. 14 Abs. 3 lit. d IPBPR) — 945
1. Zweck — 945
2. Recht auf Anwesenheit in der Verhandlung vor Gericht
a) Schutzgehalt — 947
b) Verhandlungsfähigkeit — 950
c) Möglichkeit der effektiven Einflussnahme — 955
d) Verzicht — 962
e) Einschränkungen im Interesse der Rechtspflege — 974
f) Echte Abwesenheitsverfahren — 979
g) Abwesenheitsverfahren und Europäischer Haftbefehl — 995
h) Recht auf Abwesenheit in der Hauptverhandlung — 1011
i) Recht auf Verteidigung bei Abwesenheit in der Hauptverhandlung — 1012
j) Recht auf Anwesenheit im Rechtsmittelverfahren — 1033
3. Recht auf eine effektive Verteidigung — 1042
a) Recht, sich selbst zu verteidigen — 1043
b) Notwendige („effektive") Verteidigung — 1050
4. Recht auf einen Verteidiger der eigenen Wahl — 1053

5. Recht auf (unentgeltliche) Beiordnung eines Verteidigers
a) Einordnung in den Gesamtkontext effektive Verteidigung — 1068
b) Verzicht — 1071
c) Mittellosigkeit — 1072
d) Interesse der Rechtspflege — 1073
e) Rechtsmittelinstanzen — 1088
f) Verantwortungsbereich der staatlichen Stellen — 1090
g) Auswahl des beizuordnenden Verteidigers — 1091
h) Autonomie der Verteidigung — 1096
i) Unentgeltlichkeit — 1105
j) Inhaltliche Garantien — 1106
k) Zeitpunkt der Bestellung — 1107
l) Richtlinie 2016/1919/EU über Prozesskostenhilfe — 1108
6. Belehrung über das Recht auf einen Verteidiger — 1124

XIV. Befragung von Zeugen, Ladung von Entlastungszeugen (Art. 6 Abs. 3 lit. d EMRK/Art. 14 Abs. 3 lit. e IPBPR) — 1127
1. Allgemeine Grundsätze — 1127
2. Begriff des Zeugen — 1133
3. Frage- und Konfrontationsrecht – Inhalt und Bedeutung für die Verfahrensfairness — 1145
4. Einschränkung des Konfrontationsrechts
a) Inhaltliche Grenzen — 1164
b) Faktische Beschränkungen im Verfahren (bisherige „Drei-Stufen-Prüfung") — 1167
c) Kritik an der (ursprünglichen) Drei-Stufen-Prüfung — 1172
d) Rechtsprechungswandel zur Abfolge der „Stufenprüfung" — 1175
e) Aktuelle Konzeption des Prüfungsmodells — 1179
5. Recht, die Ladung und Vernehmung von Entlastungszeugen zu erwirken — 1208

XV. Sachverständigenbeweis
1. Abgrenzung des Sachverständigen vom Zeugen — 1216
2. Auswahl des Sachverständigen — 1221
3. Pflicht zur Einholung eines Sachverständigengutachtens — 1223
a) Erforderlichkeit zur Sachaufklärung — 1224

b) Pflicht zur aussagepsychologischen Begutachtung der Glaubwürdigkeit eines Zeugen ——— 1225

c) Ablehnung eines Beweisantrags auf Vernehmung eines Sachverständigen ——— 1228

d) Pflicht zur Bestellung eines weiteren Sachverständigen ——— 1229

4. Behandlung des Sachverständigen als Belastungszeugen ——— 1232

5. Rechte des Beschuldigten

a) Anwesenheits-/Auskunftsrecht ——— 1237

b) Recht auf (effektive) Stellungnahme ——— 1238

c) Unschuldsvermutung ——— 1240

XVI. Dolmetscherunterstützung (Art. 6 Abs. 3 *lit.* e EMRK/Art. 14 Abs. 3 *lit.* f IPBPR) ——— 1241

1. Zweck und Schutzgehalt der Garantie ——— 1241

2. Voraussetzung des Anspruchs ——— 1249

3. Zeitlicher und sachlicher Umfang der geforderten Unterstützung ——— 1252

4. Form ——— 1292

5. Kostenfreistellung ——— 1299

6. EU-Richtlinie 2010/64/EU über das Recht auf Dolmetsch- und Übersetzungsleistungen im Strafverfahren ——— 1306

XVII. Verbot des Zwangs zur Selbstbelastung (Art. 6 Abs. 1 EMRK/Art. 14 Abs. 3 *lit.* g IPBPR) ——— 1328

1. Allgemeines ——— 1328

2. Strafverfahren als Fixpunkt des sachlich-persönlichen Anwendungsbereichs ——— 1342

3. Verbot unangemessenen Zwangs ——— 1345

4. „Vorwirkung" des Selbstbelastungsprivilegs ——— 1356

5. Steuer- und insolvenzrechtliche Aspekte ——— 1358

6. Spannungsverhältnis zwischen Selbstbelastungsfreiheit und DSGVO ——— 1363

7. Arbeitsrechtliche Auskunftspflichten/Interne Ermittlungen ——— 1364

8. Pflicht zur Achtung des Schweigerechts ——— 1369

9. Pflicht zur Belehrung ——— 1381

10. Herausgabe von Beweismaterial/Gewinnung von körperlichem Material ——— 1386

11. Verdeckte Ermittlungsmaßnahmen – Schutz vor Täuschung ——— 1390

12. Kartellrechtliche Ermittlungsverfahren ——— 1404

13. Straßenverkehrsrechtliche Halterverantwortlichkeit ——— 1409

14. Rechtsfolgen eines Verstoßes gegen den *nemo tenetur*-Grundsatz ——— 1415

15. Folgen eines Verstoßes gegen Art. 3 für die Selbstbelastungsfreiheit ——— 1419

XVIII. Verfahren gegen Jugendliche (Art. 6 Abs. 1 EMRK/Art. 14 Abs. 4 IPBPR/CRC)

1. Allgemeines ——— 1426

2. Strafmündigkeit ——— 1427

3. EMRK und sonstiges Recht des Europarates ——— 1428

4. IPBPR ——— 1438

5. Recht der Europäischen Union ——— 1440

6. UN-Konvention über die Rechte des Kindes (CRC) ——— 1451

7. Sonstige Maßnahmen der Vereinten Nationen ——— 1455

8. Besonderheiten des Jugendstrafverfahrens nach der EMRK und dem IPBPR ——— 1459

XIX. Recht auf eine gerichtliche Überprüfung der erstinstanzlichen gerichtlichen Entscheidung (Art. 2 des 7. ZP-EMRK/Art. 14 Abs. 5 IPBPR)

1. Allgemeines ——— 1472

2. Verfahren in der Rechtsmittelinstanz ——— 1485

XX. Entschädigung bei Fehlurteil (Art. 3 des 7. ZP-EMRK/Art. 14 Abs. 6 IPBPR)

1. Allgemeines ——— 1486

2. Voraussetzungen der Entschädigungspflicht (Art. 14 Abs. 6 IPBPR) ——— 1489

3. Gesetzliche Regelung ——— 1493

XXI. Verbot der Doppelverfolgung-/bestrafung („ne bis in idem"/Art. 4 des 7. ZP-EMRK/Art. 14 Abs. 7 IPBPR)

1. Allgemeines ——— 1494

a) Verfassungsrechtliche Perspektive ——— 1496

b) Art. 4 des 7. ZP-EMRK/Art. 14 Abs. 7 IPBPR ——— 1507

c) Internationale Ebene ——— 1509

2. Inhalt und Regelungsbereich von Art. 4 des 7. ZP-EMRK

a) Rechtsfolge – Strafverfolgungshindernis ——— 1512

b) Verurteilung ——— 1516

c) Freispruch ——— 1519

d) Rechtskraft („final") ——— 1525

e) Begriff der (strafrechtlichen) Tat ——— 1528

f) Doppelverfolgung/-bestrafung — 1547
g) Identität der Tat (idem) — 1556
3. Wiederaufnahme des Strafverfahrens — 1564
4. Transnationales Doppelverfolgungs-/-bestrafungsverbot — 1568
   a) Allgemeiner Rechtsgrundsatz — 1569
   b) EMRK — 1570
   c) Weitere völkerrechtliche Übereinkommen und Verträge — 1572
5. Schengener Durchführungsübereinkommen (SDÜ) — 1579
   a) Inhalt — 1580
   b) Personenidentität — 1581
   c) Rechtskräftige Aburteilung — 1582
   d) Tatidentität (idem) — 1602

e) Vollstreckungsklausel — 1607
f) Vorbehalte — 1611
g) Vorläufige Festnahme als zulässige Beschränkung der Freizügigkeit — 1612
h) Rechtsfolge eines Verstoßes — 1616
6. Charta der Grundrechte der Europäischen Union (EUC) — 1617
7. Weitere Initiativen auf EU-Ebene
   a) Kompetenzkonflikte — 1641
   b) EU-Rahmenbeschluss zur Vermeidung von Kompetenzkonflikten — 1642
8. Ne bis in idem als Auslieferungshindernis
   a) Allgemeines — 1645
   b) Europäischer Haftbefehl — 1649

Alphabetische Übersicht

Absprache („Deal") 337 ff.
Aburteilung 1582 ff.
Abwesenheitsurteil, -verfahren 962, 965, 975, 979 ff., 995 ff.
– Auslieferungsverfahren 993
– Europäischer Haftbefehl 995 ff.
– Recht auf ein 1016 f.
agent provocateur > Tatprovokation
Akten, Einsichtsrecht
– Abschluss der Ermittlungen 914
– Abschriften 927
– Antrag 938
– Art und Weise 927 ff.
– Ausnahmen 920 ff.
– Berechtigter 925 f.
– Beschuldigter, nichtverteidigter 926, 930
– Beschuldigter, verteidigter 925
– Charta der Grundrechte 942
– Effektivität der Verteidigung 927
– erneuter Zugang 936
– Haftfälle 924
– Handakten 922
– Kopien 928
– Kosten 935
– laufende Ermittlungen 920
– Originalakte 927 ff.
– Umfang 909 f.
– Unionsgerichte 941
– Verfahren 938, 940
– Verweigerung 923
– Wesentlichkeitsvorbehalt 915
– Zeitpunkt 931 f.

Allgemeine Erklärung der Menschenrechte 5
Amnestie 690, 1491, 1524, 1555, 1609, 1649
Amtsermittlungsgrundsatz 294, 1063, 1129
Amtssprache 551, 1289
Anfangsverdacht 117
Angeklagter
– Anwesenheitsrecht > Anwesenheit
– Belehrung 281, 301, 333 f., 754 ff., 1442, 1465, 1467
– Recht auf (Wahl-) Verteidiger > Verteidiger 1053 ff., 1068 ff.
– Recht sich selbst zu verteidigen > Selbstverteidigungsrecht
– Schweigerecht > Selbstbelastungsfreiheit
Angemessene Verfahrensdauer
– Abbruch des Strafverfahrens 506
– Folgen der unangemessenen Dauer 433, 477 ff.
– Freiheitsentziehung 437
– Fristberechnung 468 ff.
– innerstaatliche Rügepflicht 479 ff.
– Jugendliche 438, 497
– Kompensation der Verzögerungen 483 ff., 526 ff.
   – Strafzumessungslösung 488
   – Vollstreckungslösung 489, 494, 496 ff., 523 ff.
– Kriterien 437 ff.
   – Bedeutung des Verfahrens 459
   – Justizorganisation 446
   – Komplexität des Verfahrens 444 f.
   – Verfahrensgang 446
   – Verhalten der Verfahrensbeteiligten 460
– Rechtsmittelinstanz 473
– Rechtsschutz 510

– Verfassungsgericht 449, 474
– Zurechenbarkeit, Staat 460, 462 f.

Anklage
– Amtsenthebung 98, 101
– Beginn 110, 114 f.
– Begriff 79
– Betroffener 80
– Disziplinarverfahren 95
– Ende 124 ff.
– *Engel*-Kriterien 83
– Kartellverfahren 90 f.
– Maßregeln der Besserung und Sicherung 93
– Ordnungswidrigkeiten 87
– verfassungsrechtliche Verfahren 98

Anonyme Gewährsleute/Zeugen 1154, 1195, 1202, 1206

Anspruch auf Strafverfolgung Dritter 72

Ansprüche und Verpflichtungen aus dem Zivilbereich > zivilrechtliche Ansprüche und Verpflichtungen

Anwaltszwang 163

Anwesenheit
– Anwesenheitspflicht 1011, 962
– Auslieferungsverfahren 993, 1122
– Rechtsmittelinstanz 948, 1012 ff., 1033 ff.

Effektive Teilhabe an der Verhandlung
– Fürsorgepflicht 963, 969
– Hauptverhandlung 955
– konkludenter Verzicht 966
– Minderjährige 953 f.
– persönliche 961, 1040
– Rechtsmittelinstanz 1049
– Schutzmaßnahmen 951
– Selbstverteidigungsrecht 1045 ff.
– unentschuldigt 1015, 1030
– Verhandlungsfähigkeit 950 ff.
– Verteidiger 945 f., 953, 956, 961
– Verzicht 1071 ff.
– Videoübertragung 960
– Wahlverteidiger 1061
– zeitweilige Entfernung aus Hauptverhandlung 977

Anwesenheitsrecht, Beschränkungen 974 ff.
– Abwesenheitsverfahren 979 ff.
– Heilung 984, 991
– Pflichtverteidiger 986
– Rechtfertigung durch übergeordnete Gesichtspunkte 977
– Überprüfungsmöglichkeit 985 ff.
– Verhältnismäßigkeit 1014
– Verzicht, Anwesenheitsrecht >
– Wahlverteidiger 981, 986 ff., 1053 ff.
– zeitweilige Entfernung aus Hauptverhandlung 977

– Zeugenschutz 975, 977

Anzeigenerstatter 81, 299

Arbeitsgerichtliche Verfahren 53, 735 f.

Augenscheinsobjekt 303, 407

Auskunft, unrichtige 330

Auskunftspflichten 1344, 1364 ff., 1406

Ausländer 12, 63, 109, 154, 1251, 1276

Auslandszeuge 1182 f., 1214

Auslieferung 102 ff., 637, 993 ff., 1122, 1267, 1424, 1614, 1645 ff.

Ausnahmegerichte 1459

Aussageverweigerungsrecht > Selbstbelastungsfreiheit > Zeugnisverweigerungsrecht

Ausweisung 106, 109

Bagatellsachen, Beiordnung eines Pflichtverteidigers 1086

Begründung gerichtlicher Entscheidungen 319 ff.

Beijing-Grundsätze 1455

Beiordnung eines Verteidigers
– Antrag 1090
– Bagatellsachen 1086
– Dolmetscherbestellung, neben 1084
– Effektivität der Verteidigung 1076, 1093, 1100, 1107
– Interesse der Rechtspflege 1068, 1073 ff.
– Mittellosigkeit 1072
– Privatklageverfahren 1063
– Rechtsmittelverfahren 1073
– Sachkunde 1093
– Überwachungspflicht 1096, 1106
– Unentgeltlichkeit 1068 ff., 1105
– Verzicht 1071, 1102
– Wahlverteiger, neben einem 1105
– Zeitpunkt 1072, 1107

Belehrung
– Jugendlicher 1442, 1445
– Recht auf Verteidiger 1124 ff.
  – Inhalt 1124
  – Pflicht aus der EMRK 1126
  – Zeitpunkt 1125
– Verkehr mit konsularischer Vertretung (WÜK) 877 ff.

Berufsgerichtliche Verfahren 227

Berufsverbot 92, 96

Berufung > Rechtsmittel

Beschlagnahme 61, 65, 107, 416, 469, 864

Beschleunigtes Verfahren 335

Beschleunigungsgebot > Angemessene Verfahrensdauer > Beiordnung eines Verteidigers

Besteuerung 65, 1624

Beweiserhebung
– Beurteilungsspielraum 391
– Gestaltungsspielraum 391
– Notwendigkeit 1208

– Ladung von Zeugen 1211 ff.
Beweismittel, Sicherstellung 766, 1112, 1213
Beweisrecht
– Beweisgewinnung 394 ff.
– Beweislast 405
– Beweismaterial 264 ff., 297 ff., 310 ff., 375, 811, 1386
  – Geheimhaltung 311, 913, 921
  – Offenlegung 772, 812
Beweisverbote
– Allgemeines 408
– Beweiserhebungsverbot 409 ff.
– Beweisverwertung, allgemein 390 ff.
– Beweisverwertungsverbot 415 ff.
  – Selbständige 416
  – Unselbständige 417
– Harmonisierung nationaler Regeln 424 ff.
– Kompensation 406 f.
– Verstoß gegen Völkerrecht/internationales Recht 392
Beweissicherungsverfahren 49
Beweiswürdigung, freie 414
– Selbstladungsrecht des Angeklagten 1213
Bild-Ton-Aufzeichnungen 442
Bußgeldverfahren
– Dolmetscherkosten 1260
– Unschuldsvermutung 739
Civil rights > zivilrechtliche Ansprüche und Verpflichtungen
Convention on the Rights of the Child (CRC) > Kinder, Konvention zum Schutz von
Deal > Absprache
Disziplinarverfahren 1086, 1535
– Anwendbarkeit Art. 6 EMRK 95
– Ne bis in idem 1499
– Unschuldsvermutung 636
Dokumentationspflicht 298, 1351
Dolmetscher
– Auslieferungsverfahren 1267
– Auswahl 1286
– Bußgeldverfahren 1260
– EU-Richtlinie 1306 ff.
– Form 1292 ff.
– Kosten 1299 ff.
– Stumme und Taube 1245
– Übersetzung > siehe dort
– Umfang 1252 ff.
– Verkehr mit Verteidigern 1255
– Vollstreckungsverfahren 1262
– Voraussetzungen 1249 ff.
– Vorverfahren 1256
– weiterer Dolmetscher 1258
Doppelbestrafungsverbot (ne bis in idem)
– Aburteilung 1582 ff.

– ausländisches Gericht 1503 ff.
– Auslieferungshindernis 1645 ff.
– Charta der Grundrechte 1617 ff.
– Disziplinarrecht 1499, 1529, 1535, 1548
– Durchführung von Unionsrecht 1627
– Engel-Kriterien 1528
– idem 1498, 1540, 1556 ff.
– Identität der Tat 1556 ff.
– internationale Gerichtshöfe 1509 ff.
– Kartellrecht 1504 f., 1539 ff.
– Kompetenzkonflikte 1540, 1641 f.
– Mangel an Beweisen 1587
– mehrmalige Bestrafung 1496
– Mittäter 1580
– Nebenstrafe 1549
– Nebenstrafrecht 1499
– Ordnungswidrigkeitenrecht 1499, 1534
– rechtskräftige Ab-/Verurteilung 1582 ff., 1628
– Schengener Durchführungsübereinkommen 1579 ff.
– Staatsanwalt, Verfügungen des 1501, 1591
– Strafbefehl 1518, 1585
– Strafgesetz 1499
– Tat 1498, 1528 ff.
– Tat, dieselbe 1556 ff.
– transnationales 1568 ff., 1579
– Verfahrenshindernis 1496, 1514, 1644
– Verjährung 1587, 1597
– Verfall 1600
– Verfolgung 1510 f., 1512 ff., 1548
– Verfolgungsverbot 1520, 1616
– Verurteilung 1500, 1506, 1516 ff.
– Verwaltungssanktionenrecht 1534
– Vollstreckungsklausel 1607 ff., 1636 f.
– Wiederaufnahme 1564 ff.
– Zwischenstaatliche Übereinkommen 1578
Durchsuchung 65, 114, 469
Effektive Teilnahme, Recht auf 949
– Minderjährige 953 f.
– Schutzmaßnahmen, aktive 951
– Verhandlungsfähigkeit 950 ff.
– Videoübertragung 960
Ehre 56, 622, 625
Eigentum 54, 59
Einsichtsrecht > Akten, Einsichtsrecht
Einstellung des Verfahrens 457, 507, 520, 645, 687 ff., 698 f., 701, 1501, 1522, 1589, 1593, 1597 f.
Einziehung 61, 73, 82, 94, 695, 1531, 1550, 1600, 1636
Engel-Kriterien 83
Entlastungszeuge 1128, 1133 f., 1144, 1198, 1208 ff., 1233
Entschädigung
– bei Fehlurteil 1486 ff.
– bei Strafverfolgungsmaßnahmen 75

Equality of Arms > Waffengleichheit
- Zugang zum Verteidiger 821 ff.
Europarecht
- Rechte der EMRK als allgemeine Grundsätze des Unionsrechts 261
Europäischer Gerichtshof (EuGH) 10, 36, 211, 305, 321, 692, 750, 802, 941, 973, 999 ff., 1262 ff., 1285, 1290, 1316, 1326, 1404, 1408, 1440, 1504 f., 1522, 1541, 1563, 1582, 1588, 1590 ff., 1611 ff., 1620 ff., 1638 ff., 1652
Europäischer Haftbefehl 995 ff., 1649 ff.
- Außergewöhnliche Umstände 1007
- Haftbedingungen, Mindestanforderungen 1007
Europäische Union
- Charta der Grundrechte 9 f., 261, 608, 942, 1440, 1617 ff.
Exequaturverfahren 106
Fahndungsmaßnahmen 667
Faires Verfahren, allgemein
- ausreichende Information 265
- ausreichende Zeit zur Vorbereitung 265
- Begründung der Entscheidungen 319 ff.
- Beweiserhebung 390 ff.
- Beweisgewinnung 394 ff.
- Chancengleichheit > Waffengleichheit
- Fragerecht, ausreichendes 1043, 1125, 1130, 1139 ff., 1145 ff.
- Fürsorgepflicht des Gerichts 331, 816, 863
- Gesamtwürdigung 258, 260, 279
- Jugendliche, in Verfahren gegen 1426 ff.
- Waffengleichheit 286 ff.
Fehlurteil, Entschädigung 1486 ff.
Fragerecht > Konfrontationsrecht
Freiheitsentziehung
- Anwendbarkeit Art. 6 87
- Freispruch 1519 ff.
- Ne bis in idem 1532, 1536
- Unschuldsvermutung 674, 724
- Zugang zur Verfahrensakte 924, s.a. Art. 5
Fürsorgepflicht des Gerichts 331, 816, 863
- Beiordnung eines Verteidigers 1068 ff.
- Effektivität der Verteidigung 1076, 1093, 1095, 1107
- Mängel der Verteidigung 1100 ff.
- Überwachung des Pflichtverteidigers 1096, 1106
- Verzicht auf Anwesenheitsrecht 962 ff.
Gegenüberstellung > Konfrontation
Geheimhaltung von Informanten 1179
Geistig-seelische Erkrankung 1077
Geltungsbereich (Art. 6)
- juristische Personen 27
- öffentlich-rechtlicher Kontext 54 ff.
- Personenvereinigungen 27
- Persönlich 24 ff.
- Sachlich 32 ff.
Gericht
- Amtszeit der Richter 192, 199
- Begriff 178 ff.
- Bindung an Entscheidung einer Vorfrage 183
- Eigene Entscheidungskompetenz 181 ff.
- Gesetzliche Grundlage 184 ff.
- Heilung von Verstößen 237
- Instanzenzug > Rechtsmittel
- Kosten 162 f.
- Militärgericht 189, 202, 223
- Militärrichter 202, 222
- mündliche Verhandlung 174, 227
- Schiedsgericht 180
- Spezialspruchkörper 227
- Unabhängigkeit
- Unparteilichkeit
  - Weisungsrecht 197 f.
  - Wiederwahl 205 ff.
  - Verfahren zur Überprüfung 181 f.
  - Vorherige Beteiligung am Ermittlungsverfahren 219
  - Zwischenverfahren 221
- Vorlagepflicht 176
- Zusammensetzung 185, 190
Gericht, Zugang
- Einschränkungen 154 ff.
- Immunität 166 ff.
- Physischer Zugang 149
- Prozesskostenhilfe 163
- Umfang 142 ff., 173 ff.
Gerichtssprache > Dolmetscher > Übersetzer
Gesamtstrafenbildung 124, 473, 488
Gesetzlichkeitsprinzip 397
Geständnis 103, 233, 340, 342, 344, 367, 379, 420, 626 ff., 642, 675, 722 ff., 838, 843, 860, 885, 1064, 1347, 1349, 1355, 1393, 1403, 1405, 1420 ff., 1470
Gleichbehandlungsgebot > Waffengleichheit
Gnadenverfahren 125
Haftprüfung 565, 772, 915, 924, 928, 1268, 1615
Havanna-Grundsätze 1456
Heilung von Konventionsverstößen
- durch Kompensation 270, 283, 293, 298, 348, 376 ff., 406 f., 411, 477, 483 ff., 526 ff., 624, 813, 834, 882 ff., 923, 982, 1163, 1169 f., 1187, 1190 ff., 1236, 1246, 1382, 1407, 1479
- im Verlauf des Verfahrens 293, 407, 486, 501, 624, 813, 1196
- in der nächsten Instanz 293, 483
Hinweispflichten > Belehrung
Humanitäres Völkerrecht 8
idem 1498, 1540, 1556 ff.
Identität der Tat 1556 ff.
Immunität 122, 166 ff., 255, 1352

– Internationale Organisationen 168
– parlamentarische 122, 170
– völkerrechtliche 167
In dubio pro reo 636, 648, 677
Informationsrechte > Unterrichtung > Fürsorge-
  pflicht
Interesse der Rechtspflege 600, 602, 974 ff., 1050,
  1059 ff., 1068, 1073 ff., 1110, 1247
Internationale Gerichte 35 f.
– ICC-IStGH 37, 1509
– ICTR 37 f., 40, 949, 1509
– ICTY 37 f., 40 ff., 949, 1509
– IGH 877 ff.
Jugendliche
– Europaratsempfehlungen zum Strafverfahren
  gegen 1431 ff.
– Geständnis 1470
– Kontaktrecht zu Bezugspersonen 1469
– Konvention zum Schutz von Kindern (CRC)
  1451, 1453, 1458, 1462
– Recht auf Gehör 1463
– Recht auf gesetzlichen Richter 1459
– Rechtsmittel 1471
– Schlechterstellungsverbot 1426, 1435
– Schutz des Privatlebens 1428
– Trennungsgebot 1434
– Verbot der Todesstrafe 1438
– Verfahren gegen 1426 ff.
Juristische Personen 27
Jury 222, 306, 835
Kartellverfahren 90 f., 941, 1404 f.
Kinder > Jugendliche, Konvention zum Schutz von
  -n (CRC)
Kommunikation mit Verteidiger 960, 1056, 1106,
  1280
– Pflichtverteidiger 1106
– Überwachung 1056, 1106
– Wahlverteidiger 1056
Kompensation > Heilung von Konventionsverstö-
  ßen
Kompetenzkonflikte 1641 ff.
Konfrontationsrecht 406, 869, 1134 ff.
– Adressaten des Fragerechts 1136
– anonyme Gewährsleute/Zeugen 1154, 1202
– Anwesenheitsrecht bei Einvernahme eines Zeu-
  gen 1148
– Belastungszeuge 1149 ff.
– Belastungszeuge, Abwesenheit in Hauptver-
  handlung 1149
– Berechtigte 1147 f.
– Beweisverwertungsverbot 1201 ff.
– Beweiswürdigung 1162, 1170
ergänzende Fragen 1162, 1195
– Disponibilität 1152

– Drei-Stufen-Theorie 1167 ff
– Einschränkungen 1164 ff.
– Entlastungszeuge 1144, 1198, 1208 ff.
– Form 1159 ff.
– Gesamtwürdigung 1131
– kommissarische Vernehmung 1148
– Kompensation 1193 ff.
– Ladung, Recht auf 1135, 1208 ff.
– Missbrauch 1164
– Mitangeklagter 1143
– Personalbeweis 1132
– Protokollverlesung 1139, 1142
– Sachverständige 1143
– schriftlicher Fragenkatalog 1162, 1195
– Selbstladungsrecht des Angeklagten 1213
– Umfang 1160
– unmittelbare Konfrontation 1149, 1158 f.
– Urkundenbeweis 1132
– Verdeckter Ermittler/V-Person/Verdeckte Ermitt-
  lungen 1141, 1179
– Verschulden des Staates 1201
– Verteidiger, durch 1159 ff.
– Verzicht 1152
– Waffengleichheit 1208, 1215
– Zeitpunkt 1159, 1194, 1202
– Zeugen im Ausland 1214, 1251
– Zeuge vom Hörensagen 1142
Konsularische Vertretung 1385
Kontradiktorisches Verfahren 219 ff., 228, 604, 721
Kontaktsperre 875
KSZE 7
Ladungsfrist 889, 899
Laienrichter/Schöffen 187, 215, 329
Lockspitzel > Tatprovokation
Maßregeln der Besserung und Sicherung 93
Mehrfachverteidigung, Verbot der 1067
Menschenwürde 13, 256, 263, 609, 627, 952, 1006,
  1043, 1340, 1406
Militärgerichte > Gericht
Minderjährige > Jugendliche
Mitangeklagter 229, 288, 327, 1073, 1143
Mithäftling 1391 f., 1401
Mündlichkeit der Verhandlung 23, 267, 547 ff.
Nationale Sicherheit 590, 812
Nebenbeteiligte 28, 94, 1143
Nebenkläger 29, 81, 262, 702 f., 732, 1074, 1143, 1301
Ne bis in idem > Doppelbestrafungsverbot
nemo tenetur > Selbstbelastungsfreiheit
Notizen während Vernehmung oder Beweisaufnah-
  me 810, 927
Offenlegungsanspruch > Beweisrecht
Öffentlichkeit 538 ff.
– Ausnahmen 559 ff.
– Ausschluss bei Verkündung des Urteils 580, 599

- Ausschluss der Öffentlichkeit bei Verhandlung 560 ff.
- Ausschluss von Störern 542
- Geheimhaltung von Ermittlungsmethoden 603
- Gericht 604
- Heilung 575 ff.
- Jugendliche 585, 587, 592 ff.
- Kontrolle der Besucher 542
- Medienöffentlichkeit 543 f., 586
- mündliche Verhandlung 547 ff.
- Privatbereich der Verhandlungsteilnehmer 557, 580, 592 ff., 596
- Rechtsmittelverfahren 546
- schriftliches Verfahren 549
- Ton- und Filmaufnahmen 544
- Urteilsverkündung 578 ff.
- Verzicht 552 ff., 561, 573
- Zeugen 560, 576, 594 f., 597 f., 600 f.
- Zweck der Öffentlichkeit 538 ff.

Opfer 71, 119, 342, 531, 595, 1143, 1179, 1397, 1422
Opferschutz 165
Opferstellung, Verlust 499
Ordnungsmittel 89
Ordnungswidrigkeiten 87, 1343, 1407, 1481
Originalakte, Zugang zur > Akten
Personenvereinigungen 27
Persönlichkeitsrecht 609, 614, 616, 622 f., 627, 658, 665, 693, 756, 952, 1179, 1340, 1398
Pflichtverteidiger > Beiordnung eines Verteidigers
Presse 544, 660, 664
- Anonymisierung des Täters 580
- Berichterstattung 621 ff., 660
- Mitteilungen an Presse über Strafverfahren 660, 664

Privatbeklagter 72, 1063
Privatklage 72, 700, 1063
Privatleben, Schutz 580, 587, 625
Protokollierung der Verhandlung 164 f.
Prozesskostenhilfe 163, 234, 803, 1063, 1074, 1108 ff.
Recht auf Gehör 17, 263, 272, 281, 1047, 1130, 1464
Recht auf (Wahl-)Verteidiger
- Abwesenheit 1058, 1066
- Beiordnung > Beiordnung eines Verteidigers
- Belehrung > Belehrung über Recht auf Verteidiger
- Beschränkbarkeit 1064, 1067
- Ermittlungsverfahren 1053
- juristischer Abschluss 1053
- Kommunikation mit Verteidiger > Kommunikation mit Verteidiger
- Mehrfachverteidigung, Verbot der 1067
- Privatklageverfahren 1063
- unentgeltliche Beiordnung > Beiordnung eines Verteidigers

- Verhinderung des Wahlverteidigers 1065 f.
rechtskräftige Ab-/Verurteilung 640 ff., 721, 1489, 1514, 1582 ff., 1628, 1645
Rechtsmittel in Strafsachen
- Berufung 174, 227, 996, 1021, 1026 ff., 1083, 1275, 1325, 1482
- Neubeurteilung der Straftat 777
- Recht auf zweite Instanz 173 ff.
- Rechtsmittelbegründungsfrist 897
- Rechtsmittelbelehrung 1272
- Rechtsmittelfristen 156, 159, 895, 897
- Rechtsmittelverfahren 50, 124, 140, 320, 458, 546, 777, 794, 895, 1013, 1033 ff., 1073, 1308, 1316, 1473 f., 1484
- Rücknahme eines Rechtsmittels infolge Täuschung 898
- Verwerfung bei Ausbleiben des Angeklagten 1026 ff.

Revision > Rechtsmittel
Richter > Gericht
Richtlinie
- Europäische Ermittlungsanordnung 426
- Prozesskostenhilfe 1108 ff.
- Recht auf Belehrung 796 ff.
- Recht auf Dolmetsch- und Übersetzungsleistungen 793 ff.
- Recht auf Rechtsbeistand in Strafverfahren 900 ff.
- Stärkung der Unschuldsvermutung im Strafverfahren 748 ff.
- Verfahrensgarantien für Kinder 1444 ff.

Riyadh-Guidelines 1457
Rügeverkümmerung 164, 1476
Sachverständiger
- Abgrenzung vom Zeugen 1216 ff.
- Auswahl 1221 f.
- Behandlung als Belastungszeuge 1232 ff.
- Pflicht zur Einholung eines Gutachtens 1223 ff.
- Rechte des Beschuldigten 1237 ff.
- Unschuldsvermutung 1240

Schengener Durchführungsübereinkommen (SDÜ) 1579 ff.
Schiedsgericht 180
Schöffen > Laienrichter
Schuldgrundsatz > Unschuldsvermutung
Schweigen des Angeklagten > Selbstbelastungsfreiheit
Selbstbelastungsfreiheit („nemo tenetur")
- arbeitsrechtliche Auskunftspflichten 1364 ff.
- Äußerungen gegenüber Privatleuten 1390 ff.
- Auskunftspflichten außerhalb des Strafverfahrens 1364
- Belehrung 1381 ff.
- Beweisverwertungsverbote 1366, 1415

– Beweiswürdigung des Schweigens 1370 ff.
– Duldungspflichten 1386 ff.
– Herausgabe von Beweismaterial 1386 ff.
– innerstaatlicher Verfassungsgrundsatz 1344
– Juristische Personen 1341
– kartellrechtliche Ermittlungsverfahren 1404 ff.
– Kernbereich des fairen Verfahrens 1332
– Konventionsgarantien 1331
– steuerrechtliche Aspekte 1358 ff.
– straßenverkehrsrechtliche Halterverantwort-
  lichkeit 1409 ff.
– Teilschweigen 1372
– Unterlaufen des Schweigerechts 1365, 1391 f.
Selbstleseverfahren 548, 1297
Selbstverteidigungsrecht > Recht auf (Wahl-)Vertei-
  diger
– Beschränkung 1045
– notwendige Verteidigung 1048, 1050 ff.
– Umfang 1043
– Verhältnis zur Verteidigung durch einen Rechts-
  beistand 1044 ff.
– Verteidigerbefugnisse 1047
Steuern 65, 1358 ff.
Strafantrag 29, 114, 119
Strafanzeige 29, 117, 744, 1244
Strafbefehl 143, 434, 545, 630, 639, 723, 782, 788,
  802, 1123, 1244, 1262 ff., 1311, 1323 ff., 1518, 1585
Strafklageverbrauch > Doppelbestrafungsverbot
Strafmündigkeit 1427
Strafrechtliche Anklage im Sinn der
– Konventionen > Anklage
Strafvollstreckung 103, 125, 503, 511, 643, 1281, 1308
SUPRALAT 906
Tatbegriff 1498, 1541, 1556, 1561, 1604, 1606
Tatprovokation 352 ff.
– Kompensation 376 ff.
– Rechtsfolge 369 ff.
– Voraussetzungen 358 ff.
– Zurechenbarkeit der Provokation 352 ff.
– Zwei-Stufen-Prüfung des EGMR 372 ff.
Tokyo-Rules 1456
Überlanges Verfahren > Angemessene Verfahrens-
  dauer
Übersetzung
– Akteninhalt 1244, 1271, 1274, 1287, 1292
– Anschuldigung, Anklageschrift 1272
– Haftbefehl 1272
– Kosten 1299 ff.
– mündliche Sprachübertragung 1275, 1277,
  1292 ff.
– Urteil 1275
– wichtige Schriftstücke 1272 ff.
Unionsrecht, Durchführung von 9, 1627
Unmittelbarkeitsgrundsatz 267, 390, 1149

Unschuldsvermutung
– Allgemeines 605 ff.
– amtliche Verlautbarungen über Strafverfahren
  657 ff.
– Anklage, strafrechtliche 634 ff.
– Anwendbarkeit außerhalb des Strafverfahrens
  728 ff.
– Arbeitsrecht > Verdachtskündigung
– Auslieferungsverfahren 637
– berufsgerichtliche Verfahren 636
– Charta der Grundrechte der Europäischen Uni-
  on 608
– Disziplinarverfahren 636
– Einstellung des Verfahrens 645 ff.
– ergebnisoffene Verfahrensführung 606
– Ermittlungsverfahren 651
– Exklusivität der strafgerichtlichen Schuldfest-
  stellung 714, 738 ff.
– Freispruch 747
– Geständnis 626, 675, 723
– Grenzen der Unschuldsvermutung 617
– grundrechtlicher Persönlichkeitsschutz 612
– Halterhaftung 680
– innerstaatlicher Verfassungsgrundsatz 610 ff.
– Kostenentscheidungen 696 ff.
– Medienberichterstattung 623
– Mitberücksichtigung nichtverfahrensgegen-
  ständlicher
– Schuld 711 ff.
– Straftaten 640
– Nebenentscheidungen 654
– Ordnungswidrigkeitenverfahren 635
– Prognosen 638, 645, 683, 701, 709, 721, 726
– „Schuldspruchreife" 653, 686, 688, 690, 705
– Schutzpflicht des Staates 625
– Subjektives Konventionsrecht des Angeklagten
  627
– Tragweite der Konventionsgarantien 629 ff.
– unmittelbare Drittwirkung? 621 ff.
– Verdachtskündigung 735 f.
– Verfahrensunbeteiligte Dritte 712
– Verzicht 626 ff.
– Widerruf der Strafaussetzung 639
– Wiederaufnahme 656
– Zeitlicher Anwendungsbereich 650 ff.
Unterrichtung des Beschuldigten 759 ff.
– alsbaldige 759, 763
– Anlass der 762
– Anschuldigung 760 ff.
– bei Änderung der Sach- oder Rechtslage 765
– Beschuldigung 763 ff.
– EU-Ebene 793 ff.
– Form 779 ff.
– Gebotenheit 767

- Gefährdung des Untersuchungserfolgs 766
- Gegenstand 771
- Geheimhaltung von Informationen 772
- Heilung von Unterrichtungsmängeln 769
- Kinder als Beschuldigte 780
- Nachprüfung durch EGMR 779
- Rechtsbehelfe 804 f.
- Rechtsmittelverfahren 777, 794
- Rüge in Hauptverhandlung 805
- Sprache (für ihn verständlich) 791
- über Inhalt einer Zeugenaussage 1467
- über Rechtsbehelfe > Rechtsmittelverfahren
- Zeitpunkt 763 ff.
Unterrichtung des Verteidigers 782
Untersuchungsausschuss 62, 122
Untersuchungsgrundsatz 399, 1133
Untersuchungshaft 219, 290, 438, 459, 479, 490, 498,
    641, 644, 655, 698, 720, 725, 750 f., 803 f., 817,
    836, 844, 868, 872, 924, 1117, 1283, 1336, 1462,
    1608 f.
- Vorbereitung der Verteidigung 817
Urkunde 862, 1132, 1297, 1359
Urteil
- Begründungspflicht 319 ff., 404
- Ermessensentscheidungen 182, 326
- Rechtsmittelentscheidungen 320 ff.
- Übersetzung 1275
Urteilsverkündung 578 f., 597 ff., 1461
Verbrechensopfer > Opfer
Verdachtskündigung 735 f.
Verdeckter Ermittler 278, 352 ff., 470, 766, 1141,
    1390 ff.
Verfahrenserledigung in angemessener Frist > An-
    gemessene Verfahrensdauer
Verfahrenshindernis 377 ff., 484, 506, 687, 701, 807,
    1496, 1500, 1514, 1644
Verhandlung, mündliche > Gericht > Mündlichkeit
Vermutungen, gesetzliche 1196
Vernehmung, audiovisuelle 922, 1141, 1196
Verteidiger
- Belehrung über Recht auf Verteidiger 946,
    1124 ff.
- Bestellung > Beiordnung eines Verteidigers
- Kontaktsperre 875
- Kosten > Beiordnung eines Verteidigers > Un-
    entgeltlichkeit
- Pflichtverteidiger 986, 1083, 1105, 1117, 1119 ff.,
    1313
- Recht auf (Wahl-)Verteidiger 1053 ff., 1068 ff.
- Überwachung der Kommunikation 1056, 1106
- Verkehr mit Angeklagtem 1056
- Wechsel 893
- „Zwangsverteidiger" > Beiordnung eines Vertei-
    digers

Verteidigung
- ausreichende Vorbereitungszeit 890 f., 894 f.,
    899, 1071, 1195
- Gesamtwürdigung 1068 ff.
- Mindestrechte > Verteidigungsrechte
- Teilnahme an Beweiserhebung 575
- Teilnahme an Vernehmung 828 ff.
Verteidigungsrechte
- Gesamtbetrachtung 824
- Konfrontationsrecht > Recht auf (Wahl-Verteidi-
    ger) > Selbstverteidigungsrecht > Waffengleich-
    heit
Verteidigungsunterlagen, Beschlagnahme 874
Vertrauen 868
Verurteilung 125, 1516 ff., 653
Verwaltungssanktionenrecht 1534
Verzicht, Anwesenheitsrecht 962 ff.
- Abwesenheitsurteil > Abwesenheitsurteil, -ver-
    fahren
- Ausbleiben 966
- ausdrücklich 964
- Auslieferungsverfahren 993
- Beweislast 951
- Eindeutigkeit 963
- Europäischer Haftbefehl 995 ff.
- konkludent 971
- mehrdeutiges Verhalten 992
- Möglichkeit 993
- öffentliche Interessen 974
- Ordnungsvorschriften, Verstoß gegen 971
- Pflichtverteidiger 986
- Rechtsmittelverfahren 1033
- Schutzmaßnahmen 951
- Überprüfungsmöglichkeit 985
- Verteidigungsrecht, Verzicht auf das 985
- Wahlverteidiger, erschienener 981 ff.
Vollstreckungsklausel 1607 ff.
Vollstreckungslösung 489 ff., 523 ff., 882
Vollstreckungsverfahren 150, 1261
Vorlageverfahren 176, 305
V-Person 362 ff., 387 ff., 1141
Waffengleichheit („Equality of Arms") 40, 258,
    263 ff., 286 ff., 308, 401, 539, 808 ff., 858, 910, 927,
    1039, 1063, 1073 f., 1127, 1208, 1215, 1221, 1223,
    1232, 1468
- Gesamtwürdigung 299
- Konfrontationsrecht > Konfrontationsrecht
- Ladung von Zeugen 296
Wiederaufnahme des Strafverfahrens 128 ff., 457,
    476, 996, 1497, 1564 ff., 1586 ff.
Wiedereinsetzung (Frist) 159, 802, 1265
Wiener Übereinkommen über konsularische Bezie-
    hungen 877 ff.
Willkürkontrolle durch den EGMR 1166

Esser

Zellspitzel 1392
Zeugen
– anonyme 1154, 1202
– autonomer Begriff 1143
– Belastungszeuge 1145 ff., 1155
– Einvernahme im Ausland 1183
– Entlastungszeuge 1198
– gesperrte Zeugen 1173, 1195 f.
– Mitangeklagter als Zeuge 1143
– mittelbare Zeugen 1137
– Sachverständiger 1143
– Selbstladungsrecht des Angeklagten 1213
– Schutz des Zeugen 1179
– unerreichbare Zeugen 1179 f.
– Zeuge vom Hörensagen 1142, 1153, 1196
Zeugnisverweigerungsrecht 391, 1179
Zivilrechtliche Ansprüche und Verpflichtungen
   43 ff.
– Allgemein 43 ff.
– Achtung der Ehre 56
– Adhäsionsverfahren 70
– Akademische Grade 63
– Berufsbezeichnung 63
– Dienstpflichten aus Beamtenverhältnis 66
– Entschädigung für Strafverfolgungsmaßnah-
   men 75

– öffentlicher Dienst 66 ff.
– öffentlich-rechtlicher Kontext 54 ff.
– Schadensersatzansprüche 55
– Soldatenverhältnis 66
– Sozialleistungen 57
– Umweltrechtliche Abwehransprüche 59
– vermögenswerte Rechte 44, 73
– Vorverfahren 159
– zivilrechtliche Ansprüche im Strafverfahren
   70 ff.
– zivilrechtliche Streitigkeiten im engeren Sinne
   52 ff.
– Zollrecht 89
– Zuordnung wegen Vermögensrelevanz 47
– Zwangsversteigerungsverfahren 51
Zugang zur Verfahrensakte (siehe Akten, Einsichts-
   recht)
– Art und Weise 917 ff.
– erneuter 936
– Originalakte 926 ff.
– Zeitpunkt 931
Zulässigkeit der Revision 174
Zulassung von Rechtsmitteln 175
Zusagen > Versprechen
Zwischenverfahren > Gericht, Unparteilichkeit >
   Zwischenverfahren

I. Einführung

1   **1. Verfahrensrechte als selbstständige Menschenrechte.** Als selbstständige Menschenrechte werden das **Recht auf ein gerichtliches Verfahren** und wichtige **Verfahrensgrundsätze** durch Art. 6 EMRK/Art. 14 IPBPR besonders garantiert, allerdings nicht umfassend, sondern selektiv für zwei für die Rechte des Einzelnen besonders wichtige Sachbereiche: für den Streit um Ansprüche, die den weit verstandenen *zivilrechtlichen Bereich* berühren (Rn. 43 ff.) und bei der *Anklage* wegen des Verdachts einer Straftat (Rn. 79 ff.).

2   Die Verfahrensgarantien tragen der Erkenntnis Rechnung, dass der Menschenrechtsschutz unvollkommen ist, wenn die Verbürgung materieller Rechte nicht durch die **Gewährung des Zugangs zu Gericht** einerseits und von **effektiven Verfahrensrechten** andererseits abgesichert wird, die ermöglichen, dass über diese Rechte unparteiisch in einem fairen Verfahren entschieden wird. Jede Garantie der Menschenrechte wäre praktisch wertlos, wenn ihre Durchsetzung an den Mängeln des staatlicherseits bereitgestellten Verfahrens scheiterte, sei es, dass keine Möglichkeit besteht, bei ihrer Verletzung die **Entscheidung eines unabhängigen und unparteiischen Gerichts** herbeizuführen, sei es, dass der Betroffene seine Rechte wegen inadäquater oder ihn benachteiligender Verfahrensregeln nicht oder nur unzulänglich vor Gericht vertreten kann.[2]

---

2 Vgl. *Partsch* 141.

Neben den allgemein geltenden Verfahrensgrundsätzen in Art. 6 Abs. 1 EMRK/Art. 14 **3**
Abs. 1 IPBPR stellen Art. 6 Abs. 2, Abs. 3 EMRK/Art. 14 Abs. 2, Abs. 3 IPBPR für das **Verfahren** über die Stichhaltigkeit **strafrechtlicher Anklage** noch Einzelforderungen auf, die in Art. 14 Abs. 4 bis 7 IPBPR durch zusätzliche Bestimmungen ergänzt werden.

Weitere Verfahrensgarantien enthalten die Art. 5, Art. 7 EMRK/Art. 9, 10, 15 IPBPR, **4**
ferner Art. 13, dessen Beschwerderecht jedoch verdrängt wird, soweit Art. 6 Abs. 1 für die dort genannten Sachbereiche weitergehende Spezialgarantien (wie Zugang zu Gericht) enthält.[3]

Schon in der **Allgemeinen Erklärung der Menschenrechte** vom **10.12.1948** werden **5**
auch Verfahrensrechte als Menschenrechte gewährleistet. Nach Art. 10 AEMR hat jedermann Anspruch darauf, dass in voller Gleichberechtigung über seine Ansprüche und Verpflichtungen und über eine strafrechtliche Anklage durch ein unabhängiges und unparteiisches Gericht in billiger Weise öffentlich verhandelt wird. Für das Strafverfahren fordert Art. 11 Abs. 1 AEMR außerdem, dass jeder, der wegen einer strafbaren Handlung angeklagt wird, als unschuldig zu gelten hat, bis seine Schuld in einem öffentlichen Verfahren, in dem er alle für seine Verteidigung notwendigen Garantien hatte, gemäß dem Gesetz nachgewiesen ist.

Dieselben Grundgedanken werden – mitunter abgewandelt – in verschiedenen ande- **6**
ren Erklärungen bekräftigt. So werden in der **Erklärung der Grundrechte und Grundfreiheiten des Europäischen Parlaments** vom 12.4.1989[4] in Art. 19 der wirksame Zugang zu Gericht bei Verletzung der Rechte und Freiheiten sowie allgemein das Recht auf ein faires öffentliches Verfahren vor einem unabhängigen und unparteiischen, auf Gesetz beruhenden Gericht gefordert.

Das **Kopenhagener Abschlussdokument über die menschlichen Dimensionen der** **7**
KSZE vom 29.6.1990 wiederholte die wesentlichen Verbürgungen von Art. 6 EMRK und Art. 14 IPBPR meist mit deren Wortlaut.[5]

In abgewandelter Form finden sie sich auch in Art. 40 des **Übereinkommens über** **8**
die Rechte des Kindes vom 20.11.1989 (CRC; vgl. Teil I, Einf. Rn. 36), sowie in sonstigen Übereinkommen, vor allem auch in den **Übereinkommen des humanitären Völkerrechts**.[6]

Die **Charta der Grundrechte der Europäischen Union**[7] normiert bei Titel VI allge- **9**
meine und damit – anders als bei den Konventionsgarantien – für jede Art von Verfahren geltende **Justizielle Rechte**. Art. 47 EUC zählt unter Verzicht auf Details im Wesentlichen gleichartige Rechte auf, wie Art. 6 EMRK und Art. 14 IPBPR, so insbesondere das **Recht auf einen wirksamen Rechtsbehelf** zu einem **unabhängigen und unparteiischen Gericht** und auf ein öffentliches, faires Verfahren. Nach Art. 48 Abs. 1 EUC gilt jede angeklagte Person bis zum rechtsförmlichen Beweis ihrer Schuld als unschuldig. Die Achtung ihrer Verteidigungsrechte wird gewährleistet (Art. 48 Abs. 2 EUC). Soweit diese Rechte den durch

---

3 *Matscher* FS Seidl-Hohenveldern 315, 336; zu den Konkurrenzfragen vgl. Art. 13 Rn. 14.

4 EuGRZ **1989** 204.

5 Deutscher Wortlaut EuGRZ **1990** 239 (dort Nr. 5.14 bis 5.19); vgl. Teil I, Einf. Rn. 105.

6 So etwa Art. 105, 106 des III. Genfer Abkommens über die Behandlung der Kriegsgefangenen vom 12.8.1949 (BGBl. 1954 II S. 838), Art. 72–74 des IV. Genfer Abkommens zum Schutze von Zivilpersonen in Kriegszeiten v. 12.8.1949 (BGBl. 1954 II S. 917; ber. 1956 II S. 1586), Art. 75 Abs. 3, 4 des Zusatzprotokolls I zu den Genfer Abkommen über den Schutz der Opfer internationaler bewaffneter Konflikte v. 8.6.1977 (BGBl. 1990 II S. 1551) und in Art. 6 des Zusatzprotokolls II über den Schutz der Opfer nicht internationaler bewaffneter Konflikte v. 8.6.1977 (BGBl. 1990 II S. 1637).

7 ABlEU Nr. C 83 v. 30.3.2010 S. 389; Nr. C 202 v. 7.6.2016 S. 389; zur Verbindlichkeit der EUC Teil I, Einf. Rn. 110 ff.

Esser

die EMRK garantierten Rechten entsprechen, haben sie die gleiche Bedeutung und Tragweite (Art. 52 Abs. 3 EUC). Für die Mitgliedstaaten der Union – und damit auch im nationalen Strafverfahren – gelten sie allerdings nur bei der **Durchführung von Unionsrecht** (Art. 51 Abs. 1 Satz 1 EUC; Teil I, Einf. Rn. 111 ff.).

10   Der **EuGH** sah bereits vor dem Inkrafttreten der Charta der Grundrechte in der Gewährleistung eines effektiven Rechtsschutzes (Art. 13) und eines fairen Verfahrens (Art. 6 Abs. 1) einen **allgemeinen Grundsatz** des (früheren) Gemeinschaftsrechts, der sich aus den Verfassungstraditionen der Mitgliedstaaten und der EMRK ergab und der nach Art. 6 Abs. 2 EUV a.F. im **Anwendungsbereich** des (früheren) Gemeinschaftsrechts den Rang eines allgemeinen Rechtsgrundsatzes hatte.[8] Die Versagung eines aus dem Gemeinschaftsrecht abzuleitenden Rechts musste bereits innerstaatlich angefochten werden können.[9] Diese Grundsätze gelten nach dem Inkrafttreten des Vertrags von Lissabon für das heutige Unionsrecht entsprechend.

11   **2. Verhältnis zwischen Art. 6 EMRK und Art. 14 IPBPR.** Die Regelungen in Art. 6 decken sich inhaltlich im Wesentlichen mit Art. 14 Abs. 1 bis 3 IPBPR. Die Art. 14 Abs. 4 bis 7 IPBPR enthalten weitergehende Gewährleistungen, die abgesehen von Art. 14 Abs. 4 IPBPR, später in den Art. 2 bis 4 des 7. ZP-EMRK vom 22.11.1984 übernommen wurden, dem Deutschland aber bislang nicht beigetreten ist. Als Bundesrecht gilt daher nur Art. 14 Abs. 4 bis 7 IPBPR nach Maßgabe der dazu erklärten Vorbehalte.[10]

12   **3. Innerstaatliches Verfassungsrecht.** Das Hauptanliegen der Art. 6 EMRK/Art. 14 Abs. 1 bis 3 IPBPR, den Zugang zu einem unabhängigen Gericht und ein faires, rechtsstaatliches Verfahren zu sichern, deckt sich weitgehend mit den Verbürgungen des innerstaatlichen Verfassungsrechts. Dieses gewährleistet jedermann, Inländern und Ausländern gleichermaßen,[11] einen **verfassungsrechtlichen Anspruch auf ein faires, rechtsstaatliches Verfahren**, der, weiter als die Konventionen, für alle Verfahren und Verfahrensbeteiligten (im weiten Sinne) gilt, also auch für Zeugen und Sachverständige.[12]

13   Dieses **Verfahrens- und Prozessgrundrecht**[13] auf ein **faires Verfahren** wird aus dem **Rechtsstaatprinzip** (Art. 20 Abs. 3 GG), aus dem **Gebot effektiven Rechtsschutzes** (Art. 19 Abs. 4 GG), aus der Gewährleistung der **allgemeinen Freiheitsrechte** (Art. 2 Abs. 2 Satz 2 GG) und der Achtung der **Menschenwürde** (Art. 1 GG) hergeleitet.[14] Als ein unverzichtbares Element der Rechtsstaatlichkeit des Strafverfahrens gewährleistet das Recht auf ein faires Verfahren dem Beschuldigten, **prozessuale Rechte und Möglichkeiten mit der erforderlichen Sachkunde wahrnehmen** und Übergriffe der staatlichen Stellen oder anderer Verfahrensbeteiligter angemessen abwehren zu können.[15]

14   Soweit sie verfassungsrechtlich nicht bereits anderweitig erfasst werden, stellt das Prozessgrundrecht auf ein faires Verfahren zudem Mindestanforderungen für eine **zuver-**

---

8   Etwa EuGH 28.3.2000, C-7/98 (Krombach), NJW **2000** 1853 = JZ **2000** 723 m. Anm. v. *Bar*; *Pache* NVwZ **2001** 1343.

9   EuGH 15.10.1987, 222/86 (Unectef).

10   Vgl. Art. 1 Nr. 3 des Gesetzes v. 15.11.1973 (BGBl. II S. 1533).

11   BVerfGE **40** 95, 98; *Kruis* StraFo **2003** 36.

12   Vgl. BVerfGE **38** 105, 112 (Recht auf Anwalt als Zeugenbeistand).

13   BVerfG NJW **2012** 1136, 1137, Rn. 23.

14   Etwa BVerfGE **54** 277, 292; **78** 88, 99; **89** 347, 356; BVerfG NJW **2010** 287, 287; 592, 595; StraFo **2010** 243; NJW **2020** 2953, Rn. 27; vgl. *Kruis* StraFo **2003** 36.

15   Vgl. BVerfGE **38** 105, 111; **122** 248, 271 f.; NJW **2012** 1136, 1137, Rn. 23.

lässige **Aufklärung des fallrelevanten Sachverhalts** auf.[16] Der Grundsatz des fairen Verfahrens ist demzufolge der zentrale Prüfungsmaßstab für die verfassungsrechtlichen Anforderungen an die **strafrichterliche Beweiswürdigung**; hierbei begründet nicht jeder Verstoß gegen §§ 244 Abs. 2, 261 StPO eine Verletzung **spezifischen Verfassungsrechts**.[17]

Ein faires Verfahren verlangt ein **justizförmiges Verfahren**, das sich an den Grund- 15 sätzen der Gerechtigkeit und Billigkeit orientiert und das die Verfahrensbeteiligten nicht als Objekte der Rechtsprechung behandelt, sondern es ihnen ermöglicht, in einem geordneten und in den gegenseitigen Rechten ausgewogenen Verfahren den eigenen Standpunkt wirksam zu vertreten und in gleichem Umfang wie die anderen Prozessparteien **aktiv mit eigenen Befugnissen auf Gang und Ergebnis des Verfahrens Einfluss zu nehmen**.[18]

Die Bestimmung der verfahrensrechtlichen Befugnisse, die dem Beschuldigten nach 16 dem Grundsatz des fairen Verfahrens im Einzelnen einzuräumen sind, und deren Ausgestaltung obliegt nach Ansicht des BVerfG in erster Linie dem Gesetzgeber und sodann – in den vom Gesetz gezogenen Grenzen – den Gerichten bei der ihnen obliegenden Rechtsauslegung und -anwendung. Eine Verletzung des Rechts auf ein faires Verfahren soll demnach erst dann vorliegen, wenn eine **Gesamtschau auf das Verfahrensrecht** – auch in seiner Auslegung und Anwendung durch die Gerichte und unter Berücksichtigung der Erfordernisse einer funktionstüchtigen Strafrechtspflege und des verfassungsrechtlichen Grundsatzes des Beschleunigungsgebots – ergibt, dass **rechtsstaatlich zwingende Folgerungen nicht gezogen worden sind** oder **rechtsstaatlich Unverzichtbares preisgegeben** wurde.[19]

Ein wichtiger **Teilaspekt** des fairen, rechtsstaatlichen Verfahrens, das **Recht auf Ge-** 17 **hör**, wird durch Art. 101 Abs. 1 GG für alle Verfahren besonders gewährleistet.[20] Im Strafverfahren gehört zu diesen besonders herausgebildeten Rechten vor allem die Befugnis des Beschuldigten, sich als eigenverantwortliches Prozesssubjekt mit eigenen Verfahrensrechten in einem fairen Verfahren wirksam gegen die erhobene Beschuldigung zu **verteidigen** und sich gegen rechtswidrige Eingriffe des Staates wehren zu können.[21] Dies schließt das **Recht auf einen Dolmetscher** ein, sofern dies notwendig ist, damit ein der deutschen Sprache nicht hinreichend Kundiger die ihn betreffenden wesentlichen Verfahrensvorgänge verstehen und sich dem Gericht verständlich machen kann.[22]

Die genaue Ausgestaltung des rechtlichen Gehörs überlässt das BVerfG den einzelnen 18 Verfahrensordnungen und akzeptiert im Interesse der Verfahrensbeschleunigung auch

---

16 Vgl. BVerfGE **57** 250, 274 f.; **70** 297, 308; **122** 248, 270; NJW **2012** 1136, Rn. 23 (Gebotene Sachverhaltsaufklärung im Zusammenhang mit Verfahrensabsprachen).

17 BVerfG NJW **2020** 2953, Rn. 27 („dass sich die Fachgerichte so weit von der Verpflichtung entfernt haben, in Wahrung der Unschuldsvermutung bei jeder als Täter in Betracht kommenden Person auch die Gründe, die gegen eine mögliche strafbare Handlung sprechen, wahrzunehmen, aufzuklären und zu erwägen, dass der rationale Charakter der Entscheidung verloren gegangen scheint und sie keine tragfähige Grundlage mehr für die mit einem Schuldspruch einhergehende Strafe sein kann.").

18 BVerfGE **25** 352, 364; **26** 66, 71; **38** 105, 111; **39** 238, 238; **40** 95, 99; **41** 246, 249; **46** 202, 210; **57** 250, 274; **64** 135, 145; **70** 297, 304; **78** 123, 126; ferner *Dörr* 144 ff.; *Niemöller/Schuppert* AöR **107** (1982) 387, 397; *Rüping* JZ **1983** 663.

19 BGH NJW **2021** 2129, 2131 (Bescheidung verspäteter Beweisanträge).

20 Der grundrechtlich gesicherte Anspruch auf ein faires Verfahren ist weiter als das Recht auf Gehör, aus dem nicht alle Befugnisse auf aktive Teilhabe am Verfahren abgeleitet werden können (BVerfGE **64** 143 ff. = JZ **1983** 659 m. Anm. *Rüping*); *Dörr* 98. Vgl. ferner LR/*Kühne* Einl. I 75 ff.

21 BVerfGE **57** 275; **63** 60; 337; NStZ **1991** 294; LR/*Kühne* Einl. I 103 ff. m.w.N.; ferner SK/*Rogall* Vor § 133, 103 f. StPO.

22 BVerfGE **64** 146 = JZ **1983** 659 m. Anm. *Rüping*; BVerfG EuGRZ **1986** 439.

Präklusionsvorschriften im Strafverfahren,[23] darunter das **Setzen einer Frist zur Stellung von Beweisanträgen.**[24]

19   Die **Unschuldsvermutung** (vgl. Art. 6 Abs. 2), die mit unterschiedlichen Formulierungen in einigen Länderverfassungen ausdrücklich aufgenommen ist (vgl. Art. 9 Abs. 2 Berl-Verf), wird im Grundgesetz nicht explizit angesprochen; sie wird aber gleichwohl mit Verfassungsrang gewährleistet.[25] Sie ist Bestandteil des **Rechtsstaatsprinzips** und des **Schutzes der Grundrechte**; in diese darf der Staat durch eine strafrechtliche Verurteilung erst eingreifen, wenn die Eingriffsvoraussetzung, d.h. das Vorliegen einer Straftat, vollständig nachgewiesen ist.[26]

20   Das Recht auf **Zugang zu den Gerichten** wird von Art. 19 Abs. 4 GG zwar nur bei allen Rechtsverletzungen durch Maßnahmen der öffentlichen Gewalt ausdrücklich garantiert. Aus dem Rechtsstaatsprinzip, der Schutzpflicht des Art. 1 Abs. 1 GG, dem Gesetzmäßigkeitsgrundsatz und dem Grundsatz der Gewaltenteilung folgt jedoch auch im Übrigen, dass der Einzelne grundsätzlich die Möglichkeit haben muss, eine Entscheidung der unabhängigen Gerichte in einer ihn betreffenden Sache herbeizuführen,[27] wobei allerdings der Zugang nicht lückenlos gewährleistet sein muss.[28] **Spezielle Garantien** für die Einschaltung des Gerichts enthalten einzelne Artikel des Grundgesetzes (z.B. Art. 13 Abs. 2–5; Art. 14 Abs. 3 Satz 4; Art. 104 Abs. 2 Satz 1, 2, Abs. 3 GG), die eine Entscheidung über bestimmte Eingriffe (ausschließlich oder jedenfalls vorrangig) dem Richter vorbehalten.

21   Das Rechtsstaatsprinzip fordert auch, dass die gerichtlichen Verfahren in **angemessener Zeit entschieden** und damit **abgeschlossen** werden. Vor allem Strafverfahren sind beschleunigt und ohne jede vermeidbare Verzögerung zu erledigen. Der Beschuldigte muss die Belastungen und Beeinträchtigungen durch das schwebende Verfahren im Interesse einer effektiven Strafrechtspflege nur solange hinnehmen, als dies von der Sache her **unvermeidlich** ist; dies rechtfertigt nicht erhebliche Verzögerungen, die im Verantwortungsbereich des Staates liegen und die nach den konkreten Umständen objektiv nicht erforderlich sind oder für die überhaupt jeder einsichtige Grund fehlt.[29] Eine danach **ungerechtfertigt lange Verfahrensdauer** verletzt den Betroffenen in seinen durch Art. 2 Abs. 1/Art. 20 Abs. 3 GG gewährleisteten Rechten.[30]

22   Die **Unabhängigkeit** der Richter ist durch Art. 97 GG gewährleistet, das Verbot der **Doppelaburteilung** folgt (bezogen auf die nationale Perspektive) aus Art. 103 Abs. 3 GG.

23   Dagegen sind die Prinzipien **der Öffentlichkeit und Mündlichkeit** des gerichtlichen Verfahrens keine vom Grundgesetz mit Verfassungsrang vorgeschriebenen Verfahrensgrundsätze.[31]

---

23 BVerfG Beschl. v. 24.10.1991 – 1 BvR 604/90; BGH NJW **2021** 2129, 2131 (Bescheidung verspäteter Beweisanträge).

24 BVerfG NJW **2010** 2036; BGH NJW **2021** 2129, 2131.

25 BVerfGE **82** 106, 114, 119; BVerfG NJW **2002** 3231; *Stuckenberg* 48 ff., 544; LR/*Kühne* Einl. J 74.

26 Vgl. BVerfGE **19** 342, 347; **22** 254, 265; **25** 327, 331; **35** 311, 320; **71** 206, 216; **74** 358, 370; BVerfG NJW **1990** 2741, 2741; ferner IK-EMRK/*Kühne* 413 ff.; *Kühl* Unschuldsvermutung 10; *ders.* NJW **1988** 3233, 3235; *Meyer* FS Tröndle 61, 62; *Stuckenberg* 48 ff. m.w.N.; SK/*Rogall* Vor § 133, 74 StPO.

27 BK/*Schenke* Art. 19 Abs. 4, 182 GG; *Klöpfer* JZ **1979** 210 (verfassungsrechtliche Funktionsgarantie zugunsten der Rechtsprechung).

28 Vgl. zum Umfang des allgemeinen Justizgewährungsanspruchs und des Anspruchs aus Art. 19 Abs. 4 GG BK/*Schenke* Art. 19 Abs. 4, 186 ff., 648 GG.

29 *I. Roxin* 158 ff.; *Schroth* NJW **1990** 29.

30 BVerfGE **63** 45, 69; BVerfG NJW **1984** 967, 967; NJW **2003** 2225, 2225; *Lansnicker/Schwitzeck* NJW **2001** 1969, 1970 m.w.N.

31 Vgl. BVerfGE **4** 74, 94; **15** 303, 307; *Odersky* FS Pfeiffer 325; dagegen verbürgt etwa Art. 90 BayVerf grundsätzlich die Öffentlichkeit aller gerichtlicher Verfahren.

II. Persönlicher und sachlicher Geltungsbereich

1. Persönlicher Geltungsbereich

a) Allgemeines. Der Anspruch auf eine gerichtliche Entscheidung und die Verfahrens- **24** rechte vor Gericht werden von Art. 6 EMRK/Art. 14 IPBPR nicht für alle Arten von Ansprüchen und für alle gerichtlichen Verfahren gewährleistet. Auf die in diesen Bestimmungen genannten Garantien können sich nur Personen berufen, deren *(zivilrechtliche) Ansprüche und Verpflichtungen* streitig sind (Rn. 43 ff.) sowie Personen, gegen die eine *strafrechtliche Anklage* erhoben worden ist (Rn. 79 ff.).

Jedermann, bei dem die durch Art. 6 EMRK/Art. 14 IPBPR inhaltlich vorgegebenen **25** Voraussetzungen erfüllt sind, kann sich auf die in diesen Vorschriften niedergelegten Rechte berufen, ganz gleich, ob er im Inland oder Ausland wohnt und welche Staatsangehörigkeit er hat.

Auch ein **besonderes Statusverhältnis** (z.B. Soldat, Strafgefangener, Beamter) **26** schließt die Anwendbarkeit der Garantien nicht aus; inhaltliche Anpassungen oder spezielle Ausformungen der genannten Rechte sind allerdings denkbar. Die Ansprüche aus dem Statusverhältnis selbst gehören allerdings in der Regel nicht zum Schutzbereich der beiden Anwendungsbereiche.[32]

Die Garantien des Art. 6 stehen auch **Personenvereinigungen** und **juristischen Personen** zu,[33] soweit sie im jeweiligen Verfahren parteifähig oder angeklagt (vgl. § 444 StPO) **27** sind, **nicht aber dem Staat** und seinen Vertretern bei der Ausübung hoheitlicher Gewalt, auch nicht als Fiskus.[34] Bei Art. 14 IPBPR ist dagegen strittig, ob seine nur den einzelnen Individuen (*„individuals"/„les individus"*) durch Art. 2 Abs. 1 IPBPR garantierten Rechte auch juristischen Personen und Personenvereinigungen als solchen oder nur ihren Mitgliedern zustehen.[35]

b) Strafrechtliche Anklage. Unter dem Blickwinkel des Betroffenseins von einer **28** **strafrechtlichen Anklage** fällt nur derjenige unter den sachlichen Schutzbereich, gegen den sich die (sachlich weit verstandene) *Anklage* richtet, also (im Ermittlungsverfahren; Rn. 110 f.) der **Beschuldigte** und ggf. spätere Angeschuldigte bzw. Angeklagte, nicht aber Nebenbeteiligte, auch wenn sie hinsichtlich ihrer sachlichen Betroffenheit durch die Anklage und ihrer Verfahrensbefugnisse im nationalen Recht dem Beschuldigten/Angeklagten gleichgestellt sein sollten.[36]

Personen, die keine Verfahrensparteien sind oder gegen die sich das Strafverfahren **29** nicht richtet, wie etwa **Verletzte**,[37] **Zeugen**[38] oder **Sachverständige**,[39] aber auch ein **Privat- oder Nebenkläger** können – soweit nicht *zivilrechtliche Ansprüche* zugleich oder separat berührt sind (z.B. beim Adhäsionskläger, §§ 403 ff. StPO) – keine (strafprozessua-

---

32 IK-EMRK/*Miehsler* 150 ff. m.w.N.; vgl. auch *Frowein/Peukert* 4.
33 *Frowein/Peukert* 4; *Grabenwarter/Pabel* § 17, 5; für ein Beispiel der Anwendung von Art. 6 auf eine juristische Person vgl. EGMR Editions Périscope/F, 26.3.1992; siehe Art. 1 Rn. 19 und Teil II Rn. 139 ff.
34 *Grabenwarter/Pabel* § 13, 11; *Frowein/Peukert* 4.
35 Vgl. *Nowak* Art. 2, 22 ff.; siehe Art. 1 Rn. 97.
36 Vgl. für das deutsche Recht die Regelung des § 433 Abs. 1 StPO sowie ausführlich Rn. 82.
37 A.A. *Walther* GA **2007** 615, 620, 624 ff. mit Vorschlägen zur Erweiterung *de lege ferenda.*
38 Wenn der Zeuge allerdings selbst bereits *angeklagt* i.S.d. Art. 6 Abs. 1 ist, kann er sich *insoweit* auf seine Beschuldigtenrechte aus Art. 6 berufen (Rn. 81, 121), insbesondere auf das Schweigerecht und das Selbstbelastungsprivileg; vgl. hierzu *Esser* 681 ff.; *Weiß* JZ **1998** 289, 290.
39 *Frowein/Peukert* 4; *Guradze* 4.

len) Rechte aus Art. 6 herleiten.[40] Das gilt auch für denjenigen, der einen Strafantrag stellt (Verletzter) oder eine Strafanzeige erstattet.

30   Auch ein **Recht auf Strafverfolgung**, d.h. auf Einleitung eines Ermittlungsverfahrens gegen eine bestimmte Person oder (zunächst) gegen Unbekannt bzw. auf Durchführung eines späteren gerichtlichen Verfahrens, räumen Art. 6 EMRK/Art. 14 IPBPR nicht ein.[41] Ein solches Recht kann sich allerdings im Einzelfall aus Art. 2 (dort Rn. 62 ff.) bzw. aus Art. 3 (dort Rn. 41 ff.) ergeben.

31   **c) Zivilrechtliche Streitigkeiten.** Hinsichtlich **zivilrechtlicher Streitigkeiten** kann sich jede Person auf Art. 6 Abs. 1 EMRK/Art. 14 IPBPR berufen, deren **eigene Rechte oder Verpflichtungen** betroffen sind, ebenso derjenige, der nach nationalem Recht befugt ist, ein fremdes Recht oder eine fremde Verpflichtung im **eigenen Namen geltend zu machen.** Fehlt allerdings im nationalen Recht jede Rechtsgrundlage für einen behaupteten Anspruch, scheidet eine Berufung auf Art. 6 EMRK/Art. 14 IPBPR aus.[42] Dies bedeutet jedoch nicht, dass das Bestehen eines Anspruchs erwiesen sein muss; der Betroffene muss nur **plausibel argumentieren** können, dass sich für ihn aus dem nationalen Recht generell ein Anspruch dieser Art herleiten lässt (Rn. 46).[43]

2. Sachlicher Geltungsbereich

32   **a) Eingrenzung auf spezielle Sachbereiche.** Nur für die in Art. 6 Abs. 1 EMRK bzw. Art. 14 Abs. 1 IPBPR genannten **Sachbereiche** werden der Anspruch auf eine gerichtliche Entscheidung und die Grundsätze für ein (gerichtliches) Verfahren garantiert. Sie gelten nicht für alle Verfahren schlechthin; insbesondere gewährleisten Art. 6 EMRK/Art. 14 IPBPR (anders als Art. 19 Abs. 4 GG) weder eine umfassende gerichtliche Kontrolle jedes staatlichen Eingriffs in Rechte noch eine innerstaatliche gerichtliche Überprüfung des nationalen Rechts auf seine Vereinbarkeit mit höherrangigem Recht.[44]

33   **b) Autonome Auslegung.** Für die **Abgrenzung der geschützten Sachbereiche** ist nicht maßgebend, wie das jeweilige nationale Recht die einzelne Frage zuordnet. Die Zuordnung einzelner Rechtsinstitute ist in den einzelnen Konventionsstaaten sehr unterschiedlich geregelt. Die in den Konventionen verwendeten Begriffe sind daher im Interesse eines europa- bzw. weltweit einheitlichen Rechtsschutzes **autonom** nach Sinn und Zweck der jeweiligen Konvention **auszulegen.**[45] Die vorherrschenden Auffassungen in den Rechtssystemen der Vertragsstaaten sind dabei mit zu berücksichtigen;[46] sie dienen aber nur als erste Orientierung und sind nicht allein für die Reichweite des Schutzgehaltes

40 Siehe auch: SK/*Meyer* 14.
41 EGMR Baisuev u. Anzorov/GEO, 18.12.2012, § 72; Grams/D (E), 5.10.1999, NJW **2001** 1989 (RAF-Festnahmeaktion Bad Kleinen). Allgemein zum Recht des Opfers „auf Bestrafung des Täters" bei schweren Straftaten gegen die Person: *Weigend* RW **2010** 39, 57.
42 EGMR Sporrong u. Lönnroth/S, 23.9.1982, NJW **1984** 2747 = EuGRZ **1983** 523; *Frowein/Peukert* 7.
43 EGMR Boden/S, 27.10.1987, NJW **1989** 1423 = EuGRZ **1988** 452; *Matscher* FS Seidl-Hohenveldern 315.
44 EGMR Sporrong u. Lönnroth/S, 23.9.1982; James u.a./UK, 21.2.1986, EuGRZ **1988** 341; vgl. Art. 13 Rn. 16, 25.
45 EGMR Kennedy/UK, 18.5.2010, § 179 („The concept of „civil rights and obligations" cannot be interpreted solely by reference to the domestic law of the respondent State. [...] This concept is „autonomous", within the meaning of Article 6 §1 of the Convention."); (GK) Ferrazzini/I, 12.7.2001, § 24, NJW **2002** 3453; (GK) Roche/UK, 19.10.2005, § 119, NJOZ **2007** 865.
46 EGMR König/D, 28.6.1978, § 89, NJW **1979** 477 = EuGRZ **1978** 406; Deweer/B, 27.2.1980, EuGRZ **1980** 667; *Frowein/Peukert* 5; *Nowak* 10; *Ulsamer* FS Zeidler 1813; *Weh* EuGRZ **1985** 469; *ders.* EuGRZ **1988** 433.

entscheidend.[47] In den jeweiligen sachlichen Randbereichen ist nicht endgültig geklärt, welche Verfahren von Art. 6 EMRK/Art. 14 IPBPR erfasst werden.[48]

Da sich die beiden Sachgebiete nicht gegenseitig ausschließen[49] und sich als Folge der **34** durch den Schutzzweck gebotenen **weiten Auslegung** überschneiden, ergibt sich mitunter die Anwendbarkeit der Art. 6 EMRK/Art. 14 IPBPR aus mehreren Gesichtspunkten. Der EGMR lässt es dann meist genügen, wenn die Anwendbarkeit aus *einem* Grund (sicher) bejaht werden kann.[50] Teile der nur für strafrechtliche Anklagen aufgestellten besonderen Verfahrensrechte des Art. 6 Abs. 3 (Rn. 758 ff.) werden dann ggf. aus dem für beide Sachbereiche geltenden Recht auf ein faires Verfahren (Rn. 280) hergeleitet.

c) Internationale Gerichte. Nur die nationalen Gerichte der Vertragsstaaten werden **35** von den Verfahrenspflichtungen der Konventionen erfasst, nicht aber internationale Gerichte, deren Verfahrensordnung von den (einzelnen) Vertragsstaaten nicht beeinflusst werden kann.[51] Soweit jedoch die Vertragsstaaten Entscheidungen über Angelegenheiten, die unter Art. 6 Abs. 1 EMRK/Art. 14 Abs. 1 IPBPR fallen, gemeinsamen oder internationalen Gerichten übertragen haben, müssen sie auch dafür sorgen, dass die Verfahrensgarantien dieser Artikel dort eingehalten werden.[52]

Die **Gerichte der Europäischen Union** haben die Verfahrensrechte des Art. 6 schon **36** vor dem Inkrafttreten des Vertrags von Lissabon insofern beachtet, als sie zu den **allgemeinen Grundsätzen** des (früheren) Gemeinschaftsrechts gehörten und vom EuGH als **Rechtserkenntnisquelle** für den Grundrechtsschutz auf europäischer Ebene anerkannt wurden (vgl. Art. 6 Abs. 2 EUV a.F.).[53] Auch die Gerichte der EU haben daher in angemessener Frist (Art. 6 Abs. 1) zu entscheiden.[54] Mit dem im **Vertrag von Lissabon** vorgesehenen Beitritt der Union zur Konvention[55] (Art. 6 Abs. 2 EUV) werden die Bestimmungen der EMRK für alle Organe und damit auch für die Gerichte der Europäischen Union unmittelbar verbindlich (Art. 216 Abs. 2 AEUV).[56] Der EGMR hat die Frage der Anwendbarkeit von Art. 6 im Vorabentscheidungsverfahren vor dem EuGH (jetzt Art. 267 AEUV) bislang offengelassen.[57]

---

47 Vgl. EGMR (GK) Al Dulimi u. Montana Management Inc./CH, 21.6.2016, § 97, wonach das nationale Recht in seiner Auslegung durch die nationalen Gerichte lediglich den Ausgangspunkt darstelle; (GK) Károly Nagy/H, 14.9.2017, § 62; (GK) Regner/CS, 19.9.2017, § 100; hierzu *Grabenwarter/Pabel* § 24, 5 f. unter Hinweis auf EGMR Coorplan-Jenni GmbH u. Hasic/A, 27.7.2006, §§ 58 ff.; Jurisic u. Collegium Mehrerau/A, §§ 58 ff.
48 Vgl. die Übersicht über die Spruchpraxis bei *Frowein/Peukert* 17 f., 27 ff.
49 IK-EMRK/*Vogler* 188; siehe hierzu schon die frühere Rechtsprechung des EGMR: Engel u.a./NL, 8.6.1976, EuGRZ **1976** 221; König/D, 28.6.1978; Le Compte u.a./B, 23.6.1981, NJW **1982** 2714 = EuGRZ **1981** 551; Albert u. Le Compte/B, 10.2.1983, EuGRZ **1983** 190; Minelli/CH, 25.3.1983, EuGRZ **1983** 475.
50 EGMR Engel u.a./NL, 8.6.1976; Albert u. Le Compte/B, 10.2.1983; Campbell u. Fell/UK, 28.6.1984, EuGRZ **1985** 534; Matyjek/PL (E), 30.5.2006; Uzukauskas/LIT, 6.7.2010.
51 Vgl. *Frowein/Peukert* 5, Fn. 23 (Oberstes Rückerstattungsgericht – später aufgehoben und auf BGH übergeleitet; Gesetz v. 17.12.1990, BGBl. I S. 2862).
52 Zur Verbindlichkeit der normativen Grundrechtsverbürgungen im Bereich der EU vgl. Teil I, Einf. Rn. 111 ff.
53 Siehe Sieber/Satzger/v. Heintschel-Heinegg/*Esser*, § 53, 23 ff.; *Streinz* 763; vgl. Teil I, Einf. Rn. 144 ff.
54 Vgl. EuGH 17.12.1998, C-185/95 P (Baustahlgewerbe GmbH), EuZW **1999** 115.
55 Zu den Änderungen durch den Vertrag von Lissabon vgl. ausführlich Teil I, Einf. Rn. 151 ff.
56 X Schwarze/*Schwarze* (3. Aufl.) Einf. 33. Vgl. noch zum Verfassungsentwurf des Konvents bzw. Art. 300 Abs. 7 EGV a.F. KK-GG-EMRK/*Giegerich* Kap. 2, 35 f.; zur früheren Rechtslage EGMR Cooperatieve Producentenorganisatie van de Nederlandse Kokkelvisserij u.a./NL (E), 20.1.2009, EuGRZ **2011** 11 = NJOZ **2010** 1914 = ÖJZ **2009** 829.
57 EGMR Cooperatieve Producentenorganisatie van de Nederlandse Kokkelvisserij u.a./NL (E), 20.1.2009.

Esser

37   **d) Formelle Bindung des Internationalen Strafgerichtshofs.** Eine formelle Bindung des **Internationalen Strafgerichtshofs (IStGH – ICC)** bzw. des **Jugoslawien- (ICTY) und Ruanda-Tribunals (ICTR)** an die EMRK und die Rechtsprechung des EGMR würde die Mitgliedschaft dieser Gerichte im Europarat voraussetzen (Art. 59 Abs. 1). Diese ist (mit Ausnahme der EU) ausschließlich europäischen *Staaten* vorbehalten (vgl. Art. 4 Satzung Europarat), so dass eine **unmittelbare Bindung** von vornherein ausscheidet.[58] Da eine Individualbeschwerde vor dem EGMR nur gegen Vertragsstaaten zulässig ist, kann ein vor dem ICC oder einem der Tribunale *Angeklagter* nicht die Verletzung des Art. 6 rügen.[59] Genau dies wurde vor dem ICTY in der Rs. *Naletilic*[60] geltend gemacht; dabei richtete sich die Beschwerde allerdings gegen die Auslieferung an den ICTY durch Kroatien und somit gegen eine Handlung eines Vertragsstaates des Europarates.[61] Eine direkte Anwendung der EMRK für den ICTY und den ICTR scheidet zudem schon aufgrund deren Statuten aus, vgl. die Präambeln. In beiden heißt es: Aufgabenwahrnehmung *„nach Maßgabe der Bestimmungen dieses Statuts".*[62] Den **ICC** trifft allerdings gemäß Art. 21 Abs. 3 des ICC-Statuts die Verpflichtung, bei der Auslegung des nach Art. 21 Abs. 1 ICC-Statut anwendbaren Rechts die international anerkannten Menschenrechte – und somit auch die EMRK und den IPBPR – **zu berücksichtigen.**[63] Die durch Art. 14 IPBPR garantierten Rechte setzen Art. 21 ICTR-Statut sowie Art. 20 ICTY-Statut jedoch fast wortgenau um, so dass diese Verbürgungen mit ihren jeweiligen Ausprägungen zweifelsohne Berücksichtigung gefunden haben.[64]

38   In Betracht kommt sowohl für die Tätigkeit des ICC als auch für die Verfahren vor dem ICTY und dem ICTR allenfalls eine gewisse **„Vorbildwirkung"** der EMRK.[65] Zu beachten ist zudem, dass auch die Tribunale in ihren Statuten das Recht des Angeklagten auf ein faires Verfahren kodifiziert haben, vgl. Art. 20 Abs. 1 ICTY-Statut/Art. 19 Abs. 1 ICTR-Statut/Art. 64 Abs. 2 ICC-Statut. Mangels eigener Rechtsprechungspraxis wird bei der Auslegung dieser Normen immer wieder auf die zur EMRK entwickelten Grundsätze und die gefestigte Spruchpraxis des EGMR zurückgegriffen.[66] Dies bietet zudem den Vorteil einer homogenen Auslegung der entsprechenden Normen, die sowohl zur Rechtssicherheit als auch zu einer besseren Akzeptanz der Entscheidungen der Tribunale innerhalb der Bevölkerung beiträgt.[67]

39   Ein Rückgriff der Tribunale auf die EMRK und die Rechtsprechung des EGMR mag zunächst verwundern. Bei der EMRK handelt es sich schließlich um einen Katalog von Menschenrechten, der einer regionalen Begrenzung unterliegt. Die Konvention dient der Durchsetzung der normierten Rechte gegenüber den Vertragsstaaten. Demgegenüber gehört die Arbeit der internationalen Strafgerichtshöfe zum universell geltenden Völkerstrafrecht. Sie dient der Verfolgung Einzelner wegen Verstößen gegen das materielle Strafrecht.[68] Dennoch bestehen **Überschneidungen der beiden Rechtsmaterien.** Grundgedanke des Völkerstraf-

---

58 *Cryer, Friman, Robinson, Wilmshurst* 354; bzgl. des ICTY: *Oswald* 128; bzgl. des ICC: Renzikowski/*Safferling* 137, 157.

59 *Oswald* 128.

60 EGMR Mladen Naletilic/KRO, 4.5.2000, EuGRZ **2002** 143; ICTY 3.5.2006, IT-98-34-A.

61 Siehe *Oswald* 128 f.; Renzikowski/*Safferling* 137, 158.

62 Vgl. *Oswald* 129.

63 Renzikowski/*Safferling* 137, 160.

64 *Schomburg* JHR **2009** 1, 2.

65 *Oswald* 125 f.

66 *Oswald* 125, 159 ff., 168, 173; *Cryer, Friman, Robinson, Wilmshurst* 354; Renzikowski/*Safferling* 137, 160, 163.

67 *Oswald* 169 f., 173; allgemein zur grundlegenden Bedeutung der Verfahrensfairness für die Akzeptanz eines Urteils: *Gronke* Verfahrensfairness in transnationalen unternehmensinternen Ermittlungen, 2019, 124 ff.

68 *Oswald* 126 f.

rechts ist der Schutz der elementaren Menschenrechte, die den eigentlichen materiellen Gehalt des internationalen Strafrechts darstellen. Ihre Verletzung ist die Grundlage der verfolgbaren Tatbestände, so dass das Völkerstrafrecht auch der Durchsetzung der Menschenrechte dient,[69] freilich gegenüber Einzeltätern und nicht gegenüber den Vertragsstaaten, wie es bei der EMRK der Fall ist. Zudem können sich auch die verdächtigen, angeklagten und verurteilten Personen ihrerseits auf die Menschenrechte berufen.[70] Somit ist trotz konträrer Rechtsmaterien ein inhaltlicher Rückgriff der Tribunale auf die EMRK und die Rechtsprechung des EGMR möglich.[71] Dieser Erwägungen gelten entsprechend für die Bestimmungen des IPBPR und die Spruchpraxis des HRC.

Im Urteil *Tadic* (u.a. zur Auslegung und Bestimmung der Reichweite des Grundsatzes **40** eines fairen Verfahrens) hat der ICTY (AC) bei der Frage, ob Art. 20 Abs. 1 ICTY-Statut auch das Prinzip der Waffengleichheit enthalte, explizit auf die Spruchpraxis des EGMR und des HRC verwiesen: „*The Appeals Chamber finds that there is no reason to distinguish the notion of fair trial under Article 20(1) of the Statute from its equivalent in the ECHR and ICCPR, as interpreted by the relevant judicial and supervisory treaty bodies under those instruments.*"[72] Ebenso griff der ICTR für die Auslegung der *General Pleading Principles* in der Rs. *Hadzihasanovic* explizit auf die Maßstäbe von IPBPR und EMRK zurück.[73]

In der Rs. *Anto Furundzija*[74] hatte der Angeklagte eine Verletzung seines Rechts auf ein **41** unparteiisches Gericht gerügt. Der ICTY bezog sich auch hier in seiner Begründung ausdrücklich auf Art. 6 Abs. 1 und verwies auf die diesbezügliche Spruchpraxis des EGMR.[75]

Zu berücksichtigen ist hinsichtlich der konkreten Ausgestaltung menschenrechtlicher **42** Standards nach Ansicht des ICTY allerdings der **besondere Charakter** der Tribunale, die noch während eines andauernden Konfliktes errichtet wurden. Sie gleichen damit einem Militärtribunal, vor welchem die prozessualen Rechte des Angeklagten begrenzt seien. Eine Auslegung des Statuts müsse somit in seinem eigenen rechtlichen Kontext erfolgen. Dabei sei die Rechtsprechung des EGMR zwar zur Ermittlung relevanter Aspekte heranzuziehen, die Abwägung selbst müsse dann aber den Besonderheiten des Tribunals Rechnung tragen.[76] Ein solcher Ansatz ist kritisch zu sehen: Menschenrechtlichen Standards ist in strafgerichtlichen Verfahren stets vollumfänglich Geltung zu verschaffen.

3. Meinungsverschiedenheiten des privaten Lebensbereichs: Zivilrechtliche Ansprüche und Verpflichtungen

a) Zivilrechtliche Ansprüche und Verpflichtungen. Der Begriff der **Streitigkeiten 43 in Bezug auf zivilrechtliche Ansprüche und Verpflichtungen**[77] (Art. 6 Abs. 1: „*in the determination of his civil rights and obligations*"/„*contestations sur ses droits et obligations*"

---

69 *Möller* Völkerstrafrecht und Internationaler Strafgerichtshof (2003) 419 f. („ultima ratio" des internationalen Menschenrechtsschutzes").

70 Renzikowski/*Safferling* 137, 154, 156; *Oswald* 129 ff.

71 *Oswald* 165 f., 169.

72 ICTY 15.7.1999, IT-94-1-A, § 44 (eingeschränkter Umfang der Waffengleichheit vor dem ICTY), §§ 51 ff.; ausführliche Darstellung bei: *Oswald* 144 ff.; Renzikowski/*Safferling* 137, 163 ff.

73 ICTY-TC 19.12.2001, IT-01-47-PT; *Schomburg* JHR **2009** 1, 9.

74 ICTY-AC 21.7.2000, IT-95-17/1-A.

75 Vgl. die Darstellung bei: *Oswald* 153 ff.; Renzikowski/*Safferling* 137, 165 f.

76 ICTY 10.8.1995, IT-94-1, Dusko Tadic, Decision on the Prosecutor's Motion Requesting Protective Measures for Victims and Witnesses, §§ 27 ff.; dazu: *Kamardi* 143 f.; vgl. *Oswald* 120 f., 171; *Cryer Friman, Robinson, Wilmshurst* 354.

77 Die für die Auslegung nicht verbindliche deutsche Fassung darf nicht zu einer engen Auslegung verleiten, vgl. IK-EMRK/*Miehsler* 4 f., 96 ff.; Meyer-Ladewig/Nettesheim/von Raumer/*Meyer-Ladewig/Harrendorf/König* 8 ff.

Esser

de caractère civil"; Art. 14 Abs. 1 IPBPR: *„his rights and obligations in a suit of law"/"des contestations sur ses droits et obligations de caractère civil"*) ist gerade in den Grenz-und Randbereichen weiterhin nicht abschließend geklärt.[78] Der EGMR lehnt es seit jeher ab, hier die dogmatischen Abgrenzungen des jeweiligen nationalen Rechts *eins zu eins* zu übernehmen[79] oder selbst eine abstrakte, vollumfassende Definition der Begrifflichkeiten zu geben,[80] was praktisch wohl auch kaum möglich wäre. Der Gerichtshof favorisiert stattdessen eine **autonome Auslegung**, die sich an Sinn und Zweck dieser speziellen Konventionsgarantie orientiert.[81] Er neigt deshalb einer **weiten Auslegung** zu, die zwar unter Berücksichtigung, aber ohne Maßgabe der innerstaatlichen Zuordnung nicht nur die herkömmlich im **bürgerlichen Recht** wurzelnden Ansprüche umfasst, sondern darüber hinaus auch andere Ansprüche, wenn sie **vermögenswerte Rechte** des Einzelnen betreffen oder sich unmittelbar auf sie auswirken.[82] Das gilt etwa, wenn der behauptete Anspruch das Bestehen oder die Tragweite eines Rechts betrifft, das den Bereich der privaten Lebensgestaltung unmittelbar mitbestimmt.[83]

44   Sieht man den **Schutzzweck** darin, in Ergänzung der materiellen Freiheitsgarantien den individuellen Rechtsraum der privaten Lebensführung zu sichern und dem Einzelnen die effektive Durchsetzung der Rechte seines Privatbereichs ebenso zu garantieren wie die Verteidigung gegen alle diesen Lebensbereich betreffenden Ansprüche, dann kommt es darauf an, ob ein Streit bei einer **Gesamtbetrachtung seiner Auswirkungen** nach der generellen Struktur der nationalen Rechtsordnung vermögenswerte Rechte oder sonst eine Rechtsposition des Privatbereichs unmittelbar betrifft.[84] Entscheidend ist, ob das **Ergebnis**, das mit dem strittigen Anspruch erreicht werden soll, für den Privatbereich des Betroffenen, insbesondere seine Vermögenslage, **unmittelbar relevant** ist.[85] Bei der Gesamtwürdigung des geltend gemachten Anspruchs muss den privatrechtlichen Wesenszügen der Rechtsposition stärkeres Gewicht zukommen als denjenigen des öffentlichen

---

78 *Grabenwarter/Pabel* § 24, 15 ff.; *Nowak* 1 ff.; so bereits *Buergenthal/Geweint* AVR **13** (1967) 393.

79 Etwa EGMR König/D, 28.6.1978, §§ 88 f.; Feldbrugge/NL, 29.5.1986, § 26, EuGRZ **1988** 14; Leela Förderkreis e.V. u.a./D, 6.11.2008, § 44, NVwZ **2010** 177.

80 EGMR Feldbrugge/NL, 29.5.1986, § 27; Benthem/NL, 23.10.1985, § 35, NJW **1987** 2141 = EuGRZ **1986** 299; X/F, 31.3.1992, ÖJZ **1992** 772; *Frowein/Peukert* 15 (statt abstrakter Definition Versuch einer evolutiven Auslegung).

81 EGMR König/D, 28.6.1978, § 89; Ferrazzini/I, 12.7.2001, § 24; Leela Förderkreis e.V. u.a./D, 6.11.2008, § 44; vertiefend zu diesem Begriff: *Gabius* Staatenimmunität im Konflikt mit dem Rechtsschutzanspruch des Einzelnen aus Art. 6 I EMRK, 2019, 26 ff.

82 *Grabenwarter/Pabel* § 24, 9 ff. unterscheiden drei Gruppen: a) Auswirkung auf Eigentum und vertragliche Rechtsbeziehungen vor allem im Schutzbereich der Berufs- und Erwerbsfreiheit und in der Freiheit des Liegenschaftsverkehrs b) Abwägungsjudikatur vor allem im Sozialbereich, wenn die privatrechtlichen Elemente die öffentlich-rechtlichen überwiegen und c) Verfahren mit vermögenswertem Gegenstand oder behaupteter Verletzung vermögenswerter Rechte; dazu SK/*Meyer* 25; vgl. auch *Lansnicker/Schwirtzek* NJW **2001** 1969, 1971 f.

83 IK-EMRK/*Miehsler* 50, 55; vgl. die Beispiele aus der keinesfalls konsistenten Rechtsprechung bei *Peukert* EuGRZ **1979** 261, 266; *Frowein/Peukert* 11; Meyer-Ladewig/Nettesheim/von Raumer/*Meyer-Ladewig/Harrendorf/König* 17; SK/*Meyer* 25, 26 je m.w.N.

84 Etwa EGMR Procola/LUX, 28.9.1995, ÖJZ **1996** 193 (Festlegung von Milchquoten); ferner EKMR bei *Bleckmann* EuGRZ **1981** 88, 94; vgl. aber *Buergenthal/Kewenig* AVR **13** (1967) 393.

85 Etwa EGMR Editions Périscope/F, 26.3.1992, ÖJZ **1992** 771; van de Hurk/NL, 19.4.1994, ÖJZ **1994** 819; Ortenberg/A, 25.11.1994, ÖJZ **1995** 225 (Bebauungsplan, Baubewilligung); Procola/LUX, 28.9.1995; Klein/D, NJW **2001** 213 (Entgelt für Stromlieferung); Gast u. Popp/D, 25.2.2000, NJW **2001** 211; Voggenreiter/D, 8.1.2004, NJW **2005** 41 = EuGRZ **2004** 151, §§ 30, 44; Revel u. Mora/F (E), 15.11.2005 (Klage gegen Ernennung eines Konkurrenten); Pokis/LET (E), 5.10.2006; Evers/D, 28.5.2020, § 65; Regner/CS, 19.9.2017, § 99.

Rechts.[86] Nicht ausschlaggebend ist dagegen, ob die jeweilige nationale Rechtsordnung den konkreten Anspruch dem bürgerlichen oder dem öffentlichen Recht explizit zuordnet,[87] ob sich auf beiden Seiten des Streits Privatpersonen gegenüberstehen[88] und auf welchem Rechtsweg nach nationalem Recht die Streitigkeit zu entscheiden ist[89] oder ob ein Weg zu den Gerichten ggf. fehlt.

b) Meinungsverschiedenheit. Es muss eine **Meinungsverschiedenheit** vorliegen, **45** die **unmittelbar** das Bestehen eines dem Privatbereich zuzurechnenden Rechts oder einen sich daraus abzuleitenden **Anspruch** betrifft. Dessen **Existenz, Inhalt, Umfang** oder **Art und Weise der Ausübung**[90] muss unmittelbar vom Ausgang/Ergebnis einer nicht notwendig formal, wohl aber inhaltlich bestehenden, **echten** und **ernsthaften Streitigkeit** („contestation") abhängen, die Bestand oder Tragweite oder Auslegung des beanspruchten Rechts[91] in der jeweiligen nationalen Rechtsordnung betrifft. Der Streit muss der Entscheidung nach Rechtsnormen zugänglich sein, wobei es aber unerheblich ist, ob der Streit sich auf Sach- oder Rechtsfragen konkret bezieht.[92] Nur eine leichte Verbindung oder entfernte Auswirkungen reichen für die Eröffnung des zivilrechtlichen Schutzgehaltes von Art. 6 Abs. 1 nicht aus.[93]

Für die Anwendbarkeit der Konventionsgarantien genügt es, wenn der zivilrechtliche **46** Anspruch **mit vertretbaren Argumenten** („arguable claim") aus der nationalen Rechtsordnung hergeleitet wird.[94] Es gibt aber keinen notwendigen Zusammenhang zwischen

---

86 EGMR Schouten u. Meldrum/NL, 9.12.1994, ÖJZ **1995** 396 (Sozialversicherungsbeiträge); zu den Sonderproblemen der beamtenrechtlichen Streitigkeiten Rn. 66 ff.

87 EGMR Deumeland/D, 29.5.1986; Pudas/S, 27.10.1987; EuGRZ **1988** 448; Procola/LUX, 28.9.1995; (GK) Micallef/MLT, 15.10.2009, § 74; IK-EMRK/*Miehsler* 36. Gegen eine institutionelle Abgrenzung nach Maßgabe des jeweiligen nationalen Rechts etwa *Buergenthal/Kewenig* AVR **13** (1967) 393 unter Hinweis auf die Unterschiede der nationalen Rechtsordnungen; ferner zur Auslegung *Dijk* FS Wiarda 131 ff.; *Schwarze* EuGRZ **1993** 377 (funktionale Abgrenzung); *Frowein/Peukert* 15 ff.

88 Etwa EGMR König/D, 28.6.1978; Ringeisen/A, 16.7.1971, § 94; Baraona/P, 8.7.1987; Georgiadis/GR, 29.5.1997, ÖJZ **1998** 197; EKMR bei *Bleckmann* EuGRZ **1982** 532 (Kaplan).

89 Etwa EGMR Deumeland/D, 29.5.1986; Baraona/P, 8.7.1987; Editions Périscope/F, 26.3.1992; Beaumartin/F, 24.11.1994, ÖJZ **1995** 351; Procola/LUX, 28.9.1995; Georgiadis/GR, 29.5.1997; (GK) Micallef/MLT, 15.10.2009, § 74; vgl. zur Praxis des HRC: *Nowak* 12.

90 Vgl. EGMR Benthem/NL, 23.10.1985, § 32.

91 EGMR Sporrong u. Lönnroth/S, 23.9.1982; van Marle/NL, 26.6.1986, EuGRZ **1988** 35; Pudas/S, 27.10.1987; Boden/S, 27.10.1987 (Enteignung); Pauger/A, 28.5.1997, ÖJZ **1997** 836; Taskin u.a./TRK, 10.11.2004, § 133; Sdruzeni Jihoceske Matky/CS (E), 10.7.2006; (GK) Vilho Eskelinen u.a./FIN, 19.4.2007, NJOZ **2008** 1188 = ÖJZ **2008** 35; (GK) Gorou/GR (Nr. 2), 20.3.2009; (GK) Enea/I, 17.9.2009; Uzukauskas/LIT, 6.7.2010; (GK) Al Dulimi u. Monatana Management Inc./CH, 21.6.2016, § 98; Kamenos/ZYP, 31.10.2017, § 60; *Frowein/Peukert* 11.

92 *Frowein/Peukert* 11.

93 EGMR Association Greenpeace France/F (E), 13.12.2011, NVwZ **2013** 131 (Lagerung radioaktiver Abfälle); Balmer-Schafroth u.a./CH, 26.8.1997, § 32, ÖJZ **1998** 436 (Betriebserlaubnis Kernkraftwerk).

94 St. Rspr., etwa EGMR H./B, 30.11.1987, ÖJZ **1988** 220; Editions Périscope/F, 26.3.1992; Ruiz-Mateos/E, 23.6.1993, EuGRZ **1993** 453 m. abw. Meinung *Matscher* = ÖJZ **1994** 105; Zander/S, 25.11.1993, EuGRZ **1995** 535; Kerojärvi/FIN, 19.7.1995, ÖJZ **1996** 37; Masson u. van Zon/NL, 28.9.1995, ÖJZ **1996** 191; Georgiadis/GR, 29.5.1997; Wos/PL (E), 1.3.2005; siehe auch EGMR Wos/PL, 8.6.2006, NJOZ **2007** 2326 (Entschädigung für Zwangsarbeit); anders im Ergebnis: EGMR Associazione Nazionale Reduci dalla Prigionia dall'Internamento e dalla Guerra di Liberazione u. 275 a./D (E), 4.9.2007, NJW **2009** 492 (kein vertretbarer Anspruch auf Entschädigung nach Stiftungsgesetz, da die Bf. im Gegensatz zum Fall *Wos* die Voraussetzungen des Gesetzes nicht erfüllten); Skorobogatykh/R (E), 8.6.2006; *Frowein/Peukert* 7 ff.; Meyer-Ladewig/Nettesheim/ von Raumer/*Meyer-Ladewig/ Harrendorf/König* 14 f.; SK/*Meyer* 22.

dem Bestehen von Ansprüchen nach Art. 1 ZP-EMRK und der Anwendbarkeit von Art. 6.[95] Ein nur hypothetischer **Zusammenhang** des behaupteten Anspruchs des Bf. mit einem solchen Recht genügt nicht.[96] Der **Kerngehalt des Streites** muss für zivilrechtliche Ansprüche und Verpflichtungen des Betroffenen entscheidend sein,[97] etwa, weil der Streit Vermögensrechte betrifft oder eine Leistung oder ein Verhalten erstrebt wird, die bzw. das im Normalfall Gegenstand eines nach Rechtsnormen zu entscheidenden Rechtsstreits zwischen gleichgeordneten Parteien sein kann. Eine **Popularklage** ist nicht vom sachlichen Schutzbereich erfasst.[98]

47   Es reicht auch nicht aus, dass sich eine Streitigkeit **nur mittelbar, rein faktisch** oder **zufällig** (als „Reflex") auch auf vermögensrelevante Ansprüche des Betroffenen auswirken kann[99] oder dass ein im nationalen Recht nicht vorgesehener Anspruch ohne substantiierte Gründe unter bloßer Berufung auf den Gleichheitsgrundsatz behauptet wird.[100] Die Konventionen schaffen mit dieser Verfahrensgarantie keine neuen Rechte, sondern schützen nur die **Durchsetzung** der in der **nationalen Rechtsordnung** bereits **begründeten Rechte**, wobei diese nicht notwendig selbst unter den Schutz der Konvention fallen müssen.[101] Aus der Verfahrensgarantie des Art. 6 Abs. 1 allein kann ein materieller Anspruch nicht hergeleitet werden;[102] dies wäre ein Zirkelschluss. Ein innerstaatlich anerkanntes „Recht" liegt auch nicht vor, wenn eine Behörde äußert, unter bestimmten Voraussetzungen unrechtmäßiges Handeln zu dulden bzw. nicht zu verfolgen, da solche Äußerungen einer behördlichen Erlaubnis nicht gleichkommen.[103]

48   Beschlüsse oder Verfügungen in einem **Zwischenverfahren**, in denen noch keine (auch nicht teilweise oder dem Grunde nach) Entscheidung *in der Sache selbst* ergeht, sondern nur im Gesetz vorgesehene Anordnungen getroffen werden, stellen noch keine *Entscheidung* i.S.v. Art. 6 über den Anspruch bzw. die Verpflichtung dar.[104] Auch ein **Beweissicherungsverfahren** ist in der Sache selbst noch keine Entscheidung über zivilrechtliche Ansprüche oder Verpflichtungen.[105]

49   Dieser restriktive Ansatz galt lange Zeit auch für **Maßnahmen des einstweiligen bzw. vorläufigen Rechtsschutzes**, sofern diese nicht die Entscheidung in der Hauptsache

---

95 EGMR Associazione Nazionale Reduci dalla Prigionia dallInternamento e dalla Guerra di Liberazione u. 275 a./D (E), 4.9.2007.

96 EGMR W./UK, 8.7.1987, NJW **1991** 2199 = EuGRZ **1990** 533; Balmer-Schafroth u.a./CH, 26.8.1997, EuGRZ **1999** 183 (Verlängerung der Betriebsgenehmigung für Kernkraftwerk; dazu *Kley* EuGRZ **1999** 177); L'Erabliere A.S.B.L./B, 24.2.2009; *Matscher* FS Wiarda 395; *Villiger* 460.

97 Zu diesen nicht eindeutigen und immer wieder Zweifel aufwerfenden Abgrenzungskriterien *Frowein/Peukert* 16; *Villiger* 461 ff.; vgl. auch EGMR Guide on Article 6 of the ECHR – Right to a fair trial (civil limb), Nr. 33.

98 Vgl. EGMR (GK) Perez/F, 12.2.2004; L'Erabliere A.S.B.L./B, 24.2.2009.

99 EGMR Le Compte u.a., 23.6.1981; Albert u. Le Compte/B, 10.2.1983; Allan Jacobsson/S, 25.10.1989, ÖJZ **1990** 246; Masson u. van Zon/NL, 28.9.1995; Anne-Marie Andersson/S, 27.8.1997, ÖJZ **1998** 585; Athanassoglou/CH, 6.4.2000, ÖJZ **2001** 317.

100 EGMR L.B./A (E), 18.4.2002, ÖJZ **2002** 696.

101 EGMR Editions Périscope/F, 26.3.1992; H./B, 30.11.1987; Fayed/UK, 21.9.1994, § 65, ÖJZ **1995** 436; Voggenreiter/D, 8.1.2004, § 35; Alatulkkila u.a./FIN, 28.7.2005; (GK) Roche/UK, 19.10.2005; I.T.C. LTD/MLT (E), 11.12.2007.

102 Siehe EGMR Lithgow u.a./UK, 8.7.1986, EuGRZ **1988** 350; W./UK, 8.7.1987; (GK) Roche/UK, 19.10.2005, § 119; (GK) Boulois/LUX, 3.4.2012, § 91; (GK) Al Dulimi u. Montana Management Inc., 21.6.2016, § 97; (GK) Károly Nagy/H, 14.9.2017, § 61; Kamenos/ZYP, 31.10.2017, § 60; *Frowein/Peukert* 7; *Villiger* 460.

103 EGMR de Bruin/NL (E), 17.9.2013, §§ 58 f.

104 Vgl. EGMR Dogmoch/D (E), 18.9.2006, EuGRZ **2007** 170 m.w.N.

105 Etwa EGMR Beer/A, 6.2.2001, ÖJZ **2001** 516; Verlagsgruppe News GmbH/A (E), 16.1.2003, ÖJZ **2003** 618 (Veröffentlichung über eingeleitete Verfahren nach öster. Mediengesetz); Lamprecht/A, 25.3.2004, ÖJZ **2004** 818 m.w.N.

Esser

bereits vorwegnehmen.[106] Der EGMR hat jedoch in der Rs. *Micallef*[107] einen neuen Ansatz entwickelt, da es eine weit verbreitete Ansicht unter den Vertragsstaaten gebe, dass die in Art. 6 verkörperten Garantien auch in Verfahren des einstweiligen bzw. vorläufigen Rechtsschutzes Anwendung finden. Der Gerichtshof verlangt nun (in einem zwei-stufigen Prüfungsverfahren) lediglich, dass das streitgegenständliche Recht **sowohl im Hauptsacheverfahren als auch im Verfahren des vorläufigen Rechtsschutzes** *„civil"* i.S.d. EMRK ist und dass die im Rahmen des vorläufigen Rechtsschutzes getroffene Maßnahme (z.B. eine einstweilige Anordnung), **das betroffene Recht tatsächlich** *„festlegt"* (*„can be considered effectively to determine the civil right or obligation"*). Hierzu müssen die Art der einstweiligen Maßnahme, ihr Ziel und Zweck sowie ihre Auswirkungen auf das betreffende Recht geprüft werden.[108] Nur in Ausnahmefällen sollen nicht alle Garantien des Art. 6 anwendbar sein.

Des Weiteren kann Art. 6 Abs. 1 auch bei **Verfahren über die Zulassung bzw. Zulässigkeit eines Rechtsmittels** Anwendung finden;[109] im Rechtsmittelverfahren selbst ohnehin. **50**

Im **Zwangsversteigerungsverfahren** erfolgt keine Entscheidung über einen zivilrechtlichen Anspruch i.S.v. Art. 6 Abs. 1 (mehr), wenn durch die zu treffende Entscheidung **Umfang und Bestand** eines Rechtes nicht mehr tangiert werden.[110] Anders liegt dies jedoch, wenn eine neue Entscheidung über das Recht oder seine Durchsetzbarkeit möglich ist oder die Durchsetzbarkeit des erstrittenen Rechts in Frage gestellt wird, so dass andernfalls die Garantien des Art. 6 Abs. 1 im Ergebnis leerlaufen.[111] Ebenfalls hat der EGMR darauf abgestellt, ob auch bzw. erst die Zwangsvollstreckung dem behaupteten Recht zur Wirksamkeit verhilft.[112] Dies gilt auch in einem **Exequatur-Verfahren** betreffend die Vollstreckung der Entscheidung eines ausländischen Gerichts, vorausgesetzt, die fragliche Entscheidung betrifft ein zivilrechtliches Recht oder eine zivilrechtliche Verpflichtung i.S.v. Art. 6 Abs. 1.[113] **51**

c) Zivilrechtliche Streitigkeiten im engeren Sinne. Zu den Ansprüchen und Verpflichtungen im privaten Lebensbereich zählen in erster Linie (aber nicht nur) die Ansprüche, die in Deutschland traditionell zum Privatrecht gehören und die im Wege des Zivilprozesses vor den ordentlichen Gerichten verfolgt werden können, also Streitigkeiten zwischen Privaten.[114] Es genügt aber nicht allein der Nachweis, dass die Streitigkeit pekuniärer Natur ist.[115] **52**

---

106   Vgl. EGMR Markass Car Hire Ltd/ZYP, 23.10.2001; *Peters/Altwicker* 141; Meyer-Ladewig/Nettesheim/von Raumer/*Meyer-Ladewig/Harrendorf/König* 20.
107   EGMR (GK) Micallef/MLT, 15.10.2009, §§ 83 ff.
108   EGMR (GK) Micallef/MLT, 15.10.2009, §§ 84–85; Kübler/D, 13.1.2011, NJW **2011** 3703, § 47. Vgl. auch Anwendung in EGMR Mercieca u.a./MLT, 14.6.2011, § 35 (Versagung einer *„interlocutory appeal against a preliminary judgment"*).
109   Vgl. EGMR Hansen/N, 2.10.2014, § 55; *Grabenwarter/Pabel* § 24, 16.
110   EKMR bei *Strasser* EuGRZ **1988** 613.
111   Vgl. EGMR Hornsby/GR, 19.3.1997, ÖJZ **1998** 236, § 40; Kalogeropoulou u.a./GR u. D, 12.12.2002, NJW **2004** 273; Central Mediterranean Development Corporation Limited/MLT (Nr. 2), 22.11.2011, § 21 (Antrag auf Aussetzung der Zwangsvollstreckung).
112   EGMR Estima Jorge/P, 21.4.1998, § 37; Pérez de Rada Cavanilles/E, 28.10.1998, § 39; SK/*Meyer* 23; *Villiger* 469.
113   Mit strafrechtlichem Bezug (Vermögensbeschlagnahme/Geldwäsche): EGMR Saccoccia/A, 18.12.2008, ÖJZ **2009** 619; Saccoccia/A (E), 5.7.2007 (Vollstreckung der Einziehungsentscheidung eines ausländischen Gerichts – amerikanische *final forfeiture*); ferner: EGMR Sylvester/A (E), 9.10.2003 (Ehescheidung); McDonald/F (E), 29.4.2008 (Ehescheidung).
114   Vgl. EGMR Guide on Article 6 ECHR (civil limb) Nr. 32.
115   EGMR (GK) Ferrazzini/I, 12.7.2001, § 25.

53   Nach dem Schutzzweck der Konventionen und der dort geltenden autonomen Auslegung (Rn. 43) können Rechte und Verpflichtungen auch dann dem privaten Lebensbereich zuzuordnen sein, wenn sie nach der nationalen Rechtsordnung im arbeitsgerichtlichen Verfahren,[116] vor den **Sozialgerichten**[117] oder im Verwaltungsrechtsweg[118] zu verfolgen sind. Es kommt auch hier darauf an, ob durch eine Streitigkeit nach ihrem materiellen Gehalt und den Rechtsfolgen, die die nationale Rechtsordnung daran knüpft, im Ergebnis über Ansprüche und Verpflichtungen entschieden wird, die für die **private Lebensführung oder -gestaltung** unmittelbar bedeutsam sind.

54   **d) Streitigkeiten im öffentlich-rechtlichen Kontext.** Deswegen gelten nicht nur zivilrechtliche Positionen, wie etwa das **Eigentum** und die sich daraus ergebenden Befugnisse,[119] sondern auch solche Rechte, die im nationalen Recht in öffentlich-rechtlichen Streitigkeiten geltend zu machen sind, als zivilrechtliche Streitigkeiten i.S.d. Konventionen, wenn diese Streitigkeiten Einfluss auf die Rechte und Pflichten, insbesondere in monetärer Hinsicht haben. Das gilt etwa für das **Recht, ein Grundstück zu bebauen**,[120] wegen seiner Auswirkungen auf das Vermögen, ebenso für **sonstige private Rechte**, wenn die für eine Zuordnung zum privaten Lebensbereich[121] sprechenden Gesichtspunkte überwiegen.[122]

55   Daneben kann Art. 6 auch bei öffentlich-rechtlichen Konflikten anwendbar sein, bei denen nicht vordergründig das Vermögen betroffen ist. Zum Schutzbereich gehören etwa das **Recht auf angemessenen Schutz der physischen Integrität** vor konkreten (direkten) Beeinträchtigungen[123] sowie **Schadensersatzansprüche gegen den Staat** oder öffentlich-rechtliche Körperschaften.[124] Gleiches gilt für **vertragliche Rechte** oder **Honoraransprü-**

116 Vgl. EGMR Buchholz/D, 6.5.1981, EuGRZ **1981** 490; Obermeier/A, 28.6.1990, EuGRZ **1990** 209 = ÖJZ **1991** 22; Chakalova-Ilieva/BUL, 6.10.2016, § 32 (Recht, nicht in unfairer Art und Weise („unfairly") gekündigt bzw. entlassen zu werden).

117 EGMR Deumeland/D, 29.5.1986 (Ansprüche gesetzliche Sozialversicherung) m. Dissenting Opinions EuGRZ **1988** 30; Schuler-Zgraggen/CH, 24.6.1993, EuGRZ **1996** 604; *Frowein/Peukert* 8, 16, 18; *Villiger* 463; *Weh* EuGRZ **1985** 469 477.

118 Vgl. *Frowein/Peukert* 16; Meyer-Ladewig/Nettesheim/von Raumer/*Meyer-Ladewig/Harrendorf*/König 9.

119 Vgl. für Enteignung EGMR Boden/S, 27.10.1987; ferner EGMR Ringeisen/A, 16.7.1971; Sporrong u. Lönnroth/S, 23.9.1982; Lithgow u.a./UK, 8.7.1986; Sramek/A, 22.10.1984, EuGRZ **1985** 336; Allan Jacobsson/S, 25.10.1989; Oerlemans/NL, 27.11.1991, ÖJZ **1992** 386; Ruiz-Mateos/E, 23.6.1993; Emsenhuber/A (E), 11.9.2003, ÖJZ **2004** 396 (Nachbarrecht bei Baubewilligung); Buj/KRO, 1.6.2006 (Eintragung im Grundbuch); Uzukauskas/LIT, 6.7.2010 (Waffenbesitz); EKMR bei *Strasser/Weber* EuGRZ **1988** 94 (Bauverbot); bei *Strasser* EuGRZ **1988** 615 (Grunderwerbsgenehmigung); *Strasser* EuGRZ **1991** 194 (acht schwed. Verwaltungsrechtsfälle); EKMR ÖJZ **1995** 114 (Bewilligung zum Auffüllen einer Lehmgrube); *Frowein/Peukert* 15, 17 f.; *Villiger* 461. Zu Patentstreitigkeiten vgl. EGMR Kristiansen u. Tyvik AS/N, 2.5.2013, § 51; Vazvan/FIN (E), 3.11.2015.

120 EGMR Ortenberg/A, 25.11.1994; Haider/A (E), 29.1.2004, ÖJZ **2004** 574 (Umwidmung von Bauland in Grünland).

121 Etwa Grundverkehrsgenehmigungen, Bauverbot, Enteignungsverfahren, öffentlich-rechtliche Beschränkung der Nutzung des Eigentums; vgl. *Frowein/Peukert* 15 ff.; *Grabenwarter/Pabel* § 24, 10 je m.N. der Rspr.

122 Vgl. die Abwägung bei EGMR Feldbrugge/NL, 29.5.1986 (Anspruch auf Krankengeld gegen öffentlich-rechtlichen Leistungsträger); ferner zur Abwägung mit gegenteiligem Ergebnis EGMR (GK) Ferrazzini/I, 12.7.2001 (Steueransprüche); ferner: EGMR Kienast/A, 23.1.2003, ÖJZ **2003** 695 (Streit mit dem Vermessungsamt über die Vereinigung zweier Grundstücke, der die Eigentumsverhältnisse des Betroffenen unberührt ließ; kein civil right).

123 EGMR Zander/S, 25.11.1993; Balmer-Schafroth u.a./CH, 26.8.1997; Athanassoglou/CH, 6.4.2000; Taskin u.a./TRK, 10.11.2004; Okkay u.a./TRK, 12.7.2005.

124 EGMR H./F, 24.10.1989; Editions Périscope/F, 26.3.1992; ÖVerfG ÖJZ **1993** 566 (Schadensersatzansprüche wegen Verfassungswidrigkeit eines Gesetzes); *Villiger* 465; vgl. auch EGMR Neves e Silva/P, 27.4.1989.

che[125] oder Rechte, die, wie **Familienrechte**, die persönlichen Verhältnisse einer Person berühren.[126] Erfasst sind auch Rechtspositionen, die sich aus der individuellen Betätigung im Zusammenhang mit der Zulassung zu rechtmäßigen **Erwerbstätigkeiten** oder deren Ausübung (Gewerbe, Beruf) ergeben oder sich unmittelbar darauf auswirken,[127] so auch, wenn die **Befugnis zur Berufsausübung** Gegenstand einer auf ihren Entzug gerichteten standes-/berufsrechtlichen **Disziplinarmaßnahme** ist.[128]

Die **Achtung der Ehre** und des **guten Rufes** gehört ebenfalls zu den *„civil rights"*;[129] **56** im Anspruch des Privatklägers auf Entschädigung für eine Ehrverletzung ist ein solches Recht zu sehen. Der **Eingriff in die Freiheit**, der in der Anordnung einer präventiven Unterbringung (z.B. Sicherungsverwahrung) liegt, betrifft seiner Natur nach selbst keine Rechtsposition des Privatbereichs;[130] dieser wird aber berührt, wenn – auch, aber nicht nur, im Zusammenhang mit einer Freiheitsentziehung – das Recht des Betroffenen, Rechtsgeschäfte abzuschließen oder sein Vermögen zu verwalten, eingeschränkt wird, anders gesagt, wenn die Geschäftsfähigkeit des Betroffenen zur Debatte steht;[131] in solchen Fällen wird außerdem anwaltliche Unterstützung oft unentbehrlich sein, um ein faires, kontra-

---

125 Vgl. EKMR Jacobsson/S, 3.3.1988, bei *Strasser* EuGRZ **1989** 263; EKMR Philis/GR, 11.10.1989, EuGRZ **1991** 298 (Honoraranspruch als Ingenieur).

126 Vgl. EGMR W./UK, 8.7.1987 (Verkehr der Eltern mit Kind in behördlicher Obhut; näher hierzu *Frowein/ Peukert* 8); Ellès u.a./CH, 16.12.2010, §§ 21 ff. (Elternrechte; hier: Recht der Eltern, sich um das Wohlbefinden der Kinder zu kümmern); Gülmez/TRK, 20.5.2008 (Besuchsrecht im Strafvollzug); (GK) Enea/I, 17.9.2009 (Einschränkungen im Strafvollzug); EKMR bei *Strasser* EuGRZ **1985** 511, 521 (Elternrechte bei Adoption; Ehelichkeitsanfechtung). Art. 6 Abs. 1 wurde auch angewandt auf das Sorgerecht (u.a. in EGMR Sporer/A, 3.2.2011, ÖJZ **2011** 525, §§ 43 f.), auf das Umgangsrecht ([GK] Elsholz/D, 13.7.2000, §§ 29, 62; Skugor/D, 10.5.2007, §§ 60 ff., 70 ff., FuR **2007** 410), auf Verfahren der Ehescheidung, wenn das nationale Recht die Ehescheidung vorsieht (V.K./KRO, 27.11.2012, §§ 62 ff.; Bellut/D, 21.7.2011, FamRZ **2011** 1557; siehe auch EGMR Rubtsova/R, 13.1.2011, §§ 19 ff., 37), und auf das Recht auf Kenntnis der Abstammung (EGMR Mikulić/KRO, 7.2.2002, §§ 44 ff.); siehe ferner EGMR Schlumpf/CH, 8.1.2009, und van Kück/D, 12.6.2003, zur Geschlechtsumwandlung bei Transsexuellen, wo es vor dem EGMR allerdings nicht um Verfahren über das Recht auf Vornahme oder Anerkennung der Umwandlung, sondern über den möglichen Anspruch auf Kostenerstattung durch die Krankenversicherung ging (Rn. 57).

127 Vgl. EGMR De Moor/B, 23.6.1994, ÖJZ **1995** 43 (Zulassung als Anwalt); H./B, 30.11.1987 (Wiederzulassung zur Anwaltschaft); Jurisic u. Collegium Mehrerau/A, 27.7.2006; Coorplan-Jenni GmbH u. Hascic/A, 27.7.2006 (Erteilung einer Arbeitserlaubnis; in beiden Fällen konnten sich sowohl Arbeitgeber als auch Arbeitnehmer auf Art. 6 Abs. 1 berufen); Kök/TRK, 19.10.2006 (Anerkennung der Facharztausbildung); vgl. auch *Frowein/ Peukert* 8; Meyer-Ladewig/Nettesheim/von Raumer/*Meyer-Ladewig/Harrendorf/König* 21; *Villiger* 462, 467.

128 Etwa Entzug des Rechts auf Berufsausübung: EGMR Baccichetti/F, 18.2.2010; Le Compte u.a./B, 23.6.1981; Albert u. Le Compte/B, 10.2.1983; ferner zum (auch zeitweisen) Entzug des Rechts auf Ausübung des Anwaltberufs im berufsrechtlichen Disziplinarverfahren: EGMR Müller-Hartburg/A, 19.2.2013, NJW **2014** 1791, §§ 39 f.; Goriany/A, 10.12.2009, § 21; W.R./A, 21.12.1999, ÖJZ **2000** 728, §§ 28 ff.; Malek/A, 12.6.2003, ÖJZ **2003** 855; vgl. ferner EGMR Diennet/F, 26.9.1995, ÖJZ **1995** 115 (Berufsausübung als Arzt); Philis/GR (Nr. 2), 27.6.1997; vgl. auch EGMR Practical Guide on Art. 6 (civil limb) Nr. 33 m.w.N.; zur Absetzung von Richtern bzw. zu entsprechenden Disziplinarverfahren u.a.: EGMR Tsanova-Gecheva/BUL, 15.9.2015, §§ 83 ff.; Gerovska Popčevska/MAZ, 7.1.2016, § 38; (GK) Baka/H, 23.6.2016, §§ 105 ff.; Paluda/SLO, 23.5.2017, §§ 33 ff.; Ramos Nunes de Carvalho e Sá/P, 6.11.2018, §§ 119 f.

129 EGMR Helmers/S, 29.10.1991, NJW **1992** 1813 = EuGRZ **1991** 415 = ÖJZ **1992** 304; Tolstoy Miloslavsky/UK, 13.7.1995, ÖJZ **1995** 949; Brudnicka u.a./PL, 3.3.2005; Leela Förderkreis e.V. u.a./D, 6.11.2008, § 46; (GK) Gorou/ GR (Nr. 2), 20.3.2009; Uzukauskas/LIT, 6.7.2010.

130 EGMR Neumeister/A, 27.6.1968, EuGRZ **1975** 393; (GK) Enea/I, 17.9.2009.

131 EGMR D.D./LIT, 14.2.2012, § 114; Winterwerp/NL, 24.10.1979, § 73 EuGRZ **1979** 650.

diktorisches Verfahren zu garantieren.[132] Dementsprechend hat der EGMR in der Folge mehrmals festgestellt, dass das **Recht auf Freiheit** im Zusammenhang mit der **nachträglichen Überprüfung von Inhaftierungen** zivilrechtlichen Charakter hat.[133]

57   Zu den zivilrechtlichen Ansprüchen werden aber auch Ansprüche gezählt, bei denen die **finanzielle Bedeutung** für den privaten Bereich des Betroffenen die öffentlich-rechtlichen Gesichtspunkte überwiegt,[134] wie bei den Ansprüchen aus einer **Kranken- oder Sozialversicherung** bzw. allgemein auf **Sozialleistungen**.[135] An dieser Zuordnung ändert sich auch nichts, wenn die Tätigkeit verwaltungsrechtlichen Erlaubnissen und Kontrollen unterliegt oder auf einer staatlichen Konzession beruht[136] oder zur Erfüllung einer sozialrechtlichen Leistungspflicht gefordert wird.[137] Auch ein möglicher Anspruch auf Entschädigung für im Zweiten Weltkrieg geleistete **Zwangsarbeit** gegen die Stiftung Polnisch-Deutsche Aussöhnung ist wegen der Vergleichbarkeit mit Sozialleistungen ein *„civil right“*.[138] Ebenso bejahte der EGMR die Anwendbarkeit des Art. 6 Abs. 1 in Bezug auf einen Entschädigungsanspruch von **Folteropfern**.[139]

58   Ein Verfahren, dass die **Eintragung von Vereinen**[140] oder die **Anerkennung von Religionsgemeinschaften**[141] betrifft, die am Ende des Verfahrens Rechtspersönlichkeit erlangen, fällt unter Art. 6 Abs. 1. Gleiches gilt für ein Verfahren, das den **Lizenzentzug** und die nachfolgende **Liquidation einer Bank** betrifft.[142] Ein Verfahren, in dem über die **Zulassung zu einer Universität** entschieden wird, fällt ebenfalls in den Anwendungsbereich von Art. 6 Abs. 1.[143]

59   Ein innerstaatlich garantiertes **Recht auf eine gesunde Umwelt**[144] kann ebenso wie **umweltrechtliche Abwehr- oder Leistungsbegehren** Gegenstand einer „zivilrechtlichen Streitigkeit“ sein, insbesondere wenn es dabei um den Schutz eines in der Konvention gewährleisteten Rechts im weitverstandenen Privatbereich geht, wie das Eigentum i.S.d.

---

132 Exemplarisch EGMR D.D./LIT, 14.2.2012, §§ 122, 125 ff.; siehe auch EGMR A.N./LIT, 31.5.2016, § 103 (jeweils im Kontext der Unterbringung in einer Psychiatrie); zur anwaltlichen Unterstützung eines in einer Strafvollzugsanstalt Inhaftierten bzw. zur **vertraulichen Kommunikation** eines Gefangenen mit seinem Anwalt als „civil right“, vgl. EGMR Altay/TRK (Nr. 2), 9.4.2019, §§ 67 ff.; siehe außerdem Rn. 76.

133 Vgl. EGMR Mader/CH, 8.12.2015 §§ 71 f. (über das Kriterium der *nachträglichen* – d.h. nach Freilassung erfolgten – Überprüfung kommt es letztlich auch zu keiner Überlappung zwischen den Schutzbereichen von Art. 6 Abs. 1 und Art. 5 Abs. 4. Letzterer erfasst lediglich eine noch andauernde Inhaftierung, vgl. § 72); vgl. zum Ganzen auch EGMR Aerts/B, 30.7.1998, § 59; Laidin/F (Nr. 2), 7.1.2003, §§ 75 f.; Vermeersch/F, 30.1.2001.

134 *Grabenwarter/Pabel* § 24, 11 („Abwägungsjudikatur“).

135 EGMR Feldbrugge/NL, 29.5.1986; Salesi/I, 26.2.1993, ÖJZ **1993** 669; Schuler-Zgraggen/CH, 24.6.1993; van Kück/D, 12.6.2003; Schlumpf/CH, 8.1.2009; D.E./D, 16.7.2009 (Anerkennung Berufskrankheit) m. Anm. *Deumeland* SozVw **2012** 16; Eternit/F, 27.3.2012, § 32 (Sozialversicherung gegen Berufskrankheiten und Arbeitsunfälle) = NZA **2013** 1069; Dhahbi/I, 8.4.2014, NVwZ-RR **2015** 546; vgl. auch EGMR Guide on Article 6 ECHR (civil limb) Nr. 39 m.w.N.

136 EGMR König/D, 28.6.1978, §§ 92, 95; Pudas/S, 27.10.1987 (Entzug einer Konzession).

137 Vgl. EGMR Schouten u. Meldrum/NL, 9.12.1994 (Sozialversicherungsbeiträge); *Grabenwarter/Pabel* § 24, 11; Meyer-Ladewig/Nettesheim/von Raumer/*Meyer-Ladewig/Harrendorf/König* 10.

138 EGMR Wos/PL, 8.6.2006, § 76.

139 EGMR (GK) Naït-Liman/CH, 15.3.2018, §§ 107 ff., NLMR **2018** 125 = NJOZ **2020** 58 („civil right“ bejaht, obwohl nach schweizerischem Recht umstritten war, ob ein Entschädigungsanspruch auch bei Folter durch ausländische [im Fall: tunesische] Amtsträger besteht); hierzu auch: *Grabenwarter/Pabel* § 24, 5.

140 EGMR Apeh Üldözötteinek Szövetsége u.a./H, 5.10.2000, §§ 32–36.

141 EGMR Religionsgemeinschaft der Zeugen Jehovas/A, 31.7.2008, § 107, ÖJZ **2008** 865 = NVwZ **2009** 509.

142 EGMR Capital Bank AD/BUL, 24.11.2005.

143 EGMR Emine Arac/TRK, 23.9.2008, ÖJZ **2009** 93.

144 EGMR Ivan Atanasov/BUL, 2.12.2012, § 91; Association Greenpeace France/F (E), 13.12.2011, NVwZ **2013** 131 (Lagerung radioaktiver Abfälle).

Esser   594

Art. 1 des 1. ZP-EMRK oder auch das Recht auf Achtung des Privatlebens und der Wohnung i.S.d. Art. 8 Abs. 1.[145] Bei Klagen privater Organisationen – insbesondere im Bereich des Umweltschutzes – sind die allgemeinen Kriterien für das Vorliegen einer „zivilrechtlichen Streitigkeit" (Rn. 43 ff.) flexibel anzuwenden; bei Klagen gegen umweltschutzrelevante Verordnungen oder Betriebsgenehmigungen ist jedoch zu fordern, dass eine **enge, direkte Verbindung** zwischen dem Klagegegenstand und dem umweltrelevanten Recht besteht, im Sinne eines **ernsthaften, bestimmten und unmittelbaren Risikos** für das geltend gemachte Recht.[146]

Die Anwendung von Art. 6 Abs. 1 auf **Parteiverbotsverfahren** ist zwar nicht schon **60** deswegen ausgeschlossen, wenn und soweit nach nationalem Recht über das Parteiverbot von einem Verfassungsgericht entschieden wird,[147] jedoch liegt weder eine *strafrechtliche Anklage* vor[148] noch ist, da es um ein politisches Recht geht, ein *civil right* betroffen.[149] Wenn es nicht darauf ankommt, weil Art. 6 auch für den Fall der Anwendbarkeit nicht als verletzt anzusehen wäre, arbeitet der EGMR hier zum Teil ungenau und erklärt Art. 6 statt für *unanwendbar* (nur) für *nicht verletzt*, ohne dass darin eine Änderung der Rechtsprechung zu sehen wäre.[150] 2012 wurde in einer Zulässigkeitsentscheidung zum Fall eines Verbots einer sonstigen, politisch aktiven Vereinigung unter Berufung auf die Rechtsprechung zum Parteiverbot die Anwendung von Art. 6 auf politische Rechte – die auch dann

---

145 Vgl. Art. 1 des 1. ZP-EMRK Rn. 11 ff. und Art. 8 Rn. 82; vgl. auch EGMR Taskin u.a./TRK, 10.11.2004 (Verwendung giftiger Substanzen in einer Goldmine; Verletzung von Art. 8 bejaht).

146 EGMR Balmer-Schafroth u.a./CH, 26.8.1997, § 40 (Betriebsgenehmigung Kernkraftwerk); Zapletal/CS (E), 30.11.2010; Association Greenpeace France/F (E), 13.12.2011.

147 EGMR (GK) Paksas/LIT, 6.1.2011, NVwZ **2011** 1307, § 65 (deutsche Übersetzung falsch); Demokratik Toplum Partisi/TRK (E), 13.12.2011, § 48; vgl. Rn. 78.

148 *Löwer* FS Sellner 51, 66 hält das Parteiverbotsverfahren für *strafrechts*ähnlich und schließt daraus auf die Erforderlichkeit eines *fair trial* gem. Art. 6. Diese Ansicht findet in der Rechtsprechung des EGMR keine Stütze: Der EGMR hat ausdrücklich entschieden, dass das Parteiverbot keine Strafe i.S.d. Art. 7 ist: EGMR Herri Batasuna u. Batasuna/E, 30.6.2009, § 59; Fazilet Partisi (Parti de la vertu) u. Kutan/TRK (E), 6.4.2004, Nr. 3; Refah Partisi (the Welfare Party) u.a./TRK (E), 3.10.2000, Nr. 4), so dass wegen der Bedeutungsidentität von „Strafe" bzw. „Straftat"/„Strafrecht" in Art. 6 und Art. 7 (sowie im 7. ZP-EMRK) das Parteiverbot dem strafrechtlichen Anwendungsbereich von Art. 6 Abs. 1 nicht unterfällt. Auch gibt es keinerlei Rechtsprechung dazu, dass die Konventionsgarantien bzgl. Strafverfahren auf „strafrechtsähnliche" Verfahren Anwendung finden könnten; siehe EGMR (GK) Paksas/LIT, 6.1.2011, § 66: Amtsenthebungsverfahren gegen einen Staatspräsidenten keine strafrechtliche Anklage; Anwendung von Art. 6 wegen einer (vermeintlichen) „Ähnlichkeit" mit dem Strafrecht wird vom EGMR nicht in Betracht gezogen.

149 EGMR Refah Partisi (the Welfare Party) u.a./TRK (E), 3.10.2000, Nr. 2; Yazar u.a./TRK, 9.4.2002, §§ 63 ff. (enthält eine englische Wiedergabe der relevanten Passagen der vorgenannten, nur in französischer Sprache abgefassten Zulässigkeitsentscheidung *Refah Partisi [the Welfare Party] u.a.*); Dicle pour le Parti de la démocratie (DEP)/TRK, 10.12.2002, §§ 70 f.; Demokratik Toplum Partisi/TRK (E), 13.12.2011, § 49; von EGMR (GK) Socialist Party u.a./TRK, 25.5.1998, §§ 58 ff. noch offengelassen; anders unter Hinweis auf die 1999 beschlossenen Richtlinien (Guidelines on Prohibition and Dissolution of Political Parties and Analogous Measures v. dort. Ziffer 7) der Venedig-Kommission des Europarats *Kugelmann* in Grewe/Gusy (Hrsg.), Menschenrechte in der Bewährung (2005), 244, 270 f., der auf die hier angeführte Rechtsprechung nicht eingeht und stattdessen meint, der EGMR achte „besonders intensiv auf die Einhaltung der verfahrensrechtlichen Regeln und die Gewährleistung eines fairen Verfahrens".

150 EGMR Republican Party of Russia/R, 12.4.2011 m. Bespr. *Safoklov* OER **2011** 232, § 132 (keine Anhaltspunkte dafür, dass das Verfahren unfair gewesen sei); Eğitim ve Bilim Emekçileri Sendikası/TRK, 25.9.2012, §§ 78 ff. (Rügen bzgl. der Verfahrensfairness offensichtlich unbegründet; Verbot einer Gewerkschaft); gleiches Vorgehen in EGMR Jechev/BUL (E), 2.5.2006 (das später ergangene Urteil wird unter den Schreibweisen *Zhechev* bzw. *Jetchev* geführt); Nr. 2 u. 3 (sonstige politische Vereinigung); Sidiropoulos u.a./GR, 10.7.1998, § 50 (Verletzung von Art. 11; evtl. Verletzung von Art. 6 unbedeutend; sonstige politische Vereinigung).

Esser

einschlägig sein können, wenn die politischen Aktivitäten im konkreten Fall religiös motiviert sind – abgelehnt.[151]

61   In derselben Entscheidung bejahte der EGMR hingegen das Vorliegen eines *„civil right"*, wenn in der Verbotsentscheidung auch eine **Beschlagnahme des Vereinsvermögens** ausgesprochen wurde.[152] Da ein Verbot mit anschließender Auflösung einer Partei oder einer sonstigen politischen Vereinigung regelmäßig zur Beschlagnahme bzw. zur Einziehung des Vermögens führen wird (vgl. § 46 Abs. 3 Satz 2 BVerfGG), kommt der Schutzgehalt des Art. 6 demnach zumindest begrenzt zur Geltung. Die Beschlagnahme bzw. die Einziehung von Vermögen stellen zudem einen Eingriff in **Art. 1 des 1. ZP-EMRK** dar; dem EGMR zufolge handelt es sich dabei allerdings nur um einen Nebeneffekt des Verbots der Vereinigung, das im konkreten Fall als mit Art. 11 Abs. 2 im Einklang stehend befunden wurde (d.h. keine Verletzung von Art. 1 des 1. ZP-EMRK).[153] Dass lediglich der Teil des Verfahrens, der unmittelbar die Beschlagnahme von Partei-/Vereinsvermögen betrifft, fair sein muss, wohingegen das ausgesprochene Vereins-/Parteiverbot auch dann eine valable Grundlage für das Schicksal des Vereins- bzw. Parteivermögens ist, wenn es in einem nicht den Anforderungen des Art. 6 entsprechenden Verfahren ergangen ist, stellt eine äußerst fragwürdige Argumentationslinie dar. Effektiven Schutz politischer Gruppierungen wird nur ein Ansatz leisten können, der das **gesamte Verbotsverfahren den Anforderungen von Art. 6 unterwirft**. Dies gilt ungeachtet der Tatsache, dass andere menschenrechtliche Standards für ein Parteiverbotsverfahren ebenfalls einschlägig sind. Da **Art. 11 Abs. 2** für den Eingriff (z.B. ein Parteiverbot) eine *gesetzliche* Grundlage verlangt, ließe sich in deutschen Fällen die Mitwirkung von nach nationalem Recht befangenen Verfassungsrichtern (vgl. § 19 BVerfGG) nicht nur als Verstoß gegen die (möglicherweise nicht anwendbare) Verfahrensfairness (Art. 6), sondern auch als fehlerhafte, willkürliche und damit von Art. 11 Abs. 2 nicht mehr gedeckte Anwendung der *gesetzlichen* **Grundlage** des Verbots ansehen; eine solche Folgerung wäre auch aus einem Verstoß gegen das Rechtsstaatsprinzip zu ziehen, etwa bei Verweigerung rechtlichen Gehörs. Auch dass der EGMR nachprüft, ob die von den nationalen Stellen angenommene Gefahr für die Demokratie Ergebnis einer gründlichen Untersuchung ist, lässt die Frage nach der Anwendung von Art. 6 als kaum bedeutsam erscheinen.[154] Beim **Einsatz von V-Leuten in einer politischen Partei** kommt neben einem möglichen Verstoß gegen das Rechtsstaatsprinzip außerdem in Be-

---

151 EGMR Hizb Ut-Tahrir u.a./D (E), 12.6.2012, EuGRZ **2013** 114, § 85; Art. 6 Abs. 1 soll jedoch auf Verfahren anwendbar sein, die die Registrierung und Verleihung von Rechtspersönlichkeit von Vereinen (im konkreten Fall: Verein zur religiösen Betätigung) zum Gegenstand haben: EGMR Religionsgemeinschaft der Zeugen Jehovas/A, 31.7.2008, § 107 (Rn. 58).

152 EGMR Hizb Ut-Tahrir u.a./D (E), 12.6.2012, § 85 (Beschwerde hinsichtlich der Beschlagnahme mangels Rechtswegerschöpfung nicht zulässig, da vor den deutschen Gerichten nicht gerügt; insoweit identisch EGMR Demokratik Toplum Partisi/TRK (E), 13.12.2011, § 50). Anders noch EGMR Dicle pour le Parti de la démocratie (DEP)/TRK, 10.12.2002, §§ 70 f., wo die dort getroffene lapidare Feststellung, dass die Beschlagnahme des Vermögens die direkte Folge des Parteiverbots sei, den EGMR zu keinerlei weiteren Überlegungen veranlasste.

153 EGMR Hizb Ut-Tahrir u.a./D (E), 12.6.2012, § 81 („Having regard to its [= des EGMR] assessment of the [...] complaint under Article 11, [der EGMR] considers that the [...] complaint does not disclose any appearance of a violation of [... Art. 1 des 1. ZP-EMRK]"); Association Rhino u.a./CH, 11.10.2011, §§ 70, 74 f. (Vereinsverbot verstieß gegen Art. 11; Wert des beschlagnahmten Vereinsvermögens als Grundlage für die Entschädigung (Art. 41, vgl. Teil II Rn. 270 ff.); Art. 6 im Urteil nicht genannt und offenbar nicht Gegenstand der Beschwerde; 1. ZP-EMRK ist für die Schweiz nicht anwendbar).

154 EGMR Herri Batasuna u. Batasuna/E, 30.6.2009, § 81; (GK) Refah Partisi (the Welfare Party) u.a./TRK, 13.2.2003, § 102 („the presence of such a danger has been established by the national courts, after detailed scrutiny subjected to rigorous European supervision").

tracht, dass diverse demokratiefeindliche Handlungen und Äußerungen der Partei nicht zuzurechnen sind.[155]

Keine *„civil rights"* sind die **Bürgerrechte**, die die Teilhabe am Staat betreffen, wie **62** das aktive und passive **Wahlrecht**,[156] Rechte aus dem Status als Parlamentsabgeordneter[157] einschließlich der Pensionsansprüche ehemaliger Parlamentsmitglieder,[158] ein aus dem nationalen Wahlrecht folgender Anspruch auf Rückzahlung überhöhter Wahlausgaben gegen einen Wahlbewerber,[159] oder das Recht, eine Partei zu gründen oder Ämter in politischen Parteien zu übernehmen.[160] Die Pflicht, vor einem **parlamentarischen Untersuchungsausschuss** zu erscheinen und wahrheitsgemäß auszusagen, gehört ebenfalls zu den staatsbürgerlichen Pflichten und damit nicht zu den *„civil rights".*[161]

„Civil rights" sind nicht Verfahrensgegenstand, wenn es um die Zuerkennung des **63** Rechts, den Beruf unter einer bestimmten **Berufsbezeichnung** auszuüben[162] oder um eine **Habilitation**[163] oder um die Eintragung eines ausländischen akademischen Grades in die Personalpapiere geht.[164] Gleiches gilt für Fragen der **Wehrpflicht**,[165] der **Staatsangehörigkeit**,[166] des **Ausländer- und Aufenthaltsrechts** (*„entry, stay and deportation of aliens"*)[167] oder des **Passwesens**[168] sowie für das Recht der Medien gegenüber dem Staat auf **Berichterstattung**.[169] Die **Meinungsfreiheit** hingegen soll ein *„civil right"* sein.[170]

---

155 Zu diesem letzten Punkt vgl. *Kumpf* DVBl. **2012** 1344, 1347.
156 Vgl. EGMR (GK) Ferrazzini/I, 12.7.2001; Guliyev/ASE (E), 27.5.2004; Brito da Silva Guerra u. Sousa Magno/P (E), 17.6.2008; Occhetto/I (E), 12.2.2013, § 31; Karimov/ASE, 25.9.2014, § 54; Danis et l'Association des personnes d'origine turque/RUM, 21.4.2015, § 58; Partei Die Friesen/D, 28.1.2016, § 48; vgl. auch EGMR Practical Guide on Art. 6 (civil limb) Nr. 78 m.w.N. Allgemein zum aktiven und passiven Wahlrecht (Art. 3 des 1. ZP-EMRK) siehe 1. ZP-EMRK Rn. 95 ff.
157 EGMR Hoon/UK (E), 13.11.2014, §§ 29 f.
158 EGMR Papon/F (E), 11.10.2005; ähnlich EGMR Savisaar/EST (E), 8.11.2016, § 27 (Streitigkeit wegen Amtsverlustes eines Bürgermeisters keine Streitigkeit um ein *„civil right",* wenngleich Betroffener mit dem Amt auch das Bürgermeistergehalt verliert).
159 EGMR Pierre-Bloch/F, 21.10.1997, ÖJZ **1998** 590.
160 EGMR Fazilet Partisi (Parti de la vertu) u. Kutan/TRK (E), 6.4.2004, Nr. 2; Refah Partisi (the Welfare Party) u.a./TRK (E), 3.10.2000, Nr. 2. Die von den Bf. in diesen Fällen beanstandeten Einschränkungen politischer Rechte waren Folge von Parteiverboten.
161 EGMR van Vondel/NL (E), 23.3.2006.
162 EGMR van Marle u.a./NL, 26.6.1986.
163 EKMR ÖJZ **1994** 709.
164 EKMR ÖJZ **1993** 214 (Ehrendoktor).
165 EGMR Kunkova u. Kunkov/R (E), 12.10.2006.
166 EGMR Smirnov/R (E), 6.7.2006; Merten/Papier/*Gundel* HdbGR VI/1, § 146, 38; näher zur Staatsangehörigkeit Art. 8 Rn. 123.
167 EGMR Tatar/CH, 14.4.2015, § 61; (GK) Mamatkulov u. Askarov/TRK, 4.2.2005, EuGRZ **2005** 357, § 82; (GK) Maaouia/F, 5.10.2000, ÖJZ **2002** 109, § 40; Sarközi u. Mahran/A, 2.4.2015, § 76; Panjeheighalehei/DK (E), 13.10.2009 (Schadensersatz wegen abgelehnten Asylgesuchs); Dalea/F (E), 2.2.2010 (Überprüfung der Eintragung im **Schengener Informationssystem – SIS**); zum Ausschluss von **ausländerrechtlichen Streitigkeiten** ausführlich Merten/Papier/*Gundel* HdbGR VI/1, § 146, 40 ff. Ausnahmen sollen gelten, wenn schwerwiegende Auswirkungen auf das Recht auf Familienleben oder die berufliche Tätigkeit zu erwarten sind, vgl. auch EGMR Practical Guide on Art. 6 (civil limb) Nr. 73 m.w.N.
168 EGMR Lolova u. Popova/BUL (E), 20.1.2015, § 57; Smirnov/R (E), 6.7.2006; zur Verweigerung der Ausstellung eines Reisepasses oder der Einziehung desselben siehe 4. ZP-EMRK Rn. 8.
169 EKMR bei *Strasser* EuGRZ **1988** 613.
170 EGMR Kenedi/H, 26.5.2009, § 33.

64   Streitigkeiten, die in den **Bereich der kirchlichen Selbstverwaltung** fallen, wie z.B. die Versetzung eines Priesters in eine andere Gemeinde, sind keine *„civil rights".*[171]

65   Auch bei den sich aus der Heranziehung zur **Besteuerung** oder zu sonstigen Abgaben ergebenden finanziellen Verpflichtungen des einzelnen Bürgers hat der EGMR wegen der Zugehörigkeit des Steuerrechts zum Kernbereich der staatlichen Hoheitsrechte die zivilrechtliche Natur verneint.[172] Ein Streit über den Umfang von Bürgschaften zweier Privatunternehmen für die Zollschulden eines anderen Unternehmens fällt aber in den Anwendungsbereich von Art. 6 Abs. 1, wenn diese Unternehmen gerade nicht als Steuerschuldner, sondern aus der Bürgschaft in Anspruch genommen werden.[173] Auch ein Verfahren, in dem die **Rechtmäßigkeit von Durchsuchungen und Beschlagnahmen** (im Rahmen eines Steuerverfahrens) überprüft werden soll, betrifft ein *„civil right",* da es dabei im Kern um die Unverletzlichkeit der Wohnung geht.[174] **Steuerzuschläge**, die als Sanktion für unvollständige oder unrichtige Steuererklärungen auferlegt werden, fallen dagegen in den *strafrechtlichen* Schutzbereich von Art. 6 Abs. 1 (Rn. 88).

66   **e) Streitigkeiten im Öffentlichen Dienst.** Bis zum Jahr 2007 vertrat der EGMR die Auffassung, dass Streitigkeiten in Angelegenheiten von **Angehörigen des Öffentlichen Dienstes** *(„civil servants"),* also z.B. über Beginn, Laufbahn und Ende eines Beamtenverhältnisses[175] oder über die sich aus einem solchen Verhältnis ergebenden Dienstpflichten grundsätzlich **keine** *„civil rights"* sind. Dies galt vor allem für Tätigkeiten der **Polizei** oder die sich aus dem **Beamten-, Richter- oder Soldatenverhältnis** ergebenden Amtspflichten.[176] **Parlamentsmitglieder** sind nach Ansicht des EGMR keine *„civil servants".*[177]

67   Der EGMR grenzte bis dahin funktional ab *(„functional test"):* Maßgebend war, ob die von dem jeweiligen Bediensteten ausgeübte Funktion die Wahrnehmung der Allgemeininteressen zum Gegenstand hatte oder als Teilhabe an der Ausübung öffentlicher Gewalt anzusehen war und daher ein besonderes Verhältnis zum Staat begründete *(„special bond of trust and loyalty").*[178] Im Falle einer solchen **„staatlichen Bindung"** war die Anwendbarkeit von Art. 6 Abs. 1 ausgeschlossen; als einzige Ausnahme hatte der EGMR

---

171 EGMR Dudova u. Duda/CS (E), 30.1.2001; Ahtinen/FIN, 23.9.2008, NVwZ **2009** 897; siehe auch: (GK) Károly Nagy/H, 14.9.2017, §§ 70 ff., 77 f., NZA **2018** 643 = EuZW **2018** 461 (Geltendmachung eines Schadensersatzanspruchs durch einen Pastor aus kirchlichem, nicht mit staatlichem Zwang durchsetzbaren Recht im Zusammenhang mit seiner Suspendierung aus dem Kirchendienst; Ableitung eines „Rechts" i.S.d. Art. 6 Abs. 1 aus dem kirchlichen Dienstverhältnis verneint).

172 EGMR (GK) Ferrazzini/I, 12.7.2001 mit Dissenting Opinion *Lorenzen* u.a.; Emesa Sugar N.V./NL (E), 13.1.2005, EuGRZ **2005** 234 (Importzölle); (GK) Jussila/FIN, 23.11.2006, § 29; Bălan/RUM, 9.7.2013, § 19; Lindstrand Partners Advokatbyrå AB/S, 20.12.2016, §§ 110 ff.; Vegotex International S.A./B, 3.11.2022, §§ 65 f.; BFH Beschl. v. 1.3.2016 – I B 32/15; Meyer-Ladewig/Nettesheim/von Raumer/*Meyer-Ladewig/Harrendorf/König* 22; *Villiger* 471; **a.A.** *Frowein/Peukert* 23 (alle klagbaren Ansprüche); kritisch auch *Hörtnagl-Seidner* ÖStZ **2009** 81, 84 f.; vgl. zum Problemkreis ferner *Hahn* DStZ **2001** 453, 501.

173 EGMR O.B. Heller A.S. u. Ceskoslovenska Obchodni Banka A.S./CS (E), 9.11.2004.

174 EGMR Ravon u.a./F, 21.2.2008; Kuzmenko/UKR, 9.3.2017, §§ 17 ff.

175 EGMR Neigel/F, 17.3.1997, ÖJZ **1998** 195; Pellegrin/F, 8.12.1999, NVwZ **2000** 661; Mickovski/MAZ (E), 10.11.2005; vgl. auch EGMR Massa/I, 24.8.1993, ÖJZ **1994** 214; *Villiger* 468.

176 EKMR bei *Bleckmann* EuGRZ **1981** 88, 94 (allgemeine Wehrpflicht); vgl. *Frowein/Peukert* 19, 22; *Nowak* 12; zur Rspr. des EGMR und zum Übergang auf eine funktionale Abgrenzung vgl. *Chojnacka* ÖJZ **2002** 201; BGer EuGRZ **2004** 70 unter Hinweis auf die Praxis des EuGH.

177 EGMR Papon/F (E), 11.10.2005.

178 Vgl. EGMR Pellegrin/F, 8.12.1999, §§ 64–71; Mickovski/MAZ (E), 10.11.2005; (GK) Martinie/F, 12.4.2006; Kanayev/R, 27.7.2006; Stojakovic/A, 9.11.2006; zur früheren Rechtsprechung: EGMR Lombardo/I, 26.11.1992; Massa/I, 24.8.1993; Vogt/D, 26.9.1995, EuGRZ **1995** 590; HRC Lugonjić/BIH, 10.9.2004, 02/10476.

Streitigkeiten über die Altersversorgung als *zivilrechtlich* anerkannt, da dort die besondere Bindung gerade nicht mehr besteht.[179] Wo eine solche Bindung *nicht* bestand, wurden auch Ansprüche gegen den Staat aus einem öffentlichen Dienstverhältnis dem Schutz der *„civil rights"* in Art. 6 Abs. 1 unterstellt.[180]

Im wegweisenden Urteil ***Vilho Eskelinen*** aus dem Jahr 2007 erkannte die GK dann, **68** dass die Anwendung des funktionalen Kriteriums mitunter zu abnormen Ergebnissen führt und die Frage, ob Art. 6 Abs. 1 auf Streitigkeiten im Öffentlichen Dienst anwendbar ist, verkompliziert hat.[181] Sie hat deshalb einen völlig neuen Lösungsansatz in Bezug auf Angehörige des Staatsdienstes entwickelt.[182] Ausgehend von dem Grundsatz, dass die Garantien der Konvention auch auf **Angehörige des Öffentlichen Dienstes anwendbar** sind, soll eine **Vermutung für die Anwendbarkeit von Art. 6 Abs. 1** bestehen.[183] Nur unter **zwei Voraussetzungen** soll der Bedienstete *nicht* den Schutz von Art. 6 genießen:[184] Zunächst muss der jeweilige Vertragsstaat den Zugang zu einem Gericht für die fragliche Dienstposition in seinem **nationalen Recht** ausdrücklich ausgeschlossen haben.[185] Zudem muss dieser Ausschluss durch **objektive Gründe** (*„objective grounds"*) im Interesse des Staates gerechtfertigt sein.[186] Die **Beweislast** liegt insoweit bei dem jeweiligen Vertragsstaat, wobei der Staat auch beweisen muss, dass die Streitigkeit im Zusammenhang mit

---

179 EGMR Pellegrin/F, 8.12.1999, § 67; Volkmer/D (E), 22.11.2001, NJW **2002** 3087 = NJ **2003** 51 = ÖJZ **2003** 273.

180 EGMR Pellegrin/F, 8.12.1999; Frydlender/F, 27.6.2000.

181 EGMR (GK) Vilho Eskelinen u.a./FIN, 19.4.2007 (Gehaltszulage für Angehörige des Öffentlichen Dienstes; mit ausführlicher Zusammenfassung der vorangegangenen Rechtsprechung); vgl. auch: EGMR Bayer/D, 16.7.2009, § 37, NVwZ **2010** 1015; Ohneberg/A, 18.9.2012, §§ 24 ff., ÖJZ **2013** 429 (Versetzung eines Beamten für Anwendbarkeit von Art. 6 ausreichend; zusätzlich verringerte sich noch sein Gehalt).

182 Bestätigt in EGMR Gassner/A, 11.12.2012, ÖJZ **2013** 1108, §§ 26 f.; Zisis/GR, 19.7.2007 (Gehaltszulage für Unteroffizier im Postdienst der Armee); Suküt/TRK (E), 11.9.2007 (Entlassung aus der Armee); Josephides/ZYP, 6.12.2007, § 54; Olujic/KRO, 5.2.2009 (Disziplinarverfahren mit Entlassungsfolge gegen Präsidenten des Obersten Gerichtshofs); Lombardi Vallauri/I, 20.10.2009, NVwZ **2011** 153; Penttinen/FIN (E), 5.1.2010; Harabin/SLO, 20.11.2012, §§ 119 ff. (Disziplinarverfahren gegen Richter ohne Entlassungsfolge, aber u.a. Gehaltsreduzierung um 70 %); Savino u.a./I, 28.4.2009 (Angestellte des Parlaments); vgl. auch EGMR (GK) Cudak/LIT, 23.3.2010 (Mitarbeiterin einer ausländischen Botschaft in Litauen); Kübler/D, 13.1.2011, NJW **2011** 3703 (Zugang zum Anwaltsnotariat; Missachtung einer einstweiligen Anordnung des BVerfG); Ohneberg/A, 18.9.2012, ÖJZ **2013** 429, § 27. Eine Bestätigung der praktizierten Anwendung des Esklelinen-Tests speziell auf Streitigkeiten von Richtern erfolgte in EGMR (GK) Baka/H, 23.6.2016, § 104, auch wenn der Gerichtshof die Justiz nicht zum Öffentlichen Dienst im engsten Sinne zählt („judiciary is not part of the ordinary civil service"); ebenso: EGMR Kamenos/ZYP, 31.10.2017, §§ 62 f. = NVwZ **2019** 213 (Amtsenthebung eines Gerichtspräsidenten); Paluda/SLO, 23.5.2017, § 33; zustimmend Merten/Papier/*Gundel* HdbGR VI/1, § 146, 33.

183 EGMR (GK) Vilho Eskelinen u.a./FIN, 19.4.2007, § 62.

184 Siehe zum Ganzen: EGMR (GK) Vilho Eskelinen u.a./FIN, 19.4.2007, § 62.

185 Ein Ausschluss allein des Zugangs zu den ordentlichen Gerichten genügt nicht; der Begriff „Gericht" ist im weiten Sinne der Konvention zu verstehen, vgl. EGMR Olujic/KRO, 5.2.2009; Savino u.a./I, 28.4.2009; interne Rechtsprechungsorgane des Parlaments). Gleichfalls genügt es nicht, dem Betr. faktisch oder implizit den Zugang zu Gericht zu verunmöglichen, vielmehr muss dies ausdrücklich so geregelt sein (EGMR [K] Baka/H, 23.6.2016, §§ 74 ff. m. Anm. *Küpper* OER **2014** 516; keine ausdrückliche Verwehrung des Zugangs zum Gericht; vielmehr konnte Bf. sich gegen den Verlust des Amtes des Präsidenten des Obersten Gerichtshofs nicht vor Gericht wehren, weil die Neubesetzung des Gerichts im Zusammenhang mit der beschlossenen neuen Verfassung erfolgte); daran hielt später auch die GK fest und bejahte die Anwendbarkeit des Art. 6 Abs. 1, vgl. EGMR (GK) Baka/H, 23.6.2016, §§ 113 ff., 118; siehe auch EGMR Fälie/RUM, 19.5.2015, §§ 23 f. (Klageabweisung; die Parteien werden dazu angehalten, ein „friendly settlement" zu erreichen; Verletzung von Art. 6 Abs. 1, auch weil ein absolviertes Mediationsverfahren o.ä. nach nationalem Recht keine Zulässigkeitsvoraussetzung für die Klage war).

186 Verneint für die Tätigkeit als Buchhalter bei einer Botschaft: EGMR (GK) Sabeh El Leil/F, 29.6.2011, § 39.

---

der Ausübung von öffentlicher Gewalt steht oder die besondere Bindung zwischen Staat und Staatsdienern in Frage stellt.[187] Nach Ansicht des Gerichtshofs kann es also bei bloßen arbeitsrechtlichen Streitigkeiten[188] (*„labour disputes"*) praktisch keine Rechtfertigung für den Ausschluss der durch Art. 6 gewährleisteten Rechte geben.[189] Der EGMR hat jedoch gleichzeitig klargestellt, dass dieser neue Lösungsansatz nur in Fällen des Öffentlichen Dienstes gilt[190] und **nicht auf andere Abgrenzungsfragen übertragen** werden kann. In der Rs. *Baka* stellte der Gerichtshof ausdrücklich heraus, dass der *„Eskelinen*-Test"* nicht nur auf die im Urteil *Eskelinen* gegenständlichen Garantien (u.a. angemessene Verfahrensdauer), sondern grundsätzlich im Zusammenhang mit **allen in Art. 6 Abs. 1 verbürgten Garantien** Anwendung finden kann.[191]

69   Auf weitere Einzelheiten, vor allem auf die strittigen Fragen, welche Ansprüche und Verpflichtungen des Bürgers im **Bereich der öffentlichen Verwaltung** wegen ihrer unmittelbaren vermögensrechtlichen Auswirkung ebenfalls den *„civil rights"* i.S.v. Art. 6 EMRK/Art. 14 IPBPR zugeordnet werden, soll hier nicht näher eingegangen werden.[192]

70   **f) Zivilrechtliche Ansprüche im Strafverfahren.** Auch im Bereich des Strafverfahrens bestehen *„civil rights"*, so die im **Adhäsionsverfahren** (§§ 403 ff. StPO) verfolgten vermögensrechtlichen Ansprüche (*„civil-party proceedings"*).[193] Der durch Art. 6 EMRK/Art. 14 IPBPR garantierte Zugang zu Gericht wird nicht verletzt, wenn das Gericht nach § 406 (§ 405 a.F.) StPO von der Entscheidung absieht, da der Anspruch dann immer noch im Zivilrechtsweg verfolgt werden kann.[194]

71   Wenn die Beteiligung des Opfers im Strafverfahren nur einen rein bestrafenden Charakter hat (so im deutschen Recht im Falle der **Nebenklage**), so werden im Strafverfahren keine *„civil rights"* des Opfers verfolgt; im Einzelfall und abhängig vom jeweiligen nationalen Verfahrensrecht kann dies daraus zu folgern sein, dass das Opfer parallel zum Strafverfahren eine **(getrennte) Zivilklage** führt oder aber im Strafverfahren keinerlei Entschädigungsforderungen erhebt.[195]

72   Für die Erhebung einer auf die Bestrafung einer Person gerichteten (strafprozessualen) **Privatklage** ist der zivilrechtliche Kontext des Art. 6 Abs. 1 ebenfalls zu verneinen,

---

187 So hatte, unter den konkreten Umständen, sogar der Präsident des Obersten Gerichtshofs das Recht auf Zugang zum Gericht, um sich gegen den Verlust des Präsidentenamtes zu wehren: EGMR (GK) Baka/H, 23.6.2016, §§ 113 ff., 118; kein Verstoß gegen Art. 6 Abs. 1 lag hingegen vor in EGMR Süküt/TRK (E), 1.9.2007 (Entlassung aus der Armee) sowie in Nazsiz/TRK (E), 26.5.2009, § 2 (Disziplinarverfahren gegen einen Staatsanwalt).
188 Der *Eskelinen*-Test findet dabei auf alle denkbaren Arten von arbeitsrechtlichen Streitigkeiten im Öffentlichen Dienst betreffend z.B. Rekrutierung, Bewerbung, Karriere, Beförderung und Beendigung Anwendung, vgl. EGMR (GK) Baka/H, 23.6.2016, § 105; Sturua/GEO, 28.3.2017, § 26.
189 EGMR Harabin/SLO, 20.11.2012, § 121; Mishgjoni/ALB, 7.12.2010; Petrova u. Chornobryvets/UKR, 15.5.2008, § 15 (Besoldung von Richtern); vgl. auch EGMR (GK) Cudak/LIT, 23.3.2010; Olujic/KRO, 5.2.2009; Savino u.a./I, 28.4.2009; vgl. aber auch EGMR Apay/TRK (E), 11.12.2007; Süküt/TRK, 11.9.2007.
190 EGMR (GK) Vilho Eskelinen u.a./FIN, 19.4.2007, § 61.
191 EGMR (GK) Baka/H, 23.6.2016, § 106; siehe zudem: EGMR Paluda/SLO, 23.5.2017, § 33.
192 Vgl. dazu *Guradze* 7; *Frowein/Peukert* 12 ff.; *Hofmann* 38; *Nowak* 11, 12; *Meyer-Goßner/Schmitt* 1; IK-EMRK/*Miehsler* 149 ff.; *Partsch* 142 ff.; ferner ÖVerfG EuGRZ **1991** 171.
193 EGMR (GK) Perez/F, 12.2.2004 (zum französischen Recht); Mihova/I (E), 30.3.2010 (Anwendbarkeit von Art. 6 Abs. 1 im Ermittlungsverfahren verneint); (GK) Gorou/GR (Nr. 2), 20.3.2009; Ignatkina/UKR, 21.5.2015, §§ 68 f.; IK-EMRK/*Vogler* 202; Merten/Papier/*Gundel* HdbGR VI/1, § 146, 20.
194 IK-EMRK/*Miehsler* 129.
195 EGMR Baştürk/TRK, 28.4.2015, § 33; Garimpo/P (E), 10.6.2004, vgl. auch EGMR (GK) Perez/F, 12.2.2004; Sigalas/GR, 22.9.2005, sowie EGMR Mihova/I (E), 30.3.2010.

selbst wenn mit ihr die strafrechtliche Ahndung der Verletzung grundsätzlich als zivilrechtlich zu qualifizierender Rechte bezweckt ist.[196] Das Recht auf Zugang zu Gericht nach Art. 6 Abs. 1 erstreckt sich auch insoweit nicht auf die Strafverfolgung Dritter. *Wenn* das nationale Recht dem Betroffenen aber eine solche Klagemöglichkeit einräumt, ist Art. 6 Abs. 1 auf dieses Verfahren anwendbar.[197] Eine Verletzung kann sich dann daraus ergeben, dass die Untätigkeit der staatlichen Behörden zur Verjährung des Strafverfahrens führt und der Geschädigte in der Folge keine zivilrechtlichen Ansprüche mehr durchsetzen kann.[198] Auch die Einstellung der Privatklage ohne Feststellung der Schuld betrifft nicht Art. 6 Abs. 1; da die Vorschrift eben kein Recht auf Strafverfolgung Dritter einräumt, ist ein Verstoß nicht anzunehmen.[199]

Soweit eine **Nebenbeteiligung** die vermögenswerten Ansprüche einer Person (Einziehung, Vermögensabschöpfung usw.) betrifft, ist Art. 6 Abs. 1 unter dem Aspekt der *„civil rights"* anwendbar, weil insoweit ein vermögenswerter Anspruch Gegenstand des Verfahrens ist. Insbesondere die vom Verlust bedrohten **Eigentumsrechte des Einziehungsbeteiligten** (Rn. 82) gehören daher in den zivilrechtlichen Schutzbereich des Art. 6 Abs. 1.[200] 73

Auch durch das Strafverfahren betroffene Rechte des Beschuldigten (zur *strafrechtlichen Anklage*, Rn. 79 ff.) können zu den *„civil rights"* i.S.v. Art. 6 Abs. 1 gehören, so die **Verfügungsbeschränkung**, die den Beschuldigten bei einer Vermögensbeschlagnahme trifft (§ 292 Abs. 1 StPO). 74

Gleiches gilt für das Verfahren, in dem über die **Entschädigung für Strafverfolgungsmaßnahmen**,[201] etwa Ansprüche auf Schadensersatz und öffentliche Richtigstellung wegen einer **unrechtmäßigen Haft**[202] entschieden wird. Sofern es um die Rechtmäßigkeit des Freiheitsentzugs an sich geht, ist Art. 5 Abs. 4 aufgrund seiner besonderen prozessualen Garantien *„lex specialis"* zu Art. 6.[203] 75

Unklar ist bisweilen, inwieweit Streitigkeiten über Rechte wie dem Recht, auf Bewährung vorzeitig freigelassen zu werden, sowie andere Rechte des Betroffenen im Strafvollzug ein *„civil right"* darstellen.[204] Bejaht hat der Gerichtshof die Anwendbarkeit des Art. 6 Abs. 1 in Bezug auf **familiäre Kontakte von Inhaftierten**, z.B. im Hinblick auf das Recht, Besuch von Familienangehörigen zu erhalten[205] oder zur Erleichterung von Kontakten zur Familie möglichst wohnsitznah untergebracht zu werden.[206] Auch das Recht eines 76

---

196 Vgl. IK-EMRK/*Miehsler* 137.
197 EGMR Kusmierek/PL, 21.9.2004; Irena Pieniazek/PL, 28.9.2004; Anagnostopoulos/GR, 3.4.2003, § 32.
198 EGMR Baka/GR, 18.2.2016, § 29.
199 IK-EMRK/*Vogler* 240.
200 Siehe auch EGMR Silickienė/LIT, 10.4.2012, § 45 zum zivilrechtlichen Charakter der Streitigkeit bei der Beschlagnahme bei der Witwe des Beschuldigten.
201 EGMR Georgiades/GR, 29.5.1997, ÖJZ **1997** 197; Werner/A, 24.11.1997, ÖJZ **1998** 233; Lamanna/A, 10.7.2001, ÖJZ **2001** 910; vgl. aber auch EGMR Masson u. van Zon/NL, 28.9.1995 (kein Anspruch nach niederländischem Recht auf Entschädigung für rechtmäßige Freiheitsentziehung).
202 Vgl. EGMR Grădinar/MOL, 8.4.2008 (eigene zivilrechtliche Ansprüche der Ehefrau des verstorbenen Angeklagten).
203 EGMR Reinprecht/A, 15.11.2005, ÖJZ **2006** 511.
204 Beides offen gelassen von EGMR Karabin/PL, 7.1.2014, §§ 53 f.; vgl. auch EGMR (GK) Boulois/LUX, 3.4.2012, §§ 96 ff., 104 f. (verneint: Recht auf vorzeitige Entlassung); Stegaresu u. Bahrin/P, 6.4.2010, §§ 37 f. (bejaht: Einschränkungen in Hochsicherheitszellen).
205 EGMR Ganci/I, 30.10.2003, §§ 25 f.; (GK) Enea/I, 17.9.2009, § 119; (GK) Boulois/LUX, 3.4.2012, § 88; (GK) Tommaso/I, 23.2.2017, § 148; Altay/TRK (Nr. 2), 9.4.2019, § 67.
206 EGMR Polyakova u.a./R, 7.3.2017, §§ 35 ff., 123.

Esser

Inhaftierten auf vertrauliche **Kommunikation mit seinem Anwalt** erachtete der Gerichtshof als *„civil right".*[207]

77   Nicht beantwortet hat der EGMR bislang die Frage, ob eine – nicht zum Zweck der Strafverfolgung – durchgeführte **staatliche Überwachung** (etwa durch den Verfassungsschutz o.ä.) den Anwendungsbereich des Art. 6 in zivilrechtlicher Hinsicht eröffnet, wenn der Betroffene die Maßnahme auf ihre Rechtmäßigkeit hin überprüfen lässt.[208] Greifen die Maßnahmen in die Privatsphäre des Betroffenen ein, dürfte die Frage im Regelfall zu bejahen sein. Betroffen ist dann auch Art. 8.

78   **g) Verfahren vor einem Verfassungsgericht.** Ob es bei dem **Verfahren vor einem Verfassungsgericht** um ein *„civil right"* i.S.d. Art. 6 Abs. 1 geht, ist eine Frage des Einzelfalls.[209] Unzweifelhaft ist Art. 6 Abs. 1 anwendbar, wenn im Rahmen des Verfahrens über ein *„civil right"* eine Vorlage nach Art. 100 Abs. 1 GG oder nach einer letztinstanzlichen Gerichtsentscheidung eine Verfassungsbeschwerde erfolgt.[210] Die Ablehnung einer Verfassungsbeschwerde ohne Angabe von Gründen (§§ 93b, 93d Abs. 1 BVerfGG) führt in der Regel nicht zu einem unfairen Verfahren, was die Bedeutung der Anwendbarkeit von Art. 6 Abs. 1 auf dieses Verfahren sehr begrenzt.[211] Zur rechtsstaatswidrigen Verfahrensverzögerung vor dem BVerfG Rn. 461 ff.; zu Parteiverbotsverfahren Rn. 60 ff., zu *strafrechtlichen Anklagen* Rn. 79 ff.

4. Strafrechtliche Anklage

79   **a) Autonome Auslegung.** Der **Begriff** *strafrechtliche Anklage* (Art. 6 Abs. 1 EMRK/ Art. 14 Abs. 1 IPBPR: *„criminal charge against him"/„accusation en matière penale ... dirigeé contre elle"*) ist **autonom auszulegen.**[212] Dabei ist wegen der großen Bedeutung des Rechts auf ein faires Verfahren ein restriktives Verständnis des Begriffs *Anklage* abzulehnen, da sich dogmatisch gerade hinter ihr das Einfallstor für das inhaltlich weite Spektrum der

---

207   EGMR Altay/TRK (Nr. 2), 9.4.2019, §§ 67 ff.
208   Offen gelassen von EGMR Kennedy/UK, 18.5.2010, § 179.
209   EGMR Demokratik Toplum Partisi/TRK (E), 13.12.2011, § 48 („l'applicabilité de l'article 6 à une procédure constitutionelle dépend du fond et de l'ensemble des données de chaque cas d'espèce"); (GK) Paksas/LIT, 6.1.2011, NVwZ **2011** 1307, § 65 (deutsche Übersetzung falsch): „(...) the fact that proceedings have taken place before a constitutional court does not suffice to remove them from the ambit of [Art. 6 Abs. 1]"; dies gilt demnach gleichermaßen auch für strafrechtliche Anklagen; ebenso schon EGMR Pierre-Bloch/F, 21.10.1997, § 48).
210   So EGMR Čamovski/KRO, 23.10.2012. Zur Problematik bereits *Matscher* EuGRZ **1993** 449, 450 ff., der zutreffend unterscheidet, ob die Verfassungsbeschwerde selbst einen *zivilrechtlichen Anspruch* oder eine *strafrechtliche Anklage* zum Gegenstand hat oder ob sie eine nicht darunterfallende Frage (z.B. die Staatsangehörigkeit) betrifft oder etwa im Verfahren der abstrakten Normenkontrolle erfolgt.
211   EGMR Tierbefreier e.v./D, 16.1.2014, EuGRZ **2014** 401 = ZUM-RD **2014** 545, §§ 21, 66 ff. (insoweit in NJW **2015** 763 nicht abgedruckt); Heimann/D (E), 23.10.2007, GRUR-RR **2009** 175 = NJOZ **2009** 1252; Witt/D (E), 8.1.2007, NJW **2008** 2322; siehe auch EGMR Qeska/ALB (E), 17.3.2015, § 41. Zur Begründungspflicht von Entscheidungen durch Rechtsmittelgerichte, auch durch das BVerfG, siehe Rn. 328.
212   Vgl. EGMR Engel u.a./NL, 8.6.1976; Neumeister/A, 27.6.1968; Öztürk/D, 21.2.1984, NJW **1985** 1273 = NStZ **1984** 269 = EuGRZ **1985** 62; Campbell u. Fell/UK, 28.6.1984; (GK) Ezeh u. Connors/UK, 9.10.2003; Salov/UKR, 6.9.2005; Matyjek/PL, 24.4.2007; Hamer/B, 27.11.2007; Mikolajová/SLO, 18.1.2011, § 40; (GK) Blokhin/R, 23.3.2016, § 179; (GK) Simeonovi/BUL, 12.5.2017, § 110; Meyer-Ladewig/Nettesheim/von Raumer/*Meyer-Ladewig/Harrendorf/König* 23; dazu: *Schroth* EuGRZ **1985** 557, 558; *Frowein/Peukert* 25, 41 f.

Beschuldigtenrechte verbirgt.[213] Das Vorliegen einer *Anklage* ist daher vor allem anhand der **objektiven, faktischen Lage** des Betroffenen und weniger auf der Grundlage der formalen Verfahrenssituation zu beurteilen.[214]

Der EGMR sieht eine solche *Anklage* zwar grundsätzlich erst als *erhoben* an, wenn **80** der Betroffene **offiziell von dem gegen ihn geführten Verfahren in Kenntnis gesetzt wird** (*"official notification given to an individual by the competent authority of an allegation that he has committed a criminal offence"*).[215] Im Sinne eines effektiven Beschuldigtenschutzes kann es für das Vorliegen und die Annahme einer *strafrechtlichen Anklage* selbst aber bereits genügen, dass eine Person durch eine sie bestimmende Situation/Lage **erheblich betroffen** ist (**"substantially affected"**; Rn. 118, 823).[216]

Der strafrechtliche Schutzbereich des Art. 6 Abs. 1 ist nur für Personen eröffnet, gegen **81** die sich die strafrechtliche Anklage *richtet* (*"erhoben"*),[217] nicht aber für andere ggf. am Verfahren "beteiligte" Personen, wie das (mutmaßliche) **Opfer**,[218] ein **Anzeigenerstatter**, **Nebenkläger**, **Zeuge**[219] oder **Sachverständiger**.

Auch **Einziehungsbeteiligte** unterfallen nicht schon deshalb den (strafrechtlichen) **82** Garantien des Art. 6 Abs. 1, Abs. 3, weil sie nach § 433 Abs. 1 StPO in einem Nachverfahren geltend machen können, dass die Einziehung ihnen gegenüber nicht gerechtfertigt sei.[220] Selbst wenn sie nach nationalem Recht in ihren prozessualen Befugnissen dem Beschuldigten gleichgestellt werden sollten (so vor der Gesetzesreform 2017 explizit: "Befugnisse eines Angeklagten"), ändert dies nichts daran, dass gegen sie eine *strafrechtliche Anklage* nicht *erhoben* ist, wie es der Wortlaut von Art. 6 Abs. 1 verlangt (*"criminal charge against him"*). Anders wäre dies nur, wenn der Einziehung nach dem jeweiligen nationalen Recht originär ein sanktionsrechtlicher Charakter zugeschrieben wäre. Soweit die Einziehung aber vermögenswerte Ansprüche oder Gegenstände betrifft, kann nach den allgemeinen Grundsätzen der Schutzbereich des Art. 6 Abs. 1 im Kontext *"civil rights"* eröffnet sein (Rn. 73).

Die Anwendbarkeit des *strafrechtlichen* Schutzgehaltes von Art. 6 Abs. 1 wird vom **83** EGMR in ständiger Rechtsprechung anhand von drei Kriterien überprüft, die er in der Rs. *Engel*[221] aufgestellt hat und die seither geläufig als sog. **"Engel-Kriterien"** bezeichnet

---

213 EGMR Delcourt/B, 17.1.1970; Mikolajová/SLO, 18.1.2011, § 41 ("[...], the applicant's situation under the domestic legal rules in force has to be examined in the light of the object and purpose of Article 6, namely the protection of the rights of the defence."); IK-EMRK/*Vogler* 190; vgl. *Vogler* ZStW **82** (1970) 762; ZStW **89** (1977) 776.

214 EGMR Gül/D (E), 4.1.2012 ("must be interpreted with reference to the objective rather than formal situation").

215 EGMR Deweer/B, 27.2.1980, § 46; Practical Guide on Art. 6 (criminal limb) Nr. 16.

216 EGMR Deweer/B, 27.2.1980, § 46; Öztürk/D, 21.2.1984, § 55, EuGRZ **1985**, 62; (GK) Ibrahim u.a./UK, 13.9.2016, § 249; (GK) Simeonovi/BUL, 12.5.2017, § 110; Kaleja/LET, 5.10.2017, § 36; Chiarello/D, 20.6.2019, § 44.

217 EGMR Deweer/B, 27.2.1980, § 42; Corigliano/I, 10.12.1982, § 34; Metzger/D, 31.5.2001, § 31; vgl. auch *Villiger* 472 (geschützt ist nur jene Person, "gegen welche ein Strafverfahren eingeleitet worden ist").

218 A.A. *Walther* GA **2007** 615, 620, 624 ff. mit Vorschlägen *de lege ferenda*.

219 Ausnahmsweise kann sich ein Zeuge auf Art. 6 Abs. 1 berufen, wenn gegen ihn selbst bereits eine *strafrechtliche Anklage* i.S.d. Art. 6 Abs. 1 erhoben worden ist; insbesondere kann er sein Schweigerecht sowie die Selbstbelastungsfreiheit geltend machen; dazu: *Esser* 681 ff.; *Weiß* JZ **1998** 289, 290. Zu beachten ist ferner, dass eine Person trotz ihrer **formalen Stellung als Zeuge** nach nationalem Recht bereits **Beschuldigter**, d.h. *angeklagt* i.S.d. Art. 6 Abs. 1 sein kann: EGMR Brusco/F, 14.10.2010, §§ 46 ff.; Kaleja/LET, 5.10.2017, §§ 38 ff. (prozessualer Status als Zeuge nicht ausschlaggebend); Rn. 29, 121.

220 So auch EGMR AGOSI/UK, 24.10.1986, EuGRZ **1988** 513 m. krit. Anm. *Peukert* EuGRZ **1988** 509.

221 EGMR Engel u.a./NL, 8.6.1976.

werden.[222] Maßgeblich sind danach die rechtliche **Einordnung** des fraglichen Vergehens **im nationalen Recht**, wobei diesem nur Bedeutung als Ausgangspunkt (*„starting point"*) der gesamten Prüfung zukommt,[223] die **Art der Zuwiderhandlung** sowie die **Art und die Schwere der angedrohten Sanktion.**[224] Die beiden letztgenannten Kriterien müssen nach Ansicht des EGMR grundsätzlich nur alternativ, d.h. nicht kumulativ, vorliegen;[225] eine kumulative Betrachtungsweise kann aber erforderlich sein, wenn die jeweils isolierte Betrachtung der Kriterien nicht zu eindeutigen Ergebnissen führt.[226]

84   **b) Erstes Kriterium.** Die Zuordnung einer Materie zum **Strafrecht nach nationalem Recht** hat nur eine begrenzte Aussagekraft im Rahmen der Prüfung, ob der gegen eine Person erhobene Vorwurf *strafrechtlichen* Charakter hat; sie spielt auch in der Praxis nur eine eher geringe Rolle.[227] Soweit nicht eine völkerrechtliche oder menschenrechtliche (Schutz)Pflicht zur Pönalisierung eines bestimmten Verhaltens besteht (**Kriminalisierungsgebot**),[228] steht es dem nationalen Gesetzgeber grundsätzlich frei, ob er ein bestimmtes normabweichendes Verhalten mit einer Kriminalstrafe bewehren will oder eben nicht.[229] Wenn er diesen Schritt allerdings geht, greifen die Verfahrensgarantien der Art. 6 EMRK und Art. 14 IPBPR stets ein,[230] auch wenn das Verhalten in anderen Vertrags- oder Drittstaaten nicht als kriminelles Unrecht geahndet wird; umgekehrt kann das nationale Recht ohne Rücksicht auf die Rechtslage in anderen Staaten auf die strafrechtliche Klassifizierung eines Fehlverhaltens verzichten.

85   Das nationale Recht kann allerdings nicht ein Verhalten, für das es gegen jedermann Sanktionen androht, die vergeltenden oder abschreckenden Charakter haben und die nach ihrer Zielsetzung (allgemeiner Adressatenkreis, abschreckende Wirkung), aufgrund der Art der angedrohten Sanktion und ihrer sonstigen Auswirkungen einer Kriminalstrafe gleichkommen,[231] dadurch dem Schutzbereich des Art. 6 EMRK/Art. 14 IPBPR fernhalten, dass es dieses Verhalten abweichend von seiner Natur als **nicht-strafrechtlich bezeich-**

---

222 Ebenso Meyer-Ladewig/Nettesheim/von Raumer/*Meyer-Ladewig/Harrendorf/König* 24; KK/*Lohse/Jakobs* 9; *Grabenwarter/Pabel* § 24, 19; zur Anwendung bei Steuerzuschlägen: *Zeder* ÖJZ **2014** 494, 497; dazu auch EGMR Vegotex International S.A./B, 3.11.2022, §§ 68 ff., 122 (Gewährleistungsgehalte von Art. 6 auf Steuerzuschläge nicht strikt anzuwenden).

223 EGMR Engel u.a./NL, 8.6.1976, § 82; Öztürk/D, 21.2.1984, § 52; Mikolajová/SLO, 18.1.2011, § 41 („The legislation of the State concerned is certainly relevant, but it provides no more than a starting point in ascertaining whether at any time there was a „criminal charge" against the applicant."); (GK) Gestur Jónsson u. Ragnar Halldór Hall/ISL, 22.12.2020, § 85.

224 Siehe EGMR (GK) Ezeh u. Connors/UK, 9.10.2003; (GK) Jussila/FIN, 23.11.2006; Young/UK, 16.1.2007; Matyjek/PL, 24.4.2007; Zaicevs/LET, 31.7.2007; Moullet/F (E), 13.9.2007; Hamer/B, 27.11.2007; ÖVerfG EuGRZ **1988** 173.

225 Vgl. EGMR (GK) Nawalny/R, 15.11.2018, § 78; (GK) Gestur Jónsson u. Ragnar Halldór Hall/ISL, 22.12.2020, § 76; Xhoxhaj/ALB, 9.2.2021, § 241.

226 St. Rspr., vgl. EGMR (GK) Ezeh u. Connors/UK, 9.10.2003 m.w.N.; (GK) Jussila/FIN, 23.11.2006; Young/UK, 16.1.2007; Matyjek/PL, 24.4.2007; Zaicevs/LET, 31.7.2007; (GK) Ramos Nunes de Carvalho e Sá, 6.11.2018, § 122; (GK) Nawalny/R, 15.11.2018, § 78; (GK) Gestur Jónsson u. Ragnar Halldór Hall/ISL, 22.12.2020, § 76; vgl. auch Merten/Papier/*Gundel* HdbGR VI/1. § 146, 52.

227 Vgl. *Grabenwarter/Pabel* § 24, 20; siehe auch: EGMR (GK) Jussila/FIN, 23.11.2006, § 37.

228 Vgl. zur Folter: Art. 3 Rn. 1 ff.

229 Vgl. EGMR (GK) Gestur Jónsson u. Ragnar Halldór Hall/ISL, 22.12.2020, § 76.

230 Vgl. EGMR Adolf/A, 26.3.1982, EuGRZ **1982** 297; ähnlich Meyer-Ladewig/Nettesheim/von Raumer/*Meyer-Ladewig/Harrendorf/König* 25 („in der Regel").

231 Vgl. EGMR Putz/A, 22.2.1996, ÖJZ **1996** 434; Verlagsgruppe News GmbH/A (E), 16.1.2003.

net und/oder in einem **außer-strafrechtlichen Verfahren verfolgt**.[232] Der EGMR prüft daher stets, ob die Zuordnung eines Verhaltens im nationalen Recht nach Maßgabe des Art. 6 unbeachtlich ist, weil nach der Natur des Vergehens (Rn. 86 ff.) und/oder der angedrohten Sanktion (Rn. 92 ff.) die staatliche Reaktion dem Schutzbereich des Art. 6 unterfällt.[233]

c) Zweites Kriterium. Für bzw. gegen die Zuordnung einer Materie zum Strafrecht 86 kann die **Art des Vergehens** sprechen. Ein Kriterium bei der **„nature of the offence"** ist dabei, ob die Allgemeinheit oder nur ein **bestimmter Personenkreis** von einer gesetzlichen Bestimmung erfasst wird.[234] Von Bedeutung für die Klassifizierung einer Materie kann auch sein, ob die Regelung allgemeine Interessen der Gesellschaft schützt, die gewöhnlich dem Schutz des Strafrechts unterliegen[235] oder die Verhängung einer Sanktion von der Feststellung einer **persönlichen Schuld** abhängt.[236] Diesem *zweiten Engel*-Kriterium kommt in der Regel ein deutlich größeres Gewicht zu als dem *ersten*.[237]

Neben der Verfolgung von klassischen, dem **Kriminalstrafrecht zuzuordnenden Ta-** 87 **ten** in einem herkömmlichen Strafverfahren ist – ungeachtet einer vom nationalen Gesetzgeber angestrebten Entkriminalisierung – auch die Verfolgung von **Ordnungswidrigkeiten** wegen der Art der zu sanktionierenden Zuwiderhandlung als Erhebung einer *strafrechtlichen Anklage* anzusehen.[238] Gleiches gilt für die Verhängung einer Freiheitsentziehung wegen der Nichtzahlung einer Steuer.[239] Namentlich durch eine nationale **Börsen-**

---

[232] Vgl. EGMR Öztürk/D, 21.2.1984; (GK) Ezeh u. Connors/UK, 9.10.2003; Disziplinarmaßnahmen im Strafvollzug); Matyjek/PL, 24.4.2007 (Lustrationsverfahren); Mikolajová/SLO, 18.1.2011, § 41 („The prominent place held in a democratic society by the right to a fair trial favours a „substantive", rather than a „formal", conception of the „charge" referred to by Article 6; it impels the Court to look behind the appearances and examine the realities of the procedure in question in order to determine whether there has been a „charge" within the meaning of Article 6"); s.a. EGMR Nicoleta Gheorge/RUM, 3.4.2012, § 26; ÖVerfG EuGRZ **1990** 158 (Gurtanlegepflicht); IK-EMRK/*Vogler* 195 (nicht das „Was", sondern das „Wie" der Ahndung maßgebend); SK/*Meyer* 30; Meyer-Ladewig/Nettesheim/von Raumer/*Meyer-Ladewig/Harrendorf/König* 25.

[233] Vgl. EGMR Engel u.a./NL, 8.6.1976; Weber/CH, 22.5.1990, EuGRZ **1990** 265; Demicoli/MLT, 27.8.1991, NJW **1992** 2619 = EuGRZ **1991** 475 = ÖJZ **1992** 33; Ravnsborg/S, 23.3.1994, ÖJZ **1994** 706; T./A, 14.11.2000, ÖJZ **2001** 389; vgl. *Grabenwarter/Pabel* § 24, 19 ff.; SK/*Meyer* 33 ff.; *Frowein/Peukert* 26 ff.; *Villiger* 476 (für Disziplinarstrafe spricht, wenn nur bestimmter Personenkreis erfasst wird).

[234] *Villiger* 476; Meyer-Ladewig/Nettesheim/von Raumer/*Meyer-Ladewig/Harrendorf/König* 26; vgl. auch EGMR Bendenoun/F, 24.2.1994, § 47; Matyjek/PL, 24.4.2007, § 53; Zaicevs/LET, 31.7.2007.

[235] EGMR Produkcija Plus storitveno podjetje d.o.o/SLW, 23.10.2018, § 42 (Schutz des freien Wettbewerbs als allgemeines Interesse der Gesellschaft; *criminal charge* im Ergebnis jedoch verneint); vgl. außerdem EGMR Menarini Diagnostics S.R.L./I, 27.9.2011, § 40.

[236] EGMR (GK) Benham/UK, 10.6.1996, § 56, ÖJZ **1996** 915; für weitere Anhaltspunkte: EGMR Practical Guide on Art. 6 (criminal limb) Nr. 24.

[237] EGMR Engel u.a./NL, 8.6.1976, § 82; Öztürk/D, 21.2.1984, § 52; (GK) Gestur Jónsson u. Ragnar Halldór Hall/ISL, 22.12.2020, § 86 („factor of greater weight").

[238] EGMR Öztürk/D, 21.2.1984 m. Anm. *Schroth* EuGRZ **1985** 557; vgl. auch EGMR Adolf/A, 26.3.1982; Gradinger/A, 23.10.1995, ÖJZ **1995** 954 = JBl. **1997** 577 = ZVR **1996** 12; J.B./CH, 3.5.2001, NJW **2002** 499 = ÖJZ **2002** 518 (Geldbuße wegen Steuerhinterziehung); Goulandris u. Vardinogianni/GR, 16.6.2022, § 65; zur Thematik: *Schohe* NJW **2002** 492 u. *Ambos* NStZ **2002** 633; ferner: EGMR Baischer/A, 20.12.2001, ÖJZ **2002** 12; Zaicevs/LET, 31.7.2007 („contempt of court"); ÖVerfG EuGRZ **1990** 158 (Verwaltungsstraftatbestand); *Frowein/Peukert* 29; Meyer-Ladewig/Nettesheim/von Raumer/*Meyer-Ladewig/Harrendorf/König* 25; *Nowak* 13; *Schroth* EuGRZ **1985** 557, 558; *Weh* EuGRZ **1985** 469; **a.A.** OLG Celle NJW **1960** 880; NStZ **1985** 64; IK-EMRK/*Vogler* 233 ff., vgl. auch *Villiger* 478.

[239] EGMR (GK) Benham/UK, 10.6.1996; *Frowein/Peukert* 35; *Villiger* 479 (bei punitivem Zuschlag, nicht bei Nachzahlung zusätzlicher Zinsen).

---

aufsicht verhängte **Bußgelder** können strafrechtlichen Charakter haben und damit auch geeignet sein, einen Strafklageverbrauch herbeizuführen.[240]

88   Bei reinen **Steuerfestsetzungsverfahren** ist Art. 6 zwar nicht anwendbar.[241] Die Auferlegung von **Steuerzuschlägen** (*„tax surcharges"*) als **Sanktion** für eine unrichtige oder unvollständige Steuererklärung fällt dagegen ebenfalls in den *strafrechtlichen* Anwendungsbereich von Art. 6 Abs. 1.[242] Dabei spielt die Höhe des Steuerzuschlags für die Einordnung des zugrunde liegenden Verfahrens als *strafrechtlich* keine entscheidende Rolle.[243] Auch bei **sonstigen Abgaben** kann die **Auferlegung von Zuschlägen** strafrechtlichen Charakter annehmen.[244] Bedeutung kann dies dann im Zusammenhang mit Art. 4 des 7. ZP-EMRK gewinnen. Sofern Steuerzuschlägen ein solcher strafrechtlicher Charakter zugeschrieben wird, tritt hinsichtlich der dadurch sanktionierten (prozessualen) Tat Strafklageverbrauch ein, so dass im Nachhinein keine zusätzliche Sanktion strafrechtlicher Art aufgrund desselben Sachverhalts verhängt werden darf. Wird dieses Verbot missachtet, liegt ein Verstoß gegen den Grundsatz *ne bis in idem* vor.[245] Hinterziehungszinsen (§ 235 AO) unterfallen nicht dem strafrechtlichen Anwendungsbereich, da sie lediglich die durch Steuerhinterziehung entstandenen Zinsvorteile pauschlierend abschöpfen sollen und nicht an eine Täterschaft oder Schuld anknüpfen, sondern von demjenigen zu entrichten sind, der von der Steuerhinterziehung profitiert hat (z.B. der Erbe des Täters oder eine juristische Person, die gar nicht Täter einer etwaigen Straftat sein kann).

89   Bei **Ordnungsmitteln** wegen der Verletzung prozessualer Pflichten (Ordnungsgeld/-haft; § 51 StPO) wird ein *strafrechtlicher* Kontext im Regelfall verneint;[246] so auch für eine gerichtliche Anordnung, deren Missachtung mittels Geldbuße durchgesetzt werden kann.[247] Die Übergänge zur Verfolgung von Ordnungswidrigkeiten, die *strafrechtlichen* Charakter i.S.v. Art. 6 Abs. 1 haben, sind aber fließend. Strafrechtlich lagen die Dinge daher bei einer „Mutwillensstrafe", die trotz ihres disziplinarischen Charakters ohne eine mündliche Verhandlung in eine Freiheitsstrafe umgewandelt werden konnte.[248] Der EGMR hat den für Art. 6 erforderlichen Strafcharakter zudem bei einer potentiell gegen jedermann

---

240 EGMR Grande Stevens u.a./I, 4.3.2014, NJOZ **2015** 712 (nach italienischem Recht sollten derartige, im konkreten Fall in Millionenhöhe verhängte Bußgelder [*administrative sanctions*, Art. 187-ter Legislative Decree Nr. 58 vom 24.2.1998] ausdrücklich eine strafrechtliche Verfolgung unberührt lassen).

241 EGMR Practical Guide on Art. 6 (criminal limb) Nr. 37.

242 So zusammenfassend EGMR (GK) Jussila/FIN, 23.11.2006: Klarstellung, dass in EGMR Bendenoun/F (24.2.1994, ÖJZ **1994** 634) zwar nicht ausdrücklich, aber doch der Sache nach die *Engel*-Kriterien angewandt wurden und somit keine Abweichung von der bisherigen Rspr. vorlag; ferner: EGMR Janosevic/S, 23.7.2002, Västberga Taxi Aktiebolag u. Vulic/S, 23.7.2002; Barsom u. Varli/S (E), 4.1.2008; Cecchetti/SM (E), 9.4.2013; Chap Ltd/ARM, 4.5.2017, § 36; vgl. auch EGMR J.B./CH, 3.5.2001; dazu *Schohe* NJW **2002** 492; *Frowein/Peukert* 34; SK/*Meyer* 41; vgl. zum deutschen Recht *Pflaum* wistra **2010** 368, 370 (Haftung nach § 71 AO habe keinen Straf- und Abschreckungs-, sondern lediglich Schadensersatzcharakter); instruktiv auch *Zeder* ÖJZ **2014** 494, 495.

243 EGMR (GK) Jussila/FIN, 23.11.2006, § 38, in ausdrücklicher Abweichung von EGMR Morel/F (E), 3.6.2003 (Steuerzuschlag in Höhe von 10 %).

244 EGMR Steininger/A, 17.4.2012; Julius Kloiber Schlachthof GmbH u.a./A, 4.4.2013, § 20, ÖJZ **2014** 44 (Zuschläge iHv 10 bis 60 % der ausstehenden Beitragszahlungen an die AMA – Agrarmarkt Austria).

245 Vgl. EGMR Nykänen/FIN, 20.5.2014, §§ 38 ff.; Glantz/FIN, 20.5.2014, §§ 48 ff.; Verstoß verneint in EGMR Häkkä/FIN, 20.5.2014, §§ 46 ff. (*ne bis in idem* schützt nicht vor mehreren parallel geführten Verfahren aufgrund desselben Sachverhalts); zum Ganzen auch: EGMR Pirttimäki/FIN, 20.5.2014; vgl. auch Rn. 1537, 1551; allgemein zum Grundsatz *ne bis in idem* Rn. 1494 ff.

246 Vgl. EGMR Ravnsborg/S, 23.3.1994; Putz/A, 22.2.1996; OGH EuGRZ **1982** 159; *Frowein/Peukert* 31; vgl. auch EGMR Practical Guide on Admissibility Criteria Nr. 255.

247 EGMR Verlagsgruppe News GmbH/A (E), 16.1.2003.

248 EGMR T./A, 14.11.2000; vgl. auch EGMR (GK) Kyprianou/ZYP, 15.12.2005 („contempt of court"), NJW **2006** 2901; Zaicevs/LET, 31.7.2007.

Esser   606

angedrohten Geldbuße wegen der **Verletzung der Vertraulichkeit einer strafrechtlichen Voruntersuchung** bejaht;[249] desgleichen bei der Verhängung einer Geldbuße wegen der Verweigerung der Auskunft in einem zollrechtlichen Ermittlungsverfahren,[250] nicht aber bei der Auferlegung von wahlrechtlichen Sanktionen respektive einer Zahlungspflicht bei überhöhten Wahlaufwendungen nach dem nationalen Wahlrecht.[251] In einem Lustrationsverfahren, in dem falsche Angaben mit einem **langjährigen Verbot**, bestimmte juristische **Berufe auszuüben bzw. öffentliche Ämter zu bekleiden**, sanktioniert werden konnten, hielt der EGMR die *strafrechtliche* Schiene des Art. 6 Abs. 1 für anwendbar.[252]

Noch nicht vom EGMR entschieden ist die Frage, ob auch Geldbußen, die die Europä- **90** ische Kommission unmittelbar gegen Unternehmen wegen **Kartellverstößen** verhängt, unter den Begriff der *„criminal charge"* fallen.[253] Rechtsgrundlage für diese Geldbußen ist Art. 23 VO 1/2003/EG.[254] In Hinblick auf das erste *Engel*-Kriterium, die Einordnung im nationalen Recht, ist Art. 23 Abs. 5 VO insofern von Bedeutung, als die von der Kommission getroffene Bußgeldentscheidung „keinen strafrechtlichen Charakter" haben soll.[255] Jedoch hat dieses Kriterium nur begrenzte Bedeutung; ausschlaggebend sind für den EGMR die Natur des Vergehens sowie die Art und Schwere der angedrohten Sanktion (Rn. 83, 86 ff.). Im Hinblick auf das zweite *Engel*-Kriterium spricht für die Annahme einer strafrechtlichen Sanktion, dass sich die *Androhung* der Kartellgeldbuße gegen **jedermann** (i.e. jedes Unternehmen) richtet und diese – auch nach Ansicht des EuGH[256] – sowohl eine **präventive als auch eine repressive Funktion** hat. Insofern lässt sich das Kartellverfahren mit dem deutschen Ordnungswidrigkeitenverfahren vergleichen, das der EGMR als *„criminal charge"* eingeordnet hat (Rn. 87).[257] Unter Bezugnahme auf das zweite *Engel*-Kritierum lässt sich außerdem ins Feld führen, dass Kartellvorschriften in der Regel der Erhaltung des freien Wettbewerbs im Markt dienen, was ein allgemeines Interesse für die Gesell-

---

249 EGMR Weber/CH, 22.5.1990.

250 EGMR Funke/F, 25.2.1993, ÖJZ **1993** 534; *Frowein/Peukert* 36.

251 EGMR Pierre-Bloch/F, 21.10.1997.

252 EGMR Matyjek/PL, 24.4.2007.

253 Diese Frage bejahend *Lorenzmeier* ZIS **2008** 20. Dass sich auch juristische Personen und Personenvereinigungen auf Art. 6 Abs. 1 berufen können, ist anerkannt, s.o. Rn. 27 und Teil II Rn. 139 ff.; zur Bindung der Organe der Europäischen Union an die EMRK siehe Teil I, Einf. Rn. 143 ff. Die EKMR hatte die Anwendbarkeit von Art. 6 Abs. 1 im Kartellverfahren bei Vollzug durch deutsche Behörden bejaht, vgl. EKMR M. & Co./D, 9.2.1990. Zu Kartellverfahren nach russischem Recht EGMR OOO Neste St. Petersburg u.a./R (E), 6.6.2004; siehe zum Thema auch EuGH 18.7.2013, C-501/11 P (Schindler Holding u.a./Kommission); vgl. vertiefend dazu auch: *Vilsmeier* Tatsachenkontrolle und Beweisführung im EU-Kartellrecht auf dem Prüfstand der EMRK 17 ff., 29 ff., 36, wonach eine differenzierende Einordnung von Kartellverstößen anhand der konkreten Umstände des Einzelfalls vorzunehmen sei.

254 Verordnung (EG) Nr. 1/2003 des Rates vom 16.12.2002 zur Durchführung der in den Artikeln 81 und 82 des Vertrags niedergelegten Wettbewerbsregeln, ABlEU Nr. L 1 v. 4.1.2003 S. 1; krit. zu Art. 23 VO *Schwarze* EuR **2009** 171.

255 Diese Einordnung hat vor allem kompetenzrechtliche Gründe und wird teilweise heftig kritisiert, vgl. *Schwarze* EuR **2009** 171, 180 f. *(„zumindest strafrechtsähnliche Entscheidungen")*; *Hensmann* Die Ermittlungsrechte der Kommission im europäischen Kartellverfahren (2009) 112 ff., 116 m.w.N. *(„Strafen im weiteren Sinn")*; ebenso *Vocke* Die Ermittlungsbefugnisse der EG-Kommission im kartellrechtlichen Voruntersuchungsverfahren (2006) 102 ff. Den strafrechtlichen Charakter hatte auch GA *Colomer* in seinen Schlussanträgen in der Rs. C-217/00 P (Buzzi Unicem), Tz. 29, bejaht.

256 EuGH 15.10.1970, 41/69 (ACF Chemiefarma), Tz. 172 ff., EuR **1971** 41 m. Anm. *Markert*; 15.7.1970, 44/69 (Buchler & Co.), Tz. 49; 15.7.1970, 45/69 (Boehringer Mannheim GmbH), Tz. 53; 7.6.1983, 100 bis 103/80 (SA Musique Diffusion française), Tz. 106 ff.; 29.6.2006 C-289/04 P (Showa Denko), Tz. 16.

257 Vgl. *König* Das Europäische Verwaltungssanktionsrecht und die Anwendung strafrechtlicher Rechtsgrundsätze (2009) 64 f.; *Schwarze* EuR **2009** 171, 183.

Esser

schaft darstellt, das gewöhnlich dem Schutz des Strafrechts unterliegt.[258] Auch **Art und Schwere der angedrohten Sanktion** stützen diese Auffassung. Die Verhängung einer Geldbuße in Höhe von bis zu 10 % des Jahresumsatzes (Art. 23 Abs. 2 VO) hat einen – wie vom EGMR gefordert – hinreichend strafenden und abschreckenden Charakter. Insofern sind die von der Kommission verhängten Kartellgeldbußen als *strafrechtliche* Sanktion und das Verfahren als *strafrechtliche Anklage* i.S.v. Art. 6 Abs. 1 anzusehen.[259]

91   Sobald die EU der EMRK beigetreten ist, sind Art. 6 Abs. 1 und 2 sowie die speziellen Beschuldigtenrechte aus Art. 6 Abs. 3 auf das von der Kommission betriebene Kartellverfahren, das mit der Einleitung des Voruntersuchungsverfahrens beginnt, unmittelbar anwendbar. Sofern die nationalen Wettbewerbsbehörden auf Ersuchen der Kommission Nachprüfungen nach Art. 20 VO vornehmen, richten sich ihre Befugnisse nach innerstaatlichem Recht (vgl. Art. 22 Abs. 2 VO). Da aber auf nationaler Ebene für bestimmte Zwangsmaßnahmen ein Richtervorbehalt zu fordern ist,[260] sind die Garantien des Art. 6 *insofern* schon heute unmittelbar verbindlich. Vgl. zu den speziellen Fragestellungen *nemo tenetur* Rn. 1328 ff. und *ne bis in idem* Rn. 1494 ff.

92   **d) Drittes Kriterium.** Die Zuordnung kann auch durch **Art und Schwere** der jeweils im Gesetz **angedrohten Sanktion** bestimmt werden, wobei grundsätzlich die angedrohte Höchststrafe und nicht etwa die tatsächlich verhängte Strafe für das Verteidigungsrecht und damit auch für die Anwendbarkeit des Art. 6 maßgebend ist.[261] Mitunter wird in der Praxis (*ex post*) auf die tatsächlich verhängte Sanktion abgestellt, die jedoch nach Ansicht des EGMR die Bedeutung der drohenden Sanktion für die Klassifizierung des zugrunde liegenden Verfahrens nicht abschwächen kann.[262] Bei einer als Mittel der Vergeltung oder Abschreckung angedrohten **Freiheitsentziehung** besteht eine Vermutung für eine dem Strafrecht zuzurechnende Sanktion, die nur schwer widerlegt werden kann.[263] Eine dem Strafrecht zuzurechnende Sanktion muss aber nicht zwingend aus einer Freiheitsentziehung oder einer Geldzahlung bestehen; so können auch ein **Fahrverbot** bzw. die **Entzie-**

---

258 Siehe zu dieser Argumentation: EGMR Menarini Diagnostics S.R.L./I, 27.9.2011, § 40; Produkcija Plus storitveno podjetje d.o.o/SLW, 23.10.2018, § 42, die Anwendbarkeit des Art. 6 Abs. 1 allerdings im Ergebnis verneinend.

259 So auch *Hensmann* Die Ermittlungsrechte der Kommission im europäischen Kartellverfahren (2009) 124 m.w.N.; *Vocke* Die Ermittlungsbefugnisse der EG-Kommission im kartellrechtlichen Voruntersuchungsverfahren (2006) 125 ff.; *König* Das Europäische Verwaltungssanktionsrecht und die Anwendung strafrechtlicher Rechtsgrundsätze (2009) 62 ff.; *Schwarze* EuR 2009 171, 183.

260 Ausführlich hierzu *Hecheltjen* Der Richtervorbehalt im kartellrechtlichen Nachprüfungsverfahren der Europäischen Kommission (2007) 174 ff.

261 IK-EMRK/*Vogler* 200; Meyer-Ladewig/Nettesheim/von Raumer/*Meyer-Ladewig/Harrendorf/König* 27; vgl. EGMR Engel u.a./NL, 8.6.1976; (GK) Ezeh u. Connors/UK, 9.10.2003; Young/UK, 16.1.2007; Zaicevs/LET, 31.7.2007.

262 EGMR Campbell u. Fell/UK, 28.6.1984; Bendenoun/F, 24.2.1994; (GK) Benham/UK, 10.6.1996; (GK) Ezeh u. Connors/UK, 9.10.2003 m.w.N.; Young/UK, 16.1.2007.

263 EGMR (GK) Ezeh u. Connors/UK, 9.10.2003 („presumption which could be rebutted entirely exceptionally, and only if those deprivations of liberty could not be considered ‚appreciably detrimental' given their nature, duration or manner of execution"); ebenso EGMR Young/UK, 16.1.2007; siehe auch: EGMR (GK) Blokhin/R, 23.3.2016, §§ 179 f. (30-tägige Unterbringung eines Jugendlichen in einem Zentrum für jugendliche Straftäter; Natur, Dauer und Art der Ausführung der Freiheitsentziehung begründeten eine entsprechende Vermutung); beispielhaft dafür, dass auch eine geringe Geldstrafe wegen des Strafcharakters und der abschreckenden Wirkung dem Strafrecht unterfallen können: EGMR Kasparov u.a./R, 3.10.2013, § 43 (Geldstrafe von 25 € als gesetzliche Höchststrafe); Meyer-Ladewig/Nettesheim/von Raumer/*Meyer-Ladewig/Harrendorf/König* 28.

hung der Fahrerlaubnis[264] oder das Verbot bestimmte Berufe auszuüben **(Berufsverbot)** einen hinreichend punitiven und abschreckenden Charakter (*„punitive and deterrent character"/„caractère punitif et dissuasif"*) haben.[265] Ergibt sich die Zuordnung eines Verfahrens zum Strafrecht bereits aus der Natur der Zuwiderhandlung selbst, so schließt auch die Geringfügigkeit der vorgesehenen Sanktion die Annahme einer *strafrechtlichen* Anklage nicht aus.[266]

e) Maßregeln der Besserung und Sicherung/Präventivmaßnahmen. Die Möglich- **93** keit der Anordnung einer **Maßregel der Besserung und Sicherung** oder **sonstigen Präventivmaßnahme** eröffnet den *strafrechtlichen* Schutzbereich des Art. 6 Abs. 1, wenn das betreffende Verfahren im Zusammenhang mit dem Vorwurf einer Straftat im weit verstandenen Sinne der Art. 6 EMRK/Art. 14 IPBPR steht.[267] Dass der Betroffene in diesem Verfahren vom eigentlichen strafrechtlichen Vorwurf (mangels Schuld) freigesprochen werden und vom Gericht wegen der dann (nur) rechtswidrigen Tat gleichwohl eine Unterbringung (z.B. in einem psychiatrischen Krankenhaus) als Maßregel oder Präventivmaßnahme angeordnet werden kann, hindert nicht die strafrechtlichen Verortung der Maßregel bzw. Sicherungsmaßnahme. Die Anwendung der speziellen Verfahrensgarantien für ein Verfahren, das eine strafrechtliche Anklage zum Gegenstand hat, hängt auch hier davon ab, welche Sanktion dem Betroffenen *droht*; sie kann nicht erst *ex post* vom Verfahrensergebnis her bestimmt werden.[268] Wird die Anordnung einer Maßregel oder Sicherungsmaßnahme dagegen in einem vom strafrechtlichen Vorwurf **abgetrennten Verfahren** beantragt (vgl. Sicherungsverfahren, § 413 StPO), so hat dieses Verfahren nicht die Stichhaltigkeit einer *strafrechtlichen Anklage* zum Gegenstand; Vorschriften, die den Übergang dieses Verfahrens in ein Strafverfahren ermöglichen, sind allerdings in ihrer Auslegung an den Prinzipien des Art. 6 auszurichten (vgl. §§ 414 Abs. 1, 416 StPO).[269] Eine unmittelbare Anwendung der in Art. 6 Abs. 1 garantierten Verfahrensprinzipien kann sich ggf. über den zivilrechtlichen Schutzbereich der Norm (Freiheit) ergeben (vgl. auch Rn. 48, 52 ff.). Dem Staat ist es allerdings untersagt, ein solches vom strafrechtlichen Vorwurf abgetrenntes Verfahren explizit deshalb zu betreiben, um dem Betroffenen die speziellen strafrechtlichen Verfahrensgarantien des Art. 6 Abs. 1, Abs. 3 vorzuenthalten **(Umgehungsverbot)**.

f) Einziehung. Die Erklärung einer **Einziehung oder einer Vermögensabschöpfung** **94** in einem gegen eine andere Person als Beschuldigten geführten Verfahren ist kein Verfahren über eine *strafrechtliche Anklage* gegen den **Eigentümer der betroffenen Gegenstän-**

---

264 EGMR Boman/FIN, 17.2.2015, §§ 30 ff.; Maszni/RUM, 21.9.2006, § 66; Malige/F, 23.9.1998, § 39, ÖJZ **1999** 654: bereits die Eintragung von Punkten in einer Datei von Personen, die den Regeln des Straßenverkehrs zuwidergehandelt haben („Verkehrssünderdatei"), als strafrechtlich einzustufende Sanktion, da diese Eintragung gemeinsam mit weiteren Eintragungen (bzw. Punkten) zum Entzug der Fahrerlaubnis führen kann; eine Fahrtenbuchauflage stellt hingegen keine strafrechtliche Sanktion dar, vgl. OVG Münster Beschl. v. 12.10.2020 – 8 E 785/20, BeckRS **2020** 26979.
265 EGMR Matyjek/PL, 24.4.2007; vgl. auch EGMR Hamer/B, 27.11.2007 (Abrissverfügung).
266 Vgl. EGMR (GK) Jussila/FIN, 23.11.2006, § 38; Meyer-Ladewig/Nettesheim/von Raumer/*Meyer-Ladewig*/ *Harrendorf*/*König* 30.
267 Vgl. EGMR Valeriy Lopata/R, 30.10.2012, § 120; Vasenin/R, 21.6.2016, § 130.
268 Für die spätere Entscheidung über den Antrag des Eingewiesenen auf Aufhebung der Maßnahme hatte EKMR EuGRZ **1988** 507 die Anwendbarkeit des Art. 6 verneint (weder Entscheidung über *criminal charge* noch über *civil right*). Art. 5 Abs. 4 eröffnet insoweit die speziellere Verfahrensgarantie.
269 IK-EMRK/*Vogler* 245.

Esser

de, wenn dieser im Strafverfahren selbst nur als Zeuge gehört wird.[270] Dies ist auch nicht anders zu beurteilen, wenn er als Nebenbeteiligter wegen einer auch ihn treffenden Einziehung oder Abschöpfungsanordnung (vormals Verfall) mit weitreichenden (denen eines Angeklagten entsprechenden) Befugnissen förmlich am Strafverfahren beteiligt wird (vgl. §§ 431 ff. StPO). Eröffnet ist allerdings der zivilrechtliche Schutzbereich (Rn. 73, 82).

95 **g) Disziplinarverfahren** sind in der Regel *nicht* dem strafrechtlichen Schutzbereich des Art. 6 Abs. 1 zuzurechnen.[271] Auch für diese Fallgruppe werden zur Abgrenzung die sog. *Engel*-Kriterien herangezogen.[272] Für eine Anwendung des Art. 6 im strafrechtlichen Kontext kann es sprechen, wenn das innerstaatliche Recht das disziplinarrechtlich zu untersuchende Fehlverhalten explizit dem Strafrecht zuordnet. Unabhängig davon kann je nach nationaler Rechtslage wegen der strafrechtlichen Natur des sanktionierten Fehlverhaltens oder wegen Art und Höhe[273] der Sanktion der strafrechtliche Charakter des Verfahrens eröffnet sein. Dass ein disziplinarrechtlich untersuchtes Fehlverhalten auch eine Straftat (nach nationalem Recht) darstellt, genügt nicht, um einen strafrechtlichen Charakter (auch) des Disziplinarverfahrens zu bejahen.[274] So hielt der EGMR eine *strafrechtliche Anklage* und damit die Anwendbarkeit des Art. 6 für gegeben, wenn ein normalerweise strafrechtlich zu verfolgendes Vergehen nach nationalem Recht durch eine nach Art und Ausmaß schwerwiegende Sanktion im Disziplinarweg geahndet oder aber wenn eine schwerwiegende Sanktion mit Strafcharakter verhängt wird, was vor allem dann der Fall sein kann, wenn eine nicht nur geringfügige Freiheitsentziehung droht[275] oder die verhängte Sanktion ohne erneute münd-

---

270 EGMR AGOSI/UK, 24.10.1986 (Schmuggler; Eigentümer nur als Zeuge vernommen; ob *„civil rights"* betroffen waren, nicht geprüft).
271 EGMR Müller-Hartburg/A, 19.2.2013, §§ 41 ff. (Berufsrecht; Untersagung der Ausübung der Rechtsanwaltstätigkeit); Kamenos/ZYP, 31.10.2017, §§ 51 ff., NVwZ **2019** 213 (Amtsenthebung eines Gerichtspräsidenten; Disziplinarverfahren); Čivinskaité/LIT, 15.9.2020, § 98 (Disziplinarverfahren gegen Staatsanwältin); BVerwG NJW **1983** 531; NVwZ **1990** 373; *Frowein/Peukert* 27 f., 44; *Nowak* 13; *Vogler* ZStW **89** (1977) 776; BGer EuGRZ **1984** 323 (Ausschluss eines Studenten für ein Semester); ohne nähere Begründung EGMR Gülmez/TRK, 20.5.2008; vgl. Explanatory Reports zum 7. ZP-EMRK (bzgl. des Grundsatzes *ne bis in idem*), Nr. 32. Zur Qualifizierung des Disziplinarwesens im Strafvollzug im internationalen Kontext: *Zapf* Ordnungsstrafen – Sanktionierung in der totalen Institution Strafvollzug (2015) 33 ff.
272 So ausdrücklich in Bezug auf Disziplinarmaßnahmen im Strafvollzug: EGMR (GK) Ezeh u. Connors/UK, 9.10.2003, § 85 mit Hinweis auf EGMR Campbell u. Fell/UK, 28.6.1984, und in Bezug auf berufsrechtliche Disziplinarmaßnahmen EGMR Müller-Hartburg/A, 19.2.2013, §§ 41 ff.; (GK) Ramos Nunes de Carvalho e Sá/P, 6.11.2018, §§ 124 ff. vgl. *Frowein/Peukert* 26 ff., 44; IK-EMRK/*Vogler* 230; siehe Näheres bei: EGMR Guide on Article 6 of the ECHR – Right to a fair trial (criminal limb) Nr. 23 ff.; Engel u.a./NL, 8.6.1976, §§ 82 f.
273 Hier ist auf das angedrohte Höchstmaß abzustellen: EGMR Müller-Hartburg/A, 23.3.2016, § 46.
274 EGMR Moullet/F (E), 13.9.2007; Müller-Hartburg/A, 23.3.2016, § 44; Pişkin/TRK, 15.12.2020, § 106; XHOXHAJ/ALB, 9.2.2021, § 244; vgl. auch EGMR Vagenas/GR (E), 23.8.2011 (parallele Auslegung von Strafe i.S.d. Art. 7); zur Anwendbarkeit strafprozessualer Grundsätze (*nemo tenetur*) im Disziplinarverfahren: BVerwG ZBR **2013** 135 m. Anm. *Pflaum* und *Leuze* DÖD **2015** 39.
275 EGMR Engel u.a./NL, 8.6.1976 (Androhung von 14 Tagen strengen Arrests, nicht bei 2 Tagen); Campbell u. Fell/UK, 28.6.1984 (Verwirkung von 570 Tagen des Reststrafenerlasses); (GK) Ezeh u. Connors/UK, 9.10.2003 (Disziplinarmaßnahme im Strafvollzug; Androhung von 42 Tagen Freiheitsentzug); ebenso EGMR Young/UK, 16.1.2007. Die Disziplinierung (z.B. Einzelhaft für Tage/Wochen) eröffnet nur dann den strafrechtlichen Anwendungsbereich, wenn sich dadurch die gesamte Haftzeit verlängert: EGMR Plathey/F, 10.11.2011, § 66; Payet/F, 20.1.2011, § 98; ebenso für Art. 4 des 7. ZP-EMRK, der demselben Strafrechtsbegriff wie Art. 6 folgt: EGMR Toth/KRO (E), 6.11.2012, §§ 36 ff.

liche Verhandlung in eine Freiheitsstrafe umgewandelt werden kann.[276] Zudem scheint es wohl von Relevanz zu sein, ob die den Disziplinarmaßnahmen zugrunde liegende Vorschrift für einen unbestimmten bzw. größeren Personenkreis gilt, und sich nicht nur an eine bestimmte Gruppe von Individuen mit speziellem Status richtet.[277]

Für die **berufs- oder anwaltsgerichtliche Ahndung** beruflicher Verfehlungen gelten die gleichen Grundsätze.[278] Verfahren, die zu einem **Berufsverbot** führen können, beinhalten regelmäßig (auch) eine Entscheidung über ein *„civil right"* (Rn. 43).[279] **96**

h) Verfahren vor einem Verfassungsgericht. Der verfahrensrechtliche Anwendungsbereich von Art. 6 Abs. 1 bleibt eröffnet, wenn eine *strafrechtliche Anklage* zum Gegenstand eines **Verfahrens vor einem Verfassungsgericht** wird, sei es im Wege der Verfassungsbeschwerde oder der Richtervorlage (z.B. Art. 100 Abs. 1 GG).[280] Auch der Umstand, dass ein konkretes Verfahren überhaupt nur vor einem Verfassungsgericht stattfindet, das Verfassungsgericht also das einzige nationale Gericht ist, dass sich mit dem Fall beschäftigt, schließt einen *strafrechtlichen* Kontext und eine diesbezügliche *Anklage* i.S.v. Art. 6 EMRK/ Art. 14 IPBPR nicht per se aus.[281] **97**

Einem **Amtsenthebungsverfahren** gegen ein Staatsoberhaupt liegt nach Ansicht des EGMR keine *strafrechtliche Anklage* zugrunde, wenn lediglich originäres Verfassungsrecht tangiert ist.[282] Die deutsche Rechtslage dürfte diesem Ansatz entsprechen. Art. 61 Abs. 1 GG sieht vor, dass der Bundespräsident wegen *vorsätzlicher Verletzung* des Grundgesetzes *oder eines anderen Bundesgesetzes* vor dem BVerfG angeklagt werden kann. Das Verfahren ist gemäß §§ 49 ff. BVerfGG kein Strafverfahren, sondern ein spezielles verfassungsrechtliches Verfahren, das jedoch dem Strafprozess nachgebildet ist und zu diesem unübersehbare Parallelen aufweist.[283] Wird nun der Bundespräsident (lediglich) wegen Verletzung des Grundgesetzes angeklagt, so liegt kein *strafrechtliches* Verfahren vor. Findet aber eine Anklage vor dem BVerfG wegen der mutmaßlichen **Verletzung eines Strafgesetzes** durch den Bundespräsidenten statt, so erscheint es bedenklich, dem Staatsoberhaupt nicht alle **98**

---

276 EGMR Weber/CH, 22.5.1990; vgl. auch EGMR T./A, 14.11.2000; sog. Mutwillensstrafe, die ohne mündl. Verhandlung in Freiheitsstrafe umgewandelt werden konnte); IK-EMRK/*Vogler* 230; vertiefend zur Beziehung von Disziplinar- und Strafrecht: *Brüning* Das Verhältnis des Strafrechts zum Disziplinarrecht, 2017.
277 Vgl. EGMR Oleksandr Volkov/UKR, 9.1.2023, §§ 93 ff.: „the relevant provisions [...] were not directed at a group of individuals possessing a special status – in the manner, for example, of a disciplinary law, but covered a vast group of citizens" (Disziplinarmaßnahme gegenüber einem Richter); kritisch zu dieser Entwicklung *Bachmaier* eucrim 4/**2022** 260, 263 f.
278 IK-EMRK/*Vogler* 231; *Partsch* 146, der den Ausschluss dieser für den Betroffenen schwerwiegenden Verfahren von den Verfahrensgarantien für schwer verständlich hält. Vgl. auch ÖVerfG EuGRZ **1988** 173 (Disziplinarverfahren nach Apothekenkammergesetz); dazu *Merli* ZaöRV **48** (1988) 251; BGer EuGRZ **2003** 612.
279 BGer EuGRZ **2003** 612; vielfach hält es der EGMR für ausreichend, wenn der Anwendungsbereich des Art. 6 Abs. 1 aufgrund *einer* der beiden Gruppen sicher feststeht; vgl. EGMR Le Compte u.a./B, 23.6.1981; Diennet/F, 26.9.1995; vgl. auch *Grabenwarter/Pabel* § 24, 24 (Schwere der Sanktion bejaht); IK-EMRK/*Vogler* 232.
280 Zur rechtsstaatswidrigen Verfahrensverzögerung vor dem BVerfG siehe Rn. 461 ff.
281 EGMR (GK) Paksas/LIT, 6.1.2011, § 65.
282 EGMR (GK) Paksas/LIT, 6.1.2011, § 66.
283 So wird die Anklage durch die Einreichung einer Anklageschrift beim BVerfG erhoben (§ 49 BVerfGG), es kann eine Voruntersuchung nach § 54 BVerfGG angeordnet werden und es wird aufgrund mündlicher Verhandlung entschieden (§ 55 Abs. 1 BVerfGG). Dazu ist der Bundespräsident zu laden. Die mündliche Verhandlung beginnt mit dem Vortrag der Anklageschrift, daraufhin erhält der Bundespräsident Gelegenheit sich zu verteidigen; es folgt die Beweiserhebung. Die mündliche Verhandlung endet mit den Schlussplädoyers; der Bundespräsident hat das letzte Wort (§ 54 Abs. 6 BVerfGG).

Esser

Rechte eines Beschuldigten zuzuerkennen, insbesondere ein Recht, die Aussage zu verweigern (nemo tenetur; Rn. 1328 ff.) und das gegen ihn ergangene Urteil revisionsrechtlich überprüfen zu lassen (Rn. 1472 ff.).[284]

99   Dagegen könnte die Tatsache sprechen, dass das Urteil des BVerfG gemäß Art. 61 Abs. 2 GG, § 56 Abs. 1 BVerfGG lediglich ein Feststellungsurteil ist. Das BVerfG spricht zwar ggf. aus, dass der Bundespräsident einer vorsätzlichen Gesetzesverletzung *schuldig* ist, es verurteilt ihn jedoch nicht zu einer Strafe nach den §§ 38 ff. StGB. Die einzige Folge des Urteils ist der Amtsverlust (§ 56 Abs. 2 BVerfGG) – eine Sanktion, die nach den *Engel*-Kriterien (Rn. 83 ff.) nicht als strafrechtlich einzustufen ist. Sollte der Bundespräsident tatsächlich eine Straftat begangen haben, würde gegen ihn auf dem ordentlichen Rechtsweg Anklage erhoben werden, entweder nach Verlust seines Amtes oder schon vorher nach Aufhebung seiner Immunität (Art. 60 Abs. 4; Art. 46 Abs. 2 bis 4 GG).

100   Die strafprozessrechtlichen Parallelen einer sog. Präsidentenanklage treten noch deutlicher bei den **Ministeranklagen der einzelnen Bundesländer** hervor.[285] Diese werden vor den jeweiligen Länderverfassungsgerichten erhoben. Die Verfassungsgerichtsgesetze der Länder verweisen in den Fällen der Ministeranklage auf die Vorschriften der StPO (vgl. § 20 Abs. 1 StGHG BW; Art. 42 BayVerfGHG; § 13 Abs. 1 VGHG NRW). Allerdings ist auch hier zu bedenken, dass in einem solchen Verfahren kein Strafurteil ergeht. So normiert Art. 131 Abs. 4 der rheinland-pfälzischen Verfassung: „Eine Strafverfolgung nach den allgemeinen Strafgesetzen wird durch dieses Verfahren nicht gehindert".

101   Damit finden, sollte der Bundespräsident oder aber ein Landesminister tatsächlich eine Straftat begehen, zwei unterschiedliche Verfahren mit unterschiedlicher Rechtsfolge statt. Zwar ist das Verfahren vor dem BVerfG bzw. vor den Landesverfassungsgerichten dem Strafprozess nachgebildet und die Verfassungsrichter entscheiden ggf. inzident auch über die Verletzung eines Straftatbestandes, in diesem Verfahren erfolgt aber keine Schuldfeststellung und *Verurteilung*, ggf. mit dem Ausspruch einer *strafrechtlichen* Sanktion i.S.v. Art. 6 Abs. 1 als Rechtsfolge. Eine solche Verurteilung findet ausschließlich vor einem Strafgericht statt. Dieser Befund steht der Forderung nach einer Ausdehnung der Beschuldigtenrechte aus Art. 6 auf das *nicht-strafrechtliche*, dem Strafprozess „vorgelagerte" Amtsenthebungsverfahren aber nicht entgegen – im Gegenteil. Für eine solche Überlegung sprechen die Identität des Anklagevorwurfs (wenn es um den Verstoß gegen ein Strafgesetz geht) und der Umstand, dass Aussagen und Beweise aus dem früheren Verfahren im späteren Strafprozess verwertet werden können.[286]

102   **i) Auslieferungsverfahren.** Das Auslieferungsverfahren betrifft *als solches* nicht die Entscheidung über zivilrechtliche Ansprüche oder über die Stichhaltigkeit einer *strafrechtlichen Anklage*;[287] über Letztere wird in dem Verfahren entschieden bzw. ist in dem Ver-

---

284   Da eine Revision gegen ein verfassungsgerichtliches Urteil jedoch nicht möglich ist, erscheint dies, vor allem mangels eines dahingehenden deutschen Vorbehalts, als ein Verstoß gegen Art. 14 Abs. 5 IPBPR.

285   Rechtsvergleichend hierzu: *Steinbarth* Das Institut der Präsidenten- und Ministeranklage in rechtshistorischer und rechtsvergleichender Perspektive (2011).

286   Zur Frage, ob Art. 6 auf die österreichische Staatsgerichtsbarkeit, in deren Rahmen die Ministeranklage stattfindet, anwendbar ist, vgl. *Höllbacher* JBl. 2009 473.

287   EGMR Aktas/D (E), 8.10.2013, EuGRZ **2014** 529, § 36; Toniolo/SM u. I, 26.6.2012, § 59; (GK) Maaouia/F, 5.10.2000; Penafiel Salgado/E (E), 16.4.2002; Aronica/D (E), 18.4.2002, EuGRZ **2002** 514 = ÖJZ **2003** 309; Sardinas Albo/I (E), 8.1.2004; (GK) Mamatkulov u. Askarov/TRK, 4.2.2005, EuGRZ **2005** 357; Al-Moayad/D (E), 20.2.2007, NVwZ **2008** 761; Ismoilov u.a./R, 24.4.2008 (dort allerdings Art. 6 Abs. 2 anwendbar); Monedero Angora/E (E), 7.10.2008 (EuHb); OHG JSt **2020** 85; IK-EMRK/*Vogler* 247; *ders.* GA **1996** 569, 572; SK/*Meyer* 62; *Vogler* ZStW **82** (1970) 743; **a.A.** *Rohlff* Der europäische Haftbefehl (2003) 65; *Tinkl* Die Rechtsstellung des Einzelnen nach dem Rahmenbeschluss über den Europäischen Haftbefehl (2008) 41.

fahren entschieden worden, für das (zur Verfolgung) bzw. als dessen Folge (zur Vollstreckung) ausgeliefert wird. Dieser konservativ-restriktive Ansatz des EGMR führt dazu, dass etwaige Rechte des Auszuliefernden in diesem „Vor-Stadium" des Strafverfahrens nicht auf Art. 6 als zentraler Bestimmung der Konvention gestützt werden können, was insbesondere für die praxisrelevante Problematik der **„notwendigen" Bestellung eines Beistands nach § 40 Abs. 2 IRG** eine missliche Konsequenz ist.[288]

Allerdings hat der EGMR in der Rs. *Buijen*[289] wegen der besonderen Umstände des **103** Einzelfalls die Anwendbarkeit von Art. 6 Abs. 1 auf das **Verfahren betreffend die Überstellung des Verurteilten in sein Heimatland bejaht,** da das Geständnis des Angeklagten – und damit der Ausgang des Strafverfahrens – auf der (nicht eingehaltenen) Zusicherung der Staatsanwaltschaft beruhte, ihn nach **Art. 11 des Übereinkommens über die Überstellung verurteilter Personen** v. 21.3.1983 (ETS 112) zur Strafvollstreckung in sein Heimatland zu überstellen. Hierin könnte ein Ansatz in der Rechtsprechung des EGMR zu sehen sein, endlich von dem engen Verständnis der „strafrechtlichen Anklage" abzurücken. Das hätte dann auch Folgewirkungen für die „strafrechtliche" Einordnung des Vollstreckungs- und Wiederaufnahmeverfahrens.

Abgesehen von dieser besonderen Konstellation müssen bei einer Auslieferung zur **104** Strafverfolgung zentrale Beschuldigtengarantien über das Gebot der *Rechtmäßigkeit* der Freiheitsentziehung i.S.v. **Art. 5 Abs. 1 Satz 2 *lit.* f.** eingefordert werden (Art. 5 Rn. 292 ff.). Auch dort ist die Straßburger Judikatur allerdings in vielen Fragen noch recht rudimentär ausgeformt. Mittelfristig sollte sich – gerade bei Überstellungsverfahren, die auf einen Europäischen Haftbefehl zurückgehen – die Erkenntnis durchsetzen, dass das Auslieferungsverfahren als eine Art „Prolog" des eigentlichen Strafverfahrens über die strafrechtliche Anklage anzusehen ist und daher den *strafrechtlichen* Schutzbereich des Art. 6 eröffnet. Vgl. hierzu auch die Tendenzen in der Straßburger Judikatur zur Unschuldsvermutung Rn. 728 ff.

Ein im ausländischen Strafverfahren bereits eingetretener oder noch drohender Verstoß gegen die Grundsätze des Art. 6 Abs. 1 kann jedoch im ersuchten Staat zu einem **105** **Auslieferungsverbot** führen. Die Prüfung, ob ein solches Auslieferungshindernis (§ 73 IRG) vorliegt, hat nicht nur anhand der Elementargarantien und des wesentlichen Kerns der Rechtsstaatlichkeit zu geschehen, sondern auch menschenrechtliche Verfahrensgrundsätze des Art. 6 Abs. 1, insbesondere die Fairness des Verfahrens, mit einzubeziehen.[290] Der EGMR ist insoweit jedoch zurückhaltend und hält Art. 6 nur ausnahmsweise für verletzt, wenn in dem Land, in das ausgeliefert wird, eine schwerwiegende Rechtsverweigerung (*„flagrant denial of justice"*) droht;[291] bloße Zweifel an einem fairen Verfahren

288 Hierzu etwa: OLG Dresden StRR **2011** 150 m. Anm. *Köberer*; OLG München NStZ-RR **2013** 179 unter Umdeutung des Antrags auf Beiordnung nach § 140 Abs. 2 StPO in einen Antrag auf „Pflichtbeistand" gemäß § 40 Abs. 2 IRG („Beurteilung des Einzelfalls"). Zurückhaltend auch: KG NStZ-RR **2011** 339 (zur Zulässigkeit der Auslieferung nach § 29 IRG); krit. zur Beiordnungspraxis: *Fromm* StRR **2011** 208, 211.
289 EGMR Buijen/D, 1.4.2010, NStZ-RR **2011** 113 = StV **2011** 430; siehe auch EGMR Smith/D, 1.4.2010, StRR **2011** 58 Ls. m. Anm. *Kotz*.
290 BGH NStZ **2002** 166; OLG Bamberg NStZ **2008** 640, 641 (türkischer Militärrichter); OLG Zweibrücken NStZ **2008** 641 (Ls.); ausführlich zur Auslieferung *Möthrath/Rüther/Bahr* Verteidigung ausländischer Beschuldigter (2012) 262 ff. unter Verweis auf OLG Frankfurt StV **2007** 142 (zu Gründen, die der Auslieferung in die Türkei im Hinblick auf Art. 6 entgegenstehen können).
291 EGMR F.G./S, 23.3.2016. Vgl. hierzu: OGH Beschl. v. 27.7.2022 – 15 Os 63/22 m, ÖJZ **2023** 58, 59; EuGH (GK) 17.12.2020, C-354/20 PPU und C-412/20 PPU (L und P) – mangelnde Unabhängigkeit der polnischen Justiz: Auslieferungsverbot nur, wenn tatsächlich ein unfaires Verfahren droht.

genügen nicht.[292] Die Verstöße müssen von einem solchen Gewicht sein, dass sie einer Aufhebung der Garantie gleichkommen.[293] Konkrete Verstöße gegen die in Art. 6 garantierten Rechte sollen aber in der Regel eine solche Rechtsverweigerung darstellen: etwa eine Verurteilung in einem Abwesenheitsverfahren ohne die Möglichkeit, die Begründetheit der erhobenen Vorwürfe erneut untersuchen zu lassen; summarische Verfahren, in denen die Verteidigungsrechte völlig außer Acht gelassen werden; eine Inhaftierung, deren Überprüfung vor einem unabhängigen Gericht nicht veranlasst werden kann; systematische Verweigerung des Zugangs zu einem Verteidiger, insbesondere bei einer Inhaftierung in einem fremden Land.[294] Auch die Zulassung von Beweisen, die durch Folter i.S.v. Art. 3 erlangt wurden, fällt in diese Kategorie. Ob dasselbe auch für Beweise gilt, die durch unmenschliche Behandlung erlangt wurden, hat der Gerichtshof offengelassen.[295] Die Beweislast entspricht derjenigen für den Nachweis der Verletzung von Art. 3, wenn dem Ausgelieferten im Zielstaat mit hoher Wahrscheinlichkeit eine Behandlung zuteilwerden wird, die gegen das Folterverbot verstößt.[296] Die Frage, ob auch die möglichen Folgen des Verfahrens eine Rolle spielen, ob eine langjährige Haftstrafe droht, lässt der EGMR meist offen.[297]

106   **j) Exequaturverfahren.** Ein Exequaturverfahren oder sonstiges Verfahren, in dem über die inländische Vollstreckung der in einem anderen Staat rechtskräftig festgesetzten Strafe entschieden wird, gehört zwar der Sache nach dem Strafrecht an, wirft also keine Entscheidung über *zivilrechtliche Ansprüche* auf. Das Verfahren betrifft aber auch nicht die Stichhaltigkeit einer *strafrechtlichen Anklage* als solche,[298] denn über diese ist bereits rechtskräftig entschieden. Das **Verfahren nach dem ehem.** **RHG** entschied zwar konstitutiv über die Vollstreckung, es erging aber keine Entscheidung über die bereits rechtskräftig abgeurteilte *Anklage* als solche, sondern nur über die für die innerstaatliche Anerkennung und Vollstreckung notwendige Nachprüfung ihrer Rechtsstaatlichkeit.[299] Gleiches gilt im umgekehrten Fall der Entscheidung über die **Ausweisung eines Verurteilten** zur Verbüßung des Restes einer Freiheitsstrafe in einem anderen Staat; sie betrifft weder zivilrechtliche Ansprüche noch die Stichhaltigkeit einer strafrechtlichen Anklage; auch wenn der Betroffene in seinem Heimatstaat möglicherweise erst später auf Bewährung entlassen wird (Strafrestaussetzung) als im ausweisenden Staat, so ist dies für ihn keine zusätzliche, neue Sanktion.[300]

---

292 EGMR (GK) Mamatkulov u. Askarov/TRK, 4.2.2005; Aktas/D (E), 8.10.2013, EuGRZ **2014** 529, §§ 37 f.; Al-Moayad/D (E), 20.2.2007; Einhorn/F (E), 16.10.2001, §§ 32, 34; ähnlich schon EGMR Soering/UK, 7.7.1989, NJW **1990** 2183 = EuGRZ **1989** 314 (*„flagrant denial of a fair trial"*); ebenso EGMR Ismoilov u.a./R, 24.4.2008. Siehe ferner: EGMR Othman (Abu Qatada)/UK, 17.1.2012, §§ 258 f., 272 ff., NVwZ **2013** 487, auch zum Ausmaß der Beweislast. Zum Maßstab des Art. 6 Abs. 1 im Auslieferungsrecht auch: OGH ÖJZ **2014** 179, 180 (Verurteilung in Abwesenheit ohne effektive Möglichkeit der Verfahrenswiederholung); OGH ÖJZ **2016** 465.

293 EGMR Othman (Abu Qatada)/UK, 17.1.2012, §§ 260; Ahorugeze/S, 27.10.2011, §§ 115, 117 ff. (kein flagrant denial; Auslieferung nach Ruanda).

294 EGMR Othman (Abu Qatada)/UK, 17.1.2012, § 259.

295 EGMR Othman (Abu Qatada)/UK, 17.1.2012, § 267.

296 EGMR Othman (Abu Qatada)/UK, 17.1.2012, §§ 261, 272 ff. zum Grad der Wahrscheinlichkeit EGMR El Haski/B, 25.9.2012, § 85 („real risk of being subjected to a flagrant denial of justice"; hierzu *Heine* NStZ **2013** 680; *Schüller* ZIS **2013** 245).

297 EGMR Othman (Abu Qatada)/UK, 17.1.2012, § 262.

298 IK-EMRK/*Vogler* 255, 256.

299 Dazu *Vasak* ROW **1961** 107; verneinend ferner IK-EMRK/*Vogler* 253; *Partsch* 148, Fn. 468; *Vogler* ZStW **82** (1970) 765; bejahend *Guradze* 11; je m.w.N. vgl. LR/*K. Schäfer*²³ Vor § 1, 7 ff. RHG.

300 EGMR Szabó/S (E), 27.6.2006; Csoszanski/S (E), 27.6.2006; Veermae/FIN (E), 15.3.2005.

k) Spezielle Verfahrenskonstellation im Rahmen der Strafverfolgung. Spezielle **107** Verfahrenskonstellationen im Rahmen der Strafverfolgung, die nicht die Entscheidung über die *Anklage* selbst zum Gegenstand haben, wie das Beschwerdeverfahren gegen **prozessleitende Anordnungen**,[301] die **Beschlagnahme** von Gegenständen[302] oder die unter Art. 5 EMRK/Art. 9 IPBPR fallenden Verfahren zur Prüfung einer **Freiheitsentziehung**,[303] werden nicht von Art. 6 EMRK/Art. 14 IPBPR erfasst.

l) Administrative Maßnahme. Ein Verfahren betrifft nicht mehr die *strafrechtliche* **108** *Anklage*, wenn Rechte, die durch die strafrichterliche Entscheidung selbst nicht entzogen worden sind, erst in einer durch sie ausgelösten administrativen Maßnahme entzogen werden.[304] Ob das dortige Verfahren in den *zivilrechtlichen* Schutzbereich des Art. 6 fällt, beurteilt sich nach den allgemeinen Kriterien.

m) Ausweisung. Keine strafrechtliche Anklage hat ein Verfahren zur Ausweisung ei- **109** nes Ausländers zum Gegenstand, selbst wenn die Ausweisung wegen begangener Straftaten erfolgt.[305]

5. Zeitpunkt der Erhebung einer *strafrechtlichen Anklage*. In welchem staatlichen **110** Handeln oder formalen Akt die *Erhebung* einer *strafrechtlichen Anklage* zu sehen ist und wann damit der strafrechtliche Schutz(!)bereich des Art. 6 Abs. 1 EMRK/Art. 14 IPBPR beginnt, ist ebenfalls **autonom** vom Schutzzweck dieser Konventionsgarantie her zu bestimmen. Unter einer *Anklage* ist daher nicht formal (erst) die förmliche Anklageerhebung durch die Staatsanwaltschaft (vgl. § 170 Abs. 1 StPO) nach dem jeweiligen nationalen Recht zu verstehen.[306] Der Zweck, eine effektive Verteidigung im *gesamten* Strafverfahren zu gewährleisten, erfordert eine **materiell-objektive Auslegung** des Begriffs der *Anklage*,[307] die den Schutzbereich dieser Bestimmung – die zentralen Verfahrensgarantien der Art. 6 EMRK/Art. 14 IPBPR – schon vor der förmlichen Anklage bei einem Gericht, d.h. auch und gerade schon im **Ermittlungsverfahren**[308] zur Anwendung kommen lässt.

In jedem Fall liegt (spätestens) eine *strafrechtliche Anklage* dann vor, wenn eine Per- **111** son durch einen staatlichen Akt offiziell darüber in **Kenntnis** gesetzt wird, dass gegen sie wegen des Verdachts einer Straftat ermittelt wird (**„official notification of an allegation that a person has committed a criminal offence"**). Ob eine durch staatliche Akteure vorgenommene Handlung als eine solche offizielle Bekanntgabe anzusehen ist, bemisst

---

301 IK-EMRK/*Vogler* 217.
302 EGMR Dogmoch/D (E), 18.9.2006; SK/*Meyer* 56.
303 EGMR Neumeister/A, 27.6.1968; Matznetter/A, 10.11.1969; Reinprecht/A, 15.11.2005; vgl. auch EGMR Guliyev/ASE (E), 27.5.2004; *Grabenwarter/Pabel* § 24, 27; IK-EMRK/*Miehsler/Vogler* 183, 202, 210; vgl. Art. 5 Rn. 335.
304 ÖVerfG EuGRZ **1990** 186.
305 EGMR Kerkez/D (E), 24.3.2015, § 40.
306 EGMR Mikolajová/SLO, 18.1.2011, § 40 („concept is „autonomous"; it has to be understood within the meaning of the Convention and not solely within its meaning in domestic law."); vgl. auch *Grabenwarter/Pabel* § 24, 26.
307 EGMR Brusco/F, 14.10.2010, § 47 („L'argument selon lequel le requérant n'a été entendu que comme témoin est inopérant, comme étant purement formel, dès lors que les autorités judiciaires et policières disposaient d'éléments de nature à le suspecter d'avoir participé à l'infraction."); Gül/D (E), 4.1.2012 („must be interpreted with reference to the objective rather than formal situation").
308 Vgl. EGMR Imbrioscia/CH, 24.11.1993, § 36 („does not follow that the Article has no application to pretrial proceedings"); Dvorski/KRO, 20.10.2015, § 76; (GK) Schatschaschwili/D, 15.12.2015, § 104.

sich nach den konkreten Gegebenheiten des jeweiligen Verfahrens und der **Lage/Situation des Betroffenen**.[309]

112   Neben und damit unabhängig von einer solchen *„official notification"* kann jede staatliche (Ermittlungs-)Maßnahme zur *Erhebung* einer *Anklage* i.S.v. Art. 6 Abs. 1 führen, sofern sie den Vorwurf impliziert, der Betroffene habe eine strafbare Handlung begangen, und seine Situation substantiell beeinträchtigt (**„any measure carrying the implication of such an allegation and substantially affecting the situation of the suspect"**).[310] Damit kommen auch Maßnahmen in Betracht, von denen die „betroffene" Person noch keine konkrete oder gar offiziell vermittelte Kenntnis hat.[311]

113   Von dem auf diese Weise zu bestimmenden Zeitpunkt an greifen die **Verfahrensgarantien zu Gunsten** des Beschuldigten ein; vor allem besteht von diesem Zeitpunkt an ein Recht auf eine gerichtliche Entscheidung über die erhobene Anklage in angemessener Frist (Rn. 428 ff.).[312]

114   *Anklage* in diesem Sinne ist damit zunächst jede **offizielle Mitteilung der zuständigen Behörde**, aus der der Betroffene ersehen kann, dass gegen ihn eine Anschuldigung vorliegt und dass die Behörde wegen des Verdachts einer strafbaren Handlung gegen ihn ermittelt.[313] Das ist evident bei einer förmlichen Vernehmung einer Person als *Beschuldigter*, dagegen durchaus komplex bei polizeilichen Ermittlungen im Vorfeld, gerade zu Beginn eines Ermittlungsverfahrens. Während die unter der StPO herrschende, gemischt objektiv-subjektive Theorie neben dem Vorliegen eines Anfangsverdachts regelmäßig ein Vorgehen der Strafverfolgungsbehörden gegen die tatverdächtige Person *mit Verfolgungswillen* für die Beschuldigung einer Person und damit für eine *Beschuldigung* verlangt,[314] kann die Sichtweise des EGMR als Konzentration auf eine *faktische* Beschuldigtenstellung bezeichnet werden, da sie auf jedes subjektive Verfolgungselement als *notwendiges* Kriterium verzichtet.[315] Unter den konkreten Umständen können daher auch **andere behördliche Maßnahmen** für eine *Anklage* genügen, aus denen der Betroffene eine gegen ihn gerichtete Verfolgung schließen kann, sofern diese Maßnahmen ihn in seiner Rechtsstellung ebenso tangieren wie eine offizielle Mitteilung strafrechtlich relevanter Vorwürfe.[316] Die *Erhebung* der strafrechtlichen An-

---

309 EGMR Engel u.a./NL, 8.6.1976; Deweer/B, 27.2.1980; Adolf/A, 26.3.1982; Öztürk/D, 21.2.1984; Campbell u. Fell/UK, 28.6.1984; Corigliano/I, 10.12.1982, EuGRZ **1985** 585; Brozicek/I, 19.12.1989; IK-EMRK/*Vogler* 192.

310 EGMR Gül/D (E), 4.1.2012; siehe auch EGMR Aleksandr Zaichenko/R, 18.2.2010, §§ 42 f., m.w.N. (Bf. wurde von der Polizei angehalten, infolge der bei ihm gefundenen Sachen bestand ein Verdacht auf strafbares Handeln); Šubinski/SLW, 18.1.2007, § 62.

311 EGMR Gül/D (E), 4.1.2012 (Durchsuchungsbeschluss, Haftbefehl).

312 Vgl. EGMR Neumeister/A, 27.6.1968; Vera Fernández-Huidobro/E, 6.1.2010 (Unparteilichkeit des Untersuchungsrichters); Kalēja/LET, 5.10.2017, § 36; Chiarello/D, 20.6.2019, §§ 44 f.; *Vogler* ZStW **89** (1977) 775.

313 EGMR Deweer/B, 27.2.1980; Foti u.a./I, 10.12.1982, NJW **1986** 647 = EuGRZ **1985** 578; Salov/UKR, 6.9.2005; Matyjek/PL, 24.4.2007; Aleksandr Zaichenko/R, 18.2.2010; Sommer/I (E), 23.3.2010; Mikolajová/SLO, 18.1.2011, § 40; Chiarello/D, 20.6.2019, § 46 (Beginn mit der Ladung zur Befragung und der Benachrichtigung über die Beschuldigung); *Frowein/Peukert* 41 f.; Meyer-Ladewig/Nettesheim/von Raumer/*Meyer-Ladewig/Harrendorf/König* 31; *Nowak* 14; SK/*Meyer* 68; *Schroth* EuGRZ **1985** 557 558; *Ulsamer* FS Zeidler 1813.

314 Vgl. die „Grundsatzentscheidung" BGHSt **10** 8, 12 (hierzu *Schumann* GA **2010** 699 ff.); ferner BGHSt **37** 48, 51; BGH NStZ **1997** 398; NStZ **1987** 83; NStZ **2007** 653; NStZ **2015** 291; diese Beschuldigtentheorie ist auch im Schrifttum vorherrschend, vgl. SK/*Rogall* Vor § 133, 16 StPO; KK/*Diemer* § 136, 4 StPO; SSW/*Eschelbach* § 136, 13 StPO; sehr kritisch hingegen *Gerson* 88 ff.

315 Vgl. *Gerson* 810 f.; vgl. bereits EGMR Deweer/B, 27.2.1980, § 44.

316 EGMR Öztürk/D, 21.2.1984; Eckle/D, 15.7.1982, EuGRZ **1983** 371 m. Anm. *Kühne*; Mikolajová/SLO, 18.1.2011, § 40 („A „charge" may in some instances take the form of other measures which carry the implication of such an allegation and which likewise substantially affect the situation of the suspect."). Siehe auch: EGMR Foti u.a./I, 10.12.1982, § 52; Meyer-Ladewig/Nettesheim/von Raumer/*Meyer-Ladewig/Harrendorf/König* 31; *Frowein/Peukert* 42; *Grabenwarter/Pabel* § 24, 26; je m.w.N. Zum Meinungsstand auch SK/*Meyer* 68.

klage ist daher ab dem Zeitpunkt anzunehmen, in dem eine **Festnahme** wegen des Verdachts einer Straftat[317] oder eine **Durchsuchung** von Räumlichkeiten erfolgen, oder ab dem ein Verdächtiger über seine Beteiligung an mutmaßlich strafbaren Handlungen (unabhängig von seiner formalen Stellung im Verfahren[318]) befragt wird.[319] Unerheblich ist dabei, ob es sich um ein Delikt handelt, dessen Verfolgung von einem Strafantrag abhängt,[320] oder ob später von der formellen Anklageerhebung wegen Geringfügigkeit oder aus anderen Gründen abgesehen wird.[321] Die für Art. 6 Abs. 1 ausreichende Stellung als **faktischer Beschuldigter** („de facto suspect") kann sich auch in nicht genuin strafrechtlichen Verfahren ergeben, wenn dort Fragen der strafrechtlichen Verantwortung behandelt werden.[322] Ermittlungsbezogene, auf einem Tatverdacht gründende **Maßnahmenbündel**, die kombiniert zu einer „wesentlichen Beeinträchtigung" des Betroffenen führen, können die Beschuldigtenstellung und damit die *Anklage* i.S.v. Art. 6 ebenso aktivieren.[323] Dafür kann es schon genügen, dass forensische Spuren am Tatort aufgenommen werden und ein Verdächtiger in der Absicht geladen wird, seine Fingerabdrücke „zufällig" abzugeben, um diese mit den Tatortspuren abzugleichen.[324]

Da die *Erhebung* der *strafrechtlichen Anklage* und damit der Eintritt in die Beschuldig- **115** ten(schutz)stellung also unabhängig von einer formalen Mitteilung an den Betroffenen über gegen ihn eingeleitete Ermittlungen erfolgen können, soll es für den Beginn der Beschuldigtenstellung bei **verdeckten Ermittlungsmaßnahmen** oder bei einem noch nicht ergriffenen Beschuldigten auf den (vermuteten) **Zeitpunkt der Kenntnisnahme** des Betroffenen von den gegen ihn geführten Ermittlungen ankommen.

In der Rs. *Gül*[325] waren gegen den Bf. wegen des Verdachts des Drogenhandels zu- **116** nächst eine längere TKÜ und sodann eine Wohnungsdurchsuchung durchgeführt worden. In dem über mehrere Jahre betriebenen Ermittlungsverfahren war der (auf der Flucht befindliche) Bf. trotz eines erlassenen Haftbefehls allerdings nie festgenommen und wegen der Straftaten, derer er verdächtigt wurde, war keine förmliche Anklage erhoben worden, so dass „formal" gesehen nie eine Beschuldigung erfolgt war. Allerdings ging ein erstes Gesuch auf Akteneinsicht des Rechtsbeistands des Bf. bereits wenige Tage nach der Wohnungsdurchsuchung bei der Staatsanwaltschaft ein,[326] woraus sich ableiten ließ, dass der Bf. Kenntnis von den gegen ihn laufenden Ermittlungen gehabt haben musste; *spätestens*

---

317 IK-EMRK/*Vogler* 204; Meyer-Ladewig/Nettesheim/von Raumer/*Meyer-Ladewig/Harrendorf/König* 31; vgl. EGMR Wemhoff/D, 27.6.1968, JR **1968** 463; Neumeister/A, 27.6.1968; Ringeisen/A, 16.7.1971; Heaney u. McGuinness/IR, 21.12.2000, § 42; Brusco/F, 14.10.2010, §§ 47–50; Dimitar Mitev/BUL, 8.3.2018, §§ 56 f.; Garbuz/UKR, 19.2.2019, § 51; Ruşen Bayar/TRK, 19.2.2019, § 92 (jeweils Beginn mit der Festnahme); *Peukert* EuGRZ **1979** 261, 270.

318 EGMR Kalēja/LET, 5.10.2017, §§ 36–41; Wanner/D, 23.10.2018, § 26.

319 EGMR Aleksandr Zaichenko/R, 18.2.2010, §§ 41–43; Yankov u.a./BUL, 23.9.2010, § 23; Schmid-Laffer/CH, 16.6.2015, §§ 30 f.; vgl. zudem EGMR Gröning/D, 20.10.2020, §§ 38 f. (Befragung als Beschuldigter); Chiarello/D, 20.6.2019, § 46 (relevanter Zeitpunkt: Ladung zur Vernehmung; zuvor war bereits eine TKÜ durchgeführt worden).

320 EGMR Minelli/CH, 25.3.1983; *Frowein/Peukert* 42.

321 EGMR Deweer/B, 27.2.1980; Adolf/A, 26.3.1982; Minelli/CH, 25.3.1983; *Frowein/Peukert* 42; IK-EMRK/*Vogler* 207.

322 EGMR Agapov/R, 6.10.2020, §§ 32, 38 ff. (Ermittlungen der Finanzbehörden).

323 EGMR Farzaliyev/ASE, 28.5.2020, § 48; Batiashvili/GEO, 10.10.2019, § 79; K.C./RUM, 30.10.2018, § 41 (Ladung zu Drogentest und zur Vernehmung bei der Polizei nach Drogenfund in der Wohnung des Betroffenen).

324 EGMR Blaj/RUM, 8.4.2014, §§ 73 f. (Öffnen eines Briefumschlags).

325 EGMR Gül/D (E), 4.1.2012.

326 Der Bf. hatte (i.E. erfolglos) eine Verletzung seines Rechts auf ein faires Verfahren, Art. 6 Abs. 3 *lit.* a und b, gerügt, da seinem Rechtsbeistand über lange Zeit (§ 147 Abs. 2 StPO) keine Akteneinsicht gewährt wurde.

ab diesem Zeitpunkt sei daher, so der EGMR, davon auszugehen gewesen, dass der Bf. von den Ermittlungen „unmittelbar betroffen" – und folglich i.S.d. Art. 6 Abs. 1 und 3 wegen einer Straftat *angeklagt* und damit Beschuldigter – gewesen sei.[327]

117   Der Eingang einer **Strafanzeige** ist noch keine *Anklage* i.S.v. Art. 6; auch (Vor)Ermittlungen zur **Klärung des Anfangsverdachts** haben in der Regel noch nicht das hierfür erforderliche Gewicht („substantially affecting the situation"). In der Rückverweisung eines Falles vom zuständigen Gericht an die Staatsanwaltschaft für weitergehende Ermittlungen sieht der EGMR eine Voraussetzung für eine neue Anklage, so dass auch auf eine solche Entscheidung Art. 6 Abs. 1 anwendbar ist.[328]

118   Eine zentrale und praxisrelevante Frage des Beschuldigtenschutzes ist im Zusammenhang mit der Erhebung der *Anklage* i.S.v. Art. 6 Abs. 1, **ab welchem Zeitpunkt** für die Strafverfolgungsbehörden die **Pflicht** besteht, einer Person **mitzuteilen**, dass gegen sie wegen einer Straftat ermittelt wird. Mit dem Ansatz des EGMR ist auch insoweit auf den Zeitpunkt abzustellen, ab dem die Situation des Betroffenen wesentlich beeinträchtigt ist (**„substantially affected"**; Rn. 80, 823),[329] also sobald ein Verdacht i.S. einer strafrechtlichen Anklage im materiellen Sinne des Art. 6 Abs. 1 gegen die betreffende Person vorliegt. Ab diesem Zeitpunkt darf dem Betroffenen der **Beschuldigtenstatus nicht länger (willkürlich) vorenthalten** werden. In diese Richtung tendiert der EGMR, wenn er eine Pflicht zur Belehrung des Betroffenen in Bezug auf sein Schweigerecht und seine Selbstbelastungsfreiheit (*nemo tenetur*, Rn. 1328 ff.) bereits in einem solch frühen Verfahrensstadium annimmt.[330] Aus Art. 6 Abs. 1 folgt insofern eine **Pflicht zur Begründung des Beschuldigtenstatus**. Das gilt etwa dann, wenn die Strafverfolgungsbehörden eine Person als Zeugen vernehmen, obwohl sie aufgrund der Umstände an sich bereits hinreichenden Grund haben, sie (bereits) als Beschuldigten zu behandeln (Rn. 81, 121).[331]

119   An der für eine *strafrechtliche Anklage* relevanten wesentlichen Beeinträchtigung kann es dagegen fehlen, wenn lediglich ein **behördeninterner Abschlussbericht** feststellt, dass eine Person eine Straftat begangen habe, ohne dass es jemals zu Ermittlungsmaßnahmen kommt (etwa, weil das Opfer als Verletzter keinen Strafantrag stellt). Wird die betroffene Person später **durch Dritte** von dieser behördeninternen Feststellung in Kenntnis gesetzt, reicht das nicht aus, um eine wesentliche Beeinträchtigung im Sinne einer *strafrechtlichen Anklage* annehmen zu können.[332]

120   Ebenfalls nicht ausreichend ist es, wenn (auch) selbstbelastende Aussagen aufgrund einer **Aussageverpflichtung in einem zivilrechtlichen Verfahren** erfolgen[333] (oder bei einer selbstbelastenden Vernehmung durch den Ermittlungsrichter), *sofern* eine strafrechtliche Verfolgung des Aussagenden ausgeschlossen ist.[334]

---

327   Vgl. auch EGMR Junior/D, 10.12.2013, § 49; Liblik u.a./EST, 28.5.2019, §§ 90 ff. (Betroffener hatte lange Zeit keine Kenntnis von den gegen ihn geführten Überwachungsmaßnahmen im Ermittlungsverfahren; Zeitraum daher nicht in die „Dauer des Verfahrens" einzubeziehen).

328   EGMR Salov/UKR, 6.9.2005, §§ 64 ff.

329   EGMR Deweer/B, 27.2.1980, § 46; Öztürk/D, 21.2.1984, § 55; (GK) Ibrahim u.a./UK, 13.9.2016, § 249, NJOZ **2018** 508; (GK) Simeonovi/BUL, 12.5.2017, § 110; Kalēja/LET, 5.10.2017, § 36; Chiarello/D, 20.6.2019, § 44.

330   EGMR Aleksandr Zaichenko/R, 18.2.2010, §§ 42 f., 52; für einen möglichst frühen Eintritt in die Beschuldigtenstellung auch *Gerson* 823 ff.

331   EGMR Brusco/F, 14.10.2010, §§ 46 ff.; Junior/D, 10.12.2013, § 49; vgl. zum Übergang von einer Zeugen- in eine Beschuldigtenvernehmung etwa: BGH Beschl. v. 6.6.2019 – 1 StR 3/07, NStZ **2019** 539, 543 m. Anm. *Kuhlhanek*.

332   EGMR Mikolajová/SLO, 18.1.2011, §§ 42 f.

333   EGMR Wanner/D, 23.10.2018, § 31.

334   EGMR Wanner/D, 23.10.2018, § 32 (entgegenstehende rechtskräftige Verurteilung).

Bedeutung erlangt die Frage nach dem Zeitpunkt der *Erhebung* der strafrechtlichen **121** Anklage" auch bei dem Sonderproblem, ob eine Person, die formell als **Zeuge** geladen wird, bereits *angeklagt* i.S.d. Art. 6 Abs. 1 ist.[335] Dies erscheint naheliegend, wenn der Zeuge zu dem Verfahren, in dem er aussagen soll, eine gewisse Beziehung hat, z.B. als möglicher Mittäter. In der bloßen **Ladung** oder **Vernehmung** des Zeugen kann allerdings noch keine *Anklage* gesehen werden, da von dieser Verfahrensgestaltung gerade nicht eindeutig auf eine Ermittlung gegen den Zeugen geschlossen werden kann. Anders kann es zu beurteilen sein, wenn an den Zeugen spezielle tatbezogene Fragen gestellt werden oder er sich im Hinblick auf ein strafrechtlich relevantes Verhalten auf sein Auskunftsweigerungsrecht beruft. Der EGMR stellt bei der Beurteilung jedenfalls nicht auf den Status des Zeugen im nationalen Verfahrens- oder Prozessrecht ab, sondern legt den Fokus auf den **objektiven Ermittlungstand und den Ablauf des Verfahrens**, in dem der Zeuge gehört wird.[336] Der Gerichtshof hat für den Fall einer objektiv zu konstatierenden *Anklage* konkludent ein Auskunftsverweigerungsrecht des Zeugen aus Art. 6 Abs. 1 anerkannt.[337] Die (rein routinemäßige/informatorische) Befragung zu etwaigen terroristischen Aktivitäten im Rahmen einer **Grenzkontrolle** ohne das Bestehen eines expliziten Verdachts gegen die befragte Person ist hingegen noch nicht als strafrechtliche Anklage anzusehen.[338]

Keine strafrechtliche Anklage stellen ferner dar: die Einleitung eines Verfahrens zur **122** Aufhebung der parlamentarischen **Immunität** für Zwecke der Strafverfolgung sowie die Einsetzung eines **parlamentarischen Untersuchungsausschusses**, der die Möglichkeit einer förmlichen Anklageerhebung erst prüfen soll.[339] Begehrt dagegen ein Abgeordneter selbst die Aufhebung seiner Immunität, damit ein gegen ihn anhängiges, aber ruhendes Strafverfahren wieder aufgenommen werden kann, so ist Art. 6 Abs. 1 anwendbar, da insoweit das Recht des wegen einer Straftat *Angeklagten* auf Durchführung des Strafverfahrens innerhalb angemessener Zeit betroffen ist.[340]

Keine strafrechtliche *Anklage* liegt in **Verwaltungsentscheidungen** begründet, die **123** einer Person im Hinblick auf eine von ihr begangene Straftat Beschränkungen auferlegen, wie etwa Beschränkungen in der Berufsausübung[341] oder Beschränkungen, die der Verhütung künftiger Straftaten dienen.[342] Auch auf eine polizeiliche **Verwarnung** ist Art. 6 Abs. 1 wegen des überwiegend präventiven Charakters nicht anwendbar.[343]

6. Ende des Verfahrens über die erhobene strafrechtliche Anklage. Bis zu seinem **124** vollständigen **rechtskräftigen Abschluss** hat ein Strafverfahren die *Stichhaltigkeit der Anklage* zum Gegenstand, nicht etwa nur bis zur Rechtskraft des Schuldspruchs. Die Garantien des Art. 6 EMRK/Art. 14 IPBPR schließen die rechtskräftige Festsetzung der Rechtsfolgen mit ein. Sie gelten auch in einem auf den Rechtsfolgenausspruch beschränkten

---

335 Vgl. hierzu ausführlich *Esser* 83, 681 ff.

336 EGMR Serves/F, 20.10.1997, ÖJZ **1998** 629; Brusco/F, 14.10.2010, §§ 46 ff.; vgl. auch: EGMR Kalēja/LET, 5.10.2017, §§ 38 ff.: Beschuldigtenstatus trotz andauernden prozessualen Zeugenstatus bereits ab dem ersten Tag der (tatsächlich) geführten Ermittlungen als Beschuldigter/Beurteilung der tatsächlichen Verfahrenslage: „The Court is compelled to look behind the appearances and investigate the realities of the proceedings in question"; hierzu bereits: EGMR Deewer/B, 27.2.1980, § 44.

337 EGMR K./A, 2.6.1993.

338 EGMR Beghal/UK, 28.2.2019, § 121, BeckRS **2019** 51857.

339 IK-EMRK/*Vogler* 208; vgl. auch EGMR van Vondel/NL (E), 23.3.2006.

340 EGMR (GK) Kart/TRK, 3.12.2009, NJOZ **2011** 619.

341 Vgl. EKMR bei *Bleckmann* EuGRZ **1982** 532 (Kaplan: Verbot, Versicherungsverträge abzuschließen).

342 Vgl. EKMR bei *Bleckmann* EuGRZ **1981** 88, 95 (Eintragung von Eltern in ein besonderes Überwachungsregister zur Verhütung von Kindesmisshandlungen).

343 EGMR R./UK (E), 4.1.2007.

Rechtsmittelverfahren[344] – auch für das Revisionsverfahren[345] – und für die nachträgliche Bildung einer Gesamtstrafe (im Beschlusswege).[346]

125   Entscheidungen, die erst **nach Rechtskraft der Verurteilung** ergehen, betreffen dagegen nicht mehr die *Stichhaltigkeit* der *strafrechtlichen Anklage*. Dies gilt für Verfahren, die die vorzeitige Freilassung des Verurteilten (**Strafrestaussetzung zur Bewährung**)[347] oder deren **Widerruf**[348] oder die **Strafvollstreckung**[349] oder die **Kostenfestsetzung**[350] zum Gegenstand haben oder die im **Gnadenverfahren** ergehen[351] (zur Frage, ob im Strafverfahren der zivile Anwendungsbereich von Art. 6 Abs. 1 betroffen sein kann, Rn. 70 ff.).

126   Das hat zur Folge, dass sich rechtsstaatlich relevante Fragestellungen (wie die Verteidigerbeiordnung im Vollstreckungsverfahren, § 140 Abs. 2 StPO analog),[352] dem (strafrechtlichen) Anwendungsbereich des Art. 6 entzogen sind. Ein gangbarer Weg für eine Erweiterung der menschenrechtlichen Kontrolle dieser Verfahrensabschnitte über Art. 6 könnte sein, das vom EGMR auch in anderem Zusammenhang bemühte Kriterium einer **„hinreichenden Verbindung"** (**„link"**) zwischen der ursprünglichen Anklage und der vollstreckungsrechtlichen Frage heranzuziehen.

127   Auch eine Entscheidung über die **Wiedereinsetzung** in den vorigen Stand betrifft unmittelbar das Recht auf eine Entscheidung durch ein Gericht und fällt daher in den strafrechtlichen Anwendungsbereich des Art. 6,[353] nicht dagegen das Verfahren der **nachträglichen Strafmilderung** (§ 31a öStGB).[354]

128   **7. Anwendungsbereich und Schutzgehalt im Wiederaufnahmeverfahren.** Verfahren, die auf die Wiederaufnahme und erneute Durchführung eines rechtskräftig abgeschlossenen Strafverfahrens abzielen, wie das Verfahren zur Prüfung der Begründetheit eines **Wiederaufnahmeantrags** (§§ 359 ff. StPO), fallen nach Ansicht des EGMR (noch) nicht in den strafrechtlichen Schutzbereich des Art. 6 Abs. 1, da es bei ihnen nicht um die Stichhaltigkeit einer *strafrechtlichen Anklage* sondern lediglich um die Frage gehe, ob die

---

344 *Vogler* ZStW **89** (1977) 776; Meyer-Ladewig/Nettesheim/von Raumer/*Meyer-Ladewig/Harrendorf/König* 31.

345 IK-EMRK/*Vogler* 214.

346 EGMR Eckle/D, 15.7.1982; *Frowein/Peukert* 43; IK-EMRK/*Vogler* 226 ff.; Meyer-Ladewig/Nettesheim/von Raumer/*Meyer-Ladewig/Harrendorf/König* 31; SK/*Meyer* 53.

347 EGMR Karabin/PL, 7.1.2014, § 52; auch im Hinblick auf ein Verfahren über die Berichtigung des Anfangsdatums der Freiheitsstrafe des Bf. wurde die Anwendbarkeit des Art. 6 Abs. 1 bejaht: vgl. EGMR Krereselidze/GEO, 28.3.2019, §§ 32 ff.

348 Zur Unschuldsvermutung in diesem Kontext Rn. 717 ff.

349 EGMR Szabó/S (E), 27.6.2006; Beier/D (E), 22.1.2008 (gerichtliches Verfahren, § 109 StVollzG); (GK) Enea/I, 17.9.2009; Buijen/D, 1.4.2010; IK-EMRK/*Miehsler/Vogler* 182 f., 219; SK/*Meyer* 59; vgl. auch EGMR Saccoccia/A (E), 5.7.2007 (Vollstreckung ausländischer gerichtlicher Einziehungsentscheidung).

350 IK-EMRK/*Kühne* 481. Enthält die Entscheidung über die Kostenfestsetzung eine Schuldfeststellung („*declaration of guilt*"), wird Art. 6 Abs. 2 verletzt (Rn. 696).

351 SK/*Meyer* 59; *Vogler* ZStW **82** (1970) 764.

352 Vgl. BVerfG NJW **1986** 767; KG NJW **2015** 1897; KK/*Willnow* § 141, 11 StPO.

353 Vgl. EGMR Motion Pictures Guarantors Ltd/SRB, 8.6.2010; in einer zivilrechtlichen Streitigkeit war der Anwalt des Klägers wegen einer Autopanne verspätet zum Verhandlungstermin erschienen. In Einklang mit dem serbischen Recht wurde die Klagerücknahme fingiert. Der dagegen gerichtete Antrag auf Wiedereinsetzung in den vorigen Stand wurde ohne mündliche Verhandlung abgelehnt. Da die Entscheidung über den Antrag wesentlichen Einfluss darauf hatte, ob der Kläger Zugang zu einem Gericht erhielt, war Art. 6 auch auf das Verfahren der Wiedereinsetzung anwendbar. Diese Rechtsprechung ist auf entsprechende strafprozessuale Instrumente übertragbar (vgl. § 44 StPO). Siehe hierzu: BVerfG NJW **2013** 446.

354 OGH Beschl. v. 24.1.2019 – 12 Os 23/18a (RS 0132441), JSt **2019** 373.

Voraussetzungen für eine Wiederaufnahme des ursprünglichen Verfahrens vorliegen.[355] Die Regelung des § 364a StPO (Bestellung eines Beistandes für das Wiederaufnahmeverfahren) geht daher über die Garantie aus Art. 6 Abs. 3 *lit.* c hinaus.[356] Der EGMR überprüft jedoch, ob es sich im konkreten Fall tatsächlich um ein Wiederaufnahmeverfahren handelt.[357] Zudem ist der strafrechtliche Schutzbereich des Art. 6 wieder in einem Verfahren eröffnet, in dem nach der Wiederaufnahme erneut über die *Stichhaltigkeit* der *strafrechtlichen Anklage*, entschieden wird.[358]

Die Wiederaufnahme im deutschen Strafverfahrensrecht steht als Rechtsbehelf eige- **129** ner Art (ohne Suspensiv- und Devolutiveffekt) außerhalb des gewöhnlichen Instanzenzugs.[359] Ein Wiederaufnahmeantrag kann auf Freispruch, Einstellung oder Verurteilung zu einer milderen Strafe abzielen.[360] Die im deutschen Verfahrensrecht tradierte Zweiteilung des Wiederaufnahmeverfahrens in das Aditions- (§ 368 StPO) und Probationsverfahren (§§ 369, 370 StPO)[361] und die damit verbundene unterschiedliche rechtliche Bewertung der Verfahrensschritte findet in der Rechtsprechung des EGMR keinen direkten Widerhall.[362] Wirkung entfalten die Vorgaben der Rechtsprechung zu Art. 6 bei der Frage, ob das Wiederaufnahmeverfahren *erneut* eine „strafrechtliche Anklage" i.S.d. Art. 6 Abs. 1 darstellt, d.h. unter dessen Anwendungsbereich fällt.

Außerordentliche Rechtsbehelfe auf Wiederaufnahme abgeschlossener Gerichtsver- **130** fahren stellen daher in der Regel weder eine Entscheidung über zivilrechtliche Ansprüche und Verpflichtungen noch eine strafrechtliche Anklage dar, so dass Art. 6 grundsätzlich

---

355 EGMR Dankevich/UKR, 25.5.1999; Sonnleitner/A, 6.1.2000 (Wiedereröffnung des Verfahrens nach Einstellung, § 352 öStPO); Kucera/A, 20.3.2001, § 2; Fischer/A (E), 6.5.2003, ÖJZ **2003** 815 (Wiederaufnahme nach Urteil des EGMR); TRGO/KRO, 11.6.2009, § 70; Öcalan/TRK (E), 6.7.2010, NJW **2010** 3703, 3705 (Wiederaufnahme nach Urteil des EGMR); Hartman/SLW, 18.10.2012, § 40; IK-EMRK/*Vogler* 221 m.w.N. der Kommission; SK/*Meyer* 54; KMR/*Eschelbach* § 364a, 2 StPO; zum nicht garantierten Recht auf Wiederaufnahme vgl. Art. 13 Rn. 13.

356 KMR/*Eschelbach* § 364a, 2 StPO. Vgl. auch KMR/*Eschelbach* § 364a, 29 ff. StPO zu dem Streit, ob § 364a StPO auf die Wiederaufnahme zuungunsten des Angeklagten nach § 362 StPO anwendbar ist. Die ablehnende Ansicht leitet einen Pflichtbeistand stattdessen aus § 140 StPO und teilweise auch aus Art. 6 Abs. 3 *lit.* c ab, vgl. zum Ganzen LR/*Schuster* § 364a, 2 StPO; OLG Düsseldorf NJW **1989** 676; Meyer-Goßner/*Schmitt* § 364a, 1 StPO; krit. dagegen KMR/Eschelbach § 364a, 32 ff. m.w.N. (Nichtanwendbarkeit des Art. 6 werde übersehen).

357 Vgl. EGMR San Leonard Band Club/MLT, 29.7.2004, §§ 40 ff., dort vom EGMR verneint.

358 EGMR Melis/GR, 22.7.2010; (GK) Moreira Ferreira/P (Nr. 2), 11.7.2017, §§ 64 ff.; siehe hierzu außerdem: Yaremenko/UKR (Nr. 2), 30.4.2015, § 56; IK-EMRK/*Vogler* 221; SK/*Meyer* 54; *Vogler* ZStW **89** (1977) 777.

359 SSW/*Kaspar* Vor. §§ 359, 2 StPO; KK/*Schmidt*, vor §§ 359 ff., 5 StPO; OK-StPO/*Singelnstein* § 359, 4 StPO (da der Begriff der Rechtskraft in §§ 359, 362 StPO auch die horizontale Rechtskraft erfasse, könnten Wiederaufnahme- und Rechtsmittelverfahren ggf. unabhängig voneinander betrieben werden); Rechtsvergleichender Überblick zum Recht der Wiederaufnahme in Europa *Swoboda* HRRS **2009** 188 ff.

360 LR/*Schuster* Vor § 359, 173 StPO; Meyer-Goßner/*Schmitt* § 359, 2 StPO.

361 Vgl. nur SSW/*Kaspar* Vor §§ 359, 24 StPO; *Kindhäuser/Schumann* § 33, 4 (Vorschalt- und Wiederaufnahmeverfahren); Überblick auch bei *Noak* JA **2005** 539; die Würdigung der schuldrelevanten Umstände bleibt dem Hauptverfahren vorbehalten, vgl. BVerfG NJW **1995** 2024, 2025.

362 Zum eigenen Wiederaufnahmeverfahren des EGMR nach Art. 80 VerfO vgl. EGMR Pennino/I, 8.7.2014, NJW **2015** 3019, § 17: ungerechtfertigte Bereicherung des Bf. wegen bereits erfolgter Kompensation der Konventionsverletzung; Wiederaufnahme zu Lasten des Bf. jedoch abgelehnt, da das Risiko der Doppel-Kompensation in der Sphäre des Konventionsstaates liege und daher bekannt sein müsse; nahezu identisch EGMR De Luca/I, 8.7.2014. Grundsätzlich sind die Urteile des Gerichtshofs nach Art. 44 endgültig, weshalb jede Ausnahme von diesem Grundsatz nur unter strengen Bedingungen erfolgen kann, vgl. nur EGMR Stoicescu/RUM, 21.9.2004, § 33.

nicht anwendbar sei.[363] Daher gelte Art. 6 grundsätzlich nicht für außerordentliche Rechtsbehelfe, mit denen die Wiederaufnahme eines abgeschlossenen Gerichtsverfahrens erreicht werden soll. Allerdings können Natur und konkrete Ausgestaltung des Verfahrens über einen im staatlichen Recht vorgesehenen außerordentlichen Rechtsbehelf so beschaffen sein, dass sie dennoch unter den Anwendungsbereich von Art. 6 zu fassen sind.[364] Wenn ein außerordentlicher Rechtsbehelf das Ergebnis oder zur Folge hat, dass ein Verfahren neu verhandelt wird, gilt Art. 6 auch für das wieder aufgenommene Verfahren.[365]

131   Die **Wiederaufnahme eines Zivilverfahrens** ist grundsätzlich möglich,[366] aber aufgrund der daraus resultierenden Beeinträchtigung der Rechtssicherheit nur unter bestimmten Voraussetzungen mit Art. 6 Abs. 1 vereinbar.[367] Auch hier müssen Natur, Anwendungsbereich und Besonderheiten des Verfahrens über einen im staatlichen Recht vorgesehenen außerordentlichen Rechtsbehelf so beschaffen sein, dass sie das Verfahren erneut unter den Art. 6 fallen lassen.[368] Deswegen müssen Natur, Anwendungsbereich und Besonderheiten des außerordentlichen Rechtsbehelfs stets im Einzelfall geprüft werden.[369]

132   In der Rs. *San Leonhard Band Club*[370] entschied der Gerichtshof, dass Art. 6 auf ein Verfahren über einen *Antrag auf neue Verhandlung* anwendbar sei, weil dieser konkret mit einer Revision zu einem Revisionsgericht vergleichbar sei. Im Schwerpunkt ging es um die Frage der Unparteilichkeit des Gerichts,[371] da im konkreten Fall nach maltesischem Recht dem Rechtsmittel von dem identischen Gericht abgeholfen wurde, welches zuvor über den Fall entschieden hatte.[372] Zunächst stellte der Gerichtshof fest, dass zwar der Wiedereröffnungs*antrag* – und auch die Verhandlung über diesen Antrag – grundsätzlich nicht unter den Anwendungsbereich des Art. 6 falle.[373] Den maltesischen Gerichten stünde jedoch kein Ermessen in der Frage zu, ob sie das Verfahren wiedereröffneten.[374] Indes seien sie angehalten, über den Antrag zu entscheiden, wenn die formalen Voraussetzungen vorlägen, wobei das Ergebnis des neuen Verfahrens rechtsgestaltende Wirkung entfalte.[375] Hier führte also bereits das Vorliegen der formalen Voraussetzungen zu einer Wiedereröffnung des Verfahrens, so dass die vorgelagerte „Instanz" unmittelbar entscheidungserhebliche Wirkungen entfalte, was den Anwendungsbereich des Art. 6 schon für das Verfahren über den Wiederaufnahmeantrag eröffnete.

---

363 EGMR (GK) Bochan/UKR, 5.2.2015, § 44, NJOZ **2016** 395 mit beachtlicher Dissenting Opinion *Wojtyczek*; zuvor bereits (K) Bochan/UKR, 3.5.2007; ferner: EGMR J.F./F, 20.4.1999; Zawadski/PL, 6.7.1999; Sonnleitner/A, 6.1.2000; Sablon/B, 10.4.2001; Valentin Gorizdra/MOL, 2.7.2002; Dankevich/UKR, 29.4.2003; Hurter/CH, 15.5.2012.
364 EGMR (GK) Bochan/UKR, 5.2.2015, § 50; Trivkanović/KRO (Nr. 2), 21.1.2021, § 55.
365 EGMR (GK) Bochan/UKR, 5.2.2015, § 46; Sablon/B, 10.4.2001; Vanyan/R, 15.12.2005, § 56; Zasurtsev/T, 27.4.2006, § 62; Alekseyeneko/R, 8.1.2009, § 55; Hakkar/F, 7.4.2009, § 47; Rizi/ALB (E), 8.11.2011, § 47; Trivkanović/KRO (Nr. 2), 21.1.2021, § 55.
366 Ein Verstoß gegen die Konvention wird aus rechtsvergleichender Sicht in 38 Vertragsstaaten als Grund für ein zulässiges Rechtsmittel angesehen, vgl. EGMR (GK) Bochan/UKR, 5.2.2015, § 26.
367 EGMR Oferta Plus S.R.L./MOL, 19.12.2006, §§ 97 ff., insbes. §§ 100 ff. zu neu bekannt gewordenen Umständen; Popov/RUM (Nr. 2), 6.12.2005, §§ 46 ff.
368 Bejaht in EGMR (GK) Bochan/UKR, 5.2.2015, §§ 50, 53, wo das angestrengte Rechtsmittelverfahren des Bf. wie eine „Verlängerung" des ursprünglichen Zivilprozesses ausgestaltet war; zum „ongoing judicial process" auch EGMR Lyons u.a./UK (E), 8.7.2003.
369 EGMR (GK) Bochan/UKR, 5.2.2015, § 50.
370 EGMR San Leonhard Band Club/MLT, 29.7.2004.
371 EGMR San Leonhard Band Club/MLT, 29.7.2004, §§ 34 ff., 58 ff.
372 EGMR San Leonhard Band Club/MLT, 29.7.2004, § 24.
373 EGMR San Leonhard Band Club/MLT, 29.7.2004, § 40.
374 EGMR San Leonhard Band Club/MLT, 29.7.2004, § 44.
375 EGMR San Leonhard Band Club/MLT, 29.7.2004, § 47.

Für das strafrechtliche Wiederaufnahmeverfahren verfuhr der EGMR vergleichbar. **133** In der Rs. *Maresti*[376] entschied der Gerichtshof, dass der Antrag auf außerordentliche Überprüfung eines rechtskräftigen Strafurteils in den Anwendungsbereich von Art. 6 falle. Zwar sei nicht zwingend, dass die Vertragsstaaten einen Instanzenzug einrichteten[377] und weiter sei auch nicht angezeigt, dass der EGMR selbst als Superrevisionsinstanz fungiere.[378] Biete ein nationales Regelwerk jedoch mehrere äquivalente Überprüfungsmechanismen an, sei mit der Wahl eines Rechtsmittels ein anderes nicht mehr „erforderlich", auch, wenn es sich um Rechtsmittel verschiedener Materien (z.B. Zivilrecht und Strafrecht[379]) handele.[380] Im Schwerpunkt prüfte der Gerichtshof sodann einen Verstoß gegen das Verbot der Doppelbestrafung.[381] Die Prüfung von *Art* und *Besonderheiten* des vom Bf. angestrengten nationalen Verfahren ergaben überdies, dass sein Antrag auf außerordentliche Überprüfung ihm nur in eng begrenzten Fällen von Rechtsirrtümern zu seinem Nachteil offenstehe,[382] innerhalb eines Monats seit Zustellung des Urteils des Rechtsmittelgerichts eingelegt werden müsse,[383] dass die Gründe für eine außerordentliche Überprüfung ausdrücklich aufgezählt und im nationalen Recht nur beschränkte Kassationsgewalt eingeräumt würden.[384] Außerdem habe der Antrag in Zivilverfahren eine Parallele in Form einer Revision, für die ohne Weiteres Art. 6 gelte.[385] Auch hier ist es gerade die „Begrenztheit" im Antragsverfahren, die es unter den Anwendungsbereich des Art. 6 fallen lasse.

Wendet man die Vorgaben des EGMR auf das deutsche Wiederaufnahmeverfahren an, **134** sind unterschiedliche Bewertungen je nach Abschnitt angezeigt. Da Natur, Anwendungsbereich und Besonderheiten des Verfahrens über einen im staatlichen Recht vorgesehenen außerordentlichen Rechtsbehelf so beschaffen sein müssen, dass sie das Verfahren erneut unter den Art. 6 fallen lassen, ist ohnehin eine Einzelfallprüfung des außerordentlichen Rechtsbehelfs erforderlich.[386] Für Fälle, in denen „nur" über Eröffnungsanträge entschieden werde, verneint der EGMR die Anwendbarkeit für das Antragsverfahren ausdrücklich.[387] Für den Fall, in dem ein außerordentlicher Rechtsbehelf das Ergebnis oder zur Folge hat, dass ein Verfahren neu verhandelt wird, gilt Art. 6 auch für das wieder aufgenommene Verfahren.[388]

Im **Aditionsverfahren (§ 368 StPO)** überwiegt zunächst die Prüfung von Form und **135** Schlüssigkeit des Antrags.[389] Das Prozedere ist im Kern formalistisch: Das Wiederaufnahmevorbringen darf nicht wegen einer Sachentscheidung in einem vorangegangenen Wie-

---

376 EGMR Maresti/KRO, 25.6.2009, §§ 55 ff. (Bezug auf die *Engel*-Kriterien) und §§ 62 ff. (ne bis in idem).

377 EGMR Maresti/KRO, 25.6.2009, § 33 (noch zum Problem der Frist, die durch eine zu strenge Handhabung zu einem eigenständigen Verstoß gegen Art. 6 Abs. 1 führte).

378 EGMR Maresti/KRO, 25.6.2009, § 36; ähnlich auch EGMR (GK) Bochan/UKR, 5.2.2015, § 61: keine „vierte Instanz"; nach *Roxin/Schünemann* § 57, 7 sei das wegen § 359 Nr. 6 StPO im deutschen Verfahrensrecht dennoch der Fall.

379 Obwohl gemäß § 13 GVG beide der ordentlichen Gerichtsbarkeit zuzurechnen sind.

380 EGMR Maresti/KRO, 25.6.2009, § 48 (zur Zulässigkeit der Rüge); etwas unklar hingegen EGMR Rizi/ALB (E), 8.11.2011, § 44.

381 EGMR Maresti/KRO, 25.6.2009, §§ 62 ff.

382 EGMR Maresti/KRO, 25.6.2009, § 25.

383 EGMR Maresti/KRO, 25.6.2009, § 25 u. § 33.

384 EGMR Maresti/KRO, 25.6.2009, § 25.

385 EGMR Maresti/KRO, 25.6.2009, § 26.

386 EGMR (GK) Bochan/UKR, 5.2.2015, § 50.

387 EGMR Vanyan/R, 15.12.2005, § 56 (gleichwohl wegen der Einzelfallbetrachtung bejaht); Alekseyeneko/R, 8.1.2009, § 55 (ebenfalls bejaht).

388 EGMR Sablon/B, 10.4.2001; Vanyan/R, 15.12.2005, § 56; Zasurtsev/T, 27.4.2006, § 62; Alekseyeneko/R, 8.1.2009, § 55; Hakkar/F (E), 7.4.2009, § 47; Rizi/ALB (E), 8.11.2011, § 47.

389 SSW/*Kaspar* § 368, 2 StPO.

deraufnahmeverfahren verbraucht sein.[390] Die Nichteinhaltung der erforderlichen Form schließt die sachliche Prüfung stets aus.[391] Bei Zulässigkeit ergeht ein Beschluss, also eine Prozessentscheidung.[392] Ist ein nicht behebbarer Mangel des Antrags gegeben, wird der Wiederaufnahmeantrag durch Beschluss nach § 368 Abs. 1 StPO als unzulässig verworfen. Das Besondere an der Schlüssigkeitsprüfung des § 368 StPO sei – nach nicht mehr überwiegender Auffassung – dass die Begründetheit des Antrages schlicht unterstellt[393] (hypothetische Schlüssigkeitsprüfung[394]), aber gerade nicht inhaltlich geprüft wird.[395] Dem Wiederaufnahmegericht sei es sogar verfassungsrechtlich verwehrt, im Zulassungsverfahren im Wege der Eignungsprüfung Beweise zu würdigen und Feststellungen zu treffen, die nach der Struktur des Strafprozesses der Hauptverhandlung vorbehalten sind.[396] Nach wohl herrschender Auffassung sei eine Vorwegnahme der Beweiswürdigung stattdessen in gewissen Grenzen sehr wohl zulässig, da das Gericht all die Vorwertungen vornehmen dürfe, die ohne förmliche Beweisaufnahme zulässig seien.[397] Zum Teil wird angenommen, dass es der Feststellung einer zumindest hinreichenden Wahrscheinlichkeit des Erfolges bedürfe.[398]

136   Eine rein formelle Prüfung ist der Natur nach weder zivil- noch strafrechtlich geprägt, sondern zeichnet sich als staatlich neutraler Hoheitsakt aus. Ein solcher muss zwar regelgerecht stattfinden, versetzt den Antragsteller allerdings (noch) nicht in die typische Situation eines Betroffenen i.S.d. Art. 6. Bleibt dem Gericht bei Vorliegen der formalen Voraussetzungen hingegen kein Ermessensspielraum, um die Wiedereröffnung des Verfahrens bei Vorliegen aller formellen Voraussetzungen zu verhindern, ändere sich die Bewertung. Auch wenn das Wiederaufnahmegericht im deutschen Modell an die Rechtsauffassung des erkennenden Gerichts gebunden ist,[399] bezieht sich die Bindung lediglich auf die Bewertung der Zulässigkeit des Antrages.[400] Ein vergleichbarer Automatismus wie in der Rs. *San Leonard Band Club* (Rn. 132) besteht im deutschen Wiederaufnahmeverfahren jedoch nicht, da die inhaltliche Schlüssigkeit zumindest „angeprüft" wird, es demnach nicht ausschließlich auf die Einhaltung der Form ankommt. Auch soll die Bestellung eines Verteidigers gem. § 364a StPO unterbleiben, sofern der gestellte Antrag aussichtslos sei,[401] was wiederum eine zumindest summarische Prüfung über die Erfolgsaussichten voraussetzt. In § 364b StPO sei die Erfolgsaussicht sogar „Gegenstück zum Anfangsverdacht" i.S.d. § 152 Abs. 2 StPO.[402]

---

390 OK-StPO/*Singelnstein* § 368, 1 StPO.
391 LR/*Schuster* § 368, 8 StPO.
392 KK/*Schmidt* § 368, 1 StPO; SSW/*Kaspar* § 368, 12 StPO.
393 *Eisenberg* Erster Teil, 4. Kapitel, Rn. 465.
394 Vgl.auch LR/*Schuster* § 368, 23 StPO („abstrakte Schlüssigkeitsprüfung).
395 BGHSt **17** 303, 304 = NJW **1962** 1520.
396 BVerfG NStZ **1995** 43; nach der Rechtsprechung des BGH (BGHSt **17** 303, 304 = NJW **1962** 1520; NJW 1977 59; NJW **1993** 1481, 1484) sei die Einengung auf eine abstrakte Schlüssigkeitsprüfung jedoch weder dem Gesetz zu entnehmen, noch vom Gesetzgeber gewollt, vgl. näher KK/*Schmidt* § 368, 10 StPO; ähnlich LR/*Schuster* § 368, 23 ff. StPO; zum Streitstand SSW/*Kaspar* § 368, 7 StPO.
397 Meyer-Goßner/*Schmitt* § 368, 9 StPO m.w.N.; *Kindhäuser/Schumann* § 33, 5; wenig eindeutig *Roxin/Schünemann* § 57, 14.
398 OLG Frankfurt StV **1996** 138, 139; LR/*Schuster* § 370, 23 f. StPO; der Grundsatz *in dubio pro reo* soll hier entweder überhaupt nicht oder nur mittelbar gelten, vgl. *Roxin/Schünemann* § 57, 15 mit diff. Ansicht.
399 StRspr, vgl. nur BVerfG NJW **1994** 510; BGHSt **18** 225, 226 = NJW **1963** 1019.
400 KK/*Schmidt* § 368, 14 StPO.
401 Meyer-Goßner/*Schmitt* § 364a, 5 StPO.
402 Meyer-Goßner/*Schmitt* § 364b, 5 StPO.

Esser

Etwas anderes könnte sich für die **Begründetheitsprüfung (§§ 369, 370 StPO)** im Rah- **137** men des **Probationsverfahrens** ergeben. § 369 StPO regelt eine vorläufige, die ggf. erneuer- te Hauptverhandlung nicht vorwegnehmende[403] Beweiserhebung, die der Vorbereitung der Entscheidung über die Begründetheit nach § 370 StPO dient – der eigentliche Schwerpunkt der Wiederaufnahme.[404] Besonders für die Fälle, in denen ein Richter mit der Durchführung einer Beweisaufnahme über den Wiederaufnahmegrund beauftragt wird, entspricht die Na- tur des Verfahrens einer Verhandlung über ein Rechtsmittel. Zwar ist diese der eigentlichen Verhandlung noch vorgeschaltet und der Richter zur Ausgestaltung der Beweisaufnahme an die Vorgaben des Beschlusses gebunden.[405] Die Besonderheit liegt jedoch in der **Entschei- dungsbreite**: Nach § 370 Abs. 1 StPO kann der Antrag entweder als unbegründet verworfen werden, wenn die aufgestellten Behauptungen nicht zu *bestätigen*[406] waren oder es kann die Wiederaufnahme angeordnet werden. Die Anordnung der Wiederaufnahme ist notwendige Prozessvoraussetzung für das weitere Verfahren.[407] Es folgen der Wiederaufgriff des Verfah- rens und die Erneuerung der Hauptverhandlung, § 370 Abs. 2 StPO. Zumindest für den Fall, in dem eine Beweisaufnahme stattfindet, wird demnach erneut über den bereits verhandel- ten Fall entschieden. Die Rechtskraft des Urteils entfällt[408] und es tritt erneute Rechtshängig- keit ein.[409]

Aus der Aufzählung in § 371 StPO wird ersichtlich, dass auch ohne erneute Hauptver- **138** handlung freigesprochen werden kann, was wiederum die Besonderheit einer „erneuten" Verhandlung einebnet (vgl. den Ausnahmecharakter gem. Nr. 171 Abs. 1 Satz 2 RiStBV[410]).[411] Da Probationsverfahren und „eigentliche" Hauptverhandlung „fließend" ineinander über- gehen und die „Bestätigung" dann gegeben sei, wenn das ursprüngliche Urteil „erschüt- tert" würde, liegt nach Art und Besonderheit des Verfahrens eine „Verlängerung"[412] des ursprünglichen Verfahrens oder eine besondere Ausgestaltung der Rechtsmittelinstanz vor. Diese Gründe sprechen dafür, diesen Abschnitt des Wiederaufnahmeverfahrens dem strafrechtlichen Anwendungsbereich des Art. 6 Abs. 1 zu unterwerfen.

Die **erneute Hauptverhandlung** (§§ 370 Abs. 2, 373 StPO) die zum Teil als „3. Ab- **139** schnitt der Wiederaufnahme"[413] bezeichnet wird, stellt ohnehin eine völlige Neuverhand- lung dar.[414] Hier gilt das Verböserungsverbot (§ 373 Abs. 2 Satz 1 StPO) und der Anwen- dungs-/Schutzbereich des Art. 6 ist erneut eröffnet.[415]

Der Gerichtshof sieht sich allerdings nicht überschießend für die Umsetzungsverfol- **140** gung der gegen den Vertragsstaat ergangenen Urteile zuständig, sofern dies nicht im Ver-

---

403   Meyer-Goßner/*Schmitt* § 369, 1 StPO.

404   LR/*Schuster* § 370, 1 StPO.

405   BGH NJW **1954** 891; Meyer-Goßner/*Schmitt* § 369, 6 StPO.

406   Genauer zur „Bestätigung" *Roxin/Schünemann* § 57, 15.

407   BGHSt **18** 339, 340 f.; SSW/*Kaspar* § 370, 5 StPO; KK/*Schmidt* § 370, 12 StPO; LR/*Schuster* § 370, 29 StPO.

408   BGHSt **14** 64, 66; **19** 280, 282; **21** 373, 375; KK/*Schmidt* § 370, 13; LR/*Schuster* § 370, 31 StPO; Meyer- Goßner/*Schmitt* § 370, 10 StPO.

409   OK-StPO/*Singelnstein* § 370, 9 StPO; SSW/*Kaspar* § 370, 7 StPO; KK/*Schmidt*, § 370, 13 StPO; *Kindhäuser* § 33, 10.

410   **A.A.** wohl LR/*Schuster* § 371, 32 ff. StPO.

411   *Roxin/Schünemann* § 57, 18.

412   EGMR (GK) Bochan/UKR, 5.2.2015, §§ 50, 53, wo das angestrengte Rechtsmittelverfahren des Bf. wie eine „Verlängerung" des ursprünglichen Zivilprozesses ausgestaltet war; zum „ongoing judicial process" auch Lyons u.a./UK, 8.7.2003 (vgl. schon Fn. 22).

413   Meyer-Goßner/*Schmitt* Vor § 359, 3 StPO.

414   *Roxin/Schünemann* § 57, 17.

415   OK-StPO/*Singelnstein* § 359, 2 StPO.

letzungsverfahren nach Art. 46 Abs. 4 und Abs. 5 thematisiert wurde.[416] Dass originär das Ministerkomitee zuständig ist, verwehrt es dem EGMR jedoch nicht, eine neue Beschwerde wegen solcher Maßnahmen zu prüfen, die der beklagte Staat gerade zur Umsetzung des Urteils eingeleitet hat, sofern die neue Beschwerde erheblichen neuen Vortrag über Fragen enthält, über die im Urteil noch nicht entschieden worden ist.[417] Wird ein verfahrensabschließendes Urteil rechtskräftig, soll ein anschließendes außerordentliches Rechtsmittel oder ein Antrag auf Wiederaufnahme hingegen nicht begründen können, dass ein nach staatlichem Recht anerkannter Anspruch existiert oder dass das Ergebnis des Verfahrens, in dem es darum geht, ob das Verfahren wieder aufgenommen wird, für einen zivilrechtlichen Anspruch oder eine solche Verpflichtung oder eine strafrechtliche Anklage erheblich ist.[418] Gleichwohl ist Art. 6 anwendbar, wenn das Verfahren zwar im staatlichen Recht als „außerordentlich" oder „ausnahmsweise" deklariert wird, nach Art und Gegenstand jedoch mit dem gewöhnlichen Rechtsmittelverfahren vergleichbar ist. Auch insoweit ist die nationalstaatliche Einordnung des Rechtsbehelfs für die Anwendbarkeit von Art. 6 ohne Belang.[419]

141   Die maßgeblichen Grundsätze für eine „Umsetzungsverfolgung" sind in der Rs. *Egmez*[420] wie folgt zusammengefasst: Daraus, dass sich die Konventionsstaaten gemäß Art. 46 verpflichtet haben, in Fällen, an denen sie beteiligt sind, endgültige Urteile zu befolgen (wobei die Durchführung vom Ministerkomitee überwacht wird), folgt, dass ein Urteil, in dem der Gerichtshof eine Verletzung der Konvention oder eines Protokolls feststellt, den beklagten Staat nicht nur rechtlich verpflichtet, den Betroffenen den als gerechte Entschädigung zugesprochenen Betrag zu zahlen, sondern auch unter Aufsicht des Ministerkomitees in seiner Rechtsordnung allgemeine oder gegebenenfalls individuelle Maßnahmen zu treffen, um die vom Gerichtshof festgestellte Verletzung zu beenden und die Folgen so weit wie möglich zu restaurieren.[421] Daher sieht sich der EGMR für Beschwerden auch in einigen Folgefällen als zuständig an, z.B. wenn die staatlichen Behörden oder Gerichte bei der Durchführung eines seiner Urteile den Fall neu geprüft haben, entweder durch Wiederaufnahme des Verfahrens[422] oder durch Einleitung eines gänzlich neuen staatlichen Verfahrens.[423]

III. Recht auf Entscheidung durch ein Gericht

1. Recht auf Zugang zu einem Gericht

142   **a) Schutzgehalt.** Das Recht auf eine gerichtliche Entscheidung, der **Zugang zu einem Gericht** (Tribunal), wird durch Art. 6 Abs. 1 EMRK/Art. 14 Abs. 1 IPBPR jedem garantiert,

---

416   EGMR (GK) Bochan/UKR, 5.2.2015, § 33.

417   EGMR (GK) Bochan/UKR, 5.2.2015, §§ 33, 38.

418   EGMR (GK) Bochan/UKR, 5.2.2015, § 33; Melis/GR, 22.7.2010, §§ 18 ff.

419   EGMR (GK) Bochan/UKR, 5.2.2015, § 47; Maresti/KRO, 25.6.2009, § 23; San Leonhard Band Club/MLT, 29.7.2004, § 41.

420   EGMR Egmez/ ZYP, 18.9.2012, §§ 48 ff.

421   EGMR Pisano/I, 24.10.2002, § 43; daher hat der Gerichtshof eine Zuständigkeit für die Prüfung abgelehnt, ob ein Konventionsstaat die ihm in einem Urteil auferlegten Pflichten erfüllt hat (Unterlassen; ratione materiae unzulässig), vgl. nur EGMR Dowsett/UK, 4.1.2011.

422   EGMR Emre/CH, 11.10.2011.

423   EGMR Liu/R (Nr. 2), 26.7.2011.

dessen *zivilrechtliche Ansprüche oder Verpflichtungen* streitig sind[424] oder gegen den eine *strafrechtliche Anklage* erhoben ist.[425] In diesen Fällen muss jeder Betroffene die Möglichkeit haben, die Entscheidung eines unabhängigen und unparteilichen Gerichts herbeizuführen,[426] das über die ihn betreffende Sache nach den Grundsätzen des Rechts in einem mit den menschenrechtlich geforderten Rechtsgarantien ausgestatteten Verfahren (Rn. 1 ff., 247 ff.) in eigener Verantwortung und Kompetenz entscheidet. Nicht davon umfasst ist allerdings ein **Anspruch auf die Strafverfolgung eines Dritten**, der sich allerdings aus **Art. 2** (dort Rn. 62 ff.) und **Art. 3** (dort Rn. 41 ff.) ergeben kann.[427]

Dabei ist es nicht notwendig, dass das nationale Recht eine gerichtliche Entscheidung **143** in jedem Fall zwingend vorschreibt; der Betroffene muss aber die **Möglichkeit** haben, zur Wahrung seiner Rechte nach seiner eigenen **freien Willensentscheidung**[428] eine solche gerichtliche Entscheidung herbeizuführen, die auf der Grundlage eines Verfahrens ergeht, in dem er seine ihm durch die Konventionen verbürgten Verfahrensrechte ausüben kann,[429] wie etwa durch den **Einspruch** gegen einen **Strafbefehl**[430] oder gegen eine ordnungsbehördliche Entscheidung (z.B. **Bußgeldbescheid**).[431]

Art. 6 Abs. 1 garantiert jeder Person, die für (partiell) **geschäftsunfähig** erklärt wird, **144** den *direkten* Zugang (auch ohne Antrag seines Betreuers) zu einem Gericht, um die Wiederherstellung seiner Geschäftsfähigkeit zu beantragen.[432]

In seiner Ausgestaltung als Menschenrecht ist das Recht auf Zugang zu einem Gericht **145** **disponibel**, daher kann eine Person auch auf ihr Recht auf Durchführung eines gerichtlichen Verfahrens ganz oder teilweise **verzichten**.[433]

Der Zugang zu einem Gericht stellt **kein absolutes Recht** dar.[434] *„The Contracting States* **146** *enjoy considerable freedom in the choice of the means calculated to ensure that their judicial systems are in compliance with the requirements of Article 6.“*[435] Die konkrete **verfahrens-**

---

424 EGMR Golder/UK, 21.2.1975, § 36, EuGRZ **1975** 91; Sporrong u. Lönnroth/S, 23.9.1982, § 84; (GK) Waite u. Kennedy/D, 18.2.1999, § 50, NJW **1999** 1173 = EuGRZ **1999** 207 = ÖJZ **1999** 776; (GK) Stanev/BUL, 17.1.2012, § 229; Dareskizb LTD/ARM, 21.9.2021, § 84; *Frowein/Peukert* 45; Meyer-Ladewig/Nettesheim/von Raumer/*Meyer-Ladewig/Harrendorf/König* 8 ff.; zur Entwicklung: IK-EMRK/*Miehsler/Vogler* 257, 266 ff.

425 Vgl. *Grabenwarter/Pabel* § 24, 29 („Organisationsgarantie"); *Frowein/Peukert* 86.

426 Zur Entwicklung des Zugangsrechts: SK/*Meyer* 105; EGMR Khamidov/R, 15.11.2007 (zur zeitweiligen Suspendierung von Gerichten in Tschetschenien im Zuge einer Militäroperation zur Terrorismusbekämpfung); Kövesi/RUM, 5.5.2020 (fehlende Beschwerdemöglichkeit nach Entlassung der ehemaligen Generalstaatsanwältin der obersten rumänischen Korruptionsbehörde; seit Herbst 2019 Europäische Generalstaatsanwältin).

427 EGMR Grams/D (E), 5.10.1999; Malhotra/D (E) 4.4.2023.

428 Kritisch u.a. in Bezug auf den Strafbefehl: *Riklin* ZBJV **2016** 475, 492 f. („Machtgefälle[s] zwischen Staat und Verzichtendem", „Informationsdefizit"); *Donatsch* ZStrR **1994** 317 ff.

429 EGMR Buijen/D, 1.4.2010, u. Smith/D, 1.4.2010: gerichtlicher Rechtsschutz; Übereinkommen über die Überstellung verurteilter Personen (ETS 112).

430 EGMR Maass/D (E), 15.9.2005; Hennings/D, 16.12.1992, NJW **1993** 717 = EuGRZ **1993** 68 = ÖJZ **1993** 388; *Esser* 610; *Frowein/Peukert* 89.

431 Vgl. EGMR Deweer/B, 27.2.1980, § 48; *Frowein/Peukert* 29, 30, 89; *Vogler* ZStW **82** (1970) 743, 767.

432 EGMR (GK) Stanev/BUL, 17.1.2012, § 245, NJOZ **2013** 1190. Ebenso sollten Richter, die über die Entziehung der Geschäftsfähigkeit entscheiden, den Betroffenen im Interesse eines fairen Verfahrens grundsätzlich persönlich anhören: EGMR X u. Y/KRO, 3.11.2011, § 84. Siehe auch BVerfG FamRZ **2015** 565 m. Anm. *Schwab*; BGH NJW **2014** 2788 = FamRZ **2014** 1543 m. Anm. *Fröschle* = FGPrax **2014** 210 = FuR **2014** 587.

433 EGMR Deweer/B, 27.2.1980, § 49; IK-EMRK/*Miehsler/Vogler* 280.

434 EGMR Golder/UK, 21.2.1975, § 38; (GK) Stanev/BUL, 17.1.2012, § 230; (GK) Naït-Liman/CH, 15.3.2018, § 114; (GK) Zubac/KRO, 5.4.2018, § 78; Ali Rıza u.a./TRK, 28.1.2020, § 172; Dareskizb LTD/ARM, 21.9.2021, § 85; (GK) Grzęda/PL, 15.3.2022, § 343.

435 EGMR (GK) Taxquet/B, 16.11.2010, § 83.

rechtliche und organisatorische Ausgestaltung des Zugangs zum Gericht ist daher dem nationalen Recht überlassen. Es ist grundsätzlich Sache des jeweiligen Vertragsstaates, welche Möglichkeiten des gerichtlichen Rechtsschutzes er vorsehen und in welcher Form er einen insgesamt effektiven Zugang zum Gericht für jedermann gewährleisten will.[436]

147   Die Konventionen fordern allerdings, dass die Gesamtschau aller innerstaatlichen Regelungen ergibt, dass das Recht auf Schutz der eigenen Rechte durch ein Gericht in den relevanten zivil- und strafrechtlichen Schutzbereichen auch **tatsächlich wirksam** ausgeübt werden kann.[437] Alle **Zugangsvoraussetzungen** im nationalen Recht müssen daher im Rahmen dessen liegen, was dem vom jeweiligen Verfahrensgegenstand betroffenen Personenkreis **möglich und zumutbar** ist. Der Zugang zum Gericht darf den Betroffenen weder im Einzelfall durch Maßnahmen staatlicher Behörden verwehrt[438] noch generell durch Regelungen erschwert werden, etwa durch formelle oder materielle Anforderungen, die keinen legitimen Zweck verfolgen oder außerhalb eines vernünftigen Verhältnisses zu dem mit ihnen verfolgten Verfahrenszweck stehen (Rn. 154 ff.).[439]

148   Der nationale Gesetzgeber ist nicht gehindert, der Anrufung eines Gerichts ein bestimmtes (separates) **Verfahren vorzuschalten**; ein solches kann auch vor einer Verwaltungsbehörde stattfinden.[440] Er darf dabei aber nicht die Entscheidung über die Einleitung und den Ablauf des gerichtlichen Verfahrens an das Ermessen einer anderen Stelle binden.[441] Das Recht auf Zugang zu einem Gericht kann durch eine **übermäßig lange Verfahrensdauer** verletzt sein,[442] ebenso in der Konstellation, dass zwar der Zugang an sich gegeben ist, ein Verfahren stattfindet und die Argumente des Betroffenen angemessen berücksichtigt werden, im Nachgang aber eine (hohe) Gebühr bzw. „Strafe" (fine) zu entrichten ist.[443]

149   Der **physische Zugang** zu einem Gerichtsgebäude muss zumindest im Hinblick auf zivilrechtliche Klagen nicht zwingend sichergestellt werden; die Möglichkeit der schriftlichen Klageerhebung oder der Vertretung durch einen Anwalt genügt grundsätzlich den Anforderungen des Art. 6.[444] Zum Anwesenheitsrecht in Strafsachen, das eine solche Zugangsmöglichkeit impliziert Rn. 945 ff.

150   Die Garantie eines von Art. 6 Abs. 1 geforderten effektiven gerichtlichen Rechtsschutzes umfasst auch das **Vollstreckungsverfahren** zur Durchsetzung einer vom Betroffenen erzielten günstigen gerichtlichen Entscheidung.[445] In den Schutzbereich des Art. 6 fällt

---

436 EGMR (GK) Taxquet/B, 16.11.2010, § 83; Maresti/KRO, 25.9.2009, § 33; Reichman/F, 12.7.2016, § 29.
437 IK-EMRK/*Miehsler/Vogler* 273 ff.
438 EGMR Golder/UK, 21.2.1975, §§ 39 f.; Célice/F, 8.3.2012, §§ 33 ff. (Ermessensüberschreitung bei der Beurteilung der Zulässigkeit eines Rechtsbehelfs); Josseaume/F, 8.3.2012, § 31 ff.; Zylkov/R, 21.6.2011, § 28 (angebliche Zuständigkeit litauischer Gerichte).
439 Vgl. EGMR Airey/IR, 9.10.1979, § 26, EuGRZ **1979** 626; Tinnelly & Sons Ltd u.a. u. McElduff u.a./UK, 10.7.1998, § 72; (GK) Waite u. Kennedy/D, 18.2.1999, § 59; Kreuz/PL, 19.6.2001, §§ 53 ff., ÖJZ **2002** 693; Polskiego/PL, 21.9.2004, § 29; *Frowein/Peukert* 64; siehe auch HRC Casanovas/F, 28.10.2008, 1514/2006, § 11.3 (Sicherheitsleistung in Höhe der in der ersten Instanz verhängten Geldstrafe).
440 EGMR Le Compte u.a./B, 23.6.1981, § 51; Öztürk/D, 21.2.1984, § 56; Ashingdane/UK, 28.5.1985, §§ 53 ff., NJW **1986** 2173 = EuGRZ **1986** 8; Weh u. Weh/A (E), 4.7.2002, ÖJZ **2002** 736.
441 EGMR Philis/GR, 27.8.1991, §§ 61 ff. Siehe auch EKMR Philis/GR, 11.10.1989; EuGRZ **1991** 298.
442 EGMR Korkolis/GR, 15.1.2015, §§ 21 ff.; Kristiansen u. Tyvik As/N, 2.5.2013, § 57.
443 EGMR Sace Elektrik Ticaret ve Sanayi A.Ş./TRK, 22.10.2013, § 28.
444 EGMR Farcas/RUM (E), 14.9.2010, §§ 48 ff. (kein barrierefreier Zugang zum Gerichtsgebäude).
445 EGMR (GK) Immobiliare Saffi/I, 28.7.1999, § 66; Prodan/MOL, 18.5.2004, § 52; Kalogeropoulou u.a./GR u. D, 12.12.2002; Simaldone/I, 31.3.2009, § 42; Čikanović/KRO, 5.2.2015, §§ 51 ff. (Bf. musste Vollstreckung innerhalb einer bestimmten Zeit ab Rechtskraft des Urteils betreiben; Eintreten der Rechtskraft wurde erst zu einem späteren Zeitpunkt erkennbar, als die Frist für die Vollstreckung schon abgelaufen war); Tchokontio Happi/F, 9.4.2015, §§ 44 ff.

auch die Vollstreckung eines ausländischen Urteils im Wege der Rechtshilfe.[446] Die **Verweigerung oder signifikante Verzögerung der Durch- bzw. Umsetzung einer gerichtlichen Entscheidung** über die nach der Sachlage und den konkreten Fall erforderliche Zeit hinaus verletzt das Recht auf effektiven gerichtlichen Schutz.[447] Wenn die Verzögerung nicht übermäßig lang ist, soll allerdings ein Verstoß nur vorliegen, wenn noch weitere besondere Umstände hinzutreten.[448]

Auch die **Nichtbeachtung einer einstweiligen Anordnung** verletzt das Zugangs- **151** recht, wenn die einstweilige Anordnung für das betroffene Staatsorgan bindend ist und sich ihre Nichtbefolgung unmittelbar auf die Hauptsache auswirkt.[449]

Die **Nichtvollstreckung** eines Urteils verstößt auch dann gegen Art. 6 Abs. 1, wenn **152** sich die Behörden auf einen Engpass an öffentlichen Geldern berufen.[450] Ein Konventionsverstoß kann auch darin liegen, dass vor der Vollstreckung einer Forderung der Titelinhaber die **Gerichtsvollzieherkosten vorzustrecken** hat,[451] oder dass vor der Ausfertigung bzw. Übersendung einer vollstreckbaren Ausfertigung eines Urteils **Gerichtsgebühren** zu entrichten sind.[452]

Die Vollstreckung rechtskräftiger Urteile ist nur ausnahmsweise einer konventions- **153** konformen Einschränkung zugänglich (allgemein Rn. 150).[453] Neben einem gewissen sozialpolitischen Gestaltungsspielraum[454] und der Berücksichtigung des Risikos der Störung der

---

446 EGMR Romańczyk/F, 18.11.2010, §§ 60 ff.
447 EGMR Hornsby/GR, 19.3.1997, §§ 40 ff.; Burdov/R, 7.5.2002, §§ 34 f.; Kalogeropoulou u.a./GR u. D, 12.12.2002; Derkach u. Palek/UKR, 21.12.2004, § 38; Matheus/F, 31.3.2005, § 60; Karanovic/BIH, 20.11.2007, § 25; vgl. auch EGMR Emsenhuber/A (E), 11.9.2003 (kein Verstoß, da Bf. mehrere Möglichkeiten zur Realisierung der durch die Entscheidung – Verweigerung der Baugenehmigung für Nachbarn – erlangten Rechtsposition hatte). Je nach Besonderheit des Falles können neben Art. 6 Abs. 1 weitere Konventionsrechte verletzt sein, etwa Art. 1 des 1. ZP-EMRK (EGMR Xynos/GR, 9.10.2014, §§ 60 ff.; Sivograk u. Zenov/R, 13.6.2013, § 29; Çakır u.a./TRK, 4.6.2013, §§ 24 ff.; Bjelajac/SRB, 18.9.2012, §§ 51 ff.; Lunari/I, 11.1.2001, §§ 33 f.; Antonetto/I, 20.7.2000, §§ 33 ff.); Art. 10 (EGMR Roşiianu/RUM, 24.6.2014, §§ 61 ff.; Frasila u. Ciocirlan/RUM, 10.5.2012, §§ 54 ff.; Kenedi/H, 26.5.2009, §§ 43 ff.); Art. 8 (EGMR Vorozhba/R, 16.10.2014, §§ 77 ff.: Nichtvollstreckung eines Gerichtsurteils, das den Aufenthalt eines Kindes bei seiner Mutter festlegte; ebenso Cavani/H, 28.10.2014, §§ 48 ff., für ein diesbezügliches ausländisches Gerichtsurteil; ähnlich EGMR Ferrari/RUM, 28.4.2015, § 55).
448 EGMR Khvorostyanoy u.a./UKR, 25.7.2013, § 14 (1 Jahr 2 Monate: „not so excessive (…) the judgment debts did not concern the applicants' basic subsistence and there were no other special, urgent circumstances that would lead to the conclusion that the delay in the enforcement of the judgments was unreasonable"); Krapyvnytskiy/UKR (E), 17.9.2002 (2 Jahre 7 Monate unbeanstandet); Voytenko/UKR, 29.6.2004, § 41 (4 Jahre zu lang).
449 EGMR Kübler/D, 13.1.2011, NJW **2011** 3703, §§ 61 f. (Zugang zum Anwaltsnotariat; Missachtung einer einstweiligen Anordnung des BVerfG; kein Abwarten des Entschädigungsverfahrens (Amtshaftung) notwendig i.S.v. Art. 35 Abs. 1, wenn Ausgang „ungewiss"; dann aber auch keine Gewährung einer Entschädigung durch EGMR (Art. 41), da Sache insoweit nicht entscheidungsreif; zur weiteren Entwicklung dieses Falles: EGMR Kübler/D (E), 5.6.2014, NJW **2015** 1745 m. Anm. *Meyer-Ladewig/Petzold*).
450 EGMR Tregubenko/UKR, 2.11.2004; Poznakhirina/R, 24.2.2005; Plotnikovy/R, 24.2.2005; Sukhobokov/R, 13.4.2006; Apostol/GEO, 28.11.2006; siehe auch 1. ZP-EMRK Rn. 26.
451 EGMR Elena Negulescu/RUM, 1.7.2008, §§ 39 ff.; Radu/RUM (E), 27.1.2015, § 24.
452 EGMR Çakır u.a./TRK, 4.6.2013, §§ 18 ff. (Urteil erging aufgrund besonderer Umstände und beruhte u.a. auf der Erwägung, dass die relevante nationale Kostenrechtsregelung auch von nationalen Gerichten für verfassungswidrig und unvereinbar mit dem Recht auf Zugang zum Gericht befunden worden war; § 20).
453 EGMR Sabin Popescu/RUM, 2.3.2004, § 66 (Vollstreckung als Teil des Rechts auf Zugang zum Gericht; Einschränkungen entsprechend; Nichtvollstreckung nicht gerechtfertigt).
454 EGMR Société Cofinfo/F (E), 12.10.2010 (Nicht-Vollstreckung eines Räumungsurteils, das zur Obdachlosigkeit einer Großfamilie führen würde; kein Verstoß; Bemühen der Behörden eine Lösung zu finden);

öffentlichen Ordnung[455] soll ein Verstoß regelmäßig nicht vorliegen, wenn das Urteil mangels Zahlungsfähigkeit des Schuldners faktisch nicht vollstreckbar ist.[456] Die Möglichkeit, ein **rechtskräftig abgeschlossenes gerichtliches Verfahren** (auch ohne neue Umstände) durch eine Anfechtungserklärung eines staatlichen Organs wieder aufzurollen, ist – wie sich mit einem Blick auf die Präambel der EMRK zeigt – mit den aus Art. 6 ableitbaren rechtsstaatlichen Grundsätzen, insbesondere mit dem Grundsatz der **Rechtssicherheit** ebenfalls nicht zu vereinbaren.[457] Eine zivilrechtliche Wiederaufnahme (ohne eine vorstehend skizzierte Einflussnahme seitens am konkreten Verfahren interessierter staatlicher Stellen) ist grundsätzlich möglich, wegen der starken Beeinträchtigung der Rechtssicherheit aber nur unter bestimmten Voraussetzungen mit Art. 6 Abs. 1 vereinbar.[458]

154   **b) Einschränkungen.** Schranken für die Ausübung des Rechts auf Zugang zu einem Gericht sind im nationalen Recht zulässig, *sofern* sie eine sachliche Rechtfertigung besitzen, etwa dem legitimen Ziel der **Ordnung der Rechtspflege** dienen, in einem vernünftigen **Verhältnis** zu dem mit ihnen angestrebten Ziel stehen und nicht die **eigentliche Substanz des Rechts** (dessen Wesensgehalt) in Frage stellen.[459] Zudem dürfen solche Einschränkungen nicht unter Verletzung des Grundsatzes der Gleichheit vor Gericht,[460] d.h. **diskriminierend** gegen einzelne Personengruppen (Ausländer, Ehefrauen[461] usw.) im Recht vorgesehen oder angewandt werden.

155   Aus **Gründen der Staatssicherheit**[462] können verhältnismäßige Einschränkungen des Rechts auf Zugang zu Gericht zulässig sein; der Kern-/Wesensgehalt der Rechtsweggarantie muss aber auch dann durch geeignete Maßnahmen sichergestellt werden.[463]

156   Der Anspruch auf Zugang zu einem Gericht kann in seinem **Wesensgehalt verletzt** sein, wenn das nationale Recht den Zugang – ohne legitimen Grund (Rn. 147) – versagt oder unverhältnismäßig erschwert, so etwa, wenn einer **religiösen Gruppierung** plötzlich

---

anders EGMR Sud Est Réalisations/F, 2.12.2010, §§ 56 ff. (Verstoß gegen Art. 6 Abs. 1; Räumung lange Zeit nicht vollzogen; Behörden nicht ernsthaft an Lösung interessiert).

455   EGMR Sofiran u. BDA/F, 11.7.2013, §§ 54 ff. (Nichtvollstreckung eines Urteils gegen entlassene Arbeitnehmer, die Betrieb besetzt hielten).

456   Vgl. hierzu die Nachweise in EGMR Tchokontio Happi/F, 9.4.2015, § 49.

457   EGMR Solomun/KRO, 2.4.2015, § 46; Ryabykh/R, 24.7.2003, § 51 (zum – früheren – sog. „Nadzor-System" im russischen Recht, das ein Recht zur „Überprüfung" endgültiger gerichtlicher Entscheidungen vorsah; hierzu: *Nußberger* Ende des Rechtsstaats in Russland? [2007] 55); Tregubenko/UKR, 2.11.2004, §§ 36 f.; ähnlich für ein rechtskräftiges Strafurteil: EGMR Ghirea/MOL, 26.6.2012, § 35 (nationales Gericht befand von der Staatsanwaltschaft nach Fristablauf/Eintritt der Rechtskraft eingelegte Berufung gegen Freispruch für zulässig; zuständiger Staatsanwalt während der Rechtsmittelfrist in Urlaub; Verstoß).

458   Näher EGMR Oferta Plus S.R.L./MOL, 19.12.2006, §§ 97 ff., insbes. §§ 100 ff. zu neuen (neu bekannt gewordenen) Umständen; Popov/RUM (Nr. 2), 6.12.2005, §§ 46 ff.

459   *Grabenwarter/Pabel* § 24, 53; vgl. EGMR Golder/UK, 21.2.1975; unzulässige Beschränkung durch Gefängnisverwaltung); Campbell u. Fell/UK, 28.6.1984; Silver u.a./UK, 25.3.1983, EuGRZ **1984** 147; Ashingdane/UK, 28.5.1985; Philis/GR, 27.8.1991, EuGRZ **1991** 355 = ÖJZ **1991** 859 (Bindung der Honorarklage an Berufsverband/ Verneinung einer bisher stets anerkannten Klagebefugnis); Canea Catholic Church/GR, 16.12.1997, ÖJZ **1998** 750; Kreuz/PL, 19.6.2001 (unangemessen hohe Gebühren); (GK) Enea/I, 17.9.2009; (GK) Kart/TRK, 3.12.2009; Eyüp Akdeniz/TRK, 2.2.2010; (GK) Naït-Liman/CH, 15.3.2018, § 115.; (GK) Zubac/KRO, 5.4.2018, § 107; *Frowein/ Peukert* 64 ff.; Meyer-Ladewig/Nettesheim/ von Raumer/*Meyer-Ladewig/Harrendorf/König* 37.

460   Art. 14 Abs. 1 Satz 1 IPBPR, vgl. Rn. 247 ff. Ferner Art. 14, 40.

461   Vgl. HRC Graciela Ato del Avellanal/PER, 28.10.1988, 202/1986, EuGRZ **1989** 124 m. Anm. *Tomuschat* = HRLJ **1988** 262 (Klage nur mit Zustimmung des Ehemannes).

462   EGMR Klass u.a./D, 6.9.1978, NJW **1979** 1755 = EuGRZ **1979** 278; *Frowein/Peukert* 79; IK-EMRK/*Miehsler* 104.

463   IK-EMRK/*Miehsler* 104.

die bisher stets anerkannte Befugnis, zur Wahrung ihrer Rechte ein Gericht anzurufen, unter Hinweis auf ihre mangelnde Rechtspersönlichkeit versagt wird,[464] wenn einem **Inhaftierten** nicht gestattet wird, einen Rechtsbehelf gegen seinen Gefangenenstatus einzulegen,[465] wenn ein Häftling nicht über ein ihn betreffendes (strafrechtliches) Urteil informiert wird und er deswegen die Rechtsmittelfrist verpasst,[466] wenn einem Häftling die Teilnahme an einem Zivilprozess versagt bleibt, sofern und obwohl die persönliche Anwesenheit erforderlich ist,[467] oder wenn **Minderheitsaktionäre** sich nicht gegen Beschlüsse der Mehrheit zur Wehr setzen können.[468]

Eine Verletzung des Rechts auf Zugang zu einem Gericht hat der EGMR des Weiteren **157** in der Rs. *Grzęda* betreffend eine **Verkürzung der vierjährigen Amtszeit** eines polnischen Richters um rund zwei Jahre bejaht.[469] Dem Richter stand dabei keinerlei Möglichkeit einer richterlichen Überprüfung dieser Entscheidung über die Amtszeitverkürzung zur Verfügung, was einen Verstoß gegen Art. 6 Abs. 1 begründete.[470]

Für **Minderjährige oder an einer seelischen Störung leidende Personen** kann im **158** Interesse einer geordneten Rechtspflege der *unmittelbare* Zugang zum Gericht beschränkt werden;[471] ein Zugang muss dann aber durch andere Maßnahmen (z.B. die Zulassung einer Vertretung) ermöglicht werden.[472] Wenn es um den Status eines psychisch Kranken, Geschäftsunfähigen u.ä. geht oder wenn es zwischen dem Betroffenen und seinem Vormund/Betreuer zu Spannungen kommt oder der Betroffene gar möchte, dass der aktuelle Vormund/Betreuer entpflichtet wird, kommt eine Beschränkung des Zugangs zum Gericht ebenso wie die Beschränkung des Rechts auf rechtliches Gehör nur ausnahmsweise dann in Betracht, wenn der Betroffene vollkommen außerstande ist, eine kohärente Sichtweise zu äußern oder einem Anwalt vernünftige Anweisungen zu geben, so dass die Teilnahme bzw. Anwesenheit sinnlos wäre.[473]

Die Staaten sind nicht gehindert, die **Verjährung**[474] (eines Anspruchs) zu regeln oder **159** den Zugang zu einem Gericht an bestimmte **Formen und Fristen**[475] zu binden (zur Möglichkeit eines **Vorverfahrens** Rn. 148). Werden zulässigerweise **Fristen** für die Anrufung

464 EGMR Canea Catholic Church/GR, 16.12.1997.
465 EGMR Musumeci/I, 11.1.2005.
466 EGMR Davran/TRK, 3.11.2009.
467 EGMR Yevdokimov u.a./R, 16.2.2016, §§ 24 f., 33 ff. 39 ff. 50 f. m.w.N.
468 EGMR Kohlhofer u. Minarik/CS, 15.10.2009; dazu auch EGMR Suda/CS, 28.10.2010.
469 EGMR (GK) Grzęda/PL, 15.3.2022, §§ 172, 349 f., JSt **2022** 399.
470 EGMR (GK) Grzęda/PL, 15.3.2022, §§ 349 f. („the lack of judicial review [...] impaired the very essence of the applicant's right of access to a court").
471 Vgl. EGMR Golder/UK, 21.2.1975; Winterwerp/NL, 24.10.1979; *Frowein/Peukert* 64.
472 Vgl. auch EGMR R.P. u.a./UK, 9.10.2012, insb. § 67 (keine Verletzung des Zugangs zum Gericht einer lernbehinderten Mutter durch die Bestellung eines Anwalts, um sie im Sorgerechtsstreit zu vertreten („it was ... necessary for the UK to take measures (...), a failure to take measures to protect R.P.'s interests might in itself have amounted to a violation of Article 6 § 1 of the Convention").
473 EGMR D.D./LIT, 14.2.2012, §§ 118 f., 122; Shtukaturov/R, 27.3.2008, FamRZ **2008** 1734, § 73.
474 EGMR Markt intern' Verlag GmbH/D (E), 17.6.2014, §§ 32 ff.; Stubbings u.a./UK, 22.10.1996, ÖJZ **1997** 436.
475 *Esser* 611 ff.; Meyer-Ladewig/Nettesheim/von Raumer/*Meyer-Ladewig/Harrendorf/König* 38 f.; EGMR Kaufmann/I, 19.5.2005 (keine Zurechnung eines verspäteten Handelns eines staatlichen Organs, wenn Kläger vor dem Ablauf der Frist alle in seiner Macht stehenden Prozessvoraussetzungen erfüllt). Vgl. BVerfG NJW **2005** 3346; zudem: EGMR Mercieca u.a./MLT, 14.6.2011, § 47; Tence/SLW, 31.5.2016, §§ 30 ff.; Papaioannou/GR, 2.6.2016, §§ 39 ff.; Marc Brauer/D, 1.9.2016, § 42 (jeweils Art und Weise der Anwendung der Fristen nicht konventionskonform); Trevisanato/I, 15.9.2016, §§ 32 ff. (prozessuale Formvorschriften); vgl. *Grabenwarter/Pabel* § 24, 55.

des Gerichts vorgeschrieben,[476] muss bei Fristversäumung aufgrund von ungewöhnlichen und vom Betroffenen nicht zu vertretenden Umständen die **Wiedereinsetzung** in den vorigen Stand oder ein anderer auf das gleiche Ziel gerichteter Rechtsbehelf den Zugang zum Gericht eröffnen.[477] Der EGMR akzeptiert es nicht, dass das nationale Recht die Beweislast für die negative Tatsache des Nicht-Erhalts einer Gerichtsentscheidung – wobei der Erhalt den Lauf einer Rechtsmittelfrist auslöst – dem Betroffenen und nicht dem Staat auferlegt.[478] Die Anwendung einer **Verjährungs- oder Klagefrist** darf ebenfalls nicht zu einer faktischen Rechts(schutz)verweigerung führen,[479] etwa indem diese ab dem anspruchsbegründenden (z.B. schädigenden) Ereignis gerechnet wird und bei der erst einige Jahre späteren Erkennbarkeit des Schadens bereits abgelaufen ist.[480] Ähnliches gilt für eine **Änderung der Rechtsprechung mit Rückwirkungskomponente** hinsichtlich prozessualer Voraussetzungen; diese müssen vorhersehbar sein, um das Recht auf Zugang zum Gericht zulässig beschränken zu können.[481]

160   Sonstige **prozessuale Bedingungen und Voraussetzungen** sind zulässig, wenn sie dem Interesse einer geordneten Rechtspflege dienen, wie etwa die Pflicht zur **Bündelung mehrerer Klagen**[482] oder die Angabe einer **Zustelladresse**, die Leistung einer **Sicherheit** (Prozesskosten)[483] oder die Vorsehung einer maßvollen **Missbrauchsgebühr**.[484]

161   Der EGMR billigte auch die etwas formalistisch anmutende Vorgehensweise[485] des tschechischen Verfassungsgerichts, das eine Verfassungsbeschwerde nicht zuließ, weil der Bf. sich nur gegen die instanzgerichtliche Verurteilung, nicht aber gegen die Abweisung der Revision durch den Obersten Gerichtshof gewandt hatte (die sich darauf gründete,

---

476 EGMR Kushnir/UKR, 28.1.2021, §§ 30 ff.; Szubert/PL, § 22; Nowaszewski/PL, 27.3.2012, § 34; Kulikowski/PL, 19.5.2009; Antonicelli/PL, 19.5.2009 (nicht ordnungsgemäße Belehrung über Fristen); ferner EGMR Vujnović/KRO, 11.6.2020 (zur Rechtssicherheit und Fristberechnung im Zusammenhang mit der Verjährung eines Schadensersatzanspruchs).

477 Vgl. Meyer-Ladewig/Nettesheim/von Raumer/*Meyer-Ladewig/Harrendorf/König* 39 unter Hinweis auf: EGMR Tsironis/GR, 6.12.2001; siehe auch: EGMR Leoni/I, 26.10.2000; Melnyk/UKR, 28.3.2006; Melis/GR, 22.7.2010; Gajtani/CH, 9.9.2014, §§ 67 ff. (Instanzgericht hatte in der Rechtsmittelbelehrung eine falsche Frist angegeben; das Gericht der höheren Instanz ging dennoch von der (kurzen) gesetzlichen Frist aus, da angeblich die richtige Frist leicht im Gesetz zu finden gewesen wäre; Verletzung von Art. 6 Abs. 1).

478 EGMR Meggi Cala/P, 2.2.2016, § 47.

479 Vgl. EGMR Melnyk/UKR, 28.3.2006, § 23; Demerdžieva u.a./MAZ, 10.6.2010, § 25; *Grabenwarter/Pabel* § 24, 55, 57.

480 EGMR Howald Moor u.a./CH, 11.3.2014, §§ 73 ff., NVwZ **2015** 205 m. Anm. *Korves* 200 = NuR **2014** 411 m. Anm. *Budzinski*; Eşim/TRK, 17.9.2013, §§ 21 ff.; siehe auch: *Widmer Lüchinger* ZBJV **2014** 460; Jaeger/*Piekenbrock*¹ § 254b, 13 InsO.

481 EGMR Petko Petkov/BUL, 19.2.2013, §§ 26 ff. (die – als verfahrensrechtlich angesehene – Voraussetzung der Aufstellung eines Inventars der vererbten Gegenstände wurde infolge einer unerwarteten Änderung der höchstrichterlichen Rechtsprechung auch auf den Bf. angewandt, der Pflichtteilansprüche geltend machen wollte; zur Zeit der Änderung der Rechtsprechung waren Fristen für die Aufstellung eines Inventars bereits abgelaufen).

482 Vgl. EGMR Lithgow u.a./UK, 8.7.1986.

483 Vgl. EGMR Tolstoy Miloslavsky/UK, 13.7.1995; *Frowein/Peukert* 82.

484 EGMR Matterne/D (E), 13.10.2009 (Missbrauchsgebühr BVerfG i.H.v. 250 € nach vorherigem Hinweis, den Vortrag zu substantiieren); Toyaksi u.a./TRK (E), 20.10.2010; *Frowein/Peukert* 74.

485 Anders jedoch (Verstoß) beurteilte der EGMR sehr streng formalistische Vorgehensweisen, bei denen vom Bf. nicht zu vertretende Formfehler zur Zurückweisung eines Rechtsmittels geführt hatten, vgl. EGMR Dattel/LUX (Nr. 2), 30.7.2009, §§ 44 ff. Ähnlich urteilte der Gerichtshof für die Nichtzulassung eines Rechtsmittels, weil dieses entgegen einer Verpflichtung nicht elektronisch, sondern (lediglich) in Papierform eingelegt worden war („formalisme excessif"), vgl. EGMR Xavier Lucas/F, 9.6.2022, §§ 57 ff.; RTBF/B, 29.3.2011; hierzu *Grabenwarter/Pabel*, § 24, 55.

dass der Bf. angeblich **keine Rechtsfehler**, sondern nur Umstände gerügt hatte, für die ausschließlich die Tatsacheninstanz zuständig war).[486] Ebenso beurteilte der EGMR die Verpflichtung, vor der Erhebung einer zivilrechtlichen Klage **vorrangig eine gütliche Einigung** versuchen zu müssen, nicht als generell konventionswidrig.[487]

Zulässig ist grundsätzlich auch, dass der Zugang zu Gericht von der vorherigen Entrich- **162** tung von **Gerichtskosten** oder einer **Verfahrensgebühr** abhängig gemacht wird;[488] jedoch darf dadurch der Zugang zu Gericht weder faktisch verhindert noch unverhältnismäßig erschwert werden.[489] Eine **generelle Pflicht** zur Vorsehung bestimmter Formen von Zugangshilfen (z.B. PKH) begründen die Konventionen bei der Geltendmachung von *„civil rights"* nicht.[490] Nur für die Entscheidung über eine *strafrechtliche Anklage* stellen Art. 6 Abs. 3 *lit.* c, e EMRK/Art. 14 Abs. 3 *lit.* d, f IPBPR insoweit Mindestanforderungen auf.[491]

Das nationale Recht darf aber und muss sogar durch geeignete Maßnahmen, wie etwa **163** die Bewilligung einer **Stundung** oder **Prozesskostenhilfe** dafür sorgen, dass jeder wegen der Beeinträchtigung seiner Rechte die Gerichte unabhängig von seiner finanziellen Leistungsfähigkeit anrufen kann.[492] Dies schließt allerdings die Befugnis zur Ablehnung finanzieller Unterstützung (*legal aid*) in aussichtslosen Fällen bzw. die Berücksichtigung der finanziellen Ressourcen des Betroffenen nicht aus,[493] solange das Gerichtssystem substantielle **Sicherheiten gegen eine willkürliche Behandlung** dieser Frage bietet.[494] Dies gilt

---

[486] EGMR Veselský/CS (E), 31.3.2015 (Verfassungsgericht erklärte, es könne die Entscheidung des Obersten Gerichtshofs nicht aufheben, da die Verfassungsbeschwerde nicht hiergegen eingelegt sei; es könne die instanzgerichtliche Verurteilung nicht aufheben, da ansonsten, wegen der Entscheidung des Obersten Gerichtshofs, mehrere zu derselben Anklage ergangene Entscheidungen in Konflikt stünden; daneben billigte der EGMR, dass auch deswegen die Verfassungsbeschwerde gegen die Entscheidung des Obersten Gerichtshofs nicht ordnungsgemäß eingelegt sei, weil diese Entscheidung nicht – in Kopie – mit der Verfassungsbeschwerde übermittelt wurde); Arribas Antón/E, 20.1.2015, §§ 45, 52 (Zulässigkeitsvoraussetzung „besondere verfassungsrechtliche Bedeutung" einer Verfassungsbeschwerde, sog. *amparo*-Beschwerde: keine unverhältnismäßige Beeinträchtigung des Rechts auf Zugang zum Gericht; legitimes Ziel, das Verfassungsgericht vor übermäßiger Überlastung zu schützen, indem es weniger bedeutende Fälle herausfiltere); (GK) Zubac/KRO, 5.4.2018, § 68 (in Zulässigkeitsfragen ist höheres Gericht nicht an die Fehler der Vorinstanzen gebunden); zur rückwirkenden Anwendung der neuen Auslegung einer Verfahrensvorschrift, welche zur Unzulässigkeit einer Klage führte: EGMR Gil Sanjuan/E, 26.5.2020.
[487] EGMR Momčilović/KRO, 26.3.2015, §§ 46, 56; *Grabenwarter/Pabel* § 24, 55.
[488] EGMR Z. u.a./UK, 10.5.2001, § 93, ZfJ **2005** 154; Reuther/D (E), 5.6.2003, AGS **2004** 241 m. krit. Anm. *Deumeland*; vgl. Meyer-Ladewig/Nettesheim/von Raumer/*Meyer-Ladewig/Harrendorf/König* 40.
[489] EGMR Sace Elektrik Ticaret ve Sanayi A.Ş./TRK, 22.10.2013, §§ 27 ff.; Weissman/RUM, 24.5.2006; Kreuz/PL, 19.6.2001; Kuczera/PL, 14.9.2010 (Gerichtsgebühr darf proportional zum Streitwert ansteigen); Meyer-Ladewig/Nettesheim/von Raumer/*Meyer-Ladewig/Harrendorf/König* 40, 43 ff.; ferner BVerfGE **85** 337 = NJW **1992** 1673 (Verhältnismäßigkeit einer Gebühr); EGMR Černius u. Rinkevičius/LIT, 18.2.2020, §§ 68, 73 (Prozesskosten höher als eingeklagter Schaden; Gerichte verweigerten Erstattung).
[490] Vgl. EGMR Foltis/D, 30.6.2016, § 37; *Grabenwarter/Pabel* § 24, 56.
[491] EGMR Airey/IR, 9.10.1979; vgl. *Frowein/Peukert* 54; IK-EMRK/*Miehsler/Vogler* 274; Meyer-Ladewig/Nettesheim/von Raumer/*Meyer-Ladewig/Harrendorf/König* 228, 246.
[492] Vgl. EGMR Tolstoy Miloslavsky/UK, 13.7.1995; Kreuz/PL, 19.6.2001; Bakan/TRK, 12.6.2007; Ciorap/MOL, 19.6.2007; Stankov/BUL, 12.7.2007; Mehmet u. Suna Yigit/TRK, 17.7.2007; *Frowein/Peukert* 54. Vgl. auch EGMR Granos Organicos Nacionales S.A./D, 22.3.2012, NJW-RR **2013** 1075 (PKH für juristische Personen unter Art. 6 Abs. 1 nicht erforderlich); EGMR Foltis/D, 30.6.2016, § 37 (Wahl der Mittel beim jeweiligen Vertragsstaat).
[493] EGMR Bobrowski/PL, 17.6.2008, § 45; Gnahoré/F, 19.9.2000, §§ 38 ff.; Gabriela Kaiser/CH, 9.1.2018, §§ 59 ff.; Del Sol/F, 26.2.2002, §§ 20 ff.
[494] EGMR Del Sol/F, 26.2.2002, §§ 23–26; Steel u. Morris/UK, 15.2.2005, NJW **2006** 1255, § 62; Gnahoré/F, 19.9.2000, § 41; Herma/D (E), 8.12.2009, NJW **2010** 3207; zur Begründungspflicht bei ablehnenden Entscheidungen: EGMR Bobrowski/PL, 17.6.2008, § 51; Nieruchomości Sp. z o.o./PL, 2.2.2010, § 32.

Esser

auch, wenn der Zugang zu den Höchstgerichten an spezielle Anforderungen, wie die **Einschaltung spezieller Anwälte**, gebunden wird.[495] Besteht nach nationalem Recht für ein bestimmtes Verfahren **Anwaltszwang** oder ist ein komplexes Verfahren vorgesehen, das den Einzelnen zu überfordern droht, so müssen die Schwierigkeiten durch staatliche Hilfe kompensiert werden, etwa dadurch, dass durch Gewährung von **Prozesskostenhilfe** einer mittellosen Partei die Inanspruchnahme eines Anwalts ermöglicht wird;[496] wird mangels Gewährung einer PKH ein Anwalt ohne Bezahlung tätig, so kann dies zu Gunsten des Staates so auszulegen sein, dass das Recht auf Zugang zum Gericht nicht verletzt wurde, da der Bf. mit Hilfe des unentgeltlich arbeitenden Anwalts diesen Zugang faktisch hatte.[497] Die Ausgestaltung der (zivilrechtlichen) PKH in Deutschland hat der EGMR grundsätzlich akzeptiert.[498]

164   Das BVerfG hat die Rechtsprechung des BGH[499] zur sog. **Rügeverkümmerung** als verfassungskonform eingestuft.[500] Demnach soll es unter bestimmten Voraussetzungen zulässig sein, einer bereits eingelegten Revision durch eine **nachträgliche Berichtigung des Hauptverhandlungsprotokolls** die Beweisgrundlage zu entziehen (vgl. § 274 StPO). Nach Ansicht des BVerfG werde hierdurch weder das Grundrecht auf ein faires Verfahren noch das Gebot effektiven Rechtsschutzes, die beide Ausfluss des Rechtsstaatsprinzips sind, verletzt. Verfahrensgestaltungen, die den Erfordernissen einer wirksamen Strafrechtspflege dienen, verletzten den grundrechtlichen Anspruch auf ein faires Strafverfahren nicht schon dann, wenn sich die verfahrensrechtliche Position des Angeklagten zu Gunsten einer wirksameren Strafrechtspflege verschlechtere, sondern (erst dann) wenn eine Gesamtschau auf das Verfahrensrecht – auch in seiner Auslegung und Anwendung durch die Gerichte – ergebe, dass **rechtsstaatlich Unverzichtbares preisgegeben** wurde.

165   Das Rechtsstaatsgebot verbiete es den Gerichten, bei der Auslegung und Anwendung der verfahrensrechtlichen Vorschriften den Zugang zu den in der Verfahrensordnung eingeräumten Instanzen von Voraussetzungen abhängig zu machen, die unerfüllbar oder unzumutbar sind oder den Zugang in einer Weise erschweren, die aus Sachgründen nicht mehr zu rechtfertigen ist. Zwar entwerte die Möglichkeit einer nachträglichen Protokollberichtigung aus Sicht des Angeklagten die Revision insoweit, als er damit rechnen muss, dass seiner Verfahrensrüge die Beweisgrundlage im Protokoll entzogen wird. Die Erfordernisse einer funktionstüchtigen Strafrechtspflege, des Beschleunigungsgebots und des Opferschutzes rechtfertigten jedoch diese nur punktuelle und geringfügige Beschränkung des Zugangs zu einem Rechtsmittelgericht. Zudem sei der Angeklagte gegen unberechtigte Protokollberichtigungen zu seinen Lasten hinreichend geschützt.[501] Wie der EGMR diesen

---

495 EGMR (GK) Meftah u.a./F, 26.7.2002, ÖJZ **2003** 732 (Cour de Cassation; Europarecht).
496 EGMR Airey/IR, 9.10.1979; Staroszczyk/PL, 22.3.2007, NJW **2008** 2317 (dort auch zur Weigerung eines Anwalts, ein Rechtsmittel einzulegen); Sialkowska/PL, 22.3.2007; Smyk/PL, 28.7.2009; Meyer-Ladewig/Nettesheim/von Raumer/*Meyer-Ladewig/Harrendorf/König* 43. Vgl. zu Art. 47 Abs. 3 EUC Calliess/Ruffert/*Blanke* Art. 47, 20; Streinz/*Streinz* Art. 47, 12.
497 Vgl. EGMR N.J.D.B./UK, 27.10.2015, §§ 21, 67 (einer von mehreren Umständen, die insgesamt zur Verneinung einer Verletzung von Art. 6 Abs. 1 führten).
498 EGMR Foltis/D, 30.6.2016, §§ 37 ff.; Vinke/D (E), 12.6.2012; Eckardt/D (E), 10.4.2007; Havermann/D (E), 22.1.2013, § 17; mit Genugtuung rezipiert von BVerfG EuGRZ **2013** 630 = NJW **2013** 3714, Rn. 39. Siehe allerdings auch: BVerfG Beschl. v. 26.12.2013 – 1 BvR 2531/12, EuGRZ **2014** 266 = StraFo **2014** 65 (kein Vorziehen einer notwendigen Einzelfallprüfung in das summarische Verfahren der Gewährung von PKH).
499 BGHSt (GrSSt) **51** 298 = NJW **2007** 2419 = NStZ **2007** 661 = StV **2007** 403.
500 BVerfGE **122** 248 = NJW **2009** 1469 = JZ **2009** 675 = StV **2010** 497 = EuGRZ **2009** 143 (drei Sondervoten).
501 BVerfGE **122** 248 = NJW **2009** 1469 = NJ **2009** 298, Rn. 69 ff.

faktischen „**Rechtsmittelentzug**" bewerten wird, bleibt abzuwarten. In der nachträglichen „Verschärfung" einer für die Einlegung des Rechtsmittels erforderlichen Beschwer hat er zwar keinen Verstoß gegen das Recht auf Zugang zu einem Gericht gesehen;[502] die nachträgliche Änderung der Beweisgrundlage geht aber darüber hinaus.

c) Immunität. Besteht im nationalen Recht eine sog. Immunitätsregelung, die zur **166** Folge hat, dass ein gerichtlicher Rechtsschutz gegen eine Institution oder eine bestimmte Person gar nicht oder nur mit Zustimmung einer staatlichen Institution zur Verfügung steht, so prüft der EGMR, ob ein **legitimer Zweck** mit der Immunitätsregelung verbunden ist. Insbesondere können **hoheitliche Interessen**, etwa Sicherheitsinteressen, eine Immunitätsregelung rechtfertigen,[503] ebenso die **Effektivität der Polizeiarbeit**[504] oder der **Schutz der Rechtspflege**;[505] der EGMR berücksichtigt bei Letzteren allerdings zunehmend die Besonderheiten des konkreten Falles. Ein wichtiger Faktor für die Beurteilung der Zulässigkeit einer Immunitätsregelung ist stets, ob dem Betroffenen eine *„reasonable alternative"* zum Schutz seiner Konventionsrechte zur Verfügung steht.[506]

Beschränkungen der Anrufung des Gerichts, wie sie sich traditionell aus dem **Völker-** **167** **recht** oder dem **Staatsrecht** ergeben, sind mit den Konventionsgarantien grundsätzlich vereinbar, da durch die Konventionen nicht die allgemein anerkannten Regeln des Völkerrechts verändert werden sollten.[507] Die völkerrechtliche **Immunität eines Staates** für hoheitliches Handeln (*acta iure imperii*)[508] oder in einem Zivilverfahren in einem anderen

---

502 EGMR Brualla Gómez de la Torre/E, 19.12.1997 (keine Beanstandung, dass bereits eingelegtes Rechtsmittel durch eine nachträgliche Gesetzesänderung unzulässig wird); vgl. auch *Esser* 775 f.

503 EGMR (GK) Cudak/LIT, 23.3.2010 (Rechtfertigung der Immunität abgelehnt, da die Bf. nicht mit Funktionen betraut war, die staatliche Sicherheitsinteressen berühren konnten; unter Hinweis auf die UN-Convention on Jurisdictional Immunities of States and their Property v. 2.12.2004); (GK) Kart/TRK, 3.12.2009, § 90; Anagnostou-Dedouli/GR, 16.9.2010 (Amtshaftungsklage ausreichender Ausgleich dafür, dass gegen Minister nicht geklagt werden kann); Ndayegamiye-Mporamazina/CH, 5.2.2019 (Anerkennung der Immunität der Republik Burundi durch die Schweiz – in Übereinstimmung mit den Prinzipien des Völkerrechts – schränkt das Recht auf Zugang zu einem Gericht nicht unverhältnismäßig ein).

504 EGMR (GK) Osman/UK, 28.10.1998, §§ 149 ff. (im konkreten Fall abgelehnt, da Immunitätsregel automatisch angewandt wurde, ohne dass öffentliche Interessen dies erforderlich machten).

505 EGMR Sergey Zubarev/R, 5.2.2015, § 32 (Richterprivileg).

506 EGMR (GK) Waite u. Kennedy/D, 18.2.1999; hierzu: *Spitzer* ÖJZ **2008** 871, 875. Siehe auch EGMR Sergey Zubarev/R, 5.2.2015, §§ 34 ff. (nach nationalem Recht konnte zwar ein Richter wegen angeblich verleumderischer Äußerungen im gerichtlichen Verfahren grundsätzlich nicht belangt werden; Betroffener konnte aber die Durchführung eines Disziplinarverfahrens gegen den Richter beantragen; außerdem endete Immunität bei strafrechtlicher Verurteilung wegen der Äußerung oder Handlung). Beachte auch EGMR Naït-Liman/CH, 15.3.2018, §§ 198 ff. (bezüglich eines vor einem schweizerischen Gericht geltend gemachten zivilrechtlichen Schadensersatzanspruchs wegen in einem Drittstaat [hier: Tunesien] vermeintlich erlittener Folter erkannte die GK keine Prüfungspflicht des Gerichts hinsichtlich eines möglichen Anspruchs gegen den Drittstaat und befand, dass die Mitgliedstaaten völkerrechtlich nicht verpflichtet seien, eine universelle Zivilgerichtsbarkeit für Folter vorzusehen).

507 Dies zeigen Art. 51, der für die Richter des EGMR ebensolche Vorrechte und Immunitäten vorsieht (Verweis auf Art. 40 Satzung Europarat), sowie das Europäische Übereinkommen über die am Verfahren vor dem EGMR teilnehmenden Personen v. 5.3.1996 (ETS 161), BGBl. 2001 II S. 358.

508 EGMR McElhinney/IR, 21.11.2001, EuGRZ **2002** 415 (keine Überschreitung des Einschätzungsermessens durch Anerkennung der Staatenimmunität); dazu Anm. *Maierhöfer* EuGRZ **2002** 391; vgl. *Frowein/Peukert* 73; *Grabenwarter/Pabel* § 24, 62.

Staat[509] ist demnach mit der Konvention vereinbar, wenn die betreffende Form der Staatenimmunität und die darin liegende Beschränkung des Rechts auf Zugang zu einem Gericht ein **legitimes Ziel** verfolgt, **verhältnismäßig** ist und die in Rede stehende Immunität im Völkerrecht aus dem Grundsatz *par in parem not habet imperium* entwickelt wurde, wonach ein Staat nicht der Jurisdiktion eines anderes Staates unterworfen werden darf.[510]

168   Dass die Vollstreckung eines Urteils in das im eigenen Staat belegene Vermögen eines anderen Staates von der Zustimmung einer nationalen Stelle abhängig gemacht und von dieser verweigert wird, kann ebenfalls eine verhältnismäßige Zugangsbeschränkung sein.[511] Unangetastet von Art. 6 Abs. 1 bleibt grundsätzlich auch die **Immunität**, die **internationalen Organisationen**[512] oder **im Ausland operierenden Truppenteilen** und ihren Angehörigen völkervertraglich eingeräumt worden ist. Desgleichen wird durch Art. 6 EMRK/Art. 14 IPBPR **diplomatische Immunität** nicht ausgeschlossen, die bestimmten Personen, wie Angehörigen des diplomatischen oder konsularischen Korps oder Staatsoberhäuptern mit unterschiedlichem Inhalt[513] zuerkannt wird.[514]

169   Der **Ausschluss von Klagen** in Deutschland gegen im Ausland als Folge des Zweiten Weltkriegs durchgeführte Enteignungsmaßnahmen aufgrund des Überleitungsvertrages wurde vom EGMR als mit der EMRK vereinbar angesehen.[515] Unvereinbar mit Art. 6 Abs. 1 ist jedoch, dass Ansprüche wegen terroristischer Taten „bis zum Erlass neuer Gesetze" jahrelang ausgesetzt werden.[516]

170   Eine Immunität vor zivilrechtlichen Klagen und der Schutz vor strafgerichtlicher Verfolgung, die in vielen Staaten den **Abgeordneten** für ihre Äußerungen im Parlament gewährt wird (Indemnität), dient dem **legitimen Ziel** des Schutzes der freien Rede im Parlament und der Aufrechterhaltung der Gewaltentrennung zwischen Gesetzgebung und

---

509 EGMR (GK) Fogarty/UK, 21.11.2001, EuGRZ **2002** 411; (GK) Al-Adsani/UK, 21.11.2001, EuGRZ **2002** 403 (Klage eines kuwaitischen Staatsangehörigen gegen Kuwait vor britischen Gerichten wegen Folterungen durch kuwaitische Sicherheitskräfte); Treska/ALB u. I, 29.6.2006 (Klage auf Rückübereignung eines in Albanien gelegenen und dem italienischen Staat gehörenden Grundstücks); Mitchell u. Holloway/UK, 17.12.2002; Cudak/LIT, 23.3.2010 (Klage wegen unfairer Entlassung von Botschaftspersonal); vgl. zur Berufung auf Staatenimmunität auch bei Verstoß gegen völkerrechtliches ius cogens (str.): *Cremer* AVR **41** (2003) 137, 158; *Dörr* AVR **41** (2003) 201; *Tams* AVR **40** (2002) 331; grundlegend: *Fox* The Law of State Immunity (2008).
510 EGMR Wallishauser/A, 17.7.2012 (Ablehnung einer gerichtlichen Ladung wegen Staatenimmunität; unverhältnismäßige Beschränkung des Rechts auf Zugang zu Gericht), § 59, ÖJZ **2013** 86; (GK) Sabeh El Leil/F, 29.6.2011, NJOZ **2012** 1333; vertiefend zum Konflikt zwischen Staatenimmunität und Art. 6 Abs. 1: *Gabius* Staatenimmunität im Konflikt mit dem Rechtsschutzanspruch des Einzelnen aus Art. 6 Abs. 1 EMRK (2019).
511 EGMR Kalogeropoulou u.a./GR u. D, 12.12.2002. In der Verweigerung der kraft Gesetzes erforderlichen Zustimmung des griechischen Justizministers zur Zwangsvollstreckung eines Urteils gegen die BR Deutschland auf Zahlung von Schadensersatz in Vermögen der BR Deutschland in Griechenland sah der Gerichtshof keinen unverhältnismäßigen Eingriff, weil er den allgemein anerkannten Grundsätzen des Völkerrechts über die Staatenimmunität entsprochen habe; vgl. auch: EGMR Grosz/F (E), 16.6.2009.
512 EGMR (GK) Waite u. Kennedy/D, 18.2.1999 (arbeitsrechtliche Ansprüche gegen ESA); McElhinney/IR, 21.11.2001; offengelassen für Europäisches Patentamt in EGMR Klausecker/D (E), 6.1.2015, §§ 43 ff., 52 (betraf BVerfG NVwZ **2006** 1403; Klage wegen Diskriminierung im Einstellungsverfahren; keine Einstellung aufgrund Behinderung bzw. aus gesundheitlichen Gründen); *Grabenwarter/Pabel* § 24, 61; *Frowein/Peukert* 72.
513 Vgl. LR/*Berg* §§ 18 bis 20 GVG.
514 Vgl. IK-EMRK/*Miehsler* 104; IK-EMRK/*Miehsler/Vogler* 279; Meyer-Ladewig/Nettesheim/von Raumer/ *Meyer-Ladewig/Harrendorf/König* 55.
515 EGMR Fürst Hans-Adam II von Liechtenstein/D, 12.7.2001, NJW **2003** 649 = EuGRZ **2001** 466 = ÖJZ **2002** 347 mit zustimmenden Sondervoten; dazu krit. *Fassbender* EuGRZ **2001** 459; *Blumenwitz* AVR **40** (2002) 215.
516 *Meyer-Ladewig* 37 unter Hinweis auf EGMR Kutic/KRO, 1.3.2002.

Gerichtsbarkeit und verstößt daher nicht gegen Art. 6 Abs. 1.[517] Dies gilt entsprechend für andere Amtsträger, etwa den Staatspräsidenten.[518] Besteht jedoch kein Zusammenhang der Äußerung zu der parlamentarischen Tätigkeit oder zur Amtsausübung, wird die Verhältnismäßigkeit einer solchen Regelung besonders streng geprüft (vgl. auch Rn. 166, 255);[519] eine pauschale Immunität nimmt der Gerichtshof nicht hin.[520]

Innerstaatliche Regelungen, die aus sachlich mit der Konvention in Einklang stehen- **171** den Gründen (Rn. 154) die Wahrnehmung **bestimmter Kontrollaufgaben** ihrerseits von einer gerichtlichen Kontrolle freistellen, sind grundsätzlich mit Art. 6 vereinbar, unterliegen aber einer strengen Verhältnismäßigkeitsprüfung.[521]

Eine Beschränkung des Zugangs zu einem Gericht stellt auch eine im nationalen Recht **172** vorgesehene **Bindungswirkung an Tatsachenfeststellungen eines anderen Gerichts** dar, die etwa im Verwaltungsrecht eine praktisch relevante Rolle spielt. Grundsätzlich sind die Verwaltungsgerichte und Behörden verpflichtet, den fallrelevanten Sachverhalt zu ermitteln und die hierfür notwendigen Beweise zu erheben (vgl. § 86 VwGO, § 24 VwVfG, Art. 24 BayVwVfG). Eine Bindung an Tatsachenfeststellungen, die in einem vorangegangenen gerichtlichen Verfahren getroffen wurden, besteht nur, wenn das Gesetz diesbezüglich eine ausdrückliche Regelung vorsieht (vgl. § 3 Abs. 4 StVG – Entziehung der Fahrerlaubnis; § 35 Abs. 3 GewO – Gewerbeuntersagung wegen Unzuverlässigkeit). Im strafrechtlichen Kontext relevant werden können **gesetzliche Regelungen im Disziplinarrecht**, die aus Gründen der Rechtssicherheit (Vermeidung unterschiedlicher Tatsachenfeststellung) eine solche Bindungswirkung nur im Ausnahmefall ausschließen (vgl. § 57 BDG,[522] § 56 LDG NRW, § 16 Abs. 1 ThürDG). Grenze soll nach Ansicht des BVerwG (erst) ein **„offenkundig unrichtiger oder aus rechtsstaatlichen Gründen unverwertbarer Sachverhalt"** sein.[523] Das **BVerfG** sieht die allgemeine Bindungswirkung an eine vorangegangene rechtskräftige Entscheidung und die mit ihr verbundene Einschränkung in der Entscheidungskompetenz des (später) entschei-

---

517 EGMR Cordova/I (Nr. 2), 30.1.2003; A./UK, 17.12.2002, ÖJZ **2004** 353; C.G.I.L. u. Cofferati/I (Nr. 1), 24.2.2009, §§ 69 ff.; *Grabenwarter/Pabel* § 24, 60; *Matscher* ÖZöRV **31** (1980) 1; SK/*Meyer* 126; Meyer-Ladewig/Nettesheim/ von Raumer/*Meyer-Ladewig/Harrendorf/König* 54; siehe auch EGMR (GK) Kart/TRK, 3.12.2009 (Anspruch auf Aufhebung der Immunität *auf Wunsch des Abgeordneten* verneint; kein Anspruch auf Anklage gegen sich selbst).
518 EGMR Urechean u. Pavlicenco/MOL, 2.12.2014, §§ 40 ff., 46 f.
519 Zum fehlenden Zusammenhang mit der Abgeordnetentätigkeit: EGMR Cordova/I (Nr. 1), 30.1.2003, § 55; A./UK, 17.12.2002, §§ 84 f.; C.G.I.L. u. Cofferati/I (Nr. 2), 6.4.2010; Syngelidis/GR, 11.2.2010, §§ 46 ff. (es besteht dann ein erhöhtes Begründungserfordernis) vgl. näher zu letztgenanntem Fall *Chioni-Chotouman* ECCL **2022** 188, 197; zur Amtsausübung des Staatspräsidenten EGMR Urechean u. Pavlicenco/MOL, 2.12.2014, § 46. Zur Thematik EGMR Karhuvaara u. Iltalehti/FIN, 16.11.2004, NJW **2006** 591, §§ 50 ff. (Problematik der Rechtfertigung eines Eingriffs in Art. 10, weil die durch die in Rede stehende Äußerung kritisierte Person als Parlamentarier besonders geschützt ist).
520 EGMR Urechean u. Pavlicenco/MOL, 2.12.2014, §§ 50 ff.
521 Vgl. EGMR Fayed/UK, 21.9.1994 (Bericht vom Staat eingesetzter unabhängiger Kontrolleure über bestimmte Wirtschaftstätigkeiten).
522 Vgl. dazu Urban/Wittkowski/*Urban*² BDG, § 58, 11, wonach dieser den Amtsermittlungsgrundsatz einschränkt; zur Bindung und generell zu Auswirkungen des Strafverfahrens auf das Disziplinarverfahren *Leuze/Ullrich* DÖD **2009** 209.
523 Vgl. BVerwG Beschl. v. 15.5.2013, DVP **2014** 212 (§ 16 Abs. 1 ThürDG) m. Anm. *Rathgeber*, FD-StrafR **2013** 350085; ähnlich BVerwG NVwZ-RR **2013** 557, 558 (§ 58 LDG Brandenburg); BVerwG NVwZ-RR **2013** 559, 560 (§ 56 LDG NRW) (keine Bindungswirkung da offenkundige Verletzung wesentlicher Verfahrensvorschriften, Strafurteil beruhte auf inhaltsleerem Formalgeständnis) m. Anm. *Rathgeber* FD-StrafR **2013** 345732 je m.w.N.; BVerwG NVwZ-RR **2018** 939 (Bindungswirkung der Tatsachenfeststellungen eines ausländischen Strafurteils im Disziplinarverfahren). Näher zur Lösungsmöglichkeit des Gerichts m.w.N. Urban/Wittkowski/*Urban*² BDG, § 57, 6 ff., sowie Überblick über Landesregelungen 11 ff

denden Gerichts gerade als Ausfluss der Rechtsschutzgarantie nach Art. 19 Abs. 4 GG an, da diese neben dem Zugang zu den Gerichten auch eine wirksame gerichtliche Kontrolle garantiert.[524] Hinsichtlich der Bindungswirkung an Tatsachenfeststellungen eines anderen Gerichts greift die vom BVerfG in ständiger Rechtsprechung aufgestellte Grenze, nach der ein Verstoß gegen die Gewährung des Zugangs zu den Gerichten erst dann vorliegt, wenn der Zugang in **„unzumutbarer, aus Sachgründen nicht mehr zu rechtfertigender Weise"** erschwert wird.[525] Diese hohe Hürde wird bei der Bindungswirkung an Tatsachenfeststellungen im Regelfall nicht überschritten, zumal als rechtfertigender sachlicher Grund jedenfalls das Argument der Prozessökonomie greift.

173   **2. Anspruch auf einen gerichtlichen Instanzenzug.** Einen Instanzenzug garantiert Art. 6 nicht,[526] während **Art. 14 Abs. 5 IPBPR** dies jedem zusichert, der wegen einer strafbaren Handlung verurteilt worden ist.[527] Soweit Rechtsmittelgerichte eingerichtet sind, gelten die Vorgaben der Art. 6 EMRK/Art. 14 IPBPR auch für sie[528] – wobei im Detail allerdings Abweichungen (regelmäßig Einschränkungen) von dem für die erste Instanz geforderten Verfahren gerechtfertigt sein können. Es besteht dementsprechend das Recht auf (effektiven) Zugang zu der höheren gerichtlichen Instanz und vor dieser ist ein insgesamt faires Verfahren zu gewährleisten.[529]

174   Räumt das nationale Recht Rechtsmittel ein, kann es die Anrufung des Rechtsmittelgerichts an besondere Zulässigkeitsvoraussetzungen knüpfen und auch seine **Prüfungskompetenz beschränken**, etwa auf Rechtsfragen (wie etwa bei der Revision) oder bei einem Kassationsgericht.[530] Eine **mündliche Verhandlung** ist in einer gerichtlichen Kontrollinstanz nicht zwingend erforderlich, wenn eine solche Verhandlung in der Vorinstanz stattgefunden hat und vom Rechtsmittelgericht nur noch über Rechtsfragen entschieden wird (Rn. 1472 ff.).[531] Der Zugang zum Rechtsmittelgericht darf in jedem Fall nicht in einer Weise beschränkt werden, die mit dem Wesensgehalt des Überprüfungsrechtes unvereinbar ist oder es unverhältnismäßig antastet, so etwa, wenn über ein Rechtsmittel nur verhandelt wird, wenn der Angeklagte persönlich erscheint (und sich in Haft nehmen lässt; Rn. 1013).[532] Grundsätzlich ist es zwar möglich, die Zulässigkeit des Rechtsmittels der Revision an strengere Voraussetzungen zu knüpfen als das Rechtsmittel der Berufung, mit Art. 6 unvereinbar ist aber, die Zulässigkeit der Revision in Strafsachen davon abhängig zu machen, dass die erstinstanzliche Verurteilung eine gewisse Mindesthöhe erreicht

---

524 BVerfG NJW **2020** 2533 = NVwZ-RR **2020** 953 Rn. 10, 14 (das Beschwerdegericht hatte einen den einstweiligen Rechtsschutz ablehnenden rechtskräftigen Beschluss des VG bzgl. einer Zwangsgeldfestsetzung entgegen dem Inhalt dieses Beschlusses auch hinsichtlich des zugrunde liegenden durchzusetzenden Heranziehungsbescheids als sachlich bindend behandelt).

525 BVerfG NJW **1960** 331, Rn. 13; NJW **2005** 3346, Rn. 8; NJW **2012** 2869, Rn. 8.

526 *Grabenwarter/Pabel* § 24, 63; SK/*Meyer* 108. Siehe auch EGMR Delcourt/B, 17.1.1970, § 25; Bayar u. Gürbüz/TRK, 27.11.2012, § 42; Dorado Baúlde/E (E), 1.9.2015, § 18; Khlebik/UKR, 25.7.2017, § 67.

527 Ebenso Art. 2 des 7. ZP-EMRK (von Deutschland nicht ratifiziert); vgl. Rn. 1472 ff.

528 EGMR Delcourt/B, 17.1.1970, §§ 25 f.; FC Mretebi/GEO, 31.7.2007, § 39; Khlebik/UKR, 25.7.2017, § 67; vgl. *Grabenwarter/Pabel* § 24, 63.

529 EGMR Bayar u. Gürbüz/TRK, 27.11.2012, § 42 (Strafprozess); Pompey/F, 10.10.2013, § 32 (Zivilprozess).

530 EGMR Eliazer/NL, 16.10.2001, ÖJZ **2003** 197; (GK) Meftah u.a./F, 26.7.2002; Meyer-Ladewig/Nettesheim/ von Raumer/*Meyer-Ladewig/Harrendorf/König* 60 ff.

531 Vgl. EGMR Pham Hoang/F, 25.9.1992, EuGRZ **1992** 472 = ÖJZ **1993** 180; (GK) Meftah u.a./F, 26.7.2002.

532 EGMR Poitrimol/F, 23.11.1993, ÖJZ **1994** 467; van Geyseghem/B, 21.1.1999, NJW **1999** 2353 = EuGRZ **1999** 9 = ÖJZ **1999** 737; Krombach/F, 13.2.2001, NJW **2001** 2387, je m.w.N.; Eliazer/NL, 16.10.2001 (gegen Abwesenheitsurteil nur Widerspruch, d.h. keine Kassationsbeschwerde zulässig – konventionskonform).

Esser   638

hat.[533] Auch die menschenrechtlichen Verfahrensgarantien müssen gewährleistet sein, vor allem das Gebot eines fairen, die Verteidigungsrechte wahrenden Verfahrens.[534]

Auch für ein vorgelagertes Verfahren der **Zulassung eines Rechtsmittels** werden 175 regelmäßig die aus Art. 6 Abs. 1 für den Zugang zum Gericht entwickelten Grundsätze gelten.[535]

Soweit ein Gericht **zur Vorlage einer Rechtsfrage an ein anderes Gericht** verpflichtet 176 ist,[536] garantiert der Zugang zu einem Gericht auch den Anspruch auf Befassung *dieses* anzurufenden Gerichts mit der Vorlagefrage; er sichert grundsätzlich den Zugang zu allen nach der nationalen oder internationalen Rechtsordnung zur Entscheidung berufenen Gerichten gegen eine willkürliche Verweigerung. Von der Garantie des Zugangs zu einem Gericht soll jedoch nach Ansicht des EGMR die Pflicht zur Vorlage einer Rechtsfrage an den EuGH zum Zwecke der Auslegung gemäß **Art. 267 AEUV (Vorabentscheidungsverfahren)** nicht erfasst sein.[537] Dass nur die **willkürliche Ablehnung** einer diesbezüglichen Anfrage durch das zur Entscheidung berufene nationale Gericht die **Fairness des Verfahrens** beeinträchtigen können soll,[538] ist allerdings nicht überzeugend. Auch die *Pflicht* nationaler Gerichte[539] zur (abs-

---

533 EGMR Bayar u. Gürbüz/TRK, 27.11.2012, §§ 42, 46 ff.

534 EGMR van Geyseghem/B, 21.1.1999; Krombach/F, 13.2.2001; *Frowein/Peukert* 95 (für Streitigkeiten über zivilrechtliche Ansprüche), 106 ff. (für Strafverfolgung); vgl. auch EGMR Lipkowsky u. McCormack/D (E), 18.1.2011 (Art. 6 nicht verletzt, wenn in der Berufungsinstanz ein Richter in der mündlichen Verhandlung nicht anwesend ist, darauf in der Entscheidung hingewiesen wurde, er sich bei den anderen Richtern informiert hat und die Entscheidung nicht auf den Umständen beruhte, die der abwesende Richter nicht mündlich gehört hatte).

535 Bejaht von EGMR Hansen/N, 2.10.2014, § 55 (Verfahren der Zulassung der Berufung im Zivilprozess), dort auch mit Nachweisen zur nicht ganz einheitlichen Rechtsprechung.

536 Vgl. hierzu die Rechtsprechung des BVerfG zum Anspruch auf den gesetzlichen Richter aus Art. 101 Abs. 1 Satz 2 GG: BVerfGE **82** 159 = NVwZ **1991** 53 = EuGRZ **1990** 377, Rn. 192 f.; siehe auch BVerfG NJW **2011** 288 = EuGRZ **2010** 641; *Britz* NJW **2012** 1313; speziell zum Unterlassen einer Vorlage an den EuGH nach Art. 267 Abs. 3 AEUV: BVerfG NJW **2018** 606; BVerfG NStZ-RR **2022** 222; BVerfG NStZ-RR **2022** 225.

537 Vgl. auch *Grabenwarter/Pabel* § 24, 64.

538 EGMR Dhahbi/I, 8.4.2014, §§ 31 ff. (Verletzung von Art. 6 Abs. 1; EGMR beanstandet, dass das Verlangen des Bf. auf Vorlage an den EuGH nicht erörtert worden war; zur Auseinandersetzung des italienischen Gerichts mit dem Gemeinschafts-/Unionsrecht §§ 14 f., 30); Desmonts/F, 23.3.1999; Dotta/I, 7.9.1999; Moosbrugger/A, 25.1.2000; Canela Santiago/E, 4.10.2001; Bakker/A (E), 13.6.2002; Herma/D (E), 8.12.2009 (Konventionsverletzung abgelehnt – unabhängig von der Frage, ob der Antragende ein „Recht auf Vorlage" [durch das Gericht] hat; Gericht habe sich ausführlich mit den Argumenten des Antragenden auseinandergesetzt und eine detaillierte Begründung abgegeben); erfolgt keine Begründung für die Nichtvorlage, so ist Art. 6 Abs. 1 verletzt: EGMR Schipani u.a./I, 21.7.2015, §§ 69 ff.; Vergauwen u.a./B (E), 10.4.2012, §§ 89 ff.; Ullens de Schooten u. Rezabek/B, 20.9.2011, §§ 59 ff., NJOZ **2012** 2149 (keine Verletzung von Art. 6 Abs. 1, da die belgischen Gerichte der Begründungspflicht für die Ablehnung des Antrags auf Einholung einer Vorabentscheidung des EuGH entsprechend der Kriterien des EuGH nachgekommen seien); vgl. hierzu: *Breuer* JZ **2003** 433, 439.

539 Hat das nationale Gericht bei seiner Vorlage zum EuGH den Sachverhalt und rechtliche Grundzüge dieser Rechtssache dargestellt, ist es nicht verpflichtet, sich in der anhängigen Rechtssache aufgrund von Befangenheit abzulehnen. Der EuGH hielt eine entsprechende nationale Vorschrift, die diese Verpflichtung enthielt, für nicht mit den im Lichte von Art. 47 Abs. 2 und Art. 48 Abs. 1 EUC ausgelegten Art. 267 AEUV und Art. 94 VerfO-EuGH vereinbar, vgl. hierzu: EuGH 5.7.2016, C-614/14 (Ognyanov), DÖV **2016** 786. Der EuGH urteilte aus Anlass einer Überprüfung rumänischer gesetzlicher Regelungen, die es nationalen Gerichten teilweise untersagen, den EuGH im Wege eines Vorabentscheidungsverfahrens anzurufen, dass nationalen Gerichten aufgrund von Art. 19 Abs. 1 UAbs. 2 EUV i.V.m. Art. 2, Art. 4 Abs. 2 u. Abs. 3, EUV, Art. 267 AEUV sowie dem Grundsatz des Vorrangs des Unionsrechts die Möglichkeit zukommen muss, nationale Regelungen auf ihre Vereinbarkeit mit den Vorgaben des Unionsrechts vom EuGH überprüfen zu lassen, die das Verfassungsgericht dieses Mitgliedstaats für mit einer nationalen Verfassungsbestimmung, die die Wahrung des Grundsatzes des Vorrangs des Unionsrechts vorschreibt, vereinbar erklärt hat. Die zitierten Normen

trakten) Klärung entscheidungserheblicher europarechtlicher Rechtsfragen durch den EuGH muss von der (harten) Garantie eines effektiven Zugangs zu einem Gericht i.S.v. Art. 6 Abs. 1 und nicht lediglich über die (weiche) Verfahrensfairness abgesichert sein. Letztere kann lediglich für die Wahrnehmung von Vorlage*rechten* der nationalen Gerichte im Interesse der Verfahrensbeteiligten der richtige Maßstab sein.

177   Wird eine Sache vor einer Institution verhandelt, die kein Gericht i.S.v. Art. 6 Abs. 1 darstellt (Rn. 178 ff.), so liegt nach Ansicht des EGMR darin kein Verstoß gegen die Konvention, wenn in einer weiteren Instanz, die ihrerseits den Vorgaben des Art. 6 Abs. 1 an ein Gericht entspricht, die Entscheidung der ersten Institution **vollumfänglich überprüft** werden kann.[540] Eine derartige „Gesamtbetrachtung" wird man zur Wahrung des Rechts auf Zugang zu Gericht aber nur akzeptieren können, wenn die aufeinanderfolgenden Verfahrensabschnitte in angemessener Zeit und ohne unzumutbare sonstige Hürden durchlaufen werden können.

3. Anforderungen an ein Gericht i.S.v. Art. 6 Abs. 1

178   **a) Begriff.** Die Konventionen verwenden **keinen einheitlichen Begriff** des Gerichts. Die Begriffe *Gericht* und *Tribunal* (Art. 6 EMRK: „*tribunal*"/Art. 14 IPBPR: „*courts and tribunals*"/„*tribunaux et les cours de justice*")[541] werden nicht näher definiert,[542] sondern vom EGMR – losgelöst von den Bezeichnungen und Strukturen des jeweiligen nationalen Rechts – **autonom** und **funktional** von der jeweiligen Aufgabenstellung her definiert.[543] Welche nationalen Stellen und Entscheidungsorgane den Vorgaben genügen, die für ein *Gericht* nach den Konventionen unerlässlich sind, richtet sich nach – am Schutzzweck orientierten – materiellen Kriterien.

179   Der Spruchkörper muss nicht notwendig im Bereich der klassischen ordentlichen Gerichtsbarkeit errichtet und in deren Organisation eingebunden sein.[544] Auch andere *auf Gesetz beruhende* (Rn. 184) Stellen können den Anforderungen genügen, selbst wenn sie neben der Rechtsprechung noch **andere Aufgaben** wahrnehmen. Diese zusätzlichen Aufgaben dürfen aber nicht die gleiche Angelegenheit betreffen, auf die sich die richterliche Tätigkeit bezieht, da sonst die strukturelle Unparteilichkeit der zur Entscheidung berufenen Personen in Frage steht (Rn. 217 ff.).[545] Prinzipiell können gerichtliche

---

stehen auch der Eröffnung von Disziplinarverfahren bzw. der Verhängung von Strafen gegen Richter im Falle eines entsprechenden Begehrens auf Überprüfung durch den EuGH entgegen: EuGH 22.2.2022, C-430/21 (RS), Tz. 78, 93, NJW **2022** 2093 = EuZW **2022** 326.

540 EGMR Albert u. Le Compte/B, 10.2.1983, § 29; Crompton/UK, 27.10.2009, § 70; Boulois/LUX, 14.12.2010, § 76. Diese Rechtsprechung wird nicht in Frage gestellt von EGMR (GK) Boulois/LUX, 3.4.2012, §§ 102, 104 (nach Ansicht der GK war mangels eines „Rechtes" auf Hafturlaub Art. 6 Abs. 1 von vornherein nicht einschlägig, die Frage nach der Überprüfbarkeit einer Entscheidung eines „Nicht-Gerichtes" stellte sich damit nicht).

541 Art. 14 Abs. 1 Satz 1 IPBPR.

542 Zu den Begriffen *Esser* 535 ff.; IK-EMRK/*Kühne* 282 ff.

543 EGMR De Wilde, Ooms u. Versyp/B, 18.6.1971, §§ 75 ff.; Belilos/CH, 29.4.1988, § 64, EuGRZ **1989** 21; siehe auch: *Grabenwarter/Pabel* § 24, 29 f.; SK/*Meyer* 73; IK-EMRK/*Kühne* 285; *Müller* 28.

544 *Müßig* 403 m.w.N.; vgl. EGMR Lithgow u.a./UK, 8.7.1986, § 201; Ali Rıza u.a./TRK, 28.1.2020, § 173.

545 Vgl. EGMR Procola/LUX, 28.9.1995; Conseil d'Etat sollte über Rechtmäßigkeit einer Verordnung entscheiden, die mehrere Mitglieder vorher in beratender Funktion geprüft hatten); krit. im Hinblick auf die deutsche Regelung des § 18 Abs. 3 Nr. 1 BVerfGG (nicht mit Art. 6 Abs. 1 vereinbar): *Gerhold/Höft* JZ **2021** 674 ff. Diese Norm ermöglicht, dass ehemalige Politiker, die Richter am BVerfG geworden sind, auch über die Verfassungsmäßigkeit von Gesetzen entscheiden dürfen, an deren Zustandekommen sie früher selbst als Politiker mitgewirkt haben.

Spruchkörper i.S.v. Art. 6 Abs. 1 daher auch im Bereich der **Verwaltung** angesiedelt sein[546] und dort zusätzliche administrative Aufgaben wahrnehmen.[547] Sie können zudem bei **Standesvertretungen** auch mit Berufsangehörigen als Richter gebildet werden.[548] Ein Gericht ist ein Spruchkörper aber immer nur dann, wenn er (neben den strukturellen Garantien der Unabhängigkeit und Unparteilichkeit, Rn. 192 ff., 213 ff.) in einem **geregelten Verfahren** die Beteiligten hören,[549] ihre Argumente prüfen, den entscheidungserheblichen Sachverhalt feststellen[550] und darüber nach Rechtsgrundsätzen verbindlich entscheiden kann (zur Erforderlichkeit einer **eigenen Prüfungs- und Entscheidungskompetenz** Rn. 181 ff.).[551]

Da die in Art. 6 EMRK/Art. 14 IPBPR garantierten Verfahrensrechte disponibel sind, **180** können sich die Parteien eines Streites über zivilrechtliche Ansprüche auch einem **Schiedsgericht** unterwerfen, das den konventionsrechtlichen Anforderungen an ein Gericht nicht entspricht. Die internationale Schiedsgerichtsbarkeit tendiert allerdings immer mehr zu einer Annäherung an die EMRK. Zwar sind Schiedsgerichte, wie alle Gerichte, nicht selbst unmittelbar an die Konventionen gebunden, da diese nur Staaten verpflichten. Die von den Konventionen für ein **ordnungsgemäßes Verfahren** gesetzten Maßstäbe gelten aber entsprechend.[552] So soll das schiedsgerichtliche Verfahren auch effektiven Rechtsschutz gewährleisten und rechtsstaatlichen Mindeststandards genügen, zu denen etwa auch der Grundsatz der Öffentlichkeit mündlicher Verhandlungen gehört. Insoweit stehen die Anforderungen an die normative Ausgestaltung eines Schiedsverfahrens nicht hinter den aus Art. 6 Abs. 1 EMRK folgenden Anforderungen zurück.[553] Dass ein ordnungsgemäß zustande gekommener Schiedsgerichtsentscheid aufgrund eines vertraglich und damit freiwillig erklärten Rechtsmittelverzichts in einer Schiedsgerichtsvereinbarung nicht mehr vor einem Zivilgericht angefochten werden kann, ist mit Art. 6 Abs. 1 und Art. 13 (**Zugang**

---

546 Vgl. EGMR Campbell u. Fell/UK, 28.6.1984, § 76 (Überwachungsausschuss); Ettl u.a./A, 23.4.1987, § 34, ÖJZ **1988** 22 (Agrarsenate/Oberster Agrarsenat); andererseits: EGMR Sramek/A, 22.10.1984; Landesbehörde); zur Verneinung des „nationalen Gerichts" bei Verwaltungsentscheidungen wegen fehlender Entscheidungsgewalt mit Rechtsprechungscharakter: EuGH 31.1.2013, C 394/11 (Valeri Hariev Belov/Chez Elektro Balgaria AD u.a.), EuZW **2013** 233; EGMR A. Menarini Diagnostics S.R.L./I, 27.9.2011, §§ 63 ff. (Geldbuße; von einer unabhängigen, für den Wettbewerb zuständigen Regulierungsbehörde verhängt); Grande Stevens u.a./I, 4.3.2014, § 139.
547 EGMR Le Compte u.a./B, 23.6.1981; *Esser* 536.
548 Vgl. EGMR Le Compte u.a./B, 23.6.1981; De Moor/B, 23.6.1994 (Rat der Standesvertretung der Rechtsanwälte).
549 EGMR Boulois/LUX, 14.12.2010, § 75 (verneint für gefängnisinterne Kommission zur Gewährung von Hafturlaub); nicht in Frage gestellt von EGMR (GK) Boulois/LUX, 3.4.2012, §§ 102, 104 (Beschwerde vor der Kammer erfolgreich; von der GK nur zurückgewiesen, weil diese das vom Bf. behauptete Recht auf Hafturlaub als solches verneinte); vgl. in Deutschland (Recht auf fehlerfreie Ermessensentscheidung): Art. 14 Abs. 1 BayStVollzG, § 11 JVollzBG III (Ba-Wü), § 13 NJVollzG.
550 Es ist in erster Linie dem nationalen Recht überlassen, wie es Notwendigkeit, Form und Art der Beweiserhebung und -würdigung regelt, vgl. EGMR van de Hurk/NL, 19.4.1994, § 60; Sidiropoulos u.a./GR, 10.7.1998, § 45; ÖJZ **1999** 477, § 45; (GK) García Ruiz/E, 21.1.1999, § 28; NJW **1999** 2429 = EuGRZ **1999** 10, § 28; Wierzbicki/PL, 18.6.2002, § 39; ÖJZ **2003** 656.
551 Vgl. EGMR Benthem/NL, 23.10.1985, § 43 (verneinend für einen als Verwaltungsakt gewerteten königlichen Erlass); (GK) Ramos Nunes de Carvalho e Sá/P, 6.11.2018, §§ 176 f.; *Müller* 31 f.
552 *Zuberbühler* SchiedsVZ **2006** 42.
553 Vgl. BVerfG Beschl. v. 3.6.2022 – 1 BvR 2103/16, NJW **2022** 2677 (Herleitung auch aus dem allgemeinen Justizgewährungsanspruch aus Art. 2 Abs. 1 i.V.m. Art. 20 Abs. 3 GG).

zu einem Gericht) vereinbar, da die mit der Anerkennung einer solchen Vereinbarung intendierte Stärkung der Schiedsgerichtsbarkeit ein legitimes Ziel sei.[554]

181   **b) Eigene, umfassende Prüfungs- und Entscheidungskompetenz.** Eine hinreichende eigene Prüfungs- und Entscheidungskompetenz („**full review**") ist unerlässlich für jedes Gericht. Gremien, die lediglich eine **Empfehlung** abgeben können, wie eine andere Stelle entscheiden soll, sind kein Gericht, selbst wenn ihre Mitglieder dabei in voller sachlicher und persönlicher Unabhängigkeit tätig werden.[555] Der von Art. 6 EMRK/Art. 14 IPBPR ausgesprochenen Garantie auf Rechtsschutz genügt nur eine Stelle oder Einrichtung, die über die **wesentlichen Sach- und Rechtsfragen** nach Gesetz und Recht **selbst entscheidet**.[556] Eine bloße rechtliche Nachprüfung der von einer anderen Stelle bindend festgestellten Tatsachen ist daher kein effektiver gerichtlicher Rechtsschutz i.S.d. Konventionen.[557]

182   Bei der Überprüfung von Ermessensentscheidungen kann es genügen, wenn ein Gericht über die tatsächlichen Grundlagen und die Rechtmäßigkeit einer behördlichen Anordnung einschließlich der Einhaltung der Grenzen des eingeräumten **Ermessens** und seiner missbrauchsfreien Ausübung selbst entscheidet, während die Zweckmäßigkeit der Ausübung des eingeräumten Ermessens seiner Nachprüfung entzogen ist.[558] Es muss aber immer eine **ausreichende eigene substantielle Überprüfung** der vorgängigen (behördlichen) Entscheidung unter dem Blickwinkel der konventionserheblichen Gesichtspunkte möglich sein. Einem Gericht, das nur nachprüfen kann, ob die Behörde „ungesetzlich, unvernünftig oder unfair" gehandelt hat[559] oder das ein nicht an genaue materielle gesetzliche Vorgaben gebundenes behördliches Ermessen hinnehmen muss, fehlt die von Art. 6 Abs. 1 EMRK/Art. 14 Abs. 1 IPBPR geforderte umfassende Prüfungskompetenz.[560]

183   Unschädlich ist die **Bindung** an die **anderweitige Entscheidung einer Vorfrage**, deren Gegenstand vom Schutzbereich der Art. 6 Abs. 1 EMRK/Art. 14 Abs. 1 IPBPR umfasst wird, *wenn* das vorangegangene Verfahren seinerseits den in diesen Artikeln niedergeleg-

---

554   EGMR Tabbane/CH, 24.3.2016 (Schiedsspruch des Internationalen Schiedsgerichts bei der Internationalen Handelskammer – ICC); vgl. auch BGH Urt. v. 7.6.2016 – KZR 6/15 (Court of Arbitration for Sports (CAS) in Lausanne als Schiedsgericht i.S.v. § 1025 Abs. 2, § 1032 Abs. 1 ZPO; Sportverband darf die Teilnahme eines Athleten an einem Sportwettkampf von der Unterzeichnung einer Schiedsvereinbarung abhängig machen, in der die Anti-Doping-Regeln den CAS als Schiedsgericht vorsehen; CAS-Schiedssprüche unterliegen Kontrolle durch das schweizerische BGer). In EGMR Mutu u. Pechstein/CH, 2.10.2018, §§ 140, 157, SpuRt **2018** 253 m. Anm. *Hülskötter*, attestiert der EGMR den Richtern des CAS eine ausreichende Gewähr für ihre auch strukturelle Unabhängigkeit und Unparteilichkeit; dazu *Blandfort* SchiedsVZ **2019** 120, 123; *Heermann* NJW **2019** 1560, 1562; anders beurteilte der EGMR jedoch die Schiedskommission des türkischen Fußballverbandes TFF, vgl. EGMR Ali Rıza u.a./TRK, 28.1.2020, §§ 218 f., 222 f. (Einfluss des Vorstands – Bord of Directors) des türkischen Fußballverbands auf seine Schiedskommission und wegen der ungleichen Zusammensetzung; vornehmlich Vertreter der Fußballclubs; Unabhängigkeit/Unparteilichkeit verneint).
555   EGMR Benthem/NL, 23.10.1985, §§ 38 ff.; *Frowein/Peukert* 56.
556   EGMR Ringeisen/A, 16.7.1971, § 95; Sramek/A, 22.10.1984, § 36; Albert u. Le Compte/B, 10.2.1983, § 29; Campbell u. Fell/UK, 28.6.1984, §§ 77 ff.; Sâmbata Bihor Greek Catholic Parish/RUM, 12.1.2010, § 62; *Esser* 544 f.; *Müller* 33.
557   EGMR Julius Kloiber Schlachthof GmbH u.a./A, 4.4.2013, §§ 31–34; Ettl u.a./A, 23.4.1987; *Frowein/Peukert* 58.
558   Siehe auch EGMR Segame SA/F, 7.6.2012, §§ 55 ff.; *Frowein/Peukert* 59; so auch: EuGH 31.1.2013, C-394/11 (Valeri Hariev Belov/Chez Elektro Balgaria AD u.a.), Tz. 52, EuZW **2013** 233.
559   EGMR W./UK, 8.7.1987, § 82.
560   EGMR Obermeier/A, 28.6.1990, §§ 69 f.

ten Garantien genügt hat.[561] Der Betroffene muss also dann in einem vorangegangenen gerichtlichen Verfahren selbst ausreichende Verfahrensrechte gehabt haben, die den Anforderungen der Konventionen entsprechen. An die Ergebnisse eines Verfahrens, zu dem er selbst keinen Zugang hatte, darf er demzufolge nicht gebunden sein. Gegen eine bindend gewordene Entscheidung einer **Vorfrage durch eine Verwaltungsbehörde** muss ihm der Rechtsweg zu einem unabhängigen Gericht mit einer umfassenden, den Anforderungen des Art. 6 Abs. 1 EMRK/Art. 14 IPBPR genügenden, eigenen Prüfungskompetenz offenstehen.[562]

c) Gesetzliche Grundlage. Von beiden Konventionen wird ein unabhängiges, unparteiisches und **auf einem Gesetz beruhendes** („established by law") Gericht gefordert. Unabhängigkeit und Unparteilichkeit werden wegen ihres engen Zusammenhangs häufig zusammen geprüft (Rn. 192 ff.). **184**

Auf *Gesetz beruhend* bedeutet, dass die Grundlagen für die Errichtung und die Organisation des jeweiligen Spruchkörpers, also auch seine Zusammensetzung, und seine Zuständigkeiten **durch Gesetz abstrakt-generell vorbestimmt** sein müssen;[563] nur auf diese Weise werden die Möglichkeit eines Zugangs und die damit verbundene Fallzuteilung berechenbar und der staatlichen Willkür entzogen.[564] Dieser Ansatz entspricht dem Grundgedanken der **Garantie des gesetzlichen Richters**, Art. 101 Abs. 1 Satz 2 GG. Nicht zulässig und damit konventionswidrig ist es daher, wenn Rechtsstreitigkeiten ohne erkennbaren sachlichen Grund oder transparente Parameter dem eigentlich („gesetzlich") zuständigen Spruchkörper entzogen und einem anderen zugewiesen werden.[565] Erwähnenswert ist in diesem Zusammenhang etwa auch die Regelung des § 24 Abs. 1 S. 1 Nr. 2 (Var. 1) GVG, wonach in Strafsachen die Amtsgerichte zuständig sind, wenn nicht im Einzelfall eine höhere Strafe als vier Jahre Freiheitsstrafe zu erwarten ist. Bei der Entscheidung über die Eröffnung des Hauptverfahrens obliegt dem Gericht dabei nicht nur eine Nachprüfung der Zuständigkeitsauswahl der Staatsanwaltschaft, sondern faktisch auch eine gerichtliche Entscheidung über den vorbestimmten gesetzlichen Richter. Für diese Strafmaßprognose im Einzelfall soll zudem ein weiter Beurteilungsspielraum bestehen.[566] **185**

Art. 14 Abs. 1 IPBPR verlangt darüber hinaus, dass es sich um ein **zuständiges** Gericht handeln muss. Ein grundlegender Unterschied zur EMRK besteht darin nicht, da die Hervorhebung der Zuständigkeit lediglich eine konkretere Ausformung der von beiden Konventionen geforderten *gesetzlichen* Festlegung ist, die gewährleisten soll, dass die Gerichte ihre Aufgaben aufgrund **generell-abstrakter Regelungen** und damit **losgelöst von einer Zuweisung im konkreten Einzelfall** erfüllen.[567] **186**

---

561 EGMR Obermeier/A, 28.6.1990, §§ 66 ff.; British-American Tobacco Company Ltd/NL, 20.11.1995, § 78; ÖJZ **1996** 273; vgl. *Spitzer* ÖJZ **2003** 48, 55, nicht bei Vorfragen aus nicht von Art. 6 erfassten Bereichen (Kritik an EGMR Terra Woningen B.V./NL, 17.12.1996, ÖJZ **1998** 69); SK/*Meyer* 74; *Frowein/Peukert* 66, 206; siehe auch: *Grabenwarter/Pabel* § 24, 40 (Unschädlichkeit, wenn den Parteien auch die Überprüfung der Vorfrage unter Einhaltung der Anforderungen des Art. 6 möglich ist).
562 EGMR Le Compte u.a./B, 23.6.1981, § 51; Obermeier/A, 28.6.1990, § 70; Terra Woningen B.V./NL, 17.12.1996, § 52; ÖVerfG EuGRZ **1988** 187.
563 Vgl. hierzu: EGMR Lavents/LET, 28.11.2002, § 114; Ali Rıza u.a./TRK, 28.1.2020, § 194; Richert/PL, 25.10.2011, § 41.
564 Vgl. u.a. Organisationsgarantie des Staates: Karpenstein/Mayer/*Meyer* 49; zur problematischen Ernennung eines isländischen Berufsrichters: EGMR (GK) Guðmundur Andri Ástráðsson/ISL, 1.12.2020.
565 EGMR DMD Group, A.S./SLO, 5.10.2010; aus europäischer Perspektive (Schwerpunkt England): *Bohn*.
566 Zum Ganzen OLG Dresden Beschl. v. 5.12.2022 – 2 Ws 230/22.
567 *Nowak* 15; siehe auch EGMR Jorgic/D, 12.7.2007, §§ 66 ff., NJOZ **2008** 3605 (Weltrechtsprinzip).

187   Sieht das nationale Recht die Beteiligung von **Laienrichtern** vor (**Juroren/Schöffen**), was in Hinblick auf die Offenheit der EMRK in Bezug auf das nationale Justizsystem für sich betrachtet keine konventionsrechtlichen Probleme aufwirft,[568] so bedarf auch deren Ernennung und Tätigkeit, d.h. die Ausübung ihrer Rechtsprechungsfunktion einer solchen *gesetzlichen* Grundlage, wenn sie aufgrund ihrer Kompetenz an der Entscheidung des Gerichts (Rn. 142 ff.) mitwirken.[569]

188   Mit der Forderung nach einer „gesetzlichen Grundlage" ist im Kern die Aussage verbunden, dass die Organisation und Gestaltung gerichtlicher Tätigkeit („judicial organisation") **nicht dem freien Ermessen und Willen der Exekutive oder der Gerichtsverwaltung** selbst obliegen darf („on the discretion of the Executive/judicial authorities"), sondern auf einem **parlamentarisch zustande gekommenen Gesetz** beruhen muss („by law emanating from Parliament").[570] Die Errichtung eines Gerichts durch eine **administrative Anordnung** allein genügt daher nicht dem Erfordernis einer *gesetzlichen* Regelung,[571] desgleichen nicht die *ad hoc*-Einsetzung eines **Ausnahmegerichts** nur für die Entscheidung eines Einzelfalls.[572] Diese Grundsätze schließen freilich nicht aus, dass ein Gericht die für seine Tätigkeit relevanten Gesetze in einem gewissen Umfang auslegen darf,[573] solange damit keine Überschreitung der *gesetzlich* begründeten Zuständigkeit und entsprechend zugewiesenen Entscheidungskompetenz einhergeht.[574] Ein Gericht beruht nicht im Sinne von Art. 6 Abs. 1 auf einem Gesetz, wenn es nach den im innerstaatlichen Recht geltenden Bestimmungen nicht zuständig ist.[575] Der EGMR hat eine Verletzung von Art. 6 Abs. 1 bei der Zuweisung oder Neuzuweisung einer Rechtssache an einen bestimmten Richter oder ein bestimmtes Gericht[576] und des Handelns eines Gerichts außerhalb seiner Zuständigkeit[577] festgestellt.

189   Die Einrichtung von **Spezialgerichten** für besondere Sachfragen und Themengebiete durch Gesetz ist zulässig, wenn auch insoweit die sachlichen Voraussetzungen für den Status eines Gerichts und die geforderten Verfahrensgarantien gewahrt werden.[578] Art. 6 Abs. 1 kann nicht so gelesen werden, dass er der Einrichtung besonderer Strafgerichte entgegensteht, soweit diese eine hinreichende gesetzliche Grundlage haben.[579] Dies gilt

---

568 EGMR (GK) Taxquet/B, 16.11.2010, § 83 („the institution of the lay jury cannot be called into question in this context. The Contracting States enjoy considerable freedom in the choice of the means calculated to ensure that their judicial systems are in compliance with the requirements of Article 6."); HRC Pinchuk/BLR, 24.10.2014, 2165/2012, §§ 8.3 ff. (Verletzung des Art. 14 IPBPR bei politisch motivierter Inhaftierung und Anklage, als Teil systematisch fortgesetzter Drangsalierung von zivilgesellschaftlich engagierten Bürgern – wie auch des Bf. – durch die belarussischen Behörden.)

569 EGMR Posokhov/R, 4.3.2003, § 39; Fedotova/R, 13.4.2006, § 38. Rechtsvergleichend zur Laienbeteiligung an Strafverfahren in Europa: *Lieber* Schöffengericht und Trial by Jury (2010).

570 EGMR Coëme u.a./B, 22.6.2000, §§ 98, 103 (Gericht bejaht; kein faires Verfahren wegen Rechtsunsicherheit aufgrund fehlender gesetzlicher Regelungen); (GK) Guðmundur Andri Ástráðsson/ISL, 1.12.2020, § 214; Dolińska-Ficek and Ozimek/PL, 8.11.2021, § 272.

571 *Peukert* EuGRZ **1980** 247, 269; *Spitzer* ÖJZ **2003** 48, 55. Zur Einführung von Laienrichtern im japanischen Strafprozess (2009): *Kusano* DRiZ **2013** 138; zum Erfordernis eines Parlamentsgesetzes auch: Karpenstein/Mayer/*Meyer* 50.

572 IK-EMRK/*Kühne* 290; *Grabenwarter/Pabel* § 24, 31; *Müßig* 409; SK/*Meyer* 77.

573 EGMR Coëme u.a./B, 22.6.2000, § 98.

574 Vgl. hierzu: EGMR Tempel/CS, 25.6.2020, §§ 56 ff. (Frage der Zuständigkeit wirkte sich im Rahmen der Verfahrensfairness aus).

575 EGMR Richert/PL, 25.10.2011, § 41; EGMR Jorgic/D, 12.7.2007, § 64.

576 EGMR DMD GROUP, a.s./SLO, 5.10.2010, §§ 62 ff.

577 EGMR Coëme u.a./B, 22.6.2000, §§ 107 ff.

578 Siehe auch: *Grabenwarter/Pabel* § 24, 32.

579 EGMR Fruni/SLO, 21.6.2011, § 142.

grundsätzlich auch für **Militärgerichte**[580] (zu deren Unabhängigkeit Rn. 202), sofern nicht ihre Rechtsprechungsgewalt und -tätigkeit auf Nicht-Militärangehörige ausgeweitet wird.[581] Als besondere Themengebiete hat der EGMR bereits die Bekämpfung von Korruption und Organisierter Kriminalität[582] sowie terroristische Straftaten[583] anerkannt. Die Einrichtung einer zusätzlichen Kammer bei einem bestehenden Gericht ist keine Einrichtung eines Spezialgerichts, sondern eine Angelegenheit der internen Verwaltung.[584] In der Rs. *Bahaettin Uzan* war eine spezialisierte Kammer innerhalb der bestehenden Struktur der Istanbuler Landgerichte kein Ausnahmegericht.[585] In diesem Fall wurde die Zuständigkeit für die Übernahme von Verfahren in Bezug auf alle einschlägigen Bankvergehen in der Provinz Istanbul auf diese spezialisierte Kammer übertragen.[586]

Die Forderung einer *gesetzlichen* Grundlage schließt aber nicht aus, dass *innerhalb* **190** des gesetzlichen Rahmens auch **untergesetzliche Normen** die für die konkrete Spruchtätigkeit erforderlichen zusätzlichen Festlegungen im Detail treffen.[587] Wieweit die *gesetzliche* Rechtsgrundlage außer der eigentlichen Errichtung des Gerichts auch dessen Struktur, Organisation, Arbeitsweise etc. abdecken muss, ist vom EGMR bislang nur ansatzweise geklärt.[588] Die **Zusammensetzung des Spruchkörpers** im konkreten Fall muss jedenfalls (abstrakt**) vorhersehbar**, d.h. bestimmbar sein.[589] Die unrichtige Zusammensetzung des Spruchkörpers stellt eine Verletzung von Art. 6 Abs. 1 dar, sofern keine hinreichenden gesetzlichen Regeln in Bezug auf die Zusammensetzung bestehen oder gegen bestehende Regelungen dieser Art verstoßen wurde.[590] Unrichtig zusammengesetzt ist ein Spruchkörper, wenn er aus einer geringeren als der gesetzlich vorgesehenen Anzahl von Mitgliedern besteht.[591] Hierbei ist auch die Einhaltung der *gesetzlichen* Vorgaben zur **Wahl der Richter** relevant.[592]

Um zu beurteilen, ob das **Vorgehen bei der Ernennung eines Richters** im Einzelfall **191** den Anforderungen an ein *„tribunal established by law"* genügt, hat der EGMR einen **Drei-**

---

580 EGMR Morris/UK, 26.2.2002, § 59; *Grabenwarter/Pabel* § 24, 32.

581 Vor Militärgerichten können nur ausnahmsweise, aus zwingenden Gründen Strafverfahren gegen Nichtangehörige des Militärs durchgeführt werden: EGMR Maszni/RUM, 21.9.2006, §§ 44, 46, 51 f.; zur Problematik auch *Müller* 88 f., 91 f.

582 EGMR Bahaettin Uzan/TRK, 24.11.2020, § 50; Fruni/SLO, 21.6.2011, § 142.

583 EGMR Erdem/D, 9.12.1999.

584 EGMR Erdem/D, 9.12.1999.

585 EGMR Bahaettin Uzan/TRK, 24.11.2020, § 53.

586 EGMR Bahaettin Uzan/TRK, 24.11.2020, § 52.

587 Zur Zulässigkeit eines Beurteilungsspielraums des Präsidenten des Gerichts im Hinblick auf die Annahme von Entschuldigungsgründen von in die Geschworenenliste aufgenommenen Personen: EKMR v. 5.9.1990, ÖJZ **1991** 319, 321.

588 IK-EMRK/*Kühne* 294 mit Verweis auf EGMR Posokhov/R, 4.3.2003.

589 EGMR Richert/PL, 25.10.2011, § 43; Ezgeta/KRO, 7.9.2017, § 38; (GK) Guðmundur Andri Ástráðsson/ISL, 1.12.2020, §§ 213, 223.

590 EGMR Fatullayev/ASE, 22.4.2010, § 144; Posokhov/R, 4.3.2003, § 39; Oleksandr Volkov/UKR, 9.1.2013, § 151; DMD GROUP, a.s./SLO, 5.10.2010, § 59; (GK) Guðmundur Andri Ástráðsson/ISL, 1.12.2020, § 213; vgl. auch IK-EMRK/*Kühne* 294 f.

591 EGMR Momčilović/SRB, 2.4.2013, §§ 32, 33; Jenița Mocanu/RUM, 17.12.2013, § 41.

592 EGMR Fedotova/R, 13.4.2006, §§ 38 ff.; Posokhov/R, 4.3.2003, §§ 38 ff.; vgl. hierzu EGMR (GK) Guðmundur Andri Ástráðsson/ISL, 1.12.2020, §§ 287 ff. (schwerwiegende Verstöße bei der Ernennung einer Richterin des mit dem Bf. befassten Berufungsgerichts insbesondere durch die dafür zuständige Ministerin, die wiederum rechtsstaatlich nicht hinreichend effektiv kontrolliert wurde; Verstoß gegen Art. 6 Abs. 1 (*right to a tribunal established by law*) bejaht); vgl. hierzu: EGMR Xero Flor w Polsce sp. z o.o./PL, 7.5.2021 §§ 253, 268 ff., 290 f. (gesetzeswidrige Ernennung eines Verfassungsrichters auf eine bereits [rechtmäßig] mit einem anderen Verfassungsrichter besetzte Stelle; Verstoß gegen Art. 6 Abs. 1); Karpenstein/Mayer/*Meyer* 53.

Stufen-Test entwickelt.[593] Die kumulative Betrachtung der drei Stufen dient der Feststellung, ob etwaige Unregelmäßigkeiten in dem jeweiligen Ernennungsprozess so schwerwiegend waren, dass sie eine Verletzung des Art. 6 begründen.[594] Auf der **ersten Stufe** wird gefragt, ob bei der Nominierung ein **offenkundiger Verstoß gegen nationales Recht** vorliegt („manifest breach of the domestic law"). Dieser muss objektiv und tatsächlich identifizierbar sein, wobei das Nichtvorhandensein eines solchen Verstoßes für sich noch nicht automatisch genügt, um einen Konventionsverstoß auszuschließen.[595] Im Rahmen der **zweiten Stufe** wird untersucht, ob der zuvor festgestellte Verstoß gegen nationales Recht eine **essentielle Regelung** des Ernennungsverfahrens betraf.[596] Dabei kommt es wesentlich auf den Zweck der verletzten Regelung an. Maßgeblich ist insbesondere, ob diese gerade der Verhinderung einer unangemessenen Einflussnahme durch die Exekutive oder Legislative dient oder ob der Regelbruch gerade den **Kern des Rechts** auf ein *„tribunal established by law"* betrifft. Die abschließende **dritte Stufe** widmet sich der Frage, ob die Anschuldigungen im Hinblick auf dieses Recht einer effektiven Überprüfung und Kontrolle durch die nationalen Gerichte unterlagen.[597]

192   **d) Unabhängigkeit.** Im Rahmen der Beurteilung der Unabhängigkeit des Gerichts sind insbesondere die Handhabung der **Ernennung der Richter** und ihre **Amtszeit** von Bedeutung, ferner ob wirksame **Vorkehrungen gegen eine Einflussnahme** von außen auf die Entscheidungsfindung bestehen.[598] Die Beurteilung der äußeren Rahmenbedingungen des Richteramtes in Hinblick auf die Unabhängigkeit eines Spruchkörpers bzw. Richters in der Entscheidungsfindung hat letztlich aufgrund einer Gesamtwürdigung der Stellung der Richter im staatlichen System zu erfolgen.[599]

193   Die Überprüfung einer etwaigen Beeinträchtigung der gerichtlichen Unabhängigkeit nach ihrem **äußeren Erscheinungsbild** ist schon allein wegen des Ansehens der Rechtsprechung und der Akzeptanz der zu treffenden Entscheidung (Urteil) erforderlich. Zweifel an der Unabhängigkeit des Gerichts dürfen nicht einmal dem **Anschein** nach entstehen.[600]

194   Die Unabhängigkeit einer Stelle, die Aufgaben eines Gerichts i.S.v. Art. 6 EMRK/Art. 14 IPBPR übernehmen soll, muss sowohl in ihrem Verhältnis gegenüber der **Exekutive und Legislative** als auch im Verhältnis zu den Parteien bzw. Betroffenen des Rechtsstreits bzw.

---

[593] EGMR (GK) Guðmundur Andri Ástráðsson/ISL, 1.12.2020, §§ 243 ff.; darauf bezugnehmend und diesen ebenfalls anwendend: EGMR Dolińska-Ficek u. Ozimek/PL, 8.11.2021, §§ 282 ff.; Advance Pharma sp. z o.o./PL, 3.2.2022, §§ 294, 299 ff., 346, 351 f. (mehrere Verfahrensverstöße bei der Ernennung von sieben Richtern zur Zivilkammer des Obersten Gerichts; Verstoß gegen Art. 6); Juszczyszyn/PL, 6.10.2022, §§ 194 ff.
[594] EGMR (GK) Guðmundur Andri Ástráðsson/ISL, 1.12.2020, § 243.
[595] EGMR (GK) Guðmundur Andri Ástráðsson/ISL, 1.12.2020, § 245.
[596] EGMR (GK) Guðmundur Andri Ástráðsson/ISL, 1.12.2020, § 246; Dolińska-Ficek u. Ozimek/PL, 8.11.2021, § 340 (nach Durchführung des Drei-Stufen-Tests: Verstoß gegen Art. 6 beim Prozess der Ernennung von Richtern zur Kammer für außerordentliche Überprüfung und öffentliche Angelegenheiten des Obersten Gerichts).
[597] EGMR (GK) Guðmundur Andri Ástráðsson/ISL, 1.12.2020, § 248; Dolińska-Ficek u. Ozimek/PL, 8.11.2021, § 351.
[598] EGMR (GK) Ramos Nunes de Carvalho e Sá/P, 6.11.2018, §§ 153 ff.; Findlay/UK, 25.2.1997, § 73; Brudnicka u.a./PL, 3.3.2005, § 38; Ali Rıza u.a./TRK, 28.1.2020, § 196.
[599] *Müller* 39 f. Zur Rechtsstellung der Richter in Deutschland: *von Bargen* DRiZ **2010** 100.
[600] EGMR Popescu Nasta/RUM, 7.1.2003, § 44; Findlay/UK, 25.2.1997, § 73; Incal/TRK, 9.6.1998, §§ 65 ff.; Padovani/I, 26.2.1993, § 27, ÖJZ **1993** 667; SK/*Meyer* 82; Karpenstein/Mayer/*Meyer* 55; im Einzelnen *Müller* 67 ff.

zu den Beteiligten des Strafverfahrens gewährleistet sein.[601] Nur so ist gewährleistet, dass das Gericht **frei von jeglicher äußeren Einflussnahme** entscheiden kann.[602]

Dies schließt jedoch die vom Einzelfall unabhängige **Bindung** des Gerichts an die 195 **Rechtsprechung übergeordneter Gerichte** in Sach- und Verfahrensfragen nicht aus.[603] Hingegen verstoßen **Strafmaßrichtlinien** gegen die Grundsätze für ein unabhängiges Gericht, wenn durch sie – anders als bei einem Strafrahmen – die Behandlung und Entscheidung von Einzelfällen gesetzlich verbindlich vorgeschrieben ist.[604] Zweifel an der Unabhängigkeit der Gerichte können entstehen, wenn ein Staats- oder Ministerpräsident oder ein Mitglied der Regierung Äußerungen zu Art und Inhalt einer Rechtsprechung trifft, insbesondere bei Bezug zu einem noch anhängigen Verfahren.[605] Auch ist die Unabhängigkeit des Gerichts nicht schon deshalb zu verneinen, weil gegen den Angeklagten eine Medienkampagne geführt wird.[606]

Auch der EGMR achtet die Unabhängigkeit der nationalen Gerichte, indem er, abgese- 196 hen von offenkundiger Willkür, die **Auslegung des innerstaatlichen Rechts** durch die Gerichte eines Konventionsstaates nicht in Frage stellt oder gerichtliche Entscheidungen untereinander vergleicht.[607] Er hält es in jedem Gerichtssystem für unvermeidbar, dass in sich **widersprüchliche Entscheidungen staatlicher Gerichte** ergehen können, insbesondere im Hinblick auf die zentrale Aufgabe der Gerichte, Rechtsvorschriften auszulegen und sie auf den jeweiligen Einzelfall anzuwenden.[608] Auch Erwägungen der Rechtssicherheit, zweifellos ein wichtiges Element im Rechtsstaat, begründen keinen Anspruch auf das Fortbestehen einer gefestigten Rechtsprechung.[609] Der EGMR prüft jedoch bei entsprechenden Rügen unter dem Gesichtspunkt des **fairen Verfahrens**, ob es sich um **tiefgreifende Änderungen bzw. nachhaltige Widersprüche** handelt, ob es im Rechtssystem des betroffenen Staates einen Mechanismus gibt, solche Widersprüche zu beheben, ob darauf im konkreten Fall zurückgegriffen wurde und wie sich das gegebenenfalls für die Betroffenen

---

601 EGMR Rywin/PL, 18.2.2016, § 220 (zur mit einem Strafverfahren zeitgleichen Aufarbeitung von Skandalen in parlamentarischen Untersuchungsausschüssen bzw. zur „Lieferung" von Beweisen durch letztere: §§ 225 ff.); Ivanovski/MAZ, 21.1.2016, §§ 143 ff. (Zweifel an der Unparteilichkeit bei öffentlichen Äußerungen des Ministerpräsidenten über die Strafbarkeit eines Angeklagten, während des Prozesses und entsprechendem Ausgang des Verfahrens). Zur Bedeutung der Unabhängigkeit der Justiz im europäischen Kontext: Albrecht/Thomas (Hrsg.), Strengthen the Judiciary's Independence in Europe! (2009).

602 EGMR Elezi/D, 12.6.2008, §§ 43 ff., NJW **2009** 2871 = EuGRZ **2009** 12 (Unparteilichkeit von Schöffen bei Kenntnis der Anklageschrift); hierzu: *Ellbogen* DRiZ **2010** 136; *Weller* 1, 19.

603 EGMR Pretto u.a./I, 8.12.1983, § 27, NJW **1986** 2177 = EuGRZ **1985** 548 (Bindung an Entscheidung des Revisionsgerichts unproblematisch; Fall unter dem Gesichtspunkt der Öffentlichkeit diskutiert); Popescu Nasta/RUM, 7.1.2003, § 44.

604 Vgl. US Supreme Court, US v. Booker, 543 U.S. 220 (2005): Verstoß gegen den 6. Zusatzartikel zur US-Verfassung („*impartial jury*"); hierzu: *Brugger* JZ **2009** 609, 618.

605 EGMR Popescu Nasta/RUM, 7.1.2003, § 44 (kein Konventionsverstoß, da Äußerung objektiv an die Verwaltung und nicht an das Gericht gerichtet).

606 EGMR Rywin/PL, 18.2.2016, §§ 232 ff.; anders bei öffentlichen Äußerungen des Ministerpräsidenten: EGMR Ivanovski/MAZ, 21.1.2016, §§ 143 ff.

607 EGMR (GK) Nejdet Şahin u. Perihan Şahin/TRK, 20.10.2011, § 50, NJOZ **2012** 2243.

608 EGMR (GK) Nejdet Şahin u. Perihan Şahin/TRK, 20.10.2011, §§ 51, 85 f., NJOZ **2012** 2243 (unterschiedliche Wertung eines Flugzeugabsturzes durch türkische Gerichte mit der Folge, dass einigen Angehörigen eine Zusatzrente gewährt, anderen verweigert wurde: kein Verstoß gegen Art. 6 Abs. 1); zusammenfassend zur Problematik der Divergenzen in der nationalen Rechtsprechung: EGMR Stanković u. Trajković/SRB, 22.12.2015, § 40.

609 EGMR (GK) Nejdet Şahin u. Perihan Şahin/TRK, 20.10.2011, § 58; Fazlı Aslaner/TRK, 4.3.2014, § 53.

Esser

ausgewirkt hat.[610] In diesem Kontext fordert der EGMR, dass ein Gericht, das einem bestimmten Beweismittel einen gewissen **Beweiswert** zuerkennt, sich mit den **Argumenten eines anderen Gerichts** auseinandersetzt, das dies hinsichtlich desselben Beweismittels anders gesehen hat.[611]

197   Die Mitglieder eines *gerichtlichen* Spruchkörpers dürfen **weder an Weisungen gebunden**[612] noch verpflichtet sein, über ihre Entscheidungen einer anderen Stelle Rechenschaft abzulegen; sie dürfen also weder personell noch organisatorisch von einer anderen Stelle abhängig sein.[613] Das Gebot der **Weisungsfreiheit** betrifft sowohl das **Entscheidungsergebnis** selbst als auch die im Rahmen der **Entscheidungsfindung** zu treffenden Vor-Entscheidungen, insbesondere das Verfahren betreffend (z.B. die Anzahl der Sitzungstage), soweit eine Einflussnahme in diesem Stadium sich im Entscheidungsergebnis niederschlagen kann.[614]

198   Die richterliche Unabhängigkeit kann in Frage gestellt sein, wenn Richtern **Rückstände** ihrer **Erledigungszahlen vorgehalten** werden, in der Form, dass ein Richter dazu angehalten wird, seine Erledigungszahlen so zu steigern, dass diese sich dauerhaft im Bereich des durchschnittlich von den Berichterstattern im jeweiligen Gerichtsbezirk erzielten Erledigungspensums halten.[615] Die Rechtsanwendung durch einen betroffenen Richter kann dann nicht mehr nur allein dem Gesetz unterworfen sein, sondern seine konkrete Entscheidungsfindung kann maßgeblich von einer **fiktiven Rechengröße** abhängen, die sich aus der durchschnittlichen Erledigungszahl anderer Richter ergibt.[616] Die richterliche Unabhängigkeit ist dagegen nicht allein durch eine ausschließlich auf die Arbeitsweise abstellende **Ermahnung zur zügigeren Prozessführung** tangiert, weil dies keiner wei-

---

610 EGMR (GK) Nejdet Şahin u. Perihan Şahin/TRK, 20.10.2011, §§ 53 ff. m.w.N., NJOZ **2012** 2243; Albu u.a./ RUM, 10.5.2012, § 34 f.; Çelebi u.a./TRK, 9.2.2016, §§ 52 ff.

611 EGMR S.C. IMH Suceava S.R.L./RUM, 29.10.2013, §§ 39 f.; um festzustellen, ob die Bf., eine Gesellschaft, für den Verkauf bestimmten Diesel mit Wasser gestreckt hatte, wurden zwei Proben entnommen; in einem Verfahren erkannte das Gericht den Proben wegen leichter Manipulierbarkeit keinen Beweiswert zu, wohingegen in einem weiteren (mit anderem Ziel betriebenen) Verfahren die Proben zum Nachteil der Bf. als Beweis verwendet wurden, ohne dass jenes zweite Gericht sich mit den Argumenten des ersten Gerichts auseinandergesetzt hatte).

612 Vgl. in Bezug auf das Erfordernis der Weisungsfreiheit und das Freisein von Druck: EuGH (GK) 19.11.2019, C-585/18 u.a., Tz. 133, EuZW **2020** 155, 162; 9.7.2020, C-272/19, Tz. 54, NVwZ **2020** 1477, 1499 m.w.N.

613 So früher bestimmte Organisationsformen der Militärgerichte, vgl. EGMR Findlay/UK, 25.2.1997; Schiesser/CH, 4.12.1979, EuGRZ **1980** 202; Sramek/A, 22.10.1984; (GK) Cable u.a./UK, 18.2.1999, EuGRZ **1999** 116; Hood/ UK, 18.2.1999, EuGRZ **1999** 117 = NVwZ **2001** 304 = ÖJZ **1999** 816; (K) Öcalan/TRK, 12.3.2003; Miroshnik/UKR, 27.11.2008; Wersel/PL (E), 1.6.2010; H. u. R. Urban/PL, 30.11.2010 (eingeschränkte Unabhängigkeit polnischer Assessoren); SK/*Meyer* 82; 66; *Nowak* 17; *Peukert* EuGRZ **1980** 247, 269; *Esser* 543 f.; *Haberland* DRiZ **2009** 242; vgl. für den Problemkreis zentraler IT-Infrastruktur der Gerichte *Scholz* DRiZ **2011** 78, 81; zu den Grenzen der Pflicht zur Bereitstellung der Arbeitsgrundlagen des Richters vgl. BGH MDR **2011** 140 = DRiZ **2011** 66 m. Anm. *Haberland* 102; zur Problematik *Müller* 52 ff.

614 Zur Vermeidung einer uneingeschränkten elektronischen Überwachung richterlicher Tätigkeit und zu den verfassungsrechtlichen Anforderungen an eine Zentralisierung der elektronischen Datenverarbeitung zur Wahrung des Gebots einer organisatorischen Selbständigkeit der Gerichte, vgl. BVerfG NJW **2013** 2102 = DRiZ **2013** 142 (Zugriffsrechte der Systemadministratoren stark beschränkt; keine Zugriffsrechte für die Exekutive oder sonstige Dritte).

615 DienstGH Stuttgart Urt. v. 17.4.2015, DGH 1/13, BeckRS **2015** 68183; DGH 2/13, BeckRS **2015** 11585; DGH 3/ 13, BeckRS **2015** 11586.

616 Zur Problematik *Hyckel* LKV **2018** 353; bereits *Wittreck* NJW **2012** 3287 (Erledigungszahlen als Gegenstand der Dienstaufsicht); *ders.* DRiZ **2013** 60, 61; *Forkel* DRiZ **2013** 132.

sungsgleichen Einwirkung auf den **Entscheidungsinhalt** gleichkommt, die den Richter sachlich in seiner Entscheidungsfreiheit tangiert.[617]

Zur Unabhängigkeit des Gerichts gehört auch die rechtliche oder zumindest **faktische Unabsetzbarkeit** und **Unversetzbarkeit**[618] der dem Spruchkörper angehörenden Personen (Richter) während ihrer Amtsperiode.[619] Die **Amtszeit** selbst muss eine gewisse Mindestdauer haben (siehe auch Rn. 240).[620] Innerhalb der Amtszeit darf es lediglich möglich sein, Richter aufgrund besonderer und vorher genau festgelegter Umstände abzusetzen.[621] Der EGMR **199**

---

617 BGH NJW **2018** 158 (160). Zur Problematik von Evaluationen von Richtern vgl. *Müller* 85 f.

618 Vgl. hierzu: EuGH 6.10.2021, C-487/19 (Sąd Najwyższy/PL), wonach nicht einvernehmlich erfolgende Versetzungen von Richtern an andere Gerichte oder andere Abteilungen in **Polen** eine Verletzung der richterlichen Unabhängigkeit begründen können. Der EuGH begründete dies u.a. damit, dass Versetzungen einen großen Einfluss auf die Lebensumstände und die weitere Laufbahn des jeweiligen Richters hätten und, dass diese damit wie eine Disziplinarstrafe wirken bzw. sich als Mittel zur Einflussnahme und Kontrolle des Inhalts von gerichtlichen Entscheidungen darstellen könnten.

619 EGMR Engel u.a./N, 8.6.1976, §§ 68, 89; Campbell u. Fell/UK, 28.6.1984, § 78; Sramek/A, 22.10.1984, § 38; H. u. R. Urban/PL, 30.11.2010, §§ 45 ff. (Unabhängigkeit polnischer Assessoren verneint, da sie auch während ihrer Amtszeit jederzeit vom Minister abberufen werden konnten); *Müller* 61 ff.

620 EGMR Sramek/A, 22.10.1984, §§ 37 f. (drei Jahre ausreichend); Campbell u. Fell/UK, 28.6.1984, § 80 (ebenfalls drei Jahre für ausreichend befunden; die kurze Amtszeit („term of office is admittedly relatively short") galt für Mitglieder/Richter eines für Disziplinarmaßnahmen gegen Strafgefangene zuständigen „Überwachungsausschusses", die nicht bezahlt wurden, so dass es wohl eher schwer war, Personal für längere Zeit zu gewinnen; der EGMR spricht von „a very understandable reason"); *Grabenwarter/Pabel* § 24, 36 (regelmäßig Amtsdauer von 5–6 Jahren erforderlich, bei unentgeltlicher Tätigkeit auch kurze Amtsperioden mit nachvollziehbarer Begründung); vgl. *Frowein/Peukert* 209; zur Richterwahl in der Schweiz: *Pöder* ÖJZ **2004** 380 (Amtsdauer 4 bzw. 6 Jahre). Zur grundsätzlichen Verfassungsmäßigkeit des Einsatzes von Verwaltungsrichtern auf Zeit (§§ 17 Nr. 3, 18 VwGO) bei nur vorübergehendem Personalbedarf vgl. BVerfG NVwZ **2018** 1203.

621 Sehr kritisch zu sehen ist daher das 2011 in **Ungarn** neu eingeführte Landesrichteramt, dessen Leiter in laufende gerichtliche Verfahren eingreifen kann, etwa durch Ablösung des Richters vom Fall oder seine Versetzung; kritisch hierzu der Bericht der Venedig-Kommission des Europarates v. 19.3.2012, CDL-AD(2012)001 (u.a.); die auf einem rechtsstaatlich fragwürdigen Gesetz beruhende und gerichtlich nicht anfechtbare vorzeitige Abberufung des Präsidenten des Obersten Gerichtshofs verletzte das Recht auf Zugang zu einem Gericht nach Art. 6 Abs. 1: EGMR Baka/H, 23.6.2016; vgl. in Bezug auf **Polen**: EuGH 16.11.2021, C-748/19 bis C-754/19, Tz. 59 ff., 90, wonach innerstaatliche Rechtsvorschriften, die es dem Justizminister ermöglichen, Richter ohne die Bekanntgabe von Gründen jederzeit an ein Strafgericht höherer Ordnung abzuordnen oder abzuberufen, einen Verstoß gegen Art. 19 Abs. 1 UAbs. 2 EUV i.V.m. Art. 2 EUV und Art. 6 Abs. 1 und 2 RL 2016/343, darstellen. Zum Verstoß des in Polen geltenden Systems zur Disziplinierung von Richtern gegen europäisches Recht (EuGH 15.7.2021, C-791/19, BeckRS **2021** 18354): 2018 eingerichtete Disziplinarkammer des Obersten Gerichts bot bei Erfüllung ihrer Aufgabe der Kontrolle von Disziplinarverfahren gegen Richter die Unabhängigkeit und Unparteilichkeit nicht hinreichend. Der EuGH stützte sich hierbei u.a. darauf, dass die Disziplinarkammer gestattete, den Inhalt von Gerichtsentscheidungen als Disziplinarvergehen eines Richters einzustufen. Des Weiteren oblag dem Präsidenten der Disziplinarkammer die Möglichkeit zur Auswahl der zuständigen Disziplinarkammer für Verfahren gegen Richter der ordentlichen Gerichtsbarkeit. Die Vereinbarkeit der Lage in **Rumänien** mit dem Unionsrecht, wo das rumänische Verfassungsgericht einige Entscheidungen im Zusammenhang mit Korruption aufgehoben hatte und Richtern bei Nichtanwendung dieser Urteile ein Disziplinarverfahren drohte, verstieß gegen den Grundsatz des Vorrangs des Unionsrechts und der Unabhängigkeit von Richtern, nach der ordentliche Gerichte an die Rechtsprechung des Verfassungsgerichts gebunden sind und dabei aus ihrer Sicht unionsrechtswidrige Urteile nicht aus eigener Entscheidungsbefugnis unangewendet lassen konnten, ohne ein Disziplinarvergehen zu begehen, vgl. EuGH (GK) 21.12.2021, C-357/19 u.a. (PM u.a.), Tz. 263, EuZW **2022** 333 ff. m. Anm. *Ruffert* JuS **2022** 279. In der Rs. *Grzęda* (GK) 15.3.2022, § 348, sah die GK des EGMR im Zusammenhang mit einer unbegründet erfolgenden Verkürzung der vierjährigen Amtszeit eines polnischen Richters um rund zwei Jahre einen Verstoß gegen Art. 6 Abs. 1, da diesem keinerlei gerichtliche Überprüfungsmöglichkeit zur Verfügung stand (Rn. 157). Im

würdigt jedoch auch die Gesamtsituation („realities of the situation"), im Einzelfall kann ein Verstoß daher trotz Absetzbarkeit der Richter vor dem Hintergrund verfügbarer Rechtsmittel und standardisierter Verfahrensregeln abzulehnen sein.[622] Die **Herabsetzung des Renten-eintritts-/Pensionierungsalters** für Richter – ohne eine Übergangsregelung für im Amt befindliche Richter – verstößt gegen die Grundsätze der richterlichen Unabhängigkeit,[623] ggf.

Rahmen dieses Urteils betonte der EGMR in Bezug auf die Gesamtsituation in Polen ausdrücklich, dass die dort über die Jahre durchgeführten Justizreformen auf eine generelle Schwächung der richterlichen Unabhängigkeit abgezielt hätten. Als Folge sei die Eigenständigkeit der polnischen Judikative Störungen durch die Exekutive und die Legislative ausgesetzt und damit substanziell geschwächt. Auch der EuGH hat diesbezüglich entschieden, dass die polnische Justizreform aus dem Jahr 2019 unter anderem wegen Verstoßes gegen Art. 19 Abs. 1 UAbs. 2 EUV, Art. 267 AEUV sowie Art. 47 der EU-Grundrechtecharta europarechtswidrig ist, vgl. EuGH 5.6.2023, C-204/21 (Anforderungen an die Unabhängigkeit und Unparteilichkeit nicht erfüllt).

622 So in EGMR Fruni/SLO, 21.6.2011, §§ 143 ff. (Absetzbarkeit der Richter eines Spezialgerichtes für Korruptionsdelikte, falls sie die von der Exekutive aufgestellten und laufend überprüften Sicherheitskriterien nicht mehr erfüllten: kein Verstoß).

623 So geschehen durch die neue **ungarische Verfassung** im Jahr 2012 (Senkung des Pensionseintrittsalters von 70 auf 62 Jahre); vom ungarischen Verfassungsgericht am 16.7.2012 für verfassungswidrig erklärt; vgl. hierzu Bericht der Venedig-Kommission (CoE) v. 15.10.2012, CDL-AD(2012)020, S. 15. Auch in **Polen** wurde das Renteneintrittsalter für Richter des Obersten Gerichts durch das am 3.4.2018 in Kraft getretene Gesetz über den Obersten Gerichtshof von 70 auf 65 Jahre herabgesetzt. Ferner gab das Gesetz dem Präsidenten der Republik Polen das Recht, die Amtszeit nach eigenem Ermessen zu verlängern. Der EuGH (24.6.2019, C-619/18, NJW **2019** 1109 m. Anm. *Klatt*) entschied, dass die Anwendung der **Herabsetzung des Ruhestandsalters** auf amtierende Richter des Obersten Gerichts (**Zwangs-Frühpensionierung**) den Grundsatz der Unabsetzbarkeit der Richter beeinträchtigte, der untrennbar mit ihrer Unabhängigkeit verknüpft ist (Verstoß gegen das Rechtsstaatsprinzip, Art. 19 Abs. 1 EUV, Art. 47 EUC). Die polnische Regierung hatte die Regelung im Anschluss an EuGH 15.11.2018, C-619/18, bereits aufgehoben; vgl. zur weiteren Entwicklung der Situation in Polen: EuGH 5.11.2019, C-192/18 (Kommission/Polen), Tz. 116 ff. = NJW **2020** 527, 531 ff. = NZA **2020** 165, 169 ff., wonach auch diese die Herabsetzung des (im Übrigen geschlechtsspezifisch unterschiedlich geregelten) Ruhestandsalters flankierende Regelung, die den Justizminister befugt, die Fortsetzung der Amtstätigkeit über dieses Alter hinaus zu genehmigen (**Amtszeitverlängerung**), die Unabhängigkeit des Richters (Amtsausübung autonom und geschützt vor Interventionen und Druck von außen). Vor dem Hintergrund dieser Entwicklungen in Polen entschied das OLG Karlsruhe Beschl. v. 17.2.2020 – Ausl 301 AR 156/19, es bestehe – nach vorläufiger Bewertung – eine hohe Wahrscheinlichkeit, dass sich eine **Auslieferung** nach Polen angesichts der Entwicklungen der polnischen Justizreform (Gefahr disziplinarischer Sanktionen gegen Richter durch das Gesetz zur Änderung der Gerichtsverfassung vom 29.12.2019 und damit verbundene Zweifel an ihrer Unabhängigkeit und der Wahrung eines fairen Verfahrens) als unzulässig erweisen werden (Entlassung aus der Auslieferungshaft). Ferner entschied der EuGH, dass nach den in Polen erfolgten Justizreformen die Verweigerung der Vollstreckung eines EuHb nur möglich sein kann, wenn eine abstrakte Gefahr der Verletzung des Rechts auf ein faires Verfahren besteht und gleichzeitig im konkreten Einzelfall ernsthafte und auf Tatsachen beruhende Gründe dafür vorliegen, dass der Betroffene nach seiner Auslieferung dieser Gefahr ausgesetzt sein werde, vgl. EuGH 25.7.2018, C-216/18 PPU m. Anm. *Payandeh* JuS **2018** 919. Die Verhängung eines generellen Vollstreckungsverbots für EuHb aus Polen trotz der Zweifel an der Unabhängigkeit der polnischen Gerichte nach der Justizreform ablehnend EuGH 17.12.2020, C-354/20 PPU u.a. Demnach haben die europäischen Staaten weiterhin zu prüfen, ob dem Betroffenen im Einzelfall ein unfaires Verfahren droht. Zu Kriterien, mithilfe derer die vollstreckende Justizbehörde die Gefahr einer Verletzung des Rechts auf ein faires Verfahren für die gesuchte Person beurteilen kann, vgl. EuGH 22.2.2022, C-562/21 u.a., NJW **2022** 1299 m. Anm. *Gaede*: Zu berücksichtigen sind dabei nach Ansicht des EuGH u.a. die persönliche Situation des Betroffenen, die Art der im Raum stehenden Straftat sowie alle Umstände, die für die Beurteilung der Unparteilichkeit/Unabhängigkeit des Gerichts bedeutsam sind. In Bezug auf die **Türkei** wurde die Zulässigkeit der Auslieferung (§ 73 Satz 1 IRG) wegen eines dort drohenden unfairen Verfahrens aufgrund der fehlenden Unabhängigkeit der Gerichte nicht versagt, OLG Bremen, NStZ-RR **2022** 126.

auch gegen den Grundsatz der Gleichbehandlung unter dem Aspekt der Altersdiskriminierung.[624]

Es genügen zu lassen, dass die faktische Unabsetzbarkeit von Richtern in der Staats- **200** praxis im Regelfall anerkannt wird,[625] vermag allerdings nicht zu überzeugen. Zu fordern ist insoweit eine **Absicherung** dieser Garantie in der *gesetzlichen* **Grundlage** des Gerichts (vgl. auch Rn. 190).

Die Unabhängigkeit ist nicht mehr gewährleistet, wenn ein Richter zwar nicht abge- **201** setzt, aber ohne vernünftigen Grund **von einem konkreten Fall abgezogen** werden und sich der Betroffene nicht dagegen wehren kann.[626] Darüber hinaus hat das Verfahren der Absetzung oder Entlassung von Richtern aufgrund eines wichtigen Grundes den Grundsätzen der Unabhängigkeit und Unparteilichkeit zu genügen.[627]

Bedenken gegenüber der Unabhängigkeit bestehen insbesondere dann, wenn **Amts-** **202** **träger der Exekutive** mit richterlichen Aufgaben betraut werden.[628] So kann insbesondere **Militärgerichten** die nötige Unabhängigkeit fehlen; schon die Mitwirkung von Militärangehörigen in einem strafrechtlichen Spruchkörper kann die Besorgnis fehlender Unabhängigkeit des Gerichts begründen.[629] Gleiches gilt für die Bestellung eines Berichterstatters, der **Bediensteter einer Prozesspartei** ist,[630] oder für die Mitwirkung eines **Offi-**

---

624 So der EuGH 6.11.2012, C-282/12 (Zwangspensionierung von Richtern in Ungarn) m. Anm. *Vincze* EuR **2013** 323.

625 *Grabenwarter/Pabel* § 24, 36; vgl. die Bedenken bzgl. **Richtern auf Probe**: *Lippold* NJW **1991** 2383; zu den Grenzen einer nichthauptamtlichen, planmäßigen Tätigkeit von Richtern (Art. 101 Abs. 1 Satz 2 GG): BVerfG Beschl. v. 10.11.2022 – 1 BvR 1623/17.

626 EGMR Sutyagin/R, 3.5.2011, §§ 178 ff., insb. §§ 185 f., 190, 192. Bemerkenswert ist, dass Zweifel hinsichtlich der Unabhängigkeit der neu für den Fall zuständigen Richterin bejaht wurden, obwohl nicht sie, sondern der vor ihr mit dem Fall befasste Richter abgezogen wurde. Wenn der Vorgänger plötzlich von dem Fall abgezogen wurde, ist es naheliegend, dass neutrale Beobachter sich nicht mehr sicher sein können, dass der Nachfolger keine Gefälligkeitsentscheidungen trifft, um nicht dasselbe Schicksal zu erleiden.

627 EGMR Kulykov u.a./UKR, 19.1.2017, §§ 135–137 (Entlassung mehrerer Richter durch den Hohen Justizrat aufgrund angeblicher Verletzung des richterlichen Eides, wobei die Kontrolle nur dem Parlament bzw. dem Präsidenten oblag).

628 EGMR Sramek/A, 22.10.1984, §§ 41 f.; Belilos/CH, 29.4.1988, § 66; Borgers/B, 30.10.1991, §§ 26 ff., EuGRZ **1991** 519 = ÖJZ **1992** 339; Mitap u. Müftüoğlu/TRK, 25.3.1996, § 21 (insoweit jedoch nicht zur Entscheidung angenommen); vgl. *Esser* 563 f.

629 Zu den Voraussetzungen, unter denen Militärgerichte als unabhängig angesehen werden: EGMR Mureşan/RUM (E), 16.12.2014, §§ 17 ff.; Svitlana Atamanyuk u.a./UKR, 1.9.2016 (keine fehlende Unabhängigkeit/Unparteilichkeit, wenn zwar Offiziere des Militärs als Richter über zivile Schadensersatzansprüche der Angehörigen eines von militärischer Seite verursachten Flugzeugunglücks befinden, diese jedoch in das Gerichtssystem eingegliedert sind, dessen Verfahrensregeln unterliegen, gesetzlich dazu verpflichtet sind, die Fälle ohne jegliche militärische Einflussnahme zu beurteilen und ihre Ernennung, Beförderung, Absetzung identisch zu der ihrer zivilen Kollegen abläuft); fehlende Unabhängigkeit: EGMR Morris/UK, 26.2.2002, §§ 58 ff.; Findlay/UK, 25.2.1997, §§ 73 ff.; Çamlar/TRK, 10.11.2015, § 41; Tanışma/TRK, 17.11.2015, §§ 74 ff.; Sürer/TRK, 31.5.2016, §§ 45 f. Wegen der Mitwirkung von Militärrichtern in einem staatlichen Gericht wurde bzgl. der **früheren Staatssicherheitsgerichte der Türkei** die Unabhängigkeit verneint: EGMR (GK) Öcalan/TRK, 12.5.2005, §§ 112 ff., EuGRZ **2005** 463 = NVwZ **2006** 1267; (K) 12.3.2003, EuGRZ **2003** 472 m. Anm. *Breuer* EuGRZ **2003** 449; Karakurt/TRK, 20.9.2005; Yilmaz u. Barim/TRK, 22.6.2006; **a.A.** Meyer-Ladewig/Nettesheim/von Raumer/*Meyer-Ladewig/Harrendorf/König* 70, wobei die Gerichte allerdings dann nicht unabhängig sind, wenn die Funktion des Richters von Soldaten bekleidet wird, die eine Einbindung in die militärische Hierarchie aufweisen; zur Unzulässigkeit (§ 73 IRG) der Auslieferung zur Straf*vollstreckung* aus diesem Grund: OLG Frankfurt StV **2007** 142; OLG Stuttgart NStZ-RR **2007** 273; OLG Hamburg InfAuslR **2006** 468; OLG Celle NStZ **2008** 638; keine Bedenken bei Auslieferung zur Straf*verfolgung*, wenn Haftbefehl (noch) unter Mitwirkung eines Militärrichters erlassen worden ist: OLG Celle NStZ **2008** 638.

630 EGMR Sramek/A, 22.10.1984, §§ 39 ff.

ziers in einer dem Gericht übergeordneten Stellung.[631] Damit die Unabhängigkeit des Gerichts vom Betroffenen überprüft werden kann, muss dieser in der Lage sein, die Mitglieder des Spruchkörpers zu identifizieren.[632]

203 Kein zwingendes Kriterium für die Unabhängigkeit besteht darin, dass die Mitglieder des Spruchkörpers den **Status eines Berufsrichters** haben oder auf **Lebenszeit** ernannt sind[633] oder dass sie keine anderen (beruflichen oder gesellschaftlichen) **Aufgaben neben ihrem Richteramt** ausüben.[634] Eine **Nebentätigkeit** darf jedoch nie solcher Art sein, dass sie die persönliche oder sachliche Unabhängigkeit des Richters und damit des Gerichts insgesamt tatsächlich oder aber auch nur dem – für das Vertrauen in die Objektivität der Rechtspflege wichtigen – äußeren Erscheinungsbild nach[635] in Frage stellen kann, so dass – etwa im Fall enger beruflicher Beziehungen oder (finanzieller) Abhängigkeitsverhältnisse – die **Gefahr einer Rollenvermischung** entsteht.[636]

204 Ist die Unabhängigkeit in dieser Hinsicht genügend gesichert, ist es unschädlich, wenn lediglich die **Ernennung der Richter durch die Exekutive** erfolgt.[637] Ein Mitentschei-

---

631 EGMR Findlay/UK, 25.2.1997, §§ 73 ff.; İbrahim Gürkan/TRK, 3.7.2012, §§ 13 ff.

632 EGMR Vernes/F, 20.1.2011, § 42.

633 *Esser* 543; *Müller* 50.

634 Vgl. EGMR Piersack/B, 1.10.1982, §§ 30–33, EuGRZ **1985** 301; Wettstein/CH, 21.3.2001, § 41; Pescador Valero/E, 17.6.2003, §§ 23 ff.; Puolitaival u.a./FIN, 23.11.2004, §§ 44 ff.; Steck-Risch u.a./FL, 19.5.2005, § 44; Meznaric/KRO, 15.7.2005, §§ 31 ff.; *Frowein/Peukert* 209; *Peukert* EuGRZ **1980** 247, 269.

635 EGMR Campbell u. Fell/UK, 28.6.1984, § 78 („appearance of independence"); Sramek/A, 22.10.1984, § 42; Belilos/CH, 29.4.1988, §§ 66 f. (zeitweilige Übertragung richterlicher Aufgaben an einen Juristen im Polizeidienst); Incal/TRK, 9.6.1998, § 65; vgl. auch *Villiger* 497 (Art. 6 Abs. 1 genügt, wenn Militärrichter sachlich unabhängig von Weisungen ihrer Vorgesetzten entscheiden); *Müller* 50.

636 Aus schweizerischer Perspektive: *Kiener/Medici* SJZ **2011** 373; siehe auch EGMR Blesa Rodríguez/E, 1.12.2015, §§ 43 ff. (Richter zugleich Professor an Universität, die die mutmaßlich Geschädigte der dem Angeklagten vorgeworfenen Straftaten war; Problem der Befangenheit, Rn. 215).

637 EGMR (GK) Maktouf u. Damjanović/BH, 18.7.2013, § 49; Sramek/A, 22.10.1984, § 38; Campbell u. Fell/UK, 28.6.1984, § 79; Henryk Urban u. Ryszard Urban/PL, 30.11.2010, § 49; Thiam/F, 18.10.2018, §§ 72 ff., 82 (Intervention des damaligen französischen Präsidenten Sarkozy als Zivilpartei im Strafverfahren gegen den Bf., obwohl der Präsident eine Rolle bei der Laufbahnentwicklung von Richtern spielen kann); *Frowein/Peukert* 208; *Müller* 42. So auch der EuGH in Bezug auf die mögliche Einflussnahme der Legislative oder Exekutive bei der Ernennung eines deutschen Richters (VG Wiesbaden): EuGH 9.7.2020, C-272/19 (VQ/Land Hessen), NVwZ **2020** 1497 = ZD **2020** 577 m. Anm. *Engelbrecht*; dahingehend bereits EuGH (GK) 19.11.2019, C-585/18 u.a. (A.K./Krajowa Rada Sądownictwa, CP u. DO/Sąd Najwyższy), das Maßstäbe festlegte, unter welchen Umständen die Disziplinarkammer des polnischen Obersten Gerichts als hinreichend unabhängig anzusehen ist. Eine Kammer, deren Richter vom Präsidenten der Republik und somit nach politischen Kriterien ernannt werden, sei dann unabhängig, wenn die Richter nach ihrer Ernennung ohne Druck und weisungsunabhängig entscheiden könnten. Problematisch allerdings in EGMR Reczkowicz u.a./PL, 22.7.2021; Dolińska-Ficek u. Ozimek/PL, 8.11.2021. In den Rs. wurde ein Mangel an Unabhängigkeit und Unparteilichkeit der Richter zweier neuer Kammern des polnischen Obersten Gerichts gerügt, welche ebenfalls nach politischen Kriterien ernannt wurden. Der EGMR bejahte eine Verletzung von Art. 6 Abs. 1. Die Bf. beriefen sich insb. u.a. auf das Verfahren vor dem EuGH in den Rs. C-585/18, C-624/18, C-625/18 und die nachfolgende Rechtsprechung des Obersten Gerichts Polens. Bezugnehmend auf die Ausführungen in Reczkowicz u.a./PL bejahte der Gerichtshof auch in der Rs. Juszczyszyn/PL, 6.10.2022, §§ 194 ff., 210 f. einen Mangel an Unabhängigkeit und Unparteilichkeit der Disziplinarkammer des Obersten Gerichts; ebenso in Tuleya/PL, 6.7.2023, §§ 313 ff., in welchem der EGMR der Einschätzung des EuGH in der Rs. 204/21 folgte, die Disziplinarkammer sei kein unabhängiges und unparteiisches, durch das Gesetz errichtete Gericht. Weitere, die Unabhängigkeit der Justiz betreffende Verfahren sind: EGMR (GK) Grzęda/PL, 15.3.2022; Sobczyńska u.a./PL (anhängig); vgl. zur Problematik des Einflusses des polnischen Justizministeriums in Bezug auf die Besetzung von Richtern auch die Schlussanträge des GA v. 20.5.2021, C-748/19 bis C-754/19, Rn. 185 ff., 196: Es steht Art. 19 Abs. 1 UAbs. 2 EUV u.a. entgegen, wenn der zugleich als polnischer Generalstaatsanwalt fungierende polnische Justizminis-

dungsrecht der Exekutive bei der Besetzung eines gerichtlichen Spruchkörpers darf aber nur unter Wahrung sachlicher Maßstäbe und Kriterien ausgeübt werden, die mit dem Bild der richterlichen Unabhängigkeit vereinbar sind.[638] Die Parlamentarische Versammlung des Europarates mahnt allerdings die **Einführung einer Selbstverwaltung** der Justiz[639] an und fordert eine unabhängige Einrichtung zur Einstellung, Beförderung und Disziplinierung von Mitgliedern der Justiz (sog. **Justizräte**).[640]

e) Möglichkeit der Wiederwahl. Die Frage der Unabhängigkeit eines gerichtlichen 205 Spruchkörpers ist offensichtlich berührt, wenn Richter ihr Amt nur auf Zeit ausüben und die Möglichkeit einer Wiederwahl besteht. Die Möglichkeit (aber eben auch das Erfordernis) einer Wiederwahl kann Richter in die Versuchung bringen, sich bei der Urteilsfindung nicht nur von Recht und Gesetz leiten zu lassen, sondern auch von den Vorstellungen, die ihres Erachtens denjenigen gefallen werden, die für ihre erneute Auswahl und Ernennung zuständig sind. Jedenfalls kann der (böse) Anschein einer solchen Beeinflussung entstehen.

Eklatant ist eine solche Gefahr bei **Verfassungsrichtern**. Verfassungsgerichte entschei- 206 den vielfach über die verfassungsrechtlichen Aspekte politischer Streitfragen, das Interesse der politischen Entscheidungsträger an der Besetzung der Gerichte ist offensichtlich. So ist es mit der richterlichen Unabhängigkeit nicht zu vereinbaren, wenn Verfassungsrichter, gewissermaßen nach getaner Arbeit, von politischen Gremien, deren Handeln sie auf Verfassungsmäßigkeit überprüft haben, bewertet werden, indem diese Gremien über ihre erneute Ernennung entscheiden.

Gemäß Art. 23 Abs. 1 sind, seit Inkrafttreten des 14. P-EMRK am 1.6.2010, die **Richter** 207 **am EGMR** – anders als zuvor – **nicht mehr wiederwählbar**. Bereits seit dem 25.12.1970[641] können die Richter des **BVerfG** nicht wiedergewählt und folglich nur für eine Amtszeit berufen werden (§ 4 Abs. 2 BVerfGG). Soweit ersichtlich, wird dies für den Fall des BVerfG in der rechts- oder politikwissenschaftlichen Literatur an keiner Stelle kritisiert, vielmehr wird, sofern dazu Stellung genommen wird, der Ausschluss der Wiederwahl der Richter

---

ter zur Abordnung von Richtern und der jederzeitigen Beendigung der Abordnung nach eigenem Ermessen befugt ist, seine Entscheidungen dabei jedoch nicht gerichtlich nachgeprüft werden können. Zu den Grenzen einer Abordnung von Richtern anstelle von hauptamtlich planmäßigen Tätigkeit nach Art. 101 Abs. 1 Satz 2 GG: BVerfG Beschl. v. 10.11.2022 – 1 BvR 1623/17.

638 Vgl. hierzu: Gesetzentwurf der Fraktion DIE LINKE zur Änderung der WDO (BTDrucks. **17** 572) betreffend das Veto-Recht des Verteidigungsministers bei Besetzung der Wehrdienstsenate am BVerwG; dazu: EuGH 2.3.2021, C-824/18 (A.B. u.a.), DÖV **2021** 495 = EuGRZ **2021** 193 (Änderungen der Regelung des polnischen Auswahlverfahrens zur Besetzung des Obersten Gerichts könnten gegen Art. 19 Abs. 1 UAbs. 2 EUV verstoßen, da gegen die Entscheidung des dabei zuständigen polnischen Landesjustizrats (KRS) keine hinreichend effektive gerichtliche Kontrolle existiert. Diese Regeln könnten insofern Zweifel an der Unparteilichkeit der Entscheidungen des KRS sowie der Unabhängigkeit des Gerichts wecken und damit Rechtsstaatlichkeitsprinzipien der EU zuwiderlaufen); EuGH 23.2.2022, C-562/21 PPU u C-563/21 PPU (Ablehnung der Vollstreckung EuHb; zweistufige Prüfung des Gerichts im Vollstreckungsstaat: rechtstaatliche Mängel im Ausstellungsstaat als echte Gefahr der Verletzung des Rechts auf einen wirksamen Rechtsbehelf (Art. 47 EUC) und Auswirkung dieser Mängel auf das konkrete Verfahren; Ernennung der Richter des erkennenden Gerichts des Ausstellungsstaates vom Landesjustizrat allein kein Versagungsgrund).
639 Vertiefend: *Rieger* Verfassungsrechtliche Legitimationsgrundlagen richterlicher Unabhängigkeit (2011).
640 Res. 1685 (2009) v. 30.9.2009 „Allegations of politically motivated abuses of the criminal justice system in Council of Europe member states", § 5.4.; hierzu: *Schneiderhan* DRiZ **2010** 251; Berichte zum 150jährigen Bestehen des DJT e.V. Berlin (2010).
641 Inkrafttreten des Vierten Änderungsgesetzes des Gesetzes über das Bundesverfassungsgericht (BVerfGG) vom 21.12.1970 (BGBl. I S. 1765).

Esser

nahezu einhellig begrüßt und für vorteilhaft gehalten,[642] auch wenn nicht explizit der Schluss gezogen wird, dass die momentane einfachgesetzliche Rechtslage verfassungsrechtlich vorgegeben sei, was ja im Umkehrschluss bedeuten würde, dass die Wahl der Richter am Bundesverfassungsgericht bis zum 25.12.1970 auf einer teilweise verfassungswidrigen Grundlage erfolgt wäre.

208   Unterschiedlich ist die Problematik der Wiederwählbarkeit in den **16 Verfassungsgerichten der deutschen Bundesländer**[643] geregelt, wobei die Möglichkeit der Wiederwahl durch das Parlament überwiegt. Auch wenn die Literatur auf die häufig abweichende Rechtslage im Parallelproblem der Landesverfassungsgerichte gar nicht eingeht oder das Problem allenfalls sehr kurz behandelt,[644] sie stattdessen weitgehend ignoriert, ist die Wiederwählbarkeit vieler Landesverfassungsrichter mit Erstaunen zur Kenntnis zu nehmen und im Hinblick auf die richterliche Unabhängigkeit deutlich zu kritisieren. Die großen Bedenken werden durch das häufig bestehende Erfordernis einer 2/3-Mehrheit verringert, da dann in der Regel ein Teil der parlamentarischen Opposition zustimmen muss, die Richter also bei mutmaßlichen „Gefälligkeitsentscheidungen" nicht nur der Regierungsmehrheit, sondern auch wenigstens einem Teil der Opposition „gefallen" müssten.

209   Angesichts der Einhelligkeit, mit der der Ausschluss der Wiederwahlmöglichkeit der Bundesverfassungsrichter begrüßt wird, überrascht die Rechtslage in der großen Mehrheit der Länder; **ausgeschlossen ist die Wiederwahl** lediglich in drei Ländern; in drei Ländern ist diese Wiederwahl sogar mit **einfacher (Regierungs-)Mehrheit** möglich, in einem

---

642 So *Stadler* Die richterliche Neutralität in den Verfahren nach dem Bundesverfassungsgerichtsgesetz (1977) 8, 11 („psychologische Abhängigkeit" von den Wählenden sei zu bedenken, wenn die Richter wieder wählbar sind); *von Steinsdorff* FS Ismayr 491 (bei fehlender Möglichkeit der Wiederwahl keine Rücksichtnahme auf potentielle Mehrheitsmeinungen erforderlich); HdbVerfR/*Simon* § 7, 1274 (es bestehen „alle realen Voraussetzungen" für die innere Unabhängigkeit der Richter des BVerfG, u.a. weil ihre Wiederwahl ausgeschlossen sei); Isensee/Kirchhof/*Kischel* HdbStR, Bd. III, § 69, 58 (Ausschluss der Wiederwahl „verhindert schon den Anschein, ein Richter könne sich (von den) Chancen der eigenen Wiederwahl leiten lassen, und stärkt so die Unabhängigkeit"; Richter wäre sonst „vom Wohlwollen derjenigen Organe abhängig, deren Handeln er zu überprüfen hätte"); *Sodan* Staat und Verfassungsgerichtsbarkeit (2010) 30 f.; *Arndt* DRiZ **1971** 37 berichtet über die Rechtslage vor der Änderung, die zum Ausschluss der Wiederwahl geführt hat, es seien mindestens zwei Richter „strafweise" nicht wiedergewählt worden; die Möglichkeit der Wiederwahl sei also potentiell gefährlich für die Unabhängigkeit der Richter und schon der äußere Anschein einer solchen Möglichkeit der Beeinflussung sei für die gesamte Verfassungsgerichtsbarkeit gefährlich.
643 Seit dem 1.5.2008 hat auch Schleswig-Holstein als letztes der 16 deutschen Länder ein eigenes Landesverfassungsgericht, nachdem bis dahin das BVerfG für die schleswig-holsteinische Landesverfassungsgerichtsbarkeit zuständig war; vgl. Art. 44 SchlHVerf a.F., Art. 59c SchlHVerf, Art. 99 GG und § 13 Nr. 10 BVerfGG.
644 Vgl. Starck/Stern/*Knöpfle* Landesverfassungsgerichtsbarkeit, Teilband I – Geschichte, Organisation, Rechtsvergleichung (1983) 262, der lediglich davon spricht, es gäbe „von verschiedener Seite grundsätzliche Bedenken", die angegebene Literatur bezieht sich auf das BVerfG; das Problem zwar erkennend, jedoch letztlich nicht kritisch genug *Gärditz* JÖR NF **2013** 449, 465; *Haack* NWVBl. **2010** 217 („teilweise vorgesehene Verbot der Wiederwahl" (trage) „dazu bei, die Unabhängigkeit (...) zu sichern"); *Maurer* in Bretzinger (Hrsg.), Staats- und Verwaltungsrecht für Baden-Württemberg (1991) Rn. 112 f., S. 61 f., stellt nur die Zusammensetzung des Gerichts dar, ohne die Wiederwahlmöglichkeit zu erwähnen; Lindner/Möstl/*Wolff* [2] Verfassung des Freistaates Bayern Art. 68, 23 („verfassungsrechtlich nicht unzulässig, eine Wiederwahl der Verfassungsrichter vorzusehen"; ohne Argument oder Literaturbeleg); *Harms-Ziegler* in: Macke (Hrsg.), Verfassung und Verfassungsgerichtsbarkeit auf Landesebene (1998) 199, stellt fest, dass der Gesetzgeber in den Ländern ohne Wiederwahlmöglichkeit die „Gefahr" sah, dass „der Verfassungsrichter nicht mehr gemäß seiner persönlichen Überzeugung, sondern im – mutmaßlichen – Sinne des Kreationsorgans entscheide, von dessen Unterstützung seine Wiederwahl abhänge", während die Gesetzgeber der anderen Länder diese Gefahr „nicht als gegeben" ansahen.

davon (Hamburg) nur **einmal**, in den beiden anderen (BW, Bayern) sogar **unbegrenzt**.[645] Die größten Bedenken bestehen also gegenüber der Rechtslage in BW und Bayern. So genügt in BW die einfache Mehrheit des Landtags, § 2 Abs. 2 Satz 2 BW-StGHG i.V.m. Art. 68 Abs. 3 BaWüVerf, und die Wiederwahl ist nicht explizit ausgeschlossen und daher zulässig.

Der **europaweite Rechtsvergleich** ergibt, dass nur in sehr wenigen Staaten eine Wie- **210** derwahl der Richter an Verfassungsgerichten möglich ist; dieser weitgehende Ausschluss der Wiederwahlmöglichkeit wird von der Literatur einhellig begrüßt oder allenfalls neutral berichtet, keinesfalls jedoch in Frage gestellt.[646] Als kurzer Vergleich mit den USA als einer außereuropäischen Rechtsordnung sei darauf hingewiesen, dass im **Obersten Bundesgericht der USA** (Federal Supreme Court) die Wiederwahl nicht erforderlich ist, da dort die Richter auf Lebenszeit (wobei sie zurücktreten dürfen) ernannt bzw. gewählt sind.[647] Die Unabhängigkeit der Richter ist dadurch im besonderen Maße gewahrt.

---

645 Die Richter des **BVerfG** sind nicht wiederwählbar (§ 4 Abs. 2 BVerfGG) und werden außerdem mit 2/3-Mehrheit vom Bundesrat bzw. vom proportional besetzten Bundestagsausschuss gewählt (Art. 94 Abs. 1 Satz 2 GG, § 6 Abs. 2 und 5, § 7 BVerfGG). Ebenfalls **keine Wiederwahl** ist vorgesehen in **Berlin** (2/3-Mehrheit, Art. 84 Abs. 1 Satz 2 BerlVerf, keine Wiederwahl, § 2 Abs. 1 Satz 2 BerlVerfGHG), **Brandenburg** (2/3-Mehrheit der Mitglieder des Landtages, Art. 112 Abs. 4 Satz 5 BbgVerf, keine Wiederwahl, Art. 112 Abs. 4 Satz 3 BbgVerf) **Mecklenburg-Vorpommern** (2/3-Mehrheit, Art. 52 Abs. 3 M-VVerf, keine Wiederwahl, § 5 Abs. 1 Satz 3 LVerfGG), **Nordrhein-Westfalen** (2/3-Mehrheit, Art. 76 Abs. 2 Satz 1 NRWVerf und § 4 Abs. 1 VGHG; keine Wiederwahl, § 4 Abs. 3 Satz 1 VGHG), **Schleswig-Holstein** (2/3-Mehrheit der Mitglieder des Landtages, Art. 51 Abs. 3 Satz 2 SchlHVerf; keine Wiederwahl, § 6 Abs. 1 Satz 2 LVerfGG). Folgende vier Länder verlangen qualifizierte Mehrheiten und lassen die **Wiederwahl einmal** zu: **Niedersachsen** (2/3-Mehrheit, die zugleich mindestens die Hälfte der Mitglieder des Landtags ausmachen muss, Art. 55 Abs. 2 Satz 1 NdsVerf; einmalige Wiederwahl, Art. 55 Abs. 1 Satz 2 NdsVerf), **Rheinland-Pfalz** (2/3-Mehrheit, Art. 134 Abs. 3 Satz 1 RhPfVerf; einmalige Wiederwahl, Art. 134 Abs. 3 Satz 2 RhPfVerf), **Sachsen-Anhalt** (2/3-Mehrheit, die mindestens die Hälfte der Mitglieder des Landtags ausmachen muss, Art. 74 Abs. 3 VerfLSA; einmalige Wiederwahl, § 3 Abs. 1 Satz 5 LVerfGG). Folgende sechs Länder sehen eine qualifizierte Mehrheit oder ähnliches vor und erlauben **unbegrenzte Wiederwahl**: **Bremen** (zwar einfache Mehrheit, aber die Stärke der Fraktionen „soll" berücksichtigt werden, Art. 139 Abs. 2 Satz 3 BremVerf und § 2 Abs. 2 Satz 4 BremStaatsghG; Wiederwahl, Art. 139 Abs. 2 Satz 5 BremVerf), **Hessen** (2/3-Mehrheit in einem Wahlausschuss, in dem die Landtagsfraktionen anteilig repräsentiert sind, § 5, insbes. § 5 Abs. 7 Satz 2 HessStGHG; Wiederwahl, Art. 130 Abs. 3 HessVerf), **Saarland** (2/3-Mehrheit der Mitglieder des Landtages, Art. 96 Abs. 1 Satz 2 SaarlVerf; Wiederwahl, § 3 Abs. 2 Satz 2 VerfGHG), **Sachsen** (2/3-Mehrheit der Mitglieder des Landtages, Art. 81 Abs. 3 Satz 1 SächsVerf; Wiederwahl, § 3 Abs. 3 Satz 4 SächsVerfGHG), **Thüringen** (2/3-Mehrheit der Mitglieder des Landtages, Art. 79 Abs. 3 Satz 3 ThürVerf; Wiederwahl, § 3 Abs. 2 Satz 1 ThürVerfGHG). **Hamburg** wählt als einziges Land die Verfassungsrichter mit **einfacher Mehrheit** (keine besonderen Mehrheitserfordernisse in Art. 65 HbgVerf, § 4 HbgVerfGG) und kennt die **Möglichkeit der einmaligen Wiederwahl**, Art. 65 Abs. 2 Satz 2 HbgVerf). In **Baden-Württemberg** und **Bayern** schließlich genügt ebenfalls die **einfache Mehrheit** im Landtag, wobei die **Wiederwahl unbeschränkt** zulässig ist, vgl. nachfolgend im Text.
646 Beispielhaft mit im Detail bei der Aufzählung der einzelnen, die Wiederwahl erlaubenden Staaten gelegentlich abweichenden Angaben: *Weber* Europäische Verfassungsvergleichung (2010), Kap. 12, 41; *Hönnige* Verfassungsgericht, Regierung und Opposition (2007) 55, 121; *ders.* Verfassungsgerichte: neutrale Verfassungshüter oder Vetospieler? in: Grotz/Müller-Rommel (Hrsg.), Regierungssysteme in Mittel- und Osteuropa (2011) 273; *Kropp/Kneip* Die EU-Staaten im Vergleich (2008) 641; Einzelangaben in schematischer Übersicht zu insgesamt 28 europäischen Verfassungsgerichten bei *Haase/Struger* Verfassungsgerichtsbarkeit in Europa (2009) 273; vgl. auch *Safoklov* OER **2010** 303, 307 f. (Angaben zur Wahl bzw. Ernennung des Verfassungsgerichtsvorsitzenden in mehreren Staaten).
647 Art. 3 Sektion 1 Satz 2 der US-Bundesverfassung regelt: „The Judges (...) shall hold their Offices during good Behavior (...)", wobei aus dem „good Behavior" allgemein geschlossen wird, dass Richter ihr Amt auf Lebenszeit ausüben, sie allerdings (u.a. aus Altersgründen) zurücktreten dürfen.

211   Im Gerichtshof der **Europäischen Union (EuGH)** sowie im **Gericht der Europäischen Union (EuG)**[648] hingegen ist die Möglichkeit der Wiederwahl der Richter vorgesehen, Art. 253 Abs. 4, Art. 254 Abs. 2 Satz 4 AEUV, Art. 19 Abs. 2 UAbs. 3 Satz 3 EUV; insbesondere und gerade zur Sicherung der Unabhängigkeit der Richter ist bereits vorgeschlagen worden, dass sie nicht wiedergewählt werden können, was jedoch nicht – auch nicht anlässlich des Reformvertrages von Lissabon – umgesetzt wurde.[649] Auch hier ist nicht von der Hand zu weisen, dass der böse Anschein entstehen kann, bestimmte Entscheidungen seien im Hinblick auf den Wunsch einzelner Richter gefallen, nach Ablauf der Amtszeit erneut ernannt zu werden.[650] Allenfalls entschärft, nicht aber entkräftet werden die Bedenken dadurch, dass die Mitgliedstaaten die Ernennung der Richter „im gegenseitigen Einvernehmen" (Art. 253 Abs. 1 Hs. 2; 254 Abs. 2 Satz 2 AEUV) vornehmen;[651] dass alle Mitgliedstaaten mit einer allfälligen Wiederernennung einverstanden sein müssen, bedeutet nicht nur, dass evtl. „Gefälligkeitsentscheidungen" gleich allen Staaten gefallen müssten, sondern auch, dass einzelne Staaten die Wiederernennung verhindern können, wenn gerade ihnen bestimmte Richter nicht gefallen. Bereits der Anschein, dass dem so sein könnte, lässt Zweifel an der nötigen Unabhängigkeit der Richter aufkommen.

212   Nicht mehr vom sachlichen Schutzgehalt des Art. 6 Abs. 1 berührt, aber gleichwohl kurz in diesem Kontext erwähnt, seien Bedenken hinsichtlich der Unabhängigkeit der **Staatsanwaltschaft** (in Deutschland) gegenüber der Exekutive (Landesregierung), die einem Urteil des EuGH zufolge deshalb bestehen, weil diese nicht unabhängig genug sei, um einen EuHb auszustellen. Für die Staatsanwaltschaften in Deutschland sei nicht gesetzlich ausgeschlossen, dass im Einzelfall eine Weisung eines Landesjustizministers Einfluss auf ihre Arbeit nehmen könnte. Nach dem EuGH darf jedoch keinerlei strukturelle Gefahr drohen, dass die Entscheidung zur Ausstellung eines EuHb durch Weisungen oder Anordnungen der Exekutive beeinflusst werden könnte.[652]

---

648 Vor Inkrafttreten des Vertrags von Lissabon: Gericht erster Instanz.
649 Näher dazu Schwarze/*Schwarze/Wunderlich*[4] Art. 253, 5 AEUV.
650 Dabei wird man auf Vermutungen angewiesen sein, sofern keine Indiskretionen geschehen sind, da die Beratungen einschließlich der Abstimmungen geheim sind, Art. 35, 53 EuGH-Satzung.
651 Näher zum Verfahren der Ernennung *Epping* Der Staat **1997** 361; durch den Vertrag von Lissabon hat sich die Rechts-/Vertragslage nur dahingehend geändert, dass der in Art. 255 AEUV genannte Ausschuss eine Stellungnahme abgibt. Zu den Gründen, warum es jedoch gerade beim EuGH besonders schwierig ist, durch eine Nominierung bzw. Nichtnominierung die Rechtsprechung zu lenken, vgl. *Alter* Establishing the Supremacy of European Law (2001) 199 ff.
652 EuGH (GK) 27.5.2019, C-508/18 u.a. (Parquet de Lübeck), NJW **2019** 2145: Nach Art. 6 Abs. 1 RB-EuHb (2002/548/JI) kann ein EuHb nur von einer „Justizbehörde" ausgestellt werden. Die französische, schwedische und belgische StA genügt jeweils den Anforderungen, die für den Erlass eines EuHb erforderlich sind, vgl. EuGH 12.12.2019, C-566/19 PPU, ebenso die österreichische StA, vgl. EuGH 9.10.2019, C-489/19 PPU, NJW **2020** 203 = EuGRZ **2019** 493, obwohl auch die dortigen Staatsanwälte Weisungen des Ministers unterstehen. Der EuGH differenzierte aber danach, ob der Haftbefehl von einem Gericht bewilligt wird, das in Kenntnis der gesamten Sachlage eine eigene, unabhängige und objektive Entscheidung trifft, die dem EuHb seine endgültige Form gibt. Im Rahmen der auf das EuGH-Urteil folgenden Diskussion in Deutschland wurde die Forderung nach einer Beschränkung der Weisungsgebundenheit der Staatsanwaltschaften laut, vgl. *Kaufmann/Sehl*, Deutsche Staatsanwälte nicht unabhängig genug, 27.5.2019, https://www.lto.de/recht/justiz/j/eugh-europaeischer-haftbefehl-deutsche-staatsanwaelte-nicht-unabhaengig/ (Stand: 12/2022). Kritisch hierzu und das Modell einer richterlichen Entscheidung über den EuHb favorisierend *Pinar* Frei aber nicht unabhängig, 14.12.2020, https://verfassungsblog.de/frei-aber-nicht-unabhaengig/ (Stand: 12/2022).

Esser

f) Unparteilichkeit[653]. Die Unparteilichkeit betrifft die **subjektive Einstellung des** 213 **Richters**, der ohne Ansehen der Verfahrensbeteiligten nach Gesetz und Recht sachgemäß urteilen muss. An der Unparteilichkeit eines Richters fehlt es zum einen, wenn sich bei ihm eine bestimmte Überzeugung bzw. Voreingenommenheit in der zu beurteilenden Sache feststellen lässt (**subjektiver Test**),[654] wobei die (subjektive) Unparteilichkeit bis zum Beweis des Gegenteils vermutet wird.[655]

Zum anderen ist die Unparteilichkeit zu verneinen, wenn berechtigte Zweifel an der 214 Unparteilichkeit eines Mitglieds des gerichtlichen Spruchkörpers nicht ausgeräumt werden können (**objektiver Test**).[656] Diese Zweifel können sich auch aus **äußeren Umständen** ergeben, wenn diese unabhängig vom Verhalten des Richters geeignet sind, diesen für einen **objektiven Betrachter** als nicht mehr unbefangen erscheinen zu lassen.[657] Die Unparteilichkeit darf schon dem **äußeren Anschein** nach für die Öffentlichkeit und die Verfahrensbeteiligten[658] keinen Zweifeln unterliegen („strukturelle Unparteilichkeit").[659] Dies erfordert der Schutz des Vertrauens in die Rechtspflege und die Akzeptanz gerichtlicher Entscheidungen. Bei Vorliegen berechtigter Zweifel ist hier zuungunsten des Richters zu entscheiden.[660]

---

653 Eine Individualbeschwerde zum EGMR wegen Unparteilichkeit bzw. fehlender Unabhängigkeit kann nicht auf Art. 21 gestützt werden, der die Richter des EGMR betrifft: EGMR Barelli/F (E), 22.6.1999, Nr. 4.

654 EGMR Bjarki H. Diego/ISL, 15.3.2022, § 29; Ekeberg u.a./N, 31.7.2007, § 31; Incal/TRK, 9.6.1998, § 65; (GK) Micallef/MLT, 15.10.2009, § 93; Popescu Nasta/RUM, 7.1.2003, § 44; Pellon/E, 25.6.2002, § 43; *Müller* 116 ff.; vgl. dazu auch: *Mosbacher* NStZ **2022** 641, 643. Wenn ein Richter schon vor Urteilserlass öffentlich die Schuld feststellt und ankündigt, die Betroffenen zu bestrafen, ist er offensichtlich voreingenommen (EGMR Kakabadze u.a./GEO, 2.10.2012, §§ 25, 77; als Aspekt der Verfahrensfairness); zur Problematik der Vorbefassung eines Richters, etwa durch Verhängung von U-Haft, Rn. 218 f. Zur „subjektiven" Unparteilichkeit eines Ermittlungsrichters, der über die Anordnung/Fortsetzung von U-Haft entscheidet (Art. 5 Abs. 3): AG Ingolstadt Beschl. v. 10.2.2020 – 1 Gs 2523/19, BeckRS **2020** 8829.

655 EGMR Meng/D, 16.2.2021, §§ 45, 53, NJW **2021** 2947 m. Anm. *Rzadkowski* = NStZ **2022** 624 m. Anm. *Faust* = StV **2022** 273 m. Anm. *König*; Cardona Serrat/E, 26.10.2010; Ekeberg u.a./N, 31.7.2007, § 32; (GK) Kyprianou/ZYP, 15.12.2005, NJW **2006** 2901, §§ 118 f.; Kalogeropoulou u.a./GR u. D, 12.12.2002; (GK) Micallef/MLT, 15.10.2009, § 94; Piersack/B, 1.10.1982; Albert u. Le Compte/B, 10.2.1983; De Cubber/B, 26.10.1984, EuGRZ **1985** 407; *Frowein/Peukert* 213; *Grabenwarter/Pabel* § 24, 45; Meyer-Ladewig/Nettesheim/von Raumer/*Meyer-Ladewig/Harrendorf/König* 74; SK/*Meyer* 87; *Müller* 99; vertiefend: *Steinfatt* S. 39 ff.

656 EGMR Ekeberg u.a./N, 31.7.2007, § 31; Incal/TRK, 9.6.1998, § 65; (GK) Micallef/MLT, 15.10.2009, § 93; Popescu Nasta/RUM, 7.1.2003, § 44; (GK) Grieves/UK, 16.12.2003, § 69; Pellon/E, 25.6.2002, § 43; detailliert *Müller* 98, 102 ff. und *Kierzkowski* 119 ff.

657 Zwischen der von der Einschätzung anderer bestimmten (objektiven) Unparteilichkeit und der sachlichen Unabhängigkeit besteht ein enger Zusammenhang, zumal Letztere nur für die Unparteilichkeit sichern soll; vgl. *Grabenwarter/Pabel* § 24, 44, 48; vgl. auch EGMR Langborger/S, 22.6.1989; Boyan Gospodinov/BUL, 5.4.2018 (Strafrichter, die Parteien in einem mit der Sache zusammenhängenden zivilrechtlichen Verfahren waren); (GK) Denisov/UKR, 25.9.2018, § 64.

658 EGMR Piersack/B, 1.10.1982; Nortier/NL, 24.8.1993, ÖJZ **1994** 213; Holm/S, 25.11.1993, ÖJZ **1994** 522; Tiemann/D, 27.4.2000, NJW **2001** 2319; (GK) Micallef/MLT, 15.10.2009, § 98; Pastörs/D, 3.10.2019, § 55; Meyer-Ladewig/Nettesheim/von Raumer/*Meyer-Ladewig/Harrendorf/König* 75; *Grabenwarter/Pabel* § 24, 48 (Zweck: Erhaltung des Vertrauens der Öffentlichkeit gegenüber den Gerichten); hierzu auch: EGMR Daktaras/LIT, 10.10.2000, § 32; Aviso Zeta AG/A, 21.6.2018, § 45.

659 Vgl. EGMR Delcourt/B, 17.1.1970 („*Justice must not only be done, it must also be seen to be done*"); Piersack/B, 1.10.1982; De Cubber/B, 26.10.1984; Belilos/CH, 29.4.1988; Hauschildt/DK, 24.5.1989, EuGRZ **1993** 122 = ÖJZ **1990** 188; Fey/A, 24.2.1993, ÖJZ **1993** 394 = JBl. **1993** 508; Padovani/I, 26.2.1993; Saraiva de Carvalho/P, 22.4.1994, ÖJZ **1995** 36; Pullar/UK, 10.6.1996, ÖJZ **1996** 874; Ferrantelli u. Santangelo/I, 7.8.1996, ÖJZ **1997** 151; Mežnarić/KRO, 15.7.2005, § 27; Harabin/SLO, 20.11.2012, § 132; SK/*Meyer* 88; Karpenstein/Mayer/*Meyer* 57 („objektive Unparteilichkeit"); *Villiger* 498; *Grabenwarter/Pabel* § 24, 48.

660 Vgl. *Grabenwarter/Pabel* § 24, 48.

215   Unter dem Gesichtspunkt der Berechtigung der Zweifel spielt auch die interne **Gerichtsorganisation** eine Rolle. Es müssen auch in der Praxis hinreichende **verfahrensrechtliche Absicherungen** zur Verfügung stehen, wie etwa die Möglichkeit, einen Richter **wegen Befangenheit ablehnen** zu können.[661] Der Richter darf an der Entscheidung über seinen Ausschluss nicht mitwirken; unzulässig ist es, dies dadurch zu umgehen, dass im Falle einer mit substantiierter und (weitgehend) identischer Begründung erfolgenden Ablehnung aller Richter eines Spruchkörpers dieser Spruchkörper über die Befangenheit jedes einzelnen Richters gesondert entscheidet und dabei jede dieser einzelnen Entscheidungen von den jeweils übrigen (gleichfalls abgelehnten) Richtern getroffen wird und lediglich der eine von der einzelnen Entscheidung betroffene Richter jeweils nicht mitwirkt.[662]

216   Das Gericht ist verpflichtet, **jederzeit** und **von Amts wegen** zu prüfen, ob seine Mitglieder den Anforderungen der Unparteilichkeit entsprechen. Dies gilt auch für an der Entscheidung mitwirkende **Laienrichter.**[663] Werden konkrete Tatsachen behauptet, die geeignet sind, Zweifel an der Unparteilichkeit eines Mitglieds des Spruchkörpers zu wecken, muss das Gericht sie **überprüfen** und bei hinreichender Substantiierung auch über die Unparteilichkeit entscheiden;[664] ebenso bei auf Voreingenommenheit hindeutenden Bemerkungen eines (ehrenamtlichen) Richters.[665] Die Überprüfung erfordert eine **Auseinandersetzung mit den Argumenten** der Beteiligten und kann nicht mit der notwendigen Besetzung des Gerichtes abgetan werden.[666] Es kann allerdings ausreichen, wenn das Gericht die ihm intern mitgeteilten Zweifel an der Unvoreingenommenheit eines Richters

---

661 EGMR (GK) Micallef/MLT, 15.10.2009, § 99; Harabin/SLO, 20.11.2012, § 132; vgl. auch: BVerfG NVwZ **2021** 1220 = NJW **2021** 2955 = BayVerwBl. **2021** 662 m. Anm. *Muckel* JA **2021** 781 (erfolgreiche Verfassungsbeschwerde gegen die Ablehnung eines Befangenheitsantrags; Gegenstand des Antrags waren frühere Urteilsformulierungen eines Richters zum Thema Migration, u.a., dass der Slogan „Migration tötet" teilweise die Realität darstelle).
662 EGMR A.K./FL, 9.7.2015, §§ 68, 72, 77 ff., NVwZ **2016** 1541; A.K./FL (Nr. 2), 18.2.2016, §§ 66 ff.
663 EGMR Ekeberg u.a./N, 31.7.2007, § 31; Holm/S, 25.11.1993; Pullar/UK, 10.6.1996; Langborger/S, 22.6.1989 (Laienrichter, die der Interessengemeinschaft der Mieter- und Hauseigentümervereinigung angehörten und über Änderung im Mietvertrag des Bf. zu entscheiden hatten). Zur Rolle von Laienrichtern in historisch-rechtsvergleichender Betrachtung: *Kühne* FS Amelung 657; *Grube* Richter ohne Robe (2005); *Linkenheil* Laienbeteiligung an der Strafjustiz (2003).
664 Vgl. EGMR (GK) D.N./CH, 29.3.2001, ÖJZ **2002** 516; Remli/F, 23.4.1996, ÖJZ **1996** 831 (mögliche Befangenheit eines Richters nicht überprüft); vgl. auch: LG Flensburg Beschl. v. 20.1.2021 – V KLs 2/19, BeckRS **2021** 602 (Befangenheit zweier Schöffinnen bejaht, nachdem diese Schokoladenweihnachtsmänner an den Vertreter der StA, nicht jedoch an die Angeklagten bzw. ihre Verteidiger übergeben hatten).
665 Vgl. EGMR Gregory/UK, 25.2.1997, §§ 43 ff., ÖJZ **1998** 194; Sander/UK, 9.8.2000, §§ 22 ff.; (GK) Kyprianou/ZYP, 15.12.2005, NJW **2006** 2091; Meyer-Ladewig/Nettesheim/von Raumer/*Meyer-Ladewig/Harrendorf/König* 82; zur Anfechtungsmöglichkeit des Urteils aufgrund rassistisch eingestellter Geschworener und der damit einhergehenden partiellen Aufhebung des Geheimhaltungsprinzips von Juryberatungen durch den Supreme Court zugunsten des Grundsatzes der Unparteilichkeit des Gerichts: Supreme Court, *Pena Rodriguez v. Colorado*, No. 15-606, 6.3.2017; vgl. auch BVerfG NJW **2021** 1156 (Aufhebung der Ablehnung eines Befangenheitsantrags; spottende Unterhaltung von Richtern über Beruf des Bf. sowie Erteilung von Ratschlägen an einen Nebenintervenienten während zweier Sitzungsunterbrechungen; in unzulässiger Weise heimlich aufgezeichnet; Recht des Bf. auf gesetzlichen Richter aus Art. 101 Abs. 1 Satz 2 GG überwiege die Verletzung des Allgemeinen Persönlichkeitsrechts der von der Aufnahme Betroffenen); siehe auch EGMR Karrar/B, 31.8.2021 (Treffen des Gerichtspräsidenten mit der Mutter der zwei getöteten Tatopfer ohne Wissen anderer Beteiligter und Zeigen von Sympathie ihr gegenüber).
666 EGMR Harabin/SLO, 20.11.2012, §§ 135 ff. (Disziplinarverfahren gegen den Präsidenten des Obersten Gerichtshofes, Befangenheitsanträge gegen 7 der 13 Verfassungsrichter), insb. § 139 („It is only after answering the parties' arguments and establishing whether or not the challenges to the judges were justified that the question could have arisen as to whether there was any need and justification for not excluding any of the judges").

(Geschworenen) dadurch beseitigt, dass es die Verhandlung/Beratung unterbricht und den betreffenden Richter darauf hinweist (belehrt), dass er sein Urteil nur nach der Beweislage und ohne jede Voreingenommenheit abzugeben hat.[667] Die notwendige Neutralität ist nicht gewährleistet, wenn der Richter ein **Eigeninteresse am Ausgang des Verfahrens** hat bzw. objektiv haben kann, was in vielen Rechtsordnungen auf nationaler Ebene schon per Gesetz zu seinem **Ausschluss** vom Verfahren führt.[668]

Grundsätzlich steht es der Unparteilichkeit eines Richters nicht entgegen, wenn dieser **217** bereits in einem **früheren Verfahren** oder in einem **früheren Stadium desselben Verfahrens** Entscheidungen zum Verfahrensgegenstand oder bezüglich einer Partei getroffen hatte (vgl. aber Rn. 218).[669] Ein **mehrfunktionales Auftreten** eines Richters in einem Verfahren (auch in verschiedenen Stadien) erscheint erst dann problematisch im Hinblick auf seine Unparteilichkeit, wenn durch sein mehrfaches Auftreten oder die Wahrnehmung verschiedener Funktionen **objektive Zweifel** an seiner Neutralität und Unparteilichkeit entstehen. Das ist der Fall, wenn er in einem früheren (separaten) Verfahren oder in einem früheren Abschnitt desselben Verfahrens **im Wesentlichen über dieselben Fragen** zu entscheiden hat, wie im späteren Verfahren.[670] Nicht davon umfasst ist grundsätzlich die erneute Entscheidung über die Anordnung oder Aufrechterhaltung einer Präventivunterbringung als Maßregel (Sicherungsverwahrung), da hier die Gefährlichkeitsprognose stets neu zu bewerten ist.[671]

---

667 EGMR Gregory/UK, 25.2.1997, § 48; siehe auch EGMR Kristiansen/N, 17.12.2015, § 60.

668 Siehe EGMR Blesa Rodríguez/E, 1.12.2015, §§ 43 ff.: Richter war zugleich gegen Bezahlung als Professor für eine Universität – die durch die angeklagte Tat angeblich Geschädigte – tätig; dass es für die Bejahung der Befangenheit auf das objektiv vorliegende Eigeninteresse des Richters ankommt, ergibt sich nicht direkt aus den knappen Rechtsausführungen des Gerichtshofs; siehe jedoch § 39, wonach die spanische Regierung mit unbrauchbarem Argument verneinte, dass der Richter ein Eigeninteresse hätte („it could not be assumed that the judge had an interest in the dispute"); siehe zudem: Bjarki H. Diego/ISL, 15.3.2022, §§ 30 ff. (finanzielle Verluste beim Kollaps einer Bank; Unparteilichkeit dennoch bejaht).

669 EGMR Pellon/E, 25.6.2002, § 47; Dragojević/KRO, 15.1.2015, § 114 (bereits erfolgte Entscheidungen im Vorverfahren); Teslya/UKR, 8.10.2020, § 44; Meng/D, 16.2.2021, § 47; Mucha/SLO, 25.11.2021, § 49. Erst recht nicht, wenn es in einer vorherigen Entscheidung lediglich um prozessuale Fragen ging: EGMR Vaillant/F, 18.12.2008, §§ 25 ff., 33, oder eine Beurteilung der Schuld des Angeklagten nicht erfolgt ist: EGMR (GK) Marguš/KRO, 27.5.2014, §§ 85 ff. (Einstellung aufgrund eines Amnestiegesetzes); siehe: *Mosbacher* NStZ **2022** 641, 644.

670 EGMR Pellon/E, 25.6.2002, §§ 48 ff.; Stechauner/A, 28.1.2010, §§ 49 ff.; Fatullayev/ASE, 22.4.2010, §§ 135 ff.; Central Mediterranean Development Corporation Limited/MLT (Nr. 2), 22.11.2011, § 35; Gerovska Popčevska/MAZ, 7.1.2016, §§ 47–56; Poposki u. Duma/MAZ, 7.1.2016, §§ 44–49; Pereira da Silva/P, 22.3.2016, §§ 52–60; zum *„special link"* der zu beurteilenden Sachverhalte EGMR Dāvidsons u. Savins/LET, 7.1.2016, § 57; Korzeniak/PL, 10.1.2017, §§ 51–60. In Franz/D, 30.1.2020, äußerte der EGMR Zweifel an der Unabhängigkeit und Unparteilichkeit des Notarsenats des OLG Celle. Bf. war ein ehemaliger Notar, den der Präsident des OLG seines Amtes enthoben hatte. Die Doppelrolle des OLG-Präsidenten (Präsident der Justizbehörde, die die angefochtene Amtsenthebungsentscheidung erlassen hatte/Präsident des Gerichts, das über die dagegen gerichtete Klage entschieden habe und als solcher über die Besetzung des Notarsenats mitentscheide, könne nach Ansicht des EGMR geeignet sein, bei dem Antragsteller objektiv begründete Befürchtungen hinsichtlich der Unabhängigkeit und objektiven Unparteilichkeit des Notarsenats zu wecken. Eine Verletzung von Art. 6 Abs. 1 könne aber entfallen, wenn die getroffene Entscheidung einer nachträglichen Kontrolle durch ein gerichtliches Organ unterlegen habe.

671 EGMR (GK) Ilnseher/D, 4.12.2018, § 288 ff., NJOZ **2019** 1445 (Äußerung des Richters an die Verteidigerin, sie solle sich in Acht nehmen, dass ihr Mandant sich nicht nach einer etwaigen Freilassung persönlich bei ihr bedanken wolle; lediglich Bestätigung der Gefährlichkeitsprognose in der unmittelbar vorausgegangenen Anordnung der Sicherungsverwahrung; keine berechtigten Zweifel an der Unparteilichkeit des Richters; ebenso nicht aus seiner erneuten Befassung bei der Beurteilung der Gefährlichkeitsprognose drei Jahre später).

218   Problematisch kann in dieser Hinsicht sein, dass ein Mitglied des erkennenden Gerichts in derselben Sache vorher als **Ermittlungs-/Untersuchungsrichter** oder im Rahmen der **Strafverfolgung** (z.B. als Polizeibeamter oder Staatsanwalt) tätig war; der EGMR verlangt allerdings auch hier, dass zur reinen personellen Identität *zusätzliche Anhaltspunkte* hinzutreten.[672]

219   Bei der erneuten Befassung eines Richters mit einem Fall, bezüglich dessen er bereits über **zusammenhängende Anklagen** oder einen **Mitbeschuldigten** entschieden hatte, ist für die Unparteilichkeit von entscheidender Bedeutung, ob das frühere Urteil eine detaillierte, über den **notwendigen Umfang hinausgehende Beurteilung** über die Person enthält, bezüglich derer nachfolgend zu entscheiden ist (dazu Rn. 230).[673] Dass ein Richter des erkennenden Gerichts im **Ermittlungsverfahren** als Ermittlungs-/Untersuchungsrichter **eine (notwendige) richterliche Entscheidung** (Kontrolle) ohne eigene Ermittlungstätigkeit getroffen,[674] die Untersuchungshaft angeordnet oder (nach Anklageerhebung) über die **Fortdauer der Untersuchungshaft**[675] entschieden hat (vgl. § 120 StPO), soll seiner (objektiven) Unparteilichkeit grundsätzlich nicht entgegenstehen, weil (formal) der **Prüfungsmaßstab** der getroffenen (Haft-)Entscheidungen insoweit **nicht mit der Schuldfrage im engeren Sinne identisch** sei, sondern nur das Vorliegen eines (dringenden) Tatverdachtes betreffe. Berechtigte Zweifel an der Unparteilichkeit sollen sich auch hier nur aus *zusätzlichen Umständen*[676] ergeben können. Insbesondere darf die Verdachtsprüfung **keiner Schuldfeststellung „nahekommen".**[677]

---

[672] EGMR De Cubber/B, 26.10.1984, § 26; Vera Fernández-Huidobro/E, 6.1.2010, § 116 (Gebot der Unparteilichkeit des Untersuchungsrichters abgeleitet aus dem Grundsatz des fairen Verfahrens); Adamkiewicz/PL, 2.3.2010 (Unterbringung durch Familienrichter, der Strafverfahren aufgrund der Erkenntnisse selbst eingeleitet und später den Vorsitz des Jugendgerichts geführt hatte); *Frowein/Peukert* 224; vgl. auch EGMR Belilos/CH, 29.4.1988 (Beamter der Polizeidirektion); Dorozhko u. Pozharskiy/EST, 24.4.2008, §§ 56 ff. (Ehemann einer Richterin leitete polizeiliche Ermittlungen gegen Angeklagten; Befangenheit); Jakšovski u. Trifunovski/MAZ, 7.1.2016 (Verurteilung durch Richter, die vorher die Ermittlungen vorgenommen und das Verfahren eingeleitet hatten); Borg/MLT, 12.1.2016, § 89 (keine Befangenheit eines mehrfunktional eingesetzten Ermittlungsrichters); Paunović/SRB, 3.12.2019, §§ 38 ff. (Richter in zweiter Instanz war zum Zeitpunkt der Anklage Staatsanwalt, in dieser Position allerdings nicht mit dem Verfahren befasst).

[673] EGMR Meng/D, 16.2.2021, §§ 48, 60; ausführlich Anm. *König* StV **2022** 273.

[674] Vgl. EGMR Nortier/NL, 24.8.1993; Saraiva de Carvalho/P, 22.4.1994; Kalogeropoulou u.a./GR u. D, 12.12.2002 (Mitwirkung am Schadensersatzprozess u. Vollstreckungsverfahren); ferner auch: EGMR Hauschildt/DK, 24.5.1989 („besondere Umstände" in einer über die summarische Prüfung des Tatverdachts hinausgehenden Vorentscheidung über die besondere Bestätigung des „Tatverdachtes" gesehen).

[675] Vgl. EGMR Sainte-Marie/F, 16.12.1992, §§ 31 ff., ÖJZ **1993** 461; Ekeberg u.a./N, 31.7.2007, § 38; Saraiva de Carvalho/P, 22.4.1994, § 37; Dāvidsons u. Savins/LIT, 7.1.2016, §§ 49 f. (bzgl. Dāvidsons: Richter der ersten Tatsacheninstanz hatten zuvor über die Untersuchungshaft/Fluchtgefahr entschieden); Meyer-Ladewig/Nettesheim/von Raumer/*Meyer-Ladewig/Harrendorf/König* 79; f*Grabenwarter/Pabel* § 24, 49 a.E., vgl. auch SK/*Meyer* 90 (Beurteilung ändert sich, wenn im Ermittlungsverfahren getroffene Entscheidung einen „hohen Grad an Überzeugung" verlangt); *Frowein/Peukert* 227.

[676] EGMR Cardona Serrat/E, 26.10.2010, § 31 (zwei der an der Verurteilung beteiligte Richter hatten zuvor die U-Haft des Bf. wegen der Gefahr der Zeugenbeeinflussung angeordnet); Dāvidsons u. Savins/LET, 7.1.2016, §§ 51–59 (bzgl. Savins: Richter, die über die Revision befanden, hatten schon im Vorverfahren Haftbefehl erlassen).

[677] EGMR Hauschildt/DK, 24.5.1989, § 52 („Thus the difference between the issue the judge has to settle when applying this section and the issue he will have to settle when giving judgment at the trial becomes tenuous"); Chesne/F, 22.4.2010, §§ 15, 19, 37 ff. (Richter des Hauptverfahrens hatten im Ermittlungsverfahren die U-Haft mit die Schuld des Bf. bestätigenden Beweisen begründet und dabei durch die Formulierung zu erkennen gegeben, dass sie den Bf. bereits für schuldig erachteten); Romenskiy/R, 13.6.2013, §§ 9, 28 (fehlende Unparteilichkeit wegen Feststellung bei Verlängerung der U-Haft; „the applicant has committed a serious crime"); ähnlich EGMR Alony Kate/E, 17.1.2012, NJOZ **2013** 1598, §§ 51 ff., insbesondere §§ 53 und 56: die bei

Der vom EGMR vertretene überwiegend formale Ansatz **Verdacht vs. Schuld** vermag   220
aus *objektiver* Perspektive jedenfalls bei Haftentscheidungen nicht zu überzeugen, weil
die Prüfung und Annahme eines (nach deutschem Recht erforderlichen) **dringenden Tatverdachtes** (§ 112 StPO) in der Sache zwar nicht identisch, aber doch so nah mit der später
anzustellenden Schuldfeststellung verbunden ist, dass unter dem Gesichtspunkt einer **„Unparteilichkeit schon nach dem äußeren Schein"** mit einer solchen Haftfrage befasste
Richter von vornherein nicht mehr Mitglied des später in der Sache erkennenden Spruchkörpers sein können.

Bedenklich in Hinblick auf die Unparteilichkeit des im Hauptverfahren zur Entschei-   221
dung über die Schuld des Angeklagten berufenen Spruchkörpers mutet auch die im deutschen Recht für das **Zwischenverfahren** (§§ 199 Abs. 1, 203, 207 StPO) getroffene Regelung
an, wonach dort dieselben Richter über das Vorliegen des von der Staatsanwaltschaft
angenommenen **hinreichenden Tatverdachtes** zu entscheiden haben (vgl. § 170 Abs. 1
StPO). Die Gefahr der Bildung eines „Vor-Urteils" ist in diesem Stadium des Verfahrens auf
der Grundlage eines von der Staatsanwaltschaft präsentierten, ausermittelten und auf
den ersten Blick „runden" Sachverhalts sogar höher als bei der Vorbefassung[678] eines
Ermittlungsrichters.[679] Dies besagen auch psychologische Studien zum sog. **Inertia- und
Perseveranz-Effekt**, wonach das menschliche Gehirn dazu neigt, an ersten Eindrücken
und Überzeugungen trotz neu hinzutretender gegenteiliger Fakten festzuhalten („vorgefasste Meinung").

Zweifel an der Neutralität eines Richters bestehen, wenn dieser bei der Staatsanwalt-   222
schaft die Aufsicht über den in der gleichen Sache ermittelnden Staatsanwalt ausgeübt
hat,[680] ebenso wenn das betroffene Mitglied **kollidierende Verwaltungsfunktionen**
wahrgenommen hat.[681] Zur Besorgnis fehlender Unparteilichkeit (und Unabhängigkeit) eines Gerichts wegen der Beteiligung von **Militärangehörigen** als Richter eines **strafrechtlichen Spruchkörpers** Rn. 26. Ebenso wurde ein Verstoß angenommen bei der Beteiligung
eines Polizeibeamten als Geschworener im Rahmen eines Falles, bei dem insbesondere
die von der Polizei erhobenen Beweise sehr umstritten waren.[682] Der Gerichtshof beanstandet es aber nicht *per se*, wenn (aktuelle oder pensionierte) Polizeibeamte einer Jury
angehören.[683] Begründete Zweifel können sich in einem Disziplinarverfahren gegen einen
Richter ergeben, wenn in dem Spruchkörper mehr als die Hälfte der entscheidungsbefug-

---

Anordnung der U-Haft verwendeten Formulierungen („Art der Straftaten" – „la nature des faits" – und
Gefahr der Wiederholung der Straftat – „réitération continue du délit" – ohne Zusatz, dass es sich lediglich
um *vorgeworfene* Straftaten handelte) begründeten die objektive Gefahr einer Vorfestlegung.

678 Vertiefend zum Problem der Vorbefassung im Hinblick auf die Unparteilichkeit des Richters: *Kierzkowski* 129 ff.

679 Kritisch: IK-EMRK/*Kühne* 312; *Ernst* Das gerichtliche Zwischenverfahren nach Anklageerhebung (1986);
für eine Trennung von Eröffnungs- und Tatsachenrichtern: *Traut/Nickolaus* StraFo **2012** 51.

680 EGMR Piersack/B, 1.10.1982; *Frowein/Peukert* 223; *Esser* 564.

681 Vgl. EKMR bei *Bleckmann* EuGRZ **1983** 415, 418 (Sramek); zur Vorbefasstheit des Richters mit derselben
Rechtssache in anderer Funktion *Müller* 108 ff.

682 EGMR Hanif u. Khan/UK, 20.12.2011, §§ 146 ff.

683 Von EGMR Hanif u. Khan/UK, 20.12.2011, §§ 144, 148 noch offengelassen, später von EGMR Peter Arm-
strong/UK, 9.12.2014, akzeptiert (Verstoß, da die polizeilichen Beweise in dem Verfahren nicht umstritten
gewesen seien (§ 44), die Polizisten der Jury mit den ermittelnden Polizisten nicht bekannt waren oder nicht
wussten, dass jemand aus dem Bekanntenkreis an den Ermittlungen beteiligt war (§ 43) und die Verteidigung
die Mitgliedschaft von Polizisten in der Jury nicht gerügt hatte (§ 42). Ob die erforderliche Neutralität nur
bei Vorliegen all dieser Voraussetzungen zu bejahen gewesen wäre oder ob der ein oder andere im konkreten Fall gegebene Umstand auch entbehrlich war, teilt der EGMR nicht mit. Allerdings hätte der Umstand
der fehlenden Rüge in Anwendung allgemeiner Grundsätze und der Rechtsprechung des Gerichtshofs zur

ten Personen keine Richter, sondern von der Legislative oder Exekutive ausgewählte Personen sind.[684]

223   Zweifel an der Unparteilichkeit eines Richters können berechtigt sein, wenn **dieser über die Rechtmäßigkeit eines von ihm selbst erlassenen Urteils entscheidet**.[685] Mit dem Anschein der äußeren Unparteilichkeit des Gerichts ist es nicht vereinbar, wenn der **Vertreter der Anklagebehörde** (Generalanwalt) an den Beratungen[686] des Gerichts (und sei es ohne Stimmrecht) **beratend teilnimmt**;[687] ebenso wenn ein Berichterstatter bestellt wird, der Bediensteter einer Prozesspartei ist oder Vorsitzender Richter in dem einer Verfassungsbeschwerde zugrunde liegenden Verfahren war,[688] oder wenn an einem militärgerichtlichen Verfahren ein Offizier in einer dem Gericht übergeordneten Stellung mitwirkt[689] oder wenn die vom Gericht herangezogenen Gutachter Angestellte des Beklagten sind.[690]

224   Wird eine im nationalen Recht bestehende **Vorschrift zum Ausschluss eines Richters** vom Verfahren, die jedem Zweifel an seiner Unparteilichkeit vorbeugen soll (vgl. §§ 22 f. StPO), nicht beachtet, so indiziert dies die Verletzung des Rechts auf ein unparteiisches Gericht.[691]

225   Der EuGH legt Art. 19 Abs. 1 UAbs. 2 EUV, Art. 47 EUC sowie Art. 7 Abs. 1 und 2 der RL 93/13/EWG[692] dahingehend aus, dass die Unabhängigkeit und Unparteilichkeit des Spruchkörpers eines Gerichts in Fällen, in denen ein erstmals ernannter oder erstmals in eine

---

Verneinung der horizontalen Rechtswegerschöpfung und damit zur Unzulässigkeit der Beschwerde führen müssen; siehe EGMR Zahirovic/KRO, 25.4.2013, § 36; Teil II Rn. 199).

684 EGMR Ramos Nunes de Carvalho e Sá/P, 21.6.2016, §§ 75–80.

685 EGMR San Leonard Band Club/MLT, 29.7.2004; Samadi/D (E), 7.10.2008; vgl. auch EGMR Mancel u. Branquart/F, 24.6.2010 (Zurückweisung einer Revision des Angeklagten gegen Verurteilung durch Rechtsmittelgericht, nachdem 7 von 9 beteiligten Richtern auch über das vorangegangene Rechtsmittel gegen den zunächst erfolgten Freispruch zu entscheiden hatten; inwiefern das Gericht dabei die Stellungnahme des Gerichts in der ersten Revision zu den Tatsachen als entscheidend für die Feststellung der Verletzung betrachtete, war nicht eindeutig festzustellen); vgl. auch HRC Babkin/R, 3.4.2008, 1310/2004, § 13.3 (Richter am Kassationshof hatte bei Aufhebung des Freispruchs des Angeklagten mitgewirkt und jetzt über Rechtsmittel gegen Verurteilung zu entscheiden – kein Verstoß gegen Art. 14 Abs. 1 IPBPR); EGMR Korzeniak/PL, 10.1.2017, §§ 51–60 (enge Verbindung zwischen dem zu beurteilendem Sachverhalt, den ein Richter zunächst am Berufungsgericht und anschließend aufgrund seiner neuen Stellung auch am Obersten Gerichtshof zu entscheiden hatte, was letztlich einer Überprüfung der eigenen Entscheidung nahekam); ähnlich: EGMR Stoimenovikj u. Miloshevikj/MKD, 25.3.2021 (Berufungsrichter im Strafverfahren sollte später in seiner Position als Richter am Supreme Court über die eng damit im Zusammenhang stehende Zivilsache entscheiden).

686 Vgl. BVerfG NJW **2021** 1156 (Unterhaltung des Richters mit Verfahrensbeteiligten während der Sitzungspause unter Anwesenheit von Studenten der Rechtswissenschaft keine Beratung gemäß § 193 Abs. 1 GVG).

687 Zunächst für vereinbar gehalten in EGMR Delcourt/B, 17.1.1970, § 35; später jedoch verneint in Anlehnung an die Auffassung der EKMR: EGMR Borgers/B, 30.10.1991 („Unvereinbar mit Waffengleichheit"). Zur weiteren Entwicklung in Belgien vgl. EGMR van Orshoven/B, 25.6.1997, § 24, ÖJZ **1998** 314; Wynen u. Centre hospitalier interrégional Edith-Cavell/B, 5.11.2002, §§ 24, 36 ff.; Horvath/B (E), 24.1.2012. Ferner *Frowein/Peukert* 212; *Villiger* 501; *Müßig* 407. Zur Teilnahme eines sog. Regierungskommissars („commissaire du gouvernement"), eine Figur der französischen Verwaltungsgerichtsbarkeit, eine Art Justizbeamter in neutraler Funktion, an den Beratungen: EGMR (GK) Kress/F, 7.6.2001, §§ 41 ff.; dazu auch *Müller* 105 f.; EGMR Slimane-Kaïd/F (Nr. 2), 27.11.2003; zum Problem insgesamt: *Esser* 550 f.

688 EGMR Sramek/A, 22.10.1984; Liga Portuguesa de Futebol Profissional/P, 17.5.2016, §§ 63 ff.

689 EGMR Findlay/UK, 25.2.1997.

690 EGMR Sara Lind Eggertsdóttir/ISL, 5.7.2007.

691 EGMR Oberschlick/A, 23.5.1991, NJW **1992** 613 = EuGRZ **1991** 216 = ÖJZ **1991** 641 = MR **1991** 171; Pfeifer u. Plankl/A, 25.2.1992, NJW **1992** 1873 = EuGRZ **1992** 99 = ÖJZ **1992** 455.

692 Richtlinie 93/13/EWG des Rates v. 5.4.1993 über missbräuchliche Klauseln in Verbraucherverträgen, ABlEG Nr. L 95 v. 21.4.1993 S. 29.

höhere Instanz versetzter Richter **von einer Einrichtung ernannt/versetzt** wurde, die auf Grundlage einer später für verfassungswidrig erklärten Rechtsvorschrift zusammengesetzt war; Gleiches gilt für eine Ernennung/Versetzung durch eine ordnungsgemäß zusammengesetzte Einrichtung, deren **Auswahlverfahren weder transparent noch gerichtlich anfechtbar** war.[693] Die Grenze der Unabhängigkeit und Unparteilichkeit wird in solchen Fällen jedoch dann überschritten, wenn die Regelwidrigkeiten aufgrund ihrer Art und Intensität die tatsächliche Gefahr bergen, dass andere Teile der Staatsgewalt ein ihnen nicht zustehendes Ermessen ausüben könnten, das zur Folge hat, dass die Integrität des Ergebnisses des Ernennungsverfahrens beeinträchtigt würde und mithin beim Einzelnen ernsthafte und berechtigte Zweifel an der Unabhängigkeit und Unparteilichkeit des betreffenden Richters entstehen könnten.[694]

Dagegen ist grundsätzlich noch **keine objektive Gefährdung des äußeren An- 226 scheins** der Unparteilichkeit darin zu sehen, wenn ein Richter des erkennenden Gerichts mit einem Zeugen lediglich persönlich bekannt ist.[695] Auch die **persönliche Bekanntschaft** mit einem Rechtsanwalt einer beteiligten Partei wird für sich genommen nicht für begründete Zweifel ausreichen; anders, wenn Richter und Rechtsanwalt (eng) miteinander **verwandt sind**[696] oder wenn ein Vertreter der Anklage bzw. ein der Anklage Nahestehender mit dem Richter **familiär verbunden** ist.[697] Auch können Zweifel an der Unparteilichkeit begründet sein, wenn in einem Verfahren, das eine Richterin persönlich betrifft, ihre Kollegen urteilen, insbesondere wenn erstere als Zeugin auftritt.[698] Die Unparteilichkeit hatte der EGMR auch in einem Fall bejaht, bei dem der Ehemann der zuständigen Richterin bzw. ein Golfclub, dessen Präsident der Ehemann war, einen **Vorteil durch das Urteil**

---

693 EuGH 29.3.2022, C-132/20, Tz. 132.

694 EuGH 29.3.2022, C-132/20, Tz. 132.

695 EGMR Kristiansen/N, 17.12.2015, §§ 52–57 ff.; Jurymitglied, das über die Schuldfeststellung hinaus auch an der Beratung des Strafurteils mitwirkte, beschrieb aufgrund lange zurückliegender sporadischer Begegnungen die Opferzeugin als „quiet and calm", was der EGMR als Werturteil ansah und unter den konkreten Umständen die Glaubwürdigkeit der Zeugin zu untermauern geeignet war; Jurymitglied als voreingenommen anzusehen); Pullar/UK, 10.6.1996, §§ 39 ff.; *Esser* 568.

696 EGMR (GK) Micallef/MLT, 15.10.2009, §§ 102 f. (Richter der Berufungsinstanz war der Onkel des Rechtsanwalts einer Partei; in der ersten Instanz, deren Urteil im Berufungsverfahren auf dem Prüfstand war, war diese Partei vom Bruder jenes Berufungsrichters anwaltlich vertreten worden. Die GK spricht von „close family ties between the opposing party's advocate [Singular] and the Chief Justice"; zur Bejahung der Gefährdung der Unparteilichkeit reicht also bereits die (eine) Onkel-Neffe-Beziehung); so bestätigt von EGMR Falter Zeitschriften GmbH/A (Nr. 2.), 18.9.2012, § 56; Nicholas/ZYP, 9.1.2018, § 62. Zur Problematik *Geroldinger* JBl. **2014** 620.

697 EGMR Dorozhko u. Pozharskiy/EST, 24.4.2008, §§ 56 ff. (Richterin war Ehefrau des Leiters des polizeilichen Ermittlungsteams); Pastörs/D, 3.10.2019, §§ 58–70 (Richter der ersten Instanz mit Richterin der Berufungsinstanz verheiratet); Nicholas/ZYP, 9.1.2018, § 12 (Kinder des Richters und des Rechtsanwalts der Gegenseite miteinander verheiratet; beide arbeiteten in der Kanzlei des beteiligten Anwalts); ähnlich EGMR Koulias/ZYP, 26.5.2020; zur Problematik *Müller* 102 ff.

698 Vgl. EGMR Mitrov/MAZ, 2.6.2016, § 55 (Verfahren wegen eines Verkehrsunfalls mit Todesfolge, bei dem die Tochter einer Richterin des erkennenden Gerichts ums Leben kam; wenn zwar nicht diese, jedoch Kollegen urteilen und die persönlich betroffene Richterin, die ein Interesse an Schadensersatzansprüchen hat, als Zeugin geladen ist); Bereczki/RUM, 26.7.2016, §§ 44 ff. (berechtigte Zweifel an der Unparteilichkeit, wenn ein Richter Partei in einem Prozess ist, der in demselben Zuständigkeitsbereich wie derjenige diesen Gerichts verhandelt wird und sich die vorsitzenden Richter wegen Kollegialität zu einem ehemaligen Kollegen, der aufgrund der Beschwerde des Parteigegners in einem anderen Verfahren verurteilt wurde, feindselig äußern).

erlangt hatte.[699] Verneint hat der EGMR jedoch die Frage, ob ein Richter als nicht mehr unparteilich anzusehen ist, wenn er selber in einem anderen, mittlerweile abgeschlossenen Verfahren Prozesspartei (hier: Kläger) war und dabei von einem Rechtsanwalt vertreten wurde, der nun in einem aktuellen Verfahren als Rechtsanwalt einer der Parteien auftritt.[700] Ferner ist keine Parteilichkeit daraus abzuleiten, wenn die geschiedene Ehefrau des Bf. Richterin und die über den Fall des Bf. entscheidenden Richter Kollegen der Ex-Frau sind.[701] Als unproblematisch wurde es auch erachtet, dass ein **Polizeibeamter bei der Beratung der Geschworenen** anwesend war, um dort das Videovorführgerät zu bedienen.[702]

227   Desgleichen ist grundsätzlich keine Gefährdung des äußeren Anscheins der Unparteilichkeit darin zu sehen, dass ein Richter (eines Spezialspruchkörpers) noch eine **andere Funktion** (Verwaltungsbeamter, Politiker) ausübt,[703] dass er zum Verfahrensgegenstand eine **wissenschaftliche Meinung, Rechtsauffassung oder politische Überzeugung** abgegeben hat,[704] dass bei einem Berufsgericht ein Teil der Richter zum **gleichen Berufsstand** wie der Angeklagte gehören muss,[705] dass dieselben Richter über sachlich **verschiedene Berufungen** desselben Klägers urteilen[706] oder dass dieselben Richter **erneut mit derselben Sache** befasst werden, wenn das Rechtsmittelgericht die Sache an dasselbe Gericht

---

699 EGMR Croatian Golf Federation/KRO, 17.12.2020, §§ 131 f. (Urteil beförderte indirekt die Auflösung der Bf., die parallel ein Vollstreckungsverfahren gegen den Golfclub des Ehemannes der Richterin betrieb); siehe auch: EGMR Malić/KRO, 22.4.2021, §§ 19, 24 ff. (Ehemann der Richterin bei einer der Parteien angestellt).

700 EGMR Falter Zeitschriften GmbH/A (Nr. 2), 18.9.2012, ÖJZ **2013** 571, § 57. Diese Rechtsprechung ist bedenklich, auch weil ein weiteres Element dafür vorlag, einen Anschein der Gefährdung der Unparteilichkeit annehmen zu können: In beiden Fällen, die von demselben Rechtsanwalt vertreten wurden, wehrte sich ein Richter als Kläger gegen Berichterstattung über ihn in den Medien. Geradezu grotesk sind die Ausführungen der österreichischen Regierung („if the applicant company's argument were accepted, (...) any lawyer who had once represented a judge as a party to proceedings was no longer permitted to act in any other proceedings before that judge", § 50). Falls aufgrund einer vergangenen Geschäftsbeziehung zwischen Rechtsanwalt und Richter die Gefährdung der Unparteilichkeit zu bejahen ist, würde dies in der Tat dazu führen, dass dieser Richter und dieser Rechtsanwalt nicht mehr in diesen Rollen in ein und demselben Gerichtsverfahren agieren könnten, aber diese logische (für den Staat freilich lästige) Folge einer bejahten Gefährdung der Unparteilichkeit kann kein Argument dafür sein, diese Gefährdung erst gar nicht zu bejahen. Das Vorbringen liest sich im Übrigen so, als ob im Falle der Gefährdung der Unparteilichkeit nicht der womöglich parteiische Richter, sondern der Rechtsanwalt vom Verfahren ausgeschlossen sei, obwohl es gerade umgekehrt ist.

701 EGMR Hajdučeková/SLO (E), 8.10.2002; so auch entschieden für den Fall, dass die Ehe noch besteht bzw. intakt ist: EGMR Vianello/I (E), 9.9.2014, §§ 51 ff., 57 (Bf. hatte vorgetragen, die Richter seien nicht unbefangen gewesen, da ihnen ein evtl. Freispruch als ungerechtfertigte Vorzugsbehandlung („traitement de faveur") des Ehemanns ihrer Kollegin ausgelegt werden könne).

702 EGMR Szypusz/UK, 21.9.2010, §§ 82 ff. (Beamter hatte sich auf die Bedienung des Geräts beschränkt; Anwälte hatten seiner Anwesenheit zugestimmt).

703 EGMR Sramek/A, 22.10.1984, § 42; Ettl u.a./A, 23.4.1987, §§ 37 ff.; Stallinger u. Kuso/A, 23.4.1997, ÖJZ **1997** 755 (fachkundige Beamte als Mitglieder der Agrarsenate); Pabla Ky/FIN, 22.6.2004, §§ 29, 33 ff. Vgl. zur früheren Tätigkeit eines Gerichtsassistenten als Vertreter der Gegenpartei EGMR Bellizzi/MLT, 21.6.2011, §§ 57 ff.

704 EGMR Bodet/B, 5.1.2017, §§ 24 ff. (Zeitungsinterview eines Jurors nach der Verurteilung mit Kommentaren zum Verfahren); ähnlich EGMR Haarde/ISL, 23.11.2017, § 105. Anders aber EGMR Kristiansen/N, 17.12.2015, §§ 56–61 (Jurorin mit der Verletzten näher bekannt und äußerte sich in positiver Weise öffentlich über sie); zum Ganzen *Müller* 114 ff.; zu den diesbezüglichen Grenzen: BVerfG NJW **2011** 3637.

705 EGMR Le Compte u.a./B, 23.6.1981 (ärztliches Standesgericht); Debled/B, 22.9.1994, ÖJZ **1995** 198; *Frowein/Peukert* 216.

706 EGMR D.P./F, 10.2.2004; anders die Bewertung bei ähnlich besetztem Spruchkörper wie im erstinstanzlichen Verfahren; hier ist die Zahl der Richter zu berücksichtigen, die bereits in der ersten Formation entschieden haben sowie ihre konkrete Rolle innerhalb dieser. Bedeutend ist auch, ob ein gewichtiger Grund be-

zurückverweist, das bereits die aufgehobene Entscheidung erlassen hatte.[707] Eine fehlende Unparteilichkeit ergibt sich auch nicht aus der **Verwerfung der Revision ohne mündliche Verhandlung** gemäß § 349 Abs. 2 StPO, insofern das Revisionsgericht seine Rechtsauffassung erst nach dem Antrag der StA bildet und anschließend den Parteien zukommen lässt.[708] Ebenso wenig liegt eine Verletzung bei der Einsichtnahme des Gerichts in eine frühere Verurteilung für die Bestimmung einer Strafe vor, wenn nicht zusätzliche Gründe hinzutreten.[709] Anders verhält es sich, wenn in einem an den Rechnungshof zurückverwiesenen Verfahren wegen Veruntreuung öffentlicher Gelder, ein detailreicher öffentlicher Bericht über die zu errechnende Höhe des finanziellen Nachteils besteht, der die unvoreingenommene Entscheidungsfindung in Zweifel zieht.[710] Aus einer bloßen **Parteimitgliedschaft** eines Richters ist auch in Fällen mit Berührungspunkten zu politischen Themen grundsätzlich keine Voreingenommenheit abzuleiten.[711]

Für „vage und unbelegt" befand der EGMR das Vorbringen, in **Verfahren auf Entschädigung wegen überlanger Verfahrensdauer** seien Richter generell befangen, da die für die Verfahrensdauer verantwortlichen Richter vom Rechnungshof zur Rechenschaft gezogen werden könnten und sich so die Richter im Entschädigungsverfahren bei der Entscheidung über von anderen Richtern möglicherweise begangene Rechtsverletzungen von einem „Korpsgeist" leiten ließen.[712] 228

Die Tatsache, dass ein Richter bereits über **ähnliche, aber eigenständige Strafvorwürfe** in einem gesonderten Verfahren entschieden oder dass er gegen einen **Mitangeklagten** in einem gesonderten (abgetrennten) Verfahren verhandelt hat, reicht grundsätzlich nicht aus, Zweifel an seiner Unvoreingenommenheit in einem anschließenden Verfahren zu begründen.[713] Gerade bei Verfahren mit mehreren Beteiligten könne es nach Ansicht des EGMR notwendig sein, bei der Bewertung der Schuld der Angeklagten bereits die Beteiligung Dritter zu behandeln, gegen die zu einem späteren Zeitpunkt ein separates Verfahren geführt wird.[714] Stünde durch den Umstand der Vorbefassung als solchen dabei stets die Parteilichkeit des Richters in Zweifel, würde dies die Arbeit der Gerichte mitunter unmöglich machen.[715] Es wurde daher vom EGMR nicht als Konventionsverstoß erachtet, 229

---

stand, der die Teilnahme der Richter an der zweiten Urteilsformation mit beschließender Stimme absolut notwendig machte: EGMR Fazli Aslaner/TRK, 4.3.2014.

707 EGMR Ringeisen/A, 16.7.1971; Thomann/CH, 10.6.1996, ÖJZ **1996** 874; *Frowein/Peukert* 220.
708 EGMR Gramann/D (E), 13.1.2015.
709 EGMR Sazanov/R, 1.12.2015, §§ 39 ff.
710 EGMR Beausoleil/F, 6.10.2016, §§ 38–42.
711 EGMR Otegi Mondragon u.a./E (E), 3.11.2015 (Nr. 3), §§ 25 ff.; Otegi Mondragon u.a./E, 6.11.2018, §§ 46 ff.
712 EGMR Galasso u.a./I, 16.7.2013, § 33.
713 EGMR Meng/D, 16.2.2021, § 47; Mucha/SLO, 25.11.2021, § 49; Kriegisch/D (E), 23.11.2010, NJW **2011** 3633; Schwarzenberger/D, 10.8.2006, NJW **2007** 3553 = StraFo **2006** 406, § 42; Poppe/NL, 24.3.2009, § 26; vgl. hierzu auch: BGH NStZ **2012** 519 = StV **2012** 390 = StraFo **2012** 134 m. Anm. *Möckel/Stoffers* StRR **2012** 221. Ähnlich für die Beteiligung eines Richters bei der Einstellung eines Verfahrens aufgrund eines Amnestiegesetzes sowie dem erneuten Strafverfahren: EGMR (GK) Marguš/KRO, 27.5.2014, §§ 85 ff. (zur *ne bis in idem*-Problematik vgl. Rn. 1524); siehe auch EGMR Alexandru Marian Iancu/R, 4.2.2020, § 72 (unproblematisch, wenn ein Richter in zwei verschiedenen Strafverfahren gegen denselben Angeklagten mitwirkt); anders aber, wenn der Vorsitzende Richter in einem vorigen Verfahren gegen den Betroffenen mit ähnlichen Anklagepunkten bereits für befangen erklärt wurde: EGMR Otegi Mondragon u.a./E, 6.11.2018, §§ 58–69; vgl. zudem: *Mosbacher* NStZ **2022** 641, 644; OGH Beschl. v. 12.1.2022 – 13 Os 91/21p; BVerfG Beschl. v. 27.1.2023 – 2 BvR 1122/22 Rz. 27, 29, BB **2023** 479 ff. (Nichtannahmebeschluss; Vorbefassung zweier Richter im Cum-Ex-Verfahren aufgrund eines vorherigen Verfahrens gegen zwei Börsenhändler verfassungsrechtlich nicht zu beanstanden).
714 EGMR Meng/D, 16.2.2021, § 47; vgl. hierzu auch: *Mosbacher* NStZ **2022** 641, 644.
715 EGMR Bezek/D (E), 21.4.2015, § 32.

dass der Vorsitzende Richter einer Strafkammer bereits über den **Hauptbelastungszeugen** (Drogenhändler) geurteilt hatte und dieses Verfahren Anstoß für die Ermittlungen gegen den Bf. (mutmaßlicher Drogenankäufer) gab.[716]

230   Anders liegt der Fall dagegen (fehlende Unparteilichkeit), wenn das frühere Urteil bereits eine **spezifische Darstellung der Beteiligung** des später (separat) Angeklagten oder von ihm begangener Straftaten oder sonstiger Handlungen enthält („detailed assessment of the role of the person judged subsequently in an offence committed by several persons"), erst recht gilt dies bei **Feststellungen zu seiner Tatschuld**.[717] So hat der Gerichtshof in der Rs. *Meng* die Unparteilichkeit aufgrund eines früheren, einen Mittäter betreffenden Urteils verneint, das bereits eine detaillierte Beurteilung der Rolle der Beschwerdeführerin im Hinblick auf die Tat enthielt.[718]

231   Die Annahme der **Unparteilichkeit** des Gerichts trotz einer Vorbefassung liegt daher u.a. grundsätzlich nahe, wenn im Rahmen des früheren Verfahrens **keine Bewertung der Schuld** des später Angeklagten erfolgt ist.[719] Auch spricht es für das Vorliegen von Unparteilichkeit, wenn im späteren Fall eine **neue Würdigung** der Tatsachen vorgenommen wurde, worauf etwa das Fehlen eines Verweises auf Feststellungen des früheren Urteils hindeuten kann.[720] Ebenso spricht es nach Ansicht des Gerichtshofs für die Unparteilichkeit des Gerichts, wenn der später Angeklagte nicht oder nur beiläufig namentlich benannt wird und nicht als „Täter", sondern lediglich als **„Zeuge"** oder **„gesondert Verfolgter"** erwähnt wird.[721] Ebenfalls relevant für die Beurteilung der Unparteilichkeit sind etwaige Unterschiede in den Tatsachenfeststellungen im Vergleich zum früheren Urteil sowie jeweils eigene zugrunde liegende Beweisaufnahmen.[722]

232   Der EGMR scheint die Frage nach der Notwendigkeit einer Vorbefassung des Gerichts grundsätzlich etwas enger als der BGH zu sehen und auch in einer größeren Zahl von Konstellationen der Vorbefassung eine Einzelfallprüfung u.a. anhand obiger Kriterien durchzuführen.[723] Diese vom EGMR entwickelten – in der Rs. *Meng* deutlich erkennbaren – Kriterien werden die deutschen Gerichte bei der Auslegung der §§ 22 ff. StPO künftig stärker zu berücksichtigen haben und ihre eigene Unvoreingenommenheit bei Vorbefas-

---

716 EGMR Kriegisch/D (E), 23.11.2010.
717 EGMR Meng/D, 16.2.2021, §§ 59 ff. siehe ferner EGMR Kriegisch/D (E), 23.11.2010; Poppe/NL, 24.3.2009, § 28; Schwarzenberger/D, 10.8.2006, § 43; Ferrantelli u. Santangelo/I, 7.8.1996, § 59; Rojas Morales/I, 16.11.2000, § 33; vgl. auch EGMR Mucha/SLO, 25.11.2021, § 49; BGH StraFo **2012** 134; Eine den Verfahrensgegenstand betreffende Vorbefassung des Richters begründet die Besorgnis der Befangenheit grundsätzlich nicht, wenn nicht **besondere Umstände** vorliegen, die über die Tatsachen bloßer Vorbefassung und damit einhergehender inhaltlicher Äußerungen hinausgehen, vgl. BGH NStZ-RR **2022** 288; dazu auch OLG Oldenburg NStZ-RR **2022** 283, 284, wonach die Vorbefassung eines Richters nur dann zur Annahme von Befangenheit führt, wenn im früheren Verfahren gegen einen Tatbeteiligten „über das für den Schuld- und Rechtsfolgenausspruch Erforderliche hinausgehende Feststellungen" oder dafür entbehrliche rechtliche Bewertungen erfolgt sind; zu etwaigen Unterschieden zwischen dem EGMR und dem BGH bei der Beurteilung der Vorbefassung eines Richters: *Mosbacher* NStZ **2022** 641, 645.
718 EGMR Meng/D, 16.2.2021, §§ 59 ff., NJW **2021** 2947 m. Anm. *Rzadkowski* u. m. Anm. *Boe* HRRS **2022** 151.
719 EGMR Bezek/D (E), 21.4.2015, § 36; *Mosbacher* NStZ **2022** 641, 644.
720 EGMR Meng/D, 16.2.2021, § 50; Bezek/D (E), 21.4.2015, § 35; Schwarzenberger/D, 10.8.2006, § 43; *Mosbacher* NStZ **2022** 641, 645.
721 EGMR Meng/D, 16.2.2021, § 58; vgl. zum Ganzen: *Mosbacher* NStZ **2022** 641, 644 f.
722 EGMR Meng/D, 16.2.2021, § 56.
723 Vgl. dazu *Mosbacher* NStZ **2022** 641, 645.

Esser

sung entsprechend dieser Kriterien herausstellen müssen.[724] So stellte auch der BGH fest, dass die Besorgnis der Befangenheit wegen einer den Verfahrensgegenstand betreffenden Vortätigkeit eines Richters ausnahmsweise gegeben sein könne, wenn Umstände vorlägen, die über eine bloße Vorbefassung als solche und die damit notwendig verbundenen Inhaltsäußerungen hinausgehen. Dies sei beispielsweise dann anzunehmen, wenn Ausführungen in dem früheren Urteil **unnötige und sachlich unbegründete Werturteile** über einen der jetzigen Angeklagten enthielten oder wenn ein Richter sich bei seiner Vorentscheidung in unsachlicher Weise zum Nachteil des Angeklagten geäußert habe. Der BGH bezog sich in seiner Entscheidung explizit auf die Rechtsprechung des EGMR und wies darauf hin, dass die Besorgnis der Befangenheit eines Richters bei einer Gesamtabwägung aller Umstände des Einzelfalls gegeben sein könne, wenn dieser an einem früheren Urteil gegen einen wegen desselben Tatgeschehens Mitbeschuldigten mitgewirkt habe und dort rechtlich nicht gebotene Feststellungen zur Beteiligung des jetzigen Angeklagten getroffen worden seien.[725]

Grundsätzlich wird die Unparteilichkeit des Gerichts durch das **Angebot einer Straf-** **milderung im Falle einer Verständigung** (§ 257c StPO) nicht in Zweifel gezogen, soweit die nach nationalem Recht vorgesehenen Sicherheiten gegen Willkür eingehalten werden und das Angebot nicht in einem so frühen Stadium des Verfahrens abgegeben wird, dass die gesamten Umstände eine vorgefasste Meinung des Gerichts zur Schuld des Angeklagten besorgen lassen.[726] Ob ein für den Fall eines Geständnisses **angebotenes Strafmaß** den Vorgaben des deutschen Rechts und der Praxis in Deutschland entspricht, überprüft der EGMR nicht.[727] Berechtigte Zweifel an der Unparteilichkeit können sich allerdings ergeben, wenn der Richter auf den Angeklagten **nachdrücklich einwirkt**, eine Verständigung einzugehen, so dass zu befürchten ist, dass eine Ablehnung der Einigung seitens des Angeklagten negative Auswirkungen auf die Bewertung des Falles durch den Vorsitzenden hat.[728] **233**

Finden gegen einen Richter Ermittlungen in Bezug auf eine zurückliegende telefonische **Absprache mit einem Rechtsanwalt** statt, so begründet dies keine berechtigten Zweifel an seiner Unparteilichkeit, wenn das entsprechend untersuchte Telefonat lange zurückliegt und keine Verbindung zum aktuell verhandelten Fall aufweist.[729] Keine Gefährdung der Unparteilichkeit ist auch darin zu sehen, dass ein Richter vor der Hauptverhandlung über die **Gewährung von Prozesskostenhilfe** entschieden hatte, da der Richter in einem solchen PKH-Verfahren die Erfolgsaussichten der Hauptsache nur summarisch einschätze.[730] **234**

Ebenso ist für die Unparteilichkeit des Gerichts die **Anwesenheit eines Anklagever-** **treters** von Bedeutung; anderenfalls bestünde nach Ansicht des EGMR die Gefahr, dass **235**

---

724 Vgl. *Mosbacher* NStZ **2022** 641, 646 f. Den auf die Rechtsprechung des EGMR im Fall Meng folgenden, auf § 356 Nr. 6 StPO gestützten Wiederaufnahmeantrag hat das LG Kassel abgelehnt. Die Entscheidung wurde anschließend durch das OLG Frankfurt a.M. bestätigt. Grund dafür war, dass die Frage des Beruhens nicht hinreichend substantiiert dargelegt worden sei, vgl. OLG Frankfurt a.M., Beschl. v. 8.7.2022 – 1 Ws 21/22, NStZ-RR **2023** 118; dazu Rn. 494; kritisch zu der Entscheidung *Boe* Konventionswidrig aber rechtssicher, abrufbar unter: https://verfassungsblog.de/konventionswidrig-aber-rechtssicher/, Stand: 22.6.2023.
725 Siehe BGH NStZ-RR **2022** 345.
726 EGMR Kriegisch/D (E), 23.11.2010; Morel/F, 6.6.2000, §§ 43 ff.; BGH StraFo **2012** 137 (Auskunft zu parallelen Verständigungsgesprächen vor demselben Spruchkörper).
727 EGMR Kriegisch/D (E), 23.11.2010; Tejedor Garcia/E, 16.12.1997, § 31.
728 EGMR Vardanyan u. Nanushyan/ARM, 27.10.2016, § 82.
729 EGMR Upīte/LIT, 1.9.2016, § 35.
730 EGMR Binder/D (E), 20.9.2011, NJW **2012** 3019; vgl. dazu *Weller* 1, 20.

der Richter die Rolle der Anklage übernimmt.[731] Dies kann im Einzelfall auch für Ordnungswidrigkeitenverfahren gelten.[732]

236 **g) Anwesenheit und Konzentrationsfähigkeit der Richter.** Grundsätzlich ist davon auszugehen, dass die über eine Sache befindenden Richter in der gesamten mündlichen Verhandlung, die die Grundlage für das Urteil bildet, anwesend sein müssen (vgl. §§ 226 Abs. 1, 338 Nr. 5 StPO). Angeklagte können außerdem vernünftigerweise erwarten, dass sich die Richter der Verhandlung mit ihrer vollen Konzentrationsfähigkeit und **uneingeschränkten Aufmerksamkeit** widmen, was bei **langer Sitzungsdauer** bis in die Nacht hinein nicht mehr gegeben sein kann.[733]

237 **h) Heilung von Verstößen.** Die Heilung der fehlenden Unparteilichkeit eines erkennenden Richters soll nach Ansicht des EGMR[734] dann möglich sein, wenn in der Rechtsmittelinstanz die Sach- und Rechtslage unter Beachtung aller Garantien des Art. 6 erneut geprüft wird; den Rechtsgarantien sei schon dann genügt, wenn sie in *einer* Instanz gewährleistet werden.[735] Die Sache muss aber in der zweiten Instanz **nochmals in vollem Umfang verhandelt und entschieden** werden. Ist die neue Verhandlung auf Teilaspekte beschränkt, kann für die nicht neu verhandelten Teile die Befangenheit nicht geheilt werden. Ob dieses Argument auch dort greift, wo die Konventionen dem wegen einer Straftat Verurteilten das Recht auf eine zweite Instanz einräumen (Art. 2 des 7. ZP-EMRK/Art. 14 Abs. 5 IPBPR), erscheint aber mehr als fraglich.

238 In **Strafsachen** müssen in dieser Frage strengere Maßstäbe gelten. Ein Verstoß gegen Art. 6 kann nicht immer durch eine den Anforderungen dieses Artikels entsprechende Verhandlung in der nächsthöheren Instanz geheilt werden. Andernfalls würde der zentrale Zweck der Einrichtung mehrerer gerichtlicher Instanzen, den Schutz des Rechtsunterworfenen gegen Willkür und eine inhaltliche Fehlentscheidung zu stärken, konterkariert. Der Angeklagte hat daher einen **Anspruch auf eine konventionsgemäße Verhandlung in erster Instanz.**[736] Dies gilt insbesondere für die Unabhängigkeit und die Unparteilichkeit des Gerichts. Auch kann ein Verstoß gegen den Zugang zum Gericht durch die Verwehrung früherer Rechtsmittel in Anbetracht der Kosten und Belastung des Betroffenen nicht durch die Möglichkeit späterer Rechtsmittel geheilt werden.[737] Nicht verwechselt werden darf die Thematik und Forderung nach einer insoweit vollwertigen ersten Instanz mit dem Ansatz, dass der EGMR bei einem Verstoß gegen die *Fairness* des **Verfahrens** eine Heilung annimmt, sofern in der darauf folgenden Instanz ein konventionsgemäßes Verfahren unter Wiederholung des in Frage stehenden Verfahrensteils erfolgt.[738]

---

731 EGMR Krivoshapkin/R, 27.1.2011, §§ 44 f.

732 EGMR Karelin/R, 20.9.2016, §§ 58–85.

733 EGMR Makhfi/F, 19.10.2004, § 40.

734 EGMR De Haan/NL, 26.8.1997, § 54; British-American Tobacco Company Ltd/NL, 20.11.1995, § 78; Le Compte u.a./B, 23.6.1981, §§ 54 ff.; Meyer-Ladewig/Nettesheim/von Raumer/*Meyer-Ladewig/Harrendorf/König* 85 unter Hinweis auf EGMR (GK) Kyprianou/ZYP, 15.12.2005.

735 EGMR Lešník/SLO, 8.1.2002 (teilweise Unzulässigerklärung); Chmelir/CS, 7.6.2005, §§ 45, 68; (GK) Kyprianou/ZYP, 15.12.2005.

736 Vgl. EGMR De Cubber/B, 26.10.1984, §§ 31 f.; Findlay/UK, 25.2.1997, § 79; *Esser* 591 f.; Meyer-Ladewig/Nettesheim/von Raumer/*Meyer-Ladewig/Harrendorf/König* 85 gehen allerdings davon aus, dass der EGMR diese Auffassung aufgegeben hat.

737 EGMR Mercieca u.a./MLT, 14.6.2011, § 50.

738 EGMR Riepan/A, 14.11.2000, ÖJZ **2001** 357; Meyer-Ladewig/Nettesheim/von Raumer/*Meyer-Ladewig/Harrendorf/König* 85.

i) Europäische und internationale Referenzdokumente. Die Bedeutung der Anfor- **239** derungen an ein unabhängiges und unparteiliches Gericht auch außerhalb des Rechtsrahmens der EMRK wird durch die Vielzahl europäischer und internationaler Dokumente und Regelungsvorschläge zu dieser Thematik dokumentiert. Bereits 1985 verabschiedete die UN-Generalversammlung in zwei Resolutionen[739] zwanzig grundlegende Prinzipien zur Unabhängigkeit der Justiz (**UN Basic Principles on the Independence of the Judiciary**). Neben der grundlegenden Unabhängigkeit der Justiz, die nach dem Prinzip Nr. 1 durch den Staat garantiert und möglichst in die nationale Verfassung aufgenommen werden sollte, befassen sich die *Basic Principles* mit der Meinungs- und Versammlungsfreiheit, der Qualifikation, den Arbeitsbedingungen und den Regelungen des Ruhestandes, der Geheimhaltungspflicht und der Immunität sowie der Disziplin, Ablösung und Suspendierung von Richtern.

Auch der **Europarat** hat zahlreiche Dokumente zu diesem Themengebiet aufgelegt. **240** Das Ministerkomitee erließ schon 1994 die **Recommendation of the Committee of Ministers to Member States on the Independence, Efficiency and role of Judges,**[740] die explizit auf Art. 6 Abs. 1 sowie auf die UN Basic Principles verwies. Ziel der Empfehlung war es, die Unabhängigkeit der Richter zu stärken und damit das Rechtsstaatsprinzip weiter abzusichern. Um dies zu erreichen, enthielt die Empfehlung sechs Prinzipien, die u.a. vorsahen, dass die Auswahl und die Beförderung der Richter zur Wahrung ihrer Unabhängigkeit auf objektive Kriterien gestützt sein und ihre Amtszeit bis zu einem vorher festgelegten Rentenalter oder anderem Datum (Ende der Amtszeit) garantiert sein musste.

Diese Empfehlung wurde 2010 durch die **Recommendation of the Committee of** **241** **Ministers to member states on judges: Independence, efficiency and responsibilities**[741] abgelöst. Diese erkennt die Unabhängigkeit der Richter als ein inhärentes Element des Rechtsstaatsprinzips an und fordert Vorkehrungen, um die innere und äußere Unabhängigkeit, die Effektivität, den Status, die Pflichten und die berufliche Verantwortung von Richtern festzuschreiben.

Im Juli 1998 erließ der Europarat ein neues Dokument, das ebenfalls auf Art. 6 Abs. 1, **242** die UN Basic Principles und auf die seinerzeit noch gültige Empfehlung von 1994 Bezug nimmt: Die *European Charta on the Statute for Judges,*[742] deren grundlegende Prinzipien in allen Mitgliedstaaten des Europarates in internen Normen auf höchster Stufe und ansonsten zumindest einfachgesetzlich umgesetzt sein müssen.[743] Sie fordern u.a. verbindliche Vorgaben hinsichtlich Auswahl, Ernennung, Unabsetzbarkeit, Beförderung, Verantwortlichkeit und Amtszeitende der Richter.

Ein einzigartiges Gremium im europäischen Rechtsraum, das sich nur aus Richtern und **243** damit Berufspraktikern zusammensetzt, stellt der **Consultative Council of European Judges (CCJE)** dar, den der Europarat 2000 ins Leben rief und der ihm als beratendes Organ zur Stellung und zur Rolle der Richter zur Verfügung steht (vgl. Teil I, Einf. Rn. 55 ff.).[744] Mit der Verpflichtung des CCJE in seinem **Framework Global Action Plan for Judges in Europe**[745] von 2001, Vorschläge zur Stärkung der Rolle des Richters zu machen, wurden seither **24 Opi-**

---

739 General Assembly, GA/Res/40/32 (1985), 40/146 (1985).

740 Council of Europe, R(94)12.

741 Council of Europe, R(2010)12.

742 CoE, European Charta on the Statute for Judges, DAJ/DOC (98) 23.

743 CoE, European Charta on the Statute for Judges, DAJ/DOC (98) 23, Nr. 1.2.

744 CoE, www.coe.int/t/dghl/cooperation/ccje/presentation/ccje_en.asp.

745 CCJE (2001) 24, 12.2.2001.

nions[746] erlassen, die das Ministerkomitee und die Mitgliedstaaten über Handlungsbedarf informieren und Vorschläge zur praktischen Umsetzung beinhalten. Darüberhinausgehend arbeitet das CCJE eng mit anderen Organisationen wie den UN oder dem **Consultative Council of European Prosecutors** zusammen.[747]

244   Eine Zusammenfassung und Kodifikation der ersten 14 Opinions erfolgte 2010 in der **Magna Carta of Judges**,[748] die ebenfalls auf Art. 6 Abs. 1 rekurriert und 23 Grundprinzipien zu den Themengebieten Richter und Rechtssystem enthält, die für die Mitgliedstaaten zwar nicht obligatorisch sind, an die sich die Richter der Mitgliedstaaten aufgrund der Autorität des CCJE aber höchstwahrscheinlich als selbst auferlegtes Standesrecht halten werden. Das Abschlussdokument betont, dass die Judikative als eine der drei Säulen eines demokratischen Staates von der Exekutive und der Legislative unabhängig sein muss und dies nur durch Gesetze erreicht werden kann. Die Staaten müssten dafür sorgen, dass die Richter nicht nur in ihrer Rolle und Tätigkeit als Richter unabhängig sind, sondern dass sie zudem **finanzielle Unabhängigkeit** genießen. Auch **Auswahl und Beförderung** müssen dafür auf objektive Kriterien gestützt werden. Zudem regt die Magna Carta die Etablierung eines **Council for the Judiciary** an, der unabhängig von Legislative und Exekutive und mindestens aus der Mehrzahl aus Richtern bestehend alle Fragen zum Status der Richter sowie zur Organisation und internen Prozedere richterlicher Institutionen beantworten soll.[749]

245   Mit denselben Fragen beschäftigte sich auch die Organisation für Sicherheit und Zusammenarbeit in Europa **(OSZE)**, die vom 23.-25.6.2010 zur richterlichen Unabhängigkeit in Osteuropa, dem Südkaukasus und Zentralasien in Kooperation mit dem Max-Planck-Institut für vergleichendes öffentliches Recht und internationales Recht einen *Expert Meeting Report* veröffentlichte.[750] Die Beteiligten schlagen in diesem rechtlich formal unverbindlichen Dokument u.a. Selbstverwaltungsgremien für die Auswahl und Verantwortlichkeit von Richtern vor, die unabhängig von Exekutive und Legislative entscheiden können.

246   Ausgelöst durch diese europäischen und internationalen Vorgaben wird seit längerer Zeit in **Deutschland** lebhaft über Änderungen in der Justizverwaltung mit dem Ziel einer **„institutionellen"** Unabhängigkeit der Justiz diskutiert.[751]

IV. Gleichheit vor Gericht/Fairness des Verfahrens (Art. 6 Abs. 1 EMRK/Art. 14 Abs. 1 IPBPR)

247   **1. Zweck und Zielsetzung.** Mit der Gewährleistung bestimmter Verfahrensprinzipien sollen Mindestvoraussetzungen für ein gerechtes, justizförmiges Verfahren festgelegt werden, die jeder **Willkür vorbeugen** und den Beteiligten die Möglichkeit eröffnen, ihre Verfahrensinteressen in einem **rechtsstaatlichen Verfahren** wirksam zu vertreten: *„[...] The rule of law and the avoidance of arbitrary power are principles underlying the Conventi-*

---

746 Übersicht der Opinions abrufbar: https://www.coe.int/en/web/ccje/ccje-opinions-and-magna-carta.
747 Übersicht der Kooperationen: http://www.coe.int/t/dghl/cooperation/ccje/cooperation/coe_en.asp.
748 CCJE (2010) 3 Final, 17.11.2010.
749 CCJE (2010) 3 Final, 17.11.2010, Nr. 13.
750 Judicial Independence in Eastern Europe, South Caucasus and Central Asia, abrufbar unter: http://www.osce.org/odihr/judiciary (Stand: 5.12.2012).
751 Vgl. hierzu: Vorschlag der Fraktion DIE LINKE für ein Gesetz zur Änderung des Grundgesetzes – Herstellung der institutionellen Unabhängigkeit der Justiz, BTDrucks. 17 11701; DRB-Stellungnahme Nr. 06/13; *Pabel* ZOER **2020** 561; *Wittreck* NJW-Beil. **2022** 60; *Jeschke* KritV **2010** 233; *Fuchs* Verfassungsmäßigkeit und Umsetzbarkeit von Modellen für eine selbstverwaltete Justiz in Deutschland (2013).

on.[752] *In the judicial sphere, those principles serve to foster public confidence in an objective and transparent justice system, one of the foundations of a democratic society."*[753]

Die in Art. 6 Abs. 1 EMRK und Art. 14 Abs. 1 IPBPR festgelegten Grundsätze sind, wie **248** alle Verfahrensprinzipien, aus ihrer **Zielsetzung heraus auszulegen**. Dabei kommt es vordergründig nicht auf die maximale Durchsetzung der isoliert gesehenen *einzelnen* Prinzipien sondern darauf an, dass ein Strafverfahren, das nach dem jeweiligen nationalem Recht unterschiedlich ausgestaltet sein kann,[754] *insgesamt* den sich aus der Zusammenschau der Prinzipien ergebenden Anforderungen entspricht, insbesondere dem **Gebot der Verfahrensfairness**. Aus Art. 6 Abs. 1 ergibt sich demzufolge keine Garantie für einen bestimmten Verfahrensausgang oder die Erzielung eines „richtigen" oder „gerechten" Ergebnisses.[755]

Die Konventionen gehen davon aus, dass die konkrete Festlegung von Struktur und **249** Einzelheiten des Verfahrens eine **Aufgabe und Angelegenheit des nationalen Gesetzgebers** ist, der auch Form und Voraussetzungen der Beweiserhebung in den jeweiligen Verfahrensarten sowie die bei der Beweiswürdigung von den Gerichten zu beachtenden Grundsätze festlegen kann (Rn. 390 ff.).[756] Dieser hat dabei allerdings die von den Konventionen vorgegebenen allgemeinen Leitlinien für ein gerechtes, unparteiisches und damit insgesamt faires Verfahren zu beachten: *„A State's choice of a particular criminal justice system is in principle outside the scope of the supervision carried out by the Court at European level, provided that the system chosen does not contravene the principles set forth in the Convention."* [757]

Für die **Verfahren über *strafrechtliche Anklagen*** im weit verstandenen Sinne der **250** Konventionen (Rn. 79 ff.) werden in **Art. 6 Abs. 3 EMRK** und **Art. 14 Abs. 3 bis 7 IPBPR** besondere Anforderungen und Bedingungen herausgestellt. Auch sie lassen aber dem nationalen Gesetzgeber Raum für eine unterschiedliche Ausgestaltung des Verfahrens. In einer Gesamtbetrachtung werden diese Regelungen letztlich wieder an ihren Auswirkungen auf das einzelne Verfahren und den dafür in den Konventionen vorgegebenen allgemeinen Grundsätzen, insbesondere dem Gebot der Verfahrensfairness, gemessen (Rn. 256 ff.).

Die Einzelanforderungen der Konventionen können deshalb nicht im Sinne eines ab- **251** soluten Vorrangs jedes dort aufgestellten einzelnen Gebotes verstanden werden. Ihr Ziel ist, dem Beschuldigten **in ihrer Gesamtheit** ein faires Verfahren zu sichern. Soweit sich aus ihnen einander widerstreitende Einzelforderungen ergeben, sind diese, ähnlich wie im Verfassungsrecht, im Wege der **praktischen Konkordanz** so zum Ausgleich zu bringen, dass das Grundanliegen jedes Rechtes möglichst umfassend verwirklicht werden kann.

2. Gleichheit vor Gericht. Art. 14 Abs. 1 Satz 1 IPBPR stellt – im Gegensatz zu Art. 6 **252** Abs. 1 – ausdrücklich klar, dass alle Menschen vor Gericht gleich sind („equal before the courts and tribunals"/„égaux devant les tribunaux et les cours de justice").[758] Dieser

---

752 EGMR (GK) Roche/UK, 19.10.2005.

753 EGMR Suominen/FIN, 1.7.2003, § 37; Tatishvili/R, 22.2.2007, § 58.

754 Vgl. zu den unterschiedlichen Verfahrenssystemen in Europa: *Eser* ZStW **108** (1996) 86; *Weigend* ZStW **96** (1984) 624; *Gleß* ZStW **115** (2003) 131, 143.

755 Vgl. *Grabenwarter/Pabel* § 24, 66; SK/*Meyer* 134.

756 Vgl. EGMR Sidiropoulos u.a./GR, 10.7.1998; Wierzbicki/PL, 18.6.2002 (keine Garantie, dass in einem Zivilprozess benannte Zeugen oder andere Beweismittel zugelassen werden); Furcht/D, 23.10.2014, § 46, NJW **2015** 3631 = NStZ **2015** 412 = StV **2015** 405 = JR **2015** 81; Akbay u.a./D, 15.10.2020, § 109, NJW **2021** 3515 = EuGRZ **2021** 179 m. Anm. *Esser* StV **2021** 383 u. *Payandeh* JuS **2021** 185; Zličić/SRB, 26.1.2021, § 118.

757 EGMR (GK) Taxquet/B, 16.11.2010, § 83.

758 Näher *Nowak* 5 ff.

Grundsatz ist eine besondere Ausprägung des **allgemeinen Gleichheitssatzes** (Art. 26 IPBPR) sowie der allgemeinen Anerkennung der Rechtsfähigkeit (Art. 16 IPBPR) und der Verpflichtung aus Art. 2 Abs. 1 IPBPR, wonach die in diesem Pakt anerkannten Rechte allen Menschen ohne Diskriminierung zu gewährleisten sind (vgl. hierzu auch Art. 14 und das 12. ZP-EMRK).[759] Der Grundsatz umfasst den **gleichen Zugang zu Gericht**[760] und die **Gleichheit bei Anwendung der garantierten Verfahrensgrundsätze** des Art. 14 IPBPR, darüber hinaus aber auch allgemein die Gleichheit aller Personen bei der Anwendung der Gesetze durch die Gerichte.[761]

253   Wenn der verbindliche Text von Art. 14 Abs. 1 Satz 1 IPBPR – anders als die nur von *Gerichten* sprechende deutsche Übersetzung – **Gerichte und Tribunale** nebeneinander erwähnt, so wird man den Grund für diese in den folgenden Sätzen nur zum Teil beibehaltene Unterscheidung darin sehen können, dass Tribunale auch die funktionell in gerichtsähnlicher Unabhängigkeit entscheidenden Spruchkörper außerhalb der institutionellen Gerichtsbarkeit einschließen (z.B. Ausschüsse in der Verwaltung), die im jeweiligen nationalen Recht nicht als Gerichte im institutionellen Sinn angesehen werden.[762]

254   **Art. 6 Abs. 1** erwähnt das Gebot der Gleichbehandlung nicht explizit, es ergibt sich hier jedoch schon daraus, dass der Zugang zum Gericht und die aufgeführten Verfahrensgrundsätze ohne Ansehen der Person (vgl. Art. 14) **jedermann** garantiert werden.[763] Im Übrigen ist die Gleichbehandlung vor Gericht ein grundlegendes **Erfordernis jedes fairen Verfahrens**.

255   Ein Sonderstatus (wie etwa **diplomatische Privilegien**, eine **parlamentarische Immunität** oder eine **Immunität für Staatsoberhäupter**),[764] der dazu führt, dass über eine gegen die betreffende Person erhobene strafrechtliche Anklage ohne die Zustimmung eines Dritten (z.B. Parlament) nicht verhandelt werden kann, ist mit dem Gleichbehandlungsgebot grundsätzlich vereinbar. Allerdings hat der EGMR klargestellt, dass die Immunität eines Parlamentariers nicht dazu führen darf, dass er sein Recht aus Art. 6 Abs. 1 auf Zugang zu einem Gericht gänzlich verliert. Zwar muss die Immunität eines Parlamentariers prinzipiell hingenommen werden, damit die Funktionsfähigkeit des Parlaments gewährleistet ist. Die **Einschränkung** des Rechts auf Zugang zu einem Gericht aufgrund der Immunität muss aber **verhältnismäßig** sein. Dabei räumt der Gerichtshof den Konventionsstaaten einerseits einen großen Spielraum bei der gesetzlichen Ausgestaltung ein.[765] Jedoch bedarf es **klarer *gesetzlicher* Vorgaben** (vgl. Rn. 146 ff.), unter welchen Umständen die Immunität aufgehoben werden muss. Beim Vollzug dieser Vorgaben durch die parlamentarischen Gremien sollte eine Entscheidung zudem nicht ungebührlich verzögert werden, schon um das Verfahren, das wegen der Immunität ausgesetzt werden muss oder jedenfalls nicht weiter betrieben werden kann, nicht durch einen möglichen Beweisverlust zu erschweren.

---

759   Vgl. Art. 14 Rn. 5, 20.

760   Vgl. BVerfGE **52** 143 (gleiche Anrufungschancen).

761   *Nowak* 6.

762   *Nowak* 14; vgl. auch Rn. 179.

763   Vgl. BVerfGE **40** 98 (aus Begriff der prozessualen Grundrechte selbst folgt, dass sie für jedermann gelten).

764   *Nowak* 6; vgl. Rn. 121.

765   EGMR (GK) Kart/TRK, 3.12.2009 (Begünstigter der parlamentarischen Immunität beschwerte sich, dass gerichtlich nicht gegen ihn vorgegangen werden könne, § 66; andere Fälle betrafen das Recht, gerichtlich gegen Abgeordnete vorzugehen – Streitfrage war Immunität der Abgeordneten von der Gerichtsbarkeit ihres Landes, die es nicht ermöglichte, gerichtlich zivilrechtliche Ansprüche gegen diese geltend zu machen, § 64); siehe auch EGMR Urechean u. Pavlicenco/MOL, 2.12.2014, §§ 45 ff. (zivilrechtliche Verfahren gegen Staatspräsidenten wegen übler Nachrede).

3. Anspruch auf ein faires Verfahren als Kernstück menschenrechtlicher Verfahrensgarantien

a) Allgemeines. Das Recht auf ein faires Verfahren („fair hearing"/„entendue équitablement") ist das **Kernstück der Verfahrensgarantien** von Art. 6 EMRK und Art. 14 IPBPR. In einem demokratisch verfassten Gemeinwesen obliegt die Rechtsprechung unabhängigen Gerichten, die diese Aufgabe unparteiisch und in einer die Verfahrensrechte der Beteiligten wahrenden Form ausüben müssen. Der betroffene Bürger darf dabei nicht zum bloßen Objekt der Entscheidungsfindung herabgewürdigt werden. Es entspricht seiner **Menschenwürde**, dass er **ausreichend informiert** auf Gang und Ergebnis eines ihn betreffenden Verfahrens **mit eigenen Rechten einwirken**, d.h. **gestalterisch Einfluss** nehmen kann.[766] Um dies zu sichern, wird durch die Garantie eines fairen Verfahrens ein allgemeines Prinzip für eine die Interessen der Parteien wahrende Verfahrensgestaltung festgelegt.[767] Die Leitgedanken und Wertvorgaben, die in dieser die gesamte Verfahrensgestaltung umfassenden Bezeichnung zusammengefasst sind, gelten allgemein, auch wenn sie entsprechend dem Einzelfall und den Vorgaben der **unterschiedlichen nationalen Verfahrensrechte** durchaus **inhaltlich variierende Konkretisierungen** erfahren können. Einheitlich ist aber immer, dass dieses Prinzip als Wertungsmaßstab dafür dient, ob die effektive Rechtswahrung im Prozess allen Prozessparteien gleichermaßen gesichert ist.[768]

Das **gerichtliche Verfahren**, in dem über eine *strafrechtliche Anklage* entschieden wird, muss zumindest im Kern **kontradiktorisch** ausgestaltet sein, d.h. allen Verfahrensbeteiligten eine effektive Möglichkeit der Einflussnahme garantieren.[769] Deshalb kommt der Sicherung des Rechts auf eine **effektive Teilhabe am Verfahren**[770] und allgemein der Beachtung der Verfahrensgerechtigkeit bei der Durchführung des Verfahrens aus der Sicht der Konventionsverbürgungen ein überragender Wert zu. Ablauf und Gestaltung müssen insgesamt und auch hinsichtlich der einzelnen Verfahrensvorgänge **„fair"** sein. Der englische Terminus *„fair hearing"* drückt, ebenso wie die frühere deutsche Übersetzung „in billiger Weise" die Tragweite dieses Rechtsbegriffs nur unvollständig aus.[771] Das Gebot eines fairen Verfahrens gilt nicht nur für die (spätere) Verhandlung vor Gericht, sondern für das **ganze Verfahren** i.S.v. Art. 6 Abs. 1,[772] einschließlich des **Ermittlungsverfahrens**. Auch die Staatsanwaltschaft und alle sonstigen Stellen müssen das Gebot der Verfahrensfairness beachten, wenn sie im Rahmen der Strafverfolgung tätig werden.[773]

256

257

---

766 BVerfGE **63** 332, 337 f. (Auslieferungsverfahren aufgrund eines Abwesenheitsurteils).

767 Zum Ersatz der als schützende Formen wirkenden, streng positiven Einzelgrundsätze der ehem. StPO durch das allgemeine Wertungsprinzip des fairen Verfahrens als Regulativ der zulässigen Verfahrensgestaltung vgl. *Hamm* StV **2001** 81.

768 Die Gleichbehandlung der Prozessparteien bzw. Verfahrensbeteiligten, die Waffengleichheit bei den Verfahrensbefugnissen, ist ein wesentlicher Bestandteil des Fairnessprinzips vgl. *Grabenwarter/Pabel* § 24, 67; siehe oben Rn. 173 ff.

769 EGMR in ständiger Rechtsprechung vgl. Rn. 219 ff.; eingehend zur kontradiktorischen Vernehmung auch aus aussagepsychologischer Sicht: *Schwaighofer/Giacomuzzi* Die kontradiktorische Vernehmung (2019).

770 Hierzu vertiefend: *Gaede* Fairness als Teilhabe – Das Recht auf konkrete und wirksame Teilhabe durch Verteidigung gemäß Art. 6 EMRK (2007); zum Recht auf Anwesenheit vgl. Rn. 947 ff.

771 Er wurde deshalb in der neuen Übersetzung durch „faires Verfahren" ersetzt.

772 Vgl. SK/*Meyer* 136; Meyer-Ladewig/Nettesheim/von Raumer/*Meyer-Ladewig/Harrendorf/König* 91; Trechsel 84–86.

773 H.M.; etwa *Frister* StV **1998** 159; *Nack* FS G. Schäfer 46, 52; *H. Ch. Schaefer* FS Rieß 491; *Wagner* ZStW **109** (1997) 547.

258   Ob einer Person das ihr von der EMRK garantierte faire Verfahren gewährt worden ist, beurteilt der EGMR unter Berücksichtigung der Umstände des Einzelfalls in der Regel aufgrund einer **Gesamtwürdigung des Verfahrens,**[774] die auch die **Beweisgewinnung**[775] (Rn. 390 ff.) und die Abläufe des Ermittlungsverfahrens[776] umfasst.[777] Die Konventionen gehen dabei grundsätzlich vom Bestand unterschiedlicher nationaler Verfahrensrechte aus. Sie überlassen es dem nationalen Recht, welche Beweismittel es zulassen, wie es Beweiskraft und Beweislast regeln und welche Folgerungen es an die Verwertbarkeit rechtswidrig erlangter Beweise knüpfen will.[778] Der EGMR sieht seine Aufgabe nicht darin, die **Aufnahme und Würdigung der Beweise durch die nationalen Gerichte oder die Anwendung des nationalen Rechts** generell auf Fehlerfreiheit zu kontrollieren, sondern prüft nur unter dem Blickwinkel einer etwaigen Konventionsverletzung nach, ob das Verfahren einschließlich Beweisgewinnung und Beweiswürdigung den Anforderungen der Konvention hinsichtlich Waffengleichheit und kontradiktorischer Verhandlung entsprochen und die legitimen Verfahrensinteressen der Beteiligten auch im Übrigen gewahrt hat,[779] es also insgesamt bei einer **Gesamtbetrachtung** fair war (Rn. 390 ff.).[780]

259   Dazu gehört, dass das nationale Gericht seiner Pflicht zur Prüfung der Argumente und Beweisanträge der Parteien sorgfältig nachkommt[781] und dass die Verfahrensbeteiligten[782] alle ihnen zustehenden Teilhabe- und Abwehrrechte ausüben können. Insofern berücksichtigt der EGMR insbesondere, ob die **Rechte der Verteidigung** gewahrt sind, z.B. dass sie die Möglichkeit zur Überprüfung der Authentizität von Beweismitteln hatte oder sich gegen ihre Verwendung effektiv zu wehren.[783] Des Weiteren bezieht der Gerichtshof die **Qualität der vorgebrachten Beweismittel** sowie Umstände in seine Überprüfung ein, die an ihrer Zuverlässigkeit, Genauigkeit oder Aussagekraft zweifeln lassen.[784] Das öffentliche Interesse an den

---

774 Etwa *Nack* FS Rieß 361, 371; *ders.* FS G. Schäfer 46, 50; *Pache* NVwZ **2001** 1342; siehe zudem: *Jahn* ZStW **127** (2015) 549, 592.

775 Siehe EGMR Prade/D, 3.3.2016, §§ 33 f., NJW **2017** 2811 (rechtswidrige Beweisgewinnung im Rahmen einer Hausdurchsuchung; Verstoß gegen Art. 6 in der Gesamtschau jedoch verneint).

776 Eine (nicht abschließende) Liste von für die Gesamtbetrachtung der Verfahrensfairness relevanter Faktoren aus dem Ermittlungsverfahren findet sich in EGMR (GK) Ibrahim u.a./UK, 13.9.2016, § 274 sowie auch in (GK) Simeonovi/BUL, 12.5.2017, § 120; (GK) Beuze/B, 9.11.2018, § 150.

777 EGMR (GK) García Ruiz/E, 21.1.1999; Unterguggenberger/A (E), 25.9.2001, ÖJZ **2002** 272; BGHSt **46** 93, 95 m.w.N.

778 EGMR (GK) García Ruiz/E, 21.1.1999; Khan/UK, 12.5.2000, JZ **2000** 993 m. Anm. *Kühne/Nash* = ÖJZ **2001** 654; P.G. u. H.J./UK, 25.9.2001, ÖJZ **2002** 911; Alge/A (E), 10.4.2003, ÖJZ **2003** 816.

779 EGMR Schenk/CH, 12.7.1988, §§ 45 f., NJW **1989** 654 = EuGRZ **1988** 390 = ÖJZ **1989** 27; Teixeira de Castro/P, 9.6.1998, § 34, NStZ **1999** 47 = StV **1999** 127 m. Anm. *Sommer* = EuGRZ **1999** 660 = ÖJZ **1999** 434; P.G. u. J.H./UK, 25.9.2001, §§ 69, 76; Allan/UK, 5.11.2002, §§ 42 f., JR **2004** 127 m. Anm. *Esser* JR **2004** 98 = StV **2003** 257 m. Anm. *Gaede* = StraFo **2003** 162 = ÖJZ **2004** 196.

780 EGMR Vidal/B, 22.4.1992, § 33, EuGRZ **1992** 440 = ÖJZ **1992** 801; (GK) Elsholz/D, 13.7.2000, §§ 52, 66, NJW **2001** 2315 = EuGRZ **2001** 595 = FamRZ **2001** 341 = ZfJ **2001** 106 = ÖJZ **2002** 71; (GK) Perna/I, 6.5.2003, § 29, NJW **2004** 2653; van Kück/D, 12.6.2003, NJW **2004** 2505, § 47.

781 EGMR van de Hurk/NL, 19.4.1994, § 59; dazu: EGMR Navalnyye/R, 17.10.2017, §§ 83 ff. (u.a. keine hinreichende Beurteilung der Argumente der Verteidigung; Verstoß bejaht).

782 Vgl. EGMR Donohoe/IR, 12.12.2013, § 73, wonach neben Rechten der Verteidigung auch die der Opfer und Zeugen Berücksichtigung finden; dazu auch schon: EGMR Doorson/NL, 26.3.1996, § 70; (GK) Gäfgen/D, 1.6.2010, § 175 (die Rechte der Opfer betonend).

783 EGMR (GK) Bykov/R, 10.3.2009, § 90; Horvatić/KRO, 17.10.2013, § 78 (rechtswidrige Erhebung forensischer Beweise); Szilagyi/RUM (E), 17.12.2013, § 27; Prade/D, 3.3.2016, § 34 (rechtswidrige Hausdurchsuchung); Ćwik/PL, 5.11.2020, § 72; Tortladze/GEO, 18.3.2021, § 69.

784 EGMR (GK) Bykov/R, 10.3.2009, § 90; Horvatić/KRO, 17.10.2013, § 78; Szilagyi/RUM (E), 17.12.2013, § 27; Prade/D, 3.3.2016, § 34; Ćwik/PL, 5.11.2020, § 72; Tortladze/GEO, 18.3.2021, § 69.

Esser   **674**

Ermittlungen und der Bestrafung etwaiger Täter kann dabei Berücksichtigung finden und gegen das Interesse an einer rechtmäßigen Beweiserhebung abgewogen werden.[785]

Als Grundlage einer **übergreifenden Gesamtwürdigung** ist das Recht auf ein faires 260 Verfahren in der Rechtsprechung des EGMR zu einem **umfassenden Rechtsprinzip** erstarkt, das die Auslegung aller in den Konventionen garantierten Verfahrensrechte bestimmt[786] und das darüber hinaus auch sonst einen **verbindlichen Wertungsmaßstab für die gesamte Verfahrensgestaltung** setzt.[787]

b) Verhältnis zum Recht der Europäischen Union. In der Europäischen Union ge- 261 hört das Recht auf ein faires Verfahren zu den für die Mitgliedstaaten im Anwendungsbereich des Unionsrechts verbindlichen allgemeinen Rechtsgrundsätzen, die in Art. 6 Abs. 3 EUV als solche ausdrücklich genannt sind.[788] Die **Charta der Grundrechte der Europäischen Union** gewährleistet innerhalb ihres Anwendungsbereichs (vgl. Art. 51 Abs. 1 EUC) – neben Verfahrensgarantien ähnlich denen des Art. 6 Abs. 1 – in **Art. 47 Abs. 2 EUC** jeder Person das Recht auf ein faires Verfahren.[789]

Die Konventionsgarantien sind demgegenüber enger. Sie gewähren das faire Verfahren 262 in Art. 6 Abs. 1 EMRK bzw. Art. 14 Abs. 1 IPBPR nur bei den dort **ausdrücklich genannten Verfahrensarten** und nur denjenigen Personen, die in den persönlichen Anwendungsbereich der Garantien fallen, also aus strafrechtlicher Perspektive in erster Linie dem Beschuldigten als „strafrechtlich Angeklagtem" i.S.v. Art. 6 Abs. 1, nicht aber sonstigen Verfahrensbeteiligten – soweit nicht im Einzelfall auch für ihren Status der Anwendungsbereich des Art. 6 Abs. 1 eröffnet ist. Dies gilt insbesondere bei der Geltendmachung zivilrechtlicher Ansprüche im Strafverfahren (vgl. §§ 403 ff. StPO), nicht aber für den Privat- (§§ 374 ff. StPO) oder Nebenkläger (§§ 395 ff. StPO) und auch nicht für den Zeugen,[790] solange dieser nicht als Beschuldigter und damit als *„angeklagt"* i.S.v. Art. 6 Abs. 1 anzusehen ist (Rn. 79 ff.).

c) Verhältnis zum nationalen Verfassungsrecht. Innerstaatlich hat das **Gebot eines** 263 **fairen Verfahrens** in Deutschland als Teil des Rechtsstaatsprinzips in Verbindung mit dem allgemeinen Freiheitsrecht des Art. 2 Abs. 1 GG,[791] der **Menschenwürde**,[792] dem Recht

---

785 EGMR (GK) Jalloh/D, 11.7.2006, § 97; Prade/D, 3.3.2016, § 34.

786 *Esser* 401.

787 Zur Konkretisierung strafprozessualer Fairness: *Bottke* FS Meyer-Goßner 73; zur Beachtung des Fairnessgebots durch den Staatsanwalt: *H.Ch. Schäfer* FS Rieß 491.

788 Vgl. EuGH 15.5.1986, C-222/84 (Johnston), Tz. 18, DVBl. **1987** 227; 15.10.1987, C-222/86 (Unectef), Tz. 14; ferner *Schlette* EuGRZ **1999** 373; *Pache* EuGRZ **2000** 601, vgl. Teil I, Einf. Rn. 110.

789 Zum Recht auf Fairness aus unionsrechtlicher Perspektive: EuGH 10.4.2003, C-276/01 (Steffensen), Tz. 72, EuZW **2003** 666 m. Anm. *Esser* StV **2004** 221 zum Recht auf ein faires Verfahren nach Art. 6 Abs. 1; EuGH 16.7.2009, C-385/07 P (Der Grüne Punkt – Duales System Deutschland GmbH), Tz. 5, wonach dieses Recht nach Art. 6 Abs. 1 im Übrigen auch in Art. 47 EUC bekräftigt wurde; Meyer/*Eser* 22 ff.; *Stern/Sachs/Alber* 92 ff. mit Hinweisen auf weitere EuGH-Rechtsprechung; zur Entwicklung: *Pache* NVwZ **2001** 1342; *Schwarze* NVwZ **2000** 244.

790 Weitergehend *Walther* GA **2007** 615. Innerstaatlich gilt dagegen das aus Rechtsstaatsprinzip und Grundrechtsschutz abgeleitete Fairnessgebot auch gegenüber dem Zeugen, vgl. zu dem innerstaatlich aus dem Fairnessgebot abgeleiteten Recht auf einen Zeugenbeistand: BVerfGE **38** 105, 112; OLG Stuttgart StV **1992** 262; LG Verden StV **1992** 268.

791 BVerfG NJW **2014** 205 (für das Zivilverfahren); BVerfG NJW **2012** 1136; NJW **2011** 591, 592, Rn. 26.

792 BVerfG NJW **2015** 1083 („Art. 1 Abs. 1 GG, der es verbietet, den Menschen zum bloßen Objekt eines staatlichen Verfahrens herabzuwürdigen und den Staat zu korrektem und fairem Verfahren verpflichtet") m. Anm. *Tsambikakis* StRR **2015** 221; NJW **2012** 1863, 1864; NJW **2010** 287.

auf Gleichbehandlung und dem **Recht auf Gehör** nach Art. 103 Abs. 1 GG[793] **Verfassungsrang**.[794] Als allgemeine Umschreibung für die Garantie eines rechtsstaatlichen, justizförmigen und am Leitgedanken der Billigkeit und Gerechtigkeit orientierten Verfahrens[795] hat es umfassende Bedeutung und gilt für alle Verfahren. Als übergeordnetes **Prinzip der Verfahrensgerechtigkeit** bestimmt es das Verhältnis zwischen den Verfahrensbeteiligten und dem Gericht ebenso wie das Verhältnis zwischen den an Verfahren mit gegenläufigen Interessen teilnehmenden Personen.[796] Diese müssen in allen Verfahren ausgewogene Befugnisse (vgl. zur **Waffengleichheit** Rn. 286 ff.) zur Wahrung ihrer Verfahrensinteressen haben. Das Rechtsstaatsprinzip, das die Idee der Gerechtigkeit als wesentlichen Bestandteil enthält, fordert verfassungsrechtlich nicht nur eine **faire Ausgestaltung und Anwendung des Strafverfahrensrechts**.[797] Im Geltungsbereich des GG gilt das Gebot eines fairen Verfahrens als Verfahrensgrundrecht (Rn. 256) für **alle Verfahrensarten**, so dass sich die Eingrenzung des Art. 6 EMRK/Art. 14 IPBPR auf bestimmte Verfahrensgegenstände innerstaatlich nicht auswirken.

264   Zu einem fairen Verfahren gehört insbesondere, dass jeder Verfahrensbeteiligte bzw. jede Prozesspartei in Ausübung ihres **Rechts auf Gehör** zu allen auftauchenden Gesichtspunkten Stellung und effektiv auf Gang und Ergebnis des Verfahrens Einfluss nehmen und sich insbesondere auch mit dem im Verfahren verwendeten Beweismaterial auseinandersetzen kann.[798] Dies wiederum setzt die **vollständige Information aller Beteiligten** über das ganze als entscheidungserheblich in Betracht zu ziehende Beweismaterial voraus, zu der auch die Ermöglichung der Akteneinsicht gehört (Rn. 909 ff.).[799]

265   Erforderlich ist ferner die **Gewährung ausreichender Zeit**, um sich bei schwierigen Fragen über Bedeutung und Beweiswert bestimmter Beweismittel informieren zu kön-

---

793 BVerfG NJW **2001** 3695, 3697 sieht im Recht auf Gehör eine Konkretisierung einer Anforderung des fairen Verfahrens; SK/*Rogall* Vor § 133, 103 StPO weist auf die hier bestehenden Verbindungslinien hin.

794 BVerfGE **26** 66, 71; **38** 105, 111; **40** 95, 99; **65** 171, 174; **66** 313, 318; **77** 65, 76; **86** 288, 317; BVerfG NJW **2010** 592; NJW **2010** 287; StraFo **2010** 243; zu den Ableitungen und Überschneidungen mit den Verfahrensgarantien des GG vgl. Sachs/*Degenhart* Art. 103, 42 ff.GG. Auch die frühere Kritik am fair trial-Grundsatz verkennt dies nicht, sie hielt ihn aber innerstaatlich für überflüssig, weil er nur etwas besagt, was ohnehin bei der Grundrechtsauslegung zu berücksichtigen ist (vgl. *Heubel* 140 ff.). Das BVerfG leitet ein Fairnessgebot in Rechtsgebieten wie dem Zivilrecht auch aus anderen Normen der Verfassung ab (NJW **2012** 2500; Nichtanwesenheit des Schuldners bei Zwangsvollstreckung wegen einer gegen ihn gerichteten Beugemaßnahme; Art. 14 GG). Ansonsten erfolgt dies auch für den Zivilprozess aus Art. 2 Abs. 1 GG i.V.m. dem Rechtsstaatsprinzip, vgl. BVerfG NJW **1994** 1853.

795 BGHSt **24** 125, 131. So schon *Eb. Schmidt*.

796 Vgl. auch LR/*Kühne* Einl. I 103 ff. m.w.N.; *Neumann* ZStW **101** (1989) 52.

797 BVerfG NJW **2015** 1083, 1084, Rn. 32.

798 Siehe EGMR Brandstetter/A, 28.8.1991, § 67, EuGRZ **1992** 190 = ÖJZ **1992** 97 (insoweit in NJW **1992** 3085 nicht abgedruckt). P.G. u. J.H./UK, 25.9.2001. Vgl. auch EuGH 12.11.2014, C-580/12 P (Guadian Industries Corp.), EuZW **2015** 112, 114, Rn. 30 f.; BVerfGE **63** 332, 337; **64** 135, 143 = JZ **1983** 569 m. Anm. *Rüping*; **65** 171, 174; BVerfG StV **2002** 578 = EuGRZ **2002** 546; ferner zum Recht auf Gehör als Element des fairen Verfahrens: SK/*Meyer* 140 ff.; *Grabenwarter/Pabel* § 24, 72; Meyer-Ladewig/Nettesheim/von Raumer/*Meyer-Ladewig/Harrendorf/König* 96. Zur Möglichkeit der Stellungnahme in Verfahren über zivilrechtliche Ansprüche zu Äußerungen Dritter, auch Behörden, vgl. EGMR Joos/CH, 15.11.2012, §§ 27 ff.; dazu *Schürmann* ZBJV **2013** 288. Nicht tauglich ist die Verweigerung eines Rechts auf Stellungnahme (Replik) durch den Antragsteller in einem Verfahren des vorläufigen Rechtsschutzes mit der Begründung der Eilbedürftigkeit dieser Verfahrensart, wenn der Antrag abgelehnt wird (so aber dennoch BGer bei *Wyttenbach* ZBJV **2014** 838 ff.), denn eine (etwas) längere Dauer würde seine Lage im Vergleich zur Ablehnung seines Antrags nicht verschlechtern.

799 Zum funktionalen Zusammenhang zwischen dem Recht auf Gehör, dem Recht auf Information und der Rechtsschutzgarantie insgesamt vgl. BVerfGE **81** 123, 129; BVerfG NJW **2004** 2443.

nen.[800] Eine ausreichende Zeit zur Vorbereitung kann im gerichtlichen Verfahren namentlich durch eine Unterbrechung der Verhandlung gewährt werden oder aber auch schon durch eine vorherige Unterrichtung über die beabsichtigte Verwendung derartiger Beweismittel. In einem Strafverfahren ist die **ausreichende Information** des Beschuldigten maßgebend für die Beurteilung der Fairness des gesamten Verfahrens. Danach beurteilt sich, ob er insgesamt eine ausreichende, effektive Möglichkeit der Verteidigung gegen die erhobene Beschuldigung hatte.

Auch die effektive Ausübung des Rechts auf Gehör setzt voraus, dass der Betroffene **266** sich über alle entscheidungserheblichen Tatsachen ausreichend informieren und dazu Stellung nehmen kann. Dazu gehört grundsätzlich, dass die Staatsanwaltschaft ihr ganzes, für und gegen den Angeklagten sprechendes **Beweismaterial spätestens vor Gericht offenlegt**,[801] sofern nicht ausnahmsweise höherrangige Interessen (Schutz der nationalen Sicherheit; Zeugenschutz) seiner Verwendung im gerichtlichen Verfahren entgegenstehen (Rn. 310 ff.).[802]

d) Prozessmaxime/Verhältnis zum einfachen Verfahrensrecht. Als innerstaatlich **267** unmittelbar geltendes Recht hat das auch aus dem GG mit Verfassungsrang abzuleitende Gebot einer fairen Verfahrensgestaltung die Bedeutung einer Prozessmaxime.[803] Es ist ein allgemeines, **übergeordnetes Wertungsprinzip** für das Verfahren in seiner Gesamtheit,[804] unterscheidet sich aber grundsätzlich von Prozessmaximen, die für die Verfahrensgestaltung einen bestimmten Sachgrundsatz vorgeben, wie etwa die Grundsätze der Unmittelbarkeit der Beweiserhebung oder der Mündlichkeit der Verhandlung. **Eigenständige Bedeutung** hat das faire Verfahren in Bereichen, in denen die Bestimmungen der nationalen Verfahrensordnung (StPO, GVG) hinter den Anforderungen von Art. 6 zurückbleibt.[805] Die nationalen Gerichte sind daher gehalten, nicht primär auf das Gebot des fairen Verfahrens zurückgreifen, sondern müssen zunächst, insbesondere in Hinblick in auf die Rechtssicherheit, bei der Rechtsanwendung die nationalen Verfahrensvorschriften anwenden.[806] Die Bestimmung der **verfahrensrechtlichen Befugnisse und Hilfestellungen**, die dem Beschuldigten nach dem Grundsatz des fairen Verfahrens **im Einzelnen** einzuräumen sind, und die Festlegung, wie diese auszugestalten sind, sind in erster Linie dem Gesetzgeber und sodann – in den vom Gesetz gezogenen Grenzen – den Gerichten bei der ihnen obliegenden Rechtsauslegung und -anwendung aufgegeben.[807]

Verstöße gegen den Grundsatz des fairen Verfahrens müssen in der Revision mit einer **268** **Verfahrensrüge** geltend gemacht werden.[808] Eine Verletzung des Rechts auf ein faires

---

800 Meyer-Ladewig/Nettesheim/von Raumer/*Meyer-Ladewig/Harrendorf/König* 97 unter Hinweis auf EGMR Krcmar u.a./CS, 3.3.2000.

801 EGMR Edwards/UK, 16.12.1992, § 36, ÖJZ **1993** 391; P.G. u. J.H./UK, 25.9.2001, § 67; vgl. auch BVerfG NJW **1994** 3219 = StV **1994** 465 (Haftprüfungsverfahren); *Arslan* EuCLR **2020** 314, 316.

802 EGMR P.G. u. J.H./UK, 25.9.2001, das dort geschilderte Verfahren, in dem der Verhandlungsrichter „in camera" von dem geheim gehaltenen Material unterrichtet wurde und dann auch über die Notwendigkeit der Offenlegung entscheiden konnte, passt nur für den englischen Schwurgerichtsprozess, in dem allein die Geschworenen aufgrund der ihnen in der Hauptverhandlung unterbreiteten Beweismittel über den Schuldspruch entscheiden; vgl. hierzu das Verfahren in § 99 Abs. 2 VwGO; *Arslan* EuCLR **2020** 314, 328.

803 Vorherrschende Meinung, vgl. LR/*Kühne* Einl. I 103 ff.; Meyer-Goßner/*Schmitt* Einl. 19 („Leitlinie"); SK/*Rogall* Vor § 133, 101 f. StPO; **a.A.** *Heubel* 30 ff.; IK-EMRK/*Kühne* 358 lässt dies offen.

804 *Niemöller* StraFo **2000** 361, 363.

805 KK/*Lohse/Jakobs* 42.

806 OK-StPO/*Valerius* 15.

807 BVerfG NJW **2015** 1083, 1084; BVerfGE **122** 248, 272; **133** 168, 200.

808 KK/*Lohse/Jakobs* 43.

Esser

Verfahren soll nach Ansicht des BVerfG erst dann vorliegen, wenn eine **Gesamtschau** auf das Verfahrensrecht – auch in seiner Auslegung und Anwendung durch die Gerichte und unter Berücksichtigung der **„Erfordernisse einer funktionstüchtigen Strafrechtspflege"** – ergibt, dass **rechtsstaatlich zwingende Folgerungen nicht gezogen worden** sind oder **rechtsstaatlich Unverzichtbares preisgegeben** wurde.[809] Eine Verletzung des „fair trial"-Grundsatzes soll daher **in der Regel kein Prozesshindernis** begründen können.[810] Der Verstoß gegen das Gebot auf ein faires Verfahren kann allerdings ein **Verwertungsverbot** nach sich ziehen.[811] In den meisten Fällen nimmt der BGH allerdings als Rechtsfolge lediglich einen **wesentlichen Strafmilderungsgrund** an.[812]

269   Das Gebot einer fairen Verfahrensgestaltung verlangt die Bewertung des Verfahrens als Ganzes. Abgesehen von einigen **Mindestvorgaben für das Strafverfahren** (Art. 6 Abs. 3 EMRK/Art. 14 Abs. 3 IPBPR) schreibt das Fairnessgebot keine bestimmten Einzelrechte oder gar einen bestimmten Verfahrenstyp vor.[813] Seine für Gesetzgebung und Rechtsanwendung gleichermaßen verbindlichen Wertvorstellungen können, wie die unterschiedlichen Formen der Strafverfahren in Europa zeigen,[814] durch **verschiedene Verfahrenstypen** und **unterschiedliche Formen der Verfahrensgestaltung** erfüllt werden. Die Konventionen überlassen es dem **nationalen Gesetzgeber**, wie er das Verfahren gestaltet, welche Beweismittel er zulassen und wie er die Beweiserhebung und Beweiswürdigung regeln und die kollidierenden Verfahrensinteressen ausgleichen will (Rn. 390 ff.).

270   Bei einem Verfahren mit einer *strafrechtlichen Anklage* als Gegenstand sieht der EGMR auch die Einzelrechte des Art. 6 Abs. 3 nur als Einzelaspekte des fairen Verfahrens an.[815] Er entscheidet insoweit in einer **Gesamtschau** aller Vorgänge,[816] ob das Verfahren

---

809 BVerfG NJW **2015** 1083, 1084; BVerfGE **57** 250, 276; **64** 135, 145 f.; **122** 248, 272; **133** 168, 200.

810 BGHSt **32** 345, 351 = NStZ **1985** 131, 132; **45** 312, 333, 334 = NJW **2000** 1123, 1126.

811 BGHSt **42** 191, 193 = NJW **1996** 3018; speziell zum Bereich der Tatprovokation: BVerfG NJW **2015** 1083 („werden die Strafgerichte es gleichwohl zukünftig zu erwägen haben, in vergleichbaren Fällen ausdrücklich ein Verwertungsverbot [...] auszusprechen).

812 BGHSt **32** 345, 355 = NStZ **1985** 131, 133; **45** 312, 339 = NJW **2000** 1123, 1127.

813 Vgl. SK/*Rogall* Vor § 133, 101 StPO (einerseits allgemeines prozessuales Recht mit Auffangcharakter, andererseits Garantie rechtsstaatlicher Mindeststandards). Zur Tendenz des EGMR, durch diese Gesamtbetrachtung den sehr unterschiedlichen Beweisregeln der nationalen Vorschriften Rechnung zu tragen, vgl. *Gleß* ZStW **115** (2003) 131, 148 ff.; *Nack* FS G. Schäfer 46, 50; siehe auch die kritische Würdigung bei SK/*Meyer* 137 ff.

814 Vgl. *Eser* ZStW **108** (1996) 86 ff.; *Weigend* ZStW **96** (1984) 624 ff.; *Gleß* ZStW **115** (2003) 131 f.

815 EGMR Yavuz/A, 27.5.2004, § 44, ÖJZ **2005** 156; Mayzit/R, 20.1.2005, § 77; Balliu/ALB, 16.6.2005, § 25; Kolu/TRK, 2.8.2005, § 50; Sannino/I, 27.4.2006, § 47 = ÖJZ **2007** 513; Popov/R, 13.7.2006, § 169; Padalov/BUL, 10.8.2006, § 30; Baucher/F, 24.7.2007, § 41; Galstyan/ARM, 15.11.2007, § 83; § 23; Demebukov/BUL, 28.2.2008, § 43; Shulepov/R, 26.6.2008, § 31; Bogumil/P, 7.10.2008, § 45; Moiseyev/R, 9.10.2008, § 201; Rybacki/PL, 13.1.2009, § 53; Samokhvalov/R, 12.2.2009, § 47; Shabelnik/UKR, 19.2.2009, § 51; Natunen/FIN, 31.3.2009, § 38; Grigoryevskikh/R, 9.4.2009, § 75; Hanzevacki/KRO, 16.4.2009; § 20; Sobolewski/PL (Nr. 2), 9.6.2009, § 26; Seliwiak/PL, 21.7.2009, § 43; Seyithan Demir/TRK, 28.7.2009, § 39; Arcinski/PL, 15.9.2009, § 30; Pishchalnikov/R, 24.9.2009, §§ 64 f.; Kuralić/KRO, 15.10.2009, §§ 43 f.; Caka/ALB, 8.12.2009, § 77; Dzankovic/D (E), 8.12.2009; Janatuinen/FIN, 8.12.2009, § 40; Ebanks/UK, 26.1.2010, § 71; Sinichkin/R, 8.4.2010, § 36; Kornev u. Karpenko/UKR, 21.10.2010, § 63; Leonid Lazarenko/UKR, 28.10.2010, § 48; Garcia Hernandez/E, 16.11.2010, § 23; Hovanesian/BUL, 21.12.2010, § 30; Welke u. Białek/PL, 1.3.2011, § 60; Rook/D, 25.7.2019, § 55, NJW **2020** 3019; ferner *Gaede* HRRS-FG Fezer 21, 35 ff.; KK-EMRK-GG/*Grabenwarter*/*Pabel* Kap. 14, 137.

816 EGMR (GK) Murtazaliyeva/R, 18.12.2018, § 167, NJOZ **2019** 1057; Bricmont/B, 7.7.1989, § 36; Windisch/A, 27.9.1990, § 25, ÖJZ **1991** 25; Asch/A, 26.4.1991, § 26, EuGRZ **1992** 474 = ÖJZ **1991** 517; Vidal/B, 22.4.1992, § 33; BVerfG NJW **2012** 1863, 1864; vgl. dazu *Kühne*/*Nash* JZ **2000** 997; *Kühne* StV **2001** 77.

---

ungeachtet einzelner Fehler insgesamt fair war. Dies schließt die Möglichkeit der **inner-staatlichen Kompensation** einzelner Verfahrensdefizite mit ein.[817]

e) Anwendungsbereich. Für **Gesetzgebung und Rechtsanwendung** ist das Fairness- 271 gebot der Konventionen, das dem aus dem Rechtsstaatsprinzip in Verbindung mit der allgemeinen Handlungsfreiheit hergeleiteten gleichnamigen Verfahrensgrundrecht des Grundgesetzes[818] entspricht, als grundlegender Bewertungsmaßstab für das Verfahren verbindlich. Verfassungsgerichte[819] und Revisionsgerichte[820] prüfen bei entsprechender Rüge, ob das Verfahren im Einzelfall fair war. Aber weder der verfassungsrechtlich vorgegebene Grundsatz noch die völkerrechtliche Verpflichtung ändern etwas daran, dass grundsätzlich die **Einzelregelungen des jeweiligen nationalen Verfahrensrechts** für die Einzelausgestaltung des Verfahrens und die Tragweite einzelner Verfahrensbefugnisse vorrangig anzuwenden sind. Es ist Aufgabe der nationalen Gerichte, in **konventionskonformer Auslegung** des nationalen Rechts – dazu zählen auch die speziellen Beschuldigtenrechte der Art. 6 Abs. 3 EMRK/Art. 14 Abs. 3 bis 7 IPBPR (jeweils im Range eines Bundesgesetzes) – jedes Verfahren so zu gestalten, dass es den als solche nicht zur Disposition stehenden Erfordernissen eines fairen Verfahrens entspricht.

Ein **unmittelbarer Rückgriff**[821] auf Verfassungsrecht und das Fairnessgebot in Art. 6 272 Abs. 1 EMRK/Art. 14 Abs. 1 IPBPR kommt bei der innerstaatlichen Rechtsanwendung in Betracht, wenn dies zur **Ausfüllung einer Lücke** oder auch zu einer **darüber hinausreichenden einzelfallbezogenen Korrektur** der Verfahrensgestaltung unvermeidlich ist, so etwa um

---

817 Vgl. *Schroeder* GA **2003** 293 versteht diese Gesamtschau als eine Art Beruhensprüfung, aufgrund derer der Gerichtshof beurteilt, ob ein festgestellter Einzelfehler das ganze Verfahren fehlerhaft gemacht hat.

818 Vgl. BVerfGE **38** 105; **57** 275; **78** 123; 203. Ferner *Niemöller* StraFo **2000** 361, 363 (relativ große Abstraktionshöhe; durch einfache Gesetzgebung konkretisierungsbedürftig).

819 BVerfG NJW **2010** 593 = JR **2011** 354 m. Anm. *Knauer* (Verletzung des Rechts auf ein faires Verfahren erst dann gegeben, wenn eine Gesamtschau, im Rahmen derer auch die Erfordernisse einer funktionstüchtigen Strafrechtspflege in den Blick zu nehmen sind, ergibt, dass rechtsstaatlich zwingende Folgerungen nicht gezogen worden sind oder rechtsstaatlich Unverzichtbares preisgegeben wurde); NJW **2010** 287 (Schutz des Angehörigenverhältnisses in seinem Kernbestand als rechtsstaatlich unverzichtbares Erfordernis eines fairen Verfahrens); StraFo **2010** 243 (Zeugenbeistand); siehe auch BVerfG NJW **2001** 2245.

820 BGHSt **46** 93 = NJW **2000** 3505; 160; **47** 44 = NJW **2001** 2981; **52** 11 = NStZ **2007** 714 (vernehmungsähnliche Befragung durch VE während Hafturlaub – Beweisverwertungsverbot, Rn. 17); BGHSt **53** 294 = NStZ **2009** 519 (Besuchsraum U-Haft – Beweisverwertungsverbot; Rn. 14); BGHSt **55** 139 = NStZ **2010** 527 („Bandidos"; verdecktes Verhör eines inhaftierten Beschuldigten durch einen als Besucher getarnten nicht offen ermittelnden Polizeibeamten unter Zwangseinwirkung – Beweisverwertungsverbot; Rn. 21); siehe aber auch (ohne ausdrücklichen Rückgriff auf den Fairness-Gedanken und stärker am nemo-tenetur-Prinzip orientiert): BGH NStZ **2009** 343 („Pascal" – Selbstbelastende Angaben gegenüber einem VE nach Ausübung des Schweigerechts unter Ausnutzung eines geschaffenen Vertrauensverhältnisses – Beweisverwertungsverbot); OLG Zweibrücken NStZ **2011** 113 (Verbot verdeckter Ermittlungen nach der sog. Cold-Case-Technik, d.h. mittels Herstellung eines Vertrauensverhältnisses zum Verdächtigen durch seine Einbeziehung in eine ihm vorgetäuschte verbrecherische Organisation, wobei er gegen Entgelt zur Begehung vermeintlicher Straftaten veranlasst wird. Siehe auch: *Nack* FS Rieß 361, 373; zum Unterschied zur revisionsgerichtlichen Überprüfung, die als Ansatzpunkt einen Verfahrensfehler voraussetzt: *Nack* FS G. Schäfer 46, 50.

821 Die Tendenz, bei Anwendung des nationalen Rechts nicht primär dessen Einzelregelungen zu prüfen und verfassungs- und konventionskonform auszulegen, sondern stattdessen gleich auf den Fair trial-Grundsatz als übergeordnetes Prinzip zurückzugreifen, wie auch in BGHSt **32** 44, ist kritisiert worden, vgl. *Herdegen* NStZ **1984** 343; *Meyer* JZ **1984** 173; Meyer-Goßner/*Schmitt* Einl. 19; SK/*Rogall* Vor § 133, 102 StPO m.w.N.; ferner *Dörr* 146; *Heubel* 30 ff.

Prozessrechte voll zur Geltung zu bringen oder Beeinträchtigungen abzuwehren.[822] Eine **Verfahrensvoraussetzung** nach innerstaatlichem Recht ist das Gebot eines rechtsstaatlichen, fairen Verfahrens ebenso wenig wie die Einhaltung anderer von der Verfassung verbürgter Verfahrensgarantien, wie etwa das Recht auf Gehör oder auf den gesetzlichen Richter.[823] Bei den sich überlagernden Regelungen führen die unterschiedlichen **Anwendungsebenen** zu unterschiedlichen Sichtweisen (vgl. Teil I, Einf., Rn. 116 ff.): Aus der Sicht des **Völkervertragsrechts** und damit auch der Konventionsorgane ist in der Rückschau das als Einheit zu sehende nationale Recht einschließlich des nationalen Verfassungsrechts und seine Anwendung im konkreten Einzelfall an Art. 6 EMRK/Art. 14 IPBPR zu messen. **Verfassungsrechtlich** werden das einfache Gesetzesrecht und seine Anwendung einschließlich der innerstaatlich als einfaches Gesetzesrecht geltenden Art. 6 EMRK/Art. 14 IPBPR nach den aus Rechtsstaatsprinzip und Grundrechtsverbürgungen abgeleiteten Verfassungsgrundsätzen beurteilt, aus denen auch das Recht auf ein faires Verfahren folgt.

273   Der in der **einzelnen Rechtssache entscheidende Richter** ist gehalten, primär die einschlägigen **einfachgesetzlichen Verfahrensregeln** auf den konkreten Fall anzuwenden. Er muss sie rechtsstaatskonform so auslegen, dass sie den Anforderungen eines fairen Verfahrens genügen, so wie es die Verfassung und die sich damit weitgehend deckenden Verpflichtungen aus den Konventionen verlangen.[824] Dass alle Verfahrensbeteiligte ein faires Verfahren haben, in dem sie mit ihren Auffassungen Gehör finden und in dem sie ihre sonstigen Verfahrensrechte ausgewogen wahrnehmen können, ist primär Sache einer sinnvollen Anwendung und Auslegung der Regeln des einfachen Verfahrensrechts (einschließlich der speziellen Beschuldigtenrechte aus Art. 6 Abs. 3 EMRK/Art. 14 Abs. 3 bis 7 IPBPR), die nicht vorschnell durch einen unmittelbaren Rückgriff auf das Gebot eines fairen Verfahrens übergangen werden darf.[825]

274   Im **Verfahren der Individualbeschwerde** (Art. 34) kann die Rüge eines speziellen Verfahrensmangels daher nicht durch den pauschalen Hinweis auf „Art. 6" erhoben werden.[826] Das gilt insbesondere für eine geltend gemachte **Verfahrensverzögerung** (Rn. 477).[827] Schon auf nationaler Ebene ist der Beschuldigte gehalten, den von ihm behaupteten Verfahrensmangel hinreichend zu substantiieren, um dem Gebot der Rechtswegerschöpfung zu entsprechen (vgl. Teil II Rn. 175 ff.).[828]

275   Die Fallgruppen, in denen die Rechtsprechung auf das Gebot des fairen Verfahrens rekurriert, sind denen des EGMR ähnlich. So wird das **Konfrontationsrecht**, das in dieser

822   Vgl. SK/*Rogall* Vor § 133, 103 StPO („Teilhabe- und Abwehrrecht); ähnlich KK/*Lohse/Jakobs* Art. 6 Rn. 42. Nach BVerfG JZ **2003** 791 (dazu *Rimmelspacher* JZ **2002** 797) verstößt es gegen das Rechtsstaatsprinzip und das Recht auf Gehör und damit auch gegen das Gebot eines fairen Verfahrens, wenn eine Verfahrensordnung für den Fall einer Verletzung des Rechts auf Gehör keine fachgerichtliche Abhilfemöglichkeit vorsieht.
823   *Rieß* JR **1985** 48; Meyer-Goßner/*Schmitt* Einl. 148; **a.A.** LK/*Kühne* Einl. I 116.
824   Hält er eine anzuwendende Norm für verfassungswidrig, muss er die Entscheidung des BVerfG nach Art. 100 GG herbeiführen; zur konkreten Normenkontrolle im Strafverfahren: *Esser* in: Sieber/Brüner/Satzger/v. Heintschel-Heinegg § 56, 49 ff.; *Herz* Die konkrete Normenkontrolle in Strafsachen (2022).
825   Die Kritik am Fair-Trial-Prinzip wurde zum Teil auch durch dessen unstrukturierte Anwendung veranlasst; so *Heubel* 40 ff.
826   Vgl. EGMR Zervakis/GR (E), 17.10.2002; Allan/UK, 5.11.2002.
827   EGMR Houfová/CS, 15.6.2004, § 31; Adam u.a./D (E), 1.9.2005; Eule/D (E), 10.3.2009.
828   HRC E.V./BLR, 30.10.2014, 1989/2020, §§ 2.1 ff., 3.1 ff. (wegen nur unzureichend substantiierter Geltendmachung der Geschehnisse und mangelnder innerstaatlicher Rechtswegerschöpfung wurde Beschwerde als unzulässig abgewiesen); ähnlich: HRC Huseynov/ASE, 21.7.2014, 2042/2011, §§ 6.4 ff. (keine Verletzung des Rechts auf ein faires Verfahren, wenn Bf. Verletzungen nicht substantiiert geltend machen kann).

Form in der deutschen Strafprozessordnung nicht aufzufinden ist, aus dem *fair trial*-Grundsatz abgeleitet.[829]

Anders als der EGMR, der sich bei der rechtlichen Beurteilung von Verständigungen **276** eher zurückhält, nimmt der BGH auch außerhalb der förmlichen Verständigung i.S.d. § 257c StPO einen **Vertrauensschutz** an, der sich aus Art. 6 ableitet und unter anderem Hinweis- und Fürsorgepflichten nach sich ziehen kann.[830] Zudem stellt, soweit verfassungsrechtlich nicht bereits anderweitig erfasst werden, das Prozessgrundrecht auf ein faires Verfahren Mindestanforderungen für eine **zuverlässige Sachverhaltsaufklärung** auf.[831]

Bezogen auf Unterlagen, die vom Beschuldigten erstellt wurden, um seine **Verteidi- 277 gung** effektiv ausgestalten zu können, gebietet das Gebot der Fairness, dass diese Materialien **nicht beschlagnahmt** werden dürfen. Darüber hinaus verpflichtet das Fairnessgebot das Gericht in Verbindung mit § 147 StPO, dem Angeklagten, der Verteidigung und der Staatsanwaltschaft durch eine entsprechende Unterrichtung Gelegenheit zu geben, sich durch **Einsichtnahme in die Akten** über verfahrensbezogene Ermittlungen Kenntnis zu verschaffen.[832]

Die **Selbstbelastungsfreiheit** leitet sich für das deutsche Strafverfahren nicht unmit- **278** telbar aus dem Fairnessgebot ab, selbst wenn sie der EGMR zum Kernbereich des Rechts auf ein faires Verfahren rechnet.[833] *Der **nemo tenetur**-Grundsatz* des Beschuldigten hat stattdessen als Grundprinzip eines rechtsstaatlichen Verfahrens in der StPO in den §§ 55, 136 Abs. 1, 136a Abs. 1, Abs. 3, 163a Abs. 3 sowie § 243 Abs. 5 Satz 1 StPO Niederschlag gefunden. Obwohl der Grundsatz hauptsächlich besagt, dass insbesondere der Zwang zur Aussage unzulässig ist, oder der Umstand sich selbst durch eine Aussage einer Straftat zu bezichtigen und zu seiner Überführung beizutragen,[834] kann auch mittels heimlicher sowie täuschender, durch Ermittlungsbehörden veranlasstem Ausfragen des Beschuldigten durch private oder verdeckt ermittelnde Personen gegen den Grundsatz des fairen Verfahrens verstoßen werden. Dies gilt, obwohl der Schwerpunkt dann nicht im Zwang zur Mitwirkung des Beschuldigten, sondern in der **Heimlichkeit seiner Ausforschung** liegt.[835]

f) Inhalt. Als **allgemeines Prinzip der Verfahrensgerechtigkeit** lassen sich die An- **279** forderungen des auf das Verfahren in seiner Gesamtheit abstellenden Gebots eines fairen Verfahrens meist nicht durch die isolierte Würdigung eines einzelnen Verfahrensvorgangs und auch nicht losgelöst vom Einzelfall und dem jeweiligen Regelungssystem des nationalen Rechts bestimmen.[836] Es hängt immer von der **Gesamtwürdigung** des konkreten Verfahrensverlaufs und nicht schon von einem einzelnen Verstoß gegen das nationale Verfah-

---

829 BVerfG NStZ **2007** 534; vgl. KK/*Schädler/Jakobs* Art. 6 Rn. 42.

830 BGH NJW **2011** 3463; zu den sich aus dem Art. 2 Abs. 1 i.V.m. Art. 20 Abs. 3 GG verankerten Recht auf ein faires Verfahren ergebenden verfassungsrechtlichen Anforderungen an die Mitteilungspflicht bei Verständigungsgesprächen gemäß § 243 Abs. 4 StPO: BVerfG NJW **2020** 2461; siehe auch *Beukelmann* NJW-Spezial **2020** 2461.

831 BVerfG NJW **2012** 1136. Zur aus Gründen der Verfahrensfairness gebotenen Vermeidung psychologischer Einflüsse: *Nickolaus* Ankereffekte im Strafprozess (2018).

832 BGHSt **36** 305; BGH StV **2004** 4.

833 Vgl. EGMR Allan/UK, 5.11.2002.

834 BGHSt **42** 139, 151 f. = NJW **1996** 2940.

835 BGHSt **42** 139, 156 f. = NJW **1996** 2940; BGH NStZ **2009** 343.

836 Die ergangenen Entscheidungen zu Einzelfällen verdeutlichen die Tendenz dieses Grundsatzes, der einen umfassenden Schutz vor jeder Art von verfahrensrechtlichen Unbilligkeiten und Benachteiligungen erstrebt; abgesehen von eklatanten Benachteiligungen eignen sie sich aber vor allem in den Randbereichen nur bedingt für eine Verallgemeinerung.

Esser

rensrecht ab,[837] ob eine Partei oder ein Angeklagter vor Gericht das ihm garantierte faire Verfahren erhalten hat. Selbst bei den in Art. 6 Abs. 3 ausformulierten Mindestrechten beurteilt der EGMR vielfach nur **aus der Sicht des gesamten Verfahrens**, ob ein Verstoß das Konventionsgebot der Verfahrensfairness im Zusammenhang mit anderen Konventionsbestimmungen verletzt.[838] Nur in Einzelfällen wird schon wegen der eklatanten Missachtung eines garantierten Einzelrechts verneint, dass der Betroffene ein faires Verfahren hatte (Rn. 282).[839]

280   Für die Verfahren über *„civil rights"*, die **nur unter Art. 6 Abs. 1 EMRK/Art. 14 Abs. 1 IPBPR fallen**, weil die Art. 6 Abs. 3 EMRK/Art. 14 Abs. 3 IPBR lediglich für die Verfahren in Strafsachen im weiten Sinn der Konventionen (Rn. 68 ff.) gelten, werden vielfach gleichartige inhaltliche Anforderungen unmittelbar aus dem Gebot eines fairen Verfahrens abgeleitet.[840] Die jeweilige Verfahrensart muss allerdings eine solche Entsprechung zulassen. Im Übrigen wird den Vertragsstaaten in den nicht unmittelbar von Art. 6 Abs. 3 EMRK/Art. 14 Abs. 3 IPBPR erfassten Fällen ein größerer Spielraum für die Umsetzung der darin aufgezeigten Grundsätze zuerkannt.[841]

281   Will man die aus dem Fairness-Gebot abzuleitenden Forderungen und Garantien in (sich inhaltlich überschneidende) Gruppen einteilen, dann gehört dazu die Wahrung eines **Gleichgewichts der Verfahrensbefugnisse** („Waffengleichheit") zwischen den in gegenseitigen Rollen teilnehmenden Verfahrensbeteiligten[842] und die Gewährleistung aller mit dem **Recht auf Gehör** verbundenen **verfahrensrechtlichen Informationsrechte und Aktivbefugnisse**.[843] Diese schließen in der Regel die Befugnis zur Anwesenheit in der Verhandlung und das Recht zur mündlichen oder schriftlichen Äußerung gegenüber dem Gericht und auf eine effektive Verteidigung mit ein[844] und setzen die Möglichkeit einer rechtzeitigen und **ausreichenden Information**[845] über alle verfahrenserheblichen Tatsachen, Äußerungen und Vorgänge und damit grundsätzlich auch den **Zugang zur Verfah-**

837 EGMR Oberschlick/A, 23.5.1991; vgl. auch BVerfGE **64** 135 = JR **1983** 659 m. Anm. *Rüping.*

838 Zur Gesamtbetrachtung des EGMR im Unterschied zu der auf die erhobene einzelne Verfahrensrüge beschränkten Prüfungskompetenz des BGH vgl. *Eisele* JR **2004** 12, 15; *Nack* FS Rieß 361, 371. Gegen die Gesamtbetrachtung werden im Schrifttum Bedenken erhoben, da so einzelne Verfahrensverstöße relativiert werden könnten; vgl. die Beispiele aus der Rechtsprechung des EGMR bei *Schroeder* GA **2003** 293, 294, der die Gesamtbewertung als eine Art Beruhensprüfung versteht; ferner *Walther* (GA **2003** 204 ff.), die der relativierenden Gesamtwürdigung durch die Abtrennung des dem Recht auf Gehör zuzuordnenden „fair hearing" vom „fair trial" Gebot entgegenwirken will oder *Jäger* FS Wolter 954, der den zunehmenden Einfluss der Rechtsprechung des EGMR auf die Rechtsprechung des BGH unter dem Gesichtspunkt von Gesamtbetrachtungs- und Kausalüberlegungen kritisch betrachtet.

839 Vgl. *Frowein/Peukert* 113; IK-EMRK/*Kühne* 361.

840 *Frowein/Peukert* 112.

841 EGMR Pitkänen/FIN, 9.3.2004, § 59; Dombo Beheer B.V./NL, 27.10.1993, §§ 32 f., NJW **1995** 1413 = ÖJZ **1994** 464; Alge/A (E), 10.4.2003.

842 Dies folgt auch aus dem Grundsatz der Gleichbehandlung, vgl. Rn. 247 ff.; ferner *Walther* GA **2003** 204; LR/*Kühne* Einl. I 117 ff.; zudem: EGMR (GK) Regner/CS, 19.9.2017, § 146.

843 Vgl. LR/*Kühne* Einl. I 75 ff.

844 Zu den Einzelausprägungen des Rechts auf ein faires Verfahren vgl. SK/*Rogall* Vor § 133, 106 ff. StPO; zum Recht auf Teilnahme an der gerichtlichen Verhandlung vgl. Rn. 947 ff.

845 Davon werden grundsätzlich nur vorhandene Informationen erfasst, nicht jedoch tatsächlich nicht mehr vorhandene Rohmessdaten, die lediglich für einen kurzen Moment während des Rechenvorgangs eines Messgeräts bestanden, vgl. VerfGH Rheinland-Pfalz Beschl. v. 22.7.2022 – VGH B 30/21, BeckRS **2022** 18393 = NZV **2022** 427 m. Anm. *Sandherr.*

rensakte voraus (Rn. 909 ff.).[846] Ferner gehören dazu die **Belehrungs- und Fürsorgepflichten**, die dem Gericht gegenüber den Prozessparteien und insbesondere gegenüber dem Beschuldigten aus besonderen Verfahrenslagen erwachsen können (Rn. 329 ff.).

Für die Verfahren, in denen über eine **strafrechtliche Anklage** entschieden wird, enthalten Art. 6 Abs. 2 u. 3 EMRK sowie Art. 14 Abs. 2 u. 3 IPBPR **konkrete inhaltliche Mindestanforderungen** für eine faire, die Verteidigungsrechte des Beschuldigten wahrende Verfahrensgestaltung. Die Aufzählung dieser unten erläuterten Grundsätze umschreibt jedoch den Inhalt des fairen Verfahrens **nicht erschöpfend**,[847] so dass sich aus Art. 6 Abs. 1 EMRK/Art. 14 Abs. 1 IPBPR im konkreten Fall zusätzliche Anforderungen ergeben können. Da das Gebot eines fairen Verfahrens als **übergeordneter Grundsatz** verstanden wird, unterbleibt bei der Gesamtwürdigung durch den EGMR oft eine klare Aussage zur Tragweite der Einzelverbürgungen in den Absätzen 3 beider Konventionen. **282**

Der EGMR sieht in Art. 6 Abs. 3 nur **unselbständige Einzelausprägungen des "fair-trial-Grundsatzes"**. Dessen Wahrung ist Zweck der Einzelregelungen und daher nach Ansicht des Gerichtshofs für die Frage entscheidend, ob die Konvention verletzt ist oder ob die **Gesamtschau des Verfahrens** ergibt, dass der Betroffene ungeachtet einzelner Verstöße unter Berücksichtigung ihrer Auswirkungen und etwaigen Kompensationen insgesamt doch ein faires Verfahren hatte.[848] Umgekehrt kann die Gesamtschau aber auch dazu führen, dass mehrere Verfahrensvorgänge, die jeder für sich betrachtet noch nicht unfair sind, in ihrer Gesamtheit das Verfahren unfair machen können.[849] **283**

g) Fallgruppen. Soweit die konkrete Festlegung einzelner verfahrensrechtlicher Befugnisse wie etwa in Art. 6 Abs. 3 fehlt, ist jede über die kaum weiterführende Generalisierung hinausreichende Umschreibung der Tragweite des Gebots eines fairen Verfahrens auf Fallgruppen angewiesen. Vor allem erhellen die von der Rechtsprechung beurteilten Verstöße, wie verschiedenartig die Fälle sein können, durch die im Einzelfall die Prozessführung bzw. Verteidigung erheblich behindert oder gegenüber dem Prozessgegner benachteiligt werden kann.[850] **284**

Das Gebot eines fairen Verfahrens fordert vom Gericht, dass es die vor ihm Recht suchenden Personen nicht als bloße Objekte seiner Rechtsfindung behandelt, ihrer Stellung als eigenverantwortliche Subjekte des Verfahrens Rechnung trägt, sie und ihr Vor- **285**

---

846 Das Recht auf Gehör setzt ausreichende Informationsmöglichkeiten voraus; in beidem wird von der vorherrschenden Meinung auch ein Erfordernis eines fairen Verfahrens gesehen, vgl. BVerfG NJW **2001** 3695, 3697; Sachs/*Degenhart* Art. 103, 11, 16 ff. GG; *Walther* GA **2003** 204, 219 unterscheidet dagegen zwischen "fair trial" zur Gewährleistung der Waffengleichheit und dem "fair hearing", zur Sicherung des Rechts auf Gehör, um so auszuschließen, dass die ungenügenden Einzelbefugnisse des Angeklagten bei der Beweiserhebung in einer Gesamtwürdigung des Verfahrens als fair unberücksichtigt bleiben.
847 EGMR Colozza/I, 12.2.1985, EuGRZ **1985** 634; Unterpertinger/A, 24.11.1986, NJW **1987** 3068 = EuGRZ **1987** 147 = ÖJZ **1988** 22; (GK) Meftah u.a./F, 26.7.2002; *Frowein/Peukert* 2.
848 Zur Gesamtschau EGMR Artico/I, 13.5.1980, EuGRZ **1980** 662; Bönisch/A, 6.5.1985, EuGRZ **1986** 127; Bricmont/B, 7.7.1989; Windisch/A, 27.9.1990; Asch/A, 26.4.1991; Vidal/B, 22.4.1992; Atlan/UK, 19.6.2001, StraFo **2002** 52 = ÖJZ **2002** 698; (GK) Meftah/F, 26.7.2002; ferner *Frowein/Peukert* 2; IK-EMRK/*Kühne* 361; *Ambos* ZStW **115** (2003) 583, 613; *Kühne/Nash* JZ **2000** 997; *Kühne* StV **2001** 77; *Weigend* StV **2000** 385. *Nack* FS Rieß 361, 373; *ders.* FS G. Schäfer 46, 51 spricht von "weichen Voraussetzungen", die vielfach eine flexible Lösung im Rahmen der Strafzumessung ermöglichen; *Schroeder* GA **2003** 293 versteht diese Gesamtschau als eine Art Beruhensprüfung, aufgrund der beurteilt wird, ob der festgestellte Fehler des nationalen Rechts das Urteil beeinflusst hat; vgl. dazu *Eisele* JR **2004** 12, 19.
849 *Eisele* JR **2004** 12, 15; *Nack* FS G. Schäfer 46, 52.
850 Zur Vielzahl der Einzelaspekte vgl. Meyer-Ladewig/Nettesheim/von Raumer/*Meyer-Ladewig/Harrendorf/König* 88.

bringen ernst nimmt und dafür sorgt, dass sie ihre **Verfahrensrechte** ungeschmälert und mit ausreichendem Raum **wahrnehmen** können. Etwaige Schwierigkeiten, die aus einer (legitimen) Einschränkung dieser Befugnisse erwachsen, muss das Gericht anderweitig hinreichend ausgleichen.[851] Aus dem Gebot einer fairen Verfahrensgestaltung folgt ein **Recht auf Anwesenheit** bei der gerichtlichen Verhandlung (Rn. 947 ff.). Die Verfahrensbeteiligten müssen in der Lage sein, **alle Vorgänge in der Verhandlung optisch und akustisch wahrzunehmen**. Sind sie dazu für das Gericht erkennbar nicht in der Lage, muss es für geeignete Abhilfe (Anweisung eines anderen Platzes, Zuziehung eines Dolmetschers) sorgen.[852]

286   **4. Prinzip der Waffengleichheit („Equality of Arms").** Die Verfahrensgerechtigkeit fordert, dass „Prozessgegner", also die Personen, die sich vor Gericht in einem Verfahren mit kontradiktorischer Komponente gegenüberstehen, **gleiche oder zumindest in der Effektivität gleichwertige Befugnisse** bei der Wahrnehmung ihrer gegenläufigen Interessen vor Gericht haben (Prinzip der „Waffengleichheit", im Kern verstanden als „Chancengleichheit" in der Wahrnehmung ihrer Angelegenheiten).[853] Diese im Kern aus dem allgemeinen Gleichheitssatz hergeleitete Forderung gilt für alle **Teilnahme-**, **Informations-** und **Äußerungsrechte**, mit denen ein Beteiligter am Verfahren aktiv mitwirken, die eigene Sicht der Sache zur Sprache bringen, die dafür vorhandenen Beweise anbieten[854] und den Auffassungen anderer Beteiligter entgegengetreten kann.[855]

287   Die Befugnisse müssen allen zur Wahrnehmung offenstehen; ob sie dann im Einzelfall auch tatsächlich genutzt werden, ist unerheblich.[856] Als **Strukturprinzip** begründet auch das Gebot der Waffengleichheit selbst keine originären Verfahrensbefugnisse; es hat aber Bedeutung für die **Auslegung des Umfangs bestehender Befugnisse** und für die Frage, ob einem Beteiligten ein insgesamt **faires Verfahren** gewährleistet wurde.

---

851 Vgl. EGMR Doorson/NL, 26.3.1996, ÖJZ **1996** 715; P.S./D, 20.12.2001, NJW **2003** 2893 = StV **2002** 289 m. Anm. *Pauly* = StraFo **2002** 123 = EuGRZ **2002** 37 = ÖJZ **2003** 235; ferner *Geburtig* ZaöRV **59** (1999) 295, 302 (Pflicht, bei Einvernahme eines für die eine Partei tätigen Zeugen über ein Vier-Augen-Gespräch auch die nicht beweispflichtige Gegenpartei zum Gesprächsinhalt zu hören).

852 Vgl. EGMR Stanford/UK, 23.2.1994, ÖJZ **1994** 600 (Verstoß verneinend, da Akustik im Gerichtssaal ausreichend und Verteidiger das Gericht auf Hörschwierigkeiten des Angeklagten nicht hingewiesen hatte). Zum Erfordernis der Beiziehung eines Dolmetschers Rn. 1241 ff.

853 EGMR Klimentyev/R, 16.11.2006, §§ 95, 108; ähnlich: EGMR Laska u. Lika/ALB, 20.4.2010, § 60 („the principle of equality of arms requires „a fair balance between the parties", each party must be given a reasonable opportunity to present his case under conditions that do not place him at a substantial disadvantage *vis-à-vis* his opponent"); siehe ferner EGMR Bulut/A, 22.2.1996, § 47, ÖJZ **1996** 430; Foucher/F, 18.3.1997, § 34, NStZ **1998** 429 m. Anm. *Deumeland*; Salov/UKR, 6.9.2005, § 87; Borisova/BUL, 21.6.2006, § 38; Matyjek/PL, 24.4.2007, § 55; Corcuff/F, 4.10.2007, § 31; Luboch/PL, 15.1.2008, § 60, NJOZ **2009** 3205; Gacon/F, 22.5.2008, § 31; Moiseyev/R, 9.10.2008, § 203; Batsanina/R, 26.5.2009, § 22; Antoine Versini/F, 11.5.2010, § 62; Zhuk/UKR, 21.10.2010, § 25; ferner KK-EMRK-GG/*Grabenwarter/Pabel* Kap. 14, 109. Vertiefend zum Völkerstrafrecht: *Temminck Tuinstra* Defence Counsel in International Criminal Law (2009) 153 ff.

854 EGMR Dombo Beheer B.V./NL, 27.10.1993; *Grabenwarter/Pabel* § 24, 67.

855 Meyer-Ladewig/Nettesheim/von Raumer/*Meyer-Ladewig/Harrendorf/König* 96; zu den Fällen, in denen der Angeklagte zur Äußerung der Staatsanwaltschaft gegenüber einem Rechtsmittelgericht nicht mehr gehört wurde vgl. *Pache* NVwZ **2001** 1342, 1345; *Frowein/Peukert* 151; IK-EMRK/*Kühne* 375; vertiefend: *Sidhu* The Concept of Equality of Arms in Criminal Proceedings under Article 6 of the European Convention on Human Rights (2017).

856 Vgl. EGMR Borgers/B, 30.10.1991.

Die **Gleichheit der „Waffen"** ist gewahrt, wenn die als „Gegenüber" auftretenden **288**
Personen (Parteien des Zivilprozesses;[857] Verteidigung und Anklagevertretung in der gerichtlichen Hauptverhandlung, aber auch schon im Ermittlungsverfahren; darüber hinaus auch die Mitangeklagten untereinander[858]) ungeachtet aller Unterschiede ihrer
Aufgaben und der daraus resultierenden verschiedenartigen Verfahrensstellung, rechtlich so gestellt sind, dass sie **gleichwertige Möglichkeiten der Einwirkung auf die
Entscheidungsfindung** bzw. bei der Vorbereitung der Hauptverhandlung haben („fair
balance").[859]

Die *menschenrechtliche* Konzeption der Waffengleichheit im Rahmen des Art. 6 begrenzt ihren Schutzgehalt in Strafsachen auf die **nicht-staatlichen Akteure** (Beschuldigter, Strafverteidiger); Polizei und Staatsanwaltschaft können sich weder im eigentlichen **289**
Strafverfahren selbst noch in späteren gerichtlichen Beschwerdeverfahren (BVerfG,
EGMR) auf eine ihnen gegenüber einzuhaltende Verfahrensfairness und damit auch
Waffengleichheit berufen; ihnen fehlt die entsprechende Trägerschaft des Grund- bzw.
Menschenrechts.

Der EGMR hat einen Verstoß gegen das Prinzip der Waffengleichheit schon wegen **290**
des nach außen hervortretenden Abhängigkeitsverhältnisses etwa darin gesehen, dass der
Verteidiger den in Untersuchungshaft sitzenden Beschuldigten nur mit einer für den jeweiligen Einzelfall ausgestellten Besuchserlaubnis aufsuchen durfte, die Anklagevertretung
(die zur gleichen Behörde gehörte, die auch das Untersuchungsgefängnis leitete) aber jederzeit **uneingeschränkt Zugang zum Beschuldigten** hatte.[860] Auch die routinemäßige
Kontrolle der Verteidigerpost ohne einen konkreten Verdacht auf Missbrauch stellt nach
Ansicht des EGMR einen Verstoß gegen das Prinzip der Waffengleichheit dar.[861] Selbst der
Umstand, dass die **Übersetzung eines Schriftstücks** der Verteidigung nicht zugänglich
gemacht wird bzw. dass die Übersetzung schlecht ist, kann gegen das Prinzip der Waffengleichheit verstoßen.[862] Zudem stellt es einen Verstoß gegen die Waffengleichheit dar,
wenn ein (letztinstanzliches) Gericht dem Rechtsanwalt einer Partei aufgrund von verfahrensrechtlichen Mängeln die **Vertretungsbefugnis aberkennt** und die betroffene Partei
dabei weder informiert noch ihr Gelegenheit zur Behebung der Mängel bietet.[863] Ferner
verstößt es nach Ansicht des EGMR gegen das Prinzip der Waffengleichheit, wenn der

---

857 Hierzu: BVerfG Beschl. v. 27.7.2020 – 1 BvR 1379/20 (prozessuale Waffengleichheit auch für einstweilige Verfügungsverfahren; Lauterkeitsrecht, UWG); Beschl. v. 3.6.2020 – 1 BvR 1246/20 (eA), Rn. 16; Beschl. v. 30.9.2018 – 1 BvR 1783/17, NJW **2018** 3631; siehe auch: BVerfG Beschl. v. 17.6. 2020 – 1 BvR 1380/20, ZUM-RD **2020** 421 m. Bespr. *Muckel* JA **2020** 790 (Verstoß gegen das sich aus Art. 3 Abs. 1 GG i.V.m. Art. 20 Abs. 3 GG ergebende Recht auf prozessuale Waffengleichheit durch Erlass einer einstweiligen Unterlassungsverfügung ohne gerichtliche Anhörung der Gegenseite).
858 LG Köln StRR **2009** 322.
859 EGMR Salov/UKR, 6.9.2005, § 87; aus einer erhöhten Sitzposition des Staatsanwalts kann aber noch keine Benachteiligung des Angeklagten abgeleitet werden: EGMR Blaj/RUM, 8.4.2014, §§ 78 f.; Diriöz/TRK, 31.5.2012, §§ 25 f.; grundlegend zum Prinzip der Waffengleichheit: *Gaede* 641 ff.
860 EGMR Moiseyev/R, 9.10.2008, §§ 203–207.
861 EGMR Moiseyev/R, 9.10.2008, §§ 208–212. Vgl. zum Anbahnungsverhältnis OLG München NStZ-RR **2012** 294 = StRR **2012** 348 = FS **2012** 364 (das Anbahnungsverhältnis begründet noch keine Verteidigereigenschaft; JVA darf aber nicht öffnen, sondern muss ungeöffnet zurücksenden) m. abl. Anm. NJW-Spezial **2012** 409.
862 EGMR Klimentyev/R, 16.11.2006, §§ 108 f. (Verstoß gegen die Konvention allerdings im konkreten Fall verneint).
863 EGMR Rivera Vazquez u. Calleja Delsordo/CH, 22.1.2019, §§ 50 ff.; *Grabenwarter/Pabel* § 24, 67.

Staatsanwaltschaft eine längere **Frist zur Einlegung eines Rechtsmittels** zusteht als dem Angeklagten (Rn. 286 ff.).[864]

291   Findet in der Rechtsmittelinstanz – unter bestimmten Voraussetzungen an sich EMRK-konform (Rn. 1013 ff.) – eine Verhandlung in Abwesenheit des Angeklagten statt, muss das Prinzip der Waffengleichheit gewahrt bleiben. Ein Vertreter der Staatsanwaltschaft darf dann ebenfalls nicht an der Sitzung teilnehmen.[865]

292   Die Verfahrensbeteiligten müssen zur Vertretung ihrer Verfahrensbelange im gleichen Ausmaß **Zugang zum gesamten Verfahrensstoff** haben,[866] damit sie ihn auswerten und ihre Auffassungen dazu und die von ihnen für wichtig erachteten tatsächlichen und rechtlichen Gesichtspunkte mit gleicher Effektivität dem Gericht zur Vorbereitung der Entscheidung zur Kenntnis bringen können.[867] Wo es um die Einwirkungsmöglichkeiten auf die Wahrheitserforschung und die Überzeugungsbildung des Gerichts geht, darf keiner der sich gegenüberstehenden „Gegner" im Verhältnis zu den anderen im Endergebnis begünstigt oder benachteiligt sein, was ihre prozessualen Befugnisse angeht. Jede „Partei" muss Gelegenheit haben, ihre Sache dem Gericht unter Bedingungen zu präsentieren, die mit derjenigen ihres Gegners gleichgewichtig sind; dazu gehört auch, dass sie im gleichen Umfang wie ihr Gegner unterrichtet wird (Rn. 301, 308).[868]

293   Das Prinzip der Waffengleichheit schließt **Beschränkungen im Rahmen der Beweiserhebung** nicht aus, wenn diese durch andere Bestimmungen der Konventionen, vor allem Art. 8, zum Schutz von Zeugen und Opfern geboten sind. Daraus entstehende Nachteile der Verteidigung müssen im Laufe des Verfahrens ausreichend anderweitig ausgeglichen werden.[869] Nicht notwendig sind identische Rechte im gesamten Verfahren, wohl aber, dass im Verlauf des als Gesamtheit zu würdigenden Verfahrens ein Gleichgewicht in den Möglichkeiten zur Vertretung der Verfahrensinteressen vor Gericht besteht.[870] Retrospektiv kann es zur Beseitigung eines Konventionsverstoßes ausreichen, wenn eine solche Kompensation erst in der Rechtsmittelinstanz geschehen ist.[871]

294   **Sachlich begründete Differenzierungen** sind mit diesem Prinzip vereinbar, wenn sie durch die wesensmäßigen Verschiedenheiten der Aufgaben und der Verfahrensstellung

---

864 EGMR Ghirea/MOL, 26.6.2012, §§ 32 ff.; Gacon/F, 22.5.2008, §§ 33 ff.; Ben Naceur/F, 3.10.2006, § 40 („[...] le fait que le parquet bénéficie d'une prolongation du délai d'appel, conjugué à l'impossibilité pour le requérant d'interjeter un appel incident, a mis ce dernier dans une position de net désavantage par rapport au ministère public, contrairement au principe de l'égalité des armes.").

865 EGMR Zhuk/UKR, 21.10.2010, §§ 33 f.

866 Zum sog. Offenlegungsanspruch als einem aus dem Gebot rechtlichen Gehörs und der Waffengleichheit hergeleiteten Element eines fairen Verfahrens vgl. *Gaede* StraFo **2004** 195.

867 Vgl. zur Ableitung dieses Prinzips aus dem Grundsatz audiatur et altera pars: IK-EMRK/*Kühne* 372; vgl. für den Zivilprozess BVerfGE **52** 143; zum Strafprozess: LR/*Kühne* Einl. I 75 ff.; LR/*Becker* Vor § 226, 16 StPO; *Rieß* FS Schäfer 174; *Vogler* ZStW **82** (1970) 743; **89** (1977) 778 je m.w.N.

868 EGMR Borgers/B, 30.10.1991; Dombo Beheer B.V./NL, 27.10.1993; Bulut/A, 22.2.1996; Ankerl/CH, 23.9.1996, ÖJZ **1996** 475; van Orshoven/B, 25.6.1997; Werner/A, 24.11.1997; (GK) Kress/F, 7.6.2001; Meyer-Ladewig/Nettesheim/von Raumer/*Meyer-Ladewig/Harrendorf/König* 106.

869 EGMR Doorson/NL, 26.3.1996; van Mechelen/NL, 24.4.1997, StV **1997** 617 m. Anm. *Wattenberg/Violet* = StraFo **1997** 239 = ÖJZ **1998** 274; dazu *Renzikowski* JZ **1999** 605; Oyston/UK (E), 22.1.2002, ÖJZ **2003** 236; angemessenen Ausgleich verneinend: EGMR P.S./D, 20.12.2001.

870 EGMR Delcourt/B, 17.1.1970; *Müller* NJW **1976** 1063; *Kohlmann* FS Peters I 311 ff.; *Meyer-Goßner* Einl. 88; *Rogall* Der Beschuldigte als Beweismittel gegen sich selbst (1977) 112; *Tettinger* 20; allgemein *Bötticher* Gleichbehandlung und Waffengleichheit (1971).

871 Vgl. EGMR Edwards/UK, 16.12.1992; Oyston/UK (E), 22.1.2002; anders, wenn der Mangel dort nicht mehr geheilt werden kann: EGMR Condron/UK, 2.5.2000, ÖJZ **2001** 610.

bedingt sind, wie dies etwa bei Staatsanwalt, Verteidiger und Angeklagtem der Fall ist.[872] Maßgebend ist immer die Verfahrenskonstruktion des jeweiligen Verfahrens. Bei den Verfahren, die nicht in der Form eines Parteiprozesses geführt werden, sondern als Offizialverfahren dem **Amtsermittlungsgrundsatz** unterliegen, wie beim kontinentaleuropäischen Strafprozess, bei dem von den Ermittlungsbehörden objektiv alle Umstände erforscht werden müssen, kann nicht in allen Verfahrensabschnitten eine Befugnisgleichheit bestehen.[873] Ein auftretendes Ungleichgewicht muss aber dann ggf. zu einem späteren Zeitpunkt des Verfahrens ausgeglichen werden.

Im **Ermittlungsverfahren** wäre eine vollständige „Waffengleichheit" des Beschuldig- **295** ten mit der Aufgabe der Staatsanwaltschaft regelmäßig unvereinbar. Erst wenn die Verfahrensherrschaft auf das Gericht übergegangen ist und die Staatsanwaltschaft das Verfahren nicht mehr selbst alleinverantwortlich betreibt, sondern in der Hauptverhandlung mit Angeklagtem und Verteidiger in der Einwirkung auf die Entscheidungsfindung des Gerichts konkurriert, lässt sich eine *vollumfängliche* Gleichwertigkeit der Befugnisse fordern. Aber auch im vorangehenden Verfahrensabschnitt müssen **wesentliche Verteidigungsbefugnisse** die Voraussetzungen für ein faires Verfahren *effektiv* sichern, zumal wenn die Staatsanwaltschaft schon in dieser Phase des Verfahrens auch die zugunsten des Beschuldigten sprechenden Umstände aufklären muss.[874]

Welche Einzelbefugnisse die Verfahrensbeteiligten in den jeweiligen Verfahren haben **296** müssen, lässt sich aus dem Recht auf Gleichbehandlung ebenso wenig herleiten wie aus dem Rechtsstaatsprinzip und dem Gebot eines fairen Verfahrens.[875] Wohl aber müssen **bei allen Befugnissen**, die die jeweilige Verfahrensordnung zur Vertretung der Verfahrensinteressen vor dem erkennenden Gericht eröffnet, die Vertreter gegenläufiger Interessen die **gleichen Chancen** für deren wirksame Geltendmachung haben.[876] Für das Recht, Zeugen laden zu lassen und sie zu befragen, wird dies durch Art. 6 Abs. 3 *lit.* d EMRK/ Art. 14 Abs. 3 *lit.* e IPBPR ausdrücklich vorgeschrieben (Rn. 1127 ff.).

Das Gebot der Gleichbehandlung gilt darüber hinaus grundsätzlich für alle Befugnis- **297** se, so auch für das **Informationsrecht**. Die Herstellung der **„Parität des Wissens"** erfordert gleichwertige Möglichkeiten des Zugangs zum gesamten, dem Gericht vorliegenden verfahrensbezogenen Material, etwa durch eine **Einsicht in die Akten** (Rn. 909 ff.)[877] sowie das Recht, von den Äußerungen anderer Verfahrensbeteiligter und dem von diesen **beigebrachten Beweismaterial** rechtzeitig Kenntnis zu erhalten.[878] Das Gebot der Gleich-

---

872 BVerfGE **63** 45, 67; LR/*Kühne* Einl. I 117 m.w.N.; ferner *Dörr* 74 ff.; *Kohlmann* FS Peters I 311, 314.
873 BGer EuGRZ **1979** 296.
874 EKMR bei *Bleckmann* EuGRZ **1983** 430, 434.
875 Vgl. BVerfGE **52** 143 ff.
876 Vertiefend: *Gaede* Fairness durch Teilhabe (2007).
877 Zur Bedeutung der Akteneinsicht für die Verteidigung im Strafverfahren vgl. Rn. 909 ff. Ob dazu auch die Handakten der Staatsanwaltschaft gehören, erscheint selbst bei Vorliegen besonderer Umstände zweifelhaft; so aber EKMR bei *Bleckmann* EuGRZ **1983** 434; vgl. auch BGH NJW **1990** 584; ferner LR/*Jahn* § 147, 32 StPO; LR/*Stuckenberg* § 199, 24 StPO m.w.N.
878 EGMR Zahirovic/KRO, 25.4.2013, §§ 42, 47 f. (im Berufungsverfahren abgegebene Stellungnahme der obersten Anklagebehörde war dem Angeklagten nicht mitgeteilt worden); Brandstetter/A, 28.8.1991, § 67; Janyr/CS, 31.10.2013, §§ 56 ff. (Stellungnahme des Obersten Gerichts im Verfassungsbeschwerdeverfahren ging über die im Urteil getroffenen Feststellungen hinaus und war dem Kläger dennoch nicht zugänglich gemacht worden); Bulut/A, 22.2.1996; (GK) Meftah u.a./F, 26.7.2002 (keine Mitteilung der Stellungnahme des Generalanwalts beim franz. Kassationsgerichtshof); (GK) Kress/F, 7.6.2001; Meyer-Ladewig/Nettesheim/von Raumer/ *Meyer-Ladewig/Harrendorf/König* 96 f.; zur grundsätzlichen Pflicht der Strafverfolgungs-/Anklagebehörde, der Verteidigung das gesamte in ihrem Besitz befindliche Material offenzulegen vgl. EGMR Edwards/UK, 16.12.1992; P.G. u. J.H./UK, 25.9.2001.

Esser

behandlung gilt ferner für alle **Äußerungsrechte**, mit denen die eigene Sicht der Sache zur Sprache gebracht und den Auffassungen anderer entgegengetreten werden kann,[879] ferner für alle **Befugnisse zur aktiven Einwirkung** durch Fragen, Erklärungen und Anträge bei allen für die Meinungsbildung und Urteilsfindung des Gerichts maßgebenden Verfahrensvorgängen.

298   Unter dem Aspekt der Waffengleichheit lässt sich auch die Frage nach der Notwendigkeit einer **audio-visuellen Aufzeichnung von Vernehmungen im Ermittlungsverfahren** verorten. Eine derartige **Dokumentationspflicht** ist geboten, um den eintretenden Wissensvorteil der Ermittlungsbehörden um die Aussagesituation (Ort, Ablauf, Inhalt) später im gerichtlichen Verfahren kompensieren zu können.

299   Auch im Übrigen dürfen die Möglichkeiten der Verfahrensteilhabe nicht ungleich verteilt sein, vor allem nicht zugunsten einer Seite willkürlich verschoben werden. Dies kann bei einer **Vermengung oder Verschiebung der Prozessrollen** der Fall sein,[880] so durch Bestellung des Anzeigenerstatters zum Sachverständigen bei gleichzeitiger Verweisung des Gegengutachters in die Rolle eines sachverständigen Zeugen (näher zum Sachverständigenbeweis Rn. 1216 ff.).[881] In der Regel ist die Verletzung der formellen Chancengleichheit meist nur ein Teilaspekt der eine umfassendere Gesamtwürdigung erfordernden Beurteilung, ob gegen die Erfordernisse eines fairen Verfahrens verstoßen wurde.

300   Ob eine **wesentliche Ungleichbehandlung** vorliegt, hängt davon ab, welche Auswirkung die Unterschiedlichkeit der Behandlung auf die Möglichkeiten einer wirksamen Wahrnehmung der Verfahrensinteressen vor Gericht und auf dessen Entscheidungsfindung hatte. Dies ist nur anzunehmen, wenn bei Würdigung des gesamten Verfahrensverlaufes tatsächlich eine ins Gewicht fallende Benachteiligung in den potentiellen Möglichkeiten der Verfahrensteilhabe eingetreten ist.

301   Die Gleichstellung der Vertreter gegenläufiger Prozessinteressen hinsichtlich ihrer **Einwirkungsmöglichkeiten auf das Verfahren**, die aus dem Gleichheitsgebot folgende grundsätzliche Chancen- und Waffengleichheit (vgl. Rn. 286 ff.), ist ein wesentliches Element eines gerechten und fairen Verfahrens. Für den besonders wichtigen Bereich der Beweiserhebung in den Verfahren wegen einer *strafrechtlichen Anklage* wird dies in Art. 6 Abs. 3 lit. d EMRK/ Art. 14 Abs. 3 *lit.* e IPBPR ausdrücklich angesprochen (Rn. 1127 ff.). Auch sonst muss das Gericht bei besonderen Verfahrenslagen ins Gewicht fallende Ungleichheiten, die die Chancengleichheit *de facto* beseitigen, durch geeignete Maßnahmen weitestgehend ausgleichen,[882] wie etwa durch die Mitteilung **verfahrensrelevanter Informationen** oder eine entsprechende **Verfahrensgestaltung** (Belehrung, Unterbrechung, Aussetzung) oder auch durch die **Anhörung**[883] der Partei, etwa zum Inhalt eines nur vom Zeugen der Gegenpartei bekundeten Inhalts eines Vier-Augengesprächs[884] oder durch Maßnahmen, die die sachgerechte Wahrnehmung der Verteidigungsrechte ermöglichen, wie die **Bestellung eines Verteidigers** oder die (unentgeltliche) Beiordnung eines Dolmetschers. Dies gilt unabhängig davon, ob das nati-

---

879 Meyer-Ladewig/Nettesheim/von Raumer/*Meyer-Ladewig/Harrendorf/König* 98, 106; *Frowein/Peukert* 151; IK-EMRK/*Kühne* 375.

880 SK/*Rogall* Vor § 133, 104 StPO.

881 EGMR Bönisch/A, 6.5.1985; dazu *Frowein/Peukert* 149; vgl. ferner EGMR Brandstetter/A, 28.8.1991.

882 EGMR Matyjek/PL, 24.4.2007, § 55; Luboch/PL, 15.1.2008, § 60 („in order to ensure that the accused receives a fair trial any difficulties caused to the defence by a limitation on its rights must be sufficiently counterbalanced by the procedures followed by the judicial authorities"); vgl. auch: EGMR Doorson/NL, 26.3.1996, § 72; van Mechelen u.a./NL, 24.4.1997, § 54.

883 Vgl. dazu auch: EGMR Maestri u.a./I, 8.7.2021, §§ 66 ff. (keine persönliche Anhörung des Angeklagten vor der Aufhebung eines in erster Instanz ergangenen Freispruchs).

884 BVerfG NJW **2001** 2531.

onale Verfahrensrecht solche Maßnahmen ausdrücklich vorsieht. Erforderlichenfalls muss das Gericht auch durch den Hinweis auf Umstände, die nur einer Partei unbekannt sind, die chancengleiche Vertretung der Belange ermöglichen.[885]

Zu einem fairen Verfahren – als Ausprägung des Prinzips der Waffengleichheit – gehört **302** grundsätzlich, dass vor Gericht[886] die **Anklagebehörde ihr ganzes Material** gegenüber der Verteidigung **offenlegt**, gleich, ob es nun für oder gegen den Angeklagten spricht.[887] Ist dies ausnahmsweise nicht umsetzbar, weil dem schwerer wiegende öffentliche Interessen oder der unbedingt erforderliche Schutz anderer Personen entgegenstehen, muss das Gericht ein faires Verfahren dadurch sicherstellen, dass es die dadurch bestehenden Schwierigkeiten für die Verteidigung durch eine entsprechende Verfahrensgestaltung ausgleicht.[888]

Das Gebot eines fairen Verfahrens kann auch verletzt sein, wenn bei der Anklagebe- **303** hörde vorhandenes verfahrenserhebliches Beweismaterial dem Angeklagten oder seinem Verteidiger verschwiegen wird (*„disclosure"*).[889] **Augenscheinsobjekte** (Waffen usw.), auf die sich die Anklage stützt, müssen spätestens in der Hauptverhandlung vorgelegt werden, um der Verteidigung eine effektive Kontrolle und ggf. Einwände zu ermöglichen (Rn. 310, 330, 407).[890]

Ein **Verlust von Akten oder Beweismaterial** kann die Wahrnehmung der Verfah- **304** rensbefugnisse beeinträchtigen.[891] Reichen die in das Verfahren eingeführten Beweismittel für eine sichere Verurteilung nicht aus, weil ein **möglicherweise auch entlastend wirkendes zentrales Beweismittel** für das Gericht **gesperrt** bleibt, muss es den Angeklagten trotz fortbestehenden Tatverdachts freisprechen.[892] Die gebotene Chancengleichheit kann auch dadurch verletzt sein, dass die Staatsanwaltschaft **Einblick in das Verteidigungskonzept** des Angeklagten erhält.[893]

Auch ist das Recht auf ein faires Verfahren verletzt, wenn ein Gericht in willkürlicher **305** **Missachtung einer Vorlagepflicht** eine strittige Frage selbst entscheidet und so dem Betroffenen die Möglichkeit nimmt, dass die Vorlegungsfrage von einem höheren Gericht zu seinen Gunsten entschieden wird. In der willkürlichen Nichtvorlage an den EuGH hat der

---

885 Vgl. BGH NJW **1990** 584 (Hinweis auf das Ergebnis verfahrensbezogener Ermittlungen – TKÜ).
886 Wieweit im Ermittlungsverfahren das Akteneinsichtsrecht zum Schutz des Ermittlungserfolges eingeschränkt werden und inwieweit diese Beschränkungsmöglichkeit auch in einem (gerichtlichen) Haftprüfungsverfahren bestehen bleiben kann, ist strittig (Rn. 924; Art. 5 Rn. 541 ff.); Meyer-Goßner/*Schmitt* § 147, 25 ff. StPO; LR/*Jahn* § 147, 169 ff. StPO je m.w.N.
887 EGMR Edwards/UK, 16.12.1992; Rowe u. Davis/UK, 16.2.2000, StraFo **2002** 51 m. Anm. *Sommer*; P.G. u. J.H./UK, 25.9.2001; *Gaede* StraFo **2004** 195, 196; *ders.* StV **2006** 599, 601; siehe auch: *Arslan* EuCLR **2020** 314, 316.
888 EGMR P.G. u. J.H./UK, 25.9.2001 (Verfahren vor dem Schwurgericht; Richter stellte die Fragen der Verteidigung *in camera*; geheim gehaltenes Material betraf keinen Teil der Anklage und wurde auch den Geschworenen nicht vorgelegt).
889 EGMR Atlan/UK, 19.6.2001 (wahrheitswidrige Verneinung der Existenz von nicht offen gelegtem Beweismaterial bei der Anklagebehörde). Das Prüfungsmodell des EGMR ähnelt insoweit demjenigen bei Art. 6 Abs. 3 *lit.* d, vgl. EGMR P.G. u. J.H./UK, 25.9.2001; (GK) Edwards u. Lewis/UK, 27.10.2004; (K) 22.7.2003, StraFo **2003** 360 m. Anm. *Sommer*; Rn. 1167.
890 EGMR Barberà, Messegué u. Jabardo/E, 6.12.1988; dazu *Esser* 626; *ders.* in: Marauhn 39, 47.
891 *Nowak* EuGRZ **1989** 430, 432.
892 Vgl. BGH NStZ **2004** 343 (El Motassadeq); dazu *Gaede* StraFo **2004** 195, der die Beweiswürdigungslösung des BGH als unzureichend kritisiert und thematisiert, wieweit die Sperrung von entlastendem Beweismaterial durch andere staatliche Stellen mit dem aus dem Gebot eines fairen Verfahrens herzuleitenden Informationsanspruch vereinbar ist.
893 BGH NStZ **1984** 419, dazu *Rieß* JR **1985** 48; AG Mannheim StV **1985** 276; OLG Karlsruhe StV **1986** 10, dazu *Volk* StV **1986** 34, *I. Roxin* 96 ff.; vgl. auch ÖVerfG EuGRZ **1985** 85 m. Anm. *Kopetzki* 95 und zum Verbot der Beschlagnahme der Verteidigungsunterlagen Rn. 616.

EGMR wiederholt einen Verstoß gegen das Gebot eines fairen Verfahrens gesehen.[894] Zur Begründungspflicht siehe Rn. 321.

306 Kein Verstoß gegen das Prinzip der Waffengleichheit hat der Gerichtshof nach den Umständen des Einzelfalls darin gesehen, dass der zuständige Generalstaatsanwalt an einer **Informationsveranstaltung** für Mitglieder des erkennenden Gerichts teilgenommen hatte: Er hatte sachlich die Fragen von Juroren beantwortet, aber nicht versucht, die Zusammensetzung der Jury zu beeinflussen.[895]

5. Recht auf ein kontradiktorisches Verfahren („Right to adversarial trial/ proceedings")

307 **a) Recht auf rechtliches Gehör.** Das Recht auf ein kontradiktorisches Verfahren verlangt, dass die Verfahrensbeteiligten spätestens durch das Gericht rechtliches Gehör erhalten. Dazu gehört zum einen, dass jedem Verfahrensbeteiligten eine angemessene Möglichkeit gegeben wird, den Fall einschließlich der Beweise darzustellen[896] sowie Stellungnahmen und Beweise anderer Verfahrensbeteiligter zur Kenntnis zu nehmen und zu erörtern, um auf diese Weise die Entscheidung des Gerichts beeinflussen zu können.[897] Zum anderen verlangt die **effektive Ausübung** des Rechts auf rechtliches Gehör, dass das Gericht die Stellungnahme des Beschuldigten **berücksichtigt**,[898] d.h. eine rein formale Kenntnisnahme, die praktisch einer Nichtberücksichtigung gleichkommt, genügt nicht.[899] Obwohl der EGMR diese Grundsätze sprachlich „neutral" formuliert, kann die Gewährung von Gehör als *Recht* nur dem Beschuldigten (nicht etwa den Ermittlungsbehörden oder der Staatsanwaltschaft) zustehen.[900]

308 Die Abgrenzung der Garantie eines kontradiktorischen Verfahrens zum Prinzip der Waffengleichheit fällt nicht leicht und wird auch in der Rechtsprechung des EGMR nicht immer hinreichend deutlich.[901] In vielen Fällen ist in einem Verstoß gegen das Gebot rechtli-

---

894 Vgl. EGMR Dhahbi/I, 8.4.2014, §§ 31 ff.; Desmonts/F, 23.3.1999; Dotta/I, 7.9.1999; Moosbrugger/A, 25.1.2000; Canela Santiago/E, 4.10.2001; Bakker/A, 13.6.2002; siehe auch Schipani u.a./I, 21.7.2015, §§ 69 ff.; Vergauwen u.a./B (E), 10.4.2012, §§ 89 ff.: Verletzung von Art. 6 Abs. 1, wenn die Nichtvorlage nicht begründet wird; vgl. *Breuer* JZ **2003** 433, 439. Zu der darin liegenden Verletzung des Anspruchs auf den gesetzlichen Richter vgl. Rn. 176.
895 EGMR Corcuff/F, 4.10.2007, § 32.
896 Vgl. *Esser* 410 f.
897 EGMR Salov/UKR, 6.9.2005, § 87; Abbasov/ASE, 17.1.2008, § 30; Samokhvalov/R, 12.2.2009, § 46; Natunen/ FIN, 31.3.2009, § 39; Sibgatullin/R, 23.4.2009, § 37; Seliwiak/PL, 21.7.2009, § 56; Maksimov/ASE, 8.10.2009, § 38; Janatuinen/FIN, 8.12.2009, § 41; Sabayev/R, 8.4.2010, § 35; Laska u. Lika/ALB, 20.4.2010, § 59 („The right to an adversarial trial means in principle the opportunity for the parties to a criminal trial to have knowledge of and comment on all evidence adduced or observations filed with a view to influencing the courts' decision"); KK-EMRK-GG/*Grabenwarter/Pabel* Kap. 14, 100 f.; *Esser* 406 f.; ausführlich zur Problematik des vorherigen rechtlichen Gehörs und des Richtervorbehalts als Korrektiv bei Eingriffen in das Telekommunikationsgeheimnis (§§ 100a, 100b StPO): *Meyer-Mews* StraFo **2016** 133, 136 ff. Mithin ist die Versagung vorherigen rechtlichen Gehörs ein ausgleichsbedürftiger Nachteil, der sich durch eine Nachholung rechtlichen Gehörs, gemessen an dem Erfordernis der Waffengleichheit im Strafverfahren, das Ausdruck eines fairen Verfahrens ist, als unzulänglich erweisen muss (*ders.* StraFo **2016** 133, 140).
898 Vgl dazu: EGMR Xhoxhai/ALB, 9.2.2021, § 326; Budak/TRK, 16.2.2021, § 73; Zhang/UKR, 13.11.2018, § 60; Ilgar Mammadov/ASE (Nr. 2), 16.11.2017, § 206; Carmel Saliba/MLT, 29.11.2016, §§ 64 f. („the right to a fair trial cannot be seen as effective unless the requests and observations of the parties are truly ‚heard', that is to say, properly examined by the tribunal"); zur Berücksichtigungspflicht schon: EGMR van de Hurk/NL, 19.4.1994, § 59.
899 Siehe VerfG Brandenburg Beschl. v. 25.1.2013 – VerfBbg 16/12, BeckRS **2013** 46675.
900 *Esser* 411.
901 So auch *Trechsel* 9; exemplarisch EGMR Sibgatullin/R, 23.4.2009, § 37.

chen Gehörs nicht nur eine Missachtung des Gebots eines kontradiktorischen Verfahrens, sondern auch ein Verstoß gegen das Prinzip der Waffengleichheit zu sehen.[902] Das gilt jedenfalls dann, wenn die Versagung rechtlichen Gehörs den einen Verfahrensbeteiligten gegenüber dem/n anderen Verfahrensbeteiligten benachteiligt. Insofern kann eine Konventionsverletzung im Ergebnis sowohl auf eine Verletzung der Waffengleichheit als auch auf eine Verletzung des Anspruchs auf ein kontradiktorisches Verfahren gestützt werden.[903] Wird dagegen nicht nur dem einen Beteiligten, sondern auch dem anderen Beteiligten ein Beweismittel vorenthalten, so ist zwar das Gebot des rechtlichen Gehörs verletzt, nicht aber das Prinzip der Waffen*gleichheit*. Ein Verstoß gegen diesen Grundsatz wird nach Auffassung des Gerichtshofs immer durch einen **Vergleich der Einflussmöglichkeiten** der Verfahrensbeteiligten bestimmt („disadvantage **vis-à-vis** onés opponent").[904]

Grundsätzlich muss der Beschuldigte/Angeklagte von den staatlichen Stellen nur dann **309** angehört werden, wenn eine für ihn **nachteilige Entscheidung** ergehen soll. Gibt etwa ein Gericht einer erhobenen Rüge/Beschwerde statt oder reduziert ein Rechtsmittelgericht die verhängte Strafe, so muss der Angeklagte zuvor nicht erneut angehört zu werden.[905]

b) Recht auf Zugang zum Beweismaterial. Aus Art. 6 Abs. 1 folgt für die **Strafverfol- 310 gungsbehörden** die grundsätzliche Pflicht, der Verteidigung Einsicht in das gesamte den jeweiligen Fall betreffende Beweismaterial zu gewähren, d.h. sowohl in die für als auch in die gegen den Beschuldigten sprechenden Materialien.[906] Diese **Garantie auf Zugang zum relevanten Beweismaterial** („entitlement to disclosure of relevant evidence") stellt allerdings kein absolutes Recht des Beschuldigten dar.[907] Die Vertragsstaaten können in ihrem nationalen Recht **Ausnahmen** vorsehen; diese müssen allerdings durch gegenläufige Interessen („**competing interests**") begründet und verhältnismäßig („**strictly necessary**") sein.[908]

Gegenläufige Interessen können etwa aus den Rechten Dritter, der nationalen Si- **311** cherheit resultieren oder aus dem Bedürfnis, bestimmte Ermittlungsmethoden/-vorgänge geheim zu halten.[909] Die nationalen Gerichte müssen derartige gegenläufige Interessen immer mit dem Recht auf Zugang zum Beweismaterial abwägen und Schwierigkeiten, die sich für die Verteidigung durch eine etwaige Einschränkung des vorgenannten Rechts im Laufe des Verfahrens ergeben, genügend ausgleichen („**sufficiently counterbalan-**

---

902   EGMR Samokhvalov/R, 12.2.2009, § 46 („the principle of equality of arms is another feature of the wider concept of a fair trial, which also includes the fundamental right that criminal proceedings should be adversarial"); vgl. auch EGMR Salov/UKR, 6.9.2005, § 87; Sabayev/R, 8.4.2010, § 35.

903   Vgl. nur *Gaede* 301.

904   Vgl. nur EGMR (GK) Öcalan/TRK, 12.5.2005, § 140.

905   EGMR Riha/F (E), 24.6.2004.

906   EGMR Edwards u. Lewis/UK, 27.10.2004, § 46; Natunen/FIN, 31.3.2009, § 39; Janatuinen/FIN, 8.12.2009, § 41 („disclose to the defence all material evidence in their possession for or against the accused"); Welke u. Białek/PL, 1.3.2011, § 64; Rook/D, 25.7.2019, § 58 (kein Zugang zu Daten aus Überwachungsmaßnahmen); Xhoxhai/ALB, 9.2.2021, § 326; siehe schon: EGMR Rowe u. Davis/UK, 16.2.2000, § 60; *Arslan* EuCLR **2020** 314, 316.

907   EGMR Natunen/FIN, 31.3.2009, § 40; Kennedy/UK, 18.5.2010, § 187; Rook/D, 25.7.2019, § 59.

908   EGMR Natunen/FIN, 31.3.2009, § 40; Janatuinen/FIN, 8.12.2009, § 42; Kennedy/UK, 18.5.2010, § 184; Rook/D, 25.7.2019, § 59.

909   EGMR Kennedy/UK, 18.5.2010, § 187 („The interests of national security or the need to keep secret methods of investigation of crime must be weighed against the general right to adversarial proceedings."); vgl. auch: EGMR (GK) Edwards u. Lewis/UK, 27.10.2004, § 46; dazu auch die Antwort der Bundesregierung auf die Kleine Anfrage der Fraktion Die Linke (u.a.), wonach die Antworten auf einige der in der Anfrage gestellten Fragen aus Gründen des Staatswohls geheimhaltungsbedürftig seien und nicht öffentlich beantwortet, sondern und nur eingestuft als Verschlusssache übermittelt werden können, vgl. BTDrucks. **20** 2870 S. 1 f.

ce").[910] Ein Verstoß gegen Art. 6 Abs. 1 kann dementsprechend schon darin liegen, dass die nationalen Gerichte es versäumen, die Verteidigungsinteressen gegen die Interessen, die für die Zurückhaltung des Materials sprechen, abzuwägen bzw. darin, dass sie nach den Vorgaben des nationalen Rechts die berührten Interessen gar nicht abwägen dürfen.[911] Eine vorgenommene Abwägung ist schon dann unzureichend, wenn sie die Frage der Notwendigkeit der Geheimhaltung bestimmten Materials nur **pauschal nach dessen Art** und nicht nach dessen **Inhalt** zu beantworten versucht.[912]

312   Dabei überlässt der Gerichtshof, sofern das Recht auf Zugang zum Beweismaterial aus Gründen des öffentlichen Wohls eingeschränkt wird, die Prüfung der ersten beiden Punkte („competing interests"/„strictly necessary") weitgehend den nationalen Gerichten;[913] er verlangt aber eine **ausreichende Begründung** der Entscheidung[914] und nimmt insoweit auch eine **Plausibilitätskontrolle** vor.[915]

313   Besondere Bedeutung kommt dem **Entscheidungsprozess**, d.h. dem Verfahren als solchem zu, mit dem eine Beschränkung des Zugangs zum Beweismaterial gerichtlich überprüft wird.[916] Diese dritte Ebene, d.h. ob das auf nationaler Ebene gewählte Verfahren („decision-making procedure") die Einschränkung der Verteidigungsrechte hinreichend ausgeglichen hat und ob hinreichende **Sicherheiten gegen Missbrauch** bestehen,[917] prüft der Gerichtshof vollumfänglich.

314   Im Fall *Edwards and Lewis*[918] hatte ein Richter das ihm von der Anklagebehörde vorgelegte Material bewertet und die Anträge der Verteidigung auf Einsichtnahme abschlägig beschieden, gleichzeitig aber über das Vorliegen einer Tatprovokation entschieden, ohne dass die Verteidigung zu dieser Frage substantiiert Stellung nehmen konnte. In dieser Vorgehensweise sah der Gerichtshof Art. 6 Abs. 1 als verletzt an.

---

910 EGMR Natunen/FIN, 31.3.2009, § 40; Janatuinen/FIN, 8.12.2009, § 42; Kennedy/UK, 18.5.2010, § 184; (GK) Regner/CS, 19.9.2017, § 148; Rook/D, 25.7.2019, § 59.

911 EGMR Mirilashvili/R, 11.12.2008, §§ 206 ff. („the essential point in the reasoning of the domestic court was that the materials at issue related to the OSA and, as such, could not have been disclosed to the defence. It appears that the court did not analyse whether those materials would have been of any assistance for the defence, and whether their disclosure would, at least arguably, have harmed any identifiable public interest").

912 EGMR Mirilashvili/R, 11.12.2008, § 209 („decision was based on the type of material at issue [...] and not on an analysis of its content").

913 EGMR Natunen/FIN, 31.3.2009, § 41 („where evidence has been withheld from the defence on public interest grounds, it is not the role of this Court to decide whether or not such non-disclosure was strictly necessary since, as a general rule, it is for the national courts to assess the evidence before them"); Janatuinen/FIN, 8.12.2009, § 43.

914 EGMR Mirilashvili/R, 11.12.2008, § 209 („decision to withhold materials relating to the surveillance operation was [...] not sufficiently justified").

915 EGMR Gözel u. Özer/TRK, 6.7.2010, § 66 („La Cour rappelle qu'elle a souvent examiné de tels griefs et conclu à la violation de l'article 6 § 1 de la Convention en raison de la non-communication de l'avis du procureur général, compte tenu de la nature des observations de celui-ci et de l'impossibilité pour le justiciable d'y répondre par écrit [...]. *La Cour considère que le Gouvernement n'a fourni aucun fait ni argument convaincant susceptible de mener en l'espèce à une conclusion différente de celles prononcées pour des griefs identiques.*"); (GK) Göç/TRK, 11.7.2002, §§ 55–58; Tosun/TRK, 28.2.2006, §§ 22–24.

916 EGMR Natunen/FIN, 31.3.2009, § 41; Janatuinen/FIN, 8.12.2009, § 43; Laska u. Lika/ALB, 20.4.2010, § 70 („the Court must scrutinise the decision-making procedure to ensure that, as far as possible, the procedure complied with the requirements to provide adversarial proceedings, equality of arms and incorporated adequate safeguards to protect the interest of the accused."); Jasper/UK, 16.2.2000, §§ 52–53.

917 EGMR Mirilashvili/R, 11.12.2008, § 209 („decision to withhold materials relating to the surveillance operation was not accompanied by adequate procedural guarantees").

918 EGMR (GK) Edwards u. Lewis/UK, 27.10.2004.

Esser

Grundsätzlich muss der Beschuldigte Gelegenheit erhalten, die **Stellungnahme eines** 315
Vertreters der Anklage zur Kenntnis zu nehmen und sich zu ihr zu äußern. Zur Verhandlung, in der der Anklagevertreter eine Empfehlung oder eine sonstige verfahrensrelevante
Stellungnahme abgibt, muss der Beschuldigte geladen werden. Diesbezügliche Versäumnisse des Staates begründen nur dann keinen Verstoß gegen Art. 6 Abs. 1, wenn der Beschuldigte durch eigenes Verschulden die Frist zur Begründung des Rechtsmittels nicht einhält
und seine Stellungnahme zu den Ausführungen des Anklagevertreters die Entscheidung
in der Sache nicht mehr beeinflussen kann.[919]

Der Anspruch auf ein kontradiktorisches Verfahren ist verletzt, wenn ein **Urteilsent-** 316
wurf und das **Votum des Berichterstatters des erkennenden Gerichts** vor Beginn der
mündlichen Verhandlung nur der Anklagebehörde oder einer sonstigen Justizbehörde zugestellt oder auf sonstige Weise bekannt gegeben werden, nicht aber dem Beschuldigten.
Nachdem der Gerichtshof dies schon recht früh in seiner Rechtsprechung[920] festgestellt
hatte, änderte Frankreich seine Praxis. Seither besteht die Stellungnahme des gerichtlichen Berichterstatters aus zwei Teilen. Der erste wird allen Verfahrensbeteiligten zugestellt. Den zweiten Teil, der die persönliche Meinung des Berichterstatters und den Urteilsentwurf enthält, bekommen weder die Anklagebehörde noch der Beschuldigte zugestellt.
Diese neue Praxis ist an sich mit der EMRK vereinbar, worauf der Gerichtshof in der Rs.
Fabre[921] auch ausdrücklich hingewiesen hat. Dass der EGMR dort gleichwohl einen Verstoß
gegen Art. 6 Abs. 1 annahm, beruht darauf, dass der zweite Teil des Berichts entgegen der
neuen Praxis der Anklagebehörde zugestellt worden war.

Wird dagegen der Urteilsentwurf erst in der mündlichen Verhandlung selbst bekannt- 317
gegeben, ohne dass ein Verfahrensbeteiligter vorher Kenntnis von ihm hatte, so ist dieses
Vorgehen mit der EMRK vereinbar, wenn der Beschuldigte die Möglichkeit hatte, an der
Verhandlung teilzunehmen und seine Stellungnahme vorzubereiten. Nutzt er diese Gelegenheit nicht, so ist darin kein Verstoß gegen den Anspruch auf rechtliches Gehör zu
sehen.[922] Auch kann er aus Art. 6 Abs. 1 keinen Anspruch auf vorherige Zustellung des
Urteilsentwurfs herleiten.[923]

Schriftliche Eingaben von (mutmaßlich) **Verletzten**, die im Strafprozess **ihre zivil-** 318
rechtlichen Ansprüche verfolgen, müssen dem Beschuldigten nur dann nicht zugestellt
werden, wenn sie inhaltlich Schriftsätze der Anklagebehörde lediglich wiederholen.[924] Im
Übrigen gelten die allgemeinen Grundsätze eines kontradiktorischen Verfahrens, d.h. dem
Beschuldigten muss eine effektive Möglichkeit der Stellungnahme auch zu derartigen Ausführungen eingeräumt werden.

6. Pflicht zur Begründung einer Entscheidung. Die Pflicht zur Begründung einer 319
gerichtlichen Entscheidung („duty to give reasons for a decision") wird ebenfalls zu den
Anforderungen an ein faires Verfahren gerechnet.[925] Allerdings überprüft der Gerichtshof

---

919 EGMR P.D./F, 20.12.2005 (Generalanwalt); Dayanan/TRK, 13.10.2009, §§ 35 f.
920 EGMR (GK) Reinhardt u. Slimane-Kaïd/F, 31.3.1998, ÖJZ **1998** 151.
921 EGMR Fabre/F, 2.11.2004, §§ 30 f.
922 EGMR K.A. u.A.D./B (E), 17.2.2005.
923 EGMR K.A. u.A.D./B (E), 17.2.2005.
924 EGMR Verdù Verdù/E, 5.2.2007.
925 EGMR Vyerentsov/UKR, 11.4.2013, § 84; Mitrofan/MOL, 15.1.2013, § 48 („Article 6 § 1 obliges courts to give
reasons for their decisions"); Baucher/F, 24.7.2007, § 42 („Les juges doivent cependant indiquer avec une clarté
suffisante les motifs sur lesquels ils se fondent."); (GK) Garcia Ruiz/E, 21.1.1999, § 26; KK-EMRK-GG/*Grabenwar-
ter/Pabel* Kap. 14, 103; Meyer-Ladewig/Nettesheim/von Raumer/*Meyer-Ladewig/Harrendorf/König* 103.

Esser

in diesem Kontext nicht, ob die Begründung der nationalen Gerichte tatsächlich zutrifft,[926] sondern er beschränkt sich auf die Kontrolle, ob sich die nationalen Gerichte überhaupt mit dem (wesentlichen) Vorbringen des Beschuldigten in sachlicher Weise auseinandergesetzt haben.[927] Die Begründungspflicht ergibt sich aus dem Recht auf rechtliches Gehör (Rn. 307). Nur wenn eine Entscheidung ausreichend begründet wird, kann der Beschuldigte überprüfen, ob sich das Gericht tatsächlich mit den von ihm vorgebrachten Argumenten auseinandergesetzt und nicht willkürlich entschieden hat.[928]

320   Prinzipiell muss **jede Entscheidung eines Gerichts** begründet werden, nicht nur das die jeweilige Instanz abschließende Urteil.[929] Das Fehlen einer Begründung kann den Anspruch auf ein faires Verfahren[930] vor allem dann verletzen, wenn dadurch die **Einlegung eines Rechtsbehelfs** erschwert oder entwertet wird, weil im Dunkeln bleibt, welche Erwägungen die Entscheidung tragen.[931] Das gilt auch für die Staaten, in denen, wie in Deutschland, mangels Ratifikation Art. 2 des 7. ZP-EMRK nicht gilt.[932] Zwar lässt sich aus Art. 6 Abs. 1 selbst kein Anspruch auf eine Rechtsmittelinstanz ableiten.[933] Nach der gefestigten Rechtsprechung des EGMR haben aber Konventionsstaaten, die (insoweit überobligationsmäßig) Rechtsmittelverfahren einführen, zu gewährleisten, dass jede Instanz den Anforderungen des Art. 6 Abs. 1 genügt,[934] was u.a. beinhaltet, dass die Rechtsmittelführer ihr Rechtsmittel sinnvoll ausüben können.[935]

---

926   EGMR Grädinar/MOL, 8.4.2008, § 107; Vetrenko/MOL, 18.5.2010, § 52 („to place a „tribunal" under a duty to conduct a proper examination of the submissions, arguments and evidence, without prejudice to its assessment or to whether they are relevant for its decision, given that the Court is not called upon to examine whether arguments are adequately met."); Lalmahomed/NL, 22.2.2011, § 37 („as long as the resulting decision is based on a full and thorough evaluation of the relevant factors [...], it will escape the scrutiny of the Court [...]."); siehe auch EGMR (GK) Perez/F, 12.2.2004, § 80; Buzescu/RUM, 24.5.2005, § 63.

927   EGMR Vetrenko/MOL, 18.5.2010, § 55 („one of the requirements of Article 6 is for the domestic courts to deal with the most important arguments raised by the parties and to give reasons for accepting or rejecting such arguments. [...] A failure to deal with a serious argument or a manifestly arbitrary manner of doing so is incompatible with the notion of a fair trial."); Meyer-Ladewig/Nettesheim/von Raumer/*Meyer-Ladewig/Harrendorf/König* 103.

928   EGMR Lalmahomed/NL, 22.2.2011, § 43 („for the requirements of a fair trial to be satisfied, the accused, and indeed the public, must be able to understand the judgment or decision that has been given; this is a vital safeguard against arbitrariness. [...] the rule of law and the avoidance of arbitrary power are principles underlying the Convention."); vgl. EGMR (GK) Taxquet/B, 16.11.2010, § 90; *Trechsel* 104–106; *Gaede* 303.

929   EGMR Janatuinen/FIN, 8.12.2009, § 64 („for the effective administration of justice, courts and tribunals should adequately state the reasons on which they base their decisions."); *Trechsel* 103.

930   Ob innerstaatlich eine weitergehende Begründungspflicht aus dem verfassungsrechtlichen Recht auf Gehör abzuleiten ist, kann offenbleiben; eine Begründungspflicht unter diesem Aspekt bejahen grundsätzlich: SK/*Meyer* 148; *Villiger* 567.

931   EGMR Hadjianastassiou/GR, 16.12.1992, NJW **1993** 1697 = EuGRZ **1993** 70 = ÖJZ **1993** 396; Hiro Balani/E, 9.12.1994, ÖJZ **1995** 350; Baucher/F, 24.7.2007, §§ 41 ff., insb. § 42 („Les juges doivent cependant indiquer avec une clarté suffisante les motifs sur lesquels ils se fondent. C'est ainsi, par exemple, qu'un accusé peut exercer utilement les recours existants."); siehe auch: *Rogall* Beschuldigte als Beweismittel 114.

932   EGMR Lalmahomed/NL, 22.2.2011, §§ 34, 38 („Protocol Nr. 7 adds to the guarantees contained in the Convention: it does not detract from them. [...] Article 2 of Protocol Nr. 7 cannot be construed *a contrario* as limiting the scope of Article 6 guarantees in appellate proceedings with respect to those Contracting Parties for which Protocol Nr. 7 is not in force.").

933   EGMR Hansen/N, 2.10.2014, § 71.

934   EGMR Lalmahomed/NL, 22.2.2011, § 36; siehe auch: EGMR Delcourt/B, 17.1.1970; De Cubber/B, 26.10.1984; Ekbatani/S, 26.5.1988, § 26; Khalfaoui/F,14.12.1999, § 37; (GK) Kudła/PL, 26.10.2000, § 122, NJW **2001** 2694 = EuGRZ **2004** 484 = ÖJZ **2001** 904.

935   EGMR RTBF/B, 29.3.2011, § 70 m.w.N.; Marpa Zeeland B.V. u. Metal Welding B.V./NL, 9.11.2004, § 48 m.w.N.

Wenn Unionsrecht für die Entscheidung eines Falles relevant ist und das Gericht eine **321** Rechtsfrage nicht gem. **Art. 267 AEUV** dem EuGH vorlegt (Rn. 176), hat es das zu begründen; dies gilt insbesondere (aber nicht nur dann), wenn das Gericht letztinstanzlich zuständig ist.[936]

Der Beschuldigte hat zwar **keinen Anspruch auf eine schriftliche Urteilsbegrün-** **322** **dung**. Art. 6 Abs. 1 entfaltet aber zu seinen Gunsten sowohl eine zeitliche als auch eine inhaltliche Schutzkomponente.[937]

In **zeitlicher Hinsicht** muss er die zur Ausübung seiner Rechtsmittelbefugnis erfor- **323** derlichen Gründe für seine Verurteilung entweder schon bei der Verkündung des Urteils erfahren oder innerhalb der Frist zur Einlegung bzw. Begründung des Rechtsmittels. Erfährt er sie erst nach Ablauf dieser Frist, lässt sich ein Konventionsverstoß nur dann vermeiden, wenn er sein Rechtsmittel trotz Fristablaufs ergänzend begründen kann (z.B. über eine Wiedereinsetzung in den vorigen Stand).

Inhaltlich muss das Gericht die **Gründe** angeben, auf die es sein Urteil stützt, und **324** zwar in einem Umfang, der es dem Verurteilten ermöglicht, von dem ihm zustehenden Rechtsmittel sinnvoll Gebrauch zu machen. Was das im Einzelnen heißt, ist schwierig zu beantworten,[938] schon weil die Grundsätze, die der Gerichtshof hauptsächlich zu zivilrechtlichen Streitigkeiten entwickelt hat, sich nur eingeschränkt auf das Strafverfahren übertragen lassen und der EGMR selbst die Einzelfallabhängigkeit betont.[939]

Der erforderliche Inhalt und Umfang der Begründung muss vor allem dem mit ihr in- **325** tendierten Zweck (Nachvollziehbarkeit der Entscheidung; Willküraussschluss) genügen.[940] Maßgebend dafür ist die Lage des Einzelfalls, vor allem die Art der jeweiligen Entscheidung, deren Bedeutung und deren Gewicht.[941] Die Begründung eines Urteils verstößt jedenfalls dann gegen Art. 6 Abs. 1, wenn die Gründe **willkürlich** oder **grob unvernünftig** erscheinen, d.h. **eindeutig unzureichend, offensichtlich widersprüchlich** oder **fehlerhaft** sind.[942]

Das Gericht muss andererseits **nicht auf** *jedes* **Argument** eingehen, das der Beschul- **326** digte vorgebracht hat.[943] Auch dürfte der EGMR es akzeptieren, dass Sach- und Rechtsfragen in tatsächlicher und rechtlicher Hinsicht **einfach gelagerten Fällen** knapper begründet werden als Sachverhalte, die vor allem rechtlich gesehen komplexe Fragen aufwerfen. Bei **Ermessensentscheidungen** ist die Begründungspflicht hinsichtlich der angestellten

---

936 EGMR Schipani u.a./I, 21.7.2015, §§ 69 ff.; Vergauwen u.a./B (E), 10.4.2012, §§ 89 ff.

937 Näher *Esser* 746–749 m.w.N.

938 KK-EMRK-GG/*Grabenwarter*/*Pabel* Kap. 14, 103; *Trechsel* 106 f.

939 EGMR Grädinar/MOL, 8.4.2008, § 107; Ruiz Torija/E, 9.12.1994, § 29; Hiro Balani/E, 9.12.1994, § 27; Helle/FIN, 19.12.1997, § 55, ÖJZ **1998** 932; (GK) Taxquet/B, 16.11.2010, § 91.

940 Siehe EGMR (GK) Taxquet/B, 16.11.2010, § 90; (GK) Lhermitte/B, 29.11.2016, § 67 („the accused and indeed the public must be able to understand the verdict that has been given; this is a vital safeguard against arbitrariness"); vgl. auch SK/*Meyer* 134.

941 Vgl. EGMR Budak/TRK, 16.2.2021, § 72 sowie schon EGMR (GK) García Ruiz/E, 21.1.1999, § 26; Higgins u.a./F, 19.2.1998, § 42; Hiro Balani/E, 9.12.1994, § 27; *Grabenwarter*/*Pabel* § 24, 76; ferner zum jeweiligen „Relevanzhorizont" der Entscheidungsbegründung *Kudlich*/*Christensen* GA **2002** 337.

942 Vgl. auch: OGH ÖJZ **2015** 365, 366.

943 EGMR (GK) Gorou/GR (Nr. 2), 20.3.2009, § 37; Aleksey Iliev Petrov/BUL (E), 2.11.2010; van de Hurk/NL, 19.4.1994, §§ 59, 61; (GK) García Ruiz/E, 21.1.1999; Volkmer/D (E), 22.11.2001; Alge/A (E), 10.4.2003; Burg u.a./F (E), 28.1.2003; Salov/UKR, 6.9.2005, § 89; Grädinar/MOL, 8.4.2008, § 107 („Article 6 § 1 [...] cannot be understood as requiring a detailed answer to every argument."); Janatuinen/FIN, 8.12.2009, § 64; Vetrenko/MOL, 18.5.2010, § 52; Brusco/F, 14.10.2010, § 58; (GK) Taxquet/B, 16.11.2010, § 91; Melgarejo Martinez de Abellanosa/E, 14.12.2021, §§ 38 ff. (steuerrechtliche Streitigkeit); ferner Meyer-Ladewig/Nettesheim/von Raumer/*Meyer-Ladewig*/*Harrendorf*/*König* 103; *Gaede* 304 m.w.N.

Erwägungen regelmäßig höher.[944] Jedenfalls müssen alle aus Sicht des Gerichts **entscheidungserheblichen Aspekte** und diesbezüglich vorgebrachten Argumente angesprochen werden.[945] Die Gründe müssen erkennen lassen, dass das Gericht den wesentlichen Vortrag der Parteien verarbeitet hat.[946]

327   Das Recht auf eine begründete Entscheidung ist in besonderer Weise betroffen, wenn die Schuldfrage von einem **Geschworenengericht** entschieden wird, da diesen Gerichten eine Begründung im eigentlichen Sinn fremd ist.[947] Dies ist allerdings nicht schlechthin mit der Konvention unvereinbar,[948] da die EMRK den Mitgliedstaaten nicht vorschreibt, wie sie ihr Rechtssystem gestalten müssen, solange die Gesamtfairness des Prozesses sichergestellt ist.[949] Es muss daher gewährleistet sein, dass der Angeklagte und auch die Öffentlichkeit nachvollziehen können, warum es zu einer Verurteilung gekommen ist. Darüber hinaus müssen **Schutzmechanismen gegen eine willkürliche Entscheidungsfindung** („vital safeguard against arbitrariness") in Form einer speziellen Verfahrensgestaltung („special procedural features") erkennbar sein.[950] Das bedeutet, dass die Geschworenen über die rechtlichen Probleme des Falles aufgeklärt werden und ihnen präzise Fragen gestellt werden müssen.[951] So hat der Gerichtshof in der Rs. *Taxquet* beanstandet, dass die Fragen, die den Geschworenen gestellt worden waren, für den (späteren) Bf. und seine sieben Mitangeklagten identisch waren und für den Bf. daher nicht erkennbar war, warum gerade er für schuldig befunden wurde.[952] Gleichfalls fehlt es an dieser Erkennbarkeit, wenn in komplexen Verfahren zu einfache bzw. zu wenige Fragen gestellt werden.[953]

---

944 Vgl. EGMR H./B, 30.11.1987; De Moor/B (23.6.1994); SK/*Meyer* 148; KK-EMRK-GG/*Grabenwarter*/*Pabel* Kap. 14, 103.

945 EGMR Vetrenko/MOL, 18.5.2010, § 55 („one of the requirements of Article 6 is for the domestic courts to deal with the most important arguments raised by the parties and to give reasons for accepting or rejecting such arguments. [...] A failure to deal with a serious argument or a manifestly arbitrary manner of doing so is incompatible with the notion of a fair trial."); (GK) Taxquet/B, 16.11.2010, § 91; Lalmahomed/ NL, 22.2.2011, § 43 („courts are not obliged to give a detailed answer to every argument raised, it must be clear from the decision that the essential issues of the case have been addressed").

946 Vgl. auch Meyer-Ladewig/Nettesheim/von Raumer/*Meyer-Ladewig*/*Harrendorf*/*König* 103; vgl. zur Ableitung aus dem Recht auf Gehör BVerfGE **89** 133, 146; **96** 205, 216; BVerfG StraFo **2004** 235.

947 *Trechsel* 107.

948 EGMR (GK) Taxquet/B, 16.11.2010, 16.11.2010, § 90 („does not require jurors to give reasons for their decision and that Article 6 does not preclude a defendant from being tried by a lay jury even where reasons are not given for the verdict"); Judge/UK (E), 8.2.2011, §§ 35 ff.

949 EGMR (GK) Taxquet/B, 16.11.2010, §§ 83 f.; (GK) Achour/F, 29.3.2006, § 51.

950 EGMR (GK) Taxquet/B, 16.11.2010, § 90; Agnelet/F, 10.1.2013, §§ 57 f. Legillon/F, 10.1.2013, §§ 53 f.; Suominen/FIN, 1.7.2003, § 37; Tatishvili/R, 22.2.2007, § 58.

951 EGMR (GK) Taxquet/B, 16.11.2010, § 92; Papon/F (E), 15.11.2001.

952 EGMR (GK) Taxquet/B, 16.11.2010, § 96 („questions, which were succinctly worded and were identical for all the defendants, did not refer to any precise and specific circumstances that could have enabled the applicant to understand why he was found guilty"). Anders dagegen zur Rechtslage in Schottland: EGMR Judge/UK (E), 8.2.2011, §§ 36 ff.; zu Österreich: *Moos* JBl. **2010** 73 (mit rechtsvergleichenden Ausführungen zu Deutschland, Schweiz, Spanien und Belgien); *Lewisch* JBl. **2012** 496.

953 EGMR Agnelet/F, 10.1.2013, §§ 68 ff. (in einem Mordprozess bezüglich einer verschwundenen Person stand noch nicht einmal fest, ob es überhaupt zu einer Tötung gekommen war; Angeklagter war ursprünglich freigesprochen worden; die Geschworenen wurden lediglich gefragt, ob der Angeklagte das Opfer vorsätzlich getötet hatte und, falls ja, ob die Tötung geplant war; die Antworten führten zur Verurteilung); ähnlich EGMR Khaledian/B, 18.11.2014, §§ 24 ff. (bzgl. aller sechs Angeklagten wurden die identischen lakonischen und unkonkreten Fragen gestellt; ähnlich drei weitere Urteile gegen Belgien vom selben Tag und weitere Urteile, darunter drei vom 17.2.2015, sowie zwei Urteile gegen Frankreich vom 21.5.2015); in Abgrenzung dazu EGMR Legillon/F, 10.1.2013, §§ 60 ff. (kein komplexes Verfahren; zahlreiche, spezifische Fragen

Rechtsmittelgerichte können sich in der Begründung ihres Urteils auf die vorangegan- **328** genen Entscheidungen beziehen.[954] Die Begründung darf vom Umfang her insgesamt auch knapper ausfallen als in der ersten Instanz. Jedoch wird man auch von ihnen verlangen müssen, dass aus ihrer Begründung hervorgeht, dass sie sich erkennbar mit den **wesentlichen Argumenten des Angeklagten ernsthaft auseinandergesetzt** haben.[955] Auch die Nichtbegründung von höchstrichterlichen Entscheidungen („national superior courts"), d.h. von Urteilen oder Beschlüssen, gegen die **kein Rechtsmittel mehr statthaft** ist, kann daher je nach Einzelfall das Recht auf ein faires Verfahren verletzen.[956] Wenn übergeordnete staatliche Gerichte allerdings „lediglich" die **Verwerfung/Zurückweisung eines Rechtsmittels** beschließen, lässt der EGMR unter Umständen sogar die Bezugnahme auf eine **bestimmte Verfahrensvorschrift**, die ein solches prozessuales Vorgehen erlaubt, oder auch die **inhaltliche Billigung der Vorentscheidung** für die Nichtannahme eines Rechtsmittels als Begründung genügen,[957] insbesondere in einem der eigentlichen Prüfung des Rechtsmittels vorgeschalteten Annahmeverfahren.[958] Voraussetzung ist aber, dass das Rechtsmittel **keine Fragen von grundsätzlicher Bedeutung** aufwirft, etwa weil die Untergerichte sich sehr genau an die Rechtsprechung des verwerfenden Gerichts gehalten und ihre jeweiligen Entscheidungen ausgewogen begründet haben.[959] Weicht das Rechtsmittelgericht von einer **ge-**

---

an die Geschworenen; keine Verletzung von Art. 6); siehe ferner EGMR Bodein/F, 13.11.2014, § 43, zur Gesetzesänderung in Frankreich im Jahre 2011, wodurch Fälle wie *Agnelet* verhindert werden sollen); spektakulär EGMR (GK) Lhermitte/B, 29.11.2016, §§ 32 ff., 39, 78 ff. (insbes. §§ 80 f., 83), wo die Jury ohne weitere Ausführungen und gegen die Ansicht dreier Sachverständiger eine Schuldunfähigkeit (ähnlich § 20 StGB) der Bf. verneinte und sich die Gründe für diese Verneinung nicht aus der (von der Jury und drei Berufsrichtern verfassten) Urteilsbegründung selbst, sondern erst aus der gewagten Interpretation dieser Urteilsbegründung durch das Revisionsgericht ergaben; GK verneinte unzutreffend eine Verletzung mit 10:7 Stimmen; ebenso (K) 26.5.2015, §§ 14 ff., 19, 31 f. (4:3 Stimmen); näher die beachtlichen Dissenting Opinions zu K- und GK-Urteil.

954 EGMR Brusco/F, 14.10.2010, § 58 („se borner à faire siens les motifs de la décision entreprise"); (GK) García Ruiz/E, 21.1.1999, § 26; siehe auch BVerfG NJW **2014** 2563 = EuGRZ **2014** 486 = StraFo **2014** 391 = wistra **2014** 434 = JR **2015** 92 = StV **2015** 75.

955 Vgl. *Gaede* 304 m.w.N. in Fn. 602–603.

956 Siehe hierzu *Esser* 749. Geringes Interesse zeigt der EGMR gegenüber der nicht oder fast nicht begründeten Nichtannahme von Verfassungsbeschwerden, Rn. 328.

957 EGMR Qeska/ALB (E), 17.3.2015, § 41; Hansen/N, 2.10.2014, § 80; Bachowski/PL (E), 2.11.2010 („where the highest court in a country refuses to accept a case or where it examines a remedy on its merits and dismisses it on the basis that the legal grounds for amending or quashing a contested judgment are not made out, very limited reasoning may satisfy the requirements of Article 6 of the Convention."); Nersesyan/ARM (E), 19.1.2010, § 23; (GK) Gorou/GR (Nr. 2), 20.3.2009, § 41; Nerva u.a./UK, 24.9.2002; Helle/FIN, 19.12.1997, § 55; vgl. zu § 349 Abs. 2 StPO: EGMR Salameh/D, 15.5.1996 (E), § 2; dazu auch BVerfG Beschl. v. 30.6.2014, JR **2015** 95 ff.

958 EGMR Bachowski/PL (E), 2.11.2010 („As regards the preliminary procedure for the examination and admission of cassation appeals, [...] an appellate court is not required to give more detailed reasoning when it simply applies a specific legal provision to dismiss a cassation appeal as having no prospects of success, without further explanation."); (GK) Gorou/GR (Nr. 2), 20.3.2009; Salé/F, 21.3.2006, § 17; Burg u.a./F (E), 28.1.2003.

959 EGMR Helle/FIN, 19.12.1997; (GK) García Ruiz/E, 21.1.1999; Teuschler/D (E), 4.10.2001; Vogl/D (E), 5.12.2002; Burg u.a./F (E), 28.1.2003; Witt/D (E), 8.1.2007, NJW **2008** 2322 (BVerfG; Nichtannahme der Verfassungsbeschwerde ohne Begründung; keine Abweichung vom verfassungsrechtlich geprägten Begriff „verwerflich" i.S.v. § 240 StGB); Greenpeace e.V. u.a./D (E), 12.5.2009 („simply to refer to the legal provisions governing that procedure if the questions raised by the complaint, as in the present case, are not of fundamental importance"); *Frowein/Peukert* 183; Meyer-Ladewig/Nettesheim/von Raumer/*Meyer-Ladewig/Harrendorf/König* 104.

festigten Rechtsprechung ab, muss es seine Entscheidung ausführlich begründen und dem Angeklagten die Änderung nachvollziehbar erklären.[960]

329   **7. Gerichtliche Fürsorge als Aspekt der Verfahrensfairness.** Die Garantie des fairen Verfahrens kann es erfordern, dass das Gericht **schützend eingreift**, um ein offensichtlich zutage tretendes Ungleichgewicht bei der Vertretung der Verfahrensinteressen auszugleichen,[961] wie dies auch aus dem in die gleiche Richtung zielenden und zumindest in der Zielsetzung weitgehend identischen Grundgedanken der **prozessualen Fürsorgepflicht**[962] hergeleitet wird. Das Gericht muss Rücksicht auf die konkrete Situation der Verfahrensbeteiligten nehmen und darf diese in keine ihre **Rechtswahrung beeinträchtigende Zwangslage** bringen. Ebenso muss es dagegen einschreiten, wenn dies durch einen anderen Verfahrensbeteiligten geschieht.[963] Es muss unsachliche Einwirkungen anderer Verfahrensbeteiligter unterbinden sowie einer etwaigen Beeinflussung der Laienrichter (etwa im Zuge einer Pressekampagne) entgegenwirken.[964]

330   In der **unrichtigen Auskunft** der Staatsanwaltschaft darüber, ob bei ihr weiteres, nicht offen gelegtes und gerichtlich nicht verwendetes relevantes Material vorliege, hat der EGMR einen Verstoß gegen das faire Verfahren gesehen, da der Richter dadurch gehindert wird, dieses Material zu prüfen und darüber zu entscheiden, ob durch die Nichtoffenlegung die Verteidigung in unfairer Weise behindert wird.[965] Das Gericht darf ferner aus eigenen oder ihm zuzurechnenden Fehlern, Unklarheiten oder Versäumnissen keine Verfahrensnachteile für den Betroffenen herleiten. Beruht eine Fristversäumnis auf einem **Fehler des Gerichts**, erfordert die hierdurch gebotene besondere Fairness, diesem Umstand bei den formellen Anforderungen an eine Wiedereinsetzung Rechnung zu tragen.[966]

331   Zur Fürsorgepflicht des Gerichts gehört es auch, den (nicht-verteidigten) Angeklagten darauf hinzuweisen, dass er eine von ihm im Ermittlungsverfahren angeregte, aber nicht vollzogene Beweiserhebung als förmlichen **Beweisantrag in der gerichtlichen Hauptverhandlung wiederholen** muss.

332   **8. Enttäuschung berechtigten Vertrauens.** Ein faires Verfahren erfordert es ferner, dass alle Verfahrensbeteiligten auf die Rechtslage und auf die verfahrensbezogenen Äußerungen des Gerichts sowie auf die dadurch geschaffene Verfahrenslage vertrauen können. Mit diesem **Vertrauensschutz** als Ausprägung des Gedankens der **Rechtssicherheit** („legal certainty")[967] ist vor allem im Strafverfahren jede **bewusste Täuschung oder Irreführung** des Beschuldigten durch staatliche Organe unvereinbar.

---

960 EGMR Atanasovski/MAZ, 14.1.2010, § 38; ähnlich in einem verwaltungsrechtlichen (aus Sicht von Art. 6: zivilrechtlichen) Fall: Emel Boyraz/TRK, 2.12.2014, §§ 72 ff.; *Grabenwarter/Pabel* § 24, 76.

961 Vgl. OLG Köln NStZ **1989** 542 = StV **1989** 469 (Bestellung eines Verteidigers bei Auftreten eines Opferanwalts; vgl. § 140 Abs. 2 StPO).

962 Vgl. dazu LR/*Kühne* Einl. I 121 ff.; LR/*Becker* Vor § 226, 23 f. StPO.

963 Vgl. LG Mönchengladbach StV **1987** 333.

964 EKMR bei *Strasser/Weber* EuGRZ **1987** 355.

965 EGMR Atlan/UK, 19.6.2001, wobei aber unbedingt notwendige, verteidigungseinschränkende Maßnahmen zum Schutz anderer Personen oder wichtiger öffentlicher Interessen als zulässig angesehen wurden. Zu dem aus dem Gebot der Waffengleichheit hergeleiteten Anspruch auf Offenlegung aller beweiserheblichen Informationen der Staatsanwaltschaft bzw. anderer staatlicher Stellen vgl. EGMR Edwards/UK, 16.12.1992; Rowe u. Davis/UK, 16.2.2000; *Gaede* StraFo **2004** 195, 196 m.w.N.

966 BVerfG NJW **2013** 446; NJW **2004** 2887 unter Hinweis auf BVerfG 78 123, 126 und seine Rechtsprechung, wonach die Anforderungen an die Wiedereinsetzung nicht überspannt werden dürfen, BVerfGE **40** 88, 91; **67** 208, 212.

967 Zur Rechtssicherheit als Fairnesselement siehe EGMR Xheraj/ALB, 29.7.2008.

Aus dem Gedanken des Vertrauensschutzes können sich konkrete **Hinweispflichten** 333 für das Gericht ergeben. Es kann aufgrund der besonderen Umstände verpflichtet sein, durch **Hinweise** oder sogar durch eine **förmliche Belehrung** auf eine sachgemäße Rechtswahrung hinzuwirken und bei den Verfahrensbeteiligten erkannte Irrtümer richtig zu stellen, so etwa, wenn es nachträglich von einer kundgegebenen Auffassung abweichen[968] oder Verfahrensfehler korrigieren will, ferner bei einer unvorhergesehenen Änderung der Verfahrenslage.[969]

Erteilt das Gericht eine an sich **nicht notwendige Belehrung**, muss diese gleichwohl 334 sachlich richtig und vollständig sein.[970] Ein Verstoß gegen das Gebot eines fairen Verfahrens ist darin zu sehen, dass das Gericht absichtlich einen gebotenen Hinweis unterlässt[971] oder einen erkennbaren Irrtum, der die Prozessführung beeinträchtigt, nicht richtig stellt,[972] dass es Prozessbeteiligte täuscht, überrumpelt oder sich widersprüchlich verhält oder dass es sich über eine von ihm geschaffene oder geduldete **Vertrauenslage ohne vorherigen Hinweis hinwegsetzt**. So etwa, wenn es im Urteil auf einen rechtlichen Gesichtspunkt abstellen will, mit dem nach dem bisherigen Prozessverlauf auch ein kundiger Prozessbeteiligter nicht zu rechnen brauchte[973] oder wenn es von **Zusagen** oder einem in Aussicht gestellten Verhalten abweicht,[974] ohne vorher darauf hinzuweisen und Gelegenheit zur Nachholung der eventuell im Vertrauen darauf unterlassenen Verfahrenshandlungen zu geben,[975] oder wenn es das Vertrauen in eine von ihm **geduldete Verfahrensübung** trotz Änderung seines Standpunktes fortbestehen lässt und dann ohne Vorwarnung nachteilige Folgen daraus herleitet, wie in der Erschwerung des Zugangs zu Gericht durch eine von der bisherigen Übung abweichende strengere Auslegung der Formvorschriften.[976] Ein Hinweis des Gerichts kann auch erforderlich sein, wenn das Gericht selbst außerhalb der Hauptverhandlung **Ermittlungen veranlasst hat oder selbst vornimmt**, deren Ergebnis es nicht für entscheidungserheblich erachtet.[977]

---

968 Vgl. ThürVerfGH NStZ **2003** 278 (Verurteilung ohne Hinweis auf die Änderung einer bekanntgegebenen Auffassung); BGH NJW **2011** 3463 („Bewährung" erwähnt in Vorgespräch).

969 Nach *Niemöller* StraFo **2000** 361, 363 konkretisiert sich das Fairnessgebot in der Rechtsprechung des BVerfG in drei Richtungen: Mindeststandard aktiver Verfahrensbefugnisse, Grundsatz von Treu und Glauben, der dem Gericht verbietet, eigene Fehler oder Versäumnisse den Verfahrensbeteiligten zum Nachteil gereichen zu lassen sowie das Gebot des Vertrauensschutzes.

970 Vgl. BGHSt **24** 25 (weist das Gericht auf die Vorteile einer freigestellten Verfahrensgestaltung hin, darf es deren Nachteile nicht unerwähnt lassen).

971 OLG Frankfurt NStZ **1990** 556.

972 Zum Verhältnis zur Fürsorgepflicht, die Rechtspflicht ist und als eine Ausprägung des Gebots eines fairen Verfahrens verstanden und mitunter zusätzlich noch aus dem Sozialstaatsprinzip abgeleitet wird, vgl. LR/*Kühne* Einl. I 121; SK/*Rogall* Vor § 133, 110 StPO (Recht auf faires Verfahren und Sozialstaatsprinzip); ferner OLG Koblenz VRS **60** (1981) 119.

973 Vgl. BVerfGE **108** 341, 346, das einen Verstoß gegen das Recht auf Gehör bejahte, weil dadurch der Vortrag zu einem entscheidungserheblichen Umstand unmöglich gemacht wurde.

974 So von einer angekündigten Wahrunterstellung; vgl. BGHSt **32** 44; ferner BGH NJW **1990** 1924 (Nichteinhaltung einer staatsanwaltschaftlichen Zusage); NJW **2003** 1409 (Überschreiten der bei einer verbindlichen Verständigung in Aussicht gestellten Strafobergrenze ohne vorherigen Hinweis).

975 BVerfG NJW **1987** 2662; BGH MDR **1989** 838; ferner das reichhaltige Schrifttum bei *Schünemann* Absprachen im Strafverfahren? Grundlagen, Gegenstände und Grenzen, Gutachten zum 58. DJT (1990), Bd. I Teil C und bei LR/*Stuckenberg* § 257c StPO.

976 Gericht darf nicht ohne Hinweis eine bisher tolerierte unleserliche Unterschrift nicht mehr anerkennen, BVerfGE **78** 123; vgl. aber auch EKMR NJW **1989** 579 (übertrieben formalistische Anforderungen; kein Verstoß gegen Art. 6, da diese dem Anwalt bekannt waren).

977 BGH NJW **1990** 193; StV **2001** 4.

Esser

335   Darüber hinaus kann nach Ansicht des EGMR die **Nichtbeachtung des** *lex mitior*-**Grundsatzes** (vgl. § 2 Abs. 3 StGB) dazu führen, dass der Konventionsstaat nicht nur gegen Art. 7 verstößt, sondern auch gegen das Fairnessgebot des Art. 6 Abs. 1.[978] Hat der Beschuldigte sich unter Verzicht auf von Art. 6 garantierte Rechte für ein **beschleunigtes Verfahren** entschieden, das eine deutliche Reduzierung des Strafrahmens vorsieht, darf der Staat dieses berechtigte Vertrauen des Beschuldigten auf eine niedrigere Strafe nicht dadurch enttäuschen, dass er durch eine Gesetzesänderung zuungunsten des Angeklagten die Höchststrafe heraufsetzt.[979] Die Möglichkeit des Beschuldigten, in das reguläre Verfahren unter Wiederaufleben aller prozessualen Rechte zu wechseln, heilt diesen Verstoß nicht.[980]

336   Die geäußerte **Zusicherung**, eine Person nicht strafrechtlich zu verfolgen, kann im Einzelfall dazu führen, dass ein dennoch gegen diese Person durchgeführtes Verfahren gegen Art. 6 verstößt.[981]

337   **9. Verfahrensabsprache/Verständigung.** Der EGMR hat sich im Jahr 2014 erstmals näher mit dem Institut der Verfahrensabsprache (*„plea bargaining"*) im Strafverfahren auseinandergesetzt. Frühere Urteile hatten nur allgemein festgestellt, dass eine Verständigung zwischen den Verfahrensbeteiligten stattgefunden hatte,[982] und dass die Praxis der Verständigung in den Mitgliedstaaten des Europarates allgemein verbreitet sei.[983] Eine Vergleichsstudie, die der EGMR zitierte, zeigte aber auch, dass in den Mitgliedstaaten häufiger über die Strafhöhe (*„sentence"*) als über den Tatvorwurf (*„charge"*) verhandelt wurde.[984]

338   Der EGMR sieht eine Absprache im Strafverfahren über den Verfahrens(aus)gang dann als zulässig im Hinblick auf Art. 6 und Art. 2 des 7. ZP EMRK an, wenn *erstens* die Vereinbarung vom Beschuldigten freiwillig (*„in a genuinely voluntary matter"*) und in Kenntnis aller tatsächlichen Umstände des Falles und aller rechtlichen Konsequenzen geschlossen wird (*„full awareness of the facts of the case and the legal consequences"*)[985] und *zweitens* der Inhalt der Vereinbarung und die Umstände ihres Zustandekommens einer hinreichenden gerichtlichen Überprüfung unterlagen (*„the content of the bargain and the fairness of the manner in which it had been reached between the parties had to be subjected to sufficient judicial review"*).[986]

339   In der Rs. ***Natsvlishvili und Togonidze*** waren diese Voraussetzungen erfüllt, da der Beschuldigte von Anfang an anwaltlich vertreten war, ihm volle Akteneinsicht gewährt

---

978 EGMR (GK) Scoppola/I (Nr. 2), 17.9.2009, NJOZ **2010** 2726.
979 EGMR (GK) Scoppola/I (Nr. 2), 17.9.2009, § 139.
980 EGMR (GK) Scoppola/I (Nr. 2), 17.9.2009, § 143.
981 EGMR Mustafa (Abu Hamza) (Nr. 1)/UK (E), 18.1.2011, § 34 („the Court would not exclude the possibility that, if a defendant were given an assurance by the prosecuting authorities that he would not be prosecuted for certain offences and the authorities subsequently reneged on that assurance, the subsequent criminal proceedings would be unfair").
982 EGMR Rucinski/PL, 20.2.2007, §§ 12, 45; Slavcho Kostov/BUL, 27.11.2008, § 17; Karaman/D, 27.2.2014, § 13 (insoweit in NJW **2015** 37 nicht abgedruckt).
983 EGMR Natsvlishvili u. Togonidze/GEO, 29.4.2014, § 90, NJW **2015** 1745 (Ls.). Instruktiv zur Rechtslage in Frankreich: *Britz* JM **2018** 167.
984 EGMR Natsvlishvili u. Togonidze/GEO, 29.4.2014, § 65; zur Übersetzung des Begriffes „charge bargain": *Trüg* ZStW **120** (2008) 331, 343.
985 Hierzu: BGH NJW **2014** 3173, Rn. 8 ff. (Hinweis auf Bewährungsauflage bei Verfahrensverständigung als Aspekt eines fairen Verfahrens i.S.d. Art. 6 Abs. 1); NStZ-RR **2015** 284 (dort allerdings unzulässig eingelete Revision).
986 EGMR Natsvlishvili u. Togonidze/GEO, 29.4.2014, § 92; vgl. auch: BVerfG Beschl. v. 29.4.2021 – 2 BvR 1543/20, NStZ **2021** 563 (wirksames Zustandekommen einer Verständigung; unzulässige Verfassungsbeschwerde wegen fehlender Angaben zum Zugangszeitpunkt der fachgerichtlichen Entscheidung).

worden war und der Anstoß zum Abschluss einer Verständigung von ihm ausging (**Freiwilligkeit**).[987] In Bezug auf die geforderte hinreichenden **gerichtliche Überprüfung** dieser Verständigung sah es der Gerichtshof als ausreichend an, dass das nationale Gericht an die schriftliche Vereinbarung zwischen Staatsanwaltschaft, Beschuldigtem und den Verteidigern nicht gebunden war, sondern die Vereinbarung selbst auf ihre **Fairness** sowie die **Umstände der Entstehung** der Vereinbarung überprüft hatte.[988] Auch eine Verletzung von Art. 2 des 7. ZP-EMRK konnte der EGMR nicht feststellen, da es eine logische Konsequenz einer Verfahrensabsprache sei, dass der Angeklagte dadurch seine Rechtsschutzmöglichkeiten ändere; dies sei zu akzeptieren, wenn die Vereinbarung selbst den Anforderungen von Art. 6 genüge.[989] Es darf dabei nicht übersehen werden, dass im konkreten Fall zwar vorher eine schriftliche Vereinbarung zwischen der Staatsanwaltschaft, der Verteidigung und dem Beschuldigten getroffen worden war, diese jedoch in die mündliche Verhandlung eingeführt und dort überprüft worden war.[990] Keine Stellung bezogen hat der EGMR damit zu außerhalb der Hauptverhandlung stattfindenden Verständigungen, wie z.B. nach §§ 153 Abs. 1, 153a Abs. 1 StPO.

In weiteren Urteilen hat der EGMR bestätigt, dass eine Verfahrensabsprache den **Verzicht** auf Verfahrensrechte nach sich ziehen und dementsprechend auch zum Gegenstand haben kann.[991] Weder nach dem Wortlaut noch aufgrund der hinter Art. 6 stehenden Erwägungen könne eine Person daran gehindert werden, aus freien Stücken auf die Garantie eines fairen Verfahrens zu verzichten – sei es ausdrücklich oder konkludent.[992] In der Rs. *Litwin* betrachtete der EGMR die Absprache im Strafverfahren als ein gemeinsames Merkmal der Strafrechtspflege in Europa; es werde keine Frage nach der Konvention aufgeworfen, wenn einem Angeklagten als Gegenleistung für ein Geständnis nebst Rechtsmittelverzicht Strafmilderung in Aussicht gestellt und später gewährt werde.[993] **340**

Ebenso hat der Gerichtshof die für einen solchen Verzicht notwendige Voraussetzung **341** der **Kenntnis aller rechtlichen Konsequenzen** konkretisiert.[994] In der Rs. *Saranchov* verzichtete der Beschuldigte auf einen Rechtsbeistand in der Hauptverhandlung.[995] Im Gegenzug sollte er eine mildere Strafe erhalten.[996] In seinem Fall erforderte jedoch die Berechnung des Strafmaßes im Rahmen der Anwendung von Strafzumessungsregeln in einem internationalen Kontext zu deren vollständigem Verständnis die berufliche Qualifikation eines Rechtsanwalts.[997] Der Beschuldigte verfügte über keine besonderen juristischen Kenntnisse und war sich dadurch der Komplexität der betreffenden Rechtsfragen nicht bewusst oder in der Lage, sie zu beurteilen.[998] Der **Verzicht des Beschuldigten**

---

987 EGMR Natsvlishvili u. Togonidze/GEO, 29.4.2014, § 93.
988 EGMR Natsvlishvili u. Togonidze/GEO, 29.4.2014, § 95.
989 EGMR Natsvlishvili u. Togonidze/GEO, 29.4.2014, § 96.
990 EGMR Natsvlishvili u. Togonidze/GEO, 29.4.2014, § 95.
991 EGMR Kadagishvili/GEO, 14.5.2020, § 156 (Verfahren in der Gesamtschau nicht unfair durch Rückgriff auf Aussagen von Verdächtigen, die mit der Staatsanwaltschaft Vereinbarungen über einen Vergleich getroffen haben; kein Verstoß gegen Art. 6); V.C.L. u. A.N./UK, 16.2.2021, § 201 (Verzicht auf die Feststellung der Schuld oder Unschuld durch die nationalen Gerichte; Verstoß gegen Art. 6).
992 EGMR V.C.L. u. A.N./UK, 16.2.2021, § 201 (ausdrücklicher Verzicht auf Verfahrensrechte).
993 EGMR Litwin/D, 3.11.2011, § 38, NJW **2012** 3419 (Rechtsmittelverzicht als Gegenstand einer Verständigung im Strafprozess).
994 EGMR Saranchov/UKR, 9.6.2016, § 56.
995 EGMR Saranchov/UKR, 9.6.2016, § 46.
996 EGMR Saranchov/UKR, 9.6.2016, § 46.
997 EGMR Saranchov/UKR, 9.6.2016, § 56.
998 EGMR Saranchov/UKR, 9.6.2016, § 56.

auf rechtlichen Beistand erfolgte damit nicht in vollem Bewusstsein seiner rechtlichen Konsequenzen.[999]

342   In der Rs. *V.C.L. u. A.N.* bestätigte der EGMR, dass der Verzicht auf Verfahrensrechte keinen wesentlichen öffentlichen Interessen widersprechen darf.[1000] Im konkreten Fall wurden Opfer von Menschenhandel wegen Drogendelikten, die im Zusammenhang mit dem Menschenhandel begangen wurden, strafrechtlich verfolgt.[1001] Die Regierung trug vor, die Beschuldigten hätten mit dem Geständnis auf ihr Recht auf eine Feststellung der Schuld oder Unschuld verzichtet.[1002] Die **Geständnisse** der Opfer erfolgten dabei nicht in voller Kenntnis der Sachlage, da die Behörden nicht geprüft hatten, ob sie Opfer von Menschenhandel waren und dies, falls zutreffend, Auswirkungen auf ihre strafrechtliche Verantwortlichkeit haben könnte.[1003] Bei einer Prüfung der Behörden, dass die Beschuldigten Opfer von Menschenhandel waren, wäre ein Verzicht auf Verfahrensrechte dem wichtigen öffentlichen Interesse an der Bekämpfung des Menschenhandels und dem Schutz seiner Opfer zuwidergelaufen.[1004]

343   Abzugrenzen sind Fälle der Verständigung unter Einbindung wechselseitiger Zusagen von Staat und Beschuldigtem über den Fort- bzw. Ausgang des Verfahrens von einseitigen Verzichtserklärungen des Beschuldigten in Bezug auf eines seiner (Verfahrens-)Rechte, d.h. ohne eine „Gegenleistung" des Staates. Die Voraussetzungen eines **einseitigen Verzichts auf Verfahrensrechte** sind jedoch die gleichen wie bei wechselseitigen Zusagen.[1005]

344   Dies bestätigt der EGMR in der Rs. *Litwin*, wonach die Absprache im Strafverfahren ein gemeinsames Merkmal der Strafrechtspflege in Europa sei; es werde keine Frage nach der Konvention aufgeworfen, wenn einem Angeklagten als Gegenleistung für ein Geständnis[1006] Strafmilderung in Aussicht gestellt und später gewährt werde.[1007]

345   **10. Verfahrensrechte des Beschuldigten (Art. 6 Abs. 3 EMRK/Art. 14 Abs. 3 IPBPR).** Die Konventionen überlassen die Regelung der konkreten Abläufe des Strafverfahrens grundsätzlich dem nationalen Recht. Vor allem der Komplex der **Beweiserhebung** einschließlich des Verbotes der Erhebung und Verwendung bestimmter Beweise richtet sich nach dem nationalen Recht, das auch bestimmen kann, welche Rechtsfolgen der Verstoß gegen ein solches Verbot hat (Rn. 390 ff.). Die Konventionen beschränken sich darauf, für das Strafverfahren **beispielhaft** für **typische Verfahrenslagen und Verteidigungskonstellationen** wichtige Erfordernisse festzulegen, die als Grundlinien für die Verfahrensgestaltung im jeweiligen nationalen Recht dem Angeklagten ein **insgesamt faires Verfahren** sichern sollen. Als **Mindestgarantien** für ein faires Verfahren verdeutlichen sie die Anfor-

---

999   EGMR Saranchov/UKR, 9.6.2016, § 56.

1000   EGMR V.C.L. u. A.N./UK, 16.2.2021, § 201.

1001   EGMR V.C.L. u. A.N./UK, 16.2.2021, § 1.

1002   EGMR V.C.L. u. A.N./UK, 16.2.2021, §§ 190, 192.

1003   EGMR V.C.L. u. A.N./UK, 16.2.2021, § 202.

1004   EGMR V.C.L. u. A.N./UK, 16.2.2021, § 202.

1005   EGMR Leuska u.a./EST, 7.11.2017, § 74.

1006   Vgl. hierbei im Hinblick auf die Gewährleistung eines fairen Verfahrens im Rahmen der Revision: BGH Urt. v. 23.11.2022, BeckRS **2022** 43378 (Ist eine von der Staatsanwaltschaft zuungunsten des Angeklagten eingelegte Revision nur bezüglich des Strafausspruchs erfolgreich, hat das Gericht zur Wahrung eines fairen Verfahrens auch eine Aufhebung des Schuldspruchs vorzunehmen, wenn dieser auf einem im Zusammenhang mit einer Verständigung nach § 257c StPO abgelegten Geständnis beruht.).

1007   EGMR Litwin/D, 3.11.2011, § 38, NJW **2012** 3419 (Rechtsmittelverzicht als Gegenstand einer Verständigung im Strafprozess).

derungen dieses Gebots. Sie geben ihm Konturen,[1008] ohne jedoch seinen Gehalt voll auszuschöpfen.[1009]

Da der EGMR die Verfahrensgarantien des Art. 6 Abs. 3 (nur) als **Teilaspekte des Rechts auf ein faires Verfahren** (Art. 6 Abs. 1) ansieht,[1010] nimmt er eine **Gesamtbewertung**[1011] der Fairness des Verfahrens vor mit der Folge, dass selbst bei einem Verstoß gegen die Einzelrechte des Absatzes 3 in irgendeinem Verfahrensstadium nicht notwendig das gesamte Verfahren konventionswidrig sein muss.[1012] Als Instrumente eines praktischen Menschenrechtsschutzes dürfen die Einzelrechte nicht als Selbstzweck verstanden und isoliert vom Zweck ihrer Gewährleistung und dem Regelungsgefüge des jeweiligen Verfahrens ausgelegt werden. Geboten ist eine **Gesamtschau**, die darauf abstellt, dass die aufgeführten Rechte Eckpunkte für ein **insgesamt faires Verfahren** mit **wirksamen Verteidigungsrechten** festlegen.[1013] In dieses Konzept passt auch, dass der EGMR die Verletzung des Rechts auf ein faires Verfahren *per se* verneint, wenn der Beschuldigte freigesprochen oder das Verfahren gegen ihn eingestellt wurde.[1014] Auch kann mangels Schuldfeststellung (noch) keine Verletzung vorliegen, wenn dem Betroffenen zwar beispielsweise kein Zugang zum Verteidiger ermöglicht wurde, das Verfahren aber noch läuft, der Betroffene also bislang nicht verurteilt ist.[1015] **346**

Die **Unschuldsvermutung** (Art. 6 Abs. 2) hingegen begründet ein eigenes Menschenrecht und kann daher auch im Falle eines Freispruchs oder einer Verfahrenseinstellung und insbesondere auch während eines noch laufenden Verfahrens verletzt sein.[1016] Verlet- **347**

1008 SK/*Meyer* 362.

1009 *Frowein/Peukert* 278 („Mindestgarantien"); IK-EMRK/*Kühne* 486; Meyer-Goßner/*Schmitt* 16; *Vogler* ZStW **89** (1977) 787; SK/*Meyer* 362. Die durch den unterschiedlichen englischen und französischen Wortlaut von Art. 6 Abs. 3 („minimum rights" bzw. „notamment") ausgelöste Frage, ob es sich insoweit um Beispiele oder um Mindestgarantien für ein faires Verfahren handeln soll, spielt in der Praxis keine Rolle.

1010 Siehe EGMR Yavuz/A, 27.5.2004, § 44; Natunen/FIN, 31.3.2009, § 38; Grigoryevskikh/R, 9.4.2009, § 75; Hanzevacki/KRO, 16.4.2009; § 20; Sibgatullin/R, 23.4.2009, § 38; Kulikowski/PL, 19.5.2009, § 55; Antonicelli/PL, 19.5.2009, § 30; Sobolewski/PL (Nr. 2), 9.6.2009, § 26; Seliwiak/PL, 21.7.2009, § 43; Seyithan Demir/TRK, 28.7.2009, § 39; Arcinski/PL, 15.9.2009, § 30; Pishchalnikov/R, 24.9.2009, §§ 64 f.; Maksimov/ASE, 8.10.2009, § 30; Kuralić/KRO, 15.10.2009, §§ 43 f.; Caka/ALB, 8.12.2009, § 77; Janatuinen/FIN, 8.12.2009, § 40; Ebanks/UK, 26.1.2010, § 71; Sinichkin/R, 8.4.2010, § 36; Kornev u. Karpenko/UKR, 21.10.2010, § 63; Leonid Lazarenko/UKR, 28.10.2010, § 48; Garcia Hernandez/E, 16.11.2010, § 23; Hovanesian/BUL, 21.12.2010, § 30; Welke u. Białek/PL, 1.3.2011, § 60; Rook/D, 25.7.2019, § 55; *Gaede* HRRS-FG Fezer 21, 35 ff.; KK-EMRK-GG/*Grabenwarter/Pabel* Kap. 14, 137.

1011 EGMR Balliu/ALB, 16.6.2005, § 25 („*On the whole*, the Court is called upon to examine whether the *proceedings in their entirety* were fair."), auch § 42; ferner EGMR Salov/UKR, 6.9.2005, § 78; Natunen/FIN, 31.3.2009, § 38; Caka/ALB, 8.12.2009, § 77; Janatuinen/FIN, 8.12.2009, § 40; Laska u. Lika/ALB, 20.4.2010, § 57; Leonid Lazarenko/UKR, 28.10.2010, § 48.

1012 EGMR Mayzit/R, 20.1.2005, § 77; Pishchalnikov/R, 24.9.2009, § 64; *Gaede* HRRS-FG Fezer 21, 35 ff.

1013 Vgl. EGMR Unterpertinger/A, 24.11.1986; Schenk/CH, 12.7.1988; (GK) Pélissier u. Sassi/F, 25.3.1999, NJW **1999** 3545 = EuGRZ **1999** 323 = ÖJZ **1999** 905; (GK) Meftah u.a./F, 26.7.2002; ferner EKMR Can/A, 30.9.1985, EuGRZ **1986** 276; dazu EGMR Can/A, 30.9.1985, EuGRZ **1986** 274; Windisch/A, 27.9.1990, sowie EKMR Ensslin, Baader u. Raspe/D, 8.7.1978, EuGRZ **1978** 314; *Frowein/Peukert* 278; IK-EMRK/*Kühne* 486; SK/*Meyer* 362.

1014 EGMR Toporovschi/MOL (E), 21.4.2015, § 29; Khlyustov/R, 11.7.2013, § 103; Pandjikidzé u.a./GEO, 27.10.2009, § 89; Heaney u. McGuinness/IR, 21.12.2000, § 43; Bryn/DK (E), 1.7.1992, § 2; trotz Freispruchs kann Art. 6 Abs. 1 jedoch wegen überlanger Verfahrensdauer verletzt sein: EGMR Berki/H, 26.5.2015, §§ 7, 12; Wall/PL (E), 1.10.2002, § 4.

1015 EGMR Ştefan/RUM (E), 27.1.2015, §§ 37 f.; Simons/B (E), 28.8.2012, § 18; siehe auch EGMR Fenech u. Agius/MLT (E), 5.1.2016.

1016 Siehe EGMR Cleve/D, 15.1.2015, NJW **2016** 3225 = StV **2016** 1 m. Anm. *Stuckenberg*; Peltereau-Villeneuve/CH, 28.10.2014; instruktiv EGMR Caraian/RUM, 23.6.2015, §§ 46, 58 f., wo der Gerichtshof darlegt, dass wegen

zungen von Art. 6 Abs. 2 sind daher innerstaatlich immer gesondert, insbesondere schon vor einer endgültigen Verurteilung (oder einem Freispruch, einer Verfahrenseinstellung u.dgl.) zu beanstanden und mit Rechtsbehelfen anzugreifen; stehen solche Rechtsbehelfe nicht zur Verfügung, so bildet die die Unschuldsvermutung verletzende Handlung das die Beschwerdefrist (Art. 35 Abs. 1) auslösende Ereignis (Teil II Rn. 223).[1017]

348   Bemerkenswert hinsichtlich der Beschwerdefrist ist die Rs. *Stojkovic*.[1018] Gegen den Bf. war in Frankreich strafrechtlich ermittelt worden; er wurde in Belgien vernommen, wo er wegen einer anderen Sache inhaftiert war. Für den Fehler bei der im Wege der Rechtshilfe erfolgten Vernehmung, in der ihm Verteidigerbeistand versagt blieb, waren – aufgrund der konkreten Umstände – sowohl Belgien als auch Frankreich verantwortlich.[1019] Im Strafverfahren in Frankreich wurde der Bf. anschließend rechtskräftig verurteilt. Die Beschwerde gegen Frankreich war zulässig, während die Beschwerde gegen Belgien verfristet gewesen sein soll, habe doch, mangels belgischen Strafverfahrens, bereits die Vernehmung und nicht die spätere Verurteilung die Beschwerdefrist gegen Belgien ausgelöst.[1020] Im Lichte dieser Rechtsprechung sind Betroffene in solchen Fällen gehalten, frühzeitig gegen den ersuchten Staat Beschwerde einzulegen, obwohl das Verfahren im ersuchenden Staat noch läuft. Auch wenn diese Fallkonstellation selten ist, trägt diese Rechtsprechung nicht zur Entlastung des EGMR bei.[1021] Außerdem hat sich der Gerichtshof in solchen Fällen nun ausnahmsweise dem isoliert zu sehenden Verstoß gegen Verfahrensgarantien und daraus ggf. resultierenden Entschädigungspflichten (Art. 41) zuzuwenden, während er mit der ansonsten vorgenommenen Gesamtbetrachtung dieses gerade vermeiden will. Auch scheint es wenig sachgerecht, dass der Bf. sich während eines laufenden Strafverfahrens in einem Staat mit der Verantwortung eines anderen Staates für eine Verweigerung seiner Verfahrensrechte zu befassen hat; den Bf. in eine frühe Beschwerde gegen den ersuchten Staat zu drängen und eine spätere Beschwerde für verfristet zu erklären, könnte insoweit einer Rechtsschutzverweigerung nahekommen. Andererseits bietet diese Fallkonstellation die Möglichkeit, die Feststellung eines Verstoßes gegen Art. 6 zu erwirken, ohne dass der EGMR dies mit der Begründung ablehnen könnte, die Missachtung von Beschuldigtenrechten sei kompensiert.[1022]

349   Die **Modalitäten**, in denen die Forderungen des Absatzes 3 ihre Schutzfunktion verwirklichen, bestimmen sich nach dem Verfahrenssystem des jeweiligen nationalen Rechts; sie können daher wegen ihres Bezugs auf die jeweilige Verfahrensordnung zu unterschiedlichen Anforderungen führen. Räumt das nationale Verfahrensrecht dem Beschuldigten *insgesamt* effektive Verfahrensrechte ein, so kann es im Einzelfall zulässig sein, dass die in Absatz 3 garantierten Einzelrechte aus einem durch überwiegende öffentliche oder private Belange gerechtfertigten Grund **sachgerechte, verhältnismäßige Einschränkungen** erfahren.

---

der Einstellung des Verfahrens das Vorbringen des Bf. nicht mehr nach Art. 6 Abs. 1, sondern nur nach Art. 6 Abs. 2 untersucht werde.

1017 Diese Erwägungen gelten auch für die aus Art. 8 abgeleiteten strafprozessualen Rechte, etwa hinsichtlich Durchsuchungen, Überwachungen usw.

1018 EGMR Stojkovic/F u. B, 27.10.2011, NJW **2012** 3709.

1019 Zu diesem transnationalen Aspekt siehe Art. 1 Rn. 79.

1020 EGMR Stojkovic/F u. B, 27.10.2011, §§ 38 ff.

1021 Möglich, aber unwahrscheinlich ist, dass das Urteil gegen den ersuchten Staat, in dem eine Verletzung der Rechte des Bf. festgestellt würde, so frühzeitig erginge, dass es die Gerichte des ersuchenden Staates noch beeinflussen könnte und der EGMR auf diese Weise entlastet würde.

1022 Das Urteil gegen den ersuchten Staat könnte dem Bf. in seinem Strafverfahren im ersuchenden Staat von Nutzen sein, siehe vorige Fn.

Die Einzelanforderungen der Absätze 3 setzen voraus, dass das Verfahren im nationa- **350** len Recht insgesamt so geregelt ist, dass eine effektive und rechtsstaatliche Rechtspflege die Verteidigungsrechte des Angeklagten sichert.[1023] Der für alle Konventionsgarantien geltende Grundgedanke eines **fairen Ausgleichs** zwischen den Interessen der Allgemeinheit und den Schutzinteressen des Einzelnen („fair balance") bestimmt ihre Auslegung, die immer darauf achten muss, dass im Einzelfall ein insgesamt faires Verfahren für den Beschuldigten gewährleistet bleibt.

Der **Anwendungsbereich** der einzelnen Beschuldigtenrechte ist unterschiedlich. **351** Während einige eher auf die Hauptverhandlung zugeschnitten sind, gelten andere schon ihrem Wortlaut nach vor allem auch für das **Vorverfahren**. Ihre jeweilige Tragweite ist durch eine **sinnorientierte Auslegung** zu ermitteln. Für ihr Ziel, dem Beschuldigten ein faires Verfahren zu sichern, wird es zwar in der Regel genügen, dass die von ihnen gewährleisteten Verfahrensrechte *insgesamt* ausreichend zum Tragen kommen. Ob ein Verstoß gegen einen dieser Grundsätze für sich allein bereits ein solches Gewicht hat, dass die Fairness des gesamten Verfahrens dadurch unheilbar in Frage gestellt ist, hängt von den Umständen des Einzelfalles ab.[1024] Vor diesem Hintergrund ist der Instanzrichter gehalten, vorrangig **jedem Einzelrecht Rechnung zu tragen** und diesem prozessual zu einer möglichst effektiven Geltung zu verhelfen.

V. Tatprovokation als Grenze der Verfahrensfairness

1. Staatliche Zurechenbarkeit. Der Grundsatz des fairen Verfahrens (Art. 6 Abs. 1) **352** kann auch und gerade durch die **Verleitung einer Person zur Begehung einer Straftat** verletzt werden. Für die Einhaltung der Garantien der EMRK können Staaten nur für das auf ihrem Hoheitsgebiet stattfindende und ihnen zurechenbare Verhalten verantwortlich gemacht werden (Art. 1). Im Kontext Tatprovokation sind dabei **verschiedene Konstellationen und Handlungsabläufe** denkbar. Zum einen können staatliche Stellen (Polizei, Staatsanwaltschaft, sonstige Ermittlungsbehörden) selbst tätig werden, zum anderen können sich aber auch Private in staatlichem Auftrag im Rahmen der Strafverfolgung betätigen. Der EGMR differenziert in seiner langjährigen Rechtsprechung terminologisch zwischen **verdeckt ermittelnden Polizei-/Ermittlungsbeamten** (Verdeckter Ermittler/nicht offen ermittelnder Polizeibeamte – noeP) – für diese verwendet er einheitlich den Begriff des *„undercover agent"*) und **Informanten** (informer/informant; dieser Terminus findet nur für Privatpersonen Verwendung, darunter auch V-Personen).[1025]

Einstiegsfrage bei der Prüfung einer Tatprovokation ist immer, ob das Handeln einer **353** heimlich/verdeckt ermittelnden Person **dem Staat zurechenbar** ist (Art. 1). Während dies bei Polizeibeamten (Verdeckte Ermittler; noeP) in der Regel zu bejahen ist, bedarf dies bei verdeckt „ermittelnden" Privatpersonen stets einer genaueren Untersuchung.[1026]

[1023] Art. 48 Abs. 2 EUC stellt diesen Grundsatz heraus, wenn dort unter Verzicht auf Einzelaufzählungen jeder angeklagten Person die *Achtung* der Verteidigungsrechte gewährleistet wird.

[1024] EKMR X./B, 9.5.1977, EuGRZ **1977** 347.

[1025] Vgl. EGMR Allan/UK, 5.11.2002; siehe auch *Wang* 175.

[1026] Der EGMR nimmt die Zurechnung anhand des zu prüfenden Konventionsrechts vor; angesichts der Vergleichbarkeit der Problematik erscheint es allerdings vertretbar, die vom EGMR gefundenen Kriterien auf die Gesamtproblematik des Einsatzes verdeckt ermittelnder Privatpersonen anzuwenden: Dazu auch *Gaede* StV **2004** 86; *Demko* HRRS **2004** 382; *Warnking* 227; näher zur Tatprovokation durch private „Pädophilenjäger" im Internet: *Hoven/Wiedmer* StV **2022** 247 ff.; vgl. zur Ausnutzung eines Vertrauensverhältnisses, um einen Täter zu einer Aussage zu drängen oder zum Entlocken von Aussagen in einer vernehmungsähnli-

354   Ein dem Staat zurechenbarer Eingriff in die Rechte des Betroffenen liegt etwa in der Einschaltung Privater bei der Errichtung und Durchführung einer sog. **Hörfalle** (täuschungsbedingte Preisgabe strafrechtlich relevanter Angaben bei akustischer Überwachung), wenn die staatlichen Stellen im Vorfeld oder sogar noch während der Kommunikation eine gewisse (ggf. auch rechtswidrige) **technisch-logistische Hilfestellung** leisten[1027] und sich dabei im Rahmen ihres dienstlichen Aufgabenbereichs der Aufklärung bzw. Verhinderung von Straftaten bewegen.[1028] Ähnliches gilt, wenn die Behörden Hinweise auf ein aktiv verleitendes Verhalten oder auf eine Anstiftungshandlung durch eine Privatperson haben und sich nicht um Verhinderung bzw. Abbruch dieser Handlung bemühen.[1029]

355   Zu verneinen ist die Zurechenbarkeit dagegen, wenn staatliche Stellen keine Kenntnis von der **eigenmächtigen Aktion** einer Privatperson haben und später lediglich die durch die Privatperson gewonnenen Erkenntnisse verwerten.[1030] Anders (Zurechnung) liegen die Dinge freilich, wenn der Staat sich das Handeln einer Privatperson nachträglich „zu eigen macht", sich dieses auf diese Weise zurechnen lässt.[1031]

356   Sowohl der EGMR als auch die nationalen Strafgerichte gehen davon aus, dass **verdeckte polizeiliche Ermittlungsarbeit** prinzipiell zulässig und als Ermittlungsinstrument für die Bekämpfung bestimmter Kriminalitätsfelder unabdingbar ist.[1032] Allerdings rechtfertigt auch die Aufklärung von Straftaten aus dem Bereich der Organisierten Kriminalität nicht die Aufgabe der elementaren **Grundsätze eines fairen Verfahrens** und die Missachtung der **Verteidigungsrechte**.[1033] Genau auf diesem schmalen Grat verlaufen die nachfolgenden Grundsätze zum Verbot der Tatprovokation.

357   **2. Voraussetzungen einer Tatprovokation.** Als Tatprovokation wird das gezielte Herbeiführen einer durch staatliche Stellen oder durch eine dem Staat zurechenbare Privatperson (meist polizeilich) kontrollierten Straftat (**„police incitement"**) bezeichnet, die zur (späteren) Festnahme und Verfolgung des sodann Tatverdächtigen führt. Die Voraussetzungen, bei deren Vorliegen von einer solchen Provokation gesprochen werden kann, werden von EGMR und BGH in einigen Punkten immer noch unterschiedlich beurteilt:

358   **a) EGMR.** Der EGMR prüft das mögliche Vorliegen einer Tatprovokation – anhand einer hypothetischen Überlegung[1034] – danach, ob die spätere Tat auch ohne die staatli-

---

chen Situation: OLG Jena Beschl. v. 31.7.2019 – 1 Ws 242/19, BeckRS **2019** 24214 m. Anm. *Jäger* JA **2020** 231.

1027 EGMR Allan/UK, 5.11.2002 (Zellspitzel; Ausstattung mit Abhörvorrichtung).

1028 EGMR A./F, 23.11.1993, ÖJZ **1994** 392 m. Anm. *Tietze* MDR **1994** 1078; M.M./NL, 8.4.2003, StV **2004** 1 m. Anm. *Gaede* StV **2004** 46; dazu auch *Demko* HRRS **2004** 382.

1029 EGMR Sandu/MOL, 11.2.2014, § 38; SK/*Meyer* 213.

1030 EGMR Stocké/D, 19.3.1992; Shannon/UK, 4.10.2005.

1031 EGMR (GK) Ramanauskas/LIT, 5.2.2008, §§ 63–65, NJW **2009** 3565.

1032 EGMR Lüdi/CH, 15.6.1992, NJW **1992** 3088 = StV **1992** 499 = EuGRZ **1992** 300 = ÖJZ **1993** 343; Teixeira de Castro/P, 9.6.1998; Khudobin/R, 26.10.2006, § 128; Ciprian Vlăduţ u. Ioan Florin Pop/RUM, 16.7.2015, §§ 76 f.; Grba/KRO, 23.11.2017, § 99; Ramanauskas/LIT (Nr. 2), 20.2.2018, § 52; BVerfGE **57** 250 = NJW **1981** 1719 = JZ **1981** 741 = NStZ **1981** 357= EuGRZ **1981** 402 = MDR **1981** 900 m. Anm. *Kotz* StV **1981** 591; NJW **1985** 1767 = NStZ **1985** 131 = StV **1985** 178; BGHSt **32** 115 = NJW **1984** 294 = NStZ **1984** 36 m. Anm. *Frenzel* = StV **1984** 56 m. Anm. *Grünwald* = JZ **1984** 433 m. Anm. *Fezer*; Meyer-Ladewig/Nettesheim/von Raumer/*Meyer-Ladewig/ Harrendorf/König* 157; zur rechtsstaatswidrigen Tatprovokation in der Praxis vgl. BTDrucks. **19** 17910.

1033 Vgl. EGMR Teixeira de Castro/P, 9.6.1998, § 36; (GK) Ramanauskas/LIT, 5.2.2008 m. Anm. *Gaede/Buermeyer* HRRS **2008** 279; Yakhymovych/UKR, 16.12.2021, § 29; vgl. auch CM, Rec(2000)19 on the Role of the Public Prosecution in the Criminal Justice System v. 6.10.2000.

1034 Dazu und zum Folgenden: EGMR Bannikova/R, 4.11.2010, §§ 37 ff.

Einflussnahme begangen worden wäre.[1035] Dies ist regelmäßig der Fall, wenn eine bereits vorhandene strafrechtliche Aktivität einer Person („already been predisposed to commit the crime")[1036] in ihrem weiteren Verlauf **lediglich passiv untersucht** wird.[1037] Anders liegt der Fall aber, wenn eine Person, die (noch) keine strafrechtlichen Aktivitäten entfaltet, zur Begehung einer strafbaren Handlung **verleitet wird** („exert such an influence [...] as to incite the commission of an offence").[1038] Ob lediglich eine **passive Untersuchung** oder eine **aktive Beeinflussung** vorliegt, untersucht der EGMR anhand folgender Kriterien:

Zu berücksichtigen sind etwaige zum Zeitpunkt der staatlichen Aktivität gegen den **359** späteren „Täter" **bereits bestehende Verdachtsmomente** („objective suspicions that the applicant had been involved in criminal activity"),[1039] etwa in der Form eines **bereits konkret gefassten Tatplans**.[1040] Der Verdacht *kann* sich dabei auch aus einschlägigen Vorstrafen ergeben; allein reichen solche Vorstrafen für die Annahme einer erneuten kriminellen Aktivität allerdings nicht aus.[1041]

Hinweise auf bereits vorhandene kriminelle BtM-Aktivitäten sollen sich aus der **Ver-** **360** **trautheit** einer Person mit den üblichen **Preisen und Mechanismen des Drogenhandels** sowie aus einem erkennbaren **finanziellen Interesse** an der Abwicklung von Drogengeschäften ableiten lassen.[1042] Für das Vorliegen *konkreter* Taten – nur auf diese kommt es an – dürften derartige Umstände aber kaum Aussagekraft, allenfalls eine schwache Indizwirkung haben. Daher müssen die Informationen, auf die sich die Behörden stützen, um die Überwachung (Simulation) einer Straftat zu rechtfertigen, immer durch weitere Ermittlungsmaßnahmen verifiziert werden.[1043]

Verdeckte Ermittlungsmaßnahmen und damit verbundene Geschäftsvorgänge mit ei- **361** nem bereits Tatverdächtigen erfordern es außerdem immer, dass die **Ausdehnung der Ermittlungen** auf einem berechtigten Grund basiert. Ein solcher kann die Notwendigkeit sein, genügend Beweismaterial für eine Verurteilung zu generieren, ein besseres Verständnis für die Art und den Umfang der kriminellen Aktivitäten des Verdächtigen zu erhalten

---

1035 Vgl. auch *Grabenwarter/Pabel* 24, 70; Meyer-Ladewig/Nettesheim/von Raumer/*Meyer-Ladewig/Harrendorf/König* 158.
1036 EGMR Teixeira de Castro/P, 9.6.1998, § 32; Matanović/KRO, 4.4.2017, § 123.
1037 EGMR Kuzmina u.a./R, 20.4.2021, § 87 („essentially passive") m. Anm. *Conen* StV **2022** 182 ff.; Nosko u. Nefedov/R, 30.10.2014, § 54; siehe auch: *Esser* StV **2021** 383.
1038 EGMR Ramanauskas/LIT, 5.2.2008, § 55; Ursu/RUM, 18.12.2018, § 34. Vgl. für den konventionsgemäßen Einsatz von V-Leuten: EGMR Calabro/I u. D (E), 21.3.2002; Prado Bugallo/E (E), 18.10.2011, NJW **2012** 3502 = NStZ **2013** 175, §§ 27–29 (Verletzung im konkreten Fall abgelehnt); vgl. auch: EGMR Sequeira/P (E), 6.5.2003; Lagutin u.a./R, 24.4.2014, § 92; Furcht/D, 23.10.2014, § 48; Scholer/D, 18.12.2014, § 78, Grba/KRO, 23.11.2017, § 100, Ramanauskas/LIT (Nr. 2), 20.2.2018, § 56; Yakhymovych/UKR 16.12.2021, § 31; *Grabenwarter/Pabel* 24, 70.
1039 EGMR Bannikova/R, 4.11.2010, § 38; SK/*Meyer* 209.
1040 EGMR Prado Bugallo/E (E), 18.10.2011, § 29 (hier: Vereinbarung über Ankauf von Drogen und Absicht, Transport zu organisieren). Für die Zusammenarbeit mit Informanten: EGMR Veselov u.a./R, 2.10.2012, § 91 („It is therefore crucial in each case to establish if the criminal act was already under way at the time when the source began collaboration with the police"); Scholer/D, 18.12.2014, § 80.
1041 EGMR Constantin u. Stoian/RUM, 29.9.2009, § 55; dazu auch die Aufzählung in EGMR Scholer/D, 18.12.2014, § 81; Voinea/RUM, 18.12.2018, §§ 49 ff.; SK/*Meyer* 209.
1042 EGMR Bannikova/R, 4.11.2010, §§ 41 f.; Khudobin/R, 26.10.2006, § 134; Furcht/D, 23.10.2014, § 51; SK/*Meyer* 209.
1043 EGMR Veselov u.a./R, 2.10.2012, §§ 90, 108; Kuzmina u.a./R, 20.4.2021, § 88, wonach die Behörden „good reasons" für die Durchführung der verdeckten Operation aufzeigen müssen; problematisch ist es dabei besonders, wenn ausschließlich die V-Person selbst die diesbezügliche Informationsquelle darstellt: EGMR Khudobin/R, 26.10.2006, § 134; vgl. dazu auch SK/*Meyer* 210.

oder größere kriminelle Strukturen aufzudecken.[1044] Für eine Provokation der Intensivierung bereits im Gang befindlicher Straftaten oder gar zur Begehung neuer Straftaten liefern allerdings auch diese Beweggründe keinerlei Rechtfertigung.

362   Indizwirkung für eine konventionswidrige Tatprovokation soll ferner die fehlende (präventive/begleitende) **Überwachung** der Aktivitäten eines Verdeckten Ermittlers bzw. eines noeP oder einer V-Person durch eine **unabhängige Stelle** (idealerweise durch einen Richter) entfalten,[1045] ebenso das Fehlen eines festgeschriebenen und an vorhersehbare Grundsätze gebundenen Verfahrens zur Anordnung eines verdeckten Einsatzes.[1046]

363   Erforderlich ist auch, dass der Vorwurf, eine die Grenzen der nach Art. 6 zulässigen verdeckten Ermittlungsarbeit überschreitende Provokation habe stattgefunden, von den **nationalen Gerichten** im Nachgang **gründlich überprüft wird**.[1047] Die gerichtliche Überprüfung muss dabei sowohl die Gründe für den verdeckten Einsatz an sich als auch den konkreten Umfang der polizeilichen Beteiligung an der Straftat sowie jede Form einer möglichen Anstiftung als auch eine vom Beschuldigten etwaig behauptete Drucksituation umfassen.[1048]

364   Bei der Vornahme verdeckter Ermittlungen dürfen staatliche Stellen keinen **Druck** auf Personen zur Begehung von Straftaten ausüben. Ein unzulässige Drucksituation kann bereits darin liegen, dass eine Person zur Begehung einer künftigen Straftat kontaktiert wird, dass ein Angebot für ein kriminelles Vorgehen (Drogengeschäft) trotz Absage der kontaktierten Person erneuert wird[1049] oder dass ein unter dem Durchschnitt liegender An-/Verkaufspreis für einen Gegenstand angeboten wird.[1050]

365   Konventionswidrig ist weiterhin der Einsatz eines **Mittelsmannes**, der einen Dritten zu einer Straftat anleiten soll; ob der Mittelsmann selbst als Anstifter verurteilt wird, ist dabei unerheblich.[1051] Die für zulässige verdeckte Ermittlungen erforderliche passive Rolle staatlicher Stellen steht auch in Frage, wenn der Informant, auf dessen Aussage der Verdacht beruht, dass der Beschuldigte Drogen verkauft, selbst als **Testkäufer** eingesetzt wird.[1052] Wenn sich die Nachfragen verdeckt ermittelnder Polizeibeamter jedoch als schlichte Bestellungen darstellen, die auch andere Personen als Reaktion auf Werbeanzeigen getätigt hätten, gehen solche Handlungen nicht über das hinaus, was üblicherweise von Kunden im kriminellen Milieu bei deren Geschäftsaktivitäten als Reaktion auf ein

---

1044 EGMR Grba/KRO, 23.11.2017, § 101.

1045 EGMR Nosko u. Nefedov/R 30.10.2014, § 53. Eine „bestmögliche Überwachung" einer beauftragten Vertrauensperson zur Vermeidung deren missbräuchlichen Verhaltens (insbesondere, wenn diese aus dem kriminellen Milieu stammt, mahnt auch BGH Urt. v. 11.12.2013 – 5 StR 240/13, NStZ **2014** 277, 280, Rn. 43 = StV **2014** 321 an; kritisch insoweit im konkreten Fall auch BVerfG Beschl. v. 18.12.2014 – 2 BvR 209/14, Rn. 36, NJW **2015** 1083 = StV **2015** 413 = NStZ **2016** 49 m. Anm. *Jahn* JuS **2015** 659 („Kontrollfunktion der Staatsanwaltschaft").

1046 EGMR Vanyan/R, 15.12.2005, §§ 46 f.; ebenso EGMR Veselov u.a./R, 2.10.2012, §§ 93, 126 f.; Nosko u. Nefedov/R 30.10.2014, § 53; Ciprian Vlăduţ u. Ioan Florin Pop/RUM, 16.7.2015, § 81; Matanović/KRO, 4.4.2017, § 124; Ramanauskas/LIT (Nr. 2), 20.2.2018, § 57; Khasanov u.a./R., 27.6.2019, § 7; dagegen: EGMR Lüdi/CH, 15.6.1992 (konventionsgemäßer Einsatz eines vereidigten Polizeibeamten als Verdeckter Ermittler, der im Rahmen eines förmlichen Ermittlungsverfahrens tätig wird und dessen Einsatz richterlicher Kontrolle unterliegt); näher dazu *Esser* 173 ff.

1047 EGMR Veselov u.a./R, 2.10.2012, § 94; Kuzmina u.a./R, 20.4.2021, § 90 („proper supervision"); vgl. auch SK/*Meyer* 207.

1048 EGMR Lagutin u.a./R, 24.4.2014, § 94.

1049 EGMR Pareniuc/MOL, 1.7.2014, § 39; Furcht/D, 23.10.2014, § 58; SK/*Meyer* 212.

1050 EGMR Veselov u.a./R, 2.10.2012, § 92.

1051 EGMR Pyrgiotakis/GR, 21.2.2008, HRRS **2008** Nr. 500.

1052 EGMR Veselov u.a./R, 2.10.2012, § 102.

strafrechtlich relevantes Angebot an den Tag gelegt wird.[1053] In Fällen, in denen sich die Handlungen von verdeckt ermittelnden Polizeibeamten in **alltäglichen, gesetzesmäßigen Verhaltensweisen** erschöpfen, ist eine rechtsstaatswidrige Tatprovokation daher in der Regel ausgeschlossen.[1054]

b) BGH. Nach Ansicht des BGH soll eine Provokation dagegen erst dann vorliegen, wenn **366** eine Person durch staatliche Stellen oder durch einen staatlich kontrollierten Dritten zu seiner Tat angeregt wird oder seine latent vorhandene Bereitschaft **wesentlich intensiviert** wird.[1055] Dabei reicht es nicht aus, dass die Einflussnahme auf den Täter **lediglich kausal** für die Begehung der Tat ist, der Tatentschluss muss vielmehr im Täter geweckt werden bzw. dessen bereits geplante Tat muss durch die Beeinflussung ein völlig anderes Gepräge erhalten („**Quantensprung**");[1056] ein bloßes „Mitmachen" staatlicher Stellen bei der Tat reicht nicht aus.[1057] Der BGH differenziert – im Unterschied zum EGMR, der *tatprovozierendes* Verhalten, wenn es denn vorliegt, generell als menschenrechtswidrig einstuft – zwischen einer *zulässigen* Tatprovokation einerseits und einer *rechtsstaatswidrigen* Tatprovokation andererseits[1058] – eine Differenzierung, die sich in der Judikatur des EGMR nicht abbildet, sondern die Grenzen tatprovozierenden Verhaltens bewusst verschleiert. Der BGH hält tatprovozierendes Verhalten von V-Personen daher für zulässig, solange der eigene Beitrag des Täters nicht durch das Verhalten des Lockspitzels gänzlich in den Hintergrund tritt.[1059]

Im Falle eines **fehlenden Tatverdachts** gegen eine Person ist die Rechtsstaatswidrig- **367** keit eines tatprovozierenden Verhaltens allerdings auch nach Ansicht des BGH indiziert.[1060] Im Unterschied zum EGMR, der zu Beurteilung der Tatgeneigtheit sowie des Verdachts auf den Moment der ersten staatlichen Kontaktaufnahme abstellt, lässt es der BGH genügen, wenn sich erst in dem anschließenden Agieren der angesprochenen Person Indizien finden lassen, aus denen auf ihre mindestens **latente Tatgeneigtheit** geschlossen werden kann.[1061] Auch wird die an sich gegen Art. 6 Abs. 1 verstoßende Provokation einer Tat vom BGH hingenommen, wenn die spätere Verurteilung des Täters nicht auf den durch

---

1053 EGMR Volkov u. Adamskiy/R, 26.3.2015, § 42.

1054 EGMR Volkov u. Adamskiy/R, 26.3.2015, § 38 m. Verweis auf EGMR Kuzmickaja/LIT, 10.6.2008.

1055 BGHSt **32** 345 = NJW **1984** 2300 = NStZ **1985** 131 m. Anm. *Meyer*; **45** 321 = NJW **2000** 1123 = JZ **2000** 363 m. Anm. *Roxin* = NStZ **2000** 269 m. Anm. *Endriß/Kinzig* = StV **2000** 114 m. Anm. *Sinner/Kreuzer* = JA **2000** 450 m. Anm. *Lesch* = JR **2000** 432 m. Anm. *Lesch* u. *Kudlich* JuS **2000** 951; BGHSt **47** 44 = NJW **2001** 2981 = NStZ **2001** 554 = StV **2001** 492 = wistra **2001** 431 m. Anm. *Weber* NStZ **2002** 50; BGH Beschl. v. 19.5.2015 – 1 StR 128/15, Rn. 24, StraFo **2015** 381 = NStZ **2015**, 541 = StV **2016** 78 = JR **201** 78; BGH Urt. v. 10.6.2015 – 2 StR 97/14, Rn. 24, StraFo **2015** 501 = NJW **2016** 91 = NStZ **2016** 52 = StV **2016**, 70 = JR **2016** 83; BGH Urt. v. 7.12.2017 – 1 StR 320/17, Rn. 17 m. Anm. *Esser* NStZ **2018** 358 ff.; BGH Beschl. v. 28.2.2018 – 4 StR 640/17, HRRS **2018** Nr. 367; BGH Beschl. v. 13.3.2018 – 4 StR 614/17, NStZ **2018** 458; unklar dagegen in BGH StV **2012** 415 („an den Angeklagten ... herangetreten und hatte an der Vereinbarung mitgewirkt"; vom BGH nicht explizit als Provokation bezeichnet); Vgl. auch BGH Beschl. v. 11.12.2013 – 5 StR 240/13, NStZ **2014** 277 = StV **2014** 321, § 34 (das tatprovozierende Verhalten sei „unvertretbar übergewichtig" geworden; andererseits spreche nichts dafür, dass [...] die Tat ohne die gewichtigen Maßnahmen [...] verübt hätte"); zu diesem Urteil: *Jahn* JuS **2014** 371 und *Eisenberg* GA **2014** 404 ff.; zur Problematik auch: *Schmidt* (Ausländer) 252 f.; KK/*Bruns* § 110c, 10 StPO; OK-StPO/*Hegmann* § 110c, 9 StPO.

1056 BGHSt **47** 44; siehe auch BGH Beschl. v. 19.1.2016 – 4 StR 252/15, Rn. 3, NStZ **2016** 232.

1057 KK/*Bruns* § 110c, 10 StPO.

1058 BGHSt **45** 321, 336 = NStZ **2000** 269, 270 („Allerdings ist nicht jede Tatprovokation durch eine VP unzulässig."). Vgl. dagegen noch RG Urt. v. 20.1.1912 bei *Kohlrausch* ZStW **33** (1912) 688, 693 ff.

1059 BGHSt **32** 345 = NJW **1984** 2300 = NStZ **1985** 131 m. Anm. *Meyer*.

1060 BGH StV **1989** 518 = wistra **1990** 64; NStZ **1994** 335 = StV **1994** 368; NStZ **1995** 506 = StV **1995** 364.

1061 BGH Urt. v. 7.12.2017 – 1 StR 320/17, § 26; krit. dazu *Conen* StV **2019** 358, 360 f.

die Verleitung gewonnenen Beweisen beruht, sondern auf einem Geständnis des Täters.[1062] Immerhin soll auch eine lediglich **mittelbare staatliche Einflussnahme** auf eine Person als tatprovozierendes Verhalten einzustufen sein.[1063] Ebenso mahnt der BGH die **„bestmögliche Überwachung"** einer für die Ermittlungsbehörden tätigen V-Person zur Vermeidung eines missbräuchlichen (tatprovozierenden) Verhaltens an (insbesondere wenn diese aus dem kriminellen Milieu stammt).[1064]

368   Verdeckte strafprozessuale Ermittlungsmaßnahmen, insbesondere solche unter Einsatz einer VP, sind **aktenkundig** zu machen, damit das erkennende Gericht den Gang des Verfahrens nachvollziehen kann. Namentlich ist nach den **Grundsätzen der Aktenwahrheit und -vollständigkeit** in den Akten (zur Ermittlung des Motivs einer eingesetzten Vertrauensperson) zu vermerken, ob diese eine **Entlohnung** erhalten hat/soll (**Höhe und Erfolgsbezogenheit**).[1065]

369   **3. Rechtsfolge der Tatprovokation.** Unterschiedlich werden vom EGMR und den nationalen Gerichten auch die durch das Gebot des fairen Verfahrens (Art. 6 Abs. 1) definierten **Folgen der Tatprovokation** gezogen. Der EGMR differenziert zwischen zwei verschiedenen Gesichtspunkten: Der Tatprovokation als solcher (d.h. der **provozierende Einsatz** durch einen VE etc.) und der **Verwendung** der auf diese Weise gewonnenen Erkenntnisse in einem späteren Strafprozess.[1066] Schon in seinem grundlegenden Urteil zur Tatprovokation in der Rs. *Teixeira de Castro*[1067] hatte der EGMR klargestellt, dass nicht erst die Verwendung der durch die Tatprovokation erlangten Erkenntnisse, sondern bereits der Einsatz VE etc. zur Tatprovokation *als solcher* dazu führt, dass das Recht des Betroffenen auf ein faires Verfahren **von Anfang an** und **endgültig** verletzt ist (Rn. 376).[1068]

370   Als zusätzlicher Gesichtspunkt, d.h. unabhängig von der Bewertung der verdeckten Ermittlungstätigkeit als solcher, kann auch die **spätere Verwendung** der durch eine solche Tatprovokation **gewonnenen Erkenntnisse** im Strafprozess den Grundsatz des fairen Verfahrens verletzen: So hat der EGMR wiederholt festgestellt, dass die Tatprovokation konventionswidrig sei, wenn die Verurteilung des Angeklagten hauptsächlich („mainly") auf den durch den Einsatz der durch die Tatprovokation gewonnenen Beweisen beruht.[1069] Hingegen soll die Einhaltung der Grundsätze eines fairen Verfahrens indiziert sein, wenn die spätere *Verurteilung* gerade nicht auf die durch die verdeckte Ermittlungstätigkeit gewonnenen Beweise zurückzuführen ist.[1070]

371   Ob die Tatprovokation, d.h. die aus ihr gewonnenen Erkenntnisse, wesentlich für die spätere Verurteilung des Täters geworden ist, kann indes nichts über die Konventionswidrigkeit des tatprovozierenden Verhaltens aussagen: Eine Verurteilung des Täters aufgrund anderer als durch die Tatprovokation erlangter Beweise vermag eine konventionswidrige Tatprovokation als *Handlung* nicht nachträglich zu heilen, weil diese Erkenntnisse ihrerseits auf einem Verfahren beruhen, dass es ohne Provokation nicht gegeben hätte. Dies

---

1062 BayObLG NStZ **1999** 527 = StV **1999** 631 m. Anm. *Taschke* = JR **2000** 256 m. Anm. *Küpper*.
1063 BGH Beschl. v. 11.12.2013 – 5 StR 240/13, § 35 = NStZ **2014** 277 = StV **2014** 321.
1064 BGH NStZ **2014** 277 = StV **2014** 321.
1065 BGH NStZ **2014** 277 = StV **2014** 321.
1066 Zum zweiten Gesichtspunkt: EGMR Yakhymovych/UKR, 16.12.2021, §§ 36 ff.
1067 EGMR Teixeira de Castro/P, 9.6.1998.
1068 EGMR Teixeira de Castro/P, 9.6.1998, § 39 („that *intervention and its use* [...] meant that, *right from the outset*, the applicant was *definitively* deprived of a fair trial"; „Cette *intervention et son utilisation* [...] ont privé *ab initio et définitivement* le requérant d'un procès équitable." (Hervorhebungen nicht im Original).
1069 EGMR Vanyan/R, 15.12.2005, § 49; Ali/RUM, 9.11.2010, §§ 102 ff.
1070 EGMR Sequeira/P (E), 6.5.2003; Eurofinacom/F (E), 7.9.2004; vgl. im Einzelnen *Warnking* 244 f.

Esser   710

ergibt sich nicht zuletzt auch aus der vom EGMR selbst gewählten Formulierung im Urteil *Teixeira de Castro*.[1071]

4. Verfahrensrechtliche Besonderheiten („Zwei-Stufen-Modell"). Kommt der Ge- **372** richtshof anhand der vorgenannten Kriterien nicht zu dem eindeutigen Schluss einer sich im Rahmen des Zulässigen bewegenden passiven verdeckten Untersuchung bereits laufender Kriminalität **(erste Stufe)**, so prüft er auf einer **zweiten Stufe**, ob der Bf. den Vorwurf einer konventionswidrigen Tatprovokation vor den nationalen Gerichten effektiv geltend machen konnte.[1072] Dazu muss er zum einen die Möglichkeit haben, den Vorwurf der Tatprovokation vor Gericht vorzubringen, zum anderen muss das nationale Gericht in einem kontradiktorischen Verfahren feststellen, in welchem Umfang staatliche Stellen in die Beeinflussung des Täters verwickelt waren, was der Grund für die Anordnung der verdeckten Operation war und welcher Art von Beeinflussung (Druck) der Täter ausgesetzt war.[1073]

Im Urteil *Ramanauskas* hat der EGMR erstmals klargestellt, dass in diesem gerichtli- **373** chen Verfahren zur Feststellung von Art und Umfang der Tatprovokation die **Beweislast dem Staat** obliegt („burden of proof"),[1074] so dass dieser sich letztlich gegen plausible Vorwürfe des Beschuldigten exkulpieren muss.

Zur konkreten Anwendung dieses Modells im Verfahren der Individualbeschwerde **374** hat der EGMR in der Rs. *Matanović* seine methodische Vorgehensweise präzisiert.[1075] Zunächst untersucht der Gerichtshof, ob sich die vorliegende Situation dem ersten Anschein nach als rechtsstaatswidrige Tatprovokation darstellt und fragt diesbezüglich nach einer entsprechenden Rüge des Bf.[1076] Sodann widmet er sich der Prüfung der ersten Stufe (*„substantive test of incitement"*).[1077] Wenn danach mit hinreichender Sicherheit feststeht, dass die nationalen Behörden eine überwiegend passive Untersuchung geführt und den späteren Beschuldigten nicht zu einer strafbaren Handlung verleitet haben, so genügt dies für den Gerichtshof, den Schluss zu ziehen, dass die spätere Verwendung der durch die verdeckten Ermittlungen gewonnenen Beweise in einem Strafverfahren gegen den Beschuldigten keinen Verstoß gegen Art. 6 Abs. 1 begründet.[1078] Wenn jedoch die Erkenntnisse des Gerichtshofs aufgrund eines Informationsdefizits in der Akte, wegen fehlender Offenlegung oder wegen Widersprüchen in der Interpretation der Parteien über die Vorfälle ergebnislos sind, oder wenn der Gerichtshof aufgrund des ersten Tests fest-

---

1071 Vgl. *Warnking* 245; *Esser* 174.
1072 EGMR Bannikova/R, 4.11.2010, §§ 71 ff.; bestätigt in: EGMR Prado Bugallo/E (E), 18.10.2011, § 30. Zur Erschöpfung des horizontalen Rechtswegs (näher Teil II Rn. 199) ist erforderlich, dass der Bf. die Tatprovokation beanstandet: EGMR Batista Laborde/A (E), 2.2.2016, §§ 28, 33 ff.; SK/*Meyer* 205.
1073 EGMR (GK) Ramanauskas/LIT, 5.2.2008, § 71; Lagutin u.a./R, 24.4.2014, § 94; Ramanauskas/LIT (Nr. 2), 20.2.2018, § 59.
1074 EGMR (GK) Ramanauskas/LIT, 5.2.2008, § 70; bestätigt durch EGMR Bulfinsky/RUM, 1.6.2010, §§ 41 ff.; Bannikova/R, 4.11.2010, § 73; Ali/RUM, 9.11.2010, § 103; Ursu/RUM, 18.12.2018, § 40; Tepra/A (E), 5.2.2019, § 39; Kuzmina u.a./R, 20.4.2021, § 91; *Grabenwarter/Pabel* 24, 70; vom BGH als dem deutschen Verfahrensrecht systemfremd bezeichnet, vgl. BGH Urt. v. 4.7.2018 – 5 StR 650/17, Rn. 33, BeckRS **2018** 17767.
1075 EGMR Matanović/KRO, 4.4.2017, §§ 131 ff.; für einen Überblick: EGMR Kuzmina u.a./R, 20.4.2021, §§ 87 ff.
1076 EGMR Matanović/KRO, 4.4.2017, § 131; Ramanauskas/LIT (Nr. 2), 20.2.2018, § 62 m. Dissenting Opinion *Kūris*; Ramanauskas/LIT (Nr. 2), 20.2.2018, §§ 28 ff. („Matanović methodology").
1077 EGMR Matanović/KRO, 4.4.2017, § 132; Ramanauskas/LIT (Nr. 2), 20.2.2018, § 62.
1078 EGMR Matanović/KRO, 4.4.2017, § 133; Ramanauskas/LIT (Nr. 2), 20.2.2018, § 62.

stellt, dass der Bf. zur Tat provoziert wurde, fährt er mit der Prüfung der zweiten Stufe (*„procedural test of incitement"*) fort.[1079]

375 Probleme können sich hier ergeben, wenn dem Angeklagten **Beweismaterial vorenthalten** wird und er aus diesem Grund im Verfahren vor den nationalen Strafgerichten gehindert ist, das Vorliegen einer Tatprovokation geltend zu machen („specific situation of non-disclosure of information admitted as evidence"). Der EGMR akzeptiert in diesem Zusammenhang zwar eine Zurückhaltung des Beweismaterials aus Gründen der nationalen Sicherheit, um bestimmte polizeiliche Ermittlungsmethoden überhaupt durchführen und beibehalten zu können oder um fundamentale Rechte einer anderen Person zu schützen.[1080] In jedem Fall sollen VE oder Zeugen, die zu der Provokation aussagen können, vor Gericht gehört werden. Der Verteidigung muss es möglich sein, diese Zeugen konfrontativ zu befragen.[1081] Falls eine Vorladung nicht möglich sei, bedürfe es jedenfalls einer detaillierten Begründung. Sämtliche für den Vorwurf relevanten Informationen, insbesondere solche über das vorangegangene Verhalten des Bf., sind offen vor das Gericht vorzubringen.[1082]

376 **5. Kompensationsmodelle.** Obwohl der **EGMR** den Vertragsstaaten grundsätzlich keine konkreten, einzelfallbezogenen Vorgaben zur Gewährleistung eines fairen Verfahrens machen kann und selbst im Falle eines Konventionsverstoßes auf dessen Feststellung und die Festsetzung einer Entschädigung beschränkt ist, zählt die Rechtsprechung des EGMR zu einer rechtsstaats- und damit konventionswidrigen Tatprovokation zu den wenigen strafprozessualen Feldern, in denen der Gerichtshof konkrete Mindestanforderungen für auf nationaler Ebene geforderte Reaktion aufgestellt hat.[1083] So ließ er schon in seinem Leiturteil *Teixeira de Castro* aus dem Jahr 1998 keinen Zweifel, dass dem Betroffenen **von Anfang an** und **endgültig** ein faires Verfahren vorenthalten wird.[1084] Der Gerichtshof geht also davon aus, dass die konventionswidrige Tatprovokation zu einem **unheilbaren anfänglichen Mangel der Verfahrensführung** führt, der sich bereits in der *Einleitung* dieses Verfahrens manifestiert.

377 Diesen Überlegungen sollte im nationalen Strafprozessrecht mit der Annahme eines **anfänglichen Strafverfahrenshindernisses** Rechnung getragen werden[1085] – auch wenn diese Forderung gewissen dogmatischen Bedenken begegnet, da die polizeiliche Tatprovokation regelmäßig vor der Erhebung einer *strafrechtlichen Anklage* stattfindet und somit *stricto sensu* außerhalb des Anwendungsbereichs von Art. 6 Abs. 1 liegt (Rn. 110). Mit den Vorgaben des EGMR in Einklang zu bringen dürfte auch die Annahme eines **persönlichen** (materiellrechtlichen) **Strafausschließungsgrundes** sein.[1086]

1079 EGMR Matanović/KRO, 4.4.2017, § 134; Ramanauskas/LIT (Nr. 2), 20.2.2018, § 62; Kuzmina u.a./R, 20.4.2021, § 91; *Grabenwarter/Pabel* 24, 70.
1080 EGMR Lagutin u.a./R, 24.4.2014, § 98.
1081 EGMR Kuzmina u.a./R, 20.4.2021, § 93 („the principles of adversarial proceedings and equality of arms are indispensable [...] as well as the procedural guarantees related to the disclosure of evidence and questioning the undercover agents and other witnesses"); Bannikova/R, 4.11.2010, §§ 58–65; vgl. zudem: EGMR Lüdi/ CH, 15.6.1992, § 49; Bulfinsky/RUM, 1.6.2010, § 45.
1082 Zum Ganzen: EGMR Lagutin u.a./R, 24.4.2014, §§ 100 f.
1083 Dazu auch: SK/*Meyer* 215.
1084 Vgl. auch EGMR Vlachos/GR, 18.9.2008, § 24.
1085 So auch *Sinner/Kreuzer* StV **2000** 114; *Kudlich* JuS **2000** 951; *Conen* StRR **2009** 84; **a.A.** *Warnking* 247 f.; *Ambos* NStZ **2002** 628; *Kinzig* StV **1999** 288. *Lesch* JR **2000** 434, 436.
1086 *Beulke* 444 a.E.; LR/*Stuckenberg* § 206a, 85 StPO, m.w.N. in Fn. 344.

Ein (bloßes) **Beweisverwertungsverbot**, wie es eine weit verbreitete Literaturmei- 378
nung fordert,[1087] wird den Vorgaben des EGMR dagegen nur unzureichend gerecht: Die
anfängliche und unheilbare Verletzung des Grundsatzes des fairen Verfahrens durch eine
Tatprovokation führt dazu, dass regelmäßig alle zur Verfügung stehenden Beweise wegen
des Verstoßes unverwertbar sein würden. In diesem Fall wäre es aber dem Beschuldigten
nicht zuzumuten, dass ein Verfahren gegen ihn mit den damit notwendig einhergehenden
irreparablen Folgen für seine Reputation eingeleitet wird.

Ein Beweisverwertungsverbot wäre zudem mit der Gefahr verbunden, dass der Ange- 379
klagte aus Gründen der Prozesstaktik im späteren Hauptverfahren zu einem **Geständnis**
der (provozierten) Tat veranlasst wird, welches – da nicht durch die rechtswidrige Tatprovokation unmittelbar erlangt – verwendet werden könnte.[1088] Diesem Ansatz hat der
EGMR im Urteil *Ramanauskas* zwar weitgehend den Boden entzogen;[1089] die Thematik
ließe sich jedoch schon dadurch entschärfen, dass dem Fortgang des Verfahrens durch die
Annahme eines Verfahrenshindernisses von vornherein der Boden entzogen wird.

In der die deutsche Rechtspraxis betreffenden Rs. *Furcht*[1090] hat der EGMR entschie- 380
den, dass im Falle einer erwiesenen polizeilichen Anstiftung eine erhebliche **Milderung
der Strafe** keine ausreichende Wiedergutmachung für die Verletzung von Art. 6 Abs. 1
darstellt, sofern die durch die Anstiftung erlangten Beweismittel in dem Verfahren gegen
den Beschwerdeführer verwertet und seine Verurteilung auf diese Beweise gestützt worden ist. Nach diesen Grundsätzen kann ein Verfahren unter den Vorgaben des Art. 6 nur
dann als fair betrachtet werden, wenn **alle durch eine konventionswidrige Anstiftung
gewonnenen Beweise ausgeschlossen** oder auf **andere Weise vergleichbare Ergebnisse** herbeigeführt werden („all evidence obtained as a result of police incitement must be
excluded or a procedure with similar consequences must apply").[1091]

Der 1. Strafsenat des **BGH**[1092] hatte sich, nachdem andere Senate zur Kompensation 381
einer (rechtswidrigen) Tatprovokation zunächst ein Verfahrenshindernis,[1093] die Verwirkung des staatlichen Strafanspruchs[1094] bzw. einen persönlichen Strafausschließungs-
grund[1095] angenommen hatten, für eine **Strafzumessungslösung** entschieden.[1096] Der Se-

1087 *Lüderssen* FS Peters 362; *Fischer/Maul* NStZ **1992** 7, 13; *Kinzig* StV **1999** 292.
1088 So das BayObLG NStZ **1999** 527 = StV **1999** 631 m. Anm. *Taschke* = JR **2000** 256 m. Anm. *Küpper.*
1089 EGMR (GK) Ramanauskas/LIT, 5.2.2008, § 72.
1090 EGMR Furcht/D, 23.10.2014 = NJW **2015** 3631 = StV **2015** 405 = StraFo **2014** 504 m. Anm. *Sommer* = JR
2015 81 m. Anm. *Petzsche*; vgl. dazu auch: *Esser* StV **2021** 383, 384 f.; *Jugl* 29 f.
1091 EGMR Furcht/D, 23.10.2014, §§ 68 f.
1092 In BGHSt **32** 345 = NJW **1984** 2300 = NStZ **1985** 131 m. Anm. *Meyer.*
1093 Der 2. Strafsenat in NJW **1981** 1626 = NStZ **1981** 394 = StV **1981** 599; ebenso StV **1982** 221; NStZ **1982**
126; der 3. Strafsenat in StV **1981** 276.
1094 So der 4. Strafsenat in NStZ **1981** 70.
1095 So der 5. Strafsenat (*obiter dictum*), StV **1984** 58 = NStZ **1984** 178 (*obiter dictum* nicht abgedruckt).
1096 Der 2. Strafsenat hatte zunächst in seinem Revisionsurteil (NStZ **1984** 78 = StV **1984** 4) auf ein Urteil
des LG Frankfurt a.M. die Strafzumessungslösung für rechtsfehlerhaft erachtet; auf die von der StA eingelegte Revision gegen das – im Sinne der bisherigen Rspr. des 2. Strafsenats – ein Verfahrenshindernis anneh-
mende Urteil des LG (StV **1984** 415) hin wollte der 2. Strafsenat nunmehr aber seine Auffassung aufgeben
und sich der Strafzumessungslösung anschließen; sein Versuch, wegen dieser Frage den Großen Senat für
Strafsachen anzurufen (NJW **1986** 75 = StV **1985** 309 m. Anm. *Schünemann* StV **1985** 424 = JZ **1986** 103 m.
Anm. *Schumann* JZ **1986** 66), wurde als unzulässig abgewiesen (BGHSt **33** 356 = NJW **1986** 1764 = StV **1986**
47 = JuS **1986** 814 m. Anm. *Hassemer*); der 4. Strafsenat hat sich in BGH NStZ **1995** 506 = StV **1995** 364 und
der 5. Strafsenat in BGHSt **33** 283 = NJW **1985** 2838 = NStZ **1985** 517 = JZ **1985** 398 = wistra **1985** 233 der
Strafzumessungslösung angeschlossen; bestätigt durch BGH Urt. v. 4.7.2018 – 5 StR 650/17, HRRS **2018** Nr. 804;
vgl. dazu auch OLG Bamberg NStZ **2015** 55, 56 = StV **2015** 418 (Ls.): „Auch in Fällen, in denen eine zulässige,
weil nicht gegen das Gebot des fairen Verfahrens verstoßende Provokation der Tat vorangegangen war,

nat ging davon aus, dass eine gegen den Grundsatz des fairen Verfahrens verstoßende Tatprovokation durch einen entsprechenden Strafabschlag kompensiert werden könne. Ein Verfahrenshindernis oder ein Beweisverwertungsverbot seien zu starr, um die Folgen einer rechtswidrigen Tatprovokation angemessen und gerecht zu bestimmen. Die rechtsstaatswidrige Tatprovokation sei daher (nicht mehr als) ein besonders ins Gewicht fallender, **schuldunabhängiger Strafmilderungsgrund**. Auch nach dem Urteil des EGMR in der Rs. *Teixeira de Castro* hatte der BGH – trotz starker Kritik der Literatur – an der Strafzumessungslösung festgehalten[1097] und damit missachtet, dass eine „Heilung" des Verstoßes gegen den Grundsatz des fairen Verfahrens durch eine (bloße) **Strafmilderung** in der Judikatur des EGMR im Kontext einer Tatprovokation bis heute keinen Ansatz findet.

382   Auch der **OGH** lehnte in ständiger Rspr. die Annahme eines Verfahrenshindernisses oder eines persönlichen Strafausschließungsgrundes ab und pflichtete „mit Blick auf Art. 34"[1098] der Strafzumessungslösung bei.[1099] Nachdem er die Kompensationsfrage zwischenzeitlich offenließ,[1100] hat er sich schließlich ausdrücklich zugunsten eines Verfahrenshindernisses positioniert.[1101] Die Rechtsprechung des OGH wurde in einem Absatz 5 zu § 133 öStPO kodifiziert.[1102] Ein Beweisverbot aufgrund unzulässiger Tatprovokation ist gesetzlich jedoch nicht geregelt.[1103]

383   Auch das **BVerfG** lehnt die Forderung nach einem **Verfahrenshindernis** oder eines Strafausschließungsgrundes im Grundsatz ab und beschränkt diese Rechtsfolge lediglich auf „**extreme Ausnahmefälle**".[1104] Es legt den Gerichten die Annahme eines Verfahrens-

---

stellt dieser Umstand einen gewichtigen zugunsten des Angeklagten zu wertenden Strafzumessungsgrund dar, dem nicht lediglich mit dem bloßen Hinweis darauf, dass die BtM an einen Scheinaufkäufer veräußert wurden, hinreichend Rechnung getragen werden darf."; im Zusammenhang mit der Jugendstrafe vgl. BGH NStZ-RR **2020** 30.

1097 BGHSt **45** 321 = NJW **2000** 1123 = JZ **2000** 363 m. Anm. *Roxin* = NStZ **2000** 269 m. Anm. *Endriß/Kinzig* = StV **2000** 114 m. Anm. *Sinner/Kreuzer* = JA **2000** 450 m. Anm. *Lesch* = JR **2000** 432 m. Anm. *Lesch*; dazu auch *Kudlich* JuS **2000** 951; nochmals bestätigt in BGHSt **47** 44 = NJW **2001** 2981 = NStZ **2001** 554 = StV **2001** 492 = wistra **2001** 431 m. Anm. *Weber* NStZ **2002** 50; BGH NStZ **2008** 39 f.; NStZ **2009** 405 f.; BGH StV **2012** 415 („staatliche Beteiligungshandlungen an Drogengeschäften als gewichtiger Strafzumessungsgrund, insb. bei einer staatlichen Initiative zu einem konkreten Drogengeschäft"; „Strafmilderungsgrund"); BGH Beschl. v. 11.12.2013 – 5 StR 240/13 Rn. 37 = NStZ **2014** 277 = StV **2014** 321 (mit dem fragwürdigen Argument, dass selbst ein Verstoß gegen § 136a StPO lediglich zu einem Beweisverwertungsverbot führe); kritisch auch: *Jahn* JuS **2014** 371, 372; zur Würdigung der Einwirkung einer V-Person auf den Täter, wodurch dieser in höhere Tatschuld verstrickt wird, im Rahmen der Bemessung einer Jugendstrafe (unabhängig von einer Überschreitung des rechtsstaatlichen Rahmens): BGH NStZ-RR **2020** 30.

1098 OGH Beschl. v. 23.7.2008 – 13 Os 73/08x, Rn. 6.

1099 OGH Beschl. v. 11.1.2005 – 11 Os 126/04 = öJBl. **2005** 531 m. Anm. *Pilnacek*; Beschl. v. 23.7.2008, 13 Os 73/08x; Beschl. v. 22.11.2017 – 15 Qs 119/17i, JSt **2019** 360 (strenge Anforderungen an die Darlegung relevanter Umstände); OLG Graz ÖJZ **2010** 37; vgl. zur damaligen Diskussion in Österreich allgemein: *Burgstaller* ÖJZ **1986** 524; *Fuchs* ÖJZ **2001** 497; *Ambos* ÖJZ **2003** 667; *Kirchbacher/Scholl* ÖJZ **2006** 323; *Stuefer/Soyer* ÖJZ **2007** 140; *Donhauser* JSt **2019** 306, 318.

1100 OGH Beschl. v. 7.10.2015 – 15 Os 89/15z: „Eine Auseinandersetzung mit der Frage allfälliger Rechtsfolgen unzulässiger Tatprovokation bedurfte es daher nicht [...]"; vgl. auch OGH Beschl. v. 26.1.2016 – 14 Os 113/15x.

1101 OGH Beschl. v. 15.11.2016 – 11 Os 102/16h: „Eine (unzulässige, ein Verfolgungshindernis für strafbare Handlungen darstellende [...]) polizeiliche Tatprovokation"; vgl. auch: OGH 21.5.2019 – 14 Os 42/19m (RS 0132643).

1102 Vgl. dazu *Schmidt* ZIS **2017** 56.

1103 Vgl. OGH Beschl. v. 2.4.2019 – 11 Os 24/19t (RS 0132556).

1104 BVerfG Beschl. v. 18.12.2014 – 2 BvR 209/14, Rn. 34, NJW **2015** 1083 = StV **2015** 413 = NStZ **2016** 49 m. Anm. *Jahn* JuS **2015** 659; NJW **1987** 1874 = NStZ **1987** 276.

Esser   714

hindernisses allerdings nahe, wenn das tatprovozierende Verhalten auf einer **mangelhaften Kontrolle** des Ermittlungsverfahrens bzw. der Polizei durch die Staatsanwaltschaft beruht[1105] oder es sich bei der provozierten Person um einen **„gänzlich Unverdächtigen"** gehandelt hat und in der Folge eine **„ausschließlich staatlicherseits verursachte Tat"** vorliegt.[1106] Im Übrigen billigt das BVerfG allerdings die vom BGH und den Instanzgerichten favorisierte **Strafzumessungslösung** mit der zweifelhaften Begründung „das nationale Rechtssystem müsse [nicht] zwingend dem dogmatischen Ansatz des Gerichtshofs [EGMR] folgen", der – was auch das BVerfG erkennt – „die Frage der Zulässigkeit der Verfahrensdurchführung an sich und der Beweisverwertung in den Mittelpunkt stellt".[1107] In einem Fall, in dem die Bekundungen des Tatprovokateurs (Vertrauensperson oder Verdeckter Ermittler) dazu dienen, die Einlassung des Angeklagten in wesentlichen Teilen zu widerlegen (EGMR Rs. Furcht), mahnt aber auch das BVerfG die Instanzgerichte zu erwägen, „ausdrücklich ein **Verwertungsverbot bezüglich der unmittelbar durch die rechtsstaatswidrige Tatprovokation gewonnenen Beweise, also insbesondere bezüglich der unmittelbar in die rechtsstaatswidrige Tatprovokation verstrickten Tatzeugen**, auszusprechen".[1108]

Der **1. Strafsenat** des **BGH** hat in einem Beschluss v. 19.5.2015 im Anschluss an die vom EGMR entschiedene Rs. *Furcht* und in Anlehnung an den Beschluss des BVerfG vom 18.12.2014 ebenfalls festgestellt, dass ein Verfahrenshindernis bei einer rechtsstaatswidrigen Tatprovokation nur in extremen Ausnahmefällen aus dem Rechtsstaatsprinzip hergeleitet werden könne.[1109] Ein solcher Ausnahmefall könne vorliegen, wenn sich tatprovozierendes Verhalten von Ermittlungsbehörden gegen einen bis dahin gänzlich Unverdächtigen, der lediglich als Objekt der staatlichen Ermittlungsbehörden einen vorgefertigten Tatplan ohne eigenen Antrieb ausgeführt hätte, richtet.[1110] Damit bestätigte er seine bisherige Rechtsprechung und die Geltung der Strafzumessungslösung – unter klarer Missachtung der Vorgaben des EGMR. **384**

In Unkenntnis dieses Beschlusses des 1. Strafsenats im Zeitpunkt der Urteilsverkündung[1111] war der **2. Strafsenat** in einem **Urteil v. 10.6.2015** unter Berücksichtigung der Rechtsprechung des EGMR in der Rs. *Furcht* von der bisher praktizierten Strafzumessungslösung explizit abgerückt („Danach kommt die Strafzumessungslösung, (...), als Konsequenz rechtsstaatswidriger Tatprovokation nicht mehr in Betracht").[1112] Vielmehr soll ein **Verfahrenshindernis** als *regelmäßige Folge* vorliegen, das aus dem Blickwinkel der innerstaatlichen Rechtsordnung eine schonende Möglichkeit der Berücksichtigung der Rechtsprechung des EGMR darstelle.[1113] Auch bei der nachfolgenden Frage der Feststellung der **385**

1105 BVerfG Beschl. v. 18.12.2014 – 2 BvR 209/14, Rn. 37 („Annahme eines Verfahrenshindernisses nicht fernliegend gewesen").
1106 BVerfG Beschl. v. 18.12.2014 – 2 BvR 209/14, Rn. 38.
1107 BVerfG Beschl. v. 18.12.2014 – 2 BvR 209/14, Rn. 43; krit. hierzu: *Meyer/Wohlers* JZ **2015** 761, 768 f.; Meyer-Ladewig/Nettesheim/von Raumer/*Meyer-Ladewig/Harrendorf/König* 160; SK/*Meyer* 216; *Esser* StV **2021** 383, 385 f.
1108 BVerfG Beschl. v. 18.12.2014 – 2 BvR 209/14, Rn. 53.
1109 Vgl. auch: Meyer-Ladewig/Nettesheim/von Raumer/*Meyer-Ladewig/Harrendorf/König* 160; *Zeyher* NZWiSt **2022** 197 f.
1110 BGH Beschl. v. 19.5.2015 – 1 StR 128/15, Rn. 11 ff., StraFo **2015** 381 = NStZ **2015** 541 = StV **2016** 78 = JR **2016** 78; dazu auch *Schmidt* ZIS **2017** 56, 59.
1111 *Schmidt* ZIS **2017** 56, 59.
1112 BGH Urt. v. 10.6.2015 – 2 StR 97/14, Rn. 38 u. 45, StraFo **2015** 501 = NJW **2016** 91 = NStZ **2016** 52 = StV **2016** 70 = JR **2016** 83.
1113 BGH Urt. v. 10.6.2015 – 2 StR 97/14, Rn. 55 f.; dazu: Meyer-Ladewig/Nettesheim/von Raumer/*Meyer-Ladewig/Harrendorf/König* 160.

Entschädigungspflicht für die erlittenen Strafverfolgungsmaßnahmen gelangte das OLG Köln in Abweichung von der vorausgegangenen Entscheidung des LG Bonn in seinem Beschluss vom 28.2.2017 zu der Ansicht, dass der Entschädigungsanspruch nach **§ 2 Abs. 1 StrEG** nicht nach § 5 Abs. 2 Satz 1 StrEG ausgeschlossen sei. So soll das Verhalten des Beschuldigten nach dieser Norm jedenfalls dann nicht ursächlich geworden sein, wenn die in Rede stehenden Maßnahmen aufgrund eines schwerwiegenden Bearbeitungsfehlers der Strafverfolgungsbehörden angeordnet, vollzogen und aufrechterhalten worden sind.[1114] Bei der Entscheidung über die Entschädigungspflicht sei daher maßgeblich zu berücksichtigen, dass die Beteiligung der Beschwerdeführer an den Taten durch die Handlungen der Verdeckten Ermittler in rechtsstaatswidriger Weise trotz der wiederholt erklärten Weigerung der Betroffenen, sich an Betäubungsmittelgeschäften beteiligen zu wollen, provoziert worden ist.[1115] Ungeachtet dessen hielt der 1. Strafsenat des BGH an seiner Entscheidung fest, dass die Annahme eines Verfahrenshindernisses nur für seltene Ausnahmefälle geboten sei.[1116]

386   Die Strafzumessungslösung entspricht evident nicht den Vorgaben des EGMR.[1117] Der Grundsatz des fairen Verfahrens und seine Beachtung dürfen nicht zu einem reinen Aspekt der Strafzumessung verkommen, sondern sind essentielle Voraussetzungen für die Durchführung eines rechtsstaatlichen Straf*verfahrens* an sich. Schließlich darf nicht unbeachtet bleiben, dass bei der Verletzung von Art. 6 Abs. 1 durch eine konventionswidrige Tatprovokation nicht nur eine Verletzung von Individualrechten, sondern auch eine Verletzung von völkerrechtlichen Pflichten des Staates in Rede steht. Ein solcher völkerrechtlicher Verstoß zieht schließlich die Verpflichtung des Staates zur **Wiedergutmachung (*restitutio in integrum*)** nach sich, was im Fall der Tatprovokation nur durch die Forderung nach einem Verfahrenshindernis gewährleistet wird. Aus dem Ansatz des EGMR, die Einhaltung der Verfahrensfairness durch eine „Gesamtbetrachtung" des Verfahrens zu überprüfen, darf nicht geschlossen werden, dass eindeutige Aussagen des Gerichtshofs zu Einzelfragen des Fairnessgebotes unbeachtet bleiben dürfen.[1118]

387   In der Rs. *Akbay u.a.*[1119] hat der EGMR Deutschland erwartungsgemäß erneut wegen der Anwendung der Strafzumessungslösung zur Kompensation einer Tatprovokation verurteilt. Hintergrund dieses Falles waren Verurteilungen aufgrund unerlaubter Einfuhr von Betäubungsmitteln sowie des Handels mit diesen, wobei die Begehung der Taten durch erhebliche Einwirkungen von V-Personen provoziert worden war, die mit der Zurverfügungstellung eines vermeintlich sicheren und einfachen Einfuhrwegs für die Drogen die Grundlage für die Taten legten. Zudem waren Erfolgsprämien im Falle eines erfolgreichen Zugriffs in Aussicht gestellt. Das zuständige LG bejahte hierbei zwar eine rechtsstaatswidrige Tatprovokati-

---

1114 OLG Köln Beschl. v. 28.2.2017 – 2 Ws 781 – 782/16, juris Rn. 36, StraFo **2017** 301.

1115 OLG Köln Beschl. v. 28.2.2017 – 2 Ws 781 Rn. 37 f.

1116 BGH Urt. v. 7.12.2017 – 1 StR 320/17 Rn. 30.

1117 Vgl. ausdrücklich: EGMR Furcht/D, 23.10.2014, § 69 („not convinced that even a considerable mitigation of the applicant's sentence can be considered as a procedure with similar consequences as an exclusion of the impugned evidence"), NJW **2015** 3631 = StV **2015** 405 = StraFo **2014** 504 m. Anm. *Sommer* = JR **2015** 81 m. Anm. *Petzsche*; ferner die Anmerkungen der Lit. zu BGHSt **45** 321: *Roxin* JZ **2000** 369; *Endriß/Kinzig* NStZ **2000** 271; *Sinner/Kreuzer* StV **2000** 114; *Lesch* JR **2000** 434; *Kudlich* JuS **2000** 951; zur neueren Rechtsprechung: *Gaede/Buermeyer* HRRS **2008** 269; *Apfel/Strittmatter* Praxiswissen Strafverteidigung im Betäubungsmittelrecht (2009) Rn. 970; auch im Hinblick auf die Völkerrechtsfreundlichkeit des GG muss die Rspr. die hergebrachten Grundsätze anhand der Entscheidungen des EGMR überdenken (vgl. BVerfGE **111** 307 = NJW **2004** 3407 – Görgülü; hierzu: *Esser* StV **2005** 348).

1118 *Gaede/Buermeyer* HRRS **2008** 279.

1119 EGMR Akbay u.a./D, 15.10.2020, BeckRS **2020** 28627 = NJW **2021** 3515 m. Anm. *Hoven* u. Anm. *Payandeh* JuS **2021** u. Anm. *Esser* StV **2021** 383 ff.

on, stellte das Verfahren jedoch nicht aufgrund eines Verfahrenshindernisses ein, sondern nahm lediglich eine Strafmilderung vor. Revisionen[1120] und Verfassungsbeschwerde[1121] blieben ohne Erfolg – der Beschluss des BVerfG war dabei bereits in Kenntnis des EGMR-Urteils in der Rs. *Furcht* ergangen. Der EGMR hielt auch in der Rs. *Akbay* u.a. an seiner Rechtsprechung fest und stellte wieder unmissverständlich heraus, dass die von den deutschen Strafgerichten angewandte Strafzumessungslösung den Anforderungen an Art. 6 nicht genügt.[1122]

388 Nach dieser erneuten Verurteilung durch den EGMR hat sich auch der **BGH** mit **Urteil v. 16.12.2021**[1123] an die Rechtsprechung des EGMR – sowohl im Hinblick auf die Voraussetzungen der rechtsstaatswidrigen Tatprovokation als auch bezüglich der Rechtsfolgen – im Wesentlichen angeschlossen.[1124] Nach Ansicht des 1. Strafsenats soll eine rechtsstaatswidrige Tatprovokation nur dann nicht mehr vorliegen, wenn ein „weitgehend passives" Verhalten der verdeckt agierenden Vertrauensperson gegeben ist,[1125] was die Anforderungen an das Vorliegen einer fairnesswidrigen Tatprovokation konkretisiert und im Unterschied zu früherer Rechtsprechung[1126] etwas absenkt.[1127] Auch soll eine rechtsstaatswidrige Tatprovokation bereits im Fall einer **Aufstiftung** möglich sein. Dabei soll es maßgeblich darauf ankommen, ob die qualitative Steigerung der Verstrickung des Täters mit einer Einwirkung durch die Ermittlungsperson einhergeht, die von einiger Erheblichkeit ist.[1128] Ist eine fairnesswidrige Tatprovokation zu bejahen, soll dies – entsprechend der Rechtsprechung des EGMR – zu einem **Verfahrenshindernis** führen.[1129]

389 Im Gegensatz zu Österreich (**§§ 5 Abs. 3, 133 Abs. 5 öStPO**)[1130] gibt es in Deutschland weiterhin weder ein gesetzliches Verbot der Tatprovokation („Lockspitzel-Einsatz")[1131] noch ist die Frage der Kompensation einer rechtsstaatswidrigen Tatprovokation gesetzlich geregelt.[1132] Der zwischen CDU/CSU und SPD im Februar 2018 für die 19. Legislaturperiode des Deutschen Bundestags geschlossene Koalitionsvertrag hatte zumindest die Prüfung gesetzgeberischen Handlungsbedarfs für eine Rechtsgrundlage für die Tatprovokation vorgesehen.[1133]

1120 BGH NStZ **2014** 277.

1121 BVerfG NJW **2015** 1083.

1122 EGMR Akbay u.a./D, 15.10.2020, §§ 138 f.; *Esser* StV **2021** 383, 388.

1123 BGH Urt. v. 16.12.2021 – 1 StR 197/21, BeckRS **2021** 42005 m. Anm. *Jäger* JA **2022** 609 und *Beukelmann* NJW-Spezial **2022** 89 sowie *Janssen/Wennekers* StV **2022** 338; vgl. auch *Moldenhauer* NStZ-RR 4/**2023** 111 mit Kritik an diesem Urteil (für eine „schonende' Implementierung" des Konzepts eines Verfahrenshindernisses durch sachgerechte Verfahrenseinstellung lediglich in Bezug auf einzelne Taten statt in Hinblick auf das gesamte Verfahrene plädierend, 112) sowie mit einem Praxiskommentar (113).

1124 Vgl. *Janssen/Wennekers* StV **2022** 338; *Jäger* JA **2022** 609, 611; *Zeyher* NZWiSt **2022** 197, 198.

1125 BGH BeckRS **2021** 42005 Rn. 27, 30; vgl. dazu: BGH Urt. v. 7.2.2022 – 5 StR 542/20, 5 StR 207/21 Rn. 131, BeckRS **2022** 11212 = NJW **2022** 1826.

1126 Vgl. auch das Urteil des 2. Strafsenats des BGH NJW **2016** 91 m. Anm. *Eisenberg*.

1127 Vgl. *Jäger* JA **2022** 609, 611.

1128 Dazu LG Halle Urt. v. 14.12.2022 – 16 KLs 540 Js 17049/21 (16/21), BeckRS **2022** 43979.

1129 BGH BeckRS **2021** 42005 Rn. 31; so schon BGH Urt. v. 10.6.2015 – 2 StR 97/14, NJW **2016** 91, 94.

1130 Mit der Annahme eines Verfolgungshindernisses: OGH 21.5.2019 – 14 Os 42/19m (RS 0132643).

1131 § 5 Abs. 3 öStPO: „Es ist unzulässig, Personen zur Begehung von strafbaren Handlungen in einer dem Grundsatz des fairen Verfahrens (Art. 6 Abs. 1 der Europäischen Konvention zum Schutze der Menschenrechte und Grundfreiheiten, BGBl. Nr. 210/1958) widerstreitenden Weise zu verleiten, oder durch heimlich bestellte Personen zu einem Geständnis zu verlocken."; hierzu: *Salimi* ÖJZ **2017** 115, 117 f.

1132 § 133 Abs. 5 Satz 1 öStPO: „Von der Verfolgung eines Beschuldigten wegen der strafbaren Handlung, zu deren Begehung er nach § 5 Abs. 3 verleitet wurde, hat die Staatsanwaltschaft abzusehen.".

1133 Koalitionsvertrag zwischen CDU, CSU und SPD, S. 123; vgl. European Code of Police Ethics – CoE, CM, Rec(2001) 10 v. 19.9.2001, § 49 S. 1: „Police investigations shall be objective and fair."; Erläuterungen, S. 62: „Objectivity is also a criteria for the fairness requirement, which, in addition, requires that the investigation procedure, including the means used, is such as to provide for an environment that lends itself to a „just"

Angesichts der Tatsache, dass die Frage um die Rechtsfolgen einer rechtsstaatswidrigen Tatprovokation bisher noch nicht von dem Großen Senat für Strafsachen des BGH geklärt wurde, besteht großer Bedarf für ein Handeln des Gesetzgebers.[1134] Die Regierungskoalition aus SPD/Bündnis90/Die GRÜNEN/FDP beabsichtigt, für die 20. Legislaturperiode des Bundestags, ein grundsätzliches **Verbot der Tatprovokation** gesetzlich zu regeln.[1135] Im entsprechenden Gesetzentwurf wird man sich der Herausforderung stellen müssen, die Voraussetzungen der rechtsstaatswidrigen in Abgrenzung zur zulässigen Tatprovokation in das Strafprozessrecht zu integrieren, sowie die gesetzliche Folge eines Verstoßes – in Anlehnung an die aktuelle Rechtsprechung bestenfalls in Form eines Verfahrenshindernisses[1136] – festzulegen. Außerdem müssen detaillierte gesetzliche Rahmenbedingungen für den **Einsatz von Vertrauenspersonen** geschaffen werden, der bis jetzt auf die allgemeine Ermittlungsklausel des § 163 StPO gestützt wird und so aktuell erhebliche Regelungslücken aufweist. Daran anknüpfend sind Regelungen zum Schutz der Identität der durch staatliche Überwachung eingesetzten Privatperson zu schaffen, sowie Anforderungen an die Vertraulichkeit der Ermittlungsperson zu normieren. Es gilt, den Konflikt zwischen staatlichen Geheimhaltungsinteressen und der richterlichen Aufklärungspflicht sowie den Beschuldigtenrechten, wie etwa dem Konfrontationsrecht, in einen angemessenen Ausgleich zu bringen. Hierbei werden nicht nur die Vorschriften der §§ 110 a ff. StPO erheblich korrigiert und erweitert werden müssen, sondern beispielsweise auch die des Schutzes des Kernbereichs privater Lebensgestaltung (§ 100 d StPO) mit den jüngsten Anforderungen des BVerfG versehen werden.[1137]

VI. Grundsätze der Beweiserhebung und Beweisverwertung

390 **1. Allgemeines.** Die Konventionen überlassen die Regelung des Strafverfahrens, namentlich das materielle Beweisrecht und die Einzelheiten der Beweisgewinnung und -verwertung, weitgehend den Vertragsstaaten. Sie legen für diesen zentralen Aspekt des Strafverfahrens weder Verfahrensgrundsätze, wie etwa den aus dem deutschen Recht bekannten Grundsatz der Unmittelbarkeit fest, noch regeln sie explizit, ob und wann eine Beweisaufnahme erforderlich ist, ob ein Recht auf Einvernahme eines Zeugen oder Sachverständigen besteht, nach welchen Kriterien und Grundsätzen Beweismittel zu bewerten sind und ob Beweisverbote eingreifen.[1138] Diese Fragen überlassen sie weitgehend dem **nationalen Recht** und den **nationalen Gerichten**.[1139] Der EGMR beschränkt sich folge-

---

process, where the individual's fundamental rights are respected." Als Empfehlung ist dieser Kodex für den Gesetzgeber jedoch nicht unmittelbar bindend; vgl. dazu: *Esser* StV **2021** 383 390. Im Jahr 2020 erfolgte vor diesem Hintergrund auch ein entsprechender Gesetzesantrag zur gesetzlichen Regelung des Einsatzes von Vertrauenspersonen, vgl. BTDrucks. **19** 25248; vgl. für einen eigenen Gesetzesvorschlag in Orientierung an dem vorgenannten Antrag: Stellungnahme des DAV Nr. 35/2021 v. Mai 2021, 3 ff.

1134 So auch *Kudlich* ZRP **2018** 9, 12; *Conen* StV **2022** 182, 187; *Zeyher* NZWiSt **2022** 197, 200 f. *Jahn/Hübner* StV **2020** 207 ff.; *Esser* StV **2022** 600, 601; siehe ausführlich zu einem Regelungsentwurf: *Hübner* Rechtsstaatswidrig, aber straflos? Der agent provocateur-Einsatz und seine strafrechtlichen Konsequenzen (2020) 264 f.

1135 Koalitionsvertrag 2021–2025 v. 7.12.2021, S. 85; dazu auch *Esser* StV **2022** 600, 601 f.

1136 EGMR Furcht/D 23.10.2014; Akbay u.a./D, 15.10.2020; BGH BeckRS **2021** 42005 Rn. 31; BGH Urt. v. 10.6.2015 – 2 StR 97/14, NJW **2016** 91, 94.

1137 BVerfG Beschl. v. 9.12.2022 – 1 BvR 1345/21, Rn. 100–123.

1138 Vgl. EGMR (GK) García Ruiz/E, 21.1.1999, § 28; Schenk/CH, 12.7.1988, § 46; *Grabenwarter/Pabel* § 24, 69.

1139 Vgl. EGMR (GK) Bykov/R, 10.3.2009, NJW **2010** 213 = JR **2009** 514, § 88 (zu diesem Urteil *Stöckel* OER **2010** 342); (GK) Gäfgen/D, 1.6.2010, NJW **2010** 3145 = EuGRZ **2010** 417 § 162 („While Article 6 guarantees the right to a fair hearing, it does not lay down any rules on the admissibility of evidence as such, which is primarily a matter for regulation under national law."); Valentino Acatrinei/RUM, 25.6.2012, § 69 und EGMR

richtig auf die Frage, ob das nationale Verfahren – einschließlich der Beweisgewinnung und -verwertung *insgesamt fair* war (hierzu schon Rn. 258). Dies gilt auch, soweit Art. 6 Abs. 3 EMRK/Art. 14 Abs. 3 IPBPR für die Entscheidung über eine strafrechtliche Anklage einige der grundsätzlichen Anforderungen eines fairen Verfahrens ausdrücklich aufführen (sog. zentrale **Beschuldigtenrechte**; Rn. 346).

Den Vertragsstaaten verbleibt somit ein **gewisser Spielraum** bei der Ausgestaltung **391** des Beweisverfahrens und seiner justiziellen Kontrolle. Das nationale Recht kann daher die Entscheidung über die Erhebung der Beweise weitgehend in die Entscheidungsgewalt des Richters stellen,[1140] es kann aber auch die Gründe festlegen, mit denen die Beweiserhebung im Einzelfall abgelehnt werden darf oder gar muss. Soweit die Konventionen nicht aus speziellen Rechten entsprechende Vorgaben ableiten, bestimmt auch das nationale Recht, ob und mit welchem Inhalt es generelle **Beweisverbote** aufstellt und ob es zum Schutz öffentlicher oder privater Belange die **Beweiserhebung einschränkt**, so etwa zum Schutz von Sicherheits- oder Geheimhaltungsinteressen des Staates[1141] oder zum Schutz von Zeugen in einer besonderen Lage (Zeugnisverweigerungsrechte) festgelegt werden.[1142]

Die Rechtsprechung des EGMR zur Beweisgewinnung und -verwertung zeichnet sich **392** daher durch eine gewisse, bisweilen unverständliche Zurückhaltung und Lückenhaftigkeit aus, weil ihr eine **originär menschenrechtliche Betrachtungsweise** zugrunde liegt, so dass **Verstöße gegen nationale Verfahrensvorschriften** ebenso wie Verstöße gegen das einschlägige **Völkerrecht** oder andere internationale Bestimmungen[1143] nur insoweit relevant werden, als darin eine Beschränkung oder Verletzung der in der EMRK verbürgten Garantien, namentlich der Verfahrensfairness liegt.[1144] Dadurch führt die vom EGMR im Rahmen des Art. 6 Abs. 1 praktizierte **Gesamtbetrachtung**[1145] dieser Verfahrensfairness

---

Niculescu/RUM, 25.6.2013, § 113 (jeweils Verwertung einer Gesprächsaufzeichnung; Beachtung der Verteidigungsrechte); Furcht/D, 23.10.2014, § 46; Akbay u.a./D, 15.10.2020, § 109; Zličić/SRB, 26.1.2021, § 118; siehe ferner zur Entwicklung der Judikatur: EGMR Schenk/CH, 12.7.1988, §§ 45–46; Kostovski/NL, 20.11.1989, StV **1990** 481 = ÖJZ **1990** 312; Windisch/A, 27.9.1990; Vidal/B, 22.4.1992; Doorson/NL, 26.3.1996; Teixeira de Castro/P, 9.6.1998, § 34; (GK) Pélissier u. Sassi/F, 25.3.1999; Khan/UK, 12.5.2000; P.G. u. J.H./UK, 25.9.2001; (GK) Perna/I, 6.5.2003; Destrehem/F, 18.5.2004; Accardi u.a./I (E), 20.1.2005; Haas/D (E), 17.11.2005, NJW **2006** 2753 = NStZ **2007** 103 m. Anm. *Esser* = JR **2006** 289; Vaturi/F, 13.4.2006; Popov/R, 13.7.2006; Koval/UKR, 19.10.2006; Heglas/CS, 1.3.2007, § 84; Mika/S (E), 27.1.2009; Baybasin/D (E), 3.2.2009; Tarau/RUM, 24.2.2009; Caka/ALB, 8.12.2009; Khametshin/R, 4.3.2010; A.S./FIN, 28.9.2010; *Schroeder* GA **2003** 295; *Widmaier* FS G. Schäfer 76; Meyer-Ladewig/Nettesheim/von Raumer/*Meyer-Ladewig/Harrendorf/König* 139; *Lubig/Sprenger* ZIS **2008** 433, 438; *Jung* GA **2009** 651.
1140 So in Frankreich Art. 310 Code de procédure pénale.
1141 EKMR W./A, 14.12.1988, bei *Strasser* EuGRZ **1989** 467.
1142 EGMR Unterpertinger/A, 24.11.1986; *Beulke* FS Rieß 3, 9.
1143 Vgl. EGMR Prado Bugallo/E (E), 18.10.2011, § 31, NJW **2012** 3502 (Aufbringen eines Schiffes in internationalen Gewässern; Beachtung; Beachtung des Flaggenrechts).
1144 EGMR (GK) Gäfgen/D, 1.6.2010, § 162 („In particular, it is not its function to deal with errors of fact or of law allegedly committed by a national court unless and in so far as they may have infringed rights and freedoms protected by the Convention."); siehe auch: EGMR Schenk/CH, 12.7.1988, §§ 45–46; Teixeira de Castro/P, 9.6.1998, § 34; Heglas/CS, 1.3.2007, § 84; Welke u. Białek/PL, 1.3.2011, § 57.
1145 EGMR (GK) Gäfgen/D, 1.6.2010, § 163 („not the role of the Court to determine, as a matter of principle, whether particular types of evidence – for example, evidence obtained unlawfully in terms of domestic law – may be admissible. The question which must be answered is whether the proceedings as a whole, including the way in which the evidence was obtained, were fair."); siehe auch: EGMR Akbay u.a./D, 15.10.2020, § 109; Prade/D, 3.3.2016, § 33, NJW **2017** 2811; Furcht/D, 23.10.2014, § 46; Welke u. Białek/PL, 1.3.2011, § 58; (GK) Ramanauskas/LIT, 5.2.2008, § 52.

Esser

in der Praxis zu erheblichen Schwierigkeiten bei der Entwicklung einer verlässlichen (harten) Beweislehre und ihrer praktischen Handhabung.[1146]

393   Trotz dieser strukturellen Nachteile in der Kontrolle der Beweisgewinnung und -verwertung können die aus der Judikatur des EGMR abzuleitenden Grundsätze als **Mindestgarantien für eine europäische Beweislehre** – einschließlich eines **Beweistransfers in Europa** verstanden werden.[1147] Die unterschiedlich ausgestalteten nationalen Vorschriften müssen den von der EMRK vorgezeichneten Leitlinien und Standards für die Verteidigungsrechte genügen.

394   **2. Beweisgewinnung.** Die Beweisgewinnung umfasst die Entscheidung über die **Zulässigkeit von Beweisen**, die im Vorverfahren bereits gewonnen wurden bzw. deren Erhebung im gerichtlichen Verfahren die Anklagebehörde oder Verteidigung beantragen („admissibility of evidence"), die **Art und Weise der Erhebung** („taking of evidence"), den **Nutzen** eines noch nicht erhobenen Beweises für die materielle Wahrheitsfindung („relevance of evidence") sowie die **Würdigung** der erhobenen Beweise („assess the evidence").

395   Da auch die Beweisgewinnung keiner vollständigen Kontrolle durch den EGMR unterliegt, beschränkt sich der Gerichtshof auch in diesem für die Verteidigung heiklen Punkt weitgehend auf die Prüfung, ob das Verfahren *in seiner Gesamtheit* fair i.S.v. Art. 6 Abs. 1 war.[1148] Allerdings ergeben sich innerhalb des Leistungsspektrums von Art. 6 – als Elemente der Verfahrensfairness – vor allem aus dem Recht auf effektive Verteidigung (Art. 6 Abs. 3 *lit.* c), aus dem Frage- und Konfrontationsrecht (Art. 6 Abs. 3 *lit.* d) sowie aus dem Recht auf Dolmetscherunterstützung (Art. 6 Abs. 3 *lit.* e) konkrete Vorgaben für die Beweisgewinnung; Maßstab ist aber auch hier einzelrechtsbezogen am Ende die **Verfahrensfairness**.[1149]

396   Im Einzelfall kann die vom EGMR favorisierte **Gesamtbetrachtung** der Verfahrensfairness für den Beschuldigten durchaus auch von **Vorteil** sein; etwa dann, wenn einzelne, für sich betrachtet „geringfügige" Verstöße nicht für sich alleine betrachtet, wohl aber (erst) in ihrer Gesamtheit die Fairness des Verfahrens „insgesamt" in Frage stellen.[1150]

397   Nur soweit den einzelnen Konventionsbestimmungen konkrete, verbindliche Vorgaben zur Beweisgewinnung zu entnehmen sind, können sich Verfahrensfehler isoliert, d.h. außerhalb der (Gesamt-) Verfahrensfairness, in einem Konventionsverstoß niederschlagen. Hierzu zählt das strafprozessuale **Gesetzlichkeitsprinzip** (Erfordernis einer **hinreichend bestimmten gesetzlichen Grundlage**, etwa für Eingriffe in das Eigentum, Art. 1 des 1. ZP-EMRK, oder in die von Art. 8 [dort Rn. 42 ff.],[1151] und Art. 10 [dort Rn. 41 ff.], geschützten

---

1146   EGMR (GK) Gäfgen/D, 1.6.2010, § 163; dazu EGMR Furcht/D, 23.10.2014, § 46; Welke u. Białek/PL, 1.3.2011, § 58; (GK) Ramanauskas/LIT, 5.2.2008, § 52; kritisch auch *Jäger* GA **2008** 473, 480 ff.
1147   Vgl. hierzu *Esser* in: Marauhn 39 ff.; vertiefend: *Gleß* Beweisrechtsgrundsätze einer grenzüberschreitenden Strafverfolgung (2006); *dies.* JR **2008** 317.
1148   EGMR (GK) Gäfgen/D, 1.6.2010, § 163; Welke u. Białek/PL, 1.3.2011, § 58.
1149   Vgl. im Einzelnen die Darstellung bei *Warnking* 45 ff.
1150   Vgl. hierzu: *Jahn* ZStW **127** (2015) 549, 592.
1151   Zu Eingriffen in Art. 8 durch Maßnahmen bei der Beweisgewinnung vgl. EGMR Malone/UK, 2.8.1984, EuGRZ **1985** 17; Kostovski/NL, 20.11.1989; Lüdi/CH, 15.6.1992; Teixeira de Castro/P, 9.6.1998; MRotaru/RUM, 4.5.2000, ÖJZ **2001** 74 (Datenerhebung); P.G. u. J.H./UK, 25.9.2001 (akustische Wohnraumüberwachung); Taylor-Sabori/UK, 22.10.2002;.M./NL, 8.4.2003; Chalkley/UK, 12.6.2003; (Einsatz VE); Doerga/NL, 27.4.2004 (TKÜ); Brinks/NL (E), 5.4.2005; Buck/D, 28.4.2005, NJW **2006** 1495 = StV **2006** 561 = StraFo **2005** 371 (Durchsuchung); Vetter/F, 31.5.2005; Uzun/D, 2.9.2010, NJW **2011** 1333 = EuGRZ **2011** 115 (GPS-System; hierzu BGHSt **46** 266 = NStZ **2001** 386); vgl. auch: *Esser* 145 ff.

Rechte), der **Verhältnismäßigkeitsgrundsatz** bei Eingriffen in die von Art. 8, Art. 10 und vom 1. ZP-EMRK geschützten Rechte, das Verbot bestimmter **Behandlungen**, insbesondere im Rahmen einer Vernehmung (Art. 3)[1152] und die zentralen **Verteidigungsrechte** (Art. 6 Abs. 1 und Abs. 3).

Die EMRK kennt keinen abgeschlossenen Katalog zulässiger **Beweismittel**.[1153] Es kom- **398** men daher grundsätzlich alle tatrelevanten Erkenntnisquellen als Beweismittel in Betracht, auch der Beschuldigte selbst.[1154] Ein Mitbeschuldigter kann (Belastungs-)Zeuge i.S.v. Art. 6 Abs. 3 *lit.* d sein (Rn. 1133 ff.).[1155]

Für die Beweisaufnahme im weit verstandenen Sinne stellt die EMRK **keinen über** **399** **die Verfahrensfairness hinausgehenden Amtsermittlungs- oder Untersuchungsgrundsatz** auf.[1156] Nur aus wenigen Verfahrensgarantien – beispielsweise bei der Aufklärung eines Tötungsdelikts (Art. 2) oder bei einer plausibel behaupteten Folter oder Misshandlung (Art. 3)[1157] – lässt sich eine **Pflicht zur umfassenden und zeitnahen Beweiserhebung** ableiten. Auch die Verfahrensfairness (Art. 6 Abs. 1) kann die **Erhebung eines (entlastenden) Beweises** gebieten (vgl. bei Art. 6 Abs. 3 *lit.* d: Nichterhebung eines zentralen Entlastungsbeweises, § 163a Abs. 2, Abs. 3 Satz 2 bzw. Abs. 4 Satz 2 StPO i.V.m. § 136 Abs. 1 Satz 3 StPO, obwohl vorhersehbar ist, dass die Erhebung zu einem späteren Zeitpunkt ggf. gar nicht mehr oder nicht mehr „effektiv" möglich sein wird; Rn. 1209).

Anstelle einer Festschreibung abstrakter Prozessmaximen interpretieren die an den **400** Beschuldigtenstatus anknüpfenden Konventionen **zentrale Fragen des Verfahrensablaufs**, die einen menschenrechtlichen Bezug aufweisen, als grundsätzlich **disponible Rechte** des Beschuldigten.

Grenzen für die Beweiserhebung ergeben sich insbesondere aus dem **Selbstbelastungs-** **401** **privileg** des Beschuldigten (Rn. 1328 ff.), dem **Schweigerecht** im Speziellen (Rn. 1369 ff.) sowie dem **Grundsatz der Waffengleichheit** (Rn. 286 ff.).[1158]

3. Beweiswürdigung (im engeren Sinne). Zu Fragen der Beweiswürdigung liegt bis- **402** lang ebenfalls nur eine lückenhafte Judikatur des EGMR vor. Grund hierfür ist, dass der Gerichtshof es ablehnt, die vom Tatgericht festgestellten Tatsachen und erhobenen Beweise einer eigenen *Würdigung* zu unterziehen.[1159] Der EGMR hat mehrfach darauf hingewiesen, dass es nicht seine Aufgabe sei, sich mit Tatsachen- oder (einfachen) Verfahrensfeh-

---

1152 Vgl. hierzu *Esser* 374 ff.; *Ambos* § 10, 58 ff.; *Villiger* in: Thürer (Hrsg.), EMRK: Neuere Entwicklungen (2005) 61 ff.

1153 EGMR (GK) Gäfgen/D, 1.6.2010, § 163 („It is [...] not the role of the Court to determine, as a matter of principle, whether particular types of evidence – for example, evidence obtained unlawfully in terms of domestic law – may be admissible."); Welke u. Białek/PL, 1.3.2011, § 58.

1154 Die Angaben des Beschuldigten sind *„obtained evidence"*, vgl. EGMR Allan/UK, 5.11.2002.

1155 EGMR S.N./S, 2.7.2002, § 45; vgl. auch: BGH NStZ **2005** 224 = JR **2005** 247 m. Anm. *Esser.*

1156 Vgl. hierzu *Esser* in: Marauhn 39, 48 f.

1157 EGMR Trubnikov/R, 5.7.2005; Fatma Kaçar/TRK, 15.7.2005; Simsek u.a./TRK, 26.7.2005; *Esser* 105 ff.; *Lagodny* in: Renzikowski (Hrsg.), Die EMRK im Privat-, Straf- und Öffentlichen Recht (2004) 83 ff.

1158 Vgl. hierzu *Esser* in: Marauhn 39 ff.

1159 EGMR Grădinar/MOL, 8.4.2008, § 107; Vetrenko/MOL, 18.5.2010, § 52 („The effect of Article 6 § 1 is (...) to place a „tribunal" under a duty to conduct a proper examination of the submissions, arguments and evidence, without prejudice to its assessment or to whether they are relevant for its decision, *given that the Court is not called upon to examine whether arguments are adequately met.*"); (GK) Perez/F, 12.2.2004, § 80; Buzescu/RUM, 24.5.2005, § 63; siehe auch: EGMR Lalmahomed/NL, 22.2.2011, § 37 („Moreover, as long as the resulting decision is based on a full and thorough evaluation of the relevant factors [...], it will escape the scrutiny of the Court").

lern der nationalen Gerichte zu befassen.[1160] Der EGMR ist **weder ein Revisions-/ Kassationsgericht** noch ein **Gericht „vierter Instanz"**.[1161]

403   Eine menschenrechtliche Kontrolle der Beweiswürdigung findet dahingehend statt, ob das nationale Gericht bei der Beweiswürdigung die von der Konvention garantierte **Verfahrensfairness** verletzt hat,[1162] insbesondere nachvollziehbare Gründe für die Würdigung der Beweise angeführt hat, so dass diese insgesamt nicht als **willkürlich** („arbitrary") erscheint.[1163] Insbesondere bei Unstimmigkeiten muss das Gericht eine sorgfältige Überprüfung der Beweise vornehmen und auf Zweifel eingehen.[1164] Dabei lassen sich folgende Leitlinien des EGMR herausarbeiten:

404   Das erkennende Strafgericht muss die Gründe für seine Entscheidung über die Schuld des Angeklagten so konkret darlegen, dass der Verurteilte von einem im nationalen Recht vorgesehenen Rechtsmittel Gebrauch machen kann (**Darlegungs- und Begründungspflicht**; Rn. 319 ff.).[1165]

405   Wegen der für den Beschuldigten geltenden Unschuldsvermutung (Art. 6 Abs. 2) liegt die **Beweislast** („burden of proof") stets auf Seiten der staatlichen Stellen, namentlich der Anklagebehörde.[1166] Diese (im inquisitorischen Verfahren auch das Gericht) hat Beweise vorzulegen, die für eine Verurteilung ausreichen („adduce evidence sufficient to convict him").[1167] Vor diesem Hintergrund kann bzw. können auch eine bzw. mehrere Zeugenaussagen von Polizeibeamten die Beweislast nicht zu Lasten des Angeklagten verschieben, weil diesen aufgrund einer „Vermutung der guten Verwaltung" („presumption of good governance") im Rahmen der Beweiswürdigung ein entsprechend hohes Gewicht zukommen könne.[1168]

406   Wenn eine im Ermittlungsverfahren gewonnene Zeugenaussage zum Nachteil des Angeklagten verwertet werden soll, ohne dass diesem oder seinem Verteidiger vorher eine Ausübung des **Frage- und Konfrontationsrechts** (Art. 6 Abs. 3 *lit.* d) ermöglicht worden ist, liegt darin eine den Fairnessgrundsatz berührende Beeinträchtigung der Verteidiger-

---

1160 EGMR (GK) García Ruiz/E, 21.1.1999, § 28; Cornelis/NL (E), 25.5.2004.

1161 EGMR Kemmache/F (Nr. 3), 24.11.1994, § 44, ÖJZ **1995** 394; Melnychuk/UKR (E), 5.7.2005.

1162 EGMR (GK) Bykov/R, 10.3.2009, § 88; (GK) Gäfgen/D, 1.6.2010, § 162 („In particular, it is not its function to deal with errors of fact or of law allegedly committed by a national court *unless and in so far as they may have infringed rights and freedoms protected by the Convention.*").

1163 EGMR Ajdaric/KRO, 13.12.2011, § 32; Köktas/D (E), 13.9.2011 (geringerer Beweiswert widerrufener Angaben; mögliche Belastungsmotive berücksichtigt; insgesamt gesehen trotz „Willkürmaßstab" recht eingehende Überprüfung der Beweiswürdigung durch den EGMR); Vorgaben zur Beweiswürdigung auch in Manoli/MOL, 28.2.2017, § 32: „(...) those who have responsibility for deciding on the guilt or innocence of an accused ought, in principle, to be able to hear the victims, the accused and the witnesses in person and assess their trustworthiness (...). The assessment of trustworthiness is a complex task which cannot usually be achieved merely by reading a record of their words" (Bf. war nach erstinstanzlichem Freispruch in der Berufung verurteilt worden, wo die Zeugen nicht mehr angehört wurden; hinzu kam, dass die Zeugenaussagen der ersten Instanz nicht widerspruchsfrei waren, § 26; Verstoß gegen Art. 6 Abs. 1, was, wie der EGMR ergänzt, anders zu sehen sein kann, wenn – wie im Fall *Manoli* nicht der Fall – die Zeugen etwa wegen Todes oder wegen Zeugnisverweigerungsrechts nicht erneut aussagen).

1164 EGMR Ajdaric/KRO, 13.12.2011, insb. §§ 46, 47, 51 (Verurteilung wegen dreifachen Mordes alleine aufgrund widersprüchlicher Aussagen eines psychisch instabilen Zeugen).

1165 EGMR Hadjianastassiou/GR, 16.12.1992; vgl. hierzu *Esser* 745 ff.

1166 EGMR Poletan u. Azirovik/MAZ, 12.5.2016, § 64.

1167 EGMR Barberà, Messequé u. Jabardo/E, 6.12.1988, § 77, siehe auch: *Esser* 624, 742 f.

1168 Mit dieser „presumption of good governance" hatte das nationale Gericht erster Instanz im Fall Makarashvili argumentiert, vgl. EGMR Makarashvili u.a./GEO, 1.9.2022, §§ 61 ff.

Esser

rechte.[1169] Eine Beweisverwertung setzt in diesem Fall voraus, dass die dadurch in der Hauptverhandlung eingetretene Beschränkung der Verteidigungsrechte soweit wie möglich kompensiert wird.[1170] Nur in engen Ausnahmefällen ist die Verwertung von Beweisen zulässig, deren Erhebung weder der Beschuldigte noch sein Verteidiger durch eine effektive Ausübung des Frage- und Konfrontationsrechts beeinflussen konnten. In diesem Fall soll der **Beweiswürdigung** eine zentrale Rolle bei der Wahrung der Verfahrensfairness zukommen (Rn. 1167 ff.).[1171]

407 Diese Grundsätze gelten in erster Linie für die Verwertung von Zeugenaussagen,[1172] können aber auch für die Berücksichtigung tatschuldrelevanter Gegenstände (**Augenscheinsobjekte**) zur Anwendung kommen (Rn. 303). Zum Nachteil des Beschuldigten dürfen solche Beweise nur verwertet werden, wenn sie zuvor zum Gegenstand der Hauptverhandlung gemacht worden sind („*produced in court at the trial*"), und zwar in einer Art und Weise, die es der Verteidigung erlaubt, die Identität und Relevanz derartiger Gegenstände in einer effektiven Art und Weise in Frage zu stellen („*challenge their identification or relevance in a fully effective manner*").[1173] Als Kompensation für ihre unterbliebene Präsentation in der Hauptverhandlung kommt auch hier die Vorlage der Gegenstände gegenüber dem Beschuldigten oder dessen Verteidiger im Ermittlungsverfahren oder zu einem anderen Zeitpunkt des Verfahrens in Betracht.

408 **4. Beweisverbote.** Da sich der Gerichtshof auf die Feststellung eines Konventionsverstoßes beschränken muss (Art. 41) und nur in Ausnahmefällen andeutet, welche konkreten Folgen sich seiner Ansicht nach für den betroffenen Vertragsstaat aus dem festgestellten Verstoß ergeben, kann nur aufgrund einer exakten sprachlichen Analyse der Judikatur[1174] auf etwaige aus der EMRK abzuleitende **Beweisverbote** geschlossen werden. Auch für die nationale Beweisverwertung legt der Grundsatz der Verfahrensfairness, Art. 6 Abs. 1, daher nur einen allgemeinen „weichen" Mindeststandard fest, wodurch die Entwicklung einer verlässlichen Beweis(verbots)lehre auf der Grundlage der EMRK erheblich erschwert wird.[1175]

409 **a) Beweiserhebungsverbote.** Der EGMR lehnt allgemeine Ausführungen zur Zulässigkeit von Beweismitteln ab.[1176] Jedoch geht mit der Beanstandung strafprozessualer Zwangsmaßnahmen durch den Gerichtshof implizit eine Aussage über die Unzulässigkeit der Beweisgewinnung einher. Daher können sich Beweiserhebungsverbote entweder aus einem Verstoß gegen eine Vorschrift aus dem nationalen Verfahrensrecht oder – bei Einhaltung des nationalen Rechts – aus einer Verletzung der EMRK selbst ergeben.

[1169] EGMR Lucà/I, 27.2.2001, §§ 39–45; Solakov/MAZ, 31.10.2001, § 62; S.N./S, 2.7.2002, §§ 43 ff.; Visser/NL, 14.2.2002, §§ 43–52, StraFo **2002** 160; Scheper/NL (E), 5.4.2005; zum aktuell praktizierten Drei-Stufen-Modell des Art. 6 Abs. 3 *lit.* d vgl. EGMR (GK) Schatschaschwili/D, 15.12.2015, §§ 110 ff.; Keskin/NL, 19.1.2021, §§ 46 ff.; siehe zudem Rn. 346; vgl. noch zum ursprünglichen Drei-Stufen-Modell: *Demko* ZStR **2004** 416, 418 ff.; *Renzikowski* JZ **1999** 605, 606, 611 f. Zur Umsetzung der Rechtsprechung des EGMR zu Art. 6 Abs. 3 *lit.* d auf nationaler Ebene: BGH NJW **2005** 1132 = NStZ **2005** 224 = JR **2005** 247 m. Anm. *Esser*; NStZ **2022** 496, 499 m. Anm. *Esser*.

[1170] EGMR Lüdi/CH, 15.6.1992, § 47; van Mechelen u.a./NL, 24.4.1997.

[1171] EGMR Asch/A, 26.4.1991; siehe hierzu *Esser* 652 ff.; *Widmaier* FS G. Schäfer 76 ff.

[1172] EGMR P.S./D, 20.12.2001.

[1173] EGMR Barberà, Messegué u. Jabardo/E, 6.12.1988, §§ 19, 88–89.

[1174] Exemplarisch ausgeführt bei *Esser* in: Marauhn 39, 49 f. am Urteil Teixeira de Castro/P, 9.6.1998.

[1175] Vgl. auch *Jäger* GA **2008** 473, 480 ff.

[1176] EGMR (GK) Bykov/R, 10.3.2009, § 89.

410   Ein (aus der EMRK abzuleitendes) Beweiserhebungsverbot wegen **Verletzung des nationalen Rechts** setzt voraus, dass entweder die entsprechende Konventionsgarantie eine Verweisung auf das nationale Recht enthält oder dass die nationale Verfahrensvorschrift, gegen die verstoßen wurde, am Schutzgehalt einer in der EMRK verbürgten Garantie inhaltlich teilnimmt. Im Ergebnis kommt es also immer darauf an, ob gegen eine Garantie der EMRK verstoßen wird. Fehler nach nationalem Recht ohne unmittelbare oder wenigstens mittelbare Anknüpfung an die EMRK können strafprozessual das Rechtsmittel der Revision begründen; menschenrechtlich bleiben sie ohne prozessuale Folgen.

411   Auch bei Einhaltung des nationalen Rechts kann sich ein Beweisverbot „autonom" aus einer **konventionswidrigen Beweiserhebung** ergeben (insbesondere in der Konstellation, dass das nationale Recht im Schutzgehalt hinter der Konvention „zurückbleibt"). So liegt bei **Art. 8** eine (originär) konventionswidrige Beweiserhebung vor, wenn für den konkreten Eingriff in ein von dieser Vorschrift geschütztes Recht keine *gesetzliche Grundlage* im nationalen Recht vorhanden ist[1177] (und dort auch nicht verlangt wird) oder eine nationale gesetzliche Ermächtigungsgrundlage nicht die von Art. 8 Abs. 2 geforderten *„procedural safeguards"* besitzt (dort Rn. 42 ff.). Die **Kompensation** einer konventionswidrigen Beweiserhebung – außerhalb des Fairnessgebots – kommt in diesem Fall nicht in Betracht, weil auch eine „noch so faire" weitere Verfahrensgestaltung den eingetretenen „isolierten" (von der Verfahrensfairness trennbaren) **Verstoß gegen eine spezielle Garantie der Konvention** jenseits des Art. 6 nicht beheben könnte.[1178]

412   Umgekehrt zieht die Verletzung einer speziellen Garantie der Konvention bei der Beweisgewinnung (z.B. von Art. 8; dort Rn. 128 ff.) nach ständiger Rechtsprechung des EGMR nicht notwendig auch eine Verletzung von Art. 6 nach sich. Es kommt auch hier stets darauf an, ob durch den (Verfahrens-) Mangel die Fairness des Verfahrens insgesamt derart beeinträchtigt worden ist, dass **die Verteidigungsrechte nicht mehr effektiv gewährleistet waren**.[1179] Jedoch herrscht über diese Position zwischen den Richtern am EGMR keinesfalls Einigkeit[1180] und auch in den Reihen der Literatur bildet sich allmählich eine Gegenansicht heraus.[1181]

413   Auch die **Verletzung eines von Art. 6 speziell geschützten Beschuldigtenrechts** (vgl. die Rechte aus Art. 6 Abs. 3; Schweigerecht) hat nicht zwingend die (endgültige) Feststellung eines Verstoßes gegen die Verfahrensfairness zur Folge; auch insoweit wird auf die Wahrung der Fairness des Verfahrens insgesamt abgestellt.

414   So trifft der EGMR die Entscheidung über die Verwertbarkeit eines unter Verstoß gegen den **nemo-tenetur**-Grundsatz gewonnenen Beweises nicht abstrakt, sondern legt seiner Prüfung die Gesamtumstände des Falles zugrunde.[1182] Zwar dürfe eine Verurteilung nicht im Wesentlichen auf das Schweigen des Beschuldigten gestützt werden. Zulässig sei aber, dass dieses Schweigen in eben solchen Situationen, die offensichtlich einer Erklärung von Seiten des Beschuldigten bedürfen, bei der Beweiswürdigung miteinbezogen werde

---

1177 Siehe: EGMR Halford/UK, 25.6.1997, ÖJZ **1998** 311; Khan/UK, 12.5.2000, §§ 25 ff., 28.
1178 *Esser* in: Marauhn 39, 55 f.
1179 EGMR Khan/UK, 12.5.2000, §§ 35–40; P.G. u. J.H./UK, 25.9.2001, §§ 77–79; (GK) Bykov/R, 10.3.2009, §§ 94–98; (GK) Gäfgen/D, 1.6.2010, § 165 („As to the examination of the nature of the Convention violation found, the Court reiterates that the question whether the use as evidence of information obtained in violation of Article 8 rendered a trial as a whole unfair contrary to Article 6 has to be determined with regard to all the circumstances of the case, including, respect for the applicant's defence rights and the quality and importance of the evidence in question."); El Haski/B, 25.9.2012, § 84; *Lubig/Sprenger* ZIS **2008** 433, 439.
1180 EGMR Khan/UK, 12.5.2000 – Partly Dissenting Opinion *Loucaides*; P.G. u. J.H./UK, 25.9.2001, Partly Dissenting Opinion *Tulkens* § 1; (GK) Bykov/R, 10.3.2009, Partly Dissenting Opinion *Spielmann* § 37.
1181 So *Jung* GA **2003** 193, 198; *ders.* GA **2009** 651, 654 f.
1182 EGMR (GK) John Murray/UK, 8.2.1996, EuGRZ **1996** 587 = ÖJZ **1996** 627; Condron/UK, 2.5.2000.

(vgl. Rn. 1372).[1183] Auch Gerichte, die – wie in Deutschland – nach dem Grundsatz der freien Beweiswürdigung und gerade ohne feste Beweisregeln entscheiden, sind an diese Grundsätze des EGMR gebunden.[1184]

b) Beweisverwertungsverbote. Von der Rechtmäßigkeit bzw. Konventionskonformi- 415
tät der Beweis*erhebung* ist die Frage zu trennen, ob bestimmte bereits gewonnene Beweise zum Gegenstand der Urteilsfindung gemacht werden dürfen oder ob für sie ein **Beweisverwertungsverbot** besteht.

Zweifelhaft ist, ob sich aus den Urteilen des EGMR zu Beschlagnahmeverboten **selbst-** 416
ständige Beweisverwertungsverbote ergeben, die sich allein aus der Art des beschlagnahmten Gegenstandes erklären. Der Gerichtshof hat Beschlagnahmeverbote für Aufzeichnungen aus dem Bereich der Intimsphäre[1185] sowie für Druckschriften, Presseerzeugnisse und Kunstwerke postuliert.[1186] Allerdings stand nicht speziell die Verwertung der beschlagnahmten Gegenstände im Zentrum der Überlegungen, sondern – bedingt durch die Konzeption der Eingriffsvorbehalte in Art. 8 Abs. 2 und Art. 10 Abs. 2 – die Verhältnismäßigkeit der Beschlagnahme selbst.

Zahlreicher sind **unselbstständige Beweisverwertungsverbote**, die erst aus einer 417
(national) rechtswidrigen oder gar konventionswidrigen Beweisgewinnung entstehen. Grundsätzlich zieht nicht jede **nach den nationalen Normen fehlerhafte Beweiserhebung** („unlawfully obtained evidence") nach den Vorgaben der EMRK ein Beweisverwertungsverbot nach sich. Der EGMR nimmt an, dass die Verwertung dieser Beweise nicht grundsätzlich ausgeschlossen ist, soweit das Strafverfahren trotz der Verwertung *insgesamt fair* durchgeführt wird; maßgeblich ist, dass die **Rechte der Verteidigung** (noch) effektiv garantiert werden.[1187] Dazu gehört nicht nur, dass dem Beschuldigten Gelegenheit gegeben wird, die Echtheit des Beweises in Frage zu stellen und seiner Verwertung zu widersprechen sondern auch, dass das Strafgericht die **Qualität der Beweismittel** einschließlich der Umstände, die Zweifel an ihrer **Zuverlässigkeit oder Genauigkeit** wecken, einbezieht.[1188] Des Weiteren hat das Strafgericht eine Vielzahl von Beweisen bei der Urteilsfindung zu berücksichtigen und die Verurteilung nicht allein auf die Verwertung des rechtswidrig erlangten Beweises zu stützen. Bei zuverlässigen Beweismitteln darf die Verurteilung aber von Konventions wegen unter Umständen allein auf sie gestützt werden.[1189]

Auch die **Unschuldsvermutung** (Art. 6 Abs. 2) steht der Verwertung eines rechtswid- 418
rig erhobenen Beweises nicht *per se* entgegen, da sie es lediglich verbietet, den Beschuldigten vor seiner Verurteilung als schuldig zu behandeln. Dies liefert aber keinen Maßstab für die Annahme eines Beweisverwertungsverbotes (Rn. 685).[1190]

1183 EGMR (GK) John Murray/UK, 8.2.1996; Condron/UK, 2.5.2000; Beckles/UK, 8.10.2002, ÖJZ **2004** 67.

1184 EGMR Telfner/A, 20.3.2001, ÖJZ **2001** 613.

1185 EGMR Dudgeon/UK, 22.10.1981, NJW **1984** 541 = EuGRZ **1983** 488; Z/FIN, 25.2.1997, ÖJZ **1998** 152 (Krankenakte).

1186 Vgl. hierzu: *Esser* 135 ff.

1187 EGMR Welke u. Białek/PL, 1.3.2011, §§ 57 ff.

1188 EGMR Allan/UK, 5.11.2002, § 43; (GK) Bykov/R, 10.3.2009, § 90; Horvatić/KRO, 17.10.2013, § 78 (rechtswidrige Erhebung forensischer Beweise); Szilagyi/RUM (E), 17.12.2013, § 27; Prade/D, 3.3.2016, §§ 34, 42 (rechtswidrige Wohungsdurchsuchung; Verstoß gegen Art. 6 verneint); Budak/TRK, 16.2.2021, §§ 70 f. (gegen nationale Verfahrensvorschriften verstoßende Wohnungsdurchsuchung; Verletzung von Art. 6 und Art. 8).

1189 EGMR Lee Davies/B, 28.7.2009, § 52 („Lorsque la qualité de cet élément de preuve est très solide et ne prête à aucun doute, le besoin d'autres éléments à l'appui devient moindre."); (GK) Bykov/R, 10.3.2009, § 90; *Lubig/Sprenger* ZIS **2008** 433, 434.

1190 EGMR Schenk/CH, 12.7.1988, §§ 46–48, 51.

419   In der Verwertung des **konventionswidrig erlangten Beweises** liegt weder ein (zweiter) Verstoß gegen die bereits missachtete Konventionsgarantie noch ein (automatischer)
Verstoß gegen die Verfahrensfairness, Art. 6 Abs. 1.[1191] Auch erzeugt eine konventionswidrige Beweisgewinnung nicht automatisch ein von der Konvention gefordertes Beweisverwertungsverbot. Ob etwa bei der Verwertung eines unter Verstoß gegen Art. 8 erhobenen
Beweises gleichzeitig ein Verstoß gegen die Verfahrensfairness nach Art. 6 Abs. 1 vorliegt,
beurteilt sich wie üblich nach den Umständen des jeweiligen Einzelfalles im Rahmen einer
Gesamtabwägung, wobei es auch hier entscheidend auf die Gewährleistung der Rechte
der Verteidigung ankommt.[1192]

420   Besonderheiten gelten allerdings bei einem Verstoß gegen Art. 3.[1193] Nach bisheriger
Rechtsprechung führen unter Einsatz von **Folter**[1194] gewonnene Beweise jedweder Art
(sowohl Geständnisse als auch Sachbeweise) immer **automatisch** zu einem **Verwertungsverbot**, dessen Missachtung eine Verletzung von Art. 6 Abs. 1 darstellt.[1195] Das Gleiche gilt
auch bei Vorliegen einer **unmenschlichen oder erniedrigenden Behandlung**, allerdings
nur, wenn es sich bei dem Beweismittel um ein **Geständnis** handelt.[1196] Bei **sonstigen
Sachbeweisen**, die unmittelbar aufgrund einer unmenschlichen oder erniedrigen Behandlung gewonnen wurden, bestimmt sich das Vorliegen eines Verwertungsverbots nach den
Umständen des Einzelfalls und setzt dabei voraus, dass sich der Verstoß gegen Art. 3 auf
den Ausgang des Verfahrens, insbesondere auf das Urteil, ausgewirkt hat.[1197] Im Anschluss
an das GK-Urteil in der Rs. *Gäfgen*[1198] dürfte die Verwertung eines unter **Verstoß gegen
Art. 3** erlangten Beweises nur noch in Ausnahmefällen keine Verletzung von Art. 6 darstellen. Der Gerichtshof hat darin eine Regelvermutung für das Vorliegen einer Verletzung
der Verfahrensfairness in Bezug auf sämtliche, unter Verstoß gegen Art. 3 erlangte Beweismittel aufgestellt (ausführlich Rn. 1419 ff. und Art. 3 Rn. 61, 150 ff.).[1199] Der EGMR bejahte
sogar einen Verstoß gegen Art. 6 Abs. 1 in einem Fall, in dem das nationale Gericht bei der
Beweiswürdigung den Zeugenaussagen von Polizeibeamten hinsichtlich des angeklagten

1191 Anders sehen dies einige Richter am EGMR, die die Linie vertreten, ein Verfahren, das unter Missachtung der Garantien der EMRK durchgeführt werde, könne nicht fair sein. Vgl. EGMR Khan/UK, 12.5.2000 –
Partly Dissenting Opinion *Loucaides*; EGMR P.G. u. J.H./UK, 25.9.2001, Partly Dissenting Opinion *Tulkens* § 1;
(GK) Bykov/R, 10.3.2009, Partly Dissenting Opinion *Spielmann* § 37.
1192 EGMR Dragojević/KRO, 15.1.2015, § 129; Bykov/R, 10.3.2009, §§ 90 f.; Budak/TRK, 16.2.2021, §§ 70 f.; Valentino Acatrinei/RUM, 25.6.2012, §§ 70 f.
1193 Vgl. EGMR Zličić/SRB, 26.1.2021, § 119.
1194 Ausführlich zu den Hintergründen und Auswirkungen von durch Folter erlangten Beweisen: EGMR
Othman (Abu Qatada)/UK, 17.1.2012, § 267.
1195 EGMR Harutyunyan/ARM, 28.6.2007, § 63; Baybasin/D (E), 3.2.2009; siehe auch EGMR Nechiporuk u.
Yonkalo/UKR, 21.4.2011, § 259 („admission of statements obtained as a result of torture as evidence to establish the relevant facts in criminal proceedings renders the proceedings as a whole unfair irrespective of
their probative value and of whether their use was decisive in securing the defendant's conviction.").
1196 EGMR Yusuf Gezer/TRK, 1.12.2009; (GK) Gäfgen/D, 1.6.2010, § 173; vgl. auch EGMR Zyakun/UKR,
25.2.2016, §§ 62 f.; Zličić/SRB, 26.1.2021, § 119; dieser Grundsatz gilt auch, wenn das Geständnis auf Grundlage
von Folter oder (wie im Fall) einer unmenschlichen oder erniedrigenden Behandlung durch Privatpersonen
erlangt wurde, vgl. EGMR Ćwik/PL, 5.11.2020, § 89 (Geständnis erlangt bei *„ill-treatment"* durch eine kriminelle Bande).
1197 EGMR (GK) Gäfgen/D, 1.6.2010, § 178; El Haski/B, 25.9.2012, § 85; Zličić/SRB, 26.1.2021, § 119.
1198 EGMR (GK) Gäfgen/D, 1.6.2010.
1199 Vgl. EGMR (GK) Gäfgen/D, 1.6.2010, §§ 165 ff., 178; *Grabenwarter/Pabel*, § 24, 71; ein automatisches Beweisverwertungsverbot auch im Falle von nicht durch Folter, sondern auf Grundlage von unmenschlicher
oder erniedrigender Behandlung erhobener Beweise nicht ausschließend und grundsätzlich für möglich
haltend: EGMR Othman (Abu Qatada)/UK, 17.1.2012, § 267.

Delikts erhebliches Gewicht zugemessen hatte, obwohl lediglich die Umstände *der Festnahme* des Beschuldigten durch diese Polizeibeamten gegen Art. 3 verstoßen hatten.[1200]

Selbst beim **Zeugenbeweis** – konkret bei einer Einschränkung des Frage- und Konfrontationsrechts (Art. 6 Abs. 3 *lit.* d) – kommt die Annahme eines Beweisverwertungsverbotes nur unter bestimmten Voraussetzungen in Betracht (vgl. im Einzelnen Rn. 1168 ff.). **421**

Konkretere Anforderungen an die Beweisverwertung hat der EGMR vereinzelt für **422** einige Fallkonstellationen aufgestellt,[1201] so zum Beispiel im Urteil *Schenk*[1202] zur Verwertung der von einer Privatperson rechtswidrig hergestellten Tonbandaufnahme eines Telefongesprächs oder im Urteil *Barberà*[1203] zur Verwertung von Angaben, die ein Beschuldigter ohne den erforderlichen Zugang zu einem Verteidiger gemacht hatte, sowie im Urteil *Teixeira de Castro* zu den aus einer konventionswidrigen Tatprovokation gewonnenen Erkenntnissen (Rn. 352 ff.).[1204]

Deutlichere Konturen weist der *nemo-tenetur*-Grundsatz auf. Im Urteil *Allan* hat **423** der EGMR den im konkreten Fall vorliegenden Verstoß gegen das Selbstbelastungsprivileg („Zellenspitzel") neben der Beweiserhebung ausdrücklich auch – ob alternativ oder kumulativ wird allerdings nicht recht deutlich – aus der Verwertung des Beweisergebnisses hergeleitet (Rn. 1392).[1205]

5. Angleichung der nationalen Regeln zur Beweiserhebung und -verwertung auf **424** **der Ebene der Europäischen Union.** Für die Zusammenarbeit der Mitgliedstaaten der Europäischen Union in Bezug auf die Erlangung und Verwertung von Beweisen in Strafverfahren mit Auslandsbezug bestehen gegenwärtig parallel verschiedene Rechtsgrundlagen. Die auf der Ebene des Europarates bestehenden Übereinkommen (mit dem EuRhÜbk von 1959 als Ursprung) werden ergänzt durch zahlreiche weitere Rechtshilfeübereinkommen, insbesondere durch das **Übereinkommen über die Rechtshilfe in Strafsachen zwischen den Mitgliedstaaten der Europäischen Union v. 29.5.2000**[1206] sowie durch das **SDÜ**.[1207]

Der Rat der Europäischen Union hatte am 18.12.2008 nach mehr als vier Jahre dauernden Beratungen, basierend auf dem in Art. 82 Abs. 1 AEUV verankerten Prinzip der **gegenseitigen Anerkennung**, den **Rahmenbeschluss 2008/978/JI über die Europäische Beweisanordnung** zur Erlangung von Sachen, Schriftstücken und Daten zur Verwendung in Strafsachen[1208] angenommen. Der Rahmenbeschluss – ein Instrument der früheren Dritten Säule – war am 19.1.2009 in Kraft getreten und bis zum 19.1.2011 in nationales Recht umzusetzen (Art. 23 Abs. 1 RB). **425**

1200 Vgl. EGMR Boutaffala/B, 28.6.2022, §§ 87 ff.
1201 EGMR Teixeira de Castro/P, 9.6.1998; zur Tatprovokation auch: EGMR Sequeira/P (E), 6.5.2003; (GK) Ramanauskas/LIT, 5.2.2008; Furcht/D, 23.10.2014; Akbay u.a./D, 15.10.2020.
1202 EGMR Schenk/CH, 12.7.1988, §§ 48, 52–53; vgl. zu diesem Fall auch: *Jugl* 28.
1203 EGMR Barberà, Messegué u. Jabardo/E, 6.12.1988, §§ 87, 89.
1204 Ausführliche Darstellung bei *Warnking* Strafprozessuale Beweisverbote in der Rechtsprechung des Europäischen Gerichtshofs für Menschenrechte und ihre Auswirkungen auf das deutsche Recht (2009).
1205 EGMR Allan/UK, 5.11.2002; zur dogmatischen Trennung zwischen Beweisgewinnung und -verwertung in Bezug auf das Schweigerecht vgl. auch EGMR Shannon/UK, 4.10.2005, § 35.
1206 Übereinkommen über die Rechtshilfe in Strafsachen zwischen den Mitgliedstaaten der Europäischen Union, ABlEU Nr. C 197 v. 12.7.2000 S. 3.
1207 Übereinkommen zur Durchführung des Übereinkommens von Schengen vom 14.6.1985 [...] betreffend den schrittweisen Abbau der Kontrollen an den gemeinsamen Grenzen v. 19.6.1990.
1208 ABlEU Nr. L 350 v. 30.12.2008 S. 72; im Folgenden RB-EBA; KOM (2003) 688 endg.; kritisch BTDrucks. **15** 3831; *Schünemann* ZRP **2003** 187 f.; ferner zur EBA: *Gazeas* ZRP **2005** 18; *Ahlbrecht* NStZ **2006** 70; *Krüßmann* StraFo **2008** 458; *Esser* FS Roxin II 1497; *Stefanopoulou* JR **2011** 54.

Esser

426   Bereits Ende 2009 hatte die Kommission ein **Grünbuch** als Diskussionsgrundlage für den Beweistransfer in Europa aufgelegt.[1209] Der derzeitige EU-Rechtsrahmen zum Beweistransfer wird im Wesentlichen durch die auf Art. 82 Abs. 1 *lit.* a AEUV gestützte **Richtlinie 2014/41/EU über die Europäische Ermittlungsanordnung in Strafsachen (EEA)**[1210] abgebildet, ergänzt (soweit nicht ersetzt) durch das EURhÜbk. Die RL[1211] gilt in „sämtlichen Phasen des Strafverfahrens, einschließlich der Gerichtsphase" (ErwG 25). Die RL-EEA hat zum 22.5.2017 den RB-EBA (Rn. 425) sowie wesentliche Teile des EURhÜbk und des zugehörigen Protokolls v. 16.10.2001, des EuRhÜbk v. 20.4.1959 nebst beider Zusatzprotokolle sowie des SDÜ ersetzt (Art. 34 RL) – soweit ihr sachlicher Anwendungsbereich betroffen ist. Für Regelungsbereiche, die von der RL nicht erfasst sind, haben die genannten Übereinkommen und Protokolle nach wie vor Relevanz, ebenso im Verkehr mit Drittstaaten.[1212]

427   Gemäß Art. 1 Abs. 1 Satz 1 RL handelt es sich bei der EEA um eine gerichtliche Entscheidung, die von einer Justizbehörde des Anordnungsstaates zur Durchführung einer oder mehrerer spezifischer Ermittlungsmaßnahmen im Vollstreckungsstaat zur Erlangung von Beweisen gemäß der RL erlassen oder validiert wird. Die EEA ist für jedes Beweismaterial geeignet, unabhängig vom zeitlichen Ermittlungsstadium – also auch für jene elektronischen Beweismittel, die nach dem Willen der Kommission einen speziellen Regelungsrahmen (EPO) erhalten sollen. Dem Regelungsbereich der RL-EEA unterfallen im Wesentlichen alle Ermittlungsmaßnahmen (Art. 3 Hs. 1 RL), u.a. die Vernehmung von Beschuldigten, Zeugen oder Sachverständigen sowie die Beschlagnahme und Durchsuchung.

VII. Anspruch auf eine (gerichtliche) Entscheidung über die Anklage in angemessener Zeit

428   **1. Allgemeines.** Die Gewährleistung des Zugangs zu Gericht (Rn. 142 ff.) kann ihre Schutzfunktion für den Einzelnen nur dann voll und wirksam entfalten, wenn dieser in **absehbarer Zeit** auch eine **Entscheidung des Gerichts** in der Sache erwarten kann. Art. 6 Abs. 1 gewährt deshalb für **alle ihm unterfallenden Verfahren** (Rn. 43 ff.) einen Anspruch auf „Verhandlung" in angemessener Frist (*„within a reasonable time"*/*„dans un délai raisonnable"*).[1213] Auch Art. 47 Abs. 2 EUC gewährt jeder Person ein Recht darauf, dass „innerhalb angemessener Frist verhandelt wird".[1214]

429   Art. 14 Abs. 3 *lit.* c IPBPR drückt diese Garantie noch klarer aus, indem er eine Aburteilung ohne unangemessene Verzögerung (*„tried without undue delay"* / *„jugée sans retard excessif"*) fordert; diese Garantie ist allerdings auf **strafrechtlich angeklagte Personen** beschränkt.

430   Der Gedanke, dass ein Strafverfahren möglichst zügig durchgeführt werden soll, ist nicht neu. Ansätze zur Verfahrensbeschleunigung finden sich bereits in der **Magna Charta** von

---

1209 Erlangung verwertbarer Beweise zur Verwendung in Strafverfahren in anderen Mitgliedstaaten, KOM (2009) 624 v. 11.11.2009; hierzu: *Schünemann/Roger* ZIS **2010** 92.

1210 Richtlinie 2014/41/EU des Europäischen Parlaments und des Rates v. 3.4.2014 über die Europäische Ermittlungsanordnung in Strafsachen, ABlEU Nr. L 130 v. 1.5.2014 S. 1 (im Folgenden: RL).

1211 Eingehend hierzu: *Ahlbrecht* StV **2018** 601; *Böse* ZIS **2014** 152.

1212 Siehe *Oehmichen/Weißenberger* StraFo **2017** 316 f.

1213 Zum Spannungsverhältnis zwischen angemessener Verfahrensdauer und den einzelnen Gewährleistungen des fairen Verfahrens: KK-EMRK-GG/*Grabenwarter/Pabel* Kap. 14, 113 mit dem Hinweis darauf, dass ein Mehr an Verfahrensrechten regelmäßig das Verfahren verlängert; vgl. *Grabenwarter/Pabel* § 24, 81.

1214 Zum unionsrechtlichen Schadensersatzanspruch bei unangemessener Verfahrensdauer, Art. 340 Abs. 2 AEUV, vgl. EuGH (GK) 26.11.2013, C-58/12 P (Groupe Gascogne SA/Kommission), EuZW **2014** 142; *Scheel* EuZW **2014** 138; ferner *Berrisch* EuZW **2017** 254.

Esser   728

1215. In deren Art. 40 heißt es: *„To no one will we sell, to no one will we refuse or delay, right or justice".*[1215] Erst um das Jahr 1980 wurde der Beschleunigungsgedanke fester Bestandteil der Rechtsprechung des BVerfG; im Jahr 1977 vertrat das Gericht noch die Ansicht, dass Rechtsschutz in angemessener Zeit von Verfassungs wegen grundsätzlich nicht geboten ist.[1216]

Das Recht auf gerichtliche Entscheidung in angemessener Frist nach Art. 6 Abs. 1 soll **431** die **physischen und psychischen**, **nicht selten finanziell-existenziellen Belastungen** in Grenzen halten, die jedes gerichtliche Verfahren für die Betroffenen regelmäßig mit sich bringt. Eine zügige Verfahrenserledigung ist darüber hinaus unerlässlich für die **Funktionstüchtigkeit der Rechtspflege** sowie für deren Ansehen und Glaubwürdigkeit.

Vor allem für das **Strafverfahren** – hierzu zählt auch das deutsche **Ordnungswidrig-** **432** **keitenverfahren** (Rn. 87)[1217] – soll gewährleistet werden, dass der Beschuldigte nicht länger als nötig unter der Last und den Nebenwirkungen eines seine Aburteilung bezweckenden Verfahrens[1218] verbleibt. Hieraus ergibt sich – ebenso wie aus dem Rechtsstaatsprinzip und dem **Verbot nicht erforderlicher und damit unverhältnismäßiger Eingriffe** in grundrechtlich geschützte Rechtspositionen – ein Anspruch des jeweils Beteiligten, dass jedes ihn betreffende Verfahren zügig durchgeführt wird, vor allem ein Strafverfahren.[1219]

Zu beachten ist jedoch, dass Art. 6 Abs. 1 Satz 1 nur Verfahrensrechte einräumt und nicht **433** die Änderung des nationalen Rechts selbst intendiert. Eine unangemessen lange Dauer eines Strafverfahrens verschafft dem Verfahrensbeteiligten keinen **rechtlichen Status** oder eine sonstige **Rechtsstellung/-position**, die ihm das innerstaatliche Recht nicht einräumt.[1220]

Weder aus **Art. 6** und dem dort normierten Beschleunigungsgrundsatz noch aus **434** **Art. 13** folgt ein Recht des Beschuldigten auf eine (zügige bzw. schnellere) Entscheidung über die strafrechtliche Anklage ohne Durchführung einer Hauptverhandlung (etwa im **Strafbefehlsverfahren** oder in einem sonstigen schriftlichen Verfahren),[1221] solange die Durchführung einer solchen Hauptverhandlung nicht von vornherein evident auf eine überlange Verfahrensdauer hinausläuft.

Das Gebot, die angemessene Verfahrensdauer nicht zu überschreiten, umfasst das **435** **gesamte innerstaatliche Verfahren**, ausgehend von **behördlichen Ermittlungen** über die **gerichtlichen Verfahren** in allen Instanzen[1222] bis zum **rechtskräftigen Verfahrensabschluss.**[1223]

1215 Einen historischen Überblick zum Beschleunigungsgedanken liefert *Paeffgen* ZJJ **2015** 9.
1216 Zur Entwicklung des Beschleunigungsgedankens in der Rspr. des BVerfG: *Römer* MRM **2011** 74 f.
1217 Vgl. zum Begriff der *strafrechtlichen Anklage* Rn. 79 ff.; zur Kompensation rechtsstaatswidriger Verfahrensverzögerung im Bußgeldverfahren: OLG Bamberg NJW **2009** 2468.
1218 Vgl. *Kohlmann* FS Pfeiffer 205; *I. Roxin* 249 ff.; *Schroth* NJW **1990** 31 je m.w.N.; *Grabenwarter/Pabel* § 24, 81.
1219 H.M.; vgl. EGMR Wemhoff/D, 27.6.1968; ferner Art. VII Abs. IX *lit.* a NATO-Truppenstatut v. 19.6.1951, das dem Beschuldigten ausdrücklich ein Recht auf alsbaldige und schnelle Verhandlung garantiert; dazu BGHSt **21** 61.
1220 BVerwG NVwZ **2013** 1087, 1091 („Die unangemessen lange Dauer des Disziplinarverfahrens i.S. von Art. 6 Abs, 1 Satz 1 ist nicht als mildernder Umstand zu Gunsten des Beamten zu berücksichtigen, wenn die Entfernung aus dem Beamtenverhältnis geboten ist"); ebenso BVerwG Beschl. v. 27.4.2017 – 2 B 38/16, Rn. 6 ff. (juris).
1221 Vgl. OGH 28.5.2019 – 11 Os 35/19k (RS 0132698); 11 Os 36/19g; 11 Os 38/19a; 11 Os 39/19y.
1222 Zur Verfahrensverzögerung in der **Revision** durch den Verlust der Akte: BGH Beschl. v. 12.2.2015 – 4 StR 391/14, wistra **2015** 241 (drei Monate Kürzung der Vollstreckung bei einer Verzögerung von „etwa eineinhalb Jahren"; vgl. zudem BGH Beschl. v. 9.6.2020 – 2 StR 101/20, BeckRS **2020** 16329 (verzögerte Aktenweiterleitung durch die Staatsanwaltschaft im Revisionsverfahren als Verstoß gegen Art. 6 Abs. 1); allgemein: OLG Frankfurt StraFo **2016** 105.
1223 HRC Charles Gurmurkh Sobhraj/NPL, 27.7.2010, 1870/2009, § 7.4.

Esser

436   Auch ein **verfassungsgerichtliches Verfahren** muss innerhalb angemessener Zeit abgeschlossen werden, unabhängig davon, ob das Gericht über eine gegen das Urteil erhobene Verfassungsbeschwerde entscheidet[1224] oder sonst mit der Sache befasst worden ist.[1225] Bei einer **Richtervorlage** (Art. 100 GG) oder einem **Vorabentscheidungsverfahren** (Art. 267 AEUV) wird der Abschluss des Ausgangsverfahrens durch das zwischengeschaltete Verfahren (Inzidenzverfahren) ohne Rücksicht auf dessen Gegenstand schon rein faktisch (aber nicht *per se* unangemessen) um die Dauer des verfassungsgerichtlichen bzw. unionsrechtlichen Verfahrens verzögert.[1226] Gleiches gilt, wenn das Verfassungsgericht die Sache unter ganzer oder teilweiser Aufhebung des fachgerichtlichen Endurteils **zurückverwiesen** hat. Für die (weitere) Anwendbarkeit von Art. 6 entscheidend ist dann, ob in dem zugrunde liegenden Verfahren (noch) über einen *zivilrechtlichen Anspruch* oder über eine *strafrechtliche Anklage* entschieden wird (Rn. 43 ff., 79 ff.).

2. Kriterien für die Beurteilung der Angemessenheit einer Verfahrensdauer

437   **a) Allgemeine Grundsätze.** Die **Maßstäbe und Kriterien** für die Beurteilung der *Angemessenheit* einer Verfahrenserledigung nach Art. 6 Abs. 1 EMRK/Art. 14 Abs. 3 *lit.* c IPBPR gestalten sich etwas großzügiger als die speziell für Art. 5 EMRK/Art. 9 IPBPR geltenden Grundsätze, da dort speziell über die Rechtmäßigkeit einer **Freiheitsentziehung** zu entscheiden ist (Art. 5 Rn. 77 ff., 108 ff.).

438   Bei **jugendlichen Beschuldigten**, die sich in Untersuchungshaft befinden, schreibt Art. 10 Abs. 2 *lit.* b IPBPR explizit vor, dass die Sachentscheidung so schnell wie möglich ergehen muss (vgl. Art. 5 Rn. 390). Einfachgesetzlich wird dem Beschleunigungsgrundsatz bei Jugendstrafsachen zudem durch die §§ 43 Abs. 1 Satz 1, 55 Abs. 2 Satz 1, sowie § 72 Abs. 5 JGG Rechnung getragen.[1227] Als originäres Ziel der Beschleunigung im Jugendstrafverfahren steht dabei der **Erziehungsgedanke**: Nur eine unmittelbar auf die Tat verhängte Strafe könne ihre erzieherische Wirkung entfalten. Bei einer zu langen Verfahrensverzögerung bestünde die Gefahr, dass der Jugendliche die Strafe nicht mehr als Folge seines Tuns versteht und akzeptiert.[1228]

439   Welche Dauer des jeweiligen Verfahrens allgemein noch als *angemessen* angesehen werden kann, legen weder die Konventionen noch die Spruchpraxis der Kontrollgremien (EGMR/HRC) näher fest.[1229] Es kommt angesichts der vielseitigen Ursachen von Verfahrensverzögerungen[1230] stets auf die Beurteilung der konkreten **Umstände des Einzelfalls**

[1224]   Vgl. EGMR Kraska/CH, 19.4.1993, ÖJZ **1993** 818; Pammel/D, 1.7.1997, NJW **1997** 310 = EuGRZ **1997** 310 = ÖJZ **1998** 316; Probstmeier/D, 1.7.1997, NJW **1997** 2809 = EuGRZ **1997** 405; Becker/D, 26.9.2002, EuGRZ **2003** 26; (GK) Süßmann/D, 16.9.1996, EuGRZ **1996** 514 = ÖJZ **1997** 274 (kein Verstoß); Kind/D, 20.2.2003, EuGRZ **2003** 228; Ruiz-Mateos/E, 23.6.1993; Gast u. Popp/D, 25.2.2000, §§ 63 f., 69 ff.; Klein/D, 27.7.2000; Meyer-Ladewig/Nettesheim/von Raumer/*Meyer-Ladewig*/*Harrendorf*/*König* 197.

[1225]   Vgl. EGMR Voggenreiter/D, 8.1.2004, §§ 31 ff. (Verfassungsbeschwerde gegen ein Gesetz).

[1226]   *Matscher* EuGRZ **1993** 449, 451: Dauer jedes Zwischen-, Parallel- oder Inzidentverfahrens verlängert faktisch den Abschluss des Hauptverfahrens, ohne Rücksicht darauf, ob es selbst einen Art. 6 unterfallenden Gegenstand hat; vgl. auch *Vorwerk* JZ **2004** 553, 555.

[1227]   *Rose* NStZ **2013** 315, 316.

[1228]   *Rose* NStZ **2013** 315, 317, der in (318 f.) allerdings auch auf die Gefahren hinweist, die sich bei einer strikten Beachtung des Beschleunigungsgrundsatzes im Jugendstrafverfahren ergeben. Aus rechtsstaatlichen Gesichtspunkten müsse daher die Pflicht zur Wahrheitsermittlung an erster Stelle stehen (327).

[1229]   Vgl. den (ersten) Entwurf eines Gesetzes über die Rechtsbehelfe bei Verletzungen des Rechts auf ein zügiges gerichtliches Verfahren (Untätigkeitsbeschwerdengesetz, 2005), zum Thema allgemein schon *Gaede* wistra **2004** 169; hierzu Art. 13 Rn. 78 ff.

[1230]   Vgl. für das Zivilverfahren: *Keders*/*Walter* NJW **2013** 1697.

an.[1231] Auch aus der Rechtsprechung des EGMR lassen sich keine festen zeitlichen Räume oder Grenzen für einzelne Verfahrensabschnitte oder gar für die Gesamtverfahrensdauer entnehmen[1232] – wohl aber **konkrete Leitlinien für die Bestimmung von deren Ange-messenheit**.[1233] Der Inhalt des Beschleunigungsgebots ergibt sich also immer nur auf-grund einer rückblickenden Betrachtung der jeweiligen Versäumnisse.[1234]

Ein extrem langer Zeitraum, über den sich ein Verfahren erstreckt, hat die **Vermu- 440 tung einer Konventionsverletzung** für sich, die durch die jeweilige Regierung entkräftet werden muss.[1235] Dagegen lässt eine nur in einem **Verfahrensabschnitt** eingetretene Ver-zögerung erst dann den Schluss auf eine Konventionsverletzung zu, wenn sie nicht durch eine Beschleunigung in anderen Verfahrensabschnitten „ausgeglichen" wird und somit das Verfahren insgesamt als überlang erscheint.[1236]

Unangemessen lange dauert ein Verfahren, wenn es den Betroffenen länger als nach 441 der Sachlage zur Vertretung seiner Interessen oder zur Wahrung der Interessen der ande-ren Verfahrensbeteiligten erforderlich belastet. Zu berücksichtigen ist dabei letztlich im-mer nur die Verfahrensdauer, die auf einer **dem Staat** und seinen Organen/Stellen i.S.v. Art. 1 **zuzurechnenden Verzögerung** beruht.[1237]

Die Verfahrensdauer, die für die **sachgerechte Erledigung des jeweiligen Verfah- 442 rens** bei ordnungsgemäßer Sachbearbeitung im normalen Verfahrensbetrieb notwendig ist – das ist mehr als die bei größtmöglicher Beschleunigung erreichbare Minimaldauer – muss überschritten sein.[1238] Hält sich die Gesamtdauer des Verfahrens bei Berücksichti-gung seines Gegenstands und der Schwierigkeiten der Ermittlungen noch im angemesse-nen Rahmen, liegt im Umstand, dass das Gericht wegen anderer vorrangig eingestufter

1231 Vgl. EGMR (GK) Frydlender/F, 27.6.2000; Adam/D, 4.12.2008; Güli Kara/TRK, 15.9.2009; (GK) Satakunnan Markkinapörssi Oy u. Satamedia Oy/FIN, 27.6.2017, §§ 209 ff.; Chiarello/D, 20.6.2019, § 45; Dambe u.a./UKR, 28.10.2021, § 7, BeckRS **2021** 32323 m. Anm. *Hinz* FD-StrafR **2021** 443561; BVerfGE **55** 349, 369; BVerfG NJW-RR **2010** 207; EuGRZ **2009** 669 mit krit. Anm. *Mansdörfer* GA **2010** 153, 156; BVerwG NJW **2014** 96 = DVP **2014** 253 = DÖV **2014** 952 (Ls.) m. Bespr. *Hebeler* JA **2014** 319; BayVerwBl. **2014** 149; *Trechsel* 141 („*essential that each case be assessed on its own merits*"); *Grabenwarter/Pabel* § 24, 83; SK/*Meyer* 285 m.w.N.; zur Berücksichti-gung der besonderen **Situation der Wiedervereinigung** einerseits: EGMR (GK) Süßmann/D, 16.9.1996; Gast u. Popp/D, 25.2.2000; andererseits: EGMR Klein/D, 27.7.2000; Hesse-Anger/D, 6.2.2003.
1232 EGMR Panchenko/R, 8.2.2005 (ein Jahr pro Instanz als Faustregel); dazu krit. Meyer-Ladewig/Nettes-heim/von Raumer/*Meyer-Ladewig/Harrendorf/König* 199, 207 (mit Beispielen aus der Rechtsprechung des EGMR); SK/*Meyer* 285, *Villiger* 526; *Wittling-Vogel/Ulick* DRiZ **2008** 87 ff.; BVerfG NJW-RR **2010** 207.
1233 Insoweit missverständlich BVerfG NJW-RR **2010** 207 = DVBl. **2009** 1164.
1234 *Degener* ZJJ **2015** 6 f.
1235 EGMR Eckle/D, 15.7.1982; IK-EMRK/*Kühne* 329; *Ulsamer* FS Faller 373, 376; in diese Richtung auch BGH NZWiSt **2018** 347 m. Anm. *Budde* = wistra **2018** 77 m. Anm. *Grötsch* wistra **2018** 121.
1236 EGMR Nuutinen/FIN, 27.6.2000, § 110; Metzele/D (E), 2.6.2009 – zivilrechtliche Streitigkeit („however, a delay at some stage may be tolerated if the overall duration of the proceedings cannot be deemed excessi-ve"); BGH NStZ-RR **2006** 50; StV **2008** 663 = StraFo **2008** 513; NStZ-RR **2008** 285 = StV **2009** 338; NJW **2011** 3314, Rn. 39 (eine isolierte Bewertung mehrerer Verfahrensabschnitte, gesonderte Kompensation und anschließen-de Addition ist unzulässig; vielmehr muss die Dauer des gesamten Verfahrens in den Blick genommen werden).
1237 EGMR Buchholz/D, 6.5.1981; Gast u. Popp/D, 25.2.2000; Metzger/D, 31.5.2001, NJW **2002** 2856 = StV **2001** 489 m. Anm. *I. Roxin* = EuGRZ **2001** 299; *Ambos* NStZ **2002** 628, 630; *Kühne* StV **2001** 530; *Jacobs/White/Ovey*[7] 303; *Harris/O'Boyle/Warbick*[3] 440 f.
1238 Zu den Ursachen einer überlangen Verfahrensdauer in der Praxis: *Barton* StV **1996** 690; *Kempf* StV **1997** 208; *Kohlmann* FS Pfeiffer 206; *I. Roxin* 77 ff. (auch zu den verschiedenen Ansätzen zur Berechnung der nicht mehr angemessenen Frist); *ter Veen* StV **1997** 374.

· *Esser*

Sachen den Fortgang des Verfahrens über einige Monate nicht wesentlich gefördert hat, für sich allein noch kein Verstoß gegen das Beschleunigungsgebot.[1239]

443 Das stetige Ansteigen der Zahl an Beschwerden, die sich auf eine unangemessene Verfahrensdauer stützen (diese Verfahrensgarantie ist die am häufigsten vor dem EGMR in Anspruch genommene), haben den Gerichtshof inzwischen veranlasst, die Verfahrensdauer nicht mehr akribisch bezogen auf einzelne Verfahrensabschnitte,[1240] sondern **zunehmend summarisch** („global assessment") zu überprüfen.[1241]

444 **b) Komplexität des Verfahrens.** Neben der abstrakten Gesamtdauer des jeweiligen Verfahrens spielen in der Regel[1242] dessen Umfang und Komplexität, d.h. etwaige im Verfahren aufgeworfene **besondere rechtliche und tatsächliche Fragen und Probleme**, die zentrale Rolle bei der Beurteilung der Verfahrensfairness.[1243] Für eine besondere Komplexität können nach Ansicht des EGMR beispielsweise sprechen: eine **große Anzahl von Beteiligten**;[1244] die Lösung **schwieriger Rechtsfragen**, bei der sich das Gericht nicht auf eine ständige Rechtsprechung stützten kann; die Notwendigkeit der Einholung von **Auskünften über anzuwendendes ausländisches Recht**.[1245]

445 Die Komplexität eines Falles, die eine längere Dauer der Verfahrensführung rechtfertigen kann, muss sich gerade aus den **Tatsachen oder Besonderheiten des Falles** ergeben;

1239 Siehe: BGH NStZ **1999** 313 = StV **1999** 205; NStZ **2003** 384; StV **2008** 633 = StraFo **2008** 513.
1240 Vgl. EGMR König/D, 28.6.1978; Obermeier/A, 28.6.1990.
1241 Vgl. EGMR Mianowski/PL, 16.12.2003; *Frowein/Peukert* 250; damit einhergehend hat der EGMR auch die formalen Anforderungen der Individualbeschwerde angehoben; dazu *Heuchemer* NZWiSt **2016** 231.
1242 Nur wenn die Gesamtdauer des Verfahrens schon so unverhältnismäßig ist, dass sie unter keinem Gesichtspunkt mehr angemessen sein kann, entscheidet der EGMR gänzlich ohne Prüfung der Einzelheiten aufgrund einer globalen Beurteilung, vgl. EGMR Obermeier/A, 28.6.1990 (arbeitsgerichtliches Verfahren über Suspendierung; nach 9 Jahren nicht erledigt); ferner EGMR Metzger/D, 31.5.2001; siehe auch: EGMR Galea u. Pavia/MLT, 11.2.2020, § 17, §§ 31 ff. (Strafverfahren; 16 Jahre); Marshall u.a./KRO, 11.2.2020, § 46, § 52 (Zivilverfahren; 22 Jahre); *Grabenwarter/Pabel* § 24, 83.
1243 Vgl. EGMR (GK) Pedersen u. Baadsgaard/DK, 17.12.2004, NJW **2006** 1645; Kaemena u. Thöneböhn/D, 22.1.2009, StV **2009** 561 m. Anm. *Krehl* und *Krawczyk* = JR **2009** 172 m. Anm. *Esser/Gaede/Tsambikakis* NStZ **2011** 140; Hatipoglu/TRK, 15.9.2009 (6 Jahre; einfacher Versicherungsbetrug; konventionswidrig); (GK) McFarlane/IR, 10.9.2010; Späth/D, 29.9.2011, § 41 (Überlastung VG Berlin nach Wiedervereinigung); Riccardi/RUM, 3.12.2012, § 84; Gazsó/H, 16.7.2015, § 16 (6 Jahre; keine Komplexität; Verstoß); Liblik u.a./EST, 28.5.2019, § 99 (Komplexität: „hidden offences' of offering and accepting gratuities characterised by a high level of conspiracy and complex patterns of conduct between various people"); Petrella/I, 18.3.2021, §§ 41 f. (5 Jahre 6 Monate andauerndes Ermittlungsverfahren ohne spezielle Komplexität des Falles; Verstoß); Nechay/UKR, 1.7.2021, §§ 70 f. (10 Jahre ohne spezielle Komplexität); Brus/B, 14.9.2021, §§ 45 ff. (Dauer Ermittlungsverfahren bis zur Anklage rund 10 Jahre; Verstoß); Cälin/RUM, 5.4.2022, § 46 (10 Jahre 10 Monate Ermittlungsverfahren). Zu den verfassungsrechtlichen Kriterien für die Beurteilung der Angemessenheit einer Verfahrensdauer BVerfG EuGRZ **2009** 695; hierzu auch BVerfG Beschl. v. 17.11.2011 – 1 BvR 3155/09 m.w.N.; siehe zur Verfahrensdauer vor dem BVerfG selbst auch BVerfG Beschl. v. 30.8.2016 – Vz 1/16 (erheblicher Entscheidungsspielraum hinsichtlich vorrangig zu behandelnder Verfahren); aus der Praxis der Instanzgerichte: BGH Beschl. v. 30.4.2019 – 4 StR 405/18, BeckRS **2019** 9931 (kein Verstoß: Wirtschaftsstrafverfahren, 2,5 Jahre, ohne Förderung über 5,5 Monate); OLG Koblenz Beschl. v. 4.12.2017 – 2 Ws 406/17, NJ **2018** 29, 31 (Bildung bzw. mitgliedschaftliche Beteiligung an einer kriminellen Vereinigung; mehrere Angeklagte; Hauptverhandlung über fast 5 Jahre; sofortige Beschwerde der Staatsanwaltschaft gegen die Einstellung des Verfahrens nach § 206a StPO erfolgreich); BGH StV **2008** 299 (8 Jahre; Untreue; Schadensumfang 6,9 Mio. DM; nicht per se konventionswidrig).
1244 Vgl. EGMR Chiarello/D, 20.6.2019, § 48 (sieben weitere Angeklagte mit jeweils eigenem Verteidiger beteiligt).
1245 Für weitere Beispiele vgl. auch SK/*Meyer* 287.

Esser

beruht sie hingegen auf mehreren aufeinanderfolgenden Gesetzesänderungen, unterfällt die Verzögerung der alleinigen Verantwortlichkeit des Staates. Der Staat muss die behauptete Komplexität des Verfahrens darlegen und ggf. auch nachweisen.[1246]

c) Verfahrensgang und Behörden-/Justizorganisation. Zunehmend an Bedeutung **446** gewonnen bei der Beurteilung der Angemessenheit einer Verfahrensdauer hat die konkrete Sachbehandlung und Gestaltung des Verfahrens durch die nationalen Behörden und Gerichte.[1247]

Das **nationale Verfahrensrecht** wird als solches vom EGMR nicht abstrakt auf seine **447** Tauglichkeit zur zügigen Verfahrenserledigung überprüft,[1248] sondern nur daraufhin, ob im **konkreten Einzelfall** der Staat und seine Organe der Pflicht genügt haben, das innerstaatliche Verfahren so zu regeln und zu organisieren (notfalls auch zu vereinfachen), dass es innerhalb angemessener Dauer durchgeführt werden kann.

Der EGMR leitet in ständiger Rechtsprechung aus Art. 6 Abs. 1 objektive Rechtspflich- **448** ten der Konventionsstaaten ab, Gesetze, Organisationsstruktur und Personalausstattung dem Gedanken der vernünftig-zügigen Prozessabwicklung anzupassen (**Organisationspflicht**).[1249] Allerdings ist bei einer derartigen Anpassung darauf zu achten, dass diese selbst nicht zu Verzögerungen bei laufenden Verfahren führt.[1250] Ungeachtet der Komplexität des jeweiligen Verfahrensgegenstands (Rn. 444 f.) und des Verhaltens der Verfahrensbeteiligten (Rn. 460 ff.), muss das Verfahren stets in angemessener Zeit beendet werden.[1251] Gerade die Komplexität des Verfahrens und eine sich abzeichnende umfangreiche Beweiserhebung (insbesondere bei der Einholung von Sachverständigengutachten;[1252] Rn. 455) können es erfordern, dass sich die staatlichen Stellen bei der Verfahrensgestaltung um eine besondere zeitliche **„Dichte"** der **das Verfahren substanziell fördernden Termine**, ggf. auch um eine **parallele Führung von Verfahren** bemühen.[1253]

1246 HRC Smantser/BLR, 17.11.2008, 1173/2003, § 10.4.
1247 Vgl. EGMR König/D, 28.6.1978; Eckle/D, 15.7.1982; Foti/I, 10.12.1982; Zimmermann u. Steiner/CH, 13.7.1983, NJW **1984** 2749 = EuGRZ **1983** 482; Deumeland/D, 29.5.1986; Poiss/A, 23.4.1987, NJW **1989** 650; (GK) Pélissier u. Sassi/F, 25.3.1999; ferner *Ambos* NStZ **2002** 628, 629; *Frowein/Peukert* 146 ff.; *Grabenwarter/Pabel* § 24, 84 f.; IK-EMRK/*Kühne* 322, 336; Meyer-Ladewig/Nettesheim/von Raumer/*Meyer-Ladewig/Harrendorf/König* 202; SK/ *Meyer* 290 f.; *Ulsamer* FS Faller 373, 378 je m.w.N.; zur **Verzögerung durch die StA** vgl. insb. BGH wistra **2009** 347 = StraFo **2009** 391 = StV **2009** 638 (drei Jahre Verzögerung durch Verlust der Originalakten nach Erlass des angefochtenen Urteils); BGH Beschl. v. 23.7.2008 – 5 StR 283/08 (verzögerte Übersendung der Strafakten an GBA); BGH wistra **2009** 271 (Überlastung der StA); BGH Beschl. v. 14.5.2008 – 3 StR 75/08 (Untätigkeit eines Sachverständigen).
1248 EGMR König/D, 28.6.1978; Axen/D, 8.12.1983, EuGRZ **1985** 225; IK-EMRK/*Kühne* 321.
1249 Vgl. EGMR Gheorghe/RUM; Lupeni Greek/RUM, 29.11.2016: „(...) *judgments quashing previous findings and remitting the case are usually due to errors committed by the lower courts and that the repetition of such judgements may point to a shortcoming in the justice system";* Buj/KRO, 1.6.2006; Bara u. Kola/ALB, 12.10.2021, § 94; BGH Beschl. v. 21.2.2008 – 4 StR 666/07; StV **2008** 288; KK-EMRK-GG/*Grabenwarter/Pabel* Kap. 14, 118; KK/*Lohse/Jakobs* 26.
1250 HRC Lumanog u. Santos/PHL, 21.4.2008, 1466/2006, § 8.3 ff.
1251 Vgl. EGMR König/D, 28.6.1978; Deumeland/D, 29.5.1986; (GK) Pélissier u. Sassi/F, 25.3.1999; Grumann/D, 21.10.2010, NJW **2011** 1055; (GK) Svinarenko u. Slyadnev/R, 17.7.2014, § 143; *Frowein/Peukert* 143, 146 ff.; ferner zur Verpflichtung des Staates, Missbrauch und prozessverschleppende Taktiken zu unterbinden, *Peukert* EuGRZ **1979** 261, 273; *Grabenwarter/Pabel* § 24, 84.
1252 Vgl. hierzu EGMR Fröhlich/D, 24.1.2019, § 42 (u.a. kein Einwirken auf einen zweiten, später bestellten Sachverständigen, sein Gutachten angesichts der bereits stark fortgeschrittenen Verfahrensdauer zügig zu erstellen; nach Gesamtwürdigung aller Umstände kein Verstoß).
1253 EGMR Ballhausen/D, 23.4.2009, § 64 (zivilrechtlich); Jesse/D, 22.12.2009 (keine Fristsetzung für SV-Gutachten: mehr als 8 Jahre in einer Instanz); Jehovah's Witnesses of Moscow u.a./R, 10.6.2010, NJOZ **2011**

449   **Verfassungsgerichten** wird ein größerer Spielraum bei der Behandlung von anhängigen Beschwerden eingeräumt, da diese nicht einfach chronologisch, nach der Reihenfolge ihrer Aufnahme in das Register behandelt werden können, sondern auch ein besonderes Augenmerk des Gerichts darauf verlangen, welche Beschwerden dringlicher sind, sowohl aufgrund ihrer (rechts)politischen Bedeutung als auch in personenbezogener Hinsicht (Betroffenheit).[1254]

450   Seiner staatlichen **Organisationspflicht** war Deutschland nach Ansicht des EGMR, insbesondere im Hinblick auf zivilrechtliche Verfahren, bis zum Inkrafttreten des Gesetzes über den Rechtsschutz bei überlangen Gerichtsverfahren und strafrechtlichen Ermittlungsverfahren (ÜVerfBesG), nur unzureichend nachgekommen. Der Gerichtshof hatte ein **strukturelles Problem in der Verfahrenspraxis** beklagt und die Einführung effektiver innerstaatlicher Rechtsmittel zur Überprüfung von Verstößen gegen den Beschleunigungsgrundsatz (*„The Court stresses that the respondent State must introduce without delay...“*) gefordert. Daneben schlug er zur Herstellung konventionskonformer Verhältnisse *„ad hoc-Lösungen“* – etwa vom Staat ausgehende Ausgleichsangebote und Vergleiche – vor.[1255] Mit Inkrafttreten der §§ 198 ff. GVG ist der Gesetzgeber den Anforderungen des EGMR nachgekommen.[1256]

451   Der Staat und seine Organe sind verpflichtet, jedes Verfahren **zügig und kontinuierlich**, d.h. **ohne vermeidbare Unterbrechungen** zu betreiben. Die **Überschreitung von Fristen**, die das nationale Recht zur Vornahme von Verfahrenshandlungen etc. setzt, begründen zwar nicht automatisch einen Verstoß gegen die Konventionen, sie können aber ein Indiz für eine vorwerfbar zögerliche Bearbeitung des Falles sein.[1257]

452   Das Fachgericht darf sich bei einer außergewöhnlich langen Verfahrensdauer nicht darauf beschränken, das Verfahren wie einen gewöhnlichen, wenn auch komplizierten Rechtsstreit zu behandeln, sondern muss sämtliche ihm zur Verfügung stehenden **Möglichkeiten der Verfahrensbeschleunigung** nutzen, wie etwa das Durchbrechen der gewöhnlichen Terminierungsreihenfolge, das möglichst strikte Einhalten gesetzlich vorgegebener (Soll-)Fristen zum Absetzen und Verkünden von Entscheidungen sowie das Bemühen um spruchkörperinterne Entlastungsmaßnahmen.[1258]

453   **Personalnot** und eine **Arbeitsüberlastung** der Strafverfolgungsbehörden und/oder Gerichte hat der Staat zu vertreten;[1259] er ist verpflichtet, seine Verwaltung und Gerichtsbarkeit

---

1501= NVwZ **2011** 1506 (Ls.); BVerfG DVBl. **2009** 1164 = NJW-RR **2010** 207 = VersR **2010** 1516 (Parallelität von Beweisaufnahme und Anordnung eines Gutachtens); Beschl. v. 2.9.2009 – 1 BvR 3171/08 (14 Jahre; Abfindungsansprüche nach Kündigung eines Sozietätsvertrages einer Steuerberatungspraxis). Zur Unzulässigkeit sog. „Schiebetermine“, die die Unterbrechungsfrist lediglich formal wahren oder einheitliche Verfahrensvorgänge willkürlich in mehrere kurze Verfahrensabschnitte aufspalten: BGH Beschl. v. 13.12.2022 – 6 StR 95/22; NStZ-RR **2022** 382.

1254   Vgl. EGMR (GK) Oršuš u.a./KRO, 16.3.2010, § 109; Röhrig/D, 12.4.2011 (E); Lambertz/D (E), 4.10.2011; Peter/D, 4.9.2014, NJW **2015** 3359 = EuGRZ **2015** 557, §§ 40 f.; Shorazova/MLT, 3.3.2022, § 135 (Dauer von 4 Jahren und 10 Monaten bei einem Verfahren über zwei Instanzen hinweg stellte im konkreten Einzelfall, u.a. aufgrund der Komplexität, keinen Verstoß gegen Art. 6 Abs. 1 dar).

1255   EGMR Rumpf/D, 2.9.2010, NJW **2010** 3355 m. Anm. *Meyer-Ladewig* = EuGRZ **2010** 700; vgl. auch den Empfehlungskatalog bei CM/Rec (2010)3 on effective remedies for excessive length of proceedings v. 24.2.2010.

1256   *Reiter* NJW **2015** 2554, 2555; vgl. zu den Hintergründen LR/*Krauß* § 198, 4 ff., 8 GVG.

1257   *Frowein/Peukert* 144.

1258   Vgl. ThürVerfGH DÖV **2011** 118.

1259   EGMR Klein/D, 27.7.2000, § 43, NJW **2001** 213, 214 (chronische Arbeitsüberlastung des BVerfG); Rawa/PL, 14.1.2003 (Gewährleistung ausreichender Verfügbarkeit von Gerichtssachverständigen); Kressin/D, 22.12.2009; BVerfG DVBl. **2009** 1164 = NJW-RR **2010** 207 = VersR **2010** 1516 (Verzögerung durch Wechsel des Berichterstatters und der Kammerbesetzung); vgl. aber: BGH NJW **2008** 2451 (kein gänzliches Ausblenden anderweitiger Verpflich-

so zu organisieren, dass sie den Anforderungen der Konventionen genügen kann (als Ausdruck der sog. **Justizgewährleistungspflicht**).[1260] Desgleichen ist es dem Staat regelmäßig anzulasten, wenn sich ein Verfahren durch einen **Richterwechsel** erheblich verzögert.[1261] Plötzlich auftretende personelle Engpässe begründen nur dann keine Verantwortlichkeit des Staates für die dadurch hervorgerufene Verzögerung, wenn mit der erforderlichen Zügigkeit **Abhilfemaßnahmen** ergriffen werden.[1262] Um solche Maßnahmen rechtzeitig in die Wege leiten zu können, trifft Staatsanwälte und Richter eine Pflicht, auf etwaige sich abzeichnende Überlastungen in ihrem Geschäftsbereich frühzeitig hinzuweisen (sog. **Überlastungsanzeige**).[1263]

Die im nationalen Recht geschaffene Möglichkeit einer Kontrolle und ggf. Korrektur **454** von Entscheidungen durch ein im nationalen Recht vorgesehenes **Rechtsmittel** gehört zum gesetzlich vorgesehenen Verfahren und begründet für sich keine dem Staat anzulastende Überlänge.[1264] Die Zeit, die für ihre Behandlung der Sache im Instanzenzug benötigt wird, ist in die Berechnung der Gesamtdauer ebenso einzuberechnen, ebenso die von Drittbetroffenen eingelegten Rechtsbehelfe, die das Verfahren verlängern.[1265]

Dem mitunter beträchtlichen Zeitbedarf für die gründliche **Erforschung der materiel-** **455** **len Wahrheit** in einem von der Inquisitionsmaxime bestimmten Strafverfahren (komplexe, aufwendige Ermittlungen,[1266] **Beweiserhebungen im Ausland**,[1267] **Sachverständigentätigkeit**[1268]) und die geforderte Gewährleistung einer für den konkreten Fall ausreichenden Zeit für die **Vorbereitung der Verteidigung** ist stets bei der Bemessung der Verfahrensdauer Rechnung zu tragen.[1269] Dagegen kann auch das Legalitätsprinzip es nicht rechtfertigen, dass das konkrete Verfahren durch das Ausermitteln nebensächlicher weiterer Straftaten verzögert wird.[1270]

---

tungen der Strafkammer in Wirtschaftsstrafsachen); *Grabenwarter/Pabel* § 24, 85 (Argument der Überlastung eines Gerichts kann – wenn auch nur vorübergehend – als Begründung akzeptiert werden).

1260 EGMR Buchholz/D, 6.5.1981; Zimmermann u. Steiner/CH, 13.7.1983; B./A, 28.3.1990, ÖJZ **1990** 482 (Hinausschieben der schriftl. Urteilsabfassung um 33 Monate); Khamidov/R, 15.11.2007; Nicht-Durchführung eines begünstigenden Urteils über 15 Monate hinweg wegen Anti-Terror-Operation); Kaemena u. Thöneböhn/D, 22.1.2009; *Grabenwarter/Pabel* § 24, 84 f.; Meyer-Ladewig/Nettesheim/von Raumer/*Meyer-Ladewig/Harrendorf/König* 202; *Villiger* 538. Vgl. BVerfGE **36** 275 (Untersuchungshaft); BGH Beschl. v. 30.4.2009 – 1 StR 90/09 (Zusammenwirken von Finanzbehörden und Staatsanwaltschaft im steuerstrafrechtlichen Ermittlungsverfahren).

1261 EGMR H.E./A, 11.7.2002, ÖJZ **2003** 433 (10 Jahre); IK-EMRK/*Kühne* 336; zu einer durch Krankheit eines Richters verursachten Verfahrensverzögerung vgl. BSG Urt. v. 24.3.2022 – B 10 ÜG 2/20 R (Entschädigungsanspruch bejaht).

1262 EGMR Zimmermann u. Steiner/CH, 13.7.1983; IK-EMRK/*Kühne* 336; BVerfGE **36** 264, 275; **46** 17, 28 f. (Verstoß gegen das Gebot effektiven Rechtsschutzes im Falle der Verschleppung); *Niebler* FS Kleinknecht 311.

1263 Vgl. hierzu: *Tappert* DRiZ **2012** 261.

1264 Vgl. *I. Roxin* 80, Fn. 184.

1265 EGMR (GK) Kakamoukas u.a./GR, 15.2.2008, NJW **2009** 655; (GK) McFarlane/IR, 10.9.2010.

1266 Meyer-Ladewig/Nettesheim/von Raumer/*Meyer-Ladewig/Harrendorf/König* 200; SK/*Meyer* 287, 290; *Villiger* 533 je m.w.N.; ferner BGH NStZ **2003** 384; dagegen: BVerfG JZ **2003** 999 m. Anm. *Bohnert*.

1267 Meyer-Ladewig/Nettesheim/von Raumer/*Meyer-Ladewig/Harrendorf/König* 200.

1268 Vgl. EGMR Neumeister/A, 27.6.1968; IK-EMRK/*Kühne* 331; vgl. aber: EGMR Bozlar/D, 5.3.2009, EuGRZ **2009** 207 (zivilgerichtliches Verfahren – Schmerzensgeld; Arzthaftung; 4 Jahre 3 Wochen für eine Instanz unangemessen); D.E./D, 16.7.2009 (sozialgerichtliches Verfahren; 13 Jahre 8 Monate; vier Instanzen – unangemessen). Vgl. auch EGMR Grumann/D, 21.10.2010 m. Anm. *Schneider/Schmaltz*; *dies.* NJW **2011** 3270 zum „Beschleunigungspotential" in Arzthaftpflichtverfahren.

1269 Vgl. dazu OLG Koblenz NJ **2018** 29, 31.

1270 EGMR Eckle/D, 15.7.1982; *Ulsamer* FS Faller 373, 377; IK-EMRK/*Kühne* 338; vgl. LR/*Mavany* § 154, 1, 25 ff. StPO.

Esser

456   Stehen Entscheidungen über die konkrete Verfahrensgestaltung im Ermessen des Gerichts, erfordert die **pflichtgemäße Ausübung dieses Ermessens**, dass es dabei auch die Auswirkungen auf das Gebot der Verfahrensbeschleunigung angemessen berücksichtigt. Zu einer mit dem Recht auf angemessene Verfahrensdauer korrespondierenden Verfahrensgestaltung gehört auch eine **frühzeitige Einbindung der Staatsanwaltschaft**, wenn Finanzbehörden wegen Steuerdelikten Ermittlungen führen.[1271]

457   Die **Verbindung** eines einfach gelagerten Strafverfahrens mit einem gegen mehrere Beschuldigte geführten langwierigen Großverfahren kann wegen der dadurch bedingten erheblichen Verzögerung des Verfahrensabschlusses ermessensfehlerhaft sein.[1272] Ein für sich abstrakt betrachtet unangemessen langer Zeitraum zwischen einer (vorläufigen) **Verfahrensbeschränkung** oder einer (teilweisen) **Einstellung des Verfahrens** führt nur dann nicht zur Annahme einer unangemessenen Verfahrensdauer, wenn es sowohl für die zwischenzeitliche Beschränkung der Verfahrensführung als auch für die Wiederaufnahme des Verfahrens einen sachlich vertretbaren Grund gibt;[1273] andernfalls besteht die Gefahr, dass sich die Ermittlungsbehörden mit einer derartigen „Ruhendstellung" des Verfahrens einen unzulässigen Zeitvorteil verschaffen.

458   Auch ein unsachgemäßes Verhalten der Strafverfolgungsbehörden im **Rechtsmittelverfahren** kann einen Konventionsverstoß nach sich ziehen.[1274]

459   **d) Bedeutung des Verfahrens für Betroffene.** Die Bedeutung des Verfahrens für den/die Betroffenen ist ebenfalls bei der Beurteilung der Angemessenheit dessen Dauer zu berücksichtigen,[1275] da das Ausmaß einer hinzunehmenden Belastung auch dadurch mitbestimmt wird, welche Auswirkung die schnelle oder eben zögerliche Erledigung des Verfahrens für die Lebensgestaltung einer Person hat.[1276] Ein **besonderes Beschleunigungsinteresse** besteht bei wichtigen **familienrechtlichen Entscheidungen** (Scheidung, Kindschaftssachen, Unterhalt),[1277] bei Entscheidungen, von denen der **Lebensunterhalt**

1271   BGH Beschl. v. 30.4.2009 – 1 StR 90/09 (unter Hinweis auf § 386 Abs. 4 Satz 2 AO).
1272   Vgl. BVerfG StV **2002** 578, wo das BVerfG einen Verbindungsbeschluss aufhob, weil er dem rechtsstaatlichen Gebot eines fairen Verfahrens und dem Beschleunigungsgebot widersprach und dem Beschuldigten die Erschöpfung des Rechtswegs nicht zumutbar war.
1273   Zu unkritisch daher: BGH NStZ **2011** 651 = StV **2011** 406.
1274   BGH NStZ-RR **2012** 238 (bei *Cierniak/Zimmermann*): Übersendung der Akten an das Revisionsgericht erst nach nahezu einem Jahr, bis das Verfahren gegen Mitangeklagte abgeschlossen war; allenfalls „kurzes Abwarten" sachgerecht; OLG Karlsruhe StV **2004** 431 (Verzögerung der Entscheidung über eine Sprungrevision des Angeklagten um 15 Monate, da die StA sachwidrig Berufung eingelegt und später wieder zurückgenommen hatte; vgl. auch BGH NStZ-RR **2012** 238 (bei *Cierniak/Zimmermann*): Keine nachhaltige Förderung des Verfahrens nach der Rückverweisung von der Revisionsinstanz, als es nur um die Strafhöhe ging.
1275   EGMR Gheorghe/RUM, 15.3.2007 (Erfordernis einer besonders zeitnahen Entscheidung, wenn die Entscheidung so gelagert ist, dass sie die gesundheitliche Situation des Betroffenen verbessern kann); Siehe aber auch EGMR Krakolinig/A (E), 10.5.2012, § 27 („The Court [...] observes that Article 6 does not give a right to have criminal proceedings terminated on account of the accused's state of health."); Buchholz/D, 6.5.1981; BVerfGE **46** 17, 29; *Grabenwarter/Pabel* § 24, 82; KK-EMRK-GG/*Grabenwarter/Pabel* Kap. 14, 114; IK-EMRK/ *Kühne* 322; vgl. *Kühne* StV **2001** 530 ff.; SK/*Meyer* 288; vgl. *Ambos* NStZ **2002** 628, 629: Verfahrensüberlänge ist nach objektiven Kriterien zu beurteilen, bei der Frage der angemessenen Kompensation sei auch Tatschuld zu berücksichtigen; gegen die Einbeziehung der Tatschuld *Kempf* StV **2001** 134,135; *Ostendorf/Radtke* JZ **2001** 1094; *I. Roxin* StV **2001** 491.
1276   Vgl. OLG Köln StV **1991** 248; zu den Belastungen *Schroth* NJW **1990** 29.
1277   Vgl. EGMR Mikulić/KRO, 7.2.2002, § 44 (Kenntnis der Abstammung durch Feststellung der Vaterschaft); Voleský/CS, 29.6.2004, § 102 (elterliches Sorgerecht); Nanning/D, 12.7.2007, § 43; Adam/D, 4.12.2008; Afflerbach/ D, 24.6.2010, FamRZ **2010** 1721 (familienrechtliches Verfahrens: Umgangsrecht); Kuppinger/D, 21.4.2011,

abhängt,[1278] bei arbeitsrechtlichen Streitigkeiten[1279] (wozu nicht nur Streitigkeiten um die Kündigung bzw. den Fortbestand von Arbeitsverhältnissen gehören)[1280] oder bei sonstigen, im Einzelfall besonders bedeutsamen Verfahren.[1281] Auch die individuelle, nicht selten erhebliche Belastung eines Verdächtigen durch ein **Strafverfahren**, insbesondere, wenn er sich in Untersuchungshaft befindet,[1282] und die mit seinem Ausgang verbundenen Auswirkungen auf den Beschuldigten fallen insoweit ins Gewicht, als davon abhängt, welches Maß möglicher Beschleunigung von den Strafverfolgungsbehörden im Einzelfall zu fordern ist.[1283] Ferner kann das **hohe Alter** des Betroffenen das Erfordernis der zügigen Erledigung nahelegen.[1284]

e) Verhalten der Verfahrensbeteiligten/Aspekte außerhalb des staatlichen Verantwortungsbereiches. Ebenso in Betracht gezogen wird bei der Beurteilung der Angemessenheit der Verfahrensdauer das **Verhalten der Verfahrensbeteiligten**,[1285] namentlich des späteren Bf. vor dem EGMR, **im behördlichen und ggf. anschließenden gerichtlichen Ver-** 460

---

§§ 45 f., FamRZ **2011** 1283 (Umgangsrecht; „in cases concerning a person's relationship with his or her child there is a duty to exercise exceptional diligence in view of the risk that the passage of time may result in a de facto determination of the matter"); Bellut/D, 21.7.2011, § 29, FamRZ **2011** 1557 (Scheidung); V.K./KRO, 27.11.2012, § 79 (Scheidung).

1278 EGMR (GK) Süßmann/D, 16.9.1996; Rentenansprüche; hohes Alter); Auerswald/D (E), 6.9.2011; F.E./F, 30.10.1998 (Schadensersatz wegen tödlicher Erkrankung); BVerwG NJW **2014** 96 = DVP **2014** 253 = DÖV **2014** 952 (Ls.) m. Bespr. *Hebeler* JA **2014** 319, Rn. 47 (Rückforderung Ausbildungsförderung; 17.000 €); SK/*Meyer* 288; *Villiger* 532 je m.w.N.

1279 EGMR Pavlov/BUL, 6.3.2012, § 17; Sika/SLO (Nr. 7), 25.6.2013, § 40; (GK) Frydlender/F, 27.6.2000, § 45; fragwürdig EGMR Gramaxo Rozeira/P, 21.1.2014, §§ 40 f. (wurde möglicherweise vom EGMR wegen des Gerichtszweiges nicht als arbeitsrechtlich relevant erkannt; Bf. wehrte sich vor dem Verwaltungs- und Verfassungsgericht gegen ein die Befristung seines Arbeitsverhältnisses ermöglichendes Gesetz; Verfahrensdauer 3 Jahre 11 Monate, davon 2 Jahre 8 Monate vor Verfassungsgericht; kein Verstoß gegen Art. 6 Abs. 1, da Materie offenbar nicht bedeutsam genug: „l'objet de la demande [...] n'imposait pas au Tribunal constitutionnel d'agir avec une diligence exceptionnelle").

1280 EGMR Hajrudinović/SLW, 21.5.2015, §§ 43 ff.; Wojtunik/PL, 12.12.2006, § 42, mit näheren Erläuterungen zu arbeitsrechtlichen Verfahrensgegenständen.

1281 EGMR Klein/D, 27.7.2000, nahm dies bei der Feststellung der Verfassungswidrigkeit eines Gesetzes an; zust. SK/*Meyer* 288; krit. *Breuer* NVwZ **2001** Beil. 6; BVerfG Beschl. v. 2.9.2009 – 1 BvR 3171/08: geltend gemachter Anspruch macht den Hauptteil des Klägervermögens aus; vgl. weiterhin für Fälle, in denen eine besondere Eilbedürftigkeit wegen der Bedeutung des Verfahrensausgangs angenommen wurde; *Frowein/Peukert* 262. Fragwürdig EGMR Lambertz/D (E), 4.10.2011 (Bruder der Bf. war vom Vater Generalvollmacht erteilt worden; auf Wunsch des Vaters versagte er ihr den Zugang; Bf. beantragte und klagte erfolglos, dass für den Vater ein Betreuer bestellt würde, um ihr den Zugang zu ermöglichen; Verfahrensdauer noch angemessen; wegen Aussichtslosigkeit war Anliegen der Bf. nicht bedeutend genug; schlechter Gesundheitszustand des Vaters und das hohe Alter sprächen zwar für eine hohe Bedeutung und Eilbedürftigkeit der Sache; Gerichtshof verneint dies aber offenbar mit der Erwägung, die Bf. hätte auch bei kürzerer Verfahrensdauer nicht gewinnen können); Popovic/D, 13.1.2011, § 39 (Höhe des staatlichen Rückzahlungsanspruchs bezüglich PKH).

1282 EGMR Abdoella/NL, 25.11.1992; SK/*Meyer* 288; *Villiger* 532; zur besonderen Eilbedürftigkeit bei Untersuchungshaft umfassend: *Maier/Percic* NStZ-RR **2009** 300 f.

1283 Siehe auch: BVerfG NJW **1997** 2811.

1284 EGMR Codarcea/RUM, 2.6.2009, § 89 (Arzthaftung, Klage auf Schadensersatz). Allgemein zu den Fallgruppen, in denen wegen der Bedeutung für die Parteien besonders zügig zu verfahren ist: (GK) Sürmeli/D, 8.6.2006, NJW **2006** 2389 = EuGRZ **2007** 255 = FamRZ **2007** 1449 = NdsRpfl. **2006** 318, § 133.

1285 EGMR (GK) Pélissier u. Sassi/F, 25.3.1999, § 67; (GK) Frydlender/F, 27.6.2000, 43; Magyar u.a./H, 9.6.2022, § 7.

fahren. Gleiches gilt für Verzögerungen, die durch ein den staatlichen Stellen nicht zurechenbares Verhalten entstehen.[1286]

461   Unabhängig davon, ob und wieweit einen Verfahrensbeteiligten eine Verfahrensförderungspflicht trifft,[1287] können von diesem **vorwerfbar verursachte Verfahrensverzögerungen** nicht dem Staat zugerechnet werden.[1288] Dies gilt – für zivilrechtliche Streitigkeiten – etwa für Klageerweiterungen im laufenden Verfahren, Prozesskostenhilfeanträge und den Austausch des Rechtsvertreters[1289] – ebenso wie für Strafverfahren.[1290] Soweit die Parteien eines Rechtsstreits (nur in engen Grenzen auch der Angeklagte eines Strafverfahrens[1291]) den Verfahrensabschluss durch **eigenes Verfahrens- oder Prozessverhalten** – etwa durch die Verletzung von Anwesenheitspflichten, durch ungebührliches Verhalten (Stören der Hauptverhandlung u.ä.)[1292] oder das verschleppende Betreiben eines Parteiprozesses[1293] – verzögert haben, ist dies bei der Bemessung der angemessenen Frist als objektives Faktum mit zu berücksichtigen. Dabei ist aber wichtig, ob sie eine **Verfahrenspflicht verletzen** oder ob sie nur alle gesetzlich vorgesehenen Möglichkeiten der Verfahrensgestaltung bzw. -einflussnahme ausschöpfen.[1294] Dies gilt vor allem im Strafverfahren, wo der Beschuldigte in der Regel zwar zur Teilnahme an der Hauptverhandlung, nie aber zur aktiven Mitwirkung verpflichtet ist.[1295] Eine durch das Verhalten eines Verfahrensbeteiligten verursachte Verzögerung ist den staatlichen Organen jedenfalls dann zur Last zu legen, wenn diese es unterlassen haben, alles in ihrer Macht Stehende zu tun, um das Verfahren trotzdem in angemessener Frist weiter zu betreiben und zu beenden.[1296]

462   Dem Staat sollen antragsursächliche Verzögerungen nicht zurechenbar sein, wenn ein Gericht **Anträge mit unverständlichen und unsachlichen Inhalten** zur Sachentscheidung entgegengenommen und nicht sofort verworfen hat, da ein Übergehen solcher Anträge zu einer Beschränkung der Verteidigung und damit zu einem Revisionsgrund nach

---

1286   EGMR Vayic/TRK, 20.6.2006 (zwischenzeitliche **Flucht des Angeklagten**); siehe auch: OLG Naumburg Beschl. v. 22.2.2008 – 1 Ws 104/08 (kein Verstoß bei Verzögerung wg. **terminlicher Schwierigkeiten des Verteidigers**).

1287   Siehe KK-EMRK-GG/*Grabenwarter/Pabel* Kap. 14, 114 (keine Verpflichtung des Angeklagten zur aktiven Zusammenarbeit mit den Strafverfolgungsbehörden).

1288   EGMR Eckle/D, 15.7.1982; Extremfall: EGMR Peterke u. Lembcke/D (E), 3.2.2009, EuGRZ **2009** 315 (Dauer: 10 Jahre 4 Monate; rentenrechtliche Streitigkeit – vorzeitige Einlegung einer Verfassungsbeschwerde mit Antrag, das Berufungsverfahren ruhen zu lassen; verspätete Präzisierung des Antrags trotz Aufforderung; keine Reaktion auf Schriftsätze und Anfrage des Gerichts nach Vergleichsbereitschaft); BVerfG NJW **2009** 1469 = StV **2010** 497; StV **2006** 73 ff. (Zurechnung wahrheitswidrigen Verteidigervorbringens); BGH NJW **2005** 2791 (Prozessverschleppung durch den Angeklagten); vgl. auch OLG Koblenz Beschl. v. 4.12.2017 – 2 Ws 406/17, NJ **2018** 29, 31.

1289   Vgl. dazu EGMR G./D, 4.2.2010 (vierzehnmaliger Wechsel des Rechtsanwalts, sowie sechzehnfache Klageänderung während des Verfahrens).

1290   Vgl. EGMR Metzele/D (E), 2.6.2009.

1291   Etwa durch Hungerstreik: EGMR Jablonski/PL, 21.12.2000; Weigerung die Zelle zu verlassen: EGMR Trzaska/PL, 11.7.2000; es sei denn es gibt einen Grund: EGMR Mellors/UK, 17.7.2003.

1292   EGMR Sergey Denisov u.a./R, 19.4.2016, § 139.

1293   Vgl. EGMR D.E./D, 16.7.2009 (sozialgerichtliches Verfahren; i.E. unangemessene Dauer); vgl. ebenso BVerfG NJW **2015** 2561, 2563.

1294   Kritisch zu einer die Rechte des Beschuldigten beschränkenden Wirkung des Beschleunigungsgebots (im Allgemeinen): *Kolleck-Feser* AnwBl. **2016** 465, 467.

1295   EGMR Eckle/D, 15.7.1982; Corigliano/I, 10.12.1982; *Frowein/Peukert* 110; IK-EMRK/*Kühne* 335.

1296   *Frowein/Peukert* 151 m.w.N. Vgl. auch EGMR Kempe/D, 30.6.2011, § 29 (spät ergriffene Untätigkeitsklage entlastet Staat nicht); *Bub* DRiZ **2014** 94, 95 (Pflicht des Gerichts eine zügige Sachverständigenbegutachtung zu fördern, insb. § 411 ZPO).

§ 338 Nr. 8 StPO führen kann.[1297] Zwar existiere die Möglichkeit, Beweisanträge im Einzelfall auch abzulehnen, § 244 Abs. 3 Satz 2 StPO. An eine solche Begründung werden jedoch hohe Anforderungen gestellt.[1298]

Auch für im Verfahren eintretende Verzögerungen aufgrund des **Gesundheitszustan-** 463 **des des Beschuldigten** (oder eines anderen Verfahrensbeteiligten) führen nicht zwingend zu einer unangemessenen Verfahrensdauer.[1299] Insbesondere ergibt sich aus Art. 6 Abs. 1 kein Recht des Beschuldigten, dass das gegen ihn geführte Strafverfahren eingestellt wird, weil das Verfahren wegen seines gesundheitlichen Zustandes eine erhebliche Zeit in Anspruch nehmen kann.[1300] Vermeidbare Verzögerungen sind dem Staat allerdings auch in diesem Kontext zurechenbar.

Dass der Beschuldigte sämtliche ihm zur Verfügung stehenden **Rechtsbehelfe** er- 464 greift, kann ihm als solches nicht als Verfahrensverzögerung angelastet werden,[1301] ebenso wenig die **Rüge der Befangenheit** gegen einen Richter[1302] oder Sachverständigen.[1303]

Das Recht des Beschuldigten und die damit korrespondierende Verpflichtung des Staa- 465 tes, ein Strafverfahren in angemessener Zeit zu einem Abschluss zu bringen, darf von der Strafjustiz nicht als Rechtfertigung für die Einschränkung von Beschuldigtenrechten, insbesondere des **Beweisantragsrechts**, missbraucht werden. Insoweit war und ist es bedenklich, dass der BGH mitunter auch unter Hinweis auf den Beschleunigungsgrundsatz[1304] Verteidiger- und Beschuldigtenrechte beschränkt.[1305] Statt die Wahrung des Beschleunigungsgrundsatzes hier *allgemein* zu Lasten des Angeklagten auszudehnen, kann einer exzessiven Ausnutzung von Verfahrensrechten mit den Instituten der Verwirkung oder des Rechtsmissbrauchs im Einzelfall wirkungsvoller begegnet werden.[1306]

Durch die Behandlung von **Beweisanträgen** verursachte Verzögerungen fallen dem 466 Staat nicht zur Last, *wenn* die entsprechenden Anträge zügig und mit der wegen der Gesamtdauer des Verfahrens gebotenen Beschleunigung behandelt werden.[1307] Die künstliche Herbeiführung eines Verstoßes gegen Art. 6 Abs. 1, z.B. durch **unsachliche Richterablehnungen** oder die **exzessive Einlegung von Beweisanträgen**, ist somit nahezu ausgeschlossen.[1308] Schließlich ist zu berücksichtigen, dass selbst wenn der Beschuldigte vorwerfbar zur Verzögerung des Verfahrens beigetragen hat, dennoch eine unangemesse-

---

1297 OLG Koblenz Beschl. v. 4.12.2017 – 2 Ws 406/17, NJ **2018** 29, 31.
1298 Dazu OLG Koblenz Beschl. v. 4.12.2017 – 2 Ws 406/17, NJ **2018** 29, 31.
1299 EGMR *Sergey Denisov u.a/R*, 19.4.2016, §§ 137 f. (Angeklagter nicht verantwortlich, Staat aber auch nicht; ebenso für Verzögerungen wegen Erkrankung des Verteidigers).
1300 EGMR *Krakolinig/A* (E), 10.5.2012, § 27.
1301 Vgl. EGMR *Pretto u.a./I*, 8.12.1983; *Poiss/A*, 23.4.1987; *Glüsen/D*, 10.1.2008, § 83 (Antrag auf Einvernahme eines weiteren Sachverständigen – Entschädigung nach dem OEG); *Adam/D*, 4.12.2008; *Otto/D*, 22.9.2011, § 50; BVerfG NJW-RR **2010** 207; EuGRZ **2009** 699; für Verzögerung durch das Vorlageverfahren zum GrSSt vgl. BVerfGE **122** 248, 279 f. = NJW **2009** 1469, 1476.
1302 EGMR *Lislawska/PL*, 13.7.2004; vgl. hierzu BGH StraFo **2009** 245 (1 Jahr zwischen erfolgreicher Richterablehnung und Neubeginn der Verhandlung; Verstoß).
1303 EGMR *Ballhausen/D*, 23.4.2009, § 63 (zivilrechtlich).
1304 BGHSt **51** 298; 333 ff.; **52** 355, 358 ff.
1305 Zu Recht kritisch *I. Roxin* GA **2010** 425 und *Kühne* GA **2008** 361, 367; zur Einschränkung der freien Wahl des Verteidigers bei Terminschwierigkeiten durch den BGH zugunsten des Beschleunigungsgebots siehe *Kolleck-Feser* AnwBl. **2016** 465, 467.
1306 *I. Roxin* StV **2010** 437, 442.
1307 EGMR *Eckle/D*, 15.7.1982; *Villiger* 534.
1308 Vgl. KG NStZ-RR **2009** 180.

Esser

ne Verfahrensverzögerung durch staatliche Stellen zu verzeichnen sein kann, wenn deren Anteil überwiegt.[1309]

467　　Wird bei Anklageerhebung in einem strafrechtlichen Verfahren zunächst nur ein **Teil der Tatvorwürfe** in die Anklageschrift aufgenommen, kann dies hinsichtlich der übrigen eine rechtsstaatswidrige Verfahrensverzögerung nach sich ziehen. Für die Staatsanwaltschaft besteht aber keine Pflicht, mit der Anklage ausermittelter Tatvorwürfe zu warten, bis eine einheitliche Anklageerhebung für alle Tatvorwürfe möglich ist. Den Ermittlungsbehörden kommt damit insgesamt ein weitgehender Gestaltungsspielraum zu.[1310]

3. Zeitraum des zu berücksichtigenden Verfahrens

468　　**a) Beginn.** Bei den von Art. 6 Abs. 1 erfassten **privatrechtlichen Streitigkeiten** („zivilrechtlicher Anspruch") wird die Verfahrensdauer in der Regel von der Klageerhebung an berechnet.[1311] Tritt eine Person einem laufenden Verfahren später bei, ist dieser Zeitpunkt für sie entscheidend.[1312] Hängt die Anrufung des Gerichts von einem **Vor- oder Widerspruchsverfahren** ab, so beginnt die *Frist* bereits mit dessen Einleitung.[1313]

469　　Bei einer **strafrechtlichen Anklage** (Rn. 79 ff.) beginnt der für Art. 6 Abs. 1 EMRK/ Art. 14 Abs. 3 *lit.* c IPBPR **maßgebliche Zeitraum** („Frist") *spätestens* mit dem Zeitpunkt, in dem der Beschuldigte offiziell Kenntnis erhält, dass wegen der Straftat, die den Gegenstand des konkreten Verfahrens bildet,[1314] gegen ihn **ermittelt** wird,[1315] indem ihm ein **Durchsuchungs- oder Beschlagnahmebeschluss** eröffnet oder er wegen der Tat **festgenommen** wird oder indem er Kenntnis erhält, dass ein **Haftbefehl** gegen ihn ergangen ist („*...on which the suspicion against a person begins to have substantial repercussions on his situation*" bzw. „*... on which the first charges were levelled*").[1316] Von diesem Zeitpunkt

---

1309　EGMR Niesen/D, 21.10.2010; Jahnke/D, 3.3.2011.

1310　BGH Urt. v. 11.8.2016 – 1 StR 196/16, wistra **2017** 108, 110.

1311　EGMR Poiss/A, 23.4.1987; Editions Périscope/F, 26.3.1992; EKMR ÖJZ **1996** 477; Meyer-Ladewig/Nettesheim/von Raumer/*Meyer-Ladewig/Harrendorf/König* 189 (Eingang des Antrags oder der Klage bei Gericht); SK/*Meyer* 279.

1312　*Frowein/Peukert* 137; Meyer-Ladewig/Nettesheim/von Raumer/*Meyer-Ladewig/Harrendorf/König* 189.

1313　EGMR Alexiou/GR, 16.7.2015, §§ 15 f.; Kristiansen u. Tyvik As/N, 2.5.2013, § 57; König/D, 28.6.1978, § 98; *Frowein/Peukert* 138 m.w.N.; Meyer-Ladewig/Nettesheim/von Raumer/*Meyer-Ladewig/Harrendorf/König* 193; SK/*Meyer* 280; **a.A.** *Villiger* 528 (bei Ablehnung mit Verwaltungsakt).

1314　EGMR Ommer/D (Nr. 2), 13.11.2008 m. Anm. *Artkämper* StRR **2009** 227.

1315　EGMR Eckle/D, 15.7.1982; Deweer/B, 27.2.1980; Corigliano/I, 10.12.1982; Hennig/A, 2.10.2003, ÖJZ **2004** 314 = wistra **2004** 177; (GK) McFarlane/IR, 10.9.2010; Chiarello/D, 20.6.2019, § 46 (Beginn mit Ladung zur polizeilichen Vernehmung und Benachrichtigung über die Beschuldigung; vorherige TKÜ *nicht* in die Frist eingerechnet); BGH NStZ **1982** 291; NJW **1990** 56; *Frowein/Peukert* 138; IK-EMRK/*Kühne* 324; Meyer-Goßner/ *Schmitt* 8; Meyer-Ladewig/Nettesheim/von Raumer/*Meyer-Ladewig/Harrendorf/König* 196; *Nowak* 45; *Vogler* ZStW **89** (1977) 780; *Peukert* EuGRZ **1979** 261, 270; *Ulsamer* FS Faller 373; *Villiger* 529; SK/*Meyer* 281 („ab dem Zeitpunkt [...] an dem der Bf. eine amtliche Mitteilung über den Vorwurf durch die zuständige Behörde erhält"); KK-EGMR-GG/*Grabenwarter/Pabel* Kap. 14, 113 („...mit dem Zeitpunkt, in dem erste Schritte der Strafuntersuchung nach außen hin gesetzt werden"); *Trechsel* 139 („declaration of war by the prosecuting authority against the defendant"); BGH Beschl. v. 23.7.2008 – 2 StR 252/08, BeckRS **2008** 17046; NJW **2008** 2451 (keine überzogenen Anforderungen an Umfang der Rüge einer konventionswidrigen Verzögerung); aber BGH NStZ-RR **2009** 92 (realistischer Überblick über den tatsächlichen Ablauf des gesamten Strafverfahrens; Beleuchtung des Zeitraums zwischen Verkündung und Zustellung des Urteils nicht ausreichend); BGH StV **2008** 345 (Gericht muss sich anhand des Rügevorbringens einen Überblick über das Verfahren und seine Verzögerung verschaffen können).

1316　EGMR Wemhoff/D, 27.6.1968, § 19 (Abstellen auf die zur Untersuchungshaft führende Festnahme); Neumeister/A, 27.6.1968; untersuchungsrichterliche Anordnung der Voruntersuchung); Garbuz/UKR, 19.2.2019,

an steht er unter der psychischen Belastung des gegen ihn anhängigen Ermittlungsverfahrens. Tritt diese Belastung indes bereits früher ein,[1317] etwa weil der Betroffene **auf anderem Wege Kenntnis** von Verfahrenshandlungen, etwa von der Vernehmung möglicher Belastungszeugen, erlangt, kann der Fristbeginn auch schon der Tag dieser Kenntniserlangung sein.[1318]

Im Rahmen **verdeckter Ermittlungsmaßnahmen** (technische Überwachung, VE/VP- **470** Einsatz), die schon geraume Zeit vor dem Zeitpunkt stattfinden können, zu dem der Betroffene erfährt, dass gegen ihn ermittelt wird, besteht eine psychische Belastung zunächst nicht. Dennoch können sich bereits aus einem solchen verdeckten ermittlungstaktischen Vorgehen zumindest indirekte Nachteile ergeben (Kontakt-, Vertrauens-, Auftragsverluste). In diesen Fällen wird man den Zeitpunkt der Kenntniserlangung auf den Zeitpunkt des Beginns der verdeckten Maßnahme vorverlagern müssen. Die „Frist" i.S.v. Art. 6 Abs. 1 beginnt dann ab diesem Zeitpunkt.

Werden Ermittlungen auf zuvor eingestellte Verfahren ausgedehnt, „beginnt" dieser **471** Teil des Strafverfahrens zwar formal erst mit dem Zeitpunkt der **Ausdehnung/Erweiterung der Untersuchung** auf die früher verfolgten Taten. Bei der Prüfung der Angemessenheit der Dauer des neuen Verfahrens in seiner Gesamtheit ist jedoch zu berücksichtigen, dass ein Teil der Ermittlungen bereits früher durchgeführt worden ist.[1319]

b) Ende. Die „Frist" i.S.v. Art. 6 Abs. 1 EMRK/Art. 14 Abs. 3 *lit.* c IPBPR endet – wenn **472** es dazu kommt – mit der **gerichtlichen Entscheidung**, die das Verfahren rechtskräftig bzw. in sonstiger Weise final abschließt,[1320] nicht aber schon durch ein Zwischenurteil.[1321] Sie endet ferner mit jeder sonstigen endgültigen Erledigung, wie etwa einer **Einstellung**[1322] **des Verfahrens** (etwa nach §§ 170, 153, 153a StPO), dem Abschluss eines **Vergleichs**[1323] oder der **Rücknahme eines Rechtsmittels**.[1324] Ab diesem Zeitpunkt läuft dann auch die 4-Monats-Frist für die Einlegung der Individualbeschwerde (Art. 35 Abs. 1; siehe aber Rn. 340 für die Anrufung des Verfassungsgerichts). Wurde dem Beschuldigten die betreffende, das Verfahren abschließende gerichtliche Entscheidung bzw. die entsprechende endgültige Erledigung nicht hinreichend kommuniziert, endet der für die Bemessung der Verfahrensdauer maßgebliche Zeitraum erst dann, wenn dem Beschuldigten das Ende bzw. die Erledigung des Verfahrens erstmals bewusst wird und insofern der Zustand der Unsicherheit für den Beschuldigten beseitigt ist.[1325]

Maßgebend ist die **Entscheidung in der letzten Rechtsmittelinstanz** über die Ankla- **473** ge auch dann, wenn diese Entscheidung infolge einer Rechtsmittelbeschränkung nur noch

---

§ 51; Ruşen Bayar/TRK, 19.2.2019, § 92; Nechay/UKR, 1.7.2021, § 62 (jeweils Beginn mit der Festnahme); *Frowein/ Peukert* 138; *Tepperwien* NStZ **2009** 1.

1317 EGMR (GK) Reinhardt u. Slimane-Kaïd/F, 31.3.1998; Hennig/A, 2.10.2003.

1318 EGMR Eckle/D, 15.7.1982; Angelucci/I, 19.2.1991 (spätestens mit der durch die Ermittlungen veranlassten Bestellung eines Verteidigers); einschränkend OLG Hamm NStZ **2009** 318 (gleichsam gerüchteweise Kenntnis nicht ausreichend); *Frowein/Peukert* 138.

1319 *Frowein/Peukert* 139.

1320 EGMR Worm/A, 29.8.1997, ÖJZ **1998** 35; Hennig/A, 2.10.2003 (Zustellung der schriftl. Urteilsbegründung); Nechay/UKR, 1.7.2021, § 63; *Grabenwarter/Pabel* § 24, 81.

1321 EGMR Guincho/P, 10.7.1984, NJW **1986** 645 = EuGRZ **1985** 637; Stoianova u. Nedelcu/RUM, 4.8.2005 (Zeitberechnung bei zwei Verfahrensanläufen, wenn der erste nicht abgeschlossen war).

1322 Vgl. hierzu: EGMR Gröning/D (E), 12.11.2020, §§ 41 ff. (Entscheidung über die Einstellung dem Bf. nicht hinreichend bekannt gegeben).

1323 EGMR Caleffi/I, 24.5.1991; *Frowein/Peukert* 141; IK-EMRK/*Kühne* 327.

1324 EGMR Schaedel/D (E), 3.2.2009 (verwaltungsgerichtliches Verfahren).

1325 Vgl. EGMR Gröning/D (E), 12.11.2020, §§ 41 ff., 46, 54 f.; Nakhmanovich/R, 2.3.2006, § 89 m.w.N.

Esser

einen Teil des Verfahrens betrifft, wie etwa im Falle einer Beschränkung des Rechtsmittels auf den Rechtsfolgenausspruch.[1326] Auch eine **nachträgliche Gesamtstrafenbildung** im Beschlusswege (§ 460 StPO) kann noch mit einbezogen werden,[1327] nicht aber Kostenfestsetzungsverfahren und ähnliche erst nach dem Abschluss noch anstehende Verfahren, die nur noch Nebenentscheidungen aber nicht mehr die Anklage betreffen.

474   Die Zeit, die bis zu der durch eine Richtervorlage oder durch eine Verfassungsbeschwerde ausgelösten Entscheidung eines **Verfassungsgerichtes** vergeht, wird in die nach Art. 6 Abs. 1 maßgebende Gesamtdauer des Verfahrens einbezogen, wenn dieses Verfahren (noch) den *zivilrechtlichen Anspruch* bzw. die *strafrechtliche Anklage* betrifft.[1328] Allerdings werden die besondere Aufgabe des Verfassungsgerichts sowie seine spezielle Funktion im Rahmen des innerstaatlichen Rechtsschutzsystems vom EGMR regelmäßig bei der Beurteilung der Angemessenheit der Verfahrensdauer mit berücksichtigt.[1329]

475   Kann eine gerichtliche Entscheidung in Zivilsachen nicht oder erst später im Wege der **Zwangsvollstreckung** durchgesetzt werden, so soll auch noch der Zeitraum bis zur endgültigen Befriedigung des Anspruchs des Betroffenen mit einzurechnen sein,[1330] was zweifelhaft ist, da es hier nicht mehr um die gerichtliche Feststellung des Anspruchs geht.[1331]

476   Wird die **Wiederaufnahme** des Strafverfahrens angeordnet, beginnt die Frist von dem Zeitpunkt an neu zu laufen, zu dem (wieder) von einer „strafrechtlichen Anklage" auszugehen ist (Rn. 468 ff.).[1332]

4. Rechtsfolgen einer unangemessenen Verfahrensdauer

477   **a) Vorrang der Fachgerichtsbarkeit.** Die Konventionen geben – anders als bei Art. 5 Abs. 5 EMRK/Art. 9 Abs. 5 IPBPR – nicht vor, nach welchen Kriterien, in welcher Weise und in welchem Umfang eine Verletzung des Anspruchs auf zügige Verfahrenserledigung aus Art. 6 Abs. 1 Satz 1 EMRK/Art. 14 Abs. 3 *lit.* c IPBPR zu kompensieren ist. Obligatorisch sind lediglich für das Verfahren vor dem EGMR die Feststellung der Konventionsverletzung und die Zubilligung einer Entschädigung nach Art. 41 – *soweit* das nationale Recht nur eine unvollkommene Wiedergutmachung gestattet.[1333] Eine Individualbeschwerde (Art. 34), mit der eine Nichtbeachtung des Fairness-Grundsatzes („**fair-trial**") gerügt wird, bezieht nicht automatisch die Verletzung des Beschleunigungsgrundsatzes mit ein. Der Betroffene muss (um dem Zulässigkeitserfordernis **Erschöpfung des Rechtswegs**, Art. 35 Abs. 1, zu entsprechen)

1326 *Frowein/Peukert* 140; IK-EMRK/*Kühne* 326; Meyer-Goßner/*Schmitt* 8; *Peukert* EuGRZ **1979** 261, 271; *Ulsamer* FS Faller 373, 375.
1327 EGMR Eckle/D, 15.7.1982; Meyer-Goßner/*Schmitt* 8.
1328 EGMR Ruiz-Mateos/E, 23.6.1993; (GK) Süßmann/D, 16.9.1996; Pammel/D, 1.7.1997; Meyer-Ladewig/Nettesheim/von Raumer/*Meyer-Ladewig/Harrendorf/König* 197; *Villiger* 530; mit Einschränkungen wohl auch *Frowein/Peukert* 14 (nicht wenn unzulässig oder offensichtlich unbegründet); **a.A.** IK-EMRK/*Kühne* 326; krit. auch *Breuer* Beilage zu NJW **2001** 6, Sonderheft Weber.
1329 EGMR Süßmann/D, 16.9.1996, §§ 57 ff.; Tričković/SLW, 12.6.2001; § 63; Kaemena u. Thöneböhn/D, 22.1.2009; Gast u. Popp/D, 25.2.2000, § 75; Almesberger/A, 10.12.2009, § 26; *Grabenwarter/Pabel* § 24, 81; KK-EGMR-GG/*Grabenwarter/Pabel* Kap. 14, 113 m.w.N.; SK/*Meyer* 283.
1330 EGMR Martins Moreira/P, 26.10.1988; Halka u.a./P, 2.7.2002; *Frowein/Peukert* 141; Meyer-Ladewig/Nettesheim/von Raumer/*Meyer-Ladewig/Harrendorf/König* 190.
1331 Keine vorwerfbare Verfahrensverzögerung, wenn die mögliche Vollstreckung sich nur dadurch verzögert, dass der Betroffene den erforderlichen Antrag verspätet stellt: EGMR Unión Alimentaria Sanders S.A./E, 7.7.1989; *Frowein/Peukert* 141.
1332 EGMR Löffler/A, 3.10.2000, ÖJZ **2001** 234.
1333 Vgl. EGMR Eckle/D, 15.7.1982; Kind/D, 20.2.2003 (nur immaterieller Schaden); Voggenreiter/D, 8.1.2004.

schon auf nationaler Ebene explizit die Unangemessenheit der Verfahrensdauer rügen und sollte diesen Aspekt dann auch in der Beschwerdeschrift als **separaten Beschwerdepunkt** neben allgemeinen Fairnessgedanken benennen und substantiiert darlegen (vgl. Rn. 274; Teil II Rn. 199 ff.).[1334] Eine unangemessen lange Verfahrensdauer muss grundsätzlich auch mit der **Verfassungsbeschwerde** gerügt werden (Rn. 482).[1335]

In erster Linie ist es **Sache der nationalen Fachgerichte** zu entscheiden, auf wel- **478** chem Wege sie die durch die unangemessene Verzögerung des Verfahrens eingetretenen Nachteile ausgleichen wollen.[1336] Vorrangig ist eine eingetretene Konventionsverletzung bereits innerstaatlich zu bereinigen, um ein Verfahren vor dem EGMR zu vermeiden.[1337] Dies sollte möglichst noch im anhängigen Verfahren geschehen; dabei wird in Kauf genommen, dass sich die legitime Dauer des Verfahrens durch eine Rückverweisung oder durch ein zur Beendigung der Verfahrensverzögerung eingeleitetes innerstaatliches **Zwischenverfahren**[1338] nochmals legitim verlängert.[1339]

b) Rügeobliegenheiten der Verfahrensbeteiligten. Im **Strafverfahren** ist die über- **479** lange Verfahrensdauer – unabhängig von den Auswirkungen auf die Zulässigkeit weiterer Untersuchungshaft[1340] – nach Möglichkeit noch **im anhängigen Verfahren angemessen auszugleichen**.[1341] Es gehört auch hier zur Erschöpfung des innerstaatlichen Rechtswegs i.S.d. Art. 35 Abs. 1, dass der Beschuldigte alle ihm **innerstaatlich verfügbaren und wirksamen**[1342] **Rechtsbehelfe** ausschöpfen muss, um diese Konventionsverletzung bereits innerstaatlich geltend zu machen und einer weiteren Verzögerung entgegenzuwirken.[1343]

1334 EGMR Eule/D (E), 10.3.2009.

1335 EGMR Ommer/D (Nr. 2), 13.11.2008; sowie BVerfGE **45** 349, 369; **63** 45, 69; **92** 277, 326; BVerfG NJW **2003** 2225 m.w.N.; *Lansnicker/Schwirtzek* NJW **2001** 1969, 1970; ferner zur korrespondierenden Pflicht zur Erschöpfung des innerstaatlichen Rechtswegs nach Art. 35 Abs. 1, Teil II Rn. 177 ff.

1336 Vgl. EGMR Eckle/D, 15.7.1982; *Trurnit/Schroth* StraFo **2005** 361. Vertiefend: *Baumanns* Der Beschleunigungsgrundsatz im Strafverfahren (2011).

1337 Beispielhaft für eine daher ausgebliebene Konventionsverletzung: EGMR Josten/D (E), 28.9.2010; vgl. auch BGH NJW **2011** 3314, Rn. 37.

1338 Der EGMR hat durch die Änderung seiner Rechtsprechung zum Verhältnis zwischen Art. 6 und Art. 13 gefordert, dass das nationale Recht nach Art. 13 die Möglichkeit der innerstaatlichen Abhilfe gegen eine Verfahrensverzögerung schaffen muss; die Erschöpfung dieses innerstaatlichen Rechtsbehelfs sieht er dann konsequent als eine Zulässigkeitsvoraussetzung für seine Anrufung an; vgl. Art. 13 Rn. 34 f., 78 ff.; ebenso EGMR A.K./Lichtenstein (Nr. 2), NLMR **2016** 70, 71.

1339 Vgl. BayObLG StV **1989** 394.

1340 Vgl. OLG Stuttgart StV **1990** 213 = MDR **1990** 76; LG Köln NStZ **1989** 442 und bei Art. 5 Rn. 410 f.

1341 Zu den dafür in Frage kommenden Maßnahmen vgl. BVerfG NJW **2003** 2225; ferner LR/*Kühne* Einl. I 68; SK/*Rogall* Vor § 133, 120 StPO; SK/*Paeffgen* § 206a Anh. 30 StPO je m.w.N.

1342 Steht ein innerstaatlicher Rechtsbehelf nur theoretical or illusory") zur Verfügung und gewährleistet er in der Praxis keine effektive Kontrolle, bedarf es seiner Geltendmachung nicht, um den innerstaatlichen Rechtsweg zu erschöpfen, vgl. EGMR Merit/UKR, 30.3.2004, §§ 56 ff., §§ 63 ff.; darauf verweisend u.a. auch EGMR Kasyanenko/UKR, 16.7.2020, §§ 8 ff.; Tsyganenko u.a./UKR, 30.9.2021; vgl. ebenfalls: EGMR Marshall u.a./KRO, 11.2.2020, § 89; Mirjana Marić/KRO, 30.7.2020, § 72.

1343 Für **Österreich**: Antrag auf Verfahrensbeschleunigung (Fristsetzungsantrag) nach § 91 GOG, vgl. EGMR Holzinger/A (Nr. 1), 30.1.2001, ÖJZ **2001** 478; Talirz/A (E), 11.9.2001, ÖJZ **2002** 619; Strasser/A (E), 25.9.2001, ÖJZ **2002** 37; Graf/A (E), 3.6.2003, ÖJZ **2003** 856; OGH ÖJZ **2009** 327, 328; für **Portugal**: EGMR Tomé Mota/P (E), 2.12.1999, NJW **2001** 2692; für **Spanien**: EGMR Gonzalez Marin/E (E), 5.10.1999, NJW **2001** 2691; für **Ungarn**: EGMR Barta u. Drajkó./. H, 17.12.2013 (Ineffizienz der Beschwerdemöglichkeit bei Beschränkung auf gerichtliches Verfahren); Klapoff u.a./H, 2.12.2021; für **Rumänien**: EGMR Vlad u.a./RUM, 26.11.2013; Palabiyik/RUM, 24.9.2020; zu den Lösungen in Österreich, Frankreich, Spanien und Italien: *Vorwerk* JZ **2004** 553, 556, 559; vgl. auch Art. 13 Rn. 79 ff.

480   Der Verstoß gegen das Beschleunigungsgebot muss als solcher bereits vor den **nationalen Gerichten beanstandet** werden. Sofern die Verzögerung im Strafverfahren nicht erst nach der letzten tatrichterlichen Verurteilung eingetreten und deshalb vom **Revisionsgericht** von Amts wegen zu beachten ist,[1344] erfordert dies bei der Revision eine den Begründungsanforderungen genügende **Verfahrensrüge**,[1345] wenn sich die rechtsstaatswidrige Verfahrensverzögerung nicht nach den Urteilsgründen aufdrängt.[1346] Für die Einlegung der Revision genügt es,[1347] diejenigen **Tatsachen** aufzuzeigen, die eine rechtsstaatswidrige Verzögerung belegen. Etwaige, sich daraus ergebende individuelle Belastungen des Angeklagten müssen nicht dargelegt werden.

481   Setzt sich allerdings das angefochtene Urteil bereits in seinen Strafzumessungsgründen ausdrücklich mit einer festgestellten Verfahrensverzögerung auseinander, ist insoweit auch im Rahmen der **Sachrüge** eine Nachprüfung der dort dazu getroffenen Feststellungen, eventuell auch die Beanstandung von deren Unzulänglichkeit, möglich.[1348]

482   Zur Erschöpfung des Rechtswegs i.S.d. Art. 35 Abs. 1 gehört auch, dass die behauptete Verletzung des Beschleunigungsgebots mit der **Verfassungsbeschwerde** beanstandet wird; mit dieser muss sie unter dem Blickwinkel des darin liegenden Verstoßes gegen das Rechtsstaatsprinzip und gegen Art. 2 Abs. 1 GG ordnungsgemäß gerügt werden.[1349] Im Strafverfahren kann die Einlegung einer Verfassungsbeschwerde je nach Fallkonstellation sowohl im Ermittlungs- als auch (erneut) im späteren Hauptverfahren erforderlich sein.[1350] Das BVerfG kann die Staatsanwaltschaft oder das Gericht anweisen, die notwendigen Schlüsse zu ziehen, allerdings keine Entschädigung aussprechen.[1351]

483   **c) Kompensationsmöglichkeiten auf nationaler Ebene.** Kann eine Verfahrensverzögerung, die zur Unangemessenheit der Gesamtverfahrensdauer führen wird, nicht präventiv verhindert werden, so hat der Betroffene einen **Anspruch auf Wiedergutmachung**. Aus **Art. 13** folgt außerdem, dass dem Betroffenen im nationalen Recht eine Möglichkeit eingeräumt werden muss, den Verstoß vor einer unabhängigen Instanz wirksam zu rügen (vgl. dazu Art. 13 Rn. 35, 78).

1344   BGH NStZ **1995** 335 m. Anm. *Uerpmann*; NStZ **1997** 29 m. Anm. *Scheffler* StV **1997** 409; **1998** 377; NStZ **2001** 52; NStZ-RR **2002** 166; BayObLG StV **1989** 394; vgl. hierzu: BGH BeckRS **2016** 10822 (das Revisionsgericht hat eine während des Revisionsverfahrens eingetretene rechtswidrige Verfahrensverzögerung auch ohne Rüge der Revision von Amts wegen festzustellen); dem Revisionsgericht obliegt es, die Kompensation in analoger Anwendung des § 354 Abs. 1a Satz 2 StPO selbst auszusprechen, vgl. BGH Beschl. v. 2.7.2013 – 2 StR 179/13, BeckRS **2013** 12154; Beschl. v. 16.2.2016 – 5 StR 10/16, BeckRS **2016** 5083; Beschl. v. 15.12.2020 – 2 StR 480/19, BeckRS **2020** 39973.
1345   Vgl. BGH NStZ-RR **2014** 21; NStZ-RR **2005** 81; NStZ-RR **1997** 451; **2000** 418; StV **1999** 205; *Scheffler* StV **1993** 568 (auch zur Aufklärungsrüge); *G. Schäfer* FS Rieß 489; Meyer-Goßner/*Schmitt* 9c; vgl. aber auch OLG Hamm NJW-Spezial **2011** 299.
1346   KG Urt. v. 24.9.2013 – (4) 121 Ss 136/13 (170/13) – juris.
1347   BGH NStZ **2017** 363 m. Anm. *Bittmann*.
1348   BGH StV **1992** 452 m. Anm. *Scheffler* StV **1993** 568; StV **2000** 554; NStZ **2005** 223; NStZ **2007** 71; NStZ-RR **2011** 171; OLG Düsseldorf StraFo **2000** 379; vgl. aber auch *G. Schäfer* FS Rieß 489 (nur Verfahrensrüge); ferner BayObLG StV **1989** 394.
1349   Vgl. BVerfG NJW **1984** 967; **1997** 2811; **2003** 2225; EuGRZ **2001** 576; zu den Begründungsanforderungen: BVerfG Beschl. v. 8.7.2010 – 2 BvR 2485/07 u.a., Rn. 20; ferner Art. 13 Rn. 79 ff.; Teil II Rn. 175 ff. (zu Art. 35).
1350   EGMR Ommer/D (Nr. 2), 13.11.2008 (Freispruch; Kompensation nicht möglich; Verletzung von Art. 6 Abs. 1); vertiefend zu diesem Fall: *Wolf* Die Vollstreckungslösung und die Nichtberücksichtigung ausländischer Verfahrensverzögerungen im Strafprozess (2022) 12 f.
1351   EGMR Ommer/D (Nr. 2), 13.11.2008; BVerfG NJW **2001** 214.

Ein **innerstaatliches Gericht**, das eine unangemessen lange Verfahrensdauer von **484** Amts wegen im Rahmen der ihm obliegenden Entscheidungskompetenz kompensieren will (mit der Folge, dass dem Betroffenen die Opfereigenschaft für eine Individualbeschwerde nach Art. 34 fehlt), muss zunächst in seiner das Verfahren oder den Verfahrensabschnitt abschließenden Entscheidung neben den ohnehin gebotenen und auch als Ansatzpunkt für die Kompensation unverzichtbaren **Feststellungen zur Tat und zum Schuldumfang**[1352] die eingetretene **Konventionsverletzung** (Verstoß gegen Art. 6 Abs. 1) **ausdrücklich feststellen** und dabei den Zeitpunkt, an dem der Beschuldigte von dem gegen ihn geführten Strafverfahren Kenntnis erlangt hat,[1353] sowie Grund und Dauer der dem Staat anzulastenden Verfahrensverzögerung und ihre Auswirkungen auf den Verfahrensbeteiligten/Angeklagten ausdrücklich aufzeigen.[1354] Ein automatisches Verfahrenshindernis folgt aus dieser Feststellung allerdings nicht.

Der BGH geht davon aus, dass bei **geringen**, aber dennoch konventionswidrigen **Ver-** **485** **zögerungen** diese **bloße Feststellung** der Unangemessenheit der Verfahrensdauer als innerstaatliche Kompensation ausreichen soll.[1355] Zwar betont der EGMR immer wieder, dass auf nationaler Ebene eine Wiedergutmachung (neben einer notwendigen Feststellung der Konventionsverletzung) insbesondere durch ausdrückliche und messbare Minderung der Strafe möglich ist.[1356] Der BGH verweist zur Begründung seiner Position jedoch auf Urteile des EGMR, bei denen dieser eine Konventionsverletzung (Art. 6 Abs. 1 Satz 1) festgestellt hat und dem Betroffenen keine Geldentschädigung nach Art. 41 zugesprochen hat.[1357] Aus dieser Tatsache schlussfolgert der BGH, dass auch auf nationaler Ebene eine bloße Feststellung ausreichen könnte.[1358]

Wie der EGMR herausgestellt hat, ist diese Praxis, d.h. die Kompensation allein durch **486** die Feststellung der Konventionsverletzung nur in Ausnahmefällen denkbar („**exceptional circumstances**").[1359] Als solche benennt der EGMR etwa Verfahren, in denen es um die Verurteilung wegen schwerster Straftaten (Mord und wiederholter Kindesmissbrauch;[1360]

1352 BGH Urt. v. 6.3.2002 – 2 StR 530/01; BayObLG StV **2003** 375 m. Anm. *I. Roxin*.
1353 Vgl. BGH NStZ-RR **2023**, 114 (erfolgreiche Revision der Staatsanwaltschaft, da mangels Feststellungen hierzu das Vorliegen einer rechtsstaatswidrigen Verfahrensverzögerung nicht rechtsfehlerfrei festgestellt worden war).
1354 BGH Beschl. v. 2.4.2008 – 5 StR 354/07, BeckRS **2008** 7472, Rn. 37 (pauschaler Hinweis auf die bisher verstrichene Verfahrensdauer in den Urteilsgründen nicht ausreichend); wistra **2008** 302 (Gebotenheit konkreter Feststellungen zu Art, Ausmaß und Ursachen der [...] aufgetretenen Verzögerungen); vgl. dazu BGH NStZ-RR **2008** 368; StV **2008** 399; Beschl. v. 5.11.2015 – 2 StR 364/15, BeckRS **2015** 20198; NStZ-RR **2021** 256 („Art und Ausmaß der Verzögerung sowie ihre Ursachen [...] ermitteln und im Urteil konkret festzustellen").
1355 BGH (GS) Beschl. v. 17.1.2008 – GrSSt 1/07, BGHSt **52** 124 = NJW **2008** 860 = NStZ **2008** 234 m. Anm. *Bußmann* = JR **2008** 212 m. Anm. *Kraatz* JR **2008** 189; ebenso BGH wistra **2008** 302; StV **2008** 399; StV **2009** 638; NStZ-RR **2009** 248; NStZ **2010** 94, NStZ-RR **2011** 239, 240; vgl. auch BGH NJW **2011** 3314, Rn. 40 m. Anm. *Stiebig* JR **2012** 257; Beschl. v. 26.5.2016 – 5 StR 186/16, BeckRS **2016** 10822; siehe auch: BVerwG BayVerwBl. **2014** 149, 153, Rn. 48; vgl. auch KK/*Lohse/Jakobs* 35, 37.
1356 EGMR Beck/N, 26.6.2001, § 28; Dželili/D, 10.11.2005, StV **2006** 474 = StraFo **2006** 147 = NVwZ-RR **2006** 513, 514; Karpenstein/Mayer/*Meyer* 95.
1357 BGH NJW **2008** 860, 864.
1358 BGH NJW **2008** 860, 864.
1359 EGMR Ommer/D (Nr. 1), 13.11.2008, StV **2009** 519; Ommer/D (Nr. 2), 13.11.2008 (ausdrückliche Feststellung der Verzögerung und eines angemessenen Ausgleichs für die Konventionsverletzung erforderlich); Stein/D (E), 7.7.2009; Metzger/D. 31.5.2001, NJW **2002**, 2856, 2857; Tempel/CS, 25.6.2020, § 81. Zu Erfordernis, Realisierbarkeit und Höhe einer Entschädigung in Geld vgl. umfassend *Volkmer* NStZ **2008** 611.
1360 EGMR Szeloch/PL, 22.2.2001, § 122.

wiederholter Vergewaltigung[1361]) ging.[1362] Überzeugend ist dieser auf die Schuldschwere abstellende Ansatz zwar nicht; aus ihm lässt sich aber im Umkehrschluss immerhin ableiten, dass der EGMR abgesehen von diesen (zweifelhaften) Ausnahmen im Grundsatz weiterhin eine über die Feststellung der Verletzung als notwendige Bedingung und „Vorstufe" hinausgehende **Kompensation** für erforderlich hält. Die Feststellung der Verzögerung dient nach wie vor nur als Grundlage für die Strafzumessung (im weiteren Sinne, einschließlich Vollstreckungsmodellen) und erlaubt es, den durch die Verzögerung konkret erlittenen Belastungen bei der Straffestsetzung Rechnung zu tragen. Einer mathematisierenden Bezifferung des Maßes der Strafmilderung bedarf es hingegen nicht mehr.[1363] Die Vorgehensweise des BGH bei „geringen Verzögerungen" ist daher heikel und kann sich im Einzelfall durchaus als konventionswidrig erweisen.[1364]

487   In den Konventionen fehlen exakte Vorgaben zur Durchführung der Kompensation. Die Rechtsprechung des EGMR hat aber Leitlinien gezogen, welche Formen des Ausgleichs im Einzelfall die Wiedergutmachung des Konventionsverstoßes bewirken können. Das Gericht hat stets darzulegen, durch **welche konkreten Maßnahmen** und in **welchem exakt zu bestimmenden Maß** es den durch die Verfahrensdauer erlittenen Nachteil des Angeklagten auszugleichen gedenkt.[1365] Nur ausnahmsweise kann eine solche Kompensation zeitlich erst im Rahmen der Kostenentscheidung erfolgen.[1366] Art und Umfang des Ausgleichs richten sich allein nach der Intensität der individuellen Rechtsverletzung; das **Tatgewicht**, das **Maß der Schuld**[1367] sowie die **Höhe der Strafe**[1368] sind irrelevant.

488   Die geforderte Kompensation geschah in Deutschland bis 2007 in erster Linie dadurch, dass die unangemessen lange Dauer wegen ihrer strafähnlichen Auswirkungen auf den Beschuldigten und die durch die lange Verfahrensdauer bedingten sonstigen Nachteile des Angeklagten[1369] bei der **Bemessung der Rechtsfolgen** ausdrücklich berücksichtigt wurden (sog. **Strafzumessungslösung**).[1370] Bei einer Gesamtfreiheitsstrafe durfte der Ausgleich nicht allein bei der Gesamtstrafe vorgenommen werden; es musste bereits bei jeder Einzelstrafe konkret aufgezeigt werden, in welchem Ausmaß die an sich angemessene

---

1361 EGMR Cherakrak/F, 2.8.2000, § 29.

1362 EGMR Tempel/CS, 25.6.2020, § 81; vgl. BGH Beschl. v. 28.9.2010 – 5 StR 330/10, BeckRS **2010** 25871.

1363 Als „*Fremdkörper der Strafzumessung*" bzw. „*systemwidrig*" bereits kritisiert in BGH NStZ-RR **2006** 202, BGH NJW **2005** 466; wistra **2008** 302; StV **2008** 399; siehe auch *Schäfer/Sander/van Gemmeren* 774.

1364 Ebenso *I. Roxin* GA **2010** 425, 426.

1365 EGMR Eckle/D, 15.7.1982; vgl. BVerfG NStZ **1997** 591 (erforderlich für Nachprüfung der ausreichenden Kompensation des Verfassungsverstoßes); BGH StraFo **2008** 297; EuGRZ **2003** 307; *Kühne* EuGRZ **1983** 382, 383.

1366 BGH NJW-Spezial **2010** 58 für das anwaltsgerichtliche Verfahren.

1367 BGH (GS) NJW **2008** 860, 864 = ZJS **2008** 197 m. Anm. *Heghmanns*.

1368 BGH NStZ-RR **2019** 240 = wistra **2019** 407.

1369 Vgl. BVerfG NJW **2003** 2225 (ungenügende Kompensation, wenn die inzwischen eingetretene Resozialisierung nach 9 Jahren Verfahrensdauer durch Verhängung einer nicht aussetzungsfähigen Jugendstrafe gestört wird).

1370 BGHSt **24** 239; **27** 274; **35** 137; BGH NStZ **1982** 291; **1986** 218; **1987** 232; **1988** 552; NJW **1990** 56; NJW **1990** 1000 = NStZ **1990** 94 =wistra **1990** 65 = StV **1990** 97 = MDR **1990** 168; BayObLGSt **1989** 85 = StV **1989** 394; BVerfG NJW **2003** 2225; IK-EMRK/*Kühne* 342; *Schäfer/Sander/van Gemmeren* 768; *Schroth* NJW **1990** 29; vgl. LR/*Jäger* Vor § 212, 24 ff. StPO; vertiefend hierzu: *Eckhardt* Überlange Verfahrensdauer und Verhältnismäßigkeit 49 ff.; *Wolf* Die Vollstreckungslösung und die Nichtberücksichtigung ausländischer Verfahrensverzögerungen im Strafprozess 40 ff., gegen die Strafzumessungslösung *Scheffler* 201 ff.; vgl. zum Ganzen: LR/*Krauß* § 198, 6 GVG.

Strafe jeweils vermindert wurde.[1371] Dieser Schadensausgleich wurde dabei meist als besonderer eigenständiger **Strafmilderungsgrund** behandelt, der zusätzlich zu dem verringerten Strafbedürfnis wegen der zwischen Tat und Aburteilung liegenden langen Zeit Berücksichtigung zu finden hatte.[1372] In Fällen, in denen eine Kompensation nur durch eine Unterschreitung der gesetzlichen Mindeststrafen möglich war, geriet die Strafzumessungslösung jedoch an ihre Grenzen und lief Gefahr, das Rechtsfolgesystem des StGB in Frage zu stellen.

Im Jahr 2008 hat der BGH (GS) als Reaktion auf die Straßburger Rechtsprechung zur unangemessenen Verfahrensdauer der sog. **Vollstreckungslösung** den Vorzug eingeräumt.[1373] **489** Anstelle einer Reduzierung der im Urteilstenor auszusprechenden Strafe, die nach Ansicht des GS an ein eher sachfernes Kriterium anknüpft, wird der Angeklagte unbeschadet der Verzögerung zu der schuldangemessenen und präventiv gebotenen Strafe verurteilt.[1374] Von dieser Strafe gilt sodann ein der **Verzögerung adäquater Teil**[1375] **als bereits vollstreckt**, was ebenfalls im Urteil ausgesprochen wird;[1376] dieser Teil ist nicht mathematisch, etwa in Form eines Bruchteils, zu bestimmen, sondern in absoluter Zeit zu bemessen und auszudrücken (vgl. § 39 StGB).[1377] Die Anrechnung der Verfahrensverzögerung findet also nicht mehr im Rahmen der Strafzumessung, sondern in einem der eigentlichen Strafzumessung nachgela-

---

1371 BGH NJW **2003** 2759; zur Bestandskraft zunächst im Widerspruch zur Strafzumessungslösung ergangener ungeminderter Einzelstrafen nach der Entscheidung für die Vollstreckungslösung vgl. BGH NStZ **2008** 477 = StV **2008** 299.

1372 BGHSt **32** 345; **37** 10; BGH NJW **1990** 56; **1999** 1198; StV **1990** 17; **2000** 57; vgl. LR/*Jäger* Vor § 213, 24 ff. StPO; zur Problematik eines solchen „Strafmilderungsgrundes": *I. Roxin* 183 ff. m.w.N.; *Weigend* StV **2000** 388; ferner zum Sonderfall des Verhältnisses zwischen Kompensation und Verschlechterungsverbot: BGH NJW **2000** 748 m. Anm. *Maiwald* NStZ **2000** 389.

1373 BGH (GS), BGHSt **52** 124 = NJW **2008** 860 = NStZ **2008** 234 m. Anm. *Bußmann* = StV **2008** 133 = JZ **2008** 416 = EuGRZ **2008** 85 = JR **2008** 212 m. Anm. *Kraatz* JR **2008** 189; hierzu *Ignor/Bertheau* NJW **2008** 2209. Zur gesamten Thematik auch EGMR Kaemena u. Thöneböhn/D, 22.1.2009; BVerfG StV **2009** 673 = wistra **2009** 307 (Vorgehen nach der Strafzumessungslösung in Übergangsfällen weiterhin zulässig); BGH NJW **2011** 3341 Rn. 43 (Anwendung der Vollstreckungslösung auch im Jugendstrafverfahren); BGH StV **2009** 638 = StraFo **2009** 391 = wistra **2009** 347 (überlange Verfahrensdauer hat – auch nach Einführung des Vollstreckungsmodells – Bedeutung als Strafzumessungsgrund); dazu auch: BGH NStZ-RR **2022** 200 (überlange Verfahrensdauer als bestimmender Strafzumessungsgrund i.S.d. § 267 Abs. 3 Satz 1 StPO); BGH NStZ-RR **2008** 244 (kein Verstoß, wenn statt der Vollstreckungslösung weiterhin die Strafzumessungslösung angewandt wird [bzw. Strafzumessungserwägungen in das Urteil eingeflossen sind, BGH NJW **2008** 2451], sich dies aber angesichts der vom GS für das Vollstreckungsmodell aufgestellten Maßstäbe als für den Angeklagten günstig erweist); vgl. auch BGH Beschl. v. 26.2.2008 – 4 StR 15/08, JR **2008** 300; anders, wenn die Anwendung der Strafzumessungslösung für den Angeklagten ungünstig ist, BGH StV **2008** 399 = StRR **2008** 202 = JR **2008** 301; BGH Beschl. v. 18.1.2008 – 3 StR 388/07, StV **2008** 399 = StraFo **2008** 250 = JR **2008** 299 = StRR **2008** 230 (frühere Möglichkeit der Strafaussetzung zur Bewährung bei Anwendung des Vollstreckungsmodells): vgl. zu diesem Verschlechterungsverbot BGH NJW **2008** 2451, 2454, Rn. 39), insoweit in NStZ **2008** 457 nicht abgedruckt. Zu den praktischen Auswirkungen: *Beukelmann* StraFo **2011** 210; vertiefend zur Vollstreckungslösung: *Eckhardt* Überlange Verfahrensdauer und Verhältnismäßigkeit 56 ff.; hierzu auch: LR/*Krauß* § 198, 6 GVG.

1374 Gegen eine Ausdehnung dieses Modells auf andere völkervertrags- oder verfassungsrechtliche Vorgaben: BGH StraFo **2012** 239 = wistra **2011** 386.

1375 Allgemeine Kriterien dafür lassen sich nicht definieren, vielmehr sind die Umstände des Einzelfalls, wie z.B. der Umfang der Verfahrensverzögerung, das Maß des staatlichen Fehlverhaltens und die Auswirkungen auf den Angeklagten maßgeblich, vgl. BGH Beschl. v. 1.12.2020 – 2 StR 384/20, BeckRS **2020** 40263; siehe auch BGH Beschl. v. 19.7.2016 – 4 StR 24715, BeckRS **2016** 15760 (Verzögerung des Verfahrens um ein Jahr; drei Monate der Strafe als vollstreckt angemessen).

1376 BGH StV **2008** 399.

1377 BGH Beschl. v. 23.7.2009 – 2 StR 248/09; Beschl. v. 25.6.2009 – 2 StR 113/09.

gerten gesonderten Schritt statt[1378] und respektiert zumindest im Ausgangspunkt die gesetzlich vorgegebenen Mindeststrafen. Das Vollstreckungsmodell koppelt damit den Ausgleich für das erlittene Verfahrensunrecht von vornherein von Fragen des Unrechts, der Schuld und der Strafhöhe ab[1379] und verkörpert eine am **Entschädigungsgedanken orientierte eigene Rechtsfolge neben der Strafzumessung**.[1380] Wie im Rahmen des früheren Strafzumessungsmodells stellt das Gericht Art und Ausmaß der Verzögerung ausdrücklich fest.

490   Auf diese Weise bleibt es möglich, den zu einer Strafe verurteilten Angeklagten für das erlittene Verfahrensunrecht zu entschädigen. Dies gilt, sollte die Kompensation hier ausnahmsweise geboten sein, selbst im Falle einer lebenslangen Freiheitsstrafe.[1381] Anknüpfungspunkt für die Anrechnung ist die Gesamtstrafe, denn alleine sie ist Grundlage der Vollstreckung.[1382] Das Vorgehen mag neben dem Entschädigungsprinzip der EMRK auch dem Rechtsgedanken des **§ 51 Abs. 1 Satz 1, Abs. 4 Satz 2 StGB** entsprechen, wenn die Verzögerung als immaterieller Nachteil ähnlich wie bei der Untersuchungshaft durch Anrechnung auf die Strafe ausgeglichen wird;[1383] konventionsrechtlich wäre es auch nicht zu beanstanden, das Ausmaß der Verzögerung wie erlittene Untersuchungshaft zu behandeln; die Strafgerichte ziehen den Maßstab des § 51 Abs. 1 StGB für die als bereits vollstreckt anzusehende Strafe allerdings nicht heran, weil sie ihn für unangemessen hoch halten.[1384]

491   In diesem Zusammenhang definiert der BGH drei verschiedene **Faktoren**, die jeweils für sich bei der Bestimmung der Rechtsfolgen ins Gewicht fallen können. Komme es bei einem Strafverfahren zu einem großen **zeitlichen Abstand** zwischen Tat und Urteil, so kann schon allein dieser Zeitraum für sich zu berücksichtigen sein. Alternativ komme einer überdurchschnittlich langen Verfahrensdauer eine eigenständige Bedeutung zu, bei der *„insbesondere die mit dem Verfahren selbst verbundenen* **Belastungen** *des Angeklagten zu berücksichtigen sind"*. Das dritte Kriterium ist schließlich eine davon isoliert zu betrachtende rechtsstaatswidrige **Verfahrensverzögerung**.[1385]

492   Ob und inwieweit die Verfahrensdauer als solche bzw. die damit verbundenen Belastungen des Angeklagten **bereits mildernd in die Strafbemessung** Eingang finden, ist insofern zu berücksichtigen, als dann (nur) noch ein Ausgleich für die **rechtsstaatswidrige Verursachung** dieser Umstände erforderlich ist.[1386]

493   Als Vorzüge des Vollstreckungsmodells gilt gemeinhin, dass die im Wege der Anrechnung vorgenommene Kompensation der nach § 46 StGB zugemessenen und im Urteilstenor ausgesprochenen Strafe die Funktion belässt, die ihr strafrechtliche wie außerstrafrechtliche Regelungen zuweisen. Namentlich für die Fragen einer Strafaussetzung zur

---

1378 BGH NJW **2009** 307; BGHSt **54** 135 = NJW **2009** 3734; zur Möglichkeit einer noch strikteren Trennung zwischen Strafzumessung und Strafkompensation vgl. *Heghmanns* ZJS **2008** 198.

1379 So auch BGH NStZ-RR **2008** 368.

1380 BGH Beschl. v. 17.1.2008 – GrSSt 1/07, NJW **2008** 860; BGHSt **54** 135 = NJW **2009** 3734; NStZ **2012** 316 m.w.N.; Beschl. v. 23.7.2015 – 3 StR 518/14, BeckRS **2015** 15765; NStZ-RR **2019** 240. deshalb sind Strafausspruch und Kompensationsentscheidung grundsätzlich je für sich auf Rechtsfehler überprüfbar: BGH StV **2010** 228 = StraFo **2009** 338; wistra **2009** 347.

1381 Anrechnung auf die Mindestverbüßungsdauer i.S.v. § 57a Abs. 1 Nr. 1 StGB.

1382 BGHSt **52** 124, 147 = NJW **2008** 860, 865, Rn. 48; BGH Beschl. v. 19.8.2009 – 5 StR 302/09, NStZ-RR **2012** 238 bei *Cierniak/Zimmermann*.

1383 Vgl. *Kraatz* JR **2006** 406.

1384 BGHSt **52** 124, 146 = NJW **2008** 860, 866, Rn. 56.

1385 Zum Ganzen: BGH Beschl. v. 26.10.2017 – 1 StR 359/17, Rn. 3, NZWiSt **2018** 347 m. Anm. *Budde* = wistra **2018** 77 m. Anm. *Grötsch* wistra **2018** 121.

1386 BGH wistra **2008** 302; dazu GH NStZ-RR **2008** 368 („Gefahr, dass dem Angeklagten die [...] Verzögerung doppelt zugute gebracht worden ist"); wistra **2011** 420, Rn. 40.

Bewährung (§ 56 Abs. 1 bis 3 StGB), der formellen Voraussetzungen für die Verhängung von Sicherungsverwahrung (§ 66 Abs. 1 bis 3 StGB), deren Vorbehalt (§ 66a Abs. 1 StGB) oder nachträgliche Anordnung, des Verlustes von Amtsfähigkeit, Wählbarkeit oder Stimmrecht (§ 45 StGB), der Anordnung der Führungsaufsicht (§ 68 Abs. 1 StGB), der Verwarnung mit Strafvorbehalt (§ 59 Abs. 1 StGB), des Absehens von Strafe (§ 60 StGB)[1387] oder der Vollstreckungsverjährung (§ 79 StGB) bleibt die unrechts- und schuldangemessene Strafe und nicht die aus Entschädigungsgründen reduzierte Strafe maßgeblich. Gleichzeitig behält die überlange Verfahrensdauer aber ihre Bedeutung als Strafzumessungsgrund: Einerseits weil mit dem Fortschreiten der Zeit zwischen Tat und Urteil das Strafbedürfnis abnimmt, andererseits weil sich die mit dem Verfahren verbundenen Belastungen für den Gefangenen generell umso stärker mildernd auswirken, je mehr Zeit zwischen dem Beginn der Ermittlungen und dem Verfahrensabschluss verstreicht.[1388]

Da die Vollstreckungslösung den Schuldspruch unberührt lässt, soll ein Wiederaufnah- **494** meantrag nach § 359 **Nr. 6 StPO**, der darauf zielt, die Vollstreckungslösung auf den Fall anzuwenden, generell unzulässig sein, da ein unzulässiges Wiederaufnahmeziel verfolgt werde.[1389] Dem ist zu widersprechen, da dem Angeklagten aus der Wahl eines Vollstreckungs- statt eines Strafmilderungsmodells in Bezug auf die Kompensation einer unangemessenen Verfahrensdauer kein Nachteil entstehen darf. Das „Urteil" i.S.v. § 359 Nr. 6 StPO muss demnach weiter interpretiert werden und umfasst auch (unterbliebene) Kompensationswege für die unangemessene Verfahrensdauer. Im Wiederaufnahmeverfahren wird dann allerdings auch nur noch über diesen Punkt neu befunden. In jedem Fall sind im Rahmen eines auf § 359 Nr. 6 StPO gestützten Wiederaufnahmeantrags die Formvorgaben des § 366 StPO zu beachten. Dabei sind insbesondere auch substantiierte Darlegungen derjenigen Anhaltspunkte erforderlich, aus denen sich das Beruhen des Urteils auf der Konventionsverletzung ergibt.[1390]

§ 357 **StPO** soll im Zusammenhang mit der Kompensation rechtsstaatswidriger Verfah- **495** rensverzögerungen nach dem Vollstreckungsmodell nicht zur Anwendung kommen.[1391] Die Aufhebung des Urteils erfolgt nach Auffassung des BGH nicht wegen einer Gesetzesverletzung bei der Anwendung *des Strafgesetzes*. Aufhebungsgrund sei vielmehr die Verletzung einer Rechtsnorm über das Verfahren i.S.v. § 344 Abs. 2 StPO, weil es das Gericht versäumt hat, die rechtsstaatswidrige Verfahrensverzögerung nach dem Vollstreckungsmodell unter Beachtung der Kriterien, die sich aus der Rechtsprechung des EGMR zu Art. 6 Abs. 1, Art. 13, Art. 34 für die Kompensation ergeben, angemessen auszugleichen. Somit kann sich der Verteidiger im Bereich der Verfahrensverzögerung nicht auf die von einem anderen Angeklagten eingelegte Revision verlassen, er muss das **Rechtsmittel selbst einlegen**. Eine analoge Anwendung des § 357 StPO kommt nicht in Betracht, weil die Frage nach einer rechtsstaatswidrigen Verfahrensverzögerung nach den individuellen Umständen des Einzelfalles für jeden Ange-

---

1387 BGH StV **2004** 420.

1388 BGH NJW **1999** 1198; wistra **2009** 347 (Verfahrensdauer wegen des mit der Zeit abnehmenden Strafbedürfnisses und zum Ausgleich von Belastungen, die für den Angeklagten mit dem gegen ihn geführten Verfahren verbunden sind, weiterhin auf Strafzumessungsebene relevant); vgl. dazu *Rausch* NZWiSt **2017** 31, 32.

1389 OLG Celle NStZ-RR **2010** 251.

1390 Vgl. OLG Frankfurt a.M. Beschl. v. 8.7.2022 – 1 Ws 21/22, NStZ-RR **2023** 118 (Ablehnung des auf die EGMR-Rechtsprechung in der Rs. *Meng* folgenden Wiederaufnahmeantrags); kritisch zu dieser Entscheidung *Müller-Metz* NStZ-RR **2023** 118, 120 (es bleibt „zu hoffen, dass sich die Meinung des OLG Frankfurt a.M. nicht durchsetzt"); vgl. dazu Rn. 230 ff., Teil II Rn. 309 ff.; zu den Darlegungserfordernissen im österreichischen Strafprozessrecht betreffend einen sog. Erneuerungsantrag (§ 363a öStPO) vgl. OGH Beschl. v. 26.4.2022 – 14 Os 2/22h, BeckRS **2022** 10719; vgl. zu § 363a öStPO auch Teil II Rn. 190.

1391 BGH StraFo **2009** 115.

klagten eigenständig zu beurteilen ist.[1392] Dementsprechend ist für die revisionsrechtliche Beanstandung einer Entscheidung über die Kompensation wegen rechtsstaatswidriger Verfahrensverzögerung im Wege der Vollstreckungslösung auch grundsätzlich die Verfahrensrüge zu erheben. Nur ausnahmsweise soll die Sachrüge genügen, wenn die Voraussetzungen einer solchen Verzögerung den Urteilsgründen zu entnehmen sind, oder sich anhand der Urteilsgründe ausreichende Anhaltspunkte ergeben, die das Tatgericht zur Prüfung einer Kompensation drängen mussten (Erörterungsmangel).[1393]

496   **Kritiker der Vollstreckungslösung** stellen die These in Frage, dass bei dem vom Grundsatz der Verhältnismäßigkeit bestimmten Ausgleich zwischen der rechtsstaatswidrigen Grundrechtsbeeinträchtigung des Angeklagten und dem mit dem Strafverfahren bezweckten Rechtsgüterschutz[1394] zwingend die Grenzen einzuhalten sind, die der Gesetzgeber durch die Strafrahmen und die Bindung einer Sanktionsart an bestimmte sachliche Voraussetzungen gezogen hat. Vor allem hinsichtlich der Bindung an die Untergrenzen der Strafrahmen (Mindeststrafe) sei dies nicht überzeugend, da die Anrechnung eines bereits erlittenen verfahrensrechtlichen Nachteils auf eine an sich den Strafrahmen beachtende schuldangemessene Strafe auch dann noch die vom Gesetzgeber mit der Mindeststrafe gezogene Bewertung respektiert, wenn sie allein wegen dieses Ausgleichs zu einer darunter liegenden Strafe führt.[1395]

497   Kritik wurde auch im Zusammenhang mit der bis heute umstrittenen[1396] Anwendung der Vollstreckungslösung bei der **Jugendstrafe** geäußert. So dürfen nach Ansicht des BGH[1397] zumindest bei einer auf das Vorliegen von **schädlichen Neigungen** gestützten Jugendstrafe die im Erwachsenenstrafrecht geltenden Grundsätze zur Vollstreckungslösung nicht „schablonenhaft" übertragen werden. Da die Dauer der Jugendstrafe (aufgrund schädlicher Neigungen) in der Regel auf den einzelnen Jugendlichen zugeschnitten sei, könne eine Verkürzung der Strafe nach Anwendung der Vollstreckungslösung zu einer **Unterschreitung** der für die Erziehung des Jugendlichen erforderlichen Strafdauer führen und so einem zentralen Grundanliegen des Jugendstrafrechts zuwiderlaufen.[1398]

498   Dem wird jedoch vom 1. Strafsenat des BGH entgegengehalten,[1399] dass die Jugendstrafe neben der vorrangigen Orientierung am Erziehungsgedanken auch dem gerechten Schuldausgleich diene. Darüber hinaus werde auch durch die regelmäßig durchgeführte Anrechnung von Untersuchungshaft die erzieherisch gebotene Vollstreckungsdauer zuweilen unterschritten; die Vollstreckungslösung sei daher auf die Jugendstrafe anzuwenden.[1400] Auch nach Ansicht des 2. Strafsenats des BGH soll die Anwendung der Vollstreckungslösung im Jugendstrafrecht jedenfalls dann möglich sein, wenn die Verhängung der Jugendstrafe wegen der **Schwere der Schuld** erfolge.[1401] Da die Senate jeweils aufgrund der konkreten Umstände des Einzelfalles nicht von Entscheidungen der anderen Senate abgewichen sind, steht eine Vorlage diesbezüglich an den Großen Senat noch aus. Maßgeb-

---

1392 BGH StV **2008** 633 = StraFo **2008** 513.

1393 Zum Ganzen BGH Beschl. v. 28.5.2020 – 3 StR 99/19, BeckRS **2020** 18293.

1394 Vgl. BVerfGE **92** 277, 326; BVerfG NJW **2003** 2225.

1395 *Schroth* NJW **1990** 30 (keine Bindung bei qualifizierter Überlänge).

1396 Vgl. ausführlich BGH Beschl. v. 9.1.2018 – 1 StR 551/17, NStZ **2019** 218; zum Ganzen auch *Heide/Kassebaum* NStZ-RR **2020** 299, 301 f. (Überblick über den Streitstand).

1397 BGH Beschl. v. 5.12.2002 – 3 StR 417/02; NStZ **2003** 364; krit. dazu *Rose* NStZ **2003** 588, 590 f.; BGH NStZ-RR **2007** 61.

1398 Vgl. BGH Beschl. v. 9.5.2017 – 4 StR 73/17; krit. *Eisenberg* ZKJ **2017** 419 f.; Karpenstein/Mayer/*Meyer* 99.

1399 Vgl. BGH NStZ **2019** 218.

1400 Vgl. BGH NStZ **2019** 218.

1401 Vgl. BGH NStZ **2020** 301, 302; dazu: *Heide/Kassebaum* NStZ-RR **2020** 299, 302.

liche Entscheidung insofern bleibt damit auch diesbezüglich die des Großen Senats aus dem Jahre 2008, in der er entschieden hat, dass das Vollstreckungsmodell grundsätzlich auch im Jugendstrafrecht anwendbar sein soll, jedoch zu überprüfen sei, ob es im Einzelfall dem Erziehungsgedanken widerstreiten würde, einen Teil der Strafe als Entschädigung für vollstreckt zu erklären.[1402]

Einzelne Stimmen hielten die Vollstreckungslösung für nicht mit der Konvention vereinbar. Der seinerzeitigen Rechtsprechung des EGMR sei zu entnehmen, dass Deutschland einem Betroffenen die Opferstellung i.S.v. Art. 34 nehmen könne, indem die Gerichte die erlittene Verletzung ausdrücklich feststellen und durch eine nachprüfbar ausgewiesene **Strafmilderung** oder eine **spezifische Verfahrenseinstellung** kompensieren.[1403] Vor dem Hintergrund, dass die Rechtsprechung des EGMR die Konvention nach Auffassung des BVerfG[1404] letztverbindlich auslege, befremde die Aussage des BGH, das Vollstreckungsmodell verstoße nicht gegen die Konvention.[1405] **499**

2009 erklärte der **EGMR** die Vollstreckungslösung allerdings für konventionskonform,[1406] auch für den Fall, dass die (infolge der Vollstreckungslösung teilweise als vollstreckt geltende) Strafe lediglich zur Bewährung ausgesetzt wurde.[1407] Insbesondere stehe sie im Einklang mit dem in Art. 1, Art. 35 Abs. 1 und Art. 13 zum Ausdruck kommenden Subsidiaritätsgedanken, der Umsetzung und Durchsetzung der durch die Konvention verliehenen Rechte und Freiheiten zunächst dem Verantwortungsbereich der Vertragsstaaten unterstellt.[1408] **500**

Neben der Feststellung, dass ein bezifferter Teil der schuldangemessenen Strafe als vollstreckt gilt (vgl. Rn. 489), kommen als kompensatorische Alternative zum Vollstreckungsmodell namentlich die **Aussetzung der Strafe zur Bewährung**,[1409] das **Absehen von Strafe**[1410] bzw. von einer **Maßregel der Besserung und Sicherung**, die völlige oder teilweise **Verfahrenseinstellung** nach strafprozessualen Opportunitätsgrundsätzen (§§ 153 ff. StPO)[1411] sowie eine spätere **Aufhebung des Urteils**[1412] in Betracht. Die jeweilige Maßnahme des materiellen oder prozessualen Rechts ist stets mit dem ausdrücklichen Hinweis zu versehen, dass sie gerade zur Kompensation des festgestellten Verfahrensverstoßes getroffen wird. Die Höhe der **501**

1402 Siehe BGH (GS) Beschl. v. 17.1.2008 – GSSt 1/07, BGHSt **52** 124 = NJW **2008** 860; grundlegend hierzu auch *Biehl* Die Vollstreckungslösung des BGH (2014) 130 ff., 196 f.

1403 *I. Roxin* StV **2008** 14; *Krehl/Eidam* NStZ **2006** 1 („gefestigte Rechtsprechung des EGMR").

1404 BVerfG NJW **2004** 3407 (normative Leitfunktion mit Bindungswirkung für die innerstaatlichen Gerichte).

1405 *I. Roxin* StV **2008** 16.

1406 EGMR Kaemena u. Thöneböhn/D, 22.1.2009, § 87 („The Court welcomes this initiative"); ebenso: *Schmitt* StraFo **2008** 313, 316; krit. hingegen zur Vereinbarkeit der Vollstreckungslösung mit deutschem Verfassungs-, Straf- und Strafprozessrecht *Ignor/Bertheau* NJW **2008** 2209; *Ziegert* StraFo **2018** 313, 327.

1407 EGMR Chiarello/D, 20.6.2019, § 58; zwar ließe sich argumentieren, dass die Vollstreckungslösung bei einer zur Bewährung ausgesetzten Strafe ihre Wirkungen letztlich nicht entfaltet bzw. der Verurteilte erst durch Begehung einer weiteren Straftat die Aufhebung der Bewährung herbeiführen müsste, damit er von der Vollstreckungslösung tatsächlich profitieren kann. Dem hält der EGMR jedoch entgegen, dass die Kompensation für den Verurteilten auch in diesem Fall nicht theoretisch sei, sondern vielmehr in der reinen Abmilderung der Strafdrohung liege.

1408 Vgl. für etwaige Folgen in der deutschen Rechtsprechung *I. Roxin* GA **2010** 425 ff.

1409 BGH StV **1983** 502; **1985** 322; 411.

1410 BGH StV **2004** 420.

1411 Zur Möglichkeit einer Verfahrenseinstellung als Ausgleich für eine konventionswidrige Verzögerung vgl. EGMR Stein/D (E), 7.7.2009; BGHSt **24** 239; **35** 137; BGH StV **2008** 299; LG Stuttgart Justiz **1990** 303; Meyer-Goßner/*Schmitt* 9; *Schroth* NJW **1990** 30.

1412 BGH Beschl. v. 3.4.2008 – 4 StR 89/08; umfassend zu möglichen Entschädigungsformen *Paeffgen* ZJJ **2015** 9, 12.

Kompensation für eine nach Art, Ausmaß und Ursachen prozessordnungsgemäß festgestellte überlange Verfahrensdauer kann als „Rechtsfolge" Gegenstand einer **Verständigung** nach § 257c StPO sein.[1413]

502   Darüber hinaus hält der EGMR auch eine Wiedergutmachung als **Entschädigung in Form einer Geldzahlung** für möglich.[1414] Das deutsche Recht kennt jedoch keine Regelung, die es den *Strafgerichten* ermöglicht, im Urteil eine solche Geldentschädigung zuzuerkennen (zur Entschädigungsregelung nach den §§ 198, 199 GVG siehe Rn. 509 ff.).

503   Die konkrete Maßnahme zur Wiedergutmachung ist nach Möglichkeit bereits im **Erkenntnisverfahren** vorzunehmen und kann nicht den Strafvollstreckungsbehörden überlassen werden. Im Grunde handelt es sich hierbei um den gebotenen **Ausgleich aller Nachteile**, die der Angeklagte durch die rechtswidrige Überlänge des Verfahrens erlitten hat – in Ausprägung der den Staat treffenden Pflicht zur Wiedergutmachung des Schadens.

504   Die Kompensation beseitigt die **Opfereigenschaft** des Betroffenen i.S.v. Art. 34.[1415] Sie erfüllt eine Art **Staatshaftungsanspruch**, der dem in einem überlangen Strafverfahren Beschuldigten bzw. Angeklagten ebenso erwachsen kann wie der Partei eines vom Gericht schleppend geführten Zivilprozesses oder einer Person, die an einem verzögerten Verwaltungsrechtsstreit beteiligt ist. Gemäß Art. 35 Abs. 3 wird die Individualbeschwerde u.a. dann zurückgewiesen, wenn die gerügten verfahrensbezogenen Handlungen oder Unterlassungen dem beklagten Staat nicht zuzurechnen sind oder der Beschuldigte keinen erheblichen Nachteil erlitten hat bzw. dieser wiedergutgemacht worden ist.[1416]

505   Einen etwaigen **konventionswidrig langsamen Verfahrensgang in einem Staat** (auch und gerade in einem anderen Vertragsstaat der EMRK) bei der Bemessung der Angemessenheit der Dauer eines Strafverfahrens gänzlich unberücksichtigt zu lassen, mit dem Argument, der das Verfahren führende Vertragsstaat habe auf den Verfahrensgang im Ausland keinen Einfluss nehmen können, stellt beim Recht auf eine angemessene Verfahrensdauer (anders u.U. als bei Verfahrensrechten, vgl. Art. 6 Abs. 3 *lit.* d, Rn. 1157 f.) eine zu formal-isolierte Betrachtung auf, die das Gesamtverfahren (genauer: seine Dauer) völkerrechtlich unzulässig „aufsplittet". Auch wenn der Teil des Verfahrens im Ausland dem das Verfahren übernehmenden bzw. führenden Vertragsstaat nicht formal *zugerechnet* werden kann, so bleibt dieser Staat gleichwohl zu einer **Berücksichtigung der Gesamtverfahrensdauer** und zur Kompensation des aufgetretenen Mangels verpflichtet, auch wenn seine Behörden das Ermittlungsverfahren erst nach Eintritt der Verzögerung übernommen haben.[1417] Andernfalls bestünde die Gefahr, dass Staaten durch die bloße Abgabe eines (*noch* nicht unangemessen langen) Verfahrens an einen anderen Staat (in dem dann durch den an sich von seiner Dauer her nicht zu beanstandenden Verfahrensrest der Zustand einer insgesamt unangemessenen Verfahrensdauer eintritt) die Verurteilung aus Art. 6 Abs. 1 vermeiden könnten.

1413 BGH NJW **2016** 1972 m. Anm. *Strate* NJW **2016** 450.

1414 Vgl. dazu EGMR Lutz/F, 25.8.1987; Tempel/CS, 25.6.2020, § 78; Chiarello/D, 20.6.2019, § 55; *Kühne* EuGRZ **1983** 382, 383; *Kraatz* JR **2006** 406.

1415 Siehe EGMR Ommer/D, 13.11.2008, §§ 67 ff. (für den Verlust der Opfereigenschaft sei erforderlich, dass die Verletzung des Rechts auf Verfahrensbeschleunigung staatlicherseits anerkannt, und dass dem Bf. hierfür eine angemessene Wiedergutmachung geleistet worden ist; vgl. auch Teil II Rn. 161 ff.).

1416 Vgl. EGMR Gagliano Giorgi/I, 6.3.2012.

1417 In die andere Richtung argumentiert: BGH NJW **2011** 3314, Rn. 37 m. abl. Anm. *Stiebig* JR **2012** 257, 259.

Nur bei einer verfahrensrechtlich nicht mehr auf anderem Wege ausgleichbaren **irre-** 506 **parablen schweren rechtsstaatswidrigen Benachteiligung** durch eine von staatlichen Stellen zu vertretende schwerwiegende Verfahrensverzögerung wird auch der **Abbruch des Strafverfahrens** durch dessen **Einstellung** als zulässig und geboten angesehen.[1418] Auch der BGH nimmt in extremen Ausnahmefällen ein entsprechendes **Verfahrenshindernis**[1419] an; im Übrigen hält er aber an der vorherrschenden Meinung fest, die bei den durch Kompensation noch ausgleichbaren Fällen der verzögerlichen Behandlung ein Verfahrenshindernis verneint.[1420] Die einstellende Entscheidung muss **Grund und Ausmaß der Verzögerung feststellen** und neben einer Prognose des weiteren Verfahrensverlaufs auch begründen, warum jede Weiterführung des Verfahrens unvertretbar wäre. Dazu gehören in der Regel auch die nach dem Verfahrensstand möglichen Feststellungen zum Tatgeschehen. Ob daneben auch Feststellungen zum Schuldumfang erforderlich sind, ist strittig.[1421] Aus der Sicht der Konventionen kommt es für den innerstaatlichen Ausgleich einer Konventionsverletzung durch überlange Verfahrensdauer nur darauf an, dass anderweitig irreparable Fälle auch durch Abbruch der Strafverfolgung erledigt werden können. In welcher Form dies innerstaatlich geschieht und wie dies dort dogmatisch bzw. verfahrensrechtlich einzuordnen ist, bleibt aus der Sicht der Konventionen unerheblich.

Nach diesen Grundsätzen kommt nach der Rechtsprechung des BGH eine Verfahrens- 507 einstellung, die auf die **Verletzung des Beschleunigungsgrundsatzes in Disziplinarangelegenheiten** gestützt wird, nur in extrem gelagerten Ausnahmefällen in Betracht. Eine überlange Verfahrensdauer soll vorrangig bei der Bemessung der gegen den Betroffenen zu verhängenden Sanktion zu berücksichtigen sein.[1422] Damit folgt das Gericht der Rechtsprechung des BVerwG, das Verstöße gegen den disziplinarrechtlichen Beschleunigungsgrundsatz ebenfalls nicht als Grund zur Einstellung des Verfahrens einstuft; selbst bei einer nach Art. 6 Abs. 1 unangemessenen Dauer eines Disziplinarverfahrens soll es nicht gerechtfertigt sein, von der disziplinarrechtlich gebotenen Entfernung des Beamten aus dem Dienstverhältnis abzusehen.[1423]

1418 Vgl. BVerfG NJW **1984** 967; **1992** 2473; **1993** 3254; **2003** 2225; BGHSt **35** 137; **46** 149 m. Anm. *Kempf* StV **2001** 134; OLG Schleswig StV **2003** 379; *Ambos* NStZ **2002** 628, 631; *Ostendorf/Radtke* JZ **2001** 1094; *I. Roxin* StraFo **2001** 51; *Mansdörfer* GA **2010** 153, 165; *Scheffler* 176; Meyer-Goßner/*Schmitt* 9; SK/*Paeffgen* § 206a Anh. 30 StPO je m.w.N. zum Streitstand; Karpenstein/Mayer/*Meyer* 101.

1419 BGHSt **46** 149 (anders: „*nur Verfahrensabbruch*"): BGHSt **35** 141; BGH NStZ **1989** 284; BGH NJW **2001** 1146; OLG Koblenz NJW **1994** 1887; OLG Zweibrücken NStZ **1989** 134; *Hillenkamp* NJW **1989** 2842; *Schroth* NJW **1990** 29; vgl. auch OLG Koblenz NJW **1972** 405; LG Düsseldorf StV **1988** 427. Zur Terminologie des „Zurückverweisungsverbots" bei überlanger Verfahrensdauer durch den BGH als Umschreibung für die Verfahrenseinstellung *Tepperwien* NStZ **2009** 1. 4; zum Streitstand LR/*Kühne* Einl. I 68; LR/*Stuckenberg* § 206a, 82 StPO.

1420 BGHSt **21** 81; **24** 239; BGH GA **1977** 275; wistra **1982** 108; **2017** 109; NStZ **1982** 291; **1983** 135; StV **1983** 502; bei *Pfeiffer/Miebach* NStZ **1987** 19; ferner BVerfG NJW **2003** 225 („nicht so schwerwiegend, dass Verfahrenshindernis von Verfassungs wegen anzunehmen" sei); hierzu: *Kohlmann* FS Pfeiffer 210; *Schroth* NJW **1990** 31; *Vogler* ZStW **89** (1977) 780 ff.; LR/*Stuckenberg* § 206a, 82 StPO; LR/*Jäger* Vor § 212, 27 StPO; Meyer-Goßner/*Schmitt* 9; IK-EMRK/*Kühne* 341 f.

1421 BGH bei *Becker* NStZ-RR **2003** 104; BayObLG StV **2003** 388 m. Anm. *I. Roxin* = JR **2003** 507 m. Anm. *Scheffler; Ambos* NStZ **2002** 628, 630; *Ostendorf/Radtke* JZ **2001** 1094; *Kempf* StV **2001** 134; *I. Roxin* StV **2001** 491; *dies.* StraFo **2001** 52.

1422 BGH Beschl. v. 13.11.2017, NotSt(Brfg) 3/17, Rn. 8.

1423 BGH Beschl. v. 13.11.2017, NotSt(Brfg) 3/17, Rn. 7 m. Verweis auf BVerwG Beschl. v. 20.12.2013 – 2 B 44.12, BeckRS **2014** 46335, Rn. 4.

508   Bei einem bereits abgeschlossenen Verfahren kann der für den Beschuldigten entstandene Nachteil im Einzelfall auch noch durch einen **Gnadenerweis** innerstaatlich ausgeglichen werden.[1424]

509   **5. Gesetz über den Rechtsschutz bei überlangen Gerichtsverfahren und strafrechtlichen Ermittlungsverfahren.** Das Thema Verfahrensbeschleunigung hatte den deutschen Gesetzgeber über einen längeren Zeitraum intensiv beschäftigt. Nachdem Deutschland mehrfach vom EGMR für schwere Verstöße gegen den Beschleunigungsgrundsatz bzw. auch für das Fehlen eines hinreichenden Rechtsbehelfs[1425] zur rechtlichen Abhilfe im Falle überlanger zivilrechtlicher Verfahren gerügt worden war[1426] und auch das BVerfG verschiedentlich an den Gesetzgeber appelliert hatte, sich dieses strukturellen Problems in der deutschen Justiz endlich anzunehmen,[1427] wurde im März 2010 ein Gesetzentwurf vorgelegt.[1428]

510   Maßgebliche Neuerung des am 3.12.2011 in Kraft getretenen **Gesetzes über den Rechtsschutz bei überlangen Gerichtsverfahren und strafrechtlichen Ermittlungsverfahren** vom 24.11.2011 (**ÜVerfBesG**)[1429] ist, wie bereits die Überschrift des neuen Siebzehnten Titels des GVG zeigt, eine neue, bisher dem deutschem Recht fremde Form des *„Rechtsschutzes"* gegen überlange Verfahren.[1430] Dieser sieht in § 198 Abs. 1 Satz 1 GVG für Verfahrensbeteiligte[1431] die Möglichkeit der **angemessenen Entschädigung** für infolge unangemessener Dauer

---

1424   Vgl. BGHSt **24** 240; IK-EMRK/*Kühne* 344.

1425   Der EGMR erachtete dabei weder eine entsprechende Rüge der Verfahrensverzögerung mithilfe einer Verfassungsbeschwerde noch die Erhebung einer außerordentlichen Untätigkeitsbeschwerde für ausreichend. Ebenso wenig sah er den Weg über eine Dienstaufsichtsbeschwerde oder einen Amtshaftungsanspruch nach § 839 BGB i.V.m. Art. 34 GG als geeigneten Rechtsschutz an, vgl. dazu EGMR (GK) Sürmeli/D, 8.6.2006, §§ 103 ff., näher: LR/*Krauß* § 198, 4 GVG; außerdem: Art. 13 Rn. 78 ff., 87 ff.

1426   EGMR Rumpf/D, 2.9.2010; (GK) Sürmeli/D, 8.6.2006; vgl. LR/*Krauß* § 198, 4 GVG; zu den Auswirkungen der Betonung des Beschleunigungsgebots auf die deutsche Rechtsprechung *I. Roxin* GA **2010** 425; *Kühne* JZ **2010** 821.

1427   BVerfGE **107** 395, 416.

1428   Vgl. BRDrucks. 540/10; zuvor bereits: Entwurf eines Gesetzes über die Rechtsbehelfe bei Verletzung des Rechts auf ein zügiges gerichtliches Verfahren (Untätigkeitsbeschwerdengesetz) v. 22.8.2005.

1429   Gesetz über den Rechtsschutz bei überlangen Gerichtsverfahren und strafrechtlichen Ermittlungsverfahren v. 24.11.2011, BGBl. I S. 2302, in Kraft seit 3.12.2011; BTDrucks. **17** 7217; BRDrucks. 587/11; hierzu *Steinbeiß-Winkelmann/Ott*; *Brummund* JA **2012** 213; *Ossenbühl* DVBl. **2012** 857; *Graf* NZWiSt **2012** 121; *Guckelberger* DÖV **2012** 289; *Althammer/Schäuble* NJW **2012** 1 (aus zivilrechtlicher Perspektive); *Grotmann-Höfling* AuR **2012** 346 (für arbeitsgerichtliche Verfahren); *Schenke* NVwZ **2012** 257 (überlange Dauer verwaltungsgerichtlicher Verfahren); *Söhngen* NZS **2012** 493 und *Stotz* NZS **2015** 410 (für sozialgerichtliche Verfahren); *Olgemöller* AG **2013** 249 (für Steuer-/Abgabeverfahren). Zum Rechtsmittel gegen Nichtgewährung von Prozesskostenhilfe durch das erstinstanzliche OLG: BGH NJW **2012** 2449 = MDR **2012** 987.

1430   Zum Regelungsgehalt im Einzelnen: *Burhoff* StRR **2012** 4; *Link/van Dorp*; Bericht aus der Gesetzgebung, wistra **2012** Heft 1, IX; *Liebhart* NStZ **2017** 254, 262; näher LR/*Krauß* § 198, 8 ff. GVG. Zur Anwendung dieser Bestimmungen in anderen Gerichtsbarkeiten: § 173 VwGO, § 155 FGO, § 202 SGG, § 9 Abs. 2 ArbGG. Vertiefend *Marx/Roderfeld* Rechtsschutz bei überlangen Gerichts- und Ermittlungsverfahren (2012); *Stahnecker* Entschädigung bei überlangen Gerichtsverfahren (2013). Zur 2011 per Gesetz neu geschaffenen ähnlichen Rechtslage in Moldawien *Mindach* IPRax **2013** 199 sowie EGMR Manascurta/MOL (E), 14.2.2012, §§ 8, 11 f.; Panilino S.R.L./MOL (E), 11.9.2012, § 6; zum anderen Aspekt des Gesetzes (Entschädigung wegen Nichtvollstreckung eines Urteils): EGMR Balan/MOL (E), 24.1.2012, §§ 6, 9 f.

1431   Zur Entschädigung einer Nebenklägerin: OLG Köln NStZ-RR **2021** 185. Demnach kann ein/e Nebenkläger/in eine Entschädigung für die überlange Verfahrensdauer nur für die im Zeitraum der eigenen Beteiligung am Verfahren liegende Verzögerung beanspruchen.

des Gerichtsverfahrens erlittene Nachteile vor[1432] und ersetzt damit die bis dahin für derartige Fälle herangezogene, von der Rechtsprechung entwickelte „Rechtsbehelfskonstruktionen" (Untätigkeitsbeschwerde) bei überlanger Verfahrensdauer.[1433] Der „Rechtsschutz" ist also in Wirklichkeit ein **Staatshaftungsanspruch**.[1434] Andere gehen davon aus, dass es sich um einen spezifisch prozessrechtlichen Anspruch handelt, der von einem materiellrechtlichen Entschädigungsanspruch zu trennen ist. Anderenfalls droht ein Widerspruch zu Art. 34 GG.[1435]

§ 199 GVG erfasst das **strafrechtliche Ermittlungsverfahren**, jedoch nicht die staatsan- **511** waltschaftliche Tätigkeit im Verfahren der **Strafvollstreckung**.[1436] Dies ergibt sich aus der Überschrift des 17. Titels des GVG sowie aus § 199 Abs. 2 Hs. 1 GVG, wonach die Staatsanwaltschaft während des Verfahrens auf Vorbereitung der öffentlichen Klage an die Stelle des Gerichts tritt.[1437] Etwaige Nachteile, die von der EUStA oder ihrem Personal in Ausübung ihres Amtes zurechenbar verursacht werden, sind nicht nach den §§ 198 ff. GVG ersatzfähig (vgl. § 5 Abs. 2 EUStAG), sondern nach Art. 113 Abs. 3, Abs. 4 i.V.m. Art. 42 Abs. 4 EUStA-VO.[1438]

Vom Entschädigungsanspruch des § 198 Abs. 1 Satz 1 GVG ebenfalls nicht erfasst sind **512** behördliche Verfahren, die einem gerichtlichen Verfahren vorausgehen,[1439] wohl aber das Verfahren der **Kostenfestsetzung**.[1440]

Das Gesetz knüpft den **Begriff des Gerichtsverfahrens** (§ 198 Abs. 6 Nr. 1 GVG) mit sei- **513** ner Orientierung an der Hauptsache an den **Streitgegenstand**. Bei der Rechtsverfolgung verschiedener prozessualer Ansprüche ist für die Annahme eines Gerichtsverfahrens im entschädigungsrechtlichen Sinne entscheidend, dass die Streitgegenstände in einem Ausgangsverfahren verbunden sind und verbunden bleiben.[1441] Demgegenüber steht es der Zuwendung einer Entschädigung auf Basis des § 198 GVG nicht entgegen, wenn auch für zeitgleich an demselben Ausgangsgericht rechtshängige Parallelverfahren eine Geldentschädigung aufgrund unangemessener Dauer bereits gewährt wurde, und dies insbesondere auch dann nicht, wenn die Verfahren in einem gewissen sachlichen Zusammenhang zueinander stehen.[1442] Andererseits soll jedoch ein Prozesskostenhilfeverfahren, das gleichzeitig neben einem rechtshängigen Hauptsacheverfahren geführt wird, entschädigungsrechtlich kein eigenständiges Gerichtsverfahren i.S.d. § 198 Abs. 6 Nr. 1 GVG darstellen.[1443]

Ob die **Verfahrensdauer** nach den §§ 198 ff. GVG als **angemessen** bezeichnet wer- **514** den kann, ergibt sich durch eine Betrachtung des Zeitraumes von der Einleitung des gerichtlichen Verfahrens in der ersten Instanz bis zu dessen rechtskräftigem Abschluss

---

[1432] Vgl. vertiefend *Gohde* Der Entschädigungsanspruch wegen unangemessener Verfahrensdauer nach den §§ 198 ff. GVG (2019).

[1433] Siehe LR/*Krauß* § 198, 5, 70 GVG: aufgrund abschließender Regelung in § 198 GVG nunmehr keine Regelungslücke mehr für etwaige Analogien); ebenso BGH Beschl. v. 20.11.2012 – VIII ZB 49/12, NJW **2013** 385.

[1434] BTDrucks.**17** 3802 S. 19: „Der hier normierte Anspruch ist ein staatshaftungsrechtlicher Anspruch sui generis auf Ausgleich für Nachteile infolge rechtswidrigen hoheitlichen Verhaltens."; vgl. zudem: LR/*Krauß* § 198, 11 GVG.

[1435] Näher *Schlick* WM **2016** 485, 486 f.

[1436] OLG Koblenz MDR **2017** 519 = NStZ **2017** 323; zum Anwendungsbereich des § 199 GVG LR/*Krauß* § 199, 1 GVG.

[1437] OLG Koblenz MDR **2017** 519.

[1438] Vgl. Herrnfeld/Esser/*Esser* § 12, 140 ff.; Herrnfeld/Brodowski/Burchard/*Herrnfeld* Art. 42, 59 f.

[1439] Für das Verfahren vor dem Deutschen Patent- und Markenamt BGH Beschl. v. 16.3.2017 – III ZA 6/17 – juris.

[1440] OLG Zweibrücken NJW **2017** 1328, 1329.

[1441] BVerwG Urt. v. 14.11.2016 – 5 C 10/15 D, Rn. 17.

[1442] Siehe hierzu BGH Urt. v. 23.3.2022 – X K 6/20, BeckRS **2022** 21770.

[1443] Vgl. BGH Urt. v. 23.3.2022 – X K 6/20, BeckRS **2022** 21770.

Esser

in letzter Instanz.[1444] Ferner kommt es im konkreten Verfahren – in Anlehnung an die Rechtsprechung des BVerfG[1445] und des EGMR[1446] – auf die Umstände des Einzelfalles an, d.h. insbesondere auf die Schwierigkeit und Bedeutung der Sache und auf das Verhalten der Verfahrensbeteiligten und Dritter, § 198 Abs. 1 Satz 2 GVG. Diese Kriterien sind jedoch nicht abschließend zu verstehen („insbesondere").[1447] Weitere Beurteilungskriterien sind etwa die Verfahrensführung durch das Gericht sowie die zur Verfahrensbeschleunigung gegenläufigen Rechtsgüter, wie beispielsweise die Gewährleistung der inhaltlichen Richtigkeit der Entscheidung.[1448] Erforderlich ist jedoch in jedem Fall, dass das die Verfahrensverzögerung bewirkende Verhalten dem Gericht zugerechnet werden kann.[1449]

515　　Der Entschädigungsanspruch nach § 198 Abs. 1 Satz 1 GVG ist einem Schadensersatzanspruch nicht gleichzustellen;[1450] er setzt kein individuelles schuldhaftes Verhalten eines Richters voraus,[1451] kann aber **ausgeschlossen** sein, wenn die Feststellung der **Verfahrensverzögerung allein eine hinreichende Entschädigung** darstellt (§ 198 Abs. 2, Abs. 4 GVG).[1452] Der *Nachteil* i.S.d. § 198 Abs. 1 Satz 1 GVG kann dabei auch nichtvermögensrechtlicher Natur sein.[1453] Er soll etwa auch dann ausgeglichen sein, wenn der Betroffene davon profitiert, dass sich während des langen Verfahrens die Rechtsprechung zu seinen Gunsten geändert hat, er also ein schnelleres Verfahren unter Anwendung der damaligen Rechtsprechung verloren hätte.[1454] Die Entschädigungsklage kann auch schon vor dem rechtskräftigen Abschluss eines Verfahrens erhoben werden. Sie hat jedoch nur Erfolg, wenn alle Voraussetzungen nach § 198 Abs. 1 Satz 1 GVG erfüllt sind.[1455]

516　　§ 200 GVG regelt, gegen welche Körperschaft sich ein Entschädigungsanspruch richtet. Entsprechend ist gemäß **§ 201 Abs. 1 GVG** das OLG bzw. der BGH, in Verwaltungsrechtssachen gemäß **§ 173 Satz 2 VwGO** das OVG bzw. das BVerwG, im sozialgerichtlichen Verfahren nach **§ 202 Satz 2 SGG** das LSG bzw. das BSG ausschließlich für die Klage auf Entschädigung zuständig. Da die Entscheidung über das gerichtliche Verfahren nach **§§ 109 ff. StVollzG** der ordentlichen Gerichtsbarkeit zugewiesen ist (§§ 2 EGGVG; 12, 13 GVG), sind die §§ 198 ff. GVG auch hier anwendbar.[1456]

517　　Der Anspruch aus § 198 GVG ist bis zur rechtskräftigen Entscheidung hierüber nicht übertragbar (§ 198 Abs. 5 Satz 3 GVG), wohl aber vererblich.[1457] Neben der Entschädigung

1444　BVerwG Beschl. v. 4.7.2017 – 5 B 11/17 D, Rn. 13; vgl. auch BGH Urt. v. 15.12.2022 – III ZR 192/21, BeckRS **2022** 41221 (rechtskräftige Entscheidung oder rechtskräftiger Abschluss des Verfahrens wegen anderweitiger „Erledigung").
1445　Vgl. BVerfG NJW-RR **2010** 207, 208; NVwZ-RR **2011** 625, 626; NVwZ **2011** 486, 492.
1446　Vgl. EGMR Herbst/D, 11.1.2007, § 75, NVwZ **2008** 289, 291 = EuGRZ **2007** 420; Leela Förderkreis e.V. u.a./D, 6.11. 2008, § 59, NVwZ **2010** 177, 178; Grumann/D, 21.10.2010, § 26; vgl. BTDrucks. **17** 3802 S. 18.
1447　*Reiter* AD **2015** 151, 152; BTDrucks. **17** 3802 S. 18; BGH NJW **2017** 2478, 2479; LR/*Krauß* § 198, 25 GVG.
1448　Siehe BGH Urt. v. 15.12.2022 – III ZR 192/21, BeckRS **2022** 41221.
1449　Vgl. BTDrucks. **17** 3802 S. 18 f.; vgl. auch den zivilrechtlichen Ausgangsfall in BGH Urt. v. 15.12.2022 – III ZR 192/21, BeckRS **2022** 41221 (durch Sachverständigen verursachte Verzögerung muss (jedenfalls auch) im Verantwortungsbereich des Gerichts liegen).
1450　OVG Magdeburg NVwZ **2012** 1637.
1451　OVG Magdeburg NVwZ **2012** 1637.
1452　OVG Magdeburg NVwZ **2012** 1637.
1453　Vgl. BGH Urt. v. 23.3.2022 – X K 6/20, BeckRS **2022** 21770.
1454　BFHE **243** 151 = DStRE **2014** 439 = FA **2014** 80 = DB **2014** 226 (Ls.) = BB **2014** 277 (Ls.).
1455　BGH NJW **2014** 939, 940, Rn. 28.
1456　BGH NJW **2014** 1183, 1184, Rn. 21 ff.
1457　BFHE **247** 1 = DStR **2014** 2022, Rn. 42.

gemäß § 198 GVG ist auch weiterhin der Amtshaftungsanspruch gemäß § 839 BGB i.V.m. Art. 34 GG möglich.[1458] **§ 199 GVG** stellt bezüglich des **Strafverfahrens** besondere Bestimmungen auf (Rn. 523).

Der EGMR hat das **ÜVerfBesG** als wirksame Beschwerde i.S.d. Art. 13 anerkannt.[1459] **518** Bei Rüge einer überlangen Verfahrensdauer vor dem EGMR (Art. 6 Abs. 1) müssen aber zunächst die Rechtsbehelfe ergriffen werden, die das jeweilige nationale Recht innerstaatlich vorsieht. Das Verfahren ist **zweistufig**. Zur Abhilfe des Verfahrensmangels, sprich zur Beschleunigung des Verfahrens, muss der Beschuldigte zunächst eine sog. **Verzögerungsrüge** (§ 198 Abs. 3 Satz 1 GVG) erheben.[1460] Die **Verzögerungsrüge** soll es auch bereits im **Vorverfahren** geben, § 199 Abs. 2 Satz 1 GVG.[1461] Bleibt diese erfolglos, muss der Beschuldigte – unter Beachtung der **zeitlichen Vorgaben** des § 198 Abs. 5 GVG[1462] – eine **Klage auf Entschädigung** erheben (§ 198 Abs. 1 Satz 1 GVG).[1463] Der Sinn dieser Frist besteht darin, dass das Gericht des Ausgangsverfahrens das Verfahren beschleunigen und dadurch einen möglichen weiteren Schaden vermeiden kann. Ferner dient sie dem Schutz der Entschädigungsgerichte vor verfrühten Entschädigungsklagen.[1464] Bei Fehlen der Verzögerungsrüge ist die Entschädigungsklage grundsätzlich nicht unzulässig, da sie nicht als Zulässigkeitskriterium der Klage, sondern als materielle Voraussetzung des Entschädigungsanspruchs konzipiert ist.[1465] Wird das Verfahren nach Erhebung der Verzögerungsrüge in angemessener Weise beschleunigt und abgeschlossen, sollen nach Ansicht des OLG Celle Ansprüche nach den §§ 198 ff. GVG ausscheiden.[1466] Zieht man diesen Schluss, bleibt jedoch fraglich, was mit der Entschädigung von bis dahin bereits eingetretenen Nachteilen geschieht und ob derartige Ansprüche dann erlöschen.[1467] Die Entschädigungsklage nach § 198 Abs. 1 Satz 1 GVG ist eine auf Zahlung gerichtete Leistungsklage. Soweit die Höhe des Entschädigungsanspruchs maßgeblich durch die Dauer der Verzögerung bestimmt wird, soll es dem Entschädigungskläger zumutbar sein, den Anspruch für immaterielle Schäden zeitbezogen geltend zu machen und dadurch – sofern im Klageantrag ein bestimmter Entschädigungsbetrag pro Zeiteinheit gefordert wird[1468] – auch den Streitgegenstand des Verfahrens derart festzulegen, dass das Entschädigungsgericht gemäß § 308 Abs. 1 ZPO nicht darüber hinaus zusprechen darf.[1469]

Insgesamt stellt dieses Prozedere einen nach Art. 35 Abs. 1 zu erschöpfenden Rechtsbe- **519** helf dar. Nach **Art. 23 ÜVerfBesG** galt dies auch für bereits (auf nationaler Ebene oder

1458 Vgl. BVerfG NJW **2013** 3630 insb. zur Unanwendbarkeit des Spruchrichterprivilegs gem. § 839 Abs. 2 Satz 2 BGB; *Scholz* DRiZ **2014** 136, 137; ferner LR/*Krauß* § 198, 71 GVG.

1459 Siehe *Reiter* NJW **2015** 2554, 2555.

1460 Zu den Voraussetzungen der Verzögerungsrüge nach § 198 Abs. 3 GVG: LR/*Krauß* § 198, 36 ff. GVG.

1461 Begrüßend insoweit Stellungnahme BRAK Nr. 37/2010, S. 4 f.

1462 Näher dazu: LR/*Krauß* § 198, 59 ff. GVG.

1463 EGMR Gonzalez Marin/E, 5.10.1999; Tomé Mota/P (E), 2.12.1999; Basic/A, 30.1.2001; A/A (E), 30.5.2003, ÖJZ **2004** 35; beachte auch EGMR (GK) Sürmeli/D, 8.6.2006, NJW **2006** 2389 = EuGRZ **2007** 255 = FamRZ **2007** 1449 = NdsRpfl. **2006** 318; Gräßer/D, 5.10.2006, EuGRZ **2007** 268; Herbst/D, 11.1.2007.

1464 *Reiter* AD **2015** 151, 157.

1465 BSG NJW **2014** 253, 255, Rn. 27; BFH NJW **2014** 256; *Reiter* AD **2015** 151, 155.

1466 OLG Celle Beschl. v. 17.12.2013 – 23 SchH 6/13, BeckRS **2014** 02226 m. krit. Anm. *Burhoff* StRR **2014** 119.

1467 Zweifelnd bzgl. der Vereinbarkeit mit der Rechtsprechung des EGMR vgl. *Burhoff* StRR **2014** 119.

1468 Stattdessen besteht auch die Möglichkeit, die Höhe der Entschädigung in das Ermessen des Gerichts zu stellen.

1469 Vgl. BGH Urt. v. 15.12.2022 – III ZR 192/21, BeckRS **2022** 41221 (Ausgangsfall zivilrechtlicher Natur).

auch vor dem EGMR[1470]) am 3.12.2011 **anhängige Verfahren**.[1471] Die **Verzögerungsrüge** war nur dann **unverzüglich**[1472] erhoben (Art. 23 Satz 2 ÜVerfBesG), wenn im Zeitpunkt des Inkrafttretens dieses Gesetzes bei dem mit dem Verfahren befassten Gericht eine rügepflichtige Situation bereits eingetreten war. Sofern es nach Abschluss des Verfahrens in der nächsten Instanz zu einer Verzögerung kam, blieb es bei der Regelung des § 198 Abs. 3 GVG.[1473]

520   Für die **Erhebung der Verzögerungsrüge** ist es nicht ausreichend, dass der Betroffene nach dem Sachstand fragt und Informationen über den Fortgang des Verfahrens anfordert. Hierdurch kommt gegenüber dem Gericht nicht ausreichend zum Ausdruck, dass auf Seiten des Klägers bzw. Beschuldigten kein Einverständnis mit der Verfahrensdauer mehr besteht.[1474] Ebenso wenig genügt etwa eine rein auf die *Einstellung* des Verfahrens wegen „eines unbehebbaren Verfahrensmangels in Form der überlangen Verfahrensdauer" gerichtete Prozesserklärung.[1475] Notwendig ist also stets eine unmissverständliche und ausdrückliche Rüge der konkreten Dauer des jeweiligen Verfahrens.

521   § 198 Abs. 3 Satz 2 Hs. 2 GVG sieht vor, dass eine **Wiederholung der Verzögerungsrüge** nach sechs Monaten möglich ist. Dabei handelt es sich um keine Pflicht. Eine erneute Erhebung der Verzögerungsrüge sieht der Gesetzgeber nur vor, wenn das Verfahren bei einem anderen Gericht weiterbetrieben wird. Grundsätzlich reicht also die Erhebung *einer* Verzögerungsrüge im laufenden Verfahren. Allenfalls bei einem **Richterwechsel** erscheint die Pflicht einer erneuten Rüge bei demselben Gericht sinnvoll.[1476]

522   Für die Gewährung einer Entschädigung bei unangemessener Dauer eines Verfahrens vor dem **BVerfG** gelten die **§§ 97a ff. BVerfGG**; vor Erhebung einer sog. **Verzögerungsbeschwerde** (§ 97b Abs. 1 Satz 2 BVerfGG; mit dem Ziel der Gewährung einer Entschädigung)

1470 Der EGMR weist deshalb die bereits eingelegten Beschwerden wegen Unzulässigkeit (Rechtswegerschöpfung, Art. 35 Abs. 1) ab und will, dass die Bf. den Entschädigungsanspruch nach § 198 Abs. 1 Satz 1 GVG nachträglich geltend machen, und zwar auch in Fällen, in denen die Beschwerde schon eingelegt wurde, bevor es diesen Entschädigungsanspruch gab. Dabei behält sich der EGMR vor, im Falle späterer Individualbeschwerden die Entwicklung der innerstaatlichen Rechtsprechung zum Entschädigungsanspruch an der EMRK zu messen: EGMR Taron/D (E), 29.5.2012, NVwZ **2013** 47 = EuGRZ **2012** 514 = AuR **2012** 363 m. Anm. *Buschmann*, §§ 42 f., 45; Garcia Cancio/D (E), 29.5.2012, §§ 45 f., 48 (die Formulierung in § 49 „the applicant's complaint is premature" mutet dabei unfreiwillig komisch an); Schellmann u. JSP Programmentwicklung GmbH & Co. KG/D (E), 10.7.2012. Zu ähnlichen Regelungen in anderen Konventionsstaaten vgl. EGMR Michelioudakis/GR, 3.4.2012, §§ 63 ff. (Piloturteil; siehe *Anagnostopoulos* StraFo **2013** 453, 457); Manascurta/MOL (E), 14.2.2012, §§ 8 ff., 18 ff.; Bevacqua/I (E), 18.4.2002, Nr. 1 a der Gründe (wie in Deutschland galt auch in Italien der neue nationale Rechtsbehelf ausdrücklich auch für Fälle, die bereits beim EGMR anhängig waren); Cocchiarella/I, 29.3.2006, §§ 23 ff.; Delle Cave u. Corrado/I, 5.6.2007, §§ 26 ff.; Simaldone/I, 31.3.2009, §§ 11 ff., 82; Turgut u.a./TRK (E), 26.3.2013, §§ 46 ff. (m.w.N. zu anderen Konventionsstaaten); Valcheva u. Abrashev/BUL (E), 18.6.2013; Balakchiev u.a./BUL (E), 18.6.2013;.
1471 Vgl. zur Frage der (nicht mehr bestehenden) Anhängigkeit eines Verfahrens vor dem EGMR: LSG NRW Beschl. v. 30.1.2013 – L 11 SF 236/12 VE U; krit. dazu *Deumeland* br **2013** 194, demzufolge ein Verfahren vor dem EGMR erst dann „abgeschlossen" sei, wenn der Vertragsstaat seiner Pflicht zur vollständigen Wiedergutmachung nachgekommen sei. Vgl. zur Anwendbarkeit in zivilrechtlichen „Altfällen" insb. OLG Bremen NJW **2013** 2209 u. OLG Frankfurt NJW **2013** 2207.
1472 Hierzu: OLG Celle Urt. v. 20.11.2013 – 23 SchH 3/13 (zurechenbares Verschulden, § 121 BGB; entschuldbarer Rechtsirrtum einer nicht anwaltlich beratenen Partei).
1473 BVerwG NJW **2016** 3464, 3467.
1474 OLG Köln Urt. v. 1.6.2017 – 7 EK 3/16, Rn. 14.
1475 Vgl. OLG Bremen Beschl. v. 12.6.2019 – 1 EK 4/18, NJW-RR **2019** 1215 = BeckRS **2019** 19391 („Begehren nach einer beschleunigten Verfahrensförderung" nicht in der Erklärung enthalten).
1476 Siehe OLG Celle NJW-RR **2017** 765 f.

ist auch dort zuvor eine sog. **Verzögerungsrüge** (§ 97b Abs. 1 Satz 2 BVerfGG) vorgesehen.[1477]

Wird im Rahmen der **Vollstreckungslösung** (Rn. 489) die überlange Verfahrensdauer **523** berücksichtigt, so kann dies gemäß § 199 Abs. 3 Satz 1 GVG eine Wiedergutmachung auf andere Weise i.S.d. § 198 Abs. 2 Satz 2 GVG darstellen, so dass keine bzw. nur noch eine eingeschränkte Entschädigung in Geld verlangt werden kann.[1478]

Der BGH tendiert dazu, den an sich nur für das Entschädigungsverfahren nach dem **524** GVG vorgesehenen Rechtsbehelf der Verzögerungsrüge nach § 198 Abs. 3 Satz 1 GVG auch für die **Zulässigkeit einer revisionsrechtlichen Verfahrensrüge** zu verlangen, mit der eine unangemessene Verfahrensdauer (mit dem Ziel der Vollstreckungslösung) und gerade nicht die Gewährung einer Entschädigung nach den §§ 198 f. GVG verlangt wird.[1479]

Kritisch ist, insbesondere für den strafverfahrensrechtlichen Teil, zu bedenken, dass **525** für den nicht verteidigten Beschuldigten eine **Kenntnis von der Existenz des Rechtsbehelfs** der Verzögerungsrüge von Nöten ist.[1480] Weiterhin erforderlich ist ein expliziter Hinweis auf die Anwendbarkeit auch in Fällen, in denen die Vollstreckungslösung aus praktischen Gründen keine Anwendung findet.[1481]

Aufgrund des **Nebeneinanders von Vollstreckungslösung und Verzögerungsrüge** **526** wurde von Seiten des Bundesrates ursprünglich für einen Verzicht auf die Verzögerungsrüge in Strafsachen plädiert.[1482] Unklar war zunächst auch das Verhältnis der Regelungen zur (präventiven) **Untätigkeitsverfassungsbeschwerde**.[1483] Die Kritik richtete sich aber im Kern gegen die Rügemöglichkeit, unabhängig ob diese präventiv oder kompensatorisch möglich ist.[1484] Sie resultierte aus der Befürchtung von **Mehrbelastungen durch eine Pflicht zur umfassenden Protokollierung** der staatsanwaltlichen und richterlichen Tätigkeit. Ferner wurde eine Klageflut befürchtet.[1485] Gleichwohl muss immer der menschenrechtliche Schutz des Beschuldigten im Vordergrund stehen. Um diesem gerecht zu werden, war und ist eine pauschale Ablehnung aus der Befürchtung etwaigen Missbrauchs kein probates Mittel. Vielmehr wäre im Interesse der Beschuldigteninteressen wenigstens der Versuch einer präventiven Lösung erstrebenswert gewesen.

Freilich kommt der Verzögerungsrüge zumindest **indirekt eine Art Präventivwir-** **527** **kung** zu: Das Gericht ist dazu angehalten zu prüfen, ob eine Verzögerung des Verfahrens

---

1477 Zu Besonderheiten des Entschädigungsanspruchs bei Verzögerungen im verfassungsgerichtlichen Verfahren: BVerfG DVBl. **2016** 244 (4 Jahre 8 Monate, nicht unangemessen); Beschl. v. 20.8.2015 – 1 BvR 2781/13 – Vz 11/14; NJW **2013** 2341; NVwZ **2013** 789 = NJW **2013** 2342 (Ls.) (Beschwerde hiergegen wurde abgewiesen von EGMR Peter/D, 4.9.2014); *Zuck* NVwZ **2012** 265; **2013** 779; *Steinbeiß-Winkelmann/Sporrer* NJW **2014** 177, 178 f.; siehe auch EGMR Schulz/D (E), 31.3.2015: Da für die Verzögerung in Verfahren beim Berliner Verfassungsgericht keine Entschädigung vorgesehen war, konnte Deutschland nur durch die Einräumung der Verletzung und durch das Angebot einer angemessenen Entschädigung einer Verurteilung entgehen.
1478 Äußerst kritisch und für eine Ausklammerung des Strafverfahrens BRDrucks. 540/10, S. 1 ff.; keine hinreichende Kompensation i.S.d. § 198 Abs. 2 Satz 2 GVG stellt die lediglich allgemeine Berücksichtigung der Verfahrensverzögerung als Strafmilderungsgrund dar, vgl. LR/*Krauß* § 199, 17 GVG.
1479 BGH Beschl. v. 5.12.2012 – 1 StR 531/12, BeckRS **2013** 981 m. krit. Anm. *Arnoldi* StRR **2013** 97.
1480 Für eine Berücksichtigung in einem sog. „Letter of Rights": *Beukelmann* NJW-Spezial **2010** 632, 633. Dieser steht ferner wohl aus sozialpolitischen Gesichtspunkten dem Entwurf kritisch gegenüber.
1481 Vgl. zu diesen Fällen: Stellungnahme BRAK Nr. 37/**2010** S. 8.
1482 BRDrucks. 540/10 S. 1 ff.
1483 Hierzu *Huerkamp/Wielpütz* JZ **2011** 139, 141.
1484 BRDrucks. 540/10 S. 1 ff., insb. S. 3.
1485 So bereits *Scholz* DRiZ **2010** 183; weniger kritisch: *Beukelmann* NJW-Spezial **2010** 632, 633 und *Steinbeiß-Winkelmann* ZRP **2010** 205, 207.

vorliegt und es muss ggf. Maßnahmen treffen, um das Verfahren zu beschleunigen.[1486] Die wahren Ursachen von Verfahrensverzögerungen soll die Verzögerungsrüge dagegen nicht beheben. Bei ihr handelt es sich daher um eine Regelung, die lediglich den kompensatorischen Entschädigungsanspruch entstehen lässt.[1487]

528　　Andere kritisieren die **Ausgestaltung** der Verzögerungsrüge als **Obliegenheit**. Die Verzögerungsrüge sei eine prozessuale Last, deren Unterlassen sich für den Betroffenen nachteilig auswirke. Es sei nicht mit der EMRK vereinbar, auf diese Weise einen Teil der staatlichen Verantwortung auf den Betroffenen abzuwälzen.[1488]

529　　Festzuhalten ist, dass sich der deutsche Gesetzgeber nicht für einen Rechtsbehelf entschieden hat, der eine im Kern „präventive Wirkung" hat, also das Verfahren unmittelbar beschleunigen soll. Stattdessen wurde eine **kompensatorische Möglichkeit**[1489] gewählt, die eine **(rein) finanzielle Entschädigung** *ex-post*, also nach bereits erfolgter Verzögerung zubilligt;[1490] die Verzögerungsrüge mag im Einzelfall eine heilsame Schreckwirkung haben, sie ist jedoch einer Untätigkeitsbeschwerde nicht gleichzusetzen, über die verbindlich entschieden werden müsste.[1491] Letztere ist nach Ansicht des Gesetzgebers mit Einführung der §§ 198 ff. GVG ohnehin unzulässig geworden.[1492]

530　　Vom Grunde her ist der Gedanke, einen Rechtsbehelf einzuführen, der das Verfahren beschleunigen soll, zu befürworten,[1493] vor allem deshalb, weil alle anderen in Betracht gezogenen, bereits bestehenden Rechtsbehelfe, wie etwa die Verfassungsbeschwerde, die Dienstaufsichtsbeschwerde oder die Gewährung von Schadensersatz wegen Amtshaftung, den Anforderungen des EGMR nicht genügen.[1494] An dem bislang eingeschlagenen Weg hat sich aber berechtigte Kritik entzündet:[1495]

531　　Während sich bei einem Symposium des BMJ im Jahr 2007 die Mehrheit der Beteiligten für die jetzt gewählte kompensatorische Lösung aussprach,[1496] erscheint jedenfalls für die strafrechtliche Dimension die Schaffung einer **präventiven Lösung vorzugswürdig**.[1497] Nur mit einer **Untätigkeitsklage** im eigentlichen Sinn, wie bereits 2005 vorgeschlagen, könnte tatsächlich eine Beschleunigung langwieriger Verfahren erreicht werden. Gerade ein solcher Weg müsste (vor allem im Strafverfahren) das Anliegen des Gesetzgebers

---

1486 Dazu *Peschel-Gutzeit* ZRP **2015** 170; ebenso *Schenke* NJW **2015** 433.

1487 *Pietron* 182 f.

1488 Hochmayr/Lukanko/Malolepszy/*Hochmayr* 73 f.

1489 *Scholz* DRiZ **2014** 136.

1490 Der EGMR erklärt das für zulässig, vgl. EGMR (GK) Sürmeli/D, 8.6.2006, § 138.

1491 *Althammer/Schäuble* NJW **2012** 1, 7 sprechen von der „verhaltenssteuernde(n) Funktion der Verzögerungsrüge". Gegen die Statthaftigkeit einer Untätigkeitsbeschwerde: BGH NJW **2013** 385; ebenso (auch) für die Strafvollstreckung: OLG Frankfurt NStZ-RR **2013** 264; insgesamt zu dieser Frage: *Kotz* StRR **2012** 207; krit. zur verfahrensbeschleunigenden Wirkung der Verzögerungsrüge Hochmayr/Lukanko/Malolepszy/*Hochmayr* 73 f.

1492 Näher *Plankemann* 217.

1493 *Steinbeiß-Winkelmann* ZRP **2010** 205, m.w.N. in Fn. 2; *Scholz* DRiZ **2010** 182; BRDrucks. 540/10, S. 1; *Römer* MRM **2011** 74, 82 hebt dabei positiv hervor, dass alle Zweige der deutschen Gerichtsbarkeit erfasst sind.

1494 Vgl. Darstellung bei *Scholz* DRiZ **2010** 182, 183.

1495 Vgl. speziell zur Kritik bezogen auf die Regelungen zum Strafverfahrensrecht Rn. 531, 537; zu einer Zwischenbilanz der Rechtsprechung vgl. *Steinbeiß-Winkelmann/Sporrer* NJW **2014** 177.

1496 Zur Kritik *Scholz* DRiZ **2010** 182 m.w.N.; *Steinbeiß-Winkelmann* ZRP **2010** 205.

1497 Ausdrücklich befürwortend auch EGMR (GK) Sürmeli/D, 8.6.2006, § 138. Kritik an der kompensatorischen Lösung auch in der BRAK-Stellungnahme Nr. 37/**2010**, 5 ff., Nr. 18/2011, 4 f.; *Göcken* NJW-Aktuell **2011** 16 sowie *Huerkamp/Wielpütz* JZ **2011** 139, 140; zur Erforderlichkeit einer Untätigkeitsbeschwerde in Kindschaftssachen *Vogel* FPR **2012** 528. Die neue Regelung i.E. befürwortend: *Althammer* JZ **2011** 446, 452; vgl. auch *Roller* ZRP **2008** 122. Für Maßnahmen gegen die beteiligten Richter *Deumeland* FS Tscholsu Kim 67.

sein, statt dem Opfer einer Verfahrensverzögerung (aus welchen Gründen auch immer) bloß nachträglich eine finanzielle Kompensation zuzugestehen. Vom Grundsatz her hat das Tatgericht jedoch jedenfalls über die Kompensation einer Verfahrensverzögerung in der Form der Vollstreckungslösung (Rn. 488 ff.) von Amts wegen zu entscheiden. Die vorherige Erhebung einer Verzögerungsrüge ist hierfür nicht erforderlich.[1498] Freilich stellt auch dies keine präventive Lösung dar.

Kritik am ÜVerfBesG besteht in Bezug auf das **Tatbestandsmerkmal der „unange** **messenen Dauer eines Gerichtsverfahrens"**, das zu unbestimmt ist.[1499] Das BVerwG hat jedoch klargestellt, dass es dieses Merkmal wie das BVerfG und der EGMR anhand der Umstände des jeweiligen Einzelfalls ausfüllt und sich insbesondere nicht an statistischen Erhebungen zur Verfahrensdauer auf Bundes- bzw. Landesebene orientiert.[1500] In die Abwägung und Bewertung sind insbesondere die Merkmale des § 198 Abs. 1 Satz 2 GVG sowie der Gestaltungsspielraum der Gerichte bei der Verfahrensführung einzubeziehen.[1501]   532

Ein weiterer Kritikpunkt war die Befürchtung einer **Aushöhlung des Prinzips der** **richterlichen Unabhängigkeit** dar.[1502] Insofern entspricht es jedoch bereits ständiger Rechtsprechung, dass bei der Beurteilung des Verhaltens des Gerichts der Verfassungsgrundsatz der richterlichen Unabhängigkeit nicht unberücksichtigt bleiben darf. Dem Gericht ist jedenfalls ein angemessener Vorbereitungs- und Bearbeitungszeitraum sowie ein Gestaltungsspielraum zuzubilligen, so dass es nach Abwägung von Schwierigkeit und Umfang der einzelnen Rechtssachen eine Reihenfolge zur Verfahrenserledigung festlegen kann.[1503] Die Verfahrensführung des Richters wird im Entschädigungsprozess daher nicht auf ihre Richtigkeit, sondern auf ihre **Vertretbarkeit** hin untersucht.[1504] Bei Handlungen jenseits der Vertretbarkeitsgrenze kann im Einzelfall durchaus eine Verletzung der richterlichen Dienstpflichten naheliegen.[1505] Das ändert jedoch nichts an der geltenden Rechtslage der § 75 BBG i.V.m. § 46 DRiG bzw. § 48 BeamtStG i.V.m. § 2 HRiG.[1506] Damit bleibt festzuhalten, dass eine vertretbare Verfahrensleitung des Gerichts keinen Entschädigungsanspruch zu begründen vermag, auch wenn diese zu einer Verlängerung des Gerichtsverfahrens geführt hat. Der Betroffene hat insoweit **keinen Anspruch auf eine zeitlich optimale Verfahrensfüh** **rung.**[1507]   533

[1498] Vgl. BGH Beschl. v. 28.5.2020 – 3 StR 99/19, BeckRS **2020** 18293; zunächst offengelassen in BGH Beschl. v. 31.8.2016 – 5 StR 359/16, BeckRS **2016** 16166.

[1499] *Steinbeiß-Winkelmann* ZRP **2010** 205, 207; *Beukelmann* NJW-Spezial **2010** 632, 633, BRAK-Stellungnahme Nr. 18/2011 S. 6. Ebenfalls kritisch, allerdings vorwiegend aus formaler Sicht: BRDrucks. 540/10 S. 3 f. Grundlegend zur Ausfüllung des Merkmals aus Sicht der Praxis *Bub* DRiZ **2014** 94.

[1500] BVerwG NJW **2014** 96 Rn. 96 ff. = DVP **2014** 253 = DÖV **2014** 952 (Ls.); BVerwG BayVerwBl. **2014** 149, Rn. 20 ff.; BGH NJW **2014** 220, 222, Rn. 26, 29 m. Anm. *Heinisch; Deutscher* StRR **2014** 118; vgl. auch *Hebeler* JA **2014** 319; anders BSG NJW **2014** 248 (Berücksichtigung der Dauer vergleichbarer Verfahren).

[1501] BGH NJW **2014** 220, 222, Rn. 28; die Verfahrensbeschleunigung stellt im Rahmen des Gestaltungsspielraums der Gerichte bei der Verfahrensführung keinen Selbstzweck dar. Deshalb sind auch gegenläufige Rechtsgüter zu berücksichtigen, beispielsweise die Gewährleistung der inhaltlichen Richtigkeit von Entscheidungen sowie die Grundsätze der richterlichen Unabhängigkeit und des gesetzlichen Richters, siehe *Reiter* AD **2015** 151, 152.

[1502] Insbesondere *Scholz* DRiZ **2010** 182, 183.

[1503] BGH NJW **2014** 220, 223, Tz. 33; BVerwG BayVerwBl. **2014** 149, 151, Tz. 34; *Reiter* AD **2015** 151, 152.

[1504] *Reiter* AD **2015** 151, 152.

[1505] Dazu näher: *Falk/Schütz* FS Rössner 753, 772.

[1506] *Falk/Schütz* FS Rössner 753, 772.

[1507] Zum Ganzen: BGH NJW **2014** 1183, 1184 f.; *Reiter* AD **2015** 151, 152.

534   Weiterhin stellt sich aus Sicht der Praxis die Frage, wie die Beurteilung einer Verzögerung stattfinden soll, ohne das **Hauptverfahren selbst zu verzögern**, etwa durch Übermittlung der Akten an das wegen der Verzögerungsrüge angerufene Gericht.

535   Das Gesetz wurde 2014 entsprechend einem Beschluss im Gesetzgebungsverfahren
nach zwei Jahren **evaluiert**: Die Beschleunigungswirkung des Gesetzes sei jedoch nicht
ermittelbar. Auch die präventive Beschleunigungswirkung lasse sich nicht belastbar einschätzen. Die BReg kommt in ihrer Unterrichtung zu dem Ergebnis, dass unangemessen
lange Gerichtsverfahren in der deutschen Justiz kaum vorkommen.[1508] Der Deutsche Rich-
terbund stellt fest, dass der zunächst befürchtete Ansturm auf die Gerichte anlässlich der
Geltendmachung von Entschädigungsansprüchen ausgeblieben ist. Ein Beschleunigungsef-
fekt trete schon dadurch ein, dass das Bewusstsein aller Beteiligten für die Bedeutung
einer zügigen Verfahrensführung geschärft worden sei. Ansonsten könnten den neuen
Regelungen keine *unmittelbaren* Beschleunigungseffekte zugeschrieben werden.[1509]

536   Trotz der indirekten Beschleunigungswirkung des ÜVerfBesG musste der Gesetzgeber
nachbessern: Bei Verfahren, in denen die Dauer eines Gerichtsverfahrens deutliche Auswirkungen auf das Familienleben i.S.d. Art. 8 hat, muss der Staat einen Rechtsbehelf schaffen, der zugleich präventiv ist *und* Wiedergutmachung ermöglicht. Das ÜVerfBesG in seiner ursprünglichen Form genügte diesen Grundsätzen nicht.[1510] Die bloße Warnfunktion
der Verzögerungsrüge ist nicht geeignet, das Gericht tatsächlich zur Beschleunigung des
Verfahrens zu zwingen.[1511] Als Reaktion schuf der Gesetzgeber die sog. **Beschleunigungsrüge**, § 155b FamFG, die nach § 155b Abs. 3 FamFG zugleich als Verzögerungsrüge im Sinne
des § 198 Abs. 3 Satz 1 GVG gilt.[1512] Hiernach kann ein Beteiligter in einer in § 155 Abs. 1
FamFG bestimmten Kindschaftssache geltend machen, dass die bisherige Verfahrensdauer
nicht dem Vorrang- und Beschleunigungsgebot nach der genannten Vorschrift entspricht.
Nach § 155b Abs. 2 Satz 1 FamFG entscheidet das Gericht über die Beschleunigungsgründe
spätestens innerhalb eines Monats nach deren Eingang durch Beschluss. Hält das Gericht
nach Absatz 2 Satz 2 die Beschleunigungsrüge für begründet, hat es unverzüglich geeignete
Maßnahmen zur Verfahrensbeschleunigung zu ergreifen. Dazu gehört nach Satz 2 Hs. 2
insbesondere die Prüfung des Erlasses einer einstweiligen Anordnung. Dem Gesetzgeber
obliegt in solchen Verfahren eine besondere Förderungspflicht, weil schon der fortschreitende Zeitablauf im Einzelfall zu einer faktischen Entscheidung in der Sache führen
kann.[1513]

537   Der Gesetzgeber sollte darüber hinaus möglichst bald eine **präventive Untätigkeitsklage für das Strafverfahren** einrichten. In Zusammenschau mit dem Entschädigungsanspruch nach § 198 GVG und der Verzögerungsrüge könnte diese Untätigkeitsklage für die
gewünschte Rechtssicherheit hinsichtlich des Bestehens effektiver Rechtsbehelfe gegen
eine Verfahrensverzögerung im Sinne der Rechtsprechung des EGMR sorgen.[1514]

1508 BTDrucks. **18** 2950.

1509 Stellungnahme DRB Nr. 4/2014, 2 f.

1510 EGMR Kuppinger/D, 21.4.2011, NJW **2015** 1433, 1437 m. Anm. *Steinbeiß-Winkelmann.*

1511 *Peschel-Gutzeit* ZRP **2015** 170, 172.

1512 Gesetz zur Änderung des Sachverständigenrechts und zur weiteren Änderung des Gesetzes über das
Verfahren in Familiensachen und in den Angelegenheiten der freiwilligen Gerichtsbarkeit sowie zur Änderung des Sozialgerichtsgesetzes, der Verwaltungsgerichtsordnung, der Finanzgerichtsordnung und des Ge-
richtskostengesetzes vom 11.10.2016 (BGBl. I S. 2222), in Kraft getreten am 15.10.2016; näher auch: Hochmayr/
Lukanko/*Lukanko* 20 f.

1513 *Reiter* AD **2015** 151, 153.

1514 Einen Lösungsansatz liefert *Schubert* 225 ff., der sich für eine *Kombination* aus einem neuzuschaffen-
den präventiven und kompensatorischen Rechtsbehelf starkmacht.

Esser

VIII. Öffentlichkeit der Verhandlung und Entscheidungsverkündung

1. Schutzzweck. Die Öffentlichkeit der Gerichtsverhandlung ist ein **Grundprinzip der** 538 **demokratischen Gesellschaft** und hat auch innerhalb der Garantien und Rechte des Beschuldigten des Art. 6 eine zentrale Bedeutung.[1515] Durch den Zugang der Öffentlichkeit soll der gerichtliche Entscheidungsvorgang für jedermann **transparent** („rendering the administration of justice transparent"), die Rechtsprechung als solche nachvollziehbar und so das Vertrauen der Bürger in sie gestärkt werden („people's confidence in the courts").[1516] Der Ausschluss jedweder „Geheimjustiz" ermöglicht der Öffentlichkeit die unmittelbare **Kontrolle** („public scrutiny")[1517] der von den anderen Staatsgewalten unabhängigen Gerichte.[1518]

Der Grundsatz der Öffentlichkeit zugänglicher gerichtlicher Verhandlungen fördert 539 zudem die **Objektivität der Verfahrensgestaltung**. Er kann den Verfahrensbeteiligten mitunter auch Rückhalt bei der Wahrung ihrer Verfahrensinteressen gegenüber dem Gericht geben. Dies alles trägt zur Unparteilichkeit der Rechtspflege, zur sachlichen und korrekten Verhandlungsführung, zum Ausschluss von Willkür, zur Verwirklichung der Waffengleichheit und somit insgesamt zur **Sicherung eines insgesamt fairen Verfahrens** (Art. 6 Abs. 1 EMRK/Art. 14 Abs. 1 IPBPR) bei.[1519]

Die Konventionen garantieren die Öffentlichkeit des Verfahrens als **subjektives Recht** 540 **des Einzelnen.** Anwendung findet dieses Recht grundsätzlich in allen Verfahren, die in den sachlichen Anwendungs- und Schutzbereich der Art. 6 Abs. 1 EMRK/Art. 14 Abs. 1 IPBPR fallen,[1520] also auch vor einem als Gericht anzusehenden beruflichen Disziplinarorgan.[1521] **Dritte Personen** als Vertreter der Öffentlichkeit können aus diesen Konventionsgarantien keinen Anspruch auf eine ihre Teilnahme ermöglichende öffentliche Verhandlung über eine strafrechtliche Anklage oder einen zivilrechtlichen Verfahrensgegenstand herleiten;[1522] allerdings können insoweit die in Art. 10 niedergelegten Garantien einschlägig sein.[1523]

1515 EGMR Vernes/F, 20.1.2011, § 30 („un principe fondamental consacré par l'article 6 § 1 de la Convention").

1516 EGMR Welke u. Białek/PL, 1.3.2011, § 73.

1517 Dazu auch EGMR Mutu u. Pechstein/CH, 2.10.2018, §§ 182 f. (Notwendigkeit einer öffentlichen Verhandlung durch den Internationalen Sportgerichtshof CAS bei Dopingverdachtsfällen).

1518 So EGMR Kilin/R, 11.5.2021, § 106.

1519 EGMR Axen/D, 8.12.1983, § 25; Pretto u.a./I, 8.12.1983, §§ 21 f.; Sutter/CH, 22.2.1984, EuGRZ **1985** 229; Werner/A, 24.11.1997, §§ 45, 54; Riepan/A, 14.11.2000, § 27; (GK) Martinie/F, 12.4.2006, § 39; Volkov/R, 4.12.2007, § 25; Belashev/R, 4.12.2008, § 79; Olujić/KRO, 5.2.2009, § 70; Krestovskiy/R, 28.10.2010, § 24; Welke u. Białek/PL, 1.3.2011, § 73; (GK) Ramos Nunes de Carvalho e Sá/P, 6.11.2018, § 187 („right to an oral hearing is one element underpinning the overall equality of arms between the parties to the proceedings"); Paixão Moreira Sá Fernandes/P, 25.2.2020, § 60; Mutu u. Pechstein/CH, 2.10.2018, § 175; *Esser* 707; *Frowein/Peukert* 187; IK-EMRK/ *Kühne* 348; *Wyss* EuGRZ 1996 1, 5; *Villiger* 515; zu den ähnlichen Überlegungen bei den §§ 169 ff. GVG und der abzulehnenden Tendenz, das Informationsinteresse der Öffentlichkeit als Regelungsgrund in den Vordergrund zu rücken, vgl. LR/*Kühne* Einl. I 53 ff., 70; LR/*Krauß* § 169, 13 GVG; ferner *Jung* GedS H. Kaufmann 891; *Morscher/Christ* EuGRZ **2010** 272, 273.

1520 Vgl. EGMR Pretto u.a./I, 8.12.1983, §§ 26 f. Speziell im Hinblick auf die Verwaltungsgerichtsbarkeit siehe: *Troßbach* Öffentlichkeit und Geheimhaltung im Verwaltungsprozess (2019) 22 ff.

1521 EGMR Diennet/F, 26.9.1995.

1522 Für eine stärkere Berücksichtigung der Aspekte „Zugänglichkeit der Verhandlung" sowie „hinreichende Transparenz": *Handschell* DRiZ **2010** 395, 399.

1523 Näher dazu bei Art. 10 Rn. 8 ff.

541   Unter der hier angesprochenen Öffentlichkeit ist die **Volksöffentlichkeit** („public") zu verstehen; die bloße Parteiöffentlichkeit allein genügt hingegen nicht.[1524] Diese Öffentlichkeit ist nur gewährleistet, wenn **jedermann** nach eigenem Belieben Zugang zum Ort der gerichtlichen Verhandlung erhalten kann. Es reicht demnach nicht aus, dass lediglich einige ausgewählte Vertreter internationaler Organisationen als neutrale **Prozessbeobachter** zur Verhandlung zugelassen werden können.[1525]

542   Die Verhandlung vor Gericht selbst muss für jedermann **zugänglich** sein und darf nur durch die **räumlichen Gegebenheiten**, nicht aber durch eine willkürliche Auswahl des Publikums begrenzt werden.[1526] Dies schließt weder die **Festlegung von Zugangsmodalitäten**, wie etwa eine **Kontrolle der Besucher** aus Sicherheitsgründen,[1527] noch den **Ausschluss einzelner Störer** aus, solange und soweit diese Maßnahmen[1528] im Einzelfall **erforderlich** sind und nicht über ihren **Sicherheitszweck** hinaus zu einer selektiven oder gar willkürlichen Auswahl und damit Beschränkung der Teilnehmer führen.[1529] Besteht ein solcher Zugang uneingeschränkt, ist es unschädlich, wenn tatsächlich niemand an der Verhandlung teilnimmt.

543   **Zeit und Ort der mündlichen Verhandlung** müssen rechtzeitig bekanntgegeben werden, damit jeder Interessierte daran teilnehmen kann.[1530] Der Zugang als solcher darf zudem **nicht unzumutbar erschwert** werden.[1531] Findet die Hauptverhandlung an einem Ort statt, der der Öffentlichkeit normalerweise verschlossen ist **(Ortstermin)**, wie etwa bei einer Verhandlung in einer Justizvollzugsanstalt, kann es zur Gewährleistung der Öffentlichkeit erforderlich sein, über die übliche Form der Bekanntgabe von Zeit und Ort der Verhandlung hinaus zusätzliche Maßnahmen zu ergreifen, um die Öffentlichkeit der Verhandlung auch tatsächlich zu gewährleisten, wie etwa ein Aushang an der **Gerichtstafel** oder **Informationen in den Medien** über den Verhandlungsort, seine Erreichbarkeit und den freien Zugang zu diesem.[1532]

544   Die **Presse** („press") wird, wie die in Art. 6 Abs. 1 Satz 2 EMRK/Art. 14 Abs. 1 Satz 2 IPBPR geregelten Möglichkeiten für einen Ausschluss von Personen zeigen, hinsichtlich des Zutritts zur Verhandlung der allgemeinen Öffentlichkeit gleichgestellt.[1533] Der Begriff

---

1524   EGMR Engel u.a./NL, 8.6.1976; IK-EMRK/*Kühne* 345; *Nowak/Schwaighofer* EuGRZ **1985** 725; SK/*Meyer* 220; *Villiger* 514; *Morscher/Christ* EuGRZ **2010** 272, 273.

1525   EGMR Olujić/KRO, 5.2.2009, § 73 (UNHCR-/OSZE Vertreter, die bei Androhung von Kriminalstrafe zur Verschwiegenheit verpflichtet worden waren, durften an Verhandlung teilnehmen; „general exclusion of the public from the proceedings" beanstandet).

1526   *Peukert* EuGRZ **1980** 247, 268.

1527   Vgl. *Klotz* NJW **2011** 1186 zur Beeinträchtigung des Öffentlichkeitsgrundsatzes durch Videoüberwachung im Eingangsbereich des Gerichts (ablehnend): LG Itzehoe NJW **2010** 3525; a.A. VG Wiesbaden NJW **2010** 1220.

1528   Vgl. hierzu auch: BVerfG Beschl. v. 26.1.2022 – 2 BvR 75/22, BeckRS 2022 1272 (Verfassungsbeschwerde gegen eine Anordnung eines Senatsvorsitzenden in einem Staatsschutzverfahren, welche ein grundsätzliches Verbot von Mitschriften enthielt (mit einer Ausnahme für Medienvertreter und bei nachgewiesenem wissenschaftlichem Interesse); jedoch Nichtannahme der Verfassungsbeschwerde aufgrund fehlender Rechtswegerschöpfung).

1529   Vgl. BVerfG NJW **2012** 1863 = EuGRZ **2012** 347 m. Anm. *Muckel* JA **2012** 875 (Sicherheitsverfügung des Vorsitzenden; Verbot des Tragens von Kutten, die die Zugehörigkeit zu einem Motorradclub demonstrieren, kein Verstoß gegen das Willkürverbot oder das faire Verfahren).

1530   Vgl. EGMR Andrejeva/LET (E), 11.7.2006.

1531   Vgl. OGH ÖJZ **2017** 136 (ausreichend: Aushang mit Telefonnummer an der Eingangstür des Gerichts zur Ermöglichung eines Anrufs im Verhandlungssaal wegen Abwesenheit/Dienstschluss des Tordienstes).

1532   EGMR Riepan/A, 14.11.2000, § 29; Hummatov/ASE, 29.11.2007, §§ 143 ff.; hierzu: OGH ÖJZ **2012** 614, 615.

1533   *Grabenwarter/Pabel* § 24, 90; SK/*Meyer* 220.

Esser

„Presse" ist allerdings weit zu verstehen und nicht auf traditionelle Print-Medien beschränkt. Er betrifft die Befugnis von Journalisten und Medienvertretern zur einfachen Teilnahme an der Verhandlung. Diese kann, wenn die räumlichen Kapazitäten begrenzt sind, vom Vorsitzenden in abstrakt-genereller Form geregelt werden.[1534] **Gesteigerte Formen der Medienberichterstattung**, wie etwa die Ton- oder Fernsehübertragung einer Verhandlung oder die Befugnis, die Verhandlung durch **Filmaufnahmen** oder in **Lichtbildern** festzuhalten und in der Regel selektiv in Ausschnitten zu verbreiten,[1535] werden durch Art. 6 Abs. 1 EMRK/Art. 14 Abs. 1 IPBPR nicht garantiert. Sie gehen in ihren Auswirkungen über die Schutzfunktion dieser Vorschriften hinaus, die die unmittelbare Anwesenheit des Publikums beim Verfahren erfüllt. Sie können deshalb im nationalen Recht ohne Bindung durch Art. 6 Abs. 1 EMRK/Art. 14 Abs. 1 IPBPR geregelt und zum Schutz eines fairen, unbeeinflussten Verfahrens, der Belange der Betroffenen und der Unparteilichkeit der Rechtspflege auch eingeschränkt werden. Die entsprechenden Leitlinien setzt insoweit die in **Art. 10** unter dem Label der Meinungsfreiheit erfasste **Medien- und Pressefreiheit** (dort Rn. 22 ff.; zur Unschuldsvermutung, Rn. 623 ff.).[1536]

Grundsätzlich genügt es dem Anspruch auf Zugang zu einem Gericht, dass ein Verfah- **545** rensbeteiligter – im Strafverfahren der Beschuldigte (etwa im Strafbefehls- oder Bußgeldverfahren) – die **Möglichkeit** hat, durch einen entsprechenden Antrag oder Rechtsbehelf (z.B. Einspruch) eine **öffentliche gerichtliche Verhandlung herbeizuführen**.[1537]

Aus dem Schutzzweck des Gebots der Durchführung einer öffentlichen gerichtlichen **546** Verhandlung folgt, dass es aus der Sicht der Konventionsgarantien darauf ankommt, ob diesem Recht im **Gesamtverfahren** entsprochen wird. Die Öffentlichkeit muss daher mindestens **bei der Verhandlung** in *einer* gerichtlichen Instanz, in der **Sachentscheidungen** getroffen werden, vollumfänglich bestanden haben.[1538] Für das Rechtsmittelverfahren gelten besondere Grundsätze (Rn. 568 ff.). Zur Heilung eines in erster Instanz eingetretenen Verstoßes gegen das Recht auf öffentliche Verhandlung im späteren Instanzenzug siehe Rn. 575 ff. Einem Verstoß gegen den Öffentlichkeitsgrundsatz steht in Strafsachen ein **positiver Ausgang des Verfahrens** für den Beschuldigten (z.B. Freispruch, Verfahrenseinstellung) nicht entgegen.[1539]

2. Mündlichkeit der Verhandlung. Die von Art. 6 Abs. 1 EMRK/Art. 14 Abs. 1 IPBPR **547** als Recht des Angeklagten geforderte Öffentlichkeit umfasst grundsätzlich auch die Mündlichkeit der Verhandlung **(„oral hearing")**.[1540] Die für die Entscheidungsfindung wichtigen Vorgänge müssen in der Verhandlung wenigstens in den Grundzügen so **zur Sprache**

1534 Vgl. BVerfGE **103** 44; BVerfG NJW **2003** 500; zur bevorzugten Platzzuteilung an Medienvertreter als Multiplikatoren für die erweiterte Öffentlichkeit *Grabenwarter/Pabel* § 24, 102.

1535 Zur Zulässigkeit des Verbots, eine laufende Verhandlung im Fernsehen in Ausschnitten wortgetreu nachzuspielen, EKMR bei *Strasser* EuGRZ **1988** 613. In diesem Kontext zu erwähnen ist die Reform des § 169 GVG durch das Gesetz zur Erweiterung der Medienöffentlichkeit in Gerichtsverfahren (...) v. 8.10.2017 (BGBl. I S. 3546); dazu: *Kreicker* ZIS **2017** 85 ff. Zur Durchführung von Videoverhandlungen („Streaming") im europäischen Rechtsvergleich vgl. *Sanders* DRiZ **2021** 68 ff.

1536 Vgl. IK-EMRK/*Kühne* 349; SK/*Meyer* 224; *Wyss* EuGRZ **1996** 1. Hierzu außerdem die umfassende Analyse von *Bernzen* Gerichtssaalberichterstattung (2020).

1537 Hierzu Meyer-Ladewig/Nettesheim/von Raumer/*Meyer-Ladewig/Harrendorf/König* 173 zu Regelungen über Gerichtsbescheide (VwGO/SGG), in denen ebenfalls eine mündliche Verhandlung herbeigeführt werden kann. Sehr kritisch zur Vereinbarkeit des Strafbefehlsverfahrens mit dem Öffentlichkeitsgrundsatz: *Riklin* ZBJV **2016** 475, 493 ff. (Schweiz).

1538 EGMR Xhoxhaj/ALB, 9.2.2021, § 339; Alge/A (E), 10.4.2003; Kurtulmus/TRK (E), 24.1.2006; *Villiger* 516 ff.

1539 EGMR Engel u.a./NL, 8.6.1976, §§ 12, 85, 89.

1540 EGMR Madaus/D, 9.6.2016, § 22.

kommen, dass die unbeteiligten Zuhörer verstehen können, worum es in der Sache geht.[1541] Jeder unmittelbar in der gerichtlichen Verhandlung Anwesende muss Gelegenheit haben, von den zur Entscheidung führenden Vorgängen Kenntnis zu nehmen;[1542] andernfalls würde der mit der Öffentlichkeit verfolgte Kontrollzweck nicht in vollem Umfang erfüllt.

548　　Dies schließt weder die Verwendung **schriftlicher Beweise** noch eine vereinfachte Form ihrer Einführung in das gerichtliche Verfahren (etwa ein **Selbstleseverfahren**, § 249 Abs. 2 StPO) aus. Auch eine eingehende Erörterung *aller* Einzelheiten ist nicht notwendig, wohl aber, dass die für das Verständnis des Verfahrens wichtigen, die spätere Entscheidung **tragenden Umstände** (Tatsachen) und **rechtlichen Erwägungen** transparent werden.[1543] Für die Verfahrensbeteiligten in einem zivilrechtlichen Verfahren muss die Möglichkeit bestehen, in die schriftliche Ausführungen der jeweiligen Gegenseite Einsicht nehmen zu können (vertiefend Rn. 310).[1544]

549　　Ein darüberhinausgehendes *Gebot der Mündlichkeit des Verfahrens* wird man aus dem Zweck des Öffentlichkeitsgrundsatzes selbst nicht herleiten können. Die innerstaatliche Normierung eines **schriftlichen Verfahrens** vor Gericht, in dem nicht nur über vorläufige Maßnahmen, sondern auch über Bestand und Umfang eines *„civil right"* bzw. über die Begründetheit einer *strafrechtlichen Anklage* unter Ausschluss der Öffentlichkeit entschieden wird, verletzt das Öffentlichkeitsgebot daher nicht,[1545] *wenn* die Möglichkeit besteht, dass auf Antrag der Betroffenen eine öffentliche Verhandlung anzuberaumen ist; das Gericht soll einen solchen Antrag konventionskonform nur dann ablehnen können, wenn es berechtigte Gründe für eine solche Entscheidung hat.[1546]

550　　Wenn nach nationalem Recht nicht einmal auf Antrag einer (zivilprozessualen) Partei oder des Angeklagten eine öffentliche mündliche Verhandlung stattfinden kann, weil etwa im nationalen Recht für bestimmte Verfahren *ausschließlich* Anhörungen unter **Ausschluss der Öffentlichkeit** oder schriftliche Stellungnahmen vorgesehen sind, verstößt das regelmäßig gegen das Recht auf eine öffentliche Verhandlung.[1547] Ausnahmen können nur für bestimmte Verfahrensarten zum Schutz von Verfahrensbeteiligten bzw. spezieller Interessen anerkannt werden (Rn. 559 ff.).

551　　Die (Möglichkeit der) **Wahl einer Verfahrenssprache**, die nicht zugleich Amtssprache eines Verfahrensstaats ist bzw. von der überwiegenden Mehrheit der Bevölkerung verstanden wird, stellt – soweit diese Wahl dem Willen der Prozessbeteiligten bzw. des Angeklagten entspricht – keinen Verstoß gegen das Recht (des Angeklagten) auf eine öffentliche Verhandlung dar – mag auch der „Öffentlichkeit" aus diesem Grund der „Zugang" zu

---

1541 Dieser menschenrechtlichen Vorgabe wird durch den im deutschen Strafverfahrensrecht geltenden Mündlichkeitsgrundsatz Rechnung getragen (vgl. § 261 StPO); zur Urkundenverlesung siehe u.a. *Wagner* StV **2019** 858 ff.

1542 IK-EMRK/*Kühne* 355.

1543 IK-EMRK/*Kühne* 355.

1544 EGMR Milatová u.a./CS, 21.6.2005 (zivilrechtliche Streitigkeit).

1545 Vgl. EGMR Engel u.a./NL, 8.6.1976, § 86; Albert u. Le Compte/B, 10.2.1983, §§ 27 ff.; Weber/CH, 22.5.1990, §§ 29 ff.; *Nowak/Schwaighofer* EuGRZ **1985** 725; zur Praxis des HRC: *Nowak* 32–36. Siehe auch EGMR Pönkä/ EST, 8.11.2016, §§ 37 ff. (schriftliches Verfahren ohne mündliche Verhandlung).

1546 EGMR (GK) Vilho Eskelinen u.a./FIN, 19.4.2007, § 74; (GK) Jussila/FIN, 23.11.2006, § 48 (Bf. hatten Gelegenheit, ihre Anliegen schriftlich vorzutragen und auf Einlassungen der Gegenseite zu reagieren. Zur Bedeutung der Begründung einer gerichtlichen Entscheidung auch EGMR Cimperšek/SLO, 30.6.2020, § 45 (Begründung ermöglicht Überprüfung und Nachvollziehbarkeit der Entscheidung, keine öffentliche mündliche Verhandlung durchzuführen).

1547 EGMR (GK) Martinie/F, 12.4.2006, §§ 42 ff.

diesem Verfahren weitgehend faktisch versperrt sein.[1548] Für den der Verhandlungssprache des Gerichts nicht mächtigen Beschuldigten gilt Art. 6 Abs. 3 *lit.* e (unentgeltliche Unterstützung durch einen Dolmetscher; Rn. 1241 ff.).

3. Verzicht. Die Konventionen garantieren dem Einzelnen die Öffentlichkeit als **Verfah** 552 **rensrecht** primär zu *seinem* Schutz, nicht aber als ein auch gegen ihn und seine Interessen wirkendes Rechtsinstitut zur Sicherung des Allgemeininteresses an der Öffentlichkeit der Rechtspflege.[1549] Der Gerichtshof hält es daher mit der den Betroffenen als **subjektives Recht** zugesicherten Konventionsgarantie auf eine öffentliche Verhandlung vor Gericht vereinbar, wenn diese sich **ausdrücklich oder stillschweigend** mit einem schriftlichen Verfahren unter Ausschluss der Öffentlichkeit einverstanden erklären.[1550] Ein solcher Verzicht wird – unter der stillschweigenden Voraussetzung, dass das nationale Recht dies ebenfalls gestattet – vom EGMR für zulässig gehalten.[1551]

Dass die **Kontrollfunktion der Öffentlichkeit** auch Geheimverfahren verhindern soll 553 und objektiven, über den Schutz des Einzelnen hinausreichenden gesellschaftlichen Zwecken dient (**Transparenz der Rechtspflege**; Rn. 538), schließt die Möglichkeit eines wirksamen Verzichts des Einzelnen auf das ihm garantierte Verfahrens*recht* im Einzelfall nicht aus. Der allgemeinen Kontrollfunktion der Öffentlichkeit ist Genüge getan, wenn das nationale Recht grundsätzlich ein öffentliches Verfahren vorsieht, von dem kein Rechtsuchender *ohne sein Zutun* ausgeschlossen werden kann. Ein Verstoß gegen Art. 6 Abs. 1 liegt daher nicht vor, wenn das Gericht mit **Zustimmung der Verfahrensbeteiligten** im schriftlichen Verfahren entscheidet, auch wenn in diesen Fällen die objektive Kontrollfunktion der Öffentlichkeit ausgeschaltet wird.[1552] Für einen derartigen Verzicht der Verfahrensparteien auf eine öffentliche Verhandlung kommt es im Strafverfahren nur auf die **Person des Beschuldigten** an, denn ihm allein wird dort das *Recht* auf die Durchführung einer öffentlichen gerichtlichen Verhandlung (Art. 6 Abs. 1 EMRK/Art. 14 Abs. 1 IPBPR) garantiert. Dies gilt auch für ein Verfahren, in dem nach Einstellung des Strafverfahrens über die Haftentschädigung befunden wird.[1553]

Verständigungen und Absprachen über den Verfahrensgang/-stoff gehören zur *„Ver* 554 *handlung"* über die strafrechtliche Anklage i.S.v. Art. 6 Abs. 1 (Rn. 79 ff.). Wenn solche Gespräche nach nationalem Recht **außerhalb der Hauptverhandlung** geführt werden können und nur das Ergebnis der Gespräche vor der Öffentlichkeit mitgeteilt werden muss, so bedarf es hierfür stets der Mitwirkung des Angeklagten, weil nur so von einem wirksamen

---

[1548] Zur Einrichtung von Kammern für internationale Handelssachen, in denen in englischer Sprache verhandelt wird, und zur Debatte über den (deutschen) Öffentlichkeitsgrundsatz: BRDrucks. 42/10; BTDrucks. 17 2163; **19** 1717 (Entwurf eines Gesetzes zur Einführung von Kammern für internationale Handelssachen – KfiHG); **20** 1549; *Braunbeck* DRiZ **2010** 316; ferner *Handschell* DRiZ **2010** 395 ff.; *Müller-Piepenkötter* DRiZ **2010** 2 ff.; *Remmert* ZIP **2010** 1579 ff.; *Prütting* AnwBl. **2010** 113 ff.; *Dreesen/Hoffmann* KritV **2011** 194 ff.; *Salger* AnwBl. **2012** 40 ff.; *Hoffmann* Kammern für internationale Handelssachen (2011).
[1549] SK/*Meyer* 219, 259 betont dagegen stärker die objektiv-rechtliche Komponente.
[1550] Zum stillschweigenden Verzicht vgl. EGMR Håkansson u. Sturesson/S, 21.2.1990, § 67; Exel/CS, 5.7.2005, § 47; allgemein IK-EMRK/*Kühne* 347; *Morvay* ZaöRV **21** (1961) 337; BGH NJW **1957** 1480; strenger: SK/*Meyer* 258, der für das Strafverfahren zu Recht einen ausdrücklichen Verzicht fordert.
[1551] EGMR Le Compte/B, 10.2.1983, Dissenting Opinion *Matscher* § 5; Albert u. Le Compte/B, 10.2.1983, § 35; vgl. auch EGMR Håkansson u. Sturesson/S, 21.2.1990, EuGRZ **1992** 5, §§ 66 f.; Weber/CH, 22.5.1990, § 39; Schuler-Zgraggen/CH, 24.6.1993, § 58; *Frowein/Peukert* 191, 199; *Peukert* EuGRZ **1980** 247, 268; *Villiger* 520; SK/*Meyer* 257 ff. Aus zivilprozessualer Perspektive: *Seitz* Disposition über die Öffentlichkeit im Zivilprozess? (2019).
[1552] Vgl. auch SK/*Meyer* 264.
[1553] EGMR Werner/A, 24.11.1997, §§ 32 ff., 43 ff.

Verzicht auf das Führen dieser Gespräche in der Hauptverhandlung ausgegangen werden kann.[1554]

555   Ein derartiger Verzicht auf eine öffentliche gerichtliche Verhandlung ist allerdings nur wirksam, wenn er **eindeutig** erfolgt und **öffentlichen Interessen** nicht zuwiderläuft.[1555] Er kann bereits darin zu sehen sein, dass ein Verfahrensbeteiligter **in Kenntnis**, dass üblicherweise schriftlich entschieden wird, den verfahrensrechtlich möglichen und ihm auch effektiv zugänglichen Antrag auf Durchführung einer mündlichen Verhandlung nicht stellt.[1556] Voraussetzung für die Annahme und Wirksamkeit eines in der **Nichtantragstellung** zu sehenden Verzichts ist, dass das Gericht einem solchen Antrag auch praktisch entsprechen kann; zur Stellung faktisch aussichtsloser Anträge ist kein Betroffener verpflichtet,[1557] so etwa, wenn das nationale Recht gar keine mündliche Verhandlung vorsieht.[1558] Im Unterbleiben der Antragstellung kann auch dann kein Verzicht gesehen werden, wenn das mit der Sache befasste Gericht kurzfristig schriftlich entscheidet, ohne dem Betroffenen Gelegenheit zu einer Stellungnahme zu geben.[1559]

556   **Für das Gericht** ist ein solcher **Verzicht** der Prozessbeteiligten bzw. des Angeklagten allerdings **nicht bindend**. Sofern es das nationale Recht erlaubt oder ggf. sogar fordert, kann bzw. muss es trotzdem öffentlich (mündlich) verhandeln und entscheiden, wenn es dies im Hinblick auf die Parteien oder sonst in einem **überwiegenden öffentlichen Interesse** für angezeigt hält.[1560] Grenzen können sich freilich aus anderen Menschenrechten, wie etwa dem Fairnessgrundsatz (Art. 6 Abs. 1) und der Unschuldsvermutung (Art. 6 Abs. 2) ergeben.

557   Ein Verzicht der Parteien auf eine öffentliche Verhandlung schließt das **Recht Dritter auf Kenntnisnahme** vom Inhalt des ergangenen Urteilsspruchs und seiner Begründung nicht automatisch aus.[1561] Einschränkungen in diesem Bereich folgen aus Art. 8 (Recht auf Achtung des Privatlebens).

558   Von der Frage nach dem Verzicht auf eine öffentliche Verhandlung abzugrenzen ist die Frage nach dem **Verzicht auf das Recht zur Anwesenheit** in der Verhandlung. Insoweit geht der EGMR davon aus, dass zunächst zu bestimmen ist, ob die Anwesenheit des Angeklagten nach der Natur des Verfahrens geboten erscheint.[1562] Ferner hat der Gerichtshof klargestellt, dass aus dem Umstand, dass eine Person ihre Anwesenheit in der mündlichen Verhandlung nicht explizit beantragt hat (selbst dann, wenn das nationale Recht diese Möglichkeit gar nicht vorsieht), nicht geschlossen werden darf, dass sie auf ihr Anwesenheitsrecht verzichtet hat.[1563]

1554   Siehe EGMR Sodadjiev/BUL, 5.10.2006, §§ 29 f.; zur Bedeutung schriftlicher Nachweise über den Inhalt der Verständigung: EGMR Litwin/D, 3.11.2011, §§ 40 ff.

1555   Meyer-Ladewig/Nettesheim/von Raumer/*Meyer-Ladewig/Harrendorf/König* 182; *Grabenwarter/Pabel* § 24, 105 f.

1556   EGMR Håkansson u. Sturesson/S, 21.2.1990, § 66; Schuler-Zgraggen/CH, 24.6.1993, § 58; Zumtobel/A, 21.9.1993, § 33, ÖJZ **1993** 762; Fischer/A, 26.4.1995, § 44, ÖJZ **1995** 633 (Antrag jedoch gestellt); Haider/A (E), 29.1.2004, Nr. 1; Exel/CS, 5.7.2005, § 47; *Frowein/Peukert* 191; Meyer-Ladewig/Nettesheim/von Raumer/*Meyer-Ladewig/Harrendorf/König* 182; vgl. auch die Bedenken gegen diese Praxis bei SK/*Meyer* 258.

1557   EGMR Werner/A, 24.11.1997, §§ 47 f.

1558   EGMR Saccoccia/A, 18.12.2008, § 72 (Exequatur-Verfahren); H./B, 30.11.1987, §§ 49 ff.; Diennet/F, 26.9.1995, § 31; vgl. auch *Grabenwarter/Pabel* § 24, 105; SK/*Meyer* 262, wonach Verfahrensregeln konventionswidrig sind, wenn sie eine mündliche Verhandlung der Sache generell ausschließen.

1559   EGMR Faugel/A (E), 20.11.2003, ÖJZ **2004** 437.

1560   EGMR Håkansson u. Sturesson/S, 21.2.1990; *Grabenwarter/Pabel* § 24, 106.

1561   Vgl. *Nowak* 40 f.

1562   EGMR Yevdokimov u.a./R, 16.2.2016, §§ 33 ff.

1563   EGMR Altay/TRK (Nr. 2), 9.4.2019, §§ 77 f.

Esser

4. Ausnahmen vom Recht auf Durchführung einer öffentlichen Verhandlung. Das 559
Recht eines Verfahrensbeteiligten auf die Durchführung einer gerichtlichen Verhandlung
gilt von vornherein nicht für Verfahren, deren Gegenstand nicht unter Art. 6 EMRK/Art. 14
IPBPR fällt, d.h. für solche Verfahren, die weder einen Streit über *„civil rights"* (Rn. 43 ff.)
noch eine *strafrechtliche Anklage* (Rn. 79 ff.) betreffen. Liegt aber ein Rechtsstreit vor, der
einen dieser beiden Anwendungsbereiche betrifft (dazu zählt auch die Entschädigung für
Strafverfolgungsmaßnahmen), muss vor Gericht **grundsätzlich öffentlich verhandelt**
werden.[1564]

Die Garantie, eine der Öffentlichkeit zugängliche (mündliche) Verhandlung anzuset- 560
zen und durchzuführen, ist allerdings keine absolute. Von dem Recht auf einen Zugang
der *Öffentlichkeit* zur Verhandlung kann schon unter den Voraussetzungen des Absatzes 1
Satz 2 ganz oder zum Teil abgesehen werden (vgl. Rn. 587 ff.), etwa zur Verbesserung des
Informationsaustausches oder im Interesse des **Zeugenschutzes**.[1565]

Von einer (mündlichen) Verhandlung *insgesamt* kann jedoch nur bei Vorliegen **beson-** 561
derer, außergewöhnlicher Umstände[1566] oder aufgrund eines **wirksamen Verzichts** der
jeweiligen Rechtsträger abgesehen werden (Rn. 552 ff.). Beantragt ein Verfahrensbeteiligter
die Durchführung einer mündlichen Verhandlung vor Gericht, so wird sein Recht verletzt,
wenn das Gericht dem Antrag nicht entspricht, sofern eben nicht besondere, außergewöhnliche Umstände das Absehen von der Verhandlung rechtfertigen.[1567]

Wann genau solche **außergewöhnlichen Umstände** vorliegen, hat der EGMR noch 562
nicht abschließend geklärt,[1568] sondern die diesbezüglichen Fragen bislang mit einer gewissen Flexibilität gehandhabt. In die Frage der Erforderlichkeit einer mündlichen Verhandlung sind von den Behörden Aspekte der **Effektivität und Wirtschaftlichkeit** mit
einzubeziehen, um das Verfahren gemäß Art. 6 Abs. 1 **innerhalb einer angemessenen**
Frist entscheiden und dem Erfordernis einer insgesamt raschen Erledigung des Verfahrens gerecht werden zu können.[1569]

Eine Ausnahme von der Erforderlichkeit einer Verhandlung gilt in **zivilrechtlichen** 563
Angelegenheiten („civil rights"), wenn die tatsächlichen Umstände („facts that were decisive for the outcome of the proceedings") nicht streitig sind und das Verfahren lediglich
technische Fragen oder reine Rechtsfragen betrifft und damit keine Umstände tangiert,
die das Gericht veranlassen müssten, sich einen **persönlichen Eindruck** von einer Partei
bzw. deren Glaubwürdigkeit („issues of credibility") zu verschaffen.[1570] Hier bedarf es aus

---

[1564] EGMR Asan Rushiti/A, 21.2.2000, ÖJZ **2001** 155; OGH ÖJZ **2002** 570; laut BVerwG ist auch dann eine
mündliche Verhandlung erforderlich, wenn die Vorfrage für die Zulässigkeit eines Normenkontrollantrags
eine Entscheidung beinhaltet, die sich auf das Bestehen und den Inhalt eines weiteren Rechtsverhältnisses
bezieht, das ein *civil right* i.S.v. Art. 6 betrifft: BVerwG NVwZ **2008** 696.
[1565] EGMR Osinger/A, 24.3.2005, § 45, ÖJZ **2006** 255; hierzu aus der Perspektive des Art. 8: EGMR Frâncu/
RUM, 13.10.2020, §§ 51 ff., 57 ff.
[1566] EGMR Campbell u. Fell/UK, 28.6.1984, §§ 86 ff. (Disziplinarverfahren Gefangener); B. u. P./UK, 24.4.2001,
§ 37, ÖJZ **2002** 571; Alge/A (E), 10.4.2003, §§ 29 f.; Valová u.a./SLO, 1.6.2004, § 63; (GK) Ramos Nunes de Carvalho
e Sá/P, 6.11.2018, § 188; Transkop Ad Bitola/MAZ, 1.4.2021, §§ 27 ff., 31; *Grabenwarter/Pabel* § 24, 103; Meyer-
Ladewig/Nettesheim/von Raumer/*Meyer-Ladewig/Harrendorf/König* 171.
[1567] EGMR Stallinger u. Kuso/A, 23.4.1997; Allan Jacobsson/S (Nr. 2), 19.2.1998, § 46; Sporer/A, 3.2.2011, ÖJZ
2011 525 (Sorgerecht Vater für uneheliches Kind).
[1568] *Esser* 711. Zusammenfassend: EGMR (GK) Ramos Nunes de Carvalho e Sá/P, 6.11.2018, §§ 190 ff.
[1569] EGMR Petersen/D (E), 6.12.2001, § 4, NJW **2003** 1921; (GK) Hermi/I, 18.10.2006, § 80; (GK) Jussila/FIN,
23.11.2006, § 42; Eker/TRK, 24.10.2017, §§ 24, 29; Mutu u. Pechstein/CH, 2.10.2018, § 177.
[1570] EGMR Edizioni Del Roma Società Cooperativa ARL u. Edizioni Del Roma SRL/I, 10.12.2020, § 59; Evers/
D, 28.5.2020, § 98 („the issue in the proceedings was not purely legal and technical, but would have allowed
the domestic courts to form their own impression of the applicant and the latter to explain his personal

Gründen der Effektivität nicht der Durchführung einer der Öffentlichkeit zugänglichen mündlichen Verhandlung.[1571] Dies gilt insbesondere bei der Anordnung **einstweiliger/vorläufiger Maßnahmen.**[1572]

564   Allein der Umstand, dass ein Verfahren in Zivilsachen einen **Inhaftierten** betrifft, genügt nicht, um diesem eine Anhörung vor dem zuständigen Gericht zu verweigern.[1573] Auch im Zusammenhang mit der **strafrechtlichen Rehabilitierung** hat der EGMR das Recht auf eine öffentliche Verhandlung betont.[1574]

565   In **Strafsachen** beziehen sich die Forderungen der Öffentlichkeit und Mündlichkeit von vornherein nur auf die gerichtliche **Hauptverhandlung** (*„public hearing"/„entendue publiquement"*), also auf das Kernstück des Verfahrens, das im Strafprozess die Grundlage der Schuldfeststellung und Urteilsfindung bildet. Für das übrige, die Hauptverhandlung des Gerichts **vorbereitende** oder ihr **nachfolgende Verfahren** sowie für die **Urteilsberatung** gilt das Recht des Zugangs der Öffentlichkeit nicht, ebenfalls nicht für gerichtliche **Haftprüfungsentscheidungen.**[1575]

566   Nur wenn es sich um ein Verfahren handelt, dessen Durchführung und Ergebnis für den Betroffenen lediglich mit einer **geringen persönlichen Belastung** verbunden ist und somit nicht unter das traditionelle Kriminalstrafrecht fällt, kann in Strafsachen von einer der Öffentlichkeit zugänglichen Verhandlung auch unter solchen Umständen abgesehen werden, die die Rechtsprechung ursprünglich nur bei *zivilrechtlichen* Verfahren für zulässig erklärt hat.[1576] Eine Verhandlung ist etwa dann entbehrlich, wenn es sich um einen geringen Verstoß in **Disziplinarsachen** oder in solchen nach dem **OWiG** handelt, der durch eine **Behörde** geahndet werden kann. Allerdings muss dann vom Betroffenen ein Gericht mit umfassenden Prüfungs- und Entscheidungsbefugnissen angerufen werden *können* (Rn. 142 ff.).[1577]

567   Inwieweit die mit einer **Pandemie** verbundenen Einschränkungen bei der Durchführung einer öffentlichen Hauptverhandlung in Strafsachen eine Verletzung des Art. 6 Abs. 1 darstellen können, ist bislang noch nicht vom EGMR geklärt. Ausnahmen und Einschränkungen können sich hier nur in Bezug auf den Zugang der Öffentlichkeit ergeben (auch gegen den Willen des Angeklagten), nicht aber für die Durchführung einer gerichtlichen Verhandlung selbst; hierzu gelten auch in einer Pandemie die allgemeinen Grundsätze. Diskutiert wird die Problematik innerstaatlich dann auch u.a. im Hinblick auf § 338 Nr. 6

---

situation"); Mutu u. Pechstein/CH, 2.10.2018, § 177; Fröbrich/D, 16.3.2017, §§ 35 ff., NJW **2017** 2331 = NJ **2017** 168; Ohneberg/A, 18.9.2012, § 32, ÖJZ **2013** 429; Sporer/A, 3.2.2011, §§ 46 f. (Sorgerecht; persönlicher Eindruck von den Eltern); Saccoccia/A, 18.12.2008, § 72 (Exequatur-Verfahren; Vermögensbeschlagnahme aufgrund amerikanischer *final forfeiture*); Varela Assalino/P (E), 25.4.2002; Schuler-Zgraggen/CH, 24.6.1993, § 58.

1571 EGMR Edizioni Del Roma/I, 10.12.2020, § 59; (GK) De Tommaso/I, 23.2.2017, § 163; Jussila/FIN, 23.11.2006, § 41.

1572 Dazu vgl. EGMR Helmut Blum/A, 5.4.2016, §§ 70 ff.

1573 EGMR Igranov u.a./R, 20.3.2018, §§ 34 f.; Yevdokimov u.a./R, 16.2.2016, §§ 30 ff.

1574 Vgl. EGMR Madaus/D, 9.6.2016, §§ 22 ff. (Art. 6 Abs. 1 verletzt); dazu *Wasmuth* NJ **2016** 140 ff.

1575 EGMR Neumeister/A, 27.6.1968.

1576 EGMR (GK) Jussila/FIN, 23.11.2006; strafrechtlicher Charakter von Steuerzuschlägen angenommen; jedoch kein Kernbereich des Strafrechts; mündliche Verhandlung aufgrund der ausreichenden Möglichkeiten, in der Sache schriftlich vorzutragen, entbehrlich); ferner auch EGMR Kammerer/A, 12.5.2010, ÖJZ **2010** 877, §§ 23 ff. (Bußgeldbescheid, Verkehrssache); Edizioni Del Roma Società Cooperativa ARL u. Edizioni Del Roma SRL/I, 10.12.2020, § 60; vgl. *Grabenwarter/Pabel* § 24, 104.

1577 EGMR Le Compte/B, 10.2.1983; Öztürk/D, 21.2.1984; Suhadolc/SLW (E), 17.5.2011; vgl. Meyer-Ladewig/Nettesheim/von Raumer/*Meyer-Ladewig/Harrendorf/König* 172.

StPO,[1578] wobei zu beachten ist, dass der (teilweise) **Ausschluss der Öffentlichkeit** – über die in §§ 172 ff. GVG normierten Gründe hinaus – auf **unabweisbare Bedürfnisse der Rechtspflege** gestützt werden kann.[1579] Die **Kontaktdatenerfassung** für die Besucher einer Gerichtsverhandlung stellt nach der verwaltungsgerichtlichen Rechtsprechung jedenfalls keinen Verstoß gegen den Öffentlichkeitsgrundsatz dar[1580] und dürfte auch dem Recht des Angeklagten auf eine öffentliche gerichtliche Verhandlung nicht widersprechen. Der BGH hat außerdem darauf hingewiesen, dass der Öffentlichkeitsgrundsatz nicht tangiert ist, wenn einzelne Personen aufgrund verhängter **Ausgangsbeschränkungen** auf den Besuch einer öffentlich stattfindenden Hauptverhandlung verzichten.[1581] Dies deckt sich auch mit der Rechtsprechung des EGMR, der entschieden hat, dass ein „Lockdown" nicht als Hausarrest angesehen werden kann und daher keine Freiheitsentziehung i.S.d. Art. 5 Abs. 1 darstellt.[1582] Zur konventionsrechtlichen Beurteilung des vor dem Hintergrund der Pandemie geschaffenen **§ 10 EGStPO**, der eine Hemmung der strafprozessualen Unterbrechungsfristen aus infektionsschutzrechtlichen Gründen ermöglicht,[1583] siehe Rn. 437 ff. (Beschleunigungsgebot).

5. Verhandlung in der Rechtsmittelinstanz. Findet in der Rechtsmittelinstanz eine **568** **erneute** (mündliche) **Verhandlung** statt, gilt das Recht des Angeklagten auf Zulassung der Öffentlichkeit *grundsätzlich* auch für diesen Verfahrensabschnitt,[1584] vor allem, wenn über die tatsächlichen Grundlagen der Entscheidung neu Beweis erhoben und verhandelt wird (Rn. 571 f.).[1585]

Allerdings besteht eine **Einschränkung** dahingehend, dass die Anwendung des Art. 6 **569** im Verfahren vor den Rechtsmittelgerichten von den **Verfahrenseigenschaften** und der Rolle abhängig gemacht wird, die dem Rechtsmittelgericht im jeweiligen Verfahrensmodell zukommt.[1586] Abzustellen ist hierbei auf die **Art des Rechtsmittelsystems**, den **Umfang der Befugnisse** und die **Entscheidungskompetenzen**, die dem Gericht zugewiesen sind, sowie die Art und Weise der tatsächlichen Geltendmachung und des **Schutzes der Interessen des Angeklagten** vor diesem Gericht, einschließlich seiner Verteidigungsrechte.[1587]

War die Kontrolle durch die Öffentlichkeit in einer gerichtlichen Tatsacheninstanz **570** gewährleistet, ist die Durchführung einer Verhandlung in der Rechtsmittelinstanz entbehrlich, wenn über das Rechtsmittel selbst oder auch nur über dessen Zulassung unter **Bin-**

1578 Dazu BGH NStZ-RR **2021** 83 = StV **2021** 226 m. Anm. *Jahn* JuS **2021** 274; *Arnoldi* NStZ **2020** 313 ff. (jeweils i.E. verneinend).
1579 *Auf der Heiden* NJW **2020** 1023, 1024 f. Näher zur gerichtsverfassungsrechtlichen Rechtslage: *Kulhanek* NJW **2020** 1183 ff.; ferner de lege ferenda *Moslehi* GVRZ **2020** 21. Zur Beurteilung der Gefährdungslage hinsichtlich einer Corona-Infektion in der Hauptverhandlung: BVerfG NJW **2020** 2327 f.; NStZ-RR **2021** 19, 20.
1580 OVG Berlin-Brandenburg BeckRS 2020 11232 Rn. 21 f.; OVG Lüneburg NJW **2021** 650.
1581 BGH Beschl. v. 6.2.2021 – 5 StR 363/20, Rn. 10 m.w.N.
1582 EGMR Terheş/RUM, 13.4.2021, §§ 38 ff., EuGRZ **2021** 370 = NJW **2021** 2101.
1583 Näher dazu u.a. BGH NJW **2021** 1025 = NStZ **2021** 186 m. Anm. *Lang*; LG Hamburg StraFo **2020** 193 m. Anm. *Hohmann*; *Wagner* ZIS **2020** 223 ff.; *Niedernhuber* GVRZ **2020** 23; *Zehetgruber* GVRZ **2020** 24.
1584 EGMR Engel u.a./NL, 8.6.1976; *Peukert* EuGRZ **1980** 247, 268; vgl. auch *Bachler* ÖJZ **1993** 537.
1585 EGMR Ekbatani/S, 26.5.1988; Jan-Ake Andersson/S, 29.10.1991, EuGRZ **1991** 419; Fejde/S, EuGRZ **1991** 420; Helmers/S, 29.10.1991; vgl. dazu auch: EGMR Kilin/R, 11.5.2021, § 113; SK/*Meyer* 235, 267 ff.; *Villiger* 518.
1586 EGMR Ekbatani/S, 26.5.1988, §§ 27 f.; Helmers/, 29.10.1991, § 31; Jan-Ake Andersson/S, 29.10.1991, § 22; Fejde/S, 29.10.1991, § 26; Botten/N, 19.2.1996, § 39, ÖJZ **1996** 675; Bulut/A, 22.2.1996, § 40; Rippe/D (E), 2.2.2006; Pokrzeptowicz-Meyer/D (E), 25.8.2009 (Sorgerechtsverfahren); Garcia Hernandez/E, 16.11.2010, § 24.
1587 EGMR Mtchedlishvili/GEO, 25.2.2021, § 31 m.w.N.; *Esser* 780. Ferner siehe auch die umfassende Analyse der Gerichtsbefugnisse und der Verfahrensart bei EGMR (GK) Ramos Nunes de Carvalho e Sá/P, 6.11.2018, §§ 193 ff., 214.

dung an die **erstinstanzlich getroffenen Tatsachenfeststellungen** und beschränkt auf **Rechtsfragen** im schriftlichen Verfahren entschieden wird.[1588] In diesem Fall ist Art. 6 Abs. 1 gewahrt, wenn im Ausgangsverfahren eine der Öffentlichkeit zugängliche Anhörung stattgefunden hat und das Rechtsmittelgericht unter Verweis auf seine Absicht, das Rechtsmittel zu verwerfen, den Verfahrensbeteiligten eine (effektive) **Gelegenheit zur** (schriftlichen) **Stellungnahme** gibt.[1589] Eine Verhandlung soll in der Rechtsmittelinstanz auch dann entbehrlich sein, wenn über **beweiserhebliche Tatsachen allein aufgrund des Akteninhalts** entschieden werden kann.[1590]

571   Auch vor einem Rechtsmittelgericht, das die entscheidungserheblichen **Tatsachen neu zu ermitteln und festzustellen** hat, ist eine Verhandlung nicht immer zwingend erforderlich.[1591] Einer Verhandlung (in Anwesenheit des Angeklagten) bedarf es jedoch stets, wenn über die **Schuldfrage** neu entschieden wird,[1592] oder eine nahezu vollständige **Wiederholung der Beweisaufnahme** erforderlich ist.[1593]

572   Weisen die speziellen Fragen eines Falles **Schwierigkeiten** auf und sind diese Spezifika darüber hinaus auch von **wesentlicher Bedeutung** für die vom Gericht zu treffende Entscheidung, muss ebenfalls erneut (mündlich) verhandelt werden,[1594] vor allem dann, wenn einige dieser Fragen in der Rechtsmittelinstanz zum ersten Mal aufgeworfen und entschieden werden.

573   Ein **wirksamer Verzicht** des Beschuldigten auf eine (mündliche) Verhandlung vor dem Rechtsmittelgericht ist gleichzeitig mit einem Verzicht auf die *Öffentlichkeit* dieses Verfahrensabschnitts verbunden (zum Verzicht Rn. 552 ff.). Dies begründet der EGMR damit, dass die Kontrollfunktion der Öffentlichkeit allgemein überwiegend von den Interes-

---

[1588] EGMR Axen/D, 8.12.1983, § 28; Bulut/A, 22.2.1996, § 41; Botten/N, 6.12.2001, § 39; Faugel/A (E), 20.11.2003; Garcia Hernandez/E, 16.11.2010, § 24 („Lorsqu'une audience publique a eu lieu en première instance, l'absence de débats publics en appel peut se justifier par les particularités de la procédure en question, eu égard à la nature du système d'appel interne, à l'étendue des pouvoirs de la juridiction d'appel, à la manière dont les intérêts du requérant ont réellement été exposés et protégés devant elle, et notamment à la nature des questions qu'elle avait à trancher."); *Frowein/Peukert* 195; IK-EMRK/*Kühne* 348; *Peukert* EuGRZ **1980** 247, 268; *Villiger* 519; siehe auch BVerfG NJW **2014** 2563 = EuGRZ **2014** 486 = StraFo **2014** 391 = wistra **2014** 434 = JR **2015** 92 = StV **2015** 75.

[1589] EGMR Jung/D (E), 29.9.2009.

[1590] Für die ZPO: EGMR Rippe/D (E), 2.2.2006; Ditz/D (E), 2.6.2009; zudem: EGMR Xhoxhaj/ALB, 9.2.2021, § 343.

[1591] EGMR Garcia Hernandez/E, 16.11.2010, § 24 („ainsi, devant une cour d'appel jouissant de la plénitude de juridiction, l'article 6 ne garantit pas nécessairement le droit à une audience publique ni, si une telle audience a lieu, celui d'assister en personne aux débats").

[1592] EGMR Zahirovic/KRO, 25.4.2013, § 56 („[...] where an appellate court has to examine a case as to the facts and the law and make a full assessment of the issue of guilt or innocence, it cannot determine the issue without a direct assessment of the evidence given in person by the accused for the purpose of proving that he did not commit the act allegedly constituting a criminal offence"), § 62; Garcia Hernandez/E, 16.11.2010, §§ 25, 34 („Les questions traitées étant essentiellement de nature factuelle, la Cour estime que la condamnation de la requérante en appel par l'Audiencia Provincial après un changement dans l'appréciation des éléments tels que le comportement de la requérante, sans que celle-ci ait eu l'occasion d'être entendue personnellement et de les contester moyennant un examen contradictoire au cours d'une audience publique, n'est pas conforme avec les exigences d'un procès équitable tel que garanti par l'article 6 § 1 de la Convention."); siehe auch: EGMR Calmanovici/RUM, 1.7.2008, §§ 107 ff.; Dondarini/SM, 6.7.2004, § 27; Constantinescu/RUM, 27.6.2000, § 55; Ekbatani/S, 26.5.1988, § 32.

[1593] EGMR Ekbatani/S, 26.5.1988, § 32; vgl. *Esser* 781; Meyer-Ladewig/Nettesheim/von Raumer/*Meyer-Ladewig/Harrendorf/König* 174 f.

[1594] EGMR Axen/D, 8.12.1983; Ekbatani/S, 26.5.1988; Fejde/S, 29.10.1991; Helmers/S, 29.10.1991; vgl. Meyer-Ladewig/Nettesheim/von Raumer/*Meyer-Ladewig/Harrendorf/König* 176.

sen des Beschuldigten bestimmt wird, wobei das (vermutete) Interesse der Öffentlichkeit dabei nicht über das des Beschuldigten hinausgeht.[1595]

Wird die Durchführung einer **mündlichen Verhandlung erstmals** mit dem Rechts- **574** mittel **beantragt**, nachdem auf eine solche in erster Instanz wirksam verzichtet wurde, so wird eine weniger strikte Praxis vom EGMR jedenfalls in Zivilsachen für zulässig gehalten.[1596] Eine Verhandlung vor dem Rechtsmittelgericht soll auch aufgrund fehlender zu erwartender Beschwer unterbleiben können, d.h. wenn der Angeklagte in einem Strafverfahren von jeder Schuld freigestellt werden soll.[1597]

6. Heilung. Die Heilung eines aufgrund unterbliebener Verhandlung oder eines unter **575** Ausschluss der Öffentlichkeit fehlerhaft geführten erstinstanzlichen Verfahrens ist – jedenfalls in Strafsachen – nur bei einer **vollständigen Wiederholung der Verhandlung** in höherer Instanz („**complete re-hearing**") möglich; diese muss auch die Ermittlung des Sachverhaltes und das Beweisverfahren umfassen. Das Rechtsmittelgericht muss über eine dementsprechend **weite Prüfungskompetenz** verfügen („requisite scope") und diese auch praktisch ausüben.[1598] Diese Vorgaben formuliert der EGMR angesichts der Bedeutung des Öffentlichkeitsgrundsatzes und des generellen Erfordernisses der Beweiserhebung in mündlicher Verhandlung in Anwesenheit des Angeklagten (vgl. Rn. 538, 945 ff.).[1599]

Ist das Recht des Angeklagten auf eine öffentliche Verhandlung in der oder den Tatsa- **576** cheninstanz(en) nicht eingehalten worden, kann die von Art. 6 Abs. 1 geforderte Verhandlung vor einem nur auf die Kontrolle von Rechtsfragen beschränkten Rechtsmittelgericht (Revisions- oder Kassationsgericht) den Fehler nicht mehr heilen.[1600] Das gilt auch dann, wenn das Rechtsmittelgericht zwar von Rechts wegen auch Tatsachenfragen prüfen könnte, davon aber generell oder im konkreten Fall absieht. Dabei ist unerheblich, ob der Angeklagte es etwa versäumt hat, die Vernehmung von Zeugen zu beantragen und auf diese Weise eine Beweisaufnahme herbeizuführen.[1601]

7. Verkündung der gerichtlichen Entscheidung. Im Gegensatz zu Art. 14 Abs. 1 **577** Satz 2 IPBPR sieht Art. 6 Abs. 1 Satz 2 keine Gründe für den Ausschluss der Urteilsöffentlichkeit vor. Die Verkündung der gerichtlichen Entscheidung muss daher grundsätzlich aus den gleichen Erwägungen wie die vorgelagerte Verhandlung[1602] öffentlich erfolgen.[1603] Nach dem **Wortlaut des Art. 6 Abs. 1 Satz 2** gilt dies selbst dann, wenn die Öffentlichkeit

---

1595 EGMR Sutter/CH, 22.2.1984, §§ 29 ff.; vgl. *Esser* 782.

1596 EGMR Miller/S, 8.2.2005, § 30; vgl. für das Vorgehen eines unterlegenen Kandidaten gegen die Richterwahl: EGMR Juricic/KRO, 26.7.2011 (in erster Instanz auf Öffentlichkeit verzichtet; in höherer Instanz nicht erforderlich, sofern es sich um dieselben Rechtsfragen handelt).

1597 EGMR Adolf/A, 26.3.1982, § 40.

1598 EGMR Krestovskiy/R28.10.2010, § 34 („the lack of a public hearing could not in any event be remedied by anything other than a complete re-hearing before the appellate court"); Riepan/A, 14.11.2000, §§ 37 ff.

1599 EGMR Riepan/A, 14.11.2000, § 40; vgl. auch Meyer-Ladewig/Nettesheim/von Raumer/*Meyer-Ladewig*/ *Harrendorf*/*König* 174; *Ujkasevic* Die Kompensation von Verfahrensrechtsverstößen in der Rechtsprechung des Europäischen Gerichtshofs für Menschenrechte (2018) 49.

1600 EGMR Le Compte u.a./B, 23.6.1981, § 33; Albert u. Le Compte/B, 10.2.1983, §§ 36 f.; Diennet/F, 26.9.1995, § 31.

1601 EGMR Krestovskiy/R, 28.10.2010, § 35 („it was for the domestic judicial authorities to secure the defendant's right to have evidence adduced at a public hearing"); Riepan/A, 14.11.2000, § 41.

1602 *Esser* 752.

1603 Weitgehend entsprechende Regelung in § 173 Abs. 1, Abs. 2 GVG.

---

der Verhandlung aus einem der dort aufgezählten Ausnahmegründe ausgeschlossen werden durfte (Rn. 587 ff.).[1604]

578   Allerdings lässt der EGMR es beim Vorliegen eines der in **Art. 6 Abs. 1 Satz 2** genannten **Ausnahmegründe** zu, die öffentliche Verkündung auf die **Urteils*formel*** zu beschränken und dem Angeklagten die Urteilsgründe unter Ausschluss der Öffentlichkeit zu eröffnen.[1605] Liegt keiner der in den Konventionen genannten Ausnahmegründe vor, müssen die Urteilgründe in öffentlicher Verhandlung eröffnet werden (wobei die mündliche Mitteilung ihres wesentlichen Inhalts, § 268 Abs. 2 Satz 2 StPO, genügt).[1606] Der EGMR umgeht die an sich naheliegende Frage einer entsprechenden Anwendung dieser Ausschlussgründe auf die Urteilsverkündung dadurch, dass er im Hinblick auf die unterschiedlichen Gerichtspraktiken in den Mitgliedstaaten eine wörtliche Auslegung ablehnt und die Ansicht vertritt,[1607] die formellen Aspekte der Bekanntgabe seien zweitrangig, sofern nur dem **Schutzzweck** Rechnung getragen wird, der fordert, dass der Urteilsspruch und seine Gründe der Öffentlichkeit bekannt gegeben werden.[1608] Eine buchstabengetreue Auslegung verbiete sich, wenn dadurch die Gründe, aus denen die Öffentlichkeit ausgeschlossen wurde[1609] und das vorrangige Erfordernis eines fairen Verfahrens zunichte gemacht würden. Es kann daher genügen, die Gründe nur in einer **summarischen Zusammenfassung** mitzuteilen. Die schriftliche Urteilsbegründung braucht weder vorzuliegen noch muss sie verlesen werden.[1610]

1604 So unter Hinweis auf Art. 6 Abs. 1: *Frowein/Peukert* 196; IK-EMRK/*Kühne* 355; Meyer-Ladewig/Nettesheim/von Raumer/*Meyer-Ladewig/Harrendorf/König* 186; *Peukert* EuGRZ **1980** 247, 268; **a.A.** *Morvay* ZaöRV **21** (1961) 317; *Partsch* 157, Fn. 506 („trial"/„procès" meinen das ganze Verfahren, umfassen also Entscheidungsbegründung).

1605 EGMR Welke u. Białek/PL, 1.3.2011, § 84 („The operative part of the trial court's judgment included, among other things, information about the applicants, the charges against them and their legal classification, the findings as to their guilt and sentence and the order for costs. Having regard to the specific features of the criminal proceedings in question and the reasons which underlay the courts' decisions to conduct the proceedings *in camera*, the Court finds that limiting the public pronouncement to the operative parts of the judgments cannot not be considered to have contravened Article 6 § 1 of the Convention."); dagegen: EGMR Raza/BUL, 11.2.2010, § 53.

1606 Vgl. zur Rechtslage bei „civil rights and obligations": EGMR Ryakib Biryukov/R, 17.1.2008, § 45, NJW **2009** 2873 m. Anm. *Tubis* NJW **2010** 415; ferner *Ziekow* NVwZ **2010** 793, 796 ff. Zu beachten ist in diesem Zusammenhang allerdings, dass nur die Parteien (nicht jedermann) einen Anspruch auf die Garantien des Art. 6 und damit auf eine öffentliche Urteilsverkündung haben. Die Abwesenheit der Parteien in einem anberaumten Verkündungstermin (§ 310 Abs. 1 Satz 1 ZPO) wird regelmäßig einen Verzicht auf dieses Recht darstellen, so dass von Konventions wegen keine öffentliche Urteilsverkündung nötig ist.

1607 EGMR B. u. P./UK, 24.4.2001.

1608 EGMR Pretto u.a./I, 8.12.1983; Axen/D, 8.12.1983, §§ 30–32; B. u. P./UK, 24.4.2001, § 45; Welke u. Białek/PL, 1.3.2011, § 83 („The Court has applied the requirement of the public pronouncement of judgments with some degree of flexibility. Thus, it has held that despite the wording which would seem to suggest that reading out in open court is required, other means of rendering a judgment public may be compatible with Article 6 § 1. As a general rule, the form of publicity to be given to the judgment under domestic law must be assessed in the light of the special features of the proceedings in question and by reference to the object and purpose of Article 6 § 1. In making this assessment, account must be taken of the entirety of the proceedings"); vgl. Meyer-Ladewig/Nettesheim/von Raumer/*Meyer-Ladewig/Harrendorf/König* 186.

1609 Diese für die Verhandlung geltenden Ausnahmegründe sind auf die Urteilsverkündung nicht unmittelbar anwendbar, vgl. SK/*Meyer* 230; *Villiger* 523.

1610 *Frowein/Peukert* 196; Meyer-Ladewig/Nettesheim/von Raumer/*Meyer-Ladewig/Harrendorf/König* 186.

Strittig ist, wieweit darüber hinausgehend ein **Absehen von einer öffentlichen Ur-** 579
teilsverkündung in Betracht kommt.[1611] Ist der Anwendungsbereich von Art. 6 Abs. 1 eröffnet, kann jedenfalls die öffentliche Verkündung nicht mit der Begründung unterbleiben,
die vorgeworfene rechtswidrige Tat bzw. die ausgesprochene Sanktion seien geringfügig
oder unbedeutend.[1612] Vom Schutzzweck her ist es jedoch vertretbar, die strengere Auslegung aufzulockern, die die Gründe, die den Ausschluss der Öffentlichkeit *bei der Verhand-*
lung rechtfertigen (Rn. 587 ff.), bei der Bekanntgabe der Entscheidung in keinem Falle greifen lassen will.[1613] Die Erwägungen, die die Ausschließung der Öffentlichkeit von der
Verhandlung rechtfertigen, stehen oft auch der Bekanntgabe zumindest eines Teiles der
Urteils*gründe* entgegen. Ob diese dann in der für die Öffentlichkeit bestimmten Urteilsfas-
sung eventuell unter Kennzeichnung der Lücke weggelassen werden können,[1614] oder ob
das Urteil dadurch unverständlich würde, hängt vom Einzelfall ab.

Eine **öffentliche Verkündung** des Urteils ist daher nach Ansicht des EGMR nicht zwin- 580
gend geboten. Nach Ansicht des Gerichtshofs kann von der Verkündung der Urteilsgründe
(Rn. 578), im Einzelfall sogar von der Verkündung des ganzen Urteils abgesehen werden,
wenn die mit der öffentlichen Bekanntgabe bezweckte **öffentliche Kontrolle des Urteils**
anderweitig gesichert ist. Danach reicht es aus, wenn das Urteil und seine Gründe der Öffentlichkeit in irgendeiner Form (Einsicht auf der Geschäftsstelle, Übersendung einer Abschrift auf Anforderung, Veröffentlichung) **zugänglich** sind.[1615] Dabei ist es unschädlich,
wenn dem durch Art. 8 gebotenen Schutz des Privatlebens durch Anonymisierung Rechnung
getragen wird.[1616] Darüber hinaus soll es im Einzelfall und unter Berücksichtigung der Gesamtumstände genügen können, wenn zwar nicht das erstinstanzliche, wohl aber das nachfolgende Berufungsurteil öffentlich verkündet wird.[1617]

Bei **höchstgerichtlichen Entscheidungen**, die nach Anhörung der Parteien im 581
schriftlichen Verfahren ergehen und öffentlich verkündete Urteile der unteren Instanzen
betreffen, hat der EGMR ebenfalls eine öffentliche Verkündung für entbehrlich gehalten.[1618]

Es soll genügen, wenn die maßgebenden Grundsätze, die die Entscheidung tragen, 582
aus **Entscheidungssammlungen** ersichtlich sind. Grundsätzlich soll es sogar mit Ziel und
Zweck des Art. 6 Abs. 1 vereinbar sein, wenn das nationale Recht die Kenntnisnahme
durch die Öffentlichkeit in irgendeiner Form gewährleistet (zweifelhaft).[1619] Folgerichtig
ist eine Verletzung von Art. 6 Abs. 1 anzunehmen, wenn die Entscheidung weder öffentlich
verkündet noch später veröffentlicht noch der Öffentlichkeit in irgendeiner Form zugänglich gemacht wird.[1620]

[1611] Vgl. *Villiger* 523 f.; aber auch EGMR Z/FIN, 25.2.1997 (Anordnung des Gerichts, die Urteilsgründe nach
zehn Jahren der Öffentlichkeit zugänglich zu machen, Verletzung des Art. 8).
[1612] EGMR Shmushkovych/UKR, 14.11.2013, § 56.
[1613] Vgl. *Grabenwarter/Pabel* § 24, 111.
[1614] Nach *Frowein/Peukert* 196 hat die EKMR eine geraffte Zusammenfassung genügen lassen.
[1615] Vgl. EGMR Axen/D, 8.12.1983; Pretto/I, 8.12.1983; Sutter/CH, 22.2.1984; Campbell u. Fell/UK, 28.6.1984;
Werner/A, 24.11.1997; B. u. P./UK, 24.4.2001; Petersen/D (E), 6.12.2001; Ramsahai u.a./NL, 15.5.2007; *Frowein/*
Peukert 197; *Grabenwarter/Pabel* § 24, 111; Meyer-Ladewig/Nettesheim/von Raumer/*Meyer-Ladewig/Harren-*
dorf/König 186; *Nowak/Schwaighofer* EuGRZ **1985** 725; *Villiger* 523; krit. SK/*Meyer* 226 ff.
[1616] *Grabenwarter/Pabel* § 24, 111.
[1617] EGMR Shmushkovych/UKR, 14.11.2013, § 57.
[1618] EGMR Axen/D, 8.12.1983; Werner/A, 24.11.1997; B. u. P./UK, 24.4.2001; Meyer-Ladewig/Nettesheim/von
Raumer/*Meyer-Ladewig/Harrendorf/König* 175.
[1619] EGMR Sutter/CH, 22.2.1984, § 34; Petersen/D (E), 6.12.2001; Pretto u.a./, 8.12.1983, § 22, ließ offen, ob
auch die Hinterlegung des Urteils genügt; ferner *Villiger* 524.
[1620] EGMR Campbell u. Fell/UK, 28.6.1984, §§ 89 ff.; Szücs/A, 24.11.1997, §§ 43 ff.

583   Für das Erfordernis der öffentlichen Zugänglichkeit reicht es aber nicht, wenn die Einsicht in das Urteil oder eine Entscheidungssammlung etc. von der **Darlegung eines berechtigten Interesses** abhängig gemacht wird oder wenn das Gericht nach eigenem **Ermessen** darüber entscheiden kann, ob es die Einsicht gewähren will.[1621]

584   Ergeht eine gerichtliche **Entscheidung im schriftlichen Verfahren**, ist ihre öffentliche Verkündung nicht erforderlich.[1622] Das Einverständnis der Betroffenen mit dieser Verfahrensart deckt in der Regel auch die schriftliche Bekanntgabe der Entscheidung ab.[1623]

585   **Art. 14 Abs. 1 Satz 2 IPBPR** trägt dem Schutzinteresse der Betroffenen insoweit Rechnung, als er zwar grundsätzlich für Entscheidungen in Straf- und Zivilsachen die öffentliche Verkündung fordert, eine Ausnahme aber vorsieht, wenn die **Interessen Jugendlicher** entgegenstehen oder das Verfahren **Ehestreitigkeiten** oder die **Vormundschaft** über Kinder betrifft.[1624] Bei einer an den Schutzzwecken orientierten Auslegung dürfte es mit dem Anliegen des Öffentlichkeitsgebots vereinbar sein, wenn bei Vorliegen eines den Ausschluss der Öffentlichkeit rechtfertigenden Grundes nur der Tenor der Entscheidung oder nur ein Teil der Gründe öffentlich bekannt gegeben wird, um von den Konventionen anerkannte, **vorrangige öffentliche Interessen und Menschenrechte** anderer Personen zu schützen, wie etwa das von Art. 8 garantierte Privat- und Familienleben oder sonstige Menschenrechte.[1625] Bei einem wirksamen **Verzicht** auf eine öffentliche (mündliche) Verhandlung muss auch die Verkündung nicht öffentlich sein.[1626]

586   Nach Auffassung des BVerfG besteht grundsätzlich eine **Rechtspflicht zur Veröffentlichung „veröffentlichungswürdiger" Gerichtsentscheidungen** in ihrem amtlichen Wortlaut.[1627] Dies kann auch Entscheidungen betreffen, die noch nicht rechtskräftig sind.[1628] Mit der Veröffentlichungspflicht soll ein presserechtlicher Auskunftsanspruch von Medienvertretern korrespondieren, wobei das BVerfG auch klargestellt hat, dass die Anonymisierung persönlicher Angaben und Umstände unter verfassungsrechtlichen Gesichtspunkten regelmäßig nicht zu beanstanden, zum Schutz der Persönlichkeit in vielen Fällen sogar geboten ist.[1629]

587   **8. Ausnahmen vom Gebot der Öffentlichkeit der Verhandlung.** Die in Art. 6 Abs. 1 Satz 2 ausdrücklich aufgeführten **Ausnahmegründe,** die den *Ausschluss der Öffentlichkeit* von der mündlichen Verhandlung gestatten, lassen sich in **drei Gruppen** gliedern:[1630]
– den Schutz der Moral, der öffentlichen Ordnung oder der nationalen Sicherheit, soweit er in einem demokratischen Staatswesen geboten ist (Rn. 590 f.);

1621 EGMR Werner/A, 24.11.1997, §§ 56 ff.

1622 Vgl. Meyer-Ladewig/Nettesheim/von Raumer/*Meyer-Ladewig/Harrendorf/König* 186.

1623 Vgl. Meyer-Ladewig/Nettesheim/von Raumer/*Meyer-Ladewig/Harrendorf/König* 187 (zu §§ 133, 124 Abs. 2 SGG). Im Einverständnis mit der schriftlichen Entscheidung kann (aber zwingend) auch ein wirksamer Verzicht auf die öffentliche Zugänglichkeit der Entscheidung liegen; wieweit diese ausgeschlossen werden kann, ist strittig (vgl. Rn. 579 ff.), wer aber darauf wirksam verzichtet, kann auch einen darin liegenden Verstoß nicht mehr rügen.

1624 Zur Entstehungsgeschichte *Nowak* 32.

1625 Zum Ausschluss der Öffentlichkeit aus Gründen, die sich aus anderen Schrankenklauseln der Konventionen ergeben vgl. *Nowak* 25; ferner *Peukert* EuGRZ **1980** 247, 268 (für Art. 8).

1626 BGHZ 25 60; *Peukert* EuGRZ **1980** 247, 268.

1627 BVerfG NJW **2015** 3708, 3710.

1628 BVerfG NJW **2015** 3708, 3710; s.a. *Putzke/Zenthöfer* NJW **2015** 1777, 1778.

1629 BVerfG NJW **2015** 3708, 3710.

1630 *Grabenwarter/Pabel* § 24, 94 ff. (allgemeine Ausschlussgründe, prozessbezogene Ausschlussgründe und Ausschlussgründe im Interesse der Rechtspflege); IK-EMRK/*Kühne* 351.

Esser   776

- den Schutz privater Interessen, d.h. der Schutz Jugendlicher und der Schutz des Privatlebens (Rn. 592 ff.);
- Interessen der Rechtspflege („interests of justice"/„intérêts de la justice"),[1631] die jedoch **nur bei Vorliegen besonderer Umstände** und nur in dem nach Auffassung des Gerichts erforderlichen Umfang den Ausschluss der Öffentlichkeit rechtfertigen (Rn. 600 ff.).

Der Ausschluss der Öffentlichkeit muss in allen drei Fallgruppen zur Verwirklichung **588** der Ziele **zwingend erforderlich** sein („strictly required by the circumstances of the case"/ „strict necessity").[1632] Darüber hinaus nimmt der EGMR eine **Abwägung** zwischen dem Anspruch des Angeklagten auf eine öffentliche Verhandlung und den Gründen vor, die für einen Ausschluss der Öffentlichkeit sprechen.[1633]

Die Möglichkeit einer derartigen Beschränkung enthält **keinen Gesetzesvorbehalt**. **589** Ob diese Aufzählung der Ausnahmen **abschließend** ist oder ob der EGMR daneben auch immanente Gründe für einen Ausschluss der öffentlichen Verhandlung anerkennt, ist bislang offen. In jüngeren Entscheidungen, die allerdings *zivilrechtliche Streitigkeiten* betreffen, hat der Gerichtshof zu erkennen gegeben, dass er bereit ist, auch weitere ungeschriebene Gründe anzuerkennen.[1634] Da die Parteien auf den Anspruch auf öffentliche Verhandlung im Einzelfall **verzichten** können (Rn. 552 ff.), ist mitunter auch auf diesem Weg ein Schutz ihrer berechtigten Interessen vor Offenlegung erreichbar, sofern dem nicht das jeweilige nationale Recht entgegensteht.

Die in der **ersten Gruppe** zusammengefassten **öffentlichen Interessen**, öffentliche **590** Moral, öffentliche Ordnung und nationale Sicherheit, werden nur in dem Maße geschützt, in dem das in einem **demokratischen Staatswesen geboten** ist.[1635] Es werden also Prinzipien als Wertungsmaßstab angeführt, die auch sonst (vgl. Art. 8 bis 11) zur Begrenzung staatlicher Eingriffsbefugnisse in geschützte Bereiche dienen. Auch hier gilt der Grundsatz der **Verhältnismäßigkeit**.[1636] Zur Abgrenzung kann trotz der bei der Abwägung ins Gewicht fallenden unterschiedlichen Zielsetzung auch auf die bei den genannten Artikeln entwickelten Gesichtspunkte im Großen und Ganzen zurückgegriffen werden;[1637] ebenso wie dort bietet bei Zweifeln der Rückgriff auf allgemeine demokratische Standards Orientierungshilfe.

So kann etwa die Öffentlichkeit ausnahmsweise im Interesse der öffentlichen Ord- **591** nung und nationalen Sicherheit in einer demokratischen Gesellschaft von einem strafrechtlichen **Verfahren gegen einen Strafgefangenen** unter gewissen Voraussetzungen ausgeschlossen werden. Allerdings sind derartigen Ausnahmen ihrerseits enge Grenzen gesetzt, so dass diese nur bei solchen Verhandlungen zur Anwendung kommen dürfen,

---

1631 Die frühere deutsche Übersetzung „Interesse der Gerechtigkeit" war verfehlt, vgl. *Nowak* 26 unter Hinweis auf die Übersetzung von Österreich („Rechtspflege").

1632 EGMR (GK) Martinie/F, 12.4.2006, § 40; Olujić/KRO, 5.2.2009, 71; Welke u. Białek/PL, 1.3.2011, § 74; Yam/ UK, 16.1.2020, § 54; Kilin/R, 11.5.2021, § 106.

1633 EGMR Krestovskiy/R, 28.10.2010, § 27 („to strike a proper balance between the applicant's right to a public hearing of the criminal case against him, on the one hand, and other important interests at stake, on the other").

1634 EGMR (GK) Martinie/F, 12.4.2006, § 41; Olujić/KRO, 5.2.2009, § 72 („exceptional circumstances relating to the nature of the issues to be decided ..., may justify dispensing with a public hearing").

1635 Vgl. *Grabenwarter/Pabel* § 24, 95 ff.; *Nowak* 33; § 172 GVG entspricht diesen Ausschlussgründen weitgehend.

1636 *Grabenwarter/Pabel* § 24, 95.

1637 Nach *Grabenwarter/Pabel* § 24, 95 haben diese trotz der gleichen Formulierung im Hinblick auf Inhalt, Zweck und Systematik eine unterschiedliche Bedeutung.

die die strafrechtlichen Verfehlungen des Gefangenen betreffen, welche speziell mit dem Haftvollzug und entsprechenden Sicherheitserwägungen in Zusammenhang stehen.

592   Der Schutz der **Interessen Jugendlicher** und des **Privatlebens** der „Parteien" kann nach Art. 6 Abs. 1 Satz 2 EMRK/Art. 14 Abs. 1 Satz 2 IPBPR den Ausschluss der Öffentlichkeit von der Verhandlung ebenfalls rechtfertigen.[1638] Da die Durchführung einer öffentlichen Verhandlung vor Gericht ein *Recht* des Beschuldigten darstellt, darf zumindest einem nicht mehr Jugendlichen der Ausschluss der Öffentlichkeit zum Schutz *seines* Privatlebens nicht aufgedrängt werden.[1639]

593   Wer altersmäßig als **Jugendlicher** einzustufen ist, bestimmt sich grundsätzlich nach nationalem Recht, unter Berücksichtigung internationaler Rahmenbedingungen (vgl. Rn. 1426 ff.). Das Gebot, im Strafverfahren gegen Jugendliche auf deren Alter Rücksicht zu nehmen und ihre Wiedereingliederung in die Gesellschaft nicht zu gefährden, folgt aus **Art. 14 Abs. 4 IPBPR**. Auch **Art. 40 CRC** (vgl. Rn. 1451 ff.) enthält eine entsprechende Staatenverpflichtung. Art. 40 Abs. 2 *lit*. b, vii CRC erkennt ausdrücklich den Anspruch des Kindes[1640] auf Achtung seines Privatlebens in allen Verfahrensabschnitten an. Auch hier ist der **Verhältnismäßigkeitsgrundsatz** zu beachten.

594   Der Ausschluss der Öffentlichkeit vom gesamten Prozess ist daher nicht gerechtfertigt, wenn der Schutz der Privatsphäre auch durch einen **Teilausschluss** (z.B. während der Einvernahme eines Opferzeugen) erreicht werden kann.[1641] Gerechtfertigt ist es, durch Losverfahren eine begrenzte Anzahl von Journalisten zuzulassen, auch wenn dadurch die nicht gelosten Journalisten benachteiligt (und in ihrem Recht aus Art. 10 beeinträchtigt) werden, sie jedoch infolge von gerichtlichen Pressemitteilungen dennoch über das Verfahren berichten können.[1642]

595   Zur Stärkung der Rechte von jugendlichen Opfern und Zeugen von Straftaten hatte das das **2. OpferRRG** v. 29.7.2009[1643] die Schutzaltersgrenze in mehreren Vorschriften der StPO und des GVG von seinerzeit 16 auf 18 Jahre heraufgesetzt, u.a. auch beim Ausschluss der Öffentlichkeit von der Verhandlung bei der Vernehmung einer Person unter 18 Jahren (§ 172 Nr. 4 GVG). Diese Grenze wird der altersspezifischen Belastungssituation besser gerecht. Sie entspricht zudem der Schutzaltersgrenze, die den meisten internationalen Abkommen zum Schutz von Kindern und Jugendlichen zugrunde liegt. Durch das **Gesetz zur Stärkung der Rechte von Opfern sexuellen Missbrauchs (StORMG)** v. 26.6.2013[1644] wurden § 171b GVG neu gefasst und die Möglichkeiten des Ausschlusses der Öffentlichkeit insbesondere bei Sexualstraftaten, bei denen das Opfer unter 18 Jahre alt ist, erweitert.

596   **Partei** i.S.d. Art. 6 Abs. 1 Satz 2 Var. 3 ist im Strafverfahren auch der Angeklagte; ein als Zeuge vernommenes mutmaßliches Verbrechensopfer wird ebenfalls dazugerech-

---

[1638] Im deutschen Recht finden sich ähnliche Regelungen in den §§ 170, 171a, 171b GVG.

[1639] EGMR Werner/A, 24.11.1997, § 50; vgl. *Esser* 713.

[1640] Nach Art. 1 CRC ist ein *Kind* i.S.d. Übereinkommens jeder Mensch, der das 18. Lebensjahr noch nicht vollendet hat, soweit die Volljährigkeit nach dem auf das Kind anzuwendenden Recht nicht früher eintritt (Rn. 1427).

[1641] EGMR Krestovskiy/R, 28.10.2010, § 31 (Einvernahme eines mutmaßlichen Vergewaltigungsopfers und der Angehörigen des mutmaßlichen Vergewaltigers; Privatsphäre der Zeugen; *„clarity and accuracy of their testimony"*).

[1642] EGMR Axel Springer AG/D (E), 13.3.2012, NJW **2013** 521 (Vorsitzender wollte Ausnahmen unter Anwendung von § 48 Abs. 2 Satz 3 JGG bei entsprechendem Vorbringen besonderer Gründe zulassen).

[1643] Gesetz zur Stärkung der Rechte von Verletzten und Zeugen im Strafverfahren (2. Opferrechtsreformgesetz) v. 29.7.2009 (BGBl. I S. 2280); hierzu: *Hilger* GA **2009** 657; vgl. §§ 58a Abs. 1 Satz 2 Nr. 1; 241a Abs. 1; 247 Satz 2; § 255 Abs. 2 Satz 1 StPO; § 172 Nr. 4 GVG).

[1644] BGBl. I S. 1805.

net.[1645] Bei Berücksichtigung des Schutzzwecks wäre auch eine weite Auslegung vertretbar, die das von Art. 8 geschützte Privatleben aller vor Gericht auftretenden Verfahrensteilnehmer in den Schutzbereich mit einbezieht.[1646] Diese Auslegung kollidiert allerdings damit, dass die Konventionen den Parteien eines Streits um *civil rights* sowie dem Angeklagten das **Recht** auf ein öffentliches Verfahren garantieren, so dass im Einzelfall eine Abwägung der widerstreitenden Interessen unvermeidlich ist. Wegen der Bedeutung des Grundsatzes der Öffentlichkeit neigt der EGMR dazu, diesem den Vorrang vor dem Schutz der immer auch berührten Privatinteressen einzuräumen.[1647]

Den **Schutz des Privatbereichs anderer am Verfahren beteiligter Personen** sieht 597 der Wortlaut beider Konventionen nicht vor. Dieser ist vor allem bei erwachsenen Zeugen bei einer auf Wortlaut und Adressaten abstellenden Auslegung der Öffentlichkeitsgarantie weder bei der Verhandlung noch bei der Urteilsverkündung ein Ausschlussgrund. Soweit dies nicht mittelbar über einen anderen Ausschlussgrund, wie etwa den Gesichtspunkt des *Interesses der Moral*, möglich ist, würde jede Schutzmöglichkeit fehlen. Art. 6 Abs. 1 Satz 1 EMRK/Art. 14 Abs. 1 Satz 1 IPBPR garantieren die Öffentlichkeit, sie gewähren aber selbst bei Vorliegen ihrer Ausschlussvoraussetzungen **keinen Anspruch auf Ausschluss der Öffentlichkeit**.[1648] Ein solcher kann sich jedoch aus dem alle Bereiche des Privatlebens gegen staatliche Eingriffe schützenden Art. 8 EMRK (vgl. Art. 17 IPBPR) ergeben.[1649]

Auch wenn für die Heranziehung einer Person zu einer **Zeugenaussage** ein rechtferti- 598 gender Grund nach Art. 8 Abs. 2 besteht, ist das Gebot, den Privatbereich zu schützen und unumgängliche Eingriffe in diesen möglichst gering zu halten, gegen den allgemeinen Schutzzweck des Beschuldigtenrechtes auf eine öffentliche Hauptverhandlung abzuwägen. Dabei fällt ins Gewicht, dass letzteres auch bei den Parteien und bei Jugendlichen hinter den Schutz des Privatbereichs zurückzutreten hat, also kein Prinzip ist, dem die Konventionen einen absoluten Vorrang gegenüber allen anderen Rechten zuerkennen. Aus diesem Grund erscheint der Ausschluss der Öffentlichkeit zur **Verhinderung eines schwerwiegenden Eingriffs in das Privatleben eines unbeteiligten Zeugen** (unter Berücksichtigung der von Art. 8 Abs. 2 gebotenen Abwägung) auch dann konventionsgemäß, wenn man nicht von einem vom nationalen Recht gelösten weit ausgelegten Begriff der *„Parteien"* i.S.v. *„alle Verfahrensbeteiligte"* ausgehen wollte.

Für die **Urteilsverkündung** sieht nur Art. 14 Abs. 1 Satz 2 IPBPR einen Ausschluss der 599 Öffentlichkeit vor, und auch nur, um entgegenstehenden Interessen Jugendlicher Rechnung zu tragen oder um besonders sensible Teilbereiche des Privatlebens, nämlich Ehestreitigkeiten und Vormundschaftssachen von Kindern, zu schützen. Die oben erörterte Möglichkeit (Rn. 579 ff.) unter Heranziehung der anderen Verbürgungen der Konventionen die Öffentlichkeit auch zum Schutz anderer Privatbereiche bei einer Verkündung der Urteilsgründe auszuschließen oder die öffentliche Bekanntgabe der Gründe auf die nicht besonders schutzbedürftigen Tatsachen zu begrenzen,[1650] ist auch hier in Betracht zu ziehen.

[1645] So *Nowak* 34.

[1646] *Grabenwarter/Pabel* § 24, 100 (Art. 8 und Art. 14 gebieten Erstreckung des Parteibegriffes auf andere Prozessbeteiligte, insbes. Zeugen und Opfer).

[1647] Vgl. EGMR Werner/A, 24.11.1997, § 50.

[1648] BGHSt **23** 82; BGer EuGRZ **1994** 59; *Frowein/Peukert* 199; IK-EMRK/*Kühne* 353; *Peukert* EuGRZ **1980** 247; a.A. *Herbst* NJW **1969** 546; vgl. auch *Nowak* 33; *Odersky* FS Pfeiffer 326.

[1649] Vgl. EGMR Z/FIN, 25.2.1997; Mraović/KRO, 14.5.2020, §§ 44 ff., 48 ff., JSt **2020** 429; *Esser* 712; *Frowein/Peukert* 199; IK-EMRK/*Kühne* 353.

[1650] Vgl. *Frowein/Peukert* 196; Meyer-Ladewig/Nettesheim/von Raumer/*Meyer-Ladewig/Harrendorf/König* 186 („summarische Zusammenfassung"), ferner EGMR B. u. P/UK, 24.4.2001, § 44.

Esser

600   Im **Interesse der Rechtspflege** ist der Ausschluss der Öffentlichkeit nur bei **Vorliegen besonderer Umstände** und nur in dem durch diese Umstände gebotenen Umfang, also in der Regel nicht für die ganze Verhandlung zulässig, sondern nur für einen eng begrenzten Teil derselben, etwa für die Vernehmung eines **Zeugen**, von dem befürchtet wird, dass er andernfalls die Wahrheit zurückhalten würde,[1651] oder um seine Sicherheit fürchten müsste.[1652]

601   Der Gerichtshof legt Wert darauf, dass die Gerichte den Ausschluss der Öffentlichkeit insbesondere in Fällen des **Zeugenschutzes einzelfallbezogen begründen** (sowohl die Gründe für eine Gefährdung als auch die zu treffende Abwägung der berührten Interessen). Den Prozessbeteiligten ist – nach Bekanntgabe des der zu treffenden Entscheidung zugrunde liegenden Materials – **Gelegenheit zur Stellungnahme** zu geben.[1653]

602   Ein Ausschluss der Öffentlichkeit im Interesse der Rechtspflege wird auch für zulässig gehalten, wenn andernfalls die **ordnungsgemäße Fortführung des Verfahrens** wegen der Emotionen des Publikums gefährdet wäre[1654] oder wenn Einschränkungen notwendig sind, um die **Ordnung im Sitzungssaal** zu wahren.[1655] Hierbei wird man aber Zurückhaltung üben müssen; regelmäßig kommt nur ein zeitweiser Ausschluss in Betracht.

603   Ferner kann das Bedürfnis, bestimmte **Ermittlungsmethoden der Polizei** geheim zu halten, den Ausschluss der Öffentlichkeit rechtfertigen.[1656] Das gilt allerdings nur dann, wenn der Ausschluss für die Geheimhaltung unbedingt notwendig ist („strictly necessary").[1657] Zudem muss das Gericht die in der Verhandlung fehlende Öffentlichkeit ausgleichen, um das Vertrauen der Bürger in die Justiz zu gewährleisten.[1658] Ein Ausschluss der Öffentlichkeit, um die **Sicherheit der (potentiellen) Zuhörer**, der Verfahrensbeteiligten und/oder des Angeklagten zu garantieren, wird vom Gerichtshof nur in seltenen Ausnahmefällen für zulässig gehalten, da fast immer **weniger einschneidende Maßnahmen** möglich und erfolgversprechend sind (**Zugangsmodalitäten**, z.B. in Form von Bekleidungsvorschriften;[1659] Einsatz von Metalldetektoren, Screening)[1660] und Sicherheitsprobleme gerade bei Strafverfahren vorkommen können.[1661] Die Schwere des

---

1651 EGMR Belashev/R, 4.12.2008, § 80 („free exchange of information and opinion in the pursuit of justice"); *Frowein/Peukert* 198; IK-EMRK/*Kühne* 352; *Grabenwarter/Pabel* § 24, 101; *Peukert* EuGRZ **1980** 247, 268.
1652 EGMR Volkov/R, 4.12.2007, §§ 25 ff. (sogar Ausschluss vom gesamten Prozess für zulässig gehalten); Belashev/R, 4.12.2008, § 80.
1653 EGMR Belashev/R, 4.12.2008, § 85 („reasons to be regrettably laconic").
1654 *Nowak* 35.
1655 Vgl. *Grabenwarter/Pabel* § 24, 101 f. (auch zur Privilegierung der Medienvertreter bei der Platzvergabe im Sitzungssaal), ferner *Peukert* EuGRZ **1980** 247, 268; *Wyss* EuGRZ **1996** 1 ff.
1656 EGMR Welke u. Białek/PL, 1.3.2011, § 75.
1657 EGMR Belashev/R, 4.12.2008, § 83; Welke u. Białek/PL, 1.3.2011, § 77 („the mere presence of classified information in the case file does not automatically imply a need to close a trial to the public, without balancing openness with other public interest considerations."; Drogendelikte); vgl. auch EGMR Yam/UK, 16.1.2020, § 54.
1658 EGMR Belashev/R, 4.12.2008, § 84 („measures to counterbalance the detrimental effect").
1659 BVerfG NJW **2012** 1863 = EuGRZ **2012** 347 (Sicherheitsverfügung des Vorsitzenden; Verbot des Tragens von Kutten, die die Zugehörigkeit zu einem Motorradclub demonstrieren).
1660 EGMR Krestovskiy/R, 28.10.2010, § 29.
1661 EGMR Campbell u. Fell/UK, 28.6.1984, § 87; Volkov/R, 4.12.2007, § 25 („high expectation of publicity in ordinary criminal proceedings, which may well concern dangerous individuals, notwithstanding the attendant security problems"); Belashev/R, 4.12.2008, § 79; Kilin/R, 11.5.2021, § 112 (Berufungsverfahren per Videokonferenz; keine hinreichende Darlegung von Gründen für Sicherheitsbedenken).

Esser

Vorwurfs allein reicht jedenfalls nicht aus, um Sicherheitsprobleme annehmen zu können.[1662]

In erster Linie entscheidet die **Auffassung des erkennenden Gerichts** darüber, ob **604** und wie lange solche besonderen Umstände den Ausschluss erfordern. Für die einzelfallbezogene Entscheidung wird ihm damit ein gewisser eigener Beurteilungsspielraum eingeräumt; der – sofern er den von den Konventionen vorgegebenen Rahmen nicht ersichtlich überschreitet – auch vom EGMR respektiert wird. Auch jede innerstaatliche Regelung hat davon auszugehen, dass über den Ausschluss der Öffentlichkeit vorrangig das jeweils befasste Gericht in eigenverantwortlicher Wertung aller Umstände zu befinden hat.

IX. Unschuldsvermutung (Art. 6 Abs. 2 EMRK/Art. 14 Abs. 2 IPBPR)

1. Allgemeines

a) Konstituierendes Prinzip rechtsstaatlicher Strafrechtspflege. Der zu den ele- **605** mentaren Menschenrechtsgarantien[1663] zählende Grundsatz, dass jeder, der wegen einer strafbaren Handlung angeklagt wird, bis zu dem gesetzlichen Nachweis seiner Schuld als unschuldig zu gelten hat, ist ein konstituierendes Prinzip jeder **am Schuldgrundsatz orientierten, rechtsstaatlichen Strafrechtspflege**. Er schützt vor einer Bestrafung ohne den vollen Nachweis strafrechtlicher Schuld und bindet diesen Nachweis an die Durchführung eines ordnungsgemäßen, **„fairen" Verfahrens**, wie es Art. 6 Abs. 1 EMRK/Art. 14 Abs. 1 IPBPR für die Entscheidung über eine *strafrechtliche Anklage* vorschreiben.

Alle Strafverfolgungsorgane müssen ungeachtet des Gewichts des Verdachts, der das **606** konkrete Strafverfahren ausgelöst hat, bei der Führung des Verfahrens für jedes mögliche Verfahrensergebnis offen bleiben und stets auch die Möglichkeit eines künftigen Freispruchs in Betracht ziehen.[1664] Das rechtsstaatliche Gebot einer **ergebnisoffenen Entscheidungsfindung** soll auch die Aufgeschlossenheit des Gerichts für die Verfahrensvorgänge und die Argumente der Verteidigung sowie sein Gesamtverhalten gegenüber dem Beschuldigten bestimmen.[1665] Nachteilige Rechtsfolgen als Reaktion auf den Vorwurf einer Straftat dürfen gegen den Beschuldigten erst festgesetzt werden, wenn als Ergebnis des Verfahrens seine Schuld zur Überzeugung des Gerichts erwiesen ist.

[1662] EGMR Belashev/R, 4.12.2008, § 86 („the gravity of the charges cannot by itself serve to justify the restriction of such a fundamental tenet of judicial proceedings as their openness to the public. [...]. [...] a danger which defendants may present to other parties to the proceedings cannot be gauged solely on the basis of the gravity of the charges and severity of the sentence faced. It must be assessed with reference to a number of other relevant factors which may confirm the existence of a danger justifying the denial of public access to a trial."); ferner EGMR Kilin/R, 11.5.2021, § 109.

[1663] Zu den weit über die Aufklärung hinausreichenden geschichtlichen Wurzeln: *Hruschka* ZStW **112** (2000) 285; *Stuckenberg* 11 ff.; SK/*Meyer* 306, 309; *Staudinger* 17 je m.w.N.; ferner Art. 9 der französischen Erklärung der Menschen- und Bürgerrechte v. 26.8.1789; sowie *Köster* 85 (als Menschenrecht in der Aufklärung); IK-EMRK/*Kühne* 413; *Peukert* EuGRZ **1980** 247, 259. Vgl. *Jebens* Liber Amicorum Wildhaber 208 („basic human right"); *Stumer* The Presumption of Innocence (2010) 1 ff.; *FRA* Presumption of innocence and related rights – Professional perspectives (März 2021) 17.

[1664] *Rüping* ZStW **91** (1979) 351, 358; vgl. SK/*Rogall* Vor § 133, 75 StPO: Notwendige Bedingung für die Offenheit der Entscheidungsfindung.

[1665] *Stuckenberg* 544 ff.; *ders.* ZStW **111** (1999) 422, 452 ff. („Verbot der Desavouierung"); ebenso *Buchholz* 240 f.

607   **b) Konventionsgarantien.** Die Konventionen garantieren durch die inhaltlich (nicht wörtlich) übereinstimmenden Art. 6 Abs. 2 EMRK/Art. 14 Abs. 2 IPBPR **im Verfahren wegen einer strafrechtlichen Anklage** jedem Beschuldigten ungeachtet des Gewichts eines gegen ihn bestehenden Verdachts das **subjektive Recht**,[1666] von den Staatsorganen bis zum ordnungsgemäßen Nachweis der Schuld als unschuldig behandelt zu werden und als unschuldig zu gelten, bis seine Schuld in einem fairen öffentlichen Verfahren, in dem er alle für seine Verteidigung notwendigen Garantien gehabt hat, gemäß dem Gesetz nachgewiesen ist.[1667] Wegen seiner Bedeutung wird dieser Grundsatz getrennt von den sonstigen Verfahrensrechten des Beschuldigten im Strafverfahren in einem eigenen Absatz herausgestellt.[1668] Ähnlich wie andere Menschenrechtspakte[1669] knüpfen die Konventionen an das Vorbild des Art. 11 Abs. 1 der **AEMR** vom 10.12.1948 an, deren Fassung den untrennbaren Zusammenhang zwischen der Unschuldsvermutung und dem Erfordernis eines fairen, die Verteidigungsrechte wahrenden Verfahrens[1670] verdeutlicht.

608   **c) Charta der Grundrechte der Europäischen Union.** Die Charta der Grundrechte der Europäischen Union legt in Verbindung mit der Gewährleistung der Achtung der Verteidigungsrechte (Art. 48 Abs. 2 EUC) fest, dass jeder *Angeklagte* (gemeint ist auch hier der Beschuldigte) bis zum rechtsförmlich erbrachten Beweis seiner Schuld als unschuldig gilt (Art. 48 Abs. 1 EUC).[1671]

609   **d) Innerstaatliches Recht.** Nach dem innerstaatlichen Recht nimmt die Unschuldsvermutung in Deutschland als eine besondere Ausprägung des vom Rechtsstaatsprinzip gebotenen fairen Verfahrens[1672] und eines die Menschenwürde achtenden Grundrechtsschutzes am **Verfassungsrang** dieser Verbürgungen teil. Sie wird weder im Grundgesetz – im Gegensatz zu einigen Landesverfassungen[1673] – noch in der StPO (vgl. dagegen § 8 öStPO)[1674] ausdrücklich garantiert, ist aber als objektiver Grundsatz und als subjektives Recht des Einzelnen Teil der Verfassung.[1675] Das **Rechtsstaatsprinzip** und auch der Grundsatz, dass alles staatliche Handeln verpflichtet ist, die **Menschenwürde** und die **Grundrechte** einschließlich des darin wurzelnden **Persönlichkeitsrechts** jedes einzelnen Menschen zu achten, schließen es aus, dass Straftaten, die nicht in einem dem Gesetz entsprechenden ordnungsgemäßen Verfahren nachgewiesen wurden, die Grundlage einer Bestrafung bilden. Die Vermutung der Unschuld wird daher als selbstverständliche Bedingung eines nach Inhalt und Grenzen durch das Gebot der Achtung der Menschenwürde bestimmten, auf dem Schuld-

---

1666 Die englische Fassung von Art. 14 Abs. 2 IPBPR spricht ausdrücklich von *„right to be presumed innocent"*, anders die französische Fassung und Art. 6 Abs. 2.
1667 EGMR (GK) Allen/UK, 12.7.2013, § 93, NJW **2016** 3645; Alkaşi/TRK, 18.10.2016, § 22; BVerfGE **74** 373 ff.; SK/*Rogall* Vor § 133, 74 StPO.
1668 Zur Entstehungsgeschichte *Nowak* 33; SK/*Meyer* 306, 309.
1669 Art. 8 Abs. 2 AMRK; Art. 7 Abs. 1 *lit.* b Banjul Charta (Teil I, Einf. Rn. 24).
1670 Vgl. BVerfGE **74** 373, NJW **1987** 2427.
1671 Vgl. *Jarass/Kment* EU-Grundrechte § 41 Rn. 3, 7, 13 f., 17; Grünbuch über die Unschuldsvermutung, KOM (2006) 174 v. 26.4.2006; hierzu: Stellungnahmen des MPI (http://www.mpi-freiburg.de), der ECBA (http://www.ecba.org), sowie der BRAK, Nr. 18/2006 (www.brak.de).
1672 Vgl. *Stuckenberg* 546 ff.
1673 Siehe Art. 65 Abs. 2 BerlVerf; Art. 53 Abs. 2 VerfBrand; Art. 6 Abs. 3 BremVerf; Art. 20 Abs. 2 Satz 1 HessVerf; ferner allgemeiner gefasst: Art. 6 Abs. 3 VerfRhPf; Art. 14 Abs. 2 SaarlVerf.
1674 „Jede Person gilt bis zu ihrer rechtskräftigen Verurteilung als unschuldig.".
1675 BVerfGE **19** 342, 348; **74** 358, 370; **82** 106, 114 (ungeschriebene Ausformung des Rechtsstaatsprinzips).

grundsatz aufbauenden materiellen Strafrechts verstanden.[1676] Der staatlichen Strafgewalt ist der in jeder Bestrafung liegende Grundrechtseingriff verboten, solange dessen Voraussetzungen einschließlich einer dem Betroffenen zurechenbaren Schuld nicht in einem ordnungsgemäßen Verfahren in der dafür vorgeschriebenen Form nachgewiesen sind.[1677] Der Beschuldigte erhält das Recht auf ein Verfahren, in dem er bis zur abschließenden Entscheidung über den Schuldspruch[1678] wie ein Unschuldiger zu behandeln ist. In dieser die Verfahrensstellung des Beschuldigten sichernden **Fiktion der „Normtreue"** liegt – neben der den Strafverfolgungsorganen damit abverlangten unvoreingenommenen **Offenheit hinsichtlich des möglichen Verfahrensausgangs** und der daraus folgenden unvoreingenommenen Beweiswürdigung – ihre besondere Bedeutung für das Strafverfahren.

Als **Verfassungsgrundsatz** enthält die Unschuldsvermutung nach Ansicht des BVerfG **610** keine sie in **allen Einzelheiten bestimmenden Ge- und Verbote**. Ihre Rechtsvermutung[1679] je nach den sachlichen Gegebenheiten zu konkretisieren, ist Aufgabe des Gesetzgebers.[1680] Als positives innerstaatliches Recht sind in diesem weiteren verfassungsrechtlichen Rahmen auch Art. 6 Abs. 2 EMRK/Art. 14 Abs. 2 IPBPR unmittelbar anwendbar.[1681] Wegen ihres spezifischen Bezugs zum Strafprozessrecht gilt die Unschuldsvermutung **in allen Verfahren**, die die **Feststellung und Ahndung strafrechtlicher Schuld** zum Gegenstand haben, die hier ebenfalls im weiten Sinne der Konventionen (Rn. 79 ff.) zu verstehen ist. Damit gilt die Unschuldsvermutung auch für ein Verfahren, in dem eine Tat als **Ordnungswidrigkeit** geahndet werden soll,[1682] vor allem aber im Strafverfahren.

Die Unschuldsvermutung steht Maßnahmen der Strafverfolgung, die sich lediglich auf **611** einen **Verdacht** gründen, nicht im Wege, bestimmt im Zusammenhang damit aber auch Form, Inhalt und Ausmaß der **Äußerungen staatlicher Stellen** über Gegenstand, Verfahrensstand und Ergebnis eines solchen Verfahrens.[1683] Solange der Verdacht nicht durch eine gerichtliche Feststellung der Schuld bestätigt ist, dürfen die staatlichen Stellen auch in ihren Äußerungen keine strafrechtliche Schuldfeststellung treffen.[1684] Ihre Verlautbarungen über ein schwebendes Strafverfahren müssen **inhaltlich zurückhaltend** sein und

1676 BVerfGE **74** 350, 371; ferner IK-EMRK/*Kühne* 415; SK/*Meyer* 307; SK/*Paeffgen* Vor 112, 28a StPO; *Meyer* FS Tröndle 61, 62; *Vogler* FS Kleinknecht 436.

1677 BVerfGE **7** 305, 319; **9** 167, 169; **58** 159, 163; **80** 109, 120. Zur strittigen dogmatischen Ableitung *Frister* 92 (ratio des Schuldprinzips); *Köster* 139; SK/*Meyer* 310; *Stuckenberg* 48 ff., 544 ff.; *ders.* ZStW **111** (1999) 422 ff.

1678 Soweit im Schrifttum unter Hinweis auf das insoweit aber nicht eindeutige Urteil EGMR Minelli/CH, 25.3.1983 und auf BVerfGE **35** 202, 232 die Ansicht vertreten wird, dass die Unschuldsvermutung „bis zur Rechtskraft der Entscheidung" bestehen bleibt (*Frowein/Peukert* 263; Meyer-Goßner/*Schmitt* 15; Meyer-Ladewig/Nettesheim/von Raumer/*Harrendorf/König* 212), ist mitunter nicht klar, ob damit richtigerweise die Rechtskraft des Schuldspruchs oder der gesamten Entscheidung gemeint ist. Nach *Stuckenberg* 418 endet die Unschuldsvermutung mit der Verurteilung. Sie gilt nicht mehr im Verfahren, das nur noch den Strafausspruch zum Gegenstand hat.

1679 Zur Unschuldsvermutung als nicht empirische gesetzliche Vermutung eingehend: *Stuckenberg* 478 ff.; zu den verschiedenen Auffassungen 55 ff.

1680 BVerfGE **74** 358, 370 ff.; BVerfG (K) NStZ **1991** 93 = NJW **1991** 829 = StV **1991** 114 = MDR **1991** 213; NStZ **1991** 30.

1681 Vgl. BVerfG NJW **2002** 3231.

1682 BVerfG **9** 167, 170; BVerfG NJW **2013** 1418, 1423, Tz 90 (Verzinsung einer Geldbuße nach § 81 Abs. 6 GWB); vgl. ferner EGMR Milachikj/MAZ, 14.10.2021, § 27.

1683 BVerfG **19** 342, 347; **71** 206; **74** 358, 369; **82** 106, 117; BVerfG NStZ **1992** 290; OLG Hamm NJW **2000** 1278; *Meyer* FS Tröndle 61, 71; *Roxin* NStZ **1991** 153; *Marxen* GA **1980** 365; *Esser* 100 ff.

1684 EGMR Allenet de Ribemont/F, 10.2.1995, ÖJZ **1995** 509; Meyer-Ladewig/Nettesheim/von Raumer/*Harrendorf/König* 213; *Villiger* 570; Zöller/*Esser* 31. Keine offizielle Schulderklärung soll es sein, wenn Amtsträger nichtöffentlich Verdächtige inkriminieren: EGMR Şakar u.a./TRK, 20.10.2015, §§ 52, 55 (Aussage des Polizeichefs zu U-Häftlingen: „Ihr seid alle Terroristen"); vgl. dagegen: EGMR Stefanov/BUL, 2.2.2021 (inkriminierende

kenntlich machen, dass sie nur einen Verdacht betreffen.[1685] Die Äußerung eines solchen Verdachts aus begründetem Anlass schließt die Unschuldsvermutung nicht aus.[1686] Gleiches gilt bei verhältnismäßigen **Maßnahmen der Gefahrenabwehr**.[1687] Nach Abschluss des Strafverfahrens mit einem Freispruch darf das im Laufe des Verfahrens **erkennungsdienstlich gewonnene Material** nur unter engen Voraussetzungen aufbewahrt werden.[1688] Gleiches gilt für rechtmäßig erlangte Daten über nicht ausgeräumte Verdachtsmomente aus präventiv-polizeilichen Gründen.[1689]

612   Das weitergehende **Verbot der Zuweisung unbewiesener strafrechtlicher Schuld im Rechtsverkehr**[1690] ist Teil des verfassungsrechtlichen Persönlichkeitsschutzes (siehe auch Art. 8 Abs. 1: Achtung des Privatlebens), der die Verletzung des **persönlichen Achtungsanspruchs** durch unbewiesene missbilligende oder herabwürdigende Verlautbarungen staatlicher Organe oder durch Äußerungen Privater, insbesondere in der Presse, allgemein verbietet.[1691] Das **Rechtsstaatsprinzip** in Verbindung mit dem **grundrechtlichen Persönlichkeitsschutz** schließt – unabhängig von der Tragweite der Konventionsgarantien – auch sonst aus, dass staatliche Organe eine Person ohne vorher erbrachten Nachweis einer Schuld im allgemeinen Rechtsverkehr als Schuldigen einer Straftat behandeln.[1692] Dies gilt ohne Rücksicht darauf, ob der Schuldvorwurf mit einem eingeleiteten Strafverfahren in Verbindung steht. Dieser Achtungsanspruch umfasst über den Vorwurf einer Straftat hinaus jedes nach allgemeiner Auffassung tadelnde Verhalten.

613   Dieser schützt hingegen nicht vor **Rechtsfolgen ohne Strafcharakter**, die an ordnungsrechtlichen Zielsetzungen orientiert sind.[1693] Keine Verletzung der Unschuldsvermutung liegt daher vor, wenn die Entscheidung, einem Beschuldigten die **Staatsbürgerschaft**

Äußerungen eines Ministers bei einem Fernsehinterview); kritisch zu sprachlichen Formulierungen in der (polizeilichen) Praxis: *Diercks* 112 ff., 123, 137 ff.

1685 EGMR Rywin/PL, 18.2.2016, §§ 205, 207; Kuzmin/R, 18.3.2010.

1686 Vgl. EKMR EuGRZ **1987** 356.

1687 SK/*Paeffgen* Vor § 112, 28b StPO; anders OVG Münster Beschl. v. 19.12.2019 – 4 B 734/18 (bei der Versagung der glücksspielrechtlichen Erlaubnis greife Unschuldsvermutung nicht); ähnlich VGH München Beschl. v. 8.2.2021 – 10 ZB 20.340: Unschuldsvermutung steht Maßnahmen der Gefahrenabwehr (hier: Sicherstellung gefälschter Bilder) nicht entgegen.

1688 BGer EuGRZ **1994** 492; vgl. aber VG Ansbach Urt. v. 10.12.2019 – AN 15 K 18.00982, Rn. 24: die weitere Speicherung und Verwendung von in Strafermittlungsverfahren gewonnenen Daten zur Verhütung oder Verfolgung künftiger Straftaten stehe die Unschuldsvermutung grundsätzlich auch dann nicht entgegen, wenn der Betroffene rechtskräftig freigesprochen worden ist, sofern die Verdachtsmomente dadurch nicht ausgeräumt sind; anders zwischen Privaten, vgl. LG Frankfurt CR **2019** 741: Bei einem 35 Jahre zurückliegenden Bericht über eine mutmaßliche, aber nie verfolgte Straftat des Betroffenen können die Interessen des Betroffenen die des Suchmaschinenbetreibers überwiegen. Zur Zulässigkeit der Speicherung von Randdaten der Telekommunikation zur Straftataufklärung BGer Urt. v. 2.3.2018 – 1C-598/2016.

1689 BVerfG NJW **2002** 3231, mit dem Hinweis, dass nach dem Grundsatz der Verhältnismäßigkeit im Einzelfall zu beurteilen ist, ob die Speicherung der durch den Freispruch nicht ausgeräumten Verdachtsmomente aus präventivpolizeilichen Erwägungen (Wiederholungsgefahr) vertretbar ist; BVerwG Beschl. v. 25.3.2019 – 6 B 163/18 u.a.; OVG Saarland ZD **2018** 233 (Speicherung eines personenbezogenen Merkmals in polizeilichen Informationssystemen); vgl. SK/*Meyer* 330.

1690 BVerfGE 74 358, 371; BVerfG (K) NStZ **1988** 21.

1691 *Stuckenberg* 560 ff.

1692 Vgl. BVerfGE **19** 342, 347; **22** 265; **35** 320; **74** 358, 370; **82** 106, 117; BVerfG NStZ **1988** 21; IK-EMRK/*Kühne* 416; *Bornkamm* NStZ **1983** 102; *Marxen* GA **1980** 373; SK/*Rogall* Vor § 133, 75 StPO; *Ulsamer* FS Zeidler 1807; vgl. auch EGMR (GK) Allen/UK, 12.7.2013, § 94; A.L.F./UK (E), 12.11.2013, § 21; Kapetanios u.a./GR, 30.4.2015, § 83; Dicle u. Sadak/TRK (E), 16.6.2015, § 54.

1693 BVerwG NVwZ **2019** 65, 67 (Sicherheitsüberprüfung/-erklärung nach SÜG). Wie z.B. die Ablehnung der Einbürgerung in den deutschen Staatsverband: BVerwG Urt. v. 20.3.2012 – 5 C 1.11, Rn. 43; vgl. auch

zu entziehen, allgemein mit seinen Äußerungen begründet wird, ohne sich konkret auf diejenigen zu beziehen, deretwegen er später verurteilt werden wird, bzw. ohne zugleich zu behaupten, er habe sich durch sie strafbar gemacht.[1694] Ebenfalls keine Verletzung der Unschuldsvermutung gegenüber einem Amtsträgern stellt es dar, wenn aus Anlass einer mutmaßlichen Straftat des Amtsträgers Regierungsmitglieder zurücktreten und dieser Rücktritt allgemein aus politischen Gründen und nicht speziell wegen der vom Amtsträger mutmaßlich begangenen Straftat erfolgt.[1695]

Es ist deshalb fraglich, ob es weiterführt, den allgemein zutreffenden rechtsstaatlichen **614** Grundgedanken, dass von der Rechtstreue der Bürger auszugehen ist und das daraus folgende Verbot der Zuweisung nicht bewiesener Schuld durch Staatsorgane mit dem ebenfalls auf den gleichen Grundgedanken beruhenden, in den Konsequenzen aber stringenteren strafprozessualen Institut „Unschuldsvermutung" in einen Topf zu werfen. Eine undifferenzierte Verwendung dieser eingängigen Kurzformel verleitet zu Gleichsetzungen in den Auswirkungen, die sachlich nicht geboten sind. Anders als bei der ausdrücklich auf das Strafverfahren beschränkten Unschuldsvermutung der Art. 6 Abs. 2 EMRK/Art. 14 Abs. 2 IPBPR sind die verschiedenen Aspekte des Rechtsstaatsprinzips verfassungsrechtlich auch insoweit nicht in formalen Einzelregelungen ausdifferenziert, so dass es aus der Sicht des innerstaatlichen Verfassungsrechts wegen der gleichen Ableitung weitgehend nur eine Definitionsfrage wäre, ob man für das im Schutz des Persönlichkeitsrechts wurzelnde **materielle Verbot der Zuweisung unbewiesener Schuld** ebenfalls den Begriff der Unschuldsvermutung im weiten Sinn verwenden will. Insoweit wäre es nicht entscheidend, ob man darin nur einen Rechtsgrund sieht, der die Achtung des Persönlichkeitsrechts für den spezifischen Fall der Bezichtigung mit einer nicht erwiesenen strafrechtlichen Schuld inhaltlich konkretisiert und bekräftigt[1696] oder ob man aus ihrem Grundgedanken eine eigene, darüber hinausreichende spezifische Schutzwirkung herleitet.[1697]

Anders wäre dies, wollte man aus einer solchen – weit verstandenen Unschuldsver- **615** mutung – ein von allen Staatsorganen zu beachtendes **Monopol des Strafrichters** herleiten, dergestalt, dass der für ihre **Widerlegung notwendige Schuldnachweis ausschließlich in einem Strafverfahren**, nicht aber in einem sonstigen Verfahren erbracht werden kann (sog. **„Exklusivität der strafrichterlichen Schuldfeststellung"**).[1698] Aus den allgemeinen Verfassungsgrundsätzen lässt sich weder dies noch eine damit letztlich verknüpfte allgemeine Bindungswirkung strafgerichtlicher Entscheidungen herleiten. Rechtsstaatsprinzip und Grundrechtsschutz schreiben keine bestimmten Formen für das Rechtsschutzsystem vor. Sie können schon gar nicht dahin verstanden werden, dass sie die bestehende

---

BVerfG NJW **1990** 2741; NJW **2002** 3231 oder die Abschiebung eines Ausländers wegen Straffälligkeit, vgl. OVG Bremen Urt. v. 22.10.2019 – 2 B 138/19; VGH München BayVerwBl. **2019** 450; Beschl. v. 24.6.2019 – 10 ZB 19.990; BFH Urt. v. 11.6.2019 – X R 29/17: der § 22a Abs. 5 Satz EStGB (Verspätungsgeld), wonach den Mitteilungspflichtigen die Darlegungslast für ein fehlendes Vertretenmüssen trifft, verstößt nicht gegen die Unschuldsvermutung; s.a. BGH (Dienstgericht) NVwZ-RR **2019** 525 (Entfernung eines Richters aus dem Beamtenverhältnis auf Probe); BVerwG Beschl. v. 10.10.2017 – 1 WDS-VR 6/17 (Sicherheitsüberprüfung i.S.d. § 5 Abs. 1 SÜG).

1694 EGMR Mustafa (Abu Hamza)/UK (E), 18.1.2011, § 41.

1695 EGMR Paulikas/LIT, 24.1.2017, § 53.

1696 So *Meyer* FS Tröndle 61, 63; SK/*Rogall* Vor § 133, 81 StPO (Konkretisierung und Verstärkung des im Spannungsverhältnis mit anderen Grundrechtsgarantien stehenden Persönlichkeitsrechts); auch *Lampe* NJW **1973** 217; *Rüping* FS Dünnebier 396.

1697 *Kühl* FS Hubmann 248 sieht in der Unschuldsvermutung neben der strafrechtlichen auch eine besondere persönlichkeitsrechtliche Komponente; vgl. auch *Kühl* ZStW **100** (1988) 411; ferner *Marxen* GA **1980** 373 (Abwehrfunktion als konstitutives Rechtsprinzip gesellschaftlichen Zusammenlebens).

1698 So *Vogler* FS Kleinknecht 429, 436; IK-EMRK/*Kühne* 437 ff.

richterliche Befugnis, in eigener Unabhängigkeit Vorfragen aus anderen Rechtsgebieten in dem für die eigene Entscheidung erforderlichen Umfang mitzuentscheiden,[1699] außer Kraft setzen wollten. Nur die *Bestrafung* ist bei Kriminalstrafen dem Strafrichter vorbehalten, nicht aber die Entscheidung, welche außerstrafrechtlichen Rechtsfolgen an das Vorliegen eines Straftatbestandes anknüpfen.

616   Lehnt man die weitergehende Folgerung aus der Unschuldsvermutung ab,[1700] so spricht für die **Begrenzung** der aus dem Verfassungsrecht abgeleiteten Unschuldsvermutung **auf den Bereich der Strafrechtspflege**, dass es sich hier um eine verfahrensspezifische Schutzgarantie handelt, die der besonderen Lage des Beschuldigten im Strafverfahren Rechnung trägt und hier ein durch keine Abwägung relativierbares Verbot[1701] bedeutet. Hier besteht ein erhöhter Schutzanspruch, der neben den materiellen auch besondere verfahrensrechtliche Gewährleistungen erfordert, und der den Staat auch verpflichtet, auf die Unschuldsvermutung Rücksicht zu nehmen, wenn er sich nach außen über ein schwebendes Strafverfahren äußert.[1702] Diese müssen über das hinausgehen, was der nicht in ein Strafverfahren verstrickte Staatsbürger an Schutz benötigt, wenn ihn Staatsorgane durch die Zuweisung unbewiesener strafrechtlicher Schuld in seinem sozialen Geltungsanspruch und damit in seinem Persönlichkeitsrecht verletzen.[1703]

617   Wo immer man die **Grenze der aus den Verfassungsprinzipien abgeleiteten** (ungeschriebenen) **Unschuldsvermutung** im Bereich außerhalb der eigentlichen Strafrechtspflege zieht,[1704] ihre Garantien dürfen nicht in einseitiger Sicht extensiv interpretiert werden. Sie sind mit anderen Forderungen der Verfassung, wie sie sich vor allem aus dem auch anderen Zielsetzungen verpflichteten Rechtsstaatsprinzip ergeben, zu einem **vernünftigen Ausgleich** zu bringen, der allen kollidierenden Prinzipien eine weitmögliche Verwirklichung garantiert (**Prinzip der praktischen Konkordanz**).[1705] Für eine Übernahme der strafverfahrensspezifischen Aspekte der Unschuldsvermutung in den außerstrafrechtlichen Bereich und die im Schrifttum daraus hergeleitete Forderung einer für alle Staatsorgane bindenden Exklusivität strafrichterlicher Schuldfeststellung (Rn. 738 ff.) bieten weder die Konventionen noch die Verfassung eine Handhabe.

618   Konsequent steht die Unschuldsvermutung daher auch einer behördlichen oder gerichtlichen Entscheidung über **andere Rechtsfolgen** des auch dem strafgerichtlichen Freispruch zugrunde liegenden Sachverhalts nicht entgegen, *wenn* diese Entscheidung weder Strafcharakter hat, noch eine strafgerichtliche Verantwortlichkeit des Betroffenen zum Ausdruck bringt oder dessen strafrechtliche Schuld feststellt.[1706]

1699 Vgl. BVerfG NJW **1991** 1530 = MDR **1991** 891; OLG Düsseldorf NStZ **1990** 531; *Bruns* FS Schmidt 602.

1700 So *Meyer* FS Tröndle 61, 62; *Peukert* EuGRZ **1980** 247, 260; *Rüping* FS Dünnebier 391, 396; noch enger *Paulus* NStZ **1990** 600; vgl. ferner SK/*Meyer* 326 ff.; SK/*Rogall* Vor § 133, 75 StPO.

1701 Vgl. *Stuckenberg* 559; *ders.* ZStW 111 (1999) 422, 459; SK/*Paeffgen* Vor § 112, 28e StPO m.w.N.

1702 Zur mittelbaren Drittwirkung vgl. SK/*Meyer* 344.

1703 Vgl. die Beispiele bei *Meyer* FS Tröndle 61, 62 f., 64 ff. Zu den hier erforderlichen Abwägungen vgl. *Lampe* NJW **1973** 217.

1704 Vgl. zur Tendenz, in der Rechtsprechung zum Persönlichkeitsschutz auf die Unschuldsvermutung zurückzugreifen *Kühl* ZStW 100 (1988) 432.

1705 Dazu *Herzog* EuGRZ **1990** 483, 484. Zur ähnlichen Rechtslage bei den Konventionen, die einen gerechten und vernünftigen Ausgleich („fair balance") zwischen dem Schutzanspruch des Einzelnen und den Interessen der Allgemeinheit fordern vgl. Rn. 286 ff.; Teil I, Einf. Rn. 245.

1706 BVerwG NJW **2017** 2295 = DÖV **2017** 602 (2. Ls.). Ist demnach ein Beamter vom Vorwurf einer Straftat rechtskräftig freigesprochen worden, so sind andere Gerichte an diese Wertung grundsätzlich nicht gebunden, *soweit* es bei ihren Verfahren und der erneuten Bewertung des Sachverhaltes nicht auch um die strafrechtliche Verantwortlichkeit des Beamten geht.

e) Verhältnis zwischen der Garantie der Konventionen und der Verfassungsge- 619
währleistung. Die Konventionsgarantien und die innerstaatlichen Verfassungsgarantien stimmen im Grundsatz überein. Dies wird auch dadurch weitgehend gesichert, dass nach Ansicht des BVerfG der Entwicklungsstand der Menschenrechte in Europa und damit auch die Fortentwicklung der in der EMRK gewährleisteten Unschuldsvermutung bei der Auslegung der Garantien des Grundgesetzes mit in Betracht zu ziehen ist.[1707] Beide Garantien müssen sich aber nicht vollinhaltlich decken. Die innerstaatlichen Verfassungsgarantien können in Grenzbereichen hinter dem zurückbleiben oder über das hinausgehen, was die Konventionen nach dem Verständnis des EGMR völkerrechtlich garantieren und dann als einfaches Recht auch innerstaatlich fordern.[1708] Die bei der Auslegung des Verfassungsrechts mit zu berücksichtigenden Verbürgungen der Konventionen sind an die Grenzen gebunden, die sich daraus ergeben, dass die Konventionen die Unschuldsvermutung **nur für die Verfahren über strafrechtliche Anklagen** aufstellen. Bei den aus dem ungeschriebenen Verfassungsgrundrecht hergeleiteten Gewährleistungen dagegen ist diese völkervertragsspezifische Beschränkung unbeachtlich; auch die gebotene Auslegungskonkordanz würde nicht daran hindern, die Unschuldsvermutung innerstaatlich weiter zu verstehen.[1709] Dann können ihr aber die Implikationen des Rechtsstaatsprinzips anderweitige Grenzen setzen, um hier – wie auch sonst – seine verschiedenen und zum Teil gegenläufigen Aspekte in sich zum Ausgleich zu bringen; es lässt Raum für einfachgesetzliche Regelungen und ist erst verletzt, wenn rechtsstaatlich unverzichtbare Erfordernisse nicht mehr gewahrt sind.[1710]

Das weitergehende **Verbot der Zuweisung unbewiesener strafrechtlicher Schuld** 620
im Rechtsverkehr (Rn. 737) ist innerstaatlich Teil des verfassungsrechtlichen Persönlichkeitsschutzes, der die **Verletzung des persönlichen Achtungsanspruchs** durch unbewiesene missbilligende oder herabwürdigende Verlautbarungen verbietet, ganz gleich, ob staatliche Organe oder Private, insbesondere die Presse, dafür verantwortlich sind. Aus den auf das staatliche Strafverfahren beschränkten Konventionsgarantien der Unschuldsvermutung in den Art. 6 Abs. 2 EMRK/Art. 14 Abs. 2 IPBPR lässt sich ein solcher Anspruch gegen Dritte nicht unmittelbar herleiten.[1711]

f) Keine unmittelbare Drittwirkung. Eine **unmittelbare Drittwirkung** kommt der 621
Unschuldsvermutung der Konventionen nicht zu.[1712] Sie betrifft die Ausübung der staatlichen Strafgewalt, verpflichtet die Staaten und ihre Organe (Art. 1 EMRK/Art. 2 Abs. 1 IPBPR), begründet aber nach vorherrschender Meinung keine *unmittelbaren* Pflichten für private Dritte,[1713] auch nicht für Vertreter der **Presse- und Medienberichterstat-**

1707 BVerfGE **74** 358, 370 ff.; BVerfG NJW **1990** 2741; **2002** 3231.
1708 Die Konventionen lassen weitergehendes Recht unberührt, Art. 53 EMRK/Art. 5 Abs. 2 IPBPR.
1709 So BVerfGE **74** 358, 371; **82** 104, 117; vgl. SK/*Rogall* Vor § 133, 74 StPO.
1710 BVerfGE **70** 308; BVerfG NStZ **1991** 93 = NJW **1991** 829 = StV **1991** 114 = MDR **1991** 213.
1711 *Stuckenberg* 417, 561 ff.; Meyer-Goßner/*Schmitt* 13; **a.A.** *Grawe* NJW **1981** 209; *Marxen* GA **1980** 365; weitergehend auch BVerfGE **74** 358, 371; **82** 106, 117.
1712 *Bornkamm* NStZ **1983** 102; *Hassemer* NJW **1985** 1921, 1923; *Kühl* FS Hubmann 241, 248; *Meyer* FS Tröndle 61, 63; *Peukert* EuGRZ **1980** 247, 260; *Rüping* FS Dünnebier 396; *Roxin* NStZ **1991** 153, 156; *Trechsel* SJZ **1981** 335; vgl. auch *Villiger* 576 (keine Verantwortlichkeit der Presse, sondern Pflicht des Staates zu verhindern, dass Presseberichte die Fairness des Strafverfahrens beeinträchtigen); weitere Nachweise: *Stuckenberg* ZStW **111** (1999) 422, 430; ferner BGH NJW **1994** 1950.
1713 EGMR Kuzmin/R, 18.3.2010 (erklärt den an sich „privaten" Kandidaten für das Amt des Gouverneurs als „öffentliche" Person); vgl. *Meyer* FS Tröndle 61, 63; SK/*Rogall* Vor § 133, 75 StPO.

Esser

tung.[1714] Das Regelungsrecht des Staates, der auch der Freiheit der Berichterstattung Grenzen setzen darf, folgt aus anderen Konventionsgarantien, die staatliche Einschränkungen zum Schutz des guten Rufes und der Rechte anderer und zur Wahrung der Autorität und der Unparteilichkeit der Rechtspflege ermöglichen (insbesondere Art. 10 Abs. 2 EMRK/Art. 19 Abs. 3 IPBPR, aber auch Art. 8 Abs. 2 EMRK/Art. 17 Abs. 2 IPBPR). Eine Pflicht des Staates, entsprechende Grenzen im Hinblick auf die Unschuldsvermutung zu setzen, wurde vom EGMR bisweilen aus Art. 6 Abs. 2 EMRK nicht abgeleitet.[1715] In seltenen Einzelfällen wird dies jedoch nicht von vornherein vollkommen ausgeschlossen sein.[1716]

622　　Das Persönlichkeitsrecht und die Unschuldsvermutung umfassen auch den **Schutz vor Zuweisung einer strafrechtlichen Schuld**, wenn und solange diese von den zuständigen Staatsorganen nicht ordnungsgemäß festgestellt ist.[1717] Der Staat muss vor allem das hier bestehende Spannungsverhältnis zwischen der durch Art. 10 geschützten Presse-/Medienfreiheit und dem Schutzinteresse des Einzelnen abwägen und durch ausgewogene Regelungen, etwa durch Anordnungen nach § 176 GVG,[1718] ausgleichen.[1719] Das verfassungsrechtlich anerkannte Persönlichkeitsrecht des Beschuldigten, sein gesellschaftlicher Achtungsanspruch, sein Recht auf Privatheit und auf Schutz seiner Ehre (vgl. Art. 8 EMRK/Art. 17 IPBPR) setzt – ungeachtet des anzuerkennenden Informationsinteresses der Öffentlichkeit – den Medien ebenso Grenzen[1720] wie den Privaten. Im

---

1714　Vgl. OLG Frankfurt NJW **1980** 597 (keine Drittwirkung, aber Prüfungsmaßstab); OLG Köln NJW **1987** 2682 = AfP **1987** 705; *Bornkamm* NStZ **1983** 103; *Laubenthal* GA **1989** 20, 25; *Esser* 714 ff.; *Paulus* NStZ **1990** 600; *Roxin* NStZ **1991** 153, 156; Meyer-Goßner/*Schmitt* 13; **a.A.** vor allem *Marxen* GA **1980** 373, der unter Verneinung der Drittwirkung eine unmittelbare Verpflichtung Privater annimmt; *Grawe* NJW **1981** 209; *Stapper* AfP **1996** 349; *Nowak* 36 (zu Art. 14 IPBPR); KK/*Lohse/Jakobs* 72. Vgl. ferner *Frowein/Peukert* 267 ff. (aus dem Prinzip der Unschuldsvermutung sei die Obliegenheit des Staates abzuleiten, für eine objektive Berichterstattung der Presse über anhängige Strafverfahren zu sorgen); krit. auch *Zabel* GA **2011** 347, 360. Zum Streitstand *Stuckenberg* 66 ff. m.w.N.

1715　Es wurde jedoch auch noch keine Verletzung der Unschuldsvermutung in solchen Fällen festgestellt, EGMR Craxi/I, 5.12.2002, §§ 96 ff.; Abdulla Ali/UK, 30.6.2015, §§ 87 ff., NJW **2016** 3147 (je Betrachtung unter dem Gesichtspunkt „faires Verfahren" und je unter Hinweis darauf, dass eine Verletzung des Art. 6 aufgrund vorhergehender Berichterstattung unwahrscheinlich ist, wenn der erkennende Spruchkörper nur mit Berufsrichtern, und nicht etwa auch mit Schöffen besetzt ist, da Erstere aufgrund ihrer Ausbildung dahingehend sensibilisiert seien); vgl. hierzu Meyer-Goßner/*Schmitt* 13.

1716　Siehe EGMR Abdulla Ali/UK, 30.6.2015, § 91 (allgemein in Bezug auf die Garantie eines fairen Verfahrens: „it will be rare that prejudicial pre-trial publicity will make a fair trial [...] impossible"); ob dadurch auch die Unschuldsvermutung verletzt sei, sei jedoch eine andere Frage (§§ 87, 90); eingehend *Wohlers* StV **2005** 186.

1717　OLG Braunschweig NJW **1975** 651; *Meyer* FS Tröndle 61, 63; hierfür ist erforderlich, dass sich das Urteil auch konkret auf die sich auf die Unschuldsvermutung berufende Person bezieht (BVerfG Beschl. [Nichtannahme] v. 22.11.2021 – 2 BvR 1872/21, NZWiSt **2022** 64).

1718　Vgl. hierzu BVerfG NJW **2012** 2178 = K&R **2012** 346 = AfP **2012** 146 = ZUM-RD **2012** 309 (Fernsehaufnahmen anlässlich eines Strafverfahrens – einstweilige Anordnung): Unschuldsvermutung verliere an Gewicht bei Geständnis.

1719　EGMR Verlagsgruppe News GmbH/A, 25.10.2016 (sachlich und ohne Vorverurteilung vollzogene Berichterstattung über schwere Spekulationsverluste der zur Hälfte im Eigentum des Landes Kärnten stehenden Bank Hypo Alpe-Adria unter Bekanntgabe des Namens des verantwortlichen Managers von Meinungsäußerungsfreiheit gedeckt).

1720　Vgl. BVerfGE **35** 232 (Lebach): auch die Unschuldsvermutung gebiete eine zurückhaltende, die Verteidigungsargumente angemessen berücksichtigende Berichterstattung; ebenso BVerfGE **119** 309, 323 = NJW **2008** 977; BVerfG NJW **2009** 350, 351 („Holzklotz-Fall"), wo eine „ausgewogene Berichterstattung" sowie die Berücksichtigung „eine[r] mögliche[n] Prangerwirkung" gefordert wird, „die durch eine identifizierende Medienbe-

Einzelfall haben die Rechte der Medien und ihrer Vertreter auch hinter der Unschuldsvermutung zurückzutreten.[1721]

Vor allem im Bereich der **Medienberichterstattung** wird der an sich nur auf das **623**
Verhältnis Staat/Bürger zugeschnittene Grundgedanke der Unschuldsvermutung unreflek-
tiert verwendet, da er für einen besonders sensiblen Teilbereich des Persönlichkeitsschutzes plakativ ein Maßprinzip für die Grenze zulässiger Berichterstattung aufzeigt. Eine
heftige, einseitige oder gar **vorverurteilende Presse-/Medienkampagne** („feindselige
Publizität") kann die Fairness des Verfahrens durch Beeinflussung der öffentlichen Meinung und damit der Richter, die über die Schuld eines Angeklagten zu entscheiden haben,
durchaus beeinträchtigen, was dann nicht nur die Unschuldsvermutung, sondern zudem
die Unparteilichkeit des Gerichts tangiert. Entscheidend für die Frage eines Verstoßes ist
die objektive Bewertung der tatsächlichen Umstände, nicht hingegen die subjektive Befürchtung des Angeklagten.[1722] Bei einer feindseligen Presse-/Medienberichterstattung
prüft der Gerichtshof darüber hinaus, ob die Publikationen staatlichen Stellen zuzurechnen sind oder auf Informationen durch Behörden beruhen, da solche Berichterstattungen
für die Öffentlichkeit oftmals ein höheres Vertrauen erwecken.[1723] Die notwendige Abwägung zwischen dem **Informationsinteresse der Medien** und dem geschützten Persönlichkeitsrecht der Betroffenen lässt zwar die Weitergabe von Informationen durch staatliche
Stellen über den **Verdacht einer Straftat** zu,[1724] verbietet aber die staatliche Zuweisung
einer noch nicht erwiesenen strafrechtlichen Schuld im Rahmen der justiziellen Medienar-

---

richterstattung bewirkt werden" könne; ebenso OLG Nürnberg NJW-RR **2019** 1191. Zur Verteidigung gegenüber der Medienberichterstattung *Eisenberg* StraFo **2006** 15; *Hohmann* NJW **2009** 881; allgemein auch: *Walter*
FS Manoledakis 1243; *Trüg* NJW **2011** 1040, 1041 ff.; sofern ehrenamtliche Richter entscheiden, wird die
Besorgnis der Befangenheit im Allgemeinen beseitigt, wenn eine angemessene Zeit zwischen der Berichterstattung und dem nachfolgenden Strafverfahren verstrichen ist und der Jury zudem entsprechende Hinweise gegeben werden, vgl. EGMR Abdulla Ali/UK, 30.6.2015, § 89, NJW **2016** 3147, 3148.

[1721] EGMR Bédat/CH, 29.3.2016, §§ 68 ff.; siehe Zöller/Esser (Hrsg.), Justizielle Medienarbeit im Strafverfahren – Entwurf des Arbeitskreises Strafprozessrecht und Polizeirecht (ASP) für eine die Pressefreiheit und
das Persönlichkeitsrecht schützende Auskunftserteilung im Strafverfahren (2019).

[1722] EGMR Abdulla Ali/UK, 30.6.2015, § 87, NJW **2016** 3147 (im konkreten Fall verneint); vgl. ferner FRA
(Hrsg.), Presumption of innocence and related rights – Professional perspectives (März 2021) 26.

[1723] EGMR Abdulla Ali/UK, 30.6.2015, § 90, NJW **2016** 3147, 3148. Eine Grenzüberschreitung, die jedenfalls
zivilrechtliche Schadensersatzansprüche nach sich zieht, ist anzunehmen, wenn die Ermittlungsbehörde zur
Aufklärung eines Tötungsfalles ein öffentlich zugängliches und für jeden Dritten einsehbares Internetforum
errichtet, auf dem „Bürger ihre Meinung zum Verbrechen äußern können" sowie weitere Zeugen und Hinweisgeber ermittelt werden sollten, vgl. OLG Celle NJW-RR **2008** 1262.

[1724] Zu den maßgeblichen Kriterien OLG Dresden NJW-RR **2018** 1445; OLG Nürnberg K&R **2021** 346; OLG
Köln Urt. v. 12.11.2020 – 15 U 112/20, BeckRS **2020** 37979; OLG Brandenburg AfP **2020** 413; *Rodenbeck* NJW **2018**
1227, 1230 ff.; *Staudinger* 97 ff. zur Aufweichung der „redlichen" Berichterstattung aufgrund fortschreitender
Sensationslust *Hohmann* NJW **2009** 881. Eine Unterlassungsklage kann bei identifizierender Berichterstattung über Ermittlungsverfahren begründet sein, vgl. OLG Köln Urt. v. 18.10.2018 – 15 U 37/18; LG München
GRUR-RS **2020** 39460; die für eine Unterlassungsklage i.S.d. § 1004 Abs. 1 Satz 2 BGB erforderliche Wiederholungsgefahr entfällt bei einer unzulässigen Verdachtsberichterstattung mit der rechtskräftigen, die Identifizierung rechtfertigenden Verurteilung, vgl. BGH NJW **2020** 45; *Sajuntz* NJW **2020** 583. Ausdrücklich genannt
werden muss die Unschuldsvermutung in einer zulässigen Verdachtsberichterstattung nicht, s. VG Ansbach
Beschl. v. 17.12.2019 – AN 4 E 19.02363 (Verdacht der Untreue eines Ersten Bürgermeisters); zur Zulässigkeit
der Verfügbarkeit der Verdachtsberichterstattung in Onlinearchiven BGH NJW **2019** 1881. Nach Auffassung
des OGH MR **2017** 312 schützt das postmortale Persönlichkeitsrecht nicht vor der Bezeichnung in einem
Bericht als Täter einer Straftat, selbst wenn es wegen dieser strafbaren Handlung nicht zur rechtskräftigen
Verurteilung des Verstorbenen gekommen ist; in diese Richtung auch OLG Köln Urt. v. 29.8.2017 – 15 U 180/
16.

beit ebenso wie entsprechende Berichte der Medien. In diesem weiten, über den Geltungsbereich der Art. 6 Abs. 2 EMRK/Art. 14 Abs. 2 IPBPR hinausreichenden Sinn, hat die Unschuldsvermutung als Kurzformel für den Beurteilungsmaßstab von Berichten über
Strafverfahren eine **mittelbare Drittwirkung**.[1725]

624   Kommt es zu einer mit der Unschuldsvermutung unvereinbaren Medienberichterstattung über ein Strafverfahren und ist dieser Konventionsverstoß den staatlichen Stellen
zuzurechnen (als aktives Tun oder als Verstoß gegen die ihnen obliegende Schutzpflicht;
Rn. 625), so *kann* eine dem Verstoß angemessene **Strafmilderung** eine geeignete Form der
Kompensation darstellen.[1726] Wegen **öffentlicher Verlautbarungen staatlicher Stellen**
über ein Strafverfahren Rn. 657 ff.

625   **g) Allgemeine Schutzpflicht des Staates.** Eine **allgemeine Schutzpflicht des Staates**, die über seine Verantwortung für die Äußerungen seiner Organe in Bezug auf ein
anhängiges Strafverfahren hinausreicht, wird verschiedentlich auch hinsichtlich der Beachtung der Unschuldsvermutung durch Dritte angenommen.[1727] Für den privaten Lebensbereich und den Schutz der Ehre begründen Art. 17 IPBPR und auch Art. 8 ausdrücklich
Schutzpflichten des Staates.[1728] Doch auch Art. 6 Abs. 2 EMRK/Art. 14 Abs. 2 IPBPR geben
bei weiter Auslegung den Rechtsgrund für eine Verpflichtung des Staates ab, den Einzelnen vor einer Aushöhlung seines sozialen Achtungsanspruchs durch Dritte zu schützen.[1729]
Insofern muss der Staat ein **rechtliches Instrumentarium** bereitstellen, mit dessen Hilfe
eine Person selbst oder mit Unterstützung staatlicher Stellen gegen ihre Person betreffende Anschuldigungen vorgehen kann. Der Schutz des Privatlebens von Personen kann allerdings **keine absolute Geltung** beanspruchen. Vielmehr müssen die Medien die Möglichkeit haben, Berichte über Personen, die einer Straftat *verdächtigt* werden, zu verfassen,
sofern sie auf hinreichende tatsächliche Anhaltspunkte zurückgreifen können.[1730] Zudem
fordern die Konventionen – ähnlich wie bei anderen Schutzpflichten – nur einen **Mindest-**

[1725]   OLG Frankfurt NJW **1980** 597; *Kühl* FS Hubmann 252; *Marxen* GA **1980** 373; vgl. *Bornkamm* NStZ
1983 104; Meyer-Goßner/*Schmitt* 13; SK/*Meyer* 344; vertiefend: *Schlüter* Verdachtsberichterstattung (2011);
weitergehend aber: *Marxen* GA **1980** 373 (originäre Verpflichtung, keine Drittwirkung); KK/*Lohse/Jakobs* 72;
diff. *Klass* ZUM **2022** 1, 5 f.; vgl. auch: ÖVerfG ÖJZ **1987** 509; SK/*Meyer* 334 ff.; aus empirischer Sicht: *Altermann*
Medienöffentliche Vorverurteilung – strafjustizielle Folgerungen für das Erwachsenen- und für das Jugendstrafverfahren? (2009).

[1726]   Vgl. allgemein zur Frage der Strafmilderung aufgrund Medienberichterstattung: LG Karlsruhe NJW
2005 915, 916; *Brandenstein/Kury* NZV **2005** 225; *Knauer* GA **2009** 541; *Pfeifle* ZG **2010** 282. Keinen Verstoß
gegen die Unschuldsvermutung stellt es dar, wenn vor dem Beginn der Hauptverhandlung eine Fernsehsendung ausgestrahlt wird, zu deren Vorbereitung Fernsehaufnahmen im Dienstzimmer des polizeilichen
Hauptsachbearbeiters stattfanden, wobei Lichtbilder der Angeklagten zu erkennen waren. Vor der Ausstrahlung waren die Gesichter der Angeklagten zwar „verpixelt" worden, um diese unkenntlich zu machen.
Mitgefangene hatten diese jedoch erkannt und sie darauf angesprochen. Zugleich fielen die Begriffe „Täter",
„Bandenmitgliedern" und Zerschlagung einer „Einbrechergruppierung", vgl. BGH NJW **2016** 3670 m. Anm.
Meyer-Mews; *Beukelmann* NJW-Spezial **2016** 696.

[1727]   Vgl. *Frowein/Peukert* 164; *Jebens* Liber Amicorum Wildhaber 211; *Kühl* FS Hubmann 248; *Nowak* 36;
Peukert EuGRZ **1980** 247, 260; *Ulsamer* FS Zeidler 1802; *Meyer* FS Tröndle 61, 63; SK/*Meyer* 346.

[1728]   Vgl. Art. 8 Rn. 29 ff. Die Schutzbereiche von Art. 6 Abs. 2 und Art. 8 überschneiden sich an dieser
Stelle, vgl. EGMR (GK) Allen/UK, 12.7.2013, § 94.

[1729]   Aus der Fürsorgepflicht abgeleitete Schutzpflicht bejaht: SK/*Meyer* 346.

[1730]   Vgl. LG Köln AfP **2018** 461: Zulässige identifizierende Verdachtsberichterstattung über die Untersuchungshaft des Vorstandsmitglieds eines Automobilkonzerns im Zusammenhang mit dem sog. Abgasskandal;
LG Köln GRUR-RS **2020** 40600 (zulässige identifizierende Bildberichterstattung beim Tatverdacht des Kindes-
missbrauchs); vgl. aber LG Frankfurt a.M. GRUR-RS **2020** 32416 (unzulässige identifizierende TV-Berichter-
stattung bei Verdacht auf Subventionsbetrug im Zusammenhang mit staatlichen Corona-Hilfen).

schutz und nicht etwa den bestmöglichen Schutz. Bei dem großen Ermessens- und Gestaltungsspielraum, den sie hierfür dem nationalen Recht und den staatlichen Stellen einräumen, dürften sich daraus keine größeren Anforderungen an das unerlässliche gesetzliche Schutzinstrumentarium ergeben, als sie der zivil- und strafrechtliche Persönlichkeitsschutz des innerstaatlichen Rechts (beispielsweise mit dem presserechtlichen Gegendarstellungsanspruch sowie den Beleidigungsdelikten) bereits bietet.[1731]

h) Verzichtbarkeit. Ob der Beschuldigte auf die Beachtung der Unschuldsvermutung **626** verzichten kann, ist strittig.[1732] Soweit mit der Unschuldsvermutung die aus dem Rechtsstaatsprinzip folgende *objektive* **Verpflichtung** der Ermittlungsbehörden und Gerichte umschrieben wird, das Verfahren unabhängig vom Verhalten und der Einlassung des Beschuldigten **ergebnisoffen** zu führen,[1733] kann es keinen wirksamen Verzicht geben.[1734] Die Strafverfolgungsorgane, vor allem das erkennende Gericht, müssen selbst bei einem Geständnis die Möglichkeit der Unschuld des Beschuldigten weiterhin in ihre Erwägungen einbeziehen und die **Glaubwürdigkeit eines Geständnisses** unvoreingenommen überprüfen. Auch eine eingeräumte Tat darf nur bestraft und auch sonstige für den Beschuldigten nachteilige Rechtsfolgen dürfen nur daran geknüpft werden, wenn seine Schuld als Ergebnis eines ordnungsgemäßen, fairen Verfahrens zur vollen Überzeugung des Gerichts feststeht.[1735]

Die Konventionen garantieren die Beachtung der Unschuldsvermutung dem Beschul- **627** digten einer Straftat aber im Kern als **subjektives Menschenrecht**.[1736] Dessen formaler Aspekt, der den äußeren Umgang des Gerichts mit dem Beschuldigten betrifft, ist **verzichtbar**; diesen formalen Schutz muss niemand für sich in Anspruch nehmen.[1737] Das Recht, im Strafverfahren vom Gericht formal als Unschuldiger behandelt zu werden, ist für denjenigen bedeutungslos, der sich in freier Verantwortung ungezwungen und in Kenntnis der Tragweite seiner Erklärung selbst zu der ihm angelasteten Tat bekennt und damit auf den Schutz verzichtet, durch den diese Garantie seine Verteidigung im Strafverfahren sichern soll.[1738] Es wäre am allerwenigsten für einen solchen Angeklagten verständlich und letztlich auch mit seinem Persönlichkeitsrecht und seiner Würde als selbstverantwort-

---

[1731] Vgl. *Kühl* FS Hubmann 248; *Roxin* NStZ **1991** 153.

[1732] Zum Streitstand *Stuckenberg* 60; vgl. auch *Seher* ZStW **118** (2006) 101, 125, 149 ff.

[1733] *Grabenwarter/Pabel* § 24, 139; Meyer-Ladewig/Nettesheim/von Raumer/*Harrendorf/König* 212.

[1734] Vgl. *Stuckenberg* 559.

[1735] EGMR Peltereau-Villeneuve/CH, 28.10.2014, § 23 (die in diesem Fall gegebenen weiteren Umstände – Geständnis war ohne anwaltlichen Beistand abgegeben und später widerrufen worden – treten lediglich hinzu, sind aber nicht konstitutiv für den Konventionsverstoß; der Gerichtshof macht vielmehr deutlich, dass generell nur das zuständige Gericht befugt ist, aus einem Geständnis die Feststellung der Schuld abzuleiten: „seule la juridiction compétente était fondée à en déduire la culpabilité du requérant"). – Ob die Schuld nur durch rechtsförmliche Feststellung im Tenor einer gerichtlichen Entscheidung bejaht werden kann oder ob es genügt, wenn das Gericht nur in deren Gründen zum Ausdruck bringt, dass es aufgrund des vor ihm durchgeführten Verfahrens für erwiesen hält, dass der Beschuldigte die fragliche Straftat begangen hat (BVerfG: Schuldspruchreife), ist strittig. *Stuckenberg* 559, der die Unschuldsvermutung als Gebot der Einhaltung eines gegebenen Verfahrens und als Verbot der Desavouierung im Verfahren versteht, hält die Feststellung der formellen Schuld („legal guilt") für erforderlich. Vgl. auch *Frister* 94 m.w.N.

[1736] Vgl. SK/*Meyer* 308: spezielles Recht des Beschuldigten.

[1737] Vgl. OLG Frankfurt NJW **1980** 2031; *Dörr* 85; *Haberstroh* NStZ **1984** 289, 294; *Neubacher* GA **2004** 402, 413; *Trechsel* SJZ **1981** 335; *Ostendorf* StV **1992** 288; *Schubarth* ZStR **96** (1979) 295, 305; *Wolter* ZStW **93** (1981) 452, 475; ferner Art. 1 Rn. 94.

[1738] Etwa durch „guilty plea" im englischen und amerikanischen Strafverfahren, vgl. *Stuckenberg* 287, 321, 419.

liches Verfahrenssubjekt unvereinbar, wollte man vom Gericht verlangen, dass es in einem solchen Fall bei seiner Verhandlungsführung ein glaubwürdiges Geständnis ignoriert, ihn trotzdem formal als Unschuldigen behandelt und eventuell sogar eine für ihn mit erheblichen Kosten und Zeitaufwand verbundene Beweisaufnahme durchführt, bloß um dann unabhängig von seinem Geständnis die Unschuldsvermutung formal durch andere Beweismittel widerlegen zu können. Grund und Grenzen der Verfügbarkeit über diesen den Verkehr des Gerichts mit dem Beschuldigten betreffenden Aspekt der Unschuldsvermutung folgen aus der **Handlungsfreiheit** und der **Menschenwürde**, die auch sonst als Elemente des Rechtsstaatsprinzips die Stellung des Beschuldigten als Verfahrenssubjekt begründen und begrenzen. Dass unabhängig vom Verhalten des Beschuldigten die Staatsorgane vom Rechtsstaatsprinzip zu einer unvoreingenommenen Verhandlungsführung und Urteilsfindung verpflichtet bleiben, wird dadurch nicht berührt, dies kann sie aber zu keinem lebensfremden Formalverhalten verpflichten. Wer die Tat den staatlichen Organen gegenüber zugibt, kann sich später nicht darauf berufen, die Unschuldsvermutung sei verletzt worden, wenn diese bereits im Verfahren von seiner Schuld ausgehen, sein Geständnis dem Urteil zu Grunde legen und daran Rechtsfolgen knüpfen.[1739]

628 Bei einem **Widerruf des Geständnisses** kommt die Unschuldsvermutung im weiteren Verlauf des Verfahrens aber wieder voll zum Tragen.[1740] Der Beschuldigte kann aber stets nur auf das eigene subjektive Recht verzichten, in einer konkreten Verfahrenslage formal als unschuldig behandelt zu werden, nicht aber auf die Beachtung der *objektiv* aus dem Rechtsstaatsprinzip folgenden Pflichten des Gerichts und der anderen Strafverfolgungsorgane zu einer ergebnisoffenen Verfahrensführung.

2. Tragweite der Unschuldsvermutung der Konventionen

629 **a) Allgemeines Verhaltensprinzip.** Die Konventionen garantieren jedem Betroffenen eines Strafverfahrens das **subjektive Recht**, in diesem bis zum gesetzlichen Nachweis seiner Schuld als unschuldig behandelt zu werden. Spiegelbildlich ergibt sich daraus für die staatlichen Organe ein **allgemeines Verhaltensprinzip**, aus dem ihnen **inhaltlich unterschiedliche Einzelanforderungen** erwachsen können. Es würde der verfahrensbezogenen Funktion der Unschuldsvermutung nicht gerecht, ihren Anwendungsbereich und ihren Inhalt abstrakt und losgelöst von der konkreten Aufgabenstellung des jeweils handelnden Staatsorgans und dem jeweiligen Vorgang, der sich mit dem Vorwurf einer Straftat befasst, zu bestimmen. Dies gilt schon für das Strafverfahren selbst und es gilt erst recht, wenn man den Grundsatz, dass staatliche Organe strafrechtliche Schuld nur demjenigen anlasten dürfen, dem sie in einem ordnungsgemäßen Verfahren nachgewiesen ist, als eine über das Strafverfahren hinausreichende Außenwirkung der Unschuldsvermutung betrachtet.[1741]

630 **b) Tragweite der Konventionsgarantien.** Die volle Tragweite der Konventionsgarantien ist – abgesehen vom Kernbereich ihrer Anwendung in der Strafrechtspflege selbst –

1739 BVerfG NJW **2012** 2178 = K&R **2012** 346 = AfP **2012** 146 = ZUM-RD **2012** 309, Rn. 21; OLG Köln NJW **1991** 505; *Trechsel* SJZ **1981** 336.
1740 Vgl. *Stuckenberg* 112 m.w.N. zur strittigen Frage, ob im freiwilligen vorzeitigen Strafantritt ein Verzicht auf die Unschuldsvermutung oder nur auf Teile von deren Schutzwirkung liegt.
1741 Vgl. *Frowein/Peukert* 169; Meyer-Ladewig/Nettesheim/von Raumer/*Harrendorf/König* 212.

in der Rechtsprechung des EGMR nicht letztlich geklärt.[1742] Die EMRK und der IPBPR gehen ersichtlich davon aus, dass die Unschuldsvermutung **im Rahmen des jeweiligen Systems des nationalen Rechts** unter Berücksichtigung von dessen Struktur und Eigenart anzuwenden ist und dass sie – ein ordnungsgemäßes Verfahren vorausgesetzt – in verschiedenen Verfahrensformen ihren Schutzzweck sinnvoll entfalten kann.[1743] Die von ihr geforderte **Unvoreingenommenheit des Gerichts** gegenüber dem Beschuldigten und seine daraus folgende Offenheit für den vom Nachweis einer Schuld durch den Staat abhängigen Verfahrensausgang[1744] erfordern weder den Ersatz des Amts- durch den Parteiprozess[1745] oder die Einführung des Schuldinterlokuts noch die Abschaffung des Strafbefehlsverfahrens oder des englischen *plea-guilty*-Verfahrens.[1746]

Die **Konventionsgarantien** sind nach Wortlaut („everyone charged with a criminal **631** offence"/„toute personne accusée d'une infraction pénale") und Systemzusammenhang[1747] der Art. 6 EMRK/Art. 14 IPBPR als **Recht des Beschuldigten im Strafverfahren** ausgestaltet. Der EGMR betrachtet auch das Recht nach Art. 6 Abs. 2 – wie die Beschuldigtenrechte nach Art. 6 Abs. 3 – nur als einen Teilaspekt des fairen Verfahrens nach Art. 6 Abs. 1.[1748] Die Unschuldsvermutung soll verhindern, dass der Beschuldigte in diesem Verfahren von Anfang an als Schuldiger behandelt wird. Sie soll ihn außerdem vor Bestrafung ohne oder vor einem ordnungsgemäßen Nachweis der Schuld schützen und dazu beitragen, dass das Gericht den Sachhergang unvoreingenommen prüft.[1749] Die Unschuldsvermutung ist damit ein **Regulativ für die Ausübung staatlicher Strafgewalt**, die als schärfste Form des staatlichen Eingriffs ein sozial-ethisches Unwerturteil mit Bestrafung verbindet.[1750] Sie wird dagegen nicht berührt durch die Auferlegung von Nachteilen, die weder die Ahndung der Straftat bezwecken noch als Ausdruck der staatlichen Missbilligung eines strafbaren Verhaltens angesehen werden, sondern die ein anderes Ziel und einen anderen Rechtsgrund haben.

Die vorgängige **Durchführung eines gesetzlich vorgesehenen Verfahrens** ist Teil **632** dieses Schutzes. Erst wenn der grundsätzlich dem Staat obliegende Schuldnachweis in einem ordnungsgemäßen Verfahren entsprechend dem nationalen Recht und in Übereinstimmung mit den Konventionsgarantien erbracht ist („until proved guilty according to law"/„jusqu'à ce que ca culpabilité ait été légalement établie"), steht die Unschuldsvermutung der Verhängung einer Strafe oder einer ihr gleichkommenden Sanktion nicht mehr entgegen. Das Verfahren, das die Stichhaltigkeit einer *strafrechtlichen Anklage* betrifft, muss den dafür aufgestellten Konventionsgarantien (Art. 6 Abs. 1, Abs. 3 EMRK/Art. 14

[1742] So *Frister* Jura **1988** 357; *Kühl* Unschuldsvermutung 9; *Laubenthal* GA **1989** 20; *Meyer* FS Tröndle 61; vgl. SK/*Meyer* 314 (OWi-Verfahren, Verwaltungsstrafrecht, ggf. auch steuerrechtliche und zollrechtliche Verfahren); *Rüping* ZStW **91** (1979) 358.

[1743] EGMR Busuttil/MLT, 3.6.2021, § 46.

[1744] Vgl. *Stuckenberg* ZStW **111** (1999) 422, 454 ff. (Sicherung der Offenheit des Verfahrens durch Verbot der Desavouierung).

[1745] IK-EMRK/*Kühne* 435.

[1746] IK-EMRK/*Kühne* 480; *Vogler* ZStW **89** (1977) 786; im Einzelnen strittig, vgl. *Kühl* Unschuldsvermutung 117; *Schubarth* 20 (Tatinterlokut); *Trechsel* JR **1981** 136.

[1747] Art. 6 Abs. 3 EMRK/Art. 14 Abs. 3 IPBPR, die die Rechte des Beschuldigten im Strafverfahren regeln, beginnen mit den gleichen Worten.

[1748] EGMR Vaquero Hernandez u.a./E, 2.11.2010, § 123 („la présomption d'innocence que consacre le paragraphe 2 constitue un élément, parmi d'autres, de la notion de procès équitable en matière pénale").

[1749] Vgl. EGMR Kyprianou/ZYP, 27.1.2004; (GK) 15.12.2005, verneint allerdings die Notwendigkeit einer separaten Prüfung des Art. 6 Abs. 2 nach Feststellung einer Verletzung des Absatzes 1.

[1750] Vgl. *Kühl* FS Hubmann 247; *ders.* Unschuldsvermutung 14; zur strittigen Rechtfertigung *Frister* 91 ff. (Eingriffszweck, nicht Art des Eingriffs).

Abs. 1 und 3 IPBPR) entsprechen. Der Beschuldigte muss die Möglichkeit haben, den staatlichen Strafanspruch in einem rechtsstaatlichen, fairen Verfahren mit ausreichenden Verteidigungsrechten abzuwehren.[1751]

633   Aus den Konventionsgarantien in **erweiternder Auslegung** eine Maxime für jedes staatliche Handeln herzuleiten, ist nicht gerechtfertigt. Der eindeutige Wortlaut und die Stellung im Vertrag, nicht zuletzt auch die im jeweiligen Absatz 1 festgelegte sachliche Einschränkung des Geltungsbereichs von Art. 6 EMRK/Art. 14 IPBPR sprechen dafür, dass die Konventionen nur einen **Grundsatz für die Verfahren aufstellen wollten**, in denen über die Stichhaltigkeit einer *Anklage* entschieden wird (**Unschuldsvermutung im engeren Sinne**).[1752] Der auf dem gleichen Grundgedanken beruhende Persönlichkeitsschutz gegen unbewiesene Anschuldigungen außerhalb des Strafverfahrens folgt aus anderen Konventionsgarantien, wie etwa Art. 8[1753] und Art. 10 EMRK/Art. 17, 19 Abs. 3 IPBPR. Wer allerdings annimmt, dass die Garantien des Art. 6 Abs. 2 EMRK/Art. 14 Abs. 2 IPBPR auch außerhalb des Strafverfahrens gelten (**Unschuldsvermutung im weiten Sinne**), müsste die in den anderen Konventionsgarantien getroffenen prinzipiellen Abgrenzungen auch bei der Bestimmung des Umfangs der Außenwirkung einer nicht strafverfahrensbezogenen Unschuldsvermutung mit berücksichtigen. Eine weite Auslegung der Konventionsgarantien über den Vertragstext hinaus würde, sieht man von der Sonderfrage der Exklusivität der strafrichterlichen Schuldfeststellung (Rn. 615) ab, allerdings kaum zu wesentlich anderen Ergebnissen führen als die Auffassung, die den Konventionsschutz gegen Schuldzuweisungen außerhalb des Strafverfahrens aus anderen Konventionsverbürgungen ableitet.

3. Verfahren aufgrund einer strafrechtlichen Anklage

634   **a) Strafrechtliche Anklage.** In allen Verfahren, in denen über die Stichhaltigkeit einer *strafrechtlichen Anklage* im weiten Sinne des Art. 6 Abs. 1 EMRK/Art. 14 Abs. 1 IPBPR und über die Anordnung von Strafen oder ihnen gleichkommende Sanktionen entschieden wird, ist die Unschuldsvermutung zu beachten. Sie gilt in allen Fällen, in denen gegen eine bestimmte Person wegen des Verdachts eines strafbaren Verhaltens im weiten Sinn der Konventionen als Beschuldigter ermittelt wird (vgl. weiter Rn. 110 ff.).

635   Zu den Verfahren über eine *strafrechtliche Anklage* i.S.d. Art. 6 zählt auch das **Ordnungswidrigkeitenverfahren** (Rn. 87).[1754] Bei diesem wird es als mit der Unschuldsvermutung vereinbar angesehen, dass die Ahndung zunächst der Verwaltungsbehörde überlassen ist, sofern nur die Möglichkeit für den Betroffenen besteht, ein gerichtliches Verfahren zur Entscheidung über seine Schuld herbeizuführen.[1755] Strittig ist, ob die Unschuldsvermutung bereits für das **Ermittlungsverfahren der Verwaltungsbehörden** gilt.[1756] Da im eigentlichen Strafverfahren die Unschuldsvermutung vom Beginn der gegen den Beschuldigten ge-

1751 EGMR Minelli/CH, 25.3.1983; Salabiaku/F, 7.10.1988, ÖJZ **1989** 347; (GK) Kyprianou/ZYP, 15.12.2005; BGer EuGRZ **1985** 620.
1752 So HRC bei *Nowak* EuGRZ **1989** 430, 437; vgl. *Meyer* FS Tröndle 61, 62; *Paulus* NStZ **1990** 600.
1753 EGMR Lekavičienė/LIT, 27.6.2017, §§ 36 ff. (Verweigerung der Wiederaufnahme in die Anwaltschaft wegen „fehlender moralischer Integrität" nach Verurteilung wegen einer Straftatbegehung im beruflichen Umfeld).
1754 EGMR Lutz/D, 25.8.1987, EuGRZ **1987** 399; *Westerdiek* EuGRZ **1987** 393; vgl. auch § 46 OWiG. Nach Ansicht von *Göhler/Seitz/Bauer* § 46, 10b, § 47, 45 OWiG, die die Anwendung der EMRK insoweit ablehnen, gilt die Unschuldsvermutung hier aufgrund des Rechtsstaatsprinzips.
1755 EGMR Lutz/D, 25.8.1987, § 34.
1756 Zum Streitstand SK/*Meyer* 319 Fn. 1197 m.w.N.

richteten Ermittlungen an zu beachten ist, kann es nicht darauf ankommen, ob der Beschuldigte „spätestens mit dem Bußgeldbescheid" als „angeklagt" gilt.[1757] Die Verwaltungsbehörde hat bereits bei den Ermittlungen wegen des Verdachts einer Ordnungswidrigkeit[1758] die Unschuldsvermutung zu beachten, wie dies ohnehin aufgrund des Rechtsstaatsprinzips[1759] für das Verhältnis zwischen Bürger und Behörde selbstverständlich sein sollte. Müssen in einem „hybriden" kartellrechtlichen Verfahren bestimmte Tatsachen auch in Bezug auf nicht am Vergleichsverfahren beteiligte Kartellmitglieder behandelt werden, ist zugunsten dieser Unternehmen in dem das Vergleichsverfahren abschließenden Beschluss die Unschuldsvermutung zu beachten.[1760]

Im **berufs-/anwaltsgerichtlichen Verfahren**[1761] und im **Disziplinarverfahren**[1762] gilt **636** die Unschuldsvermutung nur, soweit in diesem Verfahren Art. 6 EMRK/Art. 14 IPBPR anwendbar sind (vgl. Rn. 95 f.), weil die Schuldfeststellung als Grundlage einer der Strafe gleichzuachtenden, auf Ahndung und Prävention abzielenden Sanktion in Frage kommen kann. Im **Besteuerungs- und finanzgerichtlichen Verfahren** findet die Unschuldsvermutung in Form der Beweisregel *„in dubio pro reo"* Anwendung.[1763]

Die Unschuldsvermutung gilt an sich nicht bei der Entscheidung über die **Auslieferung**, **637** die nach klassischem Verständnis (nur) der Rechtshilfe zuzuordnen ist und in der die über die Auslieferung entscheidenden Gerichte nicht darüber zu befinden haben, ob der Auszuliefernde schuldig ist.[1764] Soweit kein Strafverfahren im *ausliefernden* Land anhängig ist, betrifft das Auslieferungsverfahren an sich (noch) keine *strafrechtliche Anklage* im weiten Sinne des Art. 6 (vgl. Rn. 102 ff.).[1765] Nach Ansicht des EGMR ist die *Unschuldsvermutung* aber auf das Auslieferungsverfahren **anwendbar**, wenn eine enge Verknüpfung (**„close link"**; rechtlich, praktiziert oder faktisch) zwischen dem Auslieferungsverfahren und dem im ersuchenden Staat anhängigen Strafverfahren besteht. Der EGMR hat dies in einem Fall bejaht, in dem die Auslieferung zum Zwecke der Strafverfolgung im ersuchenden Land angeordnet worden war; insofern sei das Auslieferungsverfahren eine unmittelbare Folge (*„direct consequence"*) und Begleiterscheinung (*„concomitant"*) des ausländischen Ermittlungsverfahrens.[1766]

1757 So EGMR Öztürk/D, 21.2.1984.
1758 *Esser* 64 (mit Hinweis, dass offen ist, ob der EGMR immanente Einschränkungen zulässt); *Weiß* JZ **1998** 289, 291; SK/*Meyer* 314.
1759 Vgl. Göhler/*Seitz*/*Bauer* § 47, 45 OWiG.
1760 EuGH 18.3.2021, C-440/19 P (Pometon), NZKart **2021** 234; BGH NJW **2021** 395, 399 (Geltung auch im deutschen Kartellbußgeldrecht).
1761 EGMR Lekavičienė/LIT, 27.6.2017, §§ 36 ff. (Art. 6 Abs. 2 nicht geprüft; Verweigerung der Wiederaufnahme in die Anwaltschaft wegen „fehlender moralischer Integrität" nach Verurteilung wegen einer Straftatbegehung im beruflichen Umfeld); vgl. auch OVG NRW GesR **2019** 537 (kein Verbot der Anknüpfung berufsrechtlicher Maßnahmen schon an die Einleitung eines strafrechtlichen Ermittlungsverfahrens; hier: Ruhen der ärztlichen Approbation wegen Verdachts auf Abrechnungsbetrug; OVG Münster Urt. v. 4.6.2019 – 13 A 897/17, GesR **2019** 537(Ruhen der Approbation wegen Ausstellens falscher Gesundheitszeugnisse); hierzu BVerwG NVwZ-RR **2021** 256 (insbesondere zur Abwägung mit Art. 12 Abs. 1 GG).
1762 IK-EMRK/*Kühne* 419; LG Bremen StraFo **2013** 21 (Disziplinarmaßnahmen in der U-Haft); vgl. auch EGMR Moullet/F (E), 13.9.2007 (dass eine Handlung, die zu einer disziplinarrechtlichen Sanktion führen kann, gleichzeitig eine Straftat darstellt, genügt nicht, um das Disziplinarverfahren als *strafrechtliche Anklage* i.S.d. Art. 6 Abs. 1 anzusehen).
1763 BFH NJW **2021** 806, 807 m.w.N.
1764 IK-EMRK/*Kühne* 419; vgl. OVG Münster NJW **1989** 2209 (Einlieferungsersuchen); ferner BGHSt **34** 352 (Indizielle Feststellung einer Straftat, auf die sich die Auslieferung nicht erstreckt); vgl. auch SK/*Meyer* 315.
1765 Vgl. EGMR Ismoilov u.a./R, 24.4.2008.
1766 EGMR Ismoilov u.a./R, 24.4.2008; Gaforov/R, 21.10.2010.

638 **b) Bemessung der Rechtsfolgen.** Bei Bemessung der Rechtsfolgen erstreckt sich die Unschuldsvermutung grundsätzlich nicht auf die allein für die Bemessung maßgebenden Gesichtspunkte.[1767] Sie ist durch die rechtsverbindliche Feststellung der strafrechtlich relevanten Schuld im Schuldspruch widerlegt. Vor allem bei den erforderlichen **Prognoseentscheidungen** (z.B. Strafaussetzung zur Bewährung) dürfen auch das aufgrund festgestellter Tatsachen erwartete Verhalten des Verurteilten und die Wahrscheinlichkeit, dass er erneut straffällig wird, mit in Betracht gezogen werden.[1768]

639 Die Heranziehung **rechtskräftiger Vorstrafen** bei der Bestimmung der Rechtsfolgen zum Abschluss eines Strafverfahrens ist unter dem Blickwinkel der Unschuldsvermutung unproblematisch.[1769] Lediglich bei einem rechtskräftig gewordenen **Strafbefehl** kann sich die beim Widerruf der Strafaussetzung strittig gewordene Frage (vgl. Rn. 717 ff., 723) stellen, ob dieser allein als Grundlage für die zu treffende Entscheidung ausreicht oder ob das Gericht dessen sachliche Richtigkeit nachprüfen muss; meist wird sich diese Frage dadurch lösen, dass der Beschuldigte die frühere Tat einräumt, wenn ihn das Gericht in der Hauptverhandlung dazu hört. Die Heranziehung rechtskräftiger strafrechtlicher Verurteilungen bei der Erteilung verwaltungsrechtlicher Genehmigungen ist ebenfalls zulässig.[1770]

640 Strittig ist, ob es mit der Unschuldsvermutung vereinbar ist, wenn das Gericht bei der **Bestimmung der Rechtsfolgen** andere, **noch nicht rechtskräftig abgeurteilte Straftaten** mit heranzieht. Äußert sich ein Gericht umfassend zur Strafbarkeit des Angeklagten wegen **weiterer Straftaten**, die Gegenstand eines (anderen) laufenden, d.h. noch nicht rechtskräftig abgeschlossenen strafrechtlichen Verfahrens sind, kann die Unschuldsvermutung verletzt sein. Dies gilt insbesondere dann, wenn sich das Gericht nicht allein darauf beschränkt, bestimmte Gesichtspunkte einer Strafvorschrift im Zusammenhang mit einem Verfahren über einen zivilrechtlichen Schadensersatzanspruch zu prüfen[1771] oder sich auf ein Schuldeingeständnis des Angeklagten bezieht.[1772] Hatte der Angeklagte im Anschluss an die Tat, die Gegenstand der Verurteilung ist, weitere Straftat begangen, kann dies auch für die zuvor begangene, zur Aburteilung anstehende Tat **strafschärfend** berücksichtigt werden, sofern die weitere Tat nach ihrer Art und die Persönlichkeit des Täters Rückschlüsse auf eine rechtsfeindliche Gesinnung, eine allgemeine Gefährlichkeit sowie die Gefahr zukünftiger Rechtsbrüche erlaubt; zur Wahrung der Unschuldsvermutung muss diese Tat aber **prozessordnungsgemäß festgestellt** worden sein. Zwar setzt dies keine rechtskräftige Verurteilung voraus; liegt aber noch kein rechtskräftiges Urteil hinsichtlich der neuen Tat vor, muss der Beschuldigte die Tatbegehung im Beisein eines Verteidigers glaubhaft vor einem Richter eingeräumt haben und es darf insoweit kein wirksamer Widerruf vorliegen.[1773]

641 Der BGH geht davon aus, dass **schwebende Verfahren** bei der Bewährungsprognose im Rahmen der Entscheidung zur Aussetzung der Vollstreckung der Freiheitsstrafe zur

---

1767 EGMR Engel u.a./NL, 8.6.1976; IK-EMRK/*Kühne* 426.

1768 IK-EMRK/*Kühne* 457; vgl. BVerfG (K) NJW **1988** 1715.; vgl. auch BVerfG Beschl. v. 21.10.2020 – 2 BvR 2473/17, BeckRS **2020** 28690 (Prognoseentscheidung über Maßregel). Auch aus dem Verteidigungsverhalten im Strafverfahren darf dem Angeklagten hingegen kein Nachteil erwachsen, auch nicht bei der Sanktionsfindung und Strafzumessung, vgl. OGH Urt. v. 11.12.2018 – 11 Os 108/18v (RS 0132356) = JSt **2019** 286.

1769 IK-EMRK/*Kühne* 465.

1770 EGMR Bingöl/NL (E), 20.3.2012, §§ 34 ff. (keine Erteilung gaststättenrechtlicher Genehmigung, da Bf. schon wegen Schwarzarbeit und Verstoß gegen Hygienevorschriften strafrechtlich verurteilt wurde).

1771 So in EGMR N.A./N, 18.12.2014, § 49.

1772 EGMR Müller/D, 27.3.2014, § 52, NJW **2015** 593, 541; Krebs/D, 20.2.2020, §§ 57 ff., NJW **2021** 1149, 1152.

1773 OLG Hamburg Beschl. v. 21.4.2017 – 1 Ss 132/16, Rn. 26, BeckRS **2017** 110277.

Esser

Bewährung **(§ 56 StGB)** ohne eigene tatrichterliche und prozessordnungsgemäße Feststellung **nicht zu Lasten des Angeklagten** berücksichtigt werden dürfen. Gleiches gilt für den bloßen Verdacht einer weiteren Straftat, welche aufgrund der Wirkungen der Unschuldsvermutung nicht zum Nachteil des Angeklagten berücksichtigt werden dürfen, selbst für die Fälle, in denen in einem anderen Verfahren aufgrund eines dringenden Tatverdachts bereits Untersuchungshaft angeordnet wurde.[1774]

Auch der **Widerruf der Strafaussetzung zur Bewährung** wegen einer neuen Straftat **642** setzt nicht stets eine rechtskräftige Verurteilung voraus. Das soll sich bereits daraus ergeben, dass die Rechtskraft nicht als Merkmal im Art. 6 Abs. 2 genannt werde. Das die Strafvollstreckung überwachende Gericht darf allerdings in Anwendung des § 56f StGB das Vorliegen einer neuen Straftat nicht feststellen.[1775] Im Umkehrschluss ist ein Verstoß gegen die Unschuldsvermutung gegeben, wenn die Strafaussetzung zur Bewährung wegen erneuter Straffälligkeit in der Bewährungszeit widerrufen wird, obwohl weder eine rechtskräftige Verurteilung noch ein glaubhaftes Geständnis vorliegen.[1776]

c) An den Tatverdacht anknüpfende Strafverfolgungsmaßnahmen. An den **Tat- 643 verdacht anknüpfende Strafverfolgungsmaßnahmen**, mit denen der Sachverhalt aufgeklärt oder die Durchführung des Strafverfahrens gesichert werden soll, werden durch die Unschuldsvermutung nicht ausgeschlossen.[1777] Da zu ihrer Widerlegung ein gesetzlich geregeltes Verfahren erforderlich ist, setzt dies zwingend voraus, dass dieses bei Verdacht einer Straftat eingeleitet wird, um Schuld oder Unschuld zu klären. Der Beschuldigte hat die damit verbundenen Eingriffe in seine Rechte zu dulden, wenn der Grad des Tatverdachts gegen ihn die dafür gesetzlich vorausgesetzte Schwelle überschreitet.[1778] Ein **allgemeines Maßprinzip**, das bei zulässigen Strafverfolgungsmaßnahmen zusätzlich zum Grundsatz der Verhältnismäßigkeit hinzutritt, ist die Unschuldsvermutung allerdings nicht.[1779] Sie setzt nicht voraus, dass zwischen ihr und dem Grad des jeweiligen Tatverdachtes ein reziprokes Verhältnis besteht; sie wirkt zugunsten jedes Beschuldigten uneingeschränkt und unabhängig von der Stärke des Verdachts.[1780]

Art. 5 Abs. 1 Satz 2 *lit.* c, Abs. 3 EMRK/Art. 9 Abs. 3 IPBPR bestätigen dies ausdrücklich **644** durch die Zulassung der **Untersuchungshaft** bei Tatverdacht,[1781] des Haftgrundes der Wiederholungsgefahr[1782] und der Forderung nach Haftentlassung gegen Sicherheitsleistung.[1783] Auch der Haftgrund des **§ 112 Abs. 3 StPO** (Schwere der Tat) ist – allerdings nur

---

1774 BGH StraFo **2017** 245.

1775 OLG Hamm Beschl. v. 1.4.2014 – 3 Ws 67/14; trotz divergierender Judikate anderer Oberlandesgerichte komme eine Vorlage an den BGH gemäß § 121 Abs. 2 GVG bei Entscheidungen über sofortige Beschwerden nicht in Betracht.

1776 EGMR El Kaada/D, 12.11.2015, NJW **2016** 3645 = StV **2016** 703 m. Anm. *Pauly*; hierzu: *Esser* NStZ **2016** 697.

1777 Vgl. aber BVerfG Beschl. v. 27.7.2020 – 2 BvR 2132/19, BeckRS **2020** 18770. Die Einstellung eines Ermittlungsverfahrens nach den §§ 153 ff. StPO wegen eines gleichgelagerten Delikts kann keine Grundlage für die Annahme eines Tatverdachts in neuerlichem Ermittlungsverfahren bilden.

1778 *Frowein/Peukert* 275; IK-EMRK/*Kühne* 471, 473.

1779 *Meyer* FS Tröndle 61, 67.

1780 IK-EMRK/*Kühne* 470 ff.

1781 Meyer-Goßner/*Schmitt* 14; *Jebens* Liber Amicorum Wildhaber 215.; die Frage nach der angemessenen Dauer der Haft sei nicht abstrakt zu beantworten, vgl. EGMR El Khoury/D, 9.7.2015, § 59.

1782 *Baumann* JZ **1969** 134.

1783 Vgl. Art. 5 Rn. 494 ff.; LR/*Lind* § 116a, 3 StPO; *Meyer* FS Tröndle 61, 65; vgl. auch HRC Casanovas/F, 28.2.2008, 1514/2006, § 11.4.

in der Auslegung des BVerfG[1784] – mit der Unschuldsvermutung vereinbar. Es ist zulässig, wenn bei **Prüfung der Verhältnismäßigkeit** der Anordnung oder Dauer von Untersuchungshaft eine Relation zu der voraussichtlich im Falle einer Verurteilung zu erwartenden Strafe hergestellt[1785] oder geprüft wird, ob ihre Anordnung auch dann noch vertretbar ist, wenn sich nachträglich ergibt, dass sie einen Unschuldigen getroffen hat.[1786]

645   Umstritten ist hingegen der umgedrehte Fall, wenn die **Prognose der Wiederholungsgefahr** bei der Vornahme einer Maßnahme (z.B. einer erkennungsdienstliche Behandlung nach § 81b StPO) neben einschlägigen Vorstrafen auch solche Verfahren berücksichtigt, die nach §§ 153 ff. StPO oder § 170 Abs. 2 StPO eingestellt worden sind.[1787] Nach Ansicht der Verwaltungsgerichte ist darin kein Verstoß gegen die Unschuldsvermutung zu sehen, da weder die Aufnahme noch die Aufbewahrung der erkennungsdienstlichen Unterlagen Aussagen über die Schuld des Betroffenen beinhalten. Diese Ansicht erscheint bedenklich. Zumindest bei einer Einstellung des Verfahrens gem. § 170 Abs. 2 StPO, weil kein hinreichender Verdacht vorliegt und es nicht zu einer gerichtlichen Klärung der Schuldfrage gekommen ist, erscheint ein Verstoß gegen die Unschuldsvermutung naheliegend, wenn über die Nutzung der Einstellungsvorschriften als „verkappte Überführungsvorschriften" die erneute Straftatbegehung des Betroffenen in der Zukunft abgeleitet werden dürfte.

646   Zu beachten ist die Unschuldsvermutung stets bei der **Formulierung von Entscheidungen** einschließlich der Gründe.[1788] Insbesondere bei **Haftentscheidungen** dürfen strafrechtlich relevante Tatsachen nicht als feststehend beschrieben werden.[1789] Aber auch im zivilrechtlichen Verfahren darf die Formulierung der Entscheidung nicht davon sprechen, dass es „sehr wahrscheinlich" sei, dass der Angeklagte die Straftat begangen habe.[1790] Ebenfalls zu weit geht es, wenn das Zivilgericht aus einem Einstellungsbescheid des Staatsanwalts ausgiebig zitiert, ohne ausdrücklich davon Abstand zu nehmen oder in Bezug auf die eingetretene strafrechtliche Verjährung äußert, dass diese nicht die Tilgung des Schuldspruchs bedeute, sondern lediglich der Anwendung einer Strafe entgegenstehe, da so miterklärt werde, dass das Gericht den Betroffenen für schuldig erachte.[1791]

647   In Bezug auf die **Formulierungen der Urteilsgründe** entschied der EGMR in der Rs. *Cleve*, dass Tenor und Gründe einer innerstaatlichen Gerichtsentscheidung ein Ganzes bilden und sich nicht voneinander trennen lassen. Daher sei der Grundsatz der Unschulds-

---

1784 BVerfGE **19** 350; vgl. LR/*Lind* § 112, 100 StPO; *Meyer* FS Tröndle 61, 65.
1785 *Frowein/Peukert* 275; IK-EMRK/*Kühne* 473.
1786 Hierauf stellen ab *Frister* Jura **1988** 360; *Haberstroh* NStZ **1984** 290; *Krey* JA **1983** 237; dazu auch IK-EMRK/*Kühne* 473 ff. m.w.N.
1787 So VG Minden Urt. v. 30.6.2008 – 11 K; VG Osnabrück Beschl. v. 24.6.2008 – 6 B.
1788 EGMR (GK) Allen/UK, 12.7.2013, § 126; Vella/MLT, 11.2.2014, § 57; Müller/D, 27.3.2014, § 51, NJW **2015** 593, 541 zur Zitierung im Konjunktiv, wenn das Gericht sich fremde Einschätzungen zu eigen macht; Boyaci/TRK (E), 21.10.2014, § 31; N.A./N, 18.12.2014, § 41; Kemal Coşkun/TRK, 28.3.2017, § 52; Bikas/D, 25.1.2018, § 46, NJW **2019** 203; Krebs/D, 20.2.2020, §§ 45 f., NJW **2021** 1149 („es besteht auch kein Zweifel daran, dass der Angeklagte [...] sich weiterer Vergehen des Betrugs schuldig gemacht hat"); Farzaliyev/ASE, 28.5.2020, §§ 61 ff. (zivilrechtliche „Feststellung" der Untreue durch Politiker, der nach strafrechtlichen Ermittlungen nicht angeklagt wurde); Pasquini/SM (Nr. 2), 20.10.2020, § 53; Vardan Martirosyan/ARM, 15.6.2021, § 81.
1789 EGMR Romenskiy/R, 13.6.2013, §§ 9, 28, 31 (Begründung zur Verlängerung der U-Haft: „the applicant has committed a serious crime"); Gutsanovi/BUL, 15.10.2013, §§ 202 ff.; Grubnyk/UKR, 17.9.2020, §§ 138 ff.; ähnlich EGMR Chesne/F, 22.4.2010, §§ 15, 19, 37 ff. (Art. 6 Abs. 2 nicht gerügt); vgl. OLG Stuttgart StraFo **2009** 104 (Beschwerde gegen Aufhebung einer Außervollzugsetzung des Haftbefehls, § 116 Abs. 4 StPO) m. krit. Anm. *Schlothauer*.
1790 EGMR Orr/N, 15.5.2008, § 51; Vella/MLT, 11.2.2014, § 57 (i.E. abgelehnt).
1791 EGMR Teodor/RUM (E), 4.6.2013, §§ 42 f.

Esser

798

vermutung auch auf Gründe, die einem freisprechenden Urteil folgen, anwendbar. Zwar sei das innerstaatliche Gericht dadurch nicht gehindert, in den Urteilsgründen die geringfügige Möglichkeit eines weiterhin bestehenden **Tatverdachts** zu äußern, sofern es dennoch wegen Mangels an Beweisen freispreche.[1792] Die Unschuldsvermutung könne jedoch verletzt sein, wenn die Gründe die Auffassung widerspiegeln, dass der Angeklagte nach Auffassung des Gerichts tatsächlich schuldig sei,[1793] vor allem dann, wenn die Feststellungen „klar und vorbehaltlos" formuliert sind.[1794] Insoweit sei eine Schuldfeststellung von der grundsätzlich zulässigen Beschreibung einer Verdachtslage zu unterscheiden.[1795]

Keinen Widerspruch zu diesen Vorgaben des EGMR sieht der BGH in der grundsätzlichen **Unzulässigkeit der Revision bei Freispruch** wegen der Maßgeblichkeit einer **reinen Tenorbeschwer**. Der BGH entschied in der Rs. *Mollath* – unter ausdrücklicher Berücksichtigung der vom EGMR entschiedenen Rs. *Cleve* – zur Frage, ob eine Revision bei freisprechendem Urteil auf die Formulierungen in den Revisionsgründen gestützt werden könne, dass die Freisprechung wegen nicht erwiesener Schuldfähigkeit gemäß § 20 StGB den Angeklagten nicht beschwere und daher von diesem auch nicht mit der Revision angefochten werden könne.[1796] Eine Beschwer könne sich regelmäßig nur aus der Entscheidungsformel des Urteils ergeben. Den Interessen der staatlichen Rechtspflege, die die Feststellung erfordern, ob gegen den Angeklagten ein Strafanspruch bestehe und eine Maßregel in Betracht komme, könne der Wunsch des Angeklagten wegen eines bestimmten Grundes freigesprochen zu werden, nicht entgegengehalten werden. Nur in seltenen Ausnahmefällen sei anzunehmen, dass einzelne Ausführungen des Gerichts den Angeklagten so schwer belasten würden, dass eine erhebliche, ihm nicht zumutbare Beeinträchtigung eines grundrechtlich geschützten Bereichs festzustellen sei, die durch den Freispruch nicht aufgewogen werde. Das sei jedoch nicht schon dann anzunehmen, wenn die Entscheidungsgründe einzelne „unbequeme" Passagen enthielten.[1797] Diese Rechtsprechung stehe deshalb nicht in Widerspruch zur Rs. *Cleve* und zur gefestigten Rechtsprechung des EGMR,[1798] da im Fall *Mollath* nicht aus sachlichen, sondern aus **rechtlichen Gründen** freigesprochen wurde und daher die Tatsachenlage in den Gründen eindeutig festgestellt

648

1792 Vgl. auch BGH NStZ **2022** 192 = StV **2020** 454.

1793 EGMR Cleve/D, 15.1.2015, § 41, NJW **2016** 3225, StV **2016** 1; zustimmende Besprechung von *Rostalski* HRRS **2015** 315 zur Frage der Anwendbarkeit des Unschuldsvermutung auf die Urteilsgründe, i.E. einen Verstoß derselben verneinend; das Ergebnis teilend, aber mit Kritik an der dogmatischen Herleitung *Stuckenberg* StV **2016** 5. Das freisprechende Urteil enthielt die Formulierung *„so geht die Kammer im Ergebnis davon aus, dass das von der Zeugin geschilderte Kerngeschehen einen realen Hintergrund hat, nämlich dass es zu sexuellen Übergriffen des Angeklagten zu Lasten seiner Tochter in seinem Auto gekommen ist. Die Taten ließen sich aber dennoch weder ihrer Intensität noch ihrer zeitlichen Einordnung nach in einer für eine Verurteilung hinreichenden Art und Weise konkretisieren. Die Inkonstanz in den Aussagen der Zeugin waren so gravierend, dass konkrete Feststellungen nicht getroffen werden konnten."* Der EGMR bezeichnet dies als „unglücklichen Sprachgebrauch", § 64.

1794 EGMR Cleve/D, 15.1.2015, § 61.

1795 BGH NStZ **2022** 192 = StV **2020** 454 (Freispruch „trotz gegen [den Angeklagten] sprechender gewichtiger Indizien"; kritisch *Stuckenberg* StV **2016** 5 ff.; grundlegend *Folkmann* GVRZ **2021** 1; für eine Übertragung dieser Grundsätze auch auf die mündliche Urteilsbegründung *Holländer* Außergesetzliches in der mündlichen Urteilsbegründung des Strafrichters (2021) 174 ff.

1796 BGH NJW **2016** 728 (Mollath) m. zust. Anm. *Michalke* = StV **2016** 781 m. Anm. *Grosse-Wilde/Stuckenberg* = NStZ **2016** 560.

1797 BGH NJW **2016** 728, 730 (Mollath) unter Verweis auf BVerfGE **28** 151, 161 = MDR **1970** 822; BGH NStZ **2022** 192.

1798 Zumindest kritisch zu dieser Interpretation *Jahn* JuS **2016** 180, 181 f.

werden durfte, was zudem Grundvoraussetzung der Anwendung des § 20 StGB sei.[1799] Auch in dem Fall, in dem der Angeklagte nach dem Grundsatz *in dubio pro reo „trotz gegen ihn sprechender gewichtiger Indizien"* aus tatsächlichen Gründen freigesprochen wird, liege kein Verstoß gegen Art. 6 Abs. 2, da das Tatgericht im Gegensatz zur Rs. *Cleve* schon keine Feststellungen zum Tatgeschehen treffen konnte.[1800] Den ebenfalls anzudenkenden Aspekt einer mittelbaren Folge aus § 11 Abs. Nr. 1 BZRG, der eine zwingende Eintragung ins BZR bei einer gerichtlichen Entscheidung vorsieht, durch die ein Verfahren wegen erwiesener oder nicht auszuschließender Schuldunfähigkeit abgeschlossen wird, erwähnte der BGH im Fall Mollath nur kurz und lehnte eine diesbezügliche Beschwer ohne weitergehende Begründung ab.[1801]

649　　Wird im **Abschlussbericht eines internen Disziplinarverfahrens** der Begriff „Belästigung eines Minderjährigen" für ein festgestelltes Verhalten verwendet und wird der Betroffene wegen des identischen Sachverhalts parallel auch strafrechtlich wegen sexuellen Missbrauchs verfolgt, soll dies keinen Verstoß gegen die Unschuldsvermutung darstellen, wenn sich die ermittelnden Stellen nicht dazu äußern, ob die festgestellte „Belästigung" strafrechtlich erheblich ist.[1802]

4. Zeitlicher Anwendungsbereich im Strafverfahren

650　　**a) Grundregel während dessen ganzer Dauer.** Als Grundregel für das Verhalten der Staatsorgane im Strafverfahren ist die Unschuldsvermutung während dessen ganzer Dauer zu beachten, ohne Rücksicht auf das Ergebnis der Strafverfolgung.[1803] Insofern kann eine spätere Verurteilung des Beschuldigten einen vorhergehenden Verstoß gegen die Unschuldsvermutung nicht ungeschehen machen.[1804]

651　　Die Unschuldsvermutung gilt bereits im **Ermittlungsverfahren** vor der förmlichen Anklageerhebung.[1805] *Angeklagter* ist auch hier (Rn. 79 ff. 110 ff.) nicht im rechtstechnischen Sinn des jeweiligen nationalen Rechts (vgl. § 157 StPO), sondern als Beschuldigter zu verstehen. Die Unschuldsvermutung erlangt bereits von dem Zeitpunkt an verfahrensrechtliche Bedeutung, an dem sich die Ermittlungen wegen des Verdachts einer strafbaren Handlung auf eine bestimmte Person als Beschuldigter konzentriert haben. Hinsichtlich ihrer Schutzwirkung ist zu differenzieren: Sie steht selbstverständlich den Ermittlungen zur Klärung des Verdachtes einer Straftat nicht entgegen und schließt nicht aus, dass die Strafverfolgungsorgane den Beschuldigten als **Verdächtigen**, wohl aber, dass sie ihn bereits vor der rechtskräftig seine Schuld feststellenden Entscheidung als Schuldigen behandeln.[1806] Nur Eingriffe, deren Zweck nicht die Klärung des bestehenden Verdachts, sondern

---

1799 BGH NJW **2016** 728, 731 (Mollath).

1800 BGH NStZ **2022** 192 = StV **2020** 454.

1801 BGH NJW **2016** 728, 729; offengelassen vom 3. Strafsenat: BGH NStZ-RR **2016** 137, 138.

1802 EGMR Güç/TRK, 23.1.2018, § 41; anders in EGMR Urat/TRK, 27.11.2018, § 58: Mitgliedschaft in terroristischer Vereinigung; vgl. auch VGH Baden-Württemberg Beschl. v. 22.1.2020 – 9 S 2797/19 (öffentliche Äußerungen eines Universitätsklinikums zu dienstlichen Verfehlungen eines Ärztlichen Direktors in einem Disziplinarverfahren); anders in VG Karlsruhe Beschl. v. 21.10.2019 – 7 K 6944/19 (Untersagung der Äußerung über ein angebliches Fehlverhalten eines Professors während der Forschungstätigkeit in Pressekonferenz des Dienstherrn); OVG Bremen Urt. v. 10.9.2018 – 2 B 213/18 (Anspruch eines Beamten auf Unterbindung von Auskünften über seine Amtsführung an die Medien).

1803 EGMR Minelli/CH, 25.3.1983; Phillips/UK, 5.7.2001; Matijasevic/SRB, 19.9.2006.

1804 EGMR Matijasevic/SRB, 19.9.2006; Mokhov/R, 4.3.2010.

1805 EGMR Fatullayev/ASE, 22.4.2010; IK-EMRK/*Kühne* 421; *Jebens* Liber Amicorum Wildhaber 214; *Nowak* 34; *Reiß* GS Trzaskalik 495; *Ulsamer* FS Zeidler 1806.

1806 EKMR bei *Bleckmann* EuGRZ **1983** 415, 422; vgl. *Frowein/Peukert* 267 (Bindung aller Staatsorgane).

die vorgezogene Ahndung einer vermuteten, aber noch nicht erwiesenen Schuld ist, würden gegen sie verstoßen.[1807] Die Strafverfolgungsorgane sind durch die Unschuldsvermutung nicht gehindert, ihre Maßnahmen auf der Grundlage des jeweils vom Gesetz geforderten Verdachtsgrades zu treffen, die auch den Beschuldigten persönlich zur **Duldung bestimmter Maßnahmen** verpflichten können, wie etwa zur Teilnahme an einer **Gegenüberstellung** oder, sich untersuchen zu lassen oder **Blutentnahmen** und ähnliche Eingriffe zu dulden.[1808] Die strafbewehrte Verpflichtung, einer Behörde **Unterlagen vorzulegen**, kann die Unschuldsvermutung dann verletzen, wenn damit nicht ein legitimer Verwaltungszweck verfolgt wird, sondern die Behörde damit nur erzwingen will, dass ihr der Betroffene dadurch das ihr fehlende Beweismaterial für die Einleitung eines Strafverfahrens gegen ihn verschafft.[1809]

Die EKMR hatte zunächst Art. 6 Abs. 2 nur als Verhaltensregel für das **Verfahren vor dem erkennenden Gericht** angewandt, mit dem Argument, erst nach Eröffnung des gerichtlichen Hauptverfahrens könne beurteilt werden, ob der Beschuldigte ein faires Verfahren hatte.[1810] Der Beschränkung auf diesen Hauptanwendungsfall ist aber nur insoweit zuzustimmen, als sich Verhaltenspflichten für ein Staatsorgan immer nur für die Dauer seiner Befasstheit ergeben können und die besonderen gerichtsspezifischen Inhalte der Unschuldsvermutung, vor allem die daraus abzuleitenden Regeln für Verfahrensgestaltung, Beweislast und Entscheidungsfindung nur für das gerichtliche Erkenntnisverfahren gelten. Soweit aber der Unschuldsvermutung darüber hinaus Regeln für die Grundeinstellung der Staatsorgane gegenüber einer in ein Strafverfahren verstrickten Person entnommen werden, fehlt für die Beschränkung auf das gerichtliche Erkenntnisverfahren jeder innere Grund. 652

b) Abschließende Entscheidung der Schuldfrage. Bis zur abschließenden Entscheidung der Schuldfrage gilt die Unschuldsvermutung. **Gerichtsintern** hindert sie die **Verurteilung** zu Strafen nicht, wenn das erkennende Gericht das Erkenntnisverfahren soweit durchgeführt hat, dass ihm ein von seiner vollen Überzeugung getragener Schuldspruch möglich ist.[1811] Gleiches gilt für die bloße Feststellung der Schuld in den Gründen einer abschließenden Entscheidung, sofern dieser Feststellung ebenfalls ein Verfahren vorausgegangen ist, in dem der Beschuldigte ausreichende Verteidigungsmöglichkeiten hatte und in dem das Gericht die Schuld des Beschuldigten für voll erwiesen hielt. Das Gericht muss also bis zur sog. **Schuldspruchreife** verhandelt haben.[1812] Welche Verfahrensvorgänge dafür nötig sind, hängt vom anzuwendenden Verfahrensrecht und von den Umständen des Einzelfalles ab. Hierauf abzustellen ist schon deshalb notwendig, weil ein förmlicher Schuldspruch im Tenor der Entscheidung gar nicht ergehen kann, wenn diese nicht mit einer Verurteilung wegen der festgestellten Straftat endet, so wenn eine anderweitige Ent- 653

1807 BVerfGE **35** 320; IK-EMRK/*Kühne* 469; *Ulsamer* FS Zeidler 1806; vgl. *Meyer* FS Tröndle 61, 68 (gegen Umdeutung eines strafprozessualen Eingriffs in eine Strafe).

1808 *Villiger* 572 ff.

1809 Vgl. EGMR Funke/F, 25.2.1993 (offengelassen, da der EGMR in der Bestrafung der Nichtvorlage der von der Zollbehörde angeforderten Bankunterlagen bereits einen Verstoß gegen das Gebot eines fairen Verfahrens sah). Zum Zwang zur Bereitstellung des Fingers zur Entsperrung eines Handys *Rottmeier/Eckel* NStZ **2020** 193 ff.

1810 Vgl. IK-EMRK/*Kühne* 443 m.w.N.

1811 EKMR bei *Strasser* EuGRZ **1988** 380; Meyer-Goßner/*Schmitt* 12; ferner BVerfG NStZ **1988** 21.

1812 Das BVerfG fordert mit dieser Formel, dass das Gericht aufgrund des Verfahrens die volle Überzeugung von der Schuld des Angeklagten erlangt haben muss, bevor es eine Schuldfeststellung treffen darf (vgl. BVerfGE **74** 358, 372 ff.; **82** 106, 117; NStZ **1991** 93; **1992** 290; **1993** 238; *Meyer* FS Tröndle 61, 69; *Kühl* NJW **1984** 1264; **a.A.** *Paulus* NStZ **1990** 600; *Stuckenberg* 559.

scheidung ergeht oder wenn die zur Überzeugung des Gerichts feststehende Straftat nur ein Element einer anderen Entscheidung ist, wie etwa beim Widerruf der Strafaussetzung zur Bewährung oder bei der Ablehnung einer bedingten Haftentlassung wegen einer anderen Straftat.[1813] Bei Anfechtung der instanzabschließenden Entscheidung gilt die Unschuldsvermutung auch für die nächste Instanz.[1814] Die von ihr aufgestellte Fiktion dauert verfahrensextern bis zur **Rechtskraft der gerichtlichen Verurteilung**,[1815] wobei die **Unanfechtbarkeit des Schuldspruchs** maßgebend ist.[1816] Ob sie die **Vollstreckung** eines Urteils **vor Eintritt der Rechtskraft** zulässt, erscheint fraglich.[1817] Die in einigen Vertragsstaaten übliche Überführung des Verurteilten in den Strafvollzug trotz Anfechtung des verurteilenden Erkenntnisses wird vom EGMR für zulässig gehalten.[1818] Wird dem Beschuldigten mittäterschaftliche Begehung mit noch unbekannten Dritten vorgeworfen, endet der Schutzbereich der Unschuldsvermutung und er kann wegen Aussagedelikten verfolgt werden, wenn er im Ausgangsverfahren rechtskräftig für die Beteiligung verurteilt wurde und in einem anderen Verfahren als Zeuge zum Zwecke der Identitätsfeststellung seiner Komplizen vernommen werden soll und dort falsch aussagt.[1819] Wird der Betroffene hingegen – nach seiner Auffassung – in den Feststellungen der Verfahren gegen seine vermeintlichen Komplizen zu Unrecht einer strafbaren Beteiligung bezichtigt, ist er angehalten, gegen diese Feststellungen alle ihm zur Verfügung stehenden (insbesondere zivilrechtlichen) Rechtsbehelfe zu erheben. Ansonsten hat er den innerstaatlichen Rechtsweg nicht ausgeschöpft.[1820]

654   Kommt es zu keiner Verurteilung, weil das Verfahren durch **Freispruch** oder **Einstellung** endet, wirkt **die Unschuldsvermutung** in die **Nebenentscheidungen** hinein.[1821] Sie schließt es aus, dem Beschuldigten, dessen Schuld nicht erwiesen ist, wegen der weiterbestehenden Wahrscheinlichkeit einer Verurteilung oder eines fortbestehenden Verdachts nachteilige Rechtsfolgen aufzuerlegen, sofern diese wegen ihres Zusammenhangs mit dem Strafverfahren sozial ähnlich stigmatisierend wirken wie das sozialethische Unwerturteil

---

1813   Nur für diejenigen, die die hier abgelehnte Ansicht vertreten, dass wegen der Exklusivität der Schuldfeststellung (Rn. 615) die Unschuldsvermutung nur in dem Verfahren widerlegt werden kann, das die Ahndung dieser Tat selbst zum Gegenstand hat, macht das Erfordernis einer rechtsförmlichen Schuldfeststellung Sinn.

1814   EGMR Konstas/GR, 24.5.2011, §§ 34 ff., 38; zur Abgrenzung zwischen tatvorwurfsbezogenen und beschuldigenden Aussagen ebd. §§ 41 ff.

1815   EGMR Minelli/CH, 25.3.1983; EKMR StV **1986** 281; Meyer-Goßner/*Schmitt* 15; *Laubenthal* GA **1989** 20; *Partsch* 161; *Nowak* 34; vgl. auch BVerfGE **22** 265; **35** 232; **74** 371; nach *Guradze* 25 verlangt dies der Text nicht zwingend; ähnlich *Stuckenberg* 558; vgl. auch IK-EMRK/*Kühne* 430 („äußerster Zeitpunkt, bis zu dem Unschuldsvermutung noch gelten kann").

1816   *Stuckenberg* 418.

1817   Vgl. die Bedenken bei IK-EMRK/*Kühne* 475.

1818   Zu der bei Art. 5 Abs. 1 Satz 2 *lit.* a vom EGMR gebilligten Praxis der Überführung in den Strafvollzug nach der ersten Verurteilung vgl. Art. 5 Rn. 124; *Esser* 287.

1819   EGMR Wanner/D, 23.10.2018, §§ 33 ff., auch zur damit eng verknüpften Selbstbelastungsfreiheit.

1820   EGMR Januškevičienė/LIT, 3.9.2019, §§ 58 ff. (Dissenting Opinion *Pinto de Albuquerque*, *Küris*, *Paczolay*: Verstoß gegen Art. 6 Abs. 2).

1821   Vgl. EGMR Sekanina/A, 25.8.1993; ÖJZ **1993** 816; Allenet de Ribemont/F, 10.2.1995; Zollmann/UK (E), 27.11.2003; Taliadorou u. Stylianou/ZYP, 16.10.2008. Für den Fall, in dem Taten wegen § 154 Abs. 2 StPO nicht weiterverfolgt werden, aber dennoch im Rahmen der Strafzumessung Bedeutung erlangen: EGMR Bikas/D, 25.1.2018, §§ 30 ff.

der eigentlichen Strafsanktion. Wo die Grenzen zu ziehen und welche Nebenentscheidungen als *strafähnliche Sanktionen* anzusehen sind, ist strittig.[1822]

Ein Recht, nach eingestellten Ermittlungen oder Freispruch für eine *rechtmäßige* **Un-** **655** **tersuchungshaft entschädigt** zu werden, kann aus der Unschuldsvermutung nicht hergeleitet werden.[1823] Ebenso wenig ist dem Freigesprochenen aus Art. 6 Abs. 2 ein Anspruch auf Schadensersatz wegen eines erwiesenen Justizirrtums zu gewähren.[1824] Läuft die Begründung der Ablehnung einer Entschädigung aber auf eine Behauptung der Schuld hinaus, so verletzt diese Ablehnung bzw. Begründung Art. 6 Abs. 2,[1825] so insbesondere wenn die Ablehnung darauf gestützt wird, Freispruch oder Verfahrenseinstellung seien nur mangels Beweisen und nicht wegen erwiesener Unschuld erfolgt.[1826] Keine Verletzung der Unschuldsvermutung liegt vor, wenn eine Entschädigung mit der hinreichend dargelegten und nachvollziehbaren Begründung abgelehnt wird, der Betroffene habe selbst den Verdacht auf sich gelenkt und dadurch die Haft provoziert (Rn. 707).[1827] Im Falle einer *rechtswidrigen* **Untersuchungshaft** steht der Direktanspruch aus **Art. 5 Abs. 5** auf Entschädigung zur Verfügung (Art. 5 Rn. 617 ff.); dieser Anspruch besteht folglich nicht, wenn bei einem Unschuldigen der dringende Tatverdacht und ein Haftgrund zutreffend bzw. vertretbar bejaht wurden und die Untersuchungshaft daher nicht rechtswidrig war (Art. 5 Rn. 622 ff.).

c) Mit Abschluss des Erkenntnisverfahrens. Mit Abschluss des Erkenntnisverfah- **656** rens über die angeklagte Tat endet die verfahrensbezogene Schutzfunktion der Unschuldsvermutung.[1828] Da sie mit Unanfechtbarkeit des Schuldspruchs endgültig widerlegt ist, hat sie in Bezug auf die dort rechtsverbindlich festgestellte Tat im daran sich anschließenden Verfahren keine Bedeutung mehr. Sie gilt deshalb nicht mehr bei der **Vollstreckung** des verurteilenden Erkenntnisses und auch nicht, soweit auf dessen Grundlage spätere Entscheidungen ergehen, wie etwa die Entscheidung über den Widerruf einer Strafaussetzung oder über die Aussetzung eines Strafrestes oder die Entscheidung über eine vorbehaltene Sicherungsverwahrung nach § 275a StPO. Im **Wiederaufnahmeverfahren** bleibt der Antragsteller zunächst bis zur Zulassung der Wiederaufnahme Verurteilter.[1829] Erst danach gilt die Unschuldsvermutung auch wieder für ihn.[1830]

1822 Vgl. BVerfGE **19** 347 (gleiche Wirkung wie Strafe); *K. Meyer* FS Tröndle 61, 69; *Frister* (Eingriff, der nur bei erwiesener Schuld mit Gefahr für Normakzeptanz gerechtfertigt werden kann); *Kühl* Unschuldsvermutung 79 (gleichwertige sozialethische Missbilligung).

1823 Erneut bestätigt: EGMR (GK) Allen/UK, 12.7.2013, § 82; zuvor bereits EGMR Nölkenbockhoff/D, 25.8.1987, EuGRZ **1987** 410; Englert/D, 25.8.1987, NJW **1988** 3257 = EuGRZ **1987** 405; Sekanina/A, 25.8.1993; Dinares Peñalver/E (E), 23.3.2000; Del Latte/NL, 9.11.2004; Capeau/B, 13.1.2005; A.L./D, 28.4.2005, NJW **2006** 1113; Tendam/E, 13.7.2010, § 36; *Meyer-Ladewig/Nettesheim/von Raumer/Harrendorf/König* 215; *Merten/Papier/Gundel* § 146, 136; vgl. Rn. 696 ff.

1824 EGMR (GK) Allen/UK, 12.7.2013, § 82.

1825 EGMR Rupp/D, 17.11.2015, § 63; Mosinian/GR, 31.10.2013, §§ 23 ff.; Capeau/B, 13.1.2005, §§ 24 ff.; vgl. aber EGMR A.L.F./UK (E), 12.11.2013 (abgelehnter Entschädigungsantrag trotz neu vorgelegter Beweise ist kein Verstoß); Adams/UK (E), 12.11.2013 (abgelehnter Entschädigungsantrag wegen Verneinung eines „Justizirrtums"); siehe auch Teil II Rn. 183 f. (zum prozessualen Aspekt, welches Gerichtsurteil Art. 6 Abs. 2 verletzt und damit den Lauf der Beschwerdefrist auslöst).

1826 EGMR Vlieeland Boddy u. Marcelo Lanni/E, 16.2.2016, §§ 42 ff.

1827 EGMR Cheema/B, 9.2.2016, §§ 28 ff.

1828 IK-EMRK/*Kühne* 430.

1829 IK-EMRK/*Kühne* 432; vgl. *Laubenthal* GA **1989** 20.

1830 EGMR Dicle u. Sadak/TRK (E), 16.6.15, §§ 57 f.; vgl. auch allgemein zur Geltung und Auswirkung der Unschuldsvermutung nach Beendigung des Verfahrens: *Hirvelä/Heikkilä* 232 f.

657   **5. Amtliche Verlautbarungen über ein Strafverfahren.** Alle Äußerungen, die Behörden oder andere öffentliche Stellen[1831] über ein anhängiges oder noch einzuleitendes Strafverfahren[1832] abgeben, z.B. im Rahmen einer polizeilichen oder staatsanwaltlichen **Pressekonferenz** oder sonstiger Form **justizieller Medienarbeit**, müssen als Außenwirkungen dieses Verfahrens der Unschuldsvermutung Rechnung tragen.[1833] Dies gilt insbesondere für die Staatsanwaltschaft, die nach Ansicht des EGMR quasi-richterliche Funktionen („fonctions quasi-judiciaires"/„quasi-judicial function") ausübt und den Ablauf der Untersuchung bestimmt.[1834] Die Unschuldsvermutung erfordert **Zurückhaltung bei der Wortwahl**[1835] und **Vermeidung jeder vorzeitigen Schuldzuweisung** und den Verzicht auf jede sachlich nicht vom öffentlichen Informationsinteresse gebotene **Namensnennung** oder gar **Bloßstellung des Beschuldigten**.[1836] Unzulässig ist es etwa, einen U-Gefangenen bei einer Anhörung vor Gericht zu zwingen, die ansonsten nur für Strafgefangene vorgesehene Uniform zu tragen.[1837] Unzulässig ist auch die Weitergabe von im Rahmen der Ermittlungen generiertem Audiomaterial des Beschuldigten an die Presse.[1838]

658   Anderes soll in diesem Kontext nach Auffassung des BVerwG[1839] gelten, wenn es nicht um den Beschuldigten sondern um die **Namen der am Urteil mitwirkenden Personen** geht.[1840] Demnach müsse das **Persönlichkeitsrecht** der am Verfahren mitwirkenden Personen hinter dem grundrechtlich geschützten Auskunftsinteresse der Medien grundsätzlich zurückstehen (Grenze: Gefahr von Belästigungen/stichhaltige Bedenken in Bezug auf

---

1831 Dazu gehören auch der Staatschef (EGMR Peša/KRO, 8.4.2000, § 149), Regierungsmitglieder (EGMR Bivolaru/RUM, 28.2.2017, §§ 120 f.; Gutsanovi/BUL, 15.10.2013, §§ 194 ff., 198 ff.; Konstas/GR, 24.5.2011), das Parlament, ein parlamentarischer Untersuchungsausschuss (jeweils: EGMR Rywin/PL, 18.2.2016, § 208), der Parlamentspräsident (EGMR Butkevičius/LIT, 26.3.2002), nicht aber der Vorsitzende einer politischen Partei (EGMR Mulosmani/ALB, 8.10.2013, § 141); siehe auch EGMR Paulikas/LIT, 24.1.2017, § 50.
1832 Fehlt es an einem solchen anhängigen oder beabsichtigten Strafverfahren, ist die Unschuldsvermutung nicht anwendbar: EGMR Zollmann/UK (E), 27.11.2003 (Äußerungen im Parlament).
1833 Aus der Rechtsprechung des EGMR: Allenet de Ribemont/F, 10.2.1995; Daktaras/LIT, 10.10.2000; Butkevičius/LIT, 26.3.2002; Y.B. u.a./TRK, 28.10.2004; Arrigo u. Vella/MLT (E), 10.5.2005; Samoila u. Cionca/RUM, 4.3.2008; Khuzhin u.a./R, 23.10.2008; Viorel Burzo/RUM, 30.6.2009; Petyo Petkov/BUL, 7.1.2010; Mokhov/R, 4.3.2010; Fatullayev/ASE, 22.4.2010; Yunusova u. Yunusov/ASE, 16.7.2020, §§ 122 ff.; vgl. auch VGH Mannheim NJW **2018** 90; OVG Münster ZUM-RD **2018** 190 („Tätergruppe" und „betrügerisch"); Beschl. v. 4.2.2021 – 4 B 1380/20, DRiZ **2021** 158; vgl. auch FRA (Hrsg.) Presumption of innocence and related rights – Professional perspectives (März 2021) 10 (Opinion 2) sowie 43 ff.
1834 EGMR Daktaras/LIT, 10.10.2000; Grabchuk/UKR, 21.9.2006; Samoila u. Cionca/RUM, 4.3.2008.
1835 Vgl. EGMR Daktaras/LIT, 10.10.2000; Butkevicius/LIT, 26.3.2002; Arrigo u. Vella/MLT (E) 10.5.2005; Samoila u. Cionca/RUM, 4.3.2008; Viorel Burzo/RUM, 30.6.2009; Petyo Petkov/BUL, 7.1.2010; Mokhov/R, 4.3.2010; Fatullayev/ASE, 22.4.2010; Gaforov/R, 21.10.2010; hierzu: OGH 13.11.2012 – 11 Os 15/1 h, 20/12 v („bloß ungeschickte Wortwahl").
1836 Zur Abwägungspflicht *Esser* 101; *Gounalakis* NJW **2012** 1473 (mit dem Fokus auf dem Persönlichkeitsrecht); dazu *Grabenwarter/Pabel* § 24, 142 (schwierige Gratwanderung); als Beispiel zur Umsetzung vgl. Richtlinien für die Zusammenarbeit mit den Medien, Allgemeine Verfügung des Justizministers vom 12.11.2007, JMBlNRW **2008** 2, insbes. §§ 6 III, 7 VI, 8, 9, 10 I, 20; vgl. auch OVG Münster Beschl. v. 4.2.2021 – 4 B 1380/20, DRiZ **2021** 158: zurückhaltende, ausgewogene Berichterstattung; zuvor bereits VG Düsseldorf AfP **2020** 449.
1837 EGMR Samoila u. Cionca/RUM, 4.3.2008; Jiga/RUM, 16.3.2010, §§ 100 ff. (siehe auch § 102: erschwerend kam hinzu, dass die Mitangeklagte in ziviler Kleidung auftrat).
1838 EGMR Batiashvili/GEO, 10.10.2019, §§ 91 ff. (aufgezeichnete Telefongespräche und -interviews).
1839 BVerwG Urt. v. 1.10.2014 – 6 C 35/13.
1840 Vgl. auch VG Berlin Beschl. v. 27.2.2020 – 27 L 43/20: Veröffentlichung einer anonymisierten Fassung des Urteils stelle daher grundsätzlich keine Verletzung der Unschuldsvermutung dar; ebenso OLG Karlsruhe Beschl. v. 1.4.2020 – 2 VAs 1/20, BeckRS **2020** 12817; anders bei der nichtanonymisierten Bildaufnahme aus dem Gerichtssaal, s. OLG Düsseldorf GRURPrax **2018** 359.

persönliche Sicherheit),[1841] soweit solchen personenbezogenen Informationen nicht jegliche materielle Bedeutung im Zusammenhang mit dem Thema der Recherche fehle (Recherche „ins Blaue" hinein bzw. ohne stichhaltigen, materiellen Hintergrund). Hier geht es allerdings nicht um die Unschuldsvermutung nach Art. 6 Abs. 2, auf die sich nur der Beschuldigte berufen kann, sondern um das Wechselspiel der in **Art. 8 Abs. 1** (Privatleben) und **Art. 10 Abs. 1** (Pressefreiheit) garantierten Rechte.

Eine **Unterrichtung der Medien über eine Anklageerhebung** durch die Staatsanwaltschaft darf schon aus Gründen der Verfahrensfairness (Art. 6 Abs. 1) nur dann erfolgen, wenn dem Beschuldigten die Anklage vorher so rechtzeitig und umfassend bekannt gemacht worden ist, dass er auf das behördliche Informationshandeln in wirksamer Weise reagieren kann. Vor Kundgabe einer entsprechenden Pressemitteilung ist die Staatsanwaltschaft zudem angehalten, dem Betroffenen eine **ausreichende Vorbereitungszeit** auf zu erwartende Presseanfragen zu ermöglichen.[1842] **659**

Die Behörden haben bei ihrem Informationshandeln zudem die Grundsätze ordnungsgemäßer **Verdachtsberichterstattung** zu beachten.[1843] Eine Veröffentlichung des Namens von Personen im Ermittlungsstadium ist dabei nur ausnahmsweise zulässig.[1844] Insbesondere ein detailliertes Verteidigungsvorbringen des Beschuldigten muss und darf die Staatsanwaltschaft nicht an die Presse weitergeben.[1845] **660**

Besteht ein anerkennenswertes Interesse der Medien oder gar der Öffentlichkeit, über die Vorgänge eines Strafverfahrens informiert zu werden, so billigt der EGMR **Politikern**, die solche Äußerungen tätigen, in Grenzfällen offenbar einen etwas höheren Spielraum bei der konkreten Wortwahl zu als den zur Strafverfolgung berufenen Stellen.[1846] Grundsätzlich gelten aber für alle staatlichen Stellen dieselben Maßstäbe und Grundsätze. **661**

Ein Verstoß gegen die Unschuldsvermutung liegt jedenfalls dann vor, wenn die Äußerung einer staatlichen Stelle eine **Schuldfeststellung** enthält („*declaration of guilt*"), die die Öffentlichkeit ermuntert, an die Schuld des Betroffenen zu glauben, und/oder die Bewertung der Tatsachen durch die zuständige gerichtliche Instanz präjudiziert.[1847] Eine derartige unzulässige Schuldfeststellung ist zu bejahen, wenn eine Person ohne jede Einschränkung und Zurückhaltung als Urheber oder Mittäter einer Straftat bezeichnet wird.[1848] Eine vom Äußerungszweck her **nicht gebotene Identifizierung** des Beschuldig- **662**

1841 BGH Urt. v. 17.12.2019 – VI ZR 504/18 (identifizierende Bildberichterstattung über ein unzulässiges Wohnungsvermietungsmodell in einer Großstadt – ohne Bezug auf eine Straftat oder ein Strafverfahren zulässig); dagegen: VG Bremen Beschl. v. 7.5.2019 – 4 V 642/19 (Weitergabe privater Informationen an die Presse); OLG Köln AfP **2021** 58 (identifizierende Verdachtsberichterstattung nur zulässig, wenn dem Betroffenem Gelegenheit zur Stellungnahme eingeräumt wurde).

1842 VG München Urt. v. 24.9.2020 – 10 K 20.222, BeckRS **2020** 31768 (Strafverfahren wegen Dopings gegen prominenten Sportmediziner).

1843 OVG Münster Beschl. v. 4.2.2021 – 4 B 1380/20, DÖV **2021** 552 = DRiZ **2021** 158 = DVBl. **2021** 610 = K&R **2021** 291 m. Anm. *Huff* = StV-Spezial **2021** 85 m. Anm. *Esser; Dunkel* NStZ **2021** 656, 659; zu den weiteren Implikationen *Klass* ZUM **2022** 1.

1844 VG Weimar Beschl. v. 19.8.2020 – 8 E 1203/20, BeckRS **2020** 22397.

1845 VG Regensburg K&R **2020** 91; vgl. auch BGH Urt. v. 17.12.2019 – VI ZR 249/18 (mit Rechtskraft eines Strafbefehls endet der Anwendungsbereich der Unschuldsvermutung bei Berichterstattung).

1846 Siehe die ausführliche, differenzierende Begründung in EGMR Rywin/PL, 18.2.2016, §§ 208 ff.; Paulikas/ LIT, 24.1.2017, §§ 51, 54 ff.

1847 EGMR Allenet de Ribemont/F, 10.2.1995; Butkevicius/LIT, 26.3.2002; Y.B. u.a./TRK, 28.10.2004; Pandy/B, 21.9.2006; Samoila u. Cionca/RUM, 4.3.2008; Khuzhin u.a./R, 23.10.2008; Mokhov/R, 4.3.2010; Fatullayev/ASE, 22.4.2010.

1848 EGMR Allenet de Ribemont/F, 10.2.1995; Y.B. u.a./TRK, 28.10.2004; Samoila u. Cionca/RUM, 4.3.2008; Khuzhin u.a./R, 23.10.2008; Mokhov/R, 4.3.2010; Fatullayev/ASE, 22.4.2010.

ten kann neben einer Verletzung des Rechts auf ein Privatleben (Art. 8 Abs. 1) auch Art. 6 Abs. 2 berühren; sie hat zu unterbleiben, sofern dieser im Zusammenhang mit dem Tatvorwurf nicht ohnehin in der Öffentlichkeit bereits bekannt ist.[1849]

663   Unerheblich für eine Verletzung von Art. 6 Abs. 2 ist, ob die öffentlichen Schuldzuweisungen tatsächlich zu einer **Beeinflussung des Gerichtes** zu Lasten des Beschuldigten geführt haben; liegt Letzteres vor, so ist zusätzlich die Wahrung der Verfahrensfairness (Art. 6 Abs. 1) zu prüfen.[1850] Verwirren kann hier allerdings, dass der Gerichtshof manchmal als zusätzliches, für die Verneinung einer Verletzung von Art. 6 Abs. 2 nicht mehr erforderliches Argument anführt, die Richter hätten sich im konkreten Fall von der vom Bf. beanstandeten Äußerung nicht beeinflussen lassen.[1851]

664   Eine Verantwortlichkeit für ein **Handeln der Presse und Medien insgesamt** trifft die staatlichen Stellen zwar an sich nicht.[1852] Eine Verletzung von Art. 6 Abs. 2 liegt aber dann vor, wenn zwar nicht die Namen der Betroffenen genannt werden, diese aber der Presse so präsentiert werden, dass sie leicht identifiziert werden können.[1853] Anders kann die Sache liegen, wenn es sich um ein Ereignis oder um eine **Person der Zeitgeschichte** handelt; in einem solchen Fall ist es dann aber erforderlich, besonders hervorzuheben, dass nur ein Verdacht vorliegt.[1854]

665   Die Pflicht zur Beachtung der Unschuldsvermutung (Art. 6 Abs. 2) sowie zur jeder nach den Umständen möglichen Rücksichtnahme auf die Persönlichkeitsrechte eines Beschuldigten (Art. 8 Abs. 1) besteht bei **allen von einer staatlichen Stelle ausgehenden Erklärungen** über ein anhängiges Strafverfahren, ganz gleich, ob mit einer solchen Verlautbarung die Strafverfolgung gefördert oder einzelne Personen oder die Öffentlichkeit über das Verfahren unterrichtet werden sollen oder ob aus einem anderen Anlass dazu Stellung genommen wird.[1855] Für Art. 14 Abs. 2 IPBPR wird im *General Comment No. 32* ausdrücklich festgelegt, dass die Unschuldsvermutung auch von den Medien im Rahmen ihrer Berichterstattung berücksichtigt werden soll; sein Schutzbereich wäre insofern weiter zu verstehen als der des Art. 6 Abs. 2.

666   Berühren personenbezogene Mitteilungen aus einem Strafverfahren auch das von **Art. 8 Abs. 1** geschützte **Privatleben** – was beim Beschuldigten, aber auch bei Zeugen regelmäßig der Fall sein dürfte – so müssen zur Rechtfertigung dieses nicht selten gravie-

---

1849 Keinen Verstoß gegen die Unschuldsvermutung soll es hingegen darstellen (zweifelhaft), wenn vor dem Beginn der Hauptverhandlung eine Fernsehsendung ausgestrahlt wird, zu deren Vorbereitung Fernsehaufnahmen im Dienstzimmer des polizeilichen Hauptsachbearbeiters stattfanden, wobei Lichtbilder der Angeklagten zu erkennen waren. Vor der Ausstrahlung waren die Gesichter der Angeklagten zwar unkenntlich „verpixelt" worden. Mitgefangene hatten diese jedoch erkannt. Zugleich fielen die Begriffe „Täter", „Bandenmitglieder" und Zerschlagung einer „Einbrechergruppierung", vgl. BGH NJW **2016** 3670 m. Anm. *Meyer-Mews.*

1850 EGMR Turyev/R, 11.10.2016, § 21.

1851 EGMR Bivolaru/RUM, 28.2.2017, § 124; Mircea/RUM, 29.3.2007, § 75.

1852 EGMR Y.B. u.a./TRK, 28.10.2004, in Bezug auf EGMR Papon/F (E), 11.10.2005; Viorel Burzo/RUM, 30.6.2009; Société Bouygues Télécom/F (E), 13.3.2012, §§ 53 ff. Zur Einschränkung der Pressefreiheit durch die Unschuldsvermutung vgl. die Kommentierung zu Art. 10 Rn. 130 ff.

1853 EGMR Y.B. u.a./TRK, 28.10.2004.

1854 Vgl. *Esser* 101; *Marxen* GA **1980** 365; SK/*Meyer* 335.

1855 Vgl. EGMR Allenet de Ribemont/F, 10.2.1995; Y.B. u.a./TRK, 28.10.2004; Khuzhin u.a./R, 23.10.2008; ferner zur Frage der Persönlichkeitsverletzung BGH NJW **1994** 1950; OLG Frankfurt NJW **1980** 597; OLG Hamburg NJW-RR **1994** 1176; OLG Hamm NJW **2000** 1279; OLG München NJW-RR **1996** 1493; OVG Koblenz NJW **1991** 2659; OLG Celle NJW-RR **2008** 1262 (Diskussionsforum der Strafverfolgungsbehörden im Internet); *Roxin* NStZ **1991** 153. Sehr anschaulich zu dieser Problematik anhand des „Kachelmann-Urteils": *Jung* JZ **2012** 303, 304.

Esser

renden Eingriffs die dort geregelten *zusätzlichen* Voraussetzungen und Erfordernisse (**gesetzliche Grundlage/Verhältnismäßigkeit**) strikt beachtet werden (vgl. Art. 8 Rn. 96).

Bei **Fahndungsmaßnahmen** schließt die Unschuldsvermutung bei Beachtung des **667** Grundsatzes der Verhältnismäßigkeit die Einschaltung der Öffentlichkeit unter Benennung des Tatverdächtigen nicht aus; es muss aber deutlich gemacht werden, dass die Maßnahme aufgrund eines noch nicht erhärteten Verdachtes getroffen wird. Es ist jede Äußerung zu vermeiden, die den Eindruck erwecken könnte, dass die Schuld bereits feststeht.[1856]

6. Einzelfragen des Strafverfahrens

a) Verhaltensregel für das Gericht. Als Verhaltensregel für das Gericht soll die Un- **668** schuldsvermutung den von einem Strafverfahren Betroffenen vor Voreingenommenheit der staatlichen Organe schützen. Insofern ist die Unschuldsvermutung eng mit dem Erfordernis der **Unparteilichkeit des Gerichts** verknüpft (Rn. 213 ff.). Aus diesem Grund verneint die GK EGMR im Fall *Kyprianou* – anders als noch das Kammer-Urteil[1857] – die Notwendigkeit einer separaten Prüfung des Art. 6 Abs. 2, nachdem sie bereits eine Verletzung von Art. 6 Abs. 1 mangels Unparteilichkeit des Gerichts bejaht hat.[1858] Grundsätzlich müssen **alle beteiligten staatlichen Stellen**[1859] während des ganzen Strafverfahrens davon ausgehen, dass unbeschadet eines bestehenden Verdachts eine Schuld des Betroffenen noch nicht erwiesen ist und ihm erst in einem fairen gerichtlichen Verfahren nachgewiesen werden muss.[1860] Ein Richter muss für jedes Verfahrensergebnis offen bleiben; er darf sich bei der Führung der Verhandlung nicht bereits von der festen Überzeugung der Schuld des Beschuldigten leiten lassen.[1861] Insbesondere dürfen seine Äußerungen nicht die Meinung widerspiegeln, dass der Beschuldigte tatsächlich schuldig ist.[1862] Ein Richter darf das Prozessverhalten des Beschuldigten, wie etwa seine Befugnis zu schweigen

---

1856 IK-EMRK/*Kühne* 425; *Ulsamer* FS Zeidler 1807; *Schubarth* 11 ff.; zur Zulässigkeit eines bebilderten Fandungsaufrufs BGH ZUM-RD **2020** 637, 641 (G20-Krawalle). Zur grundsätzlichen Vereinbarkeit auf Verdacht gestützter Maßnahmen der Strafverfolgung vgl. Rn. 611.

1857 EGMR Kyprianou/ZYP, 27.1.2004 (kritisiert die Voreingenommenheit der Richter ausdrücklich auch im Hinblick auf die Unschuldsvermutung).

1858 EGMR (GK) Kyprianou/ZYP, 15.12.2005; vgl. auch EGMR Salov/UKR, 6.9.2005, erwähnt die Unschuldsvermutung im Rahmen der Prüfung der Unparteilichkeit des Richters (§ 85), ohne näher auf sie einzugehen. Im Fall EGMR Vera Fernández-Huidobro/E, 6.1.2010, wird dagegen nach Verneinung einer Verletzung von Art. 6 Abs. 1 noch eine Verletzung von Art. 6 Abs. 2 geprüft (und verneint); keine separate Prüfung des Art. 6 Abs. 2 in EGMR Meng/D, 16.2.2021.

1859 Vgl. IK-EMRK/*Kühne* 422 (Pflicht zur Objektivität als Reflexwirkung der Unschuldsvermutung). Siehe EGMR Ilgar Mammadov/ASE, 22.5.2014, § 127: Gemeinsame Erklärung der Generalstaatsanwaltschaft und des Innenministeriums; zu inkriminierenden Äußerungen von Ministern im Parlament: EGMR Konstas/GR, 24.5.2011.

1860 Vgl. *Zabel* GA **2011** 347, 358 („sachliche, unvoreingenommene Verdachtskommunikation").

1861 EGMR Barberà, Messegué u. Jabardo/E, 6.12.1988; Telfner/A, 20.3.2001; Pandy/B, 21.9.2006; Poncelet/B, 30.3.2010, NJW **2011** 1789; vgl. auch BVerfG (K) NJW **2008** 3346; hierzu auch EGMR Meng/D, 16.2.2021, § 63, in Bezug auf die Unparteilichkeit des Gerichts, Art. 6 Abs. 1 (legitime Bedenken wegen möglicher Voreingenommenheit eines Richters bezüglich der Schuld der Beschwerdeführerin, nachdem dieser bereits an einem früheren Urteil gegen einen Mittäter mitgewirkt hatte, das eine *detaillierte Beurteilung* der Rolle der Bf. bei der Tat enthielt).

1862 EGMR Minelli/CH, 25.3.1983; Barberà, Messegué u. Jabardo/E, 6.12.1988; Allenet de Ribemont/F, 10.2.1995; Lavents/LET, 28.11.2002; Diamantides/GR (Nr. 2), 19.5.2005; Karakas u. Yesilirmak/TRK, 28.6.2005; Puig Panella/E, 25.4.2006; Matijasevic/SRB, 19.9.2006; Grabchuk/UKR, 21.9.2006; Pandy/B, 21.9.2006; Geerings/NL, 1.3.2007; Vanjak/KRO, 14.1.2010 (Disziplinarverfahren; zur Anwendbarkeit von Art. 6 Abs. 2 siehe Rn. 95); Tendam/E, 13.7.2010.

(Rn. 1328 ff.), nicht unter dem Blickwinkel präsumptiver oder bereits erwiesener Schuld bewerten. Sein Verhalten gegenüber dem Beschuldigten, aber auch bei Befragung der Beweispersonen und bei den zu treffenden Verfahrensentscheidungen,[1863] muss während des ganzen Verfahrens davon bestimmt sein, dass die Unschuldsvermutung noch als unwiderlegt fortbesteht.

669   Auch ein **Ermittlungs- oder Untersuchungsrichter** und vor allem die **Staatsanwaltschaft**, wenn sie quasi-richterliche Funktionen ausübt,[1864] müssen bei ihren Entscheidungen und Äußerungen die Unschuldsvermutung beachten.[1865] Gleiches gilt auch für die **Polizei**.[1866] Im Hinblick auf die Aufgabe eines Untersuchungsrichters, sowohl belastendes als auch entlastendes Beweismaterial zu sammeln, hielt der EGMR eine **Bemerkung in einer öffentlichen Anhörung** vor Gericht, in der der Beschuldigte mit zwei notorischen Serienmördern verglichen wurde, für nicht hinnehmbar („unacceptable").[1867] Diese Bemerkung komme einer unzulässigen Schuldfeststellung gleich, die sowohl die Öffentlichkeit ermuntern kann, an die Schuld des Betroffenen zu glauben, als auch die Bewertung der Tatsachen durch die zuständige gerichtliche Instanz präjudiziert.[1868]

670   Verlautbarungen oder sonstige der Öffentlichkeit zugängliche Informationen der Strafverfolgungsbehörden über ein **abgeschlossenes Strafverfahren** (wie etwa **Datenbanken über Sexualstraftäter**) berühren *nicht mehr* die Unschuldsvermutung, weil insoweit der sachlich-zeitliche Schutzbereich des Art. 6 Abs. 2 nicht mehr eröffnet ist. Die ursprüngliche *Anklage* i.S.v. Art. 6 Abs. 1 ist mit einer rechtskräftigen Verurteilung erledigt, eine neue *Anklage* noch nicht *erhoben*. Dennoch ist der Betroffene nicht schutzlos gestellt. Solche Hinweise können mit dem durch Art. 8 geschützten **Privatleben** der betroffenen Person in Konflikt geraten (vgl. dort Rn. 99).

671   Die Unschuldsvermutung gilt aber sehr wohl für gerichtliche Entscheidungen, die nach der Beendigung des Verfahrens getroffen werden, etwa für Beschlagnahmen.[1869]

672   **b) Schuldzuweisungen durch am Verfahren beteiligte Dritte.** Vor Schuldzuweisungen durch am Verfahren beteiligte Dritte schützt die Unschuldsvermutung den Beschuldigten nicht. Der Vorsitzende muss gegen schuldpräjudizierende Äußerungen anderer Verfahrensbeteiligter einschreiten, wenn deren Duldung den Eindruck erwecken könnte, das Gericht teile sie und sei gleichfalls schon von der Schuld überzeugt. In solchen Fällen kann es zur Wahrung der Unschuldsvermutung genügen, wenn das Gericht bzw. dessen Vorsitzender durch sein Verhalten, ggf. auch durch eine klarstellende Äußerung, deutlich

---

1863 EGMR Matijasevic/SRB, 19.9.2006 (Verlängerung der U-Haft u.a. mit Begründung, der Beschuldigte habe die ihm vorgeworfenen Straftaten tatsächlich begangen).

1864 Vgl. EGMR Nerattini/GR, 18.12.2008 (e contrario EGMR Gaforov/R, 21.10.2010); Ismoilov u.a./R, 24.4.2008 (Wortwahl der Begründung einer Auslieferungsentscheidung); Grabchuk/UKR, 21.9.2006 (Rüge der Wortwahl einer staatsanwaltlichen *Entscheidung*); vorsichtiger: EGMR Daktaras/LIT, 10.10.2000.

1865 EGMR Vakhitov u.a./R, 31.1.2017, §§ 69 f. (Feststellung/Behauptung der Schuld in Anordnung der U-Haft).

1866 EGMR Poncelet/B, 30.3.2010 (Überprüfung des Verstoßes gegen die Unschuldsvermutung nur im Rahmen einer Gesamtschau, insbesondere zur Möglichkeit eines effektiven Rechtsmittels vor einem unparteilichen Gericht).

1867 EGMR Pandy/B, 21.9.2006.

1868 Vgl. EGMR Ismoilov u.a./R, 24.4.2008 bzgl. einer staatsanwaltlichen Entscheidungsbegründung.

1869 EGMR Vulakh u.a./R, 10.1.2012, § 33; Silickiene/LIT, 10.4.2012, § 51 („scope of Article 6 § 2 ... is not limited to pending criminal proceedings but extends to judicial decisions taken after a prosecution has been discontinued").

zu erkennen gibt, dass seine Unvoreingenommenheit dadurch nicht beeinträchtigt wird.[1870]

c) Als Entscheidungsregel für das Strafverfahren. Als Entscheidungsregel für das 673 Strafverfahren verdeutlicht die Unschuldsvermutung lediglich das allgemein geltende rechtsstaatliche Prinzip, dass der in jeder Bestrafung liegende Grundrechtseingriff erst zulässig wird, wenn die Eingriffsvoraussetzungen, d.h. die schuldhafte Begehung einer Straftat, in einem ordnungsgemäßen Verfahren zur Überzeugung des Gerichts voll erwiesen sind.[1871] Ein verurteilendes Erkenntnis darf nicht auf einen nur wahrscheinlichen Vorwurf, auf einen nicht zur Überzeugung des Gerichts im Verfahren voll erwiesenen Sachverhalt gestützt werden. **Verdachtsstrafen** sind ausnahmslos unzulässig.

Mit dem Schutzzweck der Unschuldsvermutung ist es vereinbar, wenn die erkennen- 674 den Richter, wie in § 261 StPO vorgesehen, bei der abschließenden Würdigung der im gesetzlichen Verfahren erhobenen **Beweise frei** sind, sofern ihr Schuldspruch auf einer subjektiven Überzeugung von der Schuld des Beschuldigten beruht, die von **objektiv, rational nachvollziehbaren Erwägungen** getragen wird.[1872] Eine Entscheidung, die sich auf eine solche Überzeugung gründet, widerlegt die Unschuldsvermutung auch dann, wenn andere Personen weiterhin zweifeln würden. Nur wenn diese Überzeugung **willkürlich**, d.h. von jeder sachlichen Würdigung des Beweisergebnisses gelöst, erscheint und von „grob unfairen" oder sachlich durch nichts zu rechtfertigenden **irrationalen Schlussfolgerungen** bestimmt wird, wäre sie zur Widerlegung der Unschuldsvermutung ungeeignet, da dies dann nicht mehr als das Ergebnis des vorausgesetzten gesetzlichen Verfahrens angesehen werden könnte,[1873] so dass sie in der Folge **keine tragfähige Grundlage** mehr für die aus der Verurteilung resultierende **Freiheitsentziehung** darstellen kann.[1874]

d) Schuldnachweis. Auf welche Art und Weise der Schuldnachweis zu führen ist, 675 überlassen die Konventionen dem nationalen Recht.[1875] Aus der Unschuldsvermutung lassen sich keine bestimmten Regeln dafür herleiten, wie die zu ihrer Widerlegung notwendige Überzeugung des Richters von der Schuld des Beschuldigten zu gewinnen ist; sie darf nur nicht in einem Verfahren gewonnen worden sein, das in seiner Gesamtheit nicht mehr als ein **gesetzliches Verfahren zur unvoreingenommenen Klärung des Schuldvorwurfes** anzusehen ist. Das Gericht darf sein Urteil auf ein glaubhaftes **Geständnis** des Beschuldigten stützen. Andererseits darf es ein konventionskonformes Verhalten im Verfahren, wie etwa ein **Schweigen** zum Tatvorwurf, nicht bereits als Beweis seiner Schuld ansehen;[1876] eine nach nationalem Recht mögliche **Berücksichtigung des Schweigens bei der**

1870 EKMR bei IK-EMRK/*Kühne* 442.

1871 Vgl. *Frister* 89 ff.; *Stuckenberg* ZStW **111** (1999) 422, 451, 453 ff. m.w.N.

1872 Wegen der Einzelheiten vgl. LR/*Sander* § 261, 44 ff. StPO. Ob auch nationale Verfahren mit stärkerer Bindung des Gerichts an Beweisregeln mit der Unschuldsvermutung vereinbar wären, braucht daher nicht erörtert zu werden.

1873 Vgl. *Nowak* 35, wonach zwar der Zusatz, dass die Schuld „*beyond reasonable doubt*" erwiesen sein müsse, nicht in Art. 14 Abs. 2 IPBPR aufgenommen wurde, dass aber dieser Gedanke als allgemeiner Rechtsgrundsatz anwendbar bleibt.

1874 BVerfG NJW **2008** 3346 (Leitsatz der Redaktion).

1875 EGMR Salabiaku/F, 7.10.1988; dazu *Frowein/Peukert* 158; *Nowak* 44; *Peukert* EuGRZ **1980** 247, 259; auch IK-EMRK/*Kühne* 422 (sowohl Amtsprozess als auch Parteiprozess möglich).

1876 Vgl. EGMR (GK) John Murray/UK, 8.2.1996, §§ 48, 71, dazu *Esser* 524 ff.; *Telfner/A*, 20.3.2001; vgl. Rn. 1369 ff.; vgl. OLG Brandenburg NStZ-RR **2015** 53 (eklatanter Verstoß gegen den nemo-tenetur-Grundsatz: „keinerlei entlastende Angaben", „fehlende Äußerung zur Person", „offensichtlich ... nicht bereit, sich mit

Beweiswürdigung hält der EGMR aber für mit Art. 6 Abs. 2 vereinbar.[1877] Ist nach der innerstaatlichen Rechtsprechung eine Geldwäsche auch ohne positiven Beweis der Handlung für den Fall anzunehmen, dass eine legale Herkunft der Mittel ausgeschlossen ist, und kann der Beschuldigte wegen des zulässigen Gebrauchs seines Rechts zu schweigen keine **plausible Erklärung** für den Ursprung hoher Geldeinzahlungen auf sein privates Bankkonto vorweisen, stellt eine Verurteilung keinen Verstoß gegen Art. 6 Abs. 2 dar, sofern die Schuld des Beschwerdeführers nicht aus dem Schweigen selbst abgeleitet, sondern durch Indizien und Beweise begründet wird.[1878]

676   Die **gesetzesalternative Verurteilung** wegen (gewerbsmäßig begangenen) Diebstahls oder gewerbsmäßiger Hehlerei verletzt nicht die Unschuldsvermutung.[1879] Zwar ist dem Angeklagten für Konstellationen der **ungleichartigen Wahlfeststellung** eine konkrete, schuldhaft begangene Straftat nicht nachweisbar. Gleichwohl steht in diesen Fällen zur sicheren Überzeugung des Gerichts fest, dass der Angeklagte einen von mehreren (alternativ in Betracht kommenden) Straftatbeständen schuldhaft verwirklicht hat. Die alternative Fassung des Schuldspruchs und die Darlegung der Voraussetzungen der wahlweisen Verurteilung in den Urteilsgründen machen deutlich, dass die Verurteilung auf **wahldeutiger Tatsachengrundlage** beruht, so dass kein unzulässiges Verdachtsurteil ergeht.

677   Dem Beschuldigten darf nicht aufgegeben oder zu irgendeinem Zeitpunkt im Verfahren der Eindruck vermittelt werden, dass er seine Unschuld selbst nachzuweisen hat. Als **Beweislastregel** verlangt gerade die Unschuldsvermutung grundsätzlich, dass die staatlichen Organe den vollen Nachweis der die Schuld begründenden Tatsachen entsprechend den Erfordernissen des nationalen Rechts erbringen.[1880] Misslingt ihnen dieser Nachweis, ist die vermutete Unschuld nicht widerlegt, die Voraussetzungen für die Verhängung einer Strafe oder strafähnlichen Sanktion sind dann folgerichtig nicht gegeben. Eine spezielle Ausprägung („expression particulière") der Unschuldsvermutung als Verfahrensnorm ist insoweit der Grundsatz, dass **im Zweifel** (über die entscheidungserheblichen Tatsachen) **zugunsten des Beschuldigten** zu entscheiden ist (*in dubio pro reo*).[1881] Diese Beweislastregel (im deutschen Recht als **materielle *Entscheidungs*regel** nach Abschluss der Sachverhaltsaufklärung interpretiert) geht sogar in ihrer Wirkung noch über die Unschuldsvermutung im engeren Sinne hinaus.[1882] Daraus folgt auch, dass kein qualitativer Unterschied zwischen einem Freispruch aus Mangel an Beweisen und einem Freispruch wegen erwiesener Unschuld des Beschuldigten bestehen darf.[1883]

---

dem Unrecht seiner Tat auseinander zu setzen und die Verantwortung hierfür zu übernehmen"); vgl. ferner FRA (Hrsg.) Presumption of innocence and related rights – Professional perspectives (März 2021) 71 ff.

1877   Vgl. EGMR (GK) Saunders/UK, 17.12.1996, ÖJZ **1998** 32; Telfner/A, 20.3.2001; *Kühne* EuGRZ **1996** 572.

1878   EGMR Zschüschen/B, 2.5.2017, § 29.

1879   BVerfG NJW **2019** 2837 m. Anm. *Hecker* JuS **2019** 1119; vorgehend BGH NStZ-RR **2018** 47. Die gesetzesalternative Verurteilung auf wahldeutiger Tatsachengrundlage verletze auch nicht das Bestimmtheitsgebot nach Art. 103 Abs. 2 GG. Die ungleichartige Wahlfeststellung sei vielmehr eine besondere, dem Strafverfahrensrecht zuzuordnende Entscheidungsregel, die nicht den Schutzbereich des Art. 103 Abs. 2 GG berühre; **a.A.** u.a. der Vorlagebeschluss BGH Beschl. v. 2.11.2016 – 2 StR 495/12, BeckRS **2016** 113380 (hierzu *Linder* ZIS **2017** 311); zuvor bereits BGH NStZ **2014** 392; zum früheren Streitstand *Freund/Rostalski* JZ **2015** 164; *Stuckenberg* JZ **2015** 714.

1880   EGMR Barberà, Messegué u. Jabardo/E, 6.12.1988; Telfner/A, 20.3.2001; vgl. auch HRC Charles Gurmurkh Sobhraj/Nepal, 27.7.2010, 1870/2009, § 7.3.

1881   EGMR Vassilios Stavropoulos/GR, 27.9.2007; vgl. IK-EMRK/*Kühne* 440; *Schubarth* 3 je m.w.N.; SK/*Meyer* 326; *Esser* 524, 624; *Walter* JZ **2006** 340, 345; anders *Meyer* FS Tröndle 61, 67 (jetzt nur noch Entscheidungsregel des sachlichen Rechts).

1882   Zur Abgrenzung: *Eicker* JA **2021** 330, 331 f. (Zeitpunkt der Urteilsberatung als Zäsur).

1883   EGMR Vassilios Stavropoulos/GR, 27.9.2007; Tendam/E, 13.7.2010.

e) Schuldvermutungen. Problematisch sind vor dem Hintergrund der Unschuldsver- **678** mutung sog. Schuldvermutungen („presumptions of fact or of law"), nach denen in Umkehr der Beweislast bei Vorliegen bestimmter rechtlicher oder tatsächlicher Voraussetzungen die Schuld eines Beschuldigten als gegeben anzusehen ist oder dem Beschuldigten die Beweislast für ihre Widerlegung aufgebürdet wird.[1884] Auch auf dem Gebiet des Strafrechts sind solche tatsächlichen oder rechtlichen Vermutungsregeln nicht generell konventionswidrig.[1885] Der EGMR weist zu Recht darauf hin, dass Vermutungsregeln im Konflikt stehen zu der Befugnis und Pflicht des Strafgerichts zu einer **umfassenden Aufklärung und Würdigung der fallrelevanten Tatsachen und Beweise**. Aufgrund dessen dürfen die Vertragsstaaten von solchen Vermutungsregeln nur in einem **eingeschränkten Umfang** Gebrauch machen.[1886]

Nach Ansicht des Gerichtshofs sind rechtliche oder tatsächliche Vermutungsregeln im **679** Hinblick auf die Unschuldsvermutung zulässig, wenn die ihnen zu Grunde liegende **Vermutung widerlegbar** ist, das Gericht die Regel **nicht automatisch anwendet**, bei der Feststellung der Schuld die vorliegenden **Beweise abwägt** und **sorgfältig würdigt** sowie dem Beschuldigten auch tatsächlich im Verfahren die Möglichkeit einräumt, die Vermutung zu widerlegen.[1887] Bei der Anwendung einer Vermutungsregel ist zudem der **Grundsatz der Verhältnismäßigkeit** zu beachten.[1888] Im Falle einer drohenden Freiheitsstrafe sollte daher immer ein strengerer Maßstab gelten.[1889] Im deutschen materiellen Strafrecht sind Schuldvermutungen weitgehend entfallen.[1890] Anders wird dies zum Teil für die praktische Umsetzung strafprozessualer Absprachen bewertet, die als Bedingung der Gespräche zwischen den Verfahrensbeteiligten faktisch eine „Schuldvermutung" des Gericht voraussetzen.[1891]

1884 Vgl. hierzu *Esser* 742 ff.; IK-EMRK/*Kühne* 456; *Stuckenberg* 552 ff.; Meyer-Ladewig/Nettesheim/von Raumer/*Harrendorf*/König 212; SK/*Meyer* 324, 326, 331 f.

1885 EGMR Haxhishabani/LUX, 20.1.2011, § 38 („la Convention ne prohibe pas les présomptions de fait ou de droit en matière pénale. Elle oblige néanmoins les Etats „à ne pas dépasser à cet égard un certain seuil": ils doivent „les enserrer dans des limites raisonnables prenant en compte la gravité de l'enjeu et préservant les droits de la défense."); Nicoleta Gheorge/RUM, 3.4.2012, § 30; Radio France u.a./F, 30.3.2004, § 24; Salabiaku/F, 7.10.1988, § 28.

1886 EGMR Salabiaku/F, 7.10.1988; Pham Hoang/F, 25.9.1992; Telfner/A, 20.3.2001; Janosevic/S, 23.7.2002; Västberga Taxi Aktiebolag u. Vulic/S, 23.7.2002; Radio France/F, 30.3.2004; Weh/A, 8.4.2004, JR **2005** 423 = ÖJZ **2004** 853; Falk/NL (E), 19.10.2004; Vos/F (E), 5.12.2006; Krumpholz/A, 18.3.2010, NJW **2011** 201 = NZV **2011** 147 = ÖJZ **2010** 782. Ebenso in Bezug auf eine Vermutungsregelung im Abschöpfungsverfahren EGMR Phillips/UK, 5.7.2001; Grayson u. Barnham/UK, 23.9.2008, wo allerdings jeweils eine Verletzung von Art. 6 Abs. 1 geprüft und verneint wird. Auch nach BVerfG NStZ **1987** 118; **1988** 21; NJW **1994** 337 sind Schuldvermutungen nur unter engen Voraussetzungen mit rechtsstaatlichen Grundsätzen vereinbar. Kritisch zur (ursprünglich geplanten) Vermutung einer Zwangslage/-handlung bei sexuellen Handlungen an/von Minderjährigen im französischen Strafrecht (Art. 222-22-1 Code Pénal): *Weber* JM **2019** 214, 215.

1887 EGMR Salabiaku/F, 7.10.1988; Pham Hoang/F, 25.9.1992; Janosevic/S, 23.7.2002; Västberga Taxi Aktiebolag u. Vulic/S, 23.7.2002; Radio France/F, 30.3.2004; Vos/F (E), 5.12.2006: kritisch insbesondere zur Exkulpationspflicht *Esser* 743; vgl. auch *Frowein/Peukert* 158; *Grabenwarter/Pabel* § 24, 139; Meyer-Ladewig/Nettesheim/von Raumer/ *Harrendorf*/König 212; *Villiger* 574.

1888 EGMR Janosevic/S, 23.7.2002; Västberga Taxi Aktiebolag u. Vulic/S, 23.7.2002; Falk/NL (E), 19.10.2004.

1889 In diese Richtung: EGMR Nicoleta Gheorge/RUM, 3.4.2012, § 31.

1890 BGH NJW **2021** 395, 400; vgl. auch IK-EMRK/*Kühne* 456; *Kühl* ZStW **100** (1988) 629; *Dierks* NK **2009** 150 sieht in der (Wieder-)Verwendung des Begriffs „Täter" in Gesetzestexten jedoch eine definitorische Rückkehr hierzu; siehe auch BGer EuGRZ **2019** 517 zur Vereinbarkeit von Art. 6 des schweizerischen Ordnungsbußengesetzes mit der Unschuldsvermutung: Lässt sich der tatsächliche Lenker des Fahrzeugs nicht ermitteln, ist im Bußgeldverfahren der Fahrzeughalter für die Geldbuße wegen eines Verkehrsverstoßes (hier: Geschwindigkeitsüberschreitung) verantwortlich.

1891 So u.a. MüKo/*Conen/Tsambikakis* § 24, 43 StPO.

680   Auch in Bezug auf die **Halterverantwortlichkeit für Verkehrsverstöße** hat der EGMR diese Rechtsprechung bestätigt. Dabei betont der Gerichtshof, dass selbst leichte Verkehrsverstöße in den Anwendungsbereich von Art. 6 fallen.[1892] Er hat einerseits eine niederländische Regelung für mit der Unschuldsvermutung vereinbar erklärt,[1893] andererseits in Bezug auf das österreichische Recht bereits das Vorliegen einer Vermutungsregelung verneint.[1894] In der Rs. *O'Halloran u. Francis* ging die GK gar nicht auf die Zulässigkeit von Vermutungsregeln ein und ließ nach Verneinung einer Verletzung des Art. 6 Abs. 1 die Möglichkeit einer Verletzung der Unschuldsvermutung dahinstehen.[1895] Die Verantwortlichkeit des Halters für Verkehrsverstöße stellt meist ein Problem im Hinblick auf den eng mit der Unschuldsvermutung verknüpften[1896] Grundsatz *nemo tenetur se ipsum accusare* (Art. 6 Abs. 1) dar (Rn. 1409 ff.).

681   Im Ergebnis lässt der EGMR damit Schuldvermutungen in einem bedenklich weiten Umfang zu. Letztlich laufen die vom Gerichtshof nicht beanstandeten Vermutungsregelungen in der Praxis auf eine **Beweislastumkehr** hinaus, die Art. 6 Abs. 2 eigentlich untersagt. Jedenfalls ist anzunehmen, dass unwiderlegbare Vermutungen dem Verbot jeglicher Schuldantizipation widersprechen, auch wenn der EGMR diesbezüglich noch klarere Vorgaben für die nationalen Rechtsordnungen formulieren sollte.[1897]

682   Die Unschuldsvermutung ist nicht verletzt, wenn der nationale Gesetzgeber die Strafbarkeit in **abstrakten Gefährdungsdelikten** vorverlegt,[1898] sich mit dem Nachweis objektiver Tatbestandsmerkmale begnügt[1899] oder die von einer Person begangenen Handlungen nach den Grundsätzen der Mittäterschaft anderen Personen zurechnet.[1900] Hierfür spricht, dass die Unschuldsvermutung eine primär verfahrensbezogene Schutzfunktion beinhaltet; Vorgaben für das materielle Strafrecht kann man aus ihr in der Regel nicht herleiten. Bei bestimmten Rechtsverletzungen darf dem Beschuldigten im materiellen Strafrecht das bereits bei Tatbegehung von ihm in Rechnung zu stellende Risiko aufgebürdet werden, dass sein Verhalten im Falle der Nichterweislichkeit eines Umstandes strafbar ist, wie etwa bei der **üblen Nachrede** (§ 186 StGB), wo der Beschuldigte, dem die ehrverletzende Äußerung (Tatsachenbehauptung) nachgewiesen ist, das **Risiko des Wahrheitsbeweises** zu tragen hat.[1901]

683   Im Übrigen hindert die Unzulässigkeit rechtlich bindender Schuldvermutungen das Gericht nicht, aus festgestellten Tatsachen für den Beschuldigten **nachteilige tatsächliche**

1892   EGMR Öztürk/D, 21.2.1984; Falk/NL (E), 19.10.2004.

1893   EGMR Falk/NL (E), 19.10.2004.

1894   EGMR Telfner/A, 20.3.2001; Weh/A, 8.4.2004; Rieg/A, 24.3.2005, ÖJZ **2006** 342 (mangels neuer Argumente Verletzung von Art. 6 Abs. 1 abgelehnt, ohne erneut auf die Vermutungsregelung einzugehen); Krumpholz/A, 18.3.2010 (Konventionsverletzung bejaht wegen Abwälzung der Beweislast auf den Bf.).

1895   EGMR (GK) O'Halloran u. Francis/UK, 29.6.2007, NJW **2008** 3549; vgl. aber die Dissenting Opinion *Pavlovschi*.

1896   Vgl. EGMR (GK) Saunders/UK, 17.12.1996; Staines/UK (E), 16.5.2000; Heaney u. McGuinness/IR, 21.12.2000; Weh/A, 8.4.2004; Krumpholz/A, 18.3.2010.

1897   Kritisch dazu *Esser* 743. Vgl. auch IK-EMRK/*Kühne* 456; *Stuckenberg* 552 ff.; Meyer-Ladewig/Nettesheim/von Raumer/ *Harrendorf/König* 219; SK/*Meyer* 324, 326, 331 f.

1898   Vgl. SK/*Meyer* 329 (Besitz von BtM); *Sowada* JR **1997** 57 (zum Grundsatz in dubio pro reo). Kritisch zur Schaffung abstrakter Gefährdungsdelikte *Kühne* Rechtspolitisches Forum **21** (2004) 19.

1899   EGMR Salabiaku/F, 7.10.1988; Pham Hoang/F, 25.9.1992; Janosevic/S, 23.7.2002; *Frowein/Peukert* 158 ff.; zur Problematik *Esser* 742 ff.; vgl. auch BVerfGE **80** 109 (nichtstrafrechtliche Regelung) sowie zur Beweislastverteilung in Doping-Fällen OLG Frankfurt NJW-RR **2000** 1117 (Zivilverfahren).

1900   EGMR Iasir/B, 26.1.2016, §§ 26 ff.; Haxhishabani/LUX, 20.1.2011, § 93.

1901   EKMR IK-EMRK/*Kühne* 458; *Guradze* 26; *Kühl* ZStW **100** (1988) 629; *Schubart* 7 (Unschuldsvermutung wirkt zugunsten des Opfers); **a.A.** *Frister* 64, 83.

Schlüsse zu ziehen oder eine für ihn **nachteilige Prognose** zu stellen. Stets unzulässig ist hingegen eine Vermutung, die die Tatschuld einer Person als solche annimmt.

Die Auferlegung einer strafrechtlichen Sanktion darf nur aufgrund eigener **persönli-** **684** **cher Schuld** erfolgen. Ein Verstoß gegen die Unschuldsvermutung liegt insofern vor, wenn der Beschuldigte während des Strafverfahrens **verstirbt** und gegen seine Erben ein Bußgeld verhängt wird. Die strafrechtliche Schuld kann demnach nicht „vererbt" werden („inheritance of the guilt"), auch dann nicht, wenn die Schuld des Verstorbenen bereits gesetzlich festgestellt wurde.[1902] Äußerungen über die strafrechtliche Schuld eines Toten in einem Strafverfahren gegen Dritte verletzen die Unschuldsvermutung des Toten *post mortem*.[1903]

f) Durchführung des vom nationalen Recht vorgeschriebenen Verfahrens. Die **685** vorherige ordnungsgemäße Durchführung des vom **nationalen Recht vorgeschriebenen Verfahrens** ist Voraussetzung für den **gesetzlichen Nachweis der Schuld** als Grundlage einer Bestrafung. **Einzelne Verfahrensfehler**, auch wenn sie in irgendeiner Hinsicht die Verteidigung beeinträchtigt haben oder einem Einzelaspekt der Forderung nach einem fairen Verfahren nicht genügen, bedeuten noch keine Entscheidungsfindung unter Verletzung der Unschuldsvermutung.[1904] Eine andere Auslegung würde diesen Grundsatz zu einer umfassenden Garantie der strikten Einhaltung des gesamten jeweiligen nationalen Verfahrensrechts ausdehnen, was weder von den Konventionen gewollt ist noch dem innerstaatlichen Verfassungsrecht entnommen werden kann. Um das von der Unschuldsvermutung vorausgesetzte gesetzliche Verfahren in Frage zu stellen, ist daher mehr erforderlich als das Vorliegen einzelner Verfahrensverstöße, wie etwa Verstöße gegen die Aufklärungspflicht oder die Verwendung bzw. Verwertung eines unzulässigen Beweismittels.[1905] Nur wenn das Verfahren **insgesamt** in einer Form geführt wurde, die erkennen lässt, dass das Gericht **voreingenommen von Anfang an die Schuld des Beschuldigten unterstellt hat**, ohne sich um eine **objektive Sachaufklärung** zu bemühen,[1906] wäre das Ergebnis nicht geeignet, die Unschuldsvermutung zu widerlegen. Sichere Leitlinien für die hier relevanten Grenzen sind der Straßburger Judikatur allerdings kaum zu entnehmen,[1907] zumal diese die Unschuldsvermutung primär als **Verfahrensprinzip** behandelt. Die frühere EKMR hatte verschiedentlich noch darauf abgestellt, ob Verstöße gegen die Unschuldsvermutung bei der *Beweiswürdigung* („materiell") im Urteil zum Ausdruck kommen.[1908]

Erst wenn das Gericht aufgrund des jeweils dafür vorgesehenen **gesetzlichen Verfah-** **686** **rens**[1909] die Schuld des Beschuldigten für **erwiesen** hält, darf es in der abschließenden Entscheidung aussprechen, dass der Beschuldigte einer Straftat schuldig ist und daran ihm nachteilige Rechtsfolgen knüpfen, die nicht notwendig in der Verurteilung zu einer Strafe bestehen müssen. Soweit die verhängten Rechtsfolgen Strafcharakter haben, müssen aber

---

1902   EGMR A.P., M.P. u. T.P/CH, 29.8.1997, ÖJZ **1998** 588; Silickienė/LIT, 10.4.2012, § 51; E.L., R.L. u. J.O.-L./CH, 29.8.1997; hierzu *Esser* 744.
1903   Siehe Beschwerden, die durch nahe Angehörige der verstorbenen Person erhoben wurden: EGMR Vulakh u.a./R, 10.1.2012, §§ 33 ff.; Silickienė/LIT, 10.4.2012, § 51; Lagardère/F, 12.4.2012, §§ 81 ff.
1904   Vgl. EGMR Schenk/CH, 12.7.1988; *Meyer* FS Tröndle 61, 66.
1905   So aber wohl IK-EMRK/*Kühne* 445.
1906   Vgl. IK-EMRK/*Kühne* 441, 445; *Peukert* EuGRZ **1980** 247, 260.
1907   Vgl. *Frister* Jura **1988** 358; *Meyer* FS Tröndle 61, 66.
1908   Dagegen mit Recht IK-EMRK/*Kühne* 443; *Partsch* 160.
1909   Abgesehen davon, dass dieses Verfahren den Anforderungen von Art. 6 Abs. 1 und 3 EMRK/Art. 14 Abs. 1 u. Abs. 3 IPBPR entsprechen und insbesondere fair sein muss, stellen die Konventionen für den Schuldnachweis keine eigenen Anforderungen auf, sie überlassen es dem nationalen Recht, auf welchem Weg das Gericht seine volle Überzeugung von der Schuld des Beschuldigten gewinnen kann.

auch ihre dem Beschuldigten zuzurechnenden **Voraussetzungen sicher festgestellt** sein. Es wäre mit der Unschuldsvermutung unvereinbar, sie auf einen bloßen Verdacht eines schuldhaften Handelns des Beschuldigten zu gründen.[1910] Das BVerfG fordert die Durchführung des Strafverfahrens bis zur **Schuldspruchreife**,[1911] die grundsätzlich erst nach dem letzten Wort eintritt, da bis dahin der Beschuldigte noch die Möglichkeit hat, durch sein Vorbringen auf die Meinungsbildung des Gerichts einzuwirken und eine bereits früher gewonnene Meinung wieder zu erschüttern.

687   **g) Einstellung des Verfahrens.** Aus Art. 6 Abs. 2 EMRK/Art. 14 Abs. 2 IPBPR lässt sich kein Anspruch des Beschuldigten herleiten, dass das wegen des Verdachts einer Straftat eingeleitete Verfahren auf die für ihn **günstigste Weise erledigt**, die Unschuldsvermutung also durch Freispruch bekräftigt statt durch eine Einstellung als nur nicht widerlegt behandelt wird.[1912] Nach dem deutschen Verfahrensrecht gilt ohnehin der Grundsatz, dass die Einstellung nach § 170 Abs. 2 StPO Vorrang hat vor der nach §§ 153 ff. StPO oder wegen eines Verfahrenshindernisses; ein dem Gericht unschwer möglicher (liquider) Freispruch hat Vorrang vor der Einstellung nach § 260 Abs. 3 StPO.[1913]

688   Als **nicht mit einer Sanktion verbundener Verfahrensabschluss** genügt es für die Einstellung, wenn das Gericht ohne volle Durchführung des Verfahrens feststellt, dass die gesetzlichen Voraussetzungen des jeweiligen Einstellungsgrundes gegeben sind. Ist dabei das Maß einer etwaigen Schuld mit zu bewerten, widerspricht es der Unschuldsvermutung nicht, wenn **hypothetisch** geprüft wird, ob das Ausmaß der möglicherweise bestehenden Schuld der Einstellung entgegensteht. Wenn, was die Regel ist, das Verfahren noch nicht bis zur Schuldspruchreife durchgeführt worden ist, darf das einstellende Gericht oder die Staatsanwaltschaft dann aber nicht in seiner Entscheidung zum Ausdruck bringen, dass es eine Straftat und damit eine Tatschuld des Beschuldigten aufgrund der bisherigen Beweislage für gegeben/erwiesen hält.[1914] Aus der Entscheidung muss klar hervorgehen, dass sie auf der Grundlage einer **hypothetischen Bewertung der bestehenden Verdachtslage** ergeht und **keine endgültige gerichtliche Schuldzuweisung** bedeutet.[1915] Dies gilt auch, wenn das Ermittlungsverfahren nach **§ 153 Abs. 1 StPO** *ohne Zustimmung des Beschuldigten* eingestellt wird („wenn die Schuld des Täters als gering *anzusehen wäre*"), solange in

1910 Vgl. die Forderung nach verfassungskonformer einengender Auslegung in BGH NStZ **1995** 125 (erweiterter Verfall); NJW **1995** 1567 (Vermögensstrafe); *Weßlau* StV **1991** 226 je m.w.N.

1911 BVerfGE 74 358, 372; **82** 104, 117; NJW **1990** 2741; *Bruns* StV **1982** 19; **a.A.** *Kühl* NJW **1984** 1264; **1988** 3329; *Kusch* NStZ **1987** 427; gegen das Abstellen auf Schuldspruchreife aus völlig anderen Gründen auch *Paulus* NStZ **1990** 600.

1912 So IK-EMRK/*Vogler* 478 f.; ob man innerhalb der Unschuldsvermutung in dieser Weise differenzieren kann, erscheint fraglich, vgl. LR/*Rieß*[25] § 206a, 69 StPO; ferner *Kühl* Unschuldsvermutung 40 ff., 88 ff.; anders hingegen für den Fall, dass eine Verletzung der Unschuldsvermutung feststeht, das Verfahren aber wegen Verjährung eingestellt wird und somit der Eindruck entsteht, dass nur die Verjährung der Verurteilung entgegenstehe: EGMR Poncelet/B, 30.3.2010, § 60.

1913 Vgl. LR/*Mavany* § 153, 67 StPO; LR/*Graalmann-Scheerer* § 170, 8 f. StPO; LR/*Stuckenberg* § 206a, 8, 29 f. StPO.

1914 Vgl. EGMR Adolf/A, 26.3.1982; dazu *Frowein/Peukert* 273; EGMR Virabyan/ARM, 2.10.2012, §§ 189 ff.; Poncelet/B, 30.3.2010, bejaht einen Verstoß gegen die Unschuldsvermutung, weil das Gericht den Anschein erweckt hat, dass nur die Verjährung den Beschuldigten vor einer Verurteilung gerettet hat; IK-EMRK/*Kühne* 476; ferner BVerfGE 74 379; BVerfG NJW **1990** 2741; (K) Beschl. v. 17.11.2005 – 2 BvR 878/05.

1915 EGMR Englert/D, 25.8.1987; Lutz/D, 25.8.1987; Nölkenbockhoff/D, 25.8.1987; VerfGH Saarland ZWH **2014** 205; krit. dazu *Kühl* NJW **1988** 3232; *Westerdiek* EuGRZ **1987** 393; dazu ferner *Frowein/Peukert* 168; *Liemersdorf/Miebach* NJW **1980** 371, 374 und ablehnend IK-EMRK/*Kühne* 476 ff. Vgl. ferner BVerfGE **82** 106, 118 m. abw. Meinung *Mahrenholz* 122 ff.; BVerfG NJW **1992** 1612; (K) Beschl. v. 17.11.2005 – 2 BvR 878/05 (n.v.).

der Formulierung der Entscheidung dem vormals Beschuldigten keine Schuld (endgültig) zugewiesen wird.[1916] Eine **Zustimmung des Beschuldigten** zu einer Verfahrenseinstellung aus Opportunitätsgründen enthält im Regelfall kein Eingeständnis strafrechtlicher Schuld.[1917]

Der Beschuldigte steht damit einer Opportunitätseinstellung nach § 153 Abs. 1 StPO **689** durch die Staatsanwaltschaft letztlich ohnmächtig gegenüber. Für eine solche Einstellung ist seine Zustimmung *nicht* erforderlich. Ferner steht ihm kein effektiver Rechtsbehelf gegen die Einstellungsentscheidung zur Verfügung. Im Einzelfall kann der Beschuldigte aber durchaus Interesse an der Zurückweisung einer Verfahrenseinstellung aus Opportunitätsgründen haben. Gründe hierfür können das Rehabilitationsinteresse des (zu Unrecht) Beschuldigten, die Kostentragung – bei einer Einstellung des Verfahrens nach § 153 Abs. 1 StPO gibt es in der Regel keinen **Kostenerstattungsanspruch** des Beschuldigten gegen die Staatskasse – und die fehlende Rechtskraftwirkung einer Einstellung nach § 153 Abs. 1 StPO sein. Insbesondere könnte der Beschuldigte ein Interesse daran haben, ein ihn vom Tatvorwurf freisprechendes Urteil zu nutzen, um **Schadensersatzansprüche** gegen den Anzeigeerstatter geltend zu machen. Die Staatsanwaltschaft muss daher bei der Entscheidung über die Einstellung des Verfahrens zumindest im Rahmen des ihr zustehenden Beurteilungsspielraum halten und die etwaigen Regeln eines fehlerfrei auszuübenden Ermessens[1918] wahren. Zumindest in Bezug auf **willkürlich** anmutende Entscheidungen der Staatsanwaltschaft ist das Fehlen einer Rechtsschutzmöglichkeit zur Wahrung der berechtigten Interessen des Beschuldigten mit Art. 19 Abs. 4 GG nicht vereinbar.[1919]

Eine **Einstellung des Verfahrens unter Auflagen** ist mit der Unschuldsvermutung **690** vereinbar, wenn der Beschuldigte diesem Prozedere zugestimmt und so auf eine Hauptverhandlung zur Klärung der Schuldfrage verzichtet hat.[1920] Nur wenn das Gericht ausnahmsweise die volle Überzeugung von der Schuld des Beschuldigten aufgrund einer mit allen Verfahrensgarantien bis zur **Schuldspruchreife** (einschließlich letztem Wort) durchgeführten Hauptverhandlung gewonnen haben sollte, soll es – nach ebenso zweifelhafter wie strittiger Ansicht[1921] – ohne Verstoß gegen die Unschuldsvermutung bei der Verfahrenseinstellung die erwiesene Schuld feststellen können, wie etwa auch bei einer erst nach Durchführung des Verfahrens beschlossenen Einstellung aufgrund einer Amnestie. Eine solche Feststellung soll dann nach Ansicht des BVerfG ohne Verstoß gegen die Unschuldsvermutung sogar die Grundlage für eine dem Beschuldigten nachteilige Nebenentscheidung mit sanktionsähnlichem Charakter bilden können, so etwa für die **Auferlegung**

1916 Vgl. BVerfGE **82** 106, 118 (aber Vorrang des Freispruchs nach Erhebung der Anklage); VerfGH Saarland Beschl. v. 7.4.2014 – Lv 4/14, ZWH **2014** 205 = PStR **2014** 149; hierzu auch: Weyand ZinsO **2015** 995, 997; IK-EMRK/*Kühne* 477; *Stuckenberg* 119, 565; vgl. auch *Esser* 610.

1917 SächsVerfGH StraFo **2009** 108.

1918 Die h.M. geht davon aus, dass der Staatsanwaltschaft gerade kein Ermessen zukommt, da eine Einstellung aus Opportunitätsgesichtspunkten von konkreten Wertungs- und Beurteilungskriterien abhänge. Auch wenn § 153 StPO von unbestimmten Rechtsbegriffen geprägt wird, handelt es sich nicht um eine Ermessensentscheidung im Sinne eines Wahlrechts zwischen Verfolgung und Nichtverfolgung (Meyer-Goßner/*Schmitt* § 153, 7 StPO).

1919 Zum Ganzen: *Hawickhorst* StraFo **2016** 141 ff.

1920 EGMR Deweer/B, 27.2.1980; die Frage ist bei § 153a StPO strittig; vgl. dazu *Esser* 608 ff.; *Stuckenberg* 565 ff.; ferner LR/*Mavany* § 153a, 11, 14, 47 StPO je m.w.N.

1921 Vgl. dagegen: BVerfG NJW **1991** 1530 = MDR **1991** 891 (Einstellung nach § 153a StPO ist kein Schuldnachweis).

von **Verfahrenskosten** oder die **Ablehnung der Auslagenerstattung**.[1922] Dem ist aber zu widersprechen, ebenso einer auf dieser Basis als konventionskonform eingestuften Eintragung in ein **Korruptionsregister**.[1923] Ein **Nachverfahren**, das dem Gericht erlauben würde, nach Erledigung des eigentlichen Verfahrens dieses allein wegen Nebenentscheidungen nochmals aufzugreifen und bis zur Schuldspruchreife durchzuführen, sieht die StPO nicht vor.[1924]

691   Erfolgt eine Einstellung des Verfahrens nach § 154 Abs. 2 StPO (**Teileinstellung bei mehreren Taten**) sind an die **Bestimmtheit** hohe Anforderungen zu stellen. Wegen der weitreichenden Wirkung dieser Verfahrenseinstellung ist die Beschlussformel so zu fassen, dass kein Zweifel besteht, auf **welche Taten** und **welchen Angeklagten** sie sich bezieht. Wenn möglich, sind die eingestellten Taten mit der Nummerierung aus der Anklageschrift zu bezeichnen. Sollte dies jedoch nicht möglich sein, sind die Taten so genau zu beschreiben, dass erkennbar ist, welche angeklagten Taten aus dem Verfahren ausgeschieden werden. Zur Erfüllung der Umgrenzungsfunktion gelten hinsichtlich der erforderlichen Konkretisierung dieselben Anforderungen wie bei der Tatbeschreibung in der Anklageschrift. Welche Angaben zu einer ausreichenden Umgrenzung des Verfahrensgegenstands erforderlich sind, ist jedoch einzelfallabhängig.[1925]

692   Im Bereich der **Lebensmittelaufsicht** ist die Veröffentlichung von Betrieben auf einer sog. **Negativliste im Internet**[1926] zumindest während eines noch laufenden Ordnungswidrigkeiten- oder Strafverfahrens im Hinblick auf die Unschuldsvermutung äußerst bedenklich.[1927] So haben mehrere Verwaltungsgerichte die Veröffentlichung von Verstößen gegen Hygiene-Vorschriften durch Gastronomiebetriebe im Internet (**„Hygiene-Pranger"**, vgl. § 40 Abs. 1a Nr. 2 LFGB) mit Blick auf den Verhältnismäßigkeitsgrundsatz zumindest vorläufig (§ 123 VwGO) untersagt.[1928] Der EuGH hat sich in einem Verfahren betreffend die öffentliche Warnung eines Landesministers vor dem Verzehr von Fleischwaren eines bestimmten Unternehmens leider jeder Äußerung zu Art. 48 Abs. 2 EUC bzw. Art. 6 Abs. 2 EMRK enthalten und entschieden, dass eine Behörde bereits dann vor dem Verzehr war-

---

1922 BVerfGE 74 358, 376; NJW **1990** 2741; vgl. zur Problematik des Abstellens auf die Schuldspruchreife LR/*Mavany* § 153, 84 StPO m.w.N.; **a.A.** (nur bei rechtskräftiger Verurteilung) *Kühl* NJW **1984** 1265; **1988** 3238; *Kusch* NStZ **1987** 427.
1923 Ebenso *Wegner* HRRS **2009** 32, 36, der § 3 Abs. 2 Nr. 3 KRG Berlin, wonach der für die Eintragung erforderliche Nachweis des jeweiligen Rechtsverstoßes auch bei einer endgültigen Einstellung nach § 153a StPO als erbracht gilt, für nicht mit der Unschuldsvermutung vereinbar hält. Insoweit sprachlich zurückhaltender der seinerzeitige Entwurf eines Korruptionsregister-Gesetzes auf Bundesebene, BTDrucks. **16** 9780 S. 2 (*„wenn keine vernünftigen Zweifel [...] an der Täterschaft [bestehen]"*).
1924 BVerfG (K) NStZ **1991** 93 = NJW **1991** 829 = StV **1991** 114 = MDR **1991** 213; *Kühl* Unschuldsvermutung 120.
1925 Umfassend hierzu BGH NJW **2015** 181.
1926 Vgl. Modellprojekt Berlin-Pankow (www.berlin.de/ba-pankow/verwaltung/ordnung/smiley.html).
1927 Kritisch dazu *Tsambikakis/Wallau* StraFo **2010** 177; *Hamm* NJW **2018** 2099; vgl. umfassend zu § 40 Abs. 1a Nr. 2 LFGB vor dem Hintergrund der Unschuldsvermutung *Dannecker* JZ **2013**, 924 m.w.N., der im Ergebnis das Vorliegen einer durch die Unschuldsvermutung untersagten „Verdachtsstrafe" mangels verfolgter repressiver Zwecke ablehnt, im Hinblick auf Einflüsse der Unschuldsvermutung jedoch die Verhältnismäßigkeit der Regelung bestreitet.
1928 VGH Kassel Beschl. v. 23.4.2013 – 8 B 28/13; BayVGH Beschl. v. 18.3.2013 – 9 CE 30.80, Rn. 15 ff.; VGH Mannheim Beschl. v. 28.1.2013 – 9 S 2423/12, GewArch **2013** 158, Rn. 19 ff.; vgl. dagegen OVG Lüneburg Beschl. v. 1.2.2019 – 13 ME 27/19; OVG Lüneburg NJW **2013** 1252 für Veröffentlichung bereits beseitigter Hygienemängel; vgl. auch VGH Mannheim Beschl. v. 17.12.2020 – 9 S 2481/20, LMuR **2021** 122 (Veröffentlichung eines begründeten Verdachts von Verstößen gegen lebens- oder futtermittelrechtliche Vorschriften nicht an Unschuldsvermutung zu messen); zur teilweisen Verfassungswidrigkeit des § 40 Abs. 1a LFGB; s. BVerfGE **148** 40 = NJW **2018** 2109.

nen dürfe, wenn das Produkt nicht mehr zum Verzehr geeignet sei, einer Gesundheitsgefährdung bedürfe es (noch) nicht.[1929]

Auch im Bereich der **urheberrechtlichen Abmahnung** kann die Unschuldsvermu- 693
tung relevant werden: Werden Privatpersonen etwa von einer Rechtsanwaltskanzlei öffentlich als Parteien in einem zivilrechtlichen Rechtsstreit wegen angeblicher Ansprüche
aus Urheberrechtsverletzungen benannt, ist zumindest deren Allgemeines Persönlichkeitsrecht tangiert.[1930] Darüber hinaus kann durch eine Veröffentlichung der Namen der Eindruck entstehen, die benannten Personen hätten strafbewehrte Urheberrechtsverletzungen begangen.

Wird erst **nach einem rechtskräftigen Freispruch** in einem Folgeverfahren durch 694
Schuldfeststellungen *oder* durch Bekräftigung des fortbestehenden Verdachts der Freispruch in Frage gestellt, verletzte dies nach früherer Ansicht des EGMR die Unschuldsvermutung.[1931] Inzwischen hält der EGMR wohl aber auch nach einem rechtskräftigen Freispruch die Beschreibung einer **Verdachtslage** für zulässig und nur eine Schuldfeststellung
für mit Art. 6 Abs. 2 unvereinbar, ohne diese Abweichung von seiner früheren Rechtsprechung zu begründen.[1932]

Bislang wurde angenommen, dass nach Einstellung des Steuerstrafverfahrens dage- 695
gen in einem selbständigen Verfahren die **Einziehung** unversteuerter Ware ohne Verstoß
gegen die Unschuldsvermutung angeordnet werden kann, denn in diesem (objektiven)
Verfahren sei keine Entscheidung über die Schuld einer bestimmten Person zu treffen.[1933]
Jedoch hat der EGMR in einem Fall, in dem die Einziehung von Gegenständen angeordnet
wurde, die mutmaßlich aus Straftaten stammten, von denen der Betroffene freigesprochen
wurde, eine Verletzung der Unschuldsvermutung aus zwei Gründen bejaht.[1934] Zum einen
war nicht bewiesen, dass der Betroffene tatsächlich im Besitz von Gegenständen war,
deren Herkunft er nicht erklären konnte; insofern hatte das Gericht nur eine mutmaßliche
Hochrechnung vorgenommen. Sofern nicht ohne vernünftigen Zweifel festgestellt sei, dass
der Betroffene die Tat tatsächlich begangen hat, läuft eine solche Einziehung nach Ansicht
des EGMR auf eine Schuldvermutung hinaus, die regelmäßig nicht mit Art. 6 Abs. 2 vereinbar ist.[1935] Zum anderen betraf die Einziehungsanordnung gerade die Straftaten, von denen der Beschuldigte freigesprochen worden war. Insoweit war der EGMR der Meinung,
dass das Urteil des Gerichts auf eine **unzulässige Schuldfeststellung** hinauslief. In Anbetracht der Tatsache, dass der EGMR die Feststellung einer Schuld (*„declaration of guilt"*)
bereits nach der Einstellung des Verfahrens generell für unzulässig hält (Rn. 688), bestehen
erhebliche Zweifel, ob die vorgenannte Ansicht des brandenburgischen Verfassungsgerichts aufrechterhalten werden kann.

1929 EuGH 11.4.2013, C-636/11 (Karl Berger/Freistaat Bayern), NJW **2013** 1725.

1930 Vgl. LG Essen K&R **2012** 830 („Porno-Pranger" im Internet): Unterlassungsanspruch aus §§ 823 Abs. 1;
1004 S. 1 BGB analog.

1931 EGMR Sekanina/A, 25.8.1993; Asan Rushiti/A, 21.2.2000; Lamanna/A, 10.7.2001; *Frowein/Peukert* 273;
Pilnacek ÖJZ **2001** 546, 554.

1932 EGMR Del Latte/NL, 9.11.2004; **a.A.** *Folkmann* GVRZ **2021** 1, 9 (EGMR halte weiterhin am „Sekanina-
Grundsatz" fest).

1933 VerfG Brandenburg NStZ **1997** 93; die Anordnung der Einziehung nach den §§ 73 ff. StGB setzt die
Feststellung von Schuld hingegen nicht voraus; somit wird auch die Unschuldsvermutung nicht tangiert, vgl.
Rettke NZWiSt **2019** 281, 286; teilweise **a.A.** *Becker/Heuer* NZWiSt **2019** 411.

1934 EGMR Geerings/NL, 1.3.2007; bei der Beschlagnahme von Grundstücken aufgrund mutmaßlicher Taten, die wegen Verjährung nicht mehr verfolgt werden konnten, bejahte der Gerichtshof einen Verstoß
gegen Art. 6 Abs. 2, vgl. EGMR (GK) G.I.E.M. S.R.L. u.a./I, 28.6.2018.

1935 Zur Zulässigkeit von Schuldvermutungen bereits Rn. 678 ff.

Esser

696   **h) Kosten und Auslagen.**[1936] Für die **Auferlegung der Kosten** des Strafverfahrens ist anerkannt, dass bei einem **Freispruch** der Kostenausspruch bei Verbindung mit einer Aussage über eine letztlich nicht bewiesene Schuld der Entscheidung einen **sanktionsähnlichen Charakter** (stigmatisierende Wirkung) verleihen kann und dann mit der Unschuldsvermutung unvereinbar ist.[1937]

697   Auch die **Versagung der Auslagenerstattung oder der Entschädigung für Strafverfolgungsmaßnahmen** trotz eines Freispruchs verstößt gegen die Unschuldsvermutung, wenn ihre *Begründung* eine direkte oder auch nur indirekte **Schuldfeststellung** enthält (**„finding of guilt"**).[1938] So war in der Rs. *Del Latte* eine Haftentschädigung trotz Freispruchs mit der Begründung verweigert worden, die Angeklagten wären **„zwangsläufig verurteilt"** („would have led to a conviction"/„would inevitably have been convicted") worden, wenn wegen weiterer, nicht angeklagter Delikte Anklage erhoben worden wäre.[1939]

698   Die Konventionswidrigkeit der Verweigerung von Erstattungs-/Entschädigungsansprüchen aufgrund einer Schuldfeststellung gilt nicht nur nach einem **rechtskräftigen Freispruch**, sondern auch nach der **Einstellung des Strafverfahrens**. Dementsprechend hat der Gerichtshof eine Verletzung der Unschuldsvermutung für den Fall angenommen, dass eine Entschädigung für erlittene Untersuchungshaft aufgrund einer nationalen Vorschrift verweigert wird, nach der ein früherer Beschuldigter nach Einstellung des Verfahrens seine **Unschuld beweisen** musste, um eine Haftentschädigung zu erhalten.[1940] Eine solche **Umkehr der Beweislast** deute darauf hin, dass das Gericht den Betroffenen für schuldig hält.[1941]

699   Bei einer Einstellung des Verfahrens (aus Opportunitätsgründen) dürfen dem Beschuldigten seine notwendigen Auslagen daher nicht mit der Begründung auferlegt werden, dass er bei Durchführung des Verfahrens **„wahrscheinlich" verurteilt** worden wäre.[1942] Auch eine geringe Schuld des Beschuldigten als tatbestandliche Voraussetzung für eine Verfahrenseinstellung darf das Gericht nur in einer **hypothetischen Bewertung der Verdachtslage** entscheiden; durch diese kann die Unschuldsvermutung nicht widerlegt werden. Dass der Beschuldigte der Einstellung zugestimmt hat, ersetzt nicht den vollen Schuldnachweis.[1943]

700   Gleiches gilt bei der **Verfahrenseinstellung im Privatklageverfahren** nach § 383 Abs. 2 StPO,[1944] obwohl die Kostenverteilung damit zu Lasten des Privatklägers geht.[1945] Ausgeschlossen wird die Überbürdung der Kosten, wenn sie als eine Bestätigung eines noch nicht erwiesenen strafrechtlichen Verschuldens zu werten ist; auf andere Gründe

---

1936 Vgl. zu dieser Problematik ausführlich *Demko* HRRS **2007** 286.

1937 Vgl. BVerfG NStZ **1988** 84; NJW **1990** 2741; SK/*Meyer* 323; sowie LR/*Hilger*[26] § 467, 1 StPO.

1938 Ausführlich zur Unterscheidung zwischen unzulässiger Schuldfeststellung („finding of guilt") und zulässiger Schuldprognose („state of suspicion"): EGMR Baars/NL, 28.10.2003 m.w.N.; Del Latte/NL, 9.11.2004; A.L./D, 28.4.2005; Didu/RUM, 14.4.2009. Kritisch zu diesem Abgrenzungskriterium *Esser* 761; *Demko* HRRS **2007** 286, 290; *Jebens* Liber Amicorum Wildhaber 227.

1939 EGMR Del Latte/NL, 9.11.2004.

1940 EGMR Capeau/B, 13.1.2005, § 25; Lorenzetti/I, 10.4.2012, § 46; ähnlich EGMR Tendam/E, 13.7.2010.

1941 EGMR Capeau/B, 13.1.2005.

1942 BVerfG NStZ **1992** 289.

1943 BVerfG NJW **1991** 1530 = MDR **1991** 891.

1944 BVerfGE **74** 358, 370 m. Anm. *Krehl* NJW **1988** 3254; BVerfG NStZ **1991** 93 = NJW **1991** 829 = StV **1991** 114 = MDR **1991** 213; LG Koblenz StV **1991** 117; auch *Nierwetberg* NJW **1989** 1978, vgl. LR/*Hilger*[26] § 471, 32 StPO m.w.N.

1945 Vgl. BVerfG (K) NStZ **1991** 93 = NJW **1991** 829 = StV **1991** 114 = MDR **1991** 213 (wenn bei vernünftiger Betrachtungsweise die Tat als geringfügig bewertet werden kann, muss Privatkläger mit Kostenrisiko rechnen).

Esser

kann sie gestützt werden, so auch darauf, dass nach dem nicht aufklärungsbedürftigen Sachverhalt der Privatbeklagte durch sein gesamtes Verhalten nachvollziehbaren Anlass zur Klageerhebung gegeben hat (dazu Rn. 707).[1946]

Von der Übernahme der notwendigen Auslagen des Beschuldigten durch die Staats- **701** kasse soll das Gericht ohne Verstoß gegen die Unschuldsvermutung absehen können, wenn der Beschuldigte nur wegen eines **Verfahrenshindernisses** nicht verurteilt wird (§ 467 **Abs. 3 Nr. 2 StPO**),[1947] er aber nach den bereits getroffenen Feststellungen des Gerichts ohne dessen Vorliegen verurteilt worden wäre.[1948] Derartige Feststellungen und die auf ihnen gründende **Prognose über den Verfahrensausgang**, die das Gesetz der von anderen Umständen abhängigen eigentlichen Ermessensentscheidung über die Auslagenerstattung vorschaltet (§ 467 Abs. 3 Satz 2 Nr. 2 StPO), stellt jedoch kein *gesetzliches* Verfahren zum *Beweis* der Schuld bzw. zur Widerlegung der Unschuldsvermutung dar, wie von Art. 6 Abs. 2 gefordert. Widersprüchlich erscheint es auch, dass die überwiegende Ansicht für den Fall, dass die Verurteilung auch aus tatsächlichen oder rechtlichen Gründen zweifelhaft bleibt, § 467 Abs. 3 Nr. 2 StPO nicht für anwendbar hält und einen Verstoß gegen die Unschuldsvermutung annimmt, da ein nicht geklärter Verdacht nicht zur Grundlage einer für den Angeklagten negativen Entscheidung gemacht werden dürfe.[1949] Bei der Einstellung des Verfahrens (nur) wegen eines Verfahrenshindernisses bleibt dieser Verdacht aber ebenso ungeklärt.

Die Überbürdung der notwendigen Auslagen des **Nebenklägers** auf den nichtverur- **702** teilten Beschuldigten wird durch die Unschuldsvermutung grundsätzlich ausgeschlossen, da ihr wegen des im Kostenrecht vorherrschenden Erfolgsprinzips ein strafrechtlicher Sanktionscharakter beigemessen wird.[1950]

Sieht das Gericht nach Einstellung des Strafverfahrens (§ 153a StPO) von der Entschei- **703** dung über einen **Adhäsionsantrag** ab und erlegt es die Kosten des Verfahrens sowie die Auslagen des Geschädigten wegen einer sehr hohen Verurteilungswahrscheinlichkeit dem Angeklagten auf, stellt dies einen Verstoß gegen die Unschuldsvermutung dar. Dies gilt auch, soweit die vereinfachte Geltendmachung zivilrechtlicher Entschädigungsansprüche gegen den Beschuldigten nach §§ 403 ff. StPO im Verbund mit dem Strafverfahren möglich ist und die StPO hierzu in § 472a Abs. 2 StPO eine eigenständige Bestimmung über Auslagen enthält, zumal der Adhäsionskläger meist zusätzlich als Nebenkläger im Strafverfahren auftritt. Das den Gerichten in § 427a Abs. 2 StPO eingeräumte Ermessen wird insoweit verfassungsrechtlich begrenzt.[1951]

1946 BVerfG NStZ **1991** 93 = NJW **1991** 829 = StV **1991** 114 = MDR **1991** 213, wonach im Rahmen des § 471 Abs. 3 StPO auch das Vorliegen einer nach objektiven Maßstäben schwerer wiegenden Verfehlung mit in Betracht gezogen werden kann.

1947 BVerfG NJW **1992** 1612; NStZ **1993** 195; LR/*Hilger*[26] § 467, 54 StPO m.w.N. Zur Anwendbarkeit von § 467 Abs. 3 Nr. 2 StPO beim Tod des Beschuldigten vor Rechtskraft des Urteils vgl. *Heger* GA **2009** 45 sowie BGHSt **45** 108.

1948 Vgl. LR/*Hilger*[26] § 467, 55; 57 StPO m.w.N.; vgl. BVerfG StV **1993** 138 (Nichteröffnung nach § 204 StPO wegen Verfahrenshindernis); BVerfG NStZ **1992** 289 und LG Darmstadt MDR **1988** 885 (Einstellung nach § 206a StPO); OLG Düsseldorf MDR **1990** 359 = StV **1990** 79 (Ls.); OLG Köln NJW **1991** 506; OLG Zweibrücken NStZ **1987** 425; *Kühl* Anm. zu OLG München NStZ **1989** 134; ferner *Liemerdorf/Miebach* NJW **1980** 373, die dies als Prognose über die Wahrscheinlichkeit des Freispruchs ansehen; dagegen OLG Hamm NJW **1986** 734.

1949 Vgl. LR/*Hilger*[26] § 467, 53 StPO.

1950 EGMR Minelli/CH, 25.3.1983; BVerfG (K) NStZ **1988** 84; auch BVerfGE **74** 370; BVerfG NJW **1990** 2741. Zur Berücksichtigung der aus der Unschuldsvermutung folgenden Beschränkungen bei der Billigkeitsentscheidung nach § 472 Abs. 2 StPO vgl. LR/*Hilger*[26] § 472, 17 StPO.

1951 Umfassend BerlVerfGH Beschl. v. 20.6.2014 – VerfGH 128/12 = NJW **2014** 3358.

704   Im Regelfall einer unverschuldeten Verfahrensverstrickung sollte es die letzte Konsequenz und bare Selbstverständlichkeit eines rechtsstaatlichen Verfahrens sein, dass der Staat gehalten ist, jeden Nachteil zu entschädigen, der durch ein von ihm initiiertes Strafverfahren entstanden ist, das nicht mit einer Verurteilung endet.[1952] Gleichwohl zwingt die Unschuldsvermutung bei der Entscheidung über **Erstattungsansprüche** des nicht verurteilten Beschuldigten wegen seiner **verfahrensbedingten Auslagen** oder über eine **Entschädigung für eine erlittene Strafverfolgungsmaßnahme** nach traditionellem Verständnis nicht *per se* zu einem Ersatz dieser Kosten durch die Staatskasse.[1953]

705   Der Entscheidung, die einen Auslagenersatz im Verhältnis zur Staatskasse mit Erwägungen zu einem **nicht ausgeräumten Tatverdacht** ablehnt, wird vor diesem Hintergrund, anders als der *Auferlegung* von Verfahrenskosten, „als solcher" keine strafähnliche Sanktion und auch nicht notwendig der Ausdruck eines an strafrechtliche Schuld anknüpfenden sozialethischen Unwerturteils zugeschrieben.[1954] Wird das Verfahren aufgrund einer Ermessensentscheidung ohne Schuldfeststellung eingestellt, soll ein **fortbestehender Verdacht** die Ablehnung der Überbürdung der notwendigen Auslagen auf die Staatskasse rechtfertigen können („**state of suspicion**");[1955] ebenso soll es in einer solchen Konstellation zulässig sein, dass bei der Einstellung eines Verfahrens wegen einer **Ordnungswidrigkeit** dem Betroffenen die Auslagen nicht erstattet werden. Zulässig ist damit sowohl nach Ansicht des EGMR[1956] als auch des BVerfG[1957] das Abstellen auf eine **Verdachtslage**.[1958] Die Entscheidung, die notwendigen Auslagen nicht zu übernehmen oder keine Haftentschädigung zu leisten, sei keine Strafe oder eine ihr gleichkommende Maßnahme, die nur

---

1952   Zur Entwicklung der Gesetzgebung vgl. *Kühl* ZStW **100** (1988) 613; NJW **1988** 3236.

1953   EGMR Englert/D, 25.8.1987; Nölkenbockhoff/D, 25.8.1987; Sekanina/A, 25.8.1993; Dinares Peñalver/E, 23.3.2000; Capeau/B, 13.1.2005; A.L./D, 28.4.2005; Puig Panella/E, 25.4.2006; Panteleyenko/UKR, 29.6.2006; Grabchuk/UKR, 21.9.2006; Tendam/E, 13.7.2010; BVerfG EuGRZ **1979** 638; Meyer-Goßner/*Schmitt* 15; Meyer-Ladewig/Nettesheim/von Raumer/*Harrendorf/König* 215; *Pilnacek* ÖJZ **2001** 546, 556; strenger früher EGMR Minelli/CH, 25.3.1983. Zu der diesen Fall nicht umfassenden Entschädigungsverpflichtung nach Art. 14 Abs. 6 IPBPR (Art. 3 des 7. ZP-EMRK), vgl. Rn. 1486 ff.

1954   EGMR Englert/D, 25.8.1987, § 40, NJW **1988** 3257 = EuGRZ **1987** 405; BVerfG NStZ **1988** 84; NJW **1990** 2741; BGHZ **64** 353; OLG Köln NJW **1991** 506, 507 = StV **1991** 115 m.w.N.; strittig, vgl. *Kühl* NJW **1988** 3235; NStZ **1989** 135. Die Nichterstattung von Verfahrenskosten nach Einstellung des Strafverfahrens wegen des Tods des Angeklagten führt dann zu keiner Verletzung der Unschuldsvermutung, wenn aus den Entscheidungsgründen die Schuld des Verstorbenen nicht abgeleitet werden kann, vgl. EGMR Demjanjuk/D, 24.1.2019, §§ 37 ff., NJW **2020** 1275; dazu auch *Ambos*/*Rackow* NStZ **2020** 397, 399; vgl. in diesem Zusammenhang auch: BGH Beschl. v. 3.5.2023 – 6 StR 42/23, NStZ-RR **2023** 231 (Verfahrenshindernis aufgrund des Todes des Angeklagten im Revisionsverfahren; die notwendigen Auslagen wurden nicht erstattet, obwohl – aus Sicht des Art. 6 Abs. 2 problematisch – noch keine Hauptverhandlung bis zur Schuldspruchreife durchgeführt worden war).

1955   Vgl. EGMR Englert/D, 25.8.1987, §§ 36 ff., § 40 („does not amount to a penalty or a measure that can be equated with a penalty"); siehe auch BVerfG NJW **1990** 2741; **2002** 1867; VerfG Brandenburg JR **2003** 101 (§ 47 Abs. 3 OWiG); OLG Hamm Beschl. v. 30.7.2019 – III-4 Ws 133/19; Meyer-Goßner/*Schmitt* 15.

1956   EGMR Englert/D, 25.8.1987; Nölkenbockhoff/D, 25.8.1987; Lutz/D, 25.8.1987; strenger noch EGMR Minelli/CH, 25.3.1983, wo eine den deutschen Entscheidungen ähnliche Formulierung als Schuldfeststellung angesehen wurde. Vgl. hierzu die Kritik von *Demko* HRRS **2007** 286, 289; *Jebens* Liber Amicorum Wildhaber 227; *Kühl* NJW **1988** 3233, 3235.

1957   BVerfG NJW **1990** 2741 m. abw. Meinung *Mahrenholz*; NJW **2002** 1867; VerfG Brandenburg JR **2003** 101 (§ 47 Abs. 3 OWiG); OLG Köln NJW **1991** 506; OLG Hamm Beschl. v. 30.7.2019 – III-4 Ws 133/19; Meyer-Goßner/*Schmitt* 15.

1958   Zu den strittigen Fragen LR/*Hilger*[26] § 467, 60 StPO; ferner: LR/*Stuckenberg* § 206a, 103 StPO.

nach erbrachtem Schuldnachweis im gesetzlichen Verfahren ergehen dürfte.[1959] Bereits strittig ist allerdings, ob ein fortbestehender Verdacht oder die Wahrscheinlichkeit einer Verurteilung mitberücksichtigt werden darf, wenn das Verfahren gar nicht bis zur **Schuldspruchreife** fortgeführt worden war.[1960]

Der These – Zulässigkeit der Berücksichtigung einer Verdachtslage bei negativen Folgeentscheidungen – ist indes grundlegend zu widersprechen. Es mag sein, dass sich derartige Folgeentscheidungen weitgehend außerhalb der Öffentlichkeit abspielen und sich aus diesem Grund stigmatisierende Wirkungen klassischer Natur in Grenzen halten. Dieser rein „formale" Ansatz spaltet indes einen einheitlichen Entscheidungsvorgang über die (Nicht)Schuld einer Person künstlich auf und übersieht, dass einer solchen Entscheidung regelmäßig nicht nur aus Sicht des Beschuldigten, sondern auch aus derjenigen eines objektiven Betrachters durchaus ein **sanktionsähnlicher** oder jedenfalls **schuldzuschreibender Charakter** („**Nichtausräumung des Verdachts**") zukommen wird. **706**

Anders liegen die Dinge, wenn die Versagung von Ersatzansprüchen an ein **prozessuales Verschulden** des nicht verurteilten Beschuldigten geknüpft wird.[1961] Gleiches gilt, wenn sich der Beschuldigte durch unkorrektes – wenn auch nicht strafbares – Verhalten verdächtig gemacht und damit das Strafverfahren gegen sich herbeigeführt hat.[1962] Zulässig ist es daher, wenn die Kostenentscheidung nicht an tatbezogene Erwägungen anknüpft, sondern wenn das Kostenrecht in Abweichung vom vorherrschenden Erfolgsprinzip gestattet, einem davon **unabhängigen vorwerfbaren Verfahrensverhalten** Rechnung zu tragen (vgl. § 467 Abs. 2 Satz 1 StPO: „schuldhafte Säumnis" oder § 467 Abs. 3 Satz 1 StPO: Tatbegehung in einer „Selbstanzeige vorgetäuscht").[1963] Ein **prozessrechtskonformes Verteidigungsverhalten** kann insoweit allerdings auch hier nicht als Begründung herangezogen werden. Daher ist auch die Ansicht des EGMR abzulehnen, dass der zulässige Gebrauch des Schweigerechts für eine negative Kostenentscheidung herangezogen werden kann, wenn der Beschuldigte dadurch den gegen ihn erhobenen Verdacht begründet oder bestärkt hat.[1964] **707**

Festzuhalten ist, dass der EGMR zwar in ständiger Rechtsprechung darauf abstellt, ob die Entscheidungs*begründung* eine (konventionswidrige) Schuldfeststellung enthält oder nur eine Verdachtslage beschreibt; wann jedoch tatsächlich eine Schuldfeststellung getrof- **708**

1959 Kritisch *Kühl* NJW **1988** 3233, 3235 m.w.N.; *ders.* NStZ **1989** 135, 136; *Westerdiek* EuGRZ **1987** 393; SK/*Meyer* 323; auch OLG Hamm NJW **1986** 734.
1960 Vgl. EKMR bei *Bleckmann* EuGRZ **1983** 415, 422 (zulässig, wenn auf Existenz der Anklage, nicht auf Schuld abgestellt wird); ferner *Peukert* EuGRZ **1980** 247, 261; **a.A.** LG Darmstadt MDR **1988** 885; vgl. *Stuckenberg* ZStW **111** (1999) 422; LR/*Hilger*[26] § 467, 67 StPO m.w.N. zum Streitstand.
1961 Siehe die Zusammenfassung der Rechtsprechung zu britischen Fällen in EGMR Ashendon u. Jones/UK, 13.9.2011, §§ 42 ff.; Englert/D, 25.8.1987; Nölkenbockhoff/D, 25.8.1987; OLG Köln NJW **1991** 506, 507 m.w.N.; ferner BGer EuGRZ **1990** 322 (Veranlassung oder Erschwerung der Durchführung des Strafverfahrens durch vorwerfbare Verletzung einer Verhaltensnorm); auch schon EuGRZ **1984** 79; *Kühl* NJW **1988** 3238; *Liemersdorf/Miebach* NJW **1980** 372; *Nierwetberg* NJW **1989** 1978; vgl. LR/*Hilger*[26] § 467, 28 ff. StPO und die Kommentare zu § 5 Abs. 2, 3, § 6 Abs. 1 Nr. 1 StrEG je m.w.N.
1962 EGMR Lorenzetti/I, 10.4.2012, §§ 6, 11, 14 ff., 47 (hier: Mitverursachung des Betrugsverdachts wegen mehrmaligen unentschuldigten Fehlens am Arbeitsplatz bei gleichzeitig unveränderter Lohnfortzahlung).
1963 OLG Köln NJW **1991** 506 = StV **1991** 116; BGer EuGRZ **1984** 79; *Liemersdorf/Miebach* NJW **1980** 372, 376; vgl. *Villiger* 575; SK/*Meyer* 323; LR/*Hilger*[26] § 467, 24 ff., 28 ff. StPO m.w.N.
1964 EGMR Ashendon u. Jones/UK, 13.9.2011, §§ 45, 49, 55 („the refusal to make a defendant's costs order does not amount to a penalty for exercising the right to silence (...) a defendant who declines to produce any evidence until trial will incur costs until trial and (...) those costs will have to be incurred by the defendant").

fen wird, hat er im Laufe der Jahre **uneinheitlich** beantwortet.[1965] Während der Gerichtshof 1987 in den drei Urteilen gegen Deutschland noch auf die **Intention** des die Folgeentscheidung anordnenden Richters abstellte,[1966] lehnte er 2005 in der Rs. *A.L.* eine Verletzung der Unschuldsvermutung mit der Begründung abgelehnt, dass die „missverständlich[en] und unbefriedigend[en]" Äußerungen des Richters lediglich in einem an den Anwalt des Betroffenen gerichteten Schreiben enthalten waren und nicht öffentlich, etwa in einer Pressekonferenz, gemacht worden seien und deshalb nur **geringe Außenwirkung** gehabt hätten.[1967]

709   Zudem hat der EGMR in zahlreichen Verfahren gegen Österreich und Norwegen geurteilt, dass die Äußerung eines Verdachts nur zulässig ist, solange die Beendigung des Strafverfahrens nicht in einer Entscheidung in der Sache selbst resultiert („decision on the merits of the accusation"). Sei das Verfahren dagegen mit einem **rechtskräftigen Freispruch** beendet worden, so dürfe das Gericht in seiner Begründung der Entscheidung über Erstattungs- oder Entschädigungsansprüche **keinerlei Verdacht** hinsichtlich der Unschuld des Angeklagten mehr äußern.[1968] In späteren Fällen, wie etwa im Fall *Del Latte*, in dem es auch um die Versagung von Entschädigungsansprüchen nach einem rechtskräftigen Freispruch ging, ist der EGMR dann gar nicht auf diese Rechtsprechung eingegangen, sondern hat allein danach differenziert, ob eine unzulässige Schuldfeststellung oder zulässige Schuldprognose vorliegt.[1969] Im Fall *Puig Panella*[1970] hat der Gerichtshof wiederum den Grundsatz bekräftigt, dass nach einem rechtskräftigen Freispruch keinerlei Verdacht mehr geäußert werden darf, der insbesondere dann gilt, wenn das Verfassungsgericht die verurteilenden Entscheidungen wegen Verstoßes gegen die Unschuldsvermutung aufhebt.

710   Wird der Beschuldigte freigesprochen und verlangt er im Anschluss vom Staat **Ersatz für im Zuge des Ermittlungsverfahrens erlittene Schäden**, so soll es keinen Verstoß gegen Art. 6 Abs. 2 darstellen, ihm trotz des Freispruchs die Beweislast dafür aufzubürden, dass der Verdacht gegen ihn von Anfang an unbegründet gewesen ist.[1971]

711   **i) Feststellungen zu und Mitberücksichtigung von nicht verfahrensgegenständlichen Straftaten.** Im Strafverfahren selbst sind mitunter Feststellungen zu strafrechtlichen Verfehlungen notwendig, die nicht die verfahrensgegenständliche Straftat des Beschuldigten oder eines Mitbeschuldigten betreffen, die aber trotzdem entscheidungserheblich sind, etwa, weil für die richtige Anwendung des materiellen Strafrechts festgestellt werden muss (z.B. Mittäterschaft, § 25 Abs. 2 StGB; Teilnahme, §§ 26, 27 StGB: Haupttat; § 125 Abs. 1 StGB: „mit vereinten Kräften", „aus einer Menschenmenge"), ob eine am Verfahren nicht beteiligte und auch noch nicht rechtskräftig abgeurteilte Person **Vortäter oder Haupttäter** war. Dies ist Folge der Tatsache, dass Strafverfahren in komplexen Angelegenheiten kaum je gegen alle Beschuldigten gleichzeitig geführt und beendet werden können.[1972]

1965 Kritisch auch *Demko* HRRS **2007** 286, 292.
1966 EGMR Englert/D, 25.8.1987; Lutz/D, 25.8.1987; Nölkenbockhoff/D, 25.8.1987; krit. hierzu *Esser* 761.
1967 EGMR A.L./D, 28.4.2005; krit. hierzu: *Demko* HRRS **2007** 286, 291.
1968 EGMR Sekanina/A, 25.8.1993; Asan Rushiti/A, 21.2.2000; Lamanna/A, 10.7.2001; Weixelbraun/A, 20.12.2001; Demir/A, 5.11.2002; O/N, 11.2.2003; Hammern/N, 11.2.2003.
1969 Vgl. auch Meyer-Ladewig/Nettesheim/von Raumer/*Harrendorf/König* 215.
1970 EGMR Puig Panella/E, 25.4.2006; vgl. auch EGMR Tendam/E, 13.7.2010 (in sich widersprüchliche Urteile Asan Rushiti/A, 21.2.2000, und Del Latte/NL, 9.11.2004, direkt hintereinander zitiert).
1971 EGMR Bok/NL, 18.1.2011, § 45 („The Court cannot find it unreasonable that the applicant was required to prove, on balance, the truth of his allegation that there had never been any reason to suspect him in circumstances where he was claiming damages in this regard.").
1972 So BVerfG Beschl. v. 3.9.2009 – 2 BvR 2540/08, BeckRS **2009** 39185.

Eine solche Feststellung darf jedoch keine Entscheidung über einen etwaigen **Schuldvorwurf** gegenüber der am Verfahren nicht beteiligten Person enthalten, geschweige denn hat sie Bindungswirkung für Gerichte oder Strafverfolgungsbehörden. Gerade davor schützt die Unschuldsvermutung. In deren Schutzbereich sollen hingegen nicht die lediglich **faktischen Belastungen** fallen, die sich daraus ergeben, dass im Rahmen eines gegen eine andere Person ergangenen Strafurteils Feststellungen über eine Beteiligung einer dritten Person getroffen werden, da solche faktischen Belastungen keine hinreichende Vergleichbarkeit mit solchen Nachteilen aufweisen sollen, die aus einem Schuldspruch oder einer Strafe resultieren.[1973] Andererseits ist laut **BVerfG** nicht von vornherein und unter allen Umständen ausgeschlossen, dass die am Verfahren nicht beteiligte Person das in diesem Verfahren ergehende Urteil mit der Verfassungsbeschwerde anfechten kann. Entscheidend sei hierbei vielmehr, ob der Bf. im Rahmen der Beschwerdebefugnis geltend machen kann, durch das Urteil **unmittelbar rechtlich** und nicht nur mittelbar faktisch betroffen zu sein.[1974]

Über die Beteiligung eines **nicht am Verfahren beteiligten Dritten** darf das Gericht 712 jedoch nicht mehr Informationen geben, als für die Bewertung der Schuld des Angeklagten erforderlich ist; zudem muss dabei immer hinreichend verdeutlicht werden, dass nicht implizit auch über die Schuld des Dritten entschieden wird.[1975] Die Verwendung von Akronymen sei dafür nicht erforderlich, konventionskonform sei die durchgehende Bezeichnung im Urteil als **„gesondert Verfolgter"** (*„separately prosecuted"*).[1976]

Die Unschuldsvermutung wird nicht verletzt, wenn die zur Überzeugung des Gerichts 713 erwiesenen Umstände der Begehung einer anderen, noch nicht rechtskräftig abgeurteilten Tat als **Indiz für die Modalitäten der Begehung** der angeklagten Tat herangezogen werden.[1977] **Rechtskräftig abgeurteilte Taten** können sowohl bei der den Schuldspruch tragenden Beweiswürdigung als auch im Rahmen der Strafzumessung herangezogen werden.[1978] **Ausgeschiedene Tatteile**, über die im Erkenntnisverfahren nicht entschieden wurde, dürfen weder bei der Strafzumessung berücksichtigt noch in eine Bewährungsauflage der Schadenswiedergutmachung einbezogen werden.[1979]

Strittig ist dagegen, wieweit im Rahmen der **Strafzumessung** noch **nicht rechts-** 714 **kräftig abgeurteilte** oder überhaupt **nicht mehr verfolgbare** (verjährte) andere Taten

---

[1973] Vgl. zum Ganzen BVerfG Beschl. v. 3.9.2009 – 2 BvR 2540/08, BeckRS **2009** 39185; ebenso BVerfG NStZ-RR **2022** 19; zum Ganzen auch *Isfen* StV **2009** 611, 613 f. (Arbeiten mit „Verdachtsmomenten" erforderlich).

[1974] So BVerfG NZWiSt **2022** 284 = NStZ-RR **2022** 19.

[1975] Vgl. EGMR Karaman/D, 27.2.2014, NJW **2015** 37, §§ 64 f. („gesondert Verfolgter"; Konventionsverstoß mit 5:2 Stimmen abgelehnt; vgl. aber die Voten *Villiger* u. *Yudkivska*: Urteilsgründe ließen deutlich den Schluss auf eine hervorgehobene Rolle und Beteiligung des Bf. zu und griffen dem Ausgang künftiger Strafverfahren gegen den Bf. vor). Vorgehend: BVerfG NJW **2009** 3569; dazu *Isfen* StV **2009** 611, 613. Siehe auch: EuGH 5.9.2019, C-377/18 (AH u.a.), BeckRS **2019** 20131.

[1976] EGMR Karaman/D, 27.2.2014, § 69 (vollständige Namensnennung des gesondert verfolgten Bf.).

[1977] BGHSt **34** 209 = NStZ **1986** 127 m. abl. Anm. *Vogler* = JR **1988** 340 mit zust. Anm. *Gollwitzer*; vgl. auch BGHSt **34** 352 (indizielle Verwertung der Umstände einer anderen Tat keine Verfolgung der anderen Tat); auch nach BVerfG NStZ **1988** 21 schützt die Unschuldsvermutung nicht davor, ein noch nicht rechtskräftig abgeurteiltes, strafbares Verhalten in einem anderen gerichtlichen Verfahren festzustellen und aus dem festgestellten Sachverhalt für dieses Verfahren bestimmte Schlussfolgerungen zu ziehen; ebenso Meyer-Goßner/*Schmitt* 14; *Paulus* NStZ **1990** 600; *Peukert* EuGRZ **1980** 247, 261; LR/*Mavany* § 154, 66 StPO; vgl. auch BGHSt **31** 302 = JR **1984** 170 m. Anm. *Terhorst*; **a.A.** *Vogler* FS Kleinknecht 429; *ders.* FS Tröndle 423; *Esser* 750.

[1978] EGMR Albert u. Le Compte/B, 10.2.1983; vgl. auch EGMR Engel u.a./NL, 8.6.1976, und die Kritik von *Esser* 715.

[1979] Vgl. OLG Frankfurt MDR **1994** 499 m.w.N.

des Beschuldigten als Indiz für das Maß seiner Schuld und seiner Persönlichkeitsstruktur berücksichtigt werden dürfen.[1980] Nach einer im Schrifttum vertretenen Ansicht folgt aus der **Exklusivität der Schuldfeststellung**, dass über den Tatvorwurf ausschließlich in dem Verfahren entschieden werden darf, das diese Tat selbst zum Gegenstand hat; dieser Grundsatz schütze auch vor strafrechtlichen Auswirkungen, die unter Umgehung eines solchen Verfahrens an den Tatvorwurf geknüpft werden.[1981] Mittlerweile hat der BGH immerhin seine frühere Rechtsprechung,[1982] nach der die Warnfunktion eines früheren Strafverfahrens auch dann bei der Strafzumessung berücksichtigt werden kann, wenn das Verfahren eingestellt oder der Beschuldigte freigesprochen wurde, im Hinblick auf die Unschuldsvermutung nach Art. 6 Abs. 2 jedenfalls für den Fall für „bedenklich" erklärt, wenn das frühere Verfahren einen **völlig anders gearteten Schuldvorwurf** betraf.[1983] Dies ist zu begrüßen und sollte ohne Einschränkung auf alle Fälle, in denen das frühere Verfahren durch Einstellung oder Freispruch beendet wurde, ausgedehnt werden. Denn auch insofern verstößt eine explizite Schuldfeststellung durch ein Gericht, das nicht für die Aburteilung der fraglichen Straftat zuständig ist, gegen die Unschuldsvermutung.[1984]

715   Nach der **Rechtsprechung** ist es dagegen grundsätzlich zulässig, bei der Strafzumessung zu berücksichtigen, dass der Angeklagte weitere, noch nicht abgeurteilte Straftaten begangen hat. Dies ist allerdings nur möglich, wenn diese Taten prozessordnungsgemäß und so bestimmt festgestellt sind, dass sie in ihrem wesentlichen Unrechtsgehalt abzuschätzen sind.[1985] Außerdem muss eine unzulässige Berücksichtigung des bloßen Verdachts weiterer Straftaten ausgeschlossen sein.[1986] Die Grenze zulässiger strafschärfender Berücksichtigung nicht angeklagter Taten (vgl. § 46 Abs. 2 StGB) ist überschritten, wenn diese mangels **enger Beziehung zur angeklagten Tat** keine Rückschlüsse auf Schuld oder Gefährlichkeit des Täters zulassen, wenn es also an dem notwendigen **inneren Zusammenhang** mit dem angeklagten Tatvorwurf fehlt. Für eine strafschärfende Berücksichtigung ist daher erforderlich, dass die anderen Taten nach ihrer Art und nach der Persönlichkeit des Täters Rückschlüsse auf Rechtsfeindschaft, Gefährlichkeit und die Gefahr künftiger Rechtsbrüche zulassen.[1987]

716   Ebenso liegt kein Verstoß gegen die Unschuldsvermutung vor, wenn ein Gericht angeklagte, allerdings im Laufe des Verfahrens prozessual abgetrennte und eingestellte

---

1980 Vgl. BGH NJW **1951** 770; NStZ **1981** 91; BVerfG Beschl. v. 5.4.2010 – 2 BvR 366/10; OLG Hamburg Beschl. v. 26.11.2019 – 2 Rev 41/19; *Bruns* NStZ **1981** 81; ausführlich *Stuckenberg* StV **2007** 655; zum Ganzen LR/*Mavany* § 154, 62 ff. StPO (für Taten bzw. Tatteile, die nach §§ 154, 154a StPO aus dem Verfahren ausgeschieden wurden).

1981 *Vogler* FS Kleinknecht 436; IK-EMRK/*Kühne* 463 f.; *Staudinger* 112; OGH Urt. v. 11.12.2018 – 11 Os 108/18v, JSt **2019** 274, 276 (kein Abstellen auf Straftat, die nicht Gegenstand des im Urteil gefällten oder eines sonstigen rechtskräftigen Schuldspruchs ist).

1982 BGHSt 25 64; BGH MDR **1954** 151; **1979** 635; StV **1991** 64; NStZ-RR **2005** 72.

1983 BGH NStZ **2006** 620.

1984 Ebenso *Stuckenberg* StV **2007** 655, 660 f.; gegen eine generelle Unzulässigkeit der strafschärfenden Berücksichtigung eines früheren Freispruchs aber *Hacker/Hoffmann* JR **2007** 452, 456 (ohne hinreichende Auseinandersetzung mit der Unschuldsvermutung).

1985 Vergleichbar den Fällen zum Widerruf der Aussetzung der Strafvollstreckung gemäß § 56f StGB kann bei Nichtvorliegen eines rechtskräftigen Urteils ein glaubhaftes, nicht widerrufenes Geständnis des Beschuldigten im Beisein eines Verteidigers vor einem Richter genügen, vgl. dazu OLG Hamburg StV **2019** 458 unter Verweis auf EGMR El Kaada/D, 12.11.2015, NJW **2016** 3645 = StV **2016** 703; ausführlich: *Esser* NStZ **2016** 697.

1986 BGH NJW **2014** 3259 = NStZ-RR **2014** 340; StraFo **2017** 245; *Esser* StV **2019** 492, 493 m.w.N.

1987 BGH StraFo **2015** 334; NJW **2014** 645 = StV **2014** 475; NStZ **1998** 404; Urt. v. 27.11.1985 – 3 StR 413/85, GA **1986** 370.

Taten strafschärfend berücksichtigt, deren Begehung zwar feststeht, deren **zeitliche und örtliche Konkretisierung** jedoch nicht in dem Maße möglich gewesen ist, um sie als Taten im prozessualen Sinne abgrenzbar darzustellen.[1988] Es müsse sich jedoch um dasselbe (d.h. zuständige) Tatsachengericht handeln, das die „jenseits vernünftiger Zweifel"[1989] vorgenommenen Feststellungen in Bezug auf die nicht weiter verfolgten Taten getroffen habe und zugleich über die Schuld bezüglich der verbliebenen Taten entscheide.[1990]

j) Widerruf einer Strafaussetzung zur Bewährung. Bei der Entscheidung über den **717** Widerruf einer Strafaussetzung zur Bewährung könnte an sich fraglich sein, ob die Unschuldsvermutung bei einem nicht mehr den Schuldspruch, sondern nur noch den Strafausspruch betreffenden Entscheidungsteil überhaupt eingreift (Rn. 656). Wenn der Widerruf aber mit der Begehung einer neuen, noch **nicht rechtskräftig abgeurteilten anderen Straftat** begründet wird, gilt die Unschuldsvermutung jedenfalls im Hinblick auf diese neue Tat.[1991] Die **früher vorherrschende Meinung** hielt die Berücksichtigung einer möglicherweise begangenen neuen Tat bei der Widerrufsentscheidung für zulässig, sofern nach ordnungsgemäßer Sachaufklärung und ausreichender Gewährung des rechtlichen Gehörs das materiellrechtliche Vorliegen der neuen Straftat, nicht notwendig aber auch deren Verfolgbarkeit, zur Überzeugung des widerrufenden Gerichts sicher feststeht.[1992] Nur bei einem rechtskräftigen Freispruch wurde zum Teil eine Bindung des über den Widerruf entscheidenden Gerichts angenommen.[1993]

Nach der **Gegenmeinung** kommt es darauf nicht an, weil allein in dem Strafverfah- **718** ren, das wegen der neuen Straftat durchgeführt wird, die Unschuldsvermutung in Bezug

---

[1988] EGMR Bikas/D, 25.1.2018: Der Bf. war (nach Beschränkung der Anklage, § 154 Abs. 2 StPO) wegen vier Fällen sexueller Nötigung zu sechs Jahren Freiheitsstrafe verurteilt worden; bei der Strafzumessung waren weitere 50 nicht rechtskräftig festgestellte Vorwürfe aus den nicht weiter verfolgten Taten (nach entsprechendem Hinweis des Gerichts) zu seinem Nachteil verwertet und gewichtet worden; vgl. ausführlich: *Esser* StV **2019** 492.

[1989] EGMR Bikas/D, 25.1.2018, § 56; krit. zu der damit bewirkten Erleichterung für die Mitgliedstaaten zur Widerlegung der Unschuldsvermutung bei Reihen-/Serienstraftaten *Esser* StV **2019** 492, 496 f.

[1990] EGMR Bikas/D, 25.1.2018, § 48.

[1991] Dieselbe Frage stellt sich bei der Aussetzung der Vollstreckung eines Strafrestes zur Bewährung (**a.A.** OVG Bremen Beschl. v. 8.1.2021 – 2 B 235/20, AuAS **2021** 50: Unschuldsvermutung stehe der Einbeziehung von „Verdachtsmomenten" nicht entgegen), der Verwarnung mit Strafvorbehalt (§ 59b StGB), sowie beim Berufsverbot und bei freiheitsentziehenden Maßregeln, wenn deren Aussetzung bei Begehung einer anderen Tat widerrufen werden kann; vgl. *Neubacher* GA **2004** 402.

[1992] BVerfG NStZ **1987** 118; **1988** 21; **1991** 30; ferner OLG Bremen StV **1984** 125; **1986** 165; **1990** 118; OLG Düsseldorf StV **1986** 346; **1993** 35; OLG Hamburg JR **1979** 379 m. zust. Anm. *Zipf*; OLG Hamm VRS **73** (1987) 275; StV **1992** 284; KG JR **1983** 423; StV **1988** 26; OLG Karlsruhe Justiz **1987** 192; MDR **1993** 780; OLG Koblenz VRS **73** (1987) 276; OLG Stuttgart NJW **1976** 200; **1977** 1249; Justiz **1990** 303; **1991** 402; LG Kiel SchlHA **1992** 10; *Bruns* StV **1982** 17, 19; *Frank* MDR **1982** 360; *Peukert* EuGRZ **1980** 247, 261; zur Thematik ferner: OLG Düsseldorf NStZ **1990** 541 = MDR **1990** 1133 und die Rechtsprechungs-/Literaturnachweise in den Kommentaren zu § 56f StGB sowie ausführlich *Neubacher* GA **2004** 402, 403. Vgl. ferner auch OLG Hamburg NJW **2003** 3574 (Widerruf einer Gnadenentscheidung vor Rechtskraft der neuen Verurteilung); BerlVerfGH Beschl. v. 25.4.2013 – VerfGH 180/12, BeckRS **2013** 50781 (Tatverdacht allein nicht ausreichend).

[1993] Strittig, gegen Bindung: OLG Düsseldorf NStZ **1990** 541 = MDR **1990** 1133. Vgl. auch KG Beschl. v. 23.5.2014 – 2 Ws 198/14 – 141 AR 259/14, BeckRS **2014** 13179, wonach ein rechtskräftiges ausländisches Urteil herangezogen werden kann, wenn es unter Wahrung der Rechte der EMRK ergangen ist.

auf diese Tat widerlegt werden kann.[1994] Die EKMR[1995] hatte die Problematik nicht abschließend entschieden; aufgrund ihrer Bedenken hatte sich die Bundesregierung aber in einem Vergleich mit der Kommission verpflichtet, auf die Beachtung der Unschuldsvermutung bei der Anwendung des § 56f Abs. 1 Nr. 1 StGB besonders hinzuweisen und die Notwendigkeit einer Gesetzesänderung zu überprüfen.[1996] Wie auch der EGMR feststellt, ist es allerdings nie zu einer Gesetzesänderung gekommen.[1997]

719   Der EGMR hat dann im Jahr 2002 im Urteil *Böhmer*[1998] die Ansicht vertreten, die Unschuldsvermutung schließe die Schuldfeststellung in einem Strafverfahren aus, das nicht vor dem **für die Aburteilung der neuen Tat zuständigen erkennenden Gericht** geführt wird. Das Beschwerdegericht hatte die Voraussetzungen des Widerrufs der Strafaussetzung zur Bewährung gemäß § 56f Abs. 1 Satz 1 Nr. 1 StGB als gegeben angesehen, weil es sich selbst die „Gewissheit" verschafft habe, dass sich der Bf. des Betrugs schuldig gemacht habe. Darin sah der EGMR eine **eindeutige Feststellung der Schuld**.[1999] Der Widerruf der Strafaussetzung stelle eine strafrechtliche Konsequenz aus einer weiteren Straftat dar, die einer Strafe gleichkomme, so dass ein Verstoß gegen Art. 6 Abs. 2 zu bejahen sei.[2000]

720   In der Rs. *El Kaada* hat der EGMR diesen Ansatz in Bezug auf § 26 Abs. 1 Nr. 1 JGG bekräftigt.[2001] Die reine Erwähnung eines noch nicht rechtskräftig abgeschlossenen neuen Strafverfahrens sowie einer gegen den Verurteilten wegen des neuen (dringenden) Tatverdachts verhängten Untersuchungshaft gerät dagegen noch nicht mit der Unschuldsvermu-

---

1994 EGMR Böhmer/D, 3.10.2002, NJW **2004** 43 = StraFo **2003** 47 m. Anm. *Boetticher* = StV **2003** 82 m. Anm. *Pauly; Blumenstein* NStZ **1992** 132; *Boetticher* NStZ **1991** 1; *Mrozynski* JZ **1978** 255; *Ostendorf* StV **1990** 230; *Schwerin* SchlHA **1991** 205; *Vogler* FS Kleinknecht 434; *Vogler* FS Tröndle 423; *Wita* 161 ff.; ferner zum Teil unter Aufgabe der früheren Rechtsprechung: OLG Celle StV **1990** 504; **2003** 575; OLG Koblenz NStZ **1991** 253; OLG München NJW **1991** 2302; OLG Schleswig NJW **1991** 2303; OLG Jena StV **2003** 574 u. 575. Vgl. auch OLG Zweibrücken JR **1991** 477 m. Anm. *Stoll*, das seine Befugnis zur eigenen Entscheidung über die neue Tat trotz der formellen Rechtskraft eines derentwegen erlassenen Strafbefehls bejahte; da dieser in einem summarischen Verfahren ergangen und deshalb zwar formell-, nicht aber materiellrechtlich einem rechtskräftigen Urteil gleichzusetzen sei; zustimmend *Neubacher* GA **2004** 402, 414.
1995 Vgl. EKMR G.S./D, 9.10.1991, StV **1992** 282 (glaubhaftes Geständnis genügt); zur gütlichen Einigung mit der Bundesregierung nach erneuter Befassung vgl. EuGRZ **1989** 212. Zu weiteren Entscheidungen der EKMR vgl. *Pauly* StV **2003** 85.
1996 Dazu *Boetticher* NStZ **1991** 1, 4; *Ostendorf* StV **1990** 230; *Geppert* Jura **1992** 160, 162 ff.; EKMR Grabemann/D, 14.3.1989, bei *Strasser* EuGRZ **1992** 451 (zu diesem Verfahren siehe den Zwischenbericht der EKMR EuGRZ **1989** 212).
1997 Vgl. insofern die Änderungsvorschläge von *Kraus* 249 ff., 263 f. Eine Gesetzesänderung fordern auch *Peglau* NStZ **2004** 248, 251 und *Wita* 160, 162.
1998 EGMR Böhmer/D, 3.10.2002. Dazu *Peglau* ZRP **2003** 242; NStZ **2004** 248; SK/*Meyer* 323, 349; *Neubacher* GA **2004** 402 ff. (beantragte Verweisung an die GK wurde abgelehnt). Hat der Bf. nach den neuen Feststellungen „wiederholt" ein Vergehen (hier: Fahren ohne Fahrerlaubnis) begangen, obwohl eine Berufung im Verfahren der ersten Verurteilung für dieses Vergehen zu diesem Zeitpunkt noch anhängig ist, steht dies der Unschuldsvermutung in Bezug auf das ursprüngliche Vergehen entgegen, vgl. EGMR Kangers/LET, 9.9.2019, §§ 60 f.(mit Dissenting Opinion *O'Leary*).
1999 EGMR Böhmer/D, 3.10.2002, § 65. Neben der Unschuldsvermutung ist beim Widerruf auch auf die Verhältnismäßigkeit des mit dem Widerruf verbundenen Entzugs des Grundrechts der Freiheit zu achten: ThürVerfGH Beschl. v. 7.11.2018 – VerfGH 4/18, BeckRS **2018** 35855.
2000 EGMR Böhmer/D, 3.10.2002, § 66.
2001 EGMR El Kaada/D, NJW **2016** 3645 = StV **2016** 703 m. Anm. *Pauly* = StRR **2016** 15 m. Anm. *Hillenbrand*; ausführlich: *Esser* NStZ **2016** 697.

tung in Konflikt, dürfte aber andererseits keine ausreichende Begründung für den Widerruf einer Strafaussetzung zur Bewährung sein.[2002]

Aus dem EGMR-Urteil *Böhmer* kann nur geschlossen werden, dass der Widerruf der **721** Strafaussetzung zur Bewährung gemäß § 56f Abs. 1 Satz 1 Nr. 1 StGB nicht mit der Überzeugung von der Schuld bezüglich der Begehung einer noch nicht rechtskräftig festgestellten Tat begründet werden darf.[2003] Der EGMR gibt jedoch keine Anhaltspunkte, auf welche Weise die Begehung einer neuen Straftat in die Prognoseentscheidung des Gerichts einbezogen werden kann, ohne den Grundsatz der Unschuldsvermutung zu verletzen.[2004] Insbesondere fordert der EGMR nicht explizit eine rechtskräftige Verurteilung.[2005] Das OLG Hamm hatte deshalb das **erstinstanzliche, noch nicht rechtskräftige Urteil** in anderer Sache als Basis der Entscheidung nach § 56f Abs. 1 Satz 1 Nr. 1 StGB herangezogen und es als richtig befunden. Es ist jedoch zweifelhaft, ob in einer derartigen Einschätzung nicht doch schon eine Schuldfeststellung i.S.d. Judikatur des EGMR zu sehen ist.

Nach Ansicht des **OLG Köln**[2006] ist bei Vorliegen des geringsten Zweifels an der neuen **722** Straftat die *Rechtskraft* des Schuldspruchs im neuen Verfahren abzuwarten,[2007] da diesem nicht in einem Schattenprozess nach Aktenlage vorgegriffen werden könne.[2008] Deshalb komme ein Widerruf vor Rechtskraft des Schuldspruchs praktisch nur bei Vorliegen eines **glaubhaften Geständnisses** des Beschuldigten in Frage;[2009] im Einzelfall soll nach Auffassung des OLG Hamm bei Anwendung eines entsprechend strengen Prüfungsmaßstabs an die Glaubhaftigkeit des Geständnisses und dessen prozessordnungsgemäßes Zustandekommen sogar ein polizeiliches Geständnis als Grundlage für einen Widerruf der Strafausset-

---

2002 Vgl. OGH Urt. v. 13.1.2016 – 15 Os 136/15m u.a., ÖJZ **2016** 282.

2003 OLG Hamm Beschl. v. 1.4.2014 – 3 Ws 67/14, BeckRS **2014** 08890; erneut OLG Hamm Beschl. v. 21.7.2020 – 5 Ws 205/20 = BeckRS **2020** 25554.

2004 Vgl. auch *Peglau* ZRP **2003** 242, 243; NStZ **2004** 248, 251; *Krumm* NJW **2005** 1832, 1833; *Krawczyk* StRR **2010** 451 f.; **a.A.** *Klinger* NStZ **2012** 70, 72, 75 (Rechtskraft des Urteils).

2005 OLG Hamm Beschl. v. 1.4.2014 – 3 Ws 67/14; LG Heilbronn Beschl. v. 11.10.2017 – 8 Qs 40/17, BeckRS **2017** 131226; i.E. so auch MüKo-StGB/*Groß*/*Kett-Straub* § 56f, 41 StGB; offen gelassen in VerfGH Sachs Beschl. v. 24.7.2020 – Vf. 89-IV-20 = BeckRS **2020** 19569.

2006 OLG Köln NJW **1991** 505; ähnlich BVerfG NStZ **1991** 30; OLG Düsseldorf MDR **1991** 787; wistra **1991** 186 = MDR **1991** 982; OLG Stuttgart Justiz **1991** 402; OLG Schleswig NJW **1992** 2646 m. Anm. *Stree* JZ **1993** 39; vgl. auch OLG Hamm StV **2007** 195 m. Anm. *Kraft*; **a.A.** OLG Schleswig NJW **1991** 2302; *Peglau* ZRP **2003** 242, 243; NStZ **2004** 248, 251, der darauf hinweist, dass das *Böhmer*-Urteil weder die rechtskräftige Aburteilung der Anlasstat noch die Unwiderruflichkeit eines Geständnisses verlangt, und deshalb einen Verstoß gegen Art. 6 Abs. 2 verneint, wenn der Widerruf zwar nach erstinstanzlicher Aburteilung der neuen Tat, aber vor deren Rechtskraft erfolgt; auf diese Auslegung des EGMR-Urteils weist auch *Krumm* NJW **2005** 1832, 1833 hin, hält aber das Abwarten der Rechtskraft „in der Regel" für geboten; vgl. auch *Seifert* Jura **2008** 684, 685.

2007 Ebenso KG StV **2013** 393; LG Potsdam StV **2009** 369; *Seher* ZStW **118** (2006) 101, 155 m.w.N.; Schönke/Schröder/*Kinzig* § 56f, 7 StGB; vgl. auch den Vorschlag von *Kraus* 249 ff., per Gesetzesänderung die Zuständigkeit für die Widerrufsentscheidung auf das für die Aburteilung der neuen Straftat zuständige Tatgericht zu verlagern.

2008 *Neubacher* GA **2004** 402, 408 ff. zeigt die rechtlichen Schwierigkeiten auf, die bei einem zwar wenig wahrscheinlichen, aber immerhin möglichen späteren Freispruch von der den Widerruf begründenden Anlasstat hinsichtlich der Beseitigung der Widerrufsentscheidung entstehen (analoge Anwendung der Wiederaufnahmeregeln usw.).

2009 Ebenso BVerfG NStZ **2005** 204; OLG Düsseldorf NStZ **2004** 269; OLG Köln NStZ **2004** 685; OLG Nürnberg NStZ **2004** 540; OLG Stuttgart NJW **2005** 83; OLG Zweibrücken NStZ-RR **2005** 8; OLG Karlsruhe NStZ **2013** 702; Lackner/Kühl/*Heger* § 56f, 3a StGB; Schönke/Schröder/*Kinzig* § 56f, 7 StGB; vgl. auch OLG Schleswig NStZ **2004** 628: pauschales Geständnis genügt nicht.

zung genügen.[2010] Liege ein überzeugendes, in rechtsstaatlich einwandfreier Weise zu Stande gekommenes Schuldbekenntnis vor, verletze der darauf gestützte Widerruf die Unschuldsvermutung jedenfalls nicht, denn sie gebiete nicht, diesem die Anerkennung zu versagen.[2011]

723   Das **BVerfG** hat entschieden, dass der Widerruf der Strafaussetzung auch vor Aburteilung der neuen Tat jedenfalls dann nicht gegen die Unschuldsvermutung verstößt, wenn der Betroffene die Anlasstat glaubhaft gestanden hat.[2012] Dem ist mit der Einschränkung zuzustimmen, dass an die **Glaubhaftigkeit des Geständnisses** strenge Anforderungen zu stellen sind.[2013] Allein die belastende **Aussage eines Zeugen** reicht dagegen nicht.[2014] Ein rechtskräftiger Strafbefehl stellt eine Verurteilung in einem rechtsstaatlichen Verfahren i.S.d. Rechtsprechung des EGMR dar.[2015] Zustimmungserklärungen zu Einstellungen nach den §§ 153 ff. StPO entfalten hingegen keine Geständniswirkung.[2016]

724   Das Urteil *Böhmer* hat auch Auswirkungen auf den **Sicherungshaftbefehl gemäß § 453c StPO**, wonach sich das Gericht der Person des Verurteilten versichern kann, wenn ein Haftgrund nach § 112 Abs. 2 Nr. 1, Nr. 2 StPO bzw. überwiegende Präventionsinteressen und „hinreichende Gründe" für den Widerruf der Aussetzung der Freiheitsstrafe zur Bewährung vorliegen. Die Anordnung eines Sicherungshaftbefehls darf damit nicht an eine vorweggenommene Feststellung der Schuld geknüpft werden. Da der EGMR in der Rs. *Böhmer* jedoch nicht festgestellt hat, dass der Aussetzungswiderruf zwingend immer ein rechtskräftiges Urteil bezüglich der neuen Tat voraussetzt, ist es konventionsrechtlich nicht geboten, das Verfahren gemäß § 453c StPO stets dem Erkenntnisverfahren nachzuschalten.[2017] In Anbetracht der Bedeutung der Unschuldsvermutung sowie des Rechts der Freiheit der Person ist § 453c StPO jedoch stets **restriktiv zu handhaben**.

725   Auch bei **Disziplinarverfahren** aus Anlass der Begehung einer Straftat darf die entsprechende Disziplinarmaßnahme nicht auf der Grundlage einer Feststellung getroffen werden, dass der Betroffene eine bestimmte Straftat begangen habe, wenn diese noch nicht abgeurteilt wurde und auch vom Betroffenen kein glaubhaftes Geständnis

---

2010 OLG Hamm Beschl. v. 2.12.2020 – 1 Ws 479/20, NJW-Spezial **2021** 153 = StV **2021** 600 ff. m. krit. Anm. *Staudinger*, der eine striktere Einhaltung der Unschuldsvermutung fordert.

2011 Im Ergebnis ebenso OLG Bremen Beschl. v. 20.9.2019 – 1 Ws 67/19; VerfGH Sachsen StV **2019** 172; *Neubacher* GA **2004** 402, der unter Hinweis auf EGMR Böhmer/D, 3.10.2002, im glaubhaften Geständnis einen wirksamen Verzicht auf die Unschuldsvermutung sieht; ebenso KK/*Schädler* 78; NK-StGB/*Ostendorf* § 56f, 4 StGB; der EGMR hat dies offengelassen; dazu *Peglau* ZRP **2003** 242, 244. Ähnlich *Seifert* Jura **2008** 684, 685: „unwiderrufliches Geständnis im Beisein eines Verteidigers in einer richterlichen Vernehmung".

2012 BVerfG (K) NJW **2005** 817 = NStZ **2005** 204. Ebenso: OLG Köln NStZ **2004** 685; OLG Düsseldorf NJW **2004** 269; OLG Nürnberg NJW **2004** 2032; OLG Zweibrücken NStZ-RR **2005** 8; OLG Stuttgart NJW **2005** 83; OLG Saarbrücken Beschl. v. 29.10.2009 – 1 Ws 182/09 (polizeiliches Geständnis kann genügen); noch weitgehender OLG Bremen Beschl. v. 17.10.2017 – 1 Ws 118/17 (bloße Möglichkeit eines noch zu erklärenden Widerrufs des Geständnisses der neuen Taten hindert auch dann den Bewährungswiderruf nicht, wenn der Geständniswiderruf vom erkennenden Gericht noch zu berücksichtigen wäre); a.A. LG Potsdam StV **2009** 369; *Seher* ZStW **118** (2006) 101, 149 ff., der eine Disponibilität der Unschuldsvermutung ablehnt. Zur uneinheitlichen Rechtsprechung in Deutschland: *Krawczyk* StRR **2010** 451.

2013 Vgl. OLG Köln StV **2012** 737, das nur ein „richterliches" Geständnis ausreichen lässt; OLG Schleswig NStZ **2004** 628: pauschales Geständnis genügt nicht; vgl. ferner AG Dortmund Beschl. v. 20.9.2018 – 764 AR 16/17 BEW, StV **2020** 517 (Ls.): Die Darlegung eines Geständnisses nur in den Strafzumessungserwägungen widerlegt die Unschuldsvermutung nicht und kann daher keinen Bewährungswiderruf begründen.

2014 Vgl. OLG Köln StV **2012** 737, das nur ein „richterliches" Geständnis ausreichen lässt.

2015 OLG Hamm NStZ-RR **2008** 25; diff. Schönke/Schröder/*Kinzig* § 56f, 7 StGB.

2016 BVerfG NStZ-RR **1996** 168; *Krumm* NJW **2005** 1832, 1834.

2017 A.A. *Klinger* NStZ **2012** 70, 72, 75.

Esser

vorliegt; eine disziplinarrechtliche Ahndung unter einem anderen, vom Vorwurf der Straftat trennbaren, Gesichtspunkt bleibt im Grundsatz möglich.[2018] Nicht überzeugend ist es allerdings, dass die Freistellung eines Beamten, der sich in Untersuchungshaft befindet, kein Verstoß gegen die Unschuldsvermutung sein soll, wenn diese Freistellung auf Grundlage einer Schuldvermutung erfolgt.[2019] Findet das Disziplinarverfahren zeitlich nachgelagert zum Strafverfahren statt, genügt das allein noch nicht für eine Anwendbarkeit des Art. 6 Abs. 2 im späteren Verfahrensteil; es muss eine weitere Verbindung („**strong link**") bestehen, die die Ausweitung der Unschuldsvermutung auf das spätere Verfahren rechtfertigt.[2020]

k) Prognosebeurteilungen. Bei Prognosebeurteilungen, wie etwa im Rahmen des **726** § 57 StGB, dürfen nicht angeklagte und abgeurteilte frühere Handlungen oder eine noch nicht rechtskräftig abgeurteilte neue Tat ohne Verstoß gegen die Unschuldsvermutung mitberücksichtigt werden, da hierfür anders als grundsätzlich im Rahmen von § 56f Abs. 1 Nr. 1 StGB nicht die *Feststellung* einer noch nicht abgeurteilten Straftat, sondern lediglich eine ungünstige Sozialprognose erforderlich ist.[2021] Im Verfahren nach § 57 Abs. 1 StGB wird zudem nur die Frage nach der Fortsetzung der Vollstreckung einer bereits rechtskräftigen Strafe wegen ungünstiger Sozialprognose beantwortet, nicht aber eine Rechtsfolge in Bezug auf die neuen Straftaten verhängt.[2022] Eine ungünstige Sozialprognose darf aber nicht allein darauf gestützt werden, dass der Verdacht besteht, der Verurteilte habe weitere Straftaten begangen, vielmehr ist auch die Persönlichkeit des Verurteilten unter Berücksichtigung sonstiger bekannter Umstände und Gesichtspunkte zu würdigen.[2023]

Wird das Verfahren eingestellt, z.B. gem. § 153 StPO oder nach § 170 Abs. 2 StPO wegen **727** Verjährung, ohne dass im gesetzmäßigen Verfahren die Schuld festgestellt wurde, darf in der Einstellungsverfügung nicht die Schuld des Betroffenen behauptet bzw. „festgestellt" werden.[2024] Eine Verletzung von Art. 6 Abs. 2 liegt aber dann nicht vor, wenn das Gericht im Strafverfahren die **Verjährung** der Taten erkennt und das Verfahren einstellt, gleichzeitig jedoch aufgrund von in einem fairen Verfahren erhobenen Beweisen die Schuld des Angeklagten feststellt.[2025]

2018 OLG Hamm Beschl. v. 17.7.2012 – III-1 Vollz (Ws) 323/12, FS **2012** 306 (Körperverletzung einer Mitgefangenen) m. Anm. *Walter* = StRR **2012** 363 (Ls.); vgl. aber auch EGMR Güç/TRK, 23.1.2018 (m. Anm. *Klocke* ArbuR **2019** 128): Entlassung eines Hausmeisters nach Durchführung eines Disziplinarverfahrens wegen (sexuellen) Fehlverhaltens gegenüber Schülern noch vor Beginn des Strafverfahrens in Bezug auf den identischen Vorfall.

2019 EGMR Tripon/RUM (E), 7.2.2012, §§ 26 ff.

2020 EGMR Urat/TRK, 27.11.2018, §§ 44, 47: ausreichend ist z.B., wenn die Disziplinarbehörden sich im Wesentlichen auf die Strafakten stützen.

2021 So mit ausdrücklicher Bezugnahme auf die Rechtsprechung des EGMR: OLG Hamm NStZ-RR **2005** 154; vgl. auch OLG Hamm Beschl. v. 7.11.2017 – III-1 Ws 423/17: ein laufendes Ermittlungsverfahren wegen des Verdachts einer im Strafvollzug begangenen Straftat kann bei der Gesamtwürdigung im Rahmen des § 57 Abs. 1 StGB ohne Verstoß gegen die Unschuldsvermutung berücksichtigungsfähig sein.; vgl. ferner VG Stuttgart Urt. v. 16.7.2020 – 1 K 4103/19, BeckRS **2020** 28393 (Feststellung der Wiederholungsgefahr zur Anordnung erkennungsdienstlicher Maßnahmen).

2022 Vgl. OLG Hamm NStZ-RR **2005** 154.

2023 OLG Düsseldorf StV **1997** 91; OLG Hamm NStZ-RR **2005** 154.

2024 EGMR Caraian/RUM, 23.6.2015, §§ 75 f.; Peltereau-Villeneuve/CH, 28.10.2014, §§ 34 ff.; BVerfG Beschl. v. 8.3.2017 – 2 BvR 2282/16 (dort: Einstellung gem. § 45 Abs. 1 JGG i.V.m. § 153 StPO).

2025 EGMR Constantin Florea/RUM, 19.6.2012, §§ 53 ff.

7. Anwendbarkeit außerhalb eines Strafverfahrens

728   **a) Verfahren, die nicht auf die Feststellung und Ahndung strafrechtlicher Schuld gerichtet sind.** Auf **Verfahren**, die nach ihrer Zielsetzung (tendenziell) **nicht auf die Feststellung und Ahndung strafrechtlicher Schuld** (im weit verstandenen Sinne der Konvention) gerichtet sind, sondern außerhalb der Strafrechtspflege im weiten Sinn der Konventionen eine Entscheidung über andere Rechtsfolgen eines strafrechtlich relevanten Sachverhalts zum Gegenstand haben, ist die Unschuldsvermutung nicht unmittelbar anwendbar; sie kann aber eine mittelbare Wirkung entfalten.[2026]

729   Dem Fallrecht des Gerichtshofs ist kein bestimmter Ansatz zu entnehmen, unter welchen Umständen die Unschuldsvermutung in einem **Verfahren im Anschluss an ein Strafverfahren** verletzt ist, das **ohne Verurteilung** beendet wurde. Viel hängt von der Natur und dem Kontext des Verfahrens ab, in denen die Entscheidung getroffen wird.[2027] Wenn zu entscheiden sei, ob Art. 6 Abs. 2 auf nachfolgende, nicht strafrechtliche Verfahren anzuwenden ist, muss immer eine Verbindung (**„link"**) zwischen dem beendeten Strafverfahren und dem späteren Verfahren bestehen.[2028] Eine solche Verbindung sei wahrscheinlich, sofern im nachfolgenden Verfahren das Ergebnis des vorangegangenen Strafverfahrens erneut geprüft werden müsse und insbesondere, wenn das Gericht gehalten sei, das Strafurteil zu *analysieren* (z.B. Beweise würdigen, fortbestehende Indizien für die Schuld des Angeklagten abwägen).[2029]

730   Wenn in einem Strafverfahren keine Anklage i.S.v. § 170 Abs. 1 StPO erhoben wurde, kann die Unschuldsvermutung auch in einem den strafrechtlichen Ermittlungen nachfolgenden **Zivilverfahren** Anwendung finden, so dass in diesem keine eindeutige Schuldfeststellung bzgl. der mutmaßlichen Ergebnisse der strafrechtlichen Ermittlungen formuliert werden darf.[2030] Zivilgerichte sind durch einen vorangegangenen rechtskräftigen Freispruch im Strafverfahren aber nicht generell gehindert, wegen des fraglichen Sachhergangs einen **Schadensersatzanspruch** gegen den Freigesprochenen zuzuerkennen.[2031] Sie dürfen allerdings ihre Entscheidung dann nicht mit einem fortbestehenden Verdacht der strafbaren Handlung begründen oder im Tenor ihres Urteils den Freispruch als solchen in Frage stellen, da dies vom Freigesprochenen als nachträgliche Verurteilung verstanden werden könnte und eine eindeutige Verknüpfung (**„clear link"**) zwischen dem Strafverfahren und dem Schadensersatzprozess herstellt, die zur Anwendbarkeit und Verletzung der Unschuldsvermutung führt.[2032]

2026 Vgl. Meyer-Goßner/*Schmitt* 13 (bzgl. des § 57 StGB als mögliche Grundlage für öffentliche Berichterstattungen) m.w.N.

2027 EGMR Antohe/RUM (E), 21.10.2014, § 31; Melo Tadeu/P (E), 23.10.2014, § 59 (Besteuerungsverfahren); N.A./N, 18.12.2014, § 42.

2028 EGMR (GK) Allen/UK, 12.7.2013, § 104; Müller/D, 27.3.2014, § 34, NJW **2015** 539, 540; Melo Tadeu/P (E), 23.10.2014, § 46; N.A./N, 18.12.2014, § 41 (i.E. abgelehnt); Lähteenmäki, 21.6.2016, §§ 32 ff.; Urat/TRK, 27.11.2018, §§ 44, 47; Farzaliyev/ASE, 28.5.2020, §§ 46, 49; Pasquini/SM (Nr. 2), 20.10.2020, §§ 36 f.; Kurban/TRK, 24.11.2020, § 45; Milachikj/MAZ, 14.10.2021, §§ 27 ff.

2029 Grundlegend EGMR (GK) Allen/UK, 12.7.2013, § 104 (st. Rspr.); Milojević u.a./SRB (E), 3.9.2013, § 36; K.F./UK (E), 3.9.2013, § 24; Vella/MLT, 11.2.2014, § 43; Melo Tadeu/P (E), 23.10.2014, § 59 (Art und Kontext des Folgeverfahrens entscheidend; Besteuerungsverfahren); Lähteenmäki, 21.6.2016, § 34; Alkaşi/TRK, 18.10.2016, § 25.

2030 EGMR Farzaliyev/ASE, 28.5.2020, §§ 61 ff. (zivilrechtliche „Feststellung" der Untreue durch Politiker, der nach vorangegangenen strafrechtlichen Ermittlungen nicht angeklagt wurde).

2031 *Frowein/Peukert* 162 mit Hinweisen auf EKMR.

2032 Vgl. EGMR (GK) Allen/UK, 12.7.2013, §§ 104 ff.; Ringvold/N, 11.2.2003, und *a contrario* EGMR Y/N, 11.2.2003; dazu *Goedecke* JIR **46** (2003) 605, 619; *Jebens* Liber Amicorum Wildhaber 216 ff.; Meyer-Ladewig/

Angenommen wird die Verbindung bei Folgeverfahren, in denen es aufgrund eines **731** strafrechtlichen Vorwurfs um die **Entfernung des Betroffenen aus dem öffentlichen Dienst** gehe.[2033] Der EGMR hat die Möglichkeit einer solchen Verknüpfung – unter Bezugnahme auf seine Rechtsprechung zu den Zivilgerichten – explizit für ein **beamtenrechtliches Disziplinarverfahren** vor dem **Verwaltungsgericht** bestätigt.[2034] Für eine derartige Verknüpfung genügt, dass die Verwaltungsgerichte nach dem nationalen Recht zwar nicht an die Entscheidungen der Strafgerichte gebunden sind, diese jedoch bei ihrer eigenen Entscheidung berücksichtigen müssen.[2035] Für verwaltungsrechtliche Folgeverfahren, die einen **Widerruf der ärztlichen Approbation** zum Gegenstand haben, kann die Unschuldsvermutung ebenfalls einschlägig sein.[2036]

Auch in einem Strafverfahren, in dem der Betroffene als **Nebenkläger** wegen ver- **732** meintlicher Verleumdungen über das **parallel** gegen ihn laufende und im Zusammenhang mit dem Verleumdungsprozess stehende Strafverfahren auftrat, hat der EGMR die Anwendbarkeit von Art. 6 Abs. 2 bejaht, überlässt aber dem nationalen Recht die Entscheidung, ob eine Aussetzung des Verfahrens zu erfolgen hat.[2037]

Man wird allgemein festhalten können, dass auch in einem Verfahren, das keine straf- **733** rechtliche Anklage im weiten Sinne der Konventionen zum Gegenstand hat, die Unschuldsvermutung verletzt wird („would raise an issue under Article 6 § 2"), wenn das Gericht in seiner Entscheidungsbegründung dem Betroffenen eine **strafrechtliche Schuld zuweist**, obwohl er zuvor rechtskräftig freigesprochen oder das Verfahren gegen ihn eingestellt

Nettesheim/von Raumer/*Harrendorf/König* 215. Vgl. auch EGMR Diamantides/GR (Nr. 2), 19.5.2005 (Nichtberücksichtigung des Freispruchs in einem anschließenden Zivilprozess u.a. wegen Gesundheitsschaden des Betroffenen) sowie den ähnlichen Rückgriff auf eine solche Verknüpfung im Auslieferungsverfahren, Rn. 637. Für das Besteuerungsverfahren: EGMR Melo Tadeu/P (E), 23.10.2014 m. abl. Votum *Pinto de Albuquerque*; für eine solche Verknüpfung im deutschen Besteuerungsverfahren: *Reiß* GS Trzaskalik 501; **a.A.** *Pflaum* wistra **2010** 368, 370.
2033 EGMR (GK) Allen/UK, 12.7.2013, § 104; Milojević u.a./SRB (E), 3.9.2013, § 36.
2034 EGMR (GK) Allen/UK, 12.7.2013, § 98; Kemal Coşkun/TRK, 28.3.2017, §§ 44, 56 (bei Verstoß gegen Unschuldsvermutung ist die rechtliche Bewertung der Entfernung aus dem Beamtenverhältnis davon unabhängig); Milojević u.a./SRB (E), 3.9.2013, § 36; Moullet/F (E), 13.9.2007; Vanjak/KRO, 14.1.2010; vgl. aber BGH (Dienstgericht) NVwZ-RR **2019** 525 (Entfernung eines Richters aus dem Beamtenverhältnis auf Probe); VGH Kassel Beschl. v. 28.11.2019 – 1 B 372/19 (aus Unschuldsvermutung folge nicht die beamtenrechtliche Eignungsvermutung); ebenso VGH München Beschl. v. 30.8.2019 – 3 ZB 18.508 (Entlassung eines Studienreferendars aus dem Beamtenverhältnis auf Widerruf); vgl. auch OVG Bautzen Beschl. v. 5.10.2020 – 2 B 305/20, BeckRS **2020** 26233 (Ablehnung der Einstellung in das Beamtenverhältnis bereits bei berechtigten Zweifeln an der Eignung); anders VG Wiesbaden Urt. v. 16.2019 – 28 K 703/15.WI.D (aus Unschuldsvermutung folge, dass Beamter im Zweifel richtig gehandelt habe); abgelehnt wurde die Anwendbarkeit der Unschuldsvermutung in VGH München Beschl. v. 13.4.2021 – 6 CS 21.587, BeckRS **2021** 9512 (Bundespolizei).
2035 EGMR Vassilios Stavropoulos/GR, 27.9.2007.
2036 Vgl. dagegen: VG Köln Urt. v. 30.5.2017 – 7 K 1352/17, medstra **2017** 368, 370, Rn. 37 („keine [repressive] Strafe", „keine individuelle Schuldzuweisung", „dient ausschließlich [präventiv] der Abwehr behandlungsspezifischer Gefahren"] – im konkreten Fall waren vorangegangene Strafverfahren nach §§ 153, 170 Abs. 2 StPO eingestellt worden; ebenso abgelehnt wurde die Einschlägigkeit der Unschuldsvermutung in OVG Münster Beschl. v. 19.12.2019 – 4 B 734/18 (Entzug der Glücksspiellizenz); VGH München Beschl. v. 14.6.2019 – 10 ZB 19.826 (Feststellung des Verlusts des Rechts auf Freizügigkeit aufgrund Heroinabhängigkeit); VGH München Beschl. v. 11.2.2019 – 4 ZB 18.378 (Anspruch auf Vergabe eines Festzelts auf Volksfest); OVG Koblenz DVBl. **2018** 802 (Fahrerlaubnis); VG Minden Beschl. v. 17.12.2019 – 3 L 1232/19 (Schließung einer Prostitutionsstätte); VG Hamburg Urt. v. 18.11.2019 – 9 K 4459/17 (keine „Ungefährlichkeitsvermutung" im Waffenrecht); VG München Urt. v. 14.11.2019 – M 24 K 19.2684 (luftsicherheitsrechtliche Zuverlässigkeit bei laufendem Ermittlungsverfahren).
2037 EGMR Diamantides/GR (Nr. 2), 19.5.2005, § 7.

Esser

wurde.[2038] Dies hindert nach Ansicht des EGMR das im nachfolgenden Verfahren entscheidende Gericht allerdings nicht daran, seine Entscheidung auf die dem strafrechtlichen Vorwurf zu Grunde liegenden **Tatsachen** zu stützen, ohne diese aus strafrechtlicher Sicht zu bewerten.[2039]

734   Zudem hat der EGMR die Anwendbarkeit des Art. 6 Abs. 2 für Verfahren bejaht, die eine **Schadensersatzklage** des Beschuldigten als Abhilfe für eine **vorausgegangene Verletzung der Unschuldsvermutung** betreffen.[2040] Der Gerichtshof betont insoweit, dass eine wesentliche Funktion der Unschuldsvermutung darin liegt, das Ansehen einer freigesprochenen Person vor auf einen Freispruch folgenden Äußerungen oder Handlungen zu schützen, die diesen untergraben würden.[2041] Die Unschuldsvermutung schließt aber Hinweise auf ein anhängiges Strafverfahren nicht aus, sofern mit dem Hinweis keine vorweggenommene Feststellung der strafrechtlichen Schuld verbunden ist.[2042] Im Übrigen ist es grundsätzlich dem nationalen Recht überlassen, eine sachgerechte Lösung dafür zu finden, wieweit die für andere Zwecke in außerstrafrechtlichen Verfahren zu treffenden Feststellungen über ein strafbares Verhalten auf Beweisvermutungen und Beweislastverteilungen gestützt werden dürfen und wieweit dort der bloße Verdacht einer Straftat rechtliche Auswirkungen haben kann,[2043] ferner, wieweit als Grundlage bürgerlich-rechtlicher Ansprüche oder eines öffentlich-rechtlichen Einschreitens auch das Vorliegen eines Straftatbestandes von anderen Stellen und Gerichten festgestellt werden darf, sowie, ob und in welchem Umfang ein vorliegendes strafrichterliches Erkenntnis für eine solche Vorfrage **Bindungswirkungen** entfaltet.[2044] Dies gilt für die Verfahren vor den Zivil- oder Verwaltungsgerichten,[2045] aber auch für die Entscheidungen der Behörden der öffentlichen Verwaltung[2046] und die Verfahren, die die **Unterbringung** einer Person wegen einer **psychiatrischen Erkrankung** zum Gegenstand haben.[2047]

735   Ein Sonderproblem im Kontext außerstrafrechtliche Folge-/Parallelverfahren stellt die **Verdachtskündigung im Arbeitsrecht** dar.[2048] Hier stellt sich im strafrechtlichen Kontext die Frage, ob einem Arbeitnehmer, gegen den (nur) der *Verdacht* der Begehung einer Straftat besteht, aus diesem Grund von seinem Arbeitgeber (außerordentlich, § 626 Abs. 1 BGB) – bei noch laufendem Strafverfahren – gekündigt werden darf, weil die Fortsetzung des Arbeitsverhältnisses für diesen als unzumutbar eingestuft wird. Das

---

2038 Vgl. in Bezug auf eine zivilrechtliche Haftung trotz Freispruchs die abw. Begründung *Tulkens* zu EGMR Ringvold/N, 11.2.2003, sowie *Jebens* Liber Amicorum Wildhaber 221; zum Besteuerungsverfahren *Reiß* GS Trzaskalik 502.
2039 Vgl. EGMR Moullet/F (E), 13.9.2007.
2040 EGMR Panteleyenko/UKR, 29.6.2006; Taliadorou u. Stylianou/ZYP, 16.10.2008.
2041 EGMR Taliadorou u. Stylianou/ZYP, 16.10.2008. Vgl. auch *Jebens* Liber Amicorum Wildhaber 210.
2042 EGMR Verlagsgruppe News GmbH/A, 25.10.2016.
2043 In aller Regel wird allerdings auch hier der bloße Verdacht einer Straftat weder nachteilige Rechtsfolgen begründen noch die Beweiswürdigung tragen.
2044 Vgl. BGH NJW-RR **1990** 446 = MDR **1990** 542 (Beweiswürdigung darf nicht auf die Tatsache gestützt werden, dass gegen den Freigesprochenen ein Strafverfahren stattgefunden hat); ferner OLG Düsseldorf NStZ **1990** 541 = MDR **1990** 1133.
2045 EKMR bei *Frowein* FS Huber 556; IK-EMRK/*Kühne* 417; *Meyer* FS Tröndle 61, 63; *Peukert* EuGRZ **1980** 247, 259; vgl. auch EGMR Vassilios Stavropoulos/GR, 27.9.2007.
2046 *Meyer* FS Tröndle 61, 63; BVerwG NJW **1988** 660 (AuslG); vgl. IK-EMRK/*Kühne* 425.
2047 EKMR bei *Frowein/Peukert* 162; IK-EMRK/*Kühne* 419; vgl. SK/*Meyer* 342.
2048 Vgl. hierzu allgemein; *Hahn* Die Verdachtskündigung unter Berücksichtigung einer gesetzlichen Regelung (2004); *Ebeling* Die Kündigung wegen Verdachts (2006); *Schlegeit* Das BAG und die Verdachtskündigung (2008).

BAG nimmt unter bestimmten Voraussetzungen[2049] in ständiger Rechtsprechung die grundsätzliche Zulässigkeit einer solchen Kündigung an.[2050] Nach h.M. ist dabei Art. 6 Abs. 2 auf Verdachtskündigungen nicht anwendbar.[2051] Dem ist jedoch zu widersprechen:[2052] Zwar entfaltet die Unschuldsvermutung keine *unmittelbare* Drittwirkung zwischen Privaten (Rn. 621), so dass der Arbeitgeber im Verhältnis zum Arbeitnehmer nicht unmittelbar an Art. 6 Abs. 2 gebunden ist. Wenn aber alle staatlichen Stellen die Unschuldsvermutung beachten müssen, sobald gegen den Betroffenen ein strafrechtliches Ermittlungsverfahren eingeleitet wurde, dann muss dies auch für die Arbeitsgerichte gelten, die im Falle der Kündigungsschutzklage des Arbeitnehmers die Verdachtskündigung des Arbeitgebers bestätigen.[2053] Dogmatischer Anknüpfungspunkt ist hierbei allerdings nicht das Verfahren vor dem Arbeitsgericht, da es hierbei nicht um die Verhängung einer strafrechtlichen Sanktion geht, sondern das Ermittlungsverfahren wegen der Straftat, der der Betroffene verdächtigt wird. Für den Fall, dass (ausnahmsweise) noch keine Ermittlungen aufgenommen wurden, der Betroffene also streng genommen noch nicht im weiten Sinne von Art. 6 Abs. 2 „angeklagt" ist, ist über eine **Vor-/Parallelwirkung** der Unschuldsvermutung nachzudenken.

Grundsätzlich ist also auch im Verfahren vor dem Arbeitsgericht die Unschuldsvermutung **zu beachten**. Erst in einem **zweiten Schritt** stellt sich die Frage, ob die Bestätigung einer Verdachtskündigung auch einen *Verstoß* gegen die Unschuldsvermutung darstellt. Man könnte sich insofern auf den Standpunkt stellen, dass ein Verdacht grundsätzlich nur vorläufige Maßnahmen rechtfertigt, so dass nur eine vorübergehende Suspendierung des Arbeitnehmers möglich wäre. Eine Kündigung hingegen würde eine endgültige Maßnahme darstellen; daran würde auch ein möglicher Wiedereinstellungsanspruch des Arbeit-   736

2049 Vgl. BAG NJW **2014** 810, 813, Rn. 32 („Verdacht gleichermaßen erdrückend"; „auch als ordentliche Kündigung sozial nur gerechtfertigt, wenn Tatsachen vorliegen, die zugleich eine außerordentliche, fristlose Kündigung gerechtfertigt hätten"); NJW **2013** 635, 636, Rn. 21 (schwerwiegende Pflichtverletzung; Verdachtsmomente geeignet, das für das Arbeitsverhältnis erforderliche Vertrauen zu zerstören; zumutbare Anstrengungen des AG zur Aufklärung des Sachverhaltes; Gelegenheit des AN zur Stellungnahme; dringender Verdacht; auf konkrete, objektive Tatsachen gestützt; große Wahrscheinlichkeit für Straftat; Verstoß gegen vertragliche Haupt- und Nebenpflichten nebst Vertrauensbruch). Zusammenfassend *Schlegeit* Das BAG und die Verdachtskündigung (2008) 53 f.

2050 Vgl. nur BAGE **2** 1 = AP § 626 BGB Verdacht strafbarer Handlung Nr. 1; BAG NJW **1964** 1918; NZA **2005** 1056; NJW **2013** 635 (hier: Verdacht der Bestechung); NZA **2019** 893; bestätigt durch BVerfG (Kammer), Beschl. v. 15.12.2008 – 1 BvR 347/08 (im konkreten Fall allerdings keine Verdachtskündigung, sondern Auflösung nach § 9 Abs. 1 Satz 2 KSchG). Siehe aber auch BAG NJW **2013** 1387 = NZA **2013** 371 (Verdacht muss auf konkrete Tatsachen gestützt sein und nicht *allein* darauf, dass die Strafverfolgungsbehörden auch von diesem Verdacht ausgehen; AG kann aber auf die Ermittlungsergebnisse Bezug nehmen und sie sich dadurch zu eigen machen); BAG NZA **2013** 137 (Erlass eines Haftbefehls als solcher ist keine den Verdacht stützende Tatsache) – Zum thematisch verwandten Fall, dass der Arbeitgeber im Bewerbungsverfahren nach strafrechtlichen Ermittlungsverfahren, auch den eingestellten, fragt, und bei wahrheitswidrigen Antworten später anficht oder kündigt, siehe BAGE **143** 343 = NZA **2013** 429 = DB **2013** 584.

2051 BAG NJW **1995** 1110; NJW **2002** 3651; LAG Berlin NZA **1997** 319 = ZTR **1996** 329; *Hahn* Die Verdachtskündigung unter Berücksichtigung einer gesetzlichen Regelung (2004) 36; *Ebeling* Die Kündigung wegen Verdachts (2006) 80, 290; *Schlegeit* Das BAG und die Verdachtskündigung (2008) 59.

2052 Ebenso: *Joachim* AuR **1964** 33; *Schütte* NZA **1991** Beil. 2 17; *Kittner* EzA § 626 BGB Verdacht strafbarer Handlung Nr. 4; *Dörner* NZA **1992** 865; *Naujok* AuR **1998** 398; *Deinert* AuR **2005** 285; *Keiser* JR **2010** 55, 58; vgl. auch *Moritz* NJW **1978** 406.

2053 Anderer Ansicht: BAG NZA **2019** 893, 896; so bereits BAGE **78** 18 = NJW **1995** 1110 = NZA **1995** 269, 271; LG Itzehoe NJOZ **2019** 407, 409.

EMRK Art. 6 —— Menschenrechtskonventionen, Erläuterungen

nehmers,[2054] wenn sich seine Unschuld nachträglich herausstellt, nichts ändern. Diese Gedanken können jedoch aus dem Grund nicht überzeugen, dass auch strafprozessuale Zwangsmaßnahmen allein aufgrund eines bestehenden Verdachts angeordnet werden können. Sinnvoller ist es deshalb, schlicht danach zu differenzieren, ob das Arbeitsgericht in seiner Urteilsbegründung eine **Schuldfeststellung trifft** oder lediglich eine **Verdachtslage beschreibt**; so verfährt auch der EGMR in Bezug auf Folgeverfahren zu Entschädigungs- und Erstattungsansprüchen. Dem Wesen der Verdachtskündigung entspricht es, dass gegen den Arbeitnehmer lediglich der Verdacht einer Straftat besteht, der so schwerwiegend ist, dass deshalb das Vertrauensverhältnis zwischen Arbeitnehmer und Arbeitgeber dauerhaft zerstört wird. Grundsätzlich genügt daher zur Rechtfertigung der Verdachtskündigung die reine Beschreibung einer Verdachtslage, so dass insofern kein Verstoß gegen die Unschuldsvermutung vorliegt. Die Urteilsbegründung kann jedoch im Einzelfall eine Verletzung des Art. 6 Abs. 2 beinhalten, nämlich dann, wenn das Arbeitsgericht – über das eigentlich Erforderliche hinaus – zu erkennen gibt, dass es den Betroffenen tatsächlich für schuldig hält. Dann läge eine unzulässige Schuldfeststellung vor.[2055]

737   **b) Allgemeiner Schutz vor Zuweisung unbewiesener strafrechtlicher Schuld.** Mitunter wird auch vom EGMR angenommen,[2056] dass Art. 6 Abs. 2 den Einzelnen unabhängig von jedem Strafverfahren davor schützt, dass ein **Träger der öffentlichen Gewalt** seine Integrität durch Zuweisung strafrechtlicher Schuld antastet, bevor diese in einem gesetzlichen Verfahren vor dem für die Aburteilung der Straftat zuständigen Strafrichter nachgewiesen ist. Diese ausdehnende Auslegung erlangt praktische Auswirkungen, wenn man der verfahrensrechtlichen Komponente der Unschuldsvermutung eine so weitgehende **Außenwirkung** beimisst, dass nicht nur die eigentliche strafrechtliche Ahndung dem Strafrichter vorbehalten ist, sondern dass auch im **nichtstrafrechtlichen Bereich** alle anderen Staatsorgane davon ausgesperrt werden, bei den ihnen obliegenden Entscheidungen inzidenter den Tatbestand einer nicht vom Strafrichter vorher rechtskräftig abgeurteilten Straftat festzustellen, weil außerhalb eines gegen den Beschuldigten zu führenden Strafverfahrens die „Widerlegung" der Unschuldsvermutung nicht möglich sei.[2057]

738   **c) Exklusivität der strafgerichtlichen Schuldfeststellung.** Der Grundgedanke, dass der Schuldnachweis für eine Straftat im Strafverfahren zu erbringen ist, gilt für die **Aburteilung der Straftat als solcher.** Die Ausübung der staatlichen Strafgewalt durch Verhängung einer Strafe oder ihr gleichkommenden Maßnahme mit Sanktionscharakter wegen der nachgewiesenen schuldhaften Begehung einer Straftat[2058] (im weiten Sinn des Strafrechtsbegriffs der Konventionen) ist grundsätzlich dem zuständigen gesetzlichen Richter und dem im nationalen Recht dafür vorgesehenen Strafverfahren vorbehalten, für das Art. 6 EMRK/Art. 14 IPBPR besondere Rechtsgarantien aufstellen.

2054 Vgl. hierzu BAG NJW **1964** 1918; NJW **1998** 1171; BGH AP § 611 BGB Fürsorgepflicht Nr. 2; ausführlich *Schlegeit* Das BAG und die Verdachtskündigung (2008) 155 ff.; *Hahn* Die Verdachtskündigung unter Berücksichtigung einer gesetzlichen Regelung (2004) 127 ff.
2055 Ebenso *Keiser* JR **2010** 55, 58 f.
2056 EGMR Allenet de Ribemont/F, 10.2.1995; Daktaras/LIT, 10.10.2000; Verlagsgruppe News GmbH/A, 25.10.2016; anders aber EGMR Zollmann/UK (E), 27.11.2003 (Unschuldsvermutung mangels anhängigen oder geplanten Strafverfahrens nicht anwendbar); Gaforov/R, 21.10.2010; *Frowein/Peukert* 162; *Frowein* FS Huber 554; IK-EMRK/*Kühne* 417, 433; *Kühl* FS Hubmann 246; NJW **1988** 3234; Meyer-Ladewig/Nettesheim/von Raumer/*Harrendorf/König* 211; *Nowak* 36.
2057 Vgl. IK-EMRK/*Kühne* 437; *Marxen* GA **1980** 373.
2058 IK-EMRK/*Kühne* 437; *Meyer* FS Tröndle 61, 69.

Esser   834

Mehr garantieren die **Konventionen** nicht. Der Wortlaut der Absätze 2 schreibt **nicht** 739
einmal zwingend ein gerichtliches Verfahren vor. Sie lassen selbst hier dem nationalen
Recht weiten Raum. Auch in einem Bußgeldverfahren vor der Verwaltungsbehörde kann
die Unschuldsvermutung widerlegt werden.[2059] Das Erfordernis, dass die Anrufung eines
Gerichts möglich sein muss,[2060] folgt aus den Garantien der Art. 6 Abs. 1 EMRK, Art. 14
Abs. 1 IPBPR.

Soweit die **Konventionsgarantien** überhaupt über das eigentliche Strafverfahren hi- 740
nausreichen, schützen sie den Einzelnen grundsätzlich davor, dass staatliche Organe ihr
Verhalten gegenüber dem Bürger auf einen **unbewiesenen strafrechtlichen Schuldvorwurf** gründen. Es ist aber nicht anzunehmen, dass sie ohne Rücksicht auf das jeweilige
nationale Rechtssystem, auf das sie Bezug nehmen, ein **exklusives Strafrichtermonopol**
begründen und verbieten wollen, das Vorliegen eines mit Strafe bedrohten Verhaltens in
gesetzlichen Verfahren mit anderer Zielrichtung inzidenter festzustellen und zur Grundlage einer dort zu treffenden außerstrafrechtlichen Entscheidung zu machen.[2061] Allerdings
tendiert die Rechtsprechung des EGMR mit der Formulierung, dass Art. 6 Abs. 2 eine
Schuldfeststellung durch staatliche Stellen außerhalb des Strafverfahrens vor dem zuständigen Tatgericht verbietet, deutlich in die Richtung des Konzepts der Exklusivität der strafgerichtlichen Schuldfeststellung.[2062] Aus der **verfassungsrechtlichen Ableitung** der Unschuldsvermutung, vor allem dem Rechtsstaatsprinzip, kann für das innerstaatliche Recht
eine solche weitgehende und letztlich systemfremde Folgerung ebenfalls nicht hergeleitet
werden.[2063]

Im **Schrifttum** wird dagegen in einer an sich konsequenten Ausdehnung des Straf- 741
richtervorbehalts die Ansicht vertreten,[2064] dieser schließe in Verfahren mit anderer Zielsetzung jede behördliche oder gerichtliche Feststellung über eine begangene Straftat aus,
nicht nur ihre Ahndung als Straftat. Diese gedankliche Konstruktion überspannt den Inhalt
der Anforderungen, die man an eine ungeschriebene Verfassungsgarantie und an den
Konventionswortlaut im praktischen Rechtsleben vernünftigerweise stellen darf. Wollte
man in jedem nicht zur Aburteilung der betreffenden Straftat durchgeführten gerichtlichen oder behördlichen Verfahren alle Feststellungen über strafrechtlich relevante Tatsachen überhaupt ausklammern oder sie auf die Feststellung erwiesener Verhaltensweisen
ohne strafrechtliche Zuordnung beschränken,[2065] so müsste ein solcher **Strafrichtervor-
behalt** in einer wohl kaum befürworteten letzten Konsequenz für alle anderen gerichtlichen und behördlichen Verfahren unbeschadet ihrer anderen Zielrichtung gelten.

Mit einem vielschichtigen **Rechtsschutzsystem** ist ein über die Ahndung als Straftat 742
hinausreichendes Strafrichtermonopol **unvereinbar**. Dieses geht grundsätzlich davon aus,
dass die Richter aller Gerichtszweige unabhängig und ohne Bindung an die Erkenntnisse
anderer Gerichte die entscheidungserheblichen Vorfragen in dem jeweils für ihre Urteilsfindung erforderlichen Umfang selbst feststellen und entscheiden. Sie sind insoweit die

---

2059 Zum Problem der Offenlegung der Messunterlagen im Bußgeldverfahren bei mutmaßlichem Rotlicht-
verstoß oder Geschwindigkeitsüberschreitung vgl. VerfGH Saarland NZV **2018** 275 (vollständige Zur-Verfü-
gung-Stellung der Messunterlagen erforderlich) sowie **a.A.** OLG Bamberg NZV **2018** 425 (Antrag auf Einsichtnahme sei Beweisermittlungsantrag, über den der Tatrichter unter Aufklärungsgesichtspunkten gem. § 244
Abs. 2 StPO entscheide), jeweils m. Anm. *Krenberger*; ausführlich *Wendt* NZV **2018** 441.

2060 Vgl. EGMR Lutz/D, 25.8.1987.

2061 Ebenso *Pflaum* wistra **2010** 368, 370.

2062 Vgl. *Stuckenberg* StV **2007** 655, 660; *Seher* ZStW **118** (2006) 101, 124.

2063 Vgl. BVerfG NStZ **1988** 21; NJW **1991** 1530 = MDR **1991** 891; ebenso *Pflaum* wistra **2010** 368, 370.

2064 Vgl. IK-EMRK/*Kühne* 437; *Marxen* GA **1980** 373; *Vogler* FS Kleinknecht 436; zum Besteuerungsverfahren
Reiß GS Trzaskalik 504 f.

2065 Vgl. IK-EMRK/*Kühne* 464.

dazu berufenen gesetzlichen Richter und das Verfahren ist das gesetzliche Verfahren für die darin zu treffenden Feststellungen. Eine Verabsolutierung des Strafrichtervorbehalts würde nicht nur in allen anderen gerichtlichen und behördlichen Verfahren jede Aussage über ein strafrechtlich relevantes Verhalten ausschließen; sie müsste auch im Strafverfahren den Richter hindern, Aussagen über nicht verfahrensgegenständliche Taten oder über Straftaten der nicht am Verfahren beteiligten Personen zu treffen, selbst wenn es um deren Verfahrensbeteiligung oder Vortäterschaft geht.[2066]

743   Die Unschuldsvermutung ist als Schutz des jeweiligen Beschuldigten vor der Zuweisung und Bestrafung wegen nicht ordnungsgemäß nachgewiesener Schuld gedacht. Sie zwingt die staatlichen Organe bei Entscheidungen über einen anderen Lebenssachverhalt nicht zu der lebensfremden Unterstellung, ein mit Strafe bedrohter Sachverhalt habe sich ungeachtet seiner mitunter unstrittigen Evidenz nicht zugetragen, nur weil er nicht rechtskräftig vom zuständigen Strafgericht abgeurteilt worden ist.[2067]

744   Die andere Auffassung hätte in letzter Konsequenz zur Folge, dass jedem Verfahren, in dem es darauf ankommt, ob ein mit Strafe bedrohtes Verhalten vorlag, notwendig Strafanzeige und Strafverfahren vorangehen müssten; das Strafverfahren würde damit zum **Vorschaltverfahren** für alle anderen, bis zu seiner Erledigung auszusetzenden Verfahren werden. Könnte auf diesem Weg eine strafrichterliche Entscheidung in der Sache nicht erreicht werden, etwa, weil die Straftat verjährt ist oder weil der Staat aus Opportunitätsgründen (vgl. §§ 153 ff. StPO) von der Strafverfolgung absieht oder weil die Durchführung des Strafverfahrens an anderen Umständen, wie etwa der Flucht des Angeklagten, scheitert, müsste der Gesetzgeber im Interesse der Gerechtigkeit und in Erfüllung seiner Rechtsgewährungspflicht gegenüber den sonst um seine Rechte gebrachten Geschädigten auch von Konventions wegen ein **Ersatzverfahren** vorsehen.[2068] Dies alles verlangen die Konventionen vom nationalen Recht nicht.

745   Zuzustimmen ist deshalb der Praxis, wonach **in Verfahren mit anderer Zielsetzung** Feststellungen über **Tatsachen, die einen Straftatbestand erfüllen** und nötigenfalls auch über dessen Vorliegen selbst (nicht aber über die dem Strafrichter vorbehaltene Sanktionsfrage) in dem für die dortige Entscheidung erforderlichen Umfang als Grundlage für die daran anknüpfenden außerstrafrechtlichen Rechtsfolgen nach Maßgabe des jeweiligen nationalen Rechts getroffen werden dürfen. Der Zweck der Unschuldsvermutung nach Art. 6 Abs. 2 EMRK/Art. 14 Abs. 2 IPBPR kann nicht darin liegen, andere Gerichte oder staatliche Stellen zu zwingen, bei ihrer Entscheidung eine vom Strafrichter rechtskräftig festgestellte Straftat ohne Rücksicht auf ihre eigenen Erkenntnisse für erwiesen zu unterstellen oder dem nationalen Recht zu verbieten, dass die Gerichte aller Gerichtszweige in eigener Unabhängigkeit und ohne Bindung[2069] in der Regel auch strafrechtliche Vorfragen mitentscheiden.

746   Wer entgegen der hier vertretenen Meinung die Verfahrensgarantie der Unschuldsvermutung nicht auf das Verfahren zur Ahndung der strafrechtlichen Schuld beschränkt, sondern ihr eine **allgemeine Schutzwirkung gegen jede Zuweisung unbewiesener Schuld** beimisst, sollte diese Außenwirkung dadurch praktikabel machen, dass er anerkennt, dass die betreffende Straftat auch durch einen den Anforderungen des jeweiligen Verfahrens entsprechenden Schuldnachweis festgestellt werden kann. Eine solche

2066 Die EKMR sah dies zu Recht für zulässig an, vgl. bei IK-EMRK/*Kühne* 417.
2067 BGHSt **34** 211 = Jura **1988** 356 m. Anm. *Frister* = JR **1988** 340 m. Anm. *Gollwitzer* = NStZ **1986** 127 m. abl. Anm. *Vogler*; zust. *Meyer* FS Tröndle 61, 73.
2068 Der effektive Rechtsschutz bei Streitigkeiten über *„civil rights"* (Art. 6 Abs. 1 EMRK/Art. 14 Abs. 1 IPBPR) wäre sonst in Frage gestellt.
2069 Gesetzliche Regelungen schreiben nur in Ausnahmefällen etwas anderes vor, vgl. § 190 StGB.

Schuldfeststellung hätte dann allerdings nur eine auf die Zwecke des jeweiligen Verfahrens begrenzte Wirkung. Die Inzidenzfeststellung würde die Unschuldsvermutung für andere Verfahren nicht widerlegen, vor allem könnte sie nicht ausschließen, dass in einem späteren Strafverfahren wegen der gleichen Tat der Beschuldigte als unschuldig zu behandeln ist.

Ob umgekehrt ein **rechtskräftiger Freispruch** im Strafverfahren andere Gerichte 747 insoweit bindet, dass sie dann auch unter Ausschöpfung aller ihnen verfügbarer Beweise[2070] einen strafrechtlich relevanten Sachverhalt nicht mehr feststellen, sondern ihre Erkenntnis nur noch auf die dem Freispruch zugrunde liegenden Tatsachen stützen dürfen, wie die EKMR angenommen hat,[2071] erscheint ebenfalls zweifelhaft. Auch dies überspannt die Konventionsgarantien und lässt sich auch nicht aus den Verfassungsgarantien, vor allem dem Rechtsstaatsprinzip, herleiten. Diese Grundsätze schreiben kein bestimmtes Rechtsschutzsystem vor, allenfalls bekräftigen sie das vorhandene, das gerade für den Normalfall keine solche Bindungen aufstellt und das durch unterschiedliche Prozessmaximen in den verschiedenen Verfahrensarten bewusst unterschiedliche Ergebnisse in Kauf nimmt. Wegen des faktischen Gewichts, dem ein Freispruch in anderen Verfahren in der Regel beigemessen wird, wäre eine solche Bindung allerdings praktisch hinnehmbar.

8. Schutz der Unschuldsvermutung im Unionsrecht

a) Richtlinie (EU) 2016/343 zur Stärkung bestimmter Aspekte der Unschuldsvermutung im Strafverfahren. Die auf der Ebene des Unionsrechts beschlossene **Richtlinie** 748 **(EU) 2016/343**[2072] findet Anwendung auf natürliche Personen, die Verdächtige oder Beschuldigte in einem Strafverfahren sind. Sie gilt für **alle Abschnitte des Strafverfahrens** ab dem Moment, in dem eine Person verdächtigt oder beschuldigt wird, eine Straftat begangen zu haben, bis zum Zeitpunkt der endgültigen und rechtskräftigen Feststellung der Schuld (Art. 2 RL). Die Mitgliedstaaten sollen sicherstellen, dass, solange die Schuld eines Verdächtigen oder Beschuldigten nicht rechtsförmlich nachgewiesen wurde, in **öffentlichen Erklärungen** von Behörden und in nicht die Frage der Schuld betreffenden gerichtlichen Entscheidungen nicht in einer Weise auf den Betroffenen rekurriert wird, als sei dieser schuldig (Art. 4 Abs. 1 RL). Auch soll verhindert werden, dass Betroffene vor Gericht oder in der Öffentlichkeit durch den Einsatz von **physischen Zwangsmaßnahmen** in einer die Überzeugung von der Schuld vorwegnehmenden Weise dargestellt werden, Art. 5 Abs. 1 RL. Nach Art. 6 Abs. 1 RL soll garantiert werden, dass die **Beweislast für die Feststellung der Schuld** von Verdächtigen und beschuldigten Personen bei der Strafverfolgungsbehörde liegt.[2073]

Sofern bestimmte Mindestregularien gewahrt sind, sollte es den EU-Mitgliedstaaten 749 nach dem ursprünglichen RL-Vorschlag der Kommission ermöglicht werden, **Schuldver-**

2070 Vgl. *Bruns* StV **1982** 19.
2071 EKMR bei *Bleckmann* EuGRZ **1983** 415, 422; vgl. ferner zu der bei § 56f StGB strittigen Frage OLG Düsseldorf NStZ **1990** 541 = MDR **1990** 1133; OLG Hamm NJW **1973** 911 und die Erläuterungen in den Kommentaren zum StGB.
2072 Richtlinie (EU) 2016/343 des Europäischen Parlaments und des Rates vom 9.3.2016 über die Stärkung bestimmter Aspekte der Unschuldsvermutung und des Rechts auf Anwesenheit in der Verhandlung in Strafverfahren, ABlEU Nr. L 65 v. 11.3.2016 S. 1; hierzu auch FRA (Hrsg.), Presumption of innocence and related rights – Professional perspectives (März 2021) 25 ff.
2073 Art. 7 und Art. 8 RL normieren die Selbstbelastungsfreiheit und ein grundsätzliches Recht auf Anwesenheit.

Esser

mutungen zu etablieren.[2074] Diese Aufweichung der Beweislastverteilung im Strafverfahren, die auf Kritik gestoßen ist,[2075] wurde in den endgültigen Text der Richtlinie nicht übernommen.[2076] Derartige Vermutungen seien vielmehr unter Berücksichtigung der Bedeutung der betroffenen Belange und unter Wahrung der Verteidigungsrechte auf ein vertretbares Maß zu beschränken. Darüber hinaus müssen derlei Vermutungen widerlegbar ausgestaltet sein und dürfen „in jedem Fall nur angewendet werden, wenn die Verteidigungsrechte gewahrt sind" (vgl. ErwG 22). Art. 6 RL stellt zudem klar, dass die Mitgliedstaaten innerhalb ihrer Verfahrenssysteme dafür Sorge zu tragen haben, dass die Beweislast für die Feststellung der Schuld von Verdächtigen und beschuldigten Personen bei der Strafverfolgungsbehörde liegt.[2077]

750   Einzelne Bestimmungen der RL wurden durch den EuGH bereits weiter konkretisiert:[2078] Art. 3 und Art. 4 Abs. 1 RL stehen dem **Erlass vorläufiger Entscheidungen**, die auf Verdachtsmomenten oder belastendem Beweismaterial beruhen (u.a. Fortdauer der Untersuchungshaft) nicht entgegen, wenn die beschuldigte Person darin nicht als schuldig bezeichnet wird.[2079] Die Richtlinie regelt hingegen nicht die Voraussetzungen der Anordnung der Untersuchungshaft. Art. 6 RL sowie die Art. 6 und 47 der EUC sind nicht auf nationale Rechtsvorschriften anwendbar, die die Entlassung einer in Untersuchungshaft befindlichen Person davon abhängig machen, dass diese den Eintritt neuer Umstände nachweist, die ihre Entlassung aus der Haft rechtfertigen.[2080]

751   Werden „Schuldanerkenntnisse" während des Hauptverfahrens vom Gericht nur für die Fälle akzeptiert, in denen auch die weiteren Beschuldigten einverstanden sind, müsse das nicht mit der RL und den europäischen Grundrechten in Einklang gebracht werden, da sich aus dem Unionsrecht für die Mitgliedstaaten keine Pflicht für die Justizbehörden ergebe, auf eine taktische Zusammenarbeit der Betroffenen bei der Verurteilung Rücksicht zu nehmen.[2081] Ebenso sei es nicht an Art. 6 RL zu messen, wenn die Entscheidung über die Fortdauer der Untersuchungshaft dem Tatgericht zugewiesen wird und den Inhaftierten die Darlegungs- und Beweislast für die seine Entlassung aus der Haft rechtfertigenden

---

2074 Vorschlag für eine Richtlinie des Europäischen Parlaments und des Rates zur Stärkung bestimmter Aspekte der Unschuldsvermutung und des Rechts auf Anwesenheit in der Verhandlung in Strafverfahren, KOM (2013) 821 v. 26.11.2013. So zumindest in Art. 5-E angelegt: Dieser sollte es den Mitgliedstaaten ermöglichen, Schuldvermutungen festzulegen, solange diese „ausreichendes Gewicht" haben, um ein Abweichen von dem Grundsatz, dass der Staat die Beweislast trägt, zu rechtfertigen, und sofern sie widerlegbar sind. Für die Widerlegung sollte es ausreichen, dass die Verteidigung „genügend Beweise beibringt, um begründete Zweifel an dem Schuld des Verdächtigen oder Beschuldigten aufkommen zu lassen".
2075 DAV-Stellungnahme 15/2014 v. 21.3.2014, 4 f.; die DRB-Stellungnahme 11/15 sieht weder einen Anlass für die Richtlinie, noch sieht sie darin rechtlich umsetzbare Maßgaben, da die Vorgaben die *grundlegenden Prinzipien* des deutschen Strafverfahrensrechts verkennen würden.
2076 Knapp zu dieser RL auch *Brodowski* ZIS **2017** 11, 18 und *Buchholz* 243 ff.
2077 Der Anwendungsbereich der RL erfasst nur natürliche Personen (vgl. Art. 2 Satz 1; ErwG 13–15).
2078 Dazu auch KOM (2021) 144 final v. 31.3.2021, 1 ff.
2079 EuGH 19.9.2018, C-310/18 PPU (Milev I).
2080 EuGH 28.11.2019, C-653/19 PPU (DK/BG). Hintergrund war der Antrag eines Beschuldigten auf Entlassung aus der Untersuchungshaft. Nach den einschlägigen bulgarischen Rechtsvorschriften müsse ein Gericht, dem eine in Untersuchungshaft befindliche Person zur Aburteilung überstellt worden sei, die Rechtmäßigkeit der Haft vorab prüfen. Bei Feststellung der Rechtmäßigkeit der Haft werde diese zeitlich unbefristet fortgesetzt und nicht von Amts wegen überprüft. Der Inhaftierte könne nur dann freigelassen werden, wenn er dies beantrage und nachweise, dass neue Umstände vorlägen, die seine Freilassung rechtfertigten. Das nationale Gericht legte dem EuGH im Rahmen der Vorabentscheidung die Frage vor, ob Art. 6 RL im Lichte von ErwG 22 sowie der Art. 6 und 47 EUC diesen nationalen Rechtsvorschriften entgegenstünden.
2081 EuGH 24.9.2019, C-467/19 PPU (QR), Tz. 34 (Bulgarien); vgl. auch *Brodowski* ZIS **2020** 285, 292.

Umstände treffen.[2082] Vereinbar mit der Richtlinie sei überdies, dass **Mittäter** in einem (gerichtlich akzeptierten) strafrechtlichen Schuldanerkenntnis auch als solche betitelt werden, zumindest wenn dies für die Beurteilung von Schuld und Strafe des eingestehenden Angeklagten erforderlich ist. Allerdings müsse die Schuld des mutmaßlichen Mittäters im weiteren Verlauf des Verfahrens festgestellt werden.[2083]

Unter bestimmten Umständen ist im Strafprozess der **Verzicht des Angeklagten auf** **752** **sein Recht auf Anwesenheit in der Hauptverhandlung** möglich. Art. 8 Abs. 1 und Abs. 2 RL stehen einer diesbezüglichen Regelung nicht entgegen.[2084] Voraussetzung ist die rechtzeitige Unterrichtung der beschuldigten/angeklagten Person über die sie betreffende Verhandlung und über die Folgen des Nichterscheinens. Der Beschuldigte muss die unmissverständliche Entscheidung getroffen haben, dem Termin der ihn betreffenden Verhandlung fernzubleiben. Alternativ ist die Erklärung möglich, in Abwesenheit vorgenommene Handlungen nicht angreifen oder sie unter Mitwirkung wiederholen zu wollen.

Die Richtlinie ist auf ein **gerichtliches Verfahren der psychiatrischen Unterbrin-** **753** **gung zu therapeutischen Zwecken** nicht anzuwenden, wenn sich das Verfahren darauf stützt, dass der Betroffene angesichts seines Gesundheitszustands als Gefahr für seine eigene Gesundheit oder die Gesundheit Dritter anzusehen sein könnte. Der in Art. 3 RL aufgestellte Grundsatz der Unschuldsvermutung verlangt jedoch, dass die Staatsanwaltschaft nachweist, dass die Person, deren Unterbringung begehrt wird, die im Zustand geistiger Verwirrung begangenen mutmaßlichen Taten, von denen die Gefahr ausgehen soll, tatsächlich begangen hat.[2085]

Zur Umsetzung der Richtlinie (EU) 2016/343 in deutsches Recht (die bis zum 1.4.2018 **754** erfolgen hätte müssen), hatte das BMJV im April 2018 einen Referentenentwurf vorgelegt, der in das **Gesetz zur Stärkung des Rechts des Angeklagten auf Anwesenheit in der** **Verhandlung vom 17.12.2018**[2086] mündete, der allerdings im Bereich der Unschuldsvermutung kaum Anpassungen vorgenommen hat. Der Entwurf arbeitete drei Lücken heraus, in denen die StPO hinter den Vorgaben der Richtlinie – zumindest punktuell[2087] – zurückblieb. Da im § 231 Abs. 2 StPO a.F. nicht verpflichtend geregelt war, dass der Beschuldigte darauf hinzuweisen ist, dass auch in seiner Abwesenheit verhandelt werden kann, sollte diese Lücke im Normtext geschlossen werden. Zudem fehlte es an einer ausdrücklichen Belehrung des Angeklagten über seine Rechte aus § 329 Abs. 7 und § 365a StPO. Dem inhaftierten Angeklagten stand gem. § 350 Abs. 2 Satz 2 StPO a.F. kein Recht auf Anwesenheit während der Revisionsverhandlung zu; die Entscheidung darüber, ob der Angeklagte, der nicht auf freiem Fuß ist, zu der Hauptverhandlung vorgeführt wird, liegt nunmehr im Ermessen des Gerichts.

Nach dem neuen § 350 Abs. 1 StPO soll dem Angeklagten, seinem gesetzlichen Vertre- **755** ter und dem Verteidiger sowie den gemäß § 397 Abs. 1 Satz 1, Abs. 2 Satz 2, § 406h Abs. 1 Satz 2 und Abs. 2 StPO zur Anwesenheit in der Hauptverhandlung berechtigten Personen, Ort und Zeit der Hauptverhandlung mitgeteilt werden. Nach Absatz 2 Satz 2 kann die Hauptverhandlung jedoch auch dann durchgeführt werden können, wenn weder Angeklagter noch Verteidiger anwesend sind und die Mitwirkung eines Verteidigers nicht not-

2082 EuGH 28.11.2019, C-653/19 (DK), Tz. 31 ff., BeckRS **2019** 29509.
2083 EuGH 5.9.2019, C-377/18 (AH u.a.), BeckRS **2019** 20131; zuvor GA, Schlussanträge v. 13.6.2019 – C-377/18 (AH u.a.).
2084 EuGH 13.2.2020, C-688/18 (TX u. UW/BG), BeckRS **2020** 1130.
2085 EuGH 19.9.2019, C-467/18 (Rayonen sad Lukovit/BG).
2086 BGBl. 2018 I S. 2571.
2087 Ref-E, S. 5.

wendig ist. In Hinblick auf die weiteren von der Richtlinie aufgestellten Mindestvorgaben sah der Entwurf keinen Änderungsbedarf.[2088]

756   Die Unschuldsvermutung sei im deutschen Recht durch Art. 20 Abs. 3 GG mit Verfassungsrang verankert. In Bezug auf öffentliche Erklärungen über die Schuldfrage seien die landesrechtlichen Regularien der Pressegesetze und die Möglichkeit zur Ahndung von Verstößen gegen Persönlichkeitsrechte durch Justizbedienstete ausreichend. Auch die in Art. 6 RL vorgeschriebene Beweislastverteilung für den Schuldnachweis auf Seiten der Strafverfolgungsbehörden werde im deutschen Strafverfahrensrecht bereits über die §§ 160, 244 Abs. 2, 261 StPO erfüllt.[2089] Der durch Art. 7 RL geforderte Schutz des Angeklagten vor Selbstbelastung sei durch etablierte Beweisverwertungsverbote bei Unterlaufung der entsprechenden Belehrungspflichten ebenfalls gesichert.[2090] Für eine Einführung einer strengen Fernwirkung von Beweisverwertungsverboten sah der Entwurf keinen Bedarf.[2091]

757   **b) Festlegung harmonisierter Vorschriften für künstliche Intelligenz.** Wie aus dem Vorschlag[2092] der EU-Kommission für eine Verordnung zur Regulierung von **Künstlicher Intelligenz (KI)** hervorgeht, wird auf den Schutz der Unschuldsvermutung auf EU-Ebene auch in diesem Rahmen ein Augenmerk gelegt. So heißt es in der Begründung, dass Gefahren für die Unschuldsvermutung entstehen können, wenn KI nicht transparent und nachvollziehbar eingesetzt wird. Der Vorschlag der Kommission ging dahin, KI, die für den Einsatz in der Strafverfolgung bestimmt ist, als Hochrisikoanwendung einzustufen. Die federführenden Ausschüsse des EU-Parlaments Binnenmarkt und Inneres forderten indes, die vorausschauende Polizeiarbeit in die Liste der verbotenen Anwendungen von KI aufzunehmen, da anderenfalls die Gefahr erheblicher Verstöße gegen die Unschuldsvermutung und gegen das Diskriminierungsverbot bestehe.[2093] Eine solche Regelung entspräche auch der Stellungnahme des DAV.[2094] Die endgültige Regelung bleibt abzuwarten.

X. Unterrichtung über die erhobene Beschuldigung (Art. 6 Abs. 3 *lit.* a EMRK/ Art. 14 Abs. 3 *lit.* a IPBPR)

758   Da der EGMR die Verfahrensgarantien des Art. 6 Abs. 3 nur als **Teilaspekte des Rechts auf ein faires Verfahren** (Art. 6 Abs. 1) mit der Folge einer Gesamtbewertung begreift, muss selbst bei einem Verstoß gegen ein oder mehrere Einzelrechte des Absatzes 3 in einem bestimmten Verfahrensstadium nicht notwendig das gesamte Verfahren

---

2088 Ref-E, S. 10 ff.

2089 Ref-E, S. 13.

2090 Ref-E, S. 14.

2091 **A.A.** BRAK-Stellungnahme Nr. 24 (Juli 2018), 5: Widerspruchslösung und fehlende Fernwirkung von Beweisverwertungsverboten stünden im Widerspruch zu Art. 7, 10 Abs. 2 RL. Ref-E, S. 13.

2092 Vorschlag für eine Verordnung des Europäischen Parlaments und des Rates zur Festlegung harmonisierter Vorschriften für künstliche Intelligenz (Gesetz über künstliche Intelligenz) [...], COM(2021) 206 final v. 21.4.2021.

2093 Siehe DAV, Europa im Überblick 16/2022, https://anwaltverein.de/de/newsroom/europa-im-ueberblick-16-2022 (Stand: 11/2021); vgl. den Berichtsentwurf 2021/0106 (COD) des EP v. 20.4.2022, S. 25.

2094 Vgl. DAV, Stellungnahme Nr. 57/2021 zum Vorschlag der EU-Kommission für eine Verordnung zur Festlegung harmonisierter Vorschriften für künstliche Intelligenz, 11/2021, S. 13.

konventionswidrig sein (Rn. 345 ff.). Gleichwohl betont der EGMR, dass es schon in einem frühen Stadium des Strafverfahrens Verfahrensverstöße und Verteidigungsmängel (insbesondere im Hinblick auf die in Absatz 3 normierten Rechte) geben kann, die das gesamte spätere Verfahren für den Beschuldigten ungünstig determinieren und damit insgesamt unfair machen.[2095] Art. 6 Abs. 3 *lit.* a kommt daher bereits bei der ersten Maßnahme (ohne vorherige Unterrichtung) zur Anwendung, deren Nichtbeachtung die Fairness des Verfahrens gefährdet.[2096]

1. Zweck der Unterrichtung. Art. 6 Abs. 3 *lit.* a EMRK und Art. 14 Abs. 3 *lit.* a IPBPR **759** fordern sachlich übereinstimmend die **alsbaldige Unterrichtung** des Beschuldigten[2097] über die ihm angelastete Beschuldigung („of the nature and cause of the accusation [the charge] against him"). Diese Unterrichtung soll die belastende **Ungewissheit** über den Gegenstand des gegen ihn geführten Verfahrens frühzeitig ausräumen und ihm zugleich das Recht auf die Gewährung von ausreichend Zeit und Gelegenheit zur effektiven Vorbereitung einer **sachgerechten Verteidigung** (Art. 6 Abs. 3 *lit.* b EMRK/Art. 14 Abs. 3 *lit.* b IPBPR) sichern.[2098] Nur wenn der Beschuldigte weiß, wegen welcher Straftaten gegen ihn ermittelt wird und auf welche Tatsachen sich dieser Verdacht gründet, kann er seine Verteidigung effektiv vorbereiten und wirksame Rechtsbehelfe gegen ihn belastende Ermittlungsmaßnahmen einlegen.[2099]

Art. 6 Abs. 3 *lit.* a schützt den Beschuldigten nicht davor, freiwillig Angaben zu ma- **760** chen, bevor er hinreichend über die gegen ihn erhobenen Anschuldigungen unterrichtet wurde;[2100] insofern greifen die Regeln zur **Selbstbelastungsfreiheit** (*nemo tenetur*; Rn. 1328 ff.). Die Möglichkeit, sich bereits in diesem Verfahrensabschnitt nach Unterrichtung zu den Vorwürfen zu äußern, ist ihm unbenommen; durch *lit.* a wird er zu einer **Stellungnahme** weder verpflichtet noch ist sie ihm untersagt.[2101]

Der Gerichtshof prüft nicht die Erfolgsaussicht der Verteidigungsmittel, die der Betrof- **761** fene bei korrekter Unterrichtung zur Verfügung gehabt bzw. hypothetisch genutzt hätte, sondern beschränkt sich (rein argumentativ, ohne dass es darauf für einen Konventionsverstoß ankäme) auf eine **Plausibilitätsprüfung** im Hinblick darauf, ob etwaige sich durch die Unterrichtung eröffnete Mittel sich von der tatsächlich gewählten Strategie unterschieden hätten.[2102]

2. Anlass der Unterrichtung. Das Recht auf Unterrichtung wird durch **jede behördli-** **762** **che**[2103] **Maßnahme** ausgelöst, durch die der Betroffene Kenntnis erhält, dass er Beschuldigter eines gegen ihn eingeleiteten Ermittlungsverfahrens ist. Dies kann auch die behördliche Antwort auf eine diesbezügliche Anfrage des Beschuldigten sein, der sich nach dem

2095 EGMR Pishchalnikov/R, 24.9.2009, § 64.
2096 EGMR Soylemez/TRK, 21.9.2006, § 128.
2097 *Angeklagte Person* („everyone charged with a criminal offence"; „accusé") ist in autonomer Auslegung im weiten Sinne des nach deutschem Recht „Beschuldigten" zu verstehen, vgl. Rn. 110 ff.
2098 Vgl. EGMR Dallos/H, 1.3.2001, § 47; (GK) Pélissier u. Sassi/F, 25.3.1999, § 52; *E. Müller* FS Koch 191, 197 (Verteidigung schon im Vorfeld ermöglichen).
2099 Vgl. auch EGMR Dallos/H, 1,3,2001, § 47; Colozza/I, 12.2.1985, §§ 25 ff.; Goddi/I, 9.4.1984, §§ 26 ff., EuGRZ **1985** 234; *Weigend* StV **2000** 385; *Frowein/Peukert* 282.
2100 Vgl. EGMR Sutyagin/R (E), 8.7.2008, § 7.
2101 Ob sich aus *lit.* a ein Recht auf Stellungnahme ableiten lässt, ist daher unerheblich; verneinend: SK/ *Meyer* 373); vgl. auch OLG Düsseldorf StV **2010** 512.
2102 Vgl. EGMR Drassich/I, 11.12.2007, § 40; (GK) Pélissier u. Sassi/F, 25.3.1999, § 60.
2103 Zur Unterrichtungspflicht über Schreiben und Stellungnahme anderer Verfahrensbeteiligter, z.B. des Nebenklägers vgl. Rn. 310 ff. und EGMR Verdú Verdú/E, 15.2.2007.

Zweck polizeilicher Aktivitäten in seinem unmittelbaren Umfeld erkundigt, aber auch sonstige Handlungen, die dem Beschuldigten die Existenz eines gegen ihn geführten Verfahrens zur Kenntnis bringen, wie etwa eine Festnahme oder Durchsuchung, kommen in Betracht.[2104] Der Begriff der *Anklage* wird hier – ebenso wie bei Art. 6 Abs. 1 Satz 1 EMRK/Art. 14 Abs. 1 Satz 1 IPBPR – **materiell**, d.h. als Gegenstand einer gegen den Beschuldigten erhobenen Beschuldigung und eines diesbezüglich gegen ihn geführten Verfahrens verstanden.[2105]

763   **3. Zeitpunkt der Unterrichtung.** Der Beschuldigte muss **in möglichst kurzer Frist** (*"promptly"/"dans le plus court délai"*) von den gegen ihn erhobenen Beschuldigungen und den ihnen zugrunde liegenden Tatsachen unterrichtet werden. Dies bedeutet zwar nicht sofort mit Verfahrensbeginn, wohl aber, dass der Beschuldigte **sobald als möglich** die für die Vorbereitung seiner Verteidigung (Art. 6 Abs. 3 *lit.* b EMRK/Art. 14 Abs. 3 *lit.* b IPBPR) wesentliche Aufklärung über den sachlichen Gegenstand der Ermittlungen[2106] und über alle ihm zur Last gelegten rechtlichen Vorwürfe erhält. Diese Unterrichtungspflicht wird dadurch ausgelöst, dass er von einer **amtlichen Stelle erfährt**, dass wegen einer gegen ihn erhobenen Anschuldigung ein behördliches Verfahren eingeleitet ist; damit ist er *angeklagt* i.S.v. Art. 6 Abs. 1 (vgl. Rn. 79 ff.).[2107] Der Zeitpunkt der Unterrichtung darf also nicht mit der späteren förmlichen Erhebung einer Anklage zum Gericht i.S.d. § 170 Abs. 1 StPO gleichgesetzt werden, er liegt in der Regel deutlich früher. Neben einer amtlichen Mitteilung kann auch eine Zwangsmaßnahme oder Ermittlungshandlung maßgeblich sein, die einen strafrechtlichen Vorwurf impliziert und bereits mit **erheblichen Auswirkungen auf die Lage** des Verdächtigen verbunden ist.[2108] Mit der sich im weiteren Verfahrensgang abzeichnenden **Erhebung der (förmlichen) Anklage zum Gericht** erneuert sich der Anspruch des (jetzt) Angeschuldigten auf Unterrichtung.

764   Der Zweck des Absatzes 3 *lit.* a, die **Verteidigung schon im Vorfeld** zu sichern,[2109] deckt sich mit der Forderung in Absatz 3 *lit.* b, eine ausreichende Zeit für die Vorbereitung der Verteidigung zu gewähren. Die Unterrichtung ist ohne jeden weiteren Aufschub **von Amts wegen** vorzunehmen, sobald sie im Rahmen eines geordneten Verfahrensganges durchführbar ist. Dies gilt auch, wenn die Ermittlungen noch nicht abgeschlossen sind, erst recht aber für den Zeitpunkt der formellen Anklageerhebung. Auch aus diesem Grund muss **sprachunkundigen Beschuldigten** schon vor Beginn der Haupthandlung eine **Übersetzung der Anklageschrift** zur Verfügung gestellt werden. In der Praxis ergibt sich daraus ein **Schriftformerfordernis** für die Übersetzung; eine mündliche Übersetzung der Anklageschrift erst in der Hauptverhandlung kann den Anforderungen des Art. 6 Abs. 3 *lit.* a nicht mehr genügen.[2110] Dass sich Art oder Umfang des Vorwurfs im Verlauf der

---

2104   *Nowak* 47 (behördliche Verfahrenshandlung, aus der Verdacht abgeleitet werden kann).

2105   Vgl. EGMR Luedicke, Belkacem u. Koç/D, 28.11.1978, § 45, NJW **1979** 1091 = EuGRZ **1979** 34.

2106   EGMR Kamasinski/A, 19.12.1989, § 79, ÖJZ **1990** 412; (GK) Pélissier u. Sassi/F, 25.3.1999, § 52.

2107   Der Begriff wird unabhängig vom nationalen Recht autonom ausgelegt, vgl. EGMR Neumeister/A, 27.6.1968, § 18; Engel u.a./NL, 8.6.1976, § 81; Deweer/B, 27.2.1980, § 42; Corrigliano/I, 10.12.1982, §§ 34 f., EuGRZ **1985** 585; *Frister* StV **1998** 159; *Niemöller* 55; *Weigend* StV **2000** 385; *Villiger* 580; vgl. OGH ÖJZ **2010** 1080, 1081 („offizielle Benachrichtigung über den Tatvorwurf").

2108   Vgl. EGMR Šubinski/SLW, 18.1.2007, § 62; Gül/D (E), 4.1.2012, BeckRS **2012** 214558 (Durchsuchung).

2109   Vgl. Art. VII Abs. IX *lit.* b NATO-Truppenstatut, der ausdrücklich die Unterrichtung vor der Verhandlung fordert.

2110   Vgl. OLG Stuttgart StV **2003** 490; *Pott* StRR **2012** 444, 445.

Ermittlungen noch ändern können, rechtfertigt keinen Aufschub, vor allem kein längeres Zuwarten auf weitere Ermittlungsergebnisse oder gar den Abschluss der Ermittlungen.[2111]

Ändern sich im späteren Verfahrensgang die rechtliche Beurteilung der Tat oder die **765** tatsächlichen Grundlagen der Beschuldigung, muss die Unterrichtung entsprechend ergänzt oder geändert werden. Daher können im Laufe eines Verfahrens **mehrere Unterrichtungen** notwendig sein. Nach Erhebung der Anklage zum zuständigen Gericht, die ebenfalls formalisiert die Unterrichtungspflicht erfüllt, setzt sich die Unterrichtungspflicht bei **späteren Veränderungen** in der Hauptverhandlung und in der Verhandlung vor den Rechtsmittelgerichten fort (Rn. 777). Sie besteht insofern neben § 265 Abs. 1, Abs. 2 StPO, der ebenfalls primär der Sicherung einer umfassenden Verteidigung des Angeklagten durch die Ergänzung der zugelassenen Anklage dient.[2112] Zwar soll die Verteidigung einen solchen Hinweis nicht beantragen können;[2113] das **Recht, die Erteilung eines rechtlichen Hinweises zu beantragen**, folgt jedoch unmittelbar aus Art. 6 Abs. 3 *lit.* a EMRK/Art. 14 Abs. 3 *lit.* e IPBPR.

Die konkrete **Gefährdung des Untersuchungserfolgs** kann einen **Aufschub** der Un- **766** terrichtung nur rechtfertigen,[2114] wenn bei einer alsbaldigen Unterrichtung die Gefahr besteht, dass die Sicherstellung von Beweismitteln oder der Erfolg **verdeckter Ermittlungen** vom Beschuldigten vereitelt werden könnten. Der Umstand allein, dass dem Beschuldigten durch die Kenntnis der Umstände des gegen ihn eingeleiteten Verfahrens ermöglicht wird, seine prozessualen Rechte effektiv auszuüben, rechtfertigt den Aufschub seiner Unterrichtung nicht.[2115]

Die Unterrichtung ist immer dann geboten, wenn der Beschuldigte die **Kenntnis von** **767** **den tatsächlichen und rechtlichen Grundlagen**[2116] der gegen ihn erhobenen Beschuldigung benötigt, weil er zu ihr als Beschuldigter vernommen werden soll oder, weil er sich gegen eine in seine Rechte eingreifende Ermittlungsmaßnahme (z.B. Durchsuchung, Beschlagnahme, vorläufige Festnahme/Verhaftung) sofort und effektiv zur Wehr setzen will. Ob er auch ohne eine solche Maßnahme, die ihm die gegen ihn geführten **Ermittlungen zur Kenntnis** bringt, nach *lit.* a von allen Ermittlungen gegen ihn unverzüglich unterrichtet werden muss, ist strittig. Verschiedentlich wird verneint, dass *lit.* a auch in solchen Fällen zur alsbaldigen Unterrichtung des Beschuldigten über die ohne sein Wissen geführten Ermittlungen verpflichte.[2117]

Eine andere Ansicht folgert dagegen aus dem Zweck, die Verteidigung schon im Er- **768** mittlungsverfahren zu sichern, dass die Unterrichtungspflicht grundsätzlich bereits durch **jede die Beschuldigtenstellung** *begründende* Inkulpation ausgelöst wird und nicht erst, wenn dieser Umstand dem Beschuldigten eröffnet oder sonst bekannt wird,[2118] wie dies beim Beschleunigungsgebot angenommen wird, dessen Fristberechnung mit der Kenntnis des Beschuldigten von dem gegen ihn gerichteten Verfahren einsetzt (vgl. Rn. 469 ff.). Ein

---

[2111] IK-EMRK/*Kühne* 494, 497 m.w.N. zum Streitstand. *Partsch* 162 nimmt an, dass Anklagebehörde und Gericht einen gewissen Spielraum für die Bestimmung der Zeit der Unterrichtung haben, sofern sie nur der Verteidigung noch genügend Zeit lassen.

[2112] Meyer-Goßner/*Schmitt* § 265, 2, 6 StPO; KK/*Kuckein/Bartel* § 265, 1 StPO.

[2113] So wohl LR/*Stuckenberg* § 265, 70 StPO; vgl. auch für eine Konstellation, in der der veränderte rechtliche Gesichtspunkt u.a. auch vom Angeklagten selbst „angesprochen" worden war: BGH NJW **1964** 308; siehe auch BGH NJW **1968** 512 („Erörterung" des maßgeblichen Gesichtspunkts durch den Verteidiger).

[2114] *Frister* StV **1998** 159 ff.; *Fincke* ZStW **95** (1983) 919, 917; *Weigend* StV **2000** 385; IK-EMRK/*Kühne* 496.

[2115] *Ambos* ZStW **115** (2003) 583; *Frister* StV **1998** 159, 162; *Fincke* ZStW **95** (1983) 919, 961.

[2116] Ablehnend für „bloß beweiswürdigende Erwägungen" (Glaubwürdigkeit eines Zeugen): OGH ÖJZ **2016** 561.

[2117] Vgl. zur Problematik SK/*Meyer* 374.

[2118] *Frister* StV **1998** 159, 160.

Aufschieben der Unterrichtung zur Sicherung der Ermittlungen soll erst bei der Prüfung *Unverzüglichkeit* der Unterrichtung zu berücksichtigen sein.[2119] Eine solche **Pflicht zur Begründung des Beschuldigtenstatus** („angeklagte Person") folgt unmittelbar aus Art. 6 Abs. 1 (vgl. Rn. 110 ff.),[2120] da es sich bei Art. 6 Abs. 3 *lit.* a dogmatisch nur um ein „Folgerecht" des Beschuldigtenstatus handelt, das durch dessen Begründung erst ausgelöst wird.

769　　　Bei der funktionsbedingt **rückwirkenden Beurteilung** der Unterrichtungspflicht durch den EGMR steht meist im Vordergrund, ob der Beschuldigte ausreichende Gelegenheit zur Vorbereitung seiner Verteidigung und damit **insgesamt ein faires Verfahren** hatte.[2121] Verstöße gegen die Unterrichtungspflicht können im späteren Verfahrensverlauf nachgeholt und auf diese Weise geheilt werden. Im **Ergebnis** ist dem Unterrichtungsanspruch Genüge getan, wenn der Beschuldigte vor der letzten maßgebenden Entscheidung über die ihm zur Last gelegten Vorwürfe und ihre tatsächlichen Grundlagen so rechtzeitig unterrichtet war, dass ihm genügend Zeit für seine Verteidigung verblieb.[2122] War dies rückschauend in ausreichendem Maße der Fall, ist es unerheblich, wann und durch welche Maßnahmen dies geschah und ob die Information im Verbund oder entsprechend der Verfahrensentwicklung in Etappen erfolgte. Auch vorübergehende Verstöße gegen die Unterrichtungspflicht durch eine zunächst inhaltlich mangelhafte oder verspätete Unterrichtung können durch deren vollständige Nachholung geheilt werden.[2123] Wichtig ist, dass die Unterrichtung, bezogen auf die spätere Verurteilung, **vollständig** war und die **Vorbereitung der Verteidigung** nicht beeinträchtigt wurde, das Verfahren also insgesamt fair war.

770　　　Durch die **Beiordnung eines Verteidigers**, nicht jedoch allein durch eine mündliche Übersetzung der Anklageschrift, soll im weiteren Verfahren ihre unterbliebene Mitteilung (in einer dem Angeschuldigten verständlichen Sprache) ausgeglichen werden können (zweifelhaft).[2124] Die Interpretation der Unterrichtungspflicht als Element der Fairness des Verfahrens hat zur Folge, dass ihr auch noch Genüge getan ist, wenn dem Beschuldigten alles Erforderliche rechtzeitig vor der letzten maßgebenden Entscheidung über die Anklage zur Kenntnis gebracht worden ist und er ausreichend Zeit hatte, sich in seiner Verteidigung darauf einzustellen.[2125]

2119 *Frister* StV 1998 159, 162.

2120 In diese Richtung: EGMR Aleksandr Zaichenko/R, 18.2.2010, §§ 42 f., 52.

2121 Vgl. EGMR (GK) Pélissier u. Sassi/F, 25.3.1999, §§ 45 f.

2122 Die EKMR hatte darauf abgestellt, ob bei Gesamtwürdigung des abgeschlossenen Verfahrens eine Benachteiligung fortbesteht, vgl. IK-EMRK/*Kühne* 498; diese Argumente kommen der Beruhensprüfung im Revisionsrecht nahe. Der Sinn der Regelung kann sich aber nicht in einer solchen Gesamtbetrachtung erschöpfen, da dies die geforderte Unverzüglichkeit entwertet.

2123 Strittig ist, ob und unter welchen Voraussetzungen zur Durchsetzung des Unterrichtungsanspruchs der Rechtsweg nach §§ 23 ff. EGGVG eröffnet ist, durch welche konkrete Maßnahme ein in der verspäteten Unterrichtung liegender Nachteil für die Verteidigung durch das spätere Verfahren geheilt werden kann; zur Frage, ob eine im späteren Verfahren geheilte Verletzung der Unterrichtungspflicht ein Strafmilderungsgrund sein kann, vgl. *Frister* StV 1998 159, 163 f.

2124 OLG Karlsruhe StV 2005 655; **a.A.** OLG Hamburg NStZ 1993 53.

2125 Vgl. EGMR Abramyan/R, 9.10.2008, §§ 37 f. (keine Heilung: zwar vollständige Überprüfung durch das Rechtsmittelgericht, aber in Abwesenheit des Angeklagten und seines Verteidigers); Dallos/H, 1.3.2001, §§ 52 f.; (GK) Pélissier u. Sassi/F, 25.3.1999, § 62. Die Ladung zur Berufungsverhandlung unter Mitteilung der Anträge der Staatsanwaltschaft reicht nicht aus, wenn dem in der ersten Instanz freigesprochenen Angeklagten dort ein anderer Tatvorwurf zur Last gelegt wird (vgl. EKMR Chichlian u. Ekindjian/F, 8.7.1988, bei *Strasser* EuGRZ 1989 463).

4. Gegenstand der Unterrichtung. Dem Betroffenen ist die erhobene Beschuldigung 771 mitzuteilen, also der Vorwurf des *strafbaren* Verhaltens (im weit verstandenen Sinne der Konventionen, vgl. Rn. 79 ff.), wegen dem gegen ihn ermittelt wird (**„nature and cause of the accusation [charge] against him"**). Die Ermöglichung einer sachgerechten Verteidigung erfordert es, dass sowohl alle **Tatsachen**, auf die sich der Vorwurf gründet, als auch die daraus hergeleiteten **rechtlichen Bewertungen** grundsätzlich vollständig – bezogen auf den Ermittlungsstand – mitgeteilt werden.[2126]

Nicht erforderlich ist es, zusätzlich auch die **Beweismittel und Indizien** mitzuteilen, 772 auf die sich der Verdacht gründet.[2127] Im Interesse effektiver Ermittlungen dürfen die Informationen über die Verdachtsgründe und dafür sprechende Beweismittel (vorübergehend) zurückgehalten werden.[2128] Dies schließt aber nicht aus, dass sich aus anderen Bestimmungen die Verpflichtung zur Offenlegung der Verdachtsgründe und der Beweismittel ergeben kann,[2129] wenn dies etwa erforderlich ist, um die Rechte der Verteidigung in bestimmten besonderen Verfahrenslagen, vor allem im **Haftprüfungsverfahren** nach Art. 5 Abs. 4, § 115 Abs. 3 StPO effektiv wahrzunehmen.[2130] Im Hinblick auf die Hauptverhandlung hat die StPO ausreichende Vorsorge getroffen, dass der Angeklagte nicht mit unbekannten und von ihm **nicht bewertbaren Beweisen bzw. Beweismitteln überrascht** wird (vgl. §§ 200, 222, 246, 265 Abs. 3, 409 Abs. 1 StPO). Die überraschende Verwendung eines dem Angeklagten und seinem Verteidiger unbekannten, vorher nicht erkennbaren und auch nicht einschätzbaren Beweismittels in der Hauptverhandlung kann – unabhängig von der Anwendbarkeit des *lit.* a – das Gebot eines fairen Verfahrens verletzen (vgl. Rn. 310 ff.).[2131]

Die Unterrichtung über die Beschuldigung muss inhaltlich so **konkret wie möglich** 773 sein, so dass der Beschuldigte die Reichweite der erhobenen Vorwürfe verstehen kann und durch die Unterrichtung eine taugliche Grundlage für die Vorbereitung einer adäquaten und effektiven Verteidigung erhält.[2132] Die Angaben müssen regelmäßig genauer und detaillierter sein als dies **Art. 5 Abs. 2 EMRK/Art. 9 Abs. 2 IPBPR** bei einer Freiheitsentzie-

---

2126 EGMR Dallos/H, 1.3.2001, § 47; (GK) Kyprianou/ZYP, 15.12.2005, § 141, verneinte die Notwendigkeit einer separaten Prüfung des Art. 6 Abs. 3 *lit.* a nach Feststellung einer Verletzung des Art. 6 Abs. 1; EGMR Sutyagin/R (E), 3.5.2011; Penev/BUL, 7.1.2010, §§ 33, 42; Adrian Constantin/RUM, 12.4.2011, § 25; vgl. auch BGH NStZ **2017** 651, 656 m.w.N. (Tatvorwurf ist dem Beschuldigten in groben Zügen soweit zu erläutern, dass eine sachgerechte Verteidigung möglich ist); SK/*Meyer* 376.

2127 EGMR Brozicek/I, 19.12.1989, § 42; *Frister* StV **1998** 159, 162; *Frowein/Peukert* 282; siehe auch *Villiger* 581, wonach die Beweismittel zumindest bei der Einleitung der Untersuchung noch nicht kommuniziert werden müssen; **a.A.** *Ambos* ZStW **115** (2003) 583 (einschließlich Angaben zur Glaubwürdigkeit eines Belastungszeugen; Abweichungen bedürfen einer effektiven prozessualen Kontrollmöglichkeit); *Gillmeister* StraFo **1996** 114, 116. Vgl. ferner *Schroeder* GA **1993** 205, 209 (Mitteilung der Beschuldigung ermöglicht Sicherung entlastender Beweise); vgl. dazu BGH NStZ **2017** 651, 656 (keine Verpflichtung des Vernehmenden, alle bis dato bereits bekannten Tatumstände mitzuteilen; gewisser Beurteilungsspielraum bezüglich der Eröffnung der Tatumstände); zum Beurteilungsspielraum ebenfalls: BGH NStZ **2012** 581, 582.

2128 Vgl. hierzu auch EGMR Rook/D, 25.7.2019, § 59, NJW **2020** 3019.

2129 Dazu EGMR Rook/D, 25.7.2019 (keine ausreichende Gewährung von Einsicht in die im Ermittlungsverfahren u.a. durch eine TKÜ gewonnenen Daten; Verstoß jedoch verneint).

2130 Zu Art. 5 Abs. 4: EGMR Lietzow/D, 13.2.2001, NJW **2002** 2013 = StV **2001** 201; Schöps/D, 13.2.2001, NJW **2002** 2015 = StV **2001** 203; Garcia Alva/D, 13.2.2001, NJW **2002** 2018 = StV **2001** 205; *Frister* StV **1998** 159, 162; *Kempf* StV **2001** 206; *ders.* FS Rieß 217; *Lange* NStZ **2003** 348. Weitere Nachweise bei Art. 5, 329 ff.

2131 EGMR Atlan/UK, 19.6.2001.

2132 EGMR Previti/I (E), 8.12.2009, §§ 204 f. (Korruptionsvorwurf); Bäckström u. Andersson/S (E), 5.9.2006; Husain/I (E), 24.2.2005.

hung (Festnahme/Verhaftung) verlangen,[2133] wo die Ermittlungen mitunter erst am Anfang stehen. Was dem Beschuldigten im Einzelnen jeweils eröffnet werden muss, beurteilt sich nach der **Art und den Besonderheiten des jeweiligen Verfahrens**[2134] und dem **Stand der Ermittlungen.**[2135]

774   Können Angaben am Beginn des Ermittlungsverfahrens nur in groben Umrissen gegeben werden, sind sie später entsprechend dem Gang und Ergebnis der weiteren Ermittlungen fortwährend zu konkretisieren.[2136] Ziehen die Ermittlungsbehörden **alternative Geschehensabläufe** mit unterschiedlichen rechtlichen Bewertungen[2137] in Betracht, muss sich die Unterrichtung auf alle von ihnen erstrecken.[2138] Auch eine die Tatsachenalternativen hinreichend aufzeigende förmliche **Anklage auf wahldeutiger Grundlage** genügt den Anforderungen.[2139]

775   Die Unterrichtungspflicht besteht während des **gesamten Verfahrens**, auch und gerade in der späteren **Verhandlung vor dem erkennenden Gericht**. Über den Akteninhalt hinaus (Rn. 909 ff.) muss das Gericht den Angeklagten über alle – tatsächlichen und rechtlichen – Umstände in Kenntnis setzen, die es als gerichtsnotorisch und im jeweils gegebenen Fall als erheblich ansieht.[2140]

776   Ein zur Unterrichtung ergehender rechtlicher **Hinweis in der Hauptverhandlung** (§ 265 StPO) muss so präzise abgefasst sein, dass der Beschuldigte erkennt, durch welche konkreten Tatsachen das Gericht eine bestimmtes Tatbestandsmerkmal als erfüllt ansieht. Nur solchermaßen abgefasst kann der Hinweis die ihm zugedachte Funktion erfüllen, den Angeklagten vor **überraschenden Entscheidungen** zu schützen und ihm Gelegenheit zu geben, sich gegenüber dem Tatvorwurf sachgerecht zu verteidigen, u.a. durch Beweisanträge.[2141]

777   Relevant wird die Unterrichtungspflicht daher für alle wesentlichen **späteren Änderungen** der **tatsächlichen** Grundlage der Anschuldigung oder ihrer **rechtlichen** Bewertung,[2142] um die Verteidigung entsprechend anpassen zu können, auch noch im **Rechtsmittelverfahren**.[2143] Das Rechtsmittelgericht ist nicht an einer Neubeurteilung der Straftat gehindert, solange der Angeklagte in diesem Verfahren ausreichend Gelegenheit erhält, sich gegenüber dem Gericht zu sämtlichen relevanten rechtlichen und tatsächlichen As-

---

2133   EKMR X./B, 9.5.1977, EuGRZ **1977** 347; *Trechsel* 200; *Frowein/Peukert* 282; IK-EMRK/*Kühne* 489; *Schomburg* JHR **2009** 1, 11.

2134   Die kasuistische Spruchpraxis gibt keine sicheren Konturen für die Erfordernisse der Praxis: IK-EMRK/*Kühne* 489; vgl. EGMR Mattoccia/I, 25.7.2000; *Trechsel* 201; siehe auch: OGH 28.9.2010 – 14 Os 108/10 d EvBl 2010/159 bzgl. § 50 öStPO, ÖJZ **2010** 1018; Beschl. v. 29.1.2019 – 11 Os 127/18p (RS 0132444), 11 Os 128/18k, JSt **2019** 373.

2135   Vgl, dazu OGH ÖJZ **2010** 1080, 1081.

2136   *Frister* StV **1998** 159, 161.

2137   Siehe aber: OGH ÖJZ **2011** 973 (bloße Fehlbezeichnung des Tatgeschehens – „Mittäter" – im Anklagetenor). Die Grenzen, die einer Verurteilung aufgrund wahldeutiger Feststellungen gezogen sind (vgl. LR/*Gollwitzer*[25] § 261, 125 ff. StPO), gelten für die Unterrichtung nicht.

2138   *Frister* StV **1998** 159, 161; restriktiver: OGH Beschl. v. 29.1.2019 – 11 Os 127/18p (RS 0132447), 11 Os 128/18k, JSt **2019** 374 (kein Anspruch auf „interne Überlegungen" der StA).

2139   EKMR nach IK-EMRK/*Kühne* 490.

2140   OGH 14.9.2016 – 14 Os 51/16 f EvBl 2017/13, ÖJZ **2017** 83.

2141   BGH NJW **2017** 1253 (andersartigen Begehungsform oder Motivlage – Mordmerkmal der niedrigen Beweggründe).

2142   EGMR Varela Geis/Spanien, 5.3.2013 §§ 51 ff.; Abramyan/R, 9.10.2008, §§ 35 f.; Bäckström u. Andersson/S (E), 5.9.2006; Mattoccia/I, 25.7.2000; IK-EMRK/*Kühne* 491; siehe auch: OGH ÖJZ **2010** 325; LR/*Gollwitzer*[25] §§ 265, 61; 80 ff. StPO.

2143   Vgl. EGMR Penev/BUL, 7.1.2010; Adrian Constantin/RUM, 12.4.2011, § 25.

Esser   846

pekten des Falles zu äußern und im Rahmen einer umfassenden Sach- und Rechtsprüfung tatsächlich die Möglichkeit besteht, sein Vorbringen in der gerichtlichen Entscheidung zu berücksichtigen.[2144]

Der Gerichtshof prüft sowohl, ob das zuständige Gericht in Wahrnehmung seiner **778** Unterrichtungspflicht **geeignete Maßnahmen** (z.B. Hinweis, Vertagung der Anhörung/Verhandlung, Möglichkeit einer schriftlichen Stellungnahme) ergriffen hat, als auch das **nationale Recht** sowie die darauf beruhende **Rechtspraxis** zur effektiven Durchsetzung des Rechts aus Art. 6 Abs. 3 *lit.* a (i.V.m. Art. 6 Abs. 1, Abs. 3 *lit.* b).[2145] Die Vorschriften des nationalen Rechts müssen dem Beschuldigten in geeigneter Form zur Kenntnis gebracht werden, damit er die Vorbereitung seiner Verteidigung entsprechend anpassen kann.[2146] Entscheidend ist, dass die Verteidigung im Ergebnis weder durch die Umstellung bzw. Ergänzung des Tat-/Anklagevorwurfs und den dadurch veränderten tatsächlichen oder rechtlichen Inhalt noch wegen der aus diesem Grund erforderlichen zusätzlichen Vorbereitungszeit unangemessen eingeschränkt wird.[2147] Dass der Angeklagte allein durch den Gang der Hauptverhandlung erkennen kann, wie die Anklage in Wirklichkeit zu verstehen ist, reicht im Regelfall nicht aus.[2148]

5. Form und Adressat der Unterrichtung. Die Konventionen stellen zur Form der **779** Unterrichtung keine besonderen Anforderungen auf.[2149] Der EGMR prüft nach, ob die erteilten **Mitteilungen und Informationen in ihrer Gesamtheit** den Anforderungen des *lit.* a genügen.[2150] Auch der Gerichtshof hat bislang **kein generelles Schriftformerfordernis** statuiert, wenngleich ein solches jedenfalls für die Entscheidung, mit der die Strafsache bei Gericht anhängig wird, und für sonstige wesentliche Verfahrensunterlagen zu fordern ist.[2151]

Art. 40 Abs. 2 *lit.* b, ii CRC sieht vor, dass bei **Kindern** (Rn. 1427) die Unterrichtung ggf. **780** auch über Eltern oder Vormund vorgenommen werden kann. Im Regelfall muss allerdings zur Wahrung der Verfahrensfairness und des Gebots einer effektiven Verteidigung auch bei dieser Altersgruppe (zusätzlich und primär) eine **direkte Unterrichtung** des Beschuldigten stattfinden.

Im Übrigen genügt nach dem Sinn der Regelung **jede offizielle Mitteilung** an den **Be-** **781** **schuldigten** selbst oder seinen **Verteidiger**;[2152] so auch die mündliche Unterrichtung durch die Polizei im Ermittlungsverfahren, etwa bei der ersten Vernehmung (§ 163a Abs. 4 StPO)

2144 EGMR I.H. u.a./A, 20.4.2006, ÖJZ **2006** 865; Laaksonen/FIN, 12.4.2007 (Verstoß mangels Anhörung des Angeklagten).
2145 Vgl. EGMR Penev/BUL, 7.1.2010, §§ 43, 44 („The absence of a clear requirement in the applicable law to allow the accused to defend himself against the modified charges was undoubtedly decisive in that aspect").
2146 *Frister* StV **1998** 159, 161; vgl. *Fincke* ZStW **95** (1983) 918, 961; *Wagner* ZStW **109** (1997) 545, 568; a.A.*Schäfer* wistra **1987** 166.
2147 EGMR Miraux/F, 26.9.2006, § 36 (Verstoß angenommen bei Verurteilung wegen **Vollendung des Delikts** anstelle des **Versuchs**, da die Änderung geeignet war, zu einer höheren Strafe zu führen und er sich dagegen nicht verteidigen konnte); Mattei/F, 19.12.2006, §§ 37 ff. (Verstoß: Neubeurteilung durch das Gericht während der Beratung – Teilnahme statt Täterschaft); Previti/I (E), 8.12.2009, § 209 (kein Verstoß bei Präzisierung der angeklagten Begehungsweise aufgrund der Erkenntnisse aus der Hauptverhandlung).
2148 Vgl. EGMR Drassich/I, 11.12.2007, §§ 31 ff.; vgl. OLG Graz ÖJZ **2010** 37 („Überraschungsverbot" soll nicht für allgemeine Grundsätze der Strafbe-/zumessung gelten).
2149 EGMR Gasiņš/LET, 19.4.2011, § 55; OGH ÖJZ **2010** 1080, 1081; *Frowein/Peukert* 282; IK-EMRK/*Kühne* 492.
2150 EGMR Kamasinski/A, 19.12.1989; IK-EMRK/*Kühne* 493.
2151 Ausführlich *Esser* 438 (auch Rn. 787 zum Gebot einer schriftlichen Übersetzung).
2152 EGMR Gasiņš/LET, 19.4.2011, § 55.

oder durch Eröffnung des Haftbefehls (vgl. § 114a StPO). Seit dem 1.1.2010 sehen §§ **114b Abs. 1 Satz 1, 127 Abs. 4 StPO** für **verhaftete und vorläufig festgenommene** Personen (vgl. auch Art. 5 Abs. 2) grundsätzlich eine schriftliche Belehrung vor; die mündliche Belehrung soll die Ausnahme sein und nur zusätzlich („zudem") erfolgen, falls eine schriftliche Belehrung erkennbar nicht ausreichend ist (vgl. § 114b Abs. 1 Sätze 2, 3 StPO).[2153]

782 Auch die **Gewährung von Akteneinsicht**[2154] an den Verteidiger oder den Beschuldigten selbst kann zur Unterrichtung genügen, wenn aus den Ermittlungsakten allein oder in Verbindung mit ergänzenden Hinweisen eindeutig ersichtlich ist, was dem Beschuldigten tatsächlich und rechtlich zur Last gelegt wird. Eine Unterrichtung i.S.v. *lit.* a ist auch in der **Anklageschrift** oder im **Strafbefehl** nach §§ 200, 409 StPO zu sehen, *wenn* dort die Tatsachen, die den Tatverdacht begründen und die rechtlichen Vorwürfe hinreichend konkret aufgeführt sind; ferner in den späteren **Hinweisen** auf rechtliche oder tatsächliche Änderungen (vgl. § 265 StPO). Allein die Bezugnahme auf die abstrakte Möglichkeit einer von der Anklage abweichenden rechtlichen Würdigung genügt hingegen nicht.[2155] Welche sonstigen Vorgänge des nationalen Verfahrensrechts solche Unterrichtungen enthalten, beurteilt sich nach deren Inhalt im Einzelfall.

783 Hinreichend spezifizierte Angaben zum Tatvorwurf in einem **Durchsuchungsbeschluss** können ebenfalls der Unterrichtungspflicht nach *lit.* a genügen.[2156]

784 Eine **gesetzliche Vermutung**, wonach der in der Hauptverhandlung abwesende[2157] oder anwaltlich vertretene[2158] Beschuldigte als hinreichend informiert gilt, kann nicht der effektiven Unterrichtung gleichgesetzt werden.

785 **6. Sprache der Unterrichtung.** In einer **dem Beschuldigten verständlichen Sprache** ist die Unterrichtung vorzunehmen. Dies muss nicht notwendig seine Muttersprache sein, wohl aber eine Sprache, die er sicher versteht (**„language which he understands"**). Andernfalls könnte seine Verteidigung an einem Verständnismangel oder einem tatsachenbezogenen Missverständnis leiden. Bei einem nicht im Verfolgungsstaat wohnenden ausländischen Beschuldigten kann nicht ohne Weiteres angenommen werden, dass er eine in der (für ihn fremden) Gerichtssprache abgefasste Mitteilung versteht.[2159] Die **Beweislast** für die Verständlichkeit der gewählten Sprache für den Beschuldigten tragen die Strafverfolgungsbehörden und Gerichte, insbesondere dann, wenn der Beschuldigte **Schwierigkeiten beim Verständnis äußert** und die Behörden daraufhin feststellen können, ob der Beschuldigte über ausreichende Sprachkenntnisse verfügt.

786 Beherrscht der Angeklagte die Gerichtssprache nicht oder nicht in dem erforderlichen Ausmaß, muss die Unterrichtung von Amts wegen **übersetzt** werden.[2160] Dass sich dies erübrigen soll, wenn gesichert ist, dass ein **sprachkundiger Verteidiger** die persönliche Unterrichtung übernimmt,[2161] wird man allenfalls für kurze Mitteilungen und einfach gelagerte

2153 Eingeführt durch das Gesetz zur Änderung des Untersuchungshaftrechts v. 29.7.2009 (BGBl. I S. 2274).
2154 Vgl. zum Umfang des Akteneinsichtsrechts im Bußgeldverfahren: KG Beschl. v. 8.10.2019 – 3 Ws (B) 282/19 – 122 Ss 72/19, BeckRS **2019** 26470.
2155 EGMR I.H. u.a./A, 20.4.2006.
2156 EGMR Gül/D (E), 4.1.2012.
2157 EKMR Brozicek/I, 11.3.1987, EuGRZ **1988** 330.
2158 EGMR I.H. u.a./A, 20.4.2006.
2159 EKMR Brozicek/I, 11.3.1987.
2160 *Frowein/Peukert* 284; Karpenstein/Mayer/*Meyer* 192; *Villiger* 582. Ihm dürfen keine Nachteile im Vergleich zu einem sprachkundigen Beschuldigten entstehen, weshalb er in jedem Verfahrensstadium einen Anspruch auf Hinzuziehung eines Dolmetschers hat, BVerfG NJW **2004** 50; siehe vertiefend zur schriftlichen Übersetzung: *Kulhanek* 65 ff.
2161 *Basdorf* GedS Meyer 19, 24; IK-EMRK/*Kühne* 492.

Sachverhalten akzeptieren können: Der Verteidiger ist in der ihm durch das Strafverfahrens-recht und die Konventionen zugewiesenen Funktion gerade kein Sprachmittler und muss sich jederzeit auf die für die Verteidigung relevanten Aspekte und Vorgänge des Verfahrens uneingeschränkt konzentrieren können, ohne dabei durch Dolmetschleistungen abgelenkt zu sein. Die Regelung des § 187 **Abs. 2 Sätze 4 und 5 GVG**, wonach an die Stelle der schriftli-chen Übersetzung eine mündliche Übersetzung der Unterlagen oder eine mündliche Zusam-menfassung ihres Inhalts treten kann, wenn hierdurch die strafprozessualen Rechte des Be-schuldigten gewahrt werden – und dies *„in der Regel dann anzunehmen [sei], wenn der Beschuldigte einen Verteidiger hat"* – ist in dieser Form abzulehnen und genügt allenfalls in einer Reduktion als Ausnahmevorschrift menschenrechtlichen Anforderungen.

Mit dem Recht auf Unterrichtung in einer verständlichen Sprache nach *lit.* a wird das **787** allgemeine Recht des Beschuldigten auf **unentgeltliche Beiordnung eines Dolmetschers** nach Art. 6 Abs. 3 *lit.* e EMRK/Art. 14 Abs. 3 *lit.* f IPBPR in einem für die Verteidigung wichti-gen Punkte inhaltlich konkretisiert (Rn. 1241 ff.).[2162] Die schriftliche oder mündliche Unter-richtung des Beschuldigten in einer ihm verständlichen Sprache über die ihm zur Last geleg-ten Tatsachen und die daraus hergeleiteten rechtlichen Beschuldigungen müssen im Übrigen unter solchen Umständen und in einer Form erfolgen, die es ihm ermöglichen, mit ungeteil-ter Aufmerksamkeit von deren Gegenstand und Tragweite Kenntnis zu nehmen. Auch über sein Recht auf Hinzuziehung eines Dolmetschers ist der Beschuldigte zu belehren.[2163]

Die **schriftliche Übersetzung** einer Unterrichtung über Tatsachen und Beschuldigung **788** wird von den Konventionen nicht zwingend gefordert.[2164] Erfolgt die geforderte Unterrich-tung (im gebotenen Umfang) durch die Erhebung der formellen Anklage zum Gericht (vgl. § 170 Abs. 1 StPO), folgt das Erfordernis der Schriftform aus den **§§ 200, 201 StPO** und das Erfordernis einer schriftlichen Übersetzung aus dem Prinzip der Gleichbehandlung.[2165] Insbesondere freiheitsentziehenden Anordnungen, der Anklageschrift sowie einem Straf-befehl oder Urteil ist eine **schriftliche Übersetzung** beizufügen.[2166] Dass § 187 Abs. 2 GVG insoweit nur eine „Regel" aufstellt, ist überaus kritisch zu sehen. In Anwendung des § 187 GVG sollen die Rechte eines Beschuldigten, der der deutschen Sprache nicht mächtig ist, durch die Zuziehung eines Dolmetschers und durch die in dieser Vorschrift vorgesehenen Übersetzungen jedoch hinreichend gewahrt sein.[2167]

Einen Anspruch auf **Übersetzung der Akte** oder von Teilen der Akte kann der Be- **789** schuldigte aus *lit.* a nicht herleiten;[2168] ein solcher Anspruch kann sich allerdings im Ein-zelfall aus dem allgemeinen Fairnessgedanken und dem Recht auf Dolmetscherunterstüt-zung (Rn. 1241 ff.) ergeben.

2162 Vgl. *Weigend* StV **2000** 385.
2163 EGMR Wang/F, 28.4.2022, §§ 68 ff.
2164 Siehe hierzu: OLG Düsseldorf NJW **2003** 2766, NStZ **2003** 686 (Ls.); *Basdorf* GedS Meyer 19, 25; *Vogler* EuGRZ **1979** 640, 644.
2165 Vgl. *Esser* 444 unter Berücksichtigung von EGMR Kamasinski/A, 19.12.1989; für ein generelles Erforder-nis einer schriftlichen Übersetzung der Anklageschrift im deutschen Strafprozess: *Kühne* StV **1994** 66; OLG Frankfurt StV **2008** 291; vgl. ferner LR/*Wickern* § 184, 9 GVG je m.w.N.
2166 Vgl. BGH NStZ **2017** 148; siehe auch: BGH NStZ **2017** 63; NStZ **2014** 725; Karpenstein/Mayer/*Meyer* 192; vgl. speziell zum Strafbefehl zudem: LG Stuttgart BeckRS **2016** 18857; *Makepeace* StV **2020** 570, 572 und *Kissel*/*Mayer* § 187, 7 GVG, wonach diese Regelung jedoch keine Verfahrensgründe der Beschuldigten begründet.
2167 So LG Hamburg Beschl. v. 7.9.2022 – 606 Qs 25/22.
2168 Vgl. EGMR Luedicke, Belkacem u. Koç/D, 28.11.1978, § 48; KG StV **1994** 90; OLG Düsseldorf StV **2001** 498; NJW **1986** 2841; JZ **1986** 508; OLG Hamm NStZ-RR **1999** 158; *Frowein/Peukert* 284; IK-EMRK/*Kühne* 492; Meyer-Goßner/*Schmitt* 18; Meyer-Ladewig/Nettesheim/von Raumer/*Meyer-Ladewig/Harrendorf/König* 248; SK/*Meyer* 381; *Vogler* ZStW **89** (1977) 787.

790   Ein **Verzicht** des Beschuldigten auf die Beifügung einer schriftlichen Übersetzung ist allenfalls dann vertretbar, wenn bei einfach gelagerten Sachverhalten die Unterrichtung des Beschuldigten anderweitig gesichert ist, etwa wenn der Verteidiger diese Aufgabe ausdrücklich übernimmt,[2169] und im Interesse der Verfahrensbeschleunigung ausdrücklich auf die Fertigung der schriftlichen Übersetzung verzichtet wird.[2170]

791   Eine **Übersetzung der Anklageschrift erst in der Hauptverhandlung** erfüllt die menschenrechtlichen Anforderungen an die Unterrichtung des Angeklagten im Regelfall nicht.[2171] Dies ist *allenfalls* dann nach *lit.* a unschädlich, wenn bei einem **rechtlich und tatsächlich einfachen Sachverhalt** feststeht, dass der Beschuldigte bereits vorher vom Gegenstand der gegen ihn erhobenen Anschuldigung im vollen Umfang zuverlässig unterrichtet worden ist, was in der Praxis aber regelmäßig gerade nicht der Fall ist. Wurde der Beschuldigte nicht hinreichend über den Inhalt der Anklageschrift in einer ihm verständlichen Sprache unterrichtet, kann er die Aussetzung der Hauptverhandlung zur weiteren Vorbereitung seiner Verteidigung verlangen.[2172]

792   In derart einfach gelagerten Fällen liegt in vielen nationalen Prozessordnungen die Wahl des **beschleunigten Verfahrens** und damit die Möglichkeit einer nur **mündlich erhobenen Anklage** nahe (vgl. §§ 417, 418 Abs. 3 StPO). Ihre sofortige Übersetzung durch einen Dolmetscher in der Hauptverhandlung wird dann für eine Unterrichtung des Angeklagten häufig als ausreichend angesehen, so dass auf eine vorherige Übersetzung der Antragsschrift i.S.d. § 417 StPO verzichtet wird.[2173] Es kommt aber auch hier stets darauf an, ob der Angeklagte mit der ihm gewährten Art der Übersetzung in der Lage ist, die Anklage zu verstehen und die darin enthaltenen Vorwürfe anzugreifen. Deshalb kann auf deren **vorherige schriftliche Übersetzung** auch in einem beschleunigten Verfahren nicht verzichtet werden, wenn das Gericht aufgrund der Umstände des Einzelfalls und der Sprachunkundigkeit des Betroffenen davon ausgehen muss, dass dieser durch die späte Information erst in der Hauptverhandlung derart in seiner Verteidigung beschränkt wird, dass nach dem Normzweck des Art. 6 Abs. 3 *lit.* a und zur Wahrung seiner Effektivität eine vorherige Information durch eine Übersetzung der Anklageschrift erforderlich wird. In einem solchen Fall wird es jedoch bereits regelmäßig an der Eignung der Sache zur sofortigen Verhandlung im beschleunigten Verfahren fehlen, so dass das Gericht die Entscheidung im beschleunigten Verfahren ablehnen und nach § 419 Abs. 3 StPO die Eröffnung des Hauptverfahrens beschließen muss. Zu Gewährung einer ausreichenden Vorbereitungszeit für die Verteidigung in Fällen beschleunigter Verfahrensführung Rn. 899.

2169 Kritisch, sofern die Unterrichtung des Rechtsbeistandes ausreichen und damit die Verpflichtung zur Unterrichtung des Betroffenen auf ihn übertragen werden soll: *Viering* in: van Dijk/van Hoof/van Rijn/Zwaaks (Hrsg.), Theory and Practice of the ECHR 634. Wird die Anklageschrift nicht übersetzt, kann dies einen Fall notwendiger Verteidigung nach § 140 Abs. 2 Satz 1 StPO begründen: OLG Karlsruhe StraFo **2002** 193 = StV **2002** 299; OLG Frankfurt StV **2008** 291 = StraFo **2008** 205.
2170 EGMR Kamasinski/A, 19.12.1989; OLG Hamburg StV **1994** 65 m. abl. Anm. *Kühne*; *Basdorf* GedS Meyer 19, 25; *Frowein/Peukert* 284; Meyer-Goßner/*Schmitt* 18 (nur in Ausnahmefällen); kritisch gegen das Absehen von einer schriftlichen Übersetzung auch: *Pott* StRR **2012** 444 445; vgl. zur geäußerten Kritik: SK/*Meyer* 381 f. unter Hinweis auf die Vorauflage.
2171 OLG Hamm StV **2004** 364 = StV **2005** 659; LG Heilbronn StV **1987** 192; Meyer-Goßner/*Schmitt* 18; anders OLG Düsseldorf NJW **2003** 2766.
2172 Vgl. BGH NStZ **2017** 63.
2173 OLG Stuttgart NStZ **2005** 471; zustimmend Meyer-Ladewig/Nettesheim/von Raumer/*Meyer-Ladewig*/*Harrendorf*/*König* 224; **a.A.** OLG Hamm StV **2004** 364 = StV **2005** 659, welches die Anwendung des § 418 Abs. 3 StPO bei sprachunkundigen Ausländern von vornherein ablehnt; LR/*Stuckenberg* § 201, 16 StPO (insbesondere wegen des Anspruchs auf genügende Vorbereitung nach Art. 6 Abs. 3 *lit.* b; Heilung durch schriftliche Übersetzung, ggf. Aussetzung, § 265 Abs. 4 StPO, und Beiordnung eines Verteidigers) m.w.N.

7. Rechtsinstrumente und Initiativen auf EU-Ebene[2174]

a) **Richtlinie über das Recht auf Dolmetsch- und Übersetzungsleistungen im** 793 **Strafverfahren.** Zur Etablierung von Mindestgarantien für Verfahrensrechte in Strafverfahren und als erster Schritt eines umfassenden Maßnahmenpakets[2175] wurde am 20.10.2010 die **Richtlinie 2010/64/EU über das Recht auf Dolmetsch- und Übersetzungsleistungen im Strafverfahren** verabschiedet (Rn. 1262 ff.).[2176]

Der Richtlinie zufolge haben Personen ab dem Zeitpunkt, zu dem sie von ihrer Ver- 794 dächtigung oder Beschuldigung Kenntnis erlangen, bis zum Abschluss des Verfahrens, einschließlich der abschließenden Entscheidung in einem Rechtsmittelverfahren, ein Recht auf Dolmetscherleistungen und Übersetzungen (Art. 1 Abs. 1, 2 RL).[2177] Der **Anspruch auf Dolmetschleistungen** besteht **unverzüglich**, ist umfassend „während der Strafverfahren bei Ermittlungs- und Justizbehörden", also **bereits im Ermittlungsverfahren** und namentlich während polizeilicher Vernehmungen,[2178] zu gewährleisten (Art. 2 Abs. 1 RL) und umfasst den **Kontakt des Beschuldigten zu seinem Verteidiger** (Art. 2 Abs. 3 RL). Die verdächtige oder beschuldigte Person muss innerhalb einer angemessenen Frist eine **schriftliche Übersetzung aller wesentlichen Unterlagen** erhalten (Art. 3 Abs. 1 RL), wozu *„jegliche Anordnung einer freiheitsentziehenden Maßnahme, jegliche Anklageschrift und jegliches Urteil"* (Art. 3 Abs. 2 RL) zählt. Was darüber hinaus als **„wesentlich"** gilt,[2179] entscheiden die zuständigen Behörden im konkreten Fall, wobei ein entsprechender Antrag auf „Feststellung der Wesentlichkeit" gestellt werden kann (Art. 3 Abs. 3 RL). Eine Einschränkung erfolgt allerdings insoweit, als *„Passagen wesentlicher Dokumente, die nicht dafür maßgeblich sind, dass die verdächtigen oder beschuldigten Personen wissen, was ihnen zur Last gelegt wird"*, nicht übersetzt werden müssen (Art. 3 Abs. 4 RL). Zudem wird, sofern dies nicht dem fairen Verfahren entgegensteht, eine **mündliche Übersetzung** oder eine **mündliche Zusammenfassung** für ausreichend erachtet (Art. 3 Abs. 7 RL).

Für die verdächtige oder beschuldigte Person von besonderer Bedeutung ist, dass die 795 **Kosten** für Dolmetsch- und Übersetzungsleistungen unabhängig vom Verfahrensausgang vom jeweiligen Mitgliedstaat zu tragen sind (Art. 4 RL).[2180] Kostenargumente dürfen also auch nach der RL kein Hindernis sein, einen Dolmetscherbeistand vorzuenthalten. Einem Beschuldigten, der die Sprache der Ermittler bzw. des Gerichts nicht hinreichend beherrscht, ist daher ohne Rücksicht auf seine finanzielle Lage unentgeltlich ein Dolmetscher beizuordnen.[2181] Es käme zudem einer Aushöhlung der Mindestgarantien des **§ 137 Abs. 1**

2174 Hierzu *Dettmers* DRiZ **2011** 402.

2175 Maßnahme A des Fahrplans zur Stärkung der Verfahrensrechte von Verdächtigen oder Beschuldigten in Strafverfahren; hierzu Rn. 803.

2176 ABlEU Nr. L 280 v. 26.10.2010 S. 1. Dänemark hat sich weder an der RL beteiligt noch ist es durch sie gebunden oder zu ihrer Anwendung verpflichtet, vgl. EP/Rat 2010/0801 (COD) v. 24.9.2010, Nr. 36. In Deutschland wurde die RL durch das Gesetz v. 2.7.2013 zur Stärkung der Verfahrensrechte von Beschuldigten im Strafverfahren (BGBl. 2013 I S. 1938) umgesetzt.

2177 Die RL gilt auch in Verfahren zur Vollstreckung eines EuHb (Art. 1 Abs. 1; Art. 2 Abs. 7; Art. 3 Abs. 6 RL).

2178 Grützner/Pötz/Kreß/Gazeas/*Schneider* III D 17, 14 zur Frage, welche Ermittlungsmaßnahmen davon noch erfasst sind.

2179 Beispiele bei Grützner/Pötz/Kreß/Gazeas/*Schneider* III D 17, 25 ff.; zum Strafbefehl *Kotz* StV **2012** 626, 629.

2180 Dass diesbezüglich keine Belehrungspflicht besteht, ist kritisch zu sehen, vgl. Sieber/Satzger/v. Heintschel-Heinegg/*Esser* § 53, 105.

2181 OLG Hamm NStZ-RR **2014** 328.

Esser

StPO gleich, wenn durch die Versagung der Leistungen eines Dolmetschers aus finanziellen Gründen zugleich der **Kontakt zu einem Wahlverteidiger** verhindert werden würde.

796   **b) Richtlinie über das Recht auf Belehrung und Unterrichtung in Strafverfahren.** Im zweiten Schritt wurde am 20.5.2012 die **Richtlinie 2012/13/EU** des Europäischen Parlaments und des Rates über das Recht auf Belehrung und Unterrichtung in Strafverfahren angenommen.[2182] Der zugrunde liegende Vorschlag der Kommission ging davon aus, dass sich das Recht auf Belehrung aus der einschlägigen Rechtsprechung des EGMR (insbesondere der Rs. *Panovits*[2183]) ableiten lässt, wonach die Behörden einen proaktiven Ansatz verfolgen sollen, um sicherzustellen, dass strafrechtlich verfolgte Personen ihre Rechte effektiv wahrnehmen können.[2184]

797   In der RL werden die Rechte von Verdächtigen und Beschuldigten auf **Belehrung über Rechte in Strafverfahren** und auf **Unterrichtung über den gegen sie erhobenen Tatvorwurf** festgelegt sowie entsprechende Bestimmungen für Personen, gegen die ein EuHb ergangen ist (Art. 1 RL). Abweichend vom Kommissionsvorschlag trifft die RL damit eine begriffliche Unterscheidung zwischen der „**Belehrung**" (Art. 3 bis 5 RL) und der „**Unterrichtung**" (Art. 6 und 7 RL).[2185]

798   Gegenüber Verdächtigen oder beschuldigten Personen hat umgehend eine mündliche oder schriftliche **Belehrung** in einfacher und verständlicher Sprache (etwa in Form eines „Letter of Rights") über das Recht auf **Hinzuziehung eines Rechtsanwalts** und den etwaigen Anspruch auf **unentgeltliche Rechtsberatung** und dessen Voraussetzungen, das Recht auf Belehrung über den **Tatvorwurf**, das Recht auf **Dolmetsch- und Übersetzungsleistungen** sowie das Recht auf **Aussageverweigerung** zu erfolgen (Art. 3 RL).

799   Eine **festgenommene oder inhaftierte Person** muss die **Belehrung** nach Art. 3 RL umgehend in Form einer „**schriftlichen Erklärung**" (Art. 4 Abs. 1 RL) erhalten. Sie sind zudem in einer ihnen verständlichen Sprache zusätzlich über das Recht auf **Einsicht in die Verfahrensakte**, das Recht auf **Unterrichtung der Konsularbehörden** und **einer (weiteren) Person**, das Recht auf **Zugang zu dringender medizinischer Versorgung** sowie das Recht zu erfahren, wie viele Stunden/Tage der **Freiheitsentzug bis zur Vorführung vor eine Justizbehörde andauern** darf, zu belehren (Art. 4 RL). Die Erteilung dieser Informationen ist nach dem Recht des betreffenden Mitgliedstaates **schriftlich festzuhalten** (Art. 8 Abs. 1 RL).

800   Das **Recht auf Unterrichtung über den Tatvorwurf** umfasst die umgehende und – nach Art. 6 Abs. 3 RL spätestens bei Vorlage der Anklageschrift an das Gericht – detaillierte Mitteilung der einer Person zur Last gelegten strafbaren Handlung zur Gewährleistung eines fairen Strafverfahrens und einer effektiven Verteidigung (Art. 6 Abs. 1 RL), bei festgenommenen/inhaftierten Personen ergänzt um die Unterrichtung über die Festnahme- oder Inhaftierungsgründe, einschließlich der ihnen zur Last gelegten strafbaren Handlung (Art. 6 Abs. 2 RL).

801   Art. 7 RL legt mit dem **Recht auf Einsicht in die Verfahrensakte** den grundsätzlichen Zugang des Festgenommenen/Inhaftierten oder dessen Rechtsanwalts zu allen im Besitz

---

2182   ABlEU Nr. L 142 v. 1.6.2012 S. 1; vertiefend zum Regelungsgehalt: *Esser* FS Wolter 1329, 1338 ff; Maßnahme B des Fahrplans zur Stärkung der Verfahrensrechte von Verdächtigen oder Beschuldigten in Strafverfahren; KOM (2010) 392, Begründung Nr. 5, 15.

2183   EGMR Panovits/ZYP, 11.12.2008.

2184   KOM (2010) 392, Begründung Nr. 5, 16 ff., 24 (mit Bezug auf Art. 6 Abs. 3 EMRK und Art. 48 EUC). Deutschland hat die RL durch das Gesetz v. 2.7.2013 zur Stärkung der Verfahrensrechte von Beschuldigten im Strafverfahren (BGBl. I S. 1938) umgesetzt.

2185   Der RL-Vorschlag KOM (2010) 392 sah im Titel nur das „Recht auf Belehrung in Strafverfahren" vor.

der zuständigen Behörden befindlichen **Unterlagen** fest, sofern diese gemäß dem innerstaatlichen Recht für eine wirksame Anfechtung der Festnahme oder Inhaftierung wesentlich sind (Absatz 1). Verdächtigen oder Beschuldigten ist nach Absatz 2 Einsicht in die **Beweismittel** zu gewähren, um ein faires Verfahren zu gewährleisten und ihre Verteidigung vorzubereiten. Die Einsicht in „**bestimmte Unterlagen**" kann nach Art. 7 Abs. 4 RL eingeschränkt werden, wenn dadurch das Leben oder die Grundrechte einer anderen Person **ernsthaft gefährdet** würden oder dies zum Schutz eines wichtigen öffentlichen Interesses, darunter der Untersuchungszweck, **unbedingt erforderlich** ist.[2186]

Der EuGH hat entschieden, dass die deutsche Regelung, wonach die Einspruchsfrist **802** von zwei Wochen gegen einen Strafbefehl bereits mit der Zustellung des Strafbefehls an einen Bevollmächtigten zu laufen beginnt, keinen Verstoß gegen die RL darstellt, solange gewährleistet ist, dass der Person ab ihrer Kenntnisnahme vom Strafbefehl tatsächlich zwei Wochen Einspruchsfrist zur Verfügung stehen oder für sie eine Wiedereinsetzung in den vorigen Stand (§§ 44, 45 StPO) möglich ist.

c) Fahrplan zur Stärkung der Verfahrensrechte. Der von der Union verabschiedete **803** Fahrplan zur Stärkung der Verfahrensrechte von Verdächtigen oder Beschuldigten in Strafverfahren[2187] sah noch weitere Bereiche vor, in denen **Informationsrechte** des Beschuldigten durch europäische Rechtsakte zum Zwecke der Harmonisierung der nationalen Vorschriften geregelt werden sollen. Hierzu gehörten der **Zugang zum Rechtsbeistand** (vgl. Rn. 821 ff., 1006 ff.)[2188] und die **Prozesskostenhilfe (Maßnahme C**; vgl. Rn. 163),[2189] die **Kommunikation mit Angehörigen, Arbeitgebern und Konsularbehörden (Maßnahme D)**, besondere Garantien für schutzbedürftige Verdächtige oder Beschuldigte (**Maßnahme E**) sowie ein Grünbuch über die **Untersuchungshaft (Maßnahme F)**. Zur Maßnahme E erstellte die Kommission eine Folgenabschätzung u.a. zur Möglichkeit einer Definition der „schutzbedürftigen Personen" und der Erstellung eines gesonderten legislativen Instrumentes für den Schutz von Kindern im Strafverfahren; hieraus ging die **Richtlinie (EU) 2016/800** hervor.[2190]

8. Rechtsbehelfe. Ein Beschuldigter, der nur ungenügend über die rechtlichen und **804** tatsächlichen Grundlagen der gegen ihn geführten Ermittlungen unterrichtet worden ist, kann während des laufenden Ermittlungsverfahrens unter Hinweis auf sein Recht aus Art. 6 Abs. 3 *lit.* a ausdrücklich um eine vollständige Mitteilung nachsuchen. Er kann deren Fehlen oder Mängel seiner Unterrichtung auch im Rahmen der Rechtsbehelfe geltend machen, die ihm gegen Ermittlungseingriffe zustehen, vor allem auch mit den Rechtsbehelfen, die ihm im Falle der Anordnung der Untersuchungshaft oder einer Beschlagnahme

---

[2186] Kritisch *Brodowski* ZIS **2010** 940, 947.
[2187] Entschließung des Rates v. 30.11.2009 über einen Fahrplan zur Stärkung der Verfahrensrechte von Verdächtigen oder Beschuldigten in Strafverfahren, ABlEU Nr. C 295 v. 4.12.2009 S. 1; hierzu Sieber/Satzger/v. Heintschel-Heinegg/*Esser* § 53, 59 ff.
[2188] Richtlinie 2013/48/EU des Europäischen Parlaments und des Rates v. 22.10. 2013 über das Recht auf Zugang zu einem Rechtsbeistand in Strafverfahren und in Verfahren zur Vollstreckung des Europäischen Haftbefehls sowie über das Recht auf Benachrichtigung eines Dritten bei Freiheitsentzug und das Recht auf Kommunikation mit Dritten und mit Konsularbehörden während des Freiheitsentzugs, ABL EU Nr. L 294 v. 6.11.2013 S. 1.
[2189] Richtlinie (EU) 2016/1919 des Europäischen Parlaments und des Rates v. 26.10.2016 über Prozesskostenhilfe für Verdächtige und beschuldigte Personen in Strafverfahren sowie für gesuchte Personen in Verfahren zur Vollstreckung eines Europäischen Haftbefehls, ABlEU Nr. L 297 v. 4.11.2016 S. 1.
[2190] Das mündete in die Richtlinie (EU) 2016/800 des Europäischen Parlaments und des Rates v. 11.5.2016 über Verfahrensgarantien in Strafverfahren für Kinder, die Verdächtige oder beschuldigte Personen in Strafverfahren sind, ABlEU Nr. L 132 v. 21.5.2016 S. 1 (vgl. Rn. 1444).

Esser

zustehen. Ist ihm die Beanstandung einer ungenügenden Unterrichtung im Rahmen eines Rechtsbehelfsverfahrens nicht möglich, stellt sich die Frage, ob er eine ungenügende Auskunftserteilung oder die Berechtigung zu ihrer **Verweigerung nach §§ 23 ff. EGGVG** gerichtlich überprüfen lassen kann.[2191] Dies wäre dann ein Rechtsbehelf, der ihm nach Art. 13 bereitgestellt werden müsste, den er aber nach Art. 35 auch auszuschöpfen hätte, wenn er allein einen Verstoß gegen Abs. 6 Abs. 3 *lit.* a geltend machen wollte; in der Regel wird die ungenügende Unterrichtung allerdings im Zusammenhang mit anderen Konventionsverletzungen, vor allem mit der Versagung eines **fairen Verfahrens** erst nach Abschluss des Strafverfahrens gerügt werden können.

805   Hat der Angeklagte einen Verteidiger, so verlangt das OLG Stuttgart von diesem für die spätere Geltendmachung der mangelhaften Unterrichtung (im Revisionsverfahren) eine **Rüge** dieses Verfahrensfehlers bereits **in der Hauptverhandlung**.[2192] Beim unverteidigten Angeklagten soll dagegen auch ohne vorherige Rüge die Geltendmachung dieses Verfahrensmangels nicht ausgeschlossen sein. Diese auf eine Art „Widerspruchslösung" hinauslaufende Differenzierung überzeugt aus menschenrechtlicher Perspektive nicht. Vielmehr ist eine von Art. 35 geforderte horizontale Rechtsmittelerschöpfung auch noch im Revisionsverfahren möglich.

XI. Zeit und Gelegenheit zur Vorbereitung der Verteidigung (Art. 6 Abs. 3 *lit.* b EMRK/Art. 14 Abs. 3 *lit.* b IPBPR)

806   **1. Hintergrund und Zweck der Regelung.** Art. 6 Abs. 3 *lit.* b EMRK und Art. 14 Abs. 3 *lit.* b IPBPR wollen garantieren, dass dem Beschuldigten nach der Eröffnung der gegen ihn erhobenen Beschuldigung gemäß *lit.* a (Rn. 758 ff.) ausreichend Zeit und Gelegenheit gegeben wird, **seine Verteidigung vorzubereiten** („adequate time and facilities for the preparation of his defence").

807   Daraus folgt in letzter Konsequenz, dass der **Tod des Beschuldigten** zu einem **Verfahrenshindernis** führen muss. Der EGMR hat zu Recht erhebliche Bedenken gegen die Fortführung eines Strafverfahrens über den Tod des Beschuldigten hinaus geäußert.[2193]

808   Die Teil(habe)rechte der Verteidigung aus Art. 6 Abs. 3 *lit.* a und *lit.* b hängen eng zusammen.[2194] Formale **Verfahrensbefugnisse** nützen mitunter wenig, wenn die für ihre **effektive Ausübung** notwendigen fallrelevanten Tatsachen nicht ermittelt und entlastende Beweise aus Zeitmangel nicht beigebracht werden können. Die **Gleichheit der Prozesschancen** gegenüber der mit einem Ermittlungsvorsprung das Verfahren einleitenden und betreibenden Staatsanwaltschaft ist dann faktisch nicht gewährleistet. Für das Ermittlungsverfahren ist der Geltungsgrund des **Prinzips der Waffengleichheit** darin zu sehen, die dominierende Stellung der Ermittlungsbehörden auszugleichen.[2195] Bleibt dem Be-

---

[2191] Strittig, vgl. *Frister* StV **1998** 159, auch zur Frage einer Entschädigung zum Ausgleich einer nicht mehr reparablen Konventionsverletzung. Die isolierte Anfechtbarkeit eines Verstoßes gegen Absatz 3 *lit.* a im nationalen Recht würde allerdings zur Folge haben, dass bei einem nicht fortwirkenden Verstoß der Rechtsweg nicht erschöpft ist, Art. 35 Abs. 1.

[2192] OLG Stuttgart StV **2003** 490.

[2193] EGMR Grädinar/MOL, 8.4.2008, § 109 („The Court has serious reservations in respect of a legal system allowing the trial and conviction of deceased persons, given the obvious inability of such persons to defend themselves.").

[2194] EGMR Drassich/I, 11.12.2007, § 32; Penev/BUL, 7.1.2010, § 35 („the right to be informed of the nature and the cause of the accusation must be considered in the light of the accused's right to prepare his defence"); vgl. auch EGMR (GK) Pélissier u. Sassi/F, 25.3.1999, § 54; OGH ÖJZ **2010** 1080, 1081; *Villiger* 578.

[2195] Vgl. IK-EMRK/*Kühne* 379 m.w.N.

schuldigten bei einer kurzfristigen Änderung des Schuldvorwurfs (Tatsachen oder Rechtsfragen) nicht genügend Zeit, um sich auf die neue Verfahrenssituation ausreichend vorzubereiten, kann neben *lit.* b auch *lit.* **a** (Rn. 764) verletzt sein.[2196]

2. Vorbereitung der Verteidigung. Der Beschuldigte muss **unmittelbar nach der** **809** **Unterrichtung** über die gegen ihn erhobene Beschuldigung (*lit.* a) in der Lage sein, alle aus seiner Sicht erforderlichen Maßnahmen zur **Vorbereitung seiner Verteidigung** in die Wege zu leiten.[2197] Dies gilt für Nachforschungen in den eigenen Unterlagen, die Einholung von Auskünften sowie die Kontaktaufnahme mit Personen, die aus seiner Sicht entlastende Tatsachen bekunden können, aber auch für die Vorbereitung und Ausarbeitung einer eigenen Stellungnahme zu den erhobenen Anschuldigungen.[2198] Ist im Falle der eigenständigen Beschaffung von Beweismitteln durch den Beschuldigten die Mitwirkung der Strafverfolgungsbehörden erforderlich, etwa um die Verwertbarkeit der Beweismittel im Prozess zu gewährleisten, so stellt auch die Nicht-Gewährung dieser Mithilfe einen Verstoß gegen Art. 6 Abs. 3 lit. b dar.[2199]

Der Beschuldigte muss Gelegenheit erhalten, sich im Rahmen des gesamten Verfah- **810** rens **Notizen** zu machen (etwa während einer Vernehmung oder Beweisaufnahme im Ermittlungsverfahren, aber auch in der späteren Hauptverhandlung) und diese **Aufzeichnungen für seine Verteidigungszwecke** verwenden können.[2200] Dass unter Umständen auch der Staatsanwaltschaft dieses Recht nicht explizit zusteht, ist nach Auffassung des EGMR ebenso unerheblich wie der Einwand, der Beschuldigte bzw. sein Verteidiger könne sich auf ihr Gedächtnis verlassen.[2201]

Art. 6 Abs. 3 *lit.* b garantiert dem Beschuldigten auch, sich mit den Ermittlungsergeb- **811** nissen der Strafverfolgungsbehörden vertraut zu machen.[2202] Wird dem Beschuldigten (belastendes oder entlastendes) **Beweismaterial vorenthalten**, kann darin – neben einem Verstoß gegen das **Prinzip des kontradiktorischen Verfahrens** (Rn. 307 ff.) bzw. dem **Prinzip der Waffengleichheit** (Rn. 286 ff.) - speziell auch ein Verstoß gegen Art. 6 Abs. 3 *lit.* b liegen.[2203]

2196 EGMR Penev/BUL, 7.1.2010, §§ 35 ff.
2197 EGMR Mayzit/R, 20.1.2005, § 78; Galstyan/ARM, 15.11.2007, § 84; Natunen/FIN, 31.3.2009, § 42; Janatuinen/FIN, 8.12.2009, § 44 („the substantive defence activity on his behalf may comprise everything which is ‚necessary' to prepare the main trial"); Kornev u. Karpenko/UKR, 21.10.2010, § 66; auch Meyer-Ladewig/ Nettesheim/von Raumer/*Meyer-Ladewig/Harrendorf/König* 226; SK/*Meyer* 385; ausführlich: *Hirvelä/Heikkilä* 267 ff.
2198 *Villiger* 586 („Vorbereitung von Schriftsätzen oder Vorträgen für die Hauptverhandlung").
2199 Siehe hierzu EGMR Lilian Erhan/Moldova, 5.7.2022, §§ 19 ff. (Nicht-Verwertbarkeit einer Blutentnahme wegen fehlender Anwesenheit eines Polizeibeamten entgegen der nationalen prozessrechtlichen Vorschriften).
2200 EGMR Matyjek/PL, 24.4.2007, § 59; Luboch/PL, 15.1.2008, § 64.
2201 EGMR Welke u. Białek/PL, 1.3.2011, § 65 („to deny an accused or his lawyer the opportunity to compile notes and to rely on them in the course of argument may give rise to unfairness"; abgelehnt aufgrund der Umstände des Einzelfalls); Pullicino/MLT (E), 15.6.2000.
2202 EGMR Galstyan/ARM, 15.11.2007, § 84; Natunen/FIN, 31.3.2009, § 42; Janatuinen/FIN, 8.12.2009, § 44 („the opportunity to acquaint himself, for the purposes of preparing his defence, with the results of investigations carried out throughout the proceedings"); Kornev u. Karpenko/UKR, 21.10.2010, § 66; Welke u. Białek/ PL, 1.3.2011, § 64.
2203 EGMR Leas/EST, 6.3.2012, § 81; Janatuinen/FIN, 8.12.2009, § 45 („Failure to disclose to the defence material evidence, which contains such particulars which could enable the accused to exonerate himself or have his sentence reduced, would constitute a refusal of facilities necessary for the preparation of the defence, and therefore a violation of the right guaranteed in Article 6 § 3 (b) of the Convention"); Natunen/FIN,

812   Zu beachten ist, dass das Recht des Beschuldigten auf Offenlegung relevanter Beweise nicht absolut gewährleistet ist.[2204] Vielmehr können und müssen (etwa zur Wahrung anderer Konventionsrechte, wie Art. 2 und Art. 8, und der aus ihnen abzuleitenden Schutzpflichten) verfahrensrelevante **widerstreitende Interessen**, wie die **nationale Sicherheit**, der **Zeugenschutz** oder die Wahrung geheimer Ermittlungsmethoden, gegen die Rechte des Beschuldigten abgewogen werden. Zulässig sind diesbezügliche beeinträchtigende Maßnahmen jedoch nur, sofern sie **unbedingt erforderlich** sind.[2205] Außerdem gilt es, etwaige Einschränkungen für den Beschuldigten und seine Verteidigung im gesamten Verfahren hinreichend auszugleichen.[2206]

813   Die durch § 265 Abs. 3, Abs. 4 StPO eröffnete Möglichkeit und Verpflichtung des Gerichts, die Hauptverhandlung ggf. von Amts wegen **auszusetzen**, wenn sich in dieser ergibt, dass ohne die Gewährung einer **zeitnahen Einsicht in die Akten** eine sachgerechte Verteidigung des Angeklagten nicht (mehr) möglich ist, kann eine ausreichende Kompensation zur Herstellung der gebotenen Waffengleichheit vor Gericht i.S.d. Art. 6 Abs. 1 und zur Wahrung der Verteidigungsrechte – auch des anwaltlich nicht vertretenen Angeklagten – darstellen.[2207]

814   Welche konkreten Schritte und Maßnahmen der Beschuldigte zur Vorbereitung seiner Verteidigung unternehmen will, ist ihm selbst überlassen. Bedarf er für die Beiziehung von Beweismitteln der Mithilfe staatlicher Stellen, muss er die ihm nach nationalem Verfahrensrecht zur Verfügung zu stellenden (Art. 13) **Gesuche und Anträge** (Einsichtnahme in Beweisstücke; Zugang zur Akte etc.) in einem angemessenen Zeitrahmen stellen können.[2208] Vom Beschuldigten kann dabei erwartet werden, dass er sein Anliegen gegenüber staatlichen Stellen **plausibel begründet**,[2209] ohne dass dabei aber überhöhte Anforderungen an den Vortrag zu stellen sind. Unterlässt er ein solches Vorbringen, kann sich dies im Sinne einer prozessualen Obliegenheit zu seinen Lasten auswirken – nicht zuletzt bei der Frage der Erschöpfung nach nationalem Recht bestehender Rechtsbehelfe (Art. 35 Abs. 1).[2210]

31.3.2009, § 43. Siehe auch: EGMR (GK) Murtazaliyeva/R, 18.12.2018, §§ 93 ff. zur effektiven Einsichtnahme eines Überwachungsvideos, das auf Antrag der Verteidigung zur Überprüfung der Richtigkeit des Protokolls in der Hauptverhandlung vorgespielt wird; zur Beeinträchtigung von Verteidigungsrechten – u.a. aufgrund unvollständiger Verfahrensakte und keiner hinreichenden Aufzeichnung von Befragungen – in einem wettbewerbsrechtlichen Verfahren vgl. EuG 15.6.2022, T-235/18 (Qualcomm Inc./Europäische Kommission), Rn. 224, 283, 344, EuZW **2022** 648 ff. m. Anm. *Heinemann.*

2204 EGMR Kennedy/UK, 18.5.2010, § 187 („[...] the entitlement to disclosure of relevant evidence is not an absolute right."); Rook/D, 25.7.2019, § 59.

2205 Zur Überprüfung dieser Erforderlichkeit: EGMR Mirilashvili/R, 11.12.2008, §§ 195 f.; Rook/D, 25.7.2019, § 59.

2206 EGMR Doorson/NL, 26.3.1996, § 72; Haas/D (E), 17.11.2005; Simon Price/UK, 15.9.2016, § 100; EGMR Beradi u.a./San Marino (E) 1.6.2017, § 66; Meyer-Ladewig/Nettesheim/von Raumer/*Meyer-Ladewig/Harrendorf/König* 101 f.

2207 OLG Karlsruhe NStZ-RR **2010** 287.

2208 Vgl. dazu auch Meyer-Ladewig/Nettesheim/von Raumer/*Meyer-Ladewig/Harrendorf/König* 227 unter Verweis auf EGMR Campell u. Fell/UK.

2209 EGMR Bendenoun/F, 24.2.1994, § 52; Natunen/FIN, 31.3.2009, § 43; Janatuinen/FIN, 8.12.2009, § 45 („to give specific reasons for his request [...] and the domestic courts are entitled to examine the validity of these reasons"); vgl. auch HRC Kool/NL, 28.4.2008, 1569/2007 (Nachweis für Urlaub als Grund für die Verschiebung einer gerichtlichen Vernehmung; Telefonanruf bei Gericht nicht ausreichend).

2210 Vgl. EGMR Campbell u. Fell/UK, 28.6.1984; Bricmont/B, 7.7.1989 (Beweisantrag); SK/*Meyer* 393.

Der Beschuldigte hat sodann einen Anspruch darauf, dass die zuständige Stelle, na- **815** mentlich das Gericht, sein Vorbringen **zur Kenntnis nimmt** und auf eine Verteidigungsrelevanz hin **überprüft**.[2211]

Für das Gericht besteht eine **prozessuale Fürsorgepflicht** dahingehend, dem Beschul- **816** digten eine effektive Ausübung seiner Verteidigungsrechte zu gewährleisten (Rn. 329 ff.); insbesondere muss der Beschuldigte über sein Recht, eine **Unterbrechung der Hauptverhandlung** zur Vorbereitung seiner Verteidigung zu beantragen, informiert werden.[2212] Beide Gesichtspunkte (Obliegenheiten des Beschuldigten/Fürsorge des Gerichts) müssen im jeweiligen Einzelfall im Sinne einer Gesamtfairness des Verfahrens zum Ausgleich gebracht werden.

Eine Einschränkung der Gelegenheit zur Vorbereitung der Verteidigung kann auch **817** aus **unzureichenden Haftbedingungen** oder aus einer **bestimmten Art der Behandlung** eines Festgenommenen resultieren, z.B. wenn einem Beschuldigten in der Untersuchungshaft physisch oder psychisch nicht die Möglichkeit gegeben wird, konzentriert seine Verteidigung vorzubereiten.[2213]

Zur effektiven Vorbereitung der Verteidigung gehört die Möglichkeit, sich einen **Ver- 818 teidiger** zu suchen und mit diesem die weiteren Schritte zu besprechen. Der **ungehinderte und unüberwachte Verkehr** mit dem Verteidiger seiner Wahl wird dem Beschuldigten von Art. 14 Abs. 3 *lit.* b IPBPR ausdrücklich garantiert ("to have adequate time and facilities for the preparation of his defence and to communicate with counsel of his own choosing").[2214] Bei der EMRK führt die Auslegung von Art. 6 Abs. 3 *lit.* b, *lit.* c unter dem Gesichtspunkt, dass die Verteidigung möglichst effektiv ermöglicht werden muss, zum gleichen Ergebnis (Rn. 1009; ergänzend Art. 8 Rn. 266 f.).[2215]

Das HRC betont, dass eine effektive Verteidigung vor allem in den Staaten und Verfah- **819** ren, in denen die **Todesstrafe** als Sanktion droht, eine zwingende elementare Voraussetzung eines fairen Verfahrens ist.[2216]

Nicht nur vor internationalen Gerichten, die die Grundsätze des IPBPR und der EMRK **820** rezipieren (Rn. 35 ff.), sondern auch in Verfahren auf nationaler Ebene gehört es zur Gewährung einer angemessenen Vorbereitung der Verteidigung, dass die verfahrenswesentlichen Dokumente dem Angeklagten in einer verständlichen Sprache zugänglich gemacht werden (*lit.* a). Die **Zeit zur Lektüre** dieser Dokumente ist bei **Planung der Terminierung** zu beachten.[2217]

3. Zugang zum Verteidiger im Ermittlungsverfahren. *"[...] Even if the primary pur-* **821** *pose of Article 6, as far as criminal proceedings are concerned, is to ensure a fair trial by*

2211 EGMR Natunen/FIN, 31.3.2009, § 46; Janatuinen/FIN, 8.12.2009, § 47 ("having given specific reasons for the request for disclosure of certain evidence which could enable the accused to exonerate himself, he should be entitled to have the validity of those reasons examined by a court").

2212 EGMR Galstyan/ARM, 15.11.2007, § 85.

2213 EGMR Mayzit/R, 20.1.2005, § 81 ("conditions of detention that permit the person to read and write with a reasonable degree of concentration"); Moiseyev/R, 9.10.2008, § 222; Meyer-Ladewig/Nettesheim/von Raumer/*Meyer-Ladewig/Harrendorf/König* 226.

2214 Vgl. HRC Gunan/KGZ, 1.9.2011, 1545/2007, § 6.3 (Zugang zum Verteidiger erst 2,5 Monate nach seiner Auslieferung; zahlreiche Vernehmungen in dieser Zeit).

2215 EGMR Al-Moayad/D (E), 20.2.2007; Moiseyev/R, 9.10.2008, § 209; *Frowein/Peukert* 289; IK-EMRK/*Kühne* 505.

2216 HRC Khuseynova u.a./TJK, 30.10.2008, 1263/2004 u.a., § 8.4 ("particulary in cases involving capital punishment, it is axiomatic that the accused must effectively be assisted by a lawyer at all stages of the proceedings").

2217 *Schomburg* JHR **2009** 1, 12.

a „tribunal" competent to determine „any criminal charge", it does not follow that the Article has no application to pre-trial proceedings."[2218]

822   Art. 6 EMRK und Art. 14 IPBPR finden schon im Ermittlungsverfahren Anwendung. Voraussetzung für die Eröffnung des **strafrechtlichen Schutzbereichs** ist der **Beschuldigtenstatus**, den der EGMR konventionsautonom bestimmt und der grundsätzlich mit einem **Inkulpationsakt** („charge") erlangt wird, wobei der Gerichtshof hier eine Betrachtungsweise bevorzugt, die sich weniger an Formalien, sondern vielmehr an den tatsächlichen („materiellen") Verhältnissen und Nachteilen für die betroffene Person orientiert (Rn. 79 ff.):[2219]

823   *„The concept of „charge" is „autonomous"; it has to be understood within the meaning of the Convention and not solely within its meaning in domestic law. It may thus be defined as „the **official notification** given to an individual by the competent authority of an allegation that he has committed a criminal offence", a definition that also corresponds to the test whether „the **situation of the [suspect] has been substantially affected**".*[2220]

824   Was den Inhalt der durch Art. 6 vermittelten Rechte angeht, spielen sowohl die Eigenarten des jeweiligen nationalen Verfahrens als auch die Umstände des konkreten Falles eine Rolle.[2221] Maßgeblich ist auch bei der Gewährleistung der Verteidigungsrechte stets eine Gesamtbetrachtung des Verfahrens.[2222]

825   **Art. 6 Abs. 3 *lit.* c**, der die Garantien aus Art. 6 Abs. 3 *lit.* b in zentralen Einzelfragen ergänzt, gewährt dem Beschuldigten grundsätzlich ein **Recht auf Verteidigerkonsultation** („right of access to a lawyer") **schon bei Beginn der ersten** (in der Regel polizeilichen) **Vernehmung**[2223] bzw. zum Teil (weitergehend, da nicht jede Person, die festgenommen wird, sofort vernommen wird) **ab der Festnahme**[2224] auch **unabhängig von einer Ver-**

2218   EGMR (GK) Salduz/TRK, 27.11.2008, NJW **2009** 3707 = StRR **2009** 42 = StRR **2009** 97 m. Anm. *Herrmann*, § 50; ferner: EGMR Sebalj/KRO, 28.6.2011, § 250; Laska u. Lika/ALB, 20.4.2010, § 62; Adamkiewicz/PL, 2.3.2010, § 68; Mader/KRO, 21.6.2011, § 149; Hovanesian/BUL, 21.12.2010, § 30; Pavlenko/R, 1.4.2010, §§ 103 ff.; Aleksandr Zaichenko/R, 18.2.2010, § 36; Dzankovic/D (E), 8.12.2009; Kuralić/KRO, 15.10.2009, § 44; Pishchalnikov/R, 24.9.2009, § 65; Plonka/PL, 31.3.2009, § 32; Shabelnik/UKR, 19.2.2009, § 52; Rybacki/PL, 13.1.2009, § 55; Panovits/ZYP, 11.12.2008, § 64; Galstyan/ARM, 15.11.2007, § 89; Salov/UKR, 6.9.2005, § 65; Kolu/TRK, 2.8.2005, § 50; Meyer-Ladewig/Nettesheim/von Raumer/*Meyer-Ladewig/Harrendorf/König* 91; *Trechsel* 250.

2219   EGMR Shabelnik/UKR, 19.2.2009, § 52 („a „substantive", rather than a „formal", conception of the „charge" contemplated by Article 6 § 1. The Court is compelled to look behind the appearances and investigate the realities of the procedure in question.").

2220   EGMR Salov/UKR, 6.9.2005, § 65; ferner: EGMR Deweer/B, 27.2.1980, §§ 42, 46; Eckle/D, 15.7.1982, § 73.

2221   EGMR Galstyan/ARM, 15.11.2007, § 89; Rybacki/PL, 13.1.2009, § 55; Shabelnik/UKR, 19.2.2009, § 52; Plonka/PL, 31.3.2009, § 32; Dzankovic/D (E), 8.12.2009; Aleksandr Zaichenko/R, 18.2.2010, § 36; Adamkiewicz/PL, 2.3.2010, § 69.

2222   EGMR Aleksandr Zaichenko/R, 18.2.2010, § 36; HRC Butovenko/UKR, 24.8.2011, 1412/2005, §§ 7.6, 7.8 (Verletzung von Art. 14 Abs. 3 *lit.* b und d IPBPR; der Beschuldigte hatte erst 72 Stunden nach seiner Festnahme Zugang zu einem Verteidiger).

2223   EGMR Kolu/TRK, 2.8.2005, § 51; Galstyan/ARM, 15.11.2007, § 89; (GK) Salduz/TRK, 27.11.2008, § 55; Shabelnik/UKR, 19.2.2009, § 53; Plonka/PL, 31.3.2009, §§ 34 f.; Pishchalnikov/R, 24.9.2009, §§ 67, 70, 81; Dzankovic/D (E), 8.12.2009; Savaş/TRK, 8.12.2009, § 63; Aleksandr Zaichenko/R, 18.2.2010, § 37; Yoldaş/TRK, 23.2.2010, § 49; Pavlenko/R, 1.4.2010, § 97; Laska u. Lika/ALB, 20.4.2010, § 62; Sharkunov u. Mezentsev/R, 10.6.2010, § 97; Lopata/R, 13.7.2010, § 130; Brusco/F, 14.10.2010, § 45; Leonid Lazarenko/UKR, 28.10.2010, § 49; Hüseyin Habip Taşkın/TRK, 1.2.2011, § 21; K.C./RUM, 30.10.2018, § 40; Ekinci/TRK, 12.5.2020, § 61; Dubois/F, 28.4.2022, §§ 69 ff. (auch im Falle freiwilliger Vernehmungen); Meyer-Ladewig/Nettesheim/von Raumer/*Meyer-Ladewig/Harrendorf/König* 230; Karpenstein/Mayer/*Meyer* 207.

2224   EGMR Dayanan/TRK, 13.10.2009, § 31; Hovanesian/BUL, 21.12.2010, § 34; Adamkiewicz/PL, 2.3.2010, § 84 (Recht auf Zugang zu einem Anwalt „dès le moment de son placement en garde à vue ou en détention provisoire"); Brusco/F, 14.10.2010, § 45, unterscheidet ausdrücklich zwischen der Festnahme als solcher und der anschließenden Vernehmung und entscheidet für beide Situationen, dass Zugang zum Verteidiger mög-

nehmung,[2225] da in diesem frühen Stadium des Ermittlungsverfahrens nicht selten schon die Grundlagen für den Gang und das Ergebnis des späteren gerichtlichen Prozesses geschaffen werden.[2226] Hervorgehoben hat der EGMR auch, dass der Beschuldigte bei Vernehmungen durch die Strafverfolgungsbehörden – allgemein und nicht nur dann, wenn zugleich eine Verletzung von Art. 3 vorliegt[2227] – besonders verletzlich und aus diesem Grund schutzbedürftig ist (**„Anwalt/Verteidiger der ersten Stunde"**).[2228] Als Zugangsverweigerung ist es normativ auch anzusehen, wenn der Beschuldigte zwar zunächst Zugang zu einem Verteidiger erhält, er aber nach Entfernung des Verteidigers aus dem Vernehmungszimmer gezwungen wird, ein Vernehmungsprotokoll zu unterzeichnen.[2229] Der Zugang zu einem Verteidiger darf nicht mit der Begründung verweigert werden, der Beschuldigte sei Jurist.[2230]

Im Einzelfall ist die Fairness des Verfahrens rückwirkend betrachtet nicht *per se* schon **826** dadurch verletzt, dass der festgenommene bzw. inhaftierte, aber noch nicht vernommene Beschuldigte zunächst, maximal bis zur Vernehmung, keinen Zugang zu einem Anwalt erhalten hat.[2231] Dies ändert jedoch nichts daran, dass dem Beschuldigten von Anfang an Zugang zu einem Rechtsbeistand zu gewähren ist,[2232] lediglich die Konsequenzen einer Nichtgewährung sind für den jeweiligen Einzelfall zu bestimmen.

---

lich sein muss („la personne placée en garde à vue a le droit d'être assistée d'un avocat dès le début de cette mesure *ainsi que* pendant les interrogatoires, et ce *a fortiori* lorsqu'elle n'a pas été informée par les autorités de son droit de se taire"); so auch EGMR Simons/B (E), 28.8.2012, § 31 („a person „charged with a criminal offence", within the meaning of Article 6 of the Convention, is entitled to receive legal assistance from the time he or she is taken into police custody or otherwise remanded in custody and, as the case may be, during questioning by police or by an investigating judge"); siehe zudem: EGMR Minculescu/RUM (E), 13.11.2012, § 80; Fariz Ahmadov/ASE, 14.1.2021, § 49 (kein Zugang zum Verteidiger ab Zeitpunkt der Verhaftung; Verstoß i.E. verneint).

2225 So ausdrücklich EGMR Dayanan/TRK, 13.10.2009, § 32; Hovanesian/BUL, 21.12.2010, § 34; Adamkiewicz/ PL, 2.3.2010, § 84; Minculescu/RUM (E), 13.11.2012, § 80.

2226 EGMR Rybacki/PL, 13.1.2009, § 55 („Article 6 – especially paragraph 3 – may be relevant before a case is sent for trial, at the preliminary investigation stage, if and so far as the fairness of the trial is likely to be seriously prejudiced by an initial failure to comply with its provisions."); Plonka/PL, 31.3.2009, § 34; Pavlenko/R, 1.4.2010, § 101; Lopata/R, 13.7.2010, § 131; Şerif Öner/TRK, 13.9.2011 („the investigation stage is of crucial importance in criminal proceedings as the evidence obtained at this stage determines the framework in which the offence charged will be considered").

2227 Dazu EGMR Kolu/TRK, 2.8.2005, § 54; Örs u.a./TRK, 20.6.2006, § 60; Söylemez/TRK, 21.9.2006, §§ 119–125; Göçmen/TRK, 17.10.2006, §§ 67–76; Yusuf Gezer/TRK, 1.12.2009, §§ 37–45; Baran u. Hun/TRK, 20.5.2010, § 67 („absence of an Article 3 complaint does not preclude the Court from taking into consideration the applicant's allegations of ill-treatment for the purpose of determining compliance with the guarantees of Article 6").

2228 EGMR Pishchalnikov/R, 24.9.2009, § 69; Adamkiewicz/PL, 2.3.2010, § 83; Pavlenko/R, 1.4.2010, § 101; Lopata/R, 13.7.2010, § 131; (GK) Ibrahim u.a./UK, 13.9.2016, § 255; Karpenstein/Mayer/*Meyer* 208. Zum gesetzlichen Regelungsbedarf in der Schweiz: *Mangeat/Peter/Villard* ZStrR **132** (2014) 18; rechtsvergleichend: *Vetter* Verteidigerkonsultation im Ermittlungsverfahren – Eine rechtsvergleichende Untersuchung zum deutschen und englischen Strafverfahrensrecht im Lichte der EMRK (2018).

2229 EGMR Soytemiz/TRK, 27.11.2018, § 47, AnwBl. **2019** 104.

2230 EGMR Vyerentsov/UKR, 11.4.2013, § 79.

2231 EGMR Simeonovi/BUL, 20.10.2015, §§ 113 ff.; (GK) Simeonovi/BUL, 12.5.2017, §§ 132 ff.; Zdravko Petrov/ BUL, 23.6.2011, § 47; Hovanesian/BUL, 21.12.2010, § 37; Yurttas/TRK, 27.5.2004, §§ 69–77; einschränkend außerdem HRC Torobekov/KGZ, 21.11.2011, 1547/2007, § 5.3 (keine Verletzung von Art. 14 Abs. 3 *lit.* b und d IPBPR; ursprüngliche Abwesenheit des Verteidigers war diesem teilweise zuzurechnen; später wurde der Beschuldigte in Anwesenheit des Verteidigers vernommen).

2232 So bereits deutlich EGMR Dayanan/TRK, 13.10.2009, § 32 („an accused person is entitled, as soon as he or she is taken into custody, to be assisted by a lawyer, and not only while being questioned"); der

827   Bei **minderjährigen Beschuldigten** fordert der EGMR, dass die Ermittlungsbehörden besondere Rücksicht auf das Zugangsrecht nehmen.[2233] Entsprechend **Art. 14 Abs. 4 IPBPR** („in the case of juvenile persons, the procedure shall be such as will take account of their age and the desirability of promoting their rehabilitation") verlangt das HRC, dass Jugendliche in Strafverfahren einen besonderen Schutz erfahren und über einen gegen sie bestehenden Tatverdacht frühzeitig informiert werden müssen. Zudem sollte ihnen Hilfe bei der Verteidigung und deren Vorbereitung gestellt werden, insbesondere der Zugang zu einem Rechtsbeistand muss garantiert sein (hierzu auch Rn. 1426 ff.).[2234]

828   Eine Vernehmung, die das Recht auf Verteidigerbeistand auslöst, kann auch im Rahmen der **Rechtshilfe** stattfinden.[2235] Eine **Gegenüberstellung** kann als eine der Vernehmung im vorgenannten Sinne gleichzustellende Situation anzusehen sein und ebenfalls das Zugangsrecht des Beschuldigten auslösen.[2236]

829   Allerdings verlangt der EGMR für das Recht auf Verteidigerkonsultation eine gewisse Einschränkung der Fortbewegungsfreiheit. So soll es nicht genügen, dass ein Tatverdächtiger sich nicht in Haft oder Polizeigewahrsam befindet, sondern auf offener Straße in Gegenwart von Zeugen vernommen wird und damit keine signifikante **Beschränkung seiner Bewegungsfreiheit** vorliegt.[2237]

830   Im Fall *Salduz* stellte der Gerichtshof fest, dass das Recht auf Verteidigerkonsultation nur ausnahmsweise und nur vorübergehend aus **zwingenden Gründen** („compelling reasons"), deren Vorliegen einer einzelfallbezogenen Prüfung bedarf („in the light of the particular circumstances of each case"), **eingeschränkt werden** darf.[2238] Die Gründe dürfen

---

französische Wortlaut dieser Passage des erst zu einem späteren Zeitpunkt auf Englisch veröffentlichten Urteils *Dayanan* findet sich auch in: EGMR Hovanesian/BUL, 21.12.2010, § 34, Adamkiewicz/PL, 2.3.2010, § 84, Marzohl/CH (E), 6.3.2012, und Minculescu/RUM (E), 13.11.2012, § 80 („un accusé doit, dès qu'il est privé de liberté, pouvoir bénéficier de l'assistance d'un avocat et *cela indépendamment des interrogatoires qu'il subit*."). Von besonderem Interesse ist dabei, dass der Gerichtshof diese unmissverständliche Aussage zum Recht auf Zugang zum Verteidiger in den Fällen *Hovanesian*, *Marzohl* und *Minculescu* machte, da in diesen Fällen wegen der konkreten Umstände (in der Zeit ohne Verteidiger wurde der Beschuldigte nicht vernommen – *Hovanesian*, *Marzohl*; das Strafurteil beruhte nicht auf den ursprünglich ohne Verteidiger gemachten Aussagen, mit denen die Tat abgestritten wurde, sondern auf späteren Äußerungen, die unter anwaltlichem Beistand erfolgten – *Minculescu*) schlussendlich ein Verstoß gegen Art. 6 verneint wurde, vgl. die vorige Fn.
2233 EGMR Panovits/ZYP, 11.12.2008, § 73; Adamkiewicz/PL, 2.3.2010, § 70. Zu den Rechten von tatverdächtigen Kindern und Jugendlichen, insbesondere bei polizeilichen Vernehmungen auch: *Ostendorf* FS Heinz 464.
2234 HRC Sharifova u.a./TJK, 24.4.2008, 1209/2003 u.a., § 6.6 („juveniles are to enjoy at least the same guarantees and protection as those accorded to adults unter article 14 of the Covenant. In addition, juveniles need special protection in criminal proceedings. They should, in particular, be informed directly of the charges against them with appropriate assistance in the preparation and presentation of their defence").
2235 EGMR Stojkovic/F u. B, 27.10.2011, NJW **2012** 3709, § 51.
2236 EGMR Laska u. Lika/ALB, 20.4.2010, § 67; Nechto/R, 24.1.2012, §§ 111 ff. (Betroffener bereits verhaftet, die Gegenüberstellung war nur ein weiterer Grund dafür, dass Zugang zu einem Verteidiger hätte ermöglicht werden müssen; die Verwertung der Zeugenaussagen, die bei der ohne Verteidigerbeistand erfolgten Gegenüberstellung gemacht wurden, verletzte Art. 6).
2237 EGMR Aleksandr Zaichenko/R, 18.2.2010, § 48 („Although the applicant [...] was not free to leave, [...] the circumstances of the case as presented by the parties, and established by the Court, disclose *no significant curtailment* of the applicant's freedom of action, *which could be sufficient for activating a requirement for legal assistance already at this stage of the proceedings*.").
2238 EGMR (GK) Salduz/TRK, 27.11.2008, § 55 (unwiederbringliche Beschränkung der Verteidigungsrechte in der Regel, wenn belastende Aussagen aus einer Vernehmung, bei der der Beschuldigte keinen Zugang zum Verteidiger hatte, für die Verurteilung verwendet werden; sog. **„Salduz principle"**; hierzu *Jackson* MLR **2016** 987, 1001); Böke u. Kandemir/TRK, 10.3.2009, § 71; Plonka/PL, 31.3.2009, § 35; Pishchalnikov/R, 24.9.2009, §§ 67, 70, 81; Aleksandr Zaichenko/R, 18.2.2010, § 37; Yoldaş/TRK, 23.2.2010, § 49; Pavlenko/R, 1.4.2010, § 97;

daher nicht „systematischer" Natur sein, d.h. nicht generell auf bestimmte Situationen oder Verfahrenslagen Anwendung finden.[2239] Eine **systematische Verweigerung** des Zugangs zum Verteidiger liegt etwa vor, wenn bei bestimmten Delikten oder Verfahrensarten dem Beschuldigten kein Recht auf einen Verteidiger zusteht,[2240] das Recht auf einen Verteidiger erst dann besteht, wenn dem Festgenommenen die Festnahmegründe eröffnet wurden,[2241] oder auch, wenn das nationale Recht generell kein Recht auf Verteidigerkonsultation in diesem Verfahrensstadium vorsieht.[2242]

Auch eine systematische Vorenthaltung des Zugangs zum Verteidiger in der Rechtspraxis dispensiert den Betroffenen jedoch nicht davon, diese Verletzung vor den nationalen Gerichten zu beanstanden, um sie dann später vor dem EGMR geltend machen zu können (**horizontale Rechtswegerschöpfung**). Dabei lässt der Gerichtshof aber erkennen, dass sich der Beschuldigte nicht vor den nationalen Gerichten gegen den systematisch verwehrten Zugang zum Verteidiger wehren muss, wenn keine begründete Aussicht besteht, dass die Gerichte das – konventionswidrige – nationale Gesetz nicht anwenden.[2243] Dies entspricht den Grundsätzen, wonach nur *effektive* Rechtsbehelfe erschöpft werden müssen (Teil II Rn. 193). **831**

Der EGMR hat Strafverfahren allein schon wegen dieser systematischen Verweigerung **832** des Zugangsrechts als unfair beurteilt, u.a. auch in Konstellationen, in denen der Beschuldigte von seinem Schweigerecht Gebrauch gemacht und sich *nicht* selbst belastet hatte.[2244] Dadurch hat das Recht auf Zugang zum Verteidiger im Kanon der verschiedenen durch

---

Laska u. Lika/ALB, 20.4.2010, § 62; Lopata/R, 13.7.2010, § 130; Leonid Lazarenko/UKR, 28.10.2010, § 49; K.C./RUM, 30.10.2018, § 43; Yaman u.a./TRK, 15.5.2018, § 28 (kein Vorbringen zwingender Gründe); Romanov/UKR, 16.7.2020, § 139; Korkmaz/TRK, 13.10.2020, § 16; Meyer-Ladewig/Nettesheim/von Raumer/*Meyer-Ladewig/Harrendorf/König* 237; Karpenstein/Mayer/*Meyer* 209.

2239 Das Verständnis der **„compelling reasons"** wurde vom EGMR in der Folgezeit näher bestimmt, vgl. EGMR (GK) Salduz/TRK, 27.11.2008, § 54 („Any exception to the enjoyment of this right should be clearly circumscribed and its application strictly limited in time."); unter Hinweis auf die fundamentale Bedeutung des frühen Zugangs zum Verteidiger: EGMR (GK) Ibrahim u.a./UK, 13.9.2016, § 258 („The criterion of compelling reasons is a stringent one: [...] restrictions on access to legal advice are permitted only in exceptional circumstances, must be of a temporary nature and must be based on an individual assessment of the particular circumstances of the case").

2240 EGMR (GK) Salduz/TRK, 27.11.2008, § 61; bestätigt: EGMR Baran u. Hun/TRK, 20.5.2010, § 71; Hüseyin Habip Taşkın/TRK, 1.2.2011, § 21; Aras/TRK (Nr. 2), 18.11.2014, §§ 41 f.; hierzu auch Dissenting Opinion *Spano*, wonach auch in solchen Fällen krass rechtsstaatswidriger Gesetze eine „Gesamtbetrachtung" (vgl. Rn. 250) vorzunehmen sei; in Verfahren zur Vollstreckung des EuHb: EGMR A.T./LUX, 9.4.2015, § 69.

2241 EGMR Pakshayev/R, 13.4.2014.

2242 EGMR Borg/Malta, 12.1.2016, § 60.

2243 EGMR Jans/B (E), 1.10.2013, §§ 24 ff. (nach Auswertung der belgischen Rechtsprechung hätte ein Vorbringen gute Erfolgschancen gehabt).

2244 EGMR Dayanan/TRK, 13.10.2009, § 33 (Zugang zum Rechtsbeistand war systematisch verwehrt worden, wenn der Tatvorwurf bestimmte Delikte beinhaltete, die vor Staatssicherheitsgerichten angeklagt wurden; schon aus diesem Grund Verstoß gegen Art. 6, obwohl der Bf. bei den Vernehmungen nicht ausgesagt hatte); (GK) Salduz/TRK, 27.11.2008, § 56; Baran u. Hun/TRK, 20.5.2010, § 71; in Abgrenzung dazu EGMR Zdravko Petrov/BUL, 23.6.2011, § 47 (trotz fehlenden Zugangs zu einem Verteidiger kein Verstoß, da Verweigerung des Zugangs nicht systematisch war und das Urteil nur auf denjenigen Aussagen des Beschuldigten mit Verteidigerbeistand beruhte); ähnlich EGMR Hovanesian/BUL, 21.12.2010, § 37; ebs. früher 2004 (fünf Jahre vor *Dayanan*): EGMR Yurttas/TRK, 27.5.2004, §§ 69–77 (keine Verletzung von Art. 6; inhaftierter Beschuldigter erhielt zwar keinen Zugang zum Verteidiger, wurde aber auch nicht vernommen). Zum Zusammenhang zwischen dem Zugang zum Verteidiger im Ermittlungsverfahren und dem Recht auf Selbstbelastungsfreiheit: EGMR Baran u. Hun/TRK, 20.5.2010, § 68 („Early access to a lawyer is part of the procedural safeguards to which the Court will have particular regard when examining whether a procedure has extinguished the

Esser

Art. 6 Abs. 1, Abs. 3 gebündelten Verteidigungsrechte und im Rahmen der Gesamtfairness eine gegenüber dem **Schweigerecht** als Ausprägung des **Selbstbelastungsprivilegs** (Rn. 1328 ff.) eigenständige Bedeutung erlangt. Allerdings hat der Gerichtshof die Frage ausdrücklich offengelassen, ob eine systematische Zugangsbeschränkung zur Annahme einer Verletzung von Art. 6 Abs. 3 *lit.* c ausreicht.[2245]

833   In der Rs. *Salduz* hat der EGMR einen **Zwei-Stufen-Test** zur Feststellung eines Konventionsverstoßes entwickelt, der später im Fall *Ibrahim*[2246] (Terroranschläge London) weiter präzisiert wurde: Im *ersten Schritt* wird dabei festgestellt, ob **zwingende Gründe** für die Einschränkung vorgelegen haben, woraufhin im *zweiten Schritt* der Einfluss der Beschränkung auf die Verteidigungsrechte und die **Gesamtfairness** des Verfahrens ermittelt werden.[2247] Die **Beweislast** für beide Aspekte trägt der Vertragsstaat.[2248] Allein die Tatsache, dass keine triftigen Gründe vorhanden oder aus dem Vortrag der Regierung ersichtlich sind, macht das Verfahren dementsprechend noch nicht unfair.[2249] Vielmehr wird auch insoweit ein das Verfahren als Ganzes betrachtender Maßstab angelegt, wobei allerdings schon das Fehlen solcher Gründe zur Verneinung der Verfahrensfairness führen kann.[2250]

834   Selbst wenn *zwingende Gründe* für eine Einschränkung des Rechts auf einen Zugang zum Verteidiger vorliegen (Rn. 830 ff.), ist das Verfahren insgesamt gesehen unfair,[2251] wenn der Beschuldigte, dem vor der ersten Vernehmung der Zugang zu einem Verteidiger verwehrt worden ist, **belastende Angaben** macht, die dann in einem späteren Verlauf des Prozesses für seine Verurteilung verwertet werden.[2252] Die **Verwertung** nimmt damit

---

very essence of the privilege against self-incrimination."); instruktiv auch abl. Sondervotum *Kalaydjieva* zu (GK) Ibrahim u.a./UK, 13.9.2016.

2245   EGMR Bayram Koç/TRK, 5.9.2017, § 23.

2246   EGMR (GK) Ibrahim u.a./UK, 13.9.2016, § 257, NJOZ **2018** 508.

2247   EGMR (GK) Salduz/TRK, 27.11.2008, § 55. Dort kam die Etablierung dieses Tests allerdings nicht deutlich genug zum Ausdruck. Eine Klarstellung erfolgte mit EGMR (GK) Ibrahim u.a./UK, 13.9.2016, § 257 („In the *first stage* the Court must assess whether there were compelling reasons for the restriction. In the *second stage*, it must evaluate the prejudice caused to the rights of the defence by the restriction in the case in question. In other words, the Court must examine the impact of the restriction on the overall fairness of the proceedings and decide whether the proceedings as a whole were fair."); ebenso EGMR Zherdev/UKR, 27.4.2017, § 137; Sadkov/R, 6.7.2017, § 123. Schon in EGMR Pishchalnikov/R, 24.9.2009, § 76 („no justification was given for not providing the applicant with access to a lawyer") und Todorov/UKR, 12.1.2012, § 76 („The Government have provided no evidence that any such compelling reasons existed in the aplicant's case") hatte der EGMR nach der Feststellung fehlender Gründe für die Beschränkung des Zugangs noch die Verfahrensfairness geprüft; siehe auch EGMR Bjarki h. Diego/ISL, 15.3.2022, §§ 50 ff. (Anwendung dieses Stufentests auch bei fehlender Information des Beschuldigten über seinen Beschuldigtenstatus).

2248   EGMR (GK) Ibrahim u.a./UK, 13.9.2016, § 265 („The onus will be on the Government to demonstrate convincingly why, exceptionally and in the specific circumstances of the case, the overall fairness of the trial was not irretrievably prejudiced by the restriction on access to legal advice."); (GK) Beuze/B, 9.11.2018, § 145.

2249   EGMR (GK) Ibrahim u.a./UK, 13.9.2016, § 262.

2250   EGMR (GK) Ibrahim u.a./UK, 13.9.2016, § 265 („Where there are no compelling reasons for restricting access to legal advice, the Court must apply a very strict scrutiny to its fairness assessment. The failure of the respondent Government to show compelling reasons weighs heavily in the balance when assessing the overall fairness of the trial and may tip the balance in favour of finding a breach of Article 6 §§ 1 and 3 [c]."); Sadkov/R, 6.7.2017, § 126.

2251   EGMR Plonka/PL, 31.3.2009, § 35; Pishchalnikov/R, 24.9.2009, §§ 67, 70; Pavlenko/R, 1.4.2010, § 97; Lopata/R, 13.7.2010, § 130.

2252   EGMR (GK) Salduz/TR, 27.11.2008, § 55; Shabelnik/UKR, 19.2.2009, § 53; Plonka/PL, 31.3.2009, § 35; Pishchalnikov/R, 24.9.2009, § 70; Dzankovic/D (E), 8.12.2009; Pavlenko/R, 1.4.2010, § 97; Sharkunov u. Mezentsev/

insgesamt eine zentrale Rolle bei der Beurteilung der (fehlenden) Verfahrensfairness ein. Selbst die spätere Konsultationsmöglichkeit und die kontradiktorische Gestaltung des weiteren Verfahrens können die Beschränkung der Verteidigung dann **in der Regel nicht mehr beheben.**[2253] Findet dagegen **keine Verwertung belastender Angaben**, die unter Einschränkung des Zugangsrechts entstanden sind, statt, kann ein Verstoß gegen Art. 6 zu verneinen sein.[2254] Jedoch ist das Verfahren auch in diesem Fall als insgesamt als unfair zu beurteilen, wenn die Angaben des Beschuldigten zwar nicht *unmittelbar* zur Urteilsgrundlage im Sinne einer auf sie gestützten Schuldfeststellung gemacht werden, zugleich aber nicht auszuschließen ist, dass die Angaben die Ermittlungen oder die Beweisinterpretation einseitig in eine bestimmte Richtung gedrängt haben, da der Beschuldigte nicht **effektiv auf den Gang des Verfahrens Einfluss nehmen** konnte. Diese Annahme liegt nahe, wenn die Gerichte die eingetretene Beschränkung der Verteidigung nicht ausreichend kompensieren.[2255] Als angemessene Abhilfeform kommen ein **Verwertungsverbot** für die unter Verletzung des Zugangsrechts gewonnenen Aussagen in Betracht,[2256] zwingend ist deren kompletter Ausschluss nach der Rechtsprechung des EGMR aber nicht (*in der Regel*).[2257] Im Rahmen der zweiten Prüfungs-Stufe (Verfahrensfairness) ist die Verwendung und Verwertung solcher Beweise im Verfahren vielmehr nur *einer* von vielen Aspekten, die bei der Gesamtwürdigung mit einzubeziehen sind.[2258]

So veranlassten den EGMR in der Rs. *Beuze*[2259] der Umfang der Beschränkung des **835** Zugangs zu einem Verteidiger im Ermittlungsverfahren ohne Vorliegen zwingender Grün-

R, 10.6.2010, § 97; Lopata/R, 13.7.2010, § 130 („The rights of the defence will in principle be irretrievably prejudiced when incriminating statements made during police interrogation without access to a lawyer are used for a conviction."); Leonid Lazarenko/UKR, 28.10.2010, § 49.
2253 EGMR Plonka/PL, 31.3.2009, § 39; Gök u. Güler/TRK, 28.7.2009, § 57; Pavlenko/R, 1.4.2010, § 119 („Even though at the trial the applicant had an opportunity to challenge the evidence against him in adversarial proceedings with the benefit of legal advice, [...] the shortcomings in respect of the legal assistance at that stage seriously undermined the position of the defence at the trial."); Soytemiz/TRK, 27.11.2018, §§ 55 ff. (Entsprechendes gilt auch, wenn der Verwertung eine Anklage der vormaligen Verhörsperson wegen Anwendung unzulässigen Zwangs vorausging).
2254 EGMR Hovanesian/BUL, 21.12.2010, §§ 36 ff. (nicht ganz konsequent, weil der EGMR nicht darauf eingeht, ob überhaupt *zwingende Gründe* vorgelegen hatten, dem Beschuldigten den Verteidiger vorzuenthalten. Ob der Beschuldigte schweigt oder Angaben macht, sollte beim Fehlen zwingender Gründe nicht relevant sein); Minculescu/RUM (E), 13.11.2012, § 84.
2255 EGMR Todorov/UKR, 12.1.2012, §§ 78 f.
2256 *Soo* EurJCrimeCrLJ **2017** 327, 341.
2257 EGMR (GK) Ibrahim u.a./UK, 13.9.2016, § 260 unter Bezugnahme auf EGMR (GK) Salduz/TRK, 27.11.2008, § 55 („the rights of the defence would „in principle" be irretrievably prejudiced when incriminating statements made during police interrogation without access to a lawyer were used for a conviction, indicating that the rule, while strict, was *not absolute*."); vgl. aber das befürwortende Votum *Kalaydjieva, Pinto de Albuquerque* und *Turković*, in EGMR Dvorski/KRO, 20.10.2015, § 21, NJOZ **2017** 514 („both the erroneous denial of access to a lawyer and the erroneous denial of choice of a lawyer constitute a structural error in criminal proceedings which should result automatically in the exclusion of self-incriminatory statements tainted by that error prior to trial. If the defendant is convicted after such tainted evidence has come to the knowledge of the judges sitting in the case, the conviction must be automatically quashed. If the offence is not yet time-barred, a retrial with the exclusion of all tainted material may follow."); *Soo* EurJCrimeCrLJ **2017** 327, 333 legt auch EGMR (GK) Salduz/TRK, 27.11.2008, dahingehend aus; zur Wirkung von (GK) Salduz/TRK: *De Hert* NJECL **2010** 298; *Jackson* MLR **2016** 987, 1000 f.; zur Bedeutung dieser Judikatur im Zusammenhang mit der RL 2013/48/EU (Recht auf Zugang zu einem Rechtsbeistand) Rn. 900 ff.
2258 EGMR (GK) Ibrahim u.a./UK, 13.9.2016, § 274 (die dortige Liste ist nicht abschließend: „non-exhaustive").
2259 EGMR (GK) Beuze/B, 9.11.2018, § 193, NJW **2019** 1999; ausführlich *Ambos/Rackow* NStZ **2020** 397 f.

de, die Schwächung der Verfahrensposition des Beschuldigten infolge der dabei gewonnenen Aussagen und deren Bedeutung für die spätere Anklage und Verurteilung, die unzureichende Prüfung der Rechtmäßigkeit des Beweismittels durch die nationalen Gerichte sowie die Tatsache,[2260] dass die mit der Urteilsfindung befasste Jury keinerlei Anweisungen zur Beurteilung des Beweiswertes der Aussagen erhalten hatte, zur Annahme eines Verstoßes gegen Art. 6 Abs. 1 und 3 *lit.* c. Der Bf. war im Ermittlungsverfahren im Polizeigewahrsam mehrfach von der Polizei und einem Ermittlungsrichter vernommen worden, ohne Anwesenheit eines Verteidigers und ohne ausreichend über sein Recht zu Schweigen belehrt worden zu sein. Die detaillierten Angaben des Bf. hatte das Gericht in seinem Urteil verwertet, ohne dabei die Umstände der Erlangung dieser Beweise näher zu bewerten. Der EGMR kam jedoch zu dem Ergebnis, dass aufgrund der Kombination aller Faktoren das Verfahren als Ganzes als unfair anzusehen war.[2261]

836   Diesen Ansatz führte der Gerichtshof in der Rs. *Bru* fort, wo der Bf. rügte, dass ihm während der Untersuchungshaft sowie während Vernehmungen und anderen Ermittlungshandlungen kein Zugang zu einem Rechtsbeistand gewährt worden war.[2262] Da der Nachweis zwingender Gründe für die Beschränkung des Zugangsrechts vom belgischen Staat nicht hinreichend erbracht worden war, beurteilte der EGMR das Verfahren als insgesamt unfair.[2263] Es obliegt also in jedem Fall dem Mitgliedstaat, darzulegen, warum die Beschränkung des Zugangs zu einem Rechtsbeistand im Einzelfall nicht zu einem Verstoß gegen den Grundsatz der Verfahrensfairness geführt haben soll, wobei der EGMR hier einen strengen Bewertungsmaßstab ansetzt.[2264]

837   Bei seiner Analyse stellt der EGMR auch darauf ab, ob der Beschuldigte die ohne Verteidigerbeistand gemachten ersten Angaben nach einem später erfolgten Zugang zu einem Verteidiger **unverzüglich widerruft** bzw. **bestreitet** oder stattdessen **wiederholt**; im letzteren Fall soll eine Verletzung von Art. 6 verneint werden können.[2265] Nicht ausreichend ist es, dass der Beschuldigte nur eine *theoretische* Möglichkeit des Bestreitens hat, ohne seine früheren Erklärungen tatsächlich und wirksam aus dem Weg räumen zu können.

838   **Prägen** die in Abwesenheit eines Verteidigers gemachten Aussagen alle späteren Angaben entscheidend vor, so kann selbst die nachfolgende Wiederholung eines Geständnisses in Anwesenheit eines Verteidigers den verwehrten Zugang zum Rechtsbeistand bei der ersten Ablegung keine Abhilfe mehr verschaffen. Hierbei spielt auch eine Rolle, ob sich der Beschuldigte nicht nur durch verbale Erklärungen belastet hat, sondern auch durch das **Offenbaren des Tatorts**, der dann von der Polizei zur **weiteren Beweisgewinnung** aufgesucht worden ist.[2266]

839   Die Verwertung selbstbelastender Angaben kann für sich betrachtet einen (isolierten) **Fairnessverstoß** im Rahmen der Gesamtfairness darstellen, wenn der Beschuldigte die Verwertbarkeit nicht effektiv vor Gericht rügen kann, was darin zum Ausdruck kommen kann, dass sich das Gericht nicht hinreichend mit seinen Argumenten auseinandersetzt.[2267]

2260 EGMR Doyle/IR, 23.5.2019, § 89.
2261 EGMR (GK) Beuze/B, 9.11.2018, §§ 165 ff., 195.
2262 EGMR Brus/B, 14.9.2021, § 23.
2263 EGMR Brus/B, 14.9.2021, §§ 29 ff., 37; dazu (GK) Beuze/B, 9.11.2018, §§ 161, 163 f.
2264 So auch in EGMR Bjarki H. Diego/ISL, 15.3.2022, §§ 50 ff.
2265 Vgl. EGMR Trymbach/UKR, 12.1.2012, § 64; Stanca/RUM, 24.7.2012, § 62; Bandaletov/UKR, 31.10.2013, § 67; Truten/UKR, 23.6.2016, §§ 73 ff.
2266 EGMR Truten/UKR, 23.6.2016, § 74.
2267 EGMR Lopata/R, 13.7.2010, § 143 („the Court is not satisfied that the applicant's grievance received an appropriate response from the national courts and considers that fair procedures for making an assessment

Äußert der Beschuldigte vor oder während einer Vernehmung den Wunsch auf die **840** Hinzuziehung eines Verteidigers, müssen die Ermittlungsbehörden **aktive Schritte** ergreifen, um ihm diesen Kontakt zu ermöglichen.[2268] Dazu gehört es auch, einem im Gewahrsam befindlichen Beschuldigten die Möglichkeit zu eröffnen, seine **Familie** von seiner Festnahme **in Kenntnis zu setzen**, da dies den Zugang zu einem Verteidiger über seine Angehörigen erleichtern kann.[2269] Zum WÜK bei ausländischen Beschuldigten Rn. 877 ff.

Äußert der Beschuldigte den Wunsch nach Zugang zu einem Verteidiger hinreichend **841** klar, sind die Behörden gehalten, diesem Wunsch durch **geeignete Maßnahmen** zu entsprechen, so etwa durch die **Bereitstellung von Kommunikationsmitteln**, den Hinweis auf einen örtlich existierenden **anwaltlichen Bereitschafts- bzw. Notdienst** zu Wochenend- und Nachtzeiten,[2270] ggf. sogar durch die **Bestellung eines Verteidigers**, wenn dies im Interesse der Rechtspflege geboten ist und Beschuldigte seinerseits keinen Verteidiger wählt (Rn. 1068 ff.).[2271]

Die **Befragung** oder **förmliche Vernehmung eines Beschuldigten**, der sein Recht **842** auf Zugang zu einem Verteidiger einfordert, muss umgehend **unterbrochen werden** und darf erst dann weiter fortgesetzt werden, wenn dem Beschuldigten dieses Recht gewährt worden ist.[2272] Einen Eingriff in das Recht auf Verteidigerzugang sieht der EGMR auch darin, dass dem Beschuldigten im Fall der Unerreichbarkeit des von ihm zunächst benannten Verteidigers nicht die Möglichkeit gegeben wird, sich einen **Ersatzverteidiger** zu suchen bzw. dass ihm kein Verteidiger bestellt wird.[2273]

Das Recht auf Zugang zu einem Verteidiger vor bzw. während einer Vernehmung ist **843** von besonderer Bedeutung, wenn der Beschuldigte nicht über sein **Schweigerecht** belehrt worden ist.[2274] Nach Auffassung des Gerichtshofs besteht ein enger Zusammenhang zwischen dem Recht auf einen möglichst frühen Zugang zu einem Verteidiger im Ermittlungsverfahren und dem **nemo-tenetur-Grundsatz** (Rn. 1328 ff.). Wird dem Beschuldigten kein Verteidigerzugang gewährt, indiziert das im Falle belastender Angaben einen Verstoß gegen das Selbstbelastungsprivileg; der frühe Zugang zu einem Verteidiger ist daher ein

---

of the issue of legal assistance proved non-existent in the present case."), § 144 (*„the use of the applicant's confession statement* obtained in circumstances which raised doubts as to its voluntary character, and in the absence of legal assistance, together with the apparent lack of appropriate safeguards at the trial, rendered the applicant's trial unfair.").

2268 EGMR Pavlenko/R, 1.4.2010, § 107 („the authorities' obligation to ensure that he be able to exercise that right, for instance, by contacting a lawyer by telephone or by other available means. The applicant made his intention to be assisted by counsel sufficiently clear to make it imperative for the investigating authorities to give him the benefit of legal assistance, unless there existed compelling reasons justifying the denial to the applicant of access to a lawyer.").

2269 EGMR Pavlenko/R, 1.4.2010, § 106.

2270 *Corell* StraFo **2011** 34, 37, 41.

2271 EGMR Pishchalnikov/R, 24.9.2009, §§ 73 f.; Pavlenko/R, 1.4.2010, § 107 (Telefon).

2272 EGMR Pishchalnikov/R, 24.9.2009, § 79 („an accused such as the applicant in the present case, who had expressed his desire to participate in investigative steps only through counsel, should not be subject to further interrogation by the authorities until counsel has been made available to him, unless the accused himself initiates further communication, exchanges, or conversations with the police or prosecution.").

2273 EGMR Pishchalnikov/R, 24.9.2009, § 74.

2274 EGMR Brusco/F, 14.10.2010, § 45 („la personne placée en garde à vue a le droit d'être assistée d'un avocat dès le début de cette mesure ainsi que pendant les interrogatoires, *et ce a fortiori lorsqu'elle n'a pas été informée par les autorités de son droit de se taire*.").

Esser

entscheidender Aspekt bei der Beantwortung der Frage, ob ein Geständnis unter Missachtung des nemo-tenetur-Grundsatzes gewonnen wurde.[2275]

844   Auf das Recht auf Verteidigerzugang (auch schon im Ermittlungsverfahren) kann der Beschuldigte grundsätzlich **verzichten**.[2276] Jedoch muss sein Verzicht, zumal wenn der Beschuldigte vorläufig festgenommen ist oder sich bereits in Untersuchungshaft befindet, stets **freiwillig erfolgen** und **hinreichend deutlich** zum Ausdruck kommen („unequivocal manner"/„de manière non équivoque");[2277] zudem darf der Annahme eines solchen Verzichts kein bedeutsames öffentliches Interesse entgegenstehen.[2278] Keineswegs deutlich genug für die Annahme eines Verzichts ist es, wenn auf dem vom Beschuldigten **unterzeichneten Formular** der Satz „(Der Beschuldigte) verlangt keinen Verteidiger" angekreuzt ist, und die näheren Umstände, etwa ob der Beschuldigte über seine Rechte informiert wurde[2279] und ob er das Formular unter Druck unterzeichnet hat, nicht geklärt sind.[2280] Ebenso wenig liegt ein wirksamer Verzicht vor, wenn das Papier, das dem Beschuldigten zur Unterschrift vorgelegt wurde, nur eine **Rechtsvorschrift benennt** statt ihren Inhalt (Beschuldigtenrechte) zu erklären, so dass nicht klar ist, ob der Beschuldigte sein Recht auf Verteidigerzugang überhaupt kannte, zumal wenn sein übriges Verhalten darauf hindeutet, dass er auf den Beistand nicht verzichten wollte.[2281]

845   Ein Verzicht kann keinesfalls allein schon daraus abgeleitet werden, dass der Beschuldigte **ohne Verteidigerbeistand aussagt**.[2282] Ferner verneint der EGMR die Wirksamkeit des Verzichts, wenn die Umstände der betreffenden Erklärung insgesamt **zweideutig**

2275 EGMR Hakan Duman/TRK, 23.3.2010, § 47 („Early access to a lawyer is part of the procedural safeguards to which the Court will have particular regard when examining whether a procedure has extinguished the very essence of the privilege against self-incrimination."); siehe ferner EGMR Pavlenko/R, 1.4.2010, § 101 („In most cases, this particular vulnerability [gemeint: die des Beschuldigten im Ermittlungsverfahren] can only be properly compensated for by the assistance of a lawyer whose task is, among other things, to help to ensure respect of the right of an accused not to incriminate himself. This right indeed presupposes that the prosecution in a criminal case seek to prove their case against the accused without resort to evidence obtained through methods of coercion or oppression in defiance of the will of the accused."); anschaulich auch EGMR Shabelnik/UKR, 19.2.2009, § 59 („In addition, the applicant, having been warned about criminal liability for refusal to testify and at the same time having been informed about his right not to testify against himself, *could have been confused*, as he alleged, about his liability for refusal to testify, especially in the absence of legal advice during that interview."); Leonid Lazarenko/UKR, 28.10.2010, § 50.
2276 EGMR Galstyan/ARM, 15.11.2007, § 90; Plonka/PL, 31.3.2009, § 35; Pishchalnikov/R, 24.9.2009, § 77; Sharkunov u. Mezentsev/R, 10.6.2010, § 106.
2277 EGMR (GK) Öcalan/TRK, 12.5.2005; Panovits/ZYP, 11.12.2008; Pishchalnikov/R, 24.9.2009, § 77; Leonid Lazarenko/UKR, 28.10.2010, § 52; Savas/TRK, 8.12.2009, § 69; (GK) Simeonovi/BUL, 12.5.2017, § 115; vgl. auch EGMR Çakmak u.a./TRK, 13.10.2020, § 26; Berk/TRK, 13.10.2020, § 14; ausführlich zu diesen Anforderungen: EGMR Fariz Ahmadov/ASE, 14.1.2021, § 52 (u.a. handschriftlich verfasster Verzicht).
2278 Vgl. EGMR Fariz Ahmadov/ASE, 14.1.2021, § 52; (GK) Simeonovi/BUL, 12.5.2017, § 115.
2279 Vgl. hierzu: EGMR Çakmak u.a./TRK, 13.10.2020, §§ 22, 24, 27 f. (Verzicht durch Unterzeichnung etwaiger Dokumente kann nicht zweifelsfrei angenommen werden, wenn sich keine Hinweise ergeben, dass der Beschuldigte vorab über seine Rechte belehrt worden ist); ähnlich: EGMR Berk/TRK, 13.10.2020, §§ 11, 14 f.
2280 EGMR Savas/TRK, 8.12.2009, §§ 11, 69; darauf, dass von drei Protokollen sich ohnehin nur in einem das entsprechende angekreuzte Kästchen befindet (§ 66), stellt der EGMR bei der Urteilsfindung (§ 69) nicht ab, so dass, bei den unklaren Umständen, also auch ein derartiger Vermerk auf allen relevanten Protokollen nicht genügt hätte; ähnlich Omelchenko/UKR, 17.7.2014, §§ 48 f. (Verzichtserklärungen erfolgten, während der Bf. willkürlich festgehalten bzw. in „Verwaltungshaft" war, die der Erlangung eines Geständnisses diente); Türk/TRK, 5.9.2017, §§ 50 ff.; Bozkaya/TRK, 5.9.2017, § 48.
2281 EGMR Nechto/R, 24.1.2012, § 109.
2282 Vgl. die Konstellation bei EGMR Stojkovic/F u. B, 27.10.2011, §§ 53 f., NJW **2012** 3709.

sind.[2283] Ein wirksamer Verzicht kann aber anzunehmen sein, wenn der Beschuldigte explizit äußert sich selbst verteidigen zu wollen und **anwaltliche Hilfe verweigert.**[2284] Der EGMR nahm die Wirksamkeit des schriftlich erklärten Verzichts eines Juristen und Polizeibeamten an, obwohl dieser zuvor noch einen Anwalt verlangt hatte, weil man davon ausgehen könne, dass dieser Beschuldigte die Bedeutung seiner Erklärung verstanden habe.[2285] Ebenfalls ist zu beachten, ob ein Verzicht nur für oder ab einem **bestimmten Zeitpunkt** erklärt wird.[2286] Verzichtet der Beschuldigte zunächst (wirksam) und erfragt er später aber dann doch (wieder) den Beistand eines Verteidigers, entfällt die Gültigkeit des früheren Verzichts;[2287] eine Vernehmung ist umgehend zu unterbrechen.

Der Beschuldigte muss in der Lage sein, vor der Erklärung eines solchen Verzichts **846** die **Konsequenzen seines Verhaltens** zu erkennen.[2288] Daran kann es fehlen, wenn der Vorwurf bei der Vernehmung sich wider besseres Wissen der Strafverfolgungsbehörden auf ein weniger schweres Delikt bezieht, der Beschuldigte deshalb auf einen Verteidiger verzichtet und der gegen ihn erhobene Vorwurf danach ausgeweitet wird.[2289]

Ein Verzicht auf das Zugangsrecht kann sowohl **ausdrücklich** („expressly") als auch **847** **konkludent** („tacitly") erklärt werden.[2290] Angesichts der herausragenden Bedeutung des Rechts auf Verteidigerzugang[2291] sind **strenge Maßstäbe** anzulegen.[2292]

Allein aus dem Umstand, dass der Beschuldigte über sein Schweigerecht und sein **848** Recht auf Zugang zu einem Verteidiger **belehrt** worden ist, dies in einem Formular bestätigt und sodann Angaben zur Sache macht, kann nicht auf einen *eindeutigen* und damit wirksamen Verzicht auf das Verteidigerzugangsrecht geschlossen werden, weil der Beschuldigte – ohne den Beistand eines Verteidigers – möglicherweise die Konsequenzen seines Handelns nicht übersieht.[2293] Hier kommt es auf die weiteren Umstände des Einzelfalles an.

2283 EGMR Aleksandr Vladimirovich Smirnov/UKR, 13.3.2014, §§ 14, 72 (Bf. unterzeichnete zunächst ein Dokument, wonach er einen Verteidiger wünschte, und 15 Minuten später ein weiteres Dokument, wonach er auf dieses Recht verzichtete); Tarasov/UKR, 31.10.2013, §§ 94 f.

2284 EGMR Aksin u.a./TRK, 1.10.2013, §§ 48 ff. Wirksamer Verzicht auch in EGMR Kaytan/TRK, 15.9.2015, §§ 30 f.; Zinchenko/UKR, 13.3.2014, § 89.

2285 EGMR Paskal/UKR, 15.9.2011, §§ 77 f. Ähnlich EGMR Tuncer/TRK (E), 22.1.2013: Bf. war nicht über das Recht auf einen Verteidiger belehrt worden; als Staatsanwalt kannte der Bf. aber seine Rechte; neben weiteren Umständen im Rahmen einer Gesamtbetrachtung: Beschwerde offensichtlich unbegründet, Art. 35 Abs. 3 *lit.* a.

2286 EGMR Yerokhina/UKR, 15.11.2012, § 68 („at the present moment"); Bayram Güçlü/TRK, 18.2.2014, §§ 10, 25.

2287 EGMR Parkhomenko/UKR, 16.2.2017, § 81.

2288 EGMR Jones/UK (E), 9.9.2003; Talat Tunç/TRK, 27.3.2007, § 59; Pishchalnikov/R, 24.9.2009, § 77; Aleksandr Zaichenko/R, 18.2.2010, § 40; Pavlenko/R, 1.4.2010, § 102 („Before an accused can be said to have impliedly, through his conduct, waived an important right under Article 6, it must be shown that he could reasonably have foreseen what the consequences of his conduct would be."); Lopata/R, 13.7.2010, § 135; Fariz Ahmadov/ASE, 14.1.2021, § 52.

2289 EGMR Leonid Lazarenko/UKR, 28.10.2010, § 54 („the Court does not rule out that, as argued by the applicant, the charges against him were artificially mitigated at that stage with a view to circumventing that legal safeguard."), § 56 („the case-file material it has in its possession contains a waiver of legal assistance by the applicant [...]. The applicant made the waiver in question without being aware of all the seriousness of the possible penalty. That waiver cannot therefore be considered as having been attended by minimum safeguards commensurate with its importance."); siehe auch: EGMR Yaremenko/UKR, 12.6.2008, § 88.

2290 EGMR Pishchalnikov/R, 24.9.2009, § 77.

2291 EGMR Plonka/PL, 31.3.2009, § 33; Dayanan/TRK, 13.10.2009, § 30; Adamkiewicz/PL, 2.3.2010, § 82.

2292 EGMR Pishchalnikov/R, 24.9.2009, § 78.

2293 EGMR (GK) Salduz/TRK, 27.11.2008, §§ 59 ff.; Pishchalnikov/R, 24.9.2009, §§ 77, 79, 80.

Esser

849   Der EGMR lehnt es ferner ab, einen wirksamen Verzicht darin zu sehen, dass der Beschuldigte nach Belehrung über sein Recht, einen Anwalt als Verteidiger hinzuziehen zu dürfen, **auf die Fragen der Vernehmungsperson antwortet**, ohne sich mit einem Verteidiger beraten zu haben.[2294] Vielmehr muss, wenn der Beschuldigte den Wunsch äußert, einen Verteidiger zu konsultieren, auch hier die **Vernehmung abgebrochen** werden, bis sich der Beschuldigte mit seinem Verteidiger beraten hat oder er von sich aus und aus freien Stücken den Kontakt mit den Vernehmungspersonen wieder aufnimmt.[2295]

850   Ein durch **Drohung oder Gewalt** zustande gekommener Verzicht auf den Zugang zu einem Verteidiger ist in jedem Fall unwirksam und stellt einen schweren Verstoß gegen Art. 6 dar.[2296] Ferner hat der EGMR auch den Verzicht einer Beschuldigten mit schweren **Alkoholproblemen** für unwirksam gehalten.[2297] Dieser Ansatz fehlender Freiwilligkeit sollte für vergleichbare **körperliche oder geistige Mängel** entsprechend gelten.

851   Die Garantie, einen Verteidiger als rechtlichen Beistand hinzuzuziehen, besteht während des **gesamten Verfahrens**, da dieses Recht nicht nur die Verteidigung gegen die erhobene Beschuldigung in der Hauptverhandlung, sondern auch die Wahrung der Verfahrensrechte des Beschuldigten von Anfang an, also auch schon während der polizeilichen Ermittlungen (Rn. 856 ff.), ermöglichen soll.[2298] Wird dem Beschuldigten diese potentielle Unterstützung bereits früh im Verfahren verweigert, kann darin ein irreparabler Verstoß gegen ein faires Verfahren liegen, so etwa, wenn er des Rates eines Verteidigers bedarf, weil er sich in einem fundamentalen **aussagetaktischen Dilemma** befindet, sowohl bei einer Aussage als auch durch sein Schweigen Nachteile zu befürchten hat,[2299] oder weil der Beschuldigte **minderjährig** (Rn. 1465) ist.[2300]

852   Eine **Pflicht zur Belehrung** des Beschuldigten über sein Recht auf Zugang zu einem Verteidiger kann sich nach der Rechtsprechung des EGMR jedenfalls bei **minderjährigen Beschuldigten** aus der EMRK selbst ergeben (Rn. 1077 ff.).[2301]

853   Problematisch ist es allerdings, dem Beschuldigten die **Beweislast** dafür aufzuerlegen, dass ihm der Kontakt zu einem Verteidiger tatsächlich vorenthalten wurde; dass die bloße Behauptung einer solchen Kontaktverweigerung nicht ausreicht,[2302] ist sicher richtig. Mehr

---

2294 EGMR Pishchalnikov/R, 24.9.2009, § 79.

2295 EGMR Pishchalnikov/R, 24.9.2009, § 79.

2296 Vgl. auch EGMR Yaremenko/UKR 12.6.2008, § 88 (faktische Zwangslage nach Irreführung).

2297 EGMR Plonka/PL, 31.3.2009, § 38.

2298 EGMR Imbrioscia/CH, 24.11.1993, ÖJZ **1994** 517; (GK) John Murray/UK, 8.2.1996; Nechiporuk u. Yonkalo/UKR, 21.4.2011, § 262 („As a rule, access to a lawyer should be provided as from the first interrogation of a suspect by the police, unless it is demonstrated in the light of the particular circumstances of each case that there are compelling reasons to restrict this right."); Huseyn u.a./ASE, 26.7.2011, § 171 („Article 6 will normally require that the accused be allowed to benefit from the assistance of a lawyer from the initial stages of police interrogation."); *Esser* 452; *Villiger* 590; auch bei Disziplinarmaßnahmen im Strafvollzug, soweit diese in den Anwendungsbereich von Art. 6 fallen, sind Art. 6 Abs. 3 *lit.* b und c grundsätzlich anwendbar: EGMR Young/UK, 16.1.2007.

2299 EGMR (GK) John Murray/UK, 8.2.1996, § 66; (GK) Öcalan/TRK, 12.5.2005; ausführlich zu dieser Konstellation *Esser* 454.

2300 EGMR (GK) Salduz/TRK, 27.11.2008 m. Anm. *Herrmann* StRR **2009** 97; (GK) Blokhin/R, 23.3.2016, §§ 197 ff.

2301 EGMR Adamkiewicz/PL, 2.3.2010, § 88 („il n'apparaît pas que les autorités aient elles-mêmes, *avant de l'interroger*, informé d'une manière quelconque le requérant de son *droit* de garder le silence et *de consulter un avocat* avant toute déclaration."); Panovits/ZYP, 11.12.2008, § 73 („the lack of provision of sufficient information on the applicant's right to consult a lawyer before his questioning by the police, especially given the fact that he was a minor at the time and not assisted by his guardian during the questioning, constituted a breach of the applicant's defence rights.").

2302 EGMR Latimer/UK (E), 31.5.2005.

als eine plausible Darlegung der Tatsachen wird man vom Beschuldigten allerdings nicht erwarten dürfen; es ist dann Sache der staatlichen Stellen sich entsprechend zu exkulpieren (etwa durch eine audiovisuelle Aufzeichnung).

Auf EU-Ebene sieht die **Richtlinie 2012/13/EU über das Recht auf Belehrung und** **854** **Unterrichtung in Strafverfahren**[2303] darüber hinaus vor, dass jeder Beschuldigte über sein Recht, einen Anwalt hinzuziehen zu dürfen, schriftlich und in leicht verständlicher Sprache in einer sog. „Erklärung der Rechte" („Letter of Rights") belehrt werden muss (Rn. 796 ff., 1077 ff.).

Auch der Verstoß gegen das Recht auf Zugang zu einem Verteidiger schon im Ermitt- **855** lungsverfahren kann im Verlauf des späteren Verfahrens **geheilt** werden, so dass der Bf. seinen Opferstatus verliert (vgl. Teil II Rn. 161 ff.).[2304] Weder der Umstand, dass der Beschuldigte die Unterstützung durch einen Verteidiger erfährt, noch allein ein im weiteren Verlauf kontradiktorisch geführtes Verfahren hält der Gerichtshof aber für geeignet, den anfänglichen Verstoß gegen die Verfahrensfairness auszugleichen.[2305] Entscheidend ist der prozessuale Umgang mit den zuvor unter Beschränkung des Zugangsrechts getätigten Angaben.

4. Recht des Beschuldigten auf Anwesenheit seines Verteidigers bei der polizeili- **856** **chen Vernehmung.** Ob neben dem Recht, im Ermittlungsverfahren einen Verteidiger konsultieren zu dürfen, auch ein (weitergehendes) Recht des Beschuldigten auf *Anwesenheit* seines gewählten oder ihm beigeordneten Verteidigers bei der polizeilichen Vernehmung existiert, ist aus der Rechtsprechung des EGMR bisher nicht eindeutig hervorgegangen.[2306] Im Urteil *Panovits* findet sich der Hinweis, dass der Mangel an rechtlichem Beistand **während** einer Befragung des Beschuldigten (**„during an applicant's interrogation"**) eine Beeinträchtigung seiner Verteidigungsrechte darstellen kann, soweit nicht wichtige Gründe („compelling reasons") für die Vorenthaltung des Beistands vorliegen, die zudem die Gesamtfairness des Verfahrens nicht in Frage stellen dürfen.[2307] Dieser Argumentationsansatz wird vom Gerichtshof allerdings im Verlauf der Urteilsbegründung nicht weiter verfolgt. Vielmehr wird die Unfairness des Verfahrens vor allem damit begründet, dass die Behörden den seinerzeit minderjährigen Beschuldigten angesichts seiner erkennbaren Hilflosigkeit über sein Recht, vor der Vernehmung einen Verteidiger zu befragen, hätten belehren müssen.[2308]

2303 Richtlinie 2012/13/EU des Europäischen Parlaments und des Rates v. 22.5.2012 über das Recht auf Belehrung und Unterrichtung in Strafverfahren, ABlEU Nr. L 142 v. 1.6.2012 S. 1.
2304 EGMR Kozlov/R, 17.9.2009, § 54.
2305 EGMR Hakan Duman/TRK, 23.3.2010, § 51 („Neither the assistance subsequently provided by a lawyer nor the adversarial nature of the ensuing proceedings could cure the defects which had occurred while the applicant was in custody."); § 52 („Even though the applicant had the opportunity to challenge the evidence against him at the trial and subsequently on appeal, the fact that no lawyer was present while he was in police custody, in the absence of an unequivocal and intentional waiver on his part, irretrievably damaged his defence rights."); siehe auch EGMR Pavlenko/R, 1.4.2010, § 119; Laska u. Lika/ALB, 20.4.2010, § 68.
2306 *Esser* 466 ff.; *Gaede* 794; eine Darstellung der einschlägigen EGMR-Fälle bei *Beijer* EurJCrimeCrLJ **2010** 311, 313, 332 ff.; vgl. auch: EGMR (GK) John Murray/UK, 8.2.1996, §§ 59 ff.
2307 EGMR Panovits/ZYP, 11.12.2008, § 66 („the lack of legal assistance during an applicant's interrogation would constitute a restriction of his defence rights in the absence of compelling reasons that do not prejudice the overall fairness of the proceedings.").
2308 EGMR Panovits/ZYP, 11.12.2008, § 73 („the lack of provision of sufficient information on the applicant's right to consult a lawyer before his questioning by the police, especially given the fact that he was a minor at the time and not assisted by his guardian during the questioning, constituted a breach of the applicant's defence rights.").

857   Auch die Urteile **Pishchalnikov** und **Brusco** enthalten Anhaltspunkte dafür, dass der Gerichtshof von einem Recht des Beschuldigten auf Anwesenheit seines Verteidigers bei einer polizeilichen Vernehmung ausgeht.[2309] Deutlicher wurde der EGMR in den Urteilen **Beuze** und **Doyle**: Hier wird deutlich, dass die Tatsache, dass der Verteidiger bei den polizeilichen Vernehmungen nicht anwesend sein konnte, zu einer Verletzung des Rechts auf Zugang zu einem Verteidiger führen kann.[2310] Die Bestimmungen der deutschen StPO, die in Umsetzung der Richtlinie über das Recht auf Zugang zu einem Rechtsbeistand in Strafverfahren (Rn. 900 ff.) geändert wurden, sehen mittlerweile ausdrücklich ein Anwesenheitsrecht des Verteidigers bei Vernehmungen durch die Polizei vor.[2311]

858   Stimmen aus der **Literatur**, die ein solches Anwesenheitsrecht des Verteidigers seit jeher uneingeschränkt bejahen, überzeugen.[2312] Der Verteidiger ist nicht in der Lage, den Beschuldigten durch eine Konsultation allein *vor* der Vernehmung auf alle rechtlichen Schwierigkeiten vorzubereiten, die sich während der konkreten, ggf. mehrere Stunden dauernden Vernehmungssituation ergeben können. Der regelmäßig juristisch nicht geschulte Beschuldigte ist in Bezug auf die mit seinen Angaben verbundenen Risiken bei einer Befragung durch versierte Polizeibeamte häufig überfordert,[2313] insbesondere unmittelbar nach dem Vollzug einer Zwangsmaßnahme (Festnahme, Durchsuchung). Um hier einer Ausnutzung der vulnerablen Position eines Beschuldigten vorzubeugen, ist die Anwesenheit des gewählten oder beigeordneten Verteidigers sowohl *vor* als auch *während* der ersten polizeilichen Einvernahme erforderlich, damit der Verteidiger seine Beistandsfunktion effektiv wahrnehmen kann. Nur so lässt sich auch ein Zustand normativer Waffengleichheit herstellen.

859   Die **Heilung** eines Verstoßes gegen das Recht des Beschuldigten auf Anwesenheit seines Verteidigers bei einer Vernehmung oder sonstigen relevanten Verfahrensschritten ist nur anzunehmen, wenn ein weiterreichendes **Verwertungsverbot** hinsichtlich der konventionswidrig gewonnenen Aussage besteht.[2314]

860   Wird eine Person in (auch kurzzeitige) Haft genommen und steht ihm kein Verteidiger zur Verfügung, so kann dies im Einzelfall – unabhängig von der Rechtmäßigkeit einer Beschränkung der Verteidigungsrechte – auch eine Verletzung von **Art. 3 (erniedrigende**

2309 EGMR Pishchalnikov/R, 24.9.2009, § 79 („when an accused has invoked *his right to be assisted by counsel during interrogation*, a valid waiver of that right cannot be established by showing only that he responded to further police-initiated interrogation even if he has been advised of his rights."); Brusco/F, 14.10.2010, § 45 („la personne placée en garde à vue a *le droit d'être assistée d'un avocat dès le début de cette mesure pendant les interrogatoires*, et ce *a fortiori* lorsqu'elle n'a pas été informée par les autorités de son droit de se taire."); wie hier i.E. *Beijer* EurJCrimeCrLJ 2010 311, 313, 336.
2310 EGMR (GK) Beuze/B, 9.11.2018, § 134; Doyle/IR, 23.5.2019, § 82, AnwBl. **2019** 486 („the fact that the applicant's lawyer could not be present during his police interviews amounted to a restriction of his right of access to his lawyer.").
2311 Zweites Gesetz zur Stärkung der Verfahrensrechte von Beschuldigten im Strafverfahren und zur Änderung des Schöffenrechts v. 27.9.2017, BGBl. I S. 3295: Ergänzung des § 163a Abs. 4 StPO in Satz 3 um den Verweis auf die entsprechende Anwendung des § 168c Abs. 1 und 5 StPO; dazu speziell im Lichte der EMRK und der RL 2013/48/EU (Rn. 900) *Esser* KriPoZ **2017** 167.
2312 *Gaede* 794 f. m.w.N. Fn. 29; *Beijer* EurJCrimeCrLJ **2010** 311, 313, 336 unter Berufung auf die Urteile Panovits/ZYP, 11.12.2008, und Pishchalnikov/R, 24.9.2009.
2313 Das Problem erkennt auch EGMR Lopata/R, 13.7.2010, § 131 („At the same time, an accused often finds himself in a particularly vulnerable position at that stage of the proceedings [gemeint: im Ermittlungsverfahren], the effect of which is amplified by the fact that *legislation on criminal procedure* tends to become increasingly *complex*, notably *with respect to the rules governing the gathering* and use *of evidence*."); ebenso EGMR (GK) Salduz/TRK, 27.11.2008, § 54.
2314 *Gaede* 797 ff.

Behandlung) begründen, *wenn* weitere Umstände hinzukommen, etwa wenn die Behörden den Zugang zum Verteidiger bewusst und offensichtlich mit dem Ziel vereitelt haben, um von der inhaftierten Person ein Geständnis zu erlangen.[2315]

5. Ausreichende „Gelegenheit" zur Vorbereitung der Verteidigung

a) Auf freiem Fuß befindlicher Beschuldigter. Ein auf freiem Fuß befindlicher Be- 861
schuldigter muss grundsätzlich seine **Verteidigung in eigener Verantwortung** selbst vorbereiten und organisieren (können), etwa durch Erkundigungen, die Beibringung von Unterlagen und Nachforschungen nach entlastenden Tatsachen und entsprechenden Beweisen. Es ist – bis zur **Grenze der Manipulation des Verfahrens** und **Verdunkelung von Beweisen** (etwa durch die Unterdrückung von Beweismaterial oder eine inakzeptable Einflussnahme auf Zeugen) – seine Sache, ob und wie er diese Möglichkeiten ausschöpft.[2316] Er darf durch staatliche Maßnahmen nicht an insoweit rechtmäßigen Aktivitäten zum Zwecke seiner Entlastung gehindert werden.

Ein für den Beschuldigten tätiger Verteidiger (ggf. auch der Beschuldigte selbst) muss 862
im Interesse der Rechtspflege rechtzeitig und umfassend über den Tatvorwurf und seine Hintergründe informiert sein, um seine Aufgabe konventionskonform wahrnehmen zu können. Hierzu gehört auch die **Übersetzung relevanter Urkunden**, soweit sie für das Verfahren des Beschuldigten eine Rolle spielen.[2317] Hier überschneiden sich die Garantien nach Art. 6 Abs. 3 *lit.* a, *lit.* b und *lit.* e.

Das nationale Recht kann ohne Verstoß gegen Art. 6 Abs. 3 *lit.* b vorsehen, dass der Be- 863
schuldigte eine **Zustelladresse** angeben muss oder dass er bzw. sein Verteidiger sich nach dem gerichtlichen **Verhandlungstermin erkundigen** muss, wenn keine Ladung vorgeschrieben ist.[2318] Allerdings ist auch hier auf die gerichtliche Fürsorgepflicht hinzuweisen.

Die **Unterlagen**, die der Beschuldigte erkennbar zur **Vorbereitung seiner Verteidi-** 864
gung im laufenden Verfahren[2319] erstellt hat, unterliegen **nicht der Beschlagnahme** und sind der Kenntnisnahme und Verwertung durch die Strafverfolgungsbehörden entzogen; auch insoweit haben die Belange einer effektiven Verteidigung Vorrang vor den Belangen einer funktionierenden Strafrechtspflege.[2320] Speziell zur Verteidigerkorrespondenz Rn. 868 ff.

Das Recht des Beschuldigten auf **Teilnahme an richterlichen Beweiserhebungen** 865
dient ebenfalls der Vorbereitung seiner Verteidigung, es wird aber nicht zwingend durch *lit.* b garantiert, da es für dessen Zwecke genügen kann, wenn der Beschuldigte spätestens

---

2315 EGMR Dushka/UKR, 3.2.2011, §§ 52 f.
2316 Vgl. IK-EMRK/*Kühne* 529 ff. („Obliegenheiten des Beschuldigten"); ebenso SK/*Meyer* 393.
2317 OLG Dresden StRR **2011** 362 m. Anm. *Burhoff* = NStZ-RR **2012** 64 (Ls.) = BeckRS **2011** 27551 (frühere Urteile).
2318 EKMR nach IK-EMRK/*Kühne* 529.
2319 Auch die schon *vor* der formellen Einleitung des Ermittlungsverfahrens zwischen einem Beschuldigten und seinem Verteidiger geführte Korrespondenz kann beschlagnahmefrei sein. Voraussetzung ist, dass die betreffenden Unterlagen objektiv nachvollziehbar bereits im Zuge der Mandatsbeziehung entstanden sind und dabei schon auf die Verteidigung gegen die im Rahmen des Ermittlungsverfahrens gegenständlichen Vorwürfe abzielen, vgl. LG Mannheim NZWiSt **2021** 161 ff. m. Anm. *Oesterle/Tute*; siehe zudem die Bespr. *Beukelmann/Heim* NJW-Spezial **2021** 282.
2320 Siehe BGHSt **44** 46; BGH NJW **1973** 2035; BGHR § 97 StPO Verteidigungsunterlagen 1, 2; LG Frankfurt Beschl. v. 9.11.2017 – 5/12 KLs 14/17, jurisPR-Compl 3/2018 Anm. 3 (Ls.) m. Anm. *Helck* zur Beschlagnahmefreiheit versehentlich an die Staatsanwaltschaft verschickter Verteidigungsunterlagen; *Dahs* GedS Meyer 61, 68, vgl. auch LR/*Menges* § 97, 87 StPO.

bei der Beweisverwertung vor dem erkennenden Gericht seine Verteidigungsrechte, insbesondere sein Frage- und Konfrontationsrecht (Rn. 1145 ff.) ausüben und zum Beweisergebnis Stellung nehmen und seine Einwände dagegen vorbringen kann.

866   **b) Vorläufig festgenommer oder inhaftierter Beschuldigter.** Auch ein Beschuldigter, dem zur Sicherung der Durchführung des Strafverfahrens die Freiheit entzogen ist, muss ungeachtet der mit einer solchen Situation verbundenen erforderlichen Einschränkungen ausreichende Möglichkeiten für die Vorbereitung seiner effektiven Verteidigung erhalten. Er darf nicht daran gehindert werden, aus der Haft heraus selbst die von ihm hierfür als erforderlich erachteten Maßnahmen in die Wege zu leiten, sei es schriftlich oder mündlich beim Besuch einer Person seines Vertrauens (vgl. Art. 8 Rn. 193 ff., 266 f., 280 f.).[2321] Ein unüberwachter Besuch (etwa von Angehörigen) kann allerdings wegen Verdunkelungsgefahr abgelehnt werden (zum Verteidiger siehe aber Rn. 868 ff.).[2322]

867   Das für die **Ausarbeitung** seiner Verteidigung erforderliche **Schreibmaterial** darf einem inhaftierten Beschuldigten nicht verweigert werden, desgleichen müssen für ihn, zumindest wenn er seine Verteidigung allein führen will, die wichtigsten **einschlägigen Gesetzestexte** verfügbar sein.[2323] Soweit dies für die sachgerechte Vorbereitung seiner Verteidigung, nicht zuletzt auch zur **Sicherung seines Rechts zur Befragung von Belastungszeugen** nach Art. 6 Abs. 3 *lit.* d EMRK/Art. 14 Abs. 3 *lit.* e IPBPR und damit zugleich auch zur Sicherung der Verwertbarkeit deren Aussagen (Rn. 1164 ff.) notwendig ist, war es vor allem in den Fällen einer notwendigen Verteidigung bereits nach § 141 Abs. 3 StPO a.F. geboten, ihm bereits im Vorverfahren einen **Verteidiger** von Amts wegen zu bestellen.[2324] Dem entspricht es, dass der Gesetzgeber in § 141 Abs. 1 Satz 1 StPO für den Beschuldigten im Vorverfahren mittlerweile ein **eigenes Antragsrecht** zur Bestellung eines Verteidigers im Falle einer notwendigen Verteidigung vorgesehen hat. In § 141 Abs. 2 StPO sind darüber hinaus Konstellationen geregelt, in denen dem Beschuldigten bereits von Amts wegen ein Verteidiger bestellt werden muss, wobei der Staatsanwaltschaft im Vorverfahren gemäß § 142 Abs. 2 StPO ggf. auch eine Verpflichtung zur Bestellung zukommt (vgl. zu den Neuregelungen Rn. 1116 ff.).

868   Mit seinem **Verteidiger** muss ein in polizeilichem Gewahrsam bzw. Untersuchungshaft befindlicher Beschuldigter zur Vorbereitung seiner Verteidigung – unabhängig von einer anstehenden Vernehmung[2325] – ohne Hindernisse und in einem für die Verteidigung ausreichenden Maße **mündlich** (ggf. auch **telefonisch**)[2326] **und schriftlich** (zur Korrespondenz Rn. 870 ff.)[2327] verkehren können, und zwar wie es die zur Zweckerreichung (effektive Verteidigung) notwendige **Vertraulichkeit des Gesprächs** erfordert, **alsbald**,[2328]

2321 Vgl. EGMR Campbell u. Fell/UK, 28.6.1984 (Verstoß durch Zurückhaltung des Briefes des Gefangenen an Anwalt zur Prüfung zivilrechtlicher Ansprüche).

2322 BGHSt **44** 82; *Nack* FS G. Schäfer 46, 48.

2323 Siehe hierzu auch *Villiger* 586, wonach auch einem inhaftierten Beschuldigten entsprechende Mittel zur Vorbereitung der Verteidigung bereitgestellt werden müssen.

2324 Vgl. noch zum früheren § 141 Abs. 3 StPO a.F.: BGHSt **46** 93; **47** 172, 176; **47** 233, 234; § 141 Abs. 3 Satz 4 a.F. StPO erfasste auch richterliche Vernehmungen im Rahmen einer Haftvorführung, vgl. LG Halle Beschl. v. 26.3.2018 – 10 a Qs 33/18, BeckRS **2018** 5529 = StraFo **2018** 351.

2325 EGMR Adamkiewicz/PL, 2.3.2010, § 84 („un accusé doit, dès qu'il est privé de liberté, pouvoir bénéficier de l'assistance d'un avocat et cela indépendamment des interrogatoires qu'il subit."); Hovanesian/BUL, 21.12.2010, § 34; Dayanan/TRK, 13.10.2009, § 32.

2326 Hierzu BVerfG NJW **2012** 2791 = StraFo **2012** 129.

2327 Vgl. EGMR Moiseyev/R, 9.10.2008, §§ 208 f.; BGer EuGRZ **1981** 284.

2328 Eine Verweigerung des Zugangs zum Verteidiger über 7 Tage kann nicht nur gegen gegen Art. 6 Abs. 3 *lit.* c, sondern auch gegen Art. 5 Abs. 3 verstoßen: EGMR Magee/UK, 6.6.2000; (K) Öcalan/TRK, 12.3.2003; zust. *Kühne* JZ **2003** 670, 672; anschließend daran: EGMR (GK) Öcalan/TRK, 12.5.2005.

ohne Zuhörer,[2329] **ohne (technische) Überwachung**,[2330] **Kontrolle, Aufzeichnung** sowie **ohne zeitliche Begrenzung**.[2331] Für vorläufig festgenommene und verhaftete Personen sowie für Untersuchungsgefangene tragen § 148 Abs. 1 StPO[2332] bzw. § 119 Abs. 4 Satz 1 StPO i.V.m. § 148 Abs. 1 StPO diesen Anforderungen hinreichend Rechnung. Trotz der denkbaren Gefahr eines Missbrauchs der Nichtüberwachung des Verkehrs mit dem inhaftierten Mandanten durch den Verteidiger genießt dieser als Organ der Rechtspflege einen **Vertrauensvorschuss**.[2333]

Insbesondere muss der Verteidiger Gelegenheit haben, den Sachverhalt mit dem Be- **869** schuldigten vor einer Vernehmung oder sonstigen Beweisaufnahme bzw. vor Beginn eines Verhandlungstermins zu besprechen. Dies ist auch erforderlich, damit er das **Frage- und Konfrontationsrecht** aus Art. 6 Abs. 3 *lit.* d sachgerecht ausüben kann, etwa wenn er für diesen an der kommissarischen Einvernahme eines Belastungszeugen teilnehmen soll.[2334] Der Haftanstalt anzulastende **Verzögerungen des Briefverkehrs** mit dem Verteidiger, die zu einer Fristversäumnis führen, verletzen Art. 6 Abs. 3 *lit.* b.[2335]

Für die Behauptung eines Konventionsverstoßes wegen Nichteinhaltung dieser Stan- **870** dards muss der Beschuldigte später nicht nachweisen, dass sich die unzulässige Überwachung von Korrespondenz oder Kommunikation nachteilig auf seine Verteidigung ausgewirkt hat. Allein die Tatsache, durch eine solche Maßnahme direkt in seinen Verteidigungsrechten betroffen worden zu sein, muss der Bf. **plausibel geltend machen**.[2336] Dabei kann auch schon die abschreckende Wirkung eines plausibel **begründeten Verdachtes einer solchen Überwachung** ausreichen, um die Verteidigung zu beeinträchtigen.[2337] Wegen der Möglich-

---

2329 EGMR Artico/I, 13.5.1980; S./CH, 28.11.1991, NJW **1992** 3090 = EuGRZ **1992** 298 = ÖJZ **1992** 343, § 48; (GK) Öcalan/TRK, 12.5.2005; Zagaria/I, 27.11.2007; Rybacki/PL, 13.1.2009, § 56 („ The right of the defendant to communicate with his advocate out of hearing of a third person is part of the basic requirements of a fair trial in a democratic society and follows from Article 6 § 3 (c). (...) However, if a lawyer were unable to confer with his client and receive confidential instructions from him without such surveillance, his assistance would lose much of its effectiveness whereas the Convention is intended to guarantee rights that are practical and effective."); (GK) Sakhnovskiy/R, 2.11.2010, § 97; BVerfG StraFo **2012** 129 (Telefonate mit Verteidiger); BGer EuGRZ **1995** 404; *Frowein/Peukert* 289; KK-EMRK-GG/*Grabenwarter/Pabel* Kap. 14, 151; *Paeffgen* NStZ **1989** 423. Art. 8 Abs. 3 *lit.* d AMRK garantiert ausdrücklich „the right of the accused to [...] communicate freely and privately with his counsel").

2330 Eine Grenze des Verbots der Verwertung von aus einem Gespräch mit dem Verteidiger erlangten Beweisen (§ 160a StPO) ergibt sich aus § 160a Abs. 4 StPO bei einem konkreten Verdacht der Beteiligung des Verteidigers an der Tat. Anhaltspunkte hierfür dürfen allerdigs nicht (erst bzw. allein) aus der Überwachungsmaßnahme selbst gewonnen werden: LG Düsseldorf Beschl. v. 15.2.2021 – 10 Qs 46/20, BeckRS **2021** 6864 = StRR **2021** 19 m. Anm. *Stephan*; dazu: *Beukelmann/Heim* NJW-Spezial **2021** 314.

2331 EGMR (GK) Öcalan/TRK, 12.5.2005; (K) 12.3.2003 m. Anm. *Kühne* JZ **2003** 670; Zagaria/I, 27.11.2007, § 30; Oferta Plus S.R.L./MOL, 19.12.2006, § 145, NJW **2007** 3409 (zu Art. 34); Moiseyev/R, 9.10.2008, § 209.

2332 Hierzu: LG Augsburg Beschl. v. 2.4.2014 – 8 Ks 401 Js 139206/13, StV **2014** 468 = DVP **2016** 40 (§ 160a StPO; geschützte Räumlichkeit i.S.d. § 148 StPO maßgeblich; auch bei zufälligem Mithören); vertiefend zur Bedeutung des § 148 StPO für den Schutz des Vertrauensverhältnisses zwischen Mandant und Verteidiger: *Böhm* Effektive Strafverteidigung und Vertrauen (2021) 175 ff.

2333 BVerfG NJW **2012** 2791 = StraFo **2012** 129, 131.

2334 Vgl. BGHSt **46** 93.

2335 EGMR Domenichini/I, 21.10.1996; zur Kontrolle des Briefverkehrs zwischen dem Betroffenen und dem EGMR vgl. Art. 8 Rn. 284, Teil II Rn. 49.

2336 EGMR Zagaria/I, 27.11.2007, § 30 („S'il n'est pas nécessaire que le requérant prouve que la restriction a eu un effet préjudiciable sur le cours du procès, à supposer qu'il soit possible d'apporter une telle preuve, celui-ci doit pouvoir affirmer que la restriction l'a directement touché dans l'exercice des droits de la défense.").

2337 EGMR Oferta Plus S.R.L./MOL, 19.12.2006, § 147 (zu Art. 34): „The Court considers that an interference with the lawyer-client privilege and, thus, with the right of petition guaranteed by Article 34 of the Conventi-

keit, die gesprochenen Worte von den Lippen ablesen zu können, darf ein Gespräch zwischen Beschuldigtem und Verteidiger seitens der Strafverfolgungsbehörden auch nicht (nur visuell) per **Video** verfolgt oder gar aufgezeichnet werden.[2338]

871   Die **Verteidigerkorrespondenz**, d.h. Briefe des Beschuldigten an seinen Verteidiger und die Post, die er von seinem Verteidiger erhält, ist ebenso wie die Gespräche (Kommunikation) privilegiert.[2339]

872   Diese Grundsätze gelten nicht nur für das Verfahren, in dem sich der Beschuldigte in Untersuchungshaft befindet, sondern auch für den Umgang mit einem Verteidiger, der ihn in **einem anderen anhängigen Strafverfahren** vertritt, selbst wenn dieses im Ausland durchgeführt wird.[2340]

873   Der Schutz von Kommunikation und Korrespondenz mit einem Verteidiger greift nicht erst ab dem formalen Bestehen eines sog. **Verteidigungsverhältnisses** ein,[2341] sondern erfasst zeitlich bereits die **vorgelagerte Korrespondenz bzw. Kommunikation zur Anbahnung** eines solchen Verhältnisses.[2342] Ebenso sind Gespräche zur Anbahnung eines Mandates vom Schutz des § 160a StPO umfasst; aufgezeichnete Gespräche sind zu löschen;[2343] siehe hierzu Art. 8 Rn. 280.

874   **Kontrollen und sonstige Einschränkungen** dieses grundsätzlich ungehinderten Verkehrs zwischen Beschuldigtem und seinem Verteidiger sowie ein Zugriff auf Verteidigungsunterlagen sind nur in Ausnahmefällen zulässig, d.h. wenn im konkreten Fall **schwerwiegende besondere Umstände** vorliegen[2344] und der Eingriff einem der in Art. 8 Abs. 2

---

on, does not necessarily require an actual interception or eavesdropping to have taken place. *A genuine belief held on reasonable grounds* that their discussion was being listened to *might be sufficient*, in the Court's view, to limit the effectiveness of the assistance which the lawyer could provide. Such a belief would inevitably inhibit a free discussion between lawyer and client and hamper the client's right to be effectively defended or represented.".

2338   In diese Richtung auch EGMR (GK) Sakhnovskiy/R, 2.11.2010, § 104 („it is questionable whether communication by video link offered sufficient privacy. The Court notes that in the *Marcello Viola* case ([5.10.2006], §§ 41 and 75) the applicant was able to speak to his lawyer via a telephone line secured against any attempt at interception. In the case at hand the applicant had to use the video-conferencing system installed and operated by the State. The Court considers that the applicant might legitimately have felt ill at ease when he discussed his case with Ms A.").

2339   EGMR Moiseyev/R, 9.10.2008, § 210; vgl. auch Art. 8 Rn. 258, 280.

2340   OLG Celle NStZ **2003** 686 (auch zu der zur Verhütung von Missbrauch eventuell erforderlichen Legitimation des im ausländischen Verfahren bestellten Verteidigers durch die ausländischen Justizbehörden). Ob dies nur gilt, wenn dem Beschuldigten auch im ausländischen Verfahren die Rechte aus der EMRK zustehen, erscheint fraglich.

2341   Vgl. Meyer-Goßner/*Schmitt* § 148, 4 StPO.

2342   LG Frankfurt/O. Beschl. v. 7.4.2022 – 22 Qs 8/22, ZWH **2022** 302, 303, Tz. 21 m. Anm. *Pelz/Riederer* ZWH **2022** 273 ff. = NZWiSt **2022** 451 m. Anm. *Oesterle/Tute*; LG Braunschweig Beschl. v. 21.7.2015 – 6 Qs 116/15 = NStZ **2016** 308 m. Anm. *Schneider* = NZWiSt **2016** 37 m. Anm. *Jahn/Kirsch* = ZWH **2016** 129 m. Anm. *Diederichsen* ZWH **2016** 104 (OWi-Verfahren; befürchtetes künftiges Ermittlungsverfahren); LG Gießen wistra **2012** 409; teilweise anders OLG München NStZ-RR **2012** 294 = StRR **2012** 348 = FS **2012** 364 (JVA darf die entsprechende Post zwar nicht öffnen, sondern muss sie ungeöffnet zurücksenden, das OLG verweigert dem Rechtsanwalt im Anbahnungsverhältnis die Stellung als „Verteidiger") m. abl. Anm. NJW-Spezial **2012** 409.

2343   BGH Beschl. v. 18.2.2014 – StB 8/13, NJW **2014** 1314 m. Anm. *Roggan* = NStZ-RR **2014** 149 = StV **2014** 388; Beschl. v. 4.2.2016 – StB 23/14, HRRS **2016** Nr. 513.

2344   EGMR Moiseyev/R, 9.10.2008, § 210; (GK) Sakhnovskiy/R, 2.11.2010, § 102 („the relationship between the lawyer and his client should be based on mutual trust and understanding. Of course, it is not always possible for the State to facilitate such a relationship: there are inherent time and place constraints for the meetings between the detained person and his lawyer. Moreover, in *exceptional circumstances* the State may restrict confidential contacts with defence counsel for a person in detention [...]. Nevertheless, any limitation on

---

aufgeführten Zwecke dient, etwa, um eine aufgrund **konkreter Tatsachen** zu befürchtende **missbräuchliche Ausnutzung** dieses Verkehrs zur Verdunkelung begangener oder zur Begehung weiterer Straftaten zu verhüten.[2345] Überwachungsmaßnahmen dürfen die Verteidigung aber auch dann nicht mehr als erforderlich einschränken.[2346]

Auch eine **zeitlich befristete Unterbrechung** des Verkehrs mit dem Verteidiger auf- **875** grund einer angeordneten **Kontaktsperre** nach §§ 31 ff. EGGVG ist mit Art. 6 Abs. 3 *lit.* b und *lit.* c nur in Ausnahmefällen vereinbar.[2347] Gleiches gilt für **Sicherheitsmaßnahmen** und sonstige einschränkende Rahmenbedingungen für die konkrete Abwicklung des Verkehrs (z.B. für den Einsatz einer **Trennscheibe** oder Taschenkontrollen).[2348] Die durch **§ 148a Abs. 2 StPO** – bei Untersuchungshäftlingen über § 119 Abs. 4 Satz 1 StPO – gestatteten Einschränkungen beim Verdacht von Straftaten im Zusammenhang mit dem Terrorismus müssen von diesem Hintergrund gründlich auf ihre Verhältnismäßigkeit geprüft werden.

Ein **Anspruch auf Verlegung** in eine andere Haftanstalt zur Erleichterung der Besu- **876** che des Verteidigers kann aus *lit.* b nicht hergeleitet werden, solange der Kontakt mit dem Verteidiger zumindest anderweitig in angemessenem Umfang aufrechterhalten werden kann.[2349] Konventionswidrig ist es aber, den Verkehr zwischen Verteidiger und Mandant durch eine willkürliche Verlegung absichtlich zu erschweren.

6. Pflicht zur Benachrichtigung der konsularischen Vertretung (Art. 36 WÜK). **877** Der **Verkehr mit der konsularischen Vertretung** oder sonstigen Vertretern **seines Heimatstaates**[2350] zur Vorbereitung der Verteidigung wird einem ausländischen Beschuldigten nicht explizit durch Art. 6 Abs. 3 *lit.* b gewährleistet,[2351] wohl aber durch **Art. 36 Abs. 1** *lit.* **b des Wiener Übereinkommens über konsularische Beziehungen vom 24.4.1963 (WÜK)**[2352] und durch Sondervereinbarungen. Art. 36 Abs. 1 *lit.* b WÜK verlangt, dass festgenommene Beschuldigte über ihr Recht belehrt werden, Kontakt mit einem Vertreter des für sie zuständigen Konsulats aufnehmen zu können. Die Belehrungspflicht obliegt den zuständigen Behörden des Empfangsstaates und damit schon den **festnehmenden Polizei-**

---

relations between clients and lawyers, whether inherent or express, should not thwart the effective legal assistance to which a defendant is entitled. Notwithstanding possible difficulties or restrictions, such is the importance attached to the rights of the defence that the right to effective legal assistance must be respected in all circumstances."); Lanz/A, 31.1.2002, § 52, ÖJZ **2002** 433; Kempers/A (E), 27.2.1997; *Frowein/Peukert* 295; bei Besuchen in einer JVA ist jedoch eine Durchsuchung des Verteidigers nach Waffen und anderen gefährlichen Gegenständen bei Vorliegen entsprechender Sicherheitsgründe zulässig, vgl. LG Dortmund Beschl. v. 29.4.2021 – 33 KLs 4/21, BeckRS **2021** 12655 (im konkreten Fall keine hinreichenden Sicherheitsgründe vorgebracht).
2345 EGMR Moiseyev/R, 9.10.2008, § 210.
2346 EGMR De Wilde, Ooms u. Versyp/B, 18.6.1971; van Mechelen u.a./NL, 24.4.1997; Zagaria/I, 27.11.2007, § 31 („toute mesure restreignant les droits de la défense doit être absolument nécessaire. Dès lors qu'une mesure moins restrictive peut suffire, c'est elle qu'il faut appliquer."); IK-EMRK/*Kühne* 506; *ders.* EuGRZ **1979** 531, 532 (Schutz des Verteidigers).
2347 Bedenken bei IK-EMRK/*Kühne* 512 f.; vgl. weniger restriktiv: *Frowein/Peukert* 296; BVerfGE **49** 24; ferner zur strengen Einzelhaft („*mise au secret*"): BGer EuGRZ **1978** 16; IK-EMRK/*Kühne* 514.
2348 EKMR nach IK-EMRK/*Kühne* 510.
2349 IK-EMRK/*Kühne* 504.
2350 Vertiefend: *Breuer* GedS Blumenwitz 87.
2351 Vgl. SK/*Meyer* 387.
2352 BGBl. 1969 II S. 1585; 1971 II S. 1285. Vgl. dazu auch Nr. 135 RiVASt sowie Sondervereinbarungen: Art. VII Abs. IX *lit.* g NATO-Truppenstatut und Nr. XIV Abs. 2; Nr. XVI der Anl. 4 zum deutsch-sowjetischen Vertrag v. 12.10.1990 (BGBl. 1991 II S. 289).

beamten, sofern sie Kenntnis von der ausländischen Staatsangehörigkeit erlangen oder Anhaltspunkte für eine solche bestehen.[2353] In mehreren Urteilen hat der **IGH (ICJ)** einen staatlichen Verstoß gegen Art. 36 WÜK festgestellt.[2354]

878   Die Belehrung des Betroffenen, seine Reaktion hierauf und, wenn verlangt, die unverzügliche Unterrichtung der konsularischen Vertretung sind zu **dokumentieren**. Wenn dies nicht erfolgt, kann nicht festgestellt werden, dass Art. 36 Abs. 1 *lit.* b WÜK eingehalten wurde; zugunsten des Betroffenen ist dann davon auszugehen, dass die Anforderungen nicht erfüllt wurden.[2355]

879   Die Pflicht zur Unterrichtung des Beschuldigten und ggf. zur Benachrichtigung der Konsularstellen wird vom **BVerfG** nicht nur als zwischenstaatliche Verpflichtung interpretiert, sondern als spezielle **Ausprägung der Verfahrensfairness** angesehen.[2356] Von einer Verletzung des Art. 36 WÜK sei immer dann auszugehen, wenn die Möglichkeit bestehe, dass der Einzelne ein ihm garantiertes, bestimmtes prozessuales Recht – wie die Aussagefreiheit – aufgrund der fehlenden konsularischen Unterstützung nicht in vollem Umfang wahrnehmen konnte, und dies nicht revisibel ist. Eine zwingende Unverwertbarkeit der unter Verletzung der prozessualen Garantie zustande gekommenen Beweisergebnisse folgt daraus allerdings nicht.[2357]

880   Die Pflicht der Fachgerichte, die Rechtsprechung des IGH zu Art. 36 WÜK – einer (selfexecuting) Norm des Völkerrechts – zu **berücksichtigen**, ergibt sich aus dem **Grundsatz der Völkerrechtsfreundlichkeit des Grundgesetzes** in Verbindung mit der Bindung der Rechtsprechung an Gesetz und Recht (Art. 20 Abs. 3 GG i.V.m. Art. 59 Abs. 2 GG), welche die Entscheidungen eines völkerrechtlich ins Leben gerufenen internationalen Gerichts nach Maßgabe des Inhalts des inkorporierten völkerrechtlichen Vertrags umfasst.[2358]

881   Die prozessualen Rechtsfolgen eines Verstoßes gegen Art. 36 Abs. 1 *lit.* b Satz 3 WÜK sind innerhalb der Senate des **BGH** umstritten. Der **1. Strafsenat** hat sich zur Frage der Verwertbarkeit von Angaben eines nicht gemäß Art. 36 WÜK unterrichteten Beschuldigten nicht abschließend geäußert und stattdessen für den Fall einer **zu spät** (Rn. 877) erteilten Belehrung einen rechtzeitig erhobenen **Widerspruch** gegen die Verwertung gefordert; erforderlich sei regelmäßig eine Begründung des Widerspruchs, die zumindest in groben Zügen die Angriffsrichtung deutlich mache.[2359]

882   Ein **Beweisverwertungsverbot** ausdrücklich **abgelehnt** hat der **5. Strafsenat**. Unter Berufung auf die Rechtsprechung des IGH zu Art. 36 Abs. 2 WÜK lehnt der Senat auch das Erfordernis eines spezifizierten Widerspruchs ab – jedenfalls für den Fall der *unterbliebenen* Belehrung; er verlangt statt dessen zur Sicherstellung der effektiven Revisibilität eine **Kompensation** der Rechtsverletzung und favorisiert die zur Kompensation überlanger Verfahrensdauer entwickelte **Vollstreckungslösung**.[2360] Das **BVerfG** hat ausdrücklich be-

---

2353   BVerfG NJW **2007** 499, 503; BGH StV **2011** 603, 604.

2354   IGH Mexiko v. USA, 31.3.2004 (*Avena*) m. Anm. *Groß/Stubbe* GYIL **47** (2004) 722, 725 ff.; IGH Deutschland v. USA, 27.6.2001 (*LaGrand*), ICJ-Reports **2001** 466 = EuGRZ **2001** 287 = HRLJ **2001** 36; ausführlich: *Weigend* FS Lüderssen 463; *Mennecke* GYIL **44** (2001) 430; *Oellers-Frahm* EuGRZ **2001** 265; *Hillgruber* JZ **2002** 91.

2355   BGH FGPrax **2011** 99 = NVwZ **2011** 320 (nur Ls.).

2356   BVerfG NJW **2007** 499 = NStZ **2007** 159 = EuGRZ **2006** 684; NJW **2011** 207, 209. So auch der BGH Beschl. v. 6.5.2010 – V ZB 223/09, FGPrax **2010** 212 („Belehrung ist unerlässlicher Bestandteil eines rechtsstaatlichen fairen Verfahrens").

2357   BVerfG NJW **2007** 499, 503 = EuGRZ **2006** 684, 692 – bezogen auf einen Verstoß gegen die Belehrungspflicht aus Art. 36 Abs. 1 *lit.* b Satz 3 WÜK; so auch: *Esser* JR **2008** 271.

2358   BVerfG NJW **2007** 499 = EuGRZ **2006** 684, 690; NJW **2011** 207, 208.

2359   BGH NJW **2007** 3587, 3588 m. Anm. *Jahn* JuS **2008** 83.

2360   BGHSt **52** 48 = NJW **2008** 307, 309 = StV **2008** 5. Gegen eine Ausdehnung dieses Modells auf andere völkervertrags- oder verfassungsrechtliche Vorgaben: BGH (3 StR 97/11) StraFo **2011** 386.

Esser   876

stätigt, dass ein Verstoß gegen die Belehrungspflicht des Art. 36 Abs. 1 WÜK nicht automatisch zu einem Beweisverwertungsverbot führen müsse, soweit eine andere, angemessene Methode zur Urteilskorrektur bestehe.[2361]

Der **3. Strafsenat** hat sich ebenfalls gegen ein Beweisverwertungsverbot ausgesprochen, sich aber weder der Widerspruchslösung noch dem Kompensationsmodell angeschlossen; er befürwortet eine reine **Beruhensprüfung** i.S.v. § 337 StPO.[2362] **883**

Der **4. Strafsenat** hat sich – bezogen auf den konkreten Fall – ebenfalls gegen ein **884** Beweisverwertungsverbot ausgesprochen, eine solche prozessuale Folge aber – unter Anwendung der sog. **Abwägungslehre** – auch nicht kategorisch ausgeschlossen, falls dem Beschuldigten im weiteren Verfahren tatsächlich ein zu kompensierender *Nachteil* entstanden sein sollte. Die vom 1. Strafsenat vorgeschlagene Widerspruchslösung (Rn. 881) hat der Senat (jedenfalls für den Fall der unterbliebenen und auch später *nicht nachgeholten* Belehrung) verworfen; er plädiert stattdessen für eine **Beruhensprüfung**.[2363]

Ob eine Pflicht zur Unterrichtung des ausländischen Beschuldigten über sein Benach- **885** richtungsrecht und die Ermöglichung der Kontaktaufnahme zum Konsulat zum fairen Verfahren nach **Art. 6 Abs. 1** gehört, hat der EGMR noch nicht entschieden. Eine auf Art. 6 Abs. 1 und Art. 6 Abs. 3 *lit.* b gestützte Rüge einer unterbliebenen oder fehlerhaften Unterrichtung des Beschuldigten nach Art. 36 Abs. 1 *lit.* b Satz 3 WÜK erscheint aber im Einzelfall erfolgversprechend. Eine Beschränkung des Kontaktrechts aus sachfremden Überlegungen, etwa um den Betroffenen zu einem Geständnis zu veranlassen, wäre jedenfalls vor dem Hintergrund des Fairnessgedankens unzulässig.[2364] Ein **Recht auf *unbeaufsichtigten* Verkehr** mit Personen des Konsulats lässt sich aus *lit.* b zwar nicht unmittelbar herleiten, wohl aber ein Recht darauf, dass staatliche Stellen in die Vorbereitung der Verteidigung mit Hilfe des Konsulats nicht ohne schwerwiegenden rechtfertigenden Grund und nicht länger als dafür unbedingt erforderlich eingreifen. Etwaige durch Überwachungsmaßnahmen gewonnenen Erkenntnisse oder Unterlagen dürfen den Strafverfolgungsbehörden *nicht* zugänglich gemacht werden.[2365]

Erfolgt bei der Inhaftierung einer Person keine Belehrung nach Art. 36 WÜK, ist die **886** **Freiheitsentziehung** wegen dieses grundlegenden Verfahrensmangels **rechtswidrig**.[2366]

7. Ausreichende Zeit zur Vorbereitung der Verteidigung. *Ausreichende Zeit* muss **887** der Beschuldigte bzw. sein Verteidiger für die einzelnen Maßnahmen zur Vorbereitung seiner Verteidigung haben. Welche Zeit erforderlich ist, lässt sich nicht allgemein bestimmen, sondern nur unter Berücksichtigung **aller Umstände des jeweiligen Einzelfalls**,[2367]

2361 BVerfG NJW **2014** 532.

2362 BGH NJW **2008** 1090.

2363 BGH StV **2011** 603 ff. = StraFo **2011** 319 ff.; dazu *Möthrath/Rüther/Bahr* Verteidigung ausländischer Beschuldigter (2012) 146 f.

2364 Vgl. BGer EuGRZ **1978** 16.

2365 Das für die Beschlagnahme und Verwertung von Verteidigungsunterlagen geltende Verbot (vgl. Rn. 868 ff.) hat entsprechend zu gelten.

2366 BGH Beschl. v. 6.5.2010 – V ZB 223/09, FGPrax **2010** 212; BVerwG NVwZ **2013** 277 m. Anm. *Gutmann* = ZAR **2013** 152 m. Anm. *Pfersich*, Rn. 28 (beide Entscheidungen zur Abschiebungshaft aber mit übertragbaren Rechtsgrundsätzen). Die Belehrungspflicht nach Art. 36 Abs. 1 *lit.* b WÜK gilt ausdrücklich für Festnahme und Straf- und Untersuchungshaft sowie für anderweitige Freiheitsentziehungen; siehe LG Nürnberg-Fürth BtPrax **2014** 90 = FamRZ **2014** 1575 (red. Ls.): Unwirksamkeit der vorläufigen Unterbringung nach § 331 FamFG bei unterbliebener Belehrung.

2367 EGMR Kornev u. Karpenko/UKR, 21.10.2010, § 66 („the issue of adequacy of time and facilities afforded to an accused must be assessed in the light of the circumstances of each particular case."); Miminoshvili/R, 28.6.2011, § 142 („The amount of time to be given to the defence in such situations cannot be defined *in*

Esser

dessen Umfang und Schwierigkeit und dem jeweiligen Verfahrensstadium sowie den nach der jeweiligen Verfahrenslage in Betracht zu ziehenden Verteidigungsmaßnahmen und der allgemeinen **Arbeitsauslastung des Verteidigers**,[2368] ferner danach, ob sich der Beschuldigte in Freiheit oder in Haft befindet.[2369] Nur **wenige Stunden oder gar Minuten** Vorbereitungszeit sind auch bei kleineren und einfachen Vergehen zu knapp;[2370] erst recht muss das für Verfahren gelten, in denen der Beschuldigte eine mehrjährige Freiheitsstrafe zu erwarten hat.[2371] Auch eine Vorbereitungszeit von (nur) mehreren Tagen kann im Einzelfall deutlich zu kurz sein, wenn der Umfang der zu studierenden Akten dies nahelegt.[2372]

888   Die Vorbereitungszeit ist nach dem **jeweiligen Verfahrensabschnitt** unterschiedlich zu bemessen, wobei im Falle einer neuen Lage auf den Zeitbedarf abzustellen ist, der wegen jeweils zusätzlich zu dem bereits früher für die Vorbereitung der Verteidigung erlangten Kenntnisstand erforderlich wird. Die erforderliche Zeit für die Vorbereitung der

---

abstracto. The court has to decide in the light of all the circumstances of the case"); OAO Neftyanaya Kompaniya Yukos/R, 20.9.2011, NJOZ **2012** 2000, §§ 536, 539, 545, 551 (Verletzung von Art. 6 Abs. 1 i.V.m. Art. 6 Abs. 3 *lit.* b: vier Tage Vorbereitungszeit, um mindestens 43.000 Seiten Akten zu studieren; außerdem unzureichende Möglichkeit zur Vorbereitung auf die Berufungsverhandlung, die 21 Tage nach Zustellung des Urteils begann; zur Eröffnung des strafprozessualen Anwendungsbereichs von Art. 6 auf diesen Fall: EGMR OAO Neftyanaya Kompaniya YUKOS/R (E), 29.1.2009, §§ 450 ff.); siehe auch EGMR Dridi/D, 26.7.2018, §§ 37 ff., NJW **2019** 3051 (keine angemessene Gelegenheit eines erst einen Tag vor der anberaumten Verhandlung wieder zugelassenen Verteidigers die Verfahrensakte einzusehen um die Verteidigung vorzubereiten); Rook/D, 25.7.2019, § 57; Kikabidze/GEO, 16.11.2021, §§ 44 ff., 50 (keine hinreichende Zeit zur Vorbereitung der Verteidiung bei Mordanklage); vgl. hierzu auch: BGH Beschl. v. 24.1.2023 – 3 StR 80/22, BeckRS **2023** 2241 (vollständige Versagung der Vorbereitungszeit für Schlussvorträge für unzulässig erachtet; berücksichtigt wurden u.a. die Dauer der Verhandlung von mehr als 6 Monaten mit 45 Verhandlungstagen, eine mit 160 Seiten begründete Ablehnung von Beweisanträgen der Verteidigung am dritt- und vorletzten Verhandlungstag sowie die Kürze der Zeit zwischen dem vorletzten und letztem Verhandlungstermin); ferner KK-EMRK-GG/*Grabenwarter/Pabel* Kap. 14, 140.

2368 EGMR Mattick/D (E), 31.3.2005 („when determining the length of the preparatory time needed, it (= der EGMR) takes into account not only the complexity of the case, but also the *usual workload of a legal counsel, who certainly cannot be expected to change his whole programme in order to devote all his time to one case.* However, it is not unreasonable to require a defence lawyer to arrange for at least some shift in the emphasis of his work if this is necessary in view of the special urgency of a particular case"); Gregačević/KRO, 10.7.2021, § 51; Galović/KRO, 31.8.2021, § 82; vertiefend: *Kasten* Die „Terminshoheit" des Gerichts und das Recht auf Verteidigung (2017).

2369 EGMR Udaltsov/R, 6.10.2020, § 171; IK-EMRK/*Kühne* 521; *Schorn* 1.

2370 EGMR Borisova/BUL, 21.6.2006, § 43; Galstyan/ARM, 15.11.2007, § 87; Ashughyan/ARM, 17.7.2008, § 66; Kornev u. Karpenko/UKR, 21.10.2010, § 67 („despite the lack of a clear indication of the exact lapse of time between the offence committed by the second applicant and the examination of her administrative case in this respect, it is evident that this period was *not longer than a few hours.* Even if it is accepted that the applicant's case was *not a complex one*, the Court doubts that the circumstances in which the applicant's trial was conducted were such as to enable her to familiarise herself properly with and to assess adequately the charge and evidence against her and to develop a viable legal strategy for her defence."); (GK) Sakhnovskiy/R, 2.11.2010, § 103 („the applicant was able to communicate with the newly-appointed lawyer *for fifteen minutes*, immediately before the start of the hearing. [...], *given the complexity and seriousness of the case*, the time allotted was clearly not sufficient for the applicant to discuss the case and make sure that Ms A.'s knowledge of the case and legal position were appropriate"); vgl. Meyer-Ladewig/Nettesheim/von Raumer/*Meyer-Ladewig/Harrendorf/König* 227.

2371 BGH NStZ **2013** 122 (25 Minuten Vorbereitungszeit; Vergewaltigung).

2372 EGMR OAO Neftyanaya Kompaniya Yukos/R, 20.9.2011, § 541.

Esser

Verteidigung ist dabei aber **nicht stereotyp** im Verhältnis zu der Zeit zu berechnen, die die Strafverfolgungsbehörde für ihre Ermittlungen benötigt (hat).[2373]

Bei der Bemessung des erforderlichen Zeitbedarfs ist grundsätzlich davon auszuge- **889** hen, dass der Beschuldigte ggf. mit Unterstützung eines Verteidigers bereits von der ersten **Unterrichtung über die Beschuldigung** (*lit.* a) an (Rn. 758 ff.) seine Zeit für die Erarbeitung einer Verteidigungsstrategie auch tatsächlich nutzt und damit nicht erst bis zur Ladung zur Verhandlung zuwartet. Unter Berücksichtigung dieses Umstands, nicht zuletzt auch der Möglichkeit, sich nach nationalem Recht schon vor Beginn einer Hauptverhandlung (Zwischenverfahren) innerhalb einer richterlichen Frist zur Anklage erklären zu können (§ 201 StPO),[2374] erscheint die **Ladungsfrist** des § 217 StPO im Regelfall ausreichend. Ferner muss der Angeklagte nach Eröffnung der Hauptverhandlung auch die Zeit nutzen, die **zwischen mehreren Verhandlungsterminen** liegt, um sich in neue Unterlagen pp. einzuarbeiten.[2375]

Wechselt der Gegenstand der Anschuldigung[2376] im Laufe des Verfahrens (vgl. Art. 6 **890** Abs. 3 *lit.* a; Rn. 765), bemisst sich die erforderliche Vorbereitungszeit nach dem **zusätzlichen Informationsbedarf**, der je nach Lage des Einzelfalls dadurch entstehen kann, dass die Verteidigung auf die neue Anschuldigung sachgerecht umgestellt werden muss.[2377] Dabei liegt eine beachtliche Änderung grundsätzlich nicht nur dann vor, wenn dem Beschuldigten ein **neuer Sachverhalt** (Tatsachen) zur Last gelegt wird, sondern auch dann, wenn sich ausschließlich die **rechtliche Bewertung ändert**,[2378] da Art. 6 Abs. 3 *lit.* a dem Beschuldigten das Recht verleiht, nicht nur über den ihm zur Last gelegten Sachverhalt, sondern auch detailliert über die rechtliche Bewertung informiert zu werden.[2379]

Ein **beachtlicher Wechsel der Anschuldigung** kann demnach darin liegen, dass die **891** Anklage ursprünglich auf eine lediglich versuchte Tatbegehung lautet, der Angeklagte dann aber wegen vollendeter Tat bestraft werden soll. Der Angeklagte muss dann wegen des **erhöhten Unrechtsgehalts** der ihm zur Last gelegten Tat und der ihm drohenden schwereren Strafe ausreichend Zeit erhalten, seine Verteidigung umzustellen.[2380] Aber auch dann, wenn der Vorwurf von einer **täterschaftlichen Beteiligung** auf eine **bloße**

[2373] Vgl. *Frowein/Peukert* 287.

[2374] Siehe aber auch: EGMR Aden Robleh/F (E), 18.10.2005: Wird die Frist nicht genutzt, etwa weil die Anklage im Wege der Ersatzzustellung zugestellt worden ist und der Angeklagte nicht in der Lage gewesen ist, sich zur Anklage zu äußern, so ist darin nicht automatisch ein Verstoß gegen Art. 6 zu sehen, wenn der Angeklagte noch in der Hauptverhandlung Gelegenheit erhält, sich zu verteidigen.

[2375] EGMR Mattick/D (E), 31.3.2005 („the time between the hearings counts as preparatory time. Article 6 § 3 (b) of the Convention does not require the preparation of a trial lasting over a certain period of time to be completed before the first hearing. Rather, it is the amount of time actually available which counts towards the preparatory time. It could not be otherwise, since the course of trials cannot be fully charted in advance and may reveal elements which have not hitherto come to light and which require further preparation by the parties.").

[2376] Vgl. hierzu: EGMR Gelenidze/GEO, 7.11.2019 (nicht ausreichend Zeit zur Anpassung der Verteidigung nach Änderung der Anschuldigungen).

[2377] EGMR (GK) Pélissier u. Sassi/F, 25.3.1999.

[2378] EGMR Penev/BUL, 7.1.2010, § 42 („requires that the accused be informed in detail not only of the acts he is alleged to have committed, that is, of the facts underlying the charges, but also of the legal characterisation given to them.").

[2379] EGMR Drassich/I, 11.12.2007, § 31 („les dispositions du paragraphe 3 de l'article 6 montrent la nécessité de mettre un soin particulier à notifier l'„accusation" à l'intéressé. L'acte d'accusation jouant un rôle déterminant dans les poursuites pénales, l'article 6 § 3 a) reconnaît à l'accusé *le droit d'être informé non seulement de la cause de l'accusation, c'est-à-dire des faits matériels qui sont mis à sa charge et sur lesquels se fonde l'accusation, mais aussi de la qualification juridique donnée à ces faits et ce d'une manière détaillée*").

[2380] EGMR Miraux/F, 26.9.2006.

Teilnahme (Anstiftung/Beihilfe) **herabgestuft** wird, muss der Angeklagte sich auf diesen Wechsel einstellen können.[2381] Sind die Tatsachen für die Feststellungen, die der Verurteilung zugrunde liegen, den Angeklagten und ihren Verteidigern seit längerer Zeit bekannt und ändert sich in der Verhandlung nur die rechtliche Bewertung der Tat, ohne dass sich daraus ernsthafte Probleme für die Verteidigung ergeben, so kann ausnahmsweise auch eine kurze Vorbereitungszeit mit Art. 6 Abs. 3 *lit.* b vereinbar sein.[2382]

892   Wird eine **weitere Anklage** zu einer laufenden Hauptverhandlung zur **gemeinsamen Verhandlung und Entscheidung** verbunden **(Nachtragsanklage)**, so muss – bei fehlender Zustimmung des Angeklagten (vgl. § 266 StPO) – mit der Hauptverhandlung neu begonnen werden.[2383]

893   Im Anschluss an die **Bestellung bzw. den Wechsel** eines Verteidigers muss diesem genügend **Zeit zur Einarbeitung** gegeben werden,[2384] wobei seine allgemeine Arbeitsbelastung zu berücksichtigen ist. Das gilt auch für einen vom Gericht für den möglichen Ausfall (Verhinderung) des Verteidigers an einzelnen Sitzungstagen bestellten und zum Einsatz kommenden „**Ersatzverteidiger**".[2385]

894   Grundsätzlich hat der neu in das Verfahren tretende **Verteidiger in eigener Verantwortung** zu beurteilen, ob er für die Erfüllung seiner Aufgabe hinreichend vorbereitet ist.[2386] Ausnahmsweise kann das Gericht aber unter Fürsorgegesichtspunkten gehalten sein, gegen eine offensichtliche Fehleinschätzung der erforderlichen Vorbereitungszeit durch den Verteidiger aktiv einzuschreiten (vgl. zum Gebot einer „effektiven" Verteidigung Rn. 806 ff., 995 ff.). Der dann neu gewählte oder vom Gericht bestellte Verteidiger muss sich vordringlich dieser Aufgabe widmen, er ist aber nicht gehalten, alle anderen Mandate und Arbeiten zurückstellen.[2387] Wenige Stunden oder gar nur einige Minuten Vorbereitungszeit reichen in jedem Fall nicht aus, gerade wenn der Beschuldigte eine **mehrjährige Freiheitsstrafe** zu erwarten hat[2388] oder es um die (von der Verteidigung beantragte) Einvernahme eines Zeugen[2389] geht. Keine neue Vorbereitungsfrist nach *lit.* b fällt in der Regel an, wenn von Anfang an mehrere Verteidiger vorhanden sind und einer die Rolle des ausgeschiedenen übernimmt; nur wenn ein solches Prozedere nicht möglich ist, muss dem neu eintretenden Verteidiger die erforderliche Zeit für die Einarbeitung eingeräumt werden.[2390] Wechselt ein Angeklagter kurz vor der Hauptverhandlung ohne nachvollziehbaren Grund seinen Verteidiger, kann er sich regelmäßig nicht darauf berufen, dass einem neu gewählten Verteidiger die Zeit zur Einarbeitung fehlt.[2391]

2381 EGMR Mattei/F, 19.12.2006.

2382 EGMR Bäckström u. Andersson/S (E), 5.9.2006.

2383 BGH StraFo **2009** 110.

2384 EGMR Stafeyev/R, 8.12.2020, §§ 37, 41; Goddi/I, 9.4.1984, §§ 26 ff.; Twalib/GR, 9.6.1998, § 40 (kein Verstoß gegen Art. 6 Abs. 3 aufgrund nachträglicher „Heilung"), ÖJZ **1999** 390; *Esser* 447; IK-EMRK/*Kühne* 528.

2385 Hierzu BGH NJW **2013** 2981; *Fromm* ZWH **2016** 221.

2386 BGH NStZ **2013** 122 = StraFo **2012** 500, 501.

2387 *Frowein/Peukert* 287; IK-EMRK/*Kühne* 527.

2388 EGMR Bogumil/P, 7.10.2008, § 48 („S'agissant en particulier de l'avocate d'office désignée le jour même de l'audience, l'intervalle d'un peu plus de cinq heures dont elle a disposé afin de préparer la défense était de toute évidence trop bref pour une affaire grave pouvant déboucher sur une lourde condamnation."); (GK) Sakhnovskiy/R, 2.11.2010, § 103; Daud/P, 21.4.1998, § 39, ÖJZ **1999** 198.

2389 BGH NJW **2013** 2981 (kurzfristige Beiordnung eines Ersatzverteidigers, mit ausdrücklichem Hinweis auf Art. 6 Abs. 3 *lit.* c).

2390 EKMR nach *Frowein/Peukert* 287.

2391 EKMR nach *Frowein/Peukert* 287; IK-EMRK/*Kühne* 530 (missbräuchliche Verkürzung der Vorbereitungszeit); vgl. auch EKMR bei *Bleckmann* EuGRZ **1981** 114, 117.

Je nach Umfang und Dauer der Hauptverhandlung sowie dem konkreten Prozessver- **895** lauf kann es notwendig sein, zur Ausarbeitung der Schlussvorträge eine angemessene Vorbereitungszeit einzuräumen, wenn die Verfahrensbeteiligten dies verlangen, um dadurch dem Angeklagten eine wirksame Ausübung des ihm in § 258 Abs. 1 StPO eingeräumten Rechts zu ermöglichen.[2392] Die **Vorbereitung eines Rechtsmittels** gehört ebenfalls zur Vorbereitung der Verteidigung.[2393] Dabei schreibt die EMRK den Mitgliedstaaten nicht vor, dass sie eine Rechtsmittelinstanz vorsehen müssen; wenn die Staaten aber ein Rechtsmittelverfahren einrichten, muss das Verfahren in jeder Instanz mit den Grundsätzen des Art. 6 vereinbar sein (Rn. 1472 ff.).[2394] Die Fristen des einfachen Verfahrensrechts sichern für den Normalfall den Zeitbedarf der Verteidigung. Im Hinblick auf das Beschleunigungsgebot wird es grundsätzlich als mit *lit.* b vereinbar angesehen, dass **starre Rechtsmittelfristen** nicht verlängert werden können.[2395]

Diesen Ansatz hatte die frühere **EKMR** selbst für die seinerzeit nur **zwei Wochen** **896** betragende **Revisionsbegründungsfrist** des § 345 StPO a.F. mehrfach mit der Erwägung bejaht, dass der Verteidiger mit Gang und Ergebnis des Verfahrens und dem Inhalt der Akten bereits ausreichend vertraut sei.[2396] Nicht nur, aber vor allem bei **Großverfahren** (NSU; Diesel-Skandal, VStGB) stellte sich zunehmend die Frage, ob die Revisionsbegründungsfrist von einem Monat **(§ 345 Abs. 1 Satz 1 StPO)** tatsächlich ausreichte, um alle Möglichkeiten dieses komplizierten Rechtsmittels für eine effektive Verteidigung auszuschöpfen.[2397] In Anlehnung an Regelungen in den Prozessordnungen der anderen Fachgerichtsbarkeiten (§ 551 Abs. 2 Satz 5, 6 ZPO; § 139 Abs. 3 Satz 3 VwGO) wurde eine gesetzliche Regelung der Möglichkeit einer Verlängerung der Revisionsbegründungsfrist konzipiert,[2398] die der Gesetzgeber dann im Jahr 2021 erlassen hat (**§ 345 Abs. 1 Satz 2 StPO**).[2399]

Eine Frist darf jedenfalls erst dann zu laufen beginnen, wenn der Rechtsmittelführer im **897** **Besitz aller für die effektive Geltendmachung dieses Rechtsmittels erforderlichen Unterlagen** der Vorinstanz ist (d.h. Urteil; Hauptverhandlungsprotokoll, falls nur mit diesem der Nachweis eines Verfahrensfehlers geführt werden kann). Eine Rechtsmittelbegründungsfrist von 5 Tagen wurde jedenfalls als unvereinbar mit Art. 6 Abs. 3 *lit.* b angesehen, zumal dann, wenn der Rechtsmittelführer bis dahin nicht einmal von allen maßgebenden Entschei-

---

[2392] BGH Beschl. v. 24.1.2023 – 3 StR 80/22, BeckRS **2023** 2241 (vollständige Versagung der Vorbereitungszeit für Schlussvorträge im konkreten Einzelfall für unzulässig erachtet); vgl. dazu auch Rn. 887; die Entscheidung begrüßend, jedoch unter Hinweis auf die sich daraus in der Praxis ergebenden Probleme *Dawidowicz*, DSTV Entscheidung des Monats – Februar 2023, abrufbar unter: https://www.deutsche-strafverteidiger.de/media/dstv_entscheidung_des_monats_februar-2023.pdf, Stand: 22.6.2023.
[2393] KK-EMRK-GG/*Grabenwarter/Pabel* Kap. 14, 140.
[2394] EGMR Kulikowski/PL, 19.5.2009, § 59; Antonicelli/PL, 19.5.2009, § 34; Arcinski/PL, 15.9.2009, § 34; Davran/TRK, 3.11.2009, § 38; Lalmahomed/NL, 22.2.2011, §§ 34, 38.
[2395] IK-EMRK/*Kühne* 523; Meyer-Goßner/*Schmitt* 19.
[2396] Hierzu *Guradze* 31; BVerfG Beschl. v. 19.2.1998 – 2 BvR 1888/97; **a.A.** für die Frist nach § 345 Abs. 1 StPO: KK-EMRK-GG/*Grabenwarter/Pabel* Kap. 14, 140. Kritisch zur Diskrepanz der Fristen für die Urteilsabsetzung und Revisionsbegründung mit konkreten Lösungsvorschlägen: *Valerius* NJW **2018** 3429.
[2397] Verneinend *Hillenkamp* 112 ff.; *Grabenwarter* NJW **2002** 109; *Beukelmann* NJW-Spezial **2017** 632; krit. bzgl. starrer Fristen auch: *Grabenwarter/Pabel* § 24, 118; ähnlich für eine vierwöchige Frist ÖVerfG NStZ **2000** 668, 669 m. Anm. *Hillenkamp*. Vgl. LR/*Hanack*[25] § 345, 1 StPO.
[2398] Vgl. auch die „Regensburger Thesen zum Strafprozess" als rechtspolitische Forderungen des 43. Strafverteidigertages v. 24.3.2019 (dort III.1.); für eine Verlängerung der Revisonsbegründungsfrist plädierend: *Gerhold/Meglalu* ZRP **2020** 154.
[2399] Art. 1 des Gesetzes zur Fortentwicklung der Strafprozessordnung und zur Änderung weiterer Vorschriften v. 25.6.2021, BGBl. I S. 2099.

dungsgründen Kenntnis hatte.[2400] So hat der EGMR es als einen Verstoß gegen Art. 6 Abs. 3 *lit.* b angesehen, wenn der Rechtsmittelführer innerhalb der Rechtsmittelfrist **keine Begründung der anzufechtenden Entscheidung** erhält.[2401]

898   Es verstößt auch gegen Art. 6, wenn der Rechtsmittelführer durch eine dem Konventionsstaat **zurechenbare Täuschung** zur Rücknahme seines Rechtsmittels veranlasst wird und dadurch, nachdem er die Täuschung erkannt hat, die rechtzeitige (Wieder-)Einlegung seines Rechtsmittels versäumt.[2402]

899   **Besondere Verfahrensarten zur Beschleunigung des Verfahrens insgesamt,** wie das beschleunigte Verfahren nach §§ 417 ff. StPO, sind grundsätzlich mit *lit.* b vereinbar,[2403] wenn die Staatsanwaltschaft sie nur bei einem einfachen, für alle Beteiligten offenliegenden und auch sonst zur sofortigen Aburteilung geeigneten Sachverhalt beantragt, der bei klarer Beweislage weder für die Anklage noch für die Vorbereitung der Verteidigung einen nennenswerten Zeitaufwand erfordert.[2404] Unerlässlich ist auch hier, dass der Beschuldigte *ausreichende* Zeit und Gelegenheit zur Vorbereitung seiner Verteidigung hatte.[2405] Unter diesem Blickwinkel kann in Einzelfällen eine sehr **kurze Ladungsfrist bedenklich** sein.[2406] Sollte sie nicht ausreichen, muss das Gericht die Frist angemessen verlängern oder die Aburteilung als für das beschleunigte Verfahren nicht geeignet ablehnen.[2407] Ist eine Freiheitsstrafe von mindestens sechs Monaten zu erwarten, hat das Gericht nach § 418 Abs. 4 StPO dem Beschuldigten von Amts wegen einen Verteidiger beizuordnen, sofern er noch keinen hat. Diesem muss dann aber auch ausreichende Zeit zur Vorbereitung der Verteidigung einschließlich einer Besprechung mit dem Angeklagten eingeräumt werden.[2408]

900   **8. Richtlinie über das Recht auf Zugang zu einem Rechtsbeistand in Strafverfahren sowie über das Recht auf Benachrichtigung und Kontaktaufnahme bei der Festnahme.** Zur Umsetzung des Fahrplans zur Stärkung der Verfahrensrechte von Verdächtigen oder Beschuldigten in Strafverfahren[2409] wurde im Rahmen der Maßnahme C (Rn. 803) die **Richtlinie 2013/48/EU** über das **Recht auf Zugang zu einem Rechtsbeistand** in Strafverfahren [...][2410] verabschiedet. Die RL sieht gemeinsame Mindestvorschriften vor für das

---

2400 EGMR Hadjianastassiou/GR, 16.12.1992; *Frowein/Peukert* 288.

2401 EGMR Baucher/F, 24.7.2007, §§ 41 ff.

2402 EGMR Marpa Zeeland B.V. u. Metal Welding B.V./NL, 9.11.2004 (Rücknahme gegen Zusage, sich für eine Herabsetzung der Strafe einzusetzen).

2403 EGMR Borisova/BUL, 21.6.2006, 40; Galstyan/ARM, 15.11.2007, § 85.

2404 *Esser* 449; IK-EMRK/*Kühne* 524 f.; *Vogler* ZStW **82** (1970) 776; *Schorn* 5 (bei geständigem Angeklagten); generelle Bedenken: *Herzog* ZRP **1991** 125; *Schünemann* NJW **1968** 975. Siehe die Verurteilungen im beschleunigten Verfahren von Teilnehmern einer unangemeldeten Demonstration gegen Corona-Maßnahmen, die bereits weniger als 24 Stunden nach der Demonstration erfolgten, vgl. BR 24 v. 27.12.2021, https://www.br.de/nachrichten/bayern/teils-drastische-urteile-nach-corona-demo-in-schweinfurt,SsmoJbJ (Stand: 14.1.2022).

2405 Zu dieser auch im Eilverfahren zu beachtenden Voraussetzung vgl. Nr. 146 Abs. 1 Satz 2 a.E. RiStBV; *Bandisch* StV **1994** 158; *Esser* 449; *Herzog* ZRP **1991** 125; vgl. LR/*Gaede* § 417, 35 StPO; Meyer-Goßner/*Schmitt* Vor § 417, 4; § 418, 8 StPO; SK/*Paeffgen* Vor § 417, 7 StPO m.w.N.

2406 Vgl. LR/*Gaede* § 418, 23 StPO.

2407 Vgl. LR/*Gaede* § 418, 23 StPO.

2408 Vgl. LR/*Gaede* § 418, 52 StPO; Meyer-Goßner/*Schmitt* § 418, 12 StPO; SK/*Paeffgen* § 418, 25 StPO.

2409 Hierzu Sieber/Satzger/v. Heintschel-Heinegg/*Esser* § 53, 59 ff.

2410 Richtlinie 2013/48/EU des Europäischen Parlaments und des Rates v. 22.10.2013 über das Recht auf Zugang zu einem Rechtsbeistand in Strafverfahren und in Verfahren zur Vollstreckung des Europäischen Haftbefehls sowie über das Recht auf Benachrichtigung eines Dritten bei Freiheitsentzug und das Recht auf Kommunikation mit Dritten und mit Konsularbehörden während des Freiheitsentzugs, ABlEU Nr. L 294 v. 6.11.2013 S. 1. Die deutsche Umsetzung erfolgte dabei im Zweiten Gesetz zur Stärkung der Verfahrensrechte

Recht von Verdächtigen und Beschuldigten sowie von Personen, gegen die ein EuHb ergangen ist, auf Rechtsbeistand in Strafverfahren sowie das Recht von Verdächtigen und Beschuldigten, denen die Freiheit entzogen wurde, bei ihrer Festnahme zu einem Dritten Kontakt aufzunehmen (Art. 1 RL) und knüpft damit an die Belehrung über das Recht auf Hinzuziehung eines Rechtsanwalts und das Recht auf Unterrichtung der Konsularbehörden und einer (weiteren) Person aus der RL 2012/13/EU (Rn. 796, 854) an.

Die Richtlinie wirkt in Strafverfahren ab dem Zeitpunkt, zu dem eine Person von den **901** zuständigen Behörden eines Mitgliedstaats durch eine amtliche Mitteilung oder sonst von dem Verdacht oder der Anklage in Kenntnis gesetzt worden ist,[2411] also bereits im **Ermittlungsverfahren**, bis zum **rechtskräftigen Abschluss** des Verfahrens (Art. 2 Abs. 1 RL), zu dem Zeitpunkt, zu dem ein Zeuge zum Beschuldigten wird (Art. 2 Abs. 3 RL), sowie ab Festnahme aufgrund eines EuHb (Art. 2 Abs. 2 RL). Dabei steht dem Festgenommenen neben dem Recht auf Zugang zu einem Rechtsbeistand im Vollstreckungsstaat (Art. 10 Abs. 1 RL) auch das Recht zu, einen Rechtsbeistand im Ausstellungsmitgliedstaat zu benennen (Art. 10 Abs. 4 RL), was aufgrund des Grundsatzes der gegenseitigen Anerkennung für eine effektive Verteidigung geradezu unerlässlich erscheint.[2412]

Das Recht auf Zugang zu einem Rechtsbeistand muss grundsätzlich so **rechtzeitig** **902** und in einer solchen Art und Weise gewährt werden, dass die verdächtige oder beschuldigte Person ihre Verteidigungsrechte effektiv wahrnehmen kann (Art. 3 Abs. 1 RL). In Absatz 2 wird diese Generalklausel hinsichtlich des Zeitpunkts des Rechts, in Absatz 3 hinsichtlich des Inhalts und in Absatz 4 hinsichtlich der Art und Weise konkretisiert.

Gemäß **Art. 3 Abs. 2 Satz 1 RL** kann das Zugangsrecht **unverzüglich**, d.h. ab dem Gel- **903** tungszeitpunkt der Richtlinie, zugebilligt werden. Tritt einer der vier, in Absatz 2 Satz 2 bezeichneten, Fälle ein, sind die Mitgliedstaaten entgegen dem Wortlaut („können") spätestens zur Ermöglichung des Zugangs **verpflichtet**.[2413] Danach ist der Zugang zu einem Rechtsbeistand vor der Befragung durch Strafverfolgungs- oder Justizbehörden (*lit.* a), ab der Durchführung gewisser Ermittlungs- oder Beweiserhebungshandlungen (*lit.* b), nach dem Freiheitsentzug (*lit.* c) oder rechtzeitig vor dem Erscheinen des Beschuldigten vor Gericht (*lit.* d) zu gewähren. Die zwischenzeitlich diskutierte Beschränkung des *lit.* a auf eine „offizielle" Vernehmung[2414] wurde nach der deutlichen Kritik, durch **informelle Befragungen** könne das Zugangsrecht umgangen werden,[2415] nicht in die sprachliche Endfassung der Richtlinie übernommen. Eine Befragung ist somit jede Beschuldigtenvernehmung, ohne dass der Betroffene offiziell als Beschuldigter vernommen oder belehrt werden müsste.[2416] Der **inhaltliche Gehalt** des Zugangsrechts ist in **Art. 3 Abs. 3 RL** niedergelegt: neben der vertraulichen

---

von Beschuldigten im Strafverfahren und zur Änderung des Schöffenrechts v. 27.9.2017, BGBl. I S. 3295, wobei die Kommission im September 2021 inzwischen beschlossen hat, ein Vertragsverletzungsverfahren gegen Deutschland (und drei weitere EU-Staaten) aufgrund unzureichender Umsetzung der Vorgaben einzuleiten. Betroffen sind dabei vor allem Ausnahmeregelungen vom Recht auf den Zugang zum Verteidiger und dem bei Freiheitsentzug bestehenden Recht auf Benachrichtigung eines Dritten, vgl. becklink 2020990.

2411 Das Einleiten eines Ermittlungsverfahrens ohne Mitteilung führt daher nicht zur Anwendbarkeit der Richtlinie; hierzu kritisch die BRAK mit der Forderung, dem Betroffenen unabhängig von einer offiziellen Unterrichtung das Recht auf Rechtsbeistand zukommen zu lassen, vgl. BRAK-Stellungnahme Nr. 39/2012, S. 2.

2412 So auch *Brodowski* ZIS **2010** 940, 947.

2413 Es handelt sich wohl um einen Übersetzungsfehler des englischen „shall". Andernfalls ergäbe die Vorschrift auch keinen Sinn, vgl. *Esser* KriPoZ **2017** 167, 168; Grützner/Pötz/Kreß/Gazeas/*Schneider* III D 18, 28.

2414 Vgl. die Fassung der allgemeinen Ausrichtung des Rates, Ratsdok. 10467/12, S. 20.

2415 Siehe DAV-Stellungnahme Nr. 59/2012 Punkt 2 (www.anwaltverein.de); siehe auch *Corell/Sidhu* StV **2012** 246, 250; *Esser* FS Kühne 539, 552 f. m.w.N.

2416 *Arasi* 279, 296.

Kommunikation („unter vier Augen") und der Zusammenkunft schon vor der Befragung (*lit.* a), ist dem Rechtsbeistand die Anwesenheit bei bestimmten Ermittlungshandlungen (*lit.* c) sowie bei der Befragung selbst sowie die wirksame Teilnahme daran zu gewähren. **Abweichungen** von den nach Art. 3 Abs. 3 RL gewährten Rechten gestattet **Art. 3 Abs. 6 RL**.[2417] Auf welche Weise der Zugang zu gewähren ist, regelt Art. 3 Abs. 4 RL mit einer Differenzierung danach, ob sich der Betroffene auf freiem Fuß (Absatz 1) oder in Haft (Absatz 2) befindet. Für Erstere ergibt sich nur ein Recht auf **Zugang**, nicht jedoch auf Bestellung eines Verteidigers, d.h. die Strafverfolgungsbehörden müssen sich nicht aktiv darum bemühen, einen Rechtsbeistand für den Betroffenen zu finden.[2418] Im Falle einer Freiheitsentziehung müssen die Mitgliedstaaten allerdings Vorkehrungen treffen, um die betroffene Person in die Lage zu versetzen, ihr Zugangsrecht wirksam auszuüben.

904   Machen die Mitgliedstaaten von der Möglichkeit Gebrauch, einen **Verzicht** auf das Zugangsrecht aus Art. 3 und 10 RL vorzusehen (Art. 9 RL), müssen sie folgende Voraussetzungen beachten: Die mündliche oder schriftliche (Art. 9 Abs. 2 RL) Verzichtserklärung ist nur wirksam, wenn der Betroffene eindeutige und ausreichende Informationen in einfacher und verständlicher[2419] Sprache über den Inhalt des Zugangsrechts und die Verzichtsfolgen erhalten (Art. 9 Abs. 1 *lit.* a RL) hat[2420] und die Erklärung freiwillig und unmissverständlich abgegeben wurde (Art. 9 Abs. 1 *lit.* b RL). Ein Widerruf des Verzichts mit Wirkung *ex tunc*[2421] muss jederzeit während des Verfahrens möglich sein (Art. 9 Abs. 3 RL).

905   Die **Konsequenzen eines Verstoßes** gegen die in der Richtlinie garantierten Rechte regelt Art. 12 RL, dessen Inhalt im Rahmen des Richtlinienerlasses ein großer Streitpunkt war. Der Vorschlag der Kommission[2422] hatte sich noch für ein absolutes Verwendungsverbot von Aussagen und Beweisen ausgesprochen, wenn dieses unter Verletzung des Zugangsrechts erlangt wurden (Art. 13 Abs. 3 RL). Das Verwendungsverbot wurde dann im weiteren Gesetzgebungsverfahren gestrichen.[2423] Geblieben ist die Verpflichtung der Mitgliedstaaten in Art. 12 Abs. 1 RL, den Betroffenen bei Verletzung ihrer Rechte einen **wirksamen Rechtsbehelf** zur Verfügung zu stellen, und in Art. 12 Abs. 2 RL insbesondere bei der Beurteilung von richtlinienwidrig gewonnenen Aussagen oder Beweisen, die **Verteidigungsrechte und das Recht auf ein faires Verfahren zu achten**. Wie sich aus ErwG 50 ergibt, zielt Art. 12 Abs. 2 RL auf die Umsetzung der Rechtsprechung des EGMR ab, die bei der Verwertung von Aussagen, die unter Missachtung des Zugangsrechts zustande gekommen sind, in der Regel von einem Konventionsverstoß ausgeht (vgl. auch Rn. 1145 ff., 1111 ff.).[2424]

2417 Kritisch *Esser* FS Kühne 539, 555 f.; Grützner/Pötz/Kreß/Gazeas/*Schneider* III D 18, 48 f.

2418 Kritisch *Esser* FS Kühne 539, 553 f.; Grützner/Pötz/Kreß/Gazeas/*Schneider* III D 18, 43.

2419 Im Zweifel besteht aus Art. 2 Abs. 1, Art. 3 Abs. 1 RL 2010/64/EU des Europäischen Parlaments und des Rates v. 20.10.2010 über das Recht auf Dolmetschleistungen und Übersetzungen in Strafverfahren, ABlEU Nr. L 280 v. 26.10.2010 S. 1.

2420 Der DAV forderte in seiner Stellungnahme 59/2012 Punkt 6 (zugänglich über www.anwaltverein.de) die Möglichkeit einer Rechtsberatung vor Verzicht; da es aber um den Verzicht über das Zugangsrecht geht, kann der Betroffene zunächst sein Zugangsrecht ausüben und sich dann über einen eventuellen Verzicht beraten lassen; vgl. in: Grützner/Pötz/Kreß/Gazeas/*Schneider* III D 18, 55.

2421 Vgl. Art. 9 Abs. 3 Satz 2 RL; Verfahrenshandlungen, die während eines wirksamen Verzichts durchgeführt wurden, behalten damit ihre Gültigkeit (ErwG 41).

2422 KOM(2011) 326 endg. v. 8.6.2011.

2423 Grund hierfür war die ablehnende Haltung der Mitgliedstaaten, vgl. *Corell/Sidhu* StV **2012** 246, 250; zur Kritik hieran Grützner/Pötz/Kreß/Gazeas/*Schneider* III D 18, 94.

2424 Zu den Auswirkungen der EGMR-Rechtsprechung auf die Auslegung der RL: *Soo* EurJCrimeCrLJ **2017** 327, 338 ff.; *Pivaty* EurCrimeCrLJ **2018** 62 ff.

In Bezug auf die Einhaltung der Richtlinienvorgaben zu erwähnen ist das Projekt **906** **SUPRALAT** (Strengthening suspects' rights in pre-trial proceedings through practice-oriented training for lawyers'), das in Belgien, Ungarn, Irland und der Niederlande betrieben wird. Es will Verteidigern in besagten Mitgliedstaaten ein Schulungsprogramm bieten, um dadurch zur effektiven Durchsetzung der Beschuldigtenrechte im Ermittlungsverfahren, wie sie auch in der RL 2013/48/EU zum Ausdruck kommen, im Lichte der Judikatur des EGMR beizutragen.[2425]

9. Europäische Konvention zum Schutz der Anwaltschaft. 2018 hatte die Parlamen- **907** tarische Versammlung des Europarates erstmals eine Konvention zum Beruf des Rechtsanwalts gefordert[2426] – ein Anliegen, das u.a. auf das Betreiben des Rates der Europäischen Anwaltschaften (CCBE) zurückzuführen ist. Als einer der initiierenden Hauptgründe werden die bisher wenig effektiven Versuche angeführt, die Anwaltschaft bei der Wahrung rechtsstaatlicher Prinzipien vor – von staatlicher wie privater Seite ausgeübten – Druck zu schützen. Die bisherigen Empfehlungen des Ministerkomitees[2427] sollen nach dem Vorschlag des CCBE die Grundlage der Konvention bilden, die insbesondere drei Kernpunkte verbindlich regeln soll: den **Schutzbereich des beruflichen Privilegs**, die **Terminologie des konventionsbegünstigten „Rechtsanwalts"** sowie die **Rolle und den Schutz von Berufsverbänden**. Inhaltlich versucht der Vorschlag, Wiederholungen von bereits durch die EMRK garantierten Rechten zu vermeiden. Stattdessen werden neben allgemeinen Grundsätzen zur freien Berufsausübung die Rolle und die Pflichten des Anwalts, Ausbildungsstandards, der Zugang zum Rechtsbeistand und die Möglichkeit von Disziplinarverfahren bei Verstößen gegen berufliche Standards gefordert. Zur einfachen und schnellen Durchsetzung der Konvention soll ein zweispuriges System etabliert werden, das sich zum einen die bereits in der Geschäftsordnung der Parlamentarischen Versammlung des Europarates existierende Petitionsmöglichkeit (Rule 67) zum Nutzen macht und zum anderen Jahresberichte an ein zu ernennendes Expertenkomitee richtet.[2428]

Ausgehend von den Vorschlägen der CCBE hatte die Parlamentarische Versammlung **908** des Europarates 2018 erstmals eine **Konvention zum Beruf des Rechtsanwalts** gefordert. Auf der Ebene der Europäischen Union wird ebenfalls die Notwendigkeit eines europäischen Statuts für den Rechtsanwaltsberuf diskutiert.

XII. Recht auf Zugang zur Verfahrensakte und zu den Beweisgegenständen

1. Umfang des Aktenzugangsrechts. Die **Gelegenheit zur Einsicht** in die einschlägi- **909** gen **Verfahrensakten** und in die als Beweismittel amtlich verwahrten Dokumente sowie zur Besichtigung sonstiger Beweisgegenstände gehört, auch wenn dort nicht ausdrücklich angesprochen, ebenfalls zu dem durch *lit.* b garantierten Recht auf eine (effektive) Vorbe-

---

2425   Genaueres unter http://www.salduzlawyer.eu/.

2426   Siehe BRAK Nachrichten (17/2022), Europarat plant Konvention zum Anwaltsberuf, https://www.brak.de/newsroom/newsletter/nachrichten-aus-berlin/2022/ausgabe-17-2022-v-24082022/europarat-plant-konvention-zum-anwaltsberuf/ (12/2022); vgl. dazu BRAK-Stellungnahme Nr. 30/2022 v. Juli 2022.

2427   Recommendation R(2000)21 of the Committee of Ministers to Member States on the freedom of exercise of the profession of lawyer v. 25.10.2000.

2428   Vgl. zum Ganzen CCBE contribution on the proposed European Convention on the Profession of Lawyer (www.ccbe.eu/fileadmin/speciality_distribution/public/documents/PD_STRAS/PDS_Position_papers/EN_PDS_20170915_CCBE-contribution-european-convention-profession-lawyer.pdf).

Esser

reitung der Verteidigung.[2429] Alle für das Strafverfahren durchgeführten sachdienlichen Erhebungen sowie alle für die Verwendung der in diesem beigebrachten Unterlagen zählen grundsätzlich dazu, ganz gleich, ob sie den Beschuldigten belasten oder entlasten und ob sie schon dem Gericht vorgelegt worden sind oder sich noch in den Akten der Polizei oder Staatsanwaltschaft befinden.[2430]

910   Der Beschuldigte muss grundsätzlich Zugang zu sämtlichen in dem gegen ihn geführten Verfahren **gesammelten Erkenntnissen** (*„all material evidence"*)[2431] haben, um diese ggf. zu seiner Entlastung nutzen zu können. Dies folgt aus dem Gebot eines die Waffengleichheit wahrenden fairen Verfahrens (Art. 6 Abs. 1), das eine Parität des Wissens in Bezug auf das bei Gericht bzw. den Ermittlungsbehörden vorliegende Beweismaterial voraussetzt.[2432]

911   Für die Eröffnung des Zugangsrechts muss der Betroffene zwar *„specific reasons"*[2433] angeben, also **plausibel** machen, dass die Inhalte für die Verteidigung relevant sein könnten. Die inhaltlichen Anforderungen liegen hier aber nicht sehr hoch. Bei entsprechender Darlegung darf der Zugang nicht unter Hinweis darauf versagt werden, dass sich die nicht verwendeten, möglicherweise aber bedeutenden Unterlagen in **Aktenteilen außerhalb der Ermittlungsakte** befinden.[2434]

912   Welche Teile der Verfahrensakte für die Vorbereitung der Verteidigung notwendig sind, darf nicht der Beurteilung des nationalen Richters unterliegen oder gar den Strafverfolgungsorganen überlassen werden.[2435] Ungenügend im Hinblick auf den Fairnessgrundsatz ist es daher, wenn die Ermittlungsbehörden ohne weiteres Kontrollverfahren selbst eine **Sichtung** des Materials vornehmen, um die Relevanz für die Verteidigung zu beurteilen.[2436]

2429 *Frowein/Peukert* 185; *Grabenwarter/Pabel* § 24, 117; IK-EMRK/*Kühne* 517; *Nowak* 43; *Villiger* 586; *Gröger* 13 m.w.N.; *Meglalu* 79 ff. Deutlich insoweit auch EGMR Beraru/RUM, 18.3.2014, § 70 („unrestricted access to the case file and unrestricted use of any notes, including, if necessary, the possibility of obtaining copies of relevant documents, are important guarantees of a fair trial"). Zur Relevanz von Erkenntnissen aus der Verfahrensakte im Hinblick auf das Konfrontationsrecht des Art. 6 Abs. 3 *lit.* d vgl. EGMR Chernika/UKR, 12.3.2020, §§ 71 f. Zu den praktischen Problemen bei der Besichtigung von Beweismitteln in den Diensträumen: *Wengenroth* StraFo **2021** 111, 114.

2430 IK-EMRK/*Kühne* 517; für prozesstaktische Aufzeichnungen des StA-Sitzungsvertreters in der Handakte gilt dies nicht, unter der Prämisse, dass sich nach dem Grundsatz der Aktenvollständigkeit sämtliches be- und entlastendes Material in der Hauptakte befindet. Ebenso wenig besteht ein Einsichtsrecht in das Senatsheft des Revisionsgerichts (BGH StRR **2009** 122). Vgl. dazu und zu den Problemfällen LR/*Jahn* § 147, 36 ff. StPO; LR/*Stuckenberg* § 199, 18 ff. StPO, die strittige Frage der Einsicht in **Spurenakten** der Polizei ist beim EGMR bisher nicht behandelt worden, vgl. BVerfGE **63** 45, NJW **1983** 1043, 1044 (Pflicht zur Vorlage nur bei Bedeutung für die Feststellung der vorgeworfenen Tat oder Festlegung der Rechtsfolgen); SK/*Meyer* 165.

2431 EGMR Edwards/UK, 16.12.1992, § 36; (GK) Rowe u. Davis/UK, 16.2.2000, § 60; Klimentyev/R, 16.11.2006, § 109; Natunen/FIN, 31.3.2009, § 39; zur Autonomie dieses Begriffs SK/*Meyer* 165; EGMR R/D, 25.7.2019, NJW **2020** 3019, 3020; zur Auslegung des Begriffs der Akte i.S.d. § 147 StPO unter Berücksichtigung der Vorgaben der EMRK vgl. *Meglalu* 463 ff.

2432 EGMR Edwards/UK, 16.12.1992, § 36; Luboch/PL, 15.1.2008, § 60; R/D, 25.7.2019, NJW **2020** 3019, 3021; *Esser* 424 ff.; LR/*Jahn* § 147, 3 f. StPO; *Meglalu* 428 ff. (auch unter Rückgriff auf den Grundsatz der sachlichen Unabhängigkeit des Gerichts, 434).

2433 EGMR Natunen/FIN, 31.3.2009, 43; Rook/D, 25.7.2019, § 59 („valid reasons"; die deutsche Rechtsprechung verlangt substantiierten Vortrag bzgl. der Tatsachen, deren Fundstelle und Konsequenzen für die Verteidigung"); vgl. BGH NStZ **2010** 530, 531; **2014** 347, 348.

2434 EGMR Matanović/KRO, 4.4.2017, §§ 186 f.

2435 EGMR Edwards/UK, 16.12.1992, § 36; (GK) Rowe u. Davis/UK, 16.2.2000, § 60; Sigurður Einarsson u.a./ISL, 4.6.2019, § 91; Rook/D, 25.7.2019, § 58.

2436 EGMR Matanović/KRO, 4.4.2017, § 158; so bereits EGMR Natunen/FIN, 31.3.2009, §§ 47 ff.

Neue Entwicklungen im Bereich des Aktenzugangs bedingen insbesondere die zuneh- **913** mende elektronische Datenerfassung im Strafprozess und die damit einhergehenden enormen Datenmassen.[2437] Exemplarisch hierfür stehen Verfahren, in denen Beweise mittels einer TKÜ gewonnen wurden.[2438] In der Rs. *Sigurður Einarsson* hat der EGMR im Hinblick auf das Zugangsrecht nach der Art der Datensammlung differenziert:[2439] Hinsichtlich des Zugangs zu den *gesamten* Daten (auch) außerhalb der Ermittlungsakte führte der EGMR aus, dass zwar grundsätzlich ein vollumfänglicher Zugang eröffnet werden müsse, aber eine klassische Situation der Zurückhaltung oder Geheimhaltung von Beweisen mangels (Wissens-)Vorteils der Strafverfolgungsbehörden bei einer Versagung nicht vorliege, wenn diese selbst keine Kenntnis von solchen Daten hätten, die zur Reduzierung der Akte auf eine handhabbare Größe gerade als *prima facie* irrelevant herausgefiltert wurden.[2440] Wird Zugang zu den ungefilterten Daten begehrt, muss jedenfalls dargelegt werden, **welcher Aspekt** (*„specific issue"*) durch die weitere Suche geklärt werden soll.[2441] Grenzen die Strafverfolgungsbehörden die Beweise nach ihrer Relevanz, etwa mithilfe entsprechender **Suchprogramme**, dagegen weiter ein, so gerät grundsätzlich jede Weigerung, der Verteidigung die Durchsuchung dieser „markierten" Beweise zu gestatten, mit der Gewährleistung ausreichender Gelegenheit zur Vorbereitung der Verteidigung in Konflikt.[2442] Mit Blick auf das Zugangsrecht aus § 147 Abs. 1 StPO betont der BGH, dass sich das Recht, amtlich verwahrte Beweisstücke zu besichtigen (§ 147 Abs. 1 Var. 2 StPO), seinem Wortlaut nach lediglich auf „Beweismittel" im Sinne der StPO bezieht, und dementsprechend auch bei digitalen Daten lediglich hinsichtlich solcher Datenbestände besteht, die von den Strafverfolgungsbehörden als Beweisstücke sichergestellt worden sind. Handelt es sich hingegen um Daten, die von den Strafverfolgungsbehörden bislang nicht ausgewertet oder als nicht verfahrensrelevant eingestuft worden sind, soll es laut BGH in Hinblick auf Art. 6 Abs. 1 genügen, wenn der Verteidigung eine Kopie der elektronisch gesicherten Rohdaten zur Verfügung gestellt wird.[2443]

Nach Abschluss der Ermittlungen besteht ein grundsätzlich **unbeschränktes Ak-** **914** **tenzugangsrecht**. Sämtliches Material, was sich auf die Begehung und Umstände der Tat einschließlich der subjektiven Tatbestandsmerkmale bezieht oder die Beweismittel einschließlich ihrer Verlässlichkeit betrifft und zur Verfahrensakte genommen wurde bzw. nach dem Grundsatz der Aktenvollständigkeit zu nehmen war/ist, ist als für die Verteidigung notwendig anzusehen.[2444] Niederschriften über **Verhandlungen** und (kommissarische) **Vernehmungen** sind der Verteidigung zugänglich zu machen, wenn sie deren Inhalt für die Wahrnehmung ihrer Aufgabe benötigt, vor allem zur Vorbereitung der Einlegung eines Rechtsbehelfs oder einer Konfrontation nach Art. 6 Abs. 3 *lit.* d. Es muss aus den Akten gerade der Gang des Verfahrens erkennbar sein, also welche konkreten Ermittlungs-

---

2437 Dazu vgl. auch *Wengenroth* StraFo **2021** 111, 114 f.

2438 EGMR Rook/D, 25.7.2019; zuvor hatte der Bf. die Beschränkung der Verteidigung durch rechtsfehlerhafte Ablehnung eines Antrags auf Aussetzung des Verfahrens zur Gewährung vollständiger Akteneinsicht in zumutbarer Art und Weise erfolglos gerügt: BGH NStZ **2014** 347 = StV **2015** 10 m. krit. Anm. *Gercke*.

2439 EGMR Sigurður Einarsson u.a./ISL, 4.6.2019, § 88.

2440 EGMR Sigurður Einarsson u.a./ISL, 4.6.2019, § 90.

2441 EGMR Sigurður Einarsson u.a./ISL, 4.6.2019, § 90 (eine „fishing expedition" sei dagegen nicht gerechtfertigt).

2442 EGMR Sigurður Einarsson u.a./ISL, 4.6.2019, § 91.

2443 Zum Ganzen BGH Urt. v. 29.10.2021 – 5 StR 443/19, NZWiSt **2022** 326.

2444 *Frowein/Peukert* 185; vgl. IK-EMRK/*Kühne* 517.

Esser

maßnahmen vorgenommen worden sind und welchen Erfolg sie gehabt haben.[2445] Für diese Aktenvollständigkeit trägt die Staatsanwaltschaft die Verantwortung.[2446]

915   Das Aktenzugangsrecht aus Art. 6 Abs. 1 kennt **keinen „Wesentlichkeits-Vorbehalt"** (vgl. abweichend für die Haftprüfung Art. 5 Rn. 560). Die (dauerhafte) Sperrung von Beweismaterial und die Verweigerung eines Zugangs der Verteidigung zu diesem ist nur unter engsten Voraussetzungen mit dem Fairnessgrundsatz vereinbar (Rn. 923).[2447]

916   Für Bußgeldverfahren, die wegen einer Verkehrsordnungswidrigkeit wegen Geschwindigkeitsüberschreitung geführt werden, folgt aus dem Recht auf ein faires Verfahren (Art. 6 Abs. 1 EMRK bzw. Art. 2 Abs. 1 GG i.V.m. dem Rechtsstaatsprinzip, Art. 20 Abs. 3 GG) ein Recht des Betroffenen auf **Einsicht in alle Unterlagen**, die auch dem **Sachverständigen** zur Verfügung gestellt werden[2448] und darüber hinaus in die – nicht bei den Akten befindlichen – digitalen Falldateien einschließlich der **Rohmessdaten** der Messreihe vom Tattag.[2449] Das **BVerfG** hat diesen Ansatz[2450] bestätigt: Auch im OWi-Verfahren auf der Grundlage eines standardisierten Messverfahrens hat der Beschuldigte ein Recht auf Kenntnis von solchen Informationen, die zum Zweck der Ermittlung entstanden sind, aber bislang nicht zur Akte genommen wurden, um diese möglicherweise zu seiner Entlastung ins Verfahren einführen zu können. Dies ist aber nur dann möglich, wenn sich der Betroffene rechtzeitig im Bußgeldverfahren – durch **Einsichtsgesuche** bzw. **Anträge auf Beiziehung** – um die Unterlagen bemüht.[2451]

917   Die begehrten (gespeicherten) Informationen müssen allerdings nicht nur hinreichend konkret benannt werden, sondern auch in einem **sachlichen und zeitlichen Zusammenhang** mit dem jeweiligen Vorwurf einer Ordnungswidrigkeit stehen und zudem

---

2445   EGMR R/D, 25.7.2019; BGH NStZ **2022** 561, 562, Rn. 19 f.

2446   BGH NStZ **2017** 651, 656 f., wobei die StA auch für die rechtlich einwandfreie Beschaffung der Beweismittel verantwortlich ist, vgl. BVerfG Beschl. v. 14.7.2016 – 2 BvR 2474/14, StV **2017** 361.

2447   Vgl. für die Fälle der Aufarbeitung des durch die Geheimdienste des früheren Warschauer Paktes begangenen Unrechts: EGMR Turek/SLO, 14.2.2006, § 115.

2448   OLG Naumburg Beschl. v. 5.11.2012 – 2 Ss (Bz) 100/12, DAR **2013** 37.

2449   So für das sog. **standardisierte Messverfahren**: LG Köln DAR **2019** 698 m. Anm. *Redmer-Rupp*; s.a. Saarl. VerfGH NJW **2019** 2456 m. Anm. *Krumm*; OLG Karlsruhe NStZ **2019** 620, 621 = DAR **2019** 582 m. Anm. *Gratz* = NZV **2020** 368 m. Anm. *Krenberger*; LG Baden-Baden ZfSch **2018** 711; AG Schleiden BeckRS **2019** 10264; *Cierniak* zfs 2012 664, 669 ff.; *Cierniak/Niehaus* DAR **2014** 2, 4 f.; *dies.* DAR **2018** 541 f. **a.A.** OLG Koblenz NZV **2021** 201 m. Anm. *Krenberger*; Beschl. v. 17.7.2018 – 1 OWi 6 SsBs 19/18, BeckRS **2018** 38423 (kein Anspruch des Betroffenen auf Beiziehung und Überlassung der digitalen Daten einer Messreihe); OLG Bamberg NStZ **2018** 724 ff.; OLG Köln DAR **2019** 695, allerdings unter Hinweis darauf, dass das Akteneinsichtsrecht nach § 147 StPO hiervon unberührt bleibe (für den Fall, dass sich die Rohmessdaten bei den Akten befinden); BayObLG DAR **2020** 467 (kein Verstoß gegen Fair-Trial-Prinzip durch unterbliebene Überlassung der Rohmessdaten). Burhoff (StrV-OWi) 222 ff. Ferner hierzu: *Wendt* NZV **2018** 441 ff. Ein Verwertungsverbot bei Löschung bzw. Nichtspeicherung von Rohmessdaten verneinend: OLG Dresden NJW **2021** 176 m. Anm. *Krumm*.

2450   Konkret: „Anspruch [des Betroffenen] auf Zugang zu den nicht bei der Bußgeldakte befindlichen, aber bei der Bußgeldbehörde vorhandenen Informationen" (BVerfG NJW **2021** 455, 459, Rn. 62 m. Anm. *Ropertz* = NZV **2021** 41, 46, Rn. 62 m. Anm. *Krenberger*; PoliScan Speed M1); zum Aspekt der wirksamen Verteidigung in diesem Kontext auch: *Valerius* ZStW **133** (2021) 152, 166.

2451   Vgl. KG Beschl. v. 7.1.2021 – 3 Ws (B) 314/20, BeckRS **2021** 2939; OLG Brandenburg Beschl. v. 19.2.2021 – 1 OLG 53 Ss-OWi 684/20, BeckRS **2021** 2647; siehe auch BGH Urt. v. 29.10.2021 – 5 StR 443/19 (Erforderlichkeit eines Vortrags in der Revision dazu, welche Bemühungen die Verteidigung entfaltet hätte, um einen technisch gangbaren Weg zur Recherche bzgl. entlastender Beweismittel zu beschreiten); BGH NStZ **2023** 116 = StraFo **2022** 468 (Antrag auf Beiziehung verfahrensfremder Unterlagen; EncroChat).

erkennbar eine **Relevanz für die Verteidigung** aufweisen, was maßgeblich aus der **Perspektive des Betroffenen** bzw. dessen Verteidigers zu beurteilen sei.[2452]

Ferner können dem Recht auf Informationszugang gewichtige verfassungsrechtlich verbürgte Interessen wie z.B. den Informationszugang überwiegende Interessen Dritter oder die Funktionstüchtigkeit der Rechtspflege entgegenstehen.[2453] Zu beachten ist auch, dass die Fachgerichte im Rahmen des sog. standardisierten Messverfahrens nur eine **reduzierte Sachaufklärungs- und Darlegungspflicht** trifft.[2454] Zur Wahrung des **rechtlichen Gehörs** des Betroffenen muss diesem allerdings Gelegenheit gegeben werden, Zweifel an der Richtigkeit der Messdaten vorzubringen und zur weiteren Aufklärung des Sachverhalts im gerichtlichen Verfahren einen entsprechenden Beweisantrag (§ 244 Abs. 3 Satz 1 StPO; § 77 OWiG) zu stellen; erfolgreich ist ein solcher jedoch nur, wenn der Betroffene *konkrete* Anhaltspunkte für eine technische Fehlfunktion des Messgeräts vorzubringen vermag.[2455] In diesem Fall ist ihm im beschriebenen Umfang eine vollumfängliche, eigenständige Überprüfung des Messergebnisses zu ermöglichen.

Auch das **BayObLG**[2456] hat den beschriebenen Informationsanspruch aus dem fairen Verfahren grundsätzlich bejaht. Es hat jedoch einen Verstoß gegen Art. 103 Abs. 1 GG (rechtliches Gehör) wegen der bloßen Versagung der Einsichtnahme bzw. Ablehnung der Überlassung von nicht zu der Bußgeldakte gelangter Rohmessdaten verneint, da daraus regelmäßig kein Anspruch auf Erweiterung der Gerichtsakten folge. Ebenso lehnt es einen Anspruch auf Einsichtnahme und Überlassung der (digitalen) Daten der gesamten Messreihe ab. Das Recht auf Einsichtnahme in vorhandene Rohmessdaten ist im Übrigen abzugrenzen von etwaigen Forderungen gegenüber den Behörden, zur Verfolgung von Ordnungswidrigkeiten nur solche Geräte einzusetzen, die auch tatsächlich Rohmessdaten erheben. Eine entsprechende Verfassungsbeschwerde nahm das **BVerfG** nicht zur Entscheidung an. Der Bf. habe nicht hinreichend substantiiert dargelegt, dass aus dem verfassungsrechtlich verankerten Recht auf ein faires Verfahren – etwa aus Gründen der Waffengleichheit – auch eine staatliche Pflicht folgt, potentielle Beweismittel zur Wahrung von Verteidigungsrechten vorzuhalten bzw. zu schaffen.[2457]

2. Ausnahmen. Der **Schutz noch laufender Ermittlungen** kann ausnahmsweise das Recht auf Zugang und Offenlegung von Informationen und damit für eine **Beschränkung von *Teilen* der Akte** im Vorverfahren sprechen (*„the need for criminal investigations to be conducted efficiently, which may imply that part of the information collected during them is to be kept secret in order to prevent suspects from tampering with evidence and undermining the course of justice")*.[2458] Der Gerichtshof erkennt demzufolge an, dass strafrechtliche **Ermittlungen effektiv und störungsfrei geführt** werden können müssen. Dies kann bedeuten, dass (nur) ein *Teil*, ggf. auch der gesamte Bestand der im Zuge der Ermittlungen zusammengetragenen Informationen (vorläufig) nicht zugänglich gehalten werden kann, um zu verhindern, dass Tatverdächtige Beweismaterial manipulieren und den Gang der

918

919

920

2452   BVerfG NJW **2021** 455, 458, Rn. 49 ff., 57; ebenso OLG Zweibrücken zfs **2020** 413 ff.
2453   BVerfG NJW **2021** 455, 459, Rn. 59 ff.
2454   BVerfG NJW **2021** 455, 456 ff., Rn. 39 ff., 60.
2455   Vgl. BVerfG NJW **2021** 455, 457, 459, Rn. 45 f., 60.
2456   BayObLG Beschl. v. 4.1.2021 – 202 ObOWi 1532/20, DAR **2021** 104, BeckRS **2021** 1.
2457   BVerfG Beschl. v. 20.6.2023 – 2 BvR 1167/20.
2458   Vgl. EGMR Lietzow/D, 13.2.2001, § 47; Mooren/D (K) 13.12.2007, § 92 m.w.N.; Gül/D (E), 4.1.2012.

Rechtspflege untergraben.[2459] Das gilt namentlich dann, wenn der Beschuldigte **auf der Flucht** ist und demzufolge noch nicht vernommen werden konnte.[2460]

921   Allerdings dürfen die mit dem Strafverfahren verbundenen legitimen Ziele nicht unter Inkaufnahme erheblicher Beschränkungen der Rechte der Verteidigung verfolgt werden (*„pursued at the expense of substantial restrictions on the rights of the defence"*). Eine (partielle und/oder zeitweilige, z.B. bis zum Abschluss des Ermittlungsverfahrens) **Beschränkung des Akten- und Informationszugangs** kann daher menschenrechtlich nur dann Bestand haben, wenn im konkreten Fall schwerwiegende Gründe des öffentlichen Wohls **(Sicherheitsrisiken, Geheimhaltungsinteressen, Zeugenschutz)** sie als (auch in diesem Umfang) unumgänglich erscheinen lassen.[2461] Erforderlich ist hierfür aber, dass daraus für die Verteidigung entstehende Schwierigkeiten im Verfahren durch die Gerichte angemessen ausgeglichen werden.[2462] Geheimhaltungsinteressen mitbeschuldigter Personen können eine Verweigerung des Aktenzugangs nicht rechtfertigen, soweit der Inhalt der Akten für das Verfahren gegen den Beschuldigten für die Verteidigung von Bedeutung ist.[2463]

922   Zu **Handakten** von Mitgliedern des gerichtlichen Spruchkörpers oder der Staatsanwaltschaft, die lediglich Notizen, Bearbeitungshinweise und Kopien der Hauptakte enthalten, muss der Beschuldigte regelmäßig keinen Zugang erhalten.[2464] Im Übrigen gilt aber aus menschenrechtlicher Perspektive ein **weiter Aktenbegriff**, der auch **Beweisstücke** betrifft, wenn der Zugang zu diesen für eine effektive Verteidigung relevant ist. Es gelten dann auch insoweit die allgemeinen Regeln für die Möglichkeit einer Beschränkung (Rn. 920 ff.). Vom weiten Aktenbegriff der EMRK dürften auch Aufzeichnungen/Speicherungen von TKÜ-Daten/-Dateien („Protokolle") erfasst sein.[2465] Zu den Aktenbestandteilen zählt auch die audiovisuelle Aufzeichnung der Vernehmung des Beschuldigten nach § 136 Abs. 4 StPO.[2466]

923   **3. Verweigerung des Aktenzugangs.** Die Entscheidung über die Verweigerung des Zugangs zur Akte kann nur dann konventionsgemäß sein, wenn sie von einem Richter

2459 EGMR Garcia Alva/D, 13.2.2001, § 42; Gül/D (E), 4.1.2012; M./NL, 27.5.2017, §§ 69 f. (bei der Schwärzung vertraulicher Geheimdienstunterlagen scheidet eine Verletzung von Art. 6 aus, wenn sachliche Gründe für die Geheimhaltung streiten und die Aussagekraft der lesbaren Teile eine verlässliche Bewertung der erhobenen Vorwürfe durch die Verteidigung erlaubt); Art. 6 gewährt keinen unbeschränkten Aktenzugang schon vor der Erstvernehmung durch den Untersuchungsrichter, wenn überwiegende Schutzinteressen der Justiz dem entgegenstehen: EGMR A.T./LUX, 9.4.2015, §§ 79 ff.
2460 Vgl. EGMR Gül/D (E), 4.1.2012 – mutmaßlich auch Verbindungen zur Organisierten Kriminalität.
2461 Die Abwägung zwischen den Gründen des öffentlichen Wohls und den Verteidigungsrechten erfolgt insbesondere auch im Hinblick auf die für den Angeklagten zu erwartenden Folgen des Verfahrens; vgl. EGMR Matyjek/PL, 24.4.2007, § 59 (Akteneinsicht darf nicht wegen unkooperativen Prozessverhaltens verweigert werden: EGMR Chambez/CH, 5.4.2012, § 65 (Verwaltungsverfahren); R/D, 5.7.2019, NJW **2020** 3019, 3021; zu möglichen Beschränkungen des Akteneinsichtsrechts vgl. auch *Meglalu* 534 ff.
2462 EGMR R/D, 5.7.2019, NJW **2020** 3019, 3021; Rowe u. Davis/UK, 16.2.2000.
2463 Vgl. für Kartellbußgeldverfahren BGHSt **52** 58 = NJW **2007** 3256 = NStZ **2008** 104. Zur Rechtsgrundlage des Akteneinsichtsrechts im Kartellbußgeldverfahren: OLG Düsseldorf NZKart **2019** 336, 337 f.
2464 Vgl. auch BGH Beschl. v. 5.2.2009 – 1 StR 697/08, StRR **2009** 122 (Senatsheft BGH – „Revisionsakte"); anders hingegen OLG Saarbrücken ZWH **2013** 204 (Akteneinsichtsrecht des geschädigten Zeugen in Handakten des Angeklagten).
2465 Hierzu in Bezug auf die Herausgabe an die Strafverteidigung: OLG Celle StV **2016** 146 bzw. OLG Frankfurt StV **2016** 148 (mit jeweils unterschiedlicher Sichtweise zur Anfechtbarkeit einer gerichtlichen Herausgabeentscheidung durch die StA). Näher zur Akteneinsicht in Telekommunikationsdaten: *Wettley/Nöding* NStZ **2016** 633.
2466 Dazu *Michel* 245 ff.

getroffen oder wenigstens kontrolliert werden kann, der nicht selber über die Schuld des Beschuldigten entscheidet: So rügt der EGMR in diesem Zusammenhang sowohl die Entscheidungszuständigkeit der Staatsanwaltschaft im Ermittlungsverfahren[2467] als auch die Zuständigkeit des Tatrichters.[2468] Überaus problematisch erscheinen vor diesem Hintergrund Fälle, in denen die Staatsanwaltschaft in entsprechender Anwendung des § 96 StPO die Akteneinsicht mit der Begründung verweigert, in diesen befänden sich gesperrte Beweise. Während die Praxis deutscher Gerichte diese Methode für allgemein zulässig hält,[2469] und die dadurch entstehenden Nachteile für die Verteidigung im Wege einer zurückhaltenden Beweiswürdigung kompensieren will,[2470] widerspricht die Entscheidungszuständigkeit der Staatsanwaltschaft klar dem vom EGMR geforderten kontradiktorischen Charakter des Verfahrens.

4. Aktenzugang bei Freiheitsentziehungen (Haftfälle). Besonderheiten gelten, wenn **924** sich der Beschuldigte in **Untersuchungshaft** oder in einer **sonstigen Form der Freiheitsentziehung** befindet. In einer solchen Situation ist es schon zur effektiven Verteidigung des Beschuldigten im Haftprüfungsverfahren nach **Art. 5 Abs. 4** unerlässlich, dass (wenigstens) der Verteidiger die für die Verteidigung *„wesentlichen"* Teile der Akten einsehen kann (*„information which is essential for the assessment of the lawfulness of a detention should be made available in an appropriate manner to the suspect's lawyer"*; vgl. Art. 5 Rn. 547 ff., 560).[2471]

5. Berechtigter. Das aus Art. 6 Abs. 1 abzuleitende Recht auf Zugang zur Verfahrens- **925** akte ist im Kern ein ***Beschuldigtenrecht***.[2472] In der Regel ist es ausreichend, wenn „der Verteidigung" insgesamt das Zugangsrecht eröffnet wird. Es ist daher *grundsätzlich* zulässig, wenn das nationale Recht die Akteneinsicht dem **Verteidiger** vorbehält.[2473] Kann der Beschuldigte jedoch auf diese Weise (z.B. aufgrund der Komplexität der Materie: **Organisierte Kriminalität; Wirtschaftsstrafverfahren**[2474]) nicht in dem für seine Verteidigung notwendigen Umfang über alle den erhobenen Anschuldigungen zu Grunde liegende De-

---

2467 EGMR Dowsett/UK, 24.6.2003, HRRS **2003** 171; vgl. auch *Gaede* 248.

2468 EGMR (GK) Edwards u. Lewis/UK, 27.10.2004; (GK) Rowe u. Davis/UK, 16.2.2000; zum Ganzen *Gaede* HRRS **2004** 44.

2469 BVerfGE **57** 250 = NJW **1980** 1719 = NStZ **1981** 357 = JZ **1981** 741; BVerfGE **63** 45 = NJW **1983** 1043 = NStZ **1983** 273 = StV **1983** 177; OLG Hamm NJW **1984** 880 = StV **1984** 373 = MDR **1984** 73 m. Anm. *Schäfer* MDR **1984** 454.

2470 BGHSt **49** 112 = NJW **2004** 1259 = NStZ **2004** 343 = StV **2004** 192 (*El Motassadeq*) m. Anm. *Kudlich* JuS **2004** 929.

2471 Vgl. EGMR Lamy/B, 30.3.1989, StV **1993** 283 = wistra **1993** 333 = ÖJZ **1989** 763; Lietzow/D, 13.2.2001; Schöps/D, 13.2.2001; Garcia Alva/D, 13.2.2001; jeweils zu Art. 5 Abs. 4 m. Anm. *Kempf* StV **2001** 206; dazu *Zieger* StV **1993** 320; *Kempf* FS Rieß 217; LR/*Jahn* § 147, 157 ff. StPO; ferner auch: EGMR Gül/D (E), 4.1.2012; Selahattin Demirtas/TRK (Nr. 2), 20.10.2018, § 201 („equality of arms is not ensured if counsel is denied access to documents in the investigation file which are essential in order to effectively challenge the lawfulness of his or her client's detention"); instruktiv *Peglau* JR **2012** 231 ff.

2472 Das gilt für das deutsche Recht gleichermaßen, vgl. *Michalke* NJW **2013** 2334.

2473 EGMR Kamasinski/A, 19.12.1989, § 88; bestätigt in EGMR Kremzow/A, 21.9.1993, § 52, EuGRZ **1995** 537 = ÖJZ **1994** 310; Frangy/F, 1.2.2005; *Esser* 425 ff.; IK-EMRK/*Kühne* 520; Meyer-Ladewig/Nettesheim/von Raumer/ *Harrendorf/König* 108; *Villiger* 586; vgl. auch BGH NStZ-RR **2020** 376 = StV **2021** 150; OLG Frankfurt NStZ-RR **2001** 374; ferner HRC Salikh/UZB, 30.3.2009, 1382/2005. Das Recht besteht in vollem Umfang für *jeden* Verteidiger in Person; der Vorwurf, andere Verteidiger hätten von dem Recht keinen Gebrauch gemacht, greift daher nicht: BGH NStZ **2014** 347, 349.

2474 Näher zu den besonderen Herausforderungen bei der Akteneinsicht in Wirtschaftsstrafverfahren: *Wengenroth* StraFo **2021** 111 ff.

tails unterrichtet werden[2475] und erhält er diese Kenntnis auch nicht auf andere Weise (z.B. Kopien aus den Akten), hat er das Recht, sich neben seinem Verteidiger *selbst* darüber aus den Akten unterrichten zu können.[2476] Dem Beschuldigten muss in diesem Fall **neben seinem Verteidiger** ein **unmittelbarer Zugang zur Akte** ermöglicht werden, weil nur auf diese Weise eine effektive Verteidigung gewährleistet ist.[2477]

926   Auch der **nicht verteidigte Beschuldigte** hat ein Recht auf Zugang zur Verfahrensakte.[2478] Ein Beschuldigter, der keinen Verteidiger hat, muss alle für seine Verteidigung **sachdienlichen Auskünfte und Abschriften** erhalten, sofern ihm nicht die unmittelbare Akteneinsicht ermöglicht wird.[2479] Im Einzelfall kann der kontradiktorische Charakter des Verfahrens auch hier nur durch Gewährung der **unmittelbaren Einsicht in die Originalakte** durch den Beschuldigten selbst (ggf. unter Aufsicht) sichergestellt werden.[2480] Im nationalen Recht gewährleistet dies mittlerweile **§ 147 Abs. 4 StPO**, der dem nicht verteidigten Beschuldigten ausdrücklich ein eigenes, im Umfang demjenigen des Verteidigers nach § 147 Abs. 1 bis 3 StPO entsprechendes Akteneinsichtsrecht zugesteht (vgl. Art. 5 Rn. 566, 580 f.). Stehen einem solchen Zugang des nicht verteidigten Beschuldigten die Gefährdung des Untersuchungszwecks oder überwiegende schutzwürdige Interessen Dritter entgegen, so muss ihm zur Ermöglichung des Zugangs zur Akte von Amts wegen **ein Verteidiger bestellt** werden.

927   **6. Art und Weise des Aktenzugangs.** Der Zugang zur Verfahrensakte und die Kenntnisnahme des in ihr enthaltenen Materials müssen dem Beschuldigten (bzw. seinem Verteidiger) **in geeigneter Weise** ermöglicht werden. Maßstab hierfür ist die zu gewährleistende **Effektivität der Verteidigung**. Es hängt von den Umständen des Einzelfalles ab, ob für eine effektive Verteidigung die **Überlassung von Abschriften** (Ablichtungen) aus den Akten bzw. die Erteilung von **Auskünften** ausreichend oder die Ermöglichung der **Einsichtnahme in die Originalakte** unerlässlich ist. Die **Überlassung von Abschriften** und das **Gestatten der Fertigung von Notizen** sind zur Wahrung der Waffengleichheit in jedem Fall erforderlich.[2481] Hierbei stellen sich u.U. auch Fragen zur Person des Zugangsberechtigten (Rn. 925 f.).

928   Die **Überlassung bzw. Übersendung der Originalakte** ist (aus menschenrechtlicher Perspektive) grundsätzlich nicht erforderlich;[2482] für eine effektive Verteidigung (etwa im Haftprüfungsverfahren) ist es *in der Regel* ausreichend, wenn dem Verteidiger (bzw. dem

---

2475 Vgl. EGMR Kamasinski/A, 19.12.1989.
2476 EGMR (K) Öcalan/TRK, 12.3.2003; bestätigt: (GK) 12.5.2005; dazu *Kühne* JZ **2003** 670; Besonderheiten des Falles: umfangreiche Akten, zu knappe Zeit der Verteidiger für die Unterrichtung, Insiderwissen des Angeklagten, wer für die einzelnen Gewaltakte der PKK direkt verantwortlich war); ferner BGH NStZ-RR **2020** 376 = StV **2021** 150.
2477 Vgl. bezogen auf Art. 5 Abs. 4: EGMR (GK) Mooren/D, 9.7.2009, StV **2010** 490 m. Anm. *Pauly* = EuGRZ **2009** 566.
2478 EGMR Foucher/F, 18.3.1997; vgl. dazu LG Mainz NJW **1999** 313 = NStZ **1999** 313 m. Anm. *Haass* NStZ **1999** 442 = JuS **2000** 287 m. Anm. *Dörr*: Das LG sah sich aufgrund der Geltung der EMRK im Rang eines einfachen Gesetzes nicht an die Urteile des EGMR gebunden; *Kühne* JZ **2003** 670, 672; anders noch im Falle eines sich selbst verteidigenden Rechtsanwalts BVerfGE **53** 207 = NJW **1980** 1677.
2479 Vgl. EGMR Foucher/F, 18.3.1997; zu den Besonderheiten des Falles *Esser* 426 ff.; ferner *Böse* StraFo **1999** 293; *Haass* NStZ **1999** 442; vgl. auch *Schlothauer* StV **2001** 192; zu § 147 Abs. 4 StPO Meyer-Goßner/ *Schmitt* § 147, 31 f. StPO.
2480 EGMR (K) Öcalan/TRK, 12.3.2003; bestätigt: (GK) 12.5.2005; Matyjek/PL, 24.4.2007; Luboch/PL, 15.1.2008.
2481 EGMR Matyjek/PL, 24.4.2007, § 63, Luboch/PL, 15.1.2008, § 64; vgl. auch *Michalke* NJW **2013** 2334, 2335.
2482 Zum Anspruch auf willkürfreie Entscheidung über einen Antrag nach § 147 Abs. 4 Satz 1 StPO a.F. siehe BVerfG NJW **2012** 141 m. Anm. *Burhoff* StRR **2011** 427.

Beschuldigten) eine **Kopie der Akte** (in elektronischer Form oder als Papierakte) zur Verfügung gestellt wird.[2483] Entsprechend gilt dies für Kopien von Bild- und Tondokumenten.[2484] Jedoch muss zumindest der (ggf. bestellte) Verteidiger die Vollständigkeit des ihm zur Verfügung gestellten Duplikats anhand der Originalakte bzw. überprüfen können.

Problematisch ist die Ablehnung der Akteneinsicht aufgrund **fehlenden Kanzleisit- 929 zes im Inland**. Diese beschränkt das Recht des Beschuldigten auf freie Wahl seines Verteidigers und auf rechtliches Gehör. Zwar können im Einzelfall wichtige Gründe eine Ablehnung rechtfertigen, eine pauschale Verweigerung allein wegen eines Kanzleisitzes im Ausland ist aber abzulehnen.[2485]

Ein unmittelbarer *Zugang* zur Originalakte darf dem **nicht verteidigten Beschuldig- 930 ten** in eigener Person mit Rücksicht auf die drohende Manipulationsgefahr versagt werden, wenn auch eine Einsichtnahme unter Aufsicht diese Gefahr nicht ausreichend minimiert. Zur Verteidigung erforderliche Abschriften bzw. Kopien der Originalakte müssen ihm dann jedoch in jedem Fall zur Verfügung gestellt werden. Genügt diese Art des Zugangs zur Akte nicht den Anforderungen einer effektiven Verteidigung, ist dem Beschuldigten für die Wahrnehmung des Aktenzugangsrechts von Amts wegen ein Verteidiger zu bestellen.[2486]

Zu einer effektiven Verteidigung gehört, dass dem Verteidiger bzw. dem Beschuldigten 931 die erforderlichen Unterlagen unter Einräumung der dafür erforderlichen Zeit,[2487] d.h. so **rechtzeitig** und **über einen Zeitraum** zur Verfügung gestellt werden, dass dieser sich effektiv auf die weiteren Vorgänge im Ermittlungsverfahren bzw. das gerichtliche Verfahren vorbereiten kann. Der Verteidiger darf, wenn es Art und Umfang der Akte erfordern, auch Mitarbeitern seiner Kanzlei sowie Sachverständigen eine Einsichtnahme in die Akte ermöglichen, ggf. auch dem Beschuldigten (Rn. 926).[2488]

Der Zugang zur Akte **im Herrschaftsbereich der Justiz** (Geschäftsstelle; Verteidiger- 932 zimmer im Gerichtsgebäude) kann für eine effektive Verteidigung ausreichend sein, wenn dem Verteidiger Gelegenheit gegeben wird, sich ungestört und in einem zeitlich angemessenen Rahmen mit dem Inhalt der Akte vertraut zu machen. Bei komplexeren Verfahren

---

2483 Vgl. zur Frage der Art/Form Einsichtnahme in die Bedienungsanleitung von Geschwindigkeitsmessanlagen bzw. deren Lebensakten AG Ratzeburg Beschl. v. 2.5.2012 – 3 OWi 700/12 (keine Erstellung von Kopien, wenn Einsicht in Originaldokumente ermöglicht wird); AG Aurich Beschl. v. 6.7.2012 – 5 OWi 1647/12 (Einsichtnahme nur in den Räumen der Behörde, da Bedienungsanleitung ständig benötigt wird); AG Hagen ZfS **2012** 532 = VRR **2012** 353.

2484 OLG Schleswig NJW **1980** 352 m. Anm. *Amelung/Tyrell* NJW **1980** 1560 = JZ **1979** 816; zur Frage, ob Kopien der Audiodateien, auf denen die Ergebnisse einer Telekommunikation abgespeichert sind, dem Verteidiger ausgehändigt werden dürfen: *Meyer-Mews* StraFo **2016** 133, 137 f.; LG Regensburg StraFo **2017** 451; hierzu LG Augsburg StV **2020** 461 (Datenkopien von Videoaufzeichnungen als Aktenbestandteil; keine Einordnung als – nicht herausgabefähige – Beweisstücke i.S.d. § 147 Abs. 1 Satz 1 Hs. 2 StPO); *Wengenroth* StraFo **2021** 111 ff. Zur Anfechtbarkeit dieser Entscheidung: OLG Celle NStZ **2016** 305 (bejahend); **a.A.** OLG Frankfurt StV **2016** 148 m. Anm. *Killinger*; OLG Celle StV **2017** 158; OLG Zweibrücken StV **2017** 437 m. Anm. *Wölky*; KK/*Willnow* § 147, 10 StPO.

2485 *Traut/Cunningham* StraFo **2017** 222, 226 f., StraFo **2021** 447, 448 f.

2486 Zur Problematik unter dem Blickwinkel des aufgedrängten Verteidigers vgl. *Esser* 429 ff.; Meyer-Goßner/*Schmitt* § 147, 32 StPO und § 140, 27a StPO.

2487 EGMR (K) Öcalan/TRK, 12.3.2003; Huseyn u.a./ASE, 26.7.2011, §§ 174 ff.; vgl. *Gröger* 32 f.

2488 Vgl. hierzu: OLG Brandenburg NJW **1996** 67 m. Anm. *Hiebl* StraFo **1996** 24; der Verteidiger muss sich aber bei der Sichtung des Beweismaterials nicht auf die Unterstützung weiterer Hilfspersonen verweisen lassen, vgl. BGH NStZ **2014** 347, 349.

wird jedoch eine **Überlassung der Akte** (ggf. in Kopie) für einen angemessenen Zeitraum in die Räumlichkeiten des Verteidigers erforderlich sein.[2489]

933   Die näheren Umstände des Aktenzugangs erlangen für eine effektive Verteidigung insbesondere dann Bedeutung, wenn mittels moderner Ermittlungsmethoden **große, meist digitale Datenmengen** erzeugt wurden (vgl. Rn. 916 ff.). Die Weigerung, der Verteidigung eine angeforderte Auflistung der (von den Strafverfolgungsbehörden als relevant eingestuften) Beweise zu überlassen bzw. zu erstellen, erachtet der EGMR unter Hinweis auf das fehlende Vorhandensein sowie die innerstaatliche Verpflichtung zu ihrer Erzeugung bislang als zulässig.[2490] Grundsätzlich ist es aber angebracht, der Verteidigung die Möglichkeit zu gewähren, das vorhandene Material, ggf. unter **Verwendung technischer Suchprogramme**, auf entlastende Beweise zu analysieren oder analysieren zu lassen.[2491] Zu unnötigen Verfahrensverzögerungen darf die Einbeziehung großer Datenvolumen in diesem Zusammenhang allerdings nicht führen.[2492]

934   Im deutschen Recht wird die Akteneinsichtnahme dadurch erleichtert (werden), dass § 32 StPO die elektronische Aktenführung in Strafverfahren vorsieht.[2493] In Entsprechung hierzu nennt § 32f Abs. 1 Satz 1 StPO als Regelform der zu gewährenden Einsicht die Bereitstellung der gesamten Akte zum Abruf auf einem Akteneinsichtsportal inklusive Downloadoption zur dauerhaften Speicherung.[2494] Näher zu § 32f StPO siehe Art. 5 Rn. 581 ff.

935   Der Zugang zur Verfahrensakte in dem oben beschriebenen Umfang muss grundsätzlich **unentgeltlich** ermöglicht werden.[2495] Lediglich für die Fertigung von Kopien oder die Versendung der Akte (durch die Justiz) darf ein dem Verwaltungsaufwand *angemessenes* Entgelt[2496] verlangt werden[2497] – nicht aber gegenüber einem mittellosen Beschuldigten.

936   Ein Antrag auf Zugang zur Akte umfasst grundsätzlich auch später, d.h. **nach Antragstellung eingegangene Aktenbestandteile**. Nach dem Verstreichen einer gewissen Zeit kann das Gebot einer effektiven Verteidigung die Gewährung eines **erneuten Zugangs** zur (inzwischen erweiterten) Akte gebieten; einen entsprechenden Antrag kann das zuständige nationale Gericht allenfalls dann ablehnen, wenn der Antrag nicht zielführend ist (*„would serve no meaningful purpose"*).[2498]

2489   Die Dauer der Überlassung hängt im Einzelfall insbesondere vom Umfang der Akten ab; BGH wistra **2006** 25 m. Anm. *Gaede* HRRS **2005** 377; i.E. auch *Michalke* NJW **2013** 2335.

2490   EGMR Sigurður Einarsson u.a./ISL, 4.6.2019, § 91; so auch die deutsche Rechtsprechung, vgl. BGH NStZ **2014** 347, 349.

2491   EGMR Sigurður Einarsson u.a./ISL, 4.6.2019, § 91.

2492   EGMR Rook/D, 25.7.2019, 67; dabei für ausreichend erachtet: 3,5 Monate für 14 Millionen Dateien, § 72.

2493   Die Neuregelung der §§ 32 ff. StPO geht zurück auf das E-Akte-Gesetz v. 5.7.2017 (BGBl. I S. 2208); hierzu *Kassebohm* StraFo **2017** 393 ff. Näher zu den praktischen Problemen bei der Umstellung auf die elektronische Akte: *v. Stetten* ZRP **2015** 138 ff.; *Gerson* StraFo **2017** 402 ff.

2494   Dazu BTDrucks. **18** 9416 S. 56 f.; KK/*Graf* § 32f, 4 ff. StPO.

2495   Zur Auferlegung von Kosten für erforderliche Software zur Lesbarmachung von Dateien äußert der BGH NStZ **2014** 347, 350, berechtigte Zweifel.

2496   Auch „sachliche Vorleistungen" sind denkbar. So kann die Übersendung einer Kopie eines Ton-Bild-Dokuments von der vorhergehenden Übersendung einer Leerkassette durch den Verteidiger abhängig gemacht werden: OLG Koblenz NStZ-RR **2000** 311.

2497   Kostenschuldner ist der Strafverteidiger bzw. der Rechtsanwalt, § 28 Abs. 2 GKG, ebenso § 107 Abs. 5 OWiG, BVerwG ZfS **2010** 467 m. Anm. *Hansens*; BGH NJW **2011** 3041 = AnwBl. **2011** 483 = NZV **2011** 438 = ZfS **2011** 402 m. Anm. *Hansens*; AG Lahr AGS **2008** 264; anders noch AG Dessau AnwBl. **2007** 239 (Kostenschuldner ist der Beschuldigte). Die Aktenversendungspauschale entsteht auch bei einem Übersenden von Teilen der Akte, wenn diese Teile bzw. einzelne Dokumente zurückzugeben sind: OVG Münster NJW **2013** 2378; insgesamt zur Aktenversendungspauschale: *Hower* NJW **2013** 2077.

2498   EGMR Kugler/A, 14.10.2010, § 59, ÖJZ **2011** 378.

Eine Pflicht der **Ermittlungsbehörden**, den Beschuldigten/Verteidiger nach der er- **937** folgten Einsichtnahme über den Eingang neuer Aktenbestandteile zu **informieren**, wird man unter Fürsorgegesichtspunkten (vgl. Rn. 329 ff.) nur in besonders gelagerten Konstellationen annehmen können. Aus dem Gebot der Verfahrensfairness (Art. 6 Abs. 1 i.V.m. § 147 StPO) hat der BGH abgeleitet, dass zumindest das **Gericht** verpflichtet ist, den Angeklagten und dessen Verteidiger darüber zu *unterrichten*, wenn ihm zwischen Erlass des Eröffnungsbeschlusses und dem Beginn der Hauptverhandlung oder während der laufenden Hauptverhandlung durch Polizei oder Staatsanwaltschaft neue verfahrensbezogene Ermittlungsergebnisse zugänglich gemacht wurden; ferner muss es dem Beschuldigten bzw. dem Verteidiger dann auch eine Gelegenheit gewähren, sich von den Ergebnissen dieser Ermittlungen über einen Zugang zur Akte *Kenntnis zu verschaffen.*[2499]

7. Prozessuales. Der Beschuldigte bzw. sein Verteidiger müssen den Zugang zur Akte **938** gemäß den Vorschriften des innerstaatlichen Rechts **beantragen**, ggf. wiederholt.[2500] Der Antrag stellt einen zu erschöpfenden (i.d.R. effektiven) Rechtsbehelf i.S.v. Art. 35 Abs. 1 dar. Ob ein fortwährendes bzw. erneutes „Bemühen" um Aktenzugang im Laufe des Verfahrens als „Erschöpfung" i.S.v. Art. 35 Abs. 1 zu verlangen ist, hängt von den Umständen des Einzelfalls ab. Ein *einmaliger* Antrag dürfte nur dann ausreichend sein, wenn die ablehnende Entscheidung zu erkennen gegeben hat, dass künftige Anträge (vor Abschluss der Ermittlungen) aussichtslos sind.[2501] Den Beschuldigten bzw. seinen Verteidiger zu verpflichten, bei Gericht nachzufragen, warum über einen Antrag auf Zugang zur Akte noch nicht entschieden ist, dürfte die Anforderungen an die Erschöpfung des nationalen Rechtsschutzes überdehnen.[2502]

Art, Umfang und ggf. die Verweigerung eines Aktenzugangs muss der Beschuldigte **939** durch eine unabhängige Stelle wirksam **überprüfen** lassen können (vgl. Art. 13). Insofern ist § 147 Abs. 5 Satz 2 StPO, der eine solche Überprüfungsmöglichkeit eines verweigerten[2503] Aktenzugangs nur in den drei genannten Konstellationen vorsieht,[2504] nicht unproblematisch.[2505]

Für das Verfahren vor dem **EGMR** sieht **Art. 40 Abs. 2** ein Akteneinsichtsrecht vor. **940** Dieses wird durch **Rule 33 VerfO** näher ausgestaltet. Eine Regelung zur Vertraulichkeit bestimmter Dokumente enthält Rule 111 Abs. 4 VerfO.

2499 BGH StraFo **2017** 279 = NStZ **2017** 549 m. Anm. *Tully.*
2500 EGMR Kampanis/GR, 13.7.1995, ÖJZ **1995** 953; Schöps/D, 13.2.2001; zum Verfahren nach § 147 Abs. 5 StPO s. *Peglau* JR **2012** 231, 236.
2501 Zu hohe Anforderungen stellt daher BGH NStZ **2010** 530 = StV **2010** 615 = wistra **2010** 232 (Bemühen bis zum Ablauf der Frist zur Erhebung der Verfahrensrüge in der Revision, wenn konkrete Bezeichnung des vorenthaltenen Aktenmaterials nicht möglich ist); dagegen: OLG Jena NJW **2016** 1457 (Bußgeldverfahren; Aufforderung der Polizei, die Akte nicht mehr anzufordern).
2502 OLG Karlsruhe NStZ-RR **2010** 287, 288.
2503 § 147 Abs. 5 Satz 2 StPO eröffnet hingegen keine gerichtliche Entscheidung gegen die *Gewährung* von Akteneinsicht (insb. relevant bei Mitbeschuldigten), vgl. LG Koblenz wistra **2020** 429 m. Anm. *Corsten/ Oesterle.*
2504 Vgl. nur Meyer-Goßner/*Schmitt* § 147, 39 StPO.
2505 Vgl. auch OK-StPO/*Wessing* § 147, 37 StPO (§ 147 Abs. 5 Satz 2 StPO analog auf alle Arten der Versagung von Akteneinsicht durch die Staatsanwaltschaft anwendbar); *Hermann* Untersuchungshaft 152; *Burhoff* HEV 472 f., der in den nicht von § 147 Abs. 5 StPO umfassten Fällen einen Antrag auf gerichtliche Entscheidung nach §§ 23 ff. EGGVG für statthaft hält. Vgl. auch LG Arnsberg Beschl. v. 24.4.2012 – 2 Qs 24/12, nach dem die gerichtliche Entscheidung über die Gewährung von Akteneinsicht nicht durch die Beschwerde nach § 305 StPO anfechtbar ist.

941   **8. Aktenzugangsrecht in Verfahren mit Bezug zum Unionsrecht.** Auch die **Gerichte der Union** haben das auf Art. 6 Abs. 1 beruhende Recht auf einen vollumfänglichen Aktenzugang zu beachten.[2506] Ausnahmen gelten lediglich für die zu wahrenden Interessen Dritter, interne Schriftstücke der Unionsorgane sowie „andere vertrauliche Informationen".[2507] Die Verletzung des Rechts auf Aktenzugang ist unabhängig von einem entsprechenden Antrag des Betroffenen, wenn sich die Unterlagen in den Ermittlungsakten der Unionsbehörden befinden. Ist dies nicht der Fall, muss ein entsprechender Antrag gestellt werden, um das Recht auf Akteneinsicht nicht zu verwirken.[2508] Das Recht auf Aktenzugang entsteht nach Ansicht des EuGH erst **nach Abschluss der Ermittlungen**; anders könnten diese nicht effektiv geführt werden.[2509] Wird in einem Kartellverfahren von der Europäischen Kommission dem betroffenen Unternehmen keine Akteneinsicht gewährt, so wird dieser Umstand nicht dadurch geheilt, dass die Akteneinsicht später im gerichtlichen Verfahren vor dem EuG bzw. dem EuGH gewährt wird.[2510] Der EuGH hat ferner festgestellt, dass der Betroffene im Gerichtsverfahren nicht beweisen muss, dass die Entscheidung der Kommission über das Bußgeld im Kartellverfahren anders ausgefallen wäre, hätte der Betroffene vollständige Akteneinsicht erhalten; er muss lediglich plausibel darlegen, dass das nicht einsehbare Material seiner Verteidigung hätte dienlich sein können.[2511]

942   Auch die **Charta der Grundrechte** der Europäischen Union gewährt über die Verteidigungsrechte in **Art. 47 Abs. 2 EUC** sowie **Art. 48 EUC** das Recht auf Zugang zur Verfahrensakte.[2512] Das explizit in Art. 41 Abs. 2 *lit.* b EUC normierte Akteneinsichtsrecht kommt dagegen nur in Verwaltungsverfahren zum Tragen (vgl. die Überschrift des Art. 41 EUC: „Recht auf eine gute Verwaltung").[2513]

943   Vertreten wurde in diesem Zusammenhang, dass das Gericht die Freigabe der Akten nicht eigenständig bewirken dürfe, da dies die **Sperrbefugnis der Staatsanwaltschaft** unterlaufe.[2514] Stattdessen müsse entweder das Gericht die Staatsanwaltschaft daraufhin ersuchen, dem Verteidiger Akteneinsicht zu gewähren, oder das Gericht müsse auch den Verteidiger direkt darauf hinweisen, dass er neuerlich Akteneinsicht nehmen solle. Bei Ablehnung des Gesuchs durch die Staatsanwaltschaft sei auch das Gericht gehalten, ein etwaiges Vorgehen des Beschuldigten nach § 147 Abs. 5 Satz 2 StPO abzuwarten.[2515]

2506 Vgl. statt vieler EuGH 7.1.2004, C-204/00 P, C-205/00 P, C-211/00 P, C-213/00 P, C-217/00 P u. C-219/00 P (Zementkartell), WuW **2005** 557; 25.1.2007, C-407/04 P (Dalmine), BeckRS **2007** 70062; EuG 18.6.2008, T-410/03 (Hoechst GmbH), WuW **2008** 882; 25.10.2005, T-38/02 (Groupe Danone), BeckRS **2006** 70430; 29.6.1995, T-30/91 (Solvay SA); dies ist Ausprägung des allgemeinen unionsrechtlichen Grundsatzes des fairen Verfahrens, vgl. *Pache* NVwZ **2001** 1343; Schwarze/*Voet van Vormizeele* Art. 47, 2; 11 ff. GRCh.

2507 EuG 18.6.2008, T-410/03 (Hoechst GmbH), Tz. 145.

2508 EuG 25.10.2005, Rs. T-38/02 (Groupe Danone) Ls. 2.

2509 EuGH 7.1.2004, C-204/00 P, C-205/00 P, C-211/00 P, C-213/00 P, C-217/00 P u. C-219/00 P (Zementkartell), Tz. 22.

2510 EuGH 15.10.2002, C-238/99 P u.a. (Limburgse Vinyl Maatschappij), Tz. 317; 25.10.2011, C-109/10 P (Solvay), Tz. 56.

2511 EuGH 25.10.2011 C-109/10 P (Solvay), Tz. 57 ff.

2512 Vgl. im Einzelnen Calliess/Ruffert/*Blanke* Art. 47, 15; Art. 48, 5 GRCh. Zur Frage des Zugangs zu Dokumenten der EU-Institutionen: *Luszcz* EuZW **2012** 488.

2513 Vgl. *Jarass* Charta der Grundrechte der EU Art. 41, 10 GRCh; näher zu Art. 41 Abs. 2 *lit.* b EUC: *Ritter* Die Akteneinsicht im Eigenverwaltungsverfahrensrecht der Europäischen Union (2020) 164 ff.

2514 So auch *Peglau* JR **2012** 231, 236 m.w.N.

2515 Zum Ganzen *Peglau* JR **2012** 231, 236.

Esser

Art. 45 der VO (EU) 2017/1939[2516] enthält allgemeine Regelungen für die bei der **EUStA** 944
zu jedem Strafverfahren nach nationalem Recht zu führende Verfahrensakte.[2517]

XIII. Anwesenheit bei und Teilhabe an der Verhandlung/Verteidigung in eigener Person oder durch einen Verteidiger (Art. 6 Abs. 3 *lit.* c EMRK/Art. 14 Abs. 3 *lit.* d IPBPR)

1. Zweck. Zur **Sicherung der Verteidigung** als Grundvoraussetzung eines fairen Ver- 945
fahrens[2518] garantiert **Art. 6 Abs. 3 *lit.* c** dem Beschuldigten seinem Wortlaut nach **drei
Rechte**: das Recht, **sich selbst zu verteidigen** („to defend himself in person"), sich durch
einen **Verteidiger seiner Wahl** verteidigen zu lassen ([to defend himself] through legal
assistance of his own choosing") oder, falls ihm die Mittel zur Bezahlung fehlen, **unentgeltlich den Beistand eines Verteidigers** zu erhalten, wenn dies im Interesse der Rechtspflege erforderlich ist („if he has not sufficient means to pay for legal assistance, to be given
it free when the interests of justice so require").[2519]

Art. 14 Abs. 3 *lit.* d IPBPR gewährleistet diese drei Rechte ebenfalls,[2520] verlangt aber 946
zusätzlich noch die **Belehrung des Beschuldigten** über sein Recht, einen Verteidiger in
Anspruch zu nehmen („to be informed, if he does not have legal assistance, of this right")
und garantiert das Recht des Angeklagten auf **Anwesenheit bei der gerichtlichen Verhandlung** („to be tried in his presence").[2521]

2. Recht auf Anwesenheit in der Verhandlung vor Gericht

a) Schutzgehalt. Die Anwesenheit bei/während der Verhandlung des Gerichts über 947
die erhobene Anklage als ein **Verteidigungsrecht** wird dem Angeklagten (nur) von Art. 14
Abs. 3 *lit.* d IPBPR ausdrücklich garantiert („the right to be present at the trial"), nicht
aber vom Wortlaut des Art. 6 Abs. 3 *lit.* c. Allerdings betont auch der EGMR beständig
die Bedeutung[2522] der Anwesenheit des Angeklagten in der Verhandlung für einen fair
ablaufenden Strafprozess,[2523] insbesondere wenn der Angeklagte sich selbst verteidigen

---

[2516] Verordnung (EU) 2017/1939 des Rates vom 12.10.2017 zur Durchführung einer Verstärkten Zusammenarbeit zur Errichtung der Europäischen Staatsanwaltschaft (EUStA), ABlEU Nr. L 283 v. 31.10.2017 S. 1.

[2517] Im Detail hierzu: Herrnfeld/Esser/*Niedernhuber* § 7, 182 ff.; Herrnfeld/Esser/*Esser* § 11, 227 ff.; Herrnfeld/*Brodowski*/Burchard Art. 45.

[2518] EGMR Pakelli/D, 25.4.1983, § 31, NStZ **1983** 373 m. Anm. *Stöcker* = EuGRZ **1983** 344.

[2519] *Grabenwarter*/*Pabel* § 24, 119; SK/*Meyer* 407. Die Auslegungsschwierigkeit wegen der Unterschiede zwischen dem englischen und französischen Text („or" bzw. „et") werden im Interesse einer leistungsfähigen Verteidigung dadurch gelöst, dass das Recht auf einen Verteidiger seiner Wahl prinzipiell auch dem zusteht, dem die Mittel dafür fehlen; vgl. IK-EMRK/*Kühne* 534; SK/*Meyer* 408; ferner EGMR Pakelli/D, 25.4.1983, § 31 („the French text here provides more reliable guidance").

[2520] Zur Auslegung des jeweiligen Wortlauts, insbes. wegen des Verhältnisses zwischen dem Wahlverteidiger und dem beigeordneten Verteidiger vgl. *Nowak* 58 ff.

[2521] Art. 18 Abs. 7 des Deutsch-Sowjetischen Truppenvertrags v. 12.10.1990 (BGBl. 1991 II S. 258) führt in Anlehnung an Art. 14 Abs. 3 *lit.* d IPBPR das Recht, bei Verhandlungen anwesend zu sein und sich selbst zu verteidigen oder durch einen Verteidiger seiner Wahl verteidigen zu lassen, bei den Verfahrensrechten vor deutschen Strafgerichten besonders auf.

[2522] EGMR Golubev/R (E), 9.11.2006 („one of the cornerstone rights of an accused").

[2523] EGMR Poitrimol/F, 23.11.1993, § 35; Lala/NL, 22.9.1994, § 33; Marcello Viola/I, 5.10.2006, § 50 („In the interests of a fair and just criminal process it is of capital importance that the accused should appear at his trial [...], both because of his right to a hearing and because of the need to verify the accuracy of his

Esser

will.[2524] Bei der EMRK, die das Recht auf Anwesenheit nicht besonders anspricht,[2525] wird dieses Recht im Wege der **Auslegung** aus Art. 6 *„in seiner Gesamtheit"* hergeleitet,[2526] sowie aus den die Anwesenheit voraussetzenden Rechten, wie dem Recht, sich selbst zu verteidigen nach Art. 6 Abs. 3 *lit.* c Var. 1[2527] sowie dem Recht, Fragen an einen Belastungszeugen zu stellen (Art. 6 Abs. 3 *lit.* d)[2528] oder dem Recht auf Dolmetscherunterstützung (Art. 6 Abs. 3 *lit.* e), ferner allgemein aus dem Recht auf ein faires Verfahren (Art. 6 Abs. 1).[2529]

948   In erster Linie ist das Anwesenheitsrecht auf die gerichtliche Verhandlung in der **ersten Instanz** bezogen.[2530] Zwar gibt es auch in einer nach innerstaatlichem Recht eröffneten Rechtsmittelinstanz prinzipiell ein Anwesenheitsrecht des Angeklagten (Rn. 1033 ff.);[2531] Einschränkungen durch die Signatarstaaten sind aber hier wegen des oftmals geringeren Prüfungsumfangs leichter mit der EMRK zu vereinbaren (Rn. 1039).[2532]

949   **Inhaltlich** gesehen geht das Anwesenheitsrecht des Angeklagten über einen Anspruch auf rein **physische Präsenz** in der Verhandlung hinaus.[2533] Der Angeklagte hat ein **Recht auf effektive Teilnahme** an der gegen ihn geführten Verhandlung („right to participate effectively in a criminal trial").[2534] Für Art. 14 Abs. 3 *lit.* d IPBPR galt dies allerdings nicht

---

statements and compare them with those of the victim – whose interests need to be protected – and of the witnesses."); Demebukov/BUL, 28.2.2008, § 51; Sabayev/R, 8.4.2010, § 32; Sinichkin/R, 8.4.2010, § 30; Zhuk/UKR, 21.10.2010, § 26 („be entitled to be present and participate effectively in the hearing concerning the determination of criminal charges against him. This right is implicit in the very notion of an adversarial procedure and can also be derived from the guarantees contained in sub-paragraphs (c), (d) and (e) of paragraph 3 of Article 6."); (GK) Sakhnovskiy/R, 2.11.2010, § 96 („as a general principle based on the notion of a fair trial, be entitled to be present at the first-instance trial hearing."); Pozder/KRO, 13.1.2022, § 40 („one of the cornerstone rights of the accused") Meyer-Ladewig/Nettesheim/von Raumer/*Meyer-Ladewig/Harrendorf/König* 112; vgl. auch BGHSt (GrSSt) **55** 87 = NJW **2010** 2450 = NStZ **2011** 47 = StV **2010** 467 = wistra **2010** 352 f., Tz. 8, 14 unter Berufung auf Art. 6 Abs. 3 *lit.* c.

2524   BVerfGE **41** 246, 249 leitet das Anwesenheitsrecht aus dem Recht auf Gehör und dem aus dem Rechtsstaatsprinzip folgenden Recht auf ein faires Verfahren ab; es gilt allerdings nicht uneingeschränkt; vgl. ferner BVerfGE **54** 100, 116; **63** 332, 337; BVerfG NJW **1991** 1411 = NStZ **1991** 294; vgl. auch BVerfGE **59** 280, 286; *Niemöller/Schuppert* AöR **107** (1982) 387, 424; *Rieß* JZ **1975** 268.

2525   EGMR Marcello Viola/I, 25.10.2005, § 52.

2526   EGMR F.C.B./I, 28.8.1991, § 33, EuGRZ **1992** 539 = ÖJZ **1992** 35; T./I, 12.10.1992, § 26, EuGRZ **1992** 541 = ÖJZ **1993** 213; ferner: EGMR Helmers/S, 29.10.1991, §§ 36, 39; Kremzow/A, 21.9.1993, §§ 58, 63; EKMR Mielke/D, 25.11.1996, EuGRZ **1997** 148.

2527   Vertiefend zum „Right of Self-Representation" im Völkerstrafrecht: *Temminck Tuinstra* Defence Counsel in International Criminal Law (2009) 245 ff.; *Villiger* 551; SK/*Meyer* 421.

2528   Vgl. *Villiger* 551.

2529   EGMR Colozza/I, 12.2.1985, § 27; Brozicek/I, 19.12.1989; Ziliberberg/MOL, 1.2.2005, § 40; Marcello Viola/I, 25.10.2005, § 52; Abbasov/ASE, 17.1.2008, § 31; Demebukov/BUL, 28.2.2008, § 44; Samokhvalov/R, 12.2.2009, § 42; Sibgatullin/R, 23.4.2009, § 33; Sobolewski/PL (Nr. 2), 9.6.2009, § 33; Seliwiak/PL, 21.7.2009, § 54; Seyithan Demir/TRK, 28.7.2009, § 37; Maksimov/ASE, 8.10.2009, § 39; ferner *Frowein/Peukert* 158 f.; *Villiger* 551.

2530   EGMR Dondarini/SM, 6.7.2004, § 26; Liebreich/D (E), 8.1.2008; Igual Coll/E (E), 10.3.2009, § 26.

2531   EGMR Samokhvalov/R, 12.2.2009, § 42.

2532   EGMR Yavuz/A, 27.5.2004, § 47; Liebreich/D (E), 8.1.2008; Samokhvalov/R, 12.2.2009, § 43; Sibgatullin/R, 23.4.2009, § 34; vgl. auch HRC Donskov/R, 2.9.2008, 1149/2002, § 10.2.

2533   EGMR Grigoryevskikh/R, 9.4.2009, § 78 („The right of an accused under Article 6 to effective participation in his or her criminal trial generally includes not only the right to be present, but also to hear and follow the proceedings."); ferner EGMR S.C./UK, 15.6.2004, § 28; Marcello Viola/I, 25.10.2005, § 53; Liebreich/D (E), 8.1.2008; Timergaliyev/R, 14.10.2008, NJOZ **2009** 4992, § 51; Güveç/TRK, 20.1.2009, § 123.

2534   EGMR Pobornikoff/A, 3.10.2000, § 31, ÖJZ **2001** 232; Marcello Viola/I, 25.10.2005, § 53 („Nor is it in dispute that Article 6, read as a whole, guarantees the right of an accused to participate effectively in a criminal trial."); Popov/R, 13.7.2006, § 170; Golubev/R (E), 9.11.2006; *Vogler* ZStW **89** (1977) 778; KK-EMRK-GG/ *Grabenwarter/Pabel* Kap. 14, 146.

vor den Internationalen Tribunalen des **ICTR** und **ICTY**, soweit sich der Angeklagte für eine Vertretung durch einen Verteidiger entschieden hatte oder eine Vertretung angeordnet[2535] wurde. Da die Gerichtshöfe eher dem *„adversarial model"* folgten, wurde der vertretene Angeklagte zu einem bloßen „Objekt" in seinem eigenen Verfahren, der nur noch das Wort ergreifen konnte, wenn er zu seinen Gunsten aussagte.[2536]

b) Verhandlungsfähigkeit. Die Garantie einer *effektiven* Teilnahme an der Verhand- **950** lung setzt voraus, dass der Angeklagte selbst **verhandlungsfähig** ist.[2537] Gegen einen nicht verhandlungsfähigen Angeklagten darf (grundsätzlich) keine gerichtliche Verhandlung über die Anklage stattfinden; ansonsten liegt ein Verstoß gegen die Grundsätze eines fairen Verfahrens vor. Verhandlungsfähig ist ein Angeklagter, wenn er in Anbetracht seines **geistigen und körperlichen Zustands** in der Lage ist, an der gerichtlichen Verhandlung (möglicherweise auch nur zeitlich begrenzt) physisch teilzunehmen, ihr gedanklich zu folgen, effektiv auf ihren Gang Einfluss zu nehmen und seine Verteidigung in verständiger und verständlicher Weise zu führen: Der Angeklagte muss im Kern begreifen (können), was für ihn auf dem Spiel steht.[2538]

An der Fähigkeit zu einer effektiven Teilnahme und Verteidigung wird es daher in **951** der Regel fehlen, wenn der Angeklagte infolge überlanger Dauer der Verhandlung **übermüdet** ist und daher nicht mehr in der Lage ist, sich auf Inhalt und Fortgang zu konzentrieren.[2539] Ebenso ist das Recht auf effektive Verteidigung verletzt, wenn der Angeklagte infolge einer **Schwerhörigkeit** dem Geschehen in der Hauptverhandlung nicht folgen kann.[2540] Das Gericht ist bei positiver **Kenntnis** oder **Kennen-Müssens** („knew or should have known") der Beeinträchtigung bzw. des Gebrechens[2541] von Konventions wegen unter Fürsorgegesichtspunkten verpflichtet, **Schutzmaßnahmen** zugunsten des Angeklagten zu ergreifen.[2542] Die **Beweislast** dafür, das Gericht auf eine fehlende Verhandlungsfähigkeit aufmerksam gemacht zu haben bzw. für die Kenntnis des Gerichts von der Verhandlungsunfähigkeit, liegt beim Angeklagten.[2543]

Eine Herbeiführung bzw. Aufrechterhaltung des Zustands der Verhandlungsfähigkeit **952** dürfen die Strafverfolgungsbehörden und Gerichte nur unter Wahrung des Persönlichkeitsrechts und unter Achtung der Menschenwürde des Angeklagten bewirken. Das gilt u.a. für die Ausübung von „Zwang" zur Vornahme einer medizinischen Operation, derer sich der Angeklagte unterziehen müsste, um den Zustand der Verhandlungsfähigkeit zu erreichen. Zur Erzielung der erforderlichen Einwilligung des Angeklagten in einen solchen Heileingriff darf keinerlei Druck ausgeübt werden. Maßnahmen staatlicher Stellen mit Täuschungscharakter sind unzulässig.

An der Ermöglichung einer effektiven Teilnahme an der Hauptverhandlung kann es **953** ferner bei einem **minderjährigen Angeklagten** fehlen, dem in wichtigen Verhandlungsterminen kein Verteidiger zur Seite steht.[2544] Dabei stellt der EGMR nicht auf die formale

---

2535 Rule 45*quater* ICTR; Rule 45*ter* ICTR; *Schomburg* JHR **2009** 1, 20.

2536 *Schomburg* JHR **2009** 1, 17.

2537 Aus rechtsmedizinischer Sicht: *Buschmann/Peters* ArchKrim **2011** 160; instruktiv zu den Problemen der Praxis: *Bischoff/Kusnik/Bünnigmann* StraFo **2015** 222.

2538 EGMR Liebreich/D (E), 8.1.2008; Timergaliyev/R, 14.10.2008, § 51; Meyer-Ladewig/Nettesheim/von Raumer/*Meyer-Ladewig/Harrendorf/König* 113.

2539 EGMR Makhfi/F, 19.10.2004, §§ 39 ff. (mehr als 17-stündige Verhandlung).

2540 EGMR Timergaliyev/R, 14.10.2008; Grigoryevskikh/R, 9.4.2009, § 82.

2541 EGMR Grigoryevskikh/R, 9.4.2009, § 85.

2542 EGMR Liebreich/D (E), 8.1.2008; Timergaliyev/R, 14.10.2008, §§ 51, 59; Grigoryevskikh/R, 9.4.2009, § 79.

2543 EGMR Liebreich/D (E), 8.1.2008; Timergaliyev/R, 14.10.2008, § 57; Grigoryevskikh/R, 9.4.2009, §§ 85 f.

2544 EGMR Güveç/TRK, 20.1.2009, §§ 125 ff.

Esser

Mandatierung eines Verteidigers ab, sondern darauf, ob der Verteidiger dem Angeklagten auch tatsächlich beigestanden hat, insbesondere ob er bei den Verhandlungsterminen anwesend war.[2545]

954 Der EGMR verlangt, dass jugendliche Angeklagte mit Reifeverzögerungen nach Möglichkeit vor ein speziell auf ihre Bedürfnisse ausgerichtetes **Jugendgericht** gestellt werden, das dann auch im Verlauf der Verhandlung auf ihre Schwächen in besonderem Maße Rücksicht nimmt.[2546]

955 **c) Möglichkeit der effektiven Einflussnahme.** Das Verteidigungsrecht muss seiner **„Substanz nach"** in der Hauptverhandlung ausgeübt werden können. Ist dies gewährleistet, wird es durch die Förmlichkeiten und Einzelheiten der Verfahrensgestaltung, wie die Zuweisung eines bestimmten Platzes im Gerichtssaal, nicht beeinträchtigt.[2547]

956 Rein **räumlich betrachtet** setzt eine effektive Teilnahme an der Verhandlung voraus, dass der Angeklagte unter Berücksichtigung der **Beschaffenheit** des Gerichtssaals, der für die Verfahrensbeteiligten vorgeschriebenen **Sitzordnung** und der **Platzzuweisung an den Verteidiger** von dem ihm zugewiesenen Platz im Gerichtssaal alle **Vorgänge akustisch**[2548] **und optisch wahrnehmen**, sie – ggf. mit Hilfe eines Dolmetschers – verstehen und zu ihnen Stellung nehmen kann.[2549] Der Angeklagte muss akustisch und physisch auch während der Verhandlung in die Lage versetzt werden, **mit seinem Verteidiger zu kommunizieren**, d.h. seinem Verteidiger seine Sicht der Sach- und ggf. auch Rechtslage darzulegen, diesem zur Kenntnis zu bringen, mit welchen Aussagen von Verfahrensbeteiligten er nicht einverstanden ist, und diesem die Tatsachen mitzuteilen, die er zu seiner Verteidigung anführen/ergänzen möchte.[2550] Darauf ist namentlich in sog. **Umfangsverfahren** zu achten.[2551]

957 Einer **Befragung von Belastungszeugen** muss der Angeklagte *effektiv* folgen können (Art. 6 Abs. 3 *lit.* d, Rn. 1127 ff.), was ebenfalls Auswirkungen auf die Wahl der konkreten Sitzanordnung haben kann.[2552] Den Vertragsstaaten und damit der Justiz obliegt es in eigener Verantwortung, für entsprechende (technische) Vorrichtungen, Hilfen bzw. Räumlichkeiten Sorge zu tragen – wenn der Angeklagte entweder auf einen körperlichen, geistigen oder sonstigen Mangel hinweist oder den staatlichen Stellen die Umstände aus sonstiger Quelle bekannt sind oder sein müssten (**„knew or should have known"**).[2553]

2545 EGMR Güveç/TRK, 20.1.2009, §§ 128 ff.

2546 EGMR S.C./UK, 15.6.2004, § 35 („when the decision is taken to deal with a child, [...] who risks not being able to participate effectively because of his young age and limited intellectual capacity, by way of criminal proceedings rather than some other form of disposal directed primarily at determining the child's best interests and those of the community, it is essential that he be tried in a specialist tribunal which is able to give full consideration to, and make proper allowance for, the handicaps under which he labours, and adapt its procedure accordingly.").

2547 EKMR Härdle/D, 3.3.1982.

2548 EGMR Stanford/UK, 23.2.1994 (dem Gericht vom Verteidiger nicht mitgeteilte Hörprobleme des Angeklagten; effektive Verteidigung über Verteidiger ermöglicht); Timergaliyev/R, 14.10.2008 (Schwerhörigkeit – kein Hörgerät); Grigoryevskikh/R, 9.4.2009, §§ 78 f. (Hörgerät).

2549 Vgl. EGMR Colozza/I, 12.2.1985; Barberà, Messegué u. Jabardo/E, 6.12.1988.

2550 EGMR Liebreich/D (E), 8.1.2008; Grigoryevskikh/R, 9.4.2009, § 78; BGH NStZ-RR **2018** 357 = StraFo **2019** 119, 120.

2551 Hierzu: *Fromm* NJW **2013** 982, 983.

2552 BGH NStZ-RR **2018** 357 = StraFo **2019** 119 (kein Anspruch des Angeklagten auf frontale Sicht auf den Zeugen zur Verfolgung seiner Mimik während der Aussage).

2553 EGMR Grigoryevskikh/R, 9.4.2009, § 79 („may require the Contracting States to take positive measures in order to enable the applicant to participate effectively in the proceedings"), § 88.

Eine plausibel behauptete Beschränkung der Verteidigung durch eine bestimmte Sitz- **958** anordnung oder eine sonstige Maßnahme des Gerichts bzw. durch die äußeren Umstände muss der Angeklagte mit einem **effektiven Rechtsbehelf** auf ihre Konventionskonformität und innerstaatliche Rechtmäßigkeit überprüfen lassen können (Art. 13).[2554]

Grundsätzlich muss der Angeklagte alle Vorgänge in der gerichtlichen Verhandlung **959** **selbst in eigener Person** wahrnehmen[2555] und zu ihnen Stellung nehmen können. Der EGMR hat einen Verstoß gegen Art. 6 darin gesehen, dass der Angeklagte in einem Verfahren, in dem die Schwere der erlittenen Körperverletzung von ausschlaggebender Bedeutung war, nicht bei der **Befragung des Sachverständigen** darüber zugegen sein konnte und ihm damit die Möglichkeit fehlte, Einfluss auf den Gang der Vernehmung zu nehmen.[2556]

Sofern ein zeitweiser **Ausschluss des Angeklagten** von der Verhandlung einen **legiti-** **960** **men Zweck** verfolgt (Rn. 979 ff.), kann es ausreichen und sogar als milderes Mittel der Beschränkung geboten sein, dass der Angeklagte der Verhandlung nur, aber auch wenigstens, mittels einer **Videoübertragung** folgen kann.[2557] Das gilt jedenfalls dann, wenn er nicht durch technische Komplikationen daran gehindert wird, die Verhandlung nachzuvollziehen.[2558] Darüber hinaus muss auch bei einer solchen Form der Teilnahme an der Hauptverhandlung die **Vertraulichkeit der Kommunikation** zwischen dem Beschuldigten und seinem Verteidiger sichergestellt sein.[2559] Da der EGMR schon den begründeten Verdacht abgehört zu werden, für einen Konventionsverstoß ausreichen lässt, muss für die Kommunikation eine **separate, abhörsichere Sprechverbindung** hergestellt werden.[2560] Der EGMR hat betont, dass die Unterstützung durch einen Rechtsbeistand im Falle der Kommunikation via Videoübertragung besondere Bedeutung hat.[2561]

Hat der Angeklagte einen **Verteidiger**, kann den Erfordernissen eines fairen Verfah- **961** rens ausnahmsweise schon dadurch genügt sein, wenn wenigstens dieser die Möglichkeit

---

2554 Problematisch daher die Beschränkung in der Revision auf „grobe Ermessensfehler" und „sachfremde Erwägungen": BGH NStZ-RR **2018** 357 = StraFo **2019** 119.

2555 EKMR Mielke/D, 25.11.1996 (jeweils nur kurze Verhandlungszeiten unter Hinweis auf BVerfG NJW **1995** 1951 = NStZ **1995** 391 = EuGRZ **1995** 138); EGMR Zagaria/I, 27.11.2007, § 28 („L'article 6, lu comme un tout, reconnaît à l'accusé le droit de participer réellement à son procès. Cela inclut en principe, entre autres, le droit non seulement d'y assister, mais aussi d'entendre et suivre les débats.").

2556 EGMR Cottin/B, 2.6.2005, §§ 29 ff.; Golubev/R (E), 9.11.2006.

2557 EGMR Marcello Viola/I, 25.10.2005, §§ 67, 76; Golubev/R (E), 9.11.2006; Zagaria/I, 27.11.2007, § 29 („la participation de l'accusé aux débats par vidéoconférence n'est pas, en soi, contraire à la Convention. Il doit cependant s'assurer que son application dans chaque cas d'espèce poursuit un but légitime et que ses modalités de déroulement sont compatibles avec les exigences du respect des droits de la défense."); Grigoryevskikh/R, 9.4.2009, § 83; (GK) Sakhnovskiy/R, 2.11.2010, § 98.

2558 EGMR Marcello Viola/I, 25.10.2005, § 74; Grigoryevskikh/R, 9.4.2009, § 83.

2559 EGMR (GK) Sakhnovskiy/R, 2.11.2010, § 98 („as regards the use of a video link, [...] this form of participation in proceedings is not, as such, incompatible with the notion of a fair and public hearing, but it must be ensured that the applicant is able to follow the proceedings and to be heard without technical impediments, and that effective and confidential communication with a lawyer is provided for.").

2560 EGMR (GK) Sakhnovskiy/R, 2.11.2010, § 104 („it is questionable whether communication by video link offered sufficient privacy. The Court notes that in the *Marcello Viola* [s.o.] the applicant was able to speak to his lawyer via a telephone line secured against any attempt at interception. In the case at hand the applicant had to use the video-conferencing system installed and operated by the State. [...] the applicant might legitimately have felt ill at ease when he discussed his case with Ms A.").

2561 EGMR Grigoryevskikh/R, 9.4.2009, § 92 („the exercise of the right to legal assistance takes on particular significance where the applicant communicates with the courtroom by video link").

Esser

der effektiven Teilnahme an der Hauptverhandlung erhält.[2562] Der Staat muss aber immer mit der erforderlichen Sorgfalt dafür Sorge tragen, dass dem Angeklagten selbst der Termin tatsächlich unter der Wahrung der dafür vorgeschriebenen Formen ordnungsgemäß zur Kenntnis gebracht wird.[2563] Ob dann die Anwesenheit des Angeklagten selbst in der gerichtlichen Verhandlung für ein faires Verfahren wesentlich ist, hängt auch davon ab, ob seine **persönliche Anwesenheit** wegen der zu beurteilenden Fragen für die Wahrheitssuche und Rechtsfindung erforderlich ist.[2564]

962   **d) Verzicht.** Ein Verzicht des Angeklagten auf das in den Konventionen garantierte Anwesenheits*recht* in der gerichtlichen Verhandlung ist – vorbehaltlich einer konventionskonformen **Anwesenheitspflicht**[2565] nach nationalem Recht – grundsätzlich möglich.[2566] Daher ist ein Abwesenheitsurteil, das ergeht, weil der Angeklagte auf seine Anwesenheit wirksam verzichtet hat, nicht ohne Weiteres konventionswidrig (näher Rn. 963 ff.). Der Schutzzweck von Art. 6 EMRK/Art. 14 Abs. 3 *lit.* d IPBPR ist bereits erfüllt, wenn dem Beschuldigten die ***Möglichkeit* der (effektiven) Teilnahme** an der Verhandlung offensteht.[2567] Es ist dann grundsätzlich seine Sache, ob er von diesem Recht Gebrauch macht oder es ausschlägt.

963   Angesichts der Bedeutung des Anwesenheitsrechts[2568] stellt der EGMR allerdings **hohe Anforderungen** an einen wirksamen Verzicht, von dem nur ausgegangen werden kann, wenn das Verhalten des Angeklagten **eindeutig** und **unmissverständlich** darauf gerichtet ist, dem Prozess fernbleiben zu wollen, und von Seiten des Staates in Ausprägung seiner **Fürsorgepflicht** gegenüber dem Angeklagten durch **ausreichende Schutzmaßnahmen** begleitet wird, die der Bedeutung des Anwesenheitsrechts Rechnung tragen.[2569] Zu den staatlichen **Maßnahmen**, die eine Anwesenheit des Angeklagten sicherstellen sollen, gehört es, den Angeklagten darüber zu **unterrichten**, dass gegen ihn ein Strafverfahren betrieben wird, und ihn zur gerichtlichen Verhandlung zu **laden**.[2570] In jedem Fall darf ein Verzicht nicht gegen **elementare öffentliche Grundsätze und Interessen** verstoßen.[2571]

2562 EGMR Stanford/UK, 23.2.1994; Mielke/D, 25.11.1996; IK-EMRK/*Kühne* 385 f.; EKMR Härdle/D, 3.3.1982, EuGRZ **1982** 447 m. Anm. *Schlüter.*

2563 EGMR F.C.B./I, 28.8.1991; T./I, 12.10.1992; vgl. hierzu: EGMR Pukhachev/R, 7.12.2021, § 21 (Ausschluss des Angeklagten über ein Jahr lang und für über 40 Sitzungen; u.a. keine Prüfung, ob eine hinreichende Kommunikation/Abstimmung des Verteidigers mit dem nicht anwesenden Angeklagten vor den jeweiligen Terminen der Beweisaufnahme erfolgt ist).

2564 So auch für die Rechtsmittelinstanz: EGMR Kremzow/A, 21.9.1993; Pobornikoff/A, 3.10.2000.

2565 Zur Unterscheidung des von den Konventionen garantierten Anwesenheitsrechts von einer im nationalen Recht begründeten Anwesenheitspflicht vgl. SK/*Meyer* 423; LR/*Becker* § 230, 4 StPO.

2566 EGMR Yavuz/A, 27.5.2004, § 45; (GK) Sejdovic/I, 1.3.2006, § 86 („Neither the letter nor the spirit of Article 6 prevents a person from waiving of his own free will, either expressly or tacitly, the entitlement of the guarantees of a fair trial."); Kaya/A, 8.6.2006, § 28, ÖJZ **2006** 972; Sibgatullin/R, 23.4.2009, § 46; Seyithan Demir/TRK, 28.7.2009, § 38; KK-EMRK-GG/*Grabenwarter/Pabel* Kap. 14, 148; Meyer-Ladewig/Nettesheim/von Raumer/*Meyer-Ladewig/Harrendorf/König* 123; zu einer Verwirkung des Anwesenheitsrechts vgl. *Albrecht* 35 f.

2567 *Goose* NJW **1974** 1308; HRC Mbenge/COD, 25.3.1983, 16/1977, EuGRZ **1983** 406; *Nowak* 62 f.

2568 EGMR Samokhvalov/R, 12.2.2009, §§ 42, 57.

2569 KK-EMRK-GG/*Grabenwarter/Pabel* Kap. 14, 148.

2570 *Trechsel* 256.

2571 EGMR (GK) Sejdovic/I, 1.3.2006, § 86 („a waiver of the right to take part in the trial must be established *in an unequivocal manner* and *be attended by minimum safeguards commensurate to its importance* (...). Furthermore, it must *not run counter to any important public interest*"); ferner EGMR Demebukov/BUL, 28.2.2008, § 47; Sibgatullin/R, 23.4.2009, § 46; Seyithan Demir/TRK, 28.7.2009, § 38.

Neben einer ausdrücklichen Verzichtserklärung akzeptiert der EGMR auch die Mög- **964** lichkeit eines **konkludenten Verzichts**, unter der Voraussetzung, dass einem bestimmten Verhalten des Angeklagten eindeutig der **objektive Erklärungswert** beigemessen werden kann, nicht an der Verhandlung teilnehmen zu wollen. Objektiv mehrdeutige Verhaltens- weisen reichen für die Annahme eines konkludenten Verzichts daher nicht aus.[2572] Der Angeklagte muss zudem immer Kenntnis von dem gegen ihn geführten Strafverfahren haben[2573] und es muss anzunehmen sein, dass er die Konsequenzen seines Verhaltens vorausgesehen hat.[2574]

Die Strafverfolgungsbehörden und Gerichte müssen **von Amts wegen** in zumutbarem **965** Umfang hinreichende **Nachforschungen** über den Grund des Fernbleibens anstellen (Rn. 969).[2575] Aufgrund dessen hat der Gerichtshof ein Abwesenheitsverfahren für konven- tionskonform gehalten, das deswegen durchgeführt worden war, weil der Angeklagte, der Kenntnis von dem gegen ihn geführten Strafverfahren hatte, sich ohne Grund[2576] über ein Verbot, seinen Aufenthaltsort zu verlassen, hinweggesetzt und es unterlassen hatte, den Strafverfolgungsbehörden seine neue Adresse mitzuteilen.[2577]

Der EGMR hatte häufig die Frage zu untersuchen, ob **allein das Ausbleiben** des **966** Angeklagten zu Beginn der Verhandlung oder eines Verhandlungstages als konkludenter Verzicht auf das Anwesenheitsrecht zu werten ist. Da von einem eindeutigen Verzicht nur gesprochen werden kann, wenn der Angeklagte weiß, dass gegen ihn ein Strafverfahren betrieben wird, ist immer zunächst zu prüfen, ob er über **ausreichende Kenntnis** von dem gegen ihn geführten Strafverfahren verfügt.[2578] Erforderlich ist, dass der Angeklagte nicht nur allgemein davon weiß, dass ein Strafverfahren gegen ihn betrieben wird, son- dern auch, dass er über den **Ort und den Zeitpunkt der Verhandlung** informiert ist.[2579] Die Strafverfolgungsbehörden und Gerichte müssen den Angeklagten, in einer für ihn **verständlichen Sprache**, über Zeit und Ort der Hauptverhandlung unterrichten.[2580] Macht der Angeklagte es den Behörden bzw. Gerichten allerdings absichtlich unmöglich, ihn zu informieren, kann schon in einer solchen **Vereitelung des Informationszugangs** ein konkludenter Verzicht gesehen werden.[2581]

Grundsätzlich verlangt der EGMR, dass der Angeklagte in **amtlich**, d.h. durch eine **967** **staatliche Stelle** von Zeit und Ort der gerichtlichen Verhandlung benachrichtigt worden

---

2572 EGMR Colozza/I, 12.2.1985; (GK) Sejdovic/I, 1.3.2006.

2573 EGMR Demebukov/BUL, 28.2.2008, § 53.

2574 EGMR Seyithan Demir/TRK, 28.7.2009, § 38 („before an accused can be said to have implicitly, through his conduct, waived an important right under Article 6 of the Convention, it must be shown that he could reasonably have foreseen what the consequences of his conduct would be"), § 41; ferner EGMR Demebukov/ BUL, 28.2.2008, § 48; vgl. dazu auch: *Albrecht* 30 f.

2575 EGMR Demebukov/BUL, 28.2.2008, § 49.

2576 EGMR Demebukov/BUL, 28.2.2008, § 54 („no indication or claim that the applicant had *good cause* in violating the restriction order or that he had moved for reasons beyond his control").

2577 EGMR Demebukov/BUL, 28.2.2008, §§ 53–59.

2578 Siehe: EGMR (GK) Sejdovic/I, 1.3.2006, §§ 86 f.; Sibgatullin/R, 23.4.2009, § 49; *Esser* 722 ff.

2579 *Esser* 724.

2580 EGMR Brozicek/I, 19.12.1989, §§ 38 ff.

2581 EGMR Demebukov/BUL, 28.2.2008, §§ 57, 58 („through his actions the applicant had brought about a situation that made him unavailable to be informed of and to participate in, at the trial stage, the criminal proceedings against him[...] [...] regard being had to the margin of appreciation allowed to the Bulgarian authorities, the applicant's conviction in *absentia* and the refusal to grant him a retrial at which he would be present did not amount to a denial of justice.").

sein muss.[2582] Allerdings ist es nicht von vornherein konventionswidrig, wenn der Angeklagte **über seinen Verteidiger** geladen wird, sofern sichergestellt wird, dass dieser den Mandanten tatsächlich informiert.[2583] Nur in Ausnahmefällen ist es für einen Verzicht ausreichend, dass der Angeklagte seine **Kenntnis** von dem gegen ihn geführten Verfahren **aus nichtamtlichen Quellen** erhalten hat.[2584]

968   Zur **Bewirkung einer Ladung** des Angeklagten dürfen sich die Behörden und Gerichte nicht damit zufriedengeben, den Angeklagten nur anhand seiner Adresse zu suchen, die ihnen bekannt ist, sondern sie müssen auch darüber hinaus **zumutbare Nachforschungen** nach dem Verbleib des Angeklagten anstellen, wenn sie ihn an der aktenkundigen Adresse nicht antreffen.[2585] Die **Kenntnis anderer Behörden** über den Aufenthalt des Angeklagten müssen sich die Strafverfolgungsbehörden und Gerichte **zurechnen lassen**.[2586]

969   Ist es den staatlichen Stellen trotz zumutbarer Nachforschungen nicht gelungen, dem Angeklagten die Ladung zuzustellen, so darf aus dessen schlichtem Ausbleiben zu Beginn der Hauptverhandlung, ohne dass weitere Umstände hinzukommen, nicht auf einen Verzicht des Angeklagten geschlossen werden. Die staatliche Fürsorgepflicht gebietet es dann, das **Verfahren auszusetzen**. Die staatlichen Stellen müssen nachprüfen, ob dieser Gelegenheit hatte, sich über die Verhandlung zu informieren und an dieser teilzunehmen.[2587]

2582 EGMR Somogyi/I, 18.5.2004, § 75 („as regards the Government's assertion that the applicant had in any event learned of the proceedings through a journalist who had interviewed him or from the local press, the Court points out that to inform someone of a prosecution brought against him is a legal act of such importance that it must be carried out in accordance with procedural and substantive requirements capable of guaranteeing the effective exercise of the accused's rights, as is moreover clear from Article 6 § 3 (a) of the Convention; vague and informal knowledge cannot suffice."); R.R./I, 9.6.2005, § 55 („En l'absence de toute preuve d'une notification officielle, la Cour ne saurait conclure que le requérant a renoncé de manière non équivoque à son droit à comparaître à l'audience."); T./I, 12.10.1992; Esser 723. Das Erfordernis der amtlichen Benachrichtigung, also unmittelbar durch Staatsorgane, ergibt sich dogmatisch daraus, dass der Staat durch die Benachrichtigung seiner Schutzpflicht gegenüber dem Beschuldigten nachkommt.

2583 EGMR Yavuz/A, 27.5.2004, § 49; Kaya/A, 8.6.2006, §§ 30 f. („summons via counsel is not in itself in violation of Article 6 of the Convention. However, in circumstances where an accused has not been notified in person of a hearing, particular diligence is required in assessing whether he has waived his right to be present.").

2584 EGMR (GK) Sejdovic/I, 1.3.2006, § 99 („This may be the case [...] where the accused states publicly or in writing that he does not intend to respond to summonses of which he has become aware *through sources other than the authorities*, or succeeds in evading an attempted arrest [...] or when materials are brought to the attention of the authorities which unequivocally show that he is aware of the proceedings pending against him and of the charges he faces.").

2585 EGMR Seliwiak/PL, 21.7.2009, § 60 („It was also for the court to ensure, by making the necessary administrative arrangements, that the court correspondence was served on the applicant who at the time of the trial remained in custody.").

2586 EGMR Seliwiak/PL, 21.7.2009, § 60 („It is therefore essentially the responsibility of the State to make available to the courts effective access to information about persons deprived of their liberty at the time of the trial."), ferner § 62 („it falls to the State to ensure that information on all persons deprived of liberty is collected and updated and made available to courts conducting criminal proceedings in order to ensure that correspondence and summonses are properly served on defendants and the latter's procedural rights thereby safeguarded.").

2587 EGMR Seyithan Demir/TRK, 28.7.2009, § 42 („in view of the prominent place held in a democratic society by the right to a fair trial [...], Article 6 [...] imposes on every national court an obligation to check whether the defendant has had the opportunity to apprise himself of and participate in the proceedings against him where, as in the instant case, this is disputed on a ground that does not immediately appear to be manifestly devoid of merit."); Somogyi/I, 18.5.2004, § 72; Samokhvalov/R, 12.2.2009, § 57.

Hinsichtlich der Voraussetzungen eines konkludenten Verzichts gilt folgende **Beweis-** 970
last: Der Staat muss, wenn er mit der Behauptung, der Angeklagte habe auf die Teilnahme konkludent verzichtet, durchdringen will, den Nachweis erbringen, dass der Angeklagte positive (i.d.R. amtlich vermittelte) Kenntnis vom Ort und Zeitpunkt der Verhandlung hatte; Unklarheiten gehen zu seinen Lasten, so dass das Verhalten des Angeklagten bei Zweifeln nicht als Verzicht gewertet werden kann und ein Abwesenheitsverfahren daher als Verstoß gegen Art. 6 gewertet wird.[2588] Beruft sich der Beschuldigte dagegen darauf, dass er trotz Kenntnis aufgrund objektiver Umstände nicht am Verfahren teilnehmen und sein Ausbleiben daher nicht als Verzicht gedeutet werden kann, so trifft ihn dafür die Beweislast.[2589]

Ein **Verstoß gegen Ordnungsvorschriften**, etwa die Weigerung des Angeklagten die 971
Gerichtssprache zu sprechen,[2590] soll nach Auffassung des EGMR keinen konkludenten Verzicht auf sein Anwesenheitsrecht bedeuten, auch wenn dieser weiß, dass sein Verhalten mit einem Ausschluss von der Verhandlung sanktioniert werden kann.

Die abschließende Frage, wann ein an sich wirksamer Verzicht des Angeklagten gegen 972
wichtige öffentliche Interessen verstößt, ist, soweit ersichtlich, noch nicht entschieden. Da aber der Gerichtshof einen Verzicht des Angeklagten auf seine Anwesenheit selbst dann für wirksam hält, wenn ihm eine lebenslange Freiheitsstrafe droht,[2591] dürfte dieser Voraussetzung in der Praxis kaum eine einschränkende Funktion zukommen.

Nach Ansicht des **EuGH** ist die Nichtanwesenheit des Angeklagten in Auslegung der 973
RL (EU) 2016/343[2592] zulässig, wenn folgende Voraussetzungen erfüllt sind:[2593] Der Angeklagte muss rechtzeitig über die Verhandlung und die Folgen des Nichterscheinens unterrichtet werden, er muss von einem von ihm bestellten und mit einer Vollmacht ausgestatteten Rechtsanwalt vertreten werden, nach der Verhandlung über die während seiner Abwesenheit erfolgten Handlungen unterrichtet werden und sich entschieden haben, diese Handlungen hinterher nicht in Frage zu stellen oder daran mitwirken zu wollen.[2594]

e) Einschränkungen im Interesse der Rechtspflege. Das Recht auf Anwesenheit des 974
Angeklagten an der gerichtlichen Verhandlung ist **kein absolutes Recht**; es muss durch Herstellung eines vernünftigen Gleichgewichts mit dem Gebot der Verfahrensbeschleunigung, sonstigen öffentlichen Interessen und den Erfordernissen eines gerechten Verfahrens in Einklang gebracht werden[2595] und kann daher unter bestimmten Voraussetzungen **eingeschränkt** werden.[2596]

Des Weiteren verleihen Art. 6 Abs. 3 lit. c EMRK/Art 14 Abs. 3 lit. d IPBPR dem Beschul- 975
digten **kein Recht, in jedem Stadium der Hauptverhandlung anwesend zu sein**. Das Anwesenheitsrecht des Beschuldigten in der Hauptverhandlung kann aus **übergeordneten Gesichtspunkten** eingeschränkt werden, etwa wegen **vorrangiger Interessen der Rechtspflege**, aus **Gründen des Zeugenschutzes** oder zum **Schutz des Beschuldigten**

2588 EGMR Somogyi/I, 18.5.2004, § 72; Ziliberberg/MOL, 1.2.2005, §§ 39, 41; Abbasov/ASE, 17.1.2008, § 29; Sibgatullin/R, 23.4.2009, § 46; Maksimov/ASE, 8.10.2009, § 37; *Trechsel* 255.
2589 Vgl. EGMR Goddi/I, 9.4.1984; *Trechsel* 255.
2590 EGMR Zana/TRK, 25.11.1997, ÖJZ **1998** 715.
2591 EGMR Battisti/F (E), 12.12.2006.
2592 Richtlinie (EU) 2016/343 des Europäischen Parlaments und des Rates vom 9.3.2016 über die Stärkung bestimmter Aspekte der Unschuldsvermutung und des Rechts auf Anwesenheit in der Verhandlung in Strafverfahren, ABlEU Nr. L 65 v. 11.3.2016 S. 1.
2593 EuGH 13.2.2020, C-688/18 (TX, UW), BeckRS **2020** 1130.
2594 EuGH 13.2.2020, C-688/18 (TX, UW), Tz. 49.
2595 EGMR Colozza/I, 12.2.1985, § 29.
2596 Zur Rechtslage in Österreich: *Stricker* ÖJZ **2015** 61 ff.

selbst. Da der EGMR Abwesenheitsverfahren unter bestimmten Mindestvoraussetzungen für konventionskonform hält[2597] (Rn. 979 ff.), ist es auch konventionskonform möglich, zeitweise ohne den Beschuldigten zu verhandeln, wenn und solange ein interessengerechter Ausgleich zwischen den Verteidigungsinteressen des Beschuldigten und denen einer funktionierenden Rechtspflege hergestellt wird.

976　　Die § **231a StPO** (Herbeiführung der Verhandlungsunfähigkeit durch den Angeklagten), § **231b StPO** (Fortsetzung nach Entfernung des Angeklagten zur Aufrechterhaltung der Ordnung)[2598] sowie § **232 StPO** (Durchführung der Hauptverhandlung trotz Ausbleibens des Angeklagten) sind bei verhältnismäßiger Anwendung mit der EMRK vereinbar, weil der Angeklagte es sonst in der Hand hätte, das Verfahren gegen ihn zu sabotieren.[2599] Seine Verteidigungsinteressen werden dadurch berücksichtigt, dass er im Falle der §§ 231a, 231b StPO über den wesentlichen Inhalt dessen zu unterrichten ist, was in seiner Abwesenheit verhandelt worden ist (jeweils Absatz 2 der Vorschriften), sowie dadurch, dass er sich gemäß § 234 StPO durch einen Verteidiger vertreten lassen kann, der die Verfahrensbefugnisse des Beschuldigten an dessen Stelle wahrnimmt.[2600]

977　　Übergeordnete Gesichtspunkte des Zeugenschutzes, des Schutzes des Angeklagten selbst oder vorrangige Interessen der Rechtspflege können die **zeitweilige Entfernung** des Angeklagten aus der Hauptverhandlung gegen seinen Willen rechtfertigen. § **247 StPO** ist daher, bei einer einzelfallbezogenen Anwendung und engen Auslegung der Gründe, mit der EMRK vereinbar. Die Gründe der Gewinnung einer wahren Aussage und des Zeugenschutzes können es erfordern, zeitweise ohne den Angeklagten zu verhandeln. Seine Interessen sind dann durch § **247 Satz 4 StPO** (Unterrichtung über den wesentlichen Inhalt) ausreichend zu berücksichtigen. Der **Vernehmungsbegriff** des § 247 StPO ist allerdings angesichts der großen Bedeutung des Anwesenheitsrechts konventionskonform **eng auszulegen**.[2601] Die Verhandlung über die Entlassung eines Zeugen ist daher kein Teil der Vernehmung. Die fortdauernde Abwesenheit eines nach § 247 StPO während einer Zeugenvernehmung entfernten Angeklagten bei einer Verhandlung über die **Entlassung des Zeugen** begründet daher regelmäßig (wenn keine Heilung vorliegt) den absoluten Revisionsgrund des § **338 Nr. 5 StPO**.[2602] Ähnlich verhält es sich auch bei Erhebung anderer Sachbeweise, z.B. der **Inaugenscheinnahme** von Lichtbildern während der Abwesenheit des Angeklagten, auch wenn diese in einem engen Zusammenhang mit der in dessen Abwesenheit durchgeführten Zeugenvernehmung steht.[2603]

978　　Einerseits betont der EGMR, dass die Verfahrensgarantien des Art. 6 angesichts ihrer überragenden Bedeutung grundsätzlich auch für einfach gelagerte Verfahren gelten.[2604] Andererseits hält der Gerichtshof im Anschluss an die Rs. *Jussila*[2605] das Anwesenheitsrecht des Beschuldigten in Verfahren, die zwar in den Anwendungsbereich der *strafrechtli-*

2597　EGMR Colozza/I, 12.2.1985, § 29.

2598　Zu dieser Problematik EGMR Sergey Denisov u.a./R, 19.4.2016, § 143.

2599　Für den Fall des § 231a StPO: EKMR Ensslin, Baader u. Raspe/D, 8.7.1978; *Frowein/Peukert* 160; IK-EMRK/*Kühne* 538; vgl. auch BVerfGE **41** 246, 249.

2600　*Frowein/Peukert* 160; IK-EMRK/*Kühne* 385.

2601　Vgl. BGH NJW **2010** 2450 = NStZ **2011** 47, 48 f. m. Anm. *Fezer* NStZ-RR **2021** 181.

2602　BGH (GrSSt) wistra **2010** 352 auch unter Bezugnahme auf Art. 6 Abs. 3 *lit.* c; zum Vorlagebeschluss des 5. Strafsenats (NJW **2010** 1012) ausführlich *Bung* HRRS **2010** 50.

2603　BGH NStZ-RR **2021** 181 ff.

2604　EGMR Lalmahomed/NL, 22.2.2011, § 36 („The right to a fair trial, from which the requirement of the proper administration of justice is to be inferred, applies to all types of criminal offence, from the most straightforward to the most complex. The right to the fair administration of justice holds so prominent a place in a democratic society that it cannot be sacrificed for the sake of expedience.").

2605　EGMR (GK) Jussila/FIN, 23.11.2006, § 43.

chen Garantien des Art. 6 fallen (Rn. 79 ff.), die aber nicht zum sog. Kernstrafrecht zählen (Bußgeldsachen im Straßenverkehr[2606] etc.), leichter einschränkbar sind,[2607] solange die Verteidigungsinteressen des Beschuldigten in der Verhandlung durch einen Rechtsbeistand wahrgenommen werden. Dagegen hatte der EGMR noch im *Yavuz*-Urteil auf eine Verletzung von Art. 6 erkannt, da in der Verhandlung in einer Bußgeldsache (wegen illegaler Beschäftigung) weder der Beschuldigte noch ein Anwalt anwesend waren.[2608]

f) Echte Abwesenheitsverfahren. Echte Abwesenheitsverfahren[2609] und Verfahren, **979** in denen **zeitweise in Abwesenheit des Angeklagten verhandelt wird**, stellen nicht zwangsläufig einen Verstoß gegen die EMRK dar,[2610] sondern können unter bestimmten Voraussetzungen[2611] konventionskonform sein. Der EGMR erteilt der absoluten Gewähr eines diesbezüglichen Teilhaberechts eine Absage und erkennt ausdrücklich an, dass es **nachvollziehbare Gründe** dafür geben kann, Abwesenheitsverfahren in den nationalen Rechtsordnungen vorzusehen.[2612] Hintergrund dafür ist, dass sich der Beschuldigte durch seine Abwesenheit oder durch sein Verhalten in der Hauptverhandlung nicht zum Herrn des Verfahrens aufschwingen darf. Der Gerichtshof überlässt es dabei den Konventionsstaaten, das Spannungsverhältnis zwischen dem Recht auf Anwesenheit in der Verhandlung einerseits und zügiger Strafverfolgung andererseits so aufzulösen, dass das Verfahren insgesamt gesehen fair ist, und beschränkt sich auf die Prüfung, ob das Ergebnis, der Strafprozess als Ganzes, den Anforderungen des Art. 6 genügt.[2613] Dem EGMR folgend, müssen Anwesenheitsverfahren folgende **Voraussetzungen**[2614] erfüllen, um den Anforderungen des Art. 6 zu genügen:

Zunächst muss eine **wirksame Einschränkung des Anwesenheitsrechts** vorliegen. **980** Diese kann sich daraus ergeben, dass der Angeklagte **wirksam** auf seine Anwesenheit in der Verhandlung **verzichtet** (Rn. 962 ff.),[2615] oder aus einem der Anwesenheit des Angeklagten **übergeordneten Gesichtspunkt** (Rn. 974 ff.).

2606 Ein Verstoß gegen das Recht auf Verteidigung (Art. 6 Abs. 3 *lit.* c) liegt hierbei jedoch vor, wenn sich nach einer Geschwindigkeitsmessung die Verurteilung zu einem Bußgeld nur auf das dokumentierte Messergebnis und das Lichtbild von Kfz und Fahrer stützt, jedoch die Rohmessdaten dazu fehlen bzw. zu ihnen kein Zugang gewährt wird, vgl. VerfGH Saarl NJW **2019** 2456; *Valerius* ZStW **133** (2021) 152, 166.

2607 EGMR Kammerer/A, 12.5.2010, §§ 26 f. (§ 27: „The approach adopted in the *Jussila v. Finland* case, 23.11.2006, namely to apply the criminal head guarantees of Article 6 in a differentiated manner depending on the nature of the issue and the degree of stigma certain criminal cases carried, is, in the Court's view, not limited to the issue of the lack of an oral hearing but may be extended to other procedural issues covered by Article 6, such as, in the present case, the presence of a accused at a hearing.").

2608 EGMR Yavuz/A, 27.5.2004, §§ 41 ff.

2609 Ausführlich zur Vereinbarkeit von Abwesenheitsverfahren mit der EMRK: *Paul* 211 ff.; *Pöschl* 73 ff.; zum italienischen Abwesenheitsverfahren eingehend *Pierini* ZStW **125** (2014) 951.

2610 EGMR Boroancǎ/RUM, 22.6.2010, § 66 („une procédure se déroulant en l'absence du prévenu n'est pas en soi incompatible avec l'article 6 de la Convention.").

2611 Näher dazu: *Eibach* 243.

2612 EGMR (GK) Sejdovic/I, 1.3.2006, § 82; Demebukov/BUL, 28.2.2008, § 45.

2613 EGMR Colozza/I, 12.2.1985; R.R./I, 9.6.2005, § 51 („La Convention laisse aux Etats contractants une grande liberté dans le choix des moyens propres à permettre à leur système judiciaire de répondre aux exigences de l'article 6 tout en préservant leur efficacité. Il appartient toutefois à la Cour de rechercher si le résultat voulu par celle-ci se trouve atteint. En particulier, il faut que les ressources offertes par le droit interne se révèlent effectives si l'accusé n'a ni renoncé à comparaître et à se défendre ni eu l'intention de se soustraire à la justice.").

2614 Werden diese Voraussetzungen eingehalten, kann sogar ein Abwesenheitsurteil, das den Angeklagten zu einer lebenslangen Freiheitsstrafe verurteilt, mit der EMRK vereinbar sein: EGMR Battisti/F (E), 12.12.2006.

2615 EGMR (GK) Sejdovic/I, 1.3.2006, § 82.

981   Selbst wenn ein wirksamer Verzicht auf die Anwesenheit in der Verhandlung vorliegt, darf **ein für den Angeklagten erschienener Wahlverteidiger nicht von der Verhandlung ausgeschlossen** werden; der Beschuldigte hat das Recht, sich trotz seiner Abwesenheit in der Verhandlung vertreten zu lassen (Rn. 986 ff.).[2616] Entsprechend gilt: Wenn der Angeklagte auf seine Anwesenheit verzichtet, zugleich aber zum **Ausdruck** bringt, dass er sich durch einen **Verteidiger vertreten lassen möchte**, müssen die staatlichen Stellen sorgfältig prüfen, ob der Beschuldigte nach den von den Konventionen aufgestellten Grundsätzen für eine „effektive Verteidigung" (Rn. 1042 ff.) einen Anspruch auf Beiordnung eines Verteidigers hat. Falls die Beiordnung konventionswidrig versagt wird, ist das nationale Verfahren auch unter Berücksichtigung der EGMR-Rechtsprechung zum Abwesenheitsverfahren unfair verlaufen.

982   Davon zu unterscheiden ist folgende Konstellation: Liegt kein wirksamer Verzicht des Beschuldigten vor, kann selbst die Anwesenheit eines vom Gericht bestellten Verteidigers die Abwesenheit des Beschuldigten in der Verhandlung nicht kompensieren, wenn dieser *ad hoc* bzw. neu bestellt wird und keine **ausreichende Zeit** hat, sich (effektiv) auf die Verhandlung vorzubereiten, insbesondere sich mit dem Angeklagten zu besprechen (Rn. 887 ff.).[2617] Dann liegt neben der Verletzung von Art. 6 Abs. 3 *lit.* c bezüglich der Abwesenheit des Angeklagten auch eine Verletzung von Art. 6 Abs. 3 *lit.* b vor.

983   Wenn der Angeklagte aus übergeordneten Gesichtspunkten abwesend ist (Rn. 974 ff.), müssen die Konventionsstaaten sicherstellen, dass der **Eingriff in sein Anwesenheits- und Verteidigungsrecht möglichst schonend** erfolgt und seine Verteidigungsmöglichkeiten nicht wesentlich eingeschränkt werden. So hatte die frühere EKMR die §§ 231a, 231b StPO auch deswegen als mit der Konvention vereinbar angesehen, weil die Verteidigungsinteressen des Beschuldigten nach § 234 StPO durch einen Verteidiger wahrgenommen werden können.[2618] Zur Konventionskonformität der §§ 231a, 231b und 247 StPO tragen auch die Unterrichtungspflichten nach den §§ 231a Abs. 2, 231b Abs. 2, 247 Satz 4 StPO bei. Zudem dürfte die Praxis vieler Gerichte, den Beschuldigten im Falle eines Ausschlusses nach § 247 StPO die Vernehmung per Videosimultanübertragung (Rn. 960) mitverfolgen zu lassen, die Vereinbarkeit mit der EMRK optimieren.[2619]

984   Kommt es zu einem Verstoß gegen die oben genannten Grundsätze, so kann dieser **geheilt** werden, wenn dem Beschuldigten die **Möglichkeit eines „Re-Trial"** offensteht, d.h. das konventionswidrig ergangene Abwesenheitsurteil in tatsächlicher und rechtlicher Hinsicht überprüfen lassen kann (**„a fresh determination of the merits of the charge, in respect of both law and fact"**; Rn. 990 ff.).[2620] Das hat für das Verfahren vor dem EGMR zur Folge, dass der Angeklagte seinen Opferstatus verliert und seine Individualbe-

---

2616   EGMR Krombach/F, 13.2.2001.

2617   EGMR Seliwiak/PL, 21.7.2009, § 63.

2618   EKMR Ensslin, Baader u. Raspe/D, 8.7.1978.

2619   In diese Richtung auch *van Gemmeren* NStZ **2001** 264, Anm. zu BGH NStZ **2001** 262.

2620   EGMR Stoichkov/BUL, 24.3.2005, § 55; Demebukov/BUL, 28.2.2008, § 45 („Although proceedings that take place in the accused's absence are not of themselves incompatible with Article 6 of the Convention, a denial of justice nevertheless undoubtedly occurs where a person convicted *in absentia* is unable subsequently to obtain from a court which has heard him *a fresh determination of the merits of the charge, in respect of both law and fact*, where it has not been established that he has waived his right to appear and to defend himself [...] or that he intended to escape trial."); Boroancă/RUM, 22.6.2010, § 67 („la réouverture du délai d'appel contre la condamnation par contumace, avec la faculté, pour l'accusé, d'être présent à l'audience de deuxième instance et de demander la production de nouvelles preuves s'analysait en la possibilité d'une nouvelle décision sur le bien-fondé de l'accusation en fait comme en droit."); Meyer-Ladewig/Nettesheim/von Raumer/*Meyer-Ladewig/Harrendorf/König* 121.

schwerde damit unzulässig ist/wird.[2621] Allerdings muss er in einer ihm verständlichen Sprache über die Frist zu Einlegung des Rechtsmittels belehrt werden; geschieht das nicht, kann das einen Konventionsverstoß begründen.[2622]

Zur Klarstellung: Mangels Konventionswidrigkeit ist **keine Überprüfungsmöglichkeit** 985 erforderlich, wenn die (zeitweise) Abwesenheit des Angeklagten **aus übergeordneten Gesichtspunkten gerechtfertigt** ist oder der Beschuldigte **wirksam** auf seine Anwesenheit in der Verhandlung und sein Recht, sich selbst zu verteidigen oder sich durch einen Verteidiger verteidigen zu lassen, **verzichtet** hat. Der Gerichtshof hatte den letzten Punkt zunächst offengelassen.[2623] Die neuere Rechtsprechung lässt daran aber keinen Zweifel.[2624] Dabei scheint der Gerichtshof davon auszugehen, dass der Beschuldigte, um seinen Anspruch auf Überprüfung zu verlieren, **sowohl auf** sein **Anwesenheitsrecht als auch auf** sein **Verteidigungsrecht** verzichtet haben muss (die letzte Passage des Zitats deutet darauf hin: „right to appear *and* to defend himself"). Im Umkehrschluss heißt das: Der Beschuldigte kann also auf sein Anwesenheitsrecht verzichten; wenn er aber den Strafverfolgungsbehörden oder dem Gericht deutlich gemacht hat, dass er sich durch einen Verteidiger vertreten lassen möchte, kann er unter Umständen ein Recht haben, das Abwesenheitsurteil nachprüfen zu lassen (Rn. 989).

Hinsichtlich der Frage, wann das Verhalten des Beschuldigten auch als ein Verzicht 986 *auf sein Verteidigungsrecht* gedeutet werden kann, gilt Folgendes: Wenn der Beschuldigte über den Ort und den Zeitpunkt der Verhandlung in Kenntnis gesetzt worden ist und dann in der Verhandlung schlicht ausbleibt, wird man darin sowohl einen Verzicht auf sein *Anwesenheits*recht als auch auf sein *Verteidigungs*recht sehen können (im Detail Rn. 966 ff.). Wenn der Beschuldigte sein *Verteidigungs*recht nicht verlieren möchte, muss er einen Wahlverteidiger zur Verhandlung schicken oder deutlich machen, dass das Gericht ihm einen Verteidiger bestellen soll.

Eine **Überprüfungsmöglichkeit** muss dem Beschuldigten dagegen in folgenden Fällen 987 eröffnet sein: Erstens, wenn aus seinem Verhalten **nicht eindeutig** der Schluss gezogen werden kann, dass er **auf** sein **Anwesenheitsrecht verzichten** will. Des Weiteren, wenn er zwar wirksam auf sein Anwesenheitsrecht **verzichtet** hat, **nicht** aber **auf** sein **Recht**,

---

2621 EGMR Sibgatullin/R, 23.4.2009, § 29.

2622 EGMR Hakimi/B, 29.6.2010, §§ 35 ff. unter Berufung auf EGMR Da Luz Domingues Ferreira/B, 24.5.2007, §§ 38 ff.

2623 So EGMR Poitrimol/F, 23.11.1993, § 31 („It is open to question whether this latter requirement (gemeint: die neue Entscheidungsmöglichkeit) applies when the accused has waived his right to appear and to defend himself."). Der EGMR hat in diesem Urteil insbesondere bemängelt, dass der Wahlverteidiger des Beschuldigten nicht in der Berufungsinstanz gehört worden war. Der Anspruch des Beschuldigten darauf ergab sich aber nicht aus dem Umstand, dass in der ersten Instanz in seiner Abwesenheit verhandelt worden war (wirksamer Verzicht). Der EGMR verlangt aber, dass *wenn* (nicht von der Konvention gefordert) dem Beschuldigten eine zweite Instanz eingeräumt wird, das Verfahren dort ebenfalls mit Art. 6 vereinbar sein muss. Daran fehlte es hier, weil das Berufungsgericht das Recht des Beschuldigten, sich trotz Anwesenheitsverzichts durch einen Wahlverteidiger vertreten zu lassen, auch im Hinblick auf das an sich legitime Ziel, die Anwesenheit des Beschuldigten sicherzustellen, unverhältnismäßig beschränkt hatte. Das Verfahren vor dem Kassationsgerichtshof hätte diesen Fehler vor dem Berufungsgericht ohnehin nicht mehr heilen können, da das Kassationsgericht nur Rechtsfragen hätte prüfen dürfen.

2624 EGMR (GK) Sejdovic/I, 1.3.2006, § 82 („Although proceedings that take place in the accused's absence are not of themselves incompatible with Article 6 of the Convention, a denial of justice nevertheless undoubtedly occurs where a person convicted *in absentia* is unable subsequently to obtain from a court which has heard him a fresh determination of the merits of the charge, in respect of both law and fact, *where it has not been established that he has waived his right to appear and to defend himself*.").

Esser

sich durch einen Wahlverteidiger vertreten zu lassen, und dieser **nicht gehört** worden ist.

988   Ist der Wahlverteidiger gehört worden, so ist fraglich, ob dem Beschuldigten eine erneute Überprüfungsmöglichkeit zustehen muss. Dagegen spricht Folgendes: Die EMRK selbst räumt dem Beschuldigten kein Recht auf eine zweite Instanz ein.[2625] Wenn man dem verteidigten Beschuldigten, der wirksam auf seine Anwesenheit verzichtet hat, gestattet, das Ergebnis überprüfen zu lassen, so würde dieser allein wegen seiner Abwesenheit gegenüber einem anwesenden Beschuldigten begünstigt, der diese Überprüfungsmöglichkeit nach der EMRK nicht hat. Eine solche Auslegung kann die EMRK nicht gebieten.

989   Nicht entschieden ist bisher jene Konstellation: Der Beschuldigte hat gegenüber dem Gericht oder den Strafverfolgungsbehörden angezeigt, dass er zu seinem Prozess nicht erscheinen will, aber durch einen zu bestellenden (Pflicht-) **Verteidiger** verteidigt werden möchte. Die Bestellung eines Verteidigers wird ihm aber **versagt**. Sofern die Verteidigerbestellung **nach der EMRK erforderlich war** (Rn. 1042 ff.), muss ihm die Möglichkeit einer erneuten Verhandlung und Entscheidung eröffnet werden.

990   Eine erforderliche Überprüfungsmöglichkeit muss es dem Beschuldigten gestatten, den Fall **in tatsächlicher wie rechtlicher Hinsicht** neu entscheiden zu lassen („fresh determination of the merits of the charge, in respect of both law and fact").[2626] Das soll gerade auch dann gelten, wenn der Beschuldigte erst nach der Urteilsverkündung von dem gegen ihn in Abwesenheit geführten Strafverfahren erfährt.[2627] Wird die Überprüfungsmöglichkeit von einer **Frist** abhängig gemacht, ist diese also nur dann konventionskonform, wenn sie mit der **Kenntnis** des Beschuldigten vom Strafverfahren zu laufen beginnt. Ferner darf die Überprüfungsmöglichkeit nicht vom Nachweis bestimmter Umstände abhängig sein, sondern sie muss ohne Weiteres gewährt werden.[2628]

991   Der Gerichtshof ist aber nicht der Ansicht, dass eine Heilung nur durch eine Wiederholung der ersten Instanz[2629] erfolgen kann. Er lässt eine **Überprüfung des Urteils im Instanzenzug** ausreichen, sofern das Rechtsmittelgericht dabei nicht an die im Abwesenheitsverfahren getroffenen Feststellungen gebunden ist.[2630] Das ist im Hinblick auf Art. 14

2625   Ein solches ergibt sich erst aus Art. 2 des 7. ZP-EMRK (Rn. 1472 ff.); vgl. auch Karpenstein/Mayer/*Meyer* 62.

2626   Vergleiche nur EGMR (GK) Sejdovic/I, 1.3.2006; siehe auch EGMR Sanader/KRO, 12.2.2015, §§ 92 ff.: Der Betroffene darf nicht auf die engen Voraussetzungen, unter denen eine (klassische) Wiederaufnahme zulässig ist, verwiesen werden. Zur Zulässigkeit der Auslieferung zur Vollstreckung eines Abwesenheitsurteils in **Rumänien** siehe (eine solche Garantie verneinend): OLG Oldenburg StraFo **2011** 105; OLG Karlsruhe StraFo **2011** 106; **a.A.** OLG Köln StraFo **2012** 238 (Zweifel an „Re-Trial" nur bei Abwesenheitsurteil im Rechtsmittelverfahren). Nach Änderung der Art. 466 ff. rum StPO: OLG Hamm NStZ-RR **2016** 123, 124.

2627   EGMR Colozza/I, 12.2.1985.

2628   EGMR Sanader/KRO, 12.2.2015, §§ 87, 89, 91 (nationales Recht ermöglichte Überprüfung bzw. neues Verfahren nur, wenn der Betroffene vor Gericht erscheint und eine Adresse im Inland hat); R.R./I, 9.6.2005, § 59 („un condamné qui ne saurait passer pour avoir renoncé de manière non équivoque à comparaître doit en toute circonstance pouvoir obtenir qu'une juridiction statue à nouveau sur le bien-fondé de l'accusation. Une simple possibilité dans ce sens, dépendant des preuves pouvant être fournies par le parquet ou par le condamné quant aux circonstances entourant son absence de son domicile et son lieu de résidence effective, ne saurait satisfaire aux exigences de l'article 6 de la Convention."); Meyer-Ladewig/Nettesheim/von Raumer/*Meyer-Ladewig/Harrendorf/König* 121.

2629   Zur Frage der Befangenheit, wenn an der zweiten Verhandlung Richter mitwirken, die schon bei der ersten Verhandlung in Abwesenheit mitgewirkt haben, siehe EGMR Thomann/CH, 10.6.1996.

2630   EGMR (GK) Sejdovic/I, 1.3.2006 („the reopening of the time allowed for *appealing against a conviction in absentia*, where the defendant was entitled to attend the hearing in the court of appeal and to request the admission of new evidence, *entailed the possibility of a fresh factual and legal determination* of the criminal charge.").

Abs. 5 IPBPR und Art. 2 des 7. ZP-EMRK bedenklich, weil diese Vorschriften (bei entsprechender Ratifikation) ein Rechtsmittel in Strafsachen fordern und dem zu Unrecht in Abwesenheit Verurteilten dadurch eine Instanz genommen wird.

Bei einem **mehrdeutigen Verhalten** des Beschuldigten muss die Überprüfung eines **992** Abwesenheitsurteils ohne Weiteres möglich sein, da der Beschuldigte nicht wirksam auf sein Anwesenheits- und Verteidigungsrecht verzichtet hat. Die Überprüfungsmöglichkeit darf seitens der Konventionsstaaten dann nicht erschwert werden, indem sie davon abhängig gemacht wird, dass der Beschuldigte nachweisen muss, dass er sich nicht absichtlich der Verfolgung entziehen wollte. Eine solche Bestimmung kann einen Prozess konventionswidrig machen.[2631]

Auch in einem wegen eines Abwesenheitsurteils betriebenen **Auslieferungsverfahren** **993** muss geprüft werden, ob das Verfahren, das zu diesem Urteil geführt hat, mit Art. 6 EMRK/ Art. 14 IPBPR vereinbar ist. Ansonsten kann (auch) der ausliefernde Staat gegen die EMRK verstoßen.[2632] Die von den deutschen Gerichten anhand von Art. 25 GG und § 73 Satz 1 IRG entwickelten Kriterien für die Zulässigkeit eines Auslieferungsersuchens aufgrund eines Abwesenheitsurteils entsprechen in der Sache denen des EGMR (auch wenn die Entscheidungen sich in der Regel nicht direkt auf Art. 6 beziehen). Maßgeblich ist für die deutschen Gerichte, ob die **Möglichkeit rechtlichen Gehörs** (Art. 103 Abs. 1 GG)[2633] und das **Recht auf angemessene Verteidigung** als zentrale Elemente der Verfahrensfairness in dem der Auslieferung zugrunde liegenden Urteil gewahrt worden sind oder nachträglich gewährt werden.[2634]

Eine **Auslieferung zur Vollstreckung eines ausländischen, in Abwesenheit des** **994** **Beschuldigten ergangenen Strafurteils** ist daher unzulässig, sofern der Beschuldigte weder über Durchführung und Abschluss des betreffenden Verfahrens in geeigneter Weise unterrichtet war noch ihm eine tatsächlich wirksame Möglichkeit eröffnet ist, sich nach Erlangung dieser Kenntnis nachträglich rechtliches Gehör zu verschaffen und sich wirksam zu verteidigen.[2635] Ob allein eine verbindliche Zusicherung des ersuchenden Staates dies im vollen Umfang gewährleisten kann, hängt von den jeweiligen zwischenstaatlichen Vereinbarungen[2636] ab, aber auch von der Rechtslage und der Gerichtspraxis des ersuchenden Staates und den Umständen des Einzelfalls.[2637]

2631 EGMR (GK) Sejdovic/I, 1.3.2006.

2632 Vgl. dazu EGMR Al-Saadoon u. Mufdhi/UK, 2.3.2010, § 149; OGH ÖJZ **2015** 950 m. Anm. *Ratz*.

2633 Zum Anspruch auf Gehör im Verfahren der Wiedereinsetzung bei vorübergehender Abwesenheit (Einspruch gegen Strafbefehl): BVerfG NJW **2013** 592.

2634 BVerfG NJW **1991** 1411 = NStZ **1991** 294; BVerfGK **3** 27 = NStZ-RR **2004** 308 = StV **2004** 438; BGHSt **47** 120 = NJW **2002** 228 = NStZ **2002** 166 = JZ **2002** 464 m. Anm. *Vogel* = JR **2002** 476 m. Anm. *Lagodny*; OLG Karlsruhe StV **2004** 547 = StraFo **2004** 388; OLG Stuttgart ZIS **2006** 452 m. Anm. *Karsai* ZIS **2006** 443.

2635 BVerfGK **6** 13 = NStZ **2006** 102 = StV **2005** 675; KG Beschl. v. 21.11.2012 – (4) 151 Ausl.A. 148/12 (273/12): nachträgliche Änderung des erstinstanzlichen Urteils zu Ungunsten des freiwillig abwesenden Angeklagten; keine Berufung auf § 73 IRG.

2636 Vgl. insbesondere Art. 3 Abs. 1 des 2. ZP-EuAuslÜbk v. 17.3.1978 (BGBl. 1990 II S. 119), wonach die Auslieferung zur Vollstreckung eines in Abwesenheit ergangenen Urteils verweigert werden darf, wenn im vorausgegangenen Abwesenheitsverfahren die Mindestrechte der Verteidigung nicht gewahrt erscheinen, es sei denn der ersuchende Staat sichert zu, dass der Verurteilte eine effektive Möglichkeit erhält, ein neues Verfahren herbeizuführen, in dem er seine Verteidigungsrechte voll ausüben kann.

2637 BGHSt **47** 120 = JR **2002** 476 m. Anm. *Lagodny* = JZ **2002** 464 m. Anm. *Vogel* (Auslieferung aufgrund eines italienischen Kontumazial-Urteils); zum Erfordernis einer ausreichenden Zusicherung BVerfGK **3** 27 = NStZ-RR **2004** 308 = StV **2004** 438 (Italien); verneinend für Italien KG StV **1993** 207; OLG Karlsruhe NStZ-RR **1999** 92 = StV **1999** 268; ThürOLG StV **1999** 265; OLG Nürnberg NStZ-RR **1998** 94 = StV **1997** 648; OLG Schleswig StV **1996** 102.

Esser

995   **g) Abwesenheitsverfahren und Europäischer Haftbefehl.** Die Überstellung einer Person auf der Grundlage eines Europäischen Haftbefehls[2638] zur Vollstreckung eines Abwesenheitsurteils an einen **Mitgliedstaat der Europäischen Union** ist im Achten Teil des IRG abschließend[2639] geregelt (vgl. § 1 Abs. 4 IRG). Der Gesetzgeber des EuHbG-II hatte § 83 Nr. 3 IRG gegenüber der Vorgängernorm des EuHbG-I erweitert und die Auslieferung auch dann für zulässig erklärt, wenn der Verfolgte in Kenntnis des gegen ihn gerichteten Verfahrens, für das ein Verteidiger bestellt war, eine persönliche Ladung durch Flucht verhindert hat. Damit hatte er in weiterem Umfang als gefordert zur Verkehrsfähigkeit von Abwesenheitsurteilen beigetragen. **Art. 5 Nr. 1 RB 2002/584/JI**[2640] sah dagegen nicht vor, dass die Mitgliedstaaten in den sog. „Fluchtfällen" ausliefern müssen.

996   Der **Rahmenbeschluss 2009/299/JI v. 26.2.2009**[2641] sollte die Abwesenheitsurteile betreffenden Regelungen in fünf anderen Rahmenbeschlüssen vereinheitlichen. Von der Neuregelung betroffen war auch der RB-EuHB. Dort wurde Art. 4a eingefügt, der Art. 5 Nr. 1 ersetzte und vorsieht, dass die Vollstreckung eines aufgrund eines Abwesenheitsurteils ergangenen EuHb verweigert werden kann, es sei denn, dass eine von insgesamt vier Ausnahmen einschlägig ist: (1) Der EuHB ist zum einen dann zu vollstrecken, wenn die betroffene Person rechtzeitig entweder persönlich vorgeladen oder auf andere Weise tatsächlich offiziell vom Termin und Ort der Verhandlung in **Kenntnis** gesetzt und zudem darüber informiert worden ist, dass eine Entscheidung auch dann ergehen kann, wenn sie zu der Verhandlung nicht erscheint. (2) Der EuHB ist ferner dann zu vollstrecken, wenn die Person ein Mandat an einen **Rechtsbeistand**, der entweder ihr oder vom Staat bestellt wurde, erteilt hat, sie bei der Verhandlung zu verteidigen, und die Person bei der Verhandlung von diesem Rechtsbeistand tatsächlich verteidigt worden ist. (3) Die dritte Ausnahme ist dann vorgesehen, wenn die Person nach Zustellung der Entscheidung und Belehrung über die Möglichkeit einer Wiederaufnahme oder Berufung **ausdrücklich erklärt, dass sie die Entscheidung nicht anficht**, oder innerhalb der geltenden Frist **keine Wiederaufnahme des Verfahrens bzw. kein Berufungsverfahren beantragt**. (4) Darüber hinaus muss der EuHB vollstreckt werden, wenn die betroffene Person die Entscheidung zwar noch nicht zugestellt bekommen hat,[2642] sie aber unverzüglich nach ihrer Übergabe persönlich zugestellt bekommen und dabei über die Möglichkeit einer Wiederaufnahme oder Berufung und die maßgeblichen Fristen informiert werden wird. Die durch das Gesetz zur Stärkung des Rechts des Angeklagten auf Vertretung in der Berufungsverhandlung und über die Anerkennung von Abwesenheitsentscheidungen[2643] eingeführte neue Fassung des § 83 IRG übernimmt diese Ausnahmen in

---

2638   Zum EuHb, der nach § 83a IRG ein Auslieferungsersuchen ersetzt, OLG Stuttgart NJW **2004** 3437 = NStZ **2005** 47 = StV **2004** 546.

2639   Dazu OLG Stuttgart NStZ-RR **2008** 175 m. Anm. *Ahlbrecht* StRR **2008** 198; hinsichtlich der Anwendbarkeit des EuAlÜbk offengelassen in OLG Stuttgart ZIS **2006** 452, 453.

2640   Rahmenbeschluss 2002/584/JI des Rates v. 13.6.2002 über den Europäischen Haftbefehl und die Übergabeverfahren zwischen den Mitgliedstaaten (ABlEU Nr. L 190 v. 18.7.2002 S. 1).

2641   Rahmenbeschluss 2009/299/JI des Rates v. 26.2.2009 zur Änderung der Rahmenbeschlüsse 2002/584/JI, 2005/214/JI, 2006/783/JI, 2008/909/JI und 2008/947/JI, zur Stärkung der Verfahrensrechte von Personen und zur Förderung der Anwendung des Grundsatzes der gegenseitigen Anerkennung auf Entscheidungen, die im Anschluss an eine Verhandlung ergangen sind, zu der die betroffene Person nicht erschienen ist (ABlEU Nr. L 81 v. 27.3.2009 S. 24).

2642   Art. 4a Abs. 2 des RB 2009/299/JI verleiht der betroffenen Person zwar das Recht, einen Antrag auf Erhalt einer Abschrift des Urteils noch vor Übergabe zu stellen, sofern sie zuvor noch nicht offiziell in Kenntnis gesetzt worden ist, dass gegen sie ein Strafverfahren betrieben wird; die Vorschrift stellt aber auch klar, dass durch dieses Recht das Verfahren nicht verzögert werden darf.

2643   Gesetz v. 17.7.2015, BGBl. I S. 1332.

den Absätzen 2 bis 4 fast wortgetreu. Weiterhin ist nach nationalem Recht jedoch die Auslieferung aufgrund eines Abwesenheitsurteils auch dann zulässig, wenn die verurteilte Person in Kenntnis des gegen sie gerichteten Verfahrens, an dem ein Verteidiger beteiligt war, eine persönliche Ladung durch Flucht verhindert hat (§ 83 Abs. 2 Nr. 2 IRG). Der Rahmenbeschluss selbst sieht diese Ausnahme indes nicht vor. Dass das nationale Recht insoweit über den Rahmenbeschluss hinausgeht und die Fluchtfälle vom Verbot der Auslieferung aufgrund von Abwesenheitsurteilen ausnimmt, ist zwar zu Recht kritisiert worden.[2644] Die Regelung des § 83 Abs. 2 Nr. 2 IRG wird jedoch prinzipiell mit der EMRK vereinbar sein, da der Gerichtshof in solchen Fällen von einem Verzicht des Beschuldigten auf sein Anwesenheitsrecht in der Hauptverhandlung ausgeht (vgl. hierzu auch Rn. 962 ff.).

Konflikte mit den Vorgaben des EGMR können hier aber vor allem deshalb entstehen, **997** weil für den Gerichtshof maßgeblich ist, ob das Verhalten des Beschuldigten als **Verzicht** auf sein Anwesenheitsrecht zu deuten ist. **§ 83 Abs. 2 Nr. 2 IRG** stellt dagegen nur auf die Kenntnis[2645] der betreffenden Person vom Termin ab. Es sind aber durchaus Situationen vorstellbar, in denen der Beschuldigte zwar Kenntnis vom Termin der gerichtlichen Verhandlung hat, seine Abwesenheit in der Verhandlung aber nicht als Verzicht auf sein Anwesenheitsrecht gedeutet werden kann. Das kann etwa der Fall sein, wenn er zu kurzfristig geladen worden ist, um den Termin noch wahrnehmen zu können, oder wenn er den nationalen Behörden glaubhaft gemacht hat, dass er aus Gründen, die nicht in seiner Person liegen, nicht an der Verhandlung teilnehmen kann (etwa, weil er inhaftiert ist und die zuständigen Stellen ihn nicht gehen lassen). Wird trotzdem in seiner Abwesenheit ein Urteil gefällt, dann ist darin nach der Rechtsprechung des EGMR ein Verstoß gegen die EMRK zu sehen, der nur durch die **Möglichkeit einer erneuten Verhandlung** geheilt werden kann. Seine Übergabe wäre dem Wortlaut des § 83 Abs. 2 Nr. 2 IRG nach aber zulässig, auch ohne die Möglichkeit einer erneuten Überprüfung.

Weitere Differenzen mit den Vorgaben des EGMR könnten sich hinsichtlich der Frage **998** ergeben, welche **Anforderungen an ein etwaiges neues Gerichtsverfahren** zu stellen sind: Der Gerichtshof verlangt, dass der Beschuldigte ohne Weiteres die Möglichkeit haben muss, in **tatsächlicher wie rechtlicher Hinsicht** eine erneute Entscheidung herbeizuführen. Gemäß § 83 Nr. 3 IRG a.F. war eine Auslieferung dann zulässig, wenn der verurteilten Person nach ihrer Überstellung das Recht auf ein neues Gerichtsverfahren eingeräumt wurde, in dem der gegen sie erhobene Vorwurf umfassend überprüft wurde. § 83 Abs. 4 IRG n.F. stellt nunmehr darauf ab, dass der verurteilten Person nach ihrer Übergabe an den ersuchenden Mitgliedstaat das Urteil persönlich zuzustellen ist und sie über ihr Recht auf Wiederaufnahme des Verfahrens oder auf ein Berufungsverfahren zu belehren ist, wobei § 83 Abs. 3 Satz 2 IRG fordert, dass jedenfalls im Falle eines Berufungsverfahrens der Sachverhalt, einschließlich neuer Beweismittel, erneut geprüft werden können muss und die Möglichkeit bestehen muss, dass das ursprüngliche Urteil aufgehoben werden kann. Konkrete qualitative Anforderungen in Bezug auf das durchzuführende Gerichtsverfahren enthielt bzw. enthält § 83 IRG aber weder in seiner alten noch in seiner aktuellen

---

2644 *Böhm* NJW **2006** 2592.

2645 Vgl. hierzu OLG Stuttgart ZIS **2006** 452 noch zur entsprechenden Regelung in § 83 Nr. 3 IRG a.F.: Danach reicht es nicht aus, wenn die persönliche Ladung bzw. Unterrichtung an einen Pflichtverteidiger bewirkt wird, der keinen erwiesenen verlässlichen Kontakt zum Verfolgten hat; vgl. auch OLG Karlsruhe StraFo **2015** 384 (Ladung zu Folgeterminen entbehrlich, wenn Ladung zum ersten Termin der Hauptverhandlung erfolgt ist).; dagegen: KG StraFo **2015** 333 (Kenntnis vom „Verfahren" durch vorangegangene Termine nicht ausreichend).

Fassung. Damit würde etwa auch das vom EGMR wiederholt kritisierte Wiederaufnahmeverfahren in Italien (Art. 175 CPP) dem Wortlaut des § 83 IRG beispielsweise genügen.[2646]

999   Der EuGH hat in der Rs. *Melloni* (C-399/11)[2647] entschieden, dass der ersuchte Staat die Vollstreckung eines EuHb nicht unter die Bedingung stellen darf, dass ein Abwesenheitsurteil im Ausstellungsstaat erneut geprüft werden kann. Melloni hatte sich durch Flucht dem Strafverfahren in Italien entzogen und wurde in Abwesenheit, jedoch vertreten durch zwei Anwälte, zu einer Freiheitsstrafe von 10 Jahren verurteilt. Das von seinen Verteidigern eingelegte Rechtsmittel wurde verworfen. Aufgrund EuHb wurde er in Spanien festgenommen. Das spanische Verfassungsgericht legte die Frage, ob die Vollstreckung eines EuHb ohne die Bedingung, dass im Ausstellungstaat eine erneute Überprüfungsmöglichkeit der Abwesenheitsentscheidung eingeräumt wird, einen Verstoß gegen den Grundsatz des fairen Verfahrens bewirkt, dem EuGH gemäß Art. 267 AEUV vor.[2648] Begründet hat der EuGH seine ablehnende Entscheidung damit, dass die Vollstreckung eines EuHb gemäß Art. 4a Abs. 1 RB 2002/548 (i.d.F. des RB 2009/299) nach Wortlaut, Systematik und Zweck nur noch unter den dort genannten Umständen abgelehnt werden darf (Rn. 996). Die Vollstreckung darf danach gerade nicht mehr an die Bedingung einer erneuten Überprüfungsmöglichkeit geknüpft werden, wie sie in Art. 5 Nr. 1 des RB 2002/548 a.F. noch vorgesehen war.[2649]

1000   Auf die **zweite Vorlagefrage** hin, hat der EuGH bestätigt, dass Art. 4a Abs. 1 RB 2002/584 mit Art. 47, 48 Abs. 2 EUC vereinbar ist. Ohne eine detaillierte Grundrechtsprüfung durchzuführen,[2650] hat er hierzu schlicht angeführt, dass das Recht auf ein faires Verfahren auch in Abwesenheit des Angeklagten in der mündlichen Verhandlung gewahrt ist, wenn er nur nachweislich von Termin und Ort der Verhandlung in Kenntnis gesetzt, über die Möglichkeit der Abwesenheitsentscheidung informiert oder durch einen von ihm beauftragten Verteidiger vertreten worden ist.

1001   Obwohl der EGMR bei Auslegung der EMRK von strengeren Voraussetzungen hinsichtlich des Verzichts auf das Anwesenheitsrecht ausgeht und der Grundrechtsschutz damit hinter der EMRK zurückbleibt[2651] (Rn. 962 ff.), sieht der EuGH seine Rechtsprechung in der des EGMR bestätigt.[2652] Die Oberflächlichkeit der Prüfung zeigt sich zudem darin, dass der EuGH nicht auf die Frage eingeht, ob bzw. wann auch die Vertretung durch einen entpflichteten Verteidiger ausreicht, um einem abwesenden Angeklagten ein faires Verfahren zu garantieren. Dazu hätte jedoch Anlass bestanden, da Melloni diesen Aspekt gerade als Verletzung seiner Verteidigungsrechte vorgetragen hatte.[2653]

1002   Durch Beantwortung der **dritten Vorlagefrage** hat der EuGH die Möglichkeit versagt, die Bedingung einer erneuten Überprüfungsmöglichkeit aus Art. 53 EUC herzuleiten. Dabei

---

2646   Kritisch dagegen: OLG Karlsruhe StV **2011** 426 (Art. 522 I rumStPO stellt bei Vorliegen eines Abwesenheitsurteils keine völkerrechtlich verbindliche Zusage der Gewährung eines neuen Verfahrens dar – lediglich Möglichkeit eines Antrags auf Wiederaufnahme, über dessen Gewährung dann das zuständige Gericht nach seinem Ermessen entscheidet; entsprechend zur Vollstreckungsübernahme eines rumänischen Abwesenheitsurteils: OLG Saarbrücken NStZ-RR **2015** 152; ablehnend auch: OLG Düsseldorf NStZ-RR **2013** 152 = StraFo **2013** 31 (Nichteinlegung eines Rechtsmittels gegen Abwesenheitsurteil kein Fall des § 83 Nr. 3 IRG a.F. – Niederlande).

2647   EuGH 26.2.2013, C-399/11 (Melloni), NJW **2013** 1215 = StraFo **2013** 245 = EuGRZ **2013** 305 = EuZW **2013** 305 m. Anm. *Streinz* JuS **2013** 661; *Gaede* NJW **2013** 1279; *Rönnau/Wegner* GA **2013** 561; *Winter* NZA **2013** 473.

2648   Zum Ausgangsverfahren und den Vorlagefragen EuGH 26.2.2013, C-399/11 (Melloni), Tz. 13–26.

2649   EuGH 26.2.2013, C-399/11 (Melloni), Tz. 40–46.

2650   Kritisch auch *Streinz* JuS **2013** 661, 663; *Gaede* NJW **2013** 1279, 1281.

2651   Vgl. zur Verletzung der EMRK *Rönnau/Wegner* GA **2013** 561, 574.

2652   EuGH 26.2.2013, C-399/11 (Melloni), Tz. 49, 50, 54.

2653   Vgl. EuGH 26.2.2013, C-399/11 (Melloni), Tz. 16; kritisch *Gaede* NJW **2013** 1279, 1281.

hat er zwar anerkannt, dass es den Mitgliedstaaten freisteht, bei Durchführung des Unionsrechts den nationalen Grundrechtsstandard anzuwenden, wenn er über den des Unionsrechts hinausgeht. Jedoch hat er eine klare Grenze gesetzt, wenn dadurch der Grundsatz des **Vorrangs des Unionsrechts** konterkariert wird. Diese Grenze wird überschritten, wenn die Vollstreckung eines EuHb von der Einhaltung des nationalen Grundrechtsstandards abhängig gemacht wird. Dies widerspricht nach Ansicht des EuGH auch dem Ziel des RB 2009/299, der die Schwierigkeiten der gegenseitigen Anerkennung von Abwesenheitsurteilen beheben will, die sich gerade aus den Unterschieden in der nationalen Rechtsordnung ergeben.[2654] Auch wenn dem EuGH im Ergebnis zuzustimmen ist, da gemäß Art. 1 Abs. 3 RB 2002/548 eine Begrenzung durch nationales Recht jedenfalls ausscheiden muss,[2655] ist bedauerlicherweise ein herabgesetzter Grundrechtsschutz des in Abwesenheit verurteilten Angeklagten auf europäischer Ebene nun auch höchstrichterlich besiegelt. Damit die Charta auch tatsächlich einen Gleichlauf mit dem Schutz der EMRK erreichen kann, wie er in Art. 52 Abs. 3 EUC angepriesen wird, muss sich der EuGH detaillierter mit dem wahren Inhalt des Anwesenheitsrechts als Ausprägung des fairen Verfahrens auseinandersetzen.

In Konstellationen wie den oben beschriebenen kann der Kernbestand der Garantie **1003** eines fairen Verfahrens berührt sein, weil der Verfolgte verurteilt worden sein kann, ohne dass ihm jemals eine realistische Möglichkeit auf rechtliches Gehör eingeräumt worden ist. Ein Verstoß Deutschlands gegen die EMRK durch Vollstreckung eines EuHb lässt sich in solchen Fällen nur dann vermeiden, wenn über Art. 1 Abs. 3 des RB 2002/584/JI bzw. über **§ 73 Satz 2 IRG**[2656] Art. 6 Abs. 3 EUV und damit die EMRK und die Rechtsprechung des EGMR Berücksichtigung findet. Die Auslieferung muss in solchen Fällen wegen Unvereinbarkeit mit der EMRK für unzulässig erklärt werden.

Dementsprechend sollte der Rechtsbeistand des Verfolgten dem zur Entscheidung **1004** über die Zulässigkeit der Überstellung aufgerufenen OLG substantiiert Umstände vortragen, warum das Verhalten des Verfolgten nicht als Verzicht gedeutet werden kann bzw. warum die Wiederaufnahmemöglichkeit des ersuchenden Staates den Anforderungen des Art. 6 nicht genügt. Die **gerichtliche Aufklärungspflicht** gebietet es dann zu ermitteln, ob der Vortrag zutrifft. Wenn das der Fall ist, kann eine Auslieferung noch verhindert werden, obwohl an sich kein Auslieferungshindernis nach § 83 Abs. 2 Nr. 2 IRG vorliegt, da eine Auslieferung dann einen Verstoß gegen die EMRK darstellen würde.

Die Neuregelung des RB 2009/299/JI v. 26.2.2009 und die Neufassung des § 83 IRG lösten **1005** die oben skizzierten Konflikte mit der EMRK jedoch nicht, da auch der neue Rahmenbeschluss maßgeblich auf die Kenntnis des Beschuldigten abstellt und hinsichtlich der Qualität des neuen Verfahrens keine Vorgaben macht.[2657] Auch die Problematik der Fluchtfälle stellt sich durch die Regelung in § 83 Abs. 2 Nr. 2 IRG weiterhin. Effektiv lassen sich Konventionsverstöße damit nur über Art. 1 Abs. 3 des RB 2002/584/JI verhindern.

[2654] EuGH 26.2.2013, C-399/11 (Melloni), Tz. 60–64.

[2655] So auch *Gaede* NJW **2013** 1279, 1281, der zudem betont, dass es für auf der „Dritten Säule" basierende Rahmenbeschlüsse keinen Vorrang supranationalen Rechts gibt und zudem aus der EUC kein pauschales Verbot der Anwendung günstigeren nationalen Rechts hergeleitet werden kann. Ebenso *Rönnau/Wegner* GA **2013** 560, 574 jedoch unter Betonung des „Kooperationsverhältnisses" zwischen BVerfG und EuGH.

[2656] Überstellungen aufgrund eines EuHb stehen weiterhin unter dem ordre public-Vorbehalt des § 73 Satz 1 IRG; dazu: Ahlbrecht/Esser/Böhm/Eckelmans/*Böhm* 802 ff.

[2657] Im Ergebnis auch *Klitsch* ZIS **2009** 11, die aber die Konventionswidrigkeit vornehmlich damit begründet, dass der Vollstreckungsstaat den EuHb auch dann vollstrecken muss, wenn die Person nicht richtig geladen worden ist. Das muss jedoch nicht zwangsläufig auf einen Konventionsverstoß hinauslaufen, solange nur eine konventionskonforme Wiederaufnahmemöglichkeit besteht.

1006   Auch das **BVerfG** wies in einem **Beschluss im Jahr 2015** auf Art. 1 Abs. 3 des RB 2002/ 584/JI in seiner aktuellen Fassung hin und entschied betreffend einer ersuchten Auslieferung des Bf. nach Italien auf Grundlage eines EuHb, der auf Basis eines Abwesenheitsurteils erlassen worden war. Zulässig war die Verfassungsbeschwerde nach den Grundsätzen der Identitätskontrolle deshalb, weil der Bf. nachvollziehbar dargelegt hatte, dass ihm nach seiner Überstellung nach Italien kein Rechtsbehelf zur Verfügung stehen würde, der seine von der Menschenwürdegarantie umfassten Verteidigungsrechte wahren würde. Das BVerfG betonte in seiner Entscheidung, dass die Rechtsprechung des EuGH in der Rs. *Melloni* die deutschen Behörden und Gerichte nicht von der Verpflichtung entbinde, auch bei einer Auslieferung zur Vollstreckung des EuHb die von Art. 1 Abs. 1 GG, Art. 79 Abs. 3 GG garantierte **Menschenwürde** sicherzustellen. Würden die hiervon geforderten Mindestgarantien von Beschuldigtenrechten im ersuchenden Mitgliedstaat nicht beachtet, sei von einer Auslieferung abzusehen. Das grundsätzlich vorherrschende gegenseitige Vertrauen zwischen den Mitgliedstaaten könne insoweit durch Vorliegen entgegenstehender tatsächlicher Anhaltspunkte erschüttert werden. Auch nach Unionsrecht besteht eine Auslieferungs*pflicht* jedoch gemäß Art. 4a Abs. 1 *lit.* d des RB 2002/584/JI in seiner aktuellen Fassung nur dann, wenn dem Betroffenen das Recht zukommt, nach der Überstellung einen Rechtsbehelf einzulegen, *„bei dem der Sachverhalt, einschließlich neuer Beweismittel, erneut geprüft"* werden kann. Im konkreten Fall hatte das OLG, gegen dessen Entscheidung Verfassungsbeschwerde eingelegt worden war, es als hinreichende Sicherung der Beschuldigtenrechte angesehen, dass eine erneute Beweisaufnahme im ersuchenden Staat „jedenfalls nicht ausgeschlossen" war. Das BVerfG sah hierin einen Verstoß gegen die Rechte des Bf., die ihm aus Art. 1 Abs. 1 GG in der Form des Schuldprinzips zustehen.[2658] In eine ähnliche Richtung wie das Urteil des BVerfG v. 15.12.2015 geht etwa auch die **Entscheidung des spanischen Tribunal Constitucional**, das betont hat, dass für den Fall, dass das Recht der Europäischen Union in seiner weiteren Entwicklung nicht mehr mit der spanischen Verfassung – insbesondere dem Wesensgehalt eines fairen Verfahrens – vereinbar wäre, den einschlägigen verfassungsrechtlichen Normen möglicherweise der Vorzug zu geben wäre.[2659] Auch der deutsche Gesetzgeber ging etwa davon aus, dass der ersuchende Mitgliedstaat mit dem Erlass des EuHb die Zusicherung eines erneuten Gerichtsverfahrens abgeben würde.[2660]

1007   Mittlerweile hat auch der **EuGH** ungeschriebene Beschränkungen von den in *Melloni* betonten Grundsätzen der gegenseitigen Anerkennung und des gegenseitigen Vertrauens zwischen den Mitgliedstaaten anerkannt. Diese sollen greifen, wenn **„außergewöhnliche Umstände"**[2661] vorliegen. Insoweit könne sowohl auf **Art. 4 EUC**[2662] als auch auf die Garantie eines fairen Verfahrens als Ausprägung des in Art. 47 EUC gewährleisteten effektiven Rechtsschutzes[2663] abgestellt werden. Als Grundrechte absoluten Charakters sollen diese den entsprechenden Schutz vor etwaigen menschenunwürdigen Auslieferungen ge-

---

2658   Vgl. zum Ganzen BVerfG Beschl. v. 15.12.2015 – 2 BvR 2735/14, NJW **2016** 1149; siehe hierzu auch Anm. *Sauer* NJW **2016** 1134; zur Rezeption des BVerfG-Urteils durch die deutsche Fachgerichtsbarkeit vgl. bspw. OLG Brandenburg Beschl. v. 5.2.2020 – 1 AR 29/19, BeckRS **2020** 1541: Bei einem Abwesenheitsurteil muss „für den Verfolgten ein effektives Rechtsmittel bestehen, das dem Verfolgten die persönliche Teilnahme an der Wiederaufnahmeverhandlung ermöglicht und dessen Verfügbarkeit für den Verfolgten nicht an den Nachweis des Vorliegens besonderer Voraussetzungen gebunden sein darf", Rn. 13.

2659   Vgl. Tribunal Constitucional, Entsch. v. 13.2.2014 – STC 26/2014, Punkt 3 der Entscheidungsgründe.

2660   BTDrucks. **18** 3562 S. 83.

2661   Siehe EuGH 5.4.2016, C-404/15 u. C-659/15 PPU (Aranyosi u. Căldăraru), Tz. 78.

2662   Vgl. EuGH 5.4.2016, C-404/15 u. C-659/15 PPU (Aranyosi u. Căldăraru), Tz. 74 ff.

2663   Siehe hierzu EuGH 25.7.2018, C-216/18 PPU (LM), Tz. 33 ff.

währen. Laut BVerfG decken sich dabei die vom EuGH bei der Auslegung des Art. 4 EUC angewandten Maßstäbe mit denjenigen des Art. 1 Abs. 1 GG sowohl hinsichtlich der **Mindestanforderungen an Haftbedingungen** im ersuchenden Staat als auch hinsichtlich der damit verbundenen Aufklärungspflichten des mit dem Überstellungsersuchen befassten Gerichts.[2664] Bemerkenswert ist dabei, dass laut EuGH erst eine Prüfung im Zweischritt die Grundlage dafür sein kann, dass eine Ausnahme vom Grundsatz gegenseitigen Vertrauens greift und entsprechende „außergewöhnliche Umstände" vorliegen. In einem **ersten Schritt** hätten nationale Gerichte zu prüfen, ob verlässliche Informationen vorhanden sind, die „**das Vorliegen systemischer oder allgemeiner, bestimmte Personengruppen oder bestimmte Haftanstalten betreffender Mängel belegen**".[2665] Denn nur wenn eine „schwere und anhaltende Verletzung" der in Art. 6 Abs. 1 EUV enthaltenen Grundsätze durch einen Mitgliedstaat vorliege, sei die Verweigerung des Vollzugs eines EuHb zulässig.[2666] Der EuGH sieht dadurch eine Ausnahme von der Auslieferungspflicht lediglich dann, wenn im anfragenden Staat systemische bzw. allgemeine Mängel in Hinblick auf bestimmte rechtsstaatliche Strukturen bestehen.[2667] Diesbezüglich seien die innerstaatlichen Gerichte verpflichtet, objektive, zuverlässige, genaue und aktualisierte Angaben betreffend das Vorliegen solcher Mängel im ersuchenden Staat einzuholen. Diese Angaben können sich u.a. aus Entscheidungen internationaler Gerichte wie Urteilen des EGMR, aus Entscheidungen von Gerichten des Ausstellungsmitgliedstaats oder aus Entscheidungen, Berichten und anderen Schriftstücken von Organen des Europarats oder aus dem System der Vereinten Nationen ergeben.[2668] Zu diesem Zweck müssen die Behörden des ersuchten Staates nach Art. 15 Abs. 2 RB die Justizbehörden des Ausstellungsmitgliedstaats um die unverzügliche Übermittlung aller notwendigen zusätzlichen Informationen in Bezug auf die Bedingungen bitten, unter denen die betreffende Person in diesem Mitgliedstaat inhaftiert werden soll.[2669] In einem **zweiten**, auf die **konkrete Situation im Einzelfall** bezogenen Prüfungsschritt sei das Gericht des ersuchten Staates schließlich gehalten, zu untersuchen, ob es unter den konkreten Umständen ernsthafte tatsachenbasierte Gründe für die Annahme gibt, dass die zu überstellende Person im Anschluss an ihre Übergabe aufgrund der sie individuell im ersuchenden Staat erwartenden Haftbedingungen einer echten Gefahr unmenschlicher oder erniedrigender Behandlung i.S.v. Art. 4 EUC ausgesetzt sein wird, wobei es hierbei auf eine Gesamtwürdigung der maßgeblichen Haftbedingungen ankommt.[2670]

Durch die der Einzelfallabwägung vorgeschaltete Prüfungsstufe hinsichtlich allgemein **1008** im Ausstellungsstaat vorherrschender struktureller Mängel missachtet der EuGH jedoch auf eklatante Weise, dass auch die in der EUC gewährleisteten Grundrechte als **Abwehrrechte des Einzelnen** gegen die Staatsgewalt konzipiert sind. Die Rechtsprechungslinie des EuGH wird dementsprechend vielfach kritisiert. Insbesondere wird seit längerer Zeit

---

2664 Vgl. hierzu und im Allgemeinen zur Rezeption der EuGH-Rechtsprechung durch das BVerfG den Beschl. v. 1.12.2020 – 2 BvR 1845/18, 2 BvR 2100/18, NJW **2021** 1518.

2665 EuGH 15.10.2019, C-128/18 (Dorobantu), Tz. 52; hierzu: EuGH 25.7.2018, C-216/18 PPU (LM), Tz. 34.

2666 Vgl. EuGH 30.5.2013, C-168/13 PPU (Jeremy F.), Tz. 49.

2667 Siehe EuGH 5.4.2016, C-404/15 u. C-659/15 PPU (Aranyosi u. Căldăraru), Tz. 89.

2668 Vgl. EuGH 5.4.2016, C-404/15 u. C-659/15 PPU (Aranyosi u. Căldăraru), Tz. 89; 15.10.2019, C-128/18 (Dorobantu), Tz. 52.

2669 Siehe EuGH 5.4.2016, C-404/15 u. C-659/15 PPU (Aranyosi u. Căldăraru), Tz. 95.

2670 Vgl. nur EuGH 15.10.2019, C-128/18 (Dorobantu), Tz. 57 ff.

die Forderung laut nach einer konkreten Anleitung zu wirkungsvollem Grundrechtsschutz, die sich an den einschlägigen Grundrechten der EUC orientiert.[2671]

1009   Auch der **EGMR** hat darauf hingewiesen, dass es angebracht sei, im Rahmen des EuHb den Grundsatz des gegenseitigen Vertrauens nicht auf schematische und pauschale Art und Weise zu Lasten der Konventionsrechte anzuwenden.[2672] Im konkreten Fall vor dem EGMR ging es um die Ablehnung der Vollstreckung eines EuHb durch die belgischen Behörden gegenüber dem ersuchenden Staat Spanien. In diesem Zusammenhang betonte der EGMR, dass die aufgrund vorherrschender Haftbedingungen im ersuchenden Staat bestehende Gefahr der unmenschlichen und erniedrigenden Behandlung einer Person, deren Übergabe verlangt wird, einen berechtigten Grund darstellen kann, um die Vollstreckung des EuHb zu verweigern. Im konkreten Fall war jedoch die Feststellung einer solchen Gefahr durch die belgischen Gerichte nicht auf einer ausreichenden faktischen Grundlage erfolgt.[2673]

1010   Der EuGH „nutzte" diese Entscheidung des EGMR im Anschluss für sich und wies in der Rs. *Dorobantu* darauf hin, dass der EGMR entschieden hätte, dass ein Gericht eines Vertragsstaats der EMRK die Vollstreckung eines EuHb nicht verweigern dürfe, wenn es nicht zuvor eine aktualisierte und eingehende Prüfung der Situation vorgenommen hätte, um strukturelle Mängel und eine echte, individualisierbare Gefahr für den Einzelnen zu identifizieren.[2674] Dabei ist nicht auszuschließen, dass der EuGH dieses Zitat bewusst auf jedenfalls nicht eindeutige Art und Weise in sein Urteil einfügte, zumal der EGMR in der entsprechenden Entscheidung explizit darauf hingewiesen hatte, dass seine Entscheidung in dem konkreten Fall nicht implizierte, dass die betroffene Person zwingenderweise auszuliefern gewesen wäre, sondern dass lediglich die der Begründung der Nicht-Auslieferung zugrunde liegenden Tatsachen im Einzelfall als ungenügend ermittelt erachtet wurden.[2675]

1011   **h) Recht auf Abwesenheit in der Hauptverhandlung.** Im deutschen Strafverfahrensrecht ergibt sich die Pflicht des Angeklagten, in der Hauptverhandlung ununterbrochen anwesend zu sein, aus **§ 230 Abs. 1, Abs. 2 StPO**. Die Anwesenheitspflicht kann dabei ggf. auch zwangsweise durchgesetzt werden (vgl. § 230 Abs. 2, § 231 Abs. 1 Satz 2 StPO). Nach Ansicht des EGMR ist das Recht des Angeklagten auf Teilnahme an der Hauptverhandlung unverzichtbar und darf nur in den gesetzlich vorgesehenen Fällen eingeschränkt werden. Ein freiwilliger Verzicht sei damit nicht gesetzmäßig.[2676] Auch das freiwillige Fehlen des Angeklagten in der Hauptverhandlung ist dementsprechend ein absoluter Revisionsgrund gemäß **§ 338 Nr. 5 StPO**.[2677] Ob solche einfachgesetzlichen Anwesenheits*pflichten* mit der EMRK vereinbar sind, ist noch nicht in allen Einzelfragen geklärt.[2678] Nach ständiger Rechtsprechung des EGMR ist jedoch ein **Verzicht** auf das in Art. 6 EMRK geschützte Recht auf ein faires

---

2671 So *Gärditz* in: Richtige Balance? Verfassungsblog v. 4.1.2012, https://verfassungsblog.de/richtige-balance/ (Stand: 10/2022).
2672 Siehe EGMR Romeo Castaño/B, 9.7.2019, § 84 m.w.N.
2673 EGMR Romeo Castaño/B, 9.7.2019, § 90.
2674 Vgl. EuGH 15.10.2019, C-128/18 (Dorobantu), Tz. 57.
2675 Siehe EGMR Romeo Castaño/B, 9.7.2019, § 92.
2676 Siehe BGH NStZ **1991** 296; vgl. auch OK-StPO/*Gorf* § 230, 4 StPO.
2677 Dazu auch *Laue* JA **2010** 294, 295.
2678 Hierzu aus österreichischer Perspektive: *Stricker* ÖJZ **2015** 61, 68; einer nationalen Regelung, die Verdächtige und beschuldigte Personen im Strafverfahren zur Anwesenheit in der sie betreffenden Verhandlung verpflichtet, steht jedenfalls nicht Art. 8 Abs. 1 der RL 2016/343 über die Stärkung bestimmter Aspekte der Unschuldsvermutung und des Rechts auf Anwesenheit in der Verhandlung im Strafverfahren entgegen, vgl. EuGH 15.9.2022, C-420/20 (HN), BeckRS **2022** 23826.

Esser

Verfahren, auch in seiner Ausprägung als Recht auf Anwesenheit, grundsätzlich möglich.[2679] Der Verzicht muss indes **eindeutig** aus dem Verhalten des Angeklagten hervorgehen und mit bestimmten **Mindestgarantien** einhergehen. Insbesondere muss der Verzicht **informiert** erfolgen[2680] und dem Beschuldigten muss im Vorfeld – insbesondere durch eine **ordnungsgemäße Ladung** – die Teilnahme an der Verhandlung ermöglicht worden sein.[2681] Da jedoch die Anwesenheitspflicht des Angeklagten lediglich die Kehrseite zu seinem Anwesenheitsrecht – und damit zu einem essentiellen Verfahrensrecht – darstellt, könnte auch die *Pflicht* zur Anwesenheit als Ausprägung des Rechts auf ein faires Verfahren gerade *zugunsten* des Angeklagten angesehen werden. Dass einfachgesetzliche Vorgaben die Anwesenheit des Angeklagten zwingend vorschreiben, wäre insofern also lediglich eine Schutzvorschrift, die über die von der EMRK vorgeschriebenen Mindeststandards hinausginge und damit jedenfalls nicht konventionswidrig.[2682] Konzeptionell liegt es im Gesamtregelungsgefüge des Art. 6 aber näher, **Regelungen zur Anwesenheitspflicht als rechtfertigungsbedürftige Einschränkungen der Möglichkeit eines Verzichts auf die Anwesenheit** zu interpretieren.

i) Recht auf Verteidigung bei Abwesenheit in der Hauptverhandlung. Hat der Be- **1012** schuldigte wirksam auf seine Anwesenheit in der Verhandlung verzichtet, darf ein für ihn erschienener Verteidiger von der Verhandlung nicht ausgeschlossen werden. Durch einen Verzicht auf sein Anwesenheitsrecht verliert der Beschuldigte nicht sein Recht, sich **durch einen Verteidiger seiner Wahl verteidigen zu lassen.**[2683] Eine Entscheidung des Gerichts zur *strafrechtlichen Anklage* in erster Instanz oder über ein eingelegtes Rechtsmittel, die ergeht, ohne dass dem Verteidiger die Möglichkeit gegeben worden ist, den Beschuldigten in seiner Abwesenheit zu verteidigen, verstößt daher gegen **Art. 6 Abs. 1 i.V.m. Art. 6 Abs. 3 lit. c.**[2684] Der EuGH hat in der Rs. **Krombach** in der Möglichkeit des Beschuldigten, sich in der Hauptverhandlung *vertreten* zu lassen, einen fundamentalen Grundsatz des [früheren] Gemeinschaftsrechts gesehen.[2685] Konsequent normiert **Art. 47 Satz 3 EUC** das Recht jeder Person, sich beraten, verteidigen und *vertreten* zu lassen.

Das Recht, sich durch einen Verteidiger in der Hauptverhandlung vertreten zu lassen, **1013** gilt nicht nur in erster Instanz, sondern **auch und gerade im Rechtsmittelverfahren.**[2686] Der Gerichtshof sieht es als einen Verstoß gegen Art. 6 Abs. 3 *lit.* c an, wenn die Vertragsstaaten die Anwesenheit des Beschuldigten in der Rechtsmittelinstanz dadurch erzwingen

---

2679 Vgl. EGMR Makarenko/R, 22.12.2009, § 135; Kwiatkowska/I, 30.11.2000; siehe auch *Laue* JA **2010** 294, 297, wonach jedoch hohe Anforderungen an einen Verzicht zu stellen sind.

2680 Verneint in EGMR Young/UK, 16.1.2007, §§ 40 ff. (in Bezug auf den Verzicht auf Hinzuziehung eines Anwalts); vgl. zum Ganzen Meyer-Ladewig/Nettesheim/von Raumer/*Meyer-Ladewig/Harrendorf/König* 95, 123.

2681 Siehe EGMR Hakansson/S, 21.2.1990, §§ 64 ff.; R.R./I, 9.6.2005, §§ 54 ff.

2682 So SK/*Meyer* 175.

2683 EGMR Kari-Pekka Pietiläinen/FIN, 22.9.2009, §§ 31 f.

2684 EGMR Poitrimol/F, 23.11.1993; Pelladoah/NL, 22.9.1994; Lala/NL, 22.9.1994; (GK) van Geyseghem/B, 21.1.1999; Krombach/F, 13.2.2001; zur früheren Rechtslage in Frankreich vgl. *Gundel* NJW **2001** 2380; *Esser* 773, 784 ff. Seit der Verurteilung durch den EGMR sieht das französische Recht eine Wiederaufnahmemöglichkeit für in Abwesenheit Verurteilte vor.

2685 EuGH 28.3.2000, C-7/98 (Krombach) m. Anm. *Gundel* NJW **2001** 2380.

2686 EGMR Kari-Pekka Pietiläinen/FIN, 22.9.2009, § 31; Neziraj/D, 8.11.2012, StV **2013** 289 (Ls.) m. Anm. *Esser* StV **2013** 331, 337 = StraFo **2012** 490 m. Anm. *Püschel*; Tolmachev/EST, 9.7.2015, § 47; Frolovs/LET, 15.6.2017, § 44; siehe auch *Waszczynski* NStZ-RR **2014** 18.

wollen, dass sie im Falle seiner Abwesenheit seinen für ihn erschienenen (Wahl-)Verteidiger von der Verhandlung ausschließen.[2687]

1014   Der EGMR erkennt zwar an, dass die Vertragsstaaten grundsätzlich die Anwesenheit des Beschuldigten in der Verhandlung sicherstellen dürfen.[2688] Er lässt jedoch nicht zu, dass die Abwesenheit des Beschuldigten mit einem Verlust seines Rechts auf einen (Wahl-)Verteidiger sanktioniert wird.[2689] Darin sieht er angesichts der herausragenden Bedeutung des Rechts auf einen Verteidiger, welches das Interesse an der Anwesenheit des Angeklagten überwiegt,[2690] eine **unverhältnismäßige Reaktion**[2691] – *unabhängig* davon, ob der Beschuldigte einen triftigen Grund („Entschuldigung") für sein Fernbleiben vorbringen kann. Zum Thema der Vereinbarkeit der Gestellungsmittel als ggf. „mildere Mittel"[2692] mit der EMRK siehe Rn. 1011, 1025.

1015   Vor diesem Hintergrund war es früher strittig, ob es gegen diesen Grundsatz verstößt, wenn das nationale Recht vorsieht (vgl. **§ 329 Abs. 1 Satz 1 StPO a.F.**), dass ein Rechtsmittel des unentschuldigt ausgebliebenen Beschuldigten ohne Verhandlung auch dann (ohne Verhandlung zur Sache) sofort zu verwerfen ist, wenn für ihn ein Verteidiger erschienen ist und eine entsprechende Vertretungs-/Verteidigungsbereitschaft anzeigt. Ein Konventionsverstoß war dabei in der obergerichtlichen Rechtsprechung bislang überwiegend mit dem Argument verneint worden, dass die den Urteilen des Gerichtshofs zugrunde liegenden Sachverhalte nicht mit dem Verfahren nach § 329 Abs. 1 StPO a.F. vergleichbar waren: Es wurde argumentiert, dass hiernach das Verwerfungsurteil nicht ergehe, nachdem das Berufungsgericht ohne den Beschuldigten verhandelt habe; vielmehr fände gerade keine Verhandlung zur Sache statt.[2693] § 329 Abs. 1 StPO a.F. beschränke nicht das Recht auf den Beistand eines Verteidigers.[2694] Innerhalb der Grenzen, die § 329 Abs. 1 StPO a.F. ziehe, sei eine Verteidigung des Beschuldigten durchaus möglich. Der Verteidiger könne beispielsweise auf fehlende Prozessvoraussetzungen oder auf Entschuldigungsgründe verweisen.[2695]

[2687]   EGMR Stroek/B, 20.3.2001; Goedhart/B, 20.3.2001; van Pelt/F, 23.5.2000; Harizi/F, 29.3.2005; die Rechtslage in Frankreich hat sich inzwischen aber – wohl unter dem Eindruck der wiederholten Verurteilungen – geändert.

[2688]   EGMR Demebukov/BUL, 28.2.2008, § 51; van Pelt/F, 23.5.2000, § 66; Sejodvic/I, 1.3.2006, § 92; Kari-Pekka Pietiläinen/FIN, 22.9.2009, §§ 31 f.; Neziraj/D, 8.11.2012, § 47; Tolmachev/EST, 9.7.2015, § 48; Frolovs/LET, 15.6.2017, § 45 („to discourage unjustified absences").

[2689]   EGMR Marcello Viola/I, 25.10.2005, § 59; Demebukov/BUL, 28.2.2008, § 52; Kari-Pekka Pietiläinen/FIN, 22.9.2009, §§ 31 f.; Neziraj/D, 8.11.2012, § 48; Tolmachev/EST, 9.7.2015, § 48; Frolovs/LET, 15.6.2017, § 44; KK-EMRK-GG/*Grabenwarter/Pabel* Kap. 14, 152; hierzu *Böhm* NJW **2015** 3132, 3133.

[2690]   U.a. EGMR Frolovs/LET, 15.6.2017, § 44; Tolmachev/EST, 9.7.2015, § 47; Neziraj/D, 8.11.2012, § 49; hierzu auch: *Jansen* StV **2020** 59, 61.

[2691]   EGMR Demebukov/BUL, 28.2.2008, § 51; Kari-Pekka Pietiläinen/FIN, 22.9.2009, §§ 31 f.

[2692]   Vgl. EGMR Tolmachev/EST, 9.7.2015, § 55; in diesem Zusammenhang *Jansen* StV **2020** 59, 62 in Übertragung der dortigen Rechtsprechung zu einem Einspruch gegen Bußgeld „erst Recht" auf das Strafrecht.

[2693]   OLG Oldenburg NStZ **1999** 156 (Furcht vor Inhaftierung); OLG Köln NStZ-RR **1999** 112; siehe auch: OLG Karlsruhe NStZ-RR **2010** 287 (Nichtbescheidung eines Akteneinsichtsantrags nach Einspruch gegen Strafbefehl keine genügende Entschuldigung); OLG Oldenburg NStZ-RR **2012** 180 (fehlende Bereitschaft zum Erscheinen angenommen trotz Vorlage eines ärztlichen Attestes); vgl. den Wortlaut des § 329 Abs. 1 StPO a.F.: „ohne Verhandlung".

[2694]   BayObLGSt **1999** 170 = NStZ-RR **2000** 307; siehe auch: OLG Düsseldorf Beschl. v. 27.2.2012 – III-2 RVs 11/12, StV **2013** 299 m. Anm. *Esser* StV **2013** 331 und m. Anm. *Hanschke* StRR **2012** 346. Diesem Urteil in Argumentation und Wortlaut folgend: OLG Hamm Beschl. v. 14.6.2012 – III 1 RVs 41/12, StRR **2012** 463.

[2695]   Vertiefend und diese Argumente zurückweisend: *Esser* StV **2013** 331, 334 ff.

Das **BVerfG**[2696] hielt das Verfahren nach § 329 Abs. 1 Satz 1 StPO a.F. auch unter Be- **1016** rücksichtigung der EMRK in der Auslegung durch den EGMR für mit Art. 2 Abs. 1 i.V.m. Art. 20 Abs. 3 GG (faires Verfahren) vereinbar. Angesichts der legitimen Entscheidung des deutschen Gesetzgebers, grundsätzlich keine Abwesenheitsverfahren durchzuführen, sei es nicht geboten, dem Beschuldigten das Recht einzuräumen, sich durch einen Verteidiger vertreten zu lassen, und damit durch die Hintertür doch ein Abwesenheitsverfahren einzuführen. Art. 6 sei nicht beeinträchtigt, insbesondere weil der Beschuldigte es in der Hand habe, durch sein Erscheinen die Berufungshauptverhandlung zu ermöglichen.[2697]

Auch in der **Literatur** wurde ein Verstoß gegen Art. 6 ganz überwiegend mit diesen **1017** Argumenten verneint.[2698] Ergänzend wurde zuweilen auch angeführt, dass dem Beschuldigten in der ersten Instanz alle Verteidigungsrechte gewährleistet worden seien.[2699] Die Stimmen, die sich für die Konventionswidrigkeit des § 329 Abs. 1 Satz 1 StPO a.F. aussprachen, waren dagegen vereinzelt geblieben.[2700]

Die EMRK selbst verlangt nicht, dass dem Beschuldigten gegen seine erstinstanzliche **1018** Verurteilung ein Rechtsmittel eingeräumt wird.[2701] Ein solcher Anspruch ergibt sich erst aus Art. 2 des (von Deutschland nicht ratifizierten) 7. ZP-EMRK und aus Art. 14 Abs. 5 IPBPR. Der Gerichtshof betont aber in ständiger Rechtsprechung, dass Staaten, die in ihren Verfahrenssystemen mehrere Instanzen vorsehen, dafür sorgen müssen, dass jede Instanz für sich genommen mit Art. 6 vereinbar ist.[2702] Daher kann das Argument, Art. 6 könne nicht verletzt sein, weil der Beschuldigte in der ersten Instanz in den Genuss sämtlicher Verteidigungsrechte gekommen sei, vor dem EGMR schon ganz grundsätzlich keinen Be-

---

[2696] BVerfG StraFo **2007** 190 – *Neziraj* (Nichtannahmebeschluss, § 93b BVerfGG, d.h. keine Entscheidung zur Sache und daher nicht nach § 31 Abs. 1 BVerfGG verbindlich: Schmidt-Bleibtreu/Klein/Bethge/*Graßhof* § 93b, 17 BVerfGG).

[2697] Dagegen erhebliche verfassungsrechtliche Bedenken bei *Lüer* Die Versäumung im Berufungsverfahren (2003).

[2698] SK/*Frisch* (Stand: 2001), § 329, 3 StPO; KMR/*Brunner* § 329, 2 StPO („Die Vereinbarkeit der Vorschrift mit Art. 6 MRK ist gegeben"); HK/*Rautenberg*/*Reichenbach* § 329, 1 StPO (ohne Hinweis auf den möglichen Konflikt mit der EMRK); Radtke/Hohmann/*Beukelmann* § 329, 1 StPO; AnwK-StPO/*Rotsch*/*Gasa* § 329, 1; hierzu auch Meyer-Goßner/*Schmitt* § 329, 1 StPO; SK/*Meyer* 174 f.

[2699] In diese Richtung wohl auch BVerfG Beschl. v. 27.12.2006 – 2 BvR 1872/03, StraFo **2007** 190, 193 (kein Verstoß gegen Art. 6 Abs. 3 *lit.* c, wenn – wie im Regelfall – eine Hauptverhandlung in Anwesenheit des Angeklagten vorausgegangen ist); zum Ganzen auch MüKo/*Quentin* § 329, 4 StPO.

[2700] *Sommer* StraFo **1999** 402; *Meyer-Mews* NJW **2002** 1928; AnwK-StPO/*Sommer* Art. 6, 91 MRK; in diese Richtung auch *Gaede* 262 Fn. 328; *Esser*/*Gaede*/*Tsambikakis* NStZ **2011** 140, 147 f.; immerhin kritisch: Graf/*Eschelbach* § 329, 7 StPO.

[2701] EGMR Devriendt/B, 17.2.2015, § 32; Davran/TRK, 3.11.2009, § 38 („l'article 6 de la Convention n'astreint pas les Etats contractants à créer des cours d'appel ou de cassation."); Lalmahomed/NL, 22.2.2011, § 34 („Article 6 does not compel Contracting Parties to provide appeals in civil or criminal cases.").

[2702] EGMR Marpa Zeeland B.V. u. Metal Welding B.V./NL, 9.11.2004, § 48; Kulikowski/PL, 19.5.2009, § 59; Antonicelli/PL, 19.5.2009, § 34; Davran/TRK, 3.11.2009, § 38 („un Etat qui se dote de juridictions de cette nature a l'obligation de veiller à ce que les justiciables jouissent auprès d'elles des garanties fondamentales de l'article 6"); Zhuk/UKR, 21.10.2010, § 28 („a State which institutes courts of appeal or cassation is required to ensure that persons amenable to the law shall enjoy before these courts the fundamental guarantees contained in Article 6"); Wersel/PL, 13.9.2011, § 42 („The Convention does not compel the Contracting States to set up courts of appeal or of cassation. However, where such courts do exist, the guarantees of Article 6 must be complied with, including the right to free legal assistance."); grundlegend: EGMR Delcourt/B, 17.1.1970, § 25.

Esser

stand haben.[2703] Ferner ist zu berücksichtigen, dass der Gerichtshof streng zwischen der Möglichkeit, sich selbst zu verteidigen, und dem Recht, sich durch einen Verteidiger verteidigen zu lassen, unterscheidet. Er hebt immer wieder hervor, dass der Beschuldigte durch den Verzicht auf seine Anwesenheit in der Verhandlung nicht das Recht auf mittelbare Teilhabe an der Verhandlung durch formelle Verteidigung verliere.[2704]

1019   In der Rechtsprechung des Gerichtshofs zeichnet sich ab, dass aus diesem „Mutterrecht" *zwei* Teilaspekte abgeleitet werden: Zum einen **darf ein erschienener Verteidiger nicht von einer Verhandlung des Gerichts ausgeschlossen werden**. Darüber hinaus räumt der Gerichtshof dem Beschuldigten einen Anspruch darauf ein, sich durch einen Verteidiger vertreten zu lassen. Schon in der Rs. *Poitrimol*[2705] hat der Gerichtshof herausgestellt, dass er das Recht jedes Beschuldigten, effektiv durch einen Verteidiger verteidigt zu werden („right to be effectively defended by a lawyer") nicht nur im Sinne eines Beistands, sondern auch im Sinne einer Vertretung („representation by counsel")[2706] versteht. Der Wortlaut der Konvention („legal assistance") stehe dem nicht entgegen.[2707] Das beinhaltet, dass der Beschuldigte, der sich vertreten lassen will, ein **Recht** darauf hat, **dass die Verhandlung so durchgeführt wird, als wäre er selbst anwesend**. Das Gericht darf das Verfahren dann nicht deshalb anders ablaufen lassen, nur weil der Beschuldigte sich für sein Recht entscheidet, sich von einem Verteidiger vertreten zu lassen. Das dürfte mit dem Satz gemeint sein, man dürfe den Beschuldigten für seine Abwesenheit nicht bestrafen.[2708] Im Ergebnis läuft das auf ein **Recht des Beschuldigten auf eine Abwesenheitsverhandlung** hinaus.[2709]

1020   Dieser Ansatz ist allerdings mit der Aussage des Gerichtshofs kaum in Einklang zu bringen, wonach es den Konventionsstaaten überlassen bleiben muss, ob sie in ihren Prozessordnungen Verhandlungen in Abwesenheit des Beschuldigten zulassen wollen oder nicht. Nach Auffassung des Gerichtshofs darf die legitime **Entscheidung gegen Abwesenheitsverfahren jedenfalls nicht dazu führen**, **dass der Beschuldigte in seinen Verteidigungsrechten**[2710] **eingeschränkt wird**.

1021   **§ 329 Abs. 1 Satz 1 StPO a.F.** wurde den oben beschriebenen Anforderungen nicht gerecht. Wenn die Berufung zulässig war und auch die Prozessvoraussetzungen erfüllt waren, wurde nicht erneut über die Schuld- und Rechtsfolgenfrage verhandelt wie bei Anwesenheit des Beschuldigten. Stattdessen wurde die Berufung ohne Verhandlung zur

---

2703 In seinem Sondervotum zum Urteil van Geyseghem/B, 21.1.1999, argumentierte *Pellonpää* mit einer solchen „Gesamtbetrachtung": Insgesamt gesehen sei das Verfahren insbesondere deshalb fair gewesen, weil das maßgebliche erstinstanzliche Urteil aufgrund einer Verhandlung in Anwesenheit der Beschuldigten ergangen sei; damit fand er aber nicht das Gehör seiner Richterkollegen.
2704 EGMR Kari-Pekka Pietiläinen/FIN, 22.9.2009, §§ 31 f.
2705 EGMR Poitrimol/F, 23.11.1993.
2706 Vgl. EGMR Demebukov/BUL, 28.2.2008, vor § 50.
2707 EGMR Poitrimol/F, 23.11.1993, § 34. Dagegen hatte sich vehement die französische Regierung ausgesprochen (§ 33); bestätigt in EGMR Krombach/F, 13.2.2001, § 89.
2708 EGMR (GK) van Geyseghem/B, 21.1.1999, § 34 („Even if the legislature must be able to discourage unjustified absences, it cannot penalise them by creating exceptions to the right to legal assistance.").
2709 Das erkennt auch *Pellonpää* in seinem Sondervotum: „The applicant, however, is in effect claiming on the basis of the Convention not just a right to be assisted but rather a right to be absent from criminal proceedings and the corollary right to be defended in such proceedings by a representative.".
2710 Vertiefend zu den Rechten des Beschuldigten und dessen Verteidiger bei Abwesenheitsentscheidungen: *Mertins* Proceedings in absentia in comparative and international criminal law (2022) 241 ff.; vgl. zu dieser Wertungsentscheidung auch OLG Köln Urt. v. 8.11.2022 – 1 RVs 116/22, NStZ **2023** 381 m. Praxiskommentar *Krenberger*, wonach bei einem Verstoß gegen § 329 Abs. 1 Satz 1 StPO ein Beruhen i.S.d. § 338 Nr. 5 StPO nicht zwingend gegeben sein soll (vgl. Rn. 1028).

Sache verworfen. Es war daher bereits abzusehen,[2711] dass der EGMR ein Verfahren, in dem § 329 Abs. 1 StPO a.F. angewandt wurde, für unfair und damit konventionswidrig erklären würde.

Die deutschen Gerichte waren daher nicht darin gehindert, sondern gerade aufgefordert, § 329 Abs. 1 Satz 1 StPO a.F. **konventionskonform auszulegen:** Das BVerfG hatte zudem im *Görgülü*-**Beschluss**[2712] die Verpflichtung der deutschen Gerichte betont, Urteile des EGMR, auch wenn sie nicht gegen Deutschland ergangen sind, zum Anlass zu nehmen, die nationalen Rechtsordnungen zu überprüfen und sich bei einer möglicherweise erforderlichen Änderung an der einschlägigen Rechtsprechung des Gerichtshofs zu orientieren. Sofern methodisch vertretbar, sind die nationalen Gesetze völkerrechtsfreundlich auszulegen, um einen Konventionsverstoß Deutschlands zu vermeiden. **1022**

Da § 329 Abs. 1 Satz 1 StPO a.F. die Vertretung des Beschuldigten nicht generell ausschloss, sondern sie ausweislich seines Wortlauts *„in Fällen, in denen dies zulässig ist"* erlaubte, war die Berücksichtigung der einschlägigen EGMR-Rechtsprechung zwanglos möglich: Immer dann, wenn ein Beschuldigter gegenüber dem Gericht den Wunsch äußerte, von einem (Wahl)Verteidiger vertreten zu werden, war die Vertretung von Konventions wegen zu gestatten. Verfassungsrecht stand dieser Interpretation nicht entgegen, weil keine mehrpoligen Grundrechtsverhältnisse zu berücksichtigen waren. Auch zwingendes sonstiges Bundesrecht (sofern man diese Einschränkung überhaupt für möglich hält) verlangte kein anderes Ergebnis. Denn wie bereits oben angedeutet, ist die StPO zwar grundsätzlich auf eine Verhandlung in Anwesenheit des Beschuldigten zugeschnitten, Abwesenheitsverhandlungen, zumal in der Berufungsinstanz, sind aber selbst dem deutschen Verfahrensrecht keineswegs so systemfremd, wie das BVerfG in seinem oben zitierten Nichtannahmebeschluss behauptete. Das zeigte schon ein Blick auf § 329 Abs. 2 StPO a.F. Das **OLG Düsseldorf** und das **OLG Hamm** ließen bedauerlicherweise im Jahr 2012 die Chance zu einer menschenrechtskonformen Auslegung des § 329 Abs. 1 Satz 1 StPO a.F. verstreichen[2713] und zogen sich stattdessen „formal" auf das Fehlen einer Vertretungsvollmacht nach § 234 StPO zurück,[2714] ein Gedanke, der in der Judikatur des EGMR keinerlei Verankerung findet.[2715] **1023**

2711 Vgl. auch *Böhm* NJW **2015** 3132, 3133 („nicht verwunderlich").

2712 BVerfGE **111** 307 = NJW **2004** 3407 = JZ **2004** 1171 = StV **2005** 307; siehe auch: BVerfG NJW **2011** 207, 209 (Art. 36 WÜK).

2713 Gegen die Möglichkeit einer konventionskonformen Auslegung von § 329 Abs. 1 Satz 1 StPO a.F. auch: OLG München StV **2013** 301 = StraFo **2013** 252 m. krit. Anm. von: *Esser* StraFo **2013** 253; *Gerst* StRR **2013** 146; *Waszczynski* NStZ-RR **2014** 18; *Mosbacher* NStZ **2013** 312, 314; *Zehetgruber* HRRS **2013** 397, 402 ff.; zustimmend dagegen: *Peglau* jurisPR-StrafR **5/2013** Anm. 3. Siehe außerdem: OLG Celle NStZ **2013** 615; OLG Bremen Beschl. v. 10.6.2013 – 2 Ss 11/13, BeckRS **2013** 13229 m. Anm. *Burhoff* StRR **2013** 387; OLG Hamburg Beschl. v. 3.12.2013 – 1 – 25/13 (REV) 1 Ss 68/13, BeckRS **2014** 01432; OLG Hamm Beschl. v. 23.7.2013 – 3 RVs 49/13, BeckRS **2014** 03740; OLG Jena Beschl. v. 7.8.2013 – 1 SS 55/13 (juris); KG Beschl. v. 7.2.2014 – (4) 161 Ss 5/14 (14/14), BeckRS **2014** 06969; OLG Düsseldorf 14.2.2014 – VIII-1 StO 2/13, BeckRS **2014** 05457; OLG Düsseldorf StV **2013** 299 m. Anm. *Hanschke* StRR **2012** 346; OLG Hamm Beschl. v. 14.6.2012 – III 1 RVs 41/12 m. Anm. *Burhoff* StRR **2012** 463; OLG Köln NStZ-RR **1999** 112; BayObLG NStZ-RR **2000** 307; OLG Oldenburg NStZ **1999** 156.

2714 OLG Düsseldorf Urt. v. 14.2.2014 – VIII-1 StO 2/13, BeckRS **2014** 5457; OLG Düsseldorf Beschl. v. 27.2.2021 – III-2 RVs 11/12 StV **2013** 299 m. Anm. *Esser* StV **2013** 331 und *Hanschke* StRR **2012** 346; OLG Hamm Beschl. v. 14.6.2012 – III 1 RVs 41/12, StRR **2012** 463. Ebenfalls gegen eine konventionsfreundliche Auslegung und besonders bemerkenswert: OLG Brandenburg StraFo **2015** 70, das sogar die Vorinstanz aufhob, die auf der Grundlage einer schriftlichen Vertretungsvollmacht des Verteidigers verhandelt hatte; § 338 Nr. 5 StPO sei angeblich begründet.

2715 Ausführlich und kritisch dazu: *Esser* StV **2013** 331, 336 f.

1024 Im Urteil *Neziraj* stellte der EGMR dann unter Fortführung seiner bisherigen Rechtsprechung die Konventionswidrigkeit des § 329 Abs. 1 Satz 1 StPO a.F. und einen **Verstoß
gegen Art. 6 Abs. 1 i.V.m. Art. 6 Abs. 3 *lit*. c** schließlich ausdrücklich fest.[2716] Der Fall
betraf ein Verfahren, in dem das LG Köln als Berufungsinstanz das Rechtsmittel des nicht
erschienenen Angeklagten unter Anwendung von § 329 Abs. 1 Satz 1 StPO a.F. verworfen
hatte, obwohl der Verteidiger ausdrücklich seine Verteidigungsbereitschaft erklärt und auf
die Vorgaben des EGMR hingewiesen hatte. Dem Urteil ist ein (zustimmendes) Sondervotum der Richterinnen *Power-Forde* und *Nußberger* beigefügt, das sich inhaltlich kritisch
zur Leitlinie der Rechtsprechung des EGMR verhält. Der Gesetzgeber war nun aufgefordert, § 329 Abs. 1 Satz 1 StPO a.F. und auch **§§ 73 Abs. 1, 74 Abs. 2 OWiG**[2717] den Straßburger Vorgaben entsprechend anzupassen.

1025 Da es dem Angeklagten nach den Grundsätzen der EMRK freisteht, auf seine Anwesenheit in der Hauptverhandlung zu verzichten, begegnen **Gestellungsmittel im nationalen Recht** (vgl. § 230 Abs. 2 StPO: Vorführung; § 231 Abs. 2 StPO: „geeignete Maßnahmen"
gegen Entfernung) Bedenken.[2718]

1026 Mit dem Gesetz[2719] vom 15.7.2015 erfolgte eine **weitreichende Neuregelung des § 329
StPO**. Diese steuert jedoch lediglich das „völkerrechtlich gebotene Minimum" an, d.h. sie
konzentriert sich auf die Berufungshauptverhandlung und lässt etwaige Auswirkungen
der Rs. *Neziraj* auf das Strafverfahren in erster Instanz und das Ordnungswidrigkeitenverfahren (§§ 73, 74 OWiG) unberührt. Dabei hält die Neuregelung konzeptionell am Modell
der Verwerfung des Rechtsmittels der Berufung im Falle der Abwesenheit des Angeklagten
fest (§ 329 Abs. 1 StPO) – allerdings mit wesentlich ausgeweiteten Einschränkungen,[2720] die
über die bisherige Möglichkeit einer „genügenden Entschuldigung" (die erhalten bleibt)
hinausgehen.[2721]

1027 Zugleich votiert die Neuregelung für die **Ausweitung von Abwesenheitsverhandlungen vor dem Berufungsgericht** – über die ursprünglich schon bestehende Möglichkeit
und Regelung des § 329 Abs. 2 StPO a.F. (nicht genügende Entschuldigung der Abwesenheit
des Angeklagten bei einer Berufung der *Staatsanwaltschaft*, die in § 329 Abs. 2 Satz 1 Var. 2
StPO erhalten bleibt) hinaus. Auf die bisherige Einschränkung und Wortwahl „*in Fällen,
in denen dies zulässig ist*" wird konsequent verzichtet. Stattdessen wird nun in menschen-
rechtskonformer Umsetzung der Vorgaben des EGMR sichergestellt, dass der Angeklagte
zur Hauptverhandlung vor dem Berufungsgericht nur noch dann erscheinen muss, soweit
seine Anwesenheit „**erforderlich**" ist (§ 329 Abs. 2 Satz 1 StPO).

1028 Insofern setzen die Regelungen in § 329 Abs. 1 und Abs. 2 StPO das in Art. 6 Abs. 3
lit. c angelegte Wahlrecht auf Selbst- oder Fremdverteidigung um[2722] und postulieren letztlich auch ein Recht auf „Abwesenheit" des Angeklagten von der Hauptverhandlung, das
allerdings auch nach Ansicht des EGMR nicht absolut gewährleistet ist und (aber auch

---

2716 EGMR Neziraj/D, 8.11.2012, §§ 52–67; kritisch hierzu *Weigend* FS Kühl 947.
2717 Dazu *Püschel* StraFo **2012** 493, 495; OLG Brandenburg NZV **2016** 101 (gegen die Auslegungfähigkeit
von § 74 Abs. 2 OWiG im Lichte des *Neziraj*-Urteils).
2718 So auch *Weigend* FS Kühl 947, 951.
2719 Gesetz zur Stärkung des Rechts des Angeklagten auf Vertretung in der Berufungsverhandlung und
über die Anerkennung von Abwesenheitsentscheidungen in der Rechtshilfe v. 17.7.2015, BGBl. I S. 1332.
2720 Kritisch zur geplanten Sanktionierung der vorsätzlichen und schuldhaften Herbeiführung des Zustands der Verhandlungsunfähigkeit: *Bischoff/Kusnik/Bünnigmann* StraFo **2015** 222, 226.
2721 Wie schon in der ursprünglichen Regelung wird die Berufung nicht verworfen, wenn die Sache vom
Revisionsgericht zur erneuten Verhandlung an das Berufungsgericht zurückverwiesen worden ist (§ 329
Abs. 1 Satz 4 StPO). Auch in diesem Fall ist nun eine Vertretung des Angeklagten durch einen Verteidiger
möglich. Auf diese Konstellation soll hier nicht weiter eingegangen werden.
2722 In diesem Sinne auch (noch in Bezug auf den Entwurf der beiden Passagen): *Pöschl* 288 ff.

Esser

nur dann) eingeschränkt[2723] werden kann, wenn seine Anwesenheit *erforderlich* ist.[2724] Erscheinen bei Beginn eines Berufungshauptverhandlungstermins weder der Angeklagte noch ein Verteidiger mit nachgewiesener Vertretungsvollmacht, und verhandelt das Berufungsgericht dennoch in Abwesenheit des Angeklagten zur Sache anstatt die Berufung gemäß § 329 Abs. 1 Satz 1 StPO zu verwerfen, so soll dies nicht ohne Weiteres die Rüge des § 338 Nr. 5 StPO eröffnen, da dem Angeklagten dadurch letztlich ein Mehr an rechtlichem Gehör zuteilwerden kann und dann ein Beruhen des Urteils auf der Rechtsverletzung denkgesetzlich ausgeschlossen ist.[2725]

Bedenken hinsichtlich einer umfassenden Konventionskonformität der Neuregelung **1029** des § 329 StPO ergeben sich jedoch mit Blick auf § 329 Abs. 4 StPO:[2726] Hält das Gericht die Anwesenheit des Angeklagten in der auf seine Berufung hin durchgeführten Hauptverhandlung trotz Vertretung durch einen Verteidiger für erforderlich,[2727] hat das Gericht den Angeklagten gemäß § 329 Abs. 4 Satz 1 StPO zur Fortsetzung der Hauptverhandlung zu laden und sein Erscheinen anzuordnen. Erscheint der Angeklagte daraufhin im Fortsetzungstermin ohne genügende Entschuldigung nicht und ist seine Anwesenheit noch immer erforderlich, wird die Berufung verworfen (§ 329 Abs. 4 Satz 2 StPO).

Dies bedeutet zwar, dass bei unentschuldigter Abwesenheit des Angeklagten trotz An- **1030** wesenheit eines zur Vertretung bevollmächtigten Verteidigers eine Verwerfung der Berufung *erst im Fortsetzungstermin* erfolgen darf, zu dem der Angeklagte zuvor geladen und sein persönliches Erscheinen angeordnet worden sein muss.[2728] Dass jedoch auch nach der neuen Regelung des § 329 Abs. 4 Satz 2 StPO eine Verwerfung des Rechtsmittels als „Sanktion" des Ausbleibens – wenn auch erst im Fortsetzungstermin – noch möglich bleibt, ist nicht unproblematisch. Denn mit jeder Verwerfung bei unentschuldigtem Nichterscheinen des Angeklagten im Fortsetzungstermin trotz Anwesenheit des hinreichend legitimierten Verteidigers wird die Abwesenheit des Angeklagten nun doch – wenn auch nicht im ersten Termin – mit einem Eingriff in das Recht auf Verteidigung sanktioniert, was einen Verstoß gegen Art. 6 Abs. 3 *lit.* c begründen dürfte[2729] und daher gerade keine vollkommen konsequente Umsetzung der Vorgaben des EGMR aus dem Urteil *Neziraj* darstellt.

[2723] Die EMRK fordert kein *absolutes, uneingeschränktes* Recht des Angeklagten auf „Abwesenheit", vgl. hierzu: *Pöschl* 428.

[2724] Kritisch zu diesen Regelungen bzw. zu ihrem ähnlich lautenden Entwurf: DRB (Stellungnahme Nr. 6/ 14 v. April 2014); *Frisch* NStZ **2015** 69, 72 f. (Regelung beruhe auf „Fehlvorstellungen über das Ausmaß sachbezogen notwendiger Anwesenheit des Angeklagten"); die Neuregelung im Grundsatz befürwortend dagegen: BRAK-Stellungnahme 13/2014; *Penkuhn/Brill* JuS **2016** 682, 685.

[2725] Zum Ganzen: OLG Köln Urt. v. 8.11.2022 – 1 RVs 116/22, NStZ **2023** 381 m. Anm. *Krenberger* (Verhandlung in Abwesenheit des Angeklagten und in Anwesenheit des Verteidigers, jedoch ohne nachgewiesene Vertretungsvollmacht); vgl. zu den Voraussetzungen einer wirksamen Vertretungsvollmacht i.S.d. § 329 Abs. 1 Satz 1 bzw. Abs. 2 Satz 1 StPO etwa BGH Beschl. v. 24.1.2023 – 3 StR 386/21, BeckRS **2023** 3996: Erklärung, mit welcher der Angeklagte dem Verteidiger Vollmacht zur Vertretung, auch im Fall der Abwesenheit des Angeklagten, in allen Instanzen – ohne ausdrückliche Bezugnahme auf die Abwesenheitsvertretung in der Berufungshauptverhandlung – erteilt hat, genügt den Anforderungen der in § 329 Abs. 1 Satz 1 bzw. Abs. 2 Satz 1 StPO vorausgesetzten Vertretungsvollmacht (vgl. dazu auch Rn. 1031).

[2726] Vgl. hierzu auch *Jansen* StV **2020** 59, 63 f.

[2727] Dabei hat eine nachvollziehbare Begründung der Erforderlichkeit der persönlichen Anwesenheit des Angeklagten trotz seiner Vertretung durch den Verteidiger zu erfolgen, vgl. OLG Jena Beschl. v. 1.10.2019 – 1 OLG 161 Ss 83/19, BeckRS **2019** 45911.

[2728] Vgl. OLG Hamburg Beschl. v. 6.5.2020 – 2 Rev 20/20, BeckRS **2020** 11610.

[2729] So auch *Jansen* StV **2020** 59, 63 f. (Konventionskonformität des § 329 Abs. 4 Satz 2 StPO vor diesem Hintergrund gerade aufgrund ihrer gebundenen Rechtsfolge „hat [...] zu verwerfen" verneinend; Erzwingung der Anwesenheit mithilfe von Zwangsmitteln als konventionskonforme Alternative).

1031   Auch im Hinblick auf die Anforderungen an die Legitimation und das Erscheinen des Verteidigers ergaben sich bislang gewisse Friktionen. Seine Legitimation zur Vertretung musste der Verteidiger in der Neuregelung aus dem Jahr 2015 zunächst noch ausdrücklich mithilfe einer *schriftlichen* **Vertretungsvollmacht** belegen.[2730] Für die Bejahung des Merkmals „Erscheinen" des Verteidigers wurde es außerdem für erforderlich angesehen, dass der Verteidiger zusätzlich auch über die Bereitschaft zur umfassenden Vertretung des Angeklagten verfügt.[2731] Nach einer inzwischen erfolgten Gesetzesmodifikation[2732] verlangt die Regelung nun anstelle einer „schriftlichen" nur noch eine *nachgewiesene* **Vertretungsvollmacht** (vgl. § 329 Abs. 1 Satz 1, Abs. 2 Satz 1 StPO). Die Rechtsprechung hält jedoch trotz dieser Anpassung teilweise am Erfordernis der Schriftlichkeit fest[2733] und stellt auch sonst eher strenge Anforderungen[2734] an das Vorliegen der Vertretungsvollmacht, was dem Anliegen des EGMR grundsätzlich zuwiderlaufen dürfte.[2735]

2730 § 329 StPO a.F., BGBl. 2015 I S. 1332; vgl. auch OLG Hamburg Beschl. v. 25.7.2017 – 1 Rev 37/17, BeckRS **2017** 119201; OLG Köln Beschl. v. 24.3.2017 – 1 RVs 15/17, 1 RVs 15/17, NStZ-RR **2017** 256 (Vollmacht muss dem Gericht in der Hauptverhandlung als solche vorliegen); nicht ausreichend: Übermittlung per Telefax an die allgemeine Posteingangsstelle des Gerichts am Vortag ohne Hinweis auf die Eilbedürftigkeit der Weiterleitung); KG Beschl. v. 23.11.2017 – (4) 161 Ss 158/17 (213/17), BeckRS **2017** 137047, FD-StrafR **2018** 400738 m. Anm. *Krug* (mündliche Vollmacht nicht ausreichend).

2731 Vgl. BTDrucks. **18** 3562 S. 69; OLG Hamm Beschl. v. 6.9.2016 – 4 RVs 96/16, BeckRS **2016** 17036, FDStrafR **2016** 382051 m. krit. Anm. *Weber*; OLG Jena Beschl. v. 28.7.2016 – 1 Ss 42716, BeckRS **2016** 17322; m. zu Recht krit. Anm. *Oehmichen* FD-StrafR **2016** 382049, zumal sich aus dem Wortlaut des § 329 StPO dieses Erfordernis nicht entnehmen lässt.

2732 Erfolgt durch das Gesetz zur Einführung der elektronischen Akte in der Justiz und zur weiteren Förderung des elektronischen Rechtsverkehrs v. 5.7.2017 (BGBl. I S. 2208, 2214): die Änderung diente der Herstellung der Medienneutralität in Bezug auf eine mögliche elektronische Übermittlung der Vollmacht, vgl. BTDrucks. **18** 9416 S. 70.

2733 Vgl in Bezug auf die Parallelvorschriften §§ 73, 74 OWiG: OLG Köln Beschl. v. 24.9.2019 – 1 RBs 328/19, BeckRS **2019** 23781, unter Hinweis auf die Intention des Gesetzgebers, lediglich die Medienneutralität herzustellen, weshalb dieser nicht das Erfordernis der Schriftform aufgegeben habe; siehe zudem *Müller/Schmidt* NStZ **2020** 14, 16; anders aber: OLG Karlsruhe Beschl. v. 18.11.2020 – 2 Rv 21 Ss 483/20, NStZ-RR **2021** 56, das nach der Gesetzesänderung nun (nur) noch einen „sicheren Nachweis über die Bevollmächtigung" fordert; OLG Karlsruhe NStZ-RR **2021** 184 (Ausdruck einer dem Verteidiger als Bildddatei übermittelten Vollmacht ausreichend).

2734 Vgl. KG Beschl. v. 1.3.2018 – (5) 121 Ss 15/18 (11/18), BeckRS **2018** 5556; OLG Hamm Beschl. v. 24.11.2016 – III 5 RVs 82/16 – juris Rn. 28. Den Anforderungen der in § 329 StPO vorausgesetzten Vertretungsvollmacht soll jedoch auch in der Berufungshauptverhandlung eine Erklärung genügen, nach der der Angeklagte auch im Falle seiner Abwesenheit seinem Verteidiger ohne Einschränkung für alle Instanzen Vollmacht zur Vertretung erteilt, siehe BGH Beschl. v. 24.1.2023 – 3 StR 386/21, BeckRS **2023** 3996; so auch OLG Düsseldorf Beschl. v. 8.9.2021 – 2 RVs 60/21, BeckRS **2021** 25913; anders noch OLG Celle Beschl. v. 18.1.2021 – 2 Ss 119/20, BeckRS **2021** 626 = StraFo **2021** 127; StRR **2021** 15 m. Anm. *Burhoff* (Vertretungsvollmacht müsse sich ausdrücklich auch auf die Abwesenheitsvertretung in der Berufungshauptverhandlung beziehen); eingehend dazu auch: *Spitzer* NStZ **2021** 327 ff., wonach jedoch die Formulierung „Verteidigung und Vertretung in allen Instanzen" ausreicht; OLG Köln Beschl. v. 12.6.2018 – 1 RVs 107/18, BeckRS **2018** 13378 (wird der bisherige Wahlverteidiger als Pflichtverteidiger beigeordnet, endet das Mandat, so dass dann eine neue, § 329 StPO entsprechende Vertretungsvollmacht erteilt werden muss); OLG Karlsruhe Beschl. v. 18.11.2020 – 2 Rv 21 Ss 483/20, NStZ-RR **2021** 56 (Qualifizierte Signierung zum Nachweis der Vertretungsvollmacht durch eine elektronisches Dokument oder Übermittlung auf einem der sicheren Übermittlungswege i.S.d. § 32a Abs. 4 StPO); zu den Anforderungen an die Vertretungsvollmacht auch: *Ullenboom* StV **2019** 643, 645.

2735 Siehe aber auch: OLG Köln Beschl. v. 9.7.2021 – 1 RVs 121/21, BeckRS **2021** 19596, wonach es abhängig von den Umständen des Einzelfalls als unbedenklich angesehen werden kann, wenn die Vollmachtsurkunde vom Verteidiger selbst (im Fall: um ein Aktenzeichen im Betreff) vervollständigt wird.

Eine noch stärkere Einschränkung erfährt die Umsetzung der Vorgaben des EGMR **1032** mittlerweile mit Blick auf die Auslegung des Merkmals der *Erforderlichkeit* der **Anwesenheit** des Angeklagten in der Berufungshauptverhandlung. So will die Rechtsprechung diesen Begriff überwiegend sehr weit interpretieren, was u.a. mit dem „absoluten Ausnahmecharakter" einer strafrechtlichen Hauptverhandlung ohne den Angeklagten begründet wird, dem Tat und Schuld schon von Verfassung wegen grundsätzlich in seiner Anwesenheit nachgewiesen werden müssen.[2736] Demnach sei die Anwesenheit des Angeklagten insbesondere erforderlich, wenn es um die Aufklärung irgendeines für die Schuld- oder Straffrage beachtlichen Umstands gehe.[2737] Diese extensive Auslegung führt letztlich allerdings dazu, dass die Möglichkeit einer Abwesenheit des Angeklagten bei Vertretung durch einen Verteidiger nur noch zum reinen Ausnahmefall wird; dies bedeutet eine beträchtliche Aushöhlung[2738] der Vorgaben des EGMR.

j) Recht auf Anwesenheit im Rechtsmittelverfahren. Das Recht zur Anwesenheit **1033** in der gerichtlichen Verhandlung besteht grundsätzlich auch im Rechtsmittelverfahren.[2739] Wie das Anwesenheitsrecht in der ersten Instanz ist es aber kein absolutes Recht, sondern es kann mit sachgerechten Erwägungen eingeschränkt werden. Das ist im Rechtsmittelverfahren wegen der tendenziell geringeren Bedeutung des Anwesenheitsrechts im größeren Umfang möglich als in der ersten Instanz.[2740] Die Regeln, die der Gerichtshof dazu entwickelt hat, sind allerdings sehr komplex.[2741] Ob die Anwesenheit des Beschuldigten in der Rechtsmittelinstanz nach der Konvention erforderlich ist, hängt von den **Besonderheiten des jeweiligen nationalen Verfahrens** ab.[2742] Der Gerichtshof schenkt dabei der **Gesamtheit der nationalen Verfahrensordnung** Beachtung sowie der Funktion, die die Rechtsmittelgerichte darin erfüllen.[2743]

2736 OLG Hamburg NStZ **2017** 607, 608 = StraFo **2016** 520 m. Anm. *Gerson.*

2737 OLG Hamburg NStZ **2017** 607, 608; hierzu auch: *Frisch* NStZ **2015** 69, 72f.; *Ullenboom* StV **2019** 643, 646.

2738 Vgl. auch *Jansen* StV **2020** 59, 63; *Franzke* StV **2019** 363, 364; diese Möglichkeit bereits erkennend: *Böhm* NJW **2015** 3132, 3133, wonach sich eine extensive Auslegung des Merkmals der „Erforderlichkeit" mit Blick auf die Rechtsprechung des EGMR verbiete.

2739 EGMR Csikós/H, 5.12.2006; Samokhvalov/R, 12.2.2009, § 42; Sibgatullin/R, 23.4.2009, § 33; Sinichkin/R, 8.4.2010, § 30 („the duty to guarantee the right of a criminal defendant to be present in the courtroom – *either during the original proceedings or in a retrial* – ranks as one of the essential requirements of Article 6.").

2740 EGMR Yavuz/A, 27.5.2004, § 47; Marcello Viola/I, 25.10.2005, § 54; (GK) Hermi/I, 18.10.2006, § 60; Liebreich/D (E), 8.1.2008; Timergaliyev/R, 14.10.2008, § 50; Samokhvalov/R, 12.2.2009, § 43; Sibgatullin/R, 23.4.2009, § 34; Sobolewski/PL (Nr. 2), 9.6.2009, § 34; Seliwiak/PL, 21.7.2009, § 55; Sinichkin/R, 8.4.2010, § 31 („The personal attendance of the defendant does not take on the same crucial significance for an appeal hearing as it does for the trial hearing."); (GK) Sakhnovskiy/R, 2.11.2010, § 96 („A person charged with a criminal offence should, as a general principle based on the notion of a fair trial, be entitled to be present at the first-instance trial hearing. Howver, the attendance of the defendant in person does not necessarily take on the same significance for the appeal hearing.").

2741 *Trechsel* 257.

2742 EGMR Yavuz/A, 27.5.2004, § 47; Liebreich/D (E), 8.1.2008; Samokhvalov/R, 12.2.2009, § 43; Igual Coll/E (E), 10.3.2009, § 26; (GK) Sakhnovskiy/R, 2.11.2010, § 96.

2743 EGMR Belziuk/PL, 25.3.1998, ÖJZ **1999** 117; (GK) Meftah u.a./F, 26.7.2002; Marcello Viola/I, 25.10.2005, § 54; Timergaliyev/R, 14.10.2008, § 50; Samokhvalov/R, 12.2.2009, § 43; Grigoryevskikh/R, 9.4.2009, § 76; Sibgatullin/R, 23.4.2009, § 34; Sobolewski/PL (Nr. 2), 9.6.2009, § 34; Seliwiak/PL, 21.7.2009, § 55; Nefedov/R, 13.3.2012, §§ 37f., 42; vgl. auch *Esser* 784ff.

Esser

1034   Ferner spielt es auch eine Rolle, wie die **Verteidigungsinteressen des Beschuldigten** wahrgenommen werden.[2744] In keinem Fall darf der Beschuldigte im Ergebnis ohne wirksame Verteidigung dastehen.[2745] Dass er nach den Vorschriften einiger Konventionsstaaten verpflichtet ist, seinen Wunsch nach persönlicher Teilnahme an der Rechtsmittelverhandlung vorab mitzuteilen, soll nach Ansicht des EGMR jedenfalls keinen Verstoß gegen Art. 6 darstellen, sofern die Regelung hinreichend klar ist.[2746]

1035   Eine Verhandlung kann in der Rechtsmittelinstanz zum einen dann ohne den Beschuldigten stattfinden, wenn der Beschuldigte wirksam auf sein Anwesenheitsrecht **verzichtet** hat.[2747] Dazu ist – wie in der ersten Instanz – insbesondere erforderlich, dass der Beschuldigte durch eine amtliche Ladung Kenntnis vom Termin erhalten hat (vgl. Rn. 967).[2748] Unter dieser Voraussetzung kann er auch stillschweigend, also durch bloßes Ausbleiben in der Verhandlung auf sein Anwesenheitsrecht verzichten.[2749] Ist dem Gericht eine ausländische Zustelladresse des Beschuldigten bekannt, so genügt die bloße öffentliche Zustellung der Ladung durch Aushang der Benachrichtigung nicht. Vielmehr ist ein **Zustellungsversuch im Ausland** erforderlich, um den Beschuldigten nicht in seinem Anwesenheitsrecht zu verletzen.[2750]

1036   Die Anwesenheit und die **Vermittlung eines unmittelbaren Eindrucks von seiner Person** gegenüber dem Gericht muss dem Beschuldigten in der Rechtsmittelinstanz jedenfalls dann gewährleistet sein und ermöglicht werden, wenn das Gericht den Fall nicht nur in rechtlicher, sondern auch in **tatsächlicher** Hinsicht aufrollt (ggf. mit einer erneuten Beweisaufnahme)[2751] und die **Schuldfrage** neu entscheidet.[2752] Das gilt auch dann, wenn das Rechts-

---

2744 EGMR Sabayev/R, 8.4.2010, § 33 („Regard must be had in assessing this question to, among other things, the special features of the proceedings involved and *the manner in which the defence's interests are presented and protected before the appellate court*, particularly in the light of the issues to be decided by it and their importance for the appellant."); Sinichkin/R, 8.4.2010, § 33; (GK) Sakhnovskiy/R, 2.11.2010, § 96.

2745 EGMR Lala/NL, 22.9.1994, § 33; Sabayev/R, 8.4.2010, § 34 („it is also of crucial importance for the fairness of the criminal justice system that the accused be adequately defended, both at first instance and on appeal"); Sinichkin/R, 8.4.2010, § 34; Ichetovkina u.a./R, 4.7.2017, §§ 23, 29, 32.

2746 EGMR Samokhvalov/R, 12.2.2009, § 56; Sibgatullin/R, 23.4.2009, § 45; Kononov/R, 27.1.2011, § 40.

2747 EGMR (GK) Hermi/I, 18.10.2006, § 76; Samokhvalov/R, 12.2.2009, § 57; Sobolewski/PL (Nr. 2), 9.6.2009, § 36; Seliwiak/PL, 21.7.2009, § 57.

2748 EGMR Sibgatullin/R, 23.4.2009, § 49.

2749 EGMR Sobolewski/PL (Nr. 2), 9.6.2009, § 36.

2750 EGMR Dridi/D, 26.7.2018, §§ 31 ff., NJW **2019** 3051.

2751 Siehe hierzu die Kontroverse innerhalb der Richter einer Kammer in EGMR Umnikov/UKR, 19.5.2016, wo die Richtermehrheit (4:3) das Verfahren trotz Abwesenheit des Angeklagten im Rechtsmittelverfahren u.a. deswegen für konventionskonform hält, weil das Rechtsmittelgericht keine Zeugen hörte oder anderweitig eine Beweisaufnahme vornahm (§ 61), wohingegen die überstimmten Richter eine Verletzung auch gerade damit begründeten, dass die Zeugen nicht angehört wurden, deren Glaubwürdigkeit der Angeklagte bestritten hatte (Nr. 8 des ablehnenden Sondervotums *Nußberger, Møse* und *Grozev*).

2752 EGMR Kremzow/A, 21.9.1993; Pobornikoff/A, 3.10.2000 (Recht auf Anwesenheit, wenn persönlicher Eindruck für eine Entscheidung von Bedeutung); Kucera/A, 20.3.2001 (Auswertung eines Gutachtens über Alkohol- und Medikamenteneinfluss auf Tathergang für Strafzumessung), dazu abl. SK/*Meyer* 422; Dondarini/SM, 6.7.2004, § 27; Marcello Viola/I, 25.10.2005, § 58; Bazo González/E, 16.12.2008, § 31; Samokhvalov/R, 12.2.2009, § 45; Sibgatullin/R, 23.4.2009, § 36; Sobolewski/PL (Nr. 2), 9.6.2009, § 35; Seliwiak/PL, 21.7.2009, § 56; Sinichkin/R, 8.4.2010, § 32; ferner EGMR Andreescu/RUM, 8.6.2010, § 64 („lorsqu'une instance d'appel est amenée à connaître d'une affaire en fait et en droit et à étudier dans son ensemble la question de la culpabilité ou de l'innocence, *elle ne peut, pour des motifs d'équité du procès, décider de ces questions sans appréciation directe des témoignages présentés en personne par l'accusé* qui soutient qu'il n'a pas commis l'acte tenu pour une infraction pénale."); Zahirovic/KRO, 25.4.2013, § 56 („where an appellate court has to examine a case as to the facts and the law and make a *full assessment of the issue of guilt or innocence*, it

mittelgericht das erstinstanzliche Urteil letztlich im vollen Umfang aufrechterhält.[2753] Der Beschuldigte muss in dieser Konstellation auch gehört werden, wenn er dies nicht beantragt.[2754] Bei sonstiger Nachprüfung des Falles in tatsächlicher Hinsicht ist seine Anwesenheit nicht zwingend erforderlich.[2755] Bei der Abwägung spielt für den EGMR die **Bedeutung der Verurteilung** für den Beschuldigten eine entscheidende Rolle,[2756] so dass bei Bagatellvergehen die Anwesenheit im Allgemeinen eher nicht erforderlich zu sein scheint.[2757]

Ferner hält der Gerichtshof die Anwesenheit des Beschuldigten dann für erforderlich, **1037** wenn das Rechtsmittelverfahren für den Beschuldigten eine **entscheidende Bedeutung** („crucial importance") hat.[2758] Das ist insbesondere dann der Fall, wenn die Entscheidung zu einem **schwerwiegenden Nachteil für den Beschuldigten** führen kann, etwa weil die Verböserung der erstinstanzlichen Strafe oder die Aufrechterhaltung einer mehrjährigen Freiheitsstrafe droht oder weil der Beschuldigte im Fall einer rechtskräftigen Entscheidung mit erheblichen **Nachteilen für sein Berufsleben** rechnen muss.

Demgegenüber kann im deutschen Strafprozess in der **Revisionsinstanz** die Hauptver- **1038** handlung[2759] gemäß **§ 350 Abs. 2 Satz 2 StPO** auch stattfinden, wenn weder der Angeklagte noch ein Verteidiger anwesend ist, sofern kein Fall der notwendigen Verteidigung vorliegt. Legitim kann dies vor dem Hintergrund erscheinen, dass das Revisionsgericht gemäß § 354 Abs. 1 StPO nur dann selbst in der Sache entscheidet, wenn – bei Aufhebung des Urteils nur wegen Gesetzesverletzung – ohne weitere tatsächliche Erörterungen nur auf Freisprechung oder auf Einstellung oder auf eine absolut bestimmte Strafe zu erkennen ist oder das Revisionsgericht in Übereinstimmung mit dem Antrag der Staatsanwaltschaft die gesetzlich niedrigste Strafe oder das Absehen von Strafe für angemessen erachtet.[2760]

---

cannot determine the issue without a direct assessment of the *evidence given in person by the accused* for the purpose of proving that he did not commit the act allegedly constituting a criminal offence."); vgl. auch *Grabenwarter/Pabel* § 24, 107 ff.

2753 EGMR Sandor Lajos Kiss/H, 29.9.2009, § 26 („It is irrelevant in this respect that [...] the Regional Court came to the same conclusion as the first-instance court and upheld its judgment without changing it on the merits."); Talaber/H, 29.9.2009, § 29.

2754 EGMR Andreescu/RUM, 8.6.2010, § 68 („la juridiction de recours était tenue de prendre des mesures positives afin d'entendre le requérant lors de l'audience, même si l'intéressé ne l'avait pas sollicité expressément.").

2755 EGMR Marcello Viola/I, 25.10.2005, § 56 („even where an appeal court has full jurisdiction to review the case on questions both of fact and of law, Article 6 does not always require a right to a public hearing and *a fortiori* a right to be present in person."); Golubev/R (E), 9.11.2006; Liebreich/D (E), 8.1.2008; Timergaliyev/R, 14.10.2008, § 50; Grigoryevskikh/R, 9.4.2009, § 77; Sibgatullin/R, 23.4.2009, § 36; Sobolewski/PL (Nr. 2), 9.6.2009, § 35; Seliwiak/PL, 21.7.2009, § 56; Sabayev/R, 8.4.2010, § 33; Sinichkin/R, 8.4.2010, § 31; (GK) Sakhnovskiy/R, 2.11.2010, § 96; KK-EMRK-GG/*Grabenwarter/Pabel* Kap. 14, 147.

2756 EGMR Marcello Viola/I, 25.10.2005, § 56; Golubev/R (E), 9.11.2006; Liebreich/D (E), 8.1.2008; Samokhvalov/R, 12.2.2009, § 45; Grigoryevskikh/R, 9.4.2009, § 77.

2757 *Trechsel* 258.

2758 EGMR Liebreich/D (E), 8.1.2008; Timergaliyev/R, 14.10.2008, § 58; Samokhvalov/R, 12.2.2009, § 53; Zahirovic/KRO, 25.4.2013, §§ 57, 62 f.

2759 Eine Möglichkeit zur Verwerfung einer offensichtlich unbegründeten Revision ohne mündliche Verhandlung (auf Antrag der Staatsanwaltschaft) eröffnet § 349 Abs. 2 StPO. Diese Vorschrift ist nach Ansicht des BVerfG unter Berücksichtigung des Rechts auf ein faires Verfahren aus Art. 6 Abs. 1 mit dem Grundgesetz vereinbar, vgl. BVerfG Beschl. v. 30.9.2022 – 2 BvR 2222/21, NJW **2022** 3413.

2760 So in BGH NStZ-RR **2018** 172; siehe auch BGH NStZ-RR **2000** 168; zu möglichen Verstößen der revisionsgerichtlichen Praxis im Rahmen der Anwendung des § 354 Abs. 1a StPO siehe auch SK/*Meyer* 176; BGH Beschl. v. 10.10.2019 – 1 StR 113/19, BeckRS **2019**, 25034 (kein Recht des Angeklagten auf Vorführung in der Revisionshauptverhandlung).

1039   Dementsprechend ist die Anwesenheit des Beschuldigten in der Regel nicht erforderlich, sofern er schon in der ersten Instanz gehört worden ist, und wenn das Gericht das erstinstanzliche Urteil **nur** auf **Rechtsfehler** hin überprüfen darf oder wenn das Gericht lediglich über die **Zulässigkeit bzw. die Annahme des Rechtsmittels**[2761] verhandelt.[2762] Auch dann ist aber darauf zu achten, dass das **Prinzip der Waffengleichheit** gewahrt wird. Daran kann es fehlen, wenn die Verhandlung in Abwesenheit des Beschuldigten, aber in Anwesenheit der Staatsanwaltschaft geführt wird.[2763] Die Anwesenheit des Angeklagten kann entbehrlich sein, wenn sein Rechtsmittel wegen Fristablaufs ohnehin unzulässig ist und seine Einwendungen in der Sache daher die Entscheidung gar nicht mehr beeinflussen können.[2764] Auch wenn reine Rechtsfragen verhandelt werden, verlangt der EGMR aber, dass der Beschuldigte aus Gründen der Verfahrensfairness über den Verhandlungstermin informiert werden muss, so dass er die Möglichkeit hat, seine Interessen durch einen Verteidiger wahrnehmen zu lassen.[2765]

1040   § **350 Abs. 2 Satz 2 StPO** dürfte demnach mit der EMRK vereinbar sein, wenn er konventionskonform so interpretiert wird, dass dem Beschuldigten jedenfalls bei entscheidender Bedeutung des Verfahrens die Anwesenheit in der Hauptverhandlung gestattet sein muss. Hinsichtlich dieser Vorschrift hat Deutschland nur einen Vorbehalt zu Art. 14 Abs. 3 *lit.* d IPBPR erklärt, wonach die persönliche Anwesenheit eines nicht auf freiem Fuß befindlichen Angeklagten in das Ermessen des Gerichts gestellt ist (vgl. dazu § 350 Abs. 2 Satz 3 StPO).[2766]

1041   Wenn ein Anwesenheitsrecht eines Beschuldigten besteht und dieser unter Angabe von Gründen um **Verschiebung der Verhandlung** gebeten hat, so gesteht der EGMR zu, dass es in erster Linie Sache des zuständigen Gerichts ist, diese Gründe auf Stichhaltigkeit

---

2761 EGMR Yavuz/A, 27.5.2004, § 47; Golubev/R (E), 9.11.2006; Lalmahomed/NL, 22.2.2011, § 37 („it is quite possible that leave-to-appeal proceedings may comply with the requirements of Article 6, even though the appellant be not given an opportunity to be heard in person by the appeal court, provided that he or she had at least the opportunity to be heard by a first-instance court."); Monnell u. Morris/UK, 2.3.1987, § 58; Sibgatullin/R, 23.4.2009, § 35.

2762 EGMR Sutter/CH, 22.2.1984, § 30; Monnell u. Morris/UK, 2.3.1987, § 30; Kamasinski/A, 19.12.1989; Bulut/A, 22.2.1996; (GK) Meftah u.a./F, 26.7.2002; Yavuz/A, 27.5.2004, § 47; Dondarini/SM, 6.7.2004, § 27; Marcello Viola/I, 25.10.2005, § 55; Abbasov/ASE, 17.1.2008, § 33; Samokhvalov/R, 12.2.2009, § 44; Sibgatullin/R, 23.4.2009, § 35; Sobolewski/PL (Nr. 2), 9.6.2009, § 34; Seliwiak/PL, 21.7.2009, § 55; Sinichkin/R, 8.4.2010, § 31 („proceedings involving only questions of law, as opposed to questions of fact, may comply with the requirements of Article 6, even though the appellant has not been given the opportunity to be heard in person by the appeal or cassation court, provided that he has been heard by a first-instance court."); Zhuk/UKR, 21.10.2010, § 32; Umnikov/UKR, 19.5.2016, § 61.

2763 EGMR Zhuk/UKR, 21.10.2010, §§ 33 f. („As the competence of the Supreme Court in the present case was limited to questions of law, the lack of a public hearing before it was not in breach of Article 6 § 1 of the Convention *per se*. [...] This is true in so far as the pertinent court – as in the above-mentioned cases – held a hearing in camera, which is not the case here. [...] The prosecutor had the advantage of being present at that preliminary hearing, unlike any other party, and to make oral submissions to the three judge panel, such submissions being intended to influence the latter's opinion. These submissions in fact were directed at having the applicant's appeal dismissed and his conviction upheld. The Court considers that procedural fairness required that the applicant should also have been given an opportunity to make oral submissions in reply. The panel, having deliberated, dismissed the applicant's appeal on points of law at the preliminary hearing, thus dispensing with a public hearing to which the applicant would have been summoned and been able to take part. It is also noted that the applicant had requested that the hearing be held in his presence.").

2764 EGMR P.D./F, 20.12.2005.

2765 EGMR Ziliberberg/MOL, 1.2.2005, § 41; Abbasov/ASE, 17.1.2008, § 33; Maksimov/ASE, 8.10.2009, § 41.

2766 Vgl. Art. 1 Nr. 2 des Ratifikationsgesetzes zum IPBPR v. 15.11.1973 (BGBl. II S. 1533); *Rüping* ZStW **91** (1979) 354.

Esser   930

zu untersuchen. Ein Konventionsverstoß liegt jedoch vor, wenn der Wunsch des Beschuldigten ohne Begründung abgelehnt wird.[2767]

3. Recht auf eine effektive Verteidigung. Die Konventionen betrachten die einzelnen **1042**
Verteidigungsrechte als Gesamtheit.[2768] Die Staaten können daher die Bedingungen für ihre Ausübung im Detail regeln.[2769] Die nationalen Bestimmungen müssen jedoch in ihrer Gesamtheit dem Rahmen der in Art. 6 Abs. 3 EMRK und Art. 14 Abs. 3 IPBPR eine **insgesamt wirksame, effektive Verteidigung** ermöglichen.[2770]

a) Recht, sich selbst zu verteidigen. Das Recht, sich selbst zu verteidigen („right to **1043**
defend himself in person")[2771] folgt aus dem Schutzgehalt der **Menschenwürde**, die es gebietet, den Beschuldigten (und ggf. späteren Angeklagten) als eigenverantwortliches **Prozesssubjekt** mit eigenen Verfahrensrechten zu behandeln. Dieses Recht hat der Beschuldigte grundsätzlich im **gesamten Strafverfahren**, es ist also, wie die übrigen Rechte der Absätze 3 beider Konventionen bestätigen, gerade nicht nur auf die Hauptverhandlung beschränkt. Der Beschuldigte ist daher von Beginn des Ermittlungsverfahrens an während des gesamten Verfahrens berechtigt, seine **Verteidigung selbst zu organisieren und zu führen** und die dazu gehörenden **Verteidigungsrechte selbst auszuüben.** Er kann dies zwar grundsätzlich nur im Rahmen der dafür in den jeweiligen nationalen Verfahrensordnungen vorgesehenen Bedingungen. Diese werden aber daran gemessen, ob sie im ausreichenden Maße ein faires Verfahren mit den in den Konventionen garantierten Verteidigungsrechten (u.a. Anwesenheits-, Unterrichtungs- und Fragerechte) wirksam ermöglichen.

Wird der Beschuldigte auf sein Verteidigungsrecht in eigener Sache verwiesen, weil **1044**
sein Verteidiger wegen Differenzen, die auf einem angesonnenen standeswidrigen Verhalten beruhen, die Verteidigung niedergelegt hat, so liegt darin keine Verletzung der **Waffengleichheit;**[2772] das Gebot einer effektiven Verteidigung kann jedoch in einer solchen Konstellation die Beiordnung eines (neuen) Verteidigers gebieten (Rn. 1050 ff.).

Einschränkungen des Rechtes auf Selbstverteidigung müssen stets durch die **Interes-** **1045**
sen der Rechtspflege (dazu gehört auch der Schutz des Beschuldigten vor einer Überforderung) gerechtfertigt sein.[2773] Zur Wahrung der Verfahrensfairness kann es daher genügen, wenn bestimmte Verteidigungsrechte nach nationalem Recht nicht vom Beschuldigten in Person, sondern nur durch einen Verteidiger wahrgenommen werden können. Darauf gründet sich die Ansicht, dass die Konventionen dem Beschuldigten das Recht auf Selbst-

---

2767 EGMR Henri Rivière u.a./F, 25.7.2013, §§ 31, 33.
2768 Vertiefend zum „Right of Legal Assistance" im Völkerstrafrecht: *Temminck Tuinstra* Defence Counsel in International Criminal Law (2009) 13 ff.
2769 EGMR Marcello Viola/I, 25.10.2005, § 60; BGHSt **38** 345 = NJW **1993** 273 = NStZ **1993** 79 = JR **1994** 114 m. Anm. *Beulke.*
2770 EGMR Quaranta/CH, 24.5.1991, § 30, ÖJZ **1991** 745; Caka/ALB, 8.12.2009, § 85 („while Article 6 § 3 (c) confers on everyone charged with a criminal offence the right to „defend himself in person or through legal assistance ...", it does not specify the manner of exercising this right. It thus leaves to the Contracting States the choice of the means of ensuring that it is secured in their judicial systems, the Court's task being only to ascertain whether the method they have chosen is consistent with the requirements of a fair trial.");.
2771 Dazu SK/*Rogall* Vor § 133, 96 StPO; SK/*Meyer* 411. Vertiefend für den Bereich des Völkerstrafrechts: *Temminck Tuinstra* Defence Counsel in International Criminal Law (2009) 245 ff.
2772 IK-EMRK/*Kühne* 539.
2773 Vgl. EKMR Ensslin, Baader u. Raspe/D, 8.7.1978; EGMR Kamasinski/A, 19.12.1989; IK-EMRK/*Kühne* 538; für eine Einschränkbarkeit auch SK/*Meyer* 414.

verteidigung nur **alternativ** zur Verteidigung durch einen Verteidiger gewähren,[2774] da beide Möglichkeiten in der Lage sind, dem Beschuldigten ein insgesamt kontradiktorisches Verfahren zu sichern.

1046   Im Ansatz ist es daher nicht konventionswidrig, wenn der Beschuldigte, der einen Verteidiger wählt oder dem ein solcher beigeordnet wird, nach nationalem Recht in **bestimmten Verteidigungsbefugnissen beschränkt** ist, etwa im Recht, ausnahmslos an allen Phasen der Verhandlung selbst teilnehmen zu können.[2775]

1047   Hier ist wie folgt zu unterscheiden: Aus der Sicht der Konventionen müssen die dort gewährleisteten Verteidigungsrechte im nationalen Recht so geregelt werden, dass sie der **Verteidigung insgesamt** zustehen, sie müssen aber nicht notwendig alle dem Beschuldigten selbst *in persona* eingeräumt sein. Bei der Nachprüfung eines abgeschlossenen Verfahrens durch den EGMR wird deshalb die behauptete Verletzung garantierter Verteidigungsrechte meist nur danach beurteilt, ob die Rechte der Verteidigung in einem Maße wahrgenommen werden konnten, dass der Beschuldigte *insgesamt* ein faires Verfahren hatte.[2776] Das aus der Subjektstellung des Beschuldigten fließende **Recht, sich selbst aktiv zu verteidigen,** Gesichtspunkte zu seiner Verteidigung vorzubringen[2777] und selbst alle aus seinem **Recht auf Gehör** folgenden Befugnisse wahrzunehmen,[2778] entfällt auch auf der Ebene der Konventionsverbürgungen nicht dadurch, dass ihm ein Verteidiger mit der gleichen Befugnis zur Seite steht. Der Beschuldigte ist grundsätzlich nicht gehindert, vor Gericht seine Verteidigung aktiv zu führen, eventuell auch im Widerspruch zur Strategie seines Verteidigers, der seinerseits aber von Konventions wegen nicht verpflichtet ist, nur die Auffassung des Beschuldigten vorzutragen.[2779] Im Übrigen ist es dem nationalen Recht nicht verwehrt, **einzelne Verteidigungsrechte** aus sachlichen, verfahrensbezogenen Gründen nur dem Verteidiger vorzubehalten, wie etwa das Akteneinsichtsrecht oder die Befragung von Zeugen.[2780]

1048   Auch eine innerstaatliche Regelung der **obligatorischen Rechtsvertretung** kann nach Auffassung des EGMR mit einer Beschränkung des Rechts, sich selbst zu verteidigen, in Einklang stehen. In der Rs. *Correia de Matos* wurde die Möglichkeit eines Rechtsanwalts ausgeschlossen, sich in dem gegen ihn geführten Strafverfahren selbst zu verteidigen. Der Gerichtshof verneinte die Verletzung von Art. 6 Abs. 1 i.V.m. Abs. 3 *lit.* c und betonte dabei, dass Art. 6 Abs. 3 *lit.* c dem Beschuldigten kein notwendiges Recht gibt, über die Art und Weise zu bestimmen, wie seine Verteidigung sichergestellt wird. Die Entscheidung, welche der Verteidigungsvarianten des Art. 6 Abs. 3 *lit.* c zu gewährleisten ist, hängt vielmehr vom anwendbaren Verfahrensrecht ab und liegt im Einschätzungsspielraum der Konventionsstaaten.[2781] Für eine **Restriktion des Selbstverteidigungsrechtes** durch ein **Institut der notwendigen Verteidigung** (Rn. 1050) fordert der Gerichtshof allerdings **relevante und hinreichende Gründe,**[2782] akzeptiert insoweit aber die auf den Schutz wirksamer Verteidigung zielende Erwägung, ein Beschuldigter sei jedenfalls im Allgemeinen effektiver ver-

---

2774   Vgl. EKMR Ensslin, Baader u. Raspe/D, 8.7.1978; EGMR GK Correia de Matos/P, 4.4.2018, § 122 = NJW **2019** 3627; IK-EMRK/*Kühne* 535.

2775   *Partsch* 165 unter Berufung auf EKMR.

2776   EGMR Imbrioscia/CH, 24.11.1993, § 44; Daud/P, 21.4.1998, § 43; vgl. *Weigend* StV **2000** 385; IK-EMRK/*Kühne* 539.

2777   Vgl. US-Supreme Court EuGRZ **1985** 709, 718: Recht auf Selbstverteidigung durch aufgezwungenen Anwalt nicht verletzt, solange Beschuldigter die Freiheit behält, seine Verteidigung nach seinen eigenen Vorstellungen zu gestalten; IK-EMRK/*Kühne* 537.

2778   Vgl. SK/*Meyer* 411.

2779   EKMR nach *Frowein/Peukert* 293; IK-EMRK/*Kühne* 539.

2780   IK-EMRK/*Kühne* 520, 537.

2781   EGMR (GK) Correia de Matos/P, 4.4.2018, §§ 122 f.

2782   EGMR (GK) Correia de Matos/P, 4.4.2018, § 143.

teidigt, wenn er durch einen unvoreingenommenen Verteidiger vertreten werde. Selbst ein juristisch geschulter Beschuldigter könne aufgrund der persönlichen Betroffenheit außer Stande sein, sich wirkungsvoll selbst zu verteidigen.[2783] Im Übrigen verwies der Gerichtshof darauf, dass es dem Beschwerdeführer nach portugiesischem Recht hinreichend möglich war, selbst an seiner Verteidigung mitzuwirken und auf das Verfahren Einfluss zu nehmen – ggf. auch durch die Beantragung eines Wechsels des ihm beigeordneten Verteidigers.[2784] Im Einklang damit stehen die Erwägungen des BGH, wonach ein Beschuldigter durch die Bestellung eines Pflichtverteidigers als solche in der Regel nicht beschwert ist und diese damit grundsätzlich nicht (mittels der sofortigen Beschwerde) anfechten kann. Das in Art. 6 Abs. 3 *lit.* c gewährleistete Recht auf Selbstverteidigung werde durch die Bestellung eines Pflichtverteidigers in den Fällen der notwendigen Verteidigung nicht berührt. Diese Fallkonstellation, in der der Beschuldigte sich selbst verteidigen möchte, ist von der Konstellation zu unterscheiden, in der der Beschuldigte in seinem Recht auf Bezeichnung des zu bestellenden Verteidigers und dessen Beiordnung aus § 142 Abs. 5 Satz 1 und 3 StPO betroffen ist.[2785]

Vor diesem Hintergrund verstößt es nicht gegen Art. 6 Abs. 3 *lit.* c, wenn die Konventionsstaaten im nationalen Recht für die Eröffnung (**Einlegung eines Rechtsmittels**) eines auf die Nachprüfung von Rechtsfragen beschränkten höheren Rechtsmittelinstanzen vorschreiben, dass dem Beschuldigten ein Verteidiger zur Seite stehen muss (vgl. §§ 345 Abs. 2 1. Alt., 350 Abs. 2 Satz 2 StPO).[2786] **1049**

b) Notwendige („effektive") Verteidigung. Das nationale Recht einiger Konventionsstaaten sieht vor, dass dem Beschuldigten unter bestimmten Umständen *zwingend* ein Verteidiger zu bestellen ist (sog. **notwendige Verteidigung**, vgl. § 140 StPO).[2787] Der Beschuldigte kann darin eine Einschränkung des Rechts, sich selbst zu verteidigen, sehen. Für den EGMR folgt aber aus der Konvention kein Recht, sich *stets* selbst (also ohne Verteidiger) verteidigen zu können; vielmehr sollen die Konventionsstaaten ohne Verstoß gegen Art. 6 Abs. 3 *lit.* c vorsehen können, dass der Beschuldigte in bestimmten Fällen die Unterstützung eines Verteidigers bei der Wahrnehmung seiner Verteidigungsinteressen erhalten muss.[2788] Der EGMR erkennt an, dass die Rechtssysteme in den jeweiligen Konventionsstaaten immer komplizierter werden und dass der Verteidigerbeistand notwendig sein kann, um hierfür im Sinne eines fairen Verfahrens einen Ausgleich zu schaffen.[2789] Es kann daher im **Interesse der Rechtspflege** von Konventions wegen geboten sein, dem **1050**

[2783] EGMR (GK) Correia de Matos/P, 4.4.2018, § 153.
[2784] EGMR (GK) Correia de Matos/P, 4.4.2018, §§ 156 f.
[2785] BGH Beschl. v. 15.11.2022 – StB 51/22, NStZ **2023** 115.
[2786] EGMR Kulikowski/PL, 19.5.2009, § 60; Antonicelli/PL, 19.5.2009, § 35; Arcinski/PL, 15.9.2009, § 35.
[2787] Vgl. die Reformüberlegungen in Bezug auf dieses Recht in Deutschland (auch aus menschenrechtlicher Perspektive): *Graalmann-Scheerer* StV **2011** 696.
[2788] EGMR Mayzit/R, 20.1.2005, § 65 („Article 6 § 3 (c) guarantees that proceedings against the accused will not take place without an adequate representation for the defence, but does not give the accused the right to decide himself in what manner his defence should be assured. The decision as to which of the two alternatives mentioned in the provision should be chosen, namely the applicant's right to defend himself in person or to be represented by a lawyer of his own choosing, or in certain circumstances one appointed by the court, depends upon the applicable legislation or rules of court.").
[2789] EGMR S.C./UK, 15.6.2004, § 29 („Given the sophistication of modern legal systems, many adults of normal intelligence are unable fully to comprehend all the intricacies and all the exchanges which take place in the courtroom: this is why the Convention, in Article 6 § 3 (c), emphasises the importance of the right to legal representation.").

Esser

Beschuldigten gegen dessen Willen einen (weiteren) Verteidiger zu bestellen,[2790] wenn die **Effektivität der Verteidigung** andernfalls nicht gewährleistet wäre, was von den Umständen des Einzelfalles und der Konstitution des Beschuldigten abhängt (**Schwere des Tatvorwurfs; Alter**[2791] bzw. **intellektuelle Fähigkeiten des Beschuldigten**; Rn. 1073, 1077 ff.).

1051   Im Hinblick auf die Schwere des Tatvorwurfs ist dem Beschuldigten, der selbst keinen Verteidiger wählt, nach Ansicht des EGMR prinzipiell immer dann ein Verteidiger – zu bestellen, wenn eine **Freiheitsstrafe zu erwarten** ist.[2792] Ausnahmen hiervon wurden bislang nur zugelassen, wenn der Beschuldigte nachdrücklich die Entbindung eines beigeordneten Verteidigers verlangt,[2793] oder für den Fall, dass nur eine kurzzeitige freiheitsentziehende Sanktion im Raum stand. Eine präzise Aussage, ab welcher **Mindeststraferwartung** von einer notwendigen Verteidigung auszugehen ist, lässt sich den einschlägigen Urteilen bislang zwar nicht entnehmen, doch bejahte der EGMR eine Verletzung von Art. 6 Abs. 1, Abs. 3 *lit.* c auch schon bei der Aussicht auf eine fünfzehntägige „Administrativhaft"[2794] oder im Falle einer dreimonatigen Freiheitsstrafe.[2795]

1052   Im Lichte des Art. 6 könnte eine notwendige („effektive") Verteidigung auch im Zusammenhang mit Absprachen im Hinblick auf eine **Verständigung** (§ 257c StPO; Rn. 337 ff.) erforderlich werden, wo infolge der komplexen Verfahrensregelungen und vieler nur im richterlichen Fallrecht erörterter Details eine wirksame Verteidigung deutlich erschwert sein kann.[2796] Wie sich das mit der Ansicht verträgt, alle Rechte des Art. 6, insbesondere das Recht auf unentgeltliche Beiordnung eines Verteidigers, seien im Prinzip verzichtbar,[2797] ist noch ungeklärt.[2798] Man kann die Rechtsprechung so deuten, dass es – angesichts des großen Spiel-

---

2790   EGMR Galstyan/ARM, 15.11.2007, § 91; *Esser* 492 ff.; *Trechsel* 263 ff.

2791   Vgl. zur notwendigen Verteidigung von Beschuldigten mit höherem Alter: *Kretschmann* Strafverfahrensrecht und demografischer Wandel (2020) 70 ff.

2792   Grundlegend EGMR (GK) Benham/UK, 10.6.1996, § 61 („where deprivation of liberty is at stake, the interests of justice in principle call for legal representation"); Shabelnik/UKR, 19.2.2009, § 58; Hammerton/UK, 17.3.2016, § 142.

2793   EGMR Jemeljanovs/LET, 6.10.2016, §§ 83 ff.

2794   EGMR Mikhaylova/R, 19.11.2015, §§ 90, 92.

2795   EGMR (GK) Benham/UK, 10.6.1996, §§ 61 ff. (hier noch zuzüglich Schwierigkeit der Sach- und Rechtslage); Hammerton/UK, 17.3.2016, § 142; kritisch sind daher Regelungen zu sehen, die für die notwendige Verteidigung an ein Mindestmaß von **einem Jahr** Freiheitsstrafe anknüpfen, wie § 140 Abs. 1 Nr. 3 StPO-E des RefE des BMJV eines Gesetzes zur Neuregelung des Rechts der notwendigen Verteidigung (Rn. 1116); vgl. BRAK-Stellungnahme Nr. 1/2019, 8 f.; zur Notwendigkeit der Berücksichtigung einer Gesamtstrafenbildung: LG Halle StraFo **2019** 380.

2796   Einen Fall notwendiger Verteidigung i.S.d. § 140 Abs. 2 StPO bejahend OLG Naumburg NStZ **2014** 116 = StV **2014** 274; dagegen OLG Bamberg NStZ **2015** 184; für eine Ergänzung im Katalog des § 140 Abs. 1 StPO *Britz* jM **2018** 167, 170.

2797   EGMR Padalov/BUL, 10.8.2006, § 47 („ni la lettre ni l'esprit de l'article 6 de la Convention n'empêchent une personne de renoncer de son plein gré à son droit de se voir assisté par un conseil commis d'office de manière expresse ou tacite (...). Pareille renonciation toutefois doit être non équivoque et ne se heurter à aucun intérêt public important."); Raykov/BUL, 22.10.2009, § 63; Caka/ALB, 8.12.2009, § 86; (GK) Sakhnovskiy/R, 2.11.2010, § 90.

2798   Exemplarisch EGMR Galstyan/ARM, 15.11.2007, § 91 („While the nature of some of the rights safeguarded by the Convention is such as to exclude a waiver of the entitlement to exercise them [...], the same cannot be said of certain other rights [...]. It is clear from the text of Article 6 § 3 (c) that an accused has the choice of defending himself either „in person or through legal assistance". Thus, it will normally not be contrary to the requirements of this Article if an accused is self-represented in accordance with his own will, unless the interests of justice require otherwise.").

raums, den die Konventionsstaaten bei der Ausgestaltung ihres Rechtssystems haben[2799] – einerseits mit der EMRK vereinbar ist, wenn Staaten dem Willen des Beschuldigten Vorrang einräumen und einen Verzicht auf einen Rechtbeistand (grundsätzlich) zulassen. Andererseits folgt daraus gerade nicht, dass die zwingende (und damit „aufgezwungene") Beiordnung eines Verteidigers konventionswidrig sein muss.[2800] Die Rechtslage beim **IPBPR** ist nicht minder komplex;[2801] das HRC hat die Beiordnung eines Verteidigers gegen den ausdrücklichen Willen des Beschuldigten für konventionswidrig gehalten.[2802]

4. Recht auf einen Verteidiger der eigenen Wahl. Das Recht auf einen Verteidiger[2803] **1053** der eigenen Wahl wird in beiden Konventionen grundsätzlich garantiert (**„to defend himself through legal assistance of his own choosing"**), und zwar ebenfalls für das **gesamte Verfahren**, also auch bereits für das **Ermittlungsverfahren**.[2804] Gemeint ist die Garantie, die Verteidigung nicht selbst führen zu müssen, sondern auf **anwaltliche Hilfe und Beistand** zurückgreifen zu können.[2805] Der EGMR sieht das Recht auf einen *selbst gewählten* Verteidiger trotz der herausragenden Bedeutung dieses (Teil-)Rechts für ein insgesamt faires Verfahrens nicht als absolut an.[2806] So ist es mit der Konvention vereinbar, wenn die nationalen Verfahrensordnungen für das Auftreten als Verteidiger einen **juristischen Befähigungsnachweis** (Examen oder sonstige Prüfung) verlangen.[2807]

2799 EGMR Sannino/I, 27.4.2006, § 48; Rybacki/PL, 13.1.2009, § 54; Samokhvalov/R, 12.2.2009, § 56; Plonka/PL, 31.3.2009, § 33; Caka/ALB, 8.12.2009, § 85; (GK) Sakhnovskiy/R, 2.11.2010, § 95 („while Article 6 § 3 (c) confers on everyone charged with a criminal offence the right to „defend himself in person or through legal assistance ...", it does not specify the manner of exercising this right. It thus leaves to the Contracting States the choice of the means of ensuring that it is secured in their judicial systems, the Court's task being only to ascertain whether the method they have chosen is consistent with the requirements of a fair trial."); Hovanesian/BUL, 21.12.2010, § 31; Raykov/BUL, 17.3.2016, § 65 („la Convention laisse aux Etats contractants une grande liberté dans le choix des moyens propres à permettre à leurs systèmes judiciaires de répondre aux exigences de l'article 6 tout en préservant leur efficacité.").

2800 *Trechsel* 265. Zum IPBPR *Nowak* 60. Zur Problematik des aufgezwungenen Verteidigers vgl. SK/*Meyer* 414 ff., 420; LR/*Jahn* § 140, 7 ff. StPO.

2801 *Trechsel* 266.

2802 HRC Michael u. Brian Hill/E, 2.4.1997, 526/1993, § 14.2 („Michael Hill's right to defend himself was not respected, contrary to article 14, paragraph 3(d), of the Covenant.").

2803 Zu den historischen Vorläufern dürfte insbesondere das 6. Amendment zur US-Verfassung zählen, das jedem Beschuldigten das Recht auf einen Verteidiger garantiert.

2804 EGMR Pakelli/D, 25.4.1983, § 31; Campbell u. Fell/UK, 28.6.1984, § 99; Quaranta/CH, 24.5.1991, § 36; Imbrioscia/CH, 24.11.1993, § 38; (GK) John Murray/UK, 8.2.1996, § 62; Pavlenko/R, 1.4.2010, § 98 („a person charged with a criminal offence who does not wish to defend himself in person must be able to have recourse to legal assistance of one's own choosing."); ferner *Grabenwarter/Pabel* § 24, 125; SK/*Meyer* 438.

2805 EGMR Pakelli/D, 25.4.1983, § 31; Campbell u. Fell/UK, 28.6.1984, § 99; Whitfield u.a./UK, 12.4.2005, § 48; Balliu/ALB, 16.6.2005, § 32; Hanzevacki/KRO, 16.4.2009, § 21 („A person charged with a criminal offence who does not wish to defend himself in person must be able to have recourse to legal assistance of his own choosing.").

2806 EGMR Klimentyev/R, 16.11.2006, § 116 („the right [to represent himself through legal assistance of his own choosing] *is not absolute and may be subject to reasonable restrictions.*"); ähnlich EGMR Kuralić/KRO, 15.10.2009, § 47 („*although not absolute*, the right of everyone charged with a criminal offence to be effectively defended by a lawyer, assigned officially if need be, is one of the fundamental features of a fair trial."); Dvorski/KRO, 20.10.2015, § 79 („Notwithstanding the importance of the relationship of confidence between a lawyer and his client, *this right is not absolute.*").

2807 EGMR Shabelnik/UKR, 19.2.2009, § 39 („As to the applicant's complaint about the domestic courts' refusal to allow his mother to act as his additional (non-legal) representative during the judicial proceedings, the Court recalls that the right to legal representation of one's own choosing ensured by this provision is not of an absolute

1054   Eine nationale **Zulassungs- oder Ausschlussregelung** für eine Tätigkeit als Strafverteidiger, nach der die vom Beschuldigten auserwählte Person allgemein oder im konkreten
Verfahren nicht als Verteidiger zugelassen wird oder agieren kann, muss aber inhaltlich
stets hinreichend klar sein; sie darf keine Rechtsunsicherheit schaffen, etwa indem verfassungsgerichtliche Rechtsprechung nicht vollständig umgesetzt oder abgebildet wird.[2808]

1055   Das Recht auf die (freie) „Wahl" eines Verteidigers kann auch insofern einer Einschränkung unterworfen sein, wenn es um einen vom Staat zu bestellenden (und am Ende ggf. auch
zu vergütenden) Verteidiger geht (Rn. 1050 ff.). Zwar müssen die staatlichen Stellen bei der
Auswahl des beizuordnenden Verteidigers die **Wünsche des Beschuldigten** berücksichtigen,
sie dürfen sich aber über sie hinwegsetzen, wenn es triftige Gründe (**„relevant and sufficient grounds"**) für diese Entscheidung gibt.[2809]

1056   Die inhaltliche **Tragweite** des Rechts auf die Wahl eines Verteidigers, das in Art. 14
Abs. 3 lit. b IPBPR noch durch die ausdrückliche Garantie des im Grundsatz ungehinderten
Verkehrs mit dem Verteidiger der eigenen Wahl ergänzt wird („communicate with counsel of his own choosing"), ist nicht in allen Detailfragen vollständig geklärt (Rn. 806 ff.). Der
EGMR betont immer wieder, dass die **unüberwachte Kommunikation** mit dem Verteidiger
(vor, während und nach der Hauptverhandlung) zu den wichtigsten Elementen eines fairen
Verfahrens gehört.[2810] Ein Eingriff in dieses Recht darf nur aus bestimmten Gründen erfolgen,[2811] allerdings darf insgesamt gesehen die **Verfahrensfairness** nicht beeinträchtigt werden.[2812] Die Vertraulichkeit der Kommunikation ist nicht erst durch tatsächlich durchgeführ-

---

nature. The legal requirement for the defence counsel to hold a law degree is not in violation of the above provision.").

2808   EGMR Zagorodniy/UKR, 24.11.2011, §§ 54 ff.

2809   EGMR Mayzit/R, 20.1.2005, § 66 („Notwithstanding the importance of a relationship of confidence
between lawyer and client, the right to choose one's own counsel cannot be considered to be absolute. It is
necessarily subject to certain limitations where free legal aid is concerned and also where it is for the
courts to decide whether the interests of justice require that the accused be defended by counsel appointed
by them. When appointing defence counsel the national courts must certainly have regard to the defendant's
wishes. However, they can override those wishes when there are relevant and sufficient grounds for holding
that this is necessary in the interests of justice."); Popov/R, 13.7.2006, § 171; Pavlenko/R, 1.4.2010, § 98; X./
FIN, 3.7.2012, § 183; Atristain Gorosabel/E, 18.1.2022, §§ 44 f.; Meyer-Ladewig/Nettesheim/von Raumer/*Meyer-
Ladewig/Harrendorf/König* 229.

2810   EGMR S./CH, 28.11.1991, § 48; Golubev/R (E), 9.11.2006 („although not absolute, the right of everyone
charged with a criminal offence to be effectively defended by a lawyer is one of the fundamental features
of a fair trial [...]. Effective defence is impossible without the possibility for the accused to communicate
with his lawyer out of hearing of third persons."); Rybacki/PL, 13.1.2009, § 56 („The right of the defendant to
communicate with his advocate out of hearing of a third person is part of the basic requirements of a fair
trial in a democratic society and follows from Article 6 § 3 (c). [...] However, if a lawyer were unable to
confer with his client and receive confidential instructions from him without such surveillance, his assistance would lose much of its effectiveness whereas the Convention is intended to guarantee rights that are
practical and effective."); (GK) Sakhnovskiy/R, 2.11.2010, § 97; Kodorkovskiy u. Lebedev/R (Nr. 2), 14.1.2020,
§§ 464, 469 (Trennung der Angeklagten von ihren Verteidigern durch eine Glasvorrichtung während der
Hauptverhandlung, die einen vertraulichen Austausch mit dem Verteidiger unmöglich machte; Verstoß bejaht). Zur „Privacy of Communications" im Völkerstrafrecht: *Temminck Tuinstra* Defence Counsel in International Criminal Law (2009) 64 ff. Vgl. zum „legal privilege": EuGH 18.5.1982, 155/79 (AM & S Europe Ltd/
Kommission), NJW **1983** 503; EuGH 14.9.2010, C-550/07P (Akzo Nobel Chemicals), NJW **2010** 3557 zur Frage
des Schutzes der Kommunikation mit Syndikusanwälten.

2811   EGMR Golubev/R (E), 9.11.2006; Rybacki/PL, 13.1.2009, § 56.

2812   EGMR Marcello Viola/I, 25.10.2005, § 61 („Specifically, an accused's right to communicate with his
advocate out of hearing of a third person is part of the basic requirements of a fair trial in a democratic
society and follows from Article 6 § 3 (c) of the Convention. If a lawyer were unable to confer with his client

---

Esser   936

te Abhörmaßnahmen beeinträchtigt. Geben vernünftige Gründe Anlass zu der Annahme, dass die Unterhaltung mitgehört wird, kann das die Effektivität der Verteidigung ebenso beschränken (Rn. 818).[2813]

Einen Verstoß gegen Art. 6 Abs. 3 *lit.* c stellte der Gerichtshof in diesem Zusammenhang **1057** auch für den Fall fest, dass ein zur Geheimhaltung verpflichteter, ehemaliger Geheimdienstmitarbeiter vor die Wahl gestellt wird, die betreffenden Angelegenheiten seinem Verteidiger entweder vorzuenthalten oder Gefahr zu laufen, strafrechtlich verfolgt zu werden, sollte die Verletzung seiner Verschwiegenheitspflicht nicht von den Verteidigungsrechten i.S.d. Art. 6 gedeckt sein. Zwar erkennt der EGMR die generelle Anwendung staatlicher Geheimhaltungsregeln grundsätzlich an, dennoch müsse geklärt werden, inwiefern dadurch das Recht des Beschuldigten auf eine effektive Verteidigung beeinflusst werde. So könne es einem der Begehung schwerer Straftaten Beschuldigten ohne professionellen Beistand nicht abverlangt werden, die Vorteile eines vollständigen Informationsaustauschs mit seinem Verteidiger gegen das Risiko einer weiteren Strafverfolgung abzuwägen.[2814] Aus dieser Rechtsprechung lässt sich die Erkenntnis ziehen, dass eine effektive Verteidigung nicht nur die Vertraulichkeit[2815] der Interaktion erfordert, sondern auch einen **freien und uneingeschränkten inhaltlichen** Austausch zwischen dem Beschuldigten und seinem Verteidiger garantiert.

Einen Verstoß gegen das Recht auf einen Verteidiger der eigenen Wahl hat der EGMR **1058** daher darin gesehen, dass das Gericht in Abwesenheit des vom Beschuldigten gewählten Verteidigers verhandelte, obwohl dieser das Gericht über eine **Erkrankung** informiert hatte.[2816]

Keine Möglichkeit der Einschränkung des Rechts auf einen Verteidiger der eigenen **1059** Wahl folgt bei sinnentsprechender Auslegung der Garantien beider Konventionen allein daraus, dass es **nur alternativ neben dem Recht, sich selbst zu verteidigen,** aufgezählt wird. Dies rechtfertigt nicht die Annahme, dass das nationale Recht kein Recht auf die Wahl eines Verteidigers vorsehen müsse, wenn das **Interesse der Rechtspflege** dies nicht erfordert und der Beschuldigte in der Lage ist, sich selbst zu verteidigen. In missverstandener Verknüpfung der nur für die Beiordnung eines Verteidigers geltenden Einschränkung mit dem Recht auf einen Verteidiger der eigenen Wahl hatten EKMR und EGMR zunächst diese Ansicht vertreten.[2817] Durchgesetzt hat sich indes die Auffassung, dass der Beschuldigte ein **uneingeschränktes Recht** darauf hat, sich durch einen **selbstgewählten Verteidiger** (in der Regel einen Rechtsanwalt) verteidigen zu lassen, und dass nur der Anspruch auf *unentgeltliche* Beiordnung eines Verteidigers davon abhängig gemacht werden darf,

---

and receive confidential instructions from him without such surveillance, his assistance would lose much of its usefulness. (...) However, restrictions may be imposed on an accused's access to his lawyer if good cause exists. The question, in each case, is whether the restriction, in the light of the entirety of the proceedings, has deprived the accused of a fair hearing.").

2813 EGMR Castravet/MOL, 13.3.2007, § 51 (bzgl. Art. 5 Abs. 4); Khodorkovskiy/R, 31.5.2011, § 232; Urazov/R, 14.6.2016, § 86 (Unterbringung in Metallkäfig während der Hauptverhandlung; mehrere Polizisten in unmittelbarer Nähe).

2814 EGMR M./NL, 25.7.2017, §§ 95 ff.

2815 Umgekehrt zu einem möglichen Aussagezwang des Verteidigers trotz Berufung auf sein Zeugnisverweigerungsrecht aus § 53 Abs. 1 Nr. 3 StPO: EGMR Klaus Müller/D, 19.11.2020; dazu auch Art. 8 Rn. 162.

2816 EGMR Hanzevacki/KRO, 16.4.2009, §§ 24–29.

2817 Vgl. EKMR bei *Bleckmann* EuGRZ **1981** 114, 116; EGMR Engel u.a./NL, 8.6.1976 (Beschränkung der Verteidigung auf Rechtsfragen im militärischen Disziplinarverfahren); dazu *Frowein/Peukert* 293; *Trifterer/Binner* EuGRZ **1977** 136, 142; IK-EMRK/*Kühne* 535.

dass das *Interesse der Rechtspflege* dies *erfordert*.[2818] Auch für Art. 14 Abs. 3 *lit.* d IPBPR wird eine solche Einschränkung des Rechts auf die Wahl eines Verteidigers abgelehnt.[2819]

1060   Die Notwendigkeit der **Beiordnung eines Verteidigers** kann nach nationalem Recht in einem weiteren Umfang vorgesehen sein als dies die Konventionen verlangen. Diese schränken auch die Befugnis des Beschuldigten nicht ein, zusätzlich zu einem ihm bereits bestellten Verteidiger einen Verteidiger seiner Wahl mit der Verteidigung zu beauftragen. Ein Beschuldigter muss sich nicht damit begnügen, dass ein ihm „aufgedrängter" Verteidiger die Aufgabe bereits übernommen hat.[2820]

1061   Nur die **Möglichkeit**, sich durch einen **Verteidiger der eigenen Wahl** vertreten zu lassen, gewährleisten die Konventionen. Es ist Sache des Beschuldigten, ob er von dieser Option Gebrauch machen will, wie und nach welchen Kriterien er den Verteidiger auswählt und ob er ihn bezahlen kann;[2821] desgleichen, ob der Wahlverteidiger für ihn auch tatsächlich effektiv tätig wird und zu den anstehenden Terminen verfügbar ist.[2822] Ergreift der Beschuldigte diese Möglichkeit nicht, muss er sich selbst verteidigen, *sofern* die Voraussetzungen für die (unentgeltliche) Beiordnung eines Verteidigers (im Interesse der Rechtspflege) bei ihm nicht gegeben sind.

1062   Ist der Wahlverteidiger in der Hauptverhandlung trotz mehrfacher Vertagung wiederholt säumig und wird deshalb ohne ihn (aber in Gegenwart des Beschuldigten) verhandelt, geht das prinzipiell nicht zu Lasten des Konventionsstaates,[2823] es sei denn, dass der Staat in Ausprägung seiner Fürsorgepflicht zum Eingreifen verpflichtet ist, weil der Beschuldigte den Beistand eines Verteidigers benötigt.

1063   In einem **Privatklageverfahren** (§§ 374 ff. StPO) muss sich der Beschuldigte prinzipiell selbst verteidigen oder sich durch einen selbstgewählten Verteidiger verteidigen lassen, d.h. ihm ist ausschließlich unter den allgemeinen Voraussetzungen des Art. 6 Abs. 3 *lit.* c (Rn. 1050, 1068 ff.; § 140 Abs. 1 und Abs. 2 StPO) ein Verteidiger zu bestellen. Daran ändert auch die Mittellosigkeit eines Beschuldigten nichts, da nur dem Privatkläger gemäß § 379 StPO Prozesskostenhilfe gewährt werden kann und damit keine Verteidigerbestellung im Wege der Prozesskostenhilfebewilligung für den Beschuldigten möglich ist. Nach überwiegender Meinung ist aus verfassungsrechtlichen Gesichtspunkten kein weitergehender Schutz des Beschuldigten erforderlich, da er weder dem Privatkläger, noch dem Staat gemäß § 379 StPO Kostenvorschüsse oder Sicherheit leisten muss.[2824] Dem ist zuzustimmen, da das Privatklageverfahren unabhängig von einer fehlenden Anklage seitens der Staatsanwaltschaft vom Amtsermittlungsgrundsatz getragen und damit das Prinzip der prozessualen Waffengleichheit durch den Richter gewahrt ist. Umgekehrt gilt aber auch: Wenn ein Staat seinen Bürgern für bestimmte Delikte rechtlich die Möglichkeit einer Strafverfolgung in Eigeninitiative einräumt, müssen in diesem Verfahren im Grundsatz dieselben Beschuldigtenstandards und -garantien gelten wie im herkömmlich durch die Staatsanwaltschaft als öffentliche Stelle betriebenen Strafverfolgung und Anklage – dies auch vor dem Hintergrund, dass ein Privatkläger anders als die Staatsanwaltschaft nicht zur

---

2818   EGMR Pakelli/D, 25.4.1983, § 35 ff.; ebenso: BGer EuGRZ **1984** 160; *Frowein/Peukert* 293; IK-EMRK/*Kühne* 540 ff.; *Peukert* EuGRZ **1980** 247, 265; *Trifterer/Binner* EuGRZ **1977** 136, 143.

2819   *Nowak* 62.

2820   *Nowak* 60, 63 f. zur Praxis des HRC. Zur Kostentragungslast für den aufgedrängten Verteidiger BVerfGE **66** 313, 321; ferner OLG Zweibrücken NJW **1991** 264; *Neumann* NJW **1991** 264; LR/*Hilger*[26] § 464a, 47 StPO m.w.N.

2821   IK-EMRK/*Kühne* 546.

2822   IK-EMRK/*Kühne* 553.

2823   EGMR Balliu/ALB, 16.6.2005, §§ 35–37.

2824   BVerfGE **63** 390; OLG Düsseldorf NStZ **1989** 92; LR/*Hilger*[26] § 379, 17 StPO; **a.A.** *Behn* NStZ **1984** 103.

objektiven Wahrheitsermittlung verpflichtet ist. Zu diesen Garantien zählt auch die Bestellung eines Verteidigers unter den allgemeinen Voraussetzungen (s.o.). Ist die Möglichkeit einer Privatklage gesetzlich auf wenige Vergehen beschränkt, so dürfte eine Unterstützung des Beschuldigten durch einen Verteidiger allerdings nur im Einzelfall im *Interesse der Rechtspflege* erforderlich sein.

Art und Umfang der Tätigkeit und das **konkrete Handeln**[2825] des gewählten Verteidigers werden zwar **nicht unbeschränkt** garantiert.[2826] Es stellt aber einen Verstoß gegen Art. 6 Abs. 3 *lit.* c dar, wenn der gewählte Verteidiger vom Verfahren ausgeschlossen werden soll, weil er dem Beschuldigten den **Rat** gegeben hat, ein Geständnis zu widerrufen und zu schweigen, und dieses Verhalten nach nationalem Recht als standeswidrig eingestuft wird.[2827] **1064**

Das Gericht muss dem von den Konventionen gewährleisteten Recht auf einen Verteidiger der eigenen Wahl auch bei der **Verfahrensgestaltung** Rechnung tragen. Dies erfordert die Rücksichtnahme auf eine etwaige **Verhinderung** des Verteidigers schon bei der **Terminierung**.[2828] Auch in einem konkreten Termin kann ein **gewisses Zuwarten** des Gerichts wegen einer möglichen **Verspätung** oder **kurzzeitigen Verhinderung** des Verteidigers geboten sein;[2829] nicht notwendig ist allerdings die **Vertagung** einer Maßnahme oder Verhandlung bei jedweder Verhinderung des Verteidigers; ein solcher Schritt ist nur im Rahmen des im Sinne einer funktionsfähigen Strafverfolgung Möglichen erforderlich,[2830] auch um einer Verschleppung des Verfahrens vorzubeugen. **1065**

Die Umstände des Einzelfalls entscheiden darüber, ob dem Recht auf Verteidigung durch den gewählten Verteidiger oder dem **Beschleunigungsgebot** des Art. 6 Abs. 1 EMRK/ Art. 14 Abs. 3 *lit.* c IPBPR[2831] Vorrang gebührt. Dabei sind neben Anlass und Dauer der Verhinderung und dem Zeitpunkt ihrer Erkennbarkeit die **Schwierigkeit und Bedeutung der Sache** sowie die Fähigkeit des Beschuldigten, sich selbst zu verteidigen, zu berücksichtigen.[2832] Art. 6 Abs. 3 *lit.* c ist dagegen verletzt, wenn das Gericht sich ohne triftigen Grund darüber hinwegsetzt, dass der Beschuldigte einen Verteidiger seines Vertrauens gewählt **1066**

2825 Ein Rechtsanwalt kann dabei auch zur Durchführung eigener Recherchen berechtigt sein, vgl. zur grundsätzlichen Zulässigkeit von solchen privaten „Ermittlungen" und den diesbezüglichen rechtlichen Schranken eingehend *Bockemühl* Private Ermittlungen im Strafprozess (1996) 32 ff., 47, 49 ff.; vertiefend dazu auch: *Baumann* Eigene Ermittlungen des Verteidigers (1999) 12 ff., 90 ff.

2826 EGMR Poitrimol/F, 23.11.1993, § 34; Demebukov/BUL, 28.2.2008, § 50; Rybacki/PL, 13.1.2009, § 54 („*although not absolute*, the right of everyone charged with a criminal offence to be effectively defended by a lawyer, assigned officially if need be, is one of the fundamental features of fair trial.").

2827 EGMR Yaremenko/UKR 12.6.2008, §§ 78, 85 ff.

2828 Vgl. BGH StV **1989** 89; **1999** 524; NJW **2018** 1698 f. = StraFo **2018** 424 = NStZ **2018** 607 m. Anm. *Arnoldi* 608 ff.; siehe auch: BGH Beschl. v. 6.12.2018 – V ZB 79/18, BeckRS **2018** 37251 (Aufenthaltssache – Terminverlegungsantrag Haftrichter); BayObLGSt **1980** 179 = VRS 76 (1989) 290; LR/*Becker* § 213, 17 ff. StPO; *Nack* FS G. Schäfer 46, 47; SK/*Meyer* 436; vgl. zu einer erfolglosen, nach Ansicht des KG grundsätzlich unstatthaften Beschwerde gegen eine Terminsverfügung des Vorsitzenden (Hintergrund: Abgelehnter Antrag des Angeklagten auf Terminverlegung um mehrere Monate wegen Elternzeit des Wahlverteidigers): KG Beschl. v. 15.3.2022 – 2 Ws 27/22 – 161 AR 18/22, BeckRS **2022** 7888; OLG Stuttgart Beschl. v. 14.9.2022 – 4 Ws 403/22.

2829 Zur Wartepflicht BVerfGE **65** 171, 178; LR/*Becker* § 228, 22 StPO.

2830 Vgl. auch SK/*Meyer* 436 (insbesondere nicht bei Fällen der nicht notwendigen Verteidigung).

2831 EGMR Balliu/ALB, 16.6.2005, § 38 („Bearing in mind also the authorities' obligation under Article 6 § 1 of the Convention to conduct the proceedings „within a reasonable time", the circumstances of the applicant's representation during his trial do not disclose a failure to provide legal assistance as required by Article 6 § 3 (c) of the Convention or a denial of a fair hearing under paragraph 1 of that provision.").

2832 IK-EMRK/*Kühne* 544. Diesen Grundsätzen entspricht im Wesentlichen die Rechtsprechung bei Verhinderung eines nicht notwendigen Verteidigers, vgl. LR/*Becker* § 228, 21 ff. StPO; ferner BayObLGSt **1988** 179 = VRS **76** (1989) 290; ähnlich EGMR Balliu/ALB, 16.6.2005, §§ 35–38.

Esser

hat, wenn es in Abwesenheit dieses Verteidigers und des Beschuldigten nur mit einem bestellten Verteidiger die Verhandlung durchführt.[2833] Ebenso ist von einem Konventionsverstoß auszugehen, wenn das Gericht einen gewählten Verteidiger, dem der Beschuldigte wegen einer **nachhaltigen Störung des Vertrauensverhältnisses**[2834] das Mandat entzogen hatte, zum Verteidiger bestellt,[2835] oder den Antrag des Beschuldigten auf Entpflichtung[2836] des Verteidigers ablehnt.[2837] Allerdings ist nach Ansicht des EGMR Art. 6 Abs. 3 *lit.* c (retrospektiv) nicht verletzt, wenn der Beschuldigte in einem Verfahren aus einem **wichtigen Grund**[2838] nicht durch seinen Wahlverteidiger, sondern durch einen beigeordneten Verteidiger vertreten wird, der seine Arbeit sorgfältig erledigt.

1067   Ein Recht auf eine unbegrenzte **Zahl von Wahlverteidigern** kann aus der Gewährleistung der freien Wahl *nicht* hergeleitet werden. Die **Beschränkung** der Zahl der gewählten Verteidiger (auf drei; vgl. § 137 Abs. 1 StPO) ist mit Art. 6 Abs. 3 *lit.* c vereinbar,[2839] desgleichen die Befugnis des Staates, das **Auftreten der Verteidiger** vor Gericht gesetzlich an besondere Voraussetzungen zu binden und im Interesse der Rechtspflege besonderen Schranken, wie dem **Verbot der Mehrfachverteidigung** (§ 146 StPO)[2840] oder sachlich motivierten und eng auszulegenden **Ausschließungsgründen** (§§ 138a ff. StPO) zu unterwerfen.[2841] Der Staat ist auch nicht gehindert, für das Auftreten des Verteidigers vor Gericht gewisse **Ordnungsvorschriften** aufzustellen,[2842] solange diese einen sachlichen

---

2833   EKMR nach IK-EMRK/*Kühne* 546; vgl. auch BGH StV **1999** 524.

2834   Jedoch keine **endgültige und nachhaltige Erschütterung des Vertrauensverhältnisses** zwischen dem Beschuldigten und seinem Verteidiger, allein durch den Entschluss des Beschuldigten, entgegen der bisher verfolgten Verteidigungsstrategie ein Geständnis abzulegen, vgl. BGH NJW **2020** 1534 m. Anm. *Mehle* = NStZ **2020** 434 m. Anm. *Gubitz* = StV **2021** 148 = JR **2020** 678; insbesondere genügen lediglich pauschale Behauptungen einer Zerstörung des Vertrauensverhältnisses nicht, vgl. BGH Beschl. v. 29.6.2020 – 4 StR 654/19, BeckRS **2020** 15343; ähnlich BGH Beschl. v. 5.12.2022 – 5 StR 429/22, NStZ-RR 2023 55: Die Erstattung einer Strafanzeige des Angeklagten gegen den bisherigen Verteidiger reicht für die Annahme einer endgültigen Zerstörung des Vertrauensverhältnisses jedenfalls dann nicht aus, wenn nicht dargetan wird, aus welchem Grund sie erfolgte; zudem: BGH Beschl. v. 15.6.2021 – StB 24/21, BeckRS **2021** 17169, wonach eine Erschütterung des Vertrauensverhältnisses nicht ohne weiteres bereits dann vorliegt, wenn sich differierende Ansichten bei der Verteidigungsstrategie hinsichtlich der Ausübung und des Umfangs des Fragerechts gegenüber Zeugen zeigen. Ähnliches gilt bei Meinungsstreitigkeiten im Hinblick auf die Art und den Umfang der Weiterleitung von Verfahrensakten, vgl. OLG Karlsruhe Beschl. v. 17.6.2021 – 3 Ws 200/21.

2835   BGH NStZ **2000** 325; *Nack* FS G. Schäfer 46, 47.

2836   Strenger dagegen: BGH NStZ-RR **2021** 179, 180 = StraFo **2021** 288 (kein **„endgültiger Vertrauensverlust"**). Erfolgt eine Entpflichtung, soll der Pflichtverteidiger nicht im Wege der Beschwerde gegen diese vorgehen können, vgl. BGHSt **65** 106 = NJW **2020** 3331 m. zust. Anm. *Lammer* = JR **2020** 681 = JZ **2021** 423 = StV **2020** 816 m. Anm. *Fischer*; zu Recht krit. *Gubitz* NStZ **2021** 176; *Beulke* JZ **2021** 403, 409, u.a. im Hinblick darauf, dass der Pflichtverteidiger nach seiner Bestellung auch ein *eigenes* Interesse an der Gestaltung der Verteidigung seines Mandanten wahrnehme. Gegen die Entziehung dieses Rechts müsse er sich wehren können.

2837   BGH NStZ **1993** 600.

2838   EGMR Eurofinacom/F (E), 28.11.1991 („Néanmoins, malgré l'importance de relations confiantes entre avocat et client, ce droit n'a pas un caractère absolu: des „motifs pertinents et suffisants" tenant à l'intérêt de la justice peuvent fonder la désignation d'un défenseur contraire aux vœux de l'accusé.").

2839   EKMR Ensslin, Baader u. Raspe/D, 8.7.1978, Nr. 19; *Frowein/Peukert* 300; IK-EMRK/*Kühne* 546; Meyer-Goßner/*Schmitt* 20.

2840   Bei einer späteren Verfahrensverbindung muss das Gericht aber auch berücksichtigen, ob der Beschuldigte dadurch die Befugnis verliert, sich durch den von ihm gewählten Verteidiger vertreten zu lassen, vgl. BVerfG StV **2002** 578; LR/*Jahn* § 146, 28 StPO m.w.N.

2841   IK-EMRK/*Kühne* 550.

2842   Zum Robenzwang: *Vogler* ZStW **82** (1970) 777; **89** (1977) 788; IK-EMRK/*Kühne* 548.

Esser

Grund haben, hierzu erforderlich sind und mit dem Gebot einer effektiven Verteidigung vereinbar sind.

5. Recht auf (unentgeltliche) Beiordnung eines Verteidigers

a) Einordnung in den Gesamtkontext effektive Verteidigung. Das Recht auf unent- **1068** geltliche Beiordnung eines Verteidigers wird – anders als das Recht auf einen Wahlverteidi-ger – in Art. 6 Abs. 3 *lit.* c EMRK/Art. 14 Abs. 3 *lit.* d IPBPR nur eingeschränkt für den Fall ga-rantiert, dass der Beschuldigte **keine genügenden Mittel** für einen Wahlverteidiger aufbringen kann *und* unter der Voraussetzung, dass das **Interesse der Rechtspflege** die Bei-ordnung erfordert. Beide Voraussetzungen müssen **kumulativ** gegeben sein.[2843]

Für **bemittelte Beschuldigte** folgt das Recht (ggf. auch der Zwang) auf Beiordnung ei- **1069** nes Verteidigers aus den Vorgaben zum **Gebot einer effektiven Verteidigung** (Rn. 1050) – in der Regel mit der Folge, im Falle einer Verurteilung auch die entsprechenden Kosten über-nehmen zu müssen.[2844]

Der Gerichtshof betrachtet das Recht auf *unentgeltliche* Beiordnung eines Verteidigers **1070** nicht isoliert, sondern stellt es – wie jedes der Teilrechte des Art. 6 Abs. 3 – in den **Gesamtzu-sammenhang** des Anspruchs auf ein **faires Verfahren**.[2845] Bei einem Beschuldigten, der **nicht mittellos** ist, sich aber keinen Verteidiger wählt, schreiben die Konventionen, anders als §§ 140, 141 StPO, die Bestellung eines Verteidigers nicht explizit vor.[2846] Eine entsprechen-de Pflicht kann sich aber aus dem Gebot einer effektiven Verteidigung (Rn. 1050) ergeben.

b) Verzicht. Auf das Recht auf unentgeltliche Beiordnung eines Verteidigers kann der **1071** Beschuldigte – wie auf alle Rechte, die mit dem Recht auf ein faires Verfahren zusammen-hängen – grundsätzlich wirksam verzichten.[2847] Allerdings muss der Verzicht auch hier **eindeutig** erklärt werden und **freiwillig** sein; darüber hinaus darf er **wichtigen öffentli-chen Interessen nicht zuwiderlaufen**,[2848] – insbesondere nicht den **Interessen der Rechtspflege** und dem **Gebot einer effektiven Verteidigung** (vgl. Rn. 1050). Lehnt der

[2843] EGMR Padalov/BUL, 10.8.2006, § 41; Dzankovic/D (E), 8.12.2009; Shilbergs/R, 17.12.2009, § 120; Wersel/PL, 13.9.2011, § 43 („That provision attaches two conditions to this right. The first is lack of „sufficient means to pay for legal assistance", the second is that „the interests of justice" must require that such assistance be given free."); Mikhaylova/R, 19.11.2015, § 78; Raykov/BUL, 17.3.2016, § 57; Bucha u.a./R, 11.2.2020, § 44; KK-EMRK-GG/*Grabenwarter*/*Pabel* Kap. 14, 154; *Demko* HRRS-FG Fezer, 1, 7; vertiefend zu diesen Anforderungen: *Bannehr* 47 ff.; vgl. in diesem Kontext OHG Beschl. v. 11.11.2020 – 140s 91/20v, wonach sich aus Art. 6 Abs. 3 *lit.* c kein Anpruch auf einen (vollen) Ersatz der einem rechtskräftig Freigesprochenen entstandenen Verteidi-gungskosten ergebe.
[2844] Für ein solches Recht auf unentgeltlichen Rechtsbeistand sprechen sich auf UN-Ebene die **United Nations Guidelines on Acces to Legal Aid in Criminal Justice Systems (PGLA)** aus. Prozesskostenhilfe sei demnach ein essentielles Element eines funktionierenden, rechtsstaatlichen Strafrechtssystems (ErwG 1).
[2845] EGMR Artico/I, 13.5.1980; Quaranta/CH, 24.5.1991, § 27 („the right of an accused to be given, in certain circumstances, free legal assistance constitutes one aspect of the notion of a fair trial in criminal procee-dings."); (GK) Sakhnovskiy/R, 2.11.2010, § 94; Hovanesian/BUL, 21.12.2010, § 30; *Demko* HRRS-FG Fezer 1, 5, 9 f.
[2846] OLG Köln NJW **1991** 2223; IK-EMRK/*Kühne* 555.
[2847] EGMR Padalov/BUL, 10.8.2006, § 47; (GK) Sakhnovskiy/R, 2.11.2010, § 90; Raykov/BUL, 17.3.2016, § 63.
[2848] EGMR Shulepov/R, 26.6.2008, § 33; Sinichkin/R, 8.4.2010, § 35 („a waiver of a right guaranteed by the Convention – in so far as it is permissible – must not run counter to any important public interest, must be established in an unequivocal manner and must be attended by minimum safeguards commensurate to the waiver's importance [...]. Before an accused can be said to have by implication, through his conduct, waived an important right under Article 6, it must be shown that he could reasonably have foreseen what the consequences of his conduct would be."); (GK) Sakhnovskiy/R, 2.11.2010, § 90; Raykov/BUL, 17.3.2016, § 63.

Esser

Beschuldigte den für ihn bestellten Verteidiger ab, weil dieser nicht genügend Zeit zur Vorbereitung der Hauptverhandlung gehabt habe und er deswegen dessen Anwesenheit als reine Formalität betrachtet, so wird das (zumal bei juristischen Laien) in der Regel *nicht* als ein Verzicht auf unentgeltliche Beiordnung eines Verteidigers zu deuten sein.[2849] Auch dass der Beschuldigte in dieser Situation nicht nach einem anderen (beizuordnenden) Verteidiger fragt bzw. um mehr Vorbereitungszeit bittet, kann *nicht* als ein Verzicht angesehen werden.[2850] Ebenso wenig kommt es einem Verzicht gleich, wenn sich der Beschuldigte darin versucht, sich selbst zu verteidigen, nachdem seine Anträge auf Bestellung eines Verteidigers ergebnislos geblieben sind.[2851]

1072   **c) Mittellosigkeit.** Die geforderte Mittellosigkeit muss der Beschuldigte nachweisen; er muss dartun, dass er mit den ihm zur Verfügung stehenden Mitteln die Verteidigerkosten nicht bestreiten kann.[2852] Ist dies nicht bereits im Verfahren vor den nationalen Gerichten geschehen, weil es nach nationalem Recht für die Ablehnung der beantragten Bestellung eines Verteidigers darauf nicht ankam, so kann dies im Verfahren vor dem EGMR dargelegt werden, wobei dieser aber keine hohen Anforderungen an den nachträglichen Nachweis der Mittellosigkeit in dem für die Verteidigerbestellung maßgebenden früheren Zeitpunkt stellt. Mangels gegenteiliger Anhaltspunkte kann es genügen, dass der Beschuldigte vor Gericht die Mittellosigkeit schlicht behauptet hatte.[2853]

1073   **d) Interesse der Rechtspflege.** Die Bestellung des Verteidigers muss im Interesse der Rechtspflege liegen. Dieser diffuse Begriff[2854] umschließt sowohl das öffentliche Interesse an der **Findung eines gerechten Urteils** als auch die **Wahrung der Verteidigungsrechte** mit ein.[2855] Beide Aspekte überschneiden sich, da es auch im öffentlichen Interesse liegt, dass die Verteidigungsinteressen des Beschuldigten, nicht zuletzt die ihn entlastenden Umstände, in einem **kontradiktorischen** und **insgesamt fairen Verfahren** sachkundig zur Sprache kommen und dass auch insoweit während des ganzen Verfahrens, also auch im

---

[2849] EGMR (GK) Sakhnovskiy/R, 2.11.2010, § 91 („the applicant is a lay person and has no legal training [...]. He was unaware of Ms A.'s appointment and eventually refused her services for the very reason that he perceived her participation in the proceedings as a mere formality. He made his position known to the Supreme Court as best he could. The applicant should not be required to suffer the consequences of Ms A.'s passive attitude when one of the key elements of his complaint is precisely her passivity. Accordingly, the inaction of Ms A. cannot be regarded as a waiver.").

[2850] EGMR (GK) Sakhnovskiy/R, 2.11.2010, § 92 („the applicant could not be expected to take procedural steps which normally require some legal knowledge and skills. The applicant did what an ordinary person would do in his situation: he expressed his dissatisfaction with the manner in which legal assistance was organised by the Supreme Court. In such circumstances, the applicant's failure to formulate more specific claims cannot count as a waiver either.").

[2851] EGMR Prežec/KRO, 15.10.2009, § 27.

[2852] Vgl. OLG Celle NJW **1989** 676; aber auch IK-EMRK/*Kühne* 556, wonach die Spruchpraxis der EKMR und des EGMR nicht eindeutig erkennen lassen, welche Anforderungen sie an die Mittellosigkeit stellen.

[2853] EKMR Pakelli/D, 7.5.1981, StV **1981** 379; IK-EMRK/*Kühne* 556.

[2854] Vgl. IK-EMRK/*Kühne* 558 m.w.N.; vertiefend *Demko* HRRS-FG Fezer 1 ff.

[2855] Vgl. hierzu auch LG Bonn Beschl. v. 18.5.2021 – 63 Qs-920 Js 214/21-41/21, BeckRS **2021** 12660, wonach die Bestellung eines Pflichtverteidigers zur Sicherung des Verfahrensablaufs und dem Schutz des Beschuldigten diene, nicht aber dem Interesse eines Verteidigers an einer finanziellen Entlohnung für seine Tätigkeit; siehe zu letzterem Aspekt auch: BGHSt **65** 106 = NJW **2020** 3331 m. zust. Anm. *Lammer* = JR **2020** 681 = JZ **2021** 423 = StV **2020** 816 m. Anm. *Fischer.*

Esser

Rechtsmittelverfahren, die **Waffengleichheit** mit der Staatsanwaltschaft[2856] oder im Verhältnis zu einem **verteidigten Mitangeklagten**[2857] gewahrt ist.

Auch bei einem durch einen **Anwalt unterstützten Nebenkläger oder Verletzten** wird **1074** eine effektive Verteidigung des Beschuldigten regelmäßig nur durch die Beiordnung eines Verteidigers gewährleistet sein[2858] – unabhängig davon, ob ein nach nationalem Recht gesetzlich geregelter Fall der gerichtlichen Beiordnung eines Verletztenbeistands (vgl. §§ 397a, 406g Abs. 3, 4 StPO) vorliegt oder sich der Verletzte selbst eines solchen Beistands bedient.[2859] Der EGMR ist jedoch der Ansicht, dass weder der Grundsatz der Waffengleichheit noch das Recht auf unentgeltliche Beiordnung eines Verteidigers es erfordern, dass einem Verfahrensbeteiligten, dessen Gegner anwaltlich vertreten wird, *per se* (unentgeltlicher) Rechtsbeistand gewährt werden muss. Selbst der Umstand, dass in einem Strafverfahren auch zivilrechtliche Ansprüche im Wege des **Adhäsionsverfahrens** (§§ 403 ff. StPO) geltend gemacht werden, gereiche für sich genommen nicht zu der Annahme, dass das Interesse der Rechtspflege die Beiordnung eines Verteidigers von Amts wegen erfordere.[2860] In der Rs. **D.L.**[2861] war dem Beschuldigten im erstinstanzlichen Strafverfahren kein Verteidiger bestellt wurde, obwohl sich der **Nebenkläger** eines Anwalts bediente, der nach der Bewilligung von Prozesskostenhilfe auch die zivilrechtlichen Schadensersatzansprüche im anhängigen Strafprozess verfolgte. Allein die Tatsache, dass dem Beschuldigten mit dem Staatsanwalt und dem Rechtsbeistand des Nebenklägers zwei gegnerische Interessenvertreter gegenüberstehen, falle nicht gegenteilig ins Gewicht, solange die Waffengleichheit durch eine ausreichende Information, Aktenzugang und Beteiligungsmöglichkeiten des Beschuldigten gewahrt werde.[2862]

Bei der Untersuchung der Frage, ob die Beiordnung eines unentgeltlichen Beistands **1075** im *Interesse der Rechtspflege* von Konventions wegen erforderlich ist, wendet der Gerichtshof unterschiedliche Kriterien an,[2863] die sich auf einen Grundgedanken zurückführen lassen:

Entscheidend ist, dass der Beschuldigte eine **realistische Chance** erhält, sich **effektiv** **1076** **zu verteidigen**.[2864] Die vom Gerichtshof angeführten Kriterien brauchen nicht kumulativ vorzuliegen, wenngleich der Gerichtshof häufig mehrere Aspekte anführt, um das Interes-

---

2856 Vgl. EKMR Pakelli/D, 7.5.1981 (§ 350 StPO); EGMR Artico/I, 13.5.1980; IK-EMRK/*Kühne* 561 f.; siehe jedoch BGH NStZ **2022** 696 = StraFo **2022** 285 (Mitwirkung zweier Staatsanwälte an der Hauptverhandlung; keine Notwendigkeit der Bestellung eines weiteren Verteidigers, da das Gebot der Verfahrensfairness und der Waffengleichheit eine sich entsprechende Anzahl von Staatsanwälten und Verteidigern nicht verlange; Staatsanwaltschaft angesichts ihrer Aufgabe zur Aufklärung und Berücksichtigung auch der entlastenden Umstände kein „Gegner" des Angeklagten).

2857 Hierzu OLG Köln NStZ **2012** 351 (bei gegenseitiger Belastung).

2858 Vgl. OLG Zweibrücken Beschl. v. 8.6.2021 – 1 Ws 131/21, BeckRS **2021** 29518 = StraFo **2021** 377.

2859 Einschränkend für letzteren Fall: KG StV **2012** 714; KG NStZ-RR **2016** 53 (Einzelfallprüfung); OLG Hamburg NStZ-RR **2016** 53.

2860 Vgl. aber EGMR Zdravko Stanev/BUL, 6.12.2012, § 40 (hier Argument für Verletzung von Art. 6 Abs. 3 *lit.* c).

2861 EGMR D.L./D, 22.11.2018 m. krit. Anm. *Esser* StV StV **2020** 142; außerdem: *Ambos/Rackow* NStZ **2020** 397, 398 f.

2862 EGMR D.L./D, 22.11.2018, § 30.

2863 EGMR Quaranta/CH, 24.5.1991, § 32.

2864 EGMR R.D./PL, 18.12.2001, § 49 („There is, however, a primary, indispensable requirement of the „interests of justice" that must be satisfied in each case. That is the requirement of a fair procedure before courts, which, among other things, imposes on the State authorities an obligation to offer an accused *a realistic chance to defend himself throughout the entire trial*. In the context of cassation proceedings, that means that the authorities must give an accused the opportunity of *putting his case in the cassation court in a concrete and effective way*."); *Gaede* HRRS-FG Fezer 21, 44 f.

se der Rechtspflege zu bejahen. Es kann – solange die **Effektivität der Verteidigung** gewährleistet ist – ausreichen, dass nur ein Kriterium erfüllt ist.[2865]

1077   Das Interesse der Rechtspflege kann vor allem durch die **Schwere der Strafe** begründet sein, die dem Beschuldigten droht.[2866] Dabei kommt es nicht auf die Strafe an, die das Gericht vermutlich aussprechen würde, sondern auf das **gesetzlich zulässige Höchstmaß**.[2867] Darüber hinaus kann es auf die **Schwierigkeit der Sach- und Rechtslage** ankommen,[2868] den **Umfang des Verfahrens** und dessen **Bedeutung für den Beschuldigten**,[2869] aber auch auf besondere, in seiner Person liegende Umstände, etwa eine geistig-seelische Störung[2870] oder die **Minderjährigkeit** oder das jugendliche Alter des Beschuldigten.[2871]

1078   Hat der Beschuldigte als Strafe eine **Freiheitsentziehung** zu erwarten (dazu gehört auch eine Freiheitsstrafe, die zur Bewährung ausgesetzt werden *kann*), so gebietet in der Regel das *Interesse der Rechtspflege* die Bestellung eines Verteidigers, unabhängig von der konkreten Höhe der zu erwartenden Strafe.[2872]

1079   Die **deutsche Gerichtspraxis** bleibt hinter dieser Forderung auch im Bereich des **Jugendstrafrechts** deutlich zurück. Hier wird eine Verteidigerbestellung nicht allein schon deshalb für notwendig gehalten, wenn Anklage vor dem Jugendschöffengericht erhoben wird oder die Verhängung einer „Freiheitsentziehung" (hier: Jugendstrafe; Mindestmaß 6 Monate; § 18 JGG) zu erwarten ist; die Gesamtumstände müssen die Verhängung einer Freiheitsstrafe von mindestens einem Jahr erwarten lassen oder unabhängig davon

---

2865 *Demko* HRRS-FG Fezer, 1, 8.

2866 Vgl. auch Meyer-Ladewig/Nettesheim/von Raumer/*Meyer-Ladewig/Harrendorf/König* 232; *Hirvelä/Heikkilä* 297.

2867 EGMR Quaranta/CH, 24.5.1991, § 33 („In the first place, consideration should be given to the seriousness of the offence of which Mr Quaranta was accused and the severity of the sentence which he risked. He was accused of use of and traffic in narcotics and was liable to „imprisonment or a fine". [...] By sentencing the applicant to six months' imprisonment, the court did not reach this limit [...]. The Court notes however that this was no more than an estimation; the imposition of a more severe sentence was not a legal impossibility. [...] The maximum sentence was three years' imprisonment. In the present case, free legal assistance should have been afforded by reason of the mere fact that so much was at stake.").

2868 EGMR Padalov/BUL, 10.8.2006, § 43; Raykov/BUL, 17.3.2016, § 59; *Demko* HRRS-FG Fezer 1, 14 ff. StPO; LG Zwickau Beschl. v. 28.7.2021 – 1 Qs 134/21, BeckRS **2021** 28662 (Verbreitung kinderpornografischer Schriften: Inaugenscheinnahme der pornografischen Bilder; ggf. Großteil der Beweismittel lediglich in englischer Sprache).

2869 Dies kann auch bei einem „Bagatelldelikt" der Fall sein, vgl. LG Dessau-Roßlau StraFo **2015** 515 (§ 265a StGB; drohender Widerruf einer Strafaussetzung zur Bewährung; drohende mehrmonatige Einheitsjugendstrafe); Meyer-Ladewig/Nettesheim/von Raumer/*Meyer-Ladewig/Harrendorf/König* 232.

2870 EGMR X./FIN, 3.7.2012, §§ 183, 185.

2871 EGMR Artico/I, 13.5.1980; Quaranta/CH, 24.5.1991; Pham Hoang/F, 25.9.1992; Güveç/TRK, 20.1.2009, § 131; IK-EMRK/*Kühne* 558; *Demko* HRRS-FG Fezer 1, 18.

2872 EGMR Quaranta/CH, 24.5.1991, §§ 32–34; Padalov/BUL, 10.8.2006, § 43 („lorsqu'une privation de liberté se trouve en jeu, les intérêts de la justice commandent en principe d'accorder l'assistance d'un avocat."); Katritsch/F, 4.11.2010, § 31; Raykov/BUL, 17.3.2016, § 59; *Demko* HRRS-FG Fezer 1, 13. Ablehnend LG Frankfurt NStZ-RR **2011** 183 (bzgl. nachträglicher Bildung einer Gesamtstrafe, ohne dass die neu zu verhandelnde Straftat erheblich wäre). Zur Umsetzung der Vorgaben des EGMR in der Schweiz: BGer Urt. v. 20.11.2013 – 1B 263/2013, SJZ **2014** 79 mit den Kriterien zur **amtlichen Verteidigung** nach **Art. 132 schStPO**: „Bagatelldelikt" (Freiheitsstrafe bis zu vier Monate), „besonders schwere Sanktion", „relative Schwere + besondere tatsächliche oder rechtliche Schwierigkeiten"); hierbei wird auf die konkret drohende Sanktion, nicht auf eine abstrakte Strafobergrenze abgestellt.

müssen die konkreten Umstände des Einzelfalls eine Verteidigerbestellung als notwendig erscheinen lassen.[2873]

Zu begrüßen war in diesem Zusammenhang die Verfügung des seinerzeitigen Vorsit- **1080** zenden des 2. Strafsenats des BGH (*Thomas Fischer*), wonach in Hauptverhandlungen vor dem BGH über das Rechtsmittel der Revision (das einzige Rechtsmittel gegen Urteile der Großen Strafkammer am LG und gegen erstinstanzliche OLG-Urteile) der Angeklagte den Beistand eines (anwesenden) Verteidigers erhalten musste und ein bereits mandatierter Wahlverteidiger erforderlichenfalls zum (möglicherweise schlechter bezahlten, was dieser aber als Sonderopfer hinzunehmen habe) Verteidiger zu bestellen war. Dies sollte unabhängig davon gelten, wer (Staatsanwaltschaft, Nebenkläger, Angeklagter) die Revision eingelegt hatte.[2874]

Eine „drohende Freiheitsentziehung", die eine Verteidigerbestellung *im Interesse der* **1081** *Rechtspflege* gebietet, ist auch in der Konstellation anzunehmen, dass zwar nicht das gegenständliche Verfahren zu einer solchen Sanktion führen kann, wohl aber aufgrund dieses Verfahrens der **Widerruf einer zur Bewährung ausgesetzten Freiheitsstrafe** in einem früheren Verfahren in Betracht kommt.[2875]

Vor allem dürfen die **Anforderungen und Belastungen des gegen ihn geführten** **1082** **Verfahrens** den Beschuldigten in seiner Verteidigungsfähigkeit nicht überfordern. An deren Vorliegen sind umso höhere Anforderungen zu stellen, je mehr für ihn **auf dem Spiel steht** („considerable importance of what was at stake").[2876]

Wegen des Risikos einer erstmaligen Verurteilung besteht auch nach der OLG-Recht- **1083** sprechung in der Verfahrenskonstellation, dass die Staatsanwaltschaft nach einem Freispruch des Angeklagten im ersten Rechtszug mit dem Ziel der Verurteilung Berufung einlegt, in der Regel Anlass für die Beiordnung eines Pflichtverteidigers, weil zwei mit der Strafverfolgung betraute Stellen über die Beurteilung der Sach- oder Rechtslage unterschiedliche Ansichten vertreten.[2877] Etwas anderes soll gelten, wenn eine Verurteilung nicht im Raum steht, etwa weil das Verfahren vorläufig nach § 153a StPO eingestellt ist und es der Angeklagte selbst in der Hand hat, durch die Erfüllung einer Auflage zur endgültigen Verfahrenseinstellung beizutragen. Erst wenn diese Form der Verfahrenserledigung scheitere und das Berufungsverfahren fortgesetzt werde, bestehe erneut Anlass für eine Verteidigerbestellung nach § 140 Abs. 2 StPO.[2878]

Aus der Tatsache allein, dass der Beschuldigte die **Gerichtssprache** nicht oder nicht aus- **1084** reichend versteht, so dass ein Dolmetscher hinzuzuziehen ist, soll nicht zwingend folgen, dass ihm neben dem Dolmetscher zusätzlich ein Verteidiger beizuordnen ist (Rn. 1246 f.);[2879]

[2873] KG Beschl. v. 26.11.2012 – (4) 161 Ss 226/12 m.w.N.; dagegen: LG Gera StV **1999** 654; OLG Hamm StV **2009** 85; StV **2008** 120; NStZ-RR **2006** 26; bei der Errechnung der Straferwartung sind weitere anhängige Verfahren zu berücksichtigen, die im Falle einer rechtskräftigen Verurteilung des Angeklagten gesamtstrafenfähig sind, vgl. KG StV **2018** 144.

[2874] BGH Verf. v. 25.9.2014 – 2 StR 163/14, NJW **2014** 3527 m. Anm. *Meyer-Mews* = NStZ **2015** 47 m. Bespr. *Müller/Schmidt* **2015** 561 = StV **2015** 79 = wistra **2015** 35 und Anm. *Pießkalla* StRR **2015** 26; anders noch BGHSt **19** 258 = NJW **1964** 1035 m. Anm. *Seydel*.

[2875] Ablehnend: LG Kleve NStZ-RR **2015** 51; dagegen: KG NStZ-RR **2013** 357 (Jugendstrafverfahren); KG StV **2018** 144.

[2876] EGMR Pham Hoang/F, 25.9.1992, § 32; IK-EMRK/*Kühne* 558.

[2877] Meyer-Goßner/*Schmitt* § 140, 27 StPO m.w.N.

[2878] OLG Hamm NStZ-RR **2018** 116.

[2879] BGHSt **46** 178 = NJW **2001** 309 = NStZ **2001** 107 = StV **2001** 1 = StraFo **2001** 54 = JR **2002** 121 m. Anm. *Tag* = AnwBl. **2002** 607 m. Anm. *Molketin* (auf Vorlage OLG Oldenburg gegen BayObLG StV **1990** 103); OLG Nürnberg NStZ-RR **2014** 183; *Basdorf* GedS Meyer 19, 31; *Schmidt* (Ausländer) 318 m.w.N. hingegen bezeichnet

bei der stets notwendigen Prüfung aller Umstände fällt allerdings die Beeinträchtigung der Verteidigungsfähigkeit durch die unzureichenden Sprachkenntnisse und die unzureichende Einsicht in die Zusammenhänge mit ins Gewicht.[2880] Jedoch kann auch in solchen Fällen die Notwendigkeit einer Verteidigerbestellung im Einzelfall zu verneinen sein, wenn die Behauptung des Beschuldigten, die Gerichtssprache nicht zu beherrschen, insgesamt wenig glaubhaft ist.[2881]

1085   Kann der Beschuldigte den **Akteninhalt** nicht erfassen, so ist ihm ein Verteidiger zu bestellen.[2882] Gleiches gilt, wenn der Beschuldigte die **Akten** oder **wesentliche Bestandteile nicht kennt.**[2883]

1086   Auch ein **Disziplinarverfahren** mit strafähnlichem Charakter kann die Unterstützung eines Verteidigers erfordern.[2884] Bei **Bagatellsachen** (ein Begriff, der allerdings schwer mit dem Gebot eines fragmentarischen Strafrechts vereinbar scheint) fordert das *Interesse der Rechtspflege* die Beiordnung eines Verteidigers in der Regel nicht.[2885]

1087   Im Falle einer **nachträglichen Erweiterung der Anklage** in der Hauptverhandlung (§§ 265, 266 StGB) ist stets zu prüfen, ob aufgrund der regelmäßig gestiegenen Straferwartung jetzt eine Verteidigung im Interesse der Rechtspflege geboten ist.[2886]

1088   **e) Rechtsmittelinstanzen.** Der Gerichtshof hat herausgestellt, dass die Kriterien, die in einem erstinstanzlichen Verfahren für die Annahme eines *Interesses der Rechtspflege* maßgeblich sind, auch in **Rechtsmittelinstanzen** Geltung beanspruchen.[2887] Das *Interesse der Rechtspflege* verlangt die Beiordnung eines Verteidigers demzufolge, wenn das Rechtsmittelgericht den Fall in tatsächlicher wie rechtlicher Hinsicht überprüfen kann, die Tatvorwürfe gegen den Beschuldigten erheblich sind (dazu soll auch die rechtliche Komplexität der Materie zählen[2888]) und die zu erwartende Strafe erheblich ist.[2889]

---

die Ansicht, dass bereits die mangelhafte Beherrschung der deutschen Sprache die Beiordnung eines Pflichtverteidigers erforderlich mache, als progressiv; Rechtsprechungstabelle zur notwendigen Verteidigung bei Ausländern, 367.

2880   Vgl. BVerfGE **64** 135, 150; OLG Düsseldorf NJW **1989** 667; KG NStZ **1990** 402; OLG Hamm NStZ **1990** 143; StV **1995** 64; OLG Köln NJW **1991** 2223; OLG Koblenz MDR **1994** 1137; anders BayObLG StV **1990** 103; KG StV **1985** 185; StV **1986** 239; OLG Zweibrücken StV **1988** 379; NStZ **1990** 51 je m.w.N.; für einen Fall notwendiger Verteidigung: LG Frankfurt/O StraFo **2022** 27 (Analphabet); IK-EMRK/*Kühne* 559 und zur Auslegung des § 140 StPO: LR/*Jahn* § 140, 106 f. StPO.

2881   EGMR Barsom u. Varli/S (E), 4.1.2008.

2882   LG Hildesheim NJW **2008** 454 = StV **2008** 132 (Lese- und Rechtschreibschwäche – Legasthenie).

2883   OLG Köln StV **2012** 719.

2884   Vgl. OLG Bamberg NStZ-RR **2011** 124.

2885   BGHSt **46** 178 = NJW **2001** 309 = NStZ **2001** 107 = StV **2001** 1 = StraFo **2001** 54 = JR **2002** 121 m. Anm. *Tag* = AnwBl. **2002** 607 m. Anm. *Molketin*; OLG Hamm StV **1995** 64; *Hilger* Anm. zu KG NStZ **1990** 405; *Nowak* 62.

2886   Vgl. (ohne direkten Bezug zur EMRK): OGH JBl. **2015** 268 („ex-post-Beurteilung notwendiger Verteidigung").

2887   EGMR Shulepov/R, 26.6.2008; Shilbergs/R, 17.12.2009; vgl. auch *Hirvelä/Heikkilä* 298.

2888   EGMR Shilbergs/R, 17.12.2009, § 122 („the *legal issues* in his criminal case were of *particular complexity*, involving determination of the constituent elements of a number of aggravated criminal offences, assessment of the degree of liability of several co-defendants, including their level of personal culpability, establishment of a variety of mitigating and aggravating circumstances and examination of the negative of the defences raised.").

2889   EGMR Talat Tunç/TRK, 27.3.2007, § 62; Shulepov/R, 26.6.2008, § 32; Grigoryevskikh/R, 9.4.2009, § 91; Shilbergs/R, 17.12.2009, § 121; Sinichkin/R, 8.4.2010, § 34; vgl. OLG Dresden Beschl. v. 9.2.2015 – 3 Ws 9/15 (Berufung der StA gegen freisprechendes Urteil).

Ist die Bestellung eines Verteidigers im *Interesse der Rechtspflege* erforderlich, muss **1089** diesem auch Gelegenheit gegeben werden, die **Verteidigung *effektiv* zu führen**.[2890] Allein der Akt der Bestellung eines Verteidigers genügt den Anforderungen des Art. 6 nicht.[2891]

f) Verantwortungsbereich der staatlichen Stellen. Zur Erschöpfung der innerstaat- **1090** lichen Rechtsbehelfe (Art. 35 Abs. 1) gehört *grundsätzlich*, dass der Beschuldigte einen An- trag auf Bestellung eines Verteidigers stellt. Andererseits fällt die Bestellung eines zur Wahrung der Verfahrensfairness notwendigen Verteidigers in den **Verantwortungsbe- reich der staatlichen Stellen**. Nach den Konventionen ist für die Bestellung eines Verte- digers weder die Zustimmung noch die Anhörung des Beschuldigten erforderlich. Es wird daher regelmäßig einen Konventionsverstoß darstellen, wenn dem Beschuldigten kein Ver- teidiger bestellt wird, obwohl die Voraussetzungen, die die Konvention aufstellt, erfüllt sind – auch ohne einen entsprechenden Antrag des Beschuldigten,[2892] der freilich stets anzuraten ist.

g) Auswahl des beizuordnenden Verteidigers. Das Gericht hat bei der Auswahl des **1091** beizuordnenden Verteidigers auf die Wünsche des Beschuldigten Rücksicht zu nehmen; ein Recht, die Auswahl selbst zu bestimmen, hat der Beschuldigte aber nicht.[2893] Im *Inte- resse der Rechtspflege* können die staatlichen Stellen (nur) bei Vorliegen **sachlicher Grün- de** auch einen anderen Verteidiger als den vom Beschuldigten gewünschten bestellen.[2894] Fehlen solche Gründe, verstößt eine Einschränkung der freien Wahl des Verteidigers im Rahmen der Beiordnung gegen Art. 6 Abs. 3 *lit.* c, sofern sie sich auf die Verteidigung des Betroffenen ungünstig auswirkt, wobei es auf das Verfahren insgesamt ankommt.[2895] Ein **Anhörungsrecht des Beschuldigten** in Bezug auf die Auswahl des Verteidigers seines

---

2890   EGMR Wersel/PL, 13.9.2011, § 50 („In the context of cassation proceedings, ... the authorities must give an accused the opportunity of putting his case before the cassation court in a concrete and effective way.").

2891   EGMR Marcello Viola/I, 25.10.2005, § 60; Caka/ALB, 8.12.2009, § 85.

2892   EGMR Padalov/BUL, 10.8.2006, § 54 („Certes, les obstacles à l'exercice effectif des droits de la défense auraient pu être surmontés si les autorités internes, conscientes des difficultés du requérant, avaient adopté un comportement plus actif visant à s'assurer que l'intéressé savait qu'il pouvait demander la désignation d'un avocat commis d'office."); Sinichkin/R, 8.4.2010, § 43 („corresponding obligation on the part of the court to verify in each individual case whether it is lawful to proceed with the hearing in the absence of legal counsel for the accused. [...] It had been incumbent on the appeal court to verify whether there had been a valid waiver of legal assistance by the applicant and, if there was none, to appoint a lawyer.").

2893   EGMR Mayzit/R, 20.1.2005, § 66; *Frowein/Peukert* 304; IK-EMRK/*Kühne* 563 ff.; Meyer-Goßner/*Schmitt* 20; *Nowak* 64 m.w.N. Für die StPO LR/*Jahn* 142, 12 f. StPO. Kritisch zum richterlichen Auswahlermessen: *Lewitzki* DRiZ **2011** 306; vertiefend zu den Auswahlkriterien: *Schoeller* 370 ff.

2894   EGMR Croissant/D, 25.9.1992, EuGRZ **1992** 542 = ÖJZ **1993** 211. Ähnlich EGMR Janyr/CS, 31.10.2013, §§ 66 ff. (nachdem Anwälte des Bf. wiederholt das Mandat niedergelegt hatten oder der Bf. sich von ihnen getrennt hatte), wurde ein Verteidiger bestellt; Bf. hätte genug Zeit gehabt, vorher selbst einen neuen Verte- diger seiner Wahl zu beauftragen; anders EGMR Dvorski/KRO, 20.10.2015, §§ 94 ff.: Beschuldigter hatte zwar einen Verteidiger seiner Wahl beauftragt, seine Wahl aber nicht in voller Kenntnis der Sachlage getroffen, da er nicht wusste, dass seine Eltern bereits einen ihm bekannten Anwalt beauftragt hatten, den die Polizei am Zugang zu ihm mit der Begründung gehindert hatte, er habe keine ordnungsgemäße Vollmacht des Beschuldigten; bei der im Rahmen des § 142 StPO gebotenen Interessenabwägung tritt das Kriterium der Ortsnähe grundsätzlich hinter dem besonderen Vertrauensverhältnis des Beschuldigten zu seinem Verteidi- ger zurück: OLG Stuttgart StV **2018** 144.

2895   EGMR Dvorski/KRO, 20.10.2015, §§ 79 ff.; Atristain Gorosabel/E, 18.1.2022, §§ 44 f.

Vertrauens, wie es § 142 Abs. 1 StPO vorsieht, ist damit im Kern menschenrechtlich abgesichert.[2896]

1092 Hat der Beschuldigte **bereits einen Wahlverteidiger**, ergibt sich aus den Konventionen kein Anspruch darauf, dass dieser auch staatlicherseits zum Verteidiger bestellt wird, selbst wenn gegen den Beschuldigten wegen Mordes ermittelt wird.[2897]

1093 Der Beschuldigte hat prinzipiell keinen Anspruch darauf, einen **Anwalt mit besonderer Sachkunde** (Fachanwalt) beigeordnet zu bekommen, so dass die Verteidigung auch weniger qualifizierten Personen nach Maßgabe des jeweiligen nationalen Rechts übertragen werden kann, wie etwa nach § 142 Abs. 2 StPO einem Gerichtsreferendar.[2898] Maßstab und Grenze für die Einhaltung des Fairnessgebotes ist aber auch hier stets die **Effektivität der Verteidigung** im jeweiligen Einzelfall.

1094 Grundsätzlich stellt es keinen Verteidigungsmangel und damit keinen Konventionsverstoß dar, wenn der bestellte Verteidiger sich nach gewissenhafter Prüfung des Falles mangels Erfolgsaussichten weigert, den Wünschen und Vorstellungen des Beschuldigten in Hinblick auf seine Verteidigung zu entsprechen und ein Rechtsmittel einzulegen. Auch aus der Konvention lässt sich in dieser Situation kein Anspruch auf Auswechslung des bestellten und Bestellung eines neuen Verteidigers ableiten.[2899]

1095 Ein Konventionsverstoß kann sich allerdings im Einzelfall aus einer **Verletzung von Hinweispflichten** ergeben.[2900] Maßstab muss allerdings auch hier stets sein, dass die Effektivität der Verteidigung insgesamt nicht in Frage gestellt wird.

1096 **h) Autonomie der Verteidigung.** Da weder der vom Beschuldigten gewählte noch ein ihm beigeordneter Verteidiger als Organ des Staates angesehen werden können,[2901] ist die Organisation, Vorbereitung und Durchführung der Verteidigung im Wesentlichen eine zwischen dem Beschuldigten und seinem Verteidiger zu regelnde Angelegenheit, die sich **staatlicher Überwachung entzieht**. Der Verteidiger führt die Verteidigung daher grundsätzlich **unabhängig vom Staat** und seinen Stellen[2902] in eigener Verantwortung.[2903]

1097 **Fehler der Verteidigung** können dem das Strafverfahren führenden Konventionsstaat daher grundsätzlich nicht i.S.v. Art. 1 als Verstoß gegen das faire Verfahren zugerech-

---

2896 Vgl. OLG Dresden NStZ-RR **2012** 213 (erleichterter Maßstab für Auswechslung des Verteidigers bei Missachtung des Anhörungsrechts des Beschuldigten) m. Anm. *Burhoff* StRR **2012** 264; zu dieser Thematik auch: OLG Düsseldorf NJW **2011** 1618; OLG Koblenz StV **2011** 349.

2897 EGMR Dzankovic/D (E), 8.12.2009.

2898 IK-EMRK/*Kühne* 564.

2899 EGMR Kulikowski/PL, 19.5.2009, § 68; Antonicelli/PL, 19.5.2009, § 43.

2900 EGMR Kulikowski/PL, 19.5.2009, §§ 69 ff.; Antonicelli/PL, 19.5.2009, §§ 44 ff.; Arcinski/PL, 15.9.2009, §§ 40 f.; Szubert/PL, 5.7.2012, § 23.

2901 EGMR Arcinski/PL, 15.9.2009, § 31 („the responsibility of the Contracting Parties is incurred by the actions of their organs. A lawyer, even if officially appointed, cannot be considered to be an organ of the State.").

2902 EGMR Sannino/I, 27.4.2006, § 49; Arcinski/PL, 15.9.2009, § 31.

2903 Siehe EGMR Artico/I, 13.5.1980, § 36; Daud/P, 21.4.1998, § 38; Tuzinski/PL (E), 30.3.1999; Rutkowski/PL (E), 19.10.2000; Bogumil/P, 7.10.2008, § 46; Kulikowski/PL, 19.5.2009, § 56; Antonicelli/PL, 19.5.2009, § 31; Ebanks/UK, 26.1.2010, § 72; Pavlenko/R, 1.4.2010, § 99 („It follows from the independence of the legal profession from the State that the conduct of the defence is essentially a matter between the defendant and his counsel, whether appointed under a legal-aid scheme or privately financed."); Katritsch/F, 4.11.2010, § 29 („De l'indépendance du barreau par rapport à l'Etat il découle que la conduite de la défense appartient pour l'essentiel à l'accusé et à son avocat, commis au titre de l'aide judiciaire ou rétribué par son client."); Siyrak/R, 19.12.2013, § 28; *Villiger* 600.

net werden.[2904] Die staatlichen Stellen sind deshalb weder berechtigt noch verpflichtet, stets und sofort einzugreifen, wenn sie ein Verhalten des gewählten oder beigeordneten Verteidigers als unzureichend oder fehlerhaft einstufen.[2905] Auch **inhaltliche Differenzen** zwischen einem Verteidiger und dem Beschuldigten, etwa in Hinblick auf die zu wählende **Verteidigungsstrategie**, rechtfertigen für sich genommen ein staatliches Einschreiten (Entpflichtung) noch nicht.[2906] Mit der Frage, ob eine (konventionsrechtlich zulässige) geringere festgesetzte Vergütung für beigeordnete Pflichtverteidiger die Effektivität der Verteidigung beeinflusst und inwieweit dies Auswirkungen auf die Rechte des Beschuldigten haben kann, hat sich der EGMR bislang noch nicht befasst.[2907]

Im Falle der notwendigen Verteidigung besteht für die zuständigen staatlichen Stellen **1098** eine **Pflicht zur Kontrolle der konkreten Tätigkeit des** (gewählten oder bestellten) **Verteidigers**, dahingehend, dass dieser die Interessen des Beschuldigten nicht nur tatsächlich (Korrespondenz, Besuch), sondern auch **effektiv** wahrnimmt.[2908]

Wer die zur Kontrolle der Verteidigertätigkeit berufenen *„competent national au-* **1099** *thorities"* sind, bestimmt grundsätzlich das nationale Recht. Vorrangig angesprochen sind Gerichte und Strafverfolgungsbehörden; nicht per se ausgeschlossen ist damit allerdings, dass auch ein Selbstverwaltungsorgan der Anwaltschaft, wie etwa eine Anwaltskammer,[2909] vom nationalen Recht zur Kontrolle berufen wird.

Die Bestellung eines Verteidigers allein oder auch das Tätigwerden eines gewählten **1100** oder beigeordneten Verteidigers als solches stellen die von Art. 6 Abs. 3 *lit.* c geforderte *Effektivität* der Verteidigung noch nicht sicher.[2910] Wenn sie von einem **gravierenden**

2904   EGMR Mayzit/R, 20.1.2005, § 67; Sannino/I, 27.4.2006, § 49; Bogumil/P, 7.10.2008, § 46; Timergaliyev/R, 14.10.2008, § 59; Güveç/TRK, 20.1.2009, § 130; Arcinski/PL, 15.9.2009, § 31; Ebanks/UK, 26.1.2010, § 72; Pavlenko/ R, 1.4.2010, § 99 („Nevertheless, a State cannot be held responsible for every shortcoming on the part of a lawyer appointed for legal-aid purposes."); Mihai Moldoveanu/RUM, 19.6.2012, § 71; Plesic/I (E), 2.7.2013, § 35; Sfez/F, 25.7.2013, § 29 („on ne saurait imputer à un Etat la responsabilité de toute défaillance d'un avocat commis d'office ou choisi par l'accusé"); Siyrak/R, 19.12.2013, § 28 („Nevertheless, a State cannot be held responsible for every shortcoming on the part of a lawyer appointed for legal-aid purposes or chosen by the accused.").

2905   Vgl. auch: OGH Urt. v. 14.11.2013, JSt **2014** 5, 6 („Einschreiten des Staates nur geboten, wenn das Fehlen einer ordnungsgemäßen Pflichtverteidigung offensichtlich oder die nationalen Behörden von der Nachlässigkeit eines Pflichtverteidigers sonst Kenntnis erlangt haben"; Abwesenheitsurteil aufgrund Nichteintretens in den Sitzungssaal nach – missdeutetem – Aufruf zur Sache).

2906   BGH Beschl. v. 29.6.2020 – 4 StR 654/19, BeckRS **2020** 15343; NJW **2020** 1534 m. Anm. *Mehle* = NStZ **2020** 434 m. Anm. *Gubitz*; siehe auch: BVerfG Beschl. v. 26.10.2006 – 2 BvR 426/06, 1620/06, BeckRS **2006** 27503.

2907   *Schaum* 62.

2908   Meyer-Ladewig/Nettesheim/von Raumer/*Meyer-Ladewig/Harrendorf/König* 234. Außerdem müssen die staatlichen Stellen dafür sorgen, dass der Beschuldigte effektiv verteidigt werden *kann*, was nicht der Fall ist, wenn sie einem inhaftierten Beschuldigten nur den Namen mitteilen, der bestellte Verteidiger ihn dann nicht kontaktiert und dies dem Beschuldigten seinerseits nicht möglich ist, weil er keine Adresse/Telefonnummern des Verteidigers kennt, EGMR Prežec/KRO, 15.10.2009, §§ 30 ff.

2909   Vgl. hierzu: OGH ÖJZ **2011** 370.

2910   EGMR Orlov/R, 21.6.2011, § 108; Siyrak/R, 19.12.2013, § 27 („The appointment of defence counsel in itself does not necessarily settle the issue of compliance with the requirements of Article 6 § 3 (c) of the Convention. (...) mere nomination does not ensure effective assistance since a lawyer appointed for legal-aid purposes may be prevented from performing, or shirk his or her duties. If they are notified of the situation, the authorities must either replace the lawyer or oblige him/her to fulfil those duties"); ferner EGMR Sannino/ I, 27.4.2006, § 48; Bogumil/P, 7.10.2008, § 46; Arcinski/PL, 15.9.2009, § 32; Kuralić/KRO, 15.10.2009, § 47; Caka/ ALB, 8.12.2009, § 85; Pavlenko/R, 1.4.2010, § 99; (GK) Sakhnovskiy/R, 2.11.2010, § 95; Katritsch/F, 4.11.2010, § 29; grundlegend: EGMR Artico/I, 13.5.1980, § 33; Imbrioscia/CH, 24.11.1993, § 38.

Esser

Mangel der Verteidigung unterrichtet werden oder dieser **offenkundig**[2911] ist, müssen die zuständigen staatlichen Stellen ausnahmsweise über eine **Erkundigung** und ggf. **Ermahnung** hinausgehende rechtliche Schritte ergreifen („**required to intervene**"),[2912] die darauf hinwirken, dass der Verteidiger die ihm übertragene Aufgabe auch tatsächlich wahrnimmt, da der Beschuldigte andernfalls trotz der Bestellung ohne den erforderlichen (effektiven) Beistand bleibt.[2913]

1101   Zu den erforderlichen Maßnahmen kann auch die Bestellung eines anderen Verteidigers (zum Pflichtverteidiger) bzw. die **Aufhebung der Beiordnung** eines Verteidigers und die **Bestellung eines anderen Verteidigers** (vgl. § 143a Abs. 2 Satz 1 Nr. 3 StPO) gehören.[2914] Dies gilt etwa dann, wenn ein minderjähriger Beschuldigter wegen des Versagens des Verteidigers wesentliche Verfahrensrechte endgültig einbüßt,[2915] wenn der Betroffene ein ihm an sich zustehendes **Rechtsmittel verliert**, weil der für ihn bestellte Verteidiger dieses für aussichtslos hält und die Einlegungsfrist verstreichen lässt,[2916] für das Gericht

---

2911 Vgl. hierzu BGH Beschl. v. 4.11.2020 – 2 StR 225/20, BeckRS **2020** 33712 (kein offenkundiger Mangel, der die Bestellung eines anderen Verteidigers oder eine Wiedereinsetzung von Amts wegen erforderlich gemacht hätte; Fehlen einer glaubhaften Begründung des Angeklagten, dass gegen seinen Willen keine fristgerechte Revisionsbegründung durch den bisherigen Verteidiger erfolgt war).

2912 EGMR Orlov/R, 21.6.2011, § 108 („[...] a State cannot be held responsible for every shortcoming on the part of a lawyer appointed for legal-aid purposes. The competent national authorities are required under Article 6 § 3 (c) to intervene only if a failure by legal-aid counsel to provide effective legal assistance is *manifest or sufficiently brought to their attention* in another way."; Verletzung von Art. 6 Abs. 1, 3 *lit.* b, c); ferner EGMR Artico/I, 13.5.1980, § 36; Kamasinski/A, 19.12.1989, § 65; Imbrioscia/CH, 24.11.1993, § 41; Daud/P, 21.4.1998, § 38; Balliu/ALB, 16.6.2005, § 33; Sannino/I, 27.4.2006, § 49; Bogumil/P, 7.10.2008, § 46; Kulikowski/PL, 19.5.2009, § 57; Antonicelli/PL, 19.5.2009, § 32; Arcinski/PL, 15.9.2009, § 32; Ebanks/UK, 26.1.2010, § 73; Pavlenko/R, 1.4.2010, § 99; (GK) Sakhnovskiy/R, 2.11.2010, § 53; Katritsch/F, 4.11.2010, § 29; Huseyn u.a./ASE, 26.7.2011, § 180; Sfez/F, 25.7.2013, § 29; Siyrak/R, 19.12.2013, § 28; OGH ÖJZ **2011** 370; OGH 9.3.2016 – 13 Os 147/15, ÖJZ **2016** 623.

2913 EGMR Süzer/TRK, 23.4.2013, §§ 12, 16 ff., 83 (keine effektive Verteidigung im Vorverfahren; Verteidiger war während rechtswidriger Beweiserhebung ohne Widerspruch anwesend; hatte ferner nicht nachgeforscht, ob die Eltern des minderjährigen Beschuldigten verständigt worden waren); vgl. auch EGMR Artico/I, 13.5.1980, § 36; Goddi/I, 9.4.1984, §§ 26 ff.; Daud/P, 21.4.1998, § 42; Czekalla/P, 10.10.2002, § 60, NJW **2003** 1229; Bogumil/P, 7.10.2008, § 49; Gabrielyan/ARM, 10.4.2012, §§ 65 f. („absolute passivity"; i.E. Verstoß verneint, u.a. weil Angekl. die Untätigkeit des Verteidigers erst spät gerügt hatte; bedenklich, da Schlussvortrag auf Forderung nach Freispruch beschränkt, § 40); Falcão dos Santos/P, 3.7.2012, §§ 42 ff.; Shekhov/R, 19.6.2014, §§ 11, 37, 39, 42 ff. (Verhandeln bei Nichterscheinen des Verteidigers); Vamvakas/GR (Nr. 2), 9.4.2015, §§ 36 f., 40 ff. (Verwerfen des Rechtsmittels ohne Nachforschungen bei Nichterscheinen des Verteidigers; letzte Instanz); KassG Zürich forumpoenale **2013** 24 (rechtlich unvertretbarer, unsinniger Antrag) m. Anm. *Wohlers*; ebenso HRC Butovenko/UKR, 24.8.2011, CCPR/C/102/D/1412/2005, § 7.8 (bestellter Verteidiger offenbar nur pro forma anwesend, ohne den Angeklagten tatsächlich zu unterstützen); *Frowein/Peukert* 305; IK-EMRK/*Kühne* 567 f.; *Villiger* 598; vgl. auch ÖVerfG EuGRZ **1983** 20; BGH NJW **1993** 340 (Verteidigungsrechte verletzt, wenn Verteidiger sie faktisch nicht mehr wahrnimmt). Zur Kontrolle der Mindeststandards einer Verteidigung: BGH StraFo **2009** 107; vgl. US Supreme Court Strickland v. Washington, 466 U.S. 688, 686 (1984): „*representation that does not fall below an objective standard of reasonableness in light of prevailing professional norms*"; David Bobby v. Robert J. van Hook, 78 U.S. Law Week 4001; BGH NStZ **2017** 59 = StV **2016** 473 m. Anm. *Barton* (Verteidigerbestellung trotz möglichen Interessenkonflikts).

2914 BGH Beschl. v. 5.3.2020 – SB 6/20 m.w.N.; siehe auch BGHSt **65** 106 (kein Beschwerderecht des ausgewechselten Verteidigers) = NJW **2020** 3331 m. Anm. *Lammer* = JR **2020** 681 = JZ **2021** 423 = StV **2020** 816 m. Anm. *Fischer.*

2915 EGMR Güveç/TRK, 20.1.2009, §§ 130 ff.

2916 Hierzu: BGH StraFo **2020** 23 = StV **2020** 148 (Ls.) (Antrag auf Pflichtverteidigerwechsel nach Ablauf der Revisionseinlegungsfrist; Pflicht zur rechtzeitigen Entscheidung zur Wahrung der Revisionsbegründungsfrist).

offensichtlich ist, dass der bestellte Verteidiger **untätig bleibt**,[2917] sich im Verfahren ein **Interessenkonflikt des Verteidigers**[2918] offenbart oder das **Vertrauensverhältnis** zwischen Verteidiger und Beschuldigtem nachhaltig erschüttert oder gar endgültig zerrüttet[2919] ist. Nach § 143a Abs. 2 Satz 1 Nr. 3 Alt. 2 StPO kommt die Auswechslung eines beigeordneten Pflichtverteidigers in Betracht, wenn eine angemessene Verteidigung des Beschuldigten durch den ursprünglichen Pflichtverteidiger nicht gewährleistet ist. Dies kann unter anderem dann der Fall sein, wenn dieser an einem erheblichen Teil der (anberaumten oder anvisierten) **Hauptverhandlungstermine verhindert** ist. Eine derartige Auswechslung aufgrund terminlicher Verhinderung setzt aber auch nach Ansicht des BGH stets sowohl deren Erforderlichkeit (d.h. Fehlen eines milderen Mittels) voraus, als auch, dass der Vorsitzende sich mit dem Pflichtverteidiger in Verbindung setzt und ernsthaft versucht, dem Anspruch des jeweiligen Angeklagten auf Verteidigung durch einen Verteidiger seines Vertrauens Rechnung zu tragen.[2920]

Da die Strafverfolgungsbehörden und das Gericht dem Verteidiger nicht im Einzelnen **1102** die Inhalte seiner Tätigkeit vorschreiben können (Rn. 1096), sind sie zunächst gehalten, sich bei einer Untätigkeit des Verteidigers beim Beschuldigten zu erkundigen, ob dieser bewusst auf sein Recht auf Verteidigerbeistand verzichtet hat.[2921]

Fehler des Gerichts in dieser Beziehung werden nicht dadurch unbeachtlich, dass der **1103** **Beschuldigte** selbst es **versäumt, dem Mangel abzuhelfen**, etwa durch aktive Rücksprache mit dem Gericht oder seinem Verteidiger.[2922] Hat jedoch der Beschuldigte letztlich überhaupt keinen Hinweis auf (nach außen nicht erkennbare) Verteidigungsmängel gegeben, so kann, je nach den konkreten Umständen des Falles, ein Konventionsverstoß im Einzelfall zu verneinen sein.[2923]

[2917] Vgl. AG Frankfurt/M. StraFo **2019** 378 m. Anm. *Peter* (fehlendes Vertrauen; erster Besuch des Verteidigers erst nach über sieben Wochen U-Haft). Hierzu bereits Rn. 1100. Vgl. zu einem (möglichen) Verstoß gegen das 6. Amendment der US-Verfassung infolge einer anwaltlichen Falschberatung: US-Supreme Court, Jose Padilla v. Kentucky, 78 U.S. Law Week 4235; BGH NStZ-RR **2018** 84 (unterlassene Revisionsbegründung durch einen Pflichtverteidiger); ähnlich: BGH Beschl. v. 16.12.2020 – 2 StR 299/20, wistra **2021** 160 = NStZ-RR **2021** 79 (Ls.).

[2918] BGH NStZ **2021** 60 = StV **2021** 142 = StraFo **2020** 199 (abgelehnt für früheres Mandatsverhältnis mit einem Zeugen).

[2919] BGH NStZ-RR **2023** 115 (keine Reaktion des Verteidigers auf Kontaktversuche der Angeklagten; keinerlei Kontakt); NStZ **2023** 55 m. Anm. *Zeyher*; NStZ-RR **2023** 83; NStZ-RR **2021** 179, 180 = StraFo **2021** 288; Beschl. v. 29.6.2020 – 4 StR 654/19 (auch zum Aspekt einer Herbeiführung der Zerrüttung durch den Beschuldigten); BGH NJW **2020** 1534 m. Anm. *Mehle/Mehle* = StraFo **2020** 201 (Abkehr von der bisherigen Verteidigungsstrategie; Geständnis); dem Pflichtverteidiger kommt dabei kein Anspruch auf Fortführung des Pflichtverteidigungsmandats zu, vgl. BGHSt **65** 106 = NJW **2020** 3331 m. Anm. *Lammer* = JR **2020** 681 = JZ **2021** 423 = StV **2020** 816 m. Anm. *Fischer*.

[2920] Zum Ganzen BGH Beschl. v. 25.8.2022 – StB 35/22, NStZ-RR **2022** 353; dieser Entscheidung zustimmend *Beulke* StV **2023** 191, 193 (unter Hinweis auf den *ultima ratio*-Charakter der Auswechslung); ausführlich zur Neuregelung des § 143a StPO und der damit verbundenen Gefahr der Fremdkontrolle der Verteidigung *Beulke* FS Dannecker 703 ff. (gefragt sei Fingerspitzengefühl des Richters bei der Wahrung der Subjektstellung des Beschuldigten, 716).

[2921] EGMR Siyrak/R, 19.12.2013, § 32.

[2922] EGMR Sannino/I, 27.4.2006, § 51 („the applicant's conduct could not of itself relieve the authorities of their obligation to take steps to guarantee the effectiveness of the accused's defence. The above-mentioned shortcomings of the court-appointed lawyers were manifest, which put the onus on the domestic authorities to intervene."); Bogumil/P, 7.10.2008, § 49.

[2923] EGMR Sfez/F, 25.7.2013: Der Wahlverteidiger des Beschuldigten hatte zehn Tage vor der Berufungsverhandlung (in der die Strafe erhöht wurde) das Mandat niedergelegt; Antrag auf Verschiebung des Termins wurde abgelehnt; kein Verstoß, da der Beschuldigte vor der Mandatsniederlegung das Gericht über die

1104   Auch die **offensichtliche Unfähigkeit** des Verteidigers, die übernommene Aufgabe auszuüben, kann ein Eingreifen des Staates zur Sicherung des fairen Verfahrens und des von Art. 6 Abs. 3 *lit.* c EMRK/Art. 14 Abs. 3 *lit.* d IPBPR garantierten Rechts auf effektive Verteidigung von Konventions wegen erfordern.[2924] Da der Verteidiger grundsätzlich aber die Verteidigung in eigener Verantwortung führt, reichen dafür in der Regel Meinungsverschiedenheiten zwischen ihm und dem Beschuldigten oder die Behauptung von Qualitätsmängeln der Verteidigung allein nicht aus.[2925] Ein Konventionsverstoß kann aber dann vorliegen, wenn dem Beschuldigten in der Tatsacheninstanz gegen seinen ausdrücklichen Willen eine bestimmte **Verteidigungsstrategie aufgezwungen** worden ist und die Rechtsmittelgerichte eine erneute Beweisaufnahme willkürlich verweigern.[2926]

1105   **i) Unentgeltlichkeit.** Unentgeltlichkeit des Beistands durch einen beigeordneten Verteidiger bedeutet, dass der Beschuldigte von allen daraus erwachsenden Kosten **während des Verfahrens** freigestellt ist. Strittig ist, ob diese Freistellung eine endgültige oder nur eine vorläufig ist, d.h. ob der Staat seine Auslagen im Falle einer Verurteilung ersetzt verlangen kann, wenn der Verurteilte nicht mehr mittellos ist.[2927] Da die Unentgeltlichkeit hier, anders als bei der Zuziehung eines Dolmetschers (vgl. Rn. 1241 ff.), nur bei Mittellosigkeit garantiert wird, vertritt die vorherrschende Meinung die Ansicht, dass die Konventionen die Verurteilung zum Ersatz dieser Auslagen und – sofern der Beschuldigte dann nicht mehr mittellos ist – auch deren spätere Beitreibung nicht ausschließen.[2928] Wurde dem Beschuldigten neben dem von ihm gewählten Verteidiger nach § 141 StPO a.F. zusätzlich von Amts wegen zur Sicherung der Interessen der Rechtspflege, etwa um Verfahrensverschleppungen zu verhindern, ein **weiterer Verteidiger** bestellt, war strittig, ob die Konventionen ausschlossen, dass dann von ihm der Ersatz der Kosten des ihm gegen seinen Willen aufgedrängten zusätzlichen Verteidigers verlangt werden kann.[2929] Ein weiterhin mittelloser Verurteilter durfte allerdings in keinem Fall später zu den Kosten herangezogen werden; insoweit genügte es aber, wenn sichergestellt war, dass bei Mittellosigkeit nicht vollstreckt wurde.[2930] Aufgrund der Formulierung im neu gefassten § 141 Abs. 2 StPO

---

schon damals zu Tage getretene Passivität des Verteidigers nicht informiert hatte (§ 30); außerdem war der Beschuldigte in Freiheit und hätte sich in den zehn Tagen um einen neuen Anwalt bemühen können (§§ 31 ff.), dem dann zur Einarbeitung in den Fall eine Terminverlegung wohl gewährt worden wäre. Ob nun bei Vorliegen nur *eines* dieser beiden Umstände (Beschuldigter informiert das Gericht nicht bzw. spät; Beschuldigter ist in Freiheit) das Strafverfahren auch noch konventionskonform gewesen wäre, bleibt unklar.

2924   EGMR Staroszczyk/PL, 22.3.2007, § 122 (Zivilrecht); *Villiger* 598.

2925   EGMR Kamasinski/A, 19.12.1989; Imbrioscia/CH, 24.11.1993; IK-EMRK/*Kühne* 539; *Frowein/Peukert* 306; vgl. *Magnus* JA **2017** 326, 328.

2926   EGMR Ebanks/UK, 26.1.2010 (Verletzung von Art. 6 verneint).

2927   *Frowein/Peukert* 307; IK-EMRK/*Kühne* 569 ff.; Meyer-Goßner/*Schmitt* 21; ferner LR/*Hilger*[26] § 464a, 3 StPO m.w.N. zum Streitstand.

2928   Dazu IK-EMRK/*Kühne* 569 ff.; SK/*Meyer* 427; *Peukert* EuGRZ **1980** 247, 266; EGMR Croissant/D, 25.9.1992, §§ 33 ff.; BVerfG NJW **2003** 196; OLG Düsseldorf NStZ **1984** 283; OLG Hamm NStZ **1990** 143; NStZ-RR **2000** 160; wistra **2000** 240; OLG München NJW **1981** 534; OLG Stuttgart Justiz **1984** 309; OLG Zweibrücken NJW **1991** 309 = NStZ **1990** 51 = StV **1990** 363 = MDR **1990** 175; Meyer-Goßner/*Schmitt* 21; Meyer-Ladewig/Nettesheim/von Raumer/*Meyer-Ladewig/Harrendorf/König* 231 und zur Gegenmeinung OLG Düsseldorf NStZ **1982** 339; **1985** 370 m. abl. Anm. *Schikora*; bejahend: *Schaum* 114; Art. VII Abs. IX *lit.* e NATO-Truppenstatut verweist wegen der Gebührenermäßigung des Pflichtverteidigers auf die im Aufnahmestaat geltenden Bedingungen.

2929   Zulässig nach EGMR Croissant/D, 25.9.1992, § 34 ff. mit abl. Anm. *Kühne* EUGRZ **1992** 547; OLG Zweibrücken StV **1990** 363 m. abl. Anm. *Beulke*, dagegen auch *Neumann* NJW **1991** 266; Meyer-Goßner/*Schmitt* 21; SK/*Meyer* 429; vgl. auch LR/*Hilger*[26] § 464a, 47 StPO.

2930   IK-EMRK/*Kühne* 570; Meyer-Goßner/*Schmitt* 21.

erfolgt die Bestellung eines Pflichtverteidigers von Amts wegen inzwischen allerdings ohnehin nur noch, wenn der Beschuldigte noch keinen Verteidiger hat.

j) Inhaltliche Garantien. In der Sache orientieren sich die Tätigkeit und die damit **1106** verbundenen Rechte eines bestellten Verteidigers an den Vorgaben zum Wahlverteidiger (Rn. 1068 ff.). So hat der Beschuldigte einen Anspruch darauf, dass auch die Kommunikation mit dem für ihn bestellten Verteidiger ohne staatliche Überwachung stattfinden kann.[2931]

k) Zeitpunkt der Bestellung. Der gebotene **Zeitpunkt der Bestellung** richtet sich **1107** ebenfalls nach den *Interessen der Rechtspflege*, d.h. letztlich am Gebot der **Effektivität der Verteidigung** (Rn. 1050 ff.).[2932] In der Regel wird eine dem Interesse der Rechtspflege nach in der Sache gebotene Unterstützung schon zu Beginn des **Ermittlungsverfahrens** erforderlich sein.

l) Richtlinie 2016/1919/EU über Prozesskostenhilfe. Die sog. **PKH-Richtlinie**[2933] stellt **1108** auf der Ebene der Europäischen Union sicher, dass der Beschuldigte sein Zugangsrecht zum Verteidiger unabhängig davon ausüben kann, ob er über die erforderlichen finanziellen Mittel zur Beauftragung eines Verteidigers verfügt. Die **Richtlinie 2013/48/EU** über das Recht auf Zugang zu einem Rechtsbeistand (Rn. 900) wird inhaltlich ergänzt,[2934] indem das Recht auf Zugang zu einem Recht auf *unentgeltlichen* Zugang zu einem Verteidiger ausgebaut wird.

Vom **Anwendungsbereich** (Art. 2 Abs. 1 RL) sind Personen erfasst, denen die Freiheit **1109** entzogen ist (*lit.* a), denen nach Maßgabe des Unionsrechts oder nationalen Rechts ein Verteidiger zusteht (*lit.* b) oder deren Anwesenheit bei einer Ermittlungs- oder Beweiserhebungshandlung vorgeschrieben oder zulässig ist (*lit.* c). Letzterer schreibt als Mindeststandard die Eröffnung des Anwendungsbereichs auf jeden Fall dann vor, wenn eine **Identifizierungs-** oder **Vernehmungsgegenüberstellung** oder eine **Tatortrekonstruktion** vorgenommen werden. Dieser ist in Verbindung mit der in ErwG 16 niedergelegten Öffnungsklausel zu lesen, wonach ausdrücklich auch bei anderen Ermittlungs- und Beweiserhebungshandlungen PKH gewährt werden kann.[2935]

Die **Voraussetzungen** für die **unentgeltliche Inanspruchnahme** eines Verteidigers **1110** im Strafverfahren sind in **Art. 4 RL** niedergelegt, mit denen allen verschiedenartigen Prozessmodellen in den EU-Mitgliedstaaten Rechnung getragen werden musste. Art. 4 Abs. 1 RL gesteht dem Beschuldigten einen Anspruch auf PKH zu, wenn er **nicht über ausreichende Mittel** zur Bezahlung eines Rechtsbeistands verfügt und die Gewährung im Inte-

---

2931 EGMR (GK) Sakhnovskiy/R, 2.11.2010, § 97 („An accused's right to communicate with his lawyer without the risk of being overheard by a third party is one of the basic requirements of a fair trial in a democratic society and follows from Article 6 § 3 (c) of the Convention. [...] If a lawyer were unable to confer with his client and receive confidential instructions from him without such surveillance, his assistance would lose much of its usefulness, whereas the Convention is intended to guarantee rights that are practical and effective."); Castravet/MOL, 13.3.2007, § 49.

2932 Siehe OLG Oldenburg NJW **2009** 3044; *Kröpil* Jura **2010** 765.

2933 Richtlinie EU 2016/1919 des Europäischen Parlaments und des Rates über Prozesskostenhilfe für Verdächtige und beschuldigte Personen in Strafverfahren sowie für gesuchte Personen in Verfahren zur Vollstreckung eines Europäischen Haftbefehls v. 26.10.2016, ABlEU Nr. L 297 v. 4.11.2016 S. 1.

2934 Vgl. ErwG 1 RL; *Schlothauer* StV **2018** 169, 170.

2935 Vgl. dazu auch *Jahn/Zink* FS Graf-Schlicker 475, 479 ff. sowie 484 zu der Frage, ob richterliche Vernehmungen Mitbeschuldigter in erweiternder Auslegung dem Anwendungsbereich der RL unterworfen werden sollten.

resse der Rechtspflege erforderlich ist.[2936] Nach Absatz 2 kann das nationale Recht für diese Feststellung eine **Bedürftigkeitsprüfung ("means-test"**, Absatz 3), eine Prüfung der materiellen Kriterien (**"merits-test"**, Absatz 4) oder eine **Kombination** beider Ansätze vorsehen (Art. 4 Abs. 2 RL).[2937]

1111   Der Anspruch auf unentgeltlichen Zugang zu einem Verteidiger ist dem Beschuldigten **unverzüglich und spätestens vor einer Befragung** durch die Polizei oder eine andere Strafverfolgungsbehörde oder der Durchführung einer der in **Art. 2 Abs. 1 *lit.* c RL** genannten **Ermittlungs- oder Beweiserhebungshandlungen** zu gewähren (Art. 4 Abs. 5 RL).

1112   **Art. 5 RL** enthält Bestimmungen über die PKH in Verfahren zur Vollstreckung eines **EuHb** und verlangt in Absatz 1 von dem Vollstreckungsstaat die Sicherstellung, dass gesuchte Personen ab dem Zeitpunkt ihrer Festnahme aufgrund eines EuHb bis zu ihrer Übergabe oder bis zu dem Zeitpunkt, zu dem die Entscheidung, sie nicht zu übergeben, rechtskräftig geworden ist, Anspruch auf PKH haben. Aus Absatz 2 ergibt sich die weitergehende Verpflichtung, dass gesuchten Personen, die ihr Recht auf Benennung eines Rechtsbeistands im Ausstellungsmitgliedstaat zur Unterstützung des Rechtsbeistands im Vollstreckungsmitgliedstaat wahrnehmen (vgl. dazu Art. 10 Abs. 4 und 5 RL (EU) 2013/48,[2938] Rn. 900 ff.), ebenfalls Anspruch auf PKH im Ausstellungsmitgliedstaat für die Zwecke eines solchen Verfahrens im Vollstreckungsmitgliedstaat haben, soweit dies zur Gewährleistung eines wirksamen Zugangs zu den Gerichten erforderlich ist.

1113   **Entscheidungen** über die Bestellung von Rechtsbeiständen sind **unverzüglich** von einer zuständigen Behörde zu treffen (Art. 6 Abs. 1 RL) und soweit der Antrag auf PKH (teilweise) abgelehnt wird, sind Beschuldigte und gesuchte Personen schriftlich darüber zu informieren.

1114   Mit den **Qualitätsanforderungen** an die zu erbringenden Beistandsleistungen beschäftigt sich **Art. 7 RL**. Dem in die Entscheidung über die Bewilligung der Unterstützung eingebundenen Personal sind zum Zwecke der Qualitätssicherung angemessene **Schulungen** zur Verfügung zu stellen (Absatz 2). Ferner haben die EU-Mitgliedstaaten geeignete Weiterbildungsmaßnahmen für die Erbringer der Dienstleistungen im Rahmen der PKH zu fördern (Absatz 3). Die Qualität der mit der PKH verbundenen Dienstleistungen muss angemessen sein, um die Fairness des Verfahrens zu wahren (Absatz 1 *lit.* b). Als Garanten für ein faires Verfahren können daher nur **Rechtsanwälte** in Betracht kommen, die hohen fachlichen Ansprüchen genügen. Die Europäische Kommission hatte sogar ein spezielles Zulassungsverfahrens für PKH-Anwälte sowie deren Schulung gefordert.[2939] Die bloße Zu-

---

[2936] Umstritten ist in Bezug auf die Reichweite des Zwecks von Art. 4 Abs. 1 RL, ob dieser rein den Zugang des Beschuldigten zu einem Rechtsbeistand im Interesse der Rechspflege und damit der Sicherung der Verteidigung dienen soll (so OLG Hamburg Beschl. v. 16.9.2020 – 2 Ws 112/20, BeckRS **2020** 27077; OLG Bremen NStZ **2021** 253) oder ob dieser auch der finanziellen Unterstützung des Beschuldigten im Besonderen dient und damit z.B. eine nachträgliche Bestellung eines Pflichtverteidigers im Kosteninteresse des Beschuldigten ermöglichen kann (so: OLG Nürnberg Beschl. v. 6.11.2020 – Ws 962/20, Ws 963/20, BeckRS **2020** 35193).

[2937] Ausführlich hierzu *Jahn/Zink* FS Graf-Schlicker 475, 488.

[2938] Richtlinie 2013/48/EU des Europäischen Parlaments und des Rates v. 22.10.2013 über das Recht auf Zugang zu einem Rechtsbeistand in Strafverfahren und in Verfahren zur Vollstreckung des Europäischen Haftbefehls sowie über das Recht auf Benachrichtigung eines Dritten bei Freiheitsentzug und das Recht auf Kommunikation mit Dritten und mit Konsularbehörden während des Freiheitsentzugs, ABlEU Nr. L 294 v. 6.11.2013 S. 1.

[2939] Europäische Kommission, Empfehlung der Kommission zum Recht auf Prozesskostenhilfe in Strafverfahren für Verdächtige oder Beschuldigte v. 27.11.2013, C(2013) 8179 final, Ziffer 11 und 12.

Esser   954

lassung als Rechtsanwalt hätte dann nicht die für eine effektive Verteidigung erforderlichen Qualitätsstandards erfüllt.[2940]

Art. 8 RL schreibt vor, dass **wirksame Rechtsbehelfe** gegenüber Verletzungen der aus der Richtlinie abzuleitenden Rechte vorzusehen sind. Nach **Art. 9 RL** ist den **besonderen Bedürfnissen schutzbedürftiger Beschuldigter** in besonderer Weise Rechnung zu tragen. **1115**

Das **Gesetz zur Neuregelung des Rechts der notwendigen Verteidigung** v. 10.12.2019[2941] hat die notwendigen Änderungen zur Umsetzung der Art. 4 bis 9 der RL nicht durch Einführung eines reinen Prozesskostenhilfesystems, sondern insbesondere durch Anpassung der funktionalen Äquivalente, nämlich des bestehenden Systems der notwendigen Verteidigung und Pflichtverteidigung (StPO) sowie der notwendigen Rechtsbeistandschaft (IRG), vor.[2942] **1116**

Der Katalog des § 140 StPO wurde an die Vorgaben der RL angepasst. So ist der Tatbestand der notwendigen Verteidigung nunmehr nicht erst mit der Vollstreckung von Untersuchungshaft oder vorläufiger Unterbringung, sondern bereits mit der **Vorführung vor einen Richter** erfüllt (§ 140 Abs. 1 Nr. 4 StPO).[2943] Die Mindestanforderungen an die vorangegangene Dauer der Haft in den sonstigen Fällen des Freiheitsentzugs wurden gestrichen (§ 140 Abs. 1 Nr. 5 StPO).[2944] Zeitliche Erfordernisse bleiben hingegen für die – abweichend vom Grundsatz der Dauer der Bestellung in § 143 Abs. 1 StPO (rechtskräftiger Verfahrensabschluss) – frühzeitige Aufhebung der Bestellung des Pflichtverteidigers nach § 143 Abs. 2 StPO bestehen. Zudem führt der Wortlaut des Auffangtatbestands des § 140 Abs. 2 StPO ausdrücklich die – bislang unter die Schwere der Tat zu subsumierende – **Schwere der zu erwartenden Rechtsfolge** an.[2945] **1117**

In § 141 StPO werden die konkreten Verfahrenssituationen sowie die Zeitpunkte, in denen dem Beschuldigten ein Verteidiger zu bestellen ist, genau bestimmt. Erhalten geblieben ist die Möglichkeit der Bestellung von Amts wegen (Absatz 2) für die dort katalogartig aufgezählten Konstellationen,[2946] wobei die Staatsanwaltschaft im Ermittlungsverfahren unter Umständen eine Pflicht zur Antragstellung (§ 142 Abs. 2 StPO) hat. Gemäß **§ 141 Abs. 1 Satz 1 StPO** steht dem Beschuldigten ein eigenes **Antragsrecht**[2947] **auf Beiordnung eines Verteidigers** zu, durch dessen Ausübung nun schon im Ermittlungsverfahren eine **1118**

2940 Europäische Kommission, Arbeitsunterlage der Kommissionsdienststellen, „Zusammenfassung der Folgenabschätzung" v. 27.11.2013, SWD(2013) 477 final, 4; ausführlich *Schlothauer* StV **2018** 169, 172 f.; vertiefend zur Gewährleistung und Sicherung der Qualität der Verteidigung durch das Strafprozessrecht, die Ausbildung und das Berufsrecht *Barton* Mindeststandards der Strafverteidigung (1994) 87 ff., 221 ff., 237 ff.

2941 Gesetz zur Neuregelung des Rechts der notwendigen Verteidigung v. 10.12.2019, BGBl. I S. 2128; zur Umsetzung der RL in Österreich: *Neudorfer* Verfahrenshilfe im Ermittlungsverfahren – Good Practice im Lichte der Richtlinie 2016/1919 EU über Prozesskostenhilfe (2019).

2942 Vgl. auch BTDrucks. **19** 13829 S. 1 f., 22 ff.

2943 *Tully/Wenske* NStZ **2019** 183 ff. zu den Konsequenzen der notwendigen Verteidigung für haftrichterliche Vorführungen; vgl. auch: *Böß* NStZ **2020** 185, 186 f.

2944 Vgl. BTDrucks. **19** 13829 S. 22.

2945 Vgl. auch: *Böß* NStZ **2020** 185, 187.

2946 Nach Ansicht des BGH gebietet das bloße Vorliegen eines Falles der notwendigen Verteidigung nach § 140 Abs. 1 Nr. 1 oder 2 StPO rein als solches noch keine Bestellung eines Pflichtverteidigers von Amts wegen nach § 142 Abs. 2 Satz 1 Nr. 3 StPO, vgl. BGH NJW **2022** 2126 m. krit. Anm. *Schork* = NStZ **2022** 693 = JR **2022** 538 = JZ **2022** 902 m. Anm. *Wachter* = StV **2022** 554 m. Anm. *Spitzer*.

2947 Zu den Schwierigkeiten bei der praktischen Umsetzung des Antragsrechts BRAK-Stellungnahme Nr. 1/**2019** 7 f.

　　Esser

diesbezüglich unverzügliche[2948] Entscheidung herbeigeführt werden kann.[2949] Macht der Beschuldigte von diesem Antragsrecht bei Vorliegen der Voraussetzungen des § 141 Abs. 1 Satz 1 StPO Gebrauch, ist die Bestellung des Verteidigers grundsätzlich zwingend, d.h. das Gericht hat keinen Beurteilungsspielraum in Bezug auf Rechtspflege oder fiskalische Interessen.[2950]

1119 Vor diesem Hintergrund und unter der Annahme, **Art. 4 Abs. 1 RL** diene nicht nur dem Zweck der Gewährleistung des Zugangs zum Rechtsbeistand, sondern insbesondere auch der **finanziellen Unterstützung** und Entlastung des Beschuldigten, wird in der Rechtsprechung auch die **nachträgliche Bestellung eines Pflichtverteidigers**[2951] nach Beendigung des Verfahrens für möglich gehalten.[2952]

1120 **§ 141a StPO** enthält jedoch eine eng zu interpretierende **Ausnahmeregelung**, die abweichend von § 141 StPO eine Vernehmung oder eine Gegenüberstellung noch vor der Bestellung eines Pflichtverteidigers gestattet, wenn die Vernehmung oder Gegenüberstellung zur Abwehr einer **gegenwärtigen Gefahr für Leib oder Leben oder für die Freiheit** der Person **dringend erforderlich** ist (Satz 1 Nr. 1) oder zur **Abwendung einer erheblichen Gefährdung eines Strafverfahrens zwingend geboten** ist (Satz 1 Nr. 2).[2953] Die Festlegung dieser beiden Gefährdungstatbestände konkretisiert letztlich auch die Rechtsprechung des EGMR,[2954] der von dem Grundsatz, dass dem Beschuldigten bereits vor der ersten Vernehmung Zugang zu einem Verteidiger zu gewähren ist, (nur dann) eine Aus-

---

2948 Den Antrag des Beschuldigten hat die Staatsanwaltschaft gemäß § 142 Abs. 1 Satz 2 StPO mit einer Stellungnahme in der Regel zuvor unverzüglich dem Gericht vorzulegen; vgl. zur Bedeutung des Begriffs „unverzüglich" in § 141 Abs. 1 Satz 1 und § 142 Abs. 1 Satz 2 StPO: BGH NStZ-RR **2020** 352 (Bestellung hat zwar nicht sofort zu erfolgen, aber „doch so rechtzeitig, dass die Verteidigungsrechte gewahrt werden"; Prüf- und Überlegungsfrist von ein bis maximal zwei Wochen).
2949 Die Regelungen des § 141 Abs. 1 Satz 1 StPO sowie des § 142 Abs. 7 StPO (sofortige Beschwerde) können demnach zu einer erheblichen Beschleunigung der Pflichtverteidigerbestellung führen, vgl. OLG Nürnberg Beschl. v. 6.11.2020 – Ws 962/20 u.a., BeckRS **2020** 35193 Rn. 28.
2950 Vgl. LG Bochum NStZ-RR **2020** 352, 353; LG Magdeburg Beschl. v. 24.7.2020 – 25 Qs 233 Js 9703/19, BeckRS 21147 Rn. 9; BayObLG Beschl. 25.11.2021 – 202 StRR 132/21, NStZ **2022** 381, 383; das Antragsrecht des Beschuldigten dient dabei grundsätzlich der Abdeckung derjenigen Phase des Strafverfahrens, in der eine Verteidigung nach § 140 StPO bereits für erforderlich angesehen wird, aber noch keine Pflicht zur Bestellung von Amts wegen i.S.d. § 141 Abs. 2 StPO vorliegt, vgl. LG Passau Beschl. v. 15.4.2020 – 1 Qs 38/20, BeckRS **2020** 7551; zum Ganzen auch *Böß* NStZ **2020** 185, 188.
2951 Ausführlich hierzu: *Hillenbrand* ZAP **2021** 181 184 ff.
2952 Vgl. OLG Nürnberg Beschl. v. 6.11.2020 – Ws 962/20, Ws 963/20, BeckRS **2020** 35193 Rz. 25 ff.; OLG Bamberg NStZ-RR **2021** 315 (Ls.); LG Passau Beschl. v. 15.4.2020 – 1 Qs 380/20, BeckRS **2020** 7551 Rz. 22 ff. (hiernach jedenfalls, wenn der Antrag auf Beiordnung rechtzeitig gestellt wurde); LG Hamburg Beschl. v. 15.7.2021 – 622 Qs 22/21, BeckRS **2021** 20600; LG Köln Beschl. v. 2.6.2021 – 323 Qs 44/21, BeckRS **2021** 23986; LG Kiel Beschl. v. 16.9.2021 – 1 Qs 72/21, BeckRS **2021** 28701; LG Frankfurt/O. StraFo **2022** 316, 317; LG Gießen Beschl. v. 26.6.2023 – 1 Qs 12/23 (Beiordnungsantrag rechtzeitig gestellt und aus justizinternen Gründen nicht vor Verfahrensabschluss verbeschieden); **a.A.** OLG Hamburg Beschl. v. 16.9.2020 – 2 Ws 112/20, BeckRS **2020** 27077; OLG Braunschweig Beschl. v. 2.3.2021 – 1 Ws 12/21, BeckRS **2021** 3268; OLG Bremen NStZ **2021** 253; LG Bonn Beschl. v. 18.5.2021 – 63 Qs-920 Js 214/21-41/21, BeckRS **2021** 12660; LG Schwerin Beschl. v. 27.7.2021 – 31 Qs 44/21, BeckRS **2021** 20593; LG Bonn Beschl. v. 19.7.2021 – 63 Qs-337 Js 799/21-51/21, BeckRS **2021** 20742; LG Heilbronn StraFo **2022** 317; LG Frankfurt a.M. Beschl. v. 12.6.2023 – 5/27 Qs 22/23; *Beutel* NStZ **2022** 328, 330; vgl. aber auch LG Bonn Beschl. v. 1.3.2022 – 63 Qs 7/22, StRR **2022** 5, wonach die nachträgliche Bestellung eines Pflichtverteidigers zwar grundsätzlich unzulässig ist, im Einzelfall jedoch anders zu beurteilen sein kann, z.B. wenn eine **erhebliche Verzögerung** der Verfahrensbehandlung der abgelehnten Pflichtverteidigerbestellung vorausgegangen ist; ähnlich: LG Bonn Beschl. v. 6.12.2021 – 63 Qs 67/21, StRR **2022** 2.
2953 Näher hierzu: *Galneder/Ruppert* StV **2021** 202, 204.
2954 EGMR (GK) Salduz/TRK, 27.11.2008, § 55, NJW **2009** 3707, 3708.

Esser

nahme macht, wenn sich aus den **besonderen Umständen des Einzelfalls zwingende Gründe** zur Beschränkung des Rechts auf effektive Verteidigung ergeben.[2955] In Übereinstimmung mit dem Antragsrecht des Beschuldigten nach § 141 Abs. 1 Satz 1 StPO bestimmt § 141a Satz 1 StPO, dass dieser hiermit ausdrücklich einverstanden sein muss. Nach Satz 2 bleibt das Recht des Beschuldigten, sich jederzeit – d.h. auch schon vor der Vernehmung – eines Wahlverteidigers zu bedienen, unberührt.

Im Hinblick auf die Qualitätsanforderungen der Richtlinie werden **Rechtsreferendare** **1121** aus dem Kreis möglicher Pflichtverteidiger ausgeschlossen und nur noch eingetragene **Rechtsanwälte** zur behördlichen oder gerichtlichen Auswahl gestellt (§ 142 Abs. 6 StPO).[2956] In einem neuen § **143a StPO** werden Fälle der **Auswechslung des Verteidigers** in der Art (Pflichtverteidiger zu Wahlverteidiger, Abs. 1) oder in der konkreten Person (Absatz 2), letzterer Wechsel als zum Teil (Nr. 1) antragsabhängiges Recht des Beschuldigten, normiert. Speziell und ausschließlich mit Blick auf die Revisionsinstanz ermöglicht § 143a Abs. 3 StPO einen Verteidigerwechsel auch ohne Vorliegen eines wichtigen Grundes nach Absatz 2.[2957] §§ 142 Abs. 7, 143 Abs. 3, 143a Abs. 4 StPO gestatten die Anfechtung der jeweiligen Entscheidungen mit der **sofortigen Beschwerde**.[2958]

Änderungen zur **Umsetzung des Art. 5 RL** erfährt ferner die Regelung des § **40 IRG** **1122** zur **Rechtsbeistandschaft in Auslieferungsverfahren**,[2959] indem die in Absatz 2 enthaltenen zusätzlichen Voraussetzungen im Falle der Festnahme weggefallen sind und der Zeitpunkt, zu dem der verfolgten Person ein Rechtsbeistand zu bestellen ist, parallel zu den Umsetzungsbestimmungen in der StPO vorverlagert worden ist. § **83j IRG** beinhaltet die Regelung zur notwendigen Rechtsbeistandschaft in Verfahren zur Vollstreckung eines EuHB.

Dennoch werden **rechtspolitische Forderungen** für eine effektive Verteidigung so- **1123** wie eine Erweiterung der Zugänglichkeit von PKH laut, so etwa die gesetzliche Erweiterung der notwendigen Verteidigung auf alle Fälle, bei denen eine **Freiheitsstrafe** in Betracht kommt, sowie im **Strafbefehlsverfahren**. Weiterhin solle die PKH als Institut neben der notwendigen Verteidigung ins Strafprozessrecht aufgenommen werden, damit nach einer Bedürftigkeitsprüfung jeder ein Recht auf eine Verteidigung habe. Die bisherigen Beschränkungen hätten in typischen Fällen der Armutskriminalität schwerwiegende Nachteile für die Betroffenen.[2960] Über die Umsetzung der PKH-Richtlinie (Rn. 1108) liegt mittlerweile auch ein Bericht der Europäischen Kommission vor. Insgesamt habe die Richtlinie zwar durch Erhöhung des Schutzniveaus von an Strafverfahren beteiligten Personen einen Mehrwert erbracht. In einigen Mitgliedstaaten wurden jedoch auch bestimmte Mängel, insbesondere hinsichtlich der nicht ordnungsgemäßen Umsetzung des Anwendungsbe-

---

[2955] Vgl. *Galneder/Ruppert* StV **2021** 202, 204, 206 f., wonach bei der Auslegung des § 141a StPO jedoch zu berücksichtigen sei, dass der EGMR die genannten Einschränkungen des Rechts auf effektive Verteidigung nur sehr zurückhaltend anwendet. Sie halten demnach eine insgesamt äußerst restriktive Auslegung des § 141a StPO für geboten.

[2956] Vgl. BTDrucks. **19** 13829 S. 25.

[2957] Hierzu: *Böß* NStZ **2020** 185, 192.

[2958] Vgl. *Müller-Jacobsen* NJW **2020** 575.

[2959] Zur Unwirksamkeit einer gegenüber einem Ermittlungsrichter abgegebenen Einverständniserklärung eines Verfolgten, nachdem es ihm vor der Abgabe nicht möglich war, sich mit dem nach § 40 Abs. 2 IRG bestellten Rechtsbeistand zu beraten, vgl. OLG Bamberg Beschl. v. 18.12.2020 – 1 Ausl AR 55/20, BeckRS **2020** 40647.

[2960] Antrag (Abgeordnete/Franktion DIE LINKE (Verteidigung für Mittellose sicherstellen – Für einen rechtlichen Beistand der ersten Stunde) v. 10.11.2022, BTDrucks. **20** 4416.

Esser

reichs der Richtlinie sowie hinsichtlich des Zeitpunkts der Bewilligung von Prozesskosten-hilfe, festgestellt.[2961]

1124   **6. Belehrung über das Recht auf einen Verteidiger.** Die Belehrung über das Recht auf Zugang zu einem Verteidiger schreibt nur **Art. 14 Abs. 3** *lit.* **d IPBPR** und nur für den Fall vor, dass ein Beschuldigter noch keinen Verteidiger gewählt hat (**„to be informed, if he does not have legal assistance, of this right"**). Nach der Satzstellung bezieht sich diese Unterrichtungspflicht lediglich auf die Möglichkeit, dass er mit seiner Verteidigung einen **Verteidiger seiner Wahl** beauftragen kann, nicht aber darauf, dass ihm andernfalls bei Mittellosigkeit ein Verteidiger von Amts wegen bestellt werden muss, sofern das Interesse der Rechtspflege dies erfordert. Es wird aber regelmäßig rechtsstaatlich geboten sein, bei einem erkennbar mittellosen Beschuldigten auch diese Möglichkeit anzusprechen.

1125   Der gebotene **Zeitpunkt der Belehrung** und die staatliche **Stelle**, die sie vorzunehmen hat, werden von den Konventionen nicht näher festgelegt. Da die Unterrichtung der Vorbereitung der Verteidigung dient, muss sie so rechtzeitig vor der Hauptverhandlung erfolgen, dass bei der Wahl eines Verteidigers die Frist von *lit.* b gewahrt und ggf. auch gesichert ist, dass der Verteidiger das Fragerecht des Beschuldigten (Art. 6 Abs. 3 *lit.* d) ausüben kann, wenn Belastungszeugen vernommen werden, die in der Hauptverhandlung eventuell nicht mehr zur Verfügung stehen (Rn. 867). Das nationale Recht hat hier allerdings einen **gewissen Gestaltungsspielraum**.

1126   Nach Ansicht des EGMR ergibt abhängig von den Umständen des Einzelfalles direkt aus der EMRK, also ohne dass das nationale Recht eine Belehrungspflicht vorsieht, ein Recht des Beschuldigten auf eine Belehrung schon vor der ersten Vernehmung, wenn der **Beschuldigte erkennbar schutzbedürftig** und der **Tatvorwurf schwer** ist (Rn. 825, 851 f.).[2962] Wenn die StPO (vgl. §§ 136 Abs. 1; 163a Abs. 3, Abs. 4 StPO) diese Belehrung der ersten Einvernahme des Beschuldigten voranstellt, trägt sie diesem Erfordernis Rechnung.[2963]

XIV. Befragung von Zeugen, Ladung von Entlastungszeugen (Art. 6 Abs. 3 *lit.* d EMRK/Art. 14 Abs. 3 *lit.* e IPBPR)

1127   **1. Allgemeine Grundsätze.** Ein *abstraktes* Konzept mit allgemeinverbindlichen Parametern für die Zulässigkeit der Verwendung und Verwertung von erhobenen oder auf sonstige Weise gewonnenen Beweisen stellen die Konventionen auch beim praxisrelevanten Zeugenbeweis nicht auf. Sie fordern allerdings auch in diesem Kontext, dass durch die Gestaltung der (weit zu verstehenden) Beweisgewinnung **insgesamt ein faires Verfahren**

2961   Siehe COM(2023) 44 final v. 1.2.2023, 3 f., 7, 12.

2962   EGMR Panovits/ZYP, 11.12.2008 (gegen den Beschuldigten wurde wegen Mordes und Raubes ermittelt. Der Beschuldigte war zum Zeitpunkt der Vernehmung noch minderjährig und vor der Einvernahme von seinem Vater getrennt worden); Adamkiewicz/PL, 2.3.2010; § 88 („La Cour observe en effet qu'en l'espèce, il n'apparaît pas que les autorités aient elles-mêmes, avant de l'interroger, informé d'une manière quelconque le requérant de son droit de garder le silence et de consulter un avocat avant toute déclaration.").

2963   SK/*Rogall* Vor § 133, 98 StPO; vgl. im Übrigen LR/*Gleß* § 136, 28 StPO; zur Frage einer Belehrungspflicht auch in Bezug auf die durch § 136 Abs. 4 StPO ermöglichte Aufzeichnung in Ton und Bild als „Annex" zu den in § 136 Abs. 1 StPO genannten Pflichten, vgl. *Vorländer* Die Neufassung des § 136 Absatz 4 Strafprozessordnung 79 ff. Diese wird dort verneint u.a. mit Blick auf den fehlenden Charakter der Aufzeichnung als Wahlrecht bzw. „echter Handlungsoption" für den Beschuldigten.

(Art. 6 Abs. 1) gewahrt ist, das den Verteidigungsrechten einschließlich der Waffengleichheit zwischen den Verfahrensbeteiligten bei der Ausübung der Teilhaberechte hinreichend Rechnung trägt.[2964]

Das Recht des Beschuldigten (und späteren Angeklagten), sowohl **Belastungszeugen** **1128** **zu befragen** als auch **Entlastungszeugen** unter denselben Bedingungen wie Belastungszeugen **zu laden und vernehmen zu lassen**, garantieren beide Konventionen.[2965] Sie sehen darin einen spezifischen Aspekt des durch Art. 6 Abs. 1 EMRK/Art. 14 Abs. 1 IPBPR gewährleisteten **fairen Verfahrens**.[2966] Beide Rechte sollen sicherstellen, dass der Beschuldigte bei der für seine Verteidigung besonders wichtigen Erhebung von Beweisen als Ausdruck einer **effektiven Verfahrensteilhabe** (Einflussnahme) die *gleichen* Möglichkeiten und Befugnisse wie die Ermittlungsbehörden bzw. die spätere Anklagevertretung hat.[2967] Beide Garantien sind aufgrund ihrer menschenrechtlichen Einbettung in erster Linie als Beschuldigtenrechte zu verstehen, dienen mittelbar aber auch der Ermittlung der objektiven Wahrheit (vgl. auch Rn. 1145 ff., 1210, 1215).

Die von den Vorstellungen des angelsächsischen Parteiprozesses (auch im Strafrecht) **1129** bestimmte Wortwahl („**confront**")[2968] stellt das **Prinzip der Waffengleichheit** (im Sinne einer **Chancengleichheit** zur Einflussnahme auf Gang und Ergebnis des Verfahrens) für den Personalbeweis besonders heraus[2969] und legt der Befugnis der Verteidigung, den Beschuldigten belastende Zeugenaussagen selbst hinterfragen zu können, besonderes Gewicht für ein faires Verfahren bei.[2970] Überträgt man diesen Grundgedanken auf den vom Amtsermittlungsgrundsatz bestimmten kontinentalen Strafprozess, dann gehört auch dort zu einem fairen Verfahren, dass der Beschuldigte bei der Ausschöpfung der persönlichen Beweismittel und bei der Prüfung des Wahrheitsgehaltes der Aussagen eines Zeugen grundsätzlich die **gleichen Befugnisse** haben muss wie die Staatsanwaltschaft als Verfolgungs- und Anklagebehörde.

2964 Vertiefend: *Gaede* Fairness als Teilhabe (2007); zur Herleitung von Beweisverboten aus dem Fairnessgebot: *Jugl* Fair trial als Grundlage der Beweiserhebung und Beweisverwertung im Strafverfahren – Ein Beitrag zu der Lehre von den Beweisverboten am Beispiel des Auskunftsverweigerungsrechts nach § 55 StPO (2017).

2965 Vgl. ferner fast wortgleich mit Art. 14 Abs. 3 *lit.* e IPBPR: Art. 18 Abs. 7 Deutsch-Sowjetischer Truppenvertrag v. 12.10.1990 (BGBl. 1991 II S. 289); enger, zum Teil aber auch weiter (Gegenüberstellung): Art. VII Abs. 9 *lit.* c, d NATO-Truppenstatut v. 19.6.1951 (BGBl. 1961 II S. 1183, 1190: „to be confronted with the witnesses against him"/„to have compulsory process for obtaining witnesses in his favour, if they are within the jurisdiction of the receiving state").

2966 Vgl. EGMR (GK) Gäfgen/D, 1.6.2010, § 169; (GK) Ibrahim u.a./UK, 13.9.2016, § 251; Boshkoski/MKD, 4.6.2020, § 37; Keskin/NL, 19.1.2021, § 38; MüKo/*Gaede* 231.

2967 Vgl. EGMR Mirilashvili/R, 11.12.2008, §§ 162 f.; HRC Khuseynova u.a./TJK, 30.10.2008, 1263/2004 u.a., § 8.5.

2968 Vgl. Sixth Amendment zur Verfassung der USA („In all criminal prosecutions, the accused shall enjoy the right ... to be confronted with the witnesses against him"); IK-EMRK/*Kühne* 577; *Gollwitzer* GedS Meyer 151; *Dörr* 42 ff.; *Beulke* FS Rieß 3, 6. Zur Umsetzung der Rechtsprechung des EGMR in England *Spencer* 51 ff.

2969 Vgl. EGMR Engel u.a./NL, 8.6.1976; Bönisch/A, 6.5.1985; (GK) Murtazilyeva/R, 18.12.2018, § 139; Olga Kudrina/R, 6.4.2021, § 36; *Schmitt* FS Rissing-van Saan 617, 619 (Art. 6 Abs. 3 *lit.* d als „lex specialis für das Strafprozessrecht"); *Frowein/Peukert* 308; IK-EMRK/*Kühne* 577; SK/*Meyer* 468; siehe auch *Stoffers* NJW **2013** 1495, 1496; Für den IPBPR *Hofmann* 39; *Nowak* 65; *Joseph/Castan* 14.21 ff.; *Taylor* 377 ff.

2970 Hier wird der Unterschied deutlich, der zwischen der englischen und französischen Rechtsauffassung besteht, wenn es darum geht, in welcher *Form* Zeugenaussagen als zuverlässige Grundlage der gerichtlichen Tatsachenfeststellung in die Verhandlung einzuführen sind; dazu *Gleß* ZStW **115** (2003) 131, 143 ff.; SK/*Meyer* 469.

1130   Bei der **Auslegung der formellen Regelung** der Konventionen, die auf **materielle Kriterien** für den Anspruch auf eine konkrete Beweiserhebung verzichtet,[2971] steht deren erkennbare **Zielsetzung** im Vordergrund, zur Gewährleistung eines fairen Verfahrens die Verteidigung in ihren Mitteln mit der Anklagebehörde **gleichzustellen**; jede den Beweiswert in Frage stellende Einseitigkeit bei der Beweisaufnahme soll damit vermieden werden. Die Konventionen gehen davon aus, dass die Befugnis des Beschuldigten/Angeklagten, die Vernehmung eines für seine Verteidigung wesentlichen Zeugen zu erreichen, im nationalen Recht so geregelt ist, dass er in dieser für ein faires Verfahren notwendigen Verteidigungsmöglichkeit nicht unbillig beschränkt wird.[2972] Neben dem Recht, einen ihn belastenden Zeugen zu befragen oder durch seinen Verteidiger befragen zu lassen, muss der Beschuldigte auch zu den Ergebnissen einer solchen Beweiserhebung kritisch und effektiv Stellung nehmen können (Rn. 1145 ff.). Das innerstaatlich im allgemeinen Recht auf Gehör verankerte **Recht, zum Ergebnis der Vernehmung eines Zeugen Stellung zu nehmen**, folgt schon aus Art. 6 Abs. 1 (Rn. 264 ff.); es lässt sich aber aus dem Sinn des Fragerechts aus Art. 6 Abs. 3 *lit.* d herleiten.[2973]

1131   In welchen Fällen und Konstellationen der EGMR Art. 6 Abs. 3 *lit.* d wegen der ungleichen Chancen zur Einflussnahme auf die Beweiserhebung als verletzt ansieht, bleibt mitunter schwer zu prognostizieren. Vielfach prüft der Gerichtshof die dort genannten Rechte nur als **Teilrechte** des Beschuldigten innerhalb des ihm *insgesamt* zu gewährleistenden fairen Verfahrens,[2974] meist im Rahmen einer **Gesamtwürdigung** aller Verfahrensregelungen des jeweiligen nationalen Rechts und des konkreten Verfahrensverlaufs.[2975] Die Missachtung eines in Art. 6 Abs. 3 genannten Rechtes kann damit im weiteren Verlauf des Verfahrens ausgeglichen werden.[2976]

2971   Abweichend Art. 8 Abs. 2 *lit.* f AMRK (EuGRZ **1980** 435), wo der Verteidigung neben dem Fragerecht das Recht eingeräumt wird, Personen, die den Tatbestand klären können, als Zeugen zu laden; vgl. *Buergenthal* EuGRZ **1984** 169. Das Recht, den Belastungszeugen gegenübergestellt zu werden, legt Art. VII Abs. 9 *lit.* c NATO-Truppenstatut v. 19.6.1951 fest.

2972   Vgl. *Trifterer/Binner* EuGRZ **1977** 136, 142.

2973   Vgl. SK/*Meyer* 473.

2974   EGMR Delta/F, 19.12.1990, ÖJZ **1991** 425; Asch/A, 26.4.1991; S.N./S, 2.7.2002; Hulki Güneş/TRK, 19.6.2003; Haas/D (E), 17.11.2005; Vaturi/F, 13.4.2006; Popov/R, 13.7.2006; Koval/UKR, 19.10.2006; Pello/EST, 12.4.2007; Vladimir Romanov/R, 24.7.2008; Mirilashvili/R, 11.12.2008; (K) Taxquet/B, 13.1.2009; (GK) Taxquet/B, 16.11.2010, § 102 („in absence of any reasons for the verdict, it is impossible to ascertain whether or not the applicants conviction was based on the information..."); Mika/S (E), 27.1.2009; Baybasin/D (E), 3.2.2009; V.D./RUM, 16.2.2010; Khametshin/R, 4.3.2010; Orhan Çaçan/TRK, 23.3.2010; A.S./FIN, 28.9.2010; (GK) Schatschaschwili/D, 15.12.2015, § 100, StV **2017** 213 = EuGRZ **2016** 517; Seton/UK, 31.3.2016, § 59; Boshkoski/MKD, 4.6.2020, § 37; Keskin/NL, 19.1.2021, § 38; Negulescu/RUM, 16.2.2021, § 43; zustimmend Meyer-Ladewig/Nettesheim/von Raumer/*Ladewig/Harrendorf/König* 238; kritisch *Walther* GA **2003** 204, 219 ff.

2975   So EGMR Kostovski/NL, 20.11.1989, § 39; van Mechelen/NL, 24.4.1997, § 50; P.S./D, 20.12.2001, § 19; Haas/D (E), 17.11.2005; Sapunarescu/D (E), 11.9.2006, StraFo **2007** 107 m. Anm. *Sommer*; Koval/UKR, 19.10.2006; (K) Al-Khawaja u. Tahery/UK, 20.1.2009 m. Anm. *Dehne-Niemann* HRRS **2010** 189; Baybasin/D (E), 3.2.2009; Balta u. Demir/TRK, 23.6.2015, § 36 (keine Begründung in der Akte für die Anonymität der Zeugen); (GK) Schatschaschwili/D, 15.12.2015, § 101; N.K./D, 26.7.2018, § 62; Makeyan u.a./ARM, 5.12.2019, §§ 40 ff.; Petrović/KRO, 10.12.2020, § 40 (keine Möglichkeit der Konfrontation des einzigen Belastungszeugen); Negulescu/RUM, 16.2.2021, § 51; Olga Kudrina/R, 6.4.2021, § 41; vgl. auch *Renzikowski* JZ **1999** 605; *Beulke* FS Rieß 3, 7; *Nack* FS G. Schäfer 46, 50; krit. *Walther* GA **2003** 204, 218 („*relativierende Abwägungslehre*"); *Ambos* ZStW **115** (2003) 583, 612 f.; *Schroeder* GA **2003** 293, 297 ff. (vergleichbar einer Beruhensprüfung i.S.v. § 337 StPO); *Dehne-Niemann* HRRS **2010** 189, 193 f.; vgl. ebenso: BVerfG NJW **2010** 925, 926; BGH NStZ-RR **2014** 246 = StV **2015** 142.

2976   Anders *Walther* GA **2003** 204, 219 ff., die Verstöße gegen Art. 6 Abs. 3 *lit.* d für sich allein und losgelöst von der Frage des fairen Verfahrens prüfen will.

Esser   960

Der Wortlaut von Art. 6 Abs. 3 *lit.* d EMRK/Art. 14 Abs. 3 *lit.* e IPBPR stellt auf den **Perso-** 1132 **nalbeweis** im klassischen Sinne ab, den **Beweis durch Urkunden** umfasst er an sich nicht.[2977] Letzterer wird unmittelbar an den Anforderungen des Art. 6 Abs. 1 EMRK/Art. 14 Abs. 1 IPBPR gemessen; er ist also ebenso daran gebunden, dass bei der Verwendung schriftlicher oder in einer sonstigen Form dokumentierter Beweismittel die Grenzen einer fairen, die Waffengleichheit wahrenden Verfahrensgestaltung eingehalten werden. Soweit ein Beweis durch Urkunden erbracht werden soll, muss die Verteidigung ebenfalls Gelegenheit haben, die entsprechenden Dokumente auf Echtheit und inhaltliche Aussagekraft zu überprüfen. Mittelfristig dürfte der EGMR die im Rahmen von Art. 6 Abs. 3 *lit.* d entwickelten Standards auch auf den Urkundenbeweis erstrecken. So hat der Gerichtshof schon 2008 zu erkennen gegeben (*„clear indications"*), dass Art. 6 Abs. 3 *lit.* d über den Zeugen hinaus auch auf andere Beweismittel angewandt werden könnte.[2978] Dabei nahm er Bezug auf zwei Fälle aus dem Jahr 2003, bei denen er bereits die Ablehnung eines Urkundsbeweises vor dem Hintergrund des Art. 6 Abs. 3 *lit.* d beurteilt hatte.[2979] Auch im Fall **Mirilashvili** hat der Gerichtshof Art. 6 Abs. 1 i.V.m. Art. 6 Abs. 3 *lit.* d zur Überprüfung der behaupteten Unfairness der Erhebung von Sachverständigen- und Urkundsbeweisen herangezogen.[2980]

2. Begriff des Zeugen. Die formelle Unterscheidung zwischen Belastungs- und Entlas- 1133 tungszeugen entspricht nicht dem vom Untersuchungsgrundsatz bestimmten kontinentaleuropäischen Strafprozess. Da die meisten Zeugen in diesem Verfahrensmodell in der Hauptverhandlung vom Gericht geladen werden und ihre Aussagen jeweils für und gegen den Angeklagten gewertet werden können, ist es nicht sachgerecht, darauf abzustellen, auf wessen Betreiben ein Zeuge geladen wurde. Als **Belastungszeugen** sind daher alle Personen anzusehen, deren für die Entscheidungsfindung verwertbare Bekundungen den Beschuldigten und ggf. späteren Angeklagten in irgendeiner Hinsicht i.S.d. der erhobenen Beschuldigung bzw. der späteren förmlichen Anklage belasten,[2981] während als **Entlastungszeugen** alle Personen in Betracht kommen, die eine zu Gunsten des Beschuldigten/ Angeklagten wirkende Tatsache bekundet haben oder bekunden sollen.[2982]

Da es auf den mit der Beiziehung der Zeugen verfolgten Zweck ankommt, können auch 1134 Zeugen, die den Beschuldigten zuvor belastet haben, unter den Begriff des Entlastungszeugen fallen, wenn sich die Verteidigung von ihrer **erneuten Einvernahme** eine Entlastung des Mandanten verspricht, sei es durch eine Korrektur ihrer früheren Aussagen oder durch die Offenbarung neuer Tatsachen. Geht es dagegen darum, durch die erneute Befragung Zweifel an der Glaubwürdigkeit des Zeugen aufzuzeigen, verbleibt er im Status des Belastungszeugen, auch wenn die erneute Einvernahme entlastende Wirkung verspricht.[2983] Das Frage- und Konfrontationsrecht bei diesen Zeugen deckt sich insoweit weitgehend mit einem weit verstandenen **Ladungsrecht**; das eine sollte aber das andere nicht ausschließen.

2977 Zur Ausnahme bei der Verlesung der Protokolle früherer Zeugenvernehmungen Rn. 1177 f.

2978 So ausdrücklich EGMR Mirilashvili/R, 11.12.2008, § 159.

2979 EGMR (GK) Perna/I, 6.5.2003; Georgios Papageorgiou/GR, 9.5.2003; Georgios Papageorgiou/GR (Nr. 2), 15.10.2009; vgl. auch *Gless/Weigend* JZ **2021** 612, 616, wonach sich die dortige Herangehensweise des EGMR auch auf die künftig im Strafprozess relevant werdende Nutzung der Daten von intelligenten Agenten anwenden lasse.

2980 EGMR Mirilashvili/R, 11.12.2008, § 160.

2981 *Grabenwarter/Pabel* § 24, 131; vgl. hierzu auch: EGMR Lucà/I, 27.2.2001, § 41; Keskin/NL, 19.1.2021, § 40; vertiefend zu diesem Begriff auch: *Demko* 413 ff.

2982 Siehe EGMR Pello/EST, 12.4.2007, § 31; Keskin/NL, 19.1.2021, § 40.

2983 Vgl. *Grabenwarter/Pabel* § 24, 131; SK/*Meyer* 471, 477 f. (Recht auf Zuziehung dieser „Belastungszeugen").

1135   Der Begriff **Zeuge** ist nicht rechtstechnisch im Sinne und Verständnis des jeweiligen nationalen Verfahrensrechts zu verstehen, sondern wird statt dessen **autonom ausgelegt**.[2984] Nach dem Zweck der Regelung interpretiert der EGMR jede Person als Zeugen, deren Angaben als Beweis innerhalb der gerichtlichen Entscheidungsfindung verwendet werden (können),[2985] also auch eine Person, die (noch) nicht *formal* von den Strafverfolgungsbehörden oder vor Gericht *als Zeuge* vernommen wird oder deren Bekundungen durch eine andere Beweisart in die Verhandlung eingeführt werden,[2986] etwa durch die Verlesung einer schriftlichen Aussage im Vorverfahren.[2987]

1136   Als **Adressat des Frage- und Konfrontationsrechts** kommen zunächst alle Personen in Betracht, die als Beweismittel **unmittelbar vernommen** werden (Zeugen im formellen, verfahrensrechtlichen Sinne der jeweiligen Strafprozessordnung). Personen, deren Wahrnehmung nicht durch ihre persönliche Einvernahme, sondern nur mittelbar über andere Personen in das Verfahren eingeführt werden können, stehen für eine unmittelbare Befragung (zunächst) nicht zur Verfügung, es sei denn, sie werden nachträglich nach Wegfall des relevanten Hindernisses noch als unmittelbare Zeugen geladen. Diese Unterscheidung entspricht dem Grundgedanken, die Rechte der Verteidigung dadurch zu sichern, dass diese von den Ermittlungsbehörden bzw. später vom Gericht geladene Beweispersonen befragen und nicht zugezogene Personen nachträglich laden lassen darf.[2988]

1137   Daneben können auch die eben beschriebenen **mittelbaren Zeugen** Belastungszeugen im Sinne des autonomen Zeugenbegriffs der Konventionen sein (Rn. 1137), so dass sich das Frage- und Konfrontationsrecht auch auf sie und ihre Aussage erstreckt.[2989] Der EGMR hat dies meist pragmatisch vom Ergebnis her unter dem Blickwinkel eines fairen Verfahrens beurteilt, unabhängig von den Besonderheiten des nationalen Rechts.[2990] Erforderlich ist eine differenzierte Betrachtung:

1138   Im Grundsatz muss das Konfrontationsrecht aus Art. 6 Abs. 3 *lit.* d dem Beschuldigten bezüglich aller vom Gericht **als Zeugen** (Rn. 1133 ff.) **vernommenen Personen** eingeräumt werden, bevor deren belastende Angaben bei der Urteilsfindung verwertet werden,[2991] ebenso bezüglich aller nicht in der Hauptverhandlung vernommenen Personen, deren

---

[2984] EGMR Kostovski/NL, 20.11.1989, § 40; Windisch/A, 27.9.1990, § 23; Delta/F, 19.12.1990, § 34; Asch/A, 26.4.1991, § 25; Vidal/B, 22.4.1992, § 33; Artner/A, 28.8.1992, § 19, EuGRZ **1992** 476; Haas/D (E), 17.11.2005; Eskelinen u.a./FIN, 8.8.2006, § 30; Vladimir Romanov/R, 24.7.2008, § 97; Mirilashvili/R, 11.12.2008, § 158; Mika/S (E), 27.1.2009; A.S./FIN, 28.9.2010, § 57; Vaquero Hernandez u.a./E, 2.11.2010, § 126; Krivoshapkin/R, 27.1.2011, § 56; Chap Ltd./ARM, 4.5.2017, § 47; Strassenmeyer/D, 2.5.2023, § 72; *Esser* 630; *Joachim* StV **1992** 245; Radtke/Hohmann/*Ambos* 48; SK/*Meyer* 474; *Barkhusysen/van Emmerik/Jansen/Fedorova* in van Dijk/van Hoof/van Rijn/Zwaak 639; Karpenstein/Mayer/*Meyer* 226.

[2985] Vgl. EGMR Asch/A, 26.4.1991, § 25; S.N./S, 2.7.2002, § 45 (Aussage bei polizeilicher Gegenüberstellung); A.S./FIN, 28.9.2010, § 57; EKMR EuGRZ **1997** 148 (Mielke).

[2986] EGMR Asch/A, 26.4.1991, § 25; Scheper/NL (E), 5.4.2005; Vladimir Romanov/R, 24.7.2008, § 97; Mika/S (E), 27.1.2009; A.S./FIN, 28.9.2010, § 57.

[2987] EGMR Krivoshapkin/R, 27.1.2011, § 56.

[2988] Art. 8 Abs. 2 *lit.* f AMRK stellt diesen Grundgedanken klar heraus, wenn er der Verteidigung das Recht gibt, die vor Gericht anwesenden Zeugen zu befragen und Personen, die die Tatsachen erhellen können, als Zeugen zu laden.

[2989] EGMR Kostovski/NL, 20.11.1989, §§ 38 ff.; Asch/A, 26.4.1991, §§ 25, 27; Artner/A, 28.8.1992, § 19; P.S./D, 20.12.2001, §§ 24 ff.; BGHSt **46** 93, 97; NStZ **1993** 292; StV **1996** 471; BGH NJW **1991** 646 ließ dies noch offen. Verneinend früher BGHSt **17** 358; *Löhr* 176 ff.; *Tiedemann* MDR **1963** 458 (Fragerecht der Konventionen geht nicht über § 240 Abs. 2, §§ 219, 220 StPO hinaus).

[2990] EGMR Kostovski/NL, 20.11.1989, stellt bei autonomer Auslegung des Zeugenbegriffs darauf ab, dass die Aussagen dem Gericht vorlagen und in seine Erwägungen mit einbezogen wurden; vgl. BGH NJW **1991** 646; **2000** 3505.

[2991] Zum weiten Begriff des Belastungszeugen Rn. 1133; zum Fragerecht *Gollwitzer* GedS Meyer 147 ff.

Esser

Aussagen oder sonstige Bekundungen aber gleichwohl zum Nachteil des Angeklagten verwertet werden sollen; dies gilt etwa für Personen, die als Zeuge lediglich im Vorverfahren vernommen worden sind, nicht aber – aus welchem Hinderungsgrund auch immer – in der Hauptverhandlung.[2992]

Ist eine Person in einem **früheren Verfahrensstadium** durch die **Strafverfolgungs-** **1139** **behörden vernommen** worden (als Zeuge oder Beschuldigter) und wird ihre Aussage für die Entscheidungsfindung in die gerichtliche Hauptverhandlung eingeführt, so gilt die Person nach dem Schutzzweck der Konventionen selbst als Belastungszeuge; das Fragerecht des Beschuldigten bzw. der Verteidigung erstreckt sich dann auch auf sie und ihre Aussage.[2993] Dabei ist es nicht entscheidend, ob und aus welchem Grund die Aussage aus dem Ermittlungsverfahren durch Verlesung des Vernehmungsprotokolls, durch Vorspielen einer Bild-/Tonaufzeichnung oder durch die Einvernahme einer Verhörsperson oder auf andere Weise zum Gegenstand der Hauptverhandlung und ob sie *im Ergebnis* für die Urteilsfindung verwendet wird.[2994]

Ausnahmsweise können auch Personen, die **im Verfahren zu keiner Zeit förmlich** **1140** **vernommen** wurden, selbst bei einem fehlenden Bezug ihrer Person zum konkreten Verfahren, Adressat eines verfahrensinternen Fragerechts des Beschuldigten werden, wenn sie den Beschuldigten (faktisch) belastende Angaben gemacht haben, die ins Verfahren einbezogen werden.[2995] Eine davon zu trennende Frage ist, ob eine für die Ermittlungsbehörden bzw. für das Gericht innerstaatlich bestehende **Aufklärungspflicht** bzw. aus der Sicht der Konventionen das Gebot eines fairen Verfahrens es verlangt, dass spätestens das Gericht – sofern rechtlich und faktisch möglich – eine solche Person als (unmittelbaren) Zeugen durch eine entsprechende Ladung zuzieht.

Das unmittelbare Fragerecht erstreckt sich auch auf Personen, deren Beobachtungen **1141** durch die Aussage einer anderen Person, die diese von ihnen **im öffentlichen Auftrag** erfragt hat (z.B. ein sog. Führungsbeamter), in die Hauptverhandlung eingeführt werden, weil sie für eine Vernehmung dort nicht zur Verfügung stehen (z.B. aufgrund einer Sperrerklärung); dies ist häufig bei einem **Verdeckten Ermittler** oder einer **V-Person** der Fall.[2996] In diesem Zusammenhang kann sich auch die Sperrung von Zeugen unter Ausnahme der Durchführung einer audiovisuellen Vernehmung bei Verweigerung von Angaben zur Person und Identität und bei optischer und akustischer Verfremdung des in den Ge-

---

2992 Zur Verlagerung des Schwerpunkts der Beweiserhebung ins Ermittlungsverfahren und zur Absicherung der Rechte der Verteidigung in diesem Verfahrensstadium *Beulke* FS Rieß 3, 17 ff.; diff. EGMR (GK) Schatschaschwili/D, 15.12.2015, §§ 14 ff., 104 ff., 111 ff.

2993 EGMR Kostovski/NL, 20.11.1989, § 40, betrachtet sie in Abweichung von nationalem Recht „für die Zwecke des *lit.* d" als Zeugen, ebenso EGMR Windisch/A, 27.9.1990, § 23; Delta/F, 19.12.1990, § 34; Isgrò/I, 19.2.1991, §§ 33 ff.; Vidal/B, 22.4.1992, §§ 33 ff.; Asch/A, 26.4.1991, §§ 25, 27; Artner/A, 28.8.1992, § 19; P.S./D, 20.12.2001, §§ 24 ff.; *Esser* 630 ff.; Meyer-Ladewig/Nettesheim/von Raumer/*Ladewig*/*Harrendorf*/*König* 239.

2994 Für das Entstehen des Fragerechts als Verteidigungsrecht als solches kann es nur darauf ankommen, ob eine in irgendeiner Hinsicht in die Hauptverhandlung eingeführte und potentiell auch gegen den Angeklagten verwertbare, also ihn möglicherweise belastende Aussage vorliegt; dass sie vom Gericht bei der Urteilsfindung später nicht verwertet wurde, hat nur Bedeutung für die Frage, ob sein Urteil auf der Beschneidung des Fragerechts beruht oder ob dieser Umstand die Fairness des Gesamtverfahrens beeinträchtigen konnte.

2995 EGMR Arlewin/S (E), 2.2.2016, §§ 28 ff. (Personen, die sich in einer Fernsehsendung anonym über den der Anklage zugrunde liegenden Sachverhalt äußern, sind „Zeugen", wenn ihre Aussagen in das Verfahren eingeführt werden, z.B. durch das Abspielen des Videos der Fernsehsendung in der Hauptverhandlung).

2996 EGMR Lüdi/CH, 15.6.1992; zum nur eingeschränkten Beweiswert solcher lediglich „mittelbar" in das Verfahren eingeführten Angaben von V-Personen, vgl. BGH NStZ-RR **2018** 21. Das Gericht hat sich dabei um die unmittelbare Vernehmung der V-Person zu bemühen.

richtssaal übertragenen Bildes als für sich betrachtet rechtmäßig erweisen.[2997] Wie auf diese gravierende Beschränkung der Verteidigungsrechte zu reagieren ist, bemisst sich nach der vom EGMR entwickelten Drei-Stufen-Theorie.

1142 **Zeugen vom Hörensagen** sind selbst Belastungszeugen.[2998] Sie bekunden eine eigene Wahrnehmung, die darin besteht, was ihnen eine andere Person über das eigentlich entscheidungsrelevante Geschehen (Tatsachen) berichtet hat. Wenn diese Auskunftsperson nicht selbst als unmittelbarer „Tatzeuge" im Verfahren vernommen worden ist und nicht vom Angeklagten in der Hauptverhandlung befragt werden kann, schließen es weder Art. 6 Abs. 3 *lit.* d EMRK noch Art. 14 Abs. 3 *lit.* e IPBPR *per se* aus, dass Zeugen vom Hörensagen an Stelle der eigentlichen Wahrnehmungsperson vernommen und ihre Aussagen verwertet werden.[2999] Das gilt auch, wenn auf diese Weise der Inhalt eines Urteils oder eines Vernehmungsprotokolls (ohne zusätzliche Verlesung oder Ladung der vorprozessual einvernommenen Person) in die Hauptverhandlung eingeführt werden soll; insoweit ist entscheidend, dass der Angeklagte in der Hauptverhandlung eine vollständige Kenntnis vom Inhalt der später zu seinen Lasten verwerteten Angaben (Inhalt der Aussage bzw. des Vernehmungsprotokolls) erhält.[3000] Davon zu trennen sind der **Beweiswert** der Aussage eines Zeugen vom Hörensagen und die Frage, ob der Angeklagte trotz der ihm nicht ermöglichten zusätzlichen Konfrontation der Auskunftsperson und des darin liegenden Eingriffs in sein Recht aus Art. 6 Abs. 3 *lit.* d verurteilt werden darf.

1143 Zeuge i.S.d. Konventionen können aufgrund des auch insoweit anzuwendenden autonomen Begriffsverständnisses neben einer **früheren Vernehmungsperson** (Richter, Staatsanwalt, Polizeibeamter[3001]) auch der **Dolmetscher** aus einer früheren Vernehmung[3002] oder ein **Sachverständiger**[3003] (Rn. 1216 ff.) sein, ebenso – soweit es um die Ausübung des Fragerechts geht – ein **Mitbeschuldigter/-angeklagter**[3004] oder ein **Ne-**

[2997] Vgl. VG Berlin Beschl. v. 23.9.2022 – VG 6 L 220/22, BeckRS **2022** 28287 (Recht des Antragstellers auf ein rechtsstaatliches, faires Verfahren nicht verletzt).

[2998] Zur grundsätzlichen Zulässigkeit vgl. BVerfGE **57** 250, 283; BVerfG (K) NJW **1992** 168 = NStZ **1991** 445 = StV **1991** 449; BGHSt **17** 382, 384 ff.; **33** 178, 181; vgl. BGH NStZ **1982** 433; NJW **1991** 646.

[2999] EKMR nach *Frowein/Peukert* 308, 310; IK-EMRK/*Kühne* 591 ff.; je m.w.N. zum Streitstand; ferner *Geppert* Unmittelbarkeit 247; *Peukert* EuGRZ **1980** 247, 257 f.; Meyer-Goßner/*Schmitt* 22d; SK/*Meyer* 498; *Vogler* ZStW **89** (1977) 788; **a.A.** *Grünwald* FS Dünnebier 359 und JZ **1966** 469, 493; *Hanack* JZ **1972** 236; einschränkend *Dörr* 154; zu den Anforderungen an die Urteilsbegründung und Beweiswürdigung bei Aussagen von Zeugen vom Hörensagen vgl. OLG Bamberg Beschl. v. 9.7.2014 – 3 Ss 78/14, BeckRS **2014** 18299.

[3000] EGMR Köktas/D (E), 13.9.2011 (Einführung der früheren Angaben eines Belastungszeugen durch Befragung von Zollbeamten, die nach der Festnahme eine Vernehmung durchgeführt hatten; Befragung des Zeugen war in der Hauptverhandlung allerdings auch möglich).

[3001] EGMR Butkevich/R, 13.2.2018, §§ 98 f.; Ürek u. Ürek/TRK, 30.7.2019, § 50 (Polizeibeamte, die an der Festnahme des Bf. beteiligt waren).

[3002] EGMR Kurt/B, 17.2.2015, §§ 32 ff.

[3003] EKMR bei *Strasser* EuGRZ **1988** 329; 380; IK-EMRK/*Kühne* 579; *Peukert* EuGRZ **1980** 247, 266; EGMR Bönisch/A, 6.5.1985, verweist darauf, dass ein Sachverständiger bei wörtlicher Auslegung kein Zeuge ist, lässt die (entsprechende) Anwendbarkeit von *lit.* d wegen des bejahten Verstoßes gegen das Gebot eines fairen Verfahrens letztlich offen; ähnlich EGMR Eskelinen u.a./FIN, 8.8.2006, § 30 (Gutachten eines Professors der Rechtswissenschaften als „*legal expert*"); Balsytė-Lideikienė/LIT, 4.11.2008; Constantinides/GR, 6.10.2016, §§ 37 f.; Avagyan/ARM, 22.11.2018, § 40; Danilov/R, 1.12.2020, § 109; zudem: *Gless/Weigend* JZ **2021** 612, 616; Karpenstein/Mayer/*Meyer* 245. Zu Schwierigkeiten bei der Abgrenzung des (sachverständigen) Zeugen i.S.v. Art. 6 Abs. 3 *lit.* d vom (neutralen) Sachverständigen vgl. auch *Esser* 693 ff.; ausführlich Rn. 1216 ff.

[3004] Vgl. EGMR Ferrantelli u. Santangelo/I, 7.8.1996, § 52; Vaquero Hernandez u.a./E, 2.11.2010, § 126; Kuchta/PL, 23.1.2018, § 44, Oddone u. Pecci/SanM, 17.10.2019, §§ 94 f.; SK/*Meyer* 475; *Esser* 331; *Peukert* EuGRZ **1980** 247, 258; vgl. auch BGH NStZ **2005** 224 = StV **2005** 113 = JR **2005** 247 m. Anm. *Esser*; BGH StraFo **2009** 374 = NStZ **2009** 581 = StV **2010** 57; StraFo **2013** 209 (verstorbener Mitbeschuldigter und einziger Belastungszeuge);

benbeteiligter am Verfahren[3005] oder der **Privat- oder Nebenkläger**[3006] bzw. das **Opfer** der Tat.[3007]

Das Recht, geladene und erschienene **Entlastungszeugen zu befragen und zu „konfrontieren"**, wird von den Konventionen nicht ausdrücklich garantiert. Bei dem Konzept des Parteiprozesses, das gedanklich die Fassung der Art. 6 Abs. 3 *lit.* d EMRK/Art. 14 Abs. 3 *lit.* e IPBPR mitbestimmt hat, war diese Befugnis **selbstverständlich**.[3008] Es wird durch Art. 6 Abs. 3 *lit.* d daher nicht ausgeschlossen, sondern gerade vorausgesetzt. Da das Fragerecht des § 240 Abs. 2 StPO ohnehin bei allen genannten Personengruppen eingreift,[3009] bedarf dieser Aspekt keiner Vertiefung.

3. Frage- und Konfrontationsrecht – Inhalt und Bedeutung für die Verfahrensfairness. Die Konventionen geben dem Beschuldigten zwar nicht das Recht auf eine unmittelbare **Gegenüberstellung** mit dem Belastungszeugen (*Konfrontation* im engeren Sinne),[3010] sie garantieren aber ihm bzw. der Verteidigung ein unmittelbares Fragerecht (zur Form Rn. 1159). Die Befugnis, Belastungszeugen zu befragen (sog. **Konfrontationsrecht**)[3011] soll sicherstellen, dass Zeugen nicht einseitig vernommen werden und dass bei ihrer Einvernahme auch die für die Verteidigung/Entlastung des Beschuldigten wichtigen

1144

1145

NStZ-RR **2014** 246, 248; zustimmend *Dehne-Niemann* HRRS **2010** 189, 190; zur „Zeugeneigenschaft" des Mitangeklagten auch SK/*Rogall* Vor § 133; *Walther* GA **2003** 204, 216, die das Verbot des § 240 Abs. 2 Satz 2 StPO, Mitangeklagte unmittelbar zu befragen, für problematisch hält. Gegen ein Anwesenheitsrecht des Verteidigers aus Art. 6 Abs. 3 *lit.* d bei der Vernehmung eines Mitbeschuldigten (im Haftprüfungsverfahren: OLG Köln NStZ **2012** 174 = StV **2012** 353. Zu eng in der Interpretation des § 244 Abs. 3 Satz 1 StPO (Beweiserhebungsverbot) aus konventionsrechtlicher Sicht: BGH NStZ **2011** 168. Zur Umsetzung in der Schweiz: *Schäfer* forumpoenale **2013** 39; bezüglich der konfrontativen Befragung eines vormaligen Mitangeklagten in der Hauptverhandlung bei Verfahrensabtrennung BGH NStZ **2014** 660 = StV **2017** 141; zu den Anforderungen an die Beweiswürdigung bezüglich mittelbar eingeführter, belastender Angaben eines Mittäters BGH NStZ-RR **2020** 90; MüKo/*Gaede* 239; zur Würdigung der früheren Einlassung eines (möglichen) Mittäters, der in der Hauptverhandlung von seinem Auskunftsverweigerungsrecht Gebrauch gemacht hatte, vgl. BGH Beschl. v. 31.8.2021 – 5 StR 223/21, juris Rn. 3, 8; NStZ **2021** 183 Rn. 7; StV **2020** 805 Rn. 23 f.; Beschl. v. 9.1.2020 – 2 StR 355/19, juris Rn. 11; Urt. v. 19.2.2015 – 3 StR 597/14, juris Rn. 6; NStZ-RR **2014** 246, 248 f.; ferner: BGH NStZ **2022** 496 m. Anm. *Esser.*
3005 Vgl. EGMR Kamasinski/A, 19.12.1989; *Esser* 631.
3006 *Esser* 631.
3007 EGMR Vladimir Romanov/R, 24.7.2008; Mirilashvili/R, 11.12.2008; A.L./FIN, 27.1.2009; A.S./FIN, 28.9.2010; *Barkhusysen/van Emmerik/Jansen/Fedorova* in van Dijk/van Hoof/van Rijn/Zwaak 639; *Leach* Rn. 6406.
3008 Vgl. *Geppert* Unmittelbarkeit 246; *Schorn* 2; näher zum Recht auf die Beiziehung von (Entlastungs-)Zeugen vgl. *Grabenwarter/Pabel* § 24, 135.
3009 Vgl. *Gollwitzer* GedS Meyer 147.
3010 Vgl. EGMR Doorson/NL, 26.3.1996; *Beulke* FS Rieß 3, 7; BGHSt **46** 93, 96; anders als der sonst als Vorbild mit hereinspielende 6. Zusatzartikel zur Verfassung der USA (hierzu: *Mahler* 29 ff.) oder Art. VII Abs. 9 *lit.* c NATO-Truppenstatut v. 19.6.1951; hierzu: BGH NStZ-RR **2018** 357, wonach dem Angeklagten keine frontale Sicht auf den Zeugen gewährt werden muss.
3011 Nach *Walther* GA **2003** 204, 212 verdeutlicht der englische Wortlaut „to examine or have examined" besser als die deutschsprachige Fassung „befragen oder befragen lassen" (vgl. franz.: „interroger ou faire interroger"), dass nicht nur das bloße Stellen von Fragen, sondern ein *aktives* Hinterfragen des Wahrheitsgehaltes einer Aussage gemeint ist und gewährleistet werden muss; ähnlich MüKo/*Gaede* 231; *ders.* StV **2006** 599, 602 („wirkliche Examinierung des Belastungszeugen bzw. seiner belastenden Aussage"); vgl. auch: EGMR Lawless/UK (E), 16.10.2012, § 24 („not possible to decide *in abstracto* whether there is a greater disadvantage to a defendant if the witness does not give live evidence at all or if a witness gives some evidence but is not fully cross-examined"); vertiefend zum Wesensgehalt und Schutzbereich des Konfrontationsrechts *Demko* 363 ff., 410 ff.

Esser

Gesichtspunkte zur Sprache kommen können. Sie soll es außerdem ermöglichen, die **Glaubwürdigkeit** des Zeugen und den Wahrheitsgehalt seiner Aussage (**Glaubhaftigkeit**) zu hinterfragen.[3012]

1146   Die Konventionsbestimmungen garantieren die Verfahrensbefugnisse des Beschuldigten bei der Beweisaufnahme unter dem Blickwinkel einer insgesamt fairen, effektive Verteidigungsmöglichkeiten eröffnenden Verfahrensgestaltung (Rn. 264 ff., 406, 1128). Das Frage- und Konfrontationsrecht wird in diesem Rahmen als **Recht der Verteidigung** insgesamt verstanden. Aus dem Wortlaut *„oder stellen zu lassen"* wird daher geschlossen, dass das Recht zur Befragung eines Zeugen **nicht notwendig dem Beschuldigten** bzw. späteren Angeklagten **persönlich** eingeräumt werden muss; es genügt *grundsätzlich*, wenn der von ihm gewählte oder ihm bestellte **Verteidiger** diese Möglichkeit erhält.[3013] Das für eine effektive Hinterfragung einer Aussage mitunter erforderliche Sachwissen muss sich der Verteidiger in einer Konsultation mit dem Beschuldigten verschaffen.[3014] War ihm dies im Vorfeld der Vernehmung des Zeugen aus Gründen nicht möglich, die weder er noch der Beschuldigte zu vertreten haben, kann sich daraus ein Anspruch auf Wiederholung der Einvernahme des Zeugen (Rn. 1150) ergeben.[3015]

1147   Ein **Konfrontationsrecht des Beschuldigten in eigener Person** bei der Einvernahme von Belastungszeugen kann aus Art. 6 Abs. 3 *lit.* d EMRK/Art. 14 Abs. 3 *lit.* e IPBPR also *grundsätzlich* nicht hergeleitet werden.[3016] Es liegt daher schon kein Eingriff in die von diesen Bestimmungen geschützten Rechte vor, wenn der Beschuldigte bzw. spätere Angeklagte bei der Vernehmung eines Zeugen aus sachlich-prozessualen Gründen (u.a. Zeugenschutz) ausgeschlossen wird, seinem Verteidiger aber die Anwesenheit und Konfrontation des Zeugen durchgehend gestattet wird. Ebenso ist das Konfrontationsrecht gewahrt, wenn der Beschuldigte nachträglich durch die vernehmende Stelle oder das Gericht vom vollständigen Inhalt der Aussage Kenntnis erhält (vgl. § 247 Satz 4 StPO) und *sodann* im (engen) zeitlichen Nachgang ausreichend (effektiv) Gelegenheit erhält, Fragen an den Zeugen zu stellen oder stellen zu lassen.[3017]

1148   Art. 6 Abs. 3 *lit.* d gewährt demzufolge auch **kein eigenständiges Recht** des Beschuldigten auf **Anwesenheit** bei (kommissarischen) richterlichen Zeugeneinvernahmen oder bei der Einvernahme eines Zeugen durch die Polizei zum Zweck der Konfrontation.[3018] Eine effektive Konfrontation (falls schon geboten) kann dort auch durch einen (ggf. zu bestellenden) Verteidiger erfolgen.

1149   Die Gelegenheit zur angemessenen und ausreichenden („effektiven") Befragung eines Belastungszeugen muss dem Beschuldigten (bzw. seinem Verteidiger) im Laufe des Verfah-

---

3012 Vgl. *Walther* GA **2003** 204, 215 ff.; *Grabenwarter/Pabel* § 24, 131.
3013 BGHSt **46** 93, 95; BGH StV **1996** 471; BVerfG (K) Beschl. v. 2.5.2007 – 2 BvR 411/07 (unveröffentlicht); BVerfG (K) NStZ **2007** 534; siehe auch: OLG München NStZ **2015** 300 (unterbliebene Benachrichtigung eines Inhaftierten bezüglich der bevorstehenden Vernehmung eines Belastungszeugen führt nicht zu einem Verwertungsverbot, wenn Pflichtverteidiger der Vernehmung beigewohnt hat); IK-EMRK/*Kühne* 581; *Trechsel* EuGRZ **1987** 153; *Frowein/Peukert* 309 ff. Siehe hierzu auch den sog. *Shanti*-Prozess, bei dem der Angeklagte aus Opferschutzgründen nur über seine Anwälte Fragen stellen durfte und – hinter verdunkelten Glasscheiben sitzend – die Zeugenvernehmung über einen Monitor verfolgen konnte (SZ v. 28.8.2009, 38).
3014 Vgl. BGHSt **46** 93, 102 (vorherige Rücksprache des Verteidigers mit dem Beschuldigten für sachgerechte Fragestellung erforderlich).
3015 *Beulke* FS Rieß 3, 15; vgl. auch OGH ÖJZ **2009** 1073, 1074 (mangelnde Vorbereitungszeit).
3016 A.A. wohl *Renzikowski* FS Mehle 529, 537, demzufolge eine ausreichende Begründung für die Abwesenheit des Angeklagten „kaum möglich" ist.
3017 EKMR nach IK-EMRK/*Kühne* 581; vgl. auch: *Frowein/Peukert* 308; BVerfG (K) NStZ **2007** 534.
3018 Vgl. BVerfG (K) NJW **2007** 204 (kein staatliches Verschulden für unterbliebene Konfrontation).

Esser   966

rens mindestens **einmal** gegeben werden.[3019] Das Konfrontationsrecht soll dabei möglichst bei einer **unmittelbaren Konfrontation** mit dem Zeugen in der **öffentlichen** (kontradiktorischen) **Hauptverhandlung**[3020] ausgeübt werden können; es kann aber auch schon im Vorverfahren gewährt werden (vgl. zur vernehmungsersetzenden Vorführung einer Bild-Ton-Aufzeichnung in der Hauptverhandlung § 255a Abs. 2 Satz 1 StPO: „wenn der Angeklagte und sein Verteidiger Gelegenheit hatten, an dieser mitzuwirken"), vorausgesetzt seine Ausübung ist auch schon zu diesem frühen Stadium *effektiv* möglich.[3021] Die EMRK legt also **keinen strengen Unmittelbarkeitsgrundsatz** im formalen Sinne fest; den Anforderungen des Art. 6 Abs. 3 *lit.* d kann es auch genügen, wenn das Frage- und Konfrontationsrecht außerhalb der gerichtlichen Hauptverhandlung wirksam ausgeübt werden konnte.[3022]

War die Befragung eines Zeugen nach nationalem Recht zunächst nicht möglich oder **1150** ist sie zu Unrecht verweigert worden, genügt es den Anforderungen von Art. 6 Abs. 3 *lit.* d EMRK/Art. 14 Abs. 3 *lit.* e IPBPR, wenn sie vor Erlass des Urteils (effektiv) nachgeholt werden kann. Wie der EGMR u.a. in der Rs. *Schatschaschwili* herausgestellt hat,[3023] muss die Verteidigung die Möglichkeit erhalten, Zeugen **im Laufe des Verfahrens** effektiv zu befragen, ggf. auch nur im Ermittlungsverfahren, ggf. auch nur mittelbar (etwa schriftlich).[3024] Befragungen von Zeugen im Vorverfahren sind kein Ersatz für die Zeugenvernehmung im Hauptverfahren, wenn sie von einem Beamten der Strafverfolgung durchgeführt werden, der nicht ausreichend unabhängig und unparteiisch ist sowie nach eigenem Ermessen Fragen verhindern kann.[3025] Jedoch soll es laut EuGH mit Blick auf Art. 8 Abs. 1 der RL (EU) 2016/34[3026] genügen, wenn ein nationales Gericht eine zusätzliche Vernehmung

---

[3019] EGMR Kostovski/NL, 20.11.1989; Scholer/D, 18.12.2014, § 45, EuGRZ **2015** 454; BGHSt **46** 93, 97; vgl. auch *Endriss* FS Rieß 65 f.; SK/*Meyer* 476 f.; *Thörnich* ZIS **2017** 39, 42.

[3020] EGMR Scholer/D, 18.12.2014, § 45; (GK) Schatschaschwili/D, 15.12.2015, § 103; Manucharyan/ARM, 24.11.2016, § 46. Das Recht auf eine faire (kontradiktorische) öffentliche Verhandlung beurteilt der EGMR im Zusammenhang mit den Rechten des Absatzes 3, diese schließen aber nicht aus, auch außerhalb der Verhandlung gewonnene Beweise zu verwenden und zu verwerten, so dass dann dem Fragerecht besonderes Gewicht beikommt; vgl. SK/*Meyer* 477; siehe aber EGMR (GK) Idalov/R, 22.5.2012, §§ 175 ff., 180: Ausschluss des Angeklagten von der Hauptverhandlung während der Beweisaufnahme als Verletzung von Art. 6 Abs. 3 *lit.* d: „[...] However, it was not open to the applicant or his counsel to obtain a re-examination of that evidence or, for example, to cross-examine those witnesses who had testified against him while he was absent from the trial [...] the only possible means of redressing the defects of the trial proceedings would have been for the appellate court to quash the verdict in its entirety and to refer the matter back for a hearing *de novo*."; Karpenko/R, 13.3.2012, § 68 („not allow it to conclude that the very fact of an accused's participation in confrontation interviews with witnesses at the pre-trial stage can, in itself, strip him or her of the right to have those witnesses examined in court"); siehe auch: LG Düsseldorf Urt. v. 16.3.2016 – 5 KLs 4/14, BeckRS **2016** 136078.

[3021] Siehe EGMR (GK) Schatschaschwili/D, 15.12.2015, § 105.

[3022] Vgl. SK/*Meyer* 477; EGMR Isgrò/I, 19.2.1991 (ungenügend, wenn Angeklagter ohne Verteidiger teilnahm); Baybasin/D (E), 3.2.2009; Mamikonyan/ARM, 16.3.2010, § 42; vgl. auch BGH NStZ-RR **2014** 246 m. Anm. *Jahn* JuS **2014** 948 = StV **2015** 142, wonach dem Beschuldigten bei der Vernehmung eines Belastungszeugen ausschließlich außerhalb der Hauptverhandlung das Recht auf Konfrontation entweder während dieser Vernehmung oder zu einem späteren Zeitpunkt eingeräumt werden muss; vgl. zudem LG Düsseldorf Urt. v. 16.3.2016 – 5 KLs 4/14, BeckRS **2016** 136078.

[3023] EGMR (GK) Schatschaschwili/D, 15.12.2015, §§ 126 ff.

[3024] EGMR Yevgeniy Ivanov/R, 25.4.2013, § 49; Vronchenko/EST, 18.7.2013, § 65; Scholer/D, 18.12.2014, § 60; Paić/KRO, 29.3.2016, § 47.

[3025] EGMR Chernika/UKR, 12.3.2020, § 45 m.w.N.

[3026] Richtlinie (EU) 2016/343 des Europäischen Parlaments und des Rates v. 9.3.2016 über die Stärkung bestimmter Aspekte der Unschuldsvermutung und des Rechts auf Anwesenheit in der Verhandlung in Strafverfahren, L 65/1; vgl. auch Rn. 1153.

eines Belastungszeugen vornimmt, da die beschuldigte Person und ihr Rechtsbeistand aus nicht von ihnen zu vertretenden Gründen nicht an der vorausgegangenen Vernehmung dieses Zeugen teilnehmen konnten, und dabei die Vernehmung an sich nicht vollständig wiederholt, sondern der beschuldigten Person und ihrem Rechtsbeistand lediglich ermöglicht, Fragen an den Zeugen zu stellen, sofern ihnen im Vorfeld eine Abschrift des Protokolls der vorausgegangenen Vernehmung des Zeugen übermittelt wurde.[3027]

1151   Eine *effektive* Konfrontation i.S.v. Art. 6 Abs. 3 *lit.* d kann im Einzelfall eine „**re-examination**" in Form der Stellung einer **Wiederholungsfrage** erforderlich machen.[3028] Ein darüberhinausgehendes Recht auf eine *wiederholte* Konfrontation lässt sich bei *unveränderter* Beweislage aus Art. 6 Abs. 3 *lit.* d EMRK/Art. 14 Abs. 3 *lit.* e IPBPR dagegen nicht herleiten.[3029] Die Einräumung der Möglichkeit einer **erneuten, ergänzenden Befragung** eines Belastungszeugen kann aber in der Praxis notwendig werden, wenn eine erste Möglichkeit der Konfrontation für den Beschuldigten nicht *effektiv* war, z.B. weil er zu diesem Zeitpunkt noch keinen Verteidiger hatte, etwa bei der Teilnahme an einer Vernehmung im Ermittlungsverfahren (vgl. § 168c Abs. 2 Satz 1 StPO), so dass letztlich erst die spätere Einvernahme in Gegenwart des Verteidigers bzw. durch diesen (z.B. aufgrund der Komplexität des Falles) die *erste* effektive Befragungsmöglichkeit darstellt.[3030] Ein weiterer Grund für eine zu gewährende erneute Konfrontation können **neuerliche ergänzende, belastende Angaben des Zeugen** oder das zwischenzeitliche Vorliegen von Erkenntnissen, Umständen etc. sein (Beweislage), die noch nicht Gegenstand der ersten Befragung waren (vgl. die Möglichkeit einer *ergänzenden Vernehmung* des Zeugen nach § 255a Abs. 2 Satz 4 StPO).

1152   Die Konventionen verpflichten dazu, das Verfahren grundsätzlich so zu gestalten, dass der Beschuldigte (oder sein Verteidiger) eine (effektive) *Gelegenheit* **zur Ausübung des Frage- und Konfrontationsrechts** hat (vgl. § 255a Abs. 2 Satz 1 StPO).[3031] Ob er von dieser Möglichkeit Gebrauch macht, ist dann seine Sache (**Disponibilität**).[3032] Ein etwaiger **Verzicht** auf das Konfrontationsrecht muss dabei jedoch **freiwillig und wissentlich** erfolgen und darf nicht gegen ein öffentliches Interesse verstoßen.[3033] Zudem muss ein solcher Verzicht, so betont es der EGMR, **unmissverständlich** („unequivocally") kundgetan werden.[3034] Es geht zu Lasten des Beschuldigten, wenn er sich dieser Möglichkeit dadurch

---

3027   Siehe EuGH 15.9.2022, C-347/21 (DD).

3028   Zu dieser Thematik: *Gerst* StRR **2011** 168.

3029   Vgl. BGer **1993** 290; krit. MüKo/*Gaede* 243, 246 f.

3030   Vgl. EGMR Isgrò/I, 19.2.1991; BGer EuGRZ **1993** 290; zur Rechtslage in Österreich: *Schwaighofer* JSt **2022** 238.

3031   EGMR (GK) Al-Khawaja u. Tahery/UK, 15.12.2011, § 127; Asani/MZD, 1.2.2018, § 33; hierzu: BGH NStZ **2011** 712.

3032   EGMR Håkansson u. Sturesson/S, 21.2.1990, § 66; Kwiatkowska/I (E), 30.11.2000; Roșca/RUM, 3.5.2011, § 35.

3033   Vgl. EGMR (GK) Murtazaliyeva/R, 18.12.2018, § 117; siehe zu den Anforderungen an einen Verzicht auch: EGMR (GK) Simeonovi/BUL, 12.5.2017, § 115 m.w.N.

3034   EGMR (GK) Murtazaliyeva/R, 18.12.2018, § 117; Matytsina/R, 27.3.2014, §§ 156 ff. (kein Verzicht); Yevgeniy Ivanov/R, 25.4.2013, § 44 (kein Verzicht; Bf. hatte zwar der Verlesung der früheren Aussagen der Zeugen nicht widersprochen, dies aber damit erklärt, dass schon aus dieser Verlesung inhaltliche Widersprüchlichkeiten zutage träten; der EGMR stellte darauf ab, dass der Bf. wiederholt das Erscheinen der Zeugen verlangt hatte); ähnlich EGMR Makeyev/R, 5.2.2009, § 37 (Bf. hatte weitere Anstrengungen des Gerichts verlangt, um die Anwesenheit der Zeugen zu erreichen – Vertagung der Vernehmung); Rudnichenko/UKR, 11.7.2013, § 108 (Antrag an der Befragung des Belastungszeugen teilnehmen zu dürfen im Verlauf des Verfahrens erfolglos beantragt, aber später nicht wiederholt [§ 41]; kein Verzicht); dagegen: EGMR Andandonskiy/R, 28.9.2006, § 54 (wirksamer Verzicht des anwaltlich vertretenen Bf., weil weder der Bf. noch sein Rechtsbeistand – auf

begibt, dass er befugt oder unbefugt der Hauptverhandlung oder einer (kommissarischen) Zeugeneinvernahme fernbleibt, bei der er das Fragerecht hätte ausüben können,[3035] oder wenn er seinen Verteidiger ungenügend über solche Verfahrensmodalitäten informiert.

Die Konventionen überlassen es damit im Ergebnis dem nationalen Recht, ob es die **1153** Vernehmung und Befragung der Belastungszeugen der gerichtlichen Hauptverhandlung vorbehält oder ob es der Verteidigung schon in einem früheren Verfahrensstadium eine solche Möglichkeit eröffnet, wie etwa durch ein **Teilnahme- und Teilhaberecht** an einer Einvernahme des Zeugen **im Ermittlungsverfahren**.[3036] Es ist ebenfalls Sache des innerstaatlichen Rechts, ob und unter welchen Voraussetzungen es die Verwendung bestimmter Beweismittel, wie etwa eines Zeugen vom Hörensagen, bei der Überzeugungsbildung des Gerichts einschränken will.[3037] Maßgeblich ist in diesem Kontext auch die **Richtlinie (EU) 2016/343**.[3038] Deren Art. 8 Abs. 1 wird vom EuGH namentlich in Verbindung mit Art. 47 Abs. 2 und Art. 48 Abs. 2 EUC dahingehend ausgelegt, dass er der Anwendung einer nationalen Regelung entgegensteht, die es einem nationalen Gericht erlaubt, im Fall der Unmöglichkeit der Vernehmung eines Belastungszeugen in der gerichtlichen Phase eines Strafverfahrens seine Entscheidung über die Schuld oder Unschuld der beschuldigten Person auf die Aussage dieses Zeugen zu stützen, die bei einer Vernehmung vor einem Richter im Lauf der Ermittlungsphase dieses Verfahrens, aber ohne Beteiligung der beschuldigten Perosn oder ihres Rechtsbeistands eingeholt wurde. Etwas anderes soll laut EuGH lediglich dann gelten, wenn ein wichtiger Grund vorliegt, der das Nichterscheinen des Zeugen in der gerichtlichen Phase des Strafverfahrens rechtfertigt, sofern die Aussage dieses Zeugen nicht die einzige bzw. entscheidende Grundlage für die Verurteilung der beschuldigten Person bildet, und sofern die dem Beschuldigten bzw. seinem Rechtsbeistand dadurch entstehenden Schwierigkeiten hinreichend kompensiert wurden.[3039]

Dies gilt auch für den speziellen Fall einer Aussage über Bekundungen **anonym blei-** **1154** **bender Gewährsleute**;[3040] diese gelten, wenn ihre Bekundungen gegenüber Strafverfolgungsorganen im Verfahren gewonnen und verwendet werden, selbst als Belastungszeugen i.S.d. Konventionen,[3041] so dass das Frage-/Konfrontationsrecht grundsätzlich auch ihnen gegenüber besteht und eine Einschränkung rechtfertigungsbedürftig ist (Rn. 1130).

Nachfrage des Richters – Einwände gegen die Durchführung der Hauptverhandlung in Abwesenheit eines Belastungszeugen und die Verlesung eines Vernehmungsprotokolls aus dem Ermittlungsverfahren vorbrachten; kein Widerspruch gegen angekündigten Abschluss der Beweisaufnahme [§ 18]).

3035 Zu den Einzelheiten *Gollwitzer* GedS Meyer 160 ff.

3036 EGMR (GK) Schatschaschwili/D, 15.12.2015, § 130; Palchik/UKR, 2.3.2017, § 50; *Stoffers* NJW **2013** 1495, 1496 f. entnimmt Art. 6 Abs. 1 i.V.m. Art. 6 Abs. 3 *lit.* d „eine Stärkung des Teilhaberechts der Verteidigung im strafrechtlichen Ermittlungsverfahren durch ein generelles Anwesenheitsrecht bei Zeugenvernehmungen [...]"; dieses Anwesenheitsrecht soll danach nicht nur bei richterlichen (§ 168c StPO), sondern auch bei polizeilichen und staatsanwaltschaftlichen Vernehmungen zu bejahen sein.

3037 *Geppert* Unmittelbarkeit 246 ff. Zu den hier bestehenden erheblichen Unterschieden in den einzelnen nationalen Rechtsordnungen *Gleß* ZStW **115** (2003) 131, 144. Vgl. ferner EGMR Schenk/CH, 12.7.1988 (zur Zulässigkeit der Verwendung einer rechtswidrig gewonnenen Tonbandaufnahme).

3038 Richtlinie (EU) 2016/343 des Europäischen Parlaments und des Rates v. 9.3.2016 über die Stärkung bestimmter Aspekte der Unschuldsvemutung und des Rechts auf Anwesenheit in der Verhandlung in Strafverfahren.

3039 Vgl. zum Ganzen EuGH 8.12.2022, C-348/21 (HYA u.a.).

3040 BGHSt **17** 388; *Peukert* EuGRZ **1980** 247, 267; vgl. auch EGMR Kostovski/NL, 20.11.1989; sowie zur englischen Rechtspraxis SK/*Meyer* 494.

3041 EGMR Kostovski/NL, 20.11.1989; Asch/A, 26.4.1991; BGHSt **46** 93, 97; BGH NStZ **1993** 292; StV **1996** 471.

1155   Die Verlesung von **Vernehmungsniederschriften aus dem Ermittlungsverfahren** schließen die Konventionen nicht prinzipiell aus,[3042] selbst wenn eine solche Verlesung an die Stelle der Einvernahme einer Beweisperson in der Hauptverhandlung tritt.[3043] Allerdings wird die einvernommene Person, deren Aussage verlesen wird, dann unabhängig von den Regelungen nach nationalem Recht als **Belastungszeuge** angesehen (Rn. 1133),[3044] so dass grundsätzlich das Frage-/Konfrontationsrecht des Beschuldigten ihr gegenüber eröffnet ist. Hatten der Beschuldigte oder sein Verteidiger Gelegenheit, der (kommissarischen) Einvernahme eines Zeugen im Vorverfahren beizuwohnen und dort das Frage-/Konfrontationsrecht auszuüben, so sind die Forderungen der Konventionen erfüllt, auch wenn der Beschuldigte bzw. sein Verteidiger diese **Gelegenheit nicht wahrgenommen** haben sollten (Rn. 1128).

1156   Ist dem Beschuldigten diese Möglichkeit innerstaatlich zu Recht oder zu Unrecht verwehrt worden, so verlangt Art. 6 Abs. 3 *lit.* d – unabhängig von der Zulässigkeit der Verlesung der Vernehmungsniederschrift nach nationalem Recht[3045] – dass der Beschuldigte bzw. die Verteidigung in der Hauptverhandlung Gelegenheit erhalten, **nach Verlesung der Niederschrift etwaige Fragen vorzutragen**,[3046] um auf diese Weise eine nochmalige Vernehmung des Zeugen zu besagten Fragen oder wenigstens dessen Ladung zur Hauptverhandlung zu erreichen.[3047]

1157   **Ausnahmsweise** kann die Verlesung einer Vernehmungsniederschrift, bei deren Zustandekommen das Fragerecht nicht ausgeübt werden konnte, als gerechtfertigter Eingriff in das Konfrontationsrecht angesehen werden, wenn die Befragung in der Hauptverhandlung nicht ermöglicht werden kann, weil der Zeuge **verstorben, vernehmungsunfähig oder unerreichbar** ist (Rn. 1138 f.).[3048] Die Verurteilung des Angeklagten auf dieser Grundlage setzt aber voraus, dass die Verteidigung ihre Einwände gegen den Inhalt der protokollierten Aussage und die ihrer Ansicht nach offenen Fragen dem Gericht vortragen kann. Wo der EGMR sodann aufgrund der im Ergebnis ausgebliebenen Konfrontation des Zeugen die finalen Grenzen für eine Verwertung von dessen Angaben und für eine Schuldfeststellung zieht, ist abstrakt schwer zu beurteilen, da der Gerichtshof (vgl. Rn. 1131) stets (nur)

3042   Vgl. EGMR Kostovski/NL, 20.11.1989 (Verwendung im Vorverfahren erlangter Beweismittel für sich allein betrachtet mit Art. 6 nicht generell unvereinbar); ferner EKMR bei *Strasser/Weber* EuGRZ **1987** 356 (Verlesung der früheren Aussage in Gegenwart des Zeugen kein Verstoß gegen Art. 6, da Gelegenheit zu Fragen bestand); EKMR ÖJZ **1989** 484 (Gericht könne nicht angelastet werden, wenn die Zeugen, deren frühere Aussage verlesen wurde, in der Hauptverhandlung die Aussage verweigerten, so dass das Fragerecht leerlief).

3043   EGMR Unterpertinger/A, 24.11.1986, § 31; dazu auch: EGMR Belevitskiy/R, 1.3.2007, § 117; Krivoshapkin/R, 27.1.2011, § 54 („in certain circumstances it may prove necessary to refer to statements made during the investigative stage. If the defendant has been given an adequate and proper opportunity to challenge these statements, their admission in evidence will not in itself contravene Article 6 §§ 1 and 3 (d) of the Convention."); IK-EMRK/*Kühne* 584; BGH NStZ **1985** 376; Meyer-Goßner/*Schmitt* 22d; vgl. aber auch BGHSt **51** 325 = NJW **2007** 2195 (Unzulässigkeit der Verlesung einer früheren schriftlichen Erklärung eines Zeugen, wenn dieser sich vor Gericht auf sein Auskunftsverweigerungsrecht, § 55 StPO, beruft).

3044   Autonome Auslegung des Zeugenbegriffs in Art. 6 Abs. 3 *lit.* d vgl. EGMR Unterpertinger/A, 24.11.1986, § 31; Kostovski/NL, 20.11.1989, § 40; Windisch/A, 27.9.1990, § 23; Asch/A, 26.4.1991, § 25; IK-EMRK/*Kühne* 584.

3045   Vgl. EGMR Doorson/NL, 26.3.1996; ferner LR/*Erb* § 168c, 61 StPO; LR/*Jäger* § 224, 31 StPO.

3046   Vgl. BGHSt **46** 93; BGH NStZ **1983** 421; **1985** 376; IK-EMRK/*Kühne* 585.

3047   Vgl. EGMR Cardot/F, 19.3.1991, EuGRZ **1992** 437 = ÖJZ **1991** 605 (Rechtsweg nicht erschöpft, wenn Verweigerung dieser Möglichkeit nicht innerstaatlich beanstandet wird).

3048   EGMR Artner/A, 28.8.1992; Ferrantelli u. Santangelo/I, 7.8.1996; *Peukert* EuGRZ **1980** 247, 266; *Dörr* 154 (nur bei Verstorbenen); SK/*Meyer* 489 f.; so bereits EKMR EuGRZ **1997** 148 (Mielke) unter Hinweis, dass die Aussagen durch anderes Beweismaterial bestätigt wurden.

darauf abstellt, ob im jeweiligen Einzelfall ein *insgesamt* faires, die Verteidigungsrechte ausreichend wahrendes Verfahren gewährt wurde.[3049]

Polizei, Staatanwaltschaft und Gericht müssen alle erfolgversprechenden und zumutbaren Anstrengungen unternehmen („**required to take positive steps**"), um einem Beschuldigten die Konfrontation mit einem Belastungszeugen vollumfänglich zu ermöglichen.[3050] Dabei spielt namentlich die **Bedeutung der zu erwartenden Angaben des Zeugen** für das Verfahren und die Wahrheitsfindung eine wichtige Rolle.[3051] Dass ein Verfahren sich durch die Ermöglichung einer unmittelbaren Konfrontation des Zeugen in die Länge ziehen kann, ist jedenfalls pauschal kein Argument („Beschleunigungsgrundsatz"), das der Gerichtshof für den Verzicht auf entsprechende Bemühungen gelten lässt.[3052] Auch nach Zeugen, deren **Aufenthaltsort nicht bekannt** ist, müssen die Behörden **aktiv** und mit **zumutbarem Aufwand** suchen,[3053] um dem Beschuldigten zu ermöglichen, einen Belastungszeugen zu vernehmen oder vernehmen zu lassen (zur Unerreichbarkeit als Grund für eine Einschränkung der Konfrontation Rn. 1179). **1158**

Die **Form**, in der das Frage-/Konfrontationsrecht ausgeübt werden kann, überlassen die Konventionen dem innerstaatlichen Recht. Es soll vorrangig in der augenscheinlich wirksamsten Form der **unmittelbaren Befragung** des Zeugen durch den Angeklagten bzw. Verteidiger in der gerichtlichen Hauptverhandlung gewährt werden; ein früherer Zeitpunkt im Verfahren kann aber auch ausreichen, *wenn* sich die Konfrontation schon zu diesem Zeitpunkt als effektiv erweist. **1159**

Nach **Art und Umfang** muss das Konfrontationsrecht dem Beschuldigten bzw. seinem Verteidiger im Rahmen des gesamten Verfahrens in dem für eine **effektive Verteidigung** erforderlichen Umfang ermöglicht werden.[3054] Vorzugsweise sollte der Beschuldigte bzw. der Verteidiger **Fragen direkt an den Zeugen stellen** können.[3055] **1160**

Aus dem Wortlaut *„stellen oder stellen zu lassen"* wird allerdings hergeleitet, dass *ausnahmsweise*, d.h. bei Vorliegen eines sachlichen Grundes (z.B. Zeugenschutz) auch eine **mittelbare Form** der Befragung genügen kann, etwa durch die Zwischenschaltung des Gerichts als unabhängige Stelle, das die ihm vom Beschuldigten/Verteidiger **mündlich oder schriftlich übermittelten Fragen** in einer Vernehmung oder in der Hauptverhandlung in Anwesenheit des Beschuldigten bzw. seines Verteidigers an den Zeugen richtet,[3056] **1161**

3049 So schlussfolgerte der EGMR im Fall Strassenmeyer/D, 2.5.2023, §§ 83–85, 90, dass das Konfrontationsrecht des Angeklagten nicht dadurch verletzt wurde, dass er die im Hauptverfahren zwar anwesenden, aber sich auf ihr Schweigerecht berufenden Mitangeklagten nicht befragen konnte, obwohl deren im Ermittlungsverfahren getätigten belastenden Aussagen zur Urteilsfindung herangezogen wurden.

3050 Siehe EGMR Faysal Pamuk/TRK, 18.1.2022, § 54; Yevgeniy Ivanov/R, 25.4.2013, §§ 46 f. (Aussage von Gerichtsdienern, dass die Zeugen nicht aufzufinden seien, sei von Seiten der Behörden nur oberflächlich und unkritisch überprüft worden); ähnlich: EGMR T.K./LIT, 12.6.2018, § 101; zu diesen Anstrengungen kann auch ein Rückgriff auf die internationale Rechtshilfe gehören, vgl. EGMR Demir/D (E), 31.5.2018, § 57; KK/ *Lohse/Jakobs* 96.

3051 EGMR Seton/UK, 31.3.2016, § 58; Sitnevskiy u. Chaykovskiy/UKR, 10.11.2016, § 125; vgl. hierzu auch: OGH ÖJZ **2012** 320.

3052 EGMR Krivoshapkin/R, 27.1.2011, §§ 56 ff.

3053 Vgl. EGMR Rachdad/F, 13.11.2003, § 24; Lučić/KRO, 27.2.2014, § 79; (GK) Schatschaschwili/D, 15.12.2015, § 121; Seton/UK, 31.3.2016, § 59; Manucharyan/ARM, 24.11.2016, § 50; T.K./LIT, 12.6.2018, § 101 (erhöhter Aufwand für Ausfindigmachen des Zeugen).

3054 Vgl. EGMR Doorson/NL, 26.3.1996. Vgl. dazu auch *Gaede* StV **2006** 599, 602.

3055 Vgl. EGMR Accardi u.a./I (E), 20.1.2005.

3056 EGMR Windisch/A, 27.9.1990, §§ 26 ff.; Sapunarescu/D (E), 11.9.2006; *Peukert* EuGRZ **1980** 247, 255.

wie dies bei § 240 Abs. 2 Satz 2, § 241a StPO[3057] vorgesehen ist. Desgleichen wird es als ausreichend erachtet, wenn **Fragen vorab schriftlich eingereicht** werden können (auch insoweit scheiden Strafverfolgungsbehörden allerdings als „Mittler" aus), etwa damit sie bei einer auswärtigen kommissarischen Vernehmung gestellt werden können.[3058]

1162   Den Antworten des Zeugen auf die eingereichten Fragen muss dann aber **im Rahmen der Beweiswürdigung im Verfahren dasselbe Gewicht** beigemessen werden wie etwaigen im Rahmen einer mündlichen Vernehmung gegebenen Antworten.[3059] Zudem schließt das Einreichen eines Fragenkatalogs nicht das Recht der Verteidigung aus, nach Vorlage der protokollierten Aussage/Vernehmungsniederschrift **ergänzende Fragen** an den Zeugen zu stellen.[3060]

1163   Eine lediglich mittelbare Gewährleistung des Frage- und Konfrontationsrechts in Gänze (d.h. eine Beantwortung der zuvor eingereichten Fragen **in Abwesenheit des Beschuldigten und seines Verteidigers** sowie eine **Übermittlung der Antworten** durch den Richter **in Schriftform**) stellt jedoch einen rechtfertigungsbedürftigen Eingriff in das Konfrontationsrecht dar, weil der Verteidigung eine *effektive* Konfrontation des Zeugen nur durch eine Befragung und das Empfangen von Antworten **in Echtzeit** möglich ist. Im Regelfall stellt daher die Ermöglichung der Einreichung eines schriftlichen Fragenkatalogs keine vollumfängliche Gewährleistung des Frage- und Konfrontationsrechts sondern lediglich eine **kompensatorische Maßnahme** für dessen Einschränkung dar (Rn. 1195).

4. Einschränkung des Konfrontationsrechts

1164   **a) Inhaltliche Grenzen.** Inhaltliche Grenzen des Frage-/Konfrontationsrechts ergeben sich in der Praxis, wenn das erkennende Gericht die Ladung eines Zeugen ablehnt, weil es dessen Vernehmung als **nicht erforderlich für die Wahrheitsfindung** ansieht.[3061] Das nationale Recht kann **sachbezogene Grenzen** für die Art und Weise einer Befragung und den Inhalt von Fragen aufstellen, etwa um einem **Missbrauch** des Fragerechts entgegenzuwirken (vgl. § 241 StPO).[3062]

1165   Das Frage- und Konfrontationsrecht ist dem Beschuldigten bzw. seiner Verteidigung in den Konventionen **unabhängig von einer gleichartigen Befugnis der Staatsanwaltschaft** garantiert. Eine sachliche Einschränkung ist daher auch dann zu rechtfertigen, wenn Verteidigung und Anklagevertretung insoweit gleichbehandelt werden.

1166   Der EGMR beschränkt – ähnlich wie beim Ladungsrecht – seine Kontrolle in der Regel darauf, ob das Konfrontationsrecht **missbräuchlich und willkürlich** eingeschränkt bzw. vorenthalten wurde[3063] und ob durch die Ablehnung einer konkreten Frage die **Grundsätze eines fairen Verfahrens**, namentlich die Verteidigungsrechte, verletzt wurden (Rn. 1127, 1131).

3057 Ein Gesetzesantrag Hamburgs zielt darauf ab, § 241a StPO, wonach die Befragung minderjähriger Zeugen grundsätzlich ausschließlich durch den Vorsitzenden durchgeführt wird, auch auf Zeugen zu erstrecken, die mutmaßlich durch schwerwiegende sexuelle Straftaten verletzt worden sind, BRDrucks. 80/21 v. 27.1.2021 (Vermeidung einer sekundären Viktimisierung).

3058 Vgl. EGMR Kostovski/NL, 20.11.1989, § 42; Windisch/A, 27.9.1990, §§ 26 ff.

3059 EGMR Marinescu/RUM, 2.2.2010, §§ 79.

3060 Vgl. BGHSt **46** 93, 102; BGer EuGRZ **1993** 290.

3061 *Frowein/Peukert* 313; *Nowak* 65.

3062 Hierzu HK-GS/*Seebode* § 241, 11 StPO.

3063 Vgl. *Frowein/Peukert* 313 (Verletzung nur, wenn Erheblichkeit dem Tatrichter „ersichtlich war oder sein musste").

Esser   972

b) Faktische Beschränkungen im Verfahren (bisherige „Drei-Stufen-Prüfung"). 1167
Grundsätzlich müssen alle Beweise in **Gegenwart des Angeklagten** in einer **öffentlichen
Verhandlung** vor einem **Gericht** unter Beachtung eines **kontradiktorischen Verfahrens**
erhoben werden.[3064] Daher dürfen auch vorprozessuale Angaben eines Zeugen, der in der
Hauptverhandlung nicht oder nur eingeschränkt für eine Vernehmung zur Verfügung
steht, nur unter bestimmten Voraussetzungen zum Nachteil des Angeklagten verwertet
werden. Für die Praxis hatte der EGMR speziell zur Verwertbarkeit von Angaben eines in
der Hauptverhandlung **abwesenden Zeugen** aus dem Ermittlungsverfahren,[3065] die über
Beweissurrogate Eingang in die Hauptverhandlung finden, seit den späten 1990er Jahren
ein **dreistufiges Prüfungsschema** entwickelt:[3066]

Auf der **ersten Stufe** ging es um die Suche nach einem **sachlichen und von der** 1168
EMRK anerkannten Grund dafür, dass der Beschuldigte sein Befragungs- und Konfronta-
tionsrecht in der Hauptverhandlung gar nicht oder – wegen der Aufrechterhaltung der
Anonymität oder Abschirmung des Zeugen – nur eingeschränkt ausüben kann.

Die **zweite Stufe** betraf den *bestmöglichen* **Ausgleich des Verteidigungsmangels**, der 1169
durch die Beschränkung oder den Ausschluss des Befragungsrechts in der Hauptverhandlung eintritt. Da Art. 6 nur **erforderliche** Eingriffe in die Verteidigungsrechte und die
Verfahrensfairness erlaubt,[3067] mussten Beschränkungen des Konfrontationsrechts in der
Hauptverhandlung in einem anderen (früheren) Verfahrensstadium *hinreichend* – d.h. *soweit wie möglich* – **kompensiert** werden (*„sufficiently counterbalanced")*.[3068] Letztlich ist
hier im Kern eine **Prüfung der Verhältnismäßigkeit**, insbesondere der Erforderlichkeit,
der jeweiligen Einschränkung angesprochen.

Auf der abschließenden **dritten Stufe** ging es um die konkreten **Anforderungen an** 1170
die Beweiswürdigung. Die Angaben des nicht bzw. nur eingeschränkt konfrontierten Zeugen mussten mit **besonderer Sorgfalt und Vorsicht gewürdigt** werden („treated with

---

3064 EGMR Solakov/MAZ, 31.10.2001, § 57; P.S./D, 20.12.2001, § 21; Visser/NL, 14.2.2002, § 43; Laukkanen u.
Manninen/FIN, 3.2.2004, § 35; Accardi u.a./I (E), 20.1.2005; Krasniki/CS, 28.2.2006, § 75; Vaturi/F, 13.4.2006, § 50;
Sapunarescu/D (E), 11.9.2006; Koval/UKR, 19.10.2006, § 115; Vladimir Romanov/R, 24.7.2008, § 100; Mirilashvili/
R, 11.12.2008, § 162; (K) Taxquet/B, 13.1.2009, § 58 (siehe aber EGMR [GK] Taxquet/B, 16.11.2010, § 102); (K) Al-
Khawaja u. Tahery/UK, 20.1.2009, § 118; Mika/S (E), 27.1.2009; Baybasin/D (E), 3.2.2009; Tarau/RUM, 24.2.2009,
§ 70; Dzelili/D (E), 29.9.2009, NJOZ **2011** 238; Caka/ALB, 8.12.2009, § 101; V.D./RUM, 16.2.2010, § 110; Sommer/I
(E), 23.3.2010; Orhan Çaçan/TRK, 23.3.2010, § 37; A.S./FIN, 28.9.2010, § 53; Kornev u. Karpenko/UKR, 21.10.2010,
§ 54; Vaquero Hernandez u.a./E, 2.11.2010, § 124.
3065 Der Gerichtshof behandelte beide Fallgruppen im Grundsatz gleich, vgl. EGMR (K) Al-Khawaja u.
Tahery/UK, 20.1.2009, §§ 35 f.
3066 Siehe hierzu *Demko* ZStrR **2004** 416, 418 ff.; *Renzikowski* JZ **1999** 605, 606, 611 f.; Radtke/Hohmann/
Ambos 50; MüKo/*Gaede* 252; *Mahler* 53 ff.; vgl. ebenso das Prüfmodell bei der Zurückhaltung von Beweismaterial („disclosure"): EGMR (GK) Edwards u. Lewis/UK, 27.10.2004, § 46; *Gaede* HRRS **2004** 44, 46 ff.; gegen eine
schematische Prüfung *Schmitt* FS Rissing-van Saan 617, 623.
3067 EGMR P.S./D, 20.12.2001, § 23 (*„measures ... strictly necessary")*; Oyston/UK (E), 22.1.2002 (*„restrictions
on access to evidence or to a witness may be necessary or unavoidable")*; zu diesem Stufensystem auch
Demko ZStrR **2004** 416, 430 (Verhältnismäßigkeitsgrundsatz).
3068 EGMR Doorson/NL, 26.3.1996, § 72; van Mechelen u.a./NL, 24.4.1997, § 54; Birutis u.a./LIT, 28.3.2002,
§ 29; S.N./S, 2.7.2002, § 47; Accardi u.a./I (E), 20.1.2005; Krasniki/CS, 28.2.2006, § 76; Sapunarescu/D (E),
11.9.2006; Dzelili/D (E), 29.9.2009; A.S./FIN, 28.9.2010, § 55; Hümmer/D, 19.7.2012, § 45 (*„question in each case
is whether there are sufficient counterbalancing factors")*, NJW **2013** 3225 = StraFo **2014** 372 = StV **2014**
452 m. Anm. *Pauly* u. *Kotz* StRR **2013** 59; Scholer/D, 18.12.2014, § 51; Constantinides/GR, 6.10.2016, § 39; zur
Kompensation als zweiter Stufe auch *Schmitt* FS Rissing-van Saan 617, 629 ff.

extreme care"),[3069] und außerdem durch *andere* **Beweise** erhärtet sein („corroborated by other evidence").[3070] Die Verurteilung durfte **„nicht ausschließlich"** bzw. **„maßgeblich"** auf die Angaben des nicht-konfrontierten Zeugen gestützt werden.[3071] Dies galt selbst dann, wenn auf der zweiten Stufe eine bestmögliche Kompensation bejaht worden war.[3072] Das Konfrontationsrecht war daher verletzt, wenn das Gericht zur Schonung des jugendlichen Tatopfers eines Sexualdelikts ausschließlich dessen Mutter und den vernehmenden Polizeibeamten über die Angaben zum Tatgeschehen hörte und sein Urteil *allein* auf deren Angaben stützte.[3073]

1171   Unabhängig von der Frage der Verwertbarkeit der Angaben eines nicht-konfrontierten Zeugen (zweite und dritte Stufe) durften diese Angaben jedenfalls als **Ansatzpunkt für weitere Ermittlungen** verwendet werden.[3074]

1172   **c) Kritik an der (ursprünglichen) Drei-Stufen-Prüfung.** Das ursprüngliche Modell des EGMR zur Kontrolle der Zulässigkeit von Beschränkungen des Konfrontationsrechts war im Laufe der Jahre in die Kritik geraten – auch von Seiten der Justiz.[3075] Ob ein Angeklagter trotz der Beeinträchtigung seines Fragerechts **insgesamt noch ein faires, seine Verteidigungsrechte ausreichend wahrendes Verfahren** erhalten hatte, ließ sich bei der Variationsbreite der einzelnen Fallgestaltungen nicht mehr allgemein beantworten.

3069 EGMR Doorson/NL, 26.3.1996, § 76; Visser/NL, 14.2.2002, § 44; S.N./S, 2.7.2002, § 53; Haas/D (E), 17.11.2005; Krasniki/CS, 28.2.2006, § 77; Sapunarescu/D (E), 11.9.2006; Mirilashvili/R, 11.12.2008, § 216; Dzelili/D (E), 29.9.2009; V.D./RUM, 16.2.2010, § 110; vgl. auch EGMR Solakov/MAZ, 31.10.2001, § 62 (*„thorough and careful analysis"*); ebenso EGMR Baybasin/D (E), 3.2.2009; ähnlich EGMR Mika/S (E), 27.1.2009 (*„detailed analysis"*); EGMR Daştan/TRK, 10.10.2017, § 31 (*„specific caution", „less weight"*).
3070 EGMR Asch/A, 26.4.1991, § 28; Artner/A, 28.8.1992, § 22; Doorson/NL, 26.3.1996, § 76; Ferrantelli u. Santangelo/I, 7.8.1996, § 52; Scheper/NL (E), 5.4.2005; Mika/S (E), 27.1.2009; Baybasin/D (E), 3.2.2009; *Beulke* FS Rieß 3, 10 ff.; vgl. auch BGH NStZ **2000** 265; Mamikonyan/ARM, 16.3.2010, § 44 („the statement ... was corroborated by other, equally weighty evidence in the case").
3071 Vgl. EGMR Lucà/I, 27.2.2001, § 40; Solakov/MAZ, 31.10.2001, § 57; P.S./D, 20.12.2001, § 24 („where a conviction is based solely or to a decisive degree on depositions that have been made by a person whom the accused has had no opportunity to examine or have examined, whether during the investigation or at the trial, the rights of the defence are restricted to an extent that is incompatible with ... Article 6"); Rachdad/F, 13.11.2003, § 23; Accardi u.a./I (E), 20.1.2005; Scheper/NL (E), 5.4.2005; Haas/D (E), 17.11.2005; Krasniki/CS, 28.2.2006, § 76; Vaturi/F, 13.4.2006, § 50; Accardi u.a./I (E), 20.1.2005; Vladimir Romanov/R, 24.7.2008, § 100; Balsytė-Lideikienė/LIT, 4.11.2008, § 62; (K) Al-Khawaja u. Tahery/UK, 20.1.2009, § 119; Mika/S (E), 27.1.2009; Baybasin/D (E), 3.2.2009; Tarau/RUM, 24.2.2009, § 70; Dzelili/D (E), 29.9.2009; Caka/ALB, 8.12.2009, § 102; V.D./RUM, 16.2.2010, § 110; Khametshin/R, 4.3.2010, § 32; Sommer/I (E), 23.3.2010; Orhan Çaçan/TRK, 23.3.2010, § 37; Sharkunov u. Mezentsev/R, 10.6.2010, § 114; Kornev u. Karpenko/UKR, 21.10.2010, § 55; Vaquero Hernandez u.a./E, 2.11.2010, § 135. Vgl. EGMR (K) Taxquet/B, 13.1.2009, § 66 ff. (Konventionsverletzung gegeben, da sich der Akte nicht entnehmen ließ, ob sich das Urteil auch auf andere objektive Beweise stützte); siehe hierzu aber auch: EGMR (GK) Taxquet/B, 16.11.2010, § 102; Biełaj/PL, 27.4.2010, § 62 („of cardinal importance [...] that the applicant̒s conviction was not based solely or to a decisive degree on the statements"); zur Umsetzung: BGH NJW-RR **2005** 321; BVerfG (K) NJW **2007** 204; Beschl. v. 2.5.2007 – 2 BvR 411/07, Beschl. v. 23.1.2008 – 2 BvR 2491/07; NJW **2010** 925, 926, Rn. 15, 20 (Sicherungsverwahrung); krit. *Widmaier* FS Nehm 357, 369 f.
3072 So klarstellend EGMR (K) Al-Khawaja u. Tahery/UK, 20.1.2009, §§ 128, 142, mit Hinweis auf EGMR Doorson/NL, 26.3.1996; ebenso *Jung* GA **2009** 235, 239; *Dehne-Niemann* HRRS **2010** 189, 197.
3073 EGMR P.S./D, 20.12.2001, §§ 26 ff.; vgl. auch EGMR A.M./I, 14.12.1999, § 25, StraFo **2000** 375.
3074 *Esser* 678; *Renzikowski* JZ **1999** 605.
3075 Zur Beweiswürdigung auf der dritten Stufe *Schmitt* FS Rissing-van Saan 617, 619 ff. mit Kritik im Hinblick auf die „apodiktische Forderung des EGMR, eine unkonfrontiert gebliebene Aussage dürfe unabhängig von justizieller Verantwortlichkeit nicht in entscheidendem Ausmaß Grundlage des Urteils sein" und zur Vereinbarkeit dieser Forderung mit der deutschen Rechtsprechung.

Dies hing vor allem von der **Entscheidungserheblichkeit der Aussage** und ihrer Würdigung im Urteil ab, aber auch davon, welche Bedeutung die jeweiligen Einschränkungen des Fragerechts im konkreten Einzelfall nach dem System des nationalen Rechts für das Zustandekommen des Urteils hatten.[3076]

Wird ein für die Sachaufklärung wichtiger Zeuge von der Exekutive gesperrt (sog. **Sperrerklärung**, § 96 StPO),[3077] so dass er vom Gericht nicht vernommen werden kann, verlangt die geforderte faire Verhandlungsführung (mindestens), dass dies vom Gericht bei der dann gebotenen vorsichtigen Beweiswürdigung (Rn. 1186) berücksichtigt wird;[3078] oft wird das Gericht die Möglichkeit nicht ausschließen können, dass der gesperrte Zeuge das Entlastungsvorbringen des Angeklagten bestätigt hätte.[3079] Schließlich konnte bei nicht konfrontierten **V-Leuten** dem Gebot einer vorsichtigen Beweiswürdigung kaum entsprochen werden, wenn aufgrund von **Vertraulichkeitszusagen** die Höhe ihrer (in der Praxis üblichen) Bezahlung – ein für die Glaubwürdigkeit wesentlicher Faktor – nicht in Erfahrung zu bringen war.[3080] **1173**

Die Aufspaltung des Konfrontations- und Fragerechts auf die drei beschriebenen Stufen verschwamm – offenbar auch unter dem Eindruck dieser Kritik – in jüngeren Urteilen[3081] des Gerichtshofs zusehends. **1174**

d) Rechtsprechungswandel zur Abfolge der „Stufenprüfung". Mit dem Urteil der GK im Fall *Al-Khawaja u. Tahery*[3082] – das Kammerurteil[3083] wurde von britischer Seite im Hinblick auf die *„sole or decisive"*-Regel stark kritisiert[3084] – vollzog der EGMR einen Wandel in der starren Abfolge des ursprünglich aus drei Ebenen bestehenden Prüfungsschemas.[3085] Während die erste Prüfungsstufe (Rn. 1179) unverändert geblieben ist, werden **1175**

3076 Gegen die Lösung des BGH, der in solchen Fällen eine *besonders vorsichtige Beweiswürdigung* und ggf. die Anwendung des Zweifelssatzes fordert (vgl. BGH NStZ **2004** 343): *Gaede* StraFo **2004** 195 m.w.N., der bei Beweispersonen, deren Verwendung nach § 96 StPO gesperrt ist, einwendet, dass das Vorenthalten deren Wissen durch die Exekutive gegen den aus Art. 6 Abs. 1 folgenden Anspruch auf Offenlegung des Beweismaterials verstößt und der ein Verfahren zur richterlichen Kontrolle der Erheblichkeit des gesperrten Materials ähnlich dem englischen „in camera"-Verfahren vorschlägt.

3077 Die Sperrerklärung i.S.d. § 96 StPO ist regelmäßig dann unwirkam, wenn sie sich auf eine nach Ansicht des Strafgerichts zulässige und erforderliche Zeugenvernehmung bezieht und durch die Nutzung der audiovisuellen Vernehmung nach § 247a StPO sowie weiterer strafprozessualer Möglichkeiten zum Schutz von Zeugen eine Enttarnung vermieden werden kann, vgl. VGH Kassel NJW **2014** 240 = StraFo **2013** 330.

3078 Siehe EGMR Sapunarescu/D (E), 11.9.2006; MüKo/*Gaede* 267.

3079 BGHSt **49** 112 = NJW **2004** 1259 = NStZ **2004** 343 m. Anm. *Gössel* Jura **2004** 696 = JZ **2004** 924 m. Anm. *Müller* = StV **2004** 192 (*El Motassadeq* – Sperrung eines Zeugen durch die USA); zu den Lösungsmöglichkeiten *Gaede* StraFo **2004** 195 (mit Bedenken hinsichtlich einer Beweiswürdigungslösung); *ders.* StV **2006** 599, 606 f. (Beweiswürdigungslösung Mindestmaß, im Einzelfall darüber hinausgehende Kompensation erforderlich); nachfolgend OLG Hamburg NJW **2005** 2326 (Verlesung der Vernehmungsprotokolle gemäß § 251 Abs. 1 Nr. 2 StPO a.F. (jetzt: § 251 Abs. 1 Nr. 3 StPO) zulässig); BGHSt **51** 144 = NJW **2007** 384.

3080 Dahingehend bereits BGH NJW **2004** 1259, 1261 f.; *Walter* StraFo **2004** 224, 226 f.

3081 EGMR (GK) Schatschaschwili/D, 15.12.2015, §§ 110 ff.; (GK) Murtazaliyeva/R, 18.12.2018, §§ 159 ff.; Ürek u. Ürek/TRK, 30.7.2019, §§ 49 ff.; Oddone u. Pecci/SAN, 17.10.2019, §§ 91 ff.; Lobarev u.a./R, 29.11.2006, § 16.

3082 EGMR (GK) Al-Khawaja u. Tahery/UK, 15.12.2011; krit. MüKo/*Gaede* 269 ff.

3083 EGMR (K) Al-Khawaja u. Tahery/UK, 20.1.2009; krit. *Jung* GA **2009** 235, 239 f.

3084 EGMR (GK) Al-Khawaja u. Tahery/UK, 15.12.2011, § 129; vgl. dazu das Sondervotum *de Gaetano* in EGMR Kostecki/PL, 4.6.2013: *„Al-Khawaja and Tahery* is a very specific (one could almost say country specific) judgment"; dazu auch: MüKo/*Gaede* 268 mit Fn. 812.

3085 Vgl. EGMR Fąfrowicz/PL, 17.4.2012, § 53 („partly modified its earlier jurisprudence on hearsay evidence").

die bisherige **zweite und die dritte Stufe** in der Reihenfolge ihrer Prüfung **getauscht**,[3086] letztlich sogar zu *einer* (zweiten) **Prüfungsstufe**[3087] verschmolzen:

1176   Der EGMR gelangt nun erst *nach* der Prüfung, ob die Verurteilung ausschließlich oder maßgeblich („the word ‚decisive' should be narrowly understood"[3088]) auf die Aussage des nicht konfrontierten Zeugen[3089] gestützt worden ist (**„sole or decisive rule"**, frühere dritte Stufe), zur Frage, ob **„sufficient counterbalancing factors"** für die eingetretene Beschränkung der Verteidigungsrechte vorliegen (frühere zweite Stufe, Rn. 1186, 1189). Aufgrund der zudem erfolgten Verschelzung der eben genannten zweiten und dritten Prüfungsstufen spricht der Gerichtshof nun konsequent insgesamt nur noch von *zwei* Voraussetzungen (**„two requirements"**) einer konventionskonformen Beschränkung des Konfrontationsrechts.[3090] Die Prüfung, ob die Verurteilung allein oder maßgeblich auf die Aussage des nicht bzw. nur eingeschränkt konfrontierten Zeugen gestützt worden ist, stellt daher nun **„the second part of the test"**, d.h. neben den „sufficient counterbalancing factors" einen Teil der zweiten Stufe dar.[3091] Letztlich erfolgt nun abschließend auch beim Konfrontationsrecht eine **Gesamtbetrachtung** der Verfahrensfairness (vgl. zu diesem Konzept allgemein Rn. 1131).

1177   Diese neuen Leitlinien hat die GK des EGMR in der Rs. *Schatschaschwili*[3092] weiter präzisiert.[3093] Sie bestätigte, dass die Nichtanwesenheit eines Zeugen in der Hauptverhandlung ohne sachlichen Grund für sich genommen noch nicht zwingend zu einem Verstoß gegen die Gesamtverfahrensfairness führt.[3094] Der Bf. war u.a. wegen gemeinschaftlichen schweren Raubes verurteilt worden.[3095] Die Feststellungen des LG beruhten vor allem auf den Aussagen zweier Verletzter der Tat. Bei diesen handelte es sich um zur Tatzeit in Deutschland aufhältige Prostituierte aus Lettland. Die Inhalte ihrer Zeugenaussagen wurden nicht im Rahmen einer unmittelbaren Vernehmung in der Hauptverhandlung gewonnen, sondern durch die Verlesung der Protokolle ihrer polizeilichen und ermittlungsrichterlichen Vernehmungen nach § 251 Abs. 1 Nr. 2, Abs. 2 Nr. 1 StPO a.F. (jetzt: § 251 Abs. 1 Nr. 3, Abs. 2 Nr. 1 StPO) in diese eingeführt. Die Vernehmung durch einen Ermittlungsrichter war (in Abwesenheit des Bf., § 168c Abs. 3 Satz 2 StPO, und ohne vorige Bestellung eines anwesenheitsberechtigten Verteidigers) aufgrund der Ankündigung der Zeuginnen, baldmöglichst nach Lettland zurückkehren zu wollen, erfolgt. Später waren die Zeuginnen trotz intensiver Bemühungen seitens des Gerichts für eine persönliche Vernehmung in der Hauptverhandlung nicht mehr zu erreichen.[3096] Bei der Würdigung der Fairness des Verfahrens in seiner Gesamtheit entschied die GK, die Drei-Stufen-Prüfung flexibler zu

---

3086 MüKo/*Gaede* 268.

3087 Siehe aber auch EGMR Faysal Pamuk/TRK, 18.1.2022, § 46, wo weiter von einem dreigliedrigen Test gesprochen wird („tripartite test").

3088 EGMR (GK) Al-Khawaja u. Tahery/UK, 15.12.2011, § 131; Asani/MAZ, 1.2.2018, § 34.

3089 Gerade bei Sexualdelikten tritt oftmals eine derart bedenkliche Aussage-gegen-Aussage-Konstellation auf, vgl. zu den damit verbundenen Problemen EGMR Gani/E, 19.2.2013, § 47; T.K./LIT, 12.6.2018, § 97.

3090 EGMR Fąfrowicz/PL, 17.4.2012, § 54; Sarkizov u.a./BUL, 17.4.2012, § 54; Mitkus/LET, 2.10.2012, § 22; Mesesnel/SLW, 28.2.2013, § 35 (kein anerkannter Grund); Insanov/ASE, 14.3.2013, § 160; Yevgeniy Ivanov/R, 25.4.2013, § 42; Kostecki/PL, 4.6.2013, § 61; Rudnichenko/UKR, 11.7.2013, § 103.

3091 EGMR Rudnichenko/UKR, 11.7.2013, § 109.

3092 EGMR (GK) Schatschaschwili/D, 15.12.2015, §§ 111–131.

3093 Dazu auch EGMR Manucharyan/ARM, 24.11.2016, § 48; T.K./LIT, 12.6.2018, § 96; Nevzlin/R, 18.1.2022, § 163; Keskin/NL, 19.1.2021, § 47 („the Court reaffirmed and further clarified those principles"); Al Alo/SLO, 10.2.2022, § 44; hierzu: *Rainey/Wicks/Ovey* in Jakobs/White/Ovey 327.

3094 Vgl. EGMR Seton/UK, 31.3.2016, § 59; T.K./LIT, 12.6.2018, § 96; siehe auch *Lohse* JR **2018** 183.

3095 EGMR (GK) Schatschaschwili/D, 15.12.2015, §§ 14 ff., 23 ff., 30; vgl. *Thörnich* ZIS **2017** 39 m.w.N.

3096 EGMR (GK) Schatschaschwili/D, 15.12.2015, §§ 14 ff.; siehe auch *Thörnich* ZIS **2017** 39 f.

---

interpretieren.[3097] Es solle keine ausnahmslose Regel dahingehend kreiert werden, dass das Verfahren bereits allein wegen des **Fehlens eines sachlichen Grundes** auf erster Stufe als unfair anzusehen sei, obwohl der nicht konfrontierte Beweis weder der einzige noch der entscheidende oder für das Verfahrensergebnis sogar irrelevant war.[3098] Deshalb stelle das Scheitern einer Rechtfertigung auf der ersten Prüfungsstufe – lediglich – *einen* sehr **gewichtigen Gesichtspunkt** innerhalb der Betrachtung der Fairness des gesamten Verfahrens dar, der den Ausschlag für eine Verletzung des Art. 6 Abs. 1, 3 *lit.* d geben könnte.[3099]

Gleichzeitig heißt dies aber, dass gerade das Fehlen eines die Abwesenheit rechtferti- **1178** genden Grundes bei entscheidenden Zeugen durchaus im Einzelfall zu einer Verletzung der Verfahrensfairness bereits auf erster Stufe führen *kann.*[3100] Problematisch erscheint die Herangehensweise der GK dann aber vor allem deshalb, weil Art. 6 Abs. 3 *lit.* d das Konfrontationsrecht grundsätzlich gegenüber *jedem* Belastungszeugen gewährt.[3101]

e) Aktuelle Konzeption des Prüfungsmodells. Auf der letztlich unverändert gebliebe- **1179** nen **ersten Prüfungsstufe** (vgl. Rn. 1175 ff.) muss der Staat einen **sachlichen** und im Lichte der Konventionsgarantien respektablen Grund für die Einschränkung des Frage- und Konfrontationsrechts nachvollziehbar darlegen können. Als solche Gründe anerkannt hat der EGMR die **sachliche oder rechtliche Unerreichbarkeit** des Zeugen,[3102] den **Tod** des Zeugen,[3103] die **Schutzbedürftigkeit** des Zeugen (z.B. Kinder;[3104] Opfer einer Sexualstraftat;[3105]

3097 EGMR (GK) Schatschaschwili/D, 15.12.2015, § 118 („it may be appropriate […] to examine the steps in a different order"); vgl. auch *Lohse* JR **2018** 183 f. (Relativierung der ersten beiden Prüfungsstufen).
3098 EGMR (GK) Schatschaschwili/D, 15.12.2015, § 112.
3099 EGMR (GK) Schatschaschwili/D, 15.12.2015, §§ 112 ff.; *Thörnich* ZIS **2017** 39, 44.
3100 *Thörnich* ZIS **2017** 39, 45.
3101 *Thörnich* ZIS **2017** 39, 45 („unhaltbar").
3102 EGMR Doorson/NL, 26.3.1996, § 80; Artner/A, 28.8.1992, §§ 21 f.; Calabrò/I u. D (E), 21.3.2002; Blum/A, 3.2.2005, ÖJZ **2005** 766, §§ 31–35; Scheper/NL (E), 5.4.2005; Haas/D (E), 17.11.2005; Zhoglo/UKR, 24.4.2008, § 40; Mirilashvili/R, 11.12.2008, §§ 214 ff.; Bobeş/RUM, 9.7.2013, §§ 39 f. (Gesundheitszustand); Lučić/KRO, 27.2.2014, § 80; Matytsina/R, 27.3.2014, § 163 (ärztlich nachgewiesene schwache Geistesverfassung: „fragile mental condition"); Efendiyev/ASE, 18.12.2014, § 45 (Erkrankung); Al Alo/SLO, 10.2.2022, §§ 53 f. (Aufenthalt nach Ausweisung im Ausland; persönliche Anwesenheit aber realisierbar).
3103 EGMR Ferrantelli u. Santangelo/I, 7.8.1996, § 52; (K) Al-Khawaja u. Tahery/UK, 20.1.2009, § 120; Mika/S (E), 27.1.2009.
3104 Siehe OGH ÖJZ **1999** 33 (kein Einwand dagegen, dass das 5½ Jahre alte mutmaßliche Tatopfer nicht persönlich vernommen worden war). Zur Befragung von Kindern sowohl aus internationaler als auch aus viktimologischer Perspektive: Spencer/Lamb (Hrsg.), Children and Cross-Examination, Time to Change the Rules? (2012); vgl. *Leach* 6411 m.w.N.
3105 EGMR N.F.B./D (E), 18.10.2001, NJW **2003** 2297; P.S./D, 20.12.2001, § 30; S.N./S, 2.7.2002, § 47; Accardi u.a./ I (E), 20.1.2005; Scheper/NL (E), 5.4.2005; A.L./FIN, 27.1.2009; V.D./RUM, 16.2.2010, § 112; A.S./FIN, 28.9.2010, § 55; Aigner/A, 10.5.2012, §§ 35 ff.; Gani/S, 19.2.2013, § 47; eingehend dazu auch Vronchenko/EST, 18.7.2013, §§ 58, 63 (sexuell missbrauchte Minderjährige; psychologische und psychiatrische Untersuchung im Hinblick auf die Konsequenzen einer Befragung in der Hauptverhandlung); T.K./LIT, 12.6.2018, § 99; siehe hierzu auch: EU-Kommission, Durchführbarkeit einer EU-Regelung für den Schutz von Zeugen und Personen, die mit der Justiz zusammenarbeiten, KOM (2007) 693; EGMR Judge/UK (E), 8.2.2011, § 27 („an accused does not have an unlimited right to put whatever questions he wishes to a witness; it is entirely legitimate for domestic courts to exercise some control of the questions that may be put in cross-examination to a witness and an issue would only arise under Article 6 § 3(d) if the restrictions placed on the right to examine witnesses were so restrictive as to render that right nugatory."). Das schottische Recht verbietet die Zulassung von Beweismitteln und Befragungen bezüglich des Charakters oder des früheren Sexuallebens des Opfers bei Sexualdelikten, wenn nicht eine der festgeschriebenen Ausnahmen gegeben ist. „Those exceptions require: (i) that the

Schutz vor Repressalien,[3106] u.U. Angst[3107]) sowie die Berufung des Zeugen auf ein **Zeugnis-verweigerungsrecht**.[3108] Die Intention, den Zeugen vor Racheakten des Angeklagten oder jenem **nahestehender Personen zu schützen**, ist ebenfalls ein vom EGMR akzeptierter sachlicher Grund; eine solche Maßnahme des Zeugenschutzes kann grundsätzlich auch bei Verdeckten Ermittlern und V-Personen in Betracht kommen;[3109] in solchen Fällen erkennt der Gerichtshof im Einzelfall auch das Bedürfnis der Behörden an, die Identität einer derartigen Person geheim zuhalten, damit sie weiterhin für die Strafverfolgung tätig sein kann.[3110] Werden die **Schutzbelange des Zeugen** nicht genügend beachtet, so kann dies im Einzelfall eine Verletzung seines Allgemeinen Persönlichkeitsrechts (als Teil des Privatlebens, **Art. 8 Abs. 1**) darstellen.[3111]

1180   Der zur Beschränkung des Konfrontationsrechts angeführte sachliche Grund muss in der gerichtlichen Entscheidung **plausibel und nachvollziehbar dargelegt** werden (*„seriousness and well-foundedness of the reasons"*).[3112] Das Gericht muss die Gründe für die Nichtgewährung des Konfrontationsrechts zudem stets kritisch hinterfragen und ihr tatsächliches Vorliegen gründlich überprüfen. Namentlich bei einer **Sperrerklärung** als

---

evidence or questioning relate only to a specific occurrence or occurrences of sexual or other behaviour...; are relevant to whether the accused is guilty...; and the probative value of the evidence is significant and likely to outweigh any risk of prejudice to the proper administration of justice...", § 4). Der EGMR meint, dass dies eine angemessene und flexible Antwort auf das Problem der Befragung von Opfern einer Sexualstraftat sei, § 30. Siehe auch *Schmitt* FS Rissing-van Saan 617, 621, 625 ff. (allgemein zu ausreichenden Gründen). Vgl. auch den durch das StORMG v. 26.6.2013 (BGBl. I S. 1805) geänderten § 58a Abs. 1 Satz 2 StPO.

3106   EGMR Doorson/NL, 26.3.1996, § 71; Visser/NL, 14.2.2002, § 47; Kok/NL (E), 4.7.2000; Birutis u.a./LIT, 28.3.2002, § 30 (Schutz von Mitgefangenen); Haas/D (E), 17.11.2005; Krasniki/CS, 28.2.2006, § 81; Sapunarescu/D (E), 11.9.2006; Dzelili/D (E), 29.9.2009; Bakir/TRK, 13.10.2020, §§ 38 f. (Angst vor Vergeltung/Repressalien durch eine terroristische Organisation); Kornev u. Karpenko/UKR, 21.10.2010, § 56; zu dieser Fallgruppe zählt auch der Schutz Verdeckter Ermittler und V-Personen.

3107   EGMR (GK) Al-Khawaja u. Tahery/UK,15.12.2011, §§ 120 ff. (allerdings Unterscheidung von zwei Arten von Angst: aus der Sphäre des Angeklagten stammend/„general fear"); so auch EGMR Sellick u. Sellick/UK (E), 16.10.2012, § 43.

3108   EGMR Asch/A, 26.4.1991; Unterpertinger/A, 24.11.1986; Hümmer/D, 19.7.2012 m. Anm. *Kotz* StRR **2013** 59 (**Zeugnisverweigerungsrecht**, § 52 StPO; § 41 („provisions granting family members of the accused the right not to testify as witnesses in court with a view to avoiding their being put in a moral dilemma [...] are, as such, not incompatible with Article 6 §§ 1 and 3 [d]"); Sievert/D, 19.7.2012, JR **2013** 170 m. Anm. *Schroeder* (**Auskunftsverweigerungsrecht**, § 55 StPO; § 61: „obligation to respect the witnesses decision"); N.K./D, 26.7.2018, § 57 (Berufung auf § 52 StPO durch die Ehefrau; „good reason for not appearing for cross-examination"); zu einer nicht möglichen konfrontativen Befragung eines Belastungszeugen wegen § 55 StPO auch: BGH NStZ **2014** 246 sowie NStZ-RR **2015** 226; siehe aber auch: EGMR Aigner/A, 10.5.2012 (Opfer einer Sexualstraftat – „Entschlagungsrecht"); Cabral/NL, 28.8.2018; vgl. auch zum Schweigerecht des im Rahmen von Art. 6 Abs. 3 *lit.* d als Zeuge angesehenen Mitangeklagten: *Dehne-Niemann* HRRS **2010** 189, 191.

3109   EGMR Scholer/D, 18.12.2014, §§ 46, 54 ff.; Sapunarescu/D (E), 11.9.2006; vgl. OLG Nürnberg NStZ-RR **2015** 251; MüKo/*Gaede* 255.

3110   EGMR Lüdi/CH, 15.6.1992, § 49; Rajcoomar/UK (E), 14.12.2004; V./FIN, 24.4.2007, § 75 („keep secret police methods of investigation of crime"); Papadakis/MAZ, 26.2.2013, § 92; Dončev u. Burgov/MAZ, 12.6.2014, § 52; zudem: OLG Nürnberg NStZ-RR **2015** 251.

3111   EGMR Y./SLW, 28.5.2015, §§ 75, 101 ff. (Zeugin war mutmaßlich Opfer einer Sexualstraftat).

3112   EGMR P.S./D, 20.12.2001; Suldin/R, 16.10.2014, § 58; Visser/NL, 14.2.2002; Krasniki/CS, 28.2.2006 (Erforderlichkeit der Aufrechterhaltung der Anonymität nicht hinreichend dargelegt); Sapunarescu/D (E), 11.9.2006 („relevant and sufficient reasons"); Lobarev u.a./R, 29.11.2006, §§ 33 f. (Zeuge entzieht sich dem Verfahren bewusst; hierüber sowie über die von den Behörden ergriffenen Maßnahmen ist der Beschuldigte zu informieren); Vladimir Romanov/R, 24.7.2008 (kein hinreichender Grund, wenn der Zeuge fünf Tage später erreichbar wäre); Dzelili/D (E), 29.9.2009 (anonymer Zeuge); speziell zur Prüfungsdichte bei Sperrerklärungen: BGH NStZ **2005** 43; *Renzikowski* JZ **1999** 605, 610.

Form der **rechtlichen Unerreichbarkeit** eines Zeugen darf es sich nicht mit der lediglich pauschalen oder stereotypen Behauptung eines staatlichen Geheimhaltungsbedürfnisses zufriedengeben.[3113]

Dass sich ein Zeuge **nicht in dem Land aufhält**, in dem das Strafverfahren durchge- **1181** führt wird, ist für sich betrachtet kein ausreichender Grund für die Legitimation der Abwesenheit des Zeugen in der Hauptverhandlung und die darin liegende Einschränkung des Konfrontationsrechts.[3114] Das gilt erst recht, wenn sich der Zeuge zwar **in demselben Land aber an einem anderen Ort** als demjenigen befindet, an dem der Prozess gegen den Angeklagten stattfindet.[3115] Allein die **räumliche Entfernung** zwischen dem Ort der Hauptverhandlung und dem Aufenthaltsort des Zeugen an sich ist kein triftiger Grund für den Verzicht auf eine Ladung zur persönlichen Nichtteilnahme an der gerichtlichen Verhandlung.[3116] Gleiches gilt für den Fall, dass sich ein **Zeuge in Haft** befindet, d.h. an einem Ort, der der (ausschließlichen) Kenntnis und Kontrolle des Staates unterliegt.[3117]

Die in § 244 Abs. 5 Satz 2 StPO[3118] geregelte Durchbrechung des Verbots der Beweisanti- **1182** zipation (Möglichkeit der Ablehnung eines Beweisantrags auf Einvernahme eines **Auslandszeugen**, wenn dessen Einvernahme nach dem *pflichtgemäßen Ermessen* des Gerichts zur Erforschung der Wahrheit nicht erforderlich ist) bedarf einer menschenrechtlich gebotenen **restriktiven Auslegung**.[3119] Das Gericht muss dabei die Resultate der vorangegangenen Beweisaufnahme und das Vorbringen zur Begründung des Beweisantrags würdigen. Je weniger gesichert das bisherige Beweisergebnis ist, d.h. je größer sich die Unwägbarkeiten und Zweifel im Hinblick auf den Wert der bisher erhobenen Beweise darstellen, desto eher ist es erforderlich, einen Auslandszeugen zu vernehmen.[3120] Nur wenn das Gericht ohne (technisch mögliche) Einvernahme des Zeugen sicher ausschließen kann, dass seine Überzeugung nicht beeinflusst wird, wenn der Zeuge die in sein Wissen gestellte Behauptung bestätigt (was in der Praxis nur äußerst selten der Fall sein dürfte), ist die Ablehnung des Beweisantrags ermessensfehlerfrei;[3121] nur dann ist das Gericht auch davon befreit, Verhaltensalternativen zu prüfen.[3122] Das gilt etwa dann, wenn eine im Ausland begangene Tat Gegenstand eines Straf-

---

3113 Vgl. hierzu: OVG Lüneburg NJW **2012** 2372 (i.E. allerdings die Sperrerklärung bestätigend). Die erhobene Klage (Verwaltungsgericht) gegen eine Sperrerklärung steht der Durchführung eines Revisonsverfahrens nicht entgegen (keine vorläufige Einstellung nach § 205 StPO; kein Verstoß gegen ein faires Verfahren: BGH NStZ **2021** 63); im Falle einer Revision aufgrund einer vom Gericht unterlassenen Gegenvorstellung gegen die Sperrung einer VP verlangt § 344 Abs. 2 Satz 2 StPO die Angabe der Gründe für eine mögliche Erfolgsaussicht der Gegenvorstellung, vgl. OLG Nürnberg NStZ-RR **2015** 251.

3114 EGMR Faysal Pamuk/TRK, 18.1.2022, § 54; Seton/UK, 31.3.2016, § 61; Gabrielyan/ARM, 10.4.2012, § 81.

3115 EGMR Faysal Pamuk/TRK, 18.1.2022, § 54; Seton/UK, 31.3.2016, § 61; Gabrielyan/ARM, 10.4.2012, § 81.

3116 EGMR Faysal Pamuk/TRK, 18.1.2022, § 54; Süleyman/TRK, 17.11.2020, § 78.

3117 EGMR Bondar/UKR, 16.4.2019, § 76; Daştan/TRK, 13.10.2017, § 24.

3118 Vgl. hierzu BGH NJW **2005** 2322 = NStZ **2005** 701 (zulässige Beweisantizipation bei Ablehnung eines Antrags der Staatsanwaltschaft auf Vernehmung eines *belastenden* Auslandszeugen gemäß § 244 Abs. 5 Satz 2 StPO); NStZ **2014** 531 = NZV **2014** 532.

3119 Ebenso *Gleß* FS Eisenberg 499, 505 ff.; vgl. Rn. 392. Für eine generelle Unvereinbarkeit von § 244 Abs. 5 Satz 2 StPO mit Art. 6 Abs. 3 *lit.* d: *Günther* FS Widmaier 253, 259 ff.; EGMR Jorgic/D, 12.7.2007, hat die Anwendung von § 244 Abs. 5 Satz 2 StPO im konkreten Fall nicht beanstandet, da Auslandszeugen nicht automatisch als unerreichbare Beweismittel angesehen würden („are not automatically treated as unobtainable evidence"). Vgl. für die Frage der Beiziehung von Entlastungszeugen aus dem Ausland Rn. 1214.

3120 Vgl. BGH Beschl. v. 24.11.2022 – 4 StR 263/22; NStZ-RR **2018** 335 = StV **2018** 780; NStZ-RR **2020** 221; NStZ **2022** 634, 635.

3121 Eine Ablehnung eines derartigen Beweisantrags ist auch möglich, wenn zu erwarten ist, dass der Zeuge der Ladung nicht folgen wird, oder für den Fall seines Erscheinens keine Angaben zur Sache machen wird, BGH NStZ **2022** 634, 635.

3122 BGH NStZ **2014** 531, 533; NStZ-RR **2015** 278, 279; NStZ **2022** 634, 635.

Esser

verfahrens in Deutschland ist (z.B. **Seepiraterie**, **Völkerstraftaten**) und sich nahezu alle relevanten Zeugen im Ausland befinden.

1183   Bei der **kommissarischen Vernehmung** eines Zeugen **im Ausland** stellt sich die Frage, ob auch der für die Vernehmung im Wege der **Rechtshilfe** verantwortliche (ersuchte) Staat, soweit er durch die Konventionen gebunden ist, verpflichtet ist, das Frage-/Konfrontationsrecht zu ermöglichen. Ob durch die Gewährung der Rechtshilfe eine Mitverantwortung des **ersuchten Staates** für diesen Teil des im ersuchenden Staat geführten Strafverfahrens begründet wird, die ihn verpflichtet, auch seinerseits dafür zu sorgen, dass die Verteidigungsrechte insoweit nicht verkürzt werden,[3123] erscheint zwar fraglich, weil die Konventionsgarantien das Fragerecht gerade nicht für den Vorgang jeder einzelnen Einvernahme garantieren, sondern sich damit begnügen, dass es bezogen auf das *gesamte* Verfahren gewahrt ist. Die EKMR hatte dies gleichwohl bejaht, obwohl sie die Einvernahme im Wege der Rechtshilfe im ersuchten Staat nicht Teil als eines „Verfahrens" nach Art. 6 Abs. 1 ansah.[3124] Neben dem ersuchten Staat ist zusätzlich der **ersuchende Staat** für eine konventionsgemäße Durchführung des Strafverfahrens auch insoweit verantwortlich, als sein eigenes Gericht die Verurteilung auf eine im Ausland auf entsprechende Veranlassung durchgeführte Zeugeneinvernahme stützen kann. Er hat daher dafür Sorge zu tragen, dass das Fragerecht/Konfrontationsrecht durch die Vernehmung im Ausland nicht unterlaufen wird.[3125] Die Strafverfolgungsbehörden bzw. das Gericht müssen sich auch insoweit **bemühen**, dem Beschuldigten bzw. seinem Verteidiger eine *direkte* Befragung von **Auslandszeugen** – sei es vor Ort im Ausland oder per **Videokonferenz**[3126] – zu ermöglichen.[3127] Von der **Untauglichkeit oder gar Wertlosigkeit der audiovisuellen oder kommissarischen Einvernahme** eines Zeugen im Sinne der Wahrheitsfindung – zur Begründung seiner Unerreichbarkeit für eine angeblich allein der Wahrheitsfindung taugliche unmittelbare Vernehmung durch das erkennende Gericht – darf **grundsätzlich nicht** ausgegangen werden, weil durch eine solche vorweggenommene Bewertung (Antizipation) der Tauglichkeit einer bestimmten *Form* der Beweiserhebung das Konfrontationsrecht im Regelfall unterlaufen würde.[3128]

3123   Bei den Misshandlungsverboten nach Art. 3 (dort Rn. 90 ff.) wird dies angenommen.

3124   *Peukert* EuGRZ **1980** 247, 266; kritisch IK-EMRK/*Kühne* 588 ff., der i.E. aber auch der isolierten Beachtung des Art. 6 Abs. 3 *lit.* d bei der kommissarischen Einvernahme zuneigt.

3125   EGMR Stojkovic/F u. B, 27.10.2011, § 55, NJW **2012** 3709, 3711 f.; *Peukert* EuGRZ **1980** 247, 266.

3126   Art. 10 EURhÜbk, ABlEU Nr. C 197 v. 12.7.2000 S. 1 regelt die Möglichkeit einer Vernehmung von Auslandszeugen per Videokonferenz. Ablehnend im konkreten Fall: OGH ÖJZ **2012** 320. Siehe ferner Art. 18 Abs. 18, Art. 24 Abs. 2 *lit.* b UNTOC; Art. 9 Abs. 2 des 2. ZP-EuRhÜbk v. 8.11.2001, CTS 182; Art. 24 RL-EEA v. 3.4.2014, ABlEU Nr. L 130 v. 1.5.2014 S. 1; Art. 16 RHÜbk EU/Japan v. 15.12.2009, ABlEU Nr. L 39 v. 12.2.2010 S. 20. Zur Umsetzung auf nationaler Ebene: Gesetz v. 24.4.2013 zur Intensivierung des Einsatzes von Videokonferenztechnik in gerichtlichen und staatsanwaltschaftlichen Verfahren, BGBl. I S. 935; BTDrucks. **17** 1224. Zur möglichst vollständigen Sachverhaltsaufklärung nach § 286 Abs. 1 Satz 1 ZPO und der diesbezüglichen Gewährleistung der „Erreichbarkeit" eines Auslandszeugen im Zivilprozess: OLG München NJOZ **2014** 1669 (Vernehmung im Ausland nach Art. 17 des Haager Übereinkommens über die Beweisaufnahme im Ausland in Zivil- und Handelssachen v. 18.3.1970; Möglichkeit einer Videovernehmung nach § 128a ZPO).

3127   Vgl. die (erfolglosen) Bemühungen in den Fällen EGMR Haas/D (E), 17.11.2005; Mirilashvili/R, 11.12.2008; BGHSt **55** 70; dazu auch *Zöller* ZJS **2010** 441, 445; *Sommer* StraFo **2010** 284 f.; *Schramm* HRRS **2011** 156 ff.; *Stiebig* JR **2011** 170 ff.; vertiefend zum Konfrontationsrecht in Bezug auf Auslandsbelastungszeugen: *Gless* FS Wolter 1355 ff.; ferner: *Thörnich* 180; zur Reichweite der Amtsaufklärungspflicht in Bezug auf Auslandszeugen vgl. BGH NStZ **2017** 96.

3128   Vgl. dagegen aber: BGH Urt. v. 24.11.2022 – 3 StR 64/22, Tz. 15; BGH Urt. v. 23.11.2022 – 2 StR 142/21, NStZ **2023** 368, 370: Völlige Ungeeignetheit eines nur mittels kommissarischer oder audiovisueller Vernehmung erreichbaren Zeugen denkbar, wenn von vornherein abzusehen ist, dass nur die Vernehmung vor dem erkennenden Gericht die nach Sach- und Beweislage erforderliche Ausschöpfung des Beweismittels gewährleistet.

Die Notwendigkeit, einen Zeugen vor **Racheakten oder Repressalien** zu schützen, **1184** ist naturgemäß leichter zu belegen, wenn entsprechende Drohungen bereits vorliegen;[3129] aber auch ohne konkrete Ankündigungen kommt es – eine entsprechende gründliche Prüfung des nationalen Gerichts vorausgesetzt – in Betracht, die potentielle Gefahr für den Zeugen und dessen Schutzbedürftigkeit aus dem behördlich/gerichtlich bekannten typischen Verhalten („notoriety") eines Angeklagten abzuleiten.[3130]

In vielen Fällen kann bereits ein Verstoß auf der ersten Stufe eine Verletzung von **1185** Art. 6 Abs. 1, 3 *lit.* d zur Konsequenz haben.[3131] Wie der EGMR jedoch in der Rs. *Schatschaschwili* ausgeführt hat, prüft der Gerichtshof die Fairness des Verfahrens auch in diesem Kontext mittlerweile in seiner Gesamtheit und betrachtet dabei das gesamte Verfahrensgeschehen unter Berücksichtigung der Rechte der Verteidigung, der Interessen der Allgemeinheit, der Interessen des mutmaßlichen Opfers an einer wirksamen Strafverfolgung sowie der Interessen der Zeugen.[3132] Das **Fehlen eines anerkennenswerten Grundes** für die Abwesenheit eines Zeugen ist daher für sich allein betrachtet noch nicht ausschlaggebend für die Annahme einer mangelnden Verfahrensfairness,[3133] wohl aber eben ein **bedeutender Faktor**[3134] bei der Beurteilung, ob ein derartiger Verstoß gegen Art. 6 Abs. 1 und 3 *lit.* d vorliegt.[3135]

Auf der (neuen) **zweiten** (ehemals dritten; Rn. 1175 ff.) Prüfungsstufe geht es um quali- **1186** tative **Anforderungen an die Beweiswürdigung**. Die Angaben eines nicht bzw. nur eingeschränkt konfrontierten Zeugen müssen stets mit **besonderer Sorgfalt und Vorsicht ge-**

3129 EGMR Scholer/D, 18.12.2014, § 54; Sapunarescu/D (E), 11.9.2006.

3130 EGMR Scholer/D, 18.12.2014, §§ 54 ff. (Mitglied im Motorradclub „Bandidos"; Gewalt gegen „Verräter").

3131 EGMR (GK) Al-Khawaja u. Tahery/UK, 15.12.2011, § 120; Karpenko/R, 13.3.2012, § 76; Rudnichenko/UKR, 11.7.2013, §§ 104, 109 („there were no reasons, let alone good reasons"); Nikolitsas/GR, 3.7.2014, § 35; Efendiyev/ASE, 18.12.2014, §§ 41, 46; siehe aber: EGMR Asadbeyli u.a./ASE, 11.12.2012, § 134; Yevgeniy Ivanov/R, 25.4.2013, §§ 45 ff. (trotzdem Prüfung der zweiten und dritten Stufe; da insgesamt eine Verletzung festgestellt wurde, können die Ausführungen des Gerichtshofs auf der zweiten und dritten Stufe auch als *hilfsweise* erfolgt verstanden werden, mit denen der Konventionsverstoß zusätzlich begründet werden sollte; daraus lässt sich nicht unbedingt ableiten, dass ein Verstoß (nur) auf der ersten Stufe nicht auch für sich allein bereits zu einer Verletzung von Art. 6 Abs. 3 *lit.* d geführt hätte); Sandru/RUM, 15.10.2013, §§ 65 ff., 69.

3132 EGMR Schatschaschwili/D, 15.12.2015, § 101; Gesamtprüfungen bei EGMR Asadbeyli u.a./ASE, 11.12.2012, § 134; Sandru/RUM, 15.10.2013, §§ 65 ff., 69 („after examing the fairness of the proceedings as a whole"); Keskin/NL, 19.1.2021, §§ 62 ff., 70; Nevzlin/R, 18.1.2022, § 162; Faysal Pamuk/TRK, 18.1.2022, § 46.

3133 EGMR (GK) Schatschaschwili/D, 15.12.2015, § 113; Manucharyan/ARM, 24.11.2016, § 52; Keskin/NL, 19.1.2021, § 63; Al Alo/SLO, 10.2.2022, § 56; so auch: BGH NStZ **2017** 602 m. Anm. *Esser* = JR **2018** 205 = wistra **2017** 356; NStZ **2018** 51 m. Anm. *Arnoldi* = StV **2017** 776 = wistra **2017** 358; *Lohse* JR **2018** 183; *Leach* Rn. 6407; Karpenstein/Mayer/*Meyer* 237.

3134 EGMR (GK) Schatschaschwili/D, 15.12.2015, § 113; Asani/MAZ, 1.2.2018, § 35; T.K./LIT, 12.6.2018, § 96; Breijer/NL (E), 3.7.2018, § 31; Vasiliyev u.a./R, 22.9.2020, § 39; Keskin/NL, 19.1.2021, § 63; Negulescu/RUM, 16.2.2021, §§ 45, 51; Avaz Zeynalov/ASE, 22.4.2021, § 115.

3135 EGMR Faysal Pamuk/TRK, 18.1.2022, § 55 (Praxis einer kommissarischen Vernehmung von Zeugen an deren Wohnsitz anstelle der Hauptverhandlung); Übermittlung der Protokolle an das erkennende Gericht; „the crux of the applicant's inability to examine the witnesses in person stemmed from the trial court's inflexible and mechanical approach, which rested on the fact that the witnesses were situated in different cities. In the Court's view, that fact alone, which precludes any individualised assessment of the question whether there were good reasons for the witnesses' non-attendance at the trial and which appears to absolve the domestic courts of their duty to make all reasonable efforts to secure their attendance, cannot be considered a good reason to do away with the applicants' right to confront witnesses before their triers of fact.").

würdigt werden („treated with extreme care"),[3136] und außerdem durch *andere* **Beweise erhärtet** sein („corroborated by other evidence").[3137]

1187 Die Verurteilung darf (als Richtschnur) außerdem nicht **„ausschließlich"** bzw. **„maßgeblich"** auf die Angaben des nicht-konfrontierten Zeugen gestützt werden.[3138] Andernfalls lag nach dem ursprünglichen Prüfungsmodell (Rn. 1175 ff.) regelmäßig ein Verstoß gegen Art. 6 Abs. 3 *lit.* d vor.[3139] Nach neuerer Rechtsprechung soll dagegen der Umstand, dass die Verurteilung „ausschließlich" oder zumindest „maßgeblich" auf Angaben eines nicht bzw. nur eingeschränkt konfrontierten Zeugen gestützt wird, nicht mehr zwingend (**„not automatically"**) zu einer Konventionsverletzung führen.[3140] Eine verlässliche Recht-

---

3136 EGMR Doorson/NL, 26.3.1996, § 76; Visser/NL, 14.2.2002, § 44; S.N./S, 2.7.2002, § 53; Haas/D (E), 17.11.2005; Krasniki/CS, 28.2.2006, § 77; Sapunarescu/D (E), 11.9.2006; Mirilashvili/R, 11.12.2008, § 216; Dzelili/D (E), 29.9.2009; V.D./RUM, 16.2.2010, § 110; Scholer/D, 18.12.2014, § 43; (GK) Schatschaschwili/D, 15.12.2015, §§ 126, 146; Dastan/TRK, 10.10.2017, § 31; vgl. auch EGMR Solakov/MAZ, 31.10.2001, § 62 („*thorough and careful analysis*"); Baybasin/D (E), 3.2.2009); ähnlich EGMR Mika/S (E), 27.1.2009 („*detailed analysis*"); zur Umsetzung dieser Vorgaben BGH NJW-RR **2005** 321; BVerfG (K) NJW **2007** 204; Beschl. v 23.1.2008 – 2 BvR 2491/07 (Beweiswürdigungslösung verfassungsrechtlich nicht zu beanstanden); NJW **2010** 925, 926, Rn. 15 (Sicherungsverwahrung); BGH NStZ-RR **2015** 226; NStZ **2018** 51, 54 = StV **2017** 776 = wistra **2017** 358; vgl. *Mosbacher* JuS **2017** 742, 747.

3137 EGMR Asch/A, 26.4.1991, § 28; Artner/A, 28.8.1992, § 22; Doorson/NL, 26.3.1996, § 80; Ferrantelli u. Santangelo/I, 7.8.1996, § 52; Scheper/NL (E), 5.4.2005; Mika/S (E), 27.1.2009; Baybasin/D (E), 3.2.2009; Mamikonyan/ARM, 16.3.2010, § 44 („statement ... corroborated by other, equally weighty evidence in the case"); (GK) Schatschaschwili/D, 15.12.2015, §§ 91, 123, 128; Seton/UK, 31.3.2016, § 58; Palchik/UKR, 2.3.2017, §§ 47, 51; Dastan/TRK, 10.10.2017, §§ 26, 34; Breijer/NL (E), 3.7.2018, §§ 8, 25; N.K./D, 26.7.2018, § 58; Vidgen/NL (E), 8.1.2019, § 42; Ürek u. Ürek/TRK, 30.7.2019, § 58; vor dem Hintergrund der vom EGMR durchgeführten Gesamtbetrachtung eine Lockerung dieses Postulats *obiter dictum* in Erwägung ziehend: BGH NStZ **2018** 51, 54 = StV **2017** 776 = wistra **2017** 358; vgl. außerdem BGH NStZ **2000** 265; NStZ-RR **2005** 321; NStZ-RR **2015** 226; *Beulke* FS Rieß 3, 10 ff.

3138 Vgl. EGMR Lucà/I, 27.2.2001, § 40; Solakov/MAZ, 31.10.2001, § 57; P.S./D, 20.12.2001, § 24 („where a conviction is based solely or to a decisive degree on depositions that have been made by a person whom the accused has had no opportunity to examine or have examined, whether during the investigation or at the trial, the rights of the defence are restricted to an extent that is incompatible with ... Article 6"); Rachdad/F, 13.11.2003, § 23; Accardi u.a./I (E), 20.1.2005; Scheper/NL (E), 5.4.2005; Haas/D (E), 17.11.2005; Krasniki/CS, 28.2.2006, § 76; Vaturi/F, 13.4.2006, § 50; Sapunarescu/D (E), 11.9.2006; Vladimir Romanov/R, 24.7.2008, § 100; Balsytė-Lideikienė/LIT, 4.11.2008, § 62; (K) Al-Khawaja u. Tahery/UK, 20.1.2009, § 119; Mika/S (E), 27.1.2009; Baybasin/D (E), 3.2.2009; Tarau/RUM, 24.2.2009, § 70; Dzelili/D (E), 29.9.2009; Caka/ALB, 8.12.2009, § 102; V.D./RUM, 16.2.2010, § 110; Khametshin/R, 4.3.2010, § 32; Sommer/I (E), 23.3.2010; Orhan Çaçan/TRK, 23.3.2010, § 37; Sharkunov u. Mezentsev/R, 10.6.2010, § 114; Kornev u. Karpenko/UKR, 21.10.2010, § 55; Vaquero Hernandez u.a./E, 2.11.2010, § 135. Vgl. auch EGMR (K) Taxquet/B, 13.1.2009, §§ 66 f. (Konventionsverletzung gegeben, da sich Akte nicht entnehmen ließ, ob sich das Urteil auch auf andere objektive Beweise stützte); siehe hierzu aber auch: EGMR (GK) Taxquet/B, 16.11.2010, § 102; Biełaj/PL, 27.4.2010, § 62 („of cardinal importance [...] that the applicants conviction was not based solely or to a decisive degree on the statements").

3139 Strenger EGMR Oleg Kolesnik/UKR, 19.11.2009, § 41 („However, provided that the authorities cannot be accused of a lack of diligence in their efforts to afford the defendant an opportunity to examine the witnesses in question, the witnesses' unavailability as such does not make it necessary to discontinue the prosecution. Evidence obtained from a witness under conditions in which the rights of the defence cannot be secured to the extent normally required by the Convention should, however, be treated with extreme care. The defendant's conviction should not be based either solely or to a decisive extent on statements which the defence has not been able to challenge"), bezugnehmend auf EGMR Zhoglo/UKR, 24.4.2008, §§ 30–40.

3140 EGMR (GK) Al-Khawaja u. Tahery/UK, 15.12.2011, § 147; Bestätigung dieser Rechtsprechungsänderung durch EGMR Karpenko/R, 21.10.2010, §§ 61, 71 f.; Hümmer/D, 19.7.2012, § 45; Aigner/A, 10.5.2012, § 35, ÖJZ **2012** 871; Štefančič/SLW, 25.10.2012, §§ 37 ff.; Lawless/UK (E), 16.10.2012, §§ 24 f.; Sellick u. Sellick/UK (E) (E), 16.10.2012, § 42; Pesukic/CH, 6.12.2012, § 44 („recently clarified the principles to be applied"), § 50; Ivanov/R, 25.4.2013, § 43; Kostecki/PL, 4.6.2013, § 59 („the Court developed its earlier jurisprudence"); Vronchenko/EST, 18.7.2013, §§ 57 ff.

sprechungslinie des EGMR in dieser Frage ist aber nicht erkennbar.[3141] Das Urteil *Schatschaschwili* hat immerhin Klarheit dahingehend gebracht, dass allein eine sorgfältige Beweiswürdigung und Indizienbeweise **keine ausreichende Kompensation** darstellen, wenn mögliche und zumutbare Schutzmechanismen zur Ermöglichung des Konfrontationsrechts von den staatlichen Stellen tatsächlich nicht effektiv genutzt werden.[3142]

Neben den geschilderten Anforderungen an die Beweiswürdigung können auf der **1188** zweiten Stufe damit jedenfalls die Fälle als Konventionsverstoß ausgeschlossen werden, in denen die Verurteilung **nicht bzw. nicht maßgeblich auf der Aussage des nichtkonfrontierten Zeugen beruht**.[3143] Mit dem Urteil *Schatschaschwili* hat der EGMR den Begriff des entscheidenden Beweises (*„sole or decisive"*) relativiert, um so auch Beweise in eine konventionswidrige Schuldfeststellung einzubeziehen, die zwar nicht als entscheidend für die Verurteilung bezeichnet werden können, jedoch **schwerwiegend für die Bestimmung der Umstände der individuellen Schuld** der Angeklagten sind.[3144]

Die selbst in einem Fall des „wesentlichen Beruhens" nun noch folgende **(dritte) 1189 Prüfungsebene** – man mag sie auch lediglich als zweiten Teil der (neuen) „zweiten" Stufe betrachten (Rn. 1175 f.) – geht der Frage nach, ob es zu einem *bestmöglichen* **Ausgleich des durch die Beschränkung des Konfrontationsrechts aufgetretenen Verteidigungsmangels** gekommen ist, entweder in der Hauptverhandlung selbst oder in einem früheren Verfahrensstadium (**„sufficiently counterbalanced"**). Je bedeutsamer der vom nicht konfrontierten Zeugen stammende Beweis für die Schuldfeststellung ist, desto mehr Gewicht muss dem Ausgleich (**„counterbalancing factors"**) zukommen.[3145]

Fraglich ist dabei, ob die Formulierung „second, when a conviction is based solely or **1190** to a decisive degree on [such] depositions" als Bedingung[3146] für das Erfordernis von „[...] sufficient counterbalancing factors [...]" verstanden werden muss, es solcher die Verteidigungsbeschränkung kompensierender Faktoren also dann nicht bedarf, wenn die Verurteilung gerade nicht maßgeblich auf einer solchen Aussage beruht, oder ob der EGMR hierbei nur beispielhaft an die klassische und in der Praxis wichtigste Konstellation denkt, in der die Aussage eines nicht konfrontierten Zeugen für die Verurteilung maßgeblich war, gleichwohl aber als Ausdruck der stets erforderlichen **Verhältnismäßigkeit einer Ein-**

[3141] Vgl. (strenger): EGMR Pichugin/R, 23.10.2012, § 195 („where a conviction is based solely or to a decisive degree on depositions that have been made by a person whom the accused has had no opportunity to examine or to have examined, whether during the investigation or at the trial, the rights of the defence are restricted to an extent that is incompatible with ... Article 6").

[3142] Vgl. *Thörnich* ZIS **2017** 39, 50.

[3143] EGMR Suldin/R, 16.10.2014, § 56.

[3144] EGMR Gabrielyan/ARM, 10.4.2012, § 78; Colac/RUM, 10.2.2015, §§ 44, 54: *„This is because as a general rule witnesses should give evidence during the trial and all reasonable efforts should be made to secure their attendance"*; (GK) Schatschaschwili/D, 15.12.2015, §§ 70, 116 ff.

[3145] EGMR (GK) Schatschaschwili/D, 15.12.2015, § 116; Seton/UK, 31.3.2016, § 59; Asani/MAZ, 1.2.2018, § 35; T.K./LIT, 12.6.2018, § 96 (Nichtkonfrontation eines minderjährigen Opfers einer Sexualstraftat, das der einzige unmittelbare Zeuge war; Schutzbedürftigkeit des minderjährigen Zeugen genügte wegen der Bedeutsamkeit des von ihm zu erbringenden Beweises nicht als Ausgleich; Verstoß); Negulescu/RUM, 16.2.2021, § 43; Boshkoski/MKD, 4.6.2020, § 40; Faysal Pamuk/TRK, 18.1.2022, § 63.

[3146] EGMR Mesesnel/SLW, 28.2.2013, § 35; vgl. hierzu: EGMR Gani/E, 19.2.2013, §§ 43, 46 (Analyse nur für den Fall der Maßgeblichkeit); Kostecki/PL, 4.6.2013, § 72: Betonung, dass es sich bei den in Rede stehenden Zeugenaussagen nicht um die entscheidenden Beweismittel gehandelt hatte; keine Konventionsverletzung); interessant ist diesbezüglich auch das abw. Sondervotum *de Gaetano*, das die genannte Formulierung wohl als Bedingung einstuft: „One may well ask in the instant case, what are the ‚counterbalancing factors' to be considered or to be taken into account? None have been indicated in the judgment. Possibly none exist. In any case, none are necessary".

       Esser

schränkung des Konfrontationsrechts einen **allgemeinen Grundsatz** formulieren wollte. Es ist von Letzterem auszugehen. So ist der EGMR etwa in der Rs. **_Štefančič_**, nach der Feststellung, dass es sich bei dem in Rede stehenden Zeugen um kein maßgebliches Beweismittel gehandelt hätte, auch auf „adequate procedural safeguards" eingegangen, die im Ergebnis zumindest teilweise kompensierenden Charakter gehabt hätten.[3147]

1191   Die Auslegungsvariante, nach der die abschließende Prüfungsstufe nur eröffnet ist, wenn die Verurteilung „ausschließlich" bzw. „maßgeblich" auf die Angaben des nicht-konfrontierten Zeugen gestützt werden soll, wäre zudem höchst bedenklich, weil ein Gericht dann die Konfrontation eines Zeugen (aus sachlichem Grund, vgl. Rn. 1179) nahezu beliebig beschränken und dem Beschuldigten etwaig vorhandene Ausgleichsmöglichkeiten vorenthalten könnte – solange die Beweislage eben so gestaltet ist, dass die Verurteilung nicht auf die Angaben des eingeschränkt konfrontierten Zeugen gestützt werden muss.

1192   Auf **„sufficient counterbalancing factors"** untersucht der EGMR die konkrete **Verfahrensgestaltung** („procedural measures taken to compensate for the lack of opportunity to directly cross-examine the witnesses at the trial").[3148] Dass auch an dieser Stelle bisweilen die bereits angesprochenen speziellen Anforderungen an die Beweisverwertung und -würdigung („the trial court's approach to the evidence in question") und die Existenz zusätzlicher Beweise („availability and strength of further incriminating evidence") Erwähnung finden, überzeugt dogmatisch nicht, da eine **sorgfältige und zurückhaltende Art der Beweiswürdigung** bereits Teil der vorausgegangenen Prüfungsstufe ist (Rn. 1186); sie kann daher nicht nochmals als „Ausgleich" einer Beschränkung des Fragerechts in Betracht kommen.[3149]

1193   Allein das **Abspielen der Videoaufzeichnung** einer Vernehmung genügt (für eine „Vollkompensation") zwar im Regelfall nicht;[3150] gleichwohl wird dem Beschuldigten auf diese Weise zumindest die Möglichkeit eröffnet, das Verhalten des Zeugen zu beobachten und sich damit einen Eindruck von seiner Glaubwürdigkeit zu verschaffen.[3151]

1194   **Angaben**, die ein Zeuge **außerhalb der Hauptverhandlung** gemacht hat, können demnach als „wesentlicher" Beweis verwertet werden, wenn dem Beschuldigten oder wenigstens seinem Verteidiger anstelle der nicht möglichen Befragung des Zeugen in der Hauptverhandlung zu irgendeinem Zeitpunkt im Verfahren eine angemessene und geeignete Gelegenheit gegeben worden ist, den Zeugen _effektiv_ zu befragen (Rn. 1128), um auf diese Weise seine Verlässlichkeit und Glaubwürdigkeit testen und in Zweifel ziehen zu können.[3152] Die in der Hauptverhandlung nicht (mehr) mögliche Ausübung des Konfronta-

---

3147 EGMR Štefančič/SLW, 25.10.2012, §§ 40 ff.; siehe auch EGMR Sarkizov u.a./BUL, 17.4.2012; §§ 57 f.; Lawless/UK (E), 16.10.2012, §§ 23 ff.; Sellick u. Sellick/UK (E) (E), 16.10.2012, §§ 40 ff.; Asadbeyli u.a./ASE, 11.12.2012, § 134 („while the applicants convictions might not have been based solely and decisively on the statements [...] the above-mentined shortcomings [...] affected the effective exercise of defence rights").

3148 EGMR (GK) Schatschaschwili/D, 15.12.2015, § 145; Ürek u. Ürek/TRK, 30.7.2019, § 60; Faysal Pamuk/TRK, 18.1.2022, § 63.

3149 EGMR Hulki Güneş/TRK, 19.6.2003, § 95 („a careful examination of the statements taken from the witnesses on commission [...] can scarcely be regarded as a proper substitute for direct examination and attendance"); Osmanağaoğlu/TRK, 21.7.2009; ähnlich EGMR (K) Al-Khawaja u. Tahery/UK, 20.1.2009, §§ 41 f. (Belehrung der Jury durch den Richter genügt nicht); hierzu auch: _Gleß_ NJW **2001** 3606; _Meyer-Lohkamp_ StV **2004** 13; _Pauly_ StV **2002** 291, 292; _Dehne-Niemann_ HRRS **2010** 189, 202 f.; i.E. auch _Wohlers_ FS Trechsel 813, 826; siehe aber: KK/_Lohse/Jakobs_ 106, die eine „vorsichtige Beweiswürdigung" als Aspekt der letzten Prüfungsstufe (hinreichende Kompensation) anführen.

3150 EGMR Vronchenko/EST, 18.7.2013, § 65.

3151 EGMR Yevgeniy Ivanov/R, 25.4.2013, § 49.

3152 Nach früherer zweiter Stufe (Rn. 1169): EGMR S.N./S, 2.7.2002, § 44 („_adequate and proper opportunity to challenge and question a witness against him_"); e contrario (keinerlei Befragungsmöglichkeit in irgendei-

tions- und Befragungsrechts kann also bereits durch *effektive* Mitwirkungsbefugnisse des Beschuldigten bei der Gewinnung des Beweises „kompensiert" worden sein oder aber dieser Verteidigungsmangel muss noch bis zum Abschluss der Hauptverhandlung dadurch ausgeglichen werden, dass der Beschuldigte – oder wenigstens sein Verteidiger – mit dem Zeugen konfrontiert wird (soweit faktisch möglich).[3153] In diesen beiden Konstellationen liegt es dann aber nahe, mit einem Blick auf das *gesamte* Verfahren gar nicht erst von einer (kompensierten) Einschränkung des Konfrontationsrechts zu sprechen, sondern von dessen vollständiger Gewährleistung auszugehen (Rn. 1147 f.), weil es hierfür nicht auf den genauen Zeitpunkt der Gewährleistung ankommt – immer unter der Prämisse, dass die Konfrontation effektiv erfolgen kann.

Anerkannt als (zumindest teilweise) Kompensation („partly counterbalanced") für **1195** eine nicht mögliche Konfrontation eines von der Exekutive gesperrten Zeugen (in der Hauptverhandlung) hat der EGMR die **schriftliche Beantwortung** eines von der Verteidigung eingereichten **Fragenkatalogs**.[3154] Zur Vorbereitung eines solchen bedarf es der Einräumung ausreichender Zeit.[3155] Auch die Möglichkeit, die außergerichtliche Vernehmung der Zeugen mittels einer **Sichtblende** (Venezianischer Spiegel) optisch und akustisch zu verfolgen und ggf. **ergänzende Fragen über die Vernehmungsperson** stellen zu lassen, kann eine teilweise Kompensation der Beschränkung darstellen.[3156] Bei der Vernehmung

---

nem Verfahrensstadium): EGMR A.L./FIN, 27.1.2009, § 36 und A.S./FIN, 28.9.2010, § 53; vgl. ferner EGMR Lüdi/ CH, 15.6.1992, § 47; P.S./D, 20.12.2001, §§ 23, 26; Haas/D (E), 17.11.2005; Krasniki/CS, 28.2.2006, § 75; Vaturi/F, 13.4.2006, § 50; Vladimir Romanov/R, 24.7.2008, § 100; Balsytė-Lideikienė/LIT, 4.11.2008, § 62; Taxquet/B, 13.1.2009, § 58; siehe aber EGMR (GK) Taxquet/B, 16.11.2010, § 101 f.; (K) Al-Khawaja u. Tahery/UK, 20.1.2009, § 118; Mika/S (E), 27.1.2009; Tarau/RUM, 24.2.2009, § 70; Pacula/LET, 15.9.2009, § 55 (keine Waffengleichheit bei Konfrontation vor Polizei); Dzelili/D (E), 29.9.2009; V.D./RUM, 16.2.2010, § 110; Sharkunov u. Mezentsev/R, 10.6.2010, § 113; Kornev u. Karpenko/UKR, 21.10.2010, § 55; Vaquero Hernandez u.a./E, 2.11.2010, § 135; Aigner/ A, 10.5.2012, §§ 37 ff. (kontradiktorische Befragung des Opfers einer Sexualtat im Vorverfahren ausreichend; Verlesung des Protokolls dieser Vernehmung in der Hauptverhandlung, weil Opfer von einem Zeugnisverweigerungsrecht Gebrauch macht; kein Verstoß, selbst wenn die gefertigte Bild-Ton-Aufzeichnung zwischenzeitlich gelöscht wurde). Nach **neuem Prüfungsmodell:** EGMR Vronchenko/EST, 18.7.2013, §§ 63, 65 (Verteidigung hätte im Vorverfahren Gelegenheit zur Befragung der Opferzeugin gegeben werden müssen); (GK) Blokhin/R, 16.3.2016, § 200 (keine Gelegenheit zur Befragung von Belastungszeugen während des gesamten Verfahrens für einen 12-jährigen Beschuldigten bzw. dessen Verteidiger); Cabral/NL, 28.8.2018, § 37 (keine Möglichkeit zur Befragung eines Zeugen, nachdem dieser eine für die Verurteilung maßgebliche, belastende Aussage im Vorverfahren vor der Polizei getätigt hatte, in der Haupt- und Berufungsverhandlung jedoch von seinem Auskunftsverweigerungsrecht Gebrauch machte; Verstoß); Avaz Zeynalov/ASE, 22.4.2021, §§ 117, 128 (keine Möglichkeit zur Konfrontation in irgendeinem Verfahrensstadium).

[3153] Vgl. EGMR Barberà, Messegué u. Jabardo/E, 6.12.1988, § 16; Kostovski/NL, 20.11.1989, § 43; Windisch/A, 27.9.1990, §§ 26 ff.; Delta/F, 19.12.1990, § 36; Asch/A, 26.4.1991, § 27; Lüdi/CH, 15.6.1992, § 42; Ferrantelli u. Santangelo/I, 7.8.1996, § 51; van Mechelen u.a./NL, 24.4.1997, § 54.

[3154] EGMR Sapunarescu/D (E), 11.9.2006 („The handicaps ... were partly counterbalanced by the Regional Court in that a catalogue of questions was submitted to the police officer supervising „VP 1" by the court on the applicant's request and the answers given by „VP 1" were subsequently read out in court... Nonetheless, the failure to further question „VP 1" entailed a certain restriction of the applicant's defence rights"); hierzu: OVG Münster NJW **2015** 1977; BGH NStZ **1993** 292; vgl. allerdings auch EGMR Asani/MAZ, 1.2.2018, § 42 (Übermittlung schriftlicher Fragen an anonyme Belastungszeugen nicht ausreichend).

[3155] EGMR Papadakis/MAZ, 26.2.2013, § 94 (eine Stunde zur Vorbereitung nicht ausreichend).

[3156] EGMR Accardi u.a./I (E), 20.1.2005; *a contrario* EGMR Vladimir Romanov/R, 24.7.2008; A.S./FIN, 28.9.2010 (keine Information des Verdächtigen über die auf Video aufgezeichnete Vernehmung des mutmaßlichen Opfers).

eines zum Schutz vor Repressionen **anonymen Belastungszeugen** sah es der EGMR[3157] dagegen als **nicht** ausreichende Kompensation an, dass der Angeklagte und sein Verteidiger der richterlichen Vernehmung lediglich von einem Nebenraum aus zuhören und aus diesem heraus Fragen stellen konnten.

1196 Die **audiovisuelle Vernehmung** (vgl. § 247a StPO)[3158] eines für die Einvernahme im Gerichtssaal nach § 96 StPO gesperrten Tatzeugen unter **elektronischer Verfremdung seiner Gesichtszüge und Stimme** ist ein zulässiges und gebotenes Mittel der Kompensation einer an sich in der Hauptverhandlung unter Anwesenheit zu ermöglichenden Konfrontation, da der Angeklagte/Verteidiger den Zeugen unmittelbar befragen und trotz einer etwaigen Abschirmung auch seine Reaktion auf Fragen beobachten kann.[3159] Wieweit solche Maßnahmen, die jedenfalls eine bessere (unmittelbare) Erkenntnisquelle erschließen, als die Verlesung einer Vernehmungsniederschrift oder die Einvernahme einer Verhörsperson als Zeugen vom Hörensagen, im Sinne einer *bestmöglichen* Kompensation dann dazu führen, dass die verbleibenden Beschränkungen noch mit der Garantie eines fairen Verfahrens vereinbar sind, richtet sich nach den Umständen des Einzelfalls. Im Kern geht es um die Frage, wieweit die **Verteidigung dadurch insgesamt noch effektiv gewährleistet ist.**[3160]

1197 Da lediglich eine sowohl sachlich als auch verfahrenstechnisch **erforderliche** Beschränkung des Konfrontationsrechts als konventionskonform eingestuft werden kann, haben die nationalen Strafverfolgungsbehörden und Gerichte für die *bestmögliche Gewährleistung des Befragungsrechts* (Art. 6 Abs. 3 *lit.* d) einzustehen. Sie müssen daher **von Amts wegen alle ihnen rechtlich möglichen und Erfolg versprechenden Maßnahmen** ergreifen (u.a. Aufenthaltsermittlung;[3161] Vorführung einer Person), um dem Beschuldigten

---

3157 EGMR van Mechelen/NL, 24.4.1997; Visser/NL, 14.2.2002; Meyer-Ladewig/Nettesheim/von Raumer/*Ladewig*/*Harrendorf*/*König* 149; vgl. zu den Streitfragen im innerdeutschen Recht SK/*Meyer* 490.

3158 Zur audiovisuellen Vernehmung des mutmaßlichen Opfers von Sexualstraftaten: LG Waldshut-Tiengen Beschl. v. 5.2.2014 – 1 KLs 22 Js 547/12, BeckRS **2014** 6258; BVerfG NJW **2014** 1082 = StV **2015** 137 m. Anm. *Hamm*: Nachdem das LG zuvor einen entsprechenden Antrag der Zeugin auf eine audiovisuelle Vernehmung abgelehnt hatte, untersagte das BVerfG die unmittelbare Befragung der Zeugin vorläufig (eA). Nach Ansicht des BVerfG konnte die der Zeugin drohende Gefahr der seelischen Destabilisierung oder Retraumatisierung schwerer wiegen als der mit einer Verzögerung des Strafprozesses einhergehende Nachteil für das Wohl der Allgemeinheit. Sodann LG Waldshut-Tiengen Beschl. v. 6.3.2014 – 1 KLs 22 Js 547/12, BeckRS **2014** 7909: Durch die einstweilige Anordnung des BVerfG sei die Zeugin zu einem unerreichbaren Beweismittel i.S.d. § 251 Abs. 2 Nr. 1 StPO a.F. geworden, so dass die einstweilige Anordnung einer Sperrerklärung für einen Verdeckten Ermittler gleichkomme (§ 96 StPO analog).

3159 BGH StV **2002** 639; NJW **2003** 74 = NStZ **2003** 274; NStZ **2004** 345; NStZ **2005** 43; NStZ **2006** 648 = StV **2006** 682; NJW **2017** 181 = NStZ **2017** 372 = StV **2017** 365 (§ 247a Abs. 1 StPO als einzig zulässige Art und Weise der Videovernehmung eines Zeugen in der Hauptverhandlung – sog. **Englisches Modell**; Unzulässigkeit des sog. **Mainzer Modells**, d.h. audiovisuelle Vernehmung des Zeugen, bei der sich der Vorsitzende des erkennenden Gerichts mit dem Zeugen außerhalb des Sitzungszimmers befindet und diesen dort befragt); vgl. auch BVerfG (K) NStZ **2007** 534; BGHSt **51** 232 = NJW **2007** 1475 (technische Gewährleistung der audiovisuellen Vernehmung); hierzu *Kolz* FS G. Schäfer 35, 39; *Walter* StraFo **2004** 224; Meyer-Ladewig/Nettesheim/von Raumer/*Ladewig*/*Harrendorf*/*König* 149; krit. *Renzikowski* FS Mehle 529, 538 ff.; dagegen noch: BGHSt (GrSSt) **32** 115, 124.

3160 Dazu *Walter* StraFo **2004** 224 ff. (grundsätzlich statthaft), auch *Esser* 671 ff. Zu den Bedenken nach innerstaatlichem Recht: *Esser* 675 ff.; *Renzikowski* JZ **1999** 605 ff.

3161 EGMR Artner/A, 28.8.1992, § 21 („not been negligent in their efforts"); Doorson/NL, 26.3.1996, § 75; Rachdad/F, 13.11.2003, § 24; Scheper/NL (E), 5.4.2005; Vladimir Romanov/R, 24.7.2008, § 104; Tarau/RUM, 24.2.2009, § 71; Orhan Çaçan/TRK, 23.3.2010, § 42; Lučić/KRO, 27.2.2014, § 79; Seton/UK, 31.3.2016, § 59; T.K./LIT, 12.6.2018, § 101.

Esser

eine Konfrontation des Zeugen vor Abschluss der Hauptverhandlung zu ermöglichen („make every reasonable effort").[3162]

Die Stellung eines entsprechenden **Beweisantrags** ist daher prinzipiell entbehrlich, **1198** sicherheitshalber freilich auch vor dem Hintergrund der geforderten Rechtsbehelfserschöpfung immer anzuraten. An die **Form und Substantiierung** eines Beweisantrags zur Einvernahme eines Belastungszeugen sind geringere Anforderungen zu stellen als an einen solchen zur Einvernahme eines Entlastungszeugen.[3163]

Eine Pflicht, **präventiv** einer später nicht wiedergutzumachenden Beschränkung bzw. **1199** einem Totalausfall des Konfrontationsrechts in der gerichtlichen Hauptverhandlung bereits **im Ermittlungsverfahren** vorzubeugen, besteht vor allem dann, wenn hinreichende Anhaltspunkte dafür vorliegen, d.h. damit zu rechnen ist (**Vorhersehbarkeit**),[3164] dass ein für den Nachweis des Tatvorwurfs zentraler Belastungszeuge später für eine Vernehmung in der Hauptverhandlung nicht zur Verfügung stehen wird. Stammt die Ursache für eine unterbliebene Konfrontation aus der **staatlichen Sphäre** oder ist sie wenigstens **dem Staat zurechenbar**, so sind die Strafverfolgungsbehörden für diesen Verteidigungsmangel **verantwortlich**.[3165] So kann ein Verstoß gegen das Konfrontations- und Fragerecht des Beschuldigten darin liegen, dass die Strafverfolgungsorgane es unterlassen, den Beschuldigten rechtzeitig von der Einvernahme eines einzigen oder zentralen Belastungszeugen **zu benachrichtigen** oder ihm (wenigstens im Falle der Inhaftierung) einen **Verteidiger** zu bestellen, bevor der Zeuge in Abwesenheit des Beschuldigten richterlich vernommen wurde und obwohl damit zu rechnen war, dass der Zeuge (z.B. infolge Zeugnisverweigerungsrecht; Ausreise; Flucht) in der Hauptverhandlung nicht mehr befragt/konfrontiert werden kann.[3166]

[3162] EGMR Mirilashvili/R, 11.12.2008, § 217 (im Ausland lebende Zeugen); vgl. auch EGMR Delta/F, 19.12.1990, §§ 36 f.; Haas/D (E), 17.11.2005; Pello/EST, 12.4.2007, § 34; Balsytė-Lideikienė/LIT, 4.11.2008, § 62; Sadak u.a./TRK (Nr. 1), 17.7.2001, § 67 („to take positive steps"); Makeyev/R, 5.2.2009, § 36; A.S./FIN, 28.9.2010, § 68; Caka/ALB, 8.12.2009, § 102; Khametshin/R, 4.3.2010, § 36; Bielaj/PL, 27.4.2010, § 56 („impossibilium nulla est obligatio"); Sharkunov u. Mezentsev/R, 10.6.2010, § 114; Gani/E, 19.2.2013, §§ 39, 44 f. (keine mangelnde Sorgfalt); Lučić/KRO, 27.2.2014, §§ 79 f.; Cafagna/I, 12.10.2017, § 42 („to take positive steps"); SK/*Meyer* 487 f.; *Kühne* 915; vgl. hierzu BVerfG NJW **2007** 204 (keine Pflicht, die Aussagebereitschaft des Zeugen fortwährend zu prüfen); BGH NStZ **2004** 505, 506 (Auslandszeuge); NStZ-RR **2007** 315 (ausreichend, dem nicht erschienenen Zeugen ein Ordnungsgeld aufzuerlegen); StraFo **2009** 374 = NStZ **2009** 581 = StV **2010** 57 (wegen Selbstbelastungsfreiheit keine Pflicht, den mitangeklagten Zeugen zur Beantwortung von Fragen der Verteidiger anzuhalten); ähnlich: BGH NStZ-RR **2017** 224; hierzu krit. *Dehne-Niemann* HRRS **2010** 189, 191 ff.

[3163] EGMR Keskin/NL, 19.1.2021, §§ 55–63.

[3164] Siehe EGMR Sievert/D, 19.7.2012, § 60 („that it had not been foreseeable for the domestic authorities that [the witnesses] would subsequently refuse to answer questions of the defence when examined in court in their capacity as witnesses").

[3165] So in EGMR Delta/F, 19.12.1990, § 37; *a contrario* EGMR Mika/S (E), 27.1.2009 (keine Verantwortlichkeit bei Selbsttötung der Zeugin wenige Tage nach der Tat); BGHSt **46** 93, 100. Die mangelnde Kooperation ausländischer Behörden ist dem Staat nicht zurechenbar, auch wenn der Drittstaat selbst Vertragsstaat der EMRK ist: EGMR Mirilashvili/R, 11.12.2008, § 220 (Georgien); BGHSt **55** 70 (Türkei); zustimmend *Zöller* ZJS **2010** 441, 444 f.; ablehnend *Sommer* StraFo **2010** 284 f.; krit. zur Differenzierung nach staatlichem Verschulden *Renzikowski* FS Mehle 529, 540 f.; *Schramm* HRRS **2011** 156 ff.; für eine Differenzierung zwischen Konstellationen, in welchen das ausländische Verfahren eingehalten wurde, und einer Verletzung des ausländischen Rechts *Stiebig* JR **2011** 170 ff.

[3166] BGHSt **46** 93, 100; vgl. EGMR Hümmer/D, 19.7.2012, § 48 („counsel for the applicant had not been appointed prior to the witnesses' hearing by the investigative judge in the preliminary proceedings, in breach of domestic law. [...] not convinced by the Governments argument that [das Landgericht] has sufficiently compensated the resulting restrictions for the defence in the course of the trial").

Esser

1200   In der Rs. *Lobarev* stellte der EGMR fest, dass nationale Gerichte sich in Fällen, in denen ein Zeuge untergetaucht ist und sich der Justiz bewusst entzogen hat, häufig keine Möglichkeit haben, den Zeugen ausfindig zu machen. In solchen Fällen sei es daher reine Förmelei, von den Gerichten – zusätzlich zu den von den jeweiligen Behörden unternommenen Anstrengungen – weitere Schritte zur Auffindung des Zeugen zu verlangen. In diesen Fällen müsse sich aber das erstinstanzliche Gericht, bevor es zu dem Schluss kommt, dass sachliche Gründe für die Abwesenheit eines Zeugen vorlägen, vergewissern, dass sich der **Zeuge bewusst der Justiz entzieht** und dass der **Angeklagte** hierüber in einer Weise **informiert wird**, die ihm die **Möglichkeit** gibt, sich zu den vom Gericht **getroffenen Maßnahmen zu äußern**.[3167]

1201   Im Falle der **Verantwortlichkeit staatlicher Stellen** (nicht erforderlich ist dabei ein *individuelles* Verschulden des handelnden Amtsträgers) für eine *insgesamt* nicht (oder nicht mehr) effektive Gewährleistung des Konfrontationsrechts muss eine Verwertbarkeit[3168] der belastenden Angaben des Zeugen ausscheiden (**Beweisverwertungsverbot**)[3169] – selbst wenn zusätzlich *andere*, die Aussage des Zeugen stützende Beweise vorliegen. Die deutschen Strafgerichte gehen in dieser Frage bedauerlicherweise einen anderen Weg und vertreten auch für diesen Fall lediglich eine „weiche" **Beweiswürdigungslösung** (Herabstufung des Beweiswerts einer ohne Möglichkeit der Befragung des Zeugen zustande gekommenen Aussage).[3170] Vor dem Hintergrund der vom EGMR postulierten Gesamtbetrachtung und der im Urteil *Schatschaschwili* getroffenen Annahme, dass die Prüfungsstufen nicht zwingend aufeinander aufbauen, wird vom 3. Strafsenat des BGH in einem **obiter dictum** die Verwertung belastender Angaben eines nicht konfrontierten Zeugen trotz Verantwortlichkeit staatlicher Stellen sogar **beim Fehlen stützender Beweise** für die Aussage in Erwägung gezogen,[3171] was den Vorgaben des EGMR nicht mehr entspricht.

1202   Erweist sich eine Beschränkung des Fragerechts als *„strictly necessary"* und haben staatliche Stellen diesen Verfahrens-/-Verteidigungsmangel **nicht zu verantworten**, so bleibt auch hier zu klären, ob ein **Beweisverwertungsverbot** nicht schon deshalb angenommen werden muss, weil der Angeklagte sein Konfrontationsrecht (wenn auch staatlich unverschuldet) zu keinem Zeitpunkt (effektiv) ausüben konnte und ihm als Ausgleich keine *„adequate and proper opportunity to challenge and question"* des Zeugen gewährt wer-

---

3167   EGMR Lobarev u.a./R, 29.11.2006, §§ 33 f.

3168   Vgl. zur Rüge einer Verwertung von Angaben einer Zeugin: BGH Beschl. v. 11.8.2020 – 4 StR 46/20, BeckRS **2020** 20707 (i.E. unzulässig, u.a. da sich die Begründung nicht zu einer Vernehmung der Zeugin in der Hauptverhandlung verhielt).

3169   Für ein Beweisverwertungsverbot *Schlothauer* StV **2001** 127, 129; *Klemke* StV **2003** 413, 415; *Kunert* NStZ **2001** 128; *Eisele* JR **2004** 12, 17; *Fezer* JZ **2001** 363, 364; *Gleß* NJW **2001** 3606; *Neuhaus* JuS **2000** 18, 21 Fn. 23; *Sowada* NStZ **2005** 1, 6; *Mahler* 113, 146 ff.; differenzierend dagegen: *Widmaier* FS G. Schäfer 76, 78, der der Beweiswürdigungslösung des BGH zustimmt und nur bei Verletzung des Rechts des Beschuldigten auf Verteidigerkonsultation oder auf Bestellung eines Pflichtverteidigers ein Verwertungsverbot annimmt; ähnlich *Widmaier* FS Nehm 357, 370 (Verwertungsverbot in „gravierenden Fällen" – „Befragungsblockade").

3170   BGHSt **46** 93, 100; BGH NStZ **2005** 224 = JR **2005** 247 m. Anm. *Esser*; NJW **2007** 237; NStZ-RR **2008** 49; NStZ-RR **2009** 212 = StV **2009** 346; gegen ein Beweisverwertungsverbot auch KK/*Lohse/Jakobs* 106; die Beweiswürdigungslösung des BGH ablehnend und deutliche Kritik übend: LG Düsseldorf Urt. v. 16.3.2016 – 5 KLs 4/14, BeckRS **2016** 136078, Rn. 68, 71 ff., wonach die Beweiswürdigungslösung u.a. im Widerspruch zum Grundsatz der freien richterlichen Beweiswürdigung (§ 261 StPO) steht.

3171   Vgl. BGH NStZ **2018** 51, 54 m. Anm. *Arnoldi* = StV **2017** 776 = wistra **2017** 358; zudem: *Lohse* JR **2018** 183; *Mosbacher* JuS **2017** 742, 747; KK/*Lohse/Jakobs* 112 (den Verstoß jeweils begrüßend); zu Recht krit. *Schumann* HRRS **2017** 354 ff.

Esser

den konnte.[3172] Dies gilt insbesondere für die Fallgruppe der **anonymen Zeugen**, da hier dem Beschuldigten neben der unterbliebenen Konfrontation *zusätzlich* die Identität des Zeugen verborgen bleibt.[3173]

Dass ein gedanklicher Weg vorbei an einem Beweisverwertungsverbot in dieser Kon- **1203** stellation überhaupt gangbar scheint, liegt daran, dass der EGMR das **Konfrontations- recht** spätestens seit dem Rechtsprechungswandel im Jahr 2011 zur sog. Drei-Stufen-Prü- fung (Rn. 1175 ff.) nur noch **als *ein* Element der Verfahrensfairness** ansieht und dieses Teilrecht in eine **Gesamtbetrachtung**[3174] **des Verfahrens** einstellt (Rn. 1131). Die justizielle Praxis dürfte diese Entwicklung zwar begrüßen, weil sie eine „flexible" Handhabung von Einzelfällen ermöglicht; als Beschuldigtenrecht hat das Konfrontationsrecht des Art. 6 Abs. 3 *lit.* d damit aber verlässliche Konturen weitgehend verloren.

Der BGH knüpft zur Frage, ob sich im konkreten Fall die Verfahrensführung ein- **1204** schließlich der Beweisverwertung insgesamt als noch fair darstellte, obwohl ein tatrele- vanter Zeuge, der den Angeklagten in seiner polizeilichen Vernehmung belastet hatte, aufgrund seiner späteren Unerreichbarkeit in der Hauptverhandlung (unbekannter Auf- enthalt) nicht mehr für eine Konfrontation zur Verfügung stand (eine solche war zu kei- nem Zeitpunkt des Verfahrens ermöglicht worden), explizit an diese neue Drei-Stufen- Prüfung des EGMR an.[3175]

Am Ende läuft der neue Prüfungsansatz des EGMR auf eine **Abwägung** (*„fair balance"*) **1205** zwischen den Interessen der Verteidigung und den von der EMRK für eine Beschränkung der Verteidigungsrechte anerkannten Gründen hinaus.[3176] Abstrakte Grenze für die Ver- wertbarkeit von Beweisen, die niemals unterschritten werden darf, ist immer die **Wah- rung der Effektivität der Verteidigungsrechte** und damit letztlich eben jene diffuse „Gesamt-Verfahrensfairness".[3177] Zu ihrer Gewährleistung gehört im Stadium der Beweis- erhebung, dass es dem Angeklagten wenigstens möglich war, zu den ihn belastenden Anga- ben des Belastungszeugen in der Hauptverhandlung **Stellung zu nehmen** und diese **in Frage zu stellen** – ohne freilich den Zeugen selbst befragen zu können.[3178]

Sollen die Angaben eines nicht konfrontierten **anonymen Zeugen** zum Nachteil des An- **1206** geklagten verwertet werden, so hält es der EGMR zudem für wünschenswert („souhaitable"), dass die Angaben von einem **Richter** überprüft werden, der die Identität des Zeugen kennt, die Gründe für die Aufrechterhaltung der Anonymität überprüft und seine Auffassung in Be-

---

[3172] Für ein generelles Verwertungsverbot der Angaben eines nicht konfrontierten Mitangeklagten *Dehne-Niemann* HRRS **2010** 189, 196, 203 ff.

[3173] Für ein Verwertungsverbot der Angaben nicht konfrontierter anonymer Zeugen: *Beulke* FS Rieß 3, 9; *Wattenberg* StV **2000** 688, 693.

[3174] Vgl. in diesem Zusammenhang: BGH NStZ-RR **2014** 246 = StV **2015** 142 m. Anm. *Jahn* JuS **2014** 948; vertiefend zu diesem Kontext auch: *Vilsmeier* Tatsachenkontrolle und Beweisführung im EU-Kartellrecht auf dem Prüfstand der EMRK (2013) 158 f.

[3175] BGH NStZ **2017** 602 m. Anm. *Esser* = JR **2018** 205 = wistra **2017** 356 m. Anm. *Oehmichen* FD-StrafR **2017** 392875.

[3176] EGMR Doorson/NL, 26.3.1996, § 70; Oyston/UK (E), 22.1.2002; S.N./S, 2.7.2002, § 47, vgl. auch die abwei- chende Meinung der Richter *Türmen* und *Maruste*; P.S./D, 20.12.2001, § 22 („principles of fair trial require that *the interests of the defence are balanced against those of witnesses or victims"*); Haas/D (E), 17.11.2005; Dzelili/D (E), 29.9.2009; siehe auch: EGMR (GK) Schatschaschwili/D, 15.12.2015, § 101; T.K./LIT, 12.6.2018, § 94; *Grabenwarter/Pabel* § 24, 134; dagegen: *Mahler* 146.

[3177] Vgl. EGMR S.N./S, 2.7.2002, § 47 („measures may be taken for … protecting the victim provided that such measures can be reconciled with an adequate and effective exercise of the rights of the defence"); siehe hierzu: *Demko* ZStR **2004** 416, 427 ff.

[3178] EGMR S.N./S, 2.7.2002, § 44; P.S./D, 20.12.2001, § 29 („challenge the evidence"); Asch/A, 26.4.1991 („oppor- tunity to discuss … version of events and to put his own").

zug auf die Glaubwürdigkeit des Zeugen zum Ausdruck bringen kann.[3179] Zwingend für die Wahrung der Verfahrensfairness scheint aber auch dieses Erfordernis nicht zu sein.

1207   Bemerkenswert ist, dass das **BVerfG** das ursprüngliche Drei-Stufen-Modell in seine verfassungsrechtliche Prüfung des Konfrontationsrechts als Element des fairen Verfahrens (Art. 2 Abs. 1 i.V.m. Art. 20 Abs. 3 GG) integriert hatte,[3180] bislang aber noch keine Gelegenheit hatte, explizit auf die neue Rechtsprechung des EGMR (Rn. 1175 ff.) zu reagieren.[3181] Das BVerfG geht daher nach wie vor davon aus, dass eine Verurteilung nicht „wesentlich" auf den Angaben eines nicht bzw. nur eingeschränkt konfrontierten Zeugen beruhen darf. Damit ist die derzeitige Judikatur des BVerfG im Ergebnis strenger als der neue Ansatz des EGMR, der letztlich auf eine flexible „Gesamtbetrachtung" der Verfahrensfairness hinausläuft.

1208   **5. Recht, die Ladung und Vernehmung von Entlastungszeugen zu erwirken.** Hinsichtlich der **Notwendigkeit einer Beweiserhebung, speziell die Ladung von Entlastungszeugen betreffend,** haben die nationalen Gerichte einen **Beurteilungsspielraum.** Der EGMR sieht beim Zeugenbeweis seine Aufgabe grundsätzlich nicht darin, an Stelle des Tatrichters die Sachdienlichkeit einer Beweiserhebung oder gar die tatrichterliche Beweiswürdigung nachzuprüfen oder abstrakt zu entscheiden, ob nach nationalem Recht die Verwendung eines rechtswidrig erlangten Beweismittels zulässig war.[3182] Er kontrolliert nur, ob insoweit das Gebot eines fairen, rechtsstaatlichen Verfahrens einschließlich der Waffengleichheit gewahrt ist.[3183]

1209   Die **Verfahrensfairness** kann zum Beispiel dadurch verletzt sein, dass eine Beweiserhebung im Allgemeinen oder ein Zeugenbeweis im Speziellen **willkürlich,** weil nicht durch vertretbare sachliche Überlegungen gedeckt, abgelehnt wird oder weil dem Beschuldigten eine ersichtlich **relevante Verteidigungsmöglichkeit vorenthalten** wird.[3184] Das gilt insbesondere dann, wenn die Strafverfolgungsbehörden (im Vorverfahren, vgl. § 163a

---

3179   EGMR (K) Taxquet/B, 13.1.2009; siehe aber EGMR (GK) Taxquet/B, 16.11.2010.

3180   Zur Umsetzung vgl. BGH NJW-RR **2005** 321; BVerfG (K) NJW **2007** 204; BVerfG (K) Beschl. v. 2.5.2007 – 2 BvR 411/07; BVerfG (K) Beschl. v. 23.1.2008 – 2 BvR 2491/07; BVerfG (K) NJW **2010** 925, 926, Rn. 15, 20 (Sicherungsverwahrung); *Widmaier* FS Nehm 357, 369 f.

3181   BVerfG NJW **2010** 925 ff.; BVerfG Beschl. v. 26.2.2018 – 2 BvR 107/18, BeckRS **2018** 3246, Rn. 5 f., 14, 30 (soweit ersichtlich jüngstes Urteil dazu).

3182   EGMR Unterpertinger/A, 24.11.1986; Kostovski/NL, 20.11.1989; Windisch/A, 27.9.1990; Accardi u.a./I (E), 20.1.2005; Vaturi/F, 13.4.2006; Jorgic/D, 12.7.2007; Mirilashvili/R, 11.12.2008; (K) Taxquet/B, 13.1.2009; siehe aber EGMR Mika/S (E), 27.1.2009; Tarau/RUM, 24.2.2009; Caka/ALB, 8.12.2009; Sommer/I (E), 23.3.2010; Orhan Çaçan/TRK, 23.3.2010; (GK) Taxquet/B, 16.11.2010; IK-EMRK/*Kühne* 600; *Peukert* EuGRZ **1980** 247, 267; *Vogler* ZStW **89** (1977) 788.

3183   EGMR Vidal/B, 22.4.1992, §§ 32–33; (GK) Perna/I, 6.5.2003; Destrehem/F, 18.5.2004; Accardi u.a./I (E), 20.1.2005; Haas/D (E), 17.11.2005; Vaturi/F, 13.4.2006; Popov/R, 13.7.2006; Sapunarescu/D (E), 11.9.2006; Koval/UKR, 19.10.2006; Vos/F (E), 5.12.2006; Jorgic/D, 12.7.2007; (K) Taxquet/B, 13.1.2009; siehe aber EGMR (GK) Taxquet/B, 16.11.2010; Mika/S (E), 27.1.2009; Tarau/RUM, 24.2.2009; Sommer/I (E), 23.3.2010; Orhan Çaçan/TRK, 23.3.2010; Vaquero Hernandez u.a./E, 2.11.2010.

3184   Vgl. EGMR Teixeira de Castro/P, 9.6.1998; (GK) Pélissier u. Sassi/F, 25.3.1999; Destrehem/F, 18.5.2004; Accardi u.a./I (E), 20.1.2005 („the domestic courts [decided] on the basis of logical and pertinent arguments"); Vaturi/F, 13.4.2006 (keinerlei Möglichkeit, irgendeinen Zeugen in irgendeinem Verfahrensstadium zu befragen oder befragen zu lassen); Popov/R, 13.7.2006 (keine [tatsächliche] Vernehmung von Entlastungszeugen, obwohl das Gericht die entsprechenden Beweisanträge der Verteidigung zuvor angenommen hatte); Pello/EST, 12.4.2007 (Nichtladung zweier mutmaßlicher Entlastungszeugen, die in der Anklageschrift als Belastungszeugen bezeichnet waren); Jorgic/D, 12.7.2007 („the Court cannot find that the domestic courts had acted arbitrarily"); Mirilashvili/R, 11.12.2008; Polyakov/R, 29.1.2009; Bacanu u. SC „R" SA/RUM, 3.3.2009 („la Cour est frappée [...] par les arguments lapidaires et stéréotypés"); Caka/ALB, 8.12.2009 (Missachtung von entlastenden Zeugenaussagen durch Gericht); Khayrov/UKR, 15.11.2012, § 91; Štefančič/SLW, 25.10.2012, § 52 („not open to criticism under Article 6, as he has not established that his request for evidence to be taken

Abs. 2, Abs. 3 Satz 2 bzw. Abs. 4 Satz 2 StPO i.V.m. § 136 Abs. 1 Satz 3 StPO oder das erkennende Gericht auf die Erhebung eines (vom Beschuldigten beantragten, Rn. 918, 1228) zentralen entlastenden Beweises verzichtet, obwohl vorhersehbar ist, dass die Erhebung zu einem späteren Zeitpunkt ggf. gar nicht mehr oder nicht mehr „effektiv" möglich sein wird (z.B. späterer Tod oder Ausreise des Entlastungszeugen). Ist die vom Beschuldigten beantragte Beweiserhebung im vorgenannten Sinne **„von Bedeutung"** i.S.v. § 163 Abs. 2 StPO, so besteht für die Strafverfolgungsbehörden aus menschenrechtlicher Perspektive eine entsprechende **Ermittlungs- und Vornahmepflicht**.

Der EGMR hat einen Verstoß gegen Art. 6 Abs. 1 i.V.m. Abs. 3 *lit.* d in einem Fall bejaht, **1210** in dem das Berufungsgericht die Verurteilung des Angeklagten auf eine Neuinterpretation der Aussagen von Zeugen gestützt hatte, die es selbst allerdings – entgegen dem Antrag der Verteidigung – nicht vernommen hatte.[3185] Die Annahme einer Verletzung des Frage- und Konfrontationsrechts setzt in dieser Konstellation stets voraus, dass der Angeklagte schon auf nationaler Ebene dargelegt, weshalb die von ihm beantragte Zeugenvernehmung für die Wahrheitsfindung erforderlich sein soll.[3186]

Im Übrigen überlassen es die Konventionen dem nationalen Recht, wieweit und unter **1211** welchen Voraussetzungen es die **Ladung von Zeugen** auf Anregung der Verteidigung zulassen will.[3187] Entsprechend seinem jeweiligen Verfahrenssystem kann jeder Vertragsstaat in seinem nationalen Recht die **Beweiserhebung** sowohl **sachlich regeln** als auch **begrenzen**. Er kann bestimmen, welche Art von Beweisen und Beweismitteln zulässig sind[3188] bzw. ob und in welcher Form Beweise in die Verhandlung einzuführen sind;[3189] ebenso kann er die Verwendung bestimmter Arten von Beweismitteln auch generell ausschließen.[3190]

Auch beim Zeugenbeweis hat das nationale Recht hinsichtlich Form und Inhalt einen **1212** Gestaltungsspielraum.[3191] Es kann die Anträge auf Ladung und Vernehmung von Zeugen an **Fristen und Formen** knüpfen, wie etwa an die Benennung des Beweisthemas oder die Mitteilung der Anschrift der Zeugen,[3192] und es kann die Form der Ablehnung regeln. Dass die Ablehnung eines Beweisantrags in der Regel einer (förmlichen) Begründung bedarf,[3193] wie dies etwa § 244 Abs. 6 Satz 1 StPO[3194] grundsätzlich vorschreibt, folgt aus den Grundsätzen der Verfahrensfairness (zur Begründungspflicht Rn. 319 ff.).

Es ist mit den Konventionen grundsätzlich vereinbar, wenn das Recht des Angeklag- **1213** ten, **einen Zeugen unmittelbar laden** zu lassen (**Selbstladungsrecht**, § 220 StPO), an die

---

[...] would have brought new and relevant facts to light that would have been relevant for the determination of the charges against him").

3185 EGMR Destrehem/F, 18.5.2004.

3186 EGMR Engel u.a./NL, 8.6.1976; Bricmont/B, 7.7.1989; (GK) Perna/I, 6.5.2003, § 31; Vaturi/F, 13.4.2006; Koval/UKR, 19.10.2006; Vos/F (E), 5.12.2006; Pello/EST, 12.4.2007; (K) Taxquet/B, 13.1.2009; siehe aber auch EGMR Tarau/RUM, 24.2.2009; (GK) Taxquet/B, 16.11.2010; Kouzmin/R, 18.3.2010.

3187 EGMR Bricmont/B, 7.7.1989; Vidal/B, 22.4.1992; Alge/A (E), 10.4.2003.

3188 EGMR Schenk/CH, 12.7.1988 (rechtswidrig erlangte Tonbandaufnahme); Kostovski/NL, 20.11.1989; Delta/ F, 19.12.1990; Allan/UK, 5.11.2002; Pello/EST, 12.4.2007.

3189 Vgl. EGMR P.G. u. J.H./UK, 25.9.2001 (Verwertung mittels einer heimlichen Abhöranlage gewonnener Erkenntnisse, die der verhandlungsführende Richter der Beurteilung der Geschworenen überließ); zu den unterschiedlichen Auffassungen über die zuverlässige Sachverhaltsfeststellung in den nationalen Rechtsordnungen, vgl. *Gleß* ZStW **115** (2003) 131, 143 ff. mit Beispielen aus dem englischen und französischen Recht.

3190 EKMR Unterpertinger/A, 24.11.1986.

3191 Vgl. *Gleß* ZStW **115** (2003) 131 ff.

3192 EKMR bei *Bleckmann* EuGRZ **1981** 114, 115; bei *Strasser* EuGRZ **1985** 624, 627.

3193 Einschränkend noch: EGMR Bricmont/B, 7.7.1989.

3194 Vgl. hierzu BGH NJW **2005** 1132.

Sicherstellung der Auslagen des Zeugen gebunden ist, wenn diese Verteidigungsmöglichkeit dem Angeklagten nur zusätzlich zu der Möglichkeit eingeräumt wird, durch einen förmlichen Beweisantrag zu erreichen, dass das Gericht alle Beweispersonen einvernimmt, von denen sachdienliche Bekundungen zu erwarten sind.[3195] Hat aber die Staatsanwaltschaft nach innerstaatlichem Recht die Möglichkeit, Zeugen unmittelbar zu laden oder laden zu lassen, so muss dieses Recht auch dem Angeklagten *unter denselben Bedingungen* (wie es Art. 6 Abs. 3 *lit.* d fordert) eingeräumt werden (ggf. auch ohne die Auflage, die Auslagen des Zeugen sicherzustellen).

1214   Das **Recht, die Ladung und Vernehmung von Entlastungszeugen zu erwirken**, wird dem Angeklagten nicht als absolutes Recht auf Beiziehung einer unbegrenzten Zahl beliebiger Zeugen gewährt.[3196] Es gilt die ungeschriebene Einschränkung, dass die Ladung und Vernehmung der Zeugen durch das Gericht tatsächlich durchführbar sein und der Zeuge erreichbar sowie in absehbarer Zeit als Beweismittel zur Verfügung stehen muss,[3197] was allerdings grundsätzlich auch die **Vernehmung eines Zeugen im Ausland** im Wege der Rechtshilfe oder mit Hilfe von **Videotechnologie** mit einschließt.[3198] Bei Auslandszeugen muss das Gericht zumutbare Anstrengungen zur Herstellung der Erreichbarkeit des Zeugen unternehmen[3199] und darf keine hohen Anforderungen an die Mitteilung einer ladungsfähigen Anschrift stellen.

1215   Wird das Recht auf Ladung von Zeugen im nationalen Recht konventionsgemäß beschränkt, so muss gleichwohl stets ein insgesamt faires, ausreichende Verteidigungsmöglichkeiten bietendes Verfahren gewährleistet bleiben. Zur Wahrung der Waffengleichheit müssen für die Ladung und Vernehmung von Entlastungszeugen die **gleichen Bedingungen gelten wie sie für Belastungszeugen** vorgesehen sind. Letztere Verknüpfung darf nicht dahin missverstanden werden, dass ihr schon dann genügt sei, wenn im konkreten Einzelfall für Verteidigung und Anklage die Zuziehung einer gleichen Zahl von Zeugen möglich war. Es kommt nicht auf die **vordergründige Gleichheit** hinsichtlich der Zahl der Zeugen oder der Dauer ihrer Vernehmung an,[3200] sondern darauf, dass bei allen Zeugen, von denen eine verfahrenserhebliche Aussage zu erwarten ist, die Verteidigung insgesamt die **gleiche Möglichkeit für ihre Zuziehung** haben muss wie die Anklage.[3201] War allerdings diese Voraussetzung durch eine entsprechende rechtliche Regelung des Verfahrens und durch eine ihr entsprechende tatsächliche Verhandlungsführung gewahrt, so soll es zulässig sein, dass ein Gericht den Antrag der Verteidigung auf Ladung und Vernehmung eines Zeugen (ohne weitere Begrün-

---

3195 Strittig; wie hier IK-EMRK/*Kühne* 601; **a.A.** *Guradze* 36.

3196 EGMR Engel u.a./NL, 8.6.1976; Destrehem/F, 18.5.2004; Koval/UKR, 19.10.2006; Vos/F (E), 5.12.2006; Jorgic/D, 12.7.2007; Tarau/RUM, 24.2.2009; Khametshin/R, 4.3.2010; Kouzmin/R, 18.3.2010; Garofolo/CH, 2.4.2013, § 55; *Frowein/Peukert* 313; Radtke/Hohmann/*Ambos* 51; IK-EMRK/*Kühne* 603; *Nowak* 65 (auch zum Scheitern des Vorschlags der Garantie eines weitergehenden Beweiserhebungsrechts beim Entwurf des IPBPR); siehe auch: EGMR Judge/UK (E), 8.2.2011, § 27 („Article 6 § 3(d) does not guarantee the accused an unlimited right to secure the appearance of witnesses in court: it is for the domestic courts to decide whether it is appropriate to call a witness."); Köktas/D (E), 13.9.2011.

3197 EGMR Dumitrescu/RUM (E), 13.1.2015, §§ 31 f., 35; vgl. hierzu: BGH (2.11.2016 – 2 StR 556/15), StraFo **2017** 109.

3198 Enger Art. VII Abs. IX *lit.* d NATO-Truppenstatut v. 19.6.1951, wo das gleichartige Recht nur gewährt wird, wenn die Entlastungszeugen der Gerichtsbarkeit des Aufnahmestaates unterstehen. Vgl. auch Rn. 785 sowie EGMR Haas/D (E), 17.11.2005; *Zöller* ZJS **2010** 441, 445.

3199 EGMR Köktas/D (E), 13.9.2011 („undertaken certain efforts").

3200 Der Hinweis bei EGMR Engel u.a./NL, 8.6.1976, die Nichtladung von Entlastungszeugen sei kein Verstoß, da auch keine Belastungszeugen geladen worden seien, wurde zu Recht kritisiert; vgl. IK-EMRK/*Kühne* 602.

3201 IK-EMRK/*Kühne* 602.

dung)[3202] ablehnt, weil es dessen Aussage nicht für erforderlich hält.[3203] Auch eine damit verbundene **Vorwegnahme der Beweiswürdigung** (hinsichtlich der Notwendigkeit der Beweiserhebung) verletzt nicht zwangsläufig das Recht aus Art. 6 Abs. 3 *lit.* d.[3204] Etwas anderes kann dann gelten, wenn der Angeklagte darlegen kann, dass die Erheblichkeit der zu erwartenden Aussage für den Tatrichter ersichtlich war oder jedenfalls sein musste.[3205] Die neuere Judikatur geht dahin, dass der Angeklagte und spätere Bf. die **Wahrscheinlichkeit darzulegen** hat, dass eine Ladung und Einvernahme des (Entlastungs-) Zeugen zur Wahrheitsfindung notwendig war, damit das Instanzgericht und später der EGMR eine Verletzung der Verteidigungsrechte infolge der Weigerung, den Zeugen zu vernehmen, feststellen kann.[3206] Andererseits lässt sich aber auch feststellen, dass der EGMR die Konventionskonformität der Ablehnung einer Ladung bzw. Einvernahme von Entlastungszeugen damit begründet, dass die Gerichte hierfür ausreichend Gründe („relevant reasons") angeführt hatten.[3207] Insoweit dürfte das Urteil *Bricmont* – Ablehnung der Notwendigkeit ohne weitere Begründung (s.o.) – überholt sein.

XV. Sachverständigenbeweis

1. Abgrenzung des Sachverständigen vom Zeugen. Die Konventionen definieren **1216** weder den Begriff des Sachverständigen noch den des Zeugen (Rn. 1133 ff.). Die Unterscheidung ist unter dem Aspekt der Verfahrensfairness mitunter deutlich problematischer als die formale Herangehensweise der nationalen Strafprozessordnungen vermuten lässt. Der EGMR orientiert sich daher grundsätzlich nicht an diesen formalen Vorgaben des jeweiligen nationalen Rechts. Vielmehr stellt er auf die **prozessuale Stellung und Einflussnahme** der – nach nationalem Recht – zum Sachverständigen bestellten Person auf das Verfahren ab sowie auf die **Art und Weise** der Aufgabenerfüllung.[3208]

3202 EGMR Bricmont/B, 7.7.1989; dazu krit. SK/*Meyer* 516, 522.

3203 EGMR Engel u.a./NL, 8.6.1976; Bricmont/B, 7.7.1989; Köktas/D (E), 13.9.2011; Prado Bugallo (E), 18.10.2011, NJW **2012** 3502, §§ 37–39 (geladene Entlastungszeugen nicht erschienen; Berücksichtigung „anderer Zeugenaussagen" zur Vermeidung einer Unterbrechung der Verhandlung zulässig; *Frowein/Peukert* 313; IK-EMRK/ *Kühne* 602 ff.; SK/*Meyer* 523 beanstandet u.a. die darin liegende Beweisantizipation und fordert zumindest eine intersubjektive Plausibilität der Ablehnung.

3204 EGMR Jorgic/D, 12.7.2007, §§ 84–86; Köktas/D (E), 13.9.2011 („a pre-assessment of evidence such as proscribed in Article 244 § 5 of the German Code of Criminal Procedure does not necessarily entail a violation of the accused's procedural rights").

3205 EGMR Barberà, Messegué u. Jabardo/E, 6.12.1988; Vidal/B, 22.4.1992; Garaudy/F, 24.6.2003, NJW **2004** 3695.

3206 EGMR Vdovins/LET (E), 9.12.2014, §§ 37, 42 f.; Duško Ivanovski/MAZ, 24.4.2014, §§ 44, 55 f.; Engel u.a./ NL, 8.6.1976; Bricmont/B, 7.7.1989; Priebke/I (E), 5.4.2001, Nr. 2 („en droit"): „le requérant n'a pas démontré que l'audition de ce témoin aurait pu apporter des éléments nouveaux et pertinents pour l'examen de son affaire" (insoweit in EuGRZ **2001** 387 nicht abgedruckt); (GK) Perna/I, 6.5.2003; Vaturi/F, 13.4.2006; Koval/UKR, 19.10.2006; Vos/F (E), 5.12.2006; Pello/EST, 12.4.2007; (K) Taxquet/B, 13.1.2009; siehe aber auch EGMR Tarau/ RUM, 24.2.2009; Hatipoglu/TRK, 15.9.2009, § 32; Kouzmin/R, 18.3.2010; (GK) Taxquet/B, 16.11.2010.

3207 EGMR Köktas/D (E), 13.9.2011.

3208 EGMR Bönisch/A, 6.5.1985, § 31; Brandstetter/A, 28.8.1991, §§ 42, 59; vgl. auch EGMR Letinčić/KRO, 3.5.2016, § 51; Proskurnikov/R, 1.9.2020, § 16; Hamzagić/KRO, 9.12.2021, § 43; Tabak/KRO, 13.1.2022, § 60; Kabar/ TRK, 28.6.2022, § 16; Çöçelli u.a./TRK, 11.10.2022, § 54. Auch der EGMR sieht in einem Sachverständigen einen Gehilfen des unter Umständen nicht ausreichend sachkundigen Richters: „An expert in general assists in solving a question or problem raised in the proceedings that a judge is unable to solve by him- or herself." (EGMR C.B./A, 4.4.2013, ÖJZ **2013** 893, §§ 40, 42). Zum sog. **Amtssachverständigen im Verwaltungsverfahren** in Österreich: *Pürgy* ÖJZ **2014** 389, 394 f.; zum Status des Vertreters der **Jugendgerichtshilfe** und deren Berichts: *Gundelach* StraFo **2019** 45.

1217   **Neutralität und Objektivität** sind die zentralen Kriterien für die Differenzierung, ob eine Person im Verfahren die Rolle eines Sachverständigen oder eines Zeugen einnimmt bzw. einnehmen kann.[3209] Zwar gelten die Vorgaben des Art. 6 Abs. 1 nicht für die Tätigkeit des Sachverständigen im engeren Sinne (auch nicht für Sachverständige, die durch das Gericht bestellt werden), denn die Vorschrift ist zunächst einmal nur auf das eigentliche Verfahren zur Klärung der *strafrechtlichen Anklage* selbst anwendbar. Ein Sachverständiger muss daher auch nicht schon aus Art. 6 Abs. 1 heraus wie ein Gericht *unparteiisch* sein, weil er nicht zum gerichtlichen Spruchkörper gehört, also keine die *Parteien* bindende Entscheidung über die erhobene *Anklage* trifft, sondern lediglich ein Beweismittel darstellt. Die Begutachtung oder eine sonstige Tätigkeit einer als Sachverständiger bestellten Person ist aber so eng mit dem Strafverfahren im engeren Sinne verbunden, dass jedenfalls bei der Einführung der Ergebnisse ihrer Tätigkeit in das gerichtliche Verfahren bestimmte Garantien des Art. 6/Art. 14 IPBPR gewährleistet sein müssen. Mangelt es einer zur sachverständigen Begutachtung einer Tatsache bestellten Person an Neutralität und Objektivität, so kann es einen Verstoß gegen die von Art. 6 garantierte Verfahrensfairness darstellen,[3210] wenn diese Person formal als Sachverständiger (und nicht als **Belastungszeuge**; vgl. Rn. 1232 ff.) behandelt wird, insbesondere wenn ihren Bekundungen ein höherer Beweiswert beigemessen wird oder die Beschuldigtenrechte gegenüber einer Einvernahme als Zeuge eingeschränkt sind.

1218   Entscheidend ist nicht, ob der Beschuldigte Bedenken hinsichtlich einer Parteilichkeit eines Sachverständigen hat, sondern vielmehr, ob etwaige Zweifel an der Neutralität **objektiv berechtigt** sind (*„objectively justified"*).[3211] Ansonsten wäre die Erhebung eines Sachverständigenbeweises aufgrund der auf vielen Feldern nur begrenzten Zahl zur Verfügung stehender Experten häufig nicht zu realisieren.[3212] Objektiv **berechtigte Zweifel** an der Neutralität des Sachverständigen können dazu führen, dass dieser als **Belastungszeuge** einzuordnen ist.[3213] In diesem Fall sind die zu Art. 6 Abs. 3 *lit.* d entwickelten Grundsätze anzuwenden, um die Verfahrensfairness zu gewährleisten (Rn. 1236).[3214]

1219   Die Zugehörigkeit einer Person zu einer Stelle, auf deren Anzeige hin das strafrechtliche Ermittlungsverfahren in Gang gekommen ist, bzw. auf deren Gutachten die eigentliche *Anklage* beruht, begründet in der Regel (noch) keine berechtigten Zweifel an ihrer Neutralität.[3215] Eine **im Ermittlungsverfahren erfolgte Bestellung eines Sachverständigen durch die Staatsanwaltschaft** führt allerdings nicht *per se* dazu, dass die spätere (zweite) Bestellung zum Sachverständigen im Hauptverfahren durch das erkennende Gericht die

---

3209   Vgl. hierzu: OGH 23.1.2014 – 12 Os 90/13x, JSt **2014** 59, 61 („neutrale Beweisperson").
3210   Meyer-Ladewig/Nettesheim/von Raumer/*Meyer-Ladewig/Harrendorf/König* 154 unter Hinweis auf EGMR Sara Lind Eggertsdóttir/ISL, 5.7.2007; Shulepova/R, 11.12.2008, § 62 (ärztlicher Sachverständiger, der Angestellter der beklagten Klinik ist); Çöçelli u.a./TRK, 11.10.2022, § 54; zur Neutralität in einem zivilrechtlichen Fall: EGMR Placì, 21.1.2014, §§ 74 ff., wo der EGMR einen Verstoß gegen Art. 6 Abs. 1 feststellte (der „medizinische Beirat", dem die Rolle eines Sachverständigengremiums zukam, war dem Beklagten, einer Behörde, untergeordnet; außerdem kamen den Feststellungen dieses Beirats Bindungswirkung für das Gericht zu).
3211   EGMR Brandstetter/A, 28.8.1991, § 44; Stoimenov/MAZ, 5.4.2007, § 40.
3212   So ausdrücklich EGMR Brandstetter/A, 28.8.1991, § 41; Zarb/MLT (E), 27.9.2005, Nr. 1.
3213   Vgl. auch *Gerson* medstra **2023** 18, 22 ff.
3214   Hierzu ausführlich: *Esser* 630 ff.
3215   EGMR Brandstetter/A, 28.8.1991, § 44; ähnlich BGH StV **2017** 110 = wistra **2016** 365, Rz. 6 ff., insbes. Rz. 10 (insoweit in NJW **2016** 3459 und NZG **2016** 751 nicht abgedruckt): Mitarbeiter der BaFin als Sachverständiger zugelassen, obwohl die BaFin in dem Fall ermittelt hatte, wenn der betreffende Mitarbeiter „im Vorfeld nicht selbst ermittelnd tätig war".

Neutralität dieser Person in Frage stellt und sie zum Belastungszeugen macht.[3216] Auch dass ein Sachverständiger seinen Untersuchungsauftrag überschreitet, indem er in seinem Gutachten auf Fragen der Beweiswürdigung eingeht, soll hierfür nicht ausreichen.[3217] Werden aber genau die Personen, deren Handeln zur **Entstehung des gegen den Beschuldigten bestehenden Tatverdachts** geführt hat,[3218] als Sachverständige bestellt, so fordert die Waffengleichheit, dass der Beschuldigte die Möglichkeit erhalten muss, den (formal gesehen) „Sachverständigen" wie einen Belastungszeugen nach Art. 6 Abs. 3 *lit.* d zu befragen.[3219]

Der OGH formuliert dazu treffend: „*Je unbestimmter daher der Anfangsverdacht, je unkonkreter der Auftrag der Staatsanwaltschaft an den beigezogenen Experten, [...], desto* eher muss die darauf aufbauende Befundaufnahme inhaltlich als *Ermittlungstätigkeit des beauftragten Gutachters gewertet werden.*"[3220] „*Wer daher* **inhaltlich als Ermittlungsorgan gewirkt hat, darf nicht später als Sachverständiger einschreiten;** *vielmehr wirkt eine solche funktional als Ermittlungsorgan erfolgte Vorbefassung als* **Befangenheitsgrund**".[3221]   1220

2. Auswahl des Sachverständigen. Art. 6 gewährt dem Beschuldigten **kein Mitbe-** 1221 **stimmungsrecht** bei der Auswahl eines zu bestellenden Sachverständigen. Besitzt der vom Gericht auserkorene Sachverständige die von ihm unter Fairnessgesichtspunkten geforderte Neutralität, stellt es keinen Verstoß gegen den Grundsatz der Waffengleichheit dar, wenn das Gericht dem Antrag der Verteidigung, einen anderen Sachverständigen zu bestellen, nicht folgt.[3222]

Hat der Beschuldigte Zweifel an der Neutralität des vom Gericht ausgewählten Sach- 1222 verständigen, so trifft ihn eine **Rügeobliegenheit**. Deren Reichweite und Umfang war im Urteil *Brandstetter* zunächst offen geblieben, ebenso wie das Gericht auf eine solche Rüge zu reagieren hat.[3223] Im Urteil *Mirilashvili* ließ es der EGMR bei der Forderung, dass sich das nationale Gericht mit den Bedenken ernsthaft auseinandersetzen und zu einem Ergebnis kommen muss, das nicht willkürlich erscheint.[3224] Der Gerichtshof wies im Fall *Brandstetter*, in dem der Bf. die Neutralität des vom Gericht bestellten Sachverständigen wegen

---

3216 Siehe: OGH 23.1.2014 – 12 Os 90/13x, JSt **2014** 59, 61; OGH 15.4.2015 – 13 Os 43/14v, JSt **2015** 490 (Ls.).

3217 Vgl. hierzu auch EGMR Mirilashvili/R, 11.12.2008, §§ 176 f.; Kohen u.a./TRK, 7.6.2022, § 70 (Überschreitung des Auftrags kann dahinstehen, wenn die Auswirkungen auf die gerichtliche Entscheidung unerheblich sind).

3218 Vgl. In diesem Sinne auch: OGH 23.1.2014 – 12 Os 90/13x, JSt **2014** 57, 62 („Fälle, in denen das [...] Ungleichgewicht bei der Beweisaufnahme durch eine inhaltliche Ermittlungstätigkeit des von der Staatsanwaltschaft bestellten Sachverständigen schlagend wird"/„mutiert von einem unabhängig agierenden Experten [...] zu einem verlängerten Arm der Ermittlungsbehörde").

3219 EGMR Bönisch/A, 6.5.1985; vgl. zu diesem Urteil: OLG Koblenz ZLR **1987** 167; *Meier* ZLR **1988** 265, 270 ff.; Brandstetter/A, 28.8.1991, §§ 44 f., 60 f.; Stoimenov/MAZ, 5.4.2007, § 40; siehe auch EGMR Duško Ivanovski/MAZ, 24.4.2014, §§ 57 ff.; Tabak/KRO, 13.1.2022, § 65, 82; Kabar/TRK, 28.6.2022, §§ 17 f.; anders bezogen auf einen zivilrechtlichen Sachverhalt: EGMR Olsson/S, 24.3.1988, §§ 12, 89, EuGRZ **1988** 591 (Inobhutnahme von Kindern aus Gründen des Jugendschutzes: Einvernahme einer mit dem Fall befassten Ärztin als Sachverständige zulässig).

3220 OGH 23.1.2014 – 12 Os 90/13x, JSt **2014** 57, 62.

3221 In diesem Sinne auch: OGH 23.1.2014 – 12 Os 90/13x, JSt **2014** 57, 62 (bezüglich § 126 Abs. 4 öStPO). Vgl. ferner: ÖVerfG 10.3.2015 – G 180/2014-30 u.a., JSt **2015** 257; zusammengefasst: ÖJZ **2015** 859; OGH 2.6.2015 – 11 Os 51/15 g, ÖJZ **2015** 899; hierzu: *Ratz* ÖJZ **2015** 835.

3222 EGMR Mirilashvili/R, 11.12.2008, §§ 188, 191.

3223 EGMR Brandstetter/A, 28.8.1991, §§ 44 f.

3224 EGMR Mirilashvili/R, 11.12.2008, § 181; Alois Weinöhrl/D (E), 4.11.2008 (sozialgerichtliches Verfahren).

Esser

dessen Zugehörigkeit zu einer Behörde bestritt,[3225] auf deren Schlussfolgerungen auch der Anklagevorwurf beruhte, außerdem darauf hin, dass der Bf. seine Zweifel weder bei der ersten noch bei der zweiten Anhörung, sondern erst fast drei Monate nach letzterer geäußert hat.[3226] Es stellt sich daher in diesem Zusammenhang die Frage, ob eine zu späte Rüge zur Folge hat, dass der Bf. die mangelnde Neutralität des Sachverständigen nicht mehr geltend machen kann. Da der Gerichtshof im Fall *Brandstetter* die Bedenken des Bf. nicht teilte und mit Blick auf die Fairness des Verfahrens die Bestellung weiterer Sachverständiger auf Antrag der Verteidigung nicht für erforderlich hielt,[3227] wurden die Auswirkungen einer Verspätung der Rüge nicht abschließend geklärt. Erfolgt eine Rüge erst nach Vorstellung des entsprechenden Sachverständigengutachtens, weist der EGMR bei der Überprüfung des Verfahrens hinsichtlich Art. 6 in der Regel auf die späte Erhebung dieses Einwands hin.[3228] Es erscheint deswegen jedenfalls nicht ausgeschlossen, dass der EGMR dieses Kriterium in die Abwägung zur Beurteilung der Verfahrensfairness miteinbezieht. In jedem Fall ist dabei jedoch zu beachten, dass sich häufig Zweifel an der Neutralität gerade aus dem Inhalt des erstellten Gutachtens oder aus den Ausführungen in der Hauptverhandlung ergeben. Wünschenswert wäre insofern, dass der EGMR auch **solchen Bedenken, die vernünftigerweise erst nachträglich entstehen** können, hinsichtlich der geforderten Neutralität in seiner Abwägung Beachtung schenkt.

1223   **3. Pflicht zur Einholung eines Sachverständigengutachtens.** Grundsätzlich ist es Sache der nationalen Gerichte, zu entscheiden, ob ein Sachverständiger bestellt werden muss oder ob eine Frage auch ohne die Sachkunde eines Sachverständigen entschieden werden kann.[3229] Allerdings hat der Gerichtshof wiederholt festgestellt, dass der Verzicht auf die Bestellung eines Sachverständigen unter bestimmten Umständen dazu führen kann, dass der Angeklagte insgesamt kein faires Verfahren erhält.[3230] So verlangt der **Grundsatz der Waffengleichheit** jedenfalls, dass nicht ausschließlich dem Gericht und der Anklagebehörde, sondern auch der Verteidigung Möglichkeiten zukommen, eine Begutachtung von Experten zumindest in irgendeiner Weise zulässig in ein Verfahren einzubringen.[3231]

1224   **a) Erforderlichkeit zur Sachaufklärung.** Das Tatgericht besitzt einen **weiten Beurteilungsspielraum** hinsichtlich der Frage, ob die Einholung eines Sachverständigengutachtens zur Sachaufklärung notwendig ist[3232] und welche spezielle Sachkunde im konkre-

---

3225 Vgl. hierzu auch LG Kiel NJW **2006** 3224 (Parteilichkeit des Sachverständigen aufgrund Zugehörigkeit zu Unternehmen der Film- und Softwareentertainmentbrache; Eigeninteresse an Bekämpfung von Produktpiraterie; eigenes investigatives Tätigwerden bei Durchsuchung).

3226 Vgl. EGMR Brandstetter/A, 28.8.1991, § 44.

3227 Vgl. EGMR Brandstetter/A, 28.8.1991, §§ 45 f.

3228 Vgl. EGMR Brandstetter/A, 28.8.1991, § 44; Bernard/F, 23.4.1998, §§ 37–41, ÖJZ **1999** 236.

3229 EGMR Khodorkovskiy u. Lebedev/R, 25.7.2013, § 721; Khodorkovskiy u. Lebedev/R (Nr. 2), 14.1.2020, § 491; Meyer-Ladewig/Nettesheim/von Raumer/*Meyer-Ladewig/Harrendorf/König* 153.

3230 Meyer-Ladewig/Nettesheim/von Raumer/*Meyer-Ladewig/Harrendorf/König* 153; EGMR (GK) Elsholz/D, 13.7.2000, § 66 (kein psychologisches Gutachten bei Entscheidung über Umgangsregelung mit einem Kind); van Kück/D, 12.6.2003, §§ 61 ff., NJW **2004** 2505 (Sachverständigenbeweis bezüglich Fragen der Transsexualität); Schlumpf/CH, 8.1.2009, §§ 57 f.; vgl. auch EGMR Paefgen/D (E), 12.1.2010; siehe hingegen EGMR Eternit/F (E), 27.3.2012 (dort faires Verfahren), NZA **2013** 1069.

3231 Meyer-Ladewig/Nettesheim/von Raumer/*Meyer-Ladewig/Harrendorf/König* 153; EGMR Khodorkovskiy u. Lebedev/R, 25.7.2013, §§ 728 ff.

3232 Vgl. zu dieser Frage: BVerfG NJW **2009** 1585 (Gehörsverletzung durch Nichtberücksichtigung eines Beweisangebots – Sachverständigengutachten – im Zivilverfahren). Nach § 43 Abs. 2 JGG soll ein zur Unter-

ten Fall erforderlich ist.[3233] Indem der EGMR die Entscheidung in das Ermessen des nationalen Gerichtes stellt, billigt er diesem sogar eine gewisse (negative) **Vorwegnahme der Beweiswürdigung** zu.[3234] Die **Bedeutung der zu fällenden Entscheidung** kann aber unter **besonderen Umständen** die Bestellung eines Sachverständigen erforderlich machen (*Elsholz*).[3235] Dies gilt im Rahmen des Art. 6 Abs. 1 insbesondere dann, wenn der Fall **Sach- und Rechtsfragen** aufwirft, die aufgrund des Aktenmaterials nicht angemessen gelöst werden können.[3236]

b) Pflicht zur aussagepsychologischen Begutachtung der Glaubwürdigkeit eines 1225 **Zeugen.** Ein weiter Beurteilungsspielraum wird dem Tatgericht auch hinsichtlich der Frage zugestanden, ob es die Glaubwürdigkeit eines Zeugen selbst einschätzen kann oder auf die Sachkunde eines Psychologen bzw. Psychiaters angewiesen ist.[3237] Urteile oder Entscheidungen des EGMR, die sich explizit mit der Erforderlichkeit einer aussagepsychologischen Begutachtung[3238] zur Frage der Glaubwürdigkeit eines Zeugen oder Mitbeschuldigten *im Strafverfahren* befassen, liegen – soweit ersichtlich – noch nicht vor. Überträgt man die Grundsätze, die der EGMR im Fall *Elsholz* (Rn. 814) aufgestellt hat, auf die Besonderheiten eines Strafverfahrens und die Situation des Zeugenbeweises, so wird man auch in diesem Zusammenhang auf die *„besonderen Umstände"* und die *„Bedeutung der zu fällenden Entscheidung"* abzustellen haben:

Die *„Bedeutung der zu fällenden Entscheidung"* ließe sich zunächst recht abstrakt 1226 auf die vom Gericht zu treffende Entscheidung über Schuld oder Unschuld des Angeklagten beziehen. Dies hätte allerdings zur Folge, dass dieses Kriterium im Strafverfahren nahezu jeden einschränkenden Charakter verlöre, da eine strafrechtliche Verurteilung – unabhängig von der konkreten Strafe – stets mit einem gravierenden Unwerturteil verbunden ist, so dass man immer von einer solchen „Bedeutung" ausgehen müsste. Bezogen auf die besondere Problematik „Glaubwürdigkeit eines Zeugen" spricht deshalb mehr dafür, im Hinblick auf das Kriterium der *„zu treffenden Entscheidung"* die strafrechtliche Beweiswürdigung ins Visier zu nehmen. Von **„Bedeutung"** wäre jedenfalls die Aussage eines **zentralen Belastungszeugen**. Insbesondere betrifft dies die Konstellation **„Aussage gegen Aussage"**.

Der Einholung eines Sachverständigengutachtens zur Glaubwürdigkeit eines Zeugen 1227 bedarf es jedoch nicht schon deshalb, weil ein spezieller Zeuge das einzige Beweismittel ist. Hinzukommen müssen weitere **„besondere Umstände"**, aufgrund derer das Gericht nicht mehr auf seine eigene Sachkunde und Fähigkeit zur Beurteilung der Glaubwürdigkeit eines Zeugen vertrauen darf. Dies können etwa **Reife- oder Persönlichkeitsmängel** des Zeugen sein, vor allem, wenn sie mit einem **nicht konstanten oder gar widersprüch-**

---

suchung von Jugendlichen befähigter Sachverständiger mit der Feststellung des Entwicklungsstandes oder anderer für das Verfahren wesentlicher Eigenschaften beauftragt werden.

3233 Hierzu allgemein: *Roggenwallner* StRR **2011** 180.

3234 EGMR Doorson/NL, 26.3.1996, §§ 31, 33 f., 81 f.; vgl. ebenso: EGMR H./F, 24.10.1989, §§ 60 f., 65, 70 (zivilrechtlicher Schadensersatzprozess).

3235 EGMR (GK) Elsholz/D, 13.7.2000, §§ 52 f., 66 (Umgangsrecht eines Elternteils mit einem Kind wurde verneint, weil sich die Abneigung des anderen Elternteils auf das Kind übertragen hatte).

3236 EGMR (GK) Elsholz/D, 13.7.2000, § 66.

3237 Siehe EGMR Paefgen/D (E), 12.1.2010 (familiengerichtliches Verfahren); Strassenmeyer/D, 2.5.2023, §§ 87–89 (Beweisantrag auf psychologische Begutachtung eines Belastungszeugen mit ausreichender Begründung abgelehnt).

3238 Vgl. zu den Anforderungen an aussagepsychologische Gutachten (Glaubhaftigkeitsgutachten) grundsätzlich: BGH NJW **1999** 2746 ff.; NStZ **2001** 45 ff.; vertiefend zur aussagepsychologischen Begutachtung außerdem: *Hohoff* NStZ **2020** 387 ff.

Esser

lichen Aussageverhalten zusammentreffen, so dass sie geeignet sind, **Zweifel an der Glaubwürdigkeit des Zeugen** aufkommen zu lassen.

1228 **c) Ablehnung eines Beweisantrags auf Vernehmung eines Sachverständigen.** Grundsätzlich ist das Gericht nicht verpflichtet, allein wegen eines darauf gerichteten Beweisantrags eines Verfahrensbeteiligten einen Sachverständigen zu bestellen. Auch hier gelten die vorgenannten Grundsätze.[3239] Die Ablehnung eines **Beweisantrags** auf Vernehmung eines Sachverständigen stellt insbesondere dann keinen Verstoß gegen die Grundsätze eines fairen Verfahrens dar, wenn der Beschuldigte den Antrag zu einem Zeitpunkt stellt, zu dem der mit der Einholung eines entsprechenden Gutachtens verbundene **Zweck nicht mehr erreicht** werden kann.[3240] Der EGMR hat jedoch auch festgestellt, dass die *Zulässigkeit* der Rüge einer Verletzung von Art. 6 (unterlassene Einholung eines Gutachtens) von der Stellung eines entsprechenden förmlichen **Beweisantrags** im nationalen Verfahren abhängen kann (Rechtswegerschöpfung).[3241]

1229 **d) Pflicht zur Bestellung eines weiteren Sachverständigen.** Von der Notwendigkeit der Beauftragung und Auswahl eines Sachverständigen zu unterscheiden ist die Frage, unter welchen Voraussetzungen ein **weiterer Sachverständiger** bestellt werden muss, wenn ein Sachverständiger bereits eine Expertise geliefert hat (vgl. § 244 Abs. 4 Satz 1, 2 StPO).[3242] Maßstab ist auch hier die Gewährung eines (insgesamt) **kontradiktorischen Verfahrens** als zentrales Element der Verfahrensfairness. Neben der Auswahl des Sachverständigen und der Qualität der Begutachtung spielt dabei vor allem eine Rolle, ob und wie sich das Gericht mit dem Gutachten und den mündlichen Ausführungen des (ersten) Sachverständigen – einschließlich etwaiger Änderungen, Widersprüche etc. – auseinandergesetzt hat[3243] und dem Beschuldigten Gelegenheit zu einer Stellungnahme, ggf. auch eine direkte Befragung des Sachverständigen, eingeräumt hat.[3244] Ist diese „Verfahrensfairness" im engeren Sinne gewahrt, besitzen die Gerichte einen Beurteilungsspielraum hinsichtlich der Frage, ob die Einholung eines weiteren Gutachtens für die Klärung der fallrelevanten Fragestellung erforderlich ist. Die Verfahrensfairness erfordert die Einholung eines weiteren Gutachtens jedenfalls nicht schon deshalb, weil der vom Gericht bestellte (neutrale) Sachverständige den Standpunkt der Anklagebehörde teilt.[3245] Die Einholung einer weiteren Expertise kann jedoch erforderlich sein, wenn der Sachverständige den Tatverdacht überhaupt erst begründet hat und daher als Belastungszeuge anzusehen ist (Rn. 1219 f.).[3246]

1230 Das Gericht muss nicht automatisch eine Person als (weiteren) Sachverständigen einvernehmen (oder als Zeugen), die im **Auftrag des Beschuldigten** Untersuchungen vorge-

---

3239 Siehe EGMR Martha Ullmann u. Markus Ullmann/D (E), 20.1.2009 (Sorgerechtsverfahren – Bestellung eines pädiatrischen Sachverständigen zur Begutachtung von Kindesverletzungen); vgl. zur widersprüchlichen Ablehnungsbegründung eines Beweisantrags auf Einholung eines weiteren Sachverständigengutachtens: BGH NJW **2010** 1214 = JZ **2010** 471 m. Anm. *Eisenberg*.
3240 EGMR Asch/A, 26.4.1991 (Verheilung der Verletzungen).
3241 Siehe EGMR Magnusson/S (E), 16.12.2003 (Stellung eines Beweisantrags nicht nachgewiesen); siehe auch EGMR Balsytė-Lideikienė/LIT, 4.11.2008, § 64 a.E.
3242 Zur Darstellung (divergierender) Sachverständigengutachten im Urteil: BGH NStZ **2019** 240.
3243 Vgl. BGH NStZ-RR **2012** 287 (Pflicht des Gerichts zur Auseinandersetzung mit substantiierter Darlegung methodischer Mängel des Glaubhaftigkeitsgutachtens).
3244 EGMR Matytsina/R, 27.3.2014, §§ 182 ff., 207; Stoimenov/MAZ, 5.4.2007, §§ 41 f.
3245 EGMR Brandstetter/A, 28.8.1991, § 46.
3246 EGMR Stoimenov/MAZ, 5.4.2007, §§ 38 ff.

nommen hat und zu einer Erkenntnis gekommen ist, die ihn entlastet.[3247] Es gelten insoweit die allgemeinen Grundsätze hinsichtlich der Notwendigkeit einer zweiten Expertise.

Selbst wenn der Sachverständige seine im schriftlichen Gutachten geäußerte Auffassung in der mündlichen Verhandlung ändert, muss grundsätzlich kein zweites Gutachten in Auftrag gegeben werden. Vertritt der Sachverständige in der mündlichen Verhandlung aber plötzlich eine vom schriftlichen Gutachten in einem zentralen Punkt abweichende, für den Beschuldigten nachteilige Auffassung (**Diskrepanz zwischen Gutachten und Erläuterung in der Verhandlung**), kann die Verfahrensfairness verletzt sein, wenn kein weiteres Gutachten eingeholt wird.[3248] **1231**

4. Behandlung des Sachverständigen als Belastungszeugen. Ein Sachverständiger, der nicht die von Art. 6 geforderte Neutralität und Objektivität besitzt, ist als **Belastungszeuge** anzusehen (Rn. 1217). Seine Beteiligung am Strafverfahren muss ebenso wie die Verwertung seiner Erkenntnisse dem Prinzip der **Waffengleichheit** Rechnung tragen. Wie das erkennende Gericht im Einzelnen zu verfahren hat, hängt zum einem von der Stellung des „Sachverständigen" während des Verfahrens ab, zum anderen von der Art und Weise, wie er seine Aufgaben erfüllt.[3249] **1232**

Art. 6 Abs. 3 *lit.* d verlangt dann, dass Personen, die von der Verteidigung benannt werden, um den Ausführungen des „Sachverständigen" zu widersprechen (sog. **„Entlastungszeugen"**), vom Gericht auf die **gleiche Art und Weise** geladen und einvernommen werden wie der „Sachverständige" in seiner Rolle als „Belastungszeuge".[3250] Der EGMR orientiert sich dabei am unterschiedlichen **Beweiswert** („Überzeugungskraft") der Angaben eines „Sachverständigen" gegenüber denen eines Zeugen und der (faktischen) **Einflussnahme** des „Sachverständigen" auf das Verfahren. Die Verknüpfung beider Gesichtspunkte ist vor allem dann von Bedeutung, wenn die Angaben eines Sachverständigen gegenüber denen eines Zeugen in der nationalen Rechtsordnung explizit einen höheren Beweiswert haben.[3251] Aber auch wenn dies nicht der Fall ist, scheint es geboten, einen „Sachverständigen", dem es an der gebotenen Neutralität mangelt, verfahrensrechtlich einem Belastungszeugen gleichzustellen, was die entsprechenden Beteiligungs-/Frage-/Konfrontationsrechte des Beschuldigten auslöst. **1233**

Der EGMR verlangt aber auch in diesem Fall nicht, dass das Gericht eine von der Verteidigung benannte Person ebenfalls als *Sachverständigen* beauftragt und später vernimmt.[3252] Wie deren Einvernahme zu erfolgen hat, hängt vielmehr davon ab, ob der „Sachverständige" in der Verhandlung eine **beherrschende Rolle** einnimmt. Dies ist namentlich der Fall, wenn er dem Beschuldigten oder einem von der Verteidigung benannten Zeugen Fragen stellt oder zu dessen Ausführungen Stellung nimmt oder wenn die Ansicht des „Sachverständigen" für die Entscheidung wegen der fehlenden Sachkunde des Gerichts besonderes Gewicht hat, insbesondere bei einer Bestellung durch das Gericht selbst.[3253] **1234**

3247   EGMR Brandstetter/A, 28.8.1991, §§ 10–19, 44 ff.; siehe OLG Koblenz ZLR **1987** 167.

3248   EGMR G.B./F, 2.10.2001, §§ 68–70, StraFo **2002** 81 = R&P **2002** 254 (Änderung eines psychiatrischen Gutachtens aufgrund von in der mündlichen Verhandlung erstmals von der Staatsanwaltschaft vorgelegten Dokumenten zum Sexualverhalten des Beschuldigten).

3249   Siehe zum Beispiel EGMR Brandstetter/A, 28.8.1991, §§ 59 f.

3250   EGMR Bönisch/A, 6.5.1985, § 32; Brandstetter/A, 28.8.1991, § 61. Ausführlich zu Art. 6 Abs. 3 *lit.* d Rn. 1145 ff. und bei *Esser* 630 ff.

3251   EGMR Sara Lind Eggertsdóttir/ISL, 5.7.2007, §§ 47, 49; Shulepova/R, 11.12.2008, §§ 66, 68.

3252   In diesem Sinne auch: OGH 23.1.2014 –12 Os 90/13x, JSt **2014** 57, 61 f.

3253   Zu letzterem Gesichtspunkt EGMR Sara Lind Eggertsdóttir/ISL, 5.7.2007, §§ 47, 49; Shulepova/R, 11.12.2008, §§ 66, 68; Mirilashvili/R, 11.12.2008, §§ 178 f.

Esser

Dann soll eine Vernehmung der von der Verteidigung benannten Personen als „Zeuge" nicht genügen.

1235 Die Verwertung von Angaben, die ein Belastungszeuge als „Sachverständiger" gemacht hat, soll dagegen möglich sein, wenn dieser keine dominierende Rolle gespielt hat und die von der Verteidigung benannten und als Zeugen vernommenen Personen hinsichtlich solcher Punkte gehört werden, die mit der vom „Sachverständigen" durchgeführten Untersuchung zusammenhängen.[3254]

1236 Die Leitlinien des EGMR zur verfahrenstechnischen „Kompensation" der Tätigkeit eines Sachverständigen, dem die gebotene Neutralität fehlt, erscheinen wenig konsistent. Die Lösung des Problems sollte sich zentral am Status des Sachverständigen als Belastungszeuge orientieren (Rn. 1218). Seine Angaben sind demnach verwertbar, wenn sämtliche durch diesen Status ausgelösten Beschuldigtenrechte beachtet worden sind, namentlich das **Frage- und Konfrontationsrecht** des Art. 6 Abs. 3 *lit.* d. Da dem Fairnessgebot dadurch bereits entsprochen wird, können die von der Verteidigung benannten Personen auch als Zeugen vernommen werden.[3255]

5. Rechte des Beschuldigten

1237 **a) Anwesenheits-/Auskunftsrecht.** Aus Art. 6 lässt sich kein selbstständiges Recht ableiten, bei Explorationen oder der sonstigen Tätigkeit eines Sachverständigen anwesend zu sein oder (separat) Einsicht in Unterlagen zu erhalten, die der Sachverständige in seine Untersuchungen mit einbezogen hat (zur Akteneinsicht allgemein Rn. 909 ff.).[3256] Es ist allerdings zur Wahrung der Verfahrensfairness sicherzustellen, dass sich der Beschuldigte im (späteren) gerichtlichen Verfahren nach den Maßstäben des Art. 6 beteiligen kann.[3257] Daraus folgt ein Anspruch auf frühzeitige **Mitteilung** des vom Sachverständigen erstellten Gutachtens, insbesondere, wenn die Angaben des Sachverständigen für die vom Gericht zu treffende Entscheidung maßgeblich sind.[3258] Das Recht, möglichst frühzeitig vom Inhalt des Gutachtens in Kenntnis gesetzt zu werden, steht auch in Zusammenhang mit dem Grundsatz, dass dem Beschuldigten die effektive Möglichkeit einer Stellungnahme zum Gutachten gewährleistet sein muss (Rn. 1238 f.).

1238 **b) Recht auf (effektive) Stellungnahme.** Handelt es sich bei dem Gutachten des Sachverständigen um ein **wesentliches Beweismittel**, müssen die *Parteien* zu diesem **effektiv Stellung nehmen** können.[3259] Das heißt nicht, dass den Parteien bzw. dem Beschuldigten das Recht zusteht, bei der Erstellung des Gutachtens von Anfang an mitzuwirken.

1239 Die Rs. *Cottin* lässt erkennen, dass eine solche Stellungnahme unter bestimmten Voraussetzungen im zeitlichen Zusammenhang mit der Fertigstellung des Gutachtens zu gewährleisten ist. Die Möglichkeit der Stellungnahme erst nach Fertigstellung des Gutachtens ist dann **nicht mehr effektiv**, wenn (1) die behandelte Fragestellung mit der vom Gericht

---

3254 EGMR Brandstetter/A, 28.8.1991, §§ 22–27, 60–63; Mirilashvili/R, 11.12.2008, §§ 179 f.

3255 EGMR Bönisch/A, 6.5.1985, §§ 33 f.; Belevitskiy/R, 1.3.2007, § 177.

3256 Meyer-Ladewig/Nettesheim/von Raumer/*Meyer-Ladewig/Harrendorf/König* 155.

3257 Meyer-Ladewig/Nettesheim/von Raumer/*Meyer-Ladewig/Harrendorf/König* 155; vgl. auch EGMR Cottin/B, 2.6.2005, §§ 32 f. (u.a. keine Möglichkeit des Beschuldigten zur Befragung von durch den Sachverständigen befragten Personen; Verstoß bejaht).

3258 Vgl. hierzu EGMR Bernard/F, 23.4.1998, § 38; zur „Abhängigkeit" des Richters vom Sachverständigen: *Nack* GA **2009** 201; *Erb* ZStW **121** (2009) 882.

3259 EGMR Stoimenov/MAZ, 5.4.2007, § 43; siehe auch: BVerfG NJW **2012** 1346 (Art. 103 Abs. 1 GG); OGH ÖJZ **2014** 420, 423.

zu entscheidenden Frage identisch ist, (2) die Tätigkeit des Sachverständigen sich auf ein Gebiet erstreckt, welches sich dem Wissen des Gerichts entzieht, (3) das Gutachten zwar für das Gericht nicht bindend ist, jedoch auf die Tatsachenermittlung einen überragenden Einfluss hat, (4) keine Schwierigkeit für die Beteiligung der Partei bei der Erstellung des Gutachtens besteht, (5) die Partei aufgrund der unterbliebenen Beteiligung keine Möglichkeit hat, Zeugen zu befragen, die die Ansicht der Gegenseite stützen, (6) der Partei die im Gutachten berücksichtigten Dokumente erst nach dessen Fertigstellung und Übermittlung zur Kenntnis gelangen.[3260]

c) Unschuldsvermutung. Der Sachverständige als Prozessbeteiligter muss sowohl in **1240** seinem schriftlichen Gutachten als auch in seinen mündlichen Ausführungen vor Gericht der Unschuldsvermutung Rechnung tragen (Art. 6 Abs. 2). Der EGMR überprüft dies auf der Ebene der **Beweiswürdigung**. Wird im Ermittlungsverfahren ein psychiatrisches Gutachten in Auftrag gegeben, mit dessen Hilfe sowohl die Gefährlichkeit des Beschuldigten als auch das Vorliegen einer geistigen oder psychischen Abnormität festgestellt werden soll, soll es nicht zu beanstanden sein, wenn der Sachverständige von der **Hypothese** ausgeht, dass der **Beschuldigte die Tat**, die Gegenstand des Verfahrens ist, **begangen hat**.[3261] Ob man hier der Unschuldsvermutung tatsächlich gerecht wird, erscheint zweifelhaft. Vielmehr wäre sich hier an den Grundsätzen zu orientieren, die der EGMR zur Tätigkeit von Ermittlungsbehörden und zum Einfluss der Öffentlichkeit auf den Ausgang des Strafverfahrens aufgestellt hat (Rn. 657 ff.).

XVI. Dolmetscherunterstützung (Art. 6 Abs. 3 *lit.* e EMRK/Art. 14 Abs. 3 *lit.* f IPBPR)

1. Zweck und Schutzgehalt der Garantie. Art. 6 Abs. 3 *lit.* e EMRK und Art. 14 Abs. 3 **1241** *lit.* f IPBPR sehen vor, dass jeder angeklagten Person das Recht zukommt, unentgeltliche Unterstützung durch einen Dolmetscher zu erhalten, wenn sie die Verhandlungssprache des Gerichts nicht versteht oder spricht. Begrifflich abzugrenzen ist dabei die Tätigkeit eines **Dolmetschers** (in der Regel zur Übertragung **verbaler Inhalte**) von der eines **Übersetzers**, die sich im Allgemeinen nur auf **schriftlich fixierte Inhalte** bezieht. Die Garantie findet sich zudem in **Art. 8 Abs. 2 Satz 2 *lit.* a AMRK**, Art. 16 Satz 2 Nr. 4 der ACHR sowie in **Art. 55 Abs. 1 *lit.* c** und **Art. 67 Abs. 1 *lit.* f ICC-Statut**.

Zweck der Garantie aus Art. 6 Abs. 3 *lit.* e EMRK und Art. 14 Abs. 3 *lit.* f IPBPR ist es, in **1242** Ergänzung der Gewährleistungen der Art. 6 Abs. 3 *lit.* a EMRK/Art. 14 Abs. 3 *lit.* a IPBPR, jedem Beschuldigten, der der **Gerichtssprache nicht hinreichend mächtig** ist – dabei kommt es nicht auf die Staatsangehörigkeit, sondern allein auf die Sprachunkenntnis an –, die effektive Wahrnehmung seiner Verfahrensinteressen und damit ein faires Verfahren zu sichern.[3262] Fremdsprachige Beschuldigte sollen dem Beschuldigten **gleichgestellt** werden, der die Gerichtssprache beherrscht. Auf diese Weise soll verhindert werden, dass mangelnde Sprachkenntnisse eines Beschuldigten die Verteidigung beeinträchtigen; das mit einer Sprachunterstützung **erhöhte Kostenrisiko** soll die Zuziehung eines Dolmetschers nicht

---

[3260] EGMR Cottin/B, 2.6.2005, §§ 31–33 (Strafverfahren); zivilrechtlich: EGMR Mantovanelli/F, 18.3.1997, §§ 33, 35 f.; Eskelinen u.a./FIN, 8.8.2006, §§ 30–34.

[3261] EGMR Bernard/F, 23.4.1998, §§ 37–41; zur Unschuldsvermutung im Lebensmittelstrafverfahren: *Meier* ZLR **1988** 265, 278 ff.

[3262] Vgl. Rn. 279 ff.; vgl. zur Notwendigkeit von Dolmetschleistungen im Strafvollzug: *Sagel-Grande* FS **2010** 100 (Niederlande).

Esser

verhindern.[3263] Wie wichtig die Aufgabe des Dolmetschers bzw. Übersetzers in einem Straf-verfahren auch hinsichtlich prozessualer Rechte ist, zeigt schon das oft **kulturell** bedingte Auseinanderfallen von **Begriffsinhalten**.[3264] Aus diesen Gründen wird – anders als beim Recht auf einen (ggf. zusätzlich neben dem Dolmetscher zu bestellenden) Verteidiger (Rn. 1068 ff.) – nicht darauf abgestellt, ob der Beschuldigte die für die Bezahlung dieser Un-terstützungsleistung notwendigen Mittel aufbringen kann (**Unentgeltlichkeit**).

1243   Nach **innerstaatlichem Verfassungsrech**t kann sich die Notwendigkeit der Zuzie-hung eines Dolmetschers schon aus dem **Recht auf rechtliches Gehör** (Art. 103 Abs. 1 GG) ergeben;[3265] ein genereller Anspruch auf Kostenfreistellung lässt sich aus diesem Ansatz jedoch nicht herleiten. Das BVerfG stützt deshalb den grundsätzlichen Anspruch eines der deutschen Sprache nicht mächtigen Beschuldigten auf kostenfreie Zuziehung eines Dolmetschers auf das **Diskriminierungsverbot** des **Art. 3 Abs. 3 Satz 1 GG**; allein wegen mangelnder Sprachkenntnisse darf niemand schlechter gestellt werden als andere, mit einem solchen Kostenrisiko nicht belastete Beschuldigte.[3266]

1244   **Art. 103 Abs. 1 GG** ist nach Auffassung des BVerfG verletzt, wenn ein Gericht sich nicht damit auseinandergesetzt hat, dass der Inhalt der einem Strafbefehl zugrunde liegen-den Strafanzeige auf unzureichende Sprachkenntnisse des Angeklagten hindeutet. Wenn das jeweilige Gericht in einer solchen Situation von hinreichenden Sprachkenntnissen ausgehe, bedürfe es einer weiteren Begründung, insbesondere wenn sich auch aus dem Akteninhalt keine sicheren Schlüsse auf die notwendigen Sprachkenntnisse des Angeklag-ten ziehen lassen.[3267]

1245   Für **Taube und Stumme** gilt die Konventionsgarantie der unentgeltlichen Beiziehung eines Dolmetschers nach ihrem Wortlaut nicht.[3268] Es liegt aber nahe, die Vorschrift auf diese Personen wegen des gleichen Schutzgedankens (vulnerable Gruppe) entsprechend anzuwenden.[3269] Andernfalls folgt aus der Garantie eines **fairen Verfahrens** (Art. 6 Abs. 1)[3270] ebenso wie aus dem **Recht auf rechtliches Gehör** (Art. 103 Abs. 1 GG) nur das Gebot, dass ein Dolmetscher zuzuziehen ist, wenn das zur Verteidigung notwendige Verständnis aller Verfahrensvorgänge und die Verständigung mit dem Beschuldigten nicht anderweitig sichergestellt werden kann.[3271] Die Kostenfrage bliebe davon unberührt, so-fern man die Kostenfreiheit nicht mit dem Gleichbehandlungsgebot bei den Konventions-

---

[3263] EKMR Luedicke, Belkacem u. Koç/D, 18.5.1977, EuGRZ **1977** 467; BVerfG NJW **2004** 50.

[3264] Siehe *Kranjčić* NStZ **2011** 657: In einem Asylverfahren sprach der Betroffene über einen Zeugen stets als *brother*, was in seinem Kulturkreis nicht nur den leiblichen Bruder, sondern auch bloß Personen mit derselben ethnischen Gruppe oder freundlich gesinnte Personen umfassen kann. Der Dolmetscher hatte dies im Verfahren verkannt.

[3265] Vgl. BVerfGE **40** 199; **64** 135 = JZ **1983** 569 m. Anm. *Rüping* (str.; aber Ableitung aus dem Recht auf ein faires Verfahren); BVerfG NJW **1990** 3072; BayObLG NJW **1996** 1836.

[3266] BVerfG NJW **2004** 50; NJW **2004** 1095 (keine Schlechterstellung bei Briefkontrolle und Besucherüber-wachung eines Inhaftierten). Bei Art. 3 Abs. 3 GG (ohne Gesetzesvorbehalt) seien Einschränkungen nur durch eine Abwägung mit kollidierendem Verfassungsrecht zu rechtfertigen, zu denen die Sicherung der ordnungs-gemäßen Durchführung des Strafverfahrens gehöre. Bei der Abwägung seien die „falltypische Gestaltung" und die besonderen Umstände des Einzelfalles zu berücksichtigen.

[3267] BVerfG Beschl. v. 23.1.2017 – 2 BvR 2272/16, Rn. 15 (juris), StV **2017** 775.

[3268] A.A. IK-EMRK/*Kühne* 611.

[3269] Zur Gebärdensprache als „verständliche Sprache", in der der Festgenommene über die Gründe zu unterrichten ist, Art. 5 Rn. 351.

[3270] Vgl. SK/*Meyer* 527; IK-EMRK/*Kühne* 611.

[3271] Nr. 9005 Abs. 4 KVGKG stellt Taube und Stumme zu Recht den Fremdsprachlern gleich; vgl. auch LR/ *Simon* § 186, 19 GVG (mit Verweis auf Rn. 25 ff. zu § 185 GVG).

Esser

rechten (12. ZP-EMRK; Art. 14 EMRK/Art. 26 IPBPR) rechtfertigt, das – ebenso wie Art. 3 Abs. 3 Satz 2 GG – jede Benachteiligung wegen einer Behinderung ausschließt.

Unzureichende Sprachkenntnisse allein rechtfertigen bzw. verlangen nicht automa- **1246** tisch die **Bestellung eines Verteidigers**,[3272] sondern nur dann, wenn sich die Notwendigkeit der Mitwirkung eines Verteidigers – trotz bestehender Kompensationsrechte nach Art. 6 Abs. 3 *lit.* e EMRK, Art. 14 Abs. 3 *lit.* f IPBPR, § 187 GVG (Dolmetscher) – für etwaige Verständigungsschwierigkeiten auch aus der Schwere der Tat oder zumindest aus der Schwierigkeit der Sach- oder Rechtslage ergibt (§ 140 Abs. 2 StPO; Rn. 1030 ff.). Entscheidend ist damit für die Frage der Notwendigkeit einer Verteidigerbestellung, ob auftretende sprachbedingte Verteidigungs-/Teilnahme-/Gestaltungsdefizite eines sprachunkundigen Beschuldigten durch eine Dolmetscherunterstützung **vollständig ausgeglichen** werden können, was denkbar, in der Praxis aber häufig *nicht* der Fall ist, weil der Dolmetscher sich in seiner prozessrechtlichen Funktion auf eine Sprachunterstützung beschränken muss und gerade keine rechtliche Hilfe anbieten darf.

Umgekehrt ist eine wegen Sprachunkenntnis erforderliche unentgeltliche Dolmet- **1247** scherunterstützung immer **unabhängig von der Schwere des Tatvorwurfs** oder sonstiger Besonderheiten des konkreten Falles zu gewährleisten. Der Anspruch des Beschuldigten hängt also explizit *nicht* davon ab, ob diese Form der Unterstützung „im Interesse der Rechtspflege" geboten ist (so aber für die Bestellung eines Verteidigers: Art. 6 Abs. 3 *lit.* c EMRK; Art. 14 Abs. 3 *lit.* d IPBPR; § 140 StPO) liegt (Rn. 1084).[3273]

Eine Dolmetscherunterstützung ist einem sprachunkundigen Beschuldigten zur eigen- **1248** ständigen Teilhabe und Teilnahme am gerichtlichen Verfahren auch dann zu gewähren, wenn er bereits durch einen **gewählten oder beigeordneten Verteidiger Beistand in Rechtsfragen** erfährt – selbst dann wenn sich der Verteidiger aufgrund sprachlicher Kompetenzen mit dem Beschuldigten verständigen können sollte (zum Ermittlungsverfahren, Rn. 821 ff.). Dies ist vor dem Hintergrund zu sehen, dass einerseits die Aufgabe eines Verteidigers nicht in der Sprachmittlung in Bezug auf Verfahrensvorgänge besteht und andererseits eine *Dolmetscher*unterstützung begrifflich insoweit über eine reine Übertragung verbaler bzw. schriftlicher Inhalte (Übersetzung) hinausgeht, als bei der Erfassung des Aussagekerns nicht selten auch **kulturelle Hintergründe** und **Kommunikationsebenen** mit zu berücksichtigen sind – Qualifikationsanforderungen, die ein Verteidiger im Regelfall nicht zu erfüllen vermag, wenn er nicht zufällig aus demselben Kulturkreis wie sein Mandant stammt.

2. Voraussetzung des Anspruchs. Einen Anspruch auf Zuziehung eines Dolmetschers **1249** hat der Beschuldigte nur, wenn er die Gerichtssprache nicht so sicher beherrscht, dass er der späteren Verhandlung folgen, ihre Vorgänge verstehen oder sich bei seiner Einlassung und seinen Anträgen so ausdrücken kann, wie es seine zweckentsprechende und effektive Verteidigung (auch schon im Ermittlungsverfahren,[3274] Rn. 1255) erfordert.[3275] Ein Dolmet-

---

[3272] BGHSt **46** 178 = NJW **2001** 309 = NStZ **2001** 107 = StV **2001** 1 = StraFo **2001** 54 = JR **2002** 121 m. Anm. *Tag* = AnwBl. **2002** 607 m. Anm. *Molketin*; *Staudinger* StV **2002** 327; so früher schon OLG Koblenz MDR **1994** 1137. Es ist eine davon unabhängige Auslegungs- und Bewertungsfrage, wieweit nach Lage des Einzelfalles eine notwendige Verteidigung vorliegt, vgl. LR/*Jahn* § 140, 103 ff. StPO; ferner *Basdorf* GedS Meyer 19, 32; *Hilger* NStZ **1990** 405.

[3273] BGHSt **46** 178 = NJW **2001** 309 = NStZ **2001** 107, 108 = StV **2001** 1 = StraFo **2001** 54 = JR **2002** 121 m. Anm. *Tag* = AnwBl. **2002** 607 m. Anm. *Molketin*; OLG Oldenburg NStZ **2011** 719.

[3274] Vgl. EGMR K.C./RUM, 30.10.2018, §§ 49 f.

[3275] EGMR Colozza/I, 12.2.1985; Barberà, Messegué u. Jabardo/E, 6.12.1988; Cuscani/UK, 24.9.2002 (kein Anspruch auf kostenlose Dolmetscherunterstützung, wenn Bf. Sprache des Gerichts ausreichend versteht, aber

scher ist bereits dann beizuziehen, wenn eine der beiden alternativen Voraussetzungen (**nicht verstehen** oder **nicht ausdrücken/sprechen**) vorliegt.[3276] Die Anforderungen an das erforderliche und sicherzustellende **Sprachniveau** können einzelfallabhängig, vor allem bedingt durch die Komplexität des Verfahrens, variieren.[3277]

1250   Es kommt stets darauf an, ob der **Beschuldigte** selbst, d.h. in eigener Person, die Gerichtssprache beherrscht. Es genügt demzufolge nicht, dass der **Verteidiger** neben der Gerichtssprache eine weitere Sprache spricht, die auch der Beschuldigte beherrscht[3278] (allein für die *Notwendigkeit* der Dolmetscherunterstützung bei Gesprächen zwischen dem Beschuldigten und dem Verteidiger im Vorverfahren kann dies relevant sein; Rn. 1269 f.). Die Unterstützung des Beschuldigten durch einen sprachkundigen **Angehörigen** genügen zu lassen, überzeugt selbst in ganz einfach gelagerten Fällen nicht.[3279]

1251   Die Zuziehung eines Dolmetschers darf das Gericht **ablehnen**, wenn es anhand der ihm bekannten Vorgänge[3280] sicher feststellen kann, dass die für die Verteidigung erforderliche **aktive und passive Verständigungsmöglichkeit** des Beschuldigten in der Gerichtssprache gegeben ist (zum Ermittlungsverfahren Rn. 1255). Dabei kommt es auf den Einzelfall an. Bei einer Person mit fremder Muttersprache kann eine solche Sprachfertigkeit auch bei einem längeren Inlandsaufenthalt nicht ohne weiteres vermutet werden; noch weniger gilt dies bei einem im Ausland lebenden Ausländer.[3281] Der EGMR überprüft die Entscheidung des nationalen Gerichts im Hinblick auf die Notwendigkeit einer Sprachübertragung in eigener Verantwortung jedenfalls auf Plausibilität und Willkürfreiheit.[3282]

1252   **3. Zeitlicher und sachlicher Umfang der geforderten Unterstützung.** Die Garantie der Dolmetscherunterstützung will verhindern, dass mangelnde Sprachkenntnisse die Verteidigungschancen des Beschuldigten verschlechtern. Aus diesem Zweck folgt, dass die Beiordnung des Dolmetschers sich auf **alle für die Verteidigung wesentlichen Vorgänge**[3283] erstrecken muss, also auf alle Vorgänge, ohne deren Kenntnis ein faires, die Waffengleichheit[3284] mit der Anklagevertretung wahrendes Verfahren in Frage gestellt wäre.[3285]

1253   Dass der Wortlaut auf die **Verhandlungssprache des Gerichts** abstellt („language used in court"/„langue employée à l'audience"), darf nicht dahingehend verstanden werden, dass sich die Notwendigkeit der Dolmetscherunterstützung auf die Kommunikation

---

aus politischen Gründen ihren Gebrauch ablehnt); Şaman/TRK, 5.4.2011, §§ 30, 35; siehe auch: EGMR Vizgirda/SLW, 28.8.2018, § 83 (bloßes Grundverständnis der Sprache schließt Anspruch auf Dolmetscher nicht aus; Beschuldigter muss sprachlich in der Lage sein, seine Interessen effektiv im Verfahren wahrzunehmen). Dazu Karpenstein/Mayer/*Meyer* 258; IK-EMRK/*Kühne* 614; BVerfG EuGRZ **1986** 439.

3276 IK-EMRK/*Kühne* 613.

3277 SK/*Meyer* 529; Karpenstein/Mayer/*Meyer* 258; vgl. auch: EGMR Şaman/TRK, 5.4.2011, § 30.

3278 OLG Celle Beschl. v. 22.7.2015 – 1 Ss (OWi) 118/15, StraFo **2015** 383.

3279 Ebenso: SK/*Meyer* 527 m.w.N.

3280 Auch aus prozessfremden Hinweisen kann grundsätzlich auf die Sprachkenntnis des Beschuldigten geschlossen werden, vgl. *Villiger* 608. Diese müssen allerdings verlässlich und nachprüfbar sein.

3281 Vgl. EGMR Özkan/TRK (E), 21.11.2006; EKMR Brozicek/I, 11.3.1987, EuGRZ **1988** 330.

3282 EGMR Sergey Denisov u.a./R, 19.4.2016, §§ 46, 148; Cuscani/UK, 24.9.2002, §§ 38 ff.; Kamasinski/A, 19.12.1989, § 77; Brozicek/I, 19.12.1989, §§ 40 ff.; IK-EMRK/*Kühne* 614.

3283 Vgl. OLG Düsseldorf NJW **1989** 677 (Absehen von Bestellung nach § 140 Abs. 2 StPO, da Rechte des Angeklagten schon durch Dolmetscher gewahrt); BGH Beschl. v. 26.10.2000 – 3 StR 6/00, NStZ **2001** 107, 108; OLG Brandenburg StV **2006** 28, 29 (vorbereitende Gespräche mit dem Wahl- oder Pflichtverteidiger); **a.A.** OLG Karlsruhe NStZ **1987** 522; LG Düsseldorf Beschl. v. 17.1.2013, BeckRS **2013** 4690; dazu auch: KG NStZ **1990** 402 m. Anm. *Hilger.*

3284 Dazu diff. *Trechsel* 329.

3285 Abgelehnt für Nachforschungen zum Verbleib von Habe im Ausland: OLG Oldenburg NStZ **2011** 719.

mit dem Gericht oder zeitlich nur auf die gerichtliche Hauptverhandlung beschränken darf. Mit der Anknüpfung an die Verhandlungssprache des Gerichts wird nur die sachliche Voraussetzung, nicht aber der Umfang der zu gewährenden Unterstützung festgelegt – weder sachlich noch zeitlich.[3286]

Der Anspruch auf kostenfreie Unterstützung durch einen Dolmetscher gilt grundsätzlich **1254** für das **gesamte Strafverfahren**.[3287] Wie schon in den Art. 6 Abs. 3 *lit.* a EMRK/Art. 14 Abs. 3 *lit.* a IPBPR (Rn. 785) und Art. 5 Abs. 2 – die eine Unterrichtung in einer dem Beschuldigten verständlichen Sprache vorschreiben – klar zum Ausdruck kommt, umfasst der Anspruch auf Sprachübertragung **alle für die Verteidigung wesentlichen Vorgänge** des gesamten Strafverfahrens einschließlich der **Übersetzung der Dokumente**, auf deren Kenntnis der Beschuldigte für eine sachgerechte Verteidigung angewiesen ist (Rn. 789 ff.).[3288]

Die Garantie der Dolmetscherunterstützung einschließlich der Freistellung von durch **1255** sie entstehender Kosten gilt somit auch für das **Ermittlungsverfahren**.[3289] Erfasst ist damit der mündliche und schriftliche **Verkehr mit dem Verteidiger** (Rn. 1277) ebenso wie die kommissarische **Einvernahme eines Zeugen** in Gegenwart des Beschuldigten.[3290] Hiervon erfasst sind auch die konkreten Schritte eines Täter-Opfer-Ausgleichs in Begleitung eines Verteidigers.[3291]

Spätestens nach Eröffnung des Hauptverfahrens muss das **Gericht** (im Vorverfahren **1256** in eigener Verantwortung auch Ermittlungsrichter, Staatsanwaltschaft und Polizei)[3292] **von Amts wegen**,[3293] d.h. unabhängig von einer Antragstellung des Beschuldigten[3294] prüfen, ob und bei welchen verteidigungsrelevanten Verfahrensvorgängen wegen der unzureichenden Sprachkenntnisse des Beschuldigten die Übertragung von Dokumenten bzw. Gesprächen in eine diesem verständliche Sprache zur Sicherung eines fairen Verfahrens notwendig ist.[3295] Im weiteren Verlauf des Verfahrens hat das Gericht zudem **regelmäßig zu prüfen**, ob eine angemessene Dolmetschunterstützung durchgehend gewährleistet ist.[3296]

3286 EGMR Luedicke, Belkacem u. Koç/D, 28.11.1978; zur engeren Auffassung der EKMR EuGRZ **1977** 467 in derselben Sache (nur für Verständigung mit dem Richter); *Frowein/Peukert* 315; *Kühne* FS H. Schmidt 37; *Vogler* ZStW **89** (1977) 790. Zu dieser Frage beim IPBPR vgl. *Nowak* 54 ff.

3287 EGMR Katritsch/F, 4.11.2010, § 41 („Ce droit ne vaut pas pour les seules déclarations orales à l'audience, mais aussi pour les pièces écrites et pour l'instruction préparatoire."); Hovanesian/BUL, 21.12.2010, § 35; BGHSt **46** 178 = NJW **2001** 309 = NStZ **2001** 107 = StV **2001** 1 = StraFo **2001** 54 = JR **2002** 121 m. Anm. *Tag* = AnwBl. **2002** 607 m. Anm. *Molketin; Staudinger* StV **2002** 327; Meyer-Goßner/*Schmitt* 23a; SK/*Meyer* 526. So auch OLG Hamm Beschl. v. 25.3.2014 – 1 Ws 114/13.

3288 *Frowein/Peukert* 316; *BGer* EuGRZ **1993** 290; *Grabenwarter/Pabel* § 24, 137; SK/*Meyer* 524, 526; OLG Dresden NStZ-RR **2012** 64 (Ls.) = BeckRS **2011** 27551 = StRR **2011** 362 (frühere ausländische Urteile und maßgebliche Urkunden).

3289 In Bezug auf Übersetzungen im Ermittlungsverfahren: EGMR Baytar/TRK, 14.10.2014, §§ 46 ff.; Yaman u.a./TRK, 15.5.2018, §§ 31 ff. (jeweils kein Dolmetscher während polizeilicher Befragung nach Festnahme); Bokhonko/GEO, 22.10.2020, § 103 (Dolmetscher wurde in allen wesentlichen Verfahrensabschnitten zur Verfügung gestellt); BVerfG NJW **2004** 50; OLG Hamburg wistra **2014** 158 = StV **2014** 534; OLG Hamm Beschl. v. 25.3.2014 – 1 Ws 114/13; Karpenstein/Mayer/*Meyer* 259.

3290 EGMR Luedicke, Belkacem u. Koç/D, 28.11.1978; Kamasinski/A, 19.12.1989; *Vogler* EuGRZ **1979** 640, 644; ferner OLG Frankfurt StV **1986** 24.

3291 LG Köln StV **2017** 229 f.

3292 Vgl. *Schmidt* (Ausländer) 272 f.

3293 EGMR Cuscani/UK, 24.9.2002.

3294 EGMR Lagerblom/S, 14.1.2003; BVerfG NJW **2004** 50; Art. VII Abs. IX *lit.* f NATO-Truppenstatut v. 19.6.1951 stellt demgegenüber darauf ab, ob der Beschuldigte dies für erforderlich hält.

3295 *Basdorf* GedS Meyer 19, 21; IK-EMRK/*Kühne* 614 f.; vgl. LR/*Simon* § 185, 10, 18 GVG.

3296 EGMR (GK) Hermi/I, 18.10.2006; Özkan/TRK (E), 21.11.2006; Katritsch/F, 4.11.2010, §§ 42, 44.

1257   Die **Sprache**, in die übersetzt wird, muss dabei nicht notwendig die Muttersprache des Beschuldigten sein; bei selteneren Sprachen wäre dies in der Praxis mitunter gar nicht möglich.[3297]

1258   Insbesondere wenn beim Vorwurf schwerer Straftaten Interessengegensätze zwischen **mehreren Beschuldigten** bestehen oder erst später sichtbar werden, kann es notwendig sein, dass das Gericht zur Wahrung der Vertraulichkeit der Gespräche mit dem jeweiligen Verteidiger für jeden einzelnen Beschuldigten einen **eigenen Dolmetscher** bestellt.[3298]

1259   Ein relevantes Sprachdefizit liegt allerdings nicht vor, wenn der Beschuldigte die Gerichtssprache ausreichend versteht, aber es aus **politischen Gründen** ablehnt, sie zu benutzen.[3299]

1260   Die Konventionen garantieren dem Beschuldigten die unentgeltliche[3300] Unterstützung bzw. Beiziehung eines Dolmetschers **in allen Stadien**[3301] **eines Verfahrens**, das eine *strafrechtliche Anklage* im weiten Sinne des Art. 6 Abs. 1 EMRK/Art. 14 Abs. 1 IPBPR zum Gegenstand hat.[3302] Umfasst ist daher auch das **behördliche Bußgeldverfahren** als Teil des Ordnungswidrigkeitenverfahrens.[3303] Somit gilt die Freistellung von den Dolmetscherkosten auch für das Ermittlungsverfahren vor der Verwaltungsbehörde,[3304] nicht erst für ein etwaiges späteres gerichtliches Verfahren.

1261   Ob Art. 6 Abs. 3 *lit.* e EMRK und Art. 14 Abs. 3 lit. f IPBPR für das **Vollstreckungsverfahren** gelten, ist immer noch umstritten.[3305] Die Norm selbst spricht lediglich von den Rechten der *„angeklagte(n) Person"* bzw. des *„Angeklagten"*, so dass nach dem Wortlaut eine Geltung für das Vollstreckungsverfahren ausscheidet (zu dieser Problematik allgemein Rn. 124 ff.). Zu beachten ist allerdings, dass ausländische Inhaftierte gerade ihre Rechtsschutzmöglichkeiten im Strafvollzug häufig nicht kennen.[3306] Eine Erstreckung der Dolmetscherunterstützung auch auf diese Phase[3307] des Strafverfahrens ist daher menschenrechtlich geboten (Rn. 1281), wird aber über Art. 6 Abs. 3 *lit.* e EMRK und Art. 14 Abs. 3 *lit.* f IPBPR derzeit nicht abgebildet. Relevant werden können hier allerdings spezielle Garantien wie etwa der Anspruch auf Achtung des Privatlebens (Art. 8 EMRK).

3297   Dazu kritisch *Trechsel* 330.

3298   OLG Frankfurt StV **1996** 166; zum sog. Vertrauensdolmetscher *Möthrath/Rüther/Bahr* 88 f.

3299   *Grabenwarter/Pabel* § 24, 136.

3300   EGMR Işyar/BUL, 20.11.2008; HRC Charles Gurmurkh Sobhraj/NPL, 27.7.2010, 1870/2009, § 7.2; OLG Hamburg Beschl. v. 6.12.2013 – 2 Ws 253/13, wistra **2014** 158 = StV **2014** 534; OLG Hamm Beschl. v. 25.3.2014 – 1 Ws 114/13.

3301   OLG Brandenburg StV **2006** 28.

3302   EGMR Mariani/F, 31.3.2005; diese Garantie findet sich auch in Art. 18 Abs. 7 des deutsch-sowjetischen Truppenvertrags v. 12.10.1990 (BGBl. 1991 II S. 256, 273), während Art. 7 Abs. IX *lit.* f NATO-Truppenstatut v. 19.6.1951 nur das Recht auf einen „befähigten Dolmetscher" gewährt.

3303   EGMR Luedicke, Belkacem u. Koç/D, 28.11.1978; Öztürk/D, 21.2.1984; *Frowein/Peukert* 315; *Meyer-Ladewig/Nettesheim/von Raumer* 246; *Schroth* EuGRZ **1985** 557 558; *Möthrath/Rüther/Bahr* 133 f. zur Übersetzung des Bußgeldbescheides; a.A. *Vogler* EuGRZ **1979** 640, 644.

3304   Strittig, vgl. *Esser* 519; *Schroth* EuGRZ **1985** 557; SK/*Meyer* 259.

3305   Dafür LG Mühlhausen Beschl. v. 21.4.2008 (gesamtes Strafverfahren); dagegen AG Montabaur NStZ **1997** 616 (nur Erkenntnisverfahren); *Möthrath/Rüther/Bahr* 83 (nicht vom Schutzzweck umfasst); OLG Karlsruhe BeckRS **2019** 44105 (Übersetzung des Widerrufs einer Strafaussetzung zur Bewährung nicht geboten); ähnlich OLG Hamm Urt. v. 21.1.2020 – 4 Ws 294/19, BeckRS **2020** 1365.

3306   *Laubenthal* 335.

3307   Vgl. in Bezug auf den Maßregelvollzug in Deutschland: KG Beschl. v. 24.3.2020 – 2 Ws 11/20, StraFo **2020** 320 (Durchführung einer Anhörung ohne Dolmetscher; Verstoß gegen rechtliches Gehör, Art. 103 Abs. 1 GG).

Zu Spannungen mit § 184 GVG (*„Die Gerichtssprache ist deutsch."*) kommt es insbeson- **1262** dere, wenn **Rechtsbehelfe bzw. Rechtsmittel in nichtdeutscher Sprache** eingelegt wer- den.[3308] Der EuGH hat sich in der Rs. *Covaci* explizit zu der Frage geäußert, ob es der **RL 2010/64/EU**[3309] entgegensteht, wenn es dem Beschuldigten durch richterliche Anordnung nicht gestattet ist, gegen einen **Strafbefehl** in einer anderen als der Verfahrenssprache schriftlich **Einspruch** einzulegen: Grundlegend hat der EuGH klargestellt, dass sich die Beantwortung der Frage, ob ein in einer fremden Sprache abgefasstes Schreiben von Amts wegen zu übersetzen und zu beachten ist, nach Art. 3 Abs. 3 RL richtet, wonach eben maßgeblich ist, ob es sich dabei um eine für das Verfahren **wesentliche Unterlagen** han- delt. Art. 3 RL betreffe nur die schriftliche Übersetzung *bestimmter* Schriftstücke (vgl. Ab- satz 2: jegliche Anordnungen einer freiheitsentziehenden Maßnahme, jegliche Anklage- schrift und jegliches Urteil).

Das in Art. 3 Abs. 1, Abs. 2 RL vorgesehene Recht auf Übersetzung schließe grundsätz- **1263** lich *nicht* die schriftliche Übersetzung eines Schriftstücks wie den Einspruch gegen einen Strafbefehl mit ein, den die betreffende Person in einer anderen Sprache als der Verfah- renssprache verfasst habe.[3310] Sofern also die nationalen Behörden nicht gem. Art. 3 Abs. 3 RL der Auffassung sind, dass der Einspruch im Hinblick auf das betreffende Verfahren und die Umstände des Einzelfalles ein *wesentliches* Dokument darstelle, sollen die Art. 1– 3 RL der Regelung des § 184 GVG nicht entgegenstehen.[3311]

Nach Ansicht des BGH soll der vom EuGH über Art. 3 Abs. 3 RL entwickelte *Grundsatz* **1264** (Rn. 1262 f.) **nur den nichtverteidigten Beschuldigten** betreffen.[3312] Der verteidigte Be- schuldigte sei dagegen zur Wahrnehmung seiner Verteidigungsrechte nicht in gleicher Weise auf eine amtswegige Übersetzung seiner Schreiben angewiesen. Lege ein Beschul- digter daher ein fremdsprachiges Rechtsbehelfsschreiben vor, so sei dieses Schreiben für den weiteren Verfahrensablauf jedenfalls dann unbeachtlich, wenn der Rechtsmittelfüh- rer, der die deutsche Sprache nicht hinreichend beherrscht, verteidigt ist.[3313]

Ebenfalls beantwortet hat der EuGH die ihm vorgelegte Frage, ob Art. 2 und Art. 3 **1265** Abs. 1 *lit.* c sowie Art. 6 Abs. 1, 3 der **RL 2012/13/EU**[3314] dahin auszulegen sind, dass sie einer Rechtsvorschrift eines Mitgliedstaats entgegenstehen, nach der ein wohnsitzloser Beschuldigter für die Zustellung eines an ihn gerichteten Strafbefehls einen **Zustellungs- bevollmächtigten benennen** muss und die Frist für die Einlegung eines Einspruchs gegen den Strafbefehl ab dessen Zustellung an den Zustellungsbevollmächtigten läuft.[3315] Die genannten Vorschriften sollen einer derartigen Rechtsvorschrift dann nicht zuwiderlau-

---

[3308] Zur Wirksamkeit fremdsprachiger Eingaben (Einlegung/Rücknahme Rechtsbehelf/-mittel): *Schmidt* (Ausländer) 322 ff. mit Kritik an der Rechtsprechung des BGH, wonach fremdsprachige Eingaben nicht geeig- net seien, Rechtsbehelfs/-mittelfristen zu wahren (BGHSt **30** 182), der Wirksamkeit einer Rücknahmeerklä- rung aber nicht entgegenstehe, dass sie in einer fremden Sprache formuliert worden sei (BGH NJW **1987** 1209).

[3309] Richtlinie 2010/64/EU des Europäischen Parlaments und des Rates v. 20.10.2010 über das Recht auf Dolmetschleistungen und Übersetzungen in Strafverfahren, ABlEU Nr. L 280 v. 26.10.2010 S. 1.

[3310] EuGH 15.10.2015, C-216/14 (Covaci), Tz. 47.

[3311] EuGH 15.10.2015, C-216/14 (Covaci), Tz. 51, NJW **2016** 303, 305 m. Anm. *Böhm* u. Anm. *Zündorf* NStZ **2017** 38, 42.

[3312] BGH NStZ-RR **2017** 122 m. Hinweis auf EuGH 15.10.2015, C-216/14 (Covaci), Tz. 42 f.; siehe auch BGH NStZ-RR **2018** 57, 58 (Beachtlichkeit der Einlegung eines Rechtsmittels in russischer Sprache von verteidigtem Angeklagten erst mit dem Eingang der Übersetzung).

[3313] BGH NStZ-RR **2017** 122.

[3314] Richtlinie 2012/13/EU des Europäischen Parlaments und Rates v. 22.5.2012 über das Recht auf Beleh- rung und Unterrichtung in Strafverfahren, ABlEU Nr. L 142 v. 1.6.2012 S. 1.

[3315] EuGH 15.10.2015, C-216/14 (Covaci), NJW **2016** 303, 305 m. Anm. *Böhm*.

fen, wenn der Beschuldigte (ab eigener Kenntnis vom Strafbefehl) tatsächlich über die **vollumfängliche Frist für einen Einspruch** gegen den Strafbefehl verfügt. Laufe die Frist dagegen schon ab Zustellung an den Bevollmächtigten, könne der Beschuldigte seine Verteidigungsrechte nicht mehr wirksam wahrnehmen.[3316] Das LG München will die Rechtskraft eines auf diese Weise zugestellten Strafbefehls dadurch absichern, dass es den Betroffenen auf die **Wiedereinsetzung in den vorigen Stand** verweist und ihm anstelle der Wochenfrist in § 45 Abs. 1 StPO eine **zweiwöchige Frist** gewährt.[3317]

1266   Eine klärende Entscheidung des EGMR zu der Frage, ob ein aufgrund fehlender Sprachkompetenz **verspätet eingelegtes Rechtsmittel** dennoch als fristgerecht eingelegt zu gelten hat, steht noch aus.

1267   Eine Anwendung der Grundsätze des Art. 6 Abs. 3 *lit.* e EMRK/Art. 14 Abs. 3 *lit.* f IPBPR auf das **Auslieferungsverfahren** wird bislang häufig mit dem formalen Argument abgelehnt, dass dieses dem eigentlichen Strafverfahren vorgelagerte Verfahren (noch) nicht die *strafrechtliche Anklage* i.S.v. Art. 6 Abs. 1 EMRK/Art. 14 Abs. 1 IPBPR (Rn. 79 ff.) betreffe, über die gerichtlich zu entscheiden sei.[3318] Demgegenüber halten Literatur und neuere Rechtsprechung, teilweise unter Hinweis darauf, dass es nach **§ 10 Abs. 2 IRG** auch im Auslieferungsverfahren zu einem gerichtlichen Befinden über die strafrechtliche Anklage kommen könne, vorwiegend einen Anspruch auf unentgeltliche Beiordnung eines Dolmetschers auch im Auslieferungsverfahren für gegeben.[3319] Art. 11 Abs. 2 RB-EuHb sieht für Überstellungen innerhalb der Europäischen Union auf der Grundlage eines EuHb explizit vor, dass die gesuchte Person nach Maßgabe des innerstaatlichen Rechts des Vollstreckungsmitgliedstaates sowohl einen Anspruch auf Hinzuziehung eines Rechtsbeistandes als auch eines Dolmetschers hat.

1268   Der Anspruch auf kostenfreie Unterstützung durch einen Dolmetscher umfasst neben der Sprachübertragung in der **Hauptverhandlung**[3320] alle **sonstigen Verfahrensvorgänge**, bei denen Verständigungsschwierigkeiten die Verteidigung des Beschuldigten beeinträchtigen können. Er gilt vor allem für die Anhörung des Beschuldigten im **Haftprüfungsverfahren**[3321] und bei allen **Vernehmungen**, bei denen der Beschuldigte zur Wahrung seiner Verteidigungsrechte anwesend ist bzw. unter Fairnessgesichtspunkten sein muss.

1269   Bei **partiellen Kenntnissen** des Beschuldigten **von der Gerichtssprache** können Differenzierungen beim Umfang der zu gewährenden Dolmetscherunterstützung gerechtfertigt sein. Wenn bei einem Beschuldigten feststeht, dass er Schreiben in der Gerichtssprache einwandfrei versteht oder sprachlich einfachen Verhandlungen folgen kann,[3322] braucht es insoweit keiner Übersetzungshilfe. Dies schließt nicht aus, dass die Zuziehung eines

---

3316   EuGH 15.10.2015, C-216/14 (Covaci), Tz. 66.

3317   Vgl. die Vorlage des LG München Entscheidung v. 23.3.2016 (EuGH C-188/16); näher: *Brodowski* ZIS **2017** 11, 19; StV **2016** 205, 211; weitere Lösungsansätze zur nationalen Umsetzung der Vorgaben des EuGH: *Kulhanek* JR **2016** 207, 210 f.

3318   Siehe OLG Düsseldorf NStZ **2001** 211; *Möthrath/Rüther/Bahr* 83 (nicht vom Schutzzweck umfasst).

3319   Schomburg/Lagodny/Gleß/*Hackner/Riegel* § 40, 62 IRG; Grützner/Pötz/Kreß/Gazeas/*Böhm* § 40, 15 IRG (Stand: 4/2014); OLG München NJW-RR **2006** 1511; OLG Celle StV **2005** 452 (Anspruch auf Dolmetscherunterstützung im Falle der Abschiebungshaft); LG Lübeck StraFo **2004** 130 (entsprechende Anwendung bei Abschiebungshaft); *Fromm* StRR **2011** 208, 211.

3320   Erhält der Beschuldigte eine schriftliche Übersetzung der Anklageschrift ausgehändigt, verstößt es nicht gegen das faire Verfahren, wenn ihm ihre Verlesung in der Hauptverhandlung nicht nochmals mündlich übersetzt wird (BVerfG NJW **2004** 1443).

3321   KK/*Lohse/Jakobs* 115; Meyer-Ladewig/Nettesheim/von Raumer/*Ladewig/Harrendorf/König* 248; vgl. auch SK/*Meyer* 526, wonach sich für Haftprüfungsverfahren, die nicht die Prüfung der Stichhaltigkeit der Anklage i.S.d. Art. 6 zum Gegenstand haben, ein paralleler Anspruch aus Art. 5 folgt.

3322   Vgl. BGH GA **1963** 148.

Dolmetschers zur Hauptverhandlung notwendig bleibt, weil der Beschuldigte Schwierigkeiten hat, sich in der fremden Sprache sicher auszudrücken oder weil ihm umfangreiche oder sprachlich komplizierte Vorgänge zur Kenntnis gebracht werden müssen.

Ein Recht des Beschuldigten auf Zuziehung eines Dolmetschers besteht nicht, wenn **1270** (partiell) in einer **Sprache** (die nicht die Sprache des erkennenden Gerichts ist) verhandelt wird, die er **beherrscht**; etwa bei einer **kommissarischen Vernehmung** nach § 185 Abs. 2 GVG.[3323]

Das **BVerfG** erkennt im Rahmen des aus Art. 2 Abs. 1 i.V.m. Art. 20 Abs. 3 GG abgeleite- **1271** ten Grundrechts auf ein faires Verfahren das Recht des Angeklagten an, *„die ihn betreffenden wesentlichen Verfahrensvorgänge verstehen und sich im Verfahren verständlich machen zu können".*[3324] Der **BGH** fordert insofern eine kostenfreie Übersetzung aller dem Angeklagten *„gegenüber vorgenommenen maßgeblichen schriftlichen und mündlichen Verfahrensakte".*[3325]

Der Anspruch aus Art. 6 Abs. 3 *lit.* e schließt die schriftliche **Übersetzung aller 1272 Schriftstücke** mit ein, auf deren Verständnis der Beschuldigte für ein faires Verfahren angewiesen ist.[3326] Dazu gehören vor allem die **Ladung zur Hauptverhandlung**,[3327] der **Haftbefehl**,[3328] die **Anklageschrift**,[3329] der **Strafbefehl**,[3330] eine **schriftliche Rechtsmittelbelehrung**,[3331] **belastende Zeugenaussagen**[3332] sowie alle Schriftstücke, auf denen das spätere Urteil beruht.[3333] Jedoch hat der Beschuldigte keinen Anspruch auf eine schriftliche Übersetzung von Urteilen, die gegen gesondert Verfolgte ergangen sind.[3334]

3323 Vgl. EGMR Diallo/S (E), 5.1.2010.

3324 BVerfGE **64** 135, 145, NJW **1983** 2762.

3325 BGH NJW **2001** 309, 311.

3326 EGMR Luedicke, Belkacem u. Koç/D, 28.11.1978; Lagerblom/S, 14.1.2003; Kuvikas/LIT, 27.6.2006; *Frowein/ Peukert* 316; IK-EMRK/*Kühne* 612; SK/*Meyer* 524 f.; *Nowak* 56; *Trechsel* 329; *Jacobs/White* 203; zur Übersetzung gerichtlicher Entscheidungen *Möthrath/Rüther/Bahr* 124 ff.; ausführlich zur Übersetzung gerichtlicher Sachentscheidungen mit Übersichtabelle (zu Aktenauszug, Anklageschrift, Bußgeldbescheid, Haftanordnung, Haftbefehl, Haftentscheidungen, Ladungen, Rechtsbehelfsbelehrung, Strafbefehl und Urteilsgründen) auch *Schmidt* (Ausländer) 300 ff.

3327 Vgl. OLG Dresden Beschl. v. 14.11.2007 – 1 Ws 288/07 (bzgl. der Warnung betreffend die drohenden Maßnahmen im Falle des unentschuldigten Ausbleibens); OLG Saarbrücken NStZ-RR **2010** 49.

3328 Vgl. OLG Stuttgart Justiz **1986** 307 (bejaht für Haftbefehl, verneint für Entscheidung über Haftbeschwerde, wenn diese den Haftbefehl ohne Änderung in einem wesentlichen Punkt bestätigt); ferner Rn. 772, 775 und Art. 5 Rn. 193.

3329 Vgl. EGMR Kamasinski/A, 19.12.1989; *Esser* 443 f; siehe aber auch OLG Düsseldorf NJW **2003** 2766 (mündliche Übersetzung kann in einfachen Fällen genügen), wobei diese frühere Rechtsprechung als überholt anzusehen ist (ebenso: *Möthrath/Rüther/Bahr* 114 ff.); OLG Hamm StV **2004** 364 (schriftliche Übersetzung der Anklageschrift vor der Hauptverhandlung erforderlich). Vgl. Rn. 771, nach BVerfG NJW **2004** 1443 kann der Anklagesatz dann aber in deutscher Sprache verlesen werden.

3330 *Möthrath/Rüther/Bahr* 120 ff.

3331 LR/*Graalmann-Scheerer* § 35a, 20 StPO; *Sommer* StraFo **1995** 45, 48; *Staudinger* StV **2002** 327, 329; vgl. ferner: IK-EMRK/*Kühne* 618 spricht nur von „zu übersetzende[n] mündliche[n] Sprachinhalte[n]"; vgl. auch: BVerfG (K) NJW **1991** 2208 = NStZ **1991** 446 = StV **1991** 497 (zur Wiedereinsetzung); BGH StraFo **2005** 419 (Rechtsmittelbelehrung muss Hinweis enthalten, dass die schriftliche Rechtsmitteleinlegung in deutscher Sprache erfolgen muss).

3332 LG Osnabrück StraFo **2013** 20; OLG Dresden 19.4.2011 – 2 Ws 96/1, BeckRS **2011** 27551; **a.A.** OLG Hamburg wistra **2014** 158 = StV **2014** 534 (Kenntnisnahme vom wesentlichen Akteninhalt nur vermittelt über Verteidiger unter Hinzuziehung eines kostenlosen Dolmetschers; keine Besserstellung gegenüber deutschsprachigem Beschuldigten).

3333 EGMR Kuvikas/LIT, 27.6.2006.

3334 OLG Hamburg wistra **2014** 158 = StV **2014** 534.

Esser

1273   Ob auch Entscheidungen zur **Anordnung oder Fortdauer einer Freiheitsentzie-hung/Haft** zu den für eine Verteidigung wesentlichen und damit schriftlich zu übersetzen-den Schriftstücken gehören, ist umstritten (vgl. Art. 3 Abs. 2 RL 2010/64/EU, Rn. 1311 ff.). Schon aufgrund ihrer Grundrechtsrelevanz (Art. 2 Abs. 2 Satz 2 GG) kann an der Notwen-digkeit einer Übersetzung solcher Entscheidungen kein Zweifel bestehen.[3335] Das inhaltli-che Verständnis von Haftentscheidungen ist für die Gewährleistung eines fairen Verfah-rens zudem essentiell. Anders ließe sich nur argumentieren, wenn sich eine Entscheidung auf die bloße (stereotype) Wiederholung einer früheren Entscheidung beschränkt; dann sind sie aber schon nach **Art. 5 Abs. 4** konventionswidrig (vgl. dort Rn. 427). Enthalten Haftfortdauerentscheidungen Änderungen oder Ergänzungen in der Bewertung der Sach- oder Rechtslage, ergibt sich ein Anspruch auf Übersetzung schon aus **Art. 5 Abs. 2** (vgl. dort Rn. 355 ff.). Der Umstand, dass der Verteidiger des Beschuldigten der Gerichtssprache mächtig ist, ändert nichts an dieser Einschätzung; es ist insofern allein auf die **Person des Beschuldigten** abzustellen (dazu bereits Rn. 1250).[3336]

1274   Ein Anspruch auf eine schriftliche Übersetzung des **gesamten Akteninhalts** erwächst aus Art. 6 Abs. 3 *lit.* e EMRK/Art. 14 Abs. 3 *lit.* f IPBPR dagegen nicht („interpreter" not „translator").[3337]

1275   Einen Anspruch auf eine (schriftliche) Übersetzung der **schriftlichen Urteilsbegrün-dung** hat der Beschuldigte, dem die mündlichen Urteilsgründe bei der Verkündung (münd-lich) übersetzt wurden, nach h.M. grundsätzlich nicht.[3338] Unverständlich ist, dass ein solcher Anspruch nur dann bestehen soll, wenn der Beschuldigte für seine weitere Verteidigung auf den Wortlaut der Begründung angewiesen ist.[3339] Dies soll – insbesondere bei einfach gelager-ten Sachverhalten – nicht immer der Fall sein. Eine Rolle spielen soll dabei auch, ob dem Be-schuldigten bei Einlegung von Berufung oder Revision ein Verteidiger zur Seite steht, der die Gerichtssprache spricht[3340] und mit ihm das schriftliche Urteil besprechen kann.[3341] Ob der Beschuldigte die schriftlichen Gründe für eine effektive Verteidigung erfahren muss, kann aus seiner Sicht letztlich erst das Ergebnis ihrer Prüfung (mit Hilfe eines Dolmetschers)

[3335] OLG Stuttgart Beschl. v. 23.4.1986 – 1 Ws 93/86 (allenfalls Anspruch auf schriftliche Übersetzung des Ausgangshaftbefehls); siehe auch: SK/*Paeffgen* § 114a, 5/6 StPO m.w.N.; LR/*Lind* § 114a, 8 StPO.

[3336] OLG Bremen NStZ **2005** 527.

[3337] EGMR Kamasinski/A, 19.12.1989; (GK) Hermi/I, 18.10.2006; *Frowein/Peukert* 317; IK-EMRK/*Kühne* 617; *Grabenwarter/Pabel* § 24, 137; Meyer-Goßner/Schmitt 26; Meyer-Ladewig/Nettesheim/von Raumer/*Meyer-La-dewig/Harrendorf/König* 248; KK-EMRK-GG/*Grabenwarter/Pabel* Kap. 14, 161; *Vogler* ZStW **89** (1977) 787; OLG Düsseldorf JZ **1986** 508; OLG Hamm NStZ-RR **1999** 158; OLG Hamm NStZ-RR **2001** 223; OLG Dresden NStZ-RR **2012** 64 (Ls.) = BeckRS **2011** 27551 = StRR **2011** 362; *Möthrath/Rüther/Bahr* 108 ff.; vgl. Rn. 789; *Schomburg* JHR **2009** 1, 23; siehe hingegen *Schmidt* (Ausländer) 301 (Verletzung von Art. 3 GG, wenn Übersetzung einzelner Aktenteile unter Hinweis auf h.M. verweigert wird).

[3338] BVerfG NStZ-RR **2005** 273; NJW **1983** 2764; BGH Beschl. v. 22.1.2018 – 4 StR 506/17, BeckRS **2018** 478; BGH Beschl. v. 18.2.2020 – 3 StR 430/19, NJW **2020** 2041; OLG Köln NStZ-RR **2006** 51; OLG Hamm Beschl. v. 11.3.2014 – 2 Ws 40/14; **a.A.** auch IK-EMRK/*Kühne* 618 f.; SK/*Meyer* 537 mit Hinweis auf die Bedeutung der schriftlichen Urteilsgründe, insbesondere für die Beurteilung der Erfolgsaussichten einer Anfechtung; *Möth-rath/Rüther/Bahr* 129 ff.; *Schmidt* (Ausländer) 318 f.; kritisch auch: *Kotzurek* eucrim **2020** 314, 318.

[3339] Vgl. EGMR Kamasinski/A, 19.12.1989; BVerfG JZ **1983** 659; BGer EuGRZ **1993** 290, 292; OLG Frankfurt NJW **1980** 1238; OLG Hamm StV **1990** 101 m. Anm. *Kühne*; *Römer* NStZ **1981** 474; Meyer-Goßner/Schmitt 27; LR/*Hilger*[26] § 464a, 12 StPO m.w.N.; *Basdorf* GedS Meyer 19, 26 (für Revision ohne Verteidiger); *Esser* 515.

[3340] OLG Braunschweig Beschl. v. 11.5.2016 – 1 Ws 82/16, BeckRS **2016** 9258 Rn. 11; vgl. dazu BGH NStZ-RR **2017** 122 zur Ablehnung fremdsprachiger Rechtsmittelschreiben bei bestehender Verteidigung des Angeklag-ten; siehe auch BGH Beschl. v. 22.1.2018 – 4 StR 506/17, NStZ **2018** 469 m. Anm. *Berghäuser*; Beschl. v. 18.2.2020 – 3 StR 430/19, NJW **2020** 2041 m. Anm. *Kulhanek* = StV **2021** 79 m. Anm. *Kühne*.

[3341] BGH NStZ **2018** 469; NJW **2020** 2041 = StV **2021** 79.

Esser   1010

sein.[3342] Eine (mindestens mündliche) Übersetzung der schriftlichen Urteilsbegründung durch einen Dolmetscher muss daher der Regelfall sein – nicht die Ausnahme.

Zu übersetzen ist dem Betroffenen auch der erforderliche Hinweis auf die Folge einer **1276** Verletzung der Pflichten nach **§ 50 Abs. 4 AufenthG**, wenn er der deutschen Sprache nicht mächtig ist. Ohne die Übersetzung laufe der Hinweis bei fremdsprachigen Ausländern ins Leere, weil sie ihn schon nicht verstünden. Daher sei eine Übersetzung in eine dem Beschuldigten geläufige Sprache notwendig; ihm muss bewusst sein, dass er bei einem Verstoß gegen die Mitteilungspflicht nicht nur einen schlichten Regelverstoß begeht, sondern mit der Anordnung von Sicherungshaft zu rechnen hat.[3343]

Der **Verkehr des Beschuldigten mit dem Verteidiger** – sowohl die mündliche als **1277** auch die schriftliche Kommunikation[3344] (auch außerhalb der Hauptverhandlung) – wird vom Anspruch auf kostenfreie Beiziehung eines Dolmetschers der Sache nach grundsätzlich umfasst (zur **Notwendigkeit** im Einzelfall Rn. 1252 ff.).[3345] Für den Verkehr mit dem **beigeordneten Verteidiger** wurde dies schon immer bejaht, während dies für den Verkehr mit dem **Wahlverteidiger** in Anlehnung an eine ältere Ansicht der EKMR lange Zeit überwiegend verneint wurde.[3346] Da die Konventionen nicht nur für den Verkehr des Beschuldigten mit dem Gericht, sondern bei allen für die Verteidigung wesentlichen Handlungen und Abschnitten[3347] erforderlichenfalls die unentgeltliche Zuziehung eines Dolmetschers vorsehen, ist kein stichhaltiger Grund ersichtlich, warum für den Verkehr mit dem Wahlverteidiger der von den Konventionen intendierte Ausgleich dieser zusätzlichen Belastung nicht gelten sollte.[3348] Der Beschuldigte sollte nicht allein sprachbedingt einen Verteidiger wählen müssen, in den er kein Vertrauen hat.[3349]

Auch der **BGH** hat entschieden, dass die Konventionen für den **Verkehr mit jedem** **1278** **Verteidiger** die Kostenfreiheit der Zuziehung eines Dolmetschers[3350] verlangen, sofern und soweit die dafür von den Konventionen aufgestellten Voraussetzungen (Sprachdefizit,

3342 Vgl. BGH GA **1981** 262; OLG Hamburg NJW **1978** 2462, bestätigt in BVerfGE **64** 151 ff. = JZ **1983** 659 m. Anm. *Rüping*; OLG Frankfurt NJW **1980** 1238; OLG Stuttgart NStZ **1981** 225; OLG Hamm StV **1990** 101 m. Anm. *Kühne*; je m.w.N.; *Heldmann* StV **1981** 225; *Sieg* MDR **1981** 281; vgl. ferner Meyer-Goßner/*Schmitt* 27; LR/*Hilger*[26] § 464a, 12 StPO m.w.N.; **a.A.** SK/*Meyer* 537 (kann bei rechtsmittelfähigen Entscheidungen nicht überzeugen, da es für Verständnis und Beurteilung der Erfolgsaussichten einer Revision maßgebend auf die schriftlichen Urteilsgründe ankommt).
3343 BGH Beschl. v. 14.1.2016 – V ZB 178/14, BeckRS **2016** 05437, Rn. 9–10.
3344 Mustergültig unter dem Aspekt der Gleichbehandlung argumentierend: OLG Celle NStZ **2011** 718 = StRR **2011** 166 = StraFo **2011** 186; siehe auch: LG Freiburg NStZ-RR **2012** 292 (mit starker Betonung der „Umstände des Einzelfalls").
3345 BGHSt **46** 178 = NJW **2001** 309 = NStZ **2001** 107 = StV **2001** 1 = StraFo **2001** 54 = JR **2002** 121 m. Anm. *Tag* = AnwBl. **2002** 607 m. Anm. *Molketin*, zustimmend *Staudinger* StV **2002** 327; die dadurch entstandenen Kosten sind erstattungsfähige Auslagen, vgl. LR/*Hilger*[26] § 464a, 8 f. StPO m.w.N.
3346 Vgl. dazu *Vogler* EuGRZ **1979** 640, 643; LR/*Hilger*[26] § 464a, 9 StPO m.w.N.
3347 BGHSt **46** 178 = NJW **2001** 309 = NStZ **2001** 107 = StV **2001** 1 = StraFo **2001** 54 = JR **2002** 121 m. Anm. *Tag* = AnwBl. **2002** 607 m. Anm. *Molketin*; IK-EMRK/*Kühne* 612; vgl. Rn. 1252, 1254.
3348 KG NStZ **1990** 402 m. Anm. *Hilger*; OLG Stuttgart StV **1986** 491; OLG Zweibrücken NJW **1980** 2143; LG Berlin NStZ **1990** 450; LG Hamburg StV **1990** 16; LG Freiburg NStZ-RR **2012** 292; *Kühne* FS H. Schmidt 38; *Vogler* EuGRZ **1979** 640, 643; Meyer-Goßner/*Schmitt* 25; LR/*Hilger*[26] § 464a, 9 StPO je m.w.N.; dahingehend auch LG Duisburg StV **2000** 195, anders jedoch für das Auslieferungsverfahren OLG Düsseldorf NStZ-RR **2001** 211.
3349 So auch *Trechsel* 339.
3350 OLG Karlsruhe Justiz **2000** 90; LG Berlin NStZ **1990** 449; Meyer-Ladewig/Nettesheim/von Raumer/*Meyer-Ladewig/Harrendorf/König* 249. Für die allgemeine Freistellung des Verkehrs mit dem Wahlverteidiger von den Dolmetschkosten auch Meyer-Goßner/*Schmitt* 25; *Staudinger* StV **2002** 327 je m.w.N.; LG Osnabrück StraFo **2011** 89 (Freistellung auch für den Fall, dass keine notwendige Verteidigung nach § 140 Abs. 2 StPO/Art. 6 Abs. 3 *lit.* c vorliegt); **a.A.** früher OLG Stuttgart Justiz **1984** 191; *Basdorf* GedS Meyer 19, 31 ff.

sachliche Erforderlichkeit der jeweiligen Besprechung für die Verteidigung, nicht aber Mittellosigkeit) gegeben sind.[3351] Dieser Ansatz wurde durch das **BVerfG** bestätigt.[3352]

1279   Aus der Sicht der Konventionsgarantie ist es unerheblich, mit welcher Konstruktion dieses Ergebnis im nationalen Recht erreicht wird (**Beiordnung** des Dolmetschers durch Gericht, **nachträgliche Kostenübernahme** bei vorheriger Zuziehung durch Verteidiger; vorhergehende oder nachfolgende Prüfung der Erforderlichkeit).[3353] Aus § 187 GVG ergibt sich der Form nach (sogar) ein **Anspruch auf Bestellung eines Dolmetschers** („Heranziehung") – *soweit* zur Ausübung seiner strafprozessualen Rechte erforderlich[3354] – und nicht bloß ein Anspruch auf Erstattung der für eine Dolmetschleistung aufgewandten eigenen Kosten.[3355] Dies gilt nach Ansicht des BGH allerdings nur für die Bestellung **außerhalb von gerichtlichen Verhandlungen**.[3356] Die Hinzuziehung eines Dolmetschers **in gerichtlichen Verhandlungen** regelt dagegen § 185 Abs. 1 Satz 1 GVG.[3357]

1280   Eine nach Art. 6 Abs. 3 *lit.* e zu garantierende Zuziehung eines Dolmetschers muss für die Vorbereitung einer **effektiven Verteidigung notwendig** sein. Das gilt auch für die Kommunikation mit dem Verteidiger (Rn. 1252, 1255). Regelmäßig dürfte dem Verteidigungsinteresse des Beschuldigten durch **Gespräche** mit dem Verteidiger unter Beteiligung eines Dolmetschers ausreichend Rechnung getragen sein; ein erhöhter Bedarf an (auch) schriftlicher Kommunikation mit dem (gewählten oder bestellten) Verteidiger und an einer **schriftlichen Fixierung verteidigungsrelevanter Gesichtspunkte** kann sich im Einzelfall aber durchaus aus dem Gewicht des Tatverdachts, der Komplexität des Verfahrens, dem Alter des Beschuldigten und der Erreichbarkeit des Verteidigers für Gespräche ergeben.[3358]

1281   Ist für die Vorbesprechung mit dem gerichtlich bestellten Verteidiger bereits ein Dolmetscher zugezogen worden, so wird man die Zuziehung eines Dolmetschers für die Besprechung mit **einem weiteren (Wahl-)Verteidiger** gleichwohl als notwendig ansehen

---

3351 BGHSt **46** 178 = NJW **2001** 309 = NStZ **2001** 107 = StV **2001** 1 = StraFo **2001** 54 = JR **2002** 121 m. Anm. *Tag* = AnwBl. **2002** 607 m. Anm. *Molketin*.

3352 BVerfG NJW **2004** 51.

3353 Zu den wegen des Fehlens einer ausdrücklichen gesetzlichen Regelung strittigen einzelnen kostenrechtlichen Konstruktionen vgl. OLG Düsseldorf NStZ **2011** 719 (bei unmittelbarer Heranziehung durch Beschuldigten/Verteidiger kein unmittelbarer Vergütungsanspruch gegen das Gericht); OLG Düsseldorf StV **2000** 194; OLG Karlsruhe StV **2000** 193; KG NStZ **1990** 403 m. Anm. *Hilger*; ferner OLG Frankfurt StV **1991** 457; OLG Hamm StV **1994** 457; vgl. KG NStZ **1990** 402 m. Anm. *Hilger*; zu den schon früher strittigen Fragen OLG Düsseldorf GA **1986** 79; JMBlNW **1989** 34; *Basdorf* GedS Meyer 19, 29; *Kühne* FS H. Schmidt 40; durch BGHSt **46** 178 = NJW **2001** 309 = NStZ **2001** 107 = StV **2001** 1 = StraFo **2001** 54 = JR **2002** 121 mit zust. Anm. *Tag* = AnwBl. **2002** 607 m. Anm. *Molketin* ist entschieden, dass die durch den Verkehr mit dem Wahlverteidiger angefallenen Dolmetschkosten einschließlich der Kosten vorbereitender Gespräche zu erstatten sind, vgl. Meyer-Goßner/*Schmitt* 25; ferner LR/*Hilger*[26] § 464a, 8 f. StPO m.w.N.; zur risikobehafteten Frage der Kostentragung für den Verteidiger im Hinblick auf die Erforderlichkeit *Möthrath/Rüther/Bahr* 72 ff. unter Verweis auf OLG Frankfurt StV **2007** 486.

3354 Die Vorschrift begründet insofern keinen generellen Anspruch auf Übersetzung, vgl. BGH NStZ-RR **2021** 55 m.w.N.; vgl. zu § 187 Abs. 2 Satz 1 GVG auch BGH Beschl. v. 13.9.2018 – 1 StR 320/17, NJW **2018** 3790, Tz. 13 ff. (kein Anspruch des Verurteilten auf Übersetzung des letztinstanzlichen und rechtskräftigen Urteils); bestätigt: BGH Beschl. v. 15.11.2022 – 1 StR 196/22, BeckRS **2022** 35137; vgl. dazu auch Rn. 1315 ff.

3355 OLG Celle NStZ **2011** 718; LR/*Simon* § 187, 3 GVG; KK/*Diemer* § 187, 3 GVG; vgl. BTDrucks. **15** 1976 S. 19.

3356 Vgl. BGH NJW **2017** 3797 = NStZ **2018** 161, der in Anlehnung an BTDrucks. **17** 12578 S. 10 auf Wortlaut und Entstehungsgeschichte von § 187 GVG verweist; vgl. hierzu: BGH Beschl. v. 5.3.2018 – 5 BGs 47/18, BeckRS **2018** 3261; *Makepeace* StV **2020** 570.

3357 Vgl. BGH NJW **2017** 3797; siehe auch: *Heim* NJW-Spezial **2017** 696.

3358 LG Freiburg NStZ-RR **2012** 292.

Esser

müssen.[3359] Umfasst ist zudem eine **Abschlussberatung** des Verteidigers hinsichtlich der Möglichkeiten und Rechte während der Strafvollstreckung – aufgrund des Sachzusammenhangs auch nach Eintritt der Rechtskraft des Urteils.[3360]

Welche **sonstigen verfahrensbezogenen Vorgänge** unter die Konventionsgarantie 1282 der unentgeltlichen Sprachübertragung fallen, hängt von den Umständen des Einzelfalles ab. Bei einer vom Staat erzwungenen Überwachung wird man nach dem Zweck der Anordnung abgrenzen müssen, da nicht die Belastung mit den **Kosten der Strafverfolgung**, sondern nur der **sprachbedingte Nachteil** bei Führung der **eigenen Verteidigung** durch die Garantie der Art. 6 Abs. 3 *lit.* e EMRK und Art. 14 Abs. 3 *lit.* f IPBPR ausgeglichen werden soll. Auch wenn es in der Praxis schwierig sein wird, zu unterscheiden, ob ein **Besuch** oder ein **Telefongespräch** auch der Vorbereitung der eigenen Verteidigung dient und deshalb in Zweifelsfällen die Freistellung von Übersetzungskosten bejaht werden muss, gilt die Kostenfreiheit an sich nur für die Kosten einer **Kommunikation**, die auch der **Vorbereitung der Verteidigung** im weitesten Sinne dient. Dies kann, muss aber nicht immer, auch bei den Kosten für die Übersetzung der Mitschnitte einer **Telefonüberwachung** der Fall sein.[3361] In der Praxis findet sich diese Differenzierung in der Regel nicht. Nach ihr könnten Dolmetscherkosten aus der Freistellung des Art. 6 Abs. 3 *lit.* e herausfallen, so etwa die Kosten der Zuziehung eines Dolmetschers für die Kontrolle des in einer fremden Sprache geführten privaten, nicht auch verteidigungsbezogenen **Briefverkehrs**[3362] oder bei der **Überwachung eines rein privaten Besuchs** bei einem Untersuchungsgefangenen.[3363] Dem steht jedoch das gerade bei der Aufrechterhaltung privater Beziehungen in der Regel Platz greifende Diskriminierungsverbot des Art. 3 Abs. 3 GG entgegen, so dass auch insoweit – abgesehen von wenigen, eine andere Abwägung gebietenden Ausnahmefällen – alle Überwachungskosten endgültig von der Staatskasse zu tragen sind. Im praktischen Ergebnis führt dies dazu, dass die Dolmetscherkosten bei derartigen Überwachungsmaßnahmen der Staatskasse endgültig zur Last fallen, zumal in der Regel die Trennung zwischen einer rein privaten und einer daneben auch die Vorberei-

---

3359 OLG Oldenburg NStZ **2011** 719; OLG Jena Beschl. v. 16.2.2012 – 1 Ws 580/11 (unter Hinweis auf § 137 Abs. 1 Satz 2 StPO; OLG Karlsruhe StraFo **2009** 527; LG Dresden StRR **2011** 156; LG Osnabrück StraFo **2011** 89; LG Bielefeld StraFo **2011** 217 (bejahend auch für den Fall eines der Muttersprache des Beschuldigten kundigen Pflichtverteidigers); **a.A.** AG Rosenheim Beschl. v. 3.3.2011 – 8 Ds 280 Js 22311/10 (Verneinung der Kostentragungspflicht des Staates für den Fall, dass bereits ein vom Angeklagten gewählter Pflichtverteidiger bestellt war und keine Anhaltspunkte für eine nachhaltige Störung des Vertrauensverhältnisses bestehen); OLG Düsseldorf NStZ-RR **1999** 215 (nur bei Vorliegen ganz besonderer Umstände).
3360 OLG München StraFo **2008** 88.
3361 Kostentragungspflicht des Staates verneinend: EGMR Akbingöl/D (E), 18.11.2004 (Herstellung von Waffengleichheit, nicht Ausgleich der Kosten der Strafverfolgung); OLG Frankfurt NStZ-RR **1998** 158; bejahend OLG Köln StV **1994** 326; OLG Stuttgart StV **1995** 260: OLG Stuttgart StV **1990** 79 hatte dies offen gelassen (erst in der abschließenden Kostenentscheidung sei darüber zu befinden); ähnlich LG Berlin StV **1989** 350; vgl. LR/*Hilger*[26] § 464a, 14 StPO m.w.N. Die unter dem Blickwinkel des Diskriminierungsverbots des Art. 3 Abs. 3 GG mit gegenteiligem Ergebnis vorgenommene Abwägung in BVerfG NJW **2004** 1095 dürfte nicht den Fall eines zur Vorbereitung der Verteidigung geführten Telefongespräches betreffen.
3362 Für wohl generelle Freistellung LG Stuttgart StV **2001** 123; zust. Anm. *Paeffgen* NStZ **2002** 83 Fn. 19; Meyer-Goßner/*Schmitt* 24; **a.A.** OLG Stuttgart Justiz **1984** 191; vgl. auch LR/*Hilger*[26] § 464a, 14 StPO m.w.N.
3363 Gegen Freistellung *Vogler* EuGRZ **1979** 640; OLG Koblenz NStZ-RR **1996** 159; LG Mainz NStZ-RR **1996** 32; **a.A.** OLG Düsseldorf NStZ **1991** 403 = StV **1991** 523 (zu § 119 Abs. 3 StPO; § 27 Abs. 1 IRG); OLG Frankfurt StV **1986** 24; LG Berlin StV **1989** 350; *Paeffgen* NStZ **1989** 423; **1990** 533; **1998** 76; Meyer-Goßner/*Schmitt* 24; OLG Stuttgart StV **1990** 79 lässt dies offen und verneint nur die Vorschusspflicht für die Auslagen; für zumindest vorläufige Kostenübernahme durch die Staatskasse auch LG Berlin StV **1989** 350; vgl. LR/*Hilger*[26] § 464a, 14 StPO m.w.N.

tung der Verteidigung bezweckenden Unterhaltung in der Praxis ohnehin kaum durchführbar ist.[3364]

1283   So entschied auch das OLG Celle, dass die gerichtliche Anordnung der **akustischen Überwachung von Besuchen** nicht Deutsch sprechender naher Familienangehöriger eines in Untersuchungshaft befindlichen deutschsprachigen Beschuldigten mittelbar die durch das Gericht veranlasste Hinzuziehung eines Dolmetschers i.S.d. § 1 Abs. 1 Satz 1 Nr. 1 JVEG beinhaltet, wenn das Gericht es im Rahmen der Anordnung einer Besuchskontrolle versäumt, die Erforderlichkeit der Hinzuziehung eines Dolmetschers auf Staatskosten festzustellen.[3365] Hierfür sei nach Ansicht des OLG Celle in Anschluss an die Vorinstanz eine **analoge Anwendung von § 1 Satz 1 Nr. 1 JVEG** geboten, da das zuständige Amtsgericht nicht die Hinzuziehung eines Dolmetschers, sondern lediglich die akustische Überwachung angeordnet hatte.[3366] Dies bedingten die Wertungen des Art. 6 Abs. 3 *lit.* e.[3367]

1284   Dolmetschkosten, die dadurch angefallen sind, dass der **Beschuldigte schuldhaft einem angesetzten Termin ferngeblieben** ist, fallen nicht unter die Freistellung,[3368] wohl aber die Kosten einer durch das **Ausbleiben des Dolmetschers** notwendig gewordenen Verfahrensaussetzung.[3369]

1285   Darüber hinaus entschied der EuGH,[3370] dass es Art. 2 Abs. 5 RL 2010/64 (Rn. 1306 ff.), Art. 4 Abs. 5 und Art. 6 Abs. 1 RL 2012/13/EU (Rn. 796) i.V.m. Art. 48 Abs. 2 EUC zuwiderlaufe, wenn eine Person **in Abwesenheit verurteilt** werde, obwohl sie aufgrund einer unzureichenden Dolmetschleistung nicht in einer ihr verständlichen Sprache über den gegen sie erhobenen Tatvorwurf unterrichtet wurde, oder wenn die Qualität der zur Verfügung gestellten Dolmetschleistungen nicht ermittelt und somit nicht festgestellt werden kann, dass die Person in einer ihr verständlichen Sprache über den gegen sie erhobenen Tatvorwurf unterrichtet wurde.

1286   Ein Recht auf **Auswahl des Dolmetschers**, d.h. auf Beiordnung einer bestimmten Person als Dolmetscher, hat der Beschuldigte nicht.[3371] Die Konventionen schreiben auch nicht vor, wer den Dolmetscher zu beauftragen hat. Das nationale Recht kann dies entsprechend seinem jeweiligen System regeln.[3372] Der Beschuldigte kann aufgrund der Konventionen nur beanspruchen, dass ihm ein für die erforderlichen Sprachübertragungen **genügend qualifizierter Dolmetscher** zur Seite steht[3373] und dass er mit den Kosten für dessen Zuziehung nicht belastet wird.

1287   Einheitliche **Mindestqualitätsstandards** für juristische Dolmetscher und Übersetzer gibt es auf internationaler Ebene nicht – häufig fehlen solche Vorgaben auch schon im

---

3364   Für eine Freistellung hinsichtlich der Dolmetscherkosten für Post-, Telefon- und Besuchsüberwachung auch *Schmidt* (Ausländer) 381 m.w.N.

3365   OLG Celle Beschl. v. 12.8.2015 – 2 Ws 134/15, Rn. 16–17 (Anordnung der akustischen Überwachung der Besuche umfasste bei verständiger, zweckbezogener Auslegung auch die Hinzuziehung eines Dolmetschers zur Gesprächsüberwachung, wenn der Beschuldigte und seine Besuche sich nicht in deutscher Sprache verständigen konnten und damit die Durchführung des Besuchs nur bei Zuziehung eines Dolmetschers möglich war).

3366   OLG Celle Beschl. v. 12.8.2015 – 2 Ws 134/15, Rn. 9 u. 12.

3367   OLG Celle Beschl. v. 12.8.2015 – 2 Ws 134/15, Rn. 13.

3368   EKMR Fedele/D, 9.12.1987, EuGRZ **1989** 329; so jetzt § 464c StPO.

3369   LG Hamburg StV **1985** 500; Meyer-Goßner/*Schmitt* 24.

3370   EuGH (GK) 23.11.2021, C-564/19 (IS), NJW **2022** 601, 608 ff.

3371   *Kühne* FS H. Schmidt 40; **a.A.** LG Duisburg StraFo **2008** 328; AK/*Püschel* § 185, 8 GVG („faktisch ein Auswahlrecht").

3372   Ausführlich zur Auswahl des Dolmetschers *Schmidt* (Ausländer) 272 (Einflussnahme des Verteidigers auf Auswahlentscheidung); *Möthrath/Rüther/Bahr* 65 ff., 84 und 90 ff. zur Ablehnung.

3373   Zur Problematik richterlicher Qualitätskontrolle der Sprachübertragung *Basdorf* GedS Meyer 19, 22.

nationalen Kontext.[3374] Sprachmittlung im juristischen Bereich setzt selbstredend ein hochqualifiziertes Wissen voraus, das im Regelfall auch ein Vertrautsein mit den betroffenen Rechtssystemen verlangt.[3375] Die **Arbeitsbedingungen für Dolmetscher** (während einer Vernehmung oder Verhandlung) können sich ebenfalls nachhaltig auf die Wahrung der Verfahrensfairness auswirken (Akteneinsicht; Zeit und Gelegenheit zur Vorbereitung; Dauer der Dolmetschtätigkeit).[3376]

Um das Recht auf Dolmetscherunterstützung effektiv zu gestalten, besteht für staatli- **1288** che Stellen, namentlich für das erkennende Gericht in der Hauptverhandlung, eine fortwährende **Pflicht zur Kontrolle der Tätigkeit des bestellten Dolmetschers**; wenn sich dem Gericht der Eindruck aufdrängen muss, dass der Dolmetscher unzulänglich arbeitet, muss dieser ausgetauscht werden.[3377] Das Gericht hat außerdem auf die **Unparteilichkeit** des Dolmetschers zu achten (§ 191 GVG, §§ 74, 24 Abs. 1 StPO).[3378] Ein bereits während des Ermittlungsverfahrens für die Polizei tätig gewordener Dolmetscher kann dabei jedoch nur nach § 74 StPO als befangen abgelehnt werden, wenn das Gericht ihn in der Hauptverhandlung als Sachverständigen anhört.[3379]

Ein **Recht auf Verhandlung in einer bestimmten Sprache** gewähren die Konventi- **1289** onsgarantien nicht.[3380] In Staaten mit **mehreren Amtssprachen** muss in der Landessprache verhandelt werden, derer der Beschuldigte mächtig ist.[3381] Wird diese zur Gerichtssprache, greifen weder das Recht auf einen Dolmetscher noch die Kostengarantie ein.

Den Urteilen des EuGH in den Rs. *Mutsch*[3382] sowie *Bickel u. Franz*[3383] ist der Grund- **1290** satz zu entnehmen, dass **Unionsbürger**, die von einer durch das Unionsrecht geschützten Grundfreiheit Gebrauch machen und sich zu diesem Zweck in einem anderen Mitgliedstaat der Union aufhalten, hinsichtlich der von den Strafgerichten gewählten Gerichtssprache nicht gegenüber den Angehörigen dieses Staates ungleich behandelt werden dürfen.

Mit den Grundsätzen eines fairen Verfahrens und dem Diskriminierungsverbot des Art. 3 **1291** Abs. 3 Satz 1 GG ist es nicht vereinbar, die Inanspruchnahme eines **Dolmetschers für Mandantengespräche** durch einen Verteidiger von der **vorherigen Bewilligung durch das Tat-**

3374 In Deutschland ist am 1.1.2023 das Gerichtsdolmetschergesetz (GDolmG) v. 10.12.2019 in Kraft getreten, das die Beeidigung der eingesetzten Dolmetscher und deren Modalitäten regelt, vgl. BGBl. I S. 2121, 2124 (Art. 6). Beeidigt kann § 2 GDolmG werden, wer bestimmte persönliche (z.B. Volljährigkeit, Zuverlässigkeit) und fachliche Eignungen nachweisen kann. Die allgemeine Beeidigung soll außerdem nach einer Frist von fünf Jahren enden. Das Gesetz sollte ursprünglich zum 1.7.2021 in Kraft treten, der Zeitpunkt wurde aber auf den 1.1.2023 verschoben, vgl. BTDrucks. **19** 27654 S. 41.
3375 Vgl. zur Qualität des Dolmetschers *Schmidt* (Ausländer) 265 ff.; vgl. näher zu Maßnahmen der Qualitätssicherung von Dolmetscherleistungen: *Kulhanek* 82 ff.
3376 Kritisch hierzu: *Lindemann* NJW-aktuell **51** (2011) 30.
3377 EGMR (GK) Hermi/I, 18.10.2006; Özkan/TRK (E), 21.11.2006; Katritsch/F, 4.11.2010, § 42; vgl. auch BGH NJW **2019** 1391 (Gericht hat Zweifeln an der Richtigkeit von in die Hauptverhandlung eingeführten Übersetzungen im Rahmen der Aufklärungspflicht nachzugehen).
3378 Vgl. hierzu: EGMR Knox/I, 24.1.2019, §§ 185 ff. (unterbliebene Untersuchung des Verhaltens einer Dolmetscherin; „mütterliches" Verhalten; Rolle einer Mediatorin); BGH Urt. v. 4.7.2018 – 2 StR 485/17, BeckRS **2018** 22950 (Umarmen der Nebenklägerin) m. Anm. *Jäger* JA **2019** 308 = JR **2019** 205 m. Anm. *Bünnigmann*.
3379 Vgl. BGH NJW **2019** 1391 = StRR **2019** 13 m. Anm. *Deutscher.*
3380 IK-EMRK/*Kühne* 612.
3381 BGer EuGRZ **1981** 221; **1995** 613; siehe auch ÖVerfG EuGRZ **1984** 19 m. Anm. *Stadler*; Corte Costituzionale EuGRZ **2000** 542 (territoriale, nicht personale Garantie); ferner die Nachw. bei IK-EMRK/*Kühne* 612; SK/*Meyer* 528.
3382 EuGH 11.7.1985, C-137/84 (Mutsch), EuGRZ **1985** 609.
3383 EuGH 24.11.1998, C-274/96 (Bickel u. Franz), EuZW **1999** 82 m. Anm. *Novak.*

gericht abhängig zu machen.[3384] Ein entsprechender Antrag auf Feststellung der Kostenübernahme durch den Staat darf allerdings nicht aus diesem Grund pauschal abgelehnt werden, weil eine effektive Verteidigung nicht dadurch behindert werden darf, dass sich der Beschuldigte im Hinblick auf das Risiko einer nachträglichen Ablehnung der Kostenerstattung durch das Gericht von der Inanspruchnahme eines Dolmetschers abzusehen genötigt sieht.[3385]

1292   **4. Form.** Die Konventionen verlangen prinzipiell keine *schriftliche* Übersetzung des wesentlichen Akteninhalts (vgl. aber auch Art. 3 RL 2010/64/EU, Rn. 1311).[3386] Ob bei den für die Verteidigung wichtigen Schriftstücken eine **mündliche Übersetzung** genügt oder ob ihre **vollständige schriftliche Sprachübertragung** erforderlich ist, beurteilt sich nach dem Regelungszweck, dem Beschuldigten eine verlässliche Grundlage für die Wahrung seiner Rechte und Ermöglichung einer effektiven Verteidigung zu geben. Verteidigt sich der Beschuldigte selbst und enthält ein umfangreiches Schriftstück viele Einzelheiten, mit denen er sich auseinandersetzen muss, dann reicht in der Regel schon wegen der begrenzten Aufnahmefähigkeit die einmalige mündliche Übertragung als Arbeitsgrundlage für eine effektive Verteidigung nicht aus; anders dagegen, wenn der Sachverhalt einfach gelagert und dem Beschuldigten ohnehin bekannt ist oder wenn er einen Verteidiger hat, der mit ihm nach der mündlichen Übersetzung durch den Dolmetscher die einzelnen Punkte besprechen kann.[3387]

1293   Bei **Entscheidungen**, die **mündlich verkündet** werden, kann es genügen, dass ihr wesentlicher Inhalt dem anwesenden Beschuldigten mündlich übersetzt wird.[3388] Ist eine **Zustellung** an den abwesenden Beschuldigten erforderlich, ist allerdings eine schriftliche Übersetzung beizufügen.[3389]

1294   Form und Umfang der Sprachübertragung von **Verfahrenshandlungen bzw. der Vorgänge in der Hauptverhandlung** selbst werden von den Konventionen ebenfalls nicht näher festgelegt. Den Anforderungen der Konventionen genügen in der Regel sowohl die mündliche als auch die schriftliche Übertragung. Bei den Vorgängen in einer mündlichen Verhandlung wird im Allgemeinen eine mündliche Sprachübertragung stattfinden. Die Konventionen fordern nicht die wortwörtliche Übersetzung aller Vorgänge. Sofern es nicht im Einzelfall auf den genauen Wortlaut ankommt oder eine Vielzahl von Einzelheiten nur durch wiederholtes Nachlesen erfasst werden kann,[3390] genügt es, wenn dem Beschuldigten das für seine Verteidigung Wesentliche **mündlich simultan oder konsekutiv** übersetzt wird,[3391] wie etwa der Inhalt einer ihn belastenden Zeugenaussage oder eines in der Hauptverhandlung verwendeten schriftlichen Beweismittels. Die Dolmetschtechnik des simultanen Dolmetschens führt dabei i.d.R. zu einem deutlich zügigeren Prozess und dementsprechend zu geringeren Kosten.[3392] Werden die **Leistungen des Dolmetschers in der gerichtlichen Verhandlung beanstandet**, so müssen zur Erschöpfung des horizontalen

3384   BVerfG NJW **2004** 50; OLG Celle NStZ **2011** 718; OLG Düsseldorf NStZ **2011** 719; OLG Karlsruhe StraFo **2009** 527; OLG München StraFo **2008** 88; OLG Brandenburg StraFo **2005** 415.
3385   OLG Celle NStZ **2011** 718; LR/*Simon* § 187, 25 GVG.
3386   EGMR Kamasinski/A, 19.12.1989; Katritsch/F, 4.11.2010, § 41 (in Art. 6 Abs. 3 *lit.* c sei von einem Dolmetscher und nicht von einem Übersetzer die Rede); *Meyer-Ladewig*/Nettesheim/von Raumer//*Harrendorf*/*König* 247 f. (mündliche Übersetzung in Hauptverhandlung kann genügen); krit. Karpenstein/Mayer/*Meyer* 260; kritisch auch im Hinblick auf eine Praxis lediglich summarischer Übersetzungen: *Staffler* ZStR **2020** 21, 42 f.
3387   EGMR Kamasinski/A, 19.12.1989; *Kühne* FS H. Schmidt 39; vgl. auch BVerfG NJW **1990** 3072 (Zivilprozess); OLG Nürnberg NStZ-RR **2014** 183 f.
3388   EGMR Kamasinski/A, 19.12.1989.
3389   Vgl. Nr. 181 II RiStBV; dazu *Basdorf* GedS Meyer 19, 25.
3390   Vgl. *Kühne* FS H. Schmidt 40.
3391   EGMR Kamasinski/A, 19.12.1989; *Trechsel* 336.
3392   *Chapman* (Red.), BDÜ-Informationen zum neuen JVEG (2017), 2 f.

Rechtswegs die konkreten Mängel der Übersetzung und deren Auswirkungen auf die Möglichkeiten des Angeklagten, dem Gang des Verfahrens zu folgen und die wesentlichen Verfahrensvorgänge zu erfassen, dargelegt werden.[3393]

In jedem Bundesland werden unterschiedliche **Anforderungen an die Bestellung** 1295 **eines Dolmetschers** gestellt. Dies wurde in bisher jedem Fall durch ein Gesetz geregelt.[3394] Hierzu gab ein Urteil des BVerwG grundlegend vor, dass die berufsrechtlichen Voraussetzungen für die allgemeine Beeidigung von Dolmetschern und die Ermächtigung von Übersetzern nicht durch eine Verwaltungsvorschrift geregelt werden dürfen, sondern eine **Rechtsnorm** erforderlich ist.[3395] Vor seinem Tätigwerden in einem gerichtlichen Verfahren hat der Dolmetscher nach § 189 Abs. 1 Satz 1 GVG einen Eid zu leisten, „daß er treu und gewissenhaft übertragen werde". Außerdem muss der Betroffene seine *persönliche* und *fachliche* Eignung nachweisen. Dies umfasst beispielsweise das Leben in geordneten wirtschaftlichen Verhältnissen, das Bestehen einer staatlichen Prüfung und keine strafrechtlichen Auffälligkeiten.[3396]

Ein **Verstoß gegen die Vereidigungsvorschriften** führt regelmäßig zur Revisibilität des 1296 Urteils, da nicht auszuschließen ist, dass ein in diesem Sinne richtig vereidigter Dolmetscher sorgfältiger als ein nicht so vereidigter übersetzt hätte.[3397] Dies soll ausnahmsweise dann nicht der Fall sein, wenn die Wirksamkeit des Eides wegen Fristablaufs erloschen war, der Dolmetscher jedoch allgemein beeidigt wurde und sowohl der Dolmetscher als auch das Gericht vom Fortbestehen der Wirksamkeit der Beeidigung ausgegangen sind.[3398]

Will das Gericht den **Inhalt einer Urkunde** im Selbstleseverfahren nach § 249 Abs. 2 1297 StPO zum Gegenstand der Hauptverhandlung machen, so ist zumindest erforderlich, dass das Gericht dafür sorgt, dass dem Beschuldigten der Inhalt der Urkunde mündlich übersetzt wird, wenn ihm keine schriftliche Übersetzung zur Verfügung gestellt wird.

Die Einschränkung, die § 259 Abs. 1 StPO hinsichtlich der **Schlussvorträge** von Ankla- 1298 ge und Verteidigung bringt, ist durch die Anforderungen des Art. 6 Abs. 3 *lit.* e überholt[3399] und allenfalls bei einer die Verteidigungsbelange berücksichtigenden Handhabung mit den Konventionen vereinbar, die eine Unterrichtung über den für die Verteidigung relevanten Inhalt, nicht aber zwingend eine wörtliche Sprachübertragung fordern.

5. Kostenfreistellung. Die Freistellung von den Dolmetscherkosten wird von den 1299 Konventionen ausdrücklich garantiert – **absolut**, d.h. unabhängig von der Vermögenslage des Betroffenen,[3400] und **endgültig**.[3401] Davon dürfen die Konventionsstaaten nicht abweichen.[3402] Die früher in Deutschland vertretene Auffassung, dass die Befreiung nur eine

---

3393 BGH NJW **2017** 3797 = NStZ **2018** 161, 162.

3394 Vgl. beispielsweise das bayerische Gesetz über die öffentliche Bestellung und allgemeine Beeidigung von Dolmetschern und Übersetzern (DolmG) v. 1.8.1981.

3395 BVerwG NJW **2007** 1478, 1481.

3396 So z.B. Art. 3 Abs. 1 BayDolmG.

3397 BGH NStZ-RR **2022** 124.

3398 BGH NStZ-RR **2022** 124.

3399 Vgl. LR/*Stuckenberg* § 259, 1 StPO.

3400 EGMR Işyar/BUL, 20.11.2008 (Anspruch auf kostenlose Dolmetscherunterstützung auch bei anderslautender nationaler Regelung); SK/*Meyer* 532, 536; KK-EMRK-GG/*Grabenwarter/Pabel* Kap. 14, 161; diff. *Trechsel* 331 f., der die Kostenfreiheit („The guarantee is absolute in its financial aspect."), nicht jedoch das Recht auf Dolmetscherunterstützung als solches („... with regard to the right to assistance as such, the picture we gain ... is quite different") für absolut garantiert hält.

3401 EGMR Luedicke, Belkacem u. Koç/D, 28.11.1978; *Frowein/Peukert* 319; IK-EMRK/*Kühne* 622; *Nowak* 57; LR/*Hilger*[26] § 464a, 3, 8 StPO m.w.N.

3402 EGMR Hovanesian/BUL, 21.12.2010, §§ 48 ff.

vorläufige sei und nicht daran hindere, einem verurteilten Beschuldigten diese Kosten als Auslagen aufzuerlegen,[3403] ist längst überholt. Die Erstattung der Kosten darf explizit nicht von der Frage abhängig gemacht werden, ob der Beschuldigte freigesprochen oder verurteilt wird.[3404]

1300   Die absolute Gewährung des Anspruchs auf kostenfreie Dolmetscherunterstützung bedeutet, dass auch der wohlhabende Beschuldigte Anspruch auf kostenfreie Zuziehung eines Dolmetschers hat, soweit der Ausgleich des Sprachdefizits für seine Verteidigung und damit für ein dem Rechtsstaatsgebot entsprechendes faires Verfahren notwendig ist (Rn. 1241 ff.).[3405]

1301   Hat der Beschuldigte nach einer Verurteilung die Verfahrenskosten zu tragen, so muss er für die Dolmetscherkosten gleichwohl nicht aufkommen.[3406] Lediglich die Auslagen für den Dolmetscher, die durch seine **schuldhafte Säumnis** entstanden sind, können ihm auferlegt werden.[3407] Die Freistellung von den Dolmetscherkosten gilt auch für den **Privatbeklagten**, nicht aber für den **Privatkläger**.[3408] Der **Nebenkläger** hat ebenfalls einen Anspruch auf unentgeltliche Beiziehung eines Dolmetschers.[3409]

1302   Umstritten ist, wer die Kosten für einen dem Angeklagten beigeordneten Dolmetscher trägt, der ein in fremder Sprache geführtes Verteidigergespräch (Verfahren nach §§ 25 ff. EuRAG) dem deutschen **Einvernehmensanwalt** (§ 28 Abs. 1 EuRAG) übersetzt, so dass dieser die Pflichten gem. § 30 Abs. 1 EuRAG erfüllen kann. Während die eine Ansicht eine Kostenerstattung nach den allgemeinen Vorschriften (Nr. 9005 Satz 1 KV GKG) annimmt,[3410] bevorzugt die überzeugende gegenteilige Auffassung eine unentgeltliche Beiordnung, da auch im Falle des Tätigwerdens eines ausländischen Rechtsanwalts der deutsche Einvernehmensanwalt als Verteidiger fungiert, dem ein Dolmetscher beizuordnen ist, wenn er ausschließlich mittels eines solchen kommunizieren kann.[3411]

1303   Für die Erstattungsfähigkeit von Übersetzungskosten bei einer sich im Nachhinein als **doppelt herausstellenden Übersetzung** (durch Staatsanwaltschaft und Beschuldigten) ist maßgeblich auf die *ex-ante*-Sicht zur Verfahrenslage im Zeitpunkt der Auftragserteilung abzustellen.[3412]

1304   Eines nachträglichen, besonderen Ausspruchs über die nach den Konventionen als auch nach Verfassungsrecht gebotene Kostentragungspflicht der Staatskasse im Sinne einer Kostengrundentscheidung bedarf es – auch für den Fall der Verurteilung des Beschuldigten – nicht. Sie ergibt sich unmittelbar aus Nr. 9005 Abs. 4 KV GKG.[3413]

3403   Vgl. die Nachweise bei SK/*Meyer* 532.

3404   Meyer-Goßner/*Schmitt* 24; IK-EMRK/*Kühne* 622; so auch *Trechsel* 332; zur Tragweite der Kostenfreiheit vgl. LR/*Hilger*[26] § 464a, 8 ff. StPO.

3405   Vgl. BVerfGE **64** 145; *Basdorf* GedS Meyer 19, 20; SK/*Meyer* 532.

3406   EGMR Luedicke, Belkacem u. Koç/D, 28.11.1978; *Esser* 516 ff.; *Möthrath/Rüther/Bahr* 82 (sofern Kosten nicht verschuldet).

3407   Vgl. LR/*Hilger*[26] § 464c, 1 StPO; *Esser* 519; *Möthrath/Rüther/Bahr* 83; vgl. LG Trier NStZ-RR **2009** 159 (analoge Anwendung des § 464c StPO im Falle der Weiterbearbeitung des Verfahrens in Deutschland im Rahmen eines Rechtshilfeersuchens der ungarischen Strafverfolgungsbehörden für die anfallenden Übersetzungskosten der ungarischen Akten für den deutschsprachigen Angeklagten).

3408   Meyer-Goßner/*Schmitt* 24; LR/*Hilger*[26] § 464a, 11 StPO; vgl. auch BVerfG NStZ **1981** 230.

3409   Gegenteilige, bislang vorherrschende Auffassung durch Neufassung des § 187 Abs. 4 GVG hinfällig: *Schmidt* (Ausländer) 296; LR/*Simon* § 185, 28 GVG, § 187, 23 GVG; OLG Hamburg NJW **2005** 1135 ff.

3410   KG NStZ **2002** 52, 53.

3411   *Schmidt* (Ausländer) 297.

3412   OLG Dresden NStZ-RR **2012** 64 (Ls.), BeckRS **2011** 27551 = StRR **2011** 362.

3413   OLG Karlsruhe StraFo **2009** 527; OLG München StraFo **2008** 88; OLG Brandenburg StraFo **2005** 415; **a.A.** OLG Düsseldorf StRR **2007** 163; OLG Celle Beschl. v. 9.3.2011 – 1 Ws 102/11, StRR **2011** 166.

Das **2. Kostenrechtsmodernisierungsgesetz**[3414] hat zu einer Anhebung der Honorare **1305** für Dolmetscher und Übersetzer geführt. So beträgt nach § 9 Abs. 5 Satz 1 JVEG das Honorar des Dolmetschers für jede Stunde 85 Euro und erhält im Fall der Aufhebung eines Termins, zu dem er geladen war, eine Ausfallentschädigung bis zu einem Betrag, der dem Honorar für zwei Stunden entspricht (vgl. § 9 Abs. 5 Satz 2, 3 JVEG). Allerdings fällt diese im Vergleich zu den übrigen Erhöhungen besonders niedrig aus. Eine zu große Diskrepanz zwischen der Bezahlung des Staates und der freien Wirtschaft wird früher oder später dazu führen, dass immer mehr hochqualifizierte Dolmetscher und Übersetzer sich der Wirtschaft zuwenden, was ein generelles Absinken der Qualität der Dolmetsch- und Übersetzungsleistungen im Strafverfahren zur Folge haben wird.

6. EU-Richtlinie 2010/64/EU über das Recht auf Dolmetsch- und Übersetzungsleis- 1306 tungen im Strafverfahren. Bereits am 23.10.2009 hatten sich die Justizminister der EU-Mitgliedstaaten auf einen **Rahmenbeschluss über das Recht auf Dolmetschleistungen und Unterstützungen in Strafverfahren** geeinigt,[3415] der wegen des Inkrafttretens des Vertrages von Lissabon am 1.12.2009 allerdings nicht mehr nach altem Recht umgesetzt werden konnte.[3416]

Im Januar 2010 wurde durch den **Rat** der Europäischen Union eine entsprechende **1307 Richtlinie** eingebracht,[3417] die im Dezember 2009 von einer Initiative aus 13 Mitgliedstaaten, basierend auf Art. 82 Abs. 2 UAbs. 2 *lit.* b AEUV, vorgeschlagen wurde.[3418] Im März 2010 legte die **Europäische Kommission** einen eigenen Vorschlag für eine derartige Richtlinie vor.[3419] Am Ende wurde die **Richtlinie über das Recht auf Dolmetsch- und Übersetzungsleistungen im Strafverfahren vom 20.10.2010** (RL 2010/64/EU) verabschiedet.[3420] Die Mitgliedstaaten hatten zur Umsetzung bis zum 27.10.2013 Zeit (Art. 9 Abs. 1 RL).[3421]

Die RL sieht vor, dass Personen ab dem **Zeitpunkt**, zu dem sie von ihrer Verdächti- **1308** gung oder Beschuldigung Kenntnis erlangen, bis zum Abschluss des Verfahrens, einschließlich der abschließenden Entscheidung in einem Rechtsmittelverfahren, ein Recht auf Dolmetscherleistungen und Übersetzungen haben (Art. 1 Abs. 1, 2 RL). Sie gilt zudem in Verfahren zur Vollstreckung eines Europäischen Haftbefehls (Art. 1 Abs. 1; Art. 2 Abs. 7; Art. 3 Abs. 6 RL). Weiter offen bleibt damit, ob auch Verurteilte im Strafvollstreckungsverfahren in transnationalen Fällen unter den Anwendungsbereich der RL fallen.[3422]

Dabei sollen die Leistungen **unverzüglich**, „während der Strafverfahren bei Ermitt- **1309** lungs- und Justizbehörden, einschließlich während polizeilicher Vernehmungen, sämtli-

---

[3414] BGBl. 2013 I S. 2683.

[3415] Ratsdok. 14792/09; ferner: Entschließung zur Unterstützung der Mitgliedstaaten bei der Verwirklichung des Rechts auf Dolmetschleistungen und Übersetzungen in Strafverfahren, Ratsdok. 14793/09.

[3416] Zur Entstehung auch *Cras/de Matteis* 153 ff.

[3417] Rat, Interinstitutionelles Dossier 2010/0801 (COD), 5673/10, DROIPEN 8, COPEN 25, CODEC 47 v. 22.1.2010.

[3418] Initiative für eine Richtlinie des Europäischen Parlaments und des Rates über die Rechte auf Dolmetschleistungen und auf Übersetzungen in Strafverfahren, ABlEU Nr. C 69 v. 18.3.2010 S. 1.

[3419] Europäische Kommission, „Vorschlag für eine Richtlinie des Europäischen Parlaments und des Rates über das Recht auf Dolmetscher- und Übersetzungsleistungen im Strafverfahren", KOM (2010) 82 v. 9.3.2010. Zur Notwendigkeit von Dolmetschleistungen im *Strafvollzug: Sagel-Grande* FS **2010** 100 (Niederlande).

[3420] ABlEU Nr. L 280 v. 26.10.2010 S. 1 ff.; *Möthrath/Rüther/Bahr* 101 ff., 135 ff.; *Kotz* StV **2012** 626.

[3421] Dänemark hat sich weder an der Annahme der RL beteiligt noch ist es durch sie gebunden oder zu ihrer Anwendung verpflichtet, vgl. EP und der Rat 2010/0801 (COD) v. 24.9.2010, Nr. 36; zur Umsetzung in Österreich: *Bockemühl* JSt **2014** 224.

[3422] Dagegen spricht die eindeutige Umgrenzung des Anwendungsbereichs der RL durch den EuGH, vgl. dazu EuGH 9.6.2016, C-25/15 (*Balogh*), Tz. 36; dazu auch *Brodowski* ZIS **2017** 11, 19 f.

chen Gerichtsverhandlungen sowie aller erforderlicher Zwischenverhandlungen" zur Verfügung gestellt werden (Art. 2 Abs. 1 RL). Darüber hinaus wird auch die Verständigung der verdächtigen oder beschuldigten Person mit ihrem Rechtsbeistand erfasst (Art. 2 Abs. 2 RL). Diese Regelung entspricht dem Niveau des Art. 6 Abs. 3 *lit.* e, der die Mitgliedstaaten verpflichtet, Dolmetscherleistungen auch für **Verteidigergespräche** zur Verfügung zu stellen (Rn. 1255, 1277).

1310 Die RL sieht auch die Möglichkeit des Einsatzes von **Kommunikationstechnologien**, wie Videokonferenz, Telefon und Internet, vor, sofern für die Gewährleistung eines fairen Verfahrens nicht die persönliche Anwesenheit des Dolmetschers erforderlich ist (Art. 2 Abs. 6 RL).

1311 Die verdächtige oder beschuldigte Person muss innerhalb einer angemessenen Frist eine **schriftliche Übersetzung** aller **wesentlichen Unterlagen** erhalten, um zu gewährleisten, dass sie imstande sind, ihre Verteidigungsrechte wahrzunehmen und um ein faires Verfahren zu gewährleisten (Art. 3 Abs. 1 RL).[3423] Dazu zählen **„jegliche Anordnung einer freiheitsentziehenden Maßnahme, jegliche Anklageschrift und jegliches Urteil"** (Art. 3 Abs. 2 RL). Die Anordnung einer freiheitsentziehenden Maßnahme umfasst insbesondere den **Haftbefehl** nach § 114 StPO, die Entscheidung nach § 121 StPO, den Beschluss nach § 81 StPO und den Befehl zur Unterbringung nach § 126a StPO.[3424] Zu den zu übersetzenden „wesentlichen Unterlagen" zählt des Weiteren der **Strafbefehl** (§§ 407 ff. StPO).[3425]

1312 Welche **Unterlagen darüber hinaus** als „wesentlich" gelten, entscheiden die zuständigen Behörden im konkreten Fall, wobei ein entsprechender Antrag gestellt werden kann (Art. 3 Abs. 3 RL). Als wesentliche Unterlagen dürften (je nach Inhalt und Begründung) **gerichtliche Haftfortdauerentscheidungen**, der **Bewährungsbeschluss** (§ 268a StPO) die **Belehrung über den Beginn des Fahrverbots** (§ 268c StPO) oder über den **Vorbehalt der Sicherungsverwahrung** (§ 268d StPO) gelten. In Betracht käme auch das Hauptverhandlungsprotokoll, unter dem Vorbehalt des Art. 3 Abs. 4 RL. Danach erfolgt eine Einschränkung insoweit, als „Passagen wesentlicher Dokumente, die nicht dafür maßgeblich sind, dass die verdächtigen oder beschuldigten Personen wissen, was ihnen zur Last gelegt wird", nicht übersetzt zu werden brauchen (Art. 3 Abs. 4 RL).[3426] Diskutiert werden auch **Ermittlungsvermerke der Polizei** oder **TKÜ-Protokolle**.[3427]

1313 In einem vom LG Bielefeld entschiedenen Fall, hatte ein georgischer Angeklagter ein **nicht übersetztes Schreiben** erhalten, das ihn auf die Bestellung eines Pflichtverteidigers hinwies, sollte er innerhalb von zwei Wochen keinen eigenen Rechtsanwalt benennen. Mangels Sprachkenntnis blieb eine Stellungnahme des Beschuldigten aus und der Pflichtverteidiger wurde bestellt.[3428] Zum Recht aus Art. 6 Abs. 3 *lit.* e, dass sämtliche Schriftstücke und Erklärungen im gesamten Verfahren übersetzt werden müssen, auf deren Verständnis der Beschuldigte für ein faires Verfahren angewiesen ist, gehört nach Ansicht des LG auch die **Erklärung zum Recht, vor der Bestimmung des Pflichtverteidigers einen Rechtsanwalt seines Vertrauens zu benennen**. Erfolge eine Bestellung, ohne dass dem Beschuldigten die Gelegenheit gegeben wurde, einen Rechtsanwalt zu bezeichnen, so sei die Bestellung aufzuheben und der nunmehr bezeichnete Rechtsanwalt beizuordnen.[3429]

3423 Vgl. Rafaraci/Belfiore/*Reale* EU Criminal Justice 205, 208; *Cras/De Matteis* eurcrim **2010** 153, 159 f.
3424 Vgl. *Kotz* 124, 126.
3425 Vgl. EuGH 12.10.2017, C-278/16 (Sleutjes), Tz. 25 ff., NZV **2017** 530 m. Anm. *Sandherr* = NJW **2018** 142; LG Heilbronn Beschl. v. 8.9.2020 – 2 Qs 59/20, StraFo **2021** 122; SK/*Meyer* 531.
3426 Vgl. dazu auch *Cras/de Matteis* 153, 159 f.
3427 *Schneider* StV **2015** 379, 381.
3428 LG Bielefeld Beschl. v. 7.9.2016 – 8 Qs 379/16 VIII, Rn. 3 u. 6.
3429 LG Bielefeld Beschl. v. 7.9.2016 – 8 Qs 379/16 VIII, Rn. 14 f.

Sofern dies nicht dem fairen Verfahren entgegensteht, erachtet die RL eine **mündli-** 1314
che Übersetzung oder eine mündliche Zusammenfassung als ausreichend (Art. 3 Abs. 7
RL).[3430]

Ungeklärt ist die Frage, ob der Angeklagte die schriftliche Übersetzung eines gegen 1315
ihn ergangenen, *rechtskräftigen* Urteils verlangen kann, insbesondere dann, wenn das
Gericht[3431] den von ihm gestellten Antrag auf Übersetzung des Urteils ablehnt. Hierauf
gibt § 187 Abs. 2 GVG nur eine unvollständige Antwort. Zwar könnte man aus der ausdrücklichen Nennung allein der Begriffe *„freiheitsentziehende Anordnungen, Anklageschrif-
ten, Strafbefehle und nicht rechtskräftige Urteile"* schlussfolgern, dass nur diese in der
Norm aufgezählten Entscheidungen[3432] und ein *rechtskräftiges Urteil* gerade nicht schriftlich übersetzt werden muss. Auf der anderen Seite zeigt ein Blick auf Art. 3 Abs. 2 RL, dass
zu den **wesentlichen Unterlagen**, die schriftlich übersetzt werden müssen, *jedes Urteil*
gehört.[3433] Auch wenn § 187 Abs. 2 Satz 1 GVG wohl **keine abschließende Aufzählung**
enthält („in der Regel"),[3434] ist vor diesem Hintergrund zweifelhaft, ob der Wortlaut[3435]
des § 187 Abs. 2 GVG mit der RL 2010/64/EU noch im Einklang steht. Der Gesetzentwurf
der Bundesregierung, Teile der Literatur sowie der BGH gehen dennoch von einer Konformität von § 187 Abs. 2 GVG mit der RL aus, da letztere nach Art. 1 Abs. 2 nur bis zum
„(rechtskräftigen) Abschluss des Verfahrens" anwendbar sei.[3436] In logischer Konsequenz nimmt der BGH an, dass der Verurteilte grundsätzlich keinen Anspruch auf Übersetzung des letztinstanzlichen und rechtskräftigen Urteils des BGH hat.[3437]

Nach Art. 1 Abs. 2 RL ist unter dem Abschluss des Verfahrens die endgültige Klärung 1316
der Frage zu verstehen, ob die beschuldigten Personen die Straftaten begangen haben,
gegebenenfalls einschließlich der Festlegung des Strafmaßes und der abschließenden Entscheidung in einem Rechtsmittelverfahren. Da der Begriff der **abschließenden Entscheidung** in einem Rechtsmittelverfahren (**„any appeal"**) im europäischen Recht jedoch nicht
technisch zu verstehen sei, sondern **auch eine Verfassungsbeschwerde oder ein Wiederaufnahmeverfahren** umfassen kann, soll der Verurteilte nach überzeugenden Stimmen in der Literatur in **richtlinienkonformer Auslegung des § 187 Abs. 2 GVG** auch die
Übersetzung eines rechtskräftigen Urteils verlangen können, um die Erfolgsaussichten einer Verfassungsbeschwerde oder eines Wiederaufnahmeverfahrens einschätzen zu können.[3438] Anderenfalls hätte der Verurteilte keine Möglichkeit mehr, anhand des Urteils zu

---

3430 Vgl. dazu auch *Cras/de Matteis* 153, 160.
3431 Zur Zuständigkeit des Ermittlungsrichters des BGH in vom GBA geführten Ermittlungsverfahren für
die Entscheidung nach § 187 Abs. 1 Satz 1 GVG vgl. BGH Beschl. v. 5.3.2018 – 5 BGs 47/18, StV **2019** 169;
Cierniak/Niehaus NStZ-RR **2020** 332, 335.
3432 So OLG Hamburg Beschl. v. 6.12.2013 – 2 Ws 253/13, BeckRS **2014** 1434.
3433 Zu diesem Argument auch BGH NJW **2018** 3790, 3791.
3434 Vgl. auch: BGH NJW **2018** 3790, 3792 Rz. 20, wo auch der BGH von einer nicht abschließenden Aufzählung spricht; sowie: LR/*Simon* § 187, 11 GVG.
3435 Anders der BGH, wonach § 187 Abs. 2 GVG allein dem Wortlaut nach, auch rechtskräftige Urteile nicht
ausschließen würde, vgl. NJW **2018** 3790, 3792.
3436 BTDrucks. **17** 12578 S. 11; BGH NJW **2018** 3790, 3792 ff. m. Anm. *Oğlakcıoğlu* und unter Verweis auf
EuGH 12.10.2017, C-278/16 (Sleutjes), NJW **2018** 142, 143; Beschl. v. 1.7.2020 – 4 StR 659/19, BeckRS **2020** 15675;
NStZ-RR **2021** 55 = StV **2021** 627; zudem: BGH Beschl. v. 4.10.2018 – 4 StR 51/17; *Kühne* StV **2015** 552, 553; LR/
Simon § 187, 18 GVG.
3437 Vgl. BGH Beschl. v. 13.9.2018 – 1 StR 320/17, NJW **2018** 3790, Tz. 13 ff.; BGH Beschl. v. 15.11.2022 – 1 StR
196/22, BeckRS **2022** 35137.
3438 So SK/*Frister* § 187, 11 GVG; *Schneider* StV **2015** 379, 380; SSW/*Rosenau* § 187, 5 GVG.

prüfen, ob eine von ihm angestrebte Verfassungsbeschwerde aussichtsreich erscheint.[3439] In einer Vorlagefrage an den EuGH (Art. 267 AEUV; verfassungsrechtlich über Art. 101 Abs. 1 Satz 2 GG abgesichert) wäre daher zu klären, ob es mit dem Recht des Angeklagten auf schriftliche Übersetzung des Urteils nach Art. 3 Abs. 2 RL vereinbar ist, wenn eine nationale Vorschrift anordnet, dass ein Anspruch auf schriftliche Übersetzung „in der Regel" nur das nicht-rechtskräftige Urteil umfasst.

1317   Zweifel im Hinblick auf die Richtlinienkonformität wurden bislang auch im Zusammenhang mit der Regelung des § 187 **Abs. 2 Satz 5 GVG** laut. Demnach bedarf es einer schriftlichen Übersetzung in der Regel nicht, wenn der Beschuldigte einen Verteidiger hat. Hierin wird vor allem eine unzulässige Durchbrechung des in Art. 3 RL etablierten Regel-Ausnahme-Prinzips gesehen, wonach die Ersetzung einer schriftlichen Übersetzung durch eine mündliche die Ausnahme bilden soll und nicht wie nach § 187 Abs. 2 Satz 5 GVG[3440] bei verteidigten Angeklagten die Regel.[3441]

1318   Ein **Verzicht** auf das Recht auf Dolmetschleistungen und Übersetzungen kann nur nach vorheriger rechtlicher Beratung oder anderer Kenntniserlangung der Folgen eines solchen Verzichts unmissverständlich und freiwillig erklärt werden (Art. 3 Abs. 8 RL). Unter anderem mit den Vorgaben der Richtlinie unvereinbar ist zudem eine nationale Regelung, nach der die Verletzung der in den Art. 2 Abs. 1 und Art. 3 Abs. 1 der RL 2010/64/EU vorgesehenen Rechte von dem durch diese Rechte Begünstigten innerhalb einer bestimmten Ausschlussfrist geltend gemacht werden muss, sofern diese Frist zu laufen beginnt, bevor der Betroffene in einer ihm verständlichen Sprache sowohl über Bestehen und Umfang seines Rechts auf Dolmetschleistungen und Übersetzungen als auch über Existenz und Inhalt der fraglichen wesentlichen Unterlagen sowie die mit ihnen verbundenen Wirkungen unterrichtet wurde.[3442]

1319   Sowohl in Bezug auf Dolmetscherleistungen nach Art. 2 RL als auch für schriftliche Übersetzungen nach Art. 3 RL gilt, dass diese eine für die Gewährleistung eines fairen Verfahrens **ausreichende Qualität** aufweisen müssen (vgl. Art. 2 Abs. 8 und Art. 3 Abs. 9 RL). Die Mitgliedstaaten trifft insofern gemäß Art. 5 Abs. 1 RL die Verpflichtung, konkrete Maßnahmen zur **Sicherung dieser Qualitätsanforderungen** zu ergreifen.[3443] Dazu kann nach Art. 5 Abs. 2 RL etwa die Einrichtung entsprechender **Register** mit unabhängigen

---

3439 *Schneider* StV **2015** 379, 380; *Schmidt* (Ausländer) 318; siehe ebenso *Bockemühl* Anm. zu OLG Stuttgart Beschl. v. 9.1.2014 – 6 – 2 StE 2/12, StV **2014** 536, 539.
3440 Zur praktischen Anwendung der Regelung vgl. BGH Beschl. v. 22.1.2018 – 4 StR 506/17, BeckRS **2018** 478.
3441 Vgl. zur Kritik *Yalçın* ZRP **2013** 104, 106 mit einer möglichen Vorlagefrage zum Regel-Ausnahme Prinzip des Art. 3 RL im Zusammenhang mit der Regelung des § 187 Abs. 2 Satz 5 GVG: „Ist es mit dem Recht des Angeklagten auf schriftliche Übersetzung des Strafurteils gem. Art. 3 Abs. 1 i.V.m. Abs. 2 RL vereinbar, wenn eine nationale Regelung vorsieht, dass in der Regel die mündliche Übersetzung oder Zusammenfassung des Strafurteils die schriftliche Übersetzung ersetzt, weil der Angeklagte einen Verteidiger hat?"; siehe diesbezüglich auch *Kotzurek* eucrim **2020** 314, 317; kritisch: *Makepeace* StV **2020** 570, 574; *Krug* FD-StrafR **2019** 419521.
3442 Siehe EuGH 1.8.2022, C-242/22 PPU (TL).
3443 Vgl. dazu *Yalçın* ZRP **2013** 104, 107, wonach darin die „große Errungenschaft und zugleich das Fundament der Richtlinie" zu sehen ist; ebenso: *Makepeace* StV **2020** 570, 571; EuGH (GK) 23.11.2021, C-564/19 (IS), NJW **2022** 601, 607ff. (Art. 5 RL 2010/64/EU ist so auszulegen, dass er die Mitgliedstaaten verpflichtet, konkrete Maßnahmen zu ergreifen, um sicherzustellen, dass die Qualität der zur Verfügung gestellten Dolmetschleistungen und Übersetzungen ausreicht, damit die verdächtige oder beschuldigte Person den gegen sie erhobenen Tatvorwurf verstehen kann und diese Dolmetschleistungen von den nationalen Gerichten überprüft werden können. Der Richtlinie läuft es zudem zuwider, wenn die Qualität der zur Verfügung gestellten Dolmetschleistungen nicht ermittelt und somit nicht festgestellt werden kann, dass die Person in einer ihr verständlichen Sprache über den gegen sie erhobenen Tatvorwurf unterrichtet wurde; siehe auch IWRZ **2022** 89 m. Anm. *Friedrich*).

sowie angemessen qualifizierten Dolmetschern und Übersetzern zählen, die dann gegebenenfalls Rechtsbeiständen und Behörden zur Verfügung gestellt werden.[3444] Darüber hinaus sollte die Möglichkeit bestehen, den Dolmetscher bei unzureichender Qualität zu beanstanden[3445] bzw. zu ersetzen (Art. 2 Abs. 5, Art. 3 Abs. 5 RL; ErwG 26 RL).

Für die verdächtige oder beschuldigte Person von besonderer Bedeutung ist, dass die **1320** **Dolmetsch- und Übersetzungskosten** unabhängig vom Verfahrensausgang jedenfalls vom Mitgliedstaat getragen werden (Art. 4 RL).[3446] Zudem muss sichergestellt werden, dass Dolmetscher und Übersetzer die **Vertraulichkeit** zu wahren haben (Art. 5 Abs. 3 RL). Diese Vorgabe griff der Gesetzgeber in § 189 Abs. 4 GVG auf.[3447]

Zu beachten ist, dass die RL lediglich einen **Mindeststandard** festlegt, so dass nationa- **1321** le Vorschriften, die ein höheres Schutzniveau vorsehen, keinesfalls durch sie beschränkt oder beeinträchtigt werden (Art. 8 RL).

Lehnt ein Gericht einen aus der RL folgenden Übersetzungsanspruch sowohl nach **1322** § 187 GVG als auch die **unmittelbare Anwendung der RL** ab, so hat der Beschuldigte die Möglichkeit, die Übersetzungskosten als Schaden im Wege eines **unionsrechtlichen Staatshaftungsanspruchs** geltend zu machen.[3448]

Die Richtlinie zeigt Wirkung auf die deutsche Rechtsprechung zu § 37 **Abs. 3 StPO**, **1323** der verlangt, dass Prozessbeteiligten, sofern ihnen nach § 187 Abs. 1 und 2 GVG eine Übersetzung des Urteils zur Verfügung zu stellen ist, das Urteil zusammen mit der Übersetzung übermittelt werden muss. Ob diese Regelung im **Strafbefehlsverfahren** gelten soll, war lange Zeit umstritten.

Nach einer Auffassung ist § 37 **Abs. 3 StPO** im Strafbefehlsverfahren **analog anzu- 1324 wenden**.[3449] Dem Angeklagten sei der Strafbefehl zusammen mit einer Übersetzung zuzustellen. Das wirke sich auf die Einspruchsfrist aus, die nicht vor Zustellung der schriftlichen Übersetzung zu laufen beginne. Unterbleibe die Übersetzung, sei die Zustellung unwirksam. Geheilt werden könne dieser Mangel lediglich durch nachträgliche Zustellung, welche den Beginn des Fristenlaufs festsetze. Die Ansicht überzeugt, da Entlastungsgründe, die das Strafbefehlsverfahren generieren soll, nicht dazu führen dürfen, dass dem Beschuldigen eine faktische Verurteilung zugeht, die er nicht verstehen kann und die ihn letztlich zur Anfechtung (Einspruch) zwingt, um anschließend eine Übersetzungsleistung zu erlangen.

Das LG Ravensburg hatte § 37 Abs. 3 StPO im Strafbefehlsverfahren dagegen **nicht 1325 für anwendbar** gehalten.[3450] Normzusammenhang sowie Sinn und Zweck der Regelung könnten seine analoge Anwendung nicht begründen. § 37 Abs. 3 StPO erfasse ausschließ-

---

[3444] Die Einrichtung eines solchen Registers hielt der Gesetzgeber jedoch im Hinblick auf etwaige, bereits vorhandene Dolmetscher- und Übersetzerdatenbanken der Länder nicht für erforderlich, vgl. BTDrucks. **17** 12578 S. 7, 13; kritisch *Eisenberg* JR **2013** 442, 447, wonach die Aufnahmevoraussetzungen in diese Datenbanken der Länder zuweilen formal und landesgesetzliche Anforderungen an die fachliche Eignung uneinheitlich seien; ebenso *Makepeace* StV **2020** 570, 571, der insbesondere auch an der fehlenden, zwingenden Gewährleistung einer spezifischen Qualifikation für den Strafprozess Kritik übt.
[3445] Kritisch im Hinblick auf das Fehlen eines solchen Mechanismus im deutschen Recht: *Makepeace* StV **2020** 570, 571 f., wonach weder die in § 191 Satz 1 GVG i.V.m. § 74 Abs. 1 StPO vorgesehene Möglichkeit der Ablehnung eines Dolmetschers wegen Befangenheit noch eine revisionsrechtliche Geltendmachung ausreiche; vgl. auch LR/*Simon* § 191, 5 GVG.
[3446] Vgl. dazu auch *Cras/de Matteis* 153, 158.
[3447] Vgl. BTDrucks. **17** 12578 S. 7.
[3448] Näher: *Schneider* StV **2015** 379, 385.
[3449] Noch früher: LG Stuttgart NStZ-RR **2014** 216; LG Gießen StraFo **2015** 243.
[3450] LG Ravensburg NStZ-RR **2015** 219 (zum gesamten Absatz); ebenso LG Stuttgart Beschl. v. 13.9.2016 – 19 Qs 49/16, Rn. 9; dazu auch NJW-Spezial **2016** 730.

lich das nicht rechtskräftige *schriftliche Urteil*. Dass Strafbefehle wie Urteile zugestellt werden, sei unerheblich. Sinn und Zweck des § 37 Abs. 3 StPO umfassten weder Strafbefehle noch stehe die Frist für die Einlegung eines Einspruchs im Mittelpunkt. Stattdessen werde die Unwirksamkeit der Zustellung eines nicht rechtskräftigen und nicht übersetzten schriftlichen Urteils bewirkt. Zur Begründung der Berufung (§ 317 StPO) und der Revision (§ 345 StPO) bedürfe es zwingend der Kenntnis der Urteilsgründe, nicht jedoch zur Einlegung eines Einspruchs: Da hier die bloße Mitteilung der Einlegung genüge und gerade keine Begründung erforderlich sei, sei die Kenntnis der konkreten Urteilsgründe nicht zwingend für erfolgreiche Einlegung des Rechtsmittels erforderlich. Damit stelle die Einlegung eines Einspruchs an einen der deutschen Sprache nicht mächtigen Angeklagten weit geringere Anforderungen als die Begründung eines Rechtsmittels.

1326   Mit dem Urteil des **EuGH** in der Rs. *Sleutjes* auf die Vorlage des LG Aachen zur Frage, ob Art. 3 RL dahingehend auszulegen ist, dass der Begriff *„Urteil"* in § 37 Abs. 3 StPO auch Strafbefehle i.S.d. §§ 407 ff. StPO einzuschließen hat, hat sich der Streit erledigt. So führt der Gerichtshof an, dass der Strafbefehl auf der Grundlage eines vereinfachten Verfahrens erlassen werde. Seine Zustellung erfolge erst, nachdem das Gericht über die Stichhaltigkeit der Anklage entschieden habe. Für die beschuldigte Person wäre es die erste Gelegenheit, über die gegen sie erhobene Anklage informiert zu werden. Da der Strafbefehl rechtskräftig und vollstreckbar werde, wenn diese Person nicht innerhalb von zwei Wochen ab seiner Zustellung Einspruch erhebt, stelle ein solcher Strafbefehl zugleich eine **Anklageschrift und ein Urteil i.S.d. Art. 3 Abs. 2 RL** dar.[3451] Zugleich gehe aus Art. 3 Abs. 1 RL hervor, dass das Recht auf Übersetzung der betreffenden Person ermöglichen soll, ihre Verteidigungsrechte ausüben zu können und ein faires Verfahren zu führen. Dem stünde ein Strafbefehl entgegen, wenn er in einer für den Betroffenen fremden Sprache abgefasst sei.[3452]

1327   Die vollständige Übersetzung kann darüber hinaus auf andere Weise substituiert werden. Den Anforderungen des § 187 Abs. 2 GVG ist unter Wahrung des Fairnessgebots auch dann Genüge getan, sofern dem, der deutschen Sprache nicht kundigen, verteidigten Angeklagten, durch einen Dolmetscher die mündliche Urteilsbegründung übersetzt und zugänglich gemacht wird.[3453] Darüber hinaus muss dem Betroffenen die Chance gewährt werden, das schriftliche Urteil zusammen mit seinem Verteidiger und einem Dolmetscher zu analysieren und sich in diesem Kontext weitere wichtige Passagen übersetzen zu lassen. Hat diese Einsicht in dieser geregelten Form stattgefunden, wird die vollständige Übersetzung des Urteiles ersetzt.[3454]

XVII. Verbot des Zwangs zur Selbstbelastung (Art. 6 Abs. 1 EMRK/Art. 14 Abs. 3 *lit.* g IPBPR)

1328   **1. Allgemeines.** Art. 14 Abs. 3 IPBPR führt unter den Mindestrechten des wegen einer strafbaren Handlung *Angeklagten* unter *lit.* g ausdrücklich auf, dass niemand gezwungen werden darf, gegen sich selbst als Zeuge auszusagen oder sich schuldig zu bekennen

---

[3451] EuGH 12.10.2017, C-278/16 (Sleutjes), Tz. 30, NJW **2018** 142 = NZV **2017** 530 m. Anm. *Sandherr*; dazu auch: *Heim* NJW-Spezial **2017** 696.

[3452] EuGH 12.10.2017, C-278/16 (Sleutjes), Tz. 32 f.; vgl. im Anschluss daran LG Aachen BeckRS **2017** 132531; siehe zur aktuell h.M. außerdem: LG Nürnberg-Fürth BeckRS **2020** 17408; LG Berlin StV **2020** 579; LG Bremen BeckRS **2020** 42778.

[3453] OLG Hamm NStZ-RR **2014** 217 = StV **2014** 534.

[3454] OLG Hamm Beschl. v. 26.1.2016 – 1 Ws 8/16, Rn. 3.

(*„nemo tenetur se ipsum accusare/prodere"*). Der sachliche Schutzumfang der Norm wird durch das HRC mittels Individualmitteilungen, Schlussbemerkungen zu Staatsberichten und allgemeinen Bemerkungen näher bestimmt.[3455] Der EGMR zieht **Art. 14 Abs. 3 *lit*. g IPBPR** und die zu ihm vorliegende Spruchpraxis bisweilen als Auslegungshilfe bei Fragestellungen zu dem im Rahmen der EMRK aus **Art. 6 Abs. 1** abgeleiteten Selbstbelastungsprivileg heran. Durch diese Wechselwirkung gewinnt auch Art. 14 Abs. 3 *lit*. g IPBPR als zentrales Element der völkerrechtlichen Vorgaben zur Selbstbelastungsfreiheit formalrechtlich an Bedeutung.[3456]

Das Verbot des Zwangs zur Selbstbelastung und das damit verbundene **Recht des** 1329 **Beschuldigten zu schweigen** entsprechen einem allgemein anerkannten Grundsatz,[3457] der sich auch mit rechtsethischen Überlegungen begründen lässt.[3458] Die staatlichen Behörden und Gerichte, die dem Beschuldigten seine individuelle Schuld nachweisen müssen, werden durch den *nemo tenetur*-Grundsatz zu eigenen, gründlichen Ermittlungen – unabhängig von der Person des Beschuldigten und bei Wahrung seiner Subjektstellung – angehalten, wenn sie am Ende die für den Beschuldigten streitende Unschuldsvermutung (Art. 6 Abs. 2) widerlegen wollen. Zudem beugt der *nemo tenetur*-Grundsatz Fehlentscheidungen vor, die aus einer Selbstbelastung unter Zwang resultieren können.

Über das Verbot der Ausübung von Zwang hinaus wird der *nemo tenetur*-Grundsatz 1330 auch als **Mitwirkungsfreiheit** gedeutet,[3459] d.h. der Grundsatz erlaubt es dem Beschuldigten nach freien Stücken (zwangslos) zu entscheiden, ob er sich an der Aufklärung einer ihm vorgeworfenen Tat beteiligen oder aber zu den Vorwürfen schweigen möchte.

Im Wortlaut der Garantien der **EMRK** fehlt ein ausdrückliches Verbot des Zwangs zur 1331 Selbstbelastung.[3460] Es wird jedoch, soweit es den Beschuldigten einer Straftat betrifft, aus dessen Recht auf ein **faires Verfahren** (Art. 6 Abs. 1) hergeleitet.[3461] Vereinzelt wird die Selbstbelastungsfreiheit auch aus anderen Vorschriften und Prinzipien der EMRK dedu-

---

3455 Dabei sind die Entscheidungen und Bemerkungen des HRC zu Aspekten der Selbstbelastungsfreiheit oft knapp an Substanz, vgl. *Arslan* ZStW **127** (2015) 1111, 1113. Aus der Spruchpraxis des HRC zur Selbstbelastungsfreiheit: HRC Singarasa/LKA, 21.7.2004, 1033/2001, § 7.4; Dunaev/TJK, 30.3.2009, 1195/2003, § 7.3; Koreba/BLR, 25.10.2010, 1390/2005, § 7.3; Khadzhiev/TKM, 1.4.2015, 2079/2011, § 8.5; Sbornov/R, 25.7.2019, 2699/2015, § 9.6.

3456 *Arslan* ZStW **127** (2015) 1111.

3457 Zur Entwicklung aus der angelsächsischen Rechtstradition vgl. *Böse* GA **2002** 98, 108; *Dingeldey* JA **1984** 407, 409 unter Hinweis auf das 5. Amendment zur US-Verfassung; *Nowak* 74 f.; ferner *Eser* ZStW **86** (1974) Beih. 144; *Lorenz* JZ **1992** 1000; *Nothelfer* Die Freiheit vom Selbstbezichtigungszwang (1989); *Rogall* 67 ff.; *Rüping* JR **1974** 135; *Verrel* Selbstbelastungsfreiheit 277; SK/*Rogall* Vor § 133, 130 StPO; LR/*Kühne* Einl. J 87 ff. je m.w.N.; Rn. 2 ff.

3458 Hierzu vgl. *Buchholz* 69 ff.

3459 Näher zu diesem Ansatz *Rösinger*.

3460 Auch die EUC spricht es nicht ausdrücklich an. Umfassend zur normativen Grundlage und zur unionsrechtlichen Geltung des *nemo tenetur*-Grundsatzes: *Reinel* Der „nemo-tenetur"-Grundsatz als Grenze steuerlicher Informationshilfe in der Europäischen Union (2015) 221 ff. Siehe auch: EuGH (GK) 2.2.2021, C-481/19 (DB/Consob), Tz. 36 ff. (EuGH berücksichtigt bei der Auslegung der Art. 47 Abs. 2 und Art. 48 EUC die entsprechenden durch Art. 6 EMRK und dessen Auslegung durch den EGMR garantierten Rechte als Mindestschutzstandard).

3461 EGMR Funke/F, 25.2.1993; (GK) John Murray/UK, 8.2.1996; (GK) Saunders/UK, 17.12.1996 („international standards which lie at the heart of the notion of a fair procedure"); J.B./CH, 3.5.2001; Beckles/UK, 8.10.2002; Allan/UK, 5.11.2002, dazu *Esser* JR **2004** 98; *Ashworth* Cardozo Law Review **2008** 751 ff.; *Weiß* NJW **1999** 2236; *Ambos* NStZ **2002** 628, 632; *Grabenwarter/Pabel* § 24, 138; Meyer-Ladewig/Nettesheim/von Raumer/*Meyer-Ladewig/Harrendorf/König* 129; *Wang* 158 ff.; SK/*Rogall* Vor § 133, 131 StPO; SK/*Meyer* 179 m.w.N.; KK/*Lohse/Jakobs* 50; *Nowak* 74 f.; vgl. aber auch *Rogall* 112 f. und zur engeren Auslegung von EuGH/EuG: *Böse* ZRP **2001** 403. Zu Art. 6 Abs. 1 und 2: *Villiger* 562, 572.

ziert, namentlich aus der Unschuldsvermutung (Art. 6 Abs. 2), dem Recht auf eine effektive Verteidigung (Art. 6 Abs. 3 *lit.* c), dem Recht auf Achtung des Privatlebens (Art. 8) und dem Recht auf Meinungsfreiheit (Art. 10).[3462]

1332   Der EGMR zählt insbesondere das international mit einem hohen Stellenwert[3463] anerkannte Recht des Beschuldigten, selbst darüber zu entscheiden, ob er zu Beschuldigungen **aussagen oder schweigen** will, als Teil der Selbstbelastungsfreiheit zum **Kernbereich eines fairen Verfahrens**.[3464] Nach seiner gefestigten Rechtsprechung bezweckt die Selbstbelastungsfreiheit im Regelungskonstrukt des Art. 6, den Beschuldigten vor **unzulässiger Zwangsausübung** auf seinen Willen zu schützen, um so im Ergebnis Justizirrtümer und Fehlurteile zu vermeiden.[3465]

1333   Die Selbstbelastungsfreiheit wird in jedem Verfahren über eine strafrechtliche Anklage i.S.v. Art. 6 (Rn. 79 ff.) gewährt, d.h. **unabhängig von der Schwere und der Komplexität** des jeweiligen strafrechtlichen Vorwurfs.[3466] Sie gilt anderseits im menschenrechtlichen Kontext **nicht absolut**.[3467] Dies wird u.a. dadurch deutlich, dass sie nach der Rechtsprechung des EGMR lediglich einen Teil des umfassenderen Rechts auf ein faires Verfahren (Art. 6) ausmacht, bei dessen Prüfung verschiedene Aspekte des Einzelfalls relevant werden können.[3468] Diese vom EGMR geforderte **Gesamtbetrachtung** einer jeden auf der Basis von Art. 6 eingelegten Beschwerde macht es schwierig, eine stichhaltige und verlässliche Struktur der Selbstbelastungsfreiheit in der Judikatur des EGMR herauszuarbeiten.[3469]

1334   Der Grundsatz *nemo tenetur* aus Art. 6 Abs. 1 EMRK / Art. 14 Abs. 3 *lit.* g IPBPR richtet sich sowohl an den **Gesetzgeber**, der in Verfahren wegen des Vorwurfs einer strafbaren Handlung keinen irgendwie gearteten Aussagezwang vorsehen darf, als auch an die **Gerichte** und alle staatlichen Organe und Stellen der **Exekutive**: diese dürfen im konkreten Einzelfall keinen Zwang auf eine Person ausüben, um von ihr eine Erklärung zur Schuld oder eine sonstige selbstbelastende Aussage in Bezug auf den Nachweis einer Straftat (im weiten Verständnis der Konventionen) herbeizuführen.

1335   **Privatpersonen** werden nicht unmittelbar vom Verbot angesprochen, sie können sich jedoch durch die Ausübung eines dahingehenden Zwangs auf einen Beschuldigten, sich

---

3462 Dazu *Arslan* 47 ff.; zum Zusammenhang mit Art. 6 Abs. 2: EGMR (E) Wanner/D, 23.10.2018, § 27.

3463 EGMR Brusco/F, 14.10.2010, § 44.

3464 EGMR (GK) Saunders/UK, 17.12.1996, § 68; Allan/UK, 5.11.2002, § 44; vgl. *Esser* 521 ff., 615; Wanner/D, 23.10.2018, § 23; einen Überblick zum Verhältnis verwaltungsrechtlicher Mitwirkungspflichten zum *nemo tenetur*-Grundsatz: *Roth* ZStrR **2011** 296.

3465 EGMR (GK) John Murray/UK, 8.2.1996, § 45; (GK) Saunders/UK, 17.12.1996, § 68; Wanner/D, 23.10.2018, § 23; *Arslan* 39.

3466 EGMR (GK) Saunders/UK, 17.12.1996, § 74; das abw. Sondervotum *Lorenzen, Levits* u. *Hajiyev* zu EGMR Weh/A, 8.4.2004, bringt dies gegen die Mehrheitsentscheidung vor. *Wohlers* forumpoenale **2008** 7 und *Ashworth* Crim.L.R. **2007** 897 sind der Ansicht, dass dieser wichtige Hinweis in späteren Urteilen bewusst nicht mehr aufgenommen und auf diese Weise ein Wandel in der Rechtsprechung vollzogen wurde (u.a. EGMR [GK] Jalloh/D, 11.7.2006, NJW **2006** 3117 = StV **2006** 617 = EuGRZ **2007** 150; [GK] O'Halloran u. Francis/UK, 29.6.2007; Lückhof u. Spanner/A, 10.1.2008, ÖJZ **2008** 375). Siehe allerdings: EGMR (GK) Bykov/R, 10.3.2009.

3467 Ausdrücklich EGMR Weh/A, 8.4.2004, § 46 („the right to silence and the right not to incriminate oneself are not absolute"); Heaney u. McGuinness/IR, 21.12.2000, § 47. Deshalb befand auch das BVerfG, dass es der Auslieferung an das Vereinigte Königreich zum Zwecke der Strafverfolgung nicht entgegenstehe, wenn dort das Schweigerecht und die Selbstbelastungsfreiheit nicht in dem Umfang gewährleistet seien, wie nach deutschem Strafprozess- und Verfassungsrecht: BVerfG IWRZ **2016** 279 m. Anm. *Esser* = EuGRZ **2016** 570 = JZ **2016** 1113 m. Anm. *Gärditz* = StV **2017** 241 m. Anm. *Esser* = NJOZ **2016** 1879.

3468 *Ashworth* Crim.L.R. **2007** 897.

3469 Näher: *Arslan* 70.

strafrechtlich relevant selbst zu belasten, u.a. wegen Nötigung strafbar machen (§ 240 StGB); insoweit kommt der Selbstbelastungsfreiheit zumindest eine **mittelbare Drittwirkung** zu.[3470]

In welcher Form das **nationale Recht** die Äußerungen des Beschuldigten in das Verfahren einführt, ist für das Verbot von Zwang unerheblich. So kommt es nicht darauf an, ob im Strafverfahren eine solche Aussage **als Einlassung** des Beschuldigten oder späteren Angeklagten unmittelbar für die Entscheidungsfindung **verwertbar** ist oder ob dort seine förmliche Versetzung in die verfahrensrechtliche Stellung eines „Zeugen in eigener Sache" vorgesehen ist. Nach dem Schutzzweck der Vorschrift ist der Zwang vor Selbstbelastung in jeder Form verboten, und zwar unabhängig davon, ob die Verwertung einer erzwungenen Aussage nach nationalem Recht zulässig ist[3471] und ob und unter welchen Voraussetzungen ein Gericht das Schweigen des Angeklagten zu konkreten Vorgängen bei seiner Beweiswürdigung zu seinen Lasten berücksichtigen darf.[3472] Auf ein Schweigen des Angeklagten oder sein Bestreiten der Tat darf sich daher keine **Untersuchungshaft** gründen.[3473] 1336

Erwägungen eines **öffentlichen Interesses** dürfen zur Rechtfertigung einer Aushöhlung des **Kernbereichs** der Selbstbelastungsfreiheit nicht herangezogen werden.[3474] Dieser Kernbereich ist **abwägungsresistent**.[3475] Gleichzeitig geht der EGMR jedoch davon aus, dass jenseits dieses Kernbereichs für die Beurteilung der **Fairness des Verfahrens in seiner Gesamtheit** die Möglichkeit besteht, das Gewicht des öffentlichen Interesses an der Verfolgung der konkreten Straftat[3476] und der etwaigen Bestrafung des Täters gegen das Interesse des Einzelnen an der Erlangung von Belastungsmaterial in rechtmäßiger (zwangloser) Form abzuwägen.[3477] Mit diesem Ansatz hat der EGMR den *nemo tenetur*-Grundsatz in seinem Randbereich nicht nur formal für eine **Abwägung** der beteiligten Interessen geöffnet,[3478] sondern zugleich auch die Etablierung verlässlicher Leitlinien zu den Inhalten und Grenzen des Schutzbereichs der Selbstbelastungsfreiheit verhindert.[3479] 1337

3470 Vgl. BVerfGE **56** 37, 48 ff.; SK/*Rogall* Vor § 133, 161 StPO; OLG Karlsruhe NStZ **1989** 287 m. Anm. *Rogall.*

3471 Vgl. EGMR (GK) Jalloh/D, 11.7.2006 – Brechmitteleinsatz, § 81a StPO; zur Strafbarkeit der den Brechmitteleinsatz leitenden Ärzte beim Tod des Verdächtigen BGHSt **55** 121 = NJW **2010** 2595 m. Anm. *Eidam* u. *Krüger/Kroke* Jura **2011** 289.

3472 Vgl. EGMR (GK) John Murray/UK, 8.2.1996, §§ 51, 54 (*common-sense*-Schlussfolgerung zulässig, weil der gegen den Angeklagten ermittelte Sachverhalt nach einer Erklärung verlangte); dazu *Kühne* EuGRZ **1996** 571; vgl. auch EGMR Condron/UK, 2.5.2000; Telfner/A, 20.3.2001, § 17 („the only common-sense inference to be drawn from the accused's silence"), nicht aber wenn der Sachverhalt aufklärungsbedürftig bleibt; vgl. EGMR Beckles/UK, 8.10.2002, §§ 57 ff.; *Esser* 454, 522 ff.; Meyer-Ladewig/Nettesheim/von Raumer/*Meyer-Ladewig/Harrendorf/König* 138; *Villiger* 561 ff., 572 ff.

3473 EGMR Podvezko/UKR, 12.2.2015, § 23; Lutsenko/UKR, 3.7.2012, § 72.

3474 EGMR (GK) Saunders/UK, 17.12.1996, § 74. Aus diesem Grund haben die Richter *Lorenzen, Levits* und *Hajiyev* (abw. Sondervotum) in EGMR Weh/A, 8.4.2004, einen Verstoß angenommen; ferner: EGMR (GK) Bykov/R, 10.3.2009, § 93; zur Rechtfertigung einer Verletzung von *nemo tenetur* anhand der „Jalloh-Kriterien": *Roth* ZStrR **2011** 296, 315 ff.

3475 *Safferling* Jura **2008** 100; vgl. dazu *Ransiek/Winsel* GA **2015** 620, 635, die den *nemo tenetur*-Grundsatz eng verstehen und Selbstbelastung nur als Selbstbelastung *durch Aussagen* definieren.

3476 Krit. *Ashworth* Crim.L.R. **2007** 717; zur Berücksichtigung öffentlicher Interessen: *Roth* ZStrR **2011** 296, 317 f.

3477 EGMR (GK) Jalloh/D, 11.7.2006; Shannon/UK, 4.10.2005 (Besonderheiten des Nordirland-Konflikts genügten nicht zur Rechtfertigung).

3478 *Dannecker* ZStW **127** (2015) 991, 993 unter Hinweis auf EGMR Marttinen/FIN, 21.4.2009, § 74 (unter Hinweis auf die Urteile *Funke* und *Saunders*): „the vital public interest in the investigation [...] could not justify such a marked departure from one of the basic principles of a fair procedure".

3479 Kritisch auch: *Gleß* FS Beulke 723, 731.

1338   Die gewaltsame Erzwingung einer Selbstbelastung kann je nach Art, Intensität und Form auch gegen die **Misshandlungsverbote** nach **Art. 3 EMRK** bzw. **Art. 7, Art. 10 Abs. 1 IPBPR** verstoßen.[3480] Aus der **Unschuldsvermutung** des **Art. 6 Abs. 2 EMRK/Art. 14 Abs. 2 IPBPR** und der den staatlichen Organen obliegenden Beweislast *allein* dürfte sich ein solches Verbot jedoch nicht unmittelbar ableiten lassen,[3481] so dass bei der Ausübung von Zwang auf den Beschuldigten immer beide Garantien zu rügen sind.

1339   Welche Anforderungen das HRC an den für eine Verurteilung des Staates erforderlichen Nachweis für den Verstoß gegen das Zwangsverbot nach Art. 14 Abs. 3 *lit.* g IPBPR stellt, hängt auch von der **Kommunikation mit dem betroffenen Vertragsstaat** im jeweiligen Fall ab. Informiert dieser das HRC nicht ausreichend über den Verfahrensverlauf, so lässt das HRC die Angaben des Bf. ggf. ausreichen, um einen Verstoß gegen Art. 7 i.V.m. Art. 14 Abs. 3 *lit.* g IPBPR zu begründen.[3482]

1340   Nach **innerstaatlichem Verfassungsrecht** kommt dem von der deutschen StPO in verschiedenen Vorschriften[3483] zum Ausdruck kommenden, gleichwohl nicht ausdrücklich normierten[3484] Verbot jeden Zwangs zur Selbstbelastung nach einhelliger Meinung **Grundrechtsrang** zu. Zum einen soll das Verbot aus dem Rechtsstaatsprinzip (Art. 20 Abs. 3 GG), der **allgemeinen Handlungsfreiheit** und dem **Allgemeinen Persönlichkeitsrecht** des Betroffenen (Art. 2 Abs. 1 GG) bzw. aus der – auf den Schutz natürlicher Personen beschränkten – Garantie der **Menschenwürde** (Art. 1 GG)[3485] abzuleiten sein. Andere Stimmen folgern das Verfahrensgrundrecht der Freiheit vor Selbstbelastung aus dem ebenfalls im Rechtsstaatsprinzip und der Menschenwürdegarantie verankerten **Recht auf Verteidigung** und **Gehör** sowie aus der **Unschuldsvermutung**.[3486] Es ist jedenfalls ein Abwehrrecht im Grundrechtsrang und ein besonderes Persönlichkeitsrecht, das sich mit dem Allgemeinen Persönlichkeitsrecht auf Entschließungsfreiheit (Art. 2 Abs. 1 GG) und dem Recht auf Achtung des Privatlebens (Art. 8) weitgehend überlagert, aber nicht völlig deckt.[3487]

1341   *Nemo tenetur* als Verfahrensrecht kann auch von unmittelbar betroffenen **Personengruppen oder juristischen Personen** geltend gemacht werden.[3488] Innerstaatlich ist aber

---

3480   *Nowak* 75 f.

3481   *Böse* GA **2002** 98, 123; *Rogall* 109 ff.; SK/*Rogall* Vor § 133, 131 StPO; SK/*Meyer* 180; *Grabenwarter/Pabel* § 24, 138 weisen darauf hin, dass u.a. EGMR (GK) John Murray/UK, 8.2.1996, und (GK) Saunders/UK, 17.12.1996, einen engen Zusammenhang mit der Unschuldsvermutung annehmen; **a.A.** ferner *Guradze* FS Loewenstein 160; *Dingeldey* JA **1984** 407, 408; IK-EMRK/*Kühne* 447; *Schubarth* 9; *Villiger* 572; *Ott* 193. Ob die vom EGMR nicht schlechtweg ausgeschlossenen Folgerungen aus dem Schweigen (Rn. 1369 ff., 1373) die Unschuldsvermutung verletzen können, so *Rüping* JR **1974** 135, 137, ist eine andere Frage.

3482   *Arslan* ZStW **127** (2015) 1111, 1123 f.

3483   Vgl. §§ 136 Abs. 1, 163a Abs. 1, 243 Abs. 5 StPO; § 393 AO; BVerfGE **38** 113; **55** 144; *Dingeldey* JA **1984** 407, 408; SK/*Rogall* Vor § 133, 130 StPO m.w.N.; *Wohlers* 691.

3484   Siehe dagegen § 7 Abs. 2 öStPO: Der Beschuldigte darf nicht gezwungen werden, sich selbst zu belasten. Es steht ihm jederzeit frei, auszusagen oder die Aussage zu verweigern. Er darf nicht durch Zwangsmittel, Drohungen, Versprechungen oder Vorspiegelungen zu Äußerungen genötigt oder bewogen werden.

3485   BVerfGE **38** 105, 113; **55** 144, 150 ff.; **56** 37, 41 ff.; **65** 1, 46; BVerfG NStZ **1995** 555; **2000** 488; StV **1999** 71; **2002** 177; vgl. auch BVerfG NJOZ **2016** 1879, 1883 Rn. 36; ferner *Böse* GA **2002** 98; *Bruns* FS Schmidt-Leichner 1, 8; *Dingeldey* JA **1984** 407, 409; *Eser* ZStW **86** (1974) Beih. 144; *Esser* JR **2004** 98; *Kühl* JuS **1986** 117; *Niemöller/Schuppert* AöR **107** (1982) 387, 421; *Niebler* FS Kleinknecht 306; *Rogall* 137 ff.; *Schäfer* FS Dünnebier 11; *Streck* StV **1981** 362; *Stürner* NJW **1981** 1757; SK/*Rogall* Vor § 133, 132 f. StPO m.w.N.

3486   Vgl. BVerfGE **35** 41, 47; **38** 105, 113 ff.; **55** 144, 150; **56** 37, 41; **95** 241; dazu s.a. SK/*Meyer* 183. Zu den verfassungsrechtlichen Grundlagen ferner *Böse* GA **2002** 98.

3487   Zu den Unterscheidungen SK/*Rogall* Vor § 133, 134 ff. StPO.

3488   *Queck* 107 f.; *Schubert* 430 f., 356 ff. (auch zum IPBPR, bei dem es umstritten ist); *Schuler* JR **2003** 268; *Weiß* NJW **1999** 2236; *ders.* JZ **1998** 289 (Kritik an BVerfGE **95** 220, 241); Meyer-Ladewig/Nettesheim/von Raumer/*Meyer-Ladewig/Harrendorf/König* 137; vgl. aber auch *Arzt* JZ **2003** 456; *Volk* NJW-Spezial **2009** 422 f.

strittig, ob ein daraus folgendes Auskunftsverweigerungsrecht auch **juristischen Personen** als solchen zusteht, wenn sie selbst einer Ordnungswidrigkeit beschuldigt werden. Das BVerfG[3489] hat dies unter Hinweis auf Art. 19 Abs. 3 GG verneint.[3490] Der EGMR hat sich zu dieser Frage noch nicht geäußert. Er dürfte eine Anwendung auf juristische Personen aber wohl bejahen, da er den *nemo tenetur*-Grundsatz als ein prozessuales Verteidigungsrecht definiert, das in Art. 6 Abs. 1 verankert ist und auch die übrigen, dort verankerten Rechte juristischen Personen zugesteht.[3491] Seine Rechtsprechung steht insoweit in einem deutlichen Widerspruch zu derjenigen des BVerfG.[3492] In dem 2020–2021 diskutierten, politisch gescheiterten Entwurf für ein **Verbandssanktionengesetz** wurde die Problematik dahingehend gelöst, dass dem gesetzlicher Vertreter des Verbandes bei Vernehmungen im Sanktionsverfahren ein Schweigerecht zugebilligt werden sollte (vgl. § 33 VerSanG-E).[3493]

2. Strafverfahren als Fixpunkt des sachlich-persönlichen Anwendungsbereichs. 1342
Der Gerichtshof unterscheidet im Wesentlichen **zwei Fallgruppen**, in denen die Einhaltung der Selbstbelastungsfreiheit eine wichtige Rolle spielt. Dies sind zum einen Fälle, in denen während eines **anhängigen** („pending") oder vor einem **erwarteten** („anticipated") **Verfahren** zum Zwecke der Erlangung potentiell[3494] belastender Informationen Zwang gegen den *Angeklagten* i.S.d. Art. 6 angewendet wird (Rn. 79 ff.). Zum anderen betrifft die Rechtsprechung Fälle, in denen es um die Verwendung und Verwertung belastender Informationen zur Strafverfolgung geht, die zuvor **unabhängig von einem Strafverfahren** mithilfe von Zwang erlangt wurden.[3495]

Das Verbot des Art. 14 Abs. 3 *lit.* g IPBPR beschränkt sich seinem Wortlaut nach auf 1343
den Aussagezwang bei Personen in Verfahren, in denen sie **selbst einer strafbaren Handlung beschuldigt** werden.[3496] Strafbare Handlung ist dabei im weiten Sinne der Art. 6 Abs. 1 EMRK/Art. 14 Abs. 1 IPBPR zu verstehen, auch Ordnungswidrigkeiten fallen darunter (Rn. 87), ggf. auch berufsrechtlich zu ahndende Verfehlungen und disziplinarrechtlich vom Gericht zu ahndende Verstöße, soweit strafähnliche Sanktionen drohen (Rn. 95).

In weiter Auslegung sollen Art. 6 Abs. 1 EMRK/Art. 14 Abs. 3 *lit.* g IPBPR auf **alle einer** 1344
Auskunftspflicht unterworfenen Personen anwendbar sein, vor allem auf **Zeugen**, wenn sich diese bei Erfüllung ihrer Zeugenpflicht einer strafbaren Handlung im oben verstandenen weiten Sinne selbst bezichtigen müssten.[3497] Ob diese Konventionsbestim-

---

(„Nemo tenetur' für Unternehmen ist eine Illusion", weil inoffiziell – vor allem im Wirtschaftsstrafrecht – eine Beweislastumkehr gelte, die quasi als „Verlängerung" der im materiellen Recht bestehenden Dokumentations-, Kontroll-, Mitteilungs- und Mitwirkungspflichten für den prozessualen Raum entstanden sei).
3489 BVerfGE **95** 220, 241; kritisch dazu *Weiß* NJW **1999** 2236; *Schuler* JR **2003** 265, 286; für die Anwendbarkeit *Eidam* 58; vgl. auch Sachs/*Sachs* Art. 19, 70 GG.
3490 Ebenso der EuGH 18.10.1989, 374/87 (Orkem); dazu *Schuler* JR **2003** 265, 286 m.w.N. zu Streitstand sowie *Schubert* 443 ff.
3491 So *Dannecker* ZStW **127** (2015) 370, 371 f.; *Fink* wistra **2014** 457, 461.
3492 Zum Ganzen: *Dannecker* ZStW **127** (2015) 370, 371 f.; *ders.* plädiert dafür den *nemo tenetur*-Grundsatz als *prozessuale Garantie* einzuordnen, 392 f.
3493 Näher hierzu Gesetzentwurf der Bundesregierung BRDrucks. 440/20, S. 109; BTDrucks. **19** 23568 S. 97 f.; s.a. *Michaelis/Krause* CCZ **2020** 343, 350.
3494 EGMR Weh/A, 8.4.2004, § 41 („information which might incriminate the person").
3495 EGMR Weh/A, 8.4.2004, §§ 41 ff.
3496 Der Wortlaut folgt der Garantie für das Strafverfahren im 5. Amendment zur Verfassung der USA, vgl. *Dingeldey* JA **1984** 407, 409, der IPBPR betrifft aber nur natürliche Personen: *Schuler* JR **2003** 265, 268 unter Hinweis auf EuGH 18.10.1989, 374/87 (Orkem) m.w.N.; vgl. *Schubert* 456 ff.
3497 Vgl. OGH ÖJZ **2010** 471; *Trechsel* 349; **a.A.** *Schlauri* 90 f. Jedenfalls soll die Verhängung eines Ordnungsgeldes („fine") für die Eidesverweigerung dann keinen unzulässigen Zwang darstellen, wenn der Eid zeitlich

mungen wirklich so weit ausgelegt werden können, dass damit ein allgemeines *„privilege against self-incrimination"* völkervertraglich festgelegt wurde,[3498] kann bei der Vielgestaltigkeit nationalrechtlicher Auskunftspflichten fraglich erscheinen. Dies mag für jene Vertragsstaaten dahinstehen, in denen nach innerstaatlichem Verfassungsrecht die Tragweite dieses Grundsatzes über jede engere Auslegung hinausreichen würde. Sie beschränkt sich nicht auf die Beschuldigten eines Strafverfahrens, sondern schützt auch alle anderen Personen, insbesondere Zeugen, in gerichtlichen und behördlichen Verfahren vor dem Zwang zu selbstbelastenden Aussagen.

1345 **3. Verbot unangemessenen Zwangs.** Art. 6 Abs. 1 EMRK/Art. 14 Abs. 3 *lit.* g IPBPR untersagen jeden **unmittelbaren**[3499] **oder mittelbar unangemessenen** („improper")[3500] **Zwang**, durch den eine Person, der eine strafbare Handlung zur Last gelegt wird, veranlasst werden soll, sich selbst im Sinne der Beschuldigung oder späteren Anklage förmlich für schuldig zu erklären oder sich durch eine Aussage selbst zu belasten oder auf sonstige Weise selbst aktiv an ihrer Belastung mitzuwirken.[3501] Dies gilt für jede für Zwecke der Strafverfolgung abverlangte Äußerung;[3502] auch die Beantwortung einer darauf abzielenden Frage darf deshalb nicht erzwungen werden.

1346 Wesentliche Kriterien der Prüfung, ob der Wesensgehalt des Rechts auf Selbstbelastungsfreiheit ausgehöhlt wird, sind nach der Rechtsprechung des EGMR[3503] **Art und Intensität der Einflussnahme**, das Gewicht des **öffentlichen Interesses an der Strafverfolgung**, die Existenz **angemessener Verfahrensgarantien** (Anfechtungsmöglichkeit hinsichtlich der Echtheit des Beweises und seiner Verwertung; Erforderlichkeit weiterer Beweismittel zur Verifizierung der Angaben;[3504] Ausschluss der Verantwortlichkeit eines KfZ-Halters, wenn ihm die geforderte Angabe aus Gründen unmöglich ist, die er nicht zu verantworten hat[3505]) sowie eine etwaige Verwertung der erlangten Mittel.[3506] Die prozessualen Sicherungen etc.

---

vor der Zeugenaussage gesprochen werden muss und das Ordnungsgeld deshalb nicht der Herbeiführung einer Aussage dient, sondern lediglich für den Fall einer Aussage deren Wahrheitsgehalt sichern soll. Das Recht, im Anschluss an den Eid, die Aussage zu verweigern, sei dadurch nicht berührt (EGMR Serves/F, 20.10.1997, § 47).

3498 *Rogall* 116 ff.; *Dingeldey* JA **1984** 407, 409.

3499 Ausdrücklich das automatische Vorliegen eines Verstoßes bei direktem Zwang verneinend: EGMR (GK) O'Halloran u. Francis/UK, 29.6.2007, § 53.

3500 *Esser* JR **2004** 98 (absolute Garantie nur in einem Kernbereich); *Summers* 156 ff.

3501 HRC Rakhmatov u.a./TJK, 1.4.2008, 1209/2003 u.a., § 6.3 („... must be understood in terms of the absence of any direct or indirect physical or psychological coercion by the investigation authorities on the accused with view to obtain a confession of guilt."); vgl. auch HRC Khuseynova u.a./TJK, 30.10.2008, 1263/2004 u.a., § 8.3; Sharifova u.a./TJK, 24.4.2008, 1231/2003 u.a., § 6.3; BVerfG NJOZ **2022** 373, 374 = StV Spezial **2022** 45 (Selbstbelastungsfreiheit im OWi-Verfahren – Gefahrgutbeförderung): Unter Zwang fällt auch die Androhung strafrechtlicher Sanktionen bei verweigerter Auskunft, weil von der angedrohten Strafe eine nötigende Wirkung ausgehe.

3502 Zur Problematik der Abgrenzung von Offenbarungs-/Mitteilungspflichten, die anderen öffentlichen Interessen oder auch Interessen Dritter dienen sollen: EGMR J.B./CH, 3.5.2001, §§ 63 ff.; *Müller* EuGRZ **2001** 546; näher dazu SK/*Meyer* 186 ff.

3503 *Grabenwarter/Pabel* § 24, 138 („nach der Art eines beweglichen Systems").

3504 EGMR Lückhof u. Spanner/A, 10.1.2008, § 56; (GK) O'Halloran u. Francis/UK, 29.6.2007, § 60.

3505 EGMR Lückhof u. Spanner/A, 10.1.2008, § 56.

3506 EGMR (GK) Jalloh/D, 11.7.2006; (GK) Bykov/R, 10.3.2009, §§ 90, 92; *Schuhmann* StV **2006** 661 sieht darin bloße Verhältnismäßigkeitserwägungen, die nicht über einen Verstoß entscheiden, sondern erst im Anschluss an seine Ablehnung im Rahmen der Verfahrensfairness geprüft werden dürfen. Zur Anwendung dieser Kriterien auf die kapitalmarktrechtliche Ad-hoc-Publizität: *Schletter* Ad-hoc-Publizität bei strafbewehrten Compliance-Verstößen und die Grenze des Nemo-Tenetur-Grundsatzes (2020) 234 ff.

prüft der EGMR (teilweise) bereits, bevor er sich konkret mit der Verletzung des Schweigerechts auseinandersetzt.

Entscheidend ist, ob der Betroffene eine **freie Wahl** hat, entweder sein Schweigen zu **1347** brechen und möglicherweise eine belastende Auskunft zu erteilen oder eine Geld- oder Freiheitsstrafe wegen seines Unterlassens zu erhalten.[3507] Die Verwertung der mutmaßlich durch Zwang gewonnenen Angaben ist keine Voraussetzung für eine Verletzung der Selbstbelastungsfreiheit.[3508] Auch wenn von den involvierten staatlichen Stellen letztlich gar kein Strafverfahren angestrengt wird, schließt dies einen Verstoß gegen den *nemo-tenetur*-Grundsatz bzw. dessen Geltendmachung in Bezug auf eine zwangsweise Behandlung nicht aus.[3509] Je mehr aber eine tatsächliche Verurteilung auf dem zwangsweise erlangten Geständnis/Verhalten beruht, desto schwerer wiegt der Verstoß im Rahmen der **Gesamtfairness** des Verfahrens.[3510]

Hiervon zu unterscheiden ist die Frage der Garantie der Verfahrensfairness, wenn **zu** **1348** **Lasten des Beschuldigten** *Zeugen*aussagen **verwertet werden**, die unter Zwang erwirkt wurden. Dabei geht es um die Qualität und Glaubhaftigkeit der Aussage sowie um die Existenz und Gewährleistung prozessualer Garantien, z.B. des Konfrontationsrechtes des Beschuldigten (Art. 6 Abs. 3 *lit.* d; Rn. 1127 ff.). Auch wenn dem Zeugen selbst mangels einer gegen ihn erhobenen „Anklage" kein Schweigerecht zusteht, so wendet der Gerichtshof hinsichtlich des Beweiswertes seiner Aussage letztlich dieselben Grundsätze an wie beim Beschuldigten und weist dabei insbesondere darauf hin, dass es dem Zeugen neben dem Schweigerecht an dem Schutz durch ein gesetzlich vorgesehenes Recht auf Hinzuziehung eines Anwalts vor der ersten Vernehmung fehlt.[3511]

Unter **Zwang** sind nicht nur die durch Art. 3 EMRK/Art. 7 IPBPR geächteten Maßnahmen **1349** zu verstehen, sondern jede **unmittelbare oder mittelbare Ausübung von Druck** auf den Beschuldigten, durch den dieser zu einer Selbstbelastung gebracht werden soll.[3512] Auch die mit der Verhörsituation im Ermittlungsverfahren einhergehende **einschüchternde und hemmende Wirkung** selbst kann im Einzelfall bereits einen Zwang i.S.d. Art. 6 begründen. Dies hat der Gerichtshof für einen Fall entschieden, in dem ein Minderjähriger ohne anwaltlichen Beistand und in Abwesenheit seiner Erziehungsberechtigten u.a. zum Vorwurf des Mordes vernommen worden war. Zwar war er zuvor über sein Schweigerecht, nicht jedoch über sein Recht auf anwaltlichen Beistand belehrt worden. Dies hielt der EGMR[3513] aufgrund der **Minderjährigkeit** des Beschuldigten nicht für ausreichend, um ihm seine Rechte deutlich zu machen und dadurch – einer positiven Pflicht der Verhörpersonen entsprechend – die bestehende Drucksituation zu mindern.[3514] Bei erwachsenen Beschuldigten werden allerdings höhere Anforderungen an die zur Unzulässigkeit führende Intensität des bei einer Vernehmung auf

---

3507 EGMR Weh/A, 8.4.2004, gemeinsames abl. Sondervotum *Lorenzen, Levits, Hajiyev*.

3508 EGMR Shannon/UK, 4.10.2005, § 34.

3509 EGMR Shannon/UK, 4.10.2005, unter Verweis auf EGMR Funke/F, 25.2.1993.

3510 Vgl. EGMR Panovits/ZYP, 11.12.2008 (Verstoß; Geständnis als wesentliche – nicht alleinige – Grundlage der Verurteilung).

3511 EGMR Lutsenko/UKR, 18.12.2008, § 50; ähnliche Fallgestaltung: EGMR Erkapić/KRO, 25.7.2013, §§ 77 f.

3512 Abwehr finaler Zwangsausübung: *Kühl* JuS **1986** 117; *ders.* StV **1986** 190; *Rogall* 145; *Stürner* NJW **1981** 1757.

3513 A.A. EGMR Panovits/ZYP, 11.12.2008 – Dissenting Opinion *Erotocritou*.

3514 EGMR Panovits/ZYP, 11.12.2008 (Verstoß gegen Art. 6 Abs. 3 *lit.* c i.V.m. Art. 6 Abs. 1 im Vorverfahren; keine Heilung im weiteren Verfahren; mit Beweisverwertung Verstoß gegen Art. 6 Abs. 1 wegen irreparabler Aushöhlung der Verteidigungsrechte durch Verstoß gegen das Schweigerecht/Rechtsstaatsprinzip).

Esser

den Beschuldigten ausgeübten Drucks zu stellen sein,[3515] da letztlich jede Vernehmungssituation mit einem gewissen psychischen Einwirken auf die betroffene Person verbunden ist. Geht dieses Einwirken allerdings in Richtung einer Geständniserwartung oder sonstigen Beeinflussung des Beschuldigten zu einem selbstbelastenden Verhalten, sind die Grenzen des nach Art. 6 Abs. 1 zulässigen Maßes überschritten.

1350   Mit der **Vorenthaltung des Beschuldigtenstatus** kann ebenfalls die Ausübung unzulässigen Drucks bei einer Befragung einhergehen, etwa dann, wenn der (spätere) Beschuldigte wider besseres Wissen der Strafverfolgungsbehörden oder trotz bereits gegen ihn vorliegender Verdachtsmomente nicht als Beschuldigter, sondern noch als Zeuge vernommen wird und vor der Einvernahme einen strafbewehrten Eid, die Wahrheit zu sagen, ablegen muss.[3516] Im Übrigen fällt die **Androhung von Nachteilen tatsächlicher oder rechtlicher Art**, auch für andere Personen, ebenso unter den Begriff der Zwangsausübung, wie die **Androhung von Gewalt** oder die Herbeiführung der Selbstbelastung durch **Psychopharmaka**[3517] oder die Erzwingung von Angaben oder der Herausgabe von Unterlagen zur Verwertung für die Zwecke eines Strafverfahrens durch die **Androhung oder Verhängung von Geldstrafen oder Geldbußen**.[3518]

1351   Wenn **andere öffentliche Interessen** eine Pflicht zur Offenlegung bestimmter Tatsachen rechtfertigen, ist strittig, wieweit über Art. 6 Abs. 1 ein Schutz vor den strafrechtlichen Folgen dieser Erklärung verbunden ist.[3519] Da der EGMR es als zulässig ansieht, dass der Staat **Auskunfts- und Dokumentationspflichten für andere öffentliche Zwecke** begründet[3520] und solche Auskünfte, vor allem auch für Steuerzwecke (Rn. 1358 ff.),[3521] durch Strafsanktionen erzwingt, kann die Abgrenzung zu unzulässigem Zwang schwierig sein. Dies gilt vor allem, wenn solche Angaben, deren Erzwingung für andere Zwecke nicht gegen das nur für Strafverfahren geltende Verbot des Zwangs zur Selbstbelastung verstößt, später in einem Strafverfahren verwendet werden (sollen).[3522]

1352   Das Privileg zum Schutz vor jedem Zwang zur Selbstbelastung bietet **keine strafbefreiende Immunität** für Handlungen zur Verdeckung eines strafrechtlich relevanten Handelns, mit denen der Befragte verhindern will, dass sein strafrechtlich relevantes Verhalten aufgedeckt wird.[3523] Das Verbot soll auch nicht berührt sein, wenn der Betrof-

---

3515 Vgl. EGMR Kolu/TRK, 2.8.2005 (situationsbedingter psychischer Zwang bei Vernehmung eines in Einzelhaft untergebrachten Beschuldigten in Abwesenheit eines anwaltlichen Beistands und ohne Belehrung über sein Schweigerecht).

3516 EGMR Brusco/F, 14.10.2010, §§ 44 ff.; sehr weites Verständnis in Bezug auf einen behördlichen Beurteilungsspielraum: *Arslan* ZStW **127** (2015) 1111, 1117.

3517 *Dencker* NStZ **1982** 154; SK/*Rogall* Vor § 133, 139 StPO.

3518 EGMR J.B./CH, 3.5.2001 m. Anm. *Schobe* NJW **2002** 492 (Geldbußen; Weigerung der Vorlage von Unterlagen; Verfahren wegen Steuerhinterziehung); vgl. *Ambos* NStZ **2002** 628, 632; ferner EGMR Funke/F, 25.2.1993; Meyer-Ladewig/Nettesheim/von Raumer/*Meyer-Ladewig/Harrendorf/König* 136.

3519 Vgl. BVerfGE **56** 37, 50 („Gemeinschuldner"); LR/*Kühne* Einl. J 97 ff.; für Beweisverwertungsverbot SK/*Meyer* 191.

3520 Vgl. EGMR van Vondel/NL (E), 23.3.2006; Weh/A, 8.4.2004; *Müller* EuGRZ **2001** 546; zum Thema auch LR/*Kühne* Einl. J 95 ff. Zu § 325 HGB vgl. *Weiß* DB **2010** 1744.

3521 Zur Verfassungsmäßigkeit und Vereinbarkeit des § 31a AO mit Art. 6 BFHE **219** 483 = NJW **2007** 3742; siehe auch BVerfG Beschl. (Nichtannahme) v. 17.1.2008 – 1 BvR 2863/07.

3522 In solchen Fällen wird ein menschenrechtlich/grundrechtlich verbürgtes Beweiserhebungsverbot unter Hinweis auf BVerfGE **56** 37 im Schrifttum bejaht, vgl. SK/*Meyer* 191 m.w.N.; ferner LR/*Kühne* Einl. J 97 ff.; vgl. auch *Schaefer* NJW-Spezial **2010** 120 (Auskunftspflicht des Arbeitnehmers im Rahmen des § 60 HGB); LAG Hamm CCZ **2010** 237 m. Anm. *Dann* (Selbstbelastungspflicht eines ehemaligen Arbeitnehmers).

3523 EGMR Allen/UK (E), 10.9.2002, ÖJZ **2003** 909.

fene in einer ihm abverlangten Erklärung **falsche Angaben** macht,[3524] was zweifelhaft erscheint.

Wieweit im Übrigen Aussagen gegen das Verbot des Zwangs zur Selbstbelastung ver- **1353** stoßen, die eine von ihrem Schweigerecht Gebrauch machende Person unter dem von staatlichen Stellen unmittelbar oder mittelbar herbeigeführten **psychologischen Druck eines anhängigen oder drohenden Strafverfahrens** abgibt, hängt von den hierbei zu bewertenden Umständen des Einzelfalls ab, sowie davon, ob der Betroffene deswegen insgesamt kein faires Verfahren mehr hatte.

Dies gilt auch für strafsanktionsrechtliche **Anreizsysteme**: Schon im Rahmen sog. **Kron-** **1354** **zeugenregelungen** wurde befürchtet, dass der im Falle des Schweigens drohende Verlust einer Vergünstigung auf den Beschuldigten als unzulässiger Druck zur Selbstbelastung wirken könnte.[3525] Durch Präklusionsvorschriften kann dieser Druck auf den Beschuldigten – vorausgesetzt er kann sich durch die Wissensoffenbarung überhaupt selbst belasten, weil er an der Tat, über die er berichtet, selbst beteiligt war – sogar noch verstärkt werden.[3526]

Allerdings wird das Nichtoffenbaren strafrechtlich relevanter Umstände durch solche **1355** Anreizsysteme nicht sanktioniert, sondern eben **nur nicht belohnt**. Lediglich für den Fall, dass sich das Strafniveau für Nicht-Kronzeugen, wegen einer flächendeckenden Anwendung der Kronzeugenregelung, schleichend erhöht, könnte man die Annahme einer Pönalisierung fehlender Kooperationswilligkeit durch die Versagung einer Strafmilderung erwägen.[3527] Die Gesetzeslage nach **§ 46b StGB** beeinträchtigt den *nemo tenetur*-Grundsatz derzeit nicht.[3528] Damit ist auch das Institut der **strafprozessualen Verständigung** nach § 257c StPO, das den Geständigen mit einer Strafmilderung belohnt, verfassungs- und menschenrechtlich grundsätzlich kein Problem.[3529] Dies bestätigt der EGMR in der Rs. *Litwin*, wonach die Absprache im Strafverfahren ein gemeinsames Merkmal der Strafrechtspflege in Europa sei; es werde keine Frage nach der Konvention aufgeworfen, wenn einem Angeklagten als Gegenleistung für ein Geständnis Strafmilderung in Aussicht gestellt und später gewährt werde.[3530]

4. „Vorwirkung" des Selbstbelastungsprivilegs. Hat der Beschuldigte in einem (vor- **1356** gelagerten) **außerstrafrechtlichen Verfahren Aussagen oder Angaben gemacht** oder Unterlagen[3531] vorgelegt, weil er dazu kraft Gesetzes unter Androhung einer strafrechtlichen Sanktion verpflichtet war, so berührt dies *an sich* das Verbot des Selbstbelastungszwangs (noch) nicht. Der Betroffene kann sich im Zeitpunkt der Zwangseinwirkung formal noch nicht auf sein Schweigerecht berufen, weil er in diesem Moment noch nicht *angeklagt* i.S.d. Art. 6 Abs. 1 ist. Bei der Prüfung der Einhaltung von *nemo tenetur* kann daher nicht direkt an die Zwangswirkung angeknüpft werden. Jedoch kann die **Verwendung** der in einem solchen „Vorverfahren" erlangten Angaben/Unterlagen **in einem späteren**

[3524] EGMR Allen/UK (E), 10.9.2002; aber EGMR Weh/A, 8.4.2004; unzureichende Auskunft über eine dritte Person zur Entlastung: „für sich genommen kein entscheidendes Argument" gegen Anwendbarkeit von Art. 6 Abs. 1); zu diesem Aspekt *Gaede* JR **2005** 426 (Verantwortlichkeit des Staates für die Zwangslage schließt Rechtsverlust aus).

[3525] *Jeßberger* 135 f.; *Weber* § 31, 5 BtMG.

[3526] *Peglau* wistra **2009** 409, 413; *Titz* ZRP **2009** 137, 139.

[3527] *Peglau* wistra **2009** 409, 413; dazu auch *Ransiek/Winsel* GA **2015** 620, 622 f.

[3528] Anderer Ansicht aber *Salditt* StV **2009** 375, 377.

[3529] BVerfGE **133** 168, 228; m.w.N.; *Ransiek/Winsel* GA **2015** 620, 623.

[3530] EGMR Litwin/D, 3.11.2011, § 38, NJW **2012** 3419 (Rechtsmittelverzicht als Gegenstand einer Verständigung im Strafprozess).

[3531] EGMR Funke/F, 25.2.1993; J.B./CH, 3.5.2001 m. Anm. *Schohe*; Allan/UK, 5.11.2002; *Ambos* NStZ **2002** 628, 632 f.; *Esser* 520 ff.

Strafverfahren dort das Gebot eines fairen Verfahrens verletzen, wenn durch die Verwertung des Materials die Verteidigungsmöglichkeiten des (jetzt) Beschuldigten erheblich eingeengt werden.[3532] In einer solchen Konstellation lässt sich ein Verwertungsverbot[3533] für die Verwendung des gewonnenen Materials in einem späteren Strafverfahren begründen.

1357   Bei der Prüfung der Verwertbarkeit einer außerstrafverfahrensrechtlich erlangten Äußerung in einem späteren Strafverfahren nimmt der EGMR eine Gesamtschau der Umstände unter Berücksichtigung der **im Ausgangsverfahren bestehenden Zwangseinwirkung** vor,[3534] ohne dabei eine Beschränkung der Selbstbelastungsfreiheit auf offensichtlich bzw. unmittelbar belastende Äußerungen vorzunehmen. Letztlich komme es nicht darauf an, ob die Äußerung *per se* belastend erscheine, sondern darauf, ob sie von der Staatsanwaltschaft[3535] oder dem Gericht tatsächlich[3536] zu Lasten des Beschuldigten, also zur Unterstützung der Anklage bzw. Begründung der Tatschuld und damit der Verurteilung, verwendet werde. Daher nimmt rechtfertigendes Vorbringen oder eine reine Tatsachendarstellung auf der Verwertungsebene am Schutz der Selbstbelastungsfreiheit und des Schweigerechts teil.[3537] Eine aktuelle Problematik im Zusammenhang mit Äußerungs- bzw. Meldepflichten betrifft die **UN-/EU-Sanktionslisten** gegen die Unterstützer von Russlands am 24.2.2022 begonnenen Angriffskrieg in der Ukraine. Gemäß § 10 SanktDG[3538] sind die Gelisteten verpflichtet,[3539] Gelder oder wirtschaftliche Ressourcen, die in den Anwendungsbereich des SanktDG fallen, bei der zuständigen Behörde[3540] zu melden. Ein Verstoß gegen diese Verpflichtung ist in § 16 Abs. 1 SanktDG mit Strafe bedroht und kann nach § 18 Abs. 1 Nr. 1 SanktDG die Einziehung des betroffenen Vermögenswertes nach sich ziehen. Das läuft zumindest auf eine **non-conviction-based-confiscation** (dazu auch 1. ZP-EMRK Rn. 68) hinaus.[3541] Zudem steht – soweit eine natürliche Person betroffen ist – ein Verstoß gegen die Selbstbelastungsfreiheit im Raum, wenn sich der Meldepflichtige durch die Offenlegung von Vermögenswerten selbst einer Straftat bezichtigen würde. Jedenfalls in einem sich gegebenenfalls anschließenden Straf- oder Ordnungswidrigkeitenverfahren wird man konsequenterweise ein **Beweisverwertungsverbot** hinsichtlich der aufgrund der Meldepflicht gemachten Angaben annehmen müssen (vgl. Rn. 1356).[3542]

3532 EGMR (GK) Saunders/UK, 17.12.1996 (rechtlicher Zwang zur Aussage gegenüber den von einer Behörde eingesetzten Inspektoren, deren Protokolle später im Strafverfahren verwendet wurden).

3533 Vgl. BVerfGE **56** 37, 48 („Gemeinschuldner“: Verwertungsverbot), jetzt § 97 InsO: SK/*Meyer* 191; so auch *Roth* ZStrR **2011** 296, 312 für verwaltungsrechtliche Mitwirkungspflichten.

3534 EGMR Weh/A, 8.4.2004; *Warnking* 90, 109.

3535 EGMR Serves/F (E), 4.5.2000.

3536 Nicht nur potentiell: „*the use to which evidence (…) is put*", EGMR (GK) Saunders/UK, 17.12.1996.

3537 EGMR (GK) Saunders/UK, 17.12.1996, §§ 70 f.

3538 Gesetz zur Durchsetzung von wirtschaftlichen Sanktionsmaßnahmen (Sanktionsdurchsetzungsgesetz), Art. 1 des Gesetzes v. 19.12.2022, BGBl. I S. 2606; vgl. auch die Begründung zum Gesetzentwurf in BRDrucks. 541/22 S. 60 ff.

3539 Im Geltungsbereich der Verordnung (EU) Nr. 269/2014 des Rates v. 17.3.2014 (zuletzt geändert durch Verordnung (EU) 2022/1273 des Rates v. 21.7.2022) geht die EU-Meldepflicht nach Art. 9 Abs. 2 der Verordnung der nationalen Meldepflicht vor. Vgl. zur Entwicklung des Sanktionsdurchsetzungsgesetzes auch im Zusammenhang mit der Verordnung (EU) Nr. 269/2014 *Sattler* UKuR **2022** 712, 714.

3540 Zuständige Behörde zur Entgegennahme solcher Meldungen ist in Deutschland die Zentralstelle für Sanktionsdurchsetzung (ZfS), vgl. § 10 Abs. 1 Satz 1 Nr. 2 SanktDG.

3541 Allgemein hierzu *Wegner/Ladwig/Zimmermann/El-Ghazi* KriPoZ **2022** 428, 440, mit dem Vorschlag zu einem Vermögenseinziehungsgesetz.

3542 Zum Ganzen *Wegner* Stellungnahme zum Entwurf eines Gesetzes zur effektiveren Durchsetzung von Sanktionen (Sanktionsdurchsetzungsgesetz II), 20.11.2022, 4 f., der §§ 10 Abs. 1 Nr. 1, 16 SanktDG für verfassungswidrig hält; vgl. in diesem Zusammenhang auch Art. 1 1. ZP-EMRK Rn. 28.

5. Steuer- und insolvenzrechtliche Aspekte. Gerade in steuerrechtlichen Konstellati- **1358**
onen, sowohl im Bereich der Umsatz- als auch der Einkommenssteuer, kann die Selbstbelastungsfreiheit relevant werden.[3543] Zu überprüfen ist an erster Stelle der von der Strafvorschrift des **§ 370 AO (Steuerhinterziehung)** ausgehende Zwang zur Abgabe einer
wahrheitsgemäßen, vollständigen Steuererklärung.[3544] Dabei werden grundsätzlich zwei
Konstellationen unterschieden: (1) die **Offenbarung von außersteuerlichen Gesetzes-
verstößen** bei Abgabe einer wahrheitsgemäßen Steuererklärung und (2) die Abgabe einer
Steuererklärung nach einer **vorangegangenen Steuerstraftat.**[3545]

Für den ersten Fall ist **§ 393 Abs. 2 Satz 1 AO** ein **Verwertungsverbot** zu entnehmen. **1359**
Der Schutzbereich der Selbstbelastungsfreiheit und dieses Verwertungsverbotes soll aber
dann nicht berührt sein, wenn der Steuerpflichtige im Zusammenhang mit der Abgabe
von steuerlichen Erklärungen weitere außersteuerliche Straftaten begeht, wie z.B. eine
Urkundenfälschung nach § 267 StGB durch den Gebrauch unechter Urkunden. Dies gelte
grundsätzlich auch für den Fall der Selbstanzeige, da diese nicht mit Zwangsmitteln herbeigeführt werden könne.[3546] Trotzdem sei die Erfüllung der Erklärungspflicht zumutbar.[3547] Die Ausnahmeregelung des § 393 Abs. 2 Satz 2 AO, die schon längere Zeit von der
überwiegenden Literatur für unvereinbar mit dem *nemo tenetur*-Grundsatz erachtet wurde,[3548] war dem BVerfG vergeblich zur Prüfung vorgelegt worden.[3549]

Im zweiten Fall (**Abgabe einer Steuererklärung nach vorangegangener Steuerstraf- 1360
tat**) nimmt der BGH eine Suspendierung der Erklärungspflicht dann an, wenn hinsichtlich
desselben Veranlagungszeitraums und derselben Steuerart, für die bereits Steuerstrafverfahren eingeleitet wurden, erneut eine Erklärung abzugeben ist.[3550] Anderenfalls gilt ein Verwertungsverbot.[3551] Im Rahmen einer **Beschwerde vor dem EGMR** wird im Bereich des Steuerrechts für die Darlegung eines Eingriffs in die Selbstbelastungsfreiheit maßgeblich sein, dass
der Beschwerdeführer nachweisen kann, dass die steuerrechtliche Erklärungspflicht staatlicherseits tatsächlich gerade zum Zwecke der Strafverfolgung genutzt wurde.[3552]

Auch im **Insolvenzverfahren** wird der *nemo tenetur*-Grundsatz eingeschränkt. Nach **1361**
§ 97 Abs. 1 Satz 2 InsO hat der Schuldner auch Tatsachen zu offenbaren, die geeignet
sind, eine Verfolgung wegen einer Straftat oder Ordnungswidrigkeit herbeizuführen. Nach
Satz 3 darf eine solche Auskunft nur **mit Zustimmung** des Schuldners verwertet werden.[3553] Dies gilt nach überwiegender Ansicht nicht für Betriebs- und Geschäftsunterla-

---

[3543] Umfassend hierzu für den Bereich der EU: *Reinel* Der „nemo tenetur"-Grundsatz als Grenze steuerlicher Informationshilfe in der Europäischen Union (2015); vgl. beispielhaft auch EGMR De Legé/NL, 4.10.2022,
§§ 60 ff.
[3544] BGH NStZ-RR **2009** 340: die wahre Zwangslage entsteht wegen § 371 AO regelmäßig erst, wenn dem
Steuerpflichtigen die Einleitung des Steuerstrafverfahrens bekannt gegeben wird, nicht schon mit der ihm
unbekannten Verfahrenseinleitung als solcher.
[3545] *Wulf* wistra **2006** 89.
[3546] Vgl. BGH NJW **2005** 2720 = StV **2004** 526; bestätigt: BVerfG NJW **2005** 352 (Nichtannahmebeschluss);
zust. *Wulf* wistra **2006** 89 m.w.N. für entgegenstehende Ansichten.
[3547] Vgl. BGH NStZ-RR **2004** 242; **a.A.** *Wulf* wistra **2006** 89.
[3548] Vgl. *Schwarz* § 393, 57 f. AO; zu verfassungsrechtlichen Bedenken Gosch/*Seipl* § 393, 157 f. AO.
[3549] LG Göttingen wistra **2008** 231 (Vorlagebeschluss); dazu BVerfG wistra **2010** 341 (unzulässig).
[3550] Vgl. BGH NJW **2002** 1733 = NStZ **2002** 437; *Wulf* wistra **2006** 89 m.w.N.
[3551] BGH NJW **2005** 763 = NStZ **2005** 519.
[3552] Verneint in EGMR De Legé/NL, 4.10.2022, § 81.
[3553] Eine ähnliche Regelung findet sich in § 630c Abs. 2 Satz 3 BGB für den Bereich ärztlicher Behandlungs-
fehler. Eine ärztliche Fehleroffenbarungspflicht normiert § 630c Abs. 2 Satz 2 BGB; näher hierzu vor dem
Hintergrund der Selbstbelastungsfreiheit: *Schumacher* Nemo tenetur im Spannungsfeld zu außerstrafrechtlichen Offenbarungspflichten (2017) 177 ff.

Esser

gen.[3554] Anders als im Steuerrecht kommt dem Betroffenen weder das Steuergeheimnis, § 30 AO, noch die Möglichkeit der strafbefreienden Selbstanzeige, § 371 AO, zugute. Ferner ist die Auskunftpflicht des Insolvenzschuldners gemäß § 98 Abs. 2 InsO stets erzwingbar, im Steuerrecht droht dem Schuldner in den Fällen des § 393 Abs. 1 Satz 2 AO nach § 162 AO nur eine Schätzung.[3555]

1362   Teils werden Stimmen nach einem **besseren Schutz des *nemo tenetur*-Grundsatzes im Besteuerungsverfahren** laut. Die derzeitige Rechtslage schaffe einen nicht gerechtfertigten Raum für steuerliche Ermittlungshandlungen, bei welchen der Beteiligte der Gefahr von zwangsweise bewirkter Selbstbelastung weitgehend schutz- und wehrlos ausgeliefert sei.[3556] Sowohl bei § 393 AO als auch bei § 97 InsO werde die Selbstbelastungsfreiheit nur formal aufrechterhalten. Tatsächlich müssten sich die Betroffenen selbst belasten. Der Gesetzgeber wird daher gefordert, schon die **Auskunftpflicht zu suspendieren**, wie beispielsweise bei § 22 Abs. 3 GastG oder § 23 Abs. 6 AWG.[3557] Lehnt man dies ab, so könnte man die zuständige Behörde zumindest verpflichten, die strafrechtlich relevanten Informationen nicht an die Strafverfolgungsbehörde weiterzugeben.[3558] Derzeit scheint es möglich, dass die Staatsanwaltschaft das Verwendungsverbot des § 97 Abs. 1 Satz 3 InsO durch eine Durchsuchung umgehen kann.[3559]

1363   **6. Spannungsverhältnis zwischen Selbstbelastungsfreiheit und DSGVO.** Besondere Brisanz gewinnt die Frage nach der Selbstbelastungsfreiheit auch in Bußgeldverfahren wegen **Datenschutzverstößen** nach der DSGVO. Denn die DSGVO etabliert nicht nur eine allgemeine Rechenschaftspflicht (Art. 5 Abs. 2 DSGVO), sondern auch **Kooperations- und Meldepflichten** (Art. 31, 33, 58 Abs. 1 *lit.* a DSGVO), die gegebenenfalls bußgeldbewehrt sind (Art. 83, 84 DSGVO). Hinzu kommt, dass die Zusammenarbeit des Betroffenen mit der Aufsichtsbehörde einen Umstand darstellt, der bei der Bußgeldmessung berücksichtigt wird (vgl. Art. 83 Abs. 2 Satz 2 *lit.* f DSGVO). In Strafverfahren und Bußgeldverfahren gegen Meldepflichtige wird dem *nemo tenetur*-Grundsatz allerdings dadurch Rechnung getragen, dass Meldungen nach **Art. 33 DSGVO** nur mit dessen Zustimmung verwendet werden dürfen, §§ 42 Abs. 4, 43 Abs. 4 BDSG. Ob diese Regelungen auch auf Unternehmen Anwendung finden, ist allerdings umstritten.[3560]

1364   **7. Arbeitsrechtliche Auskunftpflichten/Interne Ermittlungen.** Ob über Art. 6 Abs. 1 und dem dort niedergelegten Gebot eines fairen Verfahrens ein „vorgelagertes" Auskunftsverweigerungsrecht besteht,[3561] ist insbesondere bei **erzwungenen Selbstbelastungen außerhalb staatlicher Verfahren** problematisch, so z.B. in Fällen, in denen Unternehmen – etwa auf Aufforderung der US-amerikanischen **Börsenaufsicht SEC (Securities and Exchange Commission)** – private Ermittlungen im Betrieb durchführen lassen. Hintergrund solcher Ermittlungen ist zumeist, dass an der US-Börse notierte Unternehmen dem **Foreign**

3554 Vgl. die Darstellung bei *Rudolph* StraFo **2017** 183, 186 f.

3555 *Rudolph* StraFo **2017** 183, 185.

3556 Näher *Spilker* DB **2016** 1842; hierzu LG Frankfurt/O. StraFo **2020** 249 f.: das Verwertungsverbot beziehe sich ausschließlich auf solche Tatsachen von eigenständigem Erklärungswert, zu denen der Schuldner mit seiner Auskunft im Insolvenzverfahren auch nur „den Weg gewiesen" habe.

3557 So *Rudolph* StraFo **2017** 183.

3558 BVerfG NJW **1981** 1431, 1433 – Sondervotum *Heußner*; *Rudolph* StraFo **2017** 183, 184.

3559 Dazu *Rudolph* StraFo **2017** 183, 186 m.w.N.

3560 *Wenzel/Wybitul* ZD **2019** 290, 292. Näher zur Selbstbelastungsfreiheit im Kontext des Art. 33 DSGVO: *Paal* ZD **2020** 119, 123 f.; Paal/Pauly/*Martini*³ Art. 33, 27.

3561 Zur Frage der Entstehung eines Beweisverwertungsverbots im Falle der Missachtung: *Jugl* Fair Trial als Grundlage der Beweiserhebung und Beweisverwertung im Strafverfahren (2017).

Corrupt Practices Act (FCPA) unterliegen. Um die bei einem Pflichtverstoß drohenden empfindlichen Konsequenzen wie langwierige Ermittlungen und hohe Geldstrafen abzumildern, ist eine Kooperation mit der SEC für Unternehmen in der Regel vorteilhaft.[3562] Da sich eine solche Kooperation zudem strafmildernd auswirkt, veranlassen Unternehmen zumeist **eigene private Ermittlungen** und setzen ihre Arbeitnehmer nicht selten erheblich unter **Druck zur Kooperation.**[3563] Grundsätzlich sind solche privaten Ermittlungen im Wirtschaftsstrafverfahren zwar nicht als unzulässig anzusehen,[3564] dennoch ist fraglich, inwieweit Arbeitnehmer sich in diesem Stadium selbst belasten und ihre eigene Position in einem eventuellen (späteren) Strafprozess gefährden müssen.

Während **Auskunftspflichten des Arbeitnehmers** im Arbeitsrecht allgemein aner- **1365** kannt sind,[3565] kommt es für die Frage, ob der Arbeitnehmer auch zu u.U. strafrechtlich relevanten selbstbelastenden Aussagen verpflichtet ist, **auf die Verhältnismäßigkeit im Einzelfall an.**[3566] Entscheidend ist hierbei insbesondere, ob der Arbeitgeber zwingend auf derartige Auskünfte angewiesen ist, um sein Recht gegenüber Aufsichtsbehörden zu wahren bzw. durchzusetzen.[3567] Gegen die Annahme einer Auskunftspflicht spricht zum einen, dass es in der Regel neben der Mitarbeiterbefragung für den Arbeitgeber noch andere Möglichkeiten des Erkenntnisgewinns gibt.[3568] Zudem würde eine Auskunftspflicht zu einem **Wertungswiderspruch** führen. Denn der Arbeitnehmer wäre verpflichtet, einem Arbeitgeber unbeschränkt Auskunft zu geben, welcher aus eigennützigen Interessen (u.a. Reduzierung einer etwaigen späteren Verbandsgeldbuße) auch einer Kooperation mit der Strafverfolgungsbehörde oft nicht abgeneigt sein wird. Da die Unternehmensführung die Einleitung eines Strafverfahrens schon aus Gründen des damit regelmäßig verbundenen Reputationsverlustes scheut, kommt solchen **internen Ermittlungen im Unternehmen** eine Art „Ersatzpräventionswirkung" für eine drohende Kriminalstrafe zu. Damit besteht aber die Gefahr, dass das Schweigerecht der Arbeitnehmer unterlaufen wird, bevor es überhaupt im Rahmen eines Strafprozesses entsteht.[3569]

Im Sinne eines effektiven Beschuldigtenschutzes erscheint es daher angebracht, Ar- **1366** beitnehmern bereits während der firmeninternen (privaten) „Ermittlungen" ein **Auskunftsverweigerungsrecht** zuzugestehen. Hiervon hängt im Übrigen auch die Frage ab, ob bei Nichtbeachtung in der Folge ein **strafprozessuales Beweisverwertungsverbot** entsteht.[3570] Ein Mitarbeiter, der in der irrigen Annahme einer Auskunftspflicht freiwillig aussagt, wird allerdings nicht durch ein solches Beweisverwertungsverbot geschützt.[3571]

Andere knüpfen an den **Bezug der Information zum Arbeitsbereich des Mitarbei- 1367 ters** an. So soll eine unbeschränkte Auskunftspflicht bei pflichtwidrigen oder strafbaren Handlungen bestehen, die der Mitarbeiter in seinem unmittelbaren Arbeitsbereich begeht

---

3562 *Wybitul* BB **2009** 606, 606.

3563 *Jahn* StV **2009** 41, 42.

3564 *Dann/Schmidt* NJW **2009** 1851, 1852; *Jahn* StV **2009** 41, 43.

3565 BAGE **81** 15, 21 ff. = NZA **1996** 637, 638; BGH NJW-RR **1989** 614; dagegen wird die Frage, ob der *nemo tenetur*-Grundsatz auf ein Anhörungsverfahren einer Verdachtskündigung im Arbeitsrecht anwendbar ist, uneinheitlich beurteilt, dazu *Fischer* BB **2003** 522, 524; *Toma/Reiter* NZA **2015** 460, 464 f.

3566 *Dann/Schmidt* NJW **2009** 1851, 1853; zur Befragung von Mitarbeitern des Unternehmens durch einen Unternehmensanwalt siehe BRAK-Stellungnahme Nr. 35/2010, 10 f.

3567 Dies bejahend BGHZ **41** 318, 323.

3568 Dazu gehört beispielsweise das sog. E-Mail-Screening, mit dem sich der Arbeitgeber durch technische Maßnahmen Beweise verschaffen kann, ohne auf die Aussage des Betroffenen Mitarbeiters zurückzugreifen zu müssen, siehe *Kraus* 233; näher *Dann/Schmidt* NJW **2009** 1851, 1853.

3569 Vgl. *Jahn* StV **2009** 41, 44.

3570 BVerfG WM **2008** 989.

3571 Vgl. die Ausführungen und Ausnahmen hierzu bei *Dann/Schmidt* NJW **2009** 1851, 1855.

oder wahrnimmt, §§ 666, 675 BGB. Wenn der unmittelbare Arbeitsbereich nicht betroffen ist, bestehe die Auskunftspflicht nur nach entsprechender Abwägung im Einzelfall unter Berücksichtigung bestimmter Zumutbarkeitskriterien, §§ 611a, 241 Abs. 2, 242 BGB.[3572]

1368   Auch der (gescheiterte) **Entwurf eines Gesetzes zur Stärkung der Integrität in der Wirtschaft,**[3573] der die Schaffung eines eigenständigen Verbandssanktionengesetzes (VerSanG-E) vorsah, beschäftigte sich mit Auskünften von Arbeitnehmern im Zusammenhang mit internen Ermittlungen. So war eine Milderung der vorgeschlagenen Verbandssanktion bei sog. verbandsinternen Untersuchungen nach § 17 VerSanG-E unter anderem daran geknüpft, dass die Befragung „unter Beachtung der Grundsätze eines fairen Verfahrens" durchgeführt wird, was insbesondere voraussetzt, dass „Befragten das Recht eingeräumt wird, die Auskunft auf solche Fragen zu verweigern, deren Beantwortung sie selbst oder die in § 52 Absatz 1 der Strafprozessordnung bezeichneten Angehörigen gefährden würde, wegen einer Straftat oder einer Ordnungswidrigkeit verfolgt zu werden, und die Befragten auf dieses Recht vor der Befragung hingewiesen werden" (§ 17 Abs. 1 Nr. 5 *lit.* c VerSanG-E).[3574]

1369   **8. Pflicht zur Achtung des Schweigerechts.** Wegen seiner Bedeutung darf grundsätzlich[3575] die Ausübung des Selbstbelastungsprivilegs dem Beschuldigten nicht zum Nachteil gereichen,[3576] insbesondere darf seine Verteidigung nicht dadurch beschränkt werden, dass der Verteidiger wegen der Empfehlung, vom Schweigerecht Gebrauch zu machen, abgelehnt („dismissed") wird.[3577] Wird der Beschuldigte zu Beginn des Ermittlungsverfahrens daran gehindert, **überhaupt einen Verteidiger zu konsultieren** und tätigt er daraufhin eine selbstbelastende Aussage, kann dies in einer Gesamtbetrachtung des Verfahrens zu einem Verstoß gegen Art. 6 führen, wenn auch die Gerichte im nachfolgenden Strafverfahren keine Maßnahmen zur Abhilfe treffen.[3578]

1370   Hat sich der Beschuldigte zum Schweigen entschlossen, so verlangt das Selbstbelastungsprivileg von den staatlichen Stellen, seinen **Willen zu respektieren.**[3579] Im deutschen Recht wird die **Achtung des Schweigerechts** grundsätzlich umfangreicher gewährleistet als es die Rechtsprechung des EGMR verlangt.[3580] Dies erscheint angesichts der Unwägbarkeiten der vom EGMR verwendeten Kriterien und der Orientierung am jeweili-

3572   *Kraus* 407 f.; vgl. *Greco/Caracas* NStZ **2015** 7, 14 f.; *Hille* 60 ff., 100 ff., 109 ff.
3573   BTDrucks. 19 23568.
3574   Näher hierzu: *Koops/Opper* BB **2020** 1589 ff.; *Lanzinner/Petrasch* CCZ **2020** 109, 115 ff.; *Sartorius/Schmidt* wistra **2020** 393, 398; *Pelz/Habbe* ZWH **2020** 176, 182 f.
3575   Kritisch u.a. zur Rspr. des EGMR und den Entwicklungen auf EU-Ebene, die das Schweigerecht gefährden: *Salditt* FS Hamm 595 ff.
3576   Siehe hierzu den besonders eklatanten Fall von: OLG Brandenburg NStZ-RR **2015** 53 m. Anm. *Schulz-Merkel* StRR **2015** 103.
3577   EGMR Yaremenko/UKR 12.6.2008, §§ 78 ff.
3578   EGMR Dvorski/KR, 20.10.2015, § 111.
3579   EGMR (GK) Saunders/UK, 17.12.1996; hierzu: KG NJW **2010** 2900 m. Anm. *Burhoff* StRR **2010** 396 („Versuch ... die Aufklärung des Sachverhaltes zu verhindern"). Zu einem erschütternden, von Staatsanwaltschaft und Gerichten unbeanstandet gebliebenen Fall der Missachtung des Schweigerechts durch die Polizei (nach der Äußerung „I sog jetzt nix mehr" wurde Vernehmung fortgesetzt; neun Seiten im Protokoll; anschließend „informatorisches Gespräch" in Abwesenheit des Verteidigers; später weitere Vernehmungen) siehe *Rick* StraFo **2012** 400, 403; das HRC hat sich bzgl. Art. 14 Abs. 3 *lit.* g IPBPR hierzu lediglich in zwei Berichten über England und Irland geäußert, vgl. *Arslan* ZStW **127** (2015) 1111, 1130.
3580   So auch *von Arnim* GedS Blumenwitz 265, 290; ebenso für das schweizerische Recht: *Graf* SJZ **2015** 189, 190 ff.; vgl. BGH Beschl. v. 12.11.2019 – 5 StR 451/19, BeckRS 2019 30102; zur Frage, inwieweit Art. 14 Abs. 3 IPBPR ein Schweigerecht vorsieht *Arslan* ZStW **127** (2015) 1111, 1119 f.

gen Einzelfall auch zur Sicherung der Effektivität des Schweigerechts konsequent und wird seiner Bedeutung eher gerecht.[3581] Nicht akzeptabel ist es, an die „Ausdrücklichkeit" des Schweigewillens besonders hohe Anforderungen zu stellen. Sofern der Beschuldigte angibt, sich nicht mehr äußern zu wollen, ist dies als konkludentes Berufen auf die Selbstbelastungsfreiheit zu akzeptieren. Nicht erforderlich ist es, dass er sich konkret und explizit auf sein Schweigerecht aus einer einfachgesetzlichen Norm beruft (z.B. § 5 Abs. 1 Satz 2 SchwarzArbG).[3582]

Außerdem ist es ausreichend, wenn sich der Beschuldigte **einmal** auf sein Schweige- **1371** recht beruft. Eine Bestätigung dessen bei jeder Nachfrage oder gar aus sich heraus ist demnach nicht notwendig.[3583]

Die Frage der Konventionsmäßigkeit der Verwertungspraxis bei einem sog. **Teil-** **1372** **schweigen** des Beschuldigten[3584] wurde bislang vom EGMR noch nicht entschieden.[3585] Jedenfalls bei Beachtung der für die zulässige Verwertung des (vollständigen) Schweigens maßgeblichen Gesichtspunkte, wird diese allerdings vom Gerichtshof akzeptiert werden. Eine Berücksichtigung des Schweigens zu Lasten des Beschuldigten schließt der Gerichtshof nicht gänzlich aus,[3586] solange die Schlussfolgerungen aus seinem Verhalten[3587] nicht zu einer mit der Unschuldsvermutung **unvereinbaren Verschiebung der Beweislast** führen.

Das Schweigerecht verbietet es den Gerichten jedenfalls, das Schweigen **allein als** **1373** **Zeichen der Schuld** des Angeklagten anzusehen und eine Verurteilung allein oder hauptsächlich darauf bzw. auf die Weigerung des Beschuldigten zu stützen, Fragen zu beantworten oder Beweise beizubringen.[3588] So merkte schon das HRC in seinem Bericht vom 27.7.1995 an, dass die Vorschriften des *Criminal Justice and Public Order Act* von 1994 (UK) Art. 14 IPBPR verletzen, wenn allein aus dem Schweigen des Angeklagten nachteilige Schlüsse gezogen werden können.[3589] Das HRC empfahl daher, die Gesetzgebung in diesem Bereich so zu ändern, dass einzelne Vorschriften nicht in Widerspruch zu Art. 14 IPBPR stehen.[3590] Auch der BGH verbietet es, aus einer durchgängigen oder anfänglichen Aussageverweigerung des Angeklagten, für ihn nachteilige Schlüsse zu ziehen.[3591] Müsste der Angeklagte eine Prüfung und Bewertung seiner Aussageverweigerung befürchten, so wäre kein unbefangener Gebrauch des Schweigerechts durch die StPO gewährleistet.[3592]

Bei der **Belehrung von Geschworenen** darf es der Richter nicht ihnen überlassen, **1374** welche Schlussfolgerung sie am Ende aus dem Schweigen eines Angeklagten ziehen wol-

---

3581 *Schlauri* 393 f. geht mit einem Teil der Literatur unter Berufung auf einen HRC-Bericht (1995) zur Menschenrechtslage im UK von einem generellen Verwertungsverbot aus Art. 14 IPBPR aus.

3582 So aber OLG Bamberg wistra **2013** 288 = GewA **2013** 212.

3583 BVerfG StV Spezial **2022** 45 = NJOZ **2022** 373.

3584 Vgl. hierzu BGH Beschl. v. 1.6.2022 – 1 StR 139/22; Beschl. v. 21.12.2021 – 3 StR 380/21; krit. *Schneider* NStZ **2017** 73, 75; *Esser* FS Ignor 537 ff.

3585 Offen gelassen auch die Zulässigkeit der Verwertung von Angaben, die vor der Ausübung des Schweigerechts gemacht wurden: EGMR (GK) John Murray/UK, 8.2.1996, § 56.

3586 EGMR Krumpholz/A, 18.3.2010, § 32.

3587 Neben dem Schweigen gilt dies auch für sonstige Verhaltensweisen wie z.B. die Mimik oder die Reaktion des Beschuldigten; vgl. EGMR (GK) John Murray, 8.2.1996, § 54 („*applicant's behaviour*").

3588 Vgl. EGMR Adetoro/UK, 20.4.2010, §§ 48, 57; Averill/UK, 6.6.2000; (GK) John Murray, 8.2.1996, §§ 51, 54.

3589 Comments of the HRC, CCPR/C/79/Add. 55 Rn. 17.

3590 Comments of the HRC, CCPR/C/79/Add. 55 Rn. 25.

3591 BGH StV **2021** 477, 478.

3592 BGH Beschl. v. 23.3.2021 – 3 StR 68/21 Rn. 11 f. Der Würdigung grundsätzlich zugänglich sei jedoch ein teilweises Schweigen des Beschuldigten (vgl. auch BGH NStZ **2005** 147, 148).

len; er muss angemessenes Gewicht auf die dafür abgegebenen Erklärungen des Betroffenen legen, so etwa, dass er auf Rat seines Anwalts geschwiegen hat.[3593]

1375   Schweigt der Beschuldigte allerdings in einer **Situation, in der von ihm eindeutig eine Erklärung zu erwarten ist**, akzeptiert es der EGMR, dass der Richter seinen Eindruck in die Bewertung sonstiger belastender Beweise mit einfließen lässt.[3594]

1376   Das entspricht der **Rechtslage in Österreich**: Nach der Judikatur des OGH ist eine nachteilige beweiswürdigende Wertung des Schweigens möglich, wenn *die belastenden Beweise nach einer Erklärung durch den Angeklagten rufen*. Das bedeutet, dass nach den Tatumständen und der Beweislage eine Erklärung des Angeklagten eindeutig erwartet werden konnte. Die Beweislage müsse sich so darstellen, dass der einzige nach gesundem Menschenverstand mögliche Schluss aus dem Schweigen ist, dass der Angeklagte auf den Tatvorwurf nichts zu entgegnen weiß.[3595]

1377   Der EGMR sieht es als Absicherung des Schweigerechts in einer derartigen Konstellation an, wenn Verwertung des Schweigens in einem Verfahren erfolgt, in dem die Schlussfolgerungen einer **freien Würdigung** unterliegen, die vom Richter zu begründen ist und wiederum ihrerseits **gerichtlicher Kontrolle** unterliegt.[3596] Derartige Garantien wird man allerdings auch zwingend zu fordern haben.

1378   Als unzureichend hat der Gerichtshof daher die prozessualen Sicherungen im Fall *Krumpholz* (Halterhaftung; Rn. 680) angesehen. Dort lag nicht nur die Beweislast, sondern faktisch auch die Verantwortung für die Verfahrensführung beim Fahrzeughalter (Bf.), da das Gericht weder zu dessen Anhörung noch zur Durchführung einer mündlichen Verhandlung verpflichtet war. Hinzu kam das Fehlen einer zweiten gerichtlichen (Kontroll-)Instanz.[3597]

1379   In die Beurteilung der Verfahrensfairness im Fall der Verwertung des Schweigens können überdies als verfahrensrechtliche Garantien einbezogen werden, dass die **Verteidigungsrechte** gewahrt wurden, dass der Beschuldigte über die rechtlichen Folgen seines Schweigens **angemessen belehrt** worden ist, dass aufgrund einer ausreichenden Tatsachenbasis ein Anscheinstatbestand vorlag und von dem Beschuldigten eine *bestimmte* Erklärung erwartet wurde, und dass eine Verwertung seines Schweigens hätte unterbleiben müssen, falls der Beschuldigte die Belehrung nicht verstanden hätte oder diesbezüglich Zweifel bestanden hätten.[3598]

1380   Eine **fehlende anwaltliche Unterstützung** im Zeitpunkt der Vernehmung stellt der EGMR in seine Gesamtbetrachtung mit ein, da die Bereitschaft auch eines Unschuldigen von einem anwaltlichen Beistand und seiner Unterstützung abhängen könne. Doch auch im Falle der Anwesenheit eines Verteidigers darf das Schweigen nicht ohne weiteres zu Lasten des Beschuldigten bewertet werden, da er diese Entscheidung im Vertrauen auf eine entsprechende Empfehlung seines Beistands getroffen haben kann.[3599] Allerdings wird gerade Letzteres vom EGMR eher flexibel gehandhabt. Bei der Frage, ob im Fall *Averill* eine Erklärung vom Beschuldigten hätte erwartet werden können, zieht der Ge-

---

3593   EGMR Beckles/UK, 8.10.2002, §§ 55, 62–65; vgl. *Kühne* EuGRZ **1996** 571.

3594   EGMR (GK) John Murray/UK, 8.2.1996, §§ 47, 51, 54; Averill/UK, 6.6.2000, §§ 44 f.; Krumpholz/A, 18.3.2010; O'Donnell/UK, 7.4.2015, § 49; vgl. aber BGH NStZ **2009** 705 (Verstoß gegen den *nemo tenetur*-Grundsatz durch Ablehnung eines Beweisantrags).

3595   Zum Ganzen *Haumer* JSt **2017** 455, 456 f. in Bezug auf die Rspr. des EGMR Krumpholz/A, 18.3.2010, §§ 32 ff.

3596   Vgl. EGMR Averill/UK, 6.6.2000, § 50; (GK) John Murray/UK, 8.2.1996.

3597   EGMR Krumpholz/A, 18.3.2010, §§ 41 ff.

3598   EGMR (GK) John Murray/UK, 8.2.1996.

3599   EGMR Averill/UK, 6.6.2000, §§ 48 ff.

richtshof zur Bekräftigung dieser Annahme den Umstand des im konkreten Fall vorhandenen Verteidigerbeistands heran; wohl weil er davon ausgeht, dass ein Verteidiger einem Unschuldigen aufgrund der Beweislage vernünftigerweise zur Aussage geraten hätte.[3600] Eine konkrete Gewichtung bzw. die Entbehrlichkeit einzelner Kriterien kann der Rechtsprechung aber bislang nicht entnommen werden.[3601] Wenn der freigesprochene Beschuldigte durch den zulässigen Gebrauch des Schweigerechts den Verdacht gegen sich begründet oder bestärkt hat, darf dies nach hier vertretener Ansicht nicht herangezogen werden, um ihm die Erstattung seiner Kosten zu verweigern (Rn. 707).

9. Pflicht zur Belehrung. Eine Pflicht zur Belehrung eines Tatverdächtigen oder Be- **1381** schuldigten über das Schweigerecht ist bislang in der Rechtsprechung des EGMR nicht hinreichend abgesichert[3602] und wird als Problem erstaunlicherweise auch nur rudimentär diskutiert. Zweifellos muss der Beschuldigte überhaupt erst einmal Kenntnis haben von seinem Recht zu schweigen, um von diesem Privileg effektiv Gebrauch machen zu können.[3603] Gleiches gilt für die **Annahme seines Verzichts** auf dieses Recht. Bevor aus seinem Verhalten auf einen (konkludenten) Verzicht geschlossen werden darf, muss auch nach Ansicht des Gerichtshofs nachgewiesen sein, dass der Angeklagte vernünftigerweise die Folgen seines Handelns vorhersehen konnte.[3604] Im Fall *Aleksandr Zaichenko* hat der EGMR ausdrücklich erklärt, die Polizeibeamten seien zur Belehrung verpflichtet gewesen, obwohl der Bf. weder festgenommen noch formell (in Polizeigewahrsam) vernommen worden war; bei seiner Befragung im Rahmen einer Straßenkontrolle hatte bereits ein konkreter Tatverdacht gegen ihn vorgelegen.[3605]

Ob ein Beschuldigter bereits die nicht ordnungsgemäße Belehrung über sein Schwei- **1382** gerecht als solche als einen Verstoß gegen den Fairnessgrundsatz rügen kann, mag man durchaus kritisch sehen.[3606] Jedenfalls in Kombination mit weiteren Mängeln zieht der EGMR jedoch eine unterbliebene Belehrung des Beschuldigten über sein Schweigerecht in der Gesamtbetrachtung der Fairness des Verfahrens im Ganzen heran.[3607] Auch wird man den in der Aussage liegenden Verzicht auf das Schweigerecht aufgrund des Belehrungsmangels als unwirksam ansehen müssen und den Fairnessmangel insoweit begründen können. So bereitete im Fall *Aleksandr Zaichenko*, wo eine Belehrung zunächst gänzlich unterblieben war, die Feststellung eines unwirksamen Verzichts keine sonderlichen Schwierigkeiten. Die Gesamtbetrachtung der Verfahrensfairness erfolgte durch den EGMR

3600 Vgl. EGMR Averill/UK, 6.6.2000, § 51.

3601 Ausführlich *Esser* 526 f.

3602 Vorsichtig in seiner Interpretation der Rechtsprechung *Berger* EHRLR **2007** 514; für Art. 14 Abs. 3 *lit.* g IPBPR siehe *Arslan* ZStW **127** (2015) 1111, 1125 m.w.N.

3603 Jedenfalls wenn die Belehrung nach nationalem Recht auch einen Hinweis darauf enthält, dass im Prozess aus seinem Schweigen Schlüsse zu seinen Lasten gezogen werden können, folgt aus der Belehrung auch ein indirekter Zwang, der jedoch bislang nicht entscheidend war. EGMR Magee/UK, 6.6.2000, § 39 (wichtig ist dann aber der anwaltliche Beistand bereits zu Beginn der polizeilichen Vernehmung); Averill/ UK, 6.6.2000, § 48; (GK) John Murray/UK, 8.2.1996.

3604 EGMR Aleksandr Zaichenko/R, 18.2.2010, § 40: Der Verzicht muss, soweit das Recht überhaupt zur Disposition des Beschuldigten steht, unmissverständlich zum Ausdruck gebracht und von Sicherungsmechanismen begleitet werden, die in angemessenem Verhältnis zur Bedeutung des Rechtsverzichts stehen. Darüber hinaus darf der Verzicht keinem wichtigen öffentlichen Interesse zuwiderlaufen.

3605 EGMR Aleksandr Zaichenko/R, 18.2.2010, § 52 („already at that time the authorities suspected the applicant of theft. [...] The Court considers that in the circumstances of the case it was incumbent on the police to inform the applicant of the privilege against self-incrimination and the right to remain silent").

3606 *Trechsel* 352 f.

3607 Siehe EGMR Merahi u. Delahaye/F, 20.9.2022, §§ 65 ff.

anschließend anhand der beschriebenen Kriterien (Rn. 1379). Dabei wies der Gerichtshof insbesondere darauf hin, dass (trotz anwaltlicher Vertretung im Hauptverfahren) keine nachträgliche Kompensation dieses im Ermittlungsverfahren erlittenen Nachteils erfolgt war.[3608]

1383 Im der Rs. *Ibrahim* hatte der Bf., der zunächst freiwillig zu seiner **Vernehmung als Zeuge** erschien war, im Laufe des Gesprächs mit den Polizeibeamten selbstbelastende Angaben gemacht. Das englische Recht sah in einem solchen Fall eine Belehrungspflicht vor. Nach einer Unterbrechung ordneten die vorgesetzten Beamten an, die Vernehmung fortzuführen, ohne den Bf. über seine Rechte zu belehren und ihm einen Anwalt zur Verfügung zu stellen. Der Gerichtshof betonte im Rahmen der Prüfung, ob das Strafverfahren in seiner Gesamtheit noch als fair einzustufen war, dass Art. 6 das Recht auf Selbstbelastungsfreiheit *und* das Recht über dieses informiert zu werden verbürgt ("the guarantees afforded by Article 6 [...] include the right to be notified of one's privilege against self-incrimination").[3609] Besonders schwer wog dabei, dass der Bf. keinen Zugang zu einem Anwalt erhalte hatte, der ihn als Verteidiger über seine Rechte hätte informieren können.[3610] Eine **fehlende Belehrungspflicht** kann demzufolge allenfalls als ein **Indiz für den Verstoß gegen ein faires Verfahren** dienen. Dagegen scheint dem Kriterium des fehlenden Zugangs zu einem Rechtsbeistand durch den EGMR mehr Bedeutung beigemessen zu werden. Dies wurde auch in dem der Regierung im Verfahren der Individualbeschwerde durch den Gerichtshof zugeleiteten Fragenkatalogs deutlich, der die Frage enthielt, ob die Fairness des Verfahrens durch die Beschränkung des Zugangs zu einem Rechtsbeistand (und nicht durch die fehlende Belehrung über die Selbstbelastungsfreiheit) unwiderleglich beeinträchtigt worden sei.[3611]

1384 In der deutschen StPO ist die (einfache) Belehrungspflicht in mehreren Vorschriften ausdrücklich verankert (§§ 114b Abs. 1, Abs. 2 Satz 1 Nr. 2; 127 Abs. 4 StPO; §§ 136 Abs. 1 Satz 2; 163a Abs. 3 Satz 2, Abs. 4 Satz 2; 243 Abs. 5 Satz 1; 55 Abs. 2 StPO). Die nationale Rechtsprechung leitet überdies zum Schutz des *Nemo-tenetur*-Grundsatzes aus dem Recht auf ein faires Verfahren die für Verhörpersonen bestehende Pflicht ab, einen Beschuldigten gegebenenfalls **„qualifiziert" zu belehren**. Dies betrifft die Fälle, in denen ein Beschuldigter unter Verstoß gegen § 136 Abs. 1 Satz 2 StPO (§ 163a Abs. 3 Satz 2, Abs. 4 Satz 2 StPO) vernommen wurde. Zu Beginn einer erneuten Vernehmung ist er dann nicht nur über sein uneingeschränktes Schweigerecht zu belehren, sondern gleichzeitig darauf hinzuweisen, dass **vorherige selbstbelastende Angaben** gegen ihn **nicht verwendet** werden dürfen. Auf diese Weise soll sichergestellt werden, dass ein Beschuldigter auf sein Schweigerecht nicht nur deshalb verzichtet, weil er glaubt, seine belastende Aussage ohnehin nicht mehr beseitigen zu können. Unterbleibt der Hinweis auf die Unverwertbarkeit, so entscheidet der BGH über die Verwertbarkeit der im Anschluss an die „einfache" Belehrung erfolgten Aussage durch eine Abwägung im Einzelfall.[3612]

3608 Vgl. EGMR Aleksandr Zaichenko/R, 18.2.2010, § 58.

3609 EGMR (GK) Ibrahim/UK, 13.9.2016, §§ 272, 303; S./D, 12.7.2012, JR **2013** 170, 177 m. Anm. *Schroeder*.

3610 EGMR (GK) Ibrahim/UK, 13.9.2016; dazu *Castorf* HRRS **2017** 169, 172.

3611 „To demonstrate convincingly why, (...), the overall fairness of the trial was not irretrievably prejudiced by the restriction *on access to legal advice*", EGMR (GK) Ibrahim/UK, 13.9.2016.

3612 Vgl. BGH NJW **2009** 1427 = NStZ **2009** 281 (4 StR 455/08 – zu Unrecht Vernehmung zunächst als Zeuge) unter Darstellung der relevanten Umstände; im Ergebnis BGHSt **52** 11 („Mallorca"); gegen eine Abwägung und für ein generelles Verwertungsverbot *Roxin* JR **2008** 16 unter Berufung auf BGHSt **38** 214 mit dem Hinweis, dass der qualifizierten Belehrung dieselbe Zielsetzung wie § 136 Abs. 1 Satz 2 StPO selbst zugrunde liegt und daher ebenfalls die Grundlagen der verfahrensrechtlichen Stellung des Beschuldigten betroffen sind.

Der BGH hat die Frage aufgeworfen, ob ein **deutscher Konsularbeamter**, der im Rah- **1385** men seiner **konsularischen Beistandspflicht** nach § 7 KonsG[3613] einen in einem ausländischen Strafverfahren Beschuldigten befragt, ebenfalls einer Belehrungspflicht unterliegt, wenn die Aussagen des Beschuldigten in einem späteren Strafverfahren in Deutschland gegen diesen verwendet werden.[3614] Gesetzlich ist er dazu nach § 15 Abs. 1, Abs. 3 u. Abs. 5 KonsG nur dann verpflichtet, wenn er auf Ersuchen deutscher Gerichte oder Behörden Vernehmungen oder Anhörungen durchführt.[3615] Ist aber absehbar, dass die Angaben auch ohne ein förmliches Ersuchen später in einem Strafverfahren Verwendung finden sollen, wird man eine über diese gesetzlichen Vorgaben hinausgehende Belehrungspflicht aus dem Umstand abzuleiten haben, dass der Konsularbeamte dem Gefangenen in seiner staatlichen/ amtlichen Funktion gegenübertritt.

10. Herausgabe von Beweismaterial/Gewinnung von körperlichem Material. Die **1386** Erzwingung der **aktiven Mitwirkung** an der eigenen Belastung durch eine **eigenhändige Herausgabe von Beweismaterial**, die vom Wortlaut des Art. 14 Abs. 3 *lit*. g IPBPR („gegen sich selbst aussagen") nicht erfasst wird, ist mit dem Gebot eines fairen Verfahrens unvereinbar.[3616] Dagegen gerät eine Pflicht zur bloßen **passiven Duldung** der mit Eingriffen in die Körperintegrität verbundenen erkennungsdienstlichen Maßnahmen mit dem *nemo tenetur*-Grundsatz nicht in Konflikt.

Der gesetzlich bestehende Zwang zur **Anwesenheit** bei der Hauptverhandlung oder **1387** zur **Duldung** einer erkennungsdienstlichen Maßnahme, wie etwa die **Entnahme einer Blut-, Urin-**[3617] oder **Gewebeprobe** oder sonstigen Körpermaterials oder die Erlangung einer **Stimmprobe**[3618] oder die Duldung vergleichbarer Eingriffe[3619] zu Beweiszwecken verstößt daher nicht gegen den *nemo-tenetur*-Grundsatz. Gleiches gilt für die **Verwendung selbständig existierenden belastenden Materials**, das unabhängig vom Willen und den Erklärungen des Beschuldigten sichergestellt wurde.[3620] Ebenso stellt es keinen Verstoß dar, wenn positive Nachweise aus einer unter Strafandrohung erzwungenen Suchtmittelkontrolle in einem späteren Strafverfahren verwendet werden, da es sich bei dieser Art der Beweisgewinnung um präventiven Zwecken dienende gesetzliche Mitwirkungspflichten handelt und nicht das aktive Aussageverhalten des Beschuldigten im Strafverfahren tangiert.[3621]

Gerade nicht unabhängig vom Willen des Beschuldigten, sondern unter Missachtung **1388** seines Willens, erfolgt dagegen die Gewinnung von in seinem Körper verborgener Betäu-

---

[3613] § 7 KonsG – Hilfe für Gefangene: „*Die Konsularbeamten sollen in ihrem Konsularbezirk deutsche Untersuchungs- und Strafgefangene auf deren Verlangen betreuen und ihnen insbesondere Rechtsschutz vermitteln.*"

[3614] BGHSt **55** 314 = NJW **2011** 1523 m. Anm. *Norouzi* = StV **2011** 334 = wistra **2011** 113 Rn. 14.

[3615] Vgl. auch die Anm. *Norouzi* NJW **2011** 1526 f. mit Verweis auf BVerfG NJW **2007** 499, 504.

[3616] EGMR Funke/F, 25.2.1993; SK/*Meyer* 190.

[3617] Zur Zulässigkeit der Anordnung einer Urinkontrolle gegenüber einem Strafgefangenen: BVerfG Beschl. (Nichtannahme) v. 6.8.2009 – 2 BvR 2280/07; KG NStZ-RR **2018** 30.

[3618] EGMR P.G. u. J.H./UK, 25.9.2001.

[3619] Anders wohl AG Frankfurt a.M. NZV **2010** 266 (Verwertbarkeit der Ergebnisse einer Atemalkoholmessung erfordert vorherige Belehrung über die Freiwilligkeit und Nichterzwingbarkeit); dazu umfassend *Soiné* NZV **2016** 411, 412 f.

[3620] EGMR (GK) Saunders/UK, 17.12.1996; Meyer-Ladewig/Nettesheim/von Raumer/*Meyer-Ladewig/Harrendorf/König* 132. Nach *Trechsel* 354 ist entscheidend, ob die Mitwirkung des Beschuldigten durch die Anwendung von Gewalt/direktem Zwang („*direct force*") ersetzt werden könnte. Der EGMR selbst verwendet das Abgrenzungskriterium „aktiv/passiv" allerdings nicht; vgl. auch *Roth* ZStrR **2011** 296, 312 f.

[3621] BayObLG Urt. v. 30.9.2022 – 201 StRR 58/22 (strafprozessuale Verwertbarkeit positiver Nachweise aus einer unter Strafandrohung erzwungenen Suchtmittelkontrolle), medStra **2023** 256 m. Anm. *Geneuss.*

bungsmittel (oder sonstiger Kleingegenstände) beim sog. **Brechmitteleinsatz**.[3622] Dabei wird zwangsweise eine Nasensonde eingeführt und ein Präparat verabreicht, um eine pathologische Reaktion in seinem Organismus auszulösen, durch die es zum Erbrechen der (verschluckten) Betäubungsmittel kommt. Der EGMR ordnet diesen körperlichen Eingriff nicht bei der Fallgruppe der (passiven) Gewinnung von Sachbeweisen (*„real evidence"*) ein und betrachtet ihn daher nicht als Ausnahme zu den im Urteil *Saunders* proklamierten Grundsätzen zur Selbstbelastungsfreiheit bei der Erlangung von Körpermaterial, sondern sieht ihn vergleichbar einem der **Selbstbezichtigung** im weiten Sinne der **körperlich erzwungenen Herausgabe von Dokumenten** an.[3623]

1389   Der Gerichtshof bejaht beim Brechmitteleinsatz einen erheblichen Eingriff in die physische und psychische Unversehrtheit des Betroffenen sowie einen Verstoß gegen Art. 3,[3624] der unter Berücksichtigung der sonstigen Umstände des Einzelfalles[3625] wohl[3626] auch einen Verstoß gegen die Selbstbelastungsfreiheit und damit eine Verletzung des Fairnessgrundsatzes begründete.[3627]

1390   **11. Verdeckte Ermittlungsmaßnahmen – Schutz vor Täuschung.** Selbstbelastende Äußerungen (mündlich oder schriftlich) gegenüber einer *nicht* im staatlichen Auftrag handelnden **Privatperson** können verwertet werden, unabhängig davon, von wem die Initiative für das Gespräch ausging.[3628]

1391   Fraglich ist dagegen, wieweit die durch die Konventionen verbürgte Selbstbelastungsfreiheit dagegen schützt, dass sie von (Privat-)Personen unterlaufen wird, die den schweigenden Tatverdächtigen im **verdeckten Auftrag staatlicher Stellen**[3629] veranlassen, sich

---

3622 Kritisch in Bezug auf die vom EGMR vollzogenen Abgrenzungen *Eisenhardt* 154 f.; ebenfalls *Schuhmann* StV **2006** 661, der den Unterschied zur Blutabnahme in der unterschiedlichen Belastung als Frage der Verhältnismäßigkeit sowie in der Reduzierung des Betroffenen auf ein Beweisgewinnungsobjekt sieht, weil eine unnatürliche Reaktion des Körpers provoziert und nicht bloß ein natürlicher Vorgang (Blutfluss) ausgenutzt wird.

3623 Vgl. EGMR (GK) O'Halloran u. Francis/UK, 29.6.2007; *Safferling* Jura **2008** 100; zur Abgrenzung *Gaede* HRRS **2006** 241 (echte Grundsatzentscheidung, die den erzwungenen Brechmitteleinsatz zur Beweisgewinnung praktisch ausschließt).

3624 Anders die abw. Meinung *Wildhaber/Calfisch* sowie die gemeinsame abw. Meinung *Ress, Pellonpää, Baka* und *Šikuta* zu EGMR (GK) Jalloh/D, 11.7.2006. In Ermangelung hinreichender Anhaltspunkte keine Verletzung in EGMR Bogumil/P, 7.10.2008.

3625 Vgl. EGMR (GK) Jalloh/D, 11.7.2006, § 107 (Entscheidungserheblichkeit der erlangten BtM, geringes öffentliches Interesse an einer Verurteilung des Straßendealers bei relativ geringen Drogenmengen (6 Monate Freiheitsstrafe auf Bewährung), fehlende effektive Verteidigungsmöglichkeit wegen Rechtmäßigkeit der Maßnahme nach nationalem Recht (BVerfG NStZ **2000** 96 = StV **2000** 1: keine *grundsätzlichen* verfassungsrechtlichen Bedenken); kritisch in Bezug auf diese Argumentation *Ashworth* Crim.L.R. **2007** 717.

3626 Zuvor war bereits ein Verstoß gegen den Fairnessgrundsatz festgestellt worden, so dass die zusätzliche Prüfung unter dem Aspekt der Selbstbelastungsfreiheit nicht entscheidungserheblich war und der Gerichtshof sich letztlich nicht endgültig festgelegt hat.

3627 EGMR (GK) Jalloh/D, 11.7.2006; *Wohlers* forumpoenale **2008** 7 geht davon aus, dass der EGMR mit dieser Entscheidung die Unterscheidung zwischen unzulässigem Zwang zu aktivem Verhalten und zulässigem Zwang zu passivem (Er-)Dulden endgültig aufgegeben hat; so auch: *Roth* ZStrR **2011** 296, 313; wegen der Annahme von *vis absoluta* die Anwendbarkeit der Selbstbelastungsfreiheit verneinend: *Schuhr* NJW **2006** 3538; keine Verletzung von Art. 6 trotz Verstoßes gegen Art. 3: EGMR (K) Gäfgen/D, 30.6.2008, NStZ **2008** 699 = EuGRZ **2008** 466 = ÖJZ **2009** 571 = HRRS **2008** Nr. 627; (GK) Gäfgen/D, 1.6.2010.

3628 BGHSt 27 355, 357; **36** 167, 173; ferner die kontrovers diskutierte Hörfallen-Entscheidung: BGHSt **42** 139, 153 = NStZ **1996** 502 m. Anm. *Rieß.*

3629 Zur Zurechnung privater Ermittlungstätigkeit im Rahmen der Hörfalle: EGMR M.M./NL, 8.4.2003; A./F, 23.11.1993; vgl. auch *Wastl/Litzka/Pusch* NStZ **2009** 68; *Dann/Schmidt* NJW **2009** 1851 (SEC-Ermittlungen).

Esser   1044

zu einem ihm angelasteten Sachverhalt zu äußern.[3630] Gleiches gilt für eine Selbstidentifizierung auf einem von der Polizei unter Verschweigen des Zwecks vorgelegten Lichtbild[3631] oder für Angaben, zu denen ein Häftling von einem **Mithäftling** durch unlautere Mittel mit Wissen der staatlichen Stellen veranlasst wird.[3632]

Im Urteil *Allan*[3633] sah der Gerichtshof eine Verletzung des von Anfang an und später **1392** wiederholt in den offiziellen Vernehmungen ausgeübten Schweigerechts[3634] des Beschuldigten darin, dass dieser in der Haft durch einen von der Polizei beauftragten Mithäftling zu Äußerungen veranlasst wurde **(„Zellspitzel")**, wodurch sein Schweigerecht gezielt unterlaufen wurde.[3635] Maßgebend für die Annahme eines Verstoßes gegen das Gebot eines fairen Verfahrens (Art. 6 Abs. 1) war, dass in Würdigung aller Umstände das Gespräch mit dem Informanten als **funktionales Äquivalent einer staatlichen Vernehmung** anzusehen war, weil der Beschuldigte die Äußerungen nicht spontan von sich aus abgegeben hatte, sondern ihm seine Angaben von seinem Gesprächspartner als „Agent" des Staates unter Verschweigen des staatlichen Auftrags durch beharrliches Fragen bewusst entlockt worden waren.[3636] Der Gerichtshof betonte den **psychischen Druck**, unter dem der Beschuldigte gestanden hatte, der gezielt und unter Missachtung dessen freier Willensbetätigung ausgenutzt worden war. Entscheidende Faktoren für die Annahme eines **konventionswidrigen Maßes an Zwang** waren die Schwere der Tat (Mordverdacht) als solche, der Umstand der **Inhaftierung** sowie der unmittelbar von den Polizeibeamten in den sich wiederholenden Vernehmungen ausgeübte psychische Druck, der zusätzlich dazu beitrug, dass der Bf. für die Überzeugungsarbeit des Informanten besonders empfänglich war und diesen letztendlich ins Vertrauen zog. Besonderheiten im persönlichen Verhältnis zwischen dem Beschuldigten und seinem Gesprächspartner kamen im konkreten Fall zwar nicht zum Tragen, wurden aber als mögliche Aspekte zur Beurteilung der Gesamtsituation genannt.[3637]

Dies bestätigte der EGMR in der Rs. *Bykov*,[3638] obwohl auch dort die persönliche **1393** Beziehung zum Informanten im Ergebnis nicht relevant war.[3639] Ein Verstoß gegen Art. 6

3630 Nach *Gaede* StV **2003** 260 kommt es nur darauf an, ob das Verhalten des Informanten dem Staat zuzurechnen ist und ob dieser dem Beschuldigten die selbstbelastende Äußerung entlockt hat. Zur Frage, ob die Freiheit vom Selbstbelastungszwang auch auf den Schutz vor Täuschung ausgedehnt werden sollte vgl. ferner *Weigend* ZStW **113** (2001) 271; *Engländer* ZIS **2008** 163. Den Schutz vor Täuschung (durch VE) verneinend *Ott* 74. Näher zur Problematik: SK/*Meyer* 202 ff.
3631 EGMR Doorson/NL, 26.3.1996.
3632 Vgl. BGHSt **44** 129 = JR **1999** 346 m. Anm. *Hanack* = NStZ **1999** 147 m. Anm. *Roxin*; zu den strittigen Fragen des innerstaatlichen Rechts *Esser* JR **2004** 98, 101 m.w.N.
3633 EGMR Allan/UK, 5.11.2002 (Äußerungen in der Gefängniszelle gegenüber einem von der Polizei mit dem Aushorchen beauftragten Mitgefangenen); vgl. auch *Gaede* StV **2004** 46, 49. Zur Verwertbarkeit einer gegenüber dem Zellspitzel gemachten Äußerung im US-amerikanischen Recht *Brugger* DAJV Newsletter **2009** 196.
3634 Ob gegen das Gebot eines fairen Verfahrens auch verstoßen wird, wenn ein in Freiheit befindlicher Beschuldigter ausgehorcht wird, bevor er sich auf sein Schweigerecht berufen hat, ließ der EGMR offen; vgl. *Esser* JR **2004** 98, 100; *Gaede* StV **2004** 46, 49.
3635 Hierzu: *Roxin* FS Geppert 549.
3636 Zur Interpretation der Tragweite dieser Entscheidung, insbesondere auch zur Frage, wieweit sie auch gilt, wenn Angaben aufgezeichnet werden, die ein in Freiheit befindlicher Beschuldigter freiwillig im Anschluss an eine Vernehmung macht, in der er von seinem Schweigerecht Gebrauch gemacht hatte, vgl. *Esser* JR **2004** 98, 106.
3637 EGMR Allan/UK, 5.11.2002, § 52.
3638 EGMR (GK) Bykov/R, 10.3.2009; dazu *Kasiske* JuS **2014** 15, 18; *Gercke* StV **2017** 615, 625.
3639 EGMR (GK) Bykov/R, 10.3.2009, § 102 („The nature of his relations with V. – subordination of the latter to the applicant – did not impose any particular form of behaviour on him.").

Abs. 1 verneinte der Gerichtshof, da die anderen Faktoren, die zusammengenommen im Fall *Allan* zur Annahme eines unzulässigen Drucks geführt hatten, ebenfalls fehlten. So hatte der Beschuldigte noch keine Kenntnis von den gegen ihn laufenden Ermittlungen (Auftrag zum Mord). Außerdem befand er sich in Freiheit, so dass er von seinem Schweigerecht noch keinen Gebrauch gemacht haben konnte, als der Informant zu ihm nach Hause kam.[3640] Der Tatsache, dass Letzterer im Auftrag der Polizei gehandelt hatte, maß der EGMR keine wesentliche Bedeutung bei.[3641] Im Vergleich zu *Allan* lag aber ein **wesentlich stärkeres Täuschungsmoment** vor. Es wurde dem Beschuldigten nicht nur verschwiegen, in welcher Rolle und aus welchem Grund der Informant ihn aufsuchte. Tage vorher wurde vielmehr die (falsche) Meldung veröffentlicht, die Leichen zweier Männer seien gefunden worden, darunter auch das potentielle Opfer. Auf Anweisung der Polizei spiegelte der vermeintliche Auftragsmörder dem Beschuldigten vor, er habe den Mord ausgeführt. Zum Beweis übergab er ihm mehrere Sachen der Toten. Das Gespräch wurde aufgezeichnet. Dieses Täuschungsmanöver ließ die Mehrheitsentscheidung unerwähnt, obwohl der Bf. ausdrücklich rügte, seine Verurteilung basiere auf Betrug und List.[3642] Auch die Ausführungen in *Allan*, nach denen die Anwendung von Täuschung durch die Behörden, um dem Beschuldigten Geständnisse entlocken zu können, die Selbstbelastungsfreiheit unterläuft,[3643] wurde nicht aufgenommen.

1394   Eine Auseinandersetzung mit dem Gedanken einer **unzulässigen Täuschung** sowie ein Vergleich mit der Tatprovokation[3644] finden sich erst in den teilweise **abweichenden Richtervoten** (Verstoß gegen die Selbstbelastungsfreiheit).[3645] Zum einen wird dort hervorgehoben, dass die Versagung des Schweigerechts vor einer ersten Vernehmung das Risiko des Missbrauchs durch die Behörden in sich berge und der Betroffene für das künftige Verfahren seines Rechts beraubt würde, weil ihm faktisch nicht mehr die Wahl bliebe zu schweigen oder auszusagen.[3646] Zum anderen wird darauf abgestellt, dass sich der Beschuldigte als unfreiwilliger Hauptdarsteller der von den Behörden gelenkten Inszenierung *de facto* ebenso unter **staatlicher Kontrolle** befand wie ein Häftling.[3647]

1395   Ein Verstoß gegen den Grundsatz der Selbstbelastungsfreiheit folgt also nicht schon unbedingt aus veranlassten Täuschungsmanövern selbst, sondern vielmehr aus einem dadurch staatlich veranlassten Zwangsmoment.[3648] In der Zusammenschau mit den abweichenden Voten, die das Bewusstsein der GK für die (erhebliche) Irreführung des Beschuldigten dokumentieren, stellt sich die grundlegende Frage, wie weit der EGMR den Schutz des *nemo tenetur*-Grundsatzes grundsätzlich auf **Täuschungen im frühen Stadium des Ermittlungsverfahrens** auszudehnen bereit ist bzw. ob der Schutz (auch vor Täuschungen) zeitlich erst mit der Festnahme (Zwangssituation) respektive der Berufung auf das

---

3640 Vgl. EGMR (GK) Bykov/R, 10.3.2009, § 102 (Der Bf. sprach mit dem Informanten in einem Teil seines Anwesens, in dem er üblicherweise Gäste empfing, vgl. § 14).

3641 Vgl. aber Partly Dissenting Opinion *Spielmann* mit *Rozakis, Tulkens, Casadevall, Mijović* §§ 28 ff.

3642 Vgl. EGMR (GK) Bykov/R, 10.3.2009, § 99.

3643 EGMR Allan/UK, 5.11.2002, § 50 (konkret bezogen auf den Beschuldigten, der sich in der Vernehmung bereits für das Schweigen entschieden hat).

3644 Partly Dissenting Opinion *Costa* verweist auf EGMR (GK) Ramanauskas/LIT, 5.2.2008, § 9 („The facts were different, but both cases involved simulation and provocation instigated by the security forces.").

3645 Partly Dissenting Opinion *Costa* § 1 ff., *Spielmann* u.a. §§ 32 ff.

3646 Partly Dissenting Opinion *Spielmann* u.a. § 33.

3647 Partly Dissenting Opinion *Spielmann* u.a. § 35.

3648 So auch *Kasiske* StV **2014** 423, 428 (Anwendung von Zwang zur Aussagegewinnung durch die Strafverfolgungsbehörden stets unfair und durch *nemo tenetur* verboten; Provokation einer Selbstbelastung durch Täuschung berührt dagegen nur im Einzelfall die Selbstbelastungsfreiheit).

Schweigerecht eingreifen soll. Ein ausdrücklicher Hinweis darauf, dass in einem frühen Verfahrensstadium generell kein Schutz bestehen soll, enthält das Urteil jedenfalls nicht.

In Anlehnung an *Allan*[3649] hat der **BGH** in drei Konstellationen Verstöße gegen den **1396** *nemo tenetur*-Grundsatz beim **Einsatz Verdeckter Ermittler** bzw. eines **noeP** angenommen.[3650] In allen Fällen hatten die Beschuldigten von ihrem Schweigerecht Gebrauch gemacht.[3651] In zwei Fällen kam dem bestehenden Vertrauensverhältnis zu der jeweiligen Kontaktperson erhebliche Bedeutung zu, da eine gewisse Vertrautheit zwischen den Personen jeweils bewusst zur Gewinnung belastender Aussagen ausgenutzt worden war. Im Urteil von 2007 stellte der BGH zudem fest, dass die **besonderen Belastungen der (Straf-)Haft** ausgenutzt worden waren.[3652]

Im **„Bandidos"-Fall** spielte die von der Kontaktperson herbeigeführte Zwangslage, das **1397** Opfer des geplanten Mordanschlages auf einem Foto identifizieren zu müssen („Lichtbildvorlage"), um den Tod einer unschuldigen Person zu verhindern, die entscheidende Rolle bei der Annahme eines Verstoßes gegen den *nemo tenetur*-Grundsatz. Die gezielte Herbeiführung der Aussagen auf Veranlassung der Polizei[3653] mündete dann jeweils in einer Missachtung des Beschuldigtenwillens und damit in der Verletzung des Schweigerechts. Dagegen geht der BGH – in Anlehnung an das EGMR-Urteil *Bykov* – dann nicht von einer Verletzung von Art. 6 Abs. 1 aus, wenn der Beschuldigte weder sein Schweigerecht ausgeübt hat, noch sich in Haft befindet, noch die Aussage auf Veranlassung der Polizei herbeigeführt wurde (vgl. Rn. 1399).[3654] So begründe auch die bloß passive Entgegennahme von belastenden Informationen durch die Ermittlungsbehörden, die ein Mitgefangener als Zeuge **innerhalb der Justizvollzugsanstalt** durch Täuschung des Beschuldigten erlangt, kein Beweisverwertungsverbot. Es bestehe keine generelle Pflicht der Ermittlungsbehörden, eine private Informationserlangung zu unterbin-

---

3649 Ebenso relevant: BGHSt **42** 139 (Hörfalle) = NJW **1996** 2940 = StV **1996** 465 = NStZ **1996** 502 m. Anm. *Popp* NStZ **1998** 95.

3650 BGHSt **52** 11 („Mallorca"; vernehmungsähnliche Befragung durch VE während Hafturlaub – Beweisverwertungsverbot, Rn. 17) = NJW **2007** 3138 = NStZ **2007** 714 = StV **2007** 509 und BGH NStZ **2009** 343 („Pascal") = StV **2009** 225 (selbstbelastende Angaben gegenüber einem VE nach Ausübung des Schweigerechts unter Ausnutzung eines geschaffenen Vertrauensverhältnisses – Beweisverwertungsverbot; ohne ausdrücklichen Rückgriff auf den Fairness-Gedanken und stärker am *nemo tenetur*-Grundsatz orientiert); zur Entwicklung der Rspr. *Roxin* NStZ-Sonderheft **2009** 41; BGHSt **55** 139 („Bandidos") = NJW **2010** 3670 = NStZ **2010** 527 = StV **2010** 465 m. Anm. *Kretschmer* HRRS **2010** 343 u. *Jahn* JuS **2010** 832 (Verdecktes Verhör eines inhaftierten Beschuldigten durch einen als Besucher getarnten nicht offen ermittelnden Polizeibeamten unter Zwangseinwirkung – Beweisverwertungsverbot; Rn. 21); siehe auch: OLG Zweibrücken NStZ **2011** 113 (Verbot verdeckter Ermittlungen nach der sog. Cold-Case-Technik, d.h. mittels Herstellung eines Vertrauensverhältnisses zum Verdächtigen durch seine Einbeziehung in eine ihm vorgetäuschte verbrecherische Organisation, wobei er gegen Entgelt zur Begehung vermeintlicher Straftaten veranlasst wird). Zur Entwicklung dieser Rechtsprechung: *Sowada* FS Geppert 689. Näher zu den Auswirkungen des *Allan*-Urteils auf die Rechtsprechung des BGH: *Wang* 202 ff.

3651 Vgl. BGHSt **52** 11, 18: „Der (...) Sachverhalt wird *wesentlich dadurch geprägt*, dass der Angekl. (...) erklärt hatte, er werde (...) von seinem Schweigerecht Gebrauch machen." (Hervorhebung hinzugefügt). *Engländer* ZIS **2008** 163, 166 und *Roxin* NStZ-Sonderheft **2009** 41, 43, 46 lehnen es ab, diesem Umstand für die (Un-)Zulässigkeit einer verdeckten Vernehmung wesentliche Bedeutung beizumessen.

3652 Im konkreten Fall war der V-Mann die einzige Kontaktperson des Beschuldigten außerhalb der JVA. Als solche benötigte der Beschuldigte ihn auch für Vollzugslockerungen, so dass er zu ihm auch in einem Abhängigkeitsverhältnis stand.

3653 Auch hier stellten sich die Gespräche (beharrliches Fragen, situationsbedingte Provokation) als „funktionales Äquivalent einer staatlichen Vernehmung" dar. Vgl. BGHSt **52** 11, 22 („Mallorca"); BGH NStZ **2009** 343 („Pascal").

3654 BGH NStZ **2011** 596 („Vernehmung" durch Privatperson) = wistra **2011** 350 = JR **2011** 407 m. Anm. *Eisenberg* = StraFo **2011** 271.

Esser

den, wenn die Behörden den Zeugen nicht in seinem Entschluss bestärken oder diesen gar hervorrufen und auch keine weiteren Umstände hinzutreten, die die Freiheit des Beschuldigten, sich über seine Tat zu äußern, zusätzlich beeinträchtigen.[3655]

1398   Im sog. „**Marokkaner-Fall**"[3656] wurde deutlich, dass nach Ansicht des BGH eine emotionale Zwangslage, wie sie insbesondere aufgrund der haftbedingten Einschränkungen des Persönlichkeitsrecht[3657] vorliegen kann, auch dann konventionswidrig ausgenutzt werden kann, wenn keine Person eingesetzt wird, die dem Beschuldigten die Informationen entlocken soll, und auch sonst nicht auf den Beschuldigten eingewirkt wird. Bei dem Beschuldigten war in der **U-Haft (Besuchsraum)** gezielt der **Eindruck einer unüberwachten Gesprächssituation** erweckt worden, obwohl die Gespräche aufgezeichnet wurden. Der BGH bejahte aufgrund einer Gesamtschau aller Umstände eine **Verletzung des Rechts auf ein faires Verfahren**, wenngleich er die *Selbstbelastungsfreiheit* nicht in einem Maße verletzt sah, dass dies *für sich genommen* bereits ein Verwertungsverbot begründen könnte.[3658] Dabei stellte der BGH u.a. darauf ab, dass die Ermittlungsbehörden unter Ausnutzung einer Situation, in der dem Betroffenen ein Ausweichen auf einen von ihm selbst gewählten Gesprächsort nicht möglich war, gezielt eine Fehlvorstellung herbeigeführt hatten, um eine prozessverwertbare Selbstbelastung zu erlangen. Dieses **manipulative Szenario** kommt der Ausübung von Zwang zumindest nahe und ersetzt das gezielte Aushorchen des Beschuldigten.[3659]

1399   Der BGH hat allerdings (in argumentativer Anlehnung an *Bykov*) das Vorliegen einer Zwangslage in einem Fall verneint, in dem ein nicht inhaftierter Verdächtiger sich selbst in einem (aufgezeichneten) **Gespräch mit einer Privatperson** schwer belastet: Der Verdächtige habe sich keinerlei psychischer Zwangswirkung, die vergleichbar mit derjenigen einer Inhaftierung wäre, gegenüber gesehen (kein Verwertungsverbot).[3660]

1400   Als im Grundsatz **zulässig**[3661] zu betrachten sind (im Rahmen der Grenzen von Art. 8) **Abhörmaßnahmen** (auch in der Haft)[3662] sowie **verdeckte Ermittlungen**[3663] als solche. Die bloße Verheimlichung des Ermittlungsinteresses gegenüber einer betroffenen Person stuft der EGMR allgemein als unschädlich ein.[3664] Verdeckte Ermittler oder V-Personen

---

3655   BGH NJW **2017** 1828; m. Anm. *Jäger* JuS **2017** 715 f.

3656   BGHSt 53 294 (Beweisverwertungsverbot; Rn. 14) = NJW **2009** 2463 = NStZ **2009** 519 = StV **2010** 458; i.E. zustimmend die krit. Anm. *Zuck* JR **2010** 17 sowie *Klesczewski* StV **2010** 462.

3657   Zur Beziehung zwischen der Ausgestaltung der U-Haft und dem Recht auf ein faires Verfahren *Klescewski* StV **2010** 462, 464.

3658   *Klescewski* StV **2010** 462, 464 kritisiert vor allem, dass die tangierten Grundsätze des fairen Verfahrens nicht namhaft gemacht worden seien und daher unklar bleibe, wie eine Gesamtschau einen Verstoß gegen das Recht auf ein faires Verfahren ergeben solle, wenn eine relevante Verletzung der Teilprinzipien nicht festgestellt werden könne.

3659   So auch *Klescewski* StV **2010** 462, 464.

3660   BGH NStZ **2011** 596 = StraFo **2011** 271 m. Anm. *Eisenberg* JR **2011** 409; *Roxin* StV **2012** 131; *Schumann* JZ **2012** 265.

3661   Für einen Paradigmenwechsel dagegen *Klescewski* StV **2010** 462, 465.

3662   Vgl. aber BGHSt 53 294: „Allerdings ist bei der Anordnung und Durchführung von Maßnahmen, die letztlich darauf gerichtet sind, den Beschuldigten als Beweismittel gegen sich selbst' zu verwenden, auf die besonderen Umstände der Haft Bedacht zu nehmen." Auch BGH StV **2010** 465, 466: „Die Aushorchung (...) unter Ausnutzung der besonderen Situation seiner Inhaftierung begründet von vornherein Bedenken gegen die Zulässigkeit der heimlichen Ermittlungsmaßnahme.".

3663   Zur europäischen und internationalen Dimension verdeckt agierender polizeilicher Netzwerke: BTDrucks. 17 9007.

3664   Vgl. auch BGHSt 42 139, 152, 156 – Hörfalle; deren Zulässigkeit gänzlich ablehnend *Roxin* NStZ-Sonderheft **2009** 41, 44.

dürfen jedoch nicht aktiv auf belastende Äußerungen des Beschuldigten hinwirken.[3665] Lediglich das **„Abschöpfen"**[3666] **von Informationen**, die dieser auf eigene Initiative preisgibt, lässt das Schweigerecht des Beschuldigten unberührt.[3667] Eine Person, die in die Begehung einer Straftat verwickelt ist, muss sich also stets der Tatsache bewusst sein, einem Verdeckten Ermittler zu begegnen, dessen Aufgabe in der Überführung der an der Tat beteiligten Personen besteht.[3668] Für Verdeckte Ermittler dagegen ist die Grenze zulässiger Täuschung dort erreicht, wo die Aktivität über die Nutzung der **Legende** hinausgeht.[3669] Hinsichtlich **Telekommunikationsüberwachung** bzw. **Observationen** kann insbesondere bei Betäubungsmittelgeschäften eine lückenlose polizeiliche Überwachung einen **Strafmilderungsaspekt** begründen, soweit eine tatsächliche Gefährdung der Allgemeinheit durch die Betäubungsmittel ausgeschlossen ist. Gelangen die Betäubungsmittel indes in Verkehr, kommt eine strafmildernde Berücksichtigung demnach nicht mehr in Betracht. Ein Anspruch des Täters darauf, dass die Ermittlungsbehörden rechtzeitig gegen ihn einschreiten, bevor sich die Gefahr für das geschützte Rechtsgut realisiert, besteht nicht.[3670]

Auch im Fall *Allan* sah der EGMR keinen Verstoß gegen das Gebot eines fairen Verfahrens darin, dass das Gericht die **Tonbandaufzeichnungen von Gesprächen** des Beschuldigten mit seiner Freundin und mit einem Mithäftling als Beweismittel verwendet hatte, die im Gefängnis mit einer ihm unbekannten Abhörvorrichtung aufgenommen worden waren, deren Vorhandensein er aber für möglich hielt.[3671] Der EGMR, der bewusst auf den Einzelfall abstellte, nahm zwar an, dass das Abhören wegen des Fehlens einer hinreichenden Rechtsgrundlage gegen Art. 8[3672] verstieß; die Verwertung der durch das Abhören gewonnenen Erkenntnisse verletzte aber nach seiner Ansicht nicht notwendigerweise auch das Gebot eines fairen Verfahrens,[3673] da der Schutzgehalt des Fairnessgebotes unabhängig davon zu bestimmen sei und der Bf. die Möglichkeit hatte, in der Verhandlung die Bedeutung und Verlässlichkeit der Aussage in Frage zu stellen.[3674] Diese Anfechtungsmöglichkeit ist jedoch dann in ihrer Effektivität und ausgleichenden Wirkung zu hinterfragen, wenn die nationalen Rechtsvorschriften dem Gericht im Hinblick auf den Ausschluss der Beweismittel keinen Spielraum einräumen.[3675]

1401

3665 Vgl. auch OLG Jena StV **2020** 455, 457 f.: Hat sich der Beschuldigte auf sein Schweigerecht berufen, begründet es einen Verstoß gegen die Selbstbelastungsfreiheit, wenn der Verdeckte Ermittler den Beschuldigten unter Ausnutzung des geschaffenen Vertrauensverhältnisses beharrlich zu einer Aussage drängt und ihm dadurch in einer vernehmungsähnlichen Befragung Äußerungen zum Tatgeschehen entlockt.

3666 Vgl. aber BGHSt **53** 294 („Jedenfalls dann, wenn einem Untersuchungsgefangenen für die Kontakte mit der Ehefrau abweichend von der allgemeinen Praxis stets ein gesonderter Raum zur Verfügung gestellt wird, in dem zu keinem Zeitpunkt ein Vollzugsbediensteter zur Gesprächsüberwachung anwesend ist, *verliert die Überwachungsmaßnahme den Charakter einer bloßen ‚Abschöpfung' freiwilliger Äußerungen und wird zur bewussten Irreführung.*" Hervorhebung hinzugefügt).

3667 BGHSt **53** 294; BGH StV **2010** 465, 466.

3668 *Arslan* 129 m.w.N.

3669 Vgl. OLG Jena StV **2020** 455, 457.

3670 Siehe BGH Urt. v. 28.9.2022 – 2 StR 127/22, BeckRS **2022** 43374.

3671 Auch BGHSt **53** 294 hat ausdrücklich keine Bedenken, wenn der U-Häftling weiß oder wissen kann, dass Besuchskontakte generell oder im konkreten Fall – auch akustisch – überwacht und aufgezeichnet werden.

3672 EGMR Schenk/CH, 12.7.1988; Khan/UK, 12.5.2000; Allan/UK, 5.11.2002.

3673 Vgl. EGMR Heglas/CS, 1.3.2007 (Verwertung einer Gesprächsaufzeichnung, gewonnen durch eine am Körper getragene Abhörvorrichtung).

3674 EGMR Allan/UK, 5.11.2002.

3675 EGMR (GK) Jalloh/D, 11.7.2006 (§ 81a StPO gestattet bestimmte körperliche Eingriffe, unter die auch der Brechmitteleinsatz gefasst wurde); BGHSt **55** 121 = NJW **2010** 2595 m. Anm. *Eidam* = NStZ-RR **2011** 54 = MedR **2011** 718 = StV **2010** 678 deutet an, dass § 81a StPO auch nach Ansicht der Rspr. nicht mehr als

1402   Genau zu betrachten ist der Einsatz von **Personen**, die dem Beschuldigten **gesell-schaftlich übergeordnet sind** oder zu ihm in einem **persönlichen Verhältnis** stehen, das geeignet ist, unter Umständen **(emotionalen) Druck** zu erzeugen oder zu begünstigen (z.B. Eltern, Ehepartner, sonstige Bezugs- oder Respektspersonen). Wenn das persönliche Verhältnis zum Gesprächspartner als zusätzlicher Faktor in die Beurteilung einzubeziehen ist, dann birgt ihr Einsatz diesbezüglich ein gewisses Risiko.

1403   Nicht gegen den Grundsatz *nemo tenetur* verstößt eine **freiwillige Selbstbelastung** gegenüber einem Träger öffentlicher Gewalt.[3676] Auf die Freiwilligkeit der Aussage kann aber nicht schon deshalb geschlossen werden, weil eine Person ihre Aussage gegenüber einem anderen Amtsträger („authority") als dem für die Zwangsausübung Verantwortlichen gemacht hat.[3677] Auf die Motive, aus denen sich ein Tatverdächtiger zur Aussage entschließt, kommt es nicht an, sondern nur darauf, dass die Aussage selbst das Ergebnis seiner eigenen freien Entschließung ist. Dies setzt voraus, dass der Betroffene seine Entscheidung auszusagen, **frei von Irrtümern**[3678] spontan und unaufgefordert, d.h. nicht fremdinitiiert macht, so dass sich auch der von einer Inhaftierung oder einer Vernehmungssituation ausgehende psychologische Druck nicht auswirkt.[3679] Nach Ansicht des HRC liegt die **Beweislast für die Freiwilligkeit** eines Geständnisses bei den staatlichen Stellen.[3680]

1404   **12. Kartellrechtliche Ermittlungsverfahren.** Ordnet man eine von der Europäischen Kommission verhängte **Kartellgeldbuße** als *„criminal charge"* i.S.v. Art. 6 Abs. 1 ein (Rn. 90) und geht man davon aus, dass sich auch juristische Personen auf den *nemo tenetur*-Grundsatz berufen können (Rn. 1341), so ist die Selbstbelastungsfreiheit auch im kartellrechtlichen Ermittlungsverfahren zu berücksichtigen.[3681] Problematisch kann insoweit eine **Kronzeugenregelung** sein,[3682] da diese einen faktischen Zwang zur Selbstbelastung begründet.[3683] Der EuGH gewährt den betroffenen Unternehmen aber kein Auskunftsverweigerungsrecht bei einer Gefahr der Selbstbelastung, sondern verlangt nur, dass die „Verteidigungsrechte des Unternehmens nicht beeinträchtigt" werden.[3684] Insofern bleibt der

---

Ermächtigungsgrundlage genügen dürfte; vgl. hierzu *Krüger/Kroke* Jura **2011** 289, 292. Nach *Ashworth* Crim.L.R. **2007** 717 können Verfahrensgarantien die Verfahrensfairness generell im Falle der Beweisgewinnung entgegen Art. 3 nicht begründen, weil dessen Effektivität dadurch wesentlich gemindert würde.

3676   BVerwG Urt. v. 28.2.2012 – 2 WD 34.10, BeckRS **2013** 50763, Rn. 77 (Beweisverwertungsverbot im wehrdisziplinargerichtlichen Verfahren).

3677   EGMR Harutyunyan/ARM, 28.6.2007, § 65.

3678   Bewusste Schaffung einer unüberwacht wirkenden Gesprächssituation in der Haftanstalt: BGHSt **53** 294.

3679   EGMR Allan/UK, 5.11.2002; zu den praktischen Fragen der „Spontanäußerung": *Soiné* Kriminalistik **2017** 324; hierzu auch *Petzsche* ZStW **133** (2021) 502–512 zur Verwertbarkeit von Spontanäußerungen am Beispiel der Randale und Plünderungen in Stuttgart am 20.6.2020, insbesondere unter dem Gesichtspunkt der Einführung der Belehrungspflicht nach § 114b StPO.

3680   HRC Rakhmatov u.a./TJK, 1.4.2008, 1209/2003 u.a., § 6.3.

3681   Ausführlich *Vocke* Die Ermittlungsbefugnisse der EG-Kommission im kartellrechtlichen Voruntersuchungsverfahren (2006) 115 ff. sowie *Schubert* 507 ff.

3682   Vgl. die „Leitlinien für das Verfahren zur Festsetzung von Geldbußen gemäß Artikel 23 Absatz 2 Buchstabe a) der Verordnung (EG) Nr. 1/2003", ABlEU Nr. C 210 v. 1.9.2006 S. 2, sowie die „Mitteilung der Kommission über den Erlass und die Ermäßigung von Geldbußen in Kartellsachen", ABlEU Nr. C 298 v. 8.12.2006 S. 17.

3683   Ausführlich *Schwarze* EuR **2009** 171, 189 ff.; allgemein zu den Grenzen der Ermittlungsbefugnisse der Europäischen Kommission im Kartellverfahren: *Reinhalter* ZEuS **2009** 53.

3684   EuGH 18.10.1989, 374/87 (Orkem), Tz. 34; bestätigt durch EuGH 29.6.2006, C-301/04 P (SGL Carbon AG), Tz. 39 ff.

Esser   1050

Schutz der Unternehmen im **europäischen Kartellverfahren** deutlich hinter den Anforderungen der EMRK zurück.[3685] Die Ablehnung eines umfassenden Aussageverweigerungsrechts wird damit begründet, dass es ansonsten zu einer ungerechtfertigten Behinderung der Kommission bei der Überwachung und Durchsetzung der Wettbewerbsregeln im Markt kommen würde.[3686] Hierfür seien Kooperation und richtige Auskünfte essentiell.

Auf nationaler Ebene stoßen verfahrensbeendende Absprachen im Kartellverfahren **1405** (sog. *„Settlements"*, § 32b GWB) auf Bedenken.[3687] Diese Absprachen im ordnungswidrigkeitenrechtlichen Vorverfahren sind mit erheblichen Beschränkungen der Verfahrensrechte der Betroffenen verbunden: Diese sollen auf Akteneinsicht verzichten, die Geldbuße akzeptieren und ein Geständnis ablegen. Sie müssen bekräftigen, dass der vom BKartA zur Last gelegte Sachverhalt zutrifft. Dies läuft auf eine aktive Selbstbelastung hinaus.[3688] Kritisch ist eine solche Praxis insbesondere dann zu sehen, wenn die Kartellbehörde selbst nur über wenig verwertbare Beweise für eine Ordnungswidrigkeit verfügt. Hier liegt ein Verstoß gegen den Grundsatz des fairen Verfahrens nahe.[3689]

§ 81b (vormals § 81a) GWB sieht für **juristische Personen und Vereinigungen weit-** **1406** **reichende Auskunftspflichten** vor. Ob diese einen Verstoß gegen den Grundsatz der Selbstbelastungsfreiheit begründen, ist noch nicht abschließend geklärt.[3690] Unter dem Gesichtspunkt des fairen Verfahrens bedeutet es in jedem Fall eine Schlechterstellung für dieselben.[3691] Der Gesetzgeber ging davon aus, dass das Verfassungsrecht einer solchen Auskunftspflicht nicht entgegensteht, da der *nemo tenetur*-Grundsatz in der Menschenwürde verankert und daher nach Art. 19 Abs. 3 GG nicht auf juristische Personen anwendbar ist.[3692] Einer Einschränkung des Art. 6 Abs. 1 wurde entgegengehalten, dass die effiziente Verfolgung besonders sozialschädlicher kartellrechtswidriger Verhaltensweisen durch eine vergleichsweise wenig umfangreiche Auskunftspflicht aufgewogen wird.[3693] Die Vorschrift des § 81b GWB stand damit in deutlichem Widerspruch zu § 13 Abs. 1 VerbStGB-E (NRW), der die Geltung des *nemo tenetur*-Grundsatzes für Verbände bejaht hatte.[3694]

Im Zuge der 9. GWB-Novelle trat § 33g GWB in Kraft. Dessen Absätze 1 und 2 berühren **1407** auf den ersten Blick den Grundsatz der Selbstbelastungsfreiheit:[3695] So soll nach § 33b Abs. 1 GWB derjenige, der im **Besitz von Beweismitteln** ist, die für die Erhebung eines auf Schadensersatz gerichteten *privatrechtlichen* Anspruchs nach § 33a Abs. 1 GWB erforderlich sind, verpflichtet sein, sie **demjenigen herauszugeben, der glaubhaft macht, einen solchen Schadensersatzanspruch zu haben**. Es liegt auf der Hand, dass solche Informationen Bezugspunkte zu vorangehenden Straftaten oder Ordnungswidrigkeiten aufweisen können. Daher ordnet § 33b Abs. 9 GWB an, dass die erteilten Auskünfte oder herausgegebenen Beweismittel in einem Strafverfahren oder einem Verfahren nach dem

---

[3685] So überzeugend *Schwarze* EuR **2009** 171, 191 ff., insbes. 194 (*„unzulässige Aushöhlung der Selbstbelastungsfreiheit"*); kritisch auch *Hensmann* Die Ermittlungsrechte der Kommission im europäischen Kartellverfahren (2009) 129 ff.; *Dannecker* ZStW **127** (2015) 991, 1010 f.

[3686] *Meyer* NZWiSt **2022** 99, 100.

[3687] Grundlegend zu der Praxis der Settlements: *Grafunder/Gänswein* BB **2015** 968.

[3688] *Schmitz* wistra **2016** 129, 132.

[3689] So *Schmitz* wistra **2016** 129, 133.

[3690] *Achenbach* wistra **2013** 369, 371; *Schmitz* wistra **2016** 129, 133.

[3691] *Schmitz* wistra **2016** 129, 134.

[3692] Dazu G/J/W/*Böse* § 81a, 2 GWB; dem BVerfG zust. *Mühlhoff* NZWiSt **2013** 321, 329 f.; anders *Dannecker* ZStW **127** (2015) 370, 392 f., der den *nemo tenetur*-Grundsatz als *prozessuale Garantie* einordnen will.

[3693] Näher Immenga/Mestmäcker/*Biermann* § 81b, 2 GWB.

[3694] Ausführlich *Fink* wistra **2014** 457.

[3695] *Wessing/Janssen* WuW **2017** 253 sprechen von einer faktischen Einschränkung des *nemo tenetur*-Grundsatzes durch § 33g Abs. 1 und 2 GWB.

Esser

Ordnungswidrigkeitengesetz wegen einer *vor der Erteilung der Auskunft* begangenen Tat gegen den Verpflichteten *oder* gegen einen in § 52 Abs. 1 StPO bezeichneten Angehörigen nur *mit Zustimmung des Verpflichteten verwertet werden* dürfen. § 33g Abs. 9 Satz 3 GWB ergänzt, dass § 33g Abs. 9 Sätze 1 und 2 GWB keine Anwendung im Verfahren gegen Unternehmen finden. Damit nimmt der Gesetzgeber erneut Bezug auf die Rechtsprechung des BVerfG zur Geltung der Selbstbelastungsfreiheit für juristische Personen (Rn. 1341). Unter dem Gesichtspunkt des Rechts des Beschuldigten auf ein faires Verfahren ist die Regelung **als unbedenklich einzuordnen**: Die Kompensationsmöglichkeit in Absatz 9 gibt dem Beschuldigten die Möglichkeit, der Verwertung von Beweisen zu widersprechen, die auf eine solche Weise gewonnen wurden.

1408   Im Fall ***DB/Consob***, dessen zentrales Problem im Spannungsverhältnis zwischen effektivem Grundrechtsschutz und der effektiven Durchsetzung des Unionsrechts lag,[3696] hat der EuGH für das Unionsrecht klargestellt, dass die aus Art. 47 und Art. 48 EUC i.V.m. Art. 6 EMRK hergeleitete Selbstbelastungsfreiheit auch im Rahmen von Verfahren gilt, die zur Verhängung von **Verwaltungssanktionen strafrechtlicher Natur** führen können.[3697] Dabei hat der Gerichtshof aber auch betont, dass die Selbstbelastungsfreiheit nicht herangezogen werden kann, um *jegliche* Zusammenarbeit mit den Verwaltungsbehörden zu verweigern.[3698] Zu beanstanden wäre unter diesem Gesichtspunkt beispielsweise die Weigerung, zu einer behördlich anberaumten Anhörung zu erscheinen, ebenso wie die gezielte Verzögerung der Durchführung einer Anhörung („Hinhaltetaktik").[3699] Dennoch beschränke sich das Schweigerecht nicht nur auf unmittelbar belastende Eigengeständnisse, sondern auch auf Tatsachen, die später eine „Untermauerung" der Anklage werden können.[3700] Zwar betraf die Entscheidung unmittelbar nur natürliche Personen, sie gibt aber auch Aufschluss in Bezug auf juristische Personen.[3701]

1409   **13. Straßenverkehrsrechtliche Halterverantwortlichkeit.** Ist bereits ein Strafverfahren gegen eine Person anhängig, ergibt sich daraus unmittelbar ein Recht auf Auskunftsverweigerung. Komplex gelagert sind dagegen Fälle, in denen es um das **Auskunftsverlangen gegenüber Fahrzeughaltern** geht. Zu entscheiden hatte der EGMR, ob eine Pflicht[3702] zur Preisgabe der Person des Fahrzeugführers durch den Halter zum Zwecke der Verfolgung eines Verstoßes gegen straßenverkehrsrechtliche Vorschriften und die **Ahndung des Schweigens** mit einem Bußgeld bzw. einer Geldstrafe/(Ersatz-)Freiheitsstrafe gegen die Selbstbelastungsfreiheit des Halters verstößt.

1410   Der EGMR lehnt einen Verstoß gegen Art. 6 Abs. 1 (und ggf. auch Art. 6 Abs. 2) u.a. ab, wenn der Zwang aus der **Verantwortlichkeit und Verpflichtung** resultiert, die der Halter bewusst mit dem Fahrzeug übernommen hat, dessen Besitz und Benutzung zu schweren Schäden führen können (z.B. bußgeldbewehrte Pflicht des Halters zur Angabe des Fahrers

---

3696   *Meyer* NZWiSt **2022** 99, 101.

3697   EuGH (GK) 2.2.2021, C-481/19 (DB/Consob), Rn. 42 f. (Insidergeschäfte); *Bekritsky* BKR **2021** 340, 341 f., auch näher zur Vereinbarkeit des Urteils mit den *Orkem*-Grundsätzen.

3698   EuGH (GK) 2.2.2021 – C-481/19 (DB/Consob), Tz. 41; krit. dazu *Bekritsky* BKR **2021** 340, 343.

3699   EuGH (GK) 2.2.2021 – C-481/19 (DB/Consob), Tz. 41.

3700   *Bekritsky* BKR **2021** 340, 343.

3701   So *Meyer* NZWiSt **2022** 99, 104: Nachdem sich der EuGH im vorliegenden Fall mit der analogen Anwendung reduzierter Schutzstandards aus Verbandsverfahren auf natürliche Personen beschäftigte, könne daraus hergeleitet werden, dass bezüglich juristischer Personen im Unionsrecht nur das im Kartellrecht relevante Fallrecht existiert.

3702   Eine Verpflichtung zur Aussage muss sich nicht immer aus dem Gesetz ergeben. Sie kann auch rein tatsächlicher Natur sein, vgl. EGMR Serves/F (E), 4.5.2000 (hierarchische Autorität im Zusammenhang mit einem Disziplinarverfahren, das zu erheblichen Sanktionen hätte führen können).

zur Tatzeit[3703] und die Verantwortlichkeit des Halters für geringfügige Verkehrsübertretungen;[3704] anders aber bei Geschwindigkeitsübertretungen[3705]).

Die Frage des selbstbelastenden Charakters eines Beweises beurteilt der Gerichtshof **1411** hier letztlich anders als auf der Ebene der Beweisverwertung. Obwohl die Preisgabe der Identität des Fahrzeugführers zwangsläufig auch zu einem Verfahren gegen den Halter geführt hätte, reduziert der EGMR die Gewinnung der Identität in ihrer Bedeutung auf ein bloßes neutrales Faktum[3706] bzw. auf lediglich einen von mehreren Aspekten, die erst gemeinsam zu einem Strafverfahren führen könnten.[3707] Als Folge verneinte der EGMR das für die Anwendbarkeit des Art. 6 Abs. 1 erforderliche Maß der Betroffenheit,[3708] wenn es wegen des eigentlichen Verkehrsverstoßes noch zu keinem Verfahren gegen den Halter gekommen und dieses auch noch nicht hinreichend in Aussicht genommen worden war.[3709] Auch der Anwendungsbereich des Art. 14 Abs. 3 IPBPR wird nicht berührt, wenn der Halter eines Fahrzeugs bei einer Geschwindigkeitsüberschreitung der Verkehrsbehörde den Namen des Fahrers nicht mitteilt und gegen den Halter daher eine Geldbuße verhängt wird.[3710]

Der Gerichtshof verlangt daher, dass ein **potentielles späteres Strafverfahren** be- **1412** reits eine **gewisse Konkretisierung** erfahren hat, damit es eine Vorwirkung entfalten kann, die es dem Befragten gestattet, sich frühzeitig mit Blick auf dieses Verfahren auf sein Schweigerecht zu berufen. Die Möglichkeit der Durchführung des Verfahrens darf nicht mehr völlig fern liegen und der Zusammenhang mit der Aussagepflicht darf nicht bloß hypothetischer Natur sein.[3711] Die tatsächliche Durchführung des Strafverfahrens ist aber nicht erforderlich.[3712] Für die Frage der Anwendbarkeit des *nemo tenetur*-Grundsatzes ist eine isolierte Betrachtung der beiden Verfahren jedenfalls nicht angezeigt. Beispielhaft sei hier genannt, dass es für den Gerichtshof für die Gewährung des Schweigerechts ohne Belang ist, ob in dem in Aussicht genommenen Strafverfahren der Richter gesondert

---

3703 EGMR (GK) O'Halloran u. Francis/UK, 29.6.2007, § 57; gegen eine solche Einschätzung: abw. Votum *Pavlovschi*, der die Unvereinbarkeit mit dem Grundsatz, dass Belange der öffentlichen Sicherheit und Ordnung keine Eingriffe in den Kernbereich des Rechts auf Selbstbelastungsfreiheit und Achtung des Schweigerechts rechtfertigen können, anmahnt. Kritisch auch schon abw. Sondervotum *Lorenzen, Levits* und *Hajiyev* zu EGMR Weh/A, 8.4.2004.
3704 EGMR Falk/NL (E), 19.10.2004.
3705 EGMR Krumpholz/A, 18.3.2010, §§ 38 ff. (auch unter Hinweis auf die fehlenden verfahrensrechtlichen Sicherheiten im konkreten Fall); zur Halterverantwortlichkeit in Europa: *Milke* NZV **2010** 17.
3706 Der begrenzte Umfang an erfragten Informationen sollte einen entscheidenden Unterschied darstellen: EGMR (GK) O'Halloran u. Francis/UK, 29.6.2007, §§ 58, 62.
3707 Nach Ansicht der Kritiker liegt darin eine völlige Fehleinschätzung; erst recht vor dem Hintergrund des laufenden Verfahrens gegen Unbekannt im Fall Weh/A, 8.4.2004. So abw. Sondervotum *Lorenzen, Levits* und *Hajiyev* zu Weh/A, 8.4.2004, sowie *Pavlovschi* zu EGMR (GK) O'Halloran u. Francis/UK, 29.6.2007; siehe ferner *Wohlers* forumpoenale **2008** 7; *Gaede* JR **2005** 426.
3708 EGMR Weh/A, 8.4.2004. Erforderlich ist eine nicht unwesentliche Betroffenheit (*„substantially affected"*) durch die angegriffene Maßnahme; vgl. EGMR Lückhof u. Spanner/A, 10.1.2008, § 49; (GK) O'Halloran u. Francis/UK, 29.6.2007.
3709 EGMR Lückhof u. Spanner/A, 10.1.2008, § 49 bejaht dagegen die Betroffenheit durch die Aufforderung zur Angabe des Fahrers im Zusammenhang mit der Mitteilung, dass mit seinem Pkw eine Ordnungswidrigkeit (*„administrative offence"*) begangen wurde. Aufgrund des Verfahrensstandes im Zeitpunkt der Aufforderung ist jedoch nicht erkennbar, ob der EGMR mit dieser Aussage vom Urteil Weh/A, 8.4.2004, abweichen wollte.
3710 Gleichwohl werden Verkehrsdelikte vom Anwendungsbereich des Art. 14 Abs. 3 IPBPR erfasst, siehe zum Ganzen *Arslan* ZStW **127** (2015) 1111, 1115.
3711 EGMR Weh/A, 8.4.2004; deckungsgleich EGMR Rieg/A, 24.3.2005.
3712 EGMR Funke/F, 25.2.1993.

Esser

über die Verwertung der in dem anderen Verfahren gewonnenen Beweise entscheiden kann.[3713]

1413   Das **deutsche Straßenverkehrsrecht** kennt grundsätzlich weder eine Vermutungsregel in Bezug auf die Fahrereigenschaft noch eine Auskunftspflicht wie in Österreich oder im UK. Allenfalls ist in **§ 25a StVG** eine Kostentragungspflicht des Halters für das Bußgeldverfahren in den Fällen vorgesehen, in denen der Kraftfahrzeugführer nicht ermittelt werden kann oder seine Ermittlung einen unangemessenen Aufwand erfordert.[3714] Außerdem kann die Verwaltungsbehörde dem Halter nach § 31a StVZO die Führung eines **Fahrtenbuchs** auferlegen, wenn der Fahrzeugführer nicht festgestellt werden kann. Diese Möglichkeit besteht vor allem dann, wenn das Verhalten des Halters für den Misserfolg ursächlich war, weil er nicht, unzureichend oder sogar irreführend bei den Ermittlungen mitgewirkt hat.[3715] Sein Aussageverweigerungsrecht wird dem Halter im Ordnungswidrigkeitenverfahren damit zwar nicht abgesprochen, ein Recht, zugleich von der Fahrtenbuchauflage verschont zu bleiben aber schon. Begründet wird dies damit, dass die Auflage der Sicherheit und Ordnung des Straßenverkehrs diene.[3716] Das Risiko, Verkehrsverstöße auch in Zukunft nicht ahnden zu können, müsse die Rechtsordnung nicht hinnehmen.[3717] Aufgrund dieser Zwecksetzung soll es sich um eine präventive Maßnahme der Gefahrenabwehr ohne strafenden Charakter handeln, zur Feststellung eines Fahrzeugführers nach einem Verstoß gegen eine Verkehrsvorschrift,[3718] bei der das Schweigerecht keine Anwendung findet. Erst ein Verstoß gegen die Pflichten aus §§ 31a Abs. 2, Abs. 3 StVZO, vor Fahrtbeginn den Fahrzeugführer in das Fahrtenbuch einzutragen und das Fahrtenbuch der zuständigen Stelle auf Verlangen vorzuzeigen, stellt eine Ordnungswidrigkeit i.S.d. § 69a Abs. 5 Nr. 4, 4a StVZO dar.

1414   Hier stellt sich dann allerdings die Frage, ob der Halter die **Herausgabe des Fahrtenbuchs** unter Berufung auf seine Selbstbelastungsfreiheit verweigern kann, wenn mithilfe des Fahrtenbuchs ein Verkehrsverstoß aufgeklärt und verfolgt werden soll.[3719] Zum einen soll der Halter unter Androhung einer Geldbuße zur Herausgabe eines Dokuments gezwungen werden, zum anderen ist dessen Existenz aber gesichert, so dass u.U. die Möglichkeit besteht, die Mitwirkungshandlung des Betroffenen durch ein Handeln der Behörden zu ersetzen. Entscheidend ist somit, ob die Dokumente als vom Willen des Betroffenen unabhängig existierende Beweismittel i.S.d. Rechtsprechung des EGMR darstellen können.[3720]

1415   **14. Rechtsfolgen eines Verstoßes gegen den *nemo tenetur*-Grundsatz.** Besondere Rechtsfolgen eines Verstoßes gegen den *nemo tenetur*-Grundsatz legen weder der IPBPR noch die EMRK fest. Es wird vielmehr dem nationalen Recht überlassen, welche Rechtsfolgen es innerstaatlich daran knüpfen will. Nach innerstaatlichen Rechtsvorschriften ist

---

3713   Vgl. EGMR Shannon/UK, 4.10.2005 (Auskunftspflicht gegenüber den Finanzbehörden).

3714   Vgl. SK/*Rogall* Vor § 133, 139 StPO zu § 25a Abs. 1 StVG („nicht völlig unbedenklich": Kostentragungspflicht als Kompensation von Beweisnöten gedacht, die sich aus berechtigter Aussageverweigerung ergäben).

3715   VG Freiburg Beschl. v. 22.12.2008 – 1 K 1580/08, BeckRS **2009** 30422; gegen die Verantwortlichkeit als zwingende Voraussetzung OVG Münster SVR **2008** 359 m. Anm. *Rebler.*

3716   Zuletzt VGH München Beschl. v. 7.11.2008 – 11 CS 08.2650, BeckRS **2010** 53518; OVG Greifswald Entsch. v. 26.5.2008 – 1 L 103/08, BeckRS **2011** 46670, jeweils m.w.N. für eine gefestigte obergerichtliche Rechtsprechung; BVerwG NZV **2000** 385.

3717   VG Augsburg Urt. v. 16.12.2008 – Au 3 K 08.630, BeckRS **2010** 54932.

3718   OVG Münster SVR **2008** 359 m. Anm. *Rebler* und m.w.N. zur obergerichtlichen Rechtsprechung.

3719   Dies verneint das OVG Brandenburg NJW **2017** 501, 502 f.

3720   Zu den sog. „pre-existing documents": *Roth* ZStrR **2011** 296, 314 f.

daher zu beurteilen, ob der Verstoß ein Verwertungsverbot[3721] mit oder ohne Fernwirkung oder ein Offenbarungsverbot zur Folge hat[3722] oder ob und unter welchen Voraussetzungen das Gericht bei seiner Beweiswürdigung Schlüsse aus dem Schweigen ziehen darf (Rn. 1369 ff.). Für selbstbelastende Aussagen im Rahmen von Mitarbeiterinterviews kann sich ein Beweisverwertungsverbot insbesondere aus Art. 2 Abs. 1 i.V.m. Art. 1 GG ergeben.[3723]

Aufgrund der grundsätzlichen Verweisung auf das nationale Recht beschäftigt sich **1416** der EGMR nicht vorrangig mit der Frage der Zulässigkeit bestimmter Beweise, sondern nur innerhalb einer **Gesamtprüfung der Verfahrensfairness** mit dem Teilaspekt der Art und Weise, in der die *im Strafprozess verwerteten*[3724] Beweismittel erlangt worden sind.[3725] Dazu gehört auch die Art der möglichen Verletzung eines anderen nach der Konvention geschützten Rechts, z.B. des Schweigerechts und des Rechts auf Selbstbelastungsfreiheit, sowie die Qualität bzw. die Verlässlichkeit des Beweises im Hinblick auf die Erforderlichkeit weiterer unterstützender Beweise.[3726]

Zudem ist die **Entscheidungserheblichkeit des Beweises** in die Betrachtung der Ver- **1417** fahrensfairness einzustellen.[3727] Zu beachten ist, dass im Zusammenhang mit der Verletzung anderer Konventionsrechte nicht immer dieselben Grundsätze Anwendung finden.[3728] Dies macht deutlich, dass ein Verstoß gegen den *nemo tenetur*-Grundsatz *auf der Ebene der Beweisgewinnung* **nicht per se die Unfairness des Verfahrens begründet** und grundsätzlich die Verwertung der erlangten Beweise in einem Strafverfahren nicht hindert.

Stellt der EGMR im Rahmen dieser Gesamtprüfung fest, dass das Verfahren wegen **1418** der Verwertung der unter Verstoß gegen die Selbstbelastungsfreiheit erlangten Beweise nicht mehr fair ist, so bedeutet dies ein *de facto*-**Beweisverwertungsverbot**.[3729] Eine Pflicht, eine diesbezüglich explizite Regelung zu treffen, kann für das nationale Recht weder aus Art. 14 Abs. 3 *lit.* g IPBPR noch aus dem Recht auf ein faires Verfahren hergeleitet werden, auch keine generelle Belehrungspflicht.[3730] Allerdings darf der Staat nicht auf alle rechtlichen Möglichkeiten zur Absicherung dieses Verbotes verzichten,[3731] denn er ist gegenüber den Konventionsorganen für die innerstaatliche Beachtung dieses Verbots verantwortlich.

15. Folgen eines Verstoßes gegen Art. 3 für die Selbstbelastungsfreiheit. Trotz der **1419** absoluten Geltung des Verbots von Folter sowie unmenschlicher und erniedrigender Strafe

---

3721 Für einen Fall, in dem der Einsatz eines Verdeckten Ermittlers ein Beweisverwertungsverbot begründete, siehe: OLG Jena StV **2020** 455.

3722 Vgl. dazu SK/*Rogall* Vor § 133, 162 ff. StPO. Nach *Nowak* 75 hat das HRC die Vertragsstaaten aufgefordert, entsprechende Beweisverwertungsverbote vorzusehen.

3723 Näher dazu: *Hille* 167 ff., 236 ff., 326 ff.

3724 EGMR (GK) Gäfgen/D, 1.6.2010, §§ 172 f.: Die Frage eines Verstoßes gegen Art. 6 stellt sich nicht, wenn der unter Verstoß gegen Art. 3 direkt erlangte Beweis im Strafprozess von der Verwertung ausgeschlossen und für die mittelbar durch die Verletzung erlangten Beweise eine Fernwirkung anerkannt wird, so dass sie ebenfalls nicht verwertet werden können.

3725 EGMR (GK) Gäfgen/D, 1.6.2010, § 163.

3726 EGMR (K) Gäfgen/D, 30.6.2008; Yaremenko/UKR 12.6.2008, §§ 79 f.; *Safferling* Jura **2008** 100.

3727 EGMR (GK) Gäfgen/D, 1.6.2010, § 164.

3728 Wegen der im Gegensatz zu Art. 8 absoluten Geltung des Art. 3 ausdrücklich: EGMR (K) Gäfgen/D, 30.6.2008; (GK) Jalloh/D, 11.7.2006.

3729 *Von Arnim* GedS Blumenwitz 265, 270 m.w.N.

3730 So aber *Hofmann* 40.

3731 Zur weitergehenden Schutzpflicht beim Folterverbot siehe Art. 3, 41 ff.

Esser

und Behandlung in Art. 3' der formalen Gleichrangigkeit dieser Behandlungsverbote und ihrer unzureichenden Trennschärfe differenziert der Gerichtshof hinsichtlich der Zulässigkeit der Verwertung von Beweisen, die unter Verletzung von Art. 3 erlangt worden sind.[3732] Der Grund hierfür liegt darin, dass der EGMR im Falle einer unzulässigen Beweisverwertung nicht von einem zweiten Verstoß gegen Art. 3,[3733] sondern von einer **Verletzung des Fairnessgebotes (Art. 6 Abs. 1)** ausgeht und dieses nach seiner Rechtsprechung keine absolute Geltung beansprucht, weshalb hier grundsätzlich widerstreitende Interessen Berücksichtigung finden können. Der Gerichtshof will sich daher darauf beschränken, festzulegen, welche Maßnahmen sowohl erforderlich („necessary") als auch ausreichend („sufficient") sind, um die Rechte aus Art. 6 im Anschluss an einen Verstoß gegen Art. 3 effektiv zu schützen.[3734]

1420   Nach dieser Rechtsprechung dürfen belastende Beweismittel, sowohl Geständnisse als auch Sachbeweise („real evidence"), die unmittelbar mithilfe von **Folter** gewonnen werden, unabhängig von ihrer Beweiskraft niemals verwendet werden, um die Schuld eines Beschuldigten nachzuweisen.[3735]

1421   Einen derartigen Automatismus erkennt der EGMR bei solchen Handlungen, die als **unmenschliche oder erniedrigende Behandlung** i.S.d. Art. 3 anzusehen, aber nicht mit Folterhandlungen gleichzustellen sind, lediglich für die Verwendung von **Geständnissen** an.[3736] Bei **unmittelbar gewonnenen Sachbeweisen** tendiert der EGMR dagegen zu einer **Einzelfallentscheidung**. Er betont, dass hier überhaupt nur die Fälle relevant würden, in denen feststehe, dass sich die Verletzung von Art. 3 auf den Ausgang des Verfahrens ausgewirkt, d.h. im Urteil (Schuld- oder Strafausspruch) niedergeschlagen habe.[3737] Würden dagegen Beweise verwertet, die unabhängig davon gefunden wurden, und werde auf diese Weise die Kausalkette zwischen der unmenschlichen und erniedrigenden Behandlung, den erlangten Beweisen und der Verurteilung unterbrochen, so bestehe die Problematik nicht.[3738]

1422   Im Fall *Jalloh* (Brechmitteleinsatz) hatte der Gerichtshof die Frage eines Beweisverwertungsverbotes für unmittelbar mithilfe unmenschlicher und erniedrigender Behandlung gewonnene Sachbeweise mit Blick auf die Umstände des Einzelfalls noch offen gelassen,[3739] wenngleich er nicht hatte ausschließen wollen, dass in bestimmten Einzelfällen auch die Verwertung solcher Beweise dem Verfahren gegen das Opfer einen unfairen

---

3732 Gegen eine Differenzierung EGMR (GK) Jalloh/D, 11.7.2006, Dissenting Opinion *Bratza/Zupančič*; *Schuhr* NJW **2006** 3538; *Warnking* 84.

3733 Kritisch *Esser* NStZ **2008** 657, auch unter Hinweis auf die Rechtslage bei außerhalb des Geltungsbereichs der EMRK durch Folter gewonnenen Beweisen; vergleichbar EGMR Harutyunyan/ARM, 28.6.2007, §§ 50, 64 (fehlende Prüfungskompetenz *ratione temporis* bzgl. Art. 3, aber Berücksichtigung im Rahmen des Art. 6).

3734 Vgl. EGMR (GK) Gäfgen/D, 1.6.2010, § 178.

3735 EGMR Baybasin/D (E), 3.2.2009; Harutyunyan/ARM, 28.6.2007; (GK) Jalloh/D, 11.7.2006; siehe auch EGMR Nechiporuk u. Yonkalo/UKR, 21.4.2011, § 259 („admission of statements obtained as a result of torture as evidence to establish the relevant facts in criminal proceedings renders the proceedings as a whole unfair irrespective of their probative value and of whether their use was decisive in securing the defendant's conviction.").

3736 EGMR (K) Gäfgen/D, 30.6.2008, § 99; Yusuf Gezer/TRK, 1.12.2009; Zyakun/UKR, 25.2.2016, §§ 62 ff.

3737 EGMR (GK) Gäfgen/D, 1.6.2010, § 178; siehe auch EGMR El Haski/B, 25.9.2012, § 85; zu diesem Urteil *Schüller* ZIS **2013** 245 und *Heine* NStZ **2013** 680.

3738 Vgl. EGMR (GK) Gäfgen/D, 1.6.2010, §§ 180, 187. Bislang gibt es hierzu noch keinen klaren Konsens zwischen den Vertragsstaaten, den Gerichten anderer Staaten und anderer Institutionen, die die Einhaltung der Menschenrechte überwachen (vgl. § 174).

3739 Kritisch *Pollähne/Kemper* KrimJ **2007** 185 (Entwertung des Folterverbots).

Charakter verleihen könnte – und zwar unabhängig von der Schwere des ihm zur Last gelegten Delikts, der Bedeutung der Beweise und seiner Möglichkeit, deren Zulässigkeit und spätere Verwertung im Verfahren anzufechten.[3740] Nach Ansicht des Gerichtshofs sprach sogar eine **starke Vermutung** für die Annahme eines unfairen Verfahrens, wenn der Sachbeweis aufgrund eines unmittelbar mithilfe der erniedrigenden Behandlung erwirkten Geständnisses gefunden wurde (sog. „fruit of the poisonous tree") und die Verwertung des Geständnisses jedenfalls zur Unfairness des Verfahrens geführt hätte.[3741] Für die durchzuführende Fairnessprüfung sei dann insbesondere entscheidend, ob die **Verurteilung** *wesentlich* auf dem **konventionswidrig gewonnenen Beweis beruhe** und ob die sonstigen **Verteidigungsrechte** gewahrt worden seien.[3742]

Mit dem Urteil der GK im Fall *Gäfgen* hat der EGMR einen weiteren[3743] Schritt in **1423** Richtung auf ein automatisches Beweisverwertungsverbot für sämtliche unter Verstoß gegen Art. 3 erlangten Beweise unternommen und insoweit eine **Regelvermutung für das Vorliegen einer Verletzung der Verfahrensfairness** formuliert.[3744] Maßgeblich hierfür war die Erwägung, dass den Strafverfolgungsbehörden eine deutliche Grenze für den Einsatz ihrer Ermittlungsmethoden aufgezeigt und jeder Anreiz zum Missbrauch der zurückhaltenden Rechtsprechung vermieden werden sollte.[3745] Zur Ausführung weiterer Prüfmaßstäbe gelangte die Mehrheit der GK leider nicht, da sie im konkreten Fall das Beruhen des Urteils auf den fraglichen Beweisen verneinte.[3746] Es bleibt somit noch eine gewisse Unsicherheit für die konkrete Handhabung derartiger Fälle.[3747]

In diese Richtung deutet auch das Urteil in der Rs. *El Haski*: Der Bf. rügte unter dem **1424** Gesichtspunkt des fairen Verfahrens die Verwertung von Beweisen, die aus einem Drittstaat stammten und für die ein erhärteter Verdacht bestand, dass sie mittels einer in Art. 3 beschriebenen Behandlung erlangt worden waren. Dies gilt explizit auch für Handlungen unterhalb der Schwelle der Folter. Der Gerichtshof legte fest, dass das befasste nationale Gericht zumindest prüfen müsse, ob ein solches Risiko, dass Beweise aufgrund solcher Verhaltensweisen erlangt wurden, tatsächlich besteht. Die Beweislast, die den Bf. treffe, sei mit derjenigen vergleichbar, die der Bf. trage, der seine Auslieferung verhindern wolle, weil das Risiko bestehe, dass er nach seiner Auslieferung aufgrund von durch von Folter erlangten Beweisen verurteilt werde (Rn. 105). Es müsse also ein *„risque réel"* dargetan

---

3740 EGMR (GK) Jalloh/D, 11.7.2006.

3741 Für einen Hinweis auf ein automatisches Verwertungsverbot: *Gaede* HRRS **2006** 241.

3742 EGMR (K) Gäfgen/D, 30.6.2008, § 105 (Fernwirkung des konventionswidrig gewonnenen Geständnisses in Bezug auf die indirekten tatsächlichen Beweise – u.a. Autopsiebericht, Fuß- und Reifenspuren am Fundort der Leiche – wurde abgelehnt), m. Anm. *Esser* NStZ **2008** 657.

3743 *Von Arnim* GedS Blumenwitz 265, 280, war bereits der Ansicht, die Rspr. des EGMR weise die Tendenz zu einem automatischen Beweisverwertungsverbot im Anschluss an einen Verstoß gegen Art. 3 unabhängig von den Umständen des Einzelfalls auf.

3744 *Sauer* JZ **2011** 23, 29 f. möchte das Beweisverwertungsverbot auf einen auf Art. 3 fußenden völkerrechtlichen Folgenbeseitigungsanspruch zurückführen; zweifelnd *Weigend* StV **2011** 325, 327.

3745 EGMR (GK) Gäfgen/D, 1.6.2010, § 178 („The repression of, and the effective protection of individuals from, the use of investigation methods that breach Article 3 may therefore also require, as a rule, the exclusion from use at trial of real evidence which has been obtained as the result of any violation of Article 3").

3746 Anders die Joint Partly Dissenting Opinion *Rozakis, Tulkens, Jemens, Ziebele, Bianku* und *Power* zu EGMR (GK) Gäfgen/D, 1.6.2010; vgl. auch *Weigend* StV **2011** 325, 329.

3747 Bedauernd Joint Partly Dissenting Opinion *Rozakis, Tulkens, Jemens, Ziebele, Bianku* und *Power*: „The Court could have answered this question categorically".

werden, dass die Beweise durch eine dem Art. 3 widersprechende Handlung erlangt wurden.[3748]

1425   Dennoch folgt aus der Rechtsprechung des EGMR für die deutschen Strafgerichte nunmehr, dass in Zukunft nicht mehr davon ausgegangen werden kann, die **Verwertung der Früchte** eines rechtswidrigen Beweises sei grundsätzlich zulässig. Stattdessen wird zunächst von der Unzulässigkeit ausgegangen werden müssen. Die ausnahmsweise Verwertung dieser Sachbeweise im Einzelfall wird ausführlich begründet werden müssen. Dabei ist darauf zu achten, dass sie keine wesentliche Bedeutung für die Verurteilung des Angeklagten erlangen dürfen. Dieses Ergebnis überzeugt angesichts der Stellung des innerhalb der EMRK herausragenden Menschenrechts aus Art. 3 sowie der weiten und damit strengen Auslegung des Art. 15 UNCAT durch das HRC und die Literatur.[3749]

XVIII. Verfahren gegen Jugendliche (Art. 6 Abs. 1 EMRK/Art. 14 Abs. 4 IPBPR/ CRC)

1426   **1. Allgemeines.** Jugendliche dürfen im Hinblick auf die ihnen zu gewährenden Menschenrechte als Minima für ein faires Verfahren nicht schlechter gestellt werden als Erwachsene, die in einer vergleichbaren Situation strafrechtlich zur Verantwortung gezogen werden. Jedoch sind aufgrund der Schutzpflichten des Staates gegenüber Minderjährigen Abweichungen von den allgemeinen Verfahrensregeln zum Teil unumgänglich.[3750]

1427   **2. Strafmündigkeit.** Während die EMRK eine Altersgrenze für die **Strafmündigkeit** einer Person nicht explizit festlegt, nennen die Empfehlungen des Ministerkomitees des Europarates (Rn. 1431 ff.)[3751] sowie Art. 1 CRC und Art. 6 Abs. 5 IPBPR[3752] ein Alter von **18 Jahren** als Grenze für bestimmte Rechte und Garantien. Kind i.S.d. **UN-Kinderrechtskonvention** v. 20.11.1989 (Teil I, Einf. Rn. 36) ist nach deren Art. 1 *„jeder Mensch, der das achtzehnte Lebensjahr noch nicht vollendet hat, soweit die Volljährigkeit nach dem auf das Kind anzuwendenden Recht nicht früher eintritt"*. Im deutschen Recht umfasst der Kinderbegriff der CRC daher **auch Jugendliche** i.S.v. § 1 Abs. 2 JGG.[3753]

1428   **3. EMRK und sonstiges Recht des Europarates.** Dem Text der **EMRK** lassen sich keine speziellen Grundsätze für ein Strafverfahren gegen Jugendliche entnehmen. Im Wesentlichen muss daher auf die Interpretation des Folter- und Misshandlungsverbotes aus Art. 3, das Recht auf ein faires Verfahren nach Art. 6 Abs. 1 (Rn. 256 ff., 329 ff.) sowie auf die Achtung des Privat- und Familienlebens (Art. 8) zurückgegriffen werden.[3754]

[3748] EGMR El Haski/B, 25.9.2012, §§ 88 f.; hierzu: *Schüller* ZIS **2013** 245 und *Heine* NStZ **2013** 680.

[3749] Vgl. *Nowak/McArthur* Art. 15, 2, 88 UNCAT; übereinstimmende Meinung des Richters *Zupančič* zu EGMR (GK) Jalloh/D, 11.7.2006; mahnt offenkundigen Widerspruch zu Art. 15 UNCAT an und geht davon aus, dass insbesondere die Trennung zwischen verbalen und nicht verbalen Beweismitteln keinen Bestand haben wird.

[3750] Zu den unterschiedlichen Jugendgerichtssystemen in Europa: *Dünkel* FS Heinz 381; Dünkel/Gryzwa/ Horsfield/Pruin (Hrsg.), Juvenile Justice Systems in Europa (2011); Giostra/Patanè/Pavišić (Edt.), European Juvenile Justice Systems, Centro Di Studio E Di Ricerca Sulla Giustizia Minorile; Università degli Studi di Macerata (2007); Decker/Marteache (Eds.), International Handbook of Juvenile Justice[2] (2017).

[3751] Vgl. Rule 21.1 der Rec (2008) 11; Rule 11.1 der Rec (2006) 11.

[3752] Zu beachten ist, dass Art. 14 Abs. 4 IPBPR – anders als Art. 6 Abs. 5 IPBPR für das Verbot der Todesstrafe – keine Altersgrenze bestimmt.

[3753] *Bung* StV **2011** 625, 627.

[3754] *Keiser* ZStW **120** (2008) 26, 28.

Daneben existiert seitens des Europarates das **Europäische Übereinkommen über** **1429** **die Ausübung von Kinderrechten**[3755] v. 25.1.1996, welches sich mit der Beteiligung von Kindern in familienrechtlichen Verfahren befasst. Nach dessen Art. 1 Nr. 1 ist Kind, wer das 18. Lebensjahr noch nicht vollendet hat. Die Art. 3 bis 5 des Übereinkommens räumen Kindern umfassende Verfahrensrechte ein, insbesondere Informations- und Beteiligungsrechte. Gleichzeitig werden Verpflichtungen der Justizbehörden zur Ausgestaltung des Verfahrens normiert, etwa eine Pflicht zum zügigen Handeln und zur Vermeidung unnötiger Verzögerungen (Art. 7).

Das CoE-**Übereinkommen über den Umgang von und mit Kindern**[3756] v. 15.5.2003 be- **1430** treffend Umgangsentscheidungen legt seiner Kinderdefinition in Art. 2 *lit.* c Personen unter 18 Jahren zugrunde, in Bezug auf die in einem Mitgliedstaat eine Umgangsentscheidung ergehen oder vollstreckt werden kann. Art. 4 Abs. 1 statuiert ein beiderseitiges Umgangsrecht von Eltern und Kind. Dieses Umgangsrecht, welches nach Art. 4 Abs. 2 nur einem Kindeswohlvorbehalt unterliegt, ist auch im Rahmen strafjustizieller Entscheidungen von den Signatarstaaten zu berücksichtigen. Dabei genießt das Kind umfangreiche Beteiligungsrechte (Art. 6 Abs. 1), seine Äußerungen sind bei Entscheidungen gebührend zu berücksichtigen (Art. 6 Abs. 2).

Der Europarat hat zudem in einigen **Empfehlungen**[3757] konkretere Vorgaben für das **1431** Strafverfahren gegen Jugendliche gegeben. Zwar sind diese als sog. „soft law" einzuordnen, doch orientieren sich deutsche Gerichte bei der Auslegung von nationalen Rechtssätzen regelmäßig an ihnen.[3758] Dabei fordert die **Res (66)25 zum Strafvollzug von Jugendlichen unter 21 Jahren** v. 30.4.1966 eine möglichst kurzfristige Inhaftierung. Die Empfehlung **R (87) 20 über die gesellschaftlichen Reaktionen auf Jugendkriminalität** v. 17.9.1987[3759] stellt sich als Bekenntnis zu einem liberalen Strafrecht dar. Sie empfiehlt, vorrangig Präventionsmaßnahmen zu ergreifen. Sind strafrechtliche Maßnahmen aber erforderlich, so soll nach der Empfehlung die Sanktion ausgesprochen werden, die am wenigsten „intensiv" erscheint. Zudem werden im dritten Abschnitt die verfahrensrechtlichen Mindestgarantien geregelt. In der Empfehlung **R (88) 6 über die gesellschaftlichen Reaktionen auf Kriminalität unter Jugendlichen aus Gastarbeiterfamilien** v. 18.4.1988, die den sozialen Reaktionen auf die Delinquenz von Jugendlichen mit Migrationshintergrund gewidmet ist, fordert der Europarat ein Diskriminierungsverbot betreffend die Angehörigen von Minoritäten.[3760]

Ziel der Empfehlung R (92) 16 über die Europäischen Grundsätze zu ambulanten Sank- **1432** tionen und Maßnahmen v. 19.10.1992[3761] und der zu ihrer Durchführung erlassenen R (2000) 22 zur Verbesserung der Durchführung der Europäischen Grundsätze betreffend in

---

3755 CETS Nr. 160, seit 1.8.2002 in Deutschland in Kraft.

3756 CETS Nr. 192, nicht von Deutschland unterzeichnet oder ratifiziert (Stand: 4/2023).

3757 Die nachfolgenden Empfehlungen (Recommendations) des Europarates sind abrufbar unter: www.coe.int.

3758 Vgl. *Pruin* ZJJ **2011** 127 m.w.N. auch zur ausdrücklichen Anerkennung im Justizvollzugsgesetzbuch Baden-Württemberg.

3759 Rec R (87) 20 on Social Reactions to Juvenile Delinquency; auf Deutsch abgedruckt in: BMJ (Hrsg.), Dokumente, 197–201.

3760 Rec R (88) 6 on Social Reactions to Juvenile Delinquency among Young People coming from Migrant Families; auf Deutsch abgedruckt in: BMJ (Hrsg.), Dokumente, 202–205.

3761 Rec R (92) 16 on the European Rules on Community Sanctions and Measures; auf Deutsch abgedruckt in: BMJ (Hrsg.), Dokumente, 206–222. „Ambulant" entspräche eher der deutschen Terminologie: vgl. *Neubacher* Die Politik des Europarats auf dem Gebiet des Jugendkriminalrechts, in: BMJ (Hrsg.), Dokumente 170, 179 ff.

der Gemeinschaft angewandte Sanktionen und Maßnahmen v. 25.11.2000[3762] ist es, Freiheitsstrafen bei Jugendlichen zurückzudrängen, um Prisonisierungsschäden zu vermeiden, und die Achtung der Menschenrechte, die aus der EMRK folgen, sicherzustellen.[3763]

1433   Die Empfehlung **R (2003) 20 zu neuen Wegen im Umgang mit Jugenddelinquenz und der Rolle der Jugendgerichtsbarkeit** v. 24.9.2003[3764] greift im Wesentlichen den Inhalt der Empfehlung zu den gesellschaftlichen Reaktionen auf Jugendkriminalität aus dem Jahr 1987 auf. Abschnitt II enthält als Hauptziele: Prävention, Resozialisierung und Wahrung der Opferinteressen. Abschnitt III betont den Vorrang ambulanter Maßnahmen, fordert die Zurückdrängung von U-Haft und stationären Maßnahmen sowie die Stärkung der Rechte der Täter.

1434   Zu nennen sind im Zusammenhang mit der Europäischen Jugendgerichtsbarkeit auch die Empfehlung **R (2006) 2 über die Europäischen Gefängnisregeln (European Prison Rules)** v. 11.1.2006.[3765] Diese sehen die Trennung des Strafvollzugs für Häftlinge unter 18 Jahren vom Erwachsenenstrafvollzug vor.

1435   Die Empfehlung **R (2008) 11 über die Europäischen Regeln über straffällige Jugendliche, die Sanktionen oder Maßnahmen unterworfen sind** (Europäische Grundsätze für die von Sanktionen und Maßnahmen betroffenen jugendlichen Straftäterinnen und Straftäter, **ERJOSSM**), v. 5.11.2008[3766] enthält konkrete Regelungen zum **europäischen Jugendstrafvollzug**,[3767] z.B. das Recht auf Wahrung der Privatsphäre (Nr. 16) sowie die Schaffung einer Partizipationsmöglichkeit für Jugendliche (Nr. 13) und ihre Eltern (Nr. 14) im Strafverfahren. Die Regelungen der ERJOSSM beanspruchen, einem modernen Menschenrechtsverständnis verpflichtet, Geltung sowohl für ambulante als auch für stationäre Sanktionen. Durch die Feststellung, dass die ERJOSSM andere Menschenrechte lediglich ergänzen (nicht jedoch beschränken) sollen, tragen sie auch dem Grundsatz des Verbots der Schlechterstellung jugendlicher Straftäter Rechnung.

1436   Bedenken zur Vereinbarkeit deutschen Rechts mit den ERJOSSM bestehen insbesondere im Hinblick auf die Möglichkeit der nachträglich angeordneten Sicherungsverwahrung gegen Jugendliche (vgl. Nr. 2 ERJOSSM; § 7 Abs. 2–4 JGG).[3768] Auch wird vorgebracht, dass die in einigen Strafvollzugsgesetzen vorgesehenen Disziplinartatbestände nicht konkret genug ausgestaltet seien und daher gegen Nr. 94.3 ERJOSSM verstoßen. Für Jugendliche in Haft soll nach Ansicht des Penological Council aus den ERJOSSM ein Anspruch auf mindestens einen Besuch pro Woche (bzw. vier Besuche pro Monat) erwachsen (vgl. Nr. 83 ERJOSSM sowie den auf BVerfG-Entscheidungen verweisenden Kommentar zu Nr. 85.2 ERJOSSM). Auch ist aus ihnen eine Verpflichtung des Staates zum Schutz der Jugendlichen vor wechselseitigen Übergriffen und Viktimisierung herzuleiten (vgl. Nr. 88.2 ERJOSSM).[3769]

1437   Die im Januar 2010 veröffentlichten **Draft Guidelines on Child-Friendly Justice** des Ministerkomitees des Europarates verstehen sich als Vertiefung bzw. Konkretisierung der

---

[3762] Rec (2000) 22 on Improving the Implementation of the European Rules on Community Sanctions and Measures; auf Deutsch abgedruckt unter: BMJ (Hrsg.), Dokumente, 223–228.

[3763] Vgl. Präambel der Empfehlung Rec (2000) 22.

[3764] Rec (2003) 20 on New Ways of Dealing with Juvenile Delinquency and the Role of Juvenile Justice.

[3765] Siehe Rule 11.1 der Rec (2006) 2 v. 11.1.2006.

[3766] Rec Nr. R (2008) 11 on the European Rules for Juvenile Offenders subject to Sanctions or Measures.

[3767] Siehe hierzu: *Bornhöfer* Jugendstrafvollzug in Deutschland und Frankreich – Auf dem Weg vom „lieu de non-droit" zum modernen Behandlungsvollzug mitten in Europa (2010).

[3768] *Dünkel* ZJJ **2011** 140, 142.

[3769] *Dünkel* ZJJ **2011** 140, 150; vertiefend: *Kühl* Die gesetzliche Reform des Jugendstrafvollzugs in Deutschland im Licht der European Rules for Juvenile Offenders Subject to Sanctions or Measures (ERJOSSM) (2012).

UN-Kinderrechtskonvention (CRC; Rn. 1427, 1451). Entsprechend der CRC gelten auch hier als *Kinder* alle Personen unter 18 Jahren.

4. IPBPR. Im Gegensatz zur EMRK enthält der IPBPR explizit besondere Garantien **1438** zum Schutz Jugendlicher. So resultiert aus **Art. 24 Abs. 1 IPBPR** zunächst die allgemeine staatliche Verpflichtung zum Schutz Jugendlicher, und somit auch im Strafverfahren, in Übereinstimmung mit dem Internationalen Pakt über wirtschaftliche, soziale und kulturelle Rechte **(IPWSKR)** vom 19.12.1966.[3770] Einige Gewährleistungen werden gesondert aufgegriffen und konkretisiert, wie etwa das **Verbot der Todesstrafe** bei Jugendlichen unter 18 Jahren (**Art. 6 Abs. 5 IPBPR**). **Art. 10 Abs. 2** *lit.* **b** und **Abs. 3 Satz 2 IPBPR** fordern zudem für den Haftvollzug, dass jugendliche Beschuldigte und Verurteilte von Erwachsenen zu trennen sowie ihrem Alter und ihrer Rechtsstellung entsprechend zu behandeln sind.

Art. 14 Abs. 4 IPBPR begründet das **Gebot einer jugendgerechten Verfahrensge-** **1439** **staltung.** Das Verfahren muss so geführt werden, dass es die Wiedereingliederung der Jugendlichen in die Gesellschaft fördert; dies gilt sowohl für die Verfahrensgestaltung als auch für das auf Jugendliche anwendbare Sanktionsystem, das sich nicht auf repressive Strafen beschränken darf. Einzelheiten werden dem nationalen Recht überlassen. Dem nationalen Gesetzgeber verbleibt somit ein weiter **Gestaltungsspielraum.** Er muss auch nicht zwingend ein besonderes Verfahren vor speziell geschaffenen Jugendgerichten einführen.[3771] Wird gegen Jugendliche aber nach denselben Verfahrensvorschriften wie bei Strafprozessen gegen Erwachsene verhandelt und kommt dasselbe Sanktionsystem zur Anwendung, ist dies nicht mit Art. 14 Abs. 4 IPBPR vereinbar.[3772] Ausführlich zu den Besonderheiten des Strafverfahrens gegen Jugendliche Rn. 1459 ff.

5. Recht der Europäischen Union.[3773] Zwar sieht das Primärrecht der Union auch **1440** in der Fassung des Vertrags von Lissabon keine Kompetenz der EU zur Schaffung bzw. Harmonisierung des materiellen bzw. formellen Jugendstrafrechts vor.[3774] Die **Charta der Grundrechte** der Europäischen Union enthält jedoch Vorgaben, die Einfluss auf die Behandlung Jugendlicher im Strafverfahren haben. Von besonderer Bedeutung ist **Art. 24 Abs. 1 EUC**, demzufolge Kinder[3775] ein Recht auf Schutz und Fürsorge haben. Ihre Meinung muss in eigenen Angelegenheiten dem Alter und Reifegrad entsprechend Berücksichtigung finden. Der EuGH hat allerdings festgestellt, dass aus Art. 24 Abs. 1 EUC keine Verpflichtung zur persönlichen Anhörung des Kindes folgt, wenn dies dem Kindeswohl entgegensteht. Es muss allerdings ein rechtlicher Rahmen geschaffen werden, in dem das Kind seine Beteiligungsrechte effektiv wahrnehmen kann.[3776]

[3770] BGBl. 1973 II S. 1570 wegen der Verpflichtung zu Sondermaßnahmen zum Schutze der Kinder vgl. Art. 10 Nr. 3 IPWSKR.

[3771] *Nowak* 63.

[3772] Vgl. ital. Corte Costituzionale EuGRZ **1988** 106 (gleiches Erkenntnisverfahren gegen Jugendliche und Erwachsene im Staat New York); ferner *Mayer* GA **1990** 572 (Verletzung des Persönlichkeitsrechts des Kindes).

[3773] Zum Einfluss der CRC (Rn. 1451 ff.) auf die Artikel der EUC betreffend Kinderrechte: *Steindorff-Classen* EuR **2011** 19, 21 ff., 29 ff.

[3774] Vgl. *Radtke* ZJJ **2011** 120 zu den unionsrechtlichen Einflüssen auf das Jugendstrafrecht.

[3775] Der Begriff „Kind" i.S.d. EUC entspricht dem des Art. 1 CRC, erfasst also den Zeitraum zwischen der Geburt und dem 18. Lebensjahr. Dazu *Steindorff-Classen* EuR **2011** 19, 21, 30.

[3776] EuGH 22.12.2010, C-491/10 PPU (Aguirre Zarraga), Tz. 63 ff., FamRZ **2011** 355 m. Anm. *Schulz* FamRZ **2011** 359. Ob dieser Grundsatz auch ohne weiteres auf das Strafverfahren übertragen werden kann, ist allerdings fraglich.

Esser

1441   Art. 24 Abs. 2 EUC normiert den Grundsatz der **vorrangigen Berücksichtigung des Kindeswohls**,[3777] insbesondere für Maßnahmen in öffentlichen Einrichtungen. In **Art. 24 Abs. 3 EUC** wird das Recht eines jeden Kindes auf **regelmäßigen Kontakt zu beiden Elternteilen** festgelegt, sofern dies nicht im Einzelfall dem Kindeswohl widerspricht – eine insbesondere im Strafvollzug relevante Bestimmung.

1442   2010 hatte die **Europäische Kommission** eine öffentliche Konsultation zu einer neuen Kinderrechtsstrategie durchgeführt und dabei Themen wie etwa eine kinderfreundliche Justiz, die Einbeziehung der Kinder in das Justizwesen sowie rechtspolitische Maßnahmen zur Gewährleistung von Kinderrechten insbesondere bei der Familienmediation aufgegriffen. Die Konsultation befasst sich zudem mit dem Schutz einzelner Gruppen von Kindern (Opfer von Gewalt oder sexueller Ausbeutung). 2011 stellte die Kommission[3778] sodann die **EU Agenda for the Rights of the Child** auf, die auch Vorgaben für die Behandlung minderjähriger Beschuldigter, Zeugen und Opfer in Strafverfahren enthält. Insbesondere wird dort festgeschrieben, dass in Verfahren unter Beteiligung von Jugendlichen die Privatsphäre besonders geschützt werden müsse und sich die Beteiligten des Strafverfahrens einer Sprache bedienen müssen, die dem Reifegrad und dem Alter der Jugendlichen angepasst ist, um sicherzustellen, dass diese dem Verfahrensgang folgen können und den Inhalt von Belehrungen über ihre Verfahrensrechte verstehen.

1443   In einer hierzu veröffentlichten Stellungnahme[3779] forderte der Europäische Wirtschafts- und Sozialausschuss (EWSA) neben dem Beitritt der EU zur CRC (Rn. 1451)[3780] ein **generelles Verbot der körperlichen Züchtigung von Kindern** (insbesondere zu Erziehungszwecken[3781]). Im Rahmen von Justizverfahren sollen weitere Maßnahmen ergriffen werden, um einer verfahrensbedingten Traumatisierung von Kindern vorzubeugen.

1444   2016 wurde gestützt auf Art. 82 Abs. 2 *lit.* b AEUV die **EU-Richtlinie 2016/800 über Verfahrensgarantien in Strafverfahren für verdächtige oder beschuldigte Kinder**[3782] erlassen. Mit ihr sollen Verfahrensgarantien harmonisiert werden, um zu gewährleisten, dass Kinder, die Verdächtige oder Beschuldigte in Strafverfahren sind, das Verfahren verstehen können und in der Lage sind, ihr Recht auf ein faires Verfahren auszuüben (ErwG 1 RL). Ebenso soll ihre **erneute Straffälligkeit** verhindert und ihre **soziale Integration** gefördert werden (ErwG 1 RL). Durch die Festlegung von Mindestvorschriften soll zudem das Vertrauen in die Strafrechtspflege anderer Mitgliedstaaten gestärkt und die **gegenseitige Anerkennung** gerichtlicher Entscheidungen in Strafsachen erleichtert werden (ErwG 2 RL).

1445   Die Richtlinie gilt v.a. für Kinder, gegen die ein Strafverfahren eingeleitet worden ist, ab dem **Zeitpunkt** zu dem sie einer Straftat verdächtigt oder beschuldigt werden, bis zum Abschluss des Strafverfahrens (Art. 2 Abs. 1 RL). Kind ist dabei auch in diesem Regelwerk jede Person, die das 18. Lebensjahr noch nicht vollendet hat (Art. 3 RL). Ebenso sind gewisse Rechte der RL auch auf Kinder anwendbar, gegen die ein Verfahren zur Vollstreckung

---

[3777] Vgl. Nds OVG DVBl. **2011** 289, 291 (Erteilung Aufenthaltserlaubnis bei Geburt des Kindes im Bundesgebiet).

[3778] Mitteilung der Kommission v. 15.2.2011, KOM (2011) 60.

[3779] Stellungnahme EWSA v. 7.12.2011, 2012/C 43/08.

[3780] Zwar sei der Beitritt zur CRC nur Staaten möglich, doch schlägt der EWSA eine einseitige Beitrittserklärung der EU zur CRC vor; vgl. Stellungnahme EWSA v. 7.12.2011, 2012/C 43/08, Rn. 1.4, Fn. 3.

[3781] Zur Begründung wird auf das Recht auf körperliche Unversehrtheit sowie auf die Menschenwürde der Kinder abgestellt; vgl. zur Rechtslage in Deutschland § 1631 Abs. 2 BGB; zur historischen Entwicklung des Züchtigungsrechts der Eltern in Deuschland vgl. *Peschel-Gutzeit* FPR **2012** 195.

[3782] Richtlinie (EU) 2016/800 des Europäischen Parlaments und des Rates vom 11.5.2016 über Verfahrensgarantien in Strafverfahren für Kinder, die Verdächtige oder beschuldigte Personen in Strafverfahren sind, ABlEU Nr. L 132 v. 21.5.2016 S. 1.

Esser   1062

eines EuHb eingeleitet worden ist, ab dem Zeitpunkt ihrer Festnahme im Vollstreckungs-mitgliedstaat, vgl. Art. 2 Abs. 2 RL und Art. 17 RL. Über seine Rechte ist das Kind umgehend nach Art. 4 RL zu **belehren**.

Da Kinder häufig nicht in der Lage sind, Inhalt und Ablauf eines Strafverfahrens **1446** richtig zu verstehen und ihm zu folgen, schreibt Art. 6 RL für verdächtige oder beschul-digte Kinder in Anlehnung an das Recht auf Zugang zu einem Rechtsbeistand gemäß der **RL 2013/48/EU**[3783] die **Unterstützung durch einen Rechtsbeistand** vor. Während im RL-Vorschlag der Kommission die Möglichkeit eines Verzichts auf dieses Recht unter Betonung der Bedeutung des Rechtsbeistandes für Kinder noch explizit ausgeschlossen wurde,[3784] behält Art. 6 Abs. 6 RL den Mitgliedstaaten vor, von den Verpflichtungen aus Art. 6 Abs. 3 RL aus Gründen der Verhältnismäßigkeit abzuweichen. Art. 6 Abs. 6 UAbs. 2 RL verlangt aber für bestimmte Fälle (Haft; Vorführung zur Entscheidung über Haft), die Verteidiger-unterstützung „in jedem Fall", also ohne Ausnahmemöglichkeit, sicherzustellen. Durch **§ 68 JGG** i.V.m. § 140 StPO wurden im geltenden Recht zwar die meisten Fälle bereits abgedeckt, die Richtlinienvorgaben haben jedoch punktuelle Anpassungen u.a. beim Um-fang der Pflichtverteidigung nach sich gezogen.[3785]

Nach **Art. 7 RL** sind Kinder **noch vor Anklageerhebung** grundsätzlich einer individu- **1447** ellen **Begutachtung** zu unterziehen, um besondere Bedürfnisse in Bezug auf Schutz, Erzie-hung, Ausbildung und Wiedereingliederung in die Gesellschaft berücksichtigen zu können. Umfang und Genauigkeit der Begutachtung richten sich u.a. nach den Umständen des Falls und der Schwere der zur Last gelegten Straftat, vgl. Art. 7 Abs. 3 RL.[3786] **Befragungen** sollen zum Schutz des Kindes und zum Zwecke der Klarheit **audiovisuell aufgezeichnet** werden, wenn dies unter den Umständen des Falles verhältnismäßig ist (Art. 9 RL; ErwG 42 RL). Die Aufzeichnungen dürfen keinesfalls öffentlich verbreitet werden, ebenso sollen Strafverfahren grundsätzlich unter **Ausschluss der Öffentlichkeit** stattfinden und die **Privatsphäre des Kindes und der Familienmitglieder** ist zu schützen (Art. 14 RL). Dies ist von entscheidender Bedeutung für die Rehabilitation des kindlichen Delinquenten (ErwG 56 RL). Zum Recht des Kindes auf **Anwesenheit in der Hauptverhandlung** vgl. Art. 16 RL.

Des Weiteren sieht die RL bestimmte Rechte gerade im Hinblick auf einen **Freiheits- 1448 entzug** des Kindes vor, in Anbetracht der Risiken der Haft für ihre körperliche, geistige und soziale Entwicklung (ErwG 45 f. RL). Freiheitsentzug darf nur als letztes Mittel und für die kürzeste angemessene Zeit erfolgen (Art. 10 und 11 RL). Nach Art. 12 RL steht dem Kind ein Recht auf besondere Behandlung bei Freiheitsentzug zu, insbesondere auf **regel-mäßigen Kontakt mit Eltern und Freunden** und auf **geeignete Erziehung und Ausbil-dung** (ErwG 51 f.n RL). Zudem soll auf Antrag eine **medizinische Untersuchung** erfolgen (Art. 8), um die geistige und körperliche Verfassung des Kindes zu beurteilen und die Vereinbarkeit mit Befragungen und anderen Maßnahmen zu gewährleisten.

Auch den **Eltern** eines Kindes komme eine wichtige Rolle in einem Strafverfahren zu, **1449** da sie über ihre Unterstützung ein faires Verfahren und eine wirksame Ausübung der

---

[3783] Richtlinie 2013/48/EU des Europäischen Parlaments und des Rates v. 22.10.2013 über das Recht auf Zugang zu einem Rechtsbeistand in Strafverfahren und in Verfahren zur Vollstreckung des Europäischen Haftbefehls sowie über das Recht auf Benachrichtigung eines Dritten bei Freiheitsentzug und das Recht auf Kommunikation mit Dritten und mit Konsularbehörden während des Freiheitsentzugs, ABlEU Nr. L 294 v. 6.11.2013 S. 1.

[3784] Vgl. Begründungspunkt Nr. 16, KOM (2013) 822, S. 15.

[3785] *Höynck* StraFo **2017** 267, 273. Umgesetzt durch Art. 1–6 des Gesetzes v. 27.8.2017, BGBl. I S. 3295.

[3786] Ausführlich zum Inhalt *Höynck* StraFo **2017** 267, 271 f., die auch auf den daraus resultierenden Umset-zungsbedarf im nationalen Recht eingeht.

Esser

Rechte des Kindes gewährleisten können (ErwG 22). Dementsprechend sieht die RL gewisse Rechte des Kindes vor, die sich auf die sog. Träger der elterlichen Verantwortung beziehen. Diesen sind die Informationen mitzuteilen, die das Kind gemäß Art. 4 RL über seine Rechte enthält (Art. 5 RL), sie können die medizinische Untersuchung beantragen (Art. 8 Abs. 3 *lit.* b RL) und ihnen ist Zugang zu den Gerichtsverhandlungen zu gewähren, die das Kind betreffen (Art. 15 RL). Zum Wohle des Kindes kann ggf. statt des Trägers der elterlichen Verantwortung ein anderer geeigneter Erwachsener herangezogen werden, etwa bei Beteiligung der Eltern an derselben Straftat (ErwG 23 RL).[3787]

1450   Daneben bestehen die sog. **Leitlinien der EU für die Förderung und den Schutz der Rechte des Kindes** aus dem Jahr 2007, die im Jahr 2017 überarbeitet wurden. Grundkonzeption dieser Überarbeitung war die Verfolgung eines rechtebasierten Ansatzes zur wirkungsvollen Umsetzung der Rechte des Kindes. Die Empfehlungen in den Leitlinien zielen insbesondere darauf, dass die Union Partnerländer zu einem Beitritt zu den einschlägigen internationalen Instrumenten zur Förderung der Rechte des Kindes ermutigt. Auch Empfehlungen hinsichtlich der Überprüfung und Überarbeitung der einschlägigen nationalen Rechtsvorschriften in Bezug auf die Funktionsweise der Justiz und den Zugang zur Justiz durch Kinder unter besonderer Beachtung des Grundsatzes der Verfahrensgleichheit sind Teil der Leitlinien. Dabei gehen Forderungen insbesondere auch dahin, die Verletzung der Rechte von Kindern – auch mit den Mitteln des Strafrechts – zu verbieten und im Falle des Verstoßes entsprechend zu ahnden.[3788]

1451   **6. UN-Konvention über die Rechte des Kindes (CRC).**[3789] Von international besonderer Bedeutung für die Ausgestaltung von Strafverfahren gegen Kinder ist die **UN-Konvention über die Rechte des Kindes** (Kinderrechtskonvention) v. 20.11.1989 (Convention on the Rights of the Child – CRC).[3790] Mit Ausnahme der USA und Somalia haben alle Mitgliedstaaten der Vereinten Nationen die CRC ratifiziert.[3791] Sie stellt damit die meistratifizierte Menschenrechtskonvention der Welt dar.[3792] Deutschland hatte zur CRC ursprünglich einen **Vorbehalt** dahingehend erklärt, dass einigen Vorschriften des Übereinkommens innerstaatlich keine unmittelbare Anwendung zukommen solle. Seit der Rücknahme dieses Vorbehalts am 15.7.2010 kommt der CRC in Deutschland uneingeschränkt der Rang einfachen Bundesrechts zu.[3793] Unter Bezugnahme auf die Rechtsprechung des BVerfG hat das BVerwG zwischenzeitlich festgestellt, dass im Rahmen der Grundrechtsauslegung auch die

---

3787 Vgl. auch Formulierung der Art. 5, 8 Abs. 3 *lit.* b und 15 RL.

3788 Siehe Rats-Dok. 6846/17 v. 6.3.2017.

3789 Convention on the Rights of the Child (CRC), A/Res/44/25 v. 20.11.1989, BGBl. 1992 II S. 121; seit 5.4.1992 in Deutschland in Kraft.

3790 Zur Entwicklung von den ersten Kinderrechtsabkommen zur CRC: *Steindorff-Classen* EuR **2011** 19, 20 f.; *Invernizzi* The Human Rights of Children (2011); *Schmahl* Kinderrechtskonvention (2012).

3791 Die Erklärungen von 1992 befassen sich u.a. mit der elterlichen Sorge, dem Umgangsrecht, der Vertretung Minderjähriger, dem Erbrecht nichtehelicher Kinder, dem Beistand für Minderjährige im Strafverfahren und aufenthaltsrechtlichen Fragestellungen, BGBl. 1992 II S. 122, 990.

3792 Stellungnahme des EWSA v. 7.12.2011, 2012/C 43/08, Rn. 2.1.; kritisch zur weltweiten Umsetzung in der Praxis: *Hopman* Looking at law through Children's Eyes (2021).

3793 *Von Kühlewein* ZJJ **2011** 134; *Bung* StV **2011** 625, 627; zu einer konsequenten und vollständigen Umsetzung der UN-Kinderrechtskonvention ist es in Deutschland zumindest bis zur Rücknahme der letzten Vorbehaltserklärung nicht gekommen. Stellungnahmen des UN-Ausschusses für die Rechte des Kindes zu den Staatenberichten der BR Deutschland haben wiederholt gravierende Mängel bezüglich der Umsetzung der CRC dokumentiert (http://www.bmfsfj.de/RedaktionBMFSFJ/Abteilung5/Pdf-Anlagen/14-kinderrechteausschus-arbeitsuebersetzung-deutsch,property=pdf,bereich=bmfsfj,sprache=de,rwb=true.pdf).

CRC heranzuziehen ist.[3794] Das Übereinkommen regelt die Rechte der *Kinder* (Rn. 1427). Im strafrechtlichen Kontext sind vor allem Art. 3, 37 und 40 CRC von Bedeutung. Während **Art. 3 CRC** den allgemeinen Vorrang des Kindeswohls[3795] normiert, stellen **Art. 37** und **40 CRC** konkrete Regeln zum Umgang mit Kindern im Strafverfahren dar. Nach Art. 40 Abs. 1 CRC muss jedes Kind, das der Verletzung der Strafgesetze verdächtigt ist, in einer Weise behandelt werden, die das Gefühl des Kindes für die eigene Würde und den eigenen Wert fördert und seine Achtung vor den Menschenrechten und Freiheiten anderer stärkt. Auch das Alter und das Ziel der **sozialen Wiedereingliederung** sind bei der Behandlung straffälliger Minderjähriger zu berücksichtigen. Zu diesem Zweck gelten für Minderjährige, die einer Straftat verdächtigt, beschuldigt oder überführt wurden, zumindest die in **Art. 40 Abs. 2 *lit.* b CRC** genannten **Mindestgarantien**: Die Jugendlichen müssen unverzüglich und unmittelbar über die gegen sie erhobenen Beschuldigungen unterrichtet werden und einen rechtskundigen oder anderen geeigneten **Beistand** zur Vorbereitung und Wahrnehmung ihrer Verteidigung erhalten. Die Sache muss unverzüglich durch eine zuständige Stelle, die unabhängig und unparteiisch ist, in einem fairen Verfahren entsprechend dem Gesetz entschieden werden. Dabei hat ein rechtskundiger oder anderer geeigneter Beistand anwesend zu sein sowie die Eltern, sofern dies nicht insbesondere in Anbetracht des Alters oder der Lage des Kindes als seinem Wohl widersprechend angesehen wird. Zwar schreibt Art. 40 Abs. 2 *lit.* b ii) CRC vor, dass jedem Kind in einem gegen es selbst gerichteten Strafverfahren der **Zugang zu einem Verteidiger** zu gewähren ist; die Normierung einer stets verpflichtenden Verteidigung kann hierin aber nicht erblickt werden (vgl. Rn. 827, 1465 ff.). Dies resultiert im Hinblick auf die verpflichtende Verteidigung in zum Teil stark divergierenden nationalen Regelungen.[3796] Darüber hinaus bietet **Art. 37 *lit.* a, b CRC** Schutz vor bestimmten **Arten der Strafe** und des **Freiheitsentzugs**. Im Falle des zulässigen Freiheitsentzuges bestimmt **Art. 37 *lit.* c CRC** zudem, dass es Kindern ermöglicht werden muss, den **Kontakt zur Familie** aufrecht zu erhalten.[3797] Nach **Art. 37 *lit.* d CRC** muss dem Kind ein **Rechtsbeistand** gewährt werden. Es muss nach dieser Vorschrift auch die Möglichkeit bestehen, die Rechtmäßigkeit des Freiheitsentzuges überprüfen zu lassen. Weiterhin werden in **Art. 40 Abs. 2 *lit.* b CRC** die Rechte, einen **Rechtsbehelf gegen ein Strafurteil** einzulegen und nicht als Zeuge aussagen oder sich schuldig bekennen zu müssen, gewährleistet. Daneben ist Art. 12 Abs. 2 CRC, der Kindern Anspruch auf rechtliches Gehör einräumt, zu beachten. Auch wenn aus dieser Vorschrift keine Pflicht des Kindes erwächst, handelt es sich nicht um ein bloß formales Recht. Die Äußerungen des Kindes sind vielmehr angemessen bei der Entscheidungsfindung zu beachten.[3798] Art. 16 Abs. 2 CRC bietet schließlich rechtlichen Schutz gegen **Eingriffe in die Privatsphäre und das Familienleben**. So ist bei gegen ein Kind gerichteten aufenthaltsbeendenden Maßnahmen das Kindeswohl (Art. 3 Abs. 1 CRC) im Rahmen der Verhältnismäßigkeitsprüfung besonders zu gewichten; ebenso wie sich laut BVerfG bei Prüfung des Art. 6 GG ein Rückgriff auf Art. 3 Abs. 1 CRC gebietet, greift auch der EGMR bei der Prüfung des Art. 8 auf diese Norm zum Schutz des Kindeswohls zurück.[3799]

Bedeutsam ist zudem, dass gemäß Art. **Art. 40 Abs. 2 *lit.* b v) CRC** jedem Kind, wenn es einer Verletzung der Strafgesetze überführt ist, die Möglichkeit gegeben sein muss, diese **1452**

[3794] *Cremer* AnwBl. **2012** 327; BVerwG Beschl. v. 10.2.2011 – 1 B 22.10, BeckRS **2011** 48267 zum Seitenanfang.

[3795] Vgl. zum Begriff des Kindeswohls: *Cremer* AnwBl. **2012** 327, 328; *Bung* StV **2011** 625, 631 f. m.w.N.

[3796] *Pruin* ZJJ **2011** 127, 130.

[3797] Vgl. hierzu parallel auch die Initiative zum Schutz der Rechte von Kindern Inhaftierter, BTDrucks. **17** 11578.

[3798] Vgl. ausführlich zum Recht des Kindes auf Gehör: *Cremer* AnwBl. **2012** 327, 328 f.

[3799] *Cremer* AnwBl. **2012** 327, 328 m.w.N.

Esser

Entscheidung und alle als Folge davon verhängten Maßnahmen durch eine zuständige übergeordnete Behörde oder ein zuständiges höheres Gericht, die unabhängig und unparteiisch sind, entsprechend dem Gesetz, nachprüfen zu lassen. Das erlangt insoweit Bedeutung, als dass in **§ 55 Abs. 1 JGG** die Möglichkeit der rechtlichen Überprüfung ergangener Entscheidungen zumindest eingeschränkt wurde. Gemäß dieser Vorschrift kann eine Entscheidung, in der lediglich Erziehungsmaßregeln oder Zuchtmittel angeordnet oder die Auswahl und Anordnung von Erziehungsmaßregeln dem Familiengericht überlassen sind, nicht wegen des Umfangs der Maßnahmen und nicht deshalb angefochten werden, weil andere oder weitere Erziehungsmaßregeln oder Zuchtmittel hätten angeordnet werden sollen oder weil die Auswahl und Anordnung der Erziehungsmaßregeln dem Familiengericht überlassen worden sind. Die Einrichtung einer prinzipiellen Berufungsinstanz im Jugendstrafrecht lehnt Deutschland mithin ab und hatte zuvor, im Rahmen eines ausdifferenzierten Vorbehalts, im Zusammenhang mit Art. 40 CRC ähnliche Bedenken erhoben, wie es sie bereits gegenüber dem IPBPR zum Ausdruck gebracht hatte (Art. 14 Abs. 5 IPBPR).[3800] In einem Gesetzentwurf vom 2.11.1990[3801] legte der Bundesrat dezidiert die diesbezüglichen Bedenken dar, zog die Parallele zu Art. 14 Abs. 3 lit. a und b IPBPR und empfahl, einen vergleichbaren Vorbehalt erklären zu wollen.[3802] Da die CRC nach der Rücknahme der Vorbehalte aber inzwischen uneingeschränkt gilt, lässt sich eine Völkerrechtskonformität des § 55 Abs. 1 JGG kaum mehr begründen (vertiefend Rn. 1471).

1453   Aufgrund ihrer völkerrechtlichen Bindung haben die Vertragsstaaten bei ihren innerstaatlichen Entscheidungen die Vorgaben der CRC stets zu berücksichtigen.[3803] Allerdings sieht die CRC selbst **kein Individualbeschwerdeverfahren** für die Geltendmachung einer Verletzung ihrer Garantien vor; sie blieb daher in ihrem konzeptionellen Gehalt für den Individualrechtsschutz hinter der EMRK zurück.[3804] Am 19.12.2011 verabschiedete die UN-Generalversammlung dann das **dritte Zusatzprotokoll** zur CRC, das ein **Individualbeschwerdeverfahren für Kinder** zum Gegenstand hat.[3805] Danach können Kinder, nach Erschöpfung des nationalen Rechtswegs, eine Verletzung der Garantien beim **Committee on the Rights of the Child** geltend machen.[3806] Mittlerweile (Stand 4/2023) haben 50 Staaten das dritte ZP ratifiziert, darunter auch Deutschland.[3807]

1454   Über diese UN-CRC-Kontrollverfahren hinaus wird auch das Modell eines **Internationalen Gerichtshofes für Kinderrechte** diskutiert, mit dessen Hilfe die Umsetzung und Berücksichtigung der internationalen Standards zum Jugendstrafrecht effektiv gewährleistet werden sollen.[3808]

1455   **7. Sonstige Maßnahmen der Vereinten Nationen.** Zu den weiteren für das Jugendstrafverfahren relevanten Vorgaben der Vereinten Nationen zählen die sog. **Beijing-Ru-**

3800 Vgl. BGBl. II S. 1068.

3801 BRDrucks. 769/90 v. 2.1.1990.

3802 BRDrucks. 769/90 v. 2.1.1990 S. 52.

3803 *Bung* StV **2011** 625, 627.

3804 Hierzu auch: *Pruin* ZJJ **2011** 127; *Maywald* ZKJ **2011** 159, 164.

3805 OP to the Convention on the Rights of the Child on a communications procedure; Gesetz v. 20.12.2012 (BGBl. II S. 1546).

3806 https://www.bmfsfj.de/bmfsfj/aktuelles/presse/pressemitteilungen/kristina-schroeder-kinder-bekommen-ein-eigenes-instrument-zur-durchsetzung-ihrer-rechte--88684; zu näheren Informationen: https://www.auswaertiges-amt.de/de/aussenpolitik/themen/menschenrechte/06-kinder.

3807 https://indicators.ohchr.org/ (Stand: 11/2022).

3808 *Hinz* Old enough to commit a Crime – Old enough to do the Time (2021).

les.[3809] Sie stellen Mindestgrundsätze für die Jugendgerichtsbarkeit dar. Zu den Beijing-Grundsätzen gibt es einen offiziellen Kommentar,[3810] der gegenüber den Rules gleichrangig ist und daher eine authentische Interpretation des Normtextes darstellt.[3811] Rule 14.1 enthält das **Fair-trial-Gebot**, das gemäß den Ausführungen des Kommentars zu dieser Vorschrift mindestens die Achtung der in Rule 7.1 erwähnten Rechte voraussetzt.

Die **Tokyo Rules**[3812] beschäftigen sich ausschließlich mit ambulanten Maßnahmen. **1456** Sie sind nach Rule 2.1 auf alle Straftäter, also nicht nur Jugendliche, anwendbar. Das Regelwerk zielt insgesamt auf eine Zurückdrängung freiheitsentziehender Maßnahmen zugunsten ambulanter Maßnahmen ab. Dazu werden etwa in Rule 8.2 – nicht abschließend gemeinte – Sanktionen aufgezählt. Die aus demselben Jahr stammenden **Havanna-Rules**[3813] regeln die Rahmenbedingungen für den **Freiheitsentzug Jugendlicher**, welcher immer nur *ultima ratio* sein soll, vgl. Rule 2, und mit den Menschenrechten in Einklang stehen muss, vgl. Rule 3.

Die **Riyadh Guidelines**[3814] wurden 1990 als drittes Instrument zur Regelung, Verbes- **1457** serung und Vereinheitlichung des Vorgehens der UN-Mitgliedstaaten im Bereich der Jugendkriminalität verabschiedet. Sie beschäftigen sich mit der **Prävention der Jugendkriminalität**.[3815] Nur der sechste Abschnitt richtet sich direkt an die „Gesetzgebung und Jugendgerichtsbarkeit". Die Richtlinien betonen dabei besonders die entscheidende Bedeutung der Spezialprävention.[3816] Seit 1998 gibt es überdies noch einen Entwurf eines nicht verabschiedeten **UN-Mustergesetzes zur Jugendgerichtsbarkeit**.[3817]

Zu beachten ist auch der **General Comment No. 10**[3818] des Committee on the Rights **1458** of the Child v. 25.7.2007. Der Ausschuss empfiehlt im Hinblick auf die Verpflichtung der

---

3809 United Nations Standard Minimum Rules for the Administration of Juvenile Justice, A/Res/40/33 v. 29.11.1985; BMJ (Hrsg.), Dokumente 76–84; ZStW **99** (1987) 253; https://www.ohchr.org/en/instruments-mecha nisms/instruments/united-nations-standard-minimum-rules-administration-juvenile; http://www.un.org/Dept s/german/gv-early/ar4033.pdf.

3810 Abgedruckt in: ZStW **99** (1987) 253; s.a. http://www.un.org/Depts/german/gv-early/ar4033.pdf.

3811 So *Schüler-Springorum* in: BMJ (Hrsg.), Dokumente, 19, 28.

3812 United Nations Standard Minimum Rules for Non-custodial Measures, A/Res/45/110 v. 14.12.1990; BMJ (Hrsg.), Dokumente 132–141; https://digitallibrary.un.org/record/105347; siehe ausführlich: *Morgenstern* International nationale Mindeststandards für ambulante Strafen (2002) 72 ff. zur Entwicklung, Rechtsnatur und zu deren Inhalten.

3813 United Nations Rules for the Protection of Juveniles Deprived of their Liberty", A/Res/45/113 v. 14.12.1990; BMJ (Hrsg.), Dokumente, 94–108; https://www.ohchr.org/en/instruments-mechanisms/instruments/ united-nations-rules-protection-juveniles-deprived-their-liberty (Stand: 9/2022); zusammenfassend *Schüler-Springorum* in: BMJ (Hrsg.), Dokumente, 19, 30 ff.; ausführlich zudem *Hinz* 29.

3814 United Nations Guidelines for the Prevention of Juvenile Delinquency, A/Res/45/112 v. 14.12.1990; BMJ (Hrsg.), Dokumente 85–93; ZStW **104** (1992) 169; https://www.ohchr.org/en/instruments-mechanisms/instru ments/united-nations-guidelines-prevention-juvenile-delinquency-riyadh; zur Entstehungsgeschichte: *Schüler-Springorum* ZStW **104** (1992) 179 f.; näher dazu auch: *Hinz* 28 f.

3815 Vgl. knapp zum Inhalt der Richtlinien: *Schüler-Springorum* 19, 25 f.

3816 Ebenso *Bochmann* 24.

3817 Model Law on Juvenile Justice; BMJ (Hrsg.), Dokumente 109–131; siehe auch https://www.google.com/ url?sa=t&rct=j&q=&esrc=s&source=web&cd=&cad=rja&uact=8&ved=2ahUKEwj-xJqcsI_6AhVg_7sIHV8wC38QFn oECAcQAQ&url=https%3A%2F%2Fwww.unodc.org%2Fdocuments%2Fjustice-and-prison-reform%2FJustice_Ma tters_Involving-Web_version.pdf&usg=AOvVaw0Dqsg_IdJfurD2-bU31RZU; siehe auch *Schüler-Springorum* 19, 28 ff.

3818 Committee on the Rights of the Child, General Comment Nr. 10 (CRC/C/GC/10), v. 25.4.2007; https:// www.google.com/url?sa=t&rct=j&q=&esrc=s&source=web&cd=&cad=rja&uact=8&ved=2ahUKEwiA59S 5sY_6Ah WUxgIHHea1CKAQFnoECCAQAQ&url=https%3A%2F%2Fwww2.ohchr.org%2Fenglish%2Fbodies%2Fcrc%2Fdoc s%2FCRC.C.GC.10.pdf&usg=AOvVaw3KmpPbe-yDhPrNIdx1VzC0.

Staaten aus der CRC, Kindern einen – nicht notwendigerweise rechtlichen – **Beistand** zur Seite zu stellen sowie die Kostenfreiheit dieses Beistands zu regeln (Tz. 49). Zudem wird vorgeschlagen, im Sinne des Beschleunigungsgebots **zeitliche Grenzen für das gesamte Strafverfahren** gegen Jugendliche, einschließlich des Ermittlungsverfahrens, einzuführen, die wesentlich kürzer sein sollen als bei Verfahren gegen Erwachsene (Tz. 52). Zugleich müssen aber die **Verfahrensrechte** der Jugendlichen gewahrt werden, insbesondere das Recht auf einen Beistand. Dessen Anwesenheitsrecht soll nach dem General Comment zudem nicht auf das Gerichtsverfahren beschränkt werden, sondern bereits im Ermittlungsverfahren gelten, insbesondere also auch bei polizeilichen Vernehmungen.

1459   **8. Besonderheiten des Jugendstrafverfahrens nach der EMRK und dem IPBPR.** Nach Art. 6 Abs. 1 Satz 1 EMRK und Art. 14 Abs. 1 Satz 2 IPBPR hat jeder das **Recht auf einen gesetzlichen Richter.** Sowohl das zuständige Gericht als auch der zuständige Spruchkörper müssen sich aus dem Gesetz ergeben. Ausnahmegerichte sind unzulässig. Die nähere Ausgestaltung aufgrund untergesetzlicher Normen genügt, wenn sie den vorgegebenen gesetzlichen Rahmen wahren (Rn. 190). In Anlehnung an die Erfordernisse der obigen internationalen Dokumente kann mittelbar von einer **Pflicht zur Schaffung spezieller Jugendgerichte** ausgegangen werden.[3819]

1460   Im Hinblick auf die **Unparteilichkeit des Gerichts** hat der EGMR festgestellt, dass wegen der besonderen Schutzpflichten gegenüber jugendlichen Beschuldigten nationale Regelungen zulässig sein können, nach denen Richter, die bereits in der Ermittlungsphase wesentliche, für den Beschuldigten nachteilige Entscheidungen im Hinblick auf das Strafverfahren getroffen haben (hier: Eröffnung des Ermittlungsverfahrens, Leitung des Beweiserhebungsverfahrens), auch Teil des Richterkollegiums sein können, das die Strafsache verhandelt. Allerdings muss eine solche Regelung im Interesse der minderjährigen Delinquenten liegen und entsprechend ausgestaltet sein.[3820]

1461   Der **Öffentlichkeitsgrundsatz**, der der Kontrolle und Sicherung eines fairen Verfahrens dient, ist in Deutschland in § 169 GVG geregelt. Dennoch kann er nicht uneingeschränkt gelten, weil er gegenüber anderen wichtigen Belangen, insbesondere den Interessen Jugendlicher an der Wahrung ihrer **Privatsphäre** (Nr. 8 Beijing Rules; Art. 40 Abs. 2 lit. b vii CRC; Rule 12 Rec (92) 16 bei ambulanten Maßnahmen; Rule 16 Rec (2008)11 und Art. 8) und ihrem Schutz vor **Stigmatisierung**, abgewogen werden muss.[3821] Daher hat der deutsche Gesetzgeber in **§ 48 Abs. 1 JGG** die Nichtöffentlichkeit der Hauptverhandlung für Jugendstrafverfahren normiert. Jedoch scheint Art. 6 Abs. 1 Satz 2 1. Hs. lediglich die **nichtöffentliche Verhandlung**, nicht jedoch auch die *Urteilsverkündung* unter Ausschluss der Öffentlichkeit zuzulassen.[3822] Anders verhält es sich bei **Art. 14 Abs. 1 Satz 3 2. Hs. IPBPR**, der eine Ausnahme vom Erfordernis der öffentlichen Urteilsverkündung im Jugendstrafverfahren zu-

---

3819   Vgl. auch die Beijing Rules, die eine eigene Jugendgerichtsbarkeit als selbstverständlich voraussetzen (Teil 1 – Allgemeine Prinzipien/Grundlegende Perspektiven 1.4).
3820   Siehe EGMR Adamkiewicz/PL, 2.3.2010, §§ 101 ff. (Verletzung von Art. 6 Abs. 1 angenommen, da polnische Regierung nichts zur Rechtfertigung der Regelungen dargetan hatte).
3821   EGMR V./UK, 16.12.1999, §§ 76 f., 87; zum Ganzen auch Meyer-Ladewig/Nettesheim/von Raumer/*Meyer-Ladewig/Harrendorf/König* 183 ff.; *Kilkelly* 3.
3822   So sieht es § 48 Abs. 1 JGG vor („einschließlich der Verkündung der Entscheidungen"); der EGMR hat die nichtöffentliche Urteilsverkündung allerdings zum Schutz der Privatsphäre der Kinder in einer Familiensache, P. u. B./UK, 24.4.2001, §§ 46–49, erlaubt. § 48: „*Having regard to the nature of the proceedings and the form of publicity applied by the national law, the Court considers that a literal interpretation of the terms of Article 6 § 1 concerning the pronouncement of judgments would not only be unnecessary for the purposes of public scrutiny but might even frustrate the primary aim of Article 6 § 1, which is to secure a fair hearing [...].*". Ungeachtet dessen, dass es sich hierbei um einen zivilrechtlichen Fall handelte, ist davon

lässt. Gerade die Erweiterungen der Rechte in neueren Normtexten sollten aber konsequent auch in die EMRK hineingelesen werden. Art. 14 Abs. 1 Satz 3 IPBPR stellt eine Umsetzung der kriminologischen Erkenntnisse und Forderungen internationaler Dokumente dar, die Erziehung und Prävention und nicht die – öffentlichkeitswirksame – Strafe Jugendlicher als Zweck der Verfahren sehen.[3823] Dabei müssen aber auch die Rechte derjenigen, die an der Öffentlichkeit des Verfahrens ein berechtigtes Interesse haben, wie etwa das Opfer, hinreichend berücksichtigt werden.[3824]

Weiterhin muss nach dem Fair-trial-Grundsatz innerhalb **angemessener Frist** verhandelt werden (Art. 6 Abs. 1 Satz 1 EMRK/Art. 14 Abs. 3 *lit.* c IPBPR).[3825] Bei Verfahren gegen Jugendliche ist der Beschleunigungsgrundsatz von besonderer Bedeutung, da die **erzieherische Wirkung** mit der Dauer des Verfahrens abnimmt. Deshalb soll hier möglichst rasch eine Entscheidung ergehen.[3826] In **Untersuchungshaftsachen** gilt wegen der Unschuldsvermutung und der Intensität der Grundrechtseinschränkung ein **qualifizierter Beschleunigungsgrundsatz** (Art. 5 Abs. 3 Satz 1 i.V.m. Art. 6 Abs. 1 Satz 1 EMRK/Art. 9 Abs. 3 Satz 1 IPBPR, Art. 10 Abs. 2 *lit.* b IPBPR).[3827] Obwohl Jugendstrafverfahren möglichst **tatnah** abgeschlossen werden sollen (vgl. auch den General Comment Nr. 10 des Committee on the Rights of the Child, Rn. 1458), ist immer darauf zu achten, dass die Verfahrensrechte der Jugendlichen geachtet werden. Insbesondere muss ihnen ausreichend Zeit zur **Vorbereitung ihrer Verteidigung** gegeben werden. **1462**

Auch das **Recht auf rechtliches Gehör** ist durch Art. 6 Abs. 1 Satz 1 geschützt; darüber hinaus ist im Verfahren gegen Kinder auch Art. 12 CRC zu beachten (Rn. 1453). Für das Verständnis Jugendlicher darüber, warum ihr Handeln falsch war und weshalb eine bestimmte Maßnahme als Reaktion erzieherisch notwendig ist, ist es wichtig, dass sie ausreichende Partizipationsmöglichkeiten haben und den Gang der Verhandlung nachvollziehen können (Rec (87) 20, Rule 8; Rec (2008) 11, Rule 31.2 ff.).[3828] Nur so lässt sich eine erzieherische Wirkung erzielen und eine dem Jugendlichen verständliche Lösung finden, bei der er insbesondere im Rahmen ambulanter Sanktionen mitwirken muss.[3829] **1463**

Das **Recht auf Anwesenheit** ist ein wesentlicher Teilaspekt des fairen Verfahrens und hängt eng mit dem Recht auf Gehör zusammen.[3830] Die Anwesenheit des Minderjährigen ist wegen des Erziehungsgedankens essentiell und eine Hauptverhandlung sollte daher möglichst nicht in Abwesenheit des Angeklagten erfolgen.[3831] **1464**

---

auszugehen, dass der EGMR auch in Strafprozessen unter bestimmten Bedingungen die nicht-öffentliche Urteilsverkündigung in Jugendstrafsachen billigt, vgl. dazu Rn. 599.

[3823] Vgl. Nr. 8 Beijing Rules (nebst Kommentierung), die ebenfalls vor Stigmatisierung warnt; Art. 40 Abs. 2 *lit.* b vii CRC; Rec (1987) 20.

[3824] Die deutsche Regelung führt zu einem solchen Ausgleich der widerstreitenden Interessen, da dem Opfer die Teilnahme an der Verhandlung nach § 48 Abs. 2 JGG gestattet ist.

[3825] Siehe Rn. 428 ff.; umfassend aus Sicht der Praxis: *Tepperwien* NStZ **2009** 1.

[3826] Vgl. *auch* Art. 40 Abs. 2 *lit.* b iii CRC; Rule 4 Rec (87) 20; Rule 14 Rec (2003) 20; Rule 9 R (2008) 11 und Rule 20.1 Beijing Rules.

[3827] Diese Vorgaben wurden in § 72 Abs. 5 JGG umgesetzt, und durch die Regelungen der Subsidiarität der U-Haft bei Jugendlichen § 72 Abs. 1 JGG und für unter 16-Jährige in Absatz 2 betont.

[3828] Vgl. EGMR S.C./UK, 15.6.2004, § 29.

[3829] Vgl. Rule 13 Rec (2008) 11: „Any justice system dealing with juveniles shall ensure their effective participation in the proceedings concerning the imposition as well as the implementation of sanctions or measures.".

[3830] Vgl. Meyer-Ladewig/Nettesheim/von Raumer/*Meyer-Ladewig/Harrendorf/König* 112.

[3831] Die Ausnahme in § 51 Abs. 1 JGG dient dem Erziehungsgedanken; sie ist wegen der in Satz 2 niedergelegten Unterrichtspflicht einer effektiven Verteidigung nicht abträglich.

1465 Einige Modifikationen ergeben sich wegen der alterspezifischen Belastungssituation auch beim **Recht auf effektive Verteidigung**. Insbesondere müssen Einschüchterungen jeglicher Art vermieden werden. Es ist sicherzustellen, dass der Jugendliche so früh wie möglich über den Tatvorwurf und seine Verteidigungsrechte in Kenntnis gesetzt wird. Dabei müssen die Strafverfolgungsbehörden sicherstellen, dass der Beschuldigte den Tatvorwurf bzw. die Belehrung über seine Rechte, insbesondere das Recht zu schweigen oder auf Verteidigerkonsultation, oder auch nur die Bedeutung des Ermittlungsverfahrens und seiner Aussagen in diesem Verfahrensstadium versteht. Wenn davon wegen des Alters des Minderjährigen nicht ohne weiteres ausgegangen werden kann, muss diese Benachteiligung durch die alterstypischen Verständnisgrenzen durch **Zugang zu einem Rechtsbeistand** kompensiert werden.[3832] Zudem muss generell auf eine **jugendgerechte Sprache** und Erläuterung geachtet werden.[3833] Der Jugendliche muss verstehen, weshalb er sich verantworten muss und was ihm genau vorgeworfen wird. Der EGMR führt dazu aus:

1466 „It is essential that a child charged with an offence is dealt with in a manner which takes full account of his age, level of maturity and intellectual and emotional capacities, and that steps are taken to promote his ability to understand and participate in the proceedings."[3834] „However, „effective participation" in this context presupposes that the accused has a broad understanding of the nature of the trial process and of what is at stake for him or her, including the significance of any penalty which may be imposed. It means that he or she, if necessary with the assistance of, for example, an interpreter, lawyer, social worker or friend, should be able to understand the general thrust of what is said in court."[3835]

1467 Dies bedeutet, dass dem jugendlichen Beschuldigten unter Umständen bereits während der polizeilichen Vernehmung – aber natürlich ebenso im Gerichtsverfahren – sowohl ein **Dolmetscher** als auch ein **Verteidiger** zur Seite stehen müssen. Zudem gelten für **Belehrungen** gesteigerte Anforderungen.[3836] Der Beschuldigte muss in der Lage sein, dem Inhalt der Zeugenaussagen zu folgen und seinem Verteidiger seine Sicht mitzuteilen bzw. einen Widerspruch zum Ausdruck zu bringen oder dem Gericht Tatsachen zur Kenntnis zu bringen, die seiner Verteidigung dienen.[3837]

1468 Das aus der Verfahrensfairness und der Waffengleichheit abzuleitende Recht auf **Akteneinsicht** (Rn. 909 ff.) kann mit den staatlichen Schutzpflichten gegenüber einem Minderjährigen (Rn. 1426, 1459 ff.) kollidieren, etwa wenn psychologische Gutachten oder die Berichte der Jugendgerichtshilfe in der Akte enthalten sind. Ein **übergeordneter Erziehungs- und Schutzauftrag** kann es erforderlich machen, dem Minderjährigen selbst den Zugang zu diesem Material vorzuenthalten. Das Recht auf effektive Verteidigung wird dadurch nicht über Gebühr beeinträchtigt, wenn die Verteidigung bzw. die Eltern ein vollumfänglichliches Akteneinsichtsrecht erhalten.

3832 EGMR (GK) T./UK, 16.12.1999, § 85; Panovits/ZYP, 11.12.2008, §§ 67 f.; Adamkiewicz/PL, 2.3.2010, § 89.

3833 Speziell geregelt wird dies in Rec (2008)11 betreffend die Durchführung ambulanter Maßnahmen in Rule 33.1, betreffend die Regeln in einer freiheitsentziehenden Einrichtung in Rule 62.3 und Rule 94.4, bezüglich des Vorwurfs disziplinarwürdiger Pflichtverstöße. Zur Abrundung sieht Rule 106.3 bei Problemen u.a. einen ergänzenden Dolmetschereinsatz vor; vgl. auch EGMR S.C./UK, 15.6.2004, § 29; Kilkelly 40 f. explizit in Bezug auf Art. 5 Abs. 2 („in a language which he understands"), was Art. 6 Abs. 3 lit. a entspricht; siehe auch BTDrucks. 16 13142 S. 104.

3834 EGMR V./UK, 16.12.1999, § 86 a.E; (GK) T./UK, 16.12.1999, § 84; S.C./UK, 15.6.2004, § 29; Panovits/ZYP, 11.12.2008, § 67; Adamkiewicz/PL, 2.3.2010, § 70.

3835 EGMR S.C./UK, 15.6.2004, § 29; siehe auch EGMR (GK) T./UK, 16.12.1999, § 84; Panovits/ZYP, 11.12.2008, § 67; Adamkiewicz/PL, 2.3.2010, § 70; Güveç/TRK, 20.1.2009, § 124.

3836 Vgl. EGMR Panovits/ZYP, 11.12.2008, §§ 68 ff. Hierzu auch: Niehaus/Volbert/Fegert, Entwicklungsgerechte Befragung von Kindern in Strafverfahren (2017).

3837 EGMR Güveç/TRK, 20.1.2009, § 124.

Das **Recht auf einen Beistand**, der nicht Verteidiger ist, ist in Art. 6 nicht ausdrück- **1469** lich genannt. Hierunter versteht man das Recht Jugendlicher, mit den ihnen vertrauten Bezugspersonen während des Verfahrens Kontakt zu haben und von ihnen Unterstützung und psychischen Rückhalt zu bekommen.[3838] Der EGMR nimmt an, dass die Befragung bzw. Vernehmung eines minderjährigen Beschuldigten durch die Polizei im Rahmen des Vorverfahrens unter bestimmten Umständen im Beisein eines Beistands erfolgen muss.[3839] Zu beachten ist insoweit auch Rule 14 der Empfehlung Rec (2008) 11.[3840]

Im Hinblick auf die **Unschuldsvermutung** sind vor allem nationale Regelungen prob- **1470** lematisch, nach denen ein Geständnis für die informellen Verfahrensbeendigungen notwendig ist. Vielfach empfinden die Jugendlichen dies als weniger einschneidend als eine Hauptverhandlung und legen schon deshalb ein Geständnis ab, um eine informelle Beendigung des Verfahrens zu erreichen. Hier müssen die Staatsanwälte bzw. Gerichte genau prüfen, ob das Geständnis glaubhaft ist.[3841]

Das **Recht auf Einlegung von Rechtsmitteln** gegen Strafurteile (Art. 14 Abs. 5 IPBPR; **1471** Art. 2 des 7. ZP-EMRK; Rule 8 Rec (1987) 20; Rule 3 Rec (2008) 11; Art. 40 Abs. 2 *lit.* b v) CRC; Rule 3.5 der Tokyo Rules) dient dem Schutz vor Fehlverurteilungen und ist wegen der erheblichen Grundrechtsbeeinträchtigungen durch eine ungerechtfertigte strafrechtliche Verurteilung notwendig. Das Recht, die Entscheidungen überprüfen lassen zu können, stärkt das Vertrauen darauf, dass das Urteil gerechtfertigt und richtig ist. Dennoch gilt dieses Recht im deutschen Jugendstrafrecht nach § 55 Abs. 1 Satz 1 JGG nur eingeschränkt in Bezug auf **Weisungen und Zuchtmittel**. Zwar könnte man hierin eine Schlechterstellung jugendlicher Angeklagter gegenüber Erwachsenen sehen, die gegen jedes Urteil vorgehen können. Andererseits sind Rechtsmittel gegen die (freiheitsentziehende) Jugendstrafe von der Ausnahme des § 55 Abs. 1 Satz 1 JGG nicht berührt.[3842] Die erfassten Maßnahmen dienen auch der Erziehung und nicht der Bestrafung. Bei diesen weniger eingriffsintensiven Sanktionen, bei denen Rechtsmittel wegen Umfang und Wahl ausgeschlossen sind, kommt es wegen der hierfür notwendigen Kooperation der Jugendlichen meist ohnehin nicht zur Anfechtung der gerichtlichen Entscheidung. Überdies dient die Verkürzung und Einschränkung der Rechtsmittel der Verfahrensbeschleunigung und dem Rechtsfrieden.[3843] All diese praktischen Erwägungen können aber nicht darüber hinweghelfen, dass Art. 40 Abs. 2 *lit.* b v) CRC[3844] eine derartige Ausnahme nicht vorsieht. In Art. 40 *lit.* b v) CRC heißt es: *„Zu diesem Zweck stellen die Vertragsstaaten unter Berücksichtigung internationaler Übereinkünfte insbesondere sicher, [...] daß jedes Kind, das einer Verletzung der Strafgesetze verdächtigt oder beschuldigt wird, Anspruch auf folgende Mindestgarantien hat: [...] wenn es einer Verletzung der Strafgesetze überführt ist, diese Entscheidung und alle als Folge davon verhängten Maßnahmen durch eine zuständige übergeordnete Behörde oder ein zuständiges höheres Gericht, die*

[3838] Vgl. BVerfGE **107** 104, 121; *Eisenberg/Kölbel* § 69, 2 ff. JGG.

[3839] Vgl. EGMR Panovits/ZYP, 11.12.2008, § 67 a.E.; S.C./UK, 15.6.2004, § 29; Güveç/TRK, 20.1.2009, § 124. Dieses Recht steht in einem engen Zusammenhang zum Recht auf effektive Verteidigung, Rn. 945 ff., 1090 ff.

[3840] Ähnliches normieren Art. 40 Abs. 2 *lit.* b iii) CRC und Rule 15.2 Beijing Rules. Letztere sieht sogar eine Verpflichtung der Eltern zur Teilnahme vor, wenn dies im Interesse des Jugendlichen liegt.

[3841] Siehe auch BTDrucks. **16** 13142 S. 88.

[3842] Vgl. Abs. 3 *lit.* b des von Deutschland ursprünglich (Rn. 1451) zu Art. 40 Abs. 2 *lit.* b v) CRC erklärten Vorbehalts, wonach „bei Straftaten von geringer Schwere nicht in allen Fällen [...] die Überprüfung eines nicht auf Freiheitsstrafe lautenden Urteils durch eine „zuständige übergeordnete Behörde oder durch ein zuständiges höheres Gericht" ermöglich werden muß"; der Vorbehalt wurde zwischenzeitlich zurückgenommen.

[3843] Vgl. *Kuhn* 143.

[3844] Art. 40 Abs. 2 *lit.* b v) CRC hat als völkerrechtlicher Vertrag i.S.d. Art. 59 Abs. 2 Satz 1 GG den Rang eines einfachen Bundesgesetzes.

Esser

unabhängig und unparteiisch sind, entsprechend dem Gesetz nachprüfen zu lassen [...].". Dabei muss sich der Passus „entsprechend dem Gesetz" – entgegen der Ansicht des Thüringer Landtages[3845] – nicht zwingend allein auf den Zugang zur Rechtsmittelinstanz an sich beziehen, sondern kann auch ohne weiteres den Prüfungsumfang des Rechtsmittelgerichtes meinen,[3846] so dass ein Verstoß des § 55 Abs. 1 JGG gegen diese Regelung anzunehmen ist. Darüber hinaus erscheint § 55 Abs. 1 und Abs. 2 JGG auch hinsichtlich des **„Model Law on Juvenile Justice"**, das die (prozess-)rechtliche Gleichstellung von Jugendlichen und Erwachsenen empfiehlt,[3847] mehr als bedenklich, wonach dem Jugendlichen das Recht, *jede* Entscheidung und insbesondere auch jede Maßnahme des Gerichts durch eine Rechtsmittelinstanz nachprüfen zu lassen, zusteht.[3848] Schließlich steht der Rechtmäßigkeit des § 55 Abs. 1 JGG auch der Art. 19 der **EU-Richtlinie 2016/800 über Verfahrensgarantien in Strafverfahren für Kinder, die Verdächtige oder beschuldigte Personen in Strafverfahren sind**, entgegen, wonach die Mitgliedstaaten dafür Sorge tragen müssen, dass Kindern, die Verdächtige oder beschuldigte Personen in Strafverfahren sind, und Kindern, die gesuchte Personen sind, bei der Verletzung ihrer Rechte nach dieser Richtlinie ein wirksamer Rechtbehelf nach nationalem Recht zusteht. Ein Jugendlicher, der sich nur gegen die Art und Umfang verhängter Erziehungsmaßnahmen oder Zuchtmittel wenden möchte, kann nach nationalem Recht aufgrund des § 55 Abs. 1 JGG jedoch keinen „wirksamen Rechtsbehelf" in diesem geforderten Sinne einlegen.[3849]

XIX. Recht auf eine gerichtliche Überprüfung der erstinstanzlichen gerichtlichen Entscheidung (Art. 2 des 7. ZP-EMRK/Art. 14 Abs. 5 IPBPR)

1472   **1. Allgemeines.** Das Recht des wegen einer strafbaren Handlung Verurteilten auf Überprüfung des Urteils durch eine höhere Instanz (Art. 14 Abs. 5 IPBPR) ist in der EMRK selbst nicht enthalten. Obwohl das Recht auf Zugang zu einem Gericht einen wesentlichen Aspekt des fairen Verfahrens darstellt, **garantiert Art. 6 keinen Instanzenzug**.[3850] Ein Recht auf ein Rechtsmittel gegen eine strafgerichtliche Verurteilung („right to seek review of conviction and sentence") findet sich erst in **Art. 2 Abs. 1 des 7. ZP-EMRK** vom 22.11.1984,[3851] das Deutschland zwar 1985 gezeichnet, allerdings bis heute nicht ratifiziert

---

3845   „Gegen Verurteilungen können grundsätzlich Rechtsmittel, über die ein zuständiges höheres Gericht, das unabhängig und unparteiisch ist, eingelegt werden. Lediglich eine Entscheidung, in der nur Erziehungsmaßregeln oder Zuchtmittel angeordnet sind, kann nicht wegen des Umfangs der Maßnahme oder Art und Auswahl solcher Maßnahmen angefochten werden (§ 55 Abs. 1 Satz 1 JGG). Diese Rechtslage widerspricht nicht Art. 40 Abs. 2 *lit.* b v) CRC. Diese Bestimmung lässt sich auch dahingehend verstehen, dass dem Beschuldigten lediglich die tatsächliche Möglichkeit verschafft werden muss, die gesetzlich („entsprechend dem Gesetz") bereits vorgesehenen Mittel auch auszuschöpfen.", vgl. Thüringer Landtag, Drs. 5/1195, S. 2.
3846   *Sindl* 153 f.
3847   Justice in Matters Involving Children in Conflict with the Law. Model Law on Juvenile Justice and Related Commentary, UNODC 2013, 64.
3848   *Sindl* 155 (allerdings kommt dem MLJJ mangels förmlicher Verabschiedung von der UN-Generalversammlung nur eine geringe Bedeutung zu).
3849   So: *Sindl* 155 f.
3850   EGMR Staroszczyk/PL, 22.3.2007, § 125 („The Convention does not compel the Contracting States to set up courts of appeal or of cassation."); Lalmahomed/NL, 22.2.2011, § 34 („Article 6 does not compel Contracting Parties to provide appeals in civil or criminal cases.").
3851   EGMR Lalmahomed/NL, 22.2.2011, § 34; hierzu bereits EGMR Delcourt/B, 17.1.1970, § 25.

hat.[3852] Eng verknüpft mit der Rechtsmittelgarantie ist der aus der Verfahrensfairness abzuleitende **Grundsatz, dass ein Urteil hinreichend begründet** sein muss (Rn. 319 ff.).

Mit dem Grundsatz der Rechtsstaatlichkeit und dem Begriff des in Art. 6 garantierten **1473** fairen Verfahrens ist es nicht vereinbar, wenn gesetzgeberische Maßnahmen zum Ziel haben, die gerichtliche Entscheidung eines Rechtsstreites **rückwirkend** zu Gunsten einer Partei (insbesondere des u.U. beteiligten Staates) und außerhalb des Rechtsmittelverfahrens zu beeinflussen;[3853] anderes kann allenfalls dann gelten, wenn sie zum Ziel haben, zwingende Fragen von Allgemeininteresse rückwirkend umfassend zu lösen.[3854]

Art. 2 des 7. ZP-EMRK ist immer dann einschlägig, wenn eine *strafrechtliche Anklage* **1474** i.S.d. Art. 6 vorliegt (Rn. 28, 79 ff.).[3855] Auch der Begriff des **Gerichts** orientiert sich an Art. 6 (Rn. 178 ff.).[3856] Im Übrigen verfügen die Vertragsstaaten bei der Ausgestaltung ihrer Rechtsmittel über einen weiten **Umsetzungsspielraum**.[3857] Der zweite Instanzenzug wird von dem bewusst allgemein gefassten Art. 14 Abs. 5 IPBPR **nach Maßgabe der jeweiligen innerstaatlichen Gesetze** gewährt. Die Vertragsstaaten können die Modalitäten des Rechtsmittelverfahrens entsprechend ihrem jeweiligen Verfahrenssystem regeln. Auch die Festlegung der **Gründe**, aus denen eine Überprüfung des erstinstanzlichen Urteils zugelassen wird oder ausgeschlossen ist, sowie die Formen der Anfechtungsmöglichkeit werden dem nationalen Recht überlassen.[3858] Jedoch konturieren EGMR und HRC den Gestaltungsspielraum bei der Einrichtung eines Rechtsmittelverfahrens insoweit, als dass **jede Beschränkung ein legitimes Ziel** verfolgen muss und den **Kernbereich des Rechts** nicht antasten darf.[3859] Insbesondere darf das Recht auf ein Rechtsmittel als solches nicht in das Ermessen der Staaten gestellt werden.[3860] Jedoch kann durch ein Urteil, das auf einer

---

3852 Meyer-Ladewig/Nettesheim/von Raumer/*Meyer-Ladewig/Harrendorf/König* Art. 1 Protokoll Nr. 7, 1.

3853 EGMR Stran Greek Refineries u. Stratis Andreadis/GR, 9.12.1994, ÖJZ **1995** 432; Arras u.a./I, 14.2.2012, §§ 42 ff.

3854 EGMR Forrer-Niedenthal/D, 20.3.2003, NJW **2004** 927 = VIZ **2004** 170 = ZOV **2004** 68; Maggio u.a./I, 31.5.2011, §§ 47, 49 (allein finanzielle Gründe reichen nicht; die Beseitigung von Ungleichheiten im Rentensystem kommt als Allgemeininteresse in Betracht, war hier jedoch ebenfalls unzureichend).

3855 EGMR Zaicevs/LET, 31.7.2007, § 53; Galstyan/ARM, 15.11.2007, § 120 („Where an offence is found to be of a criminal character attracting the full guarantees of Article 6 of the Convention, it consequently attracts also those of Article 2 of Protocol Nr. 7."); Gurepka/UKR, 6.9.2005, § 55.

3856 Vgl. Explanatory Report Nr. 17: „As compared with the wording of the corresponding provisions of the United Nations Covenant (Article 14, paragraph 5), the word „tribunal" has been added to show clearly that this provision does not concern offences which have been tried by bodies which are not tribunals within the meaning of Article 6 of the Convention.".

3857 EGMR Galstyan/ARM, 15.11.2007, § 125 („wide margin of appreciation"); Explanatory Report Nr. 18: „Different rules govern review by a higher tribunal in the various member States of the Council of Europe. In some countries, such review is in certain cases limited to questions of law, such as the *recours en cassation*. In others, there is a right to appeal against findings of facts as well as on the questions of law. The article leaves the modalities for the exercise of the right and the grounds on which it may be exercised to be determined by domestic law.").

3858 ÖVerfG Beschl. v. 14.3.2017 – G 249-250/2016, ÖJZ **2017** 934.

3859 EGMR Krombach/F, 13.2.2001, § 96; Gurepka/UKR, 6.9.2005, § 59; Galstyan/ARM, 15.11.2007, § 125 („Any restrictions contained in domestic legislation on that right of review must, by analogy with the right of access to a court (...) pursue a legitimate aim and not infringe the very essence of that right").

3860 Vgl. HRC Salgar de Montejo/COL, 24.3.1982, 64/1979, EuGRZ **1982** 339; *Nowak* 87; HRC Aboushanif/N, 2.9.2008, 1542/2007, § 7.2; vgl. auch HRC Serena u.a./E, 18.4.2008, 1351/2005, 1352/2005, § 9.3: Staaten können vorsehen, dass im Einzelfall Personen vor einem höheren Gericht abgeurteilt werden, solange dies nicht zu einer Beschneidung des Rechts auf Überprüfung des Urteils führt; hier: Rechtsmittel „amparo" kein angemessenes Rechtsmittel i.S.d. Art. 14 Abs. 5 IPBPR, da nur eine formelle Prüfung des Urteils erfolgt.

Verständigung beruht, die Überprüfungsmöglichkeit durch Rechtsmittel eingeschränkt sein.[3861]

1475   Notwendig ist im Grundsatz eine **substantielle Überprüfung der erstinstanzlichen Verurteilung** durch das Rechtsmittelgericht. Ist diese gewährleistet, werden neben meritorischen (in der Sache entscheidenden) auch kassatorische Rechtsmittel als ausreichend angesehen.[3862] Die Vertragsstaaten können auch bestimmen, dass ein Rechtsmittel auf die **Überprüfung reiner Rechtsfragen** („limited to questions of law") beschränkt wird oder generell einer **Annahme bzw. Zulassung** unterliegt („may require the person wishing to appeal to apply for leave to do so"/*„leave to appeal proceedings"*/„seek permission to do so", dazu Rn. 50, 174 f.).[3863]

1476   Die Revision in ihrer Ausgestaltung nach §§ 333 ff. StPO genügt diesen Anforderungen *prinzipiell*, wenngleich die konkreten Verfahrensanforderungen und Zulässigkeitskriterien immer an den speziellen Vorgaben des EGMR zu messen sind; zur sog. **Rügeverkümmerung**[3864] vgl. die Ausführungen bei Rn. 164 f.

1477   Wird nach der Entscheidung der ersten Instanz ein neues, den in Rede stehenden Straftatbestand regelndes, milderes Gesetz (ein schärferes Gesetz wäre auf den Fall nicht anwendbar, Art. 7) erlassen, so werden die Anwendbarkeit des neuen Gesetzes auf den konkreten Fall bzw. die Auswirkungen seiner Anwendung im konkreten Fall meist nur von einer Instanz, der Rechtsmittelinstanz, geprüft. Dies ergibt sich aus der Natur der Sache und begründet keinen Verstoß gegen Art. 2 des 7. ZP-EMRK.[3865]

1478   Eine Überprüfungsmöglichkeit wird nur dann als Rechtsmittel i.S.d. 7. ZP-EMRK angesehen, wenn es der Betreffende durch die Einhaltung **gesetzlich klar und verbindlich vorgeschriebener Zulässigkeitsvoraussetzungen** selbst in der Hand hat („at his disposal"), seinen Fall überprüfen zu lassen (**Rechtsmittelbefugnis**); die Entscheidung, ob es zu einer Überprüfung kommt, darf nicht (allein) in das freie Ermessen der Strafverfolgungsbehörden oder des übergeordneten Gerichts gestellt sein.[3866] Ein Recht auf das Vorliegen einer **dritten Instanz** zur Überprüfung einer Entscheidung ergibt sich hingegen weder aus dem 7. ZP-EMRK noch aus einer anderen Konventionsvorschrift.[3867]

1479   Das Recht aus Art. 2 des 7. ZP-EMRK ist nur dann effektiv, wenn über das Rechtsmittel **vor Vollstreckung der Strafe** entschieden wird bzw. die Strafe nicht vor der Entscheidung über das Rechtsmittel vollzogen wird. Die Möglichkeit der Festsetzung einer Kompensation für die Vollstreckung der Freiheitsstrafe genügt nicht.[3868]

1480   Das HRC betont, dass das Fehlen einer ordnungsgemäßen, wenn auch nur kurzen, **Begründung bezüglich der fehlenden Erfolgsaussichten eines Rechtsmittels** die effek-

---

3861 EGMR Natsvlishvili u. Togonidze/GEO, 29.4.2014, §§ 78–98 („by accepting the plea bargain, the first applicant (...) waived his right to ordinary appellate review").

3862 *Nowak* 82.

3863 EGMR Hauser-Sporn/A, 7.12.2006, § 52, ÖJZ **2007** 511 („The Contracting States may limit the scope of the review by a higher tribunal by virtue of the reference in paragraph 1 of this Article to national law."); vgl. auch: EGMR Pesti u. Frodl/A (E), 18.1.2000; Explanatory Report Nr. 19: „In some States, a person wishing to appeal to a higher tribunal must in certain cases apply for leave to appeal. The right to apply to a tribunal or an administrative authority for leave to appeal is itself to be regarded as a form of review within the meaning of this article."; Stempfer/A, 26.7.2007, § 50.

3864 BVerfG NJW **2009** 1469.

3865 EGMR Previti/I (E), 12.4.2007, Nr. 2.

3866 EGMR Gurepka/UKR, 6.9.2005, §§ 59 ff.; Galstyan/ARM, 15.11.2007, § 126 („provide an individual with a clear and accessible right to appeal"; „clearly defined procedure or time-limits and consistent application in practice"); Mkhitaryan/ARM, 2.12.2008, § 85; Tadevosyan/ARM, 2.12.2008, § 79.

3867 EGMR Borcea/RUM (E), 22.9.2015, § 50; Panovits/ZYP, 11.12.2008, § 55.

3868 EGMR Shvydka/UKR, 30.10.2014, §§ 51 ff.

tive Ausübung des in Art. 14 Abs. 5 IPBPR gewährten Rechts auf Überprüfung des Urteils gefährdet.[3869]

Art. 2 Abs. 2 des 7. ZP-EMRK gestattet es, im nationalen Recht Ausnahmen vom Recht **1481** auf eine zweite Instanz für **geringfügige Straftaten** vorsehen, d.h. für Taten, denen bei einer Gesamtwürdigung geringes Gewicht beizumessen ist. Für die Beurteilung der Geringfügigkeit[3870] spielt es eine wichtige Rolle, ob die Tat mit Freiheitsstrafe bedroht ist oder nicht.[3871] Der EGMR geht dabei von der nach dem gesetzlichen Strafrahmen **rechtlich zulässigen Höchststrafe** aus, nicht von der tatsächlich verhängten Strafe.[3872] Ob auch bei Art. 14 Abs. 5 IPBPR eine Möglichkeit zur Beschränkung eines Rechtsmittels besteht, wenn es sich um geringfügige Straftaten handelt oder ob hier das nationale Recht, auf das verwiesen wird, Ausnahmen zulassen kann, ist zweifelhaft.[3873] Für Deutschland folgt die Zulässigkeit von Ausnahmen zugunsten geringfügiger Delikte, sofern sie nicht mit Freiheitsstrafe geahndet wurden, bereits aus dem zu Art. 14 Abs. 5 IPBPR erklärten **Vorbehalt**.[3874] Die Einschränkungen der Anfechtungsmöglichkeit, wie sie etwa nach **§§ 79 ff. OWiG** bestehen, verstoßen deshalb nicht gegen Art. 14 Abs. 5 IPBPR. Ordnungswidrigkeiten fallen jedoch nicht generell unter die Ausnahmeregelung des Art. 2 Abs. 2 des 7. ZP-EMRK.[3875]

Grundsätzlich steht jeder wegen einer *Straftat* verurteilten Person der Anspruch auf **1482** eine Überprüfung des Urteils durch eine höhere gerichtliche Instanz zu. Dies gilt in Deutschland auch für Verbrechen, die nach § 120 GVG erstinstanzlich dem Zuständigkeitsbereich der Oberlandesgerichte zugewiesen sind, da diese in der Revision vor dem BGH überprüft werden können (vgl. § 135 GVG), so dass eine zweite Instanz gewährleistet ist. Problematisch stellt sich die Lage jedoch bei Verfahren vor einem **obersten Gericht** dar, da Urteile, die in der ersten Instanz einem solchen Gericht zugewiesen sind, nicht von einer höheren gerichtlichen Instanz überprüft werden können.[3876] Einige europäische Staaten haben in Bezug auf **Ministeranklagen** vor dem jeweiligen Verfassungsgericht einen Vorbehalt zu Art. 14 Abs. 5 IPBPR dahingehend erklärt, dass die Möglichkeit der Anrufung einer höheren Instanz nicht existiert.[3877] Aufgrund dieses **Vorbehalts** liegt darin kein Verstoß gegen Art. 14 Abs. 5 IPBPR. In **Deutschland** besteht ein solcher Vorbehalt nicht;[3878]

3869 HRC Aboushanif/N, 2.9.2008, 1542/2007, § 7.2, abw. Meinung zu „even if in brief form" *Shearer*.
3870 Vgl. *Trechsel* FS Ermacora 195, 204 zur Frage, ob sich die Geringfügigkeit abstrakt nach der Strafdrohung bemisst oder, da es sich um die Frage der Anfechtbarkeit handelt, nach der Art der abgeurteilten Tat und der im Urteil erkannten Strafe.
3871 Explanatory Report Nr. 21: „When deciding whether an offence is of a minor character, an important criterion is the question of whether the offence is punishable by imprisonment or not"; EGMR Zaicevs/LET, 31.7.2007, § 55. Geringfügigkeit lag daher vor in EGMR Luchaninova/UKR, 9.6.2011, § 72 („the offence of which the applicant was convicted (...) was not punishable by imprisonment").
3872 EGMR Ashughyan/ARM, 17.7.2008, §§ 108 f.; Zaicevs/LET, 31.7.2007, §§ 3, 16, 55 (Höchststrafe: 15 Tage Haft; tatsächlich verhängt: 3 Tage Haft; nicht geringfügig, wenn und da „an offence for which the law prescribes a custodial sentence as the main punishment"); Galstyan/ARM, 15.11.2007, § 124 („[...] a penalty of 15 days of imprisonment is sufficiently severe not to be regarded as being of a ‚minor character.'").
3873 Zur nicht ganz eindeutigen Entstehungsgeschichte und zur Praxis des HRC vgl. *Nowak* 84 f.
3874 Vgl. BGBl. 1973 II S. 1533 ([...] dass bei Straftaten von geringer Schwere nicht in allen Fällen die Überprüfung eines nicht auf Freiheitsstrafe lautenden Urteils durch ein Gericht höherer Instanz ermöglicht werden muss (*lit.* b)).".
3875 EGMR Kamburov/BUL, 23.4.2009, §§ 22 ff.; Stanchev/BUL, 1.10.2009, §§ 45 ff.
3876 Vgl. hierzu: *Trechsel* FS Ermacora 195, 204.
3877 Staaten, die einen solchen Vorbehalt erklärt haben, sind: Belgien, Italien, Niederlande, Norwegen, Schweiz. Zur Tragweite des entsprechenden italienischen Vorbehalts vgl. *Nowak* 87.
3878 Vgl. BGBl. 1973 II S. 1533, Art. 1 Nr. 3 des Zustimmungsgesetzes v. 15.11.1973. Der deutsche Vorbehalt zu Art. 14 Abs. 5 IPBPR betrifft nur die Fälle, dass ein weiteres Rechtsmittel nicht in allen Fällen allein

Esser

man ging davon aus, dass die im Grundgesetz und in den Länderverfassungen vorgesehenen Entscheidungen der Verfassungsgerichte bei sog. Präsidenten- oder Ministeranklagen den Verurteilungen wegen strafbarer Handlungen nicht gleich zu achten sind,[3879] weshalb es keine Notwendigkeit für einen Vorbehalt zu Art. 14 Abs. 5 IPBPR gab (Rn. 97 ff.). Sollte es tatsächlich um den Verdacht der Begehung einer Straftat gehen, so finden stets **zwei getrennte Verfahren** mit unterschiedlichen Rechtsfolgen statt. Zwar ist das Verfahren vor dem BVerfG bzw. vor dem Landesverfassungsgericht dem Strafprozess nachgebildet und die Verfassungsrichter entscheiden auch über die Verletzung eines Straftatbestandes, doch erfolgt dort keine Verurteilung auf der Grundlage der StPO mit der Folge einer Sanktion nach dem StGB. Eine solche Verurteilung findet ausschließlich vor einem Strafgericht statt, wogegen dann Berufung und/oder (Sprung-)Revision eingelegt werden kann. Die Garantie des Art. 14 Abs. 5 IPBPR ist damit gewahrt, gegen das *Strafurteil* ist die Anrufung einer höheren Instanz zulässig. Deswegen stellt es keine Verletzung von Art. 14 Abs. 5 IPBPR dar, wenn das Feststellungsurteil des Verfassungsgerichts, das als tatsächliche Folge lediglich den Amtsverlust kennt, nicht revidierbar ist.

1483   Dem Erfordernis eines zweiten Instanzenzugs und der Möglichkeit der nochmaligen Überprüfung eines verurteilenden Erkenntnisses durch eine zweite Instanz ist auch genügt, wenn das Urteil der zweiten Instanz zu einer **schwereren Strafe** führt.[3880] Ob dies auch gilt, wenn nach einem **Freispruch in der ersten Instanz** erstmals in der **zweiten Instanz verurteilt** wurde, oder ob trotz Gewährleistung des geforderten zweistufigen Instanzenzuges in diesem Fall ein weiterer Rechtsmittelzug eröffnet werden muss,[3881] mag zweifelhaft sein. Wegen des von Deutschland zu Art. 14 Abs. 5 IPBPR erklärten Vorbehalts kann dies dahinstehen. Der von Deutschland erklärte **Vorbehalt** entspricht dieser Einschränkung.[3882]

1484   Ein **Verbot der reformatio in peius** im Rechtsmittelverfahren ist der EMRK nicht ausdrücklich zu entnehmen. Auch vom EGMR wird es nur recht zaghaft und inhaltlich eher unverbindlich über Art. 6 thematisiert, verbunden mit dem Hinweis, dass die nationalen Gerichte hier in einer besseren Position seien, um diese komplexe Verfahrensfrage zu beantworten. Als maßgeblich kristallisiert sich bislang heraus, dass eine hinreichende Überprüfung („thoroughly examined") der Sachfragen und Argumente des Beschuldigten in zwei gerichtlichen Instanzen stattfindet.[3883]

---

deshalb eröffnet werden muss, weil der Beschuldigte erstmals in der Rechtsmittelinstanz verurteilt worden ist (*lit.* a), und dass bei Straftaten von geringer Schwere nicht in allen Fällen die Überprüfung eines nicht auf Freiheitsstrafe lautenden Urteils durch ein Gericht höherer Instanz ermöglicht werden muss (*lit.* b).

3879 Anders als die strafrechtliche Ministerverantwortlichkeit in Italien, vgl. *Nowak* 87.

3880 *Nowak* 86, der bezweifelt, ob die hierauf abzielenden Vorbehalte mehrerer westeuropäischer Staaten notwendig waren.

3881 *Nowak* 86 hält ein weiteres Rechtsmittel für erforderlich; dazu auch *Trechsel* FS Ermacora 195, 204: Nur bei reformatorischen Rechtsmitteln, der Ausschluss auch kassatorischer Rechtsmittel wäre dem Betroffenen kaum zumutbar.

3882 Vgl. BGBl. 1973 II S. 1533, Art. 1 Nr. 3 des Zustimmungsgesetzes v. 15.11.1973 ([...] dass ein weiteres Rechtsmittel nicht in allen Fällen allein deshalb eröffnet werden muss, weil der Beschuldigte erstmals in der Rechtsmittelinstanz verurteilt worden ist (*lit.* a), [...].").

3883 EGMR Alkes/TRK (Nr. 2), 8.6.2010, § 21 („was able to submit his arguments to the courts, which addressed those arguments in decisions which were duly reasoned and disclose no elements of arbitrariness"; hinsichtlich der Dauer der verhängten Strafe war das Urteil des Rechtsmittelgerichts allerdings günstiger für den Verurteilten, nicht aber in der Frage einer bedingten Entlassung); A. Menarini Diagnostics S.R.L./I, 27.9.2011, §§ 59 ff.

2. Verfahren in der Rechtsmittelinstanz. Das Verfahren vor der Rechtsmittelinstanz **1485** muss den Anforderungen des Art. 6 genügen. Das gilt selbst dann, wenn Staaten, die das 7. ZP-EMRK nicht ratifiziert haben, dem Beschuldigten eine Rechtsmittelinstanz gewähren.[3884] Die Überprüfung muss stets durch ein **übergeordnetes Gericht i.S.d. Art. 6** erfolgen.[3885] Eine Kontrolle durch dasselbe Gericht genügt nicht.[3886] Im Übrigen besitzen die Vertragsstaaten auch bei der Ausgestaltung des Verfahrens in der Rechtsmittelinstanz einen gewissen **Gestaltungsspielraum.**[3887]

XX. Entschädigung bei Fehlurteil (Art. 3 des 7. ZP-EMRK/Art. 14 Abs. 6 IPBPR)

1. Allgemeines. Das Recht auf Entschädigung des Verurteilten bei schlüssigem Nach- **1486** weis eines Fehlurteils ist aufgrund des Art. 14 Abs. 6 IPBPR für Deutschland verbindlich. In der EMRK ist es nicht enthalten, wohl aber in Art. 3 des 7. ZP-EMRK v. 22.11.1984,[3888] das Deutschland noch nicht ratifiziert hat, so dass insoweit der EGMR nicht angerufen werden kann. Für die Anwendbarkeit von Art. 3 des 7. ZP-EMRK ist nicht erforderlich, dass das 7. ZP-EMRK schon zur Zeit des Fehlurteils galt, vielmehr genügt es, dass die Aufhebung des Fehlurteils nach Inkrafttreten des 7. ZP-EMRK erfolgt,[3889] ja sogar dass lediglich die danach folgende nationale Gerichtsentscheidung, in der Entschädigung verweigert und gegen die der EGMR angerufen wurde, nach Inkrafttreten des 7. ZP-EMRK erfolgte, wenn das innerstaatliche Recht vorsieht, dass nach Aufhebung des alten Urteils die Frage der Entschädigung in einem neuen Verfahren geklärt wird.[3890]

Die **Voraussetzungen** für die Entschädigung sind in beiden Konventionen **eng be- 1487 grenzt**.[3891] Die Entschädigung wird nur für den Fall der nachträglichen Aufhebung eines rechtskräftig gewordenen und ganz oder teilweise vollstreckten Fehlurteils gefordert,[3892] nicht aber für Schäden, die durch Strafverfolgungsmaßnahmen entstanden sind, die nicht zu einer rechtskräftigen Verurteilung geführt haben.[3893] Ob und wieweit letztere entschädigt werden, bleibt deshalb der freien Entscheidung des nationalen Gesetzgebers überlassen.[3894]

Für **freiheitsentziehende Maßnahmen** besteht eine Sonderregelung in Art. 5 Abs. 5 **1488** EMRK/Art. 9 Abs. 5 IPBPR. Der Entschädigungsanspruch hängt nicht von der förmlichen

---

[3884] EGMR Lalmahomed/NL, 22.2.2011, § 36 („A Contracting Party which provides for the possibility of an appeal is required to ensure that persons amenable to the law shall enjoy before the appellate court the fundamental guarantees contained in Article 6"); so bereits: EGMR Delcourt/B, 17.1.1970; De Cubber/B, 26.10.1984; Khalfaoui/F, 14.12.1999, § 37; (GK) Kudła/PL, 26.10.2000.

[3885] Meyer-Ladewig/Nettesheim/von Raumer/*Meyer-Ladewig/Harrendorf/König* Art. 2 Protokoll Nr. 7, 3.

[3886] Devolutiver, nicht remonstrativer Rechtsbehelf, *Nowak* 83 unter Hinweis auf HRC.

[3887] EGMR Krombach/F, 13.2.2001, § 96.

[3888] Vgl. *Trechsel* FS Ermacora 195, 205 zu der zu engen Begrenzung der Entschädigung und zum Unterschied der Entschädigungspflicht nach Art. 5 Abs. 5.

[3889] EGMR Poghosyan u. Baghdasaryan/ARM, 12.6.2012, §§ 9 f., 35, 50; Matveyev/R, 3.7.2008, § 38.

[3890] EGMR Bachowski/PL (E), 2.11.2010: Fehlurteil 1959; Aufhebung bzw. Freispruch 2001; Inkrafttreten des 7. ZP-EMRK am 1.3.2003; Ablehnung von Entschädigung durch nationale Gerichtsentscheidungen am 17.12.2004, 10.3.2005 und 25.4.2005.

[3891] Zu den gleichartigen Voraussetzungen des Art. 3 des 7. ZP-EMRK vgl. Meyer-Ladewig/Nettesheim/von Raumer/*Meyer-Ladewig/Harrendorf/König* Art. 3 Protokoll Nr. 7, 1 f.

[3892] Vgl. § 1 StrEG.

[3893] EGMR Tendam/E, 13.7.2010, § 31; Sekanina/A, 25.8.1993, § 25.

[3894] Vgl. §§ 2 bis 4 StrEG.

Esser

Beseitigung eines rechtskräftig gewordenen Fehlurteils ab, sondern davon, dass die Freiheitsentziehung als solche rechtswidrig war.[3895]

1489 **2. Voraussetzungen der Entschädigungspflicht (Art. 14 Abs. 6 IPBPR).** Es muss die **rechtskräftige Verurteilung** wegen einer *strafbaren Handlung* (im weiten Sinn der Konventionen; Rn. 84 ff.) zu einer Strafe vorliegen, die der Verurteilte ganz oder teilweise **verbüßt** haben muss. Unter *Urteil* ist dabei jedes Straferkenntnis zu verstehen, unter *Strafe* jede Art von strafrechtlicher Sanktion, auch die Geldstrafe oder eine Maßregel der Besserung und Sicherung.

1490 Das **Urteil** muss **förmlich aufgehoben** worden sein, etwa im **Wiederaufnahmeverfahren** oder durch eine **Begnadigung**. Ein bestimmtes Verfahren wird dabei nicht vorausgesetzt.[3896] Es muss darauf beruhen, dass durch neue oder neu bekannt gewordene Tatsachen[3897] schlüssig bewiesen wird, dass ein Fehlurteil vorlag, der Angeklagte also unschuldig ist. Dass die aufgehobene verurteilende Entscheidung selbst rechtswidrig war, ist dagegen keine Voraussetzung für die Entschädigung.[3898] Wird der Angeklagte im Wiederaufnahmeverfahren nicht wegen erwiesener Unschuld, sondern nur mangels ausreichenden Nachweises der Schuld freigesprochen, begründet Art. 14 Abs. 6 IPBPR keine Entschädigungspflicht.[3899]

1491 Die **Begnadigung** zieht eine Entschädigungspflicht nur nach sich, wenn sie zur Beseitigung des Fehlurteils **aus Rechtsgründen** gewährt wurde,[3900] nicht, wenn sie auf allgemeinen Billigkeitserwägungen beruht. Gleiches gilt für eine allgemeine Amnestie.

1492 **Keine Entschädigungspflicht** besteht, wenn nachgewiesen ist, dass die Tatsache, die das Vorliegen eines Fehlurteils schlüssig beweist, vom **Verurteilten selbst zurückgehalten** worden ist. Damit soll vor allem vermieden werden, dass jemand zu entschädigen ist, der seine falsche Verurteilung bewusst herbeigeführt oder hingenommen hat, etwa, um den wirklichen Täter zu decken.[3901] Auf dem gleichen Grundgedanken beruht der Ausschluss der Entschädigung nach § 5 Abs. 2, § 6 Abs. 1 Nr. 1 StrEG, zu deren Auslegung Art. 14 Abs. 6 IPBPR heranzuziehen ist.[3902] Soweit diese bei der hier allein in Frage kommenden

---

3895 *Tretter* FS Ermacora 195, 206; vgl. *Nowak* 95; ferner Art. 5 Rn. 375 ff.

3896 Vgl. Explanatory Report Nr. 23: „Nor does the article seek to lay down any rules as to the nature of the procedure to be applied to establish a miscarriage of justice."; EGMR Matveyev/R, 3.7.2008, §§ 39 f.

3897 Sollte somit lediglich einer bereits bekannten Tatsache neues Gewicht beigemessen werden, ist ein Entschädigungsanspruch nicht gegeben, für Art. 3 des 7. ZP-EMRK vgl. EGMR Matveyev/R, 3.7.2008, §§ 41 ff.; Bachowski/PL (E), 2.11.2010 („The domestic courts acknowledged that the judgment given in 1959 was unacceptable because the applicable substantive criminal law had been seriously distorted and misapplied in that case. Hence, the acquittal of the applicant was due to a reassessment by the Supreme Court of the evidence which had already been used and known to the court in the original proceedings").

3898 Ebenso für Art. 3 des 7. ZP-EMRK, vgl. Meyer-Ladewig/Nettesheim/von Raumer/*Meyer-Ladewig/Harrendorf/König* Art. 3 Protokoll Nr. 7, 2; *Frowein/Peukert* 1.

3899 Ebenso Meyer-Ladewig/Nettesheim/von Raumer/*Meyer-Ladewig/Harrendorf/König* Art. 3 Protokoll Nr. 7, 2. Vgl. die Kritik von *Tretter* FS Ermacora 195, 206 gegen die Beibehaltung dieser zu engen Entschädigungspflicht in Art. 3 des 7. ZP-EMRK sowie zur Ungereimtheit, dass bei Freispruch in noch laufenden Verfahren keine Entschädigung vorgesehen und der Freispruch zweiter Klasse beibehalten wird, obwohl dies mit der Unschuldsvermutung kaum vereinbar ist.

3900 Vgl. *Nowak* 93, mit Beibehaltung dieses kritisierten Zusatzes sollten auch die Fälle erfasst werden, in denen der zu Unrecht Verurteilte nur begnadigt wurde. HRC Muhonen/FIN, 8.4.1985, 89/1981, EuGRZ **1985** 565; *Nowak* 94.

3901 *Nowak* 94.

3902 *Schätzler* § 5, 36 StrEG.

Entschädigung für ein Fehlurteil nach § 1 StrEG anwendbar sind, dürften sie die Grenzen der Konvention einhalten.

3. Gesetzliche Regelung. Die Entschädigung ist *entsprechend dem Gesetz* zu gewäh- **1493** ren. Maßgebend ist also die jeweilige gesetzliche Regelung in den Vertragsstaaten. Diese sind zu einer gesetzlichen Regelung verpflichtet,[3903] um eine sichere Rechtsgrundlage für die Entschädigung zu schaffen.[3904] Im Übrigen ist dem nationalen Recht nur aufgegeben, die Entschädigung entsprechend den Vorgaben des Art. 14 Abs. 6 IPBPR näher zu regeln. Der Gesetzgeber kann die Modalitäten für die Geltendmachung des Entschädigungsanspruchs sowie seine Höhe festlegen; er darf aber nicht die Entschädigung an zusätzliche sachliche Voraussetzungen knüpfen, die ihre Gewährung nach Beseitigung eines Fehlurteils über die Konvention hinaus einschränken.[3905] Ob die **Erben** bei Tod eines Verurteilten einen Ersatzanspruch haben, ist der Regelung des nationalen Rechts überlassen.[3906]

XXI. Verbot der Doppelverfolgung-/bestrafung („ne bis in idem"/Art. 4 des 7. ZP-EMRK/Art. 14 Abs. 7 IPBPR)

1. Allgemeines. Das Verbot der Doppelverfolgung-/bestrafung (**„ne bis in idem"**) ist ein **1494** allgemeiner Grundsatz der Rechtsstaatlichkeit, der die Freiheit des Einzelnen sowie den sozialen Frieden sichert. Er dient damit sowohl der **materiellen Gerechtigkeit** als auch der **Rechtssicherheit**.[3907]

Zu unterscheiden ist bei der Vielzahl der mittlerweile vorhandenen Regelungen das **1495** **klassische innerstaatliche Modell** von dem **über die Staatsgrenzen** hinausreichende (transnationale) Doppelverfolgungs- und -bestrafungsverbot. Letzteres wiederum kann **vertikal**, also zwischen Mitgliedstaat und übergeordneter supranationaler Organisation gelten (international)[3908] oder **horizontal** zwischen verschiedenen Staaten **(transnational)**.

a) Verfassungsrechtliche Perspektive. Als Verfassungsgrundsatz, der gleichzeitig ein **1496** Prozessgrundrecht gewährleistet,[3909] schließt **Art. 103 Abs. 3 GG**[3910] – ebenso gleichartige Vorschriften in den Länderverfassungen – vom Wortlaut her die **mehrmalige Bestrafung** einer Person wegen derselben Tat durch **innerdeutsche Gerichte** aus.[3911] Die Vorschrift verbietet jedoch nicht nur (erst) die mehrmalige Aburteilung einer Person, sondern untersagt bereits die Einleitung eines weiteren Verfahrens wegen derselben Tat und damit die dem

---

3903 *Nowak* 96; anders Art. 3 des 7. ZP-EMRK, wo neben der gesetzlichen Regelung auch die Übung des jeweiligen Staates als ausreichende Grundlage für die Entschädigung angesehen wird.

3904 Zu Art. 3 des 7. ZP-EMRK vgl. zudem *Grabenwarter/Pabel*, § 24, 177 m.w.N., nach dem auch das Fehlen einer gesetzlichen Regelung oder Übung nicht von der Entschädigungspflicht befreien kann.

3905 *Nowak* 94.

3906 Vgl. *Nowak* 71, wonach ein Ersatzanspruch der Erben im Falle der Hinrichtung des Verurteilten nicht in den IPBPR aufgenommen wurde.

3907 Vgl. im unionsrechtlichen Kontext: EuGH 3.4.2019, C-617/17 (PZU Zycie), Tz. 33; zur historischen Entwicklung dieses Grundsatzes: *Dannecker* FS Sieber 1073, 1084 ff.

3908 Zum Verhältnis von EUStA und nationalen Strafverfolgungs- und Fachbehörden: Herrnfeld/Esser/ *Esser* § 12, 43.

3909 OK-GG/*Radtke* Art. 103, 44 GG.

3910 *„Niemand darf wegen derselben Tat auf Grund der allgemeinen Strafgesetze mehrmals bestraft werden."*

3911 Vgl. BVerfGE **12** 62, 66; **75** 1, 15; Grützner/Pötz/Kreß/Gazeas/*Burchard* § 73, 146 IRG.

Esser

gerichtlichen Verfahren vorgelagerte **Strafverfolgung**; aus ihr folgt mithin ein strafprozessuales **Verfahrenshindernis**.[3912] Keine *mehrmalige Bestrafung* i.S.v. Art. 103 Abs. 3 GG stellt es dar, wenn in *einem* Verfahren **mehrere Sanktionen *nebeneinander*** verhängt werden.[3913]

1497   Die **Wiederaufnahme** eines Strafverfahrens zulasten des Beschuldigten ist unter bestimmten, eng zu interpretierenden Voraussetzungen verfassungsrechtlich zulässig.[3914]

1498   Die relevante **Tat** (idem) bestimmt sich nach dem nach natürlicher Auffassung einheitlich zu bewertenden **Lebensvorgang**, auf den sich die förmliche Anklage und Eröffnungsbeschluss beziehen.[3915] Damit wird an den **prozessualen Tatbegriff** i.S.v. § 264 StPO angeknüpft.[3916]

1499   Art. 103 Abs. 3 GG erfasst die Sanktionierung eines Fehlverhaltens nach den **allgemeinen Strafgesetzen**. Erfasst werden damit das **Kernstrafrecht und Nebenstrafrecht**, nach traditionellem Verständnis aber nicht das (Berufs-)**Disziplinarrecht**. Art. 103 Abs. 3 GG ist damit weder auf das Verhältnis mehrerer Disziplinarmaßnahmen untereinander noch auf das Verhältnis solcher Maßnahmen zu den Kriminalstrafen anwendbar.[3917] Nicht unter die allgemeinen Strafgesetze fallen zudem die Tatbestände des **Ordnungswidrigkeitenrechts**.[3918] Hier ergeben sich allerdings aus allgemeinen rechtsstaatlichen Grundsätzen Beschränkungen für eine erneute (doppelte) Verfolgung und Sanktionierung. Dem tragen eigenständige Verfolgungshindernisse (z.B. § 56 Abs. 4 OWiG) und die differenzierenden Regelungen der §§ 84, 85 OWiG Rechnung.[3919]

1500   Zu den einen **Strafklageverbrauch** und damit das Doppelbestrafungsverbot auslösenden Entscheidungen im Rahmen eines Strafverfahrens zählen nicht nur **Freispruch** und **Verurteilung** durch das zuständige Gericht (zum Strafbefehl: § 410 Abs. 3 StPO). Anderen *gerichtlichen* Entscheidungen kann ebenfalls eine zumindest **beschränkte Rechtskraft** zukommen (vgl. §§ 153 Abs. 2 StPO gegenüber der erneuten Verfolgung als Vergehen;[3920] § 153a Abs. 2 Satz 2 i.V.m. Abs. 1 Satz 5 StPO – im Falle der *endgültigen* Einstellung, ebenfalls gegenüber der erneuten Verfolgung als Vergehen).[3921] Das Verfahrenshindernis des Strafklageverbrauchs soll sogar schon dann bestehen, wenn es – nach Ausschöpfung aller Erkenntnismöglichkeiten – bereits möglicherweise vorliegt.[3922]

[3912] BVerfGE 56 32; BVerfG Beschl. v. 4.12.2007 – 2 BvR 38/06, DAR **2008** 586; NJW **2012** 1202; OK-GG/*Radtke* Art. 103, 45 GG; Jarass/*Pieroth* Art. 103, 79 GG; *Zöller* Terrorismusstrafrecht 316; *Böse* Ad Legendum **2022** 104.

[3913] Vgl. hierzu *Zeder* ÖJZ **2014** 494 ff.

[3914] Jarass/*Pieroth* Art. 103, 80 GG; vgl. dazu MK/*Engländer/Zimmermann* vor § 359 Rn. 3 m.w.N.

[3915] BVerfGE 23 202; BGHSt 43 98 f.; 255 ff.

[3916] Jarass/*Pieroth* Art. 103, 72 GG; BVerfGE 45 434, 435. Vgl. zum Strafklageverbrauch bei Organisationsdelikten: OLG Bamberg Beschl. v. 7.1.2016 – 1 Ws 700/15, BeckRS **2016** 3552 (§ 129 StGB: Mitgliedschaft vs. einzelne mitgliedschaftliche Betätigungsakte).

[3917] BVerfGE 66 357; Jarass/*Pieroth* Art. 103, 74 GG. Im Schrifttum werden aber auch differenzierende Ansichten vertreten, die nicht auf die abstrakte Unterschiedlichkeit von Kriminalstrafen und anderen Sanktionen, sondern auf das Maß ihrer Annäherung in den Sanktionswirkungen abstellen und dadurch zu einer Einschränkung der Disziplinargewalt gelangen.

[3918] Vgl. BVerfGE 21 391, 401; 43 101, 105 = NJW **1977** 293; näher zum Anwendungsbereich des Art. 103 Abs. 3 GG auch: *Gärditz* Jura **2023** 277, 280 f.

[3919] Vgl. hierzu auch: OLG Düsseldorf StraFo **2012** 332 = JR **2012** 479 m. Anm. *Kröpil* = NZV **2012** 395 m. Anm. *Sandherr* (Einstellungsbeschluss, § 47 Abs. 2 OWiG).

[3920] Hierzu str.: Meyer-Goßner/*Schmitt* § 153, 37 f. StPO; OLG Köln StRR **2013** 68.

[3921] Meyer-Goßner/*Schmitt* § 153, 37 f.; § 153a, 45 StPO; Jarass/*Pieroth* Art. 103, 76 ff. GG; vgl. auch BGH NJW **2004** 375.

[3922] So für das Ordnungswidrigkeitenverfahren OLG Köln NStZ-RR **2017** 150.

Staatsanwaltliche Verfügungen haben (nach rein innerstaatlichem Recht und Ver- **1501** ständnis) eine solche Wirkung regelmäßig nicht (vgl. aber bezogen auf Art. 54 SDÜ: Rn. 1593 ff.).[3923] Eine Einstellung des Verfahrens nach Erfüllung von Auflagen gemäß § 153a Abs. 1 Satz 5 StPO führt lediglich zu einem **beschränkten Strafklageverbrauch**.

Das Verbot der doppelten Aburteilung gilt (mit Einschränkungen) auch für die vor **1502** dem 3.10.1990 ergangenen Urteile der **Gerichte der ehemaligen DDR**, weil diese der inländischen Gerichtsbarkeit zugerechnet werden.[3924]

Für die **Urteile ausländischer Gerichte** gilt der in Art. 103 Abs. 3 GG verankerte **1503** Grundsatz *ne bis in idem* nicht.[3925] Allerdings ist insoweit auf der Ebene des einfachen Rechts **§ 51 Abs. 3 StGB** zu beachten, wonach bei der Vollstreckung der von einem deutschen Gericht verhängten Sanktion die im Ausland wegen derselben Tat bereits vollstreckte Sanktion anzurechnen ist.

Im Hinblick auf die besondere rechtliche Situation der über das Unionsrecht verbun- **1504** denen Mitgliedstaaten wurde schon Ende der 1960er Jahre entschieden, dass sich das Doppelverfolgungsverbot auch im Verhältnis von (damals noch) **gemeinschaftsrechtlichen und nationalen Sanktionen** auswirken muss. Die Frage der Geltung des Doppelbestrafungsverbots hat dabei seit jeher besondere Bedeutung für das **Kartellrecht**. Doppelte Verfahren in diesem Rechtsgebiet wegen desselben wettbewerbsbeschränkenden Verhaltens sind mit der Zuständigkeitsverteilung zwischen Union und Vertragsstaaten notwendig verbunden. Die Verfahrenshäufung verstieß nach bereits früh geäußerter Ansicht des EuGH als solche nicht gegen den Grundsatz *ne bis in idem*, weil die nationalen und europäischen Kartellvorschriften **verschiedene Schutzzwecke** verfolgen und somit nicht wegen derselben Tat bestraft werde.[3926] Die verhängten Sanktionen einer mitgliedstaatlichen Wettbewerbsbehörde *für dieselbe Tat* sollen allerdings aus allgemeinen Fairness- und Billigkeitserwägungen von der Kommission (und auch in der umgedrehten Konstellation) bei der Bemessung der zu verhängenden Geldbuße Berücksichtigung finden.[3927] (dazu Rn. 1538 ff.).

Der BGH hat in der sog. **„Teerfarben"**-Entscheidung im Ergebnis entsprechend das **1505** Doppelbestrafungsverbot für anwendbar erklärt, indem er darauf hinweist, dass mit dem EuGH eine „zwischenstaatliche" Gerichtsbarkeit geschaffen worden sei, die sich der Unterscheidung zwischen aus- und inländischer Gerichtsbarkeit entzieht und daher die auf europäischem Unionsrecht (früher Gemeinschaftsrecht) beruhenden Entscheidungen der Gerichte der EU keine Ausübung ausländischer Gerichtsbarkeit seien.[3928] EuG und EuGH seien vielmehr als innerstaatliche Gerichte anzusehen.[3929] Gleichwohl bedarf es auch insoweit im Kartellrecht einer Regelung zum Strafklageverbrauch, so durch die VO EG 1/2003 (Rn. 1538 ff.).[3930]

3923 BGHSt **28** 119, 121; **37** 11 f., 13; vgl. auch: BGH NStZ-RR **2020** 179; *Jagla* 195 f.

3924 Vgl. Art. 18 EV; Jarass/*Pieroth* Art. 103, 78 GG; Meyer-Goßner/*Schmitt* Einl. 176; LR/*Kühne* Einl. K 100; dazu auch BVerfGE **12** 62, 66 f.; **36** 1 ff.; **37** 57, 62 ff.

3925 Vgl. BVerfG StraFo **2008** 151 = DAR **2008** 586; BGHSt **24** 54, 57; bestätigt durch BVerfG Beschl. v. 15.12.2011 – 2 BvR 148/11, NJW **2012** 1202, Rn. 32 f., m.w.N.; Jarass/*Pieroth* Art. 103, 78 GG.

3926 EuGH 13.2.1969, 14/68 (Walt Wilhelm), Slg. 1969 1, 15.

3927 EuGH 13.2.1969, 14/68 (Walt Wilhelm); EuG 29.9.2006, T-43/02 (Jungbunzlauer); vgl. ferner Kommission Beschl. v. 22.6.2011 – COMP/39525 (Telekomunikacja Polska).

3928 BGHSt **24** 54 (Kartellordnungswidrigkeit); LR/*Kühne* Einl. K 98. Die Begründung ist freilich unsauber, da die Sanktionen nicht durch den Gerichtshof, sondern durch die Kommission verhängt werden.

3929 BGHSt **24** 54, 57; Jarass/*Pieroth* Art. 103, 78 GG.

3930 Aktuell enthält die VO noch keine ausdrückliche Regelung zum Strafklageverbrauch (Art. 11 Abs. 6 VO regelt: Wird eine Wettbewerbsbehörde eines Mitgliedstaats in einem Fall bereits tätig, so leitet die Kommission ein Verfahren erst ein, nachdem sie diese Wettbewerbsbehörde konsultiert hat").

Esser

1506   Bei der **Übernahme der Vollstreckung einer ausländischen Verurteilung** ist das ausländische Urteil nicht am Maßstab des Art. 103 Abs. 3 GG zu prüfen, denn dieser gilt nicht in dem um Vollstreckung ersuchenden Staat und berührt auch nicht die Regelungen anderer Rechtsordnungen, die eine Doppelbestrafung anerkennen und zulassen.[3931] Lediglich eine wegen derselben Tat ergangene abschließende (der Rechtskraft fähige) Entscheidung eines deutschen Gerichts oder einer Behörde i.S.v. § 9 Nr. 1 IRG hindert die Vollstreckungshilfe (vgl. § 49 Abs. 1 Nr. 4 IRG).

1507   **b) Art. 4 des 7. ZP-EMRK/Art. 14 Abs. 7 IPBPR.** Der Grundsatz, dass eine Person wegen derselben Tat nicht mehrmals *verfolgt* geschweige denn *bestraft* werden darf, dass also eine rechtskräftige justizielle Entscheidung im Strafverfahren es ausschließt, dass der Betroffene wegen derselben Tat nochmals strafrechtlich verfolgt werden kann, ist über die deutsche Verfassung hinaus ein allgemeiner Grundsatz der Rechtsstaatlichkeit, der bereits im **5. Zusatzartikel zur US-Verfassung** Erwähnung findet („double jeopardy clause").[3932]

1508   Menschenrechtlich verankert ist der Grundsatz *ne bis in idem* in **Art. 14 Abs. 7 IPBPR.**[3933] In den Text der EMRK war diese Garantie zunächst nicht aufgenommen worden, er findet sich aber mit Erweiterungen und Einengungen[3934] in **Art. 4 des 7. ZP-EMRK** v. 22.11.1984, das Deutschland bislang allerdings nicht ratifiziert hat. Beide Vorschriften betreffen allerdings (wie Art. 103 Abs. 3 GG) nur das Verbot einer wiederholten Aburteilung **innerhalb desselben Staates.**[3935] Die Regelung der Möglichkeit einer Wiederaufnahme eines rechtskräftig abgeschlossenen Verfahrens unter bestimmten Bedingungen stellt keinen Verstoß gegen das Doppelbestrafungsverbot dar. Das Verbot wird durch Art. 4 Abs. 3 des 7. ZP-EMRK **notstandsfest** gewährleistet, während Art. 4 Abs. 2 IPBPR es nicht bei den notstandsfesten Gewährleistungen des Zivilpaktes aufzählt.

1509   **c) Internationale Ebene.** Das Verbot der Doppelbestrafung ist in Art. 20 des Römischen Statuts des Internationalen Strafgerichtshofs (**IStGH – ICC**) niedergelegt.[3936] Es galt ferner für die Gerichtshöfe in Ost-Timor, Libanon und Sierra Leone und hatte ebenso für die Arbeit der inzwischen aufgelösten *Ad-hoc*-Strafgerichtshöfe für das frühere Jugoslawien (**ICTY**)[3937] und Ruanda (**ICTR**)[3938] Geltung.

1510   Die in den Statuten bzw. Abkommen geregelten Verfolgungs- und Bestrafungsverbote schränken die Strafgewalt staatlicher Gerichte **zu Gunsten der Strafgewalt der internationalen Gerichtshöfe**, also in **vertikaler** Hinsicht, ein. Bei bereits erfolgter rechtskräftiger Verfolgung durch die internationalen Gerichtshöfe wird der Betroffene vor erneuter *Verfolgung* wegen derselben Tat *durch staatliche Gerichte* geschützt (Art. 20 Abs. 2 ICC-Sta-

---

3931 Grützner/Pötz/Kreß/Gazeas/*Burchard* § 73, 146 IRG.

3932 „[...] nor shall any person be subject for the same offence to be twice put in jeopardy of life or limb."

3933 Zur Entstehungsgeschichte und den wechselnden Fassungsvorschlägen vgl. *Nowak* Art. 14, 97 f.

3934 Zu den Unterschieden zwischen den Regelungen vgl. *Tretter* FS Ermacora 195, 207 ff.

3935 EGMR (E) Moreno Benavides/B, 10.11.2015, § 58; vgl. auch Explanatory-Report zum 7. ZP-EMRK, Nr. 27. Das EP forderte in einer Entschließung v. 16.3.1984 (EuGRZ **1984** 355), u.a. unter Hinweis auf die Freizügigkeit in der (früheren) EG, die Ausdehnung des Grundsatzes auf ausländische Urteile.

3936 BGBl. 2000 II S. 1393.

3937 Hierzu: Gesetz über die Zusammenarbeit mit dem Internationalen Strafgerichtshof für das ehemalige Jugoslawien (Jugoslawien-Strafgerichtshof-Gesetz) v. 10.4.1995 (BGBl. I S. 485).

3938 Hierzu: Gesetz über die Zusammenarbeit mit dem Internationalen Strafgerichtshof für Ruanda (Ruanda-Strafgerichtshof-Gesetz) v. 4.5.1998 (BGBl. I S. 843).

tut;[3939] Art. 10 Abs. 1 ICTY-Statut; Art. 9 Abs. 1 ICTR-Statut; Art. 11 UN-Reg. 2000/15 und Art. 4 UNTAET 2000/30 Art. 5 des Anhangs zu UNSR 1757; Art. 9 SCSL-Statut).

In umgekehrter Richtung gewähren die Statuten und Abkommen ebenfalls Schutz vor **1511** Doppelbestrafung, genauer vor der *Verfolgung durch die internationalen Gerichtshöfe* bei einem bereits auf nationaler Ebene durchgeführten Verfahren (Art. 20 Abs. 3 IStGH-Statut; Art. 10 Abs. 2 ICTY-Statut; Art. 9 Abs. 2 ICTR-Statut). Ein neuerliches Verfahren vor den Gerichtshöfen ist allerdings möglich, wenn das nationale Strafverfahren nicht unparteiisch und unabhängig war oder den Angeklagten vor internationaler strafrechtlicher Verant-wortung schützen sollte (sog. ***sham-proceedings;*** vgl. Art. 20 Abs. 3 IStGH-Statut; Art. 10 Abs. 2 ICTY-Statut; Art. 9 Abs. 2 ICTR-Statut; demnach war auch ein erneutes Verfahren unter der Voraussetzung zulässig, dass der Fall auf nationaler Ebene nicht mit der erfor-derlichen Sorgfalt verfolgt worden war).[3940] War nach diesen Maßgaben ein neues Verfah-ren zulässig, hatten die Gerichtshöfe eine wegen derselben Handlung bereits von einem staatlichen Gericht verhängte Strafe bei der Strafzumessung zu berücksichtigen (Art. 10 Abs. 3 ICTY-Statut; Art. 9 Abs. 3 ICTR-Statut).

2. Inhalt und Regelungsbereich von Art. 4 des 7. ZP-EMRK

a) Rechtsfolge – Strafverfolgungshindernis. Verboten nach Art. 4 des 7. ZP-EMRK **1512** bzw. Art. 14 Abs. 7 IPBPR ist die **erneute Verfolgung und Bestrafung** wegen einer **strafba-ren Handlung**, wenn der Betreffende wegen dieser bereits rechtskräftig verurteilt oder frei-gesprochen worden ist.[3941] Ihrem Wortlaut nach untersagt die Vorschrift hinsichtlich der ab-geurteilten *Straftat* die **doppelte Strafverfolgung**, d.h. die Durchführung eines zweiten Strafverfahrens und nicht erst die erneute Verurteilung durch ein Strafgericht (*„liable to be tried or punished"/„être poursuivi ou puni"*).[3942]

Die früher geläufige deutsche Fassung „vor Gericht gestellt oder bestraft werden" war **1513** daher insoweit irreführend. Auch die vom EGMR im Urteil *Gradinger* gewählte Formulie-rung „that provision [...] does not therefore apply before new proceedings have been opened"[3943] bedeutete nicht, dass das Verbot der Doppelbestrafung sachlich erst nach der Einleitung eines zweiten Verfahrens greift. Die Zusammenhänge zwischen dem Verbot der Doppelverfolgung und der Erhebung der strafrechtlichen Anklage i.S.v. Art. 6 Abs. 1 führen dazu, dass der Grundsatz ne bis in idem nicht nur die Erhebung einer förmlichen Anklage i.S.v. § 170 Abs. 1 StPO untersagt, sondern zeitlich früher ansetzt und praktisch die **Wir-kung eines Strafverfolgungshindernisses** annimmt, wie es bei Art. 103 Abs. 3 GG der Fall ist (Rn. 1496).[3944] Dies bringt auch der EGMR mit der Formulierung „the aim ... is to prohibit the repetition of criminal proceedings, that have been concluded by a final decisi-on" klar zum Ausdruck.[3945]

Die Rechtsfolge einer Verletzung des Art. 4 des 7. ZP-EMRK wäre – sofern Deutschland **1514** das 7. ZP-EMRK ratifizieren sollte – dieselbe wie bei einer Verletzung von Art. 103 Abs. 3 GG. Falls die rechtskräftige Verurteilung bereits während des Ermittlungsverfahrens be-

---

3939 *Triffterer* ICC-Commentary Art. 20, § 22.
3940 *Triffterer* ICC-Commentary Art. 20, § 44, 45.
3941 EGMR (GK) Sergey Zolotukhin/R, 10.2.2009, § 110; Kapetanios u.a./GR, 30.4.2015, § 63.
3942 Siehe EGMR Nilsson/S (E), 13.12.2005; (GK) Sergey Zolotukhin/R, 10.2.2009, § 107; Tsonyo Tsonev/BUL (Nr. 2), 14.1.2010, § 55; Khmel/R, 12.12.2013, § 68; Glantz/FIN, 20.5.2014, § 57 („extends also to the right not to be prosecuted or tried twice").
3943 EGMR Gradinger/A, 23.10.1995, § 53.
3944 Siehe: Meyer-Goßner/*Schmitt* Einl. 171; BGHSt **20** 292, 294.
3945 So EGMR (GK) Sergey Zolotukhin/R, 10.2.2009, § 107 m.w.N.

Esser

kannt wird, entsteht insoweit ein **Verfahrenshindernis** (§ 170 Abs. 2 StPO). Im Hauptverfahren muss nach § 260 Abs. 3 StPO eine Einstellung durch Urteil erfolgen.[3946] Wenn bekannt wird, dass bereits eine rechtskräftige Entscheidung vorliegt, kann dies sogar noch bei bereits eingetretener Rechtskraft der zweiten Entscheidung als neue Tatsache gemäß § 359 Nr. 5 StPO vorgebracht werden.[3947]

1515   Der Schutzgehalt des Art. 4 des 7. ZP-EMRK ist **zeitlich auch dann anwendbar**, wenn (nur) das zweite Verfahren nach Inkrafttreten des 7. ZP-EMRK stattfindet und das erste Verfahren noch stattfand, bevor dieses Konventionsrecht in dem betreffenden Staat galt.[3948]

1516   **b) Verurteilung.** Der Begriff „Verurteilung" in Art. 4 des 7. ZP-EMRK entspricht dem des Art. 7 (dort Rn. 47 ff.). Gemeint ist also die Verhängung einer staatlichen Sanktion als Reaktion auf eine **festgestellte Schuld**. Nicht erfasst sind daher präventiv wirkende Maßnahmen und Sanktionen.[3949]

1517   Unerheblich ist, ob die Verurteilung durch ein **Gericht** erfolgt ist.[3950] Auch eine durch die **Staatsanwaltschaft** oder eine **Verwaltungsbehörde** verhängte Sanktion kann bei Vorliegen der weiteren Voraussetzungen als *Verurteilung* i.S.d. Art. 4 des 7. ZP-EMRK anzusehen sein und ein Strafverfolgungshindernis auslösen.[3951]

1518   Ein **Strafbefehl** fällt wegen seiner Fähigkeit zur Rechtskraft unter den Begriff der *Verurteilung*.[3952] Ein erneutes Verfahren ist auch dann unzulässig, wenn es auf Tatsachen beruht, die erst nach Rechtskraft des Strafbefehls eingetreten sind, denn dann beruht die der materiellen Gerechtigkeit widersprechende Verurteilung nicht auf dem summarischen Charakter des Verfahrens, sondern hätte auch bei Durchführung eines Hauptverfahrens nicht beachtet werden können.[3953]

1519   **c) Freispruch.** Ebenfalls keiner erneuten Verfolgung unterworfen werden darf eine Person, die wegen derselben Straftat in dem betreffenden Staat **rechtskräftig freigesprochen** worden ist. Angesprochen sind auch hier gerichtliche Urteile und die ihnen gleichgestellten justiziellen, der Rechtskraft fähigen Entscheidungen.

1520   Ob und welche anderweitige Form der Erledigung des (ersten) Verfahrens ein Verfolgungsverbot für jedes weitere Verfahren in derselben Sache auslöst, ist im Einzelnen strittig. Der EGMR hat noch nicht abschließend dazu Stellung bezogen, unter welchen Voraussetzungen eine **Verfahrenseinstellung** einem *Freispruch* gleichzusetzen ist. Zwar hat der Gerichtshof eine solche Wirkung für klassische **staatsanwaltliche** Einstellungsverfügungen auch schon abgelehnt.[3954] Grundsätzlich ist aber bei einer nach nationalem Recht mit **Rechtskraftwirkung** und einem damit einhergehenden Strafklageverbrauch ausgestatteten Entscheidung einer im Strafverfahren tätigen Stelle von einer Verurteilung i.S.v. Art. 4 des 7. ZP-EMRK auszugehen.[3955] Das Vorliegen einer schlichten, für die Frage des Strafkla-

---

3946 *Degenhard* StraFo **2005** 67.

3947 KK-EMRK-GG/*Kadelbach* Kap. 29, 34 f.

3948 EGMR (GK) Marguš/KRO, 27.5.2014, §§ 97 f.

3949 Vgl. SK/*Meyer* 38.

3950 KK-EMRK-GG/*Kadelbach* Kap. 29, 8.

3951 So EGMR Glantz/FIN, 20.5.2014, §§ 7, 48 ff. Problematisch ist in solchen Fällen vielmehr, ob sie eine Reaktion auf eine „Straftat" darstellt; diff. zu Steuerzuschlägen *Zeder* ÖJZ **2014** 494.

3952 Vgl. dazu: *Villiger* 951.

3953 BVerfGE **65** 377, 379 = NJW **1984** 604 = NStZ **1984** 325.

3954 EGMR (GK) Marguš/KRO, 27.5.2014, § 120 m.w.N.; Smirnova/R (E), 3.10.2002; vgl. auch *Mansdörfer* 123; *Frowein/Peukert* 2.

3955 KK-EMRK-GG/*Kadelbach* Kap. 29, 9.

geverbrauchs unerheblichen Einstellungsverfügung verneint („*not a simple discontinuance order*") und mithin eine Verurteilung i.S.v. Art. 4 des 7. ZP-EMRK bejaht hat der EGMR für den Fall, dass mit ihr die Auferlegung einer „verwaltungsrechtlichen" Sanktion nach **inhaltlicher Prüfung** verbunden wird.[3956]

Für Deutschland ist daher neben Urteilen vor allem die Sperrwirkung unanfechtbarer **gerichtlicher** Einstellungsentscheidungen nach **§ 153 Abs. 2 StPO** zu beachten.[3957] Eine Ausnahme besteht dann, wenn sich die Tat nachträglich als Verbrechen darstellt.[3958] **1521**

Auch die Entscheidung der Staatsanwaltschaft über die Einstellung des Verfahrens gemäß **§ 153a Abs. 1 StPO** mit Zustimmung des Gerichts bzw. die gerichtliche Entscheidung nach **§ 153a Abs. 2 StPO** erwachsen in (auf Vergehen eingeschränkte) Rechtskraft (§ 153a Abs. 1 Satz 5 StPO),[3959] so dass nach den genannten Kriterien bei erneuter Verfolgung das Verbot der Doppelverfolgung auch nach Art. 4 des 7. ZP-EMRK eingreift. Konkreter hierzu verläuft die Judikatur des EuGH zu Art. 54 SDÜ[3960] (Rn. 1579 ff.).[3961] **1522**

In Bezug auf eine Einstellung nach **§ 154 Abs. 1 StPO** ist das BVerfG der Ansicht, dass diese zwar noch nicht zu einem Strafklageverbrauch führe, jedoch in der Regel bereits eine **Vertrauensgrundlage** schaffe.[3962] Dies wird damit begründet, dass für den Beschuldigten und die Allgemeinheit „ein schutzwürdiges Interesse an dem Bestand und der Verlässlichkeit" der staatsanwaltlichen Entscheidung bestehe, weshalb auch eine Einstellung nach § 154 StPO eine gewisse Beständigkeit verlange.[3963] Eine Wiederaufnahme des Verfahrens sei daher nur bei Vorliegen eines sachlich einleuchtenden Grundes, nicht jedoch aus reiner Willkür möglich.[3964] **1523**

Ob eine Verfahrenseinstellung durch ein Gericht aufgrund eines **Amnestiegesetzes** einem gerichtlichen **Freispruch** gleichkommt, wurde vom EGMR nicht eindeutig geklärt. Im Fall *Marguš* (fehlerhaft erteilte Amnestie für Kriegsverbrechen) stand die Frage zwar im Raum, das Kammer-Urteil hatte sie jedoch ausdrücklich offengelassen und stattdessen eine Wiederaufnahme nach Art. 4 Abs. 2 des 7. ZP-EMRK bejaht.[3965] Die GK stellt dagegen darauf ab, dass die Erteilung einer Amnestie bei gravierenden Menschenrechtsverletzungen dem Zweck und den Ermittlungspflichten der Staaten nach Art. 2 und Art. 3 sowie **1524**

[3956] EGMR Mihalache/RUM, 8.7.2019, §§ 99 ff. (Einstellung des Strafverfahrens gegen Bußgeld wegen der Weigerung, sich im Straßenverkehr einem Alkoholtest zu unterziehen); zu diesem Urteil: *Harta* JSt **2020** 473 ff.; vgl. auch EGMR Stăvilă/RUM, 1.3.2022, §§ 89 ff. (Einstellung durch die Staatsanwaltschaft gegen Bußgeld wegen eines Straßenverkehrsdelikts; später ungerechtfertigte, erneute Eröffnung des Strafverfahrens ohne Hinzukommen neuer Beweise; Verstoß gegen Art. 4 des 7. ZP-EMRK bejaht).
[3957] BGHSt **48** 331 = NJW **2004** 375.
[3958] BGH JZ **2004** 737 mit insoweit zustimmender Anm. *Kühne*, der bei der Einstellung nach § 153 Abs. 1 Satz 1 StPO und auch bei der alleinigen Einstellung durch die Staatsanwaltschaft nach § 153 Abs. 1 Satz 2 StPO annimmt, dass sie nach Art. 54 SDÜ im Bereich der Mitgliedstaaten ein begrenztes Verbot der Strafverfolgung bewirkt.
[3959] BVerfGE **65** 380 = NJW **1984** 604 = NStZ **1984** 325.
[3960] EuGH 11.2.2003, C-385/01 u.a. (Gözütok u. Brügge), NJW **2003** 1173 = NStZ **2003** 332 = StV **2003** 201 = wistra **2003** 137 = EuZW **2003** 214; dazu *Stein* NJW **2003** 1162; *Radtke/Busch* NStZ **2003** 281; *Kühne* JZ **2003** 305.
[3961] Vgl. *Hecker* StV **2001** 306; *Böse* GA **2003** 544; *Degenhard* StraFo **2005** 65, 68; KK-EMRK-GG/*Kadelbach* Kap. 29, 9.
[3962] BVerfG Beschl. v. 19.5.2022 – 2 BvR 1110/21, BeckRS **2022** 17795 Rn. 50 = StraFo **2022** 423 ff. m. Anm. *Mayr* (Einstellung nach § 154 Abs. 1 StPO; Unzulässigkeit der Auslieferung nach § 83b Abs. 1 Nr. 2 IRG); restriktiver: *Radtke* Enzyklopädie 12, 46 mangels hinreichender zugrunde liegender Sachprüfung.
[3963] BVerfG Beschl. v. 19.5.2022 – 2 BvR 1110/21, BeckRS **2022** 17795 Rn. 50.
[3964] BVerfG Beschl. v. 19.5.2022 – 2 BvR 1110/21, BeckRS **2022** 17795 Rn. 50.
[3965] Vgl. EGMR (K) Marguš/KRO, 13.11.2012, §§ 68 ff.; dazu: *Esser* Doppelverfolgungsverbot 45 ff.

internationalen Entwicklungen widerspreche und im konkreten Fall untragbar war.[3966] Daher sei Art. 4 des 7. ZP-EMRK nicht anwendbar.[3967]

1525   **d) Rechtskraft ("final").** Ausgeschlossen ist eine erneute Verfolgung erst, wenn die Strafklage aufgrund der früheren Entscheidung verbraucht ist. Dies setzt den Eintritt der **(formellen) Rechtskraft** der Entscheidung nach nationalem Recht voraus. Solange ein Urteil nach nationalem Recht noch mit Rechtsmitteln angegriffen werden kann, ist die Voraussetzung der *„final decision"* nicht erfüllt.[3968] Außerordentliche Rechtsbehelfe, wie etwa eine Verfassungsbeschwerde, sind dabei jedoch nicht zu beachten.[3969] Um als *„ordinary remedy"* zu gelten, muss die Normierung des Rechtsbehelfs im innerstaatlichen Recht mit dem Grundsatz der **Rechtssicherheit** vereinbar sein. Hiervon kann ausgegangen werden, wenn das Gesetz eine Frist zur Einlegung des Rechtsbehelfs bestimmt und für deren Ablauf die Unanfechtbarkeit der Entscheidung vorsieht.[3970]

1526   Umgekehrt entsprechen solche nationalen Rechtsbehelfe diesen Vorgaben nicht, die den Entschluss über ihre Einlegung in das (zeitlich) uneingeschränkte Ermessen (einer) der Partei(en) stellen.[3971] Vor diesem Hintergrund verneinte der EGMR in der Rs. *Mihalache* ein ordentliches Rechtsmittel: Nach rumänischem Recht bestand die Möglichkeit der Staatsanwaltschaft, ein eingeleitetes Strafverfahren – begleitet von verwaltungsrechtlichen Sanktionen – einzustellen, wenn der Vorwurf mangels hinreichender Schwere nicht als Straftat anzusehen ist. Während der Betroffene diese Entscheidung nur befristet angreifen konnte, war die Anfechtungsoption durch die „übergeordnete" Staatsanwaltschaft zum Zwecke der Einleitung eines Strafverfahrens nicht an eine Frist gebunden. Entscheidend sei, so der EGMR, daher allein auf das dem Betroffenen eingeräumte Rechtsmittel abzustellen, so dass nach dessen Fristablauf eine *„final decision"* durch die „untergeordnete" Staatsanwaltschaft gegeben war.[3972]

1527   Im **Laufe desselben anhängigen Verfahrens** darf dieselbe Tat Gegenstand einer wiederholten richterlichen Würdigung und Aburteilung sein. Es handelt sich nicht um ein neues Strafverfahren, wenn das ursprüngliche Verfahren im Rahmen eines fristgerecht

---

[3966] Vgl. näher EGMR (GK) Marguš/KRO, 27.5.2014, §§ 122 ff.
[3967] Dieses Ergebnis erging mit 16:1 der Stimmen, es liegen jedoch 5 Sondervoten von 11 Richtern vor, mit anderen Begründungsansätzen und Kritik an der Methodik. Vgl. das Sondervotum *Spielmann, Power-Forde* und *Nußberger*, wonach der Verweis auf Art. 2 und Art. 3 nicht erforderlich sei, sondern bereits der Wortlaut des Art. 4 des 7. ZP-EMRK und ein Vergleich der Merkmale eines Freispruchs mit denen einer Amnestie zur Nichtanwendbarkeit geführt hätte. Bei der Erteilung der Amnestie im vorliegenden Fall seien anders als bei einem Freispruch keine Ermittlungen oder eine Beurteilung der Schuld des Angeklagten erfolgt (§ 13). Für die Anwendbarkeit des Art. 4 des 7. ZP-EMRK (auch wenn im Ergebnis kein Verstoß vorliege) dagegen das Sondervotum *Dedov*, § 1: „both acquittal and amnesty amount to absolution from criminal responsibility".
[3968] EGMR (GK) Sergey Zolotukhin/R, 10.2.2009, § 108; *Frowein/Peukert* 3; vgl. auch Explanatory-Report zum 7. ZP-EMRK, Nr. 29, 22. Ergänzend und klarstellend auch EGMR Ehrmann u. SCI VHI/F (E), 7.6.2011, Nr. 5: ein nicht rechtskräftiger Freispruch ist keine endgültige, zu einem Verbot der weiteren Verfolgung führende Entscheidung. Aus dieser Judikatur ergibt sich also zum einen, dass die nationalen Prozessordnungen staatsanwaltschaftliche Rechtsmittel zum Nachteil des Beschuldigten, auch des Freigesprochenen, vorsehen dürfen. Darüber hinaus billigte der EGMR die französische Rechtslage, wonach eine Verschlechterung für den Angeklagten auch dann eintreten kann, wenn nur er und nicht auch die Staatsanwaltschaft Rechtsmittel eingelegt haben; für das deutsche Recht siehe §§ 331, 358 Abs. 2 StPO.
[3969] Näher EGMR Glantz/FIN, 20.5.2014, § 55; (GK) Sergey Zolotukhin/R, 10.2.2009, § 108.
[3970] EGMR Nikitin/R, 20.7.2004, § 39.
[3971] EGMR Gacon/F, 22.5.2008, § 34.
[3972] EGMR Mihalache/R, 8.7.2019, §§ 122 ff.; die unterschiedliche Ausgestaltung stuft der EGMR dabei als unbedenklich ein, § 124.

eingelegten **Rechtsmittels** fortgeführt wird, einschließlich einer möglichen Rückverweisung, d.h. noch nicht rechtskräftig abgeschlossen ist.[3973]

e) Begriff der (strafrechtlichen) Tat. Obwohl die englische Sprachfassung von Art. 4 **1528** des 7. ZP-EMRK (anders Art. 3 des 7. ZP-EMRK) nicht den Begriff *„criminal offence"*, sondern nur den der *„offence"* benutzt,[3974] werden die Begriffe *„Straftat"* und *„Strafverfahren"* entsprechend Art. 6 und Art. 7 **konventionsautonom** ausgelegt, so dass es zu einem Gleichlauf der hierfür maßgeblichen Parameter kommt.[3975] Anwendung finden daher auch hier die sog. *Engel*-Kriterien (Rn. 83 ff.).[3976]

Demnach wird (als Einstieg) die **formelle Zuordnung** der angewandten Vorschrift **im** **1529** **nationalen Recht** untersucht, d.h. also, ob die das Delikt und das Ausgangsverfahren bestimmende Norm dem nationalen Strafrecht angehört, oder aber dem Disziplinarrecht bzw. einem anderen formal nicht-strafrechtlichen Rechtsbereich. Diese Einstiegsprüfung kann aber nicht entscheidend für die abschließende *strafrechtliche* Klassifizierung des Ausgangsverfahrens sein, da es sonst dem Ermessen des jeweiligen Staates überlassen wäre, ob ein bestimmtes Verfahren strafrechtlichen Charakter hat bzw. eine verhängte Maßnahme kriminalstrafrechtlicher Natur ist. Dies würde dem Schutzzweck der Vorschrift evident zuwiderlaufen.[3977]

Als zweites Merkmal für die Feststellung einer *Straftat* i.S.v. Art. 4 des 7. ZP-EMRK als **1530** Gegenstand des Ausgangsverfahrens wird *„the very nature of the offence"* betrachtet. Dabei ist auch die parallele Gesetzgebung in anderen Vertragsstaaten zu berücksichtigen, insbesondere dahingehend, ob die durch die Norm geschützten Rechtsgüter auch dort durch Strafgesetze abgesichert werden. Auch der mit der Norm **verfolgte Zweck** kann hier relevant sein, wenn dieser einen eindeutig abschreckenden und/oder ausgleichenden Charakter hat.[3978]

So verneint der EGMR bislang weitgehend den Strafcharakter von **Einziehungsmaß-** **1531** **nahmen**, die nach dem Willen des nationalen Gesetzgebers allein oder primär präventiven[3979] Zwecken dienen. Sofern die Einziehung unabhängig von einem strafrechtlichen Ermittlungsverfahren erfolge und keine Schuldfeststellung beinhalte, bedingen allein die unter Umständen gravierenden Auswirkungen der Maßnahme nicht ihre Einordnung als „Strafe". Eine solche Entscheidung könne daher auch in einem verwaltungsrechtlichen Verfahren getroffen werden (vertiefend bei Art. 7 Rn. 52 f. und Art. 1 des 1. ZP-EMRK Rn. 60 ff.).[3980]

3973 KK-EMRK-GG/*Kadelbach* Kap. 29, 10.

3974 So auch in der französischen Fassung: *„infraction"* statt *„infraction pénale"*.

3975 EGMR Galović/KRO, 31.8.2021, § 106; Müller-Hartburg/A, 19.2.2013, § 63; Asadbeyli u.a./ASE, 11.12.2012, § 150; Ruotsalainen/FIN, 16.6.2009, § 42; Haarvig/N (E), 11.12.2007; Nilsson/S (E), 13.12.2005; Rosenquist/S (E), 14.9.2004; Manasson/S (E), 8.4.2003; Göktan/F, 2.7.2002, § 48.

3976 EGMR Engel u.a./NL, 8.6.1976, §§ 81 f.; zur Anwendung der *Engel*-Kriterien im Kontext des Art. 4 des 7. ZP-EMRK: EGMR Šimkus/LIT, 13.6.2017, §§ 41 f.; Bajčić/KRO, 8.10.2020, §§ 27 f.; Matijašić/KRO, 8.6.2021, §§ 23 ff.

3977 EGMR Ruotsalainen/FIN, 16.6.2009, §§ 42, 45; Maresti/KRO, 25.6.2009, § 56.

3978 EGMR Ruotsalainen/FIN, 16.6.2009, §§ 46 f.; Maresti/KRO, 25.6.2009, §§ 59 f.; Tsonyo Tsonev/BUL (Nr. 2), 14.1.2010, § 49; *Frowein/Peukert* Art. 26.

3979 Ähnlich entschied der Gerichtshof in Bezug auf rein präventiv wirkende Maßnahmen gegen Hooligans bei Fußballspielen, vgl. EGMR Serazin/KRO, 9.10.2018, §§ 69 ff., 84; siehe aber dagegen EGMR Velkov/BUL, 21.7.2021, §§ 46 ff. (gegen Hooligans verhängte Verwaltungssanktionen, die zu einer Inhaftierung und dem Verbot der Teilnahme an Sportveranstaltungen führten: Strafe).

3980 EGMR M./I, 15.4.1991; ohne weitere Begründung bestätigt in EGMR Donato Prisco (E), 15.6.1999; Arcuri u.a./I (E), 5.7.2001; Lorenzo Riela u.a./I (E), 4.9.2001; Capitani u. Campanella/I, 17.5.2011, §§ 33 ff.; zur Vereinbarkeit von § 76a Abs. 4 StGB mit der Rechtsprechung des EGMR vgl. *Höft* HRRS **2018** 196, 200 f.

1532   Die **Art, Höhe und Schwere der drohenden Sanktion** (*„degree of severity of the penalty"*) können schließlich als dritter Bemessungsfaktor eine Rolle bei der Beurteilung einer Norm als *„strafrechtlich"* spielen, wobei grundsätzlich von der **potenziellen Höchststrafe** auszugehen ist.[3981] Demzufolge hat jede drohende **freiheitsentziehende Maßnahme** grundsätzlich Strafcharakter; eine Ausnahme kommt nur in Betracht, wenn die Freiheitsentziehung nach Art, Dauer und Ausführung keinen spürbar nachteiligen Charakter hat.[3982]

1533   Die **letzten beiden Kriterien** („nature"/„degree of severity of the penalty") stehen im Verhältnis der **Alternativität**. Eine kumulative Anwendung ist aber nicht ausgeschlossen, insbesondere, wenn bei separater Beurteilung ein eindeutiges Ergebnis nicht erzielt werden kann.[3983] Eine *besondere* Schwere der Tat selbst wird für ihre strafrechtliche Klassifizierung dagegen nicht gefordert.[3984]

1534   Vom Strafklageverbrauch des Art. 4 des 7. ZP-EMRK erfasst ist somit nach ständiger Rechtsprechung nicht nur das **Kriminalstrafrecht im klassischen Sinne**, wie es von dem jeweiligen Staat selbst definiert wird. Vielmehr fällt auch das **Ordnungswidrigkeitenrecht** eines Landes unter den Begriff „Straftat", sofern es repressiv-punitiven Charakter hat, wie dies bei straßenverkehrsrechtlichen Sanktionen die Regel ist.[3985] Auch das **Verwaltungssanktionenrecht** eines Landes ist erfasst, sofern die jeweilige verhängte Maßnahme die Verwirklichung einer Strafe bezweckt. Erforderlich ist insoweit eine Einzelfallbetrachtung nach den oben genannten Kriterien.[3986] Insbesondere im **Unionsrecht**, wo derartige Sanktionen funktional das klassische Strafrecht ersetzen, ist der Anwendungsbereich des Art. 4 des 7. ZP-EMRK in vielen Fällen eröffnet.[3987] Keine Bestrafung i.S.d. Art. 4 des 7. ZP-EMRK stellt dagegen die als Verwaltungssanktion einzuordnende **Entziehung der Staatsangehörigkeit** dar.[3988]

1535   Der aufgezeigte Ansatz spricht ferner dafür, dass das Verbot der Konvention nicht entgegensteht, wenn herkömmlich neben der Strafverfolgung dasselbe Verhalten auch unter nichtstrafrechtlichen Gesichtspunkten in einem anderen Verfahren, etwa einem **Disziplinarverfahren**, gewürdigt wird.[3989] Da disziplinarrechtliche Maßnahmen *regelmäßig* keinen strafrechtlichen, sondern einen präventiven Charakter haben (vgl. Rn. 95), muss sich der Einzelne diesen auch nach der rechtskräftigen Verhängung einer Kriminalstrafe stellen.[3990] Auch hier ist aber stets eine Einzelfallbetrachtung unter Berücksichtigung der

---

3981   EGMR Maresti/KRO, 25.6.2009, § 60; *Frowein/Peukert* 26; *Jung* GA **2010** 472, 473.

3982   EGMR Nilsson/S (E), 13.12.2005, § 30; (GK) Sergey Zolotukhin/R, 10.2.2009, § 56; Maresti/KRO, 25.6.2009, § 60; speziell zu der Handhabung der Kriterien in *Sergey Zolotukhin*: *Jung* GA **2010** 472, 473.

3983   EGMR Öztürk/D, 21.2.1984, § 54; Lutz/D, 25.8.1987, § 55; (GK) Jussila/FIN, 23.11.2006, §§ 30–31; Ruotsalainen/FIN, 16.6.2009, § 43; Maresti/KRO, 25.6.2009, § 57.

3984   EGMR (GK) Ezeh u. Connors/ UK, 9.10.2003; (GK) Sergey Zolotukhin/R, 10.2.2009, §§ 52 f., 55; Maresti/KRO, 25.6.2009, § 59; Tsonyo Tsonev/BUL (Nr. 2), 14.1.2010, § 49.

3985   SK/*Meyer* 38; KK-EMRK-GG/*Kadelbach* Kap. 29, 8, 14; *Mansdörfer* 108 f.

3986   Siehe EGMR Prina/RUM (E), 8.9.2020, §§ 56 ff., 61 (disziplinarischer Charakter einer Verwaltungssanktion gegen einen lokalen Beamten; Strafe verneint); Igor Tarasov/UKR, 16.6.2016, § 31; Boman/FIN, 17.2.2015, §§ 30 ff.; Grande Stevens u.a./I, 4.3.2014, § 222 (von der italienischen Börsenaufsicht verhängte Bußgelder führen Strafklageverbrauch herbei); Khmel/R, 12.12.2013, §§ 60 ff. (Sanktionierung der Weigerung, sich im Straßenverkehr einem Alkoholtest zu unterziehen, sowie ähnlicher Taten, als „Strafe" anzusehen, auch wenn nach nationalem Recht nur „administrative offences" vorlagen); Maszni/RUM, 21.9.2006, § 66 (jeweils: Entzug der Fahrerlaubnis hat Strafcharakter, auch durch eine Verwaltungsbehörde); *Frowein/Peukert* 26 ff. m.w.N.

3987   *Mansdörfer* 109.

3988   EGMR Ghoumid u.a./F, 25.6.2020, § 73, NVwZ **2021** 625.

3989   H.M. zu Art. 103 Abs. 3 GG, vgl. BVerfGE **21** 378, 391; **27** 180, 185.

3990   EGMR Haarvig/N (E), 11.12.2007; Storbråten/N, 1.2.2007; Šubinski/Slovenien, 13.9.2016, §§ 38 ff.

berufsspezifischen Besonderheiten anzustellen, so dass sich aus der Schwere und Art der Sanktion – entsprechend den Kriterien des EGMR – auch etwas anderes ergeben kann.[3991]

Wird einem **Strafgefangenen**, der in der Haft neuerlich eine Straftat begeht, eine **1536** Disziplinarmaßnahme auferlegt, so liegt darin nur dann eine „Strafe", wenn ein zur Disziplinierung angeordneter Freiheitsentzug als *zusätzliche punitive* Belastung zu der zu verbüßenden Freiheitstrafe abzuleisten ist; ein weiteres (ordentliches) Strafverfahren wäre dann als Verstoß gegen Art. 4 des 7. ZP-EMRK anzusehen. Keine „Strafe" ist jedoch in einer vollzugsrechtlichen Disziplinarmaßnahme zu erblicken (z.B. Arrest, Einzelhaft), wenn dadurch nicht die Haftzeit insgesamt verlängert wird; hier bleibt Raum für ein zusätzliches ordentliches Strafverfahren.[3992]

Schwierig zu handhaben in der Praxis ist die weite Auslegung der Begriffe Straftat **1537** und Strafverfahren vor allem deshalb, weil die meisten Vertragsstaaten der EMRK für bestimmtes Fehlverhalten **kumulativ anwendbare strafrechtliche und verwaltungsrechtliche Sanktionen** vorsehen, insbesondere im Bereich des **Straßenverkehrsrechts** und der **Zoll- und Steuervergehen**.[3993] Nach Ansicht des Gerichtshofs können die nationalen Behörden über die repressive Ausgestaltung ihres Sanktionssystems und den Charakter des diesbezüglich relevanten Verfahrens grundsätzlich frei entscheiden.[3994] Daher beschränkt der EGMR den Anwendungsbereich des *ne bis in idem*-Grundsatzes insoweit, dass er eine *kumulative* Verhängung von strafrechtlichen und verwaltungsrechtlichen Sanktionen grundsätzlich für zulässig hält. Die Grenze und damit der Schutzgehalt des Art. 4 des 7. ZP-EMRK sind aber erreicht, wenn beide Verfahren/Sanktionen dazu dienen, den Täter von der erneuten Begehung einer Tat abzuhalten. Diese **sanktionierende und abschreckende Wirkung** ist nach Ansicht des Gerichtshofs klassisches Merkmal der Kriminalstrafe, so dass dann ein Verstoß gegen das Doppelverfolgungsverbot in Betracht kommen kann,[3995] soweit zwischen den Verfahren kein hinreichender Zusammenhang („sufficiently linked in substance and in time") besteht[3996] (hierzu auch Rn. 86 ff.). Auch **Steuerzuschläge** können daher ggf. als *strafrechtlich* i.S.d. Art. 4 des 7. ZP-EMRK angesehen werden.[3997] Dagegen ist eine zusätzliche verwaltungsrechtliche **„Sanktion" zum Ausgleich von Schäden**, die durch die jeweilige Tat bereits eingetreten sind oder noch eintreten werden, aber eben nur in dieser Höhe, zulässig.[3998]

Eine besonders problematische Konstellation stellt die **Verhängung von EU-Kartell-** **1538** **geldbußen** dar.[3999] Maßgeblich ist die **VO 1/2003** des Rates vom 16.12.2002 zur Durchfüh-

---

3991 Wie hier: *Esser* 99; SK/*Meyer* 38.

3992 EGMR Toth/KRO (E), 6.11.2012, §§ 36 ff., m.w.N.

3993 *Karakosta* KritV **2008** 73 ff.

3994 Grundlegend: EGMR Handyside/UK, 7.12.1976, EuGRZ **1977** 38.

3995 EGMR Ruotsalainen/FIN, 16.6.2009, §§ 46 f.; Maresti/KRO, 25.6.2009, § 59; Tsonyo Tsonev/BUL (Nr. 2), 14.1.2010, § 49. Vgl. auch: *Karakosta* KritV **2008** 74.

3996 Dann liegen namentlich zwei separate Verfahren und damit ein Verstoß gegen den ne bis in idem-Grundsatz vor, vgl. EGMR Goulandris u. Vardinogianni/GR, 16.6.2022, § 80.

3997 So bei EGMR Glantz/FIN, 20.5.2014, § 50 (tax surcharges – im finnischen Recht: Abschreckung intendiert); ebenso EGMR Nykänen/FIN, 20.5.2014, § 40; Häkkä/FIN, 20.5.2014, § 39; Pirttimäki/FIN, 20.5.2014, § 47; Lucky Dev/S, 27.11.2014, § 51; hierzu: *Dannecker* FS Sieber 1073, 1081; diff. *Zeder* ÖJZ **2014** 494 ff.

3998 EGMR Ruotsalainen/FIN, 16.6.2009, §§ 46 f.; Mihalache/RUM, 8.7.2019, § 62.

3999 Siehe vertiefend zu dem Problem *Streinz* Jura **2009** 412 sowie *Brammer* Co-operation between National Competition Agencies in the Enforcement of EC Competition Law (2009). Zur Frage, ob Kapitalgesellschaften gegen ihre Leitungsorgane einen Regressanspruch wegen der Verhängung einer Kartellgeldbuße haben vgl. *Leclerc* NZkart **2021** 220.

rung der in den (früheren) Art. 81 und Art. 82 EGV niedergelegten Wettbewerbsregeln.[4000] Die **VO 1/2003** erfüllt drei Funktionen.[4001] Sie normiert das Kartellverfahrensrecht für die EU-Kommission außerhalb der Fusionskontrolle, enthält wesentliche Regelungen für die dezentrale Anwendung des europäischen Rechts durch die nationalen Behörden und Gerichte und fungiert als **„Modellverordnung"** für weitergehende Harmonisierungen durch die Mitgliedstaaten.[4002] Die VO definiert zudem den rechtlichen Rahmen für ein Tätigwerden der Kommission und der mitgliedstaatlichen Wettbewerbsbehörden in Kartell- und Missbrauchsverfahren.[4003] Mit In-Kraft-Treten der VO (vgl. ErwG 4 VO)[4004] wurde anstelle einer *ex-ante*-Prüfung von Vereinbarungen aufgrund von Anmeldungen eine *ex-post*-Kontrolle wettbewerbswidriger Praktiken installiert.[4005] Die Wettbewerbsbehörden und die Kommission werden erst tätig, um verbotene Verhaltensweisen aufzudecken, zu untersagen und ggf. zu sanktionieren. Die mitgliedstaatlichen Wettbewerbsbehörden müssen neben ihrem jeweiligen nationalen Kartellrecht auch Art. 101 und 102 AEUV anwenden, wenn das in Frage stehende Unternehmensverhalten zu Beeinträchtigungen des Handels zwischen den Mitgliedstaaten führen kann (Art. 3, 5 und 6 VO).[4006]

1539   Art. 23 Abs. 5 i.V.m. Art. 4 VO ermächtigt die Kommission, Unternehmen bei einem Verstoß gegen bestimmte EU-Kartellrechtsvorschriften durch Festsetzung von Geldbußen zu sanktionieren.[4007] Die Wettbewerbsbehörden der Mitgliedstaaten sind dazu nach Art. 5 VO befugt. **Zweck der Geldbuße** ist es, unerlaubte Handlungen zu ahnden, ihre Wiederholung zu verhindern und abschreckend zu wirken.[4008] **Art. 23 Abs. 5 VO** normiert zwar, dass Kartellbußen keinen strafrechtlichen Charakter haben, da die EU-Mitgliedstaaten der Union keine originär strafrechtlichen Befugnisse übertragen wollten. Der Anwendungsbereich strafrechtlicher Verfahrensgarantien der EMRK kann nach den *Engel*-Kriterien jedoch nicht durch die gesetzgeberische Einordnung einer Norm verbindlich vorgeschrieben

---

4000   ABlEU Nr. L 1 v. 4.1.2003 S. 1 (geändert durch Art. 3 ÄndVO **411/2004** v. 26.2.2004 ABlEU Nr. L 68 S. 1 u.a.); sie wird ergänzt durch die **VO (EG) Nr. 773/2004** der Kommission v. 7.4.2004 über die Durchführung von Verfahren auf der Grundlage der Artikel 81 und 82 EG-Vertrag durch die Kommission (ABlEU. Nr. L 123 v. 27.4.2004 S. 18), zuletzt geändert durch **VO 2015/1348** der Kommission v. 3.8.2015 (ABlEU Nr. L 208 v. 5.8.2015 S. 3), konsolidierte Fassung sowie weitere Bekanntmachungen (ABlEU Nr. C 101 v. 27.4.2004 S. 43, 54, 81, geändert durch die Mitteilung der Kommission ABlEU Nr. C 256/04 v. 5.8.2015 S. 5). Die **VO 1/2003** ersetzte die VO 17/1962 (Erste Durchführungsverordnung zu den Artikeln 85 und 86 des Vertrages, ABlEU Nr. P 013 v. 21.2.1962 S. 204).

4001   Vertiefend LMRKM/*Ost*[4] 9. Teil VerfO Einleitung 1 ff.

4002   Weitere Harmonisierungen sind aufgrund der **RL 2019/1** des Europäischen Parlaments und des Rates v. 11.12.2018 zur Stärkung der Wettbewerbsbehörden der Mitgliedstaaten im Hinblick auf eine wirksamere Durchsetzung der Wettbewerbsvorschriften und zur Gewährleistung des reibungslosen Funktionierens des Binnenmarkts (ABlEU Nr. L 11 v. 14.1.2019 S. 3), zu erwarten.

4003   Dabei erfolgt keine Unterscheidung in Verwaltungs- und Ordnungswidrigkeitensachen; vgl. insgesamt Langen/Bunte/*Sura*[11] VO Nr. 1/2003 Art. 23, 8; Berg/Mäsch/*van der Hout*/*Wiemer*[4] VO 1/2003 vor Art. 23, 9. Ergänzende Regelungen zum Verfahren finden sich in der **VO (EG) Nr. 773/2004** der Kommission v. 7.4.2004 über die Durchführung von Verfahren auf der Grundlage der Art. 81 und 82 EG-Vertrag durch die Kommission (ABlEU Nr. L 123 v. 27.4.2004 S. 18; zuletzt geändert durch **VO 2015/1348** der Kommission v. 3.8.2015, ABlEU Nr. L 208 v. 5.8.2015 S. 3).

4004   Langen/Bunte/*Sura*[11] VO Nr. 1/2003 Art. 1, 3 f.; Berg/Mäsch/*van der Hout*/*Walzel*[4] vor VO 1/2003, 13 ff.

4005   Immenga/Mestmäcker/*Schmidt*[6] VO 1/2003 Art. 1, 6; Langen/Bunte/*Sura*[11] VO Nr. 1/2003 Art. 1, 1.

4006   Langen/Bunte/*Sura*[11] VO Nr. 1/2003 Art. 3, 1. Kritisch zu den Folgen dieser Anwendungsbefugnis Immenga/Mestmäcker/*Biermann*[6] VO 1/2003 vor Art. 23, 9 ff., 14 ff. (u.a. Gefahr des *forum shoppings* sowie uneinheitliche Sanktionierungen und Doppelbefassungen).

4007   Immenga/Mestmäcker/*Biermann*[6] VO 1/2003 vor Art. 23, 1.

4008   LMRKM/*Nowak*[4] 9. Teil VerfO Art. 23, 3 m.w.N.; Berg/Mäsch/*van der Hout*/*Wiemer*[4] VO 1/2003 vor Art. 23, 5.

Esser

oder beschränkt werden.[4009] Kartellbußen sind als ***Strafen im weiteren Sinne*** und somit als *strafrechtliche* Sanktionen i.S.v. Art. 4 des 7. ZP-EMRK zu qualifizieren, da sie eine Reaktion auf ein in der Vergangenheit liegendes Verhalten und somit eine **repressive Maßnahme** darstellen.[4010] Für den Betroffenen bestehe trotz einer fehlenden sittlich-ethischen Missbilligung des in Frage stehenden Verhaltens ein Rechtsschutzbedürfnis hinsichtlich der Verhängung weiterer ahndender Sanktionen. Dies wird auch mit den teilweise immensen **Höhen der Geldbußen** begründet.[4011]

Die Anwendbarkeit des *ne bis in idem*-Grundsatzes auf wettbewerbsrechtliche Verfahren erfordert aber das Vorliegen zweier Voraussetzungen, die vor allem in Bezug auf die Bestimmung der **Tatidentität** der in Frage stehenden Handlungen Besonderheiten aufweisen: zum einen muss eine frühere, endgültige Entscheidung bestehen („bis"), zum anderen muss *dasselbe wettbewerbswidrige Verhalten* von der früheren Entscheidung und von den späteren Verfolgungen oder Entscheidungen erfasst sein („idem").[4012] Die **Tatidentität** („idem") definiert sich anhand der **Identität des Zuwiderhandelnden**, des **einschlägigen Sachverhalts** und zudem anhand des **geschützten Rechtsguts**.[4013] Letztes Kriterium stellt eine Besonderheit des europäischen Kartellrechts dar.[4014] Der *ne bis in idem*-Grundsatz schützt nicht nur den Beschuldigten vor Mehrfachverfolgung, sondern verhindert im Ergebnis auch wettbewerbsrechtliche Kompetenzkonflikte.[4015] Praktisch relevant sind Fälle, in denen **mehrfache Zuständigkeiten** durch unterschiedliche Wettbewerbsbehörden bestehen bzw. unterschiedliche Rechtsregime einschlägig sind. Dies kann vor dem Hintergrund geschehen, dass die VO in ErwG 15 anregt, dass Kommission und Wettbewerbsbehörden der Mitgliedstaaten durch gemeinsame Anwendung der geltenden Wettbewerbsregeln ein „Netz" bilden sollen (vgl. Art. 11, 12, 13, 14 VO).[4016] Im Grundsatz soll zwar immer nur eine einzige Wettbewerbsbehörde ermitteln und entscheiden (ErwG 18 VO, Art. 13 VO).[4017] Parallele Verfahren sind aber aus Gründen der Effektivitätssteigerung möglich, solange dabei jede Wettbewerbsbehörde nur auf ihr eigenes Hoheitsgebiet beschränkt tätig bleibe.[4018] Insgesamt ausgenommen hiervon ist die Einleitung eines Verfahrens durch die Kommission: in diesem Fall entfällt die Kompetenz der nationalen Wettbewerbsbehörden zur Anwendung des Unionsrechts, Art. 11 Abs. 6 VO. Sowohl Art. 11 Abs. 6 VO als auch Art. 13 VO regeln jedoch nur die Konstellation, in der die nationalen Behörden auch das europäische Kartellrecht anwenden, nicht hingegen den Fall der parallelen Anwendung des nationalen Wettbewerbsrechts neben dem europäischen.[4019]

1540

[4009] Heselhaus/*Nowak/Nehl* § 58, 11; *Kruck* 46 f. (mit weiteren Bedenken hinsichtlich einer strafrechtlichen Kompetenz der Kommission), 50 f.

[4010] So auch *Soltész/Marquier* EuZW **2006** 102; instruktiv *Poelzig/Bauermeister* NZKart **2017** 491, 493 ff. Zu den verschiedenen Konstellationen, in denen der *ne bis in idem*-Grundsatz zur Anwendung kommen kann: *Streinz* Jura **2009** 412.

[4011] *Kruck* 48 ff.; *Liebau* 39.

[4012] EuGH 25.2.2021, C-857/19 (Slovak Telecom), Tz. 33, NZKart **2021** 238.

[4013] EuGH 25.2.2021, C-857/19 (Slovak Telecom), Tz. 36 ff.; Schlussanträge GA *Bobek* v. 2.9.2021 zu EuGH C-151/20 (Zuckermarkt Österreich); *Soltész/Marquier* EuZW **2006** 102, 103.

[4014] Instruktiv und kritisch hierzu *Brammer* EuZW **2013** 617, 619 f.

[4015] EuGH 14.2.2012, C-17/10 (Toshiba u.a.), Tz. 94 ff., EuZW **2012** 223; *Soltész/Marquier* EuZW **2006** 102.

[4016] Vgl. ferner ABlEU Nr. C 101 v. 27.4.2004 S. 43.

[4017] Immenga/Mestmäcker/*Ritter/Wirtz*[6] VO 1/2003 Art. 13, 1.

[4018] ABlEU Nr. C 101 v. 27.4.2004 S. 43 und 44; LMRKM/*Ost*[4] 9. Teil VerfO Einführung 16 f.; siehe: EuGH 22.3.2022, C-151/20 (Nordzucker), Rn. 58.

[4019] Hier sollen aber interne Absprachen erfolgen, um Mehrfachbefassungen zu vermeiden, vgl. Immenga/Mestmäcker/Ritter/Wirtz[6] VO 1/2003 Art. 13, 2.

1541   Keine Anwendung findet das Doppelbestrafungsverbot nach der Rechtsprechung des EuGH aufgrund des einschlägigen engen Begriffs des „idem" im **Verhältnis zwischen europäischem und nationalem Kartellrecht**, da die jeweils **geschützten Rechtsgüter** regelmäßig nicht kongruent sind.[4020] Die verhängten Sanktionen einer mitgliedstaatlichen Wettbewerbsbehörde *für dieselbe Tat* sind jedoch in diesen Fällen aus allgemeinen Fairness- und Billigkeitserwägungen von der Kommission (und auch in der umgedrehten Konstellation) bei der Bemessung der zu verhängenden Geldbuße zu berücksichtigen.[4021] Diese Rechtsprechung ist nicht unumstritten. Würde man statt ihrer den **weiteren Tatbegriff des EGMR** (bei dem die Divergenz der geschützten Rechtsgüter unbeachtlich ist) und den des EuGH bei **Art. 50 EUC** anlegen, läge die Aktivierung des *ne bis in idem*-Grundsatzes nahe.[4022] Aber unabhängig davon, auch aufgrund der Verpflichtung der nationalen Wettbewerbsbehörden zur Anwendung der Art. 101 und Art. 102 AEUV neben dem eigenen, nationalen Kartellrecht bei Verhaltensweisen, die den Handel zwischen den Mitgliedstaaten beinträchtigen können (Art. 3 Abs. 1 VO), und wegen der fortschreitenden Angleichung des nationalen und des europäischen Kartellrechts drängt sich selbst unter Anwendung des spezifisch kartellrechtlichen „idem"-Begriffs des EuGH eine andere Betrachtung auf.[4023]

1542   Klarer liegt der Fall, wenn die nationale Wettbewerbsbehörde **bei einem auf ihren Mitgliedstaat beschränkten Verstoß** Art. 101 oder 102 AEUV angewendet und den Verstoß aufgrund von Art. 5 der VO Nr. 1/2003 rechtskräftig sanktioniert hat: hier verhindert der *ne bis in idem*-Grundsatz die Verfolgung bzw. Sanktionierung derselben Zuwiderhandlung durch die Kommission.[4024]

1543   Sind von der Zuwiderhandlung **mehrere Mitgliedstaaten** betroffen, dürfen von den mitgliedstaatlichen Behörden *parallele Sanktionen* verhängt werden, solange eine Beschränkung der Auswirkungen der Geldbußen auf das **jeweilige Hoheitsgebiet** gewährleistet bleibt.[4025] Auch insoweit wird angenommen, dass es an der Deckungsgleichheit der Schutzgüter fehlt.[4026]

1544   Nicht zur Anwendung kommt das Doppelbestrafungsverbot letztlich bei **Kollisionen zwischen europäischem und drittstaatlichem Kartellrecht** bei Zuwiderhandlungen, die unterschiedliche Märkte betreffen und wenn die jeweiligen Behörden nur das Recht ihres eigenen Hoheitsgebietes angewendet haben.[4027] Es fehle sodann an der Identität des geschützten Rechtsgutes und damit an der Tatidentität. Zudem seien die beteiligten

---

4020 Ob das Wettbewerbsrecht der Union und das nationale Wettbewerbsrecht tatsächlich einmal dasselbe Rechtsgut schützen, sei durch Prüfung der konkret angewendeten Regelungen zu klären, vgl. die Schlussanträge GA *Bobek* v. 2.9.2021 zu EuGH 22.3.2022, C-151/20 (Zuckermarkt Österreich), Tz. 41 ff.

4021 EuGH 13.2.1969, 14/68 (Walt Wilhelm); EuG 29.9.2006, T-43/02 (Jungbunzlauer); vgl. ferner Kommission, Beschl. v. 22.6.2011 – COMP/39525 (Telekomunikacja Polska).

4022 *Brammer* EuZW **2013** 617, 619; in diese Richtung auch *Frenz* EWS **2014** 123, 130.

4023 Vgl. ebenso auch *Brammer* EuZW **2013** 617, 620 ff.; Berg/Mäsch/*van der Hout/Wiemer*⁴ VO 1/2003 vor Art. 23, 42; Langen/Bunte/*Sura*¹¹ VO Nr. 1/2003 Art. 23, 71.

4024 EuG 13.7.2011, T-144/07 (ThyssenKrupp Liften Ascenseurs u.a./Kommission).

4025 Schlussanträge GA *Kokott* 8.11.2011 zu EuGH 14.2.2012, C-17/10 (Toshiba u.a.); kritisch *Soltész/Marquier* EuZW **2006** 102, 103 ff. Sind im Rahmen eines hybriden Verfahrens auch Feststellungen gegenüber nicht am Vergleichsverfahren beteiligten Kartellmitgliedern erforderlich, muss der Beschluss die Unschuldsvermutung gegenüber diesen wahren, vgl. EuGH 18.3.2021, C-440/19 P (Pometon), Tz. 65, NZKart **2021** 234.

4026 Groeben/Schwarze/*Kienapfel*⁷ VO (EG) 1/2003 Art. 23, 17; Langen/Bunte/*Sura*¹¹ VO Nr. 1/2003 Art. 23, 71.

4027 EuGH 10.5.2007, C-328/05 (SLG Carbon); EuG 29.9.2006, T-43/02 (Jungbunzlauer); erneut EuGH 25.2.2021, C-857/19 (Slovak Telecom), NZKart **2021** 238; zum Ganzen auch von der Groeben/Schwarze/Hatje/*Kienapfel*⁷ VO (EG) 1/2003 Art. 23, 17; LMRKM/*Nowak*⁴ 9. Teil VerfO Art. 23, 48; Berg/Mäsch/*van der Hout/Wiemer*⁴ VO 1/2003 vor Art. 23, 43.

Behörden nicht umfänglich zur Anwendung des Kartellrechts der anderen, ebenfalls beteiligten Wettbewerbsbehörde befugt. Auch eine Pflicht zur Anrechnung der verhängten Geldbuße der ausländischen Wettbewerbsbehörde auf die Sanktion im unionsrechtlichen Kartellverfahren scheide aus; eine solche dürfe aber aus Billigkeitsgründen erfolgen.[4028]

Weitere praktisch relevante Fällen betreffen u.a. die **Reichweite** von *ne bis in idem* **1545** im Kartellrecht. Der Grundsatz findet auch auf wettbewerbsrechtliche Zuwiderhandlungen wie den Missbrauch einer beherrschenden Stellung nach Art. 102 AEUV Anwendung.[4029] Die nationale Wettbewerbsbehörde ist auch nicht daran gehindert, gegen ein Unternehmen im Rahmen ein und derselben Entscheidung eine Geldbuße wegen Verstoßes gegen das nationale Wettbewerbsrecht und eine Geldbuße wegen Verstoßes gegen Wettbewerbsrecht der Union[4030] zu verhängen, da hier nicht ein bereits sanktioniertes Verhalten erneut bestraft, sondern *in einem Verfahren* für ein Verhalten **zwei Sanktionen** verhängt werden. Die nationale Wettbewerbsbehörde muss sodann jedoch sicherstellen, dass die **Gesamtheit der Geldbußen** der Art des Verstoßes **angemessen** ist.[4031]

Umstritten ist die sanktionsrechtliche Behandlung von **Unternehmensverbünden**, **1546** die eine „wirtschaftliche Einheit" bilden.[4032] Nach einer Auffassung sei die Sanktionierung durch mehrere Kartellbehörden nicht allein deshalb ausgeschlossen, weil die von verschiedenen Mitgliedstaaten zu beurteilenden Verhaltensweisen eines internationalen Kartells kartellrechtlich als Einheit betrachtet werden könnten. Werde aber ein bestimmter Aspekt dieser Verhaltensweisen und damit auch ihr Unwertgehalt von einer bereits von einer anderen nationalen Wettbewerbsbehörde verhängten Sanktion umfasst, stehe das Doppelbestrafungsverbot einer erneuten Sanktionierung entgegen.[4033]

f) Doppelverfolgung/-bestrafung. Wegen derselben Tat (Rn. 1528 ff.), wegen derer **1547** das erste strafrechtliche Verfahren final (Rn. 1525 ff.) im Sinne einer „Verurteilung" (Rn. 1516 ff.) abgeschlossen ist, ist ein zweites („**bis**") auf eine strafrechtliche Verurteilung (Rn. 1516 ff.) ausgerichtetes Verfahren untersagt („**duplication of proceedings**"), für das daher ein Verfolgungshindernis eintritt.

Gesperrt werden dabei nur **staatliche Verfahren**, die der (erneuten) **strafrechtli- 1548 chen Verfolgung** derselben Tat dienen; eine zweite, rein arbeitsrechtliche Folge der ersten Verurteilung kann das Doppelbestrafungsverbot daher nicht verhindern (zu Ausnahmen bei bestimmten beamtenrechtlichen und disziplinarrechtlichen Maßnahmen, die durch staatliche Stellen ergehen, Rn. 95 f.).

Eine Doppelverfolgung liegt dann nicht vor, wenn im Anschluss an das (formal) **1549** abgeschlossene Erstverfahren lediglich noch eine **Zusatz- oder Nebenstrafe** verhängt wird, die noch als **unmittelbare Folge** zu diesem ersten Verfahren angesehen werden

---

4028 EuGH 29.6.2006, C-308/04 P (SLG Carbon); von der Groeben/Schwarze/*Kienapfel*[7] VO (EG) 1/2003 Art. 23, 18 m.w.N.; Langen/Bunte/*Sura*[11] VO Nr. 1/2003 Art. 23, 73; Berg/Mäsch/*van der Hout/Wiemer*[4] VO 1/2003 vor Art. 23, 44.

4029 EuGH 25.2.2021, C-857/19 (Slovak Telecom), Tz. 40 ff., NZKart **2021** 238.

4030 Im konkreten Fall Art. 82 EG.

4031 EuGH 3.4.2019, C-617/17, Tz. 38, NZKart **2019** 264.

4032 Zur Sanktionierung von Mutter- und Tochterunternehmen aufgrund der Rechtsfigur der „wirtschaftlichen Einheit" vgl. *Bauermeister* NZKart **2021** 385 m.w.N.

4033 LG Wien Beschl. v. 15.5.2019 – 29 Kt 2/16 k-106, 29 Kt 3/16g (Zuckermarkt Österreich); vgl. auch die Vorlage nach Art. 267 AEUV des OGH Beschl. v. 12.3.2020 – 16 Ok 2/19h (Zuckermarkt Österreich).

Esser

muss, selbst wenn sie – oder vielmehr gerade wenn sie – durch eine andere staatliche Stelle verhängt wird.[4034]

1550   Entscheidend soll dabei sein, ob ein **ausreichend enger Zusammenhang** in **zeitlicher und sachlicher Hinsicht** zwischen beiden Entscheidungen und ihren Sanktionsfolgen vorliegt.[4035] So ist die Einziehung eines Führerscheins, die nicht schon im Strafurteil angeordnet ist, als Teil der ausgesprochenen Sanktion wegen verbotener Handlungen im Straßenverkehr zu sehen, wenn sie aufgrund der Gesetzeslage eine **unmittelbare und vorhersehbare Folge** der Verurteilung ist, obwohl sie nicht durch das Strafgericht, sondern eben erst *aufgrund* des Strafurteils im Nachgang von einer Verwaltungsbehörde angeordnet und vollzogen wird, ohne dass dabei ein neues Verfahren in der Sache stattfand.[4036]

1551   *Kein* enger Zusammenhang soll dagegen im Fall der **separaten Verhängung** einer verwaltungsrechtlichen und strafrechtlichen Sanktion für ein Steuervergehen vorliegen, wenn das relevante Verhalten **in jedem Verfahren eigenständig gewürdigt** wird.[4037] Vielmehr lägen hier *zwei* unterschiedliche Sanktionen vor, weshalb eines der parallel geführten Verfahren eingestellt werden müsse, sobald das andere rechtskräftig beendet werde.[4038]

1552   In der Rs. *A u. B* hat der EGMR auf dieser Basis die Leitlinien zur Zulässigkeit der **Kumulation von strafrechtlichen Sanktionen in einem Straf- und Verwaltungsverfahren** konkretisiert.[4039] So soll Art. 4 des 7. ZP-EMRK die parallele bzw. hintereinander geschaltete Durchführung von Straf-/ und Verwaltungsverfahren mit jeweils strafrechtlichem Kontext nicht ausschließen, wenn der Staat überzeugend dargelegt, dass die in Frage stehenden Verfahren **sachlich und zeitlich hinreichend eng verbunden** sind (*„sufficiently closely connected in substance and in time"*).[4040] Das Verfahren müsse in einer ganzheitlichen Art und Weise kombiniert werden, um ein **zusammenhängendes Ganzes** zu bilden.[4041] Dies bedeute nicht nur, dass die verfolgten Zwecke und Mittel im Wesentlichen komplementär und zeitlich miteinander verknüpft sind, sondern auch, dass die möglichen

---

4034 *Grabenwarter/Pabel* § 24, 164. Siehe EGMR Boman/FIN, 17.2.2015, §§ 42 ff. (behördliche Einziehung eines Führerscheins auf Grundlage einer vorherigen strafgerichtlichen Schuldfeststellung und Verurteilung; kein Verstoß); ähnlich EGMR Maszni/RUM, 21.9.2006, § 69.
4035 EGMR Rivard/CH, 4.10.2016, § 33; Boman/FIN, 17.2.2015, § 43; Glantz/FIN, 20.5.2014, § 60; Nykänen/FIN, 20.5.2014, § 50.
4036 EGMR R.T./CH, 30.5.2000; Maszni/RUM, 21.9.2006, §§ 67 f.; Nilsson/S (E), 13.12.2005; Rivard/CH, 4.10.2016, § 31; *Frowein/Peukert* 7.
4037 EGMR Glantz/FIN, 20.5.2014, § 61 (Steuerzuschlag); Nykänen/FIN, 20.5.2014, § 51; Häkkä/FIN, 20.5.2014, § 50; allgemein *Zeder* ÖJZ **2014** 494.
4038 EGMR Glantz/FIN, 20.5.2014, §§ 62 f.; Nykänen/FIN, 20.5.2014, §§ 52 f. Die Reihenfolge könne dann zwar mitunter vom Zufall abhängen, dies sei aber Sache der Vertragsstaaten.
4039 EGMR A u. B/N, 15.11.2016; Johannesson/ISL, 18.5.2017, § 49; Bajčić/KRO, 8.10.2020, § 39; zusammenfassend *Kokott* NZWiSt **2017** 409, 414 f.; krit. aus normativen Gründen *Pinto de Albuquerque*, der in dem Urteil eine partielle Abkehr von den *Zolothukin*-Leitlinien (Rn. 1563) sieht; ferner *Meyer* FS Rogall 535, 540 ff.; *Staffler* ÖJZ **2017** 161, 165.
4040 EGMR A u. B/N, 15.11.2016, § 130; Galović/KRO, 31.8.2021, § 113.
4041 EGMR A u. B/N, 15.11.2016, § 130; Galović/KRO, 31.8.2021, §§ 113 ff., 123 (Verurteilungen aufgrund von häuslicher Gewalt wegen geringerer Vergehen einerseits und in einem Strafverfahren andererseits; beide Verfahren als Bestandteil eines ganzheitlichen Konzepts des kroatischen Rechts gegen häusliche Gewalt, Verstoß gegen Art. 4 des 7. ZP-EMRK verneint); eine sachlich und zeitlich enge Verbindung verneinte der EGMR hingegen bereits in mehreren Fällen gegen Schweden und Finnland im Kontext von Steuerverfahren. Die hierbei verhängten Strafsanktionen einerseits und ebenfalls verhängten Verwaltungssanktionen andererseits, wurden unabhängig voneinander rechtskräftig und wurden von verschiedenen, nicht miteinander interagierenden Behörden in Verfahren, die jeweils einem eigenen Ablauf folgten, erlassen, vgl. EGMR Kiiveri/FIN, 10.2.2015; Lucky Dev/S, 27.11.2014, §§ 58 ff.

Folgen der rechtlichen Behandlung des betreffenden Verhaltens für die betroffenen Personen **verhältnismäßig und vorhersehbar** sind.[4042]

Ob der geforderte hinreichende enge **sachliche Zusammenhang** besteht, macht der **1553** EGMR an mehreren Kriterien fest. Zunächst ist zu untersuchen, ob die verschiedenen Verfahren einander **ergänzende Zwecke** verfolgen und somit nicht nur abstrakt, sondern auch **konkret unterschiedliche Aspekte** des in Rede stehenden Fehlverhaltens betreffen.[4043] Ferner muss betrachtet werden, ob die Dualität der Verfahren sowohl in rechtlicher als auch tatsächlicher Hinsicht als eine **vorhersehbare Folge** des beanstandeten Verhaltens erscheint.[4044] Die Verfahren müssten so durchgeführt werden, dass **Doppelungen bei der Beweiserhebung und Beweiswürdigung weitestgehend vermieden** werden, insbesondere durch eine hinreichende Interaktion zwischen den verschiedenen zuständigen Behörden.[4045] Vor allem spiele eine Rolle, ob die Sanktion, die in dem Verfahren auferlegt wurde, das zuerst rechtskräftig abgeschlossen geworden ist, in demjenigen berücksichtigt wird, das zuletzt rechtskräftig geworden ist, um zu verhindern, dass die betroffene Person am Ende eine **übermäßige Belastung** trägt.[4046] Ein weiterer wichtiger Faktor sei unter Berücksichtigung der Rs. *Jussila*,[4047] inwieweit das Verwaltungsverfahren auch Merkmale eines Strafverfahrens aufweise.[4048] Kann man in der Verhängung der Sanktion auch ein nennenswertes Maß an Stigmatisierung für den Betroffenen erkennen, so sei es auch wahrscheinlich, dass die Kombination eines Straf- und Verwaltungsverfahrens eine unverhältnismäßige Belastung des Betroffenen mit sich bringe.[4049]

Für den zusätzlich geforderten **zeitlichen Zusammenhang** lässt es der EGMR genü- **1554** gen, dass die Verfahren **schrittweise** durchgeführt werden. Eine gleichzeitige Durchführung sei nicht erforderlich.[4050] Der Betroffene müsse jedoch vor einer Ungewissheit im Ausgang und einer Verzögerung des Verfahrensablaufs bewahrt werden. Die Darlegungslast des Staats, eine **Verzögerung** zu erklären und zu begründen, sei daher umso größer, die auf die Durchführung des Verfahrens zurückzuführen ist, je schwächer der zeitliche Zusammenhang zwischen den Verfahren ist.[4051]

Eine von Art. 4 des 7. ZP-EMRK untersagte Verfolgung liegt auch dann vor, wenn die **1555** **zweite Bestrafung** durch eine **Amnestie** später aufgehoben wird.[4052]

4042 EGMR A u. B/N, 15.11.2016, § 130; vgl. ebenfalls: EuGH 22.3.2022, C-117/20 (bpost), Tz. 51, wonach für eine mögliche Kumulierung von Strafverfolgungsmaßnahmen entscheidend sei, „ob es klare und präzise Regeln gibt, anhand derer sich vorhersehen lässt, bei welchen Handlungen und Unterlassungen eine Kumulierung von Verfolgungsmaßnahmen und Sanktionen in Frage kommt [...], ob die beiden Verfahren in hinreichend koordinierter Weise und in einem engen zeitlichen Zusammenhang geführt wurden und ob die ggf. im Rahmen des chronologisch zuerst geführten Verfahrens verhängte Sanktion bei der Bestimmung der zweiten Sanktion berücksichtigt wurde"; vgl. dazu auch die Bespr. *Karstens* ZWH **2022** 239 ff.
4043 EGMR A u. B/N, 15.11.2016, § 132; zusammenfassend: EGMR Galović/KRO, 31.8.2021, § 113; vgl. zudem: EuGH 22.3.2022, C-151/20 (Nordzucker), Tz. 52 im Bereich des Kartellrechts.
4044 EGMR A u. B/N, 15.11.2016, § 132; siehe EGMR Tsonyo Tsonev (Nr. 4), 6.4.2021 (Ausrichtung sowohl der strafrechtlichen als auch der verwaltungsrechtlichen Sanktion auf das gleiche Ziel; zudem keine gegenseitige Berücksichtigung von Tatsachen in den beiden Verfahren).
4045 EGMR A u. B/N, 15.11.2016, § 132.
4046 EGMR A u. B/N, 15.11.2016, § 132.
4047 EGMR Jussila/FIN, 23.11.2006, § 43.
4048 EGMR A u. B/N, 15.11.2016, § 133.
4049 Vgl. EGMR A u. B/N, 15.11.2016, § 133.
4050 EGMR A u. B/N, 15.11.2016, § 134.
4051 EGMR A u. B/N, 15.11.2016, § 134; vgl. dazu auch EGMR Johannesson/ISL, 18.5.2017, §§ 54 f.
4052 EGMR Milenkovic/SRB, 1.3.2016, § 47.

Esser

1556   **g) Identität der Tat (idem).** Das Doppelverfolgungs-/bestrafungsverbot betrifft die nochmalige strafrechtliche Verfolgung *derselben Person* (**Personenidentität**)[4053] wegen *derselben* strafbaren **Tat**. Was unter dieser Tatidentität genau zu verstehen ist, legen die Konventionen selbst nicht fest. Die nationalen Rechtsordnungen gehen von sehr unterschiedlichen Tatbegriffen aus. Die Abgrenzungen der *res iudicata* im nationalen Recht sind mit Art. 4 des 7. ZP-EMRK und Art. 14 Abs. 7 IPBPR vereinbar, wenn jedenfalls der Kernbereich der Garantien unangetastet bleibt.[4054]

1557   Hinsichtlich der Bestimmung des **idem** existierte in der Judikatur des EGMR lange Zeit keine einheitliche Linie.[4055] Im Urteil *Gradinger* hatte der EGMR zunächst angenommen, dass das Verbot der Doppelbestrafung eingreifen müsse, wenn das zweite Verfahren auf **demselben Verhalten** der betreffenden Person beruhe wie das erste (*„based on the same conduct"*).[4056] Eine Verletzung von Art. 4 des 7. ZP-EMRK nahm der Gerichtshof daher trotz **unterschiedlicher Bezeichnung**, **Natur und anderen Zwecks** der im konkreten Fall anwendbaren Vorschriften an.[4057]

1558   Damit hatte der EGMR das Kriterium „derselben Tat" („*idem*") zunächst **beschuldigtenfreundlich** interpretiert. Das Doppelverfolgungsverbot griff diesem Ansatz zufolge nicht erst dann ein, wenn der Beschuldigte von dem *Delikt*, das Gegenstand des zweiten Verfahrens wäre, ausdrücklich freigesprochen worden war. Vielmehr bestand ein **prozessuales Verfolgungshindernis** bereits dann, wenn ein Gericht das betreffende Delikt geprüft und im Urteil festgestellt hatte, dass dessen Tatbestandsvoraussetzungen nicht erfüllt sind, und zwar auch – und gerade – wenn es dabei einem Irrtum erlegen war und sich nach der Verurteilung herausstellte, dass ein bestimmter tatsächlicher Umstand und ein als nicht erfüllt angesehenes Tatbestandsmerkmal tatsächlich doch vorlagen. Auch in diesem Fall durfte dasselbe Verhalten nicht wegen eines anderen Delikts verfolgt werden, das dieses Tatbestandsmerkmal ebenfalls enthielt.[4058]

1559   Mit diesem Ansatz, der den *„same conduct"* als Kriterium für die Bestimmung der Identität der maßgeblichen Straftat in den Fokus gerückt hatte, brach der Gerichtshof überraschend im Urteil *Oliveira*. Im Gegensatz zur damaligen EKMR lehnte der EGMR einen Verstoß gegen Art. 4 des 7. ZP-EMRK in diesem Fall ab, weil die zweite Verurteilung **zwar auf demselben tatsächlichen Verhalten** basiere, die Bf. aber **nicht zweimal wegen**

4053 Siehe zur Thematik der Verbandsstrafe bei *Einpersonen*gesellschaften nach österreichischem Recht: *Holzinger/Moringer* ÖJZ **2015** 403, 408.

4054 So bereits: *Ungern-Sternberg* ZStW **94** (1982) 84.

4055 Vertiefend: *Hußung* Der Tatbegriff im Artikel 54 des Schengener Durchführungsübereinkommens (2011).

4056 EGMR Gradinger/A, 23.10.1995, § 55; siehe auch *Jung* GA **2010** 472, 474.

4057 Vgl. auch die späteren Urteile: EGMR Aşci/A, 19.10.2006; (GK) Sergey Zolotukhin/R, 10.2.2009, § 71.

4058 EGMR Gradinger/A, 23.10.1995, §§ 7–9, 36, 55: Es ging um ein Straferkenntnis, das auf § 5 öStVO beruhte (Fahren eines PKW mit einer BAK von 0,8 g/L), obwohl der Bf. im ersten Verfahren wegen § 81 Abs. 2 öStGB (Fahrlässige Tötung unter Alkoholeinfluss), der ebenfalls eine BAK von 0,8 g/L voraussetzt, unter irrtümlicher Annahme einer niedrigeren BAK nicht verurteilt worden war; vgl. hierzu EGMR Marte u. Achberger/A, 5.3.1998 (gütliche Einigung): Die Bf. wurden wegen Widerstands gegen Polizeibeamte und später im Rahmen eines Verwaltungsverfahrens zur Zahlung von 6.000 bzw. 11.000 ÖS verurteilt, wo ihnen Verstöße gegen das österreichische EGVG und das Vlbg. SittenPolG zur Last gelegt wurden (Verhalten gegen die öffentliche Ordnung/Verletzung des öffentlichen Anstandes durch Angriff auf Polizeibeamte in Gegenwart anderer Personen). Die EKMR hatte einen Verstoß gegen Art. 4 des 7. ZP-EMRK angenommen, obwohl sie nur einen weitgehend identischen Sachverhalt festgestellt hatte.

desselben Vergehens verurteilt worden sei (*„same offence"*).[4059] Mit ein- und demselben Verhalten könnten durchaus mehrere Straftaten begangen werden, die getrennt voneinander geahndet werden könnten.

Eine dritte Herangehensweise entwickelte der EGMR sodann im Urteil *Fischer*, indem **1560** er das Eingreifen des Doppelverfolgungsverbots davon abhängig machte, ob sich die anzuwendenden **Tatbestände** in ihren **wesentlichen Elementen** entsprachen.[4060] Zugrunde zu legen war bei der Prüfung der *„same essential elements"* sowohl der **Sachverhalt**, der aus einer oder mehreren Handlungen besteht, sowie dessen **Einbeziehung in das Strafverfahren**, verstanden im Sinne einer **doppelten Identität**. Unerheblich sollte dagegen die materiellrechtliche Bewertung im engeren Sinne sein.[4061] Ein Verstoß gegen das Doppelverfolgungsverbot ist nach diesen Kriterien nicht schon dann anzunehmen, wenn eine Handlung mehrere Straftatbestände erfüllt, die in Idealkonkurrenz zueinanderstehen. Das Verbot greift erst dann ein, wenn durch zwei unterschiedliche Tatbestände zumindest teilweise **dasselbe Unrecht** abgedeckt wird.[4062] Diese Rechtsprechung bestätigte der EGMR seit dem Urteil *Fischer* regelmäßig,[4063] erstaunlicherweise auch unter Hinweis auf seine Ausführungen im Fall *Gradinger*.[4064]

Wo die Grenzen der Konventionsgarantie zu ziehen sind, war in der Folgezeit einzel- **1561** fallabhängig, womit für die Vertragsstaaten in der Praxis eine erhebliche Rechtsunsicherheit einherging.[4065] Für die Rechtspraxis in Deutschland bereitete dies insofern keine größeren Probleme, da Art. 103 Abs. 3 GG einen weiten, an den einheitlichen Lebensvorgang anknüpfenden **prozessualen Tatbegriff** der StPO absichert[4066] und daher den Forderungen der Art. 4 Abs. 1 des 7. ZP-EMRK bzw. Art. 14 Abs. 7 IPBPR genügt.[4067]

Gerade aus deutscher Sicht hatte diese Rechtsprechung des EGMR das Prinzip *ne bis* **1562** *in idem* in der strafprozessualen Praxis allerdings menschenrechtlich erheblich entwertet. Der Regelungs- und Schutzgehalt des Art. 4 des 7. ZP-EMRK wurde darauf beschränkt, dass eine Person nicht wegen **derselben Straftat** erneut verfolgt werden darf. Dass Fälle, in denen eine (strafbare) Handlung mehrere Straftatbestände erfüllt, nicht von dieser Garantie erfasst sein sollen, irritiert. Dies führt zu einer **Aufspaltung eines einheitlichen Lebensvorgangs**, die nicht nur wirklichkeitsfremd erscheint, sondern auch im Widerspruch zum Schutzzweck des Verbots der doppelten Verfolgung steht.[4068] Die **strafverfolgungsfreundliche** Auslegung des Doppelbestrafungsverbots der *Oliviera*- und *Fischer*-Rechtsprechung führte dazu, dass in denjenigen Staaten, in denen eine unüberschaubare Menge an Straftatbeständen normiert ist, nach beinahe jeder Aburteilung ein erneutes Verfahren

---

4059 EGMR Oliveira/CH, 30.7.1998, § 25, ÖJZ **1999** 77 = JBl. **1999** 102, ebenso in EGMR Göktan/F, 2.7.2002, § 50. In Oliveira differenzierte der Gerichtshof zwischen dem Verlust der Kontrolle über das Fahrzeug und der fahrlässigen Verursachung der Verletzungen. Obwohl entgegen den gesetzlichen Vorgaben **zwei parallele Verfahren** geführt worden waren, lehnte der EGMR einen Verstoß ab.
4060 EGMR Franz Fischer/A, 29.5.2001, § 2, ÖJZ **2001** 657; kritisch zu dem bereits in EGMR Ponsetti u. Chesnel/F, 14.9.1999, § 5, eingeführten Begriff: *Esser* 98 f.
4061 KK-EMRK-GG/*Kadelbach* Kap. 29, 17.
4062 EGMR Franz Fischer/A, 29.5.2001, §§ 25, 29; OGH ÖJZ **2009** 135; vgl. auch SK/*Meyer* 28.
4063 Siehe Nachweise in: EGMR (GK) Sergey Zolotukhin/R, 10.2.2009, §§ 73–77.
4064 Vgl. EGMR W.F./A, 30.5.2002, ÖJZ **2003** 476; Sailer/A, 6.6.2002, § 25; Marcello Viola/I, 25.10.2005, §§ 85, 88; Maszni/RUM, 21.9.2006, § 67; sowie die Unzulässigkeitsentscheidungen: EGMR Rosenquist/S (E), 11.12.2012; Aşci/A, 19.10.2006.
4065 Vgl. SK/*Meyer* 45.
4066 Vgl. BVerfGE **56** 27 ff.; für die Abkoppelung des Tatbegriffes des Art. 103 Abs. 3 GG von der materiellrechtlichen Beurteilung des Konkurrenzverhältnisses *Maatz* FS Meyer-Goßner 257.
4067 Siehe insoweit auch § 84 Abs. 1 OWiG.
4068 *Esser* 95 ff., wie hier SK/*Meyer* 28.

möglich erschien.[4069] Damit hätte es der Gesetzgeber in der Hand gehabt, einen **einheitlichen Lebenssachverhalt** derart in verschiedene Straftatbestände aufzuteilen, dass der jeweils sanktionierte Unrechtsgehalt als von unterschiedlicher Natur erschienen wäre. Überzeugend war es dagegen schon seinerzeit, unter der „Tat" unabhängig von ihrer normativen, *rechtlichen* Qualifizierung den zu beurteilenden **einheitlichen Handlungskomplex** zu verstehen.

1563   Diesen Ansatz hat sich der EGMR sodann im bis heute wegweisenden Grundsatz-Urteil ***Zolotukhin***[4070] explizit zu eigen gemacht.[4071] Die GK räumte zunächst ein, dass die bis dahin gegensätzlichen Ansätze in der Judikatur des Gerichtshofs im Interesse der Rechtssicherheit harmonisiert werden mussten.[4072] Die Herangehensweise, welche die *rechtliche* Qualifizierung der (zwei) relevanten Straftaten betone, schränke die Rechte des Einzelnen zu weit ein.[4073] Wenn das Doppelverfolgungs-/bestrafungsverbot ein effektives Recht eines Beschuldigten sein solle, müsse es bereits dann vom sachlichen Schutzbereich her eingreifen, wenn die in Frage stehende Straftat auf **demselben oder wesentlich demselben Sachverhalt** beruhe wie die bereits abgeurteilte Tat.[4074] Heranzuziehender Anhaltspunkt für die Ermittlung des jeweils zugrunde gelegten Sachverhalts seien insbesondere die Darstellungen in den dazugehörigen Aktenstücken.[4075] Im Rahmen der Prüfung sei der Fokus auf den **Komplex untrennbar miteinander verbundener tatsächlicher Umstände** zu richten, der insbesondere durch denselben Beschuldigten, die Tatzeit und den Tatort bestimmt werde.[4076] Die rechtliche, **deliktsspezifische Qualifizierung** dieser Umstände soll dagegen keine Rolle spielen. Obwohl die GK nicht ausdrücklich darauf Bezug nimmt, orientiert sie sich hier an den Kriterien, die durch den EuGH im Rahmen der Auslegung des Art. 54 SDÜ Anwendung finden (Rn. 1602 ff.). Seither ist dieser *Zolotukhin*-Prüfungsmaßstab durch den EGMR vielfach bestätigt und als maßgeblich bezeichnet worden.[4077]

1564   **3. Wiederaufnahme des Strafverfahrens.** Das Doppelverfolgungsverbot (*ne bis in idem*) ist **kein absolutes Recht** und dementsprechend **nicht schrankenlos** gewährleistet.

4069   Siehe hierzu: SK/*Meyer* 28.

4070   EGMR (GK) Sergey Zolotukhin/R, 10.2.2009, §§ 70 ff. Ausführliche Besprechung: *Jung* GA **2010** 472.

4071   Einen anderen Schluss zieht der ÖVerfG: Aus einer *Gesamtschau* der Rechtsprechung des EGMR seit 1995 folge, dass es weiterhin auf die rechtliche Qualifikation der Tat ankomme, nicht auf den zugrunde liegenden Sachverhalt. Nur wenn die Tatbestände im Wesentlichen übereinstimmen, greife das Doppelbestrafungsverbot ein (EuGRZ **2010** 631, 638 ff.).

4072   EGMR (GK) Sergey Zolotukhin/R, 10.2.2009, § 78.

4073   EGMR (GK) Sergey Zolotukhin/R, 10.2.2009, § 81.

4074   EGMR (GK) Sergey Zolotukhin/R, 10.2.2009, § 82: „Article 4 of Protocol No. 7 must be understood as prohibiting the prosecution or trial of a second „offence" in so far as it arises from identical facts or facts which are substantially the same"; ferner EGMR Šimkus/LIT, 13.6.2017, § 48.

4075   EGMR (GK) Sergey Zolotukhin/R, 10.2.2009, § 83; Ramda/F, 19.12.2017, § 82; vgl. zu praktischen Schwierigkeiten: EGMR Asadbeyli u.a./ASE, 11.12.2012, §§ 159 ff. Bei Einstellungsbeschlüssen nach § 153a StPO geht der Sachverhalt häufig nicht aus dem Beschluss hervor, hier muss das „idem" zwangsläufig mit der Ermittlungsakte nachgewiesen werden.

4076   EGMR (GK) Sergey Zolotukhin/R, 10.2.2009, § 84 („focus on those facts which constitute a set of concrete factual circumstances involving the same defendant and inextricably linked together in time and space, the existence of which must be demonstrated in order to secure a conviction or institute criminal proceedings"); Ramda/F, 19.12.2017, §§ 82 f.; siehe auch *Jung* GA **2010** 472, 475.

4077   Vgl. EGMR Ruotsalainen/FIN, 16.6.2009, §§ 48 ff.; Maresti/KRO, 25.6.2009, § 62; Tsonyo Tsonev/BUL (Nr. 2), 14.1.2010, § 51; Tomasović/KRO, 18.10.2011, §§ 26 ff.; Asadbeyli u.a./ASE, 11.12.2012, §§ 158 ff.; Khmel/R, 12.12.2013, § 64; Muslija/BIH, 14.1.2014, §§ 32 ff.; Glantz/FIN, 20.5.2014, § 52; Lucky Dev/S, 27.11.2014, § 52; Ramda/F, 19.12.2017, § 81; Bajčić/KRO, 8.10.2020, §§ 29 ff.; Galović/KRO, 31.8.2021, § 107.

Einen Eingriff in dieses Recht stellt die Möglichkeit der Wiederaufnahme des Verfahrens *zu Lasten* des Angeklagten dar, der in vielen nationalen Rechtsordnungen jedenfalls dann zulässig ist, wenn neue Tatsachen bekannt werden oder das bisherige Verfahren schwerwiegende Mängel aufweist.[4078] Die Notwendigkeit der Wiederaufnahme zur Harmonisierung einer aufgetretenen Einstellungspraxis bedeutet dagegen keinen solchen Mangel und ist somit nicht durch die in **Art. 4 Abs. 2 des 7. ZP-EMRK** genannten Gründe gedeckt.[4079] Die Wiederaufnahme des Verfahrens als eine im nationalen Verfahrensrecht verankerte Korrekturmöglichkeit ist ein Annex des ursprünglichen Verfahrens; der Grundsatz des *ne bis in idem* steht ihr auch in der Form des Art. 14 Abs. 7 IPBPR nicht entgegen.[4080]

Das Recht der **Wiederaufnahme im Strafverfahren (§§ 359 ff. StPO)** war in den **1565** letzten Jahrzehnten mehrfach Gegenstand kontroverser rechtspolitischer Debatten.[4081] Hauptstreitpunkt war die Ermöglichung der Wiederaufnahme des Strafverfahrens wegen der nachträglichen Beibringung *neuer Tatsachen oder Beweismittel* („propter nova"). Diese ist *zugunsten* des Verurteilten nach § 359 Nr. 5 StPO seit jeher möglich; eine entsprechende Regelung *zuungunsten* des Angeklagten war in § 362 StPO hingegen nicht zu finden. Zuletzt hatte der Bundesrat im Jahr 2008 einen Gesetzentwurf[4082] vorgelegt, der auf eine Reform des strafrechtlichen Wiederaufnahmerechts (§§ 359 ff. StPO) abzielte. Danach sollte ein vor Gericht Freigesprochener sich erneut einem Prozess zu stellen haben, wenn durch neue kriminaltechnische Untersuchungsmethoden – wie die DNA-Analyse – belegt werden könne, dass er doch der (mutmaßliche) Täter war. Der Vorschlag wurde über lange Zeit nicht vorangetrieben. Erst im Jahr 2021 entschied sich der Gesetzgeber für die Fallgruppe der „**propter nova**" mit einer Angleichung der Wiederaufnahmegründe zugunsten und zuungunsten des Verurteilten. Durch das **Gesetz zur Herstellung materieller Gerechtigkeit** vom 24.6.2021[4083] erfolgte die Einfügung einer neuen Nr. 5 in den abschließenden Katalog des § 362 StPO. Fortan können rechtskräftig abgeschlossene Strafverfahren gegen einen freigesprochenen Angeklagten zu seinen Ungunsten wiederaufgenommen werden, sofern **neue Tatsachen oder Beweismittel** beigebracht werden, die allein oder in Verbindung mit früher erhobenen Beweisen **dringende Gründe für eine Verurteilung** wegen **Mordes** (§ 211 StGB), **Völkermordes** (§ 6 Abs. 1 Nr. 1 VStGB), **Verbrechen gegen die Menschlichkeit** (§ 7 Abs. 1 Nr. 1 und Nr. 2 VStGB) oder eines **Kriegsverbrechens** (§ 8 Abs. 1 Nr. 1 VStGB) belegen.[4084] Als Hauptanwendungsgebiet hat der Gesetzgeber erneut die **DNA-Ana-**

4078 EGMR Kadusic/CH, 9.1.2018, § 84; vgl. SK/*Meyer* 49; KK-EMRK-GG/*Kadelbach* Kap. 29, 36, 40; *Mansdörfer* 121; vgl. EGMR Sabalić/KRO, 14.1.2021, § 114 (wonach die fehlende Berücksichtigung von Hass-Motiven bei der Ermittlung und deren fehlende Einbeziehung bei der Bestrafung eine Wiederaufnahme ermöglichten); vgl. auch: EGMR Stăvilă/RUM, 1.3.2022, §§ 94, 102 (Wiederaufnahme eines Strafverfahrens ganz ohne neu bekannt gewordene Tatsachen; Verstoß bejaht).

4079 EGMR Mihalache/R, 8.7.2019, §§ 136 f.; Nikitin/R, 20.7.2004, § 46 („supervisory review" zu Lasten des Angeklagten oder zur Überprüfung von Rechtsfehlern auf Antrag des Generalstaatsanwalts). Vgl. dazu *Netzer* ZJS **2009** 752, 757 („Wiederaufnahme des Verfahrens bei Abwesenheitsurteilen").

4080 Vgl. *Nowak* Art. 14, 100, wonach die diesbezüglichen Vorbehalte einiger westeuropäischer Staaten nicht notwendig gewesen seien. Die Urteile der ehem. Besatzungsgerichte (BGHSt **6** 176) lösen das Verbot der Doppelaburteilung nur aus, soweit dies vertraglich anerkannt wurde; vgl. zum Überleitungsvertrag v. 30.3.1955 (BGBl. II S. 405); BGHSt **12** 36.

4081 Überblick zu den Reformüberlegungen der letzten 30 Jahre bei *Sabel* FS Graf-Schlicker 561, 566 f.

4082 BTDrucks. **16** 7957; das Gesetzesvorhaben scheiterte am Grundsatz der Diskontinuität.

4083 BGBl. I S. 5252; BTDrucks. **19** 30399.

4084 Die Zahl der kritischen Stimmen ist erheblich, vgl. *Aust/Schmidt* ZRP **2020** 251; *Arnemann* NJW-Spezial **2021** 440; *Ruhs* ZRP **2021** 88, 90; *Leitmeier* StV **2021** 341; *Bayer* RuP **2021** 231 ff.; *Slogsnat* ZStW **133** (2021) 741 ff.; *Lenk* StV **2022** 118 ff.; **a.A.** *Füllkrug* Krim **2020** 405 ff.; *Zehetgruber* JR **2020** 157 ff.; *Kubiciel* GA **2021** 380 ff.

lyse vor Augen. Es solle ausdrücklich um Konstellationen gehen, in denen eine bedeutsame Untersuchungsmethode zum Zeitpunkt der Aburteilung zwar bekannt gewesen ist, die gerichtliche Verwertung ihrer Resultate allerdings „mangels wissenschaftlicher Anerkennung" ausscheiden musste oder wegen einer „Verfeinerung oder Verbesserung" erst später zu gerichtlich verwertbaren Beweisen führen konnte.[4085]

1566   Ob die Erweiterung der Wiederaufnahmegründe für die Fallgruppe der *propter nova zuungunsten* des Angeklagten mit verfassungsrechtlichen Grundsätzen vereinbar ist, war und bleibt umstritten (Schaffung „materieller Gerechtigkeit", d.h. Korrektur eines mutmaßlichen „Fehlurteils" aufgrund neuer Tatsachen und Beweismittel, und Wahrung der Rechtssicherheit durch die Bestandskraft eines rechtskräftigen Freispruchs, abgesichert durch den *ne bis in idem*-Grundsatz). **Gegner** einer Erweiterung des Katalogs des § 362 StPO monieren, dass die Möglichkeit zur Wiederaufnahme des Verfahrens zuungunsten des Angeklagten wegen neuer Tatsachen oder Beweismittel den Kerngehalt des Art. 103 Abs. 3 GG schleife.[4086] **Befürworter** einer Erweiterung bestreiten, dass Art. 103 Abs. 3 GG einer Ausdehnung der Wiederaufnahmegründe zu Lasten des Angeklagten pauschal entgegenstehe. Verhältnismäßige Erweiterungen seien jederzeit möglich. Die Bestandskraft eines zu Unrecht ergangenen Freispruchs gerade bei schwersten Verbrechen sei geeignet, die materielle Gerechtigkeit in einer Art und Weise zu tangieren, was einen unerträglichen Verstoß begründe. Das Interesse der Gesellschaft an der Verhinderung eines solch unerträglichen Verstoßes gegen die materielle Gerechtigkeit könne das Interesse des Einzelnen an der Aufrechterhaltung der Bestandskraft des ihn begünstigenden Freispruchs überwiegen.[4087]

1567   Der Ansicht der Befürworter der Reform kann nur bedingt zugestimmt werden. Zwar ist zutreffend, dass Art. 103 Abs. 3 GG nicht jeder Gesetzesreform entgegengehalten werden kann. „Grenzkorrekturen" sind dem Gesetzgeber weiterhin möglich.[4088] Eine Aushöhlung des Kerngehalts des *ne bis in idem*-Grundsatzes muss dabei jedoch vermieden werden.[4089] Die Neuregelung ist daher äußerst kritisch zu bewerten, da für bestimmte schwere Taten „aus Gründen der materiellen Gerechtigkeit" fortan nur noch **„bedingte Freisprüche"** ergehen können. Der schrankenlos gewährleistete Art. 103 Abs. 3 GG stellt eine Ausformung der „materiellen Gerechtigkeit" dar und kann daher nicht mit der Begründung, die Pflicht zur Wahrung der (identischen) „materiellen Gerechtigkeit" überwiege die Belange des Rechtsschutzes im Wege der Abwägung kollidierenden Verfassungsrechts, ausgehebelt werden.[4090] Auch das Nicht-Verjähren der in § 362 Nr. 5 StPO aufgezählten Taten kann an dieser Bewertung nichts ändern.[4091] Die Unverjährbarkeit bestimmter schwerster Verbrechen soll das Vertrauen des mutmaßlichen Täters in die Nichtverfolgbarkeit wegen Zeitablaufs beseitigen und damit sicherstellen, dass dem Staat die *einmalige* Verfolgung des mutmaßlichen Täters *jederzeit* möglich bleibt. Nicht aber lässt sich aus der Unverjährbarkeit der Taten ein Recht des Staates auf *wiederholte* Verfolgung und Bestrafung eines bereits

---

4085   BTDrucks. 19 30399 S. 10.

4086   Vgl. auch zu weiteren Kritikpunkten eingehend *Eisenberg* JR **2007** 360; *Scherzberg/Thiée* ZRP **2008** 80; *Grünewald* ZStW **120** (2008) 545, 578 f.; *Marxen/Tiemann* ZIS **2008** 188; *Pabst* ZIS **2010** 126; *Bohn* Die Wiederaufnahme des Strafverfahrens zuungunsten des Angeklagten vor dem Hintergrund neuer Beweise (2016) 193 ff., 227; *Frister/Müller* ZRP **2019** 101, 103; *Aust/Schmidt* ZRP **2020** 251, 253 f.

4087   Vgl. u.a. BTDrucks. 19 30399 S. 1, 6, 9 f.; *Kubiciel* GA **2021** 380; *Füllkrug* Krim **2020** 405; *Zehetgruber* JR **2020** 157; *Letzgus* FS Geppert 785, 788 ff.; *Schöch* FS Maiwald 769, 772 ff.

4088   Vgl. nur BVerfGE **12** 62, 66; BGHSt **5** 323, 328 ff.; *Grünewald* ZStW **120** (2008) 545, 566 f. m.w.N.

4089   BVerfGE **56** 22, 34 f. = StV **1981** 323; vertiefend *Aust/Schmidt* ZRP **2020** 251, 253 f.; ablehnend zu dieser „Kern-Randbereich"-Formel aber *Kubiciel* GA **2021** 380, 387.

4090   Vgl. auch *Gerson* StV **2022** 124, 128, Fn. 70 m.w.N.

4091   So aber *Kubiciel* GA **2021** 380, 394.

rechtskräftig Freigesprochenen ableiten.[4092] Aufgrund der legislativ geschaffenen Fakten durch § 362 Nr. 5 StPO bleibt die Entscheidung des **BVerfG** zu dieser Frage abzuwarten.[4093]

4. Transnationales Doppelverfolgungs-/-bestrafungsverbot. Die Entscheidung da- **1568** rüber, welches Verhalten strafrechtlich relevant ist, und wie es zu behandeln ist, gehört zu den Kernkompetenzen souveräner Staaten. Durch die **konkurrierenden Strafansprüche** verschiedener Nationen entsteht jedoch eine menschen- und grundrechtlich bedenkliche Situation, die einen über die eigene Strafgewalt hinausgehenden Strafklageverbrauch er- forderlich macht, um Rechtssicherheit und Gerechtigkeit gewährleisten zu können, vor allem angesichts der zunehmenden **Freizügigkeit** und dem damit einhergehenden Anstieg **grenzüberschreitender Kriminalität**.[4094]

a) Allgemeiner Rechtsgrundsatz. Ein Grundsatz *ne bis in idem* mit grenzüberschrei- **1569** tender Wirkung und zwischenstaatlicher Geltung hat sich bis heute weder als Völkerge- wohnheitsrecht noch als allgemeiner Rechtsgrundsatz verfestigt – anders als das inner- staatliche Doppelbestrafungsverbot;[4095] er stellt daher auch **keine allgemeine Regel des Völkerrechts** dar.[4096]

b) EMRK. Art. 4 des 7. ZP-EMRK schützt nur vor erneuter Strafverfolgung durch den- **1570** selben Staat der (ersten) Aburteilung und entfaltet keine Wirkung zwischen den Vertrags- staaten der EMRK.[4097] Die **Verurteilung durch einen anderen Staat** steht einer erneuten Strafverfolgung wegen der gleichen Tat im Inland also insoweit nicht entgegen,[4098] da sie auf einem anderen Recht und einer anderen Strafgewalt beruht. Eine Ausnahme besteht, wenn und soweit das ausländische Urteil als vollstreckbar anerkannt wurde und der Staat hierdurch auf seinen nationalen Strafanspruch verzichtet hat.

Im Übrigen kann für zwischenstaatliche Sachverhalte der Schutzgehalt **Art. 6** (auch **1571** im Zusammenhang mit Art. 7) nicht ergänzend herangezogen werden, da insoweit Art. 4 des 7. ZP-EMRK eine abschließende Regelung darstellt.[4099] Nicht zuletzt aus diesem Grund

---

4092 So *Gerson* StV **2022** 124, 128; vgl. auch *ders.* 125 ff. zu der weiterführenden Frage der Vereinbarkeit des neuen § 362 Nr. 5 StPO mit dem verfassungsrechtlichen Rückwirkungsverbot (Art. 103 Abs. 2, Art. 20 Abs. 3 GG) bei der Anwendung auf Altfälle.

4093 Vgl. dazu BVerfG NJW **2022** 2389 = NStZ-RR **2022** 311 m. Anm. *Muckel* JA **2022** 785 (Verhaftung eines im Jahr 1983 Freigesprochenen aufgrund neuer Spuren; Einstweilige Anordnung im Verfahren wegen Wie- deraufnahme eines Strafverfahrens – Außervollzugsetzung des Haftbefehls; Entscheidung über die Verfas- sungsmäßigkeit einer Wiederaufnahme zuungunsten des Angeklagten nach § 362 Abs. 1 Nr. 5 StPO erst im Hauptverfahren; Beschl. v. 20.12.2022 – 2 BvR 900/22 (einstweilige Anordnung – Außervollzugsetzung des Haftbefehls verlängert); vgl. hierzu *Gerson* NK **2023** 2 ff.

4094 Vgl. *Jagla* 21 ff.; *Liebau* 188 ff.; vgl. auch *Radtke* Enzyklopädie, § 12, 5 ff.

4095 BVerfGE **75** 1, 23.

4096 BVerfGE **75** 1, 18 ff., 24 ff.; BVerfG StraFo **2008** 151 = DAR **2008** 586; BVerfG Beschl. v. 15.12.2011 – 2 BvR 148/11, NJW **2012** 1202, Rn. 31; *Thomas* 344; *Lagodny* 58; *Hein* 77, 84, 116; *Specht* 118; *Mansdörfer* 22 f.; *Kniebüh- ler* 353, 356; *Jagla* 61 ff., 68 ff.

4097 SK/*Meyer* 15; BVerfG StraFo **2008** 151 = DAR **2008** 586; OGH ÖJZ **2012** 977.

4098 EGMR Krombach/F (E), 20.2.2018, § 40; Graf/A (E), 3.6.2003; HRC A.P./I (E), 2.11.1987, 204/1986, UN-AMR EuGRZ **1990** 15; *Nowak* Art. 14, 99.

4099 *Liebau* 174 f.; *Jagla* 75; weitergehend *Mansdörfer* 101 ff.; **a.A.** *Specht* 49 f., der das Prinzip der Rechts- kraft als von den durch Art. 6 geschützten Voraussetzungen eines rechtsstaatlichen Verfahrens erfasst an- sieht.

Esser

stellt eine erneute Aburteilung wegen derselben Tat keine erniedrigende Strafe i.S.v. **Art. 3** dar.[4100]

1572   **c) Weitere völkerrechtliche Übereinkommen und Verträge.** Die grenzüberschreitende Ausdehnung des Verbots der Doppelbestrafung und die damit verbundene gegenseitige Anerkennung strafrechtlicher Verurteilungen anderer Staaten ist Gegenstand zahlreicher **völkerrechtlicher Übereinkommen und Verträge.** Eine solche Anerkennung ist Voraussetzung für die Zusammenarbeit der Staaten und nicht zuletzt auch für die Übernahme der Vollstreckung der Urteile anderer Staaten. Die Zusammenarbeit ist gerade im Hinblick auf die Internationalisierung vieler Kriminalitätsbereiche wichtig.

1573   Schon 1970 hatte der Europarat versucht, durch Art. 53 des **Europäischen Übereinkommens über die internationale Geltung von Strafurteilen** v. 26.5.1970 (ETS 70) ein europaweites Doppelbestrafungsverbot zu etablieren. Jedoch haben nur 23 der 46 Mitglieder des Europarats (Stand: 1/2023) das Übereinkommen ratifiziert. Auch in Deutschland ist es mangels eines Zustimmungsgesetzes bisher nicht in Kraft getreten.[4101]

1574   Am 16.3.1984 erließ das EP eine **Entschließung** über die Anwendung des Grundsatzes *ne bis in idem* im Strafrecht innerhalb der früheren EG.[4102] Einer derartigen Entschließung kam allerdings keine Rechtswirkung zu; durch sie wurden die Mitgliedstaaten nicht verpflichtet, den Inhalt der Entschließung in nationales Recht umzusetzen. Dasselbe gilt für die Erklärung über die Grundrechte und Grundfreiheiten vom 12.4.1989, die (als Entschließung) ebenfalls ein Doppelbestrafungsverbot enthielt.[4103]

1575   Das **EG-ne-bis-in-idem-Übereinkommen** aus dem Jahre 1987[4104] sollte den Grundsatz *ne bis in idem* zwischen den Mitgliedstaaten der früheren Europäischen Gemeinschaften etablieren, trat aber mangels Ratifikation durch alle Abschlussstaaten nicht in Kraft. Einige Abschlussstaaten, darunter Deutschland, machen allerdings von der durch Art. 6 Abs. 3 des Übereinkommens gewährleisteten Möglichkeit der **vorläufigen Anwendung** im Verhältnis zu anderen Vertragsstaaten Gebrauch. Inhaltlich ist das Übereinkommen nahezu deckungsgleich mit der Regelung des Art. 54 SDÜ (Rn. 1580 ff.).

1576   Auf Unionsebene enthalten Art. 7 des **Übereinkommens aufgrund von Art. K 3 des EU-Vertrags über den Schutz der finanziellen Interessen der Europäischen Gemeinschaften vom 26.7.1995**[4105] sowie Art. 10 des **Übereinkommens über die Bekämpfung der Bestechung vom 25.6.1997**[4106] zumindest ein **sektorales Verbot** der Doppelbestrafung.

1577   Auch das **NATO-Truppenstatut** sieht in Art. 7 Abs. 8 vor, dass ein Angeklagter nicht erneut bestraft werden kann. Ausnahmen bestehen lediglich für einige Dienstvergehen.[4107]

[4100] *Mansdörfer* 100; *Jagla* 75; *Liebau* 175 f.; **a.A.** *Schorn* Art. 3, 43 EMRK; *ders.* JZ **1964** 205 f. unter Hinweis auf die Folgen (Belastung durch das erneute Verfahren und Schädigung des Rufs), die aber ebenso beim ersten Verfahren entstehen (können).
[4101] *Zöller* Terrorismusstrafrecht 317 f.
[4102] Abgedruckt in EuGRZ **1984** 355 f.
[4103] Abgedruckt in EuGRZ **1989** 204 ff.; siehe auch *Jagla* 48 f.
[4104] Übereinkommen v. 25.5.1987 zwischen den Mitgliedstaaten der Europäischen Gemeinschaft, BGBl. 1998 II S. 2226; Ratifikationsstand abrufbar unter: http://www.consilium.europa.eu; vgl. *Schomburg* StV **1997** 383; NJW **1999** 540, StV **1999** 246.
[4105] ABlEG Nr. C 316 v. 27.11.1995 S. 49.
[4106] Übereinkommen aufgrund von Artikel K.3 Absatz 2 Buchstabe c) des Vertrags über die Europäische Union über die Bekämpfung der Bestechung, an der Beamte der Europäischen Gemeinschaften oder der Mitgliedstaaten der Europäischen Union beteiligt sind, ABlEG Nr. C 195 v. 25.6.1997 S. 2.
[4107] *Zöller* Terrorismusstrafrecht 319.

Daneben existieren **bilaterale Vereinbarungen** über die Anerkennung ausländischer 1578
Urteile, wie z.B. gemäß Art. XV des Vertrages zwischen der BR Deutschland und der Republik Österreich über die Ergänzung des Europäischen Übereinkommens vom 20.4.1959 über die Rechtshilfe in Strafsachen und die Erleichterung seiner Anwendung vom 31.1.1972.[4108]

5. Schengener Durchführungsübereinkommen (SDÜ)[4109]. Eine besondere Bedeu- 1579
tung innerhalb der durch völkerrechtliche Verträge geschaffenen transnationalen Doppelbestrafungsverbote hat Art. 54 SDÜ. Das SDÜ vom 19.6.1990 hat die Regelungen des EG-ne-bis-in-idem-Übereinkommens in ihrem wesentlichen Wortlaut übernommen und in Art. 54 SDÜ ein **transnationales Doppelbestrafungsverbot** (*ne bis in idem*) geschaffen. Dieses Verbot entfaltete zunächst nur Wirkung zwischen den Vertragsstaaten. Durch die Einbeziehung des Übereinkommens in den institutionellen Rahmen der Europäischen Union[4110] gilt der in Art. 54 SDÜ gewährleistete Grundsatz mittlerweile auch zwischen den EU-Mitgliedstaaten (Ausnahme: Bulgarien, Irland, Kroatien, Rumänien und Zypern). Zudem sind auch vier Nicht-EU-Staaten dem SDÜ beigetreten, so dass die Vorschrift einen weitreichenden Schutz vor Doppelbestrafung in 26 europäischen Staaten gewährleistet.[4111]

a) Inhalt. Existiert bereits ein Straferkenntnis in einem Vertragsstaat, so kann ein 1580
anderer Staat die Tat nicht mehr strafrechtlich verfolgen, sobald das SDÜ in beiden Staaten Geltung entfaltet. In **zeitlicher** Hinsicht findet Art. 54 SDÜ auch dann Anwendung, wenn das Übereinkommen zum Zeitpunkt der Verkündung des ersten Urteils in dem verurteilenden Staat **noch nicht** in Kraft getreten war.[4112] Nur derjenige, gegen den das Straferkenntnis erlassen wurde, kann sich auf das dadurch eingetretene Hindernis für die Strafverfolgung berufen. **Mittäter** profitieren demzufolge nicht automatisch vom Strafklageverbrauch.[4113]

b) Personenidentität. Ausgeschlossen sind nur Verfahren gegen dieselbe Person, ge- 1581
gen die bereits ein rechtskräftiges Straferkenntnis ergangen ist. Richtet sich eine steuerliche finanzielle Sanktion gegen eine juristische Person und in derselben Sache angestellte strafrechtliche Ermittlungen gegen eine (andere) natürliche Person, so soll schon die Voraussetzung der Personenidentität für die Anwendung des *ne bis in idem*-Grundsatzes nicht vorliegen.[4114]

c) Rechtskräftige Aburteilung. Art. 54 SDÜ hindert die erneute Verfolgung wegen 1582
derselben Tat durch einen anderen Vertragsstaat nur im Falle einer bereits ergangenen

---

[4108] *Zöller* Terrorismusstrafrecht 319.
[4109] Zu Art. 54 SDÜ siehe auch *Hecker* § 12.
[4110] Protokoll zur Einbeziehung des Schengen-Besitzstands in den Rahmen der Europäischen Union (BGBl. 1998 II S. 429 ff.) zum Amsterdamer Vertrag v. 2.10.1997 (Vertrag von Amsterdam zur Änderung des Vertrags über die Europäische Union, der Verträge zur Gründung der Europäischen Gemeinschaften sowie einiger damit zusammenhängender Rechtsakte (BGBl. 1998 II S. 387 ff.).
[4111] Zum Schengenraum gehören (Stand: 12/2022): Belgien, Dänemark, Deutschland, Estland, Finnland, Frankreich, Griechenland, Island, Italien, Lettland, Liechtenstein, Litauen, Luxemburg, Malta, Niederlande, Norwegen, Österreich, Polen, Portugal, Schweden, Schweiz, Slowakei, Slowenien, Spanien, Tschechische Republik, Ungarn.
[4112] EuGH 9.3.2006, C-436/04 (van Esbroeck), Tz. 35 ff.; NJW **2006** 1781; 8.7.2007, C-367/05 (Kraaijenbrink), Tz. 22 = NJW **2007** 3416 = NStZ **2008** 164; 11.12.2008, C-297/07 (Bourquain), Tz. [29], NJW **2009** 3149 = NStZ **2009** 454 = EuZW **2009** 118 = StRR **2009** 139 m. Anm. *Westen*; Graf/*Inhofer* Art. 54, 40 SDÜ·
[4113] EuGH 28.9.2006, C-467/04 (Gasparini), Tz. 29 ff., NJW **2006** 3403 = NStZ **2007** 408 = EuZW **2007** 29.
[4114] EuGH 5.4.2017, C-217/15 u. C-350/15, Tz. 22; vgl. EGMR Pirttimäki/FIN, 20.5.2014, § 51.

Esser

rechtskräftigen Aburteilung durch einen Vertragsstaat.[4115] Zweifel darüber, welche innerstaatlichen Entscheidungen diese Anforderungen erfüllen, sind nicht zuletzt dadurch entstanden, dass die Textfassungen der jeweils verbindlichen Sprachen nicht vollständig deckungsgleich sind.[4116] Bei der Auslegung der Vorschrift ist zu beachten, dass die **Freizügigkeit der Unionsbürger** so wenig wie möglich beschränkt werden soll; der Anwendungsbereich des Art. 54 SDÜ muss dementsprechend tendenziell weit ausgelegt werden.[4117] Aus der Rechtsprechung des EuGH lassen sich zum Erfordernis der rechtskräftigen Aburteilung folgende Kriterien ableiten:

1583   Es muss sich um eine **verfahrensbeendende Entscheidung** einer zur **Mitwirkung an einem Strafverfahren** berufenen Behörde oder eines Gerichtes handeln. Noch nicht entschieden ist zudem, welche anderen Behörden und Verfahren (außerhalb des Strafverfahrens) das Doppelbestrafungsverbot auslösen können. Bei Anwendung der obigen Grundsätze dürfte das aber für Entscheidungen der **Finanzämter** im Steuerstrafverfahren gelten, soweit sie die Funktion der Staatsanwaltschaft wahrnehmen, wie auch für **Verwaltungsbehörden** im Zusammenhang mit Verfahren wegen einer Ordnungswidrigkeit.[4118]

1584   Durch diese Entscheidung muss die Möglichkeit einer Strafklage **endgültig verbraucht** sein.[4119] Das Doppelverfolgungsverbot setzt keine Verurteilung im Ausgangsverfahren voraus, sondern entfaltet seine Wirkung auch und gerade bei einem **Freispruch**.[4120] Dies zeigt schon die Verwendung des Begriffs „**Ab**urteilung" im ersten Satzteil des Art. 54 SDÜ und von „**Ver**urteilung" im Weiteren, erklärt sich aber auch mit der Leitlinie, das Risiko wiederholter Strafverfolgung so weit als möglich auszuschließen.[4121]

1585   Durch den Wortlaut eindeutig festgeschrieben wurde die **wechselseitige Anerkennung rechtskräftiger Urteile**. Weitgehend unbestritten ist ferner, dass als innerstaatliche Entscheidung auch für andere gerichtliche Erkenntnisse, wie den **Strafbefehl** (vgl. § 410 Abs. 3 StPO) gilt.[4122] Auch ein **Abwesenheitsurteil**, das nach dem nationalen Recht des Erstverfolgerstaates rechtskräftig geworden ist, steht der Strafverfolgung entgegen,[4123] da die Definitionsmacht über die Rechtskraft einer Entscheidung allein beim erstverurteilenden Staat liegt.[4124] Nach **Art. 57 SDÜ** kann der Zweitverfolgerstaat beim Erstverfolgerstaat

---

4115 Ausführlich zum Merkmal „rechtskräftige Aburteilung": *Hecker* § 12, 19 ff.; *Böse* Ad Legendum **2022** 104, 105; vgl. auch BVerfG Beschl. v. 19.5.2022 – 2 BvR 1110/21, BeckRS **2022** 17795 = StraFo **2022** 423 m. Anm. *Mayr*, wonach die Beurteilung, ob eine rechtskräftige Aburteilung (i.S.v. Art. 50 EUC) vorliegt, auf Grundlage des nationalen Rechts des die Entscheidung erlassenden Mitgliedstaats vorzunehmen ist (hier: Einstellung nach § 154 Abs. 1 StPO – Vertrauensgrundlage für Abschluss des Strafverfahrens; Unzulässigkeit der Auslieferung nach § 83b Abs. 1 Nr. 2 IRG).

4116 Graf/*Inhofer* Art. 54, 8 SDÜ.

4117 EuGH 11.12.2008, C-297/07 (Bourquain), Tz. 49 ff. („*rechtskräftige Aburteilung*", auch wenn die Strafe nach dem Recht des Urteilsstaats wegen verfahrensrechtlicher Besonderheiten nie unmittelbar vollstreckt werden konnte). Zur Problematik: *Radtke* FS Seebode 298, 305.

4118 *Hackner* NStZ **2011** 425, 429 f.

4119 *Satzger* FS Roxin II 1516, 1527 f.; siehe auch EuGH 22.12.2008, C-491/07 (Turanský), NStZ-RR **2009** 109 (jederzeitige Möglichkeit des Wiederaufgreifens nach nationalem Recht); siehe auch EuGH 16.11.2010, C-261/09 (Mantello), Tz. 46, NJW **2011** 983 = NStZ **2011** 466 („Ob ein Urteil rechtskräftig i.S.v. Art. 3 Nr. 2 des Rahmenbeschlusses ist, bestimmt sich nach dem Recht des Mitgliedstaats, in dem das Urteil verhängt wurde."); zu diesem Urteil Rn. 1652; weiterhin BGH NJW **2016** 3044.

4120 EuGH 28.9.2006, C-150/05 (van Straaten), NJW **2006** 3406 = NStZ **2007** 410 = EuZW **2007** 32 = JZ **2007** 245 f., Rn. 61; 28.9.2006, C-467/04 (Gasparini), Tz. 29 ff.; BGH NStZ-RR **2007** 197 = wistra **2007** 154.

4121 *Schomburg*/Lagodny/Gleß/Hackner/Trautmann/*Wahl* Art. 54, 40 SDÜ; Graf/*Inhofer* Art. 54, 17 SDÜ·

4122 Graf/*Inhofer* Art. 54, 20 SDÜ; vgl. auch *Radtke* Enzyklopädie, § 12, 42.

4123 EuGH 11.12.2008, C-297/07 (Bourquain), Tz. 35, 42.

4124 BGH NStZ **1998** 149 m. Anm. *van der Wyngaert* u. *Lagodny*; BGH StV **1999** 478 m. abl. Anm. *Kühne*; *Radtke*/Busch EuGRZ **2000** 424 f.

Informationen über die Wirkung der jeweiligen abschließenden Entscheidung nach nationalem Recht einholen.

Außerordentliche Rechtsbehelfe (z.B. eine **Verfassungsbeschwerde**) sowie die **1586** Möglichkeit einer **Wiederaufnahme des Verfahrens** nach dem Recht des Erstverfolgerstaates (wegen neuer Tatsachen) berechtigen ebenfalls nicht zu einer Durchbrechung der ausländischen justiziellen Entscheidung durch die Aufnahme von Ermittlungen in einer anderen nationalen Rechtsordnung: neue Ermittlungen sind dann **nur im Erstverfolgerstaat** möglich, weil nur dort die verfahrensrechtlichen Bedingungen verbindlich geprüft werden können.[4125] Die Möglichkeit der Wiederaufnahme des Verfahrens im (erst-)aburteilenden Staat muss daher außer Acht bleiben, bis das Verfahren *dort* (im Erstverfolgerstaat) tatsächlich eingeleitet wird. Dafür sprechen Sinn und Zweck des Doppelverfolgungsverbots.[4126]

Auf den **Inhalt eines Urteils** kommt es nach dem ausdrücklichen Wortlaut des Art. 54 **1587** SDÜ nicht an, so dass einer erneuten Verfolgung auch der Freispruch wegen Eintritt der **Verjährung** (§ 260 Abs. 3 StPO) oder aus **Mangel an Beweisen** entgegensteht.[4127]

Schon im Urteil *Miraglia* legte der EuGH aber bereits nahe, dass eine Einstellung aus **1588** rein verfahrensrechtlichen Gründen nicht ausreichend sei, sondern eine **Sachprüfung** erfolgen müsse.[4128] Die „**Qualität**" des bereits **abgeschlossenen Verfahrens**, das einer ausländischen justiziellen Entscheidung über dieselbe Sache zugrunde liegt, hat damit eine direkte Auswirkung auf die Frage des Strafklageverbrauchs.[4129] Das Doppelverfolgungsverbot soll daher nicht eingreifen, wenn ein Verfahren durch ein Gericht rechtskräftig eingestellt wird, weil die Staatsanwaltschaft beschlossen hat, ihre Ermittlungen nur wegen eines parallel durch Strafverfolgungsbehörden eines anderen Vertragsstaats eingeleiteten Verfahrens nicht fortzusetzen, ohne dass eine **Prüfung in der Sache** erfolgt.[4130]

Ebenso wenig steht eine rechtskräftige Einstellung des Verfahrens aufgrund dessen, **1589** dass der Angeklagte die Aussage verweigerte und andere Zeugen nicht hätten vernommen werden können, einer erneuten Verfolgung in einem Zweitverfolgerstaat entgegen.[4131] Somit kann in diesem Zusammenhang die unterlassene Vernehmung eines mutmaßlich Geschädigten respektive Zeugen ein Indiz dafür darstellen, dass im Ausgangsverfahren keine eingehenden Ermittlungen durchgeführt worden sind.[4132]

4125 Vgl. EuGH 5.6.2014, C-398/12 (M), Tz. 40 (zur Wiederaufnahme nach zuvor erfolgter Einstellung des Verfahrens durch einen Beschluss der Ratskammer des Tribunal de première instance de Mous (Belgien) v. 15.12.2008 aus Mangel an Beweisen; „nur in dem Vertragsstaat eingeleitet werden, in dem dieser Beschluss erlassen wurde"); LG Frankfurt NStZ-RR **2021** 119 = StraFo **2021** 115, 116.

4126 So Graf/*Inhofer* Art. 54, 19 SDÜ; s.a. *Radtke* Enzyklopädie § 12, 42.

4127 EuGH 10.3.2005, C-469/03 (Miraglia), NJW **2005** 1337, Tz. 43 ff.; 28.9.2006, C-467/04 (Gasparini); 28.9.2006, C-150/05 (van Straaten); s.a. *Radtke* Enzyklopädie, § 12, 42.

4128 EuGH 10.3.2005, C-469/03 (Miraglia), Tz. 29 ff.; bestätigt durch: EuGH 29.6.2016, C-486/14 (Kossowski), Tz. 48 ff., NJW **2016** 2939 m. Anm. *Gaede*; so BGH NJW **2016** 3044; zu diesem Urteil: *Böse* Ad Legendum **2022** 104, 107.

4129 Vgl. hierzu: EuGH 29.6.2016, C-486/14 (Kossowski), Tz. 42, 48, 52 („Prüfung in der Sache"), Tz. 49 („eingehende Beurteilung des [...] angelasteten rechtswidrigen Verhaltens") – Einstellung durch Beschluss der Staatsanwaltschaft ohne Durchführung „eingehender Ermittlungen"; EuGH 10.3.2005, C-469/03 (Mariaglia), Tz. 30 („ohne dass eine Prüfung in der Sache erfolgt ist"); vgl. zum Grundgedanken auch Art. 20 Abs. 3 ICC-Statut („sham proceedings").

4130 EuGH 10.3.2005, C-469/03 (Miraglia), Tz. 18; 10.3.2005, C-469/03 (Gasparini), Tz. 23 ff.

4131 EuGH 29.6.2016, C-486/14 (Kossowski), Tz. 48 ff., Zeugen sowie der Geschädigte lebten zum Zeitpunkt des Verfahrens im Ausland, weswegen sie im Rahmen des Ermittlungsverfahrens nicht hätten vernommen werden können; keine Prüfung in der Sache.

4132 Vgl. hierzu: EuGH 29.6.2016, C-486/14 (Kossowski), Tz. 53.

Esser

1590   Grundsätzlich steht aber das **Fehlen *einzelner* Ermittlungsmaßnahmen** der Anerkennung einer ausländischen Entscheidung gleichwohl nicht entgegen, denn mit der Forderung des EuGH nach **„eingehenden Ermittlungen"** des „Erstverfolgers" als Voraussetzung für die gegenseitige Anerkennung dürfen – im Sinne einer effektiven Gewährleistung des Grundsatzes der gegenseitigen Anerkennung – lediglich **„offensichtliche Prüfungs- und Kooperationsausfälle"**[4133] dem Anwendungsbereich des *ne bis in idem*-Grundsatzes entzogen werden **(Evidenzkontrolle).**[4134]

1591   Die gegenseitige Anerkennung **anderer Formen der Verfahrenserledigung** blieb zunächst strittig.[4135] In *Gözütok u. Brügge* legte der EuGH Art. 54 SDÜ unter Hinweis darauf weit aus, dass die Regelung ein gegenseitiges Vertrauen der Mitgliedstaaten in ihre jeweiligen Strafjustizsysteme impliziert, so dass selbst **Verfügungen der Staatsanwaltschaft,** die das Verfahren **endgültig** erledigen, die Strafklage verbrauchen, etwa dann, wenn ein Strafverfahren ohne Mitwirkung eines Gerichts nach Erfüllung bestimmter Auflagen durch die Staatsanwaltschaft eingestellt wird.[4136]

1592   Nach heutigem Verständnis ist Art. 54 SDÜ wie auch Art. 50 GRC auf jede **Entscheidung** einer zur **Mitwirkung bei der *Strafrechts*pflege** in der betreffenden **nationalen Rechtsordnung berufenen Behörde** anwendbar, mit der die Strafverfolgung in einem Mitgliedstaat endgültig beendet wird, auch wenn sie **ohne Mitwirkung eines Gerichts** und **nicht in Form eines Urteils** ergeht.[4137]

1593   Der transnationale Strafklageverbrauch greift also für alle Entscheidungen ein, bei denen im nationalen Recht das **Vertrauen des Betroffenen auf die Endgültigkeit** der Entscheidung geschützt wird, die also die erneute Verfolgung **im Inland** ausschließen.[4138] Dabei ist es für den Verbrauch der Strafklage unerheblich, ob mit der endgültigen Einstellung des Verfahrens auch eine den Beschuldigten treffende **Sanktion** (Strafe, Buße, Maßregel, Auflage usw.) ausgesprochen oder gar vollstreckt wird.[4139] Für Art. 54 SDÜ, der auch im Rahmen von Art. 50 GRC weiterhin eine Rolle spielt (Rn. 1628, 1637 ff.), hat der EuGH entschieden, dass die dort genannte Voraussetzung, dass die Sanktion bereits vollstreckt worden ist, gerade vollstreckt wird oder nach dem Recht des Herkunftsvertragsstaates nicht mehr vollstreckt werden kann, nur im Fall einer **Verurteilung** gefordert wird; dass in Art. 54 SDÜ von einer Sanktion die Rede ist, darf daher nicht so ausgelegt werden, als

---

4133 *Gaede* NJW **2016** 2942.

4134 Vgl. LG Frankfurt NStZ-RR **2021** 119 = StraFo **2021** 115 m. Anm. *Janko* (Einstellung des Verfahrens in Österreich wegen – dort nicht strafbarer – leichtfertiger Geldwäsche).

4135 Eine Darstellung der vertretenen Ansichten zu der die Sperrwirkung auslösenden Entscheidungsformen vor der Stellungnahme des Gerichtshofs bei *Kniebühler* 223 ff.; siehe: *Radtke/Busch* EuGRZ **2000** 421; *Schomburg* StV **1997** 383; *Stange/Rilinger* StV **2001** 540; BayObLGSt **2000** 78; siehe auch *Satzger* FS Roxin II 1516, 1527 f. Zu Besonderheiten der Verfahrenserledigungen in den einzelnen europäischen Staaten vgl. *Harms* FS Rieß 725; LR/*Kühne* Einl. K 98.

4136 EuGH 11.2.2003, C-385/01 u.a. (Gözütok u. Brügge), Tz. 31–48; zur EuGH-Judikatur bzgl. Art. 54 SDÜ insgesamt: *Böse* GA **2003** 744; *Mansdörfer* Das Prinzip ne bis in idem im europäischen Strafrecht (2004); *Nehm* FS Steininger 369; *Radtke* FS Seebode 297, 303 ff.; EuGH 22.12.2008, C-491/07 (Turanský); *Hackner* NStZ **2011** 425, 429.

4137 Vgl. EuGH 29.6.2016, C-486/14 (Kossowski), Tz. 39 – bezogen auf Art. 54 SDÜ; 11.2.2003, C-187/01 u. C-385/01 (Gözütok u. Brügge), Tz. 28 u. 38; ferner: EuGH 25.2.2021, C-857/19 (Slovak Telekom), Tz. 43 (nationale Wettbewerbsbehörden); 12.5.2021, C-505/19 (WS), Tz. 73 (§ 153a StPO; Interpol Red Notice).

4138 Graf/*Inhofer* Art. 54, 23 SDÜ; EuGH 22.12.2008, C-491/07 (Turanský), § 51; OLG Stuttgart StV **2008** 402; *Andreou* 260; kritisch zum nationalen Recht als alleinigem Maßstab: *Hochmayr* 95 ff.

4139 Vgl. hierzu: EuGH 29.6.2016, C-486/14 (Kossowski), Tz. 38, 40. Ein Sanktionserfordernis als Bedingung ging auch nicht aus der Antwort auf die Vorlagefrage in der Rs. Gözütok u. Brügge, 11.2.2003, C-187/01 u. C-385/01, hervor; die sprachliche Fassung ist lediglich mit den Hintergründen des konkreten Falles zu erklären.

sei dessen Anwendbarkeit – außer im Fall einer Verurteilung – von einer zusätzlichen Voraussetzung abhängig.[4140]

Fraglich ist insoweit die Einordnung von Entscheidungen, bei denen die Staatsan- **1594** waltschaft das Verfahren schon bei Vorliegen **neuer Tatsachen oder Beweise wieder aufgenommen** werden können, etwa einem unanfechtbaren Ablehnungsbeschluss nach § 211 StPO oder einer Entscheidung nach § 174 Abs. 1 StPO (vgl. § 174 Abs. 2 StPO).[4141] Nach deutschem Recht haben diese (beschränkte) Rechtskraft und stehen neuen Ermittlungen entgegen, sofern keine neuen Tatsachen oder Beweise vorliegen.[4142] Der EuGH hat konsequent geurteilt, dass ein Einstellungsbeschluss ohne Eröffnung des Hauptverfahrens, der in dem Vertragsstaat erneute Ermittlungen verhindere, sofern sich keine neuen Belastungstatsachen ergeben, als **rechtskräftige Aburteilung** i.S.d. Art. 54 SDÜ anzusehen ist und erneute Ermittlungen wegen derselben Tat in einem anderen Vertragsstaat ausschließt.[4143] Die Möglichkeit der Wiederaufnahme des Verfahrens im Falle neuer Belastungstatsachen führe zur ausnahmsweisen Einleitung eines anderen Verfahrens statt einer bloßen Weiterführung des bereits abgeschlossenen Verfahrens, und dies auf der Grundlage anderer Beweise, daher stelle sie die Rechtskraft des Beschlusses nicht in Frage.[4144] Da geprüft werden müsse, ob Tatsachen tatsächlich neuartig seien, könne jedes **neue Verfahren nur in dem Vertragsstaat des Einstellungsbeschlusses** eingeleitet werden.[4145]

Somit löst auch die Einstellung nach § 204 StPO trotz ihrer lediglich beschränkten **1595** Rechtskraftwirkung einen grenzüberschreitenden Strafklageverbrauch aus, weil diese nach nationalem Recht eine Wiederaufnahme nur unter sehr engen Voraussetzungen (§ 210 StPO) zulässt.[4146] Zu Entscheidungen im Rahmen der Diversion siehe noch Rn. 1645.

Die Möglichkeiten der Verfahrenseinstellung durch die **Staatsanwaltschaft** nach **1596** §§ 153 ff. StPO[4147] führen – mit Ausnahme von § 153a Abs. 1 StPO (zumindest für die Verfolgung als Vergehen)[4148] – innerstaatlich **nicht** zu einem – auch nicht bedingten – Strafklageverbrauch, weil sie die Staatsanwaltschaft nicht hindern, die Ermittlungen jeder-

---

4140 Vgl. hierzu: EuGH 29.6.2016, C-486/14 (Kossowski), Tz. 41; LG Frankfurt NStZ-RR **2021** 119 = StraFo **2021** 115 m. Anm. *Janko*.

4141 Vgl. insgesamt zu deutschen Verfahrensabschlüssen mit beschränkter materieller Rechtskraft: *Hecker* FS v. Heintschel-Heinegg 184 ff.

4142 Vgl. zu § 211 StPO KK/*Schneider* § 211, 1 ff. StPO.

4143 Vgl. EuGH 5.6.2014, C-398/12 (M), NJW **2014** 3010, 3011, Tz. 26 ff. (zu Art. 246 des belgischen StPGB, ähnlich wie § 211 StPO), erläuternd: Schlussantrag GA, BeckRS 2014 80306.

4144 EuGH 5.6.2014, C-398/12 (M), Tz. 40; **a.A.** *Schmoller* 129: die Wiederaufnahme sei gerade eine ergänzende Weiterführung des ursprünglichen Verfahrens.

4145 EuGH 5.6.2014, C-398/12 (M), Tz. 40; diff. dazu: *Schmoller* 134 ff.: Zu trennen sei zwischen der Entscheidung über die Wiederaufnahme des Verfahrens einerseits und dem dann wiederaufgenommenen Verfahren andererseits, letzteres könne auch in einem anderen als dem erstentscheidenden Staat geführt werden.

4146 SK/*Meyer* 77 unter Hinweis auf EuGH 5.6.2014, C-398/12 (M); vgl. auch *Radtke* Enzyklopädie, § 12, 42, der eine Parallele zu § 128 des belgischen Code d'instruction criminelle (dazu EuGH 5.6.2014, C-398/12) zieht.

4147 Siehe Näheres zur Frage des Strafklageverbrauchs bei der Einstellung nach § 153 StPO oder § 154 StPO: *Hackner* NStZ **2011** 425, 429.

4148 BGHSt **48** 331 = NJW **2004** 375 = NStZ **2004** 218 m. Anm. *Heghmanns* NStZ **2004** 633 = StraFo **2004** 16 = JZ **2004** 737 = JR **2005** 31 = JA **2004** 434; siehe auch: EuGH 11.2.2003, C-385/01 u.a. (Gözütok u. Brügge), Tz. 27 ff.; nicht geklärt wurde die Frage, ob Art. 54 SDÜ einen Zweitverfolgerstaat daran hindert, dieselbe Tat als Verbrechen zu verfolgen; dazu: *Hecker* FS v. Heintschel-Heinegg 185 f.; siehe auch *Petropoulos* FS Schöch 856; *Radtke* Enzyklopädie, § 12, 42.

zeit wieder aufzunehmen.[4149] § 153a StPO dagegen hat – auch im Falle der gerichtlichen Entscheidung – strafklageverbrauchende Wirkung.

1597   Die Einstellung gemäß **§ 170 Abs. 2 StPO** steht der Strafverfolgung durch einen anderen Staat nicht entgegen. Die Staatsanwaltschaft stellt zwar Ermittlungen an, um Sachverhalt und Tatverdacht soweit zu klären, dass sie über die Erhebung einer Anklage oder die Einstellung des Verfahrens entscheiden kann. Die Einstellung mangels hinreichenden Tatverdachts ist aber keine endgültige Entscheidung.[4150] Dies gilt selbst dann, wenn die Einstellung nach § 170 Abs. 2 StPO wegen Verjährung erfolgt. Im Gegensatz zur gerichtlichen Einstellung wegen Verjährung erwächst erstere nicht in Rechtskraft, was Voraussetzung der durch Art. 54 SDÜ vermittelten Sperrwirkung ist.[4151]

1598   Auch bei der Einstellung des Verfahrens nach **§ 153 Abs. 2 StPO** durch das **Gericht** wird die Wiederaufnahme an besondere Voraussetzungen geknüpft. Folgt man dem BGH und wendet man mit ihm dieselben Kriterien wie i.R.v. § 153a StPO an, so führt die Entscheidung ebenfalls zu einem **beschränkten Strafklageverbrauch** (Rn. 1501).

1599   Außerdem tritt gemäß § 154 Abs. 4 StPO dieselbe Sperrwirkung auch für die gerichtliche Einstellung nach **§ 154 Abs. 2 StPO** bei Ablauf einer Frist von drei Monaten nach dem rechtskräftigen Abschluss des anderen Verfahrens ein. Zu keinem Strafklageverbrauch führt hingegen das mit Erlass des Eröffnungsbeschlusses einhergehende Ende der Befugnis der Staatsanwaltschaft zur Anklagerücknahme.[4152]

1600   Ungeklärt war auch, ob die Anordnung der **Einziehung** bzw. der **Abschöpfung** (vormals Verfall) **von Erträgen aus Straftaten** einen Verbrauch der Strafklage zur Folge hat. Hierfür fehlte nach Ansicht von BGH[4153] und BVerfG[4154] der Sanktionscharakter der Maßnahme, der (frühere) Verfall sei vielmehr präventiv ausgerichtet.[4155] In der Literatur hingegen wurde jedenfalls für die Abschöpfung von Vorteilen nach dem **Bruttoprinzip** (d.h. über den aus der Tat erlangten Gewinn hinaus) ein sanktionierendes Element bejaht und somit ein auch die erneute Verfallsanordnung verbietendes Prozesshindernis aus Art. 54 SDÜ angenommen; einer neuerlichen Anordnung der Abschöpfung nach dem Nettoprinzip stünden diese Bedenken jedoch nicht entgegen.[4156] Ein ähnliches Ergebnis könnte auch über eine teleologische Reduktion des Art. 54 SDÜ in der Art erreicht werden, dass dieser nicht nur die Freizügigkeit sondern auch die Niederlassungsfreiheit bei unternehmerischer Tätigkeit schützt.[4157] Nach der Neuregelung der strafrechtlichen Vermögensabschöpfung[4158] können diese Grundsätze auch auf die neue Rechtslage übertragen werden, da der deutsche Gesetzgeber der Einziehung von Taterträgen trotz Beibehaltung des Bruttoprinzips auch weiterhin **keinen sanktionierenden Charakter** zumisst.[4159] Eine Änderung der Rspr. des BVerfG und des BGH ist daher vorerst nicht zu erwarten.[4160]

4149   Graf/*Inhofer* Art. 54, 25 SDÜ; siehe im Ergebnis auch: *Radtke* Enzyklopädie, § 12, 46, der darauf abstellt, dass angesichts des dabei möglichen Verzichts auf eine Durchermittlung des Sachverhalts einer solchen Entscheidung keine hinreichende Sachprüfung zugrunde liegt.

4150   EGMR Müller/A (Nr. 2), 18.9.2008, NL **2008** 260.

4151   Graf/*Inhofer* Art. 54, 24 SDÜ.

4152   MüKo/*Teßmer* § 156, 6 StPO; Meyer-Goßner/*Schmitt* § 207, 13 StPO.

4153   BGH NJW **2006** 2500; NStZ **2011** 83.

4154   BVerfG NJW **2004** 2073, 2074 zur Regelung des § 73d StGB a.F.

4155   *Hackner* NStZ **2011** 425, 430.

4156   *Rönnau* FS Volk 583, 592 f.; *Schuster/Rübenstahl* wistra **2008** 201, 207 f.

4157   Siehe *Radtke* Enzyklopädie, § 12, 43.

4158   Gesetz zur Reform der strafrechtlichen Vermögensabschöpfung v. 13.4.2017, BGBl. I S. 872; zur Konkretisierung des Bruttoprinzips nach neuer Rechtslage siehe *Köllner/Mück* NZI **2017** 593, 594.

4159   Vgl. den Gesetzentwurf der Bundesregierung, BTDrucks **18** 9525 S. 46 ff.

4160   Vgl. nun auch BGH NStZ-RR **2018** 241 f.

Entscheidungen von Organen der **EU** fallen nicht unter Art. 54 SDÜ, da die EU selbst **1601** nicht unmittelbar durch die Vorschrift berechtigt oder verpflichtet wird.[4161] Jedoch gilt Art. 50 EUC über Art. 51 Abs. 1 Satz 1 EUC für die Organe, Einrichtungen und sonstige Stellen der Union. Damit erlangt Art. 50 EUC auch im Verhältnis von Mitgliedstaaten und EU Bedeutung. Eine mehrfache nationale und supranationale Sanktionierung ist damit grundsätzlich zu vermeiden.[4162]

d) Tatidentität (idem). Im Urteil *van Esbroeck* definiert der EuGH das **idem**, also die **1602** Identität der **Tat**, als Komplex unlösbar miteinander verbundener **Tatsachen** unabhängig von der *rechtlichen* Qualifizierung dieser Tatsachen oder von dem geschützten Interesse.[4163] Letztere Aspekte könnten aufgrund der mangelnden Harmonisierung der nationalen Strafvorschriften keine Rolle spielen, da die Freizügigkeit der Unionsbürger sonst entgegen dem Zweck der Vorschrift zu weit eingeschränkt würde.[4164]

Maßgeblich ist bei Art. 54 SDÜ (auch nach Ansicht des BGH) allein die Identität der **1603** materiellen Tat, verstanden als das Vorhandensein eines **Komplexes konkreter, in zeitlicher und räumlicher Hinsicht sowie nach ihrem Zweck unlösbar miteinander verbundener Tatsachen.**[4165] Das Verbot der Doppelbestrafung greife ein, wenn ein solcher Komplex bestehe und die verschiedenen Verfahren jeweils Tatsachen aus diesem einheitlichen Komplex zum Gegenstand hätten.[4166] Es komme nicht darauf an, ob die Delikte nach deutschem Recht im Verhältnis von Tateinheit oder Tatmehrheit stehen.[4167] Der Grundsatz ne bis in idem sei jedoch nicht anwendbar, wenn die Sachverhalte „nicht identisch, sondern nur ähnlich" sind.[4168]

Maßgeblich sind dabei **Tatort, Tatzeitpunkt, Zweck der Tat und Identität der Tat- 1604 verdächtigen.**[4169] Ein einheitlicher **Tatvorsatz** reicht für die Annahme *einer* Tat nicht aus.[4170] Allerdings ist auch die Identität des **Tatobjekts** nicht erforderlich. Der EuGH fordert vielmehr nur, dass die nationalen Gerichte eine **objektive Verbindung** zwischen den Tatobjekten nachweisen, die sich aus dem Zusammenhang der zu vergleichenden tatsächlichen Umstände, also dem Komplex unlösbar miteinander verbundener Tatsachen, ergeben soll.[4171] Daraus schließt auch der BGH, dass der für den Tatbegriff nach Art. 54 SDÜ unlösbare Tatsachenkomplex nicht dadurch aufgehoben wird, dass geringe Unter-

---

[4161] *Streinz* Jura 2009 418.

[4162] Hierzu näher: NK/*Meyer*/*Eser* Art. 50, 16a EUC.

[4163] Schriftliche Stellungnahme der Kommission v. 2.3.2004, C-493/03, Az-KOM JURM (2004) 13005/RT; EuGH 9.3.2006, C-436/04 (van Esbroeck), Tz. 42; ferner EuGH 20.3.2018, C-524/15 (Menci), Tz. 35; 20.3.2018, C-537/16 (Garlsson Real Estate), Tz. 37 f., NJW **2018** 1233, 1235; siehe insoweit auch *Schnabl* 104; *Satzger* FS Roxin II 1516, 1529.; bestätigt durch EuGH 8.7.2007, C-367/05 (Kraaijenbrink), Tz. 36; 18.7.2007, C-288/05 (Kretzinger), NStZ **2008** 166 = NJW **2007** 3412; zu einer Normativierung des Tatbegriffs: *Heger* Der Tatbegriff („idem") des EuGH in Strafsachen 81.

[4164] EuGH 9.3.2006, C-436/04 (van Esbroeck), Tz. 35; 28.9.2006, C-150/05 (van Straaten), Tz. 48; 18.7.2007, C-288/05 (Kretzinger), Tz. 29.

[4165] Vgl. BGH NJW **2014** 1025, Rn. 15 m.w.N.; BGH StV **2018** 589 = wistra **2018** 86, Rn. 11.

[4166] BGH NJW **2014** 1025, Rn. 15 m.w.N.; StV **2018** 589 = wistra **2018** 86.

[4167] BGH NJW **2014** 1025, Rn. 15; BGH StV **2018** 589 = wistra **2018** 86.

[4168] EuGH 22.3.2022, C-117/20 (bpost), Tz. 37; vgl. zudem: EuGH 28.10.2022, C-435/2, Tz. 129, NJW **2023** 349, 354 f.

[4169] Zu den Kriterien *Degenhard* StraFo **2005** 68; EuGH 8.7.2007, C-367/05 (Kraaijenbrink), Tz. 28, 36.

[4170] EuGH 8.7.2007, C-367/05 (Kraaijenbrink), Tz. 29; BGH StV **2020** 612 = BeckRS **2019** 32428.

[4171] EuGH 28.9.2006, C-150/05 (van Straaten), Tz. 52 (Identität der Tatsachen, obwohl vor den nationalen Gerichten nicht geklärt werden konnte, ob zumindest Teilmengen der verfahrensgegenständlichen BtM einander entsprachen) mit krit. Anm. *Kühne* JZ **2007** 247; bestätigt durch EuGH 8.7.2007, C-367/05 (Kraaijen-

schiede bei den tatsächlichen Umständen (z.B. Zahl und Identität der Tatbeteiligten; Umfang von BtM-Handelsmengen), in den Vertragsstaaten bestehen.[4172]

1605   Der BGH hat für **Schmuggelfahrten** durch mehrere Mitgliedstaaten den Begriff der einheitlichen Tat bejaht, solange keine wesentliche Zäsur stattfindet. Eine solche könne dadurch eintreten, dass die Ware längere Zeit zwischengelagert wird oder eine Unterbrechung der Fahrt stattfindet; auch wenn über die genaue Fahrtroute oder den Ablauf noch Entscheidungen ausstehen, kann eine Zäsur angenommen werden.[4173] *Kretschmer* will diesen Grundsatz auch auf die **Schleuserkriminalität** übertragen und im Rahmen von § 96 Abs. 4 AufenthG anwenden; keine Zäsur stelle demnach aufgrund fehlender Personenkontrollen der Grenzübertritt an Binnengrenzen dar.[4174]

1606   Blickt man auf nationaler Ebene auf das **Verhältnis zwischen Lohnsteuerhinterziehung und das Nichtabführen von Sozialversicherungsbeiträgen**, kann man das strafrechtlich relevante Verhalten in Form der Barauszahlung der Mitarbeiter zunächst als einheitliches Geschehen betrachten, wenn die Delikte den gleichen Arbeitslohn betreffen und der Täter einen einheitlichen Vorsatz hatte.[4175] Die Rechtsprechung geht in solchen Fällen von Tatmehrheit aus und lässt derzeit eine weitere Strafverfolgung der Beteiligten zu.[4176] Ein abgeschlossenes Strafverfahren wegen Steuerhinterziehung führt also zu keinem Strafklageverbrauch bezüglich § 266a StGB. *Bülte* hält dem entgegen, dass zwar die Annahme von Tatmehrheit und mehreren prozessualen Taten nicht zu beanstanden, jedenfalls der Schluss von Tatmehrheit auf die Ablehnung des Strafklageverbrauchs aber unter dem Gesichtspunkt des verfassungsrechtlichen Tatbegriffs nach Art. 103 Abs. 3 GG nicht haltbar sei.[4177] Dieser stelle nämlich darauf ab, ob in der spezifischen Situation eingetretener Rechtskraft nach *natürlicher Auffassung* ein individualisierbarer Sachverhalt im Sinne eines einheitlichen Lebensvorganges anzunehmen ist.[4178] Dies kann man aber gerade bei einem einheitlichen Willensentschluss des Täters zur Begehung der Straftaten durch Nichtoffenbarung des wahren Sachverhalts annehmen.[4179] Geht man hier von einer tatsächlichen Einheitlichkeit des Sachverhalts aus, soll dies nach *Bülte* auch aus völkerrechtlicher Sicht zu einem Doppelbestrafungsverbot führen, da auch Art. 14 Abs. 7 IPBPR ein solcher Tatbegriff zugrunde liegt.[4180]

1607   **e) Vollstreckungsklausel.** Der Strafklageverbrauch setzt darüber hinaus voraus, dass die verhängte Sanktion **bereits vollstreckt** worden ist, **gerade vollstreckt wird** oder nach dem Recht des Urteilsstaates **nicht mehr vollstreckt werden kann**. Das **erste Vollstreckungselement** setzt voraus, dass die Vollstreckung der Sanktion vollständig erledigt ist, das **zweite Element**, dass sie bereits eingeleitet ist und noch andauert.

1608   Eine Sanktion ist auch dann „**bereits vollstreckt**" bzw. wird „**gerade vollstreckt**", wenn die Vollstreckung der von einem mitgliedstaatlichen Gericht verhängten Freiheits-

---

brink), Tz. 36; 18.7.2007, C-288/05 (Kretzinger), Tz. 37; vgl. auch *Satzger* FS Roxin II 1516, 1529 f. unter Hinweis auf die Ähnlichkeit zum deutschen Tatbegriff.

4172   BGH Beschl. v. 9.6.2017 – 1 StR 39/17, Rn. 17, StraFo **2017** 324 = wistra **2018** 86.
4173   BGH NJW **2008** 2931, 2933; *Kretschmer* ZAR **2011** 384, 387.
4174   *Kretschmer* ZAR **2011** 384, 388.
4175   Dazu *Bülte* NZWiSt **2017** 49.
4176   *Bülte* NZWiSt **2017** 49, 51 m.w.N.
4177   *Bülte* NZWiSt **2017** 49, 59.
4178   *Bülte* NZWiSt **2017** 49, 52 m.w.N.
4179   *Bülte* NZWiSt **2017** 49, 59 f.
4180   *Bülte* NZWiSt **2017** 49, 60.

strafe zur **Bewährung** ausgesetzt wurde.[4181] Dies soll selbst dann gelten, wenn sich der Verurteilte wegen desselben Tatvorwurfs in einem anderen Staat in Untersuchungshaft befindet und deshalb den Bewährungsauflagen des Erstverfolgungsstaates nicht nachkommen kann.[4182] Wenn zwei Hauptsanktionen verhängt wurden, aber bisher nur eine vollstreckt worden ist, liegt weder das erste noch das zweite Vollstreckungselement vor.[4183]

Zu den typischen Fällen des **dritten Vollstreckungselements** („nicht mehr vollstreckt **1609** werden kann") zählen die Amnestie, die Begnadigung und die Vollstreckungsverjährung (vgl. § 79 Abs. 1 StGB).[4184] Auch eine **erlassene Bewährungsstrafe** kann nicht mehr vollstreckt werden und erfüllt ebenso die Voraussetzungen des Art. 54 SDÜ.[4185] Das Doppelverfolgungsverbot greift auch dann ein, wenn die in einem Vertragsstaat verhängte Strafe nach dem Recht des Urteilsstaats wegen verfahrensrechtlicher Besonderheiten **zu keinem Zeitpunkt unmittelbar vollstreckt werden konnte**, da der Wortlaut *„nicht mehr"* nicht voraussetzt, dass die Vollstreckung zu irgendeiner Zeit möglich war.[4186] Dagegen führen rein tatsächliche Hindernisse bezüglich der Vollstreckung des ersten Urteils nicht zum Strafklageverbrauch. Auch stellt die **Fahndung** keine Vollstreckung im Sinne der Vorschrift dar.[4187] Diese Auslegung gilt unabhängig von der Möglichkeit, gemäß dem **Rahmenbeschluss 2002/584/JI**[4188] einen **Europäischen Haftbefehl** auszustellen, um eine Person zur Vollstreckung eines rechtskräftigen Urteils festnehmen zu lassen. Das Vollstreckungserfordernis ist auch nicht bei kurzfristiger Polizei- und/oder Untersuchungshaft erfüllt, auch wenn diese nach innerstaatlichem Recht auf die Vollstreckung der Freiheitsstrafe anzurechnen wäre, da eine rechtskräftige Aburteilung noch nicht erfolgt ist.[4189]

Die Vollstreckungsklausel gilt auch nach dem Inkrafttreten des **Art. 50 EUC** fort **1610** (Rn. 1636 ff.).[4190]

f) Vorbehalte. Für näher spezifizierte Fallgruppen ist den Staaten die Möglichkeit **1611** eingeräumt worden, Vorbehalte gegen die Geltung des Grundsatzes anzubringen (**Art. 55 Abs. 1 SDÜ**);[4191] wenn die Tat, die dem ausländischen Urteil zugrunde liegt, ganz oder teilweise im **Hoheitsgebiet des jeweiligen „zweitverurteilenden" Staates** begangen wird (Abs. 1 *lit.* a). Das gilt jedoch nicht, wenn die Tat auch teilweise im Hoheitsgebiet der erstverurteilenden Vertragspartei begangen wird und sich gegen die Sicherheit oder andere wesentliche Interessen der Vertragspartei richtet. Ein Vorbehalt ist auch zulässig, wenn

---

[4181] EuGH 18.7.2007, C-288/05 (Kretzinger), Tz. 44; vgl. auch den Vorlagebeschluss des BGH NStZ **2006** 106; BGH Beschl. v. 9.6.2017 – 1 StR 39/17, Rn. 22; zustimmend: *Böse* Ad Legendum **2022** 104, 108. Abw. OLG Saarbrücken NStZ **1997** 245 (keine Sperrwirkung, da Freiheitsstrafe während der Bewährungszeit nicht vollstreckt werde, weil vom Verurteilten nur verlangt werde, sich gesetzestreu zu verhalten). Siehe ausführlich zu der besonderen Situation der zusätzlich verhängten (nicht bezahlten) Geldstrafe: *Satzger* FS Roxin II 1516, 1531 f.

[4182] Dazu näher: BGH StV **2018** 589 = wistra **2018** 86, Rn. 25.

[4183] EuGH (GK) 27.5.2014, C-129/14 (Spasic), Tz. 76 ff., NJW **2014** 3007 (Geldstrafe beglichen, Freiheitsstrafe ausstehend), dem EuGH zufolge sei dies „offenkundig" und sachgerecht, Tz. 80 f.

[4184] *Zöller* FS Krey 501, 513; *Hecker* § 12, 46.

[4185] EuGH 18.7.2007, C-288/05 (Kretzinger).

[4186] EuGH 11.12.2008, C-297/07 (Bourquain); vgl. *Satzger* FS Roxin II 1516, 1532 f.

[4187] EuGH 18.7.2007, C-288/05 (Kretzinger), Tz. 53 ff.

[4188] ABlEU Nr. L 190 v. 18.7.2002 S. 1.

[4189] EuGH 18.7.2007, C-288/05 (Kretzinger), Tz. 52; in dieser Sache auch: BGH JR **2009** 387 m. Anm. *Kretschmer*.

[4190] EuGH 27.5.2014, C-129/14 (Spasic), Tz. 51 ff.

[4191] Zur Fortgeltung der Vorbehalte nach der Aufnahme des Schengen-Besitzstandes in den Rahmen der EU gemäß Art. 52 EUC: *Liebau* 126 f.; **a.A.** *Hecker* § 12, 65 ff.; *Plöckinger/Leidenmühler* wistra **2003** 81, 82 f.

die Tat, die dem ausländischen Urteil zugrunde liegt, eine **gegen die Sicherheit des Staates** (Abs. 1 lit. b) oder andere gleichermaßen wesentliche Interessen der Vertragspartei **gerichtete Straftat** darstellt[4192] oder von einem **Beamten unter Verletzung seiner Amtspflichten** (Abs. 1 lit. c) begangen wird. Art. 55 Abs. 1 SDÜ lit. b erfasst dabei insbesondere Straftaten, wie Spionage, Hochverrat oder schwere Funktionsbeeinträchtigungen der öffentlichen Gewalt, ist jedoch nicht allein darauf begrenzt.[4193] Vielmehr können auch andere Straftaten erfasst werden, wenn angesichts der Umstände der Tatbegehung der Nachweis erbracht werden kann, dass die Strafverfolgung der in Rede stehenden Taten die Ahndung von Beeinträchtigungen der Sicherheit des Staates oder anderer wesentlicher staatlicher Interessen bezweckt.[4194] In den Fällen des Art. 55 SDÜ wird ein überwiegendes Interesse des betreffenden Mitgliedstaates anerkannt, die Tat trotz einer rechtskräftigen Entscheidung in einem anderen Mitgliedstaat erneut zu verfolgen und zu bestrafen, wobei gemäß Art. 56 SDÜ aber zumindest ein Strafabschlag zu gewähren ist. **Deutschland** hat einen entsprechenden Vorbehalt z.B. für den gesamten Bereich terrorismusspezifischer Straftaten erklärt.[4195] Art. 55 SDÜ stellt nach Auffassung des EuGH eine gesetzliche Einschränkung des Art. 50 GRC dar, die über Art. 52 GRC gerechtfertigt werden kann.[4196] Eine Beschränkung nach Art. 55 SDÜ, d.h. ein entsprechender erklärter Vorbehalt, wahrt dabei nach Ansicht des EuGH den Wesensgehalt des Art. 50 GRC, wenn bei der erneuten Verfolgung derselben Straftat ein anderes Ziel verfolgt wird.[4197] Die in Art. 55 SDÜ vorgesehene Ausnahme gilt daher dann *„wenn die Tat, die dem ausländischen Urteil zugrunde lag, eine gegen die Sicherheit des Mitgliedstaats, der von dieser Ausnahme Gebrauch machen möchte, oder andere seiner gleichermaßen wesentlichen Interessen gerichtete Straftat darstellt".*[4198]

1612　**g) Vorläufige Festnahme als zulässige Beschränkung der Freizügigkeit.** Allein die *Möglichkeit*, dass das Verbot der Doppelverfolgung einschlägig sein kann, zwingt einen Vertrags- bzw. Mitgliedstaat nicht dazu, auf jegliche Verfolgungsmaßnahme gegen den Betroffenen zu verzichten.[4199] Gestützt auf den Art. 82 AEUV zugrunde liegenden **Grundsatz des gegenseitigen Vertrauens** räumt der EuGH dem (mutmaßlichen) Zweitverfolgerstaat die Option ein, sich auf der Grundlage der vom Erstverfolgerstaat übermittelten Unterlagen zu **vergewissern**, dass die von dessen Behörden getroffene Entscheidung tatsächlich eine solche mit „Rechtskraft" darstellt, die eine Prüfung in der Sache enthält und damit dem Grundsatz der gegenseitigen Anerkennung unterliegt.[4200]

1613　Der EuGH eröffnet dem (mutmaßlichen) Zweitverfolgerstaat hierfür die Möglichkeit der **vorläufigen Festnahme, solange und soweit** dies **unerlässlich** ist, um die **erforder-**

4192 Hinsichtlich der Vereinbarkeit dieses Vorbehalts des Art. 55 SDÜ hat das OLG Bamberg am 11.6.2021 ein Vorabentscheidungsersuchen beim EuGH eingereicht, vgl. EuGH Gerichtsmitteilung v. 11.6.2021, C-365/21, BeckEuRS **2021** 738440. Der GA sprach sich in seinem Schlussantrag v. 20.10.2022 für eine Unvereinbarkeit des Art. 55 Abs. 1 *lit.* b SDÜ mit Art. 50, 52 EUC aus, vgl. BeckRS **2022** 28083.
4193 EuGH 22.3.2022 – C-117/20 (bpost), Tz. 75 f.
4194 EuGH 22.3.2022 – C-117/20 (bpost), Tz. 76.
4195 BGBl. 1994 II S. 631.
4196 EuGH 22.3.2022, C-117/20 (bpost), Tz. 47 f.; offengelassen wurde die Geltung von Vorbehalten im Rahmen von Art. 50 GRC durch EuGH 29.6.2016, C-486/14 (Kossowski), Tz. 30, 55 und BGH StV **2018** 589 = wistra **2018** 86, Rn. 28; für eine Fortgeltung der Vorbehalte auch nach Überführung des Schengen-Besitzstandes in das Unionsrecht: *Böse* FS Kühne 519, 521–523 (unter Hinweis auf: EuGH 22.12.2008, C-491/07 [Turanský], Tz. 29), 526 ff. (krit. in Bezug auf Art. 50 EUC).
4197 EuGH 22.3.2022, C-117/20 Tz. 52.
4198 EuGH 22.3.2022, C-117/20 Tz. 53.
4199 EuGH 12.5.2021, C-505/19 (WS), Tz. 83.
4200 EuGH 12.5.2021, C-505/19 (WS), Tz. 81; 29.6.2016, C-486/14 (Kossowski), Tz. 52.

liche Überprüfung einer angeblich bereits rechtskräftigen und der gegenseitigen Anerkennung unterliegenden Entscheidung vorzunehmen (ggf. durch ein Informationsersuchen nach **Art. 57 SDÜ**). Die mit der vorläufigen Festnahme verbundene Beschränkung der Freizügigkeit der betroffenen Person sieht der EuGH durch das legitime Ziel der **Vermeidung der Straflosigkeit** dieser Person als gerechtfertigt an.[4201]

Die Behörden eines mutmaßlichen Zweitverfolgerstaates sind demnach aber umge- **1614** kehrt verpflichtet, von der strafrechtlichen Verfolgung einer Person wegen bestimmter Taten oder ihrer Auslieferung an einen anderen Mitglieds- oder Drittstaat durch deren vorläufige Festnahme abzusehen, wenn **feststeht**, dass die Person wegen derselben Tat bereits von einem anderen Vertragsstaat rechtskräftig abgeurteilt worden ist.[4202]

Der EuGH mahnt zugleich an, dass das Strafverfahrensrecht des (mutmaßlichen) **1615** Zweitverfolgerstaates **Rechtsbehelfe** zur Verfügung stellen muss, die es der betroffenen Person ermöglichen, eine gerichtliche Entscheidung zu erwirken (**Haftprüfung**), mit der verbindlich festgestellt wird, dass das Verbot der Doppelbestrafung greift.[4203]

h) Rechtsfolge eines Verstoßes. Art. 54 SDÜ führt zu einem **umfassenden Verfol-** **1616** **gungsverbot**, d.h. bereits die erneute Einleitung eines Ermittlungsverfahrens ist ausgeschlossen.[4204] Dies gilt auch dann, wenn die erste Entscheidung nach dem Recht des erstverurteilenden Staates nur eine beschränkte Rechtskraft aufweist,[4205] wie die Einstellung nach § 153a StPO, der lediglich die erneute Verfolgung einer Tat als Vergehen ausschließt, nicht aber als Verbrechen. Der EuGH geht darüber hinaus, da er die Grenzen der Sperrwirkung nicht nur auf den Fall beschränkt, dass sich die Tat, die in einem anderen Staat erneut verfolgt wird, nicht als Verbrechen darstellt.[4206]

6. Charta der Grundrechte der Europäischen Union (EUC). Ein weiterer Schritt, **1617** einen europaweit zwischenstaatlich wirksamen („transnationalen") Strafklageverbrauch zu etablieren, gelang durch die im Dezember 2000 angenommene und am 1.12.2009 in Kraft getretene **Charta der Grundrechte der Europäischen Union.**[4207] **Art. 50 EUC** sieht vor, dass *niemand, der wegen einer Straftat in der Union nach dem Gesetz rechtskräftig verurteilt oder freigesprochen worden ist, in einem Strafverfahren erneut verfolgt oder bestraft werden darf.*

Von dem Versuch, den Wortlaut des Art. 4 des 7. ZP-EMRK zu übernehmen und damit **1618** das Doppelbestrafungsverbot auf innerstaatliche Fälle zu beschränken, wurde letztlich Abstand genommen.[4208] Bedeutung hat die Garantie daher in **dreifacher Hinsicht**: zum einen für die innerstaatlichen Strafgerichte, zum zweiten auf zwischenstaatlicher Ebene und zum dritten zwischen den Organen der Union und den Mitgliedstaaten.[4209] **Nationale Grundrechtsgewährleistungen** bleiben neben Art. 50 EUC anwendbar.[4210]

4201 EuGH 12.5.2021, C-505/19 (WS), Tz. 86.
4202 EuGH 12.5.2021, C-505/19 (WS), Tz. 82–84, 88–91 (Festnahme eines ehemaligen deutschen Managers, gegen den in Deutschland wegen Bestechungsvorwürfen ermittelt worden und dessen Strafverfahren nach § 153a StPO gegen Geldauflage eingestellt worden war, auf der Grundlage einer von Interpol auf Antrag eines Drittstaats [USA] erlassenen Red Notice).
4203 EuGH 12.5.2021, C-505/19 (WS), Tz. 92.
4204 Aus steuerstrafrechtlicher Sicht: *Olfen/Meinecke* ZWH **2016** 62.
4205 *Böse* GA **2003** 754; *Andreou* 271.
4206 Kritisch dazu: *Böse* GA **2003** 754 ff.; *Andreou* 271 f.
4207 Charta der Grundrechte der Europäischen Union, ABlEG Nr. C 364 v. 18.12.2000 S. 1.
4208 Siehe Näheres bei Meyer/*Eser* Art. 50, 4.
4209 Meyer/*Eser* Art. 50, 5 ff. EUC; *Liebau* 126 f.; **a.A.** *Plöckinger/Leidenmühler* wistra **2003** 81, 82 f.
4210 *Dannecker* JZ **2013** 616, 618.

1619   Die praktische Relevanz des Art. 50 EUC in seiner **innerstaatlichen Dimension** wurde durch die Rechtsprechung des Ersten Senats des **BVerfG** bestärkt. Danach prüft das Gericht innerstaatliche Akte der öffentlichen Gewalt (Art. 93 Abs. 1 Nr. 4a GG; § 90 Abs. 1 BVerfGG) in aller Regel nicht mehr an den Grundrechten des Grundgesetzes, sondern an denen der EUC, wenn der Akt die Durchführung (i.S.v. Art. 51 Abs. 1 Satz 1 EUC) von vollständig vereinheitlichtem Unionsrecht darstellt.[4211] Relevanz wird die Heranziehung der **Charta als Prüfungsmaßstab im Rahmen einer Verfassungsbeschwerde** vor allem im Zusammenhang mit Entscheidungen auf der Grundlage des Rahmenbeschlusses zum EU-Haftbefehl erlangen.[4212]

1620   Die Charta sollte von Anfang an unionsweite zwischenstaatliche Geltung bekommen, erlangte aber zunächst keine rechtliche Verbindlichkeit als eigenständige Rechtsquelle.[4213] Selbst der EuGH erwähnte sie als Rechtserkenntnisquelle zunächst nur im Zusammenhang mit der EMRK.[4214] Um der Charta mehr Autorität zu verleihen, wurde sie als **Teil II** in die **Verfassung zur Europäischen Union** aufgenommen, die jedoch wegen gescheiterter Volksabstimmungen in Frankreich und den Niederlanden nicht rechtsverbindlich wurde. Durch den am 1.12.2009 in Kraft getretenen **Vertrag von Lissabon**[4215] wurde die erneut als EU-Primärrecht proklamierte Charta[4216] dem EUV und dem AEUV rechtlich gleichgestellt.[4217]

1621   **Verpflichtet** durch Art. 50 EUC werden die Organe der EU sowie alle Mitgliedstaaten der EU. Die Garantie ist aber nur anwendbar, wenn beide Verfahren innerhalb der EU durchgeführt wurden. Gleichwohl bleibt bei einer vorausgehenden Verurteilung durch einen Drittstaat eine Berücksichtigung der bereits verhängten Strafe bei der Strafzumessung im zweiten Verfahren geboten. Erfasst sind interne Fälle, z.B. die zweifache Verurteilung **durch denselben Staat** bzw. durch die Union und **transnationale Fälle** durch verschiedene Mitgliedstaaten oder durch Mitgliedstaaten einerseits und die Union andererseits.[4218]

1622   Nach **Art. 51 Abs. 1 Satz 1 EUC** gilt die Verpflichtung aus Art. 50 EUC für alle Aktivitäten der Union. Einen grundrechtsfreien Bereich gibt es danach nicht.[4219] Hinsichtlich der Mitgliedstaaten gilt diese Grundrechtsbindung allerdings nur *bei der Durchführung des Rechts der Union*. Der EuGH spricht dagegen von einer Bindung der Mitgliedstaaten an die Charta *„im Anwendungsbereich des Gemeinschaftsrechts [jetzt: Unionsrecht]"* und impliziert damit eine weitreichende Bindung der Mitgliedstaaten an die Grundrechte der Charta.[4220]

1623   Überwiegend wird der Anwendungsbereich der Charta mit dem EuGH auch deshalb weit verstanden, da ansonsten die Einschränkung des Art. 51 Abs. 1 Satz 1 EUC häufig durch die Anwendung allgemeiner Rechtsgrundsätze umgangen werden könnte, die eine Einschränkung wie Art. 51 EUC nicht aufweisen. Für einen solchen Ansatz sprechen auch die **Erläuterungen zu Art. 51 EUC**, die ohne Einschränkung auf die Rechtsprechung des EuGH verweisen, sowie der Umstand, dass dort abwechselnd einmal von *Durchführung*

4211 BVerfG NJW **2020** 314.

4212 Vgl. *Radtke* Enzyklopädie, § 12, 53.

4213 A.A. *Liebau* 101 f.

4214 EuGH 1.4.2004, C-263/02 P (Jégo-Quéré & Cie SA), NJW **2004** 2006, Rn. 47.

4215 Vertrag von Lissabon zur Änderung des Vertrags über die Europäische Union und des Vertrags zur Gründung der Europäischen Gemeinschaft (ABlEU Nr. C 306 v. 17.12.2007).

4216 ABlEU Nr. C 83 v. 30.3.2010 S. 389.

4217 Vertrag von Lissabon, Allgemeine Bestimmungen, Art. 6: „Die Union erkennt die Rechte, Freiheiten und Grundsätze an, die in der Charta der Grundrechte der Europäischen Union vom 7. Dezember 2000 in der am 12. Dezember 2007 in Straßburg angepassten Fassung niedergelegt sind.".

4218 *Jarass* Art. 50, 9 ChGR.

4219 *Jarass* Art. 51, 4 ChGR.

4220 EuGH 10.4.2003, C-276/01 (Steffensen), Tz. 70; 12.6.2003, C-112/00 (Schmidberger), Tz. 75, NJW **2003** 3185; 18.12.2008, C-349/07 (Sopropé), Tz. 34, vgl. Meyer/*Borowsky* Art. 51, 24 f. EUC.

und einmal vom *Anwendungsbereich* die Rede ist.[4221] Andererseits wurde der Begriff der **Durchführung** im Gegensatz zu dem aus der ERT-Rechtsprechung stammenden Begriff des Anwendungsbereichs bewusst gewählt, um dieser Rechtsfortbildung des EuGH Einhalt zu gebieten bzw. sie zumindest teilweise sogar rückgängig zu machen.[4222]

Der EuGH hat sich in der Rs. **Fransson**[4223] für einen weiten Anwendungsbereich der Grundrechte entschieden: Die dem konkreten Fall zugrunde liegende Vorlagefrage betraf das Doppelverfolgungs-/-bestrafungsverbot nach Art. 50 EUC. Konkret ging es um die Zulässigkeit der parallelen Anwendung von steuerrechtlichen und strafrechtlichen Regelungen zur Sanktionierung von unrichtigen Angaben zur Mehrwertsteuer im schwedischen Recht. Weder die strafrechtlichen Sanktionsnormen noch die steuerrechtlichen Normen waren in Umsetzung von Unionsrecht in das schwedische Recht eingeführt worden. Bezug zum Unionsrecht bestand lediglich insoweit, als die Normen der **Durchsetzung von durch Unionsrecht determinierten Regelungen der Umsatzbesteuerung** dienten. Der EuGH bejahte in dieser Konstellation die *„Durchführung von Recht der Union"*, nicht zuletzt, weil sich die Pflicht zur Sanktionierung entsprechender Verstöße aus **Art. 325 AEUV** ergebe. **1624**

Wenn die Charta diesen Vorgaben entsprechend anwendbar ist, dann gilt dies auch für solche **Bereiche**, die selbst **nicht unionsrechtlich determiniert** sind, auch bei tatmehrheitlichem Zusammentreffen von Delikten. Fällt eines der Delikte in den Anwendungsbereich des Art. 50 EUC, ist die gesamte **prozessuale Tat** an der Regelung zu messen.[4224] **1625**

Unionsrecht meint zum einen das **gesamte Primärrecht**, soweit es die Mitgliedstaaten bindet. Auch die Vorschriften der Gemeinsamen Außen- und Sicherheitspolitik (GASP) sind erfasst, nicht aber die Grundrechte selbst, da dies zu einem Zirkelschluss führen würde.[4225] Zum anderen fallen unter den Begriff Unionsrecht alle **Rechtsakte, die aufgrund der Verträge erlassen wurden**, unabhängig davon, ob ein Zusammenhang mit den Zielen der Grundrechte besteht. Welcher Stufe das Unionsrecht zuzuordnen ist, spielt dagegen keine Rolle, so dass auch **Entscheidungen** bzw. **Beschlüsse** erfasst sind, ebenso **atypische Rechtsakte** und Verträge.[4226] Zur Durchführung dieses Unionsrechts zählen sowohl der Erlass von Rechtsnormen als auch Einzelfallentscheidungen durch die Verwaltung oder Gerichte.[4227] **1626**

Für die Bindung der Strafgerichte an Art. 50 EUC heißt dies, dass nicht das ganze Verfahren schon deshalb an die Justizgrundrechte gebunden ist, weil eine Norm des Unionsrechts im Verfahren relevant wird. Das Strafverfahren bleibt die Durchführung **nationaler** Strafgewalt; die unionsrechtliche Norm selbst als auch alle zu ihrer Effektivität notwendigen Begleitbestimmungen sind aber im Einklang mit den Unionsgrundrechten auszulegen. Auch für die nationalen Strafgerichte kann Art. 50 EUC daher nur Geltung beanspruchen, wenn materielles Strafrecht oder Strafverfahrensrecht betroffen ist, das im oben beschriebenen Sinne Gegenstand unionsrechtlicher Harmonisierung geworden ist. Für den speziellen Fall des Doppelbestrafungsverbots gilt, dass Art. 51 Abs. 1 EUC anwendbar ist, wenn ein nationales Gericht eine Entscheidung eines anderen Mitgliedstaats vor dem Hintergrund des Prinzips der gegenseitigen Anerkennung respektiert, da dies als Durchführung von Unionsrecht anzusehen ist.[4228] **1627**

[4221] *Jarass* ChGR Art. 51, 10; **a.A.** Meyer/*Borowsky* Art. 51, 24 ff. EUC.
[4222] Meyer/*Borowsky* Art. 51, 24 ff. EUC.
[4223] EuGH 26.2.2013, C-617/10 (Åkerberg Fransson), JZ **2013** 613 m. Anm. *Dannecker*; zur Bedeutung des *ne bis in idem*-Grundsatzes bei Steuersanktionen vgl. *Zeder* ÖJZ **2014** 494, 498.
[4224] *Dannecker* JZ **2013** 616, 619.
[4225] Tettinger/Stern/*Ladenberger* Art. 51, 34 GRCh.
[4226] *Jarass* Art. 51, 20 ChGR.
[4227] *Jarass* Art. 51, 29 f. ChGR.
[4228] *Satzger* FS Roxin II 1516, 1523.

Esser

1628   Durch die **rechtskräftige Verurteilung oder den rechtskräftigen Freispruch** bezüglich derselben Tat muss in einem Mitgliedstaat der Union Strafklageverbrauch eingetreten sein. Art. 50 EUC verwendet also im Gegensatz zu Art. 54 SDÜ nicht den Begriff der *Aburteilung*, womit aber keine sachlichen Unterschiede verbunden sind, da auch insoweit die Freizügigkeit möglichst nicht beeinträchtigt werden sollte.[4229] Insoweit kann auf die Ausführungen zu Art. 54 SDÜ verwiesen werden (Rn. 1582 ff.).

1629   Der Wortlaut des Art. 50 EUC könnte Anlass zur Annahme geben, dass die Vorschrift nur bei **Straftaten** im klassischen Sinne eingreift. Strittig ist deshalb, ob auch **strafähnliche Maßnahmen** erfasst sind. Dagegen spricht vordergründig neben dem Wortlaut der Norm, dass die Erläuterungen zur Charta von *Sanktionen* sprechen, die durch ein *Strafgericht* verhängt werden.[4230] Der Begriff *Straftat* ist jedoch weit auszulegen, so dass auch Ordnungswidrigkeiten, Disziplinarstrafen usw. darunter fallen.[4231] Die Beurteilung der Frage, ob eine Norm strafrechtlichen Charakter hat, obliegt dabei nach der Rechtsprechung des EuGH grundsätzlich den nationalen Gerichten selbst, als Frage des nationalen Rechts.[4232] Auch hatte das EuG in einem Verfahren i.R.d. des EG-Sanktionsrechts bereits Art. 50 EUC herangezogen.[4233] Zudem wird der Begriff der *Strafe* auch in Art. 48 und Art. 49 EUC weit ausgelegt,[4234] ebenso wie in Art. 4 des 7. ZP-EMRK (Rn. 1528 ff.).

1630   Der EuGH hat zu erkennen gegeben, dass er den Begriff *Strafe* in Übereinstimmung mit dem EGMR auslegen will und analysiert den strafrechtlichen Charakter einer Sanktion bzw. des ihr zugrunde liegenden Verfahrens an den *Engel*-Kriterien (Rn. 83): Es kommt damit auf die Einordnung einer drohenden Sanktion (hier) nach Unionsrecht als „Straftat" sowie auf die Art und Schwere der Sanktion an.[4235]

1631   Nach diesen Grundsätzen stellt die **Leistung einer Sicherheit** in Höhe von 500.000 Euro im Zuge einer Mehrwertsteuerregistrierung keine strafrechtliche Sanktion im Hinblick auf Art. 49, 50 EUC dar. Es werde kein repressives Ziel verfolgt, da die juristische Person, die eine solche Registrierung beantragt, keine Rechtsverletzung begangen hat und weil die Vorschrift darauf abzielt, die genaue Erhebung der Mehrwertsteuer in der Zukunft sicherzustellen.[4236]

1632   Die **Kürzung von Beihilfen** nach VO 1973/2004 als Reaktion auf falsche Angaben in einem vorherigen Beihilfeantrag ist nach Ansicht des EuGH aber auch bei Anwendung der *Engel*-Kriterien keine *strafrechtliche* Sanktion: Sie diene nicht der Bestrafung des Wirtschaftsteilnehmers, der unrichtige Angaben gemacht hat, sondern dem Schutz des Unionshaushalts vor Unregelmäßigkeiten. Eine Kürzung erfolge nur für die Zukunft, wenn also der durch falsche Angaben auffällige Wirtschaftsteilnehmer einen Antrag für die Folgejahre stelle.[4237]

4229 *Zöller* FS Krey 501, 517; kritisch dazu: *Heger* FS Kühne 576: „rechtskräftig freigesprochen oder verurteilt" könnte auch einen Schuld- oder Freispruch durch ein Strafgericht voraussetzen.

4230 *Jarass* Art. 50, 5 ChGR.

4231 Meyer/Hölscheidt/*Eser*/*Kubiciel* Art. 50, 9; vgl. EuGH 14.2.2012, C-17/10, Tz. 94 (Kartell-Geldbußen der EU-Kommission und der tschechischen Wettbewerbsbehörde).

4232 EuGH 26.2.2013, C-617/10 (Åkerberg Fransson), Tz. 37, JZ **2013** 613 m. Anm. *Dannecker*; 20.3.2018, C-524/15 (Menci), Tz. 27, MwStR **2018** 551 m. Anm. *Oelmaier*; 5.6.2014, C-146/14 PPU (Mahdi), Tz. 79 (EuGH könne jedoch Klarstellungen vornehmen und eine Richtschnur für die Auslegung vorgeben).

4233 EuG 9.7.2003, Rs T-223/00 (Kyowa Hakko u.a./Kommission), Tz. 104; 29.4.2004, T-236/01 (Tokai Carbon/Kommission), Tz. 137.

4234 *Jarass* Art. 48, 8–10 ChGR.

4235 EuGH 20.3.2018, C-524/15 (Menci), Tz. 26; 20.3.2018, C-537/16 (Garlsson Real Estate), Tz. 28, NJW **2018** 1233, 1234.

4236 EuGH 26.10.2017, C-534/16 (BB construct), Tz. 31 f.

4237 Vgl. EuGH 5.6.2012, C-489/10 (Bonda), Tz. 36 ff.; vgl. auch EuGH 26.2.2013, C-617/10 (Åkerberg Fransson), Tz. 35, JZ **2013** 613 m. Anm. *Dannecker*; zu beiden Fällen: *Zeder* Ne bis in idem als (ältestes) Grundrecht 156.

Eine Kumulation von **verwaltungsrechtlichen Sanktionen** mit solchen des Straf- **1633** rechts sei in Anlehnung an die Rechtsprechung des EGMR bis zur **Grenze der Verhältnismäßigkeit** möglich.[4238] In der Rs. *Menci*[4239] war der Betroffene nach einer bestandskräftigen Verwaltungssanktion aufgrund fehlender Abführung der gesetzlichen Mehrwertsteuer erneut in einem Strafverfahren verfolgt worden. Eine nationale Regelung, die eine erneute Strafverfolgung in einem solchen Fall vorsehe, soll Art. 50 EUC dann nicht entgegenstehen, wenn die Regelung eine dem *Gemeinwohl dienende Zielsetzung* habe, die eine Kumulierung von Verfolgungsmaßnahmen und Sanktionen rechtfertigen kann. Mit den Verfolgungsmaßnahmen und Sanktionen müssten ferner komplementäre Zwecke verfolgt werden.[4240] Im konkreten Fall ging es um die Bekämpfung von Mehrwertsteuerstraftaten; dies diene dem Schutz der finanziellen der Union.[4241] Den Bürgern muss die Regelung klar vor Augen führen, bei welchem Handeln oder Unterlassen eine solche Kumulierung in Frage komme.[4242] Dazu müsse die Vorschrift **Regeln zur Gewährleistung einer Koordinierung** enthalten, mit der die zusätzliche Belastung, die sich für die Betroffenen aus einer Kumulierung von Verfahren ergebe, auf das zwingend Erforderliche beschränkt werde. Dieses Kriterium hielt der EuGH im konkreten Fall für erfüllt, da sich die Strafverfolgung auf Taten mit einer gewissen Schwere beschränkt habe (konkret ab einem nicht abgeführten Mehrwertsteuerbetrag von über 50.000 Euro).[4243] Schließlich bedürfe es Regeln, die wegen Art. 52 Abs. 1 EUC als auch Art. 49 Abs. 3 EUC sicherstellen, dass die *Schwere aller verhängten Sanktionen auf das im Verhältnis zur Schwere der betreffenden Straftat zwingend Erforderliche beschränkt* wird.[4244] Insbesondere wenn die rechtskräftige strafrechtliche Verurteilung unter Berücksichtigung des der Gesellschaft durch die begangene Straftat zugefügten Schadens geeignet wäre, diese Straftat *wirksam, verhältnismäßig und abschreckend* zu ahnden, soll eine Rechtsvorschrift, die in diesem Fall die Fortsetzung eines Verfahrens mit dem Ziel der zusätzlichen Verhängung einer Geldbuße *als Verwaltungssanktion* vorsieht, in Widerspruch zu Art. 50 EUC stehen.[4245]

In einem sich an ein Strafverfahren anschließenden Verwaltungsverfahren muss darüber hinaus auch die **Rechtskraft des Strafurteils** berücksichtigt werden, wenn in einem freisprechenden Strafurteil festgestellt wurde, dass die Tat nicht erwiesen ist.[4246] **1634**

Hinsichtlich des Begriffs der **Tat** kann (ebenfalls) auf Art. 54 SDÜ verwiesen werden **1635** (Rn. 1602 ff.).[4247]

4238 EuGH C-617/10 26.2.2013, C-617/10 (Åkerberg Fransson), Tz. 38 ff., JZ **2013** 613 m. Anm. *Dannecker*.

4239 EuGH 20.3.2018, C-524/15 (Menci).

4240 EuGH 20.3.2018, C-524/15 (Menci), Tz. 63.

4241 Diesem Kriterium misst der Gerichtshof eine große Bedeutung zu, vgl. EuGH 20.3.2018, C-524/15 (Menci) Tz. 20 u. 44; 20.3.2018, C-537/16 (Garlsson Real Estate), Tz. 46, NJW **2018** 1233, 1235 bzgl. der dem Gemeinwohl dienenden Zielsetzung in Form des Schutzes der Integrität der Finanzmärkte und das Vertrauen der Öffentlichkeit in die Finanzinstrumente.

4242 EuGH 20.3.2018, C-524/15 (Menci), Tz. 49.

4243 EuGH 20.3.2018, C-524/15 (Menci), Tz. 54; 20.3.2018, C-537/16 (Garlsson Real Estate), Tz. 55, NJW **2018** 1233, 1236.

4244 EuGH 20.3.2018, C-524/15 (Menci), Tz. 55, 63.

4245 Dazu ausführlich EuGH 20.3.2018, C-537/16 (Garlsson Real Estate), Tz. 55, NJW **2018** 1233, 1236.

4246 EuGH 20.3.2018, C-596/16, 597/16 (Di Puma/Consob), NJW **2018** 1237, 1239 f.

4247 Vgl. EuGH 14.2.2012, C-17/10, Tz. 103 (Kartell-Geldbußen der EU-Kommission und der tschechischen Wettbewerbsbehörde; Ahndung von Wettbewerbsbeschränkungen ein und desselben Kartells auf unterschiedlichen Gebieten oder Zeiträumen zulässig).

Esser

1636   Die entscheidende Abweichung gegenüber Art. 54 SDÜ liegt darin, dass Art. 50 EUC dem Wortlaut nach **auf eine Vollstreckungsklausel verzichtet.**[4248] Beschuldigte könnte dies veranlassen, sich nicht nur der Strafverfolgung in dem Staat mit der geringsten Strafandrohung/-erwartung zu stellen, sondern sogar vor der Vollstreckung einer verhängten Strafe in ein anderes EU-Land zu fliehen, in dem dann die Tat nicht noch einmal verfolgt werden könnte. Zwar kann der Europäische Haftbefehl auch zum Zwecke der Vollstreckung einer bereits verhängten Strafe erlassen werden. Wegen seines begrenzten Anwendungsbereichs (Mindeststrafe, obligatorische und fakultative Ablehnungsgründe) löst dies die auftretenden Probleme aber nur teilweise.[4249] Für Geldstrafen[4250] und Entscheidungen zur Einziehung von Vermögenswerten bestehen ebenfalls Probleme.[4251]

1637   Art. 54 SDÜ ist daher seit dem Inkrafttreten des Vertrags von Lissabon als **sekundärrechtliche Umsetzung** bzw. Konkretisierung des primärrechtlichen Justizgrundrechts aus Art. 50 EUC zu sehen und muss in dessen Lichte grundrechtskonform ausgelegt werden.[4252] In der Dogmatik der deutschen Grundrechtsdogmatik stellt Art. 54 SDÜ mit seiner Vollstreckungsklausel einen Eingriff in das primärrechtliche Grundrecht dar. Dieser Eingriff ist jedoch gemäß **Art. 52 EUC** formell und materiell gerechtfertigt. Art. 54 SDÜ bildet eine ausreichend bestimmte gesetzliche Grundlage. Grund und legitimes Ziel der Einschränkung ist die Verhinderung der Vollstreckungsvereitelung durch Flucht ins (europäische) Ausland.[4253]

1638   In diesem Sinne hat auch der **EuGH** in der Rs. *Spasic* entschieden, dass der in den Erläuterungen zur Charta[4254] ausdrücklich erwähnte[4255] Art. 54 SDÜ als Einschränkung des Art. 50 EUC i.S.v. Art. 52 Abs. 1 EUC anzusehen sei.[4256] Die durch das Vollstreckungselement hervorgerufene Einschränkung des Strafklageverbrauchs sei **gesetzlich vorgesehen** und **verhältnismäßig;**[4257] sie wahre auch den **Wesensgehalt** des Art. 50 EUC. Die Vollstreckungsbedingung des Art. 54 SDÜ gehe nicht über das hinaus, was erforderlich sei, um im Raum der Freiheit, der Sicherheit und des Rechts zu verhindern, dass Personen, die in einem Mit-

---

4248 Kritisch in Bezug auf die Gefahren eines „forum shopping" oder „forum fleeing": *Jagla* 32 f.; *Thomas* 163; *Zöller* FS Krey 501, 519.
4249 *Zöller* FS Krey 501, 519 f.; *Hecker* § 12, 38; *Satzger* FS Roxin II 1516, 1522 f.; EuGH 27.5.2014, C-129/14 (Spasic), Tz. 69.
4250 Rahmenbeschluss über die Anwendung des Grundsatzes der gegenseitigen Anerkennung von Geldstrafen und Geldbußen v. 24.2.2005 (ABlEU Nr. L 76 v. 22.3.2005 S. 16).
4251 *Zöller* FS Krey 501, 518 ff.
4252 *Burchard/Brodowski* StraFo **2010** 180 f.; *Hecker* § 12, 38 ff.; *Satzger* FS Roxin II 1516, 1523 ff.; LG Aachen StraFo **2010** 190, bestätigt durch BGH Beschl. v. 1.12.2010 – 2 StR 420/10, BeckRS **2010** 30899; vgl. auch BGHSt **56** 11 = NJW **2011** 1014 = NStZ-RR **2011** 7, Rn. § 13 ff., der die Vollstreckungsklausel für anwendbar hielt und sich insoweit auf die *acte-claire*-Doktrin berief; siehe auch BVerfG NJW **2012** 1202, Rn. 42 ff. (Verstoß gegen das Recht auf einen gesetzlichen Richter nach Art. 101 Abs. 1 Satz 2 GG verneint, weil eine Vorlagepflicht nicht bestand; BGH habe seinen Beurteilungsspielraum in vertretbarer Weise ausgeübt); zum Ganzen *Radtke* Enzyklopädie, § 12, 57 ff.
4253 LG Aachen StraFo **2010** 190 = StV **2010** 237; *Satzger* FS Roxin II 1516, 1523 f.; vgl. auch *Hackner* NStZ **2011** 425, 429.
4254 Die Erläuterungen sind weder verbindlich, noch sind sie eine echte Rechtsquelle. Art. 6 Abs. 1 UAbs. 3 EUV verpflichtet lediglich zu einer „gebührende(n) Berücksichtigung".
4255 EuGH 27.5.2014, C-129/14 (Spasic), Tz. 54.
4256 Vgl. EuGH 27.5.2014, C-129/14 (Spasic), Tz. 51 ff.
4257 EuGH 27.5.2014, C-129/14 (Spasic), Tz. 60 ff.; LG Aachen StraFo **2010** 190 = StV **2010** 237; ebenso *Satzger* FS Roxin II 1516, 1523 f.

gliedstaat der Union rechtskräftig verurteilt wurden, einer Strafe für die Tat entgehen.[4258] Es ist daher von einem Gleichlauf der Art. 54 SDÜ und Art. 50 EUC auszugehen.[4259]

Zwar sehen weder Art. 54 SDÜ noch Art. 50 EUC eine Regelung über die Möglichkeit **1639** der Wiederaufnahme vor, Art. 4 Abs. 2 des 7. ZP-EMRK, der auch im Rahmen von Art. 50 EUC gilt, bleibt zulässig, so dass die **Wiederaufnahme des Verfahrens** gesetzlich vorgesehen werden kann.[4260] Die Regelung gilt allerdings unmittelbar nur für die Regelung eines innerstaatlichen *ne bis in idem*.[4261]

Umstritten ist, ob die zu Art. 54 SDÜ erklärten **Vorbehalte** von Art. 52 EUC abgedeckt **1640** sind, und somit weiterhin gelten. Zwar besagen die Erläuterungen zur Charta: *„Die klar eingegrenzten Ausnahmen, in denen die Mitgliedstaaten nach diesem Übereinkommen vom Grundsatz „ne bis in idem" abweichen können, sind von der horizontalen Klausel des Artikels 52 Absatz 1 über die Einschränkungen abgedeckt."*[4262] Dennoch gelangte der griechische Oberste Gerichtshof (*Areopag*) unter Verweis auf Art. 50 EUC zu dem Schluss, dass die Ausnahmen nach **Art. 55 SDÜ** gegenstandlos geworden seien.[4263] Das OLG Hamburg hatte diese Frage – bezogen auf den Vorbehalt Deutschlands – dem EuGH zur Vorabentscheidung vorgelegt;[4264] der EuGH ließ diese Frage jedoch zunächst offen (siehe Rn. 1611).[4265]

7. Weitere Initiativen auf EU-Ebene

a) Kompetenzkonflikte. Um Kompetenzkonflikte zwischen den nationalen Gerichten **1641** zu lösen,[4266] hatte die Kommission die Einführung eines Verfahrens vorgeschlagen, mit dem staatenübergreifende Rechtsfälle **einem** nationalen Strafgericht zur Entscheidung zugewiesen werden. Angestrebt wird darüber hinaus bereits die Konzentrierung der zeitlich vorgelagerten Strafverfolgung in einem Mitgliedstaat, der mit Hilfe bestimmter Kriterien bestimmt werden soll; so soll verhindert werden, dass dieselbe Tat von mehreren Staaten parallel verfolgt wird. Eine Konsultation über die diesbezüglich in den Mitgliedstaaten geltenden Vorschriften hatte die Kommission mit dem **Grünbuch über Kompetenzkonflikte und den Grundsatz ne bis in idem in Strafverfahren** v. 23.12.2005[4267] angestoßen.

[4258] EuGH 27.5.2014, C-129/14 (Spasic), Tz. 63, 72; krit. *Gaede* NJW **2014** 2990 (Einschränkung von Art. 50 EUC beachte Freiheitsrechte sowie die Freizügigkeit und den Rechtsfrieden nicht ausreichend); ebenso *Zeder* JSt **2014** 130; **a.A.** *Pauckstadt-Maihold* FS v. Heintschel-Heinegg 359, 362 (Vollstreckungselement zur Verhinderung von ‚forum-shopping' sinnvoll); *Eckstein* JR **2015** 421, 427.

[4259] Vgl. *Brodowski* ZIS **2010** 376, 383; *Satzger* § 10, 68; i.E. ebenso *Dannecker* EuZW **2009** 110, 124, der aber für eine restriktive Auslegung des Vollstreckungselements plädiert. Vgl. zum Ganzen auch *Burchard/Brodowski* StraFo **2010** 179 ff.; *Vogel* StRR **2011** 135, 137, der das Fehlen des Vollstreckungselements mit dem Vorrang des Auslieferungs- und Vollstreckungsübernahmeverfahrens erklärt; siehe auch BGHSt **56** 11 = NJW **2011** 1014 = NStZ-RR **2011** 7, Rn. 13 ff.

[4260] Siehe Näheres bei *Jarass* ChGR Art. 50, 10 ChGR.

[4261] Siehe die vielfältigen Lösungsansätze, wie Regelungen zur Wiederaufnahme mit dem Doppelbestrafungsverbot in Einklang gebracht werden können bei *Radtke* Enzyklopädie, § 12, 29 ff.

[4262] ABlEU Nr. C 303 v. 14.12.2007 S. 31; *Liebau* 127 ff.

[4263] Areopag, 9.6.2011 – 1/2011 (Urteil, soweit ersichtlich, nur in griechischer Sprache); hierzu: *Böse* FS Kühne 519 f., 526.

[4264] EuGH 29.6.2016, C-486/14 (Kossowski).

[4265] EuGH 29.6.2016, C-486/14 (Kossowski), Tz. 30, 55; hierzu: BGH StV **2018** 589 = wistra **2018** 86, Rn. 28; für eine Fortgeltung der Vorbehalte auch nach Überführung des Schengen-Besitzstandes in das Unionsrecht: *Böse* FS Kühne 519, 521–523 (unter Hinweis auf: EuGH 22.12.2008, C-491/07 [Turanský], Tz. 29), 526 ff. (krit. in Bezug auf Art. 50 EUC).

[4266] Allgemein zur Entstehung von Kompetenzkonflikten: *Radtke* Enzyklopädie, § 12, 2.

[4267] KOM (2005) 696.

1642   **b) EU-Rahmenbeschluss zur Vermeidung von Kompetenzkonflikten.**[4268] In den Kontext gehören auch die Bemühungen auf Unionsebene zur Etablierung rechtlicher Mechanismen, mit denen sich eine parallele oder gar doppelte Strafverfolgung von vornherein vermeiden lässt. Der **Rahmenbeschluss zur Vermeidung und Beilegung von Kompetenzkonflikten in Strafverfahren**[4269] v. 30.11.2009[4270] erstreckt sich allerdings nur auf „echte" *ne bis in idem*-Fälle und zwingt die Behörden lediglich zu einer Kommunikation und Konsultation. Es besteht eine Pflicht zur direkten Kontaktaufnahme und Benachrichtigung der zuständigen Behörden eines anderen Mitgliedstaates, wenn dort wegen derselben Tat ebenfalls ein Strafverfahren geführt wird (Art. 5 ff.). Zur Vermeidung *paralleler Verfahren sollen* (nicht obligatorisch) die Strafverfolgungsbehörden der betroffenen Staaten im Wege **direkter Konsultation** (Art. 5 Abs. 1; Art. 10) versuchen, zu einer *„effizienten Lösung"* (Art. 1 Abs. 2 *lit.* b) zu gelangen – ggf. unter Einschaltung von Eurojust (Art. 12) – die meist in der *„Konzentration der Strafverfahren in einem einzigen Mitgliedstaat"* (Art. 10 Abs. 1) bestehen dürfte. Die getroffene Entscheidung ist gerichtlich nicht überprüfbar. Die ursprünglich geplante Festschreibung fester Kriterien für die Auswahl des „zuständigen" Verfolgungsstaates konnte sich allerdings nicht durchsetzen.[4271] Scheitert die Konsultation, so kann jede Behörde ihr Verfahren weiter betreiben.

1643   Der Rahmenbeschluss sollte durch ein Rechtsinstrument zur **Übertragung von Strafverfahren** ergänzt werden, das allerdings im Entwurfsstadium steckengeblieben ist.[4272] Im Jahr 2022 wurde dieses Vorhaben jedoch wieder aufgenommen, durch eine öffentliche Konsultation im Hinblick auf die Einführung gemeinsamer Vorschriften und Bedingungen für die Übertragung von Strafverfahren zwischen EU-Ländern.[4273]

1644   Die BRAK hat eine klare und verlässliche **Regelung** zur Verhinderung paralleler Strafverfahren in den EU-Mitgliedstaaten durch eine verbindliche frühestmögliche Zuweisung der Zuständigkeit für das Strafverfahren nach festen Kriterien gefordert,[4274] hinsichtlich des Rechts auf rechtliches Gehör (Art. 47 EUC, Art. 103 Abs. 1 GG) abgesichert durch einen europäischen Rechtsbehelf. Die Zuweisung solle dann zu einer **Verfolgungspflicht** einerseits und zu einem **Verfahrenshindernis** in den unzuständigen Justizsystemen andererseits führen. Auch die Übertragung mehrerer Strafverfahren wird aufgegriffen: Selbst wenn diese unterschiedliche Straftaten beträfen, sei die Bündelung der rechtlichen Vorwürfe in einem Strafverfahren eine ressourcenschonende Möglichkeit, die auf Antrag oder mit Zustimmung des Beschuldigten wahrgenommen werden können sollte.[4275]

4268   Die Hellenische Republik hatte bereits 2003 eine Initiative betreffend die Annahme eines Rahmenbeschlusses des Rates über die Anwendung des „ne-bis-in-idem"-Prinzips v. 13.2.2003, mit dem Ziel, Kompetenzkonflikte zu vermeiden und gemeinsame Rechtsnormen in Bezug auf das Doppelbestrafungsverbot zu gerieren, ins Leben gerufen.

4269   Zum Rahmenbeschluss: *Vogel* StRR **2011** 135, 139.

4270   Rahmenbeschluss 2009/948/JI des Rates v. 30.11.2009 zur Vermeidung und Beilegung von Kompetenzkonflikten in Strafverfahren, ABlEU Nr. L 328 v. 15.12.2009 S. 42. Zur Umsetzung in Deutschland (IRG) vgl. den Bericht der Kommission an das EP und den Rat, COM(2014) 313 v. 1.6.2014.

4271   Kritisch hierzu: *Schünemann/Roger* ZIS **2010** 92, 96.

4272   Ratsdok. 16437/09 v. 24.11.2009; 13504/09 v. 21.9.2009; 11119/09 v. 30.6.2009. Die Überlegungen wurden auch nach dem Inkrafttreten des Vertrags von Lissabon weiterverfolgt; vgl. Ratsdok. 16771/09 (POLGEN 219) v. 27.11.2009 (18-Monatsprogramm), 75 f.

4273   Zu dieser Initiative der EU-Kommission: https://ec.europa.eu/info/law/better-regulation/have-your-say/initiatives/13097-Leistungsfahige-Justiz-gemeinsame-Bedingungen-fur-die-Ubertragung-von-Strafverfahren-zwischen-EU-Landern_de (Stand: 5.6.2022).

4274   So auch schon *Eisele* ZStW **125** (2013) 1.

4275   BRAK, Stellungnahme 33/**2016** 4 ff.

Esser

8. Ne bis in idem als Auslieferungshindernis

a) Allgemeines. Eine rechtskräftige Aburteilung durch ein **deutsches Gericht** wegen **1645** derselben Tat stellt regelmäßig ein **Auslieferungshindernis** dar. § 9 Nr. 1 IRG bestimmt, dass im **vertragslosen Auslieferungsverkehr** eine abschließende Entscheidung eines deutschen Gerichts der Auslieferung entgegensteht. Dies sind Urteile und Entscheidungen mit entsprechender Rechtswirkung (insb. Strafbefehle, Bußgeldbescheide). Das Gesetz stellt zudem diesen Entscheidungen solche nach §§ 204, 174, 153a StPO und §§ 45, 47 JGG gleich. Nicht gleichgestellt werden hingegen andere Fälle der Einstellung (z.B. §§ 153, 153b, 170 Abs. 2 StPO). Dies wird mit den sanktionsähnlichen Leistungen i.R.d. § 153a StPO und §§ 45, 47 JGG begründet.[4276]

Innerhalb der **EU** zählt das durch Art. 50 EUC im Primärrecht verankerte Doppelverfol- **1646** gungs-/bestrafungsverbot als wesentlicher Bestandteil des Grundsatzes der gegenseitigen Anerkennung zum **europäischen** *ordre public*, so dass nach § 73 Satz 2 IRG die Auslieferung unzulässig ist, wenn die Tat durch einen Mitgliedstaat, sei es der ersuchende Staat, Deutschland als ersuchter Staat oder ein dritter Mitgliedstaat, bereits abgeurteilt ist. Zum transnationalen Doppelbestrafungsverbot nach Art. 3 Nr. 2 RB-EuHb, der im Gegensatz zum SDÜ und dem Ne bis in idem-Übereinkommen keine Vorbehalte zulässt Rn. 1650 ff.[4277]

Dagegen ist der Grundsatz *ne bis in idem* nicht Teil des internationalen ordre public. **1647** Eine allgemeine Regel des Völkerrechts, wonach eine innerstaatliche Strafverfolgung durch eine Aburteilung durch einen ausländischen Staat ausgeschlossen wäre, gibt es nicht.[4278] Eine Auslieferung soll aber zumindest dann nach **Art. 103 Abs. 3 GG** unzulässig sein, wenn der Verfolgte im ersuchenden Staat freigesprochen worden ist, da ein Auslieferungsersuchen nicht im offenen Widerspruch zu dem im Recht des ersuchenden Staates geltenden Verbot doppelter Strafverfolgung stehen darf.[4279]

Ob das Verbot der Doppelbestrafung aus Art. 4 des 7. ZP-EMRK bezüglich der **Mitwir- 1648 kung an einer Vollstreckung eines zweiten Strafurteils** bezüglich der in einem **Drittstaat** bereits **abgeurteilten Straftat** durch Auslieferung des Täters an einen anderen fremden Staat entgegensteht, hat der EGMR bislang noch nicht entschieden. Aus verfassungsrechtlicher Sicht soll eine solche Mitwirkung nicht schon als solche gegen den Grundsatz der Rechtsstaatlichkeit oder sonstige verfassungsrechtliche Gewährleistungen verstoßen.[4280]

b) Europäischer Haftbefehl. Im RB 2002/584/JI des Rates v. 13.6.2002 über den Euro- **1649** päischen Haftbefehl und die Übergabeverfahren zwischen den Mitgliedstaaten[4281] ist der Grundsatz *ne bis in idem* als Grund für die Verweigerung der Anerkennung und Vollstreckung durch den ersuchten Staat ausgestaltet worden. Art. 3 Nr. 2 RB sieht ein Auslieferungshindernis für den Fall vor, dass die Tat bereits durch einen anderen Mitgliedstaat abgeurteilt wurde. Der Erlass eines EuHb ist jedoch möglich im Falle der Wiederaufnahme eines Strafverfahrens nach einer zurückgenommenen Amnestie.[4282]

4276 Grützner/Pötz/Kreß/Gazeas/*Vogel/Burchard* § 9, 42 f. IRG.
4277 Grützner/Pötz/Kreß/Gazeas/*Burchard* § 73, 148 IRG; *Bubnoff* 37 f., 70; vgl. auch BVerfG NJW **2012** 1202, Rn. 31; dazu *Walther* ZJS **2013** 16.
4278 BVerfGE **75** 1, 15 ff.; *Bubnoff* 38.
4279 OLG Köln NJW **2008** 3300, 3302; Schomburg/Lagodny/*Gleß*/Hackner/Trautmann/*Wahl*/*Zimmermann* § 73, 96a IRG; dazu: Grützner/Pötz/Kreß/Gazeas/*Burchard* § 73, 145 IRG.
4280 Vgl. BVerfGE **75** 1, 18 ff., NJW **1987** 2155.
4281 ABlEU Nr. L 190 v. 18.7.2002 S. 1.
4282 EuGH 16.12.2021, C-203/20, BeckRS **2021** 39200 = IWRZ **2022** 39 m. Anm. *Gierok* (Hintergrund: Rücknahme einer im Jahr 1998 vom damaligen slowakischen Regierungschef erlassenen Amnestie bezüglich Straftaten von 15 Personen; Wirkung der Amnestie glich einem Freispruch).

Esser

1650   Zur Umsetzung des RB 2002/584/JI ist dem **IRG** ein **Achter Teil** angefügt worden.[4283] Nach **§ 83 Nr. 1 IRG** ist die Auslieferung an einen EU-Mitgliedstaat nicht zulässig, wenn dieselbe Tat von einem anderen Mitgliedstaat rechtskräftig abgeurteilt worden ist und die Sanktion im Falle der Verurteilung bereits vollstreckt wurde, vollstreckt wird oder nach dem Recht des Urteilsstaates nicht mehr vollstreckt werden kann. Die Voraussetzungen des § 83 Nr. 1 IRG (dieselbe Tat, rechtskräftige Aburteilung und Vollstreckungselement) sind dabei so auszulegen wie die des Art. 54 SDÜ, an den der Unionsgesetzgeber Art. 3 Nr. 2 RB-EuHb angelehnt hat. Das bedeutet, dass insbesondere die staatsanwaltschaftliche Einstellungsverfügung unter Auflagen ein Auslieferungshindernis darstellt. Dies ist nicht unumstritten, da der Rahmenbeschluss selbst zwischen rechtskräftigen Urteilen und rechtskräftigen Entscheidungen ohne Urteilsqualität unterscheidet und für letztere in **Art. 4 Nr. 3 Alt. 2 RB-EuHb** ein fakultatives Auslieferungshindernis vorsieht. Dies kann die weite Auslegung des Art. 54 SDÜ aber nicht beschränken.[4284]

1651   § 83 Nr. 1 IRG ergänzt **§ 9 Nr. 1 IRG**, der voraussetzt, dass die **deutsche Gerichtsbarkeit** besteht, so dass § 83 Nr. 1 IRG vor allem bei Aburteilungen durch dritte Mitgliedstaaten Anwendung findet. Er kann jedoch auch bei Entscheidungen herangezogen werden, die nicht von Art. 9 Nr. 1 IRG erfasst sind, wie z.B. die Einstellung nach § 153 Abs. 1 StPO, sofern man diesen für geeignet hält, ein Verfolgungshindernis zu begründen.[4285]

1652   In der Rs. *Mantello*[4286] war der Bf. im Jahre 2005 in Italien wegen unerlaubten Besitzes von Kokain rechtskräftig verurteilt worden und hatte seine Strafe verbüßt. 2009 erließen die italienischen Strafverfolgungsbehörden einen EuHb (Tatvorwurf: Beteiligung an einem bandenmäßig betriebenen Kokainhandel zwischen Deutschland und Italien). Bei der Prüfung der Auslieferungsvoraussetzungen stellte sich heraus, dass Beweise diesbezüglich bereits 2005 vorgelegen hatten. Die Strafverfolgungsbehörden hatten jedoch von der Verfolgung des Organisationsdeliktes abgesehen, weil sie die Fortschritte der diesbezüglichen Ermittlungen nicht gefährden wollten. Nach Ansicht der italienischen Strafverfolgungsbehörden lag ein Fall des „ne bis in idem" nicht vor. Dennoch legte das OLG Stuttgart die Sache dem EuGH vor, wobei durch die Vorlage zum einen geklärt werden sollte, ob sich der Begriff „dieselbe Handlung" in Art. 3 Nr. 2 RB-EuHb nach dem Recht des Ausstellungsstaates oder des Vollstreckungsstaates bzw. autonom unionsrechtlich auszulegen ist. Zum anderen wollte das OLG Stuttgart geklärt wissen, ob die Einzeltat und das Organisationsdelikt *dieselbe Tat* darstellen, und damit ein Strafklageverbrauch bezüglich Letzterem anzunehmen sei, zumindest wenn bei Aburteilung der Einzeltat bereits Beweise bezüglich des Organisationsdeliktes vorlagen und die Strafverfolgungsbehörde auch deswegen bereits hätte Anklage erheben können. Der EuGH verlangt grundsätzlich eine autonome unionsrechtliche Auslegung und legte fest, dass Art. 3 Nr. 2 RB-EuHb wie Art. 54 SDÜ auszulegen sei. Zugleich wies er aber darauf hin, dass sich die Frage der Rechtskraft nach dem Recht des Ausstellungsstaates richtet und der Vollstreckungsstaat nicht berechtigt sei, dies zu überprüfen.[4287]

4283   Europäisches Haftbefehlsgesetz v. 21.7.2004 (BGBl. I S. 1748).

4284   Grützner/Pötz/Kreß/Gazeas/*Böse* § 83, 2 IRG; *Bubnoff* 70; Graf/*Inhofer* RB-EuHb Art. 3, 3, 4.

4285   Grützner/Pötz/Kreß/Gazeas/*Böse* § 83, 3 IRG.

4286   EuGH 16.11.2010, C-261/09 (Mantello).

4287   EuGH 16.11.2010, C-261/09 (Mantello), Tz. 46 ff.; dazu *Vogel* StRR **2011** 135, 138. Unbefriedigend ist jedoch, dass der Gerichtshof nicht die Möglichkeit wahrgenommen hat, zum Verhältnis von Organisationsdelikt und Einzeltat Stellung zu nehmen und die Problematik auf die Ebene der Rechtskraft verlagert hat.

EMRK
Artikel 7 Keine Strafe ohne Gesetz

(1) Niemand darf wegen einer Handlung oder Unterlassung verurteilt werden, die zur Zeit ihrer Begehung nach innerstaatlichem oder internationalem Recht nicht strafbar war. Es darf auch keine schwerere als die zur Zeit der Begehung angedrohte Strafe verhängt werden.

(2) Dieser Artikel schließt nicht aus, dass jemand wegen einer Handlung oder Unterlassung verurteilt oder bestraft wird, die zur Zeit ihrer Begehung nach den von den zivilisierten Völkern anerkannten allgemeinen Rechtsgrundsätzen strafbar war.

IPBPR
Artikel 15

(1) Niemand darf wegen einer Handlung oder Unterlassung verurteilt werden, die zur Zeit ihrer Begehung nach inländischem oder nach internationalem Recht nicht strafbar war. Ebenso darf keine schwerere Strafe als die im Zeitpunkt der Begehung der strafbaren Handlung angedrohte Strafe verhängt werden. Wird nach Begehung einer strafbaren Handlung durch Gesetz eine mildere Strafe eingeführt, so ist das mildere Gesetz anzuwenden.

(2) Dieser Artikel schließt die Verurteilung oder Bestrafung einer Person wegen einer Handlung oder Unterlassung nicht aus, die im Zeitpunkt ihrer Begehung nach den von der Völkergemeinschaft anerkannten allgemeinen Rechtsgrundsätzen strafbar war.

Schrifttum (Auswahl)

Arnold/Karsten/Kreicker Menschenrechtsschutz durch Art. 7 Abs. 1 EMRK, NJ **2001** 51; *Esser* Verjährung der Strafverfolgung – ein Menschenrecht? in: Hochmayr/Gropp (Hrsg.), Die Verjährung als Herausforderung für die grenzüberschreitende Zusammenarbeit in Strafsachen (2021) 37; *ders.* Sicherungsverwahrung, JA **2011** 727; *Dessecker* Die Sicherungsverwahrung in der Rechtsprechung des Bundesverfassungsgerichts, ZIS **2011** 706; *Harzer* Europas strafrechtliche Gesetzlichkeit: Rechtsbegriff und internationale Kriminalpolitik in Art. 7 EMRK aus deutscher Sicht, in: Grewe/Gusy (Hrsg.), Menschenrechte in der Bewährung (2005) 273; *Honsell* Der OGH und der Untreuetatbestand des § 153 StGB, JSt **2020** 309; *Kinzig* Das Recht der Sicherungsverwahrung nach dem Urteil des EGMR in Sachen M. gegen Deutschland, NStZ **2010** 233; *Kreicker* Art. 7 EMRK und die Gewalttaten an der deutsch-deutschen Grenze. Zu den Urteilen des Europäischen Gerichtshofs für Menschenrechte (2002); *Laue* Die Sicherungsverwahrung auf dem europäischen Prüfstand, JR **2010** 198; *Mitterhuber* Sicherungsverwahrung und Art. 7 EMRK (EGMR M./Deutschland, Urt. v. 17.12.2009) (2010); *Möllers* Die „Einkesselung" des EGMR durch BVerfG und BGH bei der nachträglichen Anordnung der Sicherungsverwahrung, ZRP **2010** 153; *Müller* Die Sicherungsverwahrung, das Grundgesetz und die Europäische Menschenrechtskonvention, StV **2010** 207; *Pinzauti* The European Court of Human Rights' Incidental Application of International Criminal Law and Humanitarian Law: A Critical Discussion of Kononov v. Latvia, JICJ **2008** 1043; *Polakiewicz* Verfassungs- und völkerrechtliche Aspekte der strafrechtlichen Ahndung des Schußwaffeneinsatzes an der innerdeutschen Grenze, EuGRZ **1992** 177; *Pollähne* Europäische Rechtssicherheit gegen Deutsches Sicherheitsrecht? KJ **2010** 255; *Rau* Deutsche Vergangenheitsbewältigung vor dem EGMR – Hat der Rechtsstaat gesiegt? NJW **2001** 3008; *ders.* Transitional Justice: The German Experience after 1989, in: KAS (Hrsg.), Rechtsstaat in Lectures, Nr. 4 (2009); *Renzikowski* Das Elend mit der rückwirkend verlängerten und der nachträglich angeordneten Sicherungsverwahrung, ZIS **2011** 531; *ders.* Mala per se et delicta mere prohibita – rechtsphilosophische Bemerkungen zum Rückwirkungsverbot (Art. 7 EMRK), FS Krey (2010) 407;

Rissing-van Saan Neuere Aspekte der Sicherungsverwahrung im Kontext der Rechtsprechung des EGMR, FS Roxin II (2011) 1173; *Schöch* Sicherungsverwahrung und Europäische Konvention zum Schutze der Menschenrechte und Grundfreiheiten, FS Roxin II (2011) 1193; *Schörner* Sud Fondi, Varvara und G.I.E.M.: Die Entscheidungen des EGMR zu einer italienischen Non-Conviction-Based-Confiscation als Indikator für die Konventionswidrigkeit des deutschen § 76a Abs. 4 StGB? ZIS **2019** 144; *Wallace* The Application of the European Convention on Human Rights to military operations (2019); *Werle* Rückwirkungsverbot und Staatskriminalität, NJW **2001** 3001; *Windoffer* Die Maßregel der Sicherungsverwahrung im Spannungsfeld von Europäischer Menschenrechtskonvention und Grundgesetz, DÖV **2011** 590.

Übersicht

1. Allgemeines —— 1
2. Vorbehalt —— 10
3. Festlegung des Straftatbestandes im Recht als Kernelement der Strafbarkeit —— 12
4. Festlegung der Strafe im Recht —— 28
5. Gebot der Auslegung – Verbot der Analogie
    a) Gebot der Auslegung —— 31
    b) Analogieverbot —— 33
6. Rückwirkungsverbot —— 38
7. Grenzen des Anwendungsbereichs: Strafbarkeit und Strafe
    a) Umfasste Sanktionen —— 47
    b) Disziplinarmaßnahmen —— 54
    c) Maßregeln der Besserung und Sicherung —— 55

    d) Sonstige Maßnahmen —— 57
    e) Verfahrensregelungen —— 59
    f) Sonstige staatliche Entscheidungen —— 61
8. Sicherungsverwahrung (§ 66 StGB) als Strafe i.S.v. Art. 7
    a) EGMR —— 62
    b) BVerfG —— 65
    c) Strafgerichte —— 67
    d) Gesetzliche Neuregelung —— 71
    e) Bewertung durch den EGMR —— 73
    f) Nachträgliche Verwahrung (Schweiz) —— 77
9. Ausnahme des Absatzes 2 —— 78

1   **1. Allgemeines.** Das Verbot der Verurteilung wegen einer Handlung, die zur Zeit ihrer Begehung nicht mit Strafe bedroht war, macht jede Strafbarkeit davon abhängig, dass die Tat bereits im Zeitpunkt ihrer Begehung im innerstaatlichen/inländischen oder internationalen **Recht** mit Strafe bedroht ist).[1] Der Grundsatz **nullum crimen, nulla poena sine lege** schließt eine Bestrafung in **analoger Anwendung** eines anderen Straftatbestandes ebenso aus wie die Verurteilung aufgrund eines erst nach der Begehung der Tat erlassenen Strafgesetzes.[2] Er ist daher eine grundlegende Norm jedes rechtsstaatlichen Freiheitsschutzes und gewährleistet die Rechtssicherheit als Grundlage einer selbstverantwortlichen Lebensführung, indem er **vor willkürlicher Verfolgung und Bestrafung schützt**[3] und den Handlungsraum transparent festlegt, der ohne Furcht vor einer Bestrafung ausgeschöpft werden darf.[4] Die Garantie beschränkt sich dabei nicht auf das Strafrecht, sondern findet auch Anwendung im **Ordnungswidrigkeiten- und Disziplinarrecht**.[5]

2   Die in Art. 7 EMRK und Art. 15 IPBPR verankerten Garantien sind so auszulegen und anzuwenden, dass sie einen **wirksamen Schutz** gegen willkürliche Strafverfolgung, Verur-

---

1 EGMR Varvara/I, 29.10.2013, § 53 („*Only the law can define a crime and prescribe a penalty*").
2 EGMR Varvara/I, 29.10.2013, § 53 („*Criminal law must not be extensively construed to an accused's detriment, for instance by analogy*").
3 EGMR S.W./UK, 22.11.1995, ÖJZ **1996** 356, § 34; ausdrücklich darauf Bezug nehmend: EGMR (GK) Streletz, Kessler u. Krenz/D, 22.3.2001, NJW **2001** 3035 = EuGRZ **2001** 210 = ÖJZ **2002** 274 = NJ **2001** 261, § 50; (GK) K.-H. W./D, 22.3.2001, NJW **2001** 3042 = EuGRZ **2001** 219 = NJ **2001** 268, § 45; Meyer-Ladewig/Nettesheim/von Raumer/*Harrendorf/König* 1 m.w.N. Zur historischen Entwicklung des Rückwirkungsverbots seit dem 13. Jahrhundert *Renzikowski* FS Krey 411 ff.
4 *Frowein/Peukert* 1; *Villiger* 623.
5 Karpenstein/Mayer/*Sinner* 8.

Esser   **1124**

teilung und Bestrafung bieten.[6] Eine gegen das Gesetzlichkeitsprinzip verstoßende Strafverfolgung als solche kann zwar schon wegen des Erfordernisses der Rechtswegerschöpfung nicht Gegenstand einer Beschwerde zum EGMR sein; dem Betroffenen muss allerdings gegen Einzelakte auch insoweit ein **effektiver Rechtsbehelf i.S.v. Art. 13** zur Verfügung stehen.

Eine Einschränkung des nationalen Gesetzgebers hinsichtlich der Festlegung eines **3** Straftatbestandes besteht grundsätzlich nicht.[7] **Inhaltliche Schranken** für die Normierung einer Strafbarkeit und die Ausgestaltung der einzelnen Tatbestände ergeben sich nicht aus Art. 7 EMRK und Art. 15 IPBPR, sondern aus den übrigen durch die Konventionen garantierten Rechten.[8]

Der strafrechtliche Rechts-/Gesetzesvorbehalt ist **Frucht aufklärerischen Rechtsden- 4 kens**.[9] Er ist Reaktion auf die Sorge, die Freiheit des Einzelnen sei durch behördliche und richterliche Willkür gefährdet und fordert als Garant bürgerlicher Freiheit im Interesse der Rechtssicherheit sowohl die vorgängige rechtliche Festlegung der tatbestandsmäßigen Voraussetzungen der **Strafbarkeit** als auch die Festlegung der **Strafsanktion**.

Der Grundsatz *nullum crimen, nulla poena sine lege* hat als freiheitssicherndes und **5** willkürvorbeugendes Grundprinzip der Rechtsstaatlichkeit[10] in vielen europäischen Verfassungen Aufnahme gefunden. Art. 103 Abs. 2 GG verbürgt diesen Grundsatz **innerstaatlich mit Verfassungsrang**.

Er wird zudem als ein allen Rechtsordnungen der Mitgliedstaaten der Europäischen **6** Union **gemeinsamer allgemeiner Grundsatz** angesehen, der bereits zu den allgemeinen Grundsätzen des früheren Gemeinschaftsrechts (Art. 6 Abs. 2 EUV a.F.) zählte und seit dem 1.12.2009 in **Art. 6 Abs. 3 EUV** eine Verankerung findet.[11]

Die Aufnahme des Grundsatzes in **Art. 49 Abs. 1 der Charta der Grundrechte der 7 Europäischen Union**[12] bestätigt dies. Über den Wortlaut von Art. 7 hinausgehend, in An-

---

6 EGMR Witt/D (E), 8.1.2007, NJW **2008** 2322, 2323; (GK) Streletz, Kessler u. Krenz/D, 22.3.2001, § 50; KK-EMRK-GG/*Kadelbach* Kap. 15, Rn. 9; näher Teil I Rn. 244; vgl. auch Teil II Rn. 267.

7 EGMR Varvara/I, 29.10.2013, §§ 64, 65, 66. Das Gericht sieht in Art. 7 eine Norm, die das in Art. 6 Abs. 2 statuierte Verbot der rechtlichen Vererbung von Schuld bzw. das Bestrafen von Personen für die Straftaten Dritter flankiert („no one can be held guilty of a criminal offence committed by another."). Zur Problematik von Strafnormen, die aufgrund ihrer vagen Formulierung erhebliche Spielräume ihrer willkürlichen Anwendung eröffnen: Sondervotum *Martens* in EGMR Kokkinakis/GR, 25.5.1993 (8:1 Verstoß gegen Art. 7 verneint; 6:3 Verstoß gegen Art. 9 bejaht).

8 EGMR Erdoğdu u. İnce/TRK, 8.7.1999, §§ 55 ff. (strafrechtliche Verurteilung aufgrund eines Gesetzes begründete eine Verletzung von Art. 9; Art. 7 nicht verletzt); ebenso EGMR Larissis u.a./GR, 24.2.1998, JBl **1998** 573, §§ 35, 61; Kokkinakis/GR, 25.5.1993, ÖJZ **1994** 59, §§ 50 ff.; *Grabenwarter/Pabel* § 24, 145; für den umgekehrten Fall (Gesetz, das gegen Art. 7 verstößt, bietet Rechtfertigung für Eingriff in ein anderes Konventionsrecht) siehe EKMR Kokkinakis/GR, 7.12.1990, Nr. 2 der Gründe: Festnahme war wegen dringenden Tatverdachts gerechtfertigt (Art. 5 Abs. 1 Satz 2 *lit.* c); erst im späteren Urteil des EGMR wurde abschließend beurteilt, ob das Strafgesetz, gegen das der Bf. verstoßen haben soll, mit Art. 7 vereinbar war (Verletzung zwar verneint, auf der Grundlage der Entscheidung der EKMR hätte eine Verletzung von Art. 7 aber auch bejaht werden können).

9 Vgl. Art. 8 der Erklärung der Menschen- und Bürgerrechte vom 26.8.1789; KK-EMRK-GG/*Kadelbach* Kap. 15, 1; grundlegend zur Entstehungsgeschichte *Krey* Keine Strafe ohne Gesetz (1983), Rn. 13 ff. m.w.N.

10 So auch EuGH 3.5.2007, C-303/05 (Advocaten voor de Wereld VZW/Leden van de Ministerraad), NJW **2007** 2237 (RB EuHb); zum Doppelzweck des Art. 103 Abs. 2 GG vgl. BVerfGE **78** 374.

11 Siehe zur Rechtsprechung des EuGH bzgl. allgemeiner Rechtsgrundsätze und daraus entwickelter europäischer Grundrechte vor Inkrafttreten des EUV: EuGH 10.7.1984, 63/83 (Regina v. Kent Kirk), Tz. 22; *Streinz* 763; Schwarze/*Stumpf* Art. 6, 29 EUV; *Grabenwarter/Pabel* § 24, 146.

12 ABlEU Nr. C 303 v. 14.12.2007 S. 1; BGBl. 2008 II S. 1165; ursprüngliche Textfassung: ABlEG Nr. C 364 v. 18.12.2000 S. 1, EuGRZ **2000** 554; zur Charta Teil I Rn. 110 ff., 191 ff.

Esser

lehnung an Art. 15 Abs. 1 Satz 3 IPBPR, wird dort vorgeschrieben, dass die mildere Strafe (*lex mitior*) zu verhängen ist, wenn das Strafmaß oder die Art der Strafe nach Begehung der Tat im Sinne einer Milderung geändert wurde,[13] sowie zusätzlich, dass das **Strafmaß** gegenüber der Straftat **nicht unverhältnismäßig** sein darf (Art. 49 Abs. 3 EUC).[14] Art. 49 Abs. 2 EUC stellt klar, dass eine Bestrafung wegen einer Handlung oder Unterlassung auch zulässig ist, wenn sie zur Zeit ihrer Begehung nach den von den zivilisierten Völkern anerkannten Rechtsgrundsätzen strafbar war (vgl. Art. 7 Abs. 2).

8　　Die **AEMR** vom 10.12.1948 hat den Grundsatz, dass niemand wegen einer Handlung oder Unterlassung verurteilt werden darf, die zur Zeit ihrer Begehung nach inländischem oder internationalem Recht nicht strafbar war, in **Art. 11** mit der Unschuldsvermutung und dem Recht auf Verteidigung im Strafverfahren zusammengefasst. Wegen seiner Bedeutung garantieren EMRK und IPBPR diesen Grundsatz jeweils in einem gesonderten Artikel;[15] der IPBPR ergänzt ihn noch durch die Verpflichtung, ein erst nach der Tat erlassenes milderes Gesetz anzuwenden (Art. 15 Abs. 1 Satz 3 IPBPR). Beide Konventionen legen, offensichtlich beeinflusst durch die in den Strafverfahren zur Aufarbeitung des NS-Unrechts erhobenen Einwände gegen eine „Siegerjustiz" und Verurteilungen angeblich ohne rechtlichen Grund nach Beendigung des Zweiten Weltkriegs,[16] jeweils in einem Absatz 2 fest, dass dieser Grundsatz nicht die Bestrafung von Personen hindert, die sich zwar nicht nach ihrem nationalen Recht, wohl aber nach international allgemein anerkannten Rechtsgrundsätzen strafbar gemacht haben.

9　　Die fundamentale Bedeutung des Grundsatzes, dass niemand wegen einer Tat bestraft werden darf, die nicht bereits bei ihrer Begehung mit Strafe bedroht war, ergibt sich auch daraus, dass ihn beide Konventionen **notstandsfest** gewährleisten (Art. 15 Abs. 2 EMRK/ Art. 4 Abs. 2 IPBPR).[17] Verstöße gegen Art. 7 sind schwerwiegende Menschenrechtsverletzungen, die Bestimmung ist somit eng auszulegen.[18]

10　　**2. Vorbehalt.** Die BR Deutschland hatte ursprünglich erklärt, sie werde **Art. 7 Abs. 2** nur in den Grenzen des Art. 103 Abs. 2 GG anwenden.[19] Die Erklärung war nach ihrem Inhalt kein echter Vorbehalt. Sie wäre entbehrlich gewesen.[20] Art. 7 enthält keine über Art. 103 Abs. 2 GG hinausgehenden Verbürgungen; die Anwendung weitergehender Gewährleistungen des nationalen Rechts wird ohnehin nicht ausgeschlossen (Art. 53), so dass schon deshalb

---

13 Nicht aber, wenn es ausgeschlossen ist, dass die Anwendung des milderen Gesetzes tatsächlich zu einer milderen Strafe führt, vgl. EGMR Jidic/RUM, 18.2.2020, Rn. 96 (neues Gesetz sah alternativ zur Freiheitsstrafe eine Geldstrafe vor; dies konnte dem Angeklagten nicht zugutekommen, da für seine Tat der Strafrahmen vollständig ausgeschöpft worden war). Zur Thematik *lex mitior* Rn. 42 f.
14 Vgl. *Grabenwarter/Pabel* § 24, 146: Bedeutung auch für Strafen, die nicht in Freiheitsrechte eingreifen; *Ehlers* § 6, 62.
15 Zur Entstehung vgl. *Nowak* 1, 2.
16 Zum Zustandekommen des Absatzes 2 vgl. *Frowein/Peukert* 1, 8; *Nowak* 18; *Partsch* 171.
17 „*No derogation from it is permissible under Article 15 of the Convention in time of war or other public emergency.*", EGMR (GK) Ilnseher/D, 4.12.2018, § 202, NJOZ **2019** 1445.
18 KK-EMRK-GG/*Kadelbach* Kap. 15, 10.
19 BGBl. 1954 II S. 14: „Gemäß Art. 64 der Konvention macht die Bundesrepublik Deutschland den Vorbehalt, daß sie die Bestimmung des Art. 7 Abs. 2 der Konvention nur in den Grenzen des Art. 103 Abs. 2 des GG der Bundesrepublik Deutschland anwenden wird. Die letztgenannte Vorschrift lautet wie folgt: Eine Tat kann nur bestraft werden, wenn die Strafbarkeit gesetzlich bestimmt war, bevor die Tat begangen wurde."; dazu *Süsterhenn* DVBl. **1955** 753; vgl. Meyer-Ladewig/Nettesheim/von Raumer/*Harrendorf/König* 22.
20 KK-EMRK-GG/*Kadelbach* Kap. 15, 7.

die Anwendbarkeit von Art. 103 Abs. 2 GG nicht eingeschränkt werden konnte.[21] Vor diesem Hintergrund hat Deutschland den Vorbehalt mit Erklärung gegenüber dem Generalsekretär des Europarates vom 5.10.2001 **zurückgenommen**.[22] Eine rechtliche Bedeutung mag der Vorbehalt dennoch für die (hypothetischen) Fälle gehabt haben, in denen in Deutschland eine strafrechtliche Verurteilung als mit Art. 103 Abs. 2 GG vereinbar angesehen wurde, der EGMR jedoch einen Fall von grundsätzlich verbotener, nach Art. 7 Abs. 2 ausnahmsweise gerechtfertigter Rückwirkung gesehen hätte. Aufgrund des erklärten Vorbehalts gegen Art. 7 Abs. 2 wäre in so einem Fall in Betracht gekommen, auf eine Verletzung von Art. 7 Abs. 1 zu erkennen. Wenn aber, wie in der Literatur vorgebracht wird, Absatz 2 sich mit dem in Absatz 1 genannten „internationalen Recht" überschneidet und nur „Verdeutlichungsfunktion" hat,[23] dann hatte der Vorbehalt keinerlei rechtliche Bedeutung, denn statt eine Rechtfertigung für einen Eingriff in das Rückwirkungsverbot nach Art. 7 Abs. 2 zu bieten, hätte die Anwendung bestimmter Grundsätze des internationalen Rechts dazu geführt, dass das Konventionsrecht des Art. 7 Abs. 1 nicht einschlägig gewesen wäre.

Zu **Art. 15 Abs. 1 IPBPR** hat die BR Deutschland keinen gleichartigen Vorbehalt wie bei **11** Art. 7 abgegeben. Sie hat sich aber entsprechend Art. 1 Nr. 4 des Ratifizierungsgesetzes[24] **vorbehalten**, dass bei einer Milderung der zur Zeit der Tat in Kraft befindlichen Strafvorschriften in bestimmten Ausnahmefällen das zur Tatzeit geltende Recht auf Taten, die vor der Gesetzesänderung begangen wurden, weiterhin anwendbar bleiben kann (Rn. 43).

3. Festlegung des Straftatbestandes im Recht als Kernelement der Strafbarkeit. 12 Bestimmtheitsgrundsatz. Art. 7 EMRK und Art. 15 IPBPR legen in ihrem jeweiligen Absatz 1 den Grundsatz fest, dass eine Verurteilung wegen einer Handlung oder Unterlassung unzulässig ist, wenn deren **Strafbarkeit** nicht bereits **zur Zeit der Begehung**, d.h. *vor* der Begehung der Tat[25] **hinreichend deutlich** im **Recht** – d.h. durch Gesetz und Rechtsprechung (Rn. 23 f.)[26] – festgelegt war (**nullum crimen sine lege certa**).[27]

Die Strafbarkeit eines aktiven Tuns oder eines Unterlassens, d.h. der jeweilige **Straftat- 13 bestand**,[28] und die für eine Zuwiderhandlung drohende Sanktion müssen somit stets **hinreichend zugänglich** und **inhaltlich vorhersehbar** im nationalen Recht geregelt und bestimmt sein.[29] Der Straftatbestand muss dabei so genau umschrieben sein, dass alle von ihm betrof-

---

21 Vgl. die bei Meyer-Ladewig/Nettesheim/von Raumer/*Harrendorf/König* 22; ferner etwa *v. Weber* ZStW **65** (1953) 347; *Jescheck* NJW **1954** 783, 785 (bloß „Ausdruck der Missbilligung"); sowie *Ambos* StV **1997** 39, 40, wonach die strikte Positivität von Art. 103 Abs. 2 GG keinen Rückgriff auf ungeschriebene Rechtsgrundsätze erlaubt.

22 BGBl. 2003 II S. 1580.

23 *Grabenwarter/Pabel* § 24, 154.

24 Vgl. Art. 1 des Gesetzes v. 15.11.1973 (BGBl. II S. 1533): „Dem ... Pakt ... wird mit folgender Maßgabe zugestimmt: (...) 4. Artikel 15 Abs. 1 des Paktes wird derart angewandt, daß im Falle einer Milderung der zur Zeit in Kraft befindlichen Strafvorschriften in bestimmten Ausnahmefällen das bisher geltende Recht auf Taten, die vor der Gesetzesänderung begangen wurden, anwendbar bleiben kann.".

25 So auch: SK/*Meyer* 57.

26 EGMR (GK) Baskaya u. Okçuoglu/TRK, 8.7.1999, NJW **2001** 1995; Meyer-Ladewig/Nettesheim/von Raumer/ *Harrendorf/König* 15 ff.

27 EGMR Varvara/I, 29.10.2013, § 62 („No one can be found guilty of an offence which is not provided for by law and that no one can incur a penalty which is not provided for by law"); vgl. EGMR Fleischner/D, 3.10.2019, § 51 (Verpflichtung zum Schadensersatz aus unerlaubter Handlung keine Strafbarkeit i.S.v. Art. 7).

28 EGMR Nadtochiy/UKR, 15.5.2008; *Grabenwarter/Pabel* § 24, 155; KK-EMRK-GG/*Kadelbach* Kap. 15, 23.

29 EGMR Varvara/I, 29.10.2013, §§ 54 ff.; G.I.E.M. S.R.L. u.a./I, 28.6.2018, § 241; ferner EGMR Porsenna/MLT, 22.1.2019; Jidic/RUM, 18.2.2020, § 79; Georgouleas u. Nestoras/GR, 28.5.2020; KK-EMRK-GG/*Kadelbach* Kap. 15, 24; krit. zur Bestimmtheit der *Unvertretbarkeit* im österreichischen Untreuetatbestand: *Honsell* JSt **2020** 309.

fenen Personen[30] aus dem **Wortlaut der Norm**,[31] ggf. unter Berücksichtigung ihrer **Auslegung durch die Gerichte**[32] und unter Einholung von Rechtsrat, ersehen können, welches Verhalten – aktives Handeln oder Unterlassen – mit Strafe bedroht ist.[33] Ein **gewisser Spielraum für jede richterliche Auslegung** ist zwar notwendig und jeder Rechtsnorm inhärent, auch der Weg und die Anhaltspunkte der jeweiligen Auslegung durch das Gericht müssen jedoch hinreichend klar und vorhersehbar sein.[34] Die Auslegung der Gesetze ist vorrangig die Aufgabe der nationalen Gerichte, das Gericht überprüft lediglich die vorgenommene Auslegung auf ihre Vereinbarkeit mit den Garantien der Konvention.[35]

14   Noch nicht abschließend geklärt ist, ob sich aus Art. 7 eine Pflicht des Gesetzgebers ableiten lässt, in nationalen Straftatbeständen ein Element **individueller Verantwortlichkeit** zu inkorporieren, und wie dieses ausgestaltet sein muss. Der EGMR hat in dieser Hinsicht eine Reihe von Urteilen getroffen, die diese Thematik berühren, jedoch keinen endgültigen rechtlichen Schluss zulassen. In der Rs. *Sud Fondi* hat der Gerichtshof aus der englischen und französischen Sprachversion der Konvention („guilty"/„personne coupable") das Erfordernis einer solchen **subjektiven Komponente** abgeleitet.[36] Erforderlich wären demnach für die Begründung einer Strafbarkeit stets ein **kognitives** und ein **voluntatives Element**.[37] Diesen Ansatz schien der Gerichtshof in der Rs. *Varvara* mit der Feststellung einschränken zu wollen, dass eine Strafbarkeit begründet werden könne, die aus-

---

30 Bei Vorschriften, die sich nur an einen bestimmten Personenkreis richten, reicht es, wenn diese aufgrund ihres Spezialwissens und ihrer berufsbezogenen Informationspflichten die Strafbarkeit erkennen können, vgl. EGMR Cantoni/F, 11.11.1996, EuGRZ **1999** 193 = ÖJZ **1997** 579; Bley/D, 25.6.2019, EuGRZ **2020** 191; *Grabenwarter/Pabel* § 24, 159.

31 Siehe EGMR Ashlarba/GEO, 15.7.2014, §§ 35 ff.: Umgangssprachliche Ausdrücke zulässig, u.a. weil die breite Bevölkerung mit den Ausdrücken vertraut ist (§ 38) und diese in einem anderen, am selben Tag beschlossenen Gesetz definiert wurden (§ 39).

32 EGMR (GK) Achour/F, 29.3.2006, §§ 41, 52 (mehr als 100-jährige Rechtsprechung, dass geänderte, schärfere Regelungen über Wiederholungstaten auch dann zur Anwendung kommen, wenn nur die tatsächliche Wiederholungstat und nicht auch schon die erste Tat im Geltungszeitraum der neuen Regelung begangen wird); vgl. auch: EGMR Tolgyese/D (E), 8.7.2008 (fehlende Aufenthaltserlaubnis, zum relevanten Zeitpunkt geregelt in §§ 3 Abs. 1, 92 Abs. 1 AuslG; § 12 Abs. 2 DurchführungVO zum AuslG).

33 Zusammenfassend etwa EGMR Norman/UK, 6.7.2021, § 59; Baldassi u.a./F, 11.6.2020, § 35; Dallas/UK, 11.2.2016; Ashlarba/GEO, 15.7.2014, §§ 33 f.; (GK) Kafkaris/ZYP, 12.2.2008, NJOZ **2010** 1599; (GK) Kononov/LET, 17.5.2010, § 185, NJOZ **2011** 226; Witt/D (E), 8.1.2007; Baskaya u. Okçuoglu/TRK, 8.7.1999; sehr deutlich bei EGMR Žaja/KRO, 4.10.2016: „No person should be forced to speculate, at peril of conviction, whether his or her conduct is prohibited or not, or to be exposed to unduly broad discretion of the authorities, in particular if it was possible, either by drafting legislation in more precise terms or through judicial interpretation, to specify the relevant provision in a way that would dispel uncertainty."; Streicher/D, 10.2.2009; Gestur Jónsson Ragnar Halldór/ISL, 30.10.2018. Eine nachträgliche Änderung in der Gerichtszuständigkeit berührt die Garantien der Konvention nicht („change of court changed neither the legal characterization of the offence nor the applicable penalty"), HRC Andela/CMR, 8.11.2017, 2764/2016.

34 EGMR Liivik/EST, 25.6.2009; das Gericht sieht es auch als ausreichend an, wenn die Weite der Strafbarkeit einer Norm erst durch das nationale Gericht bestimmt wird, vgl. EGMR Baldassi u.a./F, 11.6.2020 (Verurteilung von mehreren Mitgliedern der BDS-Organisation wegen eines Aufrufes zum Boykott von Produkten aus Israel in einem Supermarkt aufgrund einer Norm, die ihrem Wortlaut nach keine Anwendung auf wirtschaftliche Diskriminierung fand, aber vom nationalen Gericht angewandt wurde; dadurch Strafbarkeit für die Betroffenen vorhersehbar).

35 EGMR Norman/UK, 6.7.2021, § 61 m.w.N.

36 EGMR Sud Fondi SRL u.a./I, 20.1.2009, § 116; vgl. SSW/*Satzger* 27; vertiefend: *Schörner* ZIS **2019** 144, 146, 147.

37 SSW/*Satzger* 27.

Esser   1128

schließlich an objektive Merkmale anknüpft;[38] Voraussetzung für die Verhängung einer Sanktion sei aber dennoch die Feststellung einer persönlichen Verantwortlichkeit (**„finding of liability"**).[39]

In der Rs. *G.I.E.M.* nahm der EGMR sowohl Bezug auf *Sud Fondi* als auch auf *Varvara* **15** und stellte fest, dass zwar ein sog. *„mental link"* erforderlich sei,[40] aber es den Konventionsstaaten andererseits auch freistehe, Tatbestände zu schaffen, die an eine **objektive Verantwortlichkeit** (z.B. Vermutungsregelungen) anknüpfen.[41] Zwar ist die genaue Ausgestaltung und Zusammenführung dieser Grundsätze weiterhin im Detail nicht klar, jedoch lässt die Rechtsprechungslinie zumindest darauf schließen, dass der EGMR aus Art. 7 eine gewisse individuelle Verantwortung für ein Handeln als Bedingung für eine Sanktionierung – und damit letztlich auch für die Strafbarkeit als solche – ableitet.[42]

Die vom BVerfG auf der Grundlage von Art. 103 Abs. 2 GG gestellte Anforderung, dass **16** die Voraussetzungen einer Strafbarkeit mit dem Ansteigen des Strafmaßes umso präziser umschrieben sein müssen,[43] findet sich in der Konventionspraxis so nicht direkt,[44] lässt sich dieser aber mittelbar ebenfalls entnehmen. Es gelten dort eher flexible Maßstäbe, weshalb auf den Bestimmtheitsgrundsatz gestützte Beschwerden nur selten Erfolg haben. Sind die vom EGMR aufgestellten allgemeinen Voraussetzungen erfüllt, ist auch die Verurteilung des ersten der Norm Zuwiderhandelnden **ohne Präzedenzfall** mit Art. 7 Abs. 1 grundsätzlich vereinbar.[45]

Über **Art. 49 EUC** und sodann über die Grundsätze des EGMR zu Art. 7 als Erkenntnis- **17** quelle (Art. 6 Abs. 3 EUV) kann auch der EuGH mit den Anforderungen an die Bestimmtheit strafgesetzlicher Bestimmungen befasst werden. So war etwa der **RB 2002/584/JI über den Europäischen Haftbefehl**[46] diesbezüglich in die Kritik geraten. Danach sind die EU-Mitgliedstaaten grundsätzlich verpflichtet, den von einem anderen Mitgliedstaat ausgestellten EuHb zu vollstrecken und die betreffende Person an den Ausstellungsstaat zu übergeben, ohne ihrerseits die Anordnung im Einzelnen zu überprüfen. Die **Liste** der hierfür über 30 in Art. 2 Abs. 2 RB genannten Straftaten und Kriminalitätsfelder, für die die traditionelle Bedingung der **Prüfung der beiderseitigen Strafbarkeit** fallen gelassen wurde, sofern diese Straftaten im Ausstellungsmitgliedstaat mit Freiheitsentzug im Höchstmaß von mindestens drei Jahren bedroht sind, wurde von der Praxis mitunter als so vage und unklar angesehen, dass sie mangels Bestimmtheit gegen das Legalitätsprinzip in

---

38 EGMR Varvara/I, 29.10.2013, § 70 („In particular, and again in principle, the Contracting States may, under certain conditions, penalise a simple or objective fact as such, irrespective of whether it results from criminal intent or negligence").

39 EGMR Balsamo/SM, 8.10.2019, § 58; Varvara/I, 29.10.2013, §§ 70, 71.

40 EGMR G.I.E.M. S.R.L. u.a./I, 28.6.2018, § 242 („punishment under Article 7 requires the existence of a mental link through which an element of liability may be detected in the conduct of the person who physically committed the offence").

41 EGMR G.I.E.M. S.R.L. u.a./I, 28.6.2018, § 243 („this requirement does not preclude the existence of certain forms of objective liability stemming from presumptions of liability, provided they comply with the Convention"); siehe auch: *Schörner* ZIS **2019** 144, 147.

42 *Schörner* ZIS **2019** 144, 147; SSW/*Satzger* 27 (vergleichbar mit *„mens rea"* aus dem angloamerikanischen Rechtskreis).

43 BVerfGE 75 329, 342.

44 KK-EMRK-GG/*Kadelbach* Kap. 15, 24.

45 EGMR Khodorkovskiy u. Lebedev/R, 25.7.2013, § 821.

46 Rahmenbeschluss 2002/584/JI des Rates vom 13.6.2002 über den Europäischen Haftbefehl und die Übergabeverfahren zwischen den Mitgliedstaaten, ABlEU Nr. L 190 v. 18.7.2002 S. 1.

Esser

Strafsachen verstoßen könne.[47] Der EuGH hat indes in **Art. 2 Abs. 2 RB** keine Verletzung des Grundsatzes *„nullum crimen, nulla poena sine lege"* erkannt. Wenn die Vorschrift die Straftaten, bei denen eine Übergabe zu erfolgen hat, nur schlagwortartig benenne, gehe es dem Unionsrecht nicht darum, Strafbarkeit zu begründen. Die Definition der Straftaten und der für sie angedrohten Strafen ergebe sich aus dem Recht des Ausstellungsmitgliedstaates, während sich die EU darauf beschränke, die Ausübung der mitgliedstaatlichen Hoheitsgewalt horizontal zu koordinieren.[48]

18   Die in Art. 49 EUV niedergelegten Grundsätze bestimmen auch die Grenzen des **Anwendungsvorrangs** des Unionsrechts gegenüber dem nationalen Recht. Der EuGH musste sich mit der Frage befassen, inwiefern **Art. 325 Abs. 1 und 2 AEUV** es erfordern, dass das **nationale Verjährungsrecht** zugunsten des Unionsrechts unangewendet bleibt. In dem Fall ging es um Straftaten zum Nachteil der finanziellen Interessen der EU, die im betreffenden Mitgliedstaat einer kürzeren Verjährungsfrist unterlagen als vergleichbare Straftaten zum Nachteil des Mitgliedstaats. Grundsätzlich wäre, so der EuGH, das Gericht des Mitgliedstaates dazu verpflichtet, die nationale Verjährungsfrist unangewendet zu lassen, um den in Art. 325 Abs. 2 AEUV vorgegebenen gleichwertigen Schutz zu gewährleisten.[49] Dies gilt jedoch nicht, wenn die Nichtanwendung aufgrund der **mangelnden Bestimmtheit der Norm**, oder aufgrund einer **rückwirkenden Strafschärfung** einen Verstoß gegen den Grundsatz der Gesetzmäßigkeit darstellen würde.[50]

19   Rechtsvorschriften, vor allem Parlamentsgesetze, aus denen sich eine Strafbarkeit ergeben soll, müssen zum Zeitpunkt der Tat **in Kraft getreten** und dürfen **nicht bereits wieder außer Kraft getreten** sein, müssen also wirksam sein. Zum Inkrafttreten einer Norm gehört auch ihre Veröffentlichung oder eine sonstige sichere Form der Bereitstellung (Zugänglichkeit) für die Öffentlichkeit.[51]

20   Ein **Dauerdelikt**, das vor dem Inkrafttreten der Strafvorschrift begonnen, danach aber weitergeführt wurde, ist (nur dann) strafbar, wenn die strafbaren **Handlungen** auch nach dem Inkrafttreten der Strafvorschrift noch fortgesetzt wurden;[52] vor dem Inkrafttreten der neuen Strafnorm begangene Einzelakte können nach Ansicht des EGMR herangezogen werden, auch wenn erst dadurch überhaupt eine Dauertat bzw. fortgesetzte Tat (mit höherer Strafdrohung als die Einzeltat) vorliegt.[53]

21   In der Rs. *Rohlena* hatte sich der Bf. gegen eine Verurteilung aufgrund eines Straftatbestandes gewandt, der am 1.6.2004 in Kraft getreten war. Verurteilt wurde der Bf. aufgrund einer Handlung, die er begangen hatte, als das Gesetz bereits in Kraft war, jedoch wurden für die Strafbarkeit auch Handlungen berücksichtigt, die er begangen hatte, bevor das Gesetz in Kraft getreten war. Der Bf. sah hierin eine unzulässige Rückwirkung. Die tschechische Regierung argumentierte zum einen, dass der Straftatbestand ein sog. **Dauerdelikt** bestrafe, das zum Zeitpunkt des Inkrafttretens der Norm noch nicht abgeschlossen gewesen sei, und zum anderen, dass die vor dem 1.6.2004 begangenen Handlungen bereits

---

47 Vgl. die Argumente der Verfahrensbeteiligten in: EuGH (GK) 3.5.2007, C-303/05 (Advocaten voor de Wereld VZW/Leden van de Ministerraad), NJW **2007** 2237.

48 EuGH (GK) 3.5.2007, C-303/05 (Advocaten voor de Wereld VZW/Leden van de Ministerraad); dazu trotz Anerkennung der formal richtigen Sichtweise des EuGH krit. *Nettesheim* EuR **2009** 41 f.

49 EuGH (GK) 5.12.2017, C-42/17 (M. A. S. u. M. B.), NJW **2018** 217, 221.

50 EuGH (GK) 5.12.2017, C-42/17 (M. A. S. u. M. B.), NJW **2018** 217, 221.

51 Vgl. *Villiger* 627; Meyer-Ladewig/Nettesheim/von Raumer/*Harrendorf/König* 15.

52 Vgl. Meyer-Ladewig/Nettesheim/von Raumer/*Harrendorf/König* 18 unter Hinweis auf EGMR Ecer u. Zeyrek/TRK, 27.2.2001.

53 EGMR Rohlena/CS, 18.4.2013, §§ 35 ff.; bestätigt von (GK) 27.1.2015, NJW **2016** 2793 (Verurteilung wegen eines ausreichend bestimmten und vorhersehbaren Dauerdelikts, das zum Zeitpunkt der letzten relevanten Handlung bereits in Kraft war).

strafbar waren, weshalb es sich nicht um eine rückwirkende Begründung der Strafbarkeit handele. Nach tschechischem Recht waren auch die vor Einführung des Dauerdelikts **begangenen Teilakte nach altem Recht strafbar**, was für die nationale Rechtsprechung entscheidend war, um die früheren Einzelakte für das Vorliegen eines Dauerdeliktes heranziehen zu können. Nach Ansicht des EGMR lag hierin keine Verletzung von Art. 7.[54]

Es genügt demzufolge, wenn für den Normadressaten bei Vornahme der Handlung – **22** oder bei deren Fortführung nach Eintritt der Strafbarkeit – **vorhersehbar**[55] ist, dass sein Verhalten nach dem einschlägigen innerstaatlichen Recht oder aber nach internationalem Recht strafbar ist – oder, im Fall der Dauerstraftat, mit höherer Strafe bedroht ist, als dies vor der Einführung der Dauerstraftat für die Einzelakte der Fall war. Ähnlich gelagert ist der Fall einer höheren Strafdrohung für Rückfalltäter, wo die Rückfallfrist, innerhalb derer eine neue Straftat schärfer bestraft wird, als wenn sie nicht als Rückfalltat zu qualifizieren wäre, nach der ersten, aber noch vor der Rückfalltat verlängert wird. Hierbei können auch Regelungsgegenstand, Beruf und Kenntnisstand der Normadressaten, insbesondere auch seine beruflichen Fachkenntnisse ins Gewicht fallen.[56] Die Vorhersehbarkeit einer *Verurteilung* ist hingegen nicht erforderlich.[57]

Die **Festlegung der Strafbarkeit durch geschriebenes Recht** ist nach den Konventi- **23** onen – anders als nach Art. 103 Abs. 2 GG[58] – nicht zwingend. Der Begriff **Recht** in Art. 7 meint sowohl geschriebene als auch ungeschriebene Normen.[59] In welcher Form die notwendige konkrete Festlegung einer Strafnorm zu geschehen hat, bestimmen die Konventionen dagegen nicht. Dies richtet sich nach dem jeweiligen nationalen Verfassungsrecht. Wo dieses ein **formelles Parlamentsgesetz** fordert, weil die Grundentscheidung über die Strafbarkeit eines Verhaltens dem Parlament vorbehalten ist, kann die vorgängige Festlegung der Strafbarkeit i.S.d. Art. 7 EMRK/Art. 15 IPBPR grundsätzlich auch nur durch ein solches Parlamentsgesetz begründet werden.

Im Anwendungsbereich des **common law** genügt es, dass aufgrund einer gefestigten **24** bzw. höchstrichterlichen Rechtsprechung der Tatbestand feststeht und auch der Strafrahmen umgrenzt ist.[60] Es genügt, wenn die Grenzen aufgrund der Rechtsprechung feststellbar sind.[61] Eine Fortentwicklung der strafrechtlichen Verantwortlichkeit durch Richterrecht und Gewohnheitsrecht wird dadurch, anders als durch Art. 103 Abs. 2 GG, nicht

---

54 Ob Art. 7 Abs. 1 diese Strafbarkeit nach altem Recht erfordert, geht aus der Begründung des EGMR nicht eindeutig hervor; instruktiv das zustimmende Sondervotum *Lemmens*.

55 EGMR Rohlena/CS, 18.4.2013, § 38; (GK) Kononov/LET, 17.5.2010, NJOZ **2011** 226 (Strafbarkeit von Kriegsverbrechen nach der HLKO); Jorgic/D, 12.7.2007, NJOZ **2008** 3605 = forumpoenale **2008** 73 m. Anm. *Wohlers* (Strafbarkeit ethnischer Säuberungen in der bosnischen Region Doboj unter Zugrundelegung einer weiten Auslegung des Begriffs „Völkermord" in § 220a StGB a.F.); (GK) Achour/F, 29.3.2006, §§ 42, 53 ff.; Dragotoniu u. Militaru-Pidhorni/RUM, 24.5.2007; Sud Fondi SRL u.a./I, 20.1.2009; Ould Dah/F (E), 17.3.2009 (Verurteilung für in Mauretanien begangene Folterungen auf der Grundlage des Universalitätsprinzips trotz Amnestie im Tatortstaat mit Art. 7 vereinbar); Milanković/KRO, 20.1.2022, § 63.

56 Vgl. EGMR Cantoni/F, 11.11.1996; dazu *Winkler* EuGRZ **1999** 181; Schimanek/A, 1.2.2000, ÖJZ **2000** 817; (GK) Streletz, Kessler u. Krenz/D, 22.3.2001; Meyer-Ladewig/Nettesheim/von Raumer/*Harrendorf/König* 16; *Villiger* 627.

57 Vgl. SK/*Meyer* 78 ff.; siehe die Klarstellung im zustimmenden Sondervotum *Bratza/Vajic* zu EGMR (GK) K.-H. W./D, 22.3.2001 (abgedruckt in EuGRZ **2001** 222 und NJ **2001** 271, nicht aber in der NJW).

58 Zum Ausschluss des Gewohnheitsrechts BVerfGE **14** 185; vgl. Dürig/Herzog/Scholz/*Remmert* Art. 103 Abs. 2, 79 ff.

59 EGMR (GK) Del Rio Prada/E, 21.10.2013, NJOZ **2014** 1587, § 91; (GK) Streletz, Kessler u. Krenz/D, 22.3.2001; KK-EMRK-GG/*Kadelbach* Kap. 15, 7, 20; *Frowein/Peukert* 4.

60 EKMR EuGRZ **1977** 38 (Handyside); EKMR nach *Frowein/Peukert* 4; *Nowak* 5.

61 *Frowein/Peukert* 4.

ausgeschlossen, sofern sie mit dem Wesen der strafbaren Handlung in Einklang steht und vernünftigerweise vorhergesehen werden kann.[62]

25 Die Strafbarkeit nach **internationalem Recht**, die Art. 7 Abs. 1 EMRK und Art. 15 Abs. 1 IPBPR der Strafbarkeit nach nationalem Recht gleichstellen, muss ebenfalls bereits im Zeitpunkt der Begehung der Tat gegeben sein.[63] Liegt sie bei Tatbegehung vor, ist es unschädlich, wenn gleichartiges nationales Recht die Tat erst nach ihrer Begehung mit Strafe bedroht.[64] Davon werden die Fälle nicht erfasst, in denen Völkerrechtsnormen zu nationalen Normen transformiert worden sind oder sonst als Bestandteil des innerstaatlichen Rechts die Auslegung des nationalen Straftatbestandes mitbestimmt haben.[65] Die Anerkennung des internationalen Rechts als eine zur ausreichenden Festlegung der Strafbarkeit[66] geeignete Strafandrohung kann Bedeutung erlangen, wenn ein Täter von einem anderen Staat wegen einer dort als Straftat eingestuften Handlung abgeurteilt wird, für die sein nationales Recht oder das Recht des Tatorts keine Strafe angedroht haben.[67] An sich könnte die Strafbarkeit nach internationalem Recht auch unmittelbar aus dem **völkerrechtlichen Gewohnheitsrecht** hergeleitet werden.[68] Darüber hinaus können aus dem Gewohnheitsrecht weitere Rechtssätze herangezogen werden, um eine Strafbarkeit zu begründen. Dies ist bspw. der Fall hinsichtlich die Verantwortlichkeit von Vorgesetzen für die Handlungen ihrer Untergebenen.[69] In aller Regel folgt die Strafbarkeit aber aus dem **Völkervertragsrecht**, sofern dieses die Vertragsstaaten nicht nur zum Erlass nationaler Straftatbestände verpflichtet,[70] sondern das strafbare Verhalten selbst festlegt, wie

---

62 EGMR S.W./UK, 22.11.1995, ÖJZ **1996** 356 (Vergewaltigung in der Ehe strafbar entgegen einer Ausnahme des common law von 1736); IK/*Renzikowski* 73 f.; Karpenstein/Mayer/*Sinner* 12, 13.

63 EGMR (GK) Kononov/LET, 17.5.2010, §§ 199 f.; hierzu: *Wallace* The Application of the European Convention on Human Rights to military operations (2019) 170 f.; EGMR van Anraat/NL, 6.7.2010, §§ 71 ff. (Verurteilung wegen Beteiligung an Kriegsverbrechen, da er Chemikalien in den Irak geliefert hatte, die der Herstellung von Senfgas dienten; keine Verletzung von Art. 7, da Norm des Völkerrechts vorhanden sei, die den Einsatz von Giftgas verbiete).

64 *Grabenwarter/Pabel* § 24, 153; SK/*Meyer* 68.

65 *Grabenwarter/Pabel* § 24, 153.

66 Auch insoweit muss die Strafbarkeit konkret festgelegt sein, die bloße Kennzeichnung als strafwürdig genügt nicht nach dem Regelungszweck, der auch die vorherige Androhung der Strafe umfasst. Vgl. aber *Partsch* 172 (strafwürdiges Verhalten).

67 EGMR (GK) Korbely/H, 19.9.2008, EuGRZ **2010** 577 = NJOZ **2010** 515 (eine auf Art. 3 der Genfer Konventionen von 1949 gründende Verurteilung wegen Verbrechen gegen die Menschlichkeit kann nur ergehen, wenn die Tat neben den Mord-Kriterien besondere Kriterien des internationalen Rechts erfüllt); krit. *Schroeder/ Küpper* JOR **2009** 213, 217 ff.; *Wallace* The Application of the European Convention on Human Rights to military operations (2019) 177; vgl. *Frowein/Peukert* 9, unter Hinweis auf Bestrafung eines Kriegsgefangenen wegen Verstößen gegen das Kriegsrecht nach Art. 85, 99 GK III.

68 Vgl. KK-EMRK-GG/*Kadelbach* Kap. 15, 7, 39. Zur **Piraterie** *Frowein/Peukert* 10. *Villiger* 632 bezweifelt, ob insoweit die notwendige Bestimmtheit des Strafmaßes gegeben ist. Inzwischen legen internationale Übereinkommen den Tatbestand der Seeräuberei und das Recht der Staaten zu seiner Verfolgung und Aburteilung gemäß den festzulegenden Strafen fest; vgl. Art. 15 Genfer Übereinkommen über die Hohe See v. 29.4.1958 (BGBl. 1972 II S. 1089); ferner Art. 100 ff. UN-Seerechtsübereinkommen v. 10.12.1982 (BGBl. 1994 II S. 1799). Zur Pirateriebekämpfung aus menschenrechtlicher Perspektive (Festnahme): *Esser/Fischer* ZIS **2009** 771; *dies.* JR **2010** 513.

69 EGMR Milanković/KRO, 20.1.2022, § 60.

70 Meist wird nur eine Staatenverpflichtung zum Erlass nationaler Strafvorschriften begründet; diese hat die Vertragsstaaten, nicht den Einzelnen als Adressaten und würde mitunter auch nicht den Bestimmtheitserfordernissen für eine Strafvorschrift genügen; vgl. Art. 4 der UNCAT (Art. 3 Rn. 61). Bei der Konvention über die Verhütung und Bestrafung des Völkermordes (BGBl. 1954 II S. 729) ist dies strittig, zu Recht verneinend *Frowein/Peukert* 9; wohl bejahend *Nowak* 6.

Esser

etwa die Haager Landkriegsordnung,[71] die Genfer Konventionen bei Verstößen gegen das humanitäre Kriegsvölkerrecht[72] oder die Verbrechen gegen die Menschlichkeit oder die Kriegsverbrechen nach dem Römischen Statut über den Internationalen Strafgerichtshof (**IStGH-Statut**).[73] Das Rückwirkungsverbot des Absatzes 1 gilt auch bei der Anwendung vertraglich begründeter neuer völkerrechtlicher Straftatbestände.[74]

Die in vielen internationalen Übereinkommen zu findende **völkerrechtliche Ver-** 26 **pflichtung der Mitgliedstaaten**, ein bestimmtes Verhalten innerstaatlich mit Strafe zu bedrohen, fällt nur unter die erste Alternative, da das internationale Recht in diesem Fall Straftatbestand und Strafe nicht selbst für jedermann verbindlich festsetzt, sondern nur die einzelnen Vertragsstaaten zum Erlass entsprechender nationaler Strafnormen verpflichtet (vgl. Art. 4 UNCAT), in einigen Fällen dies ihnen auch nur anheimstellt.

In den sog. **Mauerschützen-Urteilen**[75] hat der EGMR eine Verletzung von Art. 7 ver- 27 neint. Die Erteilung des Schießbefehls an der innerdeutschen Grenze hätte zwar der Staatsraison der DDR entsprochen, sei aber nach DDR-Recht strafbar und insbesondere deshalb nicht durch die Gesetzes- und Befehlslage der DDR gerechtfertigt gewesen, weil er von der DDR-Verfassung gewährleistete Grundrechte offensichtlich verletzt und gegen das unerlässliche Gebot, Menschenleben zu schützen, verstoßen hätte. Die Strafbarkeit sei auch für Personen in leitender Position erkennbar gewesen, denn sie selbst hätten eine Staatspraxis (mit-)etabliert, die der Rechtslage evident widersprach. Der Gerichtshof gelangte zu der Überzeugung, die Taten hätten auch die völkerrechtlich geschützten Rechte auf Leben[76] und Freizügigkeit[77] der Opfer verletzt und seien nicht nach Art. 2 Abs. 2 gerechtfertigt bzw. von den Ausnahmebedingungen der Art. 2 Abs. 3 des 4. ZP-EMRK bzw. Art 12 Abs. 3 IPBPR gedeckt gewesen.

4. Festlegung der Strafe im Recht. Auch die **Strafe** (*poena*) muss nach Art und Um- 28 fang, insbesondere im Höchstmaß, bereits bei/vor Begehung der Tat im Recht festgelegt sein (***nulla poena sine lege***).[78] In der Praxis wird das Bestimmtheitsgebot jedoch auch auf der Rechtsfolgenseite großzügig angewandt.[79] Im Jahre 1960 beanstandete die EKMR nicht, dass die für Rückfalltäter vorgesehene höhere Strafe auf einen Betroffenen angewandt wurde, der die neue Tat beging, als er wegen der vorherigen Tat zwar schon in zweiter Instanz, noch nicht aber rechtskräftig schuldig gesprochen war (die – kurz nach der neuen Tat abgewiesene – Revision war noch anhängig); der Bf. drang mit seinem

---

71 Relevant in EGMR (GK) Kononov/LET, 17.5.2010: kein Verstoß gegen Art. 7; anders (K) 24.7.2008 m. krit. Anm. *Pinzauti* JICJ **6** 2008, 1054 f.; *Schroeder/Küpper* JOR **2009** 213, 217 ff.; *Frowein/Peukert* 9, 13.

72 Vgl. *Guradze* 9; *Frowein/Peukert* 9 (auch zur Ahndung von Verstößen gegen das Kriegsrecht durch den späteren Gewahrsamsstaat).

73 Etwa Art. 25 ff. ICC-Statut (BGBl. 2000 II S. 1394); *Grabenwarter/Pabel* § 24, 154.

74 *Frowein/Peukert* 9; *Nowak* 6; vgl. auch: Art. 6 IStGH-Statut.

75 EGMR (GK) Streletz, Kessler u. Krenz/D, 22.3.2001; (GK) K.-H. W./D, 22.3.2001, NJW **2001** 3042 = EuGRZ **2001** 219 = NJ **2001** 268. Vertiefend: *Lüscher* Mauerschützen-Urteile des BGH, BVerfG und EGMR revisited (2017). Zum Umgang der Strafjustiz mit dem SED-Regime: *Safferling* in: Conze u.a. (Hrsg.), Die demokratische Revolution 1989 in der DDR (2009) 203.

76 Der IPBPR wurde nicht in DDR-Recht transformiert, da es neben der Ratifikation am 8.11.1974 aufgrund des dualistischen Systems der DDR einer Bestätigung durch die Volkskammer bedurft hätte, die nicht erfolgte; der Pakt hatte daher keine Geltung für Grenzsoldaten, vgl. *Grabenwarter/Pabel*, § 24, 158. m.w.N.

77 Art. 2 Abs. 2 des 4. ZP-EMRK, Art. 12 Abs. 2 IPBPR: *„Jeder Person steht es frei, jedes Land, einschließlich des eigenen, zu verlassen"*; Ausnahmen jeweils in Absatz 3.

78 KK-EMRK-GG/*Kadelbach* Kap. 15, 9, 23.

79 IK/*Renzikowski* 54 m.w.N.

Esser

Argument, die „Verurteilung" („condamnation") müsse – zum maßgeblichen Zeitpunkt, also bei Begehung der Tat – letztinstanzlich sein, nicht durch.[80]

29   Einen Verstoß gegen das Bestimmtheitsgebot nahm der EGMR in der Rs. **Kafkaris** an: Die Dauer der verhängten lebenslangen Freiheitsstrafe sei für den Täter in Anbetracht der diese auf 20 Jahre beschränkenden Strafvollzugsgesetze und Strafvollstreckungspraxis nicht vorhersehbar gewesen; das zyprische Recht zu dieser Frage sei „als Ganzes" zu unbestimmt gewesen.[81]

30   Überzeugend hat das BVerfG die **Vermögensstrafe** (§ 43a StGB i.d.F. v. 1992) als zu unbestimmt angesehen und für verfassungswidrig erklärt.[82]

5. Gebot der Auslegung – Verbot der Analogie

31   **a) Gebot der Auslegung.** Das Gebot einer hinreichenden Bestimmtheit materieller Strafvorschriften steht deren Auslegung durch die nationalen Gerichte nicht entgegen, da es häufig erforderlich sein wird, aufkommende **Zweifelsfragen** in der konkreten Anwendung der Norm durch die Gerichte zu klären und Strafbestimmungen an **veränderte Umstände** (u.a. gesellschaftlicher, technischer Natur) **anzupassen**.[83] Art. 7 Abs. 1 schließt daher die fallbezogene Klärung von Inhalt und Reichweite einer Strafbestimmung durch richterliche Auslegung nicht aus.[84]

32   Das gilt auch für die **Gerichte eines Staates als Rechtsnachfolger eines anderen Staates** bei der Auslegung dessen strafrechtlicher Bestimmungen in Bezug auf deren inhaltliche Bestimmtheit und Zugänglichkeit sowie die damit verbundene Vorhersehbarkeit der Strafbarkeit des Verhaltens zum Zeitpunkt der Tat.[85]

33   **b) Analogieverbot.** Ist in einem Vertragsstaat die Grundentscheidung über die Strafbarkeit eines Verhaltens dem Parlament vorbehalten, schließt die dann geltende **strikte Gesetzesbindung der Strafbarkeit** es aus, Strafgesetze über ihren Wortlaut hinaus zum Nachteil des Beschuldigten ausdehnend auszulegen und Strafen in analoger Anwendung

---

80 EKMR X/B, 29.3.1960, YB 3 222. Unzutreffend KK-EMRK-GG/*Kadelbach* Kap. 15, 29, wo der Fall unter Rückwirkungsgesichtspunkten behandelt wird und wo es heißt, es habe eine Verschärfung der *ersten* Strafe gegeben. In Wirklichkeit ging es aber um eine Strafe für die neue Tat, und es gab keinerlei Rückwirkungsproblematik; vielmehr stellte sich die Frage, ob Art. 56 des belgischen StGB, der einen Rückfall im Fall einer vorherigen Verurteilung annimmt, hinreichend bestimmt ist und die Auslegung dieser Rechtsnorm zulässigerweise ergeben kann, dass es sich auch um eine (noch) nicht rechtskräftige „Verurteilung" handeln kann. Ob ein solcher Fall auch heute noch so entschieden würde, ist unklar. Zur Frage der Berücksichtigung nicht rechtskräftig abgeurteilter zurückliegender Taten vor dem Hintergrund der Unschuldsvermutung siehe Art. 6 Rn. 640 f.
81 EGMR (GK) Kafkaris/ZYP, 12.2.2008, § 150; zu Recht krit. abw. Meinung *Loucaides* und *Jociene*; bestätigt in EGMR Koprivnikar/SLW, 24.1.2017 §§ 50 ff. m. abw. Votum *Sajó*; IK/*Renzikowski* 55.
82 BVerfGE **105** 135, 152 ff.; KK-EMRK-GG/*Kadelbach* Kap. 15, 24.
83 EGMR (GK) Del Rio Prada/E, 21.10.2013, § 92, NJOZ **2014** 1587; Witt/D (E), 8.1.2007; C.R./UK, 22.11.1995, §§ 34, 41; Baskaya u. Ok¢uoglu/TRK, 8.7.1999; Navalnyye/R, 17.10.2017, § 55; i.E. auch KK-EMRK-GG/*Kadelbach* Kap. 15, 32.
84 EGMR (GK) Del Rio Prada/E, 21.10.2013, §§ 92 f.; Witt/D (E), 8.1.2007: ausreichende Bestimmtheit des Begriffs „verwerflich" in § 240 Abs. 2 StGB; siehe auch: EGMR (GK) Streletz, Kessler u. Krenz/D, 22.3.2001, § 50: „*However clearly drafted a legal provision may be, in any system of law, including criminal law, there is an inevitable element of judicial interpretation. There will always be a need for elucidation of doubtful points and for adaptation to changing circumstances*"; S.W./UK, 22.11.1995, §§ 34–36; C.R./UK, 22.11.1995, § 34.
85 EGMR (GK) Streletz, Kessler u. Krenz/D, 22.3.2001, §§ 49, 81–82; (GK) K.H.W./D, 22.3.2001, §§ 44, 84–85; Glässner/D (E), 28.6.2001.

einer anderen Strafvorschrift festzusetzen (**Analogieverbot**).[86] Nur ein hinreichend klares und bestimmt formuliertes Gesetz darf den Straftatbestand formen und Strafsanktionen androhen.[87] Daraus folgt das Verbot, den Anwendungsbereich einer Strafvorschrift durch Analogie zu Lasten des Angeklagten auf andere, wenn auch vergleichbare Sachverhalte auszudehnen.[88] Die Grenze zwischen zulässiger Auslegung des Wortlauts[89] und unzulässiger Analogie wird dort gezogen, wo auch noch für einen Laien (siehe aber für spezielle Berufsgruppen Rn. 34) erkennbar ist, dass sein Verhalten unter eine bestehende Strafnorm fallen kann.[90] Allerdings kann ein Gesetz auch dann noch vorhersehbar sein, wenn der Betroffene Rechtsbeistand in angemessenem Umfang in Anspruch nehmen muss, um die Folgen seines Handelns abschätzen zu können.[91] Dies gilt insbesondere dann, wenn der Betroffene einen Beruf ausübt, bei dem er einen hohen Grad an Vorsicht walten lassen muss.[92]

Bis zu dieser Grenze der Vorhersehbarkeit ist auch die Verwendung **allgemeiner** **34** **Begriffe** und sogar **unbestimmter Rechtsbegriffe** möglich.[93] Für bestimmte **Berufsgruppen** können sich unterschiedliche Anforderungen an die Bestimmtheit ergeben, insbesondere dann, wenn von den Adressaten (z.B. Börsenhändler) die Erfüllung von **Erkundigungspflichten** und die Einhaltung von **besonderen Sorgfaltspflichten** erwartet werden kann.[94] Die Grenze des Zulässigen ist aber auch hier erreicht, wenn die Ungenauigkeit des Tatbestandes dem Gericht, das den Tatbestand anzuwenden hat, einen **zu großen Handlungsspielraum** einräumt und somit die **Gewaltenteilung** aufgelöst wird.[95]

Rechtsverweise sind nach Ansicht des EGMR grundsätzlich mit Art. 7 vereinbar, so- **35** fern die Strafnorm ausreichend präzise formuliert und vorhersehbar ist. Dies ist der Fall, wenn es einem verständigen Dritten (nötigenfalls unter Zuhilfenahme von Rechtsrat) möglich ist zu erkennen, in welchen Fällen sein Verhalten den Tatbestand der Strafnorm erfüllt.[96] Auch Verweise auf abstrakt formulierte Gesetze sind zulässig, sofern bei einer **Zusammenschau** beider Normen das strafbare Verhalten vorhersehbar ist.[97] Eine effektive Methode, einen solchen Verweis konventionskonform zu konstruieren, besteht darin, die Norm, auf die verwiesen wird, inhaltlich detailliert zu gestalten, wobei aber verhindert

86 EGMR Dragotoniu u. Militaru-Pidhorni/RUM, 24.5.2007 (Korruptionstatbestand, der nur für Beamte und Funktionäre staatlicher Betriebe gilt, auf Mitarbeiter einer Privatbank); (GK) Kononov/LET, 17.5.2010, NJOZ **2011** 226, § 185; K.A. u.A.D./B, 17.2.2005, § 51; Navalnyye/R, 17.10.2017, § 54; Jorgic/D, 12.7.2007: keine ausufernde Auslegung des Begriffs Völkermord durch die deutschen Gerichte; Varvara/I, 29.10.2013, § 53; KK-EMRK-GG/*Kadelbach* Kap. 15, 25. Zu den Besonderheiten des Analogieverbots im Kontext des Europa- und Völkerrechts: *Greco* GA **2016** 138 ff., 195 ff.
87 Vgl. SK/*Meyer* 80; EGMR (GK) Kafkaris/ZYP, 12.2.2008; Custers, Deveaux u. Turk/DK, 3.5.2007.
88 *Nowak* 4; *Villiger* 629; *Vogler* AöR **89** (1977) 791.
89 So schon EKMR NJW **1984** 2753 (Sprayer von Zürich): „*Grenzen einer vernünftigen Auslegung nicht überschritten*"; ferner BVerfGE **47**,109, 120; **55**, 144, 152.
90 EKMR nach *Frowein/Peukert* 4.
91 EGMR Achour/F, 29.3.2006, § 54; Navalnyye/R, 17.10.2017, § 55.
92 EGMR (GK) 26.4.2022, Advisory opinion (Request no. P16-2021-001), § 68.
93 KK-EMRK-GG/*Kadelbach* Kap. 15, 24; EGMR Kokkinakis/GR, 25.5.1993 (zum Begriff „Proselytismus"); zu Ausdrücken aus der Umgangssprache siehe die Ausführungen in EGMR Ashlarba/GEO, 15.7.2014.
94 EGMR Cantonini/F, 15.11.1996, § 35.
95 Karpenstein/Mayer/*Sinner* 17.
96 EGMR (GK) 29.5.2020, Advisory Opinion concerning the use of the „blanket reference" or „legislation by reference" technique in the definition of an offence and the standards of comparison between the criminal law in force at the time of the commission of the offence and the amended criminal law (P16-2019-001), 2, 3; Haarde/ISL, 23.11.2017, §§ 127 f.
97 EGMR Advisory opinion (P16-2019-001) 2.

werden muss, dass diese Norm wiederum den Anwendungsbereich der auf sie verweisenden Strafnorm erweitert; zusätzlich muss die verweisende Norm alle für die Kernaussage der Strafbarkeit erforderlichen Tatbestandsmerkmale enthalten.[98]

36   Auch bei sog. **Blankettvorschriften** ist es erforderlich, dass bereits aus dem ermächtigenden Gesetz die Voraussetzungen der Strafbarkeit und die Höhe der Strafandrohung zu ersehen sind. Im Übrigen kann der Straftatbestand durch andere Rechtsvorschriften im Rang unter dem Gesetz näher konkretisiert werden.[99]

37   Der **Überprüfung einer gerichtlichen Auslegungspraxis** durch den EGMR sind durch den für das Kontrollsystem geltenden Grundsatz der **Subsidiarität** Grenzen gesetzt. Vorrangig ist es Aufgabe der staatlichen Behörden, insbesondere der Gerichte, nationales Recht konventionskonform auszulegen. Der Gerichtshof hat es wiederholt abgelehnt, seine Auslegung staatlicher Vorschriften an die Stelle derer staatlicher Gerichte zu setzen und sich auf eine Willkürkontrolle beschränkt. Er entscheidet also nicht über die persönliche strafrechtliche Verantwortlichkeit einer Person, sondern prüft lediglich, ob die relevante Vorschrift des nationalen Rechts ein strafbares Verhalten ausreichend vorhersehbar bestimmt hat.[100]

38   **6. Rückwirkungsverbot.** Art. 7 verbietet aus Gründen des Vertrauensschutzes auch den Erlass **rückwirkender Strafgesetze.** Eine verbotene Rückwirkung liegt vor, wenn der zeitliche Anwendungsbereich eines Gesetzes auf Vorgänge erstreckt wird, die vor seinem Inkrafttreten liegen. Zum einen muss die Grundlage im **Recht**, auf die eine Verurteilung gestützt wird, im Tatzeitpunkt bereits bestehen. Zum anderen verhindert Art. 7, dass eine innerhalb dieser Rechtsgrundlage vorgenommene **Verschärfung der Rechtsfolgen** rückwirkend auf eine vor dem Inkrafttreten der Norm(änderung) begangene Tat angewendet wird (***nulla poena sine lege praevia***).[101] Allerdings ist insoweit nicht jegliches Vertrauen schützenswert. Das BVerfG hält es daher für mit Art. 103 Abs. 2 GG vereinbar, wenn eine Norm (Art. 316j Nr. 1 EGStGB) den Anwendungsbereich des Einziehungsrechts auf Vermögenswerte, die durch bereits verjährte Steuerstraftaten erlangt wurden, erweitert.[102] Dass dadurch Rechtsfolgen rückwirkend bewirkt werden, sei gerechtfertigt, weil die Vermögenswerte aus einer Straftat stammten und damit „bemakelt" seien.[103] Auch die Verjährung der Tat ändere nichts daran, dass die Vermögenswerte von der Rechtsordnung weiterhin missbilligt werden.[104]

39   Eine Verletzung des Rückwirkungsverbots liegt nicht vor, wenn die Verhängung der Strafe bei der Begehung der Tat **vorhersehbar** (*„reasonably foreseeable"*) war.[105] Im Fall ***Vasiliauskas*** wurde ein ehemaliges Mitglied des sowjetischen Ministeriums für Staatssicherheit von einem litauischen Gericht wegen der Tötung zweier Partisanen nach Art. 99 des litauischen StGB verurteilt. Das Gericht dehnte hierfür den Tatbestand des **Völkermordes** dahingehend aus, dass von diesem auch Gruppen geschützt seien, deren Zugehörig-

---

98 EGMR Advisory opinion (P16-2019-001) 3.
99 Zur Steuerhinterziehung als Blankettgesetz: EGMR Khodorkovskiy u. Lebedev/R, 25.7.2013, §§ 791, 821. Vgl. für Art. 103 Abs. 2 GG: BVerfGE **14** 185; **22** 19; **23** 265; **32** 362; **38** 371; **75** 342; **78** 374. Näher OK/*Radtke/Hagemeier* Art. 103, 29 f. GG.
100 EGMR Witt/D (E), 8.1.2007; Tristan/MOL, 4.7.2023, § 49.
101 EGMR (GK) Vasiliauskas/LIT, 20.10.2015, NJOZ **2017** 709; Gurguchiani/E, 15.12.2009; Garagin/I (E), 29.4.2008; (GK) Kafkaris/ZYP, 12.2.2008; zu Art. 15 IPBPR: HRC Lemercier/F, 28.4.2006, 1228/2003.
102 BVerfG Beschl. v. 7.4.2022 – 2 BvR 2194/21, WM **2022** 919.
103 BVerfG Beschl. v. 7.4.2022 – 2 BvR 2194/21.
104 BVerfG Beschl. v. 7.4.2022 – 2 BvR 2194/21.
105 EGMR (GK) Vasiliauskas/LIT, 20.10.2015, § 141.

keitsmerkmal nicht unbedingt ethnischer, sondern **politischer Natur** ist. Die GK bemängelte, dass diese Ausdehnung der Interpretation des Begriffs Völkermord eine unzulässige Analogie bilde und nahm einen Verstoß gegen Art. 7 an.[106]

Vor diesem Hintergrund war der Ansatz des EGMR in der Rs. *Drėlingas* umso bemer- **40** kenswerter. Der Fall betraf die Verurteilung eines ehemaligen KGB-Offiziers wegen Beihilfe zum Völkermord nach dessen Beteiligung bei der Verhaftung und Hinrichtung eines Partisanenführers. Das litauische Gericht argumentierte, dass die **Partisanen** nicht nur eine politische Gruppierung, sondern als Repräsentanten der litauischen Nation insofern auch Repräsentanten einer separaten national-ethnischen Gruppe gewesen seien, die von der sowjetischen Besatzungsmacht gezielt aufgrund dieser Zugehörigkeit verfolgt wurden. Nach Ansicht des EGMR wurde hier die Zugehörigkeit zu einer nationalen Gruppe ausreichend begründet, so dass kein Verstoß gegen Art. 7 vorlag. Fraglich erscheint nun, inwiefern gleichgelagerte zukünftige Verurteilungen eher von der Qualität der Begründung als von der Begründbarkeit selbst abhängen werden.[107] Die vom EGMR selbst als Maßstab vorgegebene Vorhersehbarkeit der Strafbarkeit scheint damit eher verwässert worden zu sein.[108]

Eine verbotene Rückwirkung liegt vor, wenn ein für **nichtig erklärtes Gesetz** rück- **41** wirkend durch ein neues Gesetz ersetzt werden soll,[109] nicht jedoch bei der **gesetzestechnischen Ersetzung** einer Strafvorschrift durch eine gleichlautende andere Strafnorm.[110]

Die **rückwirkende Anwendung milderer Gesetze (lex mitior)** ist möglich – und **42** auch geboten.[111] Der EGMR sieht darin ein Grundprinzip des Strafrechts und geht seit einer Rechtsprechungsänderung (GK) im Jahre 2009 von einer **Pflicht** der zuständigen staatlichen Stellen zur Anwendung der jeweils milderen Strafvorschrift im konkreten Fall aus.[112] Die **lebenslange Freiheitsstrafe** ist dabei im Vergleich zur Todesstrafe das mildere Gesetz.[113] Das mildere Gesetz muss jedoch dann nicht rückwirkend angewandt werden,

---

106 EGMR (GK) Vasiliauskas/LIT, 20.10.2015, § 183.
107 *Ambos/Rackow* NStZ **2020** 397, 401.
108 *Ambos/Rackow* NStZ **2020** 397, 401.
109 EKMR nach *Frowein/Peukert* 3.
110 EKMR bei *Frowein/Peukert* 8 (Greek Case); zust. SK/*Meyer* 98. Zum Fall einer technischen Strafbarkeitslücke zwischen Tatbegehung und Aburteilung vgl. BVerfG NJW **1990** 1103.
111 EGMR G./F, 27.9.1995, §§ 25 f. Zur Problematik der milderen Sanktion vgl. *Nowak* 12 ff. Vgl. auch HRC Marz/R, 23.11.2009, 1425/2005 (kein Recht im konkreten Fall auf Umwandlung der Todesstrafe in eine 15-jährige statt lebenslanger Freiheitsstrafe im Wege der Begnadigung; Cochet/F, 29.10.2008, 1760/2008 (Auslegungsmöglichkeit zugunsten einer milderen Sanktion bzw. Nichtstrafbarkeit; Art. 7 verletzt). Zur Problematik der nachträglichen Verkürzung von Verjährungsvorschriften Rn. 59; Tristan/MOL, 4.7.2023, 13451/15, § 48.
112 Vgl. grundlegend EGMR (GK) Scoppola/I (Nr. 2), 17.9.2009, §§ 108 f., NJOZ **2010** 2726; Biagioli u. Biagioli/SM (E), 8.7.2014, § 89; bestätigt in: EGMR Jidic/RUM, 18.2.2020, § 80; Mørck Jensen/DK, 18.10.2022, § 44; dazu *Bohlander* StraFo **2011** 169 ff. mit einer ausführlichen Darstellung der Rechtsprechungsentwicklung.
113 EGMR Öcalan/TRK (Nr. 2), 18.3.2014, §§ 176 f.; Hummatov/ASE (E), 18.5.2006; die Umwandlung einer 15-jährigen Freiheitsstrafe bzw. einer 20-jährigen Freiheitsstrafe mit der Möglichkeit zur Begnadigung in eine lebenslange Freiheitsstrafe ist dann keine rückwirkende Verschärfung, wenn die Verhängung der 15- bzw. 20-jährigen Freiheitsstrafe auf einer Übergangsregelung anlässlich der Abschaffung der Todesstrafe beruht und die Neuregelung die lebenslange Strafe vorsieht, vgl. HRC Vyacheslav Tofanyuk/UKR, 28.10.2010, CCPR/100/D/1346/2005; ähnlich EGMR Karmo/BUL (E), 9.2.2006 (Gesetz zur Tatzeit 1993 sah Haftstrafe von 15–20 Jahren oder Todesstrafe vor; 1995 kam alternativ lebenslange Freiheitsstrafe hinzu; Verhängung der lebenslangen Freiheitsstrafe verstieß nicht gegen Art. 7, da diese im Vergleich zur Todesstrafe die mildere Strafe war und der Bf. nicht schärfer bestraft wurde als nach dem zum Tatzeitpunkt geltenden Recht); Ruban/UKR, 12.7.2016 (zum Tatzeitpunkt sah das Gesetz eine Freiheitsstrafe zwischen 8 und 15 Jahren oder die Todesstrafe vor. Letztere wurde nach Erhebung der Anklage für verfassungswidrig erklärt und vor der Verurteilung des Angeklagten durch eine lebenslange Freiheitsstrafe ersetzt. Das Gericht musste nicht die mildere – zeitlich beschränkte – Freiheitsstrafe an-

wenn keine Anhaltspunkte dafür ersichtlich sind, dass die Anwendung des Gesetzes tatsächlich zu einer Strafmilderung führt.[114]

43   **Art. 15 Abs. 1 Satz 3 IPBPR** schreibt die Pflicht zur Anwendung der milderen Strafvorschrift im Gegensatz zur EMRK bereits im Wortlaut zwingend vor,[115] wobei der Zeitpunkt der letzten Aburteilung die Pflicht zur Anwendung des milderen Gesetzes begrenzt.[116] Für Deutschland ist der zu Art. 15 IPBPR erklärte Vorbehalt zu beachten (Rn. 11). Dieser sollte die für **Zeitgesetze** in § 2 Abs. 4 StGB vorgesehene Ausnahme vom Grundsatz der Anwendung des mildesten Gesetzes (§ 2 Abs. 3 StGB) ermöglichen. Wegen dieses Vorbehaltes würde die Anwendung von abgelaufenen Zeitgesetzen nicht vom HRC beanstandet, wohl aber womöglich, infolge der geänderten Rechtsprechung, vom EGMR. Das letzte Wort muss hier aber noch nicht gesprochen sein. In einer Umschreibung der Situation äußerte der EGMR, dass das mildere Gesetz anzuwenden sei, wenn sich das Recht zur Tatzeit von später verabschiedeten Rechtsakten unterscheide;[117] läuft jedoch ein Zeitgesetz i.S.d. § 2 Abs. 4 StGB aus, wird gerade kein neuer Rechtsakt beschlossen. Ferner soll der Grund für die Anwendung von *lex mitior* sein, dass die Gesellschaft im neuen, milderen Gesetz zum Ausdruck bringe, derartige Taten seien nicht mehr oder nicht mehr so streng zu bestrafen;[118] auch dieses Argument passt nicht auf Zeitgesetze, bei denen von vornherein der Wille bestand, ein bestimmtes Verhalten nur während einer bestimmten Zeit zu inkriminieren. Außerdem begründete der EGMR die Pflicht zur Anwendung von *lex mitior* mit der allmählichen Herausbildung eines allgemeinen Konsenses in Europa und in der Welt;[119] ob ein solcher Konsens auch hinsichtlich der Zeitgesetze besteht, müsste der EGMR erst noch untersuchen.

44   Auch **Änderungen in der Rechtsprechung** in Hinblick auf eine strafbegründende oder -schärfende Auslegung einer strafrechtlich relevanten Norm unterliegen dem Rückwirkungsverbot. Gleichwohl hat die Auslegung von Rechtsnormen mit der Zeit zu gehen, auch die Rechtsprechung muss einen Beitrag zur fortschreitenden und zeitgemäßen Entwicklung des Strafrechts leisten.[120] Werden bei der Lektüre des Wortlauts einer Strafnorm verbleibende Zweifelsfragen zum Nachteil des Betroffenen entschieden[121] oder führt die **Änderung der Auslegung** einer Strafnorm dazu, dass ein Sachverhalt in ihren Regelungsgehalt einbezogen wird, der nach einer bei Tatbegehung vertretenen **Rechtsmeinung** von dieser nicht erfasst wurde,[122] so wird dies vom EGMR grundsätzlich nicht als verbotene

---

wenden, sondern konnte die lebenslange Freiheitsstrafe verhängen, da diese im Vergleich zur Todesstrafe milder war.). Die Einweisung in eine psychiatrische Einrichtung kann eine mildere Sanktion im Vergleich zu einer Haftstrafe sein: EGMR Kadusic/CH, 9.1.2018, §§ 71 ff.

114   EGMR Felloni/I, 6.2.2020, § 49.

115   Vgl. HRC Gavrilin/BLR, 3.3.2007, 1342/2005; *Nowak* 13 ff.; KK-EMRK-GG/*Kadelbach* Kap. 15, 31.

116   *Nowak* 14; HRC van der Plaat/NZL, 5.8.2008, 1492/2006 („*implied limitations*").

117   EGMR (GK) Scoppola/I (Nr. 2), 17.9.2009, § 109 („where there are differences between the [Tatzeitrecht] and subsequent criminal laws enacted before a final judgment is rendered, the courts must apply the law whose provisions are most favourable to the defendant").

118   EGMR (GK) Scoppola/I (Nr. 2), 17.9.2009, § 108 („it would amount to [...] continuing to impose penalties which the State – and the community it represents – now consider excessive").

119   EGMR (GK) Scoppola/I (Nr. 2), 17.9.2009, §§ 102–106.

120   Vgl. SK/*Meyer* 82 m.w.N.

121   *Villiger* 629.

122   Vgl. EGMR C.R./UK, 22.11.1995; S.W./UK, 22.11.1995 (Bestrafung der Vergewaltigung in der Ehe in Fortentwicklung des common law entgegen einem dies straffrei stellenden Gesetz von 1736); dazu *Grabenwarter/Pabel* § 24, 157; Meyer-Ladewig/Nettesheim/von Raumer/*Harrendorf/König* 17; *Villiger* 629; krit. *Harzer* 283: „Der Rechtsbegriff des Art. 7 EMRK wird (...) zur Farce (...).".

rückwirkende Bestrafung angesehen.[123] Auch eine solche **Änderung in der Auslegung** einer Norm muss sich allerdings stets im Rahmen vernünftiger Grenzen (*„reasonable interpretation"*) halten, den Zielen der Konvention entsprechen, d.h. eine vernünftigerweise **vorhersehbare Entwicklung** vollziehen und **willkürfrei** sein;[124] zudem darf sie das **Wesen der Straftat** nicht verändern.[125] Sichergestellt sein muss auch hier, dass der Einzelne im Zeitpunkt der Tatbegehung die mögliche Strafbarkeit seines Verhaltens aufgrund der ihm möglichen Beurteilung der Verhältnisse vor dem Hintergrund der relevanten Strafnorm selbst erkennen und vorhersehen kann[126] oder dass er zumindest die Möglichkeit hat, aus allgemein zugänglichen Quellen, vor allem durch die Lektüre des Gesetzestextes und dessen bisheriger Auslegung durch die Gerichte, aber auch durch **zumutbare Erkundigungen** zu erfahren, welche Handlungen unter eine existierende Strafnorm fallen können.[127] An die Annahme einer *Un*vorhersehbarkeit stellt der EGMR insgesamt hohe Anforderungen: So sei es etwa dem Normadressaten zumutbar, wenn er erst durch die Hinzuziehung rechtlichen Rates die (strafrechtliche) Konsequenz einer bestimmten Handlung erkennen könne.[128] Eine kasuistische Klärung von diffizilen Rechtsfragen ist erlaubt, solange die Resultate mit dem **Kerngehalt des Tatbestands** übereinstimmen und vorhersehbar sind.[129]

Der **EuGH** hat diese Rechtsprechung aufgegriffen und ebenfalls entschieden, dass eine **45** nicht vorhersehbare Änderung der Rechtsprechung gegen das Rückwirkungsverbot aus Art. 7 verstößt.[130] Das Rückwirkungsverbot in **Art. 49 Abs. 1 EUC** dürfte in Bezug auf eine unvorhersehbare Änderung der Rechtsprechungslinie des EGMR entsprechen.[131]

Art. 103 Abs. 2 GG dagegen blieb bisher hinter diesem Standard zurück, da der in **46** der Norm verwendete Begriff „Gesetz" tatsächlich nur das Gesetz im formellen Sinne meint und nicht die Auslegung desselben durch den Richter; letztere nimmt also nach hergebrachter Ansicht nicht am Rückwirkungsverbot teil.[132] Gleichwohl hat auch das **BVerfG** die Ausdehnung des Rückwirkungsverbotes auf Änderungen der Rechtsprechung in jüngerer Zeit zumindest dann nicht ausgeschlossen, wenn die Änderung der Rechtsprechung nicht hinreichend begründet wird und sich nicht mehr „im Rahmen einer vorher-

---

123 Auch die Nichtberücksichtigung einer bereits im Ausland verbüßten Strafe bei der Verhängung der Maximalstrafe ist zulässig, vgl. EGMR Arrozpide Sarasola u.a./E, 23.10.2018.

124 Vgl. EGMR Prado Bugallo/E (E), 18.10.2011, NJW **2012** 3502, § 43 (Kaufvertrag statt Drogenbesitz als Anknüpfungspunkt für die Auslegung einer Strafnorm); Žaja/KRO, 4.10.2016; Navalnyye/R, 17.10.2017, §§ 63 ff. (Auslegung von Betrugstatbeständen ohne klare Unterscheidung zwischen strafbarem/rechtmäßigem Verhalten); dazu auch EGMR Parmak u. Bakir/TRK, 3.12.2019, §§ 62 ff.

125 Vgl. EGMR Cantoni/F, 11.11.1996, § 35; (GK) Streletz, Kessler u. Krenz/D, 22.3.2001; hierzu: *Grabenwarter/Pabel* § 24, 156; EKMR bei *Bleckmann* EuGRZ **1983** 16, 19; BVerfG NStZ **1990** 537; EGMR Witzsch/D (E), 13.12.2005 (ausreichende Vorhersehbarkeit der Verurteilung wegen Leugnung der Verantwortlichkeit von Hitler/NSDAP für den Holocaust in einem privaten Brief; § 130 StGB); Radio France/F, 30.3.2004; KK-EMRK-GG/*Kadelbach* Kap. 15, 32.

126 Vgl. EGMR (GK) K.-H. W./D, 22.3.2001; dazu *Rau* NJW **2001** 3008; *Roellecke* NJW **2001** 3024; *Grabenwarter/Pabel* § 24, 156 ff.; Meyer-Ladewig/Nettesheim/von Raumer/*Harrendorf/König* 17 unter Hinweis auf EGMR K.A. u. A.D./B, 17.2.2005, § 55 (Bestrafung sadomasochistischer Praktiken).

127 EGMR Cantoni/F, 11.11.1996; dazu *Winkler* EuGRZ **1999** 181; Baskaya u. Okcuoglu/TRK, 8.7.1999; *Frowein/Peukert* 4; *Grabenwarter/Pabel* § 24, 156 ff.; *Villiger* 629; SK/*Meyer* 80 ff.

128 EGMR (GK) Del Rio Prada/E, 10.7.2012, § 46, NJOZ **2014** 1587.

129 Karpenstein/Mayer/*Sinner* 16 m.w.N.

130 EuGH (GK) 28.6.2005, C-189/02P u.a. (Dansk Rørindustri), Tz. 218.

131 Vgl. *Jarass* Art. 49 Rn. 13 EUC; zurückhaltender Meyer/*Eser* Art. 49, 30 EUC.

132 Vgl. zur Änderung der Promillegrenze bei der absoluten Fahrtüchtigkeit: BVerfG NJW **1990** 3140; BGHSt **37** 89, 91 ff. = NJW **1990** 2393; BayObLGSt **1990** 78, 80 f. = NJW **1990** 2833, Sachs/*Degenhart* Art. 103 Rn. 73 GG; Dürig/Herzog/Scholz/*Remmert* Art. 103 Abs. 2 Rn. 128 GG.

sehbaren Entwicklung hält".[133] Insbesondere bei Normen, die der **sinngebenden Ausfüllung durch die Rechtsprechung** bedürfen, müssen auch nach Ansicht des BVerfG strengere Anforderungen an das Rückwirkungsverbot gestellt werden; die Rechtsprechung treffe die „Verpflichtung, an der Erkennbarkeit der Voraussetzungen der Strafbarkeit mitzuwirken".[134] Damit lässt sich feststellen, dass die traditionell strenge Beschränkung des Rückwirkungsverbotes nach Art. 103 Abs. 2 GG auf das Gesetz im eigentlichen Sinne und der daraus folgende Ausschluss der Rechtsprechung aus diesem Verbot zumindest für Tatbestände, in denen die Rechtsprechung die einzelnen Tatbestandsmerkmale erheblich „mitformt", nicht mehr haltbar ist.[135]

7. Grenzen des Anwendungsbereichs: Strafbarkeit und Strafe

47   **a) Umfasste Sanktionen.** Absatz 1 **bindet die staatliche Strafbefugnis** an die vorherige Festlegung des strafbaren Verhaltens durch eine Rechtsnorm. Dies gilt für jede Verurteilung, d.h. **Bestrafung** wegen einer **Straftat**.[136] Beide zusammengehörenden Begriffe sind unabhängig von Bezeichnung, Zuordnung und Dogmatik des jeweiligen nationalen Rechts **autonom auszulegen**,[137] wobei auch der systematische Zusammenhang mit den anderen sich auf Straftaten beziehenden Garantien der Konventionen, insbesondere Art. 6 EMRK/Art. 14 IPBPR zu berücksichtigen ist. Bezüglich der „Straftat" haben Art. 6 und Art. 7 insoweit denselben sachlichen Anwendungsbereich.[138]

48   Ob eine Maßnahme im Einzelfall als **Strafe** einzuordnen ist, beurteilt der EGMR im Rahmen dieser autonomen Auslegung anhand der sog. *Welch-/Engel*-Kriterien.[139] Ausgangspunkt der Auslegung ist nach dem Wortlaut des Art. 7 Abs. 1, dass es sich bei der Maßnahme um eine **Sanktion** handelt, die im Anschluss an eine **Verurteilung wegen einer Straftat** auferlegt worden ist.[140] Als weitere relevante Faktoren stellt der EGMR auf die Charakterisierung der Maßnahme nach **innerstaatlichem Recht**, ihre **Natur** und ihren **Zweck**, das mit ihrer Schaffung und Umsetzung verbundene **Verfahren** sowie auf ihre **Schwere** ab. Die relevanten Faktoren unterteilt der EGMR in statische und dynamische, im Hinblick auf ihre Wandelbarkeit (Relativität) nach Verhängung der Maßnahme. Ein **statischer Faktor** ist, dass die Maßnahme nach einer Verurteilung wegen einer Straftat verhängt wurde. **Dynamische Faktoren** sind dagegen die Natur, der Zweck und die Schwere der Maßnahme.[141]

---

133 BVerfG Beschl. v. 25.4.2015 – 1 BvR 2314/12, BVerfGK **18** 430 (Ls. 1); offengelassen noch von BVerfG NJW **2008** 3205, 3206 (B. II. 2. b) bb) der Gründe).

134 BVerfGE **126** 170 = NJW **2010** 3209, Tz. 81 – Bestimmtheit des § 266 StGB.

135 So schon Dürig/Herzog/Scholz/*Schmidt-Aßmann* Art. 103 Abs. 2, 240 f. GG (1992); umfassend zum Rückwirkungsverbot bei einer Rechtsprechungsänderung: Sachs/*Degenhart* Art. 103, 73 GG. Zum Vertrauensschutz wegen einer Rechtsprechungsänderung zum Verfahrensrecht SächsVerfGH Beschl. v. 20.7.2007 – Vf. 21-IV-06, NJ **2008** 24 m. Anm. *Jutzi*.

136 Vgl. zu Art. 15 IPBPR: HRC van der Plaat/NZL, 5.8.2008, 1492/2006.

137 EGMR Welch/UK, 9.2.1995, ÖJZ **1995** 511 (Beschlagnahme); HRC van Duzen/CAN, 7.4.1982, 50/1979, EuGRZ **1983** 14; *Hofmann* 42; *Nowak* 7, 10.

138 Ebenso *Grabenwarter/Pabel* § 24, 147; SK/*Meyer* 31.

139 EGMR Welch/UK, 9.2.1995, §§ 28 f.; Jamil/F, 8.6.1995, §§ 30 f. (Ersatzfreiheitsstrafe) = ÖJZ **1995** 796; Van der Velden/NL (E), 8.8.2005 (DNA-Test); (GK) Kafkaris/ZYP, 12.2.2008, § 142; M./D, 17.12.2009 (Sicherungsverwahrung), NJW **2010** 2495 = NStZ **2010** 263 = StV **2010** 181 = EuGRZ **2010** 25 = JR **2010** 218; Meyer-Ladewig/Nettesheim/von Raumer/*Harrendorf/König* 7; IK/*Renzikowski* 21 ff. m.w.N. aus der Literatur.

140 EGMR Platini/CH (E), 11.2.2020, § 44.

141 EGMR (GK) Ilnseher/D, 4.12.2018, § 208, NJOZ **2019** 1445.

Der Charakterisierung einer Maßnahme nach innerstaatlichem Recht kann aufgrund **49** der geforderten autonomen Auslegung keine entscheidende Bedeutung zukommen.[142] Auch die Schwere (Wirkung) der Maßnahme kann nicht allein maßgeblich sein, da auch Maßnahmen, die präventiver Natur sind, erhebliche Folgen für die Lebensgestaltung des Betroffenen haben können.[143] Ausschlaggebend werden daher vor allem **Art und Zweck** der Maßnahme sein, wobei der EGMR allerdings einem modernen Strafverständnis folgend neben dem Schuldausgleich auch die Abschreckung, die Prävention und den Gedanken der Wiedergutmachung als zulässige **Strafzwecke** ansieht, was die Abgrenzung wiederum erschwert.[144]

Als **bestrafende Sanktionen** gelten jedenfalls die schon im innerstaatlichen Recht als **50** Strafe vorgesehenen Sanktionen, wie etwa Freiheitsstrafen, Geldstrafen oder Ersatzfreiheitsstrafen[145] als echte **Kriminalstrafen**, ebenso die an ein Verschulden gebundenen **Nebenfolgen** mit Strafcharakter.[146] Nebenfolgen mit Strafcharakter können zudem nicht verhängt werden, wenn der Betroffene nicht i.S.v. Art. 7 konventionskonform strafrechtlich verurteilt wurde.[147] Erfasst vom sachlichen Anwendungsbereich des Art. 7 sind ferner alle Sanktionen, die einer Strafe gleichzustellen sind, sowie **Geldbußen** als Folge eines Ordnungswidrigkeiten-/Verwaltungsübertretungsverfahrens.[148]

Freiheitsentziehungen, die nicht im Rahmen eines Strafverfahrens angeordnet werden, **51** fallen nicht unter den Anwendungsbereich des Art. 7, wenn sie im Kern der Wahrung der öffentlichen Ordnung oder Sicherheit des Staates dienen.[149]

Die **Einziehung** von Taterträgen oder die Anordnung von Wertersatz stellen nach **52** Ansicht des BVerfG keine Strafe i.S.d. Art. 7 dar. Maßgeblich für die Differenzierung sei der dahinterstehende Zweck der Maßnahme: Während die Strafe in der Zufügung eines Übels besteht, solle die Einziehung einen rechtswidrigen Vorteil beseitigen, der dem Täter nicht zustand.[150] Inwiefern die Einziehung von Vermögen **ohne vorherige Verurteilung** in einem Ermittlungsverfahren eine Verletzung des Art. 7 darstellt, ist allerdings noch nicht geklärt. Der EGMR hat sich zwar bereits mehrfach mit dieser Frage im italienischen Recht befasst, jedoch keine allgemeingültige Linie gefunden.[151] In der Rs. *G.I.E.M.* ging es um eine Rechtsnorm, die es den italienischen Behörden ermöglichte, Bauland ohne eine vorherige Verurteilung zu beschlagnahmen/einzuziehen. Der EGMR unterzog die relevante

---

142 KK/*Lohse/Jakobs* 5.

143 EGMR Welch/UK, 9.2.1995, § 32.

144 KK/*Lohse/Jakobs* 5 m.w.N.

145 EGMR Jamil/F, 8.6.1995 (Ersatzfreiheitsstrafe bei Nichtzahlung einer Geldstrafe); *Grabenwarter/Pabel* § 24, 148; Meyer-Ladewig/Nettesheim/von Raumer/*Harrendorf/König* 6 ff. Es steht einer Strafbarkeit nicht entgegen, wenn die Tat im Bundesstaat, in dem die Tat begangen wurde, nicht strafbar ist, sie aber in der Rechtsordnung eines anderen Bundesstaates desselben Landes unter Strafe steht und die Strafnorm **extraterritorial anwendbar** ist: HRC Ribeiro/MEX, 17.7.2018, 2767/2016.

146 EGMR Welch/UK, 9.2.1995 (Beschlagnahme des Vermögens wegen Drogenhandels); Sud Fondi srl u.a./I (E), 30.8.2007; G.I.E.M. S.R.L. u.a./I, 28.6.2018, §§ 187 ff.; näher IK/*Renzikowski* 26 ff.; krit. zur früheren Regelung des **Verfalls** (§ 73 StGB) vor dem Hintergrund der EGMR-Urteile Welch/UK, 9.2.1995 und M./D, 17.12.2009; *Gehrmann* wistra **2010** 345, 347. Zur Klassifizierung der Entfernung aus dem öffentlichen Dienst *Schwaighofer* ÖJZ **2013** 544, 546 f.

147 EGMR Varvara/I, 29.10.2013, §§ 58 ff., 67 ff. Zum Lizenzverlust eines Insolvenzverwalters EGMR Rola/SLW, 4.6.2019, § 64.

148 Für das innerstaatliche Recht vgl. BVerfGE **38** 348, 371 f.; **41** 314, 319; **42** 261, 263; **55** 144, 152; **71** 108, 114; BVerfG NJW **1990** 1103. Zur EMRK vgl. Art. 6 Rn. 79 ff., 87 sowie *Grabenwarter/Pabel* § 24, 147.

149 EGMR Lawless/IR, 1.7.1961, § 19.

150 BVerfG NJW **2021** 1222, 1224.

151 Vertiefend: *Schörner* ZIS **2019** 144.

Norm des italienischen Rechts (Art. 44 IBauGB) einer **umfänglichen Prüfung** und betonte die **Indizwirkung** einer strafrechtlichen Verurteilung, deren Fehlen den Strafcharakter einer isolierten, selbständigen Maßnahme aber nicht ausschließe.[152] Im Hinblick auf die Einordnung im nationalen Recht war Art. 44 des IBauGB im Abschnitt *„Criminal sanctions"* verankert.[153] Hinsichtlich ihrer Natur und ihres Zwecks sah der EGMR die Maßnahme als Strafe an und stützte sich dabei auf drei Gesichtspunkte. Der italienische Kassationsgerichtshof hatte die Maßnahme als strafend und abschreckend bezeichnet;[154] die italienische Regierung selbst hatte den strafenden Charakter der Maßnahme zugestanden;[155] schließlich hing die Verhängung der Maßnahme nicht von einer tatsächlichen Gefahr oder einem Risiko für die Umwelt ab, sondern konnte auch verhängt werden, wenn auf dem Bauland keine Aktivität stattfand.[156] Weiterhin stellte die von einem Strafgericht angeordnete[157] Beschlagnahme von Bauland auch in ihrer Schwere einen beachtlichen Eingriff in die Rechte des Betroffenen dar.[158] Aufgrund dieser Erwägungen bestätigte die GK den Strafcharakter der Beschlagnahme/Einziehung nach Art. 44 IBauGB („penalties")[159] und wies darauf hin, dass Maßnahmen mit Strafcharakter nicht zwingend in einem strafrechtlichen Verfahren verhängt werden müssen („it does not rule out the possibility for the domestic authorities to impose „penalties" through procedures other than those classified as criminal under domestic law.").[160]

53   Die Rechtsprechung zur Beschlagnahme und späteren Einziehung eines Gegenstandes als Sanktion hat der EGMR in der Rs. ***Balsamo*** fortgeführt. Bei der Einordnung der Maßnahme richtete er sich wieder zunächst nach der Einstufung der Norm in der nationalen Rechtsordnung,[161] danach kamen Art und Zweck der Maßnahme ins Spiel. Der Gerichtshof stufte die hier relevante Maßnahme im Kern als **präventiv** ein, da ihr vordergründiges Ziel die Verhinderung der Begehung weiterer Straftaten war.[162] Dass sie von einem Gericht angeordnet wurde, sei kein entscheidendes Kriterium.[163] Auch die Schwere der Maßnahme hielt der EGMR nicht für ausschlaggebend, da auch präventiv ausgerichtete Maßnahmen erhebliche Auswirkungen auf den Betroffenen haben können.[164]

54   **b) Disziplinarmaßnahmen.** Ob und wieweit Art. 7 EMRK und Art. 15 IPBPR bei Disziplinarmaßnahmen Anwendung finden, ist strittig.[165] Zu bejahen ist dies jedenfalls für die Maßnahmen des Disziplinarrechts, deren Verhängung wegen Art und Höhe der Sankti-

---

[152] EGMR G.I.E.M. S.R.L. u.a./I, 28.6.2018, § 217.
[153] EGMR G.I.E.M. S.R.L. u.a./I, 28.6.2018, § 220.
[154] EGMR G.I.E.M. S.R.L. u.a./I, 28.6.2018, § 223.
[155] EGMR G.I.E.M. S.R.L. u.a./I, 28.6.2018, § 224.
[156] EGMR G.I.E.M. S.R.L. u.a./I, 28.6.2018, § 225.
[157] EGMR G.I.E.M. S.R.L. u.a./I, 28.6.2018, §§ 228 f.
[158] EGMR G.I.E.M. S.R.L. u.a./I, 28.6.2018, §§ 227 f.
[159] EGMR G.I.E.M. S.R.L. u.a./I, 28.6.2018, § 233.
[160] EGMR G.I.E.M. S.R.L. u.a./I, 28.6.2018, § 233.
[161] EGMR Balsamo/SM, 8.10.2019, § 61.
[162] EGMR Balsamo/SM, 8.10.2019, § 62.
[163] EGMR Balsamo/SM, 8.10.2019, § 63.
[164] EGMR Balsamo/SM, 8.10.2019, § 64.
[165] Verneinend: Meyer-Goßner/*Schmitt* 1; *Morvay* ZaöRV **21** (1961) 341; *Vogler* ZStW **89** (1977) 791; mit Einschränkungen *Frowein/Peukert* 8 (fraglich, soweit Disziplinarverfahren als Strafverfahren i.S.d. Art. 6 Abs. 1 angesehen werden).

on einer *strafrechtlichen Anklage* i.S.d. **Art. 6 Abs. 1** gleichstehen (vgl. Art. 6 Rn. 95).[166] Die Verhängung einer Sanktion aufgrund eines **beruflichen Fehlverhaltens** gegen eine vergleichsweise kleine Gruppe mit einer besonderen Rechtsstellung soll dagegen nicht zwingend als eine Bestrafung anzusehen sei.[167] Gleiches soll auch für die gesetzliche **Beendigung eines Beamtenverhältnisses** aufgrund einer strafrechtlichen Verurteilung gelten. So entschied das OVG Saarlouis, dass der Verlust von Beamtenrechten wegen einer Straftat, die zur Zeit der Begehung noch nicht Teil des Katalogs in **§ 24 Abs. 1 Nr. 2 BeamtStG** war, keine unzulässige Rückwirkung darstelle; der Zweck der Norm bestehe nicht darin, eine zusätzliche Sanktion für ein Fehlverhalten zu verhängen, d.h. „begangenes Unrecht zu sühnen", sondern im Schutz der Bürger vor korrupten Beamten und in der „Wahrung des Ansehens des öffentlichen Dienstes".[168]

c) Maßregeln der Besserung und Sicherung. Bei Maßregeln der Besserung und Sicherung, die nicht begangenes Unrecht ahnden, sondern künftigen Straftaten vorbeugen sollen, gilt nach **§ 2 Abs. 6 StGB** das Rückwirkungsverbot nicht. Ob dies mit Art. 103 Abs. 2 GG vereinbar ist, ist strittig. In der deutschen Rechtsprechung und Teilen der Literatur wird eine Rückwirkung im Bereich der Maßregeln im Hinblick auf Art. 103 Abs. 2 GG als zulässig erachtet.[169] Dies wird vor allem mit ihrem von Strafen i.S.d. StGB abweichenden Zweck begründet.[170] Von Teilen der Literatur wird § 2 Abs. 6 StGB hingegen zu Recht als sachlich verfehlt bzw. verfassungswidrig bezeichnet – in Anbetracht der tatsächlichen Auswirkungen von Maßregeln auf die Lebensgestaltung der Betroffenen.[171] Der Bundesgesetzgeber hingegen hat die in § 2 Abs. 6 StGB festgelegte Ausnahme für Maßregeln, die der Prävention dienen, als mit Art. 7 Abs. 1 Satz 2 EMRK/Art. 15 Abs. 1 IPBPR vereinbar angesehen.[172]

Die **Unterbringung von Schuldunfähigen oder vermindert Schuldfähigen** (§§ 20, 21, 63 StGB) sollte hingegen nicht Art. 7 Abs. 1 unterfallen; vielmehr ist es sachgerecht, eine Freiheitsentziehung, die auf die genannten Normen zurückzuführen und regelmäßig nach Art. 5 Abs. 1 Satz 2 *lit.* e gerechtfertigt ist, nicht als Strafe i.S.d. Art. 7 anzusehen.[173]

---

166 *Grabenwarter/Pabel* § 24, 147; Meyer-Ladewig/Nettesheim/von Raumer/*Harrendorf/König* 6; *Villiger* 625; bejahend: *Schwaighofer* ÖJZ **2013** 544, 547 (bzgl. „dienstrechtlicher Amtsverlust" infolge der Verurteilung wegen eines Sexualdeliktes).

167 EGMR Platini/CH (E), 5.3.2020, §§ 44 f.; vgl. auch: EGMR (GK) Jónsson u. Ragnar Halldór Hall/ISL, 22.12.2020, § 112 (Geldbuße für Anwalt wegen Nichterscheinens zur Verhandlung).

168 OVG Saarlouis Beschl. v. 10.10.2018 – 1 A 504/17, BeckRS **2018** 24717, Tz. 18.

169 Vgl. u.a. BVerfGE **109** 133; BGHSt **24** 103, 106; *Kingreen/Poscher* Rn. 1252; *Peglau* NJW **2001** 2436; Dürig/Herzog/Scholz/*Remmert* Art. 103 Abs. 2, 61 GG; Lackner/*Kühl* § 1, 8 StGB.

170 Deutlich insbesondere BVerfGE **109** 133, 167: Der Anwendungsbereich des Art. 103 Abs. 2 GG umfasse nur staatliche Maßnahmen, die eine missbilligende, hoheitliche Reaktion auf ein rechtswidriges, schuldhaftes Verhalten darstellen und wegen dieses Verhaltens ein Übel verhängen, das dem Schuldausgleich dient. Dies treffe auf Maßregeln nicht zu.

171 Vgl. u.a. *Stratenwerth/Kuhlen* § 3, 12; *Roxin/Greco* AT I, § 5, 56; *Ullenbruch* NStZ **1998** 325, 330; *Kinzig* StV **2000** 330, 335; zaghaft auch: Dreier/*Schulze-Fielitz* Art. 103 Abs. 2, 21 GG; *Mitterhuber* 19 sieht die Sicherungsverwahrung aus dem Blickwinkel des StGB weiterhin rechtsdogmatisch als Maßregel an, woran auch die Annäherung an Strafe nichts zu ändern vermag. Jedoch komme ihr im Rahmen des Rückwirkungsverbots Bedeutung zu, indem sie dort unter den weiteren Strafbegriff falle.

172 So Begr. zu Art. 2 Abs. 6 StGB Entw. 1962, BTDrucks. **4** 650 S. 108; ein Teil der Kommentare zu § 2 Abs. 6 StGB mit dem Hinweis, dass auch andere Unterzeichnerstaaten zwischen Strafe und Maßregel unterscheiden: vgl. ferner *Peglau* NJW **2000** 179, 181.

173 Nicht entschieden von EGMR A.K./D (E), 1.7.2014, §§ 41 ff. Vordergründig hat sich der EGMR auf die Argumentation des Bf. eingelassen, seine Unterbringung nach §§ 21, 63 StGB unterfalle Art. 7 Abs. 1, weil sie der Sicherungsverwahrung ähnele, die ihrerseits nach der Rechtsprechung des EGMR eine „Strafe" sei; der EGMR bemerkt dazu nur, dass die Unterbringung auf § 63 StGB beruhe, der Bf. also nicht ohne gesetzliche Grundlage

Voraussetzung für die Rechtfertigung der Maßnahme nach Art. 5 ist deshalb auch die Unterbringung der betreffenden Person nicht in einem Gefängnis, sondern in einem psychiatrischen Krankenhaus (Rn. 131). Zur **Sicherungsverwahrung** ausführlich Rn. 62 ff.

57   **d) Sonstige Maßnahmen.** Da der Schutzbereich des Art. 7 auf eine „Verurteilung" bzw. auf die „Verhängung von Strafe" beschränkt ist, muss unterschieden werden zwischen Maßnahmen, welche selbst eine Strafe darstellen und solchen, die lediglich den Vollzug bzw. die Vollstreckung einer Strafe betreffen. Nachträgliche Änderungen von **Maßnahmen und Modalitäten der Strafvollstreckung und des Strafvollzugs** werden daher nicht vom Schutzbereich der Norm erfasst, solange der Charakter der vollstreckten Sanktion dadurch nicht grundlegend verändert wird.[174] Auch die Entscheidung eines Gerichts, einen Verurteilten zu überstellen, fällt unabhängig davon, ob die Entscheidung im verurteilenden Staat, oder im vollstreckenden Staat gefällt wird, nicht in den Anwendungsbereich des Art. 7.[175] Ebenso werden die nachträgliche Einführung von (belastenden) **Maßnahmen zur Förderung der Resozialisierung** von Verurteilten[176] oder Regelungen für die Eintragung einer Verurteilung in **Strafregister**[177] oder in sonstigen **Registern und Datenbanken**[178] nicht dem Verbot unterstellt, wenn ihnen kein selbständiger Strafcharakter zukommt. Umwandlungen (tatsächliche und rechtliche) von verminderbaren lebenslangen Haftstrafen in unverminderbare lebenslange Haftstrafen betreffen nicht nur Modalitäten der Strafvollstreckung, sondern auch den Umfang der Strafe. Dies stellt durch die nachträgliche Verhängung einer schwereren Strafe eine Verletzung von Art. 7 dar.[179]

58   **Beugemaßnahmen** fallen weder in den Anwendungsbereich des Art. 103 Abs. 2 GG[180] noch in den der Art. 7 EMRK/Art. 15 IPBPR. Gleiches gilt für sonstige Maßnahmen des Verwaltungszwangs sowie für **belastende Maßnahmen der öffentlichen Gewalt**.[181]

59   **e) Verfahrensregelungen.** Verfahrensregelungen fallen nicht in den Anwendungsbereich des Art. 7 Abs. 1 EMRK und Art. 15 IPBPR.[182] Dies gilt auch für die überwiegender Ansicht nach als verfahrensrechtlich einzustufenden Vorschriften der **Verjährung**, die nachträglich aufgehoben oder verlängert werden können, da dies nichts an dem Umstand

---

„bestraft" werde. Trotz der unglücklichen Begründung zeigt der Fall, dass die zeitlich unbegrenzte Unterbringung nach § 63 StGB regelmäßig auf gesetzlicher Grundlage beruht, so dass es auf die Anwendbarkeit von Art. 7 Abs. 1 im Ergebnis nicht ankommt, da dieser ggf. nicht verletzt wäre. Bei einer Sicherungsverwahrung, die eine zum Recht der Tatzeit gesetzlich bestimmte (Höchst-)Dauer überschreitet, ist dies anders (Rn. 62 ff.).

174 EGMR Kupinskyy/UKR, 10.11.2022, § 47; (GK) Kafkaris/ZYP, 12.2.2008, § 150 (Verurteilung zu lebenslanger Freiheitsstrafe wird nicht durch die rückwirkende Änderung der Strafvollstreckungspraxis tangiert); Grava/I, 10.6.2003, § 51; EKMR Hosein/UK, 28.2.1996; Hogben/UK (E), 3.3.1986, D.R. 46, 231, § 4; *Frowein/Peukert* 8; *Grabenwarter/Pabel* § 24, 149; Meyer-Ladewig/Nettesheim/von Raumer/*Harrendorf/König* 11; *Villiger* 633.

175 EGMR Kupinskyy/UKR, 10.11.2022, § 45, 48.

176 Vgl. *Nowak* 16; HRC A.R.S./CAN, 28.10.1981, 91/1981, EuGRZ **1982** 528 (nachträgliche Einführung einer obligatorischen Bewährungshilfe keine Strafe).

177 KK-EMRK-GG/*Kadelbach* Kap. 15, 17, 21.

178 EGMR Bouchacourt/F, 17.12.2009; Gardel/F, 17.12.2009; M.B./F, 17.12.2009 (Datenbank zur Registrierung verurteilter Sexualstraftäter).

179 EGMR Kupinskyy/UKR, 10.11.2022, § 64.

180 Vgl. etwa v. *Münch/Kunig* Art. 103 Abs. 2, 20 GG.

181 Vgl. EGMR Lawless/IR, 1.7.1961, § 19; *Partsch* 175; KK-EMRK-GG/*Kadelbach* Kap. 15, 17 m.w.N.

182 EGMR Bosti/I (E), 13.11.2014, §§ 54 ff. (Regeln der Verwertbarkeit von Beweisen); EKMR bei *Frowein/Peukert* 8; *Villiger* 633; KK-EMRK-GG/*Kadelbach* Kap. 15, 35; *Trechsel* 111. Siehe auch EGMR Černák/SLO (E), 1.3.2005, Nr. 3 der Gründe (Art. 7 nicht anwendbar auf die nach der mutmaßlichen Tatbegehung verlängerte gesetzliche Maximaldauer der Untersuchungshaft).

ändere, dass die Tat im Zeitpunkt ihrer Begehung bereits mit Strafe bedroht war.[183] Ob etwas anderes gilt, wenn die Tat **bereits verjährt war** („no longer punishable"), bevor das Verlängerungsgesetz erlassen wurde, hat der EGMR zunächst offengelassen.[184] Der Gerichtshof hat jedoch in einer beratenden Stellungnahme die Grenzen der zulässigen Verjährungsverlängerung festgelegt.[185] Eine Verlängerung von Verjährungsfristen für noch nicht verjährte Straftaten ist zulässig.[186] Ist eine Straftat jedoch verjährt, begründet dies nach Art. 7 ein Verfolgungsverbot.[187] Bei einem entsprechenden Verzicht des Betroffenen soll die Durchführung eines Strafverfahrens zur Verfolgung einer verjährten Straftat offenbar keinen Verstoß gegen Art. 7 begründen.[188]

Damit stellt sich die Frage, ob aus Art. 7 unter bestimmten Voraussetzungen doch **60** ein **Recht auf Verjährung** abzuleiten ist, das dann auch dem aus dieser Vorschrift abzuleitenden Rückwirkungsverbot unterfällt.[189] Der Gerichtshof definiert die Verjährung als ein Recht des Täters, nach Ablauf einer bestimmten Frist seit der Begehung der Straftat nicht verfolgt oder verurteilt zu werden.[190] In der Rs. *G.I.E.M.*[191] hat *Pinto de Albuquerque* in seinem Sondervotum überzeugend dargelegt, dass Strafverfolgung durch einen Zeitablauf zu begrenzen ist und dass sich ab einem gewissen Zeitpunkt ein *„right to be forgotten"*[192] des der Strafverfolgung Unterliegenden entwickelt. Eine Verfolgbarkeit von Straftaten ohne Verjährung liefe auf ein lediglich auf Vergeltung ausgerichtetes Strafrecht hinaus.[193] Problematisch wäre hierbei, dass prozessuale Aspekte und Gedanken wie Prävention,[194] Beweisschwierigkeiten,[195] und eine nicht mehr zu erreichende Abschreckungswirkung unberücksichtigt blieben.[196] Ausgehend von dieser bislang weitgehend Einzelmeinung gebliebenen Rechtsansicht könnte auch beim EGMR der Gedanke

---

183 EGMR Coëme u.a./B, 22.6.2000, §§ 146 ff. (Verlängerung einer für die konkrete Tat noch laufenden Verjährungsfrist); Biagioli u. Biagioli/SM (E), 8.7.2014, §§ 90 f.; Nastase/RUM (E), 18.11.2014, §§ 115 ff.; G./F, 27.9.1995; BVerfGE **25** 269, 289; Meyer-Ladewig/Nettesheim/von Raumer/*Harrendorf/König* 11; Karpenstein/ Mayer/*Sinner* 9; *Grabenwarter/Pabel* § 24, 152; KK-EMRK-GG/*Kadelbach* Kap. 15, 36; ferner das Übereinkommen über die Nichtanwendbarkeit gesetzlicher Verjährungsfristen auf Kriegsverbrechen und Verbrechen gegen die Menschlichkeit v. 26.11.1968 (*Simma/Fastenrath* Nr. 16).
184 EGMR Coëme u.a./B, 22.6.2000, § 149; Nastase/RUM (E), 18.11.2014, § 116; SK/*Meyer* 55 m.w.N.
185 EGMR (GK) 26.4.2022, Advisory opinion (Request no. P16-2021-001).
186 EGMR (GK) 26.4.2022, Advisory opinion (Request no. P16-2021-001), § 75.
187 EGMR (GK) 26.4.2022, Advisory opinion (Request no. P16-2021-001), § 77–78.
188 Vgl. EGMR Antia u. Khupenia/GEO, 18.6.2020, §§ 40 ff. (das nationale Gericht hatte sich nicht mit der Frage auseinandergesetzt, ob die Angeklagten tatsächlich einen Verzicht erklärt hatten).
189 Vertiefend: *Esser* in: Hochmayr/Gropp (Hrsg.), Die Verjährung als Herausforderung für die grenzüberschreitende Zusammenarbeit in Strafsachen (2021) 37, 64 ff.
190 EGMR Coëme u.a./B, 22.6.2000, § 146.
191 EGMR G.I.E.M. S.R.L. u.a./I, 28.6.2018.
192 EGMR G.I.E.M. S.R.L. u.a./I, 28.6.2018, Sondervotum *Pinto de Albuquerque* § 23.
193 „Otherwise, the alleged offender would become a mere object of the executive's power, sacrificed on the altar of an illusory absolute justice which reflects nothing but blind retributivism", EGMR Mocanu u.a./ RUM, 17.9.2014, Sondervotum *Pinto de Albuquerque/Vučinić* § 3.
194 EGMR Mocanu u.a./RUM, 17.9.2014, Sondervotum *Pinto de Albuquerque/Vučinić* § 3 („In addition, tardy punishment of the alleged offender is per se incompatible with the pursuit of negative special prevention [that is, incapacitation of the offender], which is intended to avoid future breaches of the law by the sentenced person, by keeping him or her away from the community").
195 EGMR Mocanu u.a./RUM, 17.9.2014, Sondervotum *Pinto de Albuquerque/Vučinić* § 3 („These evidentiary problems affect not only the prosecution's case, but also the possibility of mounting an effective defence.").
196 EGMR Mocanu u.a./RUM, 17.9.2014, Sondervotum *Pinto de Albuquerque/Vučinić* § 3 („it has no deterrent effect on would-be offenders and, a fortiori, no impact on reinforcement of the social strength of the breached norm. The deterrent effect of punishment not only diminishes over time, it comes to nought.").

reifen, dass die Verjährung als Rechtsinstitut nicht nur prozessuale Bedeutung hat, sondern eine eigene **„substantive guarantee"**[197] darstellt, die den Geboten der Rechtssicherheit, des fairen Verfahrens und des Resozialisierungsprinzips entspringt.[198] Es ist daher durchaus vorstellbar und wünschenswert, dass der EGMR zum materiellrechtlichen Gehalt der Verjährung und der diesbezüglichen Reichweite von Art. 7 zeitnah eine klärende Entscheidung trifft.

61   **f) Sonstige staatliche Entscheidungen.** Die **Titulierung bürgerlich-rechtlicher Ansprüche**,[199] wie etwa die Verurteilung zu einem nach zivilrechtlichen Grundsätzen zu leistenden Schadensersatz/Schmerzensgeld und/oder zur Übernahme der Prozesskosten für einen Zivilprozess ist keine Strafe i.S.d. Art. 7.[200] Gleiches gilt für ein **Parteiverbot**[201] sowie für eine (angeblich) nachteilige Rentenberechnung für Vertreter eines früheren Regimes.[202]

8. Sicherungsverwahrung (§ 66 StGB) als Strafe i.S.v. Art. 7

62   **a) EGMR.** Speziell zur Sicherungsverwahrung ist der über lange Zeit geführte Streit, ob sog. Maßregeln (der Besserung und Sicherung) unter bestimmten Voraussetzungen als Strafe i.S.v. Art. 7 anzusehen sind, vom EGMR im Fall *M.* entschieden worden. Unter Berufung auf § 67d Abs. 3 StGB i.d. im Jahr 1998 geänderten Fassung, der die bis dahin geltende Höchstdauer von 10 Jahren bei einer (erstmalig) im Urteil verhängten Sicherungsverwahrung (§ 66 Abs. 1 StGB) aufhob und i.V.m. Art. 1a Abs. 3 EGStGB auch auf Fälle der Sicherungsverwahrung vor Inkrafttreten der geänderten Bestimmung erstreckte, hatte das LG Marburg im Jahr 2001 die weitere Unterbringung des vielfach vorbestraften Bf. über die 10-Jahres-Grenze hinaus angeordnet. Der EGMR sah in der damit verbundenen **nachträglichen Verlängerung der Sicherungsverwahrung über die zur Tatzeit geltende zehnjährige Höchstdauer hinaus** sowohl eine Verletzung von Art. 5 Abs. 1 als auch eine solche nach Art. 7 Abs. 1. Dabei arbeitete der Gerichtshof die dogmatischen und vollzugspraktischen Parallelen zwischen Freiheitsstrafe und Sicherungsverwahrung heraus und ordnete die Sicherungsverwahrung entgegen der Ansicht des BVerfG[203] anhand der **Welch**-Kriterien (Rn. 48) überzeugend als *Strafe* i.S.v. Art. 7 ein.[204] Die seinerzeitige Sicherungsverwahrung sei wie die Freiheitsstrafe eine staatliche Reaktion auf schwere, schuldhafte Taten; sie stelle eine gravierende Form der Freiheitsentziehung dar, werde in der Praxis wie eine

---

197 EGMR G.I.E.M. S.R.L. u.a./I, 28.6.2018, Sondervotum *Pinto de Albuquerque* § 24.

198 EGMR Mocanu u.a./RUM, 17.9.2014, Sondervotum *Pinto de Albuquerque/Vučinić* § 4.

199 EKMR bei *Partsch* 175.

200 EGMR Barelli/F (E), 22.6.1999, Nr. 4.

201 EGMR Herri Batasuna u. Batasuna/E, 30.6.2009, § 59; Fazilet Partisi (Parti de la vertu) u. Kutan/TRK (E), 6.4.2004, Nr. 3; Refah Partisi (the Welfare Party) u.a./TRK (E), 3.10.2000, Nr. 4 der Gründe.

202 EGMR Lessing u. Reichelt/D (E), 16.10.2012, §§ 36 f.

203 BVerfGE **109** 133; zust. u.a. *Sprung* Nachträgliche Sicherungsverwahrung – verfassungsgemäß? (2009) 173 f.; *Milde* Die Entwicklung der Normen zur Anordnung der Sicherungsverwahrung in den Jahren von 1998 bis 2004 (2006) 110 f.

204 EGMR M./D, 17.12.2009, NJW **2010** 2495 m. Anm. *Eschelbach* = NStZ **2010** 263 = EuGRZ **2010** 25 (nachträgliche Verlängerung der Sicherungsverwahrung nach § 66 Abs. 1 StGB über die zur Tatzeit geltende zehnjährige Höchstdauer hinaus); zur zeitlichen Überschreitung einer angeordneten Sicherungsverwahrung: EGMR Klinger/D, 11.12.2018; zust. *Müller* StV **2010** 207; *Kinzig* NStZ **2010** 233; *Laue* JR **2010** 198; *Möllers* ZRP **2010** 153, 154. Im Rahmen von Art. 7 auch schon IK-EMRK/*Renzikowski* 32; *Finger* Vorbehaltene und Nachträgliche Sicherungsverwahrung (2008) 221 f.

Freiheitsstrafe vollzogen und beinhalte keine speziellen Therapiemaßnahmen.[205] Damit bestätigte der Gerichtshof diejenigen Stimmen in der Literatur, welche die Sicherungsverwahrung seit jeher als Etikettenschwindel angeprangert und eine Gleichstellung beim verfassungsrechtlichen Schutz gefordert hatten.[206]

Der EGMR hat seine Leitlinien aus dem Fall *M.* zur nachträglichen Verlängerung der **63** ursprünglich verhängten, gemäß dem damaligen Gesetz zeitlich begrenzten Sicherungsverwahrung in mehreren Parallelfällen bekräftigt.[207] Auch die **nachträgliche Sicherungsverwahrung** (Anordnung nicht schon im Urteil, sondern erst später unter dem Eindruck des Strafvollzugs, was durch ein erst nach dem Strafurteil, also auch nach der Tat, in Kraft getretenes Gesetz ermöglicht wurde) verstößt gegen Art. 7 Abs. 1; so wurde die Überweisung von einer Klinik in die – erst jetzt angeordnete – Sicherungsverwahrung gem. § 66b Abs. 3 StGB a.F. – in der die deutsche Rechtsprechung ursprünglich nur eine „Überweisung von der einen in die andere Maßregel"[208] gesehen hätte – für mit Art. 7 unvereinbar beurteilt.[209] Im Lichte dieser Rechtsprechung liegt ein Verstoß damit erst recht vor, wenn davor noch nicht einmal eine – andere – Maßregel angeordnet war, sondern eine Sicherungsverwahrung nachträglich angeordnet wurde, ohne dass der Betroffene sich bereits in einer – anderen – Maßregel befunden hatte.

Die staatliche **Schutzpflicht aus Art. 3**, die sich grundsätzlich auch auf die Prävention **64** on von Misshandlungen durch Privatpersonen (hier: durch zur Entlassung anstehende

---

205 EGMR M./D, 17.12.2009, §§ 127 f. (Bf. wurde nach Eintritt der Endgültigkeit des Urteils am 10.5.2010 [Art. 43 Abs. 2], aus der Sicherungsverwahrung entlassen; die Maßregel wurde für erledigt erklärt; vgl. OLG Frankfurt NStZ **2010** 573); krit. zur Dauer bis zur Entlassung: *Pollähne* KJ **2010** 255, 256 f.

206 Vgl. zu Art. 103 Abs. 2 GG: *Best* ZStW **114** (2002) 88 ff.; *Kinzig* StV **2000** 330, 332; *Laubenthal* ZStW **116** (2004) 703; *Mushoff* KritV **2004** 137; *Jung* GA **2010** 639 (Straftat und Maßregeln bilden ein „Sanktionengeflecht"); *Jung* FS Wassermann 875 (Plädoyer für eine allgemeine Anwendung des Rückwirkungsverbots auf Maßregeln); *Pollähne* KJ **2010** 255. Das HRC Dean/NZL, 29.3.2009, 1512/2006 hat entschieden, dass die Verhängung einer Präventivhaft von 10 Jahren keinen Verstoß gegen Art. 15 IPBPR, darstellt, obwohl auf den Bf. der (spätere und mildere) Sentencing Act 2002 nicht angewendet wurde, der anstelle der zugrunde gelegten 10-jährigen Mindestdauer der Präventivhaft, innerhalb derer keine Freilassung auf Bewährung (*parole*) erfolgen kann, eine Mindestdauer von nur fünf Jahren vorsieht; ob auch unter Anwendung des milderen Gesetzes (Sentencing Act 2002) der Bf. tatsächlich früher aus der Haft entlassen worden wäre, hänge von vielen Faktoren ab und sei demnach Spekulation.

207 EGMR Glien/D, 28.11.2013, §§ 118 ff.; Kallweit/D, 13.1.2011, EuGRZ **2011** 255 = NJOZ **2011** 1494, §§ 66 ff.; Mautes/D, 13.1.2011, §§ 53 ff.; Schummer/D, 13.1.2011, §§ 65 ff.; Jendrowiak/D, 14.4.2011, DÖV **2011** 570 (Ls.), §§ 46 ff.; O.H./D, 24.11.2011, §§ 104 ff.

208 BGH NStZ **2012** 317 = StV **2012** 405; OLG Frankfurt NStZ **2012** 154; anders dann, in Reaktion auf drei Urteile des EGMR vom Juni 2012 (siehe nachfolgende Fn.), BVerfG Beschl. v. 6.2.2013 – 2 BvR 2122/11, 2 BvR 2705/11, BVerfGE **133** 40 = StV **2013** 626 = EuGRZ **2013** 233 = R&P **2013** 154 = DÖV **2013** 439 (Ls.); BVerfG Beschl. v. 11.3.2013 – 2 BvR 2000/12, StraFo **2013** 213 = R&P **2013** 159 = NStZ-RR **2013** 207 (red. Ls.): in verfassungskonformer Auslegung, auch für die Fälle des § 66b StGB, bedurfte es der Voraussetzung der aus konkreten Umständen in der Person oder dem Verhalten des Untergebrachten ableitbaren hochgradigen Gefahr schwerster Gewalt- oder Sexualstraftaten, so wie es bereits seit dem grundlegenden Urteil v. 4.5.2011 (BVerfGE **128** 326 = NJW **2011** 1931) für die Konstellation der Parallelfälle zum Fall M./D, 17.12.2000, galt. Für eine Anwendung dieser strengen Kriterien der Weitergeltung auch auf die Fälle des § 66b StGB (und im Vorgriff auf die Rechtsprechung des BVerfG des Jahres 2013) siehe bereits Vorauflage Rn. 46.

209 EGMR G./D, 7.6.2012, §§ 75 ff.; K./D, 7.6.2012, §§ 84 ff. Die gleiche Konstellation lag EGMR S./D, 28.6.2012, JR **2013** 78 m. Anm. *Peglau* zugrunde, wo jedoch die Beschwerde nur bezüglich Art. 5 Abs. 1 erfolgreich war (bzgl. Art. 7 fehlte die Rechtswegerschöpfung), §§ 113 ff.; siehe jedoch auch §§ 3, 19, 21; so bereits zuvor EGMR B./D, 19.4.2012, EuGRZ **2012** 383, §§ 94 ff., insbes. § 98; krit. *Esser/Gaede/Tsambikakis* NStZ **2012** 554, 556. In EGMR Haidn/D, 13.1.2012, NJW **2011** 3423, wird Art. 7 nicht erwähnt, wohl weil der Bf. einen Verstoß gegen Art. 7 nicht gerügt hatte.

Straftäter) erstreckt (dort Rn. 67 ff.),[210] kann nach Ansicht des EGMR eine Strafe über eine zur Tatzeit gesetzlich festgelegte Grenze hinaus nicht legitimieren, weil die Erfüllung dieser positiven Schutzpflicht nur Maßnahmen erlaubt, die ihrerseits mit der Konvention vereinbar sind.[211] Dies gilt ebenso für die aus **Art. 2** (Recht auf Leben) abzuleitende Schutzpflicht.[212]

65   **b) BVerfG.** In seinem **Urteil vom 4.5.2011** hatte sich das BVerfG mit diesen Vorgaben des EGMR verfassungsrechtlich auseinanderzusetzen.[213] Dabei hielt das Gericht an der **Zwei-spurigkeit** des deutschen Sanktionensystems ausdrücklich fest – d.h. an der Einteilung in primär präventive Zwecke verfolgende Maßregeln der Besserung und Sicherung einerseits, und in die repressiv wirkende, am Schuldgrundsatz orientierte Kriminalstrafe andererseits.[214] Trotz der vom EGMR aufgezeigten und vom BVerfG auch bestätigten Missstände beim seinerzeitigen Vollzug der Sicherungsverwahrung, die dieser Maßregel einen strafähnlichen Charakter verliehen, dürfe die unterschiedliche Zwecksetzung und verfassungsrechtliche Legitimation nicht übersehen werden: diese verpflichte gerade nicht dazu, die Auslegung des Art. 103 Abs. 2 GG der des Art. 7 vollständig anzugleichen. Zugleich wies das BVerfG aber darauf hin, dass die Sicherungsverwahrung ausschließlich **freiheitsorientiert und therapie-gerichtet** zu vollziehen sei; es müsse ein deutlicher Abstand zwischen einem strafbedingten Freiheitsentzug und der Sicherungsverwahrung mit eindeutiger therapeutischer Ausrichtung zum Ausdruck kommen (sog. **Abstandsgebot**). Demzufolge müsse mit der Behandlung des Verurteilten schon im Strafvollzug[215] und dort so früh begonnen werden, dass sie vor Strafende bereits abgeschlossen werden könne. Da die bisherige Ausgestaltung des Vollzugs der Sicherungsverwahrung dem nicht genügte, wurden Bundes- und Landesgesetzgeber aufgefordert, ein **Gesamtkonzept** zu entwickeln, das an der **Wiedererlangung der Freiheit**

---

210   Eine Zurechnung von Handlungen Privater an den Staat findet statt, wenn diese wegen der besonderen Verhältnisse auch vom Staat (mit) zu verantworten sind, weil sie von ihm geduldet wurden, oder wenn seine Organe sie hätten rechtzeitig erkennen und verhindern können (vgl. Art. 3 Rn. 67); *Grabenwarter/Pabel* § 20, 55.

211   EGMR Jendrowiak/D, 14.4.2011, DÖV **2011** 570 (Ls.); wiederholt in: EGMR Kronfeldner/D, 19.1.2012, NJW **2013** 1791 (keine Aussage zu Art. 7, womöglich nicht gerügt), §§ 86 f.; B./D, 19.4.2012, §§ 87 f. (verbotene Rückwirkung angeblich vor dem BVerfG nicht gerügt und Rechtsweg insoweit nicht erschöpft, §§ 94–99); K./D, 7.6.2012, § 88; S./D, 28.6.2012, § 103 (keine Verletzung von Art. 7 festgestellt mangels vorheriger Rüge vor dem BVerfG, §§ 111–116).

212   EGMR G./D, 7.6.2012, § 79; S./D, 28.6.2012, § 103 (keine Verletzung von Art. 7 festgestellt mangels vorheriger Rüge vor dem BVerfG).

213   BVerfG Urt. v. 4.5.2011 – 2 BvR 2365/09, BVerfGE **128** 326 = NJW **2011** 1931 = StV **2011** 470 m. Anm. *Kreuzer/Bartsch* u. *Eisenberg*; krit. *Windoffer* DÖV **2011** 590. Anlass waren insgesamt vier Verfassungsbeschwerden: zwei gegen die die 10 Jahre überschreitende Sicherungsverwahrung bei Anlasstaten, die vor Inkrafttreten des Gesetzes zur Bekämpfung von Sexualdelikten und anderen gefährlichen Straftaten v. 26.1.1998 begangen wurden (Konstellation M./D, 17.12.2009); eine zur nachträglichen Sicherungsverwahrung bei Jugendlichen nach § 7 Abs. 2 JGG sowie eine über die nachträgliche Sicherungsverwahrung nach § 66b StGB a.F. Der EGMR hat dieses Einschwenken des BVerfG auf seine Interpretation ausdrücklich begrüßt (siehe hierzu auch Art. 5 Rn. 281).

214   Auch *Schöch* FS Roxin II 1210 f. sieht angesichts der Zweispurigkeit und unter Berufung auf das Abstandsgebot keinen Verstoß gegen Art. 7.

215   Also noch *vor* der Sicherungsverwahrung, damit deren Vollstreckung nach Möglichkeit gar nicht erst beginnen muss (§ 67c Abs. 1 StGB); BVerfGE **128** 326, 379 = NJW **2011** 1931, 1938: „Kommt Sicherungsverwahrung in Betracht, müssen schon während des Strafvollzugs alle Möglichkeiten ausgeschöpft werden, um die Gefährlichkeit des Verurteilten zu reduzieren.".

ausgerichtet ist und detaillierte Regeln vorsieht („gesetzliche Regelungsdichte"),[216] so dass in den maßgeblichen Fragen der Exekutive und Judikative keine Entscheidungsmacht mehr belassen ist. Die autonome Interpretation des Begriffs *Strafe* in Art. 7 sei aber der rechtlichen Vielfalt im Übrigen zugänglich und ermögliche eine gewisse Flexibilität der einzelnen Mitgliedstaaten in der Ausgestaltung ihres Sanktionensystems.[217] Zwar lässt die Formulierung des BVerfG, dass die Heranziehung der EMRK (und zwar in ihrer Interpretation durch den EGMR) keine „schematische Parallelisierung"[218] der Auslegung von GG und EMRK zur Folge habe, und die weiter bestehende, mit dem StGB übereinstimmende Ansicht des BVerfG, dass die Sicherungsverwahrung keine „Strafe" i.S.d. Art. 103 Abs. 2 GG sei, vordergründig noch einen Rest von Konfliktpotential offen, doch kommt es zu keinem Verstoß gegen Art. 7 (mehr), wenn und weil unter Berücksichtigung der Wertungen der EMRK das Vertrauen der Betroffenen auf ein Unterbleiben einer rückwirkenden Anwendung der für sie ungünstigen Gesetze die für eine Rückwirkung sprechenden Interessen überwiegt. Sach- und ergebnisorientiert zeigt sich auch der EGMR, der es ausdrücklich akzeptiert, dass keine „schematische Parallelisierung" zu erfolgen brauche, wenn die Konventionsrechte der Sache nach beachtet werden.[219]

Das **BVerfG** hatte vor seinem Urteil in der Hauptsache mehrfach Anträge auf Erlass **66** einer einstweiligen Anordnung (§ 32 BVerfGG) abgelehnt und die Betroffenen auf die Entscheidung im Hauptsacheverfahren verwiesen.[220] Mit den beschriebenen Leitlinien des BVerfG (Rn. 65) lagen konkrete Anweisungen an Gesetzgeber und Justiz für eine Reform des Rechts der Sicherungsverwahrung vor. Durch die zwischenzeitlich ergangenen **gesetzlichen Neuregelungen** sind die unmittelbaren und mittelbaren Folgen der EGMR-Rechtsprechung zur Sicherungsverwahrung nun weitgehend geklärt (näher Art. 5 Rn. 142 ff., 278 ff.).

c) Strafgerichte. Vor dem Urteil des BVerfG waren schon die Strafgerichte zur Umset- **67** zung der Straßburger Leitlinien aufgerufen.[221] Die Frage, ob auch die Sicherungsverwahrten in sog. **Parallelfällen** zum Fall M., in denen die (anfängliche) Sicherungsverwahrung ebenfalls rückwirkend länger als zehn Jahre vollstreckt wurde, freizulassen waren, wurde von verschiedenen Oberlandesgerichten unterschiedlich beantwortet. Maßgeblich war, ob § **2 Abs. 6 StGB** dahingehend konventionskonform ausgelegt werden konnte und dann

---

216 BVerfGE **128** 326, 378 = NJW **2011** 1931, 1938; das BVerfG ordnet die zu treffenden Regelungen, auch soweit sie im Strafvollzug und damit zeitlich vor der Sicherungsverwahrung greifen, ausdrücklich nicht als „Strafvollzug" ein, wofür der Bund seit 2006 keine Gesetzgebungskompetenz mehr hätte, sondern erkennt dem Bund gemäß Art. 74 Abs. 1 Nr. 1 GG die Gesetzgebungskompetenz zu, wovon dieser auch Gebrauch machen und „die wesentlichen Leitlinien des freiheitsorientierten und therapiegerichteten Gesamtkonzepts" regeln *muss*, damit das Konzept „nicht durch landesrechtliche Regelungen unterlaufen werden kann", BVerfGE **128** 326, 387 = NJW **2011** 1931, 1941.
217 Zutreffend weist *Renzikowski* ZIS **2011** 531, 534 darauf hin, dass *allein* eine andere Vollzugsweise der Sicherungsverwahrung nicht den Strafcharakter nehme, da maßgebliches Kriterium die Eingriffsintensität insgesamt ist; kritisch auch dazu, dass das BVerfG allein das Abstandsgebot zur Rechtfertigung einer Differenzierung heranzieht.
218 BVerfGE **128** 326, 366 f., 370, NJW **2011** 1931, 1935, Tz. 86, 1936, Tz. 91.
219 EGMR Glien/D, 28.11.2013, § 124.
220 BVerfG Beschl. v. 22.12.2009 – 2 BvR 2365/09, R&P **2010** 111 (red. Ls.); Beschl. v. 19.5.2010 – 2 BvR 769/10, NJW **2010** 2501 = EuGRZ **2010** 385; Beschl. v. 5.8.2010 – 2 BvR 1646/10; Beschl. v. 16.8.2010 – 2 BvR 1762/10; vgl. auch BVerfG Beschl. v. 30.6.2010 – 2 BvR 571/10, EuGRZ **2010** 536 (zur nachträglichen Sicherungsverwahrung). Zu Recht kritisch *Pollähne* KJ **2010** 255, 258 („Karlsruher Landrecht").
221 Kritik an der Umsetzung der EGMR-Vorgaben (vor dem Urteil des BVerfG v. 4.5.2011) durch die deutschen Gerichte bei: *Gaede* HRRS **2010** 329.

auch musste, dass Art. 7 Abs. 1 in seiner Auslegung durch den EGMR eine **„andere gesetzliche Bestimmung"** i.S. dieser Norm war, nach der nicht das Entscheidungsrecht, sondern das Tatzeitrecht anwendbar ist,[222] oder ob einem solchen Ansatz der Wille des Gesetzgebers[223] bzw. das mit Gesetzeskraft (§ 31 Abs. 2 BVerfGG) ausgestattete Urteil des BVerfG im Fall *M.* aus dem Jahre 2004[224] entgegenstand.[225]

68   Dem durch die konträren OLG-Beschlüsse entstandenen „Rechtschaos" begegnete der Gesetzgeber durch eine am 30.7.2010 in Kraft getretene **Änderung des GVG**, wonach ein OLG, das bei seiner Entscheidung über die Erledigung der Sicherungsverwahrung von einer nach dem 1.1.2010 ergangenen Entscheidung eines anderen OLG oder des BGH abweichen will, die Sache dem BGH vorzulegen hat (§ 121 Abs. 2 Nr. 3 GVG n.F. – **Divergenzvorlage**).[226]

69   Nachdem mehrere Oberlandesgerichte die Rechtsfrage dem BGH vorgelegt hatten,[227] entschied dessen 5. Strafsenat mit Beschluss v. 9.11.2010,[228] **§ 67d Abs. 3 StGB a.F.** einschränkend auszulegen und eine rückwirkende Sicherungsverwahrung über zehn Jahre hinaus nur noch zuzulassen, wenn *„eine hochgradige Gefahr schwerster Gewalt- und Sexualverbrechen aus konkreten Umständen in der Person oder dem Verhalten des Untergebrachten abzuleiten ist"*. Mit demselben Beschluss hatte der 5. Strafsenat außerdem bei den anderen vier Strafsenaten angefragt,[229] ob, wie oben ausgeführt, sich aus der EMRK eine „andere Bestimmung" i.S.d. § 2 Abs. 6 StGB ergebe, die die Rückwirkung ausschlösse. Die übrigen Strafsenate hatten zwar in ihren Antworten die Rechtsfrage nicht in gleicher Weise beurteilt, dennoch unterblieb ausnahmsweise die Vorlage an den Großen Senat für Strafsachen, da nach den Antworten der anderen Strafsenate das Urteil des BVerfG vom 4.5.2011 erging; der **5. Strafsenat** des BGH entschied die Rechtsfrage sodann mit **Beschluss vom 23.5.2011** i.S.d. Vorgaben des BVerfG.[230]

70   Soweit die Sicherungsverwahrung als *Strafe* i.S.v. Art. 7 Abs. 1 anzusehen ist, ist die rückwirkende Anwendung **auch anderer Arten der Sicherungsverwahrung** auf Taten,

---

222 So OLG Frankfurt Beschl. v. 1.7.2010 – 3 Ws 539/10, NStZ-RR **2010** 321; OLG Hamm Beschl. v. 6.7.2010 – 4 Ws 157/10; Beschl. v. 22.7.2010 – 4 Ws 180/10; Beschl. v. 29.7.2010 – 4 Ws 193/10; OLG Karlsruhe Beschl. v. 15.7.2010 – 2 Ws 458/09; Beschl. v. 15.7.2010 – 2 Ws 44/10; anders aber in Bezug auf die nachträgliche Sicherungsverwahrung OLG Frankfurt Beschl. v. 1.7.2010 – 3 Ws 418/10, NStZ-RR **2010** 321 (Rechtskraft des die Sicherungsverwahrung anordnenden Urteils stehe entgegen, nur Wiederaufnahme nach § 359 Nr. 6 StPO möglich). Für eine Entlassung schon OLG Hamm Beschl. v. 12.5.2010 – 4 Ws 114/10.
223 So OLG Stuttgart Beschl. v. 1.6.2010 – 1 Ws 57/10 (keine sofortige Entlassung); OLG Celle NStZ-RR **2010** 322.
224 BVerfGE **109** 133.
225 So OLG Koblenz Beschl. v. 7.6.2010 – 1 Ws 108/10; OLG Köln Beschl. v. 14.7.2010 – 2 Ws 428/10; Beschl. v. 14.7.2010 – 2 Ws 431/10; ebenso im Ergebnis auch OLG Nürnberg Beschl. v. 24.6.2010 – 1 Ws 315/10 (juris – nur Ls.); Beschl. v. 7.7.2010 – 1 Ws 342/10 (juris – nur Ls.). Gegen eine Entlassung außerdem schon OLG Koblenz Beschl. v. 30.3.2010 – 1 Ws 116/10, JR **2010** 306 (mangels Endgültigkeit des EGMR-Urteils); Beschl. v. 17.5.2010 – 2 Ws 573/09 (Fortführung des Beschwerdeverfahrens).
226 4. GVGÄndG v. 24.7.2010 (BGBl. I S. 976).
227 OLG Nürnberg NStZ **2010** 574; OLG Köln Beschl. v. 12.8.2010 – 2 Ws 488/10, BeckRS **2010** 20734; OLG Stuttgart Beschl. v. 19.8.2010 – 1 Ws 57/10; eine Vorlagepflicht verneinte dagegen OLG Karlsruhe NStZ-RR **2010** 322.
228 BGH NJW **2011** 240.
229 Anfragebeschluss beim 4. Strafsenat gemäß § 132 Abs. 3 GVG, der die Rechtsfrage vorher anders entschieden hatte als der 5. Strafsenat sie entscheiden wollte, BGH NJW **2011** 240, 244; Anfragebeschluss bei den übrigen Strafsenaten wegen grundsätzlicher Bedeutung, BGH NJW **2011** 240, 244, dort auch zur Zulässigkeit einer derartigen Anfrage bei den übrigen Strafsenaten.
230 BGHSt **56** 248 = NJW **2011** 1981; zu den Antworten der anderen Strafsenate vgl. Punkt 3 der Gründe (BGHSt **56** 248, 251 = NJW **2011** 1981, 1982).

die vor dem jeweiligen Inkrafttreten der Norm begangen wurden, konventionswidrig.[231] Diese Konsequenz hatte der 4. Strafsenat des BGH schon kurz nach der Endgültigkeit des EGMR-Urteils in Bezug auf die nachträgliche Anordnung der Sicherungsverwahrung gemäß § 66b Abs. 3 StGB (a.F.) gezogen und diese Art der Sicherungsverwahrung wegen der Rückwirkung nicht verhängt.[232] Anderes kann hingegen weiterhin für *schuldunabhängige* Maßregeln wie etwa die Unterbringung in einem **psychiatrischen Krankenhaus** gelten.[233]

d) Gesetzliche Neuregelung. Als Reaktion auf das Urteil des EGMR im Fall *M.* hatte 71 der Gesetzgeber mit dem **Gesetz zur Neuordnung des Rechts der Sicherungsverwahrung** [...] vom 22.12.2010[234] eine grundlegende Reform der Sicherungsverwahrung in die Wege geleitet.[235] Beschlossen wurde unter anderem eine **Konsolidierung der primären Sicherungsverwahrung** (Beschränkung des Anwendungsbereichs), ein **Ausbau der vorbehaltenen Sicherungsverwahrung** und die **weitgehende Abschaffung der nachträglichen Sicherungsverwahrung** (§ 66b Abs. 1 und Abs. 2 StGB) für künftige Fälle. Zudem wurde die Möglichkeit einer **elektronischen Aufenthaltsüberwachung** im Rahmen der Führungsaufsicht eingeführt.

Die sog. Parallelfälle zum Urteil des EGMR in der Rs. *M.*, in denen die Verurteilten 72 eigentlich hätten entlassen werden müssen, sollten durch das am 1.1.2011 in Kraft getretene Gesetz zur Therapierung und Unterbringung psychisch gestörter Gewalttäter (**Therapieunterbringungsgesetz – ThUG**) erfasst werden. Mit diesem „Kunstgriff" versuchte der Gesetzgeber es zu vermeiden, dass auch die neue Unterbringungsform wieder als „Strafe" i.S.v. Art. 7 Abs. 1 angesehen würde.

e) Bewertung durch den EGMR. In der Rs. *Bergmann* entschied der EGMR dann 73 zugunsten Deutschlands.[236] Der Bf. hatte sich gegen eine nachträgliche Verlängerung seiner Sicherungsverwahrung gewandt. Der EGMR befasste sich erneut mit der Frage, ob die Sicherungsverwahrung, so wie sie nach der gesetzlichen Neuregelung durchgeführt wird, eine *Strafe* darstellt. Dabei bediente sich das Gericht wieder der *Welch*-Kriterien (Rn. 48) und stellte fest, dass die neuen bundesgesetzlichen Regelungen die Unterschiede zwischen Strafen und Maßregeln der Besserung und Sicherung – als Besonderheit des deutschen zweigleisigen Sanktionssystems – verfestigen und erweitern.[237] Ausschlaggebend seien die Art (Wesen) und der Zweck der Maßnahme. Dabei hob der EGMR hervor, dass der Bf. in der Sicherungsverwahrung nicht mehr in demselben Gebäude wie Strafgefangene untergebracht war, sondern in einem separaten Gebäude auf dem Gelände der JVA, das über eine erheblich bessere Ausstattung, einschließlich psycho- und sozialtherapeutischer Res-

---

231 Näher *Müller* StV **2010** 207; *Kinzig* NStZ **2010** 233; *Laue* JR **2010** 198; *Pollähne* KJ **2010** 255, 261, 263.

232 BGH Beschl. v. 12.5.2010 – 4 StR 577/09, NStZ **2010** 567 = StraFo **2010** 297 = EuGRZ **2010** 359 (dieser Beschluss des 4. Strafsenats war Anlass für den oben geschilderten Anfragebeschluss des 5. Strafsenats, BGH NJW **2011** 240; § 66b Abs. 3 StGB a.F. ist seit dem 1.1.2011 der einzige Absatz von § 66b StGB und wurde, wie oben ausgeführt, vom BVerfG mit Urteil v. 4.5.2011 für unvereinbar mit dem Grundgesetz erklärt); zurückgestellt bis zur Endgültigkeit des EGMR-Urteils noch durch Beschl. v. 11.2.2010 – 4 StR 577/09; **a.A.** in Bezug auf die nachträgliche Sicherungsverwahrung nach § 7 Abs. 2 Nr. 1 JGG wegen der Besonderheiten des Jugendstrafrechts aber BGH NJW **2010** 1539 = NStZ **2010** 381 = StV **2010** 515, Rn. 60 ff.; dazu krit. *Eisenberg* NJW **2010** 1507, 1508 f. sowie *Möllers* ZRP **2010** 153. Vgl. auch BGH Beschl. v. 6.7.2010 – 5 StR 142/10, NStZ-RR **2011** 41.

233 *Best* ZStW **114** (2002) 88; IK/*Renzikowski* 32; zur Frage der Anwendbarkeit von Art. 7 Abs. 1 auf §§ 20, 21, 63 StGB Rn. 56.

234 In Kraft seit dem 1.1.2011; vgl. BTDrucks. **17** 4062.

235 Ausführlich sowie teils krit. hierzu: *Kinzig* NJW **2011** 177.

236 EGMR Bergmann/D, 7.1.2016, NJW **2017** 1007 m. Anm. *Köhne* = EuGRZ **2016** 352 = StV **2017** 597.

237 EGMR Bergmann/D, 7.1.2016, § 162.

sourcen verfügte, um die von den Untergebrachten ausgehenden Gefahren für die Allgemeinheit zu minimieren.[238] Eine wesentliche Veränderung gegenüber der alten Rechtslage sah der Gerichtshof darin, dass die betreffende Person für die Anordnung der Verlängerung einer Sicherungsverwahrung nach Art. 316f Abs. 2 Satz 2 EGStGB an einer für die Allgemeinheit gefährlichen **psychischen Störung** leiden muss.[239] Hinsichtlich des Zwecks der Maßnahme stellt der EGMR fest, dass durch die gesetzgeberischen Änderungen der präventive und therapeutische Aspekt der Sicherungsverwahrung im Vordergrund stehe,[240] aufgrund des Erfordernisses einer psychischen Störung und der angebotenen therapeutischen Behandlungsmöglichkeiten, die dem Verwahrten einen Weg zur Entlassung ermöglichen.[241] Zwar bekräftigte der EGMR, dass es sich trotz der legislativen Änderungen bei der Sicherungsverwahrung in der Regel noch immer um eine Strafe i.S.d. Art. 7 Abs. 1 handele.[242] Jedoch akzeptiert der EGMR, dass der Strafcharakter der Maßnahme aufgrund des veränderten Wesens und des Zwecks der Maßregel weit in den Hintergrund rücke,[243] so dass die Maßnahme nicht mehr als Strafe i.S.d. Art. 7 Abs. 1 zu klassifizieren sei.[244]

74   Der EGMR hat diesen Ansatz in der Rs. *Ilnseher* bestätigt.[245] Unter Bezugnahme auf die Rs. *Bergmann*[246] wiederholte die GK, dass eine vom Strafvollzug abgetrennt vollzogene Sicherungsverwahrung, verbunden mit einem Schwerpunkt auf therapeutischer Rehabilitation des Insassen, nicht als Strafe i.S.d. Art. 7 Abs. 1 anzusehen sei.[247]

75   Das Urteil der Mehrheitsmeinung erfuhr allerdings starke interne Kritik von mehreren Mitgliedern der GK.[248] So nahm *Sicilianos* eine eigene Bewertung der Sicherungsverwahrung nach den *Welch*-Kriterien (Rn. 48) vor[249] und kam, wie seine Kollegen, zu dem Ergebnis, dass die **verbesserten Bedingungen im Vollzug** und **in der Versorgung ungenügend** seien, um die Sicherungsverwahrung nicht mehr als Strafe zu qualifizieren.[250] Das wesentliche Argument der GK, dass die Sicherungsverwahrung in Deutschland konzeptionell nun auf die Behandlung des Bf. ausgerichtet sei, und deshalb keine Strafe mehr darstelle, überzeuge nicht. Bei genauer Betrachtung sei erkennbar, dass die Ressourcen zur Behandlung zwar zur Verfügung stünden, aber man nicht versucht habe, den Bf. davon zu überzeugen, sich einer Behandlung zu unterziehen; auch habe man ihm keinen **konkreten Behandlungsplan** unterbreitet.[251] Angesichts dieser **Passivität** staatlicher Stel-

---

238   EGMR Bergmann/D, 7.1.2016, §§ 165 ff.
239   EGMR Bergmann/D, 7.1.2016, § 166.
240   EGMR Bergmann/D, 7.1.2016, § 176.
241   EGMR Bergmann/D, 7.1.2016, § 177.
242   EGMR Bergmann/D, 7.1.2016, § 181.
243   EGMR Bergmann/D, 7.1.2016, § 182; vgl. auch EGMR Becht/D, 6.7.2017, §§ 43 ff. (fehlende Unterbringung in geeignetem Gebäude ohne therapeutische Ressourcen auch bei Vorliegen einer psychischen Störung Verletzung von Art. 7 Abs. 1).
244   EGMR Bergmann/D, 7.1.2016, § 182; krit. MüKo-StGB/*Ullenbruch/Drenkhahn/Morgenstern* § 66, 51.
245   EGMR (GK) Ilnseher/D, 4.12.2018, NJOZ **2019** 1445; hierzu: *Czech* NLMR **2018** 526; bestätigt in: EGMR M.W./D, 24.9.2019.
246   EGMR (GK) Ilnseher/D, 4.12.2018, § 238.
247   EGMR (GK) Ilnseher/D, 4.12.2018, §§ 203, 210–214, 220–222, 236–238; Klinkel/D, 11.12.2018 (nicht rechtzeitige Entscheidung über die Anordnung der Sicherungsverwahrung nach Verbüßung der Haftstrafe als Verletzung von Art. 5 Abs. 1).
248   Sehr krit. zum Urteil: EGMR (GK) Ilnseher/D, 4.12.2018, Sondervotum *Sicilianos*; Sondervotum *Pinto de Albuquerque/Dedov*.
249   EGMR (GK) Ilnseher/D, 4.12.2018, Sondervotum *Sicilianos*.
250   EGMR (GK) Ilnseher/D, 4.12.2018, Sondervotum *Sicilianos* §§ 8 f.
251   EGMR (GK) Ilnseher/D, 4.12.2018, Sondervotum *Sicilianos* § 13.

len beim Angebot therapeutischer Behandlungen zugunsten der Sicherungsverwahrten sei eine Nichtklassifizierung der Sicherungsverwahrung als Strafe nicht gerechtfertigt.[252]

Die ebenfalls abweichende Ansicht von *Pinto de Albuquerque* und *Dedov* kritisiert **76** neben dem Urteil selbst auch das Verhältnis von EGMR und BVerfG.[253] *Pinto de Albuquerque* sieht hinsichtlich des Urteils selbst die durch das BVerfG vorgenommene Auslegung der Rs. *M.* als kontradiktorisch an („total incompatibility with *M.*").[254] Insbesondere weist er auf den Bericht des CPT hin, dass sich die Behandlung der weiterhin in Sicherungsverwahrung befindlichen Personen, im Hinblick auf das Abstandsgebot, weiterhin nicht erheblich von herkömmlichen Gefängnisinsassen unterscheide, die eine Kriminalstrafe verbüßen; nur etwas mehr als die Hälfte habe sich einer therapeutischen Behandlung unterzogen.[255] Ferner sei das Argument der Mehrheit des Gerichtshofs, dass die präventiven und therapeutischen Gesichtspunkte, den immer noch vorhandenen Strafcharakter der Sicherungsverwahrung „aufheben" würden, irreführend. Zum einen könne ein präventiver Zweck nicht dazu führen, dass der punitive Charakter einer Maßnahme entfalle (**„the „preventive" purpose of a measure by no means rules out its punitive character").[256]** Zum anderen werde die Natur und der Zweck der Maßnahme nicht durch Bedingungen in der Sicherungsverwahrung determiniert, sondern durch den Rechtsakt, der diese verhängt hat. Insofern zeigten die Geschichte der Sicherungsverwahrung und der Wortlaut des § 66b StGB, dass der Zweck der Maßnahme nicht in der therapeutischen Behandlung liege und dieser sich nicht durch eine Verbesserung der Umstände rückwirkend ändern könne.[257] Ferner lasse der **Begriff der psychischen Störung** im Kontext der Sicherungsverwahrung zu viel Spielraum, um gewährleisten zu können, dass dieser nicht missbräuchlich verwendet werde.[258] Schließlich sei das Argument, dass die Sicherungsverwahrung keine Gefängnisstrafe mehr darstelle, weil die Behandlung in den Vordergrund gerückt sei, nicht tragfähig, da die *individuelle* Behandlung der Insassen nach den European Prison Rules[259] auch bei der Vollstreckung einer Gefängnisstrafe im Fokus stehen sollte.[260] Im Lichte der Rechtsprechung des BVerfG und dessen Bestätigung durch die Mehrheit des EGMR stehe es deshalb zu befürchten, dass die in der EMRK verankerten Garantien weiter aufgeweicht werden und Deutschland sich damit schrittweise in die **Peripherie der Rechtsstaatlichkeit** begebe.[261]

f) Nachträgliche Verwahrung (Schweiz). Die **nachträgliche Verwahrung in der 77 Schweiz** (Art. 65 Abs. 2 SchwStGB) verstößt zumindest teilweise gegen Art. 7 Abs. 1. Das BG hat die Problematik dadurch entschärft, dass es die auf der – schon bei Verurteilung vorliegenden, aber erst im Strafvollzug erkannten – Gefährlichkeit des Betroffenen beru-

---

252 EGMR (GK) Ilnseher/D, 4.12.2018, Sondervotum *Sicilianos* §§ 14, 15.
253 EGMR (GK) Ilnseher/D, 4.12.2018, Sondervotum *Pinto de Albuquerque/Dedov*.
254 EGMR (GK) Ilnseher/D, 4.12.2018, Sondervotum *Pinto de Albuquerque/Dedov* § 72.
255 Report to the German Government on the visit to Germany carried out by the European Committee for the Prevention of Torture and Inhuman or Degrading Treatment or Punishment (CPT) from 25 November to 2 December 2013, CPT/Inf (2014) 23, §§ 15 f.
256 EGMR (GK) Ilnseher/D, 4.12.2018, Sondervotum *Pinto de Albuquerque/Dedov* § 97; Welch/UK, 9.2.1995, § 30.
257 EGMR (GK) Ilnseher/D, 4.12.2018, Sondervotum *Pinto de Albuquerque/Dedov* §§ 98, 99.
258 EGMR (GK) Ilnseher/D, 4.12.2018, Sondervotum *Pinto de Albuquerque/Dedov* § 109.
259 Vgl. etwa Nr. 103.2, 103.3 („individual sentence plans") der Europäischen Strafvollzugsgrundsätze (European Prison Rules) v. 11.1.2006 (überarbeitet 2020; Rec[2006]2-rev); vgl. EGMR (GK) Vinter u.a./UK, 9.7.2013, § 77, NJOZ **2013** 1582.
260 EGMR (GK) Ilnseher/D, 4.12.2018, Sondervotum *Pinto de Albuquerque/Dedov* § 125.
261 EGMR (GK) Ilnseher/D, 4.12.2018, Sondervotum *Pinto de Albuquerque/Dedov* § 130.

hende nachträgliche Verwahrung nur zulässt, wenn die Verurteilung nach Einfügung des Instituts der nachträglichen Verwahrung in das Gesetz (nach 2006), erfolgte (Art. 5 Rn. 149). Wenn die Verwahrung eine „Strafe" i.S.d. Art. 7 ist (was parallel zur deutschen Sicherungsverwahrung bei nicht wegen psychischer Störung Untergebrachten regelmäßig der Fall sein wird), liegt aber ein Verstoß gegen das Rückwirkungsverbot vor, wenn die nachträgliche Verwahrung zwar zum Zeitpunkt des Urteils, nicht aber schon zum Zeitpunkt der Tat gesetzlich vorgesehen war.[262] Diese Rechtsprechung hat der Gerichtshof in seinem jüngsten Urteil wieder bestätigt.[263] Für die Einordnung der nachträglich angeordneten Sicherungsverwahrung als Strafe hat der Gerichtshof besonderen Wert darauf gelegt, dass die Anordnung vom verurteilenden Gericht erlassen wurde, die Anordnung nach innerstaatlichem Recht als strafähnliche Maßnahme eingestuft wird und die Maßnahme unbestimmt lange aufrechterhalten wird, ohne dass der Verurteilte therapiert wird.[264] Im Vergleich mit der jüngeren Rechtsprechung des Gerichtshofs zu Sicherungsverwahrung in Deutschland lässt sich schließen, dass das Gericht nun eine klare Linie zur Sicherungsverwahrung insgesamt gefunden hat.

78   **9. Ausnahme des Absatzes 2.** Die Ausnahme des Absatzes 2, wonach Absatz 1 der Verurteilung oder Bestrafung einer Person nicht entgegensteht, wenn die Handlung im Zeitpunkt ihrer Begehung nach den von der „Völkergemeinschaft" (IPBPR) bzw. von den „zivilisierten Völkern" (EMRK) allgemein anerkannten Rechtsgrundsätzen strafbar war,[265] sollte nach den Motiven[266] die auf rückwirkende Vorschriften gestützten Prozesse der damaligen Siegermächte gegen NS-Kriegsverbrecher, vor allem auch die Nürnberger Prozesse, und die Prozesse in verschiedenen Ländern gegen Kollaborateure, absichern.[267] Seinem Wortlaut nach ist Absatz 2 zwar nicht auf die völkerrechtlichen *core crimes* wie etwa Kriegsverbrechen und Völkermord begrenzt. Dennoch kann die Norm nicht dazu herangezogen werden, um die Bestrafung von Personen wegen schwerer Straftaten, die prinzipiell Absatz 2 unterfallen (können), rückwirkend zu verschärfen.[268] Zum ursprünglich erklärten, mittlerweile zurückgenommenen Vorbehalt Deutschlands gegen Art. 7 Abs. 2 siehe Rn. 10.

79   Die Ausnahmeregelung gilt unabhängig vom Anlass für ihre Aufnahme fort.[269] Sie greift ein, wenn nationales Recht Taten privilegiert, die nach den allgemein in der Völkergemeinschaft anerkannten Rechtsgrundsätzen strafbar sind (vgl. Art. 24 IStGH-Statut). Die-

---

262 *Bommer/Kaufmann* ZBJV **2015** 873, 882, 885 f.
263 EGMR W.A./CH, 2.11.2021.
264 EGMR W.A./CH, 2.11.2021, § 57.
265 Auf die von den zivilisierten Völkern anerkannten Rechtsgrundsätze stellt auch Art. 38 Abs. 1 *lit.* c IGH-Statut ab; vgl. *Grabenwarter/Pabel* § 24, 153 ff.
266 Zur Entstehungsgeschichte vgl. *Frowein/Peukert* 11; *Nowak* 6, 18; *Partsch* 171 ff.
267 Vgl. EGMR (GK) Maktouf u.Damjanović/BIH, 18.7.2013, § 72; Linkov/CS, 7.12.2006, § 41; De Becker/B, 27.3.1962; *Ambos* StV **1997** 39, 41; *Frowein/Peukert* 12 unter Hinweis auf EKMR; *Grabenwarter/Pabel* § 24, 153 ff.; Meyer-Ladewig/Nettesheim/von Raumer/*Harrendorf/König* 19, 21; KK-EMRK-GG/*Kadelbach* Kap. 15, 42; Karpenstein/Mayer/*Sinner* 27; *Renzikowski* FS Krey 423, 426 ff.
268 EGMR (GK) Maktouf u.Damjanović/BIH, 18.7.2013, § 72.
269 EGMR Linkov/CS, 7.12.2006, § 42, lässt offen, ob zwischen Vorgängen im Zweiten Weltkrieg und Ereignissen in der (damaligen, sozialistischen) Tschechoslowakei 1948–1989 eine „Parallele" zu ziehen sei, scheint aber dazu zu tendieren, dass (hypothetische) Gesetze, die bestimmte Taten, die die sozialistische Diktatur nicht bestraft hätte, rückwirkend unter Strafe stellen würden, von Art. 7 Abs. 2 gedeckt wären. Zurückhaltender EGMR (GK) Maktouf u.Damjanović/BIH, 18.7.2013, § 72. Zur eher geringen Bedeutung von Art. 7 Abs. 2 illustrierend EGMR (GK) Kononov/LET, 17.5.2010, § 246: nach Bejahung der Strafbarkeit aus internationalem Recht äußert sich der EGMR nicht näher zu Absatz 2 und verneint eine Verletzung von Art. 7.

se Rechtsgrundsätze brauchen aber, anders als bei Absatz 1, nicht in verbindlichen Völkerrechtssätzen selbst ihren Ausdruck gefunden zu haben. Wenn auch Vieles in der Begriffsbildung noch offen und umstritten ist (vgl. die noch fehlende konkrete Definition von Verbrechen gegen die Menschlichkeit), dürfte es genügen, dass **ein Verhalten weltweit im nationalen Strafrecht der einzelnen Staaten als Straftat angesehen** wird, so dass auch der Täter über die grundsätzliche Strafbarkeit seines Verhaltens keinen Zweifel haben konnte, wie dies bei verschiedenen Grunddelikten, etwa Tötungsdelikten oder anderen Gewaltverbrechen, der Fall ist. Nur wenn diese Voraussetzung, die wohl nur theoretisch enger ist als die „von den zivilisierten Völkern allgemein anerkannten Rechtsgrundsätze" (Art. 7 Abs. 2), vorliegt, schließt Absatz 1 nicht aus, dass solche Taten nachträglich durch Gesetz für strafbar erklärt und verfolgt werden.[270] Sie ermächtigt aber nicht dazu, durch Völkerrecht selbst neue Strafbestimmungen rückwirkend zu schaffen[271] und sie schließt es an sich nicht aus, dass inländisches Verfassungsrecht für das Rückwirkungsverbot durch die Forderung der Aufnahme der Strafbarkeit in das geschriebene Recht eine engere Grenze festlegt (vgl. Art. 53 EMRK; Art. 5 Abs. 2 IPBPR).[272]

EMRK
Artikel 8 Recht auf Achtung des Privat- und Familienlebens

(1) Jede Person hat das Recht auf Achtung ihres Privat- und Familienlebens, ihrer Wohnung und ihrer Korrespondenz.

(2) Eine Behörde darf in die Ausübung dieses Rechts nur eingreifen, soweit der Eingriff gesetzlich vorgesehen und in einer demokratischen Gesellschaft notwendig ist für die nationale oder öffentliche Sicherheit, für das wirtschaftliche Wohl des Landes, zur Aufrechterhaltung der Ordnung, zur Verhütung von Straftaten, zum Schutz der Gesundheit oder der Moral oder zum Schutz der Rechte und Freiheiten anderer.

Art. 2 des (1.) ZP-EMRK

Niemandem darf das Recht auf Bildung verwehrt werden. Der Staat hat bei Ausübung der von ihm auf dem Gebiet der Erziehung und des Unterrichts übernommenen Aufgaben das Recht der Eltern zu achten, die Erziehung und den Unterricht entsprechend ihren eigenen religiösen und weltanschaulichen Überzeugungen sicherzustellen.

---

270 Karpenstein/Mayer/*Sinner* Art. 7 Rn. 27. Der gleiche Grundgedanke findet sich in Art. 1 *lit.* b des Übereinkommens über die Nichtanwendbarkeit gesetzlicher Verjährungsfristen auf Kriegsverbrechen und Verbrechen gegen die Menschlichkeit vom 26.11.1968, wonach Verbrechen gegen die Menschlichkeit auch solche Handlungen sein können, die nach dem innerstaatlichen Recht des Landes, in dem sie begangen wurden, nicht strafbar sind.

271 *Nowak* 19; Art. 24 Abs. 1 ICC-Statut schreibt ebenfalls vor, dass niemand nach diesem Statut für ein Verhalten strafrechtlich verantwortlich ist, das vor seinem Inkrafttreten stattgefunden hat.

272 Zur Problematik des Verhältnisses zwischen Art. 7 Abs. 2 und dem innerstaatlichen Rückwirkungsverbot nach Art. 103 Abs. 2 GG bei der Strafbarkeit der Schüsse an der innerdeutschen Grenze vgl. BVerfGE **95** 99 = StV **1997** 14; *Ambos* StV **1997** 39 ff.

https://doi.org/10.1515/9783110275063-010

IPBPR
Artikel 17

(1) Niemand darf willkürlichen oder rechtswidrigen Eingriffen in sein Privatleben, seine Familie, seine Wohnung und seinen Schriftverkehr oder rechtswidrigen Beeinträchtigungen seiner Ehre und seines Rufes ausgesetzt werden.

(2) Jedermann hat Anspruch auf rechtlichen Schutz gegen solche Eingriffe oder Beeinträchtigungen.

Artikel 23

(1) Die Familie ist die natürliche Kernzelle der Gesellschaft und hat Anspruch auf Schutz durch Gesellschaft und Staat.

(2) Das Recht von Mann und Frau, im heiratsfähigen Alter eine Ehe einzugehen und eine Familie zu gründen, wird anerkannt.

(3) Eine Ehe darf nur im freien und vollen Einverständnis der künftigen Ehegatten geschlossen werden.

(4) Die Vertragsstaaten werden durch geeignete Maßnahmen sicherstellen, daß die Ehegatten gleiche Rechte und Pflichten bei der Eheschließung, während der Ehe und bei Auflösung der Ehe haben. Für den nötigen Schutz der Kinder im Falle einer Auflösung der Ehe ist Sorge zu tragen.

Artikel 24

(1) Jedes Kind hat ohne Diskriminierung hinsichtlich der Rasse, der Hautfarbe, des Geschlechts, der Sprache, der Religion, der nationalen oder sozialen Herkunft, des Vermögens oder der Geburt das Recht auf diejenigen Schutzmaßnahmen durch seine Familie, die Gesellschaft und den Staat, die seine Rechtsstellung als Minderjähriger erfordert.

(2) Jedes Kind muss unverzüglich nach seiner Geburt in ein Register eingetragen werden und einen Namen erhalten.

(3) Jedes Kind hat das Recht, eine Staatsangehörigkeit zu erwerben.

Schrifttum (Auswahl)

Anders Zur Problematik öffentlicher Sexualstraftäterdateien, JR **2011** 190; *Behnsen* Das Recht auf Privatleben und die Pressefreiheit – Die Entscheidung des Europäischen Gerichtshofs für Menschenrechte in der Sache Hannover./. Deutschland, ZaöRV **65** (2005) 239; *Beukelmann* Neues von der Vorratsdatenspeicherung, NJW-Spezial **2020** 696; *Beukelmann/Heim* Beweisverwertungsverbot bei planmäßigem Verfahrensverstoß, NJW-Spezial **2021** 739; *Bode* Internetzugang für Strafgefangene zwischen Resozialisierung und Sicherheit (2020); *Botthof* Der Schutz des Familienlebens nach Art. 8 Abs. 1 EMRK und sein Einfluss auf die Anerkennung ausländischer Adoptionsentscheidungen, StAZ **2013** 77; *Breitenmoser* Der Schutz der Privatsphäre gemäß Art. 8 EMRK (1986); *Brötel* Der Schutz des Familienlebens, RabelsZ **1999** 580; *Bulach* Die konstitutionelle Rolle des EGMR im europäischen Grundrechtsschutzsystem durch Auslegung und Fortentwicklung der gemeinsamen Grundwerte unter besonderem Bezug auf Art. 8 EMRK (2007); *Caroni* Privat- und Familienleben zwischen Menschenrecht und Migration (1999); *Clausius* Das neue Umgangs- und Auskunftsrecht leiblicher, nicht rechtlicher Väter, MDR **2013** 685; *Choudhry/Herring* Human Rights and Family Law (2009); *Czech* Das

Recht auf Schutz der Persönlichkeitsrechte vor Verletzungen durch mediale Berichterstattung, ÖJZ **2010** 113; *Deibel* Die Ausweisung von Ausländern unter Berücksichtigung der Rechtsprechung des Europäischen Gerichtshofs für Menschenrechte, ZAR **2009** 121; *Dießner* Sorgfaltspflichten bei der Hausgeburt aus strafrechtlicher Sicht – eine erste Skizze, medstra **2019** 18; *Dietz* Grundlinien des deutschen Asyl- und europäischen Flüchtlingsrechts, BayVBl. **2012** 645; *Doll* Strafprozessuale Konturierung des Kernbereichs privater Lebensgestaltung (2021); *Draghici* The Legitimacy of Family Rights in Strasbourg Case Law – ‚Living Instrument' or Extinguished Sovereignty? (2017); *Duden* Internationale Leihmutterschaft: Der frühe Schutz der tatsächlichen Familie – Zur Entscheidung „Paradiso und Campanelli v. Italien" des EGMR, StAZ **2015** 201; *Dünkel* Kontakte von Gefangenen mit der Außenwelt und europäische Menschenrechtsstandards, ZfStrVo **2008** 262; *ders.* Strafvollzug und die Beachtung der Menschenrechte, FS Jung (2007) 99; *Ellger* Die Europäische Menschenrechtskonvention und deutsches Privatrecht, RabelsZ **1999** 625; *Engels/Jürgens* Auswirkungen der EGMR-Rechtsprechung zum Privatsphärenschutz – Möglichkeiten und Grenzen der Umsetzung des „Caroline"-Urteils im deutschen Recht, NJW **2007** 2517; *Ennöckl* Die Zulässigkeit von Informationseingriffen in der Rechtsprechung des EGMR, FS Machacek u. Matscher (2008) 95; *Ennulat* Datenschutzrechtliche Verpflichtungen der Gemeinschaftsorgane und -einrichtungen (2008); *Epiney* Die Rechtsprechung des EuGH im Jahr 2020, NVwZ **2021** 1345; *Esser/Gruber* Einsatz von Körperscannern zur Terrorismusbekämpfung – im Einklang mit der Europäischen Menschenrechtskonvention? ZIS **2011** 379; *Esser* Reformbedürftigkeit des Ermittlungsverfahrens – eine Zwischenbilanz aus Sicht der Wissenschaft, StV **2022** 600; *ders.* Europäischer Datenschutz – Allgemeiner Teil – Mindeststandards der Europäischen Menschenrechtskonvention (EMRK) in: Wolter/Schenke/Hilger/Ruthig/Zöller (Hrsg.), Alternativentwurf Europol und europäischer Datenschutz (2008) 281; *Fahrenhorst* Familienrecht und Europäische Menschenrechtskonvention (1994); *ders.* Fortpflanzungstechnologien und EMRK, EuGRZ **1988** 125; *ders.* Sorge- und Umgangsrecht nach der Ehescheidung und die EMRK, FamRZ **1988** 238; *Frenz* Europäischer Datenschutz und Terrorabwehr, EuZW **2009** 6; *Friedrich* Grundrechtlicher Persönlichkeitsschutz und europäische Privatsphärengarantie (2009); *Fritzsch* Der Schutz sozialer Bindungen von Ausländern – eine Untersuchung zu Art. 8 EMRK (2009); *ders.* Die Auswirkungen des Rechtes auf Achtung des Privat- und Familienlebens auf Ausweisungen und andere Rückführungsentscheidungen, ZAR **2011** 297; *Gaede* Das Verbot der Umgehung der EMRK durch den Einsatz von Privatpersonen bei der Strafverfolgung, StV **2004** 46; *Giegerich* Schutz der Persönlichkeit und Medienfreiheit nach Art. 8, 10 EMRK im Vergleich zum Grundgesetz, RabelsZ **1999** 471; *Guder* Die repressive Hörfalle im Lichte der Europäischen Menschenrechtskonvention (2007); *von Gunten* Das Grundrecht auf Unverletzlichkeit der Wohnung (1992); *Günes* Europäischer Ausweisungsschutz (2009); *Gusy* Polizeiliche Datenerhebung und -verwendung nach der EMRK, FS Hilger (2003) 117; *Hailbronner* Die Einschränkung von Grundrechten in einer demokratischen Gesellschaft. Zu den Schrankenvorbehalten der EMRK, FS Mosler (1983) 359; *Hammer* Europäische Wende im Kirchlichen Arbeitsrecht? AuR **2011** 278; *Hassemer/Eidam* Babyklappen und Grundgesetz (2011); *Hauer* Die Polizeizwecke der Grundrechtsschranken der Europäischen Menschenrechtskonvention, in: Grabenwarter/Thienel (Hrsg.), Kontinuität und Wandel der EMRK (1998) 115; *Heinrich* Die Durchsuchung in Wirtschaftsstrafverfahren, wistra **2017** 219; *Hembach* Telefonüberwachung im Lichte von Art. 8 EMRK – Anforderungen an die Zulässigkeit von TKÜ in der Rechtsprechung des EGMR, MMR **2017** 803; *Henrich* Der Schutz des „Familienlebens" durch den Europäischen Gerichtshof für Menschenrechte, FS Udo Steiner (2009) 294; *Hillgruber/Jestaedt* Die Europäische Menschenrechtskonvention und der Schutz nationaler Minderheiten (1993); *Hochhauser* Menschenrechtskonvention und Erbrecht, ÖJZ **2015** 1069; *Hornung* Fortentwicklung des datenschutzrechtlichen Regelungssystems des Europarats, DuD **2004** 719; *Hoven* Die Grenzen des Anfangsverdachts – Gedanken zum Fall Edathy, NStZ **2014** 361; *Huber* Nachrichtendienste und EMRK – Die Spruchpraxis des EGMR zur Überwachung der Brief-, Post- und Telekommunikation durch Nachrichtendienste, FS Graulich (2019) 191; *Ibel* EGMR: Big Brother Watch u.a. vs. Vereinigtes Königreich, ZD-Aktuell **2021** 05246; *Joussen* Die Folgen des Mormonen- und des Kirchenmusikerfalls für das kirchliche Arbeitsrecht in Deutschland, RdA **2011** 173; *Jung* Das Inzestverbot oder der Europäische Gerichtshof für Menschenrechte auf den Spuren des Bundesverfassungsgerichts, GA **2012** 617; *Kley-Struller* Der Schutz der Umwelt durch die Europäische Menschenrechtskonvention, EuGRZ **1995** 507; *Knell* Der Einsatz von Drohnen zur Überwachung des Kontaktverbots in Zeiten der Corona-Pandemie, NVwZ **2020** 688; *Kopper-Reifenberg* Kindschaftsreform und Schutz des Familienlebens nach Art. 8 EMRK (2001); *Körner* EGMR relativiert Verbot der Videoüberwachung – Zugleich Besprechung von EGMR (GK), Urt. v. 17.10.2019 – EGMR Aktenzeichen 187413 1874/13, 8567/13, NZA 2019, 1697, NZA **2020** 25; *Kubiciel* Das deutsche Inzestverbot vor den Schranken des EGMR, ZIS **2012** 282; *Kugelmann* Schutz privater Individualkommunikation nach der EMRK, EuGRZ **2003** 16; *Kunkel* Aktuelle Rechtsprechung des EGMR zum

Kindschaftsrecht unter besonderer Berücksichtigung der Interessenvertretung für Kinder, FPR **2012** 358; *Lack/Hammesfahr* Psychologische Gutachten im Familienrecht (2019); *Lange-Tramoni* Analyse der Achtung des Privatlebens nach Art. 7 der Charta der Grundrechte der EU (2008); *Lazarus* Die Bedeutung der Verfassungstraditionen der Mitgliedstaaten und der EMRK für die Grundrechte der Europäischen Gemeinschaft (2006); *Lederer* Quo vadis Bildberichterstattung (2008); *Lehr* Ansätze zur Harmonisierung des Persönlichkeitsrechts in Europa (2009); *Löhnig/Preisner* Zur Reichweite des Einflusses der Rechtsprechung des EuGHMR auf das deutsche Kindschaftsrecht, FamRZ **2012** 489; *Maierhöfer* Bleiberecht für langjährig Geduldete nach Art. 8 EMRK – Wege zur menschenrechtskonformen Auslegung des Aufenthaltsgesetzes, ZAR **2014** 370; *ders.* Homosexualität, Ehe und Gleichheit: Ein Missverständnis im Dialog der Gerichte, EuGRZ **2013** 105; *Matscher* Medienfreiheit und Persönlichkeitsschutz iSd EMRK, ÖRiZ **2001** 238; *Maus* Der grundrechtliche Schutz des Privaten im europäischen Recht (2007); *Meyer* Der Fall Nada vor dem EGMR: Nichts Neues zur Normhierarchie zwischen UN-Recht und EMRK? HRRS **2013** 79; *Müller* Der Schutz des Privatlebens Prominenter im deutschen und englischen Zivilrecht (2009); *Müller/Schwabenbauer* Unionsgrundrechte und Datenverarbeitung durch nationale Sicherheitsbehörden NJW **2021** 2079; *Müller-Terpitz* Das Recht auf Fortpflanzung – Vorgaben der Verfassung und der EMRK, in: Frister/Olzen (Hrsg.), Reproduktionsmedizin (2009) 5; *Mysegades* Keine staatliche Gesichtserkennung ohne Spezial-Rechtsgrundlage, NVwZ **2020** 451; *Nerb* Infektionsschutz im Strafvollzug – Herausforderungen und Chancen, FS **2023** 185; *Neukamm* Bildnisschutz in Europa (2007); *Nimmervoll* Zur prozessualen Verwertbarkeit rechtswidrig erlangter privater Tonbandaufzeichnungen, JSt **2019** 288; *Nußberger* Die Europäische Menschenrechtskonvention und das Erbrecht, ErbR **2014** 468; *Oehmichen/Mickler* Die Vorratsdatenspeicherung – Eine never ending story? NZWiSt **2017** 298; *Ott* Verdeckte Ermittlungen im Strafverfahren (2008); *Palm-Risse* Der völkerrechtliche Schutz von Ehe und Familie (1990); *Pintens* Familienrecht und Rechtsvergleichung in der Rechtsprechung des Europäischen Gerichtshofes für Menschenrechte, FamRZ **2016** 341; *Pärli* Die EGMR-Rechtsprechung zum Schutz der Privatsphäre und vor Überwachung am Arbeitsplatz, EuZA **2020** 224; *Petri* Die Antiterrordatei – Prototyp für verfassungswidrig ausgestaltete Verbunddateien? ZD **2013** 3; *Pohlreich* Die Rechtsprechung des EGMR zum Vollzug von Straf- und Untersuchungshaft, NStZ **2011** 560; *Postberg* Das Zusammenwirken von EMRK, Grundgesetz und EU-Grundrechtscharta anhand des Art. 52 III und des Art. 53 der Charta (2008); *Prüttling* Das Caroline-Urteil des EGMR und die Rechtsprechung des Bundesverfassungsgerichts (2006); *Rottmeier* Kernbereich privater Lebensgestaltung und strafprozessuale Lauschangriffe (2017); *Salzberg* Sexuality and Transsexuality under the European Court on Human Rights (2019); *Sander* Der Schutz des Aufenthalts durch Artikel 8 der Europäischen Menschenrechtskonvention (2008); *Schiedermair* Der Schutz des Privaten als internationales Grundrecht (2012); *Schorn* Das Pflegekind in der Rechtsprechung des Bundesverfassungsgerichts und des Europäischen Gerichtshofs für Menschenrechte (2010); *Schulze* Das deutsche Kindschafts- und Abstammungsrecht und die Rechtsprechung des EGMR (2012); *Schweizer* Die Rechtsprechung des Europäischen Gerichtshofes für Menschenrechte zum Persönlichkeits- und Datenschutz, DuD **2009** 462; *Siemen* Datenschutz als europäisches Grundrecht (2006); *Stamer* Die medizinische Zwangsbehandlung Minderjähriger im Spannungsfeld nationaler Grund- und internationaler Menschenrechte – Zulässigkeit und Grenzen ärztlicher Maßnahmen gegen den Willen von Kindern und Jugendlichen (2020); *Streinz* Europarecht: Präzisierung der Anforderungen an eine zulässige Vorratsdatenspeicherung, JuS **2021** 801; *Theil* Der Umfang des Umweltschutzes in der Rechtsprechung des Europäischen Gerichtshofs für Menschenrechte, NuR **2014** 330; *Theilen* Der Schutz Transsexueller in der Rechtsprechung des Europäischen Gerichtshofs für Menschenrechte, ZEuS **2012** 363; *Tym* Menschenrecht auf Legalisierung des Aufenthalts? EuGRZ **2006** 541; *Uerpmann-Wittzack* Rechtsprechung des Europäischen Gerichtshofs für Menschenrechte zum Familienrecht seit 2014, FamRZ **2016** 1897; *Uerpmann-Wittzack/Jankowska-Gilberg* Die Europäische Menschenrechtskonvention als Ordnungsrahmen für das Internet, MMR **2008** 83; *Villiger* Expulsion and the right to respect for private and family life (Art. 8 of the Convention), FS Wiarda (1988) 657; *Weber* Der EGMR als Motor der effektiven Durchsetzung von Umgangsrechten, NZFam **2015** 337; *Wellenhofer* Der Europäische Gerichtshof für Menschenrechte und das Vaterschaftsanfechtungsverfahren des leiblichen Vaters – zugleich Anmerkung zu den Urteilen des EuGHMR v. 22.3.2012 – 23338/09 (*Kautzor/Deutschland*) und 45071/09 (*Ahrens/Deutschland*), FamRZ **2012** 828; *Welte* Der Familienschutz im Spektrum des Ausländerrechts (2012); *Wenserski* Geheimnisschutz nach Art. 8 MRK und die Einwirkungen auf das deutsche und englische Recht (1988); *Wiemann* Die Rechtsprechung des EGMR zu sexueller Orientierung, EuGRZ **2010** 408; *Wildhaber* Die dänischen Sexual-Erziehungsfälle, EuGRZ **1976** 493;

Will Europarat und Transsexuelle – eine facettenreiche Wirkungsgeschichte Teil I, R&P **2011** 215; Teil II, R& P **2012** 21; *Wittinger* Familien und Frauen im regionalen Menschenrechtsschutz (1999).

Siehe außerdem die Schrifttumshinweise zu Art. 10.

Übersicht

I. Allgemeines
   1. Recht auf Privatheit als Schutzgegenstand —— 1
   2. Recht auf Privatheit als Menschenrecht
     a) Grundlagen —— 4
     b) Spezielle Konventionsgewährleistungen —— 7
     c) Völkerrechtliche Vereinbarungen —— 10
   3. Verhältnis zum Verfassungsrecht —— 11
   4. Tragweite der Konventionsgarantien – Allgemeine Grundsätze
     a) Schutzgehalt —— 13
     b) Träger der Rechte —— 15
     c) Eingriffe des Staates —— 20
     d) Positive Schutzpflichten —— 29
     e) Verfahrensgarantien —— 39
II. Zulässigkeitsvoraussetzungen für staatliche Regelungen und Eingriffe in die von Art. 8 Abs. 1 EMRK/Art. 17 IPBPR geschützten Bereiche
   1. Rechtsbindung („Gesetzlichkeit") der Eingriffe —— 42
   2. Art. 17 IPBPR —— 50
   3. Besondere Schranken des Art. 8 Abs. 2 —— 53
     a) Eingriffszweck —— 54
     b) Notwendigkeit in einer demokratischen Gesellschaft —— 67
III. Geschützte Rechtsbereiche und Einzelrechte
   1. Privatleben
     a) Begriff/Schutzbereich —— 79
     b) Strafprozessuale Maßnahmen als Eingriff —— 124

     c) Verdeckte Ermittlungen —— 128
     d) Erhebung, Speicherung, Verwendung von Daten —— 140
     e) Vorratsdatenspeicherung —— 164
     f) Positive Schutzpflichten —— 174
   2. Familienleben
     a) Schutzbereich —— 178
     b) Familienkontakte Strafgefangener —— 193
     c) Pflicht zur Förderung der Beziehung von Eltern und Kind/Schutzpflichten —— 199
     d) Recht auf Aufenthalt/Ausweisung/ Auslieferung/Asyl —— 208
     e) Verfahrensgarantien —— 229
   3. Wohnung
     a) Begriff/Schutzbereich —— 230
     b) Eingriffsvoraussetzungen —— 235
     c) Durchsuchung einer Wohnung als strafprozessuale Zwangsmaßnahme —— 245
   4. Private Kommunikation
     a) Schutzbereich —— 264
     b) Eingriff/Strafprozessuale Zwangsmaßnahmen —— 268
     c) Überwachung der Korrespondenz eines Strafgefangenen —— 276
     d) Positive Schutzpflichten —— 286
   5. Ehre und Ruf
     a) Schutzbereich und Eingriff —— 287
     b) Positive Schutzpflichten —— 290

Alphabetische Übersicht

Abgrenzung privat/öffentlich 84, 103 ff.
Abgrenzung Privatleben/Familienleben 187
Abhörvorrichtung 235, 240
Abtreibung 33, 95
Abwägung, Interessen- 11, 26, 31, 37, 66, 70, 78, 85 f., 98, 130, 135, 151 162, 175, 179, 207, 209 f., 214, 267
Abwehr staatlicher Eingriffe 2, 27, 47
Akten
– Einsicht in 40

– Ermittlungsakten 143
– Fürsorgeakten 40
– Geheimdienstakten 158
– Geschäftsunterlagen 236
– Krankenakten 40, 61
Allgemeine Erklärung der Menschenrechte 4
Allgemeininteresse 34, 175
Anhörung des Betroffenen 40, 229
Annexkompetenz 44
Antiterrordatei 100

       Esser

Anwesenheitsliste 87
Arbeitnehmerüberwachung 83, 88
Arzt
– Behandlung 107
– ärztliche Unterlagen 61, 107
– freie Arztwahl 107
Asyl 208 ff., 214
Aufenthaltsrecht 208 ff.
Aufzeichnung, systematische 128
Auskunft
– Anspruch 40
– über Telefonverbindungen 125
– über Vermögensverhältnisse 127
Auslieferung 208 ff., 216, 225 ff.
Ausreise 33, 57, 102, 208
Ausweisung 208 ff., 218 ff.
Autonome Lebensgestaltung 80
Beobachtung, ständige/Dauerobservation 81, 90, 92, 110, 130
Berufliche Aktivitäten 3, 82, 127
Beschlagnahme 61, 76, 102, 125, 240, 242, 249, 255 f., 259, 268, 285
Bestimmtheitsgrundsatz 43, 46 f., 100, 131, 151
Betretungsrecht > Wohnung
Betreuungsverhältnis 183
Betriebsstätte 232
Beurteilungsspielraum des Staates 34 f., 54, 65, 69 f., 98, 120, 154, 200, 218, 232
Beziehungen zu anderen Menschen 14, 26, 37, 40, 80, 104, 106, 118, 178 ff., 189 ff., 199 ff.
Bild, Recht am eigenen 31, 80, 82, 110
Bild- und Tonaufnahmen 31, 82, 87 ff., 103, 128
Blutentnahme 109
Briefgeheimnis 273
Briefverkehr mit Verteidiger 280 ff.
Charta der Grundrechte der Europäischen Union 6
common law 42
Corona 62, 93, 276, 283
Daseinsfürsorge 38
Datenbanken
– Gewalttäter Sport 101
– Sexualstraftäter 99, 145
– Steuersünder 97 f.
Datenschutz 10, 99, 140 ff., 150 ff.
Dauerobservation > Beobachtung ständige
Demonstration 87
Diskriminierung 51, 75, 114, 190, 204, 224, 290
DNA-Profil 46, 148 f., 157
Drohne 93
Durchsuchung 44, 76, 113, 125, 232, 236, 242, 245 ff., 269 f.
– Befehl/Anordnung 76, 251 ff., 260
– Beruflich genutzte Räume 232 f.

Ehe 71 f., 122, 178 ff., 184, 188 ff., 193 f., 202 f., 212, 223, 225
Ehre 4 f., 13, 287 ff.
Eingriff
– durch Dritte 12, 29, 31, 66, 174, 176, 238, 286, 290
– Notwendigkeit (allgemein) 67 ff.
– Rechtsbindung 42
– Zweck 54 ff.
Einreise 49, 102, 208, 211, 216 f.
Eltern 7, 10, 16, 40, 61, 66, 106, 120, 122, 178 ff., 191 f., 198 ff., 217
E-Mail 264, 281
Erheblichkeitsschwelle 26
Erkennungsdienstliche Behandlung 124
Ermessensspielraum 34 f., 54, 65, 69 f., 98, 120, 154, 200, 218, 232
fair balance 28 f., 290
Faires Verfahren 39, 78, 158, 169, 229, 266, 282
Familie
– Familienleben 1 ff., 5 f., 13, 16 f., 20, 37, 40, 77, 114, 116, 127, 153, 178 ff., 193 ff., 199 ff., 208, 210 ff., 229, 231
– Geschwister 180
– Großeltern 180
– tatsächlich gelebte 14, 178, 185
Festnahme 17, 113, 193, 198 f.
Fingerabdruck 148 f., 155 ff.
Fotos 31, 82, 87 ff., 103, 128
freie Entfaltung der Persönlichkeit 1, 11 f.
Freiheitsentziehung 193
Freizügigkeit 49, 102
Gefährderansprache 91
Gefahrenabwehr 147, 166, 237
Geheimhaltungspflichten 151 f.
Gemeinwohl 108, 124, 217,
Geschäftsräume 76, 232
Geschlechtsumwandlung 122
Gesetzgeber 29, 35, 100, 105, 108, 120, 128, 149, 166, 290
Gesetz im materiellen Sinn 42
Gesetzesbindung > Eingriff, – Rechtsbindung
Gesundheit 32 f., 56 f., 61 f., 66, 107, 109, 152 f., 200, 214, 219, 238 f.
Gesundheitsgefährdung 32, 200, 239
Gleichgeschlechtliche Beziehung 122, 179, 189 f., 204
Haartracht 106
Handlungsfreiheit, allgemeine 11
Häusliche Gewalt 174
Häuslicher Lebensbereich 11
Heilbehandlung 107, 109
Heirat > Ehe
Hörfalle 25, 272
Immissionen 32, 82
Individualbeschwerde 2, 11, 255

Inhaftierung 17, 113, 193, 198 f.

Interessenabwägung > Abwägung, Interessen-

Internet 83, 85, 97, 116

Identität, persönliche 3, 70, 89, 106, 111, 147, 221

Identität, sexuelle 106, 122

Juristische Person 19, 232

Kaserne 232

Kennzeichenerkennungssystem 111

Kernbereich der Persönlichkeitssphäre 11, 90, 105

Kind
- Erziehung 7, 178, 182, 200, 204 f.
- Kindeswohl 66, 120, 200 ff., 223
- nichteheliches 37, 123, 180, 186, 203
- Pflegekind 184
- Unterbringung 18, 61, 201, 206

Kleidung 94 f., 106, 115, 125

Kommunikation 1, 6, 8 f., 12, 21, 48 80, 82, 105, 110,
    129, 135 ff., 164, 168, 172, 196, 240, 264 ff.
- mit dem EGMR 8
- mit internationalen Einrichtungen 9

Kontradiktorisches Verfahren 45, 229

Kontrollen, staatliche 6, 32, 41, 52, 60, 70, 77, 88, 93,
    99, 160, 243, 260, 270 f., 273, 276 ff.

Kopie 240, 264

Korrespondenz 2 f., 5, 13, 125, 251, 264 ff., 276, 278 ff.

Lebensweise 107, 122

Massenmedien 31

Massenüberwachung 129, 136

Meinungsfreiheit 85 f., 288, 290

Menschenwürde 1, 11, 79

Minderheiten 122

Minderjährige 15 f., 180, 198 f., 214

Moral 33, 56, 65 f., 79, 83, 121, 178

Name 80, 86, 95, 97 f., 106, 178, 203

Nationale Sicherheit 41, 56, 58, 129, 133, 158, 172,
    218, 273

Nebenklage 30

Nichteheliche Gemeinschaft 179, 182

Notstand (Art. 15 EMRK) 58

Öffentliche Gewalt 1, 42, 235

Öffentliche Sicherheit und Ordnung 54, 56 f., 59,
    95, 218

Öffentlichkeitsbezug eines Verhaltens 65, 84

Opfereigenschaft 129, 239, 255

Optische Überwachung 57, 81, 90, 92, 103, 110, 130,
    236, 240

Petitionsrecht 273

Pluralismus 68

Portokosten 278

Post
- Postgeheimnis 2
- Postkarte 266
- Vorenthalten 279

Presse

Presse-/Medienberichterstattung 12, 31, 85, 290
- Pressefreiheit 85
- Presseveröffentlichungen 31, 84 f.

Privatgespräch/Telefongespräch 25, 128, 197, 240,
    267, 271, 276, 278, 280, 283

Privatklage 30

Privatleben

Privatpersonen, staatliche Ermittlungen durch 25,
    128, 139, 271

Psychiatrische Klinik/Einrichtung 32, 124

Rechte und Freiheiten anderer 56, 66, 120,

Rechtsanwalt 82, 161, 258, 260, 266 f., 274, 276,
    280 ff.

Rechtsbehelf, wirksamer 85, 129, 159

Rechtsstaat 42, 68, 139, 266

Regelungspflicht des Staates > Schutzpflichten des
    Staates

Regelungszweck 55, 59, 61

Religiöse Überzeugung 7, 204

Richtervorbehalt 135, 242, 247

Sachverständigengutachten 200, 229

Scheidung 188, 202

Schutzpflichten des Staates 12, 27, 29 ff., 39, 41, 62,
    66, 123, 174 ff., 188, 205, 229, 238, 286, 290

Schwangerschaft 33, 95

Sexualleben 80

Speichelprobe 109

Staatsangehörigkeit 97, 106, 123, 221, 223

Statusregelung 20

Sterbehilfe 63 f., 112

Stimmenaufzeichnung 109

Strafverfolgung 30, 57, 99, 125 f., 135, 139, 145, 166,
    225, 227, 236, 245

Strafvollzug 17, 57, 81, 103, 113 ff., 117, 193 f., 196,
    198, 232, 276 ff., 284

Syndikusanwalt 285

Tagebuch 126

Tatsachenbehauptung 287

Telefonüberwachung 48, 131, 267

Terrorismus 41, 68, 100, 158, 220, 263

Transsexuelle > Geschlechtsumwandlung

Übereinkommen, Rechte des Kindes 10

Übereinkommen, Schutz personenbezogener Daten
    10

Überwachungsmaßnahmen, verdeckte 11, 21 ff., 48,
    103, 111, 141, 235 f., 273

Umwelt 82, 237 ff.

Unabhängige Stelle 6, 41, 45, 135 f., 170 f., 229

Unterlassen des Staates 26 f., 238

Untersuchung, körperliche 109

Vater/Vaterschaft 37, 123, 180 ff., 182, 186, 203

Verdeckte Ermittlungen 128 ff.

Verfahrensgarantien 39 ff., 161, 172, 229, 260

Verfassungsrecht, innerstaatliches 11, 89, 100

Verhältnismäßigkeit
- Aufenthalt/Ausweisung/Asyl 209, 214, 221, 224, 227
- Datenverarbeitung 101 f., 105, 155, 164, 168, 171
- Dauerobservation 130
- Durchsuchung 245, 249, 251, 253, 258, 260, 270
Verhütung von Straftaten 56 f., 59, 113, 161, 171, 210, 213, 218, 273
Verjährung 38
Verkehrsvorschriften 26, 95
Versammlung 89
Verteidiger > Rechtsanwalt
Vertrauensbeziehung (Anwalt – Mandant) 258
Videoüberwachung > Bild- und Tonaufnahmen
Volkszählung 60
Vorratsdatenspeicherung 164 ff.
Werbung 86
Werturteil 287

Wesensgehalt 75, 168
Willkür 1, 4, 28, 41, 43 f., 47 f., 50 ff., 123, 135, 151, 160, 168, 194, 224, 241 f., 246, 249, 257 ff.
Wirtschaftliches Wohl des Landes 56, 60, 66, 235
Wohnung
- beruflich genutzte Räume 232 f.
- Besteuerung der 234
- Betretungsrecht 237, 264
- Bewirtschaftung 235
- Durchsuchung 44, 76, 232, 236, 242, 245 ff., 268 ff.
- Wohnungsnahe Flächen 231
- Wohnrecht (Bewilligung/Entzug) 235
Wort, Recht am gesprochenen 12
Zeugnisverweigerungsrecht 71, 162
Züchtigungsrecht 205
Zwangsumsiedlung 235

I. Allgemeines

1   **1. Recht auf Privatheit als Schutzgegenstand.** Das Recht auf Privatheit im weit verstandenen Sinne als Anspruch auf Achtung des gesamten **privaten Lebensbereiches**, das auch dessen einzeln aufgeführte Schutzbereiche wie Familienleben, private Kommunikation und Wohnung miteinschließt, gehört zu den wesentlichen **Freiheitsrechten des Menschen**. Die Achtung der **Menschenwürde** erfordert, dass jeder Person für die Entwicklung ihrer Persönlichkeit ein eigener Handlungs- und Rückzugsraum gesichert ist, wo sie in freier Selbstbestimmung[1] über ihre private Lebensführung entscheiden kann.[2] Die unvermeidliche Einbindung des Einzelnen in die Gemeinschaft darf deshalb nicht so weit gehen, dass einer Person kein geschützter **Freiraum für die Entwicklung ihres Eigenlebens** und damit eines wesentlichen Teils der **Entfaltung ihrer eigenen Persönlichkeit** verbleibt. Zweck von Art. 8 EMRK/Art. 17 IPBPR ist es, den Einzelnen vor **sachlich ungerechtfertigten bzw. willkürlichen Eingriffen der öffentlichen Gewalt** in seinen privaten Lebensbereich zu schützen, einschließlich seines Familienlebens, seines guten Rufs,[3] seiner Wohnung und seiner Kommunikation mit anderen.[4]

2   Während im vergangenen Jahrhundert die Gewährleistung einzelner besonders schutzwürdig erscheinender Rechte dieses Schutzbereichs, wie etwa des Brief- oder Postgeheimnisses oder die grundsätzliche Unverletzlichkeit der Wohnung im Vordergrund staatlicher Gewährleistungen standen, hat die moderne Entwicklung die Notwendigkeit

---

1   Anders als Art. 2 Abs. 1 GG enthalten die Konventionen keine besondere Garantie der allgemeinen Handlungsfreiheit; Art. 8 EMRK/Art. 17 IPBPR dienen daher in solchen Fällen oft als Auffangvorschrift.

2   Vgl. EGMR Pretty/UK, 29.4.2002, NJW **2002** 2851 = EuGRZ **2002** 234 = ÖJZ **2003** 311; zur Menschenwürde als Schutzziel der sie nicht ausdrücklich erwähnenden EMRK vgl. *Meyer-Ladewig* NJW **2004** 981.

3   EGMR Mikolajova/SLO, 18.1.2011, §§ 53 ff.; Mater/TRK, 16.7.2013, § 49. Damit Art. 8 einschlägig ist, muss die Beeinträchtigung des guten Rufes einer Person aber eine bestimmte Schwere erreichen und die Ausübung ihres Rechts auf Achtung des Privatlebens beeinträchtigen (EGMR Delfi AS/EST, 16.6.2015, NJW **2015** 2863).

4   EGMR Belg. Sprachenfall, 23.7.1968, EuGRZ **1975** 298; Marckx/B, 13.6.1979, NJW **1979** 2449 = EuGRZ **1979** 454 = FamRZ **1979** 903 (zur Bedeutung dieses wegweisenden Urteils: *Nußberger* ErbR **2014** 468 ff.; zu den Hintergründen *Hausheer* ZBJV **2015** 322 f.); Malone/UK, 2.8.1984, EuGRZ **1985** 17.

eines umfassenden Schutzes der gesamten Privatsphäre ergeben.[5] Wenn die Konventionen die **Schutzbereiche** Privatleben, Familienleben, Wohnung und Korrespondenz besonders aufführen, so bedeutet dies nicht, dass diese einzelnen Aspekte der Privatsphäre voneinander klar abtrennbar wären. Sie überlagern sich in vielen Bereichen, so dass ein Eingriff oft mehrere der aufgeführten Schutzbereiche berührt.[6] In ihrer Gesamtheit garantieren sie einen Freiheitsraum, in dem der Einzelne seine Persönlichkeit frei entfalten und Eingriffe des Staates abwehren kann.[7] Im **Individualbeschwerdeverfahren** zum EGMR (Art. 34)[8] muss daher streng genommen lediglich eine Verletzung des Art. 8 geltend gemacht werden; gleichwohl sollte der Bf. sich auf einen spezifischen Schutzbereich berufen, um so die Überzeugungskraft der Beschwerde zu erhöhen.[9]

So schließt das **Privatleben** weitgehend das Familienleben (Rn. 178 ff.) mit ein; das **3** Privatleben ist allerdings der weitere Begriff, der auch Sachverhalte umfasst, die nicht zum Familienleben gerechnet werden. Vielfach sind auch die Eingriffe in die Korrespondenz (Rn. 265 ff.) oder in die Wohnung (Rn. 230 ff.) zugleich Eingriffe in das Privatleben und mitunter auch in das Familienleben.[10] Der Begriff Privatleben berührt auch Aspekte, die sich auf die Identität einer Person beziehen. Der Begriff kann zudem berufliche und geschäftliche Tätigkeiten umfassen (Rn. 82). Auch bei einer Aufzeichnung von Daten können Erwägungen zum Schutz des Privatlebens geboten sein.[11]

2. Recht auf Privatheit als Menschenrecht

a) Grundlagen. Art. 12 AEMR untersagt, jemanden willkürlichen Eingriffen in sein **4** Privatleben, seine Familie, seine Wohnung und seinen Schriftverkehr und rechtswidrigen Beeinträchtigungen seiner Ehre und seines Rufes auszusetzen. **Art. 17 IPBPR** erweitert dies, indem er neben den willkürlichen auch die „rechtswidrigen" Beeinträchtigungen verbietet.

Demgegenüber erkennt **Art. 8 Abs. 1** jedermann den Anspruch auf Achtung („right to **5** respect")[12] seines Privat- und Familienlebens, seiner Wohnung und seiner Korrespondenz zu („private and family life, his home and his correspondence"). Entsprechend dem auch bei anderen Artikeln der EMRK gewählten System begnügt sich Art. 8 aber nicht mit einem allgemeinen Gesetzesvorbehalt. Er legt in Absatz 2 in einer Aufzählung die Fälle fest, in denen das nationale Recht vorsehen darf, dass öffentliche Stellen in den geschützten Privatbereich eingreifen können. Hinsichtlich des Schutzgutes ist sein Wortlaut auch insoweit enger als Art. 17 IPBPR, als Ehre und Ruf bei den Schutzgütern nicht besonders erwähnt werden (vgl. aber Art. 10 Abs. 2).[13]

Die am 1.12.2009 in Kraft getretene **Charta der Grundrechte der Europäischen Uni- 6 on**[14] gewährleistet in ihrem **Art. 7** das Recht auf Achtung des Privat- und Familienlebens

---

5 Zur Bedeutung des Rechts auf Privatheit und zur Entwicklung *Nowak* 1 ff.; ferner *Evers* EuGRZ **1984** 281.

6 Etwa *Frowein/Peukert* 1; IK-EMRK/*Wildhaber/Breitenmoser* 1; SK/*Meyer* 2.

7 Vgl. *Grabenwarter/Pabel* § 22, 1.

8 Vgl. dazu die Vorgaben des Practical Guide on Admissibility Criteria des EGMR; Teil II Rn. 119 ff.

9 SK/*Meyer* 3; *Grabenwarter/Pabel* § 22, 5 m.w.N.

10 Vgl. IK-EMRK/*Wildhaber/Breitenmoser* 1 mit weiteren Beispielen.

11 EGMR (GK) Rotaru/RUM, 4.5.2000, §§ 43 f., 46; P.G. u. J.H./UK, 25.9.2001, ÖJZ **2002** 911; Perry/UK, 17.7.2003, §§ 38 ff.

12 *Evers* EuGRZ **1984** 281, 284: Formelkompromiss, der auf höherer Abstraktionsebene als die unmittelbare Gewährleistung den Ausgleich divergierender Auffassungen erlaubt; der Begriff der „Achtung" ist nicht fest umrissen, insbesondere was positive Verpflichtungen betrifft (EGMR Oliari/I, 21.7.2015, NLMR **2015** 338).

13 Zum überkommenen Schutz privater Lebensgestaltung KK-EMRK-GG/*Böhringer/Marauhn* Kap. 16, 5 ff.

14 ABlEU Nr. C 303 v. 14.12.2007 S. 1, BGBl. 2008 II S. 1165.

sowie der Wohnung und der Kommunikation.[15] Der **Schutz der personenbezogenen Daten** wird in Art. 8 EUC besonders garantiert, wobei Art. 8 Abs. 3 EUC die Kontrolle der Einhaltung der relevanten Vorschriften durch eine unabhängige Stelle fordert.[16]

7   **b) Spezielle Konventionsgewährleistungen.** Garantien der Konventionen, die besondere private Rechte mit erfassen, konkretisieren und verstärken einzelne Aspekte des Rechts auf Privatheit, so die **Gedanken-, Gewissens- und Religionsfreiheit** (Art. 9 EMRK/Art. 18 IPBPR), das **Recht auf Ehe und Familie** (Art. 12 EMRK/Art. 23 IPBPR) oder die Verpflichtung des Staates, das Recht der Eltern auf **Erziehung der Kinder** entsprechend ihren eigenen religiösen und weltanschaulichen Überzeugungen zu achten (Art. 2 des 1. ZP-EMRK/Art. 18 Abs. 3 IPBPR).

8   Soweit der ungehinderte schriftliche und mündliche **Verkehr mit den Konventionsorganen** (EGMR/HRC) besonderen Garantien unterfällt,[17] gehen diese als Spezialregelungen dem allgemeinen Schutz der Kommunikation durch Art. 8 vor.[18]

9   Gleiches gilt für ähnliche Vorschriften in internationalen Abkommen, die die **Kommunikation und den ungehinderten Verkehr mit bestimmten internationalen Einrichtungen** vor Eingriffen schützen sollen.[19]

10   **c) Völkerrechtliche Vereinbarungen.** Andere völkerrechtliche Vereinbarungen schützen die in den Art. 8 EMRK/Art. 17 IPBPR gewährleisteten Rechte ebenfalls. Das gilt insbesondere für das auf der Ebene des Europarates geschlossene **Übereinkommen zum Schutz personenbezogener Daten**,[20] das sich mit der Beschaffung, Verarbeitung und Verwahrung personenbezogener Daten befasst und u.a. die automatische Verarbeitung personenbezogener Daten über Strafurteile von einem geeigneten Schutz durch das innerstaatliche Recht abhängig macht (Art. 6). Weitere Verpflichtungen der Staaten zum Datenschutz ergeben sich aus Art. 16, 40 Abs. 2 *lit.* b, vii des **Übereinkommens über die Rechte des Kindes** vom 20.11.1989 (CRC; UN-Kinderrechtskonvention),[21] das spezielle Kinderrechte enthält und insoweit die Auslegung von Art. 8 beeinflusst.[22] Familien- und Kinderrechte finden sich ferner im **Europäischen Übereinkommen über die Adoption von Kindern** v. 24.4.1967 (ETS 58; revidiert durch CETS 202 v. 27.11.2008), im **Europäischen Übereinkommen über die Rechtsstellung der unehelichen Kinder** v. 15.10.1975 (ETS 85), im **Europäischen Übereinkommen über die**

---

15 *Lange-Tramoni* Analyse der Achtung des Privatlebens nach Art. 7 der Charta der Grundrechte der EU (2008).

16 Zum europäischen Datenschutz *Frenz* EuZW **2009** 6; Meyer/Hölscheidt/*Bernsdorff* Art. 8 GRC, 20 ff.; *Leeb/Liebhaber* JuS **2018** 534 ff.

17 Der Gerichtshof leitet diese Garantie unmittelbar aus Art. 34 ab: EGMR (GK) Akdivar u.a./TRK, 16.9.1996, § 105; Aksoy/TRK, 18.12.1996, § 105; (GK) Ilaşcu u.a./MOL u.a., 8.7.2004, § 480; vgl. auch das Europäische Übereinkommen über die an Verfahren vor dem Europäischen Gerichtshof für Menschenrechte teilnehmenden Personen vom 5.3.1996 (CTS 161; BGBl. 2001 II S. 359; am 1.1.1999 in Kraft getreten; für Deutschland: 1.11.2001). Außerdem: Art. 1 des 1. Fakultativprotokolls v. 16.12.1966 zum IPBPR (BGBl. 1992 II S. 1246), für Deutschland in Kraft seit 25.11.1993 (BGBl. 1994 II S. 311).

18 IK-EMRK/*Rogge* Art. 25 (a.F.), 177.

19 Siehe Art. 11 des Übereinkommens vom 9.9.2002 über die Vorrechte und Immunitäten des Internationalen Strafgerichtshofs; Zustimmungsgesetz v. 19.8.2004 (BGBl. II S. 1138).

20 Übereinkommen zum Schutz des Menschen bei der automatischen Verarbeitung personenbezogener Daten v. 28.1.1981 (ETS 108; BGBl. 1985 II S. 539); in Kraft seit 1.10.1985 (BGBl. 1985 II S. 1134). Vgl. auch das Zusatzprotokoll bezüglich Kontrollstellen und grenzüberschreitendem Datenverkehr vom 8.11.2001 (ETS 181; BGBl. 2002 II S. 1882); in Kraft seit 1.7.2004 (BGBl. 2004 II S. 1093); hierzu *Hornung* DuD **2004** 719.

21 Gesetz v. 17.2.1992 (BGBl. II S. 121).

22 EGMR Phostira Efthymiou u. Ribeiro Fernandes/P, 5.2.2015, § 38.

Anerkennung und die Vollstreckung von Entscheidungen über das Sorgerecht für Kinder und die Wiederherstellung des Sorgeverhältnisses v. 20.5.1980 (ETS 105), im **Europäischen Übereinkommen über die Ausübung von Kinderrechten** v. 25.1.1996 (ETS 160) sowie im **Übereinkommen über Computerkriminalität** v. 23.11.2001 (ETS 185). Ziel des **Übereinkommens über den Umgang von und mit Kindern** vom 15.5.2003 (ETS 192) ist es, das Recht von Kindern und ihren Eltern auf regelmäßigen Kontakt im In- und Ausland näher auszugestalten und zu stärken. Es enthält allgemeine Grundsätze für diesbezügliche behördliche Anordnungen.[23] Ebenfalls zu nennen ist in diesem Kontext das **Haager Kindesentführungsübereinkommen** (HKÜ) v. 25.10.1980, das zum Ziel hat, Rückführungen von widerrechtlich in einen Vertragsstaat verbrachten Kindern sicherzustellen.[24]

3. Verhältnis zum Verfassungsrecht. Mit dem innerstaatlichen Verfassungsrecht,[25] **11** das vor allem in den **Art. 4, 6, 10 und 13 GG** einzelne zum Privatbereich zählende Grundrechte besonders schützt, decken sich die Gewährleistungen der Art. 8 EMRK/Art. 17 IPBPR in großen Teilen, wobei die Auslegung einzelner Merkmale durch die internationalen Spruchkörper durchaus divergieren kann, was auch Erfolg von Individualbeschwerden in Straßburg erklärt. **Art. 2 Abs. 1 GG** garantiert über die Konventionsverbürgungen hinaus die **allgemeine Handlungsfreiheit**. Diese schließt das Recht auf freie Entfaltung der Persönlichkeit mit ein und garantiert in Verbindung mit der Achtung der Menschenwürde (Art. 1 Abs. 1 GG) das damit untrennbar verbundene Recht auf einen **Freiraum für die private Lebensführung**. Dieser reicht über den häuslichen Lebensbereich hinaus und umfasst auch die Orte, an denen jemand objektiv erkennbar von Dritten ungestört sein will.[26] Dieser **private Lebensbereich** ist in seinem **Kernbereich**[27] für den Staat unantastbar, im Übrigen darf der Staat in ihn nur aufgrund eines Gesetzes und nur nach einzelfallbezogener Güterabwägung im Interesse vorrangiger öffentlicher Interessen unter Beachtung des Grundsatzes der Verhältnismäßigkeit eingreifen.[28] Dies setzt innerstaatlich auch den staatlichen **Maßnahmen zur verdeckten oder gar geheimen Überwachung** einer

---

23 ETS Nr. 192, in Kraft seit 1.9.2005, von Deutschland nicht unterzeichnet.

24 BGBl. 1990 II S. 206, 207. Die EMRK ist dabei im Einklang mit dem HKÜ („in the light of the Hague Convention") anzuwenden: EGMR (GK) X/LET, 26.11.2013, §§ 93 f.; Vilenchik/UKR, 3.10.2017, § 43 (darauf verweisend); Rinau/LIT, 14.1.2020, §§ 185, 212, 222 f., BeckRS **2020** 32936 (politische Einflussnahme auf das laufende Verfahren; keine hinreichende Ermöglichung eines fairen Entscheidungsfindungsprozesses; zu lange Dauer der Entscheidungsfindung); zum Verfahren nach dem HKÜ außerdem: EGMR Raw u.a./F, 7.3.2013, NJOZ **2014** 1830 = NLMR **2013** 90 (hierzu: *Heiderhoff* IPRax **2014** 525); Karoussiotis/P, 1.2.2011, §§ 83, 85 ff.; Carlson/CH, 6.11.2008, §§ 80 ff. (jeweils: Verletzung von Art. 8, da sich die zuständigen Behörden nicht oder nicht ausreichend um eine Rückführung der Kinder in das andere Land bemüht hatten); López Guió/SLO, 3.6.2014, NZFam **2015** 303 m. Anm. *Althammer*; Ferrari/RUM, 28.4.2015, §§ 45 ff., 52 ff.; Phostira Efthymiou u. Ribeiro Fernandes/P, 5.2.2015 (Rückführung angeordnet; trotz konkreter Umstände Ausnahmetatbestand nicht erkannt); zur (Nicht-)Rückführung eines Kindes, wenn dieses sich dagegen ausspricht: EGMR Gajtani/CH, 9.9.2014, §§ 108 ff. (vgl. hierzu BVerfG NJW **2015** 2561 = EuGRZ **2015** 433 = FamRZ **2015** 1093 = ZKJ **2015** 319, zum entgegenstehenden Willen des Kindes beim Umgangsrecht); zur restriktiven Auslegung von Ausnahmetatbeständen von der Rückführungspflicht: EGMR G.S./GEO, 21.7.2015, §§ 46 ff., 56 ff.; bemerkenswert auch §§ 69, 72: Bei Verstoß gegen Art. 8 mangels Rückführung des Kindes nach der HKÜ können Reisekosten, die entstehen, um das Kind im anderen Staat zu besuchen, zu ersetzen sein (Art. 41); M.A./A, 15.1.2015, NLMR **2015** 43; K.J./PL, 1.3.2016, §§ 33, 43 ff.

25 Vgl. BVerfGE **76** 79 ff.; KK-EMRK-GG/*Böhringer/Marauhn* Kap. 16, 16 ff.

26 Vgl. BVerfGE **101** 361, 382; BGH JZ **1997** 39 m. Anm. *Forkel*; NJW **2004** 762 = JZ **2004** 622.

27 Vgl. BVerfGE **27** 6; 350; **32** 378; **34** 245; **80** 367; Isensee/Kirchhof/*Horn* HbStR Bd. 7, § 149, 75 ff.; *Geis* JZ **1991** 112; bezogen auf sog. „strafprozessuale Lauschangriffe": *Rottmeier*.

28 Wegen der umfangreichen verfassungsgerichtlichen Rechtsprechung und dem Schrifttum zu diesen strittigen Fragen kann nur allgemein auf die Nachweise in den Kommentaren zum GG verwiesen werden.

Person verfassungsrechtliche Schranken, vor allem, wenn solche Maßnahmen in den Kernbereich der Persönlichkeitssphäre eingreifen. Wegen der Einzelheiten wird auf die Erläuterungen zu den §§ 100a ff., 100c ff. StPO verwiesen.[29]

12   Der Grundrechtsschutz umfasst auch das **Recht am gesprochenen Wort** und die Befugnis, selbst zu bestimmen, wem der Inhalt einer Kommunikation zugänglich sein soll,[30] ferner das grundsätzliche Recht auf Selbstbestimmung über Erfassung, Speicherung und Verwendung der **Daten**, die die Privatsphäre der eigenen Person betreffen. Diese Vorgaben umreißen zugleich auch die **Schutzpflicht des Staates**, der angemessene strafrechtliche[31] oder zivilrechtliche Vorschriften schaffen muss, um dem Einzelnen **ausreichende Schutzmöglichkeiten** bei jeder ins Gewicht fallenden Verletzung seiner Privatsphäre durch Dritte zu eröffnen. Dies gilt im verstärkten Maße bei **Kindern**, die ein eigenes Recht auf ungestörte Entfaltung ihrer Persönlichkeit[32] haben. Diese kann durch Eingriffe Dritter, vor allem durch das Kind betreffende Veröffentlichungen in den Medien nachhaltig gestört werden, so dass insoweit eine erhöhte Schutzpflicht des Staates besteht.[33]

4. Tragweite der Konventionsgarantien – Allgemeine Grundsätze

13   **a) Schutzgehalt.** Der Schutzgehalt des Art. 8 ist insgesamt sehr weit zu verstehen. Die verschiedenen Rechte überschneiden sich teilweise.[34] Art. 8 Abs. 1 nennt das Recht auf Achtung des Privat- und Familienlebens, der Wohnung und der Korrespondenz, während Art. 17 IPBPR das **Privatleben** selbst unter Einbeziehung der Ehre und des Rufes gewährleistet, allerdings nur im Rahmen der Gesetze.[35] Ein großer praktischer Unterschied ist damit nicht verbunden.

14   Geschützt wird der ganze private Bereich in seinen vielfachen Aspekten und in allen Abstufungen der Privatheit.[36] Dazu passt, dass auch der Begriff der **Familie** autonom – also in der Regel weiter – ausgelegt wird als in den nationalen Rechtsordnungen der Vertragsstaaten und so die tatsächlich gelebte Familie mit allen Verhaltensweisen erfasst, in denen sich die persönlichen Beziehungen der Familienmitglieder verwirklichen. Die **Wohnung** als elementarer Lebensraum des Individuums[37] wird als traditioneller Bestandteil des Privatbereiches besonders herausgestellt[38] und ist in diesem Sinne zu interpretieren.

15   **b) Träger der Rechte.** Träger der Rechte aus den Konventionsgarantien sind alle **natürlichen Personen**; auch Minderjährige haben eigene Rechte, die in ihrem Namen auch

---

29 Vgl. auch BVerfG NJW **2004** 999.

30 Vgl. BVerfGE **34** 238, 246; **54** 148, 154; BVerfG NJW **1992** 815; BGHZ **27** 284, 286; BGH NJW **1988** 1016; **2003** 1727 jeweils m.w.N.

31 Siehe § 238 StGB (Nachstellung) und § 201a StGB (Verletzung des höchstpersönlichen Lebensbereichs durch Bildaufnahmen).

32 Vgl. BVerfGE **24** 119, 144; **45** 400, 417; **72** 122, 137; BVerfG NJW **2003** 3262; NJW **2008** 39 ff.; NJW **2012** 1500.

33 Siehe hierzu: EGMR K.U./FIN, 2.12.2008, § 46 (Veröffentlichung einer Anzeige sexueller Natur über einen 12-Jährigen auf einer Internet-Dating-Seite); BVerfGE **101** 361, 385; ferner: BVerfG NJW **2003** 3262 (Veröffentlichung des Horoskops eines Kindes in der Presse); Überwiegen der Meinungsfreiheit aber bei BVerfG NJW **2012** 1500.

34 *Frowein/Peukert* 1.

35 Dazu *Evers* EuGRZ **1984** 281, 283.

36 Vgl. EGMR P.G. u. J.H./UK, 25.9.2001, ÖJZ **2002** 911, §§ 56 ff. (weiter Begriff, einer erschöpfenden Definition nicht zugänglich).

37 Vgl. BVerfGE **42** 219; **51** 110.

38 Zum Wohnungsbegriff (EMRK, GG, EuGH) vgl. auch KK-EMRK-GG/*Böhringer/Marauhn* Kap. 16, 55 ff.

von Personen für sie geltend gemacht werden können, die nach innerstaatlichem Recht sonst nicht zu ihrer rechtlichen Vertretung berechtigt sind.[39]

Entscheidet der gesetzliche Vertreter im Rahmen seiner Vertretungsmacht für den **16** **Minderjährigen** und erfolgt im Widerspruch hierzu ein Eingriff, so können nebeneinander das Recht des Minderjährigen (z.B. auf Achtung seiner körperlichen Integrität) und das Recht des Elternteils auf Achtung des Familienlebens betroffen sein.[40]

Art. 8 gewährt bereichspezifischen Schutz auch in Bezug auf **Haft- und Vollzugsbe-** **17** **dingungen**. Eine allgemeine Verwirkung der Rechte von **Strafgefangenen** aufgrund ihrer Verurteilung gibt es nicht, so dass diese grundsätzlich ihre Grundrechte und Freiheiten ausüben können.[41] Bei einer rechtmäßigen Inhaftierung stellen nur die typischen Einschränkungen, die mit dem Leben im Vollzug verbunden sind, keine Angelegenheiten dar, die den Schutzbereich des Art. 8 tangieren, bzw. keinen Eingriff in das Privat- und Familienleben des Inhaftierten.[42] Darüber **hinausgehende Beschränkungen** für Strafgefangene müssen immer im Einzelfall gerechtfertigt werden (Rn. 113).[43] Die Auffassung, Art. 8 könne dann keine Anwendung finden, wenn der Gefangene zu einer derart langen Freiheitsstrafe verurteilt worden sei, dass eine „Teilnahme" an dem Leben seiner Kinder nicht zu erwarten sei, ist abzulehnen.[44] Da auch die **(Nicht-)Gewährung von familienbezogenen Sozialleistungen** Art. 8 unterfällt,[45] ist es höchst bedenklich, einer Mutter, die mit ihrem Kleinkind im geschlossenen Strafvollzug lebt, Elterngeld zu verweigern, da (angeblich) kein Haushalt bestehe.[46]

Des Weiteren können die **Erhebung und Speicherung von Daten in Mutter-Kind-** **18** **Abteilungen** in einem Gefängnis einen Verstoß gegen Art. 8 Abs. 1 darstellen, zumal das Kind kein Strafgefangener ist und lediglich aus sozialen Gründen für eine gewisse Dauer

---

39 EGMR Iosub Caras/RUM, 27.7.2006; *Grabenwarter/Pabel* § 22, 3, § 13, 7; KK-EMRK-GG/*Böhringer/Marauhn* Kap. 16, 68.
40 EGMR Glass/UK, 9.3.2004.
41 EGMR (GK) Khoroshenko/R, 30.6.2015, § 116; Mesut Yurtsever u.a./TRK, 20.1.2015, § 101; Vintman/UKR, 23.10.2014, § 76; Velyo Velev/BUL, 27.5.2014, § 30; zum besonderen Umgang mit ausländischen Inhaftierten vgl. CM/Rec(2012)12 concerning foreign prisoners v. 10.10.2012.
42 EGMR D.G./IR, 16.5.2002, § 105; Beier/D (E), 22.1.2008; Nowicka/PL, 3.12.2002, § 71; Aliev/UKR, 29.4.2013, §§ 185 ff. (Verweigerung des intimen Kontakts mit Ehepartner; hier keine Verletzung von Art. 8).
43 EGMR Van der Ven/NL, 4.2.2003; Lorsé u.a./NL, 4.2.2003 (Überprüfung von Telefonanrufen; tägliche Inspektion der Haftzelle); Nazarenko/UKR, 29.4.2003, § 164 (Zurückhaltung größerer Pakete durch Gefängnispersonal zur Verhinderung der Einschmuggelung von Gegenständen, die Gefängnissicherheit beeinträchtigen können); Aliev/UKR, 29.4.2003, §§ 166 ff.; (GK) Hirst/UK (Nr. 2), 6.10.2005, §§ 69 f.; (GK) Dickson/UK, 4.12.2007, NJW **2009** 971, § 68 (notwendige, unvermeidbare Folgen der Inhaftierung); Khodorkovskiy u. Lebedev/R, 25.7.2013 (Haft in abgelegenen Strafkolonien; näher Rn. 197); Mässeli /FIN, 14.1.2014 (Overalls, die vom Gefängnispersonal mit Streifen aus Kunststoff versiegelt werden; kein selbständiges Ausziehen möglich; vgl. hierzu Art. 3); (GK) Öcalan/TRK, 18.3.2014, NJOZ **2015** 234 (behördliche Einschränkungen des Kontakts mit Familienangehörigen, des Telefon-/Briefverkehrs und von Besuchen; Eingriff in das Recht auf Achtung des Familienlebens); Jaeger/EST, 31.7.2014, §§ 45 ff. (Zwang zur vollständigen Entkleidung im Treppenhaus, vor Mithäftlingen); (GK) Khoroshenko/R, 30.6.2015, §§ 127–149 (Vorenthalten von Familienbesuchen bei lebenslanger Freiheitsstrafe als Verletzung des Privat- und Familienlebens); Biržietis/LIT, 14.6.2016, §§ 45 ff. (Vertragsstaaten können zweckbezogene Anforderungen zum äußeren Erscheinungsbild von Häftlingen festlegen; allgemeines Bartverbot nicht „notwendig").
44 EGMR (GK) Dickson/UK, 4.12.2007, §§ 65 f. (Verweigerung einer künstlichen Befruchtung).
45 EGMR Dhahbi/I, 8.4.2014, § 41, NVwZ-RR **2015** 546.
46 So aber BSG FamRZ **2014** 206 = SGb **2014** 629 m. Anm. *Grühn*. Erwartungsgemäß erwähnt das BSG die EMRK an keiner Stelle; dies spricht dafür, dass ein Eingriff zu bejahen ist und das BSG keine Rechtfertigung gefunden hätte.

mit seiner Mutter untergebracht wird.[47] Soweit Daten über das Kind erhoben werden, ist darauf zu achten, dass nur solche Daten erhoben werden, die für die gemeinsame Unterbringung auch **erforderlich** sind. Darüber hinaus muss ein **Zugriff Unberechtigter** ausgeschlossen werden können. Auch eine verbindliche schriftliche Regelung über die **Aufbewahrungsdauer und Vernichtung** der zum Kind erhobenen Daten ist zwingend erforderlich.[48]

19   Auch **juristische Personen** können Träger einzelner der in Art. 8 garantierten Rechte sein (Wohnung, Kommunikation, Daten)[49] und über ihre Organe als gesetzliche Vertreter die Verletzung ihrer Konventionsrechte beanstanden.[50]

20   **c) Eingriffe des Staates.** Ein Eingriff liegt jedenfalls vor, wenn eine staatliche Maßnahme **konkret die Wahrnehmung einer geschützten Konventionsgarantie vereitelt** oder **deren Ausübung nicht nur unwesentlich erschwert oder behindert.**[51] Auch **vorgelagerte Beschränkungen,** welche die eigentliche Ausübung des garantierten Rechts von vornherein unmöglich machen,[52] können vom Eingriffsbegriff erfasst sein, ganz gleich, ob sie nur einen Einzelfall betreffen oder schon generell abstrakt die Ausübung eines in den Konventionen garantierten Rechtes vereiteln oder (ohne sachlich rechtfertigenden Grund) erschweren.[53] Dies kann eine das Familienleben unmittelbar beeinträchtigende **Statusregelung** sein[54] oder auch die **Strafbarkeit** bestimmter, dem Privatleben zuzurechnender Verhaltensweisen. Dem Betroffenen ist in solchen Fällen ein Abwarten, ob tatsächlich ein Verfahren gegen ihn persönlich eingeleitet wird, nicht zumutbar.[55]

21   Bei **verdeckten Überwachungsmaßnahmen** ist ein Eingriff schon dann anzunehmen, wenn das Recht einer Person auf unüberwachte Kommunikation bereits durch das Vorhandensein von Gesetzen und Vollzugspraktiken, welche das verdeckte Abhören etc. ermöglichen, geschmälert wird.[56] Dass bereits eine konkrete Maßnahme gegen die jeweilige Person getroffen wurde, ist dann nicht erforderlich und muss in solchen Fällen auch in einer Beschwerde nicht geltend werden. Die bloße Existenz derartiger Regelungen birgt die für die Annahme eines Eingriffs ausreichende **naheliegende Gefahr** der Überwachung für alle, auf die das Gesetz möglicherweise Anwendung findet.[57]

---

47 Hierzu: OLG Stuttgart Beschl. v. 1.2.2022 – V 4 Ws 336/21, FS **2022** 129; Beschl. v. 7.10.2021 – 16 UF 95/21, FS **2022** 134 m. Anm. *Goedeler* FS **2022** 136.
48 Allgemein zum Schutz von Kindern inhaftierter Eltern: CM/Rec(2018)5 concerning children with imprisoned parents v. 4.4.2018.
49 Für das Allgemeine Persönlichkeitsrecht offengelassen von EGMR Firma EDV für Sie, EfS Elektronische Datenverarbeitung Dienstleistungs GmbH/D (E), 2.9.2014, §§ 20 ff.; zum Nichtvermögensschaden, der juristischen Personen entstehen und nach Art. 41 ersatzfähig sein kann Teil II Rn. 271.
50 EGMR Société Colas Est. u.a./F, 16.4.2002, §§ 40 ff.; *Grabenwarter/Pabel* § 22, 4; KK-EMRK-GG/*Böhringer/Marauhn* Kap. 16, 69.
51 EGMR Guillot/F, 24.10.1996, ÖJZ **1997** 518; Raninen/FIN; *Peters/Altwicker* § 3, 3.
52 Vgl. EGMR Golder/UK, 21.2.1975, EuGRZ **1975** 91 (Untersagung Briefverkehr); IK-EMRK/*Wildhaber/Breitenmoser* 46 ff.
53 IK-EMRK/*Wildhaber/Breitenmoser* 47 ff., auch zum Zusammenhang mit der für die Beschwerdebefugnis des Art. 34 erforderlichen Verletzung in einem Konventionsrecht („Opfereigenschaft").
54 EGMR Marckx/B, 13.6.1979; IK-EMRK/*Wildhaber/Breitenmoser* 47.
55 Etwa EGMR Norris/IR, 26.10.1988, EuGRZ **1992** 477 = ÖJZ **1989** 628 (Strafbarkeit der Homosexualität).
56 EGMR Liberty u.a./UK, 1.7.2008; Iliya Stefanov/BUL, 22.8.2008, § 49; Iordachi u.a./MOL, 10.2.2009, §§ 33 f.; IK-EMRK/*Wildhaber/Breitenmoser* 47.
57 EGMR Weber u. Saravia/D (E), 29.6.2006, NJW **2007** 1433 (Abhörmaßnahme G10-Gesetz i.d.F. des Verbrechensbekämpfungsgesetzes); vgl. zur rechtsstaatlichen Nachbesserung des G10 a.F. BVerfGE **100** 313; BTDrucks. **15** 2042; Erstes Gesetz zur Änderung des Artikel-10-Gesetzes v. 31.7.2009 (BGBl. I S. 2499).

Die genauen Voraussetzungen zur Bejahung eines solchen Eingriffs werden vom EGMR **22** anhand der Umstände des jeweiligen Einzelfalls festgelegt.[58] Berücksichtigung finden hierbei neben dem potentiell verletzten Recht und dem **persönlichen Risiko** der jeweiligen Person, auf der Grundlage eines bestimmten Gesetzes Opfer einer verdeckten Maßnahme zu werden, auch die nationalen **Rechtsschutzmöglichkeiten**. Fehlen sie, so prüft der Gerichtshof auch bei einem geringeren Eingriffsrisiko im konkreten Fall, ob ein solcher vorlag.[59]

Die Möglichkeit einer Verletzung durch die bloße Existenz des Gesetzes lässt zwar **23** nicht den Umkehrschluss zu, dass jede behauptete verdeckte Überwachungsmaßnahme vom EGMR überprüft wird. Der Gerichtshof hält aber angesichts der **Beweisschwierigkeiten**, die bei verdeckten Maßnahmen den effektiven Schutz der Menschenrechte und die menschenrechtliche Überprüfung konterkarieren könnten, für die Verfahren, in denen es um einen konkreten Eingriff geht, nicht an den sonst geltenden Anforderungen an dessen Nachweis fest.

Es genügt in besagten Konstellationen, wenn der geltend gemachte konkrete Eingriff **24** **hinreichend wahrscheinlich** („reasonable likelihood") ist. Seine Überzeugung vom Vorliegen eines Eingriffs gewinnt der EGMR daher hier nicht erst durch den direkten Nachweis des Eingriffs, sondern nach Würdigung sämtlicher Umstände des Falles.[60] Bei einer *außerhalb* der gesetzlichen Möglichkeiten liegenden Überwachung muss der Betroffene aufzeigen können, warum vernünftigerweise die Wahrscheinlichkeit besteht, dass er Opfer eines gesetzlich gerade nicht vorgesehenen Eingriffs in seinen Privatbereich werden kann bzw. geworden ist.[61] Im Allgemeinen reicht aber die bloße **Möglichkeit**, künftig von einer solchen Regelung selbst betroffen zu werden, für die Bejahung eines (gegenwärtigen) Eingriffs nicht aus.[62]

Ein Eingriff des Staates kann auch vorliegen, wenn sich staatliche Stellen zur Errei- **25** chung eines mit dem Eingriff verfolgten öffentlichen Zweckes **privater Personen** bedienen, etwa dadurch, dass sie die unmittelbare Ausführung des Eingriffs privaten Personen überlassen. Dies kann dadurch geschehen, dass sie eine Privatperson mit der Ausforschung eines anderen beauftragen oder ihr die Vorrichtungen zur Verfügung stellen, mit denen belastende Äußerungen zu Beweiszwecken erfasst und aufgezeichnet werden können,[63] etwa durch Aufzeichnung privater Telefongespräche (**„Hörfalle"**).[64]

Ein Eingriff ist dagegen zu verneinen, wenn der Betroffene nach den Umständen **26** vernünftigerweise nicht erwarten kann, dass auf seine Privatsphäre individuell Rücksicht genommen wird, weil er sich **in der Öffentlichkeit** bewegt[65] und allgemeine Regelungen befolgen muss, die der Staat generell und ohne konkrete Zielrichtung auf bestimmte Einzelpersonen allgemein für bestimmte zwischenmenschliche Beziehungen und Verhaltensweisen trifft,[66] wie etwa Verkehrsregeln oder sonstige Vorschriften, die im Interesse eines geregelten Zusammenlebens in der modernen Gesellschaft das private Verhalten bestimm-

---

58 EGMR Klass/D, 6.9.1978, NJW **1979** 1755 = EuGRZ **1979** 278, § 34.

59 EGMR Kennedy/UK, 18.5.2010, § 124.

60 EGMR Iliya Stefanov/BUL, 22.5.2008, § 49.

61 Etwa EGMR Halford/UK, 25.6.1997, ÖJZ **1998** 311.

62 IK-EMRK/*Rogge* Art. 25 (a.F.) 204 ff.; Meyer-Ladewig-/Nettesheim/von Raumer/*Meyer-Ladewig/Kulick* Art. 34, 18, 24.

63 EGMR Allan/UK, 5.11.2002, ÖJZ **2004** 196 = StraFo **2003** 162 = StV **2003** 257 m. Anm. *Gaede* = JR **2004** 127 und *Esser* JR **2004** 98.

64 Vgl. EGMR A/F, 23.11.1993, ÖJZ **1994** 392; Allan/UK, 5.11.2002 m. Anm. *Esser* JR **2004** 98; M.M./NL, 8.4.2003, StV **2004** 1 m. Anm. *Gaede* StV **2004** 46; vertiefend *Guder* Die repressive Hörfalle im Lichte der Europäischen Menschenrechtskonvention (2007).

65 EGMR P.G. u. H.J./UK, 25.9.2001.

66 Vgl. EGMR Botta/I, 24.2.1998, ÖJZ **1999** 76 (keine Behindertentoiletten am Badestrand).

ten Verhaltensanweisungen unterwerfen, die von allen Personen zu beachten sind. Solche **allgemeinen staatlichen Maßnahmen und Vorgaben** liegen in der Regel **unter der Erheblichkeitsschwelle** eines individuellen Eingriffs in das von Art. 8 geschützte Privatleben. Sie lassen die Substanz der Konventionsgarantien unberührt und sind daher auch nicht an deren Eingriffsvoraussetzungen zu messen.[67] In solchen Fällen erübrigt sich eine Rechtsgüterabwägung, die dann allerdings ohnehin meist zugunsten einer sachlichen Rechtfertigung des Eingriffs ausfiele. Der Gerichtshof hat wiederholt beide Aspekte zusammen geprüft und ohne Festlegung, ob eine staatliche Maßnahme einen Eingriff darstellte, sich damit begnügt, ihre Vereinbarkeit („compliance") mit der Konvention festzustellen, so vor allem, wenn dem Staat vorgeworfen wurde, durch Unterlassen einer (gesetzlichen) Regelung gegen die Konvention verstoßen zu haben.[68]

27   Der Schutz vor Eingriffen staatlicher Stellen betrifft grundsätzlich Maßnahmen negatorischer Art zu ihrer **Abwehr**. Darüber hinaus kann ein **Unterlassen des Staates** eine Verletzung des Art. 8 darstellen, wenn dem Staat die Nichterfüllung einer aus den Konventionsgarantien abgeleiteten **positiven Handlungs- und Schutzpflicht** vorgeworfen werden kann. Ob dieses Unterlassen als Eingriff zu bezeichnen ist und sich folglich der Schrankenvorbehalt des Art. 8 Abs. 2 auf diese Fälle erstrecken muss, ist umstritten.[69] Der EGMR verwendet diese Bezeichnung bislang nicht und weicht in der Folge bei der Prüfung einer Verletzung teilweise von derjenigen ab, die er bei einem Eingriff durch eine staatliche Maßnahme vornimmt (Rn. 124 ff.). Im Ergebnis geht er aber davon aus, dass beide Fallgestaltungen voraussetzen, dass die Auswirkungen auf den Betroffenen eine **gewisse Intensitätsschwelle** überschreiten[70] und dass sie auch sonst mitunter voneinander schwer abzugrenzen sind.[71]

28   Bei einem Eingriff in ein durch Art. 8 geschütztes Recht muss sowohl bei den positiven als auch negativen Verpflichtungen des Staates stets ein **gerechter Ausgleich („fair balance")** zwischen den in Art. 8 Abs. 2 fixierten Interessen der Gemeinschaft und den durch Art. 8 Abs. 1 geschützten Rechten gewahrt bleiben[72] oder durch die betreffenden staatlichen Maßnahmen hergestellt werden.[73] In beiden Fällen kommt den Vertragsstaaten jedoch ein gewisser Ermessensspielraum zu.[74] Eine Einschränkung der Konventionsrechte wird nicht schon dadurch ausgeschlossen, dass ein Lebensvorgang der Privatsphäre zuzuordnen ist oder sie mit berührt. Es liegt in der Natur der Sache, dass im Privatbereich alle Rechte des Einzelnen ihre Grenze in den parallelen Rechten des anderen finden[75] und dass sie auch mit den Anforderungen und Rechten der Gemeinschaft, in der der Einzelne lebt, in einem ausgewogenen Verhältnis stehen müssen. Die deshalb nötige Abgrenzung[76] erfordert zur Verhinderung von Willkür und im Interesse der Vorhersehbarkeit staatlicher Einwirkungen ihre **rechtliche Verankerung** (Rn. 29, 77).[77]

---

67 IK-EMRK/*Wildhaber*/*Breitenmoser* 61 ff. unter Hinweis auf die hier bestehende Grauzone und die Spruchpraxis der EKMR, die darauf abstellte, ob die staatlichen Maßnahmen Zwangscharakter hatten.

68 IK-EMRK/*Wildhaber*/*Breitenmoser* 53 ff.; *Lux-Wesener* EuGRZ **2003** 555, 556.

69 Dafür *Frowein*/*Peukert* 14; IK-EMRK/*Wildhaber*/*Breitenmoser* Art. 8, 55 ff.

70 Verneinend EGMR Botta/I, 24.2.1998; Verpflichtung am Badestrand Behindertentoiletten zu schaffen).

71 Etwa EGMR Sylvester/A, 24.4.2003, ÖJZ **2004** 113.

72 Vgl. Meyer-Ladewig/Nettesheim/von Raumer/*Meyer-Ladewig*/*Nettesheim* 2.

73 EGMR Rodrigues da Silva u.a./NL, 31.1.2006, EuGRZ **2006** 562 = ÖJZ **2006** 738.

74 EGMR Rodrigues da Silva u.a./NL, 31.1.2006, § 39, EuGRZ **2006** 562 = ÖJZ **2006** 738.

75 So schon Art. 4 der Erklärung der Menschen- und Bürgerrechte vom 26.8.1789; vgl. ferner Art. 2 Abs. 1 GG.

76 Nach IK-EMRK/*Wildhaber*/*Breitenmoser* 6, 9 werden die unbestimmten und unbestimmbaren Grundrechte aus Art. 8 erst durch den Schrankenvorbehalt näher eingegrenzt und umschrieben.

77 Weitere Vorgaben für die Regelungsbefugnis können sich aus dem Diskriminierungsverbot (Art. 14) ergeben, vgl. IK-EMRK/*Wildhaber*/*Breitenmoser* 12.

Esser   1170

d) Positive Schutzpflichten. Positive Schutzpflichten ergeben sich für den Staat aus 29 beiden Konventionsverbürgungen. **Art. 17 Abs. 2 IPBPR** spricht ausdrücklich aus, dass jedermann **Anspruch auf rechtlichen Schutz** des in Absatz 1 umschriebenen Privatbereichs durch den Gesetzgeber[78] hat. Bei Art. 8 werden diese Schutzpflichten des Staates aus seiner Pflicht zur *Achtung* der dort garantierten Rechte hergeleitet.[79] Der Staat muss sich daher nicht nur jedes ungerechtfertigten Eingriffs enthalten; er muss auch dafür sorgen, dass jeder in seinem Herrschaftsbereich diese Rechte genießen kann. Aus dem **Achtungsanspruch** folgt die „immanente" **positive Pflicht**[80] des Staates, einzugreifen, wenn die garantierten Rechte des Einzelnen durch Dritte bereits beeinträchtigt oder konkret bedroht werden. In diesem Fall hat der Staat **sinnvolle und angemessene Maßnahmen zur Sicherung der Rechte** aus Art. 8 Abs. 1 zu treffen.[81] Er muss auch hier für einen gerechten Ausgleich („fair balance") der kollidierenden Einzelinteressen und für dessen Vereinbarkeit mit den allgemeinen Interessen der Gemeinschaft sorgen.[82] Insofern gelten bei den positiven Schutzpflichten im Allgemeinen dieselben Grundsätze wie für die Rechtfertigung eines staatlichen (negativen) Eingriffs.[83] Der Staat muss aber darüber hinaus eine **Rechtsordnung** und ein **wirksames rechtliches Instrumentarium** schaffen, das die Achtung des Privatlebens auch im Verhältnis der Bürger untereinander wirksam sichert[84] und das zumindest bei schwerer wiegenden Eingriffen dem Betroffenen ermöglicht, **wirksame gerichtliche und behördliche Hilfe** zu erlangen, sei es (präventiv) im Wege eines zivilen Rechtsstreits oder aber (repressiv) durch die Herbeiführung eines Strafverfahrens.[85]

Die **Strafverfolgung zur Aufklärung entsprechender Taten** kann dann als **effektiv** 30 angesehen werden, wenn sie zur Aufklärung der relevanten Tatumstände sowie zur Identifizierung und Bestrafung der verantwortlichen Täter führt.[86] Dazu gehört auch, dass im Strafverfahren bzw. bei der Erhebung der Beweise die prozessualen Regeln hinreichend

---

78 *„Protection of the law"* bzw. *„protection de la loi"*.

79 Etwa EGMR Airey/IR, 9.10.1979, EuGRZ **1979** 626, §§ 32 f.; X. u. Y./NL, 26.3.1985, EuGRZ **1985** 297 = NJW **1985** 2075; Rees/UK, 17.10.1986; Powell u. Rayner/UK, 21.2.1990, ÖJZ **1990** 418; Cossey/UK, 27.9.1990, ÖJZ **1991** 173; Guerra u.a./I, 19.2.1998, EuGRZ **1999** 188 = ÖJZ **1999** 33 = NVwZ **1999** 57; Maumousseau u. Washington/F, 6.12.2007, § 83; Meyer-Ladewig/Nettesheim/von Raumer/*Meyer-Ladewig/Nettesheim* 2 ff.

80 Vgl. EGMR Cossey/UK, 27.9.1990; BVerfGE **76** 80.

81 EGMR Powell u. Rayner/UK, 21.2.1990, § 41; (GK) Hatton/UK, 8.7.2003, EuGRZ **2005** 584 = NVwZ **2004** 1465 = ÖJZ **2005** 642 = RdU **2004** 110; (GK) Evans/UK, 10.4.2007, NJW **2008** 2013; vgl. zur Übertragbarkeit dieser Grundsätze auf Art. 13 GG ablehnend: BVerfG NVwZ **2009** 1494, 1498.

82 EGMR Gaskin/UK, 7.7.1989; Cossey/UK, 27.9.1990; McGinley u. Egan/UK, 9.6.1998, ÖJZ **1999** 355; (GK) Odièvre/F, 13.2.2003, NJW **2003** 2145 = FPR **2003** 368 = EuGRZ **2003** 584 = ÖJZ **2005** 34 = FamRZ **2003** 1367 m. Anm. *Henrich*; Petrenco/MOL, 30.3.2010.

83 EGMR (GK) Hatton/UK, 8.7.2003, § 98 = EuGRZ **2005** 584;; Sari u. Colak/TRK, 4.4.2006; Ciubotaru/MOL, 27.4.2010, § 50 (Grenzziehung nicht immer eindeutig möglich); (GK) Dickson/UK, 4.12.2007, § 70 (positive oder negative Pflicht offengelassen; Prüfung nur noch der Verhältnismäßigkeit der Maßnahme); Y./SLW, 28.5.2015, § 102; vgl. auch KK-EMRK-GG/*Böhringer/Marauhn* Kap. 16, 105.

84 EGMR Airey/IR, 9.10.1979; Karakó/H, 28.4.2009, MR **2009** 121 (Ausgleich von Art. 8 und Art. 10); (GK) Söderman/S, 12.11.2013, § 78, NJW **2014** 607.

85 EGMR K.U./FIN, 2.12.2008; Colak u. Tsakiridis/D, 5.3.2009, NJW **2010** 1865 = EuGRZ **2009** 203; eine Verletzung von Art. 8 ohne die Möglichkeit einer angemessenen gerichtlichen Kontrolle gefährdet auch die Rechtsstaatlichkeit (vgl. Bericht des Europarates v. 26.1.2015, A § 4): vgl. dazu auch: EGMR Y/BUL, 20.2.2020, §§ 80 f. (keine effektive Untersuchung bei Verdacht auf Vergewaltigung und schwere sexuelle Misshandlung).

86 Vgl. EGMR Király u. Dömötör/H, 17.1.2017, § 79; Alković/MTN, 5.12.2017, § 65.

Esser

eingehalten werden.[87] Entscheidend ist für den EGMR, ob die beanstandeten Mängel im Strafverfahren so bedeutend sind, dass sie auf eine Verletzung der staatlichen Schutzpflicht hinauslaufen („signifcicant flaw"-Test).[88] Ein **effektives Strafverfahren** umfasst jedoch nicht nur die genuin staatliche Strafverfolgung als solche, sondern auch die **Möglichkeit der Privat- oder Nebenklage**. Nimmt der Verletzte hierbei selbst seine Rechte wahr, ohne anwaltlich vertreten zu sein, so sind je nach den Umständen des Einzelfalls keine zu hohen Anforderungen an die Form seiner Anträge etc. zu stellen.[89] *Wirksame* Hilfe impliziert, dass dem Recht des Betroffenen noch in geeigneter Form Rechnung getragen werden kann. Kann der Schaden durch die bereitgestellten Instrumentarien nicht mehr verhindert werden, weil sie erst im Nachhinein ihre Wirkung entfalten, so genügen sie nicht den Anforderungen des Art. 8.[90] Gleiches gilt, wenn zwar die Strafbarkeit einer bestimmten Eingriffshandlung vorgesehen ist, letztlich aber aufgrund der bestehenden Gesetze keine Möglichkeit besteht, den Täter ausfindig zu machen und zur Verantwortung zu ziehen. Die Durchsetzbarkeit des Strafanspruchs mit Hilfe einer effektiven Strafverfolgung und die negative Generalprävention sind insoweit Bestandteile der positiven Schutzpflicht, der auch dann nicht genügt werden kann, wenn sich das Opfer lediglich an einem Dritten schadlos halten kann.[91]

31   Der Einzelne muss durch staatliche Stellen einen **wirksamen Schutz des Bereichs seiner privaten Lebensführung** erlangen können; so etwa, wenn Dritte sein Haus belagern,[92] einen der Öffentlichkeit entzogenen und der Privatheit zurechenbaren Bereich unter Überwindung der bestehenden Hindernisse unbefugt ausspähen und darüber in der Presse berichten[93] oder wenn unerlaubte Fotoaufnahmen von Vorgängen der privaten Lebensgestaltung und deren Veröffentlichung in der Presse das **Recht am eigenen Bild** verletzen.[94] Will der Staat zum Schutz einer von Bildaufnahmen betroffenen Person in

---

87 EGMR R.B./EST, 22.6.2021, §§ 90 ff., 97, 103 f. (fehlende Belehrung einer 4-Jährigen über die Wahrheitspflicht und ihr Zeugnisverweigerungsrecht in Bezug auf den des sexuellen Missbrauchs an ihr beschuldigten Vater, welche letztlich zur Unverwertbarkeit ihrer Aussagen und zum Freispruch des Vaters führte; kein hinreichender prozessualer Schutz des Kindes als potentielles Opfer von sexuellem Missbrauch gewährt; Verletzung von Art. 8).

88 EGMR Khadija Ismayilova/ASE, 10.1.2019, § 118.

89 EGMR Sandra Janković/KRO, 5.3.2009.

90 EGMR Tysiac/PL, 20.3.2007, §§ 126 f. (unzureichende Regelungen zur medizinisch indizierten Abtreibung, stattdessen strafrechtliche oder disziplinarische Maßnahmen gegen die Ärzte, die aber nicht geeignet waren, Gesundheitsschäden der Mutter zu verhindern), NJOZ **2009** 3349 m. Anm. *Milej* OER **2007** 360.

91 EGMR K.U./FIN, 2.12.2008 (Anonymität bei Internetkriminalität und fehlende Handhabe gegen die Betreiber von Servern zur Herausgabe von Informationen über die jeweiligen Nutzer).

92 OVG Magdeburg NJW **2012** 2535 (Versammlungen vor dem Wohnhaus ehemaliger Straftäter; Untersagung einer Versammlung in einem bestimmten Straßenabschnitt wegen einer Gefahr für die öffentliche Sicherheit gemäß § 15 Abs. 1 VersG).

93 BGH NJW **2004** 762 = JZ **2004** 622 (Luftbildaufnahmen vom privaten Feriendomizil Prominenter und deren Veröffentlichung); zur Verfassungsbeschwerde BVerfG NJW **2006** 2838.

94 EGMR (GK) Von Hannover/D (Nr. 2), 7.2.2012, NJW **2012** 1053 = EuGRZ **2012** 278 = GRUR **2012** 745 m. Anm. *Lehr* = ZUM **2012** 551, §§ 95 f., 98; Caroline v. Hannover/D, 24.6.2004, EuGRZ **2004** 404 = NJW **2004** 2647 = JZ **2004** 1015 = AfP **2004** 348 = DVBl. **2004** 1091 = FamRZ **2004** 1455 = GRUR **2004** 1051 (Fotos aus dem Privatleben) mit Kritik an dem bis dahin vom BGH entwickelten Abwägungsmodell „absolute/relative Person der Zeitgeschichte"; dazu *Riesz* ÖJZ **2012** 705; *Heldrich* NJW **2004** 2634; *Mann* NJW **2004** 3220 (auch zu den von BVerfG NJW **2004** 3407 ff. angesprochenen Problemen, die sich innerstaatlich daraus ergeben, dass der EGMR den geschützten Bereich bei Personen der Zeitgeschichte weiter gezogen hat als das insoweit für konventionswidrig erklärte Urteil des BVerfG NJW **2000** 1021); EGMR (K) Khan/D, 17.3.2016, § 63 (nicht endgültig geworden); (GK) 21.9.2016, §§ 29, 42 strich Beschwerde gem. Art. 37 Abs. 1 Nr. 1 *lit.* c aus dem Register, nachdem Deutschland zusicherte, die Bf. nicht abzuschieben.

Erfüllung seiner Schutzpflicht positive Maßnahmen ergreifen, so hat er die **Rechte anderer Personen** bei seiner Entscheidung zu berücksichtigen. Für die Abwägung von Bedeutung ist u.a., ob die Veröffentlichung über die Massenmedien die breite Öffentlichkeit erreicht oder nur einem begrenzten Personenkreis zugänglich gemacht wird, ob sie Fragen betrifft, die von **allgemeinem öffentlichen Interesse** sind oder lediglich dem Interesse eines gewissen Publikums dienen, sowie die Umstände, unter denen die Fotos aufgenommen wurden.[95] Ergibt sich ein Vorwurf von **Rassismus** gegenüber Dritten, trifft den Staat die Verpflichtung, angemessene Maßnahmen zur Aufdeckung und Ahnung von rassistischen Motiven zu ergreifen.[96]

Die **Gefährdung der Gesundheit** einzelner Personen kann unter besonderen Umständen vom Staat ein Tätigwerden aufgrund einer aus Art. 8 abzuleitenden Schutzpflicht erfordern,[97] so die **Aufsicht und Kontrolle über private psychiatrische Einrichtungen**,[98] das Ergreifen von **Vorsorgemaßnahmen** gegen die Verbreitung von Infektionen in Gefängnissen[99] oder die Verpflichtung zu ausreichenden **Informationen über Gefahren**, denen die Einwohner einer Gemeinde durch eine Fabrik[100] oder ein Soldat durch die Teilnahme an Tests mit chemischen Waffen[101] ausgesetzt werden, aber auch sonst ein Tätigwerden, wenn dies zum Schutz vor übermäßigen **Immissionen** notwendig ist.[102] **32**

Gleiches gilt bei staatlichen **Regelungen zum Schwangerschaftsabbruch** in Bezug auf die Gesundheit der werdenden Mutter. Jedenfalls im Bereich des medizinisch indizierten Abbruchs ist darauf zu achten, dass die Regelungen so bestimmt sind, dass nicht aus einer Unsicherheit über die Strafbarkeit faktisch die Unmöglichkeit eines solchen Eingriffs resultiert.[103] Besteht ein Recht zum Schwangerschaftsabbruch, muss dieses auch effektiv ausgeübt werden können.[104] Anzumerken ist, dass mit der Schwangerschaft nicht zwingend indiziert ist, dass der private Lebensbereich der Schwangeren alle sonstigen Interessen überwiegt. Allen voran die Rechte des noch ungeborenen Kindes sind mit dem Recht **33**

---

95 EGMR (GK) Von Hannover/D (Nr. 2), 7.2.2012, NJW **2012** 1053 = EuGRZ **2012** 278 = GRUR **2012** 745 m. Anm. *Lehr* = ZUM **2012** 551, §§ 108 ff.; ebs. (GK) Axel Springer AG/D, 7.2.2012, NJW **2012** 1058 = EuGRZ **2012** 294 (wo es nicht um Bildberichterstattung ging, vgl. §§ 13, 15, 17), §§ 89 ff.; außerdem EGMR Küchl/A, 4.12.2012, ÖJZ **2013** 749 (Bericht über sexuelle Beziehungen; Priesterseminar St. Pölten); Caroline v. Hannover/D, 24.6.2004; Gourguénidzé/GEO, 17.1.2007; Toma/RUM, 24.2.2009 (keine Einschränkung der Schutzwürdigkeit [„champ de protection"] eines Beschuldigten); zur Umsetzung der Abwägung auf nationaler Ebene: BGHZ **178** 213 (Bildberichterstattung); BGH VersR **2009** 513 = AfP **2008** 609 = ZUM-RD **2009** 7 (Caroline); vgl. ebenso BGH MDR **2009** 86 (Caroline II); BVerfG (Caroline v. Hannover II) NJW **2008** 1793 m. Anm. *Frenz* NJW **2008** 3102.
96 *Grabenwarter/Pabel* § 22, 67 unter Hinweis auf EGMR R.B./H, 12.4.2016, § 83.
97 Zur Auskunftspflicht des Staates: EGMR McGinley u. Egan/UK, 9.6.1998; Information über Folgen von Atomtest); ferner EGMR L.C.B./UK, 9.6.1998, ÖJZ **1998** 353, wo Art. 2 im Vordergrund stand; Greenpeace e.V./D (E), 12.5.2009, NVwZ **2011** 93 (Staubpartikelemissionen durch Dieselfahrzeuge); Meyer-Ladewig/Nettesheim/von Raumer/*Meyer-Ladewig/Nettesheim* 45, 88.
98 EGMR Storck/D, 16.6.2005, NJW-RR **2006** 308 = EuGRZ **2008** 582, § 150.
99 EGMR Shelley/UK (E), 4.1.2008 (Programm zum Austausch von Injektionsnadeln für Drogenkonsumenten).
100 EGMR Guerra u.a./I, 19.2.1998 m. Anm. *Dörr* JuS **1999** 809; Öneryildiz/TRK, 18.6.2002, nach Meyer-Ladewig/Nettesheim/von Raumer/*Meyer-Ladewig/Nettesheim* 45; *Grabenwarter/Pabel* § 22, 74.
101 EGMR (GK) Roche/UK, 19.10.2005, NJOZ **2007** 865.
102 EGMR Powell u. Rayner/UK, 21.2.1990 (Fluglärm); López Ostra/E, 9.12.1994, EuGRZ **1995** 530 = ÖJZ **1995** 347 (Unterlassung des Eingreifens bei Geruchsbelästigung); Hatton/UK, 8.7.2003 (Fluglärm); Meyer-Ladewig/Nettesheim/von Raumer/*Meyer-Ladewig/Nettesheim* 45, 88; vgl. auch Rn. 82.
103 EGMR Tysiac/PL, 20.3.2007.
104 EGMR P. u. S./PL, 30.10.2012, NJOZ **2014** 709, § 99 m. Bespr. *Milej* OER **2012** 116 (Schwangerschaftsabbruch eines minderjährigen Vergewaltigungsopfers; Verletzung von Art. 8).

Esser

auf Privatleben der Schwangeren in Einklang zu bringen.[105] Jedenfalls ist nach Ansicht des EGMR aus Art. 8 kein Recht der Schwangeren auf Durchführung des Schwangerschaftsabbruchs abzuleiten.[106] In Irland wurde von drei Klägerinnen gerügt, dass sie den medizinisch notwendigen Schwangerschaftsabbruch nicht in Irland selbst durchführen konnten, da dieser dort nicht gestattet ist. Irland gewährt lediglich das Recht, die Abtreibung außerhalb der Landesgrenzen vorzunehmen. Der EGMR verneinte einen Verstoß gegen Art. 8, weil aufgrund der moralischen und ethischen Diskussion in Irland ein solches Vorgehen einen angemessenen Ausgleich zwischen dem Recht auf Schutz der Privatsphäre der Frau und öffentlichem Anstandsgefühl garantiere.[107] Europaweit gebe es keinen einheitlichen Standard, ab wann der Lebensschutz des Neugeborenen absolut beginne.[108] Allerdings herrscht dahingehend Einigkeit, dass ein Abbruch dann möglich sein muss, wenn das **Leben der Mutter** durch die weitere Schwangerschaft **erheblich und nachhaltig beeinträchtigt** wird. Einige Konventionsstaaten regeln diesen Fall noch restriktiver und stellen nur auf eine **Gefahr für das Leben der Mutter** (inklusive der Selbsttötung) ab.[109] Damit bleibt jedem Staat selbst hier ein gewisser Spielraum überlassen, welcher allerdings nicht grenzenlos sein darf. Die Mühen und Anstrengungen der Betroffenen angesichts einer Reise außer Landes, um die Abtreibung vornehmen zu lassen, seien im Regelfall hinzunehmen. Die Ausreise muss vom jeweiligen Staat aus Gründen der Gesundheit oder „for well-being reasons" erlaubt werden.[110]

34   Dem Staat wird bei der Erfüllung seiner Schutzpflicht in der Regel ein **weiter Beurteilungsspielraum** zuerkannt.[111] Es wird ihm überlassen, auf welchem Weg er seiner Pflicht genügen und den gebotenen gerechten Ausgleich der widerstreitenden Interessen herbeiführen will.[112] Er muss mit dem Ziel eines gerechten Ausgleichs die Gesichtspunkte des Allgemeininteresses mit denen des betroffenen Privatinteresses abwägen, um zu entscheiden, ob besondere Umstände sein Tätigwerden zur Sicherung des Privatlebens und der anderen garantierten Rechte erfordern[113] und welche Maßnahmen dafür angezeigt sind. Dies müssen nicht notwendig Strafvorschriften sein, die sich dort, wo der Staat bereits im Vorfeld zum Schutz verpflichtet ist, sogar als unpraktikabel erweisen können.[114]

---

105 EGMR (GK) A, B, C/IR, 16.12.2010, §§ 213 f., NJW **2011** 2107.

106 EGMR P. u. S./PL, 30.10.2012, § 96 („while the Court has held that Article 8 cannot be interpreted as conferring a right to abortion, it has found that the prohibition of abortion when sought for reasons of health and/or well-being falls within the scope of the right to respect for onés private life"); Karpenstein/ Mayer/*Pätzold* 9.

107 Hierzu auch: *Kretschmer* GA **2011** 514f.

108 EGMR (GK) A, B, C/IR, 16.12.2010, §§ 237 f.

109 Siehe hierzu *Kretschmer* GA **2011** 514, 516.

110 Vgl. *Kretschmer* GA **2011** 514, 516.

111 Das gilt insbesondere auf dem Gebiet des Umweltschutzes, wo der Gerichtshof sich in seiner Kontrolle weit zurücknimmt, vgl. EGMR Flamenbaum u.a./F, 13.12.2012 (Verlängerung der Start-/Landebahn eines Flughafens); Frankowski u.a./PL (E), 20.9.2011, NVwZ **2012** 1387; Greenpeace e.V./D (E), 12.5.2009 („*the choice of means as to how to deal with environmental issues is a matter falling within the Contracting State's margin of appreciation in environmental matters*"); siehe aber auch: EGMR Fadeyeva/R, 9.6.2005, § 105.

112 Etwa EGMR Abdulaziz u.a./UK, 28.5.1985, NJW **1986** 2173 = EuGRZ **1985** 567; Keegan/IR, 26.5.1994, NJW **1995** 2153 = EuGRZ **1995** 113 = ÖJZ **1995** 70 = FamRZ **1995** 110; Stubbings u.a./UK, 22.10.1996, §§ 60 ff., ÖJZ **1997** 436; Botta/I, 24.2.1998; enger: EGMR Caroline v. Hannover/D, 24.6.2004.

113 EGMR X. u. Y./NL, 26.3.1985 (Schutz Untergebrachter vor sexuellem Missbrauch), NJW **1985** 2075 = EuGRZ **1985** 297; (GK) Odièvre/F, 13.2.2003.

114 EGMR Storck/D, 16.6.2005, § 150 (wegen der besonderen Schutzbedürftigkeit der Bf. wurden §§ 223–226 StGB und die Möglichkeit der Schadenersatzklage aus unerlaubter Handlung als unzureichend zum Schutz ihrer körperlichen Integrität angesehen).

Zur Verhinderung, aber auch Aufklärung schwerwiegender Taten, durch die unver- 35
zichtbare und wesentliche Rechte des Opfers aus Art. 8 betroffen sind, bedarf es dagegen
zu ihrem effektiven Schutz **strafrechtlicher Bestimmungen**.[115] Je mehr sich die Vertragsstaaten hierbei angleichen, desto stärker werden die Grenzen des Beurteilungsspielraums
der übrigen Vertragsstaaten beeinflusst.[116] Hat der Staat für einen bestimmten Bereich ein
Schutzsystem auf der Grundlage strafrechtlicher Sanktionen gewählt, so *kann* sich daraus
unter gewissen Umständen, etwa bei besonders schutzbedürftigen Personen, für ihn die
Pflicht ergeben, eine **Lücke des nationalen Strafrechts zu schließen**, um so einen anderweitig nicht erreichbaren Schutz zu gewährleisten.[117] Dass das Strafrecht insoweit meist
der gesellschaftlichen Entwicklung hinterherhinkt und sich immer wieder unerwünschte
Strafbarkeitslücken bilden, hat der EGMR zwar grundsätzlich erkannt und akzeptiert, als
Entschuldigungsgrund für eine verspätete Reaktion des Gesetzgebers aber nicht gelten
lassen.[118]

In einem Strafverfahren ist darauf zu achten, dass nicht nur der mutmaßliche Täter 36
verfolgt, sondern dass auch das Persönlichkeitsrecht des mutmaßlichen Opfers beachtet
und geschützt wird; letzteres wird häufig in einem Spannungsfeld zum **Konfrontationsrecht** (Art. 6 Abs. 3 *lit.* d) stehen.[119]

Die Schutzpflicht wird auch bei Art. 8 unmittelbar aus der Konventionsgarantie (Ab- 37
satz 1) hergeleitet. Nach vorherrschender Meinung gelten die **Eingriffsschranken des
Art. 8 Abs. 2** (Rn. 53 ff.) nicht unmittelbar, der EGMR spricht insoweit nicht von einem
Eingriff („interference"), auf den sich die Schranken des Absatzes 2 ihrem Wortlaut nach
allein bezögen.[120] Mittelbar geben sie jedoch Anhaltspunkte für die auch hier zum Erreichen eines gerechten Ausgleichs erforderliche **Abwägung der kollidierenden öffentlichen und privaten Interessen**.[121] Regelt der Staat (befugt) aus einem der in Art. 8 Abs. 2
angeführten Gründe Verhältnisse des Privatbereichs, muss er dafür sorgen, dass sich
daraus bei einer Abweichung von den geregelten Normalfällen oder bei einer Änderung

---

115 EGMR Sandra Janković/KRO, 5.3.2009, § 47 (entsprechend wachsender Standards beim Schutz der Menschenrechte); (K) E.S./S, 21.6.2012, § 58 (keine spezifische Strafnorm, die das verdeckte Filmen eines nackten
Kindes umfasst); ebenso später die GK (in derselben Sache): EGMR (GK) Söderman/S, 12.11.2013, §§ 79 ff., NJW
2014 607 f. (Staat vor allem bei besonders schweren Taten, i.e. Vergewaltigung oder sexuellem Missbrauch
von Kindern, verpflichtet ist, Opfer durch effektive Maßnahmen und durch Strafnormen zu schützen. Die
GK verweist dabei auch auf Art. 19 und Art. 34 CRC und auf Kapitel VI „Materielles Strafrecht" des Übereinkommens des Europarats zum Schutz von Kindern vor sexueller Ausbeutung und sexuellem Missbrauch
(Lanzarote-Konvention); R.B./EST, 22.6.2021, §§ 84 f.
116 EGMR K.U./FIN, 2.12.2008, § 44; zur Angleichung bei der Behandlung von **DNA-Proben**: EGMR (GK) S.
u. Marper/UK, 4.12.2008, EuGRZ **2009** 299 = NJOZ **2010** 696, § 45.
117 EGMR X. u. Y./NL, 26.3.1985 (sexueller Missbrauch im Heim untergebrachter geistig Behinderter); *Nowak* 6.
118 EGMR K.U./FIN, 2.12.2008, § 48.
119 EGMR Y./SLW, 28.5.2015, NLMR **2015** 1, 3 ff., §§ 75, 101 ff., 107 ff., 112 ff. (Opferzeugin einer mutmaßlichen
Sexualstraftat; Verletzung von Art. 8 wurde bejaht aufgrund der vor dem Hintergrund der sensiblen Situation unangemessenen Art und Weise der Befragung der Zeugin und des Verhaltens eines vom Gericht bestellten Sachverständigen. Die Zeugin wurde u.a. vom Angeklagten selbst mit über hundert, überwiegend persönlichen Fragen ins Kreuzverhör genommen. Ein vom Gericht bestellter medizinischer Sachverständiger
überschritt bei der Gutachtenerstellung seine medizinische Expertise, indem er fachfremde, vorwurfsvolle
Fragen stellte und rechtliche Schlussfolgerungen zog.); vgl. auch *Grabenwarter/Pabel* § 22, 46, wonach insbesondere bei mutmaßlichen Opfern von Vergewaltigungen ein sorgfältiges Vorgehen der nationalen Gerichte
zum bestmöglichen Schutz deren persönlicher Integrität zu erfolgen hat.
120 Etwa EGMR Rees/UK, 17.10.1986, § 37; Powell u. Rayner/UK, 21.2.1990; López Ostra/E, 9.12.1994; (GK)
Odièvre/F, 13.2.2003.
121 Vgl. EGMR (GK) Hatton/UK, 8.7.2003; *Lux-Wesener* EuGRZ **2003** 555, 556.

Esser

der Verhältnisse keine Beeinträchtigungen in einem höchstpersönlichen Bereich ergeben, die für den Einzelnen unzumutbar sind.[122] Der Staat muss für einen **gerechten Ausgleich** zwischen widerstreitenden öffentlichen oder privaten Interessen sorgen.[123] So erfordert die Achtung des Familienlebens, dass der Staat seine Rechtsordnung so gestaltet, dass sie erlaubt, ein normales Familienleben herzustellen und zu führen; die Feststellung des Bestehens familiärer Beziehungen, wie zwischen einem nichtehelichen Kind und seinem Vater, darf nicht durch rechtliche Hürden unnötig erschwert werden (Rn. 180, 203).[124]

38   Die Schutzpflicht des Staates in Bezug auf das Privatleben von Personen besteht zeitlich nicht unbegrenzt, sie schließt angemessene **Verjährungsregelungen** nicht aus.[125] Unmögliche oder unverhältnismäßige Maßnahmen können dem Staat zu keiner Zeit abverlangt werden.[126] In Bezug auf die staatliche Daseinsfürsorge kann aus Art. 8 jedenfalls keine Pflicht des Staates zur Gewährung einer finanziellen Familienbeihilfe abgeleitet werden.[127]

39   **e) Verfahrensgarantien.** Art. 8 enthält – ebenso wie Art. 17 IPBPR – keine ausdrücklichen *Verfahrens*garantien; trotzdem wird – mitunter unter Hinweis auf die staatliche Schutzpflicht[128] – gefordert, dass jeder staatliche Entscheidungsprozess in einem **fairen Verfahren**[129] ergehen muss, in dem alle Betroffenen ihre Belange ausreichend vertreten können,[130] bevor es sodann im Einzelfall zu einem auf Art. 8 Abs. 2 gestützten Eingriff kommt.[131] Der EGMR beschränkt sich darauf sicherzustellen, dass das Verfahren als Ganzes, einschließlich der Behandlung der Beweise, fair i.S.d. Art. 8 war, ohne dabei die Rolle eines Superrevisionsgerichts einzunehmen.[132]

40   Aus dem Schutz des Familienlebens in Art. 8 lässt sich ein Recht auf **Zugang zum Gericht** bei familiären Rechtsangelegenheiten ableiten, das allerdings einer Beschränkung durch den Verhältnismäßigkeitsgrundsatz unterliegen kann.[133] Den Staat trifft dabei die Verpflichtung, die Interessen des Kindes, der Eltern und der öffentlichen Ordnung gerecht

---

122 EGMR Marckx/B, 13.6.1979; X. u. Y./NL, 26.3.1985; EKMR **1979** 566 (van Oosterwijk); einschränkend *Evers* EuGRZ **1984** 281, 284 (keine Akte der Nichtachtung).

123 EGMR Keegan/IR, 26.5.1994; Meyer-Ladewig/Nettesheim/von Raumer/*Meyer-Ladewig/Nettesheim* 2.

124 EGMR Marckx/B, 13.6.1979.

125 EGMR Stubbings u.a./UK, 22.10.1996.

126 EGMR K.U./FIN, 2.12.2008.

127 EGMR Dhabhi/I, 8.4.2014, §§ 40 f., NVwZ-RR **2015** 546, 548; Fawsie/GR, 28.10.2010, § 27; Petrovic/A, 27.3.1998, § 26.

128 So in EGMR H.M./TRK, 8.8.2006.

129 Etwa EGMR W./UK, 8.7.1987, EuGRZ **1990** 533 = NJW **1991** 2199, § 62; McMichael/UK, 24.2.1995, ÖJZ **1995** 704, § 87; Buckley/UK, 25.9.1996, ÖJZ **1997** 313; Ciliz/NL, 11.7.2000, NVwZ **2001** 547; (GK) Elsholz/D, 13.7.2000, §§ 52 f., NJW **2001** 2315 = ÖJZ **2002** 71 = EuGRZ **2001** 595 = FamRZ **2001** 341 = ZfJ **2001** 106; Shtukaturov/R, 27.3.2008, § 89.

130 EGMR W./UK, 8.7.1987, § 63; (GK) Elsholz/D, 13.7.2000, § 52; Venema/NL, 17.12.2002, ÖJZ **2004** 275; *Grabenwarter/Pabel* § 22, 67; IK-EMRK/*Wildhaber/Breitenmoser* 396 ff.; Meyer-Ladewig/Nettesheim/von Raumer/*Meyer-Ladewig/Nettesheim* 78, 116.

131 EGMR Tysiac/PL, 20.3.2007; Ullmann/D (E), 20.1.2009 (Entziehung des elterlichen Sorgerechts: „whether the decision-making process involved in measures of interference was fair and afforded due respect to the interests safeguarded by Article 8").

132 EGMR Turek/SLO, 14.2.2006, unter Hinweis auch auf EGMR Görgülü/D, 26.2.2004, NJW **2004** 3397 und die dort vorgenommene Gegenüberstellung von Art. 8 und Art. 6.

133 Vgl. *Grabenwarter/Pabel* § 22, 69.

abzuwägen[134] und angesichts möglicher Auswirkungen auf die familiären Beziehungen eine **angemessene Verfahrensdauer** sicherzustellen.[135] Soweit aus dem Recht auf Achtung des Privat- oder des Familienlebens neben dem **Anhörungsrecht** auch **Ansprüche auf Auskunft**[136] oder auf **Einsicht in Akten oder Unterlagen** hergeleitet werden, die die eigene Person betreffen,[137] wie Kindschafts-, Kranken- und Fürsorgeakten oder sonstige behördlich gespeicherte Daten, stehen dem mitunter Interessen der Allgemeinheit oder auch der Schutz anderer Personen gegenüber, so dass auch deren Zustimmung erforderlich sein kann. Auch hierbei ist von staatlicher Seite auf ein „faires Gleichgewicht" zwischen den betroffenen Interessen zu achten.[138]

In solchen komplexen Lagen ist es nach Ansicht des EGMR für die Erfüllung der **41** staatlichen Schutzpflicht unerlässlich, dass die Betroffenen die **Entscheidung einer unabhängigen Stelle** herbeiführen können; so auch bei Verweigerung der Auskunft durch die aktenführende Behörde.[139] Dies gilt selbst dann, wenn die **nationale Sicherheit** betroffen ist. Die Behörden müssen die Gefahr für die nationale Sicherheit mit konkreten Tatsachen belegen; der Betroffene muss ein entsprechendes Vorbringen der Behörden angreifen können, um jeglicher Willkür entgegenzuwirken. Hierzu gehört auch, dass die Gerichte Zugang zu den Informationen erhalten, die für eine ausreichende Prüfungsgrundlage notwendig sind. Außerdem dürfen gerichtliche Entscheidungen nicht der vollständigen Geheimhaltung unterliegen und der Öffentlichkeit in ihrer Gänze vorenthalten werden, schließlich dient die Öffentlichkeit einer Entscheidung der Sicherung eines Mindestmaßes an Kontrolle und Schutz vor Willkür. Terrorismus, nationale Sicherheit und die Verwendung vertraulicher Unterlagen stellen die Behörden keinesfalls frei von jeglicher Kontrolle. Nationale Regelungen müssen diese sicherstellen.[140]

II. Zulässigkeitsvoraussetzungen für staatliche Regelungen und Eingriffe in die von Art. 8 Abs. 1 EMRK/Art. 17 IPBPR geschützten Bereiche

1. Rechtsbindung („Gesetzlichkeit") der Eingriffe. Staatliche Regelungen bzw. Ein- **42** griffe des Staates in die von Art. 8 EMRK/Art. 17 IPBPR geschützten Rechte bedürfen einer **Grundlage im nationalen Recht** – einschließlich der in dem Staat anwendbaren völkerrechtlichen Regeln[141] – und haben darüber hinaus **rechtsstaatlichen Grundsätzen** zu entsprechen.[142] Für Eingriffe der öffentlichen Gewalt in den Privatbereich fordern beide Bestim-

---

134   EGMR (GK) X./LET, 26.11.2013, § 95; Tsvetelin Petkov/BUL, 15.7.2014, § 53; *Grabenwarter/Pabel* § 22, 69.

135   Vgl. EGMR W./UK, 8.7.1987, § 65; Covezzi u. Morselli/I, 9.5.2003, §§ 137 f.; Furman/SLW u. A, 5.2.2015, §§ 110 ff.; *Grabenwarter/Pabel* § 22, 69.

136   Vgl. EGMR Church of Scientology Paris/F (E), 9.1.1995 (Personengesellschaft hat kein Auskunftsrecht bzgl. gesammelter Personendaten einzelner Mitglieder, da die Rechte nach Art. 8 in erster Linie einen individuellen Charakter haben); vgl. auch zur Höchstpersönlichkeit der durch Art. 8 geschützten Rechte: EGMR Petrova/LET, 24.6.2014, §§ 55 ff.; Elberte/LET, 13.1.2015, §§ 60, 65 ff.

137   Vgl. KK-EMRK-GG/*Böhringer/Marauhn* Kap. 16, 31.

138   EGMR Gaskin/UK, 7.7.1989; M.G./UK, 24.9.2002, ÖJZ **2004** 65.

139   EGMR Gaskin/UK, 7.7.1989; M.G./UK, 24.9.2002.

140   EGMR Liu/R, 6.12.2007; C.G. u.a./BUL, 24.4.2008, ÖJZ **2008** 973; Raza/BUL, 11.2.2010, §§ 50–55.

141   EGMR Weber u. Saravia/D (E), 29.6.2006 (Achtung der territorialen Souveränität eines anderen Staates); vgl. auch EGMR (GK) Neulinger u. Shuruk/CH, 6.7.2010, § 100 (HKÜ); Lipkowsky u. McCormack/D (E), 18.1.2011.

142   EGMR Valenzuela Contreras/E, 30.7.1998; Kruslin/F, 24.4.1990, ÖJZ **1990** 564; Doerga/NL, 27.4.2004; zum vorrangigen Schutz durch die nationalen Institutionen: EGMR Wegera/PL, 19.1.2010.

mungen ein **Gesetz im materiellen Sinne**.[143] Ein (Parlaments-) Gesetz im formellen Sinn ist nicht erforderlich; es kann jeder von einer dafür zuständigen nationalen Stelle erlassene Rechtssatz[144] genügen, auch ein (vom Staat abgeleitetes) Satzungsrecht,[145] eine Festlegung durch das *common law*[146] sowie ein auf konstanter Rechtsprechung beruhendes **Richterrecht**,[147] welches nicht auf eine erweiternde Auslegung des geschriebenen Rechts hinausläuft.[148]

43   Die *gesetzliche* Regelung muss allgemein **bekannt gemacht** worden sein, etwa durch ihre Veröffentlichung,[149] oder dem Betroffenen sonst **zugänglich**[150] sein. Nicht veröffentlichte und nur intern an die jeweilige Behörde gerichtete Verwaltungsvorschriften[151] genügen dieser Anforderung nicht.[152] Die Regelung muss so **hinreichend bestimmt** sein, dass Willkür ausgeschlossen und zumindest in den Grundzügen für den Einzelnen **vorhersehbar** und **berechenbar** ist, in welchen Fällen und unter welchen Voraussetzungen ein staatlicher Eingriff in Frage kommen kann.[153] Eine mangelnde Klarheit der gesetzlichen Regelung kann durch eine veröffentlichte und damit zugängliche gefestigte Rechtsprechung grundsätzlich ausgeglichen werden.[154]

---

143 EGMR Kruslin/F, 24.4.1990; Mastepan/R, 14.1.2010, § 37. Zur sachlichen Übereinstimmung der Schrankenformulierung („prescibed by law"/„prévues par la loi") mit der des Art. 10 („in accordance with the law"/ „prévues par la loi") vgl. IK-EMRK/*Wildhaber/Breitenmoser* 533.

144 Zur Entwicklung eines autonomen, vom nationalen Recht unabhängigen materiellen Gesetzesbegriffs IK-EMRK/*Wildhaber/Breitmoser* 538 ff.

145 Vgl. EGMR Barthold/D, 25.3.1985, § 46, NJW **1985** 2885 = EuGRZ **1985** 170 = GRUR Int **1985** 468 (Berufsordnung).

146 Vgl. EGMR Sunday Times/UK, 26.4.1979, EuGRZ **1979** 386; Dudgeon/UK, 22.10.1981, NJW **1984** 541 = EuGRZ **1983** 488; Malone/UK, 2.8.1984; Chappel/UK, 30.3.1989; *Frowein/Peukert* Vorbem. zu Art. 8 bis 11, 3 ff., IK-EMRK/ *Wildhaber/Breitenmoser* 542 ff.

147 Für das Richterrecht der franz. Cour de Cassation: EGMR Kruslin/F, 24.4.1990; Huvig/F, 24.4.1990, ÖJZ **1990** 564 (kritisch IK-EMRK/*Wildhaber/Breitenmoser* 542 ff., allerdings mit dem Hinweis (550), dass nur solches Richterrecht Rechtsgrundlage sein könne, dessen Existenz und Tragweite durch eine konstante Rechtsprechung allgemein verwurzelt sei).

148 EGMR Kopp/CH, 25.3.1998, ÖJZ **1999** 115; Valenzuela Contreras/E, 30.7.1998; zum Begriff „Gesetz" i.S.d. Art. 8 Abs. 2: EGMR Biržietis/LIT, 14.6.2016, § 50.

149 IK-EMRK/*Wildhaber/Breitenmoser* 558.

150 EGMR Silver u.a./UK, 25.3.1983, EuGRZ **1984** 147 (Gefängnisordnung); *Frowein/Peukert* Vorbem. zu Art. 8 bis 11, 4 (unveröffentlichte Verwaltungsanordnungen genügen nicht, da keine Rechtsvorschriften).

151 EGMR Mikhaylyuk u. Petrov/UKR, 10.12.2009, § 28 (auch Anweisungen des Innenministeriums o.ä.).

152 EGMR Silver u.a./UK, 25.3.1983; Gillow/UK, 24.11.1986; Chappel/UK, 30.3.1989; IK-EMRK/*Wildhaber/Breitenmoser* 557, 558; vgl. auch BVerfG NJW **2009** 3293, 3294.

153 EGMR Rekvenyi/H, 20.5.1999, NVwZ **2000** 421 = ÖJZ **2000** 235 (allgemein gehaltene Verfassungsbestimmung ausreichend); P.G. u. J.H./UK, 25.9.2001, §§ 44, 46; Lavents/LET, 28.11.2002, § 136 (Rechtsgrundlage ohne Modalitäten der Durchführung der Maßnahme, insbes. zulässige Dauer); Doerga/NL, 27.4.2004, §§ 45 ff.; Ostrovar/MOL, 13.9.2005, §§ 98 ff., 107; Ali Koç/TRK, 5.6.2007, §§ 29 ff. (gesetzliche Regelung, nach der „bedenkliche" Gefangenen-Korrespondenz angehalten werden durfte, zu ungenau); Gülmez/TRK, 20.5.2008, § 49; (GK) Kurić u.a./SLW, 26.6.2012, §§ 341 ff. (zur Situation der „erased people" nach der Unabhängigkeitserklärung von Slowenien); M.K./F, 18.4.2013, NJOZ **2014** 1278, § 30; L.H./LET, 29.4.2014, §§ 47 ff.; Petrova/LET, 24.6.2014, § 98; Vintman/UKR, 23.10.2014, §§ 129 ff. (gesetzlich vorgesehene automatische, im Einzelfall nicht rechtfertigungsbedürftige Kontrolle von Gefangenenpost mangels Schutzes vor Willkür nicht ausreichend); Elberte/ LET, 13.1.2015, §§ 103 ff. (Rechtsgrundlage für die Entnahme von Organen/Gewebe Verstorbener unzureichend, da zu unpräzise); Milojević/SRB, 12.1.2016 (Unvorhersehbarkeit der Entlassung von Polizeibeamten durch Innenministerium; weiter Ermessensspielraum nach Einleitung von Strafverfahren); ferner Meyer-Ladewig/Nettesheim/von Raumer/*Meyer-Ladewig/Nettesheim* 100 ff.; vgl. Rn. 48, 131 ff.

154 EGMR Müller u.a./CH, 24.5.1988, § 29, NJW **1989** 379 = ÖJZ **1989** 182 = EuGRZ **1988** 543.

Die **materiellen Voraussetzungen** eines Eingriffs und das dabei einzuhaltende **Verfah-** **44**
ren müssen **maßnahmen-/bereichsspezifisch** ausreichend konkret festgelegt sein.[155] Dadurch soll den Erfordernissen der Rechtssicherheit genügt, jeder Willkür staatlicher Organe
entgegengewirkt und eine Nachprüfung ihrer Entscheidungen ermöglicht werden.[156] Vor diesem Hintergrund begegnet eine im nationalen Recht mitunter als ausreichend angesehene
Annexkompetenz für Vorbereitungs- und Begleitmaßnahmen staatlicher Zwangseingrif-
fe erheblichen Bedenken.[157] So kann die **Anwendung von unmittelbarem Zwang** (z.B. Fesselung) auf die gesetzliche Grundlage für eine Wohnraumdurchsuchung allenfalls dann gestützt werden, wenn die Maßnahme zum Vollzug der Durchsuchung erforderlich ist.[158]

Als zu forderndes Element der gesetzlichen Grundlage muss der von einem Eingriff **45**
Betroffene die Möglichkeit haben, **zeitnah** eine **Entscheidung über die Rechtmäßigkeit**
der betreffenden Maßnahme herbeizuführen. Erforderlich dazu ist ein **kontradiktori-**
sches Verfahren vor einer **unabhängigen Stelle**.[159] Diesen Anforderungen wird in Strafsachen regelmäßig nur ein unabhängiges Gericht genügen; nicht ausreichend ist jedenfalls
eine Beschwerdemöglichkeit bei einem (vorgesetzten) Staatsanwalt.[160] Werden für den
Betroffenen günstige Entscheidungen einer solchen Stelle in der Praxis nicht vollstreckt,
so spricht dies für die Ungesetzlichkeit des Eingriffs in Art. 8.[161]

Bei **mehreren Eingriffen** ist jeder grundsätzlich selbstständig auf seine Rechtmäßig- **46**
keit hin zu beurteilen. Für die Vorhersehbarkeit der Entnahme einer Zellprobe und der
damit verbundenen Erstellung eines **DNA-Profils** bei einem (mutmaßlichen oder verurteilten) Straftäter bedarf es daher einer speziellen Regelung – allerdings nicht bereits zum
Zeitpunkt der Begehung der Straftat, sondern erst im **Zeitpunkt des konkreten Eingriffs**,
der Probenentnahme.[162] Der Grad der erforderlichen **Bestimmtheit** einer gesetzlichen
Regelung hängt vom jeweiligen Gegenstand der Regelung, ihren Adressaten und ihrem
sonstigen Anwendungsbereich ab.[163]

Wird der Eingriff in das **Ermessen** einer Behörde gestellt, muss dessen Ausübung **47**
nach Ziel und Anwendungsbereich schon *gesetzlich* so eingegrenzt werden, dass eine objektive Nachprüfung möglich und ein Mindestmaß an Rechtschutz für den Betroffenen
gesichert bleibt.[164] Der Abwehranspruch gegen rechtswidrige und willkürliche Eingriffe
öffentlicher Stellen darf nicht daran scheitern, dass der handelnden Stelle von vornherein

---

[155] Vgl. hierzu aus verfassungsrechtlicher Sicht: BVerfGE **100** 313, 359 ff.; BVerfG NJW **2003** 2733; **2004** 2213, hinsichtlich des Umfangs der Konkretisierungspflicht wird auf die bei Eingriffen nach Art. 10 zu beachtenden
Grundsätze verwiesen; vgl. auch ÖVerfG EuGRZ **1986** 190 m. Anm. *Tretter*; BGH MDR **1991** 885; *Rombach* JZ **1991**
78.

[156] EGMR Rekvenyi/H, 20.5.1999; IK-EMRK/*Wildhaber/Breitenmoser* 555 f.; Meyer-Ladewig/Nettesheim/von
Raumer/*Meyer-Ladewig/Nettesheim* 102 f.; vgl. Art. 10 Rn. 18.

[157] Kritisch hierzu: *Kratzsch* Die so genannte Annexkompetenz im Strafverfahrensrecht (2009).

[158] Vgl. BGH Beschl. v. 11.10.2018 – 5 BGs 48/18, StraFo **2019** 66.

[159] EGMR Kotiy/UKR, 5.3.2015, § 68.

[160] EGMR Kotiy/UKR, 5.3.2015, § 69.

[161] EGMR Dzemyuk/UKR, 4.9.2014, §§ 91 f., NVwZ **2015** 1515.

[162] EGMR van der Velden/NL (E), 7.12.2006.

[163] EGMR Chorherr/A, 25.8.1993, ÖJZ **1994** 173 („Erregung öffentlichen Ärgernisses" ausreichend); Vogt/D,
26.9.1995, NJW **1996** 375 = EuGRZ **1995** 590 = ÖJZ **1996** 75; Meyer-Ladewig/Nettesheim/von Raumer/*Meyer-*
Ladewig/Nettesheim 104; wegen weiterer Beispiele auch für unzureichende Bestimmtheit vgl. Art. 10 Rn. 49.

[164] Etwa EGMR Campbell/UK, 25.3.1992, ÖJZ **1992** 595; (GK) Bykov/R, 10.3.2009, § 78, NJW **2010** 213 = JR **2009**
514 m. Anm. *Gaede* JR **2009** 493 ff.; Shalimov/UKR, 4.3.2010 (Einschränkung des Besuchsrechts in der U-Haft);
ebenso zu den Beschränkungen des Besuchsrechts: EGMR Kurkowski/PL, 9.4.2013, §§ 93 ff. und EGMR Trosin/
UKR, 23.2.2012; Meyer-Ladewig/Nettesheim/von Raumer/*Meyer-Ladewig/Nettesheim* 105 m.w.N.; ferner BVerf-
GE **83** 130, 145; BVerfG NJW **2004** 2213, 2216.

ein unbegrenztes Ermessen eingeräumt ist.[165] Vorschriften, die der Behörde einen gewissen Ermessensspielraum einräumen, müssen Gegenstand, Zweck und Ausmaß der **Ermessensausübung hinreichend eingrenzen.**[166] Die konkret zu treffende Entscheidung bedarf gerade in einer solchen Konstellation einer **hinreichend einzelfallbezogenen Begründung.**[167] Dass ein *Gesetz* **generelle und auslegungsbedürftige Rechtsbegriffe** enthält, die auch veränderten Umständen flexibel Rechnung tragen sollen und die erst **durch die Rechtsprechung hinreichende Konturen** erhalten, schließt nicht aus, dass die gesetzliche Regelung dem Erfordernis der Bestimmtheit noch genügt. Für den Ausschluss der Willkür reicht es, wenn der Einzelne – ggf. nach **Einholung fachkundigen Rats** – ihren Inhalt und ihre Tragweite erkennen kann.[168]

48   In Bereichen, in denen die **Gefahr unkontrollierter und willkürlicher Eingriffe** besonders groß ist, wie bei der verdeckten Kommunikationsüberwachung, muss die Regelung die Voraussetzungen, unter denen die öffentlichen Stellen zu einem solchen Eingriff ermächtigt sind, seinen Umfang, den Umgang mit den daraus gewonnenen Daten sowie erforderliche Kontrollmaßnahmen genau festlegen.[169] Nur wenn das nationale Recht diese Eingriffsvoraussetzungen ausreichend bestimmt festlegt und wenn diese im konkreten Fall auch eingehalten werden, ist der Eingriff **gesetzlich vorgesehen**[170] und deshalb zulässig, sofern auch seine anderen Voraussetzungen gegeben sind: der Eingriff muss unter dem Blickwinkel einer demokratischen Gesellschaft zur Verfolgung eines legitimen Zieles i.S.d. Art. 8 Abs. 2 verhältnismäßig sein.[171] Die Übereinstimmung einer Maßnahme mit dem ihr zugrunde liegenden nationalen Recht wird vom EGMR nur eingeschränkt überprüft, da es in erster Linie Aufgabe der nationalen Behörden und Gerichte ist, die Gesetze auszulegen und anzuwenden.[172]

49   Eingriffe sind nur zulässig, wenn sie **im Interesse übergeordneter Rechtsgüter** *notwendig* sind; dies ist mehr als ein Denken in den Kategorien „zweckmäßig", „wünschenswert" oder „nützlich".[173] Der Umfang des jeweiligen Schutzes der angeführten Privatbereiche kann nicht aus dessen Umschreibung allein gewonnen werden, sondern immer nur aus einer **wertenden Zusammenschau** der Bedeutung des jeweiligen Schutzbereiches und der den Eingriff rechtfertigenden Prinzipien im Einzelfall. Ein Vergleich sei hier mit

---

165 EGMR Huvig/F, 24.4.1990; Lupsa/RUM, 8.6.2006; Weber u. Saravia/D (E), 29.6.2006; Gillan u. Quinton/UK, 12.1.2010.

166 Vgl. EGMR Olsson/S (Nr. 1), 24.3.1988, EuGRZ **1988** 591; Eriksson/S; *Frowein/Peukert* Vorbem. zu Art. 8 bis 11, 4; IK-EMRK/*Wildhaber/Breitenmoser* 561, 565, 571.

167 Vgl. zu den Begründungsanforderungen von Beschränkungen nach § 119 StPO: BVerfG Beschl. v. 30.10.2014 – 2 BvR 1513/14, StraFo **2015** 59 („unvermeidlichen Beschränkungen", „reale Gefährdung der in der Bestimmung bezeichneten öffentlichen Interessen", „konkrete Anhaltspunkte", „bloße Möglichkeit … missbraucht, reicht nicht aus", „einzelfallbezogene Abwägung", „kann … allein der pauschale Verweis auf den Tatvorwurf – der Handel mit Betäubungsmitteln – den vorliegenden Abwägungs- und Begründungsmangel nicht beheben").

168 Vgl. für Art. 7: EGMR Barthold/D, 25.3.1985, § 47; Kokkinakis/GR, 25.5.1993, § 52; Radio France u.a./F, 30.3.2004, § 20; (GK) Konov/LET, 17.5.2010, § 185; IK-EMRK/*Wildhaber/Breitenmoser* 559 ff.

169 EGMR Malone/UK, 2.8.1984; Dragojević/KRO, 15.1.2015; Hambardzumyan/ARM, 5.12.2019, § 65; Azer Ahmadov/ASE, 22.7.2021, § 71; vertiefend *Hembach* MMR **2017** 803; ähnlich für geheime Unterlagen: EGMR Amann/CH, 16.2.2000, ÖJZ **2001** 71; (GK) Rotaru/RUM, 4.5.2000, ÖJZ **2001** 74; Brinks/NL (E), 5.4.2005; für die Kontrolle von Briefen Strafgefangener: Meyer-Ladewig/Nettesheim/von Raumer/*Meyer-Ladewig/Nettesheim* 94 m.w.N.

170 Vgl. zum Terminus „gesetzlich vorgesehen": EGMR Malone/UK, 2.8.1984, §§ 66 ff., EuGRZ **1985** 17.

171 Vgl. EGMR M.M./NL, 8.4.2003.

172 EGMR Petri Sallinen u.a./FIN, 27.9.2005, §§ 77 f.

173 Meyer-Ladewig/Nettesheim/von Raumer/*Meyer-Ladewig/Nettesheim* 110.

Esser

der Rechtsprechung des EuGH zur „Zweckmäßigkeit" gestattet: So kann einem bereits verurteilten Straftäter unter diesem Gesichtspunkt die Einreise in einen anderen EU-Mitgliedstaat trotz der Freizügigkeit des Unionsrechts verwehrt werden, wenn dessen tatsächliches Verhalten eine tatsächliche, gegenwärtige und erhebliche Gefahr darstellt, die ein Grundinteresse der Gesellschaft berührt.[174] Im Übrigen verfolgen Art. 8 EMRK und Art. 17 IPBPR bei der Begrenzung an sich zulässiger Eingriffe unterschiedliche dogmatische Methoden.

2. Art. 17 IPBPR. Art. 17 IPBPR enthält – anders als Art. 8 Abs. 2 EMRK – keine materiell **50** determinierte Aufzählung der Gründe, die staatliche Eingriffe in die gewährleisteten Privatbereiche rechtfertigen;[175] er begnügt sich mit dem **Verbot rechtswidriger oder willkürlicher Eingriffe**. Der Schutz bleibt deshalb aber nicht wesentlich hinter dem des Art. 8 zurück. *Rechtswidrig* hat die Bedeutung, dass nur Eingriffe zulässig sind, die im Einklang mit der nationalen Rechtsordnung stehen; dass sie durch ein formelles Gesetz gedeckt werden, ist nicht notwendig.[176] Eingriffe, die nicht durch das jeweilige nationale Recht gedeckt sind, verstoßen ohne Rücksicht auf die Vertretbarkeit ihrer Zielsetzung gegen Art. 17 IPBPR. Bestehendes nationales Recht als Grundlage für einen Eingriff muss seinerseits – in der Weise wie es von den nationalen Gerichten ausgelegt wird[177] – im Einklang mit dem IPBPR stehen.[178]

Das neben der Rechtmäßigkeit stehende **Willkürverbot** hat eine zweifache Bedeu- **51** tung: Zum einen wendet es sich an die ausführenden staatlichen Stellen, die das nationale Recht frei von Willkür anwenden müssen, zum anderen betrifft es die Rechtsetzung selbst, die vom IPBPR nicht durch Festlegung der Eingriffsziele eingegrenzt wird.[179] Hier folgt aus dem Willkürverbot, dass die Eingriffe nicht durch eine zu unbestimmte Fassung ihrer Voraussetzungen für den Betroffenen unberechenbar werden dürfen; das **Ermessen** der Vollzugsorgane muss eingegrenzt und nachprüfbar sein.[180] Außerdem darf bei der Normierung der Tatbestände nicht unter Missachtung sachbezogener Gesichtspunkte oder in unzulässiger Diskriminierung bestimmter Personengruppen verfahren werden.[181]

Dem nationalen Recht entsprechende, d.h. *rechtmäßige* **Einzelmaßnahmen**, die in **52** die Privatsphäre hineinwirken, unterfallen ebenfalls der **Willkürkontrolle**. Die Behörden dürfen Maßnahmen nur zur Erreichung eines zulässigen Zwecks in einem diesem angemessenen Ausmaß (Verhältnismäßigkeit) anordnen, sofern ein den Eingriff im konkreten Fall ausreichend **rechtfertigender Anlass** besteht.[182] Solche Gründe lassen sich im Wege der Interpretationshilfe auch aus den in anderen Artikeln geschützten Werten und den dort materiell festgelegten Eingriffsvoraussetzungen (vgl. Art. 12 Abs. 3, Art. 18 Abs. 3, Art. 19 Abs. 3, Art. 21 Satz 2, Art. 22 Abs. 2 IPBPR) erschließen. Auch auf den Katalog von

---

174 EuGH 17.11.2011, C-430/10 (Gaydarov).

175 Vgl. dazu *Joseph/Schultz/Castan* 16.14.

176 *Nowak* 11.

177 HRC Van Hulst/NL, 15.11.2004, 903/1999, § 7.5.

178 HRC General Comment 28, § 3.

179 Vgl. HRC General Comment 28, §§ 4, 8.

180 Vgl. HRC Pinkney/CAN, 29.10.1981, 27/1978, § 7.27; dazu auch *Joseph/Schultz/Castan* 16.10 f.; HRC Russische Föderation, CCPR/C/79/Add.54 (1995), § 19; Jamaika, CCPR/C/79/Add. 83 (1997), § 20; CCPR/C/HKG/CO/2 (2006), § 12; *Conte/Burchill* 204; vgl. auch EuGH 17.11.2011, C-430/10 (Gaydarov), der für die Verhältnismäßigkeit verlangt, dass die angewandte Maßnahme Gegenstand einer wirksamen gerichtlichen Kontrolle sein muss, die es ermöglicht, ihre Rechtmäßigkeit in Hinblick auf die Anforderungen des Unionsrechts in tatsächlicher und rechtlicher Hinsicht zu prüfen.

181 Vgl. HRC Aumeeruddy-Cziffra u.a./MUS, 9.4.1981, 35/1978, EuGRZ **1981** 391; dazu *Nowak* 14.

182 Vgl. HRC Toonen/AUS, 31.3.1994, 488/1992, § 8.3; *Nowak* 12 ff.; für das innerstaatliche Recht bereits BVerfG NJW **1991** 690.

Art. 8 Abs. 2 kann rechtsvergleichend zurückgegriffen werden.[183] Willkür liegt insbesondere vor, wenn eine Behörde in Wirklichkeit mit der Maßnahme einen ganz anderen als den vorgegebenen Zweck erreichen will, also bei der Anordnung nicht *bona fide* handelt.

53   **3. Besondere Schranken des Art. 8 Abs. 2.** Zum Ausschluss von Willkür sind nach Art. 8 an Rechtssetzung und Vollzug die gleichen Anforderungen zu stellen wie nach Art. 17 IPBPR (vgl. Rn. 50 ff.). Zusätzlich sind bei Art. 8 Abs. 2 weitere Schranken zu beachten.

54   **a) Eingriffszweck.** Die **zulässigen Eingriffszwecke** zählt Art. 8 Abs. 2 **abschließend** auf.[184] Zu anderen Zwecken ist ein Eingriff in die durch Art. 8 Abs. 1 geschützten Rechte nicht zulässig (Art. 18).[185] Die einzelnen Katalogfälle sind jedoch weit gespannt, da zu ihrer Umschreibung unbestimmte Rechtsbegriffe wie „öffentliche Ordnung", „Sicherheit" usw. verwendet werden. Dies eröffnet den Staaten einen weiten Beurteilungsspielraum für Regelungen, der aber durch das zusätzliche Erfordernis der *Notwendigkeit der jeweiligen Regelung in einer demokratischen Gesellschaft* (Rn. 67 ff.) eingegrenzt wird.

55   Die einen Eingriff rechtfertigenden **Regelungsziele/-zwecke** werden **alternativ** aufgeführt. Es genügt, wenn eines/r von ihnen den Eingriff stützt. Mitunter kommen mehrere dieser Regelungsziele/-zwecke in Betracht, denn die Aufzählungen decken und überschneiden sich zum Teil.[186] Sie sind stärker nach ihrer Zielsetzung als nach dem eigentlichen Wortlaut auszulegen.[187] Ob eine staatliche Maßnahme von einem der aufgeführten Eingriffszwecke gerechtfertigt wird, muss aufgrund der Sachlage und des Kenntnisstandes der handelnden Stelle im Zeitpunkt des Eingriffs beurteilt werden, *ex ante.*[188]

56   **Eingriffsregelungen** sind nach Art. 8 Abs. 2 **zulässig** im Interesse der nationalen oder öffentlichen Sicherheit, des wirtschaftlichen Wohls des Landes, der Aufrechterhaltung der Ordnung und zur Verhütung von Straftaten,[189] zum Schutz der Gesundheit oder der Moral oder zum Schutz der Rechte und Freiheiten anderer. Damit werden weitgehend alle Maßnahmen gedeckt, die in den modernen demokratischen Staaten das öffentliche Leben und die Teilhabe des Einzelnen daran regeln und vor Gefahren schützen.

57   Im Gegensatz zur **Verhütung von Straftaten** wird die **Verfolgung von Straftaten als Eingriffszweck** nicht besonders erwähnt. Sie wird entweder der *Aufrechterhaltung der Ordnung* zugerechnet[190] oder aber der *Verhütung von Straftaten*, da Strafverfolgungsmaßnahmen unter dem Gesichtspunkt der Prävention im weit verstandenen Sinne auch diesem Zweck dienen. Sie dient aber auch der **öffentlichen Sicherheit** („public safety"/

---

183 *Nowak* 13.

184 Vgl. EGMR Golder/UK, 21.2.1975; *Frowein/Peukert* Vorbem. zu Art. 8 bis 11, 10.

185 IK-EMRK/*Wildhaber/Breitenmoser* 588; ferner zur Ablehnung „immanenter" oder „stillschweigender" zusätzlicher Schranken 579.

186 Der EGMR begnügt sich meist unter Verzicht auf nähere Abgrenzungen auf die Herausstellung eines den Eingriff rechtfertigenden Zieles, vgl. EGMR Klass/D, 6.9.1978; Dudgeon/UK, 22.10.1981; *Frowein/Peukert* 10 ff.; IK-EMRK/*Wildhaber/Breitenmoser* 591 ff. m.w.N.

187 Vgl. den abweichend gefassten Katalog in Art. 9 des Übereinkommens zum Schutz des Menschen bei der automatischen Verarbeitung personenbezogener Daten v. 28.1.1981 (CTS 108).

188 Etwa EGMR Bouchelkia/F, 29.1.1997, ÖJZ **1998** 116; Z./FIN, 25.2.1997, ÖJZ **1998** 152.

189 Hier besteht ein Textunterschied *„á la défense de l'ordre et à la prévention des infractions pénales"* bzw *„for the prevention of disorder or crime"* aus dem bisher keine Schlussfolgerungen gezogen wurden, vgl. *Evers* EuGRZ **1984** 281, 283.

190 IK-EMRK/*Wildhaber/Breitenmoser* 620 ff.; vgl. aber 621 mit Angabe der umfangreichen Rechtsprechung, wo Maßnahmen der Strafverfolgung der Verhinderung strafbarer Handlungen zugerechnet werden.

„sureté publique")[191] und kann zusätzlich noch durch andere Schutzzwecke gerechtfertigt sein. **Ein- und Ausreisebeschränkungen** sowie Maßnahmen, die im Zusammenhang mit dem **Strafvollzug** ergehen, werden ebenfalls unter den Eingriffszweck der *Verhütung von Straftaten* gefasst,[192] so die Verhinderung des Ausbruchs eines Gefangenen durch eine (befristete) permanente **Videoüberwachung**, ebenso die gleichzeitig beabsichtigte Verhinderung seines Suizides[193] bzw. einer sonstigen Gesundheitsschädigung, die einen Prozess vereiteln und aufgrund der besonderen öffentlichen Aufmerksamkeit des Falles Unruhen in der Bevölkerung hervorrufen oder diese verstärken könnte.[194] Auch für die Beschränkung des Kontakts eines Häftlings zu seiner Mutter während des Prozesses wurde dies bejaht, weil die Mutter in diesem Prozess als Zeugin der Anklage Belastungszeugin gegen ihren Sohn sein sollte und das Kontaktverbot deshalb der Sicherung eines ordnungsgemäßen Strafverfahrens diente.[195] Gleiches gilt für **Leibesvisitationen** an Besuchern in der Haft, um das Einschleusen von Drogen zu unterbinden.[196] An anderer Stelle hebt der Gerichtshof jedoch hervor, dass allein ein möglicher Konflikt mit der Meinung der Öffentlichkeit nicht geeignet ist, die Rechte des Strafgefangenen zu suspendieren.[197]

Die **nationale Sicherheit** kann auch schwerwiegende Einschränkungen der Konventi- **58** onsrechte rechtfertigen; erforderlich ist in solchen Fällen jedoch eine **schwerwiegende Bedrohung des Staates** und seiner Einrichtungen, die allerdings nicht soweit gehen muss, dass die Voraussetzungen vorliegen, unter denen der bedrohte Staat den Art. 8 aufgrund der Notstandsklausel des Art. 15 außer Kraft setzen könnte.[198] Mit den Hinweisen auf die nationale Sicherheit wurden Maßnahmen zur Bekämpfung staatsgefährdender Bestrebungen gerechtfertigt.[199] Bei der Beurteilung der Notwendigkeit einer Maßnahme im Interesse der nationalen Sicherheit sind die Grundsätze zu beachten, die der EGMR für die Auflösung einer politischen Partei nach Art. 11 Abs. 2 entwickelt hat (dort Rn. 48 ff.), soweit sich diese Maßnahmen gegen die Vorsitzenden einer politischen Partei oder deren Mitglieder richtet, etwa durch das Sammeln und Aufbewahren von Informationen in einem Polizeiregister. Danach darf nicht allein das Programm der Partei zur Beurteilung herangezogen werden, es hat vielmehr ein Vergleich mit den Aktivitäten und Äußerungen der Parteiführung zu erfolgen, um eine potentielle Bedrohung für die nationale Sicherheit zu begründen.[200]

In den meisten Fällen werden Eingriffe im polizeilichen Bereich aber auf den **Schutz** **59** **der öffentlichen Sicherheit** oder die **Aufrechterhaltung der Ordnung** gestützt, die zu-

---

191 Siehe auch EGMR Trabelsi/D, 13.10.2011, EuGRZ **2012** 11 = NJOZ **2012** 830; die frühere deutsche Übersetzung verwendete den unzutreffenden Begriff „öffentliche Ruhe und Ordnung", IK-EMRK/*Wildhaber/Breitenmoser* 601 ff.

192 Vgl. zur frühen Spruchpraxis IK-EMRK/*Wildhaber/Breitenmoser* 626 f.

193 Hierzu: Kastner FS **2019** 388 ff. (Österreich); zum Einsatz von KI als Maßnahme der Suizidprävention: *Esser/Reißmann* JZ **2019** 975 ff.; allgemein zur Suizidprävention im Haftvollzug: *Meischner-Al-Mousawi/Hartenstein/Spanaus/Hinz* FS **2020** 250; *Kubink/Henningsmeier* FS **2020** 267.

194 EGMR van der Graaf/NL (E), 1.6.2004 (Mordfall Pim Fortuyn v. 6.5.2002, kurz vor den Parlamentswahlen).

195 EGMR Baginski/PL, 11.10.2005; Ferla/PL, 20.5.2008 (aus den gleichen Gründen kein Kontakt zur Ehefrau vor dem Prozess).

196 EGMR Wainwright/UK, 26.9.2006, § 43.

197 EGMR (GK) Dickson/UK, 4.12.2007, § 70; (GK) Hirst/UK (Nr. 2), 6.10.2005, § 70.

198 IK-EMRK/*Wildhaber/Breitenmoser* 598.

199 Vgl. EGMR Klass/D, 6.9.1978; IK-EMRK/*Wildhaber/Breitenmoser* 598 m.w.N.

200 EGMR Segerstedt-Wiberg u.a./S, 6.6.2006 (Unverhältnismäßigkeit der Datenspeicherung wegen der bloßen Mitgliedschaft in der KPML – Marxistisch-Leninistische Partei – ohne Bezug zu konkreten Umständen während des 30-jährigen Bestehens der Partei oder der 21-jährigen Mitgliedschaft).

sammen mit der als weiteres Ziel genannten *Verhütung von Straftaten* dem Staat einen weiten Regelungsbereich eröffnen, der auch die Verfolgung von Straftaten mit einschließt (Rn. 57).[201] Die Grenzen werden auch hier nicht so sehr durch den abstrakten Regelungszweck, sondern dadurch gezogen, dass alle Regelungen die Voraussetzungen der **Demokratieüblichkeit und Notwendigkeit** erfüllen müssen; im Kern geht es dabei um die Verhältnismäßigkeit des jeweiligen Eingriffs (Rn. 67 ff.).

60   Bei Regelungen bzw. Eingriffen für das **wirtschaftliche Wohl** des Landes wurde ursprünglich vor allem an die Devisenkontrolle und die Wohnraumbewirtschaftung gedacht.[202] Es werden von diesem Zweck aber alle (notwendigen) Maßnahmen zur Sicherung der Wirtschaftsordnung erfasst.[203] Auch die Begründung strafbewehrter Mitwirkungspflichten bei einer Volkszählung[204] soll hierunter fallen.

61   Der Regelungszweck **Schutz der Gesundheit** wird ebenfalls weit verstanden.[205] Er umfasst sowohl das psychische und physische Wohlbefinden einzelner Personen oder Personengruppen als auch die öffentliche Gesundheit als Ganzes.[206] Er rechtfertigt vor allem Maßnahmen, die im Interesse der Allgemeinheit zur Bekämpfung von Krankheiten notwendig sind[207] oder die allgemein Gesundheitsschäden vorbeugen sollen. Auch die Beschlagnahme ärztlicher Unterlagen und die Aussagen der Ärzte über die **HIV-Infektion** eines Angeklagten in einem Strafverfahren können u.U. auf diesen Zweck gestützt weden, nicht aber, dass die Akten über gesundheitsrelevante Fragen nach zehn Jahren der Öffentlichkeit zugänglich gemacht werden sollen.[208] Gedeckt werden auch Maßnahmen, die im Interesse der physischen oder psychischen Gesundheit eines Einzelnen notwendig sind, wie die **Unterbringung eines Kindes** gegen den Willen der Eltern.[209]

62   Eine Maßnahme aus Gründen des Gesundheitsschutzes stellt auch die zur Bekämpfung einer Infektionskrankheit (Pandemie) vorgesehene Verpflichtung zum Tragen eines **Mund-Nasen-Schutzes** (MNS) dar. Die deutsche Rechtsprechung hat hierzu im Rahmen der Corona-Pandemie eine Verletzung des in Art. 2 Abs. 1 i.V.m. 1 Abs. 1 GG verankerten Allgemeinen Persönlichkeitsrechts verneint[210] und die Verhältnismäßigkeit der Maßnahme angenommen. In Anbetracht des damit bezweckten Lebens- und Gesundheitsschutzes, ins-

---

201 EGMR Trabelsi/D, 13.10.2011, §§ 52 ff., NLMR **2011** 300; *Evers* EuGRZ **1984** 281, 283; vgl. EGMR Ferdinand Jozef Colon/NL (E), 15.5.2012 (Einrichtung von Sicherheitszonen, in denen alle anwesenden Personen präventiv von der Polizei nach Waffen durchsucht werden, stellt keinen Verstoß gegen Art. 8 dar, wenn sie von ausreichenden rechtlichen Garantien begleitet und geeignet ist, das Ziel der Reduktion von Gewaltstraftaten zu erreichen).

202 *Frowein/Peukert* 47.

203 Siehe EGMR Lindstrand Partners Advokatbyrå AB/S, 20.12.2016, § 93 (Außenprüfung Besteuerungsverfahren).

204 EKMR X/UK, 6.10.1982, EuGRZ **1983** 410.

205 EGMR Fadeyeva/R, 9.6.2005, § 88 (Verschlechterung des Gesundheitszustandes aufgrund von Emissionen aus einem Stahlwerk); Haas/CH, 20.1.2011, NJW **2011** 3773, § 50.

206 IK-EMRK/*Wildhaber/Breitenmoser* 632.

207 IK-EMRK/*Wildhaber/Breitenmoser* 637; für Freiheitsentziehungen siehe Art. 5 Abs. 1 Satz 2 *lit.* e. So ist zum Schutz der Gesundheit von Polizisten der Einsatz eines sog. „Spuckschutzes" (dünne Baumwolltüte, über den Kopf gezogen) möglich (verhältnismäßig nur aus konkretem Anlass, z.B. im Falle einer bekannten Infektion des Angreifers; Einsatz in der Öffentlichkeit auf das notwendige Maß zu reduzieren).

208 EGMR Z./FIN, 25.2.1997.

209 IK-EMRK/*Wildhaber/Breitenmoser* 638.

210 Vgl. VG Hamburg Beschl. v. 27.4.2020 – 10 E 1784/20, BeckRS **2020** 7092; VG Hamburg Beschl. v. 8.5.2020 – 2 E 1837/20 = BeckRS **2020** 18368 (Antrag richtete sich jeweils gegen § 8 Abs. 5 HmbSARS-CoV-2-Eindämmungs-VO bzw. gegen die darin enthaltene Verpflichtung zum Tragen eines MNS); OVG Hamburg Beschl. v. 21.7.2020 – 5 Bs 86/20, BeckRS **2020** 18367; VGH Mannheim Beschl. v. 18.5.2020 – 1 S 1357/20, BeckRS **2020** 9350; OVG Magdeburg Beschl. v. 11.6.2020 – 3 R 102/20, BeckRS **2020** 12229.

besondere der Reduzierung von Ansteckungsgefahren und der Aufrechterhaltung der Funktionsfähigkeit des Gesundheitssystems, sei eine solche Verpflichtung letztlich Ausdruck einer staatlichen Schutzpflicht aus Art. 2. Abs. 2 GG.[211]

Der Staat darf sich nicht daran beteiligen, dass ein Patient seinem Leben durch die Einnahme von Medikamenten ein Ende setzt, wenn nicht sichergestellt werden kann, dass diese Entscheidung aus freien Stücken und unter absoluter Zurechnungs- und Entscheidungsfähigkeit getroffen wurde. Zwar ist zu berücksichtigen, dass der Patient womöglich einen menschenunwürdigen Tod unter Vernichtungsschmerzen fürchtet.[212] Ist diese Angst allerdings unbegründet, bedeuten die **Weigerung der Vergabe von lebensbeendenden Medikamenten** und die Ablehnung aktiver Sterbehilfe kein Verstoß gegen Art. 8.[213] Da bislang in den Mitgliedstaaten des Europarates kein Konsens über die Strafwürdigkeit der aktiven Sterbehilfe hergestellt werden konnte, haben die Staaten einen **weiten Spielraum** in der Frage der strafrechtlichen Sanktionierung dieser Form der Sterbehilfe.[214] Nach Ansicht des BGH kommt der Auslegung durch den EGMR bei der Anwendung der §§ 216, 13 StGB jedoch eine **Orientierungs- und Leitfunktion** zu.[215] Ein Verstoß gegen Art. 8 kann dann vorliegen, wenn die innerstaatlichen Gerichte sich weigern, eine vom Bf. unterstellte Verletzung von Art. 8 durch die Weigerung der Gabe letaler Medikamente zu untersuchen.[216] **63**

Soweit die Sterbehilfe in einem Mitgliedstaat zugelassen ist, müssen die Kriterien für die **Verschreibungsfähigkeit tödlicher Medikamente hinreichend konkret** sein: die andernfalls eintretende Rechtsunsicherheit könne bei den Betroffenen zu einem „beträchtlichen seelischen Schmerz" (*considerable degree of anguish*) führen, welcher seinerseits eine Verletzung von Art. 8 darstellt.[217] In dem vom Gerichtshof entschiedenen Fall ging es um die Beschwerde einer nicht todkranken Patientin mit dem ernsthaften Wunsch ihr Leben aus freien Stücken zu beenden; in der Schweiz existieren jedoch nur Vorgaben zur Sterbehilfe in Fällen, in denen eine in absehbarer Zeit zum Tod führende Grunderkrankung vorliegt.[218] **64**

---

211 Vgl. VG Hamburg Beschl. v. 27.4.2020 – 10 E 1784/20; zu dieser Schutzpflicht: BVerfG NVwZ **2020** 876, 877.

212 Insofern wurde die ausnahmslose Beschränkung des Zugangs zu lebensbeendenden Betäubungsmitteln bei Vorliegen einer extremen Notlage des Suizidwilligen aufgrund seiner Krankheit unter Berücksichtigung der Rechtsprechung des EGMR als unvereinbar mit der sich aus dem Allgemeinen Persönlichkeitsrecht ergebenden Entscheidungsfreiheit über Art und Zeitpunkt der Lebensbeendigung angesehen, vgl. BVerwG NJW **2017** 2215 = NZS **2018** 97 m. Anm. *Christl*.

213 EGMR Haas/CH, 20.1.2011, § 54 (Leiden an schweren Psychosen).

214 EGMR Koch/D, 19.7.2012, NJW **2013** 2953 = EuGRZ **2012** 616, §§ 69 ff.; hierzu BVerwG Urt. v. 28.5.2019 – 3 C 6.17, § 26, medstra **2019** 371; BGH NJW **2019** 3089 = NStZ **2019** 666 m. Anm. *Sowada*.

215 BGH NJW **2019** 3089 = NStZ **2019** 666 m. Anm. *Sowada*.

216 EGMR Koch/D, 19.7.2012, §§ 65 ff.

217 EGMR Gross/CH, 14.5.2013, §§ 66, 67; nach Ansicht des EGMR kann eine unklare Rechtslage ebenso eine abschreckende Wirkung gegenüber an sich verordnungsbereiten Ärzten entfalten (§ 65); wird inhaltlich nicht in Frage gestellt von (GK) Gross/CH, 30.9.2014, NJW **2016** 143, wo die Beschwerde für unzulässig erklärt wurde und keine Ausführungen zum materiellen Recht erfolgten (§§ 17, 29, 35; Rechtsvertreter hatte den Tod der Bf. durch Suizid – eineinhalb Jahre vor dem Kammerurteil – infolge der Einnahme von Medikamenten, die ihr schließlich verordnet worden waren, verdeckt; bei Kenntnis dieser Umstände hätte die Kammer vielleicht anders entschieden; weitere Aussagen zur Begründetheit der Beschwerde beim ursprünglich angenommenen Sachverhalt trifft die GK nicht); keinen Verstoß gegen Art. 8 stellte es dar, dass der Sohn einer sterbewilligen Patientin von deren Ärzten nicht im Vorfeld über die Durchführung der Sterbehilfe informiert und in den Sterbehilfe-Prozess einbezogen wurde, nachdem die Patientin den Ärzten keine diesbezügliche Zustimmung erteilt hatte, vgl. EGMR Mortier/B, 4.10.2022, §§ 200 ff.

218 EGMR Gross/CH, 14.5.2013; vgl. zudem OVG Münster Urt. v. 2.2.2022 – 9 A 146/21, BeckRS **2022** 1147 = GSZ **2022** 91 = AMedR **2022** 505 m. Anm. *Gärditz* (kein Anspruch auf Erwerb von Natrium-Pentobarbital zum selbstbestimmten Sterben).

Esser

65   Welche Maßnahmen zum **Schutz der Moral** getroffen werden dürfen, kann nicht generell gesagt werden. Die Auffassungen in den Vertragsstaaten sind dafür zu unterschiedlich.[219] Ähnlich wie beim Sittengesetz in Art. 2 Abs. 1 GG ist bei der Auslegung in erster Linie auf die allgemein anerkannten Moralvorstellungen in der jeweiligen nationalen Gesellschaft zurückzugreifen.[220] Die einzelnen Staaten haben auch insoweit einen gewissen Beurteilungsspielraum. Eingriffe in sensible, intime Bereiche des Privatlebens ohne unmittelbaren Öffentlichkeitsbezug bedürfen jedoch schwerwiegender Gründe, um sie zu legitimieren.[221]

66   Zum **Schutz der Rechte und Freiheiten anderer** können die Rechte aus Art. 8 Abs. 1 ebenfalls eingeschränkt werden.[222] Dies trägt dem Grundsatz Rechnung, dass die Rechte des Einzelnen notwendig durch die **gleichen Rechte der anderen** begrenzt werden[223] und der Staat in Erfüllung seiner Schutzpflicht mitunter in ein Recht eingreifen muss, wenn die Konventionsgarantien durch Dritte gefährdet werden. So können im Einzelfall Belange des Kindeswohls dem Recht der Eltern auf gelebte Familienbeziehungen vorgehen.[224] Die vorgegebenen (immanenten) Schranken des Privatbereichs erfordern immer eine **Rechtsgüterabwägung im Einzelfall**.[225] Auch sonst können Maßnahmen, die zum Schutze oder der Durchsetzung des Rechts oder der Freiheiten anderer Personen notwendig sind, bei Wahrung des Grundsatzes der Verhältnismäßigkeit Beschränkungen und Eingriffe in den Privatbereich rechtfertigen. Meist werden aber daneben kumulativ auch weitere Eingriffsgründe angeführt, wie die Verhinderung strafbarer Handlungen oder der Schutz der Gesundheit und der Moral oder das wirtschaftliche Wohl des Landes.[226]

67   **b) Notwendigkeit in einer demokratischen Gesellschaft.** Jede Regelung oder Anordnung, mit der einer oder mehrere der zulässigen Zwecke verfolgt werden soll(en), muss aus der Sicht eines demokratischen Staatsbildes einem **dringenden gesellschaftlichen Bedürfnis** entsprechen und **verhältnismäßig in Bezug auf das angestrebte Ziel** sein.[227] Bei länger

---

219 IK-EMRK/*Wildhaber/Breitenmoser* 640; hierzu: EGMR Stübing/D, 12.4.2012, NJW **2013** 215, § 57 (Inzestverbot, § 173 StGB) m. Anm. *Jung* GA **2012** 617; näher: *Hwang* EuR **2013** 307.

220 EGMR Handyside/UK, 7.12.1976, EuGRZ **1977** 38; krit. dazu *Ermacora* EuGRZ **1977** 363 (Übernahme des innerstaatlichen Moralbegriffes statt Entwicklung eines europäischen Standards); vgl. auch EGMR Dudgeon/UK, 22.10.1981; Müller u.a./CH, 24.5.1988, NJW **1989** 379 = ÖJZ **1989** 182 = EuGRZ **1988** 543; ferner HRC Hertzberg u.a./FIN, 2.4.1982, EuGRZ **1982** 342 (kein weltweit geltender gemeinsamer Maßstab); vgl. Art. 10 Rn. 125.

221 EGMR Norris/IR, 26.10.1988.

222 Zur nachträglichen Einfügung dieses Einschränkungsgrundes vgl. IK-EMRK/*Wildhaber/Breitenmoser* 640.

223 EKMR bei *Bleckmann* EuGRZ **1983** 16, 19 (Räumung eines unbefugt bewohnten Hauses); vgl. IK-EMRK/*Wildhaber/Breitenmoser* 650.

224 Vgl. EGMR Olsson/S (Nr. 1), 24.3.1988; Antonyuk/R, 1.8.2013, § 116.

225 Vgl. EGMR Olsson/S (Nr. 1), 24.3.1988; Chappel/UK, 30.3.1989; Gaskin/UK, 7.7.1989; IK-EMRK/*Wildhaber/Breitenmoser* 650 und die weiteren Beispiele 652 ff. Nicht vereinbar mit Art. 8 ist es, einem Elternteil für den Fall seiner Verurteilung zu einer Haftstrafe automatisch – ohne gerichtliche Prüfung und ohne Berücksichtigung der Interessen des Minderjährigen – die elterliche Sorge zu entziehen, EGMR Calmanovici/RUM, 1.7.2008, §§ 141 ff.; Sabou u. Pircalab/RUM, 28.9.2004, §§ 48 f.; selbige automatische Folge ist im Interesse des Kindeswohls jedoch erlaubt, wenn die Straftat in der Tötung der Mutter des Kindes besteht: EGMR Tudose/RUM (E), 9.12.2014, §§ 38 ff. Siehe auch EGMR Penchevi/BUL, 10.2.2015, §§ 69 ff., 75 f. (Mutter durfte nicht mit ihrem Kind in einem anderen Land leben, weil der Vater dem widersprach; Verstoß gegen Art. 8, da das nationale Gericht ohne angemessene Berücksichtigung des Kindeswohls und der Umstände des Einzelfalls übermäßig formalistisch vorgegangen war).

226 Vgl. EGMR Olsson/S (Nr. 1), 24.3.1988; IK-EMRK/*Wildhaber/Breitenmoser* 646 m.w.N.

227 Vgl. EGMR Leander/S, 26.3.1987, §§ 58 ff.; (GK) Slivenko/LET, 9.10.2003, EuGRZ **2006** 560; (GK) Üner/NL, 18.10.2006, NVwZ **2007** 1279 = DVBl. **2007** 689; Trabelsi/D, 13.10.2011, §§ 53 ff.

andauernden Maßnahmen genügt es nicht, wenn die Notwendigkeit nur zu Beginn der Vornahme vorliegt. Gerade in den Fällen, in denen der Eingriff durch seine Dauer an Intensität gewinnt, ist zur Aufrechterhaltung eine erneute Prüfung der Notwendigkeit vorzunehmen und ggf. eine weniger einschneidende alternative Maßnahme zu ergreifen.[228] Es genügt nicht, dass eine Maßnahme aus der Sicht einer demokratischen Gesellschaft nur nützlich oder zweckmäßig erscheint.

Die Notwendigkeit des Eingriffs folgt nicht schon daraus, dass mit ihm ein zulässiges **68** Ziel i.S.d. Art. 8 Abs. 2 verfolgt wird; sie ist für den konkreten mir ihr angestrebten Zweck aus der Sicht der Werte einer demokratischen Gesellschaftsordnung zu beurteilen. Sie ist nicht an dem Maßstab einer abstrakten Staatsraison zu messen, die vom absoluten Vorrang des Staates und seiner Ziele bestimmt wird, sondern an einem Staatsverständnis, das vom **Leitbild einer für die Meinungsvielfalt offenen, pluralistischen Demokratie** geprägt ist, in der das Verhältnis zwischen Staat und Bürger von typischen, Staatsmacht und Staatszwecke begrenzenden Wertvorstellungen, wie **Toleranz, Pluralismus der Meinungen, Volkssouveränität, Rechtsstaatsprinzip** (*rule of law*)[229] und der **Anerkennung der Grundrechte** und insbesondere von dem **Grundsatz der Verhältnismäßigkeit** beherrscht wird.[230] Die unionsrechtliche Rechtsprechung argumentiert ähnlich, indem sie fordert, dass die angewandte beschränkende Maßnahme geeignet ist, die Erreichung des mit ihr verfolgten Zieles zu gewährleisten, und dabei nicht über das hinausgeht, was zur Erreichung dieses Zieles erforderlich ist.[231] Dies schließt nicht aus, besondere **zeitbedingte Umstände**, wie die Erfordernisse der Terrorismusbekämpfung, mit zu berücksichtigen.[232] Als Indiz für die Demokratie-Üblichkeit wird dabei gewertet, dass auch andere Vertragsstaaten in ihrer Rechtsordnung gleichartige Maßnahmen zulassen.

Der **Beurteilungsspielraum**, den die einzelnen Staaten auch insoweit haben, wird **69** hinsichtlich der Wahl der Maßnahmen, die sie im Interesse eines der in Art. 8 Abs. 2 aufgeführten Zweckes treffen wollen, unterschiedlich weit bemessen.[233] Maßgebend dafür ist eine wägende Gesamtschau, bei der die **Art des Eingriffs**, die besonderen **Umstände des Einzelfalls** und das **Gewicht der kollidierenden Interessen**[234] ebenso zu berücksichtigen sind wie die Auswirkung der konkreten Maßnahme auf den Einzelnen und die Bedeutung des vom Eingriff betroffenen Rechts in einer demokratischen Gesellschaft.

So wird der Umfang des staatlichen Beurteilungsspielraums grundsätzlich einge- **70** schränkt, wenn der Eingriff einen **besonders wichtigen Aspekt der persönlichen Identität und des Lebens** (z.B. den Schutz persönlicher Daten)[235] betrifft[236] oder der Eingriff in das

---

228 Vgl. EGMR Baginski/PL, 11.10.2005 (vollständige Isolation eines Häftlings von seiner Mutter); Iletmis/TRK, 6.12.2005 (Verhinderung der Ausreise durch Beschlagnahme des Passes über einen Zeitraum von 15 Jahren); Ferla/PL, 20.5.2008.

229 Etwa EGMR Handyside/UK, 7.12.1976; Young u.a./UK, 13.8.1981, NJW **1982** 2717 = EuGRZ **1981** 559; vgl. ferner EGMR W./UK, 8.7.1987.

230 Vgl. EGMR Moustaquim/B, 18.2.1991, EuGRZ **1993** 552 = InfAuslR **1991** 149 = ÖJZ **1991** 452; Chassagnou/F, 29.4.1999, NJW **1999** 3695 = ÖJZ **2000** 113; Meyer-Ladewig/Nettesheim/von Raumer/*Meyer-Ladewig/Nettesheim* 109. Auch eine der Schwere des Eingriffs entsprechende Einbeziehung der Betroffenen in den Entscheidungsprozess durch Anhörung und Information kann dazu gehören, vgl. EGMR W./UK, 8.7.1987.

231 EuGH 17.11.2011, C-430/10 (Gaydarov), Tz. 40.

232 EKMR EuGRZ **1983** 430 (McVeigh u.a.).

233 *Kretschmer* GA **2011** 514, 516.

234 Etwa EGMR Johansen/N, 7.8.1996, ÖJZ **1997** 75; Buckley/UK, 25.9.1996.

235 EGMR (GK) S. u. Marper/UK, 4.12.2008, § 103.

236 EGMR Connors/UK, 27.5.2004, § 82 m.w.N.; (GK) Dickson/UK, 4.12.2007, § 78; (GK) S. u. Marper/UK, 4.12.2008, § 102; Mosley/UK, 10.5.2011, § 109 m.w.N.; E.S./S, 21.6.2012, § 58; (GK) Söderman/S, 12.11.2013, § 79, NJW **2014** 607, 608.

Privatleben mit dem Mittel des Strafrechts erfolgt.[237] Jedenfalls aber ist bei schwerwiegenden Eingriffen eine besonders strenge Prüfung erforderlich. Der Umfang des Beurteilungsspielraums ist insofern (auch) abhängig von der **Qualität des Entscheidungsprozesses.**[238] Grundsätzlich wird die Freiheit des Staates, selbst zu entscheiden, welche Maßnahme im jeweiligen Fall zweckmäßig ist, vom Gerichtshof anerkannt.[239] Der EGMR hat wiederholt hervorgehoben, dass die Auslegung und Anwendung des innerstaatlichen Rechts Sache der innerstaatlichen Behörde und Gerichte ist. Er sieht es demnach nicht als seine Aufgabe an, Gesetze abstrakt nachzuprüfen oder seine eigene Auffassung über die Zweckmäßigkeit einer innerstaatlichen Maßnahme oder über die damit von dem jeweiligen Staat verfolgte Politik an die Stelle der Auffassung der nationalen Behörden zu setzen, zumal diese unter Berücksichtigung der örtlichen Gegebenheiten, Bedürfnisse und Traditionen darüber sachnäher entscheiden können.[240] Dies gilt umso mehr in den Fällen, in denen es unter den Mitgliedstaaten des Europarates hinsichtlich der zu beurteilenden Problematik keinen Konsens gibt.[241] Der Beurteilungsspielraum wird hier gewöhnlich weiter, aber nicht allumfassend sein. Die Abwägung der widerstreitenden Interessen wird keinesfalls entbehrlich.[242] Der Gerichtshof behält sich die **einzelfallbezogene Kontrolle** darüber vor, ob eine konkrete Maßnahme in einem **demokratischen Staat wirklich notwendig ist** und die dafür angeführten Gründe **stichhaltig und ausreichend** sind.[243] Es besteht insoweit die Pflicht des Staates, das dringende gesellschaftliche Bedürfnis, dem die Maßnahme dienen soll, bezogen auf den **konkreten Einzelfall** darzulegen.[244]

71   Zur Vereinbarkeit eines **Zeugnisverweigerungsrechts im Strafverfahren beschränkt auf Ehepartner sowie eingetragene Lebenspartnerschaften** hat die GK explizit hinsichtlich § 217 nlStPO entschieden, diese Rechtsprechung lässt sich aber auf die Regelungen in **§ 52 Abs. 1 Nr. 1–2a StPO** übertragen. Demnach sei eine Beschränkung des Zeugnisverweigerungsrechts lediglich auf die Personengruppen, die ihre Partnerschaft in einem formalisierten, staatlichen Verfahren haben anerkennen lassen, zulässig und stelle keinen Verstoß gegen Art. 8 Abs. 2 (*„necessary in a democratic society"*) dar. So seien zwar de-facto-Lebensgemeinschaften ebenfalls von Art. 8 Abs. 1 erfasst, die Beschränkung von Zeugnisverweigerungsrechten auf Ehe- und Lebenspartner stelle aber keinen Verstoß gegen Art. 8 Abs. 2 dar, da es vorrangig Sache des Staates sei, die „Trennlinie" zwischen Berechtigten und Nichtberechtigten zu ziehen.[245] Die Unterwerfung unter staatliche Regelungen sei Ausdruck des öffentlichen Engagements der Partner.[246] Entscheiden sich Lebenspartner dazu, ihre Verbindung nicht registrieren zu lassen, so müssen sie auch die rechtlichen Folgen ihrer jeweiligen Wahl hinnehmen.[247]

---

237 EGMR Dudgeon/UK, 22.10.1981; (GK) Hatton/UK, 8.7.2003.
238 EGMR Salontaji-Drobnjak/SRB, 13.10.2009, §§ 141 ff. (Einschränkung der Geschäftsfähigkeit).
239 Etwa EGMR Handyside/UK, 7.12.1976; Klass/D, 6.9.1978; (GK) Hatton/UK, 8.7.2003; *Frowein/Peukert* Vorbem. zu Art. 8 bis 11, 13.
240 Vgl. EGMR Leander/S, 26.3.1987; Buckley/UK, 25.9.1996; (GK) Hatton/UK, 8.7.2003.
241 KK-EMRK-GG/*Böhringer/Marauhn* Kap. 16, 97; EGMR (GK) Dickson/UK, 4.12.2007, § 78; M.K./F, 18.4.2013, § 34.
242 EGMR (GK) Dickson/UK, 4.12.2007, §§ 78 f. unter Hinweis auf EGMR (GK) Hirst/UK (Nr. 2), 6.10.2005.
243 EGMR Moog/D, 6.10.2016, §§ 72 ff., NJW **2018** 3699, 3702; Meyer-Ladewig/Nettesheim/von Raumer/*Meyer-Ladewig/Nettesheim* 118.
244 EGMR Baginski/PL, 11.10.2005, § 89. BVerfG StV **2009** 253 (körperliche Durchsuchung bei U-Häftlingen).
245 EGMR (GK) van der Heijden/NL, 3.4.2012, §§ 62 ff.; Concurring Opinion, § 6.
246 EGMR (GK) van der Heijden/NL, 3.4.2012, § 69.
247 EGMR (GK) van der Heijden/NL, 3.4.2012, § 76; krit. *Meyer-Ladewig/Petzold* NJW **2014** 43 f., die die Begründung dieser Entscheidung hauptsächlich darin sehen, dass es sowohl nationalen als auch internationalen Gerichtshöfen damit erspart bleibt, im Einzelfall über die Qualität der Lebenspartnerschaft zu entscheiden.

Das Urteil des Gerichtshofs ist jedoch im Verhältnis zu der vom EGMR vorgenommenen 72
weiten Auslegung des Begriffs der Familie, die eben gerade **nicht nur die verrechtlichten
Formen** „Ehe" oder „Lebenspartnerschaft" umfasst, sondern auch *de-facto*-Lebensgemein-
schaften umschließt, widersprüchlich: So stellt der EGMR im Rahmen der Voraussetzung des
„family life" bei *de-facto*-Lebensgemeinschaften in **Art. 8 Abs. 1** positiv fest, ob die streitgegenständliche Lebensgemeinschaft darunter fällt – zum Beispiel durch Faktoren wie das Zusammenleben, die Länge der Partner oder gemeinsame Kinder.[248] Dass er sich im Rahmen
des Ausschlussgrundes des **Art. 8 Abs. 2** aber auf die allein „verrechtlichten" Formen zu-
rückzieht, widerspricht dem allumfassenden Schutz der Menschenrechte.[249] Gerade auch im
Hinblick auf Staaten wie Deutschland oder die Niederlande, in denen es keine „mildere"
rechtliche Form des gemeinsamen Zusammenlebens als die Ehe oder Lebenspartnerschaft
gibt,[250] ist diese Entscheidung kritisch zu sehen. Der Schutz des Zeugen vor familiären Konflikten betrifft nicht nur verheiratete Paare, sondern auch langjährige und stabile *de-facto*-
Lebensgemeinschaften,[251] die dem Schutz des Art. 8 Abs. 1 unterfallen.

Die Zurückhaltung des EGMR in dieser Hinsicht und der Verweis auf die vorrangigen 73
nationalen Regelungen[252] könnte aus einer praktischen Überlegung resultieren: Würde der
EGMR die *de-facto*-Lebensgemeinschaften Normen wie § 52 Abs. 1 Nr. 1–2a StPO unterwerfen, so hätte er damit den nationalen Gerichten eine positive Prüfpflicht im Einzelfall mit
umfangreichen Sachverhaltsermittlungen auferlegt, anstatt die Vorlage einer Heirats- oder
Lebenspartnerschaftsurkunde ausreichen zu lassen.

Zur Vereinbarkeit des **strafrechtlichen Verbots von Inzest** in Deutschland (§ 173 StGB) 74
mit Art. 8 Abs. 1 stellte der EGMR fest, dass es zu dieser Fragestellung an einer einheitlichen
Regelung in den Vertragsstaaten fehle.[253] Da der Gerichtshof das vorangegangene Urteil des
BVerfG[254] trotz nahezu einhelliger Ablehnung im Schrifttum[255] als sorgfältig begründet ansah,
beschränkte er seine Prüfung letztlich auf die Vertretbarkeit (**Plausibilität**) der Verurteilung
im konkreten Fall, die er, wiederum aufbauend auf der Argumentation des BVerfG, als gegeben bewertete.

Die Ausnahmen vom Grundsatz des Absatzes 1 sind als solche eng auszulegen und über- 75
zeugend zu begründen.[256] Dabei wird vorausgesetzt, dass die Staaten bei Erlass der einschlägigen Regelungen und bei Anordnung eines Eingriffs „vernünftig, sorgfältig und in gutem
Glauben" handeln[257] und dass ihre Entscheidungen nicht von Gesichtspunkten beeinflusst
sind, die eine unzulässige Diskriminierung bedeuten.[258] Die Maßnahmen dürfen im Einzelfall

---

248 EGMR (GK) van der Heijden/NL, 3.4.2012, § 50.
249 In der Joint Opinion wird genau dies explizit zum Ausdruck gebracht: *„Respect for family life is not
only an interest but a **right** guaranteed by Article 8 § 1"*, EGMR (GK) van der Heijden/NL, 3.4.2012, § 6.
250 Für Frankreich hingegen gibt es die Möglichkeit einer registrierten Partnerschaft (*„pacte civil de solida-
rité"*): EGMR (GK) van der Heijden/NL, 3.4.2012, Concurring Opinion § 2.
251 EGMR (GK) van der Heijden/NL, 3.4.2012, Joint Dissenting Opinion § 4.
252 EGMR (GK) van der Heijden/NL, 3.4.2012 §§ 55 f., 58. Aufgrund der vielfältigen nationalen Regelungen
geht der EGMR von einem weiten Beurteilungsspielraum der einzelnen Vertragsstaaten aus, § 60.
253 EGMR Stübing/D, 12.4.2012; krit. *Jung* GA **2012** 617; *Kubiciel* ZIS **2012** 282; *Büchler* ZSR **135** (2016) II 349, 380.
254 BVerfGE **120** 224, m. abw. Meinung *Hassemer*. Der Deutsche Ethikrat hat sich im September 2014 mehrheitlich für die Aufhebung des strafrechtlichen Inzestverbotes ausgesprochen.
255 Vgl. *Greco* ZIS **2008** 234; *Hörnle* NJW **2008** 2085; *Kühl* JA **2009** 833; *Noltenius* ZJS **2009** 15; *Roxin* StV **2009** 544;
Thurn KJ **2009** 74; *Zabel* JR **2008** 453; vertiefend *Tischler* Der Geschwisterinzest bei über 18-Jährigen (2009).
256 EGMR Buck/D, 28.4.2005, NJW **2006** 1495 = StV **2006** 561 = StraFo **2005** 371; Smirnov/R, 7.6.2007, § 43.
257 Vgl. EGMR Dudgeon/UK, 22.10.1981; *Frowein/Peukert* Vorbem. zu Art. 8 bis 11, 15; ferner HRC Aumeeruddy-Cziffra u.a./MUS, 9.4.1981, 35/1978.
258 Vgl. EGMR Hoffmann/A, 23.6.1993, ÖJZ **1993** 853 = JBl. **1994** 465 = EuGRZ **1996** 648 (Religionszugehörigkeit).

Esser

den **Wesensgehalt** des verbürgten Privatbereiches nicht ausheben;[259] vor allem müssen sie gegenüber dem mit ihnen verfolgten legitimen Zweck **verhältnismäßig** sein.[260]

76   Bei der Prüfung von **Durchsuchungen** (insbesondere von Geschäftsräumen) und **Beschlagnahmen** hat der EGMR u.a. folgende Kriterien herangezogen: die Umstände, unter denen die Durchsuchung angeordnet wurde (insbesondere das Vorliegen weiterer Beweismittel), Inhalt und Reichweite der Durchsuchungsanordnung, Art und Weise des Vollzuges, einschließlich der Anwesenheit eines unabhängigen Beobachters während der Durchsuchung sowie den Umfang der möglichen Auswirkungen auf die Arbeit und den Ruf des Betroffenen.[261]

77   Es muss stets ein **faires Gleichgewicht** zwischen den kollidierenden Interessen bestehen bzw. hergestellt werden. So wird der Anspruch des Betroffenen auf Achtung seines Privat- und Familienlebens abgewogen mit den Interessen anderer Personen, vor allem mit dem Wohl betroffener Kinder[262] oder dem Interesse des Einzelnen am Schutz seiner Wohnung und den Landschafts- und Bauplanungen öffentlicher Stellen[263] oder den Interessen der Gemeinschaft an der Verteidigung der Ordnung und der Verhinderung strafbarer Handlungen[264] sowie an der Sicherung einer ordnungsgemäßen ("proper") Rechtspflege.[265] Soweit bei der **Gewichtung der kollidierenden Interessen** auch Gesichtspunkte in Betracht zu ziehen sind, die in der Person eines Betroffenen liegen, ist dieser nach Möglichkeit in angemessener Form in den **Entscheidungsprozess mit einzubeziehen** und zu den beabsichtigten Maßnahmen und den vorliegenden Beweismitteln zu hören. Der Entscheidungsprozess als solcher und die richtige Gewichtung der Interessen unterliegen dabei einer selbständigen gerichtlichen Kontrolle.[266]

78   Die für die Feststellung eines fairen Gleichgewichts notwendige Abwägung erfordert grundsätzlich, dass der Betroffene vorher eine ausreichende Möglichkeit hatte, seine **Belange geltend zu machen**, damit sie bei der erforderlichen Abwägung **angemessen berücksichtigt** werden können, diese also das Ergebnis eines **fairen Verfahrens**[267] ist (Rn. 39). Gibt es für eine Maßnahme Vorgaben hinsichtlich des Verfahrens und der Behandlung des Betroffenen, so ist es nicht die Pflicht des Betroffenen, sondern die der Behörde, ein ordnungsgemäßes Verfahren sicherzustellen.[268] Auch im Verfahren der Verfassungsbeschwerde ist sicherzustellen, dass nicht nur der Antragsteller, sondern auch derjenige gehört wird, der durch die letztinstanzliche Gerichtsentscheidung den Fall gewonnen hat und nun, infolge der Ver-

---

259 *Frowein/Peukert* Vorbem. zu Art. 8 bis 11, 15.
260 Vgl. EGMR Dudgeon/UK, 22.10.1981; Barthold/D, 25.3.1985; Norris/IR, 26.10.1988; (GK) Slivenko/LET, 9.10.2003; (GK) Üner/NL, 18.10.2006; Kolonja/GR, 19.5.2016, § 48.
261 EGMR Buck/D, 28.4.2005; Smirnov/R, 7.6.2007, § 44; vgl. Rn. 287 ff.
262 Etwa EGMR Keegan/IR, 26.5.1994; Johansen/N, 7.8.1996; Antonyuk/R, 1.8.2013, § 116; Tsvetelin Petkov/BUL, 15.7.2014, §§ 48, 53.
263 Etwa EGMR Buckley/UK, 25.9.1996 (stationärer Wohnwagen).
264 EGMR Beldjoudi/F, 26.3.1992, EuGRZ **1993** 556 = ÖJZ **1992** 773 = InfAuslR **1994** 86; Bouchelkia/F, 29.1.1997; P.G. u. J.H./UK, 25.9.2001, §§ 49 f.; Peck/UK, 28.1.2003, ÖJZ **2004** 651 m.w.N.; Trabelsi/D, 13.10.2011; vgl. auch BVerfG EuGRZ **2004** 317.
265 EGMR Worwa/PL, 27.11.2003.
266 EGMR (GK) Hatton/UK, 8.7.2003.
267 Etwa EGMR Keegan/IR, 26.5.1994; McMichael/UK, 24.2.1995; Buckley/UK, 25.9.1996; Ciliz/NL, 11.7.2000; (GK) Elsholz/D, 13.7.2000, § 52; Venema/NL, 17.12.2002; (GK) Sommerfeld/D, 8.7.2003, EuGRZ **2004** 711 = FamRZ **2004** 337 = FPR **2004** 344, § 66; A.K. u. L./KRO, 8.1.2013, § 63; Antonyuk/R, 1.8.2013, § 115; López Guió/SLO, 3.6.2014, §§ 94 ff.; Tsvetelin Petkov/BUL, 15.7.2014, §§ 49, 52 ff.; Frisancho Perea/SLO, 21.7.2015, §§ 63, 70 ff.; *Grabenwarter/Pabel* § 22, 67; Meyer-Ladewig/Nettesheim/von Raumer/*Meyer-Ladewig/Nettesheim* 78, 113.
268 EGMR Wainwright/UK, 26.9.2006; während einer Leibesvisitation war die Betroffene durch ein Fenster sichtbar; Regierung hatte vorgetragen, sie hätte um Sichtschutz bitten sollen).

fassungsbeschwerde, seine Rechtsposition wieder verlieren kann (durch § 94 Abs. 3 BVerfGG grundsätzlich gewährleistet).[269]

III. Geschützte Rechtsbereiche und Einzelrechte

1. Privatleben

a) Begriff/Schutzbereich. Der Begriff des Privatlebens, den beide Konventionen nicht   79
näher bestimmen, entzieht sich weitgehend einer begrifflichen Abgrenzung.[270] Er ist weit
auszulegen, geschützt wird der ganze private Bereich in seinen vielfachen Aspekten und
in allen Abstufungen der Privatheit.[271] Er umfasst das Recht auf **persönliche Entwicklung
und Selbstbestimmtheit**[272] sowie auf **physische, psychische und moralische Unversehrtheit.**[273] Fundamental ist dabei auch im Schutzbereich des Art. 8 der Respekt für die
menschliche Würde[274] und **Freiheit.**[275] Maßnahmen, die nicht die Intensität von Folter
oder unmenschlicher oder erniedrigender Behandlung erreichen und folglich von **Art. 3**
nicht erfasst werden, können daher durchaus einen Eingriff in das Recht auf Achtung des
Privatlebens darstellen, wie eine (Fluggast-)Kontrolle mithilfe eines **Körperscanners.**[276]
Maßgeblich für die Abgrenzung von Art. 3 und Art. 8 sind insofern **Schwere und Qualität**
der jeweiligen Maßnahme.[277]

---

[269] EGMR López Guió/SLO, 3.6.2014, §§ 100 ff.; Frisancho Perea/SLO, 21.7.2015, §§ 71 ff.

[270] Etwa EGMR P.G. u. J.H./UK, 25.9.2001, §§ 56 ff.; zu den Schwierigkeiten einer allgemeingültigen Begriffsbestimmung und zum pragmatischen Vorgehen vgl. IK-EMRK/*Wildhaber*/*Breitenmoser* 96 ff.

[271] Vgl. EGMR Practical Guide on Admissibility Criteria 285; P.G. u. J.H./UK, 25.9.2001, weiter Begriff, einer
erschöpfenden Definition nicht zugänglich); Peck/UK, 28.1.2003.

[272] EGMR Pretty/UK, 29.4.2002; Friend u.a./UK, 24.11.2009 (mit dem Hinweis darauf, dass nicht jegliches
Verhalten im Hinblick auf die Selbstbestimmtheit erlaubt ist).

[273] EGMR Costello-Roberts/UK, 25.3.1993, ÖJZ **1993** 707; Bensaid/UK, 6.2.2001, NVwZ **2002** 453 = InfAuslR
2001 364; van Kück/D, 12.6.2003, NJW **2004** 2505, § 69 (Transsexualität); Meyer-Ladewig/Nettesheim/von Rau-
mer/*Meyer-Ladewig*/*Nettesheim* 11.

[274] Diese kann durch Hasskommentaren auf Social Media-Plattformen betroffen sein, vgl. EGMR Beizaras
u. Levickas/LIT, 14.1.2020, § 117; vgl. zudem EGMR Lăcătuş/CH, 19.1.2021, §§ 107, 115 ff. (Verhängung einer Geldstrafe sowie eines fünftägigen Arrests nach unterbliebener Zahlung aufgrund Bettelns in der Öffentlichkeit; Bf. in Situation größter Armut und Verletzlichkeit; Betteln einzige Möglichkeit zur Deckung ihrer absoluten Grundbedürfnisse; Missachtung der Würde und essentiellen Gewährleistungen des Art. 8).

[275] Vgl. EGMR Pretty/UK, 29.4.2002, § 65; Zubaydah/LIT, 31.5.2018, §§ 664 ff.; Nashiri/RUM, 31.5.2018,
§§ 697 ff., wo jeweils u.a. eine Verletzung von Art. 8 (Privat- und Familienleben) in Bezug auf die unwürdige,
den Kontakt zur Familie unmöglich machende Unterbringung während einer (rechtswidrigen) „secret detention" vorlag.

[276] Hierzu: *Esser*/*Gruber* ZIS **2011** 379, 381.

[277] EGMR Jalloh/D, 11.7.2006, NJW **2006** 3117 = StV **2006** 617 = EuGRZ **2007** 150 (vgl. abw. Meinungen –
Verletzung von Art. 8 – beim Brechmitteleinsatz); Wainwright/UK, 26.9.2006 (Leibesvisitation unter vollstän-
diger Entblößung bei Besuchern eines Häftlings); Frerot/F, 12.6.2007, §§ 35 ff. (Leibesvisitation des Gefange-
nen nach jedem Besuch als Eingriff in Art. 3; nicht nach Art. 8 zu prüfen); Dolenec/KRO, 26.11.2009, § 128;
R.B./H, 12.4.2016, § 79; Milka/PL, 15.9.2015, §§ 41, 45; Szafrański/PL, 15.12.2015, § 34; Dejnek/PL, 1.6.2017, § 70;
Yunusova u. Yunusov/ASE (Nr. 2). 16.7.2020, §§ 127, 141 ff. (Betreten der Toilette durch einen männlichen
Polizisten während die Toilette nutzende Betroffene entblößt war); Karpenstein/Mayer/*Pätzold* 7; *Grabenwarter*/*Pabel* § 22, 7; SK/*Meyer* 72 („... Art. 8 die niedrigste und am weitesten vorgelagerte Verteidigungslinie
gegen Beeinträchtigungen der ‚körperlichen Integrität'").

80   Das Privatleben schließt die körperliche, geistige und seelische Befindlichkeit der Person,[278] alle ihre Individualität kennzeichnenden Merkmale, wie ihre ethnische Zugehörigkeit,[279] sowie ihr Recht auf einen **Namen**[280] oder ihr **Recht am eigenen Bild**[281] mit ein, ferner den gesamten Bereich der individuellen und autonomen Lebensgestaltung des Einzelnen mit all seinen Handlungen, Unterlassungen aber auch seine Beziehungen zu anderen Personen einschließlich des **Familien-**[282] **und Sexuallebens**[283] und der verschiedenen Formen der Kommunikation, sofern diese unter Berücksichtigung der jeweiligen Umstände und Verhältnisse der Sphäre des Nicht-Öffentlichen zuzurechnen sind.[284] Zeitlich kann die Beziehung zu einem anderen Menschen unter besonderen Umständen selbst über dessen Tod hinaus durch Art. 8 geschützt sein;[285] wozu auch gehört, dass die Leiche an die Angehörigen herausgegeben wird.[286] Auch wenn Organe (zur **Transplantation**) entnommen werden, ist das Recht der Angehörigen aus Art. 8 betroffen.[287]

---

278 EGMR X u. Y/NL, 26.3.1985, EuGRZ **1985** 297 = NJW **1985** 2075; Costello-Roberts/UK, 25.3.1993; Burghartz/CH, 22.2.1994, ÖJZ **1994** 559; *Evers* EuGRZ **1984** 281, 283; Meyer-Ladewig/Nettesheim/von Raumer/*Meyer-Ladewig/Nettesheim* 11.

279 EGMR (GK) S. u. Marper/UK, 4.12.2008, § 66; Ciubotaru/MOL, 27.4.2010, § 49; (GK) Aksu/TRK, 15.3.2012, § 58 (Roma betreffende wissenschaftliche Veröffentlichung, Ausgleich von Art. 8 und Art. 10, §§ 63 ff., i.E. keine Verletzung von Art. 8; bzgl. Wörterbüchern ebenfalls keine Verletzung von Art. 8); R.B./H, 12.4.2016.

280 EGMR Mentzen alias Mencena/LET (E), 7.12.2004; Güzel Erdagöz/TRK, 21.10.2008; Henry Kismoun/F, 5.12.2013, § 25. Art. 24 Abs. 2, 3 IPBPR bestätigen das für die eigene Identität wichtige Recht auf einen Namen, wenn sie ausdrücklich das Recht jedes Kindes, unverzüglich nach der Geburt einen Namen zu erhalten und registriert zu werden sowie sein Recht auf den Erwerb einer Staatsangehörigkeit ausdrücklich garantieren; zur Verpflichtung der Neuausstellung eines Abschlusszeugnisses (Suspensionsurkunde) nach Namensänderung, EGMR P.R./A, 21.11.2019, NLMR **2019** 503.

281 EGMR (GK) Von Hannover/D (Nr. 2), 7.2.2012, NJW **2012** 1053 = EuGRZ **2012** 278 = GRUR **2012** 745 m. Anm. *Lehr* = ZUM **2012** 551, §§ 95 f.; Caroline v. Hannover/D, 24.6.2004; Sciacca/I, 11.2.2005 (Foto anlässlich der Festnahme wurde von Polizei an die Presse gegeben); De La Flor Cabrera/E, 27.5.2014, §§ 30 f., NJW **2015** 1079 m. Anm. *Dörr* JuS **2015** 661; Reklos u. Davourlis/GR, 15.1.2009; das Recht am eigenen Bild schließt die Kontrolle über die Nutzung des Bildes ein, auch das Recht, die Speicherung, Veröffentlichung oder Vervielfältigung eines Bildes zu verweigern, vgl. EGMR Bogomolova/R, 20.6.2017, § 52; vgl. LG Frankfurt a.M. AfP **2018** 72 m. Anm. *Müller-Riemenschneider/Hermann* (eigenmächtiger Fahndungsaufruf der Presse mit Abbildungen; Verstoß gegen das Allgemeine Persönlichkeitsrecht).

282 Vgl. die Rechtsprechungsübersicht von *Pintens* FamRZ **2016** 341.

283 Vgl. hierzu die Rechtsprechungsübersicht von *Wiemann* EuGRZ **2010** 408.

284 Zu den Abgrenzungsfragen vgl. IK-EMRK/*Wildhaber/Breitenmoser* 96 ff., insbes. 114 ff.; Meyer-Ladewig/Nettesheim/von Raumer/*Meyer-Ladewig/Nettesheim* 7 ff. und zur teleologischen, wertenden Abgrenzung *Evers* EuGRZ **1984** 281, 284.

285 EGMR Znamenskaya/R, 2.6.2005 (Vaterschaft und Namen eines tot geborenen Kindes).

286 EGMR Pannullo u. Forte/F, 30.10.2001 (vorläufige Nichtherausgabe der Leiche kann gerechtfertigt sein, wenn eine Obduktion gemacht wird, um festzustellen, ob eine Straftat vorliegt; nicht mehr gerechtfertigt für die Zeit nach Abschluss der Obduktion). Zur (Nicht-)Herausgabe der Leiche von Terroristen an die Hinterbliebenen: EGMR Kushtova u.a./R, 16.1.2014, NVwZ **2015** 351, §§ 25 ff. (m.w.N. zur Herausgabe der Leiche an Hinterbliebene), sowie drei weitere Urteile gegen Russland vom selben Tag; zur Verpflichtung des Staates, Angehörige über den Tod eines Verwandten zu informieren: EGMR Lozovyye/R, 24.4.2018, § 38.

287 EGMR Petrova/LET, 24.6.2014, § 77 (§ 98: Gesetz war nicht hinreichend bestimmt, daher keine ausreichende gesetzliche Grundlage für den Eingriff; ob die Organentnahme ohne Zustimmung des Verstorbenen oder der Angehörigen nach Art. 8 Abs. 2 materiell gerechtfertigt ist, offengelassen); ebenso für die Entnahme von Gewebe: EGMR Elberte/LET, 13.1.2015, §§ 103 ff.

Esser

Zur Achtung des Privatlebens gehört des Weiteren das **Recht auf einen staatsfreien** 81 **Raum**, das **Freisein von einer ständigen**[288] **Beobachtung** im eigenen Heim ebenso wie in anderen Räumen[289] oder grundsätzlich auch in der Öffentlichkeit. In diesem Zusammenhang werden die Konsequenzen der durch die EGMR-Judikatur in Deutschland geänderten Vorschriften zur Sicherungsverwahrung sichtbar (vgl. Art. 5 Rn. 147 ff.). Oftmals werden ehemals Sicherungsverwahrte, die aufgrund der Vorgaben des EGMR vorzeitig aus der Haft entlassen werden mussten, weiterhin durch staatliche Stellen überwacht. Besonders Betroffene, die eine weiterhin negative Sozialprognose erhalten haben, oder die ein „reales Gefahrpotential" in sich bergen, stehen oftmals unter intensiver polizeilicher Beobachtung. Jedenfalls bei einer **Dauerobservation**, die erheblich in grundrechtliche Positionen der Betroffenen eingreift, sind das Recht Betroffener auf informationelle Selbstbestimmung sowie ihr **Recht auf Resozialisierung** sorgfältig gegen die Schutzbedürfnisse der Bevölkerung abzuwägen (Rn. 90).[290] Einen intensiven Eingriff in die Privatsphäre stellt auch die Durchführung einer **permanenten Videoüberwachung** von Inhaftierten in ihrer Zelle dar; sie bedarf daher ebenfalls einer besonderen Rechtfertigung.[291]

Außerdem werden die **verschiedenen Formen der Kommunikation**, ferner alles, 82 was Vorgänge aus diesem Bereich erfasst und für andere einsichtig machen kann, vom Begriff des Privatlebens erfasst, wie etwa Ton- und Bildaufnahmen,[292] Unterlagen und Dokumentationen.[293] Auch **geschäftliche und berufliche Aktivitäten**[294] können dem Pri-

---

288 Bei lediglich kurzer Dauer und wenn keinerlei Aufnahmen gefertigt/gespeichert werden, begründet die Observation einer Person in der Öffentlichkeit keinen Eingriff in den Schutzbereich des Art. 8: EGMR Calmanovici/RUM, 1.7.2008, § 132.

289 Vgl. EGMR Allan/UK, 5.11.2002; dazu *Esser* JR **2004** 98 (geheime Ton- und Videoaufzeichnungen in der Gefängniszelle); vgl. hierzu auch EGMR P.G. u. J.H./UK, 25.9.2001 (Aufzeichnung für Stimmvergleich); BGH NJW **2009** 2463 (akustische Überwachung – Besuchsraum U-Haft).

290 Kritisch insoweit: BVerfG DVBl. **2013** 169 m. Anm. *Söllner* und Anm. *Vahle* DVP **2013** 528 = BayVBl. **2013** 398 = KommJur **2013** 73 = LKV **2013** 30 („neue Form einer polizeilichen Maßnahme"; Annahme der Gefährlichkeit kann nicht auf veraltetes Gutachten gestützt werden, das zustande kam, als der Betr. noch in Sicherungsverwahrung war, wenn er mittlerweile in Freiheit lebt); OVG Münster DVBl. **2013** 1267 (vorübergehend auf der Grundlage einer polizeilichen Generalklausel zulässig; Beachtung strikter Verhältnismäßigkeit); ausführlich zur Dauerobservation ehemaliger Sicherungsverwahrter durch die Polizei und zu etwaigen Ermächtigungsgrundlagen in den landesrechtlichen Polizeigesetzen: *Greve/Lucius* DÖV **2012** 97 ff. m.w.N.; *Linke* DVBl. **2013** 559; *Eisenbarth* DVBl. **2013** 566; *Krüper* R&P **2014** 119; siehe auch VGH Mannheim Beschl. v. 1.1.2013 – 1 S 1817/12; VG Freiburg Urt. v. 14.2.2013 – 4 K 1115/12; HSOG Beschl. v. 10.6.2020 – 3 ZB 1/20 (Voraussetzung für Datenerhebung durch Observation).

291 EGMR Vasilică Mocanu/RUM, 6.12.2016, §§ 35 ff.; Gorlov u.a./R, 2.7.2019, §§ 82, 96 ff.; vgl. auch: EGMR Vasilyev u.a./R, 29.4.2021, §§ 6 ff.; Firsov u.a./R, 29.4.2021, §§ 6 ff.; Lygin u.a./R, 29.4.2021; Zokirov u.a./R, 29.4.2021, §§ 6 ff. (jeweils permanente Videoüberwachung während der U-Haft sowie nach Verurteilung; Verstoß gegen Art. 8).

292 Vgl. EGMR Caroline v. Hannover/D, 24.6.2004 (Fotos aus Privatleben).

293 EGMR M.N. u.a./SM, 7.7.2015, § 51 (Bankdokumente gehören auch dann zum Privatleben, wenn sie geschäftlicher Natur sind); G.S.B./CH, 22.12.2015, NLMR **2015** 521 (Informationen über Bankdaten als geschützte persönliche Daten; Transfer von Bankdaten in die USA unter konkreten Umständen mit Art. 8 vereinbar).

294 EGMR Naidin/RUM, 21.10.2014, §§ 30 ff.; Mateescu/RUM, 14.1.2014 §§ 20 f., NJW **2015** 1003 (Verbot der gleichzeitigen Berufstätigkeit als Anwalt und Arzt); Kotiy/UKR, 5.3.2015, § 63; Bolla u.a./I (E), 19.5.2015, § 58; Jankauskas/LIT (Nr. 2), 27.6.2017, NJW **2018** 3372 (Ausschluss von der Rechtsanwärterausbildung aufgrund strafrechtlicher Verurteilung); EuGH 14.2.2008, C-450/06 (Varec SA/B), NVwZ **2008** 651 (Teilnahme an einem Verfahren zur Vergabe öffentlicher Aufträge). Durch die Untersagung der Ausübung einer gewerblichen oder beruflichen Tätigkeit kann auch Art. 1 des 1. ZP-EMRK betroffen sein: EGMR Brückl/D (E), 9.5.2007; Milojević/SRB, 12.1.2016; zu den weitreichenden Folgen von Beschäftigungsbeschränkungen: Ivanovski/MAZ,

vatbereich zuzurechnen sein,[295] genauso wie der gute berufliche Ruf.[296] So sah der Gerichtshof das Recht auf die Achtung des Privatlebens aus Art. 8 berührt, nachdem der Antrag einer strafrechtlich verurteilten Rechtsanwältin auf Wiederzulassung durch die zuständige Rechtsanwaltskammer abgelehnt worden war.[297] Von Art. 8 umfasst ist der Schutz vor beeinträchtigenden oder **schädigenden Immissionen** aus der **Umwelt**[298] und der Erhalt einer gesunden Umwelt als Existenzgrundlage.[299]

83   Allerdings werden Verhaltensweisen mit einem sich nicht in der Unterhaltung privater persönlicher Beziehungen erschöpfenden Außenbezug nicht allein dem Privatleben zugerechnet, vor allem wenn sie mit den Rechten anderer Menschen oder mit den in Absatz 2 aufgezählten öffentlichen Interessen bzw. mit der in Art. 9 Abs. 2 erwähnten Moral kollidieren. Ebenso schließt der EGMR die **Mitarbeiterüberwachung**[300] zwecks Kontrolle der Privatnutzung des Internets am Arbeitsplatz nicht von vornherein aus, sofern diese „angemessen" stattfindet und die Durchführung von etwaigen Kontrollen in den Arbeitsvertrag bzw. die Betriebsvereinbarung aufgenommen wurde.[301] Ebenso stellte in

21.1.2016, §§ 176 ff.; Sodan/TRK, 2.2.2016 (dort speziell zum Verhältnis von Art. 8 und Art. 9); Platini/CH (E), 11.2.2020, § 52, NVwZ **2021** 465 = NLMR **2020** 106 (Verbot der Ausübung einer beruflichen Tätigkeit im Bereich des Fußballs für vier Jahre).

295 EGMR Niemietz/D, 16.12.1992, EuGRZ **1993** 65 = NJW **1993** 718 = ÖJZ **1993** 389 = JBl. **1993** 451; Halford/ UK, 25.6.1997; Bigaeva/GR, 28.5.2009 (Zulassung einer Ausländerin als Rechtsanwältin); Köpke/D (E), 5.10.2010, EuGRZ **2011** 471 (verdeckte Videoüberwachung einer Arbeitnehmerin); Sidabras u. Dziautas/LIT, 27.7.2004; (GK) Fernández Martínez/E, 12.6.2014, §§ 109 ff. und passim, NZA **2015** 533 u. Anm. *Lörcher* AuR **2014** 429, sowie (K) Fernández Martínez/E, 15.5.2012, § 57 (Nichtverlängerung eines Arbeitsvertrages eines Lehrers für katholische Religion durch die katholische Kirche, nachdem sich dieser in der Presse als verheirateter Priester mit Kindern zu erkennen gegeben hatte; keine Verletzung von Art. 8; GK mit nur 9:8 Stimmen); Oleksandr Volkov/UKR, 9.1.2013 (Amtsenthebung eines Richters des Obersten Gerichtshofs als Eingriff in Art. 8); Sõro/EST, 3.9.2015, § 56 (Veröffentlichung in den Medien, dass der Bf. als Fahrer für die KGB tätig war); Antović u. Mirković/Montenegro, 28.11.2017, § 55 (Videoüberwachung von Mitarbeitern an einer Universität; Eingriff in Privatleben bejaht).

296 Vgl. EGMR Milojevic u.a./SRB, 12.1.2016, § 60, NVwZ **2017** 1441; Oleksandr Volkov/UKR, 9.1.2013, § 166 („professional reputation"); Lekavičienė/LIT, 27.6.2017, § 46, NJW **2018** 3369.

297 EGMR Lekavičienė/LIT, 27.6.2017, § 46, NJW **2018** 3369; ähnlich verhält es sich mit der Entscheidung einer RAK, einen vorbestraften Kandidaten von der Liste der Anwaltsanwärter zu entfernen, vgl. EGMR Jankauskas/LIT, 27.6.2017, NJW **2018** 3371; Bagirov/ASE, 25.6.2020 (Ausschluss von der Ausübung des Anwaltsberufs für ein Jahr und nachfolgende Sperrung).

298 EGMR López Ostra/E, 9.12.1994, § 51; (GK) Hatton u.a./UK, 8.7.2003, EuGRZ **2005** 584 = NVwZ **2004** 1465 = ÖJZ **2005** 642, § 96; Greenpeace e.V./D (E), 12.5.2009; Tatar/RUM, 27.1.2009; Branduse/RUM, 7.4.2009 (Geruchsbelästigung in Gefängniszelle durch Müllhalde); Bacila/RUM, 30.3.2010, §§ 59 ff.; Frankowski u.a./ PL (E), 20.9.2011, NVwZ **2012** 1387 (Lärmbelästigung durch erhöhten Straßenverkehr nach Eröffnung eines Einkaufszentrums); Di Sarno/I, 10.1.2012, NVwZ **2013** 415 (Belastung durch Müllabfälle auf öffentlichen Straßen); Flamenbaum u.a./F, 13.12.2012 (Verlängerung Start-/Landebahn eines Flughafens); Brincat u.a./MLT, 24.7.2014, § 85, NVwZ-RR **2016** 121 (Arbeitsschutz bzw. Gesundheitsgefährdung am Arbeitsplatz); vgl. aber EGMR Caron u.a./F (E), 29.6.2010 (Unzulässigkeit einer allgemeinen Beschwerde gegen den Einsatz gentechnisch veränderter Organismen). Zum Umweltrecht in der Rechtsprechung des EGMR: *Heselhaus/Marauhn* EuGRZ **2005** 549; *Meyer-Ladewig* NVwZ **2007** 25; *Theil* NuR **2014** 330.

299 Duarte Agostinho u.a./P und 32 andere Staaten, Nr. 39371/20 (unzureichende Maßnahmen gegen Erderwärmung; Verein Klimaseniorinnen Schweiz u.a., Nr. 53600/20 (Schutz älterer Menschen vor Erderwärmung); Mex M./A, Beschwerde v. 25.3.2021; hierzu: *Schmahl* JZ **2022** 317, 320.

300 Zur Mitarbeiterüberwachung durch Videokameras am Arbeitsplatz vgl. EGMR (GK) López Ribalda u.a./ E, 17.10.2019, NJW **2020** 141 = NZA **2019** 1697 m. Bespr. *Körner* NZA **2020** 25; vertiefend zum Ganzen: *Pärli* EuZA **2020** 224 ff.

301 EGMR (GK) Bărbulescu/RUM, 5.9.2017, EuZW **2018** 169 (Drittwirkung der EMRK; Arbeitnehmer/privater Arbeitgeber: der Mitarbeiter sollte dienstlich einen Messengerdienst nutzen, was er auch in größerem Um-

der Rs. *Litbert* die Einsichtnahme eines öffentlichen Arbeitgebers in (persönliche) Dateien eines Mitarbeiters, die auf der **Festplatte seines Arbeitscomputers** gespeichert waren, in dessen Abwesenheit und Unkenntnis, keine Verletzung von Art. 8 dar.[302] Der Arbeitgeber habe ein berechtigtes Interesse, den reibungslosen Ablauf im Betrieb zu kontrollieren[303] und durfte daher, im maßgeblichen französischen Recht vorgesehen, (persönliche) Dateien auf dem Arbeitscomputer eines Mitarbeiters zumindest dann öffnen, wenn sie mangels Kennzeichnung als „privat" dem Anschein nach beruflicher Natur waren.[304] Die von der Gewichtung der hereinspielenden öffentlichen und privaten Interessen abhängige Grenzziehung ist in den Randbereichen fließend. Große praktische Auswirkungen sind damit nicht verbunden, da es auch bei Annahme eines staatlichen Eingriffs in das Privatleben darauf ankommt, ob dieser durch eine gesetzliche Regelung und die weit gespannten Zulässigkeitsgründe von Art. 8 Abs. 2 gedeckt ist (Rn. 54 ff., 67 ff.).

Soweit sich **Vorgänge im öffentlichen Raum** vollziehen, wird man daher stets unter- **84** scheiden müssen: An sich endet die Privatsphäre nicht bereits dadurch, dass sich jemand in der Öffentlichkeit bewegt, denn Privatsphäre ist nicht räumlich, sondern vom **Schutzzweck** her funktional zu verstehen.[305] Es gibt einen Bereich, in dem Menschen auch in der Öffentlichkeit zusammenkommen können, und der dennoch zum Privatleben gerechnet werden kann. Dieser Bereich ist weiter, wenn es sich nicht um Politiker oder andere Personen des öffentlichen Lebens handelt.[306] Soweit der Betroffene sich aber bewusst selbst **zum Teil der Öffentlichkeit macht**, etwa weil er an besonderen öffentlichen Ereignissen aktiv teilnimmt, freiwillige öffentliche Erklärungen (auch im Gerichtssaal) abgibt oder weil er sonstige Tätigkeiten ausübt, bei denen er weiß oder zumindest damit rechnen muss, dass sie **zum Gegenstand öffentlicher Berichte gemacht** oder **aufgezeichnet** werden, endet in der Regel sein Privatbereich, da er vernünftigerweise insoweit keinen besonderen Schutz erwarten kann.[307] Dies gilt nicht bereits deshalb, weil gegen den Betroffenen ein Strafverfahren eingeleitet wird.[308] Auch bei Handlungen mit Öffentlichkeitsbezug kann der Schutzbereich insbesondere dann weiterhin eröffnet sein, wenn der dem Betroffenen bekannt gegebene **Verwendungszweck der Aufzeichnungen** überschritten oder wenn

---

fang privat tat (Arbeitgeber bewies diesen Verstoß mit einer 45-seitigen Abschrift); Überwachung als Verstoß gegen Art. 8; grds. können Arbeitgeber aber berechtigt sein, die Einhaltung eines Verbots zur Privatnutzung des dienstlichen Internet-Anschlusses zu überwachen, wenn die Privatkommunikationsüberwachung verhältnismäßig ist, also der Arbeitnehmer über die Möglichkeit sowie über Art und Umfang der Überwachung hinreichend informiert wurde. Zudem muss ein legitimer Grund für etwaige Kontrollmaßnahmen vorliegen und, falls dieser bejaht wird, zunächst der Einsatz von milderen Mittel erwogen werden, um einen eventuellen Verstoß festzustellen; siehe auch: *Grimm/Göbel* JM **2018** 155.

302 EGMR Litbert/F, 22.2.2018, §§ 37, 53.

303 Vgl dazu EGMR (GK) Bărbulescu/RUM, 5.9.2017, § 127.

304 EGMR Litbert/F, 22.2.2018, §§ 44, 46 ff.

305 Dies gilt auch bei bekannten bzw. prominenten Personen: EGMR (GK) Von Hannover/D (Nr. 2), 7.2.2012, NJW **2012** 1053 = EuGRZ **2012** 278 = GRUR **2012** 745 m. Anm. *Lehr* = ZUM **2012** 551, § 97; vgl. außerdem IK-EMRK/*Wildhaber/Breitenmoser* 118, ferner Rn. 79 ff. zu den Schwierigkeiten einer allgemeinen Abgrenzung und zur einzelfallbezogenen Rechtsprechung des EGMR.

306 EGMR Sciacca/I, 11.2.2005, §§ 28, 29.

307 EGMR P.G. u. J.H./UK, 25.9.2001 (signifikanter, wenn auch nicht notwendig entscheidender Umstand); EKMR ÖJZ **1993** 320 (Friedl) hatte dies auch für die aktenmäßige Aufbewahrung solcher Aufnahmen *zur Dokumentation*, nicht zur Weiterverwendung, verneint. Vgl. aber *Frowein/Peukert* 6, wo zu Recht darauf hingewiesen wird, dass die Aufbewahrung von Daten über eine öffentliche Betätigung oder Erklärung eines Einzelnen in dessen Privatbereich eingreift, siehe auch EGMR Shimovolos/R, 21.6.2011, §§ 65 f.

308 EGMR Sciacca/I, 11.2.2005, § 29; Toma/RUM, 24.2.2009 (keine Einschränkung der Schutzwürdigkeit; „champ de protection").

das im öffentlichen Bereich gewonnene Material ohne sein Wissen **von einer Stelle systematisch gesammelt oder ausgewertet** wird.[309]

85   In der **Abwägung zwischen dem Allgemeinen Persönlichkeitsrecht und der Meinungs- bzw. Pressefreiheit**[310] ist zu berücksichtigen, ob der Betroffene bestimmte Umstände seines Privatlebens selbst öffentlich gemacht hat.[311] Außerdem wird die Abwägung häufig zugunsten der Freiheit der Berichterstattung ausfallen, wenn in der Öffentlichkeit bekannte, wahre Tatsachen aus dem Privatleben einer prominenten Person berichtet werden.[312] Bei der Ausübung der Meinungsfreiheit nach Art. 10 kann auch das Internet eine große Rolle spielen. Die **Verantwortlichkeit für beleidigende oder sonst rechtswidrige Äußerungen** muss aber grundsätzlich bestehen bleiben und Geschädigte müssen bei Verletzung von Persönlichkeitsrechten einen wirksamen Rechtsbehelf einlegen können.[313]

86   Wird der Name einer **prominenten Persönlichkeit** des öffentlichen Lebens ohne deren Einwilligung in einer **Werbeanzeige** genannt, kann nicht von vornherein davon ausgegangen werden, dass dem Schutz des Persönlichkeitsrechts des Genannten stets der Vorrang gegenüber der Meinungsäußerungsfreiheit des Werbenden zukommt.[314] Vielmehr kann die Beeinträchtigung des Persönlichkeitsrechts hinzunehmen sein. Der Image- oder Werbewert des Genannten darf jedoch durch die Verwendung seines Namens nicht ausgenutzt werden. Es darf auch nicht der Eindruck erweckt werden, dass er sich mit dem Werbeprodukt identifiziere.[315] Eine Verletzung des Rechts auf Achtung des Familien- und Privatlebens liegt jedenfalls dann nicht vor, wenn eine sorgfältige Abwägung zwischen der Meinungsäußerungsfreiheit und des Rechts auf Achtung des Privatlebens erfolgt und zu einem **„verbindlichen Gleichgewicht"** geführt hat. Zur Abwägung zwischen der Meinungsfreiheit und dem Allgemeinen Persönlichkeitsrecht lassen sich bereits zwei Grundlinien der Entscheidungspraxis des EGMR erkennen: Zum einen müsse stets **praktische**

---

309 EGMR P.G. u. J.H./UK, 25.9.2001, unter Hinweis auf die gleiche Lage beim gezielten Sammeln von Informationen in Akten; Amann/CH, 16.2.2000; (GK) Rotaru/RUM, 4.5.2000, §§ 43 f., 46; Shimovolos/R, 21.6.2011, §§ 65 f.
310 Vgl. dazu auch Art. 10 Rn. 54.
311 EGMR (GK) v. Hannover/D (Nr. 2), 7.2.2012, NJW **2012** 1053 = EuGRZ **2012** 278 = GRUR **2012** 745 m. Anm. *Lehr* = ZUM **2012** 551, § 111; (GK) Axel Springer AG/D, 7.2.2012, § 101; BGH NJW **2012** 767 m. Anm. *Stender-Vorwachs* = AfP **2012** 47 = ZUM-RD **2012** 12 (m. Anm. *Herles* StudZR **2013** 157): keine Verletzung des Allgemeinen Persönlichkeitsrechts durch Berichterstattung über die Mitwirkung als Darsteller in Pornofilmen, da der Betroffene selbst seine Privatsphäre nach außen geöffnet hatte; BVerfG NJW **2006** 2838 (Bestätigung von BGH NJW **2004** 762): keine Verletzung des Allgemeinen Persönlichkeitsrechts durch Veröffentlichung von – sogar heimlich erstellten – Fotos des Anwesens einer prominenten Person, da diese davor bereits eine Berichterstattung über jenes Anwesen gefördert und gebilligt hatte, so dass derselbe Ausschnitt der Privatsphäre betroffen war, wenngleich die neue Veröffentlichung geringfügig mehr Information enthielt. In Abgrenzung dazu BVerfG NJW **2006** 2836 = EuGRZ **2006** 473: Veröffentlichung von Fotos eines Anwesens einer prominenten Person, die zuvor keine Informationen darüber nach außen getragen hatte; heimlich gemachte Aufnahmen einer Hochzeit einer prominenten Person, die früher mit der Presse zusammengearbeitet hatte (EGMR Lillo-Stenberg/N, 16.1.2014, NJW **2014** 3291); vgl. auch OLG Köln K&R **2018** 266, 269 (kein Verstoß gegen postmortales Persönlichkeitsrecht durch Berichterstattung).
312 BGH NJW **2012** 3645 = ZUM-RD **2012** 583, Rn. 21 ff.
313 EGMR Delfi AS/EST, 16.6.2015.
314 So auch bei Veröffentlichung heimlich gemachter Fotos einer Hochzeit prominenter Personen (EGMR Lillo-Stenberg/N, 16.1.2014, NJW **2014** 3291).
315 BGH GRUR **2008** 1124.

Konkordanz herbeigeführt werden[316] und zum anderen könne durchaus eine geringere Schutzbedürftigkeit prominenter Personen bestehen.[317] Dabei sind folgende Gesichtspunkte von entscheidender Bedeutung: Die Bekanntheit des Klägers kann ein besonderes **Informationsinteresse der Öffentlichkeit** begründen, so dass die prominente Person einen geringen Schutz des Privatlebens dulden muss.[318] In die vorzunehmende Interessenabwägung sind ferner der satirisch-spöttische Gehalt der Werbung, der Bekanntheitsgrad der Person des öffentlichen Lebens, der Beitrag zu einer gesellschaftlichen Debatte[319] und der Umstand, dass das als Aufhänger dienende Ereignis der Öffentlichkeit bereits bekannt gewesen ist, einzubeziehen.[320] Auch zu berücksichtigen sind Inhalt, Form und Wirkung der Öffentlichkeit und das Verhalten der betroffenen Person in der Vergangenheit.[321]

Der Bereich des Privaten ist nicht betroffen, wenn ein Teilnehmer an einer Veranstal- **87** tung sich ebenso wie alle anderen in eine **Anwesenheitsliste** eintragen muss. Auch **Fotos**, die die Polizei von **Teilnehmern einer öffentlichen Demonstration** anfertigt und aktenmäßig aufbewahrt, sind nicht als Eingriff in deren Privatsphäre einzustufen, wenn sie **lediglich Dokumentationszwecken** dienen und keine Maßnahmen zur Identifizierung der abgebildeten Personen ergriffen werden.[322]

Auch in Situationen, in denen eine Person **undifferenziert mit einer Mehrzahl von** **88** **Personen** von allgemeinen Maßnahmen der Überwachung und Kontrolle betroffen wird, ist der Schutz geringer. So ist der Privatbereich einer Person nicht tangiert, wenn sie bei einer **allgemeinen Video-Überwachung** einer Straße, eines Bahnhofs oder eines Kaufhauses aufgenommen wird.[323] Die **Offenlegung** der bei einer solchen Überwachung gewonnenen Aufnahmen einer Person durch eine öffentliche Stelle kann aber einen Eingriff in ihr

---

316 Der EGMR räumt weder der Meinungsfreiheit aus Art. 10, noch dem Recht auf Achtung des Privatlebens aus Art. 8 einen grundsätzlichen Vorrang ein. Vielmehr sucht er im Einzelfall die praktische Konkordanz. Staatliche Gerichte haben bei der in Rede stehenden Abwägung der betroffenen Rechtsgüter einen Entscheidungsspielraum, welcher in der „kommerziellen Sphäre" besonders groß ist (*Höch* K&R **2015** 231); da die in Art. 10 und Art. 8 garantierten Rechte gleiche Achtung verdienen, muss ein Ausgleich hergestellt werden, der den Wesensgehalt beider Rechte bewahrt: EGMR Delfi AS/EST, 16.6.2015, § 110, NJW **2015** 2863.
317 Da der EGMR auch den Grad der Bekanntheit der betroffenen Person in die Abwägung einbezieht, zeigt sich, dass ihm der Schutz privater Belange von nicht-prominenten Personen besonders wichtig ist (*Höch* K&R **2015** 232); siehe aber EGMR Sousa Goucha/P, 22.3.2016, § 41 (auch wenn eine Person einer breiten Öffentlichkeit bekannt ist, kann sie sich auf den Schutz und die Achtung des Privatlebens berufen).
318 *Höch* K&R **2015** 231.
319 Aus EGMR Bohlen/D, 19.2.2015 und EGMR Ernst August v. Hannover/D, 19.2.2015, NJW **2016** 781, wird jedoch nicht deutlich, worin in den beiden Fällen der Beitrag zu einer gesellschaftlichen Debatte liegen soll. *Höch* K&R **2015** 232 ist der Ansicht, dass geringe Anforderungen an den „Beitrag zur öffentlichen Debatte" zu stellen seien. Auch die Unsicherheit prominenter Personen, durch werbliche Maßnahmen zwangskommerzialisiert zu werden, sei durch die Entscheidung des EGMR jedenfalls nicht kleiner geworden.
320 Vgl. EGMR Lillo-Stenberg/N, 16.1.2014, NJW **2014** 3291 (Bekanntheitsgrad des Betroffenen, Gegenstand des Berichts, Art und Weise der Aufnahmen, Auswirkungen des Berichts); Bohlen/D, 19.2.2015; Ernst August v. Hannover/D, 19.2.2015.
321 Umfassend: *Höch* K&R **2015** 231.
322 Vgl. EGMR P.G. u. J.H./UK, 25.9.2001, § 58 mit Verweis auf EGMR Friedl/A, 31.1.1995.
323 EGMR P.G. u. J.H./UK, 25.9.2001, § 57; AG Saarbrücken Urt. v. 11.11.2009 – 22 OWi 66 Js 1585/09 (901/09) – Verkehrsüberwachung, diff. zwischen Übersichtsaufnahmen des fließenden Verkehrs und Aufnahmen der Fahrzeugführer sowie der Kennzeichen nach Verwendungskontext und Individualisierbarkeit); hinsichtlich einer Differenzierung noch offen: BVerfG NJW **2009** 3293, 3294; restriktiver bei einer Überwachung *mit* *Aufzeichnung* in Bezug auf das Allgemeine Persönlichkeitsrecht: BVerfG NVwZ **2007** 688 („Regensburger Karavan-Denkmal") m. Anm. *Zöller* NVwZ **2007** 775; BVerwG NVwZ **2012** 757 („offene Videoüberwachung der Reeperbahn") m. Anm. *Siegel* NVwZ **2012** 738. Zum Einsatz der Videoüberwachung als Mittel der Kriminalprävention: *Kett-Straub* ZStW **123** (2011) 110, 118 ff.; *Siegel* VerwArch **102** (2011) 159.

Esser

Privatleben bedeuten.[324] Ein Eingriff, der in der Offenlegung privat erfolgter Videoaufnahmen von einem Verhalten im öffentlichen Raum besteht, wird meist gerechtfertigt sein, wenn die Aufnahmen nur im Rahmen eines Zivilprozesses Verwendung finden.[325] Das BAG hat im Zusammenhang mit **Videoaufnahmen durch einen Privatdetektiv** dagegen entschieden, dass die Überwachung eines Arbeitnehmers wegen Verdachts einer vorgetäuschten Arbeitsunfähigkeit jedenfalls dann rechtswidrig ist, wenn der Verdacht schon nicht auf konkreten Tatsachen beruht.[326] Auch durften von der Polizei während eines Fußballspiels durchgeführte **Videoaufzeichnungen eines Fanblocks**, die anlassunabhängig erfolgten, d.h. ohne von einer polizeirechtlichen Eingriffsnorm gedeckt zu sein, in einem Strafverfahren wegen Beleidigung – weil es lediglich um die Aufklärung von Kleinkriminalität ging – nicht verwertet werden.[327]

89   Fertigt die Polizei **Filmaufnahmen von einer Versammlung** an, ist sie nicht ohne Weiteres berechtigt, die Identität von Versammlungsteilnehmern, die ihrerseits die Polizisten filmen, festzustellen. Eine derartige **Identitätsfeststellung** ist nur bei einer konkreten Gefahr für ein polizeiliches Schutzgut zulässig. Dies ist eine Frage der Umstände des Einzelfalls. Wenn auch das Gewicht eines derartigen Eingriffs verhältnismäßig gering ist, bedarf dieser einer verfassungsrechtlichen Rechtfertigung. Gehen die Sicherheitsbehörden davon aus, dass im Einzelfall die konkrete Gefahr besteht, dass durch die Versammlungsteilnehmer eine unzulässige Verbreitung der Aufnahmen zu befürchten ist, bedarf es hierfür hinreichend tragfähige Anhaltspunkte. Ohne nähere Begründung kann nicht von einem erwartenden Verstoß gegen § 33 Abs. 1 KUG ausgegangen werden. Vielmehr ist im Einzelfall zu prüfen, ob eine von § 33 Abs. 1 KUG sanktionierte Verbreitung oder öffentliche Zurschaustellung der Aufnahmen zu erwarten ist oder ob es sich bei den Aufnahmen nur um eine Reaktion der Versammlungsteilnehmer auf die polizeilich gefertigten Bild- und Tonaufzeichnungen, z.B. zum Zwecke der Beweissicherung handelt.[328]

90   Anders ist der Fall zu beurteilen, in dem sich der Betroffene einer **polizeilichen Dauerobservation** ausgesetzt sieht. Adressaten sind hauptsächlich ehemalige (nachträglich) Sicherungsverwahrte, die nach mehreren Judikaten des EGMR aus der Sicherungsverwahrung entlassen werden mussten.[329] Bei dennoch weiterhin bestehender negativer Sozialprognose und erhöhter Rückfallwahrscheinlichkeit[330] hatten zahlreiche unterinstanzliche Verwaltungsgerichte die Frage zu klären, ob eine im Anschluss an die Entlassung stattfindende **polizeiliche**

---

324 EGMR Peck/UK, 28.1.2003; Verhinderung einer Selbsttötung auf der Straße dank Videoüberwachung; Veröffentlichung von Bildern der sich daran anschließenden Vorgänge ohne ausreichende Unkenntlichmachung der Person); Bremner/TRK, 13.10.2015 (Filmen eines Mannes mit einer versteckter Kamera; Äußerung zum Christentum; danach Präsentation als Priester im TV-Programm; Eingriff in das Privatleben, sofern Unkenntlichmachung unterbleibt).

325 EGMR De La Flor Cabrera/E, 27.5.2014, §§ 5 f., 35 ff., NJW **2015** 1079 (Videoaufnahmen durch Privatdetektiv, die den Bf. beim Motorradfahren zeigen; in Schadensersatzprozess hatte Bf. vorgetragen, wegen eines Unfalltraumas keine motorisierten Fahrzeuge mehr steuern zu können).

326 Vgl. BAG NJW **2015** 2749 m. Anm. *Krieger* (Überwachung eines Arbeitnehmers durch einen Privatdetektiv wegen Verdachts einer vorgetäuschten Arbeitsunfähigkeit).

327 Vgl. LG Köln Beschl. v. 1.4.2021 – 157 Ns 8/20, BeckRS **2021** 32455 (keine Bedenken zur Verwertung der Videoaufzeichnungen zur Aufklärung mittlerer oder schwerer Straftaten); dazu auch: *Beukelmann/Heim* NJW-Spezial **2021** 729.

328 Vgl. hierzu BVerfG NVwZ **2016** 53 m. Anm. *Penz*.

329 Näher Art. 5 Rn. 152 ff.

330 *Greve/Lucius* DÖV **2012** 97 ff. („reales Gefahrpotential").

(offene) Dauerobservation unverhältnismäßig in die Rechte der Betroffenen eingreift.[331] Zwar erfolge durch diese Überwachung kein offensichtlicher Übergriff in den Kernbereich der privaten Lebensgestaltung des Betroffenen.[332] Zu bedenken sei aber stets, dass eine Dauerobservation zwangsläufig zur **Stigmatisierung** des Überwachten führe, was somit sein Recht auf Resozialisierung vor nahezu unüberwindbare Hindernisse stelle.[333]

Eine sog. **Gefährderansprache**, d.h. die in einem konkreten Fall an einen potentiellen 91 Gefahrenverursacher gerichtete Ermahnung, Störungen der öffentlichen Sicherheit zu unterlassen, stellt einen Eingriff in das Privatleben dieser Person dar[334] und bedarf daher einer gesetzlichen Grundlage.[335] Dies gilt auch für das **Anhalten, Befragen und Durchsuchen von Reisenden** und deren Gepäck am Flughafen seitens der Polizei. Im Fall *Beghal* bot die nationale Rechtsgrundlage keinen ausreichenden Schutz vor einem Missbrauch der Privatsphäre, insbesondere da sie Befragungen mit einer Dauer von bis zu neun Stunden ohne Rechtsbeistand und ohne das Erfordernis eines hinreichend begründeten Verdachts ermöglichte.[336]

Durch das Installieren einer **Kamera zur Erstellung von Bildaufnahmen vom Ein-** 92 **gangsbereich des Wohnhauses** eines Betroffenen wird zwar einerseits deutlich weniger stark in dessen Privatsphäre eingegriffen als durch eine Dauerobservation, andererseits beschränkt sich der Erkenntnisgewinn aber darauf zu erfahren, wann und ggf. mit wem der Betroffene das Haus betritt und verlässt. Da diese Maßnahme daher nicht geeignet ist, vom Betroffenen ausgehende Gefahren abzuwenden oder maßgeblich zu verringern, ist sie unverhältnismäßig und vom Staat daher als rechtswidrig einzustufen.[337]

Bedenken wirft der staatliche **Einsatz von Drohnen** zur Überwachung der Einhaltung 93 von Kontaktverboten auf, insbesondere im Zusammenhang mit der Corona-Pandemie. Angesichts ihrer flexiblen Steuerungsmöglichkeit aus der Luft und der dabei ermöglichten nahezu unbemerkten Annäherung und Kontrolle von Personen in ihrer privaten Umgebung weist der Einsatz von Drohnen eine hohe Eingriffsintensität auf.[338] Die Durchführung eines Einsatzes ohne ausdrückliche, spezialgesetzliche Ermächtigungsgrundlage ist als rechtswidrig einzustufen.[339]

Bei der **Verwendung künstlicher DNA** ist das Markieren („Besprühen") von Gegen- 94 ständen, aber auch von Menschen möglich. So kann z.B. an Tankstellen eine Sprühvorrichtung angebracht werden, die außerhalb der Öffnungszeiten mit der Alarmanlage verbun-

---

331 VG Aachen Urt. v. 24.1.2011 – 6K 140/10 m. Anm. *Muckel* JA **2011** 394 = DVP **2011** 436 (Ls.) m. Anm. *Vahle* = Kriminalistik **2011** 441; VG Saarlouis Beschl. v. 15.9.2010 – 6 L 746/10 = LKRZ **2010** 415 ff.; OLG Brandenburg StV **2010** 691 ff.; VG Freiburg Beschl. v. 16.8.2011 – 4 K 917/11; VGH Mannheim Beschl. v. 8.11.2011 – 1 S 2538/11; BVerfG DÖV **2013** 198 (Dauerobservation kann nur vorläufig auf die polizeiliche Generalklausel gestützt werden); VG Hamburg Urt. v. 27.11.2013 – 13 K 1715/13 (keine geeignete Ermächtigungsgrundlage); OVG Münster DVBl. **2013** 1267 (polizeiliche Generalklausel taugliche Rechtsgrundlage bei Beachtung strikter Verhältnismäßigkeit); weiterführend *Greve/Lucius* DÖV **2012** 97 ff.
332 *Greve/Lucius* DÖV **2012** 97, 103.
333 *Greve/Lucius* DÖV **2012** 97 ff. m.w.N.
334 Vgl. aus grundrechtlicher Perspektive: *Weber* apf **2013** 33, 38.
335 Vgl. VGH Mannheim VBlBW **2018** 316 = BeckRS **2017** 137291.
336 EGMR Beghal/UK, 28.2.2019, § 109, NLMR **2019** 63.
337 OLG Zweibrücken NJW **2012** 3190 (30 Tage Bildaufnahmen zur Erstellung eines Bewegungsprofils); zur potentiellen Betroffenheit Dritter durch solche längerfristigen verdeckten Videoaufnahmen (§§ 100h, 163f StPO): *Bleckat* NJ **2021** 539.
338 Vgl. *Knell* NVwZ **2020** 688, 689.
339 So auch *Knell* NVwZ **2020** 688, 689.

Esser

den wird. Sobald der Versuch unternommen wird, die Tür gewaltsam zu öffnen, wird der mögliche Delinquent unbemerkt mit der flüssigen DNA besprüht. Diese ist dann durch die Polizei vier bis sechs Wochen auf Haut und Kleidung nachweisbar (UV-Licht-Taschenlampe). Grundsätzlich kann eine solche **„Schwarzlichtlampe"** in jedem Fachgeschäft erworben werden. Somit könnte theoretisch auch ein privater Dritter dem ohne sein Wissen Markierten nachweisen, ob er sich zum fraglichen Zeitpunkt am Ort der Markierung befunden hat. Zudem ist später kaum sicher feststellbar, ob nicht auch zufällig an der Anlage vorbeigehende Passanten versehentlich besprüht werden. Auch bei diesen wäre eine konkrete Nachverfolgung ihres Aufenthaltsortes zum fraglichen Zeitpunkt möglich. Zumindest bedenklich erscheint dies in Bezug auf das Recht auf informationelle Selbstbestimmung.[340] Ein Eingriff in dieses (bei polizeilichem Handeln) ist regelmäßig auch als Eingriff in das Privatleben i.S.d. EMRK zu verstehen.[341]

95   Weder zum alleinigen Privatbereich der Frau noch zu dem des Mannes gerechnet wird die **Schwangerschaft** und damit die Regelung der Möglichkeiten ihres Abbruchs.[342] Gleiches gilt für allgemeine Vorschriften, die – wie **Verkehrsregeln**[343] – das Verhalten in der Öffentlichkeit für jedermann zu dessen Schutz oder im Interesse der öffentlichen Ordnung oder Sicherheit regeln, ohne speziell persönlichkeitsrelevant zu sein.[344] Dazu gehören die Pflicht, eine Fußgängerunterführung zu benutzen oder **Sicherheitsgurte** oder **Schutzkleidung** anzulegen oder das Erfordernis eines Führerscheins.[345]

96   **Verlautbarungen staatlicher Stellen über ein (anhängiges) Strafverfahren** – sei es durch Polizei, Staatsanwaltschaft, Richter oder sonstige Stellen – müssen neben der **Unschuldsvermutung (Art. 6 Abs. 2**; dort Rn. 605 ff.) auch den Anforderungen des Art. 8 für einen Schutz des Privatlebens der durch die Mitteilung Betroffenen Rechnung tragen, wenn sie einen auch nur mittelbar personenbezogenen Inhalt haben. Dies ist bei Angaben zum Beschuldigten, aber auch zu Zeugen regelmäßig der Fall. Zur Rechtfertigung eines solchen nicht selten gravierenden Eingriffs muss die Mitteilung gemäß Art. 8 Abs. 2 auf **gesetzlicher Grundlage** erfolgen, einem **legitimen Zweck** entsprechen und den **Grundsatz der Verhältnismäßigkeit** wahren (Rn. 42 ff., 54 ff. und 67 ff.). Reine Verwaltungsvorschriften (u.a. Nr. 23 RiStBV) entsprechen den Anforderungen an eine gesetzliche Grundlage nicht.

97   Kritisch zu sehen ist die im Wege der Amtshilfe praktizierte **Veröffentlichung personenbezogener Daten** (Name, Geburtsdatum, Staatsangehörigkeit) **mutmaßlicher Steuersünder im Gesetzblatt der Schweiz** durch die Eidgenössische Steuerverwaltung ESTV. Die Veröffentlichung der personenbezogenen Daten als für jedermann über eine Internetseite einsehbare Mitteilung ist mit einer erheblichen Prangerwirkung und der öffentlichen Stigmatisierung des Betroffenen verbunden und stellt daher einen erheblichen Eingriff in das Recht auf Privatleben dar. Dass die Schweiz einen gerechten Ausgleich zwischen den widerstreitenden Interessen erzielt hat, ist im Hinblick auf die Schwere des Eingriffs für

---

340   Hierzu BVerfGE **113** 46; **118** 184; **120** 379 ff. *Wiese* ZRP **2012** 18, 19.

341   Vgl. hierzu *Grabenwarter/Pabel* § 22, 11, wo die informationelle Selbstbestimmung unter den Schutz der Privatsphäre nach Art. 8 eingeordnet wird.

342   EKMR bei *Frowein/Peukert* 4; vgl. EKMR Brüggemann u. Scheuten/D, 19.5.1976, EuGRZ **1976** 397; EKMR Paton/UK, 13.5.1980, EuGRZ **1981** 20; ausführlich dazu unter Hinweis auf die Rechtsprechung in einzelnen Staaten: IK-EMRK/*Wildhaber/Breitenmoser* 225 ff.; SK/*Meyer* 13.

343   Vgl. EKMR bei *Bleckmann* EuGRZ **1981** 114, 121.

344   IK-EMRK/*Wildhaber/Breitenmoser* 139.

345   EGMR Romet/NL, 14.2.2012, § 37 (unzureichende Maßnahmen zur Verhinderung des Missbrauchs des vom Bf. als verloren gemeldeten Führerscheins).

den Betroffenen und den Interessen des ersuchten Staates, welche primär in der Erfüllung der Verpflichtung zur Amtshilfe zu sehen sind, zu verneinen.

Anders entschied der EGMR jedoch zunächst die Kammer des in der Rs. *L.B.*, in **98** dem der Bf. die **Veröffentlichung personenbezogener Daten** (u.a. Name, Adresse) auf der **Website der nationalen Steuerbehörde** wegen Nichterfüllung seiner steuerlichen Pflichten als Verstoß gegen Art. 8 rügte.[346] Mit Blick auf den Zweck der Veröffentlichung – nämlich die Zugänglichmachung aufklärender Informationen für die Öffentlichkeit zur Erhöhung der Bereitschaft zur Zahlung von Steuern und zum Schutz wirtschaftlicher Interessen – sah die Kammer den bestehenden Beurteilungsspielraum Ungarns nicht als überschritten an und verneinte im Ergebnis einen Verstoß.[347] Inzwischen hat die **Große Kammer des EGMR** in der Rs. *L.B.* entgegen der Kammerauffassung jedoch begrüßenswerterweise einen Verstoß gegen Art. 8 bejaht.[348] Die GK begründete dies vor allem mit einer unzureichenden Abwägung der widerstreitenden Interessen durch die ungarischen Behörden. Zwar seien Steuersünderdateien grundsätzlich nicht unzulässig und es bestehe insofern auch ein weiter Beurteilungsspielraum der Mitgliedstaaten.[349] Es werde im Rahmen des ungarischen Systems allerdings u.a. nicht hinreichend in die Abwägung einbezogen, in welchem Umfang und mit welcher Reichweite die Daten, insbesondere die Adressen der Betroffenen, veröffentlicht werden können.[350]

In zeitlicher Hinsicht kann Art. 8 dem Betroffenen im Zusammenhang mit einem Straf- **99** verfahren mitunter sogar zeitlich länger einen Schutz seines Privatlebens gewähren als die in Art. 6 Abs. 2 garantierte Unschuldsvermutung. Während Verlautbarungen oder sonstige der Öffentlichkeit zugängliche Informationen der Strafverfolgungsbehörden über ein (sei es durch eine gerichtliche Entscheidung oder durch eine Einstellung durch die Staatsanwaltschaft) **abgeschlossenes Strafverfahren** (wie **Datenbanken über Sexualstraftäter**[351]) die Unschuldsvermutung nicht mehr berühren, weil insoweit der sachlich-zeitliche Schutzbereich des Art. 6 Abs. 2 regelmäßig nicht mehr eröffnet ist (vgl. dort Rn. 670), können solche Hinweise im konkreten Fall (noch) mit dem durch Art. 8 geschützten **Privatleben** der betroffenen Person in Konflikt geraten. Jenseits der besonderen Umstände des Einzelfalls begegnen die Registrierung von verurteilten Sexualstraftätern in *nichtöffentlichen* Datenbanken sowie deren Verpflichtung zur Angabe ihrer Adresse und Anzeige eines Wohnortwechsels etc. (auch gegen Androhung einer Freiheits- oder Geldstrafe) keinen Bedenken, sofern die allgemeinen Voraussetzungen für einen Eingriff in das von Art. 8 Abs. 1 geschützte Privatleben (Rn. 79 ff.), insbesondere die für den Datenschutz geforderten Löschungsvorschriften und eine unabhängige (gerichtliche) Kontrolle, gewährleistet sind.[352] *Öffentliche* **Datenbanken/**

---

346 EGMR L.B./H, 12.1.2021, §§ 5, 17.
347 EGMR L.B./H, 12.1.2021, §§ 45 f., 54, 71 f.
348 EGMR (GK) L.B./H, 9.3.2023, §§ 139 f.
349 EGMR (GK) L.B./H, 9.3.2023, §§ 128, 130.
350 EGMR (GK) L.B./H, 9.3.2023, §§ 129 ff., 133 ff.
351 Das US-Justizministerium betreibt seit 2005 die *National Sex Offender Public Registry Web Site*, die alle persönlichen Daten (nebst Foto) sowie die Details der Verurteilung von Sexualstraftätern aus 48 US-Bundesstaaten enthält, wo ebenfalls entsprechende Datenbanken geführt werden. Verurteilte Sexualstraftäter sind verpflichtet, sich als solche registrieren zu lassen („Megan's Law", 1994). Nicht-öffentliche Datenbanken über Sexualstraftäter gibt es seit 2008 in Österreich; in der Schweiz sind sie in Planung. Bayern (seit 2006 Haft-Entlassenen-Auskunfts-Datei-Sexualstraftäter – **HEADS**) und Bremen haben solche Datenbanken bereits eingerichtet.
352 EGMR Gardel/F, 17.12.2009 (Maximaldauer der Datenspeicherung von 30 Jahren verhältnismäßig); zum französischen FIJAIS vgl. auch EGMR Hautin/F (E), 24.11.2009 (Art. 7); Bouchacourt/F, 17.12.2009; M.B./F, 17.12.2009; B.B./F, 17.12.2009.

Websites widersprechen dagegen im Regelfall der Notwendigkeit in einer demokratischen Gesellschaft (Art. 8 Abs. 2).[353] Auch Bestimmungen in der Geldwäsche-Richtlinie, die die Errichtung eines öffentlichen **Geldwäscheregisters** in der EU zum Zwecke der Bekämpfung von Geldwäsche und der Finanzierung von Terrorismus zulassen, welches Angaben über die wirtschaftlichen Eigentumsverhältnisse von Gesellschaften im Hoheitsgebiet enthält, erachtete der EuGH als mit Unionsrecht unvereinbar.[354]

100   Einen besonderen Fall der Speicherung personenbezogener Daten stellt die sog. **Antiterrordatei** dar. Es handelt sich um eine Verbunddatei, an der rund 40 Sicherheitsbehörden beteiligt sind (BKA, Landeskriminalämter, Verfassungsschutz, Zollkriminalamt) und mithilfe derer die Bekämpfung des internationalen Terrorismus gefördert werden soll.[355] Das **BVerfG** hat die Speicherung personenbezogener Daten in der Antiterrordatei grundsätzlich als mit den „Grundstrukturen der Verfassung" vereinbar angesehen. Allerdings bedürfe eine solche Verbunddatei zwischen den Sicherheitsbehörden nach Ansicht des BVerfG einer hinreichend bestimmten und dem Übermaßverbot entsprechenden gesetzlichen Ausgestaltung. Insofern genügte die bisherige Regelung noch nicht allen verfassungsrechtlichen Anforderungen, vor allem bezüglich „der Bestimmung der **beteiligten Behörden**, der **Reichweite der als terrorismusnah erfassten Personen**, der Einbeziehung von **Kontaktpersonen**, der Nutzung von verdeckt bereitgestellten erweiterten Grunddaten, der Konkretisierungsbefugnis der Sicherheitsbehörden für die zu speichernden Daten und der Gewährleistung einer **wirksamen Aufsicht**".[356] Zum Ausgleich dieser Defizite bzw. zur Umsetzung der Vorgaben des BVerfG hat der deutsche Gesetzgeber entsprechende Änderungen[357] des Antiterrordateigesetzes vorgenommen.

101   Polizeiliche **Datenbanken zur Prävention von Gewalt/Straftaten**[358] müssen ebenfalls die strengen Voraussetzungen des Art. 8 Abs. 2 erfüllen. Die Gewinnung von personenbezogenen Erkenntnissen über Zusammenhänge und Verbindungen zwischen Personen, die im Zusammenhang mit und aus Anlass von Sportveranstaltungen zur Anwendung von Gewalt neigen, ist ein legitimer Zweck i.S.v. Art. 8 Abs. 2. Da die Speicherung personenbezogener Daten hier aber lediglich auf der Grundlage einer **Individual-Gefahren-Prognose** erfolgt, sind an die Verhältnismäßigkeit der konkreten Datenspeicherung und -verwendung strenge Anforderungen zu stellen. Um einer pauschalen Kriminalisierung von Personen vorzubeugen, bedarf es stets **objektiver, dokumentierter Kriterien** für die Aufnahme von Personen in derartige Datenbanken, die über eine rein subjektive Einschätzung der Sicherheitsbehörden hinausgehen.

102   Teil des von Art. 8 geschützten Privatlebens ist auch die **Freizügigkeit**, auch diejenige über Staatsgrenzen hinaus ins **Ausland**, insbesondere dann, wenn familiäre und berufliche Verbindungen zu verschiedenen Staaten bestehen. Dieses Recht ist in modernen Ge-

---

[353] Näher dazu, dass der EGMR die Datenspeicherung leichter für rechtmäßig erklärt, wenn die Dateien nicht öffentlich zugänglich sind: *Anders* JR **2011** 195. Vgl. aber die *private* Internetseite Lexbase in Schweden (www.lexbase.se), die verurteilte Personen auf einem Stadtplan als roten Punkt kenntlich macht (und mangels Aktualisierung u.a. Nachmieter trifft). Die Seite wird als von der Meinungsfreiheit geschützt angesehen (SZ v. 30.1.2014, S. 1: „Ein Land am Pranger").
[354] EuGH 22.11.2022, C-37/20, C-601/20 (Luxembourg Business Registers), Tz. 76, 86 ff., BeckRS **2022** 32382, wonach ein solcher Eingriff nicht mit Art. 7 und 8 der GRC vereinbar sei, zumal er sich nicht auf das absolut Erforderliche beschränke und in keinem angemessenen Verhältnis mit dem Zweck der Maßnahme stehe.
[355] Vgl. ausführlich *Petri* ZD **2013** 3 ff.
[356] BVerfG NJW **2013** 1499 ff.
[357] Diese Anpassung des Antiterrordateigesetzes erfolgte mit dem Gesetz zur Änderung des Anititerrordateigesetzes und anderer Gesetze v. 18.12.2014 (BGBl. 2014 I S. 2318).
[358] Siehe die bundesweite Datei „Gewalttäter Sport" oder die von der bayerischen Polizei geführte Datei „EASy Gewalt und Sport – EASy GS".

sellschaften als so grundlegend anzusehen, dass ein schwerwiegender Eingriff angenommen werden kann, wenn die gewünschte Ausreise, z.B. durch die **Beschlagnahme eines Ausweisdokumentes**, unterbunden wird. Insoweit ist es unerheblich, dass die Freizügigkeit ebenfalls von Art. 2 des 4. ZP-EMRK erfasst wird.[359] Eine Verletzung des Privatlebens liegt vor, wenn einem vormals vorbestraften EU-Bürger die Einreise in einen anderen Mitgliedstaat verwehrt wird, ohne dass zuvor eine intensive, mehrstufige Verhältnismäßigkeitsprüfung durchgeführt wurde.[360]

Der Bereich des Nichtöffentlichen darf nicht eng ausgelegt werden.[361] Dazu gehört **103** das **Recht, in Ruhe gelassen zu werden**, vor allem dort, wo Rechte Dritter nicht berührt sind.[362] Dies schließt das Recht ein, in einer Gefängniszelle (auch im Polizeigewahrsam[363] oder einem Besuchsraum („parloir") eines Gefängnisses[364]) nicht verdeckt abgehört oder durch verdeckte Videoaufnahmen erfasst zu werden.[365] Während eines Aufenthalts in einer Arrestzelle gemachte Videoaufnahmen sind wegen der Abgeschlossenheit der polizeilichen Arrestzelle als Eingriff in die Privatsphäre zu bewerten.[366] Die Aufnahmen sind dem Sammeln und Aufbewahren von personenbezogenen Daten gleichwertig.[367] Auch das **Innere eines Kraftfahrzeugs** gehört als Räumlichkeit zum Privatleben i.S.v. Art. 8 Abs. 1.[368] Besonderer Rechtfertigung bedürfen stets Maßnahmen mit großer Streubreite oder auch solche, die unerwünschte verhaltenslenkende Wirkungen und Einschüchterungseffekte („**chilling effects**") induzieren, da sie umso intensiver in grundrechtlich geschützte Positionen eingreifen.[369]

Zum Bereich des Nichtöffentlichen zählt auch die Möglichkeit, **Beziehungen zu ande- 104 ren Menschen zu knüpfen und zu unterhalten**,[370] sich mit ihnen auch außerhalb der Wohnung im öffentlichen Raum zu treffen und gemeinsam etwas zu unternehmen. Privatleben umfasst letztlich, negativ abgegrenzt, alles, was nicht der Teilnahme am Leben der Gemeinschaft und dem dazu gehörenden **allgemeinen Umgang mit anderen Personen** zuzurechnen ist (Rn. 118).[371]

Das Privatleben schließt zumindest in wesentlichen Teilen auch die als Schutzgut in **105** Art. 8 Abs. 1 besonders erwähnten Bereiche der **Familie**, der **Wohnung** und der **Kommunikation** mit anderen Personen mit ein, es geht aber darüber hinaus. Eine erschöpfende abstrakte Abgrenzung des geschützten Bereichs erscheint wegen der sich mit den Verhältnissen und Anschauungen ändernden Grenzen des staatsfreien Raumes und wegen der vor allem

---

[359] EGMR Kotiy/UKR, 5.3.2015, § 62; Iletmis/TRK, 6.12.2005, § 50; Riener/BUL, 23.5.2006 (nur Art. 2 des 4. ZP-EMRK geprüft); vgl. auch EGMR M./CH, 26.4.2011 (keine Ausstellung eines neuen Passes durch die Botschaft, um die Rückkehr des im Inland strafrechtlich verfolgten Staatsangehörigen aus dem Ausland zu erreichen; Eingriff gerechtfertigt).

[360] EuGH 17.11.2011, C-430/10 (Gaydarov).

[361] EGMR Amann/CH, 16.2.2000; (GK) Rotaru/RUM, 4.5.2000.

[362] *Nowak* 17.

[363] EGMR Wood/UK, 16.11.2004.

[364] EGMR Wisse/F, 20.12.2005; vgl. auch BGHSt **53** 294 (kein Eingriff in den Kernbereich privater Lebensgestaltung, weil Besuchsraum nicht einer Wohnung gleichgestellt).

[365] EGMR Allan/UK, 5.11.2002 m. Anm. *Esser* JR **2004** 98.

[366] EGMR Perry/UK, 17.7.2003, §§ 40 ff.

[367] EGMR Friedl/A, 31.1.1995.

[368] EGMR Ernst u.a./B, 15.7.2003 (Durchsuchung).

[369] Vgl. BVerfGE **120** 378, 402 ff.; **121** 1, 21; **122** 342, 358.

[370] Vgl. EGMR Niemietz/D, 16.12.1992; jedoch keine Verletzung des Art. 8 durch Verhängung und Aufrechterhaltung einer Kontaktsperre, wenn diese zur Verhinderung eines sexuellen Missbrauchs der kontaktierten Person dient, vgl. EGMR Evers/D, 28.5.2020, § 57, NJW **2021** 3441 = NLMR **2020** 186.

[371] *Evers* EuGRZ **1984** 281, 284 („Abzugsverfahren").

in den Randbereichen auftretenden Zweifels- und Wertungsfragen kaum Erfolg verspre-
chend.[372] Sie würde bei der Beurteilung der konkreten Fälle nicht weiterführen, da diese sich
meist nur im Zusammenhang mit der Frage nach der Zulässigkeit staatlicher Eingriffe bzw.
der Verletzung des staatlichen Schutz- und Achtungsanspruchs stellt. Abgesehen von dem
nur selten berührten, für den Staat unantastbaren Kernbereich der Persönlichkeit[373] korrespondieren aber die nach Ort, Zeit und Anschauungen in den Randbereichen oszillierenden
Grenzen des Privatbereichs auch mit den vom Gesetzgeber vorgesehenen und von Art. 8
Abs. 2 unter den Voraussetzungen der Notwendigkeit, Verhältnismäßigkeit und Demokratieüblichkeit zugelassenen Eingriffsmöglichkeiten (Rn. 67 ff.), da diese im Umkehrschluss auch
dessen aktuellen Raum verdeutlichen.

106   Zu den vielgestaltigen Erscheinungsformen, in denen sich die private Individualität
einer Person ausdrückt und die deshalb dem Privatleben zuzurechnen sind, gehört das
Recht auf Identität[374] und der Entwicklung der eigenen Person einschließlich der Kenntnis der dafür wesentlichen Umstände der **eigenen Herkunft**, wie Geburt und Identität
der natürlichen Eltern,[375] das Recht zur Begründung einer juristischen Verwandtschaftsbe-
ziehung zwischen biologischen Eltern und Kindern,[376] das für die persönliche Identifizierung in der Gemeinschaft wichtige Recht auf Vor- und Familiennamen[377] sowie die Staatsangehörigkeit.[378] Zur persönlichen Identität gehört auch die sexuelle Identität bzw. das

---

372 Der EGMR definiert sie nicht erschöpfend; zu einzelnen Abgrenzungsversuchen IK-EMRK/*Wildhaber*/
Breitenmoser 96 ff.
373 BVerfGE **34** 245; Isensee/Kirchhof/*Horn* HbStR, § 149, 75; ob es einen solchen gibt oder ob nach dem
Verhältnismäßigkeitsgrundsatz nur die Anforderungen an die Eingriffsvoraussetzungen wachsen, ist strittig,
vgl. LR/*Becker* § 244, 193 StPO; *Geis* JZ **1991** 112.
374 Zur persönlichen Identität zählt auch das Geschlecht der Person (EGMR Emel Boyraz/TRK, 2.12.2014,
§ 44; Beschwerde wegen Diskriminierung als Frau gem. Art. 14 i.V.m. Art. 8 zulässig).
375 EGMR Pascaud/F,16.6.2011, NJW **2012** 2015 (Verfahren über die Vaterschaft); Jäggi/CH, 13.7.2006, FamRZ
2006 1354, §§ 25 f.; Mikulič/KRO, 7.2.2002, §§ 53 ff.; Smirnova/R, 24.7.2003 (Recht auf Besitz der zum Identitäts-
nachweis erforderlichen Dokumente); Godelli/I, 25.9.2012, §§ 45 f., NJOZ **2014** 117 m. Anm. *Henrich* FamRZ **2012**
1935 (Geheimhaltung der Personalien der Mutter nach anonymer Geburt); zum selben Thema EGMR (GK) Odiè-
vre/F, 13.2.2003, §§ 28 f.; dazu: *Benda* JZ **2003** 533; *Lux-Wesener* EuGRZ **2003** 555; *Verschruegen* ÖJZ **2004** 1; Kar-
penstein/Mayer/*Pätzold* 24; zur gesetzlichen Regelung der „vertraulichen Geburt" in Deutschland (seit 1.5.2014):
Helms FamRZ **2014** 609; aus der Praxis: *Reinhardt/Willmann/Kochems* JAmt **2015** 70; ferner zur **anonymen
Kindsabgabe** – auch aus internationaler Perspektive: *Pfaller* Die anonyme Geburt in Frankreich (2008); *Teubel*
Geboren und Weggegeben (2009); *Wiesner-Berg* Anonyme Kindesabgabe in Deutschland und der Schweiz
(2009); *Hassemer/Eidam* Babyklappen und Grundgesetz (2011); *Kingreen* KritV **2009** 88. Laut einer österreichischen Studie (Uni Wien; veröffentlicht in: BJOG 12/2012) lässt eine *gesetzlich* erlaubte anonyme Geburt die Zahl
von Kindstötungen signifikant sinken; zu der Perspektive des Kindes vgl. *Straub* Das Recht des Kindes auf
Kenntnis der eigenen Abstammung und seine Einbettung in das Abstammungsrecht (2020).
376 EGMR Mennesson/F, 26.6.2014, § 46 (zum *Verstoß* gegen das Recht auf Privatleben insbes. § 100), NJW
2015 3211 = FamRZ **2014** 1525 m. Anm. *Frank*; ebenso Labassee/F, 26.6.2014, §§ 38, 79, FamRZ **2014** 1526 m.
Anm. *Frank* (beide Fällen betrafen Fälle der Leihmutterschaft; siehe auch *Heiderhoff* NJW **2014** 2673; *Engel*
StAZ **2014** 353; *Kohler/Pintens* FamRZ **2014** 1498, 1504; sehr kritisch *Hausheer* ZBJV **2015** 337 f.; zu der den
Fällen zugrunde liegenden französischen Rechtslage: *Ferrand/Francoz-Terminal* FamRZ **2014** 1506, 1507).
377 Vgl. EGMR Burghartz/CH, 22.2.1994; Stjerna/FIN, 25.11.1994 (kein Recht auf Namensänderung); Guillot/F,
24.10.1996; Ünal Tekeli/TRK, 16.11.2004; von Rehlingen u.a./D (E), 6.5.2008 und Heidecker-Tiemann/D (E),
6.5.2008 (kein Doppelname des Kindes, § 1617 Abs. 1 BGB); Losonci Rose u. Rose/CH, 9.11.2010, § 26; Henry
Kismoun/F, 5.12.2013, § 25; Cusan u. Fazzo/I, 7.1.2014, § 55; zur Konventionswidrigkeit und späterer Änderung
von Bestimmungen des Schweizer Namensrechts: *Uhl* StAZ **2012** 33 (35 und passim); *Aebi-Mueller* SJZ **2012**
449; siehe auch *Sturm* IPRax **2013** 339.
378 Vgl. EGMR Genovese/MLT, 11.10.2011, § 33; Mennesson/F, 26.6.2014, § 97, NJW **2015** 3211; Ghoumid u.a./F,
25.6.2020, § 43, NVwZ **2021** 625.

Geschlecht,[379] über die eine einzelne Person frei und selbstbestimmt entscheiden können soll.[380] Außerdem wird mit dem Privatleben das Recht auf eine **selbstgewählte private Lebensführung** mit allen dazu gehörenden Tätigkeiten und Konsequenzen in allen Varianten[381] geschützt, so auch der private Umgang mit anderen Personen und das grundsätzliche Recht, das **Bild der äußeren Erscheinung**,[382] wie Kleidung oder Haartracht, selbst zu bestimmen.[383]

Auch die **körperliche und seelische Integrität** und die **geistige Gesundheit** gehö- 107 ren zum Privatleben;[384] werden Verstöße vorgetragen, so hat, in Anlehnung an die Ermittlungspflichten aus Art. 2 und Art. 3, der jeweilige Staat die Vorwürfe effektiv aufzuklären und geeignete Verfahren hierfür einzurichten.[385] Die Verfügungsmacht über den eigenen Körper und das damit verbundene Selbstbestimmungsrecht schließen die Befugnis ein, sich Gefahren auszusetzen[386] sowie sich für eine ungesunde Lebensweise zu entscheiden, zu rauchen oder zu trinken sowie grundsätzlich auch, den Arzt oder eine bestimmte medizinische Behandlung[387] selbst auszuwählen oder auch eine **ärztliche Behandlung abzulehnen** (Rn. 109).[388] Eine **Impfpflicht** stellt einen Eingriff in das Privatleben dar.[389]

---

379   Vgl. EGMR Emel Boyraz/TRK, 2.12.2014, § 44; (Beschwerde wegen Diskriminierung als Frau, Art. 14, i.V.m. Art. 8 zulässig); A.P.Garçon u. Nicot/F, 6.4.2017, § 95.
380   Vgl. EGMR van Kück/D, 12.6.2003, § 73; Schlumpf/Schweiz, 8.1.2009, § 100; A.P.Garçon u. Nicot/F, 6.4.2017, § 93.
381   Vgl. Meyer-Ladewig/Nettesheim/von Raumer/*Meyer-Ladewig/Nettesheim* 7 ff.
382   Betreffend die persönliche Entscheidung einer Person über ihr gewünschtes Erscheinungsbild in der Öffentlichkeit kann Art. 8 nicht so verstanden werden, dass er jede annehmbare persönliche Entscheidung in diesem Bereich schützt. Hinsichtlich der Entscheidung über die gewünschte Erscheinung muss ein Mindestmaß an Ernsthaftigkeit vorhanden sein (EGMR Gough/UK, 28.10.2014 – Nacktwandern; hierzu aus Schweizer Sicht: BGer Urt. v. 17.11.2011, BGE IV 13 m. Bespr. *Bommer* ZBJV **2016** 264).
383   IK-EMRK/*Wildhaber/Breitenmoser* 121; auch das Verbot des Tragens eines das gesamte Gesicht verhüllenden Schleiers in der Öffentlichkeit betrifft das Privatleben. Wenn das Tragen des Schleiers religiös motiviert ist, ist zudem die Religionsfreiheit betroffen (EGMR S.A.S./F, 1.7.2014, EuGRZ **2015** 16 = NJW **2014** 2925); Dakir/Belgien, 11.7.2017, § 47.
384   EGMR (GK) Vavřička u.a./CS, 8.4.2021, § 261, NJW **2021** 1657 (Impfpflicht für Kinder; Geldbußen und Verwehrung von Kindergartenplätzen als zulässige Sanktionen); (GK) Paradiso u. Campanelli/I, 24.1.2017, § 159; Dolenec/KRO, 26.11.2009 (posttraumatische Belastungsstörung eines Häftlings); (GK) Odièvre/F, 13.2.2003; Bensaid/UK, 6.2.2001; Meyer-Ladewig/Nettesheim/von Raumer/*Meyer-Ladewig/Nettesheim* 7, 11.
385   EGMR M.C./BUL, 4.12.2003, §§ 148 ff., 176 ff.; Trocellier/F (E), 5.10.2006, Nr. 4; V.V.G./MAZ (E), 20.1.2015, §§ 40 ff.
386   Siehe zur Personenkontrolle durch einen Körperscanner: *Esser/Gruber* ZIS **2011** 379, 381 f.
387   EGMR Hristozov u.a./BUL, 13.11.2012, §§ 116, 125 (unheilbar kranken Patienten wurde Einnahme nicht autorisierter Medikamente versagt; noch innerhalb des staatlichen Beurteilungsspielraums; kein Verstoß).
388   EGMR Pretty/UK, 29.4.2002; Glass/UK, 9.3.2004; Codarcea/RUM, 2.6.2009 § 101; IK-EMRK/*Wildhaber/Breitenmoser* 270 ff., auch zu den Fragen der Sterbehilfe; *Nowak* 120.
389   EGMR Solomakhin/UKR, 15.3.2012, § 33; (GK) Vavřička/CS, 8.4.2021, §§ 263 f., 310 ff. (Impfpflicht für Kinder im Rahmen des weit auszulegenden Einschätzungsspielraums). Zu einer für bestimmte Berufsgruppen (u.a. für Beschäftigte im Bereich Gesundheit/Pflege, Feuerwehrleute) geltenden Impfpflicht gegen das Corona-Virus siehe: EGMR Thevenon/F (E), 6.10.2022 (keine Entscheidung über Vereinbarkeit der Impfpflicht mit Art. 8, da Beschwerde mangels Ausschöpfung des innerstaatlichen Rechtswegs unzulässig); zum in Frankreich verpflichtenden Gesundheitspass (Corona-Impfung, Genesung, negatives Testergebnis) bei Besuchen in Restaurants/Fernreisen: EGMR Zambrano/F (E), 21.9.2021; zur Impflicht im Gesundheitssektor: Kakaletri u.a./GR, 9.9.2021 (eA), Nr. 43375/21 (anhängig).

108   Geschützt vom Privatleben ist grundsätzlich auch die Wahl der Umstände, einschließlich des **Ortes der Geburt eines Kindes**.[390] Gerade in Deutschland genießen Schwangere große Wahlfreiheit in Bezug auf ihre Behandlung, die Umstände und auch den Ort der Niederkunft.[391] Allerdings sieht es der EGMR[392] nicht als Verstoß gegen Art. 8 an, wenn ein Vertragsstaat hohe Hürden für die Durchführung einer **Hausgeburt** aufstellt. Der Gesetzgeber habe auch in dieser Frage einen weiten Einschätzungsspielraum, der zum Schutz des Neugeborenen und des Allgemeinwohls der Klinikgeburt Vorrang gegenüber dem Wunsch der Schwangeren nach einer Hausgeburt habe.[393] Bezüglich des **Rechts auf den eigenen Tod** ergeben sich, zumindest bei Patienten, die sich in stationärer Behandlung in Krankenhäusern befinden, ebenfalls Einschränkungen (Rn. 61).[394]

109   Einen **Anspruch auf Gesundheit** als solche,[395] auf eine **kostenfreie medizinische Versorgung**[396] oder eine **bestimmte, ausgewählte medizinische Behandlung**, garantiert Art. 8 jedoch nicht.[397] Erfolgt eine **medizinische Behandlung**[398] gegen den Willen des Betroffenen, so liegt ein Eingriff in dessen Recht auf Achtung des Privatlebens selbst dann vor, wenn die körperliche Unversehrtheit durch die Behandlung nur geringfügig beeinträchtigt ist.[399] Dies gilt im besonderen Maße für strafprozessuale Zwangsmaßnahmen, wie etwa die Abnahme einer **Blut- und Speichelprobe** oder[400] für eine **körperliche Untersuchung**.[401] Dagegen berührt eine erzwungene oder durch Täuschung erschlichene **Stimmaufzeichnung** zum Zwecke eines Stimmenvergleichs nicht die körperliche Unversehrtheit, sondern das Persönlichkeitsrecht des Betroffenen, ist damit aber ebenfalls ein in das von Art. 8 geschützte Privatleben fallender Sachverhalt.[402]

110   Geschützt vor Ausspähung, Dokumentation und nicht gewollter Verbreitung sind alle **nichtöffentlichen Äußerungen**, wie überhaupt Tatsache und Inhalt jeder privaten **Kom-**

---

390   EGMR Odièvre/F, 13.2.2003, § 29, NJW **2003** 2145; Ternovszky/H, 14.12.2010, § 22; (GK) Dubská u. Krejzová/CS, 15.11.2016, § 71, NLMR **2016** 1 ff.; (K) 11.12.2014, bestätigt: EGMR Pojatina/KRO, 4.10.2018, § 44; *Grabenwarter/Pabel* § 22, 8.

391   Vgl. *Dießner* medstra **2019** 18, 19.

392   Vgl. auch EGMR Ternovszky/H, 14.12.2010, §§ 26 f. (Gesetzgebung zur Hausgeburt; Widersprüchlichkeit und Willkür gesetzlicher Normen; Verstoß gegen Art. 8); hierzu *Dießner* medstra **2019** 18, 19, Fn. 19.

393   EGMR (GK) Dubská u. Krejzová/CS, 15.11.2016, §§ 176, 182 ff., 191; vgl. *Dießner* medstra **2019** 18, 19, Fn. 19.

394   EGMR Haas/CH, 20.1.2011, § 51.

395   EGMR Vasileva/BUL, 17.3.2016, § 63; Abdyusheva u.a./R, 26.11.2019, § 111.

396   Vgl. Karpenstein/Mayer/*Pätzold* 8.

397   EGMR Abdyusheva u.a./R, 26.11.2019, § 111; Karpenstein/Mayer/*Pätzold* 8.

398   Zur gynäkologischen Untersuchung: EGMR Y.F./TRK, 22.7.2003; Juhnke/TRK, 13.5.2008, NVwZ **2009** 1547; Bogumil/P, 7.10.2008.

399   EGMR Storck/D, 16.6.2005; Konovalova/R, 9.10.2014 (Anwesenheit von Studierenden bei einer medizinischen Behandlung – Entbindung – als gesetzlich zu regelnder Eingriff in das Privatleben; ausreichende Mechanismen zum Schutz der Privatsphäre erforderlich); allgemein zum Gesetzlichkeitserfordernis ärztlicher Zwangsmaßnahmen: BVerfG NJOZ **2016** 593 = R&P **2015** 205 (vorläufige Unterbringung zur medikamentösen Zwangsbehandlung).

400   EGMR Schmidt/D, 5.1.2006 (bzgl. Eingriff nach § 81a StPO); zum Richtervorbehalt bei der Blutentnahme als Ausprägung des Gebots (nachträglichen) effektiven Rechtsschutzes i.S.v. Art. 19 Abs. 4 GG: BVerfG NJW **2010** 2864 = NStZ **2011** 289 m. Anm. *Rabe von Kühlewein* = StV **2011** 1 = wistra **2010** 435; EGMR M.A.K. u. R.K./UK, 23.3.2010 §§ 75 ff. (Blutentnahme bei Minderjährigem ohne Einwilligung der Eltern als Eingriff in das Recht auf körperliche Unversehrtheit; rechtmäßig, wenn dringend erforderlich).

401   Vgl. BVerfG StV **2009** 253 (körperliche Durchsuchung bei U-Häftlingen); OLG Celle NStZ **2010** 436, 441 (Beobachtung der Entkleidung und Durchsuchung mit Kameras); Gillan u. Quinton/UK,12.1.2010, § 63; Cacuci u. S.C. Virra & Cont Pad S.R.L./RUM, 17.1.2017, § 69.

402   EGMR P.G. u. J.H./UK, 25.9.2001.

munikation mit anderen Personen (Rn. 270 ff.), ferner das **eigene Bild** und die auf die **eigene Person bezogenen Daten**.[403] Vergleichbar intensiv ist auch der grundrechtliche Schutz, der über das Recht der informationellen Selbstbestimmung aus Art. 2 Abs. 1 i.V.m. Art. 1 Abs. 1 GG gewährt wird. Vor allem in Fällen der Dauerobservation kann die permanente Überwachung durch die Polizei die partielle Erstellung von Persönlichkeitsbildern ermöglichen, da bestimmte Handlungsabläufe und Gewohnheiten des Beobachteten zur Kenntnis genommen werden und weiterer Betrachtung und Analyse zugänglich sind. Das **Gefühl des „Beobachtetwerdens"** ist demnach geeignet, die Ausübung grundrechtlicher Freiheit deutlich zu erschweren.[404]

Das Recht auf informationelle Selbstbestimmung ist auch beim verdeckten Einsatz **auto-** **111** **matisierter Kennzeichenerkennungssysteme** betroffen. Ein Eingriff liegt dabei nicht nur im Falle eines „Treffers" vor, wenn also nach der Erfassung des Kennzeichens beim Abgleich eine Übereinstimmung mit Kennzeichen in den Dateien angezeigt und anschließend der Vorgang für weitere polizeiliche Maßnahmen gespeichert wird.[405] Nach Ansicht des BVerfG ist selbst dann ein Eingriff in die informationelle Selbstbestimmung zu bejahen, wenn die Identität des Kfz-Halters bei der angegriffenen Datenerfassung („Nichttreffer") geheim bleibt und die Daten unverzüglich und automatisch gelöscht werden.[406] Der EGMR dürfte dies für den Bereich des von Art. 8 geschützten Privatlebens ebenso sehen.

Auch die durch Art. 2 nicht eingeschränkte Befugnis, sich aufgrund einer eigenen **112** freien Willensentscheidung selbst zu töten (**Suizid**),[407] ist von Art. 8 umfasst. Die Art, wie die Schlussphase des Lebens gestaltet werden soll, ist Teil der individuellen Lebensführung und muss als solche respektiert werden, so dass ein **Verbot der Sterbehilfe/ Beihilfe zum Suizid** je nach gesetzlicher Ausgestaltung einen Eingriff in das Recht aus Art. 8 Abs. 1 darstellen kann.[408] Allerdings muss die Entscheidung, das Leben beenden zu wollen, frei und ohne Zwang getroffen worden sein. Bei psychisch labilen Patienten stellt die Verweigerung der Vergabe von lebensbeendenden Barbituraten keinen Verstoß des Art. 8 dar, wenn sich deren Sterbewunsch auf die objektiv nichtzutreffende Tatsache stützt, sie würden ansonsten unwürdig und unter Vernichtungsschmerzen „verenden".[409]

Strafgefangene (erst recht U-Gefangene) können sich auf alle von Art. 8 garantierten **113** Grundrechte und -freiheiten berufen.[410] Jede Beschränkung der dort geschützten Rechte

---

403 *Evers* EuGRZ **1984** 281, 290 ff.; *Frowein/Peukert* 5; *Nowak* 21, 23.

404 BVerfGE **115** 320, 354 f.; **120** 378, 402.

405 So BVerfG Urt. v. 11.3.2008 – 1 BvR 2074/05 u.a., BVerfGE **120** 378 = NJW **2008** 1505 = EuGRZ **2008** 186 = StV **2008** 169.

406 Vgl. BVerfG Urt. v. 18.12.2018 – 1 BvR 142/15 (Bayern), NJW **2019** 827 m. Anm. *Muckel* JA **2019** 311; BVerfG Urt. v. 18.12.2018 – 1 BvR 2795/09 u.a. (Hessen/Baden-Württemberg), NJW **2019** 842; anders noch: BVerwG Urt. v. 22.10.2014 – 6 C 7.13, FD-StrVR **2014** 363349; BVerfG Urt. v. 11.3.2008 – 1 BvR 2074/05 u.a., NJW **2008** 1505 (Eingriff nur, wenn Datenabgleich nicht unverzüglich erfolgt und das Kennzeichen nicht ohne weitere Auswertung und spurlos gelöscht wird).

407 IK-EMRK/*Wildhaber/Breitenmoser* 267 ff.

408 EGMR Pretty/UK, 29.4.2002; Haas/CH, 20.1.2011, NJW **2011** 3773 (Bewahrung selbsttötungswilliger Personen vor übereilten Entscheidungen; Verhinderung von Missbrauch); SK/*Meyer* 12, 189; vgl. im Zusammenhang mit Art. 10 EMRK auch: Lings/DK, 12.4.2022, §§ 60 ff., BeckRS **2022** 7369 (Werbung für Suizidhilfe und mitgliedstaatliche Verurteilung wegen dreifacher Beihilfe zum Suizid; Da im Hinblick auf die rechtliche Behandlung von Sterbehilfe kein Konsens zwischen den Mitgliedstaaten des Europarates besteht, kommt den einzelnen Staaten nach Ansicht des EGMR ein Beurteilungsspielraum zu, den die dänischen Behörden nicht überschritten, so dass kein Verstoß gegen Art. 10 vorlag.).

409 EGMR Haas/CH, 20.1.2011, § 51.

410 EGMR Gülmez/TRK, 20.5.2008, § 46; (GK) Khoroshenko/R, 30.6.2015, § 116; Altay/TRK, 10.1.2019, § 47.

muss gerechtfertigt sein, wobei sich eine solche Rechtfertigung aus vollzuglichen Sicherheitserwägungen ergeben kann, die unweigerlich mit den Umständen der Inhaftierung verbunden sind, insbesondere zur **Verhütung von Straftaten** und zur **Aufrechterhaltung der Ordnung**.[411] Wird ein Gefangener sanktioniert (etwa durch Einzelhaft), weil er (angeordnete) Eingriffe in seine Rechte aus Art. 8 (etwa körperliche Durchsuchungen) nicht akzeptiert, so liegt ein Konventionsverstoß vor, wenn die Eingriffe nicht gerechtfertigt gewesen wären bzw. wenn die Gerichte, vor denen sich der Betroffene über die Sanktionen beschwert, die Rechtfertigung der vorgesehenen Eingriffe nicht gründlich untersuchen.[412] Können **sanitäre Einrichtungen** mangels Abtrennung in der Gefängniszelle nur im Beisein anderer Gefangener aufgesucht werden, liegt zumindest ein Eingriff in das Privatleben und regelmäßig ein Verstoß gegen Art. 8,[413] meist sogar gegen Art. 3 vor (dort Rn. 268). Führt staatliches Verhalten zum Verlust eines im Eigentum eines Strafgefangenen stehenden Gegenstandes, so liegt häufig ein Verstoß gegen Art. 1 des 1. ZP-EMRK vor;[414] hat der Gegenstand einen speziellen Bezug zum Privatleben des Gefangenen liegt parallel auch ein Eingriff in das von Art. 8 geschützte Privatleben vor.

114 Die **Trennung der Mutter**[415] **von ihrem Kind** (Säugling) zum Zwecke der Strafvollstreckung stellt einen Eingriff in ihr Recht auf Achtung ihres Privat- und Familienleben dar, der einer besonders strengen Verhältnismäßigkeitsprüfung bedarf.[416] Die Nichtanwendung einer Regelung, wonach Frauen bis zum Abschluss des ersten Lebensjahres ihres Kindes ein **Strafaufschub** gewährt wird, auf Männer, soll grundsätzlich nicht gegen das Diskriminierungsverbot (Art. 8 i.V.m. Art. 14) verstoßen, wenn die Regelung dem legitimen Zweck dient, die besondere persönliche Situation von inhaftierten Müttern und ihrem Kind im ersten Lebensjahr zu berücksichtigen.[417]

115 Im jeweiligen Einzelfall zu prüfen ist ferner, ob einem Inhaftierten die **Teilnahme an einer Beerdigung** bzw. einer **Trauerfeier** zu gestatten ist;[418] mit allgemeinen Sicherheitserwägungen (Fluchtgefahr) kann ein solches Verlangen nicht abgelehnt werden, vielmehr ist zu prüfen, ob der Betroffene zumindest unter Bewachung teilnehmen kann.[419] Eine Ablehnung der Teilnahme kommt nur bei Vorliegen **zwingender Gründe**

411 EGMR Hirst/UK (Nr. 2), 6.10.2005, § 69; Beier/D (E), 22.1.2008 (Verbot des Besitzes eines CD-Players/Playstation in Hochsicherheitsanstalt – JVA Straubing; § 70 Abs. 2 Nr. 2 StVollzG).
412 EGMR Milka/PL, 15.9.2015, §§ 47 ff.
413 EGMR Szafrański/PL, 15.12.2015, §§ 37 ff.
414 EGMR Karabet u.a./UKR, 17.1.2013, §§ 344 ff. (Staat beweispflichtig, dass der Gefangene seine Sachen be-/zurückerhalten hat, § 346; Verlust infolge übereilter Verlegung in andere Haftanstalt, bei der die Gefangenen ihre Sachen nicht mehr packen konnten; entsprechend muss dies für die Rückgabe von Gegenständen bei der Entlassung von Gefangenen gelten).
415 Vgl. zur speziellen Situation von Frauen und Kindern in der Haft: CPT-Standards „Women in Prison (01-2018) sowie Penal Reform International/Thailand Institute of Justice (Hrsg.), Global Prison Trends 2018, 16–19 (mit entsprechenden Empfehlungen).
416 Vgl. LG Leipzig NStZ-RR **2013** 159 (Ls.; nur bei Vorliegen dringender Gründe und mangels Alternativmaßnahmen; Folge: Strafaufschub, § 455a StPO).
417 EGMR Alexandru Enache/RUM, 3.10.2017, §§ 64–79.
418 EGMR Ploski/PL, 12.11.2002; Feldman/UKR, 12.1.2012 (Verweigern des Freigangs für den wegen Betrugs inhaftierten Bf., um am Begräbnis seines Vaters teilnehmen zu können); Császy/H, 21.10.2014, §§ 18 ff.; Kubiak/PL, 21.4.2015, §§ 22 ff.; Sokolov/R, 28.11.2017, §§ 47 ff. (Verweigerung der Teilnahme an den Beerdigungen beider Elternteile ohne Bemühen um Alternativlösungen); ähnliche Handhabe bei in einer psychiatrischen Klinik Untergebrachten: EGMR Solcan/RUM, 8.10.2019, §§ 24, 30 ff. (Verweigern des Besuchs der Beerdigung der Mutter).
419 EGMR Kubiak/PL, 21.4.2015, §§ 25 ff. (Mitteilung des Todesfalles durch die Angehörigen recht spät; Beerdigung 100 km vom Gefängnis entfernt); Kanalas/RUM, 6.12.2016, §§ 64 f. (zusammengefasst bei *Pabel/Sündhofer* JSt **2017** 256).

in Betracht, d.h. wenn im konkreten Einzelfall keine alternative Lösung für den Gefangenen gefunden werden kann, die auch den speziellen Sicherheitserwägungen im Einzelfall Rechnung trägt.[420] Wird die Teilnahme an einer solchen Veranstaltung **unter Aufsicht** gestattet, so stellt auch eine solche Form der Überwachung für sich genommen meist einen Eingriff in Art. 8 dar, der jedoch häufig zu rechtfertigen sein wird.[421] Über eine Erlaubnis zur Teilnahme an der Beerdigung ist der Gefangene nicht nur rechtzeitig, sondern auch *en détail* zu informieren, damit er nicht wegen der Besorgnis, an der Beerdigung in Haftkleidung oder unter strenger Bewachung (Ketten) teilnehmen zu müssen, die Teilnahme unterlässt.[422]

Zum Recht eines Gefangenen aus Art. 6 Abs. 1 (Recht auf Zugang zum Gericht), an **116** einem Zivilprozess teilzunehmen, in dem er Partei ist, siehe Art. 6 Rn. 156. Erhalten Gefangene keinen **Zugang zum Internet**,[423] kann darin ein Eingriff in ihr Recht auf Informationsfreiheit (Art. 10) zu sehen sein;[424] je nach Fallkonstellation sind parallele Eingriffe in das von Art. 8 geschützte Recht auf Achtung des Privat- und Familienlebens denkbar, etwa bei der Nichtermöglichung eines Kontaktes zu in der Ferne lebenden Angehörigen (**„Video-Besuch"**) oder in Zeiten einer Pandemie, die „reale" Besuchskontakte über einen längeren Zeitraum nicht oder nur unter erschwerten Bedingungen zulässt.[425] Einen Eingriff in das durch Art. 8 garantierte Privatleben stellt darüber hinaus die Anordnung einer unbefristeten **Führungsaufsicht** dar.[426]

Zur Frage der Beschränkungen der Religionsausübung von inhaftierten oder unter **117** Hausarrest stehenden Personen siehe Art. 9 Rn. 43 ff. Dass ein inhaftierter Ausländer nicht oder nur unter erschwerten Bedingungen an Wahlen in seinem Heimatstaat teilnehmen kann, begründet keinen Eingriff in sein Wahlrecht aus Art. 3 des 1. ZP-EMRK;[427] generell zum Entzug des Wahlrechts von Strafgefangenen siehe 1. ZP-EMRK Rn. 102 ff.

Teil der privaten Lebensführung ist auch das für die Entwicklung und Erfüllung der **118** eigenen Persönlichkeit wichtige Recht, **Beziehungen zu anderen Menschen** aufzunehmen, zu unterhalten und zu beenden.[428]

---

420 EGMR Ploski/PL, 12.11.2002, § 37; Sokolov/R, 28.11.2017, §§ 47 ff.; Guimon/F, 11.4.2019, § 47 (Organisation der Bewachung einer aufgrund von terroristischen Straftaten Inhaftierten bis zum Termin der Beerdigung nicht möglich); Razvozzahayev/R u. UKR, 19.11.2019, § 267; Udaltsov/R, 19.11.2019, § 267.

421 EGMR Kosiński/PL, 9.2.2016, §§ 19 ff.

422 EGMR Giszczak/PL, 29.11.2011, §§ 38 ff.

423 Vertiefend *Bode* Internetzugang für Strafgefangene zwischen Resozialisierung und Sicherheit (2020) 238 ff.; zur Zulassung von Mobiltelefonen: *Höltkemeyer-Schwick* FS **2022** 120 ff.; zu digitalen Medien im Strafvollzug (Berlin): *Reschke* FS **2022** 152 ff.; *Maier-Bledjian* FS **2022** 160.

424 EGMR Kalda/EST, 19.1.2016, §§ 26, 30, 41 ff. (Zugang zu drei Internetseiten, die rechtliche Informationen enthielten, abgelehnt); Jankovskis/LIT, 17.1.2017, §§ 52 ff.; Ramazan Demir/TRK, 9.2.2021, §§ 47 f. (Verweigerung des Internetzugangs in der U-Haft). Zum Zugang Strafgefangener zum Internet *Bode* ZIS **2017** 348 ff.; *Esser* NStZ **2018** 121 ff.; *ders.* NStZ **2020** 107 ff. Zur Aus- und Fortbildung von Inhaftierten über Online-Seminare: European Prison Education Association (EPEA), www.epea.org.; zur Entlassungsvorbereitung mit der Plattform elis: *von der Mehden/Teichler* FS **2022** 157 ff.

425 Vgl. hierzu für die Corona-Pandemie: *Gerlach* FS **2020** 295; *Nerb* FS **2023** 185, 188.

426 EGMR Holger Schuett/D (E), 30.11.2021, §§ 7 ff. (im Ergebnis jedoch kein Verstoß gegen Art. 8, da die Notwendigkeit der Anordnung der unbefristeten Führungsaufsicht im vorliegenden Einzelfall angesichts der Gefahr einer erneuten Begehung von Sexualstraftaten gegenüber Kindern durch den Bf. vorlag).

427 EGMR Pascale/RUM (E), 29.1.2013, § 33.

428 EGMR (GK) Slivenko/LET, 9.10.2003, § 96, EuGRZ **2006**, 560 (persönliche, soziale und wirtschaftliche Beziehungen); *Frowein/Peukert* 3; *Nowak* 26; Karpenstein/Mayer/*Pätzold* 14; vgl. auch: BVerfG Beschl. v. 10.5.2007 – 2 BvR 304/07, NVwZ **2007** 946, 947.

119   Das **Sexualverhalten** ist ebenfalls geschützt[429] – soweit dabei die Grenzen des Privaten nicht verlassen[430] werden – ferner das **Recht, sich durch Kinder fortzupflanzen**,[431] sich dabei auch der Mittel der **Fortpflanzungstechnologie** zu bedienen[432] oder aber sich gegen eine Fortpflanzung zu entscheiden.[433]

120   Der EGMR hat sich bislang nur spärlich mit der Herleitung des **Rechts auf Fortpflanzung** und den Möglichkeiten der **Reproduktionsmedizin** beschäftigt, dabei aber zumindest das Recht auf die Achtung der Entscheidung, Eltern zu werden oder nicht zu werden (gestützt sowohl auf Art. 12 als auch auf Art. 8) anerkannt.[434] Dessen Inhalt wurde vom Gerichtshof nicht eindeutig festgelegt, geschützt wird aber jedenfalls auch das „Wie" der Fortpflanzung, worüber die Familie entscheidet.[435] Zwar gibt es keine Beschränkung auf das Prinzip der Natürlichkeit, die Möglichkeit des Gesetzgebers in das Recht auf Fortpflanzung einzugreifen ist aber im Kern mit dem nationalen Recht vergleichbar, dürfte aber im Rahmen der EMRK sogar weitergehen (vgl. Art. 12: „nach den innerstaatlichen Gesetzen...").[436] Ob das „Recht anderer" (Art. 8 Abs. 2) auch den *nasciturus* betrifft, hatte der EGMR zunächst offengelassen,[437] dann in der Rs. *Evans* den Beurteilungsspielraum der Vertragsstaaten hierzu hervorgehoben. Eingriffe in das Recht auf Fortpflanzung im Rahmen der assistierten Reproduktionstechnologie können über die verfassungsimmanente Schranke[438] des Rechts auf Leben[439] des Embryos auf europarechtlicher Ebene nicht gerechtfertigt werden, allenfalls über das Kindeswohl.[440]

121   Die Entscheidung, **Embryos für die wissenschaftliche Forschung** zur Verfügung zu stellen, berührt keines der von Art. 8 geschützten Kernbereiche. Die Thematik wirft aber

429 Etwa einvernehmliche homosexuelle Handlungen zwischen Erwachsenen: EGMR Dudgeon/UK, 22.10.1981; zu homosexuellen Handlungen mit Jugendlichen zwischen 14 und 18 Jahren: EGMR S.L./9.1.2003, §§ 27 ff., ÖJZ **2003** 395. Der EGMR hat auf europäischer Ebene die Abschaffung der Strafbarkeit der Homosexualität entscheidend vorangetrieben: Norris/IR, 26.10.1988; Modinos/ZYP, 22.4.1993, ÖJZ **1993** 821; Smith u. Grady/UK, 27.9.1999, NJW **2000** 2089 (Entlassung aus Armee); Obst/D, 23.9.2010, NZA **2011** 277 = NVwZ **2011** 482 (Kündigung einer Angestellten der Mormonenkirche wegen Ehebruchs; hierzu *Hammer* AuR **2011** 278); Schüth/D, 23.9.2010, NZA **2011** 279 = EuGRZ **2010** 280 (Kündigung einer Angestellten einer katholischen Kirchengemeinde wegen Ehebruchs/Bigamie; Wiederaufnahme, § 79 ArbGG, § 580 Nr. 8 ZPO, mangels zeitlicher Anwendbarkeit des Wiederaufnahmegrunds (nationales Verfahren war vor dem 31.12.2006 rechtskräftig abgeschlossen, § 35 EGZPO) abgelehnt von BAGE **144** 59 = NZA-RR **2014** 91; zur weiteren Entwicklung EGMR Schüth/D, 28.6.2012 (Entschädigung, Art. 41) und BAG NJW **2016** 1034 m. Anm. *Buchholtz* = NZA **2016** 299 = AuR **2016** 245 m. Anm. *Buschmann* (kein Wiedereinstellungseinspruch); zu den Fällen *Obst* u. *Schüth*: *Joussen* RdA **2011** 173; HRC Toonen/AUS, 31.3.1994, 488/1992, § 8.2; *Frowein/Peukert* 4; Meyer-Ladewig/Nettesheim/von Raumer/*Meyer-Ladewig/Nettesheim* 1, 19 ff.; *Nowak* 28 f. Zur Verurteilung wegen sadomasochistischer Handlungen: EGMR K.A. u.A.D./B, 17.2.2005.
430 IK-EMRK/*Wildhaber/Breitenmoser* 124 ff., 143, 152 ff. (in der Öffentlichkeit angebotene Prostitution); vgl. BGH NJW **2012** 767 m. Anm. *Stender-Vorwachs* = AfP **2012** 47 = ZUM-RD **2012** 12 (keine Verletzung des Allgemeinen Persönlichkeitsrechts durch Berichterstattung über die Mitwirkung als Darsteller in Pornofilmen, da der Betroffene selbst seine Privatsphäre nach außen geöffnet hatte).
431 IK-EMRK/*Wildhaber/Breitenmoser* 184 ff.; EGMR Evans/UK, 10.4.2007.
432 Dazu *Fahrenhorst* EuGRZ **1988** 125; IK-EMRK/*Wildhaber/Breitenmoser* 192 ff.
433 IK-EMRK/*Wildhaber/Breitenmoser* 189.
434 EGMR Evans/UK, 10.4.2007, NJW **2008** 2013; Dickson/UK, 4.12.2007.
435 *Müller-Terpitz* 10, 19.
436 *Müller-Terpitz* 5 ff., 9 f., 19 ff.
437 EGMR Vo/F, 8.7.2004, EuGRZ **2005** 568 = NJW **2005** 727.
438 Im Rahmen des Eingriffs spielt es keine Rolle, ob das Recht auf Fortpflanzung unmittelbar oder mittelbar durch eine Bestrafung des behandelnden Arztes beeinträchtigt wird (*Müller-Terpitz* 11).
439 Die Definition des Lebens obliegt zumindest in den frühen Stadien menschlicher Entwicklung den Vertragsstaaten (*Müller-Terpitz* 21).
440 *Müller-Terpitz* 15 ff., 21.

moralische und ethische Fragen auf, zu denen kein europäischer Konsens besteht. Daher kommt den Staaten diesbezüglich ein großer Ermessensspielraum zu.[441]

Art. 8 enthält kein uneingeschränktes Recht auf Durchführung einer Geschlechtsum- **122** wandlung.[442] Allerdings hat der Staat eine vollzogene (irreversible) **Geschlechtsumwandlung** grundsätzlich mit allen damit verbundenen rechtlichen Konsequenzen anzuerkennen.[443] Die Anerkennung der sexuellen Identität von Transgendern darf dabei jedoch nicht von der Vornahme einer sterilisierenden Operation[444] oder Behandlung abhängig gemacht werden, die aufgrund ihrer Natur und Intensität eine sehr hohe Wahrscheinlichkeit von Unfruchtbarkeit mich sich bringt.[445] Anderenfalls wäre die Ausübung des Rechts auf sexuelle Identität und persönliche Entfaltung als grundlegender Aspekt des Rechts auf Achtung des Privatlebens nur um den Preis eines vollständigen Verzichts auf die Ausübung des Rechts auf Achtung der physischen Integrität möglich.[446] Ist die betroffene Person verheiratet, dann darf der Staat die personenstandsrechtliche Anerkennung der Geschlechtsumwandlung davon abhängig machen, dass der Ehepartner zustimmt, und als Folge der Zustimmung vorsehen, dass aus der Ehe eine gleichgeschlechtliche Partnerschaft wird;[447] nicht mehr zulässig ist es, infolge der Geschlechtsumwandlung etwaige Elternrechte einzuschränken.[448] Die Achtung des Privatlebens kann auch die Rücksichtnahme auf die **Sitten und Gebräuche einer Minderheit** und die Respektierung einer ihnen gemäßen Lebens-

---

441 EGMR Parrillo/I, 27.8.2015, NJW **2016** 3705 = NLMR **2015** 344.

442 EGMR Y.Y./TRK, 10.3.2015, §§ 65 f., NLMR **2015** 118; *Grabenwarter/Pabel* § 22, 26.

443 Unter Hinweis auf die sich verändernden Anschauungen: EGMR Goodwin/UK, 11.7.2002, NJW-RR **2004** 289; van Kück/D, 12.6.2003 (Kostenerstattung für geschlechtsangleichende Maßnahmen); zurückhaltender früher: EGMR Cossey/UK, 27.9.1990; B/F, 25.3.1992, ÖJZ **1992** 625 (Namensänderung, aber keine Verpflichtung des Staates zur Änderung der Eintragung im Geburtenregister); S.V./I, 11.10.2018, §§ 57, 75 (Namensänderung bereits vor der Durchführung einer Geschlechtsumwandlung), NLMR **2018** 452; (GK) Sheffield u. Horsham/UK, 30.7.1998, ÖJZ **1999** 571; vgl. ferner EGMR X, Y, Z/UK, 22.4.1997, ÖJZ **1998** 271 (kein Recht auf Eintragung als Vater eines Kindes nach künstlicher Insemination des Partners); zur Entwicklung der Rechtsprechung *Frowein/Peukert* 13; *Meyer-Ladewig/Nettesheim/von Raumer/Meyer-Ladewig/Nettesheim* 21; *Peters* 157; zusammenfassend *Will* R&P **2011** 215, **2012** 21; *Bratza* HRLJ **2014** 245; *Theilen* ZEuS **2012** 363; *Sacksofsky* FS Renate Jäger 675. Zur Intersexualität BTDrucks. **17** 11855. Vgl. ferner *Nowak* 17; BVerfGE **49** 286. Art. 8 beinhaltet kein uneingeschränktes Recht auf Vornahme einer Geschlechtsumwandlung; bei der Transsexualität handelt es sich jedoch um einen Zustand, der eine medizinische Behandlung rechtfertigen kann. Die Voraussetzungen für die rechtliche Anerkennung einer Geschlechtsumwandlung müssen stetig überprüft werden. Ein gesetzliches Erfordernis der Gebärunfähigkeit als Bedingung für die Vornahme einer Geschlechtsumwandlung stellt einen unverhältnismäßigen Eingriff in das Recht einer transsexuellen Person auf Achtung ihres Privatlebens dar (EGMR Y.Y./TRK, 10.3.2015). Vgl. ferner EGMR Rana/H, 16.7.2020, § 42 (Verstoß gegen Art. 8, da Anerkennung ausschließlich für Personen mit ungarischer Geburtsurkunde möglich); Anspruch auf Ausstellung einer neuen Geburtsurkunde besteht nicht, vgl. EGMR Y/PL, 17.2.2022, §§ 77 ff., 81 ff.; vertiefend *Salzberg*.

444 Siehe hierzu § 1905 BGB, der einige (strenge) Voraussetzungen für die Einwilligung des Betreuers in die Sterilisation einer von ihm betreuten nicht einwilligungsfähigen Person vorsieht.

445 EGMR A.P., Garçon u. Nicot/F, 6.4.2017, §§ 131, 135, NLMR **2015** 1 ff.

446 EGMR A.P., Garçon u. Nicot/F, 6.4.2017, §§ 131 f.

447 EGMR (GK) Hämäläinen/FIN, 16.7.2014, §§ 76 f., 80 ff., 87, NJW **2015** 3703 = FamRZ **2014** 1529 (u.a. damit begründet, dass dem Betroffenen die Möglichkeit der Scheidung zur Verfügung steht, falls die Geschlechtsumwandlung anders nicht anerkannt wird); in demselben Fall ebenso (K) H./FIN, 13.11.2012, §§ 47, 50, 52 m. Anm. *Henrich* FamRZ **2013** 432.

448 EGMR (GK) Hämäläinen/FIN, 16.7.2014, § 86; (K) H./FIN, 13.11.2012, §§ 51 f.

weise erfordern.[449] Auch sie findet jedoch ihre Grenze in der menschenrechtlichen Freiheit anderer Personen, selbst wenn diese der Minderheitengruppe angehören.[450]

123 Ein Recht, die **Staatsangehörigkeit** eines bestimmten Staates zu erlangen, kann aus Art. 8 grundsätzlich nicht hergeleitet werden; allenfalls in besonders gelagerten Ausnahmefällen könnten die willkürliche Verweigerung des Erwerbs der Staatsangehörigkeit und die daraus sich ergebenden Folgen auch unter dem Gesichtspunkt der Verletzung einer Schutzpflicht aus Art. 8 zu prüfen sein.[451] Bei derartiger Willkür kommt auch in Betracht, dass ein an die Staatsangehörigkeit anknüpfendes Recht auch denjenigen zu gewähren ist, die gerade infolge dieser Willkür keine Staatsangehörigen sind.[452] Auch der Widerruf einer bereits bestehenden Staatsbürgerschaft kann einen Eingriff in das Privatleben begründen.[453] Eine Regelung, wonach nichteheliche Kinder nicht automatisch die Staatsangehörigkeit des Vaters, wohl aber die der Mutter bekommen, wurde als diskriminierend und Verstoß gegen Art. 8 i.V.m. Art. 14 angesehen.[454]

124 **b) Strafprozessuale Maßnahmen als Eingriff.** Der Staat darf in Manifestationen der Individualität nur eingreifen, wenn dies aus einem der in Art. 8 Abs. 2 aufgeführten triftigen Gründe des Gemeinwohls notwendig ist, etwa für Zwecke einer **erkennungsdienstlichen Behandlung** wegen des Verdachts einer Straftat.[455] Zu den Eingriffen in die körperliche und geistige Unversehrtheit rechnen auch staatliche Maßnahmen der **medizinischen Behandlung**[456] oder der Betreuung, wie die Einweisung in eine psychiatrische Klinik oder die Bestellung eines Pflegers oder Betreuers[457] bzw. die Aberkennung der Geschäftsfähig-

---

449 EGMR Noack u.a./D (E), 25.5.2000, LKV **2001** 69 (Sorben, Gemeinde Horno); Connors/UK, 27.5.2004, § 84; vgl. auch EGMR Chapman u.a./UK, 18.1.2001 (Wohnwagen von Roma); Meyer-Ladewig/Nettesheim/von Raumer/*Meyer-Ladewig/Nettesheim* 44.
450 Hierzu SK/*Meyer* 26, z.B. Zwangsbeschneidung.
451 EGMR Karassev/FIN (E), 12.1.1999, NVwZ **2000** 301; K2/UK (E), 7.2.2017, §§ 49 f., BeckRS **2017** 163365; Ghoumid u.a./F, 25.6.2020, § 43, BeckRS **2020** 14886 = NVwZ **2021** 625 (Entziehung der französischen Staatsbürgschaft wegen terroristischer Aktivitäten; keine unverhältnismäßigen Folgen für das Privatleben festgestellt, Verletzung von Art. 8 verneint); ähnlich: EGMR Johannsen/DK (E), 1.2.2022, § 44 und (Entzug der dänischen Staatsbürgerschaft nach Verurteilung wegen terroristischer Straftaten); Meyer-Ladewig/Nettesheim/ von Raumer/*Meyer-Ladewig/Nettesheim* 30. So auch im umgekehrten Fall: Kein Recht aus der Konvention, eine bestimmte Staatsangehörigkeit abzulegen, in Ausnahmefällen kann die entsprechende Weigerung des Staates zu einem Verstoß gegen Art. 8 führen, EGMR Riener/BUL, 23.5.2006, §§ 153 ff.
452 So angedeutet: EGMR (K) Sisojeva u.a./LET, 16.6.2005, § 100, EuGRZ **2006** 554 (keine Willkür); (GK) 15.1.2007, NVwZ **2008** 979 = InfAuslR **2007** 140 äußert sich hierzu nicht.
453 EGMR Ramadan/MLT, 21.6.2016, §§ 84 f., NVwZ **2018** 387 ff.; *Grabenwarter/Pabel* § 22, 31.
454 EGMR Genovese/MLT, 11.10.2011, FamRZ **2011** 1925 (Ls.) m. Anm. *Henrich* u. *Siehr* IPRax **2013** 336, mit rechtsvergleichenden Ausführungen und Zweifeln an der Vereinbarkeit des österreichischen Staatsangehörigkeitsrechts mit der EMRK.
455 Etwa EGMR Saunders/UK, 17.12.1996, ÖJZ **1998** 32; *Frowein/Peukert* 8; *Nowak* 20. Ein Verstoß ist etwa zu bejahen, wenn es keinen haltbaren Tatverdacht gibt, wenn es an der Notwendigkeit der Speicherung erkennungsdienstlich gewonnener Daten für die Aufklärung begangener/bevorstehender Straftaten fehlt oder der Verhältnismäßigkeitsgrundsatz nicht beachtet worden ist.
456 EGMR X./FIN, 3.7.2012, §§ 212, 214.
457 EGMR Salontaji-Drobnjak/SRB, 13.10.2009, §§ 141 ff. (Einschränkung Geschäftsfähigkeit); vgl. zu Zwangsbehandlung und Betreuungsrecht: *Dodegge* NJW **2006** 1627; *ders.* NJW **2012** 3694; speziell in Bezug auf die Zwangsbehandlung von Kindern und Jugendlichen: *Stamer* Die medizinische Zwangsbehandlung Minderjähriger im Spannungsfeld nationaler Grund- und internationaler Menschenrechte (2020); zur Rechtmäßigkeit medizinischer Zwangsmaßnahmen bei einer Unterbringung, die auf Art. 5 Abs. 1 Satz 2 *lit.* e gestützt wird: EGMR X./FIN, 3.7.2012, §§ 214 ff., 220 ff. (Eingriff nicht gerechtfertigt, wenn keine Rechtsbehelfe bzw. geeigne-

keit;[458] steht diese in Rede, hat der Staat dafür zu sorgen, dass der Betroffene von unabhängiger Seite effektiv vertreten wird.

Das Einholen einer Auskunft über die von einem bestimmten **Telefonanschluss** aus 125
hergestellten Verbindungen ist ein Eingriff in das Privatleben und in die von Art. 8 Abs. 1
ebenfalls geschützte Korrespondenz.[459] Gleiches gilt für andere Maßnahmen zum Zwecke
der Strafverfolgung, etwa eine **Beschlagnahme** oder **Durchsuchungen** der Person, ihrer
Kleidung und persönlichen Gegenstände, etwa eines **Laptops**[460] oder eines **Mobiltelefons**.[461]

Im Haus oder der Wohnung des Betroffenen durchgeführte Maßnahmen berühren 126
den Privatbereich über den eigentlichen Eingriff in die Wohnung hinaus, wenn sie sich
auf **private Schriften** erstrecken, wie eigene **Aufzeichnungen** oder ein **Tagebuch**,[462] aber
auch ein **Romanmanuskript**.[463] Solche Maßnahmen sind nur aufgrund eines Gesetzes
und im Interesse der Strafverfolgung oder ähnlicher wichtiger Belange i.S.d. Art. 8 Abs. 2
zulässig; dies gilt auch für die hierbei oder aus anderem Anlass gewonnenen Erkenntnisse
über körperliche, geistige und seelische Befindlichkeiten.[464] Sie müssen daher nach Anlass,
Art, Ausmaß und Auswirkungen den Anforderungen der Konventionen an die Verhältnismäßigkeit des Eingriffs genügen.

Ein Eingriff liegt im Verlangen von **Auskünften über die eigenen Vermögensver-** 127
hältnisse oder über die Verwendung eigener Mittel.[465] Gleiches gilt grundsätzlich auch
bei Beschränkungen zur Privatsphäre gehörender **beruflicher oder geschäftlicher Aktivitäten**.[466] Auch die Anforderung an Sportler, den Anti-Doping-Behörden jeden Tag, einschließlich an Wochenenden und im Urlaub, genaue Informationen über ihren Aufenthalt

---

ten rechtlichen Bestimmungen gegen Willkür bestehen); zur Unterbringung nach § 1906 BGB: *Ludyga* FPR
2007 104.

458 EGMR Ivinović/KRO, 18.9.2014, §§ 35 ff., 44 (auch teilweise Aberkennung der Geschäftsfähigkeit darf nur
letztes Mittel [„measure of last resort"] sein; mildere Mittel sind vorher zu prüfen), 45 (effektive unabhängige
Vertretung); ähnlich EGMR A.N./LIT, 31.5.2016, §§ 123, 125; Shtukaturov/R, 27.3.2008, §§ 83, 94 f. (Aberkennung
der Geschäftsfähigkeit kann nach Art oder Ausmaß der psychischen Krankheit notwendig sein; tendenziell
nicht verhältnismäßig, wenn nationales Recht nur volle/gar keine Aberkennung der Geschäftsfähigkeit und
keinen Mittelweg vorsieht); zum Erfordernis, den Betroffenen persönlich anzuhören, und zu seinem Recht,
die Wiederherstellung seiner Geschäftsfähigkeit auch ohne Antrag seines Betreuers bzw. Vormundes selbst
zu beantragen, Art. 6 Rn. 144.

459 EGMR P.G. u. J.H./UK, 25.9.2001.

460 Vgl. EGMR Gillan u. Quinton/UK, 12.1.2010, § 63; Cacuci u. S.C. Virra & Cont Pad S.R.L./RUM, 17.1.2017,
§§ 70 ff.; Ivachenko/R, 13.2.2018, §§ 65, 69 (mehrstündige Durchsuchung eines Laptops und anschließende
Speicherung sich darauf befindlicher Daten für einen Zeitraum von zwei Jahren); siehe zudem: KG Beschl. v.
23.12.2021 – 5 Ws 261/21, BeckRS **2021** 55974 (Durchsicht eines Laptops, der in der U-Haft zu Zwecken der
Verteidigung überlassen wurde).

461 EGMR Saber/N, 17.12.2020, § 48, StV **2021** 105 ff. m. Anm. *Grötzinger* (digital-forensische Auswertung
eines Smartphones; Schutz der Vertraulichkeit von Korrespondenz zwischen Anwalt/Mandant); Särgava/EST,
16.11.2021, §§ 84, 109 f. (Laptop/Mobiltelefon eines Rechtsanwalts; keine hinreichenden Verfahrensgarantien
zum Schutz vor Willkür; Verstoß gegen Art. 8).

462 Zur (regelmäßig unzulässigen) Verwertung des Tagebuchs eines Gefangenen: KG StV **2013** 647 = NStZ-
RR **2013** 122 = StraFo **2013** 81; zur unzulässigen Verwertung eines dem unantastbaren Kernbereich der
Lebensgestaltung des Gefangenen zuzurechnenden versteckten autobiografischen Textes: BVerfG Beschl. v.
18.4.2018 – 2 BvR 883/17, RDV **2018** 325 = ZD **2018** 475; vgl. EGMR Gillan u. Quinton/UK, 12.1.2010, § 63.

463 Etwa EKMR bei *Frowein/Peukert* 6.

464 Vgl. IK-EMRK/*Wildhaber/Breitenmoser* 120.

465 EKMR bei *Bleckmann* EuGRZ **1983** 415, 425 (Auskunft an Finanzbehörde); IK-EMRK/*Wildhaber/Breiten-
moser* 123.

466 EGMR Niemietz/D, 16.12.1992; Durchsuchung Anwaltskanzlei); ferner: EGMR Halford/UK, 25.6.1997.

und ihre konkreten Aktivitäten zu geben sowie die Durchführung von **Dopingkontrollen** auch in Privatwohnungen der Sportler stellte einen Eingriff in Art. 8 (Privat- und Familienleben; Wohnung) dar.[467]

128   **c) Verdeckte Ermittlungen.** Eine **gezielte, systematische** oder **länger andauernde verdeckte Aufzeichnung** des Verhaltens oder der Äußerungen des Betroffenen, etwa im Rahmen einer verdeckten Ermittlung, greifen in seine Privatsphäre ein, selbst wenn die Aufzeichnungen nur im öffentlichen Raum gemacht werden.[468] Ein Eingriff in das Privatleben liegt auch bei **verdeckten Stimm- und Tonaufnahmen** in einer Polizeizelle vor, insbesondere wenn dadurch Material für einen Stimmvergleich gewonnen werden soll,[469] sowie darin, dass die Polizei einer Privatperson ein Gerät zur Aufzeichnung der Telefongespräche mit einer zu überwachenden Person zur Verfügung stellt.[470] Auch die Aufzeichnung des **Bewegungsprofils** einer Person mittels Anbringen eines **GPS-Peilsenders** stellt einen Eingriff in Art. 8 dar.[471] Gleiches gilt für die **Aufnahme von Reiseaktivitäten in eine Datenbank**, in der Daten über mehrere Personen gesammelt werden.[472] Überwachungsmaßnahmen dieser Art, insbesondere **verdeckte oder gar geheime Ton-/Bildaufzeichnungen** stellen besonders intensive Eingriffe in das Privatleben einer Person dar und bedürfen neben einer **ausreichend bestimmten Rechtsgrundlage**[473] der **Rechtfertigung** durch einen der Schwere des Eingriffs angemessenen Grund.[474] Ob aus der rechtswidrigen Erhebung solcher Tonbandaufzeichnungen ein Beweisverwertungsverbot folgt, ist primär durch den nationalen Gesetzgeber zu entscheiden. Der EGMR schließt die Verwertung rechtswidrig erlangter Beweise nicht generell aus, sondern prüft im Rahmen des Art. 6 lediglich allgemein, ob das Verfahren fair war.[475]

129   Bezüglich der Errichtung eines **Massenüberwachungssystems** zur Erkennung bislang unbekannter Bedrohungen für die nationale Sicherheit obliegt jedem Vertragsstaat

---

467 Vgl. EGMR National Federation of Sportspersons' Associations and Unions (FNASS) u.a./F, 18.1.2018, §§ 185 ff., 191. Das allgemeine Interesse an einer Verhinderung von Doping mit all seinen Gefahren und Nachteilen überwog nach Ansicht des Gerichtshofs die den Sportlern auferlegten Einschränkungen.

468 Vgl. Rn. 84; ferner zu dem in der verdeckten Telefonüberwachung zugleich liegenden Eingriff in die Korrespondenz Rn. 271. Zum agent provocateur *Ott* 242 f.

469 EGMR P.G. u. J.H./UK, 25.9.2001.

470 EGMR M.M./NL, 8.4.2003; *Goedecke* GYIL **44** (2003) 606, 621.

471 EGMR Uzun/D, 2.9.2010, § 52 = NJW **2011** 1333; Ben Faiza/F, 8.2.2018, §§ 53 ff.; zur Thematik auch (mit Bezug auf §§ 44, 32 BDSG): *Cornelius* NJW **2013** 3340.

472 EGMR Shimovolos/R, 21.6.2011, §§ 65 f. (Datenbank mit Informationen zu über 3800 Personen, überwiegend Oppositionelle und Menschenrechtsaktivisten). Zur Gefahr einer Massenüberwachung für die Demokratie: Bericht des Europarates v. 26.1.2015, C §§ 88 f., 100.

473 EGMR Malone/UK, 2.8.1984; Schenk/CH, 12.7.1988, NJW **1989** 654; Kopp/CH, 25.3.1998; Khan/UK, 12.5.2000, JZ **2000** 993 m. Anm. *Kühne/Nash*; Amann/CH, 16.2.2000; P.G. u. J.H./UK, 25.9.2001; vgl. auch VerfGH Berlin Urt. v. 11.4.2014 – VerfGH 129/13 (zu Art. 26 berlVerf); BGE **136** I 87. Die TKÜ (§ 100a StPO) ist nur zur Aufklärung bereits abgeschlossener Taten zulässig; für eine präventive TKÜ wäre eine gesetzliche Eingriffsgrundlage im Landesrecht erforderlich (vgl. § 36 POG Rh-Pf, Art. 42 bayPAG; *Meyer-Mews* StraFo **2016** 133, 134 f.); die ungarische Rechtslage zur verdeckten polizeilichen Überwachung betreffend: EGMR Szabó u. Vissy/H, 12.1.2016, § 89, NLMR **2016** 45 = NVwZ **2017** 1107 (i.E. Verstoß gegen Art. 8; Kreis betroffener Personen nicht ausreichend klar umschrieben; Anordnung der Maßnahmen gänzlich im Bereich der Exekutive und ohne Beurteilung der unbedingten Notwendigkeit erfolgt; keine effektive Kontrolle durch Richter oder sonstige unabhängige Stellen); vertiefend zur Betroffenheit des Privatlebens durch verdeckte strafprozessuale Überwachungsmaßnahmen: *Doll* Strafprozessuale Konturierung des Kernbereichs privater Lebensgestaltung (2021) 208 ff.

474 *Frowein/Peukert* 16.

475 Vgl. EGMR Schenk/CH, 12.7.1988, § 46, EuGRZ **1988** 390 = NJW **1989** 654; *Nimmervoll* JSt **2019** 288.

ein gewisser Ermessensspielraum.[476] Ein geheimes Überwachungssystem, das den Zugriff auf die Telekommunikation ermöglicht, ohne dass effektive Rechtsbehelfe zur Verfügung stehen und die Überwachungsmaßnahmen durch nationale Gerichte bzw. den EGMR nicht überprüfbar sind, ist jedoch mit Art. 8 nicht vereinbar. Die Eingriffsqualität und die daraus resultierende **(potentielle) Opfereigenschaft** werden bereits dann anerkannt, wenn die Durchführung einer geheimen Überwachungsmaßnahme bloß *möglich* ist: Es wird darauf abgestellt, in welchem Umfang die gesetzliche Grundlage eine geheime Überwachungsmaßnahme zulässt. Wenn eine geheime Überwachung aufgrund einer Gruppenzugehörigkeit zulässig ist oder wenn die Gesetzgebung die Überwachung aller Teilnehmer der Kommunikation gestattet, ist eine direkte Anfechtbarkeit möglich. Darüber hinaus sind die Verfügbarkeit und Effizienz innerstaatlicher Rechtsbehelfe entscheidend. Wenn keine Rechtsbehelfe zur Verfügung stehen, stellt bereits eine drohende Überwachung einen Eingriff dar. In diesen Fällen ist eine abstrakte Gesetzeskontrolle durch den EGMR möglich.[477]

Einer besonders sorgfältigen Abwägung sowie der strikten Beachtung des Grundsatzes **130** der Verhältnismäßigkeit bedarf auch die **polizeiliche Dauerobservation ehemaliger Sicherungsverwahrter**, da hier die Eingriffsintensität mit der Dauer und aufgrund des erheblichen Einflusses auf die Resozialisierungschancen des Betroffenen kontinuierlich steigt.[478]

Die Anforderungen an die **hinreichende Bestimmtheit** der nationalen Rechtsgrund- **131** lage und an die **Vorhersehbarkeit** der mit dem Eingriff verbundenen Folgen sind besonders hoch, wenngleich bei einer verdeckten Überwachung angesichts der Nicht-Offenheit des Eingriffs ein spezielles, der Maßnahme immanentes Verständnis der Vorhersehbarkeit erforderlich ist. Vorhersehbarkeit kann demnach bei verdeckter Überwachung naturgemäß nicht bedeuten, dass der Betroffene bereits vor dem Eingriff Kenntnis von einer bevorstehenden Maßnahme erlangt.[479] Der Betroffene könnte ansonsten in Kenntnis der Überwachung sein Verhalten entsprechend anpassen, was dem Zweck der Maßnahme zuwiderliefe. Vielmehr müssen bei verdeckten Eingriffen die Eingriffsgrundlagen klar und detailliert genug sein, damit die Bürger die erforderlichen Umstände und rechtlichen Voraussetzungen eines Eingriffs nachvollziehen können.[480] Auch und vor allem bei der **Telekommunikationsüberwachung** kommt aber eine **analoge Anwendung** strafprozessualer Eingriffsbefugnisse ebenso wenig in Betracht wie die Herleitung einer gesetzlichen Grundlage aus **allgemeinen Gesetzen oder Rechtsgrundsätzen**.[481] Eine **allgemeine gesetzliche Ermittlungsbefugnis** der Polizei kann nicht Grundlage einer eingriffsintensiven verdeckten oder gar geheimen Überwachungsmaßnahme sein.[482]

Zur Vermeidung von Machtmissbrauch hat der Gerichtshof folgende **Mindestgaranti-** **132** **en** für verdeckte Überwachungsmaßnahmen entwickelt und zwischen der Anordnung und der Ausführung der Maßnahmen unterschieden.[483] Gesetzlich geregelt werden müssen

476 EGMR (GK) Centrum för rättvisa/S, 25.5.2021, § 252.

477 EGMR (GK) Roman Zakharov/R, 4.12.2015, HRLJ **2016** 358 = NLMR **2015** 509 m.w.N.; hierzu *Lachenmann* DÖV **2016** 501, 509; auf die in der Rs. Zakharvov erfolgten Ausführungen verweisend: (GK) Centrum för rättvisa/S, 25.5.2021, § 167; Ekimdzhiev u.a./BUL, 11.1.2022, § 262.

478 OVG Münster DVBl. **2013** 1267 (polizeiliche Generalklausel grundsätzlich ausreichend); *Greve/Lucius* DÖV **2012** 97 ff.

479 Vgl. EGMR Malone/UK, 2.8.1984, § 67; Leander/S, 26.3.1987, § 51; Dragojević/KRO, 15.4.2015, § 81; (GK) Roman Zakharov/R, 4.12.2015, §§ 228 f.

480 EGMR Malone/UK, 2.8.1984, § 67; Leander/S, 26.3.1987, § 51; Dragojević/KRO, 15.1.2015, § 81; (GK) Roman Zakharov/R, 4.12.2015, § 229; Liblik u.a./EST, 28.5.2019, § 128.

481 EGMR Kruslin/F, 24.4.1990; Huvig/F, 24.4.1990.

482 EGMR P.G. u. J.H./UK, 25.9.2001; ebenso *Greve/Lucius* DÖV **2012** 97, 103 f.

483 Vgl. EGMR Iordachi u.a./MOL, 10.2.2009, §§ 42 ff.; vgl. *Greve/Lucius* DÖV **2012** 97 ff.

Esser

demnach die **Art der Straftaten**, die eine Überwachungsanordnung rechtfertigen können, die **Personengruppen**, bei denen eine Überwachung (namentlich Telefongespräche) durchgeführt werden darf (insbesondere bei Betroffenheit am Verfahren nicht beteiligter **Dritter**[484]),[485] die **Begrenzung der Dauer** der Maßnahme, das **Verfahren bei der Auswertung, Verwendung und Speicherung** der erlangten Daten, die bei der **Übermittlung** der Daten an Dritte zu beachtenden Vorsichtsmaßnahmen und die Umstände, unter denen die **Aufzeichnungen gelöscht** und die Datenträger vernichtet werden müssen.[486]

133   Nicht erforderlich ist eine detaillierte, erschöpfende Auflistung sämtlicher Delikte, die eine Maßnahme rechtfertigen können, solange aus der entsprechenden Regelung wenigstens die **Art dieser Straftaten** deutlich hervorgeht.[487] Um die Vielzahl der hierunter fallenden Konstellationen erfassen zu können, akzeptierte der Gerichtshof u.a. die Formulierung (schwere Straftaten) *„im Interesse der nationalen Sicherheit"*.[488] Um der Komplexität des Einzelfalles gerecht werden zu können, verlangt der EGMR nicht, dass eine konkrete absolute Höchstdauer der Maßnahmen gesetzlich festgeschrieben wird. Erforderlich sind dann aber effektive **Sicherungsmechanismen**, die eine **regelmäßige Überprüfung** der Notwendigkeit der Aufrechterhaltung der Maßnahme erlauben.[489]

134   Die genannten Kriterien sind auch auf eine **transnationale Nutzung** von Informationen (Austausch zwischen Regierungen) anzuwenden, die durch eine verdeckte Überwachung gewonnen werden.[490] Die näheren Umstände, unter denen abgehörte Informationen von ausländischen Stellen angefordert werden können, müssen ebenfalls im nationalen Recht des anfordernden Staates genau festgelegt werden, um eine rechtsmissbräuchliche Umgehung von Konventionsgarantien, v.a. beim Informationsaustausch mit Nicht-Konventionsstaaten zu vermeiden.[491]

135   Ein **Richtervorbehalt** oder eine **nachträgliche gerichtliche Kontrolle** gehören zwar idealerweise, formal gesehen aber nicht zwingend zu den gesetzlich zu regelnden Mindestanforderungen einer Kommunikationsüberwachung.[492] In jedem Fall sind bei verdeckten staat-

---

484 EGMR Matheron/F, 29.3.2005 (auch ihnen muss effektiver Rechtsschutz gewährt werden).

485 EGMR Kennedy/UK, 18.5.2010, § 160 (ausreichend, wenn in der Gesamtschau mit den Umständen, die eine Maßnahme auslösen können, erkennbar ist, welche Personen betroffen sein können; gilt insbesondere, wenn in der Anordnung eine weitere Individualisierung der betroffenen Personen, Telefonnummern etc. erfolgen muss).

486 Zur Löschung bzw. Zerstörung von Aufzeichnungen im Falle eines Freispruchs/Verfahrenseinstellung vgl. EGMR Valenzuela Contreras/E, 30.7.1998, § 46. Zusammenfassend (bezogen auf die TKÜ): EGMR Weber u. Saravia/D (E), 29.6.2006, § 95 (G10-Gesetz i.F.d. Verbrechensbekämpfungsgesetzes); (GK) Roman Zakharov/R, 4.12.2015, § 232 m.w.N.; Dudchenko/R, 7.11.2017, § 105 ff.; Liblik u.a./EST, 28.5.2019, § 130; (GK) Big Brother Watch u.a./UK, 25.5.2021, § 335 (geheimdienstliche Massen-TKÜ); siehe auch *Meyer-Mews*StraFo **2016** 133, 135; *Neubert* R&P **2018** 434.

487 EGMR Kennedy/UK, 18.5.2010, § 159 („sufficient detail should be provided of the nature of the offences").

488 EGMR Kennedy/UK, 18.5.2010, § 159 („serious crime" wegen einer Definition im Gesetz ebenso akzeptiert wie „for the purpose of (...) *detecting* serious crime").

489 Vgl. EGMR Kennedy/UK, 18.5.2010, § 161.

490 EGMR (GK) Big Brother Watch u.a./UK, 25.5.2021, § 423.

491 EGMR (GK) Big Brother Watch u.a./UK, 25.5.2021, §§ 424, 447.

492 Ausführlich: *Esser* Europäischer Datenschutz; EGMR Matheron/F, 29.3.2005; nicht ausreichend: Kontrolle durch einen *„magistrat"*, der die Maßnahme auch angeordnet hat); dagegen *Meyer-Mews* StraFo **2016** 133, 135 (Eingriffe in das Telekommunikationsgeheimnis sollten i.d.R. unter Richtervorbehalt); EGMR Zahkarov/R, 4.12.2015, § 266; Meimanis/LET 21.7.2015 (Nichteinholen einer nachträglichen richterlichen Zustimmung zu einer TKÜ als mögliche Verletzung von Art. 8; sieht das nationale Recht eine Ausnahme vom Richtervorbehalt in dringenden Fällen vor, ist sicherzustellen, dass davon nur im Rahmen der dafür vorgesehenen und sachlich gerechtfertigten Fälle Gebrauch gemacht wird); Konstantin Moskalev/R, 7.11.2017, §§ 51 f.

lichen Maßnahmen der Überwachung, die auch der Öffentlichkeit entzogen sind und deshalb ein besonderes Risiko des Machtmissbrauchs in sich tragen,[493] zu jedem Zeitpunkt[494] **externe oder zumindest unabhängige interne Kontrollmechanismen** erforderlich und verfahrensrechtlich vorzusehen.[495] Bereits die Anordnung der Überwachungsmaßnahme sollte daher durch eine unabhängige Stelle erfolgen[496] und dabei im Hinblick auf ihren **Eingriffsgehalt (Art, Umfang, Dauer)** und den **Adressaten** so bestimmt sein, dass kein Raum für Spekulationen bleibt.[497] Wird die Anordnung im Falle eines im nationalen Recht bestehenden Richtervorbehalts[498] im nationalen Recht von einem *unzuständigen* Gericht vorgenommen, steht auch der europarechtliche Grundsatz der Effektivität der Strafverfolgung einem im nationalen Recht hinsichtlich des durch die Maßnahme gewonnenen Beweismaterials vorgesehenen Beweisverwertungsverbot nicht entgegen.[499] Nach Abschluss der verdeckten Maßnahme ist der Betroffene über ihre Durchführung zu **unterrichten**, sofern und sobald der Zweck der Maßnahme dies zulässt.[500] Eine zum Ausschluss von Willkür vorgesehene richterliche Überprüfung einer verdeckten Überwachungsmaßnahme erfüllt ihre Funktion zur Begrenzung staatlichen Machtmissbrauchs allerdings nur dann, wenn der Richter auch tatsächlich eine **sorgfältige Prüfung der Eingriffsvoraussetzungen** und eine **umfassende Abwägung** der tangierten Interessen zur Feststellung der **Angemessenheit** des staatlichen Handelns im konkreten Fall vornimmt.[501]

In Bezug auf ein umfassend praktiziertes Überwachungsregime[502] des britischen Geheimdienstes, das u.a. die geheime **Überwachung von Kommunikation in massenhafter** **136**

---

[493] Siehe auch EGMR Zoltán Varga/SLO, 20.7.2021, § 151.

[494] EGMR Dumitru Popescu/RUM, 26.4.2007 (bereits vor der eigentlichen Anordnung, wenn hierfür gerade kein unabhängiges Organ zuständig ist).

[495] Vgl. ausführlich EGMR Association for European Integration and Human Rights u. Ekimdzhiev/BUL, 28.6.2007 (auch vergleichend zum deutschen Recht); (GK) Bykov/R, 10.3.2009, § 79 (Anwendung der Grundsätze zur TKÜ auch beim Einsatz technischer Hilfsmittel außerhalb der TK); Kennedy/UK, 18.5.2010, §§ 124, 155 (Regulation of Investigatory Powers Act 2000 – RIPA); die Bedeutung effektiver Garantien ebenfalls betonend: EGMR Ekimdzhiev u.a./BUL, 11.1.2022, § 292 (System verdeckter Überwachung, das jedoch u.a. aufgrund unzureichender Veröffentlichung/Transparenz der Regelungen im Hinblick auf die Speicherung und Löschung, Unzulänglichkeiten im Genehmigungsverfahren sowie eines ungenügenden, nicht durchgehend verfügbaren Rechtsschutzes, nicht den Anforderungen des Art. 8 entsprach vgl. §§ 356 ff. Auch bejahte der Gerichtshof einen Verstoß gegen Art. 8 mit Blick auf die Vorgehensweise bei der nach der Erhebung erfolgten Speicherung und Zugriffnahme auf die Daten, vgl. §§ 419 ff.).

[496] EGMR Iordachi u.a./MOL, 10.2.2009, § 40 (ein Erfordernis der Unabhängigkeit der anordnenden Autorität von der Exekutive vgl. EGMR Zahkarov/R, 4.12.2015, § 258; insgesamt zur seinerzeitigen konventionswidrigen Rechtslage in Rumänien: EGMR Dumitru Popescu/RUM, 26.4.2007, §§ 61 ff.; Calmanovici/RUM, 1.7.2008, §§ 120 ff.; zur insgesamt nicht ausreichenden Gesetzesänderung: EGMR Ulariu/RUM, 19.11.2013, §§ 49 ff.

[497] EGMR Hambardzumyan/ARM, 5.12.2019, § 65 (verdeckte Überwachung per Video ohne hinreichend konkrete gerichtliche Anordnung; Verstoß gegen Art. 8, nicht jedoch gegen Art. 6).

[498] Vgl. EGMR Berlizev/UKR, 8.7.2021, §§ 40 ff. (verdeckte Videoüberwachung ohne Einhaltung des im nationalen Recht vorgesehenen Richtervorbehalts; Verletzung von Art. 8).

[499] Hierzu: EuGH 17.1.2019, C-310/16 (Petar Dziev u.a.), BeckRS **2019** 103 m. Anm. *Tsambikakis/Gierok* IWRZ **2019** 227 (insb. unter Hinweis auf den Grundsatz der Gesetzmäßigkeit: vom unzuständigen Gericht angeordnete Maßnahmen seien als gesetzlich nicht vorgesehen anzusehen).

[500] EGMR (GK) Roman Zakharov/R, 4.12.2015, § 287.

[501] Instruktiv: LG Paderborn StraFo **2021** 463; in Haftsachen: BGH StraFo **2021** 470 = StV Spezial **2021** 128.

[502] Vgl. bezüglich des geheimen Überwachungssystems in Schweden, das den grenzüberschreitenden Datenverkehr überwachte und alle Mobilfunk- und Internetnutzer betreffen konnte: EGMR (GK) Centrum för rättvisa/S, 25.5.2021, §§ 369 ff., 374 (Verstoß gegen Art. 8 im Rahmen einer Gesamtschau u.a. angesichts fehlender Schutzmechanismen bei Weiterleitung persönlicher Daten an andere Stellen und des Fehlens einer effektiven *ex post facto*-Überprüfung); vgl. zur Situation in Polen, wo derzeit die Vereinbarkeit des dortigen

Form und **die Entgegennahme von Überwachungsdaten von ausländischen Regierungen** und deren Geheimdiensten sowie von etwaigen Kommunikationsdienstleistern einschloß, hat der EGMR in der Rs. ***Big Brother Watch u.a.***[503] ein Urteil von weitreichender praktischer Relevanz erlassen, in welchem er allgemeine Kriterien für ein konventionsgemäßes Überwachungssystem festgelegt hat:[504] Demnach ist ein solch umfassendes Überwachungssystem nur dann mit Art. 8 vereinbar, wenn **sog. „end-to-end safeguards"** eingehalten werden.[505] Dazu gehört *erstens*, dass die Massenüberwachung von Beginn an auf die **Anordnung/Genehmigung einer unabhängigen Stelle** gestützt wird, die den Gegenstand sowie den Umfang der Überwachung genau festlegt. *Zweitens* muss auf nationaler Ebene in jeder Phase der Maßnahme eine Bewertung hinsichtlich ihrer **Notwendigkeit und Verhältnismäßigkeit** (im engeren Sinne) vorgenommen werden. Der gesamte Überwachungseinsatz muss schließlich *drittens* noch einer **unabhängigen *ex post facto*-Überprüfung** unterzogen werden können.[506] Da sich die massenhafte Erhebung von etwaigen, mit den Inhaltsdaten einer Kommunikation im Zusammenhang stehender Verkehrsdaten („related communications data") nach Ansicht des Gerichtshofs als nicht unbedingt weniger eingriffsintensiv darstellt, wie die Erhebung sog. Inhaltsdaten (Gesprächsinhalt), sind in beiden Fällen hinsichtlich der Erhebung, Speicherung und Durchsicht gewonnener Daten grundsätzlich dieselben Mechanismen zum Schutz vor staatlichem Missbrauch anzuwenden.[507]

137   In der Rs. *Ekimdzhiev* stellte der Gerichtshof ergänzend heraus, dass dieselben Sicherungsvorkehrungen wie bei der geheimen Überwachung, auch bei einer **generellen Speicherung von Kommunikationsdaten durch Service Provider** und deren Zugänglichmachung für Behörden ergriffen werden müssen.[508]

138   In Bezug auf die **Notwendigkeit** geheimer Überwachungsmaßnahmen ist festzuhalten, dass ein gewisser Anlass vorausgesetzt wird, so dass eine **erkundende oder ausforschende geheime (Kommunikations-)Überwachung** ohne jeden Anlass nicht mit Art. 8 Abs. 2 vereinbar ist.[509] Vielmehr muss für eine erforderliche und auch im engeren Sinne angemessene Maßnahme eine einzelfallbezogene Begründung erfolgen, die herausstellt, warum eine weniger intensive Maßnahme keinen Erfolg verspricht.[510]

139   Auch für die EMRK besteht zudem ein Verbot der Umgehung rechtsstaatlicher Bindungen des Staates bei der Strafverfolgung durch einen **Rückgriff auf Privatpersonen**. Danach darf der Staat untersagte Handlungen weder selbst ausführen, noch das Risiko eingehen oder es gar veranlassen, dass Privatpersonen an seiner Stelle Eingriffe vornehmen.[511]

---

geheimen Überwachungssystems von Polizei und Nachrichtendienst mit Art. 8 auf dem Prüfstand steht: EGMR Pietrzack/PL, 27.11.2019 (anhängig) und Bychawska-Siniarska u.a./PL, 27.11.2019 (anhängig).
503 EGMR (GK) Big Brother Watch u.a./UK, 25.5.2021.
504 Vgl. auch *Ibel* ZD-Aktuell **2021** 05246.
505 EGMR (GK) Big Brother Watch u.a./UK, 25.5.2021, § 350; (GK) Centrum för rättvisa/S, 25.5.2021, § 264; darauf verweisend auch: Ekimdzhiev u.a./BUL, 11.1.2022, § 292.
506 EGMR (GK) Big Brother Watch u.a./UK, 25.5.2021, § 350 ff.; hierzu: *Ibel* ZD-Aktuell **2021** 05246.
507 EGMR (GK) Centrum för rättvisa/S, 25.5.2021, § 277; (GK) Big Brother Watch u.a./UK, 25.5.2021, § 363; siehe: EGMR Ekimdzhiev u.a./BUL, 11.1.2022, § 394.
508 EGMR Ekimdzhiev u.a./BUL, 11.1.2022, § 395.
509 EGMR Klass/D, 6.9.1978; zum deutschen Versammlungsrecht: VerfGH Berlin Urt. v. 11.4.2014 – VerfGH 129/13 Rn. 62.
510 Vgl. EGMR Roman Zahkarov/R, 4.12.2015, § 260; Bašić/KRO, 25.10.2016, § 33; Grba/KRO, 23.11.2017, § 85; Mustafa Sezgin Tanrıkulu/TRK, 18.7.2017, §§ 59 f.; ebenfalls EGMR Dragojević/KRO, 15.4.2015; Matanović/KRO, 4.7.2017, § 113; Bosak u.a./KRO, 7.10.2019, § 45.
511 *Gaede* StV **2004** 53.

Die Tatprovokation durch eine V-Person stellt daher einen gravierenden Fall dieses Umgehungsverbotes und damit eine Verletzung von Art. 6 dar.[512]

d) Erhebung, Speicherung, Verwendung von Daten. Der Schutz personenbezogener **140** Daten,[513] insbesondere auch medizinischer Daten, ist grundlegender Bestandteil des Anspruchs auf Achtung des Privatlebens.[514] Der Begriff der **persönlichen Daten** wird vom EGMR (mittlerweile)[515] weit ausgelegt und umfasst jede Information über eine bestimmte oder bestimmbare natürliche Person.[516] Dass eine Person (ohne ihr Wissen) gegenüber einer Behörde oder in einer staatlichen Sphäre bestimmte personenbezogene Informationen preisgibt, lässt die Zuordnung der entsprechenden Daten zum Privatleben dieser Person unberührt.[517] Auch **Telekommunikationsdaten** (gewählte/eingegangene Anschlussnummern, geführte Anrufe, Gesprächsdauer) werden unabhängig von einer tatsächlichen Überwachung der Gespräche vom Schutzbereich des Privatlebens erfasst.[518] Letzteres gilt auch für Teilnehmerdaten in Verbindung mit einer IP-Adresse.[519] Wenn eine Behörde Medienvertreter über eine Strafverfolgung informiert, ist darauf zu achten, dass grundsätzlich keine personenbezogene Daten der Betroffenen preisgegeben werden (näher dazu bei Art. 10 Rn. 8).[520]

Im Falle einer **systematischen Sammlung und Verwahrung** fallen auch diejenigen **141** Informationen in den Anwendungsbereich des Art. 8, die allgemein zugänglich sind, etwa weil sie aus Zeitungsartikeln, Radioprogrammen oder Entscheidungen öffentlicher Behörden bestehen.[521] Keine Rolle spielt dabei, ob die staatliche Sammlung der öffentlich zugänglichen Informationen verdeckt oder offen erfolgt und wie sensibel ihr Inhalt ist.[522]

---

512 *Gaede* StV **2004** 53 (bei Tatprovokationen durch V-Personen auch Maßstäbe des Art. 8 zu beachten); zur Grundrechtsrelevanz des Einsatzes von V-Leuten aus polizeirechtlicher Perspektive und unter dem Aspekt der Datenerhebung: *Soiné* NJW **2020** 2850.

513 EGMR (GK) Rotaru/RUM, 4.5.2000; *Grabenwarter/Pabel* § 22, 10, 27.

514 EGMR L.L./F, 10.10.2006; I/FIN, 17.7.2008, § 35; Armoniene/LIT, 25.11.2008, § 40 (positive Schutzpflicht des Staates; Veröffentlichung sensibler Gesundheitsinformationen durch Presse); (GK) S. u. Marper/UK, 4.12.2008, § 66; Szuluk/UK, 2.6.2009; L.H./LET, 29.4.2014, § 33; P. u. S./PL, 30.10.2012, § 128 (Information der Presse über geplanten Schwangerschaftsabbruch eines minderjährigen Vergewaltigungsopfers und Weigerung des Krankenhauses, diesen durchzuführen; Verletzung von Art. 8); Avilkina u.a./R, 6.6.2013, §§ 26, 45 (Vertraulichkeit von Gesundheitsdaten als grundlegendes Prinzip); YY/R, 23.2.2016, § 38; M.M./R, 12.12.2017, §§ 61, 65; Mockuté/LIT, 27.2.2018, § 93; A.T./EST, 13.11.2018, § 65 (Schutz personenbezogener Gesundheitsdaten eines Strafgefangenen); J.M. u.A.T./MKD, 22.10.2020, §§ 24, 42, 47 (Weitergabe von Gesundheitsdaten an Polizei ohne überzeugende Begründung).

515 In Anlehnung an Art. 2 *lit.* a des Europäischen Datenschutzübereinkommens; vgl. zur Entwicklung der Judikatur: *Siemen* 79 ff.; zum Datenschutzstandard in Europa: *Bodenschatz* Der europäische Datenschutzstandard (2011).

516 EGMR P.G. u. J.H./UK, 25.9.2001.

517 EGMR P.G. u. J.H./UK, 25.9.2001 (polizeiliche Stimmfalle); Peck/UK, 28.1.2003.

518 EGMR Heglas/CS, 1.3.2007.

519 EGMR Benedik/SLW, 24.4.2018, §§ 107 ff. = NLMR **2018** 237 (polizeilicher Zugriff auf Teilnehmerdaten in Verbindung mit einer dynamischen IP-Adresse).

520 KG NJW **2011** 2446 = AfP **2011** 271 m. Anm. *Vahle* DVP **2012** 263 (Finanzbehörde gestattet Medien, Vollstreckungsversuch in Wohnung des Steuerschuldners zu filmen; Fernsehen zeigt diesen unverpixelt; außerdem Mitteilung der wirtschaftlichen Situation; Bezug von Arbeitslosengeld); *Naumann* AnwBl. **2012** 587 f.

521 EGMR Segerstedt-Wiberg u.a./S, 6.6.2006; (GK) Rotaru/RUM, 4.5.2000, §§ 43 ff., ÖJZ **2001** 74.

522 EGMR Amann/CH, 16.2.2000; (GK) Rotaru/RUM, 4.5.2000; P.G. u. J.H./UK, 25.9.2001; M.B./F, 17.12.2009, § 49.

142   Ein mit persönlichen Kennziffern arbeitendes **automatisiertes Meldesystem** kann den Schutzbereich des Datenschutzes und damit Art. 8 berühren.[523]

143   Ein **Eingriff** in den Privatbereich liegt jeweils in der **Sammlung/Erhebung**, **Speicherung**,[524] **Verarbeitung** und **Weitergabe** personenbezogener Daten durch eine staatliche Stelle sowie in der **Verwendung** dieser Daten durch andere Stellen.[525] Dass gespeicherte Informationen konkret verwendet werden, ist für den bereits in der Speicherung liegenden Eingriff unerheblich.[526]

144   Das Vorliegen eines Eingriffs unabhängig von der Art und Weise der Informationsgewinnung kann insbesondere damit begründet werden, dass gesammelte Informationen bei zukünftigen Maßnahmen im Hinblick auf den Betroffenen eine **neue Bedeutung erlangen** können, ohne dass dieser die Möglichkeit hat, die Informationssammlung zu kontrollieren und – jedenfalls bei unbemerkter Informationsgewinnung – die Daten einzusehen oder deren Verwendbarkeit für bestimmte Zwecke überprüfen zu lassen.[527]

145   Verlautbarungen oder sonstige der Öffentlichkeit zugängliche personenbezogene Informationen der Strafverfolgungsbehörden über ein bereits **abgeschlossenes Strafverfahren** (z.B. Datenbanken über Sexualstraftäter) berühren zwar regelmäßig nicht mehr die von Art. 6 Abs. 2 geschützte Unschuldsvermutung (Rn. 99, Art. 6 Rn. 670), stellen aber einen Eingriff in das von Art. 8 Abs. 1 geschützte Privatleben dar. Auch Daten, die im Rahmen einer **Dauerüberwachung** ehemals Sicherungsverwahrter erhoben und verwendet werden, unterliegen besonders strengen Anforderungen; speziell betroffen sind regelmäßig das Recht auf **persönliche Selbstbestimmung** sowie das **Recht auf Resozialisierung**, so dass die Verhältnismäßigkeit der jeweiligen Maßnahme besonders gründlicher Prüfung bedarf.[528] Werden Ermittlungsakten über die Dauer des ursprünglichen Strafverfahrens hinaus aufbewahrt und in einem weiteren Verfahren ohne Zustimmung des Betroffenen zur Verfügung gestellt, wird das Recht auf den Schutz personenbezogener Daten gem. Art. 8 Abs. 1 eingegriffen.[529] Auf europarechtlicher Ebene ist gemäß Art. 10 lit. a der **RL 2016/680**[530] etwa die Verarbeitung von genetischen und biometrischen **Daten zur eindeutigen Identifizierung** einer natürlichen Person nur dann erlaubt, wenn sie unbedingt

---

523 EGMR Lundvall/S (E), 11.12.1985 (Nennung als säumiger Steuerschuldner in einem öffentlich zugänglichen Register. Im konkreten Fall wurde ein Eingriff in das Recht auf Achtung des Privatlebens mangels individueller Betroffenheit verneint.).

524 Vgl. speziell EGMR Hewitt u. Harman/UK (E), 1.9.1993 (Aufbewahrung von personenbezogenen Informationen in geheimen Registern).

525 EGMR Leander/S, 26.3.1987, § 48; Amann/CH, 16.2.2000; (GK) Rotaru/RUM, 4.5.2000; Weber u. Saravia/D (E), 29.6.2006; Khelili/CH, 18.10.2011, §§ 55 ff. (Bezeichnung „Prostituierte" in polizeilicher Datenbank); F.J. u.E.B./A (E), 25.3.2014 (Speicherung von Daten über polizeiliche Ermittlungen kein Verstoß, wenn Papierakten aufgrund der Unkenntlichmachung der personenbezogenen Angaben in Protokollbüchern nicht mehr anhand Namen gefunden werden können); P.N./D, 11.6.2020, § 58, NJW **2021** 3379 = NLMR **2020** 213; Liebscher/A, 6.4.2021, BeckRS **2021** 6207 = NLMR **2021** 152 (Veröffentlichung von Informationen zu Ehescheidung im Grundbuch); Ekimdzhiev u.a./BUL, 11.1.2022, §§ 372 ff.; vgl. zudem Othymia/NL (E), 16.6.2015, §§ 36 ff. (Weiterleitung von Steuerdaten durch eine niederländische an eine spanische Steuerbehörde).

526 EGMR Amann/CH, 16.2.2000, ÖJZ **2001** 71; Copland/UK, 3.4.2007, §§ 43 f., EuGRZ EuGRZ **2007** 415; S. u. Marper/UK, 4.12.2008, § 67, EuGRZ **2009** 299; Khelili/CH, 18.10.2011.

527 So *Gusy* FS Hilger 117, 121 f.

528 *Greve/Lucius* DÖV **2012** 97 ff. m.w.N.

529 EKMR X./D (E), 7.5.1981.

530 Richtlinie (EU) 2016/680 des Europäischen Parlaments und des Rates vom 27.4.2016 zum Schutz natürlicher Personen bei der Verarbeitung personenbezogener Daten durch die zuständigen Behörden zum Zwecke der Verhütung, Ermittlung, Aufdeckung oder Verfolung von Straftaten oder der Strafvollstreckung sowie zum freien Datenverkehr und zur Aufhebung des Rahmenbeschlusses 2008/977/JI des Rates, ABlEU Nr. L 119 v. 4.5.2016 S. 89.

Esser   1220

erforderlich ist und vorbehaltlich geeigneter Garantien für die Rechte und Freiheiten der betroffenen Person erfolgt, und wenn sie nach dem Unionsrecht oder dem Recht der Mitgliedstaaten zulässig ist. Diese Bestimmung ist laut EuGH im Lichte des Art. 52 EUC dahingehend auszulegen, dass die Verarbeitung der betroffenen Daten durch die Polizeibehörden für ihre Untersuchungstätigkeiten zu Zwecken der Kriminalitätsbekämpfung und der Aufrechterhaltung der öffentlichen Ordnung nach nationalem Recht dann zulässig ist, wenn Letzteres eine hinreichend klare und präzise Rechtsgrundlage für die Zulässigkeit dieser Verarbeitung enthält.[531]

Es verstößt gegen Art. 8 Abs. 1, wenn personenbezogene Daten aus strafrechtlichen **146** Ermittlungen in polizeilichen Dateien gespeichert werden, obwohl in der Einstellungsverfügung oder dem freisprechenden Urteil ausdrücklich festgestellt worden ist, dass der **Tatverdacht gegen den Beschuldigten vollständig entfallen** ist, weil keine Straftat vorliegt, der Beschuldigte nicht der Täter ist oder er nicht rechtswidrig gehandelt hat. Von dieser ausdrücklichen Bewertung der Staatsanwaltschaft bzw. des Gerichts darf die Polizei nicht durch eine Aufrechterhaltung der Datenspeicherung abweichen.[532] Um der Polizei die datenschutzkonforme Verarbeitung der Verfahrensausgänge in den polizeilichen Dateien zu ermöglichen, muss sichergestellt werden, dass die **Ausgangsmitteilungen** an die ermittelnde Polizeidienststelle gelangen – mit dem Zusatz „unschuldig" oder „kein begründeter Tatverdacht".[533] Bleibt dagegen der **Rest eines Tatverdachtes** am Ende eines Strafverfahrens bestehen, kann die Speicherung der im strafrechtlichen Ermittlungsverfahren gewonnenen Daten zulässig sein.[534]

§ 111 TKG a.F., wonach Käufer einer **Prepaid SIM-Karte** verpflichtet sind, Angaben zur **147** eigenen Identität zu machen, die im Anschluss gespeichert werden, greift nach Ansicht des EGMR zwar in das Recht auf Achtung des Privatlebens nach Art. 8 ein, verletzt dieses jedoch nicht.[535] Vielmehr sieht der EGMR die **Pflicht zur Preisgabe von Identitätsdaten** und deren anschließende Speicherung angesichts des Ziels der Gefahrenabwehr und der Verfolgung von Straftaten als gerechtfertigt an.[536] Entscheidend ist aber die Etablierung einer Sicherung der gespeicherten Daten vor missbräuchlichen Abfragen, dadurch, dass die Behörden dafür eine zusätzliche, die Abfrage gestattende Rechtsgrundlage benötigen.[537]

Mit Blick auf die Möglichkeit einer künftigen Verwendung unterschied der EGMR **148** früher zwischen der Behandlung der Speicherung von Fingerabdrücken auf der einen und der Aufbewahrung von Zellmaterial sowie des daraus erstellten **DNA-Profils**[538] auf der

---

531 Vgl. dazu EuGH 26.1.2023, C-205/21 (V.S.).

532 So auch bezogen auf Art. 38 Abs. 2 PAG: Die Polizei kann personenbezogene Daten aus strafrechtlichen Ermittlungen zu präventiven Zwecken speichern. Auch nach Abschluss des Strafverfahrens können diese Daten weiterhin gespeichert werden, sofern nach Abschluss des Strafverfahrens ein Tatverdacht von ausreichender Substanz verbleibt *und* nicht auszuschließen ist, dass die Speicherung der Daten des vormals Beschuldigten auch künftig bei der vorbeugenden Straftatenbekämpfung von Nutzen sein könnte (vgl. auch BVerfG NJW **2002** 3231).

533 Vgl. *Petri* 26. Tätigkeitsbericht 2013/2014, 109 f.

534 Vgl. dazu VGH München Beschl. v. 12.5.2011 – 10 ZB 10.778, BeckRS **2011** 30477; so schon BVerfG NJW **2002** 3231.

535 EGMR Breyer/D, 30.1.2020, §§ 61, 81, 110, NLMR **2020** 32 = ZD **2020** 250.

536 Vgl. EuGH 2.10.2018, C-207/16 (Ministerio Fiscal), NJW **2019** 655 = NLMR **2018** 477 (Aus Gründen der Verbrechensbekämpfung und Strafverfolgung ist der Zugang staatlicher Behörden zu Daten über die Identität von SIM-Karten zulässig).

537 EGMR Breyer/D, 30.1.2020, §§ 86 ff., 97 ff., 100.

538 Siehe dazu auch die Entwicklung von Websites zur Ahnenforschung (z.B. GEDmatch), wo Privatpersonen Erbgutinformationen, die aus zuvor eingesandtem DNA-Material gewonnen wurden, hinterlegen können, um Angehörige zu finden. Die dabei entstehenden DNA-Datenbanken werden aktuell vor allem in den

Esser

anderen Seite. Speziell beim Zellmaterial stellte der Gerichtshof fest, dass dessen Bedeutung insbesondere angesichts der raschen wissenschaftlichen Entwicklung auf dem Gebiet der Genforschung über die Bedeutung eines bloßen neutralen Identifikationsmerkmals, wie etwa des Fingerabdrucks hinausginge, so dass die systematische Aufbewahrung von Zellmaterial per se einen Eingriff in das Privatleben begründe.[539]

149   Inzwischen bejaht der EGMR in Abkehr von der früheren Rechtsprechung auch bei **Fingerabdrücken** sowie **Handabdrücken**[540] das Vorliegen eines Eingriffs und unterscheidet nur noch bei der Frage der Rechtfertigung. Zwar beinhalteten Fingerabdrücke weit weniger Informationen über die Person als deren DNA-Identifizierungsmuster, gerade als Identifikationsmerkmal seien sie aber mit Fotografien und Stimmproben vergleichbar und tangierten so das Privatleben des Einzelnen auch dann, wenn es letztlich eines Vergleichsabdrucks und eines geübten Auges bedürfe. Unter diesen Umständen verneint der EGMR das Vorliegen eines neutralen und unbedeutenden Merkmals. Immerhin führe die Speicherung der Fingerabdrücke in einer Datenbank auch dazu, dass in zukünftigen Ermittlungsverfahren permanent ein Abgleich stattfinde.[541] **EuGH** hat dazu festgestellt, dass die Speicherung von Fingerabdrücken in biometrischen Reisepässen zwar einen Eingriff in das Recht auf Achtung des Privatlebens (Art. 7 EUC) und auf den Schutz personenbezogener Daten (Art. 8 Abs. 1 EUC) darstellt, dass dieser jedoch durch das Ziel des Schutzes vor betrügerischer Verwendung von Reisepässen gerechtfertigt sei.[542] Dabei verweist auch der EuGH auf die gesetzgeberische Verpflichtung zum wirksamen Schutz der Daten vor falscher oder missbräuchlicher Verarbeitung.[543] Die Speicherung daktyloskopischer Daten auf Reisepässen wird insbesondere wegen der daraus entstehenden Möglichkeiten eines Aufbaus zentraler Datenbanken im In- und Ausland kritisch gesehen, zumal Fingerabdrücke zu den zentralen kriminalistischen Spuren zählen.[544]

150   **Datenerhebung und Datenverwendung** sind von ihrem Eingriffscharakter her immer getrennt voneinander zu beurteilen, soweit der Datenverarbeitung ein eigenständiger Akt der Erhebung vorausgeht.[545] Dies führt dazu, dass sich u.U. auch der Prüfungsmaßstab verschiebt, weil die Verwendung der Informationen in einem Strafverfahren allein an Art. 6 Abs. 1 gemessen wird.[546] Weil aber auf der Ebene der Informationsverarbeitung durch die Polizei ein Verweis auf den Vorrang des Art. 6 Abs. 1 ausscheidet, fehlt dort häufig ein spezifischer Schutz. Das gilt namentlich dann, wenn der Anwendungsbereich des Art. 8 mit dem Abschluss der Datenerhebung endet, weil die Daten, auf die zugegriffen

---

USA zunehmend zu Zwecken der Strafverfolgung genutzt, d.h. zum Auffinden der Tatperson selbst oder jedenfalls eines seiner Verwandten, vgl. hierzu *Murphy* NZZ v. 30.4.2019.

539 EGMR (GK) S. u. Marper/UK, 4.12.2008, §§ 69 ff.; Van der Velden/NL (E), 7.12.2006, unter Hinweis auf EKMR Kinnunen/FIN, 15.5.1996 (Speicherung von Fingerabdrücken kein Eingriff); Simonis/D, 10.10.2019; Peruzzo u. Martens/D (E), 4.6.2013, EuGRZ **2014** 285 (Entnahme von Körperzellen und deren Aufbewahrung sowie Feststellung und Speicherung von DNA-Identifizierungsmustern auf der Basis von Zellproben Eingriffe in das Recht auf Achtung des Privatlebens); so auch EGMR Dragan Petrović/SRB, 14.4.2020, § 69.

540 EGMR P.N./D, 11.6.2020, §§ 59 f.

541 EGMR (GK) S. u. Marper/UK, 4.12.2008, §§ 78 ff. (ausführliche Auseinandersetzung mit der bisherigen Rechtsprechung); dass die Speicherung von Fingerabdrücken den Schutzbereich des Art. 8 eröffnet, wurde u.a. bestätigt von EGMR M.K./F, 18.4.2013, § 29; Hofmann/D (E), 16.11.2010.

542 EuGH 17.10.2013, C-291/12 (Schwarz/Stadt Bochum), Tz. 30, 64.

543 EuGH 17.10.2013, C-291/12 (Schwarz/Stadt Bochum), Tz. 55; EGMR (GK) S. u. Marper/UK, 4.12.2008, § 103.

544 Vgl. *Janisch* SZ v. 18.10.2013, Politikteil, 6.

545 *Gusy* FS Hilger 117, 124.

546 *Gusy* FS Hilger 117, 127.

wird, zu diesem Zeitpunkt nicht mehr ausschließlich der Verfügungsgewalt des Betroffenen unterliegen.[547]

Ein Eingriff in den Schutzbereich personenbezogener Daten ist nur zulässig, wenn **151** der Betroffene **zugestimmt** hat[548] oder wenn eine hinreichende Rechtsgrundlage[549] dies für einen der in Art. 8 Abs. 2 aufgeführten Zwecke gestattet. Der legitime **Zweck** und der **Grund** für den staatlichen Eingriff müssen auch hier aus der gesetzlichen Grundlage für den Eingriff im nationalen Recht mit **hinreichender Bestimmtheit** hervorgehen.[550] Die Schwere und Intensität des Eingriffs dürfen nicht außer Verhältnis zu dem mit ihm verfolgten Zweck stehen, sie müssen außerdem zum Ausschluss von Willkür **vorhersehbar** und in einer demokratischen Gesellschaft **notwendig** sein (vgl. Rn. 67 ff.). Bei der in diesem Zusammenhang erforderlichen **Interessenabwägung**[551] zwischen dem jeweiligen Eingriffszweck[552] und den schutzwürdigen Belangen des betroffenen Einzelnen kommt es darauf an, zu welchem Zweck die Daten verwendet werden sollen, an wen sie weitergegeben werden und ob der Empfänger ebenfalls zu deren Geheimhaltung verpflichtet ist, ferner, wie sensibel[553] die jeweiligen Daten sind und wie stark deshalb der mit der Weitergabe verbundene Eingriff in den Privatbereich ist. Enthält das Gesetz, welches den Eingriff regelt, eine **Zweckbindung** in Bezug auf die Verwendung der gewonnen Daten und eine Regelung der Voraussetzungen, unter denen ihre Übermittlung[554] an andere Behörden erfolgen darf, so liegt gerade auch darin ein wesentlicher Schutz vor Missbrauch.[555] In Hinblick auf das Verhältnis Privater untereinander hat der VI. Zivilsenat des BGH im April 2023 vor dem Hintergrund des sogenannten „**Rechts auf Vergessenwerden**" über die Frage zu entscheiden, unter welchen Voraussetzungen der Betreiber einer Internet-Suchmaschine verpflichtet ist, persönlichkeitsrelevante Suchergebnisse auszulisten. Das zugrunde liegende Verfahren war im Juli 20220 ausgesetzt worden, um dem EuGH im Wege

---

547 *Gusy* FS Hilger 117, 132.

548 Der EGMR interpretiert die Zustimmung des Betroffenen als Rechtsverzicht, dessen Annahme allerdings strengen Prüfkriterien unterliegt. Zur *Freiwilligkeit* bei Fluggastkontrollen mithilfe eines Körperscanners: *Esser/Gruber* ZIS **2011** 379, 381 f.; EuGH 11.12.2014, C-212/13, NJW **2015** 463: Eine Videoüberwachung zum Schutz des Eigentums, die sich teilweise auf den öffentlichen Raum erstreckt und damit außerhalb des Privatbereichs liegt, vgl. Art. 3 Abs. 2 RL 95/46 EG, kann nicht als ausschließlich persönliche/familiäre Tätigkeit angesehen werden. Die nationalen Gerichte müssen die Interessen des Aufzeichnenden (z.B. Schutz von Leben und Eigentum) würdigen. Daher ist es möglich, dass auch ohne Einwilligung des Betroffenen eine Datenverarbeitung erfolgt (z.B. wenn eine Einwilligung unmöglich ist oder diese nur mit unverhältnismäßigem Aufwand eingeholt werden kann oder die Beschränkung von Rechten und Pflichten des Betroffenen im Zusammenhang mit Straftaten notwendig ist).

549 EGMR Kopp/CH, 25.3.1998; P.G. u. J.H./UK, 25.9.2001; zu besonderen Rechtsgrundlagen in den landesrechtlichen Polizeigesetzen: *Greve/Lucius* DÖV **2012** 97 ff. m.w.N.; zur Nutzung von Gesichtserkennungssoftware durch eine staatliche Behörde ohne Spezialermächtigung außerhalb § 48 BDSG vgl. VG Hamburg Urt. v. 23.10.2019 – 17 K 203719 = BeckRS **2019** 40195; krit. *Mysegades* NVwZ **2020** 451; näher zu den Anforderungen an eine nationale Rechtsgrundlage für einen im Zusammenhang mit dem Einsatz von **Gesichtserkennung** erfolgenden Eingriff in die Privatsphäre: EGMR Glukhin/R, 4.7.2023, § 83 (Verstoß gegen Art. 8 bejaht).

550 EGMR (GK) Rotaru/RUM, 4.5.2000.

551 EGMR P.N./D, 11.6.2020, §§ 90 f. (kein Verstoß gegen Art. 8 bei Speicherung u.a. von Fotos, Finger- und Handabdrücken auf Grundlage des § 81a StPO nach hinreichender Interessenabwägung).

552 Vgl. EGMR P.G. u. J.H./UK, 25.9.2001 (Stimmproben für Sprachidentifizierung).

553 EGMR Catt/UK, 24.4.2019, § 112 (Daten, die politische Einstellung des Betroffenen zeigen, gelten als besonders sensibel).

554 Vgl. dazu EuG Urt. v. 29.9.2021, T-528/20, BeckRS **2021** 28108 (Veröffentlichung von Daten in der Presse und deren angebliche Aufnahme in eine Mafia-Liste nach Übermittlung der Daten durch Europol an die slowakischen Behörden; Zurechenbarkeit in Bezug auf Europol jedoch verneint).

555 EGMR Weber u. Saravia/D (E), 29.6.2006 (strategische Kommunikationsüberwachung, G 10).

des Vorabentscheidungsverfahrens unter anderem die Frage zu stellen, wer die Darlegungs- und Beweislast für die Behauptung trägt, die von der Suchmaschine angezeigten Inhalte entsprächen nicht der Wahrheit.[556] Nach **Art. 17 Abs. 1 der Datenschutz-Grundverordnung**[557] ist der Verantwortliche unter bestimmten Voraussetzungen verpflichtet, personenbezogene Daten unverzüglich zu löschen. Dies gilt nach Art. 17 Abs. 3 lit. a DSGVO jedoch nicht, soweit die Verarbeitung zur Ausübung des Rechts auf freie Meinungsäußerung und Information erforderlich ist. Der **EuGH** urteilte im Rahmen des Vorabentscheidungsverfahrens dahingehend, dass die begehrte Auslistung nicht davon abhängig sei, dass die Frage der Richtigkeit des aufgelisteten Inhalts im Rahmen eines von dieser Person gegen den Inhalteanbieter eingelegten Rechtsbehelfs einer zumindest vorläufigen Klärung zugeführt worden ist. Der die Auslistung begehrenden Person obliegt der Nachweis, dass die in dem zu löschenden Inhalt enthaltenen Informationen offensichtlich unrichtig sind oder zumindest ein für diesen gesamten Inhalt nicht unbedeutender Teil dieser Informationen offensichtlich unrichtig ist. Damit dieser Person jedoch keine übermäßige Belastung auferlegt wird, die die praktische Wirksamkeit des Rechts auf Auslistung beeinträchtigen könnte, hat sie lediglich die Nachweise beizubringen, die unter Berücksichtigung der Umstände des Einzelfalls von ihr vernünftigerweise verlangt werden können, um diese offensichtliche Unrichtigkeit festzustellen.[558] Unter diesen Prämissen wird das Verfahren vor dem BGH fortzuführen sein.[559]

152   Bei der Weitergabe **persönlicher Daten über den Gesundheitszustand** spielt es eine Rolle, ob diese Daten von einem Krankenhaus an einen ebenfalls zur Geheimhaltung verpflichteten Sozialversicherungsträger übermittelt werden[560] oder aber der Öffentlichkeit zugänglich gemacht werden.[561] Gleiches gilt im gerichtlichen Verfahren. Während im laufenden Verfahren an der Preisgabe dieser Daten ein Interesse bestehen kann, ist bei der anschließenden Veröffentlichung der Entscheidung zu prüfen, ob die Daten zum Schutz des Betroffenen **anonymisiert** (Verwendung nur der Initialen) oder der Zugang zu der Entscheidung bzw. den sonstigen Dokumenten eingeschränkt werden müssen.[562] Bei der Beurteilung, ob Gesundheitsdaten im Strafverfahren einer Strafakte beigefügt bzw. anderen zugänglich gemacht werden, ist in Bezug auf den Zweck i.S.d. Art. 8 Abs. 2 besonders

---

556 Vgl. zum Ganzen die PM des BGH, Nr. 064/2023, https://www.bundesgerichtshof.de/SharedDocs/Pressemitteilungen/DE/2023/2023064.html;jsessionid=0C5F26F11C54E3AFA0D700B6F6F8779F.internet002?nn=19153454 (Stand: April 2023).
557 Verordnung (EU) 2016/679 des Europäischen Parlaments und des Rates vom 27.4.2016 zum Schutz natürlicher Personen bei der Verarbeitung personenbezogener Daten, zum freien Datenverkehr und zur Aufhebung der Richtlinie 95/46/EG (Datenschutz-Grundverordnung), ABlEU Nr. L 119 v. 4.5.2016 S. 1.
558 Siehe EuGH 8.12.2022, C 460/20 (TU, RE).
559 Verhandlungstermin am 25.4.2023, in Sachen VI ZR 476/18 (Auslistungsbegehren gegen Google).
560 EGMR M.S./S, 27.8.1997, ÖJZ **1998** 587; Anne-Marie Andersson/S, 27.8.1997, ÖJZ **1998** 585 (nur bzgl. Zugang zum Gericht, Art. 6 Abs. 1).
561 EGMR Z./FIN, 25.2.1997 (HIV-Infektion); K.H. u.a./SLO, 28.4.2009 (Fortpflanzungsfähigkeit); näher *Riesz* ÖJZ **2012** 705; vgl. auch EGMR Radu/MOL, 15.4.2014, § 27 (Weitergabe an den Arbeitgeber); siehe ferner die Konstellation in EGMR (GK) Gillberg/S, 3.4.2012, §§ 11, 16 ff., insbes. § 25: der Bf., der an einer Universität beschäftigt war, hatte an der Erstellung von Langzeitstudien mit gesundheitsbezogenen Daten mitgewirkt; die Universität wurde zur Herausgabe der Datengrundlagen an andere Forscher verpflichtet; der EGMR stellt fest, dass in die Rechte des Bf. aus Art. 8 und Art. 10 nicht eingegriffen worden war und ging nicht näher auf eine mögliche Verletzung der Probanden in ihren Rechten aus Art. 8 ein (§§ 64, 96); siehe auch Teil II Rn. 154; *Deutsch* MedR **2013** 100. Zum Recht auf Zugang zur Krankenakte (für Strafgefangene): BVerfG medstra **2017** 161 = FS **2017** 143 m. Anm. *Goerdeler* = NStZ **2018** 162 m. Anm. *Arloth*.
562 EGMR C.C./E, 6.10.2009 (HIV-Infektion, Zivilurteil).

zu berücksichtigen, ob die in Frage stehenden Informationen für das Strafverfahren oder die Ermittlungen überhaupt in irgendeiner Weise relevant sind.[563]

Der Schutz von Daten über den Gesundheitszustand muss darüber hinaus auch bei **153** einem **begleiteten Krankenhausbesuch eines Strafgefangenen** gewährleistet sein. In diesem Fall besteht grundsätzlich ein Recht des Gefangenen auf Vertraulichkeit, so dass Anwesenheit von Wachpersonal während der Untersuchung und das Mithören von Gesundheitsinformationen einen Eingriff in Art. 8 darstellen. Dieser lässt sich nur unter Berücksichtigung der Umstände im Einzelfall, etwa aus konkret relevanten Sicherheitsgründen, rechtfertigen.[564]

Ein besonderes Schutzbedürfnis bejaht der Gerichtshof im Falle der **automatischen 154 Datenverarbeitung**, nicht zuletzt zu polizeilichen Zwecken und bei besonders sensiblen Daten, speziell **DNA-Informationen**; hier sind im Rahmen der allgemeinen Kriterien besonders strenge Anforderungen an die Schutzmechanismen zu stellen.[565] Ob ein Eingriff zum Schutz demokratischer Einrichtungen notwendig ist, ist streng zu beurteilen. Dem Staat wird auch in dieser Frage hinsichtlich Art und Ausmaß des konkreten Eingriffs ein gewisser Beurteilungsspielraum zuerkannt.[566]

Bei der Beurteilung der **Verhältnismäßigkeit der Speicherung** personenbezogener, **155** während und zu **Zwecken strafrechtlicher Ermittlungen** erhobener Daten sind nach Ansicht des EGMR verschiedene Kriterien einzubeziehen:[567] Zunächst ist sicherzustellen, dass bei der Entscheidung zur Speicherung der Daten die **Natur und die Schwere der Straftat** berücksichtigt werden und wie hoch sich die **Intensität des Eingriffs** in das Privatleben darstellt.[568] Maßgeblich können dabei das Vorhandensein oder Fehlen[569] von **Höchstspeicherfristen** sowie die Unterscheidung zwischen der Speicherung von bloßen Finger- oder Handabdrücken und aussagekräftigerem zellularen Material sein.[570] Daneben können ggf. **frühere Verurteilungen** des Betroffenen und die daraus ableitbare Wahrscheinlichkeit einer zukünftigen Verurteilung einfließen.[571] Ferner sind vorhandene **Sicherungen gegen den Missbrauch**[572] der Daten sowie etwaige Möglichkeiten zur **unabhängigen Überprüfung**[573] der Rechtmäßigkeit der Speicherung zu berücksichtigen. Ein weiterer

---

563 EGMR M.M./R, 12.12.2017, §§ 71 ff. (Vermerk der HIV-Infektion des Angeklagten in der Strafakte sowie Weitergabe dieser Informationen an Dritte).

564 Vgl. dazu EGMR A.T./EST, 13.11.2018, §§ 62 ff., 65, 67.

565 EGMR (GK) S. u. Marper/UK, 4.12.2008, § 103. Zur bedenklich weitgehenden Zurückhaltung der Rechtsprechung des Bundesgerichts (Schweiz) *Tschentscher* ZBJV **2014** 806.

566 EGMR Z./FIN, 25.2.1997; Meyer-Ladewig/Nettesheim/von Raumer/*Meyer-Ladewig/Nettesheim* 40 ff.; vgl. auch EuGH 20.5.2003, C-465/00 u.a. (Rechnungshof u.a./Österreichischer Rundfunk u.a.), EuGRZ **2003** 232, zur RL 95/46/EG des Europäischen Parlaments und des Rates v. 24.10.1995 zum Schutz natürlicher Personen bei der Verarbeitung personenbezogener Daten und zum freien Datenverkehr und den (engen) Voraussetzungen, unter denen die Namensnennung der Bezieher höherer Gehälter in einem der Öffentlichkeit zugänglichen Bericht des Rechnungshofes zulässig sein kann.

567 Vgl. für eine Zusammenfassung der Kriterien: EGMR P.N./D, 11.6.2020, § 72.

568 EGMR (GK) S. u. Marper/UK, 4.12.2008, §§ 113, 119 f.

569 Vgl. hierzu auch: EGMR M.K./F, 18.4.2013, § 45: 25 Jahre kommen einem Fehlen jeglicher Befristung sehr nahe, vor allem weil Anträge auf vorzeitige Löschung keine realen Erfolgsaussichten hatten (§§ 14, 24, 44); zur weiteren, nicht zufriedenstellenden Entwicklung des französischen Rechts (bezogen speziell auf die Eintragung persönlicher Daten einer Person, nicht jedoch von Fingerabdrücken oder DNA-Profil, in einer Straftäterdatei): EGMR Brunet/F, 18.9.2014, §§ 17 ff., 42; Gaughran/UK, 13.2.2020, §§ 94 ff., 98, NLMR **2020** 37 m. Anm. *Pabel/Haderer* JSt **2020** 274 ff.

570 EGMR (GK) S. u. Marper/UK, 4.12.2008, §§ 107 f., 119 f.

571 EGMR P.N./D, 11.6.2020, §§ 77 ff., 82 f.

572 EGMR Gardel/F, 17.12.2009, § 62; Peruzzo u. Martens/D (E) 4.6.2013, § 47; P.N./D, 11.6.2020, § 74.

573 EGMR (GK) S. u. Marper/UK, 4.12.2008, § 119; Gardel/F, 17.12.2009, § 69. P.N./D, 11.6.2020, § 74.

Esser

wesentlicher Aspekt ist schließlich noch die Tatsache, ob der Betroffene im Anschluss tatsächlich wegen der in Frage stehenden Tat **verurteilt** wurde bzw. ob das Verfahren mit einer **Einstellung**[574] oder gar einem **Freispruch**[575] endete.[576] Gerade in letzterem Fall kann auch das Risiko einer möglichen, mit der dennoch erfolgten Speicherung einhergehenden Stigmatisierung relevant werden,[577] was gerade für Jugendliche in besonderem Maße gilt.[578]

156   Besondere Bedeutung erlangte hierzu die Rs. *S. und Marper.*[579] In diesem Fall erfolgte eine generelle und zeitlich völlig unbefristete Sammlung und Speicherung von Fingerabdrücken und DNA-Informationen von Verdächtigen jeglichen Alters und unabhängig davon, welcher Straftat[580] die Betroffenen verdächtigt wurden. Ausreichende Rechtsschutzmöglichkeiten gegen die Speicherung und effektive Sicherungen gegen den Missbrauch der Daten bestanden dabei nicht. Hinzu kam, dass die Betroffenen im Anschluss nicht verurteilt wurden, sondern es stattdessen zu einem **Freispruch** bzw. einer **Einstellung** kam. Insofern erblickte der EGMR auch Friktionen mit der Unschuldsvermutung, da die Betroffenen in Bezug auf die Speicherung die gleiche Behandlung wie Verurteilte erfuhren.[581] Der EGMR sah daher den vertragsstaatlichen Spielraum als überschritten und die Maßnahmen als unverhältnismäßig an.[582]

157   Abweichend beurteilte der EGMR dagegen den Fall *P.N.*,[583] wo er einen Verstoß gegen Art. 8 verneinte. Hierbei ging es um eine auf Grundlage des § 81b StPO erfolgte Erstellung und anschließende Speicherung von Bildern, Finger- und Handabdrücken sowie einer Personenbeschreibung. Zwar erfolgte auch hierbei keine Verurteilung des Betroffenen.[584] Anders als bei *S. und Marper* war die Speicherung der Daten jedoch nicht unbegrenzt, sondern **auf fünf Jahre befristet**, wobei außerdem **hinreichende Rechtsschutzmöglichkeiten** sowie **Schutzmechanismen gegen etwaigen Missbrauch** bestanden.[585] Auch han-

---

574 Trotz einer Einstellung des Verfahrens kann nach Ansicht der deutschen Rechtsprechung eine Speicherung zulässig sein, wenn weiterhin ein Restverdacht besteht, vgl. BVerfG NJW **2002** 3231. Dies gilt für eine Einstellung nach § 170 Abs. 2 StPO etwa, wenn diese nicht aufgrund eines vollständig ausgeräumten Tatverdachts erfolgt ist, sondern wegen anderer Gründe, vgl. VGH München Beschl. v. 20.2.2013 – 10 ZB 12.2455, BeckRS **2013** 48087. Im Falle von Einstellungen nach §§ 153, 153a StPO ergibt sich ein Restverdacht in der Regel daraus, dass beide Normen einen hinreichenden Tatverdacht voraussetzen; siehe differenzierend: LR/*Mavany* § 153 Rn. 32 ff. StPO. Weitere Anhaltspunkte (auch bei einer Einstellung nach § 170 Abs. 2 StPO) können sich aus den Ermittlungsakten sowie vor allem aus dem Einstellungsbeschluss ergeben, vgl. VG Karlsruhe ZD **2015** 242, 243 f. m.w.N.

575 Die Speicherung von Daten kann jedoch ähnlich wie bei einer Einstellung (vgl. Rn. 155) auch im Falle eines Freispruchs bei Verbleiben eines Restverdachts zulässig sein, vgl. BVerfG NJW **2002** 3231; VGH München BeckRS **2011** 30477. Ein solcher Restverdacht kann dabei etwa im Falle eines Freispruchs aus Mangel an Beweisen vorliegen, vgl. VGH München Beschl. v. 16.11.2018 – 10 C 18.2094, BeckRS **2018** 32434; Beschl. v. 24.2.2015 – 10 C 14.1180, BeckRS **2015** 43079.

576 EGMR (GK) S. u. Marper/UK, 4.12.2008, §§ 106, 113, 122; M.K./F, 18.4.2013, § 42.

577 EGMR (GK) S. u. Marper/UK, 4.12.2008, §§ 22, 122; M.K./F, 18.4.2013, § 42; Brunet/F, 18.9.2014, § 37.

578 EGMR (GK) S. u. Marper/UK, 4.12.2008, § 124.

579 EGMR (GK) S. u. Marper/UK, 4.12.2008.

580 Siehe ebenfalls: EGMR M.K./F, 18.4.2013, § 41 („les simples contraventions"); der Tatvorwurf hatte auf Diebstahl von Büchern gelautet. Dass das Verfahren obendrein eingestellt worden war (bzw. dass eine freispruchsähnliche Entscheidung ergangen war), erhöhte die Bedenken des EGMR noch, eine Verletzung von Art. 8 wäre aber wohl auch ohne diesen *zusätzlichen* Umstand festgestellt worden.

581 EGMR (GK) S. u. Marper/UK, 4.12.2008, § 122.

582 EGMR (GK) S. u. Marper/UK, 4.12.2008, § 122.

583 EGMR P.N./D, 11.6.2020.

584 EGMR P.N./D, 11.6.2020, § 83.

585 EGMR P.N./D, 11.6.2020, § 83.

delte sich bei den gespeicherten Daten nicht um zellulares Material oder DNA-Profile, so dass sich der Eingriff als weniger intensiv darstellte. Besondere Bedeutung erlangte schließlich die Tatsache, dass der Betroffene in früheren Verfahren **bereits mehrfach verurteilt** worden war, weshalb die Wahrscheinlichkeit erneuter Straffälligkeit als hoch eingeschätzt wurde.[586]

Die **Verweigerung des (vollständigen) Zugangs zu den Akten des nationalen Ge-** **158** **heimdienstes** (und der darin befindlichen persönlichen Daten) ist notwendig i.S.v. Art. 8 Abs. 2, wenn der Staat den begründeten Verdacht geltend machen kann, dass die Bereitstellung solcher Informationen die Wirksamkeit des Überwachungssystems[587] zum Schutz der nationalen Sicherheit und zur Bekämpfung des Terrorismus gefährdet.[588] Zu achten ist darauf, wem die Befugnis zukommt, den Zugang zu den Daten zu verweigern. Sind dies (typischerweise) die Geheimdienste, deren Maßnahmen gerade auf ihre Rechtmäßigkeit hin überprüft werden sollen, so ist dies nicht mit den Grundsätzen eines fairen Verfahrens, insbesondere dem Prinzip der Waffengleichheit vereinbar.[589] Die **Weigerung staatlicher Stellen**, dem Betroffenen den vollen Umfang der **über seine Person gespeicherten Informationen mitzuteilen**, kann ebenfalls nur im Einzelfall und bei Vorliegen besonderer Gründe gerechtfertigt sein.[590]

Es genügt nicht, dass der Staat sich beim Sammeln, Aufbewahren und der Weitergabe **159** der Daten in den ihm durch das nationale Recht in Übereinstimmung mit Art. 8 Abs. 2 vorgegebenen Grenzen hält; auch bei einem zulässigen Eingriff erwachsen ihm **positive (Schutz-)Pflichten**. Er muss nicht nur die jeweils erforderlichen Garantien gegen eine missbräuchliche Verwendung dieser Daten vorsehen;[591] er hat, zumindest bei Bekanntwerden des Vorhandenseins solcher Daten, dem Betroffenen ein **effektives und tatsächlich gangbares Verfahren** zur Verfügung zu stellen, mit dem dieser innerhalb eines angemessenen Zeitraums Zugang zu seiner Akte erhält.[592] Gegen die Speicherung und den Inhalt der Daten muss der Staat außerdem einen **wirksamen innerstaatlichen Rechtsbehelf nach Art. 13** eröffnen[593] und er muss ausdrücklich regeln, dass derart erlangte Daten gelöscht werden, wenn sie für den Zweck,[594] der ihre Erhebung gerechtfertigt hat, nicht mehr gebraucht werden.

Im Falle einer strafprozessualen Datenerhebung sollte als wichtiges Schutzelement **160** gegen willkürliche staatliche Eingriffe und zur Ermöglichung eines effektiven (gerichtlichen) Rechtsschutzes außerdem die **(nachträgliche) Bekanntgabe der Maßnahme** gegenüber dem Betroffenen *gesetzlich* geregelt werden. Die (weitere) Aufbewahrung von

---

586 EGMR P.N./D, 11.6.2020, § 83.
587 Eine zielgerichtete Überwachung mutmaßlicher Terroristen kann ein wirksames Instrument für die Strafverfolgung und Verbrechensprävention sein (vgl. Bericht des Europarates v. 26.1.2015, A § 11).
588 EGMR Segerstedt-Wiberg u.a./S, 6.6.2006, § 102; es bestehen aber Bedenken bzgl. einer Datensammlung von Personen, die nicht im Verdacht stehen, entsprechende Verbindungen zum Terrorismus zu haben (Bericht des Europarates v. 26.1.2015, C § 9).
589 EGMR Turek/SLO, 14.2.2006.
590 EGMR Gaskin/UK, 7.7.1989 (Prüfung als Verletzung einer positiven Pflicht); Brinks/NL (E), 5.4.2005; Segerstedt-Wiberg u.a./S, 6.6.2006, § 99.
591 EGMR Klass/D, 6.9.1978; (GK) Rotaru/RUM, 4.5.2000; Meyer-Ladewig/Nettesheim/von Raumer/*Meyer-Ladewig/Nettesheim* 42.
592 EGMR Haralambie/RUM, 27.10.2009 (Verstoß gegen die positive Verpflichtung wegen Ermöglichung der Einsichtnahme in die Securitate-Akte erst 6 Jahre nach Anfrage, trotz fortgeschrittenen Alters des Bf.).
593 EGMR (GK) Rotaru/RUM, 4.5.2000.
594 Vgl. hierzu: EGMR Eminağaoğlu/TRK, 9.3.2021 (Nichtlöschen von zu Zwecken strafrechtlicher Ermittlungen erhobener Daten sowie zweckentfremdete Verwendung dieser in einem Disziplinarverfahren; Verstoß bejaht).

Daten entgegen einer nationalen **Löschungsvorschrift** verletzt Art. 8 bereits mangels gesetzlicher Grundlage.[595] In Bezug auf das Erfordernis der effektiven Kontrolle der Erhebung und Verarbeitung personenbezogener Daten sollte diese zumindest in letzter Instanz durch ein **Gericht** erfolgen. Andere Stellen und Einrichtungen sollten über die einem Gericht im engeren Sinne immanente Unabhängigkeit und Unparteilichkeit verfügen und die Kontrolle auf der Grundlage eines **ordentlichen, justizförmigen Verfahrens** durchführen.[596]

161   Eine strafprozessuale Datenerhebung muss dabei nicht nur auf einer gesetzlichen Grundlage beruhen, sondern dieses Gesetz muss zudem für den Betroffenen **zugänglich** und die Maßnahme in ihren Konsequenzen **vorhersehbar** sein. In der Rs. *Sommer*[597] hatte die Staatsanwaltschaft verdeckt Bankinformationen über den Beschwerdeführer, einen Strafverteidiger, eingeholt, wozu auch Daten über Honorarzahlungen von Mandanten an den Strafverteidiger zählten. Sie hatte diese Maßnahme auf die **Generalklausel des § 161 StPO** gestützt. Nach Ansicht des EGMR erlaubt diese Norm aufgrund ihres sehr generellen Charakters jedoch lediglich leichte Eingriffe in die Rechte von Personen. Für **tiefgreifende und umfassende Datenerhebungen** sind dagegen klare, detaillierte Regelungen erforderlich, die sowohl Umfang und Bedingungen der Datenerhebung als auch Schutzregeln bezüglich Dauer, Speicherung, Nutzung und Zugang Dritter sowie weitere Garantien enthalten, z.B. in Bezug auf Rechtsmittel und Löschung.[598] Im Fall Sommer beurteilte der Gerichtshof die Frage nach einer ausreichenden Rechtsgrundlage zusammen mit der noch breiteren Frage nach der Notwendigkeit dieser Maßnahme in einer demokratischen Gesellschaft. Trotz des legitimen Ziels der Verhütung weiterer Straftaten befand der Gerichtshof die im konkreten Fall durchgeführten intensiven Erhebungen, Speicherungen sowie die Offenlegung der Bankdaten angesichts ihres Umfangs, ihrer langen Aufbewahrung, der fehlenden Anordnung durch einen Richter und der unzureichenden Verfahrensgarantien, etwa zum **Schutz des Verhältnisses von Anwalt und Mandant**, letztlich als unverhältnismäßig und damit für nicht notwendig in einer demokratischen Gesellschaft.

162   Das geschützte Verhältnis von Anwalt und Mandant betraf auch die Rs. *Müller*.[599] Der Bf., ein langjähriger **Anwalt mehrerer Unternehmen**, sollte im Strafverfahren gegen ehemalige Verantwortliche dieser Unternehmen als Zeuge aussagen, nachdem die aktuelle Führung der Unternehmen ihn von seiner **anwaltlichen Schweigepflicht** befreit hatte. Der Bf. berief sich auf sein Zeugnisverweigerungsrecht aus § 53 Abs. 1 Nr. 3 StPO unter Hinweis auf die fehlende Entbindung von seiner Schweigepflicht durch die vor Gericht stehenden ehemaligen Verantwortlichen. Da die zuständigen deutschen Gerichte jedoch – unter entsprechender Auslegung des § 53 Abs. 2 StPO – die **Entbindung von der Schweigepflicht durch die aktuelle Unternehmensführung** für ein Zeugnis des Anwalts ausreichen ließen und wegen seiner Zeugnisverweigerung ein Ordnungsgeld verhängt hatten, berief sich der Bf. auf den hierdurch entstandenen Zwang zur Aussage und rügte einen Verstoß gegen Art. 8. Der EGMR sah das Vorgehen jedoch u.a. angesichts des Ziels der Wahrheitsfindung im Strafverfahren als verhältnismäßig an, u.a. deshalb, weil der Anwalt einen Vertrag mit den Unternehmen als solchen und nicht mit individuellen Einzelpersonen im Unternehmen geschlossen hatte.[600]

595 Vgl. EGMR Amann/CH, 16.2.2000 (Aufbewahrung einer Karteikarte).
596 EGMR (GK) Rotaru/RUM, 4.5.2000; Association for European Integration and Human Rights u. Ekimdzhiev/BUL, 28.6.2007.
597 EGMR Sommer/D, 27.4.2017, §§ 50 ff., 58, 62 f., NLMR **2017** 1 ff. = ZD **2017** 524 m. Anm. *Pankratz*.
598 Vgl. EGMR (GK) S. u. Marper/UK, 4.12.2008, § 99 m.w.N.
599 EGMR Klaus Müller/D, 19.11.2020, §§ 5 ff., 32, 68 ff.
600 EGMR Klaus Müller/D, 19.11.2020, §§ 5 ff., 68 ff.

Datenschutzrechtliche Fragen stellen sich auch beim Austausch von Daten mit Staa- **163** ten, die nicht dem menschenrechtlichen Rahmen der EMRK bzw. dem Schutzstandard der Union unterliegen. Das sog. **„Safe-Harbor-Abkommen"** zwischen der EU und dem Handelsministerium der USA v. 6.7.2000[601] war eine Reaktion auf Art. 25 und Art. 26 der **RL 95/46 EG,**[602] die eine Übermittlung personenbezogener Daten in jene Drittländer unter- sagten, die über kein dem EU-Recht vergleichbares Datenschutzniveau verfügen. Um den Datenaustausch zwischen der EU und den USA nicht einzuschränken zu müssen, wurde zur Überbrückung der Systemunterschiede das „Safe-Harbor-Modell" entwickelt (Art. 25 Abs. 6 RL). Mit Urteil v. 6.10.2015 hat der EuGH die „Safe-Harbor-Entscheidung" jedoch für ungültig erklärt, so dass die Übermittlung personenbezogener Daten auf dieser Grundlage nicht mehr möglich war.[603] Das im Anschluss eingerichtete neue Datenschutzabkommen mit den USA **(„Privacy Shield")** wurde ebenfalls für ungültig erklärt;[604] der zugrunde liegende Beschluss sei nicht mit dem im Lichte des Art. 7, 8 und 47 EUC ausgelegten Art. 45 DSGVO vereinbar, da an ausreichenden Rechtsschutzmöglichkeiten fehle.[605]

e) Vorratsdatenspeicherung. Eine spezielle Form des Eingriffs in das von Art. 8 ge- **164** schützte Privatleben durch eine (Pflicht zur) Speicherung, Bereithaltung und ggf. Übermitt- lung personenbezogener Verkehrsdaten stellt die sog. **Vorratsdatenspeicherung** auf der Grundlage der **Richtlinie 2006/24/EG**[606] dar.[607] Der EuGH hat der RiL mit Urteil vom 8.4.2014 rückwirkend vom Beginn ihres Inkrafttretens an **für ungültig** erklärt;[608] er sah eine Verlet- zung des Rechtes auf Achtung der Privatsphäre und in das Recht auf Schutz der personenbe- zogenen Daten.[609] Auf Vorlage des irischen High Court und des Österreichischen Verfassungs- gerichtshofs stellte der Gerichtshof fest, dass der Unionsgesetzgeber beim Erlass der RL den

---

601 Entscheidung der Kommission v. 26.7.2000 gemäß der Richtlinie 95/46/EG des Europäischen Parlaments und des Rates über die Angemessenheit des von den Grundsätzen des „sicheren Hafens" und der diesbezügli- chen „Häufig gestellten Fragen"(FAQ) gewährleisteten Schutzes, vorgelegt v. Handelsministerium der USA (2000/520/EG) (ABlEU Nr. L 215 v. 25.8.2000 S. 7).
602 RL 95/46/EG des Europäischen Parlaments und des Rates v. 24.10.1995 zum Schutz natürlicher Personen bei der Verarbeitung personenbezogener Daten und zum freien Datenverkehr, ABlEG Nr. L 281 v. 23.11.1995 S. 31.
603 EuGH 6.10.2015, C-362/14 (Schrems/Digital Rights Ireland).
604 EuGH 16.7.2020, C-311/18 (Facebook Ireland u. Schrems), NJW **2020** 2613 m. Anm. *Golland* NJW **2020** 2593 = MMR **2020** 597 m. Anm. *Hoeren*; vgl. auch: *Epiney* NVwZ **2021** 1345, 1348 f.
605 Vgl. EuGH 16.7.2020, C-311/18 (Facebook Ireland u. Schrems), NJW **2020** 2613, 2622.
606 RiL 2006/24/EG des EP und des Rates vom 15.3.2006 über die Vorratsspeicherung von Daten, die der Bereitstellung öffentlich zugänglicher elektronischer Kommunikationsdienste oder öffentlicher Kommunika- tionsnetze erzeugt oder verarbeitet werden [...], ABlEU Nr. L 105 v. 13.4.2006 S. 1.
607 *Zöller* GA **2007** 393, 410 ff.; zu Art. 95 EGV als Rechtsgrundlage: EuGH 10.2.2009, C-301/06 (Irland/Parla- ment); dagegen: *Gietl* K&R **2007** 545; *Rusteberg* VBlBW **2007** 174; *Ronellenfitsch* DuD **2008** 115 f.; *Leutheusser- Schnarrenberger* ZRP **2007** 13; *Breyer* StV **2007** 215 f.; *Gitter/Schnabel* MMR **2007** 413; krit. *Terhechte* EuZW **2009** 199; ferner: Curtea Constituţională a României, Urt. v. 8.10.2009 – Entscheidung Nr. 1258 (Vorratsdaten- speicherung verfassungs- und konventionswidrig); BVerfG Urt. v. 2.3.2010 – 1 BvR 256/08, NJW **2010** 833 (konkrete seinerzeitige Ausgestaltung der Vorratsdatenspeicherung nicht verfassungsgemäß); hierzu: *Möstl* ZRP **2011** 225; KOM (2011) 225; *Zeitzmann* ZEuS **2011** 433; EuGH 30.5.2013, C-270/11 (Kommission/Schweden), BeckRS **2013** 81096 (nicht fristgerechte Umsetzung der RL).
608 EuGH 8.4.2014, C-293/12 u C-594/12 (Digital Rights Ireland Ltd. u.a.), Tz. 73, DVBl. **2014** 708 m. Anm. *Durner*; *Priebe* EuZW **2014** 456 ff. Damit folgte der Gerichtshof nicht dem Vorschlag des GA, die Feststellung der Unwirksamkeit bis zum Erlass einer neuen Regelung aufzuschieben, vgl. Cruz Villalón BeckRS **2013** 82347; *Priebe* EuZW **2014** 456, 458.
609 EuGH 8.4.2014, C-293/12 u C-594/12 (Digital Rights Ireland Ltd. u.a.), Tz. § 37; Grundlage: Art. 7 u. Art. 8 EUC.

Grundsatz der Verhältnismäßigkeit missachtet habe. Den auf Vorrat gespeicherten Daten sei u.a. zu entnehmen, mit welcher Person ein Teilnehmer auf welchem Wege kommuniziert, wie lange diese Kommunikation angedauert und von welchem Ort aus sie stattgefunden habe (sog. **Kommunikations*umstände***). Daraus ließen sich sehr genaue Schlüsse auf das Privatleben der betroffenen Person, ihre Gewohnheiten, wiederkehrende Aufenthaltsorte sowie andere Gepflogenheiten sowie das bevorzugte soziale Umfeld ermitteln.[610] Durch die fehlende Information des Betroffenen über die Speicherung der Daten und die somit erzeugte Nicht-Offenheit der Maßnahme, werde beim Einzelnen das Gefühl indiziert, dauerhaft überwacht und im individuellen Privatleben ausgeforscht zu werden.

165   Zwar bejahte der EuGH, dass der mit der Vorratsdatenspeicherung verfolgte Zweck, die Bekämpfung schwerer Kriminalität, ein legitimes Ziel darstelle.[611] Unverhältnismäßig sei die RL aber, weil es an einer Möglichkeit der **Differenzierung oder Einschränkung der Speicherungsvorgänge** fehle.[612] Weiterhin seien die Formulierung und der Bezug auf *„schwere Straftaten"* **zu unbestimmt** und allgemein, um dermaßen gravierende Eingriffe in das Recht auf Privatsphäre zu rechtfertigen.[613] Die **Dauer** der Speicherung zeige keine Abstufungsgrade und finde daher zu unbestimmt und zu undurchschaubar statt.[614] Es bestünde die Gefahr, dass in die Grundrechte einer großen Vielzahl unbescholtener Bürger eingegriffen werde; letztlich wurde versäumt, ein effektives Instrument zur Abwehr von Missbrauchsbestrebungen oder dem unbefugten Zugang durch Dritte zu installieren.[615]

166   Der **ÖVerfG** hatte 2014 die Bestimmungen des Telekommunikationsgesetzes (TKG) 2003, der Strafprozessordnung 1975 (StPO) und des Sicherheitspolizeigesetzes (SPG) über die Vorratsdatenspeicherung, sowie den Zugriff auf Vorratsdaten durch Organe der Strafverfolgung und der Sicherheitspolizei aufgehoben.[616] Bereits 2010 hatte auch das **BVerfG**[617] die deutschen Umsetzungsvorschriften (§§ 113a, 113b TKG a.F., § 100g StPO a.F) der RL 2006/24/EG, soweit sie die Erhebung von Verkehrsdaten zuließen, wegen Verstoßes gegen Art. 10 GG für nichtig erklärt.[618] Gleichzeitig stellte das BVerfG Anforderungen für eine künftige Regelung der Vorratsdatenspeicherung auf: Zur Gewährleistung der Datensicherheit seien Normen erforderlich, die einen besonders hohen Sicherheitsstandard normenklar und verbindlich vorgeben. In Umsetzung dieser Vorgaben und vor dem Hintergrund des EuGH-Urteils vom 8.4.2014 entwickelte der deutsche Gesetzgeber Regelungen, die die Erhebung von Verkehrsdaten nur unter engen Voraussetzungen ermöglichen und eine zeitlich befristete Speicherung von Verkehrsdaten zur Strafverfolgungsvorsorge und Gefahrenabwehr vorsehen.[619] Das **Gesetz v. 10.12.2015 zur Einführung einer Speicherpflicht und Höchstspeicherfrist für Verkehrsdaten**[620] trat am 18.12.2015 in Kraft. Anträge auf Erlass einer einstweiligen Anordnung zu seiner Außerkraftsetzung lehnte das BVerfG ab.[621]

---

610   EuGH 8.4.2014, C-293/12 u C-594/12 (Digital Rights Ireland Ltd. u.a.), Tz. 27.
611   EuGH 8.4.2014, C-293/12 u C-594/12 (Digital Rights Ireland Ltd. u.a.), Tz. 41 ff.; vgl. *Priebe* EuZW **2014** 456, 457.
612   EuGH 8.4.2014, C-293/12 u C-594/12 (Digital Rights Ireland Ltd. u.a.), Tz. 57, 58 f.
613   EuGH 8.4.2014, C-293/12 u C-594/12 (Digital Rights Ireland Ltd. u.a.), Tz. 60.
614   EuGH 8.4.2014, C-293/12 u C-594/12 (Digital Rights Ireland Ltd. u.a.), Tz. 63 f.
615   EuGH 8.4.2014, C-293/12 u C-594/12 (Digital Rights Ireland Ltd. u.a.), Tz. 67 f.
616   Umfassend hierzu VfGH 27.6.2014, G 47/2012 u.a., ÖJZ **2014** 1029 ff.
617   BVerfG NJW **2010** 833.
618   Vgl. dazu BTDrucks. **18** 5088 S. 3; *Oehmichen/Mickler* NZWiSt **2017** 298 f.
619   Vgl. BTDrucks. **18** 5088 S. 3; *Oehmichen/Mickler* NZWiSt **2017** 298 f.
620   BGBl. I S. 2218; hierzu: *Degenkolb* Kriminalistik **2015** 598; *Heißl* DÖV **2016** 588.
621   BVerfG NJW **2016** 2734; dazu *Oehmichen/Mickler* NZWiSt **2017** 298 f.; später (nach EuGH Rs. Tele2Sverige) gestellte Anträge auf Erlass einer einstweiligen Anordnung wurden ebenfalls abgewiesen: BVerfG Beschl. v. 26.3.2017 – 1 BvR 141/16, BeckRS **2017** 106846; Beschl.v. 26.3.2017 – 1 BvR 3156/15 = BeckRS **2017** 106847.

Das **OVG Münster** dagegen stellte durch eine einstweilige Anordnung[622] fest, dass die **167** in §§ 113a Abs. 1 TKG i.V.m. § 113b Abs. 1 und 3 TKG a.F. vorgesehene und ab 1.7.2017 geltende Speicherpflicht nicht mit europäischem Recht vereinbar war und setzte sie daher bis zum rechtskräftigen Abschluss des Hauptsacheverfahrens aus.[623] Da die Bundesnetzagentur angekündigt hat, bis dahin die Durchsetzung der Speicherverpflichtung generell ruhen zu lassen,[624] dürfte (Juni 2022) faktisch keine Vorratsdatenspeicherung in Deutschland erfolgen.[625] 2019 entschied das BVerwG,[626] dem EuGH die Frage vorzulegen, ob die in §§ 113a, 113b TKG a.F. geregelte anlasslose Vorratsdatenspeicherung unter keinen Umständen auf Art. 15 Abs. 1[627] der RL 2002/58 gestützt werden kann.[628]

In seinen Schlussanträgen hatte GA *Saugmandsgaard* am 19.7.2016 in den verbunde- **168** nen Rs. C-203/15 und C-698/15 (**Tele2Sverige**)[629] dargelegt, dass Art. 15 Abs. 1 der **RL 2002/ 58/EG**[630] sowie Art. 7, 8 und 52 Abs. 1 EUC dahin auszulegen sind, dass sie einen EU-Mitgliedstaat nicht daran hindern, den Betreibern eines elektronischen Kommunikationsdienstes eine generelle Verpflichtung zur Vorratsdatenspeicherung aller die Nutzer ihrer Dienste betreffenden Kommunikationsdaten aufzuerlegen, wenn bestimmte Voraussetzungen erfüllt sind: Die Verpflichtung und die mit ihr einhergehenden Garantien müssen durch Rechtsvorschriften geregelt sein, die zugänglich und vorhersehbar sind, Schutz gegen Willkür bieten und den Wesensgehalt der von Art. 7 EUC und Art. 8 EUC geschützten Grundrechte wahren. Die Verpflichtung muss zur Bekämpfung schwerer Straftaten absolut notwendig sein.[631] Der EuGH hat in seinem Urteil v. 21.12.2016[632] sodann bestätigt, dass eine **unterschiedslose, systematische und kontinuierliche Pflicht** für Betreiber elektronischer Kommunikation zur Vorratsdatenspeicherung im Lichte von Art. 7 und Art. 8 EUC nicht mit dem Verhältnismäßigkeitsgrundsatz vereinbar ist und gegen Art. 5 RL 2002/58/ EG (**Vertraulichkeit der elektronischen Kommunikation**) verstößt.

---

622 OVG Münster NVwZ-RR **2018** 43.

623 Vgl. OK-StPO/*Graf* § 100a, 220.

624 Vgl. Mitteilung Bundesnetzagentur v. 28.6.2017: https://www.bundesnetzagentur.de/DE/Sachgebiete/Tele kommunikation/Unternehmen_Institutionen/Anbieterpflichten/OeffentlicheSicherheit/Umsetzung110TKG/VDS_ 113aTKG/VDS.html4.4.2020).

625 Vgl. OK-StPO/*Graf* § 100a, 220 StPO; *Beukelmann* NJW-Spezial **2020** 696.

626 BVerwG Beschl. v. 25.9.2019 – 6 C 12/18, NVwZ **2020** 1108 = BeckRS **2019** 26173; Beschl. v. 25.9.2019 – 6 C 13/18.

627 Zur Auslegung des Art. 15 Abs. 1 RL 2002/58 liegt dem EuGH außerdem ein Vorabentscheidungsersuchen des BVerwG v. 25.9.2019 (6 C 12.18) vor. Durch dieses soll geklärt werden, ob die Regelung einer innerstaatlichen Regelung entgegensteht, welche Betreiber öffentlich zugänglicher elektronischer Kommunikationsdienste verpflichtet, eine Vorratsspeicherung von Verkehrs- und Standortdaten der Endnutzer vorzunehmen, wobei diese Verpflichtung ohne spezifischen zeitlichen oder örtlichen Anlass besteht und der Gegenstand der Speicherpflicht u.a. Rufnummern sowie Anfangs- und Endzeiten der Verbindungen umfasst.

628 PM des BVerwG 66/2019 v. 25.9.2019; hierzu OK-StPO/*Graf* § 100a, 220a.

629 Schlussanträge v. GA *Saugmandsgaard* v. 19.7.2016. Der Fall gab dem EuGH Gelegenheit zur Klarstellung, wie das Urteil „*Digital Rights Ireland*" in einem nationalen Kontext auszulegen ist.

630 RL 2002/58/EG des Europäischen Parlaments und des Rates v. 12.7.2002 über die Verarbeitung personenbezogener Daten und den Schutz der Privatsphäre in der elektronischen Kommunikation (ABlEU Nr. L 201 v. 31.7.2002 S. 37) in der Fassung der RL 2009/136/EG des Europäischen Parlaments und des Rates v. 25.11.2009 (ABlEU Nr. L 337 v. 18.12.2009 S. 11).

631 EuGH 8.4.2014, C-293/12 u C-594/12 (Digital Rights Ireland Ltd. u.a.), Tz. 60–68.

632 EuGH 21.12.2016, C-203/15 u. C-698/15 (Tele2Sverige), NVwZ **2017** 1025 = DVBl. **2017** 177 = NJW **2017** 717 = ZD **2017** 124 m. Anm. *Kipker/Schefferski/Stelter*; hierzu: *Derksen* NVwZ **2017** 1005; OVG Münster NVwZ-RR **2018** 43.

169   Demgegenüber entschied der EuGH[633] in anderer Sache, dass Ermittlungsmaßnahmen, durch die **Kontaktdaten bestimmter, mit einem Mobiltelefon angerufener Nummern** gewonnen werden, nicht lediglich auf schwere Straftaten beschränkt seien. So sei der Zugriff auf gespeicherte, personenbezogene Daten auch bei einer nicht als schwer einzustufenden Straftat möglich, wenn er nicht mit einem schwerwiegenden Eingriff ins Privatleben verbunden sei.

170   Mit Urteilen vom 6.10.2020 in den Rs. **C-623/17**[634] bzw. **C-511/18, C-512/18, C-520/18**[635] bestätigte der EuGH die *grundsätzliche* Unzulässigkeit einer anlasslosen Vorratsdatenspeicherung durch staatliche Stellen. Eine Eingriffsperspektive für Sicherheitsbehörden ergibt sich jedoch aus einer im Urteil ebenfalls enthaltenen **Ausnahmeregelung:** Demnach kann die Vorratsdatenspeicherung **bei Bestehen einer konkreten und erheblichen Gefahr für die öffentliche Sicherheit bzw. bei Bekämpfung schwerer Kriminalität** in Betracht kommen. Diese Gefahr muss dabei im Zeitpunkt der Maßnahme jedoch bereits **ernsthaft bestehen** oder **zumindest vorhersehbar** sein.[636] Des Weiteren darf sich die Durchführung der Vorratsdatenspeicherung nur auf den dafür **absolut notwendigen Zeitraum** erstrecken. Um die strikte Einhaltung der genannten Voraussetzungen zu gewährleisten, muss die Anordnung der Maßnahme von einer anderen **unabhängigen Stelle mit bindender Entscheidungswirkung überprüfbar** sein.[637]

171   Mit Urteil vom 2.3.2021 (**C-746/18**)[638] hat der EuGH den Zugang zu Verkehrs-/Standortdaten von Mobiltelefonen, die genaue Rückschlüsse auf das Privatleben zulassen, deutlich begrenzt. Im Einklang mit der RL 2002/58/EG könne ein Zugang zu diesen Daten unabhängig vom Zeitraum, der Art oder ihrer Menge ausschließlich **„zur Bekämpfung schwerer Kriminalität oder zur Verhütung ernster Bedrohungen der öffentlichen Sicherheit"** ermöglicht werden.[639] Zur Wahrung der Verhältnismäßigkeit muss die Gewährung des Zugangs dabei vorab von einem **Gericht oder einer unabhängigen Verwaltungsstelle** (nicht ausreichend ist die Staatsanwaltschaft) kontrolliert werden, wobei ein gerechter Ausgleich zwischen den betroffenen Interessen zu erfolgen hat.[640]

172   Auch im Urteil vom 5.4.2022 (**C-140/20**)[641] bestätigte der EuGH, dass eine generelle und unterschiedslose Vorratsdatenspeicherung von Daten der elektronischen Kommunikation zum Zwecke der Bekämpfung schwerer Straftaten ausgeschlossen sei. Er stellte jedoch auch klar, dass nicht jede Art der Vorratsdatenspeicherung rechtswidrig sein. Zum **Schutz**

---

633 EuGH 2.10.2018, C-107/16 (Ministerio Fiscal), NJW **2019** 655 = BeckRS **2018** 23524; vgl. auch FD-StrafR **2018** 405360.

634 EuGH 6.10.2020, C-623/17 (Privacy International/Secretary of State for Foreign and Commonwealth Affairs u.a.), Tz. 74 f., NJW **2021** 531 m. Anm. *Ogorek*; *Epiney* NVwZ **2021** 1345, 1350; zum Ganzen: *Müller/Schwabenbauer* NJW **2021** 2079, 2081.

635 EuGH 6.10.2020, C-511/18, C-512/18, C-520-18 (La Quadrature du Net ua/Premier ministre u.a), EuZW **2021** 209 m. Anm. *Sandhu*; *Beukelmann* NJW-Spezial **2020** 696; zum Ganzen: *Epiney* NVwZ **2021** 1345, 1349 f.; vgl. Schlussanträge GA *Campos Sánchez-Bordona* v. 18.11.2021, C-793/19 und C-794/19 Rn. 84, wonach die allgemeine und unterschiedslose Vorratsdatenspeicherung elektronischer Kommikationsdaten unionsrechtswidrig sei. Eine Ausnahme sei jedoch möglich, wenn die nationale Sicherheit ernsthaft bedroht werde.

636 EuGH 6.10.2020, C-511/18 u.a. (La Quadrature du Net u.a.), Tz. 136 ff., 168.

637 EuGH 6.10.2020, C-511/18 u.a. (La Quadrature du Net u.a.), Tz. 139; *Müller/Schwabenbauer* NJW **2021** 2079, 2081.

638 EuGH 2.3.2021, C-746/18 (H K/Prokuratuur), Tz. 33, 45, NJW **2021** 2103 = EuZW **2021** 316; vgl. *Streinz* JuS **2021** 801.

639 EuGH 2.3.2021, C-746/18 (H K/Prokuratuur), Tz. 45; vgl. *Streinz* JuS **2021** 801, 803.

640 EuGH 2.3.2021, C-746/18 (H K/Prokuratuur), Tz. 38, 40, 47.

641 EuGH 5.4.2022, C-140/20 (G.D./The Commissioner of the Garda Síochána u.a.), Tz. 95; Schlussanträge GA *Campos Sánchez-Bordona* v. 18.11.2021.

der nationalen Sicherheit, zur Bekämpfung schwerer Straftaten und zur Abwehr schwerwiegender Gefahren für die öffentliche Sicherheit erlaubt die Datenschutzrichtlinie für elektronische Kommunikation die gezielte Speicherung von Verkehrs- und Standortdaten auf der Grundlage von Kategorien betroffener Personen oder eines geografischen Kriteriums.[642] Zu diesen Zwecken können die Anbieter elektronischer Kommunikationsdienste von einer zuständigen Behörde (die ihrerseits einer gerichtlichen Überprüfung unterliegt) angewiesen werden, die in ihrem Besitz befindlichen Verkehrs- und Standortdaten auf beschleunigte Weise für einen bestimmten Zeitraum aufzubewahren (sog. **Quick Freeze**).[643]

Ähnlich urteilte der EuGH auch am 21.6.2022 **(C-817/19)**[644] hinsichtlich der Auslegung **173** der RL 2016/681[645] über die Verwendung von **Fluggastdatensätzen** zur Verhütung, Aufdeckung, Ermittlung und Verfolgung von terroristischen Straftaten und schwerer Kriminalität (PNR-Richtlinie). Danach sind die dort enthaltenen Befugnisse zur Erhebung von Fluggastdaten grundsätzlich restriktiv auszulegen. Ihre Anwendung ist auf das absolut Notwendige begrenzt, so dass eine Übermittlung oder sonstige Verarbeitung von Fluggastdaten nur dann zulässig sind, wenn konkrete Umstände zu der Annahme führen, dass eine **reale oder vorhersehbare terroristische Bedrohung** eines EU-Mitgliedstaates gegeben ist.[646] In seinem Urteil vom 20.9.2022 **(C-793/19)**[647] hat der EuGH – seiner oben aufgezeigten Rechtsprechungslinie folgend – auch die Vereinbarkeit der **deutschen Regelung zur Vorratsdatenspeicherung** mit dem Unionsrecht verneint. Die dadurch ermöglichte allgemeine und unterschiedslose Vorratsdatenspeicherung von Standort- und Verbindungsdaten widerspreche dem EU-Recht. Ausnahmen von diesem Grundsatz seien nach Ansicht Gerichtshofs allerdings zur **Bekämpfung schwerer Kriminalität** oder im Fall einer **realen oder vorhersehbaren ernsten Bedrohung für die nationale Sicherheit** möglich.[648] Erforderlich sei dafür jedoch wiederum u.a. eine unabhängige Kontrolle der Anordnung der Vorratsdatenspeicherung sowie die Begrenzung auf einen absolut notwendigen Zeitraum.[649]

f) Positive Schutzpflichten. Die wirksame Achtung des Privatlebens verbietet dem **174** Staat nicht nur Eingriffe ohne rechtfertigenden Grund. Neben negativen Unterlassungspflichten können sich für ihn unter besonderen Unständen aus der Achtungspflicht auch positive Schutzpflichten ergeben.[650] Dies ist dann der Fall, wenn besondere Umstände sein

---

642 EuGH 5.4.2022, C-140/20 (G.D./The Commissioner of the Garda Síochána u.a.), Tz. 67.
643 EuGH 5.4.2022, C-140/20 (G.D./The Commissioner of the Garda Síochána u.a.), Tz. 67.
644 EuGH 21.6.2022, C-817/19 (Ligue des droits humains/Conseil des ministres), BeckRS **2022** 13847.
645 In Bezug auf die RL 2016/680 über die Verarbeitung personenbezogener Daten zum Zwecke der Verhütung, Ermittlung, Aufdeckung oder Verfolgung von Straftaten oder der Strafvollstreckung hat die Kommission ein Aufforderungsschreiben an Deutschland gerichtet. Grund dafür ist eine mangelhafte Umsetzung der in der Richtlinie enthaltenen Bestimmung, wonach Datenschutzaufsichtsbehörden mit wirksamen Abhilfebefugnissen ausgestattet sein müssen, vgl. dazu: INFR(2022)2030, abrufbar unter: https://ec.europa.eu/commission/presscorner/detail/DE/inf_22_2548 (Stand: März 2023).
646 EuGH 21.6.2022, C-817/19 (Ligue des droits humains/Conseil des ministres), Tz. 7, 169 ff.
647 EuGH 20.9.2022, C-793/19, C-794/19 (SpaceNet AG, Telekom Deutschland GmbH), BeckRS **2022** 24116.
648 Vgl. EuGH 20.9.2022, C-793/19, C-794/19 (SpaceNet AG, Telekom Deutschland GmbH), Tz. 72 ff.
649 Vgl. EuGH 20.9.2022, C-793/19, C-794/19 (SpaceNet AG, Telekom Deutschland GmbH), Tz. 72 ff.
650 Vgl. Rn. 29 ff. Siehe EGMR Köpke/D (E), 5.10.2010 (zur heimlichen Videoüberwachung einer Arbeitnehmerin): „...., there may be **positive obligations** inherent in an effective respect for private life. These obligations may involve the adoption of measures designed to secure respect for private life even in the sphere of the relations of individuals between themselves.“; Bsp. für positive Schutzpflichten: EGMR Botta/I, 24.2.1998, §§ 28 ff., ÖJZ **1999** 76; X. u. Y./NL, 26.3.1985, § 23, NJW **1985** 2075 = EuGRZ **1985** 297; Khan/D, 17.3.2016, § 64;

Esser

Tätigwerden zur Sicherung eines essentiellen Aspektes des Privatlebens erfordern,[651] so beispielsweise, wenn andernfalls wegen seiner Untätigkeit das Privatleben des Betroffenen schutzlos schwerwiegenden Eingriffen durch Dritte ausgesetzt wäre. Spezielle Schutzpflichten des Staates bestehen etwa beim Schutz des Betroffenen vor gewalttätigen Übergriffen,[652] so z.B. in Fällen der häuslichen Gewalt, wo die Opfer in der Regel besonders verwundbar und hilfsbedürftig sind.[653] Auch im Fall *Söderman*[654] verletzte der Staat Schutzpflichten. Der EGMR stellte insofern eine Verletzung des Art. 8 fest und befand, dass das Recht auf Privatleben und persönliche Integrität aus Art. 8 in Schweden nicht ausreichend geschützt war.[655] Schweden wurde verurteilt, weil das nationale Rechtssystem das **Filmen ohne Zustimmung des Gefilmten nicht unter Strafe stellte** und damit die Betroffenen nicht ausreichend schützte.[656] Bestehen in einem Staat entsprechende Strafvorschriften, kann sich ein Verstoß gegen die dem Staat obliegende Schutzpflicht auch im Hinblick auf die unzureichende Effektivität eines durchgeführten Strafverfahrens ergeben.[657] Der EGMR überprüft in diesem Zusammenhang, ob die beanstandeten Mängel im Strafverfahren so bedeutend sind, dass sie auf eine Verletzung der staatlichen Schutzpflicht hinauslaufen („signifcicant flaw"-Test).[658] Auch ein nicht hinreichender Schutz eines potentiellen Opfers vor **sekundärer Viktimisierung** (im Rahmen eines Strafverfahrens bzw. durch den Rechtsspruch) begründet eine Verletzung von Art. 8.[659] Die Grenze zwischen den positiven und negativen Verpflichtungen des Staates ist nicht immer genau

---

Sandra Janković/KRO, 5.3.2009, § 45 (zur Schutzpflicht in Bezug auf gewaltsame Übergriffe: „States are required to maintain and apply in practise an adequate legal framework affording protection against acts of violence by private individuals, mit weiteren Nachweisen); Osman/UK, 28.10.1998, § 128 (die positive Schutzpflicht eines Staates kann sich auch auf Fragen in Bezug auf die Effektivität des Strafverfahrens ausdehnen); siehe zudem EGMR Király u. Dömötör/H, 17.1.2017, §§ 60 f.

651 EGMR X. u. Y./NL, 26.3.1985 (Schutz Untergebrachter vor sexuellem Missbrauch durch ausreichende Strafvorschriften); (GK) Odièvre/F, 13.2.2003.

652 Vgl. EGMR Sandra Janković/KRO, 5.3.2009, § 45 m.w.N.; (GK) Söderman/S, 12.11.2013, § 80; Isaković Vidović/SRB, 1.7.2014, § 59; vgl. auch EGMR Király u. Dömötör/H, 17.1.2017, § 60 (Pflicht zum Schutz vor Demonstranten); Milićević/MTN, 6.11.2018, § 54 (Pflichten zum Schutz vor Übergriffen durch eine geistig kranke Person); J.L./I, 27.5.2021, § 118.

653 Vgl. EGMR Irene Wilson/UK, 23.10.2012, §§ 37 ff.; Ž./KRO, 11.7.2017, §§ 47 f.; Volodina/R (Nr. 2), 14.9.2021, §§ 50 ff. (kein Schutz vor wiederholter Cybergewalt).

654 EGMR (GK) Söderman/S, 12.11.2013 (Stiefvater versteckte Videokamera in Wäschekorb im Badezimmer, wo sich seine 14-jährige Stieftochter vor dem Duschen auszog).

655 EGMR (GK) Söderman/S, 12.11.2013.

656 *Ibid*; zu den Schutzpflichten des Staates bei Videoüberwachung durch den Arbeitgeber vgl. EGMR (GK) López Ribalda u.a./Spanien, 17.10.2019, §§ 109 f., NZA **2019** 1697; ähnliche Schutzpflichten für den Staat können beispielsweise auch bei der Veröffentlichung eines Bildes durch einen Privaten bestehen, wenn dieser zuvor keine Erlaubnis des Abgebildeten eingeholt hat, vgl. EGMR Reklos u. Davourlis/GR, 15.1.2009, § 40; (GK) Caroline v. Hannover/D (Nr. 2), 7.2.2012, § 98; Bogomolova/R, 20.6.2017, § 98.

657 EGMR Osman/UK, 28.10.1998, § 128 (positive Schutzpflicht eines Staates kann sich auch Effektivität des Strafverfahrens ausdehnen); zudem EGMR Király u. Dömötör/H, 17.1.2017, §§ 60 f.; Khadija Ismayilova/ASE, 10.1.2019, §§ 116 ff., 131 (kein ausreichend effektives Strafverfahren nach heimlicher Installation von Videokameras in der Wohnung der Betroffenen durch Fremde, nach Drohbrief und Veröffentlichung von Videos auf Internetplattformen); C./RUM, 30.8.2022, §§ 78 ff., 87 f. (keine hinreichenden strafrechtlichen Ermittlungen im Falle einer mutmaßlichen sexuellen Belästigung am Arbeitsplatz).

658 EGMR Khadija Ismayilova/ASE, 10.1.2019, § 118.

659 EGMR J.L./I, 27.5.2021, §§ 120, 134 ff., 143 (Verwendung einer schuldindizierenden, sexistischen Wortwahl (u.a. Referenzen auf die Kleidung, einen lockeren sexuellen Lebensstil und die sexuelle Orientierung des Opfers) im Rahmen eines Rechtsspruchs; Verletzung der Privatsphäre des Opfers gerade auch mit Blick auf die Öffentlichkeit des Urteils bejaht); vgl. dazu auch: Redaktion beck-aktuell, becklink 2019915.

zu ziehen, die anwendbaren Grundsätze sind aber ähnlich, da in beiden Fällen der Staat einen **gerechten Ausgleich der widerstreitenden Belange** herstellen muss.[660] Die Wahl der Mittel, die ergriffen werden, um die Einhaltung von Art. 8 zu sichern, liegt auch hier grundsätzlich im Ermessen des Staates. In diesem Zusammenhang gibt es verschiedene Möglichkeiten, die „Achtung des Privatlebens" zu sichern. Die Art der Verpflichtung des Staates hängt von dem jeweiligen Aspekt des Privatlebens ab, der in Frage steht.[661]

Mitunter stehen sich auch positive und negative Pflichten des Staates spiegelbildlich ge- **175** genüber, wenn dieser darüber zu entscheiden hat, ob die Achtung des Privatlebens der einen Person den Eingriff in das Privatleben einer anderen rechtfertigt. In solchen Fällen erfordert der gerechte Ausgleich eine Abwägung der widerstreitenden Privatinteressen. Gleiches gilt aber auch im Verhältnis zwischen den Allgemeininteressen und einem Individualinteresse, für das eine Schutzpflicht in Anspruch genommen wird.[662] Im letzteren Fall wird nicht zusätzlich darauf abgestellt, ob die Eingriffsvoraussetzungen des Absatzes 2 vorliegen.[663]

Positive Schutzpflichten bestehen auch dort, wo der Staat – unabhängig von mögli- **176** chen Eingriffen von dritter Seite – in einer **besonderen Position zum Betroffenen** steht, namentlich, weil sich dieser in Haft befindet. Gerade auch hinsichtlich seiner medizinischen Versorgung steht der Gefangene in einem besonderen Abhängigkeitsverhältnis, welches die zuständigen staatlichen Stellen zu einem Tätigwerden zwingen kann. Dies gilt erst recht, wenn der Häftling aufgrund seines psychischen Zustandes nicht ausreichend für sich selbst sorgen und entscheiden kann.[664] In diesem Rahmen ist die Grenze zwischen einem Eingriff (Art. 3, Art. 8) durch Vorenthaltung der notwendigen medizinischen Versorgung und der Verletzung einer positiven Schutzpflicht fließend.

Informationen in einem **Strafregister**, die Auswirkungen auf die betroffene Person ha- **177** ben können (Verfügbarkeit für staatliche Behörden; Offenlegung in einem Registerauszug[665])

---

660 So etwa EGMR Caroline v. Hannover/D, 24.6.2004 (zur Abwägung zwischen den Rechten aus Art. 8 und 10 siehe Rn. 31); außerdem Art. 10 Rn. 54, 75 ff.; Obst/D, 23.9.2010; Schüth/D, 23.9.2010; Köpke/D (E), 5.10.2010 zum Ausgleich zwischen dem Recht des Beschuldigten auf Achtung seines Privatlebens auf der einen Seite und dem Interesse des Arbeitgebers auf Schutz seines Eigentums und dem öffentlichen Interesse an einer ordnungsgemäßen Rechtspflege auf der anderen Seite; IK-EMRK/*Wildhaber*/*Breitenmoser* 55 ff. wenden sich deshalb dagegen, dass zwischen dem Eingriff durch ein Handeln des Staates und dem Eingriff, für den der Staat wegen Nichterfüllung seiner Schutzpflicht einzustehen hat, unterschieden wird.

661 Etwa EGMR Köpke/D (E), 5.10.2010. Unter gewissen Umständen erfordere die positive Schutzpflicht jedoch ein „legislative framework". Im vorliegenden Fall sei dies nicht erforderlich gewesen: „A covert video surveillance at the workplace following substantiated suspicions of theft does not concern a person's private life to an extent which is comparable to the affection of essential aspects of private life by grave acts in respect of which the Court has considered protection by legislative provisions indispensable." Zur (Nicht-) Erforderlichkeit einer innerstaatlichen rechtlichen Pflicht der Medien, den Betroffenen von einer geplanten Berichterstattung über Privates vorab in Kenntnis zu setzen, damit dieser dann ggf. rechtlich dagegen vorgehen könnte: EGMR Mosley/UK, 10.5.2011, § 132 und passim, NJW **2012** 747 m. Anm. *Jahn* GWR **2011** 290; dazu *Frenzel* AfP **2011** 335; EGMR X. u. Y./NL, 26.3.1985, § 24, NJW **1985** 2075 = EuGRZ **1985** 297.

662 Etwa EGMR Obst/D, 23.9.2010; Schüth/D, 23.9.2010 (Entlassung von kirchlichen Mitarbeitern wegen Ehebruchs); Godelli/I, 25.9.2012 (Auskunftspflicht bei anonymer Geburt).

663 EGMR Marckx/B, 13.6.1979; Ress/UK, 17.10.1986; Powell u. Rayner/UK, 21.2.1990; López Ostra/E, 9.12.1994; *Lux-Wesener* EuGRZ **2003** 555, 556, die aber die in Absatz 2 primär für Eingriffe aufgeführten Zwecke mittelbar auch bei der Abwägung im Rahmen des Achtungsanspruchs berücksichtigen will; vgl. aber auch IK-EMRK/*Wildhaber*/*Breitenmoser* 53 ff. (gegen die Beschränkung des Absatzes 2 auf die negativen Verpflichtungen).

664 EGMR Dolenec/KRO, 26.11.2009, § 170.

665 Vgl. dazu EGMR M.C./UK, 30.3.2021, §§ 55 ff. (Offenlegung von Vorstrafen in einem Strafregister für eine bestimmte Zeit in Abhängigkeit von Faktoren, wie Alter des Täters bei Tatbegehung und Schwere der Strafe [„currency rule"]; Verstoß gegen Art. 8 verneint, da Regelung noch innerhalb des Beurteilungsspielraums des Vertragsstaats).

Esser

sind mit dem Privatleben der Person eng verbunden, auch wenn sie sich auf ein von einem Gericht gefälltes öffentliches Urteil gründen.[666] Der Staat muss daher Maßnahmen für die **Löschung von Verurteilungen aus einem Strafregister** vorsehen, wenn die der Verurteilung zugrunde liegende Straftat in der früheren Form wegen ihrer festgestellten Verfassungswidrigkeit aufgehoben wurde und der Verbleib der Vorstrafe im Register für die betroffene Person schwerwiegende Folgen haben kann.[667]

2. Familienleben

178   **a) Schutzbereich. Familie** ist nicht im Sinne der Definitionen des jeweiligen nationalen Rechts für ein bestimmtes Rechtsinstitut zu verstehen, sondern **autonom** als natürliche („famille naturelle")[668] oder tatsächlich gelebte Familie („effective family life"), für deren Begründung eine offizielle Eheschließung (vgl. Art. 12 EMRK/Art. 23 IPBPR) nicht erforderlich ist.[669] Zum Schutzbereich gehören alle Formen, in denen die persönlichen Beziehungen zwischen den Mitgliedern einer Familie sich verwirklichen, der gegenseitige Umgang ebenso wie das Recht der Eltern auf Namensgebung[670] und auf Erziehung der Kinder[671] sowie die vielfältigen Formen des Zusammenlebens, der gegenseitigen Hilfe und

---

666   EGMR E.B.u.a./A, 7.11.2013, §§ 75 f., ÖJZ **2014** 693 (Verweigerung der Löschung einer Verurteilung – sexuelle Beziehungen mit Jugendlichen – aus dem Strafregister nach Aufhebung Strafnorm durch den öVerfG wegen Verfassungswidrigkeit im Jahr 2002: Verletzung des Rechts auf Achtung des Privatlebens und der Nichtdiskriminierung, Art. 14); hierzu bereits: EGMR L. u. V./A, 9.1.2003, ÖJZ **2003** 394; R. u. H./A, 19.1.2006; siehe auch EGMR Brunet/F, 18.9.2014, §§ 7, 39 ff. (persönliche Daten des Bf. wurden nach Verfahrenseinstellung in einem Verzeichnis begangener Straftaten gespeichert). Gelangen Informationen aus einer Ermittlungsakte an die Öffentlichkeit, bevor die Vorwürfe tatsächlich untersucht worden sind und wird der Bf. dadurch in ein ungünstiges Licht gerückt, liegt ein Eingriff in Art. 8 vor (EGMR Apostu/RUM, 3.2.2015).

667   EGMR E.B.u.a./A, 7.11.2013, §§ 79–83.

668   Etwa: EGMR Marckx/B, 13.6.1979; Al-Nashif/BUL, 20.6.2002, ÖJZ **2003** 344.

669   EGMR Johnston u.a./IR, 18.12.1986, EuGRZ **1987** 313; (GK) Elsholz/D, 13.7.2000, § 43; Al-Nashif/BUL, 20.6.2002; trotz Eheschließung mit einer anderen Frau; *Wagner* EuGRZ **1986** 417, 422; KK-EMRK-GG/*Böhringer/Marauhn* Kap. 16, 43. Auch die durch Art. 23 Abs. 1 IPBPR als Institut garantierte Familie umfasst die tatsächlich gelebte Familie, vgl. *Nowak* Art. 23, 8. Vertiefend: *Draghici* The Legitimacy of Family Rights in Strasbourg Case Law – ,Living Instrument' or Extinguished Sovereignty? (2017).

670   EGMR Guillot/F, 24.10.1996; zur Beschränkung dieses Rechts im Interesse des Kindes vgl. BVerfG NJW **2004** 1586 (keine 12 Vornamen); zum Familiennamen des Kindes: EGMR Cusan u. Fazzo/I, 7.1.2014, §§ 55 f. (Weigerung, dem ehelichen Kind den Nachnamen der Mutter zu geben; Verletzung von Art. 14 i.V.m. Art. 8; im Nachgang hierzu erklärte der italienische VerfGH das diesbezügliche Recht für verfassungswidrig). Aus Gründen der Rechtssicherheit soll es jedoch konventionskonform sein, die Möglichkeit, ehelichen Kindern den Familiennamen der Mutter zu geben, nicht den Kindern zu eröffnen, die vor Inkrafttreten einer Gesetzesänderung (die ja den konventionskonformen Zustand erst herbeigeführt hat) geboren sind; etwas anderes soll sich weder aus Erwägungen des Art. 14 noch aus dem Umstand, dass das Kind nichtehelich geboren und einige Jahre, bis zur Legitimation infolge der Heirat der Eltern, den Familiennamen der Mutter geführt hat, noch daraus ergeben, dass das Kind selbst als Bf. auftritt (EGMR De Chaisemartin/F (E), 10.3.2015, § 26; fragwürdig; obendrein verweist der EGMR darauf, die Bf. hätten den Namen der Mutter an den Familiennamen anhängen und dem Kind auf diese Weise einen Doppelnamen geben können, was jedoch nicht gewünscht war).

671   In Deutschland haben Kinder das Recht auf gewaltfreie Erziehung im häuslichen Bereich, vgl. § 1631 Abs. 2 BGB. Jedoch wird die Frage, ob Kinder *in der Familie* körperlich bestraft werden dürfen, in Europa kontrovers gehandhabt. Am 4.3.2015 rügte der Sozialausschuss des Europarats Frankreich, weil es leichte Züchtigungen zu erzieherischen Zwecken in der Familie erlaubt und die Prügelstrafe nicht eindeutig verbietet (Verstoß gegen Art. 17 der Europäischen Sozialcharta; European Committee of Social Rights, Association for the Protection of All Children (APPROACH) Ltd. v. France, Nr. 92/2013). Vgl. auch zur Auslegung des Art. 17

Unterstützung einschließlich der Gewährung von Unterhalt.[672] Familienleben umfasst nicht nur soziale, moralische und kulturelle Beziehungen, sondern auch materielle Interessen und insbesondere Maßnahmen, die einen Einfluss auf die Organisation des Familienlebens haben.[673]

Eine Familie ist nicht auf eheliche Beziehungen beschränkt und kann daher auch **179** andere faktische „familiäre" Bindungen erfassen,[674] etwa wenn die Beteiligten in **nichtehelicher Gemeinschaft** zusammenleben. Ein räumliches Zusammenleben ist aber nicht einmal zwingend erforderlich.[675] Auch das auf Dauer angelegte Zusammenleben von Personen, das auf einer **gleichgeschlechtlichen Beziehung**[676] beruht, unterfällt dem Schutz des Familienlebens.[677] Insofern besteht eine positive Verpflichtung der Staaten zur Schaffung eines ausreichenden rechtlichen Rahmens zur Anerkennung und zum Schutz gleichgeschlechtlicher Paare.[678] Bei der Erstellung dieses rechtlichen Rahmens obliegt den Staaten in den Grenzen einer fairen Abwägung der betroffenen Rechte ein gewisser Einschätzungsspielraum. Diesen hatte Italien in der Rs. *Olari*[679] überschritten, da es keinen ausreichenden rechtlichen Rahmen für eine offizielle, zivilrechtliche Anerkennung der gleichgeschlechtlichen Partnerschaft vorgesehen hatte.[680] Darüber hinaus erstreckt sich der Schutzbereich auch auf die Gemeinschaft, die zwischen diesen beiden Personen und dem mit dem gleichgeschlechtlichen Paar zusammenlebenden Kind eines der Partner besteht, auch wenn der andere Partner (noch) keine rechtliche Elternschaft hat.[681]

Der Schutzbereich der Familie umfasst jedenfalls die Personen, zwischen denen enge **180** **blutsmäßige Bande** bestehen; er ist aber nicht auf die Kernfamilie von Eltern und minderjährigen Kindern begrenzt,[682] sondern umfasst auch das **Verhältnis der nichteheli-**

---

der Europäischen Sozialcharta im Hinblick auf die körperliche Züchtigung von Kindern: World Organisation Against Torture (OMCT) v. Portugal, Collective Complaint Nr. 34/2006). Zwar ist die Rüge dieses Gremiums nicht mit Sanktionen verbunden, kann aber Druck auf die französische Regierung ausüben; wenn der Kontakt eines Vaters zu seiner Tochter und die Beteiligung an ihrer Erziehung nicht sichergestellt werden können, kann dies eine Verletzung von Art. 8 darstellen (EGMR Mamchur/UKR, 16.7.2015).

672 Vgl. *Henrich* FS Steiner 294.

673 EGMR Di Trizio/CH, 2.2.2016, NLMR **2016** 76.

674 Vgl. EGMR (GK) Elsholz/D, 13.7.2000, § 43; Ratzenböck u. Seydl/A, 26.10.2017, § 29.

675 EGMR Kroon u.a./NL, 27.10.1994, ÖJZ **1995** 296 = FamRZ **2003** 813.

676 Vgl. zur rechtlichen Behandlung gleichgeschlechtlicher Partnerschaften vor dem EGMR: *Salzberg* Kap. 3.

677 EGMR Salgueiro da Silva Mouta/P, 21.12.1999; Karner/A, 24.7.2003, ÖJZ **2004** 36; Schalk u. Kopf/A, 24.6.2010, §§ 87 ff., 94 f., NJW **2011** 1421 = EuGRZ **2010** 445 = ÖJZ **2010** 1089; Oliari u.a./I, 21.7.2015, NLMR **2015** 338.

678 EGMR Oliari u.a./I, 21.7.2015, §§ 165, 174 f.; 185; vgl. zu weiteren Ausführungen über die Notwendigkeit des Schutzes und der Anerkennung gleichgeschlechtlicher Partnerschaften EGMR Schalk u. Kopf/A, 24.6.2010, § 99; (GK) Vallianatos u.a./GR, 7.11.2013, §§ 78, 81; Fedotova u.a./R, 13.7.2021, § 48, BeckRS **2021** 18035.

679 EGMR Oliari u.a./I, 21.7.2015, § 185.

680 Vgl. den ähnlichen Fall EGMR Orlandi u.a./I, 14.12.2017, §§ 209 ff. (Verweigerung der amtlichen Registrierung und Anerkennung einer im Ausland geschlossenen gleichgeschlechtlichen Ehe).

681 EGMR (GK) X. u.a./A, 19.2.2013, §§ 95 ff., NJW **2013** 2173 = ÖJZ **2013** 476.

682 EGMR (GK) Slivenko/LET, 9.10.2003; *Tym* EuGRZ **2006** 541 erkennt darin ein neues Verständnis des Schutzbereichs von Art. 8, nach dem alle sonstigen familiären (und gesellschaftlichen) Beziehungen nunmehr dem Privatleben zuzuordnen sind.

Esser

chen Kinder zur Mutter und zu ihrem natürlichen Vater,[683] ferner das **Verhältnis zwischen Geschwistern**[684] oder zwischen **Großeltern und den Enkeln**.[685]

181   Im Verhältnis zwischen den **Elternteilen und ihren Kindern** wird das Band des Familienlebens bereits durch die **Geburt** begründet[686] und kann nur durch ganz außergewöhnliche Umstände zerrissen werden. Auch zwischen einem Kind und einem Mann, der es im Glauben an die Vaterschaft jahrelang als das seine großgezogen hat, besteht ein Familienleben – sogar nachdem die Vaterschaftsvermutung widerlegt worden ist.[687] Das Familienleben wird nicht schon dadurch beendet, dass die zunächst gelebten Beziehungen zwischen den Eltern zerbrochen sind,[688] auch wenn ein Kind nach der Trennung nur bei

---

683 EGMR Marckx/B, 13.6.1979; Keegan/IR, 26.5.1994; Boughanemi/F, 24.4.1996, ÖJZ **1996** 834; (GK) Elsholz/D, 13.7.2000, §§ 43 f.; Petersen/D (E), 6.12.2001, NJW **2003** 1921 = EuGRZ **2002** 32 = ÖJZ **2003** 114 = FamRZ **2002** 1017; Zaunegger/D, 3.12.2009 = EuGRZ **2010** 25 = NJW **2010** 501 m. Anm. *Coester* NJW **2010** 482 = ÖJZ **2010** 138 = FamRZ **2010** 103 m. Anm. *Henrich* u. *Scherpe*; Sporer/A, 3.2.2011, §§ 70 f. = ÖJZ **2011** 525; vgl. auch EGMR Anayo/D, 21.12.2010, NJW **2011** 3565 = EuGRZ **2011** 124 = FamRZ **2011** 269 = FPR **2013** 275; Schneider/D, 15.9.2011, NJW **2012** 2781 = EuGRZ **2011** 565 = FamRZ **2011** 1715 m. Anm. *Helms* = FPR **2013** 269 = JAmt **2011** 611 (BVerfG FamRZ **2015** 1263, und BGH NJW-RR **2014** 577 = FamRZ **2014** 927 m. Anm. *Hüßtege* verweigerten dem Bf. eine Wiederaufnahme seines Verfahrens, da das ursprüngliche nationale Verfahren schon vor dem 31.12.2006 abgeschlossen war, § 580 Nr. 8 ZPO, § 35 EGZPO; anders noch die Vorinstanz OLG Frankfurt FamRZ **2014** 682: teleologische Reduktion von § 35 EGZPO, damit Deutschland in Kindschaftssachen nicht das Völkerrecht verletzt; der EGMR sah die deutschen Gerichte ebenfalls nicht zu einer Wiederaufnahme veranlasst: EGMR Schneider/D, 25.9.2018); Ahrens/D, 22.3.2012, FuR **2012** 473; vgl. auch EGMR Kautzor/D, 22.3.2012, § 61, NJW **2013** 1937; hierzu: *Wellenhofer* FamRZ **2012** 828; *Scherpe* RabelsZ **2009** 935; *Brötel* RabelsZ **1999** 580, 586; *Frowein/Peukert* 17 f.; *Nowak* 26 f., 31. Dies ist unabhängig davon, ob kraft einer gesetzlichen Vermutung bei einer noch fortbestehenden Ehe der seit Jahren verschwundene Ehemann als Vater des Kindes gilt: EGMR Kroon u.a./NL, 27.10.1994. Zur Vaterschaftsanfechtung durch den biologischen Vater nach deutschem Recht: § 1600 Abs. 1 Nr. 2, Abs. 2 BGB; zu seinem Auskunfts- und Umgangsrecht: § 1686a BGB; vgl. auch EGMR A.B.V./R, 2.10.2018, § 65.

684 Vgl. EGMR Boujlifa/F, 21.10.1997, § 36 = ÖJZ **1998** 626; A.W. Khan/UK, 12.1.2010, § 32; Moustaquim/B, 18.2.1991; Mustafa u. Armagan Akin/TRK, 6.4.2010; Meyer-Ladewig/Nettesheim/von Raumer/*Meyer-Ladewig/Nettesheim* 50.

685 EGMR Boyle/UK, 28.2.1994 (Neffen und Nichten); Bronda/I, 9.6.1998, ÖJZ **1999** 436; Scozzari u. Giunta/I, 13.7.2000, ÖJZ **2002** 74; BVerfG NJW **2009** 1133 f. (Übertragung der Vormundschaft auf die Großeltern); *Frowein/Peukert* 20; Meyer-Ladewig/Nettesheim/von Raumer/*Meyer-Ladewig/Nettesheim* 50; *Nowak* 31.

686 EGMR Al-Nashif/BUL, 20.6.2002, § 112. Wollen Kinder mit den ihnen unbekannten leiblichen Eltern kein Familienleben führen, sondern lediglich deren Identität und ihre eigene Abstammung kennen, so ist (nur) das Recht auf Privatleben einschlägig (Rn. 106); vgl. auch EGMR Keegan/IR, 26.5.1994, § 44; Hoffmann/ D, 11.10.2001, § 34; A.B.V./R, 2.10.2018, § 64 (ein aus einer Beziehung heraus geborenes Kind „ipso iure" mit der Geburt Teil der Familie). Zur Beziehung zwischen biologischen Eltern und Kindern im Falle der Leihmutterschaft: EGMR Mennesson/F, 26.6.2014, § 45; Labassee/F, 26.6.2014, § 37 (zu diesen Fällen: *Helms* StAZ **2017** 1, 3); BGer FamRZ **2015** 1912 m. Anm. *Hotz*. Zur Leihmutterschaft auch EGMR (GK) Paradiso u. Campanelli/I, 24.1.2017, NJW **2017** 941, hierzu: *Sanders* NJW **2017** 925; *Duden* StAZ **2015** 201 (zum Kammer-Urteil); ferner interessant zum deutschen Recht und im Ausland durchgeführter Leihmutterschaft: *Grünenwald* StAZ **2015** 217; dort, wo nach einem Adoptionsverfahren die Existenz einer familiären Verbindung nachgewiesen wurde, muss der Staat auf eine Art und Weise handeln, die darauf ausgerichtet ist, ein Bestehenbleiben dieser Verbindung zu ermöglichen. Das Trennen einer Familie ist ein schwerwiegender Eingriff, so dass ein solcher Schritt durch ausreichend stichhaltige und gewichtige Gründe gestützt sein muss, nicht nur im Interesse des Kindes, sondern auch im Hinblick auf die Rechtssicherheit (EGMR Zaiet/RUM, 24.3.2015, NLMR **2015** 122.

687 EGMR Nazarenko/R, 16.7.2015, NLMR **2015** 336.

688 EGMR Berrehab/NL, 21.6.1988, EuGRZ **1993** 547 = ÖJZ **1989** 220; Hokkanen/FIN, 23.9.1994, ÖJZ **1995** 271; Keegan/IR, 26.5.1994; McMichael/UK, 24.2.1995; Gül/CH, 19.2.1996, ÖJZ **1996** 593; Johansen/N, 7.8.1996; (GK) Elsholz/D, 13.7.2000, §§ 43 f.; Petersen/D (E), 6.12.2001; Al-Nashif/BUL, 20.6.2002; Mustafa u. Armagan Akin/ TRK, 6.4.2010; *Brötel* RabelsZ **1999** 580, 588.

einem Elternteil lebt.[689] Es endet auch nicht, wenn ein Kind von den Eltern getrennt und in öffentliche Obhut genommen wird,[690] wohl aber mit der vollen Aufnahme des Kindes in eine neue Familie durch **Adoption**.[691]

Auch ein Kind, das aus einer **nichtehelichen Gemeinschaft** hervorgeht, ist vom Au- **182** genblick seiner Geburt an und schon allein durch seine Geburt *ipso iure* Teil dieser Familien-Einheit.[692] Jedoch reicht die biologische Verwandtschaft zwischen einem leiblichen Elternteil und einem Kind allein – d.h. ohne weitere rechtliche oder tatsächliche Merkmale („legal or factual elements"), die auf das Vorliegen einer **engen persönlichen Beziehung** hindeuten – nicht aus, um unter den Schutz des Familienlebens i.S.v. Art. 8 zu fallen. In der Regel ist das **Zusammenleben** eine Voraussetzung für eine Beziehung, die einem Familienleben gleichkommt. Ausnahmsweise können auch andere Faktoren als Nachweis dafür dienen, dass eine Beziehung **beständig** genug ist, um **faktische familiäre Bindungen** zu schaffen. Hierzu gehören **Art und Dauer** der elterlichen Beziehung, insbesondere die Frage, ob das Kind geplant war und ob die Vaterschaft anerkannt wurde. Des Weiteren sind der **Beitrag zur Erziehung und Betreuung** des Kindes sowie die **Qualität und Häufigkeit der Kontakte** zu berücksichtigen.[693]

Vor allem zwischen Erwachsenen[694] müssen besondere, über die üblichen gefühls- **183** mäßigen Bindungen hinausreichende[695] enge familiäre Bindungen auch **tatsächlich bestehen** und gelebt werden, damit der Schutz des Art. 8 eingreift.[696] Ob solche hinreichenden *de facto*-Familienbeziehungen bestehen, ist stets aufgrund einer Gesamtwürdigung aller Umstände zu beurteilen, wie **Dauer und Intensität** der Beziehungen, **Art und Form des Zusammenlebens**, Bestehen eines **Abhängigkeits-/Betreuungsverhältnis-**

689 Etwa EGMR Berrehab/NL, 21.6.1988; Hokkanen/FIN, 23.9.1994; Gül/CH, 19.2.1996; Ahmut/NL, 28.11.1996, ÖJZ **1997** 676; Ciliz/NL, 11.7.2000; Al-Nashif/BUL, 20.6.2002.

690 EGMR I.S./D, 5.6.2014, § 69, NJW **2015** 2319 (wünscht ein biologischer Elternteil nach der Beendigung der rechtlichen Beziehung zum Kind durch Adoption Kontakt zum oder Informationen über das Kind, so ist das Privatleben betroffen; dass der EGMR in § 86 die Regelung im deutschen Adoptionsrecht billigt, wonach den biologischen Eltern keinerlei Kontakt zum Kind zusteht, wird mit Bedenken zur Kenntnis genommen von *Botthof* FamRZ **2014** 1353); vgl. auch EGMR Stüker/D, 20.4.2021 (Verstoß, da keine Gründe für die Erlaubnis der Adoption seitens des Familiengerichts dargelegt wurden); A.K. u. L./KRO, 8.1.2013, §§ 51 f.; Scozzari u. Giunta/I, 13.7.2000; Olsson/S (Nr. 1), 24.3.1988; W./UK, 8.7.1987; Johansen/N, 7.8.1996; EKMR bei *Strasser* EuGRZ **1988** 572, 575 (Fürsorgeerziehung). Vgl. auch *Brötel* RabelsZ **1999** 580, 587; *Grabenwarter/Pabel* § 22, 17.

691 EGMR Fretté/F, 26.2.2002, FamRZ **2003** 149; Pini u.a./RUM, 22.6.2004; *Frowein/Peukert* 21; SK/*Meyer* 53; Meyer-Ladewig/Nettesheim/von Raumer/*Meyer-Ladewig/Nettesheim* 50 je m.w.N.; **a.A.** *Grabenwarter/Pabel* § 22, 17, wonach das Familienleben i.S.d. Art. 8 mit den leiblichen Elternteilen durch eine Adoption zumindest nicht in jedem Fall und nicht sofort beendet wird.

692 EGMR Lebbink/NL, 1.6.2004, § 35; Znamenskaya/R, 2.6.2005, § 26; Hülsmann/D (E), 18.3.2008, NJW-RR **2009** 1585; Brauer/D, 28.5.2009, § 30 („real existence in practice of close personal ties"), EuGRZ **2010** 167 = NJW-RR **2009** 1603 = FamRZ **2009** 1293 m. Anm. *Henrich* = ZEV **2009** 510 m. Bespr. *Leipold* 488.

693 EGMR Kroon u.a./NL, 27.10.1994, § 30; Lebbink/NL, 1.6.2004, §§ 36–37; Hülsmann/D (E), 18.3.2008; A.W. Khan/UK, 12.1.2010, § 34; Anayo/D, 21.12.2010, §§ 55–57; A.K. u. L./KRO, 8.1.2013, §§ 51 f.

694 EGMR (K) Sisojeva u.a./LET, 16.6.2005, EuGRZ **2006** 554 (Familienleben zwischen Eltern und erwachsenem Kind abgelehnt; lediglich Eingriff in Privatleben); ähnlich EGMR Senchishak/FIN, 18.11.2014, § 57 (übersieht aber Eingriff in Privatleben); SK/*Meyer* 51.

695 EGMR Yilmaz/D, 17.4.2003, NJW **2004** 2147 m.w.N.

696 EGMR A.W. Khan/UK, 12.1.2010, § 32 (Immigranten); BVerwGE **65** 188; BGer EuGRZ **1984** 82; **1985** 38; **1990** 181; 183; *Nowak* 32.

ses,[697] **gegenseitige Unterhaltsgewährung**[698] und **Verbundenheit durch gemeinsame Kinder.**[699]

184   Personen, die in die Familie eingegliedert wurden, wie Adoptivkinder,[700] Pflegekinder oder nahe Verwandte eines Ehepartners[701] unterfallen dem Schutzbereich des Familienlebens, sofern dadurch auch **tatsächlich nahe persönliche Beziehungen** entstanden sind.

185   **Enge zwischenmenschliche Beziehungen** können auch zwischen Personen bestehen, die nicht ständig zusammenleben. Es muss aber ersichtlich sein, dass die den Konventionsschutz auslösenden engen familiären Bindungen auf Dauer angelegt sind und auch tatsächlich gelebt werden. Wo bei Angehörigen der weiteren Familie die Grenzen zu ziehen sind, richtet sich immer nach den gelebten konkreten Beziehungen, aber auch nach den örtlichen Anschauungen, die je nach Kulturkreis verschieden sein können.[702]

186   Auch ein **beabsichtigtes Familienleben** kann ausnahmsweise unter Art. 8 fallen, insbesondere wenn das Unterbleiben der Herstellung des Familienlebens dem Bf. nicht zuzurechnen ist.[703] Sofern es die Umstände rechtfertigen, muss sich das „Familienleben" insbesondere auch auf die potentielle Beziehung erstrecken, die sich zwischen einem nichtehelichen Kind und dessen leiblichem Vater entwickeln kann. Kriterien, die in diesen Fällen für das tatsächliche und praktische Vorliegen enger persönlicher Bindungen maßgeblich sein können, sind u.a. die Art der Beziehung zwischen den leiblichen Eltern sowie das nachweisbare Interesse an dem Kind und das Bekenntnis zu ihm seitens des leiblichen Vaters sowohl vor als auch nach der Geburt.[704] Der Gerichtshof beanstandet es aber nicht, wenn es dem leiblichen Vater nicht möglich ist, durch Feststellung der eigenen Vaterschaft den rechtlichen Vater aus dessen Position zu verdrängen,[705] was auch dann nicht anders

---

697 EGMR Moretti u. Benedetti/I, 27.4.2010 (Pflegeeltern).

698 EKMR X u. Y/CH, 14.7.1977, EuGRZ **1977** 497; bei *Bleckmann* EuGRZ **1981** 114, 119; BGer EuGRZ **1990** 183; *Frowein/Peukert* 20. Vgl. auch BVerwGE **65** 188.

699 Vgl. EGMR Kroon u.a./NL, 27.10.1994; X, Y, Z/UK, 22.4.1997, ÖJZ **1998** 271; Al-Nashif/BUL, 20.6.2002.

700 EGMR Zaieţ/RUM, 24.3.2015, § 34 f., NLMR **2015** 122; *Frowein/Peukert* 21; IK-EMRK/*Wildhaber/Breitenmoser* 379; Meyer-Ladewig/Nettesheim/von Raumer/*Meyer-Ladewig/Nettesheim* 50.

701 *Brötel* RabelsZ **1999** 580, 587; *Grabenwarter/Pabel* § 22, 18.

702 *Nowak* 31; Art. 23, 8 f.

703 EGMR Pini u.a./RUM, 22.6.2004, §§ 143, 146; Anayo/D, 21.12.2010, §§ 57, 60; Schneider/D, 15.9.2011, §§ 81, 84; D. u.a./B (E), 8.7.2014, § 50; ähnlich EGMR Tanda-Muzinga/F, 10.7.2014, § 74 (dass die Familie nicht zusammenlebte, war dem Bf., der aus seinem Heimatland hatte fliehen müssen und nun einen Familiennachzug erstrebte, nicht zuzurechnen; nicht bestritten, dass Familienleben betroffen war, unabhängig davon, ob dem Bf. Flucht/Verlassen der Familie zum Nachteil gereicht hatten).

704 EGMR Anayo/D, 21.12.2010, §§ 61 f. (gegen OLG Karlsruhe NJW **2007** 922 = FamRZ **2007** 924); Schneider/D, 15.9.2011, §§ 88 ff. (gegen BVerfG FamRZ **2006** 1661; in beiden Fällen offengelassen, ob das Familienleben oder nur das Privatleben des Bf. betroffen war); Nylund/FIN (E), 29.6.1999, ÖJZ **2000** 354; N/D (E), 19.6.2003; Lebbink/NL, 1.6.2004, § 36; Hülsmann/D (E), 18.3.2008; als Reaktion auf die Deutschland betreffenden Verurteilungen wurde 2013 u.a. § 1686a BGB neu geschaffen (BGBl. I S. 2176); krit. hierzu *Peschel-Gutzeit* NJW **2013** 2465; siehe auch *Hoffmann* FamRZ **2013** 1077; insbesondere zum Verfahrensrecht *Clausius* MDR **2013** 685; im Vorfeld der Gesetzesänderung *Löhnig/Preisner* FamRZ **2012** 489.

705 EGMR Ahrens/D, 22.3.2012, § 75; Kautzor/D, 22.3.2012, § 72; Markgraf/D (E), 10.3.2015, §§ 22 f., FamRZ **2016** 437; *Peschel-Gutzeit* NJW **2013** 2465, 2466; *Wellenhofer* FamRZ **2012** 828. Ob dies anders zu sehen ist, wenn der rechtliche Vater bereits verstorben ist, wurde offen gelassen von EGMR Hülsmann/D (E), 5.11.2013, NJW **2014** 3083 = EuGRZ **2014** 406 = FamRZ **2014** 1257 m. Anm. *Schneider* NZFam **2014** 966, Abschn. A Nr. 1 der Gründe. Das Recht, nicht als Vater angesehen zu werden, und sich folglich gegen Vaterschaftsklagen in einem fairen Verfahren zu wehren, unterfällt dem Privatleben: EGMR Ostace/RUM, 25.2.2014 (Anfechtung durch rechtlichen Vater); Tsvetelin Petkov/BUL, 15.7.2014; Fröhlich/D, 28.10.2018, §§ 66 f., NJW **2019** 2449 (mutmaßlichem biologischen Vater Umgangsrecht aus Gründen des Kindeswohls verweigert); *Grabenwarter/Pabel* § 22, 65.

gesehen wird, wenn der leibliche Vater mit dem Kind tatsächlich in einer Beziehung steht und vielleicht sogar die Rolle eines (zweiten) „sozialen Vaters" einnimmt.[706]

Die exakte **Grenzziehung zwischen Privat- und Familienleben** hat für die notwendi- **187** ge Rechtfertigung staatlicher Eingriffe nur geringe praktische Bedeutung. Eingriffe in das Familienleben sind meist auch Eingriffe in das Privatleben.[707] Dem Privatleben kann daher im konkreten Fall auch eine Art **Auffangfunktion** zukommen, wenn die strengeren Voraussetzungen an das Bestehen eines Familienlebens nicht erfüllt sind, auch im Verhältnis zwischen Eltern und erwachsenen Kindern.[708] Für die Notwendigkeit ihrer Rechtfertigung nach Art. 8 Abs. 2 ändert sich nichts, wenn man sie nur unter diesem Gesichtspunkt beurteilt. Die Besonderheiten des Schutzgutes Familienleben fallen dagegen ins Gewicht, soweit daraus **positive Gewährleistungspflichten** des Staates hergeleitet werden, wie etwa, dass er bei staatlichen Entscheidungen auch deren Auswirkungen auf die Besonderheiten des Familienlebens der davon Betroffenen in Bedacht nimmt oder wenn von ihm verlangt wird, dass er bestimmte Formen des Familienlebens schützt. Hier darf der Staat nach den Formen des Zusammenlebens differenzieren.[709]

Bei der nach Art. 12 EMRK/Art. 23 IPBPR geschützten Ehe hat der Staat u.U. gesteigerte **188** Schutzpflichten. Das **Recht auf Schließung einer Ehe** folgt primär aus diesen Bestimmungen und nicht aus den Schutzpflichten der Art. 8 EMRK/Art. 17 IPBPR. Nach diesen kann der Staat aber mitunter sogar verpflichtet sein, zum Schutz des Privatlebens einen für den Einzelnen durchsetzbaren Weg zur Beendigung einer für ihn nicht mehr tragbaren Ehegemeinschaft zu eröffnen;[710] die Pflicht, im nationalen Recht die **Scheidung** vorzusehen, lässt sich aus der EMRK (oder aus Art. 5 des 7. ZP-EMRK (dort Rn. 11) aber ebenso wenig herleiten[711] wie die Pflicht, die **religiöse Ehe** anzuerkennen bzw. ihr, obwohl es sich um Familienleben i.S.d. Art. 8 handelt, dieselben rechtlichen Wirkungen wie der Zivilehe zuzuerkennen.[712]

Nach verbreiteter Ansicht verpflichtet Art. 8 i.V.m. Art. 14 nicht zur Ermöglichung ei- **189** ner **gleichgeschlechtlichen Eheschließung**,[713] da andernfalls die Nichtverpflichtung aus Art. 12 (Ehe als Beziehung zwischen Mann und Frau) unterlaufen würde.[714] Letzterem kann entgegengehalten werden, dass der EGMR bereits in der Rs. *Schalk u. Kopf* unter Bezugnahme auf **Art. 9 EUC** betont hat, dass der Wortlaut des Art. 12 einer Einbeziehung gleichgeschlechtlicher Verbindungen in den Ehebegriff grundsätzlich nicht entgegenstehe; da sich in den Vertragsstaaten diesbezüglich bislang jedoch noch kein entsprechender

---

706 EGMR Markgraf/D (E), 10.3.2015, § 25.

707 EGMR Trabelsi/D, 13.10.2011.

708 SK/*Meyer* 51 f.

709 Vgl. *Frowein/Peukert* 23 ff.

710 EGMR Airey/IR, 9.10.1979, § 33 („the fact that the protection of their private or family life may sometimes necessitate their being relieved from the duty to live together"); *Frowein/Peukert* 26.

711 EGMR Johnston u.a./IR, 18.12.1986, §§ 52 f., unter Hinweis auf die Entstehungsgeschichte; Aresti Charalambous/ZYP, 19.7.2007, § 56 („not a requirement of the Convention"); dazu Art. 12 Rn. 13.

712 EGMR (GK) Serife Yigit/TRK, 2.11.2010, § 102 (Hinterbliebenenrente); siehe jedoch EGMR Muñoz Díaz/E, 8.12.2009, §§ 69, 80 (Staat musste religiöse Ehe nicht anerkennen, hatte aber wegen der Umstände des Einzelfalls eine Hinterbliebenenrente zu gewähren (nur unter Art. 12, 14 und Art. 1 des 1. ZP-EMRK, nicht unter Art. 8 behandelt); Art. 8 kann auch nicht dahingehend ausgelegt werden, dass er einem Konventionsstaat eine Verpflichtung auferlegt, eine religiöse oder andere Ehe anzuerkennen, die von einem Minderjährigen abgeschlossen wurde (EGMR Z.H. u. R.H./CH, 8.12.2015, NLMR **2015** 516).

713 EGMR Schalk u. Kopf/A, 24.6.2010; Meyer-Ladewig/Nettesheim/von Raumer/*Meyer-Ladewig/Nettesheim* Art. 12, 3.

714 *Wiemann* EuGRZ **2010** 408, 409; *Maierhöfer* EuGRZ **2013** 105, 112.

Konsens herausgebildet habe, stehe es den Staaten frei, ob sie Eheschließungen zwischen gleichgeschlechtlichen Partnern zulassen.[715]

190   In Bezug auf **eingetragene Lebenspartnerschaften** hat die GK betont, dass von den 19 Europarats-Mitgliedstaaten, die eingetragene Lebenspartnerschaften zulassen, nur zwei Staaten (Litauen, Griechenland) den Zugang hierzu auf gemischtgeschlechtliche Partnerschaften beschränken; dies belege (auch wenn nach wie vor kein eindeutiger Konsens erkennbar sei) einen deutlichen Trend in den Mitgliedstaaten hin zu einer Anerkennung gleichgeschlechtlicher Lebenspartnerschaften, der sich inzwischen auch in Materialien des Europarates manifestiere.[716] Im konkreten Fall erkannte die GK in der Beschränkung der eingetragenen Lebenspartnerschaft auf verschiedengeschlechtliche Partner nach griechischem Recht einen Verstoß gegen das Diskriminierungsverbot des Art. 14 i.V.m. Art. 8, da gleichgeschlechtliche Partner ebenso wie gemischtgeschlechtliche Partner zur Führung von stabilen fürsorglichen Beziehungen in der Lage seien und sich daher hinsichtlich der Eintragung einer Lebenspartnerschaft in einer diesen vergleichbaren Situation befinden.[717] Auch wenn die Konvention die Vertragsstaaten nicht zur Öffnung der Ehe für gleichgeschlechtliche Partner verpflichte, müssten Vertragsstaaten, sofern sie sich zur Einführung eingetragener Lebenspartnerschaften entscheiden, diese auch gleichgeschlechtlichen Partnern zugänglich machen.

191   Das eng mit dem Familienleben verbundene **Erbrecht** zwischen Eltern und ihren Kindern fällt unter den Schutz von Art. 8.[718] Der Staat ist allerdings nicht verpflichtet sicherzustellen, dass alle der faktischen Familie zuzurechnenden Personen ein Erbrecht erhalten.[719]

192   In den Schutzbereich von Art. 8 (Familien- und Privatleben) fallen auch alle Umstände und Riten in Bezug auf die **Beerdigung eines nahen Verwandten**,[720] insbesondere das

---

715 EGMR Schalk u. Kopf/A, 24.6.2010, §§ 58, 61 f.

716 EGMR (GK) Vallianatos u.a./GR, 7.11.2013, § 91, FamRZ **2014** 189, 191 (Hinweis auf PA-Res. 1728 (2010) v. 29.4.2010 – Discrimination on the basis of sexual orientation and gender identity; CM/Rec(2010)5 on measures to combat discrimination on grounds of sexual orientation or gender identity v. 31.3.2010.

717 EGMR (GK) Vallianatos u.a./GR, 7.11.2013, §§ 78, 81: *„As the Court has already observed, same-sex couples are just as capable as different-sex couples of entering into stable committed relationships. Same-sex couples sharing their lives have the same needs in terms of mutual support and assistance as different-sex couples."*

718 EGMR Marckx/B, 13.6.1979, § 52; Camp u. Bourimi/NL, § 35; Merger u. Cros/F, 22.12.2004, § 48; Brauer/D, 28.5.2009, § 30.

719 EGMR Marckx/B, 13.6.1979. Vertiefend: *Kregel-Olff* Der Einfluss der Europäischen Menschenrechtskonvention und der Rechtsprechung des Europäischen Gerichtshofs für Menschenrechte auf das deutsche Erbrecht (2011); zum Erbrecht für nichteheliche Kinder: EGMR (GK) Fabris/F, 7.2.2013, § 81, NJW-RR **2014** 645 = ZEV **2014** 491 m. Anm. *Leipold* (Verstoß gegen Art. 1 des 1. ZP-EMRK i.V.m. Art. 14; Verstoß gegen Art. 8 i.V.m. Art. 14 nicht mehr extra geprüft; zum Fall: *Nußberger* ErbR **2014** 470 f.); Brauer/D, 28.5.2009; zur gütlichen Einigung Teil II Rn. 72 ff., 360 ff.); zur schwierigen Umsetzung im deutschen Recht (vor dem 1.7.1949 geborene nichteheliche Kinder hatten bis zur Neuregelung kein gesetzliches Erbrecht beim Tod des Vaters; erst ab Stichtag 29.5.2009, d.h. dem auf das EGMR-Urteil *Brauer* folgende Tag) und dazu, dass folglich in Altfällen wegen der eindeutigen (deutschen) erbrechtlichen Rechtslage unter möglicher Verletzung von Art. 8 kein Erbrecht zuerkannt worden war/wird: BVerfG NJW **2013** 2103 = EuGRZ **2013** 238 = FamRZ **2013** 847 m. Anm. *Reimann* = ZEV **2013** 326; BGH NJW **2012** 231 = ZEV **2012** 32; LG Saarbrücken ZEV **2010** 526 = FamRZ **2010** 2106; *Lehmann/Hahn* ZEV **2013** 192; *Krug* ZEV **2011** 397; *Reimann* FamRZ **2012** 604; *Bestelmeyer* Rpfleger **2012** 361.

720 Vgl. hierzu EGMR Maskadova u.a./R, 6.6.2013 §§ 208 ff.; Sabanchiyeva/R, 6.6.2013, §§ 123 ff.; Lozovyye/R, 24.4.2018 § 33; Solska u. Rybicka/PL, 20.9.2018, § 106.

Esser   1242

Recht, diesen überhaupt zu beerdigen und bei der Trauerfeier anwesend zu sein.[721] Die Behörden haben zudem eine positive Verpflichtung, nahe Familienangehörige, etwa die Eltern eines verstorbenen Kindes, **über den Todesfall zu informieren**, wenn ihnen dieser zeitlich vor den Angehörigen bekannt wird.[722] Auch die **Entscheidung über die Exhumierung** eines Toten gegen den Willen eines Verwandten im Rahmen strafrechtlicher Ermittlungen, kann in den Schutzbereich des Familienlebens eingreifen.[723] Ebenso kann die **verweigerte Rückführung des Leichnams** eines vermutlichen Terroristen oder Mitglieds einer Rebellengruppe nach der Autopsie und dem Ende eines gegen ihn geführten strafrechtlichen Verfahrens einen Eingriff in Rechte der Familienangehörigen aus Art. 8 darstellen.[724]

b) Familienkontakte Strafgefangener. Der **Festnahme** bzw. **Inhaftierung** eines Ehe- **193** gatten steht Art. 8 nicht zwangsläufig entgegen. Das Familienleben wird aber verletzt, wenn einem Verhafteten jeder Kontakt mit den nächsten Familienangehörigen, vor allem dem Ehegatten, verweigert oder in einem Ausmaß beschränkt wird, das die Aufrechterhaltung der Familienbande nicht mehr ermöglicht, ohne dass ein rechtfertigender Ausnahmefall vorliegt.[725] Bei einer **Freiheitsentziehung** verstoßen Beschränkungen des Kontakts zur Außenwelt nicht per se gegen die EMRK, da Einschränkungen des Privat- und Familienlebens zwangsweise mit einer solchen Situation verbunden sind. Der Staat ist aber verpflichtet, den Inhaftierten dabei zu unterstützen, den **Kontakt zu seiner Familie aufrechtzuerhalten**.[726] Entsprechende Grundsätze ergeben sich auch aus der Empfehlung des Europarats über die Europäischen Strafvollzugsgrundsätze (Punkte 24.1 ff.),[727] die zuletzt im Jahr 2020 aktualisiert wurden, sowie aus dem Leitfaden zu den Europäischen

---

721 Vgl. EGMR Maskhadova u.a./R, 6.6.2013, § 208; Gülbahar Özer u. Yusuf Özer/TRK, 29.5.2018, § 26; siehe auch: BGH GRUR-RS **2020** 31473 (mediale Berichterstattung über Zustand/Gestaltung einer Grabstätte/Wiedergabe des Abschiedsgrußes von Verwandten/Trauerkranz).

722 EGMR Lozovyye/R, 24.4.2018, § 38.

723 EGMR Girard/F, 30.6.2011, § 107 (exzessive Länge der Einbehaltung einer untersuchten Leiche im Rahmen eines strafrechtlichen Verfahrens); Solska u. Rybicka/PL, 20.9.2018, §§ 106 ff.; auch eine Exhumierung zur bloßen Verlegung an einen neuen Ruheort unterfällt Art. 8, vgl. EGMR Drašković/MON, 9.6.2020, § 48; siehe außerdem in religiösem Kontext: EGMR Polat/A, 20.7.2021 (postmortale Sezierung eines Kleinkindes gegen den Willen der Eltern verhinderte die nach muslimischem Glauben verlangte Beerdigung eines unversehrten Körpers; Verstoß gegen Art. 8 und 9).

724 EGMR Sabanchiyeva u.a./R, 6.6.2013, § 118; Maskhadova u.a./R, 6.6.2013, § 208; Arkhestov u.a./R, 16.1.2014, § 78; Zalov u. Khakulova/R, 16.1.2014, § 67; vgl. auch: EGMR Gatsalova/R, 20.4.2021, §§ 36, 41 f.; *Grabenwarter/Pabel* § 22, 32.

725 EGMR Sari u. Colak/TRK, 4.4.2006 (keine Möglichkeit der Kontaktaufnahme mit der Familie für mehr als sieben Tage seit Festnahme); KK-EMRK-GG/*Böhringer/Marauhn* Kap. 16, 47; vgl. auch EGMR Nashiri/RUM, 31.5.2018, §§ 697 ff.; Zubaydah/LIT, 31.5.2018; §§ 664 ff. (keinerlei Kontakt zur Familie während rechtswidriger „secret detention").

726 EGMR Baginski/PL, 11.10.2005; Schemkamper/F, 18.10.2005; (GK) Khoroshenko/R, 30.6.2015, § 106; (GK) Mozer/MOL u. R, 23.2.2016, §§ 190 ff., NLMR **2016** 1, 5 f.; Lebois/BUL, 19.10.2017. Zum Zugang zur Familie für Inhaftierte: *Dzienko* FS **2020** 8 ff.; *de Oliveira Käppler/Ueberbach* FS **2020** 10 ff.; *Feige* FS **2020** 17 ff. (mit Bezug zur UN-KRK); *Blumenkamp/Schepers* FS **2020** 20 ff.; *Kury* FS **2020** 31 ff. Einen „familiensensiblen Strafvollzug" bietet das Familiengefängnis Engelsborg in Dänemark, wo ein Zusammenleben mit der Familie in den letzten Monaten der Haft ermöglicht wird, um die Familienmitglieder nach der langen Trennung wieder aneinander zu gewöhnen, dazu: *Schade* Deutschlandfunkkultur v. 24.1.2015, https://www.deutschlandfunkkultur.de/reformgefaengnis-engelsborg-ohne-zaeune-gitter-und-100.html (Stand: 29.4.2022).

727 Empfehlung Rec(2006)2-rev des Ministerkomitees an die Mitgliedstaaten über die Europäischen Strafvollzugsgrundsätze v. 1.7.2020, sog. European Prison Rules; siehe dazu auch Art. 5 Rn. 645, Art. 3 Rn. 226.

Strafvollzugsgrundsätzen vom Juni 2023, der für politische Entscheidungsträger und Strafrechtspraktiker als Orientierungshilfe dienen soll.[728]

194   Soweit die **Kontaktaufnahme zur Familie** und anderen Personen während eines Polizeigewahrsams bzw. in der Haft nicht gesetzlich geregelt ist, muss der Staat entsprechende Regelungen schaffen, die einen wirksamen Schutz vor willkürlichen Einschränkungen und sonstigen Verletzungen des Art. 8 bieten.[729] Wird einem U-Häftling der Besuch eines Familienangehörigen verweigert[730] oder wird ihm untersagt, das Gefängnis zeitweise zu verlassen,[731] um seine Familienangehörigen zu besuchen, so richtet sich die Rechtmäßigkeit eines solchen Eingriffs nach dem Recht auf Achtung des Familienlebens aus Art. 8.[732] Das gilt auch und insbesondere für den Frage des **gegenseitiges Besuchs** (und sei es wegen derselben Tat) **inhaftierter Eheleute**, auch in der Untersuchungshaft; ggf. ist eine **Besuchszusammenführung** geboten.[733]

195   Insbesondere bei der Frage, ob einem Gefangenen der **Besuch bei sterbenden oder kranken Familienangehörigen** untersagt werden kann, spielen folgende Faktoren eine Rolle: der Stand des Strafverfahrens, die Art und Schwere des mutmaßlich begangenen Delikts, der Charakter des Gefangenen, die Schwere der Krankheit des Verwandten, der Grad der Verwandtschaft (*„degree of kinship“*), die Möglichkeit eines begleiteten Ausgangs, die Möglichkeit eines Verwandtenbesuchs in der Haft und das Bestehen von Fluchtgefahr.[734] Bevor ein Aus-

---

728   Vgl.   https://www.bag-s.de/aktuelles/aktuelles0/leitfaden-zu-den-europaeischen-strafvollzugsvorschriften, Stand: 7.6.2022; siehe dazu auch Art. 3 Rn. 226.

729   EGMR Sari u. Colak/TRK, 4.4.2006 (Eingriff zeitlich vor Gesetzesänderung 2002).

730   EGMR Kucera/SLO, 17.7.2007 (Treffen mit der wegen derselben Tat beschuldigten Ehefrau verweigert; Grund: Austausch von ermittlungsgefährdenden Informationen; kontrollierte Überwachung als milderes Mittel); Walczak/PL, 9.7.2020 (Verweigerung des Besuchs durch Ehefrau aufgrund von Beweissicherungsgründen; zugleich Zeugin im Verfahren gegen ihren Mann; Verstoß gegen Art. 8); vgl. auch EGMR Vladimir Nikolayevich Fedorov/R, 30.5.2017, §§ 46 ff. (keine Gelegenheit zum Besuch von Familienangehörigen während der U-Haft); Deltuva/LIT, 21.3.2023, §§ 45 ff. (Gewährung nur eines einzigen Besuchs von Frau und zehnjähriger Tochter während eines Zeitraums von neun Monaten U-Haft).

731   Die EMRK kennt jedoch **kein Recht auf Hafturlaub**, vgl. EGMR (GK) Boulois/LUX, 3.4.2012, § 102; ausführlich dazu Art. 3 Rn. 231.

732   EGMR Schemkamper/F, 18.10.2005; wenn im Einzelfall Art. 8 nicht verletzt ist, kommt ein Verstoß gegen Art. 14 i.V.m. Art. 8 in Betracht, zu Langzeitbesuchen aus menschenrechtlicher Perspektive: *Dünkel* ZfStrVo **2008** 262; vertiefend zum Jugendstrafrecht: *Knop* „Ein bisschen wie zuhause“ – Langzeitbesuche als Maßnahme zur erweiterten Einbindung von Außenkontakten im Jugendstrafvollzug (2021); vgl. hierzu auch: OLG Wien 20.8.2020 – 32 Bs 190/20f u.a., JSt **2020** 500 (kein subjektiver Anspruch auf Schaffung von Räumen für Langzeitbesuche); OLG Celle StraFo **2013** 82 (Versagung der Verlegung wegen absehbarer Auslieferung; Verstoß gegen Resozialisierungsanspruch); siehe auch: EGMR Rodzevillo/UKR, 14.1.2016 (Weigerung der Behörden, einen Häftling in einer seinem Zuhause näheren Anstalt unterzubringen, wo ihn seine an Krankheiten leidende und über nur wenig Geld verfügende Familie besuchen könnte; Verstoß gegen Art. 8).

733   Vgl. OLG Düsseldorf StV **2016** 165 (ausdrücklicher Bezug auf Art. 8): konkrete Anhaltspunkte für Missbrauch (Verdunkelung) erforderlich; vgl. hierzu auch BVerfG Beschl. v. 17.7.2019 – 2 BvR 2158/18 = BeckRS **2019** 19255 = FamRZ **2019** 1748 (Trennscheibenanordnung; Einschränkungen der Kommunikation eines U-Häftlings mit Familie regelmäßig empfindliche Belastung; Gefahr tiefgreifender Entfremdung; staatliche Pflicht zur Erhaltung von Ehe und Familie Sorge zu tragen, d.h. die nachteiligen Auswirkungen der U-Haft „im Rahmen des Möglichen und Zumutbaren, aber auch unter angemessener Beachtung der Belange der Allgemeinheit zu begrenzen."; so schon: BVerfG NJW **1976** 1311.

734   EGMR Lind/R, 6.12.2007 (Besuch im Ausland; ggf. ist Hilfe der dortigen Behörden in Anspruch zu nehmen vor Annahme der Unmöglichkeit eines Besuchs wegen Fluchtgefahr); siehe auch EGMR Giszczak/PL, 29.11.2011, §§ 36 ff.

gang nach Berücksichtigung sämtlicher Faktoren untersagt wird, muss ggf. eine **alternative Möglichkeit der Kontaktaufnahme** geprüft werden.[735]

Auch für den umgekehrten Fall – **Besuche von Familienangehörigen**[736] **bei Straf-**[737] **196 oder Untersuchungsgefangenen**[738] oder bei unter Hausarrest stehenden Personen[739] – gilt Art. 8. Etwaige **gefängnisinterne Festlegungen** (Hausordnung) zu den Besuchs- und Kommunikationsmodalitäten als rechtliche Grundlage für Eingriffe in Art. 8 sind den Gefangenen hinreichend bekannt und im Detail zugänglich zu machen.[740]

Nicht nur die Untersagung bzw. rechtliche Restriktion von Besuchen,[741] sondern auch **197 faktische Erschwernisse** der Kontaktaufnahme, wie etwa die Unterbringung in einem

---

735 EGMR Lind/R, 6.12.2007, §§ 95 ff. (Verstoß gegen Art. 8; Telefongespräch zum Abschied musste in Sprache geführt werden, die der todkranke Vater nur schlecht verstand; von der Behörde bereits nach einer Minute unterbrochen; Besonderheit: Todestag stand wegen Sterbehilfe fest).

736 Vgl. zum Recht eines Kindes auf Kontakt mit seinem inhaftierten Elternteil: CM/Rec(2018)5 concerning children with imprisoned parents v. 4.4.2018 (Besuchsmöglichkeit mindestens einmal in der Woche für Kinder; für kleinere Kinder noch öfter). Auch aus Art. 9 Abs. 3 CRC ergibt sich die Verpflichtung eines Vertragsstaats, regelmäßigen Kontakt zwischen Kindern und Eltern herzustellen.

737 EGMR Nowicka/PL, 3.12.2002, §§ 73 ff.; Trosin/UKR, 23.2.2012, § 46 (Abtrennung von Besuchern eines Strafgefangenen durch Plexi-Glasscheibe); Kurkowski/PL 9.4.2013, §§ 100 ff. Eine physische Trennung von Besuchern durch eine Glasscheibe darf nur angeordnet werden, wenn dies aus Gründen der Sicherheit gerechtfertigt ist und nur so lange die Gefahr tatsächlich besteht: EGMR Lorsé u.a./NL, 4.2.2003, §§ 83–86; Horych/PL, 17.4.2012, §§ 122 ff. (nur geringe Zahl von Besuchen gestattet); zur Ermöglichung von Telefonaten mit Angehörigen statt Besuchen: *Tschentscher* ZBJV **2014** 808; Andrey Smirnov/R, 13.2.2018, §§ 53, 56 f. (Beschränkung auf zwei Besuche pro Monat und physische Trennung von den Besuchern durch eine Glasscheibe).

738 EGMR Kucera/SLO, 17.7.2007 (Treffen mit der wegen derselben Tat beschuldigten Ehefrau verweigert; Grund: Austausch von ermittlungsgefährdenden Informationen; kontrollierte Überwachung als milderes Mittel); Kyriacou Tsiakkourmas u.a./TRK, 2.6.2015, §§ 303 ff.; Costel Gaciu/RUM, 23.6.2015, §§ 57 ff., 60 (Schlechterstellung von U-Häftlingen gegenüber Strafgefangenen bzgl. Familienbesuchen bedarf Rechtfertigung; z.B. Kollusionsgefahr); (GK) Mozer/MOL u. R, 23.2.2016 §§ 190 f., 194, NLMR **2016** 1 (Trennung eines U-Gefangenen von seiner Familie für einen Zeitraum von mehr als 6 Monate ohne Begründung); Yermakovich/R, 28.5.2019, §§ 57, 60 (Besuche für einen Zeitraum von fast einem Jahr verweigert); Khodorkovskiy u. Lebedev/R (Nr. 2), 14.1.2020, §§ 595, 598 ff. (keine Möglichkeit längerer Besuche in der U-Haft; Verstoß gegen Art. 8); Pavlova/R, 18.2.2020, §§ 25 ff., 28 (keine Gestattung von Familienbesuchen während der gesamten U-Haft; über 3 Jahre); Kosenko/R, 17.3.2020, §§ 63 ff., 67. Kann das Besuchsrecht eines U-Gefangenen während einer **Pandemie** nicht oder nur erschwert ausgeübt werden, hat dieser ein berechtigtes Interesse an **Telefonaten mit engen Familienangehörigen**; insofern sei auch in Hinblick auf Art. 6 GG ein großzüger Maßstab angezeigt, vgl. AG Kempten Beschl. v. 28.10.2020 – 1 Gs 3356/20, BeckRS **2020** 29055 (Telefonate des Häftlings mit Eltern genehmigt, die in einem pandemischen Risikogebiet leben; zur Kontaktaufnahme mit Schwestern Briefverkehr ausreichend).

739 EGMR Süveges/H, 5.1.2016, §§ 134 ff.; vgl. für den Fall der Ordnungshaft „administrative detention": Pakhtusov/R, 16.5.2017, §§ 22 ff., 27 ff.

740 EGMR Lebois/BUL, 19.10.2017, § 67.

741 Vgl. EGMR Bigun/UKR, 21.3.2019, §§ 49 f. (absolutes Verbot von längeren Besuchen für Inhaftierte mit lebenslanger Freiheitsstrafe); Tyuryukov/UKR, 18.6.2020, §§ 103 ff.; hierzu: Potoratskyy/UKR, 22.4.2021, §§ 20, 23 ff. (Verbot von Langzeit- und Beschränkung von Kurzzeitbesuchen; Trennung durch Glasscheibe oder Metallstange); vgl. zu den Besuchsrestriktionen während der Corona Pandemie: VerfGH NRW, Beschl. v. 9.4.2020 – VerfGH 43/20. VB-3 = BeckRS **2020** 6022 (Verfassungsbeschwerde eines Inhaftierten; Besuchserlaubnis für Ehefrau/Ermöglichung von Telefonaten im Haftraum für Zeitraum der Pandemie; keine Entscheidung in der Sache mangels Rechtswegerschöpfung); ähnlich: BVerfG Beschl. v. 2.6.2021 – 2 BvR 899/20, BeckRS **2021** 15514. Zur coronabedingten Beschränkung von Außenkontakten im Jugendstrafvollzug: *Bode/Ernst/ Fährmann/Knauer/Knop/Lanio* ZJJ **2021** 206 ff.

---

weit von der Familie entfernten Gefängnis, müssen sich an Art. 8 messen lassen.[742] Dabei wird durch eine solche Maßnahme sowohl in das Familienleben des Gefangenen als auch in das seiner Angehörigen staatlicherseits eingegriffen.[743] Zwar gewährt die Konvention dem Gefangenen **kein Recht auf die Wahl eines konkreten Gefängnisortes** und die räumliche Trennung von der Familie stellt im Grundsatz eine unvermeidbare Folge jedes Gefängnisaufenthaltes dar.[744] Der Staat ist aber dennoch verpflichtet, die Rechte und Interessen des Verurteilten und seiner Familie in diesem Zusammenhang eingehend zu berücksichtigen.[745] Das Anliegen des Gefangenen, zur Erleichterung der Kontaktaufnahme mit der Familie zur **Strafvollstreckung in sein Heimatland überstellt** zu werden, soll hingegen nicht von Art. 8 erfasst sein,[746] was zweifelhaft erscheint. Auch zumindest die Verweigerung der Nutzung derjenigen **Sprache** bei Besuchen bzw. Telefongesprächen, die als einzige von den verwandten Kontaktpersonen verstanden wird, kann nach Ansicht des EGMR gegen Art. 8 verstoßen.[747]

198   Werden die **Eltern eines minderjährigen Kindes** festgenommen, inhaftiert oder einige Stunden bei einer Polizeistation festgehalten, treffen den Staat Verpflichtungen aus Art. 8

---

742   EGMR Sokolov/R, 29.3.2011, § 53; Khodorkovskiy u. Lebedev/R, 25.7.2013, §§ 836 ff., 847 ff.; Vintman/UKR, 23.10.2014, §§ 78 ff., 100 ff.; Polyakova u.a./R, 7.3.2017, §§ 80, 116 f.; weitere Beispiele: Voynov/R, 3.7.2018, §§ 49 ff.; Adulkardyrov u. Dakhtayev/R, 10.7.2018, §§ 90 ff.; Bykovtsev u. Prachev/R, 21.5.2019, §§ 96 ff., 99 (unter Verweis auf Polyakova/R); Subaşi u.a./TRK, 6.12.2022, §§ 77 ff. (Erlaubnis von Besuchen schulpflichtiger Kinder nur an Wochentagen und dadurch erhebliche Erschwerung von Besuchen).
743   EGMR Polyakova u.a./R, 7.3.2017, § 83.
744   Vgl. EGMR Rodzevillo/UKR, 14.1.2016, § 83; Polyakova u.a./R, 7.3.2017, § 100.
745   Vgl. EGMR Polyakova u.a./R, 7.3.2017, §§ 81, 89; (GK) Koroshenko/R, 30.6.2015, § 106 m.w.N.
746   EGMR Serce/RUM, 30.6.2015, §§ 50 ff.
747   Siehe EGMR Nusret Kaya u.a./TRK, 22.4.2014, §§ 49 ff. (formelle Anforderungen für die Beantragung der Verwendung des Kurdischen am Telefon zu streng; faktisches Verbot als Verstoß gegen Art. 8. EGMR hielt den (von den Bf. vorgetragenen und für plausibel befundenen) Umstand für bedeutend, dass in den jeweiligen Familien keine andere Sprache (also kein Türkisch) gesprochen bzw. verstanden wurde (§ 59). Richtigerweise sollte aber Kurdisch gesprochen werden dürfen, auch wenn die Angehörigen des Inhaftierten des Türkischen mächtig sind, denn die (Un-)Möglichkeit, eine bestimmte Sprache nach Belieben (nicht) zu verwenden, betrifft selbstverständlich das Privatleben (vgl. hierzu den falschen Ansatz in § 53 des Urteils: Die EMRK gewähre kein Recht auf eine bestimmte Sprache („liberté linguistique [...] en tant que telle"/ „linguistic freedom as such"); dies ergebe sich e contrario aus Art. 5 Abs. 2, Art. 6 Abs. 3 *lit*. d, wo ausnahmsweise von der Sprache die Rede sei; der Gerichtshof verkennt, dass diese Bestimmungen dem Staat die Verwendung einer bestimmten Sprache auferlegen; zulässig ist dabei nur ein Umkehrschluss, dass der Staat außerhalb des Anwendungsbereichs dieser Bestimmungen nicht verpflichtet ist, den Menschen gegenüber eine bestimmte Sprache zu verwenden; verfehlt ist der Umkehrschluss, der Staat könne den Menschen die Verwendung einer bestimmten Sprache verbieten, nur weil ein „Recht auf eine bestimmte Sprache" nicht „als solches" ausdrücklich normiert sei; folgerichtig, aber fehlgehend diskutiert der Gerichtshof nicht, ob das Sprechen in der vom Betroffenen gewünschten Sprache untrennbar mit dem Privatleben verbunden ist). Sachgerecht ist es, mit legitimen Sicherheitserwägungen (§ 56) nur dann das Verbot der Verwendung einer konkreten Sprache zu begründen, wenn dem Staat nicht zuzumuten ist, Überwachungspersonal abzustellen, das jener Sprache mächtig ist, oder wenn die Verwendung durch den Gefangenen oder seinen Gesprächspartner unangekündigt/überraschend kommt. Das Recht von in der Türkei inhaftierten türkischen Kurden, die kurdische Sprache zu benutzen, lässt sich damit regelmäßig nicht beschränken (vgl. §§ 87 ff.). Der EGMR geht auf Art. 14 nicht näher ein. Nicht überzeugend ferner das ablehnende Sondervotum zweier Richter, das u.a. darauf abstellt, dass man, bei Erfüllung der Anforderungen, im Gefängnis in der Türkei immerhin noch auf Kurdisch telefonieren durfte, wohingegen es in EGMR Baybaşın/NL (E), 6.10.2005, nicht beanstandet worden sei, dass die Niederlande dies nicht zuließen. Zur weiteren Entwicklung EGMR Bozkurt/TRK (E), 10.3.2015, § 16; Yıldız u. Yanak/TRK (E), 27.5.2014, § 16 (bei Verstößen gegen die freie Sprachwahl gewährt das türkische Recht nun einen Anspruch auf Entschädigung).

zum Schutz des Minderjährigen.[748] Der Staat muss es insofern entweder den Eltern ermöglichen, für die Zeit der Inhaftierung eine **Aufsicht- und Pflegeperson** für das Kind zu organisieren oder selbst ausreichende staatliche Unterstützung und Pflege für das Kind, etwa durch eine Pflegefamilie oder eine Spezialeinrichtung, zur Verfügung stellen.[749] Im April 2018 hat der Europarat Leitlinien vorgestellt, die die Wahrung der Rechte und Interessen von Kindern inhaftierter Eltern bezwecken.[750] Auch der EGMR nimmt in seiner Rechtsprechung auf diese Leitlinien Bezug[751] und hebt ihre Bedeutung dadurch weiter hervor.

c) Pflicht zur Förderung der Beziehung von Eltern und Kind/Schutzpflichten. Eine 199 Verpflichtung des Staates, die ungehinderte Begründung eines Familienlebens[752] und einen daraus sich erst entwickelnden gegenseitigen Umgang[753] zu sichern, wird nur für den Bereich der engsten Familie anerkannt. Den wechselseitigen Beziehungen zwischen Eltern und Kindern als Kernelement des Familienlebens wird ein hoher Stellenwert beigemessen,[754] so dass der Staat im Einzelfall[755] verpflichtet sein kann, die **Voraussetzungen dafür zu schaffen**, dass solche **Familienbeziehungen tatsächlich hergestellt und aufrechterhalten** werden können.[756] Daraus kann ein Recht der Betroffenen erwachsen, dass die Existenz eines derarti-

---

748 EGMR Hadzhieva/BUL, 1.2.2018, §§ 58 f. (Bezug auf Ioan Pop u.a./RUM, 6.12.2016 (keine behördliche Information und Unterstützung eines 12jährigen Jungen nach Festnahme/Inhaftierung seiner Eltern; erniedrigende Behandlung i.S.v. Art. 3); vgl. zur öffentlichen Unterbringung und Pflege Minderjähriger: EGMR Haase/D, 8.4.2004 § 80; außerdem in Bezug auf Auskunftsrechte über den Verbleib des abwesenden Familienmitglieds Art. 9 Abs. 4 CRC, wonach der Vertragsstaat grundsätzlich verpflichtet ist, entweder auf Antrag der Eltern, des Kindes oder eines anderen Familienangehörigen wesentliche Auskünfte über den Verbleib des abwesenden Familienmitglieds zu erteilen.

749 EGMR Hadzhieva/BUL, 1.2.2018, § 62.

750 Empfehlung CM/Rec(2018)5 des Ministerkomitees an die Mitgliedstaaten zu Kindern inhaftierter Eltern v. 4.4.2018.

751 So etwa EGMR Subaşi u.a./TRK, 6.12.2022, §§ 45, 89.

752 Zur Frage, ob zur Begründung eines Familienlebens eine In-vitro-Fertilisation ermöglicht werden muss, EGMR (K) S.H./A, 1.4.2010, ÖJZ **2010** 684 = RdM **2010** 85 (krit. *Wollenschläger* MedR **2011** 21); (GK) 3.11.2011, NJW **2012** 207 = ÖJZ **2012** 379 = FamRZ **2012** 23 = MedR **2012** 380 (weiter Ermessensspielraum für ein Verbot; allerdings kohärente Regelung solcher Behandlungen unter Berücksichtigung aller berechtigten Interessen erforderlich) m. Anm. *Weilert* MedR **2012** 355 u. *Makoski* GuP **2012** 29. Art. 8 erfasst ebenso die medizinische Unterstützung zum Schutz vor der Übertragung von Erbkrankheiten bei der Fortpflanzung: EGMR Costa u. Pavan/I, 30.8.2012, § 57.

753 Vgl. EGMR Berrehab/NL, 21.6.1988 (Beziehungen beider Elternteile zum gemeinsamen Kind, auch wenn diese nicht zusammenleben); W./UK, 8.7.1987; Ciliz/NL, 11.7.2000; Umgangsrecht kann unter Berufung auf Kindeswohl verweigert werden: EGMR (GK) Elsholz/D, 13.7.2000; Skugor/D, 10.5.2007, §§ 54 ff., FuR **2007** 410.

754 EGMR McMichael/UK, 24.2.1995; Johansen/N, 7.8.1996.

755 Maßgebend ist der Vorrang des Kindeswohls vgl. EGMR Olsson/S (Nr. 2), 27.11.1992, ÖJZ **1993** 353.

756 EGMR Marckx/B, 13.6.1979; (GK) K. u. T./FIN, 12.7.2001, NJW **2003** 809; Görgülü/D, 26.2.2004. Vgl. aber auch EGMR (GK) Odièvre/F, 13.2.2003; Anspruch eines erwachsenen Kindes auf Auskunft über die wegen der anonymen Geburt geheim gehaltene Auskunft über seine Eltern unter dem Blickwinkel des Schutzes des Privatlebens geprüft, wegen des Vorrangs des staatlich geschützten Geheimhaltungsinteresses der Mutter aber verneint); Al-Nashif/BUL, 20.6.2002, § 112; Cristesu/RUM, 10.1.2012, § 58; Brunner/PL, 9.7.2020, § 55 (Verpflichtung nationaler Behörden, alle im Einzelfall notwendigen und vernünftigerweise erwartbaren Schritte zu ergreifen, um den Kontakt zwischen Kind und Elternteilen nach einer Scheidung zu ermöglichen); vgl. auch EGMR Cristian Cătălin Ungureanu/RUM, 4.9.2018, § 34 (Verletzung der positiven Schutzpflicht aus Art. 8; keine ausreichende Gesetzgebung in Bezug auf elterliche Besuchsrechte während eines Scheidungsverfahrens); Uzbyakov/R, 5.5.2020 (Freigabe eines der Kinder zur Adoption während Gefängnisaufenthalt ohne Kenntnis des biologischen Vaters nach Versterben der Kindesmutter; der nicht erfolgte Widerruf der Adoptionsentscheidung verletzt Art. 8 des biologischen Vaters); vgl. zu den Kontaktrechten zwischen inhaftierten Elternteilen und ihren Kindern Rn. 198.

Esser

gen Familienverhältnisses rechtlich verbindlich festgestellt wird.[757] Keinesfalls dürfen die staatlichen Behörden das Entstehen solcher Beziehungen behindern, sofern nicht ein schwerwiegender Grund vorliegt.[758] Ein solcher Grund, der Anlass gäbe, bereits die Zeugung des Kindes unmöglich zu machen, liegt grundsätzlich nicht bereits in der (langen) **Inhaftierung eines Elternteils**; jedenfalls wenn die Mutter in Freiheit das Kind aufziehen kann.[759] Soll ein nicht begleiteter ausländischer Minderjähriger **abgeschoben** werden, so ist nach Möglichkeit eine Zusammenführung der Familie herbeizuführen.[760]

200   Bei einem **Eingriff in Eltern/Kind-Beziehungen** hat das **Kindeswohl** im Vordergrund aller Regelungen zu stehen.[761] Bei dessen Würdigung haben die Behörden einen weiten Beurteilungsspielraum, insbesondere bei Sorgerechtsentscheidungen.[762] Maßnahmen, die dem Kindeswohl zuwiderlaufen, weil sie die Gesundheit oder die Entwicklung des Kindes beeinträchtigen, kann kein Elternteil verlangen.[763] Dass ein Kind in einem für seine Erziehung günstigeren Umfeld untergebracht werden könnte, kann an sich nicht rechtfertigen, es im Wege einer Zwangsmaßnahme der Betreuung durch seine biologischen Eltern zu entziehen; es müssen andere Umstände vorliegen, die auf die Notwendigkeit eines derartigen Eingriffs in das Recht von Eltern auf Familienleben mit ihrem Kind aus Art. 8 schließen lassen.[764] Solche Umstände, die eine Herausnahme eines Kinders aus seiner Familie erfordern, kann insbesondere eine **Gefährdung des Kindeswohls durch Gewalt seitens der Eltern** darstellen.[765] Die Entscheidung darüber, bei welchem Elternteil das Kind wohnen soll oder ob und welche Kontakt- und Besuchsrechte der nicht sorgeberechtigte Elternteil erhalten soll, kann nicht auf ein psychologisches Gutachten[766] gestützt werden, wenn darin die Frage, ob sich eine psychische Erkrankung

---

757   Vgl. hierzu: EGMR Mifsud/MLT, 29.1.2019, §§ 77 f. (rechtliche Verpflichtung eines potentiellen Vaters zur Abgabe von Genmaterial für Vaterschaftstest; hinreichende Abwägung der jeweiligen Interessen erforderlich; kein Verstoß gegen Art. 8).

758   Etwa EGMR Keegan/IR, 26.5.1994 (Freigabe zur Adoption ohne Beteiligung des unehel. Vaters); Uzbyakov/R, 5.5.2020, § 101.

759   EGMR (GK) Dickson/UK, 4.12.2007, § 76.

760   EGMR Mubilanzila Mayeka u.a./B, 12.10.2006, NVwZ-RR **2008** 573, 576; siehe auch EGMR (GK) Tarakhel/CH, 4.11.2014, §§ 87 ff., 122, NVwZ **2015** 127 (Verstoß gegen Art. 3 durch Abschiebung; keine Vorsorge für altersgerechte Behandlung der minderjährigen Kinder und Zusammenbleiben der Familie im Zielland).

761   EGMR Sabou u. Pircalab/RUM, 28.9.2004; Pokrzeptowicz-Meyer/D (E), 25.8.2009 (Sorgerecht); Lipkowsky u. McCormack/D (E), 18.1.2011; Antonyuk/R, 1.8.2013, §§ 116, 121, 145; W./D, 10.1.2019, § 46; (GK) Strand Lobben/N, 10.9.2019, § 204 („their best interests are of paramount importance"); A u.a./ISL, 15.11.2022, § 84 (Verlust des Sorgerechts; Wille der Kinder, in der Pflegeunterbringung zu bleiben).

762   Zusammenfassend: EGMR Glesmann/D, 10.1.2008, §§ 102–103; Haase/D (E), 12.2.2008; Schumacher/D (E), 26.2.2008; Kautzor/D, 22.3.2012, NJW **2013** 1937, §§ 65 ff. Siehe auch EGMR Enke/D (E), 9.10.2012, FamRZ **2013** 431 (kein genereller Vorzug des gemeinsamen Sorgerechts).

763   EGMR Johansen/N, 7.8.1996; Tiemann/F u. D (E), 27.4.2000; Scozzani u. Giunta/I, 13.7.2000; (GK) Elsholz/D, 13.7.2000, § 50; Sahin/D und (GK) Sommerfeld/D, 8.7.2003, EuGRZ **2004** 707, 711 = FamRZ **2004** 337; Görgülü/D, 26.2.2004; Haase/D, 8.7.2004; Hub/D (E), 22.4.2008, FuR **2009** 623; Neulinger u. Shuruk/CH, 6.7.2010, § 136; Antonyuk/R, 1.8.2013, § 116.

764   EGMR K u. T/FIN, 12.7.2001, § 173; (GK) K.A./FIN, 14.1.2003, § 92; Haase/D, 8.4.2004; Wunderlich/D, 10.1.2019, § 48.

765   EGMR Tlapapk u.a./D, 22.3.2018, §§ 88, 97 f., 100; Wetjen u.a./D, 22.3.2018, §§ 75, 85 ff. (jeweils religiös motivierte Schläge zur Züchtigung in der Gemeinschaft der 12 Stämme).

766   Ausführlich vgl. *Lack/Hammesfahr* Psychologische Gutachten im Familienrecht.

dieses Elternteils auf das Kindeswohl auswirkt, nicht/oberflächlich untersucht wird oder die Erstellung des Gutachtens lange zurückliegt.[767]

Da der Staat grundsätzlich verpflichtet ist, die familiäre Bindung zwischen Eltern und ihren Kindern zu ermöglichen,[768] müssen die Behörden im Falle einer bereits bestehenden Trennung zwischen dem Kind und einem Elternteil hinsichtlich „darüber hinausgehender Einschränkungen" **(Unterbringung einer Pflegefamilie; Entziehung des Sorge-/Umgangsrechts)** stets auf einen gerechten **Ausgleich zwischen den Interessen** des Kindes und denen der beiden Elternteile[769] bedacht sein und deshalb auch nach Anordnung einer getrennten Unterbringung der Kinder für die Aufrechterhaltung aller mit dem Kindeswohl zu vereinbarenden Kontakte zwischen Eltern und Kindern sorgen sowie sich auch um eine **eventuelle Wiederzusammenführung** bemühen;[770] dabei kommt dem Wohl des Kindes entscheidende Bedeutung zu.[771] Auch insoweit obliegen dem Staat *„positive obligations inherent in an effective „respect" for family life".*[772] Dazu zählt auch, die **Situation in regelmäßigen Abständen zu überprüfen**[773] und den getroffenen Maßnahmen zugrunde gelegte Expertisen zu aktualisieren.[774] Eine von den Eltern getrennte Unterbringung des Kindes sollte grundsätzlich nur als temporäre Maßnahme angesehen und sobald als möglich wieder aufgehoben werden.[775] Zur

201

---

[767] EGMR Cincimino/I, 28.4.2016, §§ 73 ff. (letzte innerstaatliche Gerichtsentscheidung stützte sich auf ein sechs Jahre altes Gutachten; trotz Anzeichen einer Änderung der maßgeblichen Umstände wurde kein neues Gutachten in Auftrag gegeben); Antonyuk/R, 1.8.2013, §§ 124 ff., 145 ff. (Verfahren nicht fair, vgl. Rn. 77); Cînța/ RUM, 18.2.2020, §§ 51, 57, NLMR **2020** 114, 124 (Fehlen eines Gutachtens).

[768] EGMR Kutzner/D, 26.2.2002, § 65, EuGRZ **2002** 244 = FamRZ **2002** 1393; Akinnibosun/I, 16.7.2015 (keine behördlichen Maßnahmen, um Vater Kontakt mit seiner in einer Pflegefamilie untergebrachten Tochter zu ermöglichen).

[769] Etwa EGMR Görgülü/D, 26.2.2004; Haase/D, 8.7.2004; Glesmann/D, 10.1.2008 (Unterbringung Pflegefamilie/Einschränkung Umgangsrecht, §§ 1671, 1684 Abs. 4 BGB); Hub/D (E), 22.4.2008 (Einschränkung Umgangsrecht); Ullmann/D (E), 20.1.2009 (Entziehung Sorgerecht); Y.C./UK, 13.3.2012, NJW **2013** 2495, §§ 136–139; Buchleither/D, 28.4.2016, § 43, NJW **2018** 3697, 3698 (unbefristete Aussetzung des Umgangs Vater und Tocher); Moog/D, 6.10.2016, §§ 73 ff., NJW **2018** 3699, 3702; (GK) Strand Lobben/N, 10.9.2019, §§ 206 ff. (Sorgerechtsentzug/Freigabe des Kindes zur Adoption); Meyer-Ladewig/Nettesheim/von Raumer/*Meyer-Ladewig*/*Nettesheim* 58; hierzu auch: BVerfG NJW **2013** 1867, 1868, § 24 (Ausschluss des Umgangs der Eltern mit in Pflegefamilie untergebrachtem Kind); Herausnahme eines Kindes aus einer Familie als besonders eingriffsintensive Maßnahme, die immer nur *ultima ratio* („last resort") sein sollte, vgl. EGMR (GK) Neulinger u. Shuruk/CH, 6.7.2010, § 136; Achim/RUM, 24.10.2017, § 89.

[770] EGMR Scozzari u. Giunta/I, 13.7.2000; Nekvedavicius/D (E), 19.6.2003; Haase/D, 8.4.2004; Hub/D, 22.4.2008 (in Abgrenzung zu Nekvedavicius/D); Ullmann/D, 20.1.2009;.M.S./E, 18.6.2013, § 71; Olsson/S (Nr. 2), 10.9.2019; (GK) Strand Lobben/N, 10.9.2019, § 205; Pedersen u.a./N, 10.3.2020, § 60; Omorefe/E, 23.6.2020, § 38; Naltahyan/ R, 20.4.2021, § 174; *Grabenwarter/Pabel* § 22, 19; vgl. zur Trennung von Geschwistern durch Unterbringung an separaten Orten: EGMR A.J./GR, 26.4.2022, § 85.

[771] EGMR Kutzner/D, 26.2.2002, § 66, EuGRZ **2002** 244 = FamRZ **2002** 1393; X./SLW (E), 12.5.2015, §§ 56 ff. (Nichtherausgabe der in einer Pflegefamilie befindlichen Kinder entsprach Kindeswohl); ferner EGMR Cincimino/I, 28.4.2016, § 68; D. u.a./B (E), 8.7.2014, § 57 (Bedeutung der elterlichen Kontakte eines Kindes im Säuglingsalter); vgl. auch EGMR Nuutinen/FIN, 27.6.2000, § 128 und A.B.V./R, 2.10.2018, § 70 (Einschränkungen der positiven Schutzpflicht, Treffen des Kindes mit einem Elternteil zu ermöglichen); I.M. u.a./I, 10.11.2022, §§ 118 ff., 126 (Kontaktsitzungen eines drogensüchtigen und alkoholkranken Vaters mit seinen Kindern ohne hinreichende Schutzmaßnahmen oder Unterstützung; Misshandlung und Drohungen seitens des Vaters während der Sitzungen; Verstoß gegen staatliche Schutzpflichten).

[772] EGMR Glesmann/D, 10.1.2008, § 104.

[773] EGMR Nekvedavicius/D (E), 19.6.2003.

[774] EGMR (GK) Strand Lobben/N, 10.9.2019, §§ 222, 225 (keine Aktualisierung der Expertgutachten bezüglich der Fähigkeit der Mutter zur Kindessorge trotz neuer, veränderter Lebensumstände der Mutter).

[775] EGMR Olsson/S (Nr. 1), 24.3.1988, § 81; (GK) Strand Lobben/N, 10.9.2019, § 208.

Wahrung ihrer Interessen müssen die Eltern möglichst **frühzeitig und im angemessenen Umfang in den Entscheidungsprozess eingebunden** werden (vgl. Rn. 229).[776]

202   Bei der Vollstreckung einer Entscheidung, die nach der Ehescheidung die Wiedervereinigung eines Kindes mit einem seiner Elternteile anordnet, erfordert die positive Pflicht zur Beachtung des Familienlebens ein **zügiges Vorgehen** des Staates, damit die künftigen Beziehungen zwischen einem Elternteil und seinem Kind nicht allein durch bloßen Zeitablauf entschieden werden.[777] Auch ein gerichtlich eingeräumtes Umgangsrecht hat der Staat, wenn erforderlich, zügig durchzusetzen[778] (unter Beachtung des Kindeswohls, das gerade durch erzwungenen Umgang beeinträchtigt sein kann; ggf. Sanktionen gegen den sorgeberechtigten, nicht kooperierenden Elternteil).[779] Generell kommt in Kindschaftsverfahren dem **Faktor Zeit** maßgebliche Bedeutung zu, weil immer die Gefahr besteht, dass Verfahrensverzögerungen zu faktischen Nachteilen für das Kindeswohl führen.[780]

203   Bei einem **nichtehelichen Vater/Kind-Verhältnis** können aus Art. 8 Abs. 1 nicht schon *per se* besondere Rechte des Vaters hergeleitet werden; so kann ein unehelicher Vater, der damit einverstanden war, dass sein Sohn den Nachnamen seiner Mutter erhielt, sich später nicht gegen eine Änderung des Nachnamens wenden.[781] Der Vater eines nichtehelichen Kindes hat grundsätzlich ein **Umgangsrecht** mit seinem Kind, vorausgesetzt, dass Gründe des auch hier vorrangigen Kindeswohls[782] nicht entgegenstehen. Er darf insoweit nicht schlechter gestellt werden als ein Vater bei einer geschiedenen Ehe.[783] Einen

776 EGMR W./UK, 8.7.1987, §§ 62–64; McMichael/UK, 24.2.1995; Venema/NL, 17.12.2002; Wildgruber/D, 29.1.2008; Drösser-Brand/D (E), 14.10.2008 (Übertragung des Aufenthaltsbestimmungsrechtes auf einen Elternteil); Y.C./UK, 13.3.2012, § 138; Meyer-Ladewig/Nettesheim/von Raumer/*Meyer-Ladewig/Nettesheim* 78.

777 EGMR W./UK, 8.7.1987; Sylvester/A, 24.4.2003; Görgülü/D, 26.2.2004; Haase/D, 8.4.2004; Wildgruber/D (E), 29.1.2008; Meyer-Ladewig/Nettesheim/von Raumer/*Meyer-Ladewig/Nettesheim* 58 m.w.N.

778 EGMR Kuppinger/D, 15.1.2015, §§ 100 ff., 105 ff.

779 EGMR Kuppinger/D, 15.1.2015, § 103, NJW **2015** 1433 m. Anm. *Steinbeiß-Winkelmann* = FamRZ **2015** 469 (zweites Urteil, das derselbe Bf. zum Umgangsrecht mit demselben Kind erwirkt hatte; erstes Urteil: 21.4.2011, FamRZ **2011** 1283). Zur weiteren Entwicklung des Falles: BVerfG NJW **2015** 2561 = EuGRZ **2015** 433 = FamRZ **2015** 1093 m. Anm. *Fischer* FamRZ **2015** 1169 = ZKJ **2015** 319 m. Anm. *Brosius-Gersdorf* NZFam **2015** 729 (Erzwingung des Umgangs mit dem Kind weiterhin abgelehnt; ebenso Verhängung von Zwangsmitteln gegen die Mutter, die das Kind wegen der verfestigten Situation und seines vorangeschrittenen Alters von inzwischen elf Jahren, als Bedrohung wahrnehmen würde, was negative Wahrnehmung in Bezug auf Vater nur verstärken würde).

780 EGMR Karoussiotis/P, 1.2.2011, § 85; H./UK, 8.7.1987, §§ 89–90; Raw u.a./F, 7.3.2013, § 83; Kuppinger/D, 15.1.2015, §§ 102, 108 (Umgangsrecht); Penchevi/BUL, 10.2.2015, §§ 72 ff. (Aufenthaltsbestimmungsrecht); Ferrari/RUM, 28.4.2015, §§ 49, 53 f. Folgerichtig lässt es der EGMR nicht genügen, dass der Rechtsbehelf gegen lange Verfahrensdauer nur einen nachträglichen Ersatzanspruch eröffnet und keine das Verfahren beschleunigende Wirkung hat (vgl. Art. 13 Rn. 86). Zu möglichen Folgen einer langen Verfahrensdauer exemplarisch: EGMR Phostira Efthymiou u. Ribeiro Fernandes/P, 5.2.2015, §§ 52 f. (HKÜ; Rückführung eines von einem Elternteil nach Portugal entführten Kindes).

781 EGMR Petersen/D (E), 6.12.2001.

782 Siehe hierzu: EGMR Fröhlich/D, 28.10.2018, §§ 66 f., NJW **2019** 2449 (kein Auskunfts- und Umgangsrechts für mutmaßlichen biologischen Vater aus Gründen des Kindeswohls).

783 EGMR Sahin/D u. (GK) Sommerfeld/D, 8.7.2003; zu diesen Urteilen: *Goedecke* JIR **46** (2003) 606, 625, 630; vgl. auch EGMR (GK) Elsholz/D, 13.7.2000, §§ 59 ff.; Görgülü/D, 26.2.2004; Heidemann/D (E), 17.5.2011; Schneider/D, 15.9.2011. Vgl. auch EGMR Tsikakis/D, 10.2.2011, FamRZ **2011** 1125 (Verfahrensdauer in Umgangssachen); Kuppinger/D, 15.1.2015, § 108. Zum Umgangsrecht im Lichte der EMRK instruktiv *Weber* NZFam **2015** 337; allgemein zur Rechtsstellung nichtehelicher Väter im Konventionsrecht *Hausheer* ZBJV **2015** 326 f.; vgl. ebenfalls EGMR Mitzinger/D, 25.1.2018 (Erbansprüche eines unehelichen Kindes); A.B.V./R. 2.10.2018, §§ 77, 81 f. (keine ausreichenden Maßnahmen zur Verwirklichung/Durchsetzung von Treffen zwischen Kind und biologischem Vater).

Verstoß gegen Art. 8 i.V.m. Art. 14 sah der EGMR darin, dass das Sorgerecht für ein nicht-eheliches Kind automatisch der Mutter zusteht und der Vater gegen den Willen der Mutter das Sorgerecht nicht bekommen konnte.[784] Über diese Verpflichtungen zum Schutz bestehender und zur Förderung ernsthaft angestrebter Vater-Kind-Beziehungen hinaus werden die staatlichen Stellen durch Art. 8 EMRK/Art. 17 IPBPR allein nicht verpflichtet, von sich aus dafür zu sorgen, dass im konkreten Fall eine **Familienbeziehung gegründet und gelebt** wird. Aus Art. 8 ergibt sich außerdem auch sonst kein allgemeines Recht, eine Familie zu gründen.[785] In diesem Zusammenhang erlangt die Inanspruchnahme von Leihmüttern zur Erfüllung des Kinderwunsches immer größere Bedeutung. Der EGMR spricht den Mitgliedstaaten bei der Entscheidung über die Anerkennung von Eltern-Kind-Beziehungen aus Leihmutterschaft aufgrund der Sensibilität der Thematik einen weiten Ermessensspielraum zu,[786] der jedoch insoweit reduziert ist, als dass das Kindeswohl zu priorisieren ist.[787] Insbesondere staatliche Gesetze, die dem Schutz vor Kinderhandel oder vor kommerzieller Ausbeutung der Leihmutter dienen, spielen in der Abwägung eine große Rolle.[788] Regelmäßig ist der Eingriff in das Familienleben der Wunscheltern gerechtfertigt, da das Zusammenleben auch ohne legale Anerkennung in tatsächlicher Hinsicht unbeeinträchtigt bleibt.[789] Anders verhält es sich jedoch bezüglich des Privatlebens des betroffenen Kindes: Hier muss der Staat eine Möglichkeit schaffen, das Abstammungsverhältnis des Kindes zu den Wunscheltern anzuerkennen, um das Wissen um die eigene Identität des Kindes nicht zu verletzen.[790] Diesem ist allerdings schon genüge getan, wenn die Möglichkeit der Adoption besteht.[791]

Ebenso wenig geben die Konventionsgarantien einen Anspruch auf eine im nationalen **204** Recht nicht vorgesehene **Adoption**,[792] wohl aber hat der gleichgeschlechtliche Partner ein diskriminierungsfreies (Art. 14) Recht auf (Möglichkeit der) Adoption des Kindes des gleichgeschlechtlichen Lebenspartners, wenn ein andersgeschlechtlicher *unverheirateter*

---

784 EGMR Zaunegger/D, 3.12.2009; zu diesem Urteil *Khakzadeh-Leiler* JRP **2010** 51, auch mit rechtsvergleichenden Ausführungen zu Österreich. Sieben Monate nach dem EGMR ordnete das BVerfG in einer anderen Sache eine verfassungskonforme Übergangsregelung an: BVerfGE **127** 132 = NJW **2010** 3008 = EuGRZ **2010** 510 = JR **2011** 203 (anders noch BVerfG NJW **2003** 955); dazu *Mandla* JR **2011** 185; diese Übergangsregelung wurde von EGMR Döring/D (E), 21.2.2012, NJW **2013** 1055 = FamRZ **2012** 1863 = FPR **2013** 220, gebilligt. In der Folge wurden u.a. §§ 1626a, 1671 BGB geändert (in Kraft seit 19.5.2013, BGBl. I S. 795), vgl. *Heiß/Castellanos* Gemeinsame Sorge und Kindeswohl nach neuem Recht (2013); *Lack* FamRZ **2014** 1337; *Heilmann* NJW **2013** 1473; *Willutzki* FPR **2013** 236; *Schneider* MDR **2013** 309; *Huber/Antomo* FamRZ **2012** 1257, *Mandla* ZRP **2012** 247, *Holldorf* ZKJ **2012** 475. Ähnlich die Situation in Österreich, vgl. EGMR Sporer/A, 3.2.2011; ÖVerfG JBl. **2012** 783; zur Reaktion in der Schweiz: *Hausheer* FamRZ **2014** 1520.
785 EGMR Lanzmann/F (E), 12.11.2019, FamRZ **2020** 351 m. Anm. *Ferrand* (kein Recht der Eltern, mit eingelagertem Sperma ihres Sohnes künstliche Befruchtung vornehmen zu lassen); Karpenstein/Mayer/*Pätzold* 17.
786 EGMR Mennesson/F, 26.6.2014, §§ 75–81; Valdís Fjölnisdóttir u.a./ISL 18.5.2021, §§ 68–70.
787 EGMR C.E. u.a./F, 24.3.2022, § 100; K.K. u.a./DK, 6.12.2022, § 53.
788 EGMR Paradiso u. Campanelli/I, 24.1.2017, § 202; K.K. u.a./DK, 6.12.2022, § 60.
789 EGMR Mennesson/F, 26.6.2014, §§ 93–94; Valdís Fjölnisdóttir u.a./ISL, 18.5.2021, § 75; C.E. u.a./F, 24.3.2022, §§ 95–97; K.K. u.a./DK, 6.12.2022, §§ 49–51.
790 EGMR D.B. u.a./CH, 22.11.2022, § 82; K.K. u.a./DK, 6.12.2022, § 72.
791 EGMR D.B. u.a./CH, 22.11.2022, § 83.
792 EGMR (GK) E.B./F, 22.1.2008, § 41 (Diskriminierung einer homosexuellen Frau durch Verweigerung einer Adoption); Gas u. Dubois/F, 15.3.2012, NJW **2013** 2171 (Adoption durch gleichgeschlechtliche Partnerin der Mutter keine mit verheirateten Paaren vergleichbare Situation; Beseitigung der elterlichen Bande zwischen dem adoptierten Kind und dem biologischen Elternteil verstößt nicht gegen Art. 8).

Partner diese Möglichkeit hätte.[793] Den Eltern steht kein Monopol auf **Erziehung der Kinder** zu,[794] der Staat muss aber nach Art. 2 des 1. ZP-EMRK/Art. 18 Abs. 4 IPBPR das Recht der Eltern achten, die Kinder in Übereinstimmung mit ihren eigenen religiösen und sittlichen Überzeugungen – auch abweichend von der h.M. – zu erziehen.[795] Ein Eingriff in das Erziehungsrecht der Eltern kann zugleich einen Eingriff in das Familienleben bedeuten.[796]

205   Wieweit dieses Recht eine **körperliche Züchtigung** deckt oder eine solche der Schule gerade verbietet, ist nicht abschließend geklärt; das Erziehungsrecht rechtfertigt aber nie Maßnahmen, die nach der übereinstimmenden Rechtsauffassung aller Vertragsstaaten strafbar sind.[797] Der Staat ist im Rahmen seiner Schutzpflicht nach Art. 8 in jedem Fall dazu verpflichtet, hinreichende gesetzliche, behördliche, soziale sowie erzieherische Maßnahmen zu ergreifen, die **Gewalt oder Misshandlung gegen Kinder oder Jugendliche in Schulen und Bildungseinrichtungen** unmissverständlich und zu jeder Zeit **verhindern**.[798]

206   In Bezug auf die **Schulpflicht** und den **Ausschluss von Heimunterricht** im deutschen Bildungssystem hat der Gerichtshof mehrfach entschieden, dass ein mit der Schulpflicht korrespondierendes Verbot des (elterlichen) Heimunterrichts zulässig ist.[799] Dies diene der Integration von Kindern in die Gesellschaft sowie der Verhinderung von Parallelgesellschaften; es falle daher in den Ermessensspielraum der Vertragsstaaten hinsichtlich der Ausgestaltung und Regelung ihres jeweiligen Bildungssystems.[800] Die Durchsetzung der Schulpflicht kann auch den teilweisen Entzug des elterlichen Sorgerechts sowie eine Fremdunterbringung der Kinder rechtfertigen.[801] Entscheidend ist dabei die **Verhältnismäßigkeit** der ergriffenen Maßnahmen, insbesondere ihre **Dauer**.[802]

207   Staatliche Maßnahmen, die in diesen Schutzbereich **eingreifen**, müssen zur Erreichung eines der in Art. 8 Abs. 2 aufgeführten Zwecke **gesetzlich vorgesehen**[803] und auch in einer Demokratie **notwendig** sein. Die erforderliche faire Abwägung der für eine solche

---

793 EGMR (GK) X. u.a./A, 19.2.2013 (Recht auf Gleichstellung mit einer solchen Adoptionsmöglichkeit eines *Ehepartners* soll nicht bestehen); zur Gesetzesänderung und weiteren Entwicklung in Österreich vgl. ÖVerfG StAZ **2015** 213, und OGH Beschl. v. 14.11.2013 – 2 Ob 220/12k; in dieselbe Richtung BVerfG (Urteil vom selben Tag wie EGMR im Fall *X. u.a.*) BGBl. 2013 I S. 428 = EuGRZ **2013** 79 = NJW **2013** 847 = FamRZ **2013** 521 = JZ **2013** 460 = ZKJ **2013** 244 = FPR **2013** 278 = StAZ **2013** 184 m. Anm. *Muckel* JA **2013** 396, und die spätere Änderung von § 9 Abs. 7 LPartG, der seit dem 27.6.2014 auch auf § 1742 BGB verweist. Zur Problematik: *Gottschamel/Kratz-Lieber* ÖJZ **2015** 917.
794 EGMR Belg. Sprachenfall, 23.7.1968.
795 Vgl. Art. 9 Rn. 13, 27 ff.
796 EGMR Belg. Sprachenfall, 23.7.1968; Kjeldsen, Busk Madsen u. Pedersen/DK, 7.12.1976, EuGRZ **1976** 478 = NJW **1977** 487 (Sexualkunde); dazu *Wildhaber* EuGRZ **1976** 493; *Frowein/Peukert* 25.
797 Vgl. EGMR Tlapak u.a./D, 22.3.2018 (Entzug des Sorgerechts aufgrund der von den Eltern – Mitglieder der Zwölf Stämme – durchgeführten, religiös motivierten körperlichen Züchtigungen – Schläge mit Weidenstöcken – kein Verstoß gegen Art. 8); vgl. auch *Frowein/Peukert* 25.
798 Vgl. EGMR F.O./KRO, 22.4.2021, §§ 81 f., 88 ff., 91 (Schikane eines Schülers durch Lehrer; Verwundbarkeit Minderjähriger aufgrund ihres Alters; besondere Verantwortung der Lehrkörper); Kayak/TRK, 10.7.2012, § 59.
799 EGMR Wunderlich/D, 10.1.2019, §§ 42, 50, ZEuS **2019** 555; vgl. auch: EGMR L./D, 9.7.1992; F.K. u.a./D, 11.9.2006; D. u.a./D, 13.9.2011.
800 EGMR Wunderlich/D, 10.1.2019, § 50; F. K. u.a./D, 11.9.2006 (parallel auch zur Bedeutung des Pluralismus für die Demokratie); vgl. hierzu EGMR Refah Partisi (Welfare Party) u.a./TRK, 13.2.2003, § 89.
801 EGMR Wunderlich/D, 10.1.2019, § 51 (Übertragung von Teilen des Sorgerechts auf Jugendamt; dreiwöchige Heimunterbringung der Kinder; keine Verletzung des Art. 8).
802 EGMR Wunderlich/D, 10.1.2019, § 55 (wonach eine Fremdunterbringung nicht länger dauern sollte, als die Kindesrechte dies erforderlich machten).
803 EGMR Malone/UK, 2.8.1984, §§ 66 ff., EuGRZ **1985** 17; Kopp/CH, 25.3.1998, §§ 50 ff., ÖJZ **1999** 115; ausführlich zu „gesetzlich vorgesehen": EGMR Silver u.a./UK, 25.3.1983, §§ 85 ff. = EuGRZ **1984** 147.

Maßnahme sprechenden Gründe des öffentlichen Wohls oder des Schutzes anderer mit den Belangen des/der Betroffenen muss sie rechtfertigen.[804]

d) Recht auf Aufenthalt/Ausweisung/Auslieferung/Asyl. Art. 8 EMRK/Art. 17 IPBPR **208** begründen auch unter dem Blickwinkel der Achtung des Familienlebens[805] kein **Recht auf Einreise oder Aufenthalt** in einem bestimmten Staat,[806] gleichwohl kann einem Ausländer bei fortschreitender Aufenthaltsdauer aus dem Recht auf Achtung des Privatlebens eine von dem betreffenden Vertragsstaat zu beachtende aufenthaltsrechtliche Rechtsposition zuwachsen.[807] Der Ausländer hat dann nach deutschem Ausländerrecht einen Anspruch auf Erteilung einer Aufenthaltserlaubnis (vgl. § 25 Abs. 5 AufenthG);[808] eine Ausreise i.S.d. Vorschrift ist rechtlich unmöglich, wenn es dem Ausländer aus Rechtsgründen nicht zuzumuten ist, Deutschland zu verlassen. Eine derartige Unzumutbarkeit kann sich auch aus inlandsbezogenen Abschiebungsverboten ergeben, die ihre Grundlage in Art. 8 haben.[809] Art. 8 garantiert aber **nicht das Recht auf eine besondere Form der Aufenthaltserlaubnis** (Aufenthaltstitel),[810] insbesondere wenn die von den Behörden vorgeschla-

---

804 Vgl. EGMR Beldjoudi/F, 26.3.1992; Nasri/F, 13.7.1995, ÖJZ **1995** 908; Boughanemi/F, 24.4.1996.

805 In aufenthaltsrechtlichen Fällen stand zunächst das „Familienleben" im Vordergrund; später zog der Gerichtshof auch den Schutzbereich des Privatlebens heran, wenn z.B. im Aufenthaltsstaat kein Familienleben geführt worden ist, vgl. *Maierhöfer* ZAR **2014** 370, 371.

806 Etwa EGMR Al-Nashif/BUL, 20.6.2002; NVwZ **2005** 1043; Radovanovic/A, 22.4.2004, ÖJZ **2005** 76; Darren Omoregie u.a./N, 31.7.2008, § 54; Gezginci/CH, 9.12.2010, §§ 54 ff.; (GK) Nada/CH, 12.9.2012, NJOZ **2013** 1183, § 164 („the Convention does not as such guarantee the right of an alien to enter a particular country"); Khodorkovskiy u. Lebedev/R, 25.7.2013, §§ 927, 931 (Einlegung von Beschwerde zum EGMR mit Hilfe ausländischer Anwälte; Verweigerung der Einreise Verstoß gegen Art. 34); Khan/UK (E), 28.1.2014, §§ 25 ff. (kein Recht auf Einreise weil Bf. Behandlungen im Aufenthaltsstaat entgehen will, die bei territorialer Anwendbarkeit der EMRK Verletzungen von Konventionsrechten, etwa Art. 3, wären, auch nicht, wenn Betroffener sich zuvor im Gebiet des Konventionsstaats aufgehalten und dieses freiwillig verlassen hat); Biao/DK, 25.3.2014, § 53 (keine generelle Verpflichtung, die Wahl des Aufenthaltsstaates durch Migranten zu achten oder eine Familienzusammenführung auf ihrem Gebiet zu gestatten); Jeunesse/NL, 3.10.2014 (bei Einwanderung keine generelle Verpflichtung, die Wahl des ehelichen Wohnsitzes eines verheirateten Paares zu respektieren oder eine Familienzusammenführung herbeizuführen); Sarközi u. Mahran/A, 2.4.2015, § 62, NVwZ **2016** 1235; (GK) Biao/DK, 24.5.2017 (Regel, wonach Staatsbürger erst nach 28 Jahren vom Nachweis einer engen Bindung zum Staat befreit werden, um Familienzusammenführung durchzuführen, indirekte Diskriminierung, Art. 14 i.V.m. Art. 8); Ejimson/D, 1.3.2018, § 56, NVwZ **2019** 945; Assem Hassan Ali/DK, 23.10.2018, § 43; Ozdil u.a./MOL, 11.6.2019, § 60; Miljevic/KRO, 22.12.2020, § 56; Usmanov/R, 22.12.2020, § 55.

807 OVG Hamburg Beschl. v. 5.5.2014 – 4 Bs 98/15, BeckRS **2014** 52037; EGMR (K) Sisojeva u.a./LET, 16.6.2005, EuGRZ **2006** 554 (Verletzung von Art. 8 bei Ablehnung eines Aufenthaltsrechts). Aus einem durchweg illegalen Aufenthalt ergibt sich i.d.R. kein menschenrechtliches Bleiberecht; zu „exceptional circumstances": EGMR Butt/N, 4.12.2012, §§ 79 ff.

808 Gerichte und Verwaltung sind verpflichtet, das innerstaatliche Recht im Einklang mit der EMRK auszulegen; in Fällen, in denen der Schutz des Privatlebens einer Aufenthaltsbeendigung entgegensteht, kann dies nur durch die Erteilung einer Aufenthaltserlaubnis erfolgen. Zur menschenrechtskonformen Auslegung des § 25 Abs. 5 AufenthG: *Maierhöfer* ZAR **2014** 370, 376, 377.

809 BVerwG Beschl. v. 14.12.2010 – 1 B 30/10, BeckRS **2011** 45688.

810 EGMR (GK) Sisojeva u.a./LET,15.1.2007, NVwZ **2008** 979 = InfAuslR **2007** 140, § 91; hierzu: BVerwG NVwZ **2009** 246 (Niederlassungserlaubnis aus humanitären Gründen, § 26 Abs. 4 AufenthG); EGMR Ejimson/D, 1.3.2018, § 56; Hasanbasic/CH, 11.6.2013 (das wirtschaftliche Wohl des Landes kann als legitimes Ziel dienen, um die Erneuerung eines Aufenthaltstitels zu verweigern. Dieses Motiv muss aber im Lichte der Gesamtumstände des Falls bewertet werden); kein unmittelbarer innerstaatlicher Anspruch auf einen bestimmten Aufenthaltstitel ergibt sich, wenn festgestellt worden ist, dass der Schutz des Privatlebens einer Aufenthaltsbeendigung entgegensteht. Es wird vielmehr den Vertragsstaaten überlassen, wie sie ihren menschenrechtlichen Verpflichtungen nachkommen (vgl. *Maierhöfer* ZAR **2014** 370, 376).

gene Lösung eine ungehinderte Ausübung des Privat- und Familienlebens gestattet.[811] Die Einreise eines Kindes eines im Inland lebenden Staatsangehörigen darf für einen gewissen Zeitraum verweigert werden, der notwendig ist, um festzustellen, ob das Kind wirklich Kind (im Rechtssinne) der im Inland lebenden Eltern ist.[812]

209   Ein **Recht auf Asyl** garantieren weder die EMRK selbst noch eines ihrer Zusatzprotokolle.[813] Jedoch ist der Schutzbereich von Art. 8 Abs. 1 im Rahmen der Beurteilung der Frage, ob eine Ausweisung rechtmäßig ist, unabhängig davon eröffnet, ob der Aufenthalt im „Gastland" legal ist.[814] Das BVerwG hingegen ist der Auffassung, dass ein Privatleben nur auf der Grundlage eines rechtmäßigen Aufenthalts[815] und eines schutzwürdigen Vertrauens auf den Fortbestand des Aufenthalts in Betracht kommt.[816] Zur Begründung stützt sich das BVerwG auf die Rechtsprechung des EGMR.[817] In der Rs. *Nnyanzi* hat es der Gerichtshof offengelassen, ob der Schutzbereich des Art. 8 Abs. 1 eröffnet ist. Zu Gunsten der betreffenden Ausländerin hat er aber die Eröffnung des Schutzbereichs unterstellt und erst im Rahmen der Verhältnismäßigkeitsprüfung nach Art. 8 Abs. 2 darauf abgestellt, dass die Bf. kein Aufenthaltsrecht innehatte. Dieser Ansatz spricht dafür, dass der Schutzbereich auch dann eröffnet sein kann, wenn der bisherige Aufenthalt des Ausländers im „Gastland" nicht rechtmäßig gewesen ist. Insgesamt ist die Rechtsprechung des EGMR uneinheitlich.[818] In der Rs. *Osman*[819] erkennt der Gerichtshof die Möglichkeit an, dass sich ein Ausländer trotz einer zeitweise fehlenden Aufenthaltserlaubnis auf Art. 8 berufen kann. Es gibt keine zwingenden konventionsrechtlichen Gründe, die dafür sprechen, dass ein schutzwürdiges Privatleben nur auf der Grundlage eines rechtmäßigen Aufenthalts und eines schutzwürdigen Vertrauens auf den Fortbestand gegeben sein kann.[820] Der Aspekt der Illegalität kann im Rahmen der gem. **Art. 8 Abs. 2** vorzunehmenden Abwägung berücksichtigt werden.[821] Die Möglichkeit, jedem Einzelfall gerecht zu werden, könnte nicht gewährleistet werden, wenn die Illegalität automatisch zur Nichteröffnung des Schutzbereichs führen würde. Zahlreiche, in Deutschland geborene Ausländer haben eine

---

811 EGMR Aristimuno Mendizabal/F, 17.1.2006.

812 EGMR D. u.a./B (E), 8.7.2014, §§ 58 ff. Es ging um ein von einer Leihmutter im Ausland ausgetragenes, gerade geborenes Kind. Die Feststellung der Elternschaft nach belgischem Recht dauerte nicht unangemessen lang. Ob in Fällen der Leihmutterschaft die Nichtanerkennung der rechtlichen Elternschaft (etwa wegen Verstoßes gegen den „ordre public") in Widerspruch zu Art. 8 stehen kann, war in diesem Fall unerheblich, da das belgische Recht offenbar keine derartigen Hindernisse vorsieht.

813 EGMR Salah Sheekh/NL, 11.1.2007, § 135; Sufi u. Elmi/UK, 28.6.2011, § 212, NVwZ **2012** 681; N.H. u.a./F, 2.7.2020, § 155, NVwZ **2021** 1121. Bei EGMR M.S.S./B u. UK, 21.1.2011, EuGRZ **2011** 243; NVwZ **2011** 413 und bei EGMR Tarakhel/CH, 4.11.2014 = NVwZ **2015** 127 hat sich der Gerichtshof mit der schlechten ökonomischen Situation von Asylsuchenden in einem Vertragsstaat auseinandergesetzt.

814 OVG Hamburg Beschl. v. 5.5.2014 – 4 Bs 98/15, BeckRS **2014** 52037; **a.A.** BVerwG NVwZ-RR **2011** 210.

815 Dies ist eine in Deutschland weit verbreitete Ansicht, obwohl sie keine überzeugende Begründung liefern kann, *Maierhöfer* ZAR **2014** 370, 372.

816 Vgl. BVerwG NVwZ-RR **2011** 210.

817 Vgl. EGMR Nnyanzi/UK 8.4.2008, BeckRS **2010** 90835.

818 Vgl. EGMR Dragan u.a./D (E), 7.10.2004, BeckRS **2005** 07790 (Schutzbereich nicht eröffnet, weil der betreffende Ausländer nicht im Besitz eines Aufenthaltsrechts gewesen ist).

819 EGMR Osman/DK, 14.6.2011, NVwZ **2012** 947.

820 *Maierhöfer* ZAR **2014** 370, 372, 373.

821 Vgl. OVG Hamburg Beschl. v. 5.5.2014 – 4 Bs 98/15, BeckRS **2014** 52037; ferner: EGMR Darren Omoregie u.a./N, 31.7.2008; Kiyutin/R, 10.3.2011, NVwZ **2012** 221; Butt/N, 4.12.2012 (Ausländerstatus erst bei Interessenabwägung relevant); Alleleh u.a./N, 23.6.2022, §§ 97, 99 (Ausweisung und Verhängung eines zweijährigen Wiedereinreiseverbots für eine Mutter mehrerer Kinder im Zusammenhang mit Verstößen gegen das Einwanderungsrecht); im Rahmen der Interessenabwägung kann auch die Dauer eines möglichen rechtmäßigen Aufenthalts im Gastland von Bedeutung sein, *Maierhöfer* ZAR **2014** 370, 374.

Esser

faktische Verwurzelung[822] im „Gastland" erreicht, so dass es geboten erscheint, den Schutzbereich zu eröffnen und eine Abschiebung an den Maßstäben des Art. 8 Abs. 2 zu messen. Im Rahmen einer Interessenabwägung ist hierbei festzustellen, ob das Interesse des Ausländers an der Aufrechterhaltung der sozialen Beziehungen im Gastland das Interesse an der Aufenthaltsbeendigung überwiegt.[823]

Die Abwägung erfolgt **einzelfallorientiert**. Zu beachten sind u.a. die Aufenthaltsdau- **210** er,[824] der bisherige Aufenthaltsstatus, die Beherrschung der Sprache des Gastlandes und die wirtschaftliche Integration.[825] Auf der anderen Seite sind die Beendigung bzw. Verhütung von unkontrollierter Einwanderung, Straftaten oder finanzieller Belastungen zu berücksichtigen.[826] Eine Abschiebung ist jedenfalls nicht mehr gerechtfertigt, wenn eine soziale Integration in die hiesigen Lebensverhältnisse erfolgt ist[827] und Art. 8 Abs. 2 die Maßnahme nicht trägt.[828] Sofern ein Migrant mit Familienangehörigen (ebenfalls ohne Aufenthaltserlaubnis) in häuslicher Gemeinschaft lebt, wird z.T. eine sog. **„familienbezogene Bilanzierung"** vorgenommen, d.h. schlechte Integration der einen Familienmitglieder kann durch gute Integration anderer Familienmitglieder aufgewogen werden.[829] Gestattet ein Vertragsstaat einer fremden Person, den Ausgang eines einwanderungsrechtlichen Verfahrens im Inland abzuwarten und ermöglicht er ihr so, ein Familienleben zu begründen, so führt dies nicht automatisch zu einer aus Art. 8 resultierenden Verpflichtung, ihr die dauerhafte Erlaubnis zur Niederlassung zu erteilen. Eine Ausweisung kann nur unter außergewöhnlichen Umständen gegen Art. 8 verstoßen, wenn das Familienleben zu einem Zeitpunkt begründet wurde, zu dem der betroffenen Person die **Unsicherheiten des Aufenthaltsstatus bewusst** waren.[830]

Soweit nicht **Unionsrecht**[831] oder spezielle internationale besondere Verträge dies **211** einschränken, sind die Vertragsstaaten entsprechend einem anerkannten Grundsatz des

---

822 Die „Verwurzelungsfälle" betreffen nicht zwingend straffällige Ausländer. Anders bei den sog. „Ausweisungsfällen". Bei den Verwurzelungsfällen ist das öffentliche Interesse an einer Ausweisung deutlich geringer, so *Maierhöfer* ZAR **2014** 370, 374.

823 Vgl. dazu auch EGMR Usmanov/R, 22.12.2020, §§ 77 ff. (keine hinreichende Berücksichtigung der betroffenen Interessen; Verstoß bejaht).

824 Je jünger der Ausländer ist, umso geringere Anforderungen werden an die bisherige Aufenthaltsdauer gestellt, *Maierhöfer* ZAR **2014** 370, 374.

825 Zusammenfassend bei *Maierhöfer* ZAR **2014** 370, 375.

826 *Maierhöfer* ZAR **2014** 370, 373.

827 OVG Hamburg Beschl. v. 5.5.2014 – 4 Bs 98/15, BeckRS **2014** 52037; § 60 AufenthG normiert Voraussetzungen, unter denen ein Ausländer nicht abgeschoben werden darf, unabhängig davon, wie gut er im Gastland integriert ist, vgl. auch *Maierhöfer* ZAR **2014** 370, 375.

828 Vgl. auch EGMR Vasquez/CH, 26.11.2013 (unbefristete Verweisung einer Person außer Landes, die eine enge Bindung zum Gaststaat entwickelt hat, als einschneidende Maßnahme i.S.v. Art. 8; abgemildert, wenn die Möglichkeit der Einreise als Tourist bzw. der Stellung eines Antrags auf Rücknahme des Aufenthaltsverbots besteht).

829 Zusammenfassend *Maierhöfer* ZAR **2014** 370, 373 (Eigenständigkeit der Menschenrechte dürfe durch familienbezogene Betrachtung nicht überspielt werden).

830 EGMR Jeunesse/NL, 3.10.2014 (außergewöhnliche Umstände sind eine sehr lange Aufenthaltsdauer oder die Auswirkungen einer Ausweisung auf die dadurch betroffenen Kinder). Die Situation eines Fremden, der die Aufnahme in einem Gaststaat sucht, unterscheidet sich in faktischer und rechtlicher Hinsicht von der eines niedergelassenen Migranten.

831 So die zur Sicherung der Freizügigkeit der Unionsbürger ergangenen Regelungen der EU, die im Lichte des Art. 8 ausgelegt werden; dadurch werden die Regelungen des nationalen Rechts über die Versagung der Aufenthaltserlaubnis zum Schutz des Familienlebens vom EuGH erheblich eingeschränkt; vor allem, wenn es um die Aufenthaltsrechte der einem Drittstaat angehörenden Kinder und den Ehegatten eines EU-Bürgers geht; vgl. EuGH 17.9.2002, C-413/99 (Baumbast u. R/Secretary of State for the Home Department), EuGRZ **2002** 596; **2003** 607; **2004** 422.

Völkerrechts berechtigt und zur Gewährleistung der öffentlichen Ordnung auch verpflichtet,[832] **Einreise, Aufenthalt und Ausweisung eines Nichtinländers zu regeln**.[833] Vor allem bei der Einreise muss ein Staat nicht die Wahl von Eheleuten anerkennen, in welchem Land sie gemeinsam leben wollen.[834] Die Frage nach den Anforderungen von Art. 8 (Achtung des Familien-/Privatlebens[835]) an eine **Ausweisung** stellt sich grundsätzlich nicht, bevor der Betroffene jemals eine Aufenthaltsgenehmigung erhalten hat. Allein der Umstand eines längeren Aufenthalts begründet kein Verbot der Ausweisung.[836]

212   Gleichwohl muss ein Staat seine Ausländerpolitik so handhaben, dass sie mit den Menschenrechten von betroffenen Ausländern vereinbar bleibt und insbesondere im Einklang steht mit dem Recht auf Achtung ihres Privat- und Familienlebens sowie mit dem Recht, nicht diskriminiert zu werden **(Art. 14)**.[837] So darf der Staat nicht Ehepartnern, die sich im Land aufhalten, das Zusammenleben verwehren, indem er ihnen unterschiedliche Wohnsitze zuweist.[838] Jemanden aus dem Land auszuweisen, wo seine nächsten Angehörigen leben, kann einen Eingriff in das Recht auf Achtung des Familienlebens darstellen.[839] Der mit einer Ausweisung verbundene Eingriff in das Familienleben muss insgesamt fair sein, die für ihn angeführten Gründe müssen ein **berechtigtes Ziel** verfolgen, stichhaltig sein und den **durch Art. 8 geschützten Belangen Rechnung tragen**.[840] Bei der Einreise eines unbegleiteten Minderjährigen treffen den Staat besondere Schutzpflichten aus Art. 8, denen dieser mit ange-

---

832 EGMR Mubilanzila Mayeka u.a./B, 12.10.2006.

833 EGMR Abdulaziz u.a./UK, 28.5.1985, § 67; Boujlifa/F, 21.10.1997, § 42; Radovanovic/A, 22.4.2004; (GK) Üner/NL, 18.10.2006, § 54; Darren Omoregie u.a./N, 31.7.2008, § 54; (GK) Nada/CH, 12.9.2012 (obwohl die EMRK kein allgemeines Recht auf Einreise in ein bestimmtes Land kennt, wurde das eine Resolution des UN-Sicherheitsrates umsetzende Verbot, durch die Schweiz – welche die Enklave, in der der Bf. lebte, umschließt – zu reisen, unter den konkreten Umständen als Verletzung von Art. 8 gewertet); hierzu: *Meyer* HRRS **2013** 79.

834 EGMR Gül/CH, 19.2.1996; Al-Nashif/BUL, 20.6.2002; Rodrigues da Silva u.a./NL, 31.1.2006; Darren Omoregie u.a./N, 31.7.2008, § 57; Kiyutin/R, 10.3.2011, NVwZ **2012** 221, § 53; Usmanov/R, 22.12.2020, § 56; (GK) M.A./DK, 9.7.2021, § 131.

835 Vgl. hierzu EGMR Ukaj/CH, 24.6.2014.

836 EGMR Dragan u.a./D (E), 7.10.2004, NVwZ **2005** 1043 (Ausweisung einer staatenlosen Familie ohne Aufenthaltsgenehmigung); Trabelsi/D, 13.10.2011.

837 EGMR Nolan/R, 12.2.2009, § 62; Kiyutin/R, 10.3.2011, § 53 (keine Aufenthaltsgenehmigung wegen HIV-Infizierung); zur Situation der *„erased people"* nach Unabhängigkeitserklärung Sloweniens: EGMR (GK) Kurić u.a./SLW, 26.6.2012.

838 EGMR Mengesha Kimfe/CH, 29.7.2010; Agraw/CH, 29.7.2010 (Asylbewerber unterschiedlichen Kantonen zugewiesen; auch nach in der Schweiz erfolgten Heirat wurde Zuweisung an den Kanton abgelehnt, in dem der Ehepartner lebte).

839 Vgl. EGMR Gezginci/CH, 9.12.2010, § 54; Art. 8 enthält keine Verpflichtung, allen Mitgliedern einer Familie ein gemeinsames Familienleben in einem Vertragsstaat zu ermöglichen. Eine Ausweisung von Kindern ohne deren Eltern kann verhältnismäßig sein (bei ausreichenden kulturellen/sprachlichen Verbindungen zum Heimatland; weitere Familienangehörige vor Ort (EGMR Berisha/CH, 30.7.2013, BeckRS **2014** 80974).

840 Vgl. EGMR Ciliz/N, 11.7.2000 (Abschiebung, obwohl Verfahren zu einem Probetreffen mit Sohn eingeleitet worden war); vertiefend: *Welte* Der Familienschutz im Spektrum des Ausländerrechts (2012); EGMR M.P.E.V. u.a./CH, 8.7.2014, §§ 52, 57, BeckRS **2014** 82589 (Ausweisung von Familie mit Kindern; Verhältnismäßigkeit; Kindeswohl vorrangiger Faktor); die zunehmende Bedeutung der Kinderrechte für die erforderliche Interessenabwägung im Rahmen von Art. 8 auch bei: EGMR A.A./UK, 20.9.2011 (Kindeswohl als vorrangiger Faktor); Butt/NL, 4.12.2012; (GK) Jeunesse/NL, 3.10.2014. Die Behörden müssen daher Beweise hinsichtlich des Kindeswohls erheben und bewerten, um es effektiv schützen zu können, vgl. EGMR Sarközi u. Mahran/A, 2.4.2015, NVwZ **2016** 1235; (GK) M.A./DK, 9.7.2021, § 133; vgl. auch EGMR (GK) Paposhvili/B, 13.12.2016, §§ 221 f. (Staat muss sich um einen fairen Ausgleich zwischen den widerstreitenden Interessen bemühen; gesundheitlicher Zustand des Betroffenen zu berücksichtigen).

messener Sorgfalt nachzukommen hat.[841] So ist dem Minderjährigen etwa unverzüglich („promptly") ein rechtlicher Vertreter beizuordnen, der diesen bei der Stellung eines Asylantrags unterstützt.[842] Außerdem ist einem Migranten, dessen Minderjährigkeit in Frage steht, eine informierte Teilnahme am Verfahren zur Beurteilung seines Alters zu ermöglichen.[843]

Ein Staat ist nicht gehindert, verurteilte **Straftäter** auszuweisen,[844] selbst wenn bei diesen eine psychische Erkrankung vorliegt.[845] Die Aufrechterhaltung der Ordnung und die Verhütung von Straftaten sind Zwecke, die es rechtfertigen können, in das nach Art. 8 Abs. 1 geschützte Privat- und Familienleben einzugreifen.[846] Bei der Ausweisung eines Straftäters ist es jedoch von Bedeutung, ob eine Aufenthaltserlaubnis in **Kenntnis der Straffälligkeit** des Betroffenen erteilt wurde.[847] Im Übrigen wird die Kenntnis des Ausländers von der Unsicherheit seines Aufenthaltsstatus bei Begründung des Familienlebens vom EGMR bei der Abwägung zu Lasten des ausländischen Familienangehörigen gewertet, so dass in diesen Fällen nur ausnahmsweise eine Verletzung von Art. 8 in Betracht kommt.[848] Der Ermessensspielraum des Staates ist überschritten, wenn der betroffene Ausländer mit vorhandenen familiären Beziehungen im ausweisenden Staat ausgewiesen wird, obwohl er nur *einmalig* mit einer gravierenden Straftat in Erscheinung getreten ist und sein späteres Verhalten nicht zu beanstanden, vielmehr eine positive Entwicklung zu konstatieren ist.[849]

213

---

841 EGMR Darboe u. Camara/I, 1.2.2022, § 157, BeckRS **2022** 17412.

842 EGMR Darboe u. Camara/I, 1.2.2022, §§ 142 f.

843 EGMR Darboe u. Camara/I, 1.2.2022, § 155.

844 Etwa EGMR Beldjoudi/F, 26.3.1992; Adam/D, 4.10.2001, EuGRZ **2001** 582 = NJW **2003** 2595; Samsonnikov/EST, 3.7.2012, § 90 („Each member state should have the option to provide in its internal law that a long-term immigrant may be expelled if he or she constitutes a serious threat to national security or public safety"); Yilmaz/D, 17.4.2003 m.w.N.; (GK) Üner/NL, 18.10.2006; Sarközi u. Mahran/A, 2.4.2015, § 62, NVwZ **2016** 1235; Assem Hassan Ali/DK, 23.10.2018, § 43 (schwere Drogendelikte); Azerhane/NL, 2.6.2020, § 61; Pormes/NL, 28.7.2020, § 69; M.M./CH, 8.12.2020; J.A./CH, 22.12.2020; Z/CH, 22.12.2020 (jeweils Sexualstraftaten). Vertiefend hierzu aus strafrechtlicher Sicht: *Klaus* StRR **2011** 374; 411; ferner EuGH 31.1.2017, C-573/14 (Commissaire général aux réfugiés et aux apatrides) – Ablehnung eines Asylantrags bei Unterstützung der Aktivitäten in einer terroristischen Vereinigung; „Handlungen, die den Zielen und Grundsätzen der Vereinten Nationen zuwiderlaufen" i.S.d. RL 2004/83/EG (Art. 12 Abs. 2 *lit.* c) nicht auf terroristische Handlungen beschränkt; hier: terroristische Vereinigung auf der UN-Sanktionsliste und rechtskräftige Verurteilung wegen der Beteiligung an den Aktivitäten; vgl. ebenfalls: EGMR Al-Bayati/D (E), 22.11.2022, §§ 13 ff. (aufgrund Unterstützung einer terroristischen Vereinigung Gefahr für nationale Sicherheit bejaht; Widerruf der Flüchtlingsanerkennung verstieß nicht gegen Art. 8; Rüge offensichtlich unbegründet).

845 EGMR (K) Khan/D, 23.4.2015, NLMR **2015** 132 (Ausweisung einer psychisch kranken Person; medizinische Behandlung im Herkunftsland möglich; Verhältnismäßigkeit anhand der allgemein bei Straftätern anzuwendenden Kriterien; nicht endgültig; GK (21.9.2016), §§ 29, 42, strich Beschwerde gem. Art. 37 Abs. 1 Nr. 1 *lit.* c aus dem Register, nachdem Deutschland zusicherte, die Bf. nicht abzuschieben.

846 EGMR Hamze Mohamad El-Habach/D (E), 22.1.2013 (Ausweisung trotz massiver Beeinträchtigung des Familienlebens gerechtfertigt, wenn öffentliches Interesse an Verhinderung weiterer schwerwiegender Straftaten durch den Betroffenen stärker wiegt); Savasci/D (E), 19.3.2013, BeckRS **2014** 80511.

847 EGMR Omojudi/UK, 24.11.2009; weitere Kriterien, die bei Ausweisung eines Straffälligen heranzuziehen sind bei EGMR Gezginci/CH, 9.12.2010, §§ 61 ff.; A.A./UK, 20.9.2011, §§ 56 ff. (stets Umstände des Einzelfalls); Sarközi u. Mahran/A, 2.4.2015, § 62, NVwZ **2016** 1235.

848 EGMR Rodrigues da Silva u.a./NL, 31.1.2006 (kein legaler Aufenthalt; gleichwohl Ausnahmefall bejaht, u.a. wegen sehr enger Bindung zu sehr kleinem Kind; zwischenzeitliche Legalisierung hätte erreicht werden können); Ejimson/D, 1.3.2018, § 57, 59, NVwZ **2019** 945, 946 f.

849 EGMR Udeh/CH, 16.4.2013, NLMR **2013** 125 (Befugnis, Aufhebung der Ausweisung zu beantragen, ersetze nicht das Recht der Familie auf Zusammenleben); zur Reaktion in der Schweiz: *Nußberger* NVwZ **2013** 1305; keine Änderung der Rechtsprechung des Bundesgerichts: *Tschentscher* ZBJV **2014** 804; Ermessensspielraum nicht überschritten, wenn Behörden nach Berücksichtigung aller Umstände in Anbetracht der Schwere der

214 Nach Ansicht des BVerwG steht der Schutz des Privat- und Familienlebens nach Art. 8 **generalpräventiv begründeten Ausweisungen** von straffälligen Ausländern nicht entgegen: eine Berücksichtigung von Art und Schwere der begangenen Straftat, der seit Tatbegehung vergangenen Zeit sowie des Nachtatverhaltens können im Rahmen der Verhältnismäßigkeitprüfung Berücksichtigung finden.[850] Eine differenzierte Bewertung verlangt der **EuGH**, wenn es sich bei einem vorbestraften Drittstaatsangehörigen um den allein **Sorgeberechtigten eines minderjährigen Unionsbürgers** handelt (abgeleitetes Aufenthaltsrecht, das nur in Ausnahmefällen eingeschränkt werden dürfe). Die Verweigerung einer Aufenthaltserlaubnis bzw. eine Ausweisung allein aufgrund der Vorstrafen ist nicht möglich. Die Ausweisungsverfügung muss stets verhältnismäßig sein und auf dem **persönlichen Verhalten** des Drittstaatsangehörigen beruhen, das eine tatsächliche, gegenwärtige und erhebliche Gefahr für ein Grundinteresse der Gesellschaft des Aufnahmemitgliedstaates begründen muss. Bei der Einschätzung der Gefährlichkeit durch die nationalen Gerichte hat eine Interessenabwägung zu erfolgen, die den Grundsatz der Verhältnismäßigkeit, das **Wohl des Kindes**[851] und die Grundrechte inkludiert. Beachtlich sind u.a. die Aufenthaltsdauer, das Alter des Kindes, sein Gesundheitszustand, die familiäre und wirtschaftliche Lage, die soziale und kulturelle Integration, die Bindungen zum Herkunftsstaat und der Schweregrad der Zuwiderhandlung.[852] Die Ausweisung eines Asylbewerbers kommt nach § 73 Abs. 2a Satz 5 AsylG, § 60 Abs. 8 AufenthG in Betracht, wenn dieser aufgrund einer Straftat zu einer Freiheitsstrafe von mindestens 3 Jahren verurteilt wurde; die Bildung einer Gesamtstrafe (§§ 54, 55 StGB) reicht auch dann nicht aus, wenn es sich bei dem Ausländer um einen „Intensivtäter" handelt: ein Widerruf der Asyl- und Flüchtlingsanerkennung wegen Gefährlichkeit für die Allgemeinheit dürfe nur vorgenommen werden, wenn eine derart schwerwiegende Straftat vorliegt, die *für sich genommen* zu einer mindestens dreijährigen Freiheitsstrafe führt.[853] Wie der EuGH urteilte, bleibt jedoch auch nach einem auf Grundlage von EU-Recht erfolgtem Entzug oder der Verweigerung des Asylrechts der Anspruch auf **Schutz durch die Genfer Flüchtlingskonvention** und die EU-Grundrechte weiterhin bestehen, was letzlich einer Abschiebung entgegenstehen kann.[854]

215 Diese Grundsätze gelten unabhängig davon, ob der Ausländer als Erwachsener oder in sehr **jungem Alter** in das Gastland eingereist war oder ggf. sogar dort geboren wurde.[855] Ausdrücklich erklärt hat der EGMR auch, dass trotz einer anders lautenden Empfehlung der Parlamentarischen Versammlung des Europarates[856] im Hinblick auf die Ausweisungsbefugnis der Vertragsstaaten bei Vorliegen eines der Gründe aus Art. 8 Abs. 2 die Situation straffälliger

Straftaten der Bf. in ihrer Gesamtheit und unter Berücksichtigung der von ihr aufrechterhaltenen Bindungen in das Herkunftsland eine Ausweisung aussprechen (EGMR Shala/CH, 15.11.2012).

850 BVerwG NVwZ **2019** 486; NVwZ **2012** 1558, 1560 f. unter Bezugnahme auf EGMR Kaya/D, 28.6.2007, InfAuslR **2007** 325 und Chair/D, 6.12.2007, InfAuslR **2008** 111 sowie unter Heranziehung der sog. **Boultif/Üner-Kriterien** (vgl. EGMR [GK] Üner/NL, 18.10.2006, §§ 57 f.); dazu: *Grabenwarter/Pabel* § 22, 77; diese Grundsätze anwendend: OVG Koblenz NJW **2019** 168; OLG Graz JSt **2015** 238 (Unverhältnismäßigkeit der Auslieferung nach Russland); OVG Koblenz NVwZ-RR **2019** 197.; siehe auch EGMR Kolonja/GR, 19.5.2016, § 48; Ejimson/D, 1.3.2018, §§ 56 ff.; J.A./CH, 22.12.2020, §§ 57, 64 ff.

851 Siehe zur Einbeziehung des Aspekts des Kindeswohls in diesem Zusammenhang: EGMR Khachatryan u. Konovalova/R, 13.7.2021, § 27; Alleleh u.a./N, 23.6.2022, § 91.

852 EuGH 13.9.2016, C-165/14 u. 304/14 (Rendón Marín/Administración del Estado und CS/ Secretary of State for the Home Department), BeckEuRS **2016** 483054, BeckEuRS **2016** 483046.

853 BVerwGE **146** 31 = NVwZ-RR **2013** 571 = ZAR **2013** 301.

854 EuGH (GK) 14.5.2019, C-391/16 u.a., NVwZ **2019** 1189 m. Anm. *Marx*.

855 EGMR (GK) Üner/NL, 18.10.2006; Zakharchuk/R, 17.12.2019, § 48; Unuane/UK, 24.11.2020, § 71.

856 General Assembly, Recommendation 1504 (2001) – Non-expulsion of long-term immigrants v. 14.3.2001.

ausländischer Staatsangehörigen selbst dann nicht mit derjenigen eines Staatsangehörigen gleichgestellt werden könne, wenn der Ausländer einen unbefristeten („non précaire"/„very strong") Aufenthaltsstatus besitze und ein hohes Maß an Integration aufweise. Ein allgemeines Recht auf Nichtausweisung ergibt sich aus Art. 8 nicht.[857]

Gleichwohl kann eine Auslieferung oder Ausweisung gegen Art. 8 verstoßen, wenn **216** seine **Garantien bei der Auslegung offener Rechtsbegriffe** oder bei der **Ermessensausübung nicht hinreichend berücksichtigt** werden.[858] Die Verweigerung der Einreise,[859] vor allem aber eine Auslieferung oder Ausweisung können in das gemeinsame Familienleben eingreifen,[860] da es seine Wiederherstellung oder Fortsetzung in dem betreffenden Land ganz oder auf längere Zeit unmöglich macht.[861] Abzustellen ist auf die **Familienverhältnisse in dem Zeitpunkt, in dem der Eingriff rechtlich verbindlich wird**; bei einem Aufenthaltsverbot also auf die Rechtskraft dieses Verbotes.[862] Bei der Prüfung einer ggf. erforderlichen tatsächlichen Abschiebung und ihrer Notwendigkeit ist allerdings auch die Entwicklung nach der endgültigen innerstaatlichen Entscheidung zu berücksichtigen.[863] Das BVerwG beurteilt die Rechtmäßigkeit einer Ausweisung bei Ausländern einheitlich nach der Sach- und Rechtslage im Zeitpunkt der Entscheidung durch die **letzte Tatsacheninstanz (letzte mündliche Verhandlung)**,[864] um mit diesem späten Zeitpunkt der EMRK und ihrer Auslegung durch den EGMR so weit wie möglich Geltung zu verschaffen.[865]

Keine **Verletzung des Familienlebens** liegt vor, wenn es dem Betroffenen möglich **217** und bei objektiver Würdigung seiner Verhältnisse auch zuzumuten ist, die Familiengemeinschaft in einem anderen Land zu beginnen oder fortzusetzen,[866] so vor allem, wenn gegen ein Verbleiben oder eine Wiedereinreise in das Gastland schwerwiegende Gründe des Gemeinwohls oder der öffentlichen Sicherheit sprechen.[867] Art. 8 gewährleistet **kein**

---

857 EGMR (GK) Üner/NL, 18.10.2006; anders VGH Mannheim VBlBW **2011** 319 = DVBl. **2011** 719: danach fehlt es in der Regel an schwerwiegenden Gründen der öffentlichen Sicherheit und Ordnung, wenn hierdurch ein in Deutschland nachhaltig „verwurzelter" Ausländer betroffen wird.

858 Vgl. VG Köln Beschl. v. 18.2.2009 – 12 L 1926/08, BeckRS **2009** 32875.

859 EGMR Tanda-Muzinga/F, 10.7.2014 (Familienzusammenführung); D. u.a./B (E), 8.7.2014, § 50.

860 EGMR Radovanovic/A, 22.4.2004; Moustaquim/B, 18.2.1991 (wenn aufgrund einer Ausweisung eines Familienmitglieds eine Familientrennung im Raum steht, werden nicht nur die Interessen der auszuweisenden Person berücksichtigt; auch die Konsequenzen der Ausweisungsentscheidung für die zurückbleibende Familie werden bei der Interessenabwägung einbezogen; hierzu *Schüller* ZAR **2015** 64, 65); siehe auch: EGMR K.M./CH, 2.6.2015, NLMR **2015** 225 (Ausweisung eines vorläufig aufenthaltsberechtigten, straffällig gewordenen Ausländers auch nach langjähriger Aufenthaltsdauer im Gaststaat verhältnismäßig, wenn begangene Straftat durch eine besondere Schwere gekennzeichnet ist und der Betroffene sich in seinem Heimatland gut integrieren kann).

861 EGMR Abdulaziz u.a./UK, 28.5.1985; Al-Nashif/BUL, 20.6.2002; ÖVerfG EuGRZ **1986** 190 m. Anm. *Tretter* (bereits Aufenthaltsverbot, nicht erst Vollstreckung); auch bei der Thematik Familienzusammenführung wird neben dem Recht auf Familienleben auf das Recht auf Privatleben Bezug genommen, da diese Rechte miteinander verbunden sind und für Art. 8 ein ganzheitlicher Ansatz erforderlich ist (so auch: *Schüller* ZAR **2015** 64, 65).

862 EGMR Bouchelkia/F, 29.1.1997; El Bouljaldi/F, 26.9.1997, ÖJZ **1998** 626; Yilmaz/D, 17.4.2003.

863 EGMR (GK) Maslov/A, 23.6.2008, ÖJZ **2008** 779 (unter Hinweis auf Rspr. zu Art. 3 betreffend den Vollzug einer Abschiebung).

864 BVerwG NVwZ **2009** 979 (Aufenthaltserlaubnis aus humanitären Gründen, Härtefall).

865 BVerwG InfAuslR **2005** 26; DVBl. **2008** 392 = InfAuslR **2008** 156.

866 EGMR Cruz Varas/S, 20.3.1991, EuGRZ **1991** 203 = ÖJZ **1991** 519 = NJW **1991** 3079 = InfAuslR **1991** 217; Bajsultanov/A, 12.6.2012, ÖJZ **2012** 1025, § 91; Alleleh u.a./N, 23.6.2022, § 95.

867 Vgl. EGMR Baghli/F, 30.11.1999, NVwZ **2000** 1401 = InfAuslR **2000** 53 (Ausweisung und zehnjähriges Einreiseverbot wegen Drogenhandels); Trabelsi/D, 13.10.2011 (Ausweisung wegen bewaffneten Raubes und Körperverletzungsdelikten).

Recht, den geeignetsten Ort für die Entwicklung des Familienlebens selbst zu wählen.[868] Dies gilt besonders, wenn der wegen schwerer Straftaten Ausgewiesene erst nach Anordnung seiner Ausweisung geheiratet hat[869] oder keinen Kontakt mehr zu seinem Kind hat[870] oder wenn die Familienbande auch vom Ausland aus gepflegt werden können, so etwa, wenn die üblicherweise getrennt wohnenden erwachsenen und wirtschaftlich selbständigen Kinder die Möglichkeit zu Besuchen bei den Eltern und zu ihrer finanziellen Unterstützung haben[871] oder wenn ein Ausgelieferter nach Erledigung des Verfahrens zurückkehren kann.[872] Wird der Aufenthalt gestattet, so kommt zum Tragen, dass Art. 8 die effektive und nicht bloß theoretische Teilhabe an den verbürgten Rechten garantiert, so dass es u.U. nicht ausreicht, wenn der Staat bloß von einer Ausweisung absieht. Stattdessen kann sich aus Art. 8 eine positive Verpflichtung zur Ermöglichung der Rechtsausübung ergeben.[873]

218   Eine **Ausweisung wegen einer Straftat** kann zur Aufrechterhaltung der Ordnung oder der nationalen Sicherheit oder zur Verhütung von Straftaten[874] *in einer demokratischen Gesellschaft* notwendig sein[875] insbesondere bei **Drogendelikten.**[876] Allerdings ist dabei zwischen Drogenhändlern und Drogenkonsumenten zu unterscheiden.[877] Letztere stellen danach nicht zwingend eine gleichermaßen starke Bedrohung für die öffentliche Ordnung dar. Die Beschaffungsdelikte sind nach den allgemeinen Kriterien in ihrer Schwere zu beurteilen.[878] Die staatlichen Behörden haben hier auch wegen ihrer besseren Kenntnis der örtlichen Verhältnisse einen weiten **Beurteilungsspielraum**. Die Haft von Ausländern in **Unterbringungszentren zum Zwecke der Abschiebung** kann zulässig sein, um ein größer angelegtes Phänomen unerlaubter Einwanderung zu bekämpfen. Dabei hat der Staat seine internationalen Verpflichtungen und die (Grund-)Rechte des Ausländers zu beachten.[879]

219   Im Rahmen eines Vorabentscheidungsverfahrens hat der **EuGH** zur Rechtfertigung der **Ausweisung von EU-Staatsangehörigen** für die Annahme von zwingenden Gründen der öffentlichen Sicherheit i.S.v. Art. 28 Abs. 3 *lit.* a der RL 2004/38/EG eine Heranziehung des **Straftatenkatalogs des Art. 83 Abs. 1 UAbs. 2 AEUV** gebilligt, sofern Art und Weise der Tatbegehung im konkreten Fall besonders schwerwiegende Merkmale aufweisen. Eine

---

868 EGMR Ahmut/NL, 28.11.1996, unter Hinweis auf das faire Gleichgewicht zwischen den Interessen des Bf. und der Zuwanderungskontrolle.

869 EGMR Bouchelkia/F, 29.1.1997; Adam/D, 4.10.2001; vgl. ferner EGMR Baghli/F, 30.11.1999 (Unbeachtlichkeit einer erst nach der Ausweisung eingegangenen Beziehung), ebenso EGMR Jakupovic/A, 6.2.2003, ÖJZ **2003** 567; Zakharchuk/R, 17.12.2019, § 52, NLMR **2019** 511.

870 VGH Mannheim DVBl. **2013** 189, 191.

871 Vgl. BVerfG EuGRZ **2004** 317; BGer EuGRZ **1990** 181.

872 EKMR bei *Bleckmann* EuGRZ **1982** 304, 311.

873 EGMR (K) Sisojeva u.a./LET, 16.6.2005 (Rechtfertigung des Eingriffs wurde anhand der Kriterien für eine Rechtfertigung der Ausweisung geprüft). Die GK (15.1.2007) hatte die Beschwerde bezüglich Art. 8 aus der Liste gestrichen „struck out of the Court's list", da sich die Angelegenheit zwischenzeitlich erledigt hatte bzw. den Bf. keine Ausweisung mehr drohte (§§ 100 ff.).

874 EGMR Savasci/D (E), 19.3.2013, BeckRS **2014** 80511.

875 EGMR Radovanovic/A, 22.4.2004.

876 Vgl. EGMR D/UK, 2.5.1997, NVwZ **1998** 161; Najafi/S (E), 6.7.2004; Keles/D, 27.10.2005, FamRZ **2006** 1351; A.W. Khan/UK, 12.1.2010, § 40; Ndidi/UK, 14.9.2017 = NVwZ **2018** 1781; Cabucak/D, 20.12.2018, § 46 = NVwZ **2019** 1425; zur Ausweisung bei Raub/Körperverletzungen: EGMR Trabelsi/D, 13.10.2011; Assem Hassan Ali/DK, 23.10.2018.

877 EGMR (GK) Maslov/A, 23.6.2008, § 80.

878 EGMR Ezzouhdi/F, 13.2.2001, § 34.

879 EGMR Mubilanzila Mayeka u.a./B, 12.10.2006.

Ausweisung komme im Allgemeinen bei fortbestehender Tatneigung in Betracht, wobei der Entscheidung die Aufenthaltsdauer[880] im Aufnahmeland, Alter, Gesundheitszustand, familiäre und wirtschaftliche Lage, soziale und kulturelle Integration im Gastland und das Ausmaß an Bindung zum Heimatland zugrunde zu legen seien.[881] Eine Abschiebung wäre nicht durch hinreichend gewichtige Belange gerechtfertigt, wenn eine soziale Integration in die hiesigen Lebensverhältnisse bei fehlender Wiederholungsgefahr von Straftaten vorliege.[882]

Im Hinblick auf die Ausweisung von Ausländern wegen **Unterstützung des Terroris- 220 mus** (§ 54 Abs. 1 Nr. 2, 3, 4, 5c AufenthG) hat das BVerwG konkretisiert, dass im Hinblick auf die fragliche Vereinigung zur vollen Überzeugung des Gerichts feststehen muss, dass diese terroristische Ziele verfolgt; die vorgesehene Beweismaßreduktion beziehe sich ausschließlich auf die Annahme einer konkreten Unterstützung der Vereinigung durch den Ausländer, so dass diesbezüglich bereits eine durch entsprechende Tatsachen gerechtfertigte Schlussfolgerung genüge.[883]

Um zu verhindern, dass eine Ausweisung im Hinblick auf das mir ihr verfolgte Ziel **221 unverhältnismäßig** wird,[884] differenziert der EGMR bei der Gewichtung der einzelnen Umstände[885] zwischen Immigranten der ersten und zweiten Generation.[886] **Immigranten der zweiten Generation**, die in der Regel praktisch keine Bindungen mehr zum Staat der formellen Staatsangehörigkeit haben, weil sie im Aufenthaltsstaat geboren wurden, werden Personen gleichstellt, die seit ihrer frühesten Kindheit in diesem Staat leben.[887] Hat der Betroffene rechtmäßig den Großteil seiner Kindheit oder Jugend im Aufenthaltsstaat verbracht, soll eine Ausweisung nur aufgrund schwerwiegender Gründe erfolgen können.[888] Es wird dennoch kritisiert, dass das Verhältnis der einzelnen Kriterien und ihre Gewichtung im Einzelnen insgesamt unklar bleiben.[889] Maßgebliche **Kriterien**[890] **im Rahmen der Verhältnismäßigkeitsprüfung** sind jeweils die Art und Schwere der begangenen Straftat[891] des Ausgewiesenen, die Dauer seines Aufenthalts in dem Land, aus dem er ausgewiesen werden soll,[892] die seit der Tat verstrichene Zeitspanne und sein Verhalten

---

880 Zur (Nicht-)Berücksichtigung von im Gefängnis verbrachter Zeit EuGH 16.1.2014, C-400/12 (Secretary of State for the Home Department/M.G.), Tz. 33.
881 EuGH (GK) 22.5.2012, C-348/09 (P.I./Stadt Remscheid), NVwZ **2012** 1095.
882 OVG Hamburg Beschl. v. 5.5.2014 – 4 Bs 98/15, BeckRS **2014** 52037.
883 BVerwG NVwZ **2012** 701; krit. zur vom BVerwG vorgenommenen Einschränkung der Beweismaßreduktion: *Kirsch* NVwZ **2012** 677.
884 EGMR Aronica/D, 18.4.2002, EuGRZ **2002** 514 = ÖJZ **2003** 309; Mutlag/D, 25.3.2010; Meyer-Ladewig/Nettesheim/von Raumer/*Meyer-Ladewig/Nettesheim* 118; vgl. zu diesem Maßstab: EGMR Savasci/D (E), 19.3.2013, BeckRS **2014** 80511; Akopdzkanyan/R, 1.10.2019, §§ 55 f. (gar keine Abwägung durchgeführt).
885 EGMR Savasci/D (E), 19.3.2013, BeckRS **2014** 80511.
886 Vgl. EGMR Benhebba/F, 15.6.2003; Radovanovic/A, 22.4.2004.
887 EGMR Boultif/CH, 2.8.2001, InfAuslR **2001** 476, Concurring Opinion *Baka, Wildhaber, Lorenzen*; Radovanovic/A, 22.4.2004; Osman/DK, 14.6.2011, NVwZ **2012** 947, § 65 (Aufenthaltsrecht für eine Somalierin nach zweijährigem Auslandsaufenthalt).
888 EGMR Maslov/A, 23.6.2008, § 75; Azerhane/NL, 2.6.2020, §§ 71, 84.
889 *Davy* ZAR **2007** 233.
890 Vgl. zusammenfassend zu den vom EGMR verwendeten Kriterien u.a.: EGMR Boultif/CH, 2.8.2001, § 48; Üner/NL, 18.10.2006, §§ 57 f.; Maslov/A, 23.6.2008, § 68; Levakovic/DK, 23.10.2018, § 36; Azerhane/NL, 2.6.2020, § 70; Unuane/UK, 24.11.2020, §§ 72 f.
891 Der EGMR bezieht auch das verhängte Strafmaß in seine Überlegungen mit ein (Relation zur Ausweisung). Vgl. EGMR Keles/D, 27.10.2005; A.W. Khan/UK, 12.1.2010, § 40; Mutlag/D, 25.3.2010, § 55 unter Einbeziehung der Tatsache, dass der Betroffene bei der Tat bereits über die Möglichkeit der Ausweisung nach erneuter Straffälligkeit informiert war; siehe zudem: EGMR Abdi/DK, 14.9.2021, § 33.
892 EGMR Abdi/DK, 14.9.2021, § 34 (Aufenthalt von rund 20 Jahren; Ankunft als Vierjähriger).

in dieser Zeit,[893] außerdem seine Familienbindungen,[894] insbesondere das Wohl seiner Kinder,[895] sowie seine sonstigen sozialen Kontakte, die er sich während seines Aufenthalts in dem Gastland aufgebaut hat.[896] Letztere sind in ihrer Gesamtheit in die Betrachtung einzustellen, da sie unabhängig davon, ob zusätzlich noch ein Familienleben im Gastland besteht, die soziale Identität des Betroffenen mitgestalten und so Teil seines Privatlebens sind.[897]

222   **Abschiebehindernisse** finden sich auch in **§ 60 Abs. 7 AufenthG**. Im Unterschied zu § 60 Abs. 2 AufenthG, welcher vor gezielter Misshandlung und Folter im Zielland schützen soll, bezweckt Absatz 7 den **Schutz vor erheblichen konkreten Gefahren für Leib, Leben oder Freiheit**. Satz 2 der Vorschrift dient der Umsetzung von Art. 15 *lit.* c der RL 2004/83/EG[898] und soll dem Schutz der Zivilbevölkerung vor von bewaffneten Konflikten ausgehenden Gefahren dienen.[899] Als ebenfalls die Abschiebung ins Heimatland hindernde **individuelle** Gefahren für Leib, Leben oder Freiheit i.S.v. § 60 Abs. 7 Satz 1 AufenthG ist das Vorliegen einer lebensbedrohlichen Krankheit mit zu erwartender Verschlimmerung bei Rückkehr ins Heimatland (fehlende Verfügbarkeit von Medikamenten) anzusehen.[900]

223   Auch die **Verbindungen zum Bestimmungsland**,[901] die **Staatsangehörigkeit** der einzelnen Betroffenen sowie ggf. die Frage, ob der Ehegatte von der Straftat wusste, als die familiäre Beziehung aufgenommen wurde, ob aus der Ehe Kinder hervorgegangen sind und wie alt diese sind sowie das Maß an Schwierigkeiten, denen der Ehegatte und das Kind in dem Land, in welches der andere ausgewiesen werden soll, unter Umständen begegnen, gehören zu den wesentlichen Kriterien.[902] Bei der Bewertung kann auch das **Alter des Betroffenen** eine Rolle spielen.[903] Die Einordnung der zur Ausweisung führenden Straftaten als Jugendkriminalität kann die Notwendigkeit der Ausweisungsmaßnahme ebenso beeinflussen wie das Kindeswohl, auf das Rücksicht zu nehmen ist.[904] Im Ergebnis ergibt sich anhand dieser Kriterien aus Art. 8 ein stärkerer, wenn auch nicht absoluter,[905] Schutz für Immigranten der zweiten Generation,[906] selbst dann, wenn diese keine Familie

---

893 EGMR A.W. Khan/UK, 12.1.2010, § 41 (lange Wohlverhaltensphase).

894 Vgl. EGMR Al-Nashif/BUL, 20.6.2002, §§ 114 ff.; Salija/CH, 10.1.2017, § 51.

895 Vgl. EGMR Unuane/UK, 24.11.2020, §§ 73, 89 („best interests and well-being of the children"; Verstoß gegen Art. 8 bejaht, da keine hinreichende Berücksichtigung des Interesses der Kinder).

896 EGMR Boultif/CH, 2.8.2001; Benhebba/F, 15.6.2003; Radovanovic/A, 22.4.2004; (GK) Üner/NL, 18.10.2006; Omojudi/UK, 24.11.2009; Bajsultanov/A, 12.6.2012, ÖJZ **2012** 1025; vgl. VG Freiburg Urt. v. 17.2.2009 – 3 K 613/08, BeckRS **2009** 32149; OVG Hamburg Beschl. v. 5.5.2014 – 4 Bs 98/15, BeckRS **2014** 52037.

897 EGMR A.W. Khan/UK, 12.1.2010, § 31; zum Übermaßverbot: BVerwG NVwZ **2010** 389, 391 (keine „tiefgreifende Verwurzelung in Deutschland und gleichzeitige Entwurzelung vom Herkunftsland").

898 Richtlinie 2004/83/EG des Rates vom 29.4.2004 über Mindestnormen für die Anerkennung und den Status von Drittstaatsangehörigen oder Staatenlosen als Flüchtlinge oder als Personen, die anderweitig internationalen Schutz benötigen, und über den Inhalt des zu gewährenden Schutzes (ABlEU L Nr. 304 v. 30.9.2004 S. 12).

899 *Dietz* BayVBl. **2012** 645, 652 f.

900 *Dietz* BayVBl. **2012** 645, 653.

901 EGMR Trabelsi/D, 13.10.2011, wo der nach Tunesien Ausgewiesene weder der französischen noch der arabischen Sprache mächtig war.

902 EGMR Boultif/CH, 2.8.2001; Benhebba/F, 15.6.2003; Radovanovic/A, 22.4.2004; (GK) Üner/NL, 18.10.2006, §§ 57 f.; Omojudi/UK, 24.11.2009; vgl. auch VG Freiburg Urt. v. 17.2.2009 – 3 K 613/08, BeckRS **2009** 32149.

903 EGMR (GK) Maslov/A, 23.6.2008, § 72; Saber u. Boughassal/E, 18.12.2018, § 41; M.M./CH, 8.12.2020, § 50.

904 EGMR (GK) Maslov/A, 23.6.2008; Zakharov/R, 17.12.2019, § 61 (Tat eines 24-Jährigen nicht vergleichbar mit der eines jugendlichen Straftäters).

905 Vgl. auch OVG Lüneburg DVBl. **2008** 929 (Ausweisung eines assoziationsberechtigten türkischen Staatsangehörigen wegen Begehung einer Straftat).

906 *Frowein/Peukert* 24; vgl. auch BVerwG NVwZ **2009** 979.

---

im Aufenthaltsstaat haben, da Art. 8 mit dem Privatleben die Gesamtheit der sozialen Beziehungen schützt.[907]

Unverhältnismäßig kann eine (an sich berechtigte) Ausweisung auch dann sein, wenn **224** diese trotz familiärer Bindungen des Ausgewiesenen nicht befristet wird.[908] Eine **Befristung** kann aufgrund einer Gesamtabwägung der genannten Umstände zur Bejahung der Verhältnismäßigkeit erforderlich sein.[909] Sie ist aber grundsätzlich nur eines von mehreren Kriterien im Rahmen der Verhältnismäßigkeitsprüfung.[910] Dem von einer Ausweisung Betroffenen muss die Möglichkeit offen stehen, der Auffassung der Behörde vom Vorliegen eines Ausweisungsgrundes entgegenzutreten, um so jedem Rechtsmissbrauch vorzubeugen und Willkür auszuschließen.[911] Neben dieser grundlegenden Forderung an die Rechtmäßigkeit einer Ausweisung prüft der EGMR im Übrigen das ihr zugrunde liegende nationale Recht und seine Anwendung daraufhin, ob es den Ausweisungstatbestand frei von **unzulässigen Diskriminierungen** (vgl. Art. 14 EMRK/Art. 2 IPBPR) festgelegt hat[912] und ob es von den Behörden bona fide angewendet wurde.[913]

Für die **Auslieferung**[914] eines deutschen (vgl. Art. 16 Abs. 2 Satz 2 GG; § 80 Abs. 1 **225** u. 2 IRG; §§ 2, 73 IStGHG) oder ausländischen Tatverdächtigen (vgl. § 2 Abs. 1 IRG) zur Straf*verfolgung* oder eines wegen einer Straftat verurteilten Ausländers (vgl. § 2 Abs. 1 IRG)[915] zur Straf*vollstreckung* gelten entsprechende Überlegungen. Auch eine **Auslieferung** zum Zwecke der Strafverfolgung oder Strafvollstreckung ist grundsätzlich mit Art. 8 vereinbar. Ausnahmsweise sind jedoch der Schutz des Ehe- und Familienlebens sowie das Strafverfolgungs- bzw. Strafvollstreckungsinteresse des ersuchenden Staates gegeneinander abzuwägen. Zu prüfen ist dabei neben dem Gewicht der Tatvorwürfe, ob bei einer Auslieferung eine **besondere Beeinträchtigung des Ehe- und Familienlebens** i.S.v. Art. 8 droht.[916]

Eine besonders eingehende Prüfung sei hier vor allem bei der Auslieferung von **Ju-** **226** **gendlichen und Heranwachsenden** angezeigt, da für diese Gruppe der Schutz des Familienlebens besondere Bedeutung habe. Sofern ein Jugendlicher oder Heranwachsender keine familiären Beziehungen im ersuchenden Staat habe, soll eine Auslieferung nur zulässig sein, wenn durch sie keine in Anbetracht der vorgeworfenen Straftaten unverhältnismäßige Zerstörung der Familienbeziehungen hervorgerufen wird.[917]

Grundsätzlich vermag die Gründung (bzw. Existenz) einer Familie im ersuchten Staat **227** ebenso wenig vor Auslieferung ins Ausland zu schützen wie vor nationaler Strafverfolgung bzw. Strafvollstreckung, da regelmäßig ein **Nachzug der Familie** möglich sein wird. Im Rahmen der Verhältnismäßigkeitsprüfung kann aus Art. 8 ein Auslieferungshindernis er-

---

907 EGMR (GK) Üner/NL, 18.10.2006.

908 EGMR Yilmaz/D, 17.4.2003 unter Hinweis auf EGMR Berrehab/NL, 21.6.1988; Mehemi/F, 26.9.1997, ÖJZ **1998** 625 = NVwZ **1998** 164 = InfAuslR **1997** 430.

909 EGMR Keles/D, 27.10.2005, § 66.

910 BVerfG EuGRZ **2007** 467.

911 EGMR Al-Nashif/BUL, 20.6.2002; Raza/BUL, 11.2.2010.

912 HRC Aumeeruddy-Cziffra u.a./MUS, 9.4.1981, 35/1978; vgl. *Nowak* 14; EGMR Abdulaziz u.a./UK, 28.5.1985.

913 HRC Aumeeruddy-Cziffra u.a./MUS, 9.4.1981, 35/1978.

914 Allgemein hierzu: *Lagodny* Die Rechtsstellung des Auszuliefernden in der Bundesrepublik Deutschland (1987); *Schwaighofer* Auslieferung und Internationales Strafrecht (1988).

915 Im Grundsatz erfolgt keine Auslieferung Deutscher zur Straf*vollstreckung* im Ausland; vgl. aber § 80 Abs. 3 Satz 1 IRG im Bereich der Europäischen Union: Zustimmung zu richterlichem Protokoll nach Belehrung.

916 Siehe OLG Hamm StV **2011** 173 = StRR **2011** 152 m. krit. Anm. *Burchardt* bzgl. des übersehenen Vorrangs von § 73 Satz 2 IRG.

917 OLG Stuttgart NStZ-RR **2004** 345; für eine generell stärkere Berücksichtigung der Menschenrechte des Minderjährigen als eigenständiges Individuum in aufenthaltsrechtlichen Fragen vgl. *Maierhöfer* NVwZ **2011** 4.

Esser

wachsen, wenn das Strafverfolgungsinteresse des ersuchenden Staates eher gering einzuschätzen ist. Dies ist der Fall, wenn der ersuchende Staat die Strafverfolgung schuldhaft über mehrere Jahre verzögert hat und für die anstehende Auslieferung eine **Entfremdung des Kindes von seiner Mutter** zu besorgen wäre.[918]

228   Auch die Existenz **schwerstkranker Familienmitglieder** kann einer Auslieferung entgegenstehen, falls die Anwesenheit zur Sicherstellung des Therapieerfolgs erforderlich erscheint und sowohl eine Trennung als auch eine Begleitung in den ersuchenden Staat die Verschlechterung der Erkrankung der betroffenen Person zur Folge haben könnte (etwa aufgrund mangelhafter medizinischer Versorgung im ersuchenden Staat).[919]

229   **e) Verfahrensgarantien.** Aus der Schutzpflicht des Art. 8 in Verbindung mit dem Konzept der Rechtmäßigkeit und der Vorherrschaft des Rechts hat der EGMR **Verfahrensgarantien** für Eingriffe in das Familienleben entwickelt. Der Staat ist verpflichtet, dafür zu sorgen, dass alle in diese grundlegenden Menschenrechte eingreifenden Maßnahmen in einem fairen Verfahren ergehen, in dem – abgesehen von Eilfällen[920] – die Betroffenen auch zu den anstehenden Fragen und den vorliegenden Beweismitteln ausreichend **vorher gehört** worden sind.[921] In einigen Fällen, die Maßnahmen zum Wohl eines Kindes betrafen, hat der EGMR gefordert, dass die nationalen Behörden vor ihrer Entscheidung ein **psychologisches Sachverständigengutachten**[922] einholen, um die Belange des Kindes zutreffend beurteilen zu können.[923] Die Anordnung der Ausweisung muss im Regelfall nach Art. 13 IPBPR in einem **kontradiktorischen Verfahren von einem unabhängigen Organ** überprüft werden können;[924] dabei sind die maßgebenden Beweise nachzuprüfen.

3. Wohnung

230   **a) Begriff/Schutzbereich.** Auch der Begriff der Wohnung ist im Sinne der Konventionen **autonom** auszulegen.[925] Zentrales Merkmal ist die hinreichende Bindung an einen

---

918 OLG Hamm StraFo **2007** 160; StV **2011** 173 = StRR **2011** 152.

919 OLG Karlsruhe NStZ **2005** 351.

920 EGMR K. u. T./FIN, 12.7.2001; Meyer-Ladewig/Nettesheim/von Raumer/*Meyer-Ladewig/Nettesheim* 117.

921 EGMR W./UK, 8.7.1987; Keegan/IR, 26.5.1994; McMichael/UK, 24.2.1995; (GK) Elsholz/D, 13.7.2000, § 52; Venema/NL, 17.12.2002; de Souza Ribeiro/F, 13.12.2012 (Ausweisung ohne Möglichkeit eines Rechtsmittels vor der Umsetzung: Verletzung von Art. 13 i.V.m. Art. 8; außerordentlich schnelle Vollstreckung einer Ausweisungsanordnung macht zur Verfügung stehenden Rechtsbehelf ineffektiv/unzugänglich); A.K. u.L./KRO, 8.1.2013, § 63 (zur im konkreten Fall notwendigen Unterstützung durch einen Anwalt § 75); vgl. Rn. 39.

922 Ausführlich *Lack/Hammesfahr* Psychologische Gutachten im Familienrecht; Expertisen sollten gerade bei sich änderden Umständen aktualisiert werden, vgl. EGMR Strand Lobben/N, 10.9.2019, §§ 222, 225.

923 EGMR (GK) Elsholz/D, 13.7.2000, § 52; krit. *Benda* EuGRZ **2002** 282; Meyer-Ladewig/Nettesheim/von Raumer/*Meyer-Ladewig/Nettesheim* 117; siehe auch EGMR B.B. u. F.B./D, 14.3.2013, NJW **2014** 2015 – Verletzung von Art. 8 wegen Entziehung des Sorgerechts ohne zureichende Sachverhaltsaufklärung (kein Glaubwürdigkeitsgutachten eingeholt). Zur Qualitätssicherung solcher Gutachten: Interdisziplinäres Kompetenzzentrum für Gutachten (www.psychologie-recht.com) mit dem Angebot eines Peer-Review-Verfahrens; Notwendigkeit eines Gutachtens im konkreten Einzelfall zu beurteilen, abhängig von Alter/Reife des Kindes: EGMR (GK) Sommerfeld/D, 8.7.2003.

924 Siehe Kommentierung des (in Deutschland nicht geltenden) Art. 1 des 7. ZP-EMRK.

925 Zum Wohnungsbegriff der EMRK und des GG: EGMR Kaminsakas/LIT, 4.8.2020, § 42 („autonomous concept"); KK-EMRK-GG/*Böhringer/Marauhn* Kap. 16, 55 ff.

abgrenzbaren Raum/Ort („*lieu déterminé*") von gewisser Dauer.[926] Insoweit maßgeblich ist die **Funktion**, die dieser Ort nach den tatsächlichen Umständen erfüllt. Wohnung sind die Räumlichkeiten, die eine Person tatsächlich bewohnt, ob als Eigentümer oder Mieter.[927] Für den **Schutz des Individualbereichs** ist lediglich die **tatsächliche Nutzung** zu **Wohnzwecken** maßgebend.[928] Dieser gilt auch für Räumlichkeiten, die ohne die erforderliche Genehmigung errichtet wurden.[929] Durch eine **zeitweilige Abwesenheit** der die Räumlichkeit nutzenden Person verliert eine Wohnung nicht ihren speziellen Schutz.[930] Auch ein nicht permanent oder lediglich als **Ferienhaus** genutztes Gebäude kann eine Wohnung darstellen, wenn seitens der Nutzer ein ausreichender emotionaler Bezug dazu als Zuhause vorliegt.[931] Nicht geschützt nach Art. 8 ist dagegen der Eigentümer, der nicht selbst in der Wohnung lebt (vgl. insoweit den Schutz des Eigentums: Art. 1 des 1. ZP-EMRK).[932]

Geschützt wird von Art. 8 die für Wohnzwecke genutzte **Sphäre des privaten Lebensraums**,[933] in der sich gewöhnlich das Privat- und Familienleben abspielt.[934] Dazu gehört auch das Recht, den physisch abgrenzbaren Raum ungestört zu nutzen.[935] Die Wohnung wird insofern als Bereich angesehen, in dem sich das Individuum **sicher fühlen** und vor ungewollter Aufmerksamkeit, Störungen und staatlichen Eingriffen geschützt sein soll.[936] Ein bisher nicht bewohntes Grundstück, auf dem der Bau eines Wohnhauses geplant ist, fällt nicht unter den Schutz des Art. 8,[937] außerdem nicht derjenige, der erst (mit vollstreckbarem Räumungstitel) in eine bereits vorhandene Wohnung einziehen will.[938] Während die bei einer Wohnung befindliche **Garage** und **wohnungsnahe Gebäudeteile/Flächen** (z.B. Terrasse; Innenhof; umfriedeter Garten) zum Schutzbereich zählen,[939] gilt dies nicht für eine Waschküche, die dem Betroffenen nicht allein gehört.[940] Nicht zum Schutzbereich von Art. 8 gehört ferner ein auf einer öffentlichen Fläche abgestelltes **Fahrzeug**.[941] Ein **Wohnwagen**[942] oder

231

926 EGMR Gillow/UK, 24.11.1986; Propkovich/R, 18.11.2004; McKay-Kopecka/PL, 19.9.2006; Hartung/F (E), 3.11.2009 (zweifelnd bzgl. Künstlergarderobe, die nur punktuell/zeitlich begrenzt zur Verfügung stand).
927 EGMR Mentes u.a./TRK, 28.11.1997; Meyer-Ladewig/Nettesheim/von Raumer/*Meyer-Ladewig/Nettesheim* 87.
928 EGMR Karner/A, 24.7.2003; McCann/UK, 13.5.2008 (Sozialwohnungen, auch wenn Wohnrecht nach nationalem Recht bereits erloschen); *Frowein/Peukert* 42; *Nowak* 42.
929 EGMR Ivanova u. Cherkezov/BUL, 21.4.2016, §§ 49 ff., NVwZ **2017** 1755 (Abriss eines rechtswidrig erbauten Hauses ohne Prüfung der Verhältnismäßigkeitsprüfung und Prüfung der persönlichen Verhältnisse des Bf.); Kaminskas/LIT, 4.8.2020, § 42.
930 EGMR Demades/TRK, 31.7.2003 (Feriendomizil); Sargsyan/ASE, 16.6.2015, NLMR **2015** 256 (selbst längere Abwesenheit unterbricht Verbindung zur Wohnung nicht).
931 Vgl. EGMR Demades/TRK, 31.7.2003, § 34; Sharxhi u.a./ALB, 11.1.2018, § 112.
932 EGMR Golovan/UKR, 5.7.2012, § 43.
933 Vgl. IK-EMRK/*Wildhaber/Breitenmoser* 458 (Räumlichkeit, der eine gewisse Privatsphäre anhaftet).
934 EGMR Udovičić/KRO, 24.4.2014, § 136; National Federation of Sportspersons' Associations and Unions (FNASS) u.a./F, 18.1.2018, § 154.
935 EGMR Gaida/D (E), 3.7.2007, NVwZ **2008** 1215 = NuR **2010** 39; Moreno Gómez/E, 16.11.2004, NJW **2005** 3767.
936 EGMR Söderman/S, 12.11.2013, § 117; Irina Smirnova/UKR, 13.10.2016, § 93.
937 EGMR Loizidou/TRK, 18.12.1996, ÖJZ **1997** 793 = EuGRZ **1997** 555.
938 EGMR Globa/UKR, 5.7.2012, §§ 39 f.; zur Nichtvollstreckung von Gerichtsentscheidungen als Verstoß gegen die EMRK vgl. Art. 6 Rn. 152.
939 *Frowein/Peukert* 42; *Grabenwarter/Pabel* § 22, 22; *Nowak* 42.
940 EGMR Chelu/RUM, 12.1.2010.
941 *Grabenwarter/Pabel* § 22, 22 mit Hinweis auf EKMR.
942 EGMR Buckley/UK, 25.9.1996, § 54; Winterstein u.a./F, 17.10.2013, § 141; ferner *Grabenwarter/Pabel* § 22, 22 (soweit als Lebensmittelpunkt genutzt).

ein **Hausboot**[943] werden dagegen auch dann vom Begriff Wohnung erfasst, wenn zwar ein ortsfester Standort fehlt, sie aber für Wohnzwecke genutzt werden.[944]

232   Die **Zelle** eines Strafgefangenen ist keine Wohnung i.S.d. Art. 8.[945] Gleiches gilt für eine **Kaserne**; die Durchsuchung oder Überwachung derartiger Räumlichkeiten kann aber sehr wohl den Bereich des Privatlebens i.S.v. Art. 8 berühren (Rn. 103).[946] **Betrieblich** oder **beruflich genutzte Räume**, wie Bürogebäude oder eine **Anwaltskanzlei,**[947] sind „Wohnungen" i.S.d. Art. 8;[948] es kommt nicht darauf an, ob sich Geschäfts- und Wohnräume in demselben Gebäude befinden.[949] Aufgrund der weitergehenden französischen Sprachfassung (*„domicile"* gegenüber *„home"*) und unter Berücksichtigung der Tatsache, dass die Auslegung der EMRK dynamisch, d.h. unter Berücksichtigung der aktuellen Entwicklung erfolgen muss, sieht der EGMR auch das Recht eines Unternehmens auf Achtung seines **Firmensitzes**, seiner **Zweigstellen** sowie anderer **Betriebsstätten** und **Geschäftsräume** als geschützt an.[950] Unerheblich ist, ob hinter dem Unternehmen eine natürliche oder eine juristische Person steht.[951] Ob dem Staat mit der Unterscheidung zwischen Wohnung und Geschäftsräumen bei seinen Maßnahmen jeweils ein unterschiedlich weiter Beurteilungsspielraum eröffnet wird, hat der EGMR dagegen bislang offen gelassen.[952]

233   Auch **Büroräume innerhalb einer Behörde** werden vom Schutz des Art. 8 erfasst, wenn dort eine *„begründete Erwartung der Privatheit"* des Betroffenen zumindest hinsichtlich seines Schreibtisches und des Aktenschrankes besteht (*„reasonable expectation of privacy" test*).[953]

---

943 *Nowak* 42.

944 *Grabenwarter/Pabel* § 22, 23 (auch Schutz besonderer Lebensformen; Umherziehen).

945 Vgl. EGMR Allan/UK, 5.11.2002, dazu *Esser* JR **2004** 98 (verdeckte Überwachung der Zelle verletzt Recht auf Achtung des Privatlebens); BGHSt **53** 294 zu Art. 13 GG (erst recht nicht **Besuchsraum der JVA**).

946 IK-EMRK/*Wildhaber/Breitenmoser* 477.

947 EGMR Niemietz/D, 16.12.1992; Kolesnichenko/R, 9.4.2009, NJW **2010** 2109; Heino/FIN, 15.2.2011, § 33; zur sorgfältigen Beachtung der Eingriffsvoraussetzungen (Verhältnismäßigkeit) bei der Durchsuchung einer **Anwaltskanzlei**: EGMR Roemen u. Schmit/LUX, 25.2.2003 (Schriftverkehr zwischen Anwalt und Mandant); Robathin/A, 3.7.2012, NJW **2013** 3081 (sehr weit gefasster Durchsuchungsbeschluss; sämtliche – nicht nur das Verfahren betreffende – elektronisch gespeicherten Daten eines beschuldigten Anwalts; keine Notwendigkeit); BVerfG NJW **2011** 2275; NJW **2009** 281; NJW **2008** 2422; NJW **2008** 1937; NJW **2006** 3411; OLG Rostock NJW **2013** 484. Zur Durchsuchung/Beschlagnahme *sämtlicher* elektronisch gespeicherter Daten vgl. außerdem: **Notariat** (Steuerstrafverfahren): BVerfG NJW **2012** 2096; **Geschäftsräume** (SchwArbG): BVerfG NJW **2012** 2097.

948 Vgl. EGMR Buck/D, 28.4.2005, § 31; Akhlyustin/R, 7.11.2017, § 31; Meyer-Ladewig/Nettesheim/von Raumer/ *Meyer-Ladewig/Nettesheim* 87; verneinend EuGH 21.9.1989, C-46/87, 22/88 (Hoechst AG), EuGRZ **1989** 395; vgl. auch *Frowein/Peukert* 42; *Nowak* 43.

949 Siehe aber noch EGMR Chappel/UK, 30.3.1989 (Wohnung und Betrieb im gleichen Haus).

950 EGMR Niemietz/D, 16.12.1992; Société Colas Est. u.a./F, 16.4.2002, §§ 40, 41; van Rossem/B, 9.12.2004, StraFo **2005** 283; Saint-Paul Luxembourg S.A./LUX, 18.4.2013, §§ 37 ff. (Durchsuchung von Redaktionsräumen; Zusammenarbeit zwischen Polizei und Journalisten unerheblich); vgl. auch: BVerfGE **32** 68; **42** 219; **44** 371; SK/*Meyer* 58.

951 EGMR Buck/D, 28.4.2005; Petri Salinen u.a./FIN, 27.9.2005, § 70; SK/*Meyer* 58.

952 EGMR Panteleyenko/UKR, 29.6.2006.

953 EGMR Peev/BUL, 26.7.2007, §§ 37 ff. (Privatleben; offen gelassen: Wohnung; *„Erwartung der Privatheit"* sowohl bzgl. der tatsächlichen Umstände; große Anzahl vorhandener persönlicher Gegenstände; Üblichkeit der Regelung; im konkreten Fall keinerlei Anhaltspunkte gegen Praxis); vgl. EGMR Steeg u. Wenger/D (E), 3.6.2008 (Durchsuchung u.a. eines Lehrstuhls wegen Verdachts auf Insiderhandel).

Esser

Ein **Anspruch auf Bereitstellung einer Wohnung** kann weder aus Art. 8 noch aus **234**
Art. 13 GG hergeleitet werden.[954] Auch ermöglicht Art. 8 keine grundsätzlichen Einwände
gegen die **Besteuerung** einer Wohnung[955] und garantiert weder das Recht, in einer bestimmten Gemeinde zu wohnen,[956] noch ein Recht auf Zugang zu sicherem Trinkwasser
als solchem.[957]

b) Eingriffsvoraussetzungen. Art. 8 EMRK/Art. 17 IPBPR erfassen alle Eingriffe in **235**
eine vorhandene Wohnung. Dies sind jedenfalls alle Maßnahmen der öffentlichen Gewalt,
die deren exklusive Privatheit – ohne Zustimmung[958] des Inhabers – ganz oder teilweise
aufheben. Eingriffe sind in den unterschiedlichsten Formen denkbar, so durch **Enteignung,**[959] **Zerstörung** des Wohnraums,[960] **Vertreibung,**[961] **Erschwerung des Zutritts,**[962]
ein **Verbot der Rückkehr,**[963] einer Verpflichtung zur Aufnahme von Fremden,[964] durch
einen sonstigen **Entzug des Wohnrechts**[965] oder eine **Zwangsumsiedlung,**[966] aber auch
durch das verdeckte Anbringen einer **Abhörvorrichtung,**[967] ferner durch Maßnahmen
der **Wohnungsbewirtschaftung**[968] unter dem Blickwinkel des wirtschaftlichen Wohls des
Landes (Rn. 60) oder aber zur öffentlichen Planung,[969] sofern dies – gemessen an dem
damit verfolgten Ziel – zu einem unverhältnismäßigen Eingriff führt.[970]

---

[954] EGMR Chapman u.a./UK, 18.1.2001, § 99; Yordanova u.a./BUL, 24.4.2012, § 130 (in Ausnahmefällen „obligation to secure shelter" zugunsten besonders schutzbedürftiger Personen); Hudorovič/SLW, 10.3.2020, § 114,
NLMR **2020** 114 ff.; *Frowein/Peukert* 43.
[955] EKMR bei *Bleckmann* EuGRZ **1982** 304, 311.
[956] Offen gelassen von EKMR bei *Bleckmann* EuGRZ **1983** 16, 19.
[957] EGMR Hudorovič/SLW, 10.3.2020, § 116.
[958] Siehe aber: EGMR Kucera/SLO, 17.7.2007; Verletzung von Art. 8 trotz (möglicherweise) erklärter Zustimmung aufgrund polizeilicher Übermacht und dadurch bedingter geringer Entscheidungsfreiheit bei Betreten
der Wohnung).
[959] EGMR Mehmet Salih u. Abdülsamet Cakmak/TRK, 29.4.2004; Mutlu/TRK, 10.10.2006. Im Falle einer Verletzung von Art. 1 des 1. ZP-EMRK geht der EGMR mitunter nicht näher auf Art. 8 ein: EGMR Alentseva/R,
17.11.2016, § 81; Strekalev/R, 11.4.2017, § 59.
[960] EGMR Selcuk u. Asker/TRK, 24.4.1998; Bilgin/TRK, 16.11.2000 (Niederbrennen eines Hauses); Ivanova
u. Cherkezov/BUL, 21.4.2016, § 49; Khan/F, 28.5.2019, § 96 (Zerstörung des Obdachs eines minderjährigen,
unbegleiteten Flüchtlings; Art. 3; vgl. zur Thematik unbegleiteter Flüchtlinge: EGMR H.A. u.a./GR, 28.2.2019;
HRC Georgopoulos u.a./GR, 14.9.2010, 1799/2008, § 7.3; Meyer-Ladewig/Nettesheim/von Raumer/*Meyer-Lade-
wig/Nettesheim* 88.
[961] Vgl. EGMR Aliverdiyev/R, 16.6.2020.
[962] EGMR Sharxhi u.a./ALB, 11.1.2018, § 115.
[963] EGMR Gillow/UK, 24.11.1986; (GK) Cyprus/TRK, 10.5.2001; Dogan u.a./TRK, 29.6.2004; Meyer-Ladewig/
Nettesheim/von Raumer/*Meyer-Ladewig/Nettesheim* 88.
[964] EGMR Irina Smirnova/UKR, 13.10.2016, §§ 94, 96 (Rechtsordnung muss geeignete rechtliche Mittel zur
Verhinderung/Abwehr von Eingriffen ins Privatleben vorsehen).
[965] EKMR bei *Bleckmann* EuGRZ **1983** 16, 19; ferner bei *Frowein/Peukert* 47 (Häuser in Guernsey u. Jersey).
Dass dem überlebenden Partner einer homosexuellen Beziehung das einem überlebenden Ehegatten zuste-
hende Recht auf Eintritt in ein bestehendes Mietverhältnis verweigert wird, kann eine gegen Art. 8 i.V.m.
Art. 14 verstoßende Diskriminierung darstellen: EGMR Karner/A, 24.7.2003.
[966] EGMR Noack u.a./D (E), 25.5.2000 (Umsiedlung Gemeinde Horno); *Frowein/Peukert* 43.
[967] EGMR P.G. u. J.H./UK, 25.9.2001 (Verwendung einer geheimen Abhöreinrichtung in der Wohnung als
Eingriff ins *Privatleben*); ebenso: EGMR Chalkley/UK, 12.6.2003, § 24; vgl. Rn. 128 ff. Ob eine TKÜ auch ein
Eingriff in die Wohnung ist, hat der EGMR in Klass/D, 6.9.1978, offengelassen; *Frowein-Peukert* 6, 46.
[968] *Frowein/Peukert* 47.
[969] EGMR Buckley/UK, 25.9.1996, §§ 62, 78 ff., 84 (Wohnen im Wohnwagen auf eigenem Grund).
[970] Vgl. EGMR Gillow/UK, 24.11.1986 (Wohnungsverbot in Guernsey).

Esser

236   Neben dem verdeckten Eindringen in Wohnungen und Maßnahmen der akustischen/ optischen Überwachung gehören vor allem (offene) **Durchsuchungen** zu den klassischen die Wohnung tangierenden Eingriffen zum Zwecke der Strafverfolgung (Rn. 245 ff.),[971] selbst wenn es dabei „nur" um Geschäftsunterlagen geht,[972] oder wenn diese Maßnahmen im Rahmen einer Vollstreckungsmaßnahme geschehen.

237   Ein Eingriff in die Wohnung liegt ferner in deren **Betreten** aus Gründen der **Gefahren-abwehr**[973] oder in Ausübung eines **spezialgesetzlichen Betretungsrechts**. Auch durch übermäßige, staatlich selbst verursachte (Eigenbetriebe) oder genehmigte (Privatbetriebe) **Umwelteinflüsse** bzw. durch diverse Formen der **Umweltverschmutzung** (Lärm,[974] Emissionen, Gerüche; Abfälle usw.)[975] kann das Recht des Einzelnen auf Achtung seiner Wohnung bzw. seines Privatlebens beeinträchtigt werden. Das gilt etwa für **Fluglärm**[976] durch einen staatlich genehmigten Flughafen oder bei erheblichen **Geruchs- oder Lärmbelästigungen** durch eine Abfallbeseitigungsanlage.[977]

238   Eine **positive Pflicht zum Schutz einer Wohnung** hat der Staat nicht nur bei drohen-den gewaltsamen Eingriffen Dritter in das Recht auf Wohnung,[978] sondern auch bei Um-weltbelastungen, die von Dritten ausgehen. Umfasst sind dabei auch Maßnahmen zum Schutz der Wohnung auch in Bezug auf die Beziehung zwischen Privatpersonen;[979] dies gilt für den Schutz der Gesundheit im Allgemeinen als auch für den Schutz vor schädli-chen Umwelteinflüssen am Arbeitsplatz im Speziellen.[980] Getroffene staatliche Entschei-

---

971 Etwa EGMR Klass/D, 6.9.1978; Chappell/UK, 30.3.1989; Crémieux/F, 25.2.1993, ÖJZ **1993** 534; Funke/F, 25.2.1993, ÖJZ **1993** 532; Camenzind/CH, ÖJZ **1998** 797; Murray/UK, 28.10.1994; *Grabenwarter/Pabel* § 22, 35; vgl. auch EGMR Kanthak/D (E), 11.10.1988; Evcen/NL (E), 3.12.1997; Tortladze/GEO, 18.3.2021, § 59.

972 EKMR bei *Bleckmann* EuGRZ **1983** 415, 423; *Nowak* 44 f.

973 *Nowak* 45.

974 EGMR Moreno Gómez/E, 16.11.2004, §§ 53 ff., 62; Martínez Martínez u. Pino Manzano/E, 3.7.2012 (Schutz vor exzessivem Lärm); Cuenca Zazoso/E, 16.1.2018, §§ 53 f.; Yevgeniy Dimitriyev/R, 1.12.2020, §§ 53, 57 (Lärm durch Polizeistation).

975 EGMR Moreno Gómez/E, 16.11.2004; Gaida/D (E), 3.7.2007 (Gesundheitsgefahr Mobilfunkanlage); Lugin-bühl/CH (E), 17.1.2006, RdU **2006** 201 (hierzu: *Budzinski* NVwZ **2009** 160); Greenpeace e.V./D (E), 12.5.2009 (Feinstaub); Deés/H, 9.11.2010 (dazu *Küpper* OER **2011** 112); Frankowski u.a./PL (E), 20.9.2011, NVwZ **2012** 1387; Di Sarno/I, 10.1.2012 (mehrmonatige Belastung durch Müllabfälle auf öffentlicher Straße); Udovičić/KRO, 24.4.2014, § 136; Dzemyuk/UKR, 4.9.2014, NVwZ **2015** 1515, §§ 77 ff. (Umweltgefahren Friedhof); Irina Smirn-ova/UKR, 13.10.2016, § 93; CoE, GA/Rec 1885 (2009) – Drafting an additional protocol to the European Conventi-on on Human Rights concerning the right to a healthy environment v. 30.9.2009.

976 EGMR (GK) Hatton/UK, 8.7.2003; kein Verstoß gegen Art. 8 (abw [K], 2.10.2001, ÖJZ **2003** 72): Überschrei-tung des Beurteilungsspielraums als auch Verfahrensfehler verneint); Powell u. Rayner/UK, 21.2.1990; staatli-che Genehmigung des von Privaten betriebenen Flughafens Heathrow, nur bzgl. Art. 13 geprüft; zu diesem Fall *Schrader* NVwZ **1999** 40); Płachta u.a./PL (E), 25.11.2014, §§ 77 ff.; *Frowein/Peukert* 44; Meyer-Ladewig/ Nettesheim/von Raumer/*Meyer-Ladewig/Nettesheim* 88; *Peters* 207 ff.

977 EGMR López Ostra/E, 9.12.1994; Brânduşe/RUM, 7.4.2009 (Geruchsbelästigung in Gefängniszelle); Giaco-melli/I, 2.11.2006, §§ 96 ff. (übermäßiger Lärm/Emissionen durch eine nur 30 Meter vom Haus entfernte Aufbereitungsanlage für Giftmüll); vgl. *Kley/Struller* EuGRZ **1995** 507; *Villiger* 666. Zum Umweltrecht in der Rechtsprechung des EGMR: *Meyer-Ladewig* NVwZ **2007** 25; *Heselhaus/Marauhn* EuGRZ **2005** 549; *Prickartz* NLMR **2015** 385 ff.

978 Vgl. dazu EGMR Burlya u.a./UKR, 6.11.2018, §§ 160 ff.; 163 f., 169 f. (positive Verpflichtung des Staates zum Schutz der Bewohner vor gewaltsamen, mit Beschädigungen verbundenen Übergriffen auf ihre Woh-nungen traf; noch nicht final).

979 EGMR Gaida/D (E) 3.7.2007; Frankowski u.a./PL (E), 20.9.2011; Cordella/I, 24.1.2019, §§ 158 f., 172 ff., NVwZ **2020** 451, 454 f. (unzureichende Maßnahmen bei Emissionen durch Stahlwerk).

980 EGMR Vilnes u.a./N, 5.12.2013, §§ 233 ff.; Brincat u.a./MLT, 24.7.2014, §§ 85, 102, 104 ff.; *Sprecher* ZSR **135** (2016) II 139, 204.

dungen bzw. unterlassene Maßnahmen mit Einfluss auf die Umwelt prüft der Gerichtshof sowohl in Bezug auf die **Entscheidung in der Sache** als auch vor dem Hintergrund des **Entscheidungsprozesses**; die jeweilige Vereinbarkeit mit Art. 8 hängt davon ab, ob die Interessen betroffener Personen in angemessener Weise Berücksichtigung gefunden haben,[981] wobei dem Staat ein weiter Ermessensspielraum zukommen soll.[982]

Im Unterlassen jedweder **Information der Bevölkerung** über die von einem **Chemie- 239 werk** ausgehenden erheblichen Gesundheitsgefahren und über die ggf. erforderlichen Sicherheitsvorkehrungen hat der EGMR einen Verstoß gegen Art. 8 und Art. 10 gesehen;[983] Arbeitnehmer (ggf. auch Dritte) sind über Gesundheitsgefahren am **Arbeitsplatz** zu informieren.[984] In Bezug auf die Verlängerung der Betriebsgenehmigung eines **Kernkraftwerkes** hat der EGMR dagegen die für die Klagebefugnis erforderliche Darlegung eines zivilrechtlichen Anspruchs i.S.d. **Art. 6 Abs. 1** verneint, da die für die Opfereigenschaft erforderliche konkrete Gesundheitsgefährdung nicht dargelegt worden sei.[985] Durch Umweltbeeinträchtigungen kann auch das von **Art. 1 des 1. ZP-EMRK** geschützte Eigentum betroffen sein.[986]

Die von Art. 8 Abs. 1 EMRK/Art. 17 Abs. 1 IPBPR erfassten Eingriffe in die Wohnung **240** sind in der Regel **zugleich Eingriffe in das Privatleben**, ggf. auch in das Familienleben. Außerdem können damit Eingriffe in die private Kommunikation einhergehen, wie dies bei Abhören eines in der Wohnung geführten Telefongesprächs,[987] beim Anbringen einer geheimen Abhöreinrichtung,[988] bei einer optischen Überwachung bewohnter Räume oder der Beschlagnahme/Kopie der Festplatte eines PC[989] der Fall sein kann.[990]

Auch **Eingriffe** in das Recht auf Wohnung sind nur **auf gesetzlicher Grundlage 241** (Rn. 42 ff.) zulässig.[991] Sie müssen einen **legitimen** (Art. 8 Abs. 2) und (auch im konkreten Einzelfall) **hinreichend plausiblen Grund** haben, dürfen weder **unverhältnismäßig**[992] sein noch **diskriminierend** angewendet werden. Zum **Schutz vor staatlichem Missbrauch und Willkür** muss das nationale Recht hinreichende verfahrensrechtliche Garan-

---

981   EGMR Brânduşe/RUM, 7.4.2009, § 62.

982   EGMR Frankowski u.a./PL (E), 20.9.2011; Flamenbaum u.a./F, 13.12.2012.

983   EGMR Guerra u.a./I, 19.2.1998; dagegen: EGMR Di Sarno/I, 10.1.2012, § 113 (mehrmonatige Belastung durch Müllabfälle auf öffentlicher Straße; Hinweis-/Warnpflicht erfüllt); siehe auch *Sprecher* ZSR **135** (2016) II 139, 189 f. *Dörr* JuS **1999** 809; *Villiger* 666.

984   EGMR Vilnes u.a./N, 5.12.2013, §§ 236 ff.; Brincat u.a./MLT, 24.7.2014, §§ 109, 113 f.

985   EGMR Balmer-Schafroth/CH, 26.8.1997, EuGRZ **1999** 183 = ÖJZ **1998** 436 = RdU **1997** 188, dazu *Kley* EuGRZ **1999** 177; EGMR (GK) Athanassoglou/CH, 6.4.2000, ÖJZ **2001** 317; *Peters* 210 ff.

986   Ist Art. 8 bereits einschlägig, geht der EGMR oftmals nicht mehr näher auf das Eigentumsrecht ein, siehe EGMR Udovičić/KRO, 24.4.2014, § 164. Ist Art. 8 hingegen nicht anwendbar, etwa weil der Eigentümer sein Grundstück nicht (selbst) bewohnt, kommt Art. 1 des 1. ZP-EMRK eine eigenständige Rolle zu, siehe EGMR Şchiopu u. Verzescu/RUM (E), 26.11.2013, §§ 33 ff.; Couturon/F, 25.6.2015, § 28 (Bau einer Schnellstraße; sinkender Wert des benachbarten Grundstücks).

987   EGMR Klass/D, 6.9.1978, ließ dies noch offen.

988   EGMR P.G. u. J.H./UK, 25.9.2001; Chalkley/UK, 12.6.2003, § 24.

989   EGMR Petri Sallinen u.a./FIN, 27.9.2005, § 71 (Kanzleiräume).

990   EGMR Kahn/UK, 12.5.2000, JZ **2000** 993 m. Anm. *Kühne/Nash* = ÖJZ **2001** 654; offengelassen von EGMR Klass/D, 6.9.1978.

991   EGMR Chalkley/UK, 12.6.2003, § 25 (Anbringung einer Abhöreinrichtung mit Hilfe eines beschlagnahmten Schlüssels in einer Wohnung unter Ausnutzung der Abwesenheit der Betroffenen aufgrund einer zuvor erfolgten Festnahme oder gezielt zeitgleich durchgeführten Vernehmung).

992   EuGH 21.9.1989, C-46/87, 22/88 (Hoechst AG); ferner EGMR Ivanova u. Cherkezov/BUL, 21.4.2016, §§ 52 ff. (Abrissverfügung; illegal errichtetes Wohnhaus; Verhältnismäßigkeitsprüfung im Einzelfall); Niemietz/D, 16.12.1992; Funke/F, 25.2.1993; Crémieux/F, 25.2.1993; Miailhe/F, 25.2.1993; Meyer-Ladewig/Nettesheim/von Raumer/*Meyer-Ladewig/Nettesheim* 120.

tien vorsehen. Das Vorhandensein solcher Sicherheiten analysiert der EGMR im Rahmen der Prüfung der *Notwendigkeit in einer demokratischen Gesellschaft*.[993] Werden diese Garantien nicht eingehalten, so begründet dies regelmäßig die Unverhältnismäßigkeit der Maßnahme.[994]

242   Eine solche Sicherheit kann ein **Richtervorbehalt** sein, selbst dann, wenn der Richter ohne Beteiligung des Betroffenen („ex parte") entscheidet.[995] Das gilt beispielhaft für die Wohnungsdurchsuchung: Anders als **Art. 13 Abs. 2 GG**[996] und **§ 105 Abs. 1 StPO** fordern die Konventionen allerdings nicht formal, dass die Durchsuchung als tiefgreifender Eingriff in das Recht auf Achtung der Wohnung (wenigstens) *grundsätzlich* vom Richter angeordnet werden muss. Wenn ein Richtervorbehalt als wesentliche Kontrollinstanz dagegen auf nationaler Ebene gänzlich fehlt und allein den Ermittlungsbehörden obliegt, die Notwendigkeit einer Durchsuchung (vgl. Rn. 245 ff.) und etwaigen Beschlagnahme einzuschätzen, wird ein von den Konventionen geforderter hinreichender Schutz vor Willkür im Regelfall zu verneinen sein.[997]

243   Das Fehlen einer präventiven gerichtlichen Kontrolle im Vorfeld der Maßnahme (Annahme einer **Gefahr im Verzug** durch Polizei/Staatsanwaltschaft) muss stets dadurch ausgeglichen werden, dass schon die für die Maßnahme einschlägige gesetzliche Grundlage für den Betroffenen die Möglichkeit einer **nachträglichen effektiven gerichtlichen Kontrolle** („ex post factum judicial review") vorsieht.[998]

244   Zur *Effektivität* einer solchen nachträglichen Kontrolle zählt auch die Regelung eines **Beweisverwertungsverbotes** für den Fall der Missachtung und Umgehung zentraler prozessualer Garantien,[999] insbesondere bei „gezielten **Zufallsfunden**".[1000] In jedem Fall wird diese nachträgliche Kontrollmöglichkeit vom EGMR auf ihre Wirksamkeit zum Schutz gegen den Missbrauch der Eingriffsbefugnisse durch die Behörden untersucht und bei der Prüfung der *Notwendigkeit* des Eingriffs berücksichtigt.[1001] Dazu gehört auch, ob sich das Gericht bei der nachträglichen Kontrolle mit den (im nationalen Recht) vorgesehen Vo-

---

993 EGMR Wieser u. Bicos Beteiligungen GmbH/A, 16.10.2007, § 57, NJW **2008** 3409 = ÖJZ **2008** 246 unter Hinweis auf EGMR Société Colas Est u.a./F, 16.4.2002, § 48.

994 EGMR Wieser u. Bicos Beteiligungen GmbH/A, 16.10.2007, § 66.

995 EGMR Tamosius/UK (E), 19.9.2002.

996 Hierzu: BVerfG NJW **2019** 1428, 1431 (uneingeschränkte Erreichbarkeit eines Ermittlungsrichters bei Tage, ausnahmslos auch für Samstage, Sonntage und gesetzliche Feiertage; Absehen von der Einrichtung eines *nächtlichen* ermittlungsrichterlichen Bereitschaftsdienstes nur zulässig, soweit nachts Durchsuchungsanordnungen lediglich in sehr geringem Umfang anfallen).

997 EGMR Funke/F, 25.2.1993; Smirnov/R, 7.6.2007, § 45; Damian-Burueana u. Damian/RUM, 26.5.2009, § 115.

998 EGMR Smirnov/R, 7.6.2007, § 45; Damian-Burueana u. Damian/RUM, 26.5.2009, § 115; Heino/FIN, 15.2.2011, §§ 6 f., 45 (betraf eine Anwaltskanzlei); Tortladze/GEO, 18.3.2021, §§ 64 ff. (Durchsuchung eines Konsulats).

999 Vgl. zu § 105 Abs. 1 StPO: BGH StV **2021** 409 = NStZ **2020** 621 = StraFo **2020** 366 („zweite" Durchsuchung; Verwertungsverbot bei Missachtung des Richtervorbehaltes); BGHSt **51** 285 = NJW **2007** 2269; BGH NStZ-RR **2019** 94; OLG Düsseldorf NStZ **2017** 177 (Verstoß gegen Richtervorbehalt bei einer von der Polizei selbst herbeigeführter Gefahr im Verzug; Beweisverwertungsverbot); BGH NJW **2017** 1332 = StraFo **2017** 103 m. Anm. *Kudlich* JA **2017** 390 (Ablehnung der Prüfung des Antrags auf Erlass eines Durchsuchungsbeschlusses durch Ermittlungsrichter mangels Vorlage der Akte; Berücksichtigung eines hypothetischen rechtmäßigen Ermittlungsverlaufs; kein Widerspruch gegen Verwertung erforderlich); OLG Koblenz NStZ-RR **2021** 144; LG Köln StraFo **2019** 375 (leichtfertige Umgehung des Richtervorbehalts; Widerspruch nicht erforderlich); LG Fulda StraFo **2018** 149 (Dokumentation der Gründe für Eilbedürftigkeit); FG Niedersachsen NZWiSt **2019** 347 (Steuerverfahren; Durchsuchung bei Drittem) m. Anm. *Sartorius*.

1000 Hierzu: *Sartorius* NZWiSt **2019** 353; *Esser* StV **2022** 600, 603 f.

1001 EGMR Smirnov/R, 7.6.2007, § 45; Buck/D, 28.4.2005 (Schutz im deutschen Recht und der deutschen Rechtsprechung grundsätzlich angemessen und wirksam).

raussetzungen und dem **Regel-Ausnahme-Verhältnis** von richterlicher Anordnung/nachträglicher Kontrolle hinreichend **auseinandergesetzt** hat.[1002]

c) Durchsuchung einer Wohnung als strafprozessuale Zwangsmaßnahme. Zum 245
Zwecke der Strafverfolgung[1003] angeordnete Durchsuchungen können auf Art. 8 Abs. 2 gestützt werden, wenn die für sie angeführten **Gründe plausibel und ausreichend** sind (*„relevant and sufficient"*) und der **Grundsatz der Verhältnismäßigkeit**[1004] gewahrt ist (*„proportionality principle"*).

Um Willkür bei der Durchsuchungsmaßnahme zu verhindern, muss die zugrunde 246
liegende nationale **Ermächtigungsgrundlage ausreichend klar formuliert** sein und dabei die Umstände und Bedingungen zur Durchführung einer Durchsuchungsmaßnahme bzw. des Eingriffs in Art. 8 für die Betroffenen genau festlegen. Auf die gesetzliche Grundlage dürfen nur die für eine Durchsuchung unmittelbar erforderlichen Maßnahmen gestützt werden, d.h. die **Anwendung von unmittelbarem Zwang** allenfalls dann, wenn diese spezielle Maßnahme gerade zum Vollzug der Durchsuchung erforderlich ist.

Die (richterliche) Anordnung einer Durchsuchung[1005] muss auf einem **ausreichenden** 247
konkreten Verdacht beruhen,[1006] dessen Vorliegen auf der Basis schlüssigen Tatsachenmaterials *ex ante* zu bestimmen ist.[1007] Im Wege einer *ex-post*-Betrachtung sind die tat-

---

1002 So auch schon auf verfassungsrechtlicher Ebene: BVerfG Beschl. v. 12.3.2019 – 2 BvR 675/14, Tz. 74 ff.

1003 Der Begriff *Verhinderung von Straftaten* umfasst auch die Strafverfolgung begangener Taten (Rn. 57). Für Durchsuchungen zum Zwecke der Ergreifung abzuschiebender Ausländer: **§ 58 Abs. 5–10 AufenthG**; hierzu: *Wieser* NVwZ **2022** 185; *Mauer/Wischmeyer* NVwZ **2022** 225.

1004 EGMR K.S. u. M.S./D, 6.10.2016, §§ 48 ff., 57 f., NJW **2018** 921, 923 f. (verhältnismäßige Durchsuchung einer Wohnung/Beschlagnahme von Bankunterlagen, einzelner Computerdateien/Verdacht auf Steuerhinterziehung aufgrund einer aus Liechtenstein angekauften SteuerCD; Schwere des Tatvorwurfs; keine milderen Mittel); vgl. außerdem: EGMR Gayibova/ASE, 23.3.2023, §§ 12 ff.

1005 Vgl. dazu EGMR Trabajo Rueda/E, 30.5.2017, §§ 43 ff., 48 (Verletzung von Art. 8: Durchsuchung eines Computers nach kinderpornografischen Inhalten ohne vorherigen richterlichen Durchsuchungsbeschluss und ohne Gefahr im Verzug).

1006 EGMR Iliya Stefanov/BUL, 22.5.2008, § 40; Modestou/GR, 16.3.2017, §§ 42 ff.; siehe auch EGMR Robathin/A, 3.7.2012, §§ 44 ff.; K.S. u. M.S./D, 6.10.2016, §§ 36, 39. Das Erfordernis eines gesteigerten (dringenden/hinreichenden) Tatverdachts wird von den deutschen Gerichten durchgehend verneint: BGH BeckRS **2021** 3096 m. Bespr. *Friedrich* FD-StrafR **2021** 437210; NStZ-RR **2019** 282 m.w.N. u. Anm. *Nestler* Jura (JK) **2019** 1310; NStZ **2016** 370; BVerfG NJW **2007** 1443.

1007 Sieht man das Erfordernis eines hinreichenden Tatverdachts im Vorfeld einer richterlichen Anordnung als Gegenstück zum Erfordernis einer effizienten Kontrollmöglichkeit *ex post* („contrôle efficace", § 43), könnte daraus die *ex-ante*-Betrachtung abgeleitet werden, vgl. im Allgemeinen etwa EGMR Modestou/GR, 16.3.2017, §§ 42 f.; siehe auch: BVerfGE **44** 353, 371 f.; **59** 95, 97 („sachlich zureichende plausible Gründe"); **115** 166, 197 f.; StV **2010** 665; NJW **2011** 291; BVerfG Beschl. v. 13.3.2014 – 2 BvR 974/12 (Verdacht auf konkrete Tatsache; vage Anhaltspunkte/bloße Vermutungen nicht ausreichend); BVerfG medstra **2015** 291 (Zahnarzt); BVerfG NJW **2018** 1240 (Diebstahl Handy; Bezugnahme auf § 248a StGB); BVerfG Beschl. v. 19.6.2018 – 2 BvR 1260/16, BeckRS **2018** 26668; NZWiSt **2020** 276 = NJW **2020** 1351; NZWiSt **2020** 439, 440 m. Anm. *Neuheuser* sowie BVerfG Beschl. v. 19.4.2023 – 2 BvR 2180/20, NStZ-RR **2023** 21 (jeweils zum Erfordernis eines doppelten Anfangsverdachts bei der früheren Fassung des Geldwäschetatbestandes, § 261 StGB a.F.); BVerfG Beschl. v. 21.7.2022 – 2 BvR 1483/19 (nächtliche KfZ-Standzeiten im Nahbereich von Wohnung kein ausreichender Verdacht für Aufbewahren von BtM ohne beobachtete Kontaktaufnahme; zur Umsetzung dieser Vorgaben in der Praxis: BGH NStZ **2018** 598; LG Kiel StraFo **2015** 245 („Rat, bei der Polizei nichts zu sagen"); LG Bad Kreuznach StraFo **2015** 64 (anonyme Anzeige); LG Berlin medstra **2015** 248 („Abrechnungsbetrug Arzt); AG Bautzen StraFo **2015** 20 (anonymer Anruf; „ohne prüffähige Tatsachengrundlage", „schwerwiegend fehlerhaft"); LG Augsburg wistra **2018** 96 („anonyme Anzeige grundsätzlich nicht ausreichend für Anfangsverdacht; Beachtung der Unschuldsvermutung); BVerfG Beschl. StV **2017** 361 (Pflicht zur sorgfältigen Prüfung der Ermittlungsergebnisse bei anonymem Hinweisgeber); LG Mainz Beschl. v.

sächlichen Verhältnisse insoweit maßgeblich, als ein Verdacht, der auf einer (leicht) vermeidbaren Fehlvorstellung basiert, nicht ausreichen kann.[1008] Erlaubtes Verhalten kann bei der für die Beurteilung eines Tatverdachts nötigen Gesamtabwägung nur im besonders gelagerten Einzelfall ein Indiz für ein angrenzendes Fehlverhalten darstellen,[1009] niemals aber eine Wohnungsdurchsuchung allein rechtfertigen.

248   Nicht jede **erfolglose Durchsuchung** ist zwangsläufig unverhältnismäßig. Etwas anderes kann aber gelten, wenn angemessene und durchführbare Präventionsmaßnahmen zu ihrer Vermeidung nicht ergriffen werden.[1010] In der Rs. *Keegan*[1011] ging es um die Durchsuchung der **falschen Wohnung**, weil bei den Ermittlungen übersehen worden war, dass der Verdächtige dort bereits Monate vorher ausgezogen war und die Wohnung von einem gänzlich Unbeteiligten bewohnt wurde; die Beschränkung einer Konventionsverletzung auf ein böswilliges Vorgehen hielt der EGMR selbst zum Schutz der Funktionsfähigkeit der polizeilichen Ermittlungstätigkeit nicht für erforderlich.[1012]

249   Für die Wahrung der **einzelfallbezogenen Verhältnismäßigkeit** einer Durchsuchung ist von Bedeutung, dass schon das nationale Recht (gesetzliche Grundlage) dem Betroffenen **angemessene und effektive Garantien gegen Missbrauch und Willkür gewährt**; darüber hinaus muss die Maßnahme zusätzlich auch im konkreten Einzelfall in Hinblick auf das mit ihr verfolgte (legitime) Ziel verhältnismäßig sein.[1013] Für die Beurteilung der Verhältnismäßigkeit einer Durchsuchung, speziell ihrer Angemessenheit (im engeren Sinne), kommt es u.a., aber nicht nur, auf die **Schwere der Straftat** an,[1014] wegen der die Durchsuchung und (ggf.) die anschließende Beschlagnahme von Gegenständen erfolgen soll. Ferner sind die **konkreten Umstände** zu berücksichtigen, die Anlass für die Entste-

---

23.9.2019 – 3 Qs 57/19, JK **2020** 408 (kriminalistischer Erfahrungssatz – Drogenkonsum-/besitz); LG Nürnberg-Fürth StraFo **2023** 186 (ersichtlich psydonyme Anzeige).

1008 EGMR Keegan/UK, 18.7.2006.

1009 BVerfG NJW **2014** 3085 (Erwerb von legalen Nacktaufnahmen von Kindern/Jugendlichen); hierzu: *Hoven* NStZ **2014** 361; zur Thematik auch abgrenzend und gegen eine generalisierende Begründungstechnik bei Nacktaufnahmen: LG Regensburg StraFo **2015** 18.

1010 EGMR Keegan/UK, 18.7.2006, § 35.

1011 EGMR Keegan/UK, 18.7.2006.

1012 Vgl. zur Erforderlichkeit der Spezifizierung (Durchsuchungsbeschluss) der zu durchsuchenden Wohnung innerhalb einer größeren Wohneinheit: EGMR Kalnėnienė/B, 31.1.2017, §§ 37–40.

1013 EGMR Niemietz/D, 16.12.1992; Camenzind/CH, 16.12.1997, § 45; Société Colas Est u.a./F, 16.4.2002, § 48; Steeg u. Wenger/D (E), 3.6.2008; Buck/D, 28.4.2005; unverhältnismäßige Durchsuchung wegen einer mutmaßlich von einem Dritten begangenen geringfügigen OWi; dagegen: LG Berlin Beschl. v. 16.4.2014 – 510 Qs 49/14 (keine allgemeine Unzulässigkeit bei Bagatellsachen; Umstände des Einzelfalls; Abwägung widerstreitender Interessen); Maslák u. Michálková/CS, 14.1.2016 (Wohnungen/Fahrzeuge); Kirakosyan/ARM, 4.2.2016 (Verdacht: illegaler Waffenbesitz; nur Drogenfund; verhältnismäßig); Kruglov u.a./R, 4.2.2020, § 125. Zur Verhältnismäßigkeit: *Heinrich* wistra **2017** 219, 220 f.; LG Bonn ZIP **2017** 886 (Geschäftsräume Insolvenzverwalter; strenge Verhältnismäßigkeitsprüfung); BVerfG NJW **2020** 384 (Anfangsverdacht auf längere Zeit [im Fall über 8 Jahre] zurückliegenden Besitz von kinder- oder jugendpornografischem Material; genaueren Begründung für die Annahme einer dauerhaften sexuellen Störung erforderlich).

1014 Siehe EGMR Frank GmbH/D (E), 15.11.2011 (OWi); Kruglov u.a./R, 4.2.2020, § 125; Doroż/PL, 29.10.2020, § 31 (geringe Straftat eines Dritten); BVerfG NJW **2015** 1585 = wistra **2015** 184 (Forderung nach einzelfallbezogener Verhältnismäßigkeitsprüfung bei BtM-Delikten; Selbstanzeige des Anbaus von Cannabispflanzen; erlaubter Bezug von Medizinalhanf; ärztlich begleitete Schmerztherapie; hierzu: AG Berlin Tiergarten NJW **2007** 2269); BGH NStZ-RR **2019** 282, 283 (Verhältnismäßigkeit); OLG Karlsruhe NJW **2017** 90 (Gefahrenabwehr; Querulant; E-Mails an mehrere Polizeistellen; technische Maßnahmen als milderes Mittel).

hung des Tatverdachtes und die Anordnung der Durchsuchung geben,[1015] namentlich das **Vorhandensein weiterer, auf weniger grundrechtsintensiver Weise zu beschaffender Beweise**[1016] zu diesem Zeitpunkt. Einzubeziehen in die Überlegungen sind die **Art und Weise der Durchführung** der Durchsuchung sowie die Frage, ob und wann eine **gerichtliche Anordnung bzw. Genehmigung** erfolgt ist.[1017] Sieht das nationale Recht zur Vorbeugung staatlicher Willkür eine vorherige richterliche Kontrolle einer durchzuführenden Durchsuchung einer Wohnung vor (Richtervorbehalt; Rn. 135, 241 f.), darf die richterliche Durchsuchungsanordnung nur **innerhalb eines begrenzten Zeitraums vollzogen** werden; nach dessen Ablauf verliert die richterliche Anordnung ihre Kontrollfunktion.[1018]

Alternative, **weniger eingriffsintensive Maßnahmen** (u.a. Abwendungsbefugnis **250** durch Gelegenheit zur freiwilligen Herausgabe des sicherzustellenden Gegenstandes; Herausgabeverlangen, § 95 StPO[1019]) und die **Ausschöpfung anderer Erkenntnismöglichkeiten** sind stets vorrangig zu erwägen.[1020]

Inhalt und Umfang der Durchsuchungsanordnung spielen ebenfalls eine wichtige **251** Rolle – mit einem besonderen Augenmerk für die **Art der zu durchsuchenden Räumlichkeit** (speziell für Rechtsanwälte und Steuerberater Rn. 258) und die Sicherheiten, die für eine **angemessene Beschränkung** der Maßnahme bestehen. Schließlich sind immer auch die **möglichen Folgen der Maßnahme** für das Ansehen der von ihr Betroffenen von Bedeutung.[1021] Bei einer Durchsuchung der Räumlichkeiten eines **Berufsgeheimnisträgers** ist bei der erforderlichen Prüfung der Verhältnismäßigkeit zu berücksichtigen, inwieweit den Interessen der Betroffenen auf Achtung des Privatlebens, der Wohnung und der Korrespondenz das öffentliche Interesse an der Verfolgung und Aufklärung von bereits begangenen, aber auch der Verhinderung zukünftiger Straftaten gegenübersteht.[1022]

In der Anordnung der Durchsuchung muss die **aufzuklärende Straftat** wenigstens **252** kurz, aber so genau umschrieben werden, wie es nach den Umständen des Einzelfalles möglich ist, weil die Betroffenen nur so in den Stand versetzt werden, die Durchsuchung zu kontrollieren und etwaigen Rechtsfehlern von vornherein entgegenzutreten.[1023] Dazu gehört auch eine genaue Angabe des **Tatzeitraums**.[1024]

Um den **äußeren Rahmen** der Durchsuchung hinreichend abzustecken, müssen der **253** **Zweck** der Durchsuchung und die **betroffenen Räume** im Beschluss selbst genügend

---

1015 Vgl. zu diesen Kriterien: EGMR Buck/D, 28.4.2005, § 45; K.S. u. M.S./D, 6.10.2016, § 44; Erduran u. Em Export Dış Tic. A.Ş./TRK, 20.11.2018, § 87; zum Grundsatz der Zurückhaltung parlamentarischer Untersuchungen (Untersuchungsausschuss) im privaten Bereich und dem Gebot eines öffentlichen Interesses: BGH NJW **2017** 1405, Tz. 23, 31 ff.

1016 Vgl. hierzu EGMR Kruglov u.a./R, 4.2.2020, § 128.

1017 Vgl. EGMR Kruglov u.a./R, 4.2.2020, § 125.

1018 In Deutschland (Richtwert) 6 Monate: BVerfG NJW **1997** 2165, BVerfGE **96** 44 = StV **1997** 394 = wistra **1997** 223 = EuGRZ **1997** 369; LG Kiel StraFo **2023** 138.

1019 BGH Beschl. v. 18.11.2021 – StB 6/21, StB 7/21, BeckRS **2021** 39180 (Durchsuchung beim Dritten).

1020 LG Bonn Beschl. v. 28.10.2020 – 50 Qs-857 Js 721/20-36/20 (Durchsuchung zur Aufklärung persönlicher Verhältnisse; Festsetzung Tagessatzhöhe Geldstrafe; Schätzung nach § 40 Abs. 3 StGB); BVerfG Beschl. v. 19.4.2023 – 2 BvR 1844/21, NJW **2023** 2257 (Unverhältnismäßigkeit mangels Erforderlichkeit der Durchsuchung; Nichteingreifen von sich aufdrängenden, grundrechtsschonenderen Maßnahmen; u.a. keine Überprüfung einer Videodatei auf Manipulationen).

1021 EGMR Buck/D, 28.4.2005, § 45; Smirnov/R, 7.6.2007, § 44; Steeg u. Wenger/D, 3.6.2008; Frank GmbH/D (E), 15.11.2011.

1022 EGMR Yuditskaya u.a./R, 12.2.2015, § 29; OGH Beschl. v. 28.8.2014 – 12 Os 117/13t = JSt-Slg **2015**/6, 39, 41. Zu den speziellen Problemen bei der Durchsuchung von Arztpraxen: *Röß* NZWiSt **2018** 483, 486 ff.

1023 BVerfGE **42** 212, 220 = NJW **1976** 1735; BVerfGE **103** 142, 151 = NJW **2001** 1121.

1024 BVerfG NJW **2017** 2016 („über Jahre hinweg") = ZWH **2017** 268 m. Anm. *Piel*.

---

eingegrenzt sein.[1025] Der Beschluss muss in jedem Fall ein Minimum an Angaben zum **konkreten Tatvorwurf** und den **Verdachtsmomenten/-tatsachen** enthalten, welche geeignet sind, die Befugnisse der Ermittlungsbeamten zu begrenzen und als Grundlage für die Überprüfung der durchgeführten Durchsuchung zu dienen.[1026] Hierzu gehört auch die **Angabe und Konkretisierung der Beweisgegenstände** und deren sowohl **sachliche als auch zeitliche Eingrenzung**, nach denen die Ermittlungsbeamten suchen sollen.[1027] Einer solchen Konkretisierung der Beweisgegenstände bedarf es als Ausdruck der hier in besonderem Maße geforderten Verhältnismäßigkeit[1028] insbesondere bei Durchsuchungen bei (nicht tatverdächtigen) **Dritten** (vgl. § 103 StPO).[1029]

254   Soll eine Person in einer zu durchsuchenden Räumlichkeit aufgrund einer (richterlichen) Anordnung verhaftet werden, so genügt der **Haftbefehl** allein nicht für die Durchsuchung der Räumlichkeit. In diesem Fal ist zusätzlich eine den Vorgaben des Art. 8 Abs. 2 entsprechende Durchsuchungsanordnung erforderlich.

255   Auf einen etwaigen Verstoß gegen Art. 8 kann sich bei Durchsuchungen oder Beschlagnahmen nur der von der Maßnahme selbst in seinen Rechten Betroffene berufen. Werden die Durchsuchungen nicht im Haus, der Wohnung oder anderen Räumlichkeiten des Beschwerdeführers durchgeführt, scheitert eine Individualbeschwerde (Art. 34) bereits an der **Opfereigenschaft**.[1030]

256   Die Behörden haben vor der Durchsuchung, spätestens vor dem unmittelbaren Aufbrechen der Tür, den Betroffenen grundsätzlich zu verständigen („Klingeln", Klopfen), um dadurch einen gewaltsamen Zutritt zur Wohnung und die damit verbundenen Schäden zu vermeiden; den Staat trifft die Beweispflicht, dass eine Benachrichtigung geschehen ist, wenigstens versucht wurde oder aufgrund besonderer Gründe im Einzelfall (Überraschungseffekt) nicht in Betracht kam (zur Beschlagnahme siehe **§ 95a StPO**).[1031]

257   Die formale Anordnung einer Durchsuchung und die Gewährleistung eines effektiven nachträglichen Rechtsschutzes sind nicht entbehrlich, weil der Betroffene und der Anwalt bei der Durchsuchung anwesend sind.[1032] Die (mehrmonatige) **Zurückstellung einer Benachrichtigung** in der Form, dass dem Betroffenen bei Vollzug der Durchsuchung zunächst lediglich **Beschlussausfertigungen ohne Gründe** ausgehändigt werden, um eine

1025 EGMR Niemietz/D, 16.12.1992; *Heinrich* wistra **2017** 219, 220 f. Vgl. als historischen Vorläufer den 4. Zusatzartikel zur US-Verfassung: *The right of the people to be secure in their persons, houses, papers, and effects, against unreasonable searches and seizures, shall not be violated, and no Warrants shall issue, but upon probable cause, supported by Oath or affirmation, and particularly describing the place to be searched, and the persons or things to be seized.*

1026 EGMR Kruglov u.a./R, 4.2.2020, §§ 127, 138 (zu weit gefasster Durchsuchungsbeschluss; keine hinreichende Begründung für das Vorhandensein von potentiellem Beweismaterial in den durchsuchten Räumlichkeiten; uneingeschränkter Spielraum). Vgl. BGH NStZ-RR **2009** 142; LG Wiesbaden NZWiSt **2016** 148 m. Anm. *Heuchemer*; LG Wiesbaden NZWiSt **2016** 444 m. Anm. *Heuchemer*; LG Ansbach StraFo **2018** 21.

1027 EGMR van Rossem/B, 9.12.2004; Sher u.a./UK, 20.10.2015, §§ 171 ff.; Bagiyeva/UKR, 28.4.2016, §§ 52, 54; BVerfG NJW **2012** 2097 = StRR **2012** 220. Zur Durchsuchung eines Datenbestandes (§ 110 StPO): LG Itzehoe StraFo **2015** 243; speziell für Arztpraxen: *Röß* NZWiSt **2018** 483, 486.

1028 EGMR Kruglov u.a./R, 4.2.2020, § 125; Da Silveira/F, 21.1.2010, § 41; Leotsakos/GR, 4.10.2018, § 42; BVerfG StraFo **2015** 61; LG Dresden BeckRS **2021** 16794 (bloße Vermutung, bei der Durchsuchung könnten relevante Beweismittel aufgefunden werden, nicht ausreichend).

1029 BVerfG Beschl. v. 11.1.2016 – 2 BvR 1361/13, BeckRS **2016** 41712; BGH NStZ **2002** 215; Beschl. v. 28.6.2018 – StB 14/18, BeckRS **2018** 15495 m. Anm. *Malsy* FD-StrafR **2018** 407454; Beschl. v. 9.2.2021 – StB 9/20, StB 10/20, BeckRS **2021** m. Anm. *Friedrich* FD-StrafR **2021** 437210; LG Koblenz StraFo **2014** 510.

1030 Vgl. EGMR Gohe/F, 26.7.2018, §§ 34 ff.; PM ECHR 275 (2018) v. 27.6.2018, 1.

1031 EGMR Bagiyeva/UKR, 28.4.2016, § 53.

1032 EGMR Gutsanovi/BUL, 15.10.2013, § 225; LG Hamburg StraFo **2018** 22 (Dulden keine Zustimmung).

andernfalls drohende Gefährdung des Untersuchungszwecks zu vermeiden,[1033] ist zum Ausschluss staatlicher Willkür nicht akzeptabel.

Durchsuchungen von **Kanzleiräumen**[1034] eines Rechtsanwalts/Steuerberaters[1035] un- **258** terzieht der EGMR einer besonders strengen Überprüfung. Grund dafür ist die Bedeutung des **Schutzes der Vertrauensbeziehung**[1036] **zwischen Anwalt und Mandant**, der auch im Interesse der Allgemeinheit an einer wirksamen und geordneten Rechtspflege liegt. Diesen Belangen ist im Falle einer Durchsuchung von Kanzleiräumen im Rahmen der **Verhältnismäßigkeit** (v.a. der Angemessenheit[1037]) in besonderem Maße Rechnung zu tragen. Damit die Durchsuchung einer Kanzlei als notwendig („necessary in a democratic society") angesehen werden kann, muss zunächst – wie üblich – ermittelt werden, ob allgemeine effektive Sicherungen zur Verhinderung von Willkür gesetzlich vorhanden und wie diese im Einzelfall ausgestaltet sind (Rn. 249). Speziell bei Anwaltskanzleien ist zu berücksichtigen, ob die Durchsuchung in Anwesenheit eines **unabhängigen Dritten**[1038] durchgeführt wurde oder ob andere Maßnahmen getroffen wurden, die sicherstellen, dass **privilegierte Dokumente** von den Ermittlungsbeamten nicht entfernt werden konnten.[1039] Gegebenenfalls sind (auch im Hinblick auf eine mögliche Verletzung des Art. 6)[1040] bereits bei der Anordnung Regelungen zum Schutz derjenigen Gegenstände zu treffen, die aufgrund der anwaltlichen Schweigepflicht privilegiert sind (vgl. **§ 160a StPO**).[1041] In die Prüfung der Verhältnismäßigkeit einbezogen werden müssen überdies die mit der Durch-

---

1033 BGH Beschl. v. 18.11.2021 – StB 6/21, StB 7/21, BeckRS **2021** 39180 (Durchsuchung beim Dritten, § 103 StPO; Benachrichtigung über Gründe erst nach acht Monaten); NJW **2017** 2359 (von Zurückstellung betroffen ist jedoch in der Regel nicht die Bekanntgabe der Tatsachen, aus denen sich die Wahrscheinlichkeit ergibt, dass sich die gesuchten Gegenstände in den durchsuchten Räumen eines Dritten befinden).

1034 Geschützt und beschwerdeberechtigt sind – neben der Sozietät – auch die in einer Anwaltskanzlei angestellten Rechtsanwälte sowie Gesellschafter einer Rechtsanwalts-GmbH, die ihre Tätigkeit in der von der GmbH betriebenen Kanzlei ausüben: EGMR Sérvulo & Associados – Sociedade de Advogados, RL u.a./P, 3.9.2015, §§ 1, 7, 78 ff.; zur Durchsuchung von Kanzleiräumen: *Bott/Hiéramente* BB **2015** 3084 ff.

1035 Siehe LG Saarbrücken NZWiSt **2013** 153 = NStZ-RR **2013** 183 = StraFo **2013** 247 = DStR **2013** 1204 m. Anm. *Weber* = ZInsO **2013** 1042 m. Anm. *Beyer* NWB **2013** 2497 (§ 103 StPO); vertiefend *Dann* NJW **2015** 2609.

1036 Zum Verstoß gegen Art. 8 u.a. bei Nichtberücksichtigung des Schutzes der Vertrauensbeziehung zwischen Anwalt und Mandat in der Interessensabwägung: EGMR Kruglov u.a./R, 4.2.2020, §§ 128 f., 138.

1037 BVerfG StraFo **2015** 61 = AnwBl. **2015** 177; vgl. dagegen: EGMR Sérvulo & Associados – Sociedade de Advogados, RL u.a./P, 3.9.2015 (besonderer Schutz anwaltlicher Kommunikation; im konkreten Fall Rechtmäßigkeit der Ermittlungsmaßnahme nicht in Frage gestellt, obwohl im Rahmen der Durchsuchung umfangreiche Recherchen auf den Servern der Anwaltskanzlei erfolgten; Umstand, dass technisch eine Unterscheidung zwischen anwaltlich geschützter Kommunikation und beschlagnahmefähigen Beweismitteln nicht möglich ist, blieb komplett unberücksichtigt); siehe auch EGMR Rozhkov/R (Nr. 2), 31.1.2017, § 119 (Schutz für Anwaltskanzleien nicht übertragen auf andere Räumlichkeiten, in denen ebenfalls diverse Geschäftsgeheimnisse entdeckt werden können).

1038 EGMR Petri Sallinen u.a./FIN, 27.9.2005, § 89; Smirnov/R, 7.6.2007, §§ 46, 48.

1039 EGMR Smirnov/R, 7.6.2007, § 48; Kruglov u.a./R, 4.2.2020, § 125.

1040 EGMR Niemietz/D, 16.12.1992 (Beeinträchtigung des Anwaltgeheimnisses kann Auswirkungen auf ordnungsgemäßen Gang der Rechtspflege und die durch Art. 6 geschützten Rechte haben); Tamosius/UK (E), 19.9.2002; André u.a./F, 24.7.2008 (Anerkenntnis des Berufsgeheimnisses als Folge des Nemo-tenetur-Grundsatzes).

1041 § 160a Abs. 1 Satz 1 StPO normiert, dass Ermittlungsmaßnahmen gegen einen Strafverteidiger als Unverdächtigen generell unzulässig sind, wenn voraussichtlich auch Erkenntnisse zu erwarten sind, über die er das Zeugnis verweigern dürfte; Durchsuchung zur Verfolgung des legitimen Zwecks der Aufklärung der Anklagevorwürfe offensichtlich ungeeignet und unverhältnismäßig wegen Verwertungsverbot (BVerfG StraFo **2015** 61; krit. zur Praxis: *Bott/Hiéramente* BB **2015** 3084, 3086); in diesem Kontext: LG Bad Kreuznach StV **2016** 154 (Durchsuchung eines anwaltlichen Mobiltelefons; Verdacht der Strafvereitelung; „Eingrenzung").

suchung einhergehenden **Auswirkungen** auf die **Arbeit in der Kanzlei** sowie etwaige **Rufschädigungen**.[1042]

259   Als Garantie gegen Missbrauch und Willkür müssen die Ermittlungsbeamten eine vollständige **Aufstellung der beschlagnahmten Gegenstände** erstellen, um sowohl eine nachträgliche Überprüfung als auch ihre Rückforderung durch den Betroffenen zu ermöglichen. Die Durchsuchung zur Beschlagnahme von **privilegierten Unterlagen**, die ausschließlich der Verfolgung des Mandanten dienen, ist unverhältnismäßig.[1043] Zudem dürfen nicht alle Daten, die bei der Durchsuchung einer Kanzlei gefunden werden, beschlagnahmt werden, sondern nur die konkreten Daten, die mit der Tat zusammenhängen, aufgrund derer der Durchsuchungsbeschluss ergangen war.[1044] Die Rechtsprechung des EGMR zum Umfang einer Beschlagname von Kanzleidaten, die auch Rückwirkung auf die Zulässigkeit sog. **Zufallsfunde** hat, ist allerdings uneinheitlich.

260   Hatte der EGMR in der Rs. *Robathin*[1045] aufgrund des weit gefassten Dursuchungsbeschlusses und der Beschlagnahme sämtlicher – nicht nur das Verfahren betreffende – elektronischer Daten eine Verletzung von Art. 8 bejaht, war er in der Rs. *Sérvulo & Associados – Sociedade de advogados, RL u.a.* hingegen der Auffassung, dass ein weiter Durchsuchungsbeschluss und die Beschlagnahme sämtlicher elektronisch gespeicherter Daten durch angemessene Verfahrensgarantien gegen Missbrauch, Willkür und Verletzung des Berufsgeheimnisses kompensiert werden können.[1046] Eine nachträgliche Kontrolle durch den Ermittlungsrichter soll zur Wahrung der Verhältnismäßigkeit ausreichend sein, was allerdings kritisch zu sehen ist, zumal dadurch ein Verlust des Ansehens (auch von Art. 8 geschützt)[1047] der Kanzlei nicht verhindert werden kann.[1048] Andererseits schließt auch Art. 8 Maßnahmen, die das Vertrauensverhältnis zwischen Rechtsanwalt und Mandant berühren können, dann nicht aus, wenn der begründete Verdacht besteht, dass der Anwalt an einer **Straftat beteiligt**[1049] ist. Auch dabei ist stets der besondere gesellschaftliche Status des Rechtsanwalts zu berücksichtigen.[1050]

261   Bei unzureichenden Angaben im Durchsuchungsbeschluss und der Abwesenheit des Betroffenen während der Durchsuchung ist diese nicht gerechtfertigt, wenn außer dem Betroffenen niemand über die Umstände der Durchsuchung informiert wird und somit vor Ort keine **effektive und umfassende Überwachung** des Umfangs der Durchsuchung möglich ist.[1051]

262   Besondere Regelungen zum **Schutz des Betroffenen** vor Willkür können angezeigt sein beim **Einsatz von maskierten Sondereinsatzkräften**, da gerade durch die Anonymi-

---

1042   EGMR Kruglov u.a./R, 4.2.2020, § 125.
1043   EGMR André u.a./F, 24.7.2008; Verdacht des Steuerbetrugs).
1044   EGMR Robathin/A, 3.7.2012, NJW **2013** 3081 = ÖJZ **2012** 1103.
1045   EGMR Robathin/A, 3.7.2012.
1046   EGMR Sérvulo & Associados – Sociedade de advogados, RL u.a./P, 3.9.2015, § 32, NLMR **2015** 1 ff. m. krit. Anm. *Bott/Hiéramente* BB **2015** 3084 ff. (mit allgemeinen Praxisempfehlungen zur Gefahrenvorsorge).
1047   Vgl. EGMR Magyar Tartalomszolgáltatók Egyesülete u. Index.hu Zrt/H, 2.2.2016, NLMR **2016** 62 (gewisser Schweregrad des Angriffs auf das Ansehen erforderlich; Art und Weise, die den persönlichen Genuss des Rechts auf Achtung des Privatlebens beeinträchtigt).
1048   Richter *Saragoça de Matta* übt in einem Sondervotum Kritik am Vorgehen der portugiesischen Behörden (hierzu: *Bott/Hiéramente* BB **2015** 3084 ff.); auch das BVerfG betont die Notwendigkeit einer gründlichen Verhältnismäßigkeitsprüfung aufgrund des Vertrauensverhältnisses zwischen Anwalt und Mandant (BVerfG Beschl. v. 29.1.2015 – 2 BvR 497-499/12, 1054/12, AnwBl. **2015** 440).
1049   Vgl. hierzu auch BVerfG NZWiSt **2020** 439 (Durchsuchung von Kanzleiräumen; Verdacht der Geldwäsche; doppelter Anfangsverdacht erforderlich).
1050   EGMR Da Silveira/F, 21.1.2010, §§ 37, 45.
1051   EGMR van Rossem/B, 9.12.2004.

Esser

sierung der beteiligten Beamten gegenüber dem Betroffenen die Gefahr des Missbrauchs von Befugnissen besteht. Hier kommt die Einschaltung eines unparteiischen Beobachters oder die Beschränkung auf diejenigen Fälle in Betracht, in denen der Einsatz offen agierender Polizeibeamter nicht als sicher und ausreichend angesehen werden kann.[1052]

Zu einem Verstoß gegen Art. 8 kann auch der **unverhältnismäßige Einsatz von spe-** 263 **ziell ausgerüsteten polizeilichen Sondereinheiten** führen, etwa bei einfachen Durchsuchungen. So beurteilte der Gerichtshof in der Rs. *Vinks u. Ribicka* den Einsatz einer schwer bewaffneten Anti-Terrorismus-Einheit bei einer Durchsuchung im Zusammenhang mit der Aufklärung von reinen Wirtschaftsstraftaten als Verletzung von Art. 8.[1053]

4. Private Kommunikation

a) Schutzbereich. Als besonders schützenswerter Teil des Privatbereichs werden Kor- 264 respondenz (Art. 8 Abs. 1) bzw. Schriftverkehr (Art. 17 Abs. 1 IPBPR) explizit erwähnt. In weiter, zweckorientierter Auslegung wird unter die in beiden Konventionen verwendeten Begriffe *„correspondence"/„correspondance"* nicht nur der Austausch schriftlicher Mitteilungen gezählt, wie beim traditionellen **Briefverkehr**,[1054] sondern umfasst sind alle (modernen) Formen der Nachrichten- und Datenübermittlung infolge Kommunikation.[1055] Auch **Funksender** („radio-transmitting device"),[1056] **Telegraphie**, **Telekopie**, **Pager**[1057] und **E-Mail**,[1058] sowie der **fernmündliche Austausch** im Rahmen bestehender Kommunikationssysteme fallen darunter.[1059] Unerheblich ist dabei, ob diese vom Staat oder von Privaten betrieben werden und in welcher Rechtsform dies geschieht,[1060] ebenso, ob für die Gespräche ein **Privat-** oder **Büroanschluss** benutzt wird und ob dies innerhalb oder außerhalb eines **öffentlichen Netzes**[1061] stattfindet. Der weit verstandene Schutzbereich reicht über den unmittelbaren Vorgang des Austausches der Mitteilungen hinaus. Ziel ist die **umfassende Garantie der Individualkommunikation**.[1062] Auch die von einem bestimmten Anschluss aus angerufenen Nummern (aufgezeichnet durch die Netz-Betrei-

---

[1052] EGMR Kucera/SLO, 17.7.2007, § 122 (Einsatz u.a. von maskierten Polizisten; Betreten der Wohnung, um die Anklage zuzustellen und den Beschuldigten zur Vernehmung abzuholen).

[1053] EGMR Vinks u. Ribicka/LET, 30.1.2020, §§ 113 ff., 118.

[1054] EGMR Mikhaylyuk u. Petrov/UKR, 10.12.2009, § 24 (Öffnen eines Briefes).

[1055] EGMR Michaud/F, 6.12.2012, § 90, NJW **2013** 3423; Dragoş Ioan Rusu/RUM, 31.10.2017, § 33.

[1056] EGMR (GK) Bykov/R, 10.3.2009, § 79.

[1057] EGMR Taylor-Sabori/UK, 22.10.2002.

[1058] EGMR Wieser u. Bicos Beteiligungen GmbH/A, 16.10.2007, § 45; Copland/UK, 3.4.2007, §§ 41, 44, EuGRZ **2007** 415; M.N./SM, 7.7.2015, § 52; Petri Sallinen u.a./FIN, 27.9.2005, § 71 (Beschlagnahme Computerfestplatte); Vgl. *Grabenwarter/Pabel* § 22, 25; *Kugelmann* EuGRZ **2003** 16, 21 (nicht: öffentlich zugängliche Newsgroups/ Homepages); außerdem: EGMR Reporters without borders, German Section/D, Nr. 81993/17; Härting/D, Nr. 81996/17 (anhängig: massenhaftes Abfangen/Sichten des E-Mailverkehrs durch BND); vertiefend zur Überwachung durch Nachrichtendienste: *Huber* FS Graulich 191 ff.

[1059] EGMR Klass/D, 6.9.1978 m. Anm. *Arndt*; Malone/UK, 2.8.1984, § 67; Huvig/F, 24.4.1990; Margareta u. Roger Andersson/S, 25.2.1992; Lüdi/CH, 15.6.1992, NJW **1992** 3088 = StV **1992** 499 = EuGRZ **1992** 300 = ÖJZ **1992** 843, § 39; Niemietz/D, 16.12.1992; A/F, 23.11.1993; Halford/UK, 25.6.1997; Lambert/F, 24.8.1998, ÖJZ **1999** 570; Kennedy/UK, 18.5.2010, § 118; Shimovolos/R, 21.6.2011 (in Folge von Massenüberwachung gespeicherte Gespräche; CoE-Bericht v. 26.1.2015, C § 80); *Grabenwarter/Pabel* § 22, 25; Meyer-Ladewig/Nettesheim/von Raumer/ *Meyer-Ladewig/Nettesheim* 92.

[1060] BVerfG JZ **2003** 1104 m. Anm. *Förster* JZ **2003** 1111; *Frowein/Peukert* 48; *Nowak* 47.

[1061] EGMR Halford/UK, 25.6.1997 (Bürotelefon des nicht-öffentlichen Polizeinetzes).

[1062] KK-EMRK-GG/*Böhringer/Marauhn* Kap. 16, 65.

bergesellschaft zur Gebührenerfassung) rechnen daher zum weiten Feld der Korrespondenz i.S.v. Art. 8.[1063]

265   Geschützt werden **alle an der Korrespondenz/Kommunikation teilnehmenden Personen**, der Absender ebenso wie der Empfänger einer Mitteilung;[1064] **sachlich** erfasst sind sowohl der **Inhalt** als auch die **Tatsache** sowie die **näheren Umstände** der Korrespondenz (Ort, Zeit, Teilnehmer). Zwischen der Korrespondenz einer natürlichen und einer juristischen Person wird, der Rechtsprechung zum Begriff der Wohnung (Rn. 230) entsprechend, nicht mehr unterschieden.[1065] Es kommt für die Frage des Schutzgehaltes auch nicht darauf an, ob eine Korrespondenz gegen eine Einsichtnahme oder ein Mithören besonders gesichert ist oder ob ihr Inhalt offen zu Tage liegt (Postkarte, Bildschirm); bei letzterem kann aber im Falle eines staatlichen Zugriffs das Vorliegen eines Eingriffs abzulehnen sein.

266   Wegen der herausragenden Bedeutung der Rolle und Tätigkeit von Rechtsanwälten für ein rechtsstaatliches, faires Verfahren und der daraus folgenden Notwendigkeit eines **Vertrauensverhältnisses zwischen Anwalt und Mandant** genießt auch die Korrespondenz[1066] zwischen Anwälten und ihren Mandanten einen verstärkten Schutz („privileged status; „strengthened protection"; „legal professional privilege is specifically protected"/ „statut privilégie"; „protection renforcée"; „le secret professionnel des avocats [...] est spécifiquement protégé").[1067] Der EGMR stellt dabei entscheidend darauf ab, dass der **hohe Schutzgehalt des Anwaltsgeheimnisses** auf der anwaltlichen Aufgabe bzw. Tätigkeit beruhe, Beschuldigte zu verteidigen.[1068] Ob daraus abzuleiten ist, dass Kommunikation durch und mit Rechtsanwälten keinen verstärkten (wenngleich aber mindestens den „einfachen") Schutz nach Art. 8 genießt, wenn keine Strafverteidigertätigkeit betroffen ist, ist nicht abschließend geklärt.

1063 EGMR P.G. u. J.H./UK, 25.9.2001; Verwendung für Strafverfahren zulässig, da Erfassung gesetzlich vorgesehen und für Betroffenen vorhersehbar); siehe auch EGMR Copland/UK, 3.4.2007, §§ 43 f.
1064 Siehe EGMR Valentino Acatrinei/RUM, 25.6.2013, §§ 7, 51, 53; Lambert/F, 24.8.1998, ÖJZ **1999** 570, §§ 20 f., 35 ff. (Eingriff auch gegen Personen, deren Gespräche abgehört wurden, wenngleich Abhöranordnung gegen einen anderen erging; der jeweilige Bf. telefonierte von einem nicht überwachten Anschluss mit jemandem, dessen Anschluss überwacht wurde (für den Fall *Lambert* geht dies aus dem Minderheitenvotum *Thune* zum EKMR-Bericht vom 1.7.1997 sowie aus § 38 des Urteils hervor). Der EGMR will offenbar auch Personen schützen, gegen die die Anordnung nicht ergangen ist, die jedoch, ohne Anschlussinhaber zu sein, vom überwachten Anschluss aus telefonieren. Ferner EGMR Uzun/D, 2.9.2010, § 49 (Eingriff in das Recht eines Dritten, gegen den die Anordnung nicht ergangen war, Überwachung mittels GPS).
1065 EGMR Wieser u. Bicos Beteiligungen GmbH/A, 16.10.2007.
1066 Vgl. hierzu auch EGMR Kadura u. Smaliy/UKR, 21.1.2021, § 142 (Durchsuchung von Dokumenten und des Telefons eines Anwalts auf einer Polizeistation; für einen entsprechenden Eingriff seien „zwingende Gründe" und entsprechene Verfahrensgarantien erforderlich; Verstoß gegen Art. 8); Khodorkovsky/R u. Lebedev/R, 25.7.2013, § 632.
1067 EGMR Michaud/F, 6.12.2012, NJW **2013** 3423, §§ 117 ff.; die inoffizielle englische Übersetzung unterschlägt in § 119 des in Französisch abgefassten Urteils den Hinweis auf anwaltliche Pflichten, die mit dem besonderen Schutz des Anwaltgeheimnisses einhergehen. – Das Bezirksgericht Den Haag entschied am 1.7.2015, dass staatliche Überwachung der Anwalt-Mandanten-Kommunikation unterlassen werden muss. In seinem Urteil bestätigte das Gericht die Vertraulichkeit der Anwalt-Mandanten-Kommunikation als wesentliches Grundrecht. Eine unabhängige Stelle soll die Befugnis erhalten, im Rahmen einer Vorabkontrolle Abhörmaßnahmen bzgl. vertraulicher Anwalt-Mandanten-Kommunikation zu verhindern oder zu stoppen (BezG Den Haag Urt. v. 1.7.2015, C/09/487229/KG ZA 15-540); Vertraulichkeit zwischen Anwalt und Klient genießt beim Austausch von Schriftstücken erhöhten Schutz: EGMR Vinci Construction u. GTM Génie Civil et Services/F, 2.4.2015; Vasil Vasilyev/BUL, 16.11.2021, § 89.
1068 EGMR Michaud/F, 6.12.2012, §§ 118, 128.

Esser   1278

Wird im Rahmen von strafrechtlichen Ermittlungen gegen einen Mandanten auch **267** die **vertrauliche Anwalt-Mandanten-(Tele)Kommunikation** überwacht, stellt dies einen Eingriff in das Recht auf Achtung des Privatlebens und der Korrespondenz dar.[1069] Werden in der gerichtlichen Anordnung, speziell in den Ausführungen zur Notwendigkeit der Maßnahme, die Rechte der betroffenen Personen nicht hinreichend in die erforderliche Abwägung eingestellt, ist die Abhörmaßnahme schon aus diesem formalen Grund unverhältnismäßig. Dem Anwalt muss zudem immer die **Möglichkeit einer wirksamen Überprüfung** der Abhörmaßnahme eröffnet sein. Ein Staatshaftungsverfahren bietet diese erforderliche Möglichkeit der Überprüfung nicht, wenn im Rahmen dieses Verfahrens lediglich die Zahlung von Schadensersatz, nicht aber die Vernichtung der Aufnahme angeordnet werden kann.[1070] Werden hingegen im Rahmen einer rechtmäßigen Telefonüberwachung eines Verdächtigen Telefongespräche des Verdächtigen mit seinem Verteidiger abgehört und aufgezeichnet, stellt dies keinen Verstoß gegen Art. 8 dar, wenn das Gespräch darauf hindeutet, dass der *Verteidiger selbst* eine Straftat begangen hat und der Inhalt des Gesprächs nicht gegen den eigentlichen Verdächtigen verwendet wird.[1071]

b) Eingriff/Strafprozessuale Zwangsmaßnahmen. In die Korrespondenz eingegrif- **268** fen wird nicht nur durch die – bereits einmalige[1072] – **unbefugte Kenntnisnahme** vom Inhalt der jeweiligen Mitteilung oder deren Aufzeichnung, sondern auch, wenn die **Korrespondenz verzögert** oder **verhindert**[1073] wird, etwa dadurch, dass Briefe zurückbehalten oder vernichtet werden.[1074] Der jeweilige **Inhalt** der Korrespondenz spielt bei der Frage, ob ein Eingriff vorliegt, keine Rolle.[1075] Eingriffe umfassen neben klassischen **Tonaufzeichnungen** von Gesprächen sowohl den Zugriff (Durchsuchung/Beschlagnahme) auf (elektronisch gespeicherte) Kopien der abgesandten bzw. vom Empfänger nach ihrem Zugang **gespeicherten Korrespondenz**,[1076] als auch den Zugriff auf gespeicherte elektronische Inhalt-, Verkehrs- und Standortdaten einer Kommunikation.[1077]

1069 EGMR Pruteanu/RUM, 3.2.2015, § 41; Versini-Campinchi et Crasnianski/F, 16.6.2016, § 49; Vasil Vasilyev/BUL, 16.11.2021, § 84; vgl. in Bezug auf Art. 5 Abs. 4 zudem EGMR Demirtaş u. Yüksekdağ Şenoğlu/TRK, 6.6.2023 (Überwachung von Beratungsgesprächen zwischen Anwalt und Mandant sowie Beschlagnahmung von Anwaltspost; Verstoß gegen Art. 5 Abs. 4).

1070 EGMR Pruteanu/RUM, 3.2.2015, §§ 53 ff.

1071 EGMR Versini-Campinchi u. Crasnianski/F, 16.6.2016, NJW **2018** 3577, §§ 49 ff.

1072 EGMR Anatoliy Tarasov/R, 18.2.2010, § 57 (unabhängig davon, ob derjenige, der „Kenntnis" nimmt, tatsächlich in der Lage ist, den Inhalt der Korrespondenz sprachlich zu verstehen); Narinen/FIN, 1.6.2004.

1073 Vgl. zur ganzheitlichen Untersagung der Korrespondenz von Inhaftierten: EGMR Moroz/UKR, 2.3.2017, §§ 76, 87 ff. (Untersagung der Korrespondenz während der gesamten Untersuchungshaftzeit) und Dovzhenko/UKR, 12.1.2012 (das nationale Recht verpflichtete den Staat nicht, eine formelle und sachlich begründete Entscheidung über das Verbot zu treffen; es stellte auch keinen ausreichenden Rechtsbehelf gegen die Untersagung zur Verfügung; nationales Recht muss die Möglichkeit zur Korrespondenz von Straf- oder U-Gefangenen nicht nur in Ausnahmefällen eröffnen, sondern muss ihnen vielmehr die Gelegenheit zu Korrespondenz grundsätzlich gewähren).

1074 EGMR D.L./BUL, 19.5.2016, §§ 100 ff. (Kontrolle von Briefen an Minderjährige im Internat); *Grabenwarter/Pabel* § 22, 36.

1075 EGMR Frérot/F, 12.6.2007.

1076 EGMR Niemietz/D, 16.12.1992; Miailhe/F, 25.2.1993; Funke/F, 25.2.1993; *Grabenwarter/Pabel* § 22, 24; **a.A.** IK-EMRK/*Wildhaber/Breitenmoser* 496 unter Hinweis auf EKMR (nur bis zum Empfang durch Adressaten, danach Schutz des Privatbereichs).

1077 EGMR Copland/UK, 3.4.2007, §§ 43 f. (Telefonverbindungsdaten); Wieser and Bicos Beteiligungen GmbH/A, 16.10.2007, § 45; Robathin/A, 3.7.2012, §§ 36 ff., 39 (Durchsuchung/Beschlagnahme *sämtlicher* elektronisch gespeicherter Daten einer Anwaltskanzlei); ähnlicher Sachverhalt, uneinheitliche Rechtsprechung: EGMR Sérvulo & associados – sociedade de advogados, RL u.a./P, 3.9.2015, § 76; Vinci Construction et GTM

269   Gleiches gilt für die Einsichtnahme in die bei einer Hausdurchsuchung vorgefundene Korrespondenz.[1078] In den Schutzbereich eingegriffen wird auch, wenn jemand dazu verpflichtet wird, bestimmte Informationen preiszugeben, die in der Korrespondenz enthalten sind.[1079]

270   Bringt jemand begründet vor, dass spezielle – mit einer Hausdurchsuchung nicht im Zusammenhang stehende oder der anwaltlichen Verschwiegenheitspflicht unterliegende – Dokumente beschlagnahmt worden seien, ist der mit der **nachträglichen Kontrolle** betraute Richter dazu aufgerufen, über deren weiteren Behandlung nach Durchführung einer Verhältnismäßigkeitsprüfung zu entscheiden und u.U. ihre **Rückgabe** anzuordnen.[1080]

271   Auch die mit **Billigung** *eines* Gesprächsteilnehmers, aber ohne Wissen des/der anderen Teilnehmer, vorgenommene **Aufzeichnung**[1081] oder das **Mithören** eines Telefongesprächs kann in das Recht des/der anderen Teilnehmer(s) auf Achtung seiner/ihrer Korrespondenz eingreifen.[1082] Handelt der private Gesprächsteilnehmer im Auftrag oder auf Anraten staatlicher Stellen, ist ein solches Vorgehen dem Staat **zuzurechnen**, so dass ein Eingriff vorliegt.[1083] Der EGMR prüft daher immer, ob staatliche Stellen an/bei der Aufzeichnung strafprozessual relevanter Gespräche maßgeblich beteiligt waren.[1084] Eine Zurechnung kommt hier selbst dann in Betracht, wenn die Privatperson die Aufnahme auch für private Zwecke macht, weil die eigentliche **Kontrolle des Geschehens** letztlich nicht bei der Privatperson liegt. Anderenfalls wäre es den Ermittlungsbehörden faktisch möglich, sich durch den Einsatz *privater* Ermittler jeglicher Verantwortung nach der EMRK zu entziehen.[1085]

272   Da im Rahmen einer solchen staatlich zurechenbaren **„Hörfalle"** in das Recht auf Korrespondenz der anderen Teilnehmer eingegriffen wird, muss über die *allgemeinen* Voraussetzungen einer Rechtfertigung nach Art. 8 Abs. 2 hinaus deren Schutz durch besondere **„safeguards"** sichergestellt werden.[1086]

273   Sowohl offene als auch verdeckte **Überwachungsmaßnahmen** (Einsichtnahme, Zensur, Abhören) usw. können auch im Interesse der nationalen Sicherheit, der Verfolgung oder Verhütung von Straftaten nur auf einer hinreichend bestimmten gesetzlichen Grundlage angeordnet werden und müssen zudem ebenso wirksame wie angemessene **Garanti-**

Génie Civil et Services/F, 2.4.2015, § 63 m.w.N.; Bernh Larsen Holding AS u.a./N, 14.3.2013, § 105; Ivashenko/R, 13.2.2018, § 62 (gesetzliche Verpflichtung auf Gewährung von Zugang).

1078 EGMR Niemietz/D, 16.12.1992; vgl. *Grabenwarter/Pabel* § 22, 36, 55 (Eingrenzung der Einsichtnahme bei Anordnung der Hausdurchsuchung).

1079 EGMR Michaud/F, 6.12.2012, §§ 91 ff. Diese Rechtsprechung, die zu einem anwaltlichen Bf. erging, der Daten über seine Mandanten mitteilen musste, dürfte allgemein auf Fälle anwendbar sein, in denen jemand Informationen weiterzugeben hat, die er aus – grundsätzlich gem. Art. 8 geschützter – Korrespondenz erlangt hat. In der Rs. *Gillberg/S* ([GK], 3.4.2012, § 96; (K) 2.11.2010, § 123), in der es *nicht* um Korrespondenz ging, lehnte der EGMR aber eine Gleichstellung des Schutzes der ärztlichen Schweigepflicht mit der des Anwaltsgeheimnisses ab.

1080 EGMR Vinci Construction u. GTM Génie Civil et Services/F, 2.4.2015, NLMR **2015** 126.

1081 EGMR Heglas/CS, 8.8.2006 (auch bei Aufnahme eines Gesprächs mit „verwanztem" Gesprächsteilnehmer).

1082 Vgl. EGMR M.M./NL, 8.4.2003; dazu *Gaede* StV **2004** 46 m.w.N.; ferner BVerfG JZ **2003** 1104 m. Anm. *Foerster* JZ **2003** 1111; ausführlich zur Hörfalle *Guder* 153 ff.

1083 Vgl. EGMR A/F, 23.11.1993; M.M./NL, 8.4.2003; zur Hörfallen-Problematik *Gaede* StV **2004** 46.

1084 *Gaede* StV **2004** 46, 47 (Eingriff jedenfalls dann zu bejahen, wenn Staat wesentlich an den privaten Ermittlungshandlungen mitgewirkt hat).

1085 EGMR van Vondel/NL, 25.10.2007, § 49, forumpoenale **2008** 77 m. Anm. *Godenzi*.

1086 *Gaede* StV **2004** 48; zu verdeckten Eingriffen: EGMR Kopp/CH, 25.3.1998, ÖJZ **1999** 115; Kruslin/F, 24.4.1990, ÖJZ **1990** 564.

en gegen **Missbrauch** bereithalten.[1087] Unerheblich ist dabei, ob es sich um die Kontrolle der privaten Korrespondenz oder um Eingaben an Behörden handelt.[1088] Dabei müssen stets die Grenzen beachtet werden, die sich aus dem innerstaatlichen Recht (Briefgeheimnis; Petitionsrecht) oder aus völkerrechtlichen Garantien, wie dem Recht auf ungehinderten Verkehr mit dem EGMR (Art. 34),[1089] ergeben.

Der EGMR ließ eine (auf nationalem Recht beruhende und auf **EU-Geldwäsche-Richt-** 274 **linien** zurückzuführende) Verpflichtung von Rechtsanwälten unbeanstandet, bestimmte Informationen mitzuteilen, die auf Geldwäsche hindeuten könnten. Grund war, dass eine Meldepflicht nur bei bestimmten Mitwirkungen des Anwalts (Grundstücksgeschäfte; große finanzielle Transaktionen) galt, also nicht bei originärer Verteidigertätigkeit.[1090] Relevant war auch, dass die Mitteilungen an die Anwaltskammer zu erfolgen hatten, d.h. an mit der anwaltlichen Verschwiegenheit und dem Berufsrecht vertraute Personen.[1091]

Im Rahmen eines **Insolvenz**verfahrens kann die Überwachung der Korrespondenz 275 gerechtfertigt sein, um zu verhindern, dass der Betroffene Vermögenswerte beiseiteschafft. Eine lange Dauer des Verfahrens und der Überwachung kann die Maßnahme unverhältnismäßig und konventionswidrig machen.[1092]

c) Überwachung der Korrespondenz eines Strafgefangenen. Auch für die Anord- 276 nung und Durchführung einer Überwachung der Korrespondenz eines Gefangenen bedarf es stets eines **rechtfertigenden Grundes**. Beschränkungen der Kommunikation sind auch bei Gefangenen nur zulässig, wenn sie eine ausreichende Rechtsgrundlage haben[1093] (vgl. § 29 StVollzG/Art. 32 BayStVollzG), in der **Voraussetzungen und Ausmaß der Kontrolle** (differenzierend in Bezug auf Schriftverkehr/Kommunikation mit dem Verteidiger;[1094] zeitliche Grenzen)[1095] und die **bei der Ermessensausübung zu beachtenden Grundsätze**

1087 EGMR Klass/D, 6.9.1978 m. Anm. *Arndt*); Kruslin/F, 24.4.1990; EKMR EuGRZ **1980** 170; vgl. auch EGMR Malone/UK, 2.8.1984; Kopp/CH, 25.3.1998; Abhören eines Rechtsanwalts); Khan/UK, 12.5.2000 m. Anm. *Kühne/Nash*; ferner BVerfGE **30** 17; BGer EuGRZ **1984** 223; vertiefend zur Überwachung der privaten Kommunikation durch Nachrichtendienste: *Huber* FS Graulich (2019) 191 ff.

1088 EKMR bei *Bleckmann* EuGRZ **1981** 114, 121.

1089 EGMR Enache/RUM, 1.4.2015, §§ 69–72; siehe auch: Europäisches Übereinkommen über die an Verfahren vor dem Europäischen Gerichtshof für Menschenrechte teilnehmenden Personen vom 5.3.1996 (CTS 161; BGBl. 2001 II S. 359). Das am 1.1.1999 (für Deutschland: 1.11.2001) in Kraft getretene Abkommen ersetzt das frühere Abkommen vom 6.5.1969 (CTS 67; BGBl. 1975 II S. 1445). Es verpflichtet die Vertragsparteien, den an Beschwerdeverfahren teilnehmenden Personen (Beauftragte, Berater, Anwälte, Kläger, Delegierte, Zeugen, Sachverständige) Immunität von der Gerichtsbarkeit für ihre Erklärungen vor dem EGMR sowie ungehinderten schriftlichen Verkehr mit dem Gerichtshof und Reisefreiheit zu gewähren, damit sie am Verfahren teilnehmen können. Vgl. Teil II Rn. 49.

1090 EGMR Michaud/F, 6.12.2012, §§ 127 f.

1091 EGMR Michaud/F, 6.12.2012, §§ 129 ff.; Brito Ferrinho Bexiga Villa-Nova/P, 1.12.2015 (Aufhebung des Berufs- und Bankgeheimnisses wegen Verdachts des Steuerbetrugs, ohne dass Anwältin am Vorgang beteiligt oder Stellungnahme der Anwaltskammer eingeholt wurde; Verletzung von Art. 8).

1092 EGMR Bottaro/I, 17.7.2003, §§ 37 ff. (mehr als zwölf Jahre; unverhältnismäßig); Campagnano/I, 23.3.2006, § 38 (knapp vier Jahre; verhältnismäßig).

1093 Siehe hierzu EGMR Burgazly/UKR, 21.3.2019, § 65; Atay/TRK, 9.4.2019, § 57 (Überwachung von Treffen zwischen Verteidiger und Inhaftiertem durch einen anwesenden Beamten nicht von türkischer Rechtsgrundlage gedeckt; Überwachung nur im Ausnahmefall [Austausch mit einer terroristischen Vereinigung] möglich; Verstoß gegen Art. 8); (GK) Enea/I, 17.9.2009, § 140.

1094 EGMR R.E./UK, 27.10.2015, NJW **2016** 2013 (Unzulänglichkeit rechtlicher Schutzmechanismen für verdeckte Überwachung von Beratungen mit Anwalt).

1095 EGMR Petrov/BUL, 22.5.2008, § 44.

hinreichend konkret festlegt werden.[1096] Eine systematische Überwachung der Korrespondenz, die sich nur auf den Umstand gründet, dass der Betroffene inhaftiert ist, ist nicht zulässig.[1097] Eine Definition des Begriffs Korrespondenz, die sich an spezifischen Inhalten orientiert, ist unvereinbar mit Art. 8, da auf diese Weise ganze Bereiche der Korrespondenz schon aus dem Schutzbereich herausgelöst werden könnten.[1098] Ein allgemeines Recht des Gefangenen zur Durchführung von **Telefongesprächen** kann dem Schutzbereich des Art. 8 zwar nicht entnommen werden; eine angemessene Möglichkeit zur schriftlichen Kommunikation muss aber gewährleistet sein.[1099] In der Ausnahmesituation einer **Pandemie** mit einer nur erschwerten oder gar nicht möglichen Durchführung von Besuchen in Präsenz kann sowohl für U- als auch für Strafgefangene ein berechtigtes Interesse an der Genehmigung von Telefongesprächen bestehen.[1100]

277   Der mit der Kontrolle verbundene Eingriff muss im Einzelfall nach **Zweck** (vgl. Art. 8 Abs. 2) und Anlass **notwendig** sein; dabei darf der mit dem Eingriff verfolgte Zweck nicht außer Verhältnis zur Bedeutung des jeweiligen Kommunikationsvorgangs stehen. Immerhin kann Briefverkehr u.U. die einzige **Verbindung des Gefangenen zur Außenwelt** darstellen[1101] oder einer zu gewährenden ausreichenden **medizinischen Versorgung**[1102] (vgl. Art. 3 Rn. 248) dienen.

278   Unter den vorgenannten Voraussetzungen dürfen der Briefverkehr der Gefangenen[1103] und deren Telefongespräche[1104] von den Gefängnisbehörden **kontrolliert** werden.[1105] Auch wenn bestimmte Postsendungen im Einzelfall nicht zurückgehalten werden dürfen, lässt der Gerichtshof eine **Verzögerung der Weiterleitung von Eingangs- oder Ausgangspost** des Gefangenen von wenigen Wochen unbeanstandet, wenn die Gefängnisverwaltung diese Zeit benötigt, um die Anweisung einer höhergestellten Behörde zum weiteren Verfahren zu bekommen; eine längere Verzögerung der Übermittlung von Eingangspost ist leichter zu rechtfertigen, wenn dem Gefangenen wenigstens der Inhalt des

---

1096   EGMR (GK) Labita/I, 6.4.2000; Doerga/NL, 27.4.2004; Meyer-Ladewig/Nettesheim/von Raumer/*Meyer-Ladewig/Nettesheim* 94, 105.
1097   EGMR Petrov/BUL, 22.5.2008, §§ 39, 43 ff.; Vintman/UKR, 23.10.2014, §§ 126, 129–133; Ryabinin u. Skatalina/UKR, 7.11.2019, §§ 152 ff., 156.
1098   EGMR Frérot/F, 12.6.2007, § 61 (Regelung der Behandlung von Gefangenenpost einschließlich ihrer Definition in einem Rundschreiben des französischen Justizministers).
1099   Vgl. EGMR B./NL, 29.1.2002, § 92; Nusret Kaya/TRK, 22.4.2014, § 36; Lebois/BUL, 19.10.2017, § 61.
1100   Vgl. AG Kempten Beschl. v. 28.10.2020 – 1 Gs 3356/20 = BeckRS **2020** 29055.
1101   EGMR Ekinci u. Akalin/TRK, 30.1.2007.
1102   EGMR Szuluk/UK, 2.6.2009 (Überwachung des Briefverkehrs eines lebensbedrohlich erkrankten Häftlings mit einem spezialisierten Arzt).
1103   EGMR Silver u.a./UK, 25.3.1983; Campbell/UK, 25.3.1992; *Grabenwarter/Pabel* § 22, 56 f.; Meyer-Ladewig/Nettesheim/von Raumer/*Meyer-Ladewig/Nettesheim* 94. Zur Problematik der im Briefverkehr zu verwendenden Sprache: EGMR Senger/D (E), 3.2.2009 (Nichtaushändigen von Briefen an Häftling, die in Russisch geschrieben waren; keine Gründe, warum Angehörige nicht in Deutsch geschrieben hatten).
1104   EGMR Doerga/NL, 27.4.2004; vgl. zur Überwachung von Telefongesprächen mit Familienangehörigen (den Eltern) in der Untersuchungshaft auf Grundlage des § 119 Abs. 1 Nr. 2 StPO: BVerfG Beschl. v. 15.11.2022 – 2 BvR 1139/22, NJW **2023** 286, 287 = NStZ-RR **2023** 22, 23, wonach im Falle eines Eingriffs in Art. 6 GG eine besonders ernstliche und eingehende, die Dauer der U-Haft sowie das Kriterium der Unzumutbarkeit berücksichtigende Prüfung dahingehend erfolgen muss, ob der Zweck der U-Haft oder die Ordnung im Vollzug die Telefonüberwachung unverzichtbar erfordern.
1105   Siehe hierzu: OLG Hamm NStZ-RR **2010** 292 (bzgl. § 119 Abs. 1 StPO n.F. – Wiederholungsgefahr; Bezugnahme auf Art. 8); EGMR Valasinas/LIT, 24.7.2001, §§ 126 ff. (Öffnen von Briefen als Eingriff); Sarria/PL (E), 13.10.2015.

Esser

Briefes mitgeteilt wird (soweit eine Inhaltskontrolle mit Art. 8 Abs. 2 vereinbar ist).[1106] Die Weigerung der Gefängnisbehörde, die **Portokosten** für eine Briefsendung zu übernehmen, *kann* einen Eingriff in die Korrespondenz darstellen.[1107] Auf der einen Seite verpflichtet Art. 8 den Staat nicht dazu, die Kosten für die gesamte Korrespondenz eines Gefangenen zu tragen; andererseits darf sie aber auch nicht in Gänze an den Kosten scheitern.[1108] In den Fällen einer übermäßigen Korrespondenz ist eine Kostentragungspflicht daher zu verneinen. Ein Minimum an Korrespondenz ist dem Häftling jedoch ggf. durch die staatliche Übernahme entstehender Kosten zu ermöglichen.

Ein Eingriff in die Korrespondenz liegt auch im **Vorenthalten der Post**, etwa im Rah- 279
men einer Kontrolle oder Beschränkung der Korrespondenz inhaftierter Personen, ferner auch darin, dass die Gefängnisverwaltung einen Gefangenen nicht davon verständigt, dass ein von ihm aufgegebener Brief wegen unvollständiger Adresse zurückgekommen ist.[1109] Auch Maßnahmen, die die Korrespondenz **nur mittelbar** beeinflussen, können einen Eingriff darstellen.[1110]

Der **Briefverkehr bzw. die Kommunikation eines Gefangenen** mit seinem **Verteidiger** 280
oder seinem Prozessvertreter unterliegt hinsichtlich der darin enthaltenen Mitteilungen grundsätzlich keiner Kontrolle[1111] oder Zensur.[1112] Der Austausch zwischen einem Verteidiger und seinem Mandanten genießt dabei einen verstärkten Schutz.[1113] Dies gilt naturgemäß unabhängig vom Inhalt der Korrespondenz, also gleichermaßen für die Korrespondenz allgemeiner Natur sowie diejenige, die kommende bzw. anhängige Verfahren betrifft.[1114] Jedenfalls ihre routinemäßige Untersuchung ist unvereinbar mit den Grundsätzen der Vertraulichkeit und den mit einem Mandatsverhältnis einhergehenden Privilegs.[1115] Nur in **besonderen Ausnahmefällen** (terroristische Vereinigung) oder bei der **Notwendigkeit besonderer Schutzvorkehrungen gegen einen Missbrauch im Einzelfall**, insbesondere bei dem Verdacht, der Brief enthalte verbotene Einlagen, die mit den normalen Mitteln nicht entdeckt wurden, kann

---

1106 EGMR Malinen/FIN (E), 27.1.2015, § 32 (Grund der Zurückbehaltung des Briefes war nicht sein Text, sondern der Inhalt der Briefsendung; Drogenhund hatte angeschlagen; Aushändigung des Briefes erst nach zwei Jahren; Kenntnisgabe am Tag des Eingangs im Gefängnis) m.w.N.

1107 Vgl. *Grabenwarter/Pabel* § 22, 57 unter Hinweis auf EGMR A.B./NL, 29.1.2002, wonach die Gefängnisverwaltung Kosten für Schreibmaterial und Porto zu tragen hat; zur Pflicht des Staates, die Kosten einer Übersetzung zu übernehmen Art. 6 Rn. 1282, 1299.

1108 EGMR Gagiu/RUM, 24.2.2009, § 88.

1109 Vgl. EKMR bei *Strasser* EuGRZ 1988 535.

1110 Vgl. EGMR Puzinas/LIT (Nr. 2), 9.1.2007 (Disziplinarmaßnahme, weil Bf. sich schriftlich über die Gefängnisbedingungen beschwert und diesen Brief nicht wie vorgesehen über die Gefängnisverwaltung, sondern über nicht autorisierte Kanäle verschickt hatte); vgl. auch BVerfG StraFo **2009** 379.

1111 EGMR Campbell u. Fell/UK, 28.6.1984, EuGRZ **1985** 534; S./CH, 28.11.1991, NJW **1992** 3090 = ÖJZ **1992** 343 = EuGRZ **1992** 298; Erdem/D, 5.7.2001, NJW **2003** 1439 = EuGRZ **2001** 391, unter Hinweis auf die Wichtigkeit der unkontrollierten Kommunikation mit dem Verteidiger; Meyer-Ladewig/Nettesheim/von Raumer/*Meyer-Ladewig/Nettesheim* 96; vgl. auch *Grabenwarter/Pabel* § 22, 57 (allenfalls äußere Kontrolle des Inhalts durch Öffnen des Umschlags, am besten in Gegenwart des Gefangenen).

1112 Vgl. EGMR Porowski/PL, 21.3.2017, §§ 166 ff. (Zensurvermerken auf der Post an den Verteidiger).

1113 EGMR Michaud/F, 6.12.2012, § 118; R.E./UK, 27.10.2015, § 131 („strengthened protection"); Dudchenko/R, 7.11.2017, § 104.

1114 Vgl. hierzu EGMR Altay/TRK, 9.4.2019, § 51.

1115 EGMR Ekinci u. Akalin/TRK, 30.1.2007 (Vorwürfe gegen Vollzugsbeamte müssen mitgeteilt werden können, um gegen ein etwaiges Fehlverhalten effektiv vorgehen zu können); Petrov/BUL, 22.5.2008, § 43; Eylem Kaya/TRK, 13.12.2016, §§ 24–49; vgl. Empfehlungen der INGO-Konferenz, CONF/PLE(2017)RECC1 v. 27.1.2017 „zur Überwachung von Rechtsanwälten: die Notwendigkeit von Standards zum Schutz der Verschwiegenheitspflicht" und die Empfehlungen des CCBE zum „Schutz des Berufsgeheimnisses im Rahmen staatlicher Überwachungsmaßnahmen" vom Mai 2016.

auch diese Kontrolle als *notwendig* angesehen werden.[1116] Geht es nur um die Entdeckung von **Einlagen**, so hat sich die Briefkontrolle auf das Öffnen des Schreibens, ggf. im Beisein des Gefangenen, zu beschränken. Das **Lesen der Verteidigerpost** und die Zurkenntnisnahme des Inhalts bleiben weiterhin untersagt, sofern nicht der begründete Verdacht besteht, explizit der Inhalt sei strafbarer Natur bzw. gefährde die Gefängnissicherheit oder die Sicherheit anderer Personen. Diese Beurteilung hängt von den Gesamtumständen ab und setzt das Vorliegen von **Tatsachen oder Informationen** voraus, die aus der Sicht eines objektiven Beobachters den Missbrauch der Privilegierung belegen.[1117] Auch im Stadium eines sog. **„Anbahnungsverhältnisses"** (Begründung eines Mandats) ist Verteidigerpost vertraulich zu behandeln.[1118] Gleichfalls sind die zur Zeit eines Anbahnungsverhältnisses entstandenen Aufzeichnungen von Gesprächen zwischen dem Beschuldigten und seinem Verteidiger zu löschen (§ 160a StPO).[1119]

281   Die Zurverfügungstellung oder Benutzung ganz bestimmter Kommunikationsmöglichkeiten kann nicht beansprucht werden, solange sichergestellt ist, dass Kommunikation überhaupt in einem angemessenen Umfang stattfinden kann.[1120] Das Recht eines Vertragsstaates kann also vorsehen, dass der Rechtsanwalt seinen inhaftierten Mandanten nur brieflich, telefonisch[1121] oder durch persönlichen Besuch kontaktieren und nicht verlangen kann, dass eine an den Account der Haftanstalt gesandte E-Mail an den Gefangenen weitergeleitet wird.[1122]

1116   Vgl. EGMR Campbell/UK, 25.3.1992; Erdem/D, 5.7.2001 (Überwachung des Briefverkehrs mit Verteidiger nach § 148 Abs. 2 StPO); (GK) Öcalan/TRK, 18.3.2014 (Einschränkungen des Rechts auf vertrauliche Kommunikation mit dem Anwalt bei einem wegen Terrorismus Verurteilten); *Grabenwarter/Pabel* § 22, 57.

1117   EGMR Petrov/BUL, 22.5.2008, § 43; Tsonyo Tsonev/BUL, 1.10.2009, § 40; vgl. BVerfG NJW **2010** 2937 = StV **2010** 666; SK/*Meyer* 325; restriktiv auch: LG Oldenburg NStZ-RR **2022** 293 m. Anm. *Bode*. Unverständlich und hoffentlich ein einmaliger Ausrutscher hingegen EGMR Helander/FIN (E), 13.9.2013, §§ 14, 44, 55 (Anwalt hatte sich beschwert, dass eine an den Account des Gefängnisses geschickte und für den Mandanten, einen U-Häftling, gedachte E-Mail nicht weitergegeben wurde; Nachricht wurde ausgedruckt in die Verfahrensakte („pre-trial investigation report"/„file") genommen. Selbst wenn man das Ausdrucken der offen verschickten E-Mail dem Öffnen eines verschlossenen Briefes nicht gleichsetzen mag, so gerät die Begründung des EGMR grotesk: die Nachricht sei nicht „public" gemacht worden, da die Verfahrensakte „confidential" sei. Ferner meint der EGMR, die Aufnahme des Dokuments in die Akte sei notwendig gewesen, um die Beschwerde gegen die Nichtweitergabe bearbeiten zu können – entgegen der Ansicht des Gerichtshofs hätte es genügt, Eingang und Nichtweitergabe der E-Mail des Verteidigers in der Akte zu vermerken oder aber die diesbezügliche Beschwerde gleich als eigenes Verfahren zu betrachten, das mit der „pre-trial investigation" nichts zu tun hat.

1118   Zwar verkennt OLG München NStZ-RR **2012** 294 = StRR **2012** 348 = FS **2012** 364, dass das Anbahnungsverhältnis dazu führt, dass Post ungeöffnet an den Gefangenen weiterzuleiten ist, dennoch: Post sei ungeöffnet an den Rechtsanwalt zurückzusenden; zum Anbahnungsverhältnis SK/*Meyer* 325 m.w.N.

1119   BGH NJW **2014** 1314 m. Anm. *Roggan* = NStZ-RR **2014** 149 = StV **2014** 388 = CR **2015** 508.

1120   EGMR Ciupercescu/RUM (No. 3), 7.1.2020, § 105; Roth/D (E), 5.7.2022, § 7 (kein Anspruch auf Nutzung eines Computers zur Kommunikation bei Verfügbarkeit alternativer Kommunikations- bzw. Schreibmittel).

1121   Hierzu OLG Düsseldorf NStZ **2021** 110 = BeckRS **2019** 37308: Demnach ist ein Anspruch auf telefonischen Kontakt eines inhaftierten Mandanten zu seinem Verteidiger in Bezug auf das „Wie" seiner Durchführung nicht grenzenlos; er steht mit Blick auf die Aufrechterhaltung der Ordnung in der Haftanstalt „unter dem Vorbehalt des für die Anstalt organisatorisch Zumutbaren und Machbaren". Allerdings kann in Fällen, in denen dem Gefangenen in einem Gerichtsverfahren eine Frist zur Stellungnahme gesetzt wurde, es ihm nicht verwehrt werden, ein Telefongespräch mit seinem Verteidiger, dem ihm beigeordneten oder dem von ihm mandatierten Rechtsanwalt zu führen. Insoweit ist das Telefonat „dringlich" i.S.d. § 35 Abs. 1 Satz 1 BayStVollzG; Ermessensreduzierung auf Null: vgl. BayObLG Beschl. v. 29.6.2020 – 204 StObWs 102/20.

1122   EGMR Helander/FIN (E), 13.9.2013, §§ 51 ff., 54 (positiv: Anwalt unverzüglich informiert, dass Nachricht nicht weitergegeben würde).

Dass auch der Schutz der Kommunikation zwischen Verteidiger und dem noch nicht **282** rechtskräftig verurteilten Mandanten bei Art. 8 angesiedelt wird, darf nicht darüber hinwegtäuschen, dass es sich im Kern um ein klassisches **Verteidigungsrecht** handelt, dessen Schutzgehalt zwar prinzipiell auch über **Art. 6 Abs. 1** (faires Verfahren) zu erschließen wäre. Allerdings bietet die **Verhältnismäßigkeitsprüfung** im Rahmen von Art. 8 Abs. 2 gegenüber der **„Gesamtfairness"** des Art. 6 deutlich strengere Eingriffskriterien. Dem Betroffenen ist das jedoch nicht unbedingt nützlich, denn im Regelfall wird die Verletzung von Art. 8 nicht dazu führen, dass eine strafrechtliche Verurteilung als auf der Konventionsverletzung beruhend anzusehen ist, wohingegen dies bei einer Verletzung von Art. 6 Abs. 1 regelmäßig der Fall ist, so dass dann nur diese Feststellung einer Verletzung, nicht aber die Feststellung einer Verletzung von Art. 8 zur strafrechtlichen **Wiederaufnahme (§ 359 Nr. 6 StPO)** führen wird (Teil II Rn. 308 ff.).

Besondere Einschränkungen der Kommunikation von Inhaftierten mit ihren Verteidi- **283** gern ergaben sich durch Schutzmaßnahmen im Rahmen der **Corona-Pandemie**. So war die Kommunikation zuweilen nur noch unter stark erhöhten Schutzvorgaben möglich. In der JVA Berlin Moabit konnte die persönliche Kommunikation mit dem Verteidiger nur noch hinter einer Trennscheibe stattfinden; bei Kapazitätsengpässen (Trennscheibensprechraum) konnte ein Gespräch über ein Mobiltelefon stattfinden. Ob durch solche Maßnahmen ein auch in der Pandemie erforderliches **Maß an Vertraulichkeit** gewährleistet werden kann, ist durchaus zweifelhaft.[1123]

Einen Eingriff in Art. 8, der wohl kaum jemals zu rechtfertigen ist, stellt das Öffnen **284** oder gar Lesen des **Schriftwechsels eines Gefangenen mit dem EGMR dar.**[1124] § 29 Abs. 2 Satz 1 und 2 StVollzG bzw. Art. 32 Abs. 2 Satz 1 und 2 BayStVollzG (beispielhaft für die Landesvollzugsgesetze) sehen vor, dass Schreiben eines Strafgefangenen *an den EGMR* ausnahmslos unüberwacht bleiben. Voraussetzung ist, dass die Schreiben an den EGMR *„gerichtet sind"* und *„den Absender zutreffend angeben"*. Schreiben des EGMR **an den Gefangenen** sollen nur dann nicht der Überwachung unterliegen, *„wenn die Identität des Absenders zweifelsfrei feststeht"*. An die berechtigte Annahme solcher *Zweifel* sind hohe Anforderungen zu stellen, da der EGMR das Risiko, dass eine Person außerhalb der Anstalt Briefumschläge des Gerichtshofs kopiert und auf diese Weise verbotene Substanzen in die Haftanstalt bringt, für vernachlässigbar hält.[1125]

Vom **EuGH/EuG** wird die Wahrung der Vertraulichkeit der Kommunikation zwischen An- **285** walt und Mandant (,,legal professional privilege") in den Kontext der Verteidigungsrechte gestellt und ein **Offenlegungsverbot für den Schriftverkehr zwischen Anwalt und Mandant** als allgemeiner Rechtsgrundsatz aufgestellt.[1126] Das Offenlegungsverbot wurde vom EuG auf unternehmensinterne Dokumente erweitert, die den Verlauf eines Anwaltgesprächs wiedergeben oder intern über dieses informieren.[1127] Umstritten war die Frage, ob das Offenlegungsverbot nur für unabhängige Anwälte Geltung beansprucht. Das EuG hatte in diesem Sinne 2007 in der Rs. *Akzo* die im Urteil des EuGH in der Rs. *AM & S* wurzelnde Rechtsprechung be-

---

1123 Vgl. Stellungnahme der Vereinigung Berliner Strafverteidiger e.V., 30.3.2020, https://www.strafverteidi ger-berlin.de/corona-besuchsmoeglichkeiten-in-der-jva-moabit-finanzhilfen/.
1124 Dies gilt – natürlich – auch für Schriftverkehr eines nicht inhaftierten (potentiellen) Bf. mit dem EGMR.
1125 EGMR Peers/GR, 19.4.2001, §§ 79 ff., 84, Petkov/BUL, 9.12.2010, § 21; so bereits EGMR Campbell/UK, 25.3.1992, § 62 (Briefe der EKMR). In EGMR (GK) Idalov/R, 22.5.2012, §§ 197 ff., und Miroslaw Zielinski/PL, 20.9.2011, §§ 89 f., war das Öffnen der Briefe des EGMR bzw. an den EGMR sogar nach nationalem Recht verboten, also nicht *gesetzlich vorgesehen* gewesen, so dass sich die Frage nach der Rechtfertigung des Eingriffs nicht stellte.
1126 EuGH 18.5.1982, 155/79 (AM&S/Kommission), NJW **1983** 503.
1127 EuG 4.4.1990, T-30/89 (Hilti/Kommission), EuR **1991** 171.

stätigt.[1128] Der EuGH ist dem Ansatz gefolgt, der eine Zurückweisung des Rechtsmittels empfohlen hatte.[1129] Es bleibt daher bei der schon bislang anerkannten **Ausnahme** vom Offenlegungsverbot **zulasten von Syndikusanwälten**. Die nationale Rechtsprechung hat dem Syndikusanwalt bislang ebenfalls unter Hinweis auf die Position des EuGH den Schutz des anwaltlichen Schriftverkehrs, etwa vor Beschlagnahme, verwehrt.[1130]

286   **d) Positive Schutzpflichten.** Aus der Pflicht des Staates zur **Achtung** des Privatbereichs (Art. 8 Abs. 1) bzw. aus der **staatlichen Schutzpflicht** (Art. 17 Abs. 2 IPBPR) wird ferner hergeleitet, dass der Staat ausreichende gesetzgeberische und administrative Vorkehrungen zur Wahrung der Privatheit der Kommunikation gegen unbefugte Eingriffe Dritter treffen muss.[1131] Dies gilt besonders, wenn der Einzelne selbst nicht in der Lage ist, für einen entsprechenden Schutz zu sorgen, weil die private Korrespondenz als Beweismaterial beschlagnahmt und vom Staat verwahrt wird.[1132] Aus der Schutzpflicht kann aber kein Anspruch gegen den Staat auf Einrichtung von neuen Kommunikationswegen oder auf das Funktionieren der Postverbindungen hergeleitet werden.[1133]

5. Ehre und Ruf

287   **a) Schutzbereich und Eingriff.** Anders als Art. 8 EMRK nimmt Art. 17 Abs. 1 IPBPR schon in seinem Wortlaut auch die Ehre und den Ruf in seinen Schutzbereich mit auf;[1134] verboten sind allerdings nur **rechtswidrige Angriffe** („unlawful attacks"/„atteintes illégales").[1135] Aus der Entstehungsgeschichte wird hergeleitet, dass damit nur Eingriffe von einer **gewissen Erheblichkeit** gemeint sind, die **vorsätzlich** Ehre und Ruf eines anderen durch **unwahre Behauptungen** beeinträchtigen sollen.[1136] Die Äußerung wahrer Tatsachen, auch wenn sie für jemanden abträglich sind, sollte dadurch nicht verhindert werden.[1137] Bedeutung erlangt daher hier die genaue Abgrenzung zwischen Werturteil und Tatsachenbehauptung. Im Gegensatz zum ersteren ist die Tatsachenbehauptung dem Beweis zugänglich und kann somit wahr oder unwahr sein. Bei der Beurteilung, ob ein

1128 EuG 17.9.2007, T-125/03 u. T-253/03 (Akzo u.a./Kommission), EuR **2008** 514 m. Anm. *Weiß*.
1129 EuGH 14.9.2010, 550/07P (Akzo Nobel Chemicals Ltd.), NJW **2010** 3557; Schlussantrag GA v. 29.4.2010.
1130 LG Bonn NStZ **2007** 605; gegen diese Entwicklung schon *Roxin* NJW **1992** 1130; *ders.* NJW **1995** 17.
1131 *Frowein/Peukert* 49; *Nowak* 47; zur staatlichen Schutzpflicht vor privaten Eingriffen vgl. *Gaede* StV **2004** 46, 52; EGMR Buturugă/RUM, 11.2.2020, §§ 62, 79.
1132 Vgl. EGMR Craxi/I (Nr. 2), 17.7.2003, amtlich verwahrte private Korrespondenz als Grundlage für Medienberichte über Privatleben.
1133 EKMR bei *Bleckmann* EuGRZ **1981** 114, 121 (Nachsendung von Post).
1134 Zum Schutz von Ehre und Ruf als Teil des Privatlebens i.S.d. Art. 8: EGMR Polanco Torres u. Movilla Polanco/E, 21.9.2010, § 40; Ärztekammer für Wien u. Dorner/A, 16.2.2016 (Recht auf Schutz des guten Rufs); zusammenfassend dargestellt auch in EGMR Egill Einarsson/ISL, 7.11.2017, §§ 32 ff. m.w.N.
1135 Die amtliche deutsche Übersetzung mit „Beeinträchtigungen" ist zu weit, vgl. *Nowak* 51 ff.
1136 *Nowak* 53 ff.; siehe EGMR (GK) A./N, 9.4.2009, § 64; Axel Springer AG/D, 7.2.2012, EuGRZ **2012** 294 = NJW **2012** 1058 (damit Art. 8 einschlägig ist, muss ein Angriff auf den guten Ruf einer Person eine gewisse Schwere erreichen und in einer Weise erfolgen, die dem persönlichen Genuss des Rechts auf Achtung des Privatlebens abträglich ist: „certain level of seriousness"); Delfi AS/EST, 16.6.2015, § 137; Medžlis Islamske Zajednice Brčko u.a./BIH, 27.6.2017, § 76; Fuchsmann/D, 19.10.2017, § 30; Egill Einarsson/ISL, 7.11.2017, § 34; M.L u. W.W./D, 28.6.2018, § 88; zur geforderten Erheblichkeit auch: EGMR Behar u. Gutmann/BUL, 16.2.2021, § 73, NLMR **2021** 77.
1137 *Nowak* 53.

Werturteil oder eine Tatsachenbehauptung gegeben ist, obliegt den Staaten bzw. ihren nationalen Gerichten ein gewisser Einschätzungsspielraum.[1138]

Weitergehende gesetzliche Einschränkungen der durch Art. 19 IPBPR garantierten **288** Meinungsfreiheit sind zugunsten der Achtung der Rechte oder des Rufes anderer aber zulässig (Art. 19 Abs. 3 *lit.* a IPBPR; vgl. auch Art. 10 Abs. 2).

Unter **Ruf** ist die Einschätzung eines Menschen durch andere zu verstehen, was not- **289** wendig voraussetzt, dass die verletzende Handlung einer Mehrzahl anderer Personen oder der Öffentlichkeit bekanntwerden muss. Die persönliche Integrität („personal integrity") bleibt hiervon unabhängig.[1139] Bei der **Ehrverletzung** ist dies nicht der Fall, da die Ehre den Anspruch jedes Menschen auf Achtung seiner selbst umfasst, so dass eine Verletzung auch unter vier Augen erfolgen kann.[1140] Die Ehre kann auch durch Formalbeleidigungen oder eine sonstige erniedrigende Behandlung verletzt sein. Führt staatliches Handeln zu einer Verletzung von Art. 6 Abs. 2, so kann der Gerichtshof davon Abstand nehmen, eine Verletzung von Art. 8 zu untersuchen (vgl. zu Äußerungen des Gerichts über ein anhängiges Strafverfahren Rn. 96).[1141]

b) Positive Schutzpflichten. Art. 17 IPBPR verpflichtet den Staat und seine Organe, **290** selbst jeden Angriff auf Ruf oder Ehre einer Person durch die rechtswidrige Behauptung unwahrer Tatsachen zu unterlassen. Aus der ausdrücklichen Schutzpflicht des Absatzes 2 folgt ferner, dass der Staat durch entsprechende **gesetzgeberische Maßnahmen** dafür sorgen muss, dass der Einzelne auch gegen Angriffe privater Dritter ausreichend geschützt wird, wie dies der strafrechtliche Ehrenschutz und die zivilrechtlichen Regelungen ermöglichen. Die Erfüllung dieser sich auch auf das Verhältnis zwischen Privaten erstreckenden[1142] staatlichen Schutzpflicht kann aber auch erfordern, dass einzelne Staatsorgane (z.B. der Vorsitzende Richter, § 238 StPO) zugunsten des Ehrenschutzes eingreifen und Ehrverletzungen rügen und ihre Fortsetzung unterbinden.[1143] Dies gilt insbesondere im Falle von Äußerungen, die über die Grenzen der nach Art. 10 als zulässig zu erachtenden Kritik hinausgehen[1144] bzw. rein auf

1138 Siehe EGMR (GK) Pedersen u. Baadsgaard/DK, 17.12.2004, § 76; Mustafa Erdoğan u.a./TRK, 27.5.2014, § 36; Do Carmo de Portugal e Castro Câmara/P, 4.10.2016, § 31; Pinto Pinheiro Marques/P, 22.1.2015, § 43; Egill Einarsson/ISL, 7.11.2017, § 40.

1139 EGMR Karakó/H, 28.4.2009, § 23.

1140 *Nowak* 54.

1141 EGMR Gutsanovi/BUL, 15.10.2013, §§ 228 f.

1142 Vgl. zu diesen Schutzpflichten im Verhältnis zwischen Privaten EGMR (GK) Fernández Martínez/E, 12.6.2014, § 114; Egill Einarsson/ISL (Nr. 2), 17.7.2018, § 33; Vincent del Campo/E, 6.11.2018, § 37, NZA **2019** 441 m. Anm. *Keller* JM **2019** 428 (unterlassene Schutzmaßnahmen gegen eine rufschädigende Nennung mit vollem Namen in einem Urteil als Abschluss eines wegen des Vorwurfs des psychologischen Mobbings geführten Verfahrens, an dem der Betroffene – auch mangels Kenntnis – nicht beteiligt war).

1143 Siehe hierzu EGMR Lewit/A, 10.10.2019, § 87, NJW **2020** 901 (Verleumdung ehemaliger Häftlinge des KZ-Mauthausen; Verstoß gegen Schutzpflicht aus Art. 8 bejaht angesichts unzureichender rechtlicher Untersuchung im Verleumdungsprozess); vgl. auch EGMR Haupt/A, 2.5.2017, §§ 38 ff., AfP **2018** 38 (keine Verletzung von Art. 8 bei Nichtunterbindung der Äußerung eines Werturteils (Bf. sei „gewöhnlich von braunen Ratten umgeben"), wenn es lediglich in satirischer Form Kritik übt.

1144 EGMR Wegrzynowski u. Smolczewski/PL, 16.7.2013 (beim Schutz der Persönlichkeitsrechte durch einen rufschädigenden Artikel ist Recht des Journalisten nach Art. 10 zu berücksichtigen; zulässig, die Onlineversion eines Artikels im Internetarchiv eines Mediums zu belassen); vgl. hierzu BVerfG Beschl. v. 25.2.2020 – 1 BvR 1282/17 = BeckRS **2020** 6443 (zivilgerichtliche Zurückweisung eines Unterlassungsbegehrens gegen die Namensnennung des Bf. in einem Bericht aus einem Online-Archiv, aus dem sich ergibt, dass der Bf. Sohn des ehemaligen Oberbürgermeisters einer Stadt ist, keine Verletzung der informationellen Selbstbestimmung; kein Recht auf Vergessen); EGMR Alkaya/TRK, 9.10.2012 (Veröffentlichung der Adresse einer bekann-

die Diskriminierung[1145] anderer abzielen. Der Staat muss in diesen Fällen in Erfüllung seiner positiven Schutzpflichten ein faires Gleichgewicht („fair balance") zwischen dem Recht des Betroffenen auf Wahrung seines Privatlebens aus Art. 8 und dem Recht des anderen auf Meinungsfreiheit aus Art. 10 schaffen.[1146] Eine sich in diesem Zusammenhang ergebende Pflicht des Staates zum Tätigwerden,[1147] geht aber nicht so weit, dass der Staat die Medien zu verpflichten hätte, Betroffene über eine geplante Berichterstattung über ihr Privatleben vor der Veröffentlichung darüber zu informieren, so dass diese dann bereits präventiv ihre rechtlichen Möglichkeiten nutzen könnten.[1148] Auf den Schutz des guten Rufes kann sich nicht berufen, wer durch seine Handlungen, etwa durch die Begehung von Straftaten, in vorhersehbarer Weise selbst den Grund für den inkriminierten Akt, z.B. die rufschädigende Äußerung, gesetzt hat.[1149]

---

ten Schauspielerin durch Journalisten; Abwägung zwischen Art. 8 und Art. 10); Annen/D, 26.11.2015, NLMR **2015** 528 (Verteilung von Flugblättern mit Anprangerung „rechtswidriger" Schwangerschaftsabbrüche unter Nennung des vollen Namens von Ärzten; Zusammenhang zum Holocaust, Beitrag zur Debatte von öffentlichem Interesse; Persönlichkeitsrecht der Ärzte müsse hinter das Recht auf freie Meinungsäußerung zurücktreten); Genner/A, 12.1.2016, NLMR **2016** 50 (Spannungsverhältnis von Art. 8 und Art. 10; pietätlose Äußerung über eine kürzlich verstorbene Bundesministerin); Fuchsman/D, 19.10.2017, §§ 46, 51 ff. (keine Verletzung von Schutzpflichten bezüglich eines in der New York Times erschienenen, in Deutschland online abrufbaren Artikels; ausreichende Faktengrundlage; kein polemischer Inhalt); Egill Einarsson/ISL, 7.11.2017 (Veröffentlichung eines Bildes auf Instagram mit diffamierender Bildunterschrift „Fuck you raptist bastard" durch Dritten; kein fairer Ausgleich von Art. 8 und Art. 10); M.L. u. W.W./D, 28.6.2018, § 116 = NJW **2020** 295 = NVwZ **2020** 43 (Berichte über einen Strafprozess mit persönlichen Angaben zu den Tätern; lange Zeit nach Verurteilung im Internet zugänglich; kein Verstoß gegen Schutzpflichten Deutschlands); H./D, 27.11.2018 (Veröffentlichung eines Artikels, der herausstellt, Bf. lobe die Wertschätzung der Mutter im Dritten Reich; kein Verstoß); Mityanin u. Leonov/R, 7.5.2019, §§ 118, 120 f., NLMR **2019** 215 (Veröffentlichung eines Zeitungsberichts über Beteiligung an einer kriminellen Vereinigung; Verletzung von Schutzpflichten angesichts ausreichender Interessensabwägung verneint); Rodina/LET, 14.5.2020, §§ 132 ff., 135 (kein Überwiegen des Art. 10 bei Veröffentlichung der Lebensgeschichte, des Mädchennamens und eines Fotos der nicht prominenten Bf. in einer Zeitung); Mc Cann u. Healy/P, 20.9.2022, §§ 91 ff., 101 f. (Veröffentlichung eines Buches mit Verdächtigungen gegen die Bf.; Verstoß gegen Schutzpflichten verneint); (GK) Hurbain/B, 4.7.2023 (Anordnung der Anonymisierung des Namens eines Verursachers eines tödlichen Verkehrsunfalls in Zeitungsarchiv; Überwiegen von Art. 8 gegenüber Art. 10; Verhinderung der Schaffung eines „virtuellen Strafregisters").

1145 Vgl. EGMR (GK) Aksu/TRK, 15.3.2012 und Panayotova/BUL (E), 7.5.2019 (jeweils Diskriminierungen von Roma gerügt); Behar u. Gutmann/BUL, 16.2.2021, §§ 105 f., NLMR **2021** 77 (antisemitische Äußerungen eines Politikers; Verletzung von Art. 8 i.V.m. Art. 14).

1146 Vgl. EGMR Egill Einarsson/ISL, 7.11.2017, §§ 35 ff.; A/N, 9.4.2009, § 65; (GK) Aksu/TRK, 15.3.2012, §§ 62 ff.; Parfentyev/R, 3.11.2020, § 34; Mc Cann u. Healy/P, 20.9.2022, § 80; vgl. zum umgekehrten Fall einer Abwägung von Art. 8 und Art. 10 bei einer gerügten Verletzung von Art. 10 u.a.: EGMR Delfi AS/EST, 16.6.2015, § 138; Medžlis Islamske Zajednice Brčko u.a./BIH, 27.6.2017, §§ 79 f.; Bild GmbH & Co KG u. Axel Springer AG/D, 4.12.2018, §§ 28 ff., NJW **2019** 741; ferner: EGMR Axel Springer AG/D, 7.2.2012, §§ 84 ff.; Von Hannover/D, 7.2.2012, §§ 106 ff., wobei das Ergebnis der Abwägung zwischen den Interessen im Einzelfall jeweils immer das Gleiche bleibt, unabhängig davon ob Art. 8 von der einen Seite oder Art. 10 von der anderen Seite gerügt wurde; vgl. zu den **Kriterien der Abwägung** von Art. 8 mit Art. 10 (Rn. 85) sowie Art. 10 Rn. 54, 75 ff.

1147 EGMR Pfeifer/A, 15.11.2007, NJW-RR **2008** 1218 = ÖJZ **2008** 161; Petrenco/MOL, 30.3.2010.

1148 EGMR Mosley/UK, 10.5.2011, § 132; zu diesem Urteil *Jahn* GWR **2011** 290, *Frenzel* AfP **2011** 335; in diesem Urteil ist allgemein vom Privatleben und nicht speziell von der Ehre des Betroffenen die Rede, angesichts der großen Bedeutung des Rechts aus Art. 10 ist aber nicht davon auszugehen, dass der Staat bei besonders sensiblen, die persönliche Ehre betreffenden Inhalten die Medien verpflichten müsste, die Betroffenen vorab zu informieren; das Urteil *Mosley* enthält keine in diese Richtung gehende Andeutung.

1149 EGMR (GK) Gillberg/S, 3.4.2012, § 67; Mater/TRK, 16.7.2013, § 52; Axel Springer AG/D, 7.2.2012, EuGRZ **2012** 294 = NJW **2012** 1058.

EMRK
Artikel 9 Gedanken-, Gewissens- und Religionsfreiheit

(1) Jede Person hat das Recht auf Gedanken-, Gewissens- und Religionsfreiheit; dieses Recht umfasst die Freiheit, seine Religion oder Weltanschauung zu wechseln, und die Freiheit, seine Religion oder Weltanschauung einzeln oder gemeinsam mit anderen öffentlich oder privat durch Gottesdienst, Unterricht oder Praktizieren von Bräuchen und Riten zu bekennen.

(2) Die Freiheit, seine Religion- oder Weltanschauung zu bekennen, darf nur Einschränkungen unterworfen werden, die gesetzlich vorgesehen und in einer demokratischen Gesellschaft notwendig sind für die öffentliche Sicherheit, zum Schutz der öffentlichen Ordnung, Gesundheit und Moral oder zum Schutz der Rechte und Freiheiten anderer.

Art. 2 des 1. ZP-EMRK
Recht auf Bildung

Niemandem darf das Recht auf Bildung verwehrt werden. Der Staat hat bei Ausübung der von ihm auf dem Gebiet der Erziehung und des Unterrichts übernommenen Aufgaben das Recht der Eltern zu achten, die Erziehung und den Unterricht entsprechend ihren eigenen religiösen und weltanschaulichen Überzeugungen sicherzustellen.

IPBPR
Artikel 18

(1) Jedermann hat das Recht auf Gedanken-, Gewissens- und Religionsfreiheit. Dieses Recht umfaßt die Freiheit, eine Religion oder eine Weltanschauung eigener Wahl zu haben oder anzunehmen, und die Freiheit, seine Religion oder Weltanschauung allein oder in Gemeinschaft mit anderen, öffentlich oder privat durch Gottesdienst, Beachtung religiöser Bräuche, Ausübung und Unterricht zu bekunden.

(2) Niemand darf einem Zwang ausgesetzt werden, der seine Freiheit, eine Religion oder eine Weltanschauung seiner Wahl zu haben oder anzunehmen, beeinträchtigen würde.

(3) Die Freiheit, seine Religion oder Weltanschauung zu bekunden, darf nur den gesetzlich vorgesehenen Einschränkungen unterworfen werden, die zum Schutz der öffentlichen Sicherheit, Ordnung, Gesundheit, Sittlichkeit oder der Grundrechte und -freiheiten anderer erforderlich sind.

(4) Die Vertragsstaaten verpflichten sich, die Freiheit der Eltern und gegebenenfalls des Vormunds oder Pflegers zu achten, die religiöse und sittliche Erziehung ihrer Kinder in Übereinstimmung mit ihren eigenen Überzeugungen sicherzustellen.

Schrifttum (Auswahl)

Abel Die aktuelle Entwicklung der Rechtsprechung zu neueren Glaubens- und Weltanschauungsgemeinschaften, NJW **2001** 410; *ders.* Die Entwicklung der Rechtsprechung zu neueren Glaubens- und Weltanschauungsgemeinschaften, NJW **2003** 264; *Aras* Die Bedeutung der EMRK für den Grundrechtsschutz in der Türkei, ZEuS **2007** 219; *Battis/Pultmann* Was folgt für den Gesetzgeber aus dem Kopftuchurteil des Bundesverfas-

https://doi.org/10.1515/9783110275063-011

sungsgerichts? JZ **2004** 581; *Bausback* Religions- und Weltanschauungsfreiheit als Gemeinschaftsgrundrecht, EuR **2000** 261; Becci/Roy (Hrsg.), Religious Diversity in European *Prisons* Challenges and Implications for Rehabilitation (2015); *Bleckmann* Von der individuellen Religionsfreiheit des Art. 9 EMRK zum Selbstbestimmungsrecht der Kirchen (1995); *Blum* Die Gedanken-, Gewissens- und Religionsfreiheit nach Art. 9 der Europäischen Menschenrechtskonvention (1992); *Böckenförde* Kopftuchstreit auf dem richtigen Weg? NJW **2001** 723; *Böse* Die Glaubens- und Gewissensfreiheit im Rahmen der Strafgesetze, ZStW **113** (2001) 40; *de Wall* Die Lautsi-Entscheidungen des Europäischen Gerichtshofs für Menschenrechte, Jura **2012** 960; *Dörig* Auf dem Weg in ein Gemeinsames Europäisches Asylsystem, NVwZ **2014** 106; *Dujmovits* Der Schutz religiöser Minderheiten nach der EMRK, in: Grabenwarter/Thienel (Hrsg.), Kontinuität und Wandel der EMRK (1998) 139; *Frowein* Freedom of Religion in the Practice of the European Commission and Court of Human Rights, ZaöRV **46** (1986) 249; *Ganz* Das Tragen religiöser Symbole und Kleidung in der öffentlichen Schule in Deutschland, Frankreich und England (2009); *Goerlich* Distanz und Neutralität im Lehrberuf. Zum Kopftuch und anderen religiösen Symbolen, NJW **1999** 2929; *Globig* Die Lohengrin-Klausel des Grundgesetzes, ZRP **2002** 107; *Grabenwarter/Pabel* Das kirchliche Arbeitsrecht vor dem Europäischen Gerichtshof für Menschenrechte, KuR **2011** 55; *Häberle* Zwei konträre Entscheidungen desselben Gerichts zu einem italienischen Schulkreuz-Fall – Religionsfreiheit und staatliche Neutralität im Licht der Europäischen Menschenrechtskonvention, in: Häberle/ Hattler (Hrsg.), Islam – Säkularismus – Religionsrecht, Aspekte und Gefährdungen der Religionsfreiheit (2012) 121; *Heckel* Religionsunterricht für Muslime, JZ **1999** 741; *Hector* Zur Religionsfreiheit in der Rechtsprechung des Europäischen Gerichtshofs für Menschenrechte, FS Europa-Institut (2011) 249; *Heinig/Morlok* Von Schafen und Kopftüchern, JZ **2003** 777; *Hillgruber* Der deutsche Kulturstaat und der muslimische Kulturimport, JZ **1999** 538; *Hutzel* Religionsfreiheit in Deutschland – Gemeinsamkeiten, Unterschiede, Wechselwirkungen nach Art. 9 EMRK (2009); *Jung* Zum Verbot der Vollverschleierung – Zugleich Besprechung von EGMR, Urteil vom 1.7.2014, GA **2015** 35; Kadelbach/Parhisi (Hrsg.), Die Freiheit der Religion im europäischen Verfassungsrecht (2007); *Kimminich* Religionsfreiheit und Menschenrecht (1990); *Kirchhof* Die verfassungsrechtlichen Grundlagen des deutschen Kirchensteuersystems, Bochumer Schriften zum Steuerrecht **2004** 11; *Knüppel* Das Menschenrecht der Religionsfreiheit im Spannungsverhältnis zur Apostasiedoktrin in islamisch geprägten Staaten (2009); *Krimphove* Europa und die Religionen, KuR **2008** 89; Kohlhofer (Hrsg.), Religionsgemeinschaftenrecht und EGMR (2009); *Leitmeier* Das Kopftuchverbot für Rechtsreferendarinnen, NJW **2020** 1036; *Lücke* Zur Dogmatik der kollektiven Glaubensfreiheit, EuGRZ **1995** 651; *Melot de Beauregard* Ende eines Sonderwegs? – Zum Stand des kirchlichen Arbeitsrechts, NZA-RR **2012** 225; *Meyer-Ladewig/Petzold* Gerichtsverhandlung an Jom Kippur, NJW **2014** 3287; *Michael* Verbote von Religionsgemeinschaften, JZ **2002** 482; *Michl* Cadit crux? – Das Kruzifix-Urteil des Europäischen Gerichtshofs für Menschenrechte, Jura **2010** 690; *Mittag* Religiös und weltanschaulich motivierte Ernährung während des Vollzugs freiheitsentziehender Maßnahmen, FS **2023** 180; *Muckel* Die Rechtsstellung der Kirchen und Religionsgemeinschaften nach dem Vertrag über eine Verfassung für Europa, DÖV **2005** 191; *ders.* Kopftuchverbot für Referendarinnen verfassungsgemäß, JA **2020** 555; *Ohler/Weiß* Glaubensfreiheit versus Schutz von Ehe und Familie, NJW **2002** 194; *Ottenberg* Der Schutz der Religionsfreiheit im internationalen Recht (2009); *Pabel* Der Grundrechtsschutz für das Schächten in rechtsvergleichender Perspektive, EuGRZ **2002** 220; *dies.* Islamisches Kopftuch und Prinzip des Laizismus, EuGRZ **2005** 12; *Petzold* Die „Auffassungen" des UN-Menschenrechtsausschusses zum Schutze der Religionsfreiheit (2015); *Plum* Kirchliche Loyalitätsobliegenheiten im Lichte der Rechtsprechung des EGMR, NZA **2011** 1194; *Pulte* Ökumenischer Religionsunterricht? – Möglichkeiten und Grenzen aus der Perspektive von Kirchenrecht und Staatskirchenrecht, AfkKR **173** (2004) 441; *Reichold* Das deutsche Arbeitsrecht der Kirchen im Fokus des Europäischen Gerichtshofs für Menschenrechte, EuZA **2011** 320; *Roellecke* Die Entkoppelung von Recht und Religion, JZ **2004** 105; *Röper* Frau mit Kopftuch ungeeignet als Lehrerin und Beamte – Das Kopftuch als Teil der islamischen Bekleidungs- und Verhaltensvorschriften, VBlBW **2005** 81; *Sachs* Grundrechte und staatliche Neutralitätspflicht – Ausschluss religiös bedingten Kopftuchtragens für Rechtsreferendarinnen, JuS **2020** 992; *Sacksofsky* Die Kopftuch-Entscheidung – von der religiösen zur föderalen Vielfalt, NJW **2003** 3297; *Schnabel* Die Entwicklung der Religionsfreiheit in der Türkei im Spiegel zweier jüngerer Urteile, ZevKR **2008** 187; *Schwarz* Die karitative Tätigkeit der Kirchen im Spannungsfeld von nationalem Recht und Gemeinschaftsrecht, EuR **2002** 192; *Spiess* Verschleierte Schülerinnen in Deutschland und Frankreich, NVwZ **1993** 637; *Starck* Staat und Religion, JZ **2000** 1; *Stürz* Die staatliche Förderung der christlichen karitativen Kirchentätigkeit im Spiegel des europäischen Beihilferechts (2008); *Sydow* Religiöse Symbole im öffentlichen Dienst, ZG **2004** 313; *ders.* Moderator im Glaubensstreit: Der neutrale Staat in ungewohnter Rolle, JZ **2009** 1141; *Thüsing* Religion und Kirche in einem neuen Antidiskriminierungsrecht, JZ **2004** 172; *von*

Ungern-Sternberg Religionsfreiheit in Europa (2008); *Vachek* Das Religionsrecht der Europäischen Union im Spannungsfeld zwischen mitgliedstaatlichen Kompetenzreservaten und Art. 9 EMRK (2000); *Waldhoff* Kirchliche Selbstbestimmung und Europarecht, JZ **2003** 978; *Walter* Abschiebung in einen anderen Vertragsstaat der Europäischen Menschenrechtskonvention, JZ **2005** 788; *Weber* Kontroverse zum Rechtsschutz durch staatliche Gerichte im kirchlichen Amtsrecht, NJW **2003** 2067; *ders.* Religiöse Symbole in der Einwanderungsgesellschaft, ZAR **2004** 53; *Wilms* Amtshaftung der Kirche für Äußerungen ihrer Sektenbeauftragten, NJW **2003** 2070; *ders.* Glaubensgemeinschaften als Körperschaften des öffentlichen Rechts, NJW **2003** 1083.

Übersicht

1. Allgemeines —— 1
2. Überblick über den Inhalt der Garantien
   a) Gedankenfreiheit, Gewissensfreiheit, Religionsfreiheit —— 5
   b) Ausübung —— 23

   c) Religiöse und sittliche Erziehung der Kinder —— 27
3. Einschränkungen —— 30
4. Engere Grenzen des innerstaatlichen Rechts —— 47

1. Allgemeines. Die **Gedanken-, Gewissens- und Religionsfreiheit** ist ein in der **1** Würde des Menschen wurzelndes und für die selbstverantwortliche Lebensführung existentielles Grundrecht. Sie wird in Absatz 1 beider Konventionen jedermann gewährleistet. Dadurch ist sie zugleich auch eine der Grundlagen der auf dem Pluralismus der Anschauungen aufbauenden demokratischen Gesellschaft.[1] Die Konventionen übernehmen im Wesentlichen den **Art. 18** der **Allgemeinen Erklärung der Menschenrechte** vom 10.12.1948. Die Bedeutung der Religions- und Überzeugungsfreiheit und die Notwendigkeit, sie vor Diskriminierungen zu schützen, hat die UN-Generalversammlung in der **Erklärung über die Beseitigung aller Formen von Intoleranz und Diskriminierung aufgrund der Religion oder der Überzeugung** vom 25.11.1981[2] besonders hervorgehoben.

Die am 1.12.2009 in Kraft getretene **Charta der Grundrechte der Europäischen Union**[3] erkennt in Art. 10 Abs. 1 ebenfalls die Rechte auf Gedanken-, Gewissens- und Religionsfreiheit im gleichen Umfang und mit gleicher Tragweite an, wie sie auch in der EMRK garantiert sind (Art. 52 Abs. 1, 3 EUC). Art. 10 Abs. 2 EUC normiert ausdrücklich das in den Konventionen an anderer Stelle (Art. 4 Abs. 3 *lit.* b EMRK/Art. 8 Abs. 3 *lit.* c ii IPBPR) angesprochene **Recht auf Wehrdienstverweigerung** aus Gewissensgründen; dieses wird aber nur nach Maßgabe der staatlichen Ausführungsgesetze geschützt. **2**

Schon die frühere Europäische Gemeinschaft konnte bis 2009 aufgrund des **Art. 13** **3** **EGV** im Rahmen ihrer Zuständigkeiten **Diskriminierungsverbote** erlassen, die u.a. jede Diskriminierung aufgrund der Religion oder Weltanschauung verboten.[4] Für die Union bestimmt jetzt **Art. 19 AEUV**, dass unbeschadet der sonstigen Bestimmungen der Verträge der Rat im Rahmen der durch die Verträge auf die Union übertragenen Zuständigkeiten gemäß einem besonderen Gesetzgebungsverfahren und nach Zustimmung des Europäischen Parlaments einstimmig geeignete Vorkehrungen treffen kann, um Diskriminierungen aus Gründen des Geschlechts, der Rasse, der ethnischen Herkunft, der Religion oder

---

1 Vgl. EGMR Kokkinakis/GR, 25.5.1993, ÖJZ **1994** 59, § 31; *Grabenwarter/Pabel* § 22, 111; Meyer-Ladewig/Nettesheim/von Raumer/*Meyer-Ladewig/Schuster* Art. 9, 1.
2 General Assembly Resolution, Declaration on the Elimination of All Forms of Intolerance and of Discrimination Based on Religion or Belief, A/RES/36/55.
3 ABlEU Nr. C 303 v. 14.12.2007, S. 1, BGBl. 2008 II S. 1165; vgl. auch die Fassung aus dem Jahr 2000: ABlEG Nr. C 364 v. 18.12.2000 = EuGRZ **2000** 554.
4 Vgl. Richtlinie 2000/78/EG des Rates v. 27.11.2000 zur Festlegung eines allgemeinen Rahmens für die Verwirklichung der Gleichbehandlung in Beschäftigung und Beruf, ABlEG Nr. L 303 v. 2.12.2000, S. 16; vgl. dazu *Thüsing* JZ **2004** 172; *Waldhoff* JZ **2003** 976, 978.

Esser

der Weltanschauung, einer Behinderung, des Alters oder der sexuellen Ausrichtung zu bekämpfen.

4 **Art. 18 IPBPR** wird einerseits durch Art. 4 Abs. 2 IPBPR **notstandsfest** garantiert, andererseits durch Art. 20 Abs. 2 IPBPR eingeschränkt, wonach jedes Eintreten für nationalen, rassischen oder religiösen **Hass**, durch das zu Diskriminierung, Feindseligkeit oder Gewalt aufgestachelt wird, durch Gesetz zu verbieten ist. In Art. 15 Abs. 2 ist Art. 9 nicht unter den notstandsfesten Rechten aufgeführt; jedoch schließt Art. 15 Abs. 1 letzter Hs. jede Einschränkung aus, die im Widerspruch zu den sonstigen völkerrechtlichen Verpflichtungen der Vertragsstaaten steht, wozu in den Vertragsstaaten des IPBPR auch die Uneinschränkbarkeit der Religionsfreiheit gehört. Im Übrigen ist ein rechtfertigender Grund für eine staatliche Einschränkung der *inneren* Gedanken-, Gewissens- und Religionsfreiheit auch unter den Erfordernissen eines Notstands kaum denkbar. Für die Form der *äußeren* Religionsausübung erlauben ohnehin Art. 9 Abs. 2 EMRK/Art. 14 Abs. 3 IPBPR die erforderlichen Einschränkungen.

2. Überblick über den Inhalt der Garantien

5 **a) Gedankenfreiheit, Gewissensfreiheit, Religionsfreiheit.** Die **garantierten Freiheiten** umfassen, wie Art. 9 Abs. 1 EMRK/Art. 18 Abs. 1, 2 IPBPR mit unterschiedlichen Worten, aber im Wesentlichen inhaltlich übereinstimmend ausdrücken, die auch durch das Recht auf freie Meinungsäußerung (Art. 10 EMRK/Art. 19 IPBPR) nach außen besonders abgesicherte (innere) **Gedankenfreiheit** sowie die **Gewissensfreiheit**, die an sich die daneben besonders erwähnte **Religionsfreiheit** mit einschließt.

6 Art. 9 schützt in erster Linie den Bereich der persönlichen Weltanschauung und religiösen Bekenntnisse, also den Bereich, der als *forum internum* bezeichnet wird.[5] Art. 9 garantiert aber nicht immer das Recht, sich im öffentlichen Bereich so zu verhalten, wie es die persönliche Weltanschauung gebietet. Insbesondere der in Art. 9 Abs. 1 verwendete Begriff des „**Praktizierens**" erfasst *nicht jede* Handlung, die durch die jeweilige Weltanschauung motiviert oder von ihr beeinflusst wird.[6]

7 Das durch Art. 9 gewährte Recht auf Gewissensfreiheit, welches das Recht auf Ausbildung und Betätigung des Gewissens umfasst,[7] wird nicht unbegrenzt gewährt. Schon auf der Ebene des Schutzbereichs verlangt der EGMR, dass die betreffenden Ansichten („Weltanschauung") einen gewissen Grad an Stichhaltigkeit, Ernsthaftigkeit, Bedeutung und inneren Zusammenhang aufweisen müssen.[8]

8 Aus Art. 9 hatte der EGMR zunächst kein Recht auf **Verweigerung des Wehrdienstes** aus Gewissensgründen abgeleitet[9] und hierfür **Art. 4 Abs. 3 *lit.* b** als bestimmende Norm angeführt (dort Rn. 95). Das Recht auf Befreiung vom Wehr- und Zivildienst für **Funktionäre religiöser Gruppierungen** fiel dagegen seit jeher in den Anwendungsbereich von

---

5 EGMR Blumberg/D (E), 18.3.2008; *Grabenwarter/Pabel* § 22, 117; Karpenstein/Mayer/*von Ungern-Sternberg* 12.

6 EGMR Blumberg/D (E), 18.3.2008; Porter/UK (E), 8.4.2003; Zaoui/CH (E), 18.1.2001.

7 *Grabenwarter/Pabel* § 22, 115.

8 EGMR Blumberg/D (E), 18.3.2008 (Verweigerung der Vornahme einer medizinischen Einstellungsuntersuchung einer Auszubildenden wegen „möglicher Befangenheit"); (K) Bayatyan/ARM, 27.10.2009.

9 Vgl. EGMR Ülke/TRK, 24.1.2006 (Haft- und Geldstrafen wegen Wehrdienstverweigerung; wegen Verletzung des Art. 3 – erniedrigende Behandlung – keine gesonderte Prüfung des Art. 9 – Verurteilung und strafrechtliche Verfolgung als Wehrdienstverweigerer aus Gewissensgründen/pazifistische Einstellung); (GK) Bayatyan/ARM, 7.7.2011, NVwZ **2012** 1603, allerdings mit erheblichen Bedenken, was die Bezüge zu Art. 4 Abs. 2 angeht.

Art. 9, da es das angemessene Funktionieren dieser Gruppierungen gewährleisten soll.[10] In seiner neueren Rechtsprechung[11] negiert der EGMR aber die absolute Bindung an die in diesem Kontext bereits ergangenen Urteile, um weiterhin dem Idealbild des *„living instrument"* der EMRK[12] sowie den neueren Entwicklungen in den Vertragsstaaten bezüglich des Wehr- und Ersatzdienstes Rechnung zu tragen. So führt der Gerichtshof aus, dass in den 1980er und 1990er Jahren des vergangenen Jahrhunderts nahezu alle Konventionsstaaten ein Recht zur Wehrdienstverweigerung aus Gewissensgründen in ihre Rechtsordnungen integriert haben.[13] Daher nimmt der EGMR einen inzwischen gefestigten **Konsens der Vertragsstaaten** an. Demnach ist es nicht mehr angemessen, Art. 9 immer in Verbindung mit Art. 4 Abs. 3 zu lesen. Maßstab der Rechtmäßigkeitsprüfung einer Strafe oder Maßregel wegen einer **Verweigerung des Wehrdienstes aus Gewissensgründen** kann allein **Art. 9** sein, wenn die Verweigerung, Dienst an der Waffe zu leisten, als Ausdruck der Religions- und Gewissensfreiheit zu interpretieren ist. Dies ist dann der Fall, wenn der Betroffene darlegt, dass kriegerische Handlungen seiner gelebten und überzeugten Weltanschauung widersprechen und ihm eine schier untragbare Bürde abverlangten.[14] Steht dem Wehrdienst **kein entsprechender Ersatzdienst** gegenüber, gewährt Art. 9 in diesem Fall ausnahmsweise auch ein Recht zur Verweigerung. Dem Staat kommt in diesem Fall nur ein eingeschränktes Ermessen zu und er hat Einschränkungen überzeugend mit einer dringenden sozialen Notwendigkeit („pressing social need") zu begründen.[15] Es kann nicht zu Lasten des Verweigerers aus Gewissensgründen gehen, dass sein Heimatstaat kein Äquivalent zum Dienst an der Waffe vorsieht. Ein Versäumnis dieser Art schafft keinen angemessenen Ausgleich zwischen den Interessen der Gesellschaft als Ganzes und denen des Einzelnen und geht stets zu Lasten des Staates.[16] Besteht dagegen die **Möglichkeit einen Ersatzdienst zu leisten**, muss dieser jedoch eine **angemessene** Alternative darstellen, d.h. er darf insbesondere nicht der Abschreckung von der Wehrdienstverweigerung oder einer Bestrafung für eine solche Weigerung dienen.[17]

Wesentlich für die gesondert erwähnte **Religionsfreiheit** ist das Recht jedes Einzelnen, unbeeinflusst vom Staat nach eigener freier Wahl eine bestimmte Religion oder Weltanschauung[18] anzunehmen oder abzulehnen, sich privat und öffentlich zu einer bestimmten Religions- oder Weltanschauungsgemeinschaft zu bekennen, diese zu wechseln,[19] sich mit Gleichgesinnten zu einer neuen Gemeinschaft zusammenzuschließen,[20] seinen Glau- **9**

---

10 EGMR Löffelmann/A, 12.3.2009, NVwZ **2010** 823.
11 EGMR (GK) Bayatyan/ARM, 7.7.2011.
12 EGMR Tyrer/UK, 25.4.1978, EuGRZ **1979** 162 = NJW **1979** 1089.
13 EGMR (GK) Bayatyan/ARM, 7.7.2011 (zum streitigen Zeitpunkt waren nur noch vier Staaten, darunter Armenien, ohne entsprechende Regelung für das Verfahren der Kriegsdienstverweigerung aus Gewissensgründen).
14 EGMR (GK) Bayatyan/ARM, 7.7.2011 (zur ausreichenden Darlegung eines gläubigen Zeugen Jehovas, dass der Dienst an der Waffe seiner gelebten religiösen Anschauung diametral entgegensteht).
15 EGMR (GK) Bayatyan/ARM, 7.7.2011, § 123; Adyan u.a./ARM, 12.10.2017, § 65.
16 EGMR (GK) Bayatyan/ARM, 7.7.2011; Adyan u.a./ARM, 12.10.2017, § 66.
17 EGMR Adyan u.a./ARM, 12.10.2017, § 67; Aghanyan u.a./ARM, 5.12.2019, §§ 13 ff.
18 Zur Schwierigkeit der wegen der Gleichstellung nicht entscheidenden Abgrenzung zwischen einer ein Mindestmaß an Identifizierbarkeit erfordernden Religion und einer Weltanschauung: *Grabenwarter/Pabel* § 22, 116, 122. Art. 9 erfasst auch nicht-religiöse Weltanschauungen, vgl. *Nowak* 14.
19 Vgl. EKMR EuGRZ **1986** 648; zur Pflicht des Staates, den Austritt aus einer Religionsgemeinschaft zu ermöglichen, wenn diese keinen Austritt kennt, vgl. *Frowein/Peukert* 14; *Grabenwarter/Pabel* § 22, 121; BVerfGE **44** 49. Zur Entstehung der Fassung von Art. 18 Abs. 1 Satz 2 IPBPR, vgl. *Nowak* 13.
20 Zur religiösen Vereinigungsfreiheit vgl. BVerfGE **83** 341, 355 ff.; *Lücke* EuGRZ **1995** 651.

Esser

ben zu verbreiten,[21] oder über die Zugehörigkeit zu einer Gemeinschaft zu schweigen.[22] Die **negative Bekenntnisfreiheit** erlaubt es dem Einzelnen außerdem, solche Handlungen zu verweigern, die Rückschlüsse auf den jeweiligen Glauben zulassen.[23] So ist es etwa nicht mit Art. 9 zu vereinbaren, wenn ein Einzelner dem Gericht offenbaren muss, nicht einer bestimmten Religion anzugehören, um so einen anderen als den **religiösen Eid** schwören zu können.[24] Keinen Verstoß stellt dahingegen die Aufforderung dar, zu Zwecken der **Kirchensteuererhebung** seine Nichtzugehörigkeit zu einer Religion preiszugeben.[25] Die Angabe, nicht zu einer erhebungspflichtigen Religionsgemeinschaft zu gehören, tangiert zwar die negative Religionsfreiheit des Auskunftsgebers. Allerdings hat diese Auskunft nur minimalen Informationswert und wird zudem nicht außerhalb des Steuerverhältnisses publik gemacht. Die auferlegte Verpflichtung ist demnach als verhältnismäßig anzusehen und steht hinter dem verfassungsmäßig garantierten Recht der Kirchen und Religionsgemeinschaften auf Erhebung der Kirchensteuer zurück.

10   Wie das Nebeneinander von Religion und Weltanschauung zeigt, ist dieses Freiheitsrecht **weit auszulegen** und umfasst daher auch die Ansichten von Außenseitern und Sektierern. Erforderlich ist nur, dass ein Mindestmaß an geistigem Gehalt die Religion identifizierbar macht, wenn die Religionsfreiheit für ein bestimmtes Verhalten in Anspruch genommen wird.[26] Dass die Ansichten auch für Außenstehende rational einsichtig sind, ist dagegen nicht erforderlich. Aufgrund der **Verpflichtung des Staates zur Neutralität und Unparteilichkeit** ist dieser nicht befugt, darüber zu entscheiden, ob religiöse Anschauungen oder die Formen, in denen sie ausgedrückt werden, berechtigt oder sinnvoll sind.[27] Er darf deshalb auch nicht die Möglichkeit gemeinsamer Religionsausübung bestimmter Gruppen durch bürokratische Hemmnisse behindern.[28] Erst recht ist ihm untersagt, seinen Bürgern eine bestimmte Religion oder Weltanschauung aufzudrängen.[29] Dem Staat obliegt vielmehr die „**Rolle eines neutralen und unparteilichen Organisators**" der Ausübung verschiedenster Religionen und Glaubensrichtungen.[30]

---

21 EGMR Z. u. T./UK (E), 28.2.2006; hierzu EGMR Nasirov u.a./ASE, 20.2.2020 (ungerechtfertigte Festnahme von Mitgliedern der Glaubensgemeinschaft Zeugen Jehovas; Von Tür zu Tür Gehen mit jeweils nur kurzem Aufenthalt keine öffentliche Störung oder Störung der Privatsphäre Dritter).

22 Vgl. EGMR Alexandridis/GR, 21.2.2008; Sinan Isik/TRK, 2.2.2010; *Frowein/Peukert* 8; Karpenstein/Mayer/ *von Ungern-Sternberg* 25. Zum Inhalt der Religionsfreiheit vgl. Art. 1, 6 der General Assembly Resolution, Declaration on the Elimination of All Forms of Intolerance and of Discrimination Based on Religion or Belief, A/RES/36/55 v. 25.11.1981.

23 Vgl. EGMR Dimitras u.a./GR (Nr. 2), 3.11.2011, § 28; Stravropoulos/GR, 25.6.2020, § 44 (Erkennbarkeit aus der Geburtsurkunde, dass das Kind nicht getauft wurde; Verstoß gegen Art. 9).

24 EGMR Dimitras u.a./GR, 3.6.2010, § 88, NVwZ **2011** 863.

25 EGMR Wasmuth/D, 17.2.2011 (Pflichtangaben auf Lohnsteuerkarte), NVwZ **2011** 1503.

26 *Grabenwarter/Pabel* § 22, 116; Meyer-Ladewig/Nettesheim/von Raumer/*Meyer-Ladewig/Schuster* 5; vgl. BVerfG **83** 341, 353; *Hassemer/Hömig* EuGRZ **1999** 525, 526.

27 EGMR Kimlya u.a./R, 1.10.2009 (Scientology) m. Anm. *von Gall* OER **2010** 149, 150 ff.; Leyla Sahin/TRK, 10.11.2005, EuGRZ **2006** 28 = ÖJZ **2006** 424 = NVwZ **2006** 1389 = FamRZ **2006** 93 = DVBl. **2006** 167; Moskauer Unterorganisation der Heilsarmee/R, 5.10.2006, EuGRZ **2007** 24; Mirolubovs u.a./LET, 15.9.2009, NVwZ **2010** 1541.

28 EGMR Manoussakis u.a./GR, 26.9.1996, ÖJZ **1997** 352 (Behinderung der Zeugen Jehovas bei Verwendung eines Raumes für Gottesdienste).

29 EGMR Kjeldsen, Busk Madsen u. Pedersen/DK, 7.12.1976, NJW **1977** 487 = EuGRZ **1976** 478 (Sexualkundeunterricht); *Frowein/Peukert* 6; *Grabenwarter/Pabel* § 22, 120.

30 EGMR (GK) Sindicatul/RUM, 9.7.2013, § 165; S.A.S./F, 1.7.2014, § 127; Begheluri u.a./GEO, 7.10.2014, § 158; Ebrahimian/F, 26.11.2015, § 55; Migoryanu und Religionsgemeinschaft der Zeugen Jehovas der Stadt Izmail/ UKR, 12.11.2020, § 59.

Art. 18 Abs. 2 IPBPR stellt klar, dass insoweit **jeder Zwang verboten** ist. Dieses Verbot **11** erfasst auch indirekte Zwangsmittel, wie etwa sachlich nicht erforderliche rechtliche oder tatsächliche Erschwerungen des Religionswechsels oder die faktische Behinderung der Ausübung einer bestimmten Religion durch unnötige bürokratische Hürden.[31]

Öffentliche oder bürgerliche Rechte dürfen nicht von einer bestimmten Religionszuge- **12** hörigkeit abhängig sein;[32] diese darf auch nicht entgegen dem **Gleichbehandlungsgebot** des Art. 14 für eine Entscheidung über Vor- und Nachteile ausschlaggebend sein.[33]

Soweit der Staat im Bereich der **Bildung** und des **Unterrichts** tätig wird, verpflichten **13** ihn Art. 2 des 1. ZP-EMRK/Art. 18 Abs. 4 IPBPR, das Recht der Eltern zu achten, Erziehung und Unterricht ihrer Kinder entsprechend ihren eigenen religiösen und weltanschaulichen Überzeugungen sicherzustellen (Rn. 28).

Soweit die Garantien auch **kollektiv auszuübende Rechte** umfassen, können religiö- **14** se Zusammenschlüsse der Mitglieder, sowohl Kirchen als auch kleinere Gruppen, sie selbst geltend machen.[34] Für den Pluralismus in einer demokratischen Gesellschaft ist die **Autonomie religiöser Gemeinschaften** unentbehrlich. Sie gehört zum Wesensgehalt der Garantie, die Art. 9 einräumt.[35] Der Staat darf die Bildung solcher Zusammenschlüsse nicht behindern und ihre Anerkennung als Träger eigener Rechte nicht verweigern,[36] wobei sich für religiöse Gemeinschaften allerdings kein Anspruch auf einen ganz bestimmten Rechtsstatus, insbesondere keine öffentlich-rechtliche Rechtsform, ergibt.[37] Auch die Wartezeit für die Anerkennung ist in einem angemessenen Rahmen zu halten.[38] In jüngerer Zeit misst der EGMR die Verweigerung sowohl der Anerkennung als auch der Registrierung von Religionsgemeinschaften an der Vereinigungsfreiheit des **Art. 11** im Lichte des Art. 9.[39]

---

31 Hierzu: *Petzold* Die „Auffassungen" des UN-Menschenrechtsausschusses zum Schutze der Religionsfreiheit (2015).

32 *Nowak* 18.

33 EGMR Hoffmann/A, 23.6.1993, EuGRZ **1996** 648 = ÖJZ **1993** 853 = JBl. **1994** 465 m. Anm. *Fahrenhorst* EuGRZ **1996** 633; Lang/A, 19.3.2009 (Freistellung vom Militärdienst); *Frowein/Peukert* 9.

34 Vgl. *Frowein/Peukert* 11, auch zur Entwicklung der Spruchpraxis der EKMR; EGMR Canea Catholic Church/GR, 16.12.1997, ÖJZ **1998** 750, § 31; (GK) Cha'are Shalom Ve Tsedek/F, 27.6.2000, ÖJZ **2001** 774, § 72; zur Abgrenzung (Wirtschaftsunternehmen) siehe EGMR Firma EDV für Sie, EfS Elektronische Datenverarbeitung Dienstleistungs GmbH/D (E), 2.9.2014, § 31; ferner *Lücke* EuGRZ **1995** 651.

35 EGMR Moskauer Unterorganisation der Heilsarmee/R, 5.10.2006; Religionsgemeinschaft der Zeugen Jehovas u.a./A, 31.7.2008, ÖJZ **2008** 865 = NVwZ **2009** 509; Moskauer Zeugen Jehovas/R, 10.6.2010, NJOZ **2011** 1501 = NVwZ **2011** 1506 (Ls.); (GK) Fernández Martínez/E, 12.6.2014, NZA **2015** 533 u. Anm. *Lörcher* AuR **2014** 429, § 127.

36 *Grabenwarter/Pabel* § 22, 1234 unter Hinweis auf EGMR Église Métropolitaine de Bessarabie u.a./MOL, 13.12.2001; Moskauer Unterorganisation der Heilsarmee/R, 5.10.2006 (Verweigerung der notwendigen Registrierung der Satzungsänderung einer religiösen Organisation; Verlust ihres Status als juristische Person; dadurch Beschränkung der Ausübung religiöser Aktivitäten; Verletzung der Vereinigungs- und Religionsfreiheit); Svyato-Mykhaylivska Parafiya/UKR, 14.6.2007 (Weigerung der Behörden, die Änderung der Satzung einer orthodoxen Gemeinde, durch die diese sich einer anderen kirchlichen Gerichtsbarkeit unterstellt, anzuerkennen); (GK) İzzettin Doğan u.a./TRK, 26.4.2016, NVwZ-RR **2018** 1 (Verweigerung der Anerkennung der alevitischen Gemeinschaft ohne hinreichende Begründung).

37 EGMR Magyar Keresztény Mennonita Egyház u.a./H, 8.4.2014, § 91.

38 EGMR Religionsgemeinschaft der Zeugen Jehovas u.a./A, 31.7.2008 (längere Wartezeit auf Anerkennung als Religionsgemeinschaft nur bei neuen oder eher unbekannten Zusammenschlüssen zulässig).

39 EGMR Moskauer Unterorganisation der Heilsarmee/R, 5.10.2006; Religionsgemeinschaft der Zeugen Jehovas u.a./A, 31.7.2008; Kimlya u.a./R, 1.10.2009; Moskauer Zeugen Jehovas/R, 10.6.2010; Magyar Keresztény Mennonita Egyház u.a./H, 8.4.2014, § 77; Meyer-Ladewig/Nettesheim/von Raumer/*Meyer-Ladewig/Schuster* 23.

15   Dem Staat ist es versagt, einer Religionsgemeinschaft ein bestimmtes Oberhaupt auf-
zuzwingen.[40] Religiöse Gemeinschaften haben das **Selbstverwaltungsrecht**[41] und sind insoweit ebenfalls Grundrechtsträger,[42] sie unterliegen aber im Kernbereich ihres Wirkens
nicht den Bindungen, die staatlichen Organen aus der Pflicht zur Gewährleistung dieser
Freiheitsgarantien erwachsen, wie etwa der Neutralitätspflicht[43] oder religionsrelevanten
Diskriminierungsverboten.[44] Da religiöse Gemeinschaften gewöhnlich in der Form organisierter Strukturen existieren, sind diese im Lichte des Art. 11, welcher dem gesellschaftlichen Zusammenleben Schutz vor ungerechtfertigten staatlichen Eingriffen gewährt, zu
interpretieren.[45]

16   Der Einzelne kann gegen die religiöse Gemeinschaft, deren Mitglied er ist, weder aus
Art. 9 noch aus Art. 18 IPBPR ein persönliches Recht auf Anerkennung einer abweichenden
Glaubensauffassung oder auf Übertragung eines religiösen Amtes herleiten;[46] stimmt er
mit deren Auffassungen nicht überein, muss er notfalls austreten. Die ungehinderte Ausübung dieses **Individualrechts auf Austritt** muss der Staat durch Einräumung der Möglichkeit einer Austrittserklärung vor einer staatlichen Stelle sicherstellen, sofern die betroffene Religionsgemeinschaft dies nicht selber vorsieht.[47] Der Anspruch des einzelnen
Mitglieds auf **staatlichen Rechtsschutz** gegen Maßnahmen seiner eigenen Religionsgesell-
schaft, die dem Bereich der Religionsausübung und Glaubensfreiheit zuzurechnen sind,
wird bei der gebotenen Abwägung zwischen der staatlichen Justizgewährungspflicht und
der Gewährleistung kollektiver Glaubensfreiheit und der grundsätzlich zu beachtenden
Pflicht des Staates zur Neutralität meist zurücktreten.[48] Dies gilt auch bei den sog. „Staats-
kirchen".[49]

---

40   EGMR Heilige Synode der bulgarisch-orthodoxen Kirche u.a./BUL, 22.1.2009; Meyer-Ladewig/Nettesheim/
von Raumer/*Meyer-Ladewig/Schuster* 24.
41   Vgl. *Schwarz* EuR **2002** 192, 204; EGMR Oberster Heiliger Rat der muslimischen Gemeinde/BUL, 16.12.2004
(Erzwingen der einseitigen Festlegung der Führerschaft über die muslimische Gemeinde verletzt Art. 9).
42   Ob dies auch die karitative Tätigkeit miteinschließt, ist strittig, vgl. *Schwarz* EuR **2002** 192, 203.
43   Vgl. Sachs/*Höfling* Art. 1, 114 GG („Träger der Grundrechte, nicht deren Bindungsadressaten"); *Lücke*
EuGRZ **1995** 651, 656.
44   Vgl. zur Problematik mit dem Unionsrecht: *Thüsing* JZ **2004** 172; *Waldhoff* JZ **2003** 978.
45   EGMR Moskauer Unterorganisation der Heilsarmee/R, 5.10.2006; Religionsgemeinschaft der Zeugen Jehovas u.a./A, 31.7.2008; Heilige Synode der bulgarisch-orthodoxen Kirche u.a./BUL, 22.1.2009; (GK) Sindicatul
„Păstorul cel Bun"/RUM, 9.7.2013, NJOZ **2014** 1715 m. Anm. *Lörcher* AuR **2014** 31, §§ 136 ff.
46   Vgl. EKMR EuGRZ **1986** 648.
47   *Frowein/Peukert* 14; *Frowein* ZaöRV **46** (1986) 249, 256; *Grabenwarter/Pabel* § 22, 121.
48   Nach BGH NJW **2000** 1555; **2003** 2097 schränkt das Selbstbestimmungsrecht der Religionsgemeinschaften
die staatliche Rechtmäßigkeitskontrolle innerkirchlicher Maßnahmen ein; die staatliche Justizgewährungspflicht beschränkt sich auf eine Wirksamkeitskontrolle (Vereinbarkeit mit den Grundprinzipien der staatlichen Ordnung, Willkürverbot, ordre public). BVerfG NJW **2004** 3099 ließ dies offen. Vgl. zum Streitstand
auch *Lücke* EuGRZ **1995** 561 mit Hinweisen auf die Rechtsprechung der Verwaltungsgerichte; ferner zu den
Problemen des kirchlichen Arbeitsrechts *Thüsing* JZ **2004** 172; *Grabenwarter* KuR **2011** 55, *Melot de Beauregard* NZA-RR **2012** 225; *Reichold* EuZA **2011** 320; *Plum* NZA **2011** 1194; *Kreß* ZRP **2012** 103; *Reichold* ZTR **2012**
315.
49   Vgl. BVerfGE **18** 385, 387; **42** 312, 331 (Kirchen werden dadurch in ihrem eigentlichen Bereich nicht
zu Institutionen der mittelbaren Staatsverwaltung). Soweit den Religionsgemeinschaften in Randbereichen
staatliche Aufgaben übertragen sind (etwa Friedhofsverwaltung), üben sie grundrechtsgebundene Staatsgewalt aus, vgl. Sachs/*Höfling* Art. 1, 115 GG. Die Abgrenzung der staatlichen Rechtsgewährungspflicht von
der Autonomie der Kirchen ist vor allem im Bereich des Amtsrechts strittig, vgl. BVerwG NJW **2003** 2112;
BVerwGE **95** 379; **116** 86; BVerfG JZ **2004** 791 m. krit. Anm. *Goerlich*; BGH NJW **2000** 1559; *Weber* NJW **2003**
2067; *Waldhoff* JZ **2003** 978.

Esser   1296

Eine **Staatsreligion oder eine Staatskirche**, die manche Vertragsstaaten haben, wäh- 17
rend andere sie in ihrer Verfassung ausdrücklich verbieten,[50] ist mit dieser Freiheit nicht
unvereinbar. Es müssen aber neben der Staatsreligion auch andere Religionen zugelassen
werden können. Es darf daher kein direkter oder auch nur indirekter Zwang ausgeübt
werden, die Staatsreligion anzunehmen oder beizubehalten,[51] sich deren Riten zu unterziehen oder an sie Abgaben zu entrichten.[52] Eine vom Staat geregelte **Kirchensteuerpflicht** ist mit den Konventionsgarantien vereinbar, sofern der Einzelne frei ist, sich ihr
durch Aufgabe seiner Mitgliedschaft in der jeweiligen Religionsgemeinschaft zu entziehen.[53] Eine Benachteiligung des Einzelnen in seinen Konventionsrechten wegen seiner
Weltanschauung oder seiner Religionszugehörigkeit verstößt zugleich auch gegen die Diskriminierungsverbote der Art. 14 EMRK/Art. 2 Abs. 1, 26, 27 IPBPR,[54] die umgekehrt aber
auch den Staat verpflichten können, danach zu differenzieren, ob ein bestimmtes Verhalten religiös bedingt war.[55] Aus der Pflicht des Staates, die innere Überzeugung des Einzelnen zu respektieren und auch die Ausübung der mit ihr zusammenhängenden Gebräuche
innerhalb der auch hierfür geltenden allgemeinen Schranken nicht zu behindern, folgt
jedoch nicht, dass der Staat durch die Konvention verpflichtet ist, selbst besondere Organisationsformen für religiöse Gruppen vorzusehen.[56] Er muss ermöglichen, dass sich religiöse Zusammenschlüsse ungehindert bilden können,[57] im Übrigen steht es ihm aus der Sicht
der Konventionen frei, ob und in welchem Umfang er besondere Rechtsformen für den
Zusammenschluss von Glaubensgemeinschaften aufstellt, so vor allem, ob und unter welchen Voraussetzungen er eine Religionsgemeinschaft als Körperschaft des öffentlichen
Rechts anerkennen will.[58]

Schutzpflichten des Staates können sich aus seiner Verpflichtung ergeben, die Religi- 18
onsfreiheit aller seiner Bürger ohne jede Diskriminierung (Art. 14) zu achten und auch zu
gewährleisten.[59] Der Staat muss für den religiösen Frieden und für ein Klima der religiösen Toleranz in der Gesellschaft sorgen.[60] Er muss unter Umständen eingreifen, um sicherzustellen, dass alle Personen in seinem Herrschaftsbereich auch tatsächlich ihre Religion

---

50 Vgl. *Lücke* EuGRZ **1995** 651.

51 EGMR Masaev/MOL, 12.5.2009 (Auferlegung einer Geldstrafe wegen Ausübung einer nicht staatlich anerkannten Religion); *Nowak* 16; vgl. auch BVerfGE **44** 59, 66; **55** 32, 36.

52 EKMR bei *Strasser* EuGRZ **1990** 410 (Darby: Zwangsweise Einbeziehung in eine Aktivität für eine Religionsgemeinschaft); *Frowein/Peukert* 7.

53 *Villiger* 724; vgl. BGer EuGRZ **2001** 128 (Kirchensteuerpflicht für juristische Person). Zur Versagung einer
Steuerbefreiung unter Berücksichtigung von Art. 14: The Church of Jesus Christ of Latter-Day Saints/UK,
4.3.2014, NVwZ **2015** 277.

54 EGMR Darby/S, 23.10.1990, EuGRZ **1990** 504 = NJW **1991** 1404 = ÖJZ **1991** 392, wo wegen der gegen Art. 14
verstoßenden Verweigerung der Kirchensteuerermäßigung bei Wohnsitz im Ausland von einer Prüfung des
Art. 9 abgesehen wurde, während die EKMR (bei *Strasser* EuGRZ **1990** 410) in der gleichen Sache umgekehrt
verfuhr.

55 Vgl. EGMR Thlimmenos/GR, 6.4.2000, ÖJZ **2001** 518: Art. 14 i.V.m. Art. 9 verletzt, wenn der Staat ohne
objektive und vernünftige Rechtfertigung eine Differenzierung unterlässt, so dass die Verurteilung wegen
einer aus religiösen Gründen begangenen Tat (Zeuge Jehovas; Weigerung Uniform zu tragen) in gleicher
Weise wie echte kriminelle Verfehlungen die Ablehnung der Zulassung als Wirtschaftsprüfer begründet.

56 Dies schließt – meist historisch bedingte – Verpflichtungen aus dem innerstaatlichen Recht nicht aus.

57 Vgl. BVerfGE **83** 341, 355 ff.

58 Vgl. BVerfGE **102** 370 (Ablehnung bei Zeugen Jehovas); dazu *Abel* NJW **2001** 410; *Hillgruber* NVwZ **2001**
1347; *Wilms* NJW **2003** 1083.

59 So wird der Schutzbereich von Art. 9 berührt, wenn einem Missionar die Einreise verweigert wird, um
ihn an der Ausübung und Verbreitung seiner Religion zu hindern, vgl. EGMR Nolan u. K/R (E), 30.11.2006.

60 So auch *Frowein/Peukert* 10; *Grabenwarter/Pabel* § 22, 137.

Esser

frei und ungestört ausüben können[61] (Art. 1 EMRK/Art. 2 Abs. 1, 2 IPBPR). Die Religionsfreiheit jeder Gruppe findet eine Schranke dort, wo sie auch die **Religionsfreiheit einer anderen Gruppe** respektieren muss. Der Staat und seine Organe dürfen nicht tatenlos zusehen, wenn die von den Konventionen garantierten Freiheiten einem Teil der Bewohner durch dominante gesellschaftliche oder religiöse Gruppen faktisch verweigert werden. Er muss den Betroffenen zumindest die Möglichkeit eröffnen, gegen sie gerichtete **unberechtigte herabsetzende Äußerungen** anderer religiöser Gruppen gerichtlich vorzugehen,[62] und er muss in schwerwiegenden Fällen auch selbst eingreifen, um die Religions- und Glaubensfreiheit der betroffenen Gruppe oder den religiösen Frieden zu wahren und die gegenseitige Toleranz sicherzustellen. Aus Art. 9 kann aber nicht die Pflicht eines dritten Vertragsstaates hergeleitet werden, einem Flüchtling, der behauptet, aufgrund seiner Religionszugehörigkeit in seinem Heimatland verfolgt zu werden, **Asyl** zu gewähren, solange dieser nicht konkret gefährdet ist.[63]

19   Auch aus den in Art. 9 Abs. 2 EMRK/Art. 18 Abs. 3 IPBPR aufgeführten Gründen kann mitunter ein Eingreifen des Staates nicht nur zulässig, sondern zur Wahrung der Religionsfreiheit anderer Gruppen sogar geboten sein (Rn. 25 ff.). In schwerwiegenden Fällen kann es auch erforderlich sein, dass der Staat durch eigene Maßnahmen die religiösen Gefühle einer Gruppe seiner Bürger vor **Beleidigungen ihrer Religion** durch andere schützt.[64] Grundsätzlich hat der Staat dafür zu sorgen, dass in seinem Herrschaftsbereich die unterschiedlichen religiösen Anschauungen der verschiedenen Gruppierungen geachtet werden, dass die öffentliche Ausübung religiöser Gebräuche vor **gezielten Störungen Dritter**, auch durch andere religiöse Gruppen, gewährleistet ist,[65] und dass allen genügend Raum für eine religiöse Betätigung bleibt. Dieser Schutzpflicht kann der Staat u.a. durch die Einführung **administrativer oder strafrechtlicher Normen** nachkommen.[66] Des Weiteren muss der Staat die religiösen Überzeugungen des Einzelnen schützen;[67] dieser kann zwar nicht verlangen, dass er innerhalb der religiösen Gruppierung, der er angehört, völlig frei auch konträre Meinungen vertreten kann, sein Recht, sich von dieser Gruppierung zu trennen, muss der Staat aber sicherstellen (Rn. 16).

20   Eine **besondere Schutzpflicht** hat der Staat dort, wo er die Lebensführung des Einzelnen **besonderen Regelungen, Pflichten** oder gar **Zwängen** unterwirft, die notwendig auch Bereiche der Religionsausübung miteinschließen, wie etwa in der Schule, im Militär und in Strafvollzugsanstalten.[68] In diesen Lebensbereichen ist er verpflichtet, den davon Betroffenen durch **positive Maßnahmen** die Wahrnehmung ihrer Rechte aus den Konven-

---

61 EGMR Otto Preminger Institut/A, 29.9.1994, ÖJZ **1995** 154; Wingrove/UK, 25.11.1996, ÖJZ **1997** 714; 97 Mitglieder der Gldani Gemeinde der Zeugen Jehovas u. 4 andere/GEO, 3.5.2007; Karaahmed/BUL, 24.2.2015, NVwZ **2016** 1071.

62 Vgl. BGH NJW **2003** 1308 (Amtshaftung der Kirchen für Äußerungen ihres Sektenbeauftragten); dazu *Wilms* NJW **2003** 2070; *Frowein/Peukert* 10.

63 EGMR Z u. T/UK (E), 28.3.2006.

64 Vgl. EGMR Otto Preminger Institut/A, 29.9.1994 (Einschränkung des Art. 10 zum Schutz der religiösen Auffassungen anderer); dazu: *Frowein/Peukert* 10; *Grabenwarterl* ZaöRV **55** (1995) 128; *Grabenwarter/Pabel* § 22, 137; *Starck* JZ **2000** 1, 7 ff.; *Villiger* 730.

65 Zur Schutzpflicht des Staates vgl. BVerfGE **41** 29, 49; **52** 233, 240; **93** 1, 16; ÖVerfG EuGRZ **2001** 330.

66 Vgl. EGMR Migoryanu und Religionsgemeinschaft der Zeugen Jehovas der Stadt Izmail/UKR, 12.11.2020, § 62, §§ 75 ff. (Störung eines Treffens der Religionsgemeinschaft; Behauptung angeblicher Fehler bei der Identifizierung der Täter; übermäßige Verzögerung und unbegründete Einstellung des Strafverfahrens; Verstoß gegen Art. 9).

67 EGMR Kokkinakis/GR, 25.5.1993, § 31.

68 Vertiefend: Becci/Roy (Hrsg.), Religious Diversity in European Prisons Challenges and Implications for Rehabilitation (2015); *Funsch* Seelsorge im Strafvollzug (2015).

Esser   1298

tionsgarantien zu ermöglichen.[69] So muss er sicherstellen, dass das Recht der Eltern auf Erziehung der Kinder entsprechend ihren eigenen religiösen oder weltanschaulichen Überzeugungen (Art. 2 des 1. ZP-EMRK/Art. 18 Abs. 4 IPBPR) geachtet wird. Soweit wegen der besonderen Lage Einschränkungen der Religionsausübung erforderlich sind, müssen diese sich auf das nach der jeweiligen Sachlage Notwendige beschränken.

Unter besonderen Umständen sind auch **Private** zum Schutz der individuellen Religi- **21** onsausübungsfreiheit angehalten, insbesondere wenn sich der Betreffende als Angestellter oder sonstiger Arbeitnehmer in ihrer Obhut befindet. So kann eine Fluggesellschaft einer Mitarbeiterin (Stewardess), die neben ihrer gewöhnlichen Uniform eine Kette mit einem Kreuzanhänger tragen möchte, dieses nicht mit Hinweis auf die Wahrung des Unternehmensimages untersagen, wenn der Anhänger diskret ist und auch sonst weder die Erkennbarkeit des Unternehmenslogos noch andere Spezifika des Unternehmers verändert oder unkenntlich macht.[70] Wird eine Person aus diesen Gründen vom Dienst freigestellt, stellt dies einen Verstoß gegen Art. 9 dar.

Kein Verstoß gegen Art. 9 ist darin zu sehen, dass eine im öffentlichen Dienst stehende **22** **Standesbeamtin** im Rahmen der ihr zugewiesenen Arbeit auch **gleichgeschlechtliche Lebenspartnerschaften** einzutragen hat. Zwar mag dies ihren persönlichen religiösen Anschauungen widersprechen, jedoch betont der EGMR, dass die Gebietskörperschaft, in der die Bf. beschäftigt war, es sich zum Ziel gemacht hatte, Diskriminierungen abzubauen. Im Interesse dieser Politik ist auch ein solches Verlangen gegenüber einer Standesbeamtin gerechtfertigt, obwohl die gleichgeschlechtlichen Lebenspartnerschaften erst als Rechtsform eingeführt wurden, als die Bf. bereits Standesbeamtin war, und obwohl sich die Bf. damit letztlich wegen Unerfüllbarkeit ihrer Arbeit aus religiösen Gründen zur Kündigung gezwungen sah.[71] Gleiches gilt bei einem angestellten **Psychotherapeuten**, der aus religiösen Gründen u.a. keine gleichgeschlechtlichen Paare hinsichtlich ihres Sexuallebens beraten möchte.[72]

b) Ausübung. Das allgemeine Recht auf Gedanken-, Gewissens- und Religionsfreiheit **23** wird durch das Recht auf **private** oder **öffentliche Ausübung der Religion oder Weltanschauung** allein oder in Gemeinschaft mit anderen ergänzt (Art. 9 Abs. 1 2. Hs. 2 EMRK/ Art. 18 Abs. 2 Satz 2 IPBPR).[73] Als Formen der Ausübung und Bekundung der Religion bzw. der Weltanschauung wird neben dem **Gottesdienst** und dem **Unterricht** im Sinne der Vermittlung der religiösen Lehren der jeweiligen Religionsgemeinschaft[74] auch das **Praktizieren von Bräuchen und Riten** (*„practice and observance"/„les pratices et l'accomplissement des rites"*) besonders angeführt.[75] Damit sollen die meist aus alten Bräuchen über-

---

69 *Villiger* 730.

70 EGMR Eweida u.a./UK, 15.1.2013, NJW **2014** 1935.

71 EGMR Eweida u.a./UK, 15.1.2013, §§ 102 ff.; *Lembke* HRN **2013** 84 weist zutreffend darauf hin, dass weder das Urteil noch das abweichende Sondervotum zweier Richter deutlich machen, dass es in dem entschiedenen Fall um die Pflicht von Verwaltungsbediensteten zur Anwendung von demokratisch zustande gekommenen und u.a. EMRK-konformen Gesetzen geht (durch diese Pflicht ist nach Ansicht des abweichenden Sondervotums die Bf. in ihrer Gewissensfreiheit verletzt).

72 EGMR Eweida u.a./UK, 15.1.2013, §§ 107 ff. (Bf. wusste allerdings zum Zeitpunkt seiner Anstellung, dass sich unter den Kunden des Arbeitgebers auch gleichgeschlechtliche Paare befanden).

73 Vgl. auch EGMR Kosteski/MAZ, 13.4.2006, NZA **2006** 1401; Ahmet Arslan u.a./TRK, 23.2.2010.

74 Gemeint ist hier die religionsinterne Unterweisung und nicht der schulische Unterricht i.S.d. Art. 18 Abs. 4 IPBPR (Rn. 27), Art. 2 des 1. ZP-EMRK; *Grabenwarter/Pabel* § 22, 118.

75 Die Tragweite dieser Umschreibung möglicher Formen der Religionsbekundung ist noch wenig geklärt; sie umfassen nach Ansicht der EKMR auch Handlungen zur Bekundung einer nichtreligiösen Weltanschauung; vgl. *Frowein/Peukert* 18 f.; *Nowak* 25; ferner Art. 1 und 6 der Erklärung der General Assembly Resolution,

kommenen besonderen Formen des religiösen Brauchtums geschützt werden,[76] aber auch neue, sich erst entwickelnde Formen religiöser Rituale fallen hierunter, selbst wenn nur ein kleiner Personenkreis sie praktiziert. Eine geplante Pilgerreise kann eine **Terminverschiebung in einem Strafverfahren** erforderlich machen.[77]

24   Es werden aber nicht alle Handlungen geschützt, die im Einzelfall religiös oder weltanschaulich motiviert sind, sondern nur solche, bei denen der **Ausdruck der jeweiligen Religion oder Weltanschauung** in einem deutlich auf sie bezogenen Verhalten in Erscheinung tritt,[78] wie etwa bei Veranstaltungen zur gemeinsamen Religionsausübung, bei den herkömmlichen Prozessionen oder beim Läuten der Kirchenglocken.[79] Die Weigerung, allgemeine Bürgerpflichten zu erfüllen, wird nicht von Art. 9 erfasst.[80] Ebenso wenig gewährt Art. 9 das Recht auf eine **Aufenthaltsgenehmigung zum Zwecke der Berufsausübung** bei einer religiösen Vereinigung in einem Konventionsstaat.[81]

25   Die Abgrenzung der intersubjektiv als Religionsausübung oder Ausdruck einer Weltanschauung einzureihenden Handlungen von denen, die nur von einem persönlichen Motiv eines Einzelnen mitbestimmt werden, kann schwierig sein. In dem für das öffentliche Leben maßgebenden Bereich lösen sich die Fragen aber vielfach dadurch, dass andernfalls auch andere, mitunter weiter reichende Konventionsrechte (insbes. Art. 8, 10 oder 11 EMRK/Art. 17, 19, 21, 22 IPBPR) einschlägig sind und dass der Staat in diese meist aus den gleichen Gründen, wie bei Art. 9 Abs. 2 EMRK bzw. Art. 18 Abs. 3 IPBPR eingreifen und die Wahrnehmung dieser Rechte unter bestimmten Voraussetzungen sogar verbieten darf.

26   Kritische **Verlautbarungen staatlicher Stellen** über bestimmte Religionsgemeinschaften sind mit der staatlichen Neutralitätspflicht vereinbar, sofern die zuständigen staatlichen Organe sich darauf beschränken, in Erfüllung der ihnen zugewiesenen Aufgaben zu negativen Tendenzen bestimmter religiöser Gruppierungen auf der Grundlage objektiver Tatsachen Stellung zu nehmen und öffentlich vor den davon ausgehenden Gefahren zu **warnen**,[82] sofern dies zum Schutz der Bevölkerung oder bestimmter Gruppierungen **erforderlich** erscheint. Zu wahren sind bei solchen Verlautbarungen aber stets **Zurückhaltung** und **Sachlichkeit**; jede mit der staatlichen **Neutralitätspflicht** unvereinbare parteiergreifende Einmischung ist zu vermeiden.[83] Zwar kann der staatlichen Informationstätigkeit durchaus die Qualität eines Eingriffs zukommen.[84] Die Anforderungen an eine formell-gesetzliche Grundlage sind vom BVerfG aber aufgeweicht worden. Anstelle einer besonderen gesetzlichen Ermächtigung soll bei einer mittelbar-faktischen Grundrechtsbeeinträchtigung schon die **„verfassungsunmittelbare Aufgabe der Staatsleitung"** ausreichen.[85]

Declaration on the Elimination of All Forms of Intolerance and of Discrimination Based on Religion or Belief, A/RES/36/55 v. 25.11.1981; eine Verhaltensweise, die keine in der jeweiligen Religionsgemeinschaft übliche Praxis darstellt, ist allerdings keine Ausübung eines religiösen Brauchs.

76 Dazu kann auch die Art und Weise der Bestattung eines Menschen gehören, vgl. EGMR Polat/A, 20.7.2021, §§ 54 f. (postmortale Sezierung einer Kinderleiche gegen den Willen der Eltern verhinderte die nach muslimischem Glauben vorgesehene Beerdigung eines unversehrten Körpers; Verstoß gegen Art. 9 und Art. 8).
77 LG München I StraFo **2011** 95 (Pilgerreise nach Mekka).
78 *Frowein/Peukert* 20; *Grabenwarter/Pabel* § 22, 119; vgl. auch EGMR Leyla Sahin/TRK, 10.11.2005.
79 Vgl. BK-GG/*Mückl* Art. 4, 146 GG; Mangoldt/Klein/Starck/*Starck* Art. 4, 57; BVerwGE **68** 68.
80 *Grabenwarter/Pabel* § 22, 119; siehe auch: OGH Beschl. v. 27.9.2017 – 1Ob155/17a.
81 EGMR El Majjaoui u. Stichting Touba Moskee/NL, 20.12.2007.
82 Vgl. EGMR Leela Förderkreis e.V. u.a./D, 6.11.2008, NVwZ **2010** 177.
83 Vgl. BVerfGE **105** 279, 295 ff.; BVerfG NJW **2002** 3458; EuGRZ **2002** 448; BVerwG JZ **1989** 977 (Transzendentale Meditation); *Frowein* ZaöRV **46** (1986) 249, 259.
84 OK-GG/*Germann* 1.6.2010, Art. 4, 45 GG; Sachs/*Kokott* Art. 4, 124 ff. GG.
85 BVerfGE **105** 279, 301 ff.

c) Religiöse und sittliche Erziehung der Kinder. Art. 18 Abs. 4 IPBPR verpflichtet 27
die Vertragsstaaten außerdem, die **Freiheit der Eltern** und sonstigen Erziehungsberechtigten zu achten, die **religiöse und sittliche Erziehung** ihrer Kinder in Übereinstimmung
mit ihren eigenen Überzeugungen sicherzustellen.[86] Die gleiche Verpflichtung begründet
Art. 2 Satz 2 des 1. ZP-EMRK, wonach der Staat bei der Erfüllung der übernommenen
Unterrichts- und Bildungsaufgaben dem Recht der Eltern auf Erziehung und Unterrichtung
ihrer Kinder gemäß ihren eigenen religiösen und weltanschaulichen Überzeugungen Rechnung tragen muss. In welcher Form diese Verpflichtung erfüllt werden kann, ist den staatlichen Organen überlassen, die in einer pluralistischen Gesellschaft flexible Lösungen finden müssen, die der Verpflichtung zum Schutz verschiedener religiöser Gruppierungen
Rechnung tragen.[87] Auch hier können sich Grenzen bei einer durch Abwägung zu lösenden
Kollision mit vorrangigen Schutzgütern ergeben.[88]

Dieses Recht wird aber nicht schon dadurch angetastet, dass der Staat gegen den 28
Willen von Eltern ein Kind von Sektenangehörigen nicht von der Teilnahme an einer
Schulparade aus Anlass eines nicht religionsbezogenen Staatsfeiertages freistellt, weil ihr
Glaube die Teilnahme an einer Gedächtnisfeier für einen Krieg verbiete,[89] oder einen
(objektiv gehaltenen) **Sexualkundeunterricht** in der Schule vorsieht.[90] Allerdings ist der
Stundenplan für den allgemeinen Unterricht insgesamt so aufzustellen, dass die vermit-
telten Lerninhalte in objektivierter, kritischer und pluralistischer Art vermittelt werden.
Die Grenze zur **unzulässigen Indoktrination** ist sowohl bei religiösen als auch bei anderweitig weltanschaulichen Lerninhalten erreicht, wenn gezielt auf einseitige Vermittlung,
d.h. ohne Berücksichtigung etwaiger abweichender Ansichten der Erziehenden, auf die
Schutzbefohlenen eingewirkt wird. Wird Sexualkundeunterricht in der Absicht abgehalten, Toleranz für zwischenmenschliche Beziehungen und die sexuelle Selbstbestimmung
Dritter zu fördern sowie Ängste und Sorgen vor dem anderen Geschlecht zu beheben,
steht dies den Prinzipien des Pluralismus und der Objektivität nicht entgegen.[91]

Auch bei möglicher und fakultativer **Teilnahme der Schüler an nicht religiösen** 29
Festen (z.B. Karneval) ist das Recht der Eltern, ihre Kinder dennoch im Sinne ihrer eigenen Ansichten zu erziehen, nicht betroffen. Ihre natürliche Funktion als Erzieher und
Berater ihrer Kinder bleibt somit auch bei sonstigen Aktivitäten innerhalb der Schule, wie
etwa Theateraufführungen oder Arbeitsgruppen gewahrt, da immer noch die Möglichkeit
besteht, nach und außerhalb der Schule von Elternseite auf die Kinder einzuwirken und
die gemachten Erfahrungen mit den jeweiligen Weltanschauungen und religiösen Grundsätzen abzugleichen.[92]

---

86 Dort als Recht der Eltern, nicht der Kinder garantiert; vgl. EGMR Olsson/S, 24.3.1988, EuGRZ **1988** 591.
87 Vgl. EGMR Campbell u.a./UK, 25.5.1982, EuGRZ **1982** 153 (kein Schulausschluss, weil Eltern körperliche
Strafen ablehnen); Folgerø u.a./N, 29.6.2007, NVwZ **2008** 1217 (verpflichtende Teilnahme an christlichem
Religionsunterricht; Art. 2 des 1. ZP-EMRK verletzt; Art. 9 nicht gesondert geprüft); vgl. ferner EGMR Appel-
Irrgang u.a./D (E), 6.10.2009, EuGRZ **2010** 177 (Berliner Ethikunterricht konventionskonform); zur eventuellen
Freistellung vom Religionsunterricht vgl. Rn. 36.
88 Vgl. BVerfG NJW **2002** 206; dazu *Ohler/Weiß* NJW **2002** 194. Vgl. auch das zur Personensorge unter dem
Blickwinkel des Art. 8 ergangene Urteil des EGMR Hoffmann/A, 23.6.1993 (religiös begründete Verweigerung
der Bluttransfusion durch die Mutter); dazu *Frowein/Peukert* 9; *Fahrenhorst* EuGRZ **1996** 648.
89 EGMR Valsamis/GR, 18.12.1996, ÖJZ **1998** 114.
90 Vgl. EGMR Kjeldsen, Busk Madsen u. Pedersen/DK, 7.12.1976; Jimenez Alonso u.a./E, 25.5.2000; vgl. Art. 2
des 1. ZP-EMRK; Rn. 90.
91 EGMR Dojan u.a./D (E), 13.9.2011.
92 EGMR Dojan u.a./D (E), 13.9.2011.

Esser

30 **3. Einschränkungen.** Im Gegensatz zum höchstpersönlichen Recht auf interne Gedanken-, Gewissens- und Religionsfreiheit ist die Freiheit der Ausübung nicht absolut garantiert, sondern gemäß Art. 9 Abs. 2 EMRK/Art. 18 Abs. 3 IPBPR beschränkbar.[93] **Ausübung und Bekundung** der Religion oder Weltanschauung können **durch Gesetz**[94] eingeschränkt werden,[95] wenn dies zum Schutz der öffentlichen Sicherheit und öffentlichen Ordnung,[96] Gesundheit[97] und Moral oder zum Schutze der Rechte und Freiheiten anderer[98] (IPBPR „Grundrechte und Grundfreiheiten anderer"[99]) notwendig ist (Art. 9 Abs. 2 EMRK/Art. 18 Abs. 3 IPBPR).[100] Einer gesetzlichen Eingriffsgrundlage bedarf es nur dann nicht, wenn sie nicht den praktischen Bedürfnissen entspricht, sondern diese vielmehr beeinträchtigt, *und* eine gefestigte sowie zugängliche Rechtsprechung, die als Ermächtigungsgrundlage dienen kann, vorhanden ist.[101]

31 Bei **verfassungsfeindlichen gewaltbereiten religiösen Gruppierungen** kann der Schutz der öffentlichen Sicherheit und Ordnung deren Verbot rechtfertigen.[102] Die Eingriffe des Staates müssen stets in **einer demokratischen Gesellschaft notwendig** sein, insbesondere dürfen sie nicht **außer Verhältnis** zu dem mit ihnen verfolgten Ziel stehen.[103]

---

93 *Frowein/Peukert* 1, 29; vgl. EGMR Kokkinakis/GR, 25.5.1993, § 33; hierzu und zu zwei weiteren die Zeugen Jehovas in Griechenland betreffenden Urteilen: EGMR Manoussakis u.a./GR, 26.9.1996; Valsamis/GR, 18.12.1996; *Fahrenhorst* EuGRZ **1996** 633.

94 Insoweit gelten hier die gleichen Voraussetzungen wie bei Art. 8 Abs. 2 und Art. 10 Abs. 2; mangels gesetzlicher Grundlage ist der Eingriff rechtswidrig, auf das „dringende soziale Bedürfnis" kommt es dann nicht mehr an: EGMR Boychev u.a./BUL, 27.1.2011, §§ 52 f.; nach KG NStZ-RR **2013** 156 gibt es „keine mit dem Gesetz und dem Verfassungsrecht vereinbare Grundlage, einer Person, allein auf Grund des Umstandes, dass sie ein religiös motiviertes Kleidungsstück trägt, die Fähigkeit, das Schöffenamt zu bekleiden, abzusprechen.", so dass die Verfahrensrüge nach § 338 Nr. 1 StPO, mit der die Unfähigkeit zur Ausübung des Schöffenamts (siehe § 32 GVG) einer ein Kopftuch tragenden Schöffin geltend gemacht wurde, keinen Erfolg hatte. Speziell zum IPBPR: *Petzold* Die „Auffassungen" des UN-Menschenrechtsausschusses zum Schutze der Religionsfreiheit (2015).

95 EGMR Kuznetsov u.a./R, 11.1.2007.

96 Vgl. *Grabenwarter/Pabel* § 22, 131: Staat darf allgemeinschädliches Verhalten auch bei Religionsgemeinschaften untersagen; ferner EKMR bei *Bleckmann* EuGRZ **1983** 414, 425 (Belästigung von Straßenpassanten); zum IPBPR vgl. *Nowak* 33.

97 Vgl. EGMR Cha'are Shalom Ve Tsedek/F, 27.6.2000 (Schächten); *Grabenwarter/Pabel* § 22, 132; *Frowein/ Peukert* 30 (Motorradschutzhelm bei Sikh-Anhängern).

98 Dies kann auch den Schutz der Religionsfreiheit der Bürger vor aggressiver religiöser Werbung religiöser Gruppen miteinschließen, vgl. EGMR Kokkinakis/GR, 25.5.1993, §§ 42, 44, 48, wo allerdings im Ergebnis das Recht des Werbenden aus Art. 9 verletzt war, weil die nationalen Gerichte die Einschränkung seiner Religionsfreiheit unzureichend begründet hatten; *Grabenwarter/Pabel* § 22, 137.

99 Art. 18 Abs. 3 IPBPR lässt die Einschränkung nur zum Schutz der nach nationalem Recht bestehenden Grundrechte und Grundfreiheiten anderer zu (*Nowak* 33 ff.), ist also enger als bei vergleichbaren Regelungen in anderen Artikeln und Art. 9 Abs. 2, der dies allgemein zum Schutz der Rechte anderer erlaubt.

100 Zu den legitimen Schutzzielen *Grabenwarter/Pabel* § 22, 131 f.; ferner BVerwG NJW **2001** 1365 (keine Ausnahme vom Verbot des Cannabisanbaus für rituellen Genuss).

101 Vgl. EGMR Kokkinakis/GR, 25.5.1993, § 40; Larissis/GR, 24.2.1998, JBl. **1998** 573; *Grabenwarter/Pabel* § 22, 130.

102 Vgl. BVerfG EuGRZ **2003** 746 (Vereinsverbot des „Kalifatstaates" wegen dessen Bereitschaft, verfassungswidrige Ziele notfalls auch mit Gewalt durchzusetzen); *Michael* JZ **2002** 482.

103 EGMR Manoussakis/GR, 26.9.1996; dazu *Fahrenhorst* EuGRZ **1996** 633; Wingrove/UK, 25.11.1996, ÖJZ **1997** 718; *Grabenwarter/Pabel* § 22, 133 unter Hinweis auf EGMR Métropolitaine de Bessarabie u.a./MOL, 13.12.2001, zur unverhältnismäßigen Verweigerung der staatlichen Anerkennung zur Sicherung der territorialen Integrität; EGMR Phull/F (E), 11.1.2005 (Verpflichtung, den Turban bei der **Flughafen-Sicherheitskontrolle** abzunehmen); Meyer-Ladewig/Nettesheim/von Raumer/*Meyer-Ladewig/Schuster* 20 mit Verweis auf die Zusammenstellung: EGMR Dogru/F, 4.12.2008, § 64, NVwZ **2010** 693; El Morsli/F (E), 4.3.2008 (Verweigerung eines

Die allgemeine Schutzpflicht, die dem Staat nach Art. 1 EMRK/Art. 2 IPBPR zur Aufgabe macht, allen Personen und Gruppen in seinem Herrschaftsbereich die ungehinderte Ausübung der ihnen durch die Konventionen gewährleisteten Rechte zu ermöglichen, kann ihn auch verpflichten, zur Sicherung der Toleranz und der Respektierung der verschiedenen Überzeugungen gegen Personen oder Personengruppen einzuschreiten, die andere an der Ausübung eines der in Art. 9 EMRK/Art. 18 IPBPR geschützten Rechte hindern oder sie dabei stören.[104] Ob, unter welchen Umständen und mit welchen Einschränkungen auch ein Verbot der aggressiven Werbung für den eigenen Glauben zum Schutze anderer zulässig ist, kann im Einzelnen fraglich sein.[105] Der **kommerzielle Vertrieb** religiöser Gegenstände sowie deren wirtschaftlich motivierte Anzeige zu Werbezwecken fallen nicht unter den sachlichen Schutzbereich von Art. 9 EMRK/Art. 18 IPBPR.[106]

Art. 20 Abs. 2 IPBPR verpflichtet die Vertragsstaaten darüber hinaus, jedes **Eintreten** **32** **für religiösen Hass**, das zu Diskriminierung, Feindseligkeiten oder Gewalt aufstachelt, durch Gesetz zu verbieten, was strafrechtliche Regelungen miteinschließt. Die Zulässigkeit einer Einschränkung der Religionsausübung kann deshalb für diesen Grund auch aus Art. 20 IPBPR abgeleitet werden; für Art. 9 folgt sie bereits aus der Zulässigkeit der in einer demokratischen Gesellschaft üblichen Maßnahmen zur Aufrechterhaltung der öffentlichen **Sicherheit und Ordnung**. Da diese Einschränkungen grundsätzlich in die gleiche Richtung gehen, dürfte es keine praktischen Auswirkungen haben, dass beide Konventionen weitergehende Garantien grundsätzlich nicht ausschließen (Art. 53 EMRK/Art. 5 Abs. 2 IPBPR).

Zulässige Beschränkungen in den äußeren Formen der Religionsausübung können **33** in vielen Bereichen des Zusammenlebens mit anderen in Betracht kommen. Ob eine einschränkende Regelung zum Schutz der Rechte und Freiheiten anderer, der öffentlichen Sicherheit und Ordnung oder der Moral erforderlich ist, muss der Staat bei Erlass der jeweiligen Regelung beurteilen, wobei er das Gewicht des verfolgten jeweiligen Schutzinteresses und seine Bedeutung für ein geordnetes Zusammenleben in der Gemeinschaft mit der Einschränkung abwägen muss, die der Betroffene in seinem Recht auf äußere Religionsausübung hinzunehmen hat.[107] Diese **Abwägung** muss so erfolgen, dass die Bedeutung

---

Einreisevisums aufgrund der Weigerung einer Marokkanerin, ihren Schleier an der **Sicherheitsschleuse** des Konsulatsbüros kurz zu ihrer Identifikation abzunehmen); Sabanchiyeva u.a./R (E), 6.11.2008 (russisches Antiterrorgesetz: Nichtaushändigung, sondern Verbrennung der Leichen der bei einem Angriff getöteten Terroristen – ohne Bekanntgabe des Datums der Beisetzung; Unklarheiten hinsichtlich der Abhaltung der üblichen Rituale; Beschwerde der Familienangehörigen zulässig); Singh/F (E), 13.12.2008.

104 Ähnliches gilt auch nach Art. 1 Abs. 1 und Art. 4 GG, dessen Schranken sich ebenfalls aus den kollidierenden Grundrechten anderer ergeben, vgl. BVerfGE **41** 29, 50; **52** 223, 247; ferner Dürig/Herzog/Scholz/*Di Fabio* Art. 4, 59, 244 GG m.w.N.; EGMR Leyla Sahin/TRK, 10.11.2005; Mirolubovs u.a./LET, 15.9.2009.

105 Vgl. EGMR Kokkinakis/GR, 25.5.1993, §§ 42, 44, 48 ff. (Unverhältnismäßigkeit); *Grabenwarter/Pabel* § 22, 137; Meyer-Ladewig/Nettesheim/von Raumer/*Meyer-Ladewig/Schuster* 8 stellt auf die Verhältnismäßigkeit ab; anders: *Frowein/Peukert* 30 (grundsätzlich unzulässig).

106 EKMR bei *Bleckmann* EuGRZ **1981** 114, 122; *Frowein/Peukert* 23; *Frowein* ZaöRV **46** (1986) 249, 259.

107 EGMR Kokkinakis/GR, 25.5.1993; Dahlab/CH, 15.2.2001, NJW **2001** 2871 = EuGRZ **2003** 595 = VBlBW **2001** 439; vgl. auch BGer EuGRZ **1996** 470 (Entnahme einiger Haare bei Sikh zum Nachweis des Drogenkonsums); BAG NJW **2003** 2815 (Kopftuch am Arbeitsplatz); EGMR Kurtulmus/TRK (E), 24.1.2006 (Verpflichtung der Staatsbeamten, religiös neutral aufzutreten); vgl. auch EGMR Kosteski/MAZ, 13.4.2006 (Verlangen eines Nachweises der Glaubenszugehörigkeit ist zulässig, wenn auf dessen Grundlage das Recht auf Arbeitsbefreiung an einem religiösen Festtag geltend gemacht werden soll). Fraglich ist in diesem Zusammenhang, inwieweit bei § 3 Abs. 1 Nr. 1 b) hh) ATDG, der die Speicherung von Angaben zur Religionszugehörigkeit vorsieht, durch das sehr unbestimmte Kriterium der Erforderlichkeit zur „Aufklärung oder Bekämpfung des internationalen Terrorismus" die Gefahr einer diskriminierenden Verwendung besteht, vgl. dazu *Tinnefeld/Petri* MMR **2006** Heft 11, V ff.

Esser

aller betroffenen Schutzinteressen in einer auf Pluralismus, Toleranz und offener Geisteshaltung gestützten Gesellschaft anerkannt wird (**„fair balance"**).[108] Der Staat hat dabei einen gewissen **Beurteilungsspielraum**. Der EGMR berücksichtigt die Wertungen des betroffenen Vertragsstaates; er überprüft aber immer, ob die für jeweilige staatliche Maßnahme vorgetragenen Gründe sachlich, legitim sind und die Maßnahme insgesamt verhältnismäßig ist.[109]

34   Ähnlich wie bei der Meinungsfreiheit (Art. 10) ergibt sich insofern die Notwendigkeit, im jeweiligen Einzelfall die von der EMRK anerkannten anderen Schutzzwecke mit der Konventionsgarantie der Religionsfreiheit abzugleichen. So widerspricht es Art. 9, wenn die Leistung eines **Eides** ausnahmslos mit einer religiösen Beteuerungsformel abverlangt wird,[110] wenn allgemein das **Werben für Religionsgemeinschaften unter Strafe** gestellt[111] wird oder wenn eine Verurteilung wegen einer ausschließlich aus religiöser Überzeugung begangenen Verfehlung später als Grund für eine objektiv damit nicht zu rechtfertigende **Versagung der Zulassung zu einem bestimmten Beruf** herangezogen wird.[112] Wieweit das Verbot der **Schächtung** von Tieren gegen die Freiheit der Religionsausübung verstößt, ist strittig.[113]

35   Einschränkungen sind auch aus **gesundheits-/medizinischen Gründen** denkbar. So kann dem Krankenpflegepersonal untersagt werden, eine Kette mit einem Kreuz zu tragen, wenn ansonsten die Gefahr bestünde, dass Patienten sich daran verhaken, dass Patienten oder das Pflegepersonal verletzt werden oder dass eine schwingende Kette mit infektiösen Körperteilen wie z.B. offenen Wunden in Berührung kommt, was unter **hygienischen Gesichtspunkten** bedenklich wäre. Insbesondere ist die Verhältnismäßigkeit dann gewahrt, wenn es dem Betroffenen weiterhin gewährt wird, ein religiöses Symbol zu tragen, allerdings in unbedenklicher Weise als Brosche fest an der Kleidung oder unter einem Kittel. Derartige Regelungen machen deutlich, dass es gerade nicht um die Diskriminierung der Religionsausübung der Betroffenen, sondern in erster Linie um Erwägungen der Gesundheit und Sicherheit geht.[114]

36   Im **Schulbereich** hat der Staat keine Kompetenz, die (religiösen) Inhalte des Religionsunterrichts für alle Schüler verbindlich festzulegen; er ist aber nicht gehindert, den organisatorischen Rahmen dafür zu schaffen und alternativ dazu einen objektiv gestalteten

---

108 EGMR Karaahmed/BUL, 24.2.2015, §§ 92 ff., NVwZ **2016** 1071 (Demonstration gegen Lautsprecherlärm beim Aufruf zum Freitagsgebet; Abwägung zwischen Meinungs- und Demonstrationsfreiheit aus Art. 10 und 11 und Religionsfreiheit aus Art. 9).

109 EGMR Kokkinakis/GR, 25.5.1993; Dahlab/CH, 15.2.2001; Leyla Sahin/TRK, 10.11.2005; *Grabenwarter/Pabel* § 22, 133 (Plausibilität).

110 EGMR (GK) Buscarini u.a./SM, 18.2.1999, NJW **1999** 2957 = EuGRZ **1999** 213 = ÖJZ **1999** 852 (Parlamentarier-Eid); *Frowein/Peukert* 8.

111 Zum Verbot des Proselytismus: EGMR Kokkinakis/GR, 25.5.1993; Larissis/GR, 24.2.1998; *Grabenwarter/Pabel* § 22, 137.

112 EGMR (GK) Thlimmenos/GR, 6.4.2000 (Verurteilung wegen der Weigerung, eine Uniform zu tragen, als Grund für die Nichtzulassung als Wirtschaftsprüfer).

113 Vgl. EGMR Cha'are Shalom Ve Tsedek/F, 27.6.2000 (Verweigerung der Zulassung des Vereins zum Schächten kein Verstoß gegen Art. 9, wenn bereits ein größerer Verein die Ausnahmegenehmigung dafür erhalten hat); BVerfGE **104** 337 (Schächten keine Religionsausübung, aber als Ausdruck religiöser Überzeugung einer Gruppe geschützt); ÖVerfG EuGRZ **1999** 600; sowie *Kästner* JZ **2002** 491; *Waldhoff* JZ **2003** 978 (Ausnahmen vom Betäubungsgebot in der EG-Tierschutz-RL); Sachs/*Kokott* Art. 4, 84 ff. GG m.w.N; *Frowein/ Peukert* 32.

114 EGMR Eweida u.a./UK, 15.1.2013, §§ 96 ff.

Esser

und die unterschiedlichen Überzeugungen achtenden **Ethikunterricht** vorzuschreiben.[115] Er darf auch einem Geometrielehrer verbieten, in seinen Unterrichtsstunden statt Geometrie Religion zu lehren.[116] Kollisionen mit dem Erziehungsrecht der Eltern kann der Staat mitunter auch dadurch ausräumen, dass er einen Schüler von der Teilnahme an einem abgelehnten Religionsunterricht dispensiert oder ihm gestattet, an den religiösen Feiertagen von der Schule fernzubleiben.[117] Aufgrund der Bekleidungsvorschriften des Islam kann ein Anspruch auf die **Befreiung vom gemeinsamen Turn- oder Schwimmunterricht** in Betracht kommen;[118] der EGMR allerdings sieht es nicht als Verstoß gegen Art. 9 an, wenn Schulpflicht und Integration der Kinder Vorrang vor dem religiös motivierten Wunsch der Eltern nach einer Befreiung vom schulischen Schwimmunterricht eingeräumt wird.[119] Besteht aus Gründen der Religionsneutralität die Pflicht, eine **Schuluniform** zu tragen, gewährt Art. 9 gleichwohl nicht das Recht, abweichend davon ein Kopftuch zu tragen.[120] Ein **Schulgebet**, bei dem den Schülern die Teilnahme ausdrücklich freigestellt wird, ist nicht als Verletzung der religiösen Neutralitätspflicht anzusehen,[121] desgleichen bei Freiwilligkeit der Teilnahme am Tischgebet in einem kommunalen Kindergarten.[122] Die Teilnahme an nichtreligiösen Festen (u.a. Karneval, Halloween) unterläuft nicht die zu garantierende Rechtsausübung der Eltern, in ihrer Funktion als natürliche Erzieher ihren Kindern den Weg hin zu ihren eigenen religiösen oder weltanschaulichen Ansichten zu weisen.[123]

Staatliche Stellen können ihren Bediensteten untersagen, während der Dienstaus- **37** übung **religiöse Symbole** (z.B. ein **Kopftuch**) zur Schau zu stellen bzw. zu tragen: Im Fall *Ebrahimian* stellte der EGMR zwar fest, dass die auf die Weigerung das Kopftuch bei der Arbeit abzulegen gestützte Nichtverlängerung des Arbeitsvertrags in einem **öffentlichen Krankenhaus** einen Eingriff in die Rechte aus Art. 9 begründet.[124] Dieses Vorgehen sah der EGMR jedoch im Hinblick auf die Grundsätze des Laizismus und der staatlichen Neutralität als bedeutende Gründungsprinzipien des französischen Staates als gerechtfertigt an.[125] Der EuGH bestätigte diese Praxis jüngst auch für **private Unternehmen**.[126] In dem Vorabentscheidungsersuchen eingereicht durch das Tribunal du travail francophone de Bruxelles entschied der Gerichtshof, dass Art. 2 Abs. 2 *lit.* a der RL 2000/78 dahingehend auszulegen sei, dass eine Bestimmung eines Unternehmens, welche es den Arbeitnehmern verbietet, ihre religiösen oder weltanschaulichen Überzeugungen durch Worte, Kleidung oder auf andere Weise zum Ausdruck zu bringen gegenüber den Arbeitnehmern **keine unmittelbare Diskriminierung** „wegen der Religion oder der Weltanschauung" i.S.d.

---

115 EGMR Appel-Irrgang u.a./D (E), 6.10.2009, EuGRZ **2010** 177; *Heckel* JZ **1999** 741; vgl. auch BVerwG JZ **1999** 353; zum Ethikunterricht: Sachs/*Kokott* Art. 4, 38 GG; *Grabenwarter/Pabel* § 22, 120.

116 *Frowein/Peukert* 23.

117 Vgl. IK-EMRK/*Wildhaber* Art. 2 des 1. ZP-EMRK, 80 ff., 83 ff.

118 Vgl. BVerwG NVwZ **1994** 578; BGer EuGRZ **1993** 400.

119 EGMR Osmanoğlu u. Kocabaş/CH, 10.1.2017.

120 EGMR Kose u. 93 andere/TRK (E), 24.1.2006.

121 BVerfGE **52** 233; vgl. andererseits auch HessStaatsGH NJW **1966** 31; Sachs/*Kokott* Art. 4, 61 GG; vgl. ferner IK-EMRK/*Wildhaber* Art. 2 des 1. ZP-EMRK, 92 ff.

122 VG Gießen NJW **2003** 1265 (freiwilliges Tischgebet); VGH Kassel NJW **2003** 2846 (Tischgebet im kommunalen Kindergarten); BVerfG EuGRZ **2003** 756 hatte in dieser Sache vorläufigen Rechtsschutz abgelehnt, aber für das Hauptverfahren einige Hinweise gegeben (Verbot gezielten Einwirkens, Vermeidung einer Exponierung des am Gebet nicht teilnehmenden Kindes).

123 EGMR Dojan u.a./D (E), 13.9.2011.

124 EGMR Ebrahimian/F, 26.11.2015, § 47, NZA-RR **2017** 62.

125 EGMR Ebrahimian/F, 26.11.2015, §§ 67 ff., 71 f.

126 EuGH 13.10.2022, C-344/20.

Richtlinie darstellt, **wenn die Bestimmung allgemein und unterschiedslos angewandt wird.**[127]

38   Ein zur Wahrung der Neutralität des Unterrichts bestehendes **staatliches Verbot für Lehrer oder Studenten** in der (Hoch-)Schule, ein äußerliches **Kennzeichen einer bestimmten Weltanschauungs- oder Glaubensrichtung** (Kopftuch, Kleidung oder Kennzeichen einer Sekte) zu tragen, ist nach Ansicht des EGMR – soweit *gesetzlich vorgesehen* und verhältnismäßig – mit Art. 9 vereinbar, da die Staaten in dieser Frage einen gewissen Beurteilungsspielraum besitzen.[128] Auf der Basis des Grundgesetzes ist strittig, ob ein solches äußerliches Kennzeichen vom Staat untersagt werden kann, wenn es als Zeichen einer mit Art. 3 Abs. 2, Abs. 3 GG unvereinbaren Weltanschauung dem Grundsatz der konfessionellen Neutralität der Schule und dem Schutz der religiösen Gefühle der Schüler und ihrer Eltern unvereinbar ist.[129] Mit Beschluss vom 14.1.2020 stellte das BVerfG auch das Kopftuch-Verbot für **Rechtsreferendare** bei der Ausübung bestimmter dienstlicher Tätigkeiten als verfassungsgemäß heraus; das Verbot stellt demnach zwar einen Eingriff in die Religionsfreiheit gemäß Art. 4 GG dar, dieser wird jedoch im Hinblick auf die damit verfolgten Ziele der Neutralität des Staates und der Funktionsfähigkeit der Rechtspflege sowie zur Gewährleistung der negativen Religionsfreiheit Dritter gerechtfertigt.[130]

---

127   EuGH 13.10.2022, C-344/20, Tz. 42; zudem seien die Begriffe „Religion oder ... Weltanschauung" in Art. 1 RL 2000/78 dahin auszulegen, dass sie einen einzigen Diskriminierungsgrund darstellen, der religiöse sowie weltanschauliche oder spirituelle Überzeugungen umfasst und nicht etwa dahingehend, dass sie verschiedene Diskriminierungsgründe darstellen würden; eine „Aufspaltung" der Diskriminierungsgründe ist mithin nicht möglich, Tz. 44, 54.

128   EGMR Dahlab/CH, 15.2.2001 (Kopftuchverbot – Lehrerin); Leyla Sahin/TRK, 10.11.2005; Kervanci/F, 4.12.2008 (Kopftuch – Ausschluss vom Turn-/Sportunterricht); Aktas u.a./F, 30.6.2009; siehe auch: BVerwG NJW **2009** 1289; zum seinerzeitigen Verbot des Tragens eines islamischen Kopftuchs in türkischen Universitäten: TürkVerfGH EuGRZ **1990** 146; zu dieser Thematik: *Goerlich* NJW **2001** 2862; *Grabenwarter/Pabel* § 22, 136; *Frowein/Peukert* 33 f.; aus internationaler Perspektive: *Wiese* Lehrerinnen mit Kopftuch (2008) 254 ff.; *Ganz* Das Tragen religiöser Symbole und Kleidung in der öffentlichen Schule in Deutschland, Frankreich und England (2009).

129   BVerfG NJW **2003** 3111 = JZ **2003** 1164 m. Anm. *Kästner*, lässt dies offen, fordert aber eine Regelung durch den Gesetzgeber; dazu kritisch: *Ipsen* NVwZ **2003** 1210; *Pofalla* NJW **2004** 1218; *Sacksofsky* NJW **2003** 3297; die entsprechenden, neu geschaffenen landesrechtlichen Regelungen wurden bislang nicht beanstandet, vgl. BVerwGE **121** 140 = NJW **2004** 3581 (§ 38 SchulG BW); dazu auch BVerwG NJW **2009** 1289; BVerfGK **7** 320 (§ 59b Abs. 4 SchulG BR); BVerwGE **131** 242 = NJW **2008** 3654 (Referendarin – § 59b Abs. 4, 5 SchulG BR); BAG NZA **2010** 227 (§ 57 Abs. 4 SchulG NW); ebenso BAG DB **2010** 1016; grundsätzlich zustimmend *Hofmann* NVwZ **2009** 74; *Röper* VR **2009** 7; kritisch *Walter/Ungern-Sternberg* DVBl. **2008** 880; *dies.* DÖV **2008** 488; vgl. auch BAG NZA **2021** 189, wonach § 2 Berliner NeutrG, der das Tragen u.a. eines Kopftuchs im Dienst verbietet, verfassungskonform dahingehend auszulegen ist, dass er ein Verbot nur bei Bestehen einer konkreten Gefahr für den Schulfrieden oder die staatliche Neutralität vorsieht; für den nichtstaatlichen Bereich vgl. BAG NJW **2003** 1685 (Kopftuch einer Verkäuferin im Kaufhaus kein Kündigungsgrund für privaten Arbeitgeber); EuGH 14.7.2021, C-804/18 u.a., NJW **2021** 2715 m. Anm. *Dornbusch* (interne Regelung über das Verbot des Tragens von sichtbaren religiösen Zeichen führt grundsätzlich zu keiner mittelbaren Diskriminierung bei allgemeiner und unterschiedsloser Anwendung und wenn der Arbeitgeber damit in berechtigter Weise bezweckt, den Eindruck von Neutralität nach außen zu vermitteln; „konkrete Gefahr" der Beeinträchtigung der Neutralität als Voraussetzung); vgl. ferner BVerfG NJW **2007** 56 (pauschales Kopftuchverbot in Gerichtsverhandlungen) sowie vertiefend *Ganz* Das Tragen religiöser Symbole und Kleidung in der öffentlichen Schule in Deutschland, Frankreich und England – Eine rechtsvergleichende Untersuchung unter Berücksichtigung der EMRK (2009); *Kinzinger-Büchel* Der Kopftuchstreit in der deutschen Rechtsprechung und Gesetzgebung (2009); *Sicko* Das Kopftuch-Urteil des Bundesverfassungsgerichts und seine Umsetzung durch die Landesgesetzgeber (2008); IK-EMRK/*Wildhaber* Art. 2 des 1. ZP-EMRK, 95 ff.

130   BVerfG NVwZ **2020** 461 m. Anm. *Schwanenflug* = NJW **2020** 1049 m. Anm. *Leitmeier* NJW **2020** 1036; vgl. außerdem: *Sachs* JuS **2020** 992 ff.; *Muckel* JA **2020** 555 ff.; *Tomerius* NVwZ **2022** 212, 214 f.

Noch nicht abschließend geklärt ist, wie die innerstaatlichen Verbote und Beschrän- **39** kungen zum Tragen religiöser Symbole für **Polizeibeamte** zu bewerten sind. Diese sollen dem Schutz des Vertrauens in die neutrale Amtsausführung dienen. Innerstaatlich ist die Verfassungsmäßigkeit solcher Regelungen kritisch zu sehen, wenn sie nicht nach den einzelnen Tätigkeitsbereichen von Polizeibeamten und der Gefährdung der staatlichen Neutralität unterscheiden.[131] Die gesetzlichen Regelungen scheinen jedoch aufgrund des Beurteilungsspielraums der Vertragsstaaten und den Entscheidungen des EGMR zu Verboten für Lehrer und Schüler mit Art. 9 vereinbar.

Demgegenüber kann bei einem **Zeugen vor Gericht**, der dort als Privatperson auf- **40** tritt, das Tragen einer Kopfbedeckung nicht sanktioniert werden – zumindest solange der Zeuge sich an das Gesetz hält und nicht etwa eine Störung des Verfahrens bezweckt oder Respektlosigkeit zum Ausdruck bringt.[132] Der EGMR hält das grundsätzlich für Staatsdiener zulässige Neutralitätsgebot und das daraus resultierende Verbot des Tragens religiöser Symbole nicht für übertragbar auf *„einfache Bürger".*[133] Ganz ähnlich urteilte der Gerichtshof im Fall einer im Strafverfahren auftretenden **Nebenklägerin** muslimischen Glaubens, die nach ihrer Weigerung, im Gerichtssaal ihr Kopftuch (Hidschab) abzunehmen, von der Verhandlung ausgeschlossen worden war.[134] Die Notwendigkeit dieser Maßnahme zum Schutz der öffentlichen Ordnung sei zu verneinen, da das Verhalten der betroffenen Nebenklägerin weder respektlos gewesen sei noch den ordentlichen Ablauf der Verhandlung gefährdet habe.[135] Die Weigerung eines Gerichts, einen **Verhandlungstermin** aufgrund eines **religiösen Feiertags** zu verschieben, den der Verteidiger begehen wollte, beurteilte der EGMR dagegen nicht als Verstoß gegen Art. 9, da sich der Verteidiger an dem Tag habe vertreten lassen können.[136]

Art. 9 ist nicht verletzt, wenn einem Lehrer im Beamtenverhältnis nicht gestattet wird, **41** der Schule während der Dienstzeit wegen des **Freitagsgebetes** mehrere Stunden fernzubleiben.[137] Ebenso stellt das **Aufhängen christlicher Kreuze im Klassenzimmer** keinen Verstoß gegen die Glaubensfreiheit der Schüler bzw. gegen das Erziehungsrecht aus Art. 2 des 1. ZP-EMRK der Eltern dar.[138] Zwar ist es dem Staat nach Ansicht des EGMR verboten, in einer Art und Weise auf Schüler einzuwirken, die den Respekt vor der weltanschaulichen Überzeugung der Eltern vermissen lasse. Allerdings ist nach Ansicht des EGMR (GK) keine Beeinflussung der Schüler durch die bloße Anwesenheit eines Kruzifixes zu befürchten. Als **passives Symbol** fehle diesem die Aussagekraft eines Lehrvertrages oder einer Teilnahme an religiösen Praktiken. Zudem sei den Eltern immer noch vorbehaltlos die Möglichkeit gegeben, ihre

---

131 Unter Verweis auf die vielfältigen Tätigkeitsbereiche von Polizeibeamten vgl. *Tomerius* NVwZ **2022** 212, 216 f.: Gefährdung der staatlichen Neutralität insbesondere dann, wenn der Staat auf das äußere Gepräge einer Amtshandlung besonderen Einfluss nimmt; kritisch zudem zur Frage, ob religiöse Merkmale des Erscheinungsbildes überhaupt objektiv geeignet sind, das Vertrauen in die neutrale Amtsführung zu beeinträchtigen (218).
132 EGMR Hamidović/BIH, 5.12.2017, §§ 40 ff., NVwZ **2018** 695 (Weigerung eines Zeugen islamischen Glaubens, seine Kappe abzunehmen; daraufhin verhängtes Ordnungsgeld stellt einen Verstoß gegen Art. 9 dar).
133 EGMR Hamidović/BIH, 5.12.2017, § 40.
134 EGMR Lachiri/B, 18.9.2018, NJOZ **2020** 150.
135 EGMR Lachiri/B, 18.9.2018, §§ 46 f., NJOZ **2020** 150 ff. unter Verweis auf EGMR Hamidović/BIH, 5.12.2017, § 42 und Ahmet Arslan/TRK, 23.2.2010, § 50.
136 EGMR Sessa/I, 3.4.2012; krit. hierzu: *Meyer-Ladewig/Petzold* NJW **2014** 3287.
137 EKMR Ahmad/UK, 12.3.1981, EuGRZ **1981** 326, 328 f.
138 EGMR (GK) Lautsi u.a./I, 18.3.2011, NVwZ **2011** 737 m. Anm. *Fremuth* = EuGRZ **2011** 677; dazu *de Wall* Jura **2012** 960; sie auch EGMR (K) Lautsi/I, 3.11.2009 (Verstoß); *Augsberg/Engelbrecht* JZ **2010** 450; *Hillgruber* KuR **2010** 8; *Huster* JZ **2010** 354; *Michl* Jura **2010** 690; *Streinz* FS Fiedler 703; *Häberle* 121; Karpenstein/Mayer/ *von Ungern-Sternberg* 27.

natürliche Aufgabe als Erzieher zu erfüllen und ihre Kinder mithilfe ihrer eigenen weltanschaulichen Überzeugung zu leiten.[139] Auch nach Ansicht des BVerfG ist das Anbringen eines Kruzifixes im Klassenzimmer grundsätzlich zulässig, solange nicht Erziehungsberechtigte eines Schülers ernsthafte und einsehbare Gründe dagegen vorbringen können.[140] Gleiches gilt bei den Einwänden gegen das Vorhandensein eines Kruzifixes im Gerichtssaal.[141]

42   In der Rs. **S.A.S.** stufte der EGMR (GK) das **Burka-Verbot in Frankreich** als rechtmäßig ein.[142] Der Fall betraf die Beschwerde einer französischen Staatsangehörigen (praktizierende Muslimin), der es nach dem französischen Gesetz (Nr. 2010–1192 v. 11.10.2010) zum **Verbot der Verschleierung des Gesichts in der Öffentlichkeit** nicht mehr erlaubt war, einen Schleier (Burka oder Niqab) in der Öffentlichkeit zu tragen.[143] Die Bf. sah sich durch das strafbewehrte gesetzliche Verbot (Geldstrafe von 150 Euro bzw. Auferlegung eines Staatsbürgerkundekurses) in ihrer Religions- und Meinungsfreiheit sowie in ihrem Recht auf Achtung des Privat- und Familienlebens verletzt. Laut EGMR stellt das (angemessene) Verbot der Vollverschleierung in der Öffentlichkeit keinen Konventionsverstoß dar; ein solcher Schleier errichte eine Barriere zwischen der Trägerin und ihrer Umwelt und verletze damit die Voraussetzungen und Mindestanforderungen für ein friedliches Zusammenleben in der Gesellschaft als Aspekt der *„Rechte und Freiheiten anderer* i.S.v. Art. 9 Abs. 2".[144] Ähnlich urteilte der EGMR auch in der Rs. **Belcacemi u. Oussar** in Bezug auf das **Verbot des öffentlichen Tragens eines Niqabs**.[145] Im Unterschied zu der im Fall S.A.S. relevanten französischen Regelung sah die belgische Rechtslage neben der Sanktion der Geldstrafe auch eine **Gefängnisstrafe** bei einem Verstoß gegen das Verbot vor. In Anbetracht der Weite des staatlichen Ermessens und u.a. im Hinblick darauf, dass die Verhängung einer Freiheitsstrafe nur im Wiederholungsfall möglich sei, wurde jedoch auch die Verhältnismäßigkeit der belgischen Regelung bejaht.[146]

43   Bei **Untersuchungs- und Strafgefangenen** sind Einschränkungen mit den Konventionsgarantien vereinbar, die zur Wahrung der **Sicherheit und Ordnung** in der Vollzugsanstalt hinsichtlich Ort und Zeit der Religionsausübung,[147] Beschaffung besonderer Kultgegenstände,[148] religiöser Literatur,[149] Barttracht[150] und auch hinsichtlich sonstiger äußerer Anforderungen ihrer Religion angezeigt sind.[151] Vor diesem Hintergrund begründet die Konfiszierung eines **Kassettenspielers** zum privaten Gebrauch in einer Zelle kei-

---

139 Siehe EGMR Dojan u.a./D (E), 13.9.2011 (zu heidnischen Festen und zum Sexualkundeunterricht).

140 BVerfGE **93** 1 = EuGRZ **1999** 497; zur Widerspruchslösung: BayVerfGH BayVwBl. **1997** 686; **2002** 400; BGer EuGRZ **1991** 89; zum Anbringen von Kruzifixen in Schulzimmern IK-EMRK/*Wildhaber* Art. 2 des 1. ZP-EMRK, 89 ff., vgl. auch zum Anspruch eines Lehrers auf Entfernung von Kruzifixen BayVGH NVwZ **2002** 1000 sowie BayVGH Beschl. v. 12.1.2010 – 3 ZB 08.2634 (*Lautsi*-Urteil nicht einschlägig); zur Verfassungswidrigkeit eines pauschalen Kopftuchverbotes für Lehrkräfte BVerfG NJW **2015** 1359 = NVwZ **2015** 884.

141 Vgl. BVerfGE **35** 366 375 f. (kein Zwang entgegen der eigenen Überzeugung in einem mit einem Kreuz ausgestatteten Gerichtssaal zu verhandeln); kritisch Sachs/*Kokott* Art. 4, 54 GG.

142 EGMR (GK) S.A.S./F, 1.7.2014, NJW **2014** 2925 m. Anm. *Hochhuth*; kritisch *Jung* GA **2015** 35; *Edenharter* JZ **2018** 971 (auch unter verfassungsrechtlicher Betrachtung). Siehe auch die abw. Voten der Richter *Nußberger* u. *Jäderblom*.

143 EGMR (GK) S.A.S./F, 1.7.2014, §§ 2, 4, 9 f.

144 EGMR (GK) S.A.S./F, 1.7.2014, §§ 22 ff.; einschränkend zur *öffentlichen Sicherheit*: § 139.

145 EGMR Belcacemi/B, 11.7.2017, §§ 61 ff., NVwZ **2018** 1037.

146 EGMR Belcacemi/B, 11.7.2017, §§ 56 ff., 61.

147 Vgl. EKMR Ahmad/UK, 12.3.1981, EuGRZ **1981** 326, 328; ferner ÖVerfG bei *Folz* FS Verosta 218.

148 EKMR nach *Frowein/Peukert* 28.

149 Vgl. EKMR nach *Frowein/Peukert* 28.

150 *Nowak* 40.

151 Vgl. EKMR bei *Frowein/Peukert* 28; *Nowak* 40.

nen Verstoß gegen Art. 9, sofern dem Gefangenen ausreichend andere Mittel zur Religionsausübung, wie etwa der Gebrauch entsprechender religiöser Literatur, gewährleistet werden. Entscheidendes Kriterium des EGMR ist der Stellenwert des Gegenstandes für eine ungestörte Religionsausübung. Entbehrlich sind daher sämtliche Objekte, die für eine Glaubensbekundung nicht zwingend notwendig sind.[152] Eine Disziplinarmaßnahme aufgrund eines Verstoßes gegen die Gefängnisordnung wegen der Durchführung von **Gebetshandlungen während der Nacht** stellte demgegenüber einen Verstoß gegen Art. 9 dar, nachdem keine hinreichende Abwägung der betroffenen Interessen – Religionsfreiheit einerseits und Sicherheit und Ordnung in der Haftanstalt andererseits – erfolgt war.[153] Da die Gebetshandlungen zu keiner weitergehenden Störung der Nachtruhe führten, reichte der Verweis auf den bloßen Verstoß gegen den formellen Zeitplan im Gefängnis nicht aus.[154]

Andererseits besteht auch eine Pflicht des Staates, im Rahmen der gegebenen Möglichkeiten auf die religiösen Bedürfnisse und Verpflichtungen der Gefangenen Rücksicht zu nehmen,[155] ihnen den **Besuch des Gottesdienstes** zu ermöglichen und für ihre **religiöse Betreuung** zu sorgen.[156] Der Besuch eines Gottesdienstes außerhalb des Gefängnisses kann jedoch verweigert werden, wenn dies etwa aufgrund des Prinzips der gesellschaftlichen Solidarität notwendig ist.[157] Um dies zu ermöglichen, darf die Gefängnisverwaltung den Gefangenen nach seiner Religionszugehörigkeit befragen,[158] verweigert er darüber die Auskunft, ist es allein ihm anzulasten, wenn Besonderheiten seiner Religion unberücksichtigt bleiben. Behauptet ein Gefangener einen **Religionswechsel**, darf die Gefängnisverwaltung zwar prüfen, dass dieser ernsthaft und nicht nur zur Erlangung einer Vergünstigung vorgetäuscht ist; die Anerkennung des Religionswechsels darf aber nicht von einer schriftlichen Bescheinigung des Religionsbeauftragten abhängig gemacht werden.[159] Dem Wunsch eines Gefangenen, der plausibel geltend macht, aus religiösen Gründen nur **vegetarische Kost** zu sich nehmen zu dürfen, hat der Staat zu entsprechen.[160] Auch darf dem Gefangenen der Besuch durch einen **externen Priester** nicht ohne gesetzliche Grundlage und hinreichende Begründung verweigert werden.[161] **Konvertiert** ein Gefangener während der Haft, so dürfen die

44

---

152 EGMR Kovalkovs/LET (E), 31.1.2012, §§ 60 ff. (Hare-Krishna-Bewegung; Räucherstäbchen); Austrianu/RUM, 12.2.2013, §§ 105 f.

153 EGMR Korostelev/R, 12.8.2020, §§ 55, 65.

154 EGMR Korostelev/R, 12.8.2020, §§ 52 ff., 58 ff., 62.

155 Zur Beachtung religiöser Speisevorschriften vgl. EKMR bei *Frowein/Peukert* 28; *Nowak* 40; *Mittag* FS **2023** 182 f.; ferner § 21 Satz 3 StVollzG; Art. 23 Satz 3 BayStVollzG; EGMR Neagu/RUM, 10.11.2020, § 35.

156 EGMR Poltoratskiy/UKR, 29.4.2003; EKMR nach *Frowein/Peukert* 28; *Frowein* ZaöRV **46** (1986) 249, 258; vgl. ferner §§ 53 bis 55 StVollzG; Art. 55–57 BayStVollzG.

157 EGMR Constantin-Lucian Spînu/RUM, 11.10.2022, §§ 65 ff. (wegen Infektionsgeschehen während der Corona-Pandemie wurde Strafgefangenem der wöchentliche Besuch der Kirche der Siebten-Tages-Adventisten untersagt; keine Verletzung des Art. 9; Unvorhersehbarkeit der Situation; weiter Ermessensspielraum, insbesondere mit Blick auf die drohende Gefahr der Einschleppung des Virus ins Gefängnis; Grundsatz der gegenseitigen Solidarität).

158 EKMR bei *Bleckmann* EuGRZ **1983** 414, 425.

159 OLG Koblenz NStZ **1994** 207 = StV **1994** 433.

160 EGMR Jakóbski/PL, 7.12.2010, NVwZ-RR **2011** 961 = DÖV **2011** 201 (Ls.); ähnlich EGMR Housein/GR, 24.10.2013, NVwZ **2014** 1437, §§ 85 ff. (Abschiebungshaft; kein Schweinefleisch für Muslime; im konkreten Fall keine Verletzung von Art. 9, da der EGMR dem Vorbringen der Regierung glaubte, dem Bf. keine Schweinefleischprodukte gegeben zu haben).

161 EGMR Mozer/MOL, 23.2.2016, §§ 197 ff.; Boyko/R, 20.2.2018, §§ 48 f.

Esser

Anforderungen an einen Nachweis der Konversion nicht willkürlich höher gesetzt werden, wenn zu Beginn der Haft eine einfache Angabe der Religionszugehörigkeit genügt.[162]

45   Einer unter **Hausarrest** stehenden Person die Teilnahme an Gottesdiensten und religiösen Veranstaltungen zu verwehren, kann gerechtfertigt sein, weil der Hausarrest gegenüber der Inhaftierung die regelmäßig mildere Maßnahme darstellt.[163]

46   Eingriffe in die Religionsfreiheit können ab einem gewissen Schweregrad sogar eine **Verfolgungshandlung i.S.v. Art. 9 RL 2011/95/EU**[164] darstellen. Ermittelt wird der Schweregrad anhand von objektiven und subjektiven Gesichtspunkten. Objektiv muss die beeinträchtigende Handlung nach ihrer Art der Repression und der faktischen Folge für den Betroffenen schwer wiegen.[165] Dies ist jedenfalls der Fall, wenn eine Beeinträchtigung von Leib, Leben oder Freiheit droht, er Gefahr läuft, strafrechtlich verfolgt oder menschenunwürdig bzw. erniedrigend behandelt zu werden. Subjektiv ist erforderlich, dass die beeinträchtigte religiöse Handlung für den Betroffenen zur Wahrung seiner individuellen religiösen Identität besonders wichtig ist.[166] Nicht notwendig ist, dass die persönliche Empfindung einem zentralen Glaubenssatz der Mehrheit der involvierten Glaubensgemeinschaft entspricht. Es genügt mithin die individuelle, subjektive Wichtigkeit des in Frage stehenden Rituals.

47   **4. Engere Grenzen des innerstaatlichen Rechts.** Art. 4 GG setzt den Einschränkungen der Religionsausübung engere Grenzen. Während die Regelungsvorbehalte der Konventionen allgemein einfachgesetzliche Einschränkungen zulassen, bedürfen nach Art. 4 GG alle Eingriffe einer unmittelbaren verfassungsrechtlichen Legitimation. Art. 4 GG selbst gewährleistet ohne jeden Vorbehalt das Recht des Einzelnen, sich seine religiöse oder weltanschauliche Überzeugung zu bilden, sie zu haben und zu bekennen.[167] Deshalb greifen bei ihm nur die **immanenten Schranken**, die sich aus anderen Bestimmungen des GG ergeben.[168] So setzen ihr die kollidierenden Grundrechte anderer Grundrechtsträger sowie andere mit Verfassungsrang ausgestattete Rechtsgüter Schranken,[169] die nach dem Grundsatz der praktischen Konkordanz auszugleichen sind. Dies kann das Verbot eines religiösen Vereins rechtfertigen, wenn sich nach sorgfältiger Sachaufklärung ergibt, dass dieser aggressiv-kämpferisch das Ziel verfolgt, Verfassungsprinzipien i.S.d. Art. 79 Abs. 3 GG zu untergraben.[170] Ein **Gottesdienstverbot** als Maßnahme zur Eindämmung der Corona-Pandemie ist als besonders schwerwiegender Eingriff in Art. 4 GG dagegen nur nach Durchführung einer strengen Verhältnismäßigkeitsprüfung unter fortlaufender Berücksichtigung aktueller Erkenntnisse und Entwicklungen, etwa hinsichtlich bestehender Belastungen des Gesundheitssystems, zulässig.[171]

---

162 EGMR Neagu/RUM 10.11.2020, § 36 (Untersuchungshaft; Konversion zum Islam; Bitte um Möglichkeit ungestört zu beten sowie um Mahlzeiten ohne Schweinefleisch; Ablehnung mangels [schriftlichen] Nachweises für Konversion; Verletzung von Art. 9, da Anforderungen für Nachweis der Konversion über das Rechtfertigungsniveau hinausgingen, das für einen authentischen Glauben verlangt werden könne; abw. Sondervotum *Paczolay* §§ 1–8).

163 EGMR Süveges/H, 5.1.2016, §§ 152 ff.; diff. Sondervotum *Wojtyczek.*

164 RL 2011/95/EU v. 13.12.2011 (Neufassung der Qualifikations-RL im Asylverfahrensrecht), ABlEU Nr. L 337 v. 20.12.2011 S. 9.

165 BVerwG NVwZ **2013** 936.

166 EuGH 5.9.2012, C-71/11 u. C-99/11 (Y u. Z), NVwZ **2012** 1612; vgl. *Dörig* NVwZ **2014** 106, 107 f.

167 Vgl. BVerfGE **69** 1, 33 ff.; **93** 1, 15; BVerfG EuGRZ **2003** 746 („vorbehaltlos, aber nicht schrankenlos").

168 Vgl. BVerfGE **32** 98, 107; **41** 29, 50; **52** 223, 246; BVerfG NJW **1989** 3269; **2003** 2815; *Heinig/Morlok* JZ **2003** 777.

169 BVerfGE **28** 243, 261; EuGRZ **2003** 746.

170 BVerfG EuGRZ **2003** 746 („Verbot des Kalifenstaats").

171 Vgl. BVerfG NJW **2020** 1427 = NVwZ **2020** 878.

Art. 4 GG wird durch **Art. 140 GG i.V.m. Art. 136 WRV** ergänzt, der klarstellt, dass der **48** Genuss bürgerlicher und staatsbürgerlicher Rechte sowie die Zulassung zu öffentlichen Ämtern unabhängig vom religiösen Bekenntnis gewährleistet sind, dass niemand verpflichtet ist, seine religiöse Überzeugung zu offenbaren und dass die Behörden nur insoweit das Recht haben, nach der Zugehörigkeit zu einer Religionsgemeinschaft zu fragen, als davon Rechte und Pflichten abhängen oder eine gesetzlich angeordnete statistische Erhebung dies erfordert (Art. 136 Abs. 3 WRV). Dieses Verbot ist auch im **Strafverfahren** zu beachten.[172] Bei **inhaftierten Personen** ist die Feststellung der Religionszugehörigkeit durch die Gefängnisverwaltung zulässig, da sie Voraussetzung für die religiöse Betreuung der Gefangenen ist.[173] Ferner darf niemand zu einer kirchlichen Handlung oder zur Teilnahme an religiösen Übungen oder zur Benutzung einer **religiösen Eidesformel** gezwungen werden (§ 136 Abs. 4 WRV). Die StPO trägt diesen Anforderungen Rechnung.[174] Auch sonst kann Art. 4 GG erfordern, bei der Durchführung der Verhandlung den religiösen Bindungen Einzelner Rechnung zu tragen, sei es bei der Terminanberaumung,[175] sei es bei der äußeren Gestaltung der Verhandlung[176] oder den Anforderungen an das äußere Erscheinungsbild eines Verhandlungsteilnehmers.[177] Grenzen ergeben sich aber auch hier aus dem Zusammentreffen mit anderen Verfassungsgarantien, vor allem aus der Kollision mit den Grundrechten anderer.[178] Auf europäischer Ebene ist aus Sicht des EGMR Art. 9 verletzt, wenn einem strenggläubigen muslimischen Zeugen[179] oder Nebenkläger (Rn. 40)[180] auf Anordnung des Gerichts das Tragen einer religiösen Kopfbedeckung im Strafprozess untersagt wird, obwohl dieser sich ansonsten sehr respektvoll gegenüber dem Gericht verhält.

Wegen der zahlreichen **weiteren Auslegungsfragen** zu Art. 4 GG muss auf die Erläu- **49** terungen dieses Artikels in den einschlägigen Kommentaren zum Grundgesetz verwiesen werden.

EMRK
Artikel 10 Freiheit der Meinungsäußerung

(1) Jede Person hat das Recht auf freie Meinungsäußerung. Dieses Recht schließt die Meinungsfreiheit und die Freiheit ein, Informationen und Ideen ohne behördliche Eingriffe und ohne Rücksicht auf Staatsgrenzen zu empfangen und weiterzugeben. Dieser Artikel hindert die Staaten nicht, für Hörfunk-, Fernseh- oder Kinounternehmen eine Genehmigung vorzuschreiben.

(2) Die Ausübung dieser Freiheiten ist mit Pflichten und Verantwortung verbunden; sie kann daher Formvorschriften, Bedingungen, Einschränkungen oder Strafdrohungen unterworfen werden, die gesetzlich vorgesehen und in einer demokratischen Gesellschaft notwendig sind für die nationale Sicherheit, die territoriale

---

172 LR/*Ignor/Bertheau* § 68, 8 StPO; LR/*Becker* § 243, 77 StPO.

173 EKMR bei *Bleckmann* EuGRZ **1983** 414, 425.

174 Vgl. LR/*Ignor/Bertheau* § 64, 1; § 65, 1 StPO.

175 Vgl. BGHSt **13** 123; LR/*Jäger* § 213, 5 StPO; RiStBV Nr. 116 Abs. 2.

176 Vgl. BVerfGE **35** 375 (kein Zwang, entgegen der eigenen Überzeugung in einem mit einem Kreuz ausgestatteten Gerichtssaal zu verhandeln).

177 Vgl. zum Tragen einer Kopfbedeckung: VG Wiesbaden NVwZ **1985** 137; zur mit dem Gesundheitsschutz begründeten Pflicht, Motorradhelme aufzusetzen (Sikhs): BGer EuGRZ **1993** 595; *Frowein/Peukert* 30.

178 Vgl. *Heinig/Morlok* JZ **2003** 777.

179 EGMR Hamidović/BIH, 5.12.2017.

180 EGMR Lachiri/B, 18.9.2018, NJOZ **2020** 150.

https://doi.org/10.1515/9783110275063-012

Unversehrtheit oder die öffentliche Sicherheit, zur Aufrechterhaltung der Ordnung oder zur Verhütung von Straftaten, zum Schutz der Gesundheit oder der Moral, zum Schutz des guten Rufes oder der Rechte anderer, zur Verhinderung der Verbreitung vertraulicher Informationen oder zur Wahrung der Autorität und der Unparteilichkeit der Rechtsprechung.

Dazu:

Artikel 16
Beschränkungen der politischen Tätigkeit ausländischer Personen

Die Artikel 10, 11 und 14 sind nicht so auszulegen, als untersagten sie den Hohen Vertragsparteien, die politische Tätigkeit ausländischer Personen zu beschränken.

IPBPR
Artikel 19

(1) Jedermann hat das Recht auf unbehinderte Meinungsfreiheit.

(2) Jedermann hat das Recht auf freie Meinungsäußerung; dieses Recht schließt die Freiheit ein, ohne Rücksicht auf Staatsgrenzen Informationen und Gedankengut jeder Art in Wort, Schrift oder Druck, durch Kunstwerke oder andere Mittel eigener Wahl sich zu beschaffen, zu empfangen und weiterzugeben.

(3) Die Ausübung der in Absatz 2 vorgesehenen Rechte ist mit besonderen Pflichten und einer besonderen Verantwortung verbunden. Sie kann daher bestimmten, gesetzlich vorgesehenen Einschränkungen unterworfen werden, die erforderlich sind

a) für die Achtung der Rechte oder des Rufs anderer;

b) für den Schutz der nationalen Sicherheit, der öffentlichen Ordnung (ordre public), der Volksgesundheit oder der öffentlichen Sittlichkeit.

Artikel 20

(1) Jede Kriegspropaganda wird durch Gesetz verboten.

(2) Jedes Eintreten für nationalen, rassischen oder religiösen Haß, durch das zu Diskriminierung, Feindseligkeit oder Gewalt aufgestachelt wird, wird durch Gesetz verboten.

Schrifttum (Auswahl)

Altenbach/Dierkes „EU-Whistleblowing-Richtlinie und DSGVO", CCZ **2020** 126; *Apostel* Hate Speech – zur Relevanz und den Folgen eines Massenphänomens, KriPoZ **2019** 287; *Astheimer* Rundfunkfreiheit, ein europäisches Grundrecht: eine Untersuchung zu Art. 10 EMRK (1990); *Baier* Art 10 EMRK im nationalen und internationalen Kontext mit besonderem Augenmerk auf die Entwicklung der *‚Margin of Appreciation'* – Doktrin und den islamischen Karikaturenstreit (2009); *Bartsch* „Contempt of Court" und die Grenzen der

Pressefreiheit, EuGRZ **1977** 464; *Beck/Tometten* „Glühende Antisemiten" und „arabische Jugendliche", ZRP **2017** 244; *Beukelmann/Heim* Überarbeitung des Sanktionenrechts, NJW-Spezial **2023** 250; *Beurskens* „Hate-Speech" zwischen Löschungsrecht und Veröffentlichungspflicht, NJW **2018** 3418; *Blumenwitz* Die Meinungs- und Informationsfreiheit nach Art. 19 des internationalen Pakts über bürgerliche und politische Rechte, FS Ermacora (1988) 67; *Bode* Anspruch auf Internet im Gefängnis? ZIS **2017** 348; *ders.* Der Einsatz internetbasierter Medien im Strafvollzug, NK **2019** 30; *Bommer/Kaufmann* Die strafrechtliche Rechtsprechung des Bundesgerichts im Jahr 2011, ZBJV **2015** 873; *Bosma* Freedom of Expression in England and under the ECHR (2000); *Britz* Die Freiheit der Kunst in der Europäischen Kulturpolitik, EuR **2004** 1; *Bruns* Das neue Hinweisgeberschutzgesetz, NJW **2023** 1609; *Calliess* Zwischen Souveränität und europäischer Effektivität: Zum Beurteilungsspielraum der Vertragsstaaten im Rahmen des Art. 10 EMRK, EuGRZ **1996** 293; *Ceffinato* Hate Speech zwischen Ehrverletzungsdelikten und Meinungsfreiheit, JuS **2020** 495; *ders.* Zur Regulierung des Internet durch Strafrecht bei Hass und Hetze auf Onlineplattformen, ZStW **132** (2020) 544; *Cram* Automatic reporting restrictions in criminal proceedings and Article 10 of the ECHR, in: Barendt (Edt.), Media Freedom and Contempt of Court (2009); *Czech* Das Recht auf Schutz der Persönlichkeitsrechte vor Verletzungen durch mediale Berichterstattung, ÖJZ **2011** 113; *Czernik* Bekleidungswerbung mit religiösen Symbolen erlaubt – Jesus [und] Maria!, GRUR-Prax **2018** 131; *Damjanovic/Oberkofler* Neue Akzente aus Strassburg – Die Rechtsprechung zur Art. 10 EMRK, MR **2000** 70; *Dörr/Zorn* Die Entwicklung des Medienrechts, NJW **2001** 2837; *Edwards* Die Rechtmäßigkeit von Whistleblowing in der Öffentlichkeit nach der EMRK und nach deutschem Recht (2017); *Engel* Der Zusammenhang von Sende- und Empfangsfreiheit unter der Europäischen Menschenrechtskonvention, ZUM **1988** 511; *ders.* Privater Rundfunk vor der Europäischen Menschenrechtskonvention (1993); *ders.* Einwirkungen des europäischen Menschenrechtsschutzes auf Meinungsäußerungsfreiheit und Pressefreiheit, AfP **1994** 1; *Engelbrecht* Informationsfreiheit zwischen Europäischer Menschenrechtskonvention und Grundgesetz ZD **2018** 108; *Forst* Die Richtlinie der Europäischen Union zum Schutz von Personen, die Verstöße gegen das Unionsrecht melden (Whistleblowing-Richtlinie), EuZA **2020** 283; *Esser* Internet für Strafgefangene – Neue Impulse durch den EGMR, NStZ **2018** 121; *ders.* Internetzugang in der Sicherungsverwahrung NStZ **2020** 107; *ders.* Digitalisierung und Strafvollzug, in: Hoven/Kudlich (Hrsg.), Strafverfahren und Digitalisierung (2020) 217; *Fleck* Hasskriminalität in Deutschland (2022); *Frenz* Konkretisierte Abwägung zwischen Pressefreiheit und Persönlichkeitsschutz, NJW **2012** 1039; *ders.*, Recht am eigenen Bild für Prinzessin Caroline, NJW **2008** 3102; *Frenz/Casimir-van den Broek* Religionskritische Meinungsäußerungen und Art. 10 EMRK in der Spruchpraxis des Europäischen Gerichtshofs für Menschenrechte, ZUM **2007** 815; *Frenzel* Persönlichkeitsschutz und Pressefreiheit: Ein Blick auf Großbritannien, AfP **2011** 335; *Frowein* Art. 10 EMRK in der Praxis von Kommission und Gerichtshof, AfP **1986** 197; *Gering* Pressefreiheit in regionalen Menschenrechtssystemen (2012); *Gersdorf* Hate Speech in sozialen Netzwerken, MMR **2017** 439; *Gerson* Fauler (Wort-)Zauber im Strafzumessungsrecht, KriPoZ **2020** 22; *Giegerich* Schutz der Persönlichkeit und Medienfreiheit nach Art. 8, 10 EMRK im Vergleich mit dem Grundgesetz, RabelsZ **1999** 471; *Gornig* Äußerungsfreiheit und Informationsfreiheit als Menschenrechte (1988); *Gourdet* Ordnungsrufe und Sitzungsausschluss – Zur Zulässigkeit parlamentarischer Ordnungsmaßnahmen, NVwZ **2019** 1414; *Grabenwarter/Pabel* Filmkunst im Spannungsfeld zwischen Freiheit der Meinungsäußerung und Religionsfreiheit. Anm. zum Urteil des EGMR im Fall *Otto-Preminger-Institut*, ZaöRV **55** (1995) 128; *Großmann* Der Beleidigungstatbestand: Partielle Reform oder grundlegende Revision? GA **2020** 546; *Guggenberger* Das Netzwerkdurchsetzungsgesetz in der Anwendung, NJW **2017** 2577; *Gundel* Das Verbot der idellen Rundfunkwerbung auf dem Prüfstand der EMRK, ZUM **2005** 345; *Hänni/Kühne* „The Convention must be read as a whole", in: Hänni/Kühne (Hrsg.), Brennpunkt Medienrecht. Das mediale Zeitalter als juristische Herausforderung (2009) 117; *Hembach* EGMR zu Verdachtsberichterstattung und Persönlichkeitsschutz, K&R **2018** 13; *Herold* Whistleblower. Entscheidungsfindung, Meldeverhalten und kriminologische Bewertung (2016); *Hettling/Voelkel* Die aktuelle Diskussion um die Pressefreiheit in den USA – Staats- vs. journalistischer Quellenschutz, DAJV **2006** 77; *Hinghofer-Szalkay* Extreme Meinungen und Meinungsäußerungsfreiheit: Die Schranke des Artikel 17 EMRK, JRP **2012** 106; *Hoffmann* Unionsgrundrechte als verfassungsrechtlicher Prüfungsmaßstab, NVwZ **2020** 33; *Hoffmeister* Art. 10 EMRK in der Rechtsprechung des Europäischen Gerichtshofs für Menschenrechte 1994 bis 1999, EuGRZ **2000** 358; *Hong* Hassrede und extremistische Meinungsäußerungen in der Rechtsprechung des EGMR und nach dem *Wunsiedel*-Beschluss des BVerfG, ZaöRV **70** (2010) 73; *Kall* Aktuelle Rechtsprechung des Europäischen Gerichtshofs für Menschenrechte zur Meinungsfreiheit des Art. 10 EMRK, AfP **2014** 116 *Kalscheuer/Hornung* Das Netzwerkdurchsetzungsgesetz – Ein verfassungswidriger Schnellschuss, NVwZ **2017** 1721; *Kiethe/Fuhrmann* Abwägung zwischen Meinungsfreiheit und kollidierenden Rechtsgütern, MDR **1994** 115; *Klass* Das Recht auf

Vergessen(-werden) und die Zeitlichkeit der Freiheit, ZUM **2020** 265; *Kloepfer* „Freedom within the press" and „Tendency protection" under Art. 10 of the European Convention on Human Rights (1997); *Koch* Parteiverbote, Verhältnismäßigkeitsprinzip und EMRK, DVBl. **2002** 1388; *Kolonovits* Meinungsfreiheit und Blasphemie in der jüngeren Rechtsprechung des EGMR, in: *Grabenwarter/Pabel*/Thienel (Hrsg.), Kontinuität und Wandel der EMRK. Studien zur Europäischen Menschenrechtskonvention (1998) 169; *Kriele* Ehrenschutz und Meinungsfreiheit, NJW **1994** 1897; *Kugelmann* Die streitbare Demokratie der EMRK. Politische Parteien und Gottesstaat: Das Urteil des EGMR zur Auflösung der Wohlfahrtspartei in der Türkei, EuGRZ **2003** 533; *Kühling* Die Kommunikationsfreiheit als europäisches Gemeinschaftsgrundrecht (1999); *ders.* Das „Recht auf Vergessenwerden" vor dem BVerfG – November(r)evolution für die Grundrechtsarchitektur im Mehrebenensystem, NJW **2020** 275; *Kulms* Werbung: Geschützte Meinungsäußerung oder unlauterer Wettbewerb? Zum Verhältnis von Art. 10 EMRK und UWG, RabelsZ **1999** 520; *Laeuchli Bosshard* Die Meinungsäußerungsfreiheit gemäss Art. 10 EMRK unter Berücksichtigung der neueren Entscheide und der neuen Medien (1990); *Lampe* (Hrsg.), Meinungsfreiheit als Menschenrecht (1998); *Langenfeld/Zimmermann* Interdependenzen zwischen nationalem Verfassungsrecht, EMRK und EG-Recht, ZaöRV **52** (1992) 259; *Leitmeier* Künast, „taz" und die (neuen) Grenzen der Meinungsfreiheit, HRRS **2020** 391; *Lenz/Schulte* Der EGMR – Keine Alternative für Deutschlands Rechtsweg, NVwZ **2019** 165; *Libertus* Die Bedeutung des Grundsatzes der journalistischen Fairness als eigenständiger Programmgrundsatz, ZUM **2019** 316; *Lindenmann* Ein Grundrecht auf Persönlichkeitsentfaltung?: Gedanken zur Entgrenzung der Meinungsäußerungsfreiheit gemäss Art. 10 EMRK (1998); *Lüdemann* Grundrechtliche Vorgaben für die Löschung von Beiträgen in sozialen Netzwerken, MMR **2019** 279; *Müller-Franken* Netzwerkdurchsetzungsgesetz: Selbstbehauptung des Rechts oder erster Schritt in die selbstregulierte Vorzensur? – Verfassungsrechtliche Fragen, AfP **2018** 1; *Neumeyer* Zwischen den Klippen der EMRK, DRiZ **2011** 162; *Nicol/Millar/Sharland* Media Law and Human Rights (2009); *Nieuwenhuis* The protection of artistic expression under article 10 of the European Convention on Human Rights, KUR **2012** 110; *Nolte* Werbefreiheit und Europäische Menschenrechtskonvention, RabelsZ **1999** 507; *Oğlakcıoğlu* „Haters gonna hate... (and lawmakers hopefully gonna make something else)" – Einige Anmerkungen zum Regierungsentwurf zur Bekämpfung der Hasskriminalität, ZStW **132** (2020) 521; *Peifer* Das Recht auf Vergessenwerden – ein neuer Klassiker vom Karlsruher Schlossplatz, GRUR **2020** 34; *Prebeluh* Die Entwicklung der Margin of Appreciation-Doctrin im Hinblick auf die Pressefreiheit, ZaöRV **61** (2001) 771; *Preslmayr* Vergleichende Werbung und Äußerungsfreiheit gem. Art. 10 EMRK, EuGRZ **1985** 221; *Probst* Art. 10 EMRK – Bedeutung für den Rundfunk in Europa (1996); *Putzke/Zenthöfer* Der Anspruch auf Übermittlung von Abschriften strafgerichtlicher Entscheidungen, NJW **2015** 1777; *Querndt* Nur geringe Beeinträchtigung der Privatsphäre bei Abbildung eines faktisch nicht als Rückzugsort genutzten Hauses, GRUR-Prax **2019** 419; *Ratz* Schutz der freien Meinungsäußerung und Schutz vor ihr im Straf- und Medienrecht durch den OGH, ÖJZ **2007** 948; *Regenfus* Auswirkungen von Zeitablauf und Erkenntnisgewinn auf die Zulässigkeit der Verdachtsberichterstattung, ZUM **2020** 278; *Reinhardt-Kasperek/Denninger* Gutmenschentum als Kündigungsgrund? – Rechtsprechungsupdate und Praxistipps zum Whistleblowing, BB **2018** 2484; *Reislhuber* Zwischen Sensationslust und Persönlichkeitsrecht, AfP **2011** 330; *Ribarov* Ehrenbeleidigungen von Richtern, ÖJZ **2008** 174; *Riedel* Die Meinungsäußerungsfreiheit in Europa – Eine Untersuchung der konkreten Auslegung der Meinungsäußerungsfreiheit gemäß Art. 5 GG, Art. 10 EMRK und Art. 11 GRCh in der deutschen und europäischen Rechtsprechung auf Basis ausgewählter Fallgruppen (2018); *Rittig* Drei Thesen und Antithesen zum Auskunftsanspruch der Medien nach derzeitigem Recht, in: Zöller/Esser (Hrsg), Justizielle Medienarbeit im Strafverfahren (2019) 257; *ders.* Der journalistische Auskunftsanspruch der Filmschaffenden gegen Behörden, ZUM **2020** 287; *Rottenwallner* Rechtsfragen beim Whistleblowing in der öffentlichen Verwaltung, VR **2020** 189; *Sahin* Hate speech or free speech? Grenzen der Meinungsfreiheit im gesellschaftlichen Wandel, KJ **2020** 256; *Sajuntz* Die Entwicklungen des Presse- und Äußerungsrechts im Jahr 2018, NJW **2019** 1567; *ders.* Die Entwicklung des Presse- und Äußerungsrechts im Jahr 2019, NJW **2020** 583; *Scheyli* Die Abgrenzung zwischen ideellen und kommerziellen Informationsgehalten als Bemessungsgrundlage der „margin of appreciation" im Rahmen von Art. 10 EMRK, EuGRZ **2003** 488; *Schiemann* Änderungen im Strafgesetzbuch durch das Gesetz zur Bekämpfung des Rechtsextremismus und der Hasskriminalität, KriPoZ **2020** 269; *Schiff* Meinungsfreiheit in mediatisierten digitalen Räumen, MMR **2018** 366; *Schmid* Artikel 10 EMRK – eine Zauberformel? MR **2001** 19; *Schmitt* Whistleblowing revisited – Anpassungs- und Regelungsbedarf im deutschen Recht, RdA **2017** 365; *Schmolke* Die neue Whistleblower-Richtlinie ist da! Und nun? NZG **2020** 5; *Schwaibold* Stoll gegen die Schweiz 1:6, forumpoenale **2008** 180; *Seidl* Meinungsfreiheit in der Rechtsprechungspraxis des Interamerikanischen Gerichtshofs für Menschenrechte (2014); *Schreiber* Das neue Gesetz zum Schutz von Geschäftsgeheimnissen – ein „Freifahrtschein" für Whistleblower, NZWiSt **2019** 332; *Sotiriadis* Brauchen wir sanktionsrechtliche Normen, damit Hate Crimes von der Strafjustiz angemessen beurteilt werden? KJ **2014** 261; *Spindler* Der Regierungsentwurf zum Netzwerkdurchsetzungsgesetz – europarechtswidrig? ZUM **2017** 473; *Stock* Medienfreiheit in der EU-Grundrechtscharta: Art. 10 EMRK ergänzen und modernisieren (2000); *Stoltenberg* Verpflichtung der Ermittlung und Berücksichtigung rassistischer Motive bei der Strafzumessung, ZRP **2012** 119; *Swoboda* Art. 10 EMRK – das immer noch unbekannte Wesen, MR **2000** 293; *Taschke/Pielow/Volk* Die EU-Whistleblowing-Richtlinie – Herausforderung für die Unternehmenspraxis NZWiSt **2021** 85; *Thüsing/Rombey* Nachdenken über den Richtlinienvorschlag der EU-Kommission zum Schutz von Whistleblowern, NZG **2018** 100; *Tolmein* Strafrechtliche Reaktionsmöglichkeiten auf rassistisch motivierte Gewaltdelikte, ZRP **2001** 315; *Trebeck/Schulte-Wissermann* Die Geheimnisschutzrichtlinie und deren Anwendbarkeit, NZA **2018** 1175; *Trentmann* Die (un)geklärte Rechtslage bei Altberichten in Online-Archiven, MMR **2016** 731; *Tretter* Jüngste Entwicklung im österreichischen Rundfunkrecht, EuGRZ **1996** 77; *Uerpmann-Wittzack/Jankowska-Gilberg* Die Europäische Menschenrechtskonvention als Ordnungsrahmen für das Internet, MMR **2008** 83; *Valerius* Hasskriminalität – Vergleichende Analyse unter Einschluss der deutschen Rechtslage, ZStW **132** (2020) 666; *Wagner* Haftung von Plattformen für Rechtsverletzungen (Teil 1 und 2), GRUR **2020** 329, 447; *Wandtke* Persönlichkeitsschutz versus Internet MMR **2019** 142; *Warg* Meinungsfreiheit zwischen Zensur und Selbstzensur, DÖV **2018** 473; *Wiebe* Rundfunkrechtlicher Auskunftsanspruch gegen Bundesbehörden, ZUM **2020** 39; *Wiedmann/Seyfert* Richtlinienentwurf der EU-Kommission zum Whistleblowing, CCZ **2019** 12; *Zeder* Hype um das Redaktionsgeheimnis, ÖJZ **2011** 5; *Zeder* Medienrecht im Spannungsfeld zwischen Meinungsfreiheit und Persönlichkeitsschutz, ÖJZ **2011** 14; *Zielinski* Gewährleistung und Durchsetzung der Medienfreiheit in Europa – Tagung der Art. 10 EMRK-Arbeitsgruppe in Sofia, OER **2011** 208; *Zimmermann* Verbreitung von Informationen über Schwangerschaftsunterbrechungen und Europäische Menschenrechtskonvention, NJW **1993** 2966; *Zöller* Rechtliche Grundlagen der Berichterstattung über die laufende strafrechtliche Hauptverhandlung, in: Zöller/Esser (Hrsg.), Justizielle Medienarbeit im Strafverfahren (2019) 279.

Übersicht

1. Allgemeines zu den Kommunikationsfreiheiten
   a) Allgemeine Bedeutung —— 1
   b) Einschränkung der Garantien —— 3
   c) Innerstaatliches Grundrecht —— 4
   d) Recht der Europäischen Union/Charta der Grundrechte —— 5
   e) Bedeutung für das Strafverfahren/Medienberichterstattung —— 8
2. Schutzgut
   a) Freiheit der Meinungsbildung —— 11
   b) Freiheit der Meinungsäußerung —— 12
   c) Freiheit der Informationsbeschaffung —— 16
   d) Pressefreiheit, Massenkommunikationsmittel —— 22
   e) Freiheit der Kunst —— 28
   f) Freiheit der Wissenschaft —— 29
   g) Grenzüberschreitende Garantie —— 30
3. Tragweite der Garantien
   a) Schutz gegen staatliche Eingriffe —— 31
   b) Schutzpflicht des Staates —— 34
   c) Geschützte Personen —— 40
   d) Wahlrecht —— 43
4. Allgemeine Voraussetzungen der Beschränkung der Ausübung (Art. 10 Abs. 2 EMRK/Art. 19 Abs. 3 IPBPR)
   a) Allgemeines —— 44

   b) Gesetzliche Grundlage —— 49
   c) Berechtigtes Ziel —— 53
   d) Notwendigkeit des Eingriffs in einer demokratischen Gesellschaft —— 56
   e) Hinweisgeberschutz („Whistleblowing") —— 62
   f) Verhältnismäßigkeit —— 68
   g) Staatlicher Beurteilungsspielraum —— 69
5. Einzelne Zwecke einer zulässigen Beschränkung
   a) Schutz der nationalen Sicherheit —— 109
   b) Öffentliche Ordnung —— 110
   c) Ansehen und Unparteilichkeit der Rechtspflege —— 113
   d) Verhinderung der Verbreitung vertraulicher Nachrichten —— 122
   e) Schutz der Gesundheit —— 124
   f) Schutz der Moral und der öffentlichen Sittlichkeit —— 125
   g) Schutz des guten Rufes und der Rechte anderer —— 127
6. Verbot von Kriegspropaganda sowie von nationalem, rassischem oder religiösem Hass (Art. 20 IPBPR)
   a) Allgemeines —— 142

b) Andere völkerrechtliche Verpflichtungen —— 158
c) Innerstaatliches Recht —— 161

d) Grundzüge der Regelung des Art. 20
IPBPR —— 162

Alphabetische Übersicht

Abgeordnete 81
Allgemeininteresse 32, 72, 80
Amtliches Schriftstück 109
Amtsträger 128
Anwälte 118 ff.
Auskunftsrecht/-anspruch 18, 129
Beamte 100, 113
Beleidigend/Beleidigung 36, 48, 80, 93, 99, 117,
   127 f., 137, 151, 154, 159
Berechtigtes Ziel 53 ff.
Berichterstattung 27, 82, 87, 89, 95, 130, 135, 139
Beurteilungsspielraum 58, 69 f., 76, 111, 125, 128, 138
Bildberichterstattung 139
„Binnenpluralität" 26
„chilling effect" 24, 80 f.
„contempt of court" 113
Demokratie 1, 22, 58, 76, 80
Demokratieüblichkeit 76, 145
Demokratische Gesellschaft 4, 25, 28, 31, 41, 46,
   56 ff.
Diskriminierungsverbot 40, 59, 67, 94, 112, 143, 157,
   162 f.
Eingriff 45 f., 52 f., 56 ff.
Europäische Charta für Pressefreiheit 106
Extremismus 146, 150 f.
Fremdenfeindlich 7, 146 ff.
Gegendarstellung 15, 36
Gesundheit 124
Hass 3, 48, 59, 112, 147, 151, 153, 156 ff., 160, 162
Hetze 145, 156, 162
Informationsbeschaffung 1 f., 16 ff., 97
(Informations-)Quellen 17, 102, 104 f., 132
Interview 92, 94
Konkordanz 138, 157, 163
Kontext 77, 80, 112
Kriegspropaganda 3, 109, 142 ff.
Kritik 79, 100, 117, 120, 128
Kunst- und Wissenschaftsfreiheit 1, 12, 28 f.
Löschung 131, 154 f.
Massenkommunikationsmittel 22
Massenmedien 26, 35
Massenüberwachung 103
Mäßigungsgebot 41
Medien 5, 8, 22, 26, 85
Meinungsäußerung 1 f., 5, 10 ff.
Meinungsbeeinflussung 35
Meinungsbildung 1 f., 11, 16, 22, 26
Meinungsfreiheit 5, 8, 13 f., 31
Meldung 67

Missbrauch 3, 78, 80, 107, 109, 145
Missstände 62, 70, 83, 98
Moral/Öffentliche Sittlichkeit 125 ff.
Nationale Sicherheit 109
Negative Medienfreiheit 13, 15
Negative Meinungsfreiheit 13
Öffentliche Ordnung 110 ff.
Öffentlicher Dienst 41 f., 63
Öffentliches Interesse 59, 62 f., 73 f., 77, 96, 120, 130
Ordnungsmaßnahmen 81
Overblocking 155
Persönlichkeiten des öffentlichen Lebens 128
Persönlichkeitsrecht 48, 85, 87, 139, 154
Politiker 79, 81, 83, 99 f., 127 f.
„Prangerwirkung" 135
Pressefreiheit 4, 22 ff., 82, 87
Privatbereich 123, 138
Privatperson 34, 74, 95, 100
Provokation 80
„public watchdog" 8, 83, 102, 104, 123
Rassismus 7, 148, 158 ff.
Realakte 12, 14
Recherche 92, 108
Recht auf ein faires Verfahren 10, 118
Rechte anderer 53 f., 124, 127 ff.
Rechtfertigender Grund 16, 18 f.
Rechtspflege 113
Repressalien 67
Richtlinie 66 f.
Ruf 53 f., 85, 113, 127, 137
Sachlichkeit 52
Schmähkritik 117
Schutz des guten Rufes 127 ff.
Schutzpflicht 19, 34 ff., 54, 77, 142
Schweigerecht 10
Schwerpunkt 139
Sonderstatus 41
Speicherung 85, 88, 103
Staatliches Informationshandeln 79
Strafgefangene 17, 41
Strafverfahren 8 f.
Strafzumessung 147 ff.
Suchmaschine 91
unmittelbare Drittwirkung 33
Unschuldsvermutung 8, 130, 132, 135
Verarbeitung personenbezogener Daten 91
Verbot 142, 144 ff., 160, 162 f.
Verdacht 62, 64, 105, 131
Vergessen 86 ff.

Verhältnismäßigkeit 68 f., 77, 81, 123, 145, 162
Veröffentlichung 58, 76, 84, 115 f.
Vertrauliche Information 122
Verwirkung 4
Völkerrechtliche Verpflichtungen 157
Vorzensur 25
Wahlen 43
Wahrnehmung berechtigter Interessen 119

Wechselwirkung 4
Werturteile 83, 101, 132
Whistleblowing 62 ff.
Willkür 31, 50, 78
Wortberichterstattung 139 f.
Zeugnisverweigerungsrecht 24, 105
Zurückhaltung 41, 52

1. Allgemeines zu den Kommunikationsfreiheiten

a) Allgemeine Bedeutung. Nach **Art. 19 AEMR** vom 10.12.1948 hat jedermann das **1** Recht auf Freiheit der Meinung und der Meinungsäußerung. Zu diesem Recht gehört auch die Freiheit, sich ohne Rücksicht auf Staatsgrenzen Informationen zu beschaffen, zu empfangen und weiterzugeben. Hieran knüpfen Art. 10 EMRK/Art. 19 IPBPR an, wenn sie **jedermann** die grundsätzliche Freiheit der **Meinungsbildung** – einschließlich der dafür notwendigen freien **Informationsbeschaffung** und der **Meinungsäußerung** – garantieren.[1] Diese Rechte sind eine Grundvoraussetzung für die selbstverantwortliche geistige Existenz des Menschen. Sie ermöglichen im gesellschaftlichen Bereich die freie Entfaltung des geistigen Lebens und fördern die freie geistige Auseinandersetzung mit Meinungen und Ereignissen. Sie sind unerlässlich für eine funktionierende Demokratie, denn der freie und ungehinderte Austausch von Nachrichten und Gedanken über die nationalen Grenzen hinweg und die ungehinderte Möglichkeit, sich zu informieren und Kritik zu üben, sind grundlegende Voraussetzungen für jede echte Teilhabe des Individuums am staatlichen Leben und für eine aktive Ausübung der Bürgerrechte.[2] Die Garantien schließen auch die **Kunst- und Wissenschaftsfreiheit** mit ein.

Die Regelungen in den beiden Konventionen weisen bei **übereinstimmender Grund-** **2** **tendenz** in den Einzelheiten **Unterschiede** auf. So zählt Art. 19 Abs. 2 IPBPR im Gegensatz zu Art. 10 die wichtigsten Medien der Meinungsbildung und Meinungsäußerung ausdrücklich auf (Wort, Schrift, Druck, durch Kunstwerke), ohne diese jedoch abschließend festzulegen („andere Mittel der eigenen Wahl"). Andererseits fehlt bei Art. 19 IPBPR der bei Art. 10 Abs. 1 EMRK enthaltene Bezug auf den Eingriff öffentlicher Behörden und der Hinweis auf die Zulässigkeit einer staatlichen Genehmigung für Rundfunk-, Lichtspiel- und Fernsehunternehmen.[3] Auch der Katalog der Gründe, die Eingriffe in die Freiheit der Meinungsäußerung und der Informationsbeschaffung rechtfertigen können, ist in Art. 10 Abs. 2 detaillierter ausgeformt. Er ist wie derjenige des Art. 8 Abs. 2 zum Gegenstand einer umfangreichen Rechtsprechung des EGMR[4] geworden.

---

1 Zur Entstehungsgeschichte (Art. 10): *Frowein/Peukert* 2; *Partsch* 200 (Art. 19 IPBPR); *Blumenwitz* FS Ermacora 67 ff.; *Nowak* 5 f.

2 Etwa: EGMR Lingens/A, 8.7.1986, NJW **1987** 2143 = EuGRZ **1986** 424; Oberschlick/A, 23.5.1991, NJW **1992** 613 = EuGRZ **1991** 216 = ÖJZ **1991** 641; Observer u. Guardian/UK, 26.11.1991, EuGRZ **1995** 16 = ÖJZ **1992** 378; Sunday Times Nr. 2/UK, 26.11.1991; Castells/E, 23.4.1992, ÖJZ **1992** 803; Thorgeir Thorgeirson/ISL, 25.6.1992, ÖJZ **1992** 810; Ibrahimov u. Mammadov/AZB, 13.2.2020, § 164; *Frowein/Peukert* 1. Zu dem beim IPBPR bestehenden Unterschied zwischen dem liberalen (westlichen) Freiheitsverständnis und dem der ehem. sozialistischen Staaten vgl. *Blumenwitz* FS Ermacora 67; *Hofmann* 45; *Nowak* 1 ff.

3 Zum Vergleich beider siehe Gutachten des IAGMR EuGRZ **1986** 371.

4 Vgl. die Übersicht über die 1994 bis 1999 entschiedenen 48 Fälle bei *Hoffmeister* EuGRZ **2000** 358.

Esser

3   **b) Einschränkung der Garantien.** Eine Einschränkung der Garantien des Art. 10 über den Katalog des Absatzes 2[5] hinaus erlaubt **Art. 16**,[6] der es den Vertragsstaaten gestattet, der **politischen Tätigkeit von Ausländern** Beschränkungen aufzuerlegen.[7] **Art. 19 IPBPR** enthält diese Einschränkung nicht, so dass seine Garantien für Inländer und Ausländer gleichermaßen gelten. Bei der Ratifikation des IPBPR hat Deutschland einen **Vorbehalt** erklärt, Art. 19 IPBPR ebenfalls nur innerhalb des dem Art. 16 entsprechenden Rahmens anzuwenden.[8] Die politische Meinungsfreiheit wird ferner durch **Art. 20 IPBPR** eingeschränkt, der die Vertragsstaaten verpflichtet, **Kriegspropaganda** und jedes Eintreten für **nationalen, rassischen und religiösen Hass** durch Gesetz zu verbieten.[9] Auch aus der Missbrauchsklausel des Art. 17 EMRK/Art. 5 Abs. 1 IPBPR können sich zusätzliche legitime Einschränkungen der Freiheit der Meinungsäußerung ergeben.[10]

---

5 In dessen Rahmen muss der Staat auch seiner Verpflichtung zum Schutz anderer Konventionsrechte, insbesondere des durch Art. 8 geschützten Privat- und Familienlebens durch Herstellung einer praktischen Konkordanz Rechnung tragen; vgl. *Giegerich* RabelsZ **1999** 471, 474 ff.

6 Art. 16: „Die Artikel 10, 11 und 14 sind nicht so auszulegen, als untersagten sie den Hohen Vertragsparteien, die politische Tätigkeit ausländischer Personen zu beschränken.".

7 Bei EU-Bürgern greift diese Einschränkung nicht, vgl. EGMR Piermont/F, 27.4.1995, ÖJZ **1995** 751 = InfAuslR **1996** 45; *Frowein/Peukert* Art. 16, 1; *Giegerich* RabelsZ **1999** 471, 472; vgl. Art. 16 Rn. 6; vgl. auch EGMR Ecodefence u.a./R, 14.6.2022, § 104: vorschnelle und nicht vorhersehbare Bezeichnung der Aktivitäten einer Vereinigung als „politisch" können diese in ihren Rechten aus Art. 10 beschränken.

8 Art. 1 Nr. 1 des Ratifikationsgesetzes vom 15.11.1973 (BGBl. II S. 1533): „Dem ... Pakt ... wird mit folgender Maßgabe zugestimmt: 1. Artikel 19, 21 und 22 in Verbindung mit Artikel 2 Absatz 1 des Paktes werden in dem Artikel 16 der Konvention zum Schutze der Menschenrechte und Grundfreiheiten vom 4. November 1950 entsprechenden Rahmen angewandt. (...)".

9 Zum Schrankenvorbehalt *Nowak* 35 ff.; *Blumenwitz* FS Ermacora 67, 70, 77; *Hoffmeister* EuGRZ **2000** 358.

10 EGMR (GK) Jersild/DK, 23.9.1994, NStZ **1995** 237 m. Anm. *Stöcker* = ÖJZ **1995** 227 (kein Schutz rassistischer Äußerungen durch Art. 10). Zum Anwendungsbereich des Art. 17: *Klein* ZRP **2001** 397, 399 f.; ferner Meyer-Ladewig/Nettesheim/von Raumer/*Neidhardt* Art. 17, 2 f.; EGMR Witzsch/D (E), 13.12.2005 (Leugnung des Holocausts, Leugnung der Verantwortung von Hitler und der NSDAP für den Holocaust); Garaudy/F (E), 24.6.2003, NJW **2004** 3691 (Infragestellung des Holocaust nicht vom Schutzbereich des Art. 10 erfasst; bzgl. weiterer, nicht eindeutig als rassistisch einzustufender Äußerungen ließ der EGMR die Frage nach dem Schutzbereich dahingestellt, da der Eingriff in jedem Fall gerechtfertigt gewesen wäre); mit Bezug hierauf auch BVerwGE **131** 216 (Tz. 31), NJW **2009** 98 = BayVBl. **2009** 50 = DVBl. **2008** 1248 („Rechtfertigung einer pro-nationalsozialistischen Politik [genießt] nicht den Schutz des Art. 10 EMRK"); EGMR Ivanov/R, 20.2.2007 (Holocaustleugnung); Williamson/D, 8.1.2019, EuGRZ **2019** 572 (offengelassen, Sanktionierung wegen Verharmlosung/Leugnung des Holocaust jedenfalls nicht unverhältnismäßig); Pastörs/D, 3.10.2019, §§ 37 ff., JSt **2020** 89: Verurteilung wegen § 189 StGB („Auschwitz-Projektion", „Sieg der Lüge über die Wahrheit") zwar Eingriff in Art. 10, aber gerechtfertigt; *Hoffmeister* EuGRZ **2000** 358, 360: „Verbot der Auschwitzlüge" wird dem Schutz des Art. 10 durch Art. 17 entzogen mit Hinweis auf *obiter dictum* in EGMR Lehideux u. Isorni/F, 23.9.1998, ÖJZ **1999** 656 (Verwendung für Marschall Pétain); im konkreten Fall war die in Frage stehende Äußerung dem Schutzbereich des Art. 10 nicht entzogen, eine Einbeziehung des Art. 17 in die Rechtfertigung des Eingriffs, d.h. eine Auslegung des Art. 10 Abs. 2 im Lichte des Art. 17, wurde jedenfalls für möglich erachtet, §§ 35 ff., 58). Bei einer Betrachtung im Gesamtkontext des Einzelfalls ist zudem auch dann der Schutz durch Art. 10 zu versagen, wenn rassistische Äußerungen oder die Leugnung des Holocaust lediglich im Deckmantel einer künstlerischen Darbietung versteckt werden: EGMR Dieudonné M'Bala M'Bala/F, 20.10.2015, §§ 37, 40 f.; vgl. kontrastierend HRC Faurisson/F, 8.11.1996, 550/1993, EuGRZ **1998** 271 (Infragestellen von Judenmord/Gaskammern als Verletzung der jüdischen Gemeinde; Verbot durch Art. 19 Abs. 3 *lit.* a IPBPR gerechtfertigt); Norwood/UK, 16.11.2004 (Hetze gegen Muslime nicht von Art. 10 gedeckt); Soulas/F, 10.7.2008 (islamophobes Sachbuch noch von Art. 10 gedeckt); Belkacem/B, 27.6.2017, §§ 34 ff. (Aufruf zur gewaltsamen Missionierung Andersgläubiger

c) Innerstaatliches Grundrecht. Das innerstaatliche Grundrecht, seine Meinung frei **4** zu äußern und zu verbreiten und sich aus allgemein zugänglichen Quellen ungehindert zu unterrichten (**Art. 5 Abs. 1 GG**), stimmt mit den Konventionsgarantien im Wesentlichen überein. Dies gilt auch, soweit die von Art. 19 Abs. 2 IPBPR nur inhaltlich umschriebene und in Art. 10 Abs. 1 Satz 1 überhaupt nicht ausdrücklich erwähnte **Pressefreiheit** als Individualrecht garantiert wird.[11] Die **Beschränkbarkeit** der von Art. 5 GG gewährleisteten Grundrechte ist zwar insofern weiter, als dass dafür generell die *allgemeinen Gesetze* ausreichen, die nicht auf die in Art. 10 Abs. 2 EMRK/Art. 19 Abs. 3 IPBPR genannten Regelungszwecke beschränkt sein müssen. Praktisch dürfte aber gegenüber der vom GG gebotenen Abwägung bei der Auslegung grundrechtseinschränkender Gesetze wegen der weiten Fassung der zulässigen Eingriffszwecke in Art. 10 Abs. 2 kaum ein ins Gewicht fallender Unterschied bestehen, zumal der Vorbehalt der Rechte anderer generalklauselartig wirkt.[12] Die nur von Art. 10 Abs. 2 geforderte Notwendigkeit der Einschränkung in einer demokratischen Gesellschaft[13] findet im Wesentlichen eine Entsprechung in der auch vom GG gebotenen restriktiven Anwendung der einschränkenden Normen, die ihrerseits im Lichte der Bedeutung der Meinungsfreiheit im demokratisch verfassten Staat unter Beachtung des Grundsatzes der Verhältnismäßigkeit auszulegen sind (**Wechselwirkung**).[14] Die Möglichkeit einer **Verwirkung des Grundrechtes** nach Art. 18 GG dürfte von den Einschränkungen der Art. 10 Abs. 2 EMRK/Art. 19 Abs. 3, Art. 20 IPBPR gedeckt sein. Ohne auf die Divergenzen im Einzelnen einzugehen, können im Rahmen dieser Kommentierung nur die Grundzüge der Gewährleistungen beider Konventionen angesprochen werden.

d) Recht der Europäischen Union/Charta der Grundrechte.[15] **Art. 11** garantiert **5** ebenfalls das Recht auf Meinungsfreiheit und freie Meinungsäußerung sowie die Freiheit, Informationen und Ideen ohne behördliche Eingriffe und ohne Rücksicht auf Staatsgrenzen zu empfangen und weiterzugeben. Nach Art. 11 Abs. 2 EUC werden die Freiheit der Medien und ihre Pluralität geachtet.[16]

Das übrige Recht der Europäischen Union rechnet die Ausstrahlung von Rundfunk- **6** und Fernsehsendungen einschließlich deren Weiterverbreitung in Kabelnetzen sowie das Zurverfügungstellen des Anzeigenraums in Druckerzeugnissen zu den **freien Dienstleistungen**,[17] während für den Vertrieb von Druckerzeugnissen einschließlich des Vertriebs

---

nicht von Art. 10 gedeckt); Roj TV A/S/DK, 17.4.2018 (Unterstützung terroristischer Vereinigungen nicht von Art. 10 gedeckt); Šimunić/KRO, 22.1.2019 (nationalistische Geste „Ustascha-Gruß" bei Fußballspiel; Sanktionierung verhältnismäßig); Lilliendahl/ISL, 12.5.2020 (homophobe Hassrede noch von Art. 10 gedeckt, Sanktionierung nicht unverhältnismäßig); Atamanchuk/R, 11.2.2020 (Hassrede gegenüber der Kuban-Bevölkerung; Anwendung von Art. 17 offengelassen, Sanktionierung nicht unverhältnismäßig).

11 *Frowein/Peukert* 2, 15 ff.; vgl. Rn. 22.

12 Zu den Unterschieden vgl. *Giegerich* RabelsZ **1999** 471 ff., 505 ff. (Zusammenfassung).

13 „Notwendig" bedeutet dabei, dass ein dringendes soziales Bedürfnis („pressing social need"/„besoin social impérieux") vorliegen muss: EGMR Ruokanen u.a./FIN, 6.4.2010, NJW-RR **2011** 983, § 36; Le Pen/F (E), 20.4.2010, NJW-RR **2011** 984.

14 BVerfGE 7 198 (Lüth), st. Rspr.

15 ABlEU Nr. C 83 v. 30.3.2010 S. 389; BGBl. 2008 II S. 1165; vgl. auch die frühere Fassung aus dem Jahr 2000: ABlEG Nr. C 364 v. 18.12.2000 S. 1, EuGRZ **2000** 554; rechtsvergleichend unter Einbeziehung von Art. 11 EUC: *Riedel* Die Meinungsäußerungsfreiheit in Europa (2018).

16 Damit wird auch der Medienpluralismus festgeschrieben, vgl. *Grabenwarter/Pabel* § 23, 1; Heselhaus/Nowak/*Kühling* § 28, 47.

17 Vgl. Geiger/Khan/*Kotzur* Art. 57, 10 AEUV.

von Presseerzeugnissen die **Freiheit des Warenverkehrs** gilt. Diese Konventionsgarantien sind daher auch durch die Freiheitsverbürgungen des Unionsrechts abgesichert.[18]

7   Im November 2008 erließ die EU den **Rahmenbeschluss** zur **strafrechtlichen Bekämpfung bestimmter Formen und Ausdrucksweisen von Rassismus und Fremdenfeindlichkeit.**[19] Etwaigen Spannungen mit der Freiheit der Meinungsäußerung soll u.a. durch Verfahrensgarantien innerhalb der EU-Mitgliedstaaten Rechnung getragen werden (Rn. 100).[20]

8   **e) Bedeutung für das Strafverfahren/Medienberichterstattung.** Die Garantien des Art. 10 EMRK/Art. 19 IPBPR kommen in mancherlei Hinsicht auch mit strafrechtlichen Aspekten in Berührung. Augenscheinlich fungieren vielmals **Strafgesetze als Schranken der geschützten Freiheiten**, so dass insofern eine zurückhaltende Anwendung dieser Gesetze veranlasst sein kann.[21] So mag insbesondere der Verlauf eines Strafverfahrens durch die Frage beeinflusst werden, wie weit der Schutz des Art. 10 im Einzelfall reicht. Die Meinungsfreiheit kann entscheidend für die Einleitung bzw. den Ausgang eines Strafverfahrens sein, so wenn ein Journalist sich auf ein Zeugnisverweigerungsrecht zum Schutz einer Quelle beruft.[22] Presse und Medien nehmen zudem bei Abläufen, die der öffentlichen Verwaltung zugeordnet sind, die Aufgabe eines **„öffentlichen Wachhundes"** („public watchdog") wahr.[23] Von strafrechtlicher Relevanz ist zudem der Umstand, dass bei der Berichterstattung über ein Strafverfahren die **Unschuldsvermutung** (Art. 6 Abs. 2) zumeist ein zulässiges Einschränkungskriterium der Garantien des Art. 10 darstellt[24] und als Gradmesser dahingehend fungiert, inwieweit über ein laufendes Strafverfahren berichtet werden darf.[25] Die (verpflichtende) **Medienberichterstattung** durch Polizei und Justiz stellt hierbei ein ebenso eingriffsintensives wie noch weithin unbeackertes Feld dar.[26] Hiervon zu unterscheiden ist der Fall, bei dem sich der Berichtende selbst der Verleumdung oder üblen Nachrede strafbar macht, weil er die Unschuldsvermutung noch vor dem eigentlichen Beginn eines Verfahrens dem mutmaß-

---

18 Vgl. *Dörr/Zorn* NJW **2001** 2837; *Sachs/Bethge* Art. 5, 7 ff. GG m.w.N.

19 Rahmenbeschluss 2008/913/JI des Rates vom 28.11.2008 zur strafrechtlichen Bekämpfung bestimmter Formen und Ausdrucksweisen von Rassismus und Fremdenfeindlichkeit, ABlEU Nr. L 328 v. 6.12.2008 S. 55. Dort wird den EU-Mitgliedstaaten u.a. aufgegeben, die Leugnung des Holocausts unter Strafe zu stellen, Art. 1 Abs. 1 *lit.* c. Zur Umsetzung des RB ins deutsche Recht (Änderung von § 130 Abs. 1 und Abs. 2 Nr. 1 StGB): Gesetz vom 16.3.2011, BGBl. I S. 418, BTDrucks. **17** 3124; dazu *Bock* ZRP **2011** 46.

20 ErwG 15 RB 2008/913/JI.

21 Wie im Fall EGMR Vajnai/H, 8.7.2008 (ungarisches Strafgesetz verbot das Tragen eines totalitären Symbols in der Öffentlichkeit; Vizepräsident der Arbeiterpartei trug einen roten Stern auf einer genehmigten Demonstration; verschiedene Bedeutungen eines roten Sterns; Strafe als ungerechtfertigte Einschränkung des Art. 10).

22 EGMR Voskuil/NL, 22.11.2007, NJW **2008** 2563; Nordisk Film u. TV A/S/DK (E), 8.12.2005.

23 Vgl. EGMR Pedersen u. Baadsgard/DK, 17.12.2004, NJW **2006** 1645; Tourancheau u. July/F, 24.11.2005; (GK) Couderc u. Hachette Filipacchi Associés/F, 10.11.2015, § 89; Sabuncu u.a./TRK, 10.11.2020, § 220; Gheorghe-Florin Popescu/RUM, 12.1.2021, § 26; Drousiotis/ZYP, 5.7.2022, § 43; Sergey Sorokin/R, 30.8.2022, § 39.

24 *Grabenwarter/Pabel* § 23, 34; EGMR Worm/A, 29.8.1997, ÖJZ **1998** 35; Constantinescu/RUM, 27.6.2000, §§ 73 ff. (ohne ausdrückliche Bezugnahme auf Art. 6 Abs. 2); „Wirtschafts-Trend" Zeitschriften-Verlagsgesellschaft mbH/A (E), 14.11.2002, ÖJZ **2003** 155; Tourancheau u. July/F, 24.11.2005; siehe aber auch zu den Grenzen: EGMR Dupuis u.a./F, 7.6.2007, NJW **2008** 3412.

25 Vgl. EGMR Campos Dâmaso/P, 24.4.2008 (ausnahmsweise Vorrang der Meinungsfreiheit gegenüber dem Recht auf ein faires Verfahren); Art. 6 Rn. 544, 623; vgl. ferner OLG Nürnberg NJW-RR **2019** 1191 (Zulässigkeit der Berichterstattung wegen eines besonderen öffentlichen Interesses am Verfahren).

26 Hierzu Entwurf des AK Strafprozessrecht und Polizeirecht (ASP) für eine die Pressefreiheit und das Persönlichkeitsrecht schützende Auskunftserteilung im Strafverfahren: Zöller/Esser (Hrsg.) 38 ff.

lichen Täter gegenüber öffentlichkeitswirksam missachtet.[27] Zwar gelte die Meinungsäußerungsfreiheit der Presse nicht nur für Ideen, die für betroffene Individuen günstig, unschädlich oder unwichtig sind, sondern auch für solche, die angreifen, schockieren oder
beunruhigen.[28] Zudem ist auch ein gewisses Maß an Übertreibung und Provokation im Rahmen der journalistischen Freiheit zuzugestehen.[29] Sobald allerdings der Ruf oder die Außenwirkung einer Person tangiert werden, ist auch in Hinblick auf Art. 10 zu verlangen, dass im
sensiblen Bereich der Strafverfolgung, der aufgrund gesellschaftlicher Reaktionen gravierende persönliche Konsequenzen für den Betroffenen nach sich ziehen kann, **genaue und zuverlässige Tatsachen und Informationen** recherchiert werden, so dass nur der gutgläubi-
ge, in Übereinstimmung mit seinem Berufsethos handelnde Journalist geschützt wird.[30] Die
Presse ist grundsätzlich verpflichtet, die Richtigkeit von Tatsachenbehauptungen zu prüfen,
die geeignet sind, Dritte herabzusetzen und zu diffamieren.[31]

Auch für das Strafverfahren selbst ist Art. 10 von direkter Bedeutung. So schützt **9**
Art. 10 unmittelbar sowohl den **Verteidiger** in seinem Handeln und seinen Äußerungen
für den Mandanten, namentlich beim **Plädoyer**[32] und bei Stellungnahmen gegenüber Gericht, Staatsanwaltschaft und Zeugen,[33] als auch den Beschuldigten selbst in seinem **Verteidigungsvorbringen**, namentlich bei seiner Einlassung.[34] Dabei ist zu beachten ist, dass
individuelle Meinungsäußerungen während eines gerichtlichen Verfahrens (zu Verteidi-
gungszwecken) in der Regel schon unter den Schutzgehalt des spezielleren Art. 6 fallen[35]
und auf der anderen Seite die in Art. 10 Abs. 2 besonders aufgeführte Gewährleistung des
Ansehens und der Unparteilichkeit der Rechtspflege ein hierzu im Spannungsverhältnis
stehendes Einschränkungskriterium abgibt (Rn. 113 ff.).

Darüber hinaus soll nach einer in der Literatur vertretenen Ansicht die von Art. 10 **10**
garantierte Freiheit zur Meinungsäußerung als natürliche Folge in bestimmten Prozess-
konstellationen – der geladene Zeuge ist Beschuldigter in einem anderen Verfahren und
würde sich durch seine Aussage selbst belasten – das negative Recht sich nicht zu äußern
(**Schweigerecht**) einschließen, so dass es eines Rückgriffs auf Art. 6 Abs. 1 (Recht auf ein

---

27 EGMR Ruokanen u.a./FIN, 6.4.2010.

28 EGMR Sabuncu u.a./TRK, 10.11.2020, § 218.

29 Siehe EGMR Uj/H, 19.7.2011, §§ 21, 24; Sabuncu u.a./TRK, 10.11.2020, § 220.

30 EGMR Fuchsmann/D, 19.10.2017, §§ 42 ff., NJW **2018** 3083.

31 EGMR Ruokanen u.a./FIN, 6.4.2010; zu letzterem Aspekt auch EGMR Aquilina u.a./MLT, 14.6.2011 (Verurteilung zu Schadensersatz, obwohl Journalistin in adäquater Weise versucht hatte, ihre in der Zeitung veröffentlichten Informationen über eine Gerichtsverhandlung („Lawyer found in Contempt of Court") zu verifi-
zieren; Verletzung von Art. 10); Ólafsson/ISL, 16.3.2017, § 48 (Missbrauchsvorwürfe gegenüber Politiker);
Milisavljević/SRB, 4.4.2017 (Beleidigung einer Menschenrechtsaktivistin, in Anführungszeichen gesetzt); Droemer Knaur GmbH & Co. KG/D, 19.10.2017, § 45, NJW **2018** 3768 (Buchveröffentlichung, in der Zugehörigkeit
zur Mafia unterstellt wird); Sellami/F, 17.12.2020 (Veröffentlichung Phantombild); Sociedade Independente de
Comunicação/P, 27.7.2021, §§ 57 ff. (Medienberichterstattung über Festnahmen einzelner Personen; Ermittlungen wegen pädophiler Handlungen).

32 EGMR (GK) Kyprianou/ZYP, 15.12.2005, NJW **2006** 2901; Steur/NL, 28.10.2003, NJW **2004** 3317; Nikula/FIN,
21.3.2002, ÖJZ **2003** 430.

33 EGMR Čeferin/SLW, 16.1.2018, NJW **2019** 137 (Bezeichnung der Arbeit des Sachverständigen als „sinnloses
Gerede", „Methoden aus der Steinzeit" u.ä.; Bezichtigung des Staatsanwalts, Beweismittel zu unterdrücken;
Gericht betreibe „juristische Farce").

34 EGMR Saday/TRK, 30.3.2006; zum Schutz des Angeklagten, wegen einer Aussage strafrechtlich belangt
zu werden: EGMR Miljević/KRO, 25.6.2020, §§ 59 ff. (Verurteilung wegen übler Nachrede wegen Aussagen des
Angeklagten in einem Kriegsverbrecherprozess).

35 KK-EMRK-GG/*Grote/Wenzel* Kap. 18, 145.

faires Verfahren) gar nicht mehr bedürfe.[36] Der EGMR teilt diese Ansicht jedoch nicht und behandelt den Zeugen als de facto-*Beschuldigten* i.S.v. Art. 6 (dort Rn. 121); das Schweigerecht fällt danach originär unter Art. 6.[37]

2. Schutzgut

11   **a) Freiheit der Meinungsbildung.** Die Freiheit der Meinungsbildung, die sich als Vorgang des Innenlebens mit der durch **Art. 9 EMRK**/Art. 18 IPBPR besonders geschützten Gedanken-, Gewissens- und Religionsfreiheit und zum Teil auch mit einigen Erscheinungsformen des Rechts auf Privatheit des Art. 8 EMRK/Art. 17 IPBPR überschneidet, wird in Art. 10 Abs. 1 Satz 2 EMRK/Art. 19 Abs. 1 IPBPR als Voraussetzung der freien Meinungsäußerung gewährleistet.[38] Der Staat hat das Recht des Einzelnen auf seine eigene Meinung zu achten. Er darf versuchen, durch Informationen und Propaganda im Rahmen des in der modernen Kommunikationsgesellschaft üblichen **Informations***angebotes* auf den Meinungsbildungsprozess des Einzelnen einzuwirken; er darf ihm aber nicht gegen seinen Willen durch unerlaubte Mittel, wie bewusste Falschmeldungen, eine Art „Gehirnwäsche" und sonstige gegen **Art. 3 EMRK**/Art. 7 IPBPR verstoßende Methoden, oder durch einseitige Indoktrinierung, eine bestimmte Meinung aufzwingen[39] oder ihn veranlassen, entgegen seiner inneren Überzeugung eine bestimmte Meinung nach außen zu vertreten. Dies deckt sich mit **Art. 14 EMRK**/Art. 2 Abs. 1 IPBPR, die bei der Gewährleistung der Konventionsrechte jede Differenzierung nach politischen oder sonstigen Anschauungen verbieten, und mit **Art. 8 EMRK**/Art. 17 IPBPR, die den Einzelnen vor der unbefugten Ausforschung seiner Meinung durch den Staat schützen.

12   **b) Freiheit der Meinungsäußerung.** Die Freiheit der Meinungsäußerung (*„right to freedom of expression"*/*„droit à la liberté d'expression"*) garantiert das Recht, eine intern gebildete eigene Meinung auch nach außen frei und unbehindert kundzutun. Meinung ist dabei aber nicht nur im engen Sinn einer wertenden Äußerung zu verstehen; auch die bloße **Mitteilung von Tatsachen** und **jede sonstige Äußerung**,[40] auch als Äußerung einzustufende **Realakte** (Rn. 14), fallen unter die jeweilige Konventionsgarantie. Die bloß abstrakte Darlegung etwaiger zukünftiger Äußerungen ohne jedwede Konkretisierung diesbezüglich genügt jedoch nicht für die Eröffnung des Schutzbereichs.[41] Geschützt wird grundsätzlich das jedermann zustehende Recht, sich in jeder beliebigen Art und Weise

---

36 Vgl. *Trechsel* 342 f.; siehe auch Bericht der EKMR in: EGMR K/A, 2.6.1993 (Vorwurf des Drogenankaufs; Ladung als Zeuge im Verfahren gegen Drogenhändler; Geldbuße und Erzwingungshaft wegen Berufung auf Schweigerecht; EKMR: keine Verletzung des Art. 6 Abs. 1, jedoch Verletzung des „Rechts zu schweigen" abgeleitet aus Art. 10; keine Entscheidung des EGMR wegen gütlicher Einigung).

37 Siehe EGMR Serves/F, 20.10.1997, ÖJZ **1998** 629 (Befragung eines Zeugen, der zwar formal gesehen kein Beschuldigter war, aber immer noch im Verdacht stand, in den Fall verwickelt zu sein; vgl. allerdings EGMR Wanner/D, 23.10.2018 (kein Verstoß gegen Art. 10, wenn ein bereits Verurteilter eine Zeugenaussage tätigen muss).

38 HRC General Comment 10/19, Nr. 1, EuGRZ **1984** 421; *Frowein/Peukert* 3 f.: Freiheit vor „Indoktrinierung"; *Grabenwarter/Pabel* § 23, 4; Meyer-Ladewig/Nettesheim/von Raumer/*Daiber* 7; *Nowak* 7 f.

39 Vgl. EGMR Kjeldsen, Busk Madsen u. Pedersen/DK, 7.12.1976, NJW **1977** 487 = EuGRZ **1976** 478; *Nowak* 9.

40 *Blumenwitz* FS Ermacora 67, 71 (keine abschließende Aufzählung der Äußerungsinhalte); Meyer-Ladewig/Nettesheim/von Raumer/*Daiber* 10, 13 f.; Karpenstein/Mayer/*Mensching* 9; siehe auch EGMR Athanasios Makris/GR, 9.3.2017, §§ 20 f. (Schutzbereich eröffnet; Vorbringen der Regierung, Bf. habe bewusst etwas Unwahres behauptet, bei der Rechtfertigung des Eingriffs geprüft); vgl. hierzu *Grabenwarter/Pabel* § 23, 4 (keine Unterscheidung von Meinungen und Tatsachen auf der Schutzbereichsebene, erst bei Rechtfertigung).

41 Dazu etwa EGMR Zembol/D (E), 30.11.2021, § 9.

und zu jedem beliebigen Zweck frei auszudrücken. Art. 10 Abs. 1 Satz 2 spricht von dem „Empfang" und der „Weitergabe" von „Informationen und Ideen" (*„information and ideas"/ „des informations ou des idées"*), ebenso Art. 19 Abs. 2 IPBPR mit dem verdeutlichenden Zusatz, dass „Informationen und Gedankengut jeder Art" geschützt werden. Beide Konventionen garantieren also das Recht auf **Äußerungen aller Art** und **in jeder Form**, von der bloßen Mitteilung oder Weitergabe von Tatsachen, Nachrichten, wertenden Stellungnahmen[42] oder Verbreitung neuer Ideen bis zur Werbung ideeller oder kommerzieller Art,[43] ohne Rücksicht auf den damit verfolgten Zweck[44] oder darauf, ob die Äußerung von anderen als positiv oder als **verletzend und schockierend** aufgefasst wird.[45] Ein Eingriff liegt daher nicht nur vor, wenn der Betroffene bestimmte Meinungen nicht äußern, sondern auch, wenn er – unabhängig vom Inhalt – keine Äußerung tätigen darf.[46] Die Meinungsfreiheit umfasst auch die in Art. 10 nicht besonders angesprochene **Freiheit der Wissenschaft und der Kunst**.[47] Als Recht mit Sozialbezug ist die Freiheit der Äußerung wichtig für die zwischenmenschlichen Beziehungen und für das politische und gesellschaftliche Leben in einer Demokratie.[48] Nur aus den in Art. 10 Abs. 2 EMRK/Art. 19 Abs. 2 IPBPR umrissenen Gründen und nur durch ein Gesetz kann sie eingeschränkt werden.

Das Recht auf Meinungsfreiheit umfasst auch das Recht, nicht zur Vertretung einer **13** abgelehnten Meinung bzw. generell nicht dazu gezwungen zu werden, sich zu einem Thema zu äußern (**negative Meinungsfreiheit**).[49] Die negative Meinungsfreiheit ist dabei zu unterscheiden von der „negativen Medienfreiheit", vgl. Rn. 15.

Das Recht, sich frei zu äußern, ist nicht auf bestimmte **Kommunikationsmittel 14 oder -formen** beschränkt.[50] Art. 19 Abs. 2 IPBPR verdeutlicht dies, wenn er Wort, Schrift, Druck, Kunstwerke oder andere Mittel der eigenen Wahl besonders aufzählt. Die Verteilung von **Flugblättern**, Rundschreiben oder Zeitschriften kann eine eigene Meinungsäußerung des Verteilers sein, wenn sich der Verteilende mit deren Inhalt identifizieren will;[51] ebenso mobile **Apps**, wenn mit ihrer Hilfe politische Inhalte anonym

---

42 EGMR Ruokanen u.a./FIN, 6.4.2010; Turhan/TRK, 19.5.2005.

43 EGMR Markt intern Verlag GmbH u.a./D, 20.11.1989, EuGRZ **1996** 302; dazu *Calliess* EuGRZ **1996** 293; Groppera Radio AG u.a./CH, 28.3.1990, NJW **1991** 615 = EuGRZ **1990** 255; Stambuk/D, 17.10.2002, NJW **2003** 497 = EuGRZ **2002** 589 = ÖJZ **2004** 235; vgl. ferner EGMR Schöpfer/CH, 20.5.1998, ÖJZ **1999** 237; ÖVerfG ÖJZ **1987** 61; **1997** 252; *Preslmayr* EuGRZ **1985** 221; *Frowein/Peukert* 9 m.w.N.; zum allgemeinen Verbot politischer Rundfunkwerbung EGMR (GK) Animal Defenders International/UK, 22.4.2013, NLMR **2013** 128 (keine Verletzung von Art. 10).

44 *Frowein/Peukert* 5; *Nowak* 7 ff.

45 Vgl. EGMR Observer u. Guardian/UK, 26.11.1991; Wabl/A, 21.3.2000, ÖJZ **2001** 108; Jerusalem/A, 27.2.2001, ÖJZ **2001** 693; Haldimann ua./CH, 24.2.2015, § 44; (GK) Couderc u. Hachette Filipacchi Associés/F, 10.11.2015, § 88; siehe aber EGMR Rujak/KRO (E), 2.10.2012, § 27 („open to question whether there is a good reason for protecting expressions of insults", Unzulässigkeit der Beschwerde, da Äußerung nicht in Schutzbereich des Art. 10 fiel); Tierbefreier e.V/D (E), 16.1.2014, NJW **2015** 763 = EuGRZ **2014** 401, § 51 (Tierversuche).

46 EGMR Yoslun/TRK, 10.2.2015, §§ 40 f.

47 EGMR Müller u.a./CH, 24.5.1988, NJW **1989** 379 = EuGRZ **1988** 543 = ÖJZ **1989** 182; Otto-Preminger-Institut/ A, 20.9.1994, ÖJZ **1996** 154; Ehrmann u. SCI VHI/F (E), 7.6.2011; vgl. *Britz* EuR **2004** 1.

48 Vgl. EGMR Cox/TRK, 20.5.2010 (Verbot der Wiedereinreise aufgrund von Äußerungen über Kurden und Armenier); Gül u.a./TRK, 8.6.2010 (Äußerungen im Rahmen einer friedlichen Demonstration).

49 EGMR (GK) Gillberg/S, 3.4.2012, §§ 85 f. („does not rule out that a negative right to freedom of expression is protected under Article 10 of the Convention"; Teil II Rn. 154); Güzel/TRK, 13.9.2016, § 27; *Deutsch* MedR **2013** 100; vgl. außerdem KK-EMRK-GG/*Grote/Wenzel* Kap. 18, 39, 145; für Art. 5 GG: BVerfGE **95** 173, 182 = NJW **1997** 2871.

50 EGMR Güzel/TRK, 13.9.2016, § 27; Heselhaus/Nowak/*Kühling* § 27, 18.

51 EGMR Steel u.a./UK, 23.9.1998, §§ 21, 93; *Hoffmeister* EuGRZ **2000** 358, 359.

geteilt werden können.[52] Auch **Realakte**, mit denen das Missfallen an bestimmten Verhaltensweisen anderer ausgedrückt[53] oder provokant gegen andere Stellung genommen wird, wie etwa durch das Sprühen von Graffiti,[54] durch demonstratives Verbrennen einer Flagge, durch Festketten an öffentlichen Plätzen,[55] durch Boykottaufrufe,[56] durch Kunst-Darbietungen,[57] Hooliganismus[58] oder durch die Herabwürdigung politischer oder religiöser Symbole,[59] fallen in den Schutzbereich der Meinungsfreiheit. Zudem kann es eine Meinungsäußerung darstellen, wenn Realakte anderer gerade zu diesem Zweck nicht verhindert oder unterbunden werden.[60] Eine bestimmte Meinung kann ferner durch die Art und Weise einer **Kleidung** ausgedrückt werden; in der Konsequenz unterfällt dann auch das **Nacktsein** in der Öffentlichkeit dem Schutzbereich.[61]

15 Das Recht auf Kundgabe der eigenen Meinung begründet **keinen Anspruch, zu diesem Zweck auch fremde Kommunikationsmittel** benutzen zu können. Grundsätzlich ist jeder auf die Kommunikationsmittel beschränkt, über die er selbst verfügen oder die er sich durch eine Absprache mit anderen verschaffen kann oder die ihm von der nationalen Rechtsordnung für bestimmte Zwecke eröffnet werden, wie etwa der presserechtliche Anspruch auf **Gegendarstellung** (Rn. 36). Ohne eine solche Rechtsgrundlage besteht kein Anspruch auf freien Zugang zu Kommunikationsmitteln, über deren Verwendung andere

---

52 EGMR (GK) Magyar Kétfarkú Kutya Párt/H, 20.1.2020, NVwZ **2021** 307 (Hochladen von Stimmzetteln eines Referendums).

53 Etwa EGMR Steel u.a./UK, 23.9.1998, § 92; Hashman u. Harrup/UK, 25.11.1999 (provokante Störung der Jagdausübung durch langsames Gehen/Hornblasen); Tatár u. Fáber/H, 12.6.2012, § 36, m. Anm. *Küpper* OER **2012** 120 (Aufhängen von Schmutzwäsche neben dem Parlamentsgebäude als „form of political expression"); Karuyev/R, 18.1.2022, § 20 (Bespucken des Fotos eines wiedergewählten Politikers); dazu *Hoffmeister* EuGRZ **2000** 358, 359 m.w.N.; *Grabenwarter/Pabel* § 23, 6; Meyer-Ladewig/Nettesheim/von Raumer/*Daiber* 10; BGH NJW **2020** 1587 (Angabe der Bewertung „empfohlen"/„nicht empfohlen" auf einer Bewertungsplattform); LG München Urt. v. 20.11.2019 – 11 O 7732/19 (Abgabe einer „Ein-Sterne-Bewertung" für eine Anwaltskanzlei); vgl. aber OLG Köln MMR **2020** 186 – Jameda (automatische Auflistung von Bewertungen Dritter ohne journalistisch-redaktionelle Vor-/Nachbearbeitung keine eigene meinungsbildende Tätigkeit).

54 EGMR Ibrahimov u. Mammadov/AZB, 13.2.2020, § 165.

55 EGMR Bumbeş/RUM, 3.5.2022, §§ 67 ff.

56 EGMR Willem/F, 16.7.2009; Baldassi u.a./F, 11.6.2020, § 63, NVwZ **2021** 137, 139 („boycott is first and foremost a means of expressing a public protest. A call for a boycott, which is intended to communicate protest opinions while calling for specific related actions, is therefore, in principle, protected by Article 10"), §§ 64 f.; Hasanov und Majidli/ASE, 7.10.2021, §§ 53 ff. (Verteilen von Info-Broschüren im ÖPNV); BGH NJW **2016** 1584 (Aufruf zu Kontenkündigung/„Nerzquäler"); OLG Dresden MMR **2015** 552 (Boykottaufruf gegenüber Friseurbetrieb eines Landtagskandidaten).

57 EGMR Mariya Alekhina u.a./R, 17.7.2018, §§ 202 ff., NJOZ **2020** 50 (Pussy Riot; Darbietungen riefen nicht zu Hass/Gewalt auf; Verurteilung nicht gerechtfertigt); vgl. auch EGMR Ibragimova/R, 30.8.2022 (Tragen einer Sturmmaske); Bodalev/R, 6.9.2022 („Performances"); Bouton/F, 13.10.2022 (exhibitionisitische Aktionen der sog. „Femen"); vgl. auch *Claes/Weil* EuGRZ **2021** 589.

58 Vgl. EGMR Handzhiyski/BUL, 6.4.2021, § 45 (zumindest bei weniger gravierenden Formen); Genov u. Sarbinska/BUL, 30.11.2021, § 62.

59 EGMR Fáber/H, 24.7.2012, § 36 m. Anm. *Küpper* OER **2012** 121 („display of a symbol associated with a political movement or entity, like that of a flag, is capable of expressing identifictaion with ideas or representing them and falls within the ambit of expression protected by Article 10 of the Convention"; Strafe für das Auslegen einer Flagge mit umstrittener historischer Bedeutung als Protest gegen eine anti-rassistische Demonstration; Verletzung von Art. 10 i.V.m. Art. 11); *Grabenwarter/Pabel* § 23, 6.

60 EGMR Güzel/TRK, 13.9.2016, § 29; vgl. aber EGMR Magyar Jeti Zrt/H, 4.12.2018, §§ 76 ff. (Hyperlink in einem Artikel, der ohne weitere Kommentierung auf Seiten Dritter verweist, kann dem Verantwortlichen des Artikels nicht ohne weiteres als eigene Meinungsäußerung zugerechnet werden).

61 EGMR Gough/UK, 28.10.2014, §§ 149 f., NJOZ **2016** 69.

Personen zu bestimmen haben. Vor allem kann aus den Konventionsgarantien grundsätzlich kein allgemeines Recht Privater hergeleitet werden, die Massenmedien zur Verbreitung ihrer eigenen Ansichten benutzen zu können.[62] Dies kann man insofern als **negative Medienfreiheit** verstehen.[63] Der Einzelne muss sich aber effektiv dagegen wehren können, wenn der Staat den Zugang zu bestimmten Websites blockiert und als „Kollateralschaden" auch eine rechtmäßige Website wegen technisch bedingter gemeinsamer IP-Adressen-Nutzung davon betroffen ist.[64]

c) Freiheit der Informationsbeschaffung. Die Freiheit, sich Informationen zu be- **16** schaffen und zu empfangen, sichert die Grundlagen für eine verantwortliche eigene Meinungsbildung und -äußerung.[65] Im freien zwischenmenschlichen Meinungsaustausch ist das eine ohne das andere nicht denkbar. Die Gewährleistung richtet sich gegen den Staat, der in die Freiheit, auch über die Grenzen hinweg,[66] Informationen zu empfangen oder sich zu beschaffen, nicht ohne einen rechtfertigenden Grund i.S.v. Art. 10 Abs. 2 EMRK/ Art. 19 Abs. 3 IPBPR eingreifen darf.

Anders als Art. 19 Abs. 2 IPBPR erwähnt Art. 10 Abs. 1 EMRK zwar das Recht, **Infor-** **17** **mationen zu sammeln**, nicht gesondert. Das Recht, Informationen zu empfangen, schließt aber auch das Recht mit ein, sich aktiv um Informationen zu bemühen[67] und dafür auch alle **allgemein zugänglichen Quellen**[68] zu nutzen. So muss einem **Strafgefangenen** die Möglichkeit gewährt werden, auf eigene Kosten Bücher oder Gesetzestexte zu erwerben.[69] Für den **Zugang zum Internet** gelten die allgemeinen Grundsätze über die Freiheit der Informationsbeschaffung und nicht die Sonderregelungen für Rundfunk und Fernsehen.[70] Eine Verpflichtung, Strafgefangenen wenigstens beschränkten Internetzugang zu gewähren, kann sich je nach Ausgestaltung des nationalen Rechts aus Art. 10 ergeben.[71]

---

62 So schon: EKMR bei *Bleckmann* EuGRZ **1981** 114, 122 (kein Recht, die eigene Meinung im Rundfunk zu verbreiten); HRC Hertzberg u.a./FIN, 2.4.1982, EuGRZ **1982** 342, dazu *Nowak* 16.

63 Vgl. Heselhaus/Nowak/*Kühling* § 28, 28.

64 EGMR Vladimir Kharitonov/R, 23.6.2020; Bulgakov/R, 23.6.2020; OOO Flavus u.a./R, 23.6.2020; Engels/R, 23.6.2020; Pendov/BUL, 26.3.2020, §§ 52 ff., NJW-RR **2021** 622 (Beschlagnahme eines Servers und dadurch bedingte Unerreichbarkeit einer Website für mehrere Monate; zugleich Verletzung von Art. 1 des 1. ZP-EMRK).

65 Vgl. *Grabenwarter/Pabel* § 23, 9 zur sog. passiven Informationsfreiheit, die auch das Recht schützt, sich aktiv um Informationen zu bemühen.

66 Zur völkerrechtlichen Absicherung der grenzübergreifenden Informationsfreiheit durch Vereinbarungen über den „free flow of information" vgl. *Blumenwitz* FS Ermacora 67, 73 ff.

67 ÖVerfG EuGRZ **1987** 237; *Frowein/Peukert* 11; *Grabenwarter/Pabel* § 23, 9; **a.A.** *Partsch* 201.

68 EGMR Šeks/KRO, 3.2.2022, §§ 35 ff. (Akteneinsicht in Staatsarchive für Publikationsrecherche eines Politikers). Diese in Art. 5 Abs. 1 Satz 1 GG enthaltene tatbestandliche Einschränkung fehlt zwar in den Konventionsgarantien, sie ergibt sich bei ihnen aber daraus, dass diese ihrer Schutzrichtung nach grundsätzlich weder gegen private Dritte noch gegenüber staatlichen Stellen weitergehende Auskunftsansprüche begründen; vgl. *Berka* EuGRZ **1982** 413; *Grabenwarter/Pabel* § 23, 9; *Villiger* 781; Karpenstein/Mayer/*Mensching* 21; *Nowak* 18; BVerwG K&R **2022** 150 (Twitter-Account des BMI als allgemein zugängliche Quelle).

69 Grundsätzlich genießen Strafgefangene alle Rechte aus Art. 10, vgl. EGMR Zayidov (Nr. 2)/ASE, 24.3.2022, § 63: „[...] freedom of expression as protected by Article 10 of the Convention does not stop at the prison gate.".

70 Vgl. *Giegerich* RabelsZ **1999** 471, 476 ff.; *Grabenwarter/Pabel* § 23, 12 (Subsumtion unter allgemeine Informations- und Meinungsfreiheit, nicht unter Rundfunkfreiheit). Das umfassende Blockieren des Zugangs zu Videoplattformen (z.B. Youtube) wegen einzelner unliebsamer Seiten kann das Recht auf Informationsfreiheit unzulässig einzuschränken, vgl. EGMR Cengiz/TRK, 1.12.2015.

71 EGMR Kalda/EST, 19.1.2016, §§ 26, 30, 41 ff., 45; Jankovskis/LIT, 17.1.2017, § 55; Ramazan Demir/TRK, 9.2.2021, §§ 34 ff.; hierzu: *Esser* NStZ **2018** 121, 124 ff.; *ders.* Digitalisierung 217, 221 ff.; *Bode* ZIS **2017** 348; zur

18 Der Staat darf die Freiheit der Informationsbeschaffung **nicht behindern**, er muss vielmehr dafür sorgen, dass ein Informationssystem besteht, das dem Einzelnen ermöglicht, sich über alle wesentlichen Fragen von Politik und Gesellschaft zu unterrichten.[72] Er wird aber durch Art. 10 EMRK/Art. 19 IPBPR nicht verpflichtet, seinerseits selbst Informationen zu sammeln und von sich aus zu publizieren.[73] Allerdings besteht grundsätzlich ein **Auskunftsrecht** bezüglich bei öffentlichen Stellen vorhandener Informationen.[74] Ferner muss der Einzelne frei und ungehindert vom Staat um Informationen bei jeder dazu bereiten Person oder Stelle nachfragen können. Ohne einen dies **rechtfertigenden triftigen Grund** i.S.d. Art. 10 Abs. 2 EMRK/Art. 19 Abs. 3 IPBPR darf der Staat in das Recht auf Informationsbeschaffung nicht eingreifen;[75] er darf also weder die Benutzung der dafür notwendigen Einrichtungen oder Empfangsgeräte[76] verbieten, noch den Empfang der Sendungen/Informationen stören.[77]

19 Eine Beeinträchtigung des freien Informationsaustausches durch staatliche Maßnahmen kann sowohl die Konventionsrechte des Verbreitenden als auch die des am Empfang der Information Interessierten verletzen. Der potentielle Empfänger oder Interessent an einer Information kann sich dagegen wenden, wenn sein Recht, Informationen zu empfangen, dadurch verletzt wird, dass der Staat ohne **rechtfertigenden Grund** die Verbreitung einer auch für ihn relevanten Mitteilung unterbindet.[78] Das aktive Recht auf Informationsbeschaffung hat der Einzelne aber immer nur **im Rahmen der ihm offenen und rechtlich zulässigen Möglichkeiten und Grenzen**.[79] Es begründet keinen Anspruch auf Daten, die ihm von ihrer Zweckbestimmung her nicht zugänglich sind. Hinreichend bestimmte **gesetzliche Regelungen**, die dies ausschließen, sowie **entgegenstehende Rechte** anderer setzen dem Informationsbeschaffungsrecht Schranken; so vor allem auch, soweit der Staat in Erfüllung seiner Schutzpflicht aus Art. 8 (dort Rn. 29 ff.) der Informationsbeschaffung Grenzen setzen darf bzw. muss.[80]

Nutzung eines Computers vgl. EGMR Mehmet Reşit Arslan u. Orhan Bingöl/TRK, 18.6.2019 (Verstoß gegen Art. 2 des 1. ZP-EMRK); vgl. aber BVerfG NJW **2019** 1738; zur noch nicht abschließend geklärten Pflicht zur Gewährung eines Internetzugangs in der Sicherungsverwahrung SächsVerfGH NStZ **2020** 105 m. Anm. *Esser*.

72 Vgl. *Frowein/Peukert* 13; *Grabenwarter/Pabel* § 23, 9; vgl. ferner EGMR Ass. Burestop 55 u.a./F, 1.7.2021 = NVwZ **2022** 1359 (Information der Öffentlichkeit über die Entsorgung radioaktiven Mülls).

73 ÖVerfG EuGRZ **1990** 427; *Blumenwitz* FS Ermacora 67, 71; *Goose* NJW **1974** 1305, 1307; *Grabenwarter/Pabel* § 23, 68; Unterrichtungspflichten des Staates können sich aber aus anderen Schutzpflichten ergeben, so aus Art. 8; vgl. EGMR Guerra u.a./I, 19.2.1998, NVwZ **1999** 57 = ÖJZ **1999** 33 = EuGRZ **1999** 188 = NJW **1999** 3181 (Ls.); Roche/UK, 19.10.2005, NJOZ **2007** 865; Rovshan Hajiyev/ASE, 9.12.2021, §§ 44 ff.

74 EGMR Weber/D (E), 6.1.2015, §§ 20 ff., insbes. §§ 23 ff., NVwZ **2016** 211; zum Auskunftsrecht von „Bloggern" und „Influencern" s. *Schiller* ZGI **2021** 11, 15; Heselhaus/Nowak/*Kühling* § 27, 21.

75 Vgl. dazu etwa EGMR (GK) Macaté/LIT, 23.1.2023 m. Bespr. *Czech* NLMR **2023** 62 (zeitweises Verkaufsverbot eines Märchenbuchs mit u.a. homosexuellen Hauptdarstellern; keine Rechtfertigung für den Eingriff in Art. 10; der Zugang zu Informationen über gleichgeschlechtliche Beziehungen darf nach Ansicht des EGMR nicht auf diese Weise verhindert werden).

76 EGMR Autronic AG/CH, 22.5.1990, NJW **1991** 620 = EuGRZ **1990** 261 = ÖJZ **1990** 716, § 57; EKMR bei *Strasser* EuGRZ **1990** 291; vgl. ferner BVerfGE **90** 27, 33; **92** 126; BerlVerfGH NJW **2002** 2166; *Dörr/Zorn* NJW **2001** 2837, 2840; Sachs/*Bethge* Art. 5, 59 GG; *Ellger* RabelsZ **1999** 655.

77 *Gornig* EuGRZ **1988** 5.

78 EGMR Leander/S, 26.3.1987; Gaskin/UK, 1.1.1989; Open Door u. Dublin Well Woman/IR, 29.10.1992, NJW **1993** 773 = ÖJZ **1993** 280 = EuGRZ **1992** 484 (Schwangerschaftsberatung in Irland; gerichtliche Untersagungsverfügung betreffend Weitergabe von Informationen über geeignete Kliniken in GB; i.E. Verstoß gegen Art. 10).

79 Vgl. EGMR Társaság a Szabadságjogokért/H, 14.4.2009; *Frowein/Peukert* 11. 13; *Nowak* 18 ff.

80 Zur Verletzung einer gerichtlichen Anordnung zur uneingeschränkten Preisgabe von Informationen EGMR Kenedi/H, 26.5.2009; vgl. EuGH 14.2.2012, C-204/09 (Flachglas Torgau GmbH), EuZW **2012** 459 (Anspruch auf Umweltinformationen) m. Anm. *Hellriegel* EuZW **2012** 456.

Die Frage, ob grundsätzlich ein allgemeiner Anspruch auf ungehinderten **Zugang zu** 20 **Informationen**, die bei **Einrichtungen der öffentlichen Hand** angesammelt sind, oder auf eine umfassende Auskunft über diese durch staatliche bzw. dem Staat zurechenbare Einrichtungen besteht, war in der Spruchpraxis des EGMR zunächst offen.[81] Da das Recht auf Informationsbeschaffung nicht explizit in Art. 10 Erwähnung findet, gestand der EGMR einen Anspruch nicht umfassend zu, leitete diesen auch nicht aus Art. 19 Abs. 2 IPBPR ab.[82] Durchaus restriktiv war der Anspruch lediglich dann eröffnet, wenn er bereits rechtskräftig durch ein innerstaatliches Gericht anerkannt worden war.[83] In Kontrast dazu stand nationale Rechtsprechung u.a. auch des BVerfG, das einen Anspruch der Presse auf **Zugänglichmachung von Gerichtsentscheidungen** anerkennt.[84] Diese Veröffentlichungspflicht bei Gerichtsentscheidungen erstreckt sich auf rechtskräftige Entscheidungen und auch solche vor Eintritt der Rechtskraft, jeweils in ihrem amtlichen Wortlaut.[85] Inzwischen hat der EGMR entschieden, dass ein Anspruch auf Zugang zu Informationen, die bei öffentlichen Einrichtungen gespeichert sind, bei Vorliegen spezifischer Voraussetzungen gegeben sein kann.[86]

In der neueren Rechtsprechung des Gerichtshofs wurde ein entsprechender weiterge- 21 hender Anspruch aus dem Sinn und Zweck des Art. 10 sowie rechtsvergleichend unter Hinweis auf einen diesbezüglichen Konsens in den Rechtsordnungen einer überwiegenden Zahl der Unterzeichnerstaaten abgeleitet.[87] Um die Freiheit der Meinungsäußerung in der Praxis effektiv zu gewährleisten, formuliert der EGMR auch in solchen Fällen einen Anspruch auf Zugang zu bei staatlichen Stellen vorhandenen Informationen, in denen nach den Umständen des Einzelfalls die **Ausübung der Meinungsfreiheit essentiell von der Verfügbarkeit gerade dieser Informationen** abhängt[88] und deren Verweigerung mithin einen Eingriff in die Meinungsfreiheit darstellt. Dabei ist der Zugang zu der in Frage stehenden Information notwendig für die Ausübung der Meinungsfreiheit, wenn Letztere anderenfalls be- bzw. vollkommen verhindert würde. In die Abwägung im Einzelfall ist die **Art der Information** miteinzubeziehen, d.h. insbesondere inwiefern sie zur öffentlichen

---

81 Vgl. hierzu *Frowein/Peukert* 13; *Engelbrecht* ZD **2018** 108, 109 ff.; weiterhin kritisch *Wiebe* ZUM **2020** 39, 44; abl. auch BVerwG NVwZ **2020** 305 (Auskunft über vom BND organisierte Hintergrundgespräche mit Journalisten); VGH Mannheim Beschl. v. 6.11.2019 – 1 S 1987/19, BeckRS **2019** 30234 (Einsicht in Sterberegister); VG Köln Urt. 9.6.2020 – 6 K 9484/17 (Auskunftsanspruch gegenüber dem Bundesamt für Verfassungsschutz); VG Gelsenkirchen AfP **2019** 366 (Einsicht in staatsanwaltschaftliche Ermittlungsakte); hierzu auch: BVerwG NVwZ **2019** 978 (GBA im Rahmen eines strafrechtlichen Ermittlungsverfahrens keine „Behörde des Bundes" i.S.d. IFG).
82 ÖVerfG EuGRZ **1990** 427; *Berka* EuGRZ **1982** 413; *Nowak* 19; *Goose* NJW **1974** 1307. Vergleichend zur Verankerung des Grundsatzes des „free flow of information" in anderen Verträgen *Blumenwitz* FS Ermacora 67, 73.
83 Vgl. zusammenfassend EGMR Magyar Helsinki Bizottság/H, 8.11.2016, §§ 130 ff., 156, insbesondere unter Hinweis auf: EGMR Leander/S, 26.3.1987; Sdruženi Jihočeské Matky/CS (E), 10.7.2006; Gillberg/S, 3.4.2012; vgl. auch *Engelbrecht* ZD **2018** 108.
84 Vgl. BVerfG NJW **2015** 3708, 3710; siehe Rn. 108 und Zöller/Esser/*Rittig* 257; zum entsprechenden Auskunftsanspruch von Filmschaffenden *Rittig* ZUM **2020** 287.
85 Hierzu auch *Putzke/Zenthöfer* NJW **2015** 1777.
86 EGMR (GK) Magyar Helsinki Bizottság/H, 8.11.2016, NVwZ **2017** 1843 (verweigerte Auskunft der Polizei über die Bestellung von Verteidigern; diese Entscheidung aufgreifend BVerwG NVwZ **2020** 1368, §§ 37 ff. – Auskunftsanspruch gegenüber BaFin; Ass. Burestop 55 u.a./F, 1.7.2021, §§ 82 ff., NVwZ **2022** 1359 (Information der Öffentlichkeit [hier: NGO] über die Entsorgung radioaktiver Abfälle).
87 EGMR Magyar Helsinki Bizottság/H, 8.11.2016, §§ 64, 137, 139, 148, 155, NJW **2017** 1843 für eine genaue Analyse der angewandten Interpretationsmethoden vgl. Concurring Opinion *Sicilianos* §§ 2 ff.
88 EGMR Magyar Helsinki Bizottság/H, 8.11.2016, § 156; Saure/D (Nr. 2), 28.3.2023, § 36.

Esser

Debatte beizutragen geeignet ist.[89] Die von den zuständigen Behörden herausgegebenen Informationen dürfen zudem nicht bewusst unzutreffend, ungenau oder unzureichend sein.[90] Zu berücksichtigen ist auch die **Rolle des Anspruchstellers** hierfür, etwa als Teil der öffentlichen Medien, und inwieweit die begehrte Information bei den staatlichen Stellen selbst verfügbar vorhanden ist.[91]

22   **d) Pressefreiheit, Massenkommunikationsmittel.** Die Pressefreiheit und die Freiheit der Meinungsverbreitung durch Massenkommunikationsmittel werden in den Konventionen nicht besonders erwähnt. Diese gehen davon aus, dass die Konventionsgarantien die Verbreitung und Weiterverbreitung von Informationen auf jede technisch mögliche Art umfassen[92] und dass ihre Schranken grundsätzlich auch für **alle Medien** gelten.[93] Die Zuordnung zur Pressefreiheit hat aber insofern Bedeutung, als deren Hauptträger, die **periodischen Zeitschriften**, eine **herausgehobene Stellung für die Meinungsbildung** in einer demokratischen Staatsordnung haben und daher die staatlichen Eingriffe sehr viel höheren Schranken unterliegen.[94] Nicht zuletzt aufgrund der umfassenden Bedeutung der Presse für die öffentliche Meinungsbildung und damit für eine funktionierende Demokratie sowie angesichts brisanter, aktueller Entwicklungen hat der Deutsche Bundestag im Juni 2017 die Bundesregierung aufgefordert, im Rahmen der Vereinten Nationen auf die Einsetzung eines Sonderbeauftragten zum Schutz von Journalistinnen und Journalisten hinzuwirken.[95] Der aus derselben Motivationslage resultierende **erhöhte Schutz** der Presse nach Art. 10 umfasst sowohl die Arbeit der Journalisten selbst als auch die dazugehörenden Rahmenbedingungen. Der EGMR hat darüber hinaus jedenfalls die Möglichkeit anerkannt, auch Nichtregierungsorganisationen ein entsprechendes erhöhtes Schutzlevel zuzugestehen, soweit sie im konkreten Fall einen der Arbeit der Presse gleichkommenden Beitrag zur öffentlichen Debatte leisten. Aufgrund der mittlerweile essentiellen Rolle des Internets für die öffentliche Meinungsbildung kann Ähnliches ggf. auch für **Blogger** gelten.[96] Auch das erhöhte Schutzniveau entbindet aber nicht von Pflichten und einer Verantwortung nach Art. 10 Abs. 2[97] bzw. nach innerstaatlichem Recht. Insbesondere muss die – zwar ebenfalls vom Schutzbereich des Art. 10 Abs. 1 erfasste[98] – Informationsbeschaffung im Vorfeld einer journalistischen Publikation im Einklang mit nationalen Vorschriften

---

89 EGMR Ass. Burestop 55 u.a./F, 1.7.2021, § 109, NVwZ **2022** 1359 (Informationen über die Entsorgung radioaktiven Mülls).

90 EGMR Ass. Burestop 55 u.a./F, 1.7.2021, § 108, NVwZ **2022** 1359.

91 Vgl. zu den Voraussetzungen im Einzelnen EGMR Magyar Helsinki Bizottság/H, 8.11.2016, §§ 155 ff., zum weiterhin bestehenden Regel-Ausnahme-Verhältnis § 156; abgelehnt (unzulässig): EGMR Saure/D, 19.10.2021, NVwZ **2022** 533 (Informationen des BND über Nazi-Vergangenheit der Vorgängerinstitutionen).

92 Vgl. *Hoffmeister* EuGRZ **2000** 358, 362 ff. Auch die Bildberichterstattung gehört zur Pressefreiheit: EGMR (GK) von Hannover/D (Nr. 2), 7.2.2012, NJW **2012** 1053 = EuGRZ **2012** 278 = GRUR **2012** 745 m. Anm. *Lehr* = ZUM **2012** 551, § 103.

93 EGMR Sunday Times/UK, 26.4.1979, EuGRZ **1979** 386; Groppera Radio AG u.a./CH, 28.3.1990; Oberschlick/ A, 23.5.1991; *Grabenwarter/Pabel* § 23, 10; *Nowak* 16; vertiefend: *Gering* Pressefreiheit in regionalen Menschenrechtssystemen (2012).

94 EGMR Ruokanen u.a./FIN, 6.4.2010; Le Pen/F, 13.9.2016; *Grabenwarter/Pabel* § 23, 10; vgl. Rn. 57.

95 BTDrucks. **18** 12781.

96 EGMR Magyar Helsinki Bizottság/H, 8.11.2016, §§ 159, 166, 168; Medžlis Islamske Zajednice Brčko u.a./ BIH, 27.6.2017, § 86, AfP **2018** 310.

97 EGMR Kieser u. Tralau-Kleinert/D, 2.12.2004, § 31, NJW **2016** 785, 786.

98 EGMR Salihu u.a./S, 10.5.2016, § 49.

Esser

erfolgen.[99] Ihm unterfallen neben den Journalisten auch die **Verleger** und **Herausgeber** im Außen- wie im Innenverhältnis.[100]

Diese Pflichten der Presse hat der EGMR im Fall der Berichterstattung über sog. „Arisie- 23 rungsprofite" der deutschen Unternehmerfamilie DuMont** während des Nazi-Regimes dargelegt. Der Bf. hatte behauptet, die Familie habe mehrere Häuser günstig erworben, die zuvor vom NS-Staat beschlagnahmt worden waren, da sie im Eigentum von Juden standen. Der EGMR wies die Beschwerde als offensichtlich unbegründet zurück. Journalisten hätten bei der Behauptung von Tatsachen grundsätzlich die **Pflicht, die Zuverlässigkeit ihrer Quellen gründlich zu überprüfen,** wenn die spätere Publikation, den Ruf einer Person schädigen könne. Insofern erfordern schwerwiegende Behauptungen eine entsprechend gründliche Überprüfung der Informationsquellen, die im konkreten Fall nicht erfolgt sei.[101]

Als eine Grundvoraussetzung der Pressefreiheit genießt das **Zeugnisverweigerungs-** 24 **recht** der journalistischen Berufe über ihre Informationsquellen diesen Schutz, andern- falls wäre die für die Erfüllung der öffentlichen Aufgabe der Presse unentbehrliche Gewin- nung von Informationen gefährdet.[102] Die einem Journalisten auferlegte Verpflichtung zur Offenlegung der Identität seiner Quellen ist daher nur dann mit Art. 10 vereinbar, wenn sie aufgrund eines gewichtigen öffentlichen Interesses gerechtfertigt werden kann.[103] **Wis- senschaftler** sollen dagegen keinen entsprechenden Quellenschutz genießen, da ihre Tä- tigkeit erfordere, dass mit höchstmöglicher Transparenz gearbeitet wird, damit die Nach- vollziehbarkeit der publizierten Erkenntnisse gesichert ist.[104] Dies lässt sich jedoch weder aus dem Wortlaut des § 53 Abs. 1 Nr. 5 StPO, noch aus dessen Sinn und Zweck ableiten. Wissenschaftler, die gesellschaftlich relevante Bereiche erforschen und ihre Forschungser- gebnisse veröffentlichen, könnten ansonsten einem „chilling effect" unterliegen, der sie von der Ausübung ihrer Tätigkeit abhält.[105]

Ein ausdrückliches **Verbot der Vorzensur der Presse**, also das Abhängigmachen ei- 25 ner Veröffentlichung von einer vorherigen behördlichen Inhalts-Kontrolle, fehlt in beiden Konventionen.[106] Aus dem Wortlaut des Art. 10 Abs. 1 Satz 2 lässt sich lediglich ableiten, dass die Freiheiten *„ohne Eingriffe öffentlicher Behörden"* gewährt werden.[107] Das Fehlen eines ausdrücklichen Verbots ist wohl darauf zurückzuführen, dass eine Regelung, die

---

99 EGMR Pentikäinen, 20.10.2015, §§ 90, 91, 110; Erdtmann/D, 5.1.2016, § 20; Salihu u.a./S, 10.5.2016, § 53; Brambilla u.a./I, 23.6.2016, §§ 53 ff.; je die Tatsache betonend, dass die Verurteilung auf Basis des Verstoßes gegen innerstaatliche Strafgesetze im Laufe der Informationsbeschaffung erfolgte und insbesondere nicht die Publikation des journalistischen Textes an sich betraf; vgl. auch EGMR Mándli u.a./H, 26.5.2020, § 66, NJW **2021** 451 (Verweigerung des Zutritts zu einer Parlamentssitzung).
100 Vgl. EGMR News Verlags GmbH u. Co KG/A, 11.1.2000, ÖJZ **2000** 394 = MR **2000** 221; *Grabenwarter/Pabel* § 23, 44.
101 Vgl. EGMR Kieser u. Tralau-Kleinert/D, 2.12.2004, § 33, NJW **2016** 785 f. Dabei kann dem Behauptenden in einem späteren zivilrechtlichen Prozess die Beweislast auferlegt werden.
102 Vgl. EGMR Goodwin/UK, 27.3.1996, ÖJZ **1996** 795; (GK) Sanoma Uitgevers B.V./NL, 14.9.2010, NJW-RR **2011** 1266, §§ 50 f., 59 ff., 69 ff.; Martin u.a./F, 12.4.2012, § 59; Jecker/CH, 6.10.2020, §§ 30 ff.; *Frowein/Peukert* 15, 17; *Grabenwarter/Pabel* § 23, 53; *Meyer-Ladewig/Nettesheim/von Raumer/Daiber* 67; *Zeder* ÖJZ **2011** 5.
103 EGMR Jecker/CH, 6.10.2020, § 42; (GK) Big Brother Watch/UK, 25.5.2021, § 444, NVwZ-Beilage **2021** 11.
104 OLG München NStZ **2021** 631 (Wissenschaftler, der im Rahmen einer Studie Erhebungen in einer JVA vornimmt, könne sich hinsichtlich der Ergebnisse in Bezug auf einen konkreten Beschuldigten nicht auf § 53 Abs. 1 Nr. 5 StPO berufen; Unterlagen und Dateien unterlägen nicht dem Beschlagnahmeverbot des § 97 Abs. 5 Satz 1 StPO) m. abl. Anm. *Gleß.*
105 *Gleß* NStZ **2021** 634 f.; *Walter/Nedelcu* DÖV **2021** 457, 460 ff.
106 Vgl. EGMR Handyside/UK, 7.12.1976, EuGRZ **1977** 38; *Frowein/Peukert* 29; *Grabenwarter/Pabel* § 23, 15; *Hofmann* 46.
107 Vgl. Heselhaus/Nowak/*Kühling* § 28, 83.

Esser

eine Veröffentlichung formell von einer vorherigen staatlichen Kontrolle oder Bewilligung abhängig macht, mit der Freiheit der Meinungsäußerung in einer demokratischen Gesellschaft unvereinbar ist.[108] Allerdings ist zu unterscheiden, um welche Art der Vorzensur es sich handelt. So ist eine **präventive Vorlagepflicht mit Prüfungs- und Verbotsvorbehalt** unzulässig, jedoch nicht ein **Äußerungsverbot**, das zivilrechtlich erstritten worden ist.[109] Völlig ausgeschlossen wird ein staatlicher Eingriff in Form des Verbots einer beabsichtigten Veröffentlichung im Einzelfall jedenfalls nicht; er kann gerechtfertigt sein, wenn schwerwiegende Gründe dies zum Schutz wichtiger Rechtsgüter rechtfertigen, der Eingriff nur vorläufigen Charakter hat und seine Berechtigung in einem gerichtlichen Verfahren alsbald geprüft werden kann.[110] Sind die Tatsachen, deren Veröffentlichung verhindert werden soll, bereits anderweitig veröffentlicht, kann der Schutzzweck entfallen, der den Eingriff rechtfertigt.

26   Bei den **Rundfunk-, Lichtspiel- und Fernsehunternehmen** bestätigt der Hinweis auf die Zulässigkeit einer staatlichen Genehmigung in Art. 10 Abs. 1 Satz 3 den Grundsatz, dass die Garantien der **Freiheit der Meinungsbildung und -äußerung für alle Medien** gelten.[111] Die Einschränkung war durch die staatlichen Rundfunkmonopole veranlasst, die bei Unterzeichnung der EMRK im Jahre 1950 in den meisten Vertragsstaaten nicht zuletzt auch wegen der damals nur begrenzt verfügbaren Sendefrequenzen bestanden.[112] Eine **Festschreibung bestimmter Organisationsformen** für den Betrieb dieser Massenmedien liegt darin nicht.[113] Der Satz wird jedoch dafür angeführt, dass zumindest die Zulassung ihres Betriebs und dessen technische Vorgaben durch staatliche Regelungen auch aus anderen als den in Absatz 2 angeführten Gründen eingeschränkt werden können.[114] Eine staatliche Lizenzierung oder ähnliche Regelungen, die die Errichtung privater Sendestationen von den jeweiligen örtlichen Gegebenheiten und Erfordernissen, den Rechten und Bedürfnissen eines bestimmten Publikums abhängig macht oder die Umsetzung der Verpflichtungen aus internationalen Übereinkommen bezweckt, können deshalb nach dem dritten Satz des Absatzes 1 zulässig sein,[115] selbst wenn sie keinem der in Art. 10 Abs. 2 genannten Ziele dienen.[116] Abgesehen von solchen Regelungen, die es erlauben, den Gegenstand des Sendebetriebs zur Sicherung bestimmter allgemeiner Zielsetzungen, wie

---

108 *Frowein/Peukert* 29; *Nowak* 23; *Blumenwitz* FS Ermacora 69, 73; vgl. EGMR Vereinigung demokratischer Soldaten Österreichs u. Gubi/A, 19.12.1994, ÖJZ **1995** 314 = JBl. **1995** 513 (Weigerung des Dienstherrn, Zeitschrift zu verbreiten; Eingriff).

109 Vgl. Heselhaus/Nowak/*Kühling* § 28, 83.

110 EGMR Observer u. Guardian/UK, 26.11.1991 (geheime Informationen, „Spycatcher-Fälle"); *Grabenwarter/Pabel* § 23, 41, 55; *Nowak* 40.

111 EGMR Pryanishnikov/R, 10.9.2019, §§ 50 ff., NJOZ **2020** 894. Bei Art. 19 IPBPR wurde von der Aufnahme einer ähnlichen Bestimmung abgesehen, zumal sich die Einführung einer staatlichen Genehmigungspflicht mit dem Schutz der öffentlichen Ordnung (Art. 19 Abs. 3 IPBPR) rechtfertigen lässt, vgl. *Nowak* 56.

112 Vgl. *Villiger* 806.

113 *Frowein/Peukert* 19; *Grabenwarter/Pabel* § 23, 56 ff.; vgl. EGMR Groppera Radio AG u.a./CH, 28.3.1990.

114 EGMR Informationsverein Lentia u.a./A, 24.11.1993, EuGRZ **1994** 549 = ÖJZ **1994** 32; Radio ABC/A, 20.10.1997, ÖJZ **1998** 151; Tele 1 Privatfernsehgesellschaft mbH/A, 21.9.2000, ÖJZ **2001** 157; Demuth/CH, 5.11.2002, ÖJZ **2004** 148 = EuGRZ **2003** 489; dazu *Scheyli* EuGRZ **2000** 455; vgl. auch *Dörr/Zorn* NJW **2001** 2837.

115 So EGMR Demuth/CH, 5.11.2002; (GK) NIT S.R.L/MOL, 5.4.2022, § 153; ferner EuGH 18.6.1991, C-260/89, JZ **1992** 685 m. Anm. *Degenhart* = EuZW **1991** 507 = EuGRZ **1991** 279; vgl. die bei *Villiger* 807 aufgeführten Beispiele für solche Gesichtspunkte; *Grabenwarter/Pabel* § 23, 56; Meyer-Ladewig/Nettesheim/von Raumer/*Daiber* 28.

116 EGMR Tele 1 Privatfernsehgesellschaft mbH/A, 21.9.2000; (GK) NIT S.R.L/MOL, 5.4.2022, § 174; Meyer-Ladewig/Nettesheim/von Raumer/*Daiber* 28.

etwa die **Ausgewogenheit und Qualität der Programme** generell festzulegen,[117] bedarf jede staatliche Einflussnahme auf den Inhalt von Sendungen einer Rechtfertigung durch einen der in Absatz 2 aufgeführten Schutzzwecke.[118] Gleiches gilt für sonstige Eingriffe der öffentlichen Hand in die inhaltliche Programmgestaltung.[119] Alle Eingriffe müssen vom Gesetz vorgesehen sein, eine legitime Zielsetzung haben und in einer demokratischen Gesellschaft notwendig sein, also einem dringenden gesellschaftlichen Bedürfnis entsprechen.[120] Bei dieser Beurteilung haben die Behörden einen Spielraum, der je nach der Art der Programminhalte unterschiedlich weit bemessen ist; er ist weiter, wenn ein Veranstalter vorwiegend Sendungen zu kommerziellen Zwecken beabsichtigt.[121] Ob im Hinblick auf den technischen Fortschritt ein staatliches **Monopol** für ein terrestrisches Fernsehen auch dann mit Art. 10 noch vereinbar ist, wenn es eine objektive und ausgewogene Berichterstattung („**Binnenpluralität**") garantiert,[122] hängt nach Ansicht des EGMR auch davon ab, ob es anderen potentiellen Betreibern durch einen nur unzulänglichen Zugang zum terrestrischen Fernsehen[123] oder durch den völligen Ausschluss davon unmöglich gemacht wird, Meinungen im Wege des Fernsehens zu verbreiten oder ob sie für ihre eigenen Programme sonstige dazu geeignete Medien, wie Kabel- oder Satellitenfernsehen, haben, die eine lebensfähige Alternative zum terrestrischen Fernsehen bieten.[124] Auf die Fragen, ob sich aus den als Individualfreiheitsrecht garantierten Konventionsrechten auch eine **Garantie zur Erhaltung der Pluralität der Medien**[125] und damit nicht nur ein Recht,[126] sondern auch eine Pflicht des Staates zur Verhinderung einer übermäßigen Medienkonzentration[127] herleiten lässt, sowie, ob die Konventionen auch außerhalb einer öffentlich-rechtlichen Trägerschaft medienintern die Binnenpluralität, vor allem Äußerungsfreiheit und Meinungsvielfalt gewährleisten,[128] kann hier nicht näher eingegangen werden.

Art. 10 schützt nicht nur das „**Ob**", sondern auch das „**Wie**" der Berichterstattung. 27 Die Herstellung von Filmaufnahmen kann nicht mit dem Argument versagt werden, für

117 Vgl. EGMR Demuth/CH, 5.11.2002; ferner *Grabenwarter/Pabel* § 23, 58 (Einschränkung im Interesse der Unabhängigkeit und Unparteilichkeit des öffentlich-rechtlichen Fernsehens).
118 Vgl. EGMR Groppera Radio AG u.a./CH, 28.3.1990; Autronic/CH, 22.5.1990; Informationsverein Lentia u.a./A, 24.11.1993, EuGRZ **1994** 549; *Frowein/Peukert* 20; *Villiger* 807. Zum Zusammenhang zwischen Sende- und Informationsfreiheit vgl. *Engel* ZUM **1988** 511.
119 Vgl. *Villiger* 808.
120 *Grabenwarter/Pabel* § 23, 21 f.; Meyer-Ladewig/Nettesheim/von Raumer/*Daiber* 10, 27; vgl. EGMR Demuth/CH, 5.11.2002 (Verweigerung der Sendekonzession für Spartenprogramm); krit. *Scheyli* EuGRZ **2003** 455.
121 EGMR Demuth/CH, 5.11.2002.
122 Vgl. *Grabenwarter/Pabel* § 23, 58 (begrenzte Bevorzugung des öffentlich-rechtlichen Rundfunks dann zulässig).
123 Vgl. EGMR Radio ABC/A, 20.10.1997 (zum zu geringen Frequenzangebot trotz weitergehender technischer Möglichkeiten).
124 Vgl. zur Rechtslage in Österreich die Differenzierungen in EGMR Radio ABC/A, 20.10.1997; Tele 1 Privatfernsehgesellschaft mbH/A, 21.9.2000; ÖVerfG EuGRZ **1996** 106; *Grabenwarter/Pabel* § 23, 57; *Tretter* EuGRZ **1996** 77; *Dörr/Zorn* NJW **2001** 2837, 2845 ff. m.w.N. Zur Rechtslage in Deutschland Sachs/*Bethge* Art. 5, 99 ff. GG.
125 So *Schorn* 8 (Institutionsgarantie); allgemein zur Bedeutung des Pluralismus in den audiovisuellen Medien: EGMR (GK) Centro Europa 7 S.r.l. u. Di Stefano/I, 7.6.2012, §§ 129 ff. (fehlende Bereitstellung von Frequenzen für einen Fernsehsender, der eine Lizenz erhalten hatte); ebenso EGMR (GK) NIT S.R.L/MOL, 5.4.2022, § 184; Karpenstein/Mayer/*Mensching* 19.
126 Vgl. EGMR Verein gegen Tierfabriken Schweiz (VgT)/CH, 28.6.2001, ÖJZ **2002** 855.
127 Vgl. Meyer-Ladewig/Nettesheim/von Raumer/*Daiber* 68 (Staat als „Garant des notwendigen Pluralismus"); *Grabenwarter/Pabel* § 23, 66 f. mit Hinweis auf eine Reihe von diesbezüglichen Erklärungen des Ministerkomitees und der parlamentarischen Versammlung des Europarates.
128 Vgl. HRC Hertzberg u.a./FIN, 2.4.1982, EuGRZ **1982** 342; *Nowak* 22.

die geplante Dokumentation zu einem bestimmten Thema sei ein Telefoninterview bzw. eine Audioaufnahme ausreichend, eine Fernsehaufnahme des Interviews sei daher nicht erforderlich.[129] Davon zu unterscheiden ist die Frage, ob die **Versagung des Fernsehinterviews** und der Verweis auf ein Telefoninterview gemäß Art. 10 Abs. 2 gerechtfertigt sind, weil gerade die Präsenz eines Filmteams oder eines Kameramannes die **Ordnung in einer Strafanstalt** gefährde. Wird Pressevertretern nach § 176 GVG durch das Gericht untersagt, unverpixelte Fotos des Angeklagten zu veröffentlichen, wird hierdurch deren Recht auf freie Berichterstattung nicht unverhältnismäßig eingeschränkt, vor allem dann nicht, wenn es sich beim Angeklagten nicht um eine prominente Person handelt und die Tat wenig öffentliches Interesse erregt hat.[130]

28   **e) Freiheit der Kunst.** Die Freiheit der Kunst wird in Art. 10 nicht besonders erwähnt, da dieser nicht nach Ausdrucksformen unterscheidet.[131] Art. 19 Abs. 2 IPBPR nennt als Medium für die Weitergabe von Informationen und Gedankengut ausdrücklich auch die Kunstwerke. Den Konventionsgarantien liegt ein **offener Kunstbegriff** zu Grunde, der nicht auf bestimmte Formen und Inhalte begrenzt ist und auch diejenigen miteinschließt, die die Kunstwerke der Öffentlichkeit zugänglich machen.[132] Bei der Prüfung der Notwendigkeit eines Eingriffs in diese Freiheiten werden an die erforderliche Abwägung wegen ihrer fundamentalen Bedeutung in einer demokratischen Gesellschaft hohe Anforderungen gestellt. Es wird u.a. nach Art und Schwere der staatlichen Sanktionen unterschieden (so z.B. Geldbuße oder Vernichtung als unzüchtig empfundener Bilder).[133]

29   **f) Freiheit der Wissenschaft.** Auch die Wissenschaftsfreiheit wird in Art. 10 nicht explizit erwähnt. Nichtsdestotrotz fällt die Publikation wissenschaftlicher Erkenntnisse, d.h. die Wissenschaftsfreiheit in ihrem kommunikativen Gehalt, unter das dortige Schutzgut.[134] Der von Art. 5 Abs. 3 GG gewährte Schutz von Forschung und Lehre im Ganzen wird allerdings von Art. 10 nicht erreicht.[135]

30   **g) Grenzüberschreitende Garantie.** Beide Konventionen stellen ausdrücklich heraus, dass die Freiheit der Äußerung und der Information nicht an den Landesgrenzen endet. Sowohl das Recht, sich zu erklären als auch das Recht auf Informationsbeschaffung gelten (auch) in Bezug auf das Ausland.[136] Die Möglichkeit, im Ausland seine Meinung zu verbreiten, etwa durch Ausstellung eigener Kunstwerke,[137] wird dadurch ebenso vor aktiven staatlichen Eingriffen geschützt wie umgekehrt der Bezug ausländischer Presseerzeug-

---

129 EGMR Schweizerische Radio- und Fernsehgesellschaft SRG/CH, 21.6.2012, § 64, NJW **2013** 765 m. Anm. *Dörre* GRUR-Prax **2013** 91 u. Anm. *Dörr* JuS **2013** 1049.

130 EGMR Axel Springer SE u. RTL Television GmbH/D, 21.9.2017, §§ 43 ff., NJW **2018** 2461.

131 EGMR Müller u.a./CH, 24.5.1988; *Villiger* 778.

132 *Grabenwarter/Pabel* § 23, 13 („Kunstmittler"); vgl. EGMR Otto-Preminger-Institut/A, 20.9.1994.

133 Vgl. EKMR EuGRZ **1986** 702; *Villiger* 778; zu dem rechtmäßigen Verbot einer Karikatur über die Ereignisse des 11.9.2001, in der es in Anlehnung an eine bekannte Werbung hieß: „*Wir haben alle davon geträumt ... Hamas tat es!*": EGMR Leroy/F, 2.10.2008, NJOZ **2010** 512 = NL **2008** 273; Dickinson/TRK, 2.2.2021 (Collage des türkischen Präsidenten als Kunstobjekt).

134 *Grabenwarter/Pabel* § 23, 14; Karpenstein/Mayer/*Mensching* 24.

135 Vgl. Heselhaus/Nowak/*Mann* § 26, 9.

136 Vgl. *Blumenwitz* FS Ermacora 67, 73 ff., insbes. zum weiterreichenden Grundsatz des „free flow of information"; Heselhaus/Nowak/*Kühling* § 27, 22.

137 Vgl. EGMR Müller u.a./CH, 24.5.1988.

nisse oder politischer Broschüren[138] und der Empfang ausländischer Radio- und Fernsehsender, auch zum Zwecke der Weiterverbreitung.[139]

3. Tragweite der Garantien

a) Schutz gegen staatliche Eingriffe. Schutz gegen staatliche Eingriffe gewähren die **31** Art. 10 Abs. 1 EMRK/Art. 19 Abs. 1 IPBPR als individuelle Freiheitsgarantie grundsätzlich jedermann in seiner für das Funktionieren einer demokratischen Gesellschaft unerlässlichen **Freiheit**, sich aus allen legal zugänglichen Quellen **zu informieren** und seine **Meinung privat und öffentlich zu äußern**, ganz gleich, ob seine Nachrichten und Ideen den herrschenden Ansichten entsprechen und welchen Zweck er damit verfolgt und ob mit der Meinungsäußerung die Absicht verbunden ist, Gewinn zu erzielen.[140] Dabei konstituieren – wie die weite Formulierung des Art. 10 Abs. 2 suggeriert – nicht nur vollumfängliche Verbote einen tatbestandsmäßigen Eingriff, sondern jedwede Maßnahmen, die vor, während oder auch nach der Ausübung der Meinungsfreiheit Letztere jedenfalls beschränken.[141] Innerhalb der durch Absatz 2 gezogenen Grenzen ist auch unerheblich, ob die Äußerung günstig aufgenommen wird oder ob sie einzelne Personen oder Personengruppen beunruhigt, in ihren Gefühlen verletzt oder schockiert.[142] Dies erfordern Pluralismus, Toleranz und offene Geisteshaltung, ohne die eine demokratische Gesellschaft auf Dauer nicht existieren kann.[143] Soweit es um die Teilhabe am öffentlichen Geschehen im weitesten Sinne geht, kann die Ausübung dieser für die demokratische Staatsordnung konstituierenden Freiheiten[144] vom Staat aus den nach Art. 10 Abs. 2 zulässigen Gründen nur in sehr engen Grenzen und nur im absolut notwendigen Umfang eingeschränkt werden.[145] So kann es bereits eine Verletzung des Art. 10 Abs. 1 darstellen, wenn dem Individuum **Rechtsschutz gegen willkürliche Beeinträchtigungen** der Freiheiten durch den Staat versagt wird.[146]

Dem Staat wird ein **größerer Regelungsspielraum** zuerkannt, soweit sich Äußerun- **32** gen nur auf den **privaten Bereich** beschränken[147] oder nur die **wirtschaftliche Betäti-**

---

138 ÖVerfG EuGRZ **1990** 427.

139 EGMR Groppera Radio AG u.a./CH, 28.3.1990; Autronic AG/CH, 22.5.1990; *Villiger* 813.

140 Etwa EGMR Autronic AG/CH, 22.5.1990, § 47; *Kulms* RabelsZ **1999** 520, 521 ff.; *Frowein/Peukert* 9.

141 EGMR Novikova u.a./R, 26.4.2016, § 106.

142 EGMR Handyside/UK, 7.12.1976; Observer u. Guardian/UK, 26.11.1991; Castells/E, 23.4.1992; Vereinigung demokratischer Soldaten Österreichs u. Gubi/A, 19.12.1994; Lehideux u. Isorni/F, 23.9.1998; Başkaya u. Okçuoğlu/TRK, 8.7.1999, NJW **2001** 1995; Wabl/A, 21.3.2000; Jerusalem/A, 27.2.2001; Ruokanen u.a./FIN, 6.4.2010; Le Pen/F, 13.9.2016.

143 Vgl. auch EGMR Ayoub/F, 8.10.2020, § 85 zu Art. 11.

144 Vgl. *Scheyli* EuGRZ **2003** 455, 460 („preferred freedoms").

145 Etwa EGMR Lingens/A, 8.7.1986; Oberschlick/A, 23.5.1991; Thorgeir Thorgeirson/IS, 25.6.1992; Schwabe/ A, 28.8.1992, ÖJZ **1993** 67; Casado Coca/E, 24.2.1994, ÖJZ **1994** 636; (GK) Jersild/DK, 23.9.1994; Prager u. Oberschlick/A, 26.4.1995, ÖJZ **1995** 675; Başkaya u. Okçuoğlu/TRK, 8.7.1999; Glukhin/R, 4.7.2023, §§ 49 ff. (Verurteilung wegen fehlender Anmeldung einer friedlichen Ein-Mann-Demonstration; Verletzung von Art. 10 bejaht; zur Relevanz dieses Urteils im Rahmen des Art. 8 vgl. dort Rn. 151); ferner: *Grabenwarter/Pabel* VVDStL **60** (2001) 290, 309; *Hoffmeister* EuGRZ **2000** 358; *Prebeluh* ZaöRV **61** (2001) 771, 783 ff.; *Scheyli* EuGRZ **2003** 455, 460.

146 Vgl. EGMR Glas Nadezhda EOOD u. Anatoliy Elenkov/BUL, 11.10.2007.

147 Vgl. dazu etwa EGMR Zembol/D, 30.11.2021, § 10 (betreffend die Freiheit der Informationsbeschaffung und Meinungsbildung: Verbot, als Privatperson im Rahmen einer Gerichtsverhandlung in den Zuschauerbereich Stift und Papier mitzunehmen; kein Eingriff).

gung betreffen, insbesondere bei der reinen Werbung,[148] wobei sich dieser Regelungsraum aber verengt, wenn dabei auch **Fragen von Allgemeininteresse** angesprochen werden.[149] Art. 10 schützt, wie der Wortlaut von Absatz 1 Satz 2 zeigt, vor Eingriffen öffentlicher Stellen in die garantierten Freiheiten, die nur im begrenzten Umfang und nur zu den in Absatz 2 aufgeführten Zwecken zulässig sind. Dies gilt gleichermaßen, ob sich der Eingriff gegen die Person des für die Äußerung Verantwortlichen richtet oder gegen den für ihre Verbreitung eingeschalteten Medienträger oder gegen das Medium selbst, mit dem die Meinung ausgedrückt wird und in dem sie vielfach auch verkörpert ist.[150] Ein unmittelbares **Recht des Einzelnen gegen private Dritte** lässt sich daraus nicht herleiten.

33   Bei Art. 19 Abs. 2 IPBPR wurde die Beschränkung der Garantie auf behördliche Eingriffe nicht aufgenommen. Hieraus wird geschlossen, dass der Garantie eine „Rundumwirkung" zukomme.[151] Eine **unmittelbare Drittwirkung** ist jedoch auch hier zu verneinen.

34   **b) Schutzpflicht des Staates.** Die allgemeine Schutzpflicht des Staates nach Art. 1 EMRK/Art. 2 IPBPR schließt auch das für das Demokratieprinzip unverzichtbare Gebot ein, dafür zu sorgen, dass die in Art. 10 EMRK/Art. 19 IPBPR garantierten Freiheiten nicht durch Dritte zunichte gemacht werden können. Daraus kann sich die Verpflichtung des Staates ergeben, tätig zu werden, um die Freiheit der Meinungsäußerung zu ermöglichen, und zwar sowohl im Verhältnis zwischen Privatpersonen (etwa im **Arbeitsrecht**)[152] als auch zum Schutz eines Presseorgans und seiner Bediensteten, wenn diese wegen einer Meinungsäußerung laufend Ziel von Gewalttaten sind.[153] Durch welche Maßnahmen der Staat dieser Schutzpflicht im Einzelnen nachkommen will, steht in seinem Einschätzungsermes-

---

148 Zu der trotz wirtschaftlicher Zielsetzung erforderlichen Abgrenzung zwischen kommerziellen und ideellen Informationsgehalten *Scheyli* EuGRZ **2003** 455, 456 krit. zu EGMR Demuth/CH, 5.11.2002; vgl. auch *Nolte* RabelsZ **1999** 507, 515 ff.; *Kulms* RabelsZ **1999** 521, 527 f. (kein pauschal weiter Beurteilungsspielraum, sondern am Einzelfall orientierte Verhältnismäßigkeitsprüfung).
149 EGMR Barthold/D, 25.3.1985; Casado Coca/E, 24.2.1994; Hertel/CH, 25.8.1998, ÖJZ **1999** 614 = GRUR Int **1999** 156.
150 *Hoffmeister* EuGRZ **2000** 358, 365 unter Hinweis auf EGMR (GK) Sürek/TRK, 8.7.1999 (Verantwortlichkeit als Verleger).
151 *Nowak* 21 ff.
152 *Grabenwarter/Pabel* § 23, 64; EGMR Heinisch/D, 21.7.2011, §§ 43 f., NJW **2011** 3501 = EuGRZ **2011** 555 = NZA **2011** 1269 = AuR **2011** 355 (Schutzpflicht des Staates erstreckt sich auch auf das Verhältnis zwischen Arbeitnehmer und Arbeitgeber; die von den Arbeitsgerichten bestätigte Kündigung – als Reaktion auf bestimmte Äußerungen, hier sog. „**Whistleblowing**" – ist ein Eingriff in das Recht auf freie Meinungsäußerung des Arbeitnehmers) m. Anm. *Göpfert/Wiegandt* ZWH **2011** 19; siehe ferner *Nußberger* AuR **2014** 130, 133; *Scheurer* ZTR **2013** 291 (auch zur Rezeption durch deutsche Arbeitsgerichte); *Esser/Gaede/Tsambikakis* NStZ **2012** 619, 625; *Király* RdA **2012** 236; *Schlachter* RdA **2012** 109; *Mengel* CCZ **2011** 229; *Simon/Schilling* BB **2011** 2421; *Forst* NJW **2011** 3477; *Becker* DB **2011** 2202; *Göpfert* ZWH **2011** 40; ausführlich *Momsen/Grützner/Oonk* ZIS **2011** 754; ebenso bereits EGMR Fuentes Bobo/E, 29.2.2000, § 38 (Pflicht des Staates zum Schutz vor von Privatpersonen ausgehenden Verletzungen von Art. 10). Dogmatisch klarer EGMR (GK) Palomo Sánchez u.a./E, 12.9.2011, NZA **2012** 1421, §§ 60 f. (unter Berufung auf das Art. 11 betreffende Urteil EGMR [GK] Gustafsson/S, 25.4.1996, ÖJZ **1996** 869): Die als Reaktion auf Äußerungen der Arbeitnehmer ergangenen arbeitgeberseitigen Kündigungen waren nicht direkt von staatlichen Stellen bewirkt worden, dennoch ist der Staat verantwortlich, wenn er das Recht aus Art. 10 nicht ausreichend geschützt hat, so dass der EGMR untersucht, ob zum Schutz dieses Rechtes die Arbeitsgerichte den Kündigungsschutzklagen hätten stattgeben müssen. Näher zum Whistleblowing Rn. 62 ff.; vgl. ferner BVerfG NZA **2020** 1704 (fristlose Kündigung wegen rassistischer Beleidigung eines Arbeitskollegen) und EGMR Melike/TRK, 15.6.2021 (Kündigung einer Reinigungskraft wegen „Like" auf sozialem Netzwerk – Verstoß gegen Art. 10).
153 EGMR Özgür Gündem/TRK, 16.3.2000; *Grabenwarter/Pabel* § 23, 64; Meyer-Ladewig/Nettesheim/von Raumer/*Daiber* 68; *Prepeluh* ZaöRV **61** (2001) 771, 822 f.

sen, das nach den gleichen Gesichtspunkten wie bei den staatlichen Eingriffen enger oder weiter bemessen wird.[154]

Wieweit diese staatliche Schutzpflicht reicht, ist vor allem im Bereich der **Massenme-** **35** **dien** noch wenig geklärt.[155] Es wird die Ansicht vertreten, dass dem Staat eine extreme Meinungsbeeinflussung verwehrt ist[156] und dass er verpflichtet ist, eine Ordnung zu schaffen, in der der Einzelne ungehindert durch Dritte seine ihm durch die Konventionen garantierten Rechte, insbesondere sein Recht auf freie Meinungsäußerung ausüben und seine Informationsrechte uneingeschränkt wahrnehmen kann, vor allem aber auch, dass er dazu auf eine Vielzahl konkurrierender Medien zurückgreifen kann.[157] Daraus wird die Pflicht des Staates hergeleitet, zu verhindern, dass das Informationsangebot, das durch die Meinungsvielfalt in der Presse gegeben ist, durch eine **exzessive Pressekonzentration** hinfällig wird.[158]

Im Einzelfall kann der Staat verpflichtet sein, einen Herausgeber zum Abdruck einer **Ge-** **36** **gendarstellung** zu bewegen, z.B. der Entschuldigung im Falle einer Beleidigung. Das Recht auf Gegendarstellung fällt als wichtiger Teil der Meinungsäußerungsfreiheit in den Anwendungsbereich von Art. 10, auch wenn der Herausgeber grundsätzlich frei entscheiden kann, was er veröffentlicht.[159] Die Regelungen zum Gegendarstellungsrecht schützen den Einzelnen vor den Gefahren, mit denen er sich aufgrund der Erörterung seiner persönlichen Angelegenheiten in der Presse konfrontiert sieht und denen er angesichts seiner unterlegenen Stellung nicht mit vergleichbarer publizistischer Wirkung entgegentreten könnte.[160] Die Verpflichtung zur Gegendarstellung stellt für das Presseorgan dabei regelmäßig einen Eingriff in die Pressefreiheit dar.[161] Aufgrund der Abhängigkeit des Gegendarstellungsanspruchs von der Erstmitteilung ist zunächst erforderlich, dass die Erstmitteilung in einer Weise gedeutet und eingeordnet wird, die den Anforderungen der Pressefreiheit gerecht wird.[162]

Der Staat kann verpflichtet sein, dem Einzelnen im Rahmen der Meinungsäußerung **37** die **Nutzung von öffentlichen Straßen und Plätzen** zu gewähren.[163]

---

154 Vgl. EGMR Powell u. Rayner/UK, 21.2.1990, ÖJZ **1990** 418, mit Hinweis darauf, dass die Grenze zwischen positiven Verpflichtungen und Eingriffen mitunter schwierig zu ziehen sei; dazu *Prepeluh* ZaöRV **61** (2001) 771, 822.

155 Vgl. HRC General Comment 10/19 Nr. 2; EGMR Manole u.a./MOL, 17.9.2009.

156 *Frowein/Peukert* 4.

157 EGMR Informationsverein Lentia/A, 24.11.1993.

158 EGMR Informationsverein Lentia/A, 24.11.1993; *Frowein/Peukert* 4, 18.

159 EGMR Kaperzyński/PL, 3.4.2012, § 66, NJW-RR **2013** 1132 (unzulässige Verpflichtung zum Abdruck einer Gegendarstellung); Melnychuk/UKR, 5.7.2005 (Herausgeber einer Zeitschrift musste Gegendarstellung nicht veröffentlichen, da sie obszöne und beleidigende Bemerkungen enthielt). Art. 14 AMRK gewährleistet das Recht auf Gegendarstellung ausdrücklich; ob aus Art. 10 ein Recht des Einzelnen gegen den Staat auf Einführung eines solchen (allgemeinen) Anspruchs abzuleiten ist, ist zweifelhaft, vgl. *Frowein/Peukert* 16; ferner *Giegerich* RabelsZ **1999** 471, 479 unter Hinweis auf den US Supreme Court, wonach ein Recht auf Gegendarstellung die Pressefreiheit verletzt; zum Anspruch auf (lediglich) Nachtrag statt Richtigstellung bei einer zulässigen Verdachtsberichterstattung: BGH NJW **2015** 778 = JZ **2015** 417 m. Anm. *Beater* = K&R **2015** 111 (unter Bezugnahme auf Art. 10) m. Anm. *von Walter*; vgl. auch OLG Hamburg ZUM-RD **2020** 126 (kein Anspruch auf Gegendarstellung bei „echten" Fragen). Der Anspruch auf Abdruck einer Gegendarstellung besteht fort, selbst wenn die betroffene Person trotz Einräumung der Möglichkeiten keine Stellungnahme zu einer geplanten Berichterstattung abgegeben hat, vgl. BVerfG NJW **2018** 2250. Eine Pflicht zur Veröffentlichung einer offenkundig unwahren Gegendarstellung besteht nicht: OLG Karlsruhe NJW-RR **2016** 565; OLG Karlsruhe AfP **2017** 75.

160 BVerfG NJW **2018** 1596.

161 BVerfG NJW **1998** 1381; NJW **2014** 766; NJW **2018** 1596; NJW **2019** 419, 420.

162 BVerfG NJW **2014** 766, 767; NJW **2017** 1537, 1538.

163 EGMR Appleby u.a./UK, 6.5.2003.

Esser

38   Aus **anderen Konventionsrechten**, insbesondere Art. 8, können sich ebenfalls Schutzansprüche des Betroffenen gegenüber dem Staat herleiten lassen.

39   Soweit der Staat eine Person einem **Sonderstatus** unterwirft, der ihre gesamten Lebensverhältnisse reglementiert, können ihm daraus weitergehende **positive Verpflichtungen** zur Sicherung der Mindestrechte erwachsen, etwa bei **Gefangenen** die Ermöglichung einer ausreichenden Information über die Ereignisse der Außenwelt oder die Beschaffung wichtiger Unterlagen,[164] ferner auch das **Zurverfügungstellen von Papier und Schreibmaterial** für Eingaben (zum Internetzugang Rn. 17).

40   **c) Geschützte Personen.** Die Rechte aus diesen Konventionsartikeln werden **jedermann, Inländern und Ausländern gleichermaßen**, garantiert. Nur hinsichtlich der **politischen Tätigkeit von Ausländern** lässt Art. 16 Einschränkungen der durch Art. 10 garantierten Freiheiten zu.[165] Im Übrigen stehen diese jedem ohne Ansehen der Person zu; eine unterschiedliche Behandlung nach der Person des Trägers verstieße gegen das Diskriminierungsverbot des Art. 14 EMRK/Art. 2 Abs. 1 IPBPR.

41   Für Personen, die sich im **öffentlichen Dienst** befinden,[166] für **Soldaten**[167] oder **Polizeibeamte**[168] gelten grundsätzlich ebenfalls die Rechte aus Art. 10 EMRK/Art. 19 IPBPR, ferner auch für Personen, denen die Freiheit entzogen ist, wie etwa **Strafgefangene**.[169] Aus dem **Sonderstatus** heraus können sich einerseits **besondere Pflichten** für den Staat ergeben[170] (Rn. 88), andererseits kann er seinen öffentlichen Bediensteten auch besondere Einschränkungen, legitimiert durch die Zwecke des Art. 8 Abs. 2, Art. 10 Abs. 2 EMRK/Art. 19 Abs. 3 IPBPR, auferlegen.[171] So kann er Angehörige des öffentlichen Dienstes zur **Verschwiegenheit** verpflichten oder ihre **politische Betätigung** Einschränkungen unterwerfen,[172] die sich vor allem aus ihrer Pflicht zur Verfassungstreue und zur Unparteilichkeit der Amtsführung ergeben.[173] Sie sind gehalten, bei ihren Äußerungen nach Form und Inhalt sachlich zu bleiben und insbesondere auch bei Kritik an den öffentlichen Verhältnissen oder an ihrem Dienst-

---

164   EKMR bei *Frowein/Peukert* 14 (Beschaffung von Gesetzestexten auf eigene Kosten).

165   Vgl. Art. 16 Rn. 3 auch zu den Ausnahmen für Unionsbürger.

166   Vgl. für Angehörige des öffentlichen Dienstes EGMR Kosiek/D, 28.8.1986, NJW **1986** 3007 = EuGRZ **1986** 509; Glasenapp/D, 28.8.1986, NJW **1986** 3005 = EuGRZ **1986** 497; Vogt/D, 26.9.1995, NJW **1996** 375 = EuGRZ **1995** 590; (GK) Wille/FL, 28.10.1999, NJW **2001** 1195 = EuGRZ **2001** 475 = ÖJZ **2000** 647; Volkmer/D, 22.11.2001, NJW **2002** 3087 = ÖJZ **2003** 273; (GK) Guja/MOL, 12.2.2008; Godenau/D, 29.11.2022; *Villiger* 770 f.; dabei ist anhand der Umstände des Einzelfalls zu bestimmen, ob die gerügte Maßnahme lediglich die Ausübung der Amtsposition an sich beeinträchtigt oder tatsächlich einen Eingriff in Art. 10 Abs. 1 darstellt, vgl. EGMR (GK) Baka/H, 23.6.2016, § 140, NVwZ-RR **2017** 833; Karapetyan u.a./ARM, 17.11.2016, § 47.

167   EGMR Engel/NL, 8.6.1976, EuGRZ **1976** 221; Vereinigung demokratischer Soldaten Österreichs u. Gubi/A, 19.12.1994; Grigoriades/GR, 25.11.1997, ÖJZ **1998** 794 (Beleidigung der Armee); Rose/D (E), 14.9.2010, NVwZ-RR **2011** 733 = NZWehrr **2011** 120; *Hoffmeister* EuGRZ **2000** 358, 360; *Grabenwarter/Pabel* § 23, 33; Karpenstein/Mayer/*Mensching* 7.

168   EGMR Rekvényi/H, 20.5.1999, ÖJZ **2000** 235 = NVwZ **2000** 421; Szima/H, 9.10.2012, § 25 (Bestrafung einer Polizeigewerkschaftsführerin wegen Polizeimacht untergrabenden Behauptungen; keine Verletzung von Art. 10; zu diesem Urteil *Küpper* OER **2013** 122); vgl. *Hoffmeister* EuGRZ **2000** 358, 360.

169   Vgl. EGMR Silver u.a./UK, 25.3.1983, EuGRZ **1984** 147 (dort aber nur Art. 8 geprüft); Yankov/BUL, §§ 126–145; Dickson/UK, 4.12.2007, NJW **2009** 971; Donaldson/UK (E), 25.1.2011, § 18; *Frowein/Peukert* 14; Karpenstein/Mayer/*Mensching* 7; vgl. Art. 8 Rn. 17.

170   Vgl. EGMR Karapetyan u.a./ARM, 17.11.2016, §§ 48, 50, 54.

171   Vgl. EGMR (GK) Wille/FL, 28.10.1999, Meyer-Ladewig/Nettesheim/von Raumer/*Daiber* 31; *Villiger* 770.

172   EGMR Rekvényi/H, 20.5.1999.

173   Vgl. EGMR Glasenapp/D, 28.8.1986; Vogt/D, 26.9.1995; Godenau/D, 29.11.2022, § 52 ff.; *Grabenwarter/Pabel* § 23, 33; Meyer-Ladewig/Nettesheim/von Raumer/*Daiber* 32, 62.

herrn **Zurückhaltung** zu üben (**Mäßigungsgebot**).[174] Ob der Staat eine solche Zurückhaltung aus einem der in Absatz 2 aufgezählten Gründe im konkreten Einzelfall verlangen kann, hängt aber davon ab, ob dies bei Berücksichtigung des hohen Stellenwertes der freien Meinungsäußerung in einer demokratischen Gesellschaft notwendig ist, was eine Abwägung aller Umstände des jeweiligen Falles erfordert. Die grundsätzlich auch den öffentlichen Bediensteten zustehende Freiheit der Meinungsäußerung entfällt nicht schon deshalb, weil die Äußerung unter den gegebenen Umständen aktuelle politische Bedeutung hat.[175] Für die Frage, ob eine staatliche Maßnahme einen gerechten Ausgleich zwischen dem Recht eines Staatsbediensteten auf Freiheit der Meinungsäußerung und einem berechtigten Interesse des Staates herbeiführt, kann es neben dem allgemeinen politischen Klima, in dem die Äußerung erfolgt, eine Rolle spielen, ob der Inhalt der Äußerung einen **direkten Bezug zur ausgeübten staatlichen Tätigkeit** hat und ob die Äußerungen spontan oder überlegt erfolgen. So verlangen insbesondere das Prinzip der Gewaltenteilung und die Wahrung judikativer Unabhängigkeit bei Eingriffen in die **Meinungsfreiheit von Richtern** eine sehr sorgfältige Prüfung.[176]

Ein Recht auf **Zugang zum öffentlichen Dienst** gewährleisten die Konventionen bewusst nicht.[177] Eine **Entlassung aus dem öffentlichen Dienst** wegen bestimmter Meinungsäußerungen oder einer jetzigen oder früheren politischen Betätigung wird jedoch an Art. 10 gemessen; ihre Gründe bedürfen daher stets einer einzelfallbezogenen Rechtfertigung durch einen der Gründe des Absatzes 2.[178] Die unbelegte Behauptung, dienstliche Äußerungen eines Amtsträgers hätten eine „Krise unbekannten Ausmaßes" nach sich gezogen, stellen kein berechtigtes Ziel dar, um eine Entlassung rechtfertigen zu können.[179] **42**

d) Wahlrecht. Das Recht zur **Teilnahme an allgemeinen Wahlen** folgt als ein jeweils nur bestimmten Gruppen von Bürgern (Gemeindeangehörige, Staatsangehörige, Unionsbürger) zustehendes politisches Bürgerrecht nicht aus Art. 10 EMRK/Art. 19 IPBPR, sondern **43**

---

174 Meyer-Ladewig/Nettesheim/von Raumer/*Daiber* 62; zur Zurückhaltungspflicht eines Notars gegenüber der Notarkammer vgl. EGMR Ana Ioniţă/RUM, 21.3.2017, § 47, NJW **2018** 2247; Panioglu/RUM, 8.12.2020 (vergangenheitskritische Publikation einer Richterin); Ayuso Torres/E, 8.11.2022 (verfassungskritische Äußerungen eines Militärs im Fernsehen).

175 Vgl. EGMR Bruno Gollnisch/F (E), 7.6.2011, NVwZ **2012** 1197 (Lehr- und Forschungsverbot an Universität als Disziplinarmaßnahme wegen Leugnung des Holocaust).

176 Vgl. EGMR Baka/H, 27.5.2014, §§ 88, 99 f. m. Anm. *Küpper* OER **2014** 516; bestätigt in EGMR (GK) Baka/H, 23.6.2016, §§ 164 ff.; Harabin/SLO (E), 29.6.2004; siehe auch EGMR Albayrak/TRK, 31.1.2008 (dass ein Richter Veröffentlichungen der PKK liest und einen von der PKK kontrollierten Fernsehsender anschaut, rechtfertigt ein staatliches Einschreiten in Form einer Disziplinarmaßnahme nicht); Panioglu/RUM, 8.12.2020 (vergangenheitskritische Publikation einer Richterin); Miroslava Todorova/BUL, 19.10.2021 (Disziplinarstrafen gegen Richterin, vorgeblich wegen Verfahrensverzögerungen, die jedoch in Wirklichkeit der „Ahndung" missliebiger Justizkritik dienten).

177 Vgl. EGMR (GK) Wille/FL, 28.10.1999 (Verstoß wegen der noch laufenden Amtszeit bejaht); Meyer-Ladewig/Nettesheim/von Raumer/*Daiber* 25; *Hoffmeister* EuGRZ **2000** 359.

178 EGMR Vogt/D, 26.9.1995 (Entlassung als Lehrerin wegen Mitgliedschaft in der DKP nicht gerechtfertigt); Volkmer/D, 22.11.2001; Stasi-Informant); Lahr/D (E), 1.7.2008 (vorzeitige Entlassung eines Wehrdienstpflichtigen aus der Bundeswehr wegen der Zugehörigkeit zur NPD); Kövesi/RUM, 5.5.2020, §§ 179 ff., 202 (Entlassung der Chef-Anklägerin der nationalen Anti-Korruptionsbehörde wegen dienstlich getroffener Äußerung über eine Justizreform); Meyer-Ladewig/Nettesheim/von Raumer/*Daiber* 25; zulässig ist es wiederum, eine Lehrkraft wegen des Verdachts der Betätigung in verfassungsfeindlichen Parteien und Gruppierungen auf eine „interne Liste" zu setzen, die eine zukünftige Einstellung im Schuldienst zumindest erschweren kann, vgl. EGMR Godenau/D, 29.11.2022.

179 EGMR Kövesi/RUM, 5.5.2020, §§ 196 ff.

aus **Art. 3 des 1. ZP-EMRK.**[180] Desgleichen gehören die vom jeweiligen Parlamentsrecht festgelegten Rechte der Parlamentarier in der Volksvertretung, insbesondere ihr dortiges Antrags- und Rederecht, nicht zum Schutzbereich des Art. 10 EMRK/Art. 19 IPBPR.[181] Berücksichtigung kann dieser Aspekt aufgrund seiner überragenden Wichtigkeit allerdings im Zusammenhang mit einer hierzu in Beziehung stehenden Meinungsäußerung finden.[182]

4. Allgemeine Voraussetzungen der Beschränkung der Ausübung (Art. 10 Abs. 2 EMRK/Art. 19 Abs. 3 IPBPR)

44   **a) Allgemeines.** Unter dem Hinweis auf die Pflichten und die Verantwortung (IPBPR: „besondere Pflichten und besondere Verantwortung"), die die Ausübung der Meinungs- und Informationsfreiheit mit sich bringt,[183] legen **Art. 10 Abs. 2 EMRK/Art. 19 Abs. 3 IPBPR** die Voraussetzungen fest, unter denen in die dort garantierten Freiheiten eingegriffen werden darf oder sogar eingegriffen werden muss, wenn dies zur Erfüllung einer ihm aus einer anderen Konventionsgarantie erwachsenen Schutzpflicht geboten ist, so etwa zum Schutze des Lebens (Art. 2) oder des Privat- und Familienlebens (Art. 8)[184] oder der Religionsfreiheit (Art. 9) oder aufgrund des Art. 20 IPBPR.

45   Unter einem **Eingriff** in ein von Art. 10 geschütztes Recht ist jede staatliche Maßnahme zu verstehen, die das geschützte Recht in seinem Bestand oder seiner Ausübung einschränkt. Dazu gehört etwa eine strafrechtliche Verurteilung, auch wenn keine Strafe verhängt wird.[185]

46   Jeder Eingriff muss ein **berechtigtes Ziel** verfolgen. Die Aufzählung der zulässigen **Eingriffsgründe** in Art. 10 Abs. 2 EMRK/Art. 19 Abs. 3 IPBPR ist **abschließend**. Aus anderen als den angeführten Gründen kann ein Eingriff in die Freiheit der Meinungsäußerung nicht gerechtfertigt werden.[186] Die Eingriffe müssen **gesetzlich geregelt**[187] und für die dort jeweils **angeführten Zwecke notwendig** sein.[188] Anders als Art. 19 Abs. 3 IPBPR engt Art. 10 Abs. 2 EMRK dies weiter dahin ein, dass die Notwendigkeit aus der Sicht einer **demokratischen Gesellschaft** bestehen muss (Rn. 56 ff.).[189]

47   Als **in Betracht kommende Maßnahmen** des Staates, mit denen die in Art. 10 Abs. 2 EMRK/Art. 19 Abs. 3 IPBPR aufgeführten Schutzgüter durchgesetzt werden können, zählt

---

180 Vgl. EGMR Matthews/UK, 18.2.1999, NJW **1999** 3101 = EuGRZ **1999** 200 = ÖJZ **2000** 34; zu Art. 10 wiederum EGMR Timur Sharipov/R, 13.9.2022 (zwangsweise Entfernung eines Wahlbeobachters).

181 *Frowein/Peukert* 7; vgl. *Sachs/Bethge* Art. 5, 40 ff. GG (Organkompetenzen).

182 EGMR Malisiewicz-Gasior/PL, 6.4.2006.

183 Dieser Satz enthält aber keine eigenständige Rechtsgrundlage für Einschränkungen, sondern erklärt lediglich die daran abschließend aufgezählten Eingriffsgründe; vgl. EGMR Thorgeir Thorgeirson/ISL, 25.6.1992; *Frowein/Peukert* 25.

184 Siehe EGMR Kurier Zeitungsverlag und Druckerei GmbH/A, 17.1.2012, § 42, NJW **2013** 771 (Verurteilung des Verlags zu Schadensersatz wegen Aufdeckung der Identität des Opfers in einem Zeitungsartikel); MGN Limited/UK, 18.1.2011, § 142, NJOZ **2012** 335 (Bericht einer Zeitung mit Fotos über den Drogenentzug von *Naomi Campbell* als Vertrauensbruch; fairer Ausgleich zwischen Art. 8 und Art. 10).

185 EGMR Annikki Karttunen/FIN (E), 10.5.2011, § 17, NJW **2012** 745.

186 Vgl. ÖVerfG ÖJZ **1996** 590 (Kollegialität; Ehre und Würde des Standes).

187 Dazu können auch Vorschriften des Unionsrechts gehören; zum Verbraucherleitbild des EuGH, der strengere Anforderungen an die irreführende Werbung stellt, vgl. *Kulms* RabelsZ **1999** 520, 534; *Sack* GRUR **2004** 89.

188 Vgl. EGMR Ibrahimov u. Mammadov/AZB, 13.2.2020, § 172.

189 Zu diesen Voraussetzungen EGMR (GK) Mouvement raëlien suisse/CH, 13.7.2012, § 52 („Such an interference [...] must be ‚prescribed by law', have one or more legitimate aims [...] and be ‚necessary in a democratic society'").

Art. 10 Abs. 2 Formvorschriften, Bedingungen,[190] Einschränkungen oder Strafdrohungen auf. Er hat eine Bandbreite, unter der sich alle praktisch in Betracht kommenden Regelungen und Maßnahmen subsumieren lassen,[191] so dass die Aufzählung keine Einengung gegenüber Art. 19 Abs. 3 IPBPR bedeutet, der bestimmte gesetzliche Einschränkungen ohne nähere Klassifizierung der Art den zulässigen staatlichen Maßnahmen zurechnet.

„**Pflichten und Verantwortung**" i.S.v. Art. 10 Abs. 2 eines **Internet-Nachrichtenpor-** 48 **tals** können sich wegen der Beiträge Dritter von denen eines traditionellen Herausgebers unterscheiden. Wegen der speziellen Natur der Medien (Internet)[192] kann von einem Portalbetreiber nicht verlangt werden, Kommentare der Nutzer vor der Veröffentlichung zu bearbeiten.[193] Wenn aber Nutzer Kommentare mit Hassreden (Rn. 155) und direkter Bedrohung der körperlichen Unversehrtheit von Personen abgegeben haben, können Internet-Nachrichtenportale ohne Verletzung von Art. 10 haftbar gemacht werden, wenn sie keine Maßnahmen treffen, solche **Kommentare unverzüglich zu entfernen**.[194] Die **Verantwortlichkeit für beleidigende oder sonst rechtswidrige Äußerungen** muss daher grundsätzlich bestehen bleiben. Auch zu entfernen sind Inhalte, die in das Persönlichkeitsrecht Dritter eingreifen und ohne deren Zustimmung verfügbar gemacht wurden.[195] Darüber hinaus muss den Geschädigten bei Verletzung von Persönlichkeitsrechten die Möglichkeit gegeben werden, einen wirksamen Rechtsbehelf einlegen zu können.[196]

b) Gesetzliche Grundlage. Jede zulässige Einschränkung der Meinungsfreiheit muss 49 gesetzlich vorgesehen sein; ist sie es nicht, so liegt ein Verstoß gegen Art. 10 vor, auch wenn ein in Art. 10 Abs. 2 genannter Rechtfertigungsgrund gegeben ist.[197] Die Voraussetzungen für die Einschränkung der Meinungsfreiheit müssen in einem Gesetz im materiellen Sinn als Rechtssatz festgelegt sein.[198] Die Voraussetzungen für das *Gesetz* in Art. 10 Abs. 2 entsprechen weitgehend denjenigen des *Gesetzes* in Art. 8 bzw. des *Rechts* in Art. 7.[199] Normen des

---

190 Ein Eingriff in Form einer Bedingung ist die Aussetzung eines wegen bestimmter Äußerungen geführten Strafverfahrens unter Androhung der Wiederaufnahme bei weiterem Verstoß in den nächsten drei Jahren, da der Betroffene so entmutigt wird, an der öffentlichen Debatte teilzunehmen, vgl. EGMR Çetin/TRK, 20.12.2005.
191 *Frowein/Peukert* 29.
192 Vgl. EGMR Magyar Tartalomszolgaltátók Egyesülete u. Index.hu Zrt/H, 2.2.2016, §§ 62, 79, 86 ff., NJW **2017** 2091, unter Hinweis auf den Charakter eines Nachrichtenportals als Plattform der freien Meinungsäußerung für Dritte.
193 EGMR (GK) Delfi AS/EST, 16.6.2015, § 112, NJW **2015** 2863; Magyar Tartalomszolgaltátók Egyesülete u. Index.hu Zrt/H, 2.2.2016, § 82, NJW **2017** 2091.
194 Vgl. aber EGMR Magyar Tartalomszolgáltátók Egyesülete u. Index.hu Zrt/H, 2.2.2016, §§ 64, 75 ff., NJW **2017** 2091 (keine Löschpflicht, da die streitigen Kommentare nicht offenkundig rechtswidrig).
195 EGMR Société Editrice de Mediapart u.a./F, 14.1.2021 (geheimer Audio-Mitschnitt eines Gesprächs einer Person des öffentlichen Lebens).
196 EGMR (GK) Delfi AS/EST, 16.6.2015, §§ 110, 140 ff., NJW **2015** 2863.
197 Vgl. EGMR Editorial Board of Pravoye Delo u. Shtekel/UKR, 5.5.2011, §§ 54–59, 60–66, exemplarisch auch EGMR YoslunTRK, 10.2.2015, §§ 48 ff., und Gsell/CH, 8.10.2009, § 61 (jeweils: mangels gesetzlicher Grundlage ist Art. 10 verletzt, der Gerichtshof braucht eine Rechtfertigung nicht zu prüfen).
198 EGMR Gsell/CH, 8.10.2009 (Generalklausel im Polizeirecht).
199 EGMR Başkaya u. Okçuoğlu/TRK, 8.7.1999; Witt/D (E), 8.1.2007, NJW **2008** 2322; Siryk/UKR, 31.3.2011, § 35: zur Auslegung der Voraussetzung der Vorhersehbarkeit (dazu nachfolgend im Text) wird auch das Art. 7 betreffende Urteil EGMR (GK) Kafkaris/ZYP, 12.2.2008, NJOZ **2010** 1599, herangezogen.

Verfassungsrechts[200] oder **völkerrechtliche Rechtsakte**[201] können als Rechtsgrundlage für einen Eingriff ausreichen, ferner nach Maßgabe des jeweiligen nationalen Verfassungsrechts auch Normen im Range unterhalb des formellen Gesetzesrechts[202] sowie das von den Standesvertretungen erlassene **Berufsrecht**.[203] Gleiches gilt für die ungeschriebenen Rechtsgrundsätze des **common law**[204] und **richterrechtlich** entwickelte Grundsätze.[205]

50 Voraussetzung ist, dass die jeweilige Regelung dem Betroffenen **zugänglich** und ihr Inhalt aus sich selbst bzw. aus einer systematischen Gesamtbetrachtung der relevanten Normen[206] heraus verständlich ist oder aber in Verbindung mit ihrer Auslegung durch die Gerichte so **hinreichend bestimmt** werden kann, dass ihre willkürliche Anwendung ausgeschlossen ist.[207] Eine absolute Gewissheit, die jeden Auslegungszweifel ausschließt, kann nicht verlangt werden.[208] Für den Betroffenen muss aber genügend **vorhersehbar** sein, was der jeweiligen Regelung vernünftigerweise unterfällt, so dass er sein Verhalten darauf einstellen kann,[209] wie etwa bei Wettbewerbsbeschränkungen zur Verhütung un-

---

200 So implizit EGMR Gsell/CH, 8.10.2009, §§ 54 ff. (i.E. verneint der EGMR zwar, dass der Eingriff „*gesetzlich vorgesehen*" war, aber nicht deswegen, weil es sich bei der von der Schweizer Regierung vorgetragenen Rechtsnorm um eine Bestimmung der Verfassung handelte).

201 EGMR Groppera Radio/CH, 28.3.1990, §§ 65 ff.; Autronic AG/CH, 22.5.1990, § 57; *Grabenwarter/Pabel* § 23, 23.

202 Enger zu Art. 19 IPBPR vgl. *Nowak* 46 (Gesetz im formellen Sinn); zur strikten Gesetzesbindung der Eingriffe in die Meinungsfreiheit bei Art. 5 Abs. 2 GG vgl. BVerfGE **83** 130, 142; **108** 282, 297; BVerfG NJW **2004** 2814.

203 EGMR Barthold/D, 25.3.1985, § 46 (Satzung der Tierärztekammer); Casado Coca/E, 24.2.1994; zum öffentlich-rechtlichen Status von Standesvertretungen vgl. auch EGMR Le Compte u.a./B, 23.6.1981, EuGRZ **1981** 551; van der Mussele/B, 23.11.1983, EuGRZ **1985** 477; H/B, 30.11.1987, ÖJZ **1988** 220.

204 Etwa EGMR Sunday Times/UK, 26.4.1979; Wingrove/UK, 25.11.1996, ÖJZ **1997** 714.

205 EGMR RTBF/B, 29.3.2011, § 113; Open Door u. Dublin Well Woman/IR, 29.10.1992; Karpenstein/Mayer/*Mensching* 37.

206 EGMR Jankovskis/Lit, 17.1.2017, § 57.

207 Vgl. EGMR Observer u. Guardian/UK, 26.11.1991; Wingrove/UK, 25.11.1996; Rose/D (E), 14.9.2010; Güzel/TRK, 13.9.2016, §§ 33 f.; Altuğ Taner Akçam/TRK, 25.10.2011, §§ 85 ff. = NJOZ **2012** 1569 (zur „Beleidigung des Türkentums"; die entsprechende Strafnorm erfülle die an die „Qualität des Gesetzes" gestellten Anforderungen nicht). Nach EGMR Gsell/CH, 8.10.2009, §§ 58 f., genügt die polizeirechtliche Generalklausel nicht, wenn lange im Vorfeld einer Veranstaltung Gewalttätigkeiten und das Erfordernis von Zutrittsverboten (hier: Journalisten) absehbar waren und der Gesetzgeber daher Gelegenheit und Veranlassung zum Erlass präziser Regeln hatte. Der Gerichtshof erklärt die Generalklausel nicht für schlechthin ungeeignet. Zum Erfordernis einer Präzision der dem Eingriff zugrunde liegenden Rechtsnorm hätte der EGMR in jenem Urteil nicht Stellung zu nehmen brauchen, da nach seiner Ansicht die Generalklausel ohnehin nur Maßnahmen gegen Störer erlaubte, wozu der Journalist nicht zählte (§ 60).

208 Vgl. *Grabenwarter/Pabel* § 23, 23; vgl. auch EGMR Orlovskaya Iskra/R, 21.2.2017: ob gesetzliche Grundlage hinreichend konkret bzw. konkretisierbar war, nicht entschieden, da der Eingriff als nicht verhältnismäßig eingestuft wurde. Zur Begründung der fehlenden Verhältnismäßigkeit wurde jedoch u.a. gerade die Unschärfe der relevanten Normen herangezogen (vgl. §§ 98, 128).

209 Etwa EGMR Sunday Times/UK, 26.4.1979; Barthold/D, 25.3.1985; Observer u. Guardian/UK, 26.11.1991; Tolstoy Miloslavsky/UK, 13.7.1995, ÖJZ **1995** 949; Goodwin/UK, 27.3.1996; Rekvényi/H, 20.5.1999; Radio France u.a./F, 30.3.2004; Hashman u. Harrup/UK, 25.11.1999: Störung einer Fuchsjagd „contra bona mores" zu unbestimmt; dazu *Dörr/Zorn* NJW **2001** 2837, 2856; *Grabenwarter/Pabel* § 23, 23; Karpenstein/Mayer/*Mensching* 41; vgl. Art. 8 Rn. 43; EGMR Heinisch/D, 21.7.2011, § 48 (Eingriff in das Recht auf Meinungsäußerungsfreiheit durch auf § 626 BGB gestützte Kündigung gesetzlich vorgesehen, da es für die Bf. angesichts der nationalen Rechtsprechung vorhersehbar war, dass die Erstattung einer Strafanzeige gegen ihren Arbeitgeber ein wichtiger Grund für eine fristlose Kündigung sein kann). Nicht vorhersehbar sind Sanktionen, die ausgesprochen werden, weil das nationale Recht Journalisten nicht schützt, wenn sie aus allgemein zugänglichen Internetquellen erlangte Informationen verbreiten: EGMR Editorial Board of Pravoye Delo u. Shtekel/UKR, 5.5.2011,

lauteren Wettbewerbs.[210] Haben die Betroffenen Zweifel am Anwendungsbereich der in Frage stehenden Norm, kann von ihnen zudem im Rahmen des Zumutbaren verlangt werden, sich dahingehend zu **informieren**.[211]

Unvorhersehbar ist die Bestrafung für das *Vorlesen* von geschriebenen Stellungnah- **51** men wegen Nichterfüllung gewisser Voraussetzungen und Formalitäten, die gesetzlich nur für das *Veröffentlichen* oder *Verteilen* von solchen Texten vorgesehen sind.[212] Gleiches gilt für die Verpflichtungsanordnung („binding-over order"), künftig den Frieden nicht zu stören oder nicht gegen die guten Sitten zu verstoßen.[213] Hingegen können auch komplexe Spezialvorschriften die Anforderung der Vorhersehbarkeit noch erfüllen, wenn sie sich an einen **Personenkreis** wenden, der die nötigen Spezialkenntnisse hat oder sich verschaffen kann.[214] Greift der Staat mit einer Strafvorschrift in die Meinungsfreiheit ein, muss diese nicht nur im **Zeitpunkt der Tatbegehung**, sondern auch noch im Zeitpunkt ihrer **Aburteilung** gesetzlich vorgesehen sein.[215] Insbesondere muss dann auch konkret erkennbar sein, an wen die Vorschrift sich im Einzelfall wendet.[216] Der Gesetzesvorbehalt gilt für alle konkreten Eingriffe in die durch Art. 10 garantierten Freiheiten.

Bei einer **öffentlichen Verlautbarung**, durch die zuständige staatlichen Stellen in **52** Erfüllung einer ihnen obliegenden Aufgabe die Allgemeinheit vor bestimmten Entwicklungen **warnen** oder sie über bestimmte Gefahren **aufklären** wollen, genügt es, dass die handelnde Stelle dazu sachlich befugt ist. Eine zusätzliche besondere gesetzliche Eingriffsermächtigung, wie von Art. 10 Abs. 2 EMRK/Art. 19 Abs. 3 IPBPR für einen unmittelbaren (administrativen) Eingriff in die Freiheit der Meinungsäußerung des Betroffenen gefordert, bedarf es bei solchen allgemeinen Verlautbarungen nicht.[217] Die Meinungsäußerungsfreiheit der Betroffenen bleibt dadurch ebenso unberührt wie deren Freiheit, sich eine eigene Meinung zu bilden und sie beizubehalten. Solche Äußerungen werden aufgrund der Organkompetenz abgegeben und nicht etwa in Ausübung eines dem Staat nicht zustehenden Grundrechts auf Meinungsfreiheit. Die staatlichen Stellen sind deshalb bei ihren Äußerungen zur **Zurückhaltung** und zur **ausgewogenen Sachlichkeit** verpflichtet.[218]

---

§§ 60 ff., 66; *Ólafsson/ISL*, 16.3.2017, § 36; *Hajibeyli u. Aliyev/AZB*, 19.4.2018, §§ 55 ff., NJW **2019** 2685 (Nichtaufnahme in Rechtsanwaltskammer); (GK) *Magyar Kétfarkú Kutya Párt/H*, 20.1.2020, §§ 93 ff. (Verbot einer mobilen App zum Hochladen von Stimmzetteln); (GK) *Selahattin Demirtaş/TRK* (Nr. 2), 22.12.2020, §§ 250, 270 (gesetzliche Aufhebung der Immunität von Parlamentsmitgliedern zum Zwecke der Verfolgung der Inhalte von politischen Reden).

210 EGMR *Markt Intern Verlag GmbH u.a./D*, 20.11.1989; *News Verlags GmbH u. Co KG/A*, 11.1.2000.

211 Vgl. EGMR *Karapetyan u.a./ARM*, 17.11.2016, § 41.

212 Insofern liegt ein Verstoß gegen Art. 10 vor. Vgl. EGMR *Karademirci u.a./TRK*, 25.1.2005.

213 EGMR *Hashman u. Harrup/UK*, 25.11.1999.

214 EGMR *Groppera Radio/CH*, 28.3.1990, § 68.

215 EGMR *Başkaya u. Okçuoğlu/TRK*, 8.7.1999 (unter Hinweis auf den Unterschied zu Art. 7); vgl. EGMR *Aydin/D*, 27.1.2011, § 64, NVwZ **2011** 1185.

216 EGMR *Güzel/TRK*, 13.9.2016, § 39; kritisch daher, wenn in die Meinungsäußerungsfreiheit einschränkenden Gesetzen ohne hinreichende Definition auf „*foreign agents*" rekurriert wird, vgl. EGMR *Ecodefence u.a./R*, 14.6.2022, §§ 113 ff.

217 Vgl. *Hoffmeister* EuGRZ **2000** 358, 359 unter Hinweis auf EGMR (GK) *Wille/FL*, 28.10.1999, wo ebenfalls keine formale Rechtsgrundlage gefordert wurde.

218 Die Befugnis zu solchen wertenden Äußerungen ist durch die unmittelbar auf dem GG bzw. auf den Landesverfassungen beruhende Organkompetenz gedeckt, auch wenn dadurch faktisch ein Grundrechtsbereich mittelbar betroffen werden sollte; vgl. Sachs/*Bethge* Art. 5, 40 GG; ferner BVerfGE **105** 252, 367 (marktbezogene Produktinformation), aber auch BVerfGE **105** 279, 303 (Sektenbroschüre der Bundesregierung). Siehe auch EGMR *AfD/D*, 11.6.2019, NVwZ **2019** 1663: Ob die öffentliche Bezeichnung einer Partei als „Verdachtsfall" durch den Präsidenten des Verfassungsschutzes überhaupt in Art. 10 eingreift, konnte der EGMR wegen Nichterschöpfung des Rechtswegs nicht entscheiden; zur unzulässigen Einstufung der AfD als „Prüffall" VG

Esser

Wirkt sich eine öffentliche Verlautbarung mittelbar auf die Rechtsstellung anderer, etwa auf die Berufsausübungsfreiheit der von ihr Betroffenen aus, muss dafür ein sachlicher Anlass von hinreichendem Gewicht bestehen. Soweit **Zusammenschlüsse von Personen**, vor allem juristischer Personen, selbst Träger des Grundrechts der Freiheit der Meinungsäußerung sind, können sie sich auch ihrerseits bei ihren Äußerungen darauf berufen, wenn sie von ihrer Freiheit Gebrauch machen, um vor gesellschaftlichen Entwicklungen oder Gefahren zu warnen.[219]

53   **c) Berechtigtes Ziel.** Ein berechtigtes Ziel muss jeder Eingriff in die in Art. 10 Abs. 1 EMRK/Art. 19 Abs. 2 IPBPR garantierten Rechte verfolgen. Als **zulässige Eingriffszwecke** zählt Art. 10 Abs. 2 parallel zu Art. 8 Abs. 2 auf: die **nationale oder öffentliche Sicherheit**, die **Aufrechterhaltung der Ordnung**, die **Verhütung von Straftaten**, den **Schutz der Gesundheit** oder der **Moral** und den **Schutz der Rechte anderer** – ergänzt durch die **territoriale Unversehrtheit** und den **Schutz des guten Rufes** anderer.

54   Zu den **Rechten anderer** gehören auch die **durch die Konventionen besonders geschützten Rechte**, so vor allem das Recht auf Achtung des Privat- und Familienlebens (Art. 8 EMRK/Art. 17 IPBPR) und der Ruf bzw. die Reputation des Betroffenen,[220] aus denen dem Staat gegenüber dem Betroffenen besondere Schutzpflichten erwachsen, die mit den Ansprüchen aus Art. 10 EMRK/Art. 19 IPBPR zu einem gerechten Ausgleich gebracht werden müssen.[221] Bedeutsam für die Abwägung zwischen dem Recht auf Achtung des Privatlebens und dem auf Meinungsfreiheit (vor allem bei Presseberichterstattungen) ist, ob es sich um einen **Beitrag zu einer Diskussion von allgemeinem Interesse** handelt, welchen Bekanntheitsgrad der Betroffene und der Gegenstand des Berichts einnehmen, wie sich der Betroffene selbst gegenüber den Medien verhalten hat,[222] auf welche Weise die Infor-

Köln NVwZ **2019** 1060; vgl. ferner BGH ZUM **2019** 942 (Aussage einer Bundesbehörde, ein Filmprojekt sei zum Teil von der Staatssicherheit mitfinanziert worden); VG Berlin ZUM-RD **2020** 47 (Bezeichnung eines Gedichts durch die Bundeskanzlerin als „bewusst verletzend" – Fall Böhmermann).
219 Vgl. Sachs/*Bethge* Art. 5, 40, 43 GG; problematisch insoweit BGH NJW **2003** 1308 (Sorgfaltspflicht des Sektenbeauftragten einer öffentlich-rechtlichen Religionsgemeinschaft).
220 EGMR Ólafsson/ISL, 16.3.2017, § 48 (Missbrauchsvorwürfe gegenüber einem Politiker); Ärztekammer für Wien und Dorner/A, 16.2.2016, NJOZ **2018** 1595 (Bezeichnung eines Medizintechnik-Unternehmens als „Heuschrecke"); Egill Einarsson/ISL, 7.11.2017, NJW **2018** 1589 (Bezeichnung eines prominenten Medienschaffenden als „Vergewaltiger" auf einer Social Media Plattform); Kılıçdaroğlu/TRK, 27.10.2020 (politische Rede, die den Ministerpräsidenten kritisiert); Gawlik/FL, 16.2.2021, NVwZ **2021** 1043, § 51 (Behauptung, eine Klinik betreibe unzulässige aktive Sterbehilfe) m. Anm. *Reder*; Matalas/GR, 25.3.2021, § 39 (schriftliche Kritik an ehemaliger Unternehmensjustiziarin); Wojczuk/PL, 9.12.2021, §§ 66 (Verleumdung gegenüber städtischem Museumsdirektor); Anatoliy Yeremenko/UKR, 15.9.2022, § 41 (Justizkritik). Nicht unzulässig ist es, über eine tatsächlich bestehende Erkrankung des Verstorbenen zu berichten, vgl. OLG Köln ZD **2018** 489. Öffentliche Einrichtungen genießen per se weniger Schutz als Privatpersonen, vgl. EGMR Freitas Rangel/P, 11.1.2022, § 53; ebenso EGMR OOO Memo/R, 15.3.2022, §§ 44 ff. (qualitativ verschieden zum Schutz von Privatpersonen).
221 Vgl. aus der umfangreichen Kasuistik u.a. EGMR (GK) von Hannover/D (Nr. 2), 7.2.2012, NJW **2012** 1053 = EuGRZ **2012** 278 = GRUR **2012** 745 m. Anm. *Lehr* = ZUM **2012** 551; von Hannover/D, 24.6.2004, NJW **2004** 2647 = EuGRZ **2004** 404 = ÖJZ **2005** 588 = DVBl. **2004** 1091 = JZ **2004** 1015 (Veröffentlichung von Fotos aus dem Privatbereich in Zeitschriften); BGHZ **178** 213 = NJW **2009** 757 (zulässige Bildberichterstattung über den als Teil der öffentlichen Verwaltung bedingten Strafvollzug eines Filmschauspielers als Person des öffentlichen Interesses auch ohne dessen Einwilligung); Egeland u. Hanseid/N, 16.4.2009, NJW-RR **2010** 1487 (unzulässige Bildberichterstattung über den Moment der Festnahme einer Person zur Vollstreckung eines Urteils).
222 Siehe hierzu LG Düsseldorf Urt. v. 16.1.2019 – 12 O 282/18, BeckRS **2019** 2900: Der Kläger hatte innerhalb von drei Jahren 60 bis 70 Strafanzeigen gegen Ärzte erstattet, die auf ihren Webseiten darüber informierten, dass sie Schwangerschaftsabbrüche anbieten. Der Unterlassungsanspruch des Klägers gegen eine identifizierende Berichterstattung wurde abgelehnt, da ihm keine gesetzlich verbotene, sondern eine im Kontext der

mationen gewonnen wurden und ob sie wahr bzw. zutreffend sind, welchen **Inhalt und Form die Veröffentlichung** hatte, welche **Folgen** die Veröffentlichung für den Betroffenen bewirkte sowie der **Schweregrad der auferlegten Sanktion**.[223]

Ergänzt werden diese Eingriffszwecke durch **bereichsbezogene Zwecke** wie die Verhin- 55 derung der Verbreitung vertraulicher Informationen und die Wahrung der Autorität und der Unparteilichkeit der Rechtsprechung. Diese weitgefächerten Zwecke, mit denen praktisch viele Eingriffe gerechtfertigt werden könnten, werden dadurch erheblich eingeschränkt, dass im Einzelfall jeder darauf gestützte Eingriff in einer demokratischen Gesellschaft zur Erreichung des legitimen Eingriffszwecks notwendig (*„necessary"/„nécessaires"*) sein muss.

d) Notwendigkeit des Eingriffs in einer demokratischen Gesellschaft. Die Notwen- 56 digkeit des Eingriffs in einer demokratischen Gesellschaft wird in **Art. 10 Abs. 2** als wertsetzender Beurteilungsmaßstab herausgestellt. Ein dringendes gesellschaftliches Bedürfnis muss den Eingriff erfordern.[224] Die Existenz einer freiheitlich demokratischen Gesellschaft in den Mitgliedstaaten wird von der EMRK vorausgesetzt. Für eine solche Gesellschaft ist der ungehinderte Austausch von Meinungen, die Freiheit der Meinungsäußerung und der Informationsgewinnung durch deren Bürger unerlässlich. Grundsätzlich gilt das Recht der Meinungsfreiheit nicht nur für günstig aufgenommene oder als unschädlich oder unwichtig angesehene „Informationen" oder „Ideen", sondern auch für solche, die **verletzen, schockieren** oder **beunruhigen**.[225]

Unerlässlich für den freien Meinungsaustausch ist aber auch die Anerkennung des 57 **Pluralismus der Meinungen** und damit auch die **Toleranz** gegenüber unerwünschten oder für falsch erachteten Auffassungen. In diesem Wettbewerb konkurrierender Meinungen darf der Staat in einer demokratischen Gesellschaft grundsätzlich nur eingreifen, wenn dies auch aus deren Blickwinkel notwendig ist, um ihre Funktion und das freie Zusammenleben der Bürger zu sichern.[226] Die Vereinbarkeit eines Eingriffs mit den pluralistischen Strukturen einer freien Demokratie ist sowohl bei der gesetzlichen Regelung der Eingriffsvoraussetzungen als auch bei den darauf gestützten Entscheidungen der Exekutivorgane und der Gerichte zu beachten.

Notwendig in einer demokratischen Gesellschaft ist im Hinblick auf den hohen 58 Rang des garantierten Freiheitsrechtes und seiner grundlegenden Bedeutung für das Funktionieren einer Demokratie **eng auszulegen**.[227] Gefordert wird, dass im konkreten

---

öffentlichen Debatte hervorstechende Tätigkeit vorgehalten wurde und sein Name bereits durch eigenes Verhalten gegenüber der Presse bekannt geworden war.

223 EGMR (GK) von Hannover/D (Nr. 2), 7.2.2012, §§ 108 ff., NJW **2012** 1053 = EuGRZ **2012** 278 = GRUR **2012** 745 m. Anm. *Lehr* = ZUM **2012** 551; Axel Springer AG/D, 7.2.2012, §§ 89 ff., NJW **2012** 1058 = GRUR **2012** 741; (GK) Couderc u. Hachette Filipacchi Associés/F, 10.11.2015, § 93; Kahn/D, 17.3.2016, § 65, NJW **2017** 2891 (Veröffentlichung von Fotos der Kinder eines Ex-Fußballers trotz Veröffentlichungsverbots); Egill Einarsson/ISL, 7.11.2017, § 39, NJW **2018** 1589 (Bezeichnung eines prominenten Medienschaffenden als „Vergewaltiger" auf einer Social Media Plattform); GRA Stiftung gegen Rassismus und Antisemitismus/CH, § 59, 9.1.2018, NJOZ **2019** 493 (Bezeichnung einzelner Äußerungen eines Politikers als „rassistisch"); Milosavljević/SRB, 21.9.2021, § 55; Drousiotis/ZYP, 5.7.2022, § 40; vgl. ferner zur Abwandlung der Kriterien für Internetpublikationen und Privatpersonen: EGMR Biancardi/I, 25.11.2021, §§ 61 ff.

224 EGMR Observer u. Guardian/UK, 26.11.1991; Yurttas/TRK, 27.5.2004; Ruokanen u.a./FIN, 6.4.2010; Le Pen/F, 13.9.2016; Karpenstein/Mayer/*Mensching* 10, 52.

225 EGMR Annikki Karttunen/FIN (E), 10.5.2011, § 18; Vejdeland u.a./S, 9.2.2012, NJW **2013** 285, § 53.

226 Vgl. EGMR Handyside/UK, 7.12.1976; (GK) Jersild/DK, 23.9.1994; Janowski/PL, 21.1.1999, NJW **1999** 1318 = EuGRZ **1999** 8 = ÖJZ **1999** 735 = AfP **1999** 253.

227 Vgl. EGMR VgT Verein gegen Tierfabriken Schweiz (VgT)/CH, 28.6.2001; Krone Verlag GmbH & Co. KG (Nr. 2)/A, 6.11.2003, ÖJZ **2004** 316; *Dörr/Zorn* NJW **2001** 2837, 2846; *Nowak* 47.

Fall[228] ein **dringendes gesellschaftliches Bedürfnis** (*„pressing social need"*) für das staatliche Einschreiten besteht,[229] dass der verfolgte Zweck nicht auch schon durch einen weniger schweren Eingriff erreicht werden kann[230] und dass der Eingriff in einem angemessenen Verhältnis zu dem mit ihm verfolgten Zweck steht.[231] Insoweit hat jeder Staat einen gewissen **Beurteilungsspielraum**, der je nach dem vom Eingriff betroffenen Gegenstand unterschiedlich weit bemessen ist.[232] Der Eingriff muss zwar nicht zwingend geboten sein, es genügt aber, wenn bei der Abwägung für ihn so schwerwiegende Gründe sprechen, dass sie alle dagegensprechenden Gesichtspunkte[233] deutlich

228 Vgl. EGMR Editions Plon/F, 18.5.2004 (Journalist und der Privatarzt des französischen Präsidenten Mitterrand hatten kurz nach dessen Tod unter Verletzung der ärztlichen Schweigepflicht ein Buch veröffentlicht. Für die am nächsten Tag erlassene einstweilige Verfügung gegen den Vertrieb sah der EGMR einen „pressing social need"; bei der späteren Entscheidung in der Hauptsache jedoch nicht mehr, da dessen Inhalt bereits seinen Weg in die Öffentlichkeit gefunden hatte); siehe auch EGMR Vereinigung Bildender Künstler/ A, 25.1.2007 (Gerichte hatten ein zeitlich und räumlich unbeschränktes Ausstellungsverbot für ein Gemälde erlassen; es hätte beachtet werden müssen, dass damit jegliche Möglichkeit der Ausstellung genommen wurde, obwohl ungewiss war, ob der Bf. bei einer späteren Ausstellung überhaupt noch bekannt sein würde).

229 Vgl. EGMR Barthold/D, 25.3.1985; Ruokanen u.a./FIN, 6.4.2010; Le Pen/F, 13.9.2016; Lingens/A, 8.7.1986; Autronic/CH, 22.5.1990; Weber/CH, 22.5.1990, NJW **1991** 623 = EuGRZ **1990** 265 = ÖJZ **1990** 713; Lehideux u. Isorni/F, 23.9.1998; (GK) Fressoz u. Roire/F, 21.1.1999, NJW **1999** 1315 = EuGRZ **1999** 5 = ÖJZ **1999** 774 = AfP **1999** 251; Başkaya u. Okçuoğlu/TRK, 8.7.1999; Kurier Zeitungsverlag und Druckerei GmbH/A, 17.1.2012, § 42; Vejdeland u.a./S, 9.2.2012, § 51 („test of ‚necessity in a democratic society'"); IAGMR EuGRZ **1986** 371. Die „Clear and Present Danger"-Rechtsprechung des US Supreme Court wurde von den Organen der EMRK nicht als Eingriffsrechtfertigung übernommen, vgl. *Sottiaux* ZaöRV **63** (2003) 653, 666 ff.; EGMR Rose/D (E) 14.9.2010; vgl. auch EGMR Perinçek/CH, 15.10.2015, NJW **2016** 3353 = *Haug* AfP **2016** 129 (Bf., ein türkischer Politiker/ Jurist bestritt in mehreren Veranstaltungen die Einstufung der Massaker an den Armeniern als Genozid; Verurteilung nach Art. 261 schStGB; Verletzung des Art. 10).

230 EGMR Goodwin/UK, 27.3.1996; vgl. zur Erforderlichkeit eines Verbots des Internetzugangs für Strafgefangene: EGMR Jankovskis/Lit, 17.1.2017, §§ 59–62 (Erforderlichkeit des Verbots verneint, da die in Frage stehenden Informationen nicht auf andere Weise zugänglich waren und der Zweck des Verbots, unkontrollierte Kommunikation unter den Gefangenen zu verhindern, auch durch eine bloße überwachte Beschränkung des Internetzugangs hätte erreicht werden können); Ramazan Demir/TRK, 9.2.2021.

231 EGMR Sunday Times/UK, 26.4.1979; (GK) Bladet Tromso u. Stensaas/N, 20.5.1999, NJW **2000** 1015 = ÖJZ **2000** 232 = EuGRZ **1999** 453, §§ 58, 73; Karpenstein/Mayer/*Mensching* 52.

232 EGMR Ruokanen u.a./FIN, 6.4.2010, wo der Gerichtshof bei schweren Vorwürfen strafbaren Sexualverhaltens die besondere Bedeutung der Unschuldsvermutung sowie das Recht auf einen guten Ruf gesondert betont; zum Umfang des Beurteilungsspielraums: EGMR MGN Limited/UK, 18.1.2011, § 199 (Erfolgshonorar eines Anwalts: Ausgleich zwischen Art. 10 und dem von Art. 6 geschützten Recht des Einzelnen auf Zugang zum Gericht); Gąsior/PL, 21.2.2012, § 37 und Kaperzyński/PL, 3.4.2012, § 64 („There is little scope [...] for restrictions on political speech or on debate on questions of public interest."); (GK) Mouvement raëlien suisse/CH, 13.7.2012, §§ 59 ff. („The breadth of such a margin of appreciation varies depending on a number of factors, among which the type of speech at issue is of particular importance."; verbotene Anbringung von Werbepostern einer Vereinigung im öffentlichen Raum); weiterführend *Prepeluh* ZaöRV **61** (2001) 771 ff.; ferner Rn. 69 ff.

233 Dazu gehört auch die möglicherweise bestehende Gefahr einer Beeinträchtigung der freien Berichterstattung durch die einschüchternde Wirkung des Eingriffs („chilling effect"), vgl. EGMR Şahin Alpay/TRK, 20.3.2018, §§ 177 ff., 182 (Festnahme eines Journalisten einer vermeintlich staatsfeindlichen Zeitung im Rahmen des gescheiterten Putsches in der Türkei im Jahr 2016); Yücel/TRK, 25.1.2022, §§ 150 ff.; (GK) NIT S.R.L/ MOL, 5.4.2022, § 228 (Entzug der Sendelizenz wegen „unausgeglichener Berichterstattung"); vgl. auch Rn. 80; anders in EGMR Atamanchuk/R, 11.2.2020, §§ 71 f. (nebenberuflich tätiger Journalist durfte wegen eines unliebsamen Berichts im Vorfeld von Wahlen für zwei Jahre mit einem „Schreibverbot" belegt werden).

überwiegen.[234] Dies muss in jedem Fall **überzeugend dargetan** werden.[235] Dass der Eingriff den Umständen nach zweckmäßig oder vernünftig ist, reicht dafür allein noch nicht aus.[236] Das (gerichtliche) **Verbot der Veröffentlichung und Verbreitung ganzer Zeitungen**, obgleich über einen kurzen Zeitraum, verstößt daher selbst im Rahmen von **Antiterrormaßnahmen** gegen das Gebot der Notwendigkeit in einer demokratischen Gesellschaft.[237] Die zuständigen staatlichen Stellen haben sich zudem immer mit dem jeweiligen Vorbringen des Betroffenen vor ihrer Entscheidung auseinanderzusetzen.[238]

Die Notwendigkeit eines staatlichen Eingriffs hat der EGMR im Zusammenhang mit 59 dem Bestreiten des **Völkermordes an den Armeniern** abgelehnt („internationale Lüge")[239]: Der EGMR sah in der Verurteilung eines türkischen Politikers/Juristen wegen Rassendiskriminierung (Art. 261 schwStGB) einen Verstoß gegen Art. 10, mangels Konsenses in den Vertragsstaaten zur Einstufung des Massakers an den Armeniern als Völkermord.[240] Den Äußerungen des Bf. käme ein erhöhter Schutz zugute, da diese sich auf Angelegenheiten von **öffentlichem Interesse** bezögen.[241] Dem Vorwurf, dass die Äußerungen eine Aufstachelung zum Hass darstellten, folgte die GK nicht;[242] sie war der Ansicht, dass die Äußerungen sich nicht primär gegen das armenische Volk richteten, sondern gegen die vom Bf. als eigentliche Verursacher der Massaker gesehenen „Imperialisten".[243]

---

234 Vgl. EGMR Aydin/D, 27.1.2011; die Verurteilung nach Art. 20 Abs. 1 Nr. 3 VereinsG wegen der Unterstützung der kriminellen Vereinigung „PKK" stellt keine Verletzung von Art. 10 dar. Grundlage der Strafbarkeit war nicht die Äußerung des Verlangens nach Aufhebung des Verbots als solche, sondern die in der Selbsterklärung liegende Unterstützung der verbotenen Organisation, die sich auch aus den Gesamtumständen ergab; abw. Meinung *Kalaydjieva*).

235 EGMR Lingens/A, 8.7.1986, § 41; Nilsen u. Johnsen/N, 25.11.1999, § 43; Annikki Karttunen/FIN (E), 10.5.2011, § 18. Das ist in der Praxis leider häufig nicht der Fall, vgl. EGMR Salov/UKR, 6.9.2005.

236 EGMR Barthold/D, 25.3.1985.

237 Vgl. EGMR Ürper u.a./TRK, 20.10.2009. Zum Grundsatz der Verhältnismäßigkeit bei Publikationsverboten: BVerfG AfP **2011** 43 = EuGRZ **2011** 88 = ZUM-RD **2011** 205 (im Rahmen der Führungsaufsicht für 5 Jahre erteiltes allgemeines Publikationsverbot für die „Verbreitung rechtsextremistischen oder nationalsozialistischen Gedankenguts").

238 EGMR Schweizerische Radio- und Fernsehgesellschaft SRG/CH, 21.6.2012, insbes. §§ 58, 60, 62, 65; Bf. wollte eine Inhaftierte mit deren Einverständnis in der Haftanstalt interviewen und dabei filmen; von Gefängnisleitung und Gerichten abgelehnt; Verstoß gegen Art. 10, da die Begründung der Ablehnung recht oberflächlich ausfiel und keine Abwägung der widerstreitenden Interessen stattfand (§ 65: „raisonnement assez sommaire"; „absence d'une véritable mise en balance des intérêts"); auf das Vorbringen des Bf., worin die Anwesenheit lediglich eines Kameramannes und eines Journalisten die Sicherheit der Haftanstalt und die Rechte der anderen Häftlinge tatsächlich gefährde, wurde von den nationalen Stellen nicht wirklich geantwortet; vgl. auch BVerfG NStZ-RR **2022** 259 (Verletzung eines Journalisten im Grundrecht auf Meinungsfreiheit aus Art. 5 Abs. 1 Satz 1 GG, wenn Besuch zum Zwecke eines Interviews mit Strafgefangenem aufgrund unterlassener Auslegung im Lichte der besonderen Bedeutung des Grundrechts der freien Meinungsäußerung für den freiheitlichen demokratischen Staat untersagt wird; unter Beachtung von Bedeutung und Tragweite der Meinungsfreiheit kann nur bei Vorliegen konkreter, objektiv fassbarer Anhaltspunkte von einer Behinderung der Eingliederung des Strafgefangenen durch das Presseinterview mit diesem ausgegangen werden).

239 EGMR Perinçek/CH, 15.10.2015, § 280; hierzu: *Schöpfer* NLMR **2015** 435; *Haug* AfP **2016** 129; anders in einem Fall, in dem ein Politiker massiv gegen die Volksgruppe der Sinti und Roma gehetzt hatte, vgl. EGMR Budinova u. Chaprazov/BUL, 16.2.2021, §§ 53 ff., 64 ff.

240 EGMR Perinçek/CH, 15.10.2015, § 256.

241 EGMR Perinçek/CH, 15.10.2015, § 241.

242 EGMR Perinçek/CH, 15.10.2015, § 252.

243 EGMR Perinçek/CH, 15.10.2015, §§ 233, 252.

Esser

60   Dagegen hat die GK die strafrechtliche Bewehrung der **Leugnung des Holocaust** als gerechtfertigt erachtet, weil eine solche Äußerung zwangsläufig mit einer antidemokratischen und antisemitischen Ideologie verbunden sei.[244] Die strafrechtliche Verfolgung entsprechender Taten sei gerade in Staaten erforderlich, die in einem historischen Bezug zur Nazi-Vergangenheit stehen und deshalb die besondere moralische Verantwortung trügen, sich von den Verbrechen der Nationalsozialisten zu distanzieren.[245]

61   In **Art. 19 Abs. 3 IPBPR** wurde der Hinweis auf die Notwendigkeit in einer demokratischen Gesellschaft bewusst nicht aufgenommen,[246] was angesichts der überragenden Bedeutung der Meinungsfreiheit in einer demokratischen Gesellschaft unverständlich erscheint, aber dennoch bei der Auslegung des Artikels zu berücksichtigen ist. Demnach wäre die **Erforderlichkeit des Eingriffs** nur nach der Zweck-Mittel-Relation, bei der das Gewicht des Eingriffs am Rang des mit ihm im konkreten Fall verfolgten Zweckes gemessen wird, zu beurteilen.[247] Dies läuft auf eine Güterabwägung i.S. einer Verhältnismäßigkeitsprüfung hinaus; in seinen Einzelfallentscheidungen nimmt das HRC dennoch regelmäßig Bezug auf die Eigenschaft der Meinungsfreiheit als tragende Säule einer jeden freien und demokratischen Gesellschaft.[248]

62   **e) Hinweisgeberschutz („Whistleblowing").** Auch Einschränkungen im Verhältnis von **Arbeitgeber und Arbeitnehmer** können notwendig i.S.d. Art. 10 Abs. 2 sein, da dieses Verhältnis von gegenseitigem Vertrauen geprägt sein sollte, so dass gewisse Äußerungen, die in anderem Zusammenhang legitim wären, hier nicht akzeptabel sind.[249] Gleichwohl wirken die Schutzsphären des Art. 10 auch in das Verhältnis zwischen Privaten hinein.[250] Speziell zum sog. „**Whistleblowing**"[251] im Arbeitsrecht erkennt der EGMR an, dass das Anzeigen von betriebsinternen Missständen den Ruf und die Geschäftsinteressen des Arbeitgebers beschädigen kann und ein Arbeitnehmer deshalb grundsätzlich zu **Loyalität und Diskretion** verpflichtet ist.[252] Allerdings könne das **Interesse der Öffentlichkeit**, bestimmte Umstände zu erfahren (z.B. Missstände in der Altenpflege eines öffentlichen

244 EGMR Perinçek/CH, 15.10.2015, § 243; vgl. auch EGMR Pastörs/D, 3.10.2019, JSt **2020** 89 (Verurteilung wegen § 189 StGB – „Ausschwitz-Projektion", „Sieg der Lüge über die Wahrheit"); Behar u. Gutman/BUL, 16.2.2021; Bonnet/F, 25.1.2022, § 53 (antisemitische Karikatur zu „Charlie Hebdo"); LG Berlin ZUM-RD **2018** 623, 625 (Bezeichnung als „Holocaust-Leugner" weder Schmähkritik noch Tatsachenbehauptung, sondern Werturteil).
245 EGMR Perinçek/CH, 15.10.2015, § 243; Le Pen/F, 13.9.2016, AfP **2017** 145 (Leugnen von Verbrechen gegen die Menschlichkeit); vgl. ferner EGMR Nix/D, 13.3.2018, § 56 (Hochladen eines Bildes von Heinrich Himmler mit Hakenkreuz-Binde in einem Internet-Blog, vorgeblich, um auf erlebten Rassismus gegenüber seiner deutsch-nepalesischen Tochter aufmerksam zu machen; Verurteilung wegen §§ 86a Abs. 1 Nr. 1, 86 Abs. 1 Nr. 4 StGB keine Verletzung seiner Meinungsäußerungsfreiheit).
246 Der Antrag zur Aufnahme dieser Einschränkung wurde abgelehnt, vgl. *Nowak* 47.
247 EGMR Open Door u. Dublin Well Woman/IR, 29.10.1992.
248 Vgl. *Nowak* 47; *Conte/Burchill* 87.
249 EGMR (GK) Palomo Sánchez u.a./E, 12.9.2011, § 76; hierzu *Nußberger* AuR **2014** 130, 133; heftig widersprechend Nr. 18 des Sondervotums der fünf (von 17) überstimmten Richter (insoweit in NZA **2012** 1421 nicht abgedruckt).
250 EGMR (GK) Halet/LUX, 14.2.2023, § 111, NJW **2023** 1793 = NVwZ **2023** 657 (Ls.) m. Anm. *Redder.*
251 Zu den historischen Ursprüngen *Herold* Whistleblower 28 ff.; zur kriminologischen Einordnung 323 ff. Nach EGMR (GK) Halet/LUX, 14.2.2023, § 156 fehle es jedoch weiterhin an einer einheitlichen Definition des Phänomens.
252 EGMR (GK) Guja/MOL, 12.2.2008, § 70; Heinisch/D, 21.7.2011, §§ 64 f., 69; Skwirut/PL (E), 4.11.2014, § 42; Gawlik/FL, 16.2.2021, §§ 65, 69 f.; Halet/LUX, 11.5.2021, § 97; vgl. auch EGMR (GK) Halet/LUX, 14.2.2023, §§ 113, 116 f.: grundsätzliche, aber keine absolute Treuepflicht.

Unternehmers, Steuerskandale großer Unternehmen,[253] politisches Fehlverhalten, Polizeigewalt[254]) überwiegen.[255] Eine außerordentliche Kündigung gestützt auf eine Mitteilung
(z.B. in Form einer Anzeige) über solche Missstände schrecke davor ab, Missstände aufzuzeigen, und wirke sich deshalb negativ auf die ganze Gesellschaft aus.[256] Der Arbeitnehmer
sei aber gehalten, das Problem **zunächst und vorrangig intern zu klären;**[257] die Gerichte
haben daher zu untersuchen, ob dem Arbeitnehmer keine andere, diskretere Möglichkeit
zur Verfügung stand, um gegen den Missstand vorzugehen.[258] In die Abwägung fließt
ferner ein, welche Motive der Arbeitnehmer für sein Handeln hatte, so dass eigennütziges
Handeln oder gar „persönlicher Groll oder Feindschaft" seinen Schutz verringerten.[259] Ob
die an die Öffentlichkeit gerichtete Mitteilung über Missstände inhaltlich zutrifft, hat der
Arbeitnehmer **sorgfältig zu überprüfen;**[260] der Gerichtshof verlangt ein Handeln wenigstens in **gutem Glauben** („in good faith"),[261] wobei der Schutz des Art. 10 sogar einem
Hinweisgeber zu Teil werden kann, der letztlich falsche Informationen öffentlich gemacht
hat.[262] In der Rs. *Gawlik*[263] hat der EGMR die Anforderungen für „geschützes Whistleblowing" erneut konkretisiert. Ein stellvertretender Chefarzt – der spätere Bf. – hatte Strafanzeige bei der liechtensteinischen Staatsanwaltschaft gegen seinen Vorgesetzten wegen des

253 EGMR (GK) Halet/LUX, 14.2.2023, §§ 185 ff.
254 EGMR (GK) Halet/LUX, 14.2.2023, § 134.
255 EGMR Heinisch/D, 21.7.2011, §§ 68, 71, 89 f.; bei der Abwägung ist insbesondere auch der Schaden zu
berücksichtigen, der dem Arbeitgeber aus dem Gang an die Öffentlichkeit entstehen kann (§ 68); abgelehnt
in EGMR Halet/LUX, 11.5.2021, §§ 108 ff. (lediglich geringfügige Missstände können erhebliche Rufschädigung
des Arbeitgebers nicht rechtfertigen); allerdings (GK) Halet/LUX, 14.2.2023, §§ 204 ff. (öffentliches Interesse
an den veröffentlichten Informationen über einen größeren unternehmensspezifischen Steuerskandal i.E.
größer als der dem Arbeitgeber konkret entstandene Schaden); vgl. ferner EGMR Gîrleanu/RUM, 26.6.2018,
§§ 87 ff.
256 EGMR Heinisch/D, 21.7.2011, § 91.
257 EGMR Heinisch/D, 21.7.2011, § 65. Die sechsstufige Prüfung für entsprechende Fälle (1. whether or not
alternative channels for the disclosure were available; 2. the public interest in the disclosed information; 3.
the authenticity of the disclosed information; 4. the detriment to the employer; 5. whether the whistleblower acted in good faith; 6. the severity of the sanction) im Anschluss an die Rs. EGMR (GK) Guja/MOL,
12.2.2008, §§ 72 ff., sieht der EGMR weiterhin als maßgeblich an, vgl. EGMR (GK) Halet/LUX, 14.2.2023, §§ 114,
120 ff., 163 ff.; Überblick zur deutschen Rechtsprechung bei *Reinhardt-Kasperek/Denninger* BB **2018** 2484.
258 EGMR Heinisch/D, 21.7.2011, § 69; Gawlik/FL, 16.2.2021, § 70.
259 EGMR Heinisch/D, 21.7.2011, § 69; Herbai/H, 5.11.2019, § 44. Dass der (eigennützige) Wunsch nach Verbesserung der Arbeitsbedingungen auch ein Motiv gewesen sein könnte, dürfte sich in der Abwägung eher
wenig auswirken und hatte zumindest im konkreten Fall keinen Einfluss auf das Urteil des EGMR (§ 83);
Gawlik/FL, 16.2.2021, § 71. Siehe jedoch LAG Kiel BB **2012** 1862 m. Anm. *Lelley*, Nr. 3 der Gründe, wo der
Arbeitnehmer sich offenbar „revanchieren" (bzw. Rache nehmen) wollte.
260 EGMR Heinisch/D, 21.7.2011, § 67; Gawlik/FL, 16.2.2021, § 68; Skwirut/PL (E), 4.11.2014, §§ 45 ff.
261 EGMR Heinisch/D, 21.7.2011, §§ 67, 69, 82 ff. Zur Problematik des Whistleblowings siehe auch: *Wiebauer*
NZA **2015** 22; *von Busekist/Fahrig* BB **2013** 119; *Bowers/Fodder/Lewis/Mitchell* Whistleblowing – Law and
Practice (2012)²; rechtsvergleichend *Groneberg* Whistleblowing (2011). Im Fall *Heinisch* kam es zu einer Wiederaufnahme (§ 580 Nr. 8 ZPO, § 79 ArbGG) vor dem LAG Berlin-Brandenburg, das Verfahren endete mit
einem Vergleich, PM 22/12 des LAG v. 24.5.2012. Zur Rezeption des Urteils *Heinisch* durch die deutschen
Arbeitsgerichte: *Scheurer* ZTR **2013** 291; exemplarisch LAG Köln NZA-RR **2012** 298 = ZWH **2012** 289 (Vortrag
wissentlich unwahrer Tatsachen) m. Anm. *K. Müller*; LAG Berlin-Brandenburg AuR **2014** 472, wo der Arbeitnehmer, Angestellter in einer Bußgeldstelle, nicht die Öffentlichkeit, sondern einen Amtsrichter über die
Unzuverlässigkeit des Geschwindigkeitsmessgeräts informierte. Zum (fehlenden) gesetzgeberischen Handlungsbedarf: BTDrucks. **17** 7053.
262 EGMR Gawlik/FL, 16.2.2021, § 75, NJW **2021** 2343 = NVwZ **2021** 1043 = NZA **2021** 851; dazu *Gerdemann*
NJW **2021** 2324.
263 EGMR Gawlik/FL, 16.2.2021.

Verdachts der unzulässigen aktiven Sterbehilfe (Tötung auf Verlangen) erstattet, nachdem einige Patienten des Spitals jeweils kurz nach Morphingaben verstorben waren. Die Mehrzahl der daraufhin angefertigten Gutachten widerlegte den Verdacht, so dass das Strafverfahren gegen den Vorgesetzten eingestellt wurde; dem Bf. wurde aufgrund seines Anzeigeverhaltens außerordentlich gekündigt. Auf seine Beschwerde zum EGMR bestätigte der Gerichtshof zwar, dass es sich bei rechtswidriger **aktiver Sterbehilfe** um einen Sachverhalt von großem öffentlichem Interesse handele,[264] die Motivation des Hinweisgebers uneigennützig gewesen[265] und mit der fristlosen Kündigung die schärfste Sanktion des Arbeitsrechts gegen ihn zur Anwendung gekommen sei.[266] Auch habe eine zunächst interne Meldung (wohl) nicht zur Verfügung gestanden, da diese an den inkriminierten Vorgesetzten zu richten gewesen wäre.[267] Gleichwohl habe die ausreichende Tatsachengrundlage für die – mit erheblichen Folgen für die Institution verbundenen[268] – Anschuldigungen gefehlt, da der Bf. die Authentizität der Informationen nicht präzise und genau genug auf ihre Verlässlichkeit hin geprüft habe.[269]

63   Beim **„Whistleblowing" im öffentlichen Dienst** muss die besondere Stellung der Bediensteten berücksichtigt werden.[270] Da diese oftmals mit besonders sensiblen Informationen in Berührung kommen, ist ihre Verpflichtung zu Loyalität und Verschwiegenheit besonders hoch.[271] Vor dem Gang an die Öffentlichkeit muss der Angestellte zunächst versuchen, sich an einen Vorgesetzten oder eine andere, interne Stelle zu wenden. Erst wenn diese Option ausgeschlossen oder nicht zielführend ist, darf ein Gang an die Öffentlichkeit erwogen werden.[272] Wird der Angestellte wegen seiner Aufdeckung von der Behörde sanktioniert (z.B. durch Entlassung), kann dies unter Umständen seine Meinungsäußerungsfreiheit verletzen. Bei der Abwägung sind neben den Kriterien des Art. 10 Abs. 2 weitere Faktoren wie das öffentliche Interesse an der Aufdeckung, die Authentizität und Verlässlichkeit der Information, der zu erwartende Schaden für die Behörde, die Motivlage des Whistleblowers[273] sowie Art und Höhe seiner Sanktionierung miteinzubeziehen.[274]

64   Zahlreiche Vorstöße der Politik zielen inzwischen auf einen europaweiten Ausbau des **Schutzes von Whistleblowern** ab. Art. 9 der (auf die GRECO-Initiative des **Europarates** zurückgehenden) Zivilrechtskonvention zur Bekämpfung von Korruption sieht vor, dass Personen, die Korruptionsverdachtsfälle melden, eines gesetzlichen Schutzes bedürfen.[275]

---

264 EGMR Gawlik/FL, 16.2.2021, § 73.
265 EGMR Gawlik/FL, 16.2.2021, § 83, 85.
266 EGMR Gawlik/FL, 16.2.2021, § 84.
267 EGMR Gawlik/FL, 16.2.2021, §§ 81 f. (offengelassen).
268 EGMR Gawlik/FL, 16.2.2021, § 79.
269 EGMR Gawlik/FL, 16.2.2021, §§ 78, 80 (trotz gebotener Eile hätte der Bf. nicht nur die unvollständigen elektronischen, sondern auch die Papierakten rezipieren müssen, gerade weil die Anschuldigungen gegen den Vorgesetzten und die Institution so erheblich waren); zu möglichen Implikationen auf die deutsche Rechtsprechung *Gerdemann* NJW **2021** 2324, 2326 f.
270 EGMR (GK) Guja/MOL, 12.2.2008, § 71 (Entlassung des Pressesprechers der GenStA, nachdem er an diese gerichtete Briefe von Politikern an eine Zeitung übermittelt hatte); Goryaynova/UKR, 8.10.2020, § 61 (Versetzung einer Staatsanwältin wegen eines offenen Briefs an den Generalstaatswalt bzgl. bestehender behördlicher Missstände); vgl. auch *Rottenwallner* VR **2020** 189; *Edwards* Whistleblowing 25 ff.
271 EGMR (GK) Guja/MOL, 12.2.2008, § 71.
272 EGMR (GK) Guja/MOL, 12.2.2008, § 73.
273 Zur Erforderlichkeit eines subjektiven Kriteriums *Edwards* Whistleblowing 56 ff.
274 EGMR (GK) Guja/MOL, 12.2.2008, §§ 74–78. Der EGMR sah die Entlassung des Pressesprechers als zu „harsche" Maßnahme im Vergleich zur Bedeutung des öffentlichen Interesses an der Aufdeckung etwaiger Missstände in der Generalstaatsanwaltschaft durch politische Einflussnahme an (§§ 85 ff., 95 f.).
275 Civil Law Convention on Corruption des Europarates v. 4.11.1999 (ETS 174).

Der Aufforderung der Parlamentarischen Versammlung nachkommend,[276] beschloss das **Ministerkommittee** Ende April 2014 eine Empfehlung zum besseren gesetzlichen Schutz von Personen, die im Rahmen ihres Arbeitsverhältnisses Informationen über Gefährdungen von öffentlichen Interessen preisgeben; darin wird bekräftigt, dass die Meinungs- und Informationsfreiheit ein fundamentales Grundrecht darstellt.[277] In einem ausführlichen Anhang erfahren die erforderlichen Maßnahmen zum Schutz von Whistleblowern eine weitere Konkretisierung.

Nach einem im Jahr 2015 erschienenen **UN-Sonderbericht**, der die tatsächliche und **65** rechtliche Lage zum Schutz von Whistleblowern untersuchte,[278] hatten zum damaligen Zeitpunkt mindestens 60 Staaten rechtliche Mindeststandards zum Schutz von Hinweisgebern etabliert.[279] Gemäß den Empfehlungen sollten nicht nur Hinweisgeber aus der Arbeitswelt, sondern auch professionelle und „zivile" Journalisten (z.B. Blogger) Schutz erfahren.[280] Staaten wurden angehalten, vertrauliche Kanäle für Hinweisgeber einzurichten und Personen, die Hinweisgeber behindern oder mit Repressalien belegen wollen, zu sanktionieren.[281]

Auf Unionsebene hatte das **Europäische Parlament** in seiner Entschließung vom **66** 23.10.2013 die Kommission aufgefordert, noch 2013 einen Gesetzesvorschlag zu einem wirksamen und umfassenden **europäischen Schutzprogramm für Hinweisgeber** vorzulegen.[282] Die Kommission selbst hatte bereits 2012 umfangreiche Leitlinien zur Meldung von Missständen durch ihre eigenen Bediensteten verfügt.[283] Schon Art. 5 *lit.* b der RL 2016/943/ EU („**Geheimnisschutz-Richtlinie**"[284]) sieht vor, dass der Arbeitnehmer als Whistleblower geschützt werden soll.[285] Diese Vorgabe wurde in **§ 5 Nr. 2 GeschGehG**[286] übernommen.[287]

Nach langen Beratungen[288] erließ die EU sodann die („**Whistleblowing**"-) **Richtlinie** **67** **2019/1937/EU.**[289] Ziel der RL ist die effektivere Durchsetzung des Unionsrechts und der Unionspolitik durch die Festlegung gemeinsamer Mindeststandards zum Schutz von solchen „Whistleblowern", die Verstöße gegen das Unionsrecht melden (ErwG 2, Art. 1 und 6 RL). Durch die Richtlinie sollen Mindeststandards zur **Gewährleistung eines wirksamen Hinweisgeberschutzes** etabliert werden (ErwG 5). Potenziellen Hinweisgebern (Art. 5

---

276 Empfehlung 1916(2010) der Parlamentarischen Versammlung des Europarates vom 29.4.2010.

277 CM/Rec(2014)7 – Schutz von Whistleblowern, abgedruckt in AuR **2015** 16.

278 2015 A/70/361 v. 8.11.2015 (Report of the Special Rapporteur David Kaye to the General Assembly on the protection of sources and whistleblowers).

279 2015 A/70/361, 12.

280 2015 A/70/361, 22.

281 2015 A/70/361, 23.

282 Entschließung des Europäischen Parlaments v. 23.10.2013 zu organisiertem Verbrechen, Korruption und Geldwäsche: Empfohlene Maßnahmen und Initiativen (Schlussbericht) 2013/2107(INI), Nr. 14.

283 PM der Europäischen Kommission Nr. IP/12/1326 v. 6.12.2012.

284 Richtlinie 2016/943/EU des Europäischen Parlamentes und Rates v. 8.6.2016 über den Schutz vertraulichen Know-hows und vertraulicher Geschäftsinformationen (Geschäftsgeheimnisse) vor rechtswidrigem Erwerb sowie rechtswidriger Nutzung und Offenlegung, ABlEU Nr. L 157 v. 15.6.2016 S. 1.

285 Dazu auch *Trebeck/Schulte-Wissermann* NZA **2018** 1175, 1179; *Schmitt* RdA **2017** 365, 370 f.; *Edwards* Whistleblowing 90.

286 Gesetz zum Schutz von Geschäftsgeheimnissen (GeschGehG), Art. 1 des Gesetzes v. 18.4.2019, BGBl. I S. 466.

287 Sehr kritisch zu diesem Ausnahmetatbestand *Schreiber* NZWiSt **2019** 332 („Freifahrtschein").

288 Überblick bei *Schmolke* NZG **2020** 5.

289 Richtlinie (EU) 2019/1937 des Europäischen Rates und des Parlaments vom 23.10.2019 zum Schutz von Personen, die Verstöße gegen das Unionsrecht melden, ABlEU Nr. L 305 v. 26.11.2019 S. 17; hierzu *Forst* EuZA **2020** 283; *Altenbach/Dierkes* CCZ **2020** 126; *Gerdemann* NZA-Beilage **2020** 43, 46 ff.; vgl. auch COM [2018] 218 v. 23.4.2018; hierzu *Thüsing/Rombey* NZG **2018** 1001; *Wiedmann/Seyfert* CCZ **2019** 12, 15 ff.; *Taschke/Pielow/Volk* NZWiSt **2021** 85, 88 ff.

Nr. 7 RL) soll ermöglicht werden, Informationen unter niederschwelligen Zugangshürden und unter Wahrung der Vertraulichkeit ihrer Identität an die zuständigen Behörden weiterzuleiten (ErwG 60). Spezifische Anwendungsbereiche[290] der RL sind nach Art. 2 RL u.a. (abschließend[291]) das öffentliche Auftragswesen, Finanzdienstleistungen, die Produktsicherheit und -konformität, die Verkehrssicherheit, der Umweltschutz, die Lebensmittel- und Futtermittelsicherheit, die Tiergesundheit und der Tierschutz, die öffentliche Gesundheit, der Verbraucherschutz, der Schutz der Privatsphäre und personenbezogener Daten sowie die Sicherheit von Netz- und Informationssystemen.[292] Die RL erfasst als geschützte Personen sog. **Hinweisgeber** (Art. 5 Nr. 7 RL) aus dem **privaten und öffentlichen Sektor**, die im **beruflichen Kontext** (Art. 5 Nr. 9 RL) Informationen über Verstöße erlangt haben (Art. 4 Abs. 1 RL).[293] Nach Art. 8 Abs. 1 RL müssen die juristischen Personen des privaten und öffentlichen Sektors (d.h. die zur Entgegennahme der Meldung Verpflichteten) entsprechende Kanäle und Verfahren für interne Meldungen und für Folgemaßnahmen einrichten und bereithalten,[294] die auch die Möglichkeit der permanenten Speicherung der Informationen eröffnen (ErwG 73). Der Schutz des Hinweisgebers bezieht sich auf **Meldungen und Offenlegungen**.[295] Bei einer Meldung muss der Hinweisgeber hinreichenden Grund dafür haben, anzunehmen, dass die von ihm gemeldeten Informationen über Verstöße zum Zeitpunkt der Meldung korrekt waren und dass diese Informationen in den Anwendungsbereich der RL fallen, Art. 6 Abs. 1 *lit.* a RL. Falsche oder bewusst irreführende Informationen werden nicht umfasst.[296] Der Hinweisgeber genießt Schutz, wenn er intern und extern oder auf direktem Weg extern Meldung über den Verstoß erstattet hat (Art. 6 Abs. 1 *lit.* b RL). Die Meldung von Informationen über Verstöße über interne Meldekanäle („**interne Meldung**" i.S.d. Art. 5 Nr. 4 RL) ist gegenüber der Meldung über externe Meldekanäle („**externe Meldung**" i.S.d. Art. 5 Nr. 5 RL) vorrangig, wenn dadurch eine intern wirksame Bekämpfung des Verstoßes angeregt werden kann und der Hinweisgeber sich keinen Repressalien ausgesetzt sieht (Art. 7 Abs. 2 RL). Eine „**Offenlegung**" (i.S.d. Art. 5 Nr. 6 RL: öffentliche Zugänglichmachen von Informationen über Verstöße) darf erfolgen, wenn der Hinweisgeber zunächst erfolglos[297] intern und extern Meldung erstattet hat und davon ausgehen darf, dass der Verstoß eine Gefährdung des öffentlichen Inte-

---

290 Nach Art. 8 RL sind die Regelungen auf juristische Personen des *Privatrechts* mit mehr als 49 Arbeitnehmern (Absatz 3) sowie alle juristischen Personen des öffentlichen Rechts anwendbar. Gemeinden mit entweder weniger als 10.000 Einwohnern oder weniger als 50 Arbeitnehmern in der Umsetzungsvorschrift können von der Verpflichtung ausgenommen werden (Absatz 9).

291 *Forst* EuZA **2020** 283, 286.

292 Vgl. auch den Anhang zur RL. Nicht berührt wird die Anwendung von Unionsrecht oder nationalem Recht in Bezug auf den Schutz von Verschlusssachen, den Schutz der anwaltlichen und ärztlichen Verschwiegenheitspflichten, das richterliche Beratungsgeheimnis, das Strafprozessrecht (vgl. auch ErwG 26 RL: nur die Verschwiegenheitspflicht zwischen Rechtsanwalt und Mandant) sowie die nationalen Vorschriften über die Wahrnehmung des Rechts von Arbeitnehmern, ihre Vertreter oder Gewerkschaften zu konsultieren, und über den Schutz vor ungerechtfertigten nachteiligen Maßnahmen aufgrund einer solchen Konsultation sowie über die Autonomie der Sozialpartner und deren Recht, Tarifverträge einzugehen (Art. 3 Abs. 3 und Abs. 4 RL).

293 Hinweisgeber können die Personen auch für vor Beginn (Art. 4 Abs. 3 RL) des Arbeitsverhältnisses erlangte Informationen sein sowie auch noch nach Beendigung des Arbeitsverhältnisses (Art. 4 Abs. 2 RL).

294 Das Verfahren für interne Meldungen ist in Art. 9 RL normiert. Die Art. 11 bis 14 RL regeln die Einrichtung externer Kanäle.

295 Zum „dreistufigen Verfahren" bereits DAV-Stellungnahme Nr. 51/2018, 13 ff.

296 *Taschke/Pielow/Volk* NZWiSt **2021** 85, 88; *Forst* EuZA **2020** 283, 297 auch zu grob fahrlässigem Verkennen eines Irrtums.

297 D.h., wenn innerhalb des Dreimonatszeitraums nach Art. 9 Abs. 1 *lit.* f RL beziehungsweise des Sechsmonatszeitraums nach Art. 11 Abs. 2 lit. d RL keine geeigneten Maßnahmen ergriffen wurden.

resses darstellen kann oder aufgrund der besonderen Umstände nicht zu erwarten ist, dass wirksam gegen den Verstoß vorgegangen wird (Art. 15 Abs. 1 RL).[298] Nach Art. 9 Abs. 1 *lit.* a, 16 RL ist die Identität des Hinweisgebers – wenige Ausnahmen ausgenommen[299] – vertraulich zu halten. Der **Schutz vor Repressalien** gegenüber dem Hinweisgeber (auch vor deren Androhung oder deren Versuch) bezieht sich ausdrücklich und nicht abschließend[300] auf die Untersagung von Suspendierungen, Herabstufungen oder der Versagung einer Beförderung, Aufgabenverlagerungen, Gehaltsminderungen, negativen Leistungsbeurteilung, Disziplinarmaßnahmen, Nötigungen, Diskriminierung oder Mobbing, der Erfassung des Hinweisgebers auf einer „schwarzen Liste" sowie psychiatrischen oder ärztlichen Überweisungen (Art. 19 RL).[301] Natürliche oder juristische Personen, die Meldungen von Hinweisgebern verhindern, Repressalien i.S.d. Art. 19 RL ergreifen, gerichtlich gegen geschützte Hinweisgeber vorgehen oder deren Identität wider Art. 16 RL preisgeben, sind **„wirksam, angemessen und abschreckend"** zu sanktionieren, Art. 23 Abs. 1 RL. Das Gleiche gilt für Hinweisgeber, denen nachgewiesen werden kann, dass sie wissentlich falsche Informationen gemeldet oder offengelegt haben (Art. 23 Abs. 2 Satz 1 RL).[302] Die Umsetzungsfrist für die **RL 2019/1937/EU** endete am 17.12.2021 (vgl. Art. 26 Abs. 1 RL). Ein bereits im Dezember 2020 eingeleitetes Gesetzgebungsverfahren für eine innerstaatliche Umsetzung wurde nicht weiterverfolgt, so dass Deutschland schließlich die Umsetzungsfrist versäumte. Die EU-Kommission leitete daraufhin im Februar 2022 ein Vertragsverletzungsverfahren gegen Deutschland ein.[303] Ein Gesetzentwurf der Bundesregierung scheiterte im Februar zunächst an der fehlenden Zustimmung des Bundesrates.[304] Im März 2023 hatten die Koalitionsfraktionen von SPD, Grünen und FDP in einem neuerlichen Anlauf das Vorhaben in zwei Gesetzentwürfe aufgespalten, von denen nur einer als im Bundesrat zustimmungspflichtig erachtet wurde.[305] Nach Einschaltung des Vermittlungsausschusses im Ap-

---

[298] *Schmolke* NZG **2020** 5, 6 f.; *Taschke/Pielow/Volk* NZWiSt **2021** 85, 88. Nicht erfasst von diesem Schutz sind Personen, die auf der Grundlage spezifischer nationaler Bestimmungen, die ein Schutzsystem für die Freiheit der Meinungsäußerung und die Informationsfreiheit bilden, Informationen unmittelbar gegenüber der Presse offenlegen (Art. 15 Abs. 2 RL).

[299] Vgl. Art. 16 Abs. 2 RL: die Identität des Hinweisgebers sowie alle anderen in Art. 16 Abs. 1 RL genannten Informationen dürfen nur dann offengelegt werden, wenn dies nach Unionsrecht oder nationalem Recht eine notwendige und verhältnismäßige Pflicht im Rahmen der Untersuchungen durch nationale Behörden oder von Gerichtsverfahren darstellt, so auch im Hinblick auf die Wahrung der Verteidigungsrechte der betroffenen Person. Die Offenlegung setzt regelmäßig die Unterrichtung des Hinweisgebers vor der Offenlegung voraus (Art. 16 Abs. 3 EL).

[300] *Forst* EuZA **2020** 283, 299.

[301] Dazu auch *Taschke/Pielow/Volk* NZWiSt **2021** 85, 89.

[302] Zu Wechselwirkungen mit § 17 Abs. 1 und § 18 DSGVO vgl. *Altenbach/Dierkes* CCZ **2020** 126, 130 f.; umfassend zu den Strafbarkeitsrisiken des Hinweisgebers nach nationalem Recht *Edwards* Whistleblowing 103 ff.

[303] Vgl. Europäische Kommission – Entscheidungen in Vertragsverletzungsverfahren, Vertragsverletzungsverfahren im Februar: wichtigste Beschlüsse, 9.2.2022, https://ec.europa.eu/commission/presscorner/detail/de/inf_22_601 (Stand: August 2022).

[304] Gesetzentwurf der Bundesregierung: Entwurf eines Gesetzes für einen besseren Schutz hinweisgebender Personen sowie zur Umsetzung der Richtlinie zum Schutz von Personen, die Verstöße gegen das Unionsrecht melden, BTDrucks. **20** 3442, **20** 3709, **20** 4001, **20** 4909.

[305] Gesetzentwurf der Fraktionen SPD, BÜNDNIS 90/DIE GRÜNEN und FDP: Entwurf eines Gesetzes für einen besseren Schutz hinweisgebender Personen sowie zur Umsetzung der Richtlinie zum Schutz von Personen, die Verstöße gegen das Unionsrecht melden, BTDrucks. **20** 5992; Gesetzentwurf der Fraktionen SPD, BÜNDNIS 90/DIE GRÜNEN und FDP: Entwurf eines Gesetzes zur Ergänzung der Regelungen zum Hinweisgeberschutz, BTDrucks. **20** 5991.

ril 2023[306] hatte im Mai 2023 der Bundesrat einen Tag nach dem Bundestag dem Entwurf des Hinweisgeberschutzgesetzes zugestimmt, der im Vermittlungsausschuss nachverhandelt worden war. Das **Hinweisgeberschutzgesetz (HinSchG)**[307] trat sodann am 2.7.2023 in Kraft.

68   **f) Verhältnismäßigkeit.** Auch bei der Verfolgung eines an sich berechtigten Zieles darf der Eingriff nicht unverhältnismäßig gegenüber den durch Art. 10 EMRK/Art. 19 IPBPR geschützten Rechtsgütern sein. Dies begrenzt den Spielraum (Rn. 69 ff.) der Staaten, denen grundsätzlich überlassen ist, ob sie im Einzelfall überhaupt einschreiten wollen und, wenn ja, welche Regelungen sie zum Schutz eines der in Art. 10 Abs. 2 EMRK/Art. 19 Abs. IPBPR aufgezählten Zwecke wählen.[308] Die Zulässigkeit jedes staatlichen Eingriffs hängt davon ab, dass er nicht außer **Verhältnis zu den von ihm betroffenen Rechtsgütern** und ihrer **gesellschaftlichen Bedeutung** steht.[309] Bei der Abwägung werden der **Zweck** des staatlichen Eingriffs, sein **Gegenstand** sowie seine **Art und Schwere** und seine **unmittelbaren und mittelbaren Rechtsfolgen** berücksichtigt,[310] vor allem auch die Auswirkungen, die der Eingriff auf das **Funktionieren einer demokratischen Gesellschaft** hat. Zudem kann ausschlaggebend sein, ob der Zweck des Eingriffs tatsächlich erreicht wurde bzw. überhaupt erreicht werden konnte.[311]

69   **g) Staatlicher Beurteilungsspielraum.** Ein Beurteilungsspielraum (*„margin of appreciation"/„marge d'appréciation"*)[312] wird den Staaten für die Entscheidung zugebilligt, ob und welche **Regelungen** sie zum Schutz eines der in Art. 10 Abs. 2 EMRK/Art. 19 Abs. 2 IPBPR angeführten Zwecke treffen und ob und mit welchen **Mitteln** sie eingreifen wollen.[313] Dieser Spielraum wird dadurch begrenzt, dass der jeweilige Eingriff auch bei einem an sich berechtigten Ziel, etwa weil der Staat damit eine ihm gegenüber dem Betrof-

306 Es wurde in den Verhandlungen u.a. vorgeschlagen, auf eine Pflicht, die Abgabe anonymer Meldungen zu ermöglichen, zu verzichten. Es soll lediglich vorgegeben werden, dass die Stellen auch anonym eingehende Meldungen zu bearbeiten haben. Informationen über Verstöße sollen nur noch dann in den Anwendungsbereich des Gesetzes fallen, wenn eine Inbezugnahme auf den Beschäftigungsgeber oder eine andere Stelle, mit der die hinweisgebende Person beruflich in Kontakt stand, vorliegt. Hinweisgebende Personen sollen in Fällen, in denen intern wirksam gegen Verstöße vorgegangen werden kann, eine solche Meldung an eine interne Meldestelle bevorzugen. Die maximale Höhe der für Verstöße gegen das Gesetz angedrohten Bußgelder soll statt 100.000 Euro nur noch 50.000 Euro betragen.
307 Art. 1 des Gesetzes für einen besseren Schutz hinweisgebender Personen sowie zur Umsetzung der Richtlinie zum Schutz von Personen, die Verstöße gegen das Unionsrecht melden v. 31.5.2023, BGBl. I Nr. 140 S. 1; ausführlich dazu: *Bruns* NJW **2023** 1609 ff.
308 Etwa EGMR Markt Intern Verlag GmbH u.a./D, 20.11.1989; Casado Coca/E, 24.2.1994.
309 EGMR Krone Verlag GmbH & Co. KG (Nr. 3)/A, 11.12.2003, ÖJZ **2004** 398; Ruokanen u.a./FIN, 6.4.2010; Le Pen/F, 13.9.2016; Meyer-Ladewig/Nettesheim/von Raumer/*Daiber* 33.
310 Etwa EGMR Perna/I, 6.5.2003, NJW **2004** 2653; PETA Deutschland/D, 8.11.2012, NJW **2014** 137 = ZUM-RD **2013** 233 (zivilrechtliche Unterlassungsverfügung bzgl. einer geplanten Plakataktion, die Holocaust-Opfer zeigen sollte; keine Verletzung von Art. 10); *Grabenwarter/Pabel* § 23, 28; *Hoffmeister* EuGRZ **2000** 358, 362.
311 EGMR Novikova u.a./R, 26.4.2016, §§ 181 f. (Meinungskundgabe der Bf. auf Basis nationaler Vorschriften unterbunden, die den Zweck verfolgten, eine Behinderung des öffentlichen Verkehrs sowie gewalttätige Ausschreitungen zu vermeiden. Dass die Bf. friedlich als Einzelpersonen demonstrierten und den Verkehr faktisch nicht behinderten, wurde als Kriterium zur Beurteilung der Verhältnismäßigkeit der Maßnahmen entsprechend herangezogen).
312 EGMR Le Pen/F, 13.9.2016; oder auch „variabler Einschätzungsspielraum", vgl. Heselhaus/Nowak/*Kühling* § 27, 54; vertiefend zum Grundsatz allgemein: *Bilz* Margin of Appreciation der EU-Mitgliedstaaten (2020).
313 EGMR Ruokanen u.a./FIN, 6.4.2010; *Prepeluh* ZaöRV **61** (2001) 771 ff.

fenen obliegende Schutzpflicht erfüllen muss, nicht **unverhältnismäßig gegenüber den geschützten Rechtsgütern** sein darf.[314]

Im Falle der **Festlegung einer Strafe** (durch eine Jury) müssen effektive und adäqua- **70** te Schutzmaßnahmen vorhanden sein, die eine unverhältnismäßige Strafe verhindern können.[315] Liegt der staatliche Eingriff erst in der nachträglichen Bestrafung einer bereits geäußerten Meinung, ist bei der Abwägung neben der Höhe der ausgesprochenen Strafe oder dem Gewicht sonstiger Rechtsfolgen auch zu berücksichtigen, welche **Wirkung** dies auf die Bereitschaft zur **offenen Diskussion von Missständen** hat.[316] Dabei kann im Einzelfall auch auf die Verurteilung als solche abzustellen sein.[317] Wird also bereits die bloße Tatsache eines staatlichen Eingriffs als konventionswidrig angesehen, kommt es auf **Art und Höhe der Sanktion** nicht an.[318] Umgekehrt kann aber auch die Unverhältnismäßigkeit des Eingriffs allein in Art oder Höhe der verhängten Sanktion liegen,[319] wohingegen ein gerechtfertigtes Eingreifen des Staates gerechtfertigt bleibt bzw. gerade wegen der (geringen) Schwere einer Strafe bzw. der Sanktion nicht konventionswidrig wird.[320] Je nach Bedeutung der geschützten Freiheit für die demokratische Gesellschaft und der Art und Schwere des Eingriffs[321] ergeben sich dadurch unterschiedlich hohe Eingriffsschranken,[322] die gleichzeitig auch den Umfang des staatlichen Beurteilungsspielraums begrenzen.

Soweit nur die **wirtschaftliche Betätigung** einer Person (z.B. die kommerzielle Wer- **71** bung oder Fragen des unlauteren Wettbewerbs) betroffen ist, hat der Staat einen größeren Raum für Eingriffe[323] als auf dem Gebiet der eigentlichen demokratischen Meinungsbildung und den damit verbundenen Auseinandersetzungen, die die unverzichtbare Grundstruktur für jede freie demokratische Gesellschaft bilden und in die der Staat nur unter ganz besonderen Umständen eingreifen darf.[324]

---

314 Etwa EGMR Casado Coca/E, 24.2.1994; Jacubowski/D, 23.6.1994, NJW **1995** 857 = EuGRZ **1996** 306 = ÖJZ **1995** 151; Krone Verlag GmbH & Co. KG (Nr. 3)/A, 11.12.2003 (Beanstandung einer preisvergleichenden Werbung unverhältnismäßig und daher in einer demokratischen Gesellschaft nicht notwendig).

315 EGMR Tolstoy Miloslavsky/UK, 13.7.1995; Independent News and Media u. Independent Newspapers Ireland Limited/IR, 16.6.2005.

316 EGMR Tolstoy Miloslavsky/UK, 13.7.1995; vgl. *Grabenwarter/Pabel* § 23, 29, 42; *Hoffmeister* EuGRZ **2000** 358, 362.

317 Vgl. EGMR Grebneva u. Alisimchik/R, 22.11.2016, § 65.

318 Vgl. EGMR Athanasios Makris/GR, 9.3.2017, § 38 (selbst wenn die Strafe möglichst milde ist, z.B. eine Verurteilung, die lediglich zu einem symbolischen Euro als Schadensersatz verpflichtet und ansonsten mit Straffreiheit einhergeht).

319 EGMR Tešić/SRB, 11.2.2014, § 63; vgl. *Grabenwarter/Pabel* § 23, 43.

320 EGMR Schöpfer/CH, 20.5.1998, § 34, ÖJZ **1999** 237; Schuman/PL (E), 3.6.2014, § 26.

321 Vgl. *Grabenwarter/Pabel* § 23, 42; *Hoffmeister* EuGRZ **2000** 358, 362.

322 Dazu *Hoffmeister* EuGRZ **2000** 358 ff.; Meyer-Ladewig/Nettesheim/von Raumer/*Daiber* 33; *Prepeluh* ZaöRV **61** (2001) 771 ff.; *Scheyli* EuGRZ **2003** 455.

323 Etwa EGMR Krone Verlag GmbH & Co. KG u. Mediaprint Zeitungs- und Zeitschriftenverlag GmbH & Co. KG/A, 20.3.2003, ÖJZ **2003** 812; Brzank/D (E), 23.10.2007, GRUR-RR **2009** 173 = NJOZ **2009** 1248; Casado Coca/E, 24.2.1994; Demuth/CH, 5.11.2002; Hachette Filipacchi Presse Automobile u. Dupuy/F, 5.3.2009 (Verurteilung wegen unzulässiger Tabakwerbung); Verein gegen Tierfabriken Schweiz (VgT)/CH, 28.6.2001 (zum unzulässigen andauernden Verbot der Ausstrahlung einer kommerziellen Werbung trotz des Vorliegens eines durch den EGMR festgestellten Verstoßes gegen die Meinungsfreiheit), vgl. ferner Schweizerische Radio- und Fernsehgesellschaft et publisuisse SA/CH, 22.12.2020; *Grabenwarter/Pabel* § 23, 40; Meyer-Ladewig/Nettesheim/von Raumer/*Daiber* 33; Karpenstein/Mayer/*Mensching* 58; *Prepeluh* ZaöRV **61** (2001) 771, 785.

324 EGMR Başkaya u. Okçuoğlu/TRK, 8.7.1999; vgl. Rn. 57.

Esser

72   Dieser Spielraum verringert sich bereits, wenn auch **Fragen von allgemeinem Interesse**[325] aufgeworfen werden, wie dies etwa bei Äußerungen von Wissenschaftlern oder Angehörigen freier Berufe zu ihrem Arbeitsfeld angenommen wird,[326] selbst wenn diese damit auch eine werbewirksame Publizität anstreben.[327]

73   **Deutlich enger** ist der staatliche **Spielraum** bei Äußerungen, mit der die persönliche Auffassung zu einer **Frage von öffentlichem Interesse** vertreten oder an einer politischen Auseinandersetzung teilgenommen wird.[328] In diesem Bereich ist die Freiheit, Informationen zu empfangen und die eigene Meinung ungehindert zu äußern und an den damit verbundenen Auseinandersetzungen teilzunehmen, konstituierend für eine demokratische Staatsordnung,[329] so dass der Staat in diese nur in den unbedingt nötigen Fällen eingreifen darf.

74   Dies gilt besonders, aber nicht nur, bei den Veröffentlichungen in der Presse. Der Bedeutung einer **freien Presse** für das Funktionieren einer demokratischen Gesellschaft wird ein besonders hoher Stellenwert beigemessen (Rn. 22).[330] Der gleiche hohe Schutz gilt für **„politische Meinungsäußerungen"** einschließlich **Meinungsäußerungen über Fragen öffentlichen Interesses**,[331] auch wenn sie nicht in den Medien gemacht wurden.[332] Als Gründe für diese Gleichbehandlung führt der EGMR an, dass auch kleinen Gruppen bzw. Privatpersonen außerhalb des „Mainstreams" die Möglichkeit gegeben werden müsse, zur öffentlichen Debatte beizutragen, und dass die effektive Ausführung ihrer Aktivitäten nur gewährleistet werden könne, wenn vermeintlichen Eingriffen besonders hohe Hürden entgegenstünden.[333] Dass nach nationalem Recht für (Privat-)Personen, die sich an der öffentlichen Diskussion beteiligen, strengere Standards bezüglich der Überprüfung des Wahrheitsgehalts der Äußerung gelten sollen als für Journalisten, die Meinungsfreiheit Privater also leichter eingeschränkt werden kann, wird vom Gerichtshof abgelehnt.[334]

75   Ob ein Eingriff in die garantierten Freiheiten als notwendig anerkannt wird, ist letztlich aber immer das einzelfallbezogene Ergebnis einer wägenden **Gesamtschau** von Anlass und Gewicht der Äußerung, von Form und den Umständen, unter denen sie abgege-

---

325 Vgl. EGMR Verein gegen Tierfabriken Schweiz (VgT)/CH, 28.6.2001.

326 Vgl. EGMR Sorguc/TRK, 23.6.2009.

327 EGMR Barthold/D, 25.3.1985; Stambuk/D, 17.10.2002; enger bei Rechtsanwälten wegen ihrer Stellung in der Rechtspflege: EGMR Schöpfer/CH, 20.5.1998, §§ 31 ff.

328 Zur Schwierigkeit der Abgrenzung in Grenzbereichen, vgl. EGMR Markt Intern Verlag GmbH u.a./D, 20.11.1989; Jacubowski/D, 23.6.1994; zu beiden *Calliess* EuGRZ **1996** 293; vgl. *Frowein/Peukert* 27; *Hoffmeister* EuGRZ **2000** 358, 361.

329 Etwa EGMR Handyside/UK, 7.12.1976; Sunday Times/UK, 26.4.1979; Observer u. Guardian/UK, 26.11.1991; Casado Coca/E, 24.2.1994; Volkmer/D, 22.11.2001; *Grabenwarter/Pabel* VVDStL **60** (2001) 290; *Frowein/Peukert* 27; vgl. Rn. 31.

330 Vgl. EGMR Worm/A, 29.8.1997; Ruokanen u.a./FIN, 6.4.2010; *Hoffmeister* EuGRZ **2000** 358, 363 ff.; Meyer-Ladewig/Nettesheim/von Raumer/*Daiber* 33; *Prepeluh* ZaöRV **61** (2001) 771, 781.

331 EGMR Steel u. Morris/UK, 15.2.2005, NJW **2006** 1255, § 88 („,political expression', including expression on matters of public interest and concern").

332 EGMR Steel u. Morris/UK, 15.2.2005, §§ 88 ff.; vgl. EuG EuGRZ **2018** 662 (Meinungsfreiheit eines Angeordneten in Plenardebatten).

333 EGMR Steel u. Morris/UK, 15.2.2005 (Aktivisten von Greenpeace London verteilten Flugblätter, die McDonalds u.a. vorwarfen, für die Hungersnot in den Dritte-Welt-Ländern verantwortlich zu sein; Schadensersatz unverhältnismäßig); Şık/TRK (Nr. 2), 24.11.2020, § 177.

334 EGMR Braun/PL, 4.11.2014, §§ 40, 46, 50.

ben wurde und von Zweck und Ausmaß des jeweiligen Eingriffs.[335] Es ist grundsätzlich Sache der **zuständigen innerstaatlichen Stellen**, zu beurteilen, welche Maßnahmen im Rahmen der jeweiligen gesellschaftlichen Gegebenheiten zur Einschränkung notwendig sind, welche gesetzlichen Regelungen erforderlich sind[336] und wie sie das innerstaatliche Recht auslegen und anwenden wollen.[337] Der EGMR erkennt an, dass die nationalen Stellen aufgrund ihrer Sachnähe die Erforderlichkeit eines Eingriffs besser beurteilen können, zumal in den Vertragsstaaten in einigen Bereichen die Auffassungen und die Rechtslage sehr unterschiedlich sind.[338] Der EGMR ist daher darauf bedacht, die Würdigung des konkreten Falles durch die innerstaatlichen Stellen grundsätzlich nicht durch seine eigene Sicht zu ersetzen.[339] Dennoch prüft er mitunter eingehend und in einer beachtlichen Tiefe nach, ob im Lichte des **Gesamtzusammenhangs**, in dem die betroffenen Meinungskundgaben standen, die von den nationalen Behörden zur Rechtfertigung eines Eingriffs herangezogenen Gründe auch wirklich für diesen maßgeblich waren oder ob sie solches Gewicht hatten, dass sie den Eingriff rechtfertigen können.[340]

Dies ist nicht der Fall, wenn eine Zeitschrift der ihr aufgrund eines Mediengesetzes auf- 76 erlegten Veröffentlichungspflicht in der Zeit nicht nachkam, in der ein Gericht eine solche Verpflichtung verneinte; und zwar auch dann, wenn dessen Urteil später aufgehoben und die Verpflichtung obergerichtlich bejaht wurde.[341] Die von den Behörden für den Eingriff angeführten Gründe müssen sich auf eine vertretbare Beurteilung des maßgebenden Sachverhalts stützen und einem Standard entsprechen, der im Einklang mit den in den Konventionen enthaltenen Grundsätzen steht.[342] Hierbei kann es vor allem für die **Beurteilung der Demokratieüblichkeit** von indizieller Bedeutung sein, ob auch andere Mitgliedstaaten ähnliche Eingriffe vorsehen oder ob dort vergleichbare Einschränkungen fehlen. Im letzteren Fall obliegt es in der Regel dem betroffenen Staat aufzuzeigen, warum aufgrund der bei ihm bestehenden besonderen Verhältnisse die fragliche Regelung trotzdem notwendig ist. Dabei kann es auch eine Rolle spielen, ob innerstaatlich überhaupt eine einheitliche Staatspraxis besteht.[343] Es kommt aber stets auf die Beurteilung an, ob und wieweit im Einzelfall solche Umstände den Beurteilungsspielraum des Staates einschränken.[344]

---

335 Vgl. HRC General Comment 10/19 Nr. 3, EuGRZ **1984** 421; ferner *Sottiaux* ZaöRV **63** (2003) 653, 669 ff. zur Rspr. des EGMR, vor allem zu den türkischen Pressefällen, u.a. EGMR Zana/TRK, 25.11.1997, ÖJZ **1998** 715; Akdas/TRK, 16.2.2010.

336 Zu den Schutzpflichten des Staates Rn. 34 ff.

337 EGMR Vogt/D, 26.9.1995; Worm/A, 29.8.1997; Volkmer/D, 22.11.2001; Wingrove/UK, 25.11.1996; Godenau/D, 29.11.2022; vgl. *Prebeluh* ZaöRV **61** (2001) 771, 779.

338 Vgl. *Prepeluh* ZaöRV **61** (2001) 771, 774 ff. (europäischer Standard „common ground" ergibt sich aus dem Vergleich der Rechtssysteme und der Praxis in den Mitgliedstaaten, die in der demokratischen Grundordnung weitgehend übereinstimmen, während dagegen vor allem im kulturellen und religiösen Bereich größere Unterschiede bestehen).

339 Etwa EGMR Dudgeon/UK, 22.10.1981, NJW **1984** 541 = EuGRZ **1981** 488; Tolstoy Miloslavsky/UK, 13.7.1995; Krone Verlag GmbH & Co. KG (Nr. 2)/A, 6.11.2003.

340 EGMR Observer u. Guardian/UK, 26.11.1991; Goodwin/UK, 27.3.1996; Worm/A, 29.8.1997; Zana/TRK, 25.11.1997; (GK) Fressoz u. Roire/F, 21.1.1999; (GK) Bladet Tromso u. Stensaas/N, 20.5.1999, §§ 62 ff. (Gesamtzusammenhang). Zu der mitunter bestehenden Tendenz des EGMR, trotz formaler Anerkennung eines staatlichen Beurteilungsspielraums die Abwägungen selbst zu treffen, ohne jedoch dabei die entscheidungsrelevanten Obersätze klar herauszustellen, vgl. *Hoffmeister* EuGRZ **2000** 358, 361, 367 ff.

341 EGMR Krone Verlag GmbH & Co. KG (Nr. 2)/A, 6.11.2003 (Geldbuße nach dem nationalen Mediengesetz).

342 EGMR Zana/TRK, 25.11.1997; Lehideux u. Isorni/F, 23.9.1998.

343 Vgl. EGMR Handyside/UK, 7.12.1976 (Beschlagnahme nur in England, nicht aber in Schottland/Nordirland).

344 Vgl. *Prebeluh* ZaöRV **61** (2001) 771, 775 f.

77   Bei **Fragen von öffentlichem Interesse**, die Gegenstand der politischen Erörterung oder sonst der öffentlichen Meinungsbildung und damit Grundlage der für die demokratische Gesellschaft notwendigen offenen Auseinandersetzung sind, ist der Handlungsspielraum des Staates für Regelungen und Einzeleingriffe eng. In diese Bereiche darf der Staat nur eingreifen, wenn **schwerwiegende Gründe** oder seine **Schutzpflicht in Bezug auf Rechtsgüter Dritter** dies erfordern.[345] Der mit dem Eingriff verfolgte legitime Zweck muss die Verhältnismäßigkeit gegenüber dem hohen Rang der von Art. 10 geschützten Rechte wahren.[346] Berücksichtigt wird dabei auch, ob die staatliche Rechtsordnung andere, weniger eingreifende Mittel bereithält, mit denen der erstrebte Schutz ebenfalls erreicht werden kann.[347] Die existentielle Bedeutung der freien Meinungsäußerung für das Funktionieren eines demokratischen Staatswesens ist dann gegenüber dem Schutz der in Art. 10 Abs. 2 genannten Rechtsgüter abzuwägen. Dem **sachlichen Kontext der Äußerung** muss **hinreichendes Gewicht** beigemessen werden.[348]

78   Die abschließende **Gesamtbeurteilung**, ob der Eingriff bei Würdigung aller Umstände des Einzelfalls in einer demokratischen Gesellschaft notwendig war, trifft der Gerichtshof unter Hinweis auf seine Überwachungsaufgabe selbst,[349] auch wenn er sich gelegentlich mit der Feststellung begnügt, dass die nationalen Gerichte die Abwägung in nachvollziehbarer Weise vorgenommen haben.[350] Das **Verbot der Willkür** gilt auch für das staatliche Handeln in diesem meinungssensiblen Bereich. Willkür liegt aber nicht schon darin, dass Zivil- und Strafgerichte bei der Beurteilung einer Äußerung zu unterschiedlichen Ergebnissen kommen, zumal auch die Beweislast in den jeweiligen Verfahrensarten unterschiedlich verteilt ist.[351] Werden hingegen Taten lediglich vorgeschoben verfolgt und verurteilt, um dadurch **unliebsame politische Meinungskundgaben** zu sanktionieren, ist ein missbräuchliches und zugleich willkürliches Verhalten der Behörden zu bejahen.[352]

79   Der Staat muss sich in seinem Handeln zurückhalten, wenn Fragen der Politik oder sonstige Themen von öffentlichem Interesse kontrovers erörtert werden. Dies schließt auch die Kritik an den im öffentlichen Leben wirkenden Personen, vor allem an Politikern,[353] aber auch an Akademikern, die mit einem Werk zu einer öffentlichen Debatte

---

345 EGMR Hertel/CH, 25.8.1998 (Warnung vor Gesundheitsrisiko); Barthold/D, 25.3.1985 (statt Wettbewerb, vielmehr Beitrag zur öffentlichen Diskussion, daher kein weiter Beurteilungsspielraum).
346 EGMR Lingens/A, 8.7.1986; Sunday Times/UK, 26.4.1979; Markt Intern Verlag GmbH u.a./D, 20.11.1989; (GK) Wille/FL, 28.10.1999; Wabl/A, 21.3.2000; Krone Verlag GmbH & Co. KG/A, 26.2.2002, ÖJZ **2002** 466; Krone Verlag GmbH & Co. KG (Nr. 2)/A, 6.11.2003.
347 EGMR Lehideux u. Isorni/F, 23.9.1998.
348 EGMR Stoll/CH, 10.12.2007; vgl. BVerfG NJW **2018** 770 ff., Tz. 18 ff. (einseitiger Umgang mit der DDR-Vergangenheit).
349 Etwa EGMR Sunday Times/UK, 26.4.1979; Observer u. Guardian/UK, 26.11.1991; Goodwin/UK, 27.3.1996. Vgl. *Prepeluh* ZaöRV **61** (2001) 771, 780, wonach der jeweils engere oder weitere Beurteilungsspielraum der Staaten spiegelbildlich einer größeren oder geringeren Kontrolldichte des Gerichtshofs entspricht.
350 Vgl. EGMR Wingrove/UK, 25.11.1996; *Calliess* EuGRZ **1996** 293.
351 EGMR Krone Verlag GmbH & Co. KG u. Mediaprint Zeitungs- und Zeitschriftenverlag GmbH & Co. KG/A, 20.3.2003.
352 EGMR Ibrahimov u. Mammadov/AZB, 13.2.2020 (Verurteilung wegen BtM-Delikten, obwohl damit eine Ahndung für das Sprühen politisch motivierter Graffiti intendiert gewesen ist).
353 Politiker der Oppositionsparteien genießen im Rahmen politischer Reden hingegen einen weiten Spielraum, vgl. EGMR (GK) Magyar Kétfarkú Kutya Párt/H, 20.1.2020 (Verbot einer mobilen App, mithilfe derer Wahlzettel eines Referendums hochgeladen werden konnten); Rashkin/R, 7.7.2020; zur unzulässigen Einstufung einer Partei als „Prüf-Fall": VG Köln NVwZ **2019** 1060.

beitragen,[354] mit ein.[355] Ebenso umfasst werden Sportvereine und andere öffentlichkeits-wirksam agierende Gruppen.[356] **Staatliches Informationshandeln** hat unter besonderer Wahrung der **Neutralität** der Äußerung zu erfolgen.[357] Dabei fällt auch ins Gewicht, dass es zur umfassenden Unterrichtung der Bürger wichtig ist, dass sich niemand **aus Angst vor Sanktionen** davon abhalten lässt, seine Meinung zu Themen von allgemeinem Interesse privat oder öffentlich auszusprechen und Kritik an öffentlichen Zuständen zu üben.[358] Insofern ist auch ein absolutes Verbot für Mediziner, Berufskollegen für deren Behandlungsmethoden zu kritisieren, nicht haltbar.[359] Keine zulässige Behandlungsmethode sollen **Hinweise zur *konkreten* Durchführung eines Suizids** sein; daher fallen solche Ratschläge, die nicht allgemein auf einer Homepage des Arztes, sondern in individueller Patientenberatung erteilt werden, nicht in den Schutzbereich des Art. 10.[360]

Nur wenn im Rahmen einer öffentlichen Auseinandersetzung **schwerwiegende Miss-** **bräuche** und Rechtsverletzungen auftreten, kann ein Eingreifen des Staates aus einem der in Art. 10 Abs. 2 EMRK/Art. 19 Abs. 3 IPBPR aufgeführten Gründe nötig sein, um wichtige Allgemein- oder Einzelinteressen, nicht zuletzt auch die unantastbare Menschenwürde[361] zu schützen, so etwa wenn Mitteilungen über das Privatleben auch bei einer im öffentlichen Leben stehenden Person mit keinem achtenswerten öffentlichen Informationsinteresse mehr gerechtfertigt werden können[362] oder bei Ahndung oder Verhütung einer auch bei politi- **80**

---

354 Vgl. EGMR Azevedo/P, 27.3.2008 (Kritik an einer Stellungnahme zur Qualität öffentlicher Gärten).

355 EGMR Mladina d.d. Ljubljana/SLW, 17.4.2014, AfP **2016** 137, § 40; vgl. *Grabenwarter/Pabel* § 23, 46 unter Hinweis auf EGMR Lopes Gomes da Silva/P, 28.9.2000.

356 EGMR Ruokanen u.a./FIN, 6.4.2010 (bezogen auf eine ortsbekannte Baseballmannschaft).

357 BGH ZUM **2019** 942 (Aussage einer Bundesbehörde, ein Filmprojekt sei zum Teil von der Staatssicherheit mitfinanziert worden); VG Berlin ZUM-RD **2020** 47 (Bezeichnung eines Gedichts durch die Bundeskanzlerin als „bewusst verletzend" – Fall Böhmermann); vgl. ferner *Dunkel* NStZ **2021** 656 zur staatsanwaltlichen Medienarbeit sowie *Popp* ZD **2021** 501 allgemein zum strafjustiziellen Informationshandeln.

358 EGMR Lingens/A, 8.7.1986; Barfod/DK, 22.2.1989, ÖJZ **1989** 695; Oberschlick/A, 23.5.1991; Wingrove/UK, 25.11.1996. Vgl. auch *Bartsch* House of Lords EuGRZ **1993** 197; *Frowein/Peukert* 29; ferner BVerfGE **54** 129; **83** 130; 145; NJW **1992** 1442, 1444; 2074; krit. dazu *Kriele* NJW **1994** 1897, 1899. Zur Gefahr des sog. *„chilling effect"* vgl. Rn. 80.

359 Ansonsten wäre das Ziel des Berufes, der Schutz der Gesundheit und des Lebens der Patienten, gefährdet: EGMR Frankowicz/PL, 16.12.2008.

360 EGMR Lings/DK, 14.4.2022, §§ 56 ff.

361 Vgl. BVerfGE **75** 369, 380; **93** 266, 293; **102** 347, 367; *Grimm* NJW **1995** 1697, 1703; ferner BVerfG NJW **2003** 1303 (zur Benetton-Werbung; sorgfältige Abwägung, ob die Ausübung eines Grundrechts, das wie die Meinungsfreiheit selbst in der Menschenwürde wurzelt, die Menschenwürde eines anderen verletzt); zur Schockwerbung vgl. auch *Nolte* RabelsZ **1999** 507, 518.

362 Vgl. *Grabenwarter/Pabel* § 23, 47, 49 unter Hinweis auf EGMR Tammer/EST, 6.2.2001, sowie EGMR von Hannover/D, 24.6.2004: Fotos aus Privatbereich, wobei der EGMR den geschützten Bereich weiter zieht als das BVerfG NJW **2000** 1021 u. BGH NJW **1996** 1128 bei Auslegung von §§ 22, 23 KUG; der BGH ist in der Folge bemüht gewesen, durch Entwicklung eines sog. „abgestuften Schutzkonzepts" der Rechtsprechung des EGMR gerecht zu werden, vgl. BGHZ **171** 275 = NJW **2007** 1977 = GRUR **2007** 527; NJW **2007** 1981 = GRUR **2007** 523; NJW **2008** 749; NJW **2008** 3141; NJW **2010** 3025; NJW **2011** 744; NJW **2011** 746; zweifelnd, ob insbesondere die beiden zuletzt genannten Entscheidungen auf der Linie des EGMR liegen, weil letztlich die Bekanntheit der Person bei der Abwägung widerstreitender Interessen den Ausschlag zugunsten der Pressefreiheit gebe, *Wanckel* NJW **2011** 726; das BVerfG hat die neue Rechtsprechung des BGH im Grundsatz gebilligt, BVerfGE **120** 180 = NJW **2008** 1793 = EuGRZ **2008** 202 (zu BGHZ **171** 275 = NJW **2007** 1977); die in dieser Sache beim EGMR eingelegte Beschwerde hatte keinen Erfolg, der EGMR zeigte sich vielmehr zufrieden über die Entwicklung der deutschen Rechtsprechung: EGMR (GK) von Hannover/D (Nr. 2), 7.2.2012, NJW **2012** 1053 = EuGRZ **2012** 278 = GRUR **2012** 745 m. Anm. *Lehr* = ZUM **2012** 551 = K&R **2012** 179 m. Anm. *Märten* ZJS **2012** 276 = DÖV **2012** 262 (Ls.), § 125 und passim; siehe auch BVerfG NJW **2011** 740; zusammenfassend *Neumeyer*

schen Auseinandersetzungen nicht zulässigen **bewusst ehrverletzenden Äußerung**[363] oder bei der Bekämpfung illegaler Maßnahmen oder Gewalttätigkeiten. Der EGMR bewertet auch hier die Erforderlichkeit der jeweiligen Maßnahmen selbst und wägt sie gegen das Recht der Bevölkerung auf umfassende Informationen unter Beachtung der Nachteile ab, die der für eine Demokratie notwendigen freien Auseinandersetzung bei einer zu restriktiven Handhabung der Einschränkungen entstehen können.[364] Dazu zählt auch die Gefahr, dass die für die Information der Bevölkerung wichtige, unbegrenzt offene Erörterung echter oder vermeintlicher Missstände wegen der dann möglicherweise befürchteten Nachteile – und sei es auch nur wegen der Notwendigkeit zur Rechtfertigung in einem Verfahren – beeinträchtigt werden könnte (*„chilling effect"*).[365] Der Staat darf zwar auch **staatliche Institutionen** vor **Beleidigungen** schützen, bei der Anwendung des **Strafrechts** ist jedoch Zurückhaltung geboten.[366] In einem konkreten Fall – Provokation des spanischen Königs – entschied der EGMR, dass die verhängte Gefängnisstrafe zum verfolgten Ziel unverhältnismäßig gewesen sei.[367] In diesem Zusammenhang wiederholte der Gerichtshof, „dass ein größerer Schutz [des Staats-

---

DRiZ **2011** 162; zum Ganzen auch *Reislhuber* AfP **2011** 330, *Riesz* ÖJZ **2012** 705, *Müller* ZRP **2011** 93; zur Abwägung zwischen den Rechten Art. 8 und Art. 10 vgl. auch Art. 8 Rn. 31; siehe ferner BVerfG NJW **2012** 756 = AfP **2012** 37 = ZUM **2012** 241, wonach der EGMR 2004 im sog. *Caroline*-Urteil (Von Hannover/D, 24.6.2004) „auf die Besonderheiten bei der Bildberichterstattung gegenüber der Wortberichterstattung" hingewiesen habe, die diesbezüglichen Grundsätze also „primär" für die Bildberichterstattung gälten (dazu aber EGMR (GK) Axel Springer AG/D, 7.2.2012, NJW **2012** 1058 = EuGRZ **2012** 294, §§ 13, 15, 17, 89 ff., für einen Fall der Wortberichterstattung); BGHZ **178** 213 = NJW **2009** 757 (zulässige Bildberichterstattung über den als Teil der öffentlichen Verwaltung bedingten Strafvollzug eines Filmschauspielers als Person des öffentlichen Interesses auch ohne dessen Einwilligung).
363 Vgl. EKMR ÖJZ **1990** 124 (Schmähkritik, bei der nicht die Auseinandersetzung mit der Sache, sondern die Diffamierung einer Person im Vordergrund steht, wird nicht durch die Meinungsfreiheit geschützt; vielmehr tritt sie hinter dem Achtungsanspruch des Betroffenen zurück); vgl. BVerfGE **61** 1, 12; **82** 272, 284; BVerfG NJW **1993** 1462 = EuGRZ **1993** 146. Allerdings kann eine isolierte Betrachtung eines einzelnen Begriffs allenfalls ausnahmsweise die Annahme einer der Abwägung der jeweils einschlägigen Grundrechte entzogenen Schmähung tragen, wenn dessen diffamierender Gehalt so erheblich ist, dass der Ausdruck in jedem denkbaren Sachzusammenhang als bloße Herabsetzung des Betroffenen erscheint und daher unabhängig von seinem konkreten Kontext stets als persönlich diffamierende Schmähung aufgefasst werden muss, wie dies möglicherweise bei Verwendung besonders schwerwiegender Schimpfwörter – etwa aus der Fäkalsprache – der Fall sein kann (BVerfG NJW **2009** 749). Andernfalls liegt darin ein verfassungsrechtlich erheblicher Fehler, der zur Aufhebung der Entscheidung führt, wenn diese darauf beruht (BVerfG NJW **2009** 3016); BVerfG NJW **2020** 2636 (Verurteilung eines Rechtsanwalts wegen der Formulierung im Rahmen einer Dienstaufsichtsbeschwerde, ein Abteilungsleiter sei bzw. handele „bösartig, hinterhältig, amtsmissbräuchlich und asozial"); BVerfG NJW **2020** 2622, 2627 (Bezeichnung von Richtern durch eine durch eine Entscheidung betroffene Privatperson u.a. als „asoziale Justizverbrecher", „Rechtsbeuger" in einem Blogbeitrag – keine Schmähkritik; vgl. auch BVerfG NJW **2021** 148 (Bezeichnung einer Vollzugsbeamtin als „Trulla" keine Schmähkritik); vgl. ferner BVerfG NJW **2009** 908 zur Verunglimpfung der Bundesflagge („Schwarz-Rot-Senf").
364 EGMR Zana/TRK, 25.11.1997; Başkaya u. Okçuoğlu/TRK, 8.7.1999; vgl. auch *Grimm* NJW **1995** 1697, 1703.
365 Aus der Verfassungsrechtsprechung der USA; vgl. *Giegerich* RabelsZ **1999** 471, 478, 489; ferner EGMR (GK) Jersild/DK, 23.9.1994; (GK) Bladet Tromso u. Stensaas/N, 20.5.1999; Perna/I, 6.5.2003; Kaperzyński/PL, 3.4.2012, § 70 („The chilling effect that the fear of criminal sanctions has on the exercise of journalistic freedom of expression is evident."); *Grabenwarter/Pabel* § 23, 42; Heselhaus/Nowak/*Kühling* § 28, 76; *Prepeluh* ZaöRV **61** (2001) 771, 819; vgl. ferner EGMR Kaboğlu u. Oran/TRK, 20.1.2021, §§ 105 ff.
366 EGMR Otegi Mondragon/E, 15.3.2011, § 58, NJOZ **2012** 833; vgl. allerdings BVerfG DVBl. **2021** 945 (Verurteilung wegen Zurschaustellens des Schriftzugs „FCK BFE" [Beweissicherungs- und Festnahmeeinheit]; anders hingegen BVerfG NJW **2015** 2022 (FCK CPS); NJW **2016** 2643 (ACAB); NJW **2017** 1092 (A.C.A.B, 13 12).
367 EGMR Otegi Mondragon/E, 15.3.2011, § 61; Eon/F, 14.3.2013, NLMR **2013** 98 (Verurteilung zu einer bedingten Geldstrafe wegen Beleidigung des französischen Präsidenten); Vedat Şorli/TRK, 19.10.2021 (Haftstrafe wegen einer auf einem sozialen Netzwerk hochgeladenen Karikatur des türkischen Präsidenten).

oberhaupts] durch eine besondere Vorschrift über Beleidigungen grundsätzlich nicht mit der Konvention vereinbar" sei.[368] Auf **§ 90 StGB** gestützte Verurteilungen werden daher vor dem EGMR kaum Bestand haben. Trifft eine Provokation ein Königshaus (z.B. durch das demonstrative Verbrennen eines Fotos) ist anhand des Kontextes und der Gesamtumstände zu differenzieren, ob es sich um einen persönlichen Angriff oder um eine Äußerung im politischen Kontext, gerichtet gegen das Königshaus als politische Institution, handelt.[369]

Politische **Äußerungen von Abgeordneten** im (und auch außerhalb) des Parlaments, **81** auf Kundgebungen und in sozialen Netzwerken genießen besonderen Schutz.[370] Politiker müssen sich auch und insbesondere in politischen Reden auf die – für den demokratischen Prozess unabdingbare – Meinungsäußerungsfreiheit berufen können.[371] Sofern **Ordnungsmaßnahmen gegen parlamentarische Abgeordnete** in Hinblick auf Art. 10 gerügt werden, genießt die Meinungsäußerungsfreiheit im Parlament vor dem Hintergrund des Demokratieprinzips einen erhöhten Schutz.[372] Dieser kommt jedoch nicht nur dem Einzelnen zugute, sondern dient insbesondere auch einer effizienten parlamentarischen Arbeitsweise. Gerade dieses Interesse an einem geregelten, kollektiven Meinungsfindungsprozess, das zudem als berechtigtes Ziel i.S.d. Art. 10 Abs. 1 fungiert, muss also bei einer Verhältnismäßigkeitsprüfung gesondert berücksichtigt werden.[373] Als Abwägungskriterien ergeben sich neben der Art und Weise der Meinungsäußerung und ihrer Auswirkung auf die parlamentarische Ordnung aus dem Prinzip der Rechtsstaatlichkeit auch prozedurale Anforderungen wie beispielsweise eine vorherige Abmahnung bzw. hinreichende Begründung der Ordnungsmaßnahme. Zur Beurteilung der Schwere der auferlegten Maßnahme ist zu unterscheiden zwischen einer solchen, die die Meinungsäußerung im Parlament selbst unterbindet, und einer solchen, die lediglich *ex post* Wirkung entfaltet. Hinsichtlich Letzterer ist jedoch auch ein möglicher *„chilling effect"* zu berücksichtigen.[374] Auch soweit Abgeordnete sich zwar nicht im formalen Rahmen des parlamentarischen Prozesses äußern, jedoch in ihrer Funktion als gewählte Vertreter des Volkes (Interview; Talkshows usw.), sind erhöhte Anforderungen an die Verhältnismäßigkeitsprüfung zu stellen.[375]

Der **verantwortlichen Berichterstattung in der Presse** und anderen Informations- **82** medien kommt in der demokratischen Gesellschaft eine unersetzliche Funktion für die Verbreitung von Nachrichten und Ideen über alle Angelegenheiten des öffentlichen Interesses zu. Bei der Berichterstattung über Gerichtsverhandlungen trägt sie zu deren von den Konventionen geforderten Öffentlichkeit (Art. 6 Abs. 1) bei.[376] Bei **Eingriffen in die**

---

368 EGMR Otegi Mondragon/E, 15.3.2011, § 55 (siehe aber § 490 Abs. 3 spanisches StGB, worauf sich die Verurteilung durch die spanischen Gerichte gegründet hatte).
369 EGMR Stern Taulats u. Roura Capellera/E, 13.3.2018, § 36 (zugleich kein Aufruf und keine Aufstachelung zum Hass, §§ 40 ff.).
370 EGMR Castells/E, 23.4.1992, ÖJZ **1992** 803; Karácsony u.a./H, 17.5.2016, §§ 137 f.; Jerusalem/A, 27.2.2001, § 36; (GK) Selahattin Demirtaş/TRK (Nr. 2), 22.12.2020, §§ 242 ff.
371 EGMR (GK) Selahattin Demirtaş/TRK (Nr. 2), 22.12.2020, §§ 242 ff. (Verfolgung eines Abgeordneten wegen politischer Reden, die zur Gewalt angestachelt haben sollen); Kılıçdaroğlu/TRK, 27.10.2020, § 51 (politische Rede, die den Ministerpräsidenten kritisiert); Hatice Çoban/TRK, 29.10.2019 (konkret keine Rechtfertigung von Gewalt in politischen Reden).
372 Vgl. auch VerfGH BaWü NVwZ **2019** 1437 (Ordnungsruf zweier Abgeordneter); *Gourdet* NVwZ **2019** 1414.
373 EGMR (GK) Karácsony u.a./H, 17.5.2016, §§ 92, 138, 141, 144 ff., 152; das Interesse an einem geregelten parlamentarischen Prozess kann darüber hinaus etwa auch legitimes Ziel einer Ordnungsmaßnahme gegenüber aus dem Parlament berichtenden Journalisten sein, vgl. EGMR Selmani u.a./MAZ, 9.2.2017, § 74.
374 EGMR (GK) Karácsony u.a./H, 17.5.2016, §§ 85, 95, 155 ff.
375 EGMR Erdener/TRK, 2.2.2016, §§ 25, 32.
376 EGMR Worm/A, 29.8.1997; *Grabenwarter/Pabel* § 23, 45.

Esser

Pressefreiheit und in die Freiheit der Berichterstattung anderer Medien werden an die Erforderlichkeit des staatlichen Einschreitens wegen dieser Bedeutung einer freien Presse für die Information der Öffentlichkeit und der ungehinderten Meinungsbildung in einer demokratischen Gesellschaft sowie dem Recht der Bürger auf ungehinderte Information **besonders hohe Anforderungen** gestellt.[377] Daraus folgt, dass eine **Freiheitsstrafe** nur in Fällen gerechtfertigt ist, in denen Grundrechte anderer betroffen sind, zum Beispiel bei der Aufforderung zur Gewaltanwendung.[378] Aufgrund der Gleichstellung von **Meinungs-äußerungen von politischem oder allgemeinem Interesse** mit **Äußerungen der Presse** gelten hier für Einschränkungen dieselben hohen Hürden.[379]

83   Grundsätzlich können sich die Vertreter der Presse ebenso wie jeder andere durch das Vertreten eigener Meinungen am öffentlichen Meinungsbildungsprozess beteiligen,[380] wobei jedoch die jeweiligen Meinungsäußerungen durch ihre Publizierung höhere Bedeutung erlangen können. Dies ist bei der erforderlichen Abwägung ebenso zu berücksichtigen wie die besondere Bedeutung der Presse in einem demokratischen Staatswesen, in dem ihr als Wachhund der Öffentlichkeit (**„public watchdog"**) die Aufgabe zukommt, auch belastende **Informationen von ernsthafter öffentlicher Bedeutung** zu verbreiten[381] und dazu Stellung zu nehmen und so den gerade auch bei öffentlichen Missständen bestehenden Informationsanspruch der Öffentlichkeit zu erfüllen.[382] Zwar sind im Rahmen der journalistischen Freiheit auch weitergehende **Werturteile** gestattet, allerdings können auch diese maßlos und damit unangemessen sein, wenn sie sich nicht auf Tatsachen stützen und dabei schwere Vorwürfe, auch strafrechtlicher Natur, erhoben werden.[383] Dies

---

377 EGMR Lingens/A, 8.7.1986; Oberschlick/A, 23.5.1991; Weber/CH, 22.5.1990; Hacquemand/F (E), 30.6.2009 (strafrechtliche Verurteilung eines Journalisten einer französischen Tageszeitung, der eine Pressenotiz mit einem Foto, das eine verhaftete Person in Polizeigewahrsam veranschaulichte, illustrierte); Fatullayev/ASE, 22.4.2010.

378 EGMR Cumpănă u. Mazăre/RUM, 17.12.2004 (Verurteilung wegen Beleidigung zu einer Gefängnisstrafe); Sallusti/I, 7.3.2019 (21 Tage Hausarrest wegen eines fehlerhaften Berichts über eine Abtreibung und deren juristische Anordnung); Mahmudov u. Agazade/ASE, 18.12.2008; zu harsche Sanktion in: EGMR Stomakhin/R, 9.5.2018, §§ 125 ff. (5 Jahre Haft und 3 Jahre Berufsverbot wegen teilweiser Glorifizierung von Terrorismus), Tagiyev u. Huseynov/ASE, 5.12.2019 (mehrjährige Haft wegen eines islamkritischen Berichts); gerechtfertigte Sanktion hingegen in EGMR Altıntaş/TRK, 13.3.2020 (Geldstrafe wegen Aufruf zur Gewalt); vgl. hierzu auch den noch anhängigen Fall: EGMR Christmann/F, Nr. 16710/20 (Straftatbestand Apologie Publique d'un Acte de Terrorisme – öffentliches Gußheißen von Terrorismus).; bei Aufrufen zur Gewalt durch Private gelten vergleichbare Maßstäbe, vgl. EGMR Kilin/R, 11.5.2021 (Veröffentlichung eines gewaltverherrlichenden Musikstücks auf Social Media).

379 EGMR Steel u. Morris/UK, 15.2.2005.

380 Vgl. *Hoffmeister* EuGRZ **2000** 364.

381 Etwa EGMR Observer u. Guardian/UK, 26.11.1991; Goodwin/UK, 27.3.1996; (GK) Fressoz u. Roire/F, 21.1.1999; (GK) Bladet Tromso u. Stensaas/N, 20.5.1999; Perna/I, 6.5.2003; Kaperzyński/PL, 3.4.2012, § 56; Björk Eiðsdóttir/ISL, 10.7.2012, §§ 65, 80 (Verurteilung eines Journalisten zu Schadensersatz wegen der Veröffentlichung eines Interviews mit einer Striptease-Tänzerin, die ihren früheren Arbeitgeber eines strafbaren Verhaltens beschuldigte; Notwendigkeit der Beeinträchtigung vom EGMR verneint); Erla Hlynsdottir (Nr. 3)/ISL, 2.6.2015, § 62; OOO Regnum/R, 8.9.2020, § 61; Sabuncu u.a./TRK, 10.11.2020, §§ 220 ff.; *Grabenwarter/Pabel* § 23, 44.

382 EGMR Kjeldsen, Busk Madsen u. Pedersen/DK, 7.12.1976; Haldimann u.a./CH, 24.2.2015, § 45; *Grabenwarter/Pabel* § 23, 44. Der Gerichtshof gesteht auch Nichtregierungsorganisationen die Rolle des „public watchdog" zu, was den Einschätzungsspielraum des Staates verringert: EGMR (GK) Animal Defenders International/UK, 22.4.2013, §§ 103 f.

383 EGMR Ruokanen u.a./FIN, 6.4.2010.

gilt vor allem für die öffentlichen Tätigkeiten eines Politikers,[384] für öffentliche Aktivitäten von Personen und Vereinigungen,[385] auch der eigenen Rundfunkanstalt,[386] oder bei Straftaten politischer Natur.[387] Auch umfasst werden Berichte über Sportvereine oder andere Interessenverbände, sofern die Berichterstattung geeignet ist, die Betroffenen in der öffentlichen Meinung herabzusetzen.[388]

Ein strengerer Maßstab ist dagegen an **Presseveröffentlichungen** anzulegen, wenn **84** diese **außerhalb ihrer oben erwähnten Funktion** in der demokratischen Gesellschaft Berichte und Fotos aus dem **Alltagsleben einer Person** präsentieren, die keinerlei Bedeutung für die öffentliche Diskussion einer Frage von allgemeinem Interesse haben.[389] Für solche Veröffentlichungen kann sich die Presse nicht auf ihren öffentlichen Auftrag berufen, so dass der Schutz des Privatlebens der Betroffenen nach Ansicht des EGMR Vorrang hat.[390] Diese Gesichtspunkte fallen bei der Abwägung der Zulässigkeit eines staatlichen Eingriffs ins Gewicht,[391] ohne dass dadurch aber die sich aus Art. 10 Abs. 2 Hs. 1 ergebenden Pflichten und Verantwortlichkeiten entfallen.[392]

Die Sammlung, Bearbeitung oder Verwendung von Informationen oder personenbezo- **85** genen Daten über eine bestimmte Person berührt, wenn sie einen Umfang erreicht, den der Betroffene vernünftigerweise nicht mehr erwarten konnte, sein Recht auf Privatleben i.S.d. Art. 8 jedenfalls in solchen Fällen, in denen ein dadurch bewirkter Angriff auf den guten Ruf eine gewisse Schwere erreicht.[393] Gerade die **Speicherung von Informationen in Online-Archiven** kann für den Betroffenen eine erhebliche Beeinträchtigung seines Persönlichkeitsrechts bedeuten. Werden Fernsehbeiträge oder andere journalistische Publikationen über zurückliegende Vorgänge des öffentliches Interesses oder ein bereits abgeschlossenes publikumswirksames Strafverfahren in abrufbare **Online-Datenarchive** überführt, ist dezidiert abzuwägen, inwieweit die Berichterstattung über die Betroffenen

---

384 EGMR Krone Verlag GmbH & Co. KG/A, 6.11.2003; OLG Köln MMR **2019** 631 (Zulässigkeit eines „Faktenchecks" für Politiker).

385 EGMR Jerusalem/A, 27.2.2001; Antica u. „R" Company/RUM, 2.3.2010; Flinkkilä u.a./FIN, 6.4.2010; vgl. aber OLG Köln ZUM-RD **2019** 540 (zulässige Wiedergabe von Inhalten in indirekter Rede aus einem Anwaltschreiben).

386 EGMR Wojtas-Kaleta/PL, 16.7.2009.

387 EGMR Krone Verlag GmbH & Co. KG/A, 6.11.2003.

388 EGMR Ruokanen u.a./FIN, 6.4.2010.

389 So in EGMR Standard Verlags GmbH (Nr. 2)/A, 4.6.2009, NJW **2010** 751 = ÖJZ **2009** 926; siehe auch EGMR MGN Limited/UK, 18.1.2011, § 142; Kahn/D, 17.3.2016, NJW **2017** 2891 (bzgl. der Kinder eines früheren Fußball-Nationalspielers); vgl. auch den Grenzfall in Mediengruppe Österreich GmbH/A, 26.4.2022 (Berichterstattung über mögliche Verbindungen zu rechtsextremen Kreisen *des Büroleiters* des Präsidentschaftskandidaten, die allerding schon 20 Jahre zurückliegen).

390 Vgl. EGMR Von Hannover/D, 24.6.2004, §§ 60, 65 f., 77 f.

391 EGMR (GK) Jersild/DK, 23.9.1994; De Haes u. Gijsels/B, 24.2.1997, ÖJZ **1997** 912; (GK) Bladet Tromso u. Stensaas/N, 20.5.1999; Bergens Titende u.a./N, 2.5.2000, ÖJZ **2001** 110; *Grabenwarter/Pabel* VVDStL **60** (2001) 290, 309.

392 Etwa EGMR Goodwin/UK, 27.3.1996; (GK) Fressoz u. Roire/F, 21.1.1999; Bergens Titende u.a./N, 2.5.2000; *Hoffmeister* EuGRZ **2000** 358, 364. Auch wenn in der Öffentlichkeit bekannte, wahre Tatsachen berichtet werden, ist ggf. das Persönlichkeitsrecht betroffen, die Abwägung wird in solchen Fällen aber oft zugunsten der Freiheit der Berichterstattung ausfallen, vgl. BGH NJW **2012** 3645, 3646, Tz. 21 ff.

393 EGMR M.L. u. W.W./D, 28.6.2018, §§ 87 f., NJW **2020** 295 u. Bespr. *Kröner* K&R **2018** 544. Vgl. auch Egill Einarsson/ISL, 7.11.2017, § 34, NJW **2018** 1589, und Saure/D (Nr. 2), 28.3.2023, §§ 51 ff. (Herausgabeverlangen der Presse gegenüber staatlichen Stellen betreffend persönliche Daten von Richtern und eines Staatsanwalts, bei denen Hinweise bestanden, dass sie zu Zeiten der DDR mit dem Ministerium für Staatssicherheit zusammengearbeitet hatten; teilweise Verletzung von Art. 10 bzgl. der Informationen, die anonymisiert hätten herausgegeben werden können).

weiterhin ein öffentliches Interesse bedient, wie sich die Betroffenen in der Zwischenzeit gegenüber den Medien verhalten haben und wie die konkrete Verfügbarkeit der Beiträge in den Online-Archiven ausgestaltet ist.[394]

86   Dem hat sich die deutsche Rechtsprechung inhaltlich weitgehend angeschlossen: In zwei grundlegenden Beschlüssen des BVerfG („**Recht auf Vergessen**" I[395] **und** II[396]) hat dieses – neben grundsätzlichen Ausführungen zum Verhältnis der Unionsgrundrechte und der EMRK zu den nationalen Grundrechten[397] – die Grundlagen für die Speicherung und Verfügbarkeit von Presseartikeln in **Online-Archiven** weiter konturiert.[398] Tenor beider – in der Sache unterschiedliche Konstellationen behandelnder – Entscheidungen ist, dass nach Ansicht des BVerfG die Rechtsordnung davor schützen muss, dass sich eine Person abgeschlossene Sachverhalte unbegrenzt von der Öffentlichkeit vorhalten lassen muss, da erst das Bestehen der Möglichkeit, dass zurückliegende Gegebenheiten „gesellschaftlich in Vergessenheit geraten", dem Einzelnen die Chance zu einem „Neubeginn in Freiheit" gewährt.[399]

87   Das erste Verfahren („**Recht auf Vergessenwerden** I") behandelte einen Unterlassungsanspruch gegen den Inhalteanbieter eines Onlinearchivs. Der Bf. hatte eine Haftstrafe wegen eines Tötungsdelikts verbüßt, für das er in den frühen 1980er Jahren verurteilt wurde. Um nicht weiterhin als „Treffer" bei der Namenssuche mithilfe einer Suchmaschine zu erscheinen, wollte der Bf. die unbeschränkte Verfügbarkeit von Presseartikeln wegen dieses Tötungsdelikts bzw. der damit verbundenen Vorgänge zivilrechtlich unterbinden lassen und war damit gescheitert.[400] Der Beschluss des BVerfG bekräftigt, dass das Interesse der Öffentlichkeit auf Zugang zu öffentlichen Internetarchiven der Presse von Art. 10 geschützt wird.[401] Gerade die unveränderte Archivierung von Presseveröffentlichungen als „Spiegel des Zeitgeschehens" konstituiere dabei ein bedeutsames Element der Pressefreiheit.[402] Aus dem durch die „erneute" Berichterstattung möglicherweise beeinträchtigten Persönlichkeitsrecht[403] des Betroffenen folge noch kein allein dem Einzelnen zustehendes abschließendes Verfügungsrecht über die Darstellung der eigenen Person in der Öffentlichkeit.[404]

---

394 EGMR M.L. u. W.W./D., 28.6.2018, §§ 97 ff., NJW **2020** 295 (kein Verstoß gegenüber dem Bf., da die Bereitstellung der Berichte in den Online-Archiven nicht die Aufmerksamkeit solcher Nutzer auf sich zieht, die nicht gezielt Informationen über die Bf. suchten; der Zugang zu den Berichten sollte zudem keine neuen Informationen verbreiten und war kostenpflichtig bzw. auf Abonnementen beschränkt; vgl. auch EGMR Hurbain/B, 22.6.2021 (Anonymisierung der Berichterstattung über einen alkoholbedingten, 20 Jahre zurückliegenden, tödlichen Autounfall).
395 BVerfG NJW **2020** 300 unter Aufhebung von BGH GRUR **2013** 200; Besprechungen von *Kühling* NJW **2020** 275; *Hoffmann* NVwZ **2020** 33; *Peifer* GRUR **2020** 34; *Klass* ZUM **2020** 265.
396 BVerfG NJW **2020** 314.
397 Hierzu *Kühling* NJW **2020** 275, 276 f.; *Hoffmann* NVwZ **2020** 33.
398 Das zeitlich zuvor ergangene Urteil BGH NJW **2019** 1881 (Unterlassungsverpflichtung bei bloßer Bereithaltung eines Artikels im Online-Archiv) ist damit teilweise überholt; ferner EuGH 13.5.2014, C-131/12 (Google Spain), NJW **2014** 2257; Überblick zur Rechtsprechung über die Speicherung von Inhalten in Online-Archiven bei *Klass* ZUM **2020** 265, 266 f. und *Trentmann* MMR **2016** 731.
399 BVerfG NJW **2020** 300, 309.
400 Vgl. BGH GRUR **2013** 200 – Apollonia.
401 BVerfG NJW **2020** 300, 310; *Regenfus* ZUM **2020** 278, 283 f.
402 BVerfG NJW **2020** 300, 310.
403 BVerfG NJW **2020** 300, 308. Das Recht auf informationelle Selbstbestimmung ist betroffen, wenn es um die Gefahren angesichts neuartiger Möglichkeiten der Datenverarbeitung geht, z.B. die ungewollte Preisgabe von Daten auch im Rahmen privater Rechtsbeziehungen oder deren intransparente Verarbeitung und Nutzung durch Private.
404 BVerfG NJW **2020** 300, 306.

Auch ein allgemeines **„Recht auf Vergessenwerden"** sei aus dem Persönlichkeits- 88
recht nicht abzuleiten. Dennoch können sich **Grenzen für eine Speicherung** von Presse-
inhalten in online verfügbaren Pressearchiven ergeben. Bei der Bestimmung und Bemessung des Schutzanspruchs des von den gespeicherten Beiträgen Betroffenen kommt nach
Ansicht des BVerfG vor allem dem **Faktor Zeit** unter den veränderten Kommunikationsbe-
dingungen des Internets ein spezifisches Gewicht zu.[405] Neben die **dauerhafte Verfügbarkeit** der Informationen tritt die Möglichkeit zum **jederzeitigen Abruf** und zur **Rekombi-
nierbarkeit mit weiteren Daten**, was ein anlassloses Aufgreifen der abgespeicherten
Informationen von einer unbegrenzten Zahl auch völlig unbekannter Dritter erleichtere.
Vor allem Suchmaschinen trügen durch die Eröffnung namensbezogener Abfragen zur
fortschreitenden Dekontextualisierung und Neukomposition von Teilprofilen der Persönlichkeit bei. All diese Umstände wirkten sich erheblich auf die äußeren Bedingungen der
freien Entfaltung der Persönlichkeit aus.[406] Entscheidend sei, ob die in Frage stehende
Berichterstattung in Hinblick auf den aktuellen Sachstand eine erhebliche neue oder zusätzliche Beeinträchtigung der Rechte des Betroffenen bedeuten kann.

Maßgeblich ist hierbei auch das **Interesse an der Wiedereingliederung des Straftä- 89
ters in die Gesellschaft**.[407] Werden Pressepublikationen über ein publikumswirksames
Strafverfahren in abrufbare Online-Datenarchive überführt, ist daher abzuwägen, inwieweit die Berichterstattung **ein weiterhin bestehendes öffentliches Interesse** bedient,
welche **Intensität des Eingriffs** in die Privatsphäre durch die erneute Verfügbarkeit verwirklicht wird, über welche Form und Qualität die Berichterstattung verfügt, wie sich der
Betroffene selbst gegenüber den Medien verhalten hat und wie die konkrete Verfügbarkeit
in den Online-Archiven ausgestaltet ist.[408] Eine erneute Überprüfung der Inhalte muss
aber erst erfolgen, wenn der Betroffene dies anregt. Ein Verlag darf andernfalls davon
ausgehen, dass ein ursprünglich rechtmäßig veröffentlichter Bericht auch unbegrenzt in
einem Onlinearchiv zur Verfügung gestellt werden kann.[409]

Im zweiten Verfahren (**„Recht auf Vergessen II"**) sollte eine Internetsuchmaschine 90
zur Löschung eines Links auf einen Bericht eines Fernsehmagazins, in welchem die Bf.
der unangemessenen Behandlung ihrer Mitarbeiter bezichtigt wurde, verpflichtet werden.

Nach grundlegenden Ausführungen zum Prüfungsmaßstab bei unionsrechtlich voll- 91
ständig vereinheitlichten Regelungen sowie dem Anwendungsvorrangs des Unionsrechts
widmet sich der Beschluss der Frage, wie weit der Schutz des Grundrechts auf **Achtung
des Privat- und Familienlebens** (Art. 7) und bei der **Verarbeitung personenbezogener
Daten** (Art. 8 EUC) in Abwägung zur **unternehmerischen Freiheit des Suchmaschinenbetreibers** aus Art. 16 EUC reicht.[410] Ebenfalls können der Anbieter, dessen Inhalte von

---

405 BVerfG NJW **2020** 300, 308 ff.
406 BVerfG NJW **2020** 300, 309.
407 BVerfG NJW **2020** 300, 308 f.
408 BVerfG NJW **2020** 300, 311.
409 BVerfG NJW **2020** 300, 311; *Klass* ZUM **2020** 265, 272 sieht hierin einen Wechsel von einem „notice-and-
take-down"-Verfahren zu einem „notice-and-review"- bzw. „notice-and-react"-Verfahren. Das BVerfG hob die
angegriffene Entscheidung auf, da das Gericht nicht hinreichend gewichtet hatte, welche Beeinträchtigungen
sich unter den durch Zeitablauf veränderten Umständen für den Bf. aus der weiteren Verbreitung der
Berichte ergeben haben. Insbesondere da der Bf. nach Verbüßung seiner Haftstrafe nicht wieder strafrechtlich in Erscheinung getreten ist und die Öffentlichkeit stets gemieden hat, seien die permanente Gefahr, mit
einem 30 Jahre alten Sachverhalt aufgrund von Suchanfragen wiederholt konfrontiert zu werden, und die
daraus resultierenden Belastungen, nicht ausreichend berücksichtigt worden.
410 Eine Berufung des Suchmaschinenbetreibers auf die Meinungsäußerungsfreiheit (Art. 11 EUC) scheidet
aus, da seine Dienste nicht die Verbreitung bestimmter Meinungen bezwecken, vgl. BVerfG NJW **2020** 314,
323; in Betracht kommt jedoch eine Haftung als „mittelbarer Störer", zumindest wenn der Suchmaschinenbe-

der Suchmaschine bereitgestellt werden, in Art. 11 EUC sowie der Dienstenutzer in ihrer Meinungs- und Informationsfreiheit beinträchtigt werden.[411] Einzubeziehen in die Betrachtung sind die Wirkungen der Verbreitung des streitbefangenen Beitrags für die Persönlichkeitsentfaltung des Betroffenen mit besonderem Augenmerk auf der Möglichkeit von namensbezogenen Suchabfragen. Die leichte und fortdauernde Zugänglichkeit der Informationen durch die Suchmaschine ist gesondert zu gewichten. Auch der Zeit zwischen der ursprünglichen Veröffentlichung und deren späterem Nachweis muss Rechnung getragen werden (vgl. Art. 17 DSGVO).[412]

92   Die **Recherche** ist als wesentlicher vorbereitender Schritt für die Ausübung journalistischer Tätigkeit ein Element der Freiheit der Meinungsäußerung.[413] Dazu zählen das Führen von Interviews und die Anfertigung von Fotos, mit dem Ziel **Informationen aus erster Hand** zu sammeln und ggf. Sekundärquellen auf ihre Richtigkeit zu überprüfen.[414] Ebenso obliegt es den Medien, zu entscheiden, welche konkrete **Form der Berichterstattung** sie für geeignet halten, um ihrer Funktion nachzukommen.[415] Für eine Einschränkung einer solchen journalistischen Recherche bedarf es nicht nur **stichhaltiger**, sondern auch in Anbetracht der konkreten Umstände **ausreichender Gründe** (Rn. 94) sowie einer **gründlichen Abwägung** der betroffenen Interessen.[416]

93   Grundsätzlich kann ein Journalist bei Einhaltung dieser **journalistischen Sorgfaltspflichten** nicht für sein Verhalten belangt oder sanktioniert werden.[417] Darüber hinaus wird teilweise hinsichtlich der journalistischen Verantwortlichkeit auf eine gewisse **„Berufsethik"** rekurriert, die insbesondere bei Konflikten mit dem Recht aus Art. 8 Abs. 1 zum Tragen kommen soll.[418] Allerdings gehen diese Pflichten nicht so weit, dass Journalisten sich vom Inhalt eines Zitats, das Dritte beleidigen könnte, förmlich distanzieren müssten.[419]

---

treiber von Dritten über Rechtsverletzungen durch auffindbare Inhalte informiert wurde, siehe BGH NJW **2018** 2324, 2327 f. An den Suchmaschinenbetreiber sind jedoch geringere Anforderungen zu stellen als an Hostprovider; hierzu: BGH GRUR **2016** 855 (jameda.de II); NJW **2012** 148 – Blog-Eintrag.

411 BVerfG NJW **2020** 314, 324 f.

412 BVerfG NJW **2020** 314, 326 f. (keine Aufhebung der angegriffenen Entscheidung, da die Interessen der Bf. aufgrund des öffentlichkeitsrelevanten Themas, des vorangegangenen Verhaltens gegenüber den Medien und der Beachtung des Zeitmoments bei der Abwägung der widerstreitenden Belange nicht überwogen). Vgl. ferner zum „Recht auf Vergessenwerden" nach Art. 17 DS-GVO: LG Frankfurt a.M. ZD **2019** 410; zur Pflicht eines Bewertungsportals, eine abgegebene Bewertung nach Rüge zu prüfen: LG Lübeck MDR **2018** 1184. Der Betreiber eines Bewertungsportals macht sich die Bewertung eines Dritten bereits dann zu eigen, wenn er die Bewertung auf Rüge des Betroffenen prüft und diesem mitteilt, dass sie nach partieller Korrektur nun den Richtlinien genüge, vgl. OLG Dresden NJW-RR **2018** 675; so bereits BGH NJW **2017** 2029.

413 EGMR Szurovecz/H, 8.10.2019, § 52, NVwZ **2020** 1017 (Recherche in Aufnahmezentrum Debrecen für Flüchtlinge); Dammann/CH, 25.4.2006, § 52; vgl. auch BVerfG NJW **2020** 2531 (Bild aus Krankenhaus).

414 EGMR Szurovecz/H, 8.10.2019, §§ 54, 73; Schweizerische Radio- und Fernsehgesellschaft SRG/CH, 21.6.2012, NJW **2013** 765 – Verweigerung des Zugangs zur Vorbereitung einer Fernsehsendung in einem Gefängnis zu filmen/Verbot einen Gefangenen zu interviewen; Karpenstein/Mayer/*Mensching* 89.

415 EGMR Szurovecz/H, 8.10.2019, § 74; Alpha Doryforiki Tileorasi Anonymi Etairia/GR, 22.2.2018, § 38, NJW **2019** 743.

416 EGMR Szurovecz/H, 8.10.2019, §§ 65–66 (organisatorische Gründe: Zeit, Ort sowie Art und Weise/Schutz der Rechte Betroffener; Fotos nur mit Zustimmung).

417 Vgl. auch: KK-EMRK-GG/*Grote/Wenzel* Kap. 18, 136; *Zeder* ÖJZ **2011** 6 f. mit Darstellung der einschlägigen EGMR-Rechtsprechung.

418 Vgl. EGMR Société de Conception de Presse et d'Edition/F, 25.2.2016, § 42 („principes déontologiques qui encadrent leur profession"); Görmüş u.a./TRK, 19.1.2016, § 43; De Carolis u. France Televisions/F, 21.1.2016, § 45. Grundlegend zur journalistischen Fairness *Libertus* ZUM **2019** 316.

419 EGMR Pedersen u. Baadsgard/DK, 17.12.2004.

Die Pflicht zur Rücksichtnahme auf die Rechte anderer verbietet jede nach dem Be- **94** richtszweck unnötige Herabsetzung. Bei der Wiedergabe amtlicher Berichte ist die Prüfungspflicht reduziert; im Einzelfall kann sie ganz entfallen.[420] In der Regel dürfen **Aussagen Dritter**, z.B. die Antworten befragter Personen im Rahmen von **Interviews**, verbreitet werden,[421] selbst wenn diese strafbare Äußerungen (rassistische Diskriminierungen) enthalten, sofern sich der Journalist bzw. der Interviewer damit nicht identifiziert. Grundsätzlich hat die Öffentlichkeit einen Anspruch darauf, über derartige Meinungen, die Personen, die sie vertreten, und deren Herkunft und Hintergründe unterrichtet zu werden.[422] Nur außerordentlich schwerwiegende Gründe können einen Eingriff in dieses Recht rechtfertigen.[423] Ähnliche Grundsätze gelten für Berichterstattungen über Pressekonferenzen.[424]

Nach Auffassung des EGMR ist das **Ignorieren strafrechtlich relevanter Regelungen** **95** bei einer **Berichterstattung** auch innerhalb des von Art. 10 gedeckten Rahmens nicht erlaubt. Journalisten sind bei ihrer Arbeit von der Pflicht zur Einhaltung der Gesetze nicht entbunden.[425] Beim Einsatz **versteckter Kameras** oder sonstiger **verdeckter Methoden** (z.B. „Undercover"-Einschleusungen, Einbrüche in Betriebsstätten) zum Zwecke einer Recherche sind daher regelmäßig Gesetzesverstöße verwirklicht, die bei der Bewertung der Frage der Zulässigkeit der Veröffentlichung des erlangten Materials berücksichtigt werden müssen. Der Einsatz versteckter Kameras ist insbesondere gegenüber Privatpersonen nicht per se zulässig, sondern richtet sich nach den Vorgaben des nationalen Rechts.[426] Bei der Bewertung der Frage der Zulässigkeit der Ausstrahlung eines auf diese Weise generierten Beitrages müssen die widerstreitenden Interessen, die sich jeweils aus Art. 10 und Art. 8 ableiten lassen, gegeneinander abgewogen werden.

---

420 Vgl. EGMR (GK) Fressoz u. Roire/F, 21.1.1999; (GK) Bladet Tromso u. Stensaas/N, 20.5.1999, §§ 68, 70 ff.; Tara u. Poiata/MOL, 16.10.2007; BVerfG NJW-RR **2010** 1195 = AfP **2010** 365, Tz. 35; BGH NJW **2013** 790 = GRUR **2013** 312, Tz. 30 (dort u.a. unter Berufung auf EGMR (GK) Axel Springer AG/D, 7.2.2012, § 105, was jedoch nicht passt, da im BGH-Fall der Pressebericht inhaltlich richtig war und es folglich nicht um Vertrauen in behördliche Verlautbarungen, sondern um das Persönlichkeitsrecht des Betr. ging); Meyer-Ladewig/Nettesheim/*Daiber* 42; *Hoffmeister* EuGRZ **2000** 358, 366.

421 Siehe dazu EGMR Wizerkaniuk/PL, 5.7.2011, NJOZ **2012** 330 (strafrechtliche Verurteilung wegen eines Verstoßes gegen die Pflicht vor Veröffentlichung eines Interviews mit einem Politiker die Einwilligung des Interviewten einzuholen; die entsprechenden Vorschriften des polnischen PresseG seien nicht mit den Grundsätzen einer demokratischen Gesellschaft zu vereinbaren; Unverhältnismäßigkeit des Strafverfahrens und der Verurteilung).

422 EGMR (GK) Jersild/DK, 23.9.1994, § 31 (andernfalls erfüllten die Medien nicht ihre Aufgabe als „öffentlicher Wachhund"); Savitchi/MOL, 11.10.2005 (Interview mit Kritik an einem Polizisten); Ormanni/I, 17.7.2007 (Interview mit einem der Vergewaltigung Beschuldigten); *Hoffmeister* EuGRZ **2000** 358, 364; *Grabenwarter/Pabel* § 23, 52.

423 Vgl. EGMR Pedersen u. Baadsgard/DK, 17.12.2004 (Bf. hatten einen hochrangigen Polizisten einer Straftat – der Unterdrückung wichtigen Beweismaterials in einem Strafverfahren – beschuldigt, u.a. unter Bezugnahme auf die Aussage einer Taxifahrerin. Die Ausführungen waren auf dem Beweis zugängliche Tatsachen gestützt, deren Richtigkeit die Bf. jedoch in keiner Weise begründen konnten; Einschränkung der Meinungsfreiheit der Bf. mit Verweis auf das öffentliche Ansehen des Polizisten und seine Unschuldsvermutung gerechtfertigt).

424 Vgl. EGMR July u. Sarl Libération/F, 14.2.2007.

425 EGMR Alpha Doryforiki Tileorasi Anonymi Etairia/GR, 22.2.2018, § 61, NJW **2019** 743; Y./CH, 6.6.2017 (Veröffentlichen von Informationen aus der Ermittlungsakte).

426 EGMR Haldimann u.a./CH, 24.2.2015, § 61, NJOZ **2016** 1505 (Aufdeckung von Geschäftspraktiken einer Privatperson); Alpha Doryforiki Tileorasi Anonymi Etairia/GR, 22.2.2018, § 62, NJW **2019** 743 (Videomaterial eines prominenten Politikers); vgl. OLG Köln NJW-RR **2020** 30 (verdeckte Filmaufnahmen aus psychiatrischer Klinik unter Verstoß gegen §§ 201, 201a, 203 StGB); OLG Köln Urt. v. 16.11.2017 – 15 U 187/16 BeckRS **2017** 152169 (heimliche Aufnahmen in psychiatrischer Klinik – Grenzen der journalistischen Recherche).

Esser

96   Im Rahmen dieser Abwägung ist zu gewichten, ob der Beitrag zu einer **Diskussion von öffentlichem Interesse** beiträgt, welchen Bekanntheitsgrad der Betroffene hat, was Gegenstand des Berichts ist und auf welcher Art der Informationserlangung er beruht, wie sich der Betroffene selbst verhalten hat, welche Konsequenzen sich aus der Veröffentlichung für den Betroffenen ergeben und welche Schwere die gegenüber den Journalisten verhängten Sanktionen haben.[427] Der BGH sieht die Veröffentlichung **rechtswidrig beschaffter oder erlangter Informationen** zwar grundsätzlich als vom Schutz der Meinungsfreiheit umfasst an.[428] Es muss jedoch unterschieden werden, wie die Recherchemethoden und die Berichterstattung miteinander verknüpft sind und welche Art von Inhalten durch die verdeckten Recherchen erlangt wurden.[429] Das Grundrecht der Meinungsfreiheit wiegt dabei umso schwerer, je mehr der Beitrag am geistigen Meinungskampf eines die Öffentlichkeit erheblich beschäftigenden Themas teilhat.[430] So stellt die Verbreitung nicht genehmigter Filmaufnahmen über Betriebsinterna (z.B. von Produktionsbedingungen oder Arbeitszuständen) zwar einen betriebsbezogenen Eingriff in den eingerichteten und ausgeübten Gewerbebetrieb dar.[431] Die rechtswidrige Erlangung des Bildmaterials wird jedoch vom Schutz der Meinungsfreiheit des Art. 5 Abs. 1 GG umfasst, da die Funktion der Presse als „Wachhund der Öffentlichkeit" es erfordert, auf Missstände von öffentlicher Bedeutung hinweisen zu können.[432]

97   Der Umstand der rechtswidrigen Informationsbeschaffung muss jedoch in die Abwägung der widerstreitenden Interessen der Betroffenen einbezogen werden. Zu differenzieren ist hierbei in **unterschiedliche „Stufen"**: in den „vorsätzlichen Rechtsbruch", bei dem die Veröffentlichung des erlangten Materials grundsätzlich zu unterbleiben hat sowie in die bloße Kenntniserlangung von durch Dritten rechtswidrig beschaffte Informationen, bei der mithilfe einer umfassenden Güterabwägung über das Recht zur Veröffentlichung entschieden werden muss.[433] Für Fälle, die unter die „erste Stufe" fallen, ist eine Veröffentlichung ausnahmsweise dennoch zulässig, wenn ein *eindeutiges Überwiegen* der Bedeutung der Information für die öffentliche Meinungsbildung gegenüber den Konsequenzen des Rechtsbruchs für den Betroffenen und die Rechtsordnung angenommen werden kann. Ein solches Überwiegen ist in der Regel nicht gegeben, wenn die widerrechtlich beschaffte und verwertete Information ausschließlich nicht rechtswidrige Zustände oder Verhaltensweisen zu Tage getragen hat.[434]

---

427 EGMR Haldimann ua./CH, 24.2.2015, § 50, NJOZ **2016** 1505; Alpha Doryforiki Tileorasi Anonymi Etairia/ GR, 22.2.2018, § 47, NJW **2019** 743 (verdecktes Videomaterial eines prominenten Politikers); Bild GmbH & Co KG u. Axel Springer AG/D, 4.12.2018, § 30, NJW **2019** 741 (Fotos aus JVA).

428 BGH NJW **2018** 2877 m. Anm. *Gostomzyk* (Aufnahmen aus Hühnerhaltungs-Betrieben); siehe auch BGH NJW **2015** 782 (Veröffentlichung von E-Mails eines Ministers); OLG Karlsruhe NJW-RR **2019** 615, 619 (unter Verletzung des § 202a StGB erlangte, private Chatnachrichten eines Mitarbeiters eines MdL).

429 BGH NJW **2018** 2877, 2880.

430 BGH NJW **2018** 2877, 2880; vgl. BVerfG NJW **2020** 2531 (Bild aus Krankenhaus); OLG Karlsruhe NJW-RR **2019** 615, 619; zu Recht anders BGH MMR **2019** 818 (Veröffentlichungsrecht an von Dritten rechtswidrig hochgeladenen Nacktbildern steht hinter Persönlichkeitsrecht der Geschädigten zurück).

431 BGH NJW **2018** 2877, 2879 (Aufnahmen aus Hühnerhaltungs-Betrieben).

432 BGH NJW **2018** 2877, 2880: Ein Tierschutzaktivist war zur Anfertigung von Filmaufnahmen in Hühnerställe eingedrungen und hatte das erlangte Material an die ausstrahlende Rundfunkanstalt weitergeleitet.

433 Vgl. OLG Hamburg ZUM-RD **2019** 320, 323; OLG Köln NJW-RR **2020** 30, 35 (jeweils zu heimlichen Aufnahmen in Pflegeeinrichtungen); dazu auch *Sajuntz* NJW **2020** 583, 585 f.; OLG Dresden ZUM-RD **2020** 23 m. Anm. *Freytag* GRUR-Prax **2019** 535; OLG Karlsruhe NJW-RR **2019** 615, 620 (rechtswidrig durch Dritte veröffentlichte, private Chatnachrichten).

434 BGH NJW **2018** 2877, 2880 f. Da die beklagte Rundfunkanstalt sich nicht am Einbruch des Aktivisten in die Hühnerställe beteiligt hatte, konnte eine Gesamtabwägung der widerstreitenden Interessen erfolgen, die

Zusammenfassend hat der BGH für die **Zulässigkeit verdeckter Recherchemetho-** 98
den das folgende **Prüfschema** entwickelt:[435] Zunächst muss bereits der Einsatz der verdeckten Recherche über das Ziel, **öffentlichkeitswirksame Missstände** aufzudecken, legitimiert sein. Führen die durch die verdeckten Methoden erlangten Informationen zu der
Erkenntnis, dass der „Ausgespähte" **Rechtsverstöße** begangen hat, kann das Material in
der Regel veröffentlicht werden. Liegen diese Voraussetzungen nicht vor, kommt eine Veröffentlichung nur in Betracht, sofern die Aufdeckung auch von solchen Missständen, die
die Schwelle zur formellen Rechtswidrigkeit nicht überschreiten, aufgrund eines **überra-**
genden Informationsinteresses der Öffentlichkeit als erforderlich anzusehen ist.

Der journalistischen Freiheit wird ein gewisser Grad von **polemischer Übertreibung** 99
und Provokation zugestanden,[436] solange dies nach dem sozialen bzw. politischen Kontext
nicht rein die Beleidigung der betroffenen Person zum Zweck hat.[437] Zur Beurteilung, ob
derartige ironische oder sarkastische Äußerungen vor dem Hintergrund der Meinungsfreiheit ein akzeptables Maß nicht überschreiten, muss der journalistische Text in der Gesamtschau, nicht allein die polemischen Passagen, herangezogen werden.[438] Von den **Politi-**
kern, die sich infolge ihrer Berufswahl mit ihrer öffentlichen Tätigkeit der Kritik der
Öffentlichkeit unterwerfen, wird ein höheres Maß an Toleranz gefordert[439] und zwar auch
dann, wenn sie gleichzeitig in einem anderen Beruf (z.B. Rechtsanwalt) tätig sind.[440]

Auch bei **Beamten**, die in ihrer öffentlichen Funktion tätig werden, sind die Grenzen 100
journalistischer Meinungsfreiheit weniger eng zu ziehen als bei Privaten, jedoch durchaus

---

aufgrund der Bedeutung des Themas zu Gunsten der Rundfunkanstalt ausfiel; OLG Hamburg ZUM-RD **2019**
320, 323 (verdeckte Aufnahmen in Pflegeeinrichtung).

435 So auch *Freytag* GRUR-Prax **2019** 535 als Anmerkung zu OLG Dresden ZUM-RD **2020** 23.

436 Etwa EGMR Prager u. Oberschlick/A, 26.4.1995; Oberschlick/A (Nr. 2), 1.7.1997, NJW **1999** 1315 = ÖJZ **1997**
956; (GK) Fressoz u. Roire/F, 21.1.1999; (GK) Bladet Tromso u. Stensaas/N, 20.5.1999; Başkaya u. Okçuoğlu/
TRK, 8.7.1999; Wabl/A, 21.3.2000; Feldek/SLO, 12.7.2001, ÖJZ **2002** 814; Perna/I, 6.5.2003; Scharsach u. News
Verlagsgesellschaft/A, 13.11.2003, ÖJZ **2004** 512; Kulis u. Rózycki/PL, 6.10.2009; Ruokanen u.a./FIN, 6.4.2010;
Ziembiński/PL, 5.7.2016, §§ 42, 44 f.; Orlovskaya Iskra/R, 21.2.2017, § 109; *Grabenwarter/Pabel* § 23, 46; *Villiger*
790; *Karpenstein/Mayer/Mensching* 9. Für andere Berufe gilt dieses Recht zur Überzeichnung nicht, vgl.
ÖVerfG EuGRZ **1994** 571 (Rechtsanwalt).

437 EGMR De Carolis u. France Televisions/F, 21.1.2016, § 125 (Hinweis darauf, dass eine gewisse Feindseligkeit des journalistischen Textes an sich noch nicht dessen erhöhten Schutzlevel aushebelt); Grebneva u.
Alisimchik/R, 22.11.2016, §§ 58 f., 62, 64; Haupt/A, 2.5.2017, AfP **2018** 38 (Satire gegenüber prominentem Politiker).

438 EGMR Cieśla/PL, 13.9.2016, § 19; Ziembiński/PL, 5.7.2016, § 45; umgekehrt forderten jedoch die beiden
Richter, die dem Urteil nicht zustimmten, ein Abstellen primär auf die speziell von den Bf. gerügten Äußerungen unter Hinweis darauf, dass man anderenfalls Gefahr liefe, jegliche maßlosen Ausdrücke allein durch
den Charakter eines Textes als Satire zu rechtfertigen (vgl. §§ 7 f., 12, 16 f. der abw. Meinungen); ähnliche
Erwägungen bei: EGMR Verlagsgruppe Handelsblatt GmbH & Co. KG/D, 15.3.2016, § 27 (Fotomontage, für die
mangels eigenständigem satirischen Wert höhere Rechtfertigungsanforderungen als für den satirischen Text
als solchen gestellt wurden; vorgehend BVerfG NJW **2005** 3271; vgl. auch EGMR Kaos GL/TRK, 22.11.2016, § 35.

439 EGMR Lingens/A, 8.7.1986; Incal/TRK, 9.6.1998; Scharsach u. News Verlagsgesellschaft/A, 13.11.2003;
Ukrainian Media Group/UKR, 29.3.2005; Haupt/A, 2.5.2017, § 35, AfP **2018** 38 (Satire gegenüber prominentem
Politiker); Margulev/R, 8.10.2019, § 53; Savenko (Limonov)/R, 26.11.2019, § 30; *Leitmeier* HRRS **2020** 391, 397 f.;
im Gegensatz dazu: EGMR (GK) Palomo Sánchez u.a./E, 12.9.2011, § 71: Der Rahmen für akzeptable Kritik an
nicht in der Öffentlichkeit stehenden *„private individuals"* ist enger; vgl. BVerfG NJW **2020** 2631, 2633, §§ 24 f.;
NJW **2020** 2622, 2626, §§ 31 ff., jeweils zur zulässigen „Machtkritik".

440 EGMR Riolo/I, 17.7.2008 (Artikel mit Kritik an einem Politiker für seine Doppelrolle: Verteidigung eines
Angeklagten in einem Mafia-Mordverfahren, andererseits Tätigkeit als Politiker; Politiker hatte sich laut
EGMR selbst scharfer Kritik ausgesetzt, die auch in ihrem provokativen Ton hinzunehmen war).

Esser

enger als bei Politikern.[441] Die polemische Übertreibung und Provokation, die den Journalisten eingeräumt wird, muss dabei in der gleichen Weise einem kritisierten Politiker eingeräumt werden, der durch die Presse auf die an ihn gerichtete Kritik antwortet.[442] Die Grenzen, die die Staaten der freien Meinungsäußerung in diesem Bereich setzen dürfen, müssen nach der Sachlage unbedingt erforderlich sein.[443] Sie müssen berücksichtigen, dass Art. 10 die Kritik am Staat und seinen Organen, an den sonstigen öffentlichen Einrichtungen und an den bestehenden Verhältnissen sowie auch an den im öffentlichen Leben stehenden Personen in einem viel weiteren Umfang zulässt als bei Privatpersonen.[444]

101   Im Übrigen müssen sich alle staatlichen Eingriffe im Rahmen des Zumutbaren und Möglichen halten. So kann zwar auch bei **Werturteilen**, die einem Beweis nicht zugänglich sind, verlangt werden, dass sie auf einer Tatsachengrundlage beruhen,[445] bei allgemein gehaltenen Werturteilen („würdelos"; „Opportunismus"; „illegal"[446]) kann jedoch kein Wahrheitsbeweis gefordert werden.[447] Hier reicht bereits eine **gewisse Tatsachengrundlage**.[448] Im Einzelfall kann sich die Abgrenzung zwischen Werturteilen und Tatsachenbehauptungen als schwierig erweisen, und in Grenzfällen haben die Gerichte der Sache auf den Grund zu gehen,[449] da die Abgrenzung aufgrund der unterschiedlichen Grenzen für die Rechtfertigungsebene notwendig ist.[450] Nicht gestattet sind jedenfalls Werturteile, die schwere strafrechtliche Vorwürfe beinhalten, sich aber nicht auf belegbare Tatsachen stützen.[451]

---

441 Vgl. EGMR Ziembiński/PL, 5.7.2016, § 42; Grebneva u. Alisimchick/R, 22.11.2016, §§ 39, 60; Medžlis Islamske Zajednice Brčko u.a./BIH, 27.6.2017, § 98, AfP **2018** 310.

442 EGMR Sanocki/PL, 17.7.2007.

443 Das ist der Fall, wenn überragend wichtige Interessen des Staates (z.B. nationale Sicherheit/territoriale Integrität) gegen terroristische Bedrohungen geschützt werden sollen: EGMR Falakaoglu u. Saygili/TRK, 23.1.2007.

444 EGMR Başkaya u. Okçuoğlu/TRK, 8.7.1999; Cornelia Popa/RUM, 29.3.2011, §§ 29, 32 (kritische Berichtstattung über Richterin); zur Grenze bei Privatpersonen: EGMR Droemer Knaur GmbH & Co. KG/D, 19.10.2017, § 54, NJW **2018** 3768 (Buchveröffentlichung, in der einer Person die Zugehörigkeit zur italienischen Mafia unterstellt wird); hierzu *Hembach* K&R **2018** 13.

445 EGMR Oberschlick/A (Nr. 2), 1.7.1997, § 33 („absence of any factual basis"); Krone Verlag GmbH & Co. KG u. Mediaprint Zeitungs- und Zeitschriftenverlag GmbH & Co. KG/A, 20.3.2003; Scharsach u. News Verlagsgesellschaft/A, 13.11.2003; Ukrainian Media Group/UKR, 29.3.2005, § 42; Lindon, Otchakovsky-Laurens u. July/F, 22.10.2007, NJOZ **2009** 2203; Vellutini u. Michel/F, 6.10.2011, § 40 („absence de toute base factuelle"); Erdener/TRK, 2.2.2016, §§ 24, 34. Soll der Eingriff (auch) damit gerechtfertigt werden, dass die Äußerungen des Bf. unwahr gewesen seien, erwartet der EGMR zu Recht, dass die nationalen Gerichte dies näher darlegen: EGMR Athanasios Makris/GR, 9.3.2017, § 34.

446 EGMR Vides Aizsardzibas Klub/LET, 27.5.2004 (NRO-Bericht, der einem Bürgermeister vorwarf, „illegale" Dokumente, Entscheidungen und Zertifikate unterschrieben zu haben, in einer Regionalzeitung veröffentlicht; vorgelegten Beweise als ausreichend eingestuft; Wortwahl „illegal" als persönliche Rechtsauffassung in Form eines Werturteils und nicht als Tatsachenbehauptung).

447 EGMR Lingens/A, 8.7.1986; Oberschlick/A, 23.5.1991, § 63; Jerusalem/A, 27.2.2001; Scharsach u. News Verlagsgesellschaft/A, 13.11.2003; Ukrainian Media Group/UKR, 29.3.2005, § 41; Siryk/UKR, 31.3.2011, § 47; Meyer-Ladewig/Nettesheim/von Raumer/*Daiber* 41. Zur identischen Vorgehensweise auch bei Privatpersonen: EGMR Egill Einarsson/ISL, 7.11.2017, § 40, NJW **2018** 1589.

448 Vgl. EGMR Kulis/PL, 18.3.2008 („Lügner"); ATV Zrt/H, 28.4.2020 (Partei: „rechts-außen/rechtsextrem"); OLG Nürnberg ZUM-RD **2020** 274, 279 („Antisemit" als Werturteil).

449 So implizit EGMR Siryk/UKR, 31.3.2011, § 46; BVerfG NJW-RR **2017** 1003; OLG Köln AfP **2017** 159 (Rechtsansicht über unstreitigen Sachverhalt als bloße Meinungsäußerung).

450 Vgl. EGMR Krasulya/R, 22.2.2007 (Gebrauch des Tempus „Zukunft" als Indiz für Werturteil); OGH ÖJZ **2011** 925 („Teil der roten Mietenmafia").

451 EGMR Ruokanen u.a./FIN, 6.4.2010.

Esser   1368

Anerkannt wird das Recht der Journalisten, ihre **Informationsquelle geheim zu hal-** **102** **ten**, da hierin eine Grundvoraussetzung der für eine demokratische Gesellschaft unerlässlichen Pressefreiheit gesehen wird.[452] Ein unzureichender Quellenschutz könnte Informanten abschrecken, die Presse bei der Unterrichtung der Öffentlichkeit über Angelegenheiten öffentlichen Interesses zu unterstützen und so ihre Aufgabe als *„public watchdog"* gefährden.[453] Daher stellt die Durchsuchung von Wohnung und Büro eines Journalisten einen rechtswidrigen Eingriff in die Pressefreiheit dar, wenn sie aufgrund lediglich vager Anhaltspunkte für eine durch den Journalisten im Zusammenhang mit der Erlangung der verwendeten Informationen begangene Straftat nicht zu rechtfertigen ist.[454]

Im Rahmen von **Massenüberwachungen** ist dem schwer kalkulierbaren Risiko, dass **103** als vertraulich einzustufendes journalistisches Material unabsichtlich mitabgefangen wird („bycatch"), dadurch zu begegnen, dass **Kontrollmöglichkeiten durch einen Richter** oder ein anderes unabhängiges und unparteiisches Entscheidungsorgan bestehen, das die Befugnis zur Abwägung zwischen dem öffentlichen Interesse und dem Grundsatz des Schutzes journalistischer Quellen innehat und das die **Auswahlkriterien der Massendatenabfrage („Selektoren")** vorab autorisiert.[455] Das Erfordernis einer entsprechenden **richterlichen Überprüfung** gilt auch für die **Speicherung und Weiterverarbeitung bereits erlangten Materials**, bei dem sich erst im Nachgang herausstellt, dass es sich um vertrauliches journalistisches Material handelt.[456]

Das Ausmaß des Quellenschutzes kann sich ferner erheblich auf ein laufendes Straf- **104** verfahren auswirken. Im Fall *Voskuil*[457] hatte ein Journalist einen Artikel veröffentlicht, in dem ein ungenannter Polizist Methoden preisgab, die er gegenüber verschiedenen Personen bei strafrechtlichen Ermittlungen gebraucht hatte. Das zuständige Gericht befahl dem Journalisten, die Identität der Quelle preiszugeben, einerseits um drei wegen Waffenhandel Angeklagten ein faires Verfahren zu garantieren, andererseits um die Integrität der Polizei und Justizbehörden zu wahren. Der Journalist weigerte sich, was für ihn eine zweiwöchige Inhaftierung zur Folge hatte. Obwohl das staatliche Vorgehen nach nationalem Recht vorgesehen war und zur Verhütung von Straftaten i.S.v. Art. 10 Abs. 2 erfolgte, sah der EGMR eine Verletzung des Art. 10 als gegeben an. Andernfalls bestünde die Gefahr, dass Informanten (Quellen) von der Zusammenarbeit mit der Presse abgeschreckt werden,

---

452 EGMR Goodwin/UK, 27.3.1996 (gerichtliche Offenlegungsorder und Strafe wegen Nichtbefolgung; zum Schutz von Informanten und des Redaktionsgeheimnisses); Voskuil/NL, 22.11.2007; Tillack/B, 27.11.2007, NJW **2008** 2565; Becker/N, 5.10.2017, §§ 65 ff., AfP **2018** 500; Jecker/CH, 6.10.2020, § 33; Sedletska/UKR, 1.4.2021, § 54; *Grabenwarter/Pabel* § 23, 53; *Frowein/Peukert* 17; Meyer-Ladewig/Nettesheim/von Raumer/*Daiber* 33; einschränkend EGMR Standard Verlagsgesellschaft MBH/A, 7.12.2021, § 71 (Leserkommentare auf der Seite einer elektronischen Zeitschrift sind keine geschützte journalistische Quelle).
453 EGMR Voskuil/NL, 22.11.2007; BVerfG NJW **2011** 1859 = DVBl. **2011** 161 = AfP **2011** 47 (Beschlagnahme von Beweismitteln in Redaktionsräumen oder Rundfunksendern; Missachtung der Subsidiaritätsklausel des § 97 Abs. 5 Satz 2, 2. Hs. StPO). Vgl. aber auch EGMR Sanoma Uitgevers B.V./NL, 31.3.2009, wobei die GK (14.9.2010) eine Verletzung des Art. 10 bejahte; Financial Times Ltd u.a./UK, 15.12.2009.
454 EGMR Roemen u Schmit/LUX, 25.2.2003; Tillack/B, 27.11.2007; zum Erfordernis des Schutzes journalistischer Quellen bei TK-Massenüberwachungen: EGMR (K) Big Brother Watch u.a./UK, 13.9.2018, § 489 sowie (GK) 25.5.2021, NVwZ-Beilage **2021** 11; dazu *Ibel* ZD-Aktuell **2021** 05246.
455 EGMR (GK) Big Brother Watch/UK, 25.5.2021, §§ 444, 448 f.
456 EGMR (GK) Big Brother Watch/UK, 25.5.2021, § 450; zur Vereinbarkeit von Massenüberwachung und Art. 8 dort 129, 136; Centrum för Rättvisa/S, 25.5.2021, NVwZ-Beilage **2021** 30 (Beschwerde einer Rechtsschutz-Stiftung gegen das schwedische Massenüberwachungssystem).
457 EGMR Voskuil/NL, 22.11.2007.

was wiederum deren Rolle als „public watchdog" gefährde.[458] Anders kann sich die Lage darstellen, wenn ein Journalist **verdeckt** recherchiert und so die Quelle gar nicht erfährt, dass sie als selbige fungiert.[459]

105   In Deutschland gewährt **§ 53 Abs. 1 Nr. 5, Abs. 2 Satz 3 StPO** Journalisten ein weitreichendes **Zeugnisverweigerungsrecht**, unabhängig davon, ob die Nennung der Quelle zur Aufklärung einer Straftat erforderlich ist oder die dem Journalisten zugespielte Information rechtmäßig oder rechtswidrig (Geheimnisverrat) erlangt wurde.[460] Grundsätzlich untersagt **§ 97 Abs. 5 StPO** die Beschlagnahme von Unterlagen eines Journalisten, um zu verhindern, dass die Ermittlungsbehörden die nicht genannte Quelle selbst identifizieren.[461] Jedoch wird dieser Schutz in der Praxis oftmals dadurch ausgehebelt, dass gegen den Journalisten aufgrund des Verdachts der **Beihilfe** zu einer Straftat der „Quelle" (Geheimnisverrat; §§ 353b, 27 StGB) ermittelt wird.[462]

106   Im Juni 2009 wurde die von europäischen Journalisten initiierte **Europäische Charta für Pressefreiheit** (*European Charter on Freedom of the Press*) vorgestellt.[463] Zur Stärkung ihrer Rechte können sich Medienvertreter auf diese Charta berufen, wenn sie von Regierungen oder Behörden in ihrer journalistischen Freiheit beeinträchtigt werden. Die zehn Artikel umfassende Charta legt Grundsätze fest, die Regierungen beim Umgang mit Journalisten einhalten müssen (u.a. Zensurverbot; Schutz vor Überwachungen, Lauschaktionen und Durchsuchungen von Redaktionen und Computern; freier Zugang von Journalisten und Bürgern zu allen in- und ausländischen Informations- und Medienquellen). Sie fordert mit Nachdruck den Schutz der Journalisten vor Bespitzelung. Nach der Vorstellung ihrer Initiatoren sollte die Anerkennung der Charta bei künftigen Verhandlungen über den Beitritt zur Europäischen Union bzw. zum Europarat zur Bedingung gemacht werden.

107   Bei **Einzelfragen des privaten Bereichs**, bei denen nicht das Funktionieren des öffentlichen Lebens unmittelbar berührt ist, sondern das Verhältnis zwischen einzelnen Bürgern, ihre gegenseitigen Rechte, ihre persönliche Integrität oder ihre weltanschaulichen und reli-

---

458 Insbesondere konnten die Aussagen des Journalisten im Verfahren gegen die wegen Waffenhandels Angeklagten durch andere Zeugenaussagen ersetzt werden; vgl. ferner Sedletska/UKR, 1.4.2021, § 55.
459 EGMR Nordisk Film u. TV A/S/DK (E), 8.12.2005, dazu *Zeder* ÖJZ **2011** 8; Karpenstein/Mayer/*Mensching* 87.
460 *Hettling/Voelkel* DAJV **2006** 77, 78; BVerfGE **66** 116 (Springer/Wallraff).
461 Hierzu: BVerfG NJW **2011** 1859 = DVBl. **2011** 161 = AfP **2011** 47.
462 Dies ist grundsätzlich verfassungsrechtlich gerechtfertigt (BVerfGE **117** 244, 260 ff.). Allerdings muss dann „dem durch Art. 5 Abs. 1 Satz 2 GG gebotenen Informantenschutz bei der Auslegung und Anwendung der zur Durchsuchung und Beschlagnahme ermächtigenden Normen [...] hinreichend Rechnung getragen worden [sein]". Zur Stärkung des Informanten- und Quellenschutzes wurde durch das Gesetz zur Stärkung der Pressefreiheit im Straf- und Strafprozessrecht v. 25.6.2012 (BGBl. I S. 1374) ein neuer Absatz 3a in § 353b StGB mit folgendem Wortlaut eingeführt: „*(3a) Beihilfehandlungen einer in § 53 Absatz 1 Satz 1 Nummer 5 der Strafprozessordnung genannten Person sind nicht rechtswidrig, wenn sie sich auf die Entgegennahme, Auswertung oder Veröffentlichung des Geheimnisses oder des Gegenstandes oder der Nachricht, zu deren Geheimhaltung eine besondere Verpflichtung besteht, beschränken.*" (BTDrucks. **17** 3355). Zusätzlich erfolgte eine Ergänzung von § 97 Abs. 5 Satz 2 Hs. 1 StPO. Das Gesetz trat am 1.8.2012 in Kraft; hierzu *Schork* NJW **2012** 2694. Der Bundesrat hatte die Ablehnung der Gesetzesänderung gefordert, da der Schutz der Journalisten über § 34 StGB ausreichend sei, BRDrucks. 538/10, 875. Sitzung, 15.10.2010, 15. Zu diesem Gesetzgebungsvorhaben *Ignor/Sättele* ZRP **2011** 69, sowie zum Entwurf eines Gesetzes zum Schutz von Journalisten und der Pressefreiheit im Straf- und Strafprozessrecht der Fraktion BÜNDNIS 90/DIE GRÜNEN (BTDrucks. 17 3989). Zur Problematik ferner *Gaede* AfP **2007** 410.
463 Zum Text der Charta: www.pressfreedom.eu.

giösen Auffassungen[464] oder auch der private Wettbewerb,[465] hat der Staat einen größeren Regelungsraum, vor allem, wenn er kollidierende Freiheitsrechte zwischen den Bürgern ausgleichen[466] oder einem starken Wandel in den wirtschaftlichen oder gesellschaftlichen Verhältnissen Rechnung tragen muss.[467] Stehen sich auf beiden Seiten die Rechte auf freie Meinungsäußerungen gegenüber, ist der Staat, der in der Sache die konträren Meinungen beider Seiten achten muss, darauf beschränkt, gegen Missbräuche einzuschreiten,[468] so vor allem, wenn das Recht auf Achtung der Menschenwürde[469] oder ein sonstiges vorrangiges Recht eines Beteiligten verletzt wird.

Das BVerwG[470] hat die journalistische Arbeit mit der Aussage gestärkt, dass einem **108** Auskunftsersuchen der Presse, welches sich auf die Bekanntgabe der Namen der am Urteil mitwirkenden Personen richtet, regelmäßig stattzugeben ist. Nicht per se gestattet ist es der Presse, bei der Recherche zu Gerichtsverfahren solche personenbezogenen Informationen einzufordern, denen selbst bei **Anlegung eines großzügigen, den besonderen Funktionsbedürfnissen und Arbeitsgewohnheiten der Presse vollauf Rechnung tragenden Maßstabs** jegliche materielle Bedeutung im Zusammenhang mit dem Thema der Recherche fehle. Das verfassungsmäßig abgesicherte Persönlichkeitsrecht habe dann nicht hinter dem Auskunftsinteresse der Presse zurückzustehen, wenn die Schlüssigkeit des Informationsbedürfnisses der Presse in Bezug auf diese Person im Dunkeln bleibt und es in der Folge erscheint, als handele es sich um bloße Recherche „ins Blaue" hinein oder um eine solche ohne stichhaltigen, materiellen Hintergrund.

5. Einzelne Zwecke einer zulässigen Beschränkung

a) Schutz der nationalen Sicherheit. Der Schutz der nationalen Sicherheit, der auch **109** die in Art. 10 Abs. 2 besonders erwähnte territoriale Unversehrtheit eines Staates mit umfasst, rechtfertigt Einschränkungen der Äußerungs- und Informationsbeschaffungsfreiheit zur Verhütung einer Gefährdung des Staates. Darunter fällt die Bekämpfung **separatistischer Aktivitäten und Aussagen**[471] ebenso wie der strafrechtliche **Schutz von Staatsgeheimnissen,**[472] aber auch das Verbot, u.a. in der Presse über eine **gerichtliche Verhandlung** oder den Inhalt eines die Sache betreffenden **amtlichen Schriftstücks** zu berichten, wenn

---

464 Vgl. einerseits EGMR Wingrove/UK, 25.11.1996; andererseits EGMR Otto-Preminger-Institut/A, 20.9.1994; dazu *Grabenwarter/Pabel* ZaöRV **55** (1995) 128; ferner EGMR Gachechiladze/GEO, 22.7.2021 (Kondomwerbung mit Nationalheiliger).
465 Etwa EGMR Barthold/D, 25.3.1985; Markt Intern Verlag GmbH u.a./D, 20.11.1989; Casado Coca/E, 24.2.1994; Jacubowski/D, 23.6.1994 (Wettbewerbsverstoß durch Rundbrief); zu beiden *Calliess* EuGRZ **1996** 293; *Kulms* RabelsZ **1999** 520, 524; *Prebeluh* ZaöRV **61** (2001) 771, 779 ff., 785.
466 EGMR Wingrove/UK, 25.11.1996 (Schutz vor Blasphemie); Rabczewska/PL, 15.9.2022 (Blasphemie).
467 Etwa EGMR Casado Coca/E, 24.2.1994.
468 EGMR Tierbefreier e.V./D, 16.1.2014, NJW **2015** 763, §§ 50–60 (zivilrechtliche Unterlassungsverfügung bezüglich illegal erlangten Filmmaterials aus Tierversuchslabor; gerechter Ausgleich zwischen dem Recht auf freie Meinungsäußerung und dem Interesse einer Firma am Schutz ihres Rufes).
469 Vgl. BVerfGE **75** 369, 380; **102** 347; BVerfG NJW **2002** 1303; *Grimm* NJW **1995** 1697, 1703.
470 BVerwG NJW **2015** 807 = StV **2016** 542.
471 Vgl. *Hoffmeister* EuGRZ **2000** 358, 361 zu den 13 Judikaten des EGMR gegen die Türkei in den Jahren 1998 und 1999 (Bekämpfung separatistischer pro-kurdischer Äußerungen).
472 EGMR Hadjianastassiou/GR, 16.12.1992, NJW **1993** 1697 = ÖJZ **1993** 396 = EuGRZ **1993** 70; ferner die sog. Spycatcher-Fälle: EGMR Observer u. Guardian/UK, 26.11.1991, und Sunday Times/UK (Nr. 2), 26.11.1991. Zu den Einschränkungen des Geheimnisschutzes bei bereits anderweitig der Öffentlichkeit zugänglichen Informationen: EGMR Vereniging Weekblad Bluf/NL, 9.2.1995, ÖJZ **1995** 469; ähnlich EGMR (GK) Fressoz u. Roire/F, 21.1.1999; dazu *Prebeluh* ZaöRV **61** (2001) 771, 812.

Esser

in einer gerichtlichen Verhandlung die Öffentlichkeit wegen Gefährdung der Staatssicherheit ausgeschlossen wurde (§ 174 Abs. 2 GVG; § 353d Nr. 1, 2 StGB).[473] Unter bestimmten Umständen kann auch das Einschreiten gegen die Aufforderung zur Fahnenflucht mit diesem Zweck gerechtfertigt werden.[474] Die durch Art. 20 Abs. 1 IPBPR (Rn. 162 ff.) ausdrücklich festgelegte Verpflichtung, Kriegspropaganda durch Gesetz zu verbieten, wird ebenfalls erfasst, wie auch das **Verbot einer neonazistischen oder faschistischen Betätigung**[475] und die Bestrafung der Verbreitung von **Propagandamaterial verfassungswidriger Organisationen**[476] sowie der mit einem Parteiverbot zwangsläufig verbundene Eingriff in Art. 10.[477] Bei ernsthaften Konflikten und Spannungen besteht eine besondere Sorgfaltspflicht der Medien bei ihrer Berichterstattung, damit sie nicht zur Verbreitung von Hass und Gewalt missbraucht werden.[478]

110 **b) Öffentliche Ordnung.** Die öffentliche Ordnung, die in **Art. 19 Abs. 3 IPBPR** durch den Begriff **„ordre public"** definiert wird,[479] rechtfertigt ebenfalls Einschränkungen der Meinungs- und Informationsfreiheit. Dieser sehr weite Begriff deckt vielfach auch die Eingriffe ab, die bei Art. 10 Abs. 2 unter die dort detaillierter aufgeführten legitimen Eingriffsziele fallen. Bei der großen Spannweite dieses Begriffs, der vielgestaltige Maßnahmen im öffentlichen Interesse umfassen kann, erlangen die aus den allgemeinen Grundsätzen, vor allem die aus der Notwendigkeit und der Demokratieüblichkeit ableitbaren Schranken besondere Bedeutung, so etwa auch bei der Beurteilung berufsrechtlicher Werbeverbote.[480]

111 Art. 10 versucht eine Eingrenzung des weiten Begriffs der öffentlichen Ordnung dadurch, dass er die für die Beschränkung wichtigen Gesichtspunkte **„öffentliche Sicherheit, Aufrechterhaltung der Ordnung und Verbrechensverhütung"** nebeneinander aufzählt. Unter Ordnung wird die allgemeine öffentliche Ordnung verstanden, die vom Schutz der demokratischen Institutionen und der staatlichen Strukturen gegen Störungen bis zu der Regelung einzelner Sachbereiche reicht, wie etwa der Ordnung des Straßenverkehrs oder der Telekommunikation oder die Maßnahmen zur Verhütung von gegenseitigen Störungen beim Betrieb von Rundfunkanlagen.[481] Auch **öffentlicher Nudismus („Nacktwandern")** beeinträchtigt die öffentliche Ordnung – zu berücksichtigen ist in diesem Zusammenhang, dass eine öffentliche Debatte über den Umgang mit dem eigenen Körper in der Regel auch auf andere Weise als durch nacktes Auftreten in der Öffentlichkeit angestoßen werden kann, zumal der von seinen Ansichten Überzeugte ggf. verpflichtet ist, sich aus Rücksicht auf andere Bürger zu bekleiden.[482] Auch die **interne Ordnung einzelner öffentlicher Einrichtun-**

---

473 Siehe EGMR Adamek/D (E), 25.3.2008 (Verurteilung eines Journalisten; Abhören von Polizeifunk).

474 EKMR bei *Frowein/Peukert* 37 zu konkreten Hinweisen auf Desertionsmöglichkeiten in Nordirland.

475 EKMR bei *Frowein/Peukert* 37; *Nowak* 54; näherliegend wohl die öffentliche Ordnung vgl. Rn. 112.

476 EKMR nach *Frowein/Peukert* 37.

477 Vgl. Art. 11 Rn. 47 ff.; entsprechend hat eine Partei erst recht hinzunehmen, im Rahmen der sonstigen Grenzen der Meinungsäußerungsfreiheit von politischen Akteuren als verfassungsfeindlich kritisiert zu werden, vgl. EGMR Nationaldemokratische Partei Deutschlands/D, 4.10.2016, § 11.

478 Vgl. EGMR Şener/TRK, 18.7.2000, ÖJZ **2001** 696; *Grabenwarter/Pabel* § 23, 51.

479 Die engl. Fassung *„public order"* bringt diesen Begriff als Klammerzusatz; zur Entstehung vgl. *Nowak* 55.

480 Vgl. EGMR Barthold/D, 25.3.1985; Casado Coca/E, 24.2.1994.

481 EGMR Autronic AG/CH, 22.5.1990; EKMR bei *Strasser* EuGRZ **1990** 291 (Autronic AG).

482 EGMR Gough/UK, 28.10.2014, §§ 175 f. („In particular, Article 10 does not go so far as to enable individuals, even those sincerely convinced of the virtue of their own beliefs, to repeatedly impose their own antisocial conduct on other unwilling members of society and then to claim a disproportionate interference with the exercise of their freedom of expression when the State, in the performance of its duty to protect the public from public nuisances, enforces the law in respect of such deliberately repetitive antisocial conduct."); BGer Urt. v. 17.11.2011, BGE IV 13 m. Anm. *Bommer* ZBJV **2016** 264.

gen), wie von Behörden, des Militärs[483] oder von Strafanstalten,[484] fallen hierunter. Bei der Beurteilung, ob und welche Maßnahmen im konkreten Fall zur Aufrechterhaltung der Ordnung angezeigt sind, haben die Staaten und ihre Organe einen gewissen **Beurteilungsspielraum**, der dadurch begrenzt wird, dass die jeweiligen Maßnahmen zur Erreichung des mit ihnen angestrebten Zweckes in einer demokratischen Gesellschaft notwendig sein müssen und dass sie die Verhältnismäßigkeit gegenüber dem mit ihnen angestrebten Zweck wahren.[485]

Die **Verhütung von Straftaten** kann die Einschränkung der Meinungsäußerungs- **112** freiheit durch die „klassischen" Straftat- und Ordnungswidrigkeitentatbestände[486] rechtfertigen. Gerade Äußerungen, die zur Begehung einer Straftat auffordern, können unterbunden werden;[487] allerdings ist auch hier der jeweilige Einzelfall sehr genau zu prüfen.[488] So stellt es keine Aufforderung zu einer Straftat dar, wenn Zeitungsartikel, die ein negatives Bild eines Staates zeichnen und zudem in feindlichem Ton verfasst sind, Personen nennen, die terroristische Aktivitäten bekämpfen.[489] Beim **Vermummungsverbot** überwiegt in der Regel das öffentliche Interesse an der Gefahrenabwehr und der Verhütung strafbarer Handlungen den damit verbundenen Eingriff in die nur in der äußeren Form ihrer Ausübung betroffene Meinungsfreiheit.[490] Der Schutz der öffentlichen Ordnung rechtfertigt auch Maßnahmen zur Durchsetzung des in Art. 20 IPBPR ausdrücklich verbotenen Eintretens für **nationalen, rassischen oder religiösen Hass**, durch das zur Diskriminierung, Feindseligkeiten oder Gewalt aufgestachelt wird (Rn. 142 ff.).[491] Zu berücksichtigen sein kann dabei der Kontext, in dem die Aufstachelungen auftauchen. So liegt die Grenze zum Einschreiten im Vergleich zum Gebrauch von Massenmedien höher, wenn die Äußerungen lediglich im Rahmen einer Novelle getätigt

483 EGMR Engel/NL, 8.6.1976; Vereinigung demokratischer Soldaten Österreichs u. Gubi/A, 19.12.1994; *Frowein/Peukert* 38; *Grabenwarter/Pabel* § 23, 25.

484 EGMR Golder/UK, 21.2.1975, EuGRZ **1975** 91; Silver u.a./UK, 25.3.1983; *Frowein/Peukert* 38 u.a. zum Verbot, Artikel aus dem Gefängnis zu schreiben; *Grabenwarter/Pabel* § 23, 25; *Prebeluh* ZaöRV **61** (2001) 771, 791; vgl. EGMR Nilsen/UK (E), 9.3.2010 (Einschreiten der Strafanstalt gegen Vorhaben eines Strafgefangenen, eine Autobiographie zu veröffentlichen).

485 Vgl. EGMR Chorherr/A, 25.8.1993, ÖJZ **1994** 174; Piermont/F, 27.4.1995.

486 EGMR Novikova u.a./R, 26.4.2016, § 140 (Mehrheitsvotum, auch Ordnungswidrigkeiten, sog. „administrative offences", unter den Begriff des Verbrechens [„crime"] i.S.d. Art. 10 Abs. 2, Art. 11 Abs. 2 zu fassen).

487 EGMR Le Pen/F, 13.9.2016; *Prebeluh* ZaöRV **61** (2001) 771, 794.

488 Kein Verstoß gegen Art. 10: EGMR Manannikov/R, 1.2.2022 (Hochhalten eines Banners mit einem Putin-Hitler-Vergleich auf einer Demonstration).

489 EGMR Ergin u. Keskin/TRK (Nr. 1 u. 2), 16.6.2005 (türkische Gerichte hatten die Bf. u.a. schuldig befunden, Personen bewusst zur Zielscheibe terroristischer Aktivitäten gemacht zu haben); Çetin/TRK, 20.12.2005.

490 Vgl. BGer EuGRZ **1992** 137; nicht zulässig ist aber die Bestrafung einer ansonsten friedlichen Demonstration wegen der Nutzung eines Banners mit einem zwar vulgären, aber nicht strafrechtlich erheblichen Inhalt, vgl. EGMR Peradze u.a./GEO, 15.12.2022.

491 Vgl. HRC Faurisson/F, 8.11.1996, 550/1993, EuGRZ **1998** 271, wo der Zweck eines französischen Gesetzes, Antisemitismus zu bekämpfen, als mit Art. 19 Abs. 3 IPBPR vereinbar angesehen wurde, während die abstrakte Beurteilung eines das Leugnen anderer historischer Tatsachen unter Strafe stellenden Gesetzes abgelehnt wurde; zur Problematik *Weiß* EuGRZ **1998** 274; *Hoffmeister* EuGRZ **2000** 358, 360, EGMR Le Pen/F, 13.9.2016 (Verurteilung des ehemaligen französischen Präsidentschaftskandidaten, der öffentlich vor der wachsenden muslimischen Gemeinschaft warnte, sowie mehrfach eine Abgrenzung zwischen „den Franzosen" und den „den Muslimen" befürwortete); vgl. auch den ähnlich gelagerten Fall in EGMR Zemmour/F, 20.12.2022, §§ 56 ff.; Lanzerath/D (E), 5.7.2022 (legitime Einschränkung des Art. 10 im Falle einer Volksverhetzung i.S.d. § 130 Abs. 3 StGB).

werden.[492] Äußerungen, die sich gegen die der Konvention zugrunde liegenden Werte richten, genießen nicht den Schutz des Art. 10.[493] Die Beschlagnahme und Einziehung eines Films wegen der erheblichen **Verletzung der religiösen Gefühle** eines großen Teiles der Bevölkerung durch den Filminhalt kann unter dem Blickwinkel der Aufrechterhaltung der öffentlichen Ordnung und des Schutzes der Rechte anderer gerechtfertigt sein.[494] Das Gleiche gilt für das im Hinblick auf die besonderen Verhältnisse mit Art. 9 gerechtfertigte Verbot der religiösen Radiowerbung in Irland.[495] Ebenso hat es der EGMR als einem dringenden sozialen Bedürfnis entsprechend angesehen, dass die Türkei gegen verletzende Angriffe in Glaubensfragen vorging, und die (geringe) Bestrafung eines Autors für die Veröffentlichung eines Buches in der Türkei, das eben solche Glaubensvorstellungen stark angriff, als gerechtfertig angesehen.[496]

113   **c) Ansehen und Unparteilichkeit der Rechtspflege.** Einen Sonderfall der öffentlichen Ordnung und einen Einschränkungszweck, der auch für Strafverfahren von unmittelbarer Bedeutung ist, stellt die in Art. 10 Abs. 2 besonders erwähnte Gewährleistung des Ansehens und der Unparteilichkeit der Rechtspflege[497] dar. Diese von der angelsächsischen Vorstellung des **„contempt of court"**[498] beeinflusste Zielsetzung wird auch von der Überlegung mitbestimmt, dass die Richter durch ihre Verschwiegenheitspflicht mitunter daran gehindert sind, einer öffentlichen Kritik entgegenzutreten.[499] Wenn es einem Richter allerdings möglich ist, seinen Ruf auf zivilrechtlichem Wege zu verteidigen, so kann dies zur Unverhältnismäßigkeit einer staatlichen Einschränkung der Meinungsfreiheit, insbesondere einer Gefängnisstrafe wegen Kritik an der Justiz, führen.[500] Beamte, die in der Rechtspflege tätig sind, sollten von Meinungsäußerungen, die die Autorität und Unparteilichkeit der Rechtspflege beeinträchtigen könnten, Abstand nehmen, was aber nicht heißt, dass solche generell untersagt wären.[501]

---

492 Vgl. zur ungerechtfertigten Beschlagnahme einer auf Tatsachen basierenden Novelle: EGMR Alinak/ TRK, 29.3.2005; allerdings kann auch im Rahmen der Meinungsäußerung in einer Novelle die Grenze überschritten sein, vgl: EGMR Lindon, Otchakovsky-Laurens u. July/F, 22.10.2007.

493 EGMR Lehideux u. Isorni/F, 23.9.1998.

494 EGMR Otto-Preminger-Institut/A, 20.9.1994; dazu *Grabenwarter/Pabel* ZaöRV **55** (1995) 128; *Villiger* 730; *Prebeluh* ZaöRV **61** (2001) 771, 809 f.; vgl. ferner EGMR Wingrove/UK, 25.11.1996 (blasphemisches Video).

495 EGMR Murphy/IR, 10.7.2003 (zur besonderen religiösen Lage in Irland sowie der Benachteiligung finanzschwächerer Religionsgemeinschaften bei Zulassung); vgl. *Goedecke* JIR **46** (2003) 606, 626, *Gundel* ZUM **2005** 345, auch zu den Auswirkungen dieses Urteils auf Deutschland.

496 Vgl. EGMR I.A./TRK, 13.9.2005, NJW **2006** 3263 (unter Hinweis darauf, dass das Buch nicht aus dem Verkehr gezogen, nur eine geringe Strafe verhängt wurde und der Prophet Mohamed die zentrale Rolle in der Lehre des Islams einnehme).

497 Siehe EGMR Seckerson and Times Newspaper Limited/UK (E), 24.1.2012 (Geheimhaltung der Jury Beratungen). Grundlegend auch: EGMR (GK) Kyprianou/ZYP, 15.12.2005, § 156; Lopuch/PL, 24.7.2012, § 61.

498 Vgl. EGMR Sunday Times/UK, 26.4.1979; Radobuljac/H, 28.6.2016, § 54; *Frowein/Peukert* 30, 43; *Grabenwarter/Pabel* § 23, 27; Karpenstein/Mayer/*Mensching* 51.

499 EGMR De Haes u. Gijsels/B, 24.2.1997; vgl. zur politischen Betätigung eines Richters EGMR Hrico/SLO, 20.4.2004, § 46; *Grabenwarter/Pabel* § 23, 34; *Steinberger* Umfang und Grenzen der Kritik an Richtern in Deutschland, den Vereinigten Staaten von Amerika und in der Rechtsprechung des Europäischen Gerichtshofs für Menschenrechte (2010) 281 ff.; vgl. EGMR Bezymyannyy/R, 8.4.2010 (Anschuldigung gegen Richter, ein vorsätzlich unrichtiges Urteil gefällt zu haben).

500 EGMR Katrami/GR, 6.12.2007 (Artikel über ein Strafverfahren gegen Schwester; Bezeichnung des Richters implizit als „Clown"; Verurteilung vom EGMR beanstandet, u.a. mit dem Hinweis auf Anhängigkeit einer zivilrechtlichen Klage des Richters).

501 EGMR Kayasu/TRK, 13.11.2008 (türkischer Staatsanwalt hatte Anklage gegen einen Initiator des Militärcoups von 1980 erhoben und leitete u.a. Kopien der Anklageschrift an die Presse weiter; Freiheitsstrafe zur

Gesetzliche **Regelungen und Einzelanordnungen** zum Schutz des Ansehens des Ge- 114 richts sowie der Richter und zur **Sicherung der Autorität des Gerichts** werden als zulässig angesehen, so etwa die Versagung des Zutritts (§ 175 GVG), die Ahndung eines ungebührlichen Verhaltens vor Gericht (§ 178 GVG) oder die Ahndung von herabwürdigenden Äußerungen über Berufs- und Laienrichter.[502] Gestattet sind vor allem Maßnahmen, die die Funktion der Rechtspflege schützen und nicht zuletzt die Laienrichter vor einer Beeinflussung durch die Massenmedien bewahren sollen (vgl. § 353d StGB; Rn. 116) oder die Verpflichtung zur Wahrung der Vertraulichkeit einer strafrechtlichen Untersuchung.[503] Zulässig ist das Verbot, dass Inhalte der Beratung einer *Jury* verbreitet werden.[504]

Bei einem Einschreiten gegen eine **Presseveröffentlichung** ist ein strenger Maßstab 115 anzulegen. Eingriffe in die Berichterstattung über Maßnahmen der **Rechtspflegeorgane** sind nur in Ausnahmefällen zulässig. Hier fällt ins Gewicht, dass die Rechtspflege grundsätzlich unter Zugang der Öffentlichkeit zu erfolgen hat (Art. 6 Abs. 1), so dass der Information der Öffentlichkeit besonderes Gewicht zukommt.[505] Die Zulässigkeit von Einschränkungen der Freiheit der Meinungsäußerung im Interesse des Ansehens und der Unparteilichkeit der Rechtspflege berechtigen den Staat nicht, bereits jede öffentliche Erörterung einer bei Gericht anhängigen Sache einzuschränken.[506] Dafür bedarf es eines schwerwiegenden Grundes. **Art und Umfang der Einschränkung** müssen den Umständen nach **unerlässlich** sein. So kann z.B. zur **Sicherung eines fairen Verfahrens** die Erörterung eines laufenden Verfahrens nach nationalem Recht geahndet werden, wenn sie objektiv geeignet ist, dessen Ausgang zu beeinflussen.[507] Auch das Verbot, den Gang einer Verhandlung stark verkürzt im Fernsehen nachzuspielen, wurde als gerechtfertigt angesehen.[508] Diese Kriterien können im Einzelfall auch herangezogen werden, um eine Konventionswidrigkeit der Sanktionierung einer nicht im Einklang mit nationalen Vorschriften erfolgten Veröffentlichung von Tonaufnahmen aus einem Strafverfahren zu beurteilen.[509]

Der Sicherung des Gerichts gegen eine Beeinflussung von außen dient auch **§ 353d Nr. 3** 116 **StGB**, der die **Veröffentlichung der Anklageschrift** oder amtlicher Schriftstücke eines Straf-,

---

Bewährung und Amtsenthebung u.a. wegen Beleidigung des Militärs; „chilling effect" solcher Strafen auf alle in der Justizpflege Tätigen habe berücksichtigt werden müssen; angemessene Balance zwischen dem Recht des Beamten auf Meinungsfreiheit und dem damit konkurrierenden Interesse der gebührlichen Rechtspflege erforderlich); vgl. auch EGMR Kövesi/RUM, 5.5.2020, § 209 („chilling effect", wenn dienstliche Äußerungen eines hohen Beamten zu einer Justizreform zu seiner Entlassung führen können); Goryaynova/UKR, 8.10.2020 (Versetzung einer Staatsanwältin wegen eines offenen Briefs an den Generalstaatswalt bzgl. bestehender behördlicher Missstände); Guz/PL, 15.10.2020, §§ 89 ff., NJW **2021** 3713 (Disziplinarverfahren wegen interner Beschwerde eines Richters in Personalfragen).

502 EGMR Barford/DK, 22.2.1989, ÖJZ **1989** 695; Corte Costituzionale EuGRZ **2002** 613 m. Anm. *Luther* (Kontrollaufgabe des Abgeordneten rechtfertigt nicht Beleidigung eines Staatsanwalts).

503 EGMR Weber/CH, 22.5.1990 (Bestrafung der Veröffentlichung einer bereits vorher bekanntgewordenen Tatsache als für nicht notwendig in einer demokratischen Gesellschaft angesehen).

504 EGMR Seckerson/UK u. Times Newspapers Limited/UK (E), 24.1.2012, §§ 42 ff.; EKMR Associated Newspapers Limited, Steven u. Wolman/UK, 30.11.1994.

505 Vgl. EGMR Sunday Times/UK, 26.4.1979; *Frowein/Peukert* 43.

506 EGMR Worm/A, 29.8.1997; Anatoliy Yeremenko/UKR, 15.9.2022, § 44.

507 EGMR Worm/A, 29.8.1997.

508 EKMR bei *Strasser* EuGRZ **1988** 613.

509 EGMR Pinto Coelho/P, 22.3.2016 (Geldstrafe für Publizierung von Tonmitschnitten ohne gerichtliche Erlaubnis; Der EGMR bejahte eine Verletzung ihres Rechts aus Art. 10 Abs. 1 aufgrund einer Gesamtschau aller relevanten Umstände unter anderem unter Hinweis darauf, dass das Verfahren bereits abgeschlossen und der Öffentlichkeit zugänglich gewesen war; §§ 18, 50).

Bußgeld- oder Disziplinarverfahrens vor ihrer Verwendung im Verfahren oder vor dessen Abschluss mit Strafe bedroht.[510]

117   Sachliche **Kritik an einer getroffenen gerichtlichen Entscheidung** kann, selbst wenn einseitig und überzogen, nicht pauschal mit dem Hinweis auf das Ansehen des Gerichts bzw. des einzelnen Richters unterbunden werden; die Gerichte müssen sie hinnehmen.[511] Nicht akzeptabel und daher auch nicht von Art. 10 gedeckt sind hingegen Versuche, schon von vornherein durch unsachliche öffentliche Kritik den Ausgang des Verfahrens zu beeinflussen.[512] Gleiches gilt für Beleidigungen der Berufs- oder Laienrichter im Bereich der reinen **Schmähkritik**;[513] umgekehrt bedeutet dies, dass auch **personenbezogene Kritik** zulässig ist, solange sie **anlassbezogen** erfolgt, einen **sachlichen Bezug** zum Verfahren hat und in Bezug auf den geltend gemachten Mangel in einem **angemessenen Verhältnis** bleibt.[514] Auch wenn die kritisierte Gerichtsentscheidung nicht mit Rechtsmitteln angegriffen wird, ist dabei eine Rechtfertigung von ehrverletzenden Äußerungen unter dem Gesichtspunkt „Kampf ums Recht" nicht von vornherein ausgeschlossen. Jedenfalls aber wird der Aspekt der Machtkritik zugunsten des sich Äußernden heranzuziehen und in die grundrechtliche Abwägung mit einzustellen sein.[515]

118   Auch **Rechtsanwälte**, vor allem **Strafverteidiger**, müssen durch ihr Verhalten gegenüber den Strafverfolgungsbehörden und vor Gericht, speziell durch den Inhalt und die Form ihrer schriftlichen und mündlichen Äußerungen zu einer ordnungsgemäßen Rechtspflege beitragen. Sie besitzen aber einen ihrem Handlungsauftrag geschuldeten **großen Freiraum für die Art und Form ihrer Ausführungen**; nur so kann ihnen die nachdrückliche Vertretung der Rechte und Interessen ihrer Klienten gelingen.[516] Dieser Freiraum ist allerdings nicht grenzenlos – auch nicht mit Hinweis auf das der Prozesspartei bzw. dem Beschuldigten garantierte **Recht auf ein faires Verfahren** (Art. 6 Abs. 1).[517] Dies gilt vor allem für personen-

---

510   Zu diesen sowie anderen Gründen für dieses strafbewehrte Verbot: BVerfG NJW **2014** 2777 = AfP **2014** 435 = EuGRZ **2014** 489 = JR **2015** 209 m. Anm. *Ladiges* = GRUR-Prax **2014** 357 = ZUM-RD **2014** 616 = wistra **2014** 387; zur rechtspolitischen Kritik an diesem Straftatbestand: *Eisele* ZRP **2014** 106.
511   Vgl. EGMR Sunday Times/UK, 26.4.1979; Sabou u. Pîrcalab/RUM, 28.9.2004; Kobenter u. Standard Verlags GmbH/A, 2.11.2006, ÖJZ **2007** 342 (hierzu *Ribarov* ÖJZ **2008** 174); Cornelia Popa/RUM, 29.3.2011, §§ 33, 40 und passim; *Frowein/Peukert* 43.
512   Vgl. EGMR Prager u. Oberschlick/A, 26.4.1995; Worm/A, 29.8.1997; *Prepeluh* ZaöRV **61** (2001) 771, 815; *Villiger* 792.
513   EGMR Barfod/DK, 22.2.1989; Prager u. Oberschlick/A, 26.4.1995; Skalka/PL, 27.5.2003, § 40; Falter Zeitschriften GmbH/A (Nr. 2), 18.9.2012, ÖJZ **2013** 571, § 38 („The freedom to criticize judges and the judiciary clearly falls within the scope of Article 10"); § 39 („Regard must, however, be had to the special role of the judiciary in society."; Verurteilung des Verlags zu einer Entschädigungszahlung aufgrund der Veröffentlichung der nicht belegten Behauptung, der Richter sei befangen gewesen, keine Verletzung von Art. 10; dazu: *Steinberger* 281 ff.); Martin/H (E), 7.4.2015, § 18.
514   Vgl. EGMR July u. Sarl Libération/F, 14.2.2007; Stancu u.a./RUM, 18.10.2022 (Berichterstattung über Privatleben des Richters); Analyse der EGMR-Rechtsprechung zur Beleidigung von Richtern bei *Ribarov* ÖJZ **2008** 174; vgl. auch: BVerfG NJW **2019** 2600 m. Anm. *Gostomzyk* = NStZ-RR **2019** 277 („Hexenprozess"; NS-Vergleich – keine Schmähkritik); NJW **2020** 2622, 2627 (Bezeichnung von Richtern u.a. als „asoziale Justizverbrecher", „Rechtsbeuger" in blog-Beitrag – keine Schmähkritik); siehe auch BVerfG NJW **2022** 1523, 1525 f.
515   Vgl. zum Ganzen: BVerfG NJW **2022** 1523, 1524 ff. (Beleidigung eines dem Betroffenen nicht einmal namentlich bekannten zuständigen Staatsanwalts im Zusammenhang mit Kritik an einem rechtskräftig gewordenen Strafurteil).
516   EGMR Čeferin/SLW, 16.1.2018, §§ 54 ff., NJW **2019** 137; OGH 12.1.2012, ÖJZ **2012** 560 = JBl. **2012** 377 (öffentliche Auseinandersetzung über Finderlohn; Bezeichnung der Äußerungen der Gegenseite als „Unfug").
517   Vgl. EGMR Schöpfer/CH, 20.5.1998; dazu *Villiger* 774; Wingerter/D (E), 21.3.2002; Nikula/FIN, 21.3.2002; (GK) Kyprianou/ZYP, 15.12.2005; Meyer-Ladewig/Nettesheim/von Raumer/*Daiber* 56.

bezogene ehrenrührige Behauptungen.[518] Wegen der Bedeutung der nicht durch die Befürchtung nachträglicher Sanktionen beeinflussten Wahrnehmung der Verteidigungsinteressen in der Verhandlung sieht der EGMR allerdings **nur in Ausnahmefällen eine Einschränkung der Äußerungsfreiheit des Verteidigers** als in einer demokratischen Gesellschaft notwendig an.[519] Dabei liegt der Maßstab für die Notwendigkeit einer Einschränkung höher, wenn der Mandant einem strafrechtlichen Vorwurf ausgesetzt ist, als in einem Verfahren, in dem es um eine Disziplinarmaßnahme geht, die der EGMR dem Spektrum des Strafrechtlichen entzieht.[520]

Grundsätzlich hat ein Rechtsanwalt/Strafverteidiger – auch außerhalb des Gerichts- **119** saals – das Recht, **die Rechtspflege mit Bezug zu einem konkreten Verfahren öffentlich und hart zu kritisieren**.[521] Auch insoweit sind seiner Kritik aber gewisse Grenzen gesetzt,[522] die bezüglich einer Strafverfolgungsbehörde, die dem Angeklagten im Verfahren „gegenübersteht", naturgemäß weiter verlaufen als bei der Kritik an einem unparteiischen Richter.[523] So gehört eine **pointierte bzw. sarkastische Einlassung** eines Rechtsanwalts vor Gericht, die als Stellungnahme zu einer juristischen Frage in einem konkreten Verfahren abgegeben wird, zur **Wahrnehmung seiner berechtigten Interessen**; sie ist daher von der Meinungsfreiheit gedeckt und nicht strafwürdig, vor allem dann nicht, wenn es sich bei einer **auf das konkrete Verfahren bezogenen Auslegung** der Äußerung nicht um eine Herabwürdigung des Gerichts insgesamt oder um eine persönliche Schmähung von Justiz-/Staatsbediensteten handelt.[524] Wird ein Rechtsanwalt wegen zuvor geäußerter Kritik an der **Rechtsanwaltskammer** und des Zustands der Anwaltschaft nicht in die Kammer aufgenommen, greift dies rechtswidrig in seine Meinungsäußerungsfreiheit ein.[525]

Umgekehrt besteht im Einzelfall auch ein öffentliches Interesse an der Rolle und **120** Tätigkeit von Anwälten in der Rechtspflege. Die (öffentliche) **Kritik an der konkreten Ausübung einer Vertretungtätigkeit eines Rechtsanwalts** kann daher – wenn sie

---

518 Vgl. EGMR Wingerter/D (E), 21.3.2002 (E); anwaltsgerichtliche Verwarnung eines Anwalts wegen der Verunglimpfung des guten Rufes der ortsansässigen Richter, Staatsanwälte und Rechtsanwälte in einem Kostenfestsetzungsverfahren; verhältnismäßig; BGH NJW **2009** 2690 (Mandatsverhältnis begründet keine Straffreiheit für persönliche Schmähungen Dritter, die ein Strafverteidiger gegenüber seinem Mandanten äußert, insbesondere nicht, wenn die Herabsetzungen nach Inhalt und Form als strafbare Beleidigung zu beurteilen sind, ohne durch die Wahrnehmung berechtigter Interessen gedeckt zu sein). Ferner hierzu BVerfGE **76** 171; BVerfG StV **1994** 489; NJW **2020** 2636 (Verurteilung eines Rechtsanwalts; Formulierung im Rahmen einer Dienstaufsichtsbeschwerde, ein Abteilungsleiter sei/verhalte sich „bösartig, hinterhältig, amts-missbräuchlich und asozial").
519 EGMR Nikula/FIN, 21.3.2002; Čeferin/SLW, 16.1.2018, §§ 47 ff., NJW **2019** 137.
520 EGMR Schmidt/A, 17.7.2008, ÖJZ **2008** 909.
521 Vgl. EGMR Foglia/CH, 13.12.2007, §§ 85 f., 95, 99 f. und passim (Anwalt kritisierte Methoden der StA in einem Strafverfahren, das aus Mangel an Beweisen eingestellt worden war, als oberflächlich und flüchtig. Er selbst hatte einige Personen bei zivilrechtlichen Klagen vertreten).
522 Überschritten waren diese Grenzen in EGMR Coutant/F, 24.1.2008 (Anwältin hatte eine Woche nach Beginn eines Strafverfahrens in einem Presseartikel die missbräuchlichen Methoden von Spezialeinheiten der Polizei im Kampf gegen den Terrorismus an den Pranger gestellt, ohne Beweise dafür liefern zu können).
523 EGMR Nikula/FIN, 21.3.2002.
524 EGMR Simić/BIH, 17.5.2022, §§ 5 f. (Anwalt hatte, um die Ablehnung seiner Klage durch das Instanzgericht zu karikieren, einen Vergleich mittels eines Witzes über einen Juraprofessor gezogen, der von seinen Studierenden erwartet habe, dass sie, um ihn inhaltlich zu überzeugen, nicht nur die Anzahl der Opfer des Atombombenangriffs auf Hiroshima nennen müssten, sondern auch deren Namen).
525 EGMR Hajibeyli u. Aliyev/AZB, 19.4.2018, NJW **2019** 2685; zur Nichtaufnahme wegen „Unwürdigkeit" (Beleidigung des Stations-Staatsanwalts im juristischen Vorbereitungsdienst): BVerfG NJW **2017** 3704.

über einen grundlosen, rein persönlichen Angriff hinausgeht – von Art. 10 geschützt sein.[526]

121   Vor allem mit dem Urteil in der Rs. *Morice* hat der EGMR das anwaltliche Recht auf Justizkritik nachdrücklich gestärkt. Anwälten wird vom EGMR eine **„zentrale Position in der Justizadministration"**[527] zugewiesen, eine **„Schlüsselrolle"** als **„Intermediäre zwischen Öffentlichkeit und Justiz"**[528] für die Herstellung von Vertrauen in das Funktionieren der Justiz und ihrer Abläufe. Das Vertrauen der Öffentlichkeit in die Effektivität der Rechtspflege sei zwar durchaus ein legitimer Grund, die Meinungsfreiheit von Kritikern verhältnismäßig einzuschränken. Das könne jedoch nicht heißen, dass Richter und Staatsanwälte vor jeder Kritik bewahrt werden müssten.[529] Anders verhält sich dies, wenn der Anwalt den Richter **nur unter Druck setzen** oder mit ihm eine **Rechnung begleichen** möchte, oder wenn er **lügt oder Behauptungen ins Blaue** hinein abgibt. Bewegt er sich aber im Rahmen der **Standesrichtlinien** und informiert er die Öffentlichkeit über Missstände, so darf er dies auch in scharfer Form.[530] Auch sonstige, nicht strafbare Tätigkeiten eines Rechtsanwalts, die als „staatskritisch" angesehen werden, dürfen nicht unter Beschneidung grundlegender Menschenrechte und unter dem Deckmantel der vermeintlichen Verbrechensaufklärung strafrechtlich verfolgt werden.[531]

122   **d) Verhinderung der Verbreitung vertraulicher Nachrichten.** Art. 10 Abs. 2 erwähnt als legitimes Eingriffsziel gesondert die Verhinderung der Verbreitung vertraulicher Nachrichten.[532] Dabei wird auf einen **materiellen Geheimnisbegriff** abgestellt, d.h. es ist in je-

---

526 EGMR Tešić/SRB, 11.2.2014, § 66 (Grund: Rolle der Anwälte in der ordentlichen Rechtspflege).
527 EGMR (GK) Morice/F, 23.4.2015, §§ 132 ff., NJW **2016** 1563 (frz. Rechtsanwalt vertrat die Witwe eines Richters, der als Justizberater in der ehem. frz. Kolonie Djibouti unter ungeklärten Umständen ums Leben gekommen war („Affäre Borrel"); aufgrund einiger Ungereimtheiten im Zuge der Untersuchung übte der Anwalt heftige Kritik am Verhalten der Untersuchungsrichterin; Verurteilung zu Geldstrafe wegen Diffamierung eines Amtsträgers); vgl. auch EGMR Bono/F, 15.12.2015, § 45; Rodriguez Ravello/E, 12.1.2016, § 40; Radobuljac/H, 28.6.2016, § 61; Ottan/F, 19.4.2018, §§ 56 ff. (Disziplinarverfahren gegen Rechtsanwalt nach Rüge der Zusammensetzung der Geschworenen); anders EGMR Fuchs/D, 27.1.2015; Kincses/H, 27.1.2015; Peruzzi/I, 30.6.2015; Bagirov/ASE, 25.6.2020, §§ 76 ff., NJW **2021** 139.
528 So EGMR (GK) Morice/F, 23.4.2015, § 132; André u.a./F, 24.7.2008, § 42; vgl. zum Ganzen auch EGMR Pires de Lima/P, 12.2.2019, §§ 59 ff.
529 EGMR L.P. u. Carvalho/P, 8.10.2019, § 68, NJW **2020** 751; Pais Pires de Lima/P, 12.2.2019, §§ 60 ff. (unverhältnismäßig hoher Schadensersatz für Beleidigung); Tolmachev/R, 2.6.2020, §§ 46 ff. (Verhältnis von Presseberichterstattung und Ansehen des Justizsystems); Radobuljac/H, 28.6.2016, § 59; Benitez Moriana u. Iñigo Fernandez/E, 9.3.2021, §§ 47 ff.; vgl. BVerfG NJW **2016** 2870 (Bezeichnung der zuständigen Staatsanwältin gegenüber einem Journalisten als „dahergelaufene Staatsanwältin", „durchgeknallte Staatsanwältin", „widerwärtige, boshafte, dümmliche Staatsanwältin", „geisteskranke Staatsanwältin" – keine Schmähkritik); OLG München NJW **2016** 2759 m. Anm. *Putzke* (Vergleich des Richters mit NS-Jurist Freisler); BVerfG NJW **2017** 2606 (Bezeichnung der Verhandlungsführung des Richters als „Musikantenstadl"); vgl. zur zulässigen „Machtkritik": BVerfG NJW **2020** 2622, 2626, §§ 31 ff. (Bezeichnung von Richtern u.a. als „asoziale Justizverbrecher", „Rechtsbeuger" – keine Schmähkritik); hierzu auch *Leitmeier* HRRS **2020** 391, 392 ff.; vgl. ferner EGMR Freitas Rangel/P, 11.1.2022, § 53 (öffentliche Einrichtungen genießen per se weniger Schutz als Privatpersonen).
530 EGMR (GK) Morice/F, 23.4.2015, § 167: „(...) *a lawyer should be able to draw the public's attention to potential shortcomings in the justice system; the judiciary may benefit from constructive criticism.*".
531 Vgl. hierzu EGMR Taner Kılıç/TRK, 31.5.2022 (14-monatige Inhaftierung eines Menschenrechtsverteidigers rechtswidrig und willkürlich; kein begründeter Verdacht für die Begehung von Straftaten; Untersuchungshaft in direktem Zusammenhang mit Tätigkeit als Menschenrechtsverteidiger).
532 *Frowein/Peukert* 42; *Guradze* 18 (Vorschriften zum Schutz von Berufs- und Amtsgeheimnissen gedeckt), vgl. dort auch zum Unterschied zwischen dem nur die Vertraulichkeit der Mitteilung schützenden englischen Text und dem auch die Vertraulichkeit des Inhalts mitumfassenden französischen Text).

dem Fall im Rahmen der Abwägung zu entscheiden, ob das Geheimhaltungs- oder das Informationsinteresse überwiegt.[533] Während die französische Fassung des Konventionstextes von Maßnahmen, die zur Verhinderung der Verbreitung **vertraulicher Informationen** („informations confidentielles") spricht, bezieht sich der englische Text nur auf Maßnahmen zur Verhinderung der Verbreitung von **vertraulich erhaltenen** Informationen („received in confidence"). Die englische Sprachfassung ist nach Ansicht des EGMR zu restriktiv geraten, so dass auch Dritte, die nicht in einem Vertrauensverhältnis zum Dokument stehen, insbesondere Medienvertreter, unter die Vorschrift fallen.[534] Damit dürften der Schutz vertraulich zu behandelnder Tatsachen sowohl aus dem **öffentlichen Bereich**[535] als auch aus dem **zivilen Bereich** im Grundsatz gedeckt sein, ebenso Maßnahmen zum **Schutz des Steuergeheimnisses**.[536]

Ein Eingriff in die Pressefreiheit kann nicht mehr mit dem Bedürfnis der Geheimhaltung **123** von Informationen gerechtfertigt werden, wenn diese Informationen sachlich richtig und bereits der **Öffentlichkeit zugänglich** sind[537] – auch dann nicht, wenn diese Informationen infolge einer Verletzung eines Dienstgeheimnisses erlangt wurden.[538] Ob und inwieweit andere Eingriffsziele, wie etwa der Schutz der Rechte anderer, den Eingriff rechtfertigen können, ist in Abwägung der dort zu berücksichtigenden Gesichtspunkte zu entscheiden.[539] Insbesondere Eingriffe aufgrund der Veröffentlichung vertraulicher Informationen durch die Medien sind schließlich in Hinblick auf deren Rolle als **„öffentlicher Wachhund"** einer **strengen Verhältnismäßigkeitsprüfung** zu unterziehen.[540] Als Kriterien der Abwägung dienen insbesondere der Inhalt der Information selbst und inwieweit sie einen Beitrag zur öffentlichen Debatte leisten kann, sowie die Art und Weise, in der die Informationen zunächst erlangt (Rn. 96) und schließlich publiziert wurden.[541] In Ausnahmefällen, und als letzter Ausweg, kann Art. 10 sogar die Weitergabe von internen Informationen durch einen Beamten an die Presse rechtfertigen, wenn andere Wege keinen Erfolg versprechen und die Informationen von öffentlichem Interesse sowie authentisch sind.[542] Beim IPBPR, der diesen Eingriffsgrund nicht besonders erwähnt, rechtfertigen sich Schutzmaßnahmen je nach der Art der

---

533 EGMR (GK) Stoll/CH, 10.12.2007, NJW-RR **2008** 1141 = forumpoenale **2008** 134 (auszugsweises Zitat eines als geheim einzustufenden Strategiepapiers; Verurteilung wegen Veröffentlichung amtlicher geheimer Verhandlungen; kein Verstoß gegen Art. 10, unter Absage an den „formellen Geheimnisbegriff"); vgl. *Schwaibold* forumpoenale **2008** 180; krit. *Peters/Altwicker* 10, 5.

534 EGMR (GK) Stoll/CH, 10.12.2007, §§ 58 ff.

535 Bei staatlichen Geheimnissen überschneidet sich dieser Eingriffszweck mit dem Schutz der nationalen Sicherheit, vgl. die sog. Spycatcher-Fälle: EGMR Observer u. Guardian/UK, 26.11.1991, und Sunday Times Nr. 2, 26.11.1991; ferner EGMR Vereniging Weekblad Bluf/NL, 9.2.1995 (staatlicher Eingriff wegen der Veröffentlichung an sich geheimer Informationen von nationaler Sicherheit gedeckt); (GK) Fressoz u. Roire/F, 21.1.1999; dazu *Prebeluh* ZaöRV **61** (2001) 771, 812; sowie BGer EuGRZ **2001** 416 (Veröffentlichung eines vertraulichen amtlichen Papiers).

536 Vgl. EGMR (GK) Fressoz u. Roire/F, 21.1.1999; Meyer-Ladewig/Nettesheim/von Raumer/*Daiber* 62.

537 So im sog. Spycatcher-Fall: EGMR Observer u. Guardian/UK, 26.11.1991, und Sunday Times Nr. 2, 26.11.1991, wo das Buch bereits in den USA erschienen war; Vereniging Weekblad Bluf/NL, 9.2.1995. Im Fall EGMR (GK) Fressoz u. Roire/F, 21.1.1999, war das veröffentlichte versteuerte Einkommen für jedermann aus den Steuerlisten der Gemeinde ersichtlich; siehe auch BGH NJW **2014** 768, Tz. 21, m. Anm. *Elmenhorst*.

538 EGMR Dammann/CH, 25.4.2006 (Journalistenrecherche: Vorstrafen des Verdächtigen; Assistentin der StA teilt unter Verletzung des Dienstgeheimnisses Vorstrafen mit, ohne Drängen/Täuschen des Journalisten; Informationen hätten auch auf anderem Wege, z.B. *„case-law reports"*, erlangt werden können).

539 Vgl. EGMR Radio Twist A.S./SLO, 19.12.2006 (Ausstrahlung eines Telefongesprächs zwischen Justizminister und stellvertretendem Ministerpräsidenten über politische Themen).

540 EGMR Görmüş u.a./TRK, 19.1.2016, §§ 42, 44.

541 EGMR Bédat/CH, 29.3.2016, §§ 55 ff., NJW **2017** 3501.

542 Vgl. EGMR (GK) Guja/MOL, 12.2.2008.

Nachricht unter dem Gesichtspunkt des Schutzes der Sicherheit des Staates oder der öffentlichen Ordnung oder bei vertraulichen Nachrichten aus dem Privatbereich unter dem des Schutzes des guten Rufes und der Rechte anderer.

124   **e) Schutz der Gesundheit.** Der Schutz der Gesundheit wird in beiden Konventionen als legitimer Eingriffsgrund besonders erwähnt. Art. 19 Abs. 3 IPBPR spricht von „Volksgesundheit" („public health"). Dass Art. 10 Abs. 2 auch im Sinne der Belange der öffentlichen Gesundheitspflege zu verstehen ist, liegt nahe, kann aber dahinstehen, denn staatliche Maßnahmen, die die Gesundheit Einzelner vor Schädigungen bewahren sollen, werden auch durch den Eingriffszweck des Schutzes der **Rechte anderer** gerechtfertigt.[543] Der Gesundheitsschutz kann Eingriffe in die Meinungsfreiheit rechtfertigen, so etwa durch das **Verbot einer irreführenden Werbung.**[544] In die Meinungsfreiheit wird aber nicht dadurch eingegriffen, dass der Staat den **Abdruck seines Warnhinweises** auf der Verpackung eines Produkts vorschreibt.[545]

125   **f) Schutz der Moral und der öffentlichen Sittlichkeit.** Der Schutz der Moral (Art. 8 Abs. 2: „protection of morals"/„protection de la morale") bzw. nach Art. 19 Abs. 3 IPBPR der öffentlichen Sittlichkeit („public [...] morals"/„moralité publique") kann ebenfalls Eingriffe des Staates rechtfertigen. Auch Art. 10 Abs. 2 meint die öffentliche Moral im Sinne der allgemein anerkannten Moralvorstellungen; bei einem Verstoß gegen diese Moral kann das Recht der Betroffenen staatliche Schutzmaßnahmen rechtfertigen. Maßgebend sind dabei nicht die individuellen Moralvorstellungen Einzelner, sondern der in der jeweiligen Gesellschaft **zeitlich und örtlich vorherrschende allgemeine Standard.** Dieser ist bei den Konventionsstaaten durchaus unterschiedlich und zudem einem ständigen Wandel unterworfen.[546] Die Konventionsorgane räumen deshalb den nationalen Stellen einen weiten Beurteilungsspielraum ein, da diese wegen ihrer Sachnähe die von der jeweiligen Tradition und den in der Gesellschaft jeweils vorherrschenden Anschauungen beeinflussten örtlichen Moralvorstellungen besser beurteilen können.[547] Dies kann zu unterschiedlichen Differenzierungen führen.[548] Der Eingriffszweck kann etwa das Verbot **pornographischer Schriften**[549] oder die Bestrafung wegen der **Ausstellung unzüchtiger Kunstwerke** und deren Beschlagnahme erlauben.[550]

---

543   *Prepeluh* ZaöRV **61** (2001) 771, 793.
544   Kein Fall des Gesundheitsschutzes liegt vor, wenn Aktivisten die Information über gleichgeschlechtliche Beziehungen untersagt wird, EGMR Bayev u.a./R, 20.6.2017, § 72.
545   Vgl. BVerfGE **95** 173, 182; dazu *Di Fabio* NJW **1997** 2863 (Verpflichtung zum Abdruck eines ministeriellen Warnhinweises auf Tabakerzeugnissen betrifft die Berufsausübung, nicht aber die Meinungsfreiheit; ferner Sachs/*Bethge* Art. 5, 38b GG, *Nolte* RabelsZ **1999** 507, 517 (Vorrang des Gesundheitsschutzes).
546   Vgl. *Frowein/Peukert* 39; *Grabenwarter/Pabel* § 23, 25.
547   Vgl. EGMR Handyside/UK, 7.12.1976; Müller u.a./CH, 24.5.1988; Open Door u. Dublin Well Woman/IR, 29.10.1992 (Schwangerschaftberatung); Otto-Preminger-Institut/A, 20.9.1994; Wingrove/UK, 25.11.1996; HRC Hertzberg u.a./FIN, 2.4.1982, EuGRZ **1982** 342; dazu *Weiß* EuGRZ **1998** 274; *Hoffmeister* EuGRZ **2000** 358; *Frowein/Peukert* 39; *Prebeluh* ZaöRV **61** (2001) 771, 793 f.; *Villiger* 764.
548   Im Gegensatz zum EGMR Müller u.a./CH, 24.5.1988, hielt die EKMR (EuGRZ **1986** 702) in derselben Sache zwar die Bestrafung, nicht aber die Beschlagnahme, die auch die Ausstellung im Ausland verhinderte, für notwendig zum Schutz der örtlichen Moralvorstellungen; vgl. dazu *Frowein/Peukert* 39.
549   EGMR Wingrove/UK, 25.11.1996; Kaos GL/TRK, 22.11.2016, § 55 (hinreichender Beleg erforderlich); Pryanishnikov/R, 10.9.2019, NJOZ **2020** 894 (Lizenzvorenthaltung zum Vertrieb erotischer Filme).
550   EGMR Müller u.a./CH, 24.5.1988; dazu *Villiger* 778; Annikki Karttunen/FIN (E), 10.5.2011, §§ 22–26 (Kunstwerk mit kinderpornographischem Inhalt); *Würkner* NJW **1989** 369.

Esser   1380

Bei der Beurteilung, ob ein Einschreiten zum Schutz der Moral notwendig ist, fällt **126** auch ins Gewicht, ob durch die staatliche Maßnahme eine ernsthafte **Verletzung und Kränkung der religiösen Gefühle** eines Teiles der Bevölkerung[551] oder **schädliche Auswirkungen auf die Entwicklung von Kindern und Jugendlichen** verhindert werden sollen.[552] Wird die **Werbekampagne** eines Unternehmens aus vermeintlicher Rücksicht auf religiöse Befindlichkeiten der Bevölkerung strafrechtlich verfolgt und das Unternehmen mit einer Geldbuße belegt, genügen vage Verweise auf den Schutz der öffentlichen Moral oder die nicht näher belegte „Mehrheitsmeinung" nicht als berechtigtes Ziel, um die Einschränkung der Meinungsfreiheit zu legitimieren.[553] Wird Aktivisten die Information Jugendlicher über **gleichgeschlechtliche Lebensmodelle** untersagt, kann dies weder unter Verweis auf den Schutz der Moral noch die Gesundheit gerechtfertigt werden.[554]

g) Schutz des guten Rufes und der Rechte anderer. Der Schutz des guten Rufes **127** und der Rechte anderer[555] gestattet ebenfalls Einschränkungen der Meinungsfreiheit. Um überzeugend als Grundlage für eine Rechtfertigung zu dienen, wird regelmäßig gerade derjenige, dessen Ruf bzw. Recht betroffen ist, eine entsprechende Beeinträchtigung rügen müssen.[556] Der Eingriffsgrund rechtfertigt vor allem die Bestrafung wegen beleidigender oder herabwürdigender Äußerungen, die grundsätzlich auch in einer demokratischen Gesellschaft zum Schutz des guten Rufes und der Rechte anderer notwendig ist.[557] Gleiches gilt für das vom Staat zu schützende Recht des Einzelnen, Eingriffe Dritter in seinen durch **Art. 8** geschützten **privaten Lebensbereich**, insbesondere Presseveröffentlichungen darüber, mit Hilfe der Gerichte abzuwehren (Rn. 84).[558] Der Schutz des guten Rufes und der

---

[551] Vgl. EGMR Otto-Preminger-Institut/A, 20.9.1994; Wingrove/UK, 25.11.1996; Sekmadienis Ltd./LIT, 30.1.2018 (Verwendung biblischer Figuren in einer Werbekampagne für Kleidung); hierzu *Czernik* GRUR-Prax **2018** 131; EGMR E.S./A, 25.10.2018, NJOZ **2020** 105 (Vorwurf der Pädophilie gegenüber dem islamischen Propheten Mohammed).

[552] EGMR Handyside/UK, 7.12.1976, maß diesem Gesichtspunkt besonderes Gewicht bei; ebenso HRC Hertzberg u.a./FIN, 2.4.1982, EuGRZ **1982** 342.

[553] EGMR Sekmadienis Ltd./LIT, 30.1.2018 (Werbekampagne für Bekleidung mit biblischen Figuren) m. Anm. *Czernik* GRUR-Prax **2018** 131.

[554] EGMR Bayev u.a./R, 20.6.2017, §§ 65 ff.

[555] Siehe zu den berechtigten Zielen *„Schutz der Rechte anderer"* und *„Schutz des guten Rufs"*: EGMR MGN Limited/UK, 18.1.2011, § 197 (Kostenvereinbarung mit erstattungsfähigem Erfolgshonorar verfolgt das berechtigte Ziel dem weitestmöglichen, privat finanzierten Zugang zum Rechtsbeistand für Zivilstreitigkeiten zu ermöglichen und so den *Schutz der Rechte anderer* zu gewährleisten); Vejdeland u.a./S, 9.2.2012, §§ 49 ff. (Verurteilung wegen des Verteilens von Flugblättern mit homosexuellenfeindlichem Inhalt in der Schule); Tatár u. Fáber/H, 12.6.2012: Anerkennung der berechtigten Ziele „öffentliche Sicherheit", „Schutz der Rechte anderer" und „Aufrechterhaltung der Ordnung" in einem Fall, in dem es zu einer Verurteilung wegen des Aufhängens von Schmutzwäsche neben dem Parlamentsgebäude kam; allerdings wurde die Notwendigkeit verneint (nach Ansicht des EGMR handelte es sich bei den zwei Bf. um keine Versammlung); Balaskas/GR, 5.11.2020, §§ 38 ff. (Bezeichnung einer Person des politischen Lebens als „Neo-Nazi" in einer Zeitungspublikation).

[556] Kontrastierend: EGMR Pinto Coelho/P (Nr. 2), 22.3.2016 (Schutz der Rechte anderer als legitimes Ziel für eine Sanktionierung der Veröffentlichung von Tonbandaufnahmen angeführt; tatsächlich betroffene Privatpersonen hatten Verletzung ihrer Persönlichkeitsrechte nicht gerügt; Erwägung weitgehend entkräftet/ „perd nécessairement de la force", § 50).

[557] EGMR Ruokanen u.a./FIN, 6.4.2010; zu den einschlägigen Entscheidungen der EKMR *Frowein/Peukert* 41; vgl. *Kriele* NJW **1994** 1897 (Schutz der persönlichen Ehre kommt zu kurz); vgl. auch BVerfG NZA **2020** 1704 (frislose Kündigung wegen rassistischer Beleidigung eines Arbeitskollegen [„Ugah, Ugah"]).

[558] Vgl. *Giegerich* RabelsZ **1999** 471, 498; zulässig ist die Berichterstattung über eine tatsächliche Erkrankung des Verstorbenen, vgl. OLG Köln ZD **2018** 489 (Gebrechlichkeit); AfP **2018** 438 (Alkoholismus).

Esser

Rechte anderer setzt aber auch der **politischen Auseinandersetzung** Schranken, wobei hier vor allem bei einem **Politiker**, soweit er in öffentlicher Funktion auftritt, die Grenzen vertretbarer Kritik nach Form und Inhalt weiter gezogen werden als bei Privatleuten (Rn. 75, 128),[559] was von den nationalen Gerichten allerdings nicht immer überzeugend in Betracht gezogen wird.[560]

128   Vertreter des Staates und andere **Persönlichkeiten des öffentlichen Lebens**[561] müssen sich ein erhöhtes Maß an öffentlicher Auseinandersetzung und Kritik gefallen lassen.[562] Amtsträger genießen hier grundsätzlich einen höheren Schutz als Politiker, da für erstere eine gewisse Zurückhaltung im öffentlichen Auftreten angebracht ist, dennoch haben auch Amtsträger eine negative Berichterstattung eher hinzunehmen als Privatleute.[563] Grundsätzlich ist auch in diesem Bereich öffentlicher Auseinandersetzung die Notwendigkeit des Schutzes der persönlichen Belange einschließlich des Ehrenschutzes abzuwägen gegen das schwerwiegende, für jede demokratische Gesellschaft **existentielle Interesse der Öffentlichkeit an der offenen Diskussion aller Fragen**, denen im jeweiligen Zeitpunkt politische oder eine sonstige allgemeine Bedeutung beigemessen wird.[564] Auch im Rahmen dieser Abwägung kommt dem Staat ein gewisser **Beurteilungsspielraum** zu.[565] Damit Äußerungen den Schutz des Art. 10 genießen können, darf ihnen nicht jegliche Verbindung zur Realität fehlen.[566] Im Rahmen einer „Gesamtbetrachtung" kann Art. 10 auch die Bezeichnung eines Politikers als **„Trottel"** decken, wenn und weil sie im Rahmen einer polemischen Kritik an einer von diesem in einer Rede vertretenen, als Provokation empfundenen Auffassung als noch **sachbezogene Reaktion** auf diese Auffas-

---

559 EGMR Lingens/A, 8.7.1986; Oberschlick/A, 23.5.1991, § 59; Schwabe/A, 28.8.1992; Karhuvaara u. Iltalehti/FIN, 16.11.2004, NJW **2006** 591; Krasulya/R, 22.2.2007; Vellutini u. Michel/F, 6.10.2011, § 37; Athanasios Makris/GR, 9.3.2017, § 25; Makraduli/MAZ, 19.7.2018, §§ 65 ff.; Savenko (Limonov)/R, 26.11.2019, § 30; Monica Macovei/RUM, 28.7.2020, §§ 78 f.; *Frowein/Peukert* 41; *Nowak* 50 ff.; zum umgekehrten Fall (Kritik eines Politikers an einer Privatperson): EGMR Tête/F, 26.3.2020.

560 Vgl. EGMR Dabrowski/PL, 19.12.2006.

561 Vgl. EGMR (GK) Fressoz u. Roire/F, 21.1.1999 (Veröffentlichung der Steuererklärung eines Generaldirektors); Haupt/A, 2.5.2017, § 35, AfP **2018** 38 (Satire gegenüber prominentem Politiker); LG Berlin ZUM-RD **2018** 623 (Bezeichnung eines Politikers als „Holocaust-Leugner"); LG Stuttgart NJOZ **2016** 702 (Bezeichnung eines bekannten Kabarettisten als „Hassprediger"); vgl. aber OLG Nürnberg ZUM-RD **2020** 274 (unzulässige Bezeichnung eines prominenten Sängers als „Antisemit").

562 *Prebeluh* ZaöRV **61** (2001) 771, 796 ff.; EGMR Bodrozic/SRB, 23.6.2009; Savva Terentyev/R, 28.8.2018, § 77 (Beleidigung gegenüber Polizisten); Dickinson/TRK, 2.2.2021 (Collage des türkischen Präsidenten); vgl. ferner BVerfG DVBl. **2021** 945 (Verurteilung wegen Zurschaustellens des Schriftzugs „FCK BFE" [Beweissicherungs- und Festnahmeeinheit]); anders hingegen BVerfG NJW **2015** 2022 (FCK CPS); NJW **2016** 2643 (ACAB); NJW **2017** 1092 (A.C.A.B., 1312).

563 EGMR Cornelia Popa/RUM, 29.3.2011, §§ 29, 32; Ziembiński/PL, 5.7.2016, § 42 (vgl. Rn. 117); BVerfG NJW **2017** 1460 (Bezeichnung eines Politikers als „Obergauleiter der SA-Horden"); VG Meiningen AfP **2019** 555 (Bezeichnung eines Politikers als „Faschist"); kritikwürdig und zum Teil unvertretbar weitgehend LG Berlin MMR **2019** 754 = AfP **2019** 540 sowie LG Berlin Beschl. v. 21.1.2020 – 27 AR 17/19 (Künast); zu Recht korrigierend KG GRUR-RS **2020** 4264; dazu auch *Sajuntz* NJW **2020** 583; vgl. auch LG Hamburg AfP **2017** 262 (Bezeichnung einer Politikerin als „Nazi-Schlampe" in einer Satiresendung); OLG Hamburg ZUM-RD **2018** 484 (Böhmermann); kritisch hierzu *Sajuntz* NJW **2019** 1567, 1570.

564 EGMR Oberschlick/A, 23.5.1991, §§ 57, 59; Bodrozic/SRB, 23.6.2009.

565 Vgl. EGMR Karhuvaara u. Iltalehti/FIN, 16.11.2004 (strenge Strafen für einen begrenzten Eingriff in die Privatsphäre einer Abgeordneten; krasse Unverhältnismäßigkeit in Bezug auf die Meinungsfreiheit).

566 EGMR Oberschlick/A, 23.5.1991, § 33 („absence of any factual basis"); Vellutini u. Michel/F, 6.10.2011, § 40 („absence de toute base factuelle").

sung und nicht als persönliche Beleidigung verstanden werden kann.[567] Auch die Bezeichnung eines Politikers als „geistiger Bankrotteur" („a cerebral bankrupt") hat der Gerichtshof wegen der besonderen Umstände gebilligt.[568] Bei der erforderlichen Abwägung ist zu
unterscheiden, ob sich die Kritik gegen die Führung des öffentlichen Amtes oder die Rolle
der Person im öffentlichen Leben oder aber gegen ihr Privatleben und ihr Verhalten als
Einzelperson richtet.[569] In den öffentlichen Bereichen, die der Kritik weitgehend offenstehen, kommt den Pflichten und Verantwortlichkeiten der Journalisten erhöhte Bedeutung
zu,[570] da sie dabei nach der Funktion des Betroffenen unterscheiden müssen. Dies kann
vor allem bei nachgeordneten Beamten und Verwaltungsangehörigen eine Rolle spielen,
die sich zwar hinsichtlich ihrer Amtsführung im weiteren Maße als im Privatleben der
Kritik stellen müssen, die aber im Interesse ihrer Amtsführung auch insoweit einen Anspruch auf Schutz vor beleidigenden verbalen Attacken genießen.[571]

Der presserechtliche Auskunftsanspruch gegen öffentliche Stellen bezüglich Gerichts- **129**
verfahren umfasst in der Regel nicht nur die **Namen** der mitwirkenden Berufs- und Laienrichter, sondern auch den des Staatsanwaltes und des Verteidigers. Das BVerwG begründet
dies u.a. damit, dass infolge des verfassungsrechtlich gebotenen Öffentlichkeitsgrundsatzes
(§ 169 Satz 1 GVG) die Betroffenen mit öffentlicher Kritik zu rechnen hätten und ihr jeweiliges Persönlichkeitsrecht in seinem Gewicht gemindert sei. Die Identität der Urkundsbe-
amtin sah das BVerwG hingegen als geschützt an.[572]

Aus strafrechtlicher Sicht relevant ist der Grundsatz, dass der **Schutz der Unschulds-** **130**
vermutung (Art. 6 Rn. 623 ff.) ein **zulässiges Einschränkungskriterium** des Art. 10 darstellt, und zwar ungeachtet dessen, wer die Äußerung tätigt – ob Funktionär, Politiker oder

---

567 EGMR Oberschlick/A (Nr. 2), 1.7.1997 (der mit dem Ausdruck „Trottel" bedachte Politiker hatte geäußert,
alle am Zweiten Weltkrieg teilnehmenden Soldaten, auch die der deutschen Armee, hätten für Frieden und
Freiheit gekämpft und damit zum Aufbau einer demokratischen Gesellschaft beigetragen; zu diesem Urteil
Prebeluh ZaöRV **61** (2001) 771, 797, unter Hinweis auf EGMR Lopes Gomes da Silva/P, 28.9.2000; ähnlich
herabwürdigende Kritik eines Politikers zulässig); siehe außerdem EGMR Scharsach u. News Verlagsgesell-
schaft/A, 13.11.2003 (Bezeichnung als „Kellernazi" in Verbindung mit dem Vorwurf einer ungenügenden Abgrenzung von der extremen Rechten; zulässig); Karman/R, 14.12.2006 (Bezeichnung eines Politikers als „lokaler Neofaschist" in Hinblick auf dessen Veröffentlichungen, deren Ideale denen des Nationalsozialismus
ähnelten; zulässig); *Villiger* 767.
568 EGMR Mladina d.d. Ljubljana/SLW, 17.4.2014, §§ 43 ff. (Politiker hatte sich im Parlament äußerst negativ
über Homosexuelle geäußert; der vom Politiker und den nationalen Gerichten beanstandete – normalerweise als beleidigend zu verstehende – Artikel in einer Wochenzeitschrift hatte nur auf dieselbe Art („style")
geantwortet („article matched not only the [...] provocative comments, but also the style in which [der
Politiker] had expressed them. [...] even offensive language, which may fall outside the protection of freedom
of expression if its sole intent is to insult, may be protected by Article 10 when serving merely stylistic
purposes").
569 EGMR Mladina d.d. Ljubljana/SLW, 17.4.2014, §§ 46 f.; *Frowein/Peukert* 41; vgl. *Prebeluh* ZaöRV **61** (2001)
771, 795, wobei den Staaten wegen der Bedeutung der Presseberichterstattung in der demokratischen Gesellschaft bei der erforderlichen Abwägung kaum ein eigener Beurteilungsspielraum eingeräumt wird.
570 EGMR (GK) Jersild/DK, 23.9.1994; Prager u. Oberschlick/A, 26.4.1995; Unabhängige Initiative Informati-
onsvielfalt/A, 26.2.2002, ÖJZ **2002** 468.
571 EGMR Janowski/PL, 21.1.1999, § 33; Taffin u. Contribuables Associés/F, 18.2.2010, § 64; *Prebeluh* ZaöRV
61 (2001) 771, 798.
572 BVerwG NJW **2015** 807 = AfP **2015** 80; teilweise abweichend die Vorinstanz (VGH Mannheim DVBl. **2014**
101 = AfP **2015** 89), die die Persönlichkeitsrechte stärker gewichtete; vgl. auch *Putzke/Zenthöfer* NJW **2015**
1777, 1780 f.; zur Einsichtnahme in eine staatsanwaltliche Einstellungsverfügung *Bommer/Kaufmann* ZBJV
2015 873, 903.

Journalist.[573] Neben der Unschuldsvermutung kann die Freiheit der Berichterstattung auch mit Erwägungen der Sicherheit des Angeklagten eingeschränkt werden.[574] Bei der Medienberichterstattung über eine Angelegenheit von öffentlichem Interesse kann es in Abwägung mit den legitimen privaten Interessen des Betroffenen i.S.v. Art. 10 Abs. 2 gerechtfertigt sein, dass ein Nachrichtenmagazin zur Zahlung einer Entschädigung verurteilt wird, wenn es den Beschuldigten unter Hinweis auf ein eingeleitetes Strafverfahren mit vollem Namen genannt und ihn auf diese Weise einer die **Unschuldsvermutung** missachtenden Medienjustiz ausgeliefert hat, ohne dass das öffentliche Interesse an der Berichterstattung die Nennung des vollen Namens erfordert hätte.[575]

131   In einem anderen Fall beanstandete es der EGMR nicht, dass gegen einen Journalisten eine Geldstrafe für die Veröffentlichung eines Verdächtigenfotos aus dem Polizeigewahrsam verhängt worden war.[576] Nach der Rechtsprechung des BVerfG begründet die ursprüngliche Zulässigkeit einer **Verdachtsberichterstattung**[577] grundsätzlich ein berechtigtes Interesse an ihrer weiteren öffentlich zugänglichen Vorhaltung in einem **Online-Pressearchiv**.[578] Betroffene haben daher keinen allgemeinen Anspruch auf Löschung der gespeicherten Publikationen. Bei solchen auf Veränderungen durch Zeitablauf gestützten Löschungsbegehren[579] müssen die gegenläufigen Interessen des Betroffenen mit denen

---

573 EGMR Worm/A, 29.8.1997; (GK) Bladet Tromso u. Stensaas/N, 20.5.1999, § 65; Constantinescu/RUM, 27.6.2000; Pedersen u. Baadsgard/DK, 17.12.2004; Tourancheau u. July/F, 24.11.2005; A./N, 9.4.2009, NJW-RR **2010** 1483; *Grabenwarter/Pabel* § 23, 34. Auch, jedoch nicht nur, der Unschuldsvermutung dient § 353d Nr. 3 StGB, so dass die dort enthaltene Strafdrohung auch für den Fall verfassungsgemäß ist, dass die Anklageschrift mit Einverständnis des Betroffenen veröffentlicht wird: BVerfG NJW **2014** 2777 = AfP **2014** 435 = EuGRZ **2014** 489 = JR **2015** 209 m. Anm. *Ladiges* = GRUR-Prax **2014** 357 = ZUM-RD **2014** 616 = wistra **2014** 387; zur rechtspolitischen Kritik an diesem Straftatbestand: *Eisele* ZRP **2014** 106.
574 BVerfG wistra **2012** 145.
575 EGMR „Wirtschafts-Trend" Zeitschriften-Verlagsgesellschaft mbH/A (E), 14.11.2002; in Abgrenzung dazu EGMR Standard Verlags GmbH (Nr. 3)/A, 10.1.2012, NJW **2013** 768 = ÖJZ **2012** 426, wo zwar der Betroffene noch nicht einmal eine Person des öffentlichen Lebens war, jedoch eine sinnvolle Zeitungsberichterstattung zu einem Thema des öffentlichen Interesses (wirtschaftliche und politische Verantwortung für Verluste einer Bank, an der die öffentliche Hand erheblich beteiligt ist) ohne Nennung des Namens der Beteiligten nicht möglich erschien; zur ähnlichen Problematik des Persönlichkeitsrechts verurteilter Straftäter vgl. BGH NJW **2010** 2728 = MMR **2010** 571 (Bereithalten von Teasern zum Abruf im Internet, in denen ein verurteilter Straftäter namentlich genannt wird); BGHZ **183** 353 = NJW **2010** 757 (namentliche Nennung eines Straftäters in einem Online-Archiv; zum gleichen Thema BGH GRUR **2013** 200 = MMR **2013** 194 = ZUM **2013** 399 = MDR **2013** 151 = AfP **2013** 54 = VersR **2013** 114 = K&R **2013** 110 m. Bespr. *Himmelsbach* K&R **2013** 82). Das Persönlichkeitsrecht ist kein Grund für die Beschränkung der Freiheit der Berichterstattung, wenn die betroffene Person (eine erwachsene, geistig-seelisch gesunde Inhaftierte) damit einverstanden ist: EGMR Schweizerische Radio- und Fernsehgesellschaft SRG/CH, 21.6.2012, § 63 (ein derartiges Vorbringen der nationalen Regierung verwunderte in hohem Maße, die nationalen Gerichte hatten nicht so argumentiert).
576 EGMR Hacquemand/F (E), 30.6.2009; zu Fotos vom „Sonnenbaden" während der U-Haft vgl. EGMR Bild GmbH & Co KG u. Axel Springer AG/D, 4.12.2018, NJW **2019** 741; zur Bezeichnung als „Täter" und „Bandenmitglied" durch einen Polizeibeamten in einem Fernsehinterview BGH NJW **2016** 3670; zur Veröffentlichung von Fotos vom Hofgang in der Untersuchungshaft vgl. OLG Köln ZUM **2012** 703 = AfP **2012** 71.
577 Grundlegend zu deren Voraussetzungen BGH ZUM **2000** 397 sowie *Regenfus* ZUM **2020** 278, 279 f.; *Klass* ZUM **2022** 1; Zöller/Esser/*Zöller* 279, 285 ff.; diese kann auch bei einem anonym gebliebenen Informanten noch hinreichend belegt sein, vgl. LG Köln AfP **2018** 461; Gegenbeispiel in LG Köln GRUR-RS **2020** 7986 (namentliche Nennung eines vorgeblich Verdächtigen ohne den erforderlichen Mindestbestand an Beweistatsachen).
578 BVerfG NJW **2020** 3302 = EuGRZ **2020** 495, Tz. 10; BGH NJW-RR **2017** 31.
579 Dazu auch *Regenfus* ZUM **2020** 278.

der Presse und der Allgemeinheit in Ausgleich gebracht werden.[580] Gerade bei einer Verdachtsberichterstattung ist jedoch gesondert zu beachten, dass sich die Sachlage in der Zwischenzeit – von erstem Erscheinen des Artikels und dem späteren Einstellen und Verfügbarmachen im Online-Archiv – wesentlich geändert haben könnte (z.B. durch Einstellung des Verfahrens oder Freispruch).[581] Wird schon kein Ermittlungsverfahren eingeleitet, ist dadurch der ursprünglich bestehende Verdacht nicht ausgeräumt, so dass die originäre Publikation im Rahmen einer zulässigen Verdachtsberichterstattung weiterhin abrufbar bleiben darf.[582]

Allerdings kann auch die Berufung auf die **Unschuldsvermutung** eine Einschränkung **132** des Art. 10 nicht pauschal rechtfertigen.[583] Das verdeutlicht der Umstand, dass der Vorwurf strafrechtlich relevanten Verhaltens auch dann von der Meinungsfreiheit gedeckt ist, wenn die Aussage zunächst in einem Strafverfahren bewiesen werden müsste.[584] Ergeht die Berichterstattung allerdings nur aus **fragwürdigen, wenig stichhaltigen Quellen** oder stellt sie sachlich, knapp und kurz als Tatsache dar, was eigentlich lediglich Werturteil ist, ist das damit einhergehende Untergraben der Unschuldsvermutung nicht gerechtfertigt.[585] Bei der Abwägung zwischen der Unschuldsvermutung und der Pressefreiheit nimmt das Gewicht der Unschuldsvermutung im Rahmen der Abwägung ab, wenn der Betroffene im Laufe des Verfahrens ein **Geständnis** abgelegt hat.[586] Die Untersagung jeglicher Bildberichterstattung vom zeitlichen Umfeld der mündlichen Gerichtsverhandlung (für die Verhandlung selbst vgl. § 169 Satz 2 GVG) wird in der Regel unverhältnismäßig sein, da es stattdessen genügt, den Medien als Auflage aufzugeben, über den Angeklagten nur **anonymisiert** zu berichten.[587] Auch die Berichterstattung über ein noch laufendes Strafverfahren kann möglich sein,[588] wobei Pressevertretern durch das Gericht gemäß § 176 GVG untersagt werden kann, **unverpixelte Fotos** des (nicht prominenten) Angeklagten bei der Berichterstattung zu verwenden.[589]

---

580 BVerfG NJW **2020** 3302, 3303, Tz. 11.

581 BVerfG NJW **2020** 3302, 3304, Tz. 16.

582 BVerfG NJW **2020** 3302, 3305, Tz. 23; zur Pflicht eines „Nachtrags" (im Gegensatz zu einer „Richtigstellung") siehe BVerfG NJW **2018** 2784; BGH NJW **2015** 778; **a.A.** *Regenfus* ZUM **2020** 278, 285, zumindest für Fälle nach Freispruch; kommt es zu einer Verurteilung, besteht kein Unterlassungsanspruch des Verurteilten gegen die zuvor unzulässige Verdachtsberichterstattung wegen nunmehr fehlender Wiederholungsgefahr, vgl. BGH NJW **2020** 45.

583 Vgl. EGMR Bédat/CH, 29.3.2016, §§ 68, 53, NJW **2017** 3501, zur grundsätzlich gleichen Gewichtung der von Art. 6 Abs. 1 und Art. 10 Abs. 1 geschützten Belange, die erst im Wege der Einzelfallabwägung Modifikationen erfährt.

584 EGMR Flux/MOL (Nr. 6), 29.7.2008 (nicht fundierter Vorwurf der Bestechlichkeit gegenüber Schulleiterin).

585 EGMR Ruokanen u.a./FIN, 6.4.2010.

586 BVerfG NJW **2012** 2178 = AfP **2012** 146; wistra **2012** 145.

587 BVerfG wistra **2012** 145; BVerfGE **119** 309 = NJW **2008** 977 = StraFo **2008** 110. Die „Erkennbarkeit" des Betroffenen setzt dabei nicht voraus, dass der Name oder ein Kürzel verwendet werden. Bereits die Übermittlung von Teilinformationen, aus denen sich die Identität für die sachlich interessierte Leserschaft ohne weiteres ergibt oder mühelos ermitteln lässt, genügt, vgl. BGH NJW **2005** 2844; OLG Köln NJW-RR **2019** 106, 107; LG Frankfurt a.M. ZUM-RD **2018** 308, 310 („Fahndungsfoto").

588 Vgl. EGMR Campos Dâmaso/P, 24.4.2008 (ausnahmsweise Vorrang der Meinungsfreiheit gegenüber dem Recht auf ein faires Verfahren; Bf. hatte bereits mehrere Artikel über das Verfahren veröffentlicht und nahm keine Stellung zu einer möglichen Tatschuld; kein Laienrichter involviert, so dass es sehr unwahrscheinlich war, dass der Artikel, der gründlich recherchiert und authentisch war, den Ausgang des Verfahrens beeinflussen hätte können).

589 EGMR Axel Springer SE u. RTL Television GmbH/D, 21.9.2017, NJW **2018** 2461; insbesondere, wenn die Tat kein besonders öffentliches Aufsehen erregt hatte (§ 44).

Esser

133   Weitere Grenzen der Unschuldsvermutung als Einschränkungskriterium der Meinungsfreiheit hat der EGMR in der Rs. *Dupuis* aufgezeigt.[590] Gegen zwei französische Journalisten
war ein Bußgeld wegen der Veröffentlichung und Verbreitung vertraulicher Informationen
während eines noch laufenden Strafverfahrens gegen eine durch die Veröffentlichung betroffene bedeutende politische Person verhängt worden. Diese Maßnahme wurde vom
EGMR als ungerechtfertigt angesehen, da ein erhebliches, öffentliches Interesse an der Bereitstellung und Verfügbarkeit der veröffentlichten Informationen bestand, diese der Öffentlichkeit zumindest zum Teil schon bekannt waren und es zudem nicht nachgewiesen werden
konnte, dass die veröffentlichten Informationen tatsächlich einen negativen Einfluss auf die
Unschuldsvermutung hätten haben können.

134   Im Falle der Nichterhebung einer Anklage bzw. der Einstellung des Verfahrens nach
§ 153a StPO hat der BGH die „untechnische Formulierung", bei einem Vorgehen nach
§ 153a StPO sehe die Staatsanwaltschaft „trotz vermuteter Schuld" von der Klageerhebung
ab, nicht beanstandet.[591] Ob bei einem solchen Verlauf des Strafverfahrens das Interesse
an der (namentlichen) Berichterstattung das Persönlichkeitsrecht (noch) überwiegt, hängt
von den Umständen des Einzelfalles ab.[592]

135   Anders als bei der justiziellen Berichterstattung über Strafverfahren verhält es sich
nach dem BVerfG bei unabhängig von Strafverfahren erfolgenden Medienveröffentlichun-
gen über **unstreitiges Verhalten**, das außerdem nur von geringer strafrechtlicher Relevanz war; die Unschuldsvermutung spielt dann keine Rolle.[593] Eine **Prangerwirkung** darf
mittels der Berichterstattung gleichwohl nicht realisiert werden.[594] Eine solche ist gegeben,
wenn die Bekanntmachung von Verhalten aus der Sozialsphäre gegenüber einer breiteren
Öffentlichkeit erfolgt und dies erhebliche Auswirkungen auf das Ansehen und die Persönlichkeitsentfaltung des Betroffenen zeitigt. Dies ist vor allem dann anzunehmen, wenn
aus einer Vielzahl von beanstandungswürdigen Verhaltsweisen Dritter ohne Anlass eine
Einzelperson oder deren Verhalten zu Zwecken der Personalisierung des Vorwurfs gesondert hervorgehoben wird.[595]

136   Soweit der **Staat selbst und seine Einrichtungen** als solche Gegenstand einer öffentlichen Kritik, vor allem in der Presse, sind, hat die Erörterung der kritisierten Vorgänge
in der Öffentlichkeit wegen ihrer Bedeutung für das Funktionieren einer demokratischen
Kontrolle besonderes Gewicht, so dass für ein staatliches Vorgehen gegen eine solche Kritik viel engere Grenzen gezogen werden als bei im öffentlichen Leben stehenden Personen.[596]

137   Die **Achtung der Rechte anderer** entspricht als grundsätzliche Grenze der Meinungs-
und der Informationsbeschaffungsfreiheit den besonderen Pflichten und der besonderen
Verantwortung, die für die Ausübung dieser Konventionsrechte auch **privaten Dritten**
gegenüber zu beachten ist.[597] **Andere** können sowohl Einzelpersonen als auch bestimmte,

---

590 EGMR Dupuis u.a./F, 7.6.2007.
591 BGH NJW **2013** 229 = ZUM-RD **2013** 63 = GRUR **2013** 94, Rn. 25.
592 BGH NJW **2013** 229, Rn. 12 ff., insbes. Rn. 26 ff.
593 BVerfG NJW **2012** 1500, 1501 = EuGRZ **2012** 241, 243 = MMR **2012** 338, 339, Tz. 36 f. m. Anm. *Stender-
Vorwachs* GRUR-Prax **2012** 286 u. Anm. *Hufen* JuS **2013** 280; vgl. OLG Düsseldorf MMR **2020** 275 (identifizierende Berichterstattung in einem Online-Presseartikel über Mitgliedschaft in verbotener Vereinigung).
594 OLG München GRUR-RR **2018** 528 – Internetpranger (Veröffentlichung eines Facebook-Profilbilds mit
Klarnamen nach ausländerfeindlichen Postings der Nutzerin); OLG München GRUR-RR **2016** 304.
595 OLG München GRUR-RR **2018** 528, 531; LG Frankfurt a.M. ZUM-RD **2018** 308 (identifizierender Fahndungsaufruf in der Presse bei unerheblicher Straftat).
596 Vgl. EGMR Castells/E, 23.4.1992; Thorgeir Thorgeirson/ISL, 25.6.1992; Başkaya u. Okçuoğlu/TRK, 8.7.1999;
Prebeluh ZaöRV **61** (2001) 771, 799 m.w.N.
597 *Frowein/Peukert* 41; *Nowak* 50 ff.

Esser

in irgendeiner Hinsicht übereinstimmende Personengruppen sein. Entgegenstehende Rechte anderer können in vielfältiger Form bestehen. Sie umfassen die auch vom Schutz des guten Rufes gerechtfertigte Strafbarkeit der üblen Nachrede[598] und der Beleidigung anderer, den Persönlichkeitsschutz,[599] den Urheberschutz[600] oder die gewerbliche oder geschäftliche Betätigung[601] sowie das Eigentumsrecht Dritter, das auch der künstlerischen Betätigung an fremden Gegenständen Schranken setzt.[602] Sie schließen den **Schutz der religiösen Überzeugung** anderer vor **blasphemischer Herabwürdigung**[603] oder vor Beunruhigung durch herabwürdigende Äußerungen[604] mit ein.

Zum Schutz der Rechte Dritter gehört auch deren Recht auf hinreichenden Schutz **138** ihrer **persönlichen Daten** und ihres **Privatbereichs**.[605] Zu diesem Zweck ist der Staat berechtigt, unter Umständen aber auch zur Erfüllung seiner Schutzpflicht aus Art. 8 EMRK/Art. 17 Abs. 2, 20 IPBPR verpflichtet, der Informationserlangung und -verbreitung Schranken zu setzen.[606] Dies rechtfertigt z.B. Einschränkungen der Presseberichterstattung über Angelegenheiten aus dem Privatbereich anderer, für deren Erörterung kein hinreichend schützenswertes öffentliches Interesse besteht[607] oder den Ausschluss der Öffent-

---

598 Der EGMR unterscheidet grundsätzlich ebenfalls danach, ob eine Tatsachenbehauptung oder ein Werturteil vorliegt, verlangt aber auch bei Werturteilen eine ausreichende Tatsachengrundlage: EGMR De Haes u. Gijsels/B, 24.2.1997, § 47; Oberschlick/A (Nr. 2), 1.7.1997, 33; Jerusalem/A, 27.2.2001, § 43; Krone Verlag GmbH & Co. KG u. Mediaprint Zeitungs- und Zeitschriftenverlag GmbH & Co. KG/A, 20.3.2003; Ruokanen u.a./FIN, 6.4.2010; Ärztekammer für Wien und Dorner/A, 16.2.2016, §§ 67 ff., NJOZ **2018** 1595; Benitez Moriana u. Iñigo Fernandez/E, 9.3.2021, § 51 (Beleidigung von Richtern); M.L./SLO, 14.10.2021, § 40; Wojczuk/PL, 9.12.2021, § 73 (Verleumdung gegenüber städtischem Museumsdirektor); vgl. aber EGMR Lingens/A, 8.7.1986 (Wahrheitsbeweis für allgemein herabsetzende Würdigung des Verhaltens eines Politikers unverhältnismäßig); Egill Einarsson/ISL, 7.11.2017, § 40, NJW **2018** 1589 (Beweis der Wahrheit eines Werturteils ist nicht erfüllbar und verletzt schon für sich die Meinungsfreiheit); Azadliq u. Zayidov/ASE, 30.6.2022, § 37.
599 Vgl. EGMR Hoffer u. Annen/D, 13.1.2011, NJW **2011** 3353 = ZfL **2011** 61 = DÖV **2011** 281 (Ls.) (Meinungsfreiheit muss in Abwägung zum Persönlichkeitsrecht zurücktreten, wenn in einer Aktion gegen Abtreibung eine Broschüre verteilt wird, in der die Formulierung „Damals: Holocaust heute: Babycaust" eine direkte Verbindung zu einem bestimmten legal praktizierenden Arzt herstellt, da weniger diffamierende Mittel zur Verfolgung des politischen Ziels zur Verfügung stehen; Bezeichnung des Arztes als „Tötungsspezialisten"). Der EGMR hat sich sechsmal mit vergleichbaren Fällen des Bf. Annen beschäftigt. Nur in EGMR Annen/D, 26.11.2015, NJW **2016** 1867 (Annen I) wurde eine Verletzung von Art. 10 festgestellt. In den Urteilen Annen/D, 20.9.2018 (Annen II; NJW **2019** 1127; III-V; zu Annen IV vgl. die Anm. von *Esser* medstra **2019** 357) wurden Verstöße ebenso verneint wie in EGMR Annen/D, 18.10.2018 (Annen VI). Vgl. dazu VGH Kassel Beschl. v. 18.3.2022 – 2 B 375/22, BeckRS **2022** 4932 („Mahnwache" gegenüber Beratungsstelle von pro Familia; bei ausreichendem Abstand von Versammlungsfreiheit gedeckt).
600 EGMR Neij u. Sunde Kolmisoppi/S (E), 19.2.2013, C der Gründe.
601 EGMR Barthold/D, 25.3.1985; Bergens Tidende u.a./N, 2.5.2000; *Preslmayr* EuGRZ **1985** 221; vgl. *Prepeluh* ZaöRV **61** (2001) 771, 801 (Eingriffe in die geschäftliche Betätigung werden unter dem Aspekt der Konsumenten oder Konkurrenten und nicht als Eingriffe in die Privatsphäre gesehen).
602 EKMR EuGRZ **1984** 259 (Sprayer von Zürich).
603 Vgl. EGMR Wingrove/UK, 25.11.1996 (blasphemisches Video); E.S./A, 25.10.2018, NJOZ **2020** 105 (Vorwurf der Pädophilie gegenüber dem islamischen Propheten Mohammed in einem Seminar).
604 EGMR Garaudy/F (E), 24.6.2003, NJW **2004** 3691, 3693, hinsichtlich der Äußerungen, die nicht bereits eindeutig über Art. 17 dem Schutzbereich des Art. 10 entzogen waren.
605 Vgl. EGMR Von Hannover/D, 24.6.2004; Alkaya/TRK, 9.10.2012, § 36 (bei Berichterstattung über einen Wohnungseinbruch/Schauspielerin Adresse mitgeteilt; von den innerstaatlichen Gerichten nicht beanstandet; Art. 8 verletzt); *Frowein/Peukert* 41; ferner Art. 8 Rn. 140 ff.
606 Vgl. EGMR Garaudy/F (E), 24.6.2003.
607 Vgl. EGMR Société de Conception de Presse et d'Edition/F, 25.2.2016, §§ 45, 47; vgl. aber Karl-Theodor zu Guttenberg/D, 25.6.2019 (Boulevardmedien hatten Bilder eines kaum genutzten Anwesens des Bf. veröffentlicht; daher bestand nur ein geringfügiger Eingriff in das Persönlichkeitsrecht); dazu *Querndt* GRUR-Prax **2019** 419.

Esser

lichkeit bei bestimmten gerichtlichen Verfahren (vgl. §§ 170 ff. GVG). Dem nationalen Gesetzgeber obliegt es, kollidierende Rechte in einer der Bedeutung der Informations- und Meinungsfreiheit einerseits und dem Schutzbedürfnis des betroffenen Dritten andererseits Rechnung tragenden Abwägung zu einer **Konkordanz** zu bringen, wobei ihm hier ein größerer, der Nachprüfung des EGMR aber nicht entzogener Beurteilungsspielraum für die Regelungen vorbehalten ist.[608] So schwächte das BVerfG seinen auf der strikten Differenzierung zwischen absoluten und relativen Personen der Zeitgeschichte beruhenden abgestuften Schutzbereich ab und verneint bei absoluten Personen der Zeitgeschichte eine Schutzbereichsbeeinträchtigung nicht mehr generell, sondern misst nun im Rahmen der Abwägung den Umständen des Einzelfalles eine höhere Bedeutung zu.[609] Wie gesehen hat sich gleichfalls aber auch der EGMR der Rechtsprechung des BVerfG angenähert;[610] im Übrigen zeigt sich der EGMR mit der Rezeption seiner Rechtsprechung durch die deutschen Gerichte zufrieden.[611]

139   In einem Kammerbeschluss 2011 befand das BVerfG, dass Eingriffe in das Allgemeine Persönlichkeitsrecht bei einer **Wortberichterstattung** eher hinzunehmen seien als bei **Bildberichterstattung**;[612] außerdem müsse man „den Bericht als Ganzen" betrachten, eine Verletzung des Persönlichkeitsrechts liege nicht schon vor, weil im Zeitschriftenartikel Informationen aus der Privatsphäre der Betroffenen enthalten seien, vielmehr sei es zu berücksichtigen, wenn „die streitgegenständlichen Äußerungen nicht den Schwerpunkt des Artikels bildeten, sondern ihnen nur eine illustrierende Bedeutung im Rahmen [eines Artikels zu einem anderen Thema] zukam".[613] Darüber hinaus führt das BVerfG aus, dass die streitgegenständlichen Informationen „im Wesentlichen (...) Belanglosigkeiten" aus dem Urlaub waren, nicht die „Intimsphäre", sondern nur die **„äußere Privatsphäre"** betrafen, offenbar weder unwahr (unbestritten) noch ehrenrührig waren und dass die berichteten Tatsachen von anderen Urlaubern leicht beobachtet werden konnten. Ob dabei dem Kriterium, der *Schwerpunkt* des Artikels seien nicht Informationen über das Privatleben der Betroffenen gewesen, große Bedeutung zukommt, darf bezweifelt

---

608 Vgl. EGMR Barfod/DK, 22.2.1989; Weber/CH, 22.5.1990; (GK) Von Hannover/D (Nr. 2), 7.2.2012, NJW **2012** 1053 = EuGRZ **2012** 278 = GRUR **2012** 745 m. Anm. *Lehr* = ZUM **2012** 551, §§ 104 ff. (§ 106: Beurteilungsspielraum des Vertragsstaates ist bei Art. 10 und bei Art. 8 identisch, da es keinen Unterschied machen kann, ob, je nach Ausgang des nationalen Gerichtsverfahrens, das Medium oder die von der Berichterstattung betroffene Person ggf. Beschwerde beim EGMR einlegt); (GK) Axel Springer AG, 7.2.2012, EuGRZ **2012** 294, § 87; (GK) Couderc u. Hachette Filipacchi Associés/F, 10.11.2015, §§ 90 f.; Egill Einarsson/ISL, 7.11.2017, § 37, NJW **2018** 1589; *Giegerich* RabelsZ **1999** 471, 493 ff., 503; *Prepeluh* ZaöRV **61** (2001) 771, 800; *Wandtke* MMR **2019** 142, 145; nicht erforderlich ist, dass der Staat den Medien die Pflicht auferlegt, die Betroffenen vor Veröffentlichungen über deren Privatleben darüber zu informieren, so dass diese schon vor Veröffentlichung rechtlich dagegen vorgehen könnten: EGMR Mosley/UK, 10.5.2011, § 132 und passim, NJW **2012** 747 m. Anm. *Jahn* GWR **2011** 290; dazu *Frenzel* AfP **2011** 335; ob eine derartige Anforderung an die Medien mit Art. 10 vereinbar wäre, lässt der EGMR letztlich offen (EGMR a.a.O., §§ 117, 129, 132 und passim) und äußert Zweifel über deren Wirksamkeit, §§ 126 ff.

609 *Frenz* NJW **2008** 3102, 3103; dazu auch BGH NJW **2009** 757 (K. Speck).

610 Vgl. u.a. EGMR Sciacca/I, 11.1.2005; näher: *Frenz* NJW **2008** 3102.

611 EGMR (GK) Von Hannover/D (Nr. 2), 7.2.2012, NJW **2012** 1053 = EuGRZ **2012** 278 = GRUR **2012** 745 m. Anm. *Lehr* = ZUM **2012** 551, § 125 und passim; vgl. aber EGMR (GK) Axel Springer AG/D, 7.2.2012, NJW **2012** 1058 = EuGRZ **2012** 294 = GRUR **2012** 741 = K&R **2012** 187.

612 BVerfG (K) NJW **2012** 756 = AfP **2012** 37 = ZUM **2012** 241 = EuGRZ **2012** 84, Tz. 26, unter Berufung auf EGMR Von Hannover/D, 24.6.2004, § 59. Der Beschluss des BVerfG betraf erneut die Klägerin des 2004 ergangenen EGMR-Urteils.

613 Vgl. auch BGH NJW-RR **2018** 1063 (zulässige Textberichterstattung über Eltern-Kind-Verhältnis); OLG Hamburg ZUM-RD **2019** 593 (Grenzen der zulässigen Berichterstattung über den Gesundheitszustand eines prominenten Sportlers).

werden; maßgebend ist richtigerweise, dass nicht schwerpunktmäßig, sondern vielmehr *ausschließlich* Belanglosigkeiten mitgeteilt wurden und der Eingriff daher gering war, wodurch die Abwägung zugunsten der gleichfalls menschenrechtlich (wie auch verfassungsrechtlich) geschützten Meinungsfreiheit ausfiel.[614] Eine Überhöhung des Kriteriums des Schwerpunktes des Artikels hätte bei Vernachlässigung der nicht als „Schwerpunkt" des Presseartikels oder Rundfunkbeitrags berichteten Umstände aus dem Privatleben der Betroffenen vor dem EGMR vermutlich keinen Bestand. Der Beschluss des BVerfG lässt sich allerdings so interpretieren, dass gerade deswegen, weil die Informationen aus dem Privatleben der Betroffenen nicht den **Schwerpunkt des Artikels** bildeten, ein Überwiegen der Meinungsfreiheit gegenüber dem Recht der Betroffenen auf Privatsphäre naheliegend war (und als Ergebnis der Abwägung dann auch vorlag).

Einer Wortberichterstattung als unterhaltendem Beitrag kann selbst dann nicht die **140** Grundlage entzogen werden, wenn sich der Artikel mit einem **prominenten Kind** befasst. Zwar kommt dem Allgemeinen Persönlichkeitsrecht des betroffenen Kindes aufgrund der Verstärkung, die es durch Art. 6 Abs. 1 und Abs. 2 GG erfährt, unzweifelhaft ein bedeutenderer Stellenwert für die Abwägung zu. Jedoch überwiegt das Recht auf freie Berichterstattung im Einzelfall dann, wenn der Öffentlichkeit bereits im Vorfeld persönliche Daten des Betroffenen bekannt waren und sich diese eindeutig aus einer Internetrecherche ergeben. Hierzu qualifizierte der BGH schon das Gewicht des Eingriffs als geringfügiger, da der Bericht lediglich bereits bestehende Informationen aufgriff und verbreitete.[615] Bei dieser Rechtsprechung kommt jedoch zu kurz, dass die Betroffenen kaum noch ihre **Anonymität zurückerlangen** können.[616] Ob die vom BGH getroffene Abwägung mit der Rechtsprechung des EGMR zu vereinbaren ist, ist daher zu bezweifeln.

Auch der **Schutz des Briefkastens** (Schutz vor unerwünschter Werbung) kann unter **141** den Begriff der *„Rechte anderer"* fallen und damit zu einer Einschränkung von Art. 10 führen. In einem Fall, in dem die Post sich weigerte, politische Informationsschriften auch in Briefkästen mit einem jegliche Werbung ablehnenden Aufkleber einzuwerfen, hat der EGMR nicht auf eine Verletzung von Art. 10 erkannt.[617]

6. Verbot von Kriegspropaganda sowie von nationalem, rassischem oder religiösem Hass (Art. 20 IPBPR)

a) Allgemeines. Art. 20 IPBPR, der in der EMRK keine Entsprechung findet, normiert **142** im Gegensatz zu den anderen Konventionsgarantien kein subjektives Recht des Einzelnen, sondern eine für alle Konventionsgarantien, insbesondere aber für die Freiheit der Meinungsäußerung (Art. 19 IPBPR), geltende **obligatorische Schranke.**[618] Er begründet eine **Handlungs- bzw. Schutzpflicht der Vertragsstaaten.** Während sonst die Konventionen nur dazu ermächtigen, die gewährleisteten Rechte und Freiheiten, vor allem die Freiheit

---

614 Verunglückt daher der red. Ls. bei BVerfG NJW **2012** 756 sowie red. Ls. 2 bei BVerfG AfP **2012** 37; trotz der noch vorsichtigen Formulierungen (*„kann ... von Bedeutung sein"* bzw. *„kann ... die Meinungsfreiheit* überwiegen"; Hervorhebung jeweils hier) wird in diesen Leitsätzen das Kriterium überhöht, ob die privaten Informationen den Schwerpunkt des Artikels bildeten.

615 BGHZ **198** 346 = NJW **2014** 768 m. Anm. *Elmenhorst* = AfP **2014** 58 (Prominententochter); ebenso BGH NJW **2014** 2276 m. Anm. *Elmenhorst* = AfP **2014** 325.

616 In diese Richtung auch die Kritik von Elmenhorst NJW **2014** 770; *ders.* NJW **2014** 2778 f.

617 EGMR Verein gegen Tierfabriken/CH (E), 20.9.2011. Zum zivilrechtlichen Abwehranspruch gegen unerwünschte Werbung vgl. BGHZ **106** 229 = NJW **1989** 902.

618 Zur Entstehungsgeschichte im Rahmen der Beratungen des Art. 19 IPBPR: *Blumenwitz* FS Ermacora 67, 68 ff.; *Nowak* 3 ff.

der Meinungsäußerung, die Religionsfreiheit sowie die Versammlungs- und Vereinigungsfreiheit erforderlichenfalls aus bestimmten Gründen durch Gesetz zu beschränken, ohne
in der Regel sonst eine Pflicht zum Tätigwerden zu begründen, verpflichtet Art. 20 IPBPR
die Mitgliedstaaten ausdrücklich zum **Erlass von Verboten**.[619]

143　　Die Verpflichtung, durch Gesetz die Kriegspropaganda und die Aufstachelung zur Diskriminierung, Feindseligkeit und Gewalt aus nationalem, rassischem oder religiösem Hass
zu verbieten,[620] konkretisiert die allgemeiner gehaltenen (zweckgebundenen) Eingriffsvorbehalte bei den anderen Garantien des IPBPR und ergänzt sie durch eine **Regelungspflicht** für die genannten Spezialfälle. Zur Umsetzung dieser Verpflichtung gehört auch
eine effektive Strafverfolgung mutmaßlicher Verstöße.[621]

144　　An sich könnten die von Art. 20 IPBPR geforderten Verbote auch mit den als Eingriffsgründe anerkannten Zwecken der nationalen Sicherheit (Verbot der Kriegspropaganda)
oder der öffentlichen Ordnung (Verbot der Verhetzung) gerechtfertigt werden.[622] Deshalb
ergeben sich bei der **EMRK**, in der eine dem Art. 20 IPBPR entsprechende spezielle Verpflichtung fehlt, keine Schwierigkeiten, die von Art. 20 IPBPR geforderten Verbote mit den
Eingriffsvorbehalten der jeweiligen Garantien insbesondere mit Art. 10 Abs. 2 zu rechtfertigen.

145　　Das Verbot zweckwidriger Einschränkungen in **Art. 18** steht solchen Regelungen nicht
entgegen. Voraussetzung ist allerdings, dass sich auch diese Verbote in den für alle Eingriffe festgelegten allgemeinen Grenzen wie der **Verhältnismäßigkeit**, der **Demokratieüblichkeit** usw. halten.[623] Art. 17 schließt andererseits die missbräuchliche Verwendung der
Garantien der EMRK zur Friedensstörung und Rassenhetze ausdrücklich aus.[624] Für die
Verfahrensrechte, die die EMRK jedermann einräumt, gilt dies nicht.[625] Ob Gleiches auch
für das Verfahren vor dem HRC nach dem FP-IPBPR[626] gilt, ist strittig, hat aber für das
Verfahren vor dem EGMR keine unmittelbare Bedeutung.

146　　Um der Verpflichtung zum Erlass von Verboten aus Art. 20 IPBPR nachzukommen,
gab es in Deutschland zahlreiche Entschließungs- und Gesetzgebungsanträge zur strafrechtlichen „Bekämpfung" des Rechtsextremismus sowie der „nachhaltigen Bekämpfung
von Extremismus, Gewalt und Fremdenfeindlichkeit".[627] Jedoch bestand lange Zeit keine
Einigkeit darüber, ob und ggf. welche Strafrechtsänderungen geboten und sachgerecht
sind.[628]

147　　Mit dem **Gesetz zur Umsetzung von Empfehlungen des NSU-Untersuchungsaus-
schusses des Deutschen Bundestags** vom 12.6.2015[629] wurden **rassistische, fremdenfeindliche oder sonstige menschenverachtende Motive** des Täters als zu berücksichtigende
Strafzumessungstatsachen in **§ 46 Abs. 2 StGB** eingefügt. Dadurch sollte die Bedeutung dieser Motive für die gerichtliche Strafzumessung verdeutlicht werden.[630] Die Bundesrepublik

---

619　Entstehungsgeschichte *Nowak* 3 ff.

620　Vgl. HRC Taylor/CAN, 6.4.1983, EuGRZ **1983** 409 (Ausschluss vom Telefondienst wegen unzulässiger
Rassendiskriminierung aufgrund eines kanadischen Gesetzes berechtigt); EGMR Le Pen/F, 13.9.2016.

621　HRC Mohamed Rabbae u.a./NL, 2124/2011, 14.7.2016 (Geert Wilders; Freispruch), HRLJ **2017** 48.

622　Vgl. *Nowak* 18, 19.

623　*Nowak* 18.

624　Vgl. EKMR bei *Frowein/Peukert* Art. 17, 2–4; Art. 17 Rn. 2.

625　Vgl. Art. 17 Rn. 7.

626　Vgl. Teil II Rn. 422 ff.

627　Vgl. BR-Drucks. 564/00; BTDrucks. **14** 4067; Überblick bei *Bittmann* DRiZ **2007** 323; *Keiser* ZRP **2010** 46.

628　*Keiser* ZRP **2010** 46.

629　BGBl. I 2015 S. 925; vgl. BTDrucks. **18** 3007; das Gesetz trat am 1.8.2015 in Kraft.

630　BTDrucks. **18** 3007 S. 7; vgl. dazu bereits: BTDrucks. **16** 10123. Ferner war erwogen worden, die Verhängung einer Freiheitsstrafe als „in der Regel" zur Verteidigung der Rechtsordnung i.S.v. § 47 Abs. 1 StGB

folgte damit internationalen Empfehlungen.[631] Durch diese Änderung im Strafzumessungsrecht sollte auch der sog. **Hasskriminalität**, einem „Botschaftsverbrechen",[632] entgegengewirkt werden.[633] Diesen Taten ist gemein, dass das Opfer dabei nicht als Individuum, sondern als ein willkürlicher Vertreter einer dem Täter unliebsamen und als minderwertig eingeschätzten Gruppe wahrgenommen und stellvertretend gebrandmarkt wird, um weitere Mitglieder der Gruppe einzuschüchtern.[634] Da solchen Delikten ein erhöhter Unrechtsgehalt innewohne,[635] soll durch eine Strafschärfung ein grundsätzliches Unwerturteil über die **besonders verwerfliche Motivlage und die Ziele** des Täters gefällt werden. Das Bedürfnis zur ausdrücklichen Normierung der Hasskriminalität ist damit zumindest nachvollziehbar, wenngleich hierdurch eine kriminologische Kategorie, die der Beschreibung von Tatphänomenen dient, nicht umfassend geglückt in das Strafzumessungsrecht integriert wurde.[636]

Am 15.10.2019 hatte der Freistaat Bayern einen **Gesetzesantrag zur Strafzumessung** **bei antisemitischen Straftaten** in den Bundesrat eingebracht,[637] der die vorhandene Trias der „menschenfeindlichen" Strafzumessungstatsachen um „antisemitische Beweggründe" erweitern sollte. Da auch diese Art der Tatmotivation, wie bereits die kaum trennscharf unterscheidbaren Beweggründe des Rassismus und der Fremdenfeindlichkeit, unter den Oberbegriff der Menschenfeindlichkeit gefasst werden kann, ist die erneute Erweiterung der Aufzählung jedenfalls als beispielhaft zu bewerten und damit grammatisch und systematisch redundant.[638] **148**

Aus der **Rechtsprechung des EGMR** zu Hasskriminalität lässt sich ebenfalls kein Erfordernis ableiten, die Strafzumessungsvorschriften zu ändern.[639] In der Rs. *Nachova*[640] entschied der Gerichtshof zwar, dass die Pflicht zu effektiven Ermittlungen im Nachgang einer staatlich veranlassten Tötung, abgeleitet aus Art. 2 i.V.m. Art. 14, nicht negativ von der Herkunft der Opfer beeinflusst werden dürfe.[641] Daraus lässt sich aber keine Pflicht des nationalen Gesetzgebers begründen, **menschenfeindliche Tatmotivationen** *ausdrücklich* in das **149**

---

unerlässlich anzusehen, „wenn die Tat von menschenverachtenden, rassistischen oder fremdenfeindlichen Beweggründen oder Zielen mitbestimmt war". In diesen Fällen sollte durch eine Änderung des § 56 Abs. 3 StGB auch die Vollstreckung längerer Freiheitsstrafen von sechs Monaten bis zu zwei Jahren in der Regel zur Verteidigung der Rechtsordnung geboten sein, vgl. BTDrucks. **16** 10123 S. 7 f.; ausdrückliche Abkehr hiervon in BTDrucks. **17** 9345 S. 6.

631 Vgl. Rahmenbeschluss 2008/913/JI des Rates vom 28.11.2008 zur strafrechtlichen Bekämpfung bestimmter Formen und Ausdrucksweisen von Rassismus und Fremdenfeindlichkeit (ABlEU Nr. L 328 v. 6.12.2008 S. 55); Bericht des UN-Sonderberichterstatters für Rassismusfragen, *Githu Muigai* (UN-Dok. A/HRC/14/43/ Add.2 v. 22.2.2010, Rn. 78).

632 *Tolmein* ZRP **2001** 315, 317, 319; *Sotiriadis* KJ **2014** 261, 264; vertiefend *Gerson* KriPoZ **2020** 22, 30; *Valerius* ZStW **132** (2020) 666, 667 ff.

633 Vgl. BR-Drucks 26/12, BTDrucks. **17** 9345, **17** 8131; bei der Auslegung des Oberbegriffes „menschenverachtend" seien u.a. Nationalität, Religion, etwaige Behinderung, sexuelle Orientierung und gesellschaftlicher Status des Opfers zu berücksichtigen. Vertiefend: *Fleck* Hasskriminalität in Deutschland (2022).

634 *Keiser* ZRP **2010** 46; BTDrucks. **18** 11970 (Bericht des UE Antisemitismus) 30.

635 Nach *Sotiriadis* KJ **2014** 261, 266 werde die Menschenwürde mitverletzt.

636 So insbesondere *Gerson* KriPoZ **2020** 22, 30.

637 BRDrucks. 498/19.

638 *Gerson* KriPoZ **2020** 22, 25 ff.; zustimmend *Schiemann* KriPoZ **2020** 269, 271; in diese Richtung auch *Valerius* ZStW **132** (2020) 666, 689.

639 A.A. *Stoltenberg* ZRP **2012** 119, 120, 122; *Beck/Tometten* ZRP **2017** 244.

640 EGMR (GK) Nachova u.a./BUL, 6.7.2005; Nachova u.a./BUL, 24.2.2014; Šečić/KRO, 31.5.2007.

641 EGMR (GK) Nachova u.a./BUL, 6.7.2005, § 126 (Erschießung zweier Angehöriger der Volksgruppe der Sinti und Roma durch die Militärpolizei; Verstoß gegen Art. 2 i.V.m. Art. 14 in prozessualer Ausprägung wegen ineffektiver Ermittlungen).

Strafzumessungsrecht aufzunehmen, vor allem, wenn diese durch das geltende Recht bereits erfasst werden.[642]

150   Mit dem **60. StrÄndG** v. 30.11.2020 wurde u.a. der Begriff „**Inhalte**" i.S.d. **§ 11 Abs. 3 StGB** neu gefasst und dementsprechend wurden Begriffe wie „Schriften" oder „Stücke", etwa in § 74d StGB, unter Bezugnahme auf § 11 Abs. 3 StGB durch „Verkörperungen eines Inhalts" aktualisiert. Ferner wurde der Straftatbestand des § 86 StGB durch Streichungen weiter gefasst. In § 86a Abs. 1 StGB sowie § 111 StGB und § 130 StGB wurde der Tatbestand jeweils wiederum im Hinblick auf den modifizierten § 11 Abs. 3 StGB (s.o.) abgeändert und dadurch erweitert.[643]

151   Zentrales Anliegen des **Gesetzes zur Bekämpfung des Rechtsextremismus und der Hasskriminalität** v. 30.3.2021[644] war die effektive Strafverfolgung insbesondere von Hasskriminalität mit rechtsextremistischem Hintergrund, gerade bei Tatbegehungen im Internet.[645] Neben der ausdrücklichen Ergänzung des § 46 Abs. 2 StGB um **antisemitische Motive** des Täters u.a. der Straftatenkatalog des **§ 126 StGB** um die Androhung der gefährlichen Körperverletzung erweitert. Der Anwendungsbereich des **§ 140 StGB** erfasst nun auch die Billigung noch nicht erfolgter Straftaten. Beleidigende Äußerungen, die öffentlich oder durch das Verbreiten eines Inhalts (§ 11 Abs. 3 StGB) getätigt werden, sind jetzt in einem Qualifikationstatbestand des **§ 185 StGB** erfasst.[646] In **§ 188 Abs. 1 StGB** wurde klargestellt, dass der Tatbestand auch für Taten gegenüber Kommunalpolitikern greift. Der Tatbestand der Bedrohung i.S.d. **§ 241 StGB** erfasst seither auch die Bedrohung mit einer rechtswidrigen Tat gegen die körperliche Unversehrtheit oder gegen eine Sache von bedeutendem Wert. Ein zusätzlicher Qualifikationstatbestand für die öffentliche Bedrohung oder die Bedrohung durch das Verbreiten eines Inhalts (§ 11 Abs. 3 StGB) erhöhte die Höchststrafe auf bis zu drei Jahre Freiheitsstrafe.[647] Eingeführt wurde ferner eine **Meldepflicht der Anbieter sozialer Netzwerke** (§ 1 Abs. 1 NetzDG) für bestimmte Straftaten aus dem Katalog des § 1 Abs. 3 NetzDG.[648] Zum 1.12.2021 wurden auch die Regelungen der StPO über die Verkehrs- und Bestandsdatenerhebung gegenüber Telekommunikationsdiensteanbietern erweitert.

152   Durch das Gesetz zur Änderung des Strafgesetzbuches [...] v. 14.9.2021[649] wurde der Straftatbestand der **Verhetzenden Beleidigung (§ 192a)** ins StGB eingefügt.[650] Dieser sieht eine spezielle Strafbarkeit für denjenigen vor, der einen Inhalt, der geeignet ist, die Menschenwürde anderer dadurch anzugreifen, dass er eine durch ihre nationale, rassische, religiöse oder ethnische Herkunft, ihre Weltanschauung, ihre Behinderung oder ihre sexu-

---

642 So auch *Gerson* KriPoZ 2020 22, 33.

643 Sechzigstes Gesetz zur Änderung des Strafgesetzbuches – Modernisierung des Schriftenbegriffs und anderer Begriffe sowie Erweiterung der Strafbarkeit nach den §§ 86, 86a, 111 und 130 des Strafgesetzbuches bei Handlungen im Ausland v. 30.11.2020, BGBl. I S. 2600.

644 BGBl. I S. 441; in Kraft getreten am 3.4.2021; zu den Inhalten: *Schiemann* KriPoZ **2020** 269; *Oğlakcıoğlu* ZStW **132** (2020) 521, 533 ff.

645 BTDrucks. 19 18470; kriminologische Einordnung bei *Ceffinato* ZStW **132** (2020) 544, 545 ff.

646 Für eine Reform des § 185 StGB *Großmann* GA **2020** 546.

647 Vgl. auch die bereits zuvor angeregten Änderungen durch BRDrucks. 418/19.

648 BTDrucks. 19 18470 S. 2: auch die Bekämpfung der Verbreitung von Kinderpornographie war intendiert.

649 Gesetz zur Änderung des Strafgesetzbuches – Verbesserung des strafrechtlichen Schutzes gegen sogenannte Feindeslisten, Strafbarkeit der Verbreitung und des Besitzes von Anleitungen zu sexuellem Missbrauch von Kindern und Verbesserung der Bekämpfung verhetzender Inhalte sowie Bekämpfung von Propagandamitteln und Kennzeichen verfassungswidriger und terroristischer Organisationen v. 14.9.2021, BGBl. I S. 4250.

650 Hierzu: *Ebner/Kulhanek* ZStW **133** (2021) 984 ff.

Esser

elle Orientierung bestimmte Gruppe oder einen Einzelnen wegen seiner Zugehörigkeit zu einer dieser Gruppen **beschimpft, böswillig verächtlich macht** oder **verleumdet**, an eine andere Person, die zu einer der vorbezeichneten Gruppen gehört, gelangen lässt, ohne von dieser Person hierzu aufgefordert zu sein.

Anfang Juli 2022 hat das Bundesministerium der Justiz einen **Referentenentwurf** **153** **(Ref-E)**[651] **für eine umfassende Reform des Sanktionenrechts** vorgelegt, worauf Anfang März 2023 ein entsprechender **Gesetzentwurf der Bundesregierung**[652] folgte. Die geplanten Änderungen betreffen u.a. die auch im Kontext des Art. 10 relevante **Aufnahme „geschlechtsspezifischer" sowie „gegen die sexuelle Orientierung gerichteter" Tatmotive** als weitere Beispiele menschenverachtender Beweggründe in den Katalog der nach § 46 Abs. 2 Satz 2 StGB für die Strafzumessung relevanten Umstände. Taten, die aus Sicht des Täters handlungsleitend durch das Geschlecht des Opfers oder dessen sexuelle Orientierung motiviert sind, spielten in Deutschland empirisch gesehen eine zunehmende Rolle und sollen daher – obwohl entsprechende Beweggründe bereits unter „menschenverachtenden Tatmotive" gefasst werden können – ausdrückliche Erwähnung innerhalb der Strafzumessungstatsachen finden.[653] Das entsprechende Gesetz[654] wurde am 7. Juli 2023 vom Bundestag beschlossen und inzwischen im Amtsblatt veröffentlicht.

Gerichtet sind die beschriebenen Gesetzesinitiativen gegen das Phänomen der sog. **154** *Hate Speech*, einem Unterfall der Hasskriminalität,[655] die in der Anonymität des Internets bzw. der sozialen Netzwerke (vgl. § 13 Abs. 6 TMG) in den letzten Jahren erheblich zugenommen hat. Der EGMR differenziert für diese Fälle in **besonders schwere Hassrede**, die wegen Art. 17 schon nicht von Art. 10 gedeckt ist, und in **weniger schwere Hassrede**, die grundsätzlich den Schutz des Art. 10 genieße, von den Mitgliedstaaten aber beschränkt und unterbunden werden darf.[656] Gleichwohl fordert der Gerichtshof, auch Besonderheiten des **Kommunikationsstils** in bestimmten Internetportalen zu berücksichtigen. Wenngleich die in Kommentar-Spalten im Internet verwendeten Ausdrücke stilistisch häufig zweifelhaft bis abstoßend sind, sind sie nach Ansicht des EGMR für Mitteilungen in vielen Internetportalen gebräuchlich, was ihren (negativen) Effekt reduziere.[657]

---

651 Entwurf eines Gesetzes zur Überarbeitung des Sanktionenrechts – Ersatzfreiheitsstrafe, Strafzumessung, Auflagen und Weisungen sowie Unterbringung in einer Entziehungsanstalt (Juli 2022).

652 Entwurf eines Gesetzes zur Überarbeitung des Sanktionenrechts – Ersatzfreiheitsstrafe, Strafzumessung, Auflagen und Weisungen sowie Unterbringung in einer Entziehungsanstalt v. 6.3.2023, BT-Drucks. 20/5913; vgl. dazu auch: *Beukelmann/Heim* NJW-Spezial **2023** 250 ff.

653 Entwurf eines Gesetzes zur Überarbeitung des Sanktionenrechts (Juli 2022) S. 13 ff.; BT-Drucks 20/5913 S. 64 ff.

654 Gesetz zur Überarbeitung des Sanktionenrechts – Ersatzfreiheitsstrafe, Strafzumessung, Auflagen und Weisungen sowie Unterbringung in einer Entziehungsanstalt v. 26.7.2023, BGBl. I Nr. 203 S. 1.

655 Vgl. die Definition in Coe/CM R (97) 20, 30.10.1997 S. 2: „Zu den Zwecken der Anwendung dieser Grundsätze umfasst der Begriff „Hassrede" jegliche Ausdrucksformen, welche Rassenhass, Fremdenfeindlichkeit, Antisemitismus oder andere Formen von Hass, die auf Intoleranz gründen, propagieren, dazu anstiften, sie fördern oder rechtfertigen, einschließlich der Intoleranz, die sich in Form eines aggressiven Nationalismus und Ethnozentrismus, einer Diskriminierung und Feindseligkeit gegenüber Minderheiten, Einwanderern und der Einwanderung entstammenden Personen ausdrücken."; *Valerius* ZStW **132** (2020) 666, 678 f.; kriminologische Einordnung bei *Apostel* KriPoZ **2019** 287, 288, 290 f.; *Sahin* KJ **2020** 256, 258 ff.

656 EGMR Féret/B, 16.7.2009, §§ 54–92; Vejdeland u.a./S, 9.2.2012, §§ 47–60, NJW **2013** 285; Delfi AS/EST (GK) 16.6.2015, § 136, NJW **2015** 2863; Lilliendahl/ISL, 12.5.2020, §§ 33 ff. (homophobe Äußerungen der zweiten Kategorie von Hassrede); zur Wechselbeziehung von Hassrede und Meinungsäußerungsfreiheit im politischen Kontext: EGMR Erkizia Almandoz/E, 22.6.2021; Karpenstein/Mayer/*Mensching* 80 f.

657 EGMR Magyar Tartalomszolgáltatók Egyesülete u. Index.hu Zrt/H, 2.2.2016, § 77, NJW **2017** 2091.

155   Die weitergehende Frage, ob ein Onlineprovider für **beleidigende Inhalte eines Dritten** auf seiner Website verantwortlich ist, beschäftigte ebenfalls schon den EGMR.[658] Grundsätzlich müssen auch Internet-Nachrichtenportale Pflichten und Verantwortung für verfügbare Inhalte übernehmen, wenngleich sich diese aufgrund der Besonderheiten des Internets von denen eines traditionellen Herausgebers unterscheiden können.[659] Bei der Abwägung mit dem Schutz der Persönlichkeitsrechte der betroffenen Dritten müssen der Zusammenhang der Kommentare, die von den Plattformbetreibern getroffenen Maßnahmen, um die Veröffentlichung beleidigender Kommentare zu verhindern oder sie zu entfernen, die Verantwortlichkeit der Verfasser der Kommentare und die Folgen der Entscheidungen staatlicher Gerichte für die Plattformbetreiber abgewogen werden.[660] Ein gangbarer Weg kann die Einrichtung eines **Systems des Löschens auf Mitteilung** unter Einhaltung eines effektiven Verfahrens sein.[661] Der BGH hat für Suchmaschinenbetreiber eine **„proaktive Prüfungspflicht"** nach illegitimen Inhalten Dritter abgelehnt.[662] Gleichwohl hat der EGMR gegenüber einer Privatperson, die für den öffentlichen Social Media Auftritt eines Lokalpolitikers im Wahlkampf verantwortlich gewesen ist, eine Pflicht zur Löschung von rassistischen Kommentaren Dritter auf der öffentlich einsehbaren „Pinnwand" begründet und bei Verurteilung des Betroffenen wegen des Nicht-Löschens der Kommentare einen Verstoß gegen Art. 10 verneint.[663]

156   Das erhebliche **Spannungsfeld mit der Meinungsäußerungsfreiheit** des Art. 5 Abs. 1 Satz 1 Alt. 1 GG, das sich aus der geplanten Verschärfung der Äußerungsdelikte und der Meldepflichten des NetzDG ergibt, wird in den Gesetzentwürfen zumindest gesehen.[664] Entsprechende Löschpflichten – u.a. der § 3 Abs. Nr. 2 und 3 NetzDG[665] – der Betreiber der Internetportale werden seit langem kritisch diskutiert.[666] Da dem Netzwerkbetreiber nach § 4 NetzDG Geldbußen drohen, wenn er rechtswidrige Inhalte nicht oder nicht richtig entfernt, steht das Regelwerk in der Kritik, Internetportale faktisch dazu zu verleiten, einen zwar kritischen, aber rechtmäßigen Inhalt präventiv zu löschen (sog. **Overblocking**).[667] Die neuen „Meldepflichten" könnten den gefährlichen gesamtgesellschaftlichen

---

658   EGMR Magyar Tartalomszolgáltatók Egyesülete u. Index.hu Zrt/H, 2.2.2016.

659   EGMR Magyar Tartalomszolgáltatók Egyesülete u. Index.hu Zrt/H, 2.2.2016, § 62, NJW **2017** 2091.

660   EGMR Magyar Tartalomszolgáltatók Egyesülete u. Index.hu Zrt/H, 2.2.2016, §§ 68 f., NJW **2017** 2091; (GK) Delfi AS/EST, 16.6.2015, §§ 142 f., NJW **2015** 2863.

661   EGMR (GK) Delfi AS/EST, 16.6.2015, § 159, NJW **2015** 2863; Magyar Tartalomszolgáltatók Egyesülete u. Index.hu Zrt/H, 2.2.2016, § 91, NJW **2017** 2091; hierzu *Wagner* GRUR **2020** 447, 448, 453 ff. m.w.N. zum sog. „Shuttle-Verfahren"; zum Anspruch auf eine „weltweite" Löschung von Hasspostings durch den Betreiber eines sozialen Netzwerks OLG Wien MMR **2017** 812.

662   BGH NJW **2018** 2324.

663   EGMR Sanchez/F, 2.9.2021, §§ 79 ff.; vgl. auch EGMR Kilin/R, 11.5.2021 (Veröffentlichung eines gewaltverherrlichen Musikstücks auf Social Media); anders wieder EGMR Üçdağ/TRK, 31.8.2021 (menschenrechtswidrige Verurteilung wegen des Postens von Bildern eines PKK-Anführers auf Facebook).

664   Ref-E, 12; Reg-E, 15 f.

665   Gesetz zur Verbesserung der Rechtsdurchsetzung in sozialen Netzwerken (NetzDG) v. 1.9.2017, BGBl. I S. 3352; hierzu *Guggenberger* NJW **2017** 2577.

666   Vgl. *Beurskens* NJW **2018** 3418; *Warg* DÖV **2018** 473, 279 f. hält das NetzDG für mit Art. 5 Abs. 1 GG nicht vereinbar; ebenso *Guggenberger* NJW **2017** 2577, 2581 (bewirke „Chilling Effect", der mit dem Schutz der persönlichen Ehre oder anderer Rechtsgüter nicht mehr gerechtfertigt werden könne); *Kalscheuer/Hornung* NVwZ **2017** 1721, 1722 ff. (Verstöße gegen formelles und materielles Verfassungsrecht); ebenso *Gersdorf* MMR **2017** 439; krit. *Müller-Franken* AfP **2018** 1; zur Vereinbarkeit mit dem Unionsrecht *Spindler* ZUM **2017** 473.

667   Ebenso Sahin KJ **2020** 256, 267; diff. *Schiff* MMR **2018** 366, 369; **a.A.** *Lüdemann* MMR **2019** 279.

Trend zu Zensur und Denunzianz noch verstärken und damit der Meinungsfreiheit auf lange Sicht mehr schaden als nutzen.[668]

Die EU-Kommission hat am 9.12.2021 eine Mitteilung veröffentlicht, nach der die Liste **157** der einer unionsweiten Harmonisierung zugänglichen Straftatbestände des **Art. 83 Abs. 1 AEUV** um die sog. **„Hetze und Hasskriminalität"** ergänzt werden soll.[669] Anlass sei die stetige Zunahme dieses Kriminalitätsbereichs, der als Teilbereich der besonders schweren Kriminalität die gemeinsamen Werte der EU bedrohe. Aufgrund der grenzüberschreitenden Dimension des Phänomens bedürfe es der effektiven Bekämpfung auf unionaler Ebene. Die Erweiterung des Katalogs in Art. 83 Abs. 1 AEUV setzt die Zustimmung des EU-Parlaments sowie einen einstimmigen Beschluss des Rates voraus.

b) Andere völkerrechtliche Verpflichtungen. Andere völkerrechtliche Verpflichtun- **158** gen gehen über Art. 20 IPBPR hinaus, so etwa das **Übereinkommen zur Beseitigung jeder Form von Rassendiskriminierung vom 7.3.1966**.[670] Vor allem in dessen Art. 4 *lit.* a verpflichten sich die Staaten grundsätzlich dazu, jede Verbreitung von Ideen, die sich auf die Überlegenheit einer Rasse oder den Rassenhass gründen, jedes Aufreizen zur Rassendiskriminierung und jede Gewalttätigkeit gegen eine Rasse oder Personengruppe anderer Hautfarbe oder Volkszugehörigkeit oder jede Aufreizung dazu sowie jede Unterstützung rassenkämpferischer Betätigung zu einer nach dem Gesetz strafbaren Handlung zu erklären.[671] Diese Verpflichtung wird u.a. durch Art. 4 *lit.* b ergänzt, der den Staaten auferlegt, alle Organisationen und alle organisierten oder sonstigen Propagandatätigkeiten, welche die Rassendiskriminierung fördern oder dazu aufreizen, als gesetzwidrig zu erklären und zu verbieten und die Beteiligung an derartigen Organisationen oder Tätigkeiten als eine nach dem Gesetz strafbare Handlung anzuerkennen. Art. 4 hebt ausdrücklich hervor, dass die Staaten bei der Erfüllung dieser Verpflichtungen die in der AEMR sowie die in Art. 5 nochmals besonders herausgestellten Bürgerrechte, vor allem das Recht auf **Meinungsfreiheit** und freie **Meinungsäußerung** und die **Religionsfreiheit**, gebührend berücksichtigen müssen. Die Verpflichtungen bestehen auch hier nicht absolut, sondern nur in dem Umfang, der sich nach **Abwägung** mit der Bedeutung der Menschenrechte ergibt, in die die geforderten Verbote eingreifen. Es ist den Vertragsstaaten auch hier überlassen, die kollidierenden Pflichten des Menschenrechtsschutzes zu einer praktischen Konkordanz zu bringen.

Zudem bestimmt der Rahmenbeschluss 2008/913/JI zur strafrechtlichen Bekämpfung be- **159** stimmter Formen und Ausdrucksweisen von Rassismus und Fremdenfeindlichkeit vom 28.11.2008,[672] dass jeder Mitgliedstaat der Europäischen Union die erforderlichen Maßnahmen trifft, um die in Art. 1 *lit.* a–d RB genannten rassistischen und fremdenfeindlichen Handlungen, wie die öffentliche Aufstachelung zu Gewalt und Hass oder das Leugnen oder Verharmlosen von Völkermord aus rassistischen oder fremdenfeindlichen Motiven, unter Strafe zu stellen und sie mit wirksamen, angemessenen und abschreckenden strafrechtlichen Sanktionen nach Art. 3 RB zu versehen. Darüber hinaus sind die Mitgliedstaaten gemäß

---

668 Diff. *Ceffinato* ZStW **132** (2020) 544, 559 ff., 563; bezgl. der Speicherung von Daten gem. §§ 111, 112 und 113 TKG nahm der EGMR keinen Verstoß gegen Art. 8 an; ob auch Art. 10 betroffen sein kann, ließ er offen, vgl. EGMR Breyer/D, 30.1.2020, ZD **2020** 250.

669 COM(2021) 777 endg.; zuvor bereits COM(2020) 790 endg.

670 BGBl. 1969 II S. 961.

671 Darauf beruhend wurde Deutschland vom CERD gerügt, weil gegen Äußerungen des früheren Berliner Innensenators *Sarrazin* nicht strafrechtlich vorgegangen wurde (CERD/C/82/D/48/2010, EuGRZ **2013** 266; sehr kritisch hierzu *Tomuschat* EuGRZ **2013** 262; vgl. auch *Beverungen* ZAR **2013** 429).

672 ABlEU Nr. L 328 v. 6.12.2008 S. 55; hierzu: Bericht der Kommission an das Europäische Parlament und den Rat über die Umsetzung des Rahmenbeschlusses 2008/913/JI […], KOM (2014) 27 v. 27.1.2014.

Art. 4 RB verpflichtet sicherzustellen, dass bei allen anderen als den dort enumerativ aufgelisteten Straftaten rassistische und fremdenfeindliche Beweggründe entweder als erschwerender Umstand Geltung verschafft wird oder dass solche Beweggründe bei der Festlegung des Strafmaßes durch die Gerichte berücksichtigt werden. In Art. 5 und Art. 6 RB werden die Verantwortlichkeit juristischer Personen und deren Sanktionierung bei Verwirklichung einer der im RB genannten Straftaten bestimmt.

160   Nach dem **Zusatzprotokoll zum Übereinkommen über Computerkriminalität betreffend die Kriminalisierung mittels Computersystemen begangener Handlungen rassistischer und fremdenfeindlicher Art** vom 28.1.2003 **(ETS 189)** verpflichten sich die Vertragsstaaten, die Verbreitung rassistischen und fremdenfeindlichen Materials über Computersysteme (Art. 3), rassistisch und fremdenfeindlich motivierte Drohungen und Beleidigungen (Art. 4 und 5) sowie die Leugnung, grobe Verharmlosung und Billigung oder Rechtfertigung von Völkermord oder Verbrechen gegen die Menschlichkeit (Art. 6) nach ihrem innerstaatlichen Recht zu Straftaten zu erklären. Deutschland hat das ZP am 10.6.2011 ratifiziert.[673] Die Änderung der Strafvorschrift der Volksverhetzung in § 130 StGB zum 1.4.2005[674] war bereits auf die Vorgaben aus Art. 6 Abs. 1 des ZP zurückzuführen.[675]

161   **c) Innerstaatliches Recht.** Die Unzulässigkeit jeder Ungleichbehandlung aufgrund der Abstammung, Rasse, Sprache, Heimat oder Herkunft, des Glaubens oder religiöser oder politischer Anschauungen folgt bereits aus **Art. 3 Abs. 3 GG.** Dem Verbot des Art. 20 Abs. 1 IPBPR entspricht das Verbot des Art. 26 GG, der Handlungen, die geeignet sind, das friedliche Zusammenleben der Völker zu stören, für verfassungswidrig erklärt und – über Art. 20 IPBPR hinaus – auch verlangt, dass sie unter Strafe gestellt werden (vgl. §§ 80, 80a StGB).[676] Die Strafbarkeit der Volksverhetzung, Aufstachelung zum Rassenhass oder die den öffentlichen Frieden gefährdende Beschimpfung religiöser Bekenntnisse nach Maßgabe der **§§ 130, 131, 166 StGB** trägt Forderungen des Art. 20 Abs. 2 IPBPR Rechnung.[677]

162   **d) Grundzüge der Regelung des Art. 20 IPBPR.** Die **Verpflichtung, Kriegspropaganda durch Gesetz zu verbieten** (Absatz 1), soll nach der Entstehungsgeschichte nicht jede Meinungsäußerung über den Krieg erfassen, sondern nur eine **propagandistische**,[678] d.h. vorsätzlich auf die Beeinflussung anderer Menschen abzielende Tätigkeit, mit der für einen völkerrechtlich unzulässigen Friedensbruch geworben wird. Unter **Krieg** ist hier nur ein mit der UN-Charta und den sonstigen völkerrechtlichen Verpflichtungen der Staaten unvereinbarer Friedensbruch durch Akte einer bewaffneten Aggression zu verstehen. Völkerrechtlich zulässige Kriegshandlungen, wie Maßnahmen zur Selbstverteidigung in Übereinstimmung mit der UN-Charta fallen nicht hierunter.[679]

163   Das von Absatz 2 geforderte **Verbot der Verhetzung** soll in Ergänzung der anderen Diskriminierungsverbote der Art. 2 Abs. 1, Abs. 3 und Art. 26 IPBPR die ausdrückliche Auf-

---

[673]   Gesetz v. 16.3.2011, BGBl. II S. 290; das Gesetz ist am 1.10.2011 in Kraft getreten; siehe auch GesE der Bundesregierung, BTDrucks. **17** 3124.

[674]   BGBl. 2005 I S. 969.

[675]   Vgl. BTDrucks. **15** 4832.

[676]   Vgl. *Krieger* DÖV **2012** 449.

[677]   Zum Verhältnis zwischen dem Tatbestand der Volksverhetzung (§ 130 StGB) und dem Recht auf freie Meinungsäußerung (Art. 5 Abs. 1 Satz 1 GG) vgl. BGH Urt. v. 20.9.2011 – 4 StR 129/11, BeckRS **2011** 24305 (NPD-Kundgebung), NStZ-RR **2012** 277 (Ls.); vgl. BVerfG NJW **2021** 297 (Bezeichnung des Vorsitzenden einer jüdischen Gemeinde u.a. als „frechen Juden-Funktionär").

[678]   Zum Propagandabegriff vgl. *Nowak* 11.

[679]   HRC General Comment 11/19; *Hofmann* 47; *Nowak* 12.

hetzung zur Diskriminierung, Feindseligkeit oder Gewalt unterbinden, sofern diese durch ein Eintreten für nationalen, rassischen oder religiösen Hass bestimmt wird.[680] Die Entstehungsgeschichte dürfte dafür sprechen, dass diese Pflicht nur **ins Gewicht fallende Verstöße** erfassen soll. Vor allem die den inneren und äußeren Frieden gefährdende öffentliche Hetze gegen Angehörige einer anderen Nationalität, einer anderen Rasse oder einer anderen Religion soll dadurch unterbunden werden.[681] Zum gleichen Ergebnis führt eine Auslegung, die sich an der detaillierteren Regelung im Übereinkommen zur Beseitigung jeder Form von Rassendiskriminierung orientiert. Dort wird ebenfalls die Wahrung des **Grundsatzes der Verhältnismäßigkeit** für die in Freiheitsrechte eingreifenden Verbote gefordert. Meinungsäußerungen im privaten Kreis, die nicht zu Gewalt aufstacheln, müssen nicht verboten werden.[682] Eine Verurteilung aufgrund eines französischen Sondergesetzes („Gayssot-Gesetz") wegen einer öffentlichen Äußerung, in der der Völkermord an den Juden und die Existenz der Gaskammern bezweifelt wurde, hat das HRC nicht unter dem Blickwinkel der Aufhetzung zum Rassenhass nach Art. 20 Abs. 2 IPBPR behandelt; es hat sie als zum Schutz der Rechte anderer (jüdische Gemeinde) als nach Art. 19 Abs. 3 *lit.* a IPBPR gerechtfertigt angesehen.[683]

Art. 20 IPBPR **verpflichtet jeden Vertragsstaat** zum Erlass entsprechender **allgemeiner gesetzlicher Verbote**, also nicht nur zu solchen, die für die Staatsorgane gelten. Bei den unscharfen Konturen der Konventionsverpflichtungen und der Erforderlichkeit, diese mit den gleichfalls garantierten Freiheitsrechten zu einer praktischen Konkordanz zu bringen, steht den Staaten ein gewisser Regelungsspielraum zu, auch deshalb, weil sie eine mit dem sonstigen innerstaatlichen Recht übereinstimmende (systemkonforme) Lösung finden müssen. Eine unbedingte Pflicht, alle verbotenen Handlungen auch mit Strafe zu bedrohen, folgt aus Art. 20 IPBPR nicht,[684] wohl aber die Verpflichtung, durch angemessene Sanktionen oder sonstige staatliche Reaktionen für die Effektivität der Verbote zu sorgen. Die strittige Frage ist in den Staaten, die dem **Übereinkommen zur Beseitigung jeder Form von Rassendiskriminierung (ICERD)** beigetreten sind, wegen der aus dessen Art. 4 folgenden Verpflichtung zum Erlass von Strafvorschriften (vgl. Rn. 158) nur für die Fälle von Bedeutung, die nicht in den Schutzbereich dieses Abkommens fallen. 164

EMRK
Artikel 11 Versammlungs- und Vereinigungsfreiheit

(1) Jede Person hat das Recht, sich frei und friedlich mit anderen zu versammeln und sich frei mit anderen zusammenzuschließen; dazu gehört auch das Recht, zum Schutz seiner Interessen Gewerkschaften zu gründen und Gewerkschaften beizutreten.

(2) Die Ausübung dieser Rechte darf nur Einschränkungen unterworfen werden, die gesetzlich vorgesehen und in einer demokratischen Gesellschaft notwendig sind für die nationale oder öffentliche Sicherheit, zur Aufrechterhaltung der Ordnung oder zur Verhütung von Straftaten, zum Schutz der Gesundheit oder der Moral oder

---

680 Zu den Unklarheiten dieser Bestimmung vgl. *Nowak* 14.
681 *Nowak* 15; EGMR Féret/B, 16.7.2009 (Strafrechtliche Verurteilung des Vorsitzenden einer rechtsextremen Partei wegen Aufstachelung der Bevölkerung zu Diskriminierung und Rassenhass im Wahlkampf).
682 *Nowak* 15.
683 HRC Faurisson/F, 8.11.1996, 550/1993, EuGRZ **1998** 271; *Nowak* 20; vgl. Rn. 127 ff.
684 *Nowak* 13, 15.

https://doi.org/10.1515/9783110275063-013

zum Schutz der Rechte und Freiheiten anderer. Dieser Artikel steht rechtmäßigen Einschränkungen der Ausübung dieser Rechte für Angehörige der Streitkräfte, der Polizei oder der Staatsverwaltung nicht entgegen.

Dazu:

Artikel 16
Beschränkungen der politischen Tätigkeit ausländischer Personen

Die Artikel 10, 11 und 14 sind nicht so auszulegen, als untersagten sie den Hohen Vertragsparteien, die politische Tätigkeit ausländischer Personen zu beschränken.

Artikel 17
Verbot des Missbrauchs der Rechte

Die Konvention ist nicht so auszulegen, als begründe sie für einen Staat, eine Gruppe oder eine Person das Recht, eine Tätigkeit auszuüben oder eine Handlung vorzunehmen, die darauf abzielt, die in der Konvention festgelegten Rechte und Freiheiten abzuschaffen oder sie stärker einzuschränken, als es in der Konvention vorgesehen ist.

IPBPR
Artikel 21

Das Recht, sich friedlich zu versammeln, wird anerkannt. Die Ausübung dieses Rechts darf keinen anderen als den gesetzlich vorgesehenen Einschränkungen unterworfen werden, die in einer demokratischen Gesellschaft im Interesse der nationalen oder der öffentlichen Sicherheit, der öffentlichen Ordnung (ordre public), zum Schutz der Volksgesundheit, der öffentlichen Sittlichkeit oder zum Schutz der Rechte und Freiheiten anderer notwendig sind.

Artikel 22

(1) Jedermann hat das Recht, sich frei mit anderen zusammenzuschließen sowie zum Schutz seiner Interessen Gewerkschaften zu bilden und ihnen beizutreten.

(2) Die Ausübung dieses Rechts darf keinen anderen als den gesetzlich vorgesehenen Einschränkungen unterworfen werden, die in einer demokratischen Gesellschaft im Interesse der nationalen oder der öffentlichen Sicherheit, der öffentlichen Ordnung (ordre public), zum Schutz der Volksgesundheit, der öffentlichen Sittlichkeit oder zum Schutze der Rechte und Freiheiten anderer notwendig sind. Dieser Artikel steht gesetzlichen Einschränkungen der Ausübung dieses Rechts für Angehörige der Streitkräfte oder der Polizei nicht entgegen.

(3) Keine Bestimmung dieses Artikels ermächtigt die Vertragsstaaten des Übereinkommens der Internationalen Arbeitsorganisation von 1948 über die Vereinigungsfreiheit und den Schutz des Vereinigungsrechts, gesetzgeberische Maßnahmen

zu treffen oder Gesetze so anzuwenden, daß die Garantien des oben genannten Übereinkommens beeinträchtigt werden.

Schrifttum (Auswahl)

Alleweldt Eigentum, Jagdrecht, Gewissen, FS v. Brünneck (2011) 105 ff.; *Battis* Streikrecht für Beamte? ZBR **2011** 397; *Breitbach* Das Versammlungsverbot innerhalb von Bannmeilen um Parlamente und seine Ausnahmeregelungen, NVwZ **1988** 584; *ders./Rühl* Versammlungsfreiheit und Zensurverbot, NJW **1988** 8; *Emek* Parteiverbote und Europäische Menschenrechtskonvention (2007); *Emek/Meier* Über die Zukunft des Parteienverbots – Europäische Standards und deutsches Grundgesetz, RuP **2013** 74; *Fahlbeck* Gewerkschaftsfreiheit und Diskriminierungsverbot im Fall schwedischer Lokomotivführerverband und im Fall Schmidt und Dahlström, EuGRZ **1976** 471; *Gaßner* Die Rechtsprechung zur Versammlungsfreiheit im internationalen Vergleich (2012); *Gooren* Das Ende des Beamtenstreikverbots, ZBR **2011** 400; *Gusy* Verfassungswidrig, aber nicht verboten! NJW **2017** 601; *Heidebach/Unger* Das Bayerische Versammlungsgesetz – Vorbild für andere Länder oder Gefährdung der Versammlungsfreiheit unter Föderalisierungsdruck, DVBl. **2009** 283; *Hering* Beamtenstreik zwischen Karlsruhe und Straßburg: Art. 11 EMRK und die konventionskonforme Auslegung durch das BVerfG, ZaöRV 79 (2019) 241; *Höllein* Das Verbot rechtsextremistischer Veranstaltungen, NVwZ **1994** 635; *Hollo* Schutz von Versammlungen auf fremdem Grund, JZ **2021** 61; *Jäggi* Die Koalitionsfreiheit gemäß Art. 11 EMRK, JIR 19 (1976) 238; *Kämper/Puttler* (Hrsg.), Straßburg und das kirchliche Arbeitsrecht (2013); *Känner* Das BVerfG zwischen Verfassungsinterpretation, europäischer Integration und politischer Positionierung – Eine Zwischenbilanz zum NPD-Verbotsurteil vom 17.1.2017, KritV **2019** 57; *Klein* Parteiverbotsverfahren vor dem Europäischen Gerichtshof für Menschenrechte, ZRP **2001** 397; *Koch* Parteiverbote, Verhältnismäßigkeitsprinzip und EMRK, DVBl. **2002** 1388; *Kontopodi* Die Rechtsprechung des Europäischen Gerichtshofs für Menschenrechte zum Verbot politischer Parteien (2007); *Kugelmann* Parteiverbote und EMRK, in: Grewe/Gusy (Hrsg.) Menschenrechte in der Bewährung (2005) 244; *Kumpf* Verbot politischer Parteien und Europäische Menschenrechtskonvention, DVBl. **2012** 1344; *Kutscha* Beamtenrechtsdogma und Menschenrechte – der Spagat des BVerwG, AuR **2014** 408; *ders.* Beamtenstreikrecht: Leipziger Verbeugung vor Straßburg, RuP **2014** 206; *ders.* Neues Versammlungsrecht – Bayern als Modell? NVwZ **2008** 1210; *Lindner/Bast* Die Unzulässigkeit staatlicher Einflussnahme auf Versammlungen, NVwZ **2018** 708; *Lörcher* Neue Entwicklungen im Streikrecht durch die EGMR-Urteile Tymoshenko und HLS, AuR **2015** 126; *Lorse* Das Streikverbot für Beamte im Lichte der aktuellen Rechtsprechung des Bundesverwaltungsgerichts zu Artikel 11 EMRK, ZBR **2015** 109; *Maierhöfer* Jagdduldungszwang und Europäische Menschenrechtskonvention, NVwZ **2012** 1521; *Mann/Ripke* Überlegungen zur Existenz und Reichweite eines Gemeinschaftsgrundrechts der Versammlungsfreiheit, EuGRZ **2004** 125; *Marauhn* Die wirtschaftliche Vereinigungsfreiheit zwischen menschenrechtlicher Gewährleistung und privatrechtlicher Ausgestaltung. Zur Bedeutung von Art. 11 EMRK für das kollektive Arbeitsrecht und das Gesellschaftsrecht, RabelsZ **1999** 537; *Morlok* Das Parteiverbot, Jura **2013** 317; *Müller-Schallenberg/Förster* Die Pflichtmitgliedschaft in Jagdgenossenschaften, ZRP **2005** 230; *Niedobitek* Denationalisierung des Streikrechts – auch für Beamte? – Tendenzen im europäischen und im internationalen Recht, ZBR **2010** 361; *Nokiel* Weiterhin kein Streikrecht für Beamtinnen und Beamte, DÖD **2012** 152; Peters/Ley (Hrsg.), The Freedom of Peaceful Assembly in Europe (2016); *Polakiewicz/Kessler* Das Streikverbot für deutsche BeamtInnen – Die Bedeutung der Rechtsprechung des EGMR für deutsche Gerichte, NVwZ **2012** 841; *Ripke* Europäische Versammlungsfreiheit (2012); *Sailer* Blattschuss aus Karlsruhe, NuR **2007** 186; *ders.* Der Jagdzwang und die Menschenrechte, ZRP **2005** 88; *ders.* Der deutsche Jagdzwang auf dem Prüfstand des Europäischen Gerichtshofs für Menschenrechte, NuR **2012** 165; *Sangi* Streikrecht auch für Beamte? KritV **2012** 103; *Scharlau* Schutz von Versammlungen auf privatem Grund – EMRK versus Grundgesetz (2018); *Schlachter* Die Vereinbarkeit ges. vorgeschriebener Tarifeinheit mit Art. 11 EMRK und den ILO-Übereinkommen Nr. 87 und 98, AuR **2015** 217; *Schröder* Ist ein funktional differenziertes Streikrecht für Beamte iSv Art. 11 EMRK mit dem Grundgesetz vereinbar? AuR **2013** 280; *Seifert* Recht auf Kollektivverhandlungen und Streikrecht für Beamte – Anmerkungen zur neuen Rechtsprechung des EGMR zur Versammlungsfreiheit, KritV **2009** 357; *Shirvani* Die Crux des Parteiverbots, DÖV **2017** 477; *Sinder* Versammlungsfreiheit im Europäischen Verfassungsgerichtsverbund, JuS **2023** 316; *Strake/Strake* Streikrecht von Beamten? DÖD **2021** 11; *Theuerkauf* Parteiverbote und die Europäische Menschenrechtskonvention (2006); *Traulsen* Das Beamtenstreikverbot zwischen Menschenrechtskonvention und Grundgesetz, JZ **2013** 65; *Werres* Der Einfluss der Menschenrechtskonvention auf das Beamtenrecht – Aktuelle Bestandsaufnahme unter besonderer Berücksichtigung der Rechtsprechung des Europäischen Gerichtshofs für Menschenrechte, DÖV **2011** 873; *Wesiack* Europäisches Internationales Vereinsrecht (2012); *Widmaier* Das bundesverfassungsgerichtliche Beamtenstreikverbot – „Rechtfertigung" nach Art. 11 Abs. 2 EMRK? DVBl. **2020** 229; *Widmaier/Alber* Menschenrecht auf Streik auch für deutsche Beamte, ZEuS **2012** 387; *Wolter* Parteiverbote in der Rechtsprechung des Europäischen Gerichtshofs für Menschenrechte, EuGRZ **2016** 92.

Übersicht

1. Allgemeines —— 1
2. Strafrechtliche Bedeutung —— 7
3. Versammlungsfreiheit —— 11
4. Vereinigungsfreiheit
   a) Allgemeine Vereinigungsfreiheit —— 22
   b) Koalitionsfreiheit —— 28
5. Staatliche Eingriffe und deren Rechtfertigung
   a) Allgemeines —— 33
   b) Eingriffszweck —— 36
   c) Gesetzlich vorgesehen —— 38
   d) Notwendigkeit in einer demokratischen Gesellschaft —— 39

   e) Eingriffskategorien und Schweregrade —— 40
6. Parteiverbot und Verbot sonstiger Vereinigungen
   a) Parteiverbot —— 47
   b) Verbot sonstiger Vereinigungen —— 63
7. Besondere Einschränkungen bei Angehörigen der Streitkräfte, der Polizei und der Staatsverwaltung —— 64
8. Positive Schutzpflichten des Staates —— 68

1   **1. Allgemeines. Art. 20 AEMR** vom 10.12.1948 legt fest, dass jedermann das Recht auf Versammlungs- und Vereinsfreiheit für friedliche Zwecke hat und dass niemand gezwungen werden darf, einer Vereinigung anzugehören. **Art. 11** übernimmt diese Rechte. Neben dem **Recht auf friedliche Versammlung**[1] gewährleistet er das Recht, sich **frei mit anderen zusammenzuschließen**[2] und verdeutlicht es dahin, dass diese Vereinigungsfreiheit das Recht einschließt, Gewerkschaften zu bilden und ihnen beizutreten. Mit gleichen Worten gewährleistet **Art. 22 Abs. 1 IPBPR** die Vereinigungsfreiheit, während das Recht, sich friedlich zu versammeln, getrennt in **Art. 21 Abs. 1 IPBPR** garantiert wird.

2   **Art. 16** schränkt die Garantien dahin ein, dass die Vertragsparteien dadurch nicht gehindert werden, der **politischen Tätigkeit von Ausländern** (weitergehende) Beschränkungen aufzuerlegen.[3] Aufgrund des Vorbehaltes der BR Deutschland[4] gilt diese Einschränkung auch bei den Art. 21, 22 IPBPR.

3   **Art. 22 Abs. 3 IPBPR** hebt außerdem hervor, dass dieser Artikel die Vertragsstaaten des **Übereinkommens (Nr. 87) der Internationalen Arbeitsorganisation über die Vereinigungsfreiheit und den Schutz des Vereinigungsrechts** von 1948[5] nicht zu Maßnahmen ermächtigt, die die Garantien dieses Übereinkommens beeinträchtigen. Der Absatz ist an sich überflüssig, da sich bereits aus Art. 5 Abs. 2 IPBPR ergibt, dass weitergehende Gewährleistungen unberührt bleiben;[6] für die EMRK folgt dies aus Art. 53. Für die Auslegung der Tragweite der gewährleisteten Koalitionsfreiheit kann jedoch die ausdrückliche Verknüpfung mit dem ILO-Abkommen Bedeutung haben.[7]

---

1 Siehe rechtsvergleichend die Länderberichte zu Großbritannien, Frankreich, den USA, Belgien, Deutschland, die Türkei, Russland, die Ukraine, Polen, Ungarn und Tunesien, in: Peters/Ley (Hrsg.), The Freedom of Peaceful Assembly in Europe (2016).

2 Zum Verständnis als klassisch liberales Freiheitsrecht: *Mann/Ripke* EuGRZ **2004** 125, 128 m.w.N. auch zur Gegenmeinung.

3 Für Unionsbürger gilt diese Einschränkung nicht, vgl. Art. 16 Rn. 6; *Frowein/Peukert* Art. 16, 1.

4 Vgl. Art. 1 Nr. 1 des Gesetzes v. 15.11.1973 (BGBl. II S. 1533).

5 BGBl. 1956 II S. 2073.

6 Vgl. *Nowak* Art. 22, 36.

7 Vgl. EKMR Cheall/UK, NJW **1986** 1414; *Nowak* 35; 36; aber auch *Frowein/Peukert* 14 f.

Andere Konventionen enthalten vergleichbare Verpflichtungen. So verpflichtet **Art. 8** 4
IPWSKR[8] die Staaten, das Recht des Einzelnen zur Gründung und zum Beitritt zu Gewerk-
schaften und die freie Betätigung der Gewerkschaften zu gewährleisten. Dies erkennt auch
die **Europäische Sozialcharta** vom 18.10.1961 (ETS 35)[9] als von allen Staaten zu verfolgendes
Ziel nach Teil I Nr. 5 und als eine nach Maßgabe des Teils III zu übernehmende Verpflichtung
in Teil II Art. 5 an. Art. 5 des **Internationalen Übereinkommens zur Beseitigung von jeder
Form der Rassendiskriminierung**[10] (CERD) verpflichtet die Staaten zur Unterlassung jeder
Diskriminierung; als Anwendungsfälle des Verbots werden u.a. das Recht, sich friedlich zu
versammeln und friedliche Vereinigungen zu bilden und das Recht, Gewerkschaften zu bilden und ihnen beizutreten (Art. 5 *lit.* d, ix, *lit.* e, ii) besonders aufgeführt.

Für das Recht der **Europäischen Union** und das frühere Gemeinschaftsrecht hat der 5
EuGH die in den Art. 11 gewährleisteten Rechte zumindest konkludent als verbindlich
anerkannt; sie sind bei der Auslegung des Grundsatzes des freien Warenverkehrs zu berücksichtigen.[11]

Die **Charta der Grundrechte der Europäischen Union**[12] bestätigt in Art. 12 Abs. 1 6
das Recht auf Versammlungs- und Vereinigungsfreiheit einschließlich des Rechts, Gewerkschaften zu bilden und ihnen beizutreten. Art. 12 Abs. 2 EUC hebt die Bedeutung der politischen Parteien für die Willensbildung auf der Ebene der Union hervor. Art. 52 Abs. 3 EUC
legt fest, dass die in ihr garantierten Rechte, soweit sie Rechten der EMRK entsprechen,
die gleiche Tragweite und Bedeutung wie diese haben.[13]

2. Strafrechtliche Bedeutung. Trotz der engen Verbundenheit der Freiheiten aus 7
Art. 10 und Art. 11 kommt letzterer mit deutlich weniger strafrechtlichen Aspekten in Berührung. Dies ist darauf zurückzuführen, dass Art. 10 seine strafrechtliche Relevanz insbesondere
aus der individuellen Berufung auf die dort gewährten Freiheiten während eines laufenden
Strafverfahrens – z.B. durch den Verteidiger, der sich im Prozess auf seine Meinungsfreiheit
beruft – also unabhängig von einer etwaigen Versammlung oder Vereinigung – gewinnt. Strafrechtliche Belange werden durch die in Art. 11 festgehaltenen Garantien lediglich tangiert, so
etwa, wenn **Strafgesetze als Beschränkungen der Versammlungs- oder Vereinigungsfreiheit** fungieren, insofern also eine Abwägung der betroffenen Belange erforderlich wird.[14] So
ist eine Bestrafung wegen der **Teilnahme an einer Versammlung** nur rechtmäßig, wenn der
Betroffene selbst eine strafbare Handlung begangen hat,[15] was als Ausfluss des Verhältnismäßigkeitsprinzips zu werten ist.

Im **Strafvollzug** wird der bloße Wunsch von Gefangenen, in Kontakt zu anderen 8
Gefangenen zu treten oder zusammen in einer Zelle untergebracht zu werden, nicht von
Art. 11 erfasst.[16]

---

8 BGBl. 1973 II S. 1570.
9 BGBl. 1964 II S. 1262.
10 BGBl. 1969 II S. 962.
11 EuGH 12.6.2003, C-112/00 (Schmidberger), NJW **2003** 3185 = EuZW **2003** 592 m. Anm. *Koch* = EuGRZ **2003**
492; dazu *Mann/Ripke* EuGRZ **2004** 125.
12 ABlEU Nr. C 303 v. 14.12.2007 S. 1; BGBl. 2008 II S. 1165.
13 Vgl. zum Ganzen Meyer/Hölscheidt/*Schwerdtfeger* Art. 52, 52 ff. EUC; *Jarass* Art. 53, 56 ff. EUC.
14 Vgl. etwa EGMR Çetinkaya/TRK, 27.6.2006 (Gefängnisstrafe gegen Versammlungsteilnehmer); dagegen:
EGMR Barraco/F, 5.3.2009 (Verurteilung eines demonstrierenden Lastwagenfahrers zu einer Bewährungsstrafe wegen Verkehrsbehinderung auf der Autobahn gerechtfertigt).
15 Vgl. Meyer-Ladewig/Nettesheim/von Raumer/*Daiber* 44; EGMR Sergey Kuznetsov/R, 23.10.2008 (ungerechtfertigte, verwaltungsrechtliche Geldbuße i.H.v. 35 €; Abhaltung einer öffentlichen Versammlung).
16 Vgl. EGMR McFeeley u.a./UK (E), 15.5.1980.

9   Die **Nichteinleitung staatlicher Ermittlungen** nach gewalttätigen Übergriffen während einer Demonstration kann ggf. als Verletzung der Freiheiten aus Art. 11 gewertet werden.[17]

10   Insgesamt gesehen ist die Bedeutung des Art. 11 aus strafrechtlicher Sicht jedoch eher als gering einzuschätzen. Die Bearbeitung beschränkt sich dementsprechend auf die Kernbereiche des Art. 11.

11   **3. Versammlungsfreiheit.** Die Versammlungsfreiheit, die notwendig die Meinungsfreiheit mit einschließt,[18] wird mit der Einschränkungsmöglichkeit für die politische Tätigkeit ausländischer Personen durch Art. 16 **jedermann** für friedliche Versammlungen garantiert; dies schließt auch den Zugang zu einer sich bildenden Versammlung und alle Maßnahmen zu deren Vorbereitung sowie deren Leitung mit ein.[19] Versammlungsfreiheit wie auch Meinungsfreiheit gehören zu den Grundlagen einer jeden demokratischen Gesellschaft, was gerechtfertigte Eingriffe auf Fälle mit wirklich überzeugenden und äußerst zwingenden Gründen begrenzt.[20]

12   **Versammlung** wird weit verstanden als jedes gewollte Zusammenkommen mehrerer Menschen zu dem Zweck einer gemeinsamen Erörterung von Fragen, zu einer kollektiven Meinungsbildung oder auch nur zur gemeinsamen Kundgabe von Meinungen, ganz gleich, ob dies in privaten Räumen oder in der Öffentlichkeit geschieht.[21] Nicht notwendig ist, dass alle dort die gleiche Meinung vertreten wollen; auch wer eine gegenteilige Ansicht als die Veranstalter vertritt, genießt den Schutz der Versammlungsfreiheit.[22] Geschützt sind alle Versammlungen außer denjenigen, bei denen sich die Organisatoren und Teilnehmer mit Gewaltabsichten tragen[23] oder anderweitig die Grundlagen einer demokratischen Gesellschaft ablehnen.[24] Die Versammlungsfreiheit erfasst auch Umzüge und Demonstrationen sowie andere kollektive Formen, mit denen eine Mehrzahl von Menschen gemeinsam in der Öffent-

---

17 Vgl. EGMR Promo Lex u.a./MOL, 24.2.2015, §§ 23, 27 f.; Ouranio Toxo u.a./GR, 20.10.2005, § 43 (Übergriffe gegenüber einer Partei, die sich u.a. für die Rechte der in Griechenland lebenden mazedonischen Minderheit einsetzte; keine Ermittlungen gegen die Unruhestifter).

18 EGMR (GK) Navalnyy/R, 15.10.2018, § 101 („a complaint about one's arrest in the context of a demonstration falls to be examined under Article 11 of the Convention on the basis that Article 10 is to be regarded as a lex generalis in relation to Article 11, which is a lex specialis"); s.a. EKMR Rassemblement jurassien u. Unité jurassienne/CH, 10.10.1979, EuGRZ **1980** 36, vgl. *Grabenwarter/Pabel* § 23, 69 (*lex specialis* gegenüber Art. 10). Ob es sich um eine populäre, unpopuläre oder gar schockierende Auffassung handelt, die zum Ausdruck gebracht bzw. vertreten wird, spielt für die Anwendbarkeit des Art. 11 keine Rolle, vgl. EGMR Ayoub u.a./F, 6.10.2020, § 85 m.w.N.

19 *Frowein/Peukert* 5; vgl. BVerfGE **69** 315, 349; **84** 203, 209; zu Vorfeldmaßnahmen bei Versammlungen siehe *Trurnit* NVwZ **2012** 1079.

20 EGMR Kakabadze u.a./GEO, 2.10.2012, § 87 („only truly convincing and most compelling reasons can justify an interference with this right").

21 Etwa EGMR Plattform „Ärzte für das Leben"/A, 21.6.1988, EuGRZ **1989** 522 = ÖJZ **1988** 734; *Frowein/Peukert* 3; *Grabenwarter/Pabel* § 23, 67 (Kollektivität der Äußerung); *Mann/Ripke* EuGRZ **2004** 125, 127 (mind. zwei Personen; str., ob drei Teilnehmer nötig); vgl. ÖVerfG EuGRZ **1989** 528; **1990** 550. Zur Frage, wie weit die Versammlungsfreiheit in räumlicher Hinsicht reicht (z.B. Versammlung auf fremdem Privatgrund): *Hollo* JZ **2021** 61 ff.

22 Vgl. etwa BVerfGE **84** 203, 209.

23 Dazu s. EGMR Shmorgunov u.a./UKR, 21.1.2021, § 491 („in order to establish whether an applicant may claim the protection of Article 11, it [= the Court] takes into account (i) whether the assembly intended to be peaceful or whether the organisers had violent intentions; (ii) whether the applicant had demonstrated violent intentions when joining the assembly; and (iii) whether the applicant had inflicted bodily harm on anyone"); ferner EGMR Kemal Çetin/TRK, 26.5.2020, § 38.

24 EGMR Alekseyev/R, 21.10.2010, NVwZ **2011** 1375, § 80 m.w.N.

lichkeit eine bestimmte Überzeugung kundtun will,[25] wie etwa Lichterketten, Flashmobs,[26] Schweigemärsche[27] oder sonstige Maßnahmen, die allgemeine Aufmerksamkeit auslösen wollen.[28] Auch **Spontanversammlungen** unterfallen dem Schutz.[29] Ein Zusammenkommen von Menschen aus einem rein gesellschaftlichen Anlass, Onlinetreffen[30] oder ein zufälliges Zusammentreffen mehrerer Personen sind noch keine Versammlung,[31] daraus kann sich aber eine gewollte Versammlung i.S.d. Art. 11 entwickeln.

Friedlich bezieht sich auf die Art und Weise der Durchführung einer Versammlung.[32] **13** Nicht maßgeblich ist hingegen, ob die Versammlung in Übereinstimmung mit den verfahrensrechtlichen Vorgaben des nationalen Rechts durchgeführt wurde.[33] Eine Versammlung ist nicht friedlich, wenn bestimmte Ziele gewaltsam durchgesetzt werden sollen.[34] Eine **Sitzblockade**, bei der sich die Teilnehmer rein passiv verhalten, ist als friedlich anzusehen.[35] Dass die Teilnehmer **unbewaffnet** sein müssen (vgl. Art. 8 Abs. 1 GG), fordern die Konventionen nicht ausdrücklich, jedoch kann die erkennbare Bewaffnung und Gewaltbereitschaft einer größeren Zahl von Teilnehmern den Charakter einer friedlichen Versammlung aufheben.[36] Das Tragen von Schutzkleidern oder Helmen ist aber noch keine Bewaffnung;[37] ob darin in Verbindung mit anderen Umständen ein Indiz für die Gewaltbereitschaft gesehen werden kann, hängt vom Einzelfall ab. Dass einzelne Teilnehmer am Rande der Demonstration gewalttätig werden, lässt den Charakter einer friedlichen Demonstration für die anderen aber noch nicht entfallen,[38] desgleichen nicht die Gefahr einer Gegendemonstration.[39]

Eine friedliche Demonstration liegt dagegen nicht vor, wenn die gewaltsame Durchset- **14** zung bestimmter Ziele bereits von Anfang an erkennbar mit eingeplant ist.[40] Wer nur zum Zwecke der Störung und Verhinderung an einer Versammlung teilnehmen will, kann sich nicht auf die Versammlungsfreiheit berufen, wenn staatliche Organe ihn an der Teilnahme hindern.[41]

---

25 Etwa EGMR Plattform „Ärzte für das Leben"/A, 21.6.1988; *Frowein/Peukert* 3; *Villiger* 819 ff.; *Nowak* 6; *Mann/Ripke* EuGRZ **2004** 125, 128 (Begrenzung des Schutzbereichs auf Meinungsbildung und -kundgabe nicht erforderlich).

26 EGMR Obote/R, 19.11.2019, § 39; dazu auch: *Sinder* JuS **2023** 316, 317.

27 EGMR (GK) Kudrevičius u.a./LIT, 15.10.2015, § 144.

28 Auch sog. „sit ins" auf öffentlicher Straße, vgl. *Mann/Ripke* EuGRZ **2004** 125, 129 unter Hinweis auf EKMR; *Nowak* 10.

29 *Mann/Ripke* EuGRZ **2004** 125, 129.

30 Vgl. KK-EMRK-GG/*Bröhmer* Kap. 19, 25; *Sinder* JuS **2023** 316, 317.

31 Vgl. BVerfGE **104** 92, 104; ÖVerfG EuGRZ **1989** 528; *Frowein/Peukert* 2; *Nowak* Art 21, 6; für die Einbeziehung gesellschaftlicher Zusammenkünfte *Mann/Ripke* EuGRZ **2004** 125, 128.

32 *Frowein/Peukert* 4; *Mann/Ripke* EuGRZ **2004** 125, 129; *Nowak* 9.

33 EGMR (GK) Navalnyy/R, 15.10.2018, § 99.

34 EGMR (GK) Navalnyy/R, 15.10.2018, § 98 („where the organisers and participants have violent intentions"); Stankov u.a./BUL, 2.10.2001, HRLJ **2001** 404; *Frowein/Peukert* 4; *Grabenwarter/Pabel* § 23, 74; Meyer-Ladewig/Nettesheim/von Raumer/*Daiber* 5; *Mann/Ripke* EuGRZ **2004** 125, 130.

35 EKMR nach *Grabenwarter/Pabel* § 23, 74.

36 *Mann/Ripke* EuGRZ **2004** 125, 130; *Nowak* 10.

37 Vgl. *Nowak* 10; *Mann/Ripke* EuGRZ **2004** 125, 130.

38 EGMR Ezelin/F, 26.4.1991; *Frowein/Peukert* 4.

39 EKMR Christians against Racism and Fascism/UK, 16.7.1980, EuGRZ **1981** 216; EGMR Plattform „Ärzte für das Leben"/A, 21.6.1988; vgl. zum Ausgleich der widerstreitenden Interessen: EGMR Öllinger/A, 29.6.2006, ÖJZ **2007** 79 (unrechtmäßiges Verbot einer Versammlung, die gegen das Gedenken an getötete SS-Soldaten an Allerheiligen mittels dem Gedenken an die durch die SS getöteten Juden demonstrieren wollte).

40 *Frowein/Peukert* 4; *Villiger* 820.

41 Vgl. BVerfGE **84** 203, 209.

Esser

15   Gegenüber friedlichen Versammlungen haben die Behörden stets ein besonderes Maß an **Toleranz** aufzubringen,[42] auch wenn die fragliche Versammlung formell rechtswidrig zustande kam.[43] Insbesondere rechtfertigt die **Rechtswidrigkeit** einer Demonstration nicht *per se* einen Eingriff in die Versammlungsfreiheit. Anordnungen in diesem Bereich dürfen nicht als versteckte Hindernisse gebraucht werden, um so die Ausübung der Versammlungsfreiheit einzuschränken.[44]

16   Anders als bei Art. 8 Abs. 1 GG fehlt in den Konventionen eine grundsätzliche Freistellung von der formellen **Anmelde- oder Erlaubnispflicht**, die Konventionen hindern also nicht daran, im innerstaatlichen Recht eine solche für bestimmte Arten von Versammlungen vorzusehen, sofern in der Sache das Recht, sich auf öffentlicher Straße friedlich zu versammeln, als solches nicht eingeschränkt wird und die Anmelde- oder Erlaubnispflicht nur bezweckt, die Überprüfung des friedlichen Charakters zu erleichtern oder rechtzeitige Vorkehrungen für den störungsfreien Verlauf zu treffen.[45] So garantiert Art. 11 in besonderen Situationen das Zusammenkommen ohne vorherige Anmeldung, auch wenn eine solche gesetzlich vorgeschrieben ist, etwa bei einem unerwarteten Anlass, der eine vorherige Anmeldung unmöglich macht, und so die potentiellen Demonstranten vor die Wahl stellt, entweder auf ihr Versammlungsrecht zu verzichten oder gegen die Anmeldepflicht zu verstoßen.[46]

17   Dies kann auch deshalb angezeigt sein, weil dem Staat mitunter auch **Schutzpflichten** erwachsen, wenn andernfalls das Recht des Einzelnen, sich mit Gleichgesinnten öffentlich zu versammeln und insbesondere zu demonstrieren, nicht verwirklicht werden könnte.[47]

18   Der Konventionsschutz erstreckt sich in persönlicher Hinsicht auf alle, die in irgendeiner Form an einer friedlichen Versammlung teilnehmen, sie vorbereiten oder leiten oder sonst zu deren Zustandekommen oder Durchführung beitragen. Dies gilt für **Einzelperso-**

---

42 Zum Verstoß hiergegen: EGMR Oya Ataman/TRK, 5.12.2006 (Polizei hatte unverhältnismäßig zur Auflösung einer friedlichen Versammlung Tränengas eingesetzt, nachdem sie die Teilnehmer vorher darauf hingewiesen hatte, dass die Versammlung mangels Anmeldung rechtswidrig sei).

43 Vgl. EGMR Çiloğlu u.a./TRK, 6.3.2007 (polizeilicher Einsatz von Tränengas innerhalb des Beurteilungsspielraumes, insbesondere weil die abgehaltene, nicht angemeldete Versammlung bereits seit drei Jahren wöchentlich stattfand).

44 Vgl. EGMR Samüt Karabulut/TRK, 27.1.2009 (exzessive Gewaltanwendung von Polizisten bei Auflösung einer friedlichen, wenn auch rechtswidrigen, Demonstration); Schwabe u. M.G./D, 1.12.2011, NVwZ **2012** 1089 = EuGRZ **2012** 141 (mehrtägige Ingewahrsamnahme zur Verhütung der Teilnahme an Demonstration).

45 Vgl. EKMR Rassemblement jurassien u. Unité jurassienne/CH, 10.10.1979, EuGRZ **1980** 36; Christians against Racism and Fascism/UK, 16.7.1980, EuGRZ **1981** 216; für eine Verneinung der Erlaubnis sind triftige Gründe zu geben, vgl. EGMR Güneri u.a./TRK, 12.7.2005; *Frowein/Peukert* 3, s.a. Meyer-Ladewig/Nettesheim/von Raumer/*Daiber* 18; *Villiger* 821; außerdem haben die Behörden die Verneinung innerhalb angemessener Fristen auszusprechen, der EGMR fordert darüber hinaus, dass das innerstaatliche Recht Fristen für die Entscheidung über Rechtsbehelfe gegen die Verneinung der Erlaubnis vorsieht, denn wenn über das Rechtsmittel gegen die Verneinung erst sehr spät entschieden werde, fehle es an einem wirksamen Rechtsbehelf, wie ihn Art. 13 fordert: EGMR Alekseyev/R, 21.10.2011, NVwZ **2011** 1375, §§ 97 ff. (Wortlaut dieses Urteils nicht klar, aber aus § 99 geht hervor, dass [auch] eine Frist über die Entscheidung über das Rechtsmittel gemeint ist und nicht nur die Pflicht, über den (Erst-)Antrag in angemessener Zeit zu entscheiden).

46 Vgl. etwa zum kurzfristig angekündigten Beiwohnen des ungarischen Ministerpräsidenten an einem vom rumänischen Premierminister im Rahmen eines Besuchs in Budapest veranstalteten Empfang anlässlich des rumänischen Nationalfeiertages: EGMR Bukta u.a./H, 17.7.2007 (keine besonderen Gründe für das Abhalten einer Spontanversammlung – Gesetzeslage verlangte eine Anmeldung 72 Stunden vor Versammlungsbeginn); dagegen aber: EGMR Molnár/H, 7.10.2008.

47 *Villiger* 820.

nen ebenso wie für **Personenvereinigungen und juristische Personen**.[48] Auch **Ausländer** können sich auf diese Garantie berufen, sofern keine nach Art. 16 zulässigen Einschränkungen bestehen.

In der Sache werden neben der Möglichkeit der Einberufung und Teilnahme auch die 19
Art und Weise der Durchführung der Versammlung geschützt. Vom Schutzbereich der
durch Art. 8 GG geschützten Versammlungsfreiheit grundsätzlich umfasst ist auch die **Verwendung von Lautsprechern oder Megaphonen** als Hilfsmittel für Durchsagen, die inhaltlich unmittelbar oder wenigstens in hinreichendem Zusammenhang mit der geschützten Durchführung der Versammlung stehen; ein spezifischer Bezug einer Durchsage zum
Versammlungsthema ist ebenso wenig notwendig wie ein Bezug zur Einhaltung der Ordnung, solange ein versammlungsbezogenes Anliegen kundgetan wird.[49]

Geschützt wird auch das Recht, einer **Versammlung fernzubleiben** und jede Mitwir- 20
kung an deren Zustandekommen abzulehnen.[50] Die Garantien des Art. 11 können sich auch
auf ausländische Sachverhalte erstrecken; so ist eine Regelung, die von ausländischen
Organisationen eingeladenen Vereinsmitgliedern vorschreibt, vor ihrer Ausreise eine amtliche Genehmigung einzuholen, nicht mit Art. 11 vereinbar.[51]

Im Zuge der Föderalismusreform in Deutschland ging die **Gesetzgebungskompetenz** 21
für das Versammlungsrecht vom Bund auf die **Länder** über.[52] Der Freistaat Bayern hatte
von der Kompetenzerweiterung als erstes Land Gebrauch gemacht. Das BVerfG hatte zunächst im Eilverfahren wegen Verstoßes gegen Art. 8 Abs. 1 GG Teile des Gesetzes außer
Kraft gesetzt[53] und in der Hauptsache dann die Verfassungsbeschwerden wegen Unzulässigkeit abgelehnt.[54]

4. Vereinigungsfreiheit

a) Allgemeine Vereinigungsfreiheit. Die allgemeine Vereinigungsfreiheit umfasst, 22
ebenso wie die besonders erwähnte Koalitionsfreiheit, das Recht auf Gründung einer Vereinigung, das Recht, in einer Vereinigung Mitglied zu werden und auch die Mitgliedschaft

---

48 EKMR Rassemblement jurassien u. Unité jurassienne/CH, 10.10.1979, EuGRZ **1980** 36; Christians against
Racism and Fascism/UK, 16.7.1980, EuGRZ **1981** 216; *Frowein/Peukert* 5; *Grabenwarter/Pabel* § 23, 75; *Mann/
Ripke* EuGRZ **2004** 125, 131.
49 BVerfG NVwZ **2014** 1453 (Beschränkung der Teilnahme auf Personen, die am Willensbildungsprozess
auch teilnehmen, nicht aber auch am Meinungsbildungsprozess unbeteiligte Polizisten – „Bullen raus aus
der Versammlung").
50 Sog. negative Versammlungsfreiheit vgl. BVerfGE **69** 315, 343.
51 Vgl. EGMR Izimir Savaş Karşıtları Derneği u.a./TRK, 2.3.2006.
52 Vgl. Gesetz zur Änderung des Grundgesetzes vom 28.8.2006, BGBl. I S. 2034; das Versammlungsrecht
steht nicht mehr in Art. 74 Abs. 1 Nr. 3 GG n.F. und ist keine Materie der konkurrierenden Gesetzgebung
mehr.
53 Vgl. BVerfGE **122** 342 = NVwZ **2009** 441 = EuGRZ **2009** 167 = DÖV **2009** 410= BayVBl. **2009** 335; zur
Diskussion u.a. *Papier* BayVBl. **2010** 225; *Heidebach/Unger* DVBl. **2009** 283; *Kutscha* NVwZ **2008** 1210; *Hong*
NJW **2009** 1458.
54 BVerfG NVwZ **2012** 818 = DVBl. **2012** 835 = BayVBl. **2012** 629: nach mehrmaliger Verlängerung der einstweiligen Anordnung wurden die Verfassungsbeschwerden in der Hauptsache wegen Unzulässigkeit abgewiesen. Als Reaktion auf die insoweit begründeten Verfassungsbeschwerden (so ausdrücklich BVerfG im o.g.
Beschluss, Tz. 23, II 2 der Gründe) war das ursprüngliche Gesetz v. 22.7.2008 (BayGVBl. S. 421) bereits geändert
worden (Gesetz v. 22.4.2010, BayGVBl. S. 190), wodurch einige Straf- und Bußgeldvorschriften weggefallen
waren, ein Fall der ausnahmsweisen Zulässigkeit einer Verfassungsbeschwerde direkt gegen ein Gesetz nicht
mehr gegeben war und die Betroffenen nunmehr einen Vollzugsakt des insoweit nicht mehr bewehrten
Gesetzes abzuwarten hatten. Außerdem hatte sich die Begründung der Verfassungsbeschwerden nicht genügend mit der bisherigen Rechtsprechung zum Versammlungsgesetz des Bundes auseinandergesetzt.

sowie jede Tätigkeit für ihre Zwecke zu beenden. Der Schutzbereich des Art. 11 ist auch betroffen, wenn ein Arbeitgeber, auch ein privater, einem Arbeitnehmer wegen dessen Mitgliedschaft in einer Vereinigung (in einem Streitfall handelte es sich um eine rechtsextreme politische Partei) kündigt; in solchen Streitigkeiten zwischen Privatpersonen tritt die Pflicht des Staates zum Schutz der Menschenrechte zutage.[55] Die Gerichte haben darüber zu befinden, ob das Interesse des Arbeitgebers das Konventionsrecht des Arbeitnehmers überwiegt, müssen also nach nationalem Recht zu einer Entscheidung über diese Frage berufen sein.[56]

23   Ob auch wirtschaftliche Vereinigungen unter Art. 11 EMRK und Art. 21 IPBPR fallen, ist strittig, wird aber für beide Konventionen zu bejahen sein.[57] Insofern wird die Vereinigungsfreiheit allen Vereinigungen gewährleistet, ganz gleich, ob sie **ideelle oder wirtschaftliche Zwecke** verfolgen.[58] Eine besondere Wichtigkeit kommt der Vereinigungsfreiheit dabei für Angehörige von Minderheiten ob deren gesellschaftlicher Stellung zu.[59]

24   Es ist grundsätzlich Sache des nationalen Rechts, die Rechtsformen zu regeln, mittels derer die gewährleisteten Rechte verwirklicht werden können.[60] Ein Anspruch der Vereinigungen, dass der Staat sie als Rechtspersönlichkeiten anerkennt oder dass er ihnen eine bestimmte Organisationsform zur Verfügung stellen muss, begründen EMRK und IPBPR allerdings nicht, sofern sich die geschützten Freiheitsrechte auch im Rahmen der nach dem nationalen Recht möglichen Formen entfalten können.[61] Da sich Vereine bei einem Mindestmaß wirtschaftlicher Betätigung auch auf die Niederlassungsfreiheit (Art. 49 ff. AEUV) und nicht wirtschaftliche Vereine darüber hinaus auch auf die Freizügigkeit (Art. 21 AEUV) berufen können,[62] ergibt sich im Vereinsrecht mittlerweile aber auch eine europäische Perspektive, insbesondere für grenzüberschreitende Umstrukturierungen.[63] Für den Vereins- bzw. Vereinigungsbegriff des Art. 9 GG hat das BVerfG anerkannt, dass eine formal geregelte Organisationsstruktur nicht verlangt wird; vielmehr kann bereits eine auf faktischer Unterwerfung beruhende autoritäre Organisationsstruktur ausreichen.[64]

---

55 EGMR Redfearn/UK, 6.11.2012, §§ 42 ff., 57.

56 EGMR Redfearn/UK, 6.11.2012, § 56 („what is decisive in such cases is that the domestic courts or tribunals be allowed to pronounce on whether or not, in the circumstances of a particular case, the interests of the employer should prevail over the Article 11 rights asserted by the employee [...]").

57 Bejahend *Marauhn* RabelsZ **1999** 537, 551 mit Angaben zum Streitstand bei der EMRK; *Nowak* Art. 22, 6.

58 Zur wirtschaftlichen Vereinigungsfreiheit *Marauhn* RabelsZ **1999** 537.

59 Es wäre mit der Konvention unvereinbar, wenn die Existenz der Rechte von Minderheiten von der Akzeptanz durch die Mehrheit abhinge. Vgl. dazu etwa EGMR (GK) Gorzelik u.a./PL, 17.2.2004, NVwZ **2006** 65 (rechtmäßige Ablehnung der Eintragung der „Union von Personen schlesischer Nationalität" in Polen); Baczkowski u.a./PL, 3.5.2007 (unrechtmäßige Verweigerung einer Genehmigung für eine Versammlung, die gegen Homophobie protestieren wollte; wiederholt und bekräftigt von EGMR Alekseyev/R, 21.10.2010, NVwZ **2011** 1375); Barankevich/R, 26.7.2007 (unrechtmäßiges Verbot der Abhaltung eines Gottesdienstes einer Minderheitenkirche). Wenn es um unpopuläre Auffassungen oder um Anliegen von Minderheiten geht, spielt die staatliche Schutzpflicht eine besondere Rolle, Baczkowski u.a./PL, 3.5.2007, § 64, wiederholt von EGMR Alekseyev/R, 21.10.2010, § 70; vgl. Rn. 68.

60 *Frowein/Peukert* 8; *Marauhn* RabelsZ **1999** 537, 554.

61 *Villiger* 825; ferner siehe auch EGMR Altinkaynak/TRK, 15.1.2019, §§ 28 ff. (Verletzung von Art. 11 aufgrund Unverhältnismäßigkeit der Maßnahme).

62 Vgl. Streinz/*Müller-Graff* Art. 54, 3 f. sowie Calliess/Ruffert/*Kluth* Art. 21, 13 AEUV.

63 Vertiefend: *Wesiack* Europäisches Internationales Vereinsrecht (2012).

64 BVerfG NVwZ **2020** 224 (Gremium Motorcycle Club).

Die **Freiheit, politische Parteien** zu bilden, wird ebenfalls von Art. 11 umfasst.[65] We- 25
gen ihrer Bedeutung für die Willensbildung in der Demokratie sind hier staatlichen Verboten sehr enge Grenzen gesetzt (Rn. 48).

Die **negative Vereinigungsfreiheit**, das Recht des Einzelnen, Vereinigungen fernzu- 26
bleiben, wird ebenso wie in Art. 9 Abs. 1 GG von den Konventionen gewährleistet, auch
wenn es im Gegensatz zu Art. 20 Abs. 2 AEMR nicht ausdrücklich erwähnt wird.[66]

Im Rahmen dieser Überlegung ist allerdings zu beachten, dass Art. 11 auf berufliche 27
Vereinigungen öffentlich-rechtlicher Art, die Ziele des Allgemeinwohls verfolgen, nicht
anzuwenden ist;[67] insofern steht es dem Staat also offen, zur Erfüllung öffentlicher Aufgaben **öffentlich-rechtliche Zusammenschlüsse mit Zwangsmitgliedschaft** zu gründen.[68]
Jedoch kann der Staat die Gründung eines freiwilligen privaten Vereins neben dem öffentlich-rechtlichen Verband nicht verbieten.[69] Zudem entschied der EGMR, dass die Zwangsmitgliedschaft in einem **Jagdverband** konventionswidrig ist, wenn sie den betroffenen
Grundstückseigentümer unverhältnismäßig belastet.[70]

b) Koalitionsfreiheit. Die Koalitionsfreiheit, also die Freiheit, **Gewerkschaften zur** 28
Vertretung gemeinsamer Interessen zu gründen und ihnen beizutreten, wird als besonders wichtiges Recht der Vereinigungsfreiheit in den Konventionen explizit hervorgehoben;[71] die Koalitionsfreiheit wird insofern als Spezialfall der Vereinigungsfreiheit angesehen.[72] Die Rechtsprechung des Gerichtshofes bezüglich der Koalitionsfreiheit wird von zwei
Grundsätzen geleitet[73]: erstens zieht der EGMR alle Maßnahmen eines Staates in Erwägung,
die auf die Sicherung der Koalitionsfreiheit abzielen, wodurch dem vertragsstaatlichen Ermessensspielraum Rechnung getragen wird; zweitens akzeptiert das Gericht keine Einschränkungen, die die wesentlichen Elemente der Koalitionsfreiheit beeinträchtigen würden. Diese beiden Prinzipien widersprechen sich nicht, vielmehr stehen sie in gegenseitiger
Beziehung zueinander. Die Vertragsstaaten haben im Rahmen ihres Beurteilungsspielraumes

---

65 Anders als in der deutschen Verfassung, wo neben Art. 9 GG die Sonderregelung des Art. 21 GG steht.
66 EGMR Le Compte u.a./B, 23.6.1981, NJW **1982** 2714 = EuGRZ **1981** 551 (Zwangsmitgliedschaft zum belgischen „Ordre des médecins"); Albert u. Le Compte/B, 10.2.1983, EuGRZ **1983** 190; Sigurdur Sigurjónsson/ISL,
30.6.1993, ÖJZ **1994** 207; Bota/RUM (E), 12.10.2004 (Zwangsmitgliedschaft zur „Union of Romanian Lawyers");
Frowein/Peukert 10; Meyer-Ladewig/Nettesheim/von Raumer/*Daiber* 8; vgl. *Nowak* 9.
67 Vgl. etwa EGMR Le Compte u.a./B, 23.6.1981; Bota/RUM (E), 12.10.2004 (Zwangsmitgliedschaft zur „Union
of Romanian Lawyers").
68 Vgl. ferner etwa *Grabenwarter/Pabel* § 23, 96, 102.
69 EGMR Le Compte u.a./B, 23.6.1981; *Frowein/Peukert* 10; *Villiger* 828.
70 Vgl. EGMR (GK) Chassagnou/F, 29.4.1999, NJW **1999** 3695 = ÖJZ **2000** 113; Schneider/LUX, 10.7.2007, NuR
2008 489; ebenso entschieden in einer Beschwerde gegen Deutschland: EGMR (GK) Herrmann/D, 26.6.2012,
NJW **2012** 3629 m. Bespr. *Maierhöfer* NVwZ **2012** 1521 = JZ **2013** 519 m. Bespr. *Michl* JZ **2013** 504 = NuR
2012 698 m. Bespr. *Ziebarth* 693; anders noch (K) 20.1.2011, AUR **2011** 396 (System der Zwangsmitgliedschaft
konventionskonform); hierzu: *Alleweldt* FS v. Brünneck 107; im Vorfeld zum GK-Urteil: *Sailer* NuR **2012** 165;
zu den Entscheidungen deutscher Gerichte: BVerwG NVwZ **2006** 92 m. Anm. *Sailer* NVwZ **2006** 174 = DVBl.
2006 60 und BVerfGK **10** 66 = NVwZ **2007** 808 m. Anm. *Maierhöfer* NVwZ **2007** 1155 = DVBl. **2007** 248 = EuGRZ
2007 98 (im BJagdG festgelegte Zwangsmitgliedschaft mit höherrangigem Recht vereinbar); kritisch: *Sailer*
NuR **2007** 186. Zur Diskussion auch *Reh* NuR **2010** 753; *Munte* NuR **2009** 536; *Müller-Schallenberg/Förster* ZRP
2005 230; *Sailer* ZRP **2005** 88. Zur Reaktion des Gesetzgebers Art. 1 des 1. ZP-EMRK Rn. 54.
71 Vgl. *Marauhn* RabelsZ **1999** 537, 541.
72 Vgl. EGMR Belg. Polizeigewerkschaft/B, 27.10.1975, § 38, EuGRZ **1975** 562.
73 Vgl. grundlegend und zusammenfassend zur Koalitionsfreiheit: EGMR (GK) Sindicatul „Păstorul cel
Bun"/RUM, 9.7.2013, NJOZ **2014** 1715 m. Anm. *Lörcher* AuR **2014** 31, §§ 130 ff.; (GK) Demir u. Baykara/TRK,
12.11.2008, NZA **2010** 1425 = AuR **2009** 269 = NJOZ **2010** 1897.

die wesentlichen Elemente der Koalitionsfreiheit, ohne welche die Garantie selbiger leerlaufen würde, zu beachten.

29   Die Koalitionsfreiheit umfasst das Recht, jederzeit neue Gewerkschaften zu gründen oder ihr beizutreten, aber auch das Verbot von *„closed shop agreements"*, d.h. Vereinbarungen, bei denen die Mitgliedschaft in einer Gewerkschaft eine Voraussetzung für die Einstellung ist.[74] Demgegenüber steht der Gewerkschaft grundsätzlich das Recht zu, ihre Mitglieder frei zu wählen.[75] So garantiert die Koalitionsfreiheit sowohl den Gewerkschaften als auch dem einzelnen Mitglied einen Freiheitsraum zur Selbstorganisation einschließlich der Regelung der Mitgliedschaft[76] sowie für die gewerkschaftliche Betätigung, vor allem für die Vertretung der beruflichen Interessen ihrer Mitglieder.[77] Daher ist es mit Art. 11 unvereinbar, wenn das staatliche Recht den Arbeitgebern gestattet, den Arbeitnehmern wesentliche Lohnerhöhungen anzubieten, die mit der Beendigung kollektivvertraglicher Vereinbarungen einverstanden waren, während die Arbeitnehmer, die nicht bereit waren, auf ihre Vertretung durch die Gewerkschaft zu verzichten, diese Lohnerhöhungen nicht erhalten.[78] Auch eine Zwangsversetzung eines Beamten, die auf dessen Mitgliedschaft zu einer rechtmäßigen öffentlich-rechtlichen Gewerkschaft beruht, widerspricht der Koalitionsfreiheit.[79]

30   Wieweit das **Streikrecht** durch Art. 11 EMRK/Art. 22 IPBPR garantiert wird, ist weitgehend offen;[80] generell ausgeschlossen werden darf es nicht, wenn sich die Staaten in Art. 6 Abs. 4 der Europäischen Sozialcharta zu seiner Anerkennung verpflichtet haben.[81] Seine Ausübung kann aber den nach Art. 11 Abs. 2 EMRK/Art. 22 Abs. 2 IPBPR zulässigen Einschränkungen unterworfen werden,[82] so etwa bei Beamten[83] oder zum Schutze der Rechte anderer.[84] Es ist im Kern insoweit garantiert, als es den Gewerkschaften zur Wahrnehmung der beruflichen Interessen ihrer Mitglieder nur versagt werden könnte, wenn der Staat ihnen dafür andere angemessene und gleich effektive Mittel zur Wahrung dieser Interessen zur

---

74 Vgl. EGMR (GK) Demir u. Baykara/TRK, 12.11.2008.

75 Vgl. etwa EGMR Associated Society of Locomotive Engineers & Firemen (ASLEF)/UK, 27.2.2007 (britische Gerichte versagten Ausschluss eines Gewerkschaftsmitgliedes wegen dessen Zugehörigkeit zur „British National Party"; Verstoß gegen Art. 11).

76 EKMR Cheall/UK, NJW **1986** 1414 (Recht, Gewerkschaften zu bilden, schließt Recht auf eigene Satzung mit ein, die der Einzelne bei Beitritt hinnehmen muss).

77 Vgl. etwa EGMR Belg. Polizeigewerkschaft, 27.10.1975; ferner Schwedischer Lokomotivführerverband/S, 6.2.1976, EuGRZ **1976** 62; Schmidt u. Dahlström/S, 6.2.1976, EuGRZ **1976** 68; *Grabenwarter/Pabel* § 23, 93; *Villiger* 831 ff.

78 EGMR Wilson und The National Union of Journalists u.a./UK, 2.7.2002, ÖJZ **2003** 729.

79 Vgl. EGMR Metin Turan/TRK, 14.11.2006, allerdings nicht grundsätzlich, vgl. EGMR Ademyilmaz u.a./TRK, 21.3.2006.

80 EGMR National Union of Rail, Maritime and Transport Workers/UK, 8.4.2014, NJOZ **2015** 1744, § 84; vgl. *Frowein/Peukert* 18; *Marauhn* RabelsZ **1999** 537, 547 (aber kein vollständiger Ausschluss); siehe auch EGMR Hrvatski liječnički sindikat/KRO, 27.11.2014, § 59 (Streikrecht einer Gewerkschaft als „the most powerful instrument to protect occupational interests of its members"), AuR **2015** 146 m. Bespr. *Lörcher* 126.

81 *Frowein/Peukert* 18; *Grabenwarter/Pabel* § 23, 93.

82 Art. 8 Abs. 1 *lit.* d IPWSKR v. 19.12.1966 (BGBl. 1992 II S. 1247) gewährleistet das Streikrecht nur in Übereinstimmung mit der innerstaatlichen Rechtsordnung, die ihrerseits allerdings die Übereinkommen im Rahmen der internationalen Arbeitsorganisation beachten muss; vgl. *Frowein/Peukert* 21.

83 EGMR Schmidt u. Dahlström/S, 6.2.1976; Enerji Yapi-Yol Sen/TRK, 21.4.2009, NZA **2010** 1423 = AuR **2009** 274 (Streikverbot für gewisse Gruppen von Angehörigen des öffentlichen Dienstes zulässig, nicht aber ein allgemeines Streikverbot für alle Angehörigen des öffentlichen Dienstes); *Frowein/Peukert* 21; *Villiger* 831, 835, 838.

84 Vgl. EGMR Hrvatski liječnički sindikat/KRO, 27.11.2014, §§ 57 ff.; Unison/UK, 10.1.2002, ÖJZ **2003** 276; Syndicat Suédois des Travailleurs du Transport/S (E), 30.11.2004.

Verfügung stellt.[85] Ein Streikrecht der Gewerkschaften zu anderen, insbesondere zu politischen Zwecken, gewährleistet Art. 11 nicht, zum Schutzbereich von Art. 11 gehören aber Solidaritäts- bzw. Sympathiestreiks.[86] Zum Streikrecht für Beamte vgl. Rn. 66 f.

Art. 11 schließt staatliche **Zwangsgewerkschaften** und ein **Monopol der bestehen-** **31** **den Gewerkschaften** aus;[87] er sichert andererseits das Recht, jederzeit neue Gewerkschaften zu gründen. Die Pflicht, mit einer Gewerkschaft Tarifverträge abzuschließen oder beizubehalten, kann aus Art. 11 nicht hergeleitet werden;[88] ebenso wenig die Verpflichtung, einer Arbeitgebervereinigung beizutreten oder ein eigenes Abkommen mit einer Gewerkschaft zu schließen.[89] Zumindest, wenn zureichende Gründe eine unterschiedliche Behandlung rechtfertigen, gilt dies auch, wenn eine staatliche Stelle als Arbeitgeber mit anderen Gewerkschaften Tarifverträge abgeschlossen hat.[90] Ein Recht einer Gewerkschaft, bei Maßnahmen des Staates konsultiert zu werden, lässt sich daraus nicht ableiten.[91] Die Weigerung eines Staates, eine Gewerkschaft, die ihre Tätigkeit bereits seit mehreren Jahren ausübt, als Rechtspersönlichkeit anzuerkennen, ist mit Art. 11 nicht vereinbar.[92]

Die **negative Koalitionsfreiheit** wird zumindest in dem für ihren Freiheitsraum un- **32** erlässlichen Kernbereich von der Garantie mit umfasst.[93] Stets ist ein gerechter Ausgleich zwischen den widerstreitenden Interessen des Einzelnen und der Gesellschaft zu schaffen. Grundsätzlich steht dem Staat zwar ein **weiter Ermessensspielraum** zu. Dieser reduziert sich jedoch bei den angesprochenen *„closed shop agreements"* (Rn. 29) auf Null.[94] Dabei macht es für die Beurteilung eines Falles keinen Unterschied, ob bereits beim Vertragsschluss ein *„closed shop agreement"* besteht oder es erst danach geschlossen wird; insbesondere bedeutet die Kenntnis des Arbeitnehmers von einem *„closed shop agreement"* bei Vertragsunterschrift nicht den Verzicht auf seine Rechte aus Art. 11.[95] Der Staat kann verpflichtet sein, in Ausübung seiner Regelungsbefugnisse nach Art. 11 Abs. 2 den Einzelnen gegen Missbräuche zu schützen, die sich aus der beherrschenden Stellung einer Ge-

---

85 EGMR Schmidt u. Dahlström/S, 6.2.1976; Unison/UK, 10.1.2002 lässt dies weitgehend offen; vgl. *Frowein/ Peukert* 18; *Nokiel* DÖD **2012** 152, 154 nennt – jedoch ohne dabei die EMRK anzuführen – als Ausgleich für das nach deutschem Recht fehlende Streikrecht der Beamten das einklagbare Recht auf Alimentation aus Art. 33 Abs. 5 GG, das gem. Art. 93 Abs. 1 Nr. 4a GG auch mit der Verfassungsbeschwerde geltend gemacht werden könne.
86 EGMR National Union of Rail, Maritime and Transport Workers/UK, 8.4.2014, §§ 76 ff.
87 EKMR Young, James und Webster/UK, Bericht v. 14.12.1979, EuGRZ **1980** 450; EGMR Young, James u. Webster/UK, 13.8.1981, NJW **1982** 2717 = EuGRZ **1981** 559; zu den strittigen Einzelheiten vgl. *Frowein/Peukert* 14; *Nowak* 14; *Villiger* 833.
88 Etwa EGMR Unison/UK, 10.1.2002; Wilson u. The National Union of Journalists u.a./UK, 2.7.2002.
89 EGMR (GK) Gustafsson/S, 25.4.1996, ÖJZ **1996** 869.
90 EGMR Schwedischer Lokomotivführerverband/S, 6.2.1976; dazu *Fahlbeck* EuGRZ **1976** 471.
91 EGMR Belg. Polizeigewerkschaft/B, 27.10.1975, unter Hinweis, dass sich ein solches Recht auch nicht aus Art. 6 Abs. 1 der Europäischen Sozialcharta ergibt.
92 EGMR (GK) Demir u. Baykara/TRK, 12.11.2008; vgl. hierzu: EGMR Beamtenbund und Tarifunion u.a./D, 5.7.2022, NZA **2022** 1058 = EuZW **2022** 859 m. Anm. *Neugebauer* = NZA **2022** 1172 m. Anm. *Gooren* = EuGRZ **2022** 491 (Tarifeinheitsgesetz konventionskonform).
93 EGMR Young, James u. Webster/UK, 13.8.1981; vgl. dazu auch EGMR Sigurdur Sigurjónsson/ISL, 30.6.1993; Bindung der Taxi-Konzession an Mitgliedschaft in privatrechtl. Berufsvereinigung); Vörour Olafsson/ISL, 27.4.2010; vgl. zur Bedeutung der negativen Koalitionsfreiheit *Marauhn* RabelsZ **1999** 537, 542.
94 Vgl. EGMR Sørensen u. Rasmussen/DK, 11.1.2006.
95 Vgl. EGMR Sørensen u. Rasmussen/DK, 11.1.2006 (unter Verweis auf den Umstand, dass der Arbeitnehmer stets am kürzeren Hebel sitzt, da er die Stelle bei Widerspruch nicht erhalten hätte).

Esser

werkschaft ergeben können.[96] Der EGMR hat aber im Falle des Boykotts eines Betriebes den Staat nicht für verpflichtet gehalten, sich in diese Auseinandersetzung durch ein Verbot des nach dem nationalen Recht zulässigen Boykotts einzumischen.[97]

5. Staatliche Eingriffe und deren Rechtfertigung

33   **a) Allgemeines.** Staatliche Eingriffe in die Garantien des Art. 11 Abs. 1 können in unterschiedlichster Gestalt vorkommen: etwa in Form eines **Verbots**, einer Versammlung beizuwohnen[98] oder einer **Bestrafung**,[99] beamtenrechtlichen Disziplinierung oder Versetzung[100] wegen der Teilnahme an selbiger, in der Versagung des passiven Wahlrechts,[101] der Verzögerung[102] oder gänzlichen Ablehnung einer Behörde, einer Vereinigung Rechtsfähigkeit zu verleihen.[103]

34   Zu prüfen ist nach der Feststellung eines Eingriffes stets, ob dieser den Voraussetzungen des **Art. 11 Abs. 2** genügt, also ob er einen (oder mehrere) **legitimen Eingriffszweck** verfolgt, **gesetzlich vorgesehen**[104] und in einer demokratischen Gesellschaft **notwendig** ist.[105] Erforderlich ist, dass die getroffenen Maßnahmen eine ausreichende Rechtsgrundla-

---

96 EGMR Young, James u. Webster/UK, 13.8.1981; Sibson/UK, 20.4.1993, ÖJZ **1994** 35; (GK) Gustafsson/S, 25.4.1996; dazu gehört aber nicht notwendig, dafür zu sorgen, dass sich rückwirkende Lohnerhöhungen auch auf die nicht am Arbeitskampf beteiligten Personen erstrecken, vgl. EGMR Schmidt u. Dahlström/S, 6.2.1976; dazu *Fahlbeck* EuGRZ **1976** 471; *Grabenwarter/Pabel* § 23, 107, vgl. zur Rechtsprechung auch *Marauhn* RabelsZ **1999** 537, 543.
97 Vgl. EGMR (GK) Gustafsson/S, 25.4.1996.
98 Vgl. EGMR Adali/TRK, 31.3.2005 (unrechtmäßiges Verbot gegenüber einer Nordzypriotin, im Süden des Landes an einer friedlichen Versammlung teilzunehmen).
99 Vgl. EGMR Ezelin/F, 26.4.1991 (Bestrafung wegen Teilnahme an Versammlung nicht gerechtfertigt, wenn Betroffener selbst keine strafbare Handlung begangen hat); Ali Hedayatzadeh Roudsari/D (E), 18.11.2021 (Hungerstreik und Weigerung, den Aufforderungen der Polizei Folge zu leisten; Geldstrafe u.a. wegen Widerstands gegen Vollstreckungsbeamte i.V.m. versuchter Körperverletzung; Erfordernis der Rechtswidrigkeit der Amtshandlung schließe nicht die strafrechtliche Verantwortlichkeit für eine andere Straftat aus); Ekrem Can u.a./T, 8.3.2022, §§ 92 ff. (unverhältnismäßig lange Untersuchungshaft und Freiheitsstrafe für lediglich störenden aber nicht gewaltsamen Protest).
100 EGMR Dedecan u. Ok/TRK, 22.9.2015, §§ 28 f., 39 f.
101 Vgl. EGMR Zdanoka/LET, 17.6.2004.
102 Vgl. EGMR Ramazanova u.a./ASE, 1.2.2007 (vier Anträge zur Eintragung wurden mit Hinweis auf eine notwendige Änderung der Satzung zurückgewiesen).
103 Vgl. EGMR Sidiropoulos u.a./GR, 10.7.1998; (GK) Gorzelik u.a./PL, 17.2.2004; Yordanovi/BUL, 9.3.2020, § 62. Im Falle von Religionsgemeinschaften ist auch Art. 9 betroffen, vgl. EGMR Metropolitan Church of Bessarabia u.a./MOL, 13.12.2001. Zur unrechtmäßigen Verweigerung einer durch eine Gesetzesänderung notwendig gewordenen erneuten Registrierung religiöser Vereinigungen, die zum Verlust der Rechtsfähigkeit der Bf. führte: EGMR Moskauer Unterorganisation der Heilsarmee/R, 5.10.2006, EuGRZ **2007** 24; Church of Scientology Moscow/R, 5.4.2007, NJW **2008** 495; siehe zu einem notwendigen besonders sensiblen Umgang durch die nationalen Behörden bei Konflikten von einer religiösen Vereinigung mit der ihr überstehenden Kirchenleitung: EGMR Svyatot-Mykhayliska Parafiya/UKR, 14.6.2007. Für eine Auflistung verschiedener Konstellationen staatlicher Einflussnahme auf Versammlungen (im Hinblick auf Art. 8 GG): *Lindner/Bast* NVwZ **2018** 708, 709 ff. Zusammenfassend im Hinblick auf Art. 11 Abs. 1: EGMR Yordanovi/BUL, 3.9.2020, § 62; Laguna Guzman/E, 6.10.2020, § 40.
104 Dazu vgl. EGMR Hakim Aydin/TRK, 26.5.2020, § 51 (gleichlauf mit Art. 5 Abs. 1 [„lawful"] bei Inhaftierung eines Demonstranten).
105 Zur Verknüpfung dieser Fragestellungen mit dem nationalen Verfassungsrecht (in Österreich) siehe: ÖVfGH JBl. **2015** 366 m. Anm. *Vašek.*

ge haben, durch triftige Sachgründe gerechtfertigt sind, den Grundsatz der Verhältnismäßigkeit wahren und insgesamt Ausnahmecharakter haben.

Wie im Rahmen des Art. 10 (dort Rn. 24, 80) ist ein sog. *„chilling effect"* (Abschre- **35**
ckungswirkung) auch in Bezug auf die Garantien des Art. 11 von Bedeutung. Demnach
sind bereits Maßnahmen mit abschreckender Wirkung als Eingriff zu qualifizieren, d.h.
auch wenn die Demonstrationsteilnehmer theoretisch trotz eines ausgesprochenen Verbotes protestieren könnten, handelt es sich bei dem Verbot trotzdem um einen Eingriff, da
ein solches Verbot auf potentielle Teilnehmer einschüchternd bzw. abschreckend wirken
kann.[106] Insofern sind also auch **abschreckende Maßnahmen** am Maßstab des Art. 11
Abs. 2 messbar.

b) Eingriffszweck. Die Eingriffszwecke, die dem Staat eine **Einschränkung dieser Ge-** **36**
währleistungen gestatten, werden in Art. 11 Abs. 2 EMRK/Art. 21 Satz 2, Art. 22 Abs. 2 IPBPR
aufgezählt. Die Einschränkungsgründe, die dem Muster der Art. 8 Abs. 2 und Art. 10 Abs. 2
folgen, stimmen trotz einiger Unterschiede im Wesentlichen mit diesen überein. Einschränkungen rechtfertigt der Schutz der **Rechte und Freiheiten anderer**, wozu nicht nur private
Rechte, sondern auch das Recht auf eine friedliche Demonstration sowie die negative Ver-
eins- und Koalitionsfreiheit gehören.[107] Auch die Autonomie von Religionsgemeinschaften,
die ihrerseits auf Art. 9 gründet, gehört hierher.[108] Einschränkungen sind ferner zur Sicherung bestimmter öffentlicher Aufgaben zulässig, so **im Interesse der nationalen oder öf-**
fentlichen Sicherheit oder **zum Schutz der öffentlichen Ordnung**,[109] die sowohl die in
Art. 11 Abs. 2 besonders erwähnte Verhütung von Straftaten als auch die „institutionelle Ordnung"[110] mit umfasst, ferner zum **Schutz der öffentlichen Gesundheit und Moral**.[111] Dies
kann direkt durch **gesetzliche Regelungen**, wie etwa durch ein absolutes Versammlungsverbot innerhalb der Bannmeile eines Parlaments[112] geschehen oder auch im Vollzug eines
Gesetzes durch **Einzelanordnungen**, wie etwa Versammlungs- oder Demonstrationsverbote
zur Verhütung einer anderweitig nicht vermeidbaren ernsthaften Gefahr für die öffentliche
Sicherheit und Ordnung.[113]

---

106 So etwa EGMR Baczkowski u.a./PL, 3.5.2007; Navalnyy u. Gunko/R, 10.11.2020, § 88.

107 Zum Schutz von Versammlungen/Demonstrationen vor Gegendemonstrationen vgl. EGMR Plattform
„Ärzte für das Leben"/A, 21.6.1988; ÖVerfG EuGRZ **1990** 550; ferner zur negativen Vereins- und Koalitionsfreiheit Rn. 26. Für die Feststellung der Personalien (§ 163b StPO) von Versammlungsteilnehmern, die der Nötigung (Straßenblockade) verdächtig sind, soll der Rechtfertigungsgrund der „Rechte anderer" einschlägig
sein: EGMR Donat u. Fassnacht-Albers/D (E), 11.2.2014, §§ 6, 70.

108 EGMR (GK) Sindicatul „Pästorul cel Bun"/RUM, 9.7.2013, NJOZ **2014** 1715 m. Anm. *Lörcher* AuR **2014** 31,
§ 158 und passim.

109 Vgl. *Frowein/Peukert* 6 ff.; *Villiger* 822; hierzu: OVG Magdeburg NJW **2012** 2535 (räumliche Beschränkung
einer Versammlung vor dem Wohnhaus ehemaliger Strafgefangener zulässig). Ein legitimes Ziel kann auch
die Sicherung der politischen Neutralität der Verwaltung, die ihrerseits das demokratische System untermauert, sein (EGMR Ahmed u.a./UK, 2.9.1998, §§ 51 ff., 63, 70; Küçükbalaban u. Kutlu/TRK, 24.3.2015, §§ 26, 34,
NVwZ **2016** 1233; unklar bleibt, welches im Konventionstext genannte Ziel einschlägig ist, in Betracht kommen wohl die „Rechte anderer" – Recht der Bevölkerung auf neutrales Verhalten der Verwaltung – und die
öffentliche Sicherheit, nicht jedoch berief sich der EGMR auf Art. 11 Abs. 2 Satz 2).

110 Vgl. EGMR Parti nationaliste basque – Organisation régionale d'Iparralde/F, 7.6.2007, § 43.

111 Art. 11 spricht zwar nur allgemein von Gesundheit und Moral, gemeint ist jedoch auch hier der öffentliche Bezug dieser Schutzgüter, wie etwa die Störung der Friedhofsruhe (vgl. ÖVerfG EuGRZ **2001** 330); der
private Bezug fällt unter die Rechte anderer.

112 ÖVerfG EuGRZ **1996** 473.

113 EKMR Christians against Racism and Fascism/UK, 16.7.1980, EuGRZ **1981** 216 (Verbot für Demonstrati-
onsmärsche für zwei Monate).

37   Die **abschließende Aufzählung** der Zwecke einer zulässigen Einschränkung soll verhindern, dass offen oder verdeckt zu einem anderen Zweck in die Versammlungs- oder
Vereinsfreiheit eingegriffen wird (vgl. Art. 18). Die legitimen Eingriffszwecke sind aber so
weit gefasst, dass sie dem Staat einen großen **Handlungs- und Beurteilungsspielraum**
für erforderliche Maßnahmen eröffnen,[114] so dass sich die Grenzen meist erst aus den
allgemeinen Schranken, vor allem aus der Notwendigkeit in einer demokratischen Gesellschaft (Rn. 39) und der Wahrung des Grundsatzes der Verhältnismäßigkeit ergeben.

38   **c) Gesetzlich vorgesehen.** Alle Eingriffe müssen im Interesse ihrer Vorhersehbarkeit
und zum Ausschluss von Willkür **gesetzlich vorgesehen** sein; sie müssen eine Grundlage
im innerstaatlichen Recht haben. Insoweit besteht eine gewisse Ähnlichkeit zu Art. 5 Abs. 1
Satz 2 lit. c („lawful").[115] Die gesetzliche Grundlage muss den Betroffenen **zugänglich** und
so **hinreichend bestimmt** sein, dass er in einem Maß, das unter den jeweiligen Umständen angemessen ist, voraussehen kann, welche Folgen eine bestimmte Handlung nach sich
ziehen wird[116] und sich gegen willkürliche Maßnahmen wehren kann.[117] Eine hinreichend
präzise Formulierung wird nicht schon dadurch in Frage gestellt, dass die Rechtsnorm (die
auch eine Verfassungsbestimmung sein kann)[118] einen **gewissen Beurteilungsspielraum**
einräumt, sofern dessen Ausmaß und Modalitäten mit hinreichender Genauigkeit für den
Betroffenen feststellbar sind, um ihn vor Willkür zu schützen.[119] Eine anzuerkennende
gesetzliche Grundlage kann gegeben sein, wenn die Eintragung bzw. Registrierung einer
Vereinigung die Erfüllung bestimmter Vorschriften wie die Einreichung bestimmter Unterlagen voraussetzt,[120] eine Bestimmung hingegen, die schlicht besagt, dass die Eintragung
eines Vereins verhindert werden kann, wenn dessen Satzung dem nationalen Recht widerspricht, genügt diesem Erfordernis nicht, da dadurch den Behörden ein zu weiter Spielraum eingeräumt wäre.[121] Fehlt es an einer dieser Voraussetzungen, so ist der Eingriff
nicht „gesetzlich vorgesehen" und damit nicht gerechtfertigt, einer Prüfung der anderen
Voraussetzungen (legitimer Zweck; Notwendigkeit in einer demokratischen Gesellschaft)
bedarf es dann nicht mehr.[122] Keinen Schutz vor Willkür bieten „strukturell inadäquate"

---

114 Vgl. etwa EKMR Rassemblement jurassien u. Unité jurassienne/CH, 10.10.1979, EuGRZ **1980** 36; Christians against Racism and Fascism/UK, 16.7.1980, EuGRZ **1981** 216 (Demonstrationsverbote); *Frowein/Peukert* 6;
EGMR Ekrem Can u.a./T, 8.3.2022, § 91 (wenn Ausübung der Versammlungsfreiheit mit illegalen Aktivitäten
verbunden ist, muss den Behörden ein größerer Handlungs- und Beurteilungsspielraum zustehen; Verhältnismäßigkeit stets zu wahren).
115 EGMR Kasparov/R, 11.10.2016, § 69.
116 EGMR Ezelin/F, 26.4.1991; Vyerentsov/UKR, 11.4.2013, § 52.
117 EGMR Maestri/I, 17.2.2004 (Disziplinarstrafe gegenüber einem Richter wegen Zugehörigkeit zur Frei-
maurerloge; keine gesetzliche Regelung); Herri Batasuna u. Batasuna/E, 30.6.2009, § 56.
118 EGMR (GK) Navalnyy/R, 15.10.2018, §§ 114 f.; Refah Partisi (the Welfare Party) u.a./TRK, 13.2.2003, EuGRZ
2003 207 = NVwZ **2003** 1489 = ÖJZ **2005** 975, §§ 58 f., 61; EKMR Rassemblement jurassien u. Unité jurassienne/
CH, 10.10.1979, EuGRZ **1980** 36, Nr. 5, 6.
119 EGMR (GK) Rekvényi/H, 20.5.1999, ÖJZ **2000** 235 = NVwZ **2000** 421 = NJW **2001** 2319 (Ls.); (GK) Refah
Partisi (the Welfare Party) u.a./TRK, 13.2.2003; Bedeutung des Laizismus); (GK) Gorzelik u.a./PL, 17.2.2004
(keine Notwendigkeit einer Definition des Begriffs „nationale Minderheiten" im nationalen Recht); Zhechev/
BUL, 21.6.2007, §§ 39 f.
120 EGMR The United Macedonian Organisation Ilinden – PIRIN u.a./BUL (Nr. 2), 18.10.2011, § 83 (Registrierung einer politischen Partei).
121 Vgl. EGMR Koretskyy u.a./UKR, 3.4.2008, §§ 46 ff., insbes. § 48.
122 EGMR Vyerentsov/UKR, 11.4.2013, §§ 55 f. (konkret fehlte es an der Vorhersehbarkeit der Anwendung
der vorhandenen Rechtsgrundlage); Shmushkovych/UKR, 14.11.2013, § 41; Veniamin Tymoshenko u.a./UKR,
2.10.2014, NZA **2015** 1268 = AuR **2015** 140.

nationale Bestimmungen, die bestimmte öffentliche Versammlung an über die Maßen strenge formelle Voraussetzungen knüpfen.[123]

d) Notwendigkeit in einer demokratischen Gesellschaft. Neben der Verfolgung ei- **39** nes zulässigen Eingriffszwecks muss jeder Eingriff in die Versammlungsfreiheit dem Grundsatz der Verhältnismäßigkeit entsprechen. Beschränkende Maßnahmen sind daher auf ihre Eignung, Erforderlichkeit und Angemessenheit hin zu prüfen. Grundsätzlich ist die Versammlungsfreiheit um ihrer hohen Bedeutung willen weitestgehend von staatlicher Seite her zu dulden. Ein Eingriff ist nur dann als i.S.v. Art. 11 Abs. 2 „in einer demokratischen Gesellschaft notwendig" anzusehen, wenn er einem **dringenden gesellschaftlichen Bedürfnis** (*pressing social need*"/*besoin social impérieux*") entspricht.[124] Dass die Maßnahme lediglich „nützlich" oder „opportun" ist, genügt nicht.[125] War den staatlichen Behörden ein Ermessensspielraum eingeräumt, trägt der EGMR diesem bei der Überprüfung der Maßnahme entsprechend Rechnung.[126]

e) Eingriffskategorien und Schweregrade. Bei Eingriffen in die **Versammlungsfrei-** **40** **heit** sind bestimmte **Eingriffsintensitäten** zu unterscheiden.[127] **Genehmigungsvorbehalte** sind grundsätzlich möglich,[128] umfassende Verbote dagegen nur unter außergewöhnlichen Umständen. Sofern eine Veranstaltung zur Aufrechterhaltung der öffentlichen Ordnung **verboten** oder **beschränkt** werden soll, hat eine Interessenabwägung zwischen den betroffenen öffentlichen und den privaten Belangen zu erfolgen.[129] Der Gerichtshof berücksichtigt in Fällen, in denen eine Person daran gehindert wird, an einer Versammlung teilzunehmen, bei einer Versammlung ihre Ansicht äußert oder wegen eines solchen Verhaltens bestraft wird,

---

123 Vgl. EGMR (GK) Navalnyy/R, 15.11.2018, § 150 (s.a. § 148: Beanstandung des anhaltenden Versagens der nationalen Behörden, gegenüber nicht genehmigten, aber friedlichen Versammlungen Toleranz walten zu lassen/„persistent failure by the national authorities to show tolerance towards unauthorised but peaceful gatherings").

124 Dass ein „dringendes gesellschaftliches Bedürfnis" besteht, ist mit überzeugenden Gründen darzulegen, vgl. etwa: EGMR Tüm Haber Sem u. Çinar/TRK, 21.2.2006 (ungerechtfertigte Auflösung einer durch Beamte gegründeten Gewerkschaft); Vördur Olafsson/ISL, 27.4.2010, §§ 74 ff. Für eine Zusammenfassung der in der Rechtsprechung des EGMR etablierten Grundsätze im Hinblick auf das Kriterium der Notwendigkeit in einer demokratischen Gesellschaft s. EGMR (GK) Kudrevičius u.a./LIT, 15.10.2015, §§ 142–160.

125 EGMR Adana Tayad/TRK, 21.7.2020, § 27.

126 Vgl. EGMR Kudrevičius u.a./LIT, 15.10.2015, §§ 142 ff.; Laguna Guzman/E, 6.10.2020, § 49 („When the Court carries out its scrutiny, its task is not to substitute its own view for that of the relevant national authorities but rather to review under Article 11 the decisions they delivered in the exercise of their discretion. This does not mean that it has to confine itself to ascertaining whether the respondent State exercised its discretion reasonably, carefully and in good faith; it must look at the interference complained of in the light of the case as a whole and determine whether it was „proportionate to the legitimate aim pursued" and whether the reasons adduced by the national authorities to justify it were „relevant and sufficient". In so doing, the Court has to satisfy itself that the national authorities applied standards which were in conformity with the principles embodied in Article 11 and, moreover, that they based their decisions on an acceptable assessment of the relevant facts [...].").

127 Vgl. hierzu: OVG Magdeburg NJW **2012** 2535 (räumliche Beschränkung einer Versammlung vor dem Wohnhaus ehemaliger Strafgefangener).

128 Meyer-Ladewig/Nettesheim/von Raumer/*Daiber* 37.

129 Näher dazu: Meyer-Ladewig/Nettesheim/von Raumer/*Daiber* 40 ff.; EGMR Center of societies for Kirshna concioussness in Russia und Frolov/R, 23.11.2021, § 52: Das Verbot einer Versammlung aufgrund deren Inhalt muss einer strengen Prüfung unterzogen werden und ist nur in Ausnahmefällen gerechtfertigt; es steht den nationalen Behörden nicht frei, eine Versammlung zu untersagen, nur weil sie die „Botschaft" für nicht richtig halten.

Esser

bei der Bestimmung des Verhältnisses zwischen dem Recht auf Meinungsfreiheit und dem Recht auf Versammlungsfreiheit mehrere Faktoren. Art. 11 ist dabei oftmals *lex specialis* zu Art. 10.[130] Stets muss in jedem Einzelfall entschieden werden, ob die von den nationalen Behörden zur Rechtfertigung des Eingriffs angeführten Gründe „stichhaltig und ausreichend" sind.[131] Die zu treffende Abwägung hat stets besondere Rücksicht auf die große **Bedeutung der Versammlungsfreiheit als politisches und kommunikatives Freiheitsrecht** zu nehmen. Ein gewalttätiges Vorgehen der Polizei gegen Versammlungteilnehmer, das gegen Art. 3 verstößt, hat der EGMR als Verletzung von Art. 11 qualifiziert.[132]

41   **Spontane Demonstrationen** sind als unmittelbare Antwort auf politisch brisante Vorgänge anerkannt[133] und dürfen nicht allein deshalb verboten werden, weil sie naturgemäß gerade einer im nationalen Recht vorgeschriebenen vorherigen Anmeldung entbehren. Bei wiederkehrenden Demonstrationen zum gleichen Anlass kann die Auflösung wegen Nichtanmeldung gerechtfertigt sein.[134] Bei Demonstrationen auf öffentlichen Plätzen ist zwar stets auch eine Beeinträchtigung des Verkehrs und sonstiger Infrastruktureinrichtungen zu erwarten. Die zuständigen Behörden haben zur Durchsetzung der Versammlungsfreiheit aber ihre Entscheidungen mit einem gewissen Grad an Toleranz zu treffen.[135] Konkrete staatliche Maßnahmen zur Sabotage einer Versammlung (z.B. bewusste Verkehrsbehinderung im Voraus oder Provokation von Staus, um die Teilnehmer am Eintreffen am Ort der Versammlung zu hindern) verstoßen evident gegen Art. 11.[136] Auch Themen mit hohem politischen Konfliktpotenzial, wie z.B. Demonstrationen autonomer Gruppen oder separatistischer Bewegungen dürfen nicht nur aufgrund ihres inhaltlichen „Sprengpotenzials" unterbunden werden.[137] Die Grenze ist bei bewusst provokanten Handlungen zu ziehen, die Unruhen nicht nur billigen, sondern vielmehr sogar durch die Teilnehmer der Versammlung zielgerichtet erzeugt werden sollen.[138]

42   Insbesondere ist ein präventives Einschreiten dann notwendig, wenn die gleichzeitig anwesende Gegenbewegung sich aufgrund dieser Provokation zu formieren beginnt und erhebliche Übergriffe verbaler und physischer Natur drohen.[139] Keine Provokation kann aber darin gesehen werden, dass sich Frauen auf einer Versammlung zur Stärkung ihrer Rechte befinden und es zur Auflösung und zur Misshandlung durch Beamte der Polizei kommt, weil im betreffenden Land das Aufbegehren von Frauen grundsätzlich gesellschaftliche Unruhen hervorrufen kann.[140] Ebenso genügt auch nicht ein einziger, beleidigender Ausruf, wenn ihm keine weiteren Reaktionen folgen.[141] In einer demokratischen Gesellschaft sind mithin auch solche Ausrufe zu tolerieren. Auch kann die Möglichkeit,

---

130 EGMR Hakobyan u.a./ARM, 10.4.2012, § 85; Kasparov/R, 11.10.2016, §§ 65 f. (Verbot der Anreise zu einer Versammlung stellt Eingriff in Art. 11 dar); *Renzikowski/Schmidt-De Caluwe* JZ **2013** 289, 293.

131 Vgl. EGMR Schwabe u. M.G./D, 1.12.2011, § 112; vertiefend die Urteilsbesprechung von *Renzikowski/ Schmidt-De Caluwe* JZ **2013** 289 ff.

132 EGMR Zakharov u. Varzhabetyan/R, 13.10.2020, §§ 90 f. Ebenfalls auf eine festgestellte Verletzung des Art. 3 im Rahmen von Art. 11 Bezug nehmend: EGMR Navalnyy u. Gunko/R, 10.11.2020, §§ 85 ff.

133 EGMR Bukta u.a./H, 17.7.2007; Barraco/F, 5.3.2009.

134 EGMR Ciloglu u.a./TRK, 6.3.2007, §§ 41 ff.

135 EGMR Bukta, 17.7.2007; Disk u.a./TRK, 27.11.2012.

136 EGMR Disk u.a./TRK, 27.11.2012.

137 EGMR Barraco/F, 5.3.2009; Patyi/H, 17.1.2012; Brega u.a./MOL, 24.1.2012.

138 EGMR Fáber/H, 24.7.2012 (Zeigen einer nationalistischen Flagge trotz vorheriger mehrmaliger Abmahnung durch die Sicherheitsbehörden).

139 EGMR Fáber/H, 24.7.2012.

140 EGMR Pekaslan/TRK, 20.3.2012.

141 EGMR Kakabadze u.a./GEO, 2.10.2012 (Beschimpfung des Innenministers als „Bastard [i.S. unehelichem Kind] eines anderen hochrangigen Politikers"). Bei Ausrufen und sonstigen Äußerungen sind allerdings alle

dass gewalttätige Extremisten, die nicht zu den Organisatoren der Demonstration gehören, sich einer Demonstration anschließen, für sich genommen nicht zur Versagung dieses Rechts führen. Selbst wenn die konkrete Gefahr besteht, dass eine öffentliche Demonstration aufgrund von Entwicklungen, die außerhalb der Kontrolle der Organisatoren dieser Demonstration liegen, zu Ausschreitungen führt, liegt eine solche Demonstration für sich genommen nicht außerhalb des Anwendungsbereichs von Art. 11 Abs. 1.[142] Nicht sanktioniert werden darf, wer eine nicht verbotene Demonstration organisiert oder an ihr teilnimmt, es sei denn, er selbst begeht ihm zurechenbare eigene Straftaten.[143] Ein polizeilicher Eingriff ohne hinreichende gesetzliche Grundlage stellt in jedem Fall einen Eingriff dar.[144]

Auch das **BVerfG** erkennt die überragende Bedeutung der Versammlungsfreiheit an **43** und unterzieht die Eingriffsvoraussetzungen engen Schranken. Die Behörde darf aber beim Erlass von Auflagen keine zu geringen Anforderungen an die Gefahrenprognose stellen. Als Grundlage der Gefahrenprognose sind konkrete und nachvollziehbare tatsächliche Anhaltspunkte erforderlich; bloße Verdachtsmomente oder Vermutungen reichen hierzu nicht aus.[145] Eine Auflösung der Versammlung ist nicht zulässig, soweit sich der Veranstalter und die Versammlungsteilnehmer friedlich verhalten und Störungen der öffentlichen Sicherheit hauptsächlich aufgrund des Verhaltens Dritter – insbesondere von Gegendemonstrationen – zu befürchten sind. Die Durchführung der ersten Versammlung ist zu schützen. Behördliche Maßnahmen sind primär gegen die Gegendemonstranten als Handlungsstörer zu richten. Gegen die friedliche Versammlung selbst kann dann nur unter den besonderen Voraussetzungen des polizeilichen Notstandes eingeschritten werden.[146] Ein solcher Eingriff wiederum setzt voraus, dass die Versammlungsbehörde mit hinreichender Wahrscheinlichkeit, anderenfalls wegen der Erfüllung vorrangiger staatlicher Aufgaben und trotz des Bemühens, gegebenenfalls externe Polizeikräfte hinzuzuziehen, zum Schutz der von dem Antragsteller angemeldeten Versammlung nicht in der Lage wäre; eine pauschale Behauptung dieses Inhalts reicht allerdings nicht.[147] Die Darlegungs- und Beweislast für das Vorliegen von Gründen für ein Verbot oder eine Auflage liegt grundsätzlich bei der Behörde.[148]

Besondere Kriterien hat die Rechtsprechung für Versammlungsverbote etabliert, die **44** vor dem Hintergrund der **Corona-Pandemie** verfügt wurden. Der VGH Kassel hat insoweit u.a. auf die „außergewöhnlich hohe Infektiosität des Sars-CoV-2-Virus, dessen rasante pandemische Ausbreitung und die von ihm hervorgerufene hohe Zahl an schwerwiegenden Krankheitsverläufen mit einer beachtlichen Hospitalisierungsrate"[149] hingewiesen. Ferner sind unter dem Aspekt der Verhältnismäßigkeit die zu erwartende Teilnehmerzahl und die Verschiebbarkeit der Versammlung auf einen späteren Zeitpunkt zu berücksichtigen.[150]

---

denkbaren Interpretationen zugunsten des Äußernden zu berücksichtigen, vgl. EGMR Schwabe u. M.G./D, 1.12.2011.
142 EGMR Schwabe u. M.G./D, 1.12.2011.
143 EGMR Öllinger/A, 29.6.2006.
144 EGMR Disk u.a./TRK, 27.11.2012.
145 BVerfGE **69** 353; vgl. BVerfG Beschl. v. 5.3.2020 – 6 B 1/20, juris, Rn. 8 f., NVwZ-RR **2020** 687.
146 Vgl. BVerfGE **69** 315, 360 f.; BVerfG Beschl. v. 5.3.2020 – 6 B 1/20, juris, Rn. 8 (Auflösung der Versammlung als *ultima ratio* und nur zur Abwehr von Gefahren elementarer Rechtsgüter).
147 Vgl. BVerfG DVBl. **2013** 367, 369, Tz. 17.
148 BVerfG DVBl. **2013** 367, 369, Tz. 17.
149 VGH Kassel COVuR **2020** 208, 209.
150 Vgl. VGH Kassel COVuR **2020** 208, 210 f.; ähnlich auch die Kriterien bei BVerfG NVwZ **2020** 711, 712 f. (Teilnehmerzahl, Versammlungsort, Termin, Schutzmaßnahmen); ferner s.a. BVerfG Beschl. v. 30.8.2020 – 1 BvQ 94/20.

Bedeutung und Tragweite der Versammlungsfreiheit haben die Behörden hierbei nach Auffassung des EGMR im Rahmen des ihnen gesetzlichen eingeräumten Ermessens angemessen zu berücksichtigen.[151] In die Abwägung einzustellen ist insb. die Gefahr der Ansteckung mit dem Virus, der Erkrankung vieler Personen, der Überlastung der gesundheitlichen Einrichtungen bei der Behandlung schwerwiegender Fälle und schlimmstenfalls des Todes von Menschen.[152] Ebenfalls zu berücksichtigen sind u.a. Art und Dauer des Verbots sowie Art und Schwere der vorgesehenen Sanktionen bei Nichteinhaltung des Verbots.[153] Nach Möglichkeit ist auf eine kooperative, einvernehmliche Lösung mit dem Versammlungsveranstalter hinzuwirken.[154]

45 Eingriffe in die **Vereinsfreiheit** sind auch bei Erfüllung aller anderen Voraussetzungen nur zulässig, wenn sie in einer demokratischen Gesellschaft zur Erreichung des jeweiligen Schutzzweckes notwendig sind.[155] Sie dürfen also nicht den durch Meinungspluralismus, Toleranz, Aufgeschlossenheit und Volkssouveränität geprägten Grundwerten eines demokratischen Staatswesens widersprechen.[156] Diese sind das grundlegende Element der europäischen öffentlichen Ordnung, das als einziges politisches Modell mit der EMRK vereinbar ist.[157] Die Bindung der Mitgliedstaaten an die Grundwerte einer demokratischen Staatsordnung fällt zusätzlich als Eingriffsschranke ins Gewicht. Die Wiedereinführung der Monarchie oder die Änderung der verfassungsrechtlichen Strukturen stellen allein gesehen jedoch keinen Widerspruch zum demokratischen Staatswesen dar.[158] Repressalien wie Disziplinarmaßnahmen wegen Nichtbeachtung von Förmlichkeiten im Zusammenhang mit der Vereinsfreiheit werden in der Regel unverhältnismäßig sein, wenn von der Ausübung der Vereinsfreiheit, anders als etwa bei öffentlichen Versammlungen oder Aufmärschen, keine Beeinträchtigung für andere ausgeht.[159] Zur Gewährleistung der Autonomie von Religionsgemeinschaften (Art. 9) darf die Zulassung von Gewerkschaften kirchlicher Arbeitnehmer von der Erfüllung der diesbezüglichen Anforderungen des jeweiligen Kirchenstatuts abhängig gemacht werden.[160]

46 Das Handeln von Gewerkschaften kann eher eingeschränkt werden, wenn es nicht um die gewerkschaftliche Kerntätigkeit wie die Ausübung des (normalen) Streikrechts,

---

151 Vgl. BVerfG NJW **2020** 1426, 1427 m. Anm. *Stüer/Stüer* DVBl. **2020** 697.

152 EGMR Communauté Genevoise d'Action Syndicale/CH, 15.3.2022, §§ 89 ff., NZA **2023** 113 ff.; siehe auch: BVerfG NJW **2020** 1429, 1430 unter Verweis auf BayVerfGH NVwZ **2020** 624, 625; bestätigt durch BVerfG Beschl. v. 10.4.2020 – 1 BvR 762/20.

153 EGMR Communauté Genevoise d'Action Syndicale/CH, 15.3.2022, § 91.

154 Vgl. BVerfG NVwZ **2020** 711, 713; VGH Kassel COVuR **2020** 208, 210 f.

155 Zur Aufnahme des in der EMRK, nicht aber sonst beim IPBPR üblichen Regulativs der Demokratieüblichkeit in Art. 21 Satz 2, Art. 22 Abs. 2 IPBPR vgl. *Nowak* Art. 21, 19.

156 Vgl. EGMR Handyside/UK, 7.12.1976, EuGRZ **1977** 38; Young, James u. Webster/UK, 13.8.1981; *Nowak* Art. 21.

157 EGMR (GK) United Communist Party of Turkey u.a./TRK, 30.1.1998; (GK) Refah Partisi (the Welfare Party) u.a./TRK, 13.2.2003.

158 Vgl. EGMR Zhechev/BUL, 21.6.2007 (Verein wurde aufgrund seiner politischen Ziele die Eintragung versagt; keine Anzeichen, dass Ziele mittels gewalttätiger oder undemokratischer Methoden verfolgt werden sollten; Organisation war als politischer Verein die Teilnahme an Wahlen verschlossen; kein „pressing social need" für Nichteintragung).

159 EGMR Doğan Altun c. Tur/TRK, 26.5.2015, §§ 45 ff., insbes. 48 f. (Disziplinarmaßnahme gegen Funktionsträger einer Gewerkschaft und Angehörigen des öffentlichen Dienstes, der in der Mittagspause in der Nähe des Arbeitsplatzes eine gewerkschaftsinterne Abstimmung ohne die angeblich erforderliche vorherige Genehmigung durchgeführt hatte).

160 EGMR (GK) Sindicatul „Păstorul cel Bun"/RUM, 9.7.2013, NJOZ **2014** 1715 m. Anm. *Lörcher* AuR **2014** 31, §§ 136 ff., 140 ff., 159 ff.

Esser

sondern um sekundäre Aspekte des gewerkschaftlichen Handelns geht, wozu insbesondere Solidaritätsstreiks zählen.[161]

6. Parteiverbot und Verbot sonstiger Vereinigungen

a) Parteiverbot. Politische Parteien und andere Vereinigungen, in deren Vereini- **47**
gungsfreiheit durch Verbot bzw. zwangsweise Auflösung eingegriffen wird, werden, soweit
sie allgemein parteifähig sind, im Falle einer Menschenrechtsbeschwerde vom EGMR als
fortbestehend und damit parteifähig behandelt, denn andernfalls hätte es der Staat in der
Hand, durch ein Verbot der missliebigen Partei oder Vereinigung dieser den Rechtsschutz
abzuschneiden und zu verhindern, dass sie sich beim EGMR beschwert.[162] Dies gilt auch
dann, wenn eine Partei sich selbst auflöst, um den unliebsamen Folgen einer vom Verfassungsgericht verfügten Auflösung zu entgehen, die Selbstauflösung also nicht freiwillig
war.[163]

Wie bei anderen Eingriffen in den Schutzbereich des Art. 11 richtet sich auch die **48**
Rechtfertigung eines Verbots einer politischen Partei nach Art. 11 Abs. 2. Anders als in
Art. 21 GG sind die politischen Parteien in der EMRK nicht besonders erwähnt, sie sind
aber Vereinigungen i.S.d. Art. 11[164] und der EGMR erkennt ihnen darüber hinaus eine
besondere Rolle für die Demokratie zu.[165] Die Bindung an die Grundwerte einer demokratischen Staatsordnung[166] als Eingriffsschranke hat im Falle eines Parteiverbots demnach
besonderes Gewicht, da die Demokratie strukturell die Konkurrenz der Meinungen und
der sie vertretenden politischen Parteien erfordert.[167] Es bedarf daher eines gewichtigen
Rechtfertigungsgrundes, wenn der Staat eine politische Partei verbietet,[168] sei es auch nur
kurzzeitig bzw. vorübergehend,[169] bzw. die Registrierung einer Partei verweigert.[170]

---

161 EGMR National Union of Rail, Maritime and Transport Workers/UK, 8.4.2014, § 87; Baris u.a./TRK,
14.12.2021, §§ 54 ff. (Schutzbereich des Art. 11 nur bei gewerkschaftlich organisierten Streiks eröffnet).
162 Vgl. EGMR (GK) United Communist Party of Turkey u.a./TRK, 30.1.1998, § 33; allgemein zur Parteifähigkeit siehe Teil II Rn. 137 ff.
163 EGMR (GK) Freedom and Democracy Party (ÖZDEP)/TRK, 8.12.1999, § 26.
164 EGMR (GK) United Communist Party of Turkey u.a./TRK, 30.1.1998, §§ 24 f.; (GK) Socialist Party u.a./
TRK, 25.5.1998, § 29; Dicle pour le Parti de la démocratie (DEP)/TRK, 10.12.2002, § 30.
165 EGMR (GK) Socialist Party u.a./TRK, 25.5.1998, § 29 („political parties are a form of association essential
to the proper functioning of democracy"); davor bereits (GK) United Communist Party of Turkey u.a./TRK,
30.1.1998, § 25; (GK) Refah Partisi (the Welfare Party) u.a./TRK, 13.2.2003, §§ 87 ff.; Partidul Comunistilor (Nepeceristi) u. Ungureanu/RUM, 3.2.2005, § 43; Parti nationaliste basque – Organisation régionale d'Iparralde/
F, 7.6.2007, § 46; Herri Batasuna u. Batasuna/E, 30.6.2009, §§ 74, 77; Republican Party of Russia/R, 12.4.2011
m. Bespr. *Safoklov* OER **2011** 232, § 78; Redfearn/UK, 6.11.2012, § 55; Ignatencu and the Romanian Communist
Party/RUM, 5.5.2020, § 76.
166 Zur Herleitung der Demokratie als Grundlage des von der EMRK und den Zusatzprotokollen geforderten Modells aus der Präambel und aus den Art. 6, 8, 9, 10 und 11 und Art. 3 des 1. ZP-EMRK vgl. EGMR (GK)
United Communist Party of Turkey u.a./TRK, 30.1.1998, § 45.
167 Vgl. EGMR (GK) United Communist Party of Turkey u.a./TRK, 30.1.1998, § 44.
168 EGMR (GK) United Communist Party of Turkey u.a./TRK, 30.1.1998; (GK) Socialist Party u.a./TRK,
25.5.1998; (GK) Freedom and Democracy Party (ÖZDEP)/TRK, 8.12.1999; (GK) Refah Partisi (the Welfare Party)
u.a./TRK, 13.2.2003; *Grabenwarter/Pabel* § 23, 98 m.w.N.; *Grabenwarter* VVDStL **60** (2000) 290, 310; Meyer-
Ladewig/Nettesheim/von Raumer/*Daiber* 48; ferner *Pabel* ZaöRV **63** (2003) 921, 924.
169 Vgl. etwa EGMR Christian Democratic People's Party/MOL, 14.2.2006 (vorübergehendes Verbot einer
Partei aufgrund nicht genehmigter Zusammenkünfte).
170 Etwa EGMR Partidul Comunistilor (Nepeceristi) u. Ungureanu/RUM, 3.2.2005; Linkov/CS, 7.12.2006; The
United Macedonian Organisation Ilinden – PIRIN u.a./BUL (Nr. 2), 18.10.2011, § 76.

　　　　　　　　　　　　　　　　　　　　　　　　　　　　　　　　Esser

49   Zur Frage, ob Art. 6 in Parteiverbotsverfahren wie auch in Verfahren zum Verbot sonstiger politischer Vereinigungen anwendbar ist, vgl. Art. 6 Rn. 60.

50   Die Ausnahmen, die ein Parteiverbot rechtfertigen,[171] sind wegen der Bedeutung, die den Parteien für den freien demokratischen Meinungsbildungsprozess nach Art. 10 zukommt, eng auszulegen. Der EGMR räumt den Staaten hier nur einen **engen Beurteilungsspielraum** ein;[172] die getroffenen staatlichen Entscheidungen prüft er in jeder Hinsicht (Rechtsgrundlage, Eingriffsgrund, Sachverhaltsbeurteilung[173] usw.) vollumfänglich nach.[174] So ist die Auflösung einer Partei, deren Programm grundsätzlich mit dem Demokratieverständnis der EMRK vereinbar ist, allein aufgrund der Befürchtung, dass das eigentliche Ziel der Partei sei, die territoriale Integrität oder Einheit des Staates zu unterminieren, ebenso wenig zu rechtfertigen[175] wie die Nichtregistrierung einer Partei in einer vergleichbaren Situation;[176] zu den Einzelheiten des Parteiverbots vgl. die nachfolgenden Rn. 51 ff. Zu trennen von dieser Frage ist die Situation, dass ein Verein ausschließlich deshalb nicht eingetragen wird, weil ein Artikel der Satzung besagt, dass es sich bei dem Verein um eine Organisation einer – nicht anerkannten – „nationalen Minderheit" handele, und aus diesem Minderheitsstatus spezielle Vorrechte aus dem Wahlgesetz, wie z.B. das Recht bei Wahlen zu kandidieren, folgen würden.[177] Auch Maßnahmen, die für eine Partei gravierende Folgen haben können und im Ergebnis die Möglichkeiten der politischen Betätigung

---

[171] EGMR Herri Batasuna u. Batasuna/E, 30.6.2009, § 82; (GK) Refah Partisi (the Welfare Party) u.a./TRK, 13.2.2003, § 103, rechtfertigen dies mit der Schutzpflicht zur Sicherung der demokratischen Gesellschaft aus Art. 1.

[172] EGMR (GK) Freedom and Democracy Party (ÖZDEP)/TRK, 8.12.1999, § 44; (GK) United Communist Party of Turkey u.a./TRK, 30.1.1998, § 46; vgl. auch EGMR Yordanovi/BUL, 3.9.2020, § 72 unter Auflistung einzelner Kriterien zur Rolle politischer Parteien in demokratischen Gesellschaften, die insoweit zu berücksichtigen sind.

[173] Der Gerichtshof prüft nach, ob das Parteiverbot auf einer vertretbaren Auslegung des Sachverhalts („an acceptable assessment of the relevant facts"/„une appréciation acceptable des faits pertinents") beruht: EGMR Eusko Abertzale Ekintza – Acción Nacionalista Vasca (EAE-ANV)/E (Nr. 2), 15.1.2013, § 68; Herri Batasuna u. Batasuna/E, 30.6.2009, § 75; Dicle pour le Parti de la démocratie (DEP)/TRK, 10.12.2002, §§ 48, 57; (GK) Freedom and Democracy Party (ÖZDEP)/TRK, 8.12.1999, § 39; (GK) Socialist Party u.a./TRK, 25.5.1998, § 44; (GK) United Communist Party of Turkey u.a./TRK, 30.1.1998, § 47. Der EGMR beschränkt sich bei der Nachprüfung auf den Sachverhalt, wie er der Verbotsentscheidung zugrunde lag. So wies der Gerichtshof in Dicle pour le Parti de la démocratie (DEP)/TRK, 10.12.2002, § 50, das Vorbringen der Regierung zurück, mehrere Abgeordnete der Partei seien nach dem Verbot strafrechtlich verurteilt worden. Dass das Strafverfahren nicht fair i.S.d. Art. 6 war, war ein zusätzliches Argument.

[174] EGMR Herri Batasuna u. Batasuna/E, 30.6.2009, § 75; Partidul Comunistilor (Nepeceristi) u. Ungureanu/RUM, 3.2.2005, § 49; (GK) United Communist Party of Turkey u.a./TRK, 30.1.1998, § 47. Ferner zu den Entscheidungen der EKMR *Frowein/Peukert* 9, 13 und zu den Unterschieden der Verbotskriterien beim BVerfG und EGMR vgl. *Kumpf* DVBl. **2012** 1344 und *Koch* DVBl. **2002** 1388.

[175] Vgl. EGMR Democracy and Change Party u.a./TRK, 26.4.2005: Ziel der zu Unrecht aufgelösten Partei war u.a., die Entwicklung der kurdischen Sprache voranzutreiben; siehe zu der Problematik auch EGMR Emek Partisi u. Senol/TRK, 31.5.2005. Auch tatsächlicher und nicht nur befürchteter Separatismus ist für sich genommen noch kein Grund, der ein Parteiverbot rechtfertigt, vgl. Rn. 55 a.E.

[176] Vgl. EGMR Partidul Comunistilor (Nepeceristi) u. Ungureanu/RUM, 3.2.2005 (Partei wies kommunistische Züge auf).

[177] Vgl. EGMR (GK) Gorzelik u.a./PL, 17.2.2004 („Organisation der schlesischen nationalen Minderheit"): In einer solchen Vorgehensweise ist auch keine „per se"-Einschränkung des Art. 11 zu sehen, da nur der entsprechende Artikel der Vereinssatzung zu streichen gewesen wäre; siehe ferner zur gerechtfertigten Nichtzulassung eines Vereins als Partei, da dessen Grundsätze insbesondere auf die ethnische Zugehörigkeit abstellten: EGMR Artyomov/R (E), 7.12.2006.

beschränken, sind von der besonderen Konstellation des Parteiverbots zu unterscheiden.[178]

Das Parteiverbot muss gemäß Art. 11 Abs. 2 gesetzlich vorgesehen sein, insoweit gelten **51** keine Besonderheiten (Rn. 38). Im deutschen Recht ist Art. 21 Abs. 2 GG die gesetzliche Eingriffsnorm, zusätzlich lassen sich noch §§ 13 Nr. 2, 43 ff. BVerfGG anführen; zum Verbot von Ersatzorganisationen siehe § 46 Abs. 3 Satz 1 BVerfGG und § 33 PartG. Der in Art. 21 Abs. 2 GG aufgeführte Schutz der freiheitlich demokratischen Grundordnung ist – mindestens im Lichte der Rechtsprechung des BVerfG aus den 1950er Jahren[179] – hinreichend klar, so dass Parteien vorhersehen können, ob sie Gefahr laufen, verboten zu werden.

Damit ein Parteiverbot „notwendig" gem. Art. 11 Abs. 2 ist; muss es zunächst einen dort **52** genannten legitimen Zweck verfolgen (vgl. Rn. 36). In Betracht kommen wird hier häufig die nationale Sicherheit[180] wie auch die öffentliche Sicherheit, Aufrechterhaltung der Ordnung und der Schutz der Rechte anderer.[181]

Darüber hinaus ist ein Parteiverbot in einer demokratischen Gesellschaft notwendig, **53** wenn der Partei zuzurechnende **Handlungen** und/oder **Verlautbarungen** ergeben, dass die Partei ein Gesellschaftsmodell („model of society"/„modèle de société") anstrebt, das **mit den Prinzipien einer demokratischen Gesellschaft unvereinbar** ist und die Partei eine **Gefahr für das demokratische Regierungssystem** darstellt.[182]

Dies setzt demnach zunächst voraus, dass die Partei grundlegende staatliche und ge- **54** sellschaftliche Veränderungen anstrebt, die unvereinbar mit dem Demokratieverständnis der EMRK sind. Die Konvention wird grundsätzlich von der Koexistenz und Konkurrenz pluralistischer Auffassungen, von der **Meinungs- und Religionsfreiheit** und einer diese ermöglichende **staatlichen Neutralität** geprägt, die die Ausübung dieser für ein demokratisches Staatswesen unerlässlichen Freiheiten ermöglicht und schützt. Bestrebungen zur Abschaffung eines demokratisch strukturierten Staatswesens können deshalb nicht durch

---

178 So zum Beispiel das gesetzliche Verbot der Finanzierung einer inländischen durch eine ausländische Partei: EGMR Parti nationaliste basque – Organisation régionale d'Iparralde/F, 7.6.2007.

179 BVerfGE 2 1 = NJW **1952** 1407 (Verbot der SRP); BVerfGE **5** 85 = NJW **1956** 1393 (Verbot der KPD).

180 EGMR (GK) United Communist Party of Turkey u.a./TRK, 30.1.1998, §§ 40 f.; (GK) Socialist Party u.a./ TRK, 25.5.1998, § 36.

181 EGMR Herri Batasuna u. Batasuna/E, 30.6.2009, § 64, Eusko Abertzale Ekintza – Acción Nacionalista Vasca (EAE-ANV)/E (Nr. 2), 15.1.2013, § 54; diese Häufung von legitimen Zwecken beruht darauf, dass in diesen Fällen die Förderung terroristischer Aktivitäten unterbunden werden sollte.

182 Vgl. EGMR Herri Batasuna u. Batasuna/E, 30.6.2009, § 83. In diesem Urteil und auch sonst gliedert der EGMR sein Vorgehen anders: Er benennt erst die Gefahr für die Demokratie und stellt dann darauf ab, dass die der Partei zuzurechnenden Handlungen und/oder Verlautbarungen ein konventionswidriges bzw. demokratiefeindliches Gesellschaftsmodell zu Tage treten lassen (dieser Darstellungsweise meist folgend die Literatur, vgl. z.B. *Kumpf* 1345 ff.). Bei dieser Reihenfolge sieht es so aus, als würde die „(immanente) Gefahr für die Demokratie" ohne Grundlage festgestellt, da ja erst hinterher auf das Gesellschaftsmodell sowie auf das Parteiprogramm und die Verlautbarungen und Handlungen der Partei abgestellt wird. Dies geschieht bei der Prüfung des EGMR so natürlich nicht, dennoch ist es sachgerechter, so wie hier die Reihenfolge umzudrehen und damit erst darauf einzugehen, ob die Partei ein bedenkliches Programm hat bzw. sich bedenklich äußert usw., ob ggf. das dabei skizzierte oder zu skizzierende Gesellschaftsmodell demokratischen Vorstellungen widerspricht und ob schließlich dadurch die Demokratie gefährdet ist. – Ob das Gesellschaftsmodell der Partei und ihr Programm bzw. ihre Handlungen/Verlautbarungen zwei separate Prüfungspunkte bilden (so EGMR [GK] Refah Partisi (the Welfare Party) u.a./TRK, 13.2.2003, § 104) oder aber zu einem Punkt zusammengefasst werden (so EGMR Herri Batasuna u. Batasuna/E, 30.6.2009, § 83), ist dagegen kaum von Bedeutung, da jedoch Parteiprogramm und Handlungen/Verlautbarungen einerseits und das von der Partei vertretene bzw. angestrebte Gesellschaftsmodell andererseits interagieren, verdient die Zusammenfassung zu einem Punkt den Vorzug.

eine formale Berufung auf die Rechte aus Art. 10 und 11[183] gerechtfertigt werden. Hier kann auch das **Missbrauchsverbot des Art. 17** angeführt werden.[184]

55 Eine Partei, die zu Gewalt anstachelt oder grundlegende demokratische Prinzipien missachtet oder auf deren Zerstörung oder auf die Missachtung der von diesen gewährleisteten Rechten und Freiheiten abzielt, wird durch Art. 11 nicht vor einem Verbot geschützt.[185] Das System der Konvention erfordert einen Ausgleich zwischen den Notwendigkeiten der Verteidigung einer pluralistischen demokratischen Gesellschaft und der Wahrung individueller Rechte auch in Bezug auf staatliche Reformen.[186] Damit ist vereinbar, dass von einer Partei Änderungen der staatlichen Ordnung angestrebt werden, sofern dies mit demokratischen Mitteln erreicht werden soll. Auch bestehende staatliche Strukturen dürfen dabei in Frage gestellt werden, nicht aber die demokratische Grundstruktur des Staates.[187] Ein Verbot kann nicht allein darauf gestützt werden, die Partei verfolge die gleichen Ziele wie eine andere Gruppierung, die ihrerseits mit diesen Zielen die Anwendung von Gewalt bzw. terroristische Akte rechtfertige; andernfalls hätten, wie der EGMR zutreffend ausführt, bewaffnete Gruppen ein Monopol, für die in Rede stehenden Ziele einzutreten.[188] Der EGMR sieht auch Separatismus ausdrücklich als zulässig an, wenn die Sezession konventionskonform, also gewaltfrei und mit demokratischen Mitteln angestrebt wird.[189]

---

183 Beide gehören zusammen, da die Vereinigungsfreiheit (Art. 11) die Ausübung der Meinungsfreiheit (Art. 10) einer in organisierter Form zusammengefassten größeren Zahl von Personen gewährleistet; die Mehrheit solcher Zusammenschlüsse fördert auch den für die demokratische Willensbildung unverzichtbaren Pluralismus der Meinungen; vgl. z.B. EGMR (GK) United Communist Party of Turkey u.a./TRK, 30.1.1998, §§ 42 f.; (GK) Socialist Party u.a./TRK, 25.5.1998, § 41; Dicle pour le Parti de la démocratie (DEP)/TRK, 10.12.2002, § 43; Yazar u.a./TRK, 9.4.2002, § 46; Partidul Comunistilor (Nepeceristi) u. Ungureanu/RUM, 3.2.2005, §§ 44 f.; Parti nationaliste basque – Organisation régionale d'Iparralde/F, 7.6.2007, § 46; Herri Batasuna u. Batasuna/ E, 30.6.2009, §§ 74, 76.

184 EGMR Hizb Ut-Tahrir u.a./D (E), 12.6.2012, EuGRZ **2013** 114, §§ 73 f. (betraf keine politische Partei, sondern eine sonstige Vereinigung, die zur gewaltsamen Zerstörung Israels aufrief und folglich Art. 11 zu Zwecken nutzen wollte, die Konventionswerten – friedliche Lösung internationaler Konflikte, Unverletzlichkeit menschlichen Lebens – klar entgegenstehen). Art. 17 kommt aber nicht schon mit der Begründung zum Tragen, „Feinden der Freiheit" stünden Konventionsrechte per se nicht zu. In diese Richtung ging jedoch die Argumentation der EKMR im Jahre 1957, als sie unter Berufung auf Art. 17 eine Beschwerde der KPD gegen ihre vom BVerfG ausgesprochene Auflösung als unzulässig ablehnte (EKMR KPD/D, 20.7.1957, 250/57, vgl. *Golsong* NJW **1957** 1349, *Wolter* EuGRZ **2016** 92, 93), was schon damals fragwürdig war (krit. Partsch 315; *Frowein/Peukert* Art. 17, 3) und mittlerweile nicht mehr der Auslegung von Art. 17 entspricht; näher Art. 17 Rn. 8.

185 EGMR Herri Batasuna u. Batasuna/E, 30.6.2009, § 79; Linkov/CS, 7.12.2006, § 36; (GK) Refah Partisi (the Welfare Party) u.a./TRK, 13.2.2003, § 98; Yazar u.a./TRK, 9.4.2002, § 49; dazu *Pabel* ZaöRV **63** (2003) 921, 926 (Aufhebung der Trennung von Kirche und Staat, Einführung der Scharia, Diskriminierung durch unterschiedliche Rechtssysteme).

186 EGMR (GK) Refah Partisi (the Welfare Party) u.a./TRK, 13.2.2003; vgl. *Grabenwarter/Pabel* § 23, 103 f.; *Grabenwarter* VVDStL **60** (1990) 290, 310 m.w.N.

187 EGMR Partidul Comunistilor (Nepeceristi) u. Ungureanu/RUM, 3.2.2005, § 46; *Grabenwarter/Pabel* § 23, 104.

188 EGMR Demokratik Kitle Partise u. Elci/TRK, 3.5.2007, § 32; ähnlich EGMR Dicle pour le Parti de la démocratie (DEP)/TRK, 10.12.2002, § 54.

189 EGMR Republican Party of Russia/R, 12.4.2011, § 123; hierzu auch EGMR (GK) Socialist Party u.a./TRK, 25.5.1998, § 47, wo sich der Gerichtshof zur Zulässigkeit separatistischer Forderungen nicht äußerte und stattdessen den entsprechenden Vorwurf der Regierung für unzutreffend befand, da die verbotene Partei vielmehr für föderale (dezentrale) Strukturen eingetreten sei.

Dieses angestrebte undemokratische Gesellschaftsmodell ergibt sich aus dem Pro- **56** gramm der Partei und aus den Verlautbarungen und Handlungen ihrer Funktionäre und Mitglieder und den eingenommenen Positionen.[190] Wenn keine besonderen Gründe dagegen sprechen, wird der Partei ihr Programm zugerechnet,[191] das aber wegen der genannten Berücksichtigung der der Partei zuzurechnenden Verlautbarungen und Handlungen nicht alleine zugrunde zu legen ist.[192] Die Partei muss sich an ihren Handlungen und Positionen messen lassen, da es sein kann, dass das Programm die wahren Ziele und Absichten verbirgt.[193] Der Name allein (z.B. „kommunistisch") reicht als Beleg für die Demokratiefeindlichkeit nicht aus.[194] Die wahre Haltung der Partei kann sich auch aus ihren Verbindungen zu anderen Parteien ergeben, die undemokratische Ziele verfolgen bzw. Gewalt anwenden, evtl. bereits verboten wurden.[195]

Das angestrebte undemokratische Gesellschaftsmodell ist eine Gefahr für das beste- **57** hende demokratische Regierungssystem. Langes Zuwarten, um sicherzugehen, dass eine solche Gefahr besteht, ist hierbei nicht erforderlich. Insbesondere braucht nach der Rechtsprechung mit dem Verbot nicht gewartet zu werden, bis die Partei an der Macht ist und mit konkreten Schritten zur Abschaffung der Demokratie begonnen hat, erforderlich ist nur, dass die Gefahr für die Demokratie genügend deutlich und immanent ist.[196] Nicht völlig klar ist hierbei, was der EGMR unter „immanent" versteht. Hat die Partei die reale Chance zur Machtergreifung, ist diese Voraussetzung natürlich erfüllt;[197] aufgrund der geringen Zahl von bisher entschiedenen Fällen ist es schwer vorauszusagen, ob der EGMR auch das Verbot von demokratiefeindlichen Parteien, die nach derzeitigem Ermessen deutlich von der Machtübernahme entfernt sind, für konventionskonform halten wird. In einem Fall, in dem Verlautbarungen eines ehemaligen Vorsitzenden im Ausland und in einer anderen Sprache getätigt wurden, bejahte der EGMR das dringende gesellschaftliche Bedürfnis;[198] dass allerdings die geschilderten Umstände eine tatsächliche Gefahr für wenig wahrscheinlich erscheinen ließen, behandelte der EGMR dann unter dem Prüfungspunkt der Verhältnismäßigkeit.

---

190 EGMR (GK) Refah Partisi (the Welfare Party) u.a./TRK, 13.2.2003, § 101; Herri Batasuna u. Batasuna/E, 30.6.2009, § 80 („content of the programme must be compared with the actions of the party's leaders and members and the positions they defend"); *Pabel* ZaöRV **63** (2003) 921. Daneben kann auch ein Unterlassen bzw. Schweigen herangezogen werden (EGMR Eusko Abertzale Ekintza – Acción Nacionalista Vasca (EAE-ANV)/E (Nr. 2), 15.1.2013, § 76: keine Verurteilung terroristischer Anschläge), was jedoch allein natürlich nicht ausreicht (so die vom EGMR mit Wohlwollen referierte spanische Rechtsprechung).
191 EGMR (GK) United Communist Party of Turkey u.a./TRK, 30.1.1998, § 51.
192 EGMR (GK) Refah Partisi (the Welfare Party) u.a./TRK, 13.2.2003, § 101.
193 EGMR (GK) Refah Partisi (the Welfare Party) u.a./TRK, 13.2.2003, § 101; (GK) United Communist Party of Turkey u.a./TRK, 30.1.1998, § 58; (GK) Socialist Party u.a./TRK, 25.5.1998, § 48; Dicle pour le Parti de la démocratie (DEP)/TRK, 10.12.2002, § 47; Partidul Comunistilor (Nepeceristi) u. Ungureanu/RUM, 3.2.2005, § 56. Wenn die Partei schon bei ihrer Gründung zwangsweise aufgelöst wird, so wird es dem belangten Staat regelmäßig nicht möglich sein, auf Handlungen zu verweisen, die, anders als das demokratischen Grundsätzen entsprechende Programm, ein Verbot rechtfertigen könnten, siehe EGMR Parti socialiste de Turquie (STP) u.a./TRK, 12.11.2003, § 48.
194 EGMR (GK) United Communist Party of Turkey u.a./TRK, 30.1.1998, § 54.
195 EGMR Eusko Abertzale Ekintza – Acción Nacionalista Vasca (EAE-ANV)/E (Nr. 2), 15.1.2013, §§ 70 ff., 78 f.
196 EGMR (GK) Refah Partisi (the Welfare Party) u.a./TRK, 13.2.2003, § 102; Herri Batasuna u. Batasuna/E, 30.6.2009, § 81 („the danger of that policy for democracy is sufficiently established and imminent"). Der Gerichtshof betont hier nochmal, dass er genau nachprüfe, ob die nationalen Behörden gründlich untersucht haben, ob eine solche Gefahr vorliegt („the presence of such a danger has been established by the national courts, after detailed scrutiny subjected to rigorous European supervision").
197 EGMR (GK) Refah Partisi (the Welfare Party) u.a./TRK, 13.2.2003, § 108.
198 EGMR Dicle pour le Parti de la démocratie (DEP)/TRK, 10.12.2002, §§ 61 ff.

58   Anders als die EMRK macht das deutsche Recht (Art. 21 Abs. 2 GG) eine (bereits bestehende) reale Gefahr für das demokratische System nicht zur Voraussetzung für die Feststellung der Verfassungswidrigkeit einer politischen Partei.[199] Jedoch lässt die genannte
EGMR-Rechtsprechung, es brauche nicht eine Machtergreifung der betreffenden Partei
abgewartet zu werden, zumindest die Vermutung zu, dass gut begründete Parteiverbote
nicht an diesem Punkt scheitern werden.[200] Außerdem hat der EGMR, obwohl er das
Parteiverbot einer strengen europäischen Kontrolle unterwirft,[201] eingestanden, dass die
nationalen Gerichte und Behörden besser in der Lage sind, den richtigen Zeitpunkt für
ein Parteiverbot zu beurteilen.[202] Der EGMR ist darüber hinaus bereit, Besonderheiten des
betroffenen Staates zu berücksichtigen, konkret das besondere Interesse der Türkei an
einer säkularen Ordnung, die durch eine religiöse Partei in Frage gestellt werden könnte,
noch dazu wo das Land bereits ein theokratisches Regime kannte.[203] Für viele Staaten
und ganz besonders für Deutschland lassen sich solche Überlegungen hinsichtlich der
Bekämpfung des Rechtsextremismus heranziehen.

59   Das Parteiverbot ist nur gerechtfertigt, wenn es verhältnismäßig ist. In älteren Urteilen wurde hierbei nicht deutlich, ob und inwieweit das dringende gesellschaftliche Bedürfnis und die Verhältnismäßigkeit des Verbots zwei verschiedene Prüfungspunkte bildeten
und welche Rolle das Erfordernis eines dringenden gesellschaftlichen Bedürfnisses überhaupt spielte; die fehlende Notwendigkeit des Verbots wurde aus der Unverhältnismäßigkeit des Verbots gefolgert, ohne dass klargemacht wurde, ob das Verbot ein dringendes

---

199 BVerfGE **144** 20, 223 f. = NJW **2017** 611, 624 (NPD-Verbotsverfahren): „konkrete Gefahr" nicht erforderlich; s.a. BVerfGE **5** 85, 143 = NJW **1956** 1393, 1397, zum Verbot der KPD („Eine Partei kann (...) auch dann
verfassungswidrig i.S. des Art. 21 Abs. 2 GG sein, wenn nach menschlichem Ermessen keine Aussicht darauf
besteht, daß sie ihre verfassungswidrige Absicht in absehbarer Zukunft werde verwirklichen können");
siehe jedoch auch BVerfGE **2** 1, 78 f., wonach für den *Vollzug* des Parteiverbots durch die Behörden „rechtsstaatliche Regeln, wie z.B. die von der Angemessenheit des Mittels zur polizeilichen Durchsetzung angeordneter Maßnahmen" gelten. Krit. *Maurer* AöR **96** (1971) 203, 229, demzufolge staatliche Eingriffe nur zulässig
seien, wenn sie notwendig sind; zur Verhältnismäßigkeit siehe auch *Alter* AöR **140** (2015) 571, 591 f. Siehe
auch *Morlok* Jura **2013** 317, 324, der damit rechnet, dass das BVerfG die Rechtsprechung des EGMR berücksichtigen wird, statt einfach die in den 1950er Jahren aufgestellten Grundsätze anzuwenden; in dieser Richtung auch *Shirvani* JZ **2014** 1074, 1079 ff.
200 In diese Richtung auch *Kumpf* 1345 f.
201 EGMR (GK) United Communist Party of Turkey u.a./TRK, 30.1.1998, § 46; (GK) Refah Partisi (the Welfare
Party) u.a./TRK, 13.2.2003, § 102; Parti socialiste de Turquie (STP) u.a./TRK, 12.11.2003, § 44; Herri Batasuna u.
Batasuna/E, 30.6.2009, § 81; Republican Party of Russia/R, 12.4.2011, § 76.
202 EGMR (GK) Refah Partisi (the Welfare Party) u.a./TRK, 13.2.2003, § 100 („the national authorities (...)
are better placed than an international court to decide, for example, the appropriate timing for interference"). Zwar muss, damit sich die Frage nach einem richtigen Zeitpunkt bzw. Timing überhaupt stellt, die
erforderliche Gefahr vorliegen (§ 102), dass aber der EGMR hier den Staaten einen gewissen Einschätzungsspielraum gibt, kann durchaus den Schluss zulassen, dass die Anforderungen an den Begriff der Gefahr
nicht zu überspannen sind.
203 EGMR (GK) Refah Partisi (the Welfare Party) u.a./TRK, 13.2.2003, § 105 („the historical context in which
the dissolution of the party concerned took place and the general interest in preserving the principle of
secularism"), und § 125 („there was already an Islamic theocratic regime under Ottoman law. When the
former theocratic regime was dismantled and the republican regime was being set up, Turkey opted for a
form of secularism which confined Islam and other religions to the sphere of private religious practice.
Mindful of the importance for survival of the democratic regime of ensuring respect for the principle of
secularism in Turkey, the Court considers that the Constitutional Court was justified in holding that Refah's
policy of establishing sharia was incompatible with democracy").

gesellschaftliches Bedürfnis überhaupt erforderte, so dass die Rolle dieses Erfordernisses insgesamt unklar blieb.[204]

Neuere Urteile trennen zwischen den genannten Punkten: Ein Parteiverbot, das einem **60** dringenden gesellschaftlichen Bedürfnis entspricht, muss zu seiner Rechtfertigung zusätzlich noch verhältnismäßig sein.[205] Rechtsprechung hierzu ist naturgemäß spärlich, da ja nur Parteiverbote, die nicht schon nach obigen Ausführungen mangels dringenden gesellschaftlichen Bedürfnisses konventionswidrig sind, diesem Prüfungspunkt unterzogen werden. Der Begründungsaufwand, den der EGMR an dieser Stelle noch betreibt, ist überschaubar.[206] Ein Argument für die Verhältnismäßigkeit eines Parteiverbots war in einem Fall der Umstand, dass nur wenige Parlamentarier durch das Verbot ihrer Partei den Parlamentssitz verloren (fünf von 157).[207] In einem anderen Fall wurde es für unverhältnismäßig erklärt, dass die Auflösung einer Partei auf einer Rede beruhte, die ein ehemaliger Vorsitzender im Ausland in einer anderen Sprache als der Sprache des Staates, in dem die Auflösung verfügt wurde, und vor einem nicht direkt vom Thema der Rede betroffenen Publikum gehalten hat.[208] Diese Erwägungen würden jedoch genauso gut, wenn nicht besser zu anderen Prüfungspunkten passen, so stellt der EGMR – bei der Verhältnismäßigkeitsprüfung – fest, angesichts dieser genannten Umstände habe die fragliche Rede nur eine sehr begrenzte Auswirkung auf die nationale Sicherheit, öffentliche Ordnung und territoriale Integrität der Türkei gehabt.[209] Ob es sachgerecht war, dass der EGMR in diesem Fall überhaupt von dem Vorliegen eines „dringenden gesellschaftlichen Bedürfnisses" für das Parteiverbot ausging, darf bezweifelt werden.

Im **NPD-Verbotsverfahren** hat das BVerfG[210] die für Art. 21 Abs. 2 GG maßgeblichen **61** Grundsätze näher konturiert und dabei insbesondere betont, dass für die Annahme ungeschriebener Tatbestandsmerkmale kein Raum sei.[211] Bei Art. 21 Abs. 2 GG handele es sich um eine abschließende Regelung, so dass im Parteiverbotsverfahren keine gesonderte Ver-

---

204 Vgl. EGMR (GK) United Communist Party of Turkey u.a./TRK, 30.1.1998, §§ 47, 61; (GK) Socialist Party u.a./TRK, 25.5.1998, §§ 49, 54; (GK) Freedom and Democracy Party (ÖZDEP)/TRK, 8.12.1999, §§ 43, 48; Linkov/CS, 7.12.2006, §§ 38 f., 45. Diese frühere Vermengung der Begriffe praktizieren u.a. auch *Emek/Meier* RuP **2013** 74, 76, die sich dabei zu Unrecht auch auf das erst 2009 ergangene Urteil in der Rs. Herri Batasuna u. Batasuna, 30.6.2009, berufen. Ebenfalls noch auf dieser älteren Linie war offenbar der damalige EGMR-Präsident *Spielmann*, als er in einem 2013 erschienenen Zeitungsinterview die Beachtung des Gebotes der Verhältnismäßigkeit einen entscheidenden Aspekt erklärte; seine Beschreibung dieses Prinzips war wenig hilfreich („...nach unserer Rechtsprechung ist das Prinzip der Verhältnismäßigkeit entscheidend, das übrigens im deutschen Recht ebenfalls gut entwickelt ist. Danach muss das angestrebte Ziel – also die Bekämpfung einer Gefahr, die von einer extremistischen Partei ausgeht – in einem angemessenen Verhältnis zu dem gravierenden Eingriff in deren politische Freiheitsrechte stehen.", SZ v. 2.1.2013).
205 EGMR Dicle pour le Parti de la démocratie (DEP)/TRK, 10.12.2002, § 63 ff.; (GK) Refah Partisi (the Welfare Party) u.a./TRK, 13.2.2003, §§ 133 f.; Herri Batasuna u. Batasuna/E, 30.6.2009, § 92; Eusko Abertzale Ekintza – Acción Nacionalista Vasca (EAE-ANV)/E, 15.1.2013 (Nr. 2), § 80. So bereits dieser Linie folgend *Shirvani* JZ **2014** 1074, 1077 (bei Fn. 49, 57 f.); *Schaefer* AöR **141** (2016) 594, 615, 619 ff.
206 EGMR (GK) Refah Partisi (the Welfare Party) u.a./TRK, 13.2.2003, §§ 133 f.; Herri Batasuna u. Batasuna/E, 30.6.2009, § 93; Eusko Abertzale Ekintza – Acción Nacionalista Vasca (EAE-ANV)/E (Nr. 2), 15.1.2013, § 81.
207 EGMR (GK) Refah Partisi (the Welfare Party) u.a./TRK, 13.2.2003, § 133.
208 EGMR Dicle pour le Parti de la démocratie (DEP)/TRK, 10.12.2002, § 64.
209 EGMR Dicle pour le Parti de la démocratie (DEP)/TRK, 10.12.2002, § 64.
210 BVerfGE **144** 20 = NJW **2017** 611; hierzu *Gusy* NJW **2017** 601 ff.; *Shirvani* DVBl. **2017** 477 ff.; *Känner* KritV **2019** 57 ff.
211 BVerfGE **144** 20, 227 ff. = NJW **2017** 611, 625 f.

hältnismäßigkeitsprüfung vorzunehmen sei.[212] Mit der Rechtsprechung des EGMR zu Art. 11 sei die Auslegung des Art. 21 Abs. 2 GG ohne Weiteres vereinbar.[213]

62   Zur Frage des Mandatsverlusts infolge eines Parteiverbots (§ 46 Abs. 1 Satz 1 Nr. 5 BWahlG) vgl. 1. ZP-EMRK Rn. 107.

63   **b) Verbot sonstiger Vereinigungen.** Bei allen anderen Vereinigungen ist bei Eingriffen des Staates in die Vereinigungsfreiheit zu berücksichtigen, dass Vereinigungen aller Art, gleich ob mit politischen, weltanschaulichen, religiösen, wirtschaftlichen oder kulturellen Zielsetzungen in einer demokratischen Gesellschaft vernünftigerweise notwendig sind, weil sie die kollektive Verwirklichung der Religions- und Meinungsfreiheit ermöglichen und damit einem wichtigen gesellschaftlichen Bedürfnis Rechnung tragen.[214] Den staatlichen Behörden wird deshalb für die Notwendigkeit von korrigierenden Eingriffen und für ein präventives Einschreiten auch gegen solche Vereinigungen nur ein **enger Beurteilungsspielraum** zuerkannt.[215] Die getroffenen Einschränkungen müssen stets **sachlich gerechtfertigt** sein[216] und nach Art und Intensität der Maßnahmen den Grundsatz der **Verhältnismäßigkeit** wahren[217] und insgesamt Ausnahmecharakter haben.[218] In der ihnen zuerkannten Rolle, dem daraus resultierenden Schutzniveau und der Tiefe, in der der EGMR die staatlichen Eingriffe kontrolliert, unterscheiden sich sonstige Vereinigungen damit kaum merkbar von politischen Parteien. Insofern ist ein Verein, dessen Satzung bzw. erklärte Ziele keine Gefahr für eine demokratische Gesellschaftsordnung darstellen, grundsätzlich in ein Vereinsregister einzutragen (zur eingeschränkten Gewerkschaftsfreiheit für Arbeitnehmer von Religionsgesellschaften siehe Rn. 45). Bloße Mutmaßungen einer rechtswidrigen Gesinnung genügen zur Verweigerung der Eintragung nicht;[219] darüber hinaus ist erforderlichenfalls auf das mildere Mittel der Auflösung eines Vereins nach Aufnahme der Aktivitäten zurückzugreifen,[220] an das ebenfalls hohe Anforderungen zu stellen sind; so müssen stets konkrete Beweise für die Gefahr der gesellschaftlichen Ordnung vorliegen.[221] Dabei ist allerdings auch zu berücksichti-

---

212 BVerfGE **144** 20, 230 ff. = NJW **2017** 611, 626 f.

213 BVerfGE **144** 20, 234 ff. = NJW **2017** 611, 627 ff.

214 EGMR Zhechev/BUL, 21.6.2007, § 35; (GK) Gorzelik/PL, 17.2.2004, § 92. Zur Relevanz der Unterscheidung zwischen kollektiver und individueller Vereinigungsfreiheit siehe BVerwGE **167** 293 = NVwZ-RR **2020** 738.

215 Siehe ÖVerfG 8.3.2016, E 1477/2015, ÖJZ **2016** 845 f. (Verein für Sterbehilfe, § 78 öStGB).

216 Zur Auflösung einer Vereinigung wegen Insolvenz oder anhaltender Inaktivität: EGMR Croatian Golf Federation/KRO, 17.12.2020, §§ 95 f. (anerkanntes legitimes Ziel).

217 Vgl. BVerfGE **149** 160 = NVwZ **2018** 1788 (auch bei Vorliegen eines Verbotstatbestandes nach Art. 9 Abs. 2 GG) m. Anm. *Sachs* JuS **2019** 409; BVerfG NVwZ **2020** 226, 227 (Vereinsverbot wegen mittelbarer Unterstützung der Hisbollah); NVwZ **2020** 1424, 1427 f. („Kennzeichenverbot"); *Grabenwarter/Pabel* § 23, 99 ff.

218 Vgl. EKMR ÖJZ **1993** 320 (Auflösung eines verkehrsbehindernden „sit in"); EGMR (GK) Refah Partisi (the Welfare Party) u.a./TRK, 13.2.2003); *Frowein/Peukert* 12.

219 EGMR Costel Popa/RUM, 26.4.2016, §§ 35 ff., insbes. § 41.

220 Vgl. EGMR Bekir-Ousta u.a./GR, 11.10.2007, § 45; Bozgan/RUM, 11.10.2007, § 26 (Nichteintragung eines Vereins aufgrund von Annahmen, die weder aus Satzung noch Verhalten der Mitglieder abzuleiten waren); The Argeş College of Legal Advisers/RUM, 8.3.2011, § 42; Costel Popa/RUM, 26.4.2016, § 43.

221 Vgl. EGMR Association of Citizens Radko u. Paunkovski/MAZ, 15.1.2009 (Wahl einer Person als Name des Vereins, dessen Ideologie der mazedonischen Bevölkerung ihren Status als nationale ethnische Minderheit absprach, diente nicht als ausreichender Beweis dazu, dass der Verein eine Politik verfolgen wollte, die eine Gefahr für Staat oder Gesellschaft darstellen könnte; Auflösung des Vereins insofern nicht mit Art. 11 vereinbar). Gerechtfertigt war ein Verbot hingegen in EGMR Hizb Ut-Tahrir u.a./D (E), 12.6.2012, §§ 73 f. (Vereinigung ruft zur gewaltsamen Zerstörung Israels auf und will demnach Art. 11 zu Zwecken nutzen, die Konventionswerten – friedliche Lösung internationaler Konflikte, Unverletzlichkeit menschlichen Lebens – klar entgegenstehen), und in EGMR Kalifatstaat/D (E), 11.12.2006, EuGRZ **2007** 543 (Zielsetzung des Vereins war – ohne Ausschluss von Gewaltanwendung – die Errichtung einer islamischen Weltregierung unter dem Recht der

gen, dass notwendigerweise ein gewisser Beurteilungsspielraum besteht, da der Erfolg von gegen die demokratische Ordnung gerichteten Aktivitäten nicht in einer Weise messbar ist, aus der sich eine Schwelle für ein staatliches Einschreiten konkret bestimmen ließe.[222] Mitunter kann jedoch schon eine einzelne Straftat für sich genommen einen hinreichend schweren Anlass für ein Vereinsverbot begründen.[223]

7. Besondere Einschränkungen bei Angehörigen der Streitkräfte, der Polizei und der Staatsverwaltung. Nach Art. 11 Abs. 2 Satz 2 können Angehörige der Streitkräfte, der Polizei und der Staatsverwaltung besonderen gesetzlichen Einschränkungen hinsichtlich der Ausübung der Vereinigungsfreiheit unterworfen werden (Art. 22 Abs. 2 Satz 2 IPBPR); Art. 11 Abs. 2 Satz 2 lässt dies auch hinsichtlich der Versammlungsfreiheit zu.[224] Diese Beschränkungen sind eng auszulegen und zudem auf die Ausübung der betroffenen Rechte beschränkt, d.h. etwaige Einschränkungen können den wesentlichen Kern des Rechts auf Organisation nicht beeinträchtigen.[225] Bei Art. 21 IPBPR fehlt die Klausel, die Zulässigkeit besonderer Beschränkungen kann hier jedoch aus den Zwecken des Art. 22 Abs. 2 IPBPR gerechtfertigt werden.[226] Die Ausnahmeregelung für die Staatsverwaltung gilt aber nur für solche Personen, die, ähnlich wie die Streitkräfte und die Polizei, für den Staat **hoheitliche Aufgaben** wahrnehmen.[227] So fallen jedenfalls Abgeordnete oder Gemeinderatsmitglieder nicht hierunter.[228] Ebenso wenig können Kommunalbeamte, die nicht in der Staatsverwaltung als solcher tätig sind, pauschal als Angehörige der Staatsverwaltung behandelt werden.[229] 64

Die Einschränkungen müssen „**rechtmäßig**" sein, d.h. sie müssen eine ausreichende Grundlage im nationalen Recht, in der Regel also in einem Gesetz, haben,[230] den Grundsatz der Verhältnismäßigkeit wahren[231] und durch schwerwiegende Interessen des Gemeinwohls gerechtfertigt sein. Ob außerdem auch ein die Einschränkungen rechtfertigender Grund i.S.v. Art. 11 Abs. 2 Satz 1 vorliegen muss, ist strittig.[232] Einzelne Stimmen in der Literatur wollen dies bejahen.[233] Eine Heranziehung der Voraussetzungen des Art. 11 Abs. 2 Satz 1 würde jedoch den sog. Beamtenvorbehalt des Art. 11 Abs. 2 Satz 2 de facto leerlaufen lassen. Da auch bei Beamten die Einschränkungen des Rechts aus Art. 11 verhältnismäßig 65

Sharia). Vgl. auch BVerwG NVwZ **2013** 870 (Verbot des Vereins „Hilfsorganisation für nationale politische Gefangene und deren Angehörige") mit Bezug auf Art. 11 (Tz. 61 ff.). Zum innerstaatlichen Recht des Vereinsverbots vgl. *Baudewin* NVwZ **2013** 1049; *Albrecht* VR **2013** 8.

222 Vgl. BVerwG NVwZ **2013** 870, 876 (Verbot des Vereins „Hilfsorganisation für nationale politische Gefangene und deren Angehörige" [HNG]).

223 BVerfG NVwZ **2020** 224, 226; BVerwGE **154** 22 = NVwZ-RR **2016** 418 (Ls.).

224 Zur Tragweite, die bis zum Verbot reichen kann, aber Art. 18 beachten muss, *Frowein/Peukert* 21; *Grabenwarter/Pabel* § 23, 86; *Villiger* 838; vgl. ferner den Vorbehalt zugunsten des innerstaatlichen Rechts bei Polizei und Streitkräften in Teil II Art. 5 der Europäischen Sozialcharta.

225 Vgl. EGMR (GK) Demir u. Baykara/TRK, 12.11.2008; Matelly/F, 2.10.2014, §§ 57 f.; Adefdromil/F, 2.10.2014, §§ 43 f.

226 *Nowak* Art. 21, 14.

227 Vgl. *Marauhn* RabelsZ **1999** 537, 548; EGMR Vogt/D, 26.9.1995, NJW **1996** 375 = EuGRZ **1995** 590 = ÖJZ **1996** 75, ließ offen, ob **Lehrer** unter diese Einschränkungsmöglichkeit fallen.

228 EGMR Zdanoka/LET, 17.6.2004.

229 Vgl. EGMR (GK) Demir u. Baykara/TRK, 12.11.2008.

230 Vgl. *Marauhn* RabelsZ **1999** 537, 549.

231 *Frowein/Peukert* 21; ferner EGMR Vogt/D, 26.9.1995: Entlassung einer Lehrerin wegen Zugehörigkeit zu der nicht verbotenen DKP verstieß gegen Art. 11.

232 EGMR (GK) Rekvényi/H, 20.5.1999, § 61, lässt dies offen.

233 Meyer-Ladewig/Nettesheim/von Raumer/*Daiber* 56, 59.

sein müssen, ist das Schutzniveau tatsächlich nicht geringer als bei Nichtbeamten.[234] Bei der Weite der eine Einschränkung rechtfertigenden Gesichtspunkte dürfte dies in der Regel kaum Probleme bereiten.

66   Nach deutschem Recht haben Beamte traditionell kein Streikrecht; die Rechtsprechung leitet dies aus **Art. 33 Abs. 5 GG** ab. Der Streit in Deutschland, ob (manchen) Beamten ein Streikrecht aus der EMRK (faktisch aufgrund der EGMR-Rechtsprechung seit 2009[235]) zustehe, geht im Wesentlichen dahin, ob die in Art. 11 Abs. 2 Satz 2 genannte „Staatsverwaltung" so zu verstehen sei, dass das Streikrecht nur für solche Beamte eingeschränkt werden könne, die tatsächlich hoheitliche Aufgaben für den Staat ausüben,[236] oder ob vielmehr aus dem Funktionsvorbehalt (Art. 33 Abs. 4 GG) abzuleiten sei, dass Beamte im Gegensatz zu Angestellten stets hoheitlich tätig seien und damit stets Art. 11 Abs. 2 Satz 2 auf sie zutreffe.[237] Entscheidet man diese Frage zugunsten eines konventionsrechtlichen Streikrechts für (manche) Beamte, wird vielfach vertreten, dass vorrangiges Verfassungsrecht (Art. 33 Abs. 5 GG) dennoch allen Beamten das Streikrecht verwehre;[238] sieht man dies so, so kommt in Betracht, die Wertungen des Art. 11 dadurch zu berücksichtigen, dass keine Disziplinarmaßnahmen gegen diejenigen verbotswidrig streikenden Beamten, denen das Streikrecht gem. Art. 11 zustehe, verhängt werden dürfen.[239] Ein eventueller Konflikt zwischen deutschem Streikverbot für Beamte und einem konventionsrechtlich möglicherweise bestehenden Streikrecht auch für manche (deut-

---

234 EGMR (GK) Demir u. Baykara/TRK, 12.11.2008; anders noch EKMR Council of Civil Service Unions/UK, 20.1.1987, DR 50, 228, die lediglich prüfte, ob die Einschränkung willkürlich war; *Frowein/Peukert* 21.
235 EGMR Enerji Yapi-Yol Sen/TRK, 21.4.2009. Zur Entwicklung der Rechtsprechung und zu thematisch verwandten, vorangegangenen Urteilen: *Lorse* ZBR **2015** 109, 110 f.; *Battis/Bahns* ZBR **2016** 325, 326.
236 So BVerwGE **149** 117 = NVwZ **2014** 736 m. Anm. *Schaks* = DVBl. **2014** 780 m. Anm. *Buchholtz* = NZA **2014** 616, Tz. 23, 35 ff., 49, 51; siehe Bespr. *Lorse* ZBR **2015** 109; krit. *Battis/Bahns* ZBR **2016** 325, 326. In diese Richtung wohl auch EGMR Junta Rectora Del Ertzainen Nazional Elkartasuna (ER.N.E.)/E, 21.4.2015, §§ 37 ff.: Der Gerichtshof würdigt, dass das Streikverbot nicht generell den öffentlichen Dienst, sondern nur bestimmte Sicherheitskräfte betrifft, und erklärt es für konventionskonform. Dabei wendet der EGMR offenbar nur Art. 11 Abs. 2 Satz 1, nicht jedoch dessen Satz 2 an (siehe § 37 des Urteils).
237 So z.B. Nokiel DÖD **2012** 152, 155 f.; in dieser Richtung auch *Fritz* ZG **2015** 372. Näher zur Problematik: *Strake/Strake* DöD **2021** 11 ff.
238 So insbes. BVerwGE **149** 117 = NVwZ **2014** 736 m. Anm. *Schaks* = DVBl. **2014** 780 m. Anm. *Buchholtz* = NZA **2014** 616, Tz. 23 ff., 52 ff., 57 f.; siehe auch BVerwG NVwZ **2016** 1653 = ZBR **2016** 350. Für eine konventionskonforme Auslegung des deutschen Rechts und der daraus folgenden Anerkennung eines Streikrechts für manche Beamte hingegen: *Polakiewicz/Kessler* NVwZ **2012** 843 ff.; dagegen *Widmaier/Alber* ZEuS **2012** 387.
239 Zur Frage, ob die Verhängung einer Disziplinarmaßnahme wegen Streikteilnahme eines Beamten zulässig ist, vgl. EGMR Kaya u. Seyhan/TRK, 15.9.2009; Karacaya/TRK, 27.3.2010; Cerikci/TRK, 13.7.2010; vgl. dazu sowie insgesamt zur Frage nach einem Streikrecht für Beamte OVG Münster (Vorinstanz zu BVerwGE **149** 117, vgl. vorangegangene Fußnote) NVwZ **2012** 890 = ZBR **2012** 170 = RiA **2012** 176 (kein Streikrecht, Disziplinarmaßnahme zulässig); anders noch die Vorinstanz, VG Düsseldorf AuR **2011** 74 m. Anm. *Löber* = ZBR **2011** 177 (kein Streikrecht, aber u.U. Disziplinarmaßnahme unzulässig); wie das OVG Münster auch OVG Lüneburg Urt. v. 12.6.2012 (zwei Urteile) – 20 BD 7/11, NdsVBl. **2012** 266 = AuR **2012** 329 = DÖV **2012** 1272 (Ls.), 20 BD 8/11, AuR **2012** 329, ebenso die Vorinstanz, VG Osnabrück (im Fall, der beim OVG Lüneburg unter dem Az. 20 BD 8/11 geführt wurde, s. OVG Lüneburg BeckRS **2012** 51817) NVwZ-RR **2012** 323 = NdsVBl. **2012** 25 m. Anm. *Hoffmann* NdsVBl. **2012** 151 = ZBR **2011** 389 m. Anm. *Wißmann* ZJS **2011** 395 (kein Streikrecht für Beamte, Disziplinarmaßnahme zulässig); ebenso VG Bremen Urt. v. 3.7.2012 – D K 20/11; anders VG Kassel Urt. v. 27.7.2011 – 28 K 574/10.KS.D, ZBR **2011** 386, und 28 K 1208/10.KS.D, ZTR **2012** 59 (zu beiden Urt. siehe zust. Anm. *Buschmann* AuR **2012** 36): Streikrecht für gewisse Beamte; siehe zur Thematik ferner *Traulsen* JZ **2013** 65 (mit Erwiderung *Lindner* JZ **2013** 942); *Seifert* KritV **2009** 357; *Niedobitek* ZBR **2010** 361; *Lindner* DÖV **2011** 305; *Kutzki* DÖD **2011** 169; *Böhm* PersV **2012** 164; *Werres* DÖV **2011** 873; *Battis* ZBR **2011** 397; *Gooren* ZBR **2011** 400; *Schubert* AöR **2012** 92; *Bitsch* ZTR **2012** 78; *Sangi* KritV **2012** 103; *Polakiewicz/Kessler* NVwZ **2012** 841; *Nokiel* DÖD **2012** 152; *Sonntag/Hoffmann* RiA **2012** 137; *Hebeler* ZBR **2012** 325.

sche) Beamte[240] ließe sich dadurch entschärfen, dass etwa die Gruppe der Lehrer nicht verbeamtet würde, was mit Art. 33 Abs. 4 GG[241] vereinbar wäre, da Lehrer „in der Regel nicht schwerpunktmäßig hoheitlich geprägte Aufgaben wahrnehmen, die der besonderen Absicherung durch den Beamtenstatus bedürften".[242] Für den umgekehrten Fall, dass Angestellte des öffentlichen Dienstes hoheitlich tätig sind – und dies trotz Art. 33 Abs. 4 GG – und es daher in Betracht kommt, ihr Streikrecht für gem. Art. 11 Abs. 2 beschränkbar zu halten, ergeben sich im deutschen Recht keine Probleme. Dieser Beschäftigtengruppe wird nämlich nach innerstaatlichem Recht das Streikrecht aus Art. 9 GG nicht abgesprochen; würde dennoch im Einzelfall das Streikrecht verneint, so wäre dies dann nicht, wie von Art. 11 Abs. 2 gefordert, „gesetzlich vorgesehen"; m.a.W. Art. 11 Abs. 2 regelt nur, dass das Streikrecht *beschränkbar* ist, ob es auch *tatsächlich beschränkt wird*, entscheidet das innerstaatliche einfache Recht.

Das **BVerfG** hat mit Urteil v. 12.6.2018 das Streikverbot für deutsche Beamte für verfassungsgemäß erklärt – unter ausdrücklicher Berücksichtigung der Rechtsprechung des EGMR.[243] Eine Kollisionslage zwischen deutschem Recht und der EMRK lasse sich nicht feststellen. Das Streikverbot für Beamte sei „wegen der Besonderheiten des deutschen Systems des Berufsbeamtentums" jedenfalls nach Art. 11 Abs. 2 Satz 1 bzw. Satz 2 gerechtfertigt; ob überhaupt ein Eingriff in Art. 11 Abs. 1 vorliegt, ließ das BVerfG offen.[244] Ob das Streikverbot für Beamte als „hergebrachter Grundsatz des Berufsbeamtentums und traditionelles Element der deutschen Staatsarchitektur" zugleich einen (auslegungsfesten) tragenden Grundsatz der deutschen Verfassung darstellt, ließ das BVerfG ebenfalls explizit offen, merkte insoweit aber an, dass hierfür viel sprechen dürfte.[245] **67**

8. Positive Schutzpflichten des Staates. Auch positive Schutzpflichten des Staates **68** können sich aus den Konventionsgarantien ergeben. Diese sind zwar in erster Linie Abwehrrechte, die den Eingriffen des Staates in den gewährleisteten Freiheitsraum Grenzen setzen. Wird jedoch die garantierte Freiheit des Einzelnen in einem wesentlichen Umfang aus Gründen illusorisch, die von ihm nicht beeinflussbar sind, weil sie in vorgegebenen gesellschaftlichen Verhältnissen wurzeln, kann der Staat aufgrund seiner **Gewährleistungspflicht** nach Art. 1 EMRK/Art. 2 IPBPR je nach den Umständen auch verpflichtet sein, durch angemessene und vernünftige Maßnahmen dafür zu sorgen, dass die gewährleisteten Rechte auch ausgeübt werden können.[246] So muss der Staat etwa die rechtlichen Rah-

---

240 Die vom VG Düsseldorf (AuR **2011** 74) und vom VG Kassel (Urt. v. 27.7.2011 – 28 K 574/10.KS.D, ZBR **2011** 386, und 28 K 1208/10.KS.D, ZTR **2012** 59) aus dem gegen die Türkei ergangenen EGMR-Urteil Enerji Yapi-Yol Sen/TRK, 21.4.2009, gezogenen diesbezüglichen Konsequenzen für die Rechtslage in Deutschland beruhen dem OVG Münster (NVwZ **2012** 890 = ZBR **2012** 170 = RiA **2012** 176) zufolge auf „Fehlinterpretationen"; anders dann aber das BVerwG in der Revisionsentscheidung (BVerwGE **149** 117).
241 Vgl. hierzu auch Art. 133 Abs. 2 der Bayerischen Verfassung, die als einzige Landesverfassung den Lehrern der öffentlichen Schulen „grundsätzlich die Rechte und Pflichten der Staatsbeamten" zuerkennt.
242 BVerfGE **119** 247, 267 = NVwZ **2007** 1396, 1399; siehe auch **130** 76, 115 f. = NJW **2012** 1563, 1565 f.; (für Hochschullehrer) **130** 263, 297 f. = NVwZ **2012** 357, 360; siehe auch BVerwGE **149** 117 = NVwZ **2014** 736 m. Anm. *Schaks* = DVBl. **2014** 780 m. Anm. *Buchholtz* = NZA **2014** 616, Tz. 46, 61 f.; **a.A.** *Günther* ZBR **2014** 18; ebenso *Cremer* (bei *Kolok* DÖV **2012** 886): Staat sei gem. Art. 33 Abs. 4 GG verpflichtet, alle Lehrer an öffentlichen Schulen zu verbeamten; für die gegenteilige Auffassung des BVerfG gebe es keine nachvollziehbare Begründung.
243 BVerfGE **148** 296 = NVwZ **2018** 1121 m. Anm. *Stuttmann* = DÖV **2018** 989 = JZ **2019** 35 m. Anm. *Jacobs/Payandeh* JZ **2019** 19; ferner siehe *Hering* ZaöRV **79** (2019) 241 ff.; *Widmaier* DVBl. **2020** 229 ff.
244 Vgl. BVerfG NVwZ **2018** 1121, 1134 ff.
245 BVerfG NVwZ **2018** 1121, 1133.
246 Zu einem klaren Verstoß mehrerer Schutzpflichten, vgl. EGMR Promo Lex u.a./MOL, 24.2.2015, §§ 22 ff.; Ouranio Toxo u.a./GR, 20.10.2005 (Nichteingreifen bei Übergriffen gegenüber einer Partei bzw. deren Gebäu-

menbedingungen für die Ausübung der garantierten Rechte schaffen, wobei er in deren Ausgestaltung weitgehend frei ist und auch nicht verpflichtet ist, den jeweiligen Gruppen Mittel für die Durchsetzung ihrer Interessen zur Verfügung zu stellen.[247] Von besonderer Bedeutung ist die staatliche Schutzpflicht, wenn es um unpopuläre Auffassungen oder um Anliegen von Minderheiten geht.[248] Ist der Schutzzweck durch verschiedene Mittel erreichbar, ist es dem Staat überlassen, welche er wählen will.[249] Er hat insoweit einen **weiten Beurteilungsspielraum**.[250]

69   Dies kann im Einzelfall das Ergreifen angemessener Maßnahmen zum **Schutz einer Versammlung**[251] oder genehmigten Demonstration vor Störungen durch Gegendemonstrationen[252] sowie die **Einleitung von Ermittlungen**[253] erfordern und bis zum **Verbot einer Partei** reichen.[254] Ausreichender Schutz ist dabei indes nicht gewährleistet, wenn es einer Gruppierung lediglich ermöglicht wird, eine durch eine Gegendemonstration erheblich gestörte Versammlung an einem anderen Tag fortzusetzen, da auch die freie Auswahl von Ort und Zeit der Versammlung vom Schutzgehalt des Art. 11 – vorbehaltlich zulässiger Beschränkungen – erfasst ist.[255] Auch im Übrigen kann der Staat generell verpflichtet sein, durch eine entsprechende Ausgestaltung seiner Gesetze den Einzelnen vor dem Druck übermächtiger Vereinigungen zu schützen, so, wenn ihm außergewöhnliche Härten oder schwerwiegende berufliche Nachteile wegen des Nichtbeitritts zu einer bestimmten Gewerkschaft oder Vereinigung erwachsen könnten.[256] Umgekehrt darf der Staat das Recht der Gewerkschaften, für die Interessen ihrer Mitglieder zu kämpfen, nicht im Wege der Gesetzgebung dadurch unterlaufen, dass er den Arbeitgebern ermöglicht, nicht organisierte Arbeitnehmer bevorzugt einzustellen.[257] Dem Staat wird ein weiter Beurteilungsspielraum zugebilligt, ob und auf welchem Weg er eingreifen will. Eine Verpflichtung, unter allen Umständen die Ausübung der garantierten Rechte gegenüber allen von Dritten kommenden Störungen durchzusetzen, trifft ihn nicht.[258] Er ist auch nicht verpflichtet, privaten Vereinigungen die Mittel zur Durchsetzung ihrer Interessen zur Verfügung zu stellen.[259]

---

de, die sich u.a. für die Rechte der in Griechenland lebenden, mazedonischen Minderheit einsetzte; Fehlen von Einsatzkräften als Vorwand; keine Einleitung von Ermittlungen gegen die Unruhestifter).

247 *Grabenwarter/Pabel* § 23, 88.
248 EGMR Baczkowski u.a./PL, 3.5.2007, § 64, wiedergegeben und wiederholt von EGMR Alekseyev/R, 21.10.2010, § 70.
249 Vgl. EGMR belg. Polizeigewerkschaft/B, 27.10.1975.
250 EGMR Plattform „Ärzte für das Leben", 21.6.1988, EuGRZ **1989** 522 = ÖJZ **1988** 734; (GK) Gustafsson/S, 25.4.1996; *Grabenwarter/Pabel* § 23, 88.
251 Vgl. EGMR The United Macedonian Organisation Ilinden u. Ivanov/BUL, 20.10.2005; Berkman/R, 1.12.2020, §§ 45 ff., 50 ff.
252 EGMR Plattform „Ärzte für das Leben"/A, 21.6.1988; Association ACCEPT u.a./RUM, 1.6.2021, §§ 138 ff. (Untätigkeit der Polizeibeamten trotz Störung einer LGBT-Versammlung durch homophobe Gegendemonstranten). Vgl. BVerfGE **84** 203 = NJW **1991** 2694 = EuGRZ **1991** 361 (kein Grundrechtsschutz, wenn ausschließlich Verhinderung einer anderen Versammlung beabsichtigt); ÖVerfG EuGRZ **1990** 550 (Beseitigung störender Transparente).
253 Vgl. EGMR Promo Lex u.a./MOL, 24.2.2015, §§ 23, 27 f.; Ouranio Toxo u.a./GR, 20.10.2005, § 43.
254 EGMR (GK) Refah Partisi (the Welfare Party) u.a./TRK, 13.2.2003.
255 Vgl. etwa EGMR Association ACCEPT u.a./RUM, 1.6.2021, § 144.
256 EGMR Young, James u. Webster/UK, 13.8.1981 (closed shop); *Frowein/Peukert* 14, 15; *Nowak* Art. 21, 17.
257 EGMR Wilson u. The National Union of Journalists u.a./UK, 2.7.2002.
258 EGMR (GK) Gustafsson/S, 25.4.1996.
259 EKMR nach *Grabenwarter/Pabel* § 23, 107.

Esser   1428

EMRK
Artikel 12 Recht auf Eheschließung

Männer und Frauen im heiratsfähigen Alter haben das Recht, nach den innerstaatlichen Gesetzen, welche die Ausübung dieses Rechts regeln, eine Ehe einzugehen und eine Familie zu gründen.

IPBPR
Artikel 23

(1) Die Familie ist die natürliche Kernzelle der Gesellschaft und hat Anspruch auf Schutz durch Gesellschaft und Staat.

(2) Das Recht von Mann und Frau, im heiratsfähigen Alter eine Ehe einzugehen und eine Familie zu gründen, wird anerkannt.

(3) Eine Ehe darf nur im freien und vollen Einverständnis der künftigen Ehegatten geschlossen werden.

(4) Die Vertragsstaaten werden durch geeignete Maßnahmen sicherstellen, daß die Ehegatten gleiche Rechte und Pflichten bei der Eheschließung, während der Ehe und bei Auflösung der Ehe haben. Für den nötigen Schutz der Kinder im Falle einer Auflösung der Ehe ist Sorge zu tragen.

Schrifttum (Auswahl)

Coester-Waltjen Grundgesetz und EMRK im deutschen Familienrecht, Jura **2007** 914; *Erbarth* Öffnung der Ehe für alle? NZFam **2016** 536; *Fahrenhorst* Familienrecht und Europäische Menschenrechtskonvention (1994); *Klein* Frankreich – Unwirksamkeit der Eheschließung gleichgeschlechtlicher Partner, ZEuP **2006** 419; *Presno Linera* Die Europäisierung des Rechts auf Eheschließung und auf Gründung einer Familie, JÖR **57** (2009) 149; *Mankowski* Genießt die Polygamie Schutz durch Grund- oder Menschenrechte aus Verfassungs-, Unions- oder Völkerrecht? FamRZ **2018** 1134; *Palm-Risse* Völkerrechtlicher Schutz von Ehe und Familie (1990); *Rixe* Der EGMR als Motor einer Harmonisierung des Familienrechts in Europa, FPR **2008** 222. Vgl. auch weitere Literatur bei Art. 8.

Übersicht

1. Allgemeines
   - a) Grundlagen —— 1
   - b) Innerstaatliche Garantien —— 5
2. Schutzbereich
   - a) Recht auf Eheschließung —— 6
   - b) Freiwilligkeit der Eheschließung —— 12
   - c) Gleichberechtigung; Schutz der Kinder bei Eheauflösung —— 14
   - d) Recht auf Gründung einer Familie —— 16
3. Einschränkungen
   - a) Schranken —— 18
   - b) Schranken-Schranken —— 19
   - c) Relevanz auf strafrechtlichem Gebiet —— 20

1. Allgemeines

a) Grundlagen.[1] Nach **Art. 16 AEMR** haben Männer und Frauen im heiratsfähigen **1** Alter das **Recht auf Eheschließung und Familiengründung** ohne Beschränkungen auf-

---

1 Dazu siehe auch: *Presno Linera* JÖR **57** (2009) 149 ff.

https://doi.org/10.1515/9783110275063-014

grund der Rasse, der Staatsangehörigkeit oder der Religion. Eine Ehe darf nur im freien und vollen Einverständnis der künftigen Ehegatten geschlossen werden. Männer und Frauen sind gleichberechtigt bei der Eheschließung, während der Ehe und bei ihrer Auflösung.

2   **Art. 23 IPBPR** entspricht diesem Vorbild, während **Art. 12 EMRK** nur das Recht auf Eheschließung und Familiengründung nach nationalem Recht garantiert. Die Vorschrift wurde aber später durch **Art. 5 des 7. ZP-EMRK** ergänzt, der die Gleichheit der Ehegatten während der Ehe und bei Auflösung der Ehe festschreibt, so wie die Gleichberechtigung in ihren Beziehungen zu ihren Kindern.[2] **Art. 23 Abs. 4 IPBPR** verpflichtet dagegen die Staaten, für den Schutz der Kinder bei Auflösung der Ehe zu sorgen. **Art. 3 IPBPR** verpflichtet darüber hinaus die Vertragsstaaten allgemein, die Gleichberechtigung von Mann und Frau bei der Ausübung aller im IPBPR festgelegten bürgerlichen und politischen Rechte sicherzustellen. Das Recht auf Ehe und Familie wird auch von der EMRK **ohne jede Diskriminierung** nach Rasse, Staatsangehörigkeit oder Religion gewährt; dies folgt aus Art. 14.[3]

3   Auch **andere internationale Konventionen** schützen die Gleichberechtigung beim Recht auf Ehe und die freie Wahl des Ehegatten, so Art. 5 *lit. d*, iv des **Übereinkommens zur Beseitigung von jeder Form der Rassendiskriminierung** vom 7.3.1966 (CERD)[4] oder der zusätzlich auch detailliert die Gleichberechtigung in der Ehe fordernde Art. 16 des Übereinkommens zur **Beseitigung von jeder Form der Diskriminierung der Frau** vom 18.12.1979 (CEDAW).[5] Die Freiheit der Eheschließung wurde schon in Art. 1 *lit. c*, Art. 2 des **Zusatzübereinkommens über die Abschaffung der Sklaverei, des Sklavenhandels und der sklavereiähnlichen Einrichtungen** vom 7.9.1956[6] geregelt. Der Schutz der Kinder bei Eheauflösung wird auch im **Übereinkommen über die Rechte des Kindes** vom 20.11.1989 (CRC)[7] angesprochen.

4   Die genannten Regelungen gewährleisten jeweils nur **Personen unterschiedlichen Geschlechts** (miteinander) eine Ehe einzugehen und eine Familie zu gründen. Die **Charta der Grundrechte der Europäischen Union**[8] (EUC) geht darüber hinaus, indem sie auf die ausdrückliche Beschränkung auf Männer und Frauen verzichtet und so in **Art. 9** allgemein das Recht gewährt, eine Ehe einzugehen und eine Familie zu gründen. Erfasst sind somit grundsätzlich auch **gleichgeschlechtliche Lebensgemeinschaften**. Indem jedoch auch diese Garantie unter den Vorbehalt des innerstaatlichen Rechts gestellt ist, wird diese weite Fassung relativiert, so dass eine generelle Anerkennung gleichgeschlechtlicher Lebensgemeinschaften nicht schon kraft der EUC erfolgt, sondern vielmehr in die Zuständigkeit der einzelnen Staaten gegeben wird.[9] Weitere Artikel der EUC befassen sich mit der Gleichberechtigung von Männern und Frauen (**Art. 23**), dem Recht der Kinder auf Beziehungen zu beiden Elternteilen (**Art. 24 Abs. 3**) sowie dem rechtlichen, wirtschaftlichen und sozialen Schutz der Familie (**Art. 33**).

---

2 Deutschland hat dieses ZP nicht ratifiziert; vgl. Teil I (Einf.) Rn. 73.

3 Vgl. *Partsch* 214; siehe zum allgemeinen Diskriminierungsverbot auch das 12. ZP-EMRK.

4 BGBl. II 1969 S. 962; Bek. v. 16.10.1969 BGBl. II S. 2211.

5 BGBl. II 1985 S. 648. Vgl. hierzu aus strafrechtlicher Sicht die Forderungen nach einem Gesamtstraftatbestand „Häusliche Gewalt" und die diesbezüglich ablehnende Antwort der Bundesregierung (BTDrucks. **16** 12152; **16** 12839).

6 BGBl. 1958 II S. 203. Auch die DDR war diesem Übereinkommen beigetreten (GBl. 1974 II S. 1250).

7 BGBl. 1992 II S. 121; s. auch Art. 6 Rn. 1451.

8 ABlEU Nr. C 303 v. 14.12.2007 S. 1.

9 Charta-Erläuterungen, ABlEU Nr. C 303 v. 14.12.2007 S. 21; BGBl. 2008 II S. 1165; *Grabenwarter/Pabel* § 22, 80, 83.

b) Innerstaatliche Garantien. Innerstaatlich stellt Art. 6 GG Ehe und Familie unter 5
den besonderen Schutz des Staates; er gewährleistet auch die Freiheit der Eheschließung.[10]
Die Gleichberechtigung von Mann und Frau folgt aus Art. 3 Abs. 2 GG; hinsichtlich der
Gleichstellung der unehelichen Kinder mit den ehelichen wird Art. 3 GG durch den speziellen[11] Art. 6 Abs. 5 GG ergänzt.

2. Schutzbereich

a) Recht auf Eheschließung. Art. 12 garantiert Männern und Frauen im heiratsfähi- 6
gen Alter[12] das Recht, eine Ehe einzugehen und eine Familie zu gründen, wobei diese
Garantie **nach Maßgabe des jeweiligen innerstaatlichen Rechts** gewährt wird. Eigene
Schranken legt Art. 12 nicht fest, es gilt lediglich der Gesetzesvorbehalt (Rn. 18).

Geschützt von Art. 12 wird die **traditionelle Ehe** zwischen Personen verschiedenen 7
biologischen Geschlechts;[13] ob dies auch für **Transsexuelle** nach einer vollzogenen Geschlechtsumwandlung gilt, war früher strittig; mittlerweile wird die Frage vom EGMR
bejaht.[14] Ein Verbot der **Polygamie (Mehrehe)** lässt sich Art. 12 nicht entnehmen.[15]

Einer Ausdehnung des Anwendungsbereichs des Art. 12 auf die Ehe zwischen **zwei** 8
Männern oder **zwei Frauen** steht bei isolierter Betrachtung zwar nichts entgegen.[16] Hin-
gegen sprechen die Systematik und der historische Kontext gegen die **Einbeziehung der**
gleichgeschlechtlichen Ehe in den Schutzbereich. Angesichts des fehlenden europäischen
Konsenses ist eine diesbezügliche Regelung dem **nationalen Recht** eines jeden Vertrags-
staates überlassen.[17] Ein Menschenrecht auf die Anerkennung einer gleichgeschlechtlichen
Ehe kann auch nicht ersatzweise aus Art. 8 i.V.m. Art. 14 abgeleitet werden,[18] etwa für den
Fall, dass der Betroffene einer Geschlechtsumwandlung bereits verheiratet war und nun

10 BVerfGE **31** 58, 67; **36** 161.

11 Vgl. BVerfGE **26** 60, 72.

12 Zum Verbot von Kinderehen in Deutschland (vgl. § 1303 BGB – Ehemündigkeit): *Reuß* FamRZ **2019** 1 ff.
Zur Wirksamkeit von im Ausland geschlossenen Minderjährigen-Ehen (Art. 13 EGBGB): *Gausing/Wittebol*
DÖV **2018** 41 ff.

13 EGMR Rees/UK, 17.10.1986, § 49; Cossey/UK, 27.9.1990, ÖJZ **1991** 173; (GK) Sheffield u. Horsham/UK,
30.7.1998, ÖJZ **1999** 571, § 66; vgl. BVerfGE **105** 313 = NJW **2002** 2543 = EuGRZ **2002** 348; BVerfG NJW **2008** 2325 =
FamRZ **2008** 1321; BVerfG FamRZ **2009** 1295 (Lebenspartnerschaft zwischen gleichgeschlechtlichen Paaren ist
keine Ehe i.S.d. Konventionsgarantien und des Art. 6 GG, sondern ein *aliud* zur Ehe); Meyer-Ladewig/Nettes-
heim/von Raumer/*Meyer-Ladewig/Nettesheim* 4; Grabenwarter/*Pabel* § 22, 83.

14 EGMR Goodwin/UK, 11.7.2002, NJW-RR **2004** 289 = ÖJZ **2003** 766, hat deren Recht auf Ehe jetzt bejaht;
Meyer-Ladewig/Nettesheim/von Raumer/*Meyer-Ladewig/Nettesheim* 4; *Peters* 169. Auch der EuGH 7.1.2004, C-
117/01 (K.B./National Health Service Pensions Agency, Secretary of State for Health), NJW **2004** 1440, wonach
der frühere Art. 141 EGV einer Regelung entgegenstand, die es unter Verstoß gegen die EMRK einem Paar
unmöglich machte, nach der Geschlechtsumwandlung eines Partners die Ehe einzugehen.

15 *Mankowski* FamRZ **2018** 1134, 1138.

16 EGMR Schalk u. Kopf/A, 24.6.2010, NJW **2011** 1421 = EuGRZ **2010** 445 = ÖJZ **2010** 1089, § 55; verneinend
in Bezug auf den Wortlaut: EGMR Rees/UK, 17.10.1986, § 49; Meyer-Ladewig/Nettesheim/von Raumer/*Meyer-
Ladewig/Nettesheim* 4.

17 EGMR Orlandi u.a./I, 14.12.2017, § 192 („States are still free, under Article 12 of the Convention as well
as under Article 14 taken in conjunction with Article 8, to restrict access to marriage to different-sex couples"), m.w.N.; (GK) Hämäläinen/FIN, 16.7.2014, §§ 69 f., 75 ff., 96 f. ([K] 13.11.2012, § 38 m. Anm. *Henrich* FamRZ
2013 432); Oliari u.a./I, 21.7.2015, §§ 191 ff., NJOZ **2017** 34; Schalk u. Kopf/A, 24.6.2010; §§ 59 ff.; *Grabenwarter/*
Pabel § 22, 83; ferner *Erbarth* NZFam **2016** 536, 537.

18 Eine Verletzung von Art. 8 i.V.m. Art. 14 in Bezug auf ein gleichgeschlechtliches Paar verneinend: EGMR
Ratzenböck u. Seydl/A, 26.10.2017, §§ 28 ff., 42, FamRZ **2017** 2030 m. Anm. *Scherpe*; ferner *Kaesling* NZFam
2018 17.

die Ehe mit dem neuen Geschlecht fortsetzen möchte.[19] Um die Entstehung einer gleichgeschlechtlichen Ehe zu verhindern, darf der Staat vielmehr entweder die zivilrechtliche (personenstandsrechtliche) Anerkennung der Geschlechtsumwandlung verweigern oder, falls der Ehepartner zustimmt, die Ehe in eine gleichgeschlechtliche Partnerschaft umwandeln.[20] Die Verweigerung der innerstaatlichen Anerkennung einer im Ausland geschlossenen gleichgeschlechtlichen Partnerschaft kann jedoch gegen Art. 8 verstoßen.[21]

9   Art. 23 Abs. 2 IPBPR garantiert ebenfalls das Recht auf Ehe, wobei der Ausdruck, dass dieses Recht „anerkannt" wird, keine grundsätzliche Abschwächung der Garantie bedeutet, sondern zum Ausdruck bringen soll, dass es sich um ein natürliches, der Konvention vorgegebenes Recht handelt.[22] Die Festlegung des heiratsfähigen Alters sowie der sonstigen **Modalitäten der Eheschließung** überlassen beide Konventionen den Vertragsstaaten;[23] ebenso die Festlegung sachlich zu rechtfertigender Ehehindernisse.[24]

10   Kann die Ehe geschlossen, wegen einer drohenden alsbaldigen Ausweisung eines Ehepartners dann aber nicht gelebt werden, ist nur **Art. 8** und nicht auch Art. 12 betroffen.[25] Steht die Eheschließung unmittelbar bevor (d.h. steht ein Eheschließungstermin fest), so resultiert aus Art. 12 grundsätzlich ein Anspruch auf Aussetzung der Abschiebung.[26]

11   Der Schutzbereich des Art. 12 ist nicht betroffen, zumindest nicht verletzt, wenn als Folge einer zweiten Verheiratung Ansprüche oder Anwartschaften auf eine auf der vorherigen Ehe gründenden Hinterbliebenenrente erlöschen.[27]

12   **b) Freiwilligkeit der Eheschließung.** Art. 23 Abs. 3 IPBPR ergänzt die Garantie dadurch, dass die Ehe nur im **freien und vollen Einverständnis** der künftigen Ehegatten geschlossen werden darf. Er folgt damit Art. 16 Abs. 2 AEMR und Art. 16 Abs. 1 AEMR. In Art. 12 wurde dies ebenso wenig übernommen wie das ausdrückliche Erfordernis der Freiwilligkeit der Eheschließung. Wegen der größeren Homogenität der Anschauungen in den europäischen Vertragsstaaten hielt man dies für entbehrlich. Ein **Zwang zur Heirat** ist auch nach Art. 12 nicht zulässig, denn die Freiheit der Eheschließung umfasst auch die **negative Freiheit**, eine Eheschließung abzulehnen.[28] Die Zulassung eines Zwangs zur Eheschließung würde außerdem die staatliche Pflicht zum Schutz des Privatlebens (Art. 8) verletzen.

13   Ein **Recht auf Scheidung** als Voraussetzung für ein Recht auf Eingehung einer neuen Ehe kann aus Art. 12 nicht hergeleitet werden.[29] Auch aus Art. 5 des 7. ZP-EMRK (von Deutsch-

---

19 EGMR (GK) Hämäläinen/FIN, 16.7.2014, §§ 111 ff.; (K) H./FIN, 13.11.2012, §§ 47, 49, 53, 66; Schalk u. Kopf/A, 24.6.2010, § 101.

20 EGMR (GK) Hämäläinen/FIN, 16.7.2014, §§ 76 ff.; (K) H./FIN, 13.11.2012, §§ 47, 50, 52: von GK und K u.a. damit begründet, dass dem Betroffenen die Möglichkeit der Scheidung zur Verfügung stand, falls die Geschlechtsumwandlung ansonsten nicht anerkannt wurde.

21 Vgl. EGMR Orlandi u.a./I, 14.12.2017, §§ 191 ff., 211.

22 *Nowak* 26; Art. 21, 4.

23 *Frowein/Peukert* Art. 12, 1; *Grabenwarter/Pabel* § 22, 81; Meyer-Ladewig/Nettesheim/von Raumer/*Meyer-Ladewig/Nettesheim* 7; *Nowak* 1, 2 mit Hinweisen zur Entstehungsgeschichte des Art. 23 IPBPR. Art. 2 des Zusatzübereinkommens über die Abschaffung der Sklaverei (BGBl. 1958 II S. 203) verpflichtet die Staaten, „soweit erforderlich" ein angemessenes Mindestalter festzusetzen.

24 *Frowein/Peukert* Art. 12, 2; Meyer-Ladewig/Nettesheim/von Raumer/*Meyer-Ladewig/Nettesheim* 7; *Grabenwarter/Pabel* § 22, 81.

25 EGMR Loy/D (E), 7.10.2014, § 22.

26 OVG Bremen FamRZ **2019** 1749, 1751.

27 EGMR Rudat/D (E), 27.11.2012.

28 *Frowein/Peukert* 5; Meyer-Ladewig/Nettesheim/von Raumer/*Meyer-Ladewig/Nettesheim* 7.

29 EGMR Babiarz/PL, 10.1.2017, § 49; V.K./KRO, 27.11.2012, § 99; Aresti Charalambous/ZYP, 19.7.2007, § 56; Johnston u.a./IR, 18.12.1986, EuGRZ **1986** 40, § 52, unter Hinweis auf die Entstehungsgeschichte; *Frowein/*

---

land nicht ratifiziert) ergibt sich kein Recht auf Scheidung, vielmehr greift diese Bestimmung nur, wenn das innerstaatliche Recht selbst die Möglichkeit der Scheidung kennt.[30] Sieht das nationale Recht die Möglichkeit der Ehescheidung vor, so folgt aus Art. 12 ein **Recht auf Wiederverheiratung**; die gegenteilige Argumentation der Schweizer Regierung, mangels eines Konventionsrechtes auf Scheidung könne es auch kein Konventionsrecht auf Wiederverheiratung geben, hat der EGMR zurückgewiesen.[31] Damit eine Wiederverheiratung auch tatsächlich möglich ist, darf das Scheidungsverfahren nicht unangemessen lange dauern.[32] Anders als bei Art. 12 wird bei Art. 23 IPBPR, dessen Absatz 4 die Eheauflösung anspricht, eine Verletzung des Rechts auf (Wieder-)Heirat durch ein absolutes Scheidungsverbot bejaht.[33] Im (transnationalen) Scheidungskontext kann Art. 12 für die Auslegung von Art. 10 Rom III-VO von Bedeutung sein.[34]

c) Gleichberechtigung; Schutz der Kinder bei Eheauflösung. Art. 16 Abs. 1 AEMR **14** fordert, dass Mann und Frau bei der Eheschließung, während der Ehe und bei Auflösung der Ehe gleiche Rechte haben. Art. 23 Abs. 4 IPBPR verpflichtet die Vertragsstaaten, diesen Grundsatz durch geeignete Maßnahmen sicherzustellen und für den Schutz der Kinder im Falle der Auflösung einer Ehe zu sorgen. Es handelt sich um **Staatenverpflichtungen**, aus denen keine subjektiven Rechte des Einzelnen unmittelbar hergeleitet werden können.[35] Die Staaten werden hinsichtlich der Gleichberechtigung der Ehegatten auch nur zur allmählichen Verwirklichung (progressive Implementierung) verpflichtet,[36] während sie bei Eheauflösung auch nur für den nötigen Schutz der (ehelichen) Kinder sorgen müssen.[37]

Art. 5 des 7. ZP-EMRK (von Deutschland nicht ratifiziert) legt dagegen ausdrücklich **15** fest, dass die Ehegatten untereinander und in Beziehung zu ihren Kindern gleiche Rechte und Pflichten privatrechtlicher Art hinsichtlich der Eheschließung, während der Ehe und bei Auflösung der Ehe haben, wobei klargestellt wird, dass dieser Artikel den Staaten nicht verwehrt, die im Interesse der Kinder nötigen Maßnahmen zu treffen. Letzteres entspricht ihrer Verpflichtung aus Art. 23 Abs. 4 Satz 2 IPBPR.

d) Recht auf Gründung einer Familie. Während bei der Auslegung des Art. 12 auf die **16** Familiengründung als Folge der Heirat abgestellt wird,[38] so dass in der Ablehnung der Adoption eines Kindes durch einen Junggesellen kein Verstoß gegen Art. 12 gesehen wurde,[39] versteht Art. 23 IPBPR die Familie in einem weiten Sinn, wobei deren jeweiliges gesellschaftli-

---

Peukert Art. 12, 4; *Grabenwarter/Pabel* § 22, 84; Meyer-Ladewig/Nettesheim/von Raumer/*Meyer-Ladewig/Nettesheim* 8; *Villiger* 846; vgl. andererseits die aus Art. 8 abgeleiteten staatlichen Schutzpflichten EGMR Airey/IR, 9.10.1979, EuGRZ **1979** 626, §§ 32 f. (dazu Art. 8 Rn. 188); ferner *Presno Linera* JöR **57** (2009) 149, 161 ff.

30 EGMR Johnston u.a./IR, 18.12.1986, § 53.

31 EGMR F./CH, 18.12.1987, § 38, EuGRZ **1993** 130.

32 EGMR V.K./KRO, 27.11.2012, § 99. Unabhängig vom Wunsch der Wiederverheiratung ist für das Scheidungsverfahren auch Art. 6 Abs. 1 einschlägig (V.K./KRO, §§ 62 ff.; Rubtsova/R, 13.1.2011, §§ 19 ff., 37).

33 Argentinischer Oberster Gerichtshof EuGRZ **1987** 322 m. Anm. *Polakiewicz* EuGRZ **1987** 324; *Hofmann* 49. Ausführlich zur Argumentation siehe: *Nowak* 33 ff.

34 Vgl. *Mankowski* FamRZ **2020** 1467 („Hinter Art. 10 Var. 1 Rom III-VO steht zuvörderst die Freiheit zur Wiederverheiratung, geschützt durch die Eheschließungsfreiheit des Art. 12 EMRK [...]") m.w.N.

35 *Nowak* 48.

36 Vgl. Entstehungsgeschichte *Nowak* 45 ff.

37 *Nowak* 61; vgl. *Guradze* JIR **1971** (15) 261.

38 Vgl. EGMR Abdulaziz u.a./UK, 28.5.1985, NJW **1986** 3007 = EuGRZ **1985** 567; *Frowein/Peukert* 7; *Grabenwarter/Pabel* § 22, 85; *Villiger* 848.

39 EKMR bei *Frowein/Peukert* 7; vgl. andererseits den von Art. 8 geschützten weiten Familienbegriff, dort Rn. 13; siehe aber EGMR Schalk u. Kopf/A, 24.6.2010, § 56.

---

ches und kulturelles Verständnis dafür maßgebend ist, welcher Personenkreis und welche Funktionen zur Familie gehören;[40] sie umfasst nicht nur die in verschiedenen nationalen Rechtsordnungen zulässige Mehrehe, sondern auch die ohne Heirat faktisch gelebte Familie.[41] Das **Recht, eine Familie zu gründen**, schließt das Recht auf Zeugung oder Adoption von Kindern mit ein.[42] Eine gegen den Willen der Betroffenen vorgenommene Sterilisation dürfte das Recht auf Gründung einer Familie verletzen.[43]

17   Der Anspruch auf Schutz durch Gesellschaft und Staat (Art. 23 Abs. 1 IPBPR) ist vom Staat durch eine entsprechende staatliche Ordnung, vor allem im Wege der Gesetzgebung zu erfüllen. Der Schutzanspruch kann durch familienfeindliche staatliche Regelungen verletzt werden,[44] auch wenn der Schutz der (gelebten) Familienbeziehungen gegen Eingriffe primär aus den weiterreichenden Art. 17 IPBPR und Art. 8 EMRK[45] folgt. Nach dem Sinn des Art. 23 Abs. 1 IPBPR muss der Staat auch dafür sorgen, dass die **Gesellschaft**, also auch die gesellschaftlichen Kräfte, die Familie achtet. Eine unmittelbare Rechtspflicht für bestimmte Personen, insbesondere für die gesellschaftlichen Organisationen, wird aber durch Art. 23 Abs. 1 IPBPR nicht begründet.[46]

3. Einschränkungen

18   **a) Schranken.** Art. 12 EMRK/Art. 23 IPBPR sehen keine dem Art. 8 Abs. 2 vergleichbaren ausdrücklichen Einschränkungsgründe vor. Art. 12 gewährt die Ausübung der Rechte aber nur im Rahmen der nationalen Gesetze, die jedoch die Garantie weder aushöhlen noch ihren Wesensgehalt antasten dürfen.[47] Bei Art. 23 IPBPR fehlt der Hinweis auf die nationalen Gesetze. Nach h.M. sind jedoch neben der Festlegung der Formalitäten für eine gültige Eheschließung auch solche sachlichen Einschränkungen durch das nationale Recht zulässig, die sich auf allgemein anerkannte Gründe, wie die Festlegung des Heiratsalters (vgl. Rn. 9)[48] oder das Verbot der Eheschließung zwischen nahen Verwandten[49] oder – in Ländern des westlichen Kulturkreises – auf das Verbot der Bigamie beschränken.[50] Der Staat ist nicht gehalten, die religiöse Ehe anzuerkennen.[51] Ebenso dürfen die Konventionsstaaten Vorkehrungen treffen, um **„Scheinehen"**, die nur aus ausländerrechtlichen Gründen (zur Erlangung eines Aufenthaltstitels) eingegangen werden, zu unterbinden.[52] Eine Grenze zieht der EGMR allerdings dort, wo das nationale Recht eine Eheschließung völlig

---

40 *Nowak* 9.
41 *Nowak* 37 f.
42 *Frowein/Peukert* 7; *Nowak* 19.
43 Nach Bejahung der Verletzung von Art. 3 und Art. 8 offen gelassen von EGMR V.C./SLO, 8.11.2011, §§ 157 ff.
44 Vgl. HRC Aumeeruddy-Cziffra u.a./MUS, 9.4.1981, 35/1978, EuGRZ **1981** 391; *Nowak* 10 f.
45 Zum Verhältnis zu Art. 8 vgl. *Frowein/Peukert* Art. 12, 8.
46 *Nowak* 13.
47 EGMR Cossey/UK, 27.9.1990; *Frowein/Peukert* Art. 12, 1; *Grabenwarter/Pabel* § 22, 87.
48 Vgl. *Villiger* 842, 845.
49 BGer EuGRZ **2002** 616 (Eheschließungsverbot zwischen Stiefvater und Stieftochter). Ferner die bei *Frowein/Peukert* Art. 12, 2–5 angeführten Fälle der EKMR (z.B. Gattenmord); vgl. ferner EGMR F./CH, 18.12.1987, EuGRZ **1993** 130, und wegen der Ehe nach Geschlechtsumwandlung Rn. 7.
50 *Nowak* 31.
51 EGMR Muñoz Díaz/E, 8.12.2009, § 80; siehe auch Art. 8 Rn. 188.
52 EGMR O'Donoghue u.a./IR, 14.12.2010, § 87 („a Contracting State may properly impose reasonable conditions on the right of a third-country national to marry in order to ascertain whether the proposed marriage is one of convenience and, if necessary, to prevent it").

unmöglich macht („blanket prohibition on the exercise of the right to marry on all persons in a specified category").[53]

b) Schranken-Schranken. In beiden Konventionen müssen sich die Einschränkungen in engen Grenzen halten, sie müssen dem Schutze berechtigter Belange der jeweiligen gesellschaftlichen Ordnung oder der unmittelbar beteiligten Personen dienen, frei von sachfremden Erwägungen sein, auf einer allgemein einsichtigen, rationalen Grundlage beruhen[54] und dürfen **nicht unverhältnismäßig** sein.[55] Ähnlich wie bei Art. 8 Abs. 2 muss bei jeder Einschränkung der mit ihr angestrebte Zweck gegenüber dem grundsätzlich garantierten Recht auf Ehe abgewogen werden. Eine danach unverhältnismäßige Einschränkung verstößt gegen die Konventionsgarantie, so etwa das Erfordernis einer dreijährigen Wartefrist für die Wiederverheiratung nach der dritten Scheidung[56] oder das Verbot der Heirat zwischen Schwiegerkind und Schwiegerelternteil.[57] Die nationalen Regelungen dürfen ferner keine von den Konventionen verbotene Diskriminierung enthalten (vgl. Rn. 2).[58] **19**

c) Relevanz auf strafrechtlichem Gebiet. Bei **Strafgefangenen** darf das Recht, eine Ehe einzugehen, nicht grundsätzlich ausgeschlossen werden,[59] aber im Einzelfall aus schwerwiegenden Gründen versagt werden.[60] Ob auf dem Recht auf Eingehung einer Ehe ein Recht folgt, die Ehe während der Haft auch (geschlechtlich) zu vollziehen, hat der EGMR bislang nicht explizit entschieden.[61] Ein möglicher Ansatzpunkt ist neben Art. 12 das in **Art. 8** geschützte **Recht auf Achtung des Privat- und Familienlebens** (dort Rn. 194), das Einschränkungen lediglich bei strikter Beachtung der Verhältnismäßigkeit zulässt.[62] **20**

Die an **§ 24 Abs. 1 Satz 1 StVollzG** angelehnten Regelungen des Landesrechts[63] räumen jedem Strafgefangenen einen Anspruch auf Empfang von Besuchern während der Haft ein. Zwar beschränken diese Normen die Mindestbesuchsdauer auf lediglich **eine Stunde im Monat**;[64] eine Erweiterung dieses Zeitrahmens ist möglich, wenn dies zur Reintegration oder **21**

---

53 EGMR O'Donoghue u.a./IR, 14.12.2010, § 89.

54 Vgl. BVerfGE **36** 163; **49** 300; *Frowein/Peukert* Art. 12, 2–5; *Nowak* 32; *Schorn* 3, 4.

55 *Grabenwarter/Pabel* § 22, 87.

56 EGMR F./CH, 18.12.1987.

57 EGMR B. u. L./UK, 13.9.2005, §§ 37 ff.

58 Vgl. Art. 14 Rn. 5, 24 ff.

59 EGMR Frasik/PL, 5.1.2010, §§ 91 ff.; Jaremowicz/PL, 5.1.2010 (zu diesen beiden Urteilen *Pohlreich* NStZ **2011** 560, 569 f.); *Meyer-Ladewig/Nettesheim* 5; *Villiger* 847; *Nowak* 32.

60 EKMR nach *Frowein/Peukert* 3; *Partsch* 215. Bemerkenswert der kafkaeske Sachverhalt in EGMR Chernetskiy/UKR, 8.12.2016, wo die nationalen Behörden und Gerichte dem Bf. lediglich vordergründig das Recht auf Eheschließung nicht absprachen und der EGMR auf eine Verletzung von Art. 12 erkannte: Da der Bf. zuvor verheiratet war, musste er zur erneuten Eheschließung eine Scheidungsurkunde vorlegen. Diese musste bei der Personenstandsbehörde persönlich abgeholt werden, was dem Bf. wegen seiner Inhaftierung nicht möglich war; die Haftanstalt zeigte sich nicht kooperativ, da das Gesetz einen bewachten Ausgang („escorting of prisoners") in der Sachlage des Bf. nicht vorsähe.

61 Ablehnend: EKMR Graf-Zwahlen/CH, 3.10.1978, EuGRZ **1978** 518; bei *Bleckmann* EuGRZ **1982** 531; *Frowein/Peukert* Art. 12, 7.

62 Siehe hierzu übergreifend, mit Bezug auf Art. 6 GG: *Thiele* Ehe- und Familienschutz im Strafvollzug (2016).

63 § 19 Abs. 2 Satz 1 JVollzGB III, Art. 27 Abs. 1 Satz 1 BayStVollzG, § 26 Abs. 1 Satz 1 HmbStVollzG, § 34 Abs. 1 Satz 1 HStVollzG, § 25 Abs. 1 Satz 1 NJVollzG.

64 In Berlin, Bremen, Mecklenburg-Vorpommern, Nordrhein-Westfalen, Rheinland-Pfalz, Sachsen-Anhalt, Schleswig-Holstein und Thüringen **2 Stunden** pro Monat; in Brandenburg, Niedersachsen und Sachsen **4 Stunden** im Monat (Stand: Juni 2021).

Behandlung des Inhaftierten förderlich erscheint.[65] Gerade auch im Hinblick auf **Art. 6 Abs. 1 GG** wird es als zulässig erachtet, verheiratete Inhaftierte bei der Gewährung von (erweiterten) Besuchszeiten zu bevorzugen.[66] § 29 Abs. 2 StVollz Bln, § 34 Abs. 2 BbgJVollzG, § 26 Abs. 2 BremStVollzG, § 26 Abs. 2 HmbStVollzG, § 33 Abs. 1 Satz. 2 HStVollzG, § 26 Abs. 2 StVollzG M-V, § 33 Abs. 3 JVollzG LSA, § 42 Abs. 2 Satz 1 LStVollzG SH, § 34 Abs. 3 ThürJVollzGB normieren ausdrücklich, dass **Besuche von Angehörigen** i.S.d. § 11 Abs. 1 Nr. 1 StGB **besonders gefördert bzw. unterstützt** werden sollen.

22   Ob während dieser Besuche von Ehepartnern **Intim- bzw. Sexualkontakte** zulässig sind und demzufolge von der Gefängnisadministration ermöglicht werden müssen (durch Bereitstellung von Mobiliar, Verhütungsmitteln usw.), lässt sich aus den Regelungen der deutschen Strafvollzugsgesetze selbst nicht entnehmen. Die Zulässigkeit sog. **Langzeitbesuche** ist somit weder ausdrücklich ausgeschlossen, noch existiert ein diesbezüglicher Anspruch des Inhaftierten.[67] Sie erscheinen jedoch mit Blick auf die in den deutschen Strafvollzugsgesetzen niedergelegten **Grundsätze der Gegensteuerung** (vgl. § 3 Abs. 2 StVollzG)[68] und **Angleichung** (§ 3 Abs. 1 StVollzG)[69] sowie unter Berücksichtigung der staatlichen Verpflichtung zum **besonderen Schutz von Ehe und Familie aus Art. 6 GG** durchaus geboten.[70] Berlin, Brandenburg, Bremen, Hamburg, Mecklenburg-Vorpommern, Niedersachsen, Nordrhein-Westfalen, Rheinland-Pfalz, Saarland, Sachsen, Sachsen-Anhalt, Schleswig-Holstein und Thüringen haben diese Grundsätze in den § 29 Abs. 4 StVollzGG Bln, § 34 Abs. 4 BbgJVollzG, § 26 Abs. 4 BremStVollzG, § 26 Abs. 4 HmbStVollzG, § 26 Abs. 4 StVollzG M-V, § 25 Abs. 2 Satz 2 NJVollzG, § 19 Abs. 4 StVollzG NRW, § 33 Abs. 5 LJVollzG RLP, § 26 Abs. 4 SLStVollzG, § 26 Abs. 4 SächsStVollzG, § 33 Abs. 5 JVollzG LSA, § 42 Abs. 4 LStVollzG SH, § 34 Abs. 5 ThürJVollzGB niedergelegt, wonach die Anstaltsleitung Langzeitbesuche genehmigen kann, wenn dies der Erreichung der Vollzugsziele – insbesondere der Pflege partnerschaftlicher oder ihn gleichstehender Kontakte – dient und der Strafgefangene dafür geeignet ist. Die nach diesen Vorschriften gestatteten Langzeitbesuche werden **in der Regel nicht überwacht**,[71] es sei denn, die Überwachung ist ausdrücklich angeordnet.[72] Es ist dann den Anstalten überlassen, nach Maßgabe ihrer räumlichen und personellen Möglichkeiten Langzeitbesuche ermessensfehlerfrei zu ermöglichen oder zu untersagen.[73] In § 25 Abs. 2 Satz 2 NJVollzG wird explizit die Möglichkeit eines Langzeitbesuchs auch für **Nichtangehörige** geregelt, wenn ein günstiger Einfluss auf den Strafgefangenen zu erwarten ist; dabei müssen konkrete und objektiv fassbare Anhaltspunkte dafür vorliegen, dass von der Besuchsperson Einwirkungen auf die oder den Gefangenen ausgehen, die die Erreichung des Vollzugsziels fördern.[74] Für den Inhaftierten ergibt sich insoweit jedoch nur ein **Anspruch auf eine rechtsfehlerfreie Ermessensentscheidung**. Die von der Anstalt danach

---

65 § 24 Abs. 2 StVollzG, § 19 Abs. 3 JVollzGB III, Art. 27 Abs. 2 BayStVollzG, § 26 Abs. 3 HmbStVollzG, § 34 Abs. 2 HStVollzG, § 25 Abs. 2 NJVollzG.

66 OLG Dresden NStZ **1998** 159; siehe auch OLG München StV **2009** 198.

67 BVerfG NStZ-RR **2001** 253; OLG Koblenz NStZ **1998** 398; OLG Karlsruhe NStZ-RR **2004** 60; OLG Karlsruhe NStZ-RR **2006** 154; OLG Frankfurt NStZ-RR **2008** 261. Einzige Ausnahme: § 26 Abs. 4 HmbStVollzG.

68 Auf Länderebene: § 2 Abs. 3 Satz 1 JVollzGB III, Art. 5 Abs. 2 BayStVollzG, § 3 Abs. 1 Satz 2 HmbStVollzG, § 3 Abs. 2 HStVollzG, § 2 Abs. 2 NJVollzG.

69 Auf Länderebene: § 2 Abs. 2 JVollzGB III, Art. 5 Abs. 1 BayStVollzG § 3 Abs. 1 Satz 1 HmbStVollzG, § 3 Abs. 1 HStVollzG, § 2 Abs. 1 NJVollzG.

70 Laubenthal/Nestler/Neubacher/Verrel/*Laubenthal* E II 15; Feest/Lesting/Lindemann/*Feest*/*Wegner* Teil II § 26, 20, 23; Schwind/Böhm/Jehle/Laubenthal/*Dessecker*/*Schwind* Kap. 9 B, 16, 20, 24.

71 Vgl. *Laubenthal* Rn. 520.

72 Vgl. § 26 Abs. 4 Satz 3 BremStVollzG.

73 OLG Frankfurt Beschl. v. 13.10.2016 – 3 Ws 410/16 StVollz, BeckRS **2016** 116149; KG Beschl. v. 27.3.2006 – 5 Ws 118/06 Vollz, BeckRS **2006** 6981.

74 OLG Celle Beschl. v. 11.6.2020 – 3 Ws 103/20, NStZ-RR **2020** 262 (Ls.).

Esser   1436

zu treffende Ermessensentscheidung über die Gewährung von Langzeitbesuch ist gem. § 115 Abs. 5 StVollzG gerichtlich immerhin dahingehend zu überprüfen, ob von einem vollständigen und wahrheitsgemäßen Sachverhalt ausgehend die gesetzlichen Grenzen des Ermessens überschritten sind oder von dem Ermessen in einer dem Zweck der Ermächtigung nicht entsprechenden Weise Gebrauch gemacht worden ist, wobei insbesondere die in Art. 1 und Art. 6 GG zum Ausdruck kommenden Wertentscheidungen zu berücksichtigen sind.[75] In Deutschland werden Langzeitbesuche in etwa 30 Justizvollzugsanstalten mit überwiegend positiven Ergebnissen durchgeführt (Stand: Juni 2021).[76] Der EGMR betont zwar, dass es essentieller Teil des Rechts auf Achtung des Privat- und Familienlebens eines Strafgefangenen ist, Besuch von Angehörigen zu empfangen. „Gewisse Kontrollmaßnahmen" diesbezüglich seien jedoch nicht per se unvereinbar mit der EMRK. Einerseits nimmt der Gerichtshof damit Notiz von der Entwicklung in einigen Mitgliedstaaten in Bezug auf die Ermöglichung von Langzeitbesuchen („**conjugal visits**"). Die Verweigerung solcher Besuche soll jedoch „bislang"[77] mit Art. 8 vereinbar sein, solange die Verhältnismäßigkeit im Einzelfall gewahrt ist.[78] Dies gelte auch für die Untersuchungshaft, insbesondere wenn das nationale Recht für rechtskräftig verurteilte Strafgefangene ein solches Besuchsrecht einräume und soweit dies mit dem Zweck der Untersuchungshaft vereinbar sei.[79]

EMRK
Artikel 13 Recht auf wirksame Beschwerde

Jede Person, die in ihren in dieser Konvention anerkannten Rechten oder Freiheiten verletzt worden ist, hat das Recht, bei einer innerstaatlichen Instanz eine wirksame Beschwerde zu erheben, auch wenn die Verletzung von Personen begangen worden ist, die in amtlicher Eigenschaft gehandelt haben.

IPBPR
Artikel 2

(1) Jeder Vertragsstaat verpflichtet sich, die in diesem Pakt anerkannten Rechte zu achten und sie allen in seinem Gebiet befindlichen und seiner Herrschaftsgewalt unterstehenden Personen ohne Unterschied wie insbesondere der Rasse, der Hautfarbe, des Geschlechts, der Sprache, der Religion, der politischen oder sonstigen Anschauung, der nationalen oder sozialen Herkunft, des Vermögens, der Geburt oder des sonstigen Status zu gewährleisten.

(2) Jeder Vertragsstaat verpflichtet sich, im Einklang mit seinem verfassungsmäßigen Verfahren und mit den Bestimmungen dieses Paktes die erforderlichen Schritte zu unternehmen, um die gesetzgeberischen oder sonstigen Vorkehrungen zu treffen, die notwendig sind, um den in diesem Pakt anerkannten Rechten Wirksamkeit zu verleihen, soweit solche Vorkehrungen nicht bereits getroffen worden sind.

---

75 OLG Bremen Beschl. v. 2.6.2014 – 1 Ws 12/14, NStZ-RR **2014** 326, 327.

76 *Preusker* FS **2008** 255; zur Rechtslage in Österreich § 93 Abs. 2 öStVG (Durchführung von Langzeitbesuchen seit 2007); zur Rechtslage in der Ukraine: EGMR Chernetskiy/UKR, 8.12.2016, §§ 18, 32.

77 EGMR Aliev/UKR, 29.4.2003, § 188 („for the present time").

78 Vgl. EGMR Aliev/UKR, 29.4.2003, §§ 185 ff; Starishko/UKR, 15.10.2020, §§ 25, 28.

79 Vgl. EGMR Varnas/LIT, 9.7.2013, §§ 110, 115 ff.; Vool u. Toomik/EST, 29.3.2022, §§ 87 ff.

https://doi.org/10.1515/9783110275063-015

(3) Jeder Vertragsstaat verpflichtet sich,

a) **dafür Sorge zu tragen, daß jeder, der in seinen in diesem Pakt anerkannten Rechten oder Freiheiten verletzt worden ist, das Recht hat, eine wirksame Beschwerde einzulegen, selbst wenn die Verletzung von Personen begangen worden ist, die in amtlicher Eigenschaft gehandelt haben;**

b) **dafür Sorge zu tragen, daß jeder, der eine solche Beschwerde erhebt, sein Recht durch das zuständige Gerichts-, Verwaltungs- oder Gesetzgebungsorgan oder durch eine andere, nach den Rechtsvorschriften des Staates zuständige Stelle feststellen lassen kann, und den gerichtlichen Rechtsschutz auszubauen;**

c) **dafür Sorge zu tragen, daß die zuständigen Stellen Beschwerden, denen stattgegeben wurde, Geltung verschaffen.**

Schrifttum (Auswahl)

Bielka Das Prinzip effektiven Rechtsschutzes nach der EMRK (2022); *Brüning* Staatshaftung bei überlanger Dauer von Gerichtsverfahren, NJW **2007** 1094; *Esser* Effektiver nationaler Rechtsschutz als Grundelement des europäischen Menschenrechtsschutzes – Überlegungen auf der Grundlage der EGMR-Urteile Horvat v. Kroatien und Sürmeli v. Deutschland, in: Pavišic (Hrsg.), Decennium Moztanicense, Deset godina rada Zavoda za kaznene znanosti Mošćenice – Pravnog fakulteta Sveučilišta u Rijeci (2008) 101; *Frowein* Art. 13 as a growing pillar of Convention law, GedS Ryssdal (2000) 545; *Gimpel* Einführung einer allgemeinen Untätigkeitsbeschwerde im Strafprozeß durch Gesetz, ZRP **2003** 35; *Gundel* Neue Anforderungen des EGMR an die Ausgestaltung des nationalen Rechtsschutzsystems – Die Schaffung effektiver Rechtsbehelfe gegen überlange Verfahrensdauer, DVBl. **2004** 217; *Matscher* Zur Funktion und Tragweite der Bestimmung des Art. 13 EMRK, FS Seidl-Hohenveldern (1988) 315; *Redeker* Kann eine Untätigkeitsbeschwerde helfen? NJW **2002** 488; *Roller* Möglichkeiten des Gesetzgebers zur Beschleunigung gerichtlicher Verfahren, ZRP **2008** 122; *Sachs* Grundrechte: Garantie effektiven Rechtsschutzes, JuS **2021** 92; *Schaupp-Haag* Die Erschöpfung des innerstaatlichen Rechtsweges nach Art. 26 EMRK und das deutsche Recht (1987); *Steinbeiß-Winkelmann* Überlange Gerichtsverfahren – Der Ruf nach dem Gesetzgeber, ZRP **2007** 177; *dies.* Die Verfassungsbeschwerde als Untätigkeitsbeschwerde? NJW **2008** 1783; *Vorwerk* Kudla gegen Polen – Was kommt danach? JZ **2004** 553; *Vospernik* Das Verhältnis zwischen Art. 13 und Art. 6 EMRK – Absorption oder „Apfel und Birne"? ÖJZ **2001** 361.

Übersicht

1. Allgemeines
   a) Art. 13 —— 1
   b) Art. 2 Abs. 3 IPBPR —— 2
   c) Andere internationale Konventionen —— 5
   d) Europäische Union —— 6
2. Bedeutung und Tragweite der Verfahrensgarantie —— 9
3. Verhältnis zu anderen Rechtsbehelfsgarantien —— 14
4. Reichweite und Inhalt der Garantie
   a) Akzessorietät und Ausgestaltung durch das nationale Recht —— 17
   b) Individualrecht —— 30
   c) Systematische Grenzen der Rechtsbehelfsgarantie —— 32
5. Effektivität des Rechtsbehelfs —— 41
   a) Geeignetheit des Rechtsbehelfs —— 42
      aa) Unabhängigkeit der entscheidenden Behörde —— 43

      bb) Rechtsanspruch —— 47
      cc) Überprüfungsrechte, Kontrolldichte und Abhilfemöglichkeit —— 48
   b) Zugänglichkeit —— 70
   c) Zusammenwirken mehrerer Rechtsbehelfe —— 76
   d) Beweislast —— 77
   e) Abhilfemöglichkeiten bei überlanger Verfahrensdauer nach deutschem Recht —— 78
      aa) Verfassungsbeschwerde —— 79
      bb) Sonstige Rechtsbehelfe —— 83
      cc) Bewertung der Rechtsbehelfe gegen überlange Verfahrensdauer durch den EGMR —— 85

1. Allgemeines

a) Art. 13. Die Konventionsgarantie enthält eine **akzessorische Rechtsschutzgaran-** 1
tie, die nur zusammen mit der Behauptung einer **Verletzung eines Konventionsrechts**
geltend gemacht werden kann.[1] Die deutschsprachige Fassung ist insofern irreführend, als
nicht nur das Recht auf eine *Beschwerde* im technischen Sinn des gleichnamigen Rechtsmittels des nationalen Verfahrensrechts gewährleistet wird (Rn. 41 ff.),[2] sondern das **Recht**
auf einen wirksamen Rechtsbehelf („right to an effective remedy") bei einer innerstaatlichen Instanz für jedermann, der die Verletzung in einem der in der EMRK oder ihren
Zusatzprotokollen festgelegten Recht **plausibel geltend** machen kann (Rn. 21 ff.).[3] Die wei-
terreichende Forderung in **Art. 8 AEMR** vom 10.12.1948, nach der jedermann Anspruch
auf einen wirksamen Rechtsbehelf bei den innerstaatlichen Gerichten gegen Handlungen
hat, die ihn in seinem von der Verfassung oder einem Gesetz verbürgten Grundrecht
verletzen, wurde insoweit einschränkend abgewandelt.[4]

b) Art. 2 Abs. 3 IPBPR. Wie Art. 13 EMRK ist auch Art. 2 Abs. 3 IPBPR streng akzesso- 2
risch und setzt entgegen seinem Wortlaut keinen Verstoß gegen ein im IPBPR verbürgtes
Recht voraus, sondern lediglich, dass eine Konventionsverletzung *vertretbar behauptet*
wird.[5] Er ergänzt und konkretisiert insoweit die Verpflichtung der Staaten aus Art. 2 Abs. 2
IPBPR, alle erforderlichen gesetzgeberischen oder sonstigen Vorkehrungen zu treffen, die
notwendig sind, um den im IPBPR anerkannten Rechten Wirksamkeit zu verleihen.

Nach seinem Wortlaut verpflichtet Art. 2 Abs. 3 IPBPR (nur) die Vertragsstaaten, dafür 3
zu sorgen, dass jeder, der in seinen im IPBPR anerkannten Rechten und Freiheiten verletzt
worden ist, innerstaatlich das Recht hat, eine wirksame Beschwerde einzulegen (*lit.* a).[6]
Die nach nationalem Recht jeweils zuständigen Stellen, Gerichte, Verwaltungsorgane oder
sonstigen Stellen müssen aufgrund der Beschwerde den Sachverhalt überprüfen und ggf.
eine solche Verletzung feststellen können (*lit.* b). Zudem muss gesichert sein, dass erfolgreichen Beschwerden durch die zuständigen staatlichen Organe Geltung verschafft wird
(*lit.* c).

Art. 2 Abs. 3 *lit.* b IPBPR enthält zusätzlich noch die allgemein gehaltene Verpflichtung, 4
den – auch dort nicht zwingend geforderten – **gerichtlichen Rechtsschutz auszubauen**.
Dieser Wortlaut trägt der Tatsache Rechnung, dass der IPBPR für eine weit weniger homo-
gene Staatengemeinschaft gilt, die sich, anders als die Vertragsstaaten der EMRK, nicht
unbedingt an den traditionellen westlichen Rechtsbehelfsvorstellungen orientiert.[7]

c) Andere internationale Konventionen. Auch andere internationale Konventionen 5
verpflichten die Vertragsstaaten dazu, die in ihnen enthaltenen materiellen Gewährleistungen durch wirksame innerstaatliche Rechtsbehelfe abzusichern. So fordert Art. 6 des
Internationalen Übereinkommens zur Beseitigung jeder Form von Rassendiskriminierung

---

1 EGMR Yunusova u. Yunusov/ASE (Nr. 2), 16.7.2020, § 175; M.K. u.a./PL, 23.7.2020, § 142 („to enforce the
substance of the Convention rights and freedoms in whatever form they may happen to be secured").
2 Vgl. *Grabenwarter/Pabel* § 24, 196 (Begriff ist autonom zu interpretieren).
3 EGMR M.K. u.a./PL, 23.7.2020, § 142 („to deal with the substance of an „arguable complaint" under the
Convention and to grant appropriate relief").
4 Zur Entstehungsgeschichte IK-EMRK/*Schweizer* 4 ff.; *Matscher* FS Seidl-Hohenveldern 315, 316.
5 *Nowak* 13 ff., 62.
6 Zu dieser „Staatenverpflichtung" *Nowak* 13; IK-EMRK/*Schweizer* 29.
7 Zur Entstehungsgeschichte *Nowak* 5 ff., 64.

Esser

v. 7.3.1966 (**CERD**),[8] dass die Vertragsstaaten jeder Person in ihrem Hoheitsbereich *„wirksa- me Rechtsbehelfe durch die zuständigen nationalen Gerichte und sonstige staatliche Einrich- tungen"* sowie angemessene Schadensersatzansprüche gewährleisten bei *„allen rassisch diskriminierenden Handlungen, welche ihre Menschenrechte und Grundfreiheiten im Wider- spruch zu diesem Übereinkommen verletzen".* Art. 13 der UN-Antifolterkonvention v. 10.12.1984 (**UNCAT**)[9] verpflichtet die Vertragsstaaten, dafür zu sorgen, dass jeder, der be- hauptet, er sei im Hoheitsbereich eines Vertragsstaates gefoltert worden, das Recht auf Anrufung der zuständigen Behörden und auf umgehende unparteiische Prüfung seines Falles durch diese Behörden hat. Art. 14 UNCAT fordert darüber hinaus, im nationalen Recht einklagbare Schadensersatzansprüche vorzusehen.

6   **d) Europäische Union.** In der Europäischen Union wird das Recht auf einen wirksa- men Rechtsbehelf als Teil des allgemeinen Unionsrechts angesehen, da es zu den allgemei- nen rechtsstaatlichen Grundsätzen gehört, die Teil der **gemeinsamen Verfassungstradition** der Vertragsstaaten sind.[10] Zur Bekräftigung fordert **Art. 47 EUC** für jede Person, die in ei- nem ***durch das Recht der Union*** garantierten Recht oder einer Freiheit verletzt ist, ei- nen **wirksamen Rechtsbehelf bei einem Gericht.**[11] Das Recht muss sich entweder aus ei- nem unionsrechtlichen Rechtsakt oder aber aus einem mitgliedstaatlichen Rechtsakt ergeben, der Unionsrecht umsetzt. Für Rechte, die sich aus Vorschriften der Mitgliedstaaten ergeben, gilt Art. 47 Abs. 1 EUC, sofern diese Vorschriften in **Umsetzung von Unionsrecht** ergangen sind. Ansprüche, die sich aus rein nationalen Rechtsquellen ergeben, fallen hinge- gen nicht in den Schutzbereich der Norm.[12] Die Abgrenzung verläuft entsprechend der vom EuGH entwickelten Leitlinien zum wenig konturenscharfen Terminus der *„Durchführung des Rechts der Union"* in **Art. 51 Abs. 1 EUC** (Teil I Rn. 114).

7   Problematisch war unter diesem Gesichtspunkt, dass vor den **Europäischen Gerich- ten** zunächst nur derjenige gegen eine Entscheidung oder eine Verordnung nach Art. 230 Abs. 4 EGV a.F. klagen konnte, der dadurch in seinen Rechten unmittelbar und auch indivi- duell betroffen war. Nach der sog. ***Plaumann*-Formel** war der Kläger nur dann individuell durch den angegriffenen Akt betroffen, wenn besondere Umstände ihn aus dem Kreis der übrigen Personen heraushoben, so dass er auf ähnliche Weise individualisiert wurde wie ein Adressat.[13] Damit war es natürlichen und juristischen Personen praktisch unmöglich, gegen Verordnungen direkt vorzugehen, was insoweit problematisch war, als sie unmittel- bar anwendbar sind und allenfalls Durchführungsmaßnahmen auf nationaler Ebene er- fordern und erlauben. Der Versuch des EuG, die Individualklagebefugnis im Sinne eines effektiven Rechtsschutzes zu erweitern, wurde vom EuGH unter Hinweis auf den Wortlaut des Art. 230 Abs. 4 EGV a.F. abgelehnt. Schließlich wurde, diesem Ziel folgend, bei der Neufassung der Verträge in **Art. 263 Abs. 4 AEUV** auf das Merkmal der individuellen Betroffenheit bei Verordnungen verzichtet.[14] Die Vorschrift sieht nunmehr vor, dass auch **Rechtsakte mit Verordnungscharakter** angreifbar sind, die keine Durchführungsmaß-

---

8   BGBl. 1969 II S. 962.

9   BGBl. 1990 II S. 246.

10   EuGH (Gutachten) EuGRZ **1996** 197; IK-EMRK/*Schweizer* 110; 15.5.1986, 222/84 (Johnston), Tz. 18, 19; 15.10.1987, C-222/86 (Heylens u.a.), Tz. 14; 27.11.2001, C-424/99, Tz. 45; 25.7.2002, C-50/00 P (Unión de Pequeños Agricultores/Rat), Tz. 39, NJW **2002** 2935; 19.6.2003, C-467/01 (Eribrand).

11   EuG EuGRZ **2002** 266.

12   Vgl. OGH ÖJZ **2013**, 880, 882 m.w.N.; *Jarass* Art. 47, 4 EUC.

13   EuGH 28.5.1963, C-25/62 (Plaumann); 25.7.2002, C-50/00 (UPA Unión de Pequenos Agricultores), NJW **2002** 2935.

14   Geiger/Khan/Kotzur/*Kotzur* Art. 263, 30 f. AEUV.

Esser   **1440**

nahmen nach sich ziehen: Es wird nur noch verlangt, dass die angegriffene Handlung **Rechtswirkung** gegenüber dem Kläger hat. Was allerdings Rechtsakte mit Verordnungscharakter sind, ist durchaus umstritten. Gemeint sein können zum einen sog. Scheinverordnungen, die in der Form einer Verordnung ergehen, aber tatsächlich konkret-individuelle Regelungen treffen. Andererseits kann das Merkmal aber auch – in Abgrenzung zu den in Art. 289 Abs. 3 AEUV genannten Rechtsakten mit Gesetzescharakter – so verstanden werden, dass es alle Rechtsakte erfassen soll, die nicht in einem Gesetzgebungsverfahren angenommen worden sind.[15] Das **EuG** versteht den Begriff *„Rechtsakt mit Verordnungscharakter"* dahingehend, dass er mit Ausnahme der Gesetzgebungsakte jede Handlung mit allgemeiner Geltung erfasst; gegen einen Gesetzgebungsakt kann eine natürliche oder juristische Person daher nur dann Nichtigkeitsklage erheben, wenn sie von ihm **unmittelbar und individuell betroffen** ist.[16]

Innerstaatlich garantiert Art. 19 Abs. 4 GG bei einer (behaupteten) Verletzung eines **8** subjektiven Rechts durch die öffentliche Gewalt den Zugang zu den Gerichten.[17] Soweit im GG vergleichbare Rechte wie in den Konventionen garantiert werden, steht bei deren Verletzung die **Verfassungsbeschwerde** (Art. 93 Abs. 1 Nr. 4a GG) offen.[18] Diese (allein) genügt jedoch nach der Rechtsprechung des EGMR nicht in allen Konstellationen den Anforderungen, die Art. 13 an einen wirksamen Rechtsbehelf stellt (Rn. 79 ff.).[19]

2. Bedeutung und Tragweite der Verfahrensgarantie. Die Bedeutung der Garantie **9** eines nationalen Überprüfungsverfahrens i.S.d. Art. 13 EMRK/Art. 2 Abs. 3 IPBPR liegt einmal darin, dass die tatsächliche Gewährung der Konventionsrechte und damit deren Effektivität **innerstaatlich** abgesichert wird. Der Einzelne erhält dadurch das Recht, schon vor einer nationalen Stelle um wirksame Abhilfe nachzusuchen,[20] wenn er mit vertretbaren Argumenten (**„arguable claim/complaint"**) eine Konventionsverletzung behaupten kann.[21] Die Konventionsstaaten sind verpflichtet, eine nationale Überprüfungsinstanz/-verfahren (**„domestic remedy"**) zu schaffen, die sich mit der behaupteten Konventionsverletzung in der Sache befassen und im Falle ihres Vorliegens wirksam abhelfen kann (**„grant appropriate relief"**).[22]

---

15 *Arndt/Fischer/Fetzer* 274; Vedder/Heintschel von Heinegg/*Pache* Art. 263, 40 AEUV.

16 EuG 6.9.2011, T-18/10 (Inuit Tapiriit Kanatami u.a./EuP und Rat); bestätigt: EuGH (GK) 3.10.2013, C-583/11 P.

17 Vgl. BVerfG Beschl. v. 10.6.2020 – 2 BvR 11/20, BeckRS **2020** 14498, Tz. 14 (vorläufiger Rechtsschutz bei drohender Abschiebung nach Afghanistan); dazu auch *Sachs* JuS **2021** 92 ff.; BVerfG Beschl. v. 2.6.2021 – 2 BvR 899/20, BeckRS **2021** 15514 (Anforderungen an die zügige Bearbeitung von Eilverfahren; konkreter Kontext im Fall: Eilrechtsschutz gegen die Einschränkung von Besuchen in einer JVA während der Corona-Pandemie); BVerfG Beschl. v. 8.6.2021 – 2 BvR 2010/20, BeckRS **2021** 14071, Tz. 22 (Anforderungen an die Begründung von Klageerzwingungsanträgen; u.a. Obliegenheit zur Darlegung der Wahrung der Beschwerdefrist des § 172 Abs. 1 Satz 1 StPO verfassungsrechtlich nicht zu beanstanden; kein Verstoß gegen Art. 19 Abs. 4 GG).

18 Vgl. *Grabenwarter/Pabel* § 24, 186.

19 EGMR (GK) Sürmeli/D, 8.6.2006, NJW **2006** 2389 = EuGRZ **2007** 255 = FamRZ **2007** 1449 (Verfahrensdauer in Zivilprozessen); hierzu *Esser* in: Pavišic (Hrsg.), Decennium Moztanicense 101.

20 Vgl. *Matscher* FS Seidl-Hohenveldern 315, 317.

21 Z.B. EGMR Klass u.a./D, 6.9.1978, NJW **1979** 1755 = EuGRZ **1979** 278; Leander/S, 26.3.1987; Boyle u. Rice/UK, 27.4.1988, 131; Powell u. Rayner/UK, 21.2.1990, ÖJZ **1990** 418; Vereinigung demokratischer Soldaten Österreichs u. Gubi/A, 19.12.1994, ÖJZ **1995** 314; Wille/FL, 28.10.1999, NJW **2001** 1195 = ÖJZ **2000** 647 = EuGRZ **2001** 475; Ananyev u.a./R, 10.1.2012, § 93; A.K./FL (Nr. 2), 18.2.2016, § 84; Roth/D, 22.10.2020, § 90, NJW **2022** 35 = NLMR **2020** 329; *Grabenwarter/Pabel* § 24, 194; Meyer-Ladewig/Nettesheim/von Raumer/*Meyer-Ladewig/Renger* 7; *Villiger* 859.

22 Vgl. EGMR M.K. u.a./P, 23.7.2020, § 142; (GK) Kudła/PL, 26.10.2000, § 157, NJW **2001** 2694 = EuGRZ **2004** 484 = ÖJZ **2001** 904; (GK) Ramirez Sanchez/F, 4.7.2006, § 157; Mustafa Sezgin Tanrikulu/TRK, 18.7.2017, § 69; Roth/D, 22.10.2020, § 90, NJW **2022** 35.

10   Diese Pflicht eröffnet den Vertragsstaaten entsprechend dem **Grundsatz der Subsidiarität** zugleich die Möglichkeit, behauptete Konventionsverstöße ihrer Organe selbst zu überprüfen, sie innerstaatlich selbst zu bereinigen und sich so ein gegen sie gerichtetes Verfahren vor dem EGMR zu ersparen. Der Gerichtshof wiederum wird dadurch entlastet, da er sich nach Art. 35 Abs. 1 mit einer Individualbeschwerde wegen einer Konventionsverletzung nur befasst, wenn die bestehenden **innerstaatlichen Rechtsbehelfe erschöpft** sind (Teil II Rn. 175 ff.).[23] Auf den engen Zusammenhang zwischen diesem Zulässigkeitserfordernis für eine Individualbeschwerde und dem staatlicherseits zu gewährleistenden Recht nach Art. 13 hat der Gerichtshof ausdrücklich hingewiesen.[24]

11   Die **Ausschöpfung aller innerstaatlichen Rechtsbehelfe** bei einer vertretbar behaupteten Verletzung eines Konventionsrechtes ist auch beim IPBPR Voraussetzung für die Anrufung des Human Rights Committee (HRC) als Kontrollorgan (vgl. Art. 41 Abs. 1 lit. c IPBPR für Staatenbeschwerden; Art. 2, 5 Abs. 2 *lit.* b des 1. FP-IPBPR für Individualbeschwerden).[25]

12   Durch die vorherige Einschaltung einer nationalen Instanz kann der Gerichtshof auf Entscheidungen aufbauen, deren Grundlagen im nationalen Recht bereits überprüft worden sind. Die Anforderungen des jeweiligen nationalen Rechts werden für den Gerichtshof verdeutlicht und können von ihm bei seiner Entscheidungsfindung mitberücksichtigt werden. Der für die Fortentwicklung des Konventionssystems wichtige Dialog zwischen den Rechtssystemen[26] wird dadurch gefördert.

13   Wird die Verletzung der EMRK erst durch den EGMR festgestellt, so fordert Art. 13 nicht, dass das nationale Recht die **Wiederaufnahme des rechtskräftig abgeschlossenen Verfahrens** vorsehen muss.[27] Deutschland hat von dieser *Möglichkeit* durch die Schaffung außerordentlicher Rechtsbehelfe für das Strafverfahren (§ 359 Nr. 6 StPO), das Zivilverfahren (§ 580 Nr. 8 ZPO; Restitutionsklage; für das Finanzgerichtsverfahren: § 134 FGO), den Verwaltungsprozess (§ 153 Abs. 1 VwGO i.V.m. § 580 Nr. 8 ZPO) und für das Verwaltungsverfahren (§ 51 VwVfG)[28] eröffnet (Teil II Rn. 303 ff.).

14   **3. Verhältnis zu anderen Rechtsbehelfsgarantien.** Soweit **ein und dieselbe Konventionsverbürgung** durch unterschiedliche Rechtsbehelfsgarantien in der Konvention abgesichert wird, verdrängt der stärkere Anspruch auf gerichtlichen Rechtsschutz die schwächere, unspezifische Garantie des Art. 13.[29] Dies gilt etwa für den Fall, dass sie für das nationale Recht vorschreiben, dass über die jeweilige Fragestellung bzw. Konventionsverletzung nur eine richterliche Instanz entscheiden darf. Die Rechtsbehelfsgarantien der Konventionen, wie sie Art. 6 Abs. 1 EMRK/Art. 14 Abs. 1 IPBPR und Art. 5 Abs. 3, 4 EMRK[30]/ Art. 9 Abs. 3, 4 IPBPR für die dort genannten Rechte und Verfahren enthalten, gehen daher

---

23 Vgl. EGMR (GK) Kudła/PL, 26.10.2000, § 152; Yuriy Nikolayevich Ivanov/UKR, 15.10.2009, § 63; McFarlane/IR, 10.9.2010, § 112; *Grabenwarter/Pabel* § 24, 185 (materiellrechtliche Voraussetzung für die Subsidiarität des Art. 35 EMRK); IK-EMRK/*Schweizer* 2 (Filterwirkung), 55 ff. (Abgrenzung zu Art. 35 Abs. 1); Meyer-Ladewig/Nettesheim/von Raumer/*Meyer-Ladewig/Renger* 2.

24 EGMR M.K. u.a./P, 23.7.2020, § 142 („rule of exhaustion of domestic remedies is based on the assumption – reflected in Article 13 of the Convention, with which it has close affinity").

25 Vgl. *Nowak* 62 ff. (repressiver Rechtsschutz genügt). Vgl. Teil II Rn. 434.

26 Zur Wechselwirkung zwischen Art. 13 und dem jetzigen Art. 35 Abs. 1: IK-EMRK/*Schweizer* 55 ff.

27 Vgl. BVerfG (Vorprüfungsausschuss) EuGRZ **1985** 654 (Pakelli); OLG Stuttgart Justiz **1985** 177 je m.w.N.; strittig, vgl. Teil II Rn. 307 f.

28 Siehe hierzu auch die entsprechenden Regelungen auf Länderebene.

29 *Frowein/Peukert* 10; IK-EMRK/*Schweizer* 52; *Vospernik* ÖJZ **2001** 361, 367 (wenn Rechtsschutz gegen die gleiche Konventionsverletzung im vollen oder größeren Umfang als bei Art. 13 besteht und dessen Schutzziel daher von dem anderen Konventionsartikel mitumfasst ist).

30 EGMR Ruiz Rivera/CH, 18.2.2014, § 47; (GK) Khlaifia u.a./I, 15.12.2016, § 266; Mozer/MDA u. R, 23.2.2016, § 208.

als **Spezialregelungen** dem nur allgemein und unspezifisch garantierten Recht auf einen wirksamen Rechtsbehelf grundsätzlich vor.[31]

Wieweit Art. 13 **bei anderen verfahrensbezogenen Konventionsverletzungen** an- **15** wendbar ist, etwa wenn eine staatliche Stelle einem durch eine Maßnahme Betroffenen konventionswidrig den **Zugang zum Gericht** verweigert oder diesen faktisch unmöglich macht, ohne dass dagegen ein innerstaatlicher Rechtsbehelf ergriffen werden kann,[32] wenn also die weitergehende akzessorische Rechtsbehelfsgarantie des Art. 13 den Rechtsweg wegen einer anderen materiellen Konventionsverletzung nicht parallel zu einer Gerichtsgarantie absichert, ist dagegen strittig. Insoweit hat die Garantie des Art. 13 einen **anderen Schutzgegenstand**,[33] weil sie die Einhaltung einer spezielleren Gerichtsgarantie selbst betrifft.[34] In der Sache fällt die Garantie des Art. 13 aber auch in einem solchen Fall mit dem durch die Verhinderung der Anrufung des Gerichts gleichzeitig verletzten und unmittelbar anwendbaren spezielleren Recht auf Entscheidung durch ein unabhängiges Gericht in den Art. 5 Abs. 3, Abs. 4 bzw. Art. 6 Abs. 1 zusammen, so dass zumindest kein praktisches Bedürfnis besteht, neben diesen Garantien noch die Einhaltung des Art. 13 gesondert zu prüfen.[35]

Sind allerdings Konventionsrechte verletzt, die weder von den Verfahrensgarantien **16** des Art. 5 erfasst werden noch vom Recht auf eine gerichtliche Entscheidung in Art. 6 Abs. 1 gedeckt sind, weil es weder um einen *zivilrechtlichen Anspruch* noch um eine *strafrechtliche Anklage*[36] geht, wird die Rechtsbehelfsgarantie des Art. 13 durch **keine vorrangige Garantie** des Rechtswegs zu den Gerichten verdrängt. Die Generalität des Art. 13 zeigt sich dabei darin, dass er im Gegensatz zu den Garantien aus Art. 5 und Art. 6 für alle aus der Konvention garantierten Rechte gilt, insofern also weiter ist.[37] Bei Konventionsverletzungen, die nicht notwendig mit den Verfahrensgarantien der Art. 5 und Art. 6 zusammentreffen, muss zumindest ein Rechtsbehelf zu einer den Anforderungen des Art. 13 genügenden staatlichen Stelle gegeben sein.[38] Im Gegensatz dazu kann auch eine Verletzung des Art. 13 in Verbindung mit einer anderen Konventionsgarantie vorliegen, wenn keine individuelle Verletzung dieser Konventionsgarantie stattgefunden hat.[39]

4. Reichweite und Inhalt der Garantie

a) Akzessorietät und Ausgestaltung durch das nationale Recht. Art. 13 EMRK und **17** Art. 2 Abs. 3 IPBPR gewährleisten ein Recht auf innerstaatlichen Rechtsschutz schon, aber

---

31 EGMR Sporrong u. Lönnroth/S, 23.9.1982, NJW **1984** 2747 = EuGRZ **1983** 523; Silver u.a./UK, 25.3.1983, EuGRZ **1984** 147; Campbell u. Fell/UK, 28.6.1984, EuGRZ **1985** 534; De Jong, Baljet u. Van den Brink/NL, 22.5.1984, NJW **1986** 3012 = EuGRZ **1985** 700; W/UK, 8.7.1987, NJW **1991** 2199 = EuGRZ **1990** 533; Hentrich/F, 22.9.1994, EuGRZ **1996** 593 = ÖJZ **1995** 594; *Frowein/Peukert* 10; *Matscher* FS Seidl-Hohenveldern 315, 318, 336; weitere Nachw. zur Entwicklung der Rspr. des EGMR *Vospernic* ÖJZ **2001** 361; IK-EMRK/*Schweizer* 48 ff., 52; vgl. Art. 5 Rn. 360 ff., 506 ff.; Art. 6 Rn. 4.
32 IK-EMRK/*Schweizer* 53 bejaht dies; ebenso *Vospernik* ÖJZ **2001** 361, 367.
33 Vgl. die Wiedergabe des Meinungsstandes in der Literatur bei *Vospernik* ÖJZ **2001** 361, 362 ff.
34 *Vospernik* ÖJZ **2001** 361, 367 verneint bei solchen Konstellationen den gleichen Gegenstand; IK-EMRK/*Schweizer* 53 (gleichzeitige Anwendung).
35 Vgl. EGMR Sporrong u. Lönnroth/S, 23.9.1982; Campbell u. Fell/UK, 28.6.1984; W/UK, 8.7.1987; *Frowein/Peukert* 10; anders EGMR (GK) Kudła/PL, 26.10.2000, § 146; G.R./NL, 10.1.2012, § 49.
36 Vgl. Art. 6 Rn. 79 ff.
37 Meyer-Ladewig/Nettesheim/von Raumer/ *Meyer-Ladewig/Renger* 5.
38 So behandelt der EGMR auch Fälle mit Foltervorwürfen (Art. 3) unter dem Blickwinkel der Rechtsbehelfsgarantie des Art. 13 vgl. die Nachweise bei *Vospernik* ÖJZ **2001** 361, 366.
39 EGMR Konstantinopoulos/GR, 28.1.2016; Koureas/GR, 18.1.2018, § 85.

eben erst/nur, **bei einer** (vertretbar behaupteten) **Verletzung eines anderen Konventionsrechts.**[40] Die Behauptung eines Verstoßes gegen Art. 13 muss daher immer auch das Konventionsrecht mit anführen, dem mit der Beschwerde innerstaatlich zur Geltung verholfen werden soll.[41] Soweit ein Staat ein bestimmtes Konventionsrecht nur mit Vorbehalt anerkannt hat, gewährleistet Art. 13 dessen Nachprüfung ebenfalls nur mit den sich aus diesem Vorbehalt ergebenden Einschränkungen.[42]

18   Zu den von Art. 13 erfassten **Konventionsrechten** zählen die im Abschnitt I der EMRK aufgenommenen Rechte und Freiheiten, ferner – soweit der jeweilige Staat ihnen beigetreten ist – auch die Rechte und Freiheiten, die sich aus **Zusatzprotokollen** ergeben. Auf andere, über diese menschenrechtlichen Garantien hinausgehenden Rechte und Freiheiten erstreckt sich das Recht auf einen wirksamen Rechtsbehelf nicht, mögen diese weitergehenden auch verfassungsrechtlich gewährleistet sein oder sich aus anderen völkerrechtlichen Verpflichtungen ergeben.

19   Auch die Garantie des **Art. 2 Abs. 3 IPBPR** ist in diesem Sinne akzessorisch. Das Fehlen eines wirksamen Rechtsbehelfs kann ebenfalls nur im Hinblick auf eine Beeinträchtigung bei Ausübung eines bestimmten Konventionsrechts nach Art. 6 bis 27 IPBPR beanstandet werden.[43]

20   Aus dem Wortlaut der Art. 13 EMRK und Art. 2 Abs. 3 *lit.* a IPBPR könnte geschlossen werden, dass beide Vorschriften die *Verletzung* eines Konventionsrechts voraussetzen. Dem ist nicht so, liegt die Funktion des durch beide Vorschriften garantieren Rechts auf einen wirksamen Rechtsbehelf doch gerade in der **Überprüfung,** *ob* **eine Verletzung** des besagten Rechts vorlag.[44]

21   Daher ist für eine Verletzung der Art. 13 EMRK und Art. 2 Abs. 3 *lit.* a IPBPR ausreichend, dass **die Verletzung von anderen Konventionsrechten plausibel geltend gemacht** werden kann. Mit **vertretbaren Argumenten** („arguable claim") muss ein Verstoß **behauptet werden** können, das Vorliegen der Verletzung eines Konventionsrechts muss bei Würdigung aller Umstände des Einzelfalls immerhin denkbar sein.[45] Unschädlich ist aber, wenn sich **nachträglich** ergibt, dass die Behauptung einer Konventionsverletzung unbegründet ist.

22   Bei der notwendigen konkreten Würdigung kann auch ein sachlich letztlich unbegründetes Vorbringen noch als vertretbare, plausible Argumentation zu werten sein.[46] Nur **offensichtlich unbegründete** („manifestly ill-founded"), vor allem **neben der Sache liegende, unsubstantiierte Behauptungen** reichen nicht aus, um aus Art. 13 EMRK/Art. 2

---

40 IK-EMRK/*Schweizer* 9 (als Grundrecht ausgestaltete Verfahrensgarantie); *Villiger* 855 f.; *Frowein/Peukert* 1; IK-EMRK/*Schweizer* 36 f.; *Matscher* FS Seidl-Hohenveldern 315, 319.

41 *Frowein/Peukert* 1.

42 IK-EMRK/*Schweizer* 24.

43 *Nowak* 13 ff., 62.

44 EGMR Ommer/D (Nr. 2), 13.11.2008, HRRS **2009** Nr. 217.

45 EGMR Klass u.a./D, 6.9.1978; Silver u.a./UK, 25.3.1983; Leander/S, 26.3.1987; Boyle u. Rice/UK, 27.4.1988; Powell u. Rayner/UK, 21.2.1990; Halford/UK, 25.6.1997, ÖJZ **1998** 311; Kaya/TRK, 19.2.1998; Wille/FL, 28.10.1999; Hilal/UK, 6.3.2001, ÖJZ **2002** 436 = InfAuslR **2001** 417; vgl. auch *Frowein/Peukert* 2; *Grabenwarter/Pabel* § 24, 194; Meyer-Ladewig/Nettesheim/von Raumer/*Meyer-Ladewig/Renger* 7; *Matscher* FS Seidl-Hohenveldern 315, 320; *Nowak* 71 f.

46 EGMR Boyle u. Rice/UK, 27.4.1988; M. u. R. Andersson/S, 25.2.1992, ÖJZ **1992** 552; Costello-Roberts/UK, 25.3.1993, ÖJZ **1993** 707; Camenzind/CH, 16.12.1997, ÖJZ **1998** 797; Valsamis/GR, 18.12.1996, ÖJZ **1998** 114; IK-EMRK/*Schweizer* 40; Meyer-Ladewig/Nettesheim/von Raumer/*Meyer-Ladewig/Renger* 8; *Villiger* 860; ebenso *Grabenwarter/Pabel* § 24, 194.

Abs. 3 IPBPR einen Anspruch auf einen Rechtsbehelf herzuleiten.[47] Dies ist aber nicht automatisch in allen Fällen anzunehmen, in denen der EGMR eine Konventionsverletzung aus der Retrospektive verneint.[48] Das gilt insbesondere dann, wenn der Gerichtshof eine Beschwerde erst nach längerer und eingehender Prüfung der Argumente im Endergebnis als „offensichtlich unbegründet und damit unzulässig" verwirft. In solchen Fällen können diese durchaus *vertretbar* i.S.d. Art. 13 gewesen sein.[49]

Wenn der Beschwerdeführer seine Beschwerde allerdings nicht ausreichend substan- 23
tiell tatsächlich begründet hat, wird sie in der Regel nicht vertretbar sein.[50] Umgekehrt ist eine Beschwerde, die zugelassen worden ist, weil sie nicht von vornherein unbegründet ist, als vertretbar anzusehen.[51] Ist die Beschwerde hingegen zwar – vielleicht – in der Sache begründet oder zumindest vertretbar, jedoch (etwa wegen Verfristung) unzulässig, dann wird die Beschwerde hinsichtlich Art. 13 gleichfalls als unzulässig behandelt.[52]

Wer als **Verletzter** in Betracht kommt und damit nach Art. 13 EMRK/Art. 2 Abs. 3 24
IPBPR Anspruch auf einen wirksamen innerstaatlichen Rechtsbehelf hat, richtet sich danach, ob die konkrete staatliche Maßnahme ihn selbst beschwert, er selbst also ihr Opfer ist, weil sie in ein bestimmtes, ihm selbst durch die Konvention verbürgtes eigenes Recht eingreift.[53] Dies können auch Kinder oder nicht voll geschäftsfähige Personen sein.[54] Siehe dazu Teil II Rn. 137 ff.

Die Rechtsbehelfsgarantien selbst begründen keinen zusätzlichen, vom Schutz konkre- 25
ter Konventionsgarantien gelösten **eigenständigen Rechtsbehelf**. Sie verweisen vielmehr auf das **nationale Recht**, dem sie grundsätzlich die Regelung überlassen.[55] Es ist primär eine innerstaatliche Angelegenheit, in welcher Form und bei welcher Stelle der von den Konventionen geforderte wirksame Rechtsbehelf („remedy"/„recours") geltend gemacht werden kann, um den materiellen Inhalt der Konventionsgarantien innerstaatlich durchzusetzen.[56] Eine bestimmte Form oder Ausgestaltung des Rechtsbehelfs wird von Art. 13 nicht vorgeschrieben. Er muss auch nicht zu einem Gericht führen und von den Staaten auch nicht notwendig im Bereich der Rechtspflege angesiedelt werden.[57] Bei einer solchen Überprüfung der Tauglichkeit des Rechtsbehelfs ist es unerlässlich, die besonderen Umstände des jeweiligen Einzelfalls zu berücksichtigen[58] und den allgemeinen rechtlichen

---

47 EGMR Powell u. Rayner/UK, 21.2.1990; IK-EMRK/*Schweizer* 20 f.; Meyer-Ladewig/Nettesheim/von Raumer/ *Meyer-Ladewig/Renger* 8; *Matscher* FS Seidl-Hohenveldern 315, 320.
48 EGMR Previti/I (E), 12.4.2007, Nr. 3.
49 *Grabenwarter/Pabel* § 24, 194 unter Hinweis auf EKMR; andererseits aber EGMR Powell u. Rayner/UK, 21.2.1990, wo der Gerichtshof die Ansicht vertrat, dass die Schwelle der offensichtlichen Unbegründetheit so angesetzt werden müsse, dass sie auch für die Vertretbarkeit eines Anspruchs gilt; ähnlich EGMR Plattform „Ärzte für das Leben"/A, 21.6.1988; Bedenken dagegen bei *Frowein/Peukert* 3; vgl. auch EGMR Boyle u. Rice/ UK, 27.4.1988.
50 EGMR Mentese u.a./TRK, 18.1.2005.
51 EGMR Lindstrand Partners Advokatbyrå AB/S, 20.12.2016, § 118; Nuri Kurt/TRK, 29.11.2005.
52 EGMR OAO Afanasiy-Pivo u.a./R (E), 8.11.2016, § 28.
53 Vgl. Art. 1 Rn. 13 ff.
54 Vgl. EGMR M. u. R. Andersson/S, 25.2.1992; IK-EMRK/*Schweizer* 17 (auch zur Prozessfähigkeit Minderjähriger).
55 EGMR Kudła/PL, 26.10.2000, § 152; (GK) Tommaso/I, 23.2.2017, § 183.
56 EGMR Lithgow u.a./UK, 8.7.1986, EuGRZ **1988** 350; Meyer-Goßner/*Schmitt* 1; *Schorn* 8; vgl. BGHSt **20** 86.
57 Vgl. EGMR Leander/S, 26.3.1987; Chahal/UK, 15.11.1996, ÖJZ **1997** 432 = NVwZ **1997** 1093 = InfAuslR **1997** 97; Al-Nashif/BUL, 20.6.2003, ÖJZ **2003** 344; *Grabenwarter/Pabel* § 24, 196.
58 EGMR Van Oosterwijck/B, 6.11.1980, § 35; Varga u.a./H, 10.3.2015, § 46.

und politischen Kontext, sowie die persönlichen Umstände der Antragsteller realistisch zu beachten.[59]

26   Hilft die zuständige staatliche Stelle der Konventionsverletzung nicht ab, fordert Art. 13 keinen weiteren innerstaatlichen Rechtsbehelf, insbesondere nicht die Einschaltung eines unabhängigen Gerichts. Bei **Art. 2 Abs. 3 IPBPR** wird dies bereits durch den Wortlaut klargestellt, der ausdrücklich die verschiedenen Staatsorgane, zu denen der Rechtsbehelf führen kann, nebeneinander aufführt und der im Übrigen nur die Staaten verpflichtet, für den Ausbau eines langfristig angestrebten gerichtlichen Rechtsschutzes zu sorgen (*lit.* b).

27   Da die Vertragsstaaten nicht gehalten sind, die Konventionen als solche in das innerstaatliche Recht zu inkorporieren,[60] genügt es, wenn das jeweilige nationale Rechtsschutzsystem den Weg eröffnet hat, die **Verletzung gleichartiger innerstaatlicher Rechte** zu rügen, sofern und soweit diese die Konventionsverbürgungen der Substanz nach umfassen.[61] Erforderlich ist nur, dass die angerufene Stelle auch insoweit ausreichende Kontroll- und Entscheidungsbefugnisse hat und in sachlicher Unabhängigkeit den fraglichen Vorgang inhaltlich überprüfen und ggf. angemessene Abhilfe in die Wege leiten kann (Rn. 41 ff.).

28   In der BR **Deutschland** eröffnet Art. 19 Abs. 4 GG i.V.m. den Verfahrensordnungen aller Gerichtszweige, nicht zuletzt dank der Generalklausel der Verwaltungsgerichtsbarkeit, bei allen Konventionsverletzungen durch die öffentliche Gewalt (Exekutive) grundsätzlich den Weg zu den Gerichten. Er gibt den Betroffenen einen substantiellen Anspruch auf eine gerichtliche Kontrolle, die nicht durch eine zu enge Auslegung und Anwendung prozessualer Regeln leerlaufen darf.[62] Dies gilt auch bei **erledigten Grundrechtseingriffen**, wenn trotz deren prozessualer Überholung ein **rechtliches Interesse** des Betroffenen an der Feststellung der Rechtswidrigkeit des Eingriffs besteht.[63]

29   Soweit die Konventionsrechte mit Grundrechten übereinstimmen, können das **BVerfG** und vielfach auch die **Landesverfassungsgerichte** angerufen werden.[64] Zwar kann aus keiner der Vertragsbestimmungen eine Verpflichtung der Vertragsstaaten hergeleitet werden, bei Verletzungen der Konventionsrechte zusätzlich einen Weg zu einem Verfassungsgericht zu eröffnen.[65] Ermöglicht jedoch das nationale Recht, die Verletzung eines Konventionsrechts oder einer gleichgerichteten innerstaatlichen Verfassungsverbürgung bei einem Verfassungsgericht geltend zu machen, muss auch dieser innerstaatliche Rechtsbehelf, sofern er als *effektiv* anzusehen ist, nach Art. 35 Abs. 1 **ausgeschöpft** werden, bevor der EGMR mit der Sache befasst werden darf.[66] Ist eine Verfassungsbeschwerde als unwirksamer Rechtsbehelf anzusehen, etwa weil ihre Behandlung zu viel Zeit beansprucht,[67] steht der direkte Weg zum EGMR offen, falls keine anderen Rechtsmittel in Betracht kom-

---

59 EGMR Zornić/BIH, 15.7.2014, § 20; Varga u.a./H, 10.3.2015, § 46.

60 Ferner EGMR Schwedischer Lokomotivführerverband/S, 6.2.1976, EuGRZ **1976** 62, § 50; kritisch dazu *Fahlbeck* EuGRZ **1976** 476; Lithgow u.a./UK, 8.7.1986; Olsson/S (Nr. 2), 27.11.1992, ÖJZ **1993** 353; Murray/UK, 8.2.1996, EuGRZ **1996** 587 = ÖJZ **1996** 627; IK-EMRK/*Schweizer* 13 f. m.w.N.

61 EGMR IR/UK, 18.1.1978, EuGRZ **1979** 149; Lithgow u.a./UK, 8.7.1986.

62 Vgl. BVerfGE **97** 27, 39; **100** 313, 364; **101** 397, 407.

63 Vgl. BVerfGE **96** 27 = JR **1992** 328 m. Anm. *Amelung*; ferner Meyer-Goßner/*Schmitt* Vor § 296, 18a StPO; LR/*Matt*[26] Vor § 304, 68 ff. StPO, beide m.w.N.

64 Vgl. BVerfG (K) EuGRZ **1985** 655 (Pakelli).

65 EGMR Sporrong u. Lönnroth/S, 23.9.1982; James/UK, 21.2.1986, EuGRZ **1988** 341; EKMR DÖV **1959** 743; VerfGH RhPf NJW **1959** 1628; *Schorn* 15; ferner *Dörr* 92 (Transformation begründet keine Zuständigkeit des BVerfG).

66 Vgl. EGMR Arrigo u. Vella/MLT (E), 10.5.2005 (Möglichkeit einer als effektiv einzustufenden Verfassungsbeschwerde; Individualbeschwerde als unzulässig abgewiesen).

67 Vgl. EGMR Vidas/KRO, 3.7.2008.

men. Zur (Un-)Wirksamkeit der deutschen Verfassungsbeschwerde in Verfahren, die eine überlange Verfahrensdauer zum Gegenstand haben, siehe Rn. 79 ff.

b) Individualrecht. Seinem Wortlaut nach ist **Art. 2 Abs. 3 IPBPR** eine **Staatenver-** 30 **pflichtung**, so dass zweifelhaft sein könnte, ob der Einzelne einen Anspruch daraus herleiten kann; dies wird aber überwiegend bejaht.[68] Für Deutschland ist die Frage ohne praktische Bedeutung, da das bestehende nationale Rechtsschutzinstrumentarium weit umfangreicher ist, als es die Konventionen erfordern.[69] Außerdem ergibt sich ein solches Recht des Einzelnen auch aus Art. 13, der ungeachtet seiner Ausfüllungsbedürftigkeit durch nationales Recht, ein **Individualrecht** verbürgt.[70] Auf dieses kann sich in den Staaten, die die Konvention ins innerstaatliche Recht transformiert haben,[71] jedermann gegenüber den nationalen Stellen **unmittelbar berufen**.

Wenn allerdings das nationale Verfahrensrecht im konkreten Fall keinen wirksamen 31 Rechtsbehelf vorsieht, mag es fraglich sein, ob dann die innerstaatliche Umsetzung stets an der Unzulänglichkeit des nationalen Rechts scheitert. Es erscheint vertretbar, in solchen Fällen unter Hinweis auf die unmittelbare Geltung des Art. 13 kleinere gesetzestechnisch und nicht prinzipiell bedingte Rechtsschutzlücken durch eine **analoge Heranziehung bestehender Rechtsbehelfsregelungen** einschließlich der dort vorgesehenen Zuständigkeiten auszufüllen, um das innerstaatlich bestehende Recht auf Überprüfung zu verwirklichen.[72]

c) Systematische Grenzen der Rechtsbehelfsgarantie. Nur bei Behauptung einer 32 Konventionsverletzung durch einen zu ihrer Beachtung verpflichteten **Träger der öffentlichen Gewalt** wird ein Rechtsbehelf durch Art. 13 garantiert,[73] nicht aber für **Ansprüche zwischen Privaten**. Wenn der Wortlaut der Vorschrift ausdrücklich hervorhebt, dass dies auch gilt, wenn Personen die Verletzung in amtlicher Eigenschaft begangen haben, sollte damit nur Besonderheiten des englischen Rechts Rechnung getragen werden.[74] Diese für die kontinentaleuropäischen Rechtssysteme überflüssige Klarstellung darf deshalb nicht dazu verleiten, den Anwendungsbereich des Art. 13 über die Bereiche der öffentlichen Gewalt hinaus auszudehnen.[75] Gleiches gilt für den entsprechenden Zusatz („selbst wenn") bei Art. 2 Abs. 3 *lit.* a IPBPR.[76] Zur Frage, ob Art. 13 auch bei Konventionsverstößen in einem gerichtlichen Verfahren einen gesonderten Rechtsbehelf fordert, vgl. Rn. 34 ff.

Dass auch ein **Rechtsbehelf gegen gerichtliche Entscheidungen** nach Art. 13 eröffnet 33 sein muss, ließe sich nach dem Wortlaut durchaus erwägen; ein solcher Anspruch wird allerdings verneint. Ebenso wie auf innerstaatlicher Ebene (Art. 19 Abs. 4 GG) begründet Art. 13

---

68 Vgl. *Hofmann* 25; *Partsch* EuGRZ **1989** 1; zur ähnlichen Rechtslage bei der AMRK: *Buergenthal* EuGRZ **1984** 169.

69 Vgl. *Hofmann* 26.

70 EGMR Kudła/PL, 26.10.2000, § 152; (GK) Tommaso/I, 23.2.2017, § 183; IK-EMRK/*Schweizer* 10; *Schorn* 6. Die Absicht, nur eine Staatenverpflichtung zu begründen, hat sich bei den Vertragsverhandlungen nicht durchgesetzt, vgl. *Frowein/Peukert* 1.

71 Eine Pflicht zur Transformation folgt daraus aber nicht, vgl. EGMR Smith u. Grady/UK, 27.9.1999, NJW **2000** 2089 = AuR **2004** 311; vgl. *Frowein/Peukert* 11; IK-EMRK/*Schweizer* 13.

72 Vgl. IK-EMRK/*Schweizer* 11, 12.

73 *Morvay* ZaöRV **21** (1961) 316, 319; *Schorn* 2, 4.

74 *Frowein/Peukert* 7; IK-EMRK/*Schweizer* 92.

75 *Schorn* 18.

76 Zur Übernahme des britischen Entwurfs vgl. *Nowak* 9.

keinen Anspruch auf eine Nachprüfung gerichtlicher Entscheidungen[77] durch eine – wegen der Unabhängigkeit der Gerichte dann zwingend notwendig – ebenfalls *gerichtliche* Rechtsmittelinstanz.[78] Dies folgt aus dem System der EMRK[79] und auch aus der Abwandlung des Art. 13 gegenüber Art. 8 AEMR, der bei Grundrechtsverletzungen die Möglichkeit der Anrufung eines innerstaatlichen Gerichts fordert. Die Nachprüfung durch ein höheres Gericht, die die **Sonderregelung in Art. 14 Abs. 5 IPBPR** (ebenso **Art. 2 des 7. ZP-EMRK**[80]) jedem *wegen einer strafbaren Handlung Verurteilten* zusichert,[81] bleibt aber von Art. 13 EMRK/Art. 2 Abs. 3 IPBPR unberührt. Soweit sie Platz greift, enthält sie vorgehendes Sonderrecht.

34   Bei **Konventionsverletzungen**, die im **Zusammenhang mit einem gerichtlichen Verfahren** behauptet werden, ist hingegen strittig, ob Art. 13 einschlägig ist. Dies hat in den Fällen Bedeutung, in denen das nationale Verfahrensrecht keinen wirksamen Rechtsbehelf vorsieht, mit dem einem etwaigen durch die Verfahrensgestaltung begangenen Konventionsverstoß innerstaatlich abgeholfen werden kann. Die frühere Rechtsprechung des EGMR hatte die Anwendbarkeit des Art. 13 in diesen Fällen durchgehend verneint. Bei Feststellung eines Konventionsverstoßes nach Art. 5 bzw. Art. 6 wurde meist davon abgesehen, die Sache auch zusätzlich unter dem Blickwinkel des Art. 13 zu prüfen.[82] Unter Hinweis auf den anderen Beschwerdegegenstand wird die Anwendbarkeit der Rechtsbehelfsgarantie des Art. 13 heute jedoch überwiegend bejaht, wobei wegen der von den Konventionen garantierten Unabhängigkeit der Gerichte eine Überprüfung durch nichtrichterliche Stellen ausscheidet.[83]

35   Der EGMR bejaht deshalb auch in Abkehr von seiner früheren Rechtsprechung bei einer gegen Art. 6 Abs. 1 verstoßenden **unangemessen langen Verfahrensdauer** – unter Hinweis auf seine Überlastung durch diese gehäuft auftretenden Fälle – zusätzlich zu dem Verstoß gegen Art. 6 Abs. 1 auch einen Verstoß gegen Art. 13, wenn das innerstaatliche Recht keinen Rechtsbehelf vorsieht, mit dem sich der Betroffene gegen die überlange Dauer eines anhängigen Verfahrens auch innerstaatlich effektiv wehren kann („Recht auf ein zügiges Verfahren").[84] Wie ein solcher Rechtsbehelf aussehen könnte, ist der inner-

---

77 Entscheidungen, die der Urteilsfällung unmittelbar vorausgehen, wie z.B. Sicherungsverfügungen und die Ablehnung der Aufhebung von Verhandlungsterminen (im Fall im Zusammenhang mit der Corona-Pandemie vom Beschuldigten beantragt), können nach deutschem Strafprozessrecht nicht mit einer Beschwerde, sondern grundsätzlich nur mit dem Urteil zusammen angefochten werden, § 305 Satz 1 StPO. Ausnahmsweise kann eine Beschwerde jedoch zulässig sein, wenn die Ablehnung der Terminaufhebung und Verfahrensaussetzung rechtswidrig erfolgt ist, vgl. OLG München NStZ **2020** 503 = BeckRS **2020** 4899; siehe zu diesem Ausnahmefall BVerfG NStZ **2021** 19, 20, wonach in der fehlerhaften Ermessensausübung eine besondere, selbständige Beschwer liegt, der § 305 Satz 1 StPO nicht entgegensteht.

78 Vgl. *Frowein/Peukert* 12 f.; *Grabenwarter/Pabel* § 24, 196.

79 *Frowein/Peukert* 12.

80 Von Deutschland nicht ratifiziert, vgl. Teil I Rn. 73.

81 Vgl. Art. 6 Rn. 1516; auch zum einschränkenden Vorbehalt Deutschlands (vgl. BGBl. 1993 II S. 311); vgl. zum deutschen Rechtsmittel der Revision: OLG Hamburg BeckRS **2020** 35242, wobei eine ursprünglich zulässigerweise erhobene Verfahrensrüge im Lichte des weiteren Vorbringens oder aufgrund später bekannt gewordener Umstände unzulässig werden kann.

82 EGMR Sporrong u. Lönnroth/S, 23.9.1982; Silver u.a./UK, 25.3.1983; *Frowein/Peukert* 13.

83 Vgl. *Frowein/Peukert* 14 mit Hinweis auf eine Entscheidung der EKMR bei unangemessen langer Verfahrensdauer; *Vospernik* ÖJZ **2001** 361, 367; ablehnend OGH EuGRZ **1989** 534 m. Anm. *Schoibl*; vgl. *Grabenwarter/Pabel* § 24, 196; zur richterlichen Unabhängigkeit vgl. auch die Empfehlung des Ministerkomitees Rec(2010)12 und Art. 6 Rn. 192 ff.

84 EGMR (GK) Kudła/PL, 26.10.2000 (dazu: *Gundel* DVBl. **2004** 17; *Meyer-Ladewig* NJW **2001** 2679; *Vorwerk* JZ **2004** 553); Buj/KRO, 1.6.2006; auch hier liegt die Beweislast bei der Behörde: EGMR L.E./GRC, 21.1.2016, § 99; Negrea u.a./RUM, 24.10.2018, § 89; Mirjana Marić/KRO, 30.7.2020, §§ 91, 95 f.; Glavinić u. Marković/KRO, 30.10.2020; Delić/BIH, 2.3.2021, § 26 (kein Rechtsbehelf gegen unangemessene Verfahrensdauer während eines

staatlichen Regelung überlassen.[85] Wirksam ist ein solcher Rechtsbehelf aber nur, wenn er geeignet ist, wenigstens einer weiteren Verzögerung des Verfahrens abzuhelfen und darauf hinzuwirken, dass ein verzögertes Verfahren alsbald zum Abschluss gebracht werden kann oder aber, wenn er innerstaatlich zu einer angemessenen Kompensation der Nachteile führt, die durch eine vom Staat zu verantwortende Verfahrensverzögerung bereits eingetreten sind (siehe Rn. 49 ff., 79 ff.).[86]

Wie weit der **Rechtsschutz gegen richterliche Entscheidungen** und das Verfahren **36** geht, ist im Detail umstritten. Der Grundsatz der Unabhängigkeit der Gerichte schließt an sich jede Kontrolle durch eine außergerichtliche Instanz und jeden Eingriff in ein schwebendes Verfahren aus (Rn. 33). Zudem verzögert das Einschalten einer zusätzlichen richterlichen Instanz das Verfahren zunächst weiter. Auch als Zwischeninstanz mit beschränkter Entscheidungsbefugnis ist ein weiterer Rechtsbehelf mit den Strukturgrenzen der EMRK schlecht zu vereinen, die – ebenso wie innerstaatlich Art. 19 Abs. 4 GG – grundsätzlich keinen mehrstufigen gerichtlichen Rechtsschutz fordert (siehe Rn. 33).[87] Ein solcher würde überdies nichts daran ändern, dass es notwendigerweise immer ein letztinstanzlich entscheidendes Gericht geben muss, dessen Entscheidung und auch dessen Verfahren innerstaatlich keiner weiteren gerichtlichen Kontrolle unterliegen kann, da andernfalls die Nachprüfbarkeit ins Unendliche ausgedehnt würde. Auch in Form eines Zwischenverfahrens ist ein weiterer innerstaatlicher Rechtsbehelf problematisch, da er mitunter eine vorgezogene Verfahrenswürdigung voraussetzt, die einen Eingriff in den noch nicht abgeschlossenen Entscheidungsfindungsprozess bedeuten kann. Er scheidet aus, wenn im Verfahren der letzten Instanz bzw. erst vor einem Verfassungsgericht gegen eine das Verfahren betreffende Konventionsverbürgung verstoßen wurde.[88] Bei Verfahrensverzögerungen durch Gerichte, deren Entscheidungen anfechtbar sind, kann aber auch die übergeordnete

---

laufenden Verfahrens); Nechay/UKR, 1.7.2021, §§ 76 f. (u.a. zu lange Dauer der Untersuchungshaft); ferner zu der die Fragen nicht vertiefenden weiteren Rechtsprechung des EGMR: *Vospernik* ÖJZ **2001** 361, 366; ferner IK-EMRK/*Schweizer* 49, 54 (auch bei Judikative Anspruch auf unabhängige Kontrollinstanz); *Frowein Peukert* 15 f.; *Grabenwarter/Pabel* § 24, 206; Meyer-Ladewig/Nettesheim/von Raumer/*Meyer-Ladewig/Renger* 14 ff.; vgl. auch die Empfehlung des Ministerkomitees Rec(2010)3 on effective remedies for excessive length of proceedings.

85 Beispiele solcher Regelungen führt *Meyer-Ladewig* NJW **2001** 2679 an; ebenso Meyer-Ladewig/Nettesheim/von Raumer/*Meyer-Ladewig/Renger* 21 ff.; vgl. ferner *Gundel* DVBl. **2004** 17, 21 ff.; *Lansnicker/Schwirtzek* NJW **2001** 1969. Zur Säumnisbeschwerde in **Österreich** als nach Art. 35 Abs. 1 auszuschöpfendem Rechtsbehelf vgl. EGMR Basic/A, 30.1.2001, ÖJZ **2001** 517; Meyer-Ladewig/Nettesheim/von Raumer/*Meyer-Ladewig/Renger* 25; krit. zur Untätigkeitsbeschwerde *Casadevall* NJW **2001** 2694, 2701; *Vorwerk* JZ **2004** 553, 556; andererseits *Redeker* NJW **2003** 488; zum Fristsetzungsantrag nach § 91 GOG siehe EGMR Holzinger/A, 30.1.2001, ÖJZ **2002** 619; zur Regelung in **Spanien**: EGMR Gonzales Marin/E, 5.10.1999, NJW **2001** 1692; **Kroatien:** EGMR Novac/KRO, 7.7.2016 (E), §§ 49 ff.; Mirjana Marić/KRO, 30.7.2020, §§ 95, 72 ff.; Glavinić u. Marković/KRO, 30.10.2020, §§ 94 ff.; **Portugal:** EGMR Tomé Mota/P, 2.12.1999, NJW **2001** 2692; Meyer-Ladewig/Nettesheim/von Raumer/*Meyer-Ladewig/Renger* 26; **Frankreich:** *Bien/Guillaumont* EuGRZ **2004** 465; **Italien:** EGMR (GK) Scordino/I (Nr. 1), 29.3.2006, NJW **2007** 1259; Meyer-Ladewig/Nettesheim/von Raumer/*Meyer-Ladewig/Renger* 25.

86 Vgl. *Grabenwarter/Pabel* § 24, 206; ferner Art. 6 Rn. 428 ff., 477 ff.

87 *Frowein/Peukert* 12; IK-EMRK/*Schweizer* 54. Eine Ausnahme macht das von Deutschland nicht ratifizierte 7. ZP-EMRK bei strafrechtlichen Verurteilungen (Art. 2).

88 Vgl. die abw. Meinung *Casadevall* NJW **2001** 2701 unter Hinweis auf die Fälle, in denen in der überlangen Verfahrensdauer vor Verfassungsgerichten ein Verstoß gegen Art. 6 Abs. 1 gesehen wurde; siehe EGMR Ruiz-Mateos/E, 23.6.1993, EuGRZ **1993** 453 = ÖJZ **1994** 105; Pammel/D, 1.7.1997, EuGRZ **1997** 310 = ÖJZ **1998** 316; Probstmeier/D, 1.7.1997, NJW **1997** 2809 = EuGRZ **1997** 405; Klein/D, 27.7.2000, NJW **2001** 213; verneinend EGMR Gast u. Popp/D, 25.2.2000, NJW **2001** 211.

Instanz – zumindest in Strafsachen – für eine angemessene Kompensation der Konventionsverletzung sorgen.

37   Für **Deutschland** stellte sich lange Zeit die Frage, ob die von der Rechtsprechung für die Fälle einer unangemessen langen Verfahrensdauer entwickelten bisherigen Abhilfemöglichkeiten zumindest in den Verfahren über eine *strafrechtliche Anklage* i.S.d. Art. 6 Abs. 1 in ihrer Gesamtheit bereits den Erfordernissen eines Rechtsbehelfs i.S.d. Art. 13 genügen[89] oder ob es auch insoweit notwendig ist, einen neuen Rechtsbehelf in der Form einer Untätigkeitsbeschwerde einzuführen (Rn. 79 ff.).[90]

38   Die Nachprüfung nationaler **Gesetze** auf ihre Vereinbarkeit mit der EMRK fordert Art. 13 nicht. Gesetze müssen demnach nicht vor einer innerstaatlichen Instanz, etwa einem Verfassungsgericht, mit der Begründung angegriffen werden können, sie stünden mit der Konvention nicht im Einklang.[91] Dies schließt nicht aus, dass vor Anrufung des EGMR zur Erschöpfung des innerstaatlichen Rechtswegs innerstaatlich auch ein Verfassungsgericht oder ein sonstiges zur abstrakten Normenkontrolle befugtes Organ anzurufen ist, etwa für den Fall, dass die nationale Verfassung im Wesentlichen mit der Konvention übereinstimmende Grundrechte verbürgt oder wenn es ein dort der Konvention zuerkannter Übergesetzesrang erlaubt, deren Verletzung unmittelbar zu rügen. Den Anforderungen des Art. 13 selbst ist aber Genüge getan, wenn das nationale Recht eine Rechtsbehelfsmöglichkeit vorsieht, die die Nachprüfung der Übereinstimmung des beanstandeten Vollzugsaktes mit dem Gesetz erlaubt.[92]

39   Für **Regelungen unterhalb des Ranges formeller Gesetze** muss dagegen die Nachprüfung durch einen nationalen Rechtsbehelf i.S.v. Art. 13 möglich sein.[93] **Art. 2 Abs. 3 IPBPR** dagegen erfordert auch für untergesetzliche Regelungen nicht, dass die Vertragsstaaten eine Normenkontrollklage einführen.

40   Der Gerichtshof verlangt im Rahmen des Art. 13 einen Rechtsbehelf, mit dem gegen konventionswidrige **Haftbedingungen** vorgegangen werden kann.[94] In diesem Fall muss die Aufsichtsbehörde nicht bloß unabhängig sein, sondern auch die Befugnis haben, die Beschwerden unter Beteiligung des Bf. zu prüfen, und das Recht haben, verbindliche und vollstreckbare Entscheidungen zu treffen.[95] Liegen Beschwerden über unmenschliche und erniedrigende Be-

---

89 So *Gimbel* ZRP **2004** 35.

90 Ablehnend zur Frage einer solchen Beschwerde *Gimbel* ZRP **2004** 35; *Vorwerk* JZ **2004** 553. Zur Problematik der verfahrensrechtlichen Möglichkeiten in Deutschland *Gundel* DVBl. **2004** 17, 21 ff.; *Vorwerk* JZ **2004** 553 ff. Zur Regelung in Österreich und anderen Vertragsstaaten Meyer-Ladewig/Nettesheim/von Raumer/*Meyer-Ladewig/Renger* 24 ff.

91 EGMR James/UK, 21.2.1986, § 85; Lithgow u.a./UK, 8.7.1986; Leander/S, 26.3.1987; Powell u. Rayner/UK, 21.2.1990; Holy Monasteries/GR, 9.12.1994, ÖJZ **1995** 428; (GK) Kudła/PL, 26.10.2000; Appleby u.a./UK, 24.3.2003, § 56; Maurice/F, 6.10.2005; Roche/UK, 19.10.2005; Ostrovar/MDA, 15.2.2006, § 113; Sejdic u. Finci/BIH, 22.12.2009, NJOZ **2011** 428, § 60; (GK) Paksas/LIT, 6.1.2011, § 114, NVwZ **2011** 1307 (für *Case-Law*-Systeme: Art. 13 verlangt keinen Rechtsbehelf, der es ermöglicht, einen verfassungsmäßigen Präzedenzfall mit Gesetzeskraft anzufechten); Hafid Ouardiri/CH (E), 28.6.2011, NVwZ **2012** 289, 291 (Bauverbot für Minarette); Markovics u.a./H (E), 24.6.2014, § 43; Szabo u. Vissy/H, 6.6.2016, § 93; Kulinski u.a./BUL, 21.10.2016, § 49; Tommaso/I, 23.2.2017, § 180; siehe auch *Morvay* ZaöRV **21** (1961) 89, 105; *Frowein/Peukert* 11; Meyer-Ladewig/Nettesheim/von Raumer/*Meyer-Ladewig/Renger* 4; eingehend zu den verschiedenen Ansichten IK-EMRK/*Schweizer* 79 ff.; **a.A.** *Schorn* 4.

92 IK-EMRK/*Schweizer* 82.

93 Vgl. EGMR Silver u.a./UK, 25.3.1983; Campbell u. Fell/UK, 28.6.1984; Abdulaziz u.a./UK, 28.5.1985, NJW **1986** 3007 = EuGRZ **1985** 567 (Immigration Rules); zu der str. Frage vgl. *Berhardt* (Sondervotum) EuGRZ **1985** 575; *Matscher* FS Seidl-Hohenveldern 315, 333; IK-EMRK/*Schweizer* 79.

94 EGMR Mahmundi u.a./GR, 31.7.2012, § 76.

95 EGMR Ananyev u.a./R, 10.1.2012, § 216.

handlungen vor, sind zwei Arten von Rechtsbehelfen möglich. Die Erlangung einer Verbesserung der materiellen Haftbedingungen ist insbesondere bei einer anhaltenden Haft vorrangig, während ein Rechtsbehelf nach dem Ende der Haft eher auf Entschädigung für die aufgrund dieser Bedingungen entstandenen Schäden oder Verluste gerichtet sein wird.[96]

5. Effektivität des Rechtsbehelfs. Den Staaten wird bei der Ausgestaltung der im **41** nationalen Recht vorzusehenden Rechtsbehelfe ein großer Spielraum zugestanden.[97] Der von Art. 13 geforderte Rechtsbehelf muss sich nicht nur in der Theorie, sondern vor allem in der Praxis als effektiv erweisen (**„effective in practice as well as in law"**).[98] Effektiv ist ein Rechtsbehelf nicht nur und erst dann, wenn das bereitgestellte Verfahren auch in der Sache zu Gunsten des Bf. ausgeht.[99] Der Rechtsbehelf muss aber ohne unangemessene formelle Hürden **zugänglich** und **geeignet** sein, der behaupteten Beschwer abzuhelfen,[100] wobei die Anforderungen je nach der Bedeutung der in Frage stehenden Konventionsgarantie und der Art der Beschwerde des Antragstellers variieren.[101]

a) Geeignetheit des Rechtsbehelfs. Die Geeignetheit eines Rechtsbehelfs nach Art. 13 **42** hängt zum einen davon ab, ob er der Beschwer **abhelfen kann**, zum anderen davon, ob er zumindest die **Aussicht auf Erfolg** hat.[102]

aa) Unabhängigkeit der entscheidenden Behörde. Dem Betroffenen muss nicht **43** zwingend und in jedem Fall die Möglichkeit zur Anrufung eines unabhängigen **Gerichtes** eingeräumt werden.[103] Wie vor allem Art. 2 Abs. 3 *lit.* b IPBPR verdeutlicht, kommen je

---

96 EGMR Benediktov/R, 24.9.2007, § 29; Roman Karasev/R, 25.11.2010, § 79; Ananyev u.a./R, 10.1.2012, § 97; Varga u.a./H, 10.3.2015, § 48; eine nachträgliche Wiedergutmachung allein genügt gerade nicht; die Präventiv- und Ausgleichsmaßnahmen müssen nebeneinander bestehen: EGMR Torreggiani u.a./I, 8.1.2013, § 50; Bamouhammad/B, 17.11.2015, § 166.

97 Der Gerichtshof hat die einschlägigen Grundsätze zu Art. 13 in mehreren Urteilen praxistauglich zusammengefasst und aufgelistet: EGMR (GK) Kudła/PL, 26.10.2000, §§ 146–156; (GK) Scordino/I (Nr. 1), 29.3.2006, §§ 182–189; bestätigend: EGMR Rutkowski u.a./PL, 7.7.2015, §§ 172–175.

98 EGMR Aksoy/TRK, 18.12.1996, § 95; Aydın/TRK, 25.9.1997, § 103; Kaya/TRK, 19.2.1998, § 106; McGlinchey u.a./UK, 29.4.2003, § 62; Ramirez Sanchez/F, 4.7.2006, § 158; Mohamad u.a./GR, 11.12.2014, § 69; (GK) Khlaifia u.a./I, 15.12.2016, § 268; Bulgakov/R, 23.6.2020, §§ 47 f.; Engels/R, 23.6.2020, §§ 43 f.; OOO Flavus u.a./R, 23.6.2020, §§ 54 f.; Vladimir Kharitonov, 23.6.2020, §§ 56 f. (Gericht nicht in der Lage, die „Substanz" der Beschwer zu erfassen); Yunusova u. Yunusov/ASE (Nr. 2), 16.7.2020, § 175; M.K. u.a./PL, 23.7.2020, § 142; Roth/D, 22.10.2020, § 91.

99 EGMR (GK) Kudła/PL, 26.10.2000, § 157; (GK) Sürmeli/D, 8.6.2006, § 98; (GK) Ramirez Sanchez/F, 4.7.2006, § 159 („the ‚effectiveness‘ of a ‚remedy‘ [...] does not depend on the certainty of a favourable outcome for the applicant"); Ananyev u.a./R, 10.1.2012, § 96; Sukachov/UKR, 30.1.2020, § 112; Roth/D, 22.10.2020, § 91.

100 EGMR Angelova/BUL, 13.6.2002, §§ 161–162; Paulino Tomás/P (E), 27.3.2003; Süheyla Aydin/TRK, 24.5.2005, § 208; Cobzaru/RUM, 26.7.2007, §§ 80–82; Denis Vasilyev/R, 17.12.2009, § 134; Jaremowicz/PL, 5.1.2010, § 69; McFarlane/IR, 10.9.2010, § 108; Varga u.a./H, 10.3.2015, § 45; (GK) Khlaifia u.a./I, 15.12.2016, § 268; Koureas/GR, 18.1.2018, § 88.

101 EGMR Denis Vasilyev/R, 17.12.2009, § 134; McFarlane/IR, 10.9.2010, § 108; (GK) Centre for legal resources on behalf of Valentin Campeanu/RUM, 17.7.2014, § 148; Al Nashiri/PL, 24.7.2014, § 546; Bamouhammad/B, 17.11.2015, § 165; Mozer/MDA u. R, 23.2.2016, § 207; Lindstrand Partners Advokatbyrå AB/S, 20.12.2016, § 117; Lashmankin u.a./R, 2.2.2017, § 344; Tommaso/I, 23.2.2017, § 179; Tagayeva u.a./R, 13.4.2017, § 618; M.K. u.a./PL, 23.7.2020, § 142.

102 Siehe EGMR (GK) Sejdovic/I, 1.3.2006, § 46; Apostol/GEO, 28.11.2006, § 35; McFarlane/IR, 10.9.2010, § 108.

103 EGMR Klass u.a./D, 6.9.1978; Silver u.a./UK, 25.3.1983; Chahal/UK, 15.11.1996; Al-Nashif/BUL, 20.6.2003; Jaremowicz/PL, 5.1.2010, § 69; (GK) Khlaifia u.a./I, 15.12.2016, § 268; OVG Münster NJW **1956** 1374; *Frowein/Peukert* 5; IK-EMRK/*Schweizer* 88 ff.; *Morvay* ZaöRV **21** (1961) 89, 101 m.w.N. zum Streitstand.

Esser

nach der konkreten Ausgestaltung ihrer Prüfungsbefugnisse und Abhilfemöglichkeiten neben den Gerichten auch andere verwaltungsinterne oder bei der Legislative angesiedelte Kontrollinstanzen in Betracht, wie etwa **parlamentarische Ausschüsse**, *sofern* diese Institutionen zumindest faktisch verbindliche Entscheidungen in der Sache treffen oder herbeiführen können (Rn. 49).[104] Es ist daher grundsätzlich ausreichend, wenn der Betroffene die Möglichkeit zur Anrufung einer **staatlichen Stelle** außerhalb der Justiz hat, es muss sich also nicht um eine Justizbehörde im engeren Sinne handeln.[105] Bei welcher nationalen **Stelle** das über die Beschwerde entscheidende Organ errichtet wird, ist damit zunächst einmal nicht maßgeblich für die geforderte „Effektivität" des betreffenden Rechtsbehelfs; ebenso bleiben die zu wahrenden **Formalia** den einzelnen Vertragsstaaten überlassen.[106] Der EGMR richtet sein Augenmerk ganz im Sinne der geforderten Effektivität auf die **Befugnisse und prozessualen Garantien**, die die besagte Stelle und das bei ihr angesiedelte Rechtsbehelfsverfahren bieten („powers and the guarantees that it affords").[107]

44   Entscheidendes Kriterium ist, dass die angerufene Stelle in der Lage ist, den Vorwurf der Konventionsverletzung ohne jede Voreingenommenheit[108] **objektiv und sachlich unabhängig** von anderen staatlichen Stellen[109] – vor allem auch von einer für die Konventionsverletzung mutmaßlich verantwortlichen Ausgangsbehörde[110] – zu überprüfen. Es kommt also darauf an, welche Befugnisse die angerufene Stelle innehat und welche verfahrensrechtliche/prozessuale Stellung (Mitwirkungsrechte) dem Betroffenen in dem Verfahren zugeschrieben wird.[111]

45   Der Betroffene muss mit seinen Argumenten **hinreichend Gehör** finden können. Deshalb darf das Entscheidungsorgan in Bezug auf die Maßnahme, in der eine Verletzung der Konventionsrechte gesehen wird, **nicht selbst beteiligt** gewesen sein, etwa dadurch, dass es die beanstandeten Vorschriften selbst erlassen oder an ihrem Erlass maßgeblich mitgewirkt hat.[112] Der EGMR hat es daher für mit Art. 13 unvereinbar gehalten, dass in einem Beschwerdegremium vier der neun Mitglieder mitwirkten, die die beanstandete Maßnahme zu verantworten hatten.[113]

46   Ob **Aufsichtsbeschwerden** an das in der Sache zuständige **Ministerium** ausreichen oder ob bei diesem die Unbefangenheit gegenüber den ihm nachgeordneten Stellen nicht

---

104 Vgl. EKMR bei *Frowein/Peukert* 5; IK-EMRK/*Schweizer* 60, 77, 88 ff.; ferner *Nowak* 64 ff.; insbes. 66 auch 60, wonach in bestimmten Fällen sogar im Erlass eines Amnestie- oder Wiedergutmachungsgesetzes ein wirksamer Rechtsschutz gegen vorangegangene Maßnahmen gesehen wurde.

105 EGMR Klass u.a./D, 6.9.1978, § 67; (GK) Hirsi Jamaa u.a./I, 23.2.2012, § 197; (GK) Centre for legal resources on behalf of Valentin Campeanu/RUM, 17.7.2014, § 149; zur Anfechtung von Haftbedingungen kommt eine Berufung an eine Verwaltungsbehörde in Betracht: EGMR Norbert Sikorski/PL, 22.10.2009, § 107; zu den Voraussetzungen: EGMR Yengo/F, 21.5.2015, § 61; (GK) Khlaifia u.a./I, 15.12.2016, § 268; Tagayeva u.a./R, 13.4.2017, § 620.

106 EGMR Vilvarajah/UK, 30.10.1991, ÖJZ **1992** 309 = NVwZ **1992** 869; Peck/UK, 28.1.2003, ÖJZ **2004** 651.

107 EGMR (GK) Kudła/P, 26.10.2000, § 157; Gebremedhin/F, 26.4.2007, § 53; M.K. u.a./P, 23.7.2020, § 142.

108 Verneint in EGMR Silver u.a./UK, 25.3.1983, wo selbsterlassene Vorschriften überprüft werden sollten; *Frowein/Peukert* 6.

109 Vgl. EGMR Khan/UK, 12.5.2000, ÖJZ **2001** 654 = JZ **2000** 993; Salman/TRK, 27.6.2000, NJW **2001** 2001; P.G. u. J.H./UK, 25.9.2001, ÖJZ **2002** 911 (Abhängigkeit der Mitglieder der Police Complaints Authority vom Secretary of State).

110 EGMR Vereinigung demokratischer Soldaten Österreichs u. Gubi/A, 19.12.1994; Khan/UK, 12.5.2000; IK-EMRK/*Schweizer* 65.

111 EGMR Jaremowicz/PL, 5.1.2010, § 69; (GK) Khlaifia u.a./I, 15.12.2016, § 268; gilt auch für außergerichtliche Instanzen, siehe EGMR Karabeyoglu/TRK, 7.6.2016, § 126.

112 EGMR Silver u.a./UK, 25.3.1983.

113 EGMR Kayasu/TRK, 13.11.2008.

durchweg gesichert erscheint,[114] hängt angesichts der Vielzahl der hier hereinspielenden Umstände und Gestaltungsmöglichkeiten vom Einzelfall und den gesamten Gegebenheiten des jeweiligen nationalen Rechtsschutzsystems ab, vor allem von der Stellung und von den Befugnissen der tatsächlich entscheidenden Organe sowie auf den Grad ihrer Unabhängigkeit im konkreten Fall.

bb) Rechtsanspruch. Gesuche, die **keinen Rechtsanspruch** des Betroffenen auf eine 47 Prüfung in der Sache und keinen Anspruch auf Abhilfe durch die angerufene Stelle auslösen, wie mitunter Dienstaufsichtsbeschwerden gegen abgeschlossene Eingriffe,[115] die Anrufung eines Ombudsmanns,[116] Gnadengesuche bzw. Petitionen an ein Parlament[117] oder Klagen gegen Privatpersonen bei einer Rechtsverletzung durch positives Handeln des Staates[118] sind keine *effektiven* Rechtsbehelfe.[119] Auch eine **„hierarchische Beschwerde"** zu einem der Anordnungsstelle/-person übergeordneten Staatsanwalt genügt den Anforderungen des Art. 13 nicht.[120] Regelmäßig mangelt es auch an einem wirksamen Rechtsbehelf, wenn es dem **Ermessen einer politischen Instanz** überlassen bleibt, ob sie einer Konventionsverletzung abhelfen will.[121]

cc) Überprüfungsrechte, Kontrolldichte und Abhilfemöglichkeit. Die angerufene 48 Stelle muss **ausreichende Kontroll- und Entscheidungsbefugnisse** haben und in der Lage sein, den fraglichen Eingriff unter allen konventionserheblichen Gesichtspunkten ungehindert **inhaltlich zu überprüfen** und bei etwaiger Feststellung eines Verstoßes **wirksame Abhilfe** (Unterbindung der Verletzung oder deren Fortbestehen) oder aber **angemessene Kompensation** (Aufhebung, Schadensersatz oder eine andere Form der Genugtuung) in die Wege zu leiten.[122] Nicht notwendig ist, dass besagte Stelle am Ende ihrer Prüfung den belastenden Akt auch selbst aufheben kann. Hier kann es den Vorgaben der Konvention auch genügen, dass besagte Stelle (allerdings dann **verbindlich**, Rn. 49) nur die Rechtswidrigkeit des belastenden Aktes feststellt und zugleich eine weitere innerstaatliche Maßnahme auslöst, die die festgestellte Konventionsverletzung und ihre Folgen neu-

---

114 EGMR Campbell u. Fell/UK, 28.6.1984, sieht dies als ausreichend an; dagegen *Frowein/Peukert* 6; IK-EMRK/*Schweizer* 66; *Nowak* 65 schließt aus der Entstehungsgeschichte des IPBPR, dass die Entscheidung durch politische Organe, wie Regierungen, als wirksamer Rechtsschutz nicht ausreicht.

115 *Frowein/Peukert* Art. 35, 26; Meyer-Ladewig/Nettesheim/von Raumer/*Meyer-Ladewig/Renger* 13; vgl. *Schaupp-Haag* 176 ff. m.N. zur unterschiedlichen Spruchpraxis der EKMR.

116 EGMR Denizci/ZYP, 23.5.2001; T.P. u. K.M./UK, 10.5.2001; Meyer-Ladewig/Nettesheim/von Raumer/*Meyer-Ladewig/Renger* 13; Art. 35, 14; *Frowein/Peukert* Art. 35, 26; *Villiger* 862.

117 *Frowein/Peukert* Art. 35, 26; für weitere Beispiele vgl. Teil II Rn. 194.

118 EGMR Pine Valley Developments Ltd u.a./IR, 29.11.1991, ÖJZ **1992** 459.

119 So schon: *Frowein/Peukert* Art. 35, 26; *Peukert* EuGRZ **1979** 261, 263, vgl. auch *Nowak* Art. 5 FP, 22 ff.

120 Vgl. EGMR Smirnov/R, 7.6.2007 (rechtswidrige Durchsuchung der Wohnung eines Rechtsanwalts).

121 IK-EMRK/*Schweizer* 73.

122 Vgl. EGMR Klass u.a./D, 6.9.1978; Silver u.a./UK, 25.3.1983; Rotaru/RUM, 4.5.2000, ÖJZ **2001** 74; (GK) Kudła/PL, 26.10.2000, § 156; (GK) Mifsud/F (E), 11.9.2002, § 17; Al-Nashif/BUL, 20.6.2003; Peck/UK, 28.1.2003 (verneinend für Medienkommission, die keinen Schadensersatz zusprechen kann); Hartman/CS, 10.7.2003, § 81; Doran/IR, 31.7.2003; (GK) Sürmeli/D, 8.6.2006, § 99, NJW **2006** 2389; Ommer/D (Nr. 2), 13.11.2008, § 54; Kaemena u. Thöneböhn/D, 22.1.2009, StV **2009** 561 m. Anm. *Krehl* u. *Krawczyk* JR **2009** 172; E.B. u.a./A, 7.11.2013, § 90, ÖJZ **2014** 693 (Verweigerung der Löschung einer Verurteilung – sexuelle Beziehungen mit Jugendlichen – aus dem Strafregister); Al Nashiri/PL, 24.7.2014, § 546; *Frowein/Peukert* 8 f. u. Art. 35, 11; Meyer-Ladewig/Nettesheim/von Raumer/*Meyer-Ladewig/Renger* 9; *Schaupp-Haag* 29 m.w.N.; *Nowak* 79 ff. je m.w.N.; *Volkert* JZ **2002** 553, 557; *Grabenwarter/Pabel* § 24, 197.

tralisiert bzw. durch Schadensersatz oder eine andere Form der Genugtuung **kompensiert.**[123]

49   Die nach Art. 13 zuständige Stelle muss über das Vorliegen und die Abhilfe einer von ihr festgestellten Konventionsverletzung immer selbst **verbindlich entscheiden** können. Den Anforderungen des Art. 13 ist nicht genügt, wenn sich eine Stelle ohne eigene Entscheidungsbefugnis lediglich in **beratender Funktion** äußert oder nur eine nicht bindende Empfehlung abgeben kann.[124] Nur wenn auch in der Praxis des jeweiligen Staates die Entscheidungen dieser Stelle regelmäßig befolgt werden, kann deren Anrufung genügen; maßgebend für die Wirksamkeit des Rechtsbehelfs ist letztendlich, ob er bei Vorliegen einer Konventionsverletzung *tatsächlich* (de facto) zum Erfolg führt.[125]

50   Schon eine der Entscheidung vorgelagerte **ausreichende Prüfungskompetenz** der berufenen Stelle ist für die Annahme eines wirksamen Rechtsbehelfs unerlässlich. Die Kontrolle muss sich auf alle für die Beachtung der jeweiligen Konventionsgarantie **wesentlichen rechtlichen Fragen und tatsächlichen Umstände** erstrecken. Soweit Verfehlungen staatlicher Stellen als Ursache für die Konventionsverletzung in Frage kommen, muss die zuständige Stelle den Sachhergang und die dafür Verantwortlichen gründlich und wirksam selbst ermitteln können.[126] Die Nachprüfung muss die **„Substanz der mit vertretbaren Argumenten behaupteten Konventionsverletzung"** umfassen.[127] Dazu gehört grundsätzlich auch, dass die nachprüfende Stelle die dafür **wesentlichen Sachfragen** selbst beurteilen und in sachlicher Unabhängigkeit entscheiden kann.[128] Ist dies nicht der Fall oder nimmt die zuständige Stelle diese ihr eigentlich zustehenden Möglichkeiten nicht in Anspruch, liegt ein Verstoß gegen Art. 13 vor, so etwa bei einem Gericht, das die Ergebnisse der Strafermittlungen lediglich bestätigt, ohne unabhängig und in eigener Verantwortung die Fakten des Falles zu überprüfen.[129]

51   Eine nationale Stelle, die gar nicht erst überprüfen darf, ob der Eingriff in ein von **Art. 8** geschütztes Recht einem dringenden sozialen Bedürfnis entspricht und verhältnismäßig ist (Art. 8 Abs. 2), genügt den Anforderungen des Art. 13 nicht.[130] Gleiches gilt, wenn sie wegen eines **weiten Beurteilungs- oder Ermessensspielraums** von der Überprüfung ganz oder in wesentlichen Teilen absieht.[131] Ob ein Gericht, das eine Entscheidung nur daraufhin überprüft, ob sie „rechtswidrig, willkürlich, unvernünftig oder mit Verfahrensmängeln behaftet ist" (**„illegality, irrationality or procedural inpropriety"**), noch den Anforderungen an einen wirksamen Rechtsbehelf genügen kann, wird unterschiedlich beurteilt.[132] Unter Hinweis auf den auch im Hinblick auf Art. 13 bestehenden Ausgestal-

---

123 EGMR (GK) T.P. u. K.M./UK, 10.5.2001, § 107; Roth/D, 22.10.2020, § 92.
124 EGMR Chahal/UK, 15.11.1996; *Frowein/Peukert* 5; *Grabenwarter/Pabel* § 24, 198; IK-EMRK/*Schweizer* 73.
125 EGMR Iatridis/GR, 25.3.1999, EuGRZ **1999** 318.
126 Vgl. Meyer-Ladewig/Nettesheim/von Raumer/*Meyer-Ladewig/Renger* 29, 35; vgl. auch: EGMR Taş/TRK, 14.11.2000, § 91; (GK) El-Masri/MAZ, 13.12.2012, §§ 255, 258 f., NVwZ **2013** 631 ff. = StV **2013** 129 m. Anm. *Ambos*. (Verschwinden aus staatlichem Gewahrsam); zudem: EGMR Bati u.a./TRK, 3.6.2004 (Folter oder unmenschliche Behandlung im Gefängnis).
127 Vgl. EGMR Riener/BUL, 23.5.2006 (Reisebann aufgrund einer Steuerschuld; keine Überprüfung der Verhältnismäßigkeit/Dauer).
128 EGMR Silver u.a./UK, 25.3.1983; Leander/S, 26.3.1987.
129 Vgl. EGMR Mammadov (Jalaloglu)/ASE, 11.1.2007 (Folter eines Oppositionsführers).
130 EGMR Smith u. Grady/UK, 27.9.1999.
131 EGMR Hasan u. Chaush/BUL, 26.10.2000.
132 Für das Verfahren des „judicial review" hatte dies die EKMR verneint, der EGMR bejaht: EGMR Soering/UK, 7.7.1989, NJW **1990** 2183 = EuGRZ **1989** 314; Vilvarajah u.a./UK, 30.10.1991; Hilal/UK, 6.3.2001; verneinend EGMR Chahal/UK, 15.11.1996; (GK) Hatton u.a./UK, 8.7.2003; (K) 2.10.2001, ÖJZ **2003** 71 = RdU **2002** 20. Zu diesen Verfahren *Frowein/Peukert* 5; IK-EMRK/*Schweizer* 69.

tungsspielraum des nationalen Gesetzgebers wurde eine darauf beschränkte Überprüfung mitunter allerdings schon für ausreichend gehalten.[133] Eine derart inhaltlich beschränkte („**reasonableness**") Prüfungskompetenz genügt jedoch keinesfalls bei der **Gefahr schwerwiegender Grundrechtseingriffe** (z.B. im Rahmen des Art. 8[134]) oder bei aus der jeweiligen Maßnahmen resultierenden/drohenden **gravierenden Folgen** für den Betroffenen (Abschiebung, Folter).[135]

Die Anforderungen, die an den Umfang der Kompetenz zur wirksamen Nachprüfung **52** **verdeckter Überwachungsmaßnahmen** gestellt werden, hängen auch davon ab, welches faktische Gewicht eine solche Kontrolle nach der jeweiligen nationalen Praxis hat, ferner von der Schwere der jeweiligen Konventionsverletzung und sonstigen Besonderheiten des Einzelfalles. In Angelegenheiten, die die nationale Sicherheit und die Geheimhaltungsinteressen des Staates betreffen, wurde es als genügend angesehen, dass diese von der beauftragten Stelle *„so weit wie nach den (besonderen) Umständen möglich"* („as effective as can be") überprüfbar sind, wobei allerdings mit der Schwere des Konventionsverstoßes auch die Anforderungen an die Nachprüfung steigen.[136]

Gerade bei einer **verdeckten Kommunikationsüberwachung** (Art. 8) können die **53** Kontrollkompetenzen eines unabhängigen (parlamentarischen) Kontrollausschusses für die Annahme eines effektiven Rechtsbehelfs ausreichend sein.[137] Vor allem, wenn Erwägungen der nationalen Sicherheit die Preisgabe sensibler Daten nicht erlauben, hält auch der EGMR es für ausreichend, dass der Rechtsbehelf *so wirksam wie möglich* ist.[138] Entscheidend ist hier, dass eine begrenzte präventive Kontrollmöglichkeit zu Beginn und eine entsprechende Kontrollmöglichkeit im Nachgang sich – auch im Falle dauerhaft vertraulich gehaltener Informationen – zu einem insgesamt noch effektiven Rechtsschutz aus Sicht des Betroffenen ergänzen.

Bei Verstößen gegen Konventionsgarantien, die wie **Art. 3**, keiner sachlichen Ein- **54** schränkung zugänglich sind, liegt dagegen ein wirksamer Rechtsbehelf nur vor, wenn der angerufenen nationalen Stelle von Anfang an die Nachprüfung aller konventionserheblichen Gesichtspunkte in einem Verfahren mit ausreichenden prozessualen Garantien möglich ist.[139]

---

133 EGMR Soering/UK, 7.7.1989; Vilvarajah u.a./UK, 30.10.1991.

134 Vgl. EGMR Keegan/UK, 18.7.2006 (Polizei war gewaltsam in die Wohnung des Bf. zur Durchsuchung selbiger eingedrungen, ohne die Adresse, die sie von einem Verdächtigen erhalten hatte, vorher bzgl. der jetzigen Bewohner verifiziert zu haben).

135 Vgl. *Frowein/Peukert* 5 unter Hinweis auf EGMR Soering/UK, 7.7.1989; EGMR (GK) Mamatkulov u. Askarov/TRK, 4.2.2005, EuGRZ **2005** 357; Meyer-Ladewig/Nettesheim/von Raumer/*Meyer-Ladewig/Renger* 29.

136 EGMR Leander/S, 26.3.1987, §§ 82–84; Klass u.a./D, 6.9.1978, §§ 68 ff. (Eingriffe in von Art. 8 und Art. 10 geschützte Rechte, in denen die nationale Sicherheit die Preisgabe sensibler Informationen nicht erlaubte); Vilvarajah/UK, 30.10.1991, §§ 122–126; anders: EGMR (GK) Chahal/UK, 15.11.1996, §§ 141 ff. (strengere Anforderungen zumindest bei Gefahr irreversibler Schäden – Art. 3 – bei Ausweisung); zum Thema: *Grabenwarter/Pabel* § 24, 200 (Reichweite der Nachprüfungspflicht abhängig von dem jeweilig geltend gemachten Konventionsrecht); IK-EMRK/*Schweizer* 84 ff.

137 EGMR Klass u.a./D, 6.9.1978; Rotaru/RUM, 4.5.2000 (objektiviertes Überwachungssystem ausreichend).

138 EGMR Klass u.a./D, 6.9.1978; Leander/S, 26.3.1987; Vilvarajah/UK, 30.10.1991.

139 EGMR Sow/B, 19.1.2016, § 76; Chahal/UK, 15.11.1996: zu Art. 5 Abs. 4; vgl. auch EGMR Smith u. Grady/UK, 27.9.1999; Hatton u.a./UK, 8.7.2003: Fluglärm (Art. 8; Beschränkung auf Rechtswidrigkeit, Irrationalität und offensichtliche Unangemessenheit zu eng); in EGMR Vilvarajah/UK, 30.10.1991, wurde zwar bei Art. 3 noch die eingeschränkte Nachprüfung für ausreichend gehalten; entgegen dazu EGMR Egmez/ZYP, 21.12.2000, § 65; Mohamad/GR, 11.12.2014, § 72 (gründliche und effektive Untersuchung zur Beendigung der angeblich die Verletzung verursachenden Situation erforderlich).

55   Für den Rechtsschutz nach Art. 2 Abs. 3 IPBPR soll es in der Regel genügen, dass die Konventionsverletzung **nachträglich** (*ex post facto*) **festgestellt** werden kann, sofern diese Feststellung innerstaatlich Wirkung zugunsten des Betroffenen entfaltet.[140] Nur in Ausnahmefällen, in denen die etwaige Verletzung eines besonders wichtigen Konventionsrechtes zu einem schwerwiegenden, nicht mehr ausgleichbaren Schaden führen könnte, ist zur Wirksamkeit des Rechtsbehelfs erforderlich, dass dieser bereits einen vollumfänglich wirksamen **präventiven Rechtsschutz** ermöglicht.[141]

56   Die Regelung der Details des **innerstaatlichen Verfahrens** zur Überprüfung des behaupteten Konventionsverstoßes überlassen Art. 13 EMRK/Art. 2 Abs. 3 IPBPR dann dem nationalen Recht. Damit der Rechtsbehelf wirksam ist, ist dem Betroffenen jedoch zur Wahrung seines Rechts immer ein Mindestmaß an **Gehör** zur Darlegung seiner Beschwerde und zur **Stellungnahme** zu etwaigen relevanten Sachvorträgen anderer Verfahrensbeteiligter einzuräumen.[142] Hierzu kann auch der Zugang zu den *Ergebnissen* eines wegen der Konventionsverletzung durchgeführten Ermittlungsverfahrens gehören.[143] Die Anberaumung und Möglichkeit zur Teilnahme an einer **mündlichen Verhandlung** fordert Art. 13 nicht zwingend;[144] eine solche ist aber geboten, wenn dem Betroffenen die effektive Geltendmachung seiner Argumente nur in dieser Form und in diesem Rahmen möglich ist.

57   Nur ausnahmsweise genügt es schon für die Annahme eines effektiven Rechtsbehelfs, dass eine Konventionsverletzung ausdrücklich festgestellt und die künftige Beachtung der Konvention durch entsprechende Anordnungen oder auch gesetzgeberische Maßnahmen spezial- oder auch generalpräventiv gesichert werden kann.[145] Im Regelfall ist die bloße **Feststellung der Konventionswidrigkeit** einer (häufig zudem bereits erledigten) Maßnahme ohne jegliche Kompensation nicht ausreichend.[146]

58   Neben der Feststellung des Konventionsverstoßes muss ein effektiver Rechtsbehelf auch eine **Beseitigung seiner Folgen (Kompensation)** ermöglichen. Es steht dann grundsätzlich im Ermessen der nationalen Stellen, ob der nationale Rechtsbehelf darauf gerichtet sein soll, den festgestellten **Konventionsverstoß** – soweit möglich – noch im **laufenden Verfahren** zu beheben[147] oder ob er sich in allen Fällen nur auf die Feststellung der Konventionsverletzung beschränkt, so dass deren Kompensation **im Nachgang** durch eine entsprechende **Wiedergutmachung/Entschädigung** erfolgt, die dann als abschließendes Element des Rechtsbehelfs anzusehen ist.[148]

59   Zur Ermöglichung der effektiven Kontrolle einer behaupteten erst noch **drohenden Verletzung** des **Art. 3** müssen ebenfalls sowohl **präventive, auf die Verhinderung des Konventionsverstoßes ausgerichtete** als auch auf Kompensation ausgerichtete Rechts-

---

140 HRC bei *Nowak* 74 ff.; dazu *Nowak* EuGRZ **1986** 675.

141 *Nowak* 75.

142 Zum Anspruch auf Gehör im Verfahren der Wiedereinsetzung bei vorübergehender Abwesenheit (Einspruch gegen Strafbefehl): BVerfG NJW **2013** 592.

143 EGMR Salman/TRK, 27.6.2000.

144 *Frowein/Peukert* 6.

145 Vgl. Teil II Rn. 265 ff.

146 Wie im Fall der öffentlichen Kundgabe psychiatrischer Daten eines Verdächtigen: EGMR Panteleyenko/UKR, 29.6.2006; zur Versagung einer Demonstration an einem bestimmten Tag, vgl. EGMR Bączkowski u.a./PL, 3.5.2007.

147 Zu dieser Tendenz vgl. schon BVerfGE **108** 341 (Forderung, dass die Verstöße gegen das Recht auf Gehör bereits im Bereich der Fachgerichtsbarkeit bereinigt werden müssen, wobei dem Gesetzgeber freigestellt wird, ob er diese Aufgabe derselben Instanz oder aber der nächsthöheren überträgt).

148 Vgl. *Bien/Guillaumont* EuGRZ **2004** 451 (Deutschland/Frankreich) und zur Regelung in Italien durch das Gesetz vom 24.3.2001: *Breuer* EuGRZ **2004** 445, 446.

schutzelemente „komplementär" vorliegen, damit der betreffende Rechtsbehelf als insgesamt effektiv gelten kann.[149] Dies entschied der EGMR u.a. im Zusammenhang mit einer Verletzung von Art. 3 aufgrund der Umstände des Vollzugs einer Disziplinarstrafe bzw. einer freiheitsentziehenden Verwaltungsstrafe, wo die vorhandenen Rechtsbehelfe nicht rechtzeitig (präventiv), sondern erst nach Vollzug greifen konnten.[150] Ein präventiver Rechtsschutz bei der Überprüfung von Haftbedingungen wird dabei als hinreichend effektiv erachtet, wenn die Beschwerden rasch und sorgfältig behandelt werden, den Gefangenen eine effektive Beteiligung an der Untersuchung gewährleistet wird und eine breite Palette an Rechtsinstrumenten zur Verfügung steht.[151] Ein präventiver Rechtsschutz wird auch in Fällen verlangt, in denen ein solcher die Durchführung von Maßnahmen verhindern kann, die gegen die Konvention verstoßen und deren Auswirkungen möglicherweise irreversibel sind.[152] Das betrifft insbesondere Rechtsbehelfe im Bereich der **Asylverfahren**.[153] Der Gerichtshof widmet sich dabei dem Bestand von Garantien, die den Antragsteller vor willkürlicher, direkter oder indirekter Zurückweisung in das Herkunftsland schützen (**Art. 3 u. Art. 8**).[154] Außerdem werden präventive Maßnahmen, u.a. die Vorsehung angemessener Fristen, im Bereich von **Art. 11** verlangt, da eine angemessene Abhilfe hier nachträglich nicht mehr gewährleistet werden kann.[155]

Die geforderten Maßnahmen, die auch von anderen als den über die Feststellung des **60** Konventionsverstoßes entscheidenden Stellen getroffen werden können, müssen insgesamt ausreichen, um innerstaatlich die Geltung der Konvention augenscheinlich zu machen. Sie sollen den Betroffenen, sofern möglich, von den Folgen der Konventionsverletzung freistellen und diese angemessen kompensieren. Welche **Maßnahmen zur Behebung** oder eventuell auch **Wiedergutmachung** einer festgestellten Konventionsverletzung ein wirksamer Rechtsbehelf i.S.v. Art. 13 fordert, richtet sich nach den Besonderheiten des jeweiligen Falles.[156]

149 EGMR Ananyev u.a./R, 10.1.2012, §§ 98, 119 (kein hinreichend effektiver Rechtsschutz zur Verhinderung eines Verstoßes gegen Art. 3 oder seiner Fortsetzung); Sukachov/UKR, 30.1.2020, § 113 (Fehlen eines effektiven Rechtsbehelfs im Zusammenhang mit unzureichenden Bedingungen in der Untersuchungshaft); siehe auch: EGMR Ulemek/KRO, 31.10.2019, §§ 72 f. Insofern besteht ein Unterschied zu Fällen der unangemessenen Verfahrensdauer, wo ein auf Kompensation gerichteter Rechtsbehelf als solcher bereits alleine ausreichend effektiv einzustufen sein kann, vgl. EGMR (GK) Mifsud/F, 11.9.2002 (E), § 17; (GK) Scordino/I (Nr. 1), 29.3.2006, § 187; Burdov/R (Nr. 2), 15.1.2009, § 99.
150 EGMR Keenan/UK, 3.4.2001, § 127 (Sohn der Bf. „had been punished in circumstances disclosing a breach of Article 3 [...] and he had the right, under Article 13 of the Convention, to a remedy which would have quashed that punishment before it had either been executed or come to an end"); Kadikis/LET (Nr. 2), 4.5.2006, § 62. Payet/F, 20.1.2011, § 133; Plathey/F, 10.11.2011, § 78 („un recours inapte à prospérer en temps utile n'est ni adéquat ni effectif"). Dass das Erfordernis eines vorbeugenden Rechtsschutzes den besonderen Umständen der Fälle geschuldet war, geht mehr zwischen den Zeilen hervor und wird vom Gerichtshof allenfalls im Fall *Keenan* angemessen betont.
151 EGMR Ananyev u.a./R, 10.1.2012, § 214.
152 EGMR Čonka/B, 5.2.2002, § 79; Salah Sheekh/NL, 11.1.2007, § 153; M.A./ZYP, 23.10.2013, § 132; N.D. u. N.T./S, 3.10.2017, § 115.
153 Zur geforderten Möglichkeit, die Abschiebe- oder Verweigerungsanordnung anzufechten: EGMR Al-Nashif/BUL, 20.6.2002, § 133; M. u.a./BUL, 26.7.2011, §§ 122–132; (GK) Khlaifia u.a./I, 15.12.2016, § 278; N.D. u. N.T./S, 3.10.2017, § 115.
154 EGMR (GK) M.S.S./B u. GR, 21.1.2011, §§ 286, 342 ff.; M.A./ZYP, 23.10.2013, § 132.
155 EGMR Baczkowski u.a./PL, 3.5.2007, §§ 81–83; Lashmankin u.a./R, 2.2.2017, § 345.
156 Siehe: EGMR Cataldo/I (E), 3.6.2004 (Ermittlungsverfahren 6 Jahre; kein Vermögensschaden zuerkannt; Gewährung einer Summe als Schmerzensgeld und Aufwendungsausgleich aus Billigkeit [„equity"]; geltend gemachter Schaden spekulativ; gewährte Kompensation adäquat); Al Nashiri/PL, 24.7.2014, § 546; (GK) Khlaifia u.a./I, 15.12.2016, § 268; Tommaso/I, 23.2.2017, § 179.

61 Der **Umfang des zu gewährenden Schadensersatzes** liegt im Ermessen der innerstaatlichen Gerichte. Eine zu gering erscheinende Entschädigung wird daher als alleiniger Grund für eine Verletzung des Art. 13 regelmäßig nicht ausreichen,[157] es sei denn sie ist im Vergleich zu ähnlichen Fällen aus der Rechtsprechung des EGMR **offenkundig unangemessen**.[158]

62 Ergeht infolge einer Beschwerde über die **Verfahrensdauer** eines Rechtsstreits ein Urteil mit einem geringen, aber noch im angemessenen Rahmen befindlichen Zuspruch von Schadensersatz sowie einer Anordnung zur zeitnahen Durchsetzung der sich hinziehenden Rechtssache, stellt sich aber diese Anordnung im weiteren Verlauf als erfolglos heraus, kann im Einzelfall aufgrund der **Kombination beider Faktoren** ein Verstoß gegen Art. 13 anzunehmen sein.[159]

63 Bei der behaupteten Verletzung von höchstpersönlichen Menschenrechten fordert Art. 13 einen Rechtsbehelf, der auch die Erlangung von **Schadensersatz** ermöglicht.[160] Zumindest bei Art. 2[161] und Art. 3[162] muss auch der Ersatz **immaterieller Schäden** angeordnet werden können.[163] Im Zusammenhang mit einer Verletzung von Art. 3, insbesondere aufgrund einer **Misshandlung** durch staatliche Stellen oder unzureichender **Haftbedingungen**, besteht nach Ansicht des Gerichtshofs regelmäßig eine starke rechtliche Vermutung, dass diese beim Betroffenen zu **immateriellen Schäden** geführt haben, die durch den zur Verfügung gestellten Rechtsbehelf kompensiert werden können müssen; ein Rechtsbehelf, der für die erfolgreiche Geltendmachung eines solchen Schadens einen **Schuldnachweis** fordert, erweist sich daher als konventionsrechtlich ineffektiv.[164]

64 Neben der förmlichen Aufhebung oder Rücknahme einer konventionswidrigen behördlichen Anordnung kann zur Wiedergutmachung je nach Lage des Falles auch die **faktische Beendigung eines konventionswidrigen Zustands**, die **Bestrafung oder Disziplinierung** des für die Verletzung Verantwortlichen oder die Zuerkennung einer Entschädigung ausreichen.[165]

65 Wird die Verletzung elementarer Rechte behauptet, die bereits ihrerseits zu effektiven Ermittlungen verpflichten, verlangt auch ein wirksamer Rechtsbehelf i.S.v. Art. 13 **gründli-**

---

157 Vgl. die ablehnenden Entscheidungen des EGMR gegenüber Beschwerden, die sich gegen zu geringe Entschädigungen des italienischen „Pinto-Gesetzes" richteten: EGMR Delle Cave u. Corrado/I, 5.6.2007, Provide S.R.L/I, 5.7.2007.

158 EGMR Wasserman/R, 10.4.2008 (250 € für Verzögerung der Urteilsvollstreckung); Ananyev u.a./R, 10.1.2012, § 230; Roth/D, 22.10.2020, § 93.

159 So EGMR Kaić u.a./KRO, 17.7.2008.

160 Vgl. EGMR Wainwright/UK, 26.9.2006 (Nichtbeachtung von Vorgaben bei Leibesvisitation von Gefangenenbesuchern).

161 Vgl. EGMR Bubbins/UK, 17.3.2005 (Bf. verlangte richterliche Überprüfung [„judicial review"] der Erschießung seines Bruders durch die Polizei im Rahmen einer Belagerung, nachdem dieser den Aufforderungen der Polizei nicht gefolgt war. Kein Verstoß gegen Art. 2, aber Verletzung des Art. 13 allein deshalb, weil das nationale Zivilrecht keinen Rechtsbehelf vorsah, der Ersatz für einen Nichtvermögensschaden hätte vorsehen können); Kontrová/SLO, 31.5.2007 (Versagen der Polizei, die Kinder der Bf. zu schützen, die mutmaßlich von ihrem Vater getötet wurden).

162 Siehe EGMR McGlinchey u.a./UK, 29.4.2003 (unmenschliche Behandlung einer Gefangenen, die unter Entzugserscheinungen litt).

163 Meyer-Ladewig/Nettesheim/von Raumer/*Meyer-Ladewig/Renger* 28.

164 EGMR Ananyev u.a./R, 10.1.2012, § 229; Roth/D, 22.10.2020, §§ 93, 98 (kein hinreichender Rechtsbehelf zur Erlangung einer Entschädigung aufgrund immaterieller Schäden durch mit Entkleidung verbundene Durchsuchungen [„strip searches"]; Verstoß von Art. 13 i.V.m. Art. 3).

165 Vgl. *Nowak* 78 ff.; *Frowein/Peukert* 8.

Esser

che und wirksame Ermittlungen in der Sache („adequate and effective investigations").[166] Bei der Möglichkeit zur Geltendmachung einer Verletzung eines Rechts aus **Art. 2 bzw. Art. 3** ist daher neben der Feststellung des Konventionsverstoßes, der Zahlung einer Entschädigung als Kompensation die **Durchführung einer gründlichen und effektiven Untersuchung**, die zur Identifizierung und ggf. Bestrafung der Verantwortlichen führen kann, einschließlich eines effektiven Zugangs für den Betroffenen zum Untersuchungsverfahren, erforderlich.[167]

Die für den konkreten Fall **relevanten Tatsachen** müssen von der zuständigen Stelle **66** i.S.v. Art. 13 **selbst ermittelt** und festgestellt werden; die bloße „Übernahme" eines behördlichen Berichtes ist jedenfalls nicht ausreichend.[168] Die Anforderungen des Art. 13 sind weiter als die sich speziell aus Art. 2 und Art. 3 ergebenden Untersuchungspflichten.[169] Folglich ist Art. 13 verletzt, wenn die zuständigen Behörden auf eine Beschwerde hin nur oberflächliche Ermittlungen aufnehmen,[170] also z.B. keine gründlichen Recherchen bzgl. eines Todes, einer unmenschlichen Behandlung oder Folter durchführen.[171] Dies gilt auch für den Fall, dass noch andere grundsätzlich effektive Rechtsbehelfe im Zivilrecht zur Verfügung stünden, die Unwirksamkeit der strafrechtlichen Ermittlungen aber auch deren Ineffektivität zur Folge hat[172] bzw. die staatlichen Stellen es durch die Unwirksamkeit der Ermittlungen bereits verfehlt haben, den Pflichten nach Art. 13 nachzukommen.[173] Der Gerichtshof spricht dann von einer Verletzung des Art. 13 i.V.m. Art. 2 bzw. einem anderen Artikel.[174] Die enge Verbindung der Konventionsrechte in diesen Fällen führt dazu, dass ein Rechtsbehelf bereits dann als unwirksam anzusehen ist, wenn strafrechtliche Ermittlungen bzgl. des Todes einer Person nicht aufzuklären vermögen, welche Umstände zum Tod der Person geführt haben.[175] Zu Einzelheiten hinsichtlich der Schutzpflicht des Staates zur schnellen und effektiven Aufklärung der Ursachen einer Tötung durch Gewalteinwirkung unter Art. 2 Rn. 61 ff., Art. 3 Rn. 45 ff.

Im Fall der bevorstehenden **Auslieferung oder Abschiebung** in einen Staat, in dem **67** die Anwendung von Folter oder eine unmenschliche bzw. erniedrigende Behandlung droht, gelten dieselben Grundsätze. Die Behauptung drohender Folter bzw. erniedrigender/unmenschlicher Behandlung im ersuchenden Staat bzw. Zielstaat muss sorgfältig un-

---

166 Vgl. KK-EMRK-GG/*Grote/Richter* Kap. 20, 104; EGMR Dink/TRK, 14.9.2010, § 144.

167 EGMR Aksoy/TRK, 18.12.1996, § 95; Kaya/TRK, 19.2.1998, § 107; (GK) Centre for legal resources on behalf of Valentin Campeanu/RUM, 17.7.2014, § 149; Al Nashiri/PL, 24.7.2014, § 547; Tagayeva u.a./R, 13.4.2017, § 618.

168 EGMR Fahriye Çalişkan/TRK, 2.10.2007, § 49.

169 Vgl. EGMR Yaşaroğlu/TRK, 20.6.2006; Denis Vasilyev/R, 17.12.2009, § 135; Dink/TRK, 14.9.2010, § 144.

170 Vgl. EGMR Gezici/TRK, 17.3.2005 (Tod eines Angehörigen; unterbliebene Autopsie des Toten; Stillstand der Ermittlungen für zwei Jahre; keine Vernehmung der Augenzeugen); Afanasyev/UKR, 5.4.2005 (Körperverletzung durch Polizeibeamte während Verhör; Verlust von Zeugenaussagen durch verspätete Ermittlungen).

171 Vgl. EGMR Gezici/TRK, 17.3.2005; Taniş u.a./TRK, 2.8.2005; Ognyanova u. Choban/BUL, 23.2.2006; Devrim/ TRK, 2.3.2006; Ataman/TRK, 27.4.2006; Merzhuyeva u.a./R, 7.10.2010, § 225 (Verschwinden einer Person; Verstoß gegen Art. 2); Tagayeva u.a./R, 13.4.2017, § 619.

172 Vgl. EGMR Isayeva, Yusopova u. Bazayeva/R, 24.2.2005; Khashiyev u. Akayeva/R, 24.2.2005; Mikheyev/R, 26.1.2006; Menesheva/R, 9.3.2006; Estamirov u.a./R, 12.10.2006; Cobzaru/RUM, 26.7.2007 (nicht-effektive Untersuchung von Misshandlungen auf Polizeistation/rassistische Motive; zivilrechtlicher Schadensersatz nur theoretisch); bestätigt in: EGMR Tarariyeva/R, 14.12.2006, § 101; Dedovskiy u.a./R, 15.5.2008, § 101; Chember/ R, 3.7.2008.

173 Vgl. EGMR Bazorkina/R, 27.7.2007.

174 Vgl. EGMR Akhmadova u. Sadulayeva/R, 10.5.2007; Baysayeva/R, 5.4.2007.

175 Vgl. EGMR Ceyhan Demir u.a./TRK, 13.1.2005 (Verletzungen eines Gefangenen bei einer Konfrontation mit Gefängnispersonal; Tod bei Rücktransport aus Krankenhaus); Güngör/TRK, 22.3.2005.

tersucht werden,[176] um jeden noch so berechtigen Zweifel an der Unbegründetheit eines Schutzantrages zu beseitigen, und das unabhängig vom Umfang der Befugnisse der Aufsichtsbehörde.[177] Dass solche Fälle außerdem zügig zu behandeln sind,[178] darf nicht zu Lasten der grundlegenden Verfahrensrechte der Betroffenen gehen.[179] Dabei ist es Sache des Antragstellers, das innerstaatliche Verfahren, insbesondere die vorgesehenen Formvorschriften und Fristen, einzuhalten.[180] Im Übrigen ist in solchen Fällen ein Rechtsbehelf nur dann wirksam, wenn er **aufschiebende Wirkung** hat.[181] Art. 13 ist verletzt, wenn im Vollzugsverfahren die im unmittelbaren Bestimmungsland angeblich bestehende Gefahr der Kettenabschiebung bis zurück ins verfolgende Herkunftsland nicht mehr effektiv geltend gemacht werden kann, weil die polizeiliche Entscheidung über einen entsprechenden Antrag nicht mehr überprüfbar ist.[182]

68   Ungeeignet und damit ineffektiv ist ein Rechtsbehelf auch bei **unangemessen langer Verfahrensdauer**, wobei es bei der Beurteilung der Vertretbarkeit der Verfahrensdauer auf die jeweils in Frage stehende Garantie ankommt. Der EGMR fühlt sich nicht gehindert, über die Dauer eines Verfahrens zu entscheiden, das innerstaatlich noch nicht rechtskräftig abgeschlossen ist.[183]

69   Art. 2 Abs. 3 *lit.* c IPBPR verpflichtet die Staaten ausdrücklich, dafür zu sorgen, dass alle zuständigen Stellen, vor allem auch die **Vollzugsorgane**, einem erfolgreichen innerstaatlichen Rechtsbehelf Geltung verschaffen.[184] In Art. 13 fehlt eine solche ausdrückliche Verpflichtung; sie ergibt sich jedoch aus der Natur der Sache. Wenn die Entscheidung, die der Betroffene innerstaatlich erlangen kann, von den übrigen zuständigen staatlichen Stellen nicht beachtet werden muss, besteht im Ergebnis kein wirksamer Rechtsbehelf.[185] Dies ist etwa der Fall, wenn die angerufene Stelle nur eine beratende Funktion hat oder lediglich Vorschläge unterbreiten kann (Rn. 36, 49 ff.)[186] oder wenn – und sei es auch nur wegen

---

176 EGMR Shamayev u.a./GEO u. R, 12.10.2005, § 448; (GK) M.S.S./B u. GR, 21.1.2011, EuGRZ **2011** 243 = NVwZ **2011** 413 = ZAR **2011** 395, § 292; (GK) Hirsi Jamaa u.a./I, 23.2.2012, § 198; M.A./ZYP, 23.10.2013, § 132; A.C. u.a./E, 22.4.2014, §§ 88, 102; (GK) Khlaifia u.a./I, 15.12.2016, § 275.
177 EGMR A.A./CH, 7.4.2014, § 58; Al Nashiri/PL, 24.7.2014, § 549; Sow/B, 19.1.2016, § 76.
178 EGMR (GK) M.S.S./B u. GR, 21.1.2011, §§ 292, 320; (GK) De Souza Ribeiro/F, 13.12.2012, § 82; Mohammed/A, 6.6.2013, § 71.
179 EGMR A.C. u.a./E, 22.4.2014, § 100.
180 EGMR Bahaddar/NL, 19.2.1998, § 45; Sow/B, 19.1.2016, § 81.
181 EGMR Abdolkhani u. Karminia/TRK, 22.9.2009, §§ 113, 116; (GK) M.S.S./B u. GR, 21.1.2011, § 293; Diallo/CS, 28.11.2011, § 74; De Souza Ribeiro/F, 13.12.2012, § 82; M.A./ZYP, 23.7.2013, § 131 ff.; A.C. u.a./E, 22.4.2014, § 88; (GK) Khlaifia u.a./I, 15.12.2016, §§ 275, 281; gleiches gilt für Ausweisungen unter Verletzung des Art. 2: EGMR Čonka/B, 5.2.2002, §§ 81–83; (GK) Hirsi Jamaa u.a./I, 23.2.2012, § 200. Eine aufschiebende Wirkung müssen auch Rechtsbehelfe haben, wenn die Ausweisung angeblich gegen Art. 4 des 4. ZP-EMRK verstößt, nicht jedoch, wenn (nur) eine Verletzung von Art. 8 im Raum steht: EGMR (GK) De Souza Ribeiro/F, 13.12.2012, §§ 82 f.; in Bezug auf vorläufigen Rechtsschutz vgl. BVerfG BeckRS **2020** 14498, wonach ein dafür notwendiges Rechtsschutzbedürfnis bereits dann vorliegt, wenn ohne Gewährung des vorläufigen Rechtsschutzes die Durchführung der Abschiebung nicht ausgeschlossen ist.
182 EGMR Mohammed/A, 6.6.2013, §§ 76 ff., 82 ff., ÖJZ **2014** 525.
183 EGMR Pine Valley Developments Ltd u.a./IR, 29.11.1991; Tomé Mota/P, 2.12.1999; Belinger/SLW (E), 2.10.2001; Goretzki/D, 24.1.2002, EuGRZ **2002** 325; Paulino Tomás/P (E), 27.3.2003; (GK) Scordino/I (Nr. 1), 29.3.2006, NJW **2007** 1259 = ÖJZ **2007** 382, § 195; Jaremowicz/PL, 5.1.2010, § 71; McFarlane/IR, 10.9.2010, § 123.
184 Ursprünglich war vorgesehen, dass Polizei und Verwaltungsorgane gebunden sein sollten, die stattgebende Entscheidung in der Praxis zu verfolgen oder zu vollstrecken, vgl. *Nowak* 12.
185 Vgl. *Frowein/Peukert* 5.
186 EGMR Chahal/UK, 15.11.1996; IK-EMRK/*Schweizer* 60.

der faktischen Verhältnisse – vom Betroffenen nicht erreicht werden kann, dass die für die Konventionsverletzung zuständigen Stellen sie beachten und vollstrecken.[187]

b) Zugänglichkeit. Nicht ausreichend ist es, wenn ein (effektiver) Rechtsbehelf nur in **70** der Theorie, d.h. auf dem Papier, besteht, die Praxis die Ausübung jedoch verhindert.[188] Das nationale Recht darf den Rechtsbehelf zwar an die Einhaltung bestimmter **Fristen** oder an sonstige **formale Zulässigkeitsvoraussetzungen** binden.[189] Diese formalen Beschränkungen müssen sich jedoch im Rahmen des sonst Üblichen und Vertretbaren halten. Sie dürfen keine zu strengen, durch Sachgründe nicht gebotene Anforderungen an die Beschwerdelegitimation stellen und sie dürfen nicht so ausgelegt und angewendet werden, dass es einem Betroffenen faktisch kaum möglich ist, von einem solchen Rechtsbehelf fristgerecht Gebrauch zu machen.[190] Unwirksam ist ein Rechtsbehelf daher auch dann, wenn das nationale Recht **überzogene formale Anforderungen** an seine Einlegung stellt,[191] oder **zu kurze Fristen** vorsieht.[192]

Unter dem Blickwinkel eines wirksamen Rechtsbehelfs sind dem Staat zuzurechnende **71** **Behinderungen des Beschwerdeführers** bei der Ausübung des Rechtsbehelfs (*denial of justice*)[193] oder bei der freien Entscheidung über seine Einlegung ebenso wenig akzeptabel wie **Repressalien**, die der Betroffene bei Ergreifen des Rechtsbehelfs zu befürchten hat.[194] Auch das Versagen der aufschiebenden Wirkung kann einen Rechtsbehelf ineffektiv machen,[195] ebenso die nicht ausreichende **Belehrung über die zur Verfügung stehenden Rechtsbehelfe**, auch wenn die Konvention eine solche Rechtsmittelbelehrung nicht explizit vorschreibt.[196]

Art. 13 steht nationalstaatlichen Vorschriften nicht entgegen, die vor Anrufung eines **72** unabhängigen Gerichts auf ein **Vorverfahren vor einer anderen innerstaatlichen Instanz** verweisen, wenn sichergestellt ist, dass dadurch effektiver Rechtsschutz weder unkontrollierbar verzögert noch in der Sache behindert wird.[197]

Unvereinbar mit Art. 13 ist es, einen innerstaatlichen Rechtsbehelf gegen eine schwe- **73** rer wiegende, vor allem auch diskriminierend wirkende Maßnahme allein daran scheitern zu lassen, dass kein **aktuelles Rechtsschutzbedürfnis** mehr besteht, weil die beanstandete Maßnahme bereits vollzogen und damit **erledigt** ist.[198]

---

187 EGMR Zazanis/GR, 18.11.2004.
188 Vgl. EGMR Öneryildiz/TRK, 30.11.2004 (Nichtauszahlung des zugesprochenen Schadensersatzes); Shamayev u.a./GEO u. R, 12.4.2005 (Verhinderung der Ausübung des in der Theorie bestehenden Rechtsbehelfs); (GK) Centre for legal resources on behalf of Valentin Campeanu/RUM, 17.7.2014, § 150; Roth/D, 22.10.2020, § 91.
189 IK-EMRK/*Schweizer* 61; Meyer-Ladewig/Nettesheim/von Raumer/*Meyer-Ladewig/Renger* 11.
190 Meyer-Ladewig/Nettesheim/von Raumer/*Meyer-Ladewig/Renger* 11.
191 Vgl. VerfGH Berlin JR **2002** 412.
192 EGMR Jabari/TRK, 11.7.2000.
193 EGMR G.R./NL, 10.1.2012, § 44; Ehlers/Schoch/*Kadelbach* § 5, 48; ferner die ausdrückliche Regelung in Art. 5 Abs. 2 *lit.* b FP-IPBPR und in Art. 21 Abs. 1 *lit.* c, Art. 22 Abs. 5 *lit.* b UNCAT; *Nowak* Art. 5 FP, 22 ff.
194 Vgl. EGMR Akdivar u.a./TRK, 16.9.1996, §§ 73 ff.; (GK) Çakıcı/TRK, 8.7.1999, § 112; Mohammed/A, 6.6.2013, § 71; Al Nashiri/PL, 24.7.2014, § 546; *Frowein/Peukert* Art. 35, 29.
195 EGMR (GK) Khlaifia u.a./I, 15.12.2016, § 281, ebenso zusätzliche Voraussetzungen für Art. 8 in § 279. Für Beschwerden aufgrund Art. 2 und Art. 3 gegen Ausweisungen Rn. 63; beruht die Beschwerde gegen die Ausweisung auf Art. 8, soll eine aufschiebende Wirkung nicht zwingend erforderlich sein: EGMR (GK) De Souza Ribeiro/F, 13.12.2012, § 82.
196 EGMR Dankevich/UKR, 29.4.2003; Meyer-Ladewig/Nettesheim/von Raumer/*Meyer-Ladewig/Renger* 10.
197 SaarlVerfGH NVwZ **2012** 1117 (Rechtmäßigkeit des saarländischen Wahlprüfungsverfahrens).
198 EGMR Camenzind/CH, 16.12.1997; IK-EMRK/*Schweizer* 68; vgl. BVerfGE **42** 128, 130; **96** 27, 39; **100** 313, 364; **101** 397, 407; BVerfG EuGRZ **2002** 198.

74 Ein mit der Einlegung verbundenes (angemessenes) **Kostenrisiko** macht einen Rechtsbehelf nicht ineffektiv.[199] Unzumutbar und damit unwirksam kann ein Rechtsbehelf aber
dann sein, wenn abhängig von seinem Ausgang, d.h. im Falle einer Ablehnung, automatisch ein zusätzliches Bußgeld erhoben wird.[200] Hingegen erachtet der EGMR das Erheben
einer Gerichtsgebühr i.H.v. 25 €, die zurückgezahlt wird, wenn die Beschwerde gerechtfertigt ist, ebenso als zulässig wie die Beschränkung, dass eine bestimmte sachbezogene Beschwerde unabhängig von den konkreten Umständen des Falles nur einmal in demselben
Jahr eingereicht werden kann.[201]

75 Erforderlich für die Zugänglichkeit ist nicht, dass die EMRK und ihre Rechte unmittelbar in das innerstaatliche Recht inkorporiert werden und als solche geltend gemacht werden können. Es genügt, wenn das von der Konvention **geschützte Recht seiner Substanz
nach** vom Betroffenen vor der entscheidenden Instanz geltend gemacht werden kann. Das
behauptete Recht muss nicht unmittelbar aus der Konvention hergeleitet werden. Die
Berufung auf ein **inhaltsgleiches innerstaatliches** Recht reicht aus.[202] Wo die Konventionen nicht Bestandteil des innerstaatlichen Rechts geworden sind, besteht ohnehin nur
diese Möglichkeit. Sie reicht allerdings dann nicht aus, wenn eine konventionswidrige
Maßnahme dem innerstaatlichen Recht entspricht und deshalb innerstaatlich nicht als
rechtswidrig angreifbar ist. Dann folgt das Fehlen eines wirksamen Rechtsbehelfs und
damit der Verstoß gegen Art. 13 EMRK/Art. 2 Abs. 3 IPBPR schon aus der Gesetzeslage.[203]

76 **c) Zusammenwirken mehrerer Rechtsbehelfe.** Ist ein einzelner Rechtsbehelf nicht
als effektiv anzusehen, führt dies nicht automatisch zu einer Verletzung der jeweiligen Konventionsgarantie. Aus dem Zusammenspiel mehrerer Rechtsschutzmöglichkeiten, die für
sich allein den Anforderungen nicht genügen, kann sich insgesamt ein ausreichender innerstaatlicher Rechtsschutzmechanismus ergeben.[204] Erforderlich ist allerdings, dass sich diese
Rechtsschutzmechanismen gegenseitig zu einem vollwertigen Rechtsschutz ergänzen.[205]
Mehrere Rechtsbehelfe gewähren auch zusammen betrachtet keinen ausreichend effektiven
Rechtsschutz, wenn aufgrund des mit den verschiedenen Rechtsschutzmöglichkeiten ver-

---

199 EGMR Charzyński/PL (E), 1.3.2005 (Rechtsmittelgebühr); Reuther/D (E), 5.6.2003 (Kostenvorschuss beim
BayVerfGH) m. krit. Anm. *Deumeland* AGS **2004** 241; siehe aber auch: EGMR (GK) Scordino/I (Nr. 1), 29.3.2006,
§ 201; McFarlane/IR, 10.9.2010, § 124.
200 EGMR Prencipe/MCO, 16.7.2009, § 96 (automatische Verhängung eines Bußgeldes, zusätzlich zu den
regulären Gerichtskosten, im Falle einer nicht erfolgreichen Berufung; entschieden bzgl. Art. 3 und die
Rechtsbehelfserschöpfung, Art. 35).
201 EGMR Charzyński/PL, 1.3.2005: Fraglich war hier, ob die infolge des *Kudła*-Urteils in Polen geschaffene
Möglichkeit der Beschwerde wegen überlanger Verfahrensdauer – u.a. mit oben genanntem Inhalt – eine
wirksame Beschwerde i.S.d. Art. 13 darstellte. Der Bf. hatte von ihr nicht Gebrauch gemacht und direkt den
EGMR angerufen, der die Nichterschöpfung der innerstaatlichen Rechtsbehelfe nach Art. 35 Abs. 1 annahm,
da er die neu geschaffene Beschwerdemöglichkeit als mit Art. 13 vereinbar einstufte.
202 EGMR The Observer u. Guardian/UK, 26.11.1991, ÖJZ **1992** 378 = EuGRZ **1995** 16; Smith u. Grady/UK,
27.9.1999; IK-EMRK/*Schweizer* 13 ff.
203 Vgl. EGMR Silver u.a./UK, 25.3.1983; Campbell u. Fell/UK, 28.6.1984; Abdulaziz u.a./UK, 28.5.1985.
204 EGMR Silver u.a./UK, 25.3.1983; Lithgow u.a./UK, 8.7.1986; Leander/S, 26.3.1987; Chahal/UK, 15.11.1996,
§ 145; (GK) Kudła/PL, 26.10.2000, § 157; Abdolkhani u. Karminia/TRK, 22.9.2009, § 107; Jaremowicz/PL, 5.1.2010,
§ 69; De Souza Ribeiro/F, 13.12.2012, § 79; Mohammed/A, 6.6.2013, § 70; Varga/H, 10.3.2015, § 47; Bamouham-
mad/B, 17.11.2015, § 165; (GK) Khlaifia u.a./I, 15.12.2016, § 268; Tagayeva u.a./R, 13.4.2017, § 621; *Grabenwarter/
Pabel* § 24, 198; IK-EMRK/*Schweizer* 77; Meyer-Ladewig/Nettesheim/von Raumer/*Meyer-Ladewig/Renger* 9; Nowak 63; dagegen *Frowein/Peukert* 8 f.
205 EGMR Silver u.a./UK, 25.3.1983; (GK) Kudła/PL, 26.10.2000; Bordov/R (Nr. 2), 15.1.2009, § 97; IK-EMRK/
Schweizer 77.

bundenen **Zeitverlusts** und den **sonstigen Belastungen** des Betroffenen die Effektivität des Rechtsschutzes insgesamt nicht mehr gewährleistet ist.[206] Dementsprechend hält der EGMR es für mit Art. 13 unvereinbar, wenn der Betroffene, um Schadensersatz zu erlangen, zunächst eine verwaltungsgerichtliche Klage erheben muss und dann gefordert ist, eine Klage wegen unerlaubter Handlung nachzuschieben.[207]

d) Beweislast. Der Nachweis eines vorhandenen wirksamen innerstaatlichen Rechts- 77
behelfs zur Geltendmachung eines Konventionsverstoßes obliegt im Fall des Bestreitens der Regierung.[208] Sie muss ggf. durch Anführung von **Präzedenzfällen** darlegen, dass es dem Beschwerdeführer ohne Weiteres möglich gewesen wäre, eine ihm zugängliche innerstaatliche Stelle wegen der behaupteten Konventionsverletzung anzurufen und durch sie Abhilfe zu erlangen.[209] Diese Möglichkeit besteht nicht, wenn das nationale Recht einen solchen Rechtsbehelf zwar theoretisch eröffnet, dieser aber **in der staatlichen Praxis nicht genutzt** wird und er daher auch **allgemein unbekannt** geblieben ist.[210] Bloße (unbegründete) Zweifel an der Effektivität eines zur Verfügung stehenden Rechtsbehelfs entbinden den Betroffenen nicht davon diesen in Anspruch zu nehmen.[211] Wenn das nationale Recht jede Regelung des beanstandeten Eingriffs vermissen lässt[212] und auch keine Generalklausel die Anrufung der Gerichte oder einer anderen zur Überprüfung berufenen nationalen Instanz eröffnet, fehlt es an einem effektiven Rechtsbehelf. Hat die Regierung diese Beweislast erfüllt, obliegt es dem Antragsteller (auch mit Blick auf Art. 35) nachzuweisen, dass der von der Regierung vorgelegte Rechtsbehelf tatsächlich in Anspruch genommen wurde oder aus irgendeinem Grund unter den besonderen Umständen des Falles unzureichend oder unwirksam war oder dass besondere Umstände vorlagen, die ihn von der Anforderung entbunden haben.[213]

e) Abhilfemöglichkeiten bei überlanger Verfahrensdauer nach deutschem Recht. 78
Wie bereits dargelegt, garantiert Art. 13 auch einen wirksamen Rechtsbehelf zur Sicherung des Rechts auf den Abschluss des Verfahrens i.S.v. Art. 6 Abs. 1 in angemessener Dauer (Rn. 35).

aa) Verfassungsbeschwerde. Grundsätzlich wird das Recht auf ein zügiges Verfahren 79
zwar auch durch das Grundgesetz geschützt; eine Verletzung kann im Wege einer Verfassungsbeschwerde geltend gemacht werden. Jedoch sieht der EGMR die Verfassungsbeschwerde in Abkehr von seiner früheren Rechtsprechung zur Geltendmachung dieser Konventionsverletzung als nicht effektiv an. Wie der Gerichtshof im Rahmen der Beschwerde gegen die überlange Dauer – zunächst bezogen auf ein anhängiges Zivilverfahren (*Sürme-*

---

206 Vgl. auch die Bedenken von *Frowein/Peukert* 8 f.; *Nowak* 63.

207 Vgl. EGMR Lukenda/SLW, 6.10.2005. Die infolge dieses Urteils in Slowenien geschaffene Rechtslage hält der EGMR grundsätzlich für mit Art. 13 vereinbar: EGMR Žunič/SLW, 18.10.2007.

208 Nicht nachweisen konnte dies die ukrainische Regierung z.B. im Falle eines Gefangenen, der gegen die Bedingungen seiner Haft vorgehen wollte, vgl. EGMR Melnik/UKR, 28.3.2006; ebenso die armenische Regierung: EGMR Chiragov u.a./ARM, 16.6.2015, § 214; ferner EGMR (GK) Sargsyan/AZE, 16.6.2015, § 271; Gouarré Patte/AND, 12.1.2016, § 43.

209 EGMR Wille/FL, 28.10.1999 (bloßer Verweis auf Rechtsbehelfsmöglichkeiten nicht ausreichend); Kangasluoma/FIN, 20.1.2004 (kein Beleg, dass finnisches Recht wegen Verfahrensverzögerung eine angemessene Kompensation gewährte).

210 EGMR Kangasluoma/FIN, 20.1.2004.

211 EGMR Krasuski/PL, 14.6.2005 (Zweifel bzgl. Neuregelung infolge des *Kudła*-Urteils).

212 Vgl. EGMR Halford/UK, 25.6.1997.

213 EGMR Semikhvostov/R, 6.2.2014, § 62.

li) – festgestellt hat, **genügte die deutsche Rechtslage den Anforderungen des Art. 13 nicht.**[214] Die Wirksamkeit eines Rechtsbehelfs sei danach nur gewährleistet, wenn dieser die Entscheidung des zuständigen Gerichts **entweder beschleunige oder eine angemessene Wiedergutmachung** für eingetretene Verzögerungen gewähren könne. Eine Verfassungsbeschwerde leiste dies im Falle eines anhängigen Zivilverfahrens nicht, weil das BVerfG in diesem Fall regelmäßig nur die Verfassungswidrigkeit feststelle und das zuständige Gericht auffordere, das Verfahren zu beschleunigen oder abzuschließen; es könne dem zuständigen Gericht aber weder eine Frist setzen noch andere Maßnahmen zur Beschleunigung des Verfahrens anordnen und sei auch nicht berechtigt Kompensation, z.B. in Form von Schadensersatz, zuzusprechen.[215] Die beschränkten Möglichkeiten des BVerfG, eine Verfahrensbeschleunigung herbeizuführen, wurden auch im Fall *Grässer*[216] deutlich, in dem das BVerfG eine Anordnung zur Beschleunigung des Verfahrens gegeben hatte, das Verfahren vor dem zuständigen Gericht aber erst 16 Monate später beendet wurde.[217] Dies wirkt sich auch auf die Anwendung des Art. 35 Abs. 1 aus, da es in Fällen der Unwirksamkeit einer Verfassungsbeschwerde zur Rechtswegerschöpfung keiner Erhebung selbiger mehr bedarf. Allerdings ist zu beachten, dass es durchaus Konstellationen gibt, in denen die Verfassungsbeschwerde einen wirksamen Rechtsbehelf darstellt. Es ist wie folgt zu differenzieren:

80   Die Verfassungsbeschwerde ist in **strafrechtlichen Verfahren** als wirksamer Rechtsbehelf anzusehen, wenn das BVerfG die Möglichkeit hat, die Staatsanwaltschaft oder die für die Strafverfahren zuständigen Gerichte anzuweisen, die notwendigen Schlüsse aus einer unangemessenen Verfahrensverzögerung zu ziehen, d.h. das Verfahren nach §§ 153, 153a StPO einzustellen, die Strafverfolgung nach §§ 154, 154a StPO zu beschränken oder von der Strafe abzusehen bzw. diese zu mildern.[218] Allerdings besteht diese Möglichkeit nur, wenn die betroffene Person entweder einer Straftat schuldig gesprochen wurde oder – bei Anwendung von §§ 153, 153a, 154, 154a StPO – das Verfahren aufgrund der Annahme eingestellt wird, dass die betroffene Person von den Strafgerichten andernfalls wegen einer Straftat schuldig gesprochen werden könnte. Daher ist die Verfassungsbeschwerde kein wirksamer Rechtsbehelf als Rüge gegen ein zu lange dauerndes **Ermittlungsverfahren**, das von den Ermittlungsbehörden **eingestellt** wird, ohne dass der Beschwerdeführer der ihm zur Last gelegten Straftaten schuldig gesprochen wäre, denn in diesem Fall laufen die oben angesprochenen Abhilfemöglichkeiten leer.[219] Zum Ausspruch einer dem Art. 13 genügenden Kompensationszahlung ist das BVerfG zudem nicht berechtigt.

81   In einem **Zivilverfahren** stellt sich die Lage einfacher dar: Wie festgestellt, ist die Verfassungsbeschwerde in einem anhängigen Zivilverfahren mangels angemessener Abhilfemöglichkeiten nicht als effektiver Rechtsbehelf anzusehen.[220] Gleiches gilt für die Rügemöglichkeit bzgl. der Dauer eines abgeschlossenen Zivilverfahrens.[221] Auch hier bedarf

---

214 EGMR (GK) Sürmeli/D, 8.6.2006; siehe auch: EGMR Herbst/D, 11.1.2007, EuGRZ **2007** 420 = NVwZ **2008** 289, §§ 63–68; Ommer/D (Nr. 2), 13.11.2008, § 54; Meyer-Ladewig/Nettesheim/von Raumer/*Meyer-Ladewig/Renger* 22.
215 EGMR (GK) Sürmeli/D, 8.6.2006, § 105.
216 EGMR Grässer/D, 5.10.2006, EuGRZ **2007** 268.
217 EGMR (GK) Sürmeli/D, 8.6.2006, § 106.
218 EGMR Ommer/D (Nr. 2), 13.11.2008, §§ 57 ff.
219 EGMR Herbst/D, 11.1.2007.
220 EGMR (GK) Sürmeli/D, 8.6.2006; vgl. hierzu auch OLG Frankfurt NJW **2013** 2207 bestätigt durch BGH Beschl. v. 18.12.2013 – III ZR 1/13, BeckRS **2014** 01032 (Nichtzulassung der Revision).
221 EGMR Herbst/D, 11.1.2007.

es also vor dem Gang nach Straßburg nicht der Erhebung einer vorherigen Verfassungsbeschwerde.[222]

Fraglich war zunächst, ob die Einstufung der Verfassungsbeschwerde als nicht-effektiver Rechtsbehelf durch den EGMR in Anbetracht eines Beschlusses der 3. Kammer des Senats des BVerfG aufrechtzuerhalten war.[223] In diesem Beschluss fungierte die Verfassungsbeschwerde erfolgreich als Untätigkeitsbeschwerde in Form eines schnellen und unmittelbar greifenden Rechtsschutzinstruments gegen ein überlanges Verfahren; bei einer diesem speziellen Fall entsprechenden generellen Handhabung könnte ein System entstehen, das der EGMR in anderen europäischen Staaten als mit Art. 13 vereinbar eingestuft hat.[224] Mit einer Etablierung dieser Rechtsprechung kann jedoch nicht ernsthaft gerechnet werden. Dagegen sprechen ein Plenarbeschuss des BVerfG aus dem Jahr 2003[225] mit dem Verweis auf den Vorrang des fachgerichtlichen Rechtsschutzes sowie der Grundsatz der **Subsidiarität der Verfassungsbeschwerde** allgemein.[226] **82**

bb) Sonstige Rechtsbehelfe.[227] Im Zivilrechtsverfahren eröffnet zwar bei Verletzungen des Anspruches auf rechtliches Gehör § 321a ZPO die **Möglichkeit zur Rüge**. Vergleichbare Vorschriften finden sich auch für die öffentlich-rechtliche Gerichtsbarkeit (§§ 152a VwGO, 133a FGO, 178a SGG). Sie gelten jedoch nicht für Verfahrensverzögerungen. Im Verfahren der Zwangsvollstreckung wird für den Fall der Verfahrensverzögerung in § 766 ZPO ein Rechtsbehelf gewährt. Im Verfahren der freiwilligen Gerichtsbarkeit räumen §§ 58, 59 Abs. 1 FamFG demjenigen die Möglichkeit einer Beschwerde ein, „der durch den Beschluss in seinen Rechten beeinträchtigt ist". Ob dies auch Fälle von Verfahrensverzögerungen betrifft, wird nicht einheitlich beurteilt. **83**

Die StPO enthält, wie bereits angesprochen, für das **Strafverfahren** verschiedene Vorschriften, die auf eine Beschleunigung des Verfahrens abzielen, vgl. §§ 121, 229, 275 Abs. 1 StPO. Darüber hinaus besteht im strafgerichtlichen Rechtsmittelverfahren bei vermeidbaren Verfahrensverzögerungen die Möglichkeit der Kompensation im Rahmen der Strafzumessung bzw. nach der sog. **Vollstreckungslösung** (ausführlich bei Art. 6 Rn. 489 ff.).[228] Abseits der speziellen Verfahrensordnungen kommen als *ultima ratio* die (richterliche) **Dienstaufsichtsbeschwerde** nach § 26 Abs. 2 DRiG und die Verfassungsbeschwerde in Betracht. Im Rahmen einer vor dem EGMR ausreichenden Kompensation könnte an eine **Amtshaftungsklage** zu denken sein.[229] Auch der richterrechtliche Rechtsbehelf der „außerordentlichen Untätigkeitsbeschwerde" bedarf einer Erwähnung. **84**

cc) Bewertung der Rechtsbehelfe gegen überlange Verfahrensdauer durch den EGMR. Zur Problematik der Verfassungsbeschwerde als effektiver Rechtsbehelf Rn. 79 ff. Zu der Dienstaufsichtsbeschwerde nach § 26 Abs. 2 DRiG führt der EGMR aus, dass sie dem Betroffenen in der Regel keinen Anspruch darauf gebe, den Staat zur Ausübung seiner Hoheits- **85**

---

222 EGMR (GK) Sürmeli/D, 8.6.2006, §§ 105–108 (Verfassungsbeschwerde kein wirksamer Rechtsbehelf zur Beschleunigung eines anhängigen Zivilverfahrens); Herbst/D, 11.1.2007 (Verfassungsbeschwerde kann keine Abhilfe für die durch überlange Dauer zivilrechtlicher Verfahren verursachten Vermögensschäden schaffen).
223 BVerfG NJW **2008** 503; siehe Besprechung: *Steinbeiß-Winkelmann* NJW **2008** 1783.
224 Vgl. *Steinbeiß-Winkelmann* NJW **2008** 1783.
225 BVerfGE **107** 395, 401 ff.
226 Vgl. *Steinbeiß-Winkelmann* NJW **2008** 1783.
227 Nach *Steinbeiß-Winkelmann* ZRP **2007** 177, 178.
228 Vgl. hierzu BGH BeckRS **2020** 18736 (Kompensation einer rechtswidrigen Verfahrensverzögerung durch eine Vollstreckungsanrechnung, die von einem Revisionsgericht ausgesprochen wurde).
229 Zu den sich generell ergebenden Problemen der Staatshaftung bei überlanger Dauer von Gerichtsverfahren, siehe *Brüning* NJW **2007** 1094.

befugnisse zu zwingen, und daher keine wirksame Beschwerdemöglichkeit nach Art. 13 darstelle.[230] Da die zuständigen Gerichte keinen Ersatz für einen Nichtvermögensschaden gewähren können, was aber gerade die Rechtsprechung des EGMR prägt,[231] wird auch die Möglichkeit einer **Amtshaftungsklage** nicht als ausreichend bewertet.[232] Gleiches gilt für die richterrechtlich entwickelte **„außerordentliche Untätigkeitsbeschwerde"**, denn hier sei die Rechtsprechung nicht einheitlich und es gebe verfassungsrechtliche Bedenken gegen ungeschriebene Rechtsbehelfe mit unterschiedlichen Zulässigkeitsvoraussetzungen.[233]

86   Allgemein gilt nach der Rechtsprechung des EGMR ein Rechtsmittel gegen überlange Verfahrensdauer dann als wirksam, wenn es selbst in angemessener Dauer möglich ist[234] und mit einer angemessenen Entschädigung für den Beschwerdeführer endet (Rn. 35).[235] Art. 13 verlangt entweder, dass der Rechtsbehelf bereits das **laufende Verfahren beschleunigt** oder aber eine **ausreichende nachträgliche Kompensation** gewährt, wobei erstere Möglichkeit vorzugswürdig ist und die nachträgliche Kompensation vor allem dann als effektiv zu werten ist, wenn das Verfahren bereits sehr lange gedauert hat und ein Rechtsbehelf zur Beschleunigung des Verfahrens nicht (mehr) existiert.[236]

87   Weil Deutschland seiner Verpflichtung, einen solchen wirksamen Rechtsbehelf vorzusehen, trotz wiederholter Verurteilungen in Straßburg lange Jahre nicht nachgekommen war, wurde es vom Gerichtshof im Fall *Rumpf*[237] (Pilot-Verfahren; Teil II Rn. 118, 393) erneut verurteilt. In dem Urteil sprach der EGMR die Verpflichtung Deutschlands aus, binnen eines Jahres einen Rechtsbehelf zu schaffen, der mit den Anforderungen des Art. 13 in Einklang steht.

88   Vom Grunde her ist der Gedanke eines **präventiven Rechtsbehelfs**, der das Verfahren beschleunigen soll, zu begrüßen,[238] wie er noch 2005 in einem Gesetzgebungsentwurf favorisiert wurde, sogar vorzugswürdig.[239] Die dabei in Frage kommende Untätigkeitsbeschwerde[240] ist aber selbst Kritik ausgesetzt. Ein die Verfahrensbeschleunigung anmahnender Zwischenrechtsbehelf verzögert durch die Einschaltung einer weiteren Instanz die Erledigung der Hauptsache meist weiter,[241] ohne die Beschwer durch die bereits eingetretene überlange Verfahrensdauer aus der Welt schaffen zu können; lediglich ihre Fortdauer kann verkürzt und die Notwendigkeit einer Kompensation aufgezeigt werden.

---

230 EGMR (GK) Sürmeli/D, 8.6.2006, § 109; Meyer-Ladewig/Nettesheim/von Raumer/*Meyer-Ladewig*/*Renger* 21.

231 Vgl. EGMR Hartman/CS, 10.7.2003; Lukenda/SLO, 6.10.2005; (GK) Scordino/I (Nr. 1), 29.3.2006; Cocchiarella/I, 29.3.2006.

232 EGMR (GK) Sürmeli/D, 8.6.2006, § 113; Meyer-Ladewig/Nettesheim/von Raumer/*Meyer-Ladewig*/*Renger* 21.

233 EGMR (GK) Sürmeli/D, 8.6.2006, § 110; Kuppinger/D, 15.1.2015, § 142; Meyer-Ladewig/Nettesheim/von Raumer/*Meyer-Ladewig*/*Renger* 21.

234 EGMR Pine Valley Developments Ltd u.a./IR, 29.11.1991; Tomé Mota/P, 2.12.1999; Belinger/SLW (E), 2.10.2001; Goretzki/D, 24.1.2002, EuGRZ **2002** 325; Paulino Tomás/P (E), 27.3.2003; (GK) Scordino/I (Nr. 1), 29.3.2006, § 195; McFarlane/IR, 10.9.2010, §§ 123 f.

235 EGMR Scordino/I (Nr. 1), 29.3.2006, §§ 195, 204–207; Martins Castro u. Alves Correia de Castro/P, 10.6.2008; McFarlane/IR, 10.9.2010, § 108.

236 EGMR (GK) Kudła/PL, 26.10.2000, § 158; (GK) Mifsud/F, (E) 11.9.2002, § 17; (GK) Scordino/I (Nr. 1), 29.3.2006, § 187; McFarlane/IR, 10.9.2010, § 108; Kuppinger/D, 15.1.2015, § 137, neben den allgemeinen Grundsätzen auch insbesondere für einen Verstoß gegen Art. 8.

237 EGMR Rumpf/D, 2.9.2010, NJW **2010** 3355 m. Anm. *Meyer-Ladewig* = EuGRZ **2010** 700.

238 *Steinbeiß-Winkelmann* ZRP **2010** 205 m.w.N. in Fn. 2; *Scholz* DRiZ **2010** 182. BRDrucks. 540/10, S. 1.

239 Ausdrücklich befürwortend auch EGMR (GK) Sürmeli/D, 8.6.2006, § 138.

240 Vgl. zum Entwurf des Untätigkeitsbeschwerdegesetzes: *Roller* ZRP **2008** 122.

241 Dies kann anders sein, wenn Fälle jahrelang liegen geblieben sind; hier fragt sich aber, ob bei chronisch überlasteten Gerichten die angemahnte Beschleunigung mit der Verzögerung anderer Verfahren erkauft wird. Vgl. *Meyer-Ladewig* NJW **2001** 2679.

Im Übrigen könnte wegen der **Unabhängigkeit des erkennenden Gerichts** eine die Be- 89 schleunigung anmahnende Zwischenentscheidung die zuständige richterliche Instanz weder in ihrer sachlichen Entscheidung noch bei der Ermittlung der dafür erforderlichen Grundlagen beeinflussen; sie könnte allenfalls eng begrenzt auf **einzelne Aspekte der Verfahrensgestaltung** einwirken und im Übrigen höchstens eine nicht das Verfahrensergebnis berührende Kompensation für die Verzögerung durch die Rechtsverletzung in die Wege leiten.

Im August 2010 hatte die Bundesregierung daher einen neuen Entwurf für ein **Gesetz** 90 **über den Rechtsschutz bei überlangen Gerichtsverfahren und strafrechtlichen Ermittlungsverfahren** vorgelegt. Der Gesetzgeber hat sich dabei nicht für einen Rechtsbehelf entschieden, der das Verfahren unmittelbar beschleunigen soll. Stattdessen wurde eine „**kompensatorische**" **Möglichkeit** gewählt (Art. 6 Rn. 510 ff.).[242] Dieses Gesetz vom 24.11.2011 trat am 3.12.2011 in Kraft.[243] Ist **besondere Beschleunigung** des Verfahrens geboten, weil das geltend gemachte Recht sonst infolge Zeitverzögerung leerläuft, und will der Betroffene daher erreichen, dass ein laufendes Verfahren schneller betrieben wird, stellt der Schadensersatzanspruch kein effektives Rechtsmittel i.S.d. Art. 13 dar.[244]

EMRK
Artikel 14 Diskriminierungsverbot

Der Genuss der in dieser Konvention anerkannten Rechte und Freiheiten ist ohne Diskriminierung insbesondere wegen des Geschlechts, der Rasse, der Hautfarbe, der Sprache, der Religion, der politischen oder sonstigen Anschauung, der nationalen oder sozialen Herkunft, der Zugehörigkeit zu einer nationalen Minderheit, des Vermögens, der Geburt oder eines sonstigen Status zu gewährleisten.

Protokoll Nr. 12 zur Konvention zum Schutze der Menschenrechte und Grundfreiheiten

vom 4.11.2000

Die Mitgliedstaaten des Europarats, die dieses Protokoll unterzeichnen – eingedenk des grundlegenden Prinzips, nach dem alle Menschen vor dem Gesetz gleich sind und Anspruch auf gleichen Schutz durch das Gesetz haben, entschlossen, weitere Maßnahmen zu treffen, um die Gleichberechtigung aller Menschen durch die kollektive Durchsetzung eines allgemeinen Diskriminierungs-

---

242 Der EGMR erklärt das für zulässig, vgl. EGMR (GK) Sürmeli/D, 8.6.2006, § 138.
243 BGBl. 2011 I S. 2302, 2312; hierzu EGMR Taron/D (E), 29.5.2012, NVwZ **2013** 47 = EuGRZ **2012** 514 = AuR **2012** 363 m. Anm. *Buschmann*; Garcia Cancio/D (E), 29.5.2012; Schellmann u. JSP Programmentwicklung GmbH & Co. KG/D (E), 10.7.2012; Mianowicz u.a./D (E), 10.7.2012 (EGMR fordert Bf. auf, den Entschädigungsanspruch nach § 198 Abs. 1 Satz 1 GVG nachträglich geltend zu machen, und zwar auch in Fällen, in denen die Beschwerde schon eingelegt wurde, bevor es diesen Entschädigungsanspruch gab. Die genannten Beschwerden wurden wegen Nichterschöpfung des Rechtswegs abgewiesen, wobei es sich der EGMR vorbehält, die Entwicklung der innerstaatlichen Rechtsprechung zum Entschädigungsanspruch i.R.v. späteren Individualbeschwerden an der EMRK zu messen).
244 EGMR Kuppinger/D, 15.1.2015, §§ 137, 139 ff., NJW **2015** 1433 m. Anm. *Steinbeiß-Winkelmann* = FamRZ **2015** 469 (Umgangsrecht); hierzu *Peschel-Gutzeit* ZRP **2015** 170, 171 f.

https://doi.org/10.1515/9783110275063-016

verbots durch die am 4. November 1950 in Rom unterzeichnete Konvention zum Schutz der Menschenrechte und Grundfreiheiten (im Folgenden als „Konvention" bezeichnet) zu fördern,

in Bekräftigung der Tatsache, dass der Grundsatz der Nichtdiskriminierung die Vertragsstaaten nicht daran hindert, Maßnahmen zur Förderung der vollständigen und wirksamen Gleichberechtigung zu treffen, sofern es eine sachliche und angemessene Rechtfertigung für diese Maßnahmen gibt –

haben Folgendes vereinbart:

Artikel 1 – Allgemeines Diskriminierungsverbot

(1) Der Genuss eines jeden gesetzlich niedergelegten Rechtes ist ohne Diskriminierung insbesondere wegen des Geschlechts, der Rasse, der Hautfarbe, der Sprache, der Religion, der politischen oder sonstigen Anschauung, der nationalen oder sozialen Herkunft, der Zugehörigkeit zu einer nationalen Minderheit, des Vermögens, der Geburt oder eines sonstigen Status zu gewährleisten.

(2) Niemand darf von einer Behörde diskriminiert werden, insbesondere nicht aus einem der in Absatz 1 genannten Gründe.

Artikel 2 – Räumlicher Geltungsbereich

(1) Jeder Staat kann bei der Unterzeichnung oder bei der Hinterlegung seiner Ratifikations-, Annahme- oder Genehmigungsurkunde einzelne oder mehrere Hoheitsgebiete bezeichnen, auf die dieses Protokoll Anwendung findet.

(2) Jeder Staat kann jederzeit danach durch eine an den Generalsekretär des Europarats gerichtete Erklärung die Anwendung dieses Protokolls auf jedes weitere in der Erklärung bezeichnete Hoheitsgebiet erstrecken. Das Protokoll tritt für dieses Hoheitsgebiet am ersten Tag des Monats in Kraft, der auf einen Zeitabschnitt von drei Monaten nach Eingang der Erklärung beim Generalsekretär folgt.

(3) Jede nach den Absätzen 1 und 2 abgegebene Erklärung kann in Bezug auf jedes darin bezeichnete Hoheitsgebiet durch eine an den Generalsekretär gerichtete Notifikation zurückgenommen oder geändert werden. Die Rücknahme oder Änderung wird am ersten Tag des Monats wirksam, der auf einen Zeitabschnitt von drei Monaten nach Eingang der Notifikation beim Generalsekretär folgt.

(4) Eine nach diesem Artikel abgegebene Erklärung gilt als Erklärung im Sinne des Artikels 56 Absatz 1 der Konvention.

(5) Jeder Staat, der eine Erklärung nach Absatz 1 oder 2 abgegeben hat, kann jederzeit danach für eines oder mehrere der in der Erklärung bezeichneten Hoheitsgebiete erklären, dass er die Zuständigkeit des Gerichtshofs, Beschwerden von natürlichen Personen, nichtstaatlichen Organisationen oder Personengruppen nach Artikel 34 der Konvention entgegenzunehmen, für Artikel 1 dieses Protokolls annimmt.

Artikel 3 – Verhältnis zur Konvention

Die Vertragsstaaten betrachten die Artikel 1 und 2 dieses Protokolls als Zusatzartikel zur Konvention; alle Bestimmungen der Konvention sind dementsprechend anzuwenden.

Artikel 4 – Unterzeichnung und Ratifikation

Dieses Protokoll liegt für die Mitgliedstaaten des Europarats, welche die Konvention unterzeichnet haben, zur Unterzeichnung auf. Es bedarf der Ratifikation, Annahme oder Genehmigung. Ein Mitgliedstaat des Europarats kann dieses Protokoll nur ratifizieren, annehmen oder genehmigen, wenn er die Konvention gleichzeitig ratifiziert oder bereits zu einem früheren Zeitpunkt ratifiziert hat. Die Ratifikations-, Annahme- oder Genehmigungsurkunden werden beim Generalsekretär des Europarats hinterlegt.

Artikel 5 – Inkrafttreten

(1) Dieses Protokoll tritt am ersten Tag des Monats in Kraft, der auf einen Zeitabschnitt von drei Monaten nach dem Tag folgt, an dem zehn Mitgliedstaaten des Europarats nach Artikel 4 ihre Zustimmung ausgedrückt haben, durch das Protokoll gebunden zu sein.

(2) Für jeden Mitgliedstaat, der später seine Zustimmung ausdrückt, durch dieses Protokoll gebunden zu sein, tritt es am ersten Tag des Monats in Kraft, der auf einen Zeitabschnitt von drei Monaten nach der Hinterlegung der Ratifikations-, Annahme- oder Genehmigungsurkunde folgt.

Artikel 6 – Aufgaben des Verwahrers

Der Generalsekretär des Europarats notifiziert allen Mitgliedstaaten des Europarats
(a) jede Unterzeichnung;
(b) jede Hinterlegung einer Ratifikations-, Annahme- oder Genehmigungsurkunde;
(c) jeden Zeitpunkt des Inkrafttretens dieses Protokolls nach den Artikeln 2 und 5;
(d) jede andere Handlung, Notifikation oder Mitteilung im Zusammenhang mit diesem Protokoll.

Zu Urkund dessen haben die hierzu gehörig befugten Unterzeichneten dieses Protokoll unterschrieben.

Geschehen zu Rom am 4. November 2000 in englischer und französischer Sprache, wobei jeder Wortlaut gleichermaßen verbindlich ist, in einer Urschrift, die im Archiv des Europarats hinterlegt wird. Der Generalsekretär des Europarats übermittelt allen Mitgliedstaaten des Europarats beglaubigte Abschriften.

IPBPR
Artikel 2

(1) Jeder Vertragsstaat verpflichtet sich, die in diesem Pakt anerkannten Rechte zu achten und sie allen in seinem Gebiet befindlichen und seiner Herrschaftsgewalt unterstehenden Personen ohne Unterschied wie insbesondere der Rasse, der Hautfarbe, des Geschlechts, der Sprache, der Religion, der politischen oder sonstigen Anschauung, der nationalen oder sozialen Herkunft, des Vermögens, der Geburt oder des sonstigen Status zu gewährleisten.

Artikel 3

Die Vertragsstaaten verpflichten sich, die Gleichberechtigung von Mann und Frau bei der Ausübung aller in diesem Pakt festgelegten bürgerlichen und politischen Rechte sicherzustellen.

Artikel 16

Jedermann hat das Recht, überall als rechtsfähig anerkannt zu werden.

Artikel 24

(1) Jedes Kind hat ohne Diskriminierung hinsichtlich der Rasse, der Hautfarbe, des Geschlechts, der Sprache, der Religion, der nationalen oder sozialen Herkunft, des Vermögens oder der Geburt das Recht auf diejenigen Schutzmaßnahmen durch seine Familie, die Gesellschaft und den Staat, die seine Rechtsstellung als Minderjähriger erfordert.

Artikel 26

Alle Menschen sind vor dem Gesetz gleich und haben ohne Diskriminierung Anspruch auf gleichen Schutz durch das Gesetz. In dieser Hinsicht hat das Gesetz jede Diskriminierung zu verbieten und allen Menschen gegen jede Diskriminierung, wie insbesondere wegen der Rasse, der Hautfarbe, des Geschlechts, der Sprache, der Religion, der politischen oder sonstigen Anschauung, der nationalen oder sozialen Herkunft, des Vermögens, der Geburt oder des sonstigen Status, gleichen und wirksamen Schutz zu gewährleisten.

Artikel 27

In Staaten mit ethnischen, religiösen oder sprachlichen Minderheiten darf Angehörigen solcher Minderheiten nicht das Recht vorenthalten werden, gemeinsam mit anderen Angehörigen ihrer Gruppe ihr eigenes kulturelles Leben zu pflegen, ihre eigene Religion zu bekennen und auszuüben oder sich ihrer eigenen Sprache zu bedienen.

Schrifttum (Auswahl)

Altwicker Menschenrechtlicher Gleichheitsschutz (2011); *Apfl* Racial Profiling in Deutschland? Eine Untersuchung zu § 22 Absatz 1a Bundespolizeigesetz aus der Perspektive der Gleichheitsdogmatik und Kognitionswissenschaft (2018); *v. Arnauld* Minderheitenschutz im Rechte der Europäischen Union, AVR **42** (2004) 111; *Dieballe* Gleichstellung der Geschlechter im Erwerbsleben – neue Vorgaben des EG-Vertrags, EuR **2000** 275; *Eisele/Böhm* Potential und Risiken von Predictive Policing, in: Beck/Kusche/Valerius (Hrsg.), Digitalisierung, Automatisierung, KI und Recht (2020) 519; *Freudenschuß* Die Diskriminierungsverbote der EMRK und der Rassendiskriminierungskonvention im österreichischen Recht, EuGRZ **1983** 623; *Glock* Der Gleichheitssatz im Europäischen Recht (2008); *Hailbronner* Die sozialrechtliche Gleichbehandlung von Drittstaatsangehörigen – ein minderheitenrechtliches Postulat? JZ **1997** 397; *Hausheer* Der Fall Burghartz – oder: Vom bisweilen garstigen Geschäft der richterlichen Rechtsharmonisierung in internationalen Verhältnissen, EuGRZ **1995** 579; *Henn* International Human Rights Law and Structural Discrimination, The Example of Violence against Women (2019); *Hettich* Racial Profiling in Europe: How well equipped is National, International and Supranational Human Rights Law to counter it? ZEuS **2018** 111; *Hilpold* Internationales und Europäisches Minderheitenrecht (2010); *ders.* Neue Minderheiten im Völkerrecht und im Europarecht, AVR **42** (2004) 80; *Hofmann* Minderheitenschutz in Europa, ZaöRV **52** (1992) 1; *Kimminich* Minderheiten- und Volksgruppenrechte im Spiegel der Völkerrechtsentwicklung nach dem zweiten Weltkrieg, BayVerwBl. **1993** 331; *Kischel* Zur Dogmatik des Gleichheitssatzes in der Europäischen Union, EuGRZ **1997** 1; *Klebes* Rahmenübereinkommen des Europarats zum Schutze nationaler Minderheiten, EuGRZ **1995** 262; *Kugelmann* Minderheitenschutz als Menschenrechtsschutz, AVR **39** (2001) 233; *Memoli* The prohibition of discrimination based on sexual orientation in the case-law of the ECtHR and the CJEU, ZEuS **2018** 351; *Moeckli* Human Rights and Non-discrimination in the ‚War on Terror‘ (2008); *Mohn* Der Gleichheitssatz im Gemeinschaftsrecht (1990); *Opsahl* Equality in Human Rights Law with particular Reference to Article 26 of the International Covenant on Civil and Political Rights, FS Ermacora (1988) 51; *Partsch* Wertet die neue Straßburger Judikatur das Diskriminierungsverbot auf? FS Everling (1993) 1049; *Pentassuglia* Minority Issues as a Challenge in the European Court of Human Rights: A Comparison with the Case Law of the United Nations Human Rights Committee, JIR **46** (2003) 401; *Riesenhuber/Frank* Verbot der Geschlechtsdiskriminierung im Europäischen Vertragsrecht – Zu einer vorgeschlagenen Richtlinie des Rats, JZ **2004** 529; *Rossi* Das Diskriminierungsverbot nach Art. 12 EGV, EuR **2000** 197; *Sturm* Das Straßburger Marckx-Urteil zum Recht des nichtehelichen Kindes und seine Folgen, FamRZ **1982** 1150; *Tomuschat* Equality and Non-Discrimination under the International Covenant on Civil and Political Rights; FS Schlochauer (1981) 691; *Vandenhole* Non-Discrimination and Equality in the View of the UN Human Rights Treaty Bodies (2005); *Weber* Schutz und Förderung der Roma in der EU in menschenrechtlicher Perspektive, ZAR **2013** 188; *Wittinger* Familien und Frauen im Regionalen Menschenrechtsschutz (1999); *dies.* Die Gleichheit der Geschlechter und das Verbot geschlechtsspezifischer Diskriminierung in der Europäischen Menschenrechtskonvention. Status quo und Perspektiven durch das Zusatzprotokoll Nr. 12, EuGRZ **2001** 272; *Wolfrum* Gleichheit und Nichtdiskriminierung im nationalen und internationalen Menschenrechtsschutz (2003).

Übersicht

1. Allgemeines
   a) Konventionsgarantien ▬ 1
   b) Ausdrückliche Grenzen des Gleichbehandlungsgebots ▬ 7
   c) Unionsrecht ▬ 11
   d) Internationale Verträge ▬ 13
   e) Nationale Ebene ▬ 15
2. Gleichbehandlung bei der Ausübung der von den Konventionen garantierten Freiheiten und Rechte

a) Beschränkung auf Konventionsrechte —— 17
b) Diskriminierungsverbot —— 24
c) Verpflichtete —— 32
d) Beispiele für Diskriminierung —— 33
e) Gerechtfertigte und angemessene Ungleichbehandlung —— 45

f) Racial Profiling —— 55
g) Terrorismus —— 65
3. Allgemeine Garantie der Gleichheit (Art. 26
IPBPR) —— 66
4. Allgemeines Diskriminierungsverbot (12. ZP-
EMRK) —— 72
5. Minderheitenschutz —— 89

1. Allgemeines

1 **a) Konventionsgarantien. Art. 2 AEMR** vom 10.12.1948 fordert in Übereinstimmung mit den Zielen der UN-Charta,[1] dass die in ihr proklamierten Rechte und Freiheiten jedem zustehen ohne irgendwelche Unterscheidung, wie etwa nach Rasse, Farbe, Geschlecht, Sprache, Religion, politischer oder sonstiger Überzeugung, nationaler oder sozialer Herkunft, nach Vermögen, Geburt oder sonstigem Status. In **Art. 7 AEMR** ist festgelegt, dass alle Menschen vor dem Gesetz gleich sind und ohne Diskriminierung Anspruch auf gleichen Schutz durch das Gesetz haben, ferner, dass sie Anspruch haben auf gleichen Schutz gegen jede Diskriminierung, welche die vorliegende Erklärung verletzen würde, und gegen jede Aufreizung zu einer solchen.

2 Der **IPBPR** folgt dieser Zweiteilung der Garantie der Gleichbehandlung, indem er in **Art. 2 Abs. 1** jede Ungleichbehandlung bei Anwendung der Konventionsgarantien verbietet und diese Verpflichtung der Vertragsstaaten in **Art. 3** nochmals in Bezug auf die Gleichberechtigung von Mann und Frau bei der Ausübung der im IPBPR festgelegten Rechte konkretisiert. Diese akzessorischen Garantien werden in **Art. 26 IPBPR** durch ein allgemeines, nicht akzessorisches Gleichbehandlungsgebot ergänzt, das – ohne sachliche Beschränkung auf die Konventionsgarantien – ausspricht, dass alle Menschen vor dem Gesetz gleich sind, und ohne Diskriminierung Anspruch auf gleichen Schutz durch das Gesetz haben, wobei Satz 2 vom Wortlaut des Art. 7 AEMR abweicht.[2]

3 **Art. 14** begnügt sich demgegenüber damit, jede Diskriminierung **bei der Anwendung der in der Konvention und in den Zusatzprotokollen gewährleisteten Rechte** und Freiheiten zu verbieten.[3] Die Vorschrift ist **akzessorisch** und ergänzt den Schutzbereich jedes Konventionsrechts durch ein Diskriminierungsverbot. Er umfasst die gesamte Tragweite der jeweiligen Garantien und begründet auch die Verpflichtung des Staates, bei Eingriffen aufgrund der Schrankenvorbehalte, selbst wenn diese Eingriffe in seinem Ermessen stehen, das Gebot der Gleichbehandlung zu beachten.[4] Ein darüber hinausreichendes **allgemeines Gleichbehandlungsgebot** stellt er nicht auf.[5]

---

1 Vgl. Art. 1 Abs. 3; Art. 13 Abs. 1 *lit.* b, Art. 55 *lit.* c UN-Charta, die die Förderung der allgemeinen Achtung und Verwirklichung der Menschenrechte und Grundfreiheiten für alle ohne Unterschied der Rasse, des Geschlechts, der Sprache oder der Religion als Ziel anführen. Vertiefend zum Gleichbehandlungsgebot aus menschenrechtlicher Perspektive: *Altwicker* Menschenrechtlicher Gleichheitsschutz (2011).

2 Siehe grundlegend *Altwicker* zur Entwicklung des menschenrechtlichen Gleichheitsschutzes durch EGMR und HRC im Zeitraum 2000–2010.

3 *Frowein/Peukert* 25; *Grabenwarter/Pabel* § 26, 1.

4 Etwa EGMR Belg. Sprachenfall/B, 23.7.1968, EuGRZ **1975** 298; van der Mussele/B, 23.11.1983, EuGRZ **1985** 477; Gaygusuz/A, 16.9.1996, ÖJZ **1996** 955 = JZ **1997** 405 = InfAuslR **1997** 1; *Frowein/Peukert* 9, sowie zur Gleichbehandlung im Rahmen der Schrankenvorbehalte auch Rn. 3; *Grabenwarter/Pabel* § 26, 1, 4; *Meyer-Ladewig*/Nettesheim/von Raumer/*Meyer-Ladewig*/*Lehner* 6.

5 EGMR Karlheinz Schmidt/D, 18.7.1994, EuGRZ **1995** 392 = NVwZ **1995** 365 = ÖJZ **1995** 148 = VBlBW **1994** 402; L.B./A, 8.4.2002, ÖJZ **2002** 696.

Ein solches allgemeines Gleichbehandlungsgebot sieht das am 1.4.2005 in Kraft getre- 4
tene, von Deutschland bislang nicht ratifizierte **12. ZP-EMRK** vom 4.11.2000 (Rn. 72 ff.) vor.
Es verpflichtet die Staaten, den Genuss eines jeden auf Gesetz beruhenden Rechtes jeder
Person ohne Diskriminierung wegen des Geschlechts, der Rasse, der Hautfarbe, der Sprache, der Religion, der politischen oder sonstigen Anschauung, der nationalen oder sozialen
Herkunft, der Zugehörigkeit zu einer nationalen Minderheit, des Vermögens, der Geburt
oder eines sonstigen Status zu gewährleisten. Den Behörden wird verboten, eine Person
aus diesen oder sonstigen Gründen zu diskriminieren.

Art. 14 EMRK und Art. 2 Abs. 1 IPBPR heben die Pflicht zur Gleichbehandlung bei der 5
Anwendung der Konventionsgarantien ausdrücklich hervor, obwohl die Gleichheit bei der
Gewährung der jeweiligen Konventionsrechte in den meisten Artikeln beider Konventionen schon dadurch verdeutlicht wird, dass diese *jedem* oder *jedermann* zuerkannt werden,
so auch das in Art. 16 IPBPR jedermann garantierte Recht, überall als rechtsfähig anerkannt zu werden. Bei bestimmten Konventionsgarantien finden sich zusätzlich besondere,
die Gleichbehandlung ausdrücklich fordernde Gebote. So hebt Art. 14 Abs. 1 Satz 1 IPBPR
hervor, dass **alle Menschen** vor Gericht gleich sind.[6] **Art. 23 Abs. 4 IPBPR** und **Art. 5 des
7. ZP-EMRK**[7] fordern für **Mann und Frau** gleiche Rechte bei der Eheschließung, während
der Ehe und bei Auflösung der Ehe. Art. 24 Abs. 1, Art. 25 IPBPR wiederholen nochmals
ausdrücklich die Diskriminierungsverbote des Art. 2 Abs. 1 IPBPR oder verweisen auf
diese.

Der EGMR betont, dass die EMRK auch in Bezug auf Diskriminierungsverbote nicht 6
in einem Vakuum interpretiert werden kann, sondern in Übereinstimmung mit den allgemeinen Grundsätzen des Völkerrechts.[8]

b) Ausdrückliche Grenzen des Gleichbehandlungsgebots. Grenzen des Gleichbe- 7
handlungsgebots bestehen dort, wo in bestimmten Ausnahmefällen schon der Wortlaut
einer Konventionsgarantie zeigt, dass diese nur für bestimmte Personengruppen gilt. So
garantiert etwa **Art. 25 IPBPR** nur den **Staatsbürgern** politische Rechte, während **Art. 16**
umgekehrt bei **Ausländern** Einschränkungen der durch Art. 10 und Art. 11 allen Menschen
garantierten politischen Betätigung zulässt, wenn er ausdrücklich feststellt, dass Art. 14
nicht so auszulegen ist, dass er einer solchen Beschränkung entgegensteht.

Das Verbot der Einzel- und Kollektivausweisung in **Art. 3 Abs. 1 des 4. ZP-EMRK** 8
betrifft nur die eigenen Staatsangehörigen, während umgekehrt das Verbot der Kollektivausweisung der Ausländer in **Art. 4 des 4. ZP-EMRK** und die Garantien für die Ausweisung von Ausländern in **Art. 1 des 7. ZP EMRK** und **Art. 13 IPBPR** schon von der Natur
der Sache her nur für diese gelten können.

Der Schutz ethnischer, religiöser oder sprachlicher Minderheiten erlaubt nach **Art. 27** 9
IPBPR eine Differenzierung zu deren Gunsten hinsichtlich ihrer kulturellen Betätigung,
ihrer Religionsausübung und der Verwendung ihrer Muttersprache und insoweit eine Ungleichbehandlung.[9] Insoweit sind entgegen Art. 14 EMRK/Art. 2 Abs. 1, Art. 26 IPBPR nach
der nationalen Herkunft oder dem sonstigen Status differenzierende Sonderregelungen
zulässig. Im Übrigen aber werden die in den Konventionen festgelegten Rechte und Freiheiten durch Art. 1 allen der Hoheitsgewalt eines Vertragsstaates unterstehenden Men-

---

6 Auch bei dem von Art. 6 Abs. 1 geforderten fairen Verfahren ist die Gleichwertigkeit der Verfahrensbefugnisse und Mitbestimmungs-/Teilhaberechte, die sog. Waffengleichheit (dort Rn. 202 ff.) unerlässlich.

7 Deutschland hat das 7. ZP-EMRK bislang nicht ratifiziert.

8 EGMR Harroudj/F, 4.10.2012; bezüglich der CEDAW: EGMR (GK) Khamtokhu u. Aksenchik/R, 24.1.2017.

9 Vgl. HRC Lovelace/CDN, 30.7.1981, EuGRZ **1981** 522; *Tomuschat* FS Mosler 951.

schen in gleichem Umfang gewährt. Aus der Zugehörigkeit zu einer Minderheit können keine Sonderrechte hergeleitet werden.[10] Näher zum Schutz von Minderheiten Rn. 89.

10   Für **Notstandsmaßnahmen** enthält **Art. 4 Abs. 1 IPBPR** ein weiter gefasstes Diskriminierungsverbot (vgl. Art. 15 Rn. 30). Der Katalog auch im Notstandsfall unzulässiger Diskriminierungen führt die politischen und sonstigen Anschauungen und die nationale Herkunft sowie das Vermögen, die Geburt oder den sonstigen Status nicht mit auf. **Art. 15** gestattet dagegen ohne ausdrückliche Unterscheidungen in den unbedingt erforderlichen Fällen die Abweichung von den Konventionsverpflichtungen generell. Dies könnte auch eine sachlich gebotene Ungleichbehandlung von Personengruppen rechtfertigen,[11] während ohne einen solchen sachlich rechtfertigenden Grund auch hier das Gebot der Gleichbehandlung gilt. Diese gegenüber Art. 4 Abs. 1 IPBPR weitergehende Einschränkungsmöglichkeit kommt jedoch bei den Vertragsparteien des IPBPR nicht zum Tragen, da dessen engere und damit für den Betroffenen günstigere Fassung nach Art. 53 anwendbar bleibt und damit als anderweitige völkerrechtliche Verpflichtung auch im Notstandsfall nach Art. 15 Abs. 1 zu beachten ist.

11   **c) Unionsrecht.** Das Unionsrecht enthält das Verbot, im Anwendungsbereich der Verträge bei Bürgern der Union nach der Staatsangehörigkeit zu unterscheiden (Art. 18 AEUV), sowie weitere Vorschriften, die für bestimmte Sachbereiche des Unionsrechts[12] die Gleichbehandlung aller Unionsbürger ohne Unterschiede nach Staatsangehörigkeit oder Wohnsitz im Inland oder in einem anderen EU-Staat[13] oder Geschlecht[14] vorschreiben. Durch „vernünftige Gründe gerechtfertigt" kann daher sein, dass den **Angehörigen der EU-Staaten** andere Rechte eingeräumt werden als den sonstigen Ausländern, da sie einer besonderen Rechtsordnung angehören.[15]

12   Die **Charta der Grundrechte der Europäischen Union**[16] behandelt in ihrem Kapitel III die Aspekte der Gleichheit. Art. 20 EUC stellt fest, dass alle Personen vor dem Gesetz gleich sind, Art. 21 EUC verbietet jede Diskriminierung, während Art. 23 Abs. 1 EUC die Gleichheit von Männern und Frauen in allen Lebensbereichen festlegt, wobei Art. 21 Abs. 2 EUC festhält, dass der Grundsatz der Gleichheit die Beibehaltung oder Einführung spezifischer Vergünstigungen für das bisher unterrepräsentierte Geschlecht (sog. *„affirmative actions"*) nicht ausschließt.[17]

13   **d) Internationale Verträge.** Auf internationaler Ebene ergeben sich weitere, zum Teil **gegenständlich beschränkte Gleichbehandlungsgebote** bzw. Diskriminierungsverbote,

---

10 EGMR Noack u.a./D (E), 25.5.2000, LKV **2001** 69 = NVwZ **2001** 307 (Ls.) („… the Convention does not guarantee rights that are peculiar to minorities and (…) the rights and freedoms set out in the Convention are, by virtue of Article 1 of the Convention, secured to „everyone").

11 EGMR IR/UK, 18.1.1978, EuGRZ **1979** 149; *Frowein/Peukert* 8.

12 Vgl. Art. 8, 19, 153 Abs. 1 *lit.* i, 157 AEUV; allgemein zur Dogmatik des Gleichheitssatzes in der EU jeweils m.w.N.: *Dieballe* EuR **2000** 175; *Kischel* EuGRZ **1997** 1; *Hailbronner* JZ **1997** 397 (zur sozialen Gleichbehandlungspflicht der Angehörigen der EU).

13 Etwa EuGH 29.4.2004, C-224/02 (Pusa), EuGRZ **2004** 416 (Unterschied bei Berechnung der Pfändungsfreigrenze durch Nichtberücksichtigung der am ausländischen Wohnsitz bezahlten Steuer ist mit Freizügigkeit innerhalb der EU-Staaten unvereinbar).

14 Vgl. *Dieballe* EuR **2000** 275 ff.

15 EGMR Moustaquim/B, 18.2.1991, EuGRZ **1993** 552 = ÖJZ **1991** 452 = InfAuslR **1991** 149; vgl. aber auch EGMR Gaygusuz/A, 16.9.1996 m. krit. Anm. *Hailbronner* JZ **1997** 397.

16 ABlEU Nr. C 303 v. 14.12.2007 S. 1, BGBl. 2008 II S. 1165; vgl. Teil I Rn. 191 ff.

17 Ebenso auch die Präambel des 12. ZP-EMRK. Vertiefend: *Chen* Die speziellen Diskriminierungsverbote der Charta der Grundrechte der Europäischen Union (2012).

so etwa aus **Art. 2 Abs. 2 IPWSKR** vom 19.12.1966,[18] aus dem Internationalen Übereinkommen zur Beseitigung von jeder Form von Rassendiskriminierung **(CERD)** vom 7.3.1966,[19] aus dem ILO-Übereinkommen Nr. 111 über die Diskriminierung in Beschäftigung und Beruf vom 25.6.1958,[20] aus dem Übereinkommen gegen Diskriminierung im Unterrichtswesen vom 15.12.1960,[21] aus dem Übereinkommen zur Beseitigung jeder Form der Diskriminierung der Frau vom 18.12.1979,[22] aus dem Übereinkommen über die Rechte von Menschen mit Behinderungen vom 13.12.2006.[23]

Das Gebot der Gleichbehandlung wird ferner in den Abschlussdokumenten der **KSZE**- **14** Folgetreffen, vor allem dem Dokument des Kopenhagener Treffens über die menschliche Dimension der KSZE vom 29.6.1990 (Teil 1, Nr. 5.9) angesprochen.[24] Den Schutz der Minderheiten in Europa bezwecken das im Rahmen des Europarats in Ergänzung der Europäischen Charta der Regional- und Minderheitensprachen vom 5.11.1992[25] beschlossene **Rahmenübereinkommen zum Schutze nationaler Minderheiten** vom 1.2.1995,[26] das neben einem Diskriminierungsverbot und dem Verbot der Zwangsassimilierung auch Toleranz- und Förderungspflichten und das Recht auf Benutzung der Minderheitensprache begründet und das festlegt, dass die in ihm garantierten Rechte und Freiheiten, soweit sie eine Entsprechung in der EMRK haben, im gleichen Sinne wie diese zu verstehen sind (Art. 23). Da dieses Übereinkommen nur eine Überwachung durch das Ministerkomitee vorsieht (Art. 24), nicht aber selbst den Rechtsweg zum EGMR eröffnet, kann der Betroffene dort die Verletzung eines Rechtes aus diesem Abkommen nicht unmittelbar rügen. Er kann seine Beschwerde nur darauf stützen, dass dadurch gleichzeitig auch seine Rechte aus der EMRK (insbes. Art. 8 oder 14) verletzt sind.[27]

e) Nationale Ebene. Im innerstaatlichen **Verfassungsrecht** ist der Gleichbehand- **15** lungsgrundsatz einschließlich des Grundsatzes der Gleichbehandlung von Mann und Frau und des Verbots einer Diskriminierung wegen des Geschlechts, der Abstammung, Rasse, Sprache, Heimat und Herkunft oder wegen seines Glaubens oder der religiösen oder politischen Anschauung durch **Art. 3 GG** gewährleistet, der als Grundnorm der freiheitlichen Demokratie die gesamte Rechtsordnung bestimmt und nicht nur die Gleichheit vor dem Gesetz, sondern auch die Gleichbehandlung durch das Gesetz fordert. Differenzierungen dürfen daher nicht von einem der unzulässigen Merkmale bestimmt sein. Sie sind nur zulässig, wenn für sie andere Gründe von solchem Gewicht bestehen, dass sie eine unterschiedliche Behandlung rechtfertigen.[28]

§ 6 Abs. 2 IRG untersagt eine Auslieferung, wenn ernstliche Gründe für die Annahme **16** bestehen, dass der Verfolgte im Falle seiner Auslieferung wegen seiner Rasse, seiner Religi-

---

18 BGBl. 1973 II S. 1570 (Gleichberechtigung von Mann und Frau bei der Ausübung der in diesem Pakt festgelegten wirtschaftlichen, sozialen und kulturellen Rechte).
19 BGBl. 1969 II S. 961.
20 BGBl. 1961 II S. 97.
21 BGBl. 1968 II S. 385.
22 BGBl. 1985 II S. 647; dazu *Delbrück* FS Schlochauer 247; vgl. im Besonderen zu völkerrechtlichen Maßnahmen gegen geschlechterspezifische Gewalt gegen Frauen *Henn* International Human Rights Law and Structural Discrimination (2019) 45 ff.
23 BGBl. 2008 II S. 1419.
24 Siehe EuGRZ **1990** 239; vgl. Teil I Rn. 104 ff.
25 BGBl. 1998 II S. 1314; für die Bundesrepublik in Kraft ab 1.1.1999 (BGBl. II S. 59).
26 BGBl. 1997 II S. 1408, für die Bundesrepublik in Kraft ab 1.2.1998 (BGBl. II S. 57).
27 Auch eine Verletzung von Art. 3 des 1. ZP-EMRK (Wahlrecht) kommt in Betracht, siehe EGMR Partei Die Friesen/D, 28.1.2016, § 43 (keine Verletzung); näher: 1. ZP-EMRK Rn. 100.
28 Vgl. BVerfGE **55** 72, 88; **74** 9, 30; **88** 87, 96.

on, seiner Staatsangehörigkeit, seiner Zugehörigkeit zu einer bestimmten sozialen Gruppe oder seiner politischen Anschauungen verfolgt oder bestraft oder dass seine Lage aus einem dieser Gründe erschwert werden würde.[29]

2. Gleichbehandlung bei der Ausübung der von den Konventionen garantierten Freiheiten und Rechte

17   **a) Beschränkung auf Konventionsrechte.** Art. 14 garantiert die Gleichbehandlung nur bei den von der Konvention und ihren Zusatzprotokollen gewährleisteten Rechten und verbietet eine nicht sachlich gerechtfertigte Diskriminierung, etwa (aber nicht nur; Rn. 19) bei den jeweils zulässigen staatlichen Eingriffen in diese Rechte. Er betrifft also nicht jede innerstaatliche Ungleichbehandlung, sondern nur eine solche, die sich auf die **Ausübung einer Konventionsgarantie** (einschließlich ZP) auswirkt.[30] Insoweit ist Art. 14 als Bestandteil jeder Konventionsbestimmung zu betrachten.[31]

18   Anders als das am 1.4.2005 in Kraft getretene 12. ZP-EMRK (Rn. 72 ff.) und Art. 26 IPBPR hat er als **akzessorische Regelung** keine von den anderen Konventionsverbürgungen unabhängige Bedeutung. Er sichert die Gleichbehandlung beim Genuss der in den Konventionen und den ZP verbürgten Rechte und Freiheiten[32] im weit verstandenen Regelungsbereich des jeweils verbürgten Konventionsrechts, fordert aber **stets einen Bezug** zu diesem.[33]

19   Art. 14 setzt weder einen Eingriff in ein Konventionsrecht noch einen Konventionsverstoß voraus. Eine nicht zu rechtfertigende Diskriminierung im **generellen Anwendungsbereich** eines Konventionsrechts genügt,[34] so etwa im vielschichtigen Bereich des Privat- oder Familienlebens (Art. 8)[35] oder der Religionsfreiheit[36] oder in dem weit verstandenen Spektrum des Eigentumsschutzes nach Art. 1 ZP-EMRK.[37] Art. 14 kann auch durch Maßnah-

29 BGBl. 1994 I S. 1537; hierzu OLG Köln Beschl. v. 23.9.2003 – 2 Ausl 252/03; OLG Karlsruhe Beschl. v. 12.2.2004 – 1 AK 37/03; OLG Saarbrücken Beschl. v. 13.12.2006 – OLG Ausl 35/06; OLG Karlsruhe Beschl. v. 8.12.2008 – 1 AK 68/08; KG Beschl. v. 30.1.2009 – (4) Ausl A 522/03 (139 – 140/07); OLG Karlsruhe Beschl. v. 14.9.2009 – 1 AK 43/09.
30 Vgl. EGMR Inze/A, 28.10.1987, ÖJZ **1988** 177; Petrovic/A, 27.3.1998, ÖJZ **1998** 516; Wessels-Bergervoet/NL, 4.6.2002, ÖJZ **2003** 516; Karner/A, 24.7.2003, ÖJZ **2004** 36; EKMR Mielke/D, 25.11.1996, EuGRZ **1997** 148.
31 EGMR Belg. Sprachenfall/B, 23.7.1968; X u. Y/NL, 26.3.1985, NJW **1985** 2075 = EuGRZ **1985** 297; *Villiger* 865.
32 EGMR Belg. Sprachenfall/B, 23.7.1968 (keine von den übrigen normativen Vorschriften der Konvention losgelöste Bedeutung); van der Mussele/B, 23.11.1983; *Grabenwarter/Pabel* § 26, 4; Meyer-Ladewig/Nettesheim/von Raumer/*Meyer-Ladewig/Lehner* 5.
33 Vgl. *Grabenwarter/Pabel* § 26, 5 (thematische Einschlägigkeit); OGH Beschl. v. 11.11.2020 – 14 Os 91/20v.
34 EGMR Gebr. Arnhold OHG i.L./D (E), 17.12.2013, § 32; Petrovic/A, 27.3.1998; Prinz Hans-Adam II von Liechtenstein/D, 12.7.2001, NJW **2003** 649 = EuGRZ **2001** 466 = ÖJZ **2002** 347; Jüdische Liturgische Gesellschaft Cháare Shalom Ve Tsedek/F, 27.6.2000, ÖJZ **2001** 774.
35 Etwa EGMR Marckx/B, 13.6.1979, NJW **1979** 2449 = EuGRZ **1979** 454 = FamRZ **1979** 903; Dudgeon/UK, 22.10.1981, EuGRZ **1983** 488 = NJW **1984** 541; Burghartz/CH, 22.2.1994, ÖJZ **1994** 559; Hoffmann/A, 23.6.1993, EuGRZ **1996** 648 = ÖJZ **1993** 853; Meyer-Ladewig/Nettesheim/von Raumer/*Meyer-Ladewig/Lehner* 16, 19.
36 Etwa EGMR Darby/S, 23.10.1990, NJW **1991** 1404 = EuGRZ **1990** 504 = ÖJZ **1991** 392 (höhere Kirchensteuer wegen Wohnsitz im Ausland); (GK) Thlimmenos/GR, 6.4.2000, ÖJZ **2001** 518 (Verweigerung des Berufszugangs wegen religionsbedingter Verurteilung); Religionsgemeinschaft der Zeugen Jehovas u.a./A, 31.7.2008, ÖJZ **2008** 865 = NVwZ **2009** 509; Gütl/A, 12.3.2009, ÖJZ **2009** 684 (Befreiung vom Militär- und Zivildienst für Priester); *Grabenwarter/Pabel* § 26, 7; Meyer-Ladewig/Nettesheim/von Raumer/*Meyer-Ladewig/Lehner* 16, 27.
37 EGMR Gaygusuz/A, 16.9.1996 (Arbeitslosenunterstützung); Inze/A, 28.10.1987 (Vorrang der ehelichen Kinder vor den unehelichen beim Erbrecht); van Raalte/NL, 21.2.1997, ÖJZ **1998** 117 (Beitrag zum Kinderversorgungsfonds); Wessels-Bergervoet/NL, 4.6.2002; Willis/UK, 11.6.2002 (Witwenbeihilfe für Witwer); Ernewein u.a./D, 12.5.2009, EuGRZ **2009** 580 (Nichtentschädigung von Waisen verstorbener „Malgré-nous", d.h. Franzosen,

men verletzt werden, die als solche mit der jeweiligen Konventionsgarantie vereinbar sind[38] oder die im Bereich eines Konventionsrechts mehr gewähren, als die Konvention fordert,[39] etwa die Einräumung eines Rechts auf eine von der Konvention nicht geforderte weitere gerichtliche Instanz,[40] oder bei der Regelung eines vom Schutz der jeweiligen Konventionsgarantie ausdrücklich ausgenommenen Sachverhalts.[41] Art und Ausmaß der berührten Konventionsgarantie sowie die Zugehörigkeit der von der Diskriminierung betroffenen Handlung zu ihrem Schutzbereich sind daher bei der Behauptung eines Verstoßes gegen Art. 14 vorweg zu prüfen.[42]

Auch die aufgrund von Eingriffsvorbehalten konventionsrechtlich zulässigen staatli- **20** chen **Einschränkungen eines Konventionsrechts** müssen durch objektive und vernünftige Gründe gerechtfertigt werden und frei von jeder sachlichen nicht begründeten Diskriminierung sein.[43] Dies gilt auch, wenn sich eine Konventionsgarantie nur darauf beschränkt, für Eingriffe ein innerstaatliches Gesetz zu fordern.[44] Andererseits kann auch die Verletzung eines Konventionsrechts zugleich mit einem Verstoß gegen Art. 14 verbunden sein. Der EGMR begnügt sich dann meist mit der Feststellung der Verletzung des anderen Rechts, weil er es nicht für erforderlich hält, daneben noch zu untersuchen, ob auch gegen Art. 14 verstoßen wurde.[45] Die Verletzung dieses Artikels wird aber gesondert geprüft, wenn in ihr ein (zusätzlicher) grundlegender Aspekt der Angelegenheit zu sehen ist.[46]

Für die ebenfalls akzessorische Verbürgung der **Gleichbehandlung bei der Aus-** **21** **übung der Konventionsrechte** durch **Art. 2 Abs. 2 IPBPR** gelten grundsätzlich die gleichen Gesichtspunkte. Die Vorschrift untersagt dem Staat nur Diskriminierungen, die in Verbindung mit der Ausübung bestimmter, vom IPBPR garantierter Rechte oder Freiheiten stehen. Auch diese müssen nicht notwendig selbst verletzt sein.[47]

---

die im Zweiten Weltkrieg vom Nazi-Regime zwangsweise zur Deutschen Wehrmacht eingezogen wurden; Sachverhalt fällt nicht unter Art. 1 des 1. ZP-EMRK); Carson u.a./UK, 16.3.2010; (GK) Serife Yigit/TRK, 2.11.2010, § 58 (Hinterbliebenenversorgung); (GK) Stummer/A, 7.7.2011, ÖJZ **2012** 138 (Pensionsberechtigung und Pensionsansprüche); siehe auch: *Grabenwarter/Pabel* § 26, 5, 7.

38 Etwa EGMR Belg. Sprachenfall/B, 23.7.1968; Belg. Polizeigewerkschaft/B, 27.10.1975, EuGRZ **1975** 562; Abdulaziz u.a./UK, 28.5.1985, NJW **1986** 3007 = EuGRZ **1985** 567; *Frowein/Peukert* 2; *Grabenwarter/Pabel* § 26, 5.

39 EGMR Belg. Sprachenfall/B, 23.7.1968; Abdulaziz u.a./UK, 28.5.1985; *Frowein/Peukert* 13; *Grabenwarter/Pabel* § 26, 6; *Villiger* 869.

40 EGMR Belg. Sprachenfall, 23.7.1968.

41 Vgl. EGMR Karlheinz Schmidt/D, 18.7.1994 (Feuerwehrabgabe); *Grabenwarter/Pabel* § 26, 5.

42 Etwa EGMR Belg. Sprachenfall/B, 23.7.1968; Belg. Polizeigewerkschaft/B, 27.10.1975; Handyside/UK, 7.12.1976, EuGRZ **1977** 38; Times Newspaper Ltd. u.a./UK, 26.4.1979, EuGRZ **1979** 386; Marckx/B, 13.6.1979; Sporrong u. Lönnroth/S, 23.9.1982, NJW **1984** 2747 = EuGRZ **1983** 523; Karlheinz Schmidt/D, 18.7.1994; Olbertz/D (E), 25.5.1999, NJW **2001** 1558; *Frowein/Peukert* 3; vgl. auch Meyer-Ladewig/Nettesheim/von Raumer/*Meyer-Ladewig/Lehner* 5.

43 Vgl. EGMR Engel u.a./NL, 8.6.1976, §§ 71 f., EuGRZ **1976** 221; IR/UK, 18.1.1978; van der Mussele/B, 23.11.1983; Rasmussen/DK, 28.11.1984, NJW **1986** 2176 = EuGRZ **1985** 511 m. Anm. *Murswiek* JuS **1986** 727; Abdulaziz u.a./ UK, 28.5.1985; Petrovic/A, 27.3.1998; Meyer-Ladewig/Nettesheim/von Raumer/*Meyer-Ladewig/Lehner* 6.

44 *Frowein/Peukert* 9, 10.

45 Etwa EGMR Marckx/B, 13.6.1979; X u. Y/NL, 26.3.1985; Norris/IR, 26.10.1988, EuGRZ **1992** 477 = ÖJZ **1989** 628; Kroon/NL, 27.10.1994, ÖJZ **1995** 269 = FamRZ **2003** 813; Matthews/UK, 18.2.1999, NJW **1999** 3107 = EuGRZ **1999** 200 = ÖJZ **2000** 34; *Frowein/Peukert* 15 ff.; Meyer-Ladewig/Nettesheim/von Raumer/*Meyer-Ladewig/Lehner* 34; vgl. auch *Villiger* 871.

46 Etwa EGMR Airey/IR, 9.10.1979, EuGRZ **1979** 626; Dudgeon/UK, 22.10.1981; (GK) Chassagnou u.a./F, 29.4.1999, NJW **1999** 3695 = ÖJZ **2000** 113.

47 *Nowak* 16, 17.

22   Gleiches gilt für die Staatenverpflichtung in **Art. 3 IPBPR**, die **Gleichberechtigung von Mann und Frau** bei der Ausübung der Konventionsrechte herzustellen.[48] Ob dieses Gebot für die Staaten eine weitergehende Verpflichtung begründet als das allgemeine Gebot, die Konventionsrechte ohne Unterschied des Geschlechtes zu gewähren (Art. 2 Abs. 1 IPBPR), erscheint fraglich und ist strittig.[49] Sieht man auch die Verpflichtung zur Herstellung der materiellen Gleichberechtigung durch **ausgleichende Maßnahmen** als einen Aspekt des allgemeinen Gleichbehandlungsgebotes an, lassen sich aus Art. 3 IPBPR praktisch kaum weitergehende Verpflichtungen des Staates herleiten als aus Art. 2 Abs. 1 IPBPR.[50] Nimmt man in weiter Auslegung des umfassenderen, nicht auf die Konventionsrechte beschränkten Art. 26 IPBPR an, dass dieser auch den nationalen Gesetzgeber allgemein zur Gleichbehandlung verpflichtet, würde Art. 3 IPBPR als vorgehende Spezialregelung die allgemeinen Pflichten des staatlichen Gesetzgebers eher einschränken.

23   Soweit **andere einzelne Artikel des IPBPR** im Hinblick auf ein von ihnen garantiertes Recht selbst die Gleichbehandlung als gesonderte Konventionspflicht vorschreiben, wie vor allem Art. 26 IPBPR oder für die Gleichheit vor Gericht Art. 14 Abs. 1 Satz 1 IPBPR oder für die Gleichberechtigung der Ehegatten Art. 23 Abs. 4 IPBPR, verdrängen sie als **Spezialregelung** den Art. 2 Abs. 1 IPBPR.[51]

24   **b) Diskriminierungsverbot.** Art. 14 schließt jede sachlich ungerechtfertigte Benachteiligung („without discrimination on any ground"/„sans distinction aucune") bei der **Ausübung der von den Konventionen garantierten Freiheiten und Rechte** aus, wobei Gesichtspunkte, die für sich allein eine solche Benachteiligung nicht rechtfertigen, als **Beispiele** („any ground such as"/„notamment"; „other situation"/„toute autre situation") angeführt – und nicht abschließend aufgezählt – werden:[52] Geschlecht, Rasse, Hautfarbe, Sprache, Religion, politische oder sonstige Anschauungen, nationale oder soziale Herkunft, Zugehörigkeit zu einer nationalen Minderheit, Vermögen, Geburt oder ein **sonstiger Status**.[53]

25   Konventionswidrig ist damit – wie der auch in anderen internationalen Verträgen (Rn. 13 f.) verwendete **Diskriminierungsbegriff** des englischen Wortlauts zeigt[54] – nicht schon jede unterschiedliche Behandlung, sondern nur eine solche, durch die **Sachverhalte, die in den für die Regelung wesentlichen Umständen gleich gelagert sind**, oder **Personen in vergleichbarer Lage** ungleich behandelt werden, ohne dass ein am Regelungszweck gemessener, ausreichend gewichtiger **objektiver und vernünftiger Grund**[55]

---

48 *Nowak* Art. 3, 7; HRC Aumeeruddy-Cziffra u.a./MUS, 9.4.1981, 35/1978, EuGRZ **1981** 391.

49 *Nowak* Art. 3, 10, m.w.N. zum Streitstand.

50 So auch *Nowak* Art. 3, 12.

51 *Nowak* 16.

52 Vgl. EGMR Hode u. Abdi/UK, 6.11.2012, § 44; (GK) Carson u.a./UK, 16.3.2010, § 70; Salgueiro da Silva Mouta/ P, 21.12.1999, § 28; *Frowein/Peukert* 25.

53 Hierzu: EGMR Kiyutin/R, 10.3.2011, NVwZ **2012** 221, §§ 56–58 (keine Aufenthaltsgenehmigung wegen HIV-Infizierung).

54 *Guradze* 4; *Partsch* 92; *Tomuschat* FS Schlochauer 691, 712, unter Hinweis auf den vor allem im Völkerrecht entwickelten Begriff *„discrimination"*, der eine willkürliche Behandlung nach sachfremden Unterscheidungsmerkmalen meint. Vgl. ferner EGMR Belg. Sprachenfall/B, 23.7.1968; dazu *Khol* ZaöRV **30** (1970) 263; *Frowein/Peukert* 17; Meyer-Ladewig/Nettesheim/von Raumer/*Meyer-Ladewig/Lehner* 9.

55 EGMR Lithgow u.a./UK, 8.7.1986, EuGRZ **1988** 350; Moustaquim/B, 18.2.1991; Gaygusuz/A, 16.9.1996; Okpisz/ D, 25.10.2005, NVwZ **2006** 917; S.H. u.a./A, 1.4.2010, ÖJZ **2010** 684 = RdM **2010** 85 (krit. dazu *Wollenschläger* MedR **2011** 21) zum Verbot einer Eizellen- und Spermienspende für eine *in vitro* Befruchtung; dazu auch GK, 3.11.2011, NJW **2012** 207 = ÖJZ **2012** 379 = FamRZ **2012** 23 = MedR **2012** 380 m. Bespr. *Weilert* MedR **2012** 355 (weiter Ermessensspielraum für ein Verbot; allerdings kohärente Regelung solcher Behandlungen unter Berücksichtigung aller berechtigten Interessen geboten; im Gegensatz zum Kammerurteil spielt beim GK-

dies rechtfertigt. So etwa, wenn die unterschiedliche Behandlung willkürlich ist oder wenn mit ihr kein legitimes Ziel verfolgt wird oder aber, wenn zwischen dem erstrebten Ziel und den Auswirkungen der eingesetzten Mittel auf die Betroffenen kein angemessenes Verhältnis besteht.[56] Dabei ist unerheblich, ob der Staat durch **aktives Tun** oder aber durch das **Unterlassen gebotener Gleichstellungsmaßnahmen** für eine bestehende Diskriminierung verantwortlich ist.[57]

Auch bei **Art. 2 Abs. 1 IPBPR** wird, ungeachtet des Wortlauts der englische Fassung **26** (*„distinction"*, statt *„discrimination"*), nur die sachwidrige, nicht durch vernünftige, objektive Gründe zu rechtfertigende oder unverhältnismäßige Ungleichbehandlung verboten.[58] Als Beispiele für Merkmale einer unzulässigen Diskriminierung werden weitgehend die gleichen Gesichtspunkte aufgezählt wie bei Art. 14. Lediglich die Zugehörigkeit zu einer nationalen Minderheit fehlt.[59] Dies ist jedoch ohne sachliche Bedeutung, da die Aufzählung auch hier nur beispielhaft ist, und jede Differenzierung verbietet, die nicht durch einen zureichenden objektiven Grund gerechtfertigt wird.[60]

Neben der direkten Diskriminierung ist inzwischen auch die Möglichkeit einer **indi-** **27** **rekten,** d.h. **faktischen Diskriminierung** anerkannt.[61] Dafür ist erforderlich, dass sich eine einzelne Maßnahme in unverhältnismäßiger Weise auf einen bestimmten Personenkreis nachteilig auswirkt. Aufgrund des Umstandes, dass es den Betroffenen in der Regel schwerfällt, eine indirekte Diskriminierung zu beweisen, wurde die **Darlegungslast** vor dem EGMR zugunsten **der beschwerdeführenden Partei gelockert.** Infolgedessen genügt es, dass die Betroffenen eine ihre Ansicht untermauernde, verlässliche und aussagekräftige Statistik vorlegen,[62] um den Übergang der Darlegungslast auf den betroffenen Staat zu bewirken, der daraufhin darlegen muss, dass keine unterschiedliche Behandlung von Personen in vergleichbarer Lage besteht oder sich, sofern sie denn vorliegt, rechtfertigen lässt. Dabei gibt es für den Beweis des ersten Anscheins weder eine verfahrensrechtliche Beschränkung der Zulässigkeit von Beweismitteln noch festgelegte Regeln für die Beweiswürdigung. Auch kann die Beweislast in Abweichung von dem Grundsatz *affirmanti incumbit probatio* der Behörde obliegen, sofern ausschließlich ihr die fraglichen Umstände bekannt sind.[63]

Die **Gründe, die eine Ungleichbehandlung rechtfertigen** können, zählen die Kon- **28** ventionen nicht auf. Die Vertragsstaaten haben bei der Frage, ob und in welchem Ausmaß gewisse Umstände bei einer im Übrigen gleichen Lage eine unterschiedliche rechtliche Behandlung gestatten oder sogar erfordern, einen **Beurteilungs- und Regelungsspielraum.**[64] Dieser ist nach Umständen, Gegenstand, Hintergrund und Auswirkungen der je-

---

Urteil Art. 14 keine Rolle, vgl. ebd. § 120); *Frowein/Peukert* 19 f.; vgl. auch *Grabenwarter/Pabel* § 26, 13 f., 16; Meyer-Ladewig/Nettesheim/von Raumer/*Meyer-Ladewig/Lehner* 9; *Khol* ZaöRV **30** (1970) 263, 289; *Partsch* 93.

56 EGMR Belg. Sprachenfall/B, 23.7.1968; Marckx/B, 13.6.1979; Rasmussen/DK, 28.11.1984; Abdulaziz u.a./UK, 28.5.1985; *Frowein/Peukert* 17; Meyer-Ladewig/Nettesheim/von Raumer/*Meyer-Ladewig/Lehner* 9.

57 *Frowein/Peukert* 2.

58 *Nowak* 32, 33. Zur negativen Umschreibung in der Entstehungsgeschichte *„arbitrary", „unfair and unreasonable treatment"* vgl. *Tomuschat* FS Schlochauer 691, 712.

59 Vgl. Art. 27 IPBPR und Rn. 89.

60 *Nowak* 34.

61 Vgl. etwa EGMR D.H. u.a./CS (Roma von Ostrava), 13.11.2007, EuGRZ **2009** 81 = NVwZ **2008** 533; Zarb Adami/MLT, 20.6.2006 (Berufung zum Geschworenen); Hugh Jordan/UK, 6.1.2005; Sampanis u.a./GR, 5.6.2008; Biao/DK, 24.5.2016.

62 EGMR Hoogendijk/NL (E), 6.1.2005; D.H. u.a./CS, 13.11.2007.

63 EGMR Salman/TRK, 27.6.2000, NJW **2001** 2001; Angelova u. Iliev/BUL, 26.7.2007.

64 EGMR (GK) Jahn u.a./D, 30.6.2005, NJW **2005** 2907 = NJ **2005** 513.

weiligen Regelung unterschiedlich weit.[65] Maßgebend ist, ob im Einzelfall die Gründe für die Differenzierung so gewichtig sind, dass sie diese rechtfertigen.[66] Der Regelungsspielraum verengt sich dort, wo, wie bei der Herstellung der Gleichberechtigung der Geschlechter, das von allen Vertragsstaaten mit den Differenzierungsverboten erstrebte Ziel der Gleichbehandlung gefährdet ist. Auch Unterscheidungen, die an die Zugehörigkeit zu einem Geschlecht oder an die sexuelle Orientierung anknüpfen, bedürfen zu ihrer Rechtfertigung besonders schwerwiegender oder sogar zwingender Gründe.[67] Die Zugehörigkeit zu einer bestimmten Religionsgemeinschaft kann für sich allein die Versagung der Übertragung der elterlichen Sorge auf die Mutter nicht rechtfertigen.[68] Gleiches gilt für die unterschiedliche Behandlung der ehelichen oder un-/nichtehelichen Kinder bezüglich ihrer Verwandtschaftsverhältnisse[69] oder für unterschiedliche Regelungen, die ohne sonst rechtfertigende Gründe allein auf die Staatsangehörigkeit abstellen.[70]

29   Die **Gründe** für eine zulässige unterschiedliche Behandlung hängen von den **jeweiligen sachlichen Gegebenheiten** in den einzelnen Staaten, vom **Zweck der damit verfolgten Differenzierung** und von der Verhältnismäßigkeit der mit der Differenzierung verbundenen Wirkung[71] ab. Bei der Beurteilung des Regelungsspielraums der einzelnen Staaten wird unterschieden, ob sich in dem jeweiligen Sachbereich ein **europäischer Standard** entwickelt hat, so dass die Berufung auf überkommene Traditionen zurücktreten muss, oder in den einzelnen Mitgliedstaaten weiterhin unterschiedliche Auffassungen bestehen.[72] Dann fallen auch die **zeit- und umständebezogenen Wertvorstellungen** in

---

65 Vgl. etwa EGMR Belg. Sprachenfall/B, 23.7.1968; Belg. Polizeigewerkschaft/B, 27.10.1975; Schwed. Lokomotivführerverband/S, 6.2.1976, EuGRZ **1976** 62; Engel u.a./NL, 8.6.1976; IR/UK, 18.1.1978; Times Newspaper Ltd. u.a./UK, 26.4.1979; Rasmussen/DK, 28.11.1984, § 40; Lithgow u.a./UK, 8.7.1986; Stubbings u.a./UK, 22.10.1996, ÖJZ **1997** 436 (unterschiedliche Verjährungsfristen für vorsätzliche und fahrlässige Taten); Olbertz/D (E), 25.5.1999; Lederer/D, 22.5.2006, NJW **2007** 3049 = BRAK-Mitt. **2007** 216 (Hochschullehrer können als Beamte auf Lebenszeit nicht als Rechtsanwalt tätig sein); *Frowein/Peukert* 10; *Grabenwarter/Pabel* § 26, 15; Meyer-Ladewig/Nettesheim/von Raumer/*Meyer-Ladewig/Lehner* 11.
66 Vgl. EGMR Carson u.a./UK, 16.3.2010, § 61; EKMR X./UK, 6.10.1982, EuGRZ **1983** 410 (sachlich gerechtfertigt, dass nur Haushaltsvorstände für die Ausfüllung des Erhebungsbogens bei Volkszählung verantwortlich sind). *Grabenwarter/Pabel* § 26, 16 weisen darauf hin, dass die Beurteilung der Vergleichbarkeit eines Sachverhalts und der Rechtfertigung einer Ungleichbehandlung sich mitunter überschneiden; für die Beurteilung der Vergleichbarkeit maßgebliche Faktoren könnten oftmals auch als rechtfertigende Gründe herangezogen werden.
67 Etwa EGMR (GK) X. u.a./A, 19.2.2013, NJW **2013** 2173 = ÖJZ **2013** 476, §§ 99, 148; Schuler-Zgraggen/CH, 24.6.1993, EuGRZ **1996** 604 = ÖJZ **1994** 138; Burghartz/CH, 22.2.1994; Karlheinz Schmidt/D, 18.7.1994; van Raalte/NL, 21.2.1997; Smith u. Grady/UK, 27.9.1999, NJW **2000** 2089 = ÖJZ **2000** 614; Karner/A, 24.7.2003; Kozak/PL, 2.3.2010; Alekseyev/R, 21.10.2010, § 108, NVwZ **2011** 1375; *Memoli* ZEuS **2018** 351 ff.; *Grabenwarter/Pabel* § 26, 17; Meyer-Ladewig/Nettesheim/von Raumer/*Meyer-Ladewig/Lehner* 13.
68 EGMR Hoffmann/A, 23.6.1993; *Grabenwarter/Pabel* § 26, 21.
69 Vgl. etwa EGMR Marckx/B, 13.6.1979; Inze/A, 28.10.1987; Meyer-Ladewig/Nettesheim/von Raumer/*Meyer-Ladewig/Lehner* 30 ff. m.w.N.; zur grundsätzlichen Gleichbehandlung der Väter aus geschiedenen Ehen und der natürlichen Väter beim Umgangsrecht mit ihren Kindern vgl. EGMR Sommerfeld/D, 8.7.2003, EuGRZ **2004** 711 = FamRZ **2004** 337; ferner die Frage offenlassend EGMR Elsholz/D, 13.7.2000, NJW **2001** 2315 = EuGRZ **2001** 595 = ÖJZ **2002** 71 = FamRZ **2001** 341 = ZfJ **2001** 106; vgl. auch bei Art. 8 Rn. 123, oder HRC Dr. Karel Des Fours Walderode/CS, 2.11.2001, 747/1997, NJW **2002** 353 (Rückgabe entzogenen Eigentums nur an Staatsbürger).
70 Etwa EGMR Gaygusuz/A, 16.9.1996; Dhahbi/I, 8.4.2014, §§ 45 ff., insbes. §§ 50 ff., NVwZ-RR **2015** 546.
71 Vgl. *Grabenwarter/Pabel* § 26, 15.
72 Vgl. zur Einbeziehung von Gefängnisarbeit in die Alterspension/Rentenversicherung: EGMR (GK) Stummer/A, 7.7.2011, ÖJZ **2012** 138, §§ 101–106 mit beachtlichem Sondervotum von sieben Richtern, die vehement für die **Einbeziehung Strafgefangener in die Rentenversicherung** plädieren.

den einzelnen Vertragsstaaten mit ins Gewicht,[73] die vor allem zu unterschiedlichen Bewertungen bei einer Differenzierung führen können. Der EGMR erkennt dann wegen der Sachnähe den nationalen Stellen einen größeren Beurteilungsspielraum zu.[74]

Übergreifende Anhaltspunkte für die Beurteilung der sachlichen Berechtigung und **30** Angemessenheit von Differenzierungen bleiben aber immer die Ziele der Konventionen, wie sie in den Präambeln und in dem durch die einzelnen Garantien festgeschriebenen Gesamtsystem der Wertordnung der Vertragsgemeinschaft zum Ausdruck kommen.[75] Die Gründe, unter denen die Konventionsgarantien den Eingriff in ein von ihnen grundsätzlich geschütztes Recht zulassen, rechtfertigen in der Regel auch die darin liegende Differenzierung[76] gegenüber dem nicht von dieser Einschränkung erfassten Genuss dieses Rechts.[77] Die Befugnis zur Differenzierung im Bereich eines Konventionsrechts hängt aber nicht davon ab, dass einer dieser Eingriffsgründe vorliegt. Die Zuerkennung eines Beurteilungsspielraums der einzelnen Staaten schließt nicht aus, dass sich der EGMR die **abschließende Entscheidung** vorbehält, ob die im Einzelfall vorgetragenen Sachgründe so gewichtig sind, dass sie eine Differenzierung rechtfertigen.[78]

Die Beispiele unzulässiger Differenzierungsgesichtspunkte in beiden Konventionen **31** bestätigen zwar, dass die in Art. 14 EMRK/Art. 2 Abs. 1 IPBPR erwähnten Gesichtspunkte in der Regel für sich allein eine Ungleichbehandlung nicht zu rechtfertigen vermögen. Sie schließen diese aber nicht zwingend aus. Hält der Staat unterschiedliche Regelungen in ihrem Bereich für erforderlich, muss er aufzeigen, dass ein vernünftiger sachlicher Zweck von Gewicht diese erfordert.[79] Dies gilt verstärkt für das spezielle **Gleichbehandlungsgebot von Mann und Frau** in Art. 3 IPBPR;[80] jedoch wurden auch hier sachbezogene Differenzierungen nicht völlig ausgeschlossen.[81]

c) Verpflichtete. Sowohl **vom Gesetzgeber** als auch von allen staatlichen Stellen **32** **beim Gesetzesvollzug** ist das Diskriminierungsverbot hinsichtlich der Ausübung der Konventionsrechte in Art. 14 EMRK/Art. 2 Abs. 1 IPBPR zu beachten.[82] Dabei kann auch eine **sachlich unberechtigte Gleichbehandlung** unterschiedlicher Sachverhalte die Verpflichtung zur sachbezogenen Differenzierung verletzen. So dürfen Personen bei Bestehen wesentlicher Wertungsunterschiede nicht gleichbehandelt werden.[83] Dies schließt aber innerhalb gewisser Grenzen eine Typisierungsbefugnis des Gesetzgebers bei Massenvorgängen

---

73 EGMR Rasmussen/DK, 28.11.1984; Stec u.a./UK, 12.4.2006; *Frowein/Peukert* 23, 24; *Khol* ZaöRV **30** (1970) 263, 282.
74 EGMR S.H. u.a./A, 1.4.2010; *Grabenwarter/Pabel* § 26, 15; Meyer-Ladewig/Nettesheim/von Raumer/*Meyer-Ladewig/Lehner* 11 f. m.w.N.
75 Vgl. HRC Danning/NL, 9.4.1987, 180/1984, EuGRZ **1989** 39 (unterschiedliche Rechtsstellung zwischen verheirateten und unverheirateten Paaren im niederländischen Versicherungsrecht).
76 Etwa EGMR Rekvényi/H, 20.5.1999, ÖJZ **2000** 235 = NVwZ **2000** 421; (GK) Cha'are Shalom Ve Tsedek/F, 27.6.2000; Meyer-Ladewig/Nettesheim/von Raumer/*Meyer-Ladewig/Lehner* 36.
77 Vgl. *Frowein/Peukert* 5 ff.
78 EGMR Abdulaziz u.a./UK, 28.5.1985; Inze/A, 28.10.1987; dazu *Frowein/Peukert* 6, 48.
79 *Frowein/Peukert* 25; *Grabenwarter/Pabel* § 26, 12 f.; Meyer-Ladewig/Nettesheim/von Raumer/*Meyer-Ladewig/Lehner* 9.
80 Vgl. EGMR Burghartz/CH, 22.2.1994 (unterschiedliche Doppelnamen nach Ehe).
81 Vgl. EGMR Karlheinz Schmidt/D, 18.7.1994 (Feuerwehrabgabe statt Dienstpflicht bei Feuerwehr, aber keine Differenzierung nach Geschlechtern, wenn Ausgleichscharakter entfallen ist).
82 *Nowak* 33; *Tomuschat* FS Schlochauer 691, 694.
83 Vgl. EGMR Thlimmenos/GR, 6.4.2000; Pretty/UK, 29.4.2002, NJW **2002** 2851 = EuGRZ **2002** 234 = ÖJZ **2003** 311; *Grabenwarter/Pabel* § 26, 10; Meyer-Ladewig/Nettesheim/von Raumer/*Meyer-Ladewig/Lehner* 10.

(Steuern, Sozialabgaben) nicht aus.[84] Staatliche Stellen haben darüber hinaus die positive Verpflichtung, Rassismus und darauf basierende Gewalt zu bekämpfen.[85] Hinsichtlich **rassistisch motivierter Gewalt** sind sie verpflichtet, Beweise zu sammeln, zu sichern und alle verfügbaren Mittel einzusetzen, um zu einem unparteiischen, objektiven Ergebnis über das Vorliegen oder Nichtvorliegen von rassistischen Motiven zu kommen.[86] Der **Untersuchungs- und Aufklärungspflicht** wird nicht hinreichend nachgekommen, wenn nicht alle von den Betroffenen geltend gemachten schlüssigen Behauptungen zum Gegenstand der Untersuchungen gemacht werden.[87]

33   **d) Beispiele für Diskriminierung.** Der EGMR hat eine unzulässige Diskriminierung darin gesehen, dass ein (Sicherheits-) Beamter nur wegen des Geschlechts entlassen wurde,[88] dass unverheiratete Männer über 45 Jahre, nicht aber unverheiratete Frauen im gleichen Alter zu **Sozialabgaben** nach einem allgemeinen Kinderhilfegesetz herangezogen wurden,[89] ebenso darin, dass einer Frau wegen ihrer Mutterschaft die Weiterzahlung ihrer **Invalidenrente** mit der Begründung verweigert wurde, dass Frauen üblicherweise nach der Geburt eines Kindes ihre Berufstätigkeit einstellen.[90] Eine unzulässige Differenzierung wurde ferner darin gesehen, dass einem Witwer **Witwengeld** und Unterstützung für die Kinder versagt wurde, weil dies nur den Witwen zustehe,[91] sowie in der Verpflichtung von Frauen, den **Namen** des Ehemannes zu führen[92] und in der Ungleichbehandlung von Mann und Frau bei der Möglichkeit, den eigenen Nachnamen mit dem Familiennamen zu verbinden,[93] wie auch bei der Möglichkeit, den eigenen Nachnamen auf die Kinder zu übertragen.[94] Die das Recht auf Familienleben (Art. 8) berührende Ungleichbehandlung von Männern und Frauen bei der Regelung der **Einwanderung** verstieß gegen Art. 14.[95] Eine Regelung, welche besagt, dass sich ein Staatsbürger mindestens 28 Jahre rechtmäßig im Staat aufhalten muss, um eine Familienzusammenführung zu ermöglichen, stellt eine indirekte Diskriminierung von Staatsbürgern ausländischer Herkunft dar.[96] Gleiches wurde auch bei der Ungleichbehandlung ehelicher und un-/nichtehelicher Kinder bei der **Erb**-

---

84 Vgl. Etwa BVerfGE **63** 119, 128.

85 EGMR R.R. u. R.D./SLO, 1.9.2020, § 200.

86 EGMR R.R. u. R.D./SLO, 1.9.2020, § 201 (rassistisch motivierte Gewalt darf von den Behörden gerade nicht wie jeder andere Fall von Gewaltanwendung behandelt werden). Es sind im Zusammenhang mit der Gewalttat getätigte, möglicherweise rassistische Aussagen zu untersuchen, wobei der Untersuchungspflicht genüge getan wird, wenn persönliche Gespräche mit den Personen, die die Aussage getroffen haben sollen und denen, die von ihr betroffen sein sollen, geführt werden, und hierzu der Rat eines Psychologen eingeholt wird (Ebd., §§ 210, 212).

87 EGMR R.R. u. R.D./SLO, 1.9.2020, § 205.

88 EGMR Emel Boyraz/TRK, 2.12.2014, §§ 51 ff.; Hülya Ebru Demirel/TRK, 19.6.2018.

89 EGMR van Raalte/NL, 21.2.1997; Karlheinz Schmidt/D, 18.7.1994; dazu Meyer-Ladewig/Nettesheim/von Raumer/*Meyer-Ladewig/Lehner* 18.

90 EGMR Schuler-Zgraggen/CH, 24.6.1993; di Trizio/ CH, 2.2.2016; *Frowein/Peukert* 29; *Villiger* 878.

91 EGMR Willis/UK, 11.6.2002 §§ 37 ff. (Witwenbeihilfe für Witwer).

92 EGMR Ünal Tekeli/TRK, 16.11.2004, FamRZ **2005** 427.

93 EGMR Losonci Rose u. Rose/CH, 9.11.2010, § 26; Burghartz/CH, 22.2.1994 (zur damit zusammenhängenden Änderung des Schweizer Namensrechts *Uhl* StAZ **2012** 33 (35 und passim); *Aebi-Mueller* SJZ **2012** 449; siehe auch *Sturm* IPRax **2013** 339); Meyer-Ladewig/Nettesheim/von Raumer/*Meyer-Ladewig/Lehner* 17 m. Fn. 47.

94 EGMR Cusan u. Fazzo/I, 7.1.2014, §§ 56, 64 ff.; das italienische Recht, das als Kindesnamen nur den Familiennamen des Vaters vorsah, wurde im Anschluss vom italienischen Verfassungsgerichtshof für verfassungswidrig erklärt, siehe *Kurznachrichten* StAZ **2017** 29.

95 EGMR Abdulaziz u.a./UK, 28.5.1985; *Frowein/Peukert* 28.

96 EGMR (GK) Biao/DK, 24.5.2016.

folge[97] oder bei der Anwartschaft auf eine Hofübernahme nach einem Erbhöfegesetz angenommen.[98]

Vermehrt sieht der EGMR einen Verstoß gegen Art. 14 i.V.m. Art. 3 oder Art. 2, wenn **34**
die Vertragsstaaten in ihrem Recht als auch in der Praxis **keinen ausreichenden Schutz
vor häuslicher Gewalt** bieten.[99] Einem Vater im Militärdienst keine Elternzeit zu gewähren, während diese Müttern erlaubt wird, stellt ebenfalls einen Verstoß gegen Art. 14 i.V.m.
Art. 8 dar.[100]

Eine nur für Ehemänner bestehende **Ausschlussfrist für die Ehelichkeitsanfech- 35
tungsklage** ist als gerechtfertigt anzusehen, wenn dies der Rechtssicherheit und dem Interesse des Kindes dient.[101] Die Benachteiligung von (nur) religiös Verheirateten gegenüber
Partnern einer Zivilehe wird im Regelfall zulässig sein.[102] Zusammenlebende Geschwister
dürfen gegenüber Ehepaaren steuerlich schlechter gestellt werden.[103]

Ob der Gesetzgeber mit dem ehemaligen § 1711 Abs. 2 BGB das **Umgangsrecht des 36
Vaters** mit dem unehelichen Kind anders regeln durfte als bei einem Vater nach einer
geschiedenen Ehe, hat der EGMR offen gelassen.[104] Spätere Entscheidungen beanstandeten
jedoch die Ungleichbehandlung der Väter.[105] Die Regelung des § 1626a BGB, wonach der
Mutter die **elterliche Sorge** unehelicher Kinder obliegt und der Vater zum gemeinsamen
Sorgerecht der Zustimmung der Mutter bedarf, kann im Einzelfall gegen Art. 14 i.V.m.
Art. 8 verstoßen.[106]

Ein Verstoß gegen Art. 14 wurde darin gesehen, dass – anders als bei Eheleuten – **37**
einer Person, die in einer **gleichgeschlechtlichen Beziehung** gelebt hatte, nach dem Tod
ihres Partners der **Eintritt in das Mietverhältnis** versagt wurde.[107] Dem gleichgeschlechtlichen Partner darf die Möglichkeit, das Kind des Partners zu adoptieren, nicht verwehrt

---

97 EGMR Fabris/F, 7.2.2013, NJW-RR **2014** 645 = DÖV **2013** 355 (Ls.); Marckx/B, 13.6.1979; Brauer/D, 28.5.2009,
NJW-RR **2009** 1603 = EuGRZ **2010** 167 = FamRZ **2009** 1293 m. Anm. *Henrich* = ZEV **2009** 510 = DNotZ **2010**
136 = BWNotZ **2009** 203 (Ungleichbehandlung von ehelichen und nichtehelichen Kindern, die vor dem
1.7.1949 geboren wurden); zu den Problemen bei der Befolgung (Art. 46 Abs. 1) bzw. Berücksichtigung dieser
Judikatur: *Frowein/Peukert* 12; Meyer-Ladewig/Nettesheim/von Raumer/*Meyer-Ladewig/Lehner* 30; BVerfG
EuGRZ **2013** 238 = FamRZ **2013** 847 = ZEV **2013** 326; BGH NJW **2012** 231 = ZEV **2012** 32 = FamRZ **2012** 119; LG
Saarbrücken ZEV **2010** 526 = FamRZ **2010** 2106; *Krug* ZEV **2011** 397; *Reimann* FamRZ **2012** 604. Vgl. auch
EGMR Pla u. Puncernau/AND, 13.7.2004, NJW **2005** 875 = ZEV **2005** 162 (erbrechtliche Diskriminierung eines
adoptierten Kindes infolge richterlicher Auslegung einer Testamentsklausel; hierzu Staudinger ZEV **2005**
140 ff.; *Nußberger* ErbR **2014** 471 f.); siehe EGMR Merger u. Cros/F, 22.12.2004 (Anspruchslage eines unehli-
chen Kindes im Zuge des Erbfalls eines Elternteils).
98 EGMR Inze/A, 28.10.1987; *Frowein/Peukert* 6, 49.
99 EGMR Eremia u.a./MD, 28.5.2013; M.G./TRK, 28.5.2016; Halime Kılıç/TRK, 28.6.2016; Bălşan/RUM, 23.5.2017;
Talpis/I, 2.3.2017; keine Verletzung bei: EGMR Rumor/I, 27.5.2014.
100 EMRK (GK) Konstantin Markin/R, 22.3.2012; Hulea/RUM, 2.10.2012.
101 EGMR Rasmussen/DK, 28.11.1984; Kroon u.a./NL, 27.10.1994 (beschränkt auf die Feststellung eines Verstoßes gegen Art. 8); vgl. *Frowein/Peukert* 24, 27.
102 EGMR (GK) Serife Yigit/TRK, 2.11.2010, §§ 81 ff. (Witwenrente nur bei Zivilehe).
103 EGMR (GK) Burden/UK, 29.4.2008, NJW-RR **2009** 1606.
104 EGMR Elsholz/D, 13.7.2000.
105 EGMR Sommerfeld/D, 8.7.2003; Sahin/D, 8.7.2003, EuGRZ **2004** 707 = FamRZ **2004** 337; Paulik/SLO,
10.10.2006, vgl. *Goedecke* JIR **46** (2003) 606, 625, 630.
106 EGMR Zaunegger/D, 3.12.2009 = EuGRZ **2010** 25 = NJW **2010** 501 = FamRZ **2010** 103 = ÖJZ **2010** 138 m.
Bespr. *Coester* NJW **2010** 482; zu den Konsequenzen in Rechtsprechung und Gesetzgebung in Deutschland
Art. 8 Rn. 180, 203; zur Rechtslage in Österreich: EGMR Sporer/A, 3.2.2011, §§ 55 ff., ÖJZ **2011** 525; zum o.g.
EGMR-Urteil *Zaunegger* und mit rechtsvergleichenden Ausführungen zu Österreich *Khakzadeh-Leiler* JRP
2010 51; zusammenfassend zur Rechtsstellung nichtehelicher Väter: *Hausheer* ZBJV **2015** 326 ff.
107 EGMR Karner/A, 24.7.2003; Kozak/PL, 2.3.2010.

werden, wenn der unverheiratete andersgeschlechtliche Partner eine solche Möglichkeit hätte.[108] Auf einen Verstoß gegen Art. 14 i.V.m. Art. 11 erkannte der EGMR ferner, als der Hauptgrund für das **Verbot einer Versammlung** war, dass durch die Versammlung angeblich Homosexualität gefördert würde.[109]

38 Gegen Art. 14 verstieß auch eine Regelung des **Jagdrechts**, die Eigentümer kleinerer Grundstücke benachteiligte.[110] Wegen unzulässiger Diskriminierungen im Bereich der Eigentumsgarantie vgl. Art. 1 des 1. ZP-EMRK Rn. 38.

39 Die Verweigerung der Löschung von Eintragungen im **polizeilichen Führungszeugnis**, welche aufgrund des Straftatbestandes ex-Art. 109 öStGB (Gleichgeschlechtliche Unzucht mit Personen unter achtzehn Jahren) erfolgten, verstößt gegen Art. 14 i.V.m. Art. 8.[111] Eine nach Art. 14 i.V.m. Art. 9 unzulässige Diskriminierung lag auch darin, dass einer Mutter die elterliche Gewalt nur wegen ihrer Zugehörigkeit zu einer Religionsgemeinschaft nicht übertragen wurde,[112] oder dass eine Reduktion der Kirchensteuer nur verweigert wurde, weil der Betroffene nicht im Inland wohnte.[113] Das Verwehren der Staatsangehörigkeit nach Unabhängigkeitserklärung des Staates gegenüber Personen, die vormals auf dem Staatsgebiet lebten, verstößt gegen Art. 14 i.V.m. Art. 8.[114]

40 Gegen das Gleichbehandlungsgebot des Art. 14 i.V.m. Art. 6 Abs. 1 verstieß ferner, dass einer kirchlichen Gruppierung mangels Rechtspersönlichkeit der **Zugang zu Gericht** versagt wurde, während dies anderen religiösen Gruppen ohne besondere Formalitäten möglich war,[115] oder dass aufgrund der **ethnischen Zugehörigkeit** des Angeklagten ein **Urteil nicht zur Bewährung ausgesetzt** wurde.[116]

41 Ein Verstoß gegen das Diskriminierungsverbot sah der EGMR darin, dass einem verurteilen und inhaftierten **ausländischen Staatsangehörigen**, gegen den die anschließende **Sicherungsverwahrung** angeordnet worden war, eine **Sozialtherapie verweigert** wurde, weil seine **Ausweisung** angeordnet war; dadurch war es ihm erschwert worden, als nicht mehr gefährlich angesehen zu werden und die Aussetzung der Vollstreckung der Sicherungsverwahrung zu erreichen.[117] Gegen Art. 14 verstößt es ferner, berechtigt im Inland lebenden Ausländern allein wegen der fehlenden (inländischen) Staatsangehörigkeit **Sozialleistungen zu verweigern**.[118] Eheschließungshindernisse (Art. 12) für Ausländer können diskriminierend sein.[119]

---

108 EGMR (GK) X. u.a./A, 19.2.2013, NJW **2013** 2173 = ÖJZ **2013** 476, § 153.

109 EGMR Alekseyev/R, 21.10.2010, § 109.

110 EGMR (GK) Chassagnou u.a./F, 29.4.1999; (GK) Chabauty/F, 4.10.2012.

111 EGMR E.B. u.a./A, 7.11.2013; zu ex-Art 109 öStGB: EGMR L. u. V./A, 9.1.2003.

112 EGMR Hoffmann/A, 23.6.1993 (Zeugen Jehovas); *Grabenwarter/Pabel* § 26, 21.

113 EGMR Darby/S, 23.10.1990; *Grabenwarter/Pabel* § 26, 15; Meyer-Ladewig/Nettesheim/von Raumer/*Meyer-Ladewig/Lehner* 29.

114 EGMR (GK) Kurić u.a./SL, 12.3.2014.

115 EGMR Katholische Kirche von Chania/GR, 16.12.1997, ÖJZ **1998** 750; Sâmbata Bihor Greek Catholic Parish/RUM, 12.1.2010.

116 EGMR Paraskeva/BUL, 25.3.2010.

117 EGMR Rangelov/D, 22.3.2011, NJW **2013** 2095; näher *Esser/Gaede/Tsambikakis* NStZ **2012** 554, 557. In der Strafvollzugspraxis ist zu beobachten, dass ausreisepflichtige Strafgefangene häufig schlechter gestellt sind (hierzu: *Pohlreich* ZStW **127** [2015] 410), was je nach den konkreten Umständen des Einzelfalls zu einem Verstoß gegen Art. 14 führen wird.

118 EGMR Dhahbi/I, 8.4.2014, §§ 45 ff., insbes. §§ 50 ff.; Gaygusuz/A, 16.9.1996; dazu krit. *Hailbronner* JZ **1997** 397, auch zur Frage, ob hier der Schutz des Eigentums aus Art. 1 des 1. ZP-EMRK als verletztes Konventionsrecht greift; Meyer-Ladewig/Nettesheim/von Raumer/*Meyer-Ladewig/Lehner* 29 m. Fn. 76.

119 EGMR O'Donoghue u.a./UK, 14.12.2010, §§ 101 ff.

Wiederholt stellte der EGMR einen Verstoß gegen Art. 14 bei der **Durchführung eines** **42** **strafrechtlichen Ermittlungsverfahrens** fest, insbesondere unter dem Gesichtspunkt der Diskriminierung aufgrund der ethnischen Zugehörigkeit.[120]

Eine Gefangene, welche trotz ihres fortgeschrittenen **Krebsleidens** nicht aus der **Haft** **43** **entlassen** wurde, war in ihrem Recht aus Art. 3 i.V.m. Art. 14 verletzt.[121] Gleiches galt für Gefangene, die aufgrund einer **HIV-Infizierung schlechtere Haftbedingungen** ausgesetzt waren.[122] Ein Häftling, für den Einzelhaft angeordnet worden war, nachdem er sich über Belästigung durch Mitgefangene aufgrund seiner Homosexualität beschwert hatte, war ebenfalls in seinem Recht aus Art. 14 i.V.m. Art. 3 verletzt.[123]

Eine Person, der eine **Strafe ohne Freiheitsentzug verweigert** wird, weil sie keinen **44** **ständigen Wohnsitz** in der Region hat, in welcher sie vor Gericht gestellt wurde, ist in ihrem Recht aus Art. 14 i.V.m. Art. 5 verletzt.[124]

e) Gerechtfertigte und angemessene Ungleichbehandlung. Eine **in der Natur der** **45** **Sache liegende** oder **aus übergeordneten Gesichtspunkten angezeigte Unterscheidung** in der Behandlung von Personen schließen auch die nur als Anzeichen für eine konventionswidrige Diskriminierung aufgeführten Merkmale nicht aus. Dies gilt nicht nur für die als Sonderfall in Art. 16 ausdrücklich geregelte Einschränkung der **politischen Betätigung der Ausländer**, sondern allgemein. Voraussetzung für eine gerechtfertigte und damit konventionskonforme Ungleichbehandlung ist, dass ein sie **rechtfertigender Grund** einsichtig ist und dass das mit diesem Grund verfolgte Ziel und die dafür eingesetzten Mittel in einem **angemessenen Verhältnis** zu der Ungleichbehandlung stehen.[125]

Die Stellung als **Amtsträger** kann ein **Merkmal eines Straftatbestandes** sein und stellt **46** regelmäßig keine Diskriminierung des Amtsträgers dar.[126] Erforderlich ist aber ein hinreichender Bezug der Tätigkeit des Amtsträgers zum jeweiligen unter Strafe gestellten Tätigkeit.

Wegen der unterschiedlichen Situation soll es keine verbotene Ungleichbehandlung sein, **47** wenn vormals von Strafverfolgung Betroffenen im Falle einer **Verfahrenseinstellung** aus materiell-rechtlichen oder Beweisgründen, nicht jedoch bei Verfahrenseinstellung wegen Verjährung eine angemessene Entschädigung gewährt wird.[127] Die Freistellung bestimmter Personengruppen von der Möglichkeit der Verhängung/Vollstreckung einer lebenslangen Freiheitsstrafe sah der EGMR nicht als Verletzung von Art. 14 i.V.m. Art. 5 an.[128]

---

120 EGMR (GK) Nachova u.a./BUL, 6.7.2005, EuGRZ **2005** 693 (Nichtermittlung wegen Herkunft); Bekos u. Koutropoulos/GR, 13.12.2005; Secic/KRO, 31.5.2007; Angelova u. Iliev/BUL, 26.7.2007; Cobzaru/RUM, 26.7.2007; Stoica/RUM, 4.3.2008; Fedorchenko u. Lozenko/UKR, 20.9.2012; Antayev u.a./R, 3.7.2014; Beizaras u. Levickas/ LIT, 14.1.2020 (Nichtermittlung wegen sexueller Orientierung im Falle von Hate Speech).

121 EGMR Gülay Çetin/TRK, 5.3.2013.

122 EGMR Martzaklis u.a./GR, 9.7.2015; Zabelos u.a./GR, 17.5.2018.

123 EGMR X/TRK, 9.10.2012.

124 EGMR Aleksandr Aleksandrov/R, 27.3.2018.

125 *Frowein/Peukert* 23, unter Hinweis auf EGMR James u.a./UK, 21.2.1986, EuGRZ **1988** 341; Meyer-Ladewig/ Nettesheim/von Raumer/*Meyer-Ladewig/Lehner* 9.

126 EGMR Paulikas/LIT, 24.1.2017, § 68 (besondere Hilfeleistungspflicht eines Polizeibeamten).

127 EGMR Halil Adem Hasan/BUL, 10.3.2015, §§ 90 f. (§§ 6 f., 43: Verfolgungsmaßnahmen, einschließlich Inhaftierung, die vor dem Eintritt der Verjährung stattfanden).

128 EGMR (GK) Khamtokhu u. Aksenchik/R, 24.1.2017, §§ 69 ff., 80 ff.: Die Ausnahme der jeweiligen Personengruppe verfolge jeweils in angemessener Weise einen legitimen Zweck. So sei es unter den Vertragsstaaten gängige Praxis, jugendliche Täter von der lebenslangen Freiheitsstrafe auszunehmen, um deren Resozialisierung zu ermöglichen. Auch die Ausnahme von Frauen von der lebenslangen Freiheitsstrafe sei u.a. in Hinblick auf die in Gefängnissen oft vorherrschende Gewalt, der Frauen in besonderem Maße ausgesetzt seien, gerechtfertigt; vgl. hierzu auch *Grabenwarter/Pabel* § 26, 17.

48   Als sachlich gerechtfertigt können unterschiedliche **Haftbedingungen** für weibliche und männliche Häftlinge anzusehen sein, wenn sie sachlichen Gesichtspunkten entsprechen (vgl. **UN Nelson Mandela Rules**[129]/**UN Bangkok Rules**[130] für weibliche Strafgefangene).[131] Eine Schlechterstellung von **Untersuchungsgefangenen** gegenüber Strafgefangenen durch weitergehende Beschränkungen des Haftvollzugs kann aus sachlichen Gründen, insbesondere wegen Verdunkelungsgefahr, gerechtfertigt sein.[132]

49   Eine ungleiche Behandlung von Kindern, die wegen einer (zulässigen) **anonymen Geburt** keine Auskunft darüber erhalten, wer ihre natürlichen Eltern sind, kann insoweit gegenüber anderen Kindern gerechtfertigt sein; dies gilt auch im Hinblick auf ein **Erbrecht**.[133]

50   **Beamte** dürfen aufgrund von Dienstvergehen sanktioniert werden, auch wenn **Angestellte des öffentlichen Dienstes** für dasselbe Fehlverhalten nicht oder nicht in gleicher Weise zur Rechenschaft gezogen würden, da Beamte und Angestellte nicht denselben Rechtsstatus haben; der EGMR erwähnt außerdem das Ansehen des Beamtentums (und nicht etwa das Ansehen des öffentlichen Dienstes insgesamt).[134] Außerdem darf aus sachgerechten Gründen das **Streikrecht** bestimmten Beschäftigten im öffentlichen Dienst vorenthalten werden.[135]

51   Sachlich gerechtfertigt ist es, die Beibringung von Unterstützungsunterschriften für die **Kandidatur bei Wahlen** zu Parlamenten (Art. 3 des 1. ZP-EMRK) nur von Parteien zu verlangen, die nicht im Parlament vertreten sind.[136]

52   Die Schlechterstellung der eigenen Staatsbürger gegenüber den vom Völkerrecht geschützten Ausländern hat der EGMR bei der Festsetzung der **Enteignungsentschädigung** für zulässig gehalten.[137] Für zulässig befunden wurde, eine bestimmte „Anerkennungszahlung" für geleistete Dienste in den französischen Streitkräften im algerischen Unabhängigkeitskrieg nur Kämpfern arabischer und berberischer, nicht jedoch europäischer Herkunft zu gewähren.[138]

---

129 United Nations Standard Minimum Rules for the Treatment of Prisoners (the Nelson Mandela Rules), Res. 70/175, 17.12.2015.

130 United Nations Rules for the Treatment of Women Prisoners and Non-custodial Measures for Women Offenders (the Bangkok Rules), GA Res. 65/229, 22.12.2010.

131 EMRK nach *Frowein/Peukert* 33.

132 EGMR Costel Gaciu/RUM, 23.6.2015, § 60; die Schlechterstellung ist mit den Umständen des Einzelfalls (also etwa der im konkreten Fall bestehenden Verdunkelungsgefahr) zu begründen und kann nicht einfach für alle Untersuchungsgefangenen pauschal angeordnet werden.

133 EGMR Odièvre/F, 13.2.2003, NJW **2003** 2145 = EuGRZ **2003** 584 = ÖJZ **2005** 34 (mit Hinweis, dass diese Kinder bei ihren Adoptiveltern erbberechtigt sind). Zum Auskunftsrecht bezüglich der persönlichen Abstammung siehe auch EGMR Godelli/I, 25.9.2012, NJOZ **2014** 117 m. Anm. *Henrich* FamRZ **2012** 1935. Vertiefend: *Kregel-Olff* Der Einfluss der Europäischen Menschenrechtskonvention und der Rechtsprechung des Europäischen Gerichtshofs für Menschenrechte auf das deutsche Erbrecht (2011).

134 EGMR Rabus/D (E), 9.2.2006, ZBR **2007** 409, Nr. 3. Zumindest Beamte auf Lebenszeit dürfen anders als Angestellte behandelt werden („a permanent civil servant enjoys [...] certain privileges such as an increased protection against dismissal, subsidies to the costs of health care and an affiliation in a different pension system. Moreover, he has special duties such as official secrecy, allegiance to democracy [...] civil servants are also requested not to compromise the confidence in officialdom.").

135 EGMR Junta Rectora Del Ertzainen Nazional Elkartasuna (ER.N.E.)/E, 21.4.2015, § 42.

136 EGMR Soberanía de la Razón/E (E), 26.5.2015, §§ 33 ff.

137 EGMR James u.a./UK, 21.2.1986; Lithgow u.a./UK, 8.7.1986; zur Streitfrage vgl. Art. 1 des 1. ZP-EMRK Rn. 39 f.

138 EGMR Montoya/F, 23.1.2014, §§ 31 ff., 35 (gerechtfertigt u.a. mit dem besonderen Opfer der Kämpfer arabischer oder berberischer Herkunft, die hinterher wegen ihrer Kriegsteilnahme das Land verließen und in Frankreich mit Eingliederungsschwierigkeiten konfrontiert waren).

Bei der Zulassung der **Einreise** bzw. der Verpflichtung zur Ausreise darf der Staat aus 53 sachlichen, nicht aber aus rassischen oder ethnischen Gründen die Angehörigen bestimmter Länder bevorzugen.[139] Die Nichtzulassung von (Nicht-EU-)Ausländern zum **Anwaltsberuf** verstößt ebenfalls nicht gegen das Diskriminierungsverbot.[140] Weitere Beispiele sind der **Minderheitenschutz** (Art. 27 IPBPR) und die Anwendung des Territorialprinzips bei der Festsetzung der **Amts- und Gerichtssprache** in mehrsprachigen Staaten.[141]

Unterschiedliche Regelungen beim **Kündigungs- und Räumungsschutz** bei Wohnun- 54 gen und bei anderen, u.a. gewerblich genutzten Immobilien hat der EGMR als objektiv gerechtfertigt angesehen zum Schutz der Mieter während eines ernstlichen Wohnungsmangels.[142] Wegen weiterer **Einzelheiten** vgl. die Erläuterungen zu den einzelnen Konventionsgarantien.[143]

f) Racial Profiling. Auch im Rahmen der **präventiven Gefahrabwehr** kann es zu dis- 55 kriminierenden und damit konventionswidrigen Maßnahmen kommen, etwa durch selektive Polizeikontrollen nach Maßgabe der Hautfarbe (sog. **Racial Profiling**).[144] Eine Maßnahme ist in diesem Kontext diskriminierend, wenn die Rasse, ethnische Herkunft oder Religion der **einzige oder überwiegende Grund für die Kontrolle** sind.[145] Sie verletzt dann die Menschen-

---

139 Zur Besserstellung von eigenen (vgl. Art. 3 des 4. ZP-EMRK) und EU-Staatsangehörigen gegenüber Angehörigen anderer Staaten: EGMR Moustaquim/B, 18.2.1991, § 49; *Frowein/Peukert* 45 m.w.N. aus der Spruchpraxis des EGMR; Meyer-Ladewig/Nettesheim/von Raumer/*Meyer-Ladewig/Lehner* 29.

140 EGMR Bigaeva/GR, 28.5.2009, §§ 37 ff.

141 EGMR Belg. Sprachenfall, 23.7.1968; dazu auch: *Frowein/Peukert* 10, 38; EuGH 24.11.1998, C-274/96 (Bickel u. Franz), EuZW **1999** 82 (Gerichtssprache); BGer EuGRZ **1981** 221 (Festlegung der Gerichtssprache durch Kantone); vgl. zum Schutz der Minderheitensprache auch ÖVerfG 28.6.1983, EuGRZ **1984** 19 mit Anm. *Stadler*; *Guradze* JIR **14** (1971) 261; Art. 6 Rn. 828; ferner *Nowak* Art. 2, 39.

142 EGMR Spadea u. Scalabrino/I, 28.9.1995, ÖJZ **1996** 189.

143 Ferner auch *Frowein/Peukert* 25 ff.; *Grabenwarter/Pabel* § 26, 8 ff.; Meyer-Ladewig/Nettesheim/von Raumer/*Meyer-Ladewig/Lehner* 16 ff.; *Nowak* 35 ff.

144 Vertiefend: *Baumgartner/Epp/Shoub* Suspect Citizens – What 20 Million Traffic Stops Tell Us About Policing and Race (2018). Erstmals von einem UN-Gremium für rechtswidrig erklärt durch HRC Lecraft/E, 27.7.2009, 1493/2006; VG Köln Urt. v. 13.6.2013 – 20 K 4683/12; VG Koblenz Urt. v. 23.10.2014 – 1 K 294/14.KO; VG Koblenz Urt. v. 28.2.2012 – 5 K 1026/11.KO. Dazu *Drohla* ZAR **2012** 411; *Tischbirek/Wihl* JZ **2013** 219 und *Wagner* DÖV **2013** 113, auch zu der folgenden mündlichen Verhandlung vor dem OVG Koblenz vom 29.10.2012, in der in wegen übereinstimmender Erledigterklärungen kein Urteil erging. Hierzu: Anfrage der Fraktion Die Linke („Racial profiling" bei verdachtslosen Personenkontrollen der Bundespolizei"), BTDrucks. **17** 11776; dazu *Wagner* Kriminalistik **2013** 565. Aus Anlass diverser Anfragen (BTDrucks. **17** 14470; **18** 323) verwies die (jeweilige) Bundesregierung (BTDrucks. **17** 11971; **17** 14569; **18** 453) auf CERD General Rec No. 31 on the prevention of racial discrimination in the administration and functioning of the criminal justice system (2005), nach der lediglich „die Einleitung von hoheitlichen Maßnahmen alleine aufgrund von auf eine vermeintliche „Rasse" bezogenen äußeren Erscheinungsmerkmalen von Personen und unabhängig von konkreten Verdachtsmomenten" als „ethnic" bzw. „racial profiling" zu verstehen sei und besteht darauf, dass eine solche Praxis in der Arbeit der Bundespolizei nicht bestehe (BTDrucks. **17** 14569 S. 2). Konkret und insbesondere richteten sich Befragungen im Rahmen von § 22 Abs. 1a BPolG (Verhinderung oder Unterbindung unerlaubter Einreise in das Bundesgebiet) „nicht ausschließlich an spezifischen äußeren Kriterien" (BTDrucks. **18** 453 S. 5) aus; prozessual eingebettet bei: *Schneider/Olk* Jura **2018** 936; zum theoretischen Begriff des Racial Profiling und zum Gebot der Reflexivität seines Verständnisses: *Laackman* Kriminalistik **2018** 653; *Boysen* Jura **2020** 1192, 1193; zur Frage, ob das europäische Menschenrechtssystem den Herausforderungen des „Racial Profiling" gewappnet ist: *Hettich* ZEuS **2018** 111.

145 Agentur der Europäischen Union für Grundrechte (FRA), Für eine effektivere Polizeiarbeit, Diskriminierendes „Ethnic Profiling" erkennen und vermeiden (2010) 18, mit Gegenbeispielen 20 ff.; vgl. zum Begriff

würde des Betroffenen, weil sie die Einzigartigkeit jedes Menschen ignoriert.[146] Weiterhin sind auch gesamtgesellschaftlich negative Folgen zu beachten.[147] Die **Europäische Kommission gegen Rassismus und Intoleranz (ECRI)** empfiehlt den Regierungen der Mitgliedstaaten dementsprechend, *„rassische Profilbildung eindeutig zu untersagen und klar zu definieren" und für mit Kontrolle, Überwachung und Ermittlungen zusammenhängende Befugnisse der Polizei das „Erfordernis vernünftig begründeten Verdachts einzuführen".*[148] Eine spezifische Gefahr des Racial Profiling besteht im Rahmen des sog. **Predictive Policing.**[149]

56   Wenn eine Person schlüssig behauptet, dass sie aufgrund ihrer Hautfarbe oder ähnlichen rassischen Charakteristika einer Polizeikontrolle unterzogen wurde, hat der Staat die Verpflichtung, eine mögliche Verbindung zwischen einer möglicherweise rassistischen Einstellung des jeweiligen Polizeibeamten und der durchgeführten Maßnahme zu **untersuchen.**[150] Diese Verpflichtung impliziert Art. 14, dessen Schutzgehalt insbesondere in Bezug auf gewaltlose Diskriminierung ansonsten leerlaufen könnte.[151] Der Staat muss Maßnahmen ergreifen, die geeignet sind, im konkreten Fall die nötigen Beweise zu beschaffen, um zu einer umfassenden und unparteiischen Entscheidung über die möglicherweise bestehenden rassistischen Motive des Beamten zu gelangen (Art. 14 i.V.m. Art. 3).[152] Insbesondere muss die untersuchungsleitende Institution sowohl in Hinblick auf die Behördenhierarchie als auch in Hinblick auf die praktischen Untersuchungstätigkeiten **unabhängig von den zu untersuchenden Polizeibeamten** sein.[153]

57   In Deutschland wurden im Zeitraum 2018 bis 30.4.2019 insgesamt 58 Beschwerden aufgrund solcher Praktiken registriert[154] (2014: 29; 2009: 13). Nach Ansicht des **BMI** ist die allgemein steigende Entwicklung jedoch nicht auf die Anwendung von „Racial Profiling", sondern auf eine höhere Sensibilisierung für dieses Thema in der Bevölkerung zurückzuführen.[155]

---

des Racial Profiling auch *Walter* Kriminalistik **2020** 240 f.; keine Strafbarkeit (§§ 185, 193 StGB) der anlassbezogenen Bezeichnung einer polizeilichen Maßnahme als *„rassistisch"*: LG Mannheim Urt. v. 27.6.2023 – 15 NBs 404 Js 33134/21.

146 Agentur der Europäischen Union für Grundrechte (FRA), Für eine effektivere Polizeiarbeit, Diskriminierendes „Ethnic Profiling" erkennen und vermeiden (2010) 19.

147 Dazu m.w.N. *Cremer* AnwBl. **2013** 896, 899; EGMR Basu/D, 18.10.2022, § 34, NVwZ **2022** 1883 m. Anm. *Barskanmaz.*

148 ECRI General Policy Rec No. 11 on combating racism and racial discrimination in policing, 29.6.2007, 4; CERD General Rec No. 31 on the prevention of racial discrimination in the administration and functioning of the criminal justice system (2005), Tz. 20; General Rec 30 – Discrimination Against Non-Citizens (2004) 7, 9 f.

149 *Eisele/Böhm* 519, 529 ff.

150 EGMR Basu/D, 18.10.2022, §§ 33, 35.

151 EGMR Basu/D, 18.10.2022, §§ 33, 35.

152 EGMR Basu/D, 18.10.2022, § 33.

153 EGMR Basu/D, 18.10.2022, § 33; keine Unabhängigkeit bei Untersuchungen durch die übergeordnete Polizeidienststelle (§ 35); Unabhängigkeit der Untersuchung gewahrt, wenn durch die Gerichte veranlasst (§ 37 f.). Die in Deutschland durchgeführte interne Untersuchung durch die übergeordnete Polizeistelle Pirna wurde dementsprechend nicht als hinreichend erachtet; als Folge der Klageabweisung als unzulässig wurden auch keine Untersuchungen durch das Verwaltungsgericht veranlasst (§§ 36 f.).

154 Siehe etwa ZD-Aktuell **2019** 06636.

155 Mitteilung v. 17.6.2015, Ausschuss für Menschenrechte und Humanitäre Hilfe des Deutschen Bundestages (https://www.bundestag.de/presse/hib/2015_06/-/379264). Mit Verweis darauf, dass polizeiliche Grenzkontrollen von vielen Umständen und nicht überwiegend von ethnischen Merkmalen abhängig gemacht würden, verneint die Bundesregierung einen möglichen Einsatz von Racial Profiling bei Grenzkontrollen, BTDrucks. **18** 5435.

Das **OVG Koblenz** hat Kontrollen, die aufgrund der Hautfarbe des Kontrollierten durch- **58** geführt wurden, für rechtswidrig erklärt.[156] Art. 3 GG schütze vor einer Diskriminierung aufgrund der Rasse. Dies umfasse auch eine Ungleichbehandlung aufgrund der Hautfarbe.[157] Demgegenüber stehe zwar das öffentliche Interesse, unerlaubte Einreisen zu verhindern; jedoch sei die Erfolgsquote solcher Kontrollen so niedrig, dass sie eine ausnahmsweise Unterscheidung nach Hautfarbe bei Ausübung dieser Kontrollbefugnis nicht zu rechtfertigen vermögen.[158] Fraglich ist daher, ob Personenkontrollen nach § 22 **Abs. 1a BPolG** mit dem Europarecht vereinbar sind. Das OVG Koblenz hält die Norm nicht für europarechtswidrig, da die Kontrollen zur Verhinderung der unerlaubten Einreise nicht die gleiche Wirkung wie Grenzkontrollen entfalteten.[159]

In Konkretisierung des Urteils des OVG Koblenz entschied auch das **OVG Münster,**[160] **59** dass eine nach Art. 3 Abs. 3 Satz 1 GG grundsätzlich verbotene Differenzierung auch dann vorliege, wenn eine Maßnahme an ein dort genanntes Merkmal jedenfalls als **mittragendes Kriterium** neben anderen Gründen in einem sog. **Motivbündel** anknüpfe.[161] Dies gelte jedenfalls dann, wenn nicht festgestellt werden könne, dass die Entscheidung auch ohne das entsprechende Motiv zwingend identisch hätte ausfallen müssen. Bei einer ausschließlichen Anknüpfung an ein in Art. 3 Abs. 3 GG genanntes Merkmal sei eine Rechtfertigung grundsätzlich nicht zulässig, da diese das in der Norm enthaltene Verbot schlichtweg negiere.[162] Im Falle eines Motivbündels bestehe indes eine **Rechtfertigungsmöglichkeit zum Schutze kollidierenden Verfassungsrechts**.[163] Aufgrund der stigmatisierenden Wirkung einer – jedenfalls auch – aufgrund eines solchen Merkmals durchgeführten Maßnahme, bestünden dabei erhöhte Anforderungen an eine mögliche Rechtfertigung. Insbesondere träfe die zuständige Behörde diesbezüglich die Darlegungs- und Beweislast zu der Frage, weshalb die Anknüpfung an das Merkmal zur effektiven Gefahrenabwehr erforderlich gewesen wäre, und dies zudem in einem erhöhten Maße. Nur diese erhöhte Darlegungs- und Beweislast ermögliche es, zwischen den betroffenen Verfassungsgütern praktische Konkordanz herzustellen. In Weiterführung des Urteils des OVG Koblenz[164] findet also auf der Ebene der Rechtfertigung eine **Beweislastumkehr** statt, denn der von der Maßnahme Betroffene soll nicht die Beweislast dafür tragen, dass festgestellte Fehler in der Entscheidungsfindung der Behörde das Entscheidungsergebnis auch tatsächlich beeinflusst haben. Die Polizei könne ihrer **erhöhten Darle-**

156 OVG Koblenz NJW 2016 2820 m. Anm. *Hebeler* JA 2017 158; hierzu: Anfrage der Fraktion Die Linke, BT-Drucks. 18 9275; vgl. zum Ganzen auch das Themenheft zu Schleierfahndung und Racial Profiling, DPolBl 3/2019.
157 OVG Koblenz NJW 2016 2820.
158 OVG Koblenz NJW 2016 2820; i.E. zustimmend *Liebscher* NJW 2016 2779, 2781.
159 OVG Koblenz NJW 2016 2820.
160 Vgl. zum Ganzen OVG Münster NVwZ 2018 1497 m. Anm. *Kerkemeyer*, auch unter Verweis auch auf ECRI General Policy Rec No.11 on combating racism and racial discrimination in policing, 29.6.2007.
161 Vgl. hierzu bereits BVerfG NJW 1994 647, 648; siehe auch *Pettersson* ZAR 2019 301, 302, der im Allgemeinen für eine Bewusstseinsschärfung hinsichtlich des Problems bei den zuständigen Behörden plädiert (307); ebenso *Stoklas* ZD-Aktuell 2019 06472; zum Ganzen auch *Walter* KR 2020 240, 242, der ebenso Maßnahmen der Sensibilisierung bei den Polizeibeamten fordert (244).
162 Ähnlich EGMR Timishev/R, 13.12.2005, § 58 (keine Möglichkeit der Rechtfertigung einer Ungleichbehandlung, die *„exclusively or to a decisive extent"* auf der Herkunft einer Person beruht).
163 Eine Rechtfertigungsmöglichkeit auch im Falle eines solchen „Motivbündels" verneinend *Liebscher* NJW 2016 2779, 2781; für einen Fall, in dem eine entsprechende Kontrolle u.a. unter Hinweis auf die „niedrige Einschreitschwelle" für rechtmäßig erachtet wurde, vgl. VG Koblenz Urt. v. 28.2.2012 – 5 K 1026/11.KP, BeckRS 2012 214994; kritisch hierzu wiederum *Drohla* ZAR 2012 411.
164 Vgl. hierzu eingehend bereits OVG Koblenz NJW 2016 2820, 2827 f.; siehe auch OVG Münster NVwZ 2018 1497; eingehend zu dieser Beweislastumkehr auch *Liebscher* NJW 2016 2779, 2781.

gungs- und Beweislast etwa genügen, indem sie nachvollziehbar darlegt, aufgrund welcher belastbaren Umstände die Hautfarbe (auch) als Entscheidungsparameter herangezogen wurde. Dies könne etwa in der Schilderung **konkreter Lagebilder** geschehen, die eine hohe Delinquenz bestimmter Gruppen an einem bestimmten Ort zeigen. Das OVG Münster hat ausdrücklich klargestellt, dass die zur Rechtfertigung herangezogenen Begründungen ihrerseits wiederum keinen diskriminierenden Charakter aufweisen dürfen.

60   Die **Bundesregierung** ist dem OVG Koblenz darin gefolgt, dass ein rechtwidriges „Racial Profiling" nur vorliege, wenn die Hautfarbe eines Menschen der **ausschlaggebende Grund** zur Durchführung einer Personenkontrolle oder zumindest für diese **mitursächlich** sei.[165] Die Ermächtigungsnorm, **§ 22 Abs. 1a BPolG** sei weder völkerrechts-, europarechts- noch verfassungswidrig.[166] Die Durchführung von besagten Kontrollen innerhalb der Bundespolizei werde weder gelehrt noch praktiziert.[167]

61   Dagegen hat das **VG Stuttgart** festgestellt, dass verdachtsunabhängige Personen- und Ausweiskontrollen, die sich auf **§ 23 Abs. 1 Nr. 3 BPolG** („im Grenzgebiet bis zu einer Tiefe von dreißig Kilometern zur Verhinderung oder Unterbindung unerlaubter Einreise in das Bundesgebiet ...") stützen, an den Grenzgebieten zu Schengen-Staaten europarechtswidrig sind,[168] da solche Kontrollen wie Grenzkontrollen wirkten und deshalb einen Verstoß gegen Art. 67 Abs. 2 AEUV und Art. 20, 21 der VO 562/2006 (Schengener Grenzkodex) begründeten. Dabei hat das Gericht allerdings offengelassen, wie eine mögliche Auswahl der kontrollierten Personen nach ihrer Hautfarbe rechtlich zu bewerten wäre.[169]

62   Diesbezüglich erließ das BMI in Abstimmung mit der Europäischen Kommission den **Erlass zur Anwendung von § 23 Abs. 1 Nr. 3 BPolG** vom 7.3.2016, um einen den Vorgaben des EuGH genügenden Rechtsrahmen bei der Anwendung dieser Norm zu gewährleisten.[170] Laut EuGH sei es dabei Aufgabe der nationalen Gerichte zu prüfen, ob diese Regelung den erforderlichen Rahmen vorgibt, der gewährleistet, dass der Ausübung der in § 23 Abs. 1 Nr. 3 BPolG enthaltenen Befugnisse nicht die gleiche Wirkung wie Grenzübertrittskontrollen zukommt.[171]

63   Dementsprechend entschied das **OVG Saarlouis**, dass § 23 Abs. 1 Nr. 3 BPolG i.V.m. dem Erlass des BMI europarechtskonform sei, da der Erlass die Befugnisse der Bundespolizei eindeutig auf ein Maß beschränke, das sich eindeutig von systematischen Personenkontrollen an den Außengrenzen unterscheide.[172] Demgegenüber ging das **VG Stuttgart** davon aus, dass die entsprechende Verwaltungsvorschrift als bloßes Innenrecht weder in formeller noch in materieller Hinsicht genüge, um § 23 Abs. 1 Nr. 3 BPolG derart hinreichend zu konkretisieren, dass gewährleistet sei, dass die Norm nicht den Effekt von Grenzkontrollen hätte. § 23 Abs. 1 Nr. 3 BPolG sei also weiterhin europarechtswidrig, und damit

---

165 Vgl. BTDrucks. **18** 9374. Zu Umsetzungsproblemen in der Praxis: *Walter* Kriminalistik **2018** 506, 511; BTDrucks **20** 4661.
166 Vgl. BTDrucks. **18** 9374 S. 2; vgl. zur Verfassungsmäßigkeit der Norm auch *Apfl* Racial Profiling 85 ff., 125: Kein Verstoß des § 22 Abs. 1a BPolG gegen Art. 3 GG, da die Norm selbst hinsichtlich möglicher Adressaten der Maßnahme abstrakt keine Einschränkungen macht. Eine Verfassungswidrigkeit der Norm aufgrund struktureller Defizite bei ihrer In-Vollzug-Setzung zwar denkbar, aber i.E. abzulehnen (22 ff.).
167 Vgl. BTDrucks. **18** 9374 S. 3.
168 VG Stuttgart Urt. v. 22.10.2015 – 1 K 5060/13, BeckRS **2015** 54969.
169 VG Stuttgart Urt. v. 22.10.2015 – 1 K 5060/13.
170 Vgl. zu dieser Entwicklung auch eingehend die kleine Anfrage der Fraktion Die Linke, BTDrucks. **19** 9637 S. 1 f.
171 EuGH 21.6.2017, C-9/16 (A.); ausführlich hierzu *Becker* ZJS **2017** 705.
172 OVG Saarlouis Urt. v. 21.2.2019 – 2 A 806/17, NVwZ-RR **2019** 725.

unanwendbar.[173] Das **VG Dresden** wiederum sah § 22 Abs. 1a BPolG als europarechtskonform an,[174] und hatte in einem Fall zu entscheiden, in dem bereits das Ausweisverlangen wegen Verletzung von Art. 3 Abs. 3 Satz 1 GG rechtswidrig war, so dass auch die daran anknüpfenden Folgemaßnahmen an demselben Fehler litten.

Die Problematik des „Racial Profiling" bestimmt die politische Debatte in Deutschland.[175] Kritisiert wird insbesondere der deutliche Anstieg von Kontrollen nach § 22 Abs. 1a, § 23 Abs. 1 Nr. 3 und § 44 Abs. 2 BPolG (2018: 2,1 Mio.;[176] 2019: 2,95 Mio.).[177] Für das Jahr 2020 war indes ein Rückgang auf circa 2,5 Mio. Kontrollen zu verzeichnen.[178] Die Bundesregierung hat betont, dass es sich bei den in Frage stehenden Maßnahmen[179] nicht etwa um verdachtsunabhängige Kontrollen, sondern – im Einklang mit den von der Rechtsprechung aufgestellten Zulässigkeitsvoraussetzungen – um lageabhängige Kontrollen handele.[180] **64**

g) Terrorismus. Im Zuge der **Bekämpfung des Terrorismus** beschlossene Maßnahmen können mit Art. 14 und weiteren Konventionsgarantien ebenfalls in Konflikt stehen. So verstieß der vom englischen Gesetzgeber auf den Weg gebrachte **Anti Terrorism, Crime and Security Act 2001**, der den Innenminister dazu ermächtigte, **Ausländer**, die der Verstrickung in den internationalen Terrorismus verdächtigt wurden, **auf unbestimmte Zeit zu inhaftieren**, gegen den durch den Human Rights Act 1998 in das englische Recht inkorporierten Art. 14 i.V.m. Art. 5.[181] **65**

3. Allgemeine Garantie der Gleichheit (Art. 26 IPBPR). Als **selbständiges Recht**, das – anders als die Garantien des Art. 14 EMRK/Art. 2 Abs. 1, Art. 3 IPBPR – nicht akzessorisch an den Anwendungsbereich einer anderen Konventionsgarantie gebunden ist,[182] garantiert Art. 26 IPBPR die allgemeine **Gleichheit vor dem Gesetz** und den Anspruch aller Menschen auf **gleichen Schutz durch das Gesetz** ohne jede Diskriminierung.[183] Damit wird eine allgemeine Verpflichtung des nationalen Gesetzgebers zur Gleichbehandlung über den von Art. 14 EMRK/Art. 2 Abs. 1 IPBPR umfassten Bereich der Konventionsrechte hinaus begründet. Die Staaten werden verpflichtet, auch dort, wo es nicht um die Umsetzung von Konventionsrechten geht, jede sachlich nicht gerechtfertigte Diskriminierung zu unterlassen.[184] Eine **unmittelbare Drittwirkung** kommt der Garantie **66**

---

173 VG Stuttgart Urt. v. 11.4.2019 – 1 K 2888/18, BeckRS **2019** 10978; eine generelle „Konturenlosigkeit" der §§ 22, 23 BPolG monierend *Walter* Kriminalistik **2020** 240, 242 f.

174 VG Dresden Urt. v. 18.1.2022 – 6 K 438/19, BeckRS **2022** 1011, Tz. 40 ff.: Der nach Rechtsprechung des EuGH erforderliche normative Rahmen zur Bewahrung vor einer Wirkung der polizeilichen Befugnisse wie Grenzkontrollen sei – insbesondere unter Auslegung des § 22 Abs. 1a BPolG i.V.m. dem Verhältnismäßigkeitsgrundsatz – bereits durch die Norm selbst garantiert.

175 Siehe Anfragen der Fraktion Die Linke v. 24.4.2019 (BTDrucks. **19** 9637), v. 19.2.2020 (BTDrucks. **19** 17268) und v. 25.3.2021 (BTDrucks. **19** 27987).

176 Antwort der Bundesregierung v. 10.5.2019, BTDrucks. **19** 10065 S. 2.

177 Vgl. die Antwort der Bundesregierung v. 23.4.2020, BTDrucks. **19** 19458 S. 3; für einen zahlenmäßigen Überblick BTDrucks. **19** 27987 S. 1.

178 Siehe Antwort der Bundesregierung v. 8.4.2021, BT-Drucks. **19** 28335 S. 3.

179 Vgl. BTDrucks. **19** 27987 S. 1.

180 BT-Drucks. **19** 28335 S. 3.

181 Vgl. etwa *Grote* in: Graulich/Simon (Hrsg.), Terrorismus und Rechtsstaatlichkeit (2007) 228.

182 *Guradze* JIR **1971** 261; *Nowak* 12.

183 *Nowak* 12 ff. So auch das am 1.4.2005 in Kraft getretene 12. ZP-EMRK; vgl. Rn. 72 ff.

184 *Grabenwarter/Pabel* § 26, 39 f. (im Hinblick auf den allgemeinen Gleichheitsgrundsatz des 12. ZP-EMRK); *Nowak* 19 ff. Da fast alle EU-Staaten den IPBPR ratifiziert haben, stellt sich aber schon jetzt die Frage, ob

des Art. 26 IPBPR aber auch dort nicht zu, wo sie in das nationale Recht inkorporiert ist.[185]

67   Gleichheit vor dem Gesetz verlangt die grundsätzliche Gleichbehandlung aller Personen bei Anwendung des Gesetzes. Als besonders wichtiger Unterfall wird die **Gleichheit aller Menschen vor Gericht** in Art. 14 Abs. 1 Satz 1 IPBPR noch besonders garantiert. Als formaler Grundsatz betrifft die Gleichheit vor dem Gesetz die **Gesetzesanwendung** durch Gerichte und Behörden. Sie schließt nicht aus, dass individuelle Merkmale und persönliche Eigenschaften eines Menschen bei der Gesetzesanwendung eine Rolle spielen, wie etwa bei der Beurteilung der **Eignung zur Führung eines Kraftfahrzeugs** oder zum Betrieb eines Gewerbes oder die **Persönlichkeitsstruktur bei Bemessung einer Strafe** oder der Beurteilung der **Haftgründe für die Untersuchungshaft**. Gleichbehandlung erfordert aber, dass dies in dem vom Gesetz vorgezeichneten Rahmen nach sachlich gleichen Gesichtspunkten geschieht. Vor allem wird jede Willkür bei Anwendung des Gesetzes ausgeschlossen.[186]

68   Ob sich der **gleiche Schutz durch das Gesetz** nur auf die Gesetzesanwendung bezieht, also den ersten Halbsatz nur in einem für seine Verwirklichung wichtigen Gesichtspunkt bekräftigt,[187] oder ob er jede Diskriminierung durch die nationale Rechtssetzung auch über Art. 2 Abs. 1 IPBPR hinaus allgemein verbietet,[188] ist nicht zuletzt wegen der wenig erhellenden Anbindung des Diskriminierungsverbotes des Satzes 2 („in this respect"/„a cet égard") und der auch sonst unklaren Entstehungsgeschichte strittig.[189] Folgt man der weiten Auslegung, welche in Art. 26 IPBPR eine über die anderen Konventionsgarantien hinausreichende Verpflichtung des nationalen Gesetzgebers zum Unterlassen diskriminierender Regelungen sieht,[190] dann ist der nationale Gesetzgeber ähnlich wie durch Art. 3 GG gehalten, allgemein im nationalen Recht für die materielle Gleichheit der Rechte und Pflichten zu sorgen. Er hat jede unterschiedliche Behandlung aus nicht sachbezogenen Gründen zu unterlassen (**negatorisches Diskriminierungsverbot**). Er darf deshalb auch die Rückgabe früher generell konfiszierten Eigentums nicht vom Erwerb der eigenen Staatsbürgerschaft abhängig machen.[191]

69   Die Schutzpflicht des Staates erfordert auch, dass er durch eine **hinreichend genaue Fassung seiner Rechtsvorschriften** eine tragfähige objektive Grundlage für die Gleichbehandlung bei der Rechtsanwendung und den Ausschluss von Willkür schafft, und dass er auch sonst durch **positive Maßnahmen** zumindest im öffentlichen Bereich für einen gleichen und wirksamen Schutz gegen Diskriminierung sorgt.[192] Dies rechtfertigt zeitlich be-

---

der allgemeine Gleichheitssatz des Art. 26 IPBPR nicht bereits inhaltlich zu den allgemeinen Grundsätzen der Union gehört; vgl. *Kischel* EuGRZ **1997** 1.

185 *Tomuschat* FS Schlochauer 691, 696; *Grabenwarter/Pabel* § 26, 40 hält es trotz der offiziellen Erläuterungen zum 12. ZP-EMRK für zweifelhaft, ob der EGMR angesichts seiner Rechtsprechung zu den positiven Pflichten dieser Auffassung beitreten wird.

186 *Nowak* 15.

187 *Tomuschat* FS Schlochauer 691, 705; dagegen *Nowak* 16.

188 Vgl. Teil I Nr. 5.9 des Kopenhagener KSZE-Dokuments über die menschliche Dimension der KSZE v. 29.6.1990, EuGRZ **1990** 239: Alle Menschen sind vor dem Gesetz gleich und haben ohne Diskriminierung Anspruch auf gleichen Schutz durch das Gesetz. In diesem Zusammenhang wird das Gesetz jede Diskriminierung untersagen und jedermann gleichen und wirkungsvollen Schutz gegen Diskriminierung gleich welcher Art angedeihen lassen.

189 Dazu *Nowak* 8 ff., 16 ff.; andererseits *Hofmann* 52; *Tomuschat* FS Schlochauer 691, 702 ff.

190 HRC Zwaan-de Vries/NL, 9.4.1987, 180/1984, EuGRZ **1989** 35 m. krit. Anm. *Tomuschat*; *Nowak* 17 f.

191 HRC Dr. Karel Des Fours Walderode/CS, 2.11.2001, 747/1997, NJW **2002** 353.

192 *Nowak* 28 ff. Zur Entstehungsgeschichte des Satzes 2 vgl. *Nowak* 8 ff., 27.

grenzt bevorzugende Sondermaßnahmen[193] zugunsten von Personen, die Opfer einer früheren und noch fortwirkenden Diskriminierung waren.[194] Ob Satz 2 den Staat dagegen verpflichtet, über das Verhältnis Staat/Einzelperson hinaus im quasi-öffentlichen Bereich Diskriminierungen durch geeignete Maßnahmen entgegenzuwirken,[195] erscheint fraglich.[196] Wollte man dies annehmen, müsste man den Staaten einen weiten Beurteilungsspielraum für die Notwendigkeit positiver Schutzmaßnahmen zubilligen.[197] Auf den Privatbereich, den Bereich persönlicher Entscheidungen, erstreckt sich, wie die Entstehungsgeschichte zeigt, eine solche Schutzpflicht des Staates nicht.[198]

Wie bei Art. 3 GG bedeutet **Gleichheit**, dass sachlich Gleiches gleich, aber auch, dass **70** sachlich Verschiedenes ungleich zu behandeln ist, wobei die sachliche Gleichheit immer nach dem Ausmaß der Übereinstimmung bei den für die sachgerechte Regelung des jeweiligen Lebenssachverhalts maßgebenden Kriterien zu beurteilen ist, nicht aber nach den dafür irrelevanten Fakten. Sowohl die Gleich- als auch die Ungleichbehandlung müssen durch einen **vernünftigen**, aus der **Natur der Sache** sich ergebenden oder sonst **einleuchtenden rationalen Grund** gerechtfertigt sein (vgl. Rn. 25 f.).

Art. 26 IPBPR verbietet aber **nicht jede Ungleichbehandlung**, sondern nur die **Diskri-** **71** **minierung** im bereits (Rn. 24 ff.) erörterten Sinn: also eine Differenzierung der Rechte oder Pflichten, die durch keinen (zulässigen) sachlichen Grund gerechtfertigt wird und die (objektiv) als willkürlich erscheint. Dies gilt auch für die Anforderungen an den staatlichen Schutz der Gleichbehandlung in Satz 2 und die dort aufgestellten, mit der Aufzählung in Art. 2 Abs. 1 IPBPR inhaltsgleichen Beispiele unzulässiger Unterscheidungskriterien (Rn. 26). Diese können für sich allein keine Differenzierung rechtfertigen. Dies schließt aber bei Vorliegen triftiger sachlicher Gesichtspunkte nicht aus, dass sie als Gründe für eine sachbezogene Differenzierung mit herangezogen werden. Eine Rechtfertigung unterschiedlicher Behandlung kann sich im Übrigen auch aus der Konvention ergeben, etwa aus der Beschränkung der politischen Rechte auf die Staatsbürger in Art. 25 IPBPR, aus Art. 16 EMRK[199] oder aus dem Verbot des Eintretens für nationalen, rassischen oder religiösen Hass in Art. 20 IPBPR.

4. Allgemeines Diskriminierungsverbot (12. ZP-EMRK). Das 2005 in Kraft getretene, **72** für Deutschland bislang aber nicht geltende (Rn. 77) **12. ZP-EMRK** enthält ebenfalls ein **allgemeines Diskriminierungsverbot**. Das Diskriminierungsverbot des Art. 14 bezieht sich dagegen nur auf Fälle von Diskriminierung bei der Inanspruchnahme eines von der

---

[193] Zur sog. „affirmative action" vgl. auch die Präambel des 12. ZP-EMRK; danach sind auch gezielt nur einzelne Gruppen betreffende Maßnahmen „zur Förderung der vollen und wirklichen Gleichheit" zulässig, „soweit diese Maßnahmen objektiv und vernünftig und gerechtfertigt sind", wie etwa eine „Frauenquote" oder Maßnahmen zugunsten von Minderheiten. Im Unionsrecht lässt Art. 157 Abs. 4 AEUV im Berufsleben „Vergünstigungen für das unterrepräsentierte Geschlecht" ausdrücklich zu; auch Art. 23 Abs. 2 EUC sieht *„die Beibehaltung oder Einführung spezifischer Vergünstigungen für das unterrepräsentierte Geschlecht"* als mit dem Gleichbehandlungsgebot vereinbar an.

[194] Zum aktiven Diskriminierungsschutz vgl. *Nowak* 29; ferner etwa *Delbrück* FS Schlochauer 247, 264.

[195] So *Nowak* 31 unter Bezugnahme auf HRC (Horizontalwirkung, die den Staat im quasi-öffentlichen Bereich wie Arbeitsverhältnisse, Schulen, Verkehrsmittel, Hotels, Theater, Parks usw. verpflichten kann, manifeste Diskriminierungen zu unterbinden).

[196] Verneinend *Hofmann* 51 unter Hinweis auf die zunehmend vertretene Gegenmeinung.

[197] *Nowak* 31.

[198] *Nowak* 31; *Tomuschat* FS Schlochauer 691, 702, 710 ff. („to forbid private discrimination", „lethal threat to private freedom").

[199] Vgl. Art. 16 Rn. 3 f.

EMRK garantierten Rechtes (Rn. 3, 17). Das 12. ZP-EMRK hebt diese Beschränkung auf[200] und legt fest, dass niemand unter keinerlei Vorwand von einer öffentlichen Behörde diskriminiert werden darf.

73 Seit den sechziger Jahren des 20. Jahrhunderts gab es verschiedene Ansätze, einen allgemeinen Schutz auf dem Gebiet der Gleichheit und der Diskriminierung zu schaffen. Das 12. ZP-EMRK wurde schließlich am 4.11.2000 den Mitgliedstaaten des Europarats zur Zeichnung aufgelegt. Vorausgegangen war ein langer Entstehungsprozess, an dem neben der Parlamentarischen Versammlung vor allem das Leitungskomitee für Menschenrechte (CDDH), die Kommission gegen Rassismus und Intoleranz (ECRI; Rn. 75)[201] und das Leitungskomitee für Gleichheit zwischen Frauen und Männern (CDEG) maßgeblich beteiligt waren.

74 Ausgangspunkt aller Überlegungen waren Art. 14 sowie die vergleichbaren Regelungen in Art. 7 AEMR und Art. 26 IPBPR, die in Ermangelung eines unabhängigen Diskriminierungsverbots nur einen eingeschränkten bzw. akzessorischen Schutz vor Diskriminierung bieten. Das CDEG arbeitete im Hinblick darauf, dass es bis dato keinen gesetzlich garantierten Schutz der Gleichheit zwischen Frauen und Männern in Form einer unabhängigen Rechtsnorm gab, an der Schaffung einer solchen Norm und der Aufnahme dieser Norm in die EMRK. 1994 wies das Ministerkomitee des Europarats das Leitungskomitee für Menschenrechte (CDDH) an, die Notwendigkeit und Durchführbarkeit dieses Entwurfs des CDEG zu prüfen.

75 Gleichzeitig wurde auf Beschluss des ersten Gipfeltreffens der Staats- und Regierungschefs der Mitgliedstaaten des Europarats am 8./9.10.1993 in Wien die **Kommission gegen Rassismus und Intoleranz (ECRI)** gegründet. Der Grund für diesen Beschluss lag in dem weltweit verstärkten Wiederaufleben von Rassismus, Fremdenfeindlichkeit und Antisemitismus und der Entstehung eines Klimas der Intoleranz. Die ECRI bekam zur Aufgabe, an der Verstärkung der gesetzlichen Garantien gegen jede Form der Diskriminierung zu arbeiten und bei Bedarf Vorschläge zur Verbesserung an das Ministerkomitee zu übermitteln. Ihre Arbeit mündete in der Empfehlung, den durch die EMRK gewährleisteten Schutz um ein Zusatzprotokoll, das eine Generalklausel gegen Diskriminierung aufgrund der Rasse, Hautfarbe, Sprache, Religion sowie der nationalen und sozialen Herkunft enthält, zu erweitern.

76 Im Oktober 1997 bestätigte das CDDH die Notwendigkeit eines Zusatzprotokolls, das die Gleichheit zwischen Frauen und Männern zum Inhalt hat, und empfahl dieses Protokoll auch als Mittel zur Bekämpfung von Rassismus und Intoleranz. Das Ministerkomitee verabschiedete bei seinem 715. Treffen am 26.6.2000 das 12. ZP-EMRK und den dazugehörigen Erläuternden Bericht (**Explanatory Report**).

77 Bis November 2011 wurde das Protokoll von 37 der seinerzeit 46 Mitgliedstaaten des Europarats unterzeichnet.[202] Nach der Ratifizierung durch den zehnten Mitgliedstaat **trat das Protokoll am 1.4.2005 in Kraft**. Deutschland unterschrieb das Protokoll am 4.11.2000, hat es aber bislang nicht ratifiziert (ebenso 18 weitere Staaten, darunter auch Österreich, die Schweiz und Liechtenstein). Nach Ansicht der Bundesregierung[203] löst eine Ratifizie-

---

200 Meyer-Ladewig/Nettesheim/von Raumer/*Meyer-Ladewig*/*Lehner* 4; exemplarisch etwa EGMR Zornić/ BIH, 15.7.2014, §§ 28 ff. (Diskriminierung hinsichtlich Parlamentswahl verstößt gegen Art. 14 i.V.m. Art. 3 des 1. ZP-EMRK und gegen Art. 1 des 12. ZP-EMRK) und §§ 34 ff. (Diskriminierung hinsichtlich der von Art. 3 des 1. ZP-EMRK nicht erfassten Präsidentschaftswahl; siehe 1. ZP-EMRK Rn. 97) verstößt nur gegen Art. 1 des 12. ZP-EMRK); davor bereits EGMR (GK) Sejdić u. Finci/BIH, 22.12.2009, §§ 38 ff., 52 ff., NJOZ **2011** 428.
201 Zur Arbeit der ECRI: *Brummer* Der Europarat (2008) 215 ff.
202 Zum Ratifikationsstand: www.conventions.coe.int.
203 Antwort der BReg v. 14.1.2009 (BTDrucks. **16** 11603).

rung keine unmittelbaren Rechtsfolgen für die deutsche Rechtsordnung aus. Bedenken ergäben sich jedoch gegenüber einer möglichen Auslegungspraxis des Art. 1 des 12. ZP-EMRK. Dieser Artikel sieht vor, dass alle gesetzlich niedergelegten Rechte **jedermann ohne Diskriminierung aufgrund seiner nationalen Herkunft** zu gewähren sind. Diese Formulierung könnte dahingehend ausgelegt werden, dass Differenzierungen nach der Staatsangehörigkeit, die in Deutschland verfassungskonform sowohl im Sozial- und Arbeitsgenehmigungsrecht als auch im Ausländer- und Asylrecht vorgenommen werden, nicht mehr zulässig wären. Auch das Verbot der Diskriminierung wegen eines sonstigen Status könnte so ausgelegt werden, dass etwa die statusrechtlichen Unterscheidungen im Recht des Öffentlichen Dienstes in Frage gestellt würden. Aus diesen Gründen will die Bundesregierung die weitere Entwicklung der Ratifikation durch andere Staaten und die Haltung der EGMR beobachten.[204]

Das 12. ZP-EMRK beinhaltet eine Präambel und insgesamt sechs Artikel. Die **Präambel** 78 nimmt in ihrem ersten Abschnitt Bezug auf zwei grundlegende Prinzipien: das Prinzip der Gleichheit vor dem Gesetz und das Prinzip des gleichen Schutzes durch das Gesetz. Jedoch werden beide Prinzipien weder in Art. 14 noch in Art. 1 des Protokolls explizit erwähnt. Allerdings besteht ein enger Zusammenhang zwischen beiden Prinzipien und dem Diskriminierungsverbot, denn sie beruhen auf dem gleichen Grundgedanken und bilden eine zusammengehörende Einheit.[205] So nimmt auch der EGMR in seiner Rechtsprechung zu Art. 14 Bezug auf das Prinzip der Gleichbehandlung.[206]

Der dritte Abschnitt bekräftigt die Tatsache, dass der Grundsatz der Nichtdiskriminie- 79 rung die Vertragsstaaten nicht daran hindert, **Maßnahmen zur Förderung der vollständigen und wirksamen Gleichberechtigung** zu treffen, sofern es eine sachliche und angemessene Rechtfertigung für diese Maßnahmen gibt. Dabei gesteht der EGMR den nationalen Behörden eine dahingehende Einschätzungsprärogative zu, ob und in welchem Umfang eine unterschiedliche Behandlung gerechtfertigt ist. Im Gegensatz zu anderen internationalen Bestimmungen sind die unterzeichnenden Staaten aber nicht verpflichtet, derartige Maßnahmen zu ergreifen.

Der Schwerpunkt des 12. ZP-EMRK liegt auf **Art. 1**. Dieser besteht aus zwei Absätzen, 80 die sich gegenseitig ergänzen.[207] Absatz 1 legt fest, dass der Genuss eines jeden gesetzlich niedergelegten Rechtes ohne Diskriminierung insbesondere wegen des Geschlechts, der Rasse, der Hautfarbe, der Sprache, der Religion, der politischen oder sonstigen Anschauung, der nationalen oder sozialen Herkunft, der Zugehörigkeit zu einer nationalen Minderheit, des Vermögens, der Geburt oder eines sonstigen Status zu gewährleisten ist. Absatz 2 bestimmt, dass niemand von einer Behörde diskriminiert werden darf, insbesondere nicht aus einem der oben genannten Gründe.

Der **Diskriminierungsbegriff** des Art. 1 des 12. ZP-EMRK und des Art. 14 stimmt so- 81 wohl im Wortlaut als auch in der Bedeutung überein.[208] Eine unterschiedliche Bezeichnung, wie sie im französischen Text[209] besteht, ist nicht gewollt.

Die Aufzählung der **Gründe**, auf deren Grundlage eine **Diskriminierung** nicht gestat- 82 tet ist, ist in Art. 1 des 12. ZP-EMRK und in Art. 14 identisch. Damit sollten unerwünschte Umkehrschlüsse bei der Auslegung der beiden Artikel vermieden werden. Zudem bestand

---

204 Erstes Verfahren des EGMR zum 12. ZP-EMRK: EGMR (GK) Sejdic u. Finci/BIH, 22.12.2009, NJOZ **2011** 428.

205 *Grabenwarter/Pabel* § 26, 39.

206 Vergleiche EGMR Belg. Sprachenfall/B, 23.7.1968.

207 *Grabenwarter/Pabel* § 26, 39.

208 EGMR (GK) Sejdic u. Finci/BIH, 22.12.2009, § 55.

209 Art. 1 des 12. ZP-EMRK (*„sans discrimination aucune"*); Art. 14 (*„sans distinction aucune"*).

bei der Formulierung keine Notwendigkeit, den veränderten Gegebenheiten seit dem abschließenden Entwurf des Art. 14 durch eine weitergehende Auflistung Rechnung zu tragen, da die Aufzählung nicht abschließend ist („insbesondere"/„such as"/„notamment").[210]

83   Im Vergleich zu Art. 14 gewährleistet Art. 1 des 12. ZP-EMRK einen weitergehenden Schutz, denn Art. 14 bezieht sich nur auf die in der Konvention anerkannten Rechte oder Freiheiten und verhält sich zu diesen akzessorisch, wohingegen Art. 1 des 12. ZP-EMRK – ähnlich wie Art. 3 GG – ein **allgemeines Diskriminierungsverbot** vorsieht und die ganze nationale Rechtsordnung und Rechtsanwendung erfasst. Diese wird damit unter diesem Gesichtspunkt insgesamt der Kontrolle durch den EGMR unterworfen.[211]

84   Der sich daraus ergebende zusätzliche Anwendungsbereich des Diskriminierungsverbots ist insbesondere in der Ausübung eines auf der nationalen Ebene spezifisch garantierten Rechts eines Individuums, in der Ausübung eines Rechts, das sich aus der Pflicht einer unter nationalem Recht stehenden Behörde ableitet, in der Ausübung von Ermessen durch eine Behörde und in jedem sonstigen Tun oder Unterlassen einer Behörde relevant.[212]

85   Neben der negativen Verpflichtung nationaler Behörden, kein Individuum zu diskriminieren, ist der Umfang einer **positiven Verpflichtung** nationaler Behörden, Maßnahmen zu ergreifen, um Fälle möglicher oder bestehender Diskriminierungen, auch zwischen Privaten, zu verhindern bzw. zu beseitigen, nicht klar umrissen. Im Hinblick darauf, dass Art. 1 des 12. ZP-EMRK den Genuss eines jeden gesetzlichen niedergelegten Rechtes ohne Diskriminierung gewährleisten soll, ist eine positive Verpflichtung zu begrenzen. Allenfalls ist in den Fällen, in denen eine Beziehung zwischen Privaten ein öffentliches Gebiet betrifft, das im Normalfall durch Gesetze geregelt ist, eine Verpflichtung des Staates zu bejahen. Jedenfalls werden Fälle, in denen **rein private Angelegenheiten** betroffen sind, nicht erfasst.[213]

86   Der **Rechtsbegriff** des Art. 1 des 12. ZP-EMRK bezieht sich auf das nationale und internationale Recht. Allerdings ermächtigt dieser Begriff den EGMR nicht dazu, die Einhaltung der Vorschriften in anderen internationalen Bestimmungen zu überprüfen. Der **Behördenbegriff** in demselben Artikel stammt aus Art. 8 Abs. 2 und Art. 10 Abs. 1 und meint die Exekutive, die Judikative und die Legislative.[214]

87   **Art. 2** des 12. ZP-EMRK betrifft den **räumlichen Geltungsbereich**, **Art. 3** auf das Verhältnis des Protokolls zur Konvention. Die Vertragsstaaten betrachten Art. 1 und Art. 2 des 12. ZP-EMRK als Zusatzartikel zur EMRK. Die Konvention ist daher im Lichte der Art. 1 und Art. 2 auszulegen. Art. 53 bestimmt, dass die Konvention nicht als Beschränkung oder Minderung der Menschenrechte und Grundfreiheiten ausgelegt werden darf, die in den Gesetzen eines Hohen Vertragsschließenden Teils oder einer anderen Vereinbarung, an der er beteiligt ist, festgelegt sind, und regelt damit auch das Verhältnis des 12. ZP-EMRK zu den Bestimmungen der Konvention. Das 12. ZP-EMRK, das einen weitergehenden Schutz als Art. 14 gewährt, verdrängt diesen Artikel nicht, sondern überlappt ihn lediglich. Gemäß

---

210   Vergleiche EGMR Salgueiro da Silva Mouta/P, 21.12.1999, § 28; (GK) Carson u.a./UK, 16.3.2010, § 70; Hode u. Abdi/UK, 6.11.2012, § 44.

211   *Grabenwarter/Pabel* § 26, 40 (Ausdehnung des Konventionsschutzes als Hauptgrund für die zögerliche Ratifikation des Protokolls); EGMR (GK) Sejdic u. Finci/BIH, 22.12.2009 (Unwählbarkeit von Roma und Juden für das höchste Staatsamt). Nach dem EGMR mag die Regelung bei ihrem Erlass gerechtfertigt gewesen sein (Beendigung eines brutalen Konflikts; Friedenswahrung), doch ist sie angesichts der heutigen Entwicklung des betroffenen Landes nicht mehr zu rechtfertigen.

212   Explanatory Report, §§ 22 f.

213   Meyer Ladewig/Nettesheim/von Raumer/*Meyer-Ladewig/Lehner* 4; Explanatory Report, § 28.

214   Explanatory Report, § 30.

Esser

Art. 32 umfasst die Zuständigkeit des EGMR alle die Auslegung und Anwendung der beiden Bestimmungen zueinander betreffenden Angelegenheiten.

Die **Art. 4, 5 und 6** entsprechen der Formulierung des *Model Final Clauses for Conven-* **88** *tions and Agreements concluded within the Council of Europe,* die das Ministerkomitee des Europarats 1962 angenommen und 1980 aktualisiert hat und die das Verfahren der Unterzeichnung, der Ratifikation und des Inkrafttretens bei Übereinkommen oder Abkommen regelt und die die Aufgaben des Verwahrers näher bezeichnet.

5. Minderheitenschutz. Die EMRK spricht den Schutz der ethnischen, rassischen oder **89** religiösen Minderheiten[215] nicht besonders an. Das Verbot einer Diskriminierung allein wegen der Zugehörigkeit zu einer solchen Minderheit folgt aus dem allgemeinen Verbot der Ungleichbehandlung unter einem solchen Gesichtspunkt. Die Lebensweise einer Minderheit kann auch unter den Schutz des Privatlebens (Art. 8) fallen.[216] Die Freiheitsgarantien der Konventionen, vor allem der Schutz der privaten Lebensgestaltung, das Recht auf Meinungsfreiheit und die Versammlungsfreiheit (Art. 8, 10, 11 EMRK/Art. 17, 18 und 21 IPBPR) gewährleisten jedem einen individuellen Freiheitsraum, auf den sich auch die einzelnen Angehörigen einer religiösen, völkischen oder sonstigen Minderheit zur Wahrung ihrer Identität berufen können, da deren Einschränkung in der Regel in einer pluralistischen demokratischen Gesellschaft nicht erforderlich ist.[217] Diese Garantien und die formale Gleichbehandlung mit allen anderen Personen lösen aber das eigentliche Problem der nationalen Minderheiten, die Wahrung ihrer spezifischen Besonderheiten gegenüber der Mehrheit der Bevölkerung, nicht. Zum Erreichen einer materiellen Gleichbehandlung können deshalb spezifische Sonderregelungen zu Gunsten einer Minderheit („affirmative action") mit dem Gebot der Gleichbehandlung vereinbar sein, wie dies in der Präambel zum 12. ZP-EMRK und auch in **Art. 21 Abs. 2 EUC** als mit dem Gleichbehandlungsgebot vereinbar angesehen wird (Rn. 12).

Art. 27 IPBPR bestätigt dies, wenn er das Recht der ethnischen, religiösen oder sprach- **90** lichen Minderheiten auf ein eigenes kulturelles und religiöses Leben und auf ihre eigene Sprache herausstellt.[218] Der EGMR bietet vermehrt Schutz vor *Hate Crimes*, welche gegen Angehörige von Minderheiten verübt werden.[219] Diesen Schutzbereich erweiterte der EGMR auf Personen, welche mit einer Minderheit verbunden oder assoziiert werden.[220] Gleiches gilt für das europäische **Rahmenübereinkommen zum Schutze nationaler Minderheiten** vom 1.2.1995 (Rn. 14).[221]

---

215 Zum Fehlen eines völkerrechtlich allgemein akzeptierten Begriffs der nationalen Minderheit vgl. von *Arnauld* AVR **42** (2004) 111; *Hofmann* ZaöRV **52** (1992) 1; *Klebes* EuGRZ **1995** 262, 263 (unter Hinweis auf Nr. 12 des Explanatory Reports, EuGRZ **1995** 268), ferner zur Frage, ob unter den völkerrechtlichen Minderheitenbegriff auch Angehörige fremder Staaten fallen, vgl. *Hilpold* AVR **42** (2004) 80; *Kugelmann* AVR **39** (2001) 233, 239 ff. Für das allgemeine Diskriminierungsverbot, das unabhängig von der Staatsangehörigkeit jeden schützt, spielt diese Frage keine Rolle, wohl aber bei der Frage, wieweit ein Staat unter diesem Gesichtspunkt zu spezifischen Sondermaßnahmen verpflichtet ist.

216 Meyer-Ladewig/Nettesheim/von Raumer/*Meyer-Ladewig*/*Nettesheim* Art. 8, 52.

217 Zur Spruchpraxis des EGMR und des HRC in diesen Fällen eingehend *Pentassuglia* JIR **46** (2003) 401.

218 Siehe zu den vom HRC behandelten Fällen: *Pentassuglia* JIR **46** (2003) 401, insbes. 408, 423 ff., 427, 437 ff.

219 EGMR Moldovan (Nr. 2) u.a./RUM, 11.7.2005; Burlya u.a./RUM, 6.11.2018; Fedorchenko u. Lozenko/UKR, 20.9.2012; Beizaras u. Levickas/LIT, 14.1.2020, §§ 75 ff. (Nichtermittlung von Hate Speech).

220 EGMR Škorjanec/KR, 28.6.2017.

221 Vertiefend *Hilpold* Internationales und Europäisches Minderheitenrecht (2010).

EMRK
Artikel 15 Abweichen im Notstandsfall

(1) Wird das Leben der Nation durch Krieg oder einen anderen öffentlichen Notstand bedroht, so kann jede Hohe Vertragspartei Maßnahmen treffen, die von den in dieser Konvention vorgesehenen Verpflichtungen abweichen, jedoch nur, soweit es die Lage unbedingt erfordert und wenn die Maßnahmen nicht im Widerspruch zu den sonstigen völkerrechtlichen Verpflichtungen der Vertragspartei stehen.

(2) Aufgrund des Absatzes 1 darf von Artikel 2 nur bei Todesfällen infolge rechtmäßiger Kriegshandlungen und von Artikel 3, Artikel 4 Absatz 1 und Artikel 7 in keinem Fall abgewichen werden.

(3) Jede Hohe Vertragspartei, die dieses Recht auf Abweichung ausübt, unterrichtet den Generalsekretär des Europarats umfassend über die getroffenen Maßnahmen und deren Gründe. Sie unterrichtet den Generalsekretär des Europarats auch über den Zeitpunkt, zu dem diese Maßnahmen außer Kraft getreten sind und die Konvention wieder volle Anwendung findet.

IPBPR
Artikel 4

(1) Im Falle eines öffentlichen Notstandes, der das Leben der Nation bedroht und der amtlich verkündet ist, können die Vertragsstaaten Maßnahmen ergreifen, die ihre Verpflichtungen aus diesem Pakt in dem Umfang, den die Lage unbedingt erfordert, außer Kraft setzen, vorausgesetzt, daß diese Maßnahmen ihren sonstigen völkerrechtlichen Verpflichtungen nicht zuwiderlaufen und keine Diskriminierung allein wegen der Rasse, der Hautfarbe, des Geschlechts, der Sprache, der Religion oder der sozialen Herkunft enthalten.

(2) Auf Grund der vorstehenden Bestimmung dürfen die Artikel 6, 7, 8 (Absätze 1 und 2), 11, 15, 16 und 18 nicht außer Kraft gesetzt werden.

(3) Jeder Vertragsstaat, der das Recht, Verpflichtungen außer Kraft zu setzen, ausübt, hat den übrigen Vertragsstaaten durch Vermittlung des Generalsekretärs der Vereinten Nationen unverzüglich mitzuteilen, welche Bestimmungen er außer Kraft gesetzt hat und welche Gründe ihn dazu veranlaßt haben. Auf demselben Wege ist durch eine weitere Mitteilung der Zeitpunkt anzugeben, in dem eine solche Maßnahme endet.

Schrifttum (Auswahl)

Arden Human Rights and Terrorism, in Breitenmoser (Hrsg.), Human Rights, Democracy and the Rule of Law – Liber amicorum Luzius Wildhaber (2007) 21; *Chaskalson* The Widening Gyre: Counter-Terrorism, Human Rights and the Rule of Law, Cambridge Law Journal **67** (2008) 69; *Föh* Die Bekämpfung des internationalen Terrorismus nach dem 11. September 2001 (2011); *Grabenwarter* Right to a Fair Trial and Terrorism, in: Société Française pour le Droit International (Hrsg.), Les nouvelles menaces contre la paix et la sécurité internationales (2004) 211; *Greene* Separating Normalcy from Emergency: The Jurisprudence of Article 15 of the European Convention on Human Rights, German Law Journal **2011** 1764; *Hutchinson* The Margin of Appreciation Doctrine in the European Court of Human Rights, ICLQ **48** (1999) 638; *Kauffmann* Terrorismus im Wandel – Auslegung des Begriffs Terrorismus im Lichte des Gesetzes zur Verfolgung der Vorbereitung von schweren staatsgefährdenden Gewalttaten (GVVG), Jura **2011** 257; *Kitz* Die Notstandsklausel des Art. 15

https://doi.org/10.1515/9783110275063-017

der Europäischen Menschenrechtskonvention (1982); *Limbach* Human Rights in Times of Terror, GoJIL **2009** 1; *Maslaton* Notstandsklauseln im regionalen Menschenrechtsschutz: Eine vergleichende Untersuchung der Art. 15 EMRK und Art. 27 AMRK (2001); *Moeckli* Human Rights and Non-discrimination on the ‚War on Terror' (2008); *Nestler* Terrorismus als Ausnahmezustand? Analyse von Voraussetzungen und Anwendung der Art. 15 EMRK/ 4 IPbpR zur Suspendierung von Menschenrechten, KritV **2018** 24; Samuel/White (Hrsg.), Counter Terrorism and International Law (2012); *Schmahl* Derogation von Menschenrechtsverpflichtungen in Notstandslagen, in Fleck (Hrsg.) Rechtsfragen der Terrorismusbekämpfung durch Streitkräfte (2004) 125; *Schmid* The Right to a Fair Trial in Times of Terrorism: A Method to Identify the Non-Derogable Aspects of Article 14 of the International Covenant on Civil and Political Rights, GoJIL **2009** 29; *Sottiaux* Terrorism and the Limitation of Rights – The ECHR and the US Constitution (2008); *Spadaro* Covid-19: Testing the Limits of Human Rights, EJRR **2020** 317; *Stein* Die Außerkraftsetzung von Garantien menschenrechtlicher Verträge, in I. Maier (Hrsg.), Europäischer Menschenrechtsschutz, Schranken und Wirkungen (1982) 135; *Vollmer* Die Geltung der Menschenrechte im Staatsnotstand, Eine völkerrechtliche Analyse der Rechtslage in Deutschland, Spanien und dem Vereinigten Königreich (2010); *Wurst* Die völkerrechtliche Sicherung der Menschenrechte in Zeiten staatlichen Notstandes – Art. 15 der Europäischen Menschenrechtskonvention (1967).

Übersicht
1. Allgemeines —— 1
2. Voraussetzungen
   a) Krieg/Öffentlicher Notstand —— 2
   b) Amtliche Verkündung —— 12
   c) Notifikation —— 14
   d) Erforderlichkeit der Maßnahmen —— 18
   e) Beachtung sonstiger völkerrechtlicher Verpflichtungen —— 27
   f) Diskriminierungsverbot —— 30
   g) Beurteilungsspielraum der Staaten —— 32
3. Notstandsfeste Gewährleistungen —— 36

1. Allgemeines. Art. 15 EMRK und Art. 4 IPBPR gestatten den Vertragsstaaten, im Falle **1** eines öffentlichen Notstandes Maßnahmen zu ergreifen, mit denen sie sich über die Mehrzahl der Verpflichtungen hinwegsetzen können, die ihnen aufgrund der Konventionen obliegen. Diese Befugnis, die sie auch auf Teile ihres Staatsgebiets beschränken können, haben sie allerdings nur, wenn, **soweit und solange** dies nach der jeweiligen Lage **unbedingt erforderlich** ist. Einer **förmlichen Aufhebung** der bei den Notstandsmaßnahmen nicht zu beachtenden Konventionsartikel bedarf es dafür nicht.[1] Diese Konventionsrechte werden in dem Umfang, in dem der bedrohte Staat sie wirksam **außer Kraft setzt**, unanwendbar.[2] Sie stehen dann insoweit Eingriffen des Staates in die betroffenen Konventionsgarantien nicht entgegen.

2. Voraussetzungen

a) Krieg/Öffentlicher Notstand. Es muss ein Krieg oder ein anderer öffentlicher Not- **2** stand vorliegen, der das Leben der Nation bedroht, also so schwerwiegend ist, dass der Fortbestand des geregelten Lebens in der jeweiligen staatlichen Gemeinschaft in Frage gestellt wird.

Der nur in Art. 15 EMRK, nicht aber in Art. 4 IPBPR besonders erwähnte **Krieg** kann, **3** ebenso wie sonstige bewaffnete Auseinandersetzungen von Gewicht, eine solche, die Existenz des Staates bedrohende Lage sein.[3] Unter Krieg im völkerrechtlichen Sinn wird man

---

1 EGMR Lawless/IR (Nr. 3), 14.11.1960/1.7.1961; *Frowein/Peukert* 8; *Guradze* 5; *Partsch* 76.
2 *Grabenwarter/Pabel* § 2, 8; Şik/TRK (Nr. 2), 24.11.2020, § 140 (keine abweichende Maßnahme).
3 *Frowein/Peukert* 6 f.; *Nowak* 12; *Partsch* 75; *Guradze* 2, wonach diese Voraussetzung nicht gegeben ist, wenn die Verwicklung des Staates in einen bewaffneten Konflikt weder seinen Bestand gefährdet noch seine Bevölkerung erheblich in Mitleidenschaft zieht.

die unter Anwendung von Waffengewalt geführte Auseinandersetzung zwischen mehreren Staaten zu verstehen haben, wobei auch bewaffnete Konflikte ohne förmliche Kriegserklärung als „Krieg" i.S.d. Konvention angesehen werden. Diese Zuordnung ist allerdings bei Art. 15 von geringer Bedeutung, da bewaffnete Auseinandersetzungen als **öffentlicher Notstand** die gleichen Einschränkungen rechtfertigen könnten,[4] so etwa gewaltsame innerstaatliche Konflikte, die die Existenz des organisierten Gemeinwesens bedrohen. Ein Notstand liegt dann vor, wenn einer in hohem Maße gefährlichen Situation nicht mehr bloß durch verfassungsrechtliche Möglichkeiten begegnet werden kann, sondern ein sofortiges Handeln des Staates erforderlich ist.[5] Obwohl es bereits einige Fälle gab, in denen Vertragsstaaten in militärischen Auslandseinsätzen engagiert waren, hat sich bis heute kein Konventionsstaat explizit im Wortlaut einer *notification* gem. Art. 15 auf eine Bedrohung durch *Krieg* berufen;[6] in einigen Fällen wurde allerdings das Vorliegen eines *öffentlichen Notstands* geltend gemacht.[7]

4   Einschränkungen bei Konventionsrechten können auch durch **andere Staatskrisen** ausgelöst und zu deren Bewältigung notwendig werden. Ob und in welchem Maße eine (fortdauernde) **terroristische Bedrohungslage oder jedenfalls terroristische Anschläge** das Ausmaß einer die Existenz des Staates als geregeltes Gemeinwesen in Frage stellenden Krisensituation erreichen können, wird vor dem Hintergrund durch den internationalen Terrorismus ausgelösten Bedrohungslage lebhaft diskutiert.[8] Schwierigkeiten bestehen schon deshalb, da es weiterhin an einer international verbindlichen Definition des Terrorismus fehlt.[9] Allerdings haben die Organe des Europarates mittlerweile Rechtstexte zur Terrorismusbekämpfung vorgelegt, darunter das **Übereinkommen zur Verhütung des Terrorismus** vom 16.5.2005 (CETS 196).[10]

5   Anlässlich der Anschläge von Paris im November 2015 rief **Frankreich** am 13.11.2015 im Namen der Terrorbekämpfung den Ausnahmezustand aus. Am 15.11.2015 übermittelte die französische Regierung die Absichtserklärung zur teilweisen Außerkraftsetzung der EMRK an den Generalsekretär des Europarates. Obwohl der französische Präsident vor

---

4 *Frowein/Peukert* 6.

5 *Nestler* KritV **2018** 24, 40.

6 https://www.coe.int/en/web/conventions/full-list/-/conventions/treaty/005/declarations?p_auth=oC00wpDO; vgl. den Wortlaut („armed aggression") einzelner Erklärungen der Abweichungen der Ukraine im Rahmen des seit 2014 andauernden Konfliktes mit Russland: Legal Analysis of the derogation made by Ukraine under Article 15 of the European Convention of Human Rights and Article 4 of the International Covenant on Civil and Political Rights, November 2022, Rn. 15 ff.; zur Auflistung aller Abweichungserklärungen, ibid, Rn. 28 f. – https://rm.coe.int/legal-analysis-of-the-derogation-made-by-ukraine-under-article-15-of-t/1680aa8e2c   zuletzt abgerufen am 2.8.2023.

7 Albanien: 2.3. bis 24.7.1997, YB 40 (1997) 34; Frankreich: 12.1. bis 23.8.1985, YB 28 (1985) 13, 15 f.; Vereinigtes Königreich: 23.12.1988 bzw. 23.3.1989 bis 26.2.2001, YB 31 (1988) 15 f. u. YB 32 (1989) 8; Türkei: 26.12.1978 bis 19.7.1987, YB 23 (1980) 10 ff., YB 29 (1986) 12 f., YB 30 (1987) 18 f.; 6.8.1990 bis 29.1.2002, YB 33 (1990) 14 f., YB 34 (1991) 14 f., YB 35 (1992) 16. Siehe Grote/Marauhn/*Krieger* Kap. 8, 2 m.w.N.

8 Vgl. dazu *Nestler* KritV **2018** 24.

9 Siehe *Sambei/Polaine/du Plessis* Counter-Terrorism Law and Practice (2009); *Saul* Defining Terrorism in International Law (2008); siehe auch: *Sulk* Jura **2010** 683, 684; *Wolny* Die völkerrechtliche Kriminalisierung von modernen Akten des internationalen Terrorismus (2008) 25 ff.; *Zöller* 99 ff.; *Kauffmann* Jura **2011** 257; vertiefend auch: *Heintze* Ächtung des Terrorismus durch das Völkerrecht, in: Frank/Hirschmann (Hrsg.), Die weltweite Gefahr, Terrorismus als internationale Herausforderung (2002) 67.

10 Ratifiziert mit Gesetz v. 16.3.2011 (BGBl. II S. 300); weitere Dokumente zusammengestellt in: Council of Europe (Hrsg.), The fight against terrorism – Council of Europe standards (2007); krit. zur EU-Terrorismusbekämpfung: Eder/Senn (Hrsg.), Europe and Transnational Terrorism (2009). Aus Sicht der UN: *Föh* Die Bekämpfung des internationalen Terrorismus nach dem 11. September 2001 (2011).

dem Kongress erklärte, es handele sich bei der seinerzeitigen Situation um einen Krieg,[11] wurde der Ausnahmezustand in der Absichtserklärung damit gerechtfertigt, dass die Terrorgefahr in Frankreich von dauerhafter Natur und damit lediglich der erforderliche öffentliche Notstand, der das Leben der Nation bedroht, gegeben sei.[12] Der Ausnahmezustand wurde in der Folgezeit mehrmals verlängert bis zum 30.10.2017.[13]

Das **Vereinigte Königreich** hatte als Reaktion auf die Terroranschläge vom 11.9.2001 **6** eine Erklärung abgegeben, mit Teil 4 des *Anti-terrorism, Crime and Security Act 2001* von Art. 5 Abs. 1 Satz 2 *lit.* f abzuweichen. Danach konnten ausländische Terrorismusverdächtige interniert werden, wenn eine Abschiebung nicht möglich war. Die Derogationserklärung wurde am 16.3.2005 nach einem Urteil des *House of Lords*, das die Vorschrift für unvereinbar mit den Erfordernissen des Art. 15 erklärt hatte, wieder zurückgenommen.[14]

Nachdem Teile des türkischen Militärs am 15.7.2016 einen **Putschversuch** unternommen hatten, rief die Regierung der **Türkei** am 21.7.2016 den Ausnahmezustand aus und **7** teilte dem Generalsekretär des Europarates zugleich die Absicht mit, die EMRK für drei Monate unter Berufung auf Art. 15 teils außer Kraft zu setzen.[15] Die Regierung verglich ihr Vorgehen mit jenem Frankreichs im November 2015 (Rn. 5). In der Folgezeit wurde der Ausnahmezustand sieben Mal verlängert bis zum 19.7.2018.[16] Der Putschversuch wurde vom EP als *öffentlicher Notstand* i.S.d. Art. 15 anerkannt.[17]

Das HRC fordert für Art. 4 IPBPR eine gegenwärtige, **schon eingetretene Bedrohung**, **8** wohingegen der EGMR für Art. 15 die **Gefahr eines Angriffs** ausreichen lässt, solange jederzeit mit der Verwirklichung des Angriffs zu rechnen ist und Anhaltspunkte dafür vorliegen. Sinn von Art. 15 sei es auch, die Vertragsstaaten vor zukünftigen Risiken zu bewahren, so dass nicht erst auf einen tatsächlichen Angriff gewartet werden müsse, bis Gegenmaßnahmen ergriffen werden können.[18] Die Bedrohung muss so schwerwiegend sein, dass sie zumindest in einem Teilbereich die Bevölkerung trifft und mindestens in diesem die Organisation des Lebens der staatlichen Gemeinschaft gefährdet.[19] Sie muss also über eine bloße Störung der öffentlichen Sicherheit und Ordnung hinausgehen, die der Staat bereits mit Maßnahmen unterbinden kann, die die Konventionen ihm ohnehin gestatten. Eine die Nation bedrohende Krise kann auch vorliegen, wenn die eigentlichen Unruhen oder bürgerkriegsähnlichen Zustände sich auf ein **territorial begrenztes Gebiet** beschränken.[20]

---

11 Vgl. dazu *Haguenau-Moizard* JZ **2016** 707, 708.
12 Vgl. dazu https://cdn.nextinpact.com/images/bd/news/157310.jpeg.
13 https://www.coe.int/en/web/conventions/full-list/-/conventions/treaty/005/declarations?p_auth=oC00wpDO; Zum französischen Notstandsrecht: *Haguenau-Moizard* JZ **2016** 707.
14 House of Lords, A. v. Secretary of State for the Home Department, EuGRZ **2005** 488; *Arden* 21 ff.; *Greer* EHRLR **2008** 163 ff.; vgl. zum Thema auch *Grabenwarter* 211; KK-EMRK-GG/*Marauhn* Kap. 8, 2 m.w.N.
15 Vgl. Mitteilung des Europarates v. 21.6.2016; https://wcd.coe.int/ViewDoc.jsp?p=&id=2436775&Site=DC&BackColorInternet=F5CA75&BackColorIntranet=F5CA75&BackColorLogged=A9BACE&direct=true.
16 EP, Entschließung v. 13.3.2019; https://www.europarl.europa.eu/doceo/document/TA-8-2019-0200_DE.html.
17 EGMR Alparslan Altan/TRK, 16.4.2018, §§ 73–74; Mehmet Hassan Altan/TRK, 20.3.2018, § 93; Sahin Alpay/TRK, 20.3.2018, § 77.
18 EGMR (GK) A. u.a./UK, 19.2.2009, §§ 173 f., NJOZ **2010** 1903 = NJW **2010** 3359 (Ls.).
19 EGMR Lawless/IR (Nr. 3), 14.11.1960/1.7.1961; *Guradze* 3; *Kitz* 37; *Partsch* 76; vgl. Rn. 30 ff. zum Beurteilungsspielraum des Staates.
20 EGMR Lawless/IR (Nr. 3), 14.11.1960/1.7.1961; IR/UK, 18.1.1978, EuGRZ **1979** 149; *Frowein/Peukert* 7; *Grabenwarter/Pabel* § 2, 10; *Nowak* 14; enger Meyer-Ladewig/Nettesheim/von Raumer/*Schmaltz* 7 (nur „Auswirkungen auf die gesamte Nation").

9   **Militärische Auslandseinsätze,** wie sie etwa im Rahmen internationaler Operationen mit begrenzter Zielsetzung stattfinden, begründen keinen Notstand, der das Leben der Nation des Vertragsstaats bedroht.[21]

10   **Naturkatastrophen** können ebenfalls im Einzelfall das Ausmaß einer die Existenz des Staates als geregeltes Gemeinwesen in Frage stellende Krisensituation erreichen. Unter diesen Passus lassen sich neben **Erdbeben, Flutwellen, Stürmen** und auch **Epidemien/ Pandemien** gesundheitsschädlicher Stoffe (Viren, Bakterien) fassen, wenn die betreffende Situation *außergewöhnlichen* Charakter und *weitreichende* Auswirkungen auf die staatlichen Strukturen und Abläufe hat. Letzteres galt etwa für die **Corona-Pandemie** (COVID-19) im Frühjahr 2020, aus deren Anlass sich insgesamt zehn Staaten gegenüber dem Generalsekretär des Europarates auf einen öffentlichen Notstand i.S.v. Art. 15 beriefen.[22] Die übrigen Staaten hielten eine Derogationserklärung offenbar nicht für erforderlich und stützten sich für die Rechtfertigung der erlassenen Maßnahmen auf die allgemeinen Schranken der EMRK-Garantien.[23] Lediglich **lokale oder regional begrenzte Beeinträchtigungen** des öffentlichen Lebens durch ein solches Ereignis rechtfertigen dagegen kein staatliches Handeln nach Art. 15. Ebenso muss die staatliche Reaktion („Lock-/Shutdown") als rational nachvollziehbare und angemessene Reaktion erscheinen; ansonsten könnten sich Staaten strategisch durch eine künstliche und politisch gesteuerte Überreaktion ihrer menschenrechtlichen Verpflichtungen entledigen.

11   Für das Vorliegen der Voraussetzungen einer Notstandslage aus *ex-ante*-Sicht wird für die **Corona-Pandemie** primär ins Feld geführt, dass sich ein neuartiges, in seinen konkreten Folgen noch unbekanntes Virus rasant in den Ländern ausbreitete, während ein tödlicher Ausgang einer Infektion nicht ausgeschlossen werden konnte.[24] Zudem kommt den Staaten bei der Entscheidung, ob eine Notstandslage vorliegt oder nicht, ein weiter **Beurteilungsspielraum** („margin of appreciation") zu, denn der Gerichtshof hat bisweilen jeden ausgerufenen Notstand akzeptiert, was hinsichtlich der Handlungsfähigkeit von Regierungen und in Bezug auf das Demokratieprinzip sinnvoll erscheint; seine Prüfungskompetenz beschränkt sich mithin auf Fälle des **evidenten Missbrauchs** von Art. 15.[25] Daher lässt sich jedenfalls für die ersten Monate einer Pandemie ein öffentlicher Notstand bejahen.[26]

12   **b) Amtliche Verkündung. Art. 4 Abs. 1 IPBPR** fordert als weitere unerlässliche Voraussetzung ausdrücklich die amtliche Verkündung des Notstands.[27] Der Notstand muss von einer dazu befugten nationalen Stelle öffentlich bekannt gegeben worden sein, damit jeder sich darauf einstellen kann; es genügt nicht, dass die Notlage als solche faktisch offensichtlich ist.[28]

---

21 *Krieger* ZaöRV **62** (2002) 669, 690, die ergänzend auch darauf hinweist, dass in Deutschland eine vollständige Suspendierung der Grundrechte nicht möglich ist (vgl. Art. 19 Abs. 2 GG).
22 Dies waren: Albanien (1.4.2020); Armenien (20.3.2020); Estland (20.3.2020); Georgien (23.3.2020); Lettland (16.3.2020); Moldawien (20.3.2020); Nordmazedonien (2.4.2020); Rumänien (18.3.2020); San Marino (14.4.2020); Serbien (7.4.2020).
23 *Haack* EuGRZ **2021** 364, 365, 369 (Entscheidung der anderen 10 Staaten, größtenteils osteuropäisch und innenpolitisch angespannt, die einen öffentlichen Notstand i.S.d. Art. 15 erklärten, sei vermutlich vorwiegend politischer Natur; man habe den Bürgern kommunizieren wollen, dass die wertvollen Grundsätze der Demokratie und der Rechtsstaatlichkeit weiterhin gewahrt würden); hierzu *Spadaro* EJRR **2020** 317, 319 ff.
24 *Haack* EuGRZ **2021** 364, 365.
25 *Haack* EuGRZ **2021** 364, 366.
26 Ebenso: *Haack* EuGRZ **2021** 364, 366.
27 *Nowak* 17; HRC bei *Nowak* EuGRZ **1981** 427, 428.
28 *Nowak* 19; vgl. auch *Frowein/Peukert* 13.

Bei **Art. 15** ist die **amtliche Bekanntgabe des Notstands** keine Voraussetzung für die   **13**
Wirksamkeit einer ein Menschenrecht einschränkenden Maßnahme.[29] Die frühere EKMR
hatte noch mehrheitlich die Ansicht vertreten, dass gegenüber der betroffenen Bevölkerung
deutlich gemacht werden müsse, dass es sich um Notstandsmaßnahme handele.[30] Da bei
den Vertragsstaaten des IPBPR die Pflicht zur amtlichen Bekanntgabe bereits aus Art. 4 Abs. 1
IPBPR folgt (Rn. 12), gilt dieses Erfordernis für die Vertragsstaaten des IPBPR auch bei Art. 15;
es gehört zu den *sonstigen völkerrechtlichen Verpflichtungen*, deren Beachtung auch eine Voraussetzung für die Zulässigkeit von Notstandsmaßnahmen nach Art. 15 Abs. 1 ist.[31]

c) Notifikation. Beide Konventionen sehen die **Notifikation von allen getroffenen**   **14**
Maßnahmen vor. Nach Art. 15 Abs. 3 ist der Generalsekretär des Europarates zu unterrichten; nach Art. 4 Abs. 3 IPBPR über den Generalsekretär der Vereinten Nationen die anderen Vertragsstaaten.

Die Unterrichtung muss ausreichend sein und alle getroffenen Maßnahmen sowie   **15**
auch ihre eventuelle **örtliche Begrenzung** umfassen. Werden nur bestimmte Teile des
Staates benannt, geht der EGMR davon aus, dass in den anderen Teilen des Staatsgebietes
keine Einschränkungen zulässig sind.[32] Art. 15 Abs. 3 fordert nicht nur eine einmalige,
sondern eine **fortlaufende Unterrichtung über die getroffenen Maßnahmen und deren Gründe**.[33] Die Unterrichtung und die damit verbundene **Transparenz der Maßnahmen** dient der internationalen Kontrolle; sie kann Anfragen des Generalsekretärs des
Europarates nach Art. 52 auslösen und gegebenenfalls sogar andere Konventionsstaaten
zu einer Staatenbeschwerde (Art. 33) veranlassen.[34] Diese Unterrichtung ist aber keine
Voraussetzung, von der die Zulässigkeit bzw. Wirksamkeit der Notstandsmaßnahmen abhängt, da sie den vom Staat bereits getroffenen Maßnahmen zeitlich nachfolgt.[35]

Art. 4 Abs. 3 IPBPR verpflichtet den Staat, **unverzüglich** (*„immediately"*) die in Ausübung   **16**
seines Notstandsrechts außer Kraft gesetzten Bestimmungen und die Gründe, die ihn dazu
veranlasst haben, sowie die Zeitspanne und die Beendigung der Suspendierung mitzuteilen.[36] Art. 15 Abs. 3 dagegen bindet die Unterrichtung explizit an keine Frist, sie muss aber
gleichwohl **so schnell wie möglich** geschehen. Eine Unterrichtung nach 12 Tagen wurde vom
EGMR als ausreichend angesehen,[37] eine Unterrichtung nach 4 Monaten hielt die frühere
EKMR für verspätet.[38] Die Mitteilung unterliegt keinem Publikationsgebot.[39]

---

29 *Partsch* 74.
30 *Frowein/Peukert* 8.
31 EGMR Brannigan u. McBride/UK, 26.5.1993, ÖJZ **1994** 65 (die Erklärung des Notstands durch den *Home
Secretary* im britischen Unterhaus sah der EGMR als ausreichende amtliche Verkündung an); *Frowein/Peu-
kert* 13; Meyer-Ladewig/Nettesheim/von Raumer/*Schmaltz* 10.
32 EGMR Sakik u.a./TRK, 26.11.1997, §§ 36 ff.; Sadak/TRK, 8.4.2004, § 56; Yurttas/TRK, 27.5.2004, §§ 54 ff., ÖJZ
2005 156; Abdulsamet Yaman/TRK, 2.11.2004, § 69.
33 EGMR Mehmet Hasan Altan/TRK, 20.3.2018, § 89; Şahin Alpay/TRK, 20.3.2018, § 73.
34 *Frowein/Peukert* 15.
35 *Frowein/Peukert* 15, mit dem Hinweis, dass die EKMR und EGMR Lawless/IR (Nr. 3), 14.11.1960/1.7.1961,
die Bedeutung des Fehlens einer Mitteilung ausdrücklich offengelassen haben. Nach *Kitz* 87 ff. schließt eine
arglistige Verletzung der Benachrichtigungspflicht die Berufung auf Art. 15 Abs. 1 aus.
36 HRC Landinelli Silva u.a./URY, 8.4.1981, 034/1978, EuGRZ **1981** 388; General Comment 29 v. 24.7.2001,
Nr. 17 (bei *Doswald-Beck/Kolb* 433 ff.); *Nowak* 17, 37.
37 EGMR Lawless/IR (Nr. 3), 14.11.1960/1.7.1961.
38 Vgl. *Frowein/Peukert* 15; *Grabenwarter/Pabel* § 2, 13; Meyer-Ladewig/Nettesheim/von Raumer/*Schmaltz*
12; zu den zeitlichen Verzögerungen der Notifikation vgl. auch *Partsch* 74.
39 EGMR Lawless/IR (Nr. 3), 14.11.1960/1.7.1961; vgl. *Frowein/Peukert* 15, wonach die abgegebenen Meldungen nach Art. 15 im Yearbook of the European Convention on Human Rights veröffentlicht werden.

17   Eine **faktische Einschränkung menschenrechtlicher Standards** soll nach einem Urteil der GK auch ohne die von Art. 15 geforderte Notifikation zulässig sein,[40] was mit der Dogmatik und Bedeutung des Art. 15 nicht in Einklang zu bringen ist. Konkret ging es um die Anwendung des Art. 5, gegen den das UK während des militärischen Auslandseinsatzes im Irak (2003) verstoßen hatte. Es wurde vom UK zwar kein Notstand gemäß Art. 15 ausgerufen. Jedoch wurde die Internierung von Kriegsgefangenen und Zivilisten, die die allgemeine Sicherheit bedrohten, entgegen dem Wortlaut des Art. 15 in den Fällen internationaler bewaffneter Konflikte als konventionskonform angesehen. Grund war nach Ansicht des EGMR die Akzeptanz eines solchen Handelns im Völkerrecht (siehe III. und IV. Genfer Konvention). Der Richtermehrheit zufolge wurde Art. 5 Abs. 1 im konkreten Fall nicht außer Kraft gesetzt, sondern im Lichte der **Genfer Konventionen** (Festnahme und Freiheitsentziehung im Kriegsfall) **angepasst** (*„accommodated"/„accordé"*; Art. 5 Rn. 86).[41] Die Genfer Konventionen spielten dabei bei der Auslegung der EMRK im Einklang mit (sonstigem) Völkerrecht in den Fall hinein (Teil I Rn. 259 ff.). Die „Auslegung" von Konventionsbestimmungen im Lichte des internationalen (humanitären) Rechts entgegen ihrem Wortlaut, unter erkennbarer Vermeidung bzw. Umgehung einer Notifikation nach Art. 15, ist allerdings nicht akzeptabel.

18   **d) Erforderlichkeit der Maßnahmen.** Art. 15 Abs. 1 EMRK und Art. 4 Abs. 1 IPBPR rechtfertigen nur solche Einschränkungen, die die Notstandslage unbedingt erfordert.[42] Eine solche Lage, die die ganze Nation und die Funktion des organisierten Gemeinwesens bedroht, muss bereits bestehen oder unmittelbar bevorstehen.[43] Die Gegenmaßnahmen müssen unerlässlich sein, damit die Gefahrenlage, so wie sie sich für die Behörden im Zeitpunkt der Anordnung darstellt,[44] wirksam bewältigt werden kann. Der Zweck darf nicht bereits durch ein milderes Mittel erreichbar sein, vor allem nicht durch Maßnahmen, die bereits im Rahmen der Konventionsgarantien getroffen werden können.[45] Erst wenn diese nicht ausreichen oder keinen Erfolg versprechen, darf der Staat Konventionsrechte in dem unbedingt erforderlichen Umfang derogieren.[46] In der Regel müssen erst **alle Einschränkungsmöglichkeiten**, die bei verschiedenen Konventionsgarantien schon im Normalfall Maßnahmen im Interesse der nationalen Sicherheit und zur Aufrechterhaltung der öffentlichen Ordnung usw. vorsehen, **ausgeschöpft** sein.

19   Im Übrigen gilt der Grundsatz der **Verhältnismäßigkeit**. Eingriffsintensität sowie räumlicher und zeitlicher Anwendungsbereich der die Konvention einschränkenden Notstandsmaßnahme dürfen nicht außer Verhältnis stehen zu der Bedeutung, die der Maßnahme für die Bewältigung der konkreten Notstandslage tatsächlich zukommt.[47] Der EGMR berücksichtigt dabei die tatsächlichen Verhältnisse, die Natur der Rechte, von denen abgewichen wird, die Dauer des Notstands sowie die Umstände, die ihn ausgelöst haben.[48]

---

40 EGMR (GK) Hassan/UK, 16.9.2014, §§ 98, 101, 103 f., 107, NJOZ **2016** 351 (mehrheitlich mit 13:4 Stimmen ergangen); heftig widersprechend Nr. 7 ff., 11 ff. des Sondervotums (in NJOZ nicht wiedergegeben) *Spano*, dem sich *Nicolaou, Bianku* und *Kalaydjieva* angeschlossen haben.

41 EGMR (GK) Hassan/UK, 16.9.2014, §§ 104 ff.; dem widersprechend Nr. 16 f., 18 des Sondervotums.

42 *Frowein/Peukert* 4, 9 ff.; *Guradze* 5 (Übermaßverbot); *Partsch* 77.

43 Meyer-Ladewig/Nettesheim/von Raumer/*Schmaltz* 7.

44 Beurteilung *ex ante*; vgl. auch *Partsch* 75.

45 *Grabenwarter/Pabel* § 2, 11; zur Erforderlichkeit einer Derogation i.R.d. Corona-Pandemie (Rn. 11) *Spadaro* EJRR **2020** 317, 319–321.

46 *Kitz* 39 ff.; vgl. die Prüfung möglicher Maßnahmen in EGMR Lawless/IR (Nr. 3), 14.11.1960/1.7.1961.

47 *Grabenwarter/Pabel* § 2, 11; vgl. *Nowak* 25 ff.; *Partsch* 77; Art. 18 Rn. 3.

48 EGMR Aksoy/TRK, 18.12.1996.

Sowohl der EGMR als auch das HRC halten Einschränkungen der **Mindest**garantien 20
bzw. der **fundamentalen** Verfahrensgrundsätze (faires Verfahren, *habeas corpus* oder die
Unschuldsvermutung) für unverhältnismäßig bzw. generell unzulässig.[49] So hat der EGMR
zwar die Außerkraftsetzung von Art. 5 Abs. 2 bis 4 im Einzelfall als zulässig angesehen,[50]
während eine Einschränkung, die auch die verfahrensrechtlichen Mindestgarantien bzw.
fundamentalen Verfahrensgrundsätze (faires Verfahren, *habeas corpus* oder die Unschuldsvermutung) umfasste, vom HRC als unverhältnismäßig bzw. generell unzulässig
betrachtet wurde.[51]

Im Fall des öffentlichen Notstands in der Türkei hat der EGMR das Recht auf eine 21
schnelle gerichtliche Entscheidung über die Rechtmäßigkeit einer Freiheitsentziehung
nach **Art. 5 Abs. 4** infolge des Putschversuchs (Rn. 7) bei einer Verfahrenslänge von einem
Jahr, vier Monaten und 24 Tagen als verletzt angesehen.[52] Im selben Kontext hatte der
EGMR in einem früheren Urteil aus dem Jahr 2018 eine Verfahrenslänge von einem Jahr,
vier Monaten und drei Tagen hingegen als vereinbar mit Art. 5 Abs. 4 angesehen.[53] Grund
dafür war, dass diese Entscheidung eine der ersten in Bezug auf den Putschversuch war
und mithin komplexe Fragen hinsichtlich der Rechte der Bürger in Zeiten des Notstands
erst geklärt werden mussten; dies war in der später entschiedenen Rs. (über eineinhalb
Jahre später) nicht mehr der Fall, so dass der Zeitraum vom EGMR nicht mehr als Rechtfertigung berücksichtigt wurde.[54] Dass ein Untersuchungsgefangener erst nach einer Ermitt-
lungsdauer von einem Jahr und zwei Monaten von einem Gericht angehört wurde, hat
der EGMR als Verletzung des Art. 5 Abs. 4 angesehen.[55]

Auch eine Außerkraftsetzung der elementaren Garantien des **Art. 5 Abs. 1** kann nur 22
in Betracht kommen, wenn dies nach der Lage **unbedingt erforderlich** („strictly required
by the exigencies of the situation") ist.[56] Eine Freiheitsentziehung muss in jedem Fall
rechtmäßig („lawful") sein und auf die gesetzlich vorgeschriebene Weise („in accordance
with a procedure prescribed by law") erfolgen. Inhaftierungen wegen des bloßen Verdachts der Betätigung in einer illegalen Organisation ohne entsprechende Beweise[57] und
Inhaftierungen, die selbst das nationale Verfassungsgericht für unrechtmäßig hält und die
gleichwohl fortgesetzt werden, können nicht gerechtfertigt werden.[58] Auch eine extensive
Auslegung von Tatbestandsmerkmalen lässt sich nicht rechtfertigen, da die daraus erwachsenden rechtlichen Konsequenzen weit über den rechtlichen Rahmen des öffentlichen
Notstands hinaus gehen.[59] Mit Notstand ebenfalls nicht gerechtfertigt werden können Ver-

---

49 EGMR Pişkin/TRK, 15.12.2020; Bas/TRK, 3.3.2020, § 199; Alparslan Altan/TRK, 16.4.2018, § 147; *Nowak* 27
unter Hinweis auf die „Siracusa Principles"; vgl. die Gutachten des IAGMR EuGRZ **1989** 218; 233 (keine
Suspendierung der Rechtsschutzgarantien wie *Habeas-Corpus*-Verfahren; faires Verfahren); ähnlich HRC General Comment 29 v. 24.7.2001, Nr. 7 ff., 11.
50 EGMR IR/UK, 18.1.1978. Als nicht unbedingt erforderlich stufte der EGMR allerdings die Derogation von
Art. 5 Abs. 3 ein: EGMR Nuray Sen/TRK, 17.6.2003; Bilen/TRK, 21.2.2006.
51 *Nowak* 27 unter Hinweis auf die „Siracusa Principles"; vgl. die Gutachten des IAGMR EuGRZ **1989** 218;
233 (keine Suspendierung der Rechtsschutzgarantien wie *Habeas-Corpus*-Verfahren; faires Verfahren); ähnlich HRC General Comment 29 v. 24.7.2001, Nr. 7 ff., 11.
52 EGMR Kavala/TRK, 10.12.2019, §§ 185 ff.
53 EGMR Sahin Alpay/TRK, 20.3.2018, §§ 136 ff.
54 EGMR Sahin Alpay/TRK, 20.3.2018, § 137; Kavala/TRK, 10.12.2019, §§ 188 f.
55 EGMR Bas/TRK, 3.3.2020, §§ 230 f.
56 EGMR Elci u.a./TRK, 13.11.2003, § 684; Kavala/TRK, 10.12.2019, § 158; Mehmet Hasan Altan/TRK, 20.3.2018,
§ 140; Sahin Alpay/TRK, 20.3.2018, § 119.
57 EGMR Bas/TRK, 3.3.2020, §§ 197 ff.; Alparslan Altan/TRK, 16.4.2018, §§ 147 ff.
58 EGMR Mehmet Hasan Altan/TRK, 20.3.2018, §§ 140 f.; Sahin Alpay/TRK, 20.3.2018, §§ 119 f.
59 EGMR Alparslan Altan/TRK, 16.4.2018, §§ 117 ff.; Bas/TRK, 3.3.2020, §§ 160 ff.

bote wie die Untersagung der politischen Betätigung oder die Teilnahme an Wahlen für eine Zeitraum von 15 Jahren.[60]

23   Die Inhaftierung von Personen, weil diese sich regierungskritisch äußern, stellt eine nicht zu rechtfertigende Einschränkung des **Art. 10** dar.[61] Nicht gerechtfertigt werden kann außerdem die ausgedehnte Inhaftierung von Menschenrechtskämpfern, um diese „zum Schweigen zu bringen", da dies nicht vom Zweck der Notstandsregelung gedeckt ist (Verletzung von **Art. 18** i.V.m. **Art. 5 Abs. 1**).[62]

24   Im Hinblick auf die **Corona-Pandemie** sind noch keine Urteile des EGMR zur Erforderlichkeit der Maßnahmen zur Bekämpfung der Ausbreitung des Corona-Virus ergangen. Jedoch ist davon auszugehen, dass eine Derogation von **Art. 10** aufgrund des außerordentlich hohen Ranges der Meinungsfreiheit einer Prüfung der Erforderlichkeit durch den EGMR nicht standhält.[63] Das Recht auf Information[64] und Meinungsfreiheit gewinnt im Rahmen der Corona-Pandemie vor allem Bedeutung in Bezug auf die korrekte Weitergabe von Informationen über Krankheits- und Todesfälle mit und an Corona und die damit einhergehenden Maßnahmen, um eine Kontrolle der Regierung in Bezug auf die Verhältnismäßigkeit der Einschränkungen zu ermöglichen.[65] Vor dem Hintergrund der Natur des Virus, welches sich bei engem Kontakt zwischen Menschen schnell ausbreiten kann, ist eine Derogation von **Art. 11** begründbar, jedoch einzelfallabhängig.[66] Gleiches gilt für eine Derogation von **Art. 8** in Bezug auf Maßnahmen der Datenerfassung und zahlenmäßige Personenbegrenzungen; eine berufsbezogene, aber auch allgemeine **Impfpflicht** kann nur nach den allgemeinen Voraussetzungen des Art. 8 Abs. 2 zulässig sein;[67] Art. 15 dürfte hier allenfalls einen einzelfallbezogenen zusätzlichen Spielraum eröffnen. Eine Derogation von den Grundsätzen des **Art. 5** ist in einer Pandemie zumeist nicht notwendig, da Ausgangsbeschränkungen entweder schon nicht in den Schutzbereich des Art. 5 fallen oder sich nach den dort vorgesehenen Schranken rechtfertigen lassen.[68]

25   Allgemein ist in Bezug auf die Erforderlichkeit der Maßnahmen zur Bekämpfung der Corona-Pandemie und vergleichbarer Situationen zu fordern, dass Staaten frühzeitig langfristige Strategien entwickeln müssen, die nicht auf eine fortgesetzte langfristige Einschränkung bzw. Aussetzung grundlegender Rechte setzen.[69]

26   Die getroffenen Maßnahmen müssen stets eine **„echte Reaktion"** („genuine response") auf die Notstandssituation sein.[70] Der EGMR stellt klar, dass ein öffentlicher Notstand nicht als Vorwand dafür genutzt werden darf, zentrale Werte jedes demokratischen Staates außer Kraft zu setzen;[71] es muss auch während eines Notstands alles getan werden, um diese Werte zu erhalten.[72]

---

60 HRC Landinelli Silva u.a./URY, 8.4.1981, 034/1978; dazu *Nowak* 37 ff. m.w.B.

61 EGMR Mehmet Hasan Altan/TRK, 20.3.2018, §§ 211 ff.; Sahin Alpay/TRK, 20.3.2018, §§ 181 ff.

62 EGMR Kavala/TRK, 10.12.2019, §§ 230 ff.

63 *Haack* EuGRZ **2021** 364, 368; *Spadaro* EJRR **2020** 317, 322 f.

64 Zu Schwierigkeiten beim Zugang zu Information Bundestag, WD, Die Corona-Pandemie im Lichte des Völkerrechts (Teil 2) Völkerrechtliche Pflichten der Staaten und die Rolle der Weltgesundheitsorganisation 2 – 3000 – 038/20, S. 48 ff.

65 *Spadaro* EJRR **2020** 317, 322.

66 *Haack* EuGRZ **2021** 364, 368.

67 *Haack* EuGRZ **2021** 364, 369 mit Bezug auf EGMR Vavřička u.a./CS, 8.4.2021, § 310 (bußgeldbewehrte Impfpflicht für Kinder; Erfordernis eines „pressing social need" sowie „relevant and sufficient reasons").

68 *Haack* EuGRZ **2021** 364, 369.

69 *Spadaro* EJRR **2020** 317, 322.

70 EGMR Brannigan u. McBride/UK, 26.5.1993, § 51; Alparslan Altan/TRK, 16.4.2018, § 116.

71 *Spadaro* EJRR **2020** 317, 321 f.

72 EGMR Mehmet Hasan Altan/TRK, 20.3.2018, § 210; Sahin Alpay/TRK, 20.3.2018, § 180.

e) Beachtung sonstiger völkerrechtlicher Verpflichtungen. Die Notstandsmaßnah- 27
men dürfen den sonstigen völkerrechtlichen Verpflichtungen des betreffenden Staates
nicht zuwiderlaufen. Mit dieser Forderung wollen Art. 15 Abs. 1 EMRK/Art. 4 Abs. 1 IPBPR
die Beachtung des allgemeinen Völkerrechts sichern, aber auch Verpflichtungen aus anderen Übereinkommen nachkommen, vor allem auf dem Gebiet des humanitären Völkerrechts, wie etwa aus den **vier Genfer Konventionen von 1949**[73] sowie die Strafbarkeit
nach dem **Römischen Statut des Internationalen Strafgerichtshofs** (ICC-Statut).[74] Umfasst sind auch die Verpflichtungen aus anderen Menschenrechtspakten; wenn diese andere oder weitergehende Rechte notstandsfest verbürgen,[75] schließt dies auch jede Einschränkung nach Art. 15 aus.

Soweit Art. 4 Abs. 2 IPBPR weitere Konventionsrechte jeder Einschränkungsmöglich- 28
keit entzieht, sind diese auch aufgrund des Art. 15 nicht einschränkbar. Es lösen sich die
Unterschiede bei der Notstandsfestigkeit der einzelnen Konventionsrechte dadurch, dass
auch bei Art. 15 die Notstandsbefugnisse durch den sie am meisten einschränkenden Vertrag bestimmt werden. Das nur bei Art. 4 Abs. 1 IPBPR enthaltene Diskriminierungsverbot
bei Notstandsmaßnahmen (Rn. 28) wird auf diesem Umweg auch im Bereich der EMRK
beachtlich.

In Bezug auf die Corona-Pandemie sind als zu beachtende völkerrechtliche Pflichten 29
der Staaten vor allem die Internationalen Gesundheitsvorschriften (IGV) von 2005, das
Menschenrecht auf Gesundheit (Art. 12 UN-Sozialpakt) und als allgemeine Völkerrechts-
prinzipien v.a. das Kooperations-, Solidaritäts- und Transparenzgebot zu nennen.[76]

f) Diskriminierungsverbot. Art. 4 Abs. 1 IPBPR enthält zusätzlich das Verbot, bei Not- 30
standsmaßnahmen eine Person allein wegen der Rasse, der Hautfarbe, des Geschlechts,
der Sprache oder der sozialen Herkunft zu diskriminieren. Dieses Verbot erstreckt sich
auf weniger Merkmale als die umfangreicheren Aufzählungen der Art. 2 Abs. 1/Art. 26
IPBPR[77] und es ist auch insoweit enger, als es nur verbietet, die aufgeführten Gesichtspunkte **für sich allein** zum Abgrenzungskriterium einer Notstandsmaßnahme zu machen. Gestattet ist aber, dies in Verbindung mit anderen, nicht dem Katalog unterfallenden **sachlich gebotenen Gesichtspunkten** zu tun.[78]

Die Bedeutung des Diskriminierungsverbotes in Art. 4 Abs. 1 IPBPR liegt vor allem 31
darin, dass es sicherstellt, dass auch bei Notstandsmaßnahmen ein – wenn auch inhaltlich
eingeschränkteres – Diskriminierungsverbot beachtet werden muss. Dies hat vor dem Hintergrund Bedeutung, dass die allgemeinen Diskriminierungsverbote nicht notstandsfest
gewährleistet sind, sofern sie nicht akzessorisch zu einem ohnehin notstandsfesten Recht
angelegt sind.

---

73 Betreffend: die Verwundeten und Kranken der bewaffneten Kräfte im Felde (Genfer Abkommen I), die
Verwundeten, Kranken und Schiffbrüchigen der bewaffneten Kräfte zur See (Genfer Abkommen II), die
Kriegsgefangenen (Genfer Abkommen III) und die Zivilpersonen in Kriegszeiten (Genfer Abkommen IV);
ergänzt durch zwei Zusatzprotokolle (ZP) aus dem Jahr 1977 (Regeln zum Umgang mit Kombattanten bzw.
Vorgaben für innerstaatliche Konflikte). Zum Verhältnis der Menschenrechtspakte zum humanitären Völkerrecht *Krieger* ZaöRV **62** (2002) 691 ff., auch zu der Frage, ob und wieweit die Regeln der Genfer Konventionen
bei einem gemeinsamen Anwendungsbereich als speziellere Vorschriften anzusehen sind und wieweit die
jeweils günstigere Regel zur Anwendung kommt. Vgl. ferner *Frowein/Peukert* 13; *Kitz* 43; *Nowak* 28 m.w.N.
74 Vgl. HRC General Comment 29 v. 24.7.2001, Nr. 12.
75 Vgl. *Frowein/Peukert* 13; *Grabenwarter/Pabel* § 2, 11; vgl. Rn. 29.
76 Hierzu Bundestag, Wissenschaftliche Dienste, Die Corona-Pandemie im Lichte des Völkerrechts (Teil 2)
Völkerrechtliche Pflichten der Staaten und die Rolle der Weltgesundheitsorganisation 2 – 3000 – 038/20.
77 Vgl. Art. 14 Rn. 66.
78 *Nowak* 29.

Esser

32   **g) Beurteilungsspielraum der Staaten.** Den Staaten wird schon aufgrund ihrer Sachnähe ein Beurteilungsspielraum zuerkannt, innerhalb dessen sie selbst entscheiden, ob eine
Notstandslage vorliegt und welche Maßnahmen zu ihrer Behebung oder zur Abwehr einer
sich aus ihr ergebenden Bedrohung unerlässlich sind.[79] Der EGMR beschränkt sich weitgehend auf eine Art „europäische Aufsicht"; er ersetzt die Einschätzung der Lage und der
Erforderlichkeit einer Maßnahme durch die nationalen Stellen nicht durch seine eigene Beurteilung, sofern die Einschätzung der nationalen Stellen sich im Rahmen ihres Beurteilungsspielraums hält und der Grundsatz der Verhältnismäßigkeit gewahrt ist.[80] Mit dieser
Einschränkung prüft er nach, ob das Vorliegen eines Notstandes und die getroffenen Maßnahmen unter den zur Zeit der Anordnung gegebenen Umständen von dem jeweiligen Staat
vernünftigerweise als unbedingt erforderlich angesehen werden durften.[81]

33   In der Rs. *A. u.a.* zu einer Entscheidung des *House of Lords* bezüglich der Annahme
eines Staatsnotstands (Rn. 6) erklärte der EGMR nochmals ausdrücklich, dass im Fall von
höchstrichterlichen Entscheidungen das **Subsidiaritätsprinzip** zu beachten sei. Der Gerichtshof überprüfe die nationale Auffassung nur dahingehend, ob das höchste nationale
Gericht Art. 15 falsch ausgelegt oder angewendet habe (*„misinterpreted or misapplied"*)
oder zu einer völligen Fehlentscheidung gelangt wäre (*„conclusion which was manifestly
unreasonable"*).[82]

34   In den Fällen eines **behaupteten „Terrorismus"** (Rn. 4 f.) kann jedoch zweifelhaft
sein, ob die jeweilige Spannungslage tatsächlich in den Anwendungsbereich des Art. 15
fällt. Zwar können terroristische Aktivitäten nach Art und Umfang eine Bedrohung für
demokratische Strukturen darstellen, jedoch ist nicht ersichtlich, dass durch jedwede Form
des Terrorismus automatisch der Fortbestand des geregelten Lebens in der *gesamten gesellschaftlichen Breite* in Frage gestellt wird, wie es für einen öffentlichen Notstand i.S.v.
Art. 15 (Rn. 3) erforderlich wäre. Sowohl die staatlichen Institutionen als auch die grundlegenden gesellschaftlichen Strukturen müssen hierfür in ihrer Funktion konkret gefährdet
sein.[83] Auch kann Terrorismus weder nach herkömmlichen völkerrechtlichen Definitionen, die einen Waffenkonflikt zwischen mehreren Staaten voraussetzen, noch nach einem
modernen Kriegsbegriff, der nicht mehr einen Staat, sondern lediglich Militäreinsätze von
gewisser Dauer umfasst, unter den Begriff *Krieg* i.S.v. Art. 15 gefasst werden.[84] Grund hierfür ist zunächst, dass Terrorismus i.d.R. nur von Organisationen oder Einzelpersonen verübt wird, nicht dagegen von Staaten. Darüber hinaus meiden Terroristen militärische Konflikte in der Regel; Hauptzweck von Terrorangriffen ist dagegen die Verbreitung von Angst
bei breiten Bevölkerungsteilen in Alltagssituationen; insoweit ist der Einsatz von Waffen
lediglich Mittel zum Zweck (Erwecken der Medienaufmerksamkeit).[85]

35   Das **Human Rights Committee** (HRC) prüft als Ausschuss nach Art. 40 IPBPR unter
Würdigung aller Umstände des Einzelfalles nach, ob der behauptete Notstand so schwer-

---

79 EGMR Lawless/IR (Nr. 3), 14.11.1960/1.7.1961; IR/UK, 18.1.1978; Brannigan u. McBride/UK, 26.5.1993, siehe
abw. Votum *Makarczyk*; Aksoy/TRK, 18.12.1996; (GK) A. u.a./UK, 19.2.2009, § 173; HRC Landinelli Silva/URY,
8.4.1981, 034/1978; *Hutchinson* ICLQ 48 (1999) 638 ff.; *Frowein/Peukert* 3, 9; *Grabenwarter/Pabel* § 2, 10; *Meyer-
Ladewig/Nettesheim/von Raumer/Schmaltz* 8; *Partsch* 77; KK-EMRK-GG/*Krieger* Kap. 8, 12.
80 Vgl. EGMR Brannigan u. McBride/UK, 26.5.1993 (Gefahr für Bevölkerung und das ganze Staatswesen);
(GK) A. u.a./UK, 19.2.2009; Mehmet Hasan Altan/TRK, 20.3.2018, § 91; Alparslan Altan/TRK, 16.4.2018, § 116;
dazu *Frowein/Peukert* 10; *Grabenwarter/Pabel* § 2, 10 f.; *Villiger* 968.
81 Vgl. *Frowein/Peukert* 3 f.; *Kitz* 21 ff.; *Nowak* 31.
82 EGMR (GK) A. u.a./UK, 19.2.2009, §§ 174 ff.; Mehmet Hasan Altan/TRK, 20.3.2018, §§ 93, 140; Sahin Alpay/
TRK, 20.3.2018, §§ 77, 119; Alparslan Altan/TRK, 16.4.2018, § 146.
83 Vgl. dazu *Haguenau-Moizard* JZ **2016** 707, 708.
84 *Nestler* KritV **2018** 36–39.
85 *Nestler* KritV **2018** 36–39.

wiegend war, dass die Aussetzung des jeweiligen Konventionsrechts und die getroffenen Maßnahmen zu seiner Eindämmung unbedingt notwendig waren.[86] Dies geschieht auch, wenn der Ausschuss durch einen Staatenbericht von einer solchen Lage in Kenntnis gesetzt wird.[87] Ein Staat kann sich nur dann mit Erfolg auf das Vorliegen eines Ausnahmezustandes berufen, wenn er diesen durch eine **hinreichend detaillierte Schilderung der Lage** aufzeigt und darlegt, weshalb er die vom normalen Rechtszustand abweichenden Maßnahmen zur Bekämpfung des Notstandes unbedingt notwendig halten durfte.[88] Eine solche Schilderung ist nach Möglichkeit schon **bei der Notifikation** der Notstandsmaßnahmen abzugeben (Rn. 14); sie ist zu ergänzen, wenn sich die Lage ändert.[89] Die Befugnis der Konventionsorgane, sich mit der Notstandslage und den getroffenen Maßnahmen zu befassen, etwa auch im Rahmen eines Staatenberichts nach Art. 40 IPBPR, besteht jedoch unabhängig von der ordnungsgemäßen Erfüllung der Pflicht zur Notifikation.[90]

3. Notstandsfeste Gewährleistungen. Beide Konventionen nehmen gewisse Rechte **36** und Freiheiten von der Einschränkbarkeit durch Notstandsmaßnahmen ausdrücklich aus. **Art. 15 Abs. 2** gestattet keine Einschränkungen von **Art. 3**,[91] **Art. 4 Abs. 1 und Art.** 7, ferner des **Art. 2** mit Ausnahme der Todesfälle, die auf rechtmäßige Kriegshandlungen zurückzuführen sind.

Soweit mit **Art. 3** auch das Verbot **erniedrigender Behandlung** für notstandsfest erklärt wird, soll nach einer in der Literatur vertretenen Ansicht zu berücksichtigen sein, **37** dass sich in Notstandszeiten das Gewicht der für die abwägende Abgrenzung heranzuziehenden Gesichtspunkte verschieben könne. Es sollen – eine objektive Handhabung vorausgesetzt – die im Notstandsfall gebotenen **Kontroll- und Sicherungsmaßnahmen** auch eine Behandlung rechtfertigen können, die unter normalen Umständen bereits als erniedrigend für den Betroffenen anzusehen wäre,[92] wie etwa Durchsuchungen oder unzulängliche Haftbedingungen. Dieser Ansicht ist entschieden zu widersprechen, weil sie den nicht disponiblen Grad der „Erniedrigung" bzw. „Unmenschlichkeit" einer Behandlung je nach Bedrohungslage festzulegen scheint.

Ergänzend erklären **Art. 3 des 6. ZP-EMRK** sowie **Art. 2 des 13. ZP-EMRK** die Bestim- **38** mungen dieser Protokolle über die Abschaffung der Todesstrafe für nicht durch Art. 15 einschränkbar. **Art. 4 Abs. 3 des 7. ZP-EMRK**[93] legt dies für das dort in Art. 4 Abs. 1 und Abs. 2 aufgenommene Verbot der Doppelverurteilung (*ne bis in idem*) einschließlich der Möglichkeit der Wiederaufnahme fest.

Art. 4 Abs. 2 IPBPR schließt es aus, die Bestimmungen der Art. 6, 7, 8 (Absätze 1 und 2), **39** 11, 15, 16 und 18 IPBPR durch Notstandsmaßnahmen außer Kraft zu setzen. Er geht damit über Art. 15 Abs. 2 hinaus, wenn er zusätzlich auch das Verbot der Schuldhaft (Art. 11 IPBPR),

---

86 Vgl. *Nowak* 31 (HRC habe die Doktrin vom weiten Beurteilungsspielraum nicht ausdrücklich übernommen habe). Das HRC stellt in seinem General Comment 29 v. 24.7.2001 strengere Anforderungen an die Annahme eines Notstands und an die Erforderlichkeit der Maßnahmen („limited to the extent strictly required by the exigencies of the situation").

87 Vgl. *Nowak* 32; HRC General Comment 5/13.

88 *Grabenwarter/Pabel* § 2, 11, 13; Meyer-Ladewig/Nettesheim/von Raumer/*Schmaltz* 11; ferner – verneinend, wenn das Festhalten von Personen von der gerichtlichen Kontrolle freigestellt wurde – EGMR Aksoy/ TRK, 18.12.1996: Notwendigkeit nicht dargetan; vgl. ferner HRC Landinelli Silva/URY, 8.4.1981, 034/1978.

89 Vgl. HRC General Comment 5 v. 28.7.1981, Nr. 13; ersetzt durch General Comment 29 v. 24.7.2001, Nr. 17.

90 Vgl. HRC General Comment 29 v. 24.7.2001, Nr. 17.

91 Hierzu: OLG München NStZ-RR **2016** 323, 324 (Auslieferung zur Strafvollstreckung; Haftbedingungen in der Türkei nach dem gescheiterten Putsch im Juli 2016).

92 *Frowein/Peukert* 14.

93 Von Deutschland nicht ratifiziert, Teil I Rn. 73.

das Recht auf Anerkennung als rechtsfähige Person (Art. 16 IPBPR) und die Gedanken-, Gewissens- und Religionsfreiheit (Art. 18 IPBPR) für notstandsfest erklärt.[94]

40   **Art. 6 des 2. FP-IPBPR** schließt – unbeschadet des Vorbehalts nach Art. 2 des 2. FP-IPBPR – die Außerkraftsetzung der Bestimmungen dieses Protokolls über die Abschaffung der Todesstrafe aus. Die ausdrückliche Ausnahme für die Tötung im Rahmen rechtmäßiger, d.h. vom Kriegsvölkerrecht gedeckter Kriegshandlungen fehlt in Art. 4 Abs. 2 IPBPR. Sie ist jedoch mit dem von Art. 6 Abs. 1 IPBPR geforderten Schutz des Lebens vereinbar, zumindest soweit die Kriegshandlungen im Einklang mit dem allgemeinen Völkerrecht und den völkerrechtlichen Vertragspflichten des jeweiligen Staates stehen.[95]

41   Soweit Art. 4 Abs. 2 IPBPR mehr Rechte für notstandsfest erklärt als die EMRK, hat dies für die Vertragsstaaten des IPBPR zur Folge, dass sie wegen dieser **völkerrechtlichen Bindung auch im Rahmen des Art. 15** diese Rechte nicht einschränken können, obwohl diese nach der EMRK selbst nicht notstandsfest wären. Ins Gewicht fallende Auswirkungen hätte dieser Unterschied zwischen den beiden Konventionen wegen der Art der vom IPBPR zusätzlich für notstandsfest erklärten Rechte ohnehin nicht.[96]

EMRK
Artikel 16 Beschränkungen der politischen Tätigkeit ausländischer Personen

Die Art. 10, 11 und 14 sind nicht so auszulegen, als untersagten sie den Hohen Vertragsparteien, die politische Tätigkeit ausländischer Personen zu beschränken.

Übersicht

1. Allgemeines —— 1
2. Regelungsgehalt —— 3
3. Unionsbürger —— 6
4. Begrenzung der Rechtseinschränkungen —— 7

1   **1. Allgemeines.**[1] Die Rechte aus den Konventionen werden, wie Art. 1 und auch die Diskriminierungsverbote des Art. 14 und des 12. ZP-EMRK[2] belegen, allen Menschen ohne Rücksicht auf Herkunft oder Staatsangehörigkeit oder sonstige Unterschiede gleichermaßen gewährt. Auch Art. 2 Abs. 1 IPBPR spricht diesen Grundsatz aus, der die Wortwahl anderer Artikel („Jedermann") bestimmt, und der dann durch die Diskriminierungsverbote des Art. 26 IPBPR nochmals bestätigt wird.

2   Nur wenige Artikel beider Konventionen und ihrer Zusatzprotokolle beschränken ihren Anwendungsbereich auf **bestimmte Personengruppen**, so etwa Art. 25 IPBPR, der die politischen Rechte der Staatsbürger anspricht, oder Art. 3 des 4. ZP-EMRK, der das Verbot der Ausweisung eigener Staatsbürger und deren Einreiserecht in den eigenen Staat festschreibt, sowie das Verbot der Kollektivausweisung der Ausländer in Art. 4 des 4. ZP-EMRK und die Garantien für die Ausweisung von Ausländern in Art. 13 IPBPR. Zu den wenigen Artikeln, die Rechtsunterschiede zwischen Inländern und Ausländern zulassen, gehört auch Art. 16.

---

94 In HRC General Comment 29 v. 24.7.2001, Nr. 7 wird darauf hingewiesen, dass auch eine Garantie, die nach Art. 4 Abs. 2 IPBPR nicht außer Kraft gesetzt („non-derogable") werden darf, sehr wohl den im jeweiligen Konventionsartikel vorgesehenen Einschränkungen („restrictions") unterworfen werden kann.

95 Vgl. *Nowak* Art. 6, 9 (Vereinbarkeit mit UN-Charta).

96 Vgl. *Kitz* 44 ff.

1   Ausführlich zu Art. 16 *Vašek* JRP **2010** 94.

2   Das 12. ZP-EMRK ist am 1.4.2005 in Kraft getreten, wurde aber von Deutschland bislang nicht ratifiziert.

https://doi.org/10.1515/9783110275063-018

2. Regelungsgehalt. Art. 16 schränkt die in den Art. 10 und 11 auch ausländischen **3** Personen garantierten Rechte insoweit ein, als er dem Staat die Befugnis einräumt, die **politischen Aktivitäten ausländischer Personen** im Bereich dieser Konventionsverbürgungen zu begrenzen, auch wenn andere Personen und auch andere Ausländergruppen von solchen Einschränkungen unberührt bleiben. Das Diskriminierungsverbot des Art. 14 steht dem nicht entgegen, wie der Wortlaut des Art. 16 ausdrücklich hervorhebt. An besondere sachliche Voraussetzungen bindet Art. 16 die Befugnis zu einschränkenden Sonderregelungen für Ausländer nicht.[3]

Als einen Eingriff in Menschenrechte rechtfertigende Bestimmung ist Art. 16 eng aus- **4** zulegen; daher dürfen nur Tätigkeiten eingeschränkt werden, die sich direkt auf politische Vorgänge beziehen.[4] Die Einschränkungen können aus **sachlichem Anlass** aber auch aus **Präventivgründen** angeordnet werden. Die Regelung hat den Sinn, jedem Staat entsprechend dem herkömmlichen Völkerrecht[5] die Möglichkeit zu erhalten, die politischen Tätigkeiten bestimmter Ausländergruppen auf seinem Staatsgebiet einzuschränken, sei es, um seine eigene innere Sicherheit zu gewährleisten, sei es, um seinen völkerrechtlichen Verpflichtungen gegenüber anderen von diesen Tätigkeiten betroffenen Staaten nachzukommen. Dies spricht dafür, dass die Voraussetzungen, unter denen Art. 10 Abs. 2 allgemein Eingriffe des Staates in die Informations- und Meinungsfreiheit zulässt und die Voraussetzungen des Art. 11 Abs. 2 für staatliche Eingriffe in die Vereinigungsfreiheit nicht notwendig zusätzlich vorliegen müssen, um dem Staat ausländerspezifische Einschränkungen dieser Rechte zu erlauben.[6] Bei der weiten Fassung dieser Absätze werden sie allerdings in der Regel vorliegen, da bei einer von Ausländergruppen ausgehenden Störung des inneren oder des äußeren Friedens in der Regel eine der Eingriffsvoraussetzungen dieser Absätze und auch ein die Differenzierung rechtfertigender Anlass gegeben sein dürften. Gleiches gilt für die Demokratieüblichkeit eines solchen Eingriffs.

Die besondere Befugnis zur Einschränkung der politischen Betätigung von Ausländern **5** besteht aber nur hinsichtlich **einer politischen Betätigung** und auch da nur für die Ausübung von Rechten aus **Art. 10 oder Art. 11**. Bei den **anderen Konventionsgarantien**, insbesondere bei den die Freiheit schützenden Garantien des Art. 5, erlaubt Art. 16 keine ausländerspezifische Sonderbehandlung oder Sonderregelung. Desgleichen besagt er nichts über die nicht an Art. 10 oder Art. 11 zu messende Zulässigkeit der Ausweisung eines Ausländers.[7]

3. Unionsbürger. Auf Personen, die **Staatsangehörige eines Mitgliedstaates der** **6** **Europäischen Union** (Unionsbürger) sind, kann nach einem *obiter dictum*[8] des EGMR Art. 16 nicht angewendet werden.[9] Die Bf. war deutsche Staatsangehörige und Mitglied des Europäischen Parlaments. Auf Einladung diverser politischer Gruppierungen in den französischen Überseegebieten Polynesien und Neukaledonien unternahm sie eine Rei-

---

3 Meyer-Ladewig/Nettesheim/von Raumer/*Diehm* 3.
4 EGMR (GK) Perinçek/CH, 15.10.2015, NJW **2016** 3353, § 122 m. Anm. *Meyer-Ladewig/Petzold*; zu den Folgen dieser Rechtsprechung für eine ausländerrechtliche Ausweisung (§ 47 AufenthG) wegen politischer Betätigung *Vašek* DÖV **2016** 429.
5 Vgl. *Frowein/Peukert* 1; Meyer-Ladewig/Nettesheim/von Raumer/*Diehm* 3.
6 *Frowein/Peukert* 1: kein weiterer sachlicher Grund erforderlich; ebenso Meyer-Ladewig/Nettesheim/von Raumer/*Diehm* 3; *Villiger* 701: „kein weiterer Rechtfertigungsgrund".
7 Vgl. den bei *Frowein/Peukert* 2 erörterten Fall.
8 Regelung damals noch nicht in Kraft.
9 EGMR Piermont/F, 27.4.1995, ÖJZ **1995** 751 = InfAuslR **1996** 45; *Frowein/Peukert* 1; Meyer-Ladewig/Nettesheim/von Raumer/*Diehm* 2; *Mann/Ripke* EuGRZ **2004** 125, 133; *Villiger* 975.

se in die betreffenden Gebiete, während derer sie unter anderem auf öffentlichen Versammlungen gegen die französischen Nuklearversuche im Pazifik protestierte. Als Reaktion darauf wurde die Bf. sowohl aus Polynesien als auch aus Neukaledonien ausgewiesen. Die jeweiligen Rechtsbehelfe wurden jeweils letztinstanzlich durch den *Conseil d'Etat* abgewiesen. Der EGMR stellte insoweit klar, dass die Bf. als Unionsbürgerin einerseits und wegen ihres Status als EP-Mitglied andererseits nicht als Ausländerin i.S.v. Art. 16 angesehen werden könne. Der Begriff des Ausländers in der Auslegung durch den Gerichtshof orientiert sich also nicht (nur) an dem formalen Kriterium der Staatsangehörigkeit. Allein die Tatsache, dass die Bürger der französischen Überseeterritorien an Wahlen zum EP teilnehmen können, hat zur Folge, dass Mitglieder dieser parlamentarischen Körperschaft nicht als Ausländer betrachtet werden können. Art. 9 EUV bestimmt, dass jeder Staatsangehörige eines Mitgliedstaates auch Unionsbürger ist, so dass **kein Unionsbürger in den Mitgliedstaaten der Europäischen Union dem Ausländerbegriff des Art. 16 unterfällt.**[10]

7   **4. Begrenzung der Rechtseinschränkungen.** Die **Sonderregelung des Art. 18,** die ihrerseits den zulässigen Einschränkungen der Konventionsgarantien Grenzen setzt, wenn diese nicht den in der Konvention vorgesehenen Zwecken dienen, gilt auch bei Art. 16. Zu denken ist an den Fall, dass eine politische Betätigung von Ausländern nur das friedliche Eintreten für die Durchsetzung von Konventionsrechten zum Ziel hat.[11]

EMRK
Artikel 17 Verbot des Missbrauchs der Rechte

Diese Konvention ist nicht so auszulegen, als begründe sie für einen Staat, eine Gruppe oder eine Person das Recht, eine Tätigkeit auszuüben oder eine Handlung vorzunehmen, die darauf abzielt, in der Konvention festgelegte Rechte und Freiheiten abzuschaffen oder sie stärker einzuschränken, als es in der Konvention vorgesehen ist.

IPBPR
Artikel 5

(1) Keine Bestimmung dieses Paktes darf dahin ausgelegt werden, daß sie für einen Staat, eine Gruppe oder eine Person das Recht begründet, eine Tätigkeit auszuüben oder eine Handlung zu begehen, die auf die Abschaffung der in diesem Pakt anerkannten Rechte und Freiheiten oder auf weitergehende Beschränkungen dieser Rechte und Freiheiten, als in dem Pakt vorgesehen, hinzielt.

(2) Die in einem Vertragsstaat durch Gesetze, Übereinkommen, Verordnungen oder durch Gewohnheitsrecht anerkannten oder bestehenden grundlegenden Menschenrechte dürfen nicht unter dem Vorwand beschränkt oder außer Kraft gesetzt werden, daß dieser Pakt derartige Rechte nicht oder nur in einem geringeren Ausmaße anerkenne.

---

10 *Grabenwarter/Pabel* § 18, 26; zur Unionsbürgerschaft auch: *Geiger*/Khan/Kotzur Art. 9, 4 EUV.
11 Vgl. *Frowein/Peukert* 7.

Esser
https://doi.org/10.1515/9783110275063-019

1512

Übersicht

1. Auslegungsschranken des Art. 17 EMRK/Art. 5 Abs. 1 IPBPR
   a) Allgemeines ━━ 1
   b) Akzessorietät von Art. 17 EMRK und Art. 5 Abs. 1 IPBPR ━━ 3

   c) Handlungen privater Personen oder von Personengruppen ━━ 6
2. Begünstigungsklausel des Art. 5 Abs. 2 IPBPR ━━ 11

1. Auslegungsschranken des Art. 17 EMRK/Art. 5 Abs. 1 IPBPR

a) Allgemeines. Art. 17 EMRK und Art. 5 Abs. 1 IPBPR setzen bei beiden Konventio- **1** nen der Auslegung **wertorientierte Schranken**, die sowohl die **Ausübung der Konventionsrechte durch den Einzelnen** als auch die **Befugnis des Staates zu Eingriffen** in diese Rechte beschränken können. Diese Artikel wollen verhindern, dass unter formaler Berufung auf einzelne Konventionsrechte Konventionsgarantien abgeschafft oder eingeschränkt werden. Ebenso wie bei dem weiter gefassten Art. 18 soll jedem Missbrauch der Konvention für letztlich konventionswidrige Zielsetzungen entgegengewirkt werden können.

Das **Missbrauchsverbot**, das auch aus den Zielsetzungen und dem Geist der Konven- **2** tionen abgeleitet werden kann,[1] gilt sowohl für den Staat selbst[2] als auch für Personengruppen oder Einzelpersonen, die sich auf ein Konventionsrecht berufen, um demokratische Strukturen oder Menschenrechte anderer einzuschränken oder diese überhaupt abzuschaffen. Dem einzelnen Träger eines Konventionsrechts soll es unmöglich gemacht werden, dass er dessen Schutz in Anspruch nehmen kann, wenn er es zur Zerstörung der in den Konventionen gewährleisteten Rechte oder Freiheiten benutzen will.[3]

b) Akzessorietät von Art. 17 EMRK und Art. 5 Abs. 1 IPBPR. Beide Bestimmungen **3** können nicht für sich allein geprüft werden, da sie notwendig die **Einschränkung eines anderen Konventionsrechts** voraussetzen. Der Staat darf nicht unter Berufung auf ein Konventionsrecht, auch nicht unter Berufung auf die nur temporäre Einschränkungen erlaubenden Notstandsklauseln (Art. 15 EMRK/Art. 4 IPBPR),[4] andere Konventionsrechte abschaffen oder einschränken. Auch der Einzelne kann sich gegenüber dem Staat nicht auf ein Konventionsrecht, wie etwa die Religions-, Meinungs- oder Vereinsfreiheit,[5] berufen, wenn er damit ein Verhalten rechtfertigen will, das darauf abzielt, Konventionsrechte anderer Personen abzuschaffen oder einzuschränken oder ein Konventionsrecht insgesamt zu beseitigen. Bei Missbrauch eines Konventionsrechts zur Rechtfertigung konventionswidriger Zwecke entfällt dessen Schutz.

Die Anwendung von Art. 17 EMRK und Art. 5 Abs. 1 IPBPR hängt an sich von der **4** vorrangigen Frage ab, ob das beanstandete Verhalten nicht ohnehin bereits außerhalb der für die jeweilige Konventionsgarantie gezogenen Grenzen liegt, so dass deren Schutz nicht

---

1 Vgl. *Nowak* 6.
2 Zu dessen ausdrücklicher Einbeziehung gaben die Missbräuche, vor allem in faschistischen Staaten Anlass, vgl. *Frowein/Peukert* 1; ferner zur Entstehungsgeschichte dieser Klausel des IPBPR *Nowak* 1, 3 ff. Das Missbrauchsverbot des Art. 17 für staatliche Handlungen hat bislang kaum praktische Bedeutung, siehe EGMR Bîrsan/RUM (E), 2.2.2016, §§ 70 ff.
3 *Frowein/Peukert* 1, Meyer-Ladewig/Nettesheim/von Raumer/*Neidhardt* 1; beide unter Hinweis auf den vergleichbaren Grundgedanken der Art. 18 und 21 Abs. 2 GG; *Nowak* 1, 5.
4 Vgl. *Nowak* 1.
5 Vgl. *Nowak* 8 (Missbrauch setze voraus, dass die Konventionen ein aktives Ausüben bestimmter Konventionsrechte gewährleisten).

Esser

eingreift. In solchen Fällen kommt es dann nicht mehr darauf an, dass Art. 17 bei der Prüfung der Rechtmäßigkeit eines staatlichen Eingriffs einerseits ein bei der Abwägung zu berücksichtigendes zusätzliches Argument für dessen Rechtmäßigkeit liefern kann, während er andererseits auch die bei den einzelnen Artikeln aufgeführten Schranken für staatliche Eingriffe verstärkt. Gleiches gilt für Art. 5 Abs. 1 IPBPR, der als Missbrauchsverbot sowohl die staatlichen Eingriffe in Konventionsrechte[6] als auch die aktive Ausübung von Konventionsrechten durch einzelne private Personen oder Gruppen[7] begrenzt.

5   Bei **staatlichen Maßnahmen** sind diese mitunter schon durch die in dem jeweiligen Konventionsartikel festgelegten **Eingriffsschranken** nicht gedeckt. Dies kann vor allem bei den Art. 8 bis 11 der Fall sein, wo die Eingriffsvoraussetzungen in den jeweiligen Absätzen 2 abschließend festgelegt werden. Deren Missachtung macht einen Eingriff konventionswidrig, so etwa, weil er unverhältnismäßig ist oder das Erfordernis der Demokratieüblichkeit nicht erfüllt. Wenn der EGMR feststellt, dass eine staatliche Maßnahme gegen eine bestimmte Verbürgung der Konvention verstößt, verzichtet er in der Regel darauf, diese noch unter dem Blickwinkel eines Verstoßes gegen Art. 17 oder Art. 18 gesondert zu prüfen.[8] Umgekehrt werden staatliche Maßnahmen, die von den Eingriffsvoraussetzungen der jeweiligen Konventionsgarantien gedeckt sind, vor allem, wenn man ihre Demokratieüblichkeit bejaht, in der Regel auch nicht als Missbrauch i.S.d. Art. 17 angesehen werden können.[9]

6   **c) Handlungen privater Personen oder von Personengruppen.** Handlungen einzelner privater Personen oder von Personengruppen werden nur dann vom Missbrauchsverbot erfasst, wenn sie ein ihnen an sich zustehendes Konventionsrecht bewusst dazu benutzen, um auf die Einschränkung oder Abschaffung einzelner oder aller Konventionsverbürgungen hinzuwirken. Art. 17, der sich dagegen richtet, dass Individuen oder Gruppen mit totalitären Zielen die Konventionsrechte für ihre Zwecke nutzen, ist nur ausnahmsweise und in Extremfällen anwendbar.[10] Es muss ein direkter Missbrauch des jeweils geltend gemachten Konventionsrechts selbst vorliegen, wie bei der Berufung auf die Meinungsfreiheit für rassistische, neonazistische oder sonst demokratiefeindliche Äußerungen[11] oder für **Aufrufe zur Gewalt gegen Staaten bzw. zur Lösung internationaler Konflikte**.[12] Zu dieser Rechtsprechung ist zu bemerken, dass es sich nicht gerade aufdrängt, dass die (auch auf Zerstörung abzielende)

---

6 *Nowak* 5, 6.

7 *Nowak* 7, 8.

8 EGMR Sporrong u. Lönnroth/S, 23.9.1982, NJW **1984** 2747 = EuGRZ **1983** 523; Cicek/TRK, 27.2.2001; Meyer-Ladewig/Nettesheim/von Raumer/*Neidhardt* 7.

9 *Frowein/Peukert* 5 mit Hinweis, dass die EKMR bei Vereinbarkeit der Einschränkungen mit den Gesetzesvorbehalten der einzelnen Konventionsgarantien auch eine Verletzung des Art. 17 IPBPR ausschloss; vgl. auch EGMR Engel/NL, 8.6.1976, § 104, EuGRZ **1976** 221.

10 EGMR (GK) Paksas/LIT, 6.1.2011, § 87, NVwZ **2011** 1307; siehe auch die Zurückhaltung in der Anwendung von Art. 17 in EGMR Vona/H, 9.7.2013, §§ 37 f. m. Anm. *Küpper* OER **2013** 479.

11 Vgl. *Frowein/Peukert* 3 f.; Meyer-Ladewig/Nettesheim/von Raumer/*Neidhardt* 3 f.; ferner EGMR Vona/H, 5.3.2013, §§ 36 f.; Witzsch/D (E), 13.12.2005 (Leugnung des Holocaust, Leugnung der Verantwortung Hitlers und der NSDAP für den Holocaust); Garaudy/F, 24.6.2003, NJW **2004** 3691 (Leugnung des Holocaust); Schimanek/A, 1.2.2000, ÖJZ **2000** 817 (NS-Aktivitäten); EKMR Glimmerveen u.a./NL, 11.10.1979, D.R. 18, 187 (rassistische Äußerungen); vgl. andererseits EGMR Vogt/D, 26.9.1995, NJW **1996** 375 = EuGRZ **1995** 590 = NJ **1996** 248 = ÖJZ **1996** 75 (Entlassung einer in der DKP aktiven Lehrerin nicht mit dem Missbrauch von Art. 10 zu rechtfertigen).

12 EGMR Hizb Ut-Tahrir u.a./D (E), 12.6.2012, EuGRZ **2013** 114, §§ 73 f. (keine Vereinigungsfreiheit für eine Organisation, die zur gewaltsamen Zerstörung Israels aufruft); Kasymakhunov u. Saybatalov/R, 14.3.2013, §§ 102 ff., 106 f.

Anwendung von Gewalt gegen einen nicht in Europa gelegenen Staat zur Abschaffung von Konventionsrechten in Staaten des Europarats führen kann; der Wortlaut von Art. 17 passt daher nicht wirklich auf ein Verbot solcher Gewaltaufrufe. Der EGMR begründet die Anwendung von Art. 17 jedoch damit, dass die Gewaltaufrufe Konventionswerten – friedliche Lösung internationaler Konflikte, Unverletzlichkeit menschlichen Lebens – klar entgegenstünden. Es ist zu vermuten, dass der EGMR Meinungsäußerungen dahingehend, dass etwa der Kosovo-Konflikt oder der sog. Atomkonflikt mit dem Iran militärisch gelöst werden sollen oder dass die Aufständischen in Libyen oder Syrien militärisch unterstützt werden sollen, als von Art. 10 geschützt ansähe und nicht etwa als nicht geschützte Aufrufe zur gewaltsamen Lösung internationaler Konflikte einstufen würde, so dass insoweit die europäische geopolitische Sichtweise durchschlüge.

In den Fällen seiner Anwendbarkeit begrenzt Art. 17 den Schutzbereich von Art. 10;[13] **7** Art. 17 EMRK und Art. 5 Abs. 1 IPBPR lassen zu, dass der Staat den zu konventionswidrigen Zwecken erfolgenden **Missbrauch eines Konventionsrechts** unterbindet. Damit darf aber nur verhindert werden, dass ein bestimmtes Konventionsrecht zum Kampf gegen die von den Konventionen verbürgte Ordnung missbraucht werden kann. Die ausnahmsweise Tolerierung des staatlichen Eingriffs in das Konventionsrecht bzw. der staatlichen Beschränkung desselben bedarf einer **besonderen Begründung** und **sorgfältiger Überprüfung** hinsichtlich der **Verhältnismäßigkeit** der jeweiligen Maßnahme.[14] Die anderen Gewährleistungen der Konventionen, die nicht selbst für einen solchen Zweck missbräuchlich beansprucht werden, bleiben in ihrer Geltung unberührt.[15] Bei missbräuchlicher Berufung auf ein Konventionsrecht kann dieses zwar im konkreten Fall keine Schutzwirkung entfalten, sie führt aber nicht zum Verlust aller anderen Konventionsrechte.[16]

1957 erklärte die EKMR die Beschwerde der **KPD** gegen das vom BVerfG ausgesproche- **8** ne **Parteiverbot** für unzulässig, weil gemäß Art. 17 sich nicht auf die Konventionsrechte berufen könne, wer die – mit der EMRK unvereinbare – „Diktatur des Proletariats" einführen möchte, und zwar selbst dann nicht, wenn angestrebt wird, dieses Ziel mit den Mitteln des Grundgesetzes zu erreichen.[17] Diese Entscheidung könnte einem Ausschluss der Konventionsrechte gleichkommen.[18] Nicht lange danach hingegen stellte der Gerichtshof anlässlich einer Beschwerde einer natürlichen Person klar, Art. 17 verbiete zwar die Benutzung der Konventionsrechte zur Zerstörung dieser Rechte, dies bedeute aber nicht, dass einer natürlichen Person die Konventionsrechte nicht mehr zustünden.[19] In einem späteren Fall des Verbots einer faschistischen Partei in Italien erwähnte die EKMR Art. 17 nicht mehr und untersuchte, ob gegen Art. 9, 10 und 11 verstoßen worden war.[20]

---

13 So zutreffend Karpenstein/Mayer/*Mensching* 9 ff.
14 Vgl. BVerfGE **107** 275 = NJW **2003** 1303 = JZ **2003** 622 (provozierende Werbeaussagen und Pressefreiheit).
15 EGMR Lawless/IR, 1.7.1961; *Frowein/Peukert* 2; Meyer-Ladewig/Nettesheim/von Raumer/*Neidhardt* 7. In EGMR Kasymakhunov u. Saybatalov/R, 14.3.2013, verwehrt es der Gerichtshof den Bf., sich auf Art. 9–11 zu berufen, stellt aber hinsichtlich eines Bf. gleichwohl eine Verletzung von Art. 7 Abs. 1 fest. In diese Richtung auch EGMR Varela Geis/E, 5.3.2013, § 40 (Strafverfahren wegen Holocaust-Leugnung und Rechtfertigung eines Völkermordes; Bf. beschwerte sich über die Verletzung der Beschuldigtenrechte, Art. 6; Gerichtshof meint, Bf. wollte damit nicht die EMRK gegen die in ihr garantierten Rechte einsetzen; Art. 17 nicht einschlägig; fragwürdig §§ 56 ff.: Bei der Frage, ob Art. 9, 10 verletzt waren, Art. 17 nicht mehr erwähnt).
16 *Nowak* 9.
17 EKMR KPD/D, 20.7.1957, YB **1** (1958) 222; vgl. *Golsong* NJW **1957** 1349.
18 Krit. daher *Partsch* 315; *Frowein/Peukert* 3.
19 EGMR Lawless/IR (Nr. 3), 1.7.1961, § 7; so auch EGMR Hizb Ut-Tahrir u.a./D (E), 12.6.2012, § 85 (politisch aktive Vereinigung); Varela Geis/E, 5.3.2013. § 40. Vgl. auch die Ausführungen in der Rs. Kasymakhunov u. Saybatalov (Rn. 10).
20 EKMR X./I, 21.5.1976.

9   Auch der EGMR hat in weiteren Fällen eines Parteiverbots die Konventionsrechte nicht unter Berufung auf Art. 17 abgesprochen, sondern ist erst nach Verneinung einer Rechtfertigung des Parteiverbots aus Art. 11 Abs. 2 darauf eingegangen, ob ein Fall des Art. 17 vorliegt.[21] Ist hingegen das Parteiverbot gerechtfertigt, kann sich die verbotene Partei schon wegen der in Art. 11 Abs. 2 genannten Schranken nicht mit Erfolg auf die Vereinigungsfreiheit berufen; einen etwaigen Missbrauch dieses Konventionsrechts untersucht der EGMR dann folgerichtig nicht mehr.[22] Dass in einschlägigen Urteilen, in denen das Parteiverbot als gem. Art. 11 Abs. 2 gerechtfertigt erachtet wird, der EGMR Art. 17 nicht erwähnt, lässt somit nicht den Schluss zu, der EGMR sei generell der Meinung, Art. 17 könne politischen Parteien nicht entgegengehalten werden und sei im Zusammenhang mit Parteiverboten unanwendbar.[23]

10   Strenger ging der EGMR 2013 in der Rs. *Kasymakhunov u. Saybatalov* gegen einen krassen Fall des Missbrauchs von Konventionsrechten vor. Die fallrelevante Vereinigung erstrebte u.a., dass nur noch Angehörige einer bestimmten Religion das aktive und passive Wahlrecht sowie Zugang zu öffentlichen Ämtern haben und dass Frauen generell der Zugang zu höchsten Ämtern verwehrt wird. Der Gerichtshof untersuchte nicht etwa die staatlichen Eingriffe in diverse Rechte der Bf. und erklärte diese für gerechtfertigt, vielmehr stufte er, unter Anwendung von Art. 17, die Beschwerde hinsichtlich einer Verletzung der Art. 9, 10 und 11 als unzulässig ein.[24]

11   **2. Begünstigungsklausel des Art. 5 Abs. 2 IPBPR.** Art. 5 Abs. 2 IPBPR verfolgt einen völlig anderen Zweck. Er will **günstigere innerstaatliche Regelungen** für den Einzelnen aufrechterhalten und davor schützen, dass diese durch die Berufung auf weniger weitreichende Verbürgungen des IPBPR eingeschränkt werden. Als ein bei Menschenrechtskonventionen üblich gewordenes Regelungsprinzip zur Verwirklichung des größtmöglichen Menschenrechtsschutzes steht er neben den anderen Günstigkeitsklauseln, den Spezialverweisen in den Art. 6 Abs. 2, Abs. 3 und Art. 22 Abs. 3 IPBPR und neben Art. 46 IPBPR, der dieses Prinzip auch für das Verhältnis zu den Vereinten Nationen und anderen internationalen Konventionen festlegt.[25] Diese Regelung reiht sich damit ein in die auch bei Art. 53 und in anderen Konventionen[26] geübte Praxis, ausdrücklich festzuschreiben, dass ihre Regeln jeweils Mindeststandards festlegen, die die Staaten nicht hindern, in innerstaatlichen Gesetzen oder durch internationale Vereinbarungen weitergehende Rechte einzuräumen.[27] Art. 5 Abs. 2 IPBPR verbietet aber nur die Einschränkung einer weitergehenden innerstaatlichen Gewährleistung unter dem Vorwand, dass der IPBPR sie nicht vorsehe; Änderungen der innerstaatlichen Vergünstigungen aus anderen, sachlichen Gründen schließt er nicht aus.[28]

---

21 EGMR (GK) United Communist Party of Turkey u.a./TRK, 30.1.1998, §§ 32, 60; (GK) Socialist Party u.a./ TRK, 25.5.1998, §§ 29, 53; vgl. auch: EGMR Partidul Comunistilor (Nepeceristi) u. Ungureanu/RUM, 3.2.2005, § 59 (Art. 17 nur kurz erwähnt).

22 EGMR (GK) Refah Partisi (the Welfare Party) u.a./TRK, 13.2.2003, §§ 96, 137.

23 So aber dennoch *Emek/Meier* RuP **2013** 74, 75 (bei Fn. 24), unter methodisch verfehlter Berufung auf das diesbezügliche Schweigen des EGMR in Herri Batasuna u. Batasuna/E, 30.6.2009, § 53, und Eusko Abertzale Ekintza – Acción Nacionalista Vasca (EAE-ANV)/E (Nr. 2), 15.1.2013, § 48, wo der EGMR jeweils nur Art. 11 Abs. 2 als Rechtfertigung für das Parteiverbot heranzieht und Art. 17 methodisch korrekt, zumindest aber vertretbar unerwähnt lässt.

24 EGMR Kasymakhunov u. Saybatalov/R, 14.3.2013, §§ 102–114, insbes. §§ 108 ff.

25 *Nowak* 2, 15.

26 So auch Art. 53 EUC und Art. 29 *lit.* b AMRK.

27 Vgl. Meyer-Ladewig/Nettesheim/von Raumer/*Meyer-Ladewig/Renger* Art. 53, 1.

28 *Nowak* 13.

EMRK
Artikel 18 Begrenzung der Rechtseinschränkungen

Die nach dieser Konvention zulässigen Einschränkungen der genannten Rechte und Freiheiten dürfen nur zu den vorgesehenen Zwecken erfolgen.

Schrifttum

Keller/Bates Article 18 ECHR in historical perspective and contemporary application, HRLJ **2019** 2

Übersicht
1. Allgemeines —— 1
2. Anwendungsbereich —— 3
3. Verhältnis des Art. 18 zum eingeschränkten Konventionsrecht —— 4
4. Austausch von Schrankenbestimmungen —— 19

1. Allgemeines. Die Vorschrift hat nur Bedeutung, soweit die EMRK Einschränkungen 1 der in ihr garantierten Rechte und Freiheiten überhaupt zulässt. Soweit sie ein Recht schrankenlos, also ohne jede Möglichkeit der Einschränkung gewährleistet, ist für die Anwendung des Art. 18 nach seinem Wortlaut kein Raum.[1] Der Vorschlag, Art. 18 einen autonomen Charakter zuzuerkennen und ihn auch bei einer schrankenlosen Gewährleistung zur Anwendung zu bringen, wenn die dortige Auslegung bzw. Abgrenzung Raum für Missbrauch lässt,[2] verdient Beachtung, konnte sich allerdings vor dem EGMR (noch) nicht durchsetzen.[3]

Lässt die Konvention Einschränkungen zu, ist es an sich eine Selbstverständlichkeit, 2 dass diese nur für genau diejenigen Zwecke zulässig sind, für die die jeweiligen Konventionsbestimmungen dies auch ausdrücklich vorsehen.[4] Die Bedeutung des Art. 18 liegt daher darin, die Staaten ausdrücklich daran zu erinnern, dass sie die Fälle, in denen die EMRK Eingriffe in die garantierten Rechte und Freiheiten gestattet, **nicht extensiv auslegen oder im Wege der Analogie auf andere Fälle ausdehnen** dürfen. Das gilt namentlich für den abschließenden Katalog zulässiger Gründe für eine Freiheitsentziehung in Art. 5 Abs. 1 Satz 2 (dort Rn. 108 ff.).[5] Für den EGMR bedeutet es, dass er auch von Konventions wegen kontrollieren muss, dass Einschränkungen durch das nationale Recht nur zu einem jeweils zulässigen Zweck angeordnet worden sind.

2. Anwendungsbereich. Art. 18 gilt in allen Fällen, in denen die EMRK Einschränkun- 3 gen der in ihr garantierten Rechte und Freiheiten zulässt. Der Verstoß kann deshalb auch immer nur **im Zusammenhang mit der Anwendung einer Schrankenbestimmung** gerügt werden.[6] Wird zusätzlich zur Verletzung eines Konventionsrechts auch ein Verstoß

---

1 So Meyer-Ladewig/ Nettersheim/v. Raumer/*Meyer-Ladewig/Diehm* 1.
2 *Villiger* 986.
3 Immerhin bestätigte EGMR (GK) Merabishvili/GEO, 28.11.2017, §§ 287 f. einen autonomen Charakter der Norm insoweit, als dass sie mehr als nur eine Klarstellungsfunktion hat.
4 Vgl. *Frowein/Peukert* 1 (kein „*détourment de pouvoir*").
5 EGMR Weeks/UK, 2.3.1987, NJW **1989** 647 = EuGRZ **1988** 316, § 42.
6 EGMR Gusinskiy/R, 19.5.2004, § 73 (Verhaftung/Zwang zum Verkauf eines Medienunternehmens); Oates/PL (E), 14.5.2000; EKMR Kamma/NL, 14.7.1974, DR 1, 4; *Frowein/Peukert* 2; das Erfordernis der Anwendung einer Schrankenbestimmung wurde nicht explizit wiederholt von EGMR Tymoshenko/UKR, 30.4.2013, § 294, NJW **2014** 283, das Urteil beruht aber dennoch implizit auf dieser Voraussetzung (Anwendung von Art. 5 Abs. 1 Satz 2 *lit.* c als Einschränkung des Freiheitsrechts); siehe auch EGMR Navalnyy u. Ofitserov/R, 26.2.2016, §§ 128–130: Eine Rüge des Art. 18 i.V.m. Art. 6 und Art. 7 wurde *ratione materiae* zurückgewiesen, da die

gegen Art. 18 behauptet, müssen die Gründe substantiiert vorgetragen werden, aus denen sich ergeben soll, dass der Betroffene Opfer einer in der jeweiligen Konventionsbestimmung nicht vorgesehenen Einschränkung ist.[7] Art. 18 wurde auch herangezogen, um die Anwendung einer wegen des längst beendeten Notstands zeitlich nicht mehr gerechtfertigten Notstandsmaßnahme i.S.d. Art. 15 zu beanstanden.[8]

4   **3. Verhältnis des Art. 18 zum eingeschränkten Konventionsrecht.** Eine vordergründige Logik scheint zu gebieten, dass bei Bejahung eines Verstoßes gegen Art. 18, also im Fall der Einschränkung eines Menschenrechts unter Missachtung der einschlägigen Schrankenbestimmungen, immer zugleich auch ein unmittelbarer Verstoß gegen das betroffene Konventionsrecht vorliegt. Dem mag zwar in vielen Fällen so sein, der Gerichtshof hat jedoch auch schon auf eine Verletzung von Art. 18 ohne Vorliegen eines solchen „einfachen" Verstoßes entschieden.[9] So kann es – in seltenen Fällen – der Fall sein, dass eine Freiheitsentziehung zwar nach Art. 5 Abs. 1 Satz 2 (*lit.* a–f) gerechtfertigt ist, zusätzlich und darüber hinaus aber noch einen anderen (konventionsfremden) Zweck erfolgt.[10]

5   Ist der Gerichtshof der Meinung, dass der Eingriff in ein von der Konvention geschütztes Recht gerechtfertigt war und deshalb insoweit keine Verletzung der Konvention vorliegt (so im Regelfall, Rn. 4), hält er häufig eine Erörterung des Art. 18 für entbehrlich.[11] Der EGMR hat wiederholt entschieden, dass es neben der Feststellung einer Konventionsverletzung[12] oder aber auch im umgekehrten Fall, wenn ein Eingriff gerechtfertigt war, weil die Schrankenbestimmung beachtet wurde,[13] keiner besonderen Ausführungen zu Art. 18 bedarf. Ein bloßer Verstoß gegen eine Garantie der EMRK begründe allerdings nicht sofort auch einen solchen gegen Art. 18; er kann aber eine **isolierte Betrachtung** erfordern, wenn die Behauptung, die Einschränkung der in der EMRK garantierten Rechte sei aufgrund eines nicht vorgeschriebenen Zwecks erfolgt, einen **wesentlichen Bestandteil bzw. Gesichtspunkt des Falles** darstellt.[14]

---

relevanten Artikel keine ausdrücklichen oder implizierten Schrankenbestimmungen enthalten, die Gegenstand der Prüfung nach Art. 18 sein könnten.

7 Vgl. EGMR Tanli/TRK, 10.4.2001; Meyer-Ladewig/Nettersheim/v. Raumer/*Meyer-Ladewig*/*Diehm* 1.

8 EGMR De Becker/B, 27.3.1962; *Frowein*/*Peukert* 2.

9 Siehe etwa EGMR (K) Merabishvili/GEO, 14.6.2016, §§ 100, 102; bestätigt: (GK) 28.11.2017, §§ 194, 354; Cebotari/MOL, 13.11.2007, § 49.

10 Näher Karpenstein/Mayer/*Karpenstein*/*Johann* 2.

11 Meyer-Ladewig/Nettersheim/v. Raumer/*Meyer-Ladewig*/*Diehm* 1.

12 EGMR Sporrong u. Lönnroth/S, 23.9.1982, NJW **1984** 2747 = EuGRZ **1983** 523; Bozano/F, 18.12.1986, NJW **1987** 3066 = EuGRZ **1987** 101; dazu *Frowein*/*Peukert* 2 (EKMR hatte Art. 18 unterstützend herangezogen); (GK) GEO/R, 3.7.2014, § 224, NVwZ **2015** 569 (die Vermutung ist naheliegend, dass im politisch heiklen Fall der Staatenbeschwerde Russland, neben anderen Verurteilungen, nicht auch noch der Vorwurf einer Verletzung von Art. 18 gemacht werden sollte; siehe hingegen das Sondervotum *Tsotsoria*, die sich für eine Untersuchung und in der Folge eine Bejahung der Verletzung von Art. 18 ausspricht; die erforderliche besonders kritische Würdigung des Votums dieser von Georgien benannten Richterin ergibt, dass hier durchgängig stringent, objektiv und auf hohem juristischen Niveau argumentiert wird); Navalnyy u. Yashin/R, 4.12.2014, § 117 (Verletzung von Art. 18 mehr als naheliegend, im gleichfalls hochpolitischen Fall des prominenten Oppositionspolitikers *Navalnyy* wollten sich die Richter dazu nicht äußern; Fn. 30 des Sondervotums *Pinto de Albuquerque*, der dem Ergebnis, jedoch nicht der Begründung des Urteils zustimmt); Nemtsov/R, 31.7.2014, § 130, NJW **2015** 2095 (prominenter Oppositionspolitiker, der Anfang 2015 ermordet wurde); Frumkin/R, 6.1.2015, § 173; Meyer-Ladewig/Nettersheim/v. Raumer/*Meyer-Ladewig*/*Diehm* 1; *Villiger* 985.

13 EGMR Engel u.a./NL, 8.6.1976, EuGRZ **1976** 221, §§ 93, 104; Handyside/UK, 7.12.1976, EuGRZ **1977** 38; *Frowein*/*Peukert* 2, 4; Meyer-Ladewig/Nettersheim/v. Raumer/*Meyer-Ladewig*/*Diehm* 1; *Villiger* 983 je m.w.N.

14 EGMR (GK) Merabishvili/GEO, 28.11.2017; Sabnucu u.a./TRK, 10.11.2020, § 235.

Vom EGMR in einem Fall offengelassen und daher nicht abschließend geklärt ist, ob die **6** Verletzung von Art. 18 auch erst in der mündlichen Verhandlung (etwa vor der GK) geltend gemacht werden kann, wenn eine derartige **Rüge** zuvor – im Verfahren vor der Kammer – explizit nicht erhoben wurde.[15] Die Anwendung allgemeiner Prozessregeln lässt es naheliegend erscheinen, dass eine Zulässigkeitserklärung der Kammer (die ihrerseits üblicherweise nur auf Rüge erfolgt) Voraussetzung dafür ist, dass die GK diese Rüge untersucht.[16]

In jedem Fall wird eine Verletzung von Art. 18 vom EGMR nur bei **substantiierten** **7** **Hinweisen** geprüft.[17] An die **Darlegung der Umstände** und den Beweis der Verletzung von Art. 18 werden vom Gerichtshof zu Recht **hohe Anforderungen** gestellt.[18] Der Beschwerdeführer hat die Unlauterkeit der Motive des Vertragsstaates bei einem Eingriff in ein Menschenrecht darzulegen und zu beweisen („an applicant [...] must convincingly show"); auch wenn der erste Eindruck ein konventionsfremdes, etwa ein politisches, Motiv naheliegend erscheinen lässt, führte dies nicht zu einer Beweislastumkehr dahingehend, dass der Staat seine Lauterkeit nachweisen müsste.[19] Generell gilt, dass ein Verstoß gegen Art. 18 durch ein konkretes Element bzw. Beweisstück oder durch die Zusammenschau mehrerer Tatsachen/Umstände festgestellt werden kann.[20]

Der EGMR geht von der – **widerleglichen** („rebuttable") – **Vermutung** aus, dass die Staa- **8** ten bei Eingriffen in Konventionsgarantien in **lauteren Absichten** („good faith") handeln.[21] Er gesteht allerdings ein, dass die theoretisch bestehende Möglichkeit der Widerlegung besagter Vermutung in der Praxis für den von einer staatlichen Maßnahme Betroffenen durchaus schwierig zu realisieren ist.[22] Deswegen änderte etwa die GK im Urteil *Merabishvili* wichtige Beweisfragen.[23] Zum einen müsse der übliche Ansatz zur Beweiserhebung angewendet werden, d.h. dass die Beweislast nicht von einer Partei getragen werden sollte, sondern dass der Gerichtshof das gesamte ihm vorliegende Material zu untersuchen habe; außerdem müsse der Beweismaßstab *„beyond reasonable doubt"* lauten und es müssten die Spezifität der relevanten Tatsachen (**„specificity of the facts"**[24]), die Natur der vorgebrachten Behauptung sowie das Konventionsrecht, welches im Einzelfall betroffen sei, in einer **Gesamtschau** berücksichtigt werden.[25] Des Weiteren nimmt der Gerichtshof für sich in Anspruch, neben der Zulässigkeit und Relevanz eines Beweismittels auch dessen Beweiswert zu beurteilen.[26]

Auslegung und Anwendung der Vermutungsregel in der Gerichtspraxis. Nachdem **9** sich der EGMR in früheren Jahren nur selten mit Art. 18 und dessen Auslegung beschäftigt

---

15 EGMR (GK) Sisojeva u.a./LET, 15.1.2007, NVwZ **2008** 979 = InfAuslR **2007** 140, § 129. Vor der Kammer (16.6.2005, EuGRZ **2006** 554) hatten die Bf. die Verletzung von Art. 18 nicht gerügt.

16 In diese Richtung EGMR Delta/F, 19.12.1990, § 39 (Bf. hatte sich vor der EKMR nicht auf Art. 18 berufen, so dass der Bf. vor dem EGMR eine Verletzung von Art. 18 nicht mehr geltend machen konnte).

17 EGMR (GK) Sisojeva u.a./LET, 15.1.2007, § 129.

18 EGMR OAO Neftyanaya Kompaniya Yukos/R, 20.9.2011, NJOZ **2012** 2000, § 663 („incontrovertible and direct proof"); in der Formulierung, nicht jedoch in der Sache zurückhaltender: EGMR Khodorkovskiy/R, 31.5.2011, NJOZ **2012** 1902, §§ 255 f.; Lutsenko/UKR, 3.7.2012, NJW **2013** 2409, § 106; Tymoshenko/UKR, 30.4.2013, § 294; zu letzterem Urteil vgl. *Schroeder* JOR **2011** 229, 235 f.

19 EGMR Rasul Jafarov/ASE, 17.3.2016, § 153; Khodorkovskiy/R, 31.5.2011, § 256.

20 Instruktiv EGMR Rasul Jafarov/ASE, 17.3.2016, §§ 158 ff.

21 EGMR Khodorkovskiy/R, 31.5.2011, § 255; Lutsenko/UKR, 3.7.2012, § 106; Tymoshenko/UKR, 30.4.2013, § 294; Khodorkovskiy u. Lebedev/R, 25.7.2013, § 899; Ilgar Mammadov/ASE, 22.5.2014, § 137.

22 EGMR Khodorkovskiy u. Lebedev/R, 25.7.2013, § 899 („difficult to overcome in practice").

23 EGMR (GK) Merabishvili/GEO, 28.11.2017, §§ 309 ff., dazu auch im folgenden Text.

24 EGMR (GK) Merabishvili/GEO, 28.11.2017, § 314.

25 EGMR (GK) Merabishvili/GEO, 28.11.2017, §§ 309 ff.; Korban/UKR, 4.7.2019 (Verletzung von Art. 18 verneint, da nicht hinreichend bewiesen).

26 EGMR (GK) Merabishvili/GEO, 28.11.2017, § 315.

hatte, sah die GK in der Rs. *Merabishvili* neben der Konturierung der beweisrechtlichen Fragen die Notwendigkeit, genauere Anforderungen für die Anwendung und Auslegung des Art. 18 zu schaffen.[27] Sie stellte noch einmal klar, dass Art. 18 aufgrund seines Wortlauts und seiner systematischen Stellung in der Konvention nicht alleine, sondern stets nur in Verbindung mit einem anderen Artikel der Konvention oder ihrer Protokolle angewendet werden kann; dennoch sei der Artikel mehr als nur eine Klarstellung des Umfangs der Vorbehaltsklauseln, denn er verbietet den Staaten, die in der EMRK garantierten Rechte zu anderen Zwecken als den genannten einzuschränken; sein Schutzgehalt ist mithin in diesem Sinne auch **autonom**.[28] Die GK stellte auch dar, wie in Fällen zu verfahren ist, in welchen eine sog. **Mehrheit der Zwecke** (*„plurality of purposes"*) vorliegt, d.h. die Einschränkung eines Rechtes wurde zwar zu einem Zweck, der von der Konvention gedeckt ist, verwendet, aber auch für einen solchen, der nicht in der Konvention genannt ist.[29] Bei der Beurteilung dieser Fälle ist erstens zu beachten, dass die Aufzählungen der legitimen Ziele, wie etwa in Art. 5, 8–11, abschließend ist; zweitens kann nicht sofort eine Verletzung von Art. 18 vorliegen, wenn irgend ein anderes Ziel vorliegt, dies würde dem Sinn und Zweck des Art. 18 widersprechen.[30] Im Ergebnis stellt die GK fest, dass eine Verletzung von Art. 18 in solchen Fällen dann vorliegen kann, wenn der Zweck, welcher nicht in der Konvention genannt war, **vorherrschend** (*„predominant"*) war, selbst, wenn ein weiterer Zweck vorliegt, der keine Verletzung eines anderen Konventionsartikels begründet.[31]

10 Diese wegweisende Leitlinie zur Interpretation und Anwendung des Art. 18 wurde in einem späteren Fall inzwischen explizit bestätigt.[32] Dadurch hat auch die Anzahl an Beschwerden wegen einer etwaigen Verletzung von Art. 18 in der jüngeren Zeit deutlich zugenommen[33] und der Gerichtshof hat im Zuge dessen häufig Bezug auf das Urteil *Merabishvili* genommen.[34] Das Verhältnis von Art. 18 und Art. 17 bleibt allerdings weiterhin offen.[35]

11 Festzuhalten ist dagegen, dass in den Fällen eines **staatlichen Vorgehens gegen Oppositionelle** die vom EGMR zu Gunsten der Vertragsstaaten sprechende Vermutung der lauteren Absichten häufig einem mit Tatsachen kaum begründbaren Vertrauensvorschuss gleichkommt. Dies gilt insbesondere vor dem Hintergrund, dass es sich bei den von Freiheitsentziehung und Strafverfolgung betroffenen Oppositionellen (dies sind die meisten Fälle des Art. 18), häufig (auch) und gerade um Personen handelt, deren Tätigkeit das Missfallen von Machthabern hervorruft, deren Strafverfolgungsinstitutionen und (meist nicht unabhängiger) Justiz sie gerade unterliegen. Bis zum Urteil *Merabishvili* waren die Chancen, dass der EGMR auf einen Verstoß gegen Art. 18 erkennen würde, selbst in den Fällen sehr gering, in denen im In- und Ausland wegen des politischen Kontextes und der weiteren Umstände von kaum jemandem bezweifelt wird, dass es sich bei der behaupteten Konventionsverletzung, die etwa in Form einer strafrechtlichen Verfolgung oder einer

---

27 EGMR (GK) Merabishvili/GEO, 28.11.2017, § 286.
28 EGMR (GK) Merabishvili/GEO, 28.11.2017, §§ 287 f.
29 EGMR (GK) Merabishvili/GEO, 28.11.2017, §§ 292 ff.
30 EGMR (GK) Merabishvili/GEO, 28.11.2017, §§ 303 ff.
31 EGMR (GK) Merabishvili/GEO, 28.11.2017, § 305.
32 Bestätigung des Ansatzes in EGMR (GK) Navalnyy/R, 15.11.2018, §§ 163 ff., NVwZ-RR **2019** 793; ebenso in EGMR Navalnyy/R (Nr. 2), 9.4.2019, §§ 90 ff.
33 *Keller/Bates* HRLJ **2019** 2 (10).
34 Siehe beispielsweise: EGMR Aliyev/ASE, 20.9.2018, § 214 (zur Feststellung, ob ein Zweck der Konvention verfolgt wird, können auch die generellen Geschehnisse im Land und ähnliche Situationen herangezogen werden); Ibrahimov u. Mammadov/ASE, 13.2.2020; Yunusova u. Yunusov/ASE (Nr. 2), 16.7.2020; Korban/UKR, 4.7.2019.
35 Siehe hierzu: *Keller/Bates* HRLJ **2019** 2–10.

verwaltungsrechtlichen Enteignung geschieht, um einen **„politischen Prozess"** (bzw. ein politisch motiviertes Vorgehen des Staates) handelt.[36]

Trotz richterlicher Zurückhaltung gelangte der Gerichtshof in einzelnen Fällen zur **12** Bejahung eines Verstoßes gegen Art. 18, etwa in dem Fall, als ein vom Inhaftierten und einem Regierungsmitglied unterzeichnetes Papier aufzeigte, dass die Inhaftierung dem Zweck diente, den Betroffenen zum **Verkauf seines Medienunternehmens** zu drängen.[37] Gegen Art. 18 verstieß auch eine Inhaftierung, um den Bf. daran zu hindern, eine (bereits eingelegte) **Beschwerde zum EGMR** weiter zu betreiben.[38] Zum gleichen Ergebnis gelangte der Gerichtshof im Fall eines Oppositionellen, gegen den der von den Behörden behauptete Tatverdacht i.S.d. Art. 5 Abs. 1 Satz 2 *lit.* c nicht vorlag und der in Wahrheit wegen **kritischer Blogeinträge** inhaftiert wurde.[39]

Besondere Beachtung verdienen zwei hochpolitische Fälle, in denen der EGMR zwar **13** feststellte, dass die **Ukraine** – in der Amtszeit ihres Präsidenten *Janukowitsch* – gegen Art. 18 verstoßen hatte, aber dann in den Urteilsgründen dennoch unangebrachte Zurückhaltung walten ließ. So wurde im Fall *Lutsenko* die nach einem politischen Machtwechsel begonnene strafrechtliche Verfolgung gegen einen vormaligen Minister und dessen Inhaftierung damit begründet, der Bf. habe sich in öffentlichen Auftritten bzw. Pressekonferenzen als unschuldig bezeichnet, um dadurch – angeblich – die öffentliche Meinung und den bevorstehenden Prozess zu seinen Gunsten zu beeinflussen. Der EGMR stellte zutreffend fest, dass man damit den Bf. dafür sanktionieren wollte, dass er seine Unschuld behauptete, was sein gutes Recht war (Art. 6 Abs. 2), und eine so begründete Freiheitsentziehung nicht nur gegen Art. 5, sondern auch gegen Art. 18 verstieß.[40] Ähnlich lag der Fall *Tymoshenko*: Die Bf. hatte die ihr gemachte Auflage, die Stadt nicht zu verlassen, beachtet, wurde aber dennoch in Untersuchungshaft genommen, wegen Einstufung ihres Verhaltens als Missachtung des Gerichts („contemptuous behaviour").[41]

In den Fällen *Lutsenko* und *Tymoshenko* stützte sich der EGMR nicht auf die offen- **14** sichtliche politische Abrechnung mit unliebsamen Mitgliedern der Vorgängerregierung, die nunmehr der Opposition angehörten.[42] Anders als eine die Dinge verkürzende Medienberichterstattung verschiedentlich nahezulegen schien, entschied der EGMR also nicht, dass die Bf. aus *politischen* Gründen angeklagt oder verurteilt worden seien, sondern vielmehr, dass die Bf. **aus *anderen* als den in der EMRK genannten Gründen** (vgl. den Wortlaut Art. 18) in Untersuchungshaft genommen worden sei. Dazu passt, dass sich der

---

36 Instruktiv zur geringen Wahrscheinlichkeit der Erkennung eines Verstoßes gegen Art. 18: *von Gall* OER **2012** 116, 118 ff. in einer Besprechung des EGMR-Urteils in der Rs. *Lutsenko*, 3.7.2012; anders nun EGMR (GK) Navalnyy/R, 15.11.2018; Selahattin Demirtas/TRK (Nr. 2), 22.12.2020.
37 EGMR Gusinskiy/R, 19.5.2004, §§ 73 ff.
38 EGMR Cebotari/MOL, 13.11.2007, § 53.
39 EGMR Ilgar Mammadov/ASE, 22.5.2014, §§ 141 ff.; ähnlich EGMR Rasul Jafarov/ASE, 17.3.2016, §§ 156 f. (behaupteter Tatverdacht nicht „reasonable", weil er sich nicht auf Tatsachen gründen konnte; dies führte aber für sich allein noch nicht zu einer Verletzung von Art. 18).
40 EGMR Lutsenko/UKR, 3.7.2012, §§ 108 f.
41 EGMR Tymoshenko/UKR, 30.4.2013, §§ 269 f., 299 f.; siehe auch *Schroeder* JOR **2014** 181.
42 Näher *von Gall* OER **2012** 116, 118 ff. In EGMR Tymoshenko/UKR, 30.4.2013, §§ 296, 298, und Lutsenko/UKR, 3.7.2012, § 108, werden diese offenkundigen politischen Motive angesprochen, die Feststellungen der Verletzung von Art. 18 gründen sich aber nicht darauf; siehe jedoch das bemerkenswerte Sondervotum *Jungwiert*, *Nußberger* und *Potocki* im Fall *Tymoshenko* (in NJW **2014** 283 nicht abgedruckt), in dem die politischen Gründe zutreffend herausgearbeitet und nicht, wie in der Urteilsbegründung der Richtermehrheit, die Augen vor dem Offensichtlichen verschlossen werden.

Gerichtshof besonders zurückhaltend zeigt, eine auf einer (behaupteten) **Instrumentalisierung der Justiz** beruhende Verletzung von Art. 18 festzustellen.[43]

15   Realitätsnah zeigte sich der EGMR im einstimmig ergangenen Urteil *Baka*. Durch den Erlass einer – unter rechtsstaatlichen Gesichtspunkten kritikwürdigen – neuen ungarischen Verfassung verlor der Bf. zum 1.1.2012 sein Amt als Präsident des Obersten Gerichtshofs, das er bis Juni 2015 hätte ausüben sollen. Aus den Umständen ergab sich, dass die regierende Partei das Inkrafttreten der neuen Verfassung dazu genutzt hatte, einen unliebsamen Kritiker von einer wichtigen Position zu entfernen und ihn zu disziplinieren. So war ursprünglich nicht vorgesehen gewesen, den Bf. abzusetzen, dies änderte sich, nachdem er in seiner Eigenschaft als **Präsident des Obersten Gerichtshofs** auf einige schwere rechtsstaatliche Mängel im Verfassungsentwurf hingewiesen hatte. Das Parlament beschloss im letzten Moment eine neue Voraussetzung für das Präsidentenamt: Es genügte nun nicht mehr, eine bestimmte Zeit als Richter tätig gewesen zu sein, vielmehr wurden nun Zeiten bei internationalen Gerichten nicht mehr berücksichtigt. Damit wurde der Bf., der jahrelang Richter am EGMR und nicht „lang genug" an ungarischen Gerichten tätig gewesen war, gezielt von seinem Posten entfernt. Der EGMR zeigte sich von den Beteuerungen der Regierung unbeeindruckt, entlarvte den eklatanten **Machtmissbrauch der Parlamentsmehrheit** und stellte einstimmig fest, dass der Bf. für den Gebrauch seines Rechts aus Art. 10 ungerechtfertigt sanktioniert worden sei.[44] Zwar griff der EGMR hier nicht explizit auf Art. 18 zurück, aufgrund der politischen Dimension bestehen aber unzweifelhaft Ähnlichkeiten zu einer dogmatischen Vorgehensweise nach diesem Artikel.

16   Weitere brisante Fälle, in denen die Änderung der Rechtsprechung des Gerichtshofs zu erkennen ist, sind solche im Zusammenhang mit der politischen Lage in der **Türkei**. Nachdem zahlreiche Individualbeschwerden in Verbindung mit dem Putschversuch im Jahre 2016 vom EGMR mit der Begründung einer mangelnden Rechtswegerschöpfung zurückgewiesen worden waren, erfolgte die erste Verurteilung der Türkei in der Rs. *Kavala*, in der neben einer Verletzung von Art. 5 Abs. 1 auch eine Verletzung des Art. 18 i.V.m. Art. 5 Abs. 1 bejaht wurde.[45]

17   Anders hingegen entschied der EGMR im Fall *Sabuncu*: Zwar bejahte er eine Verletzung von Art. 5 Abs. 1, der Gerichtshof konnte aber nicht ohne jeden vernünftigen Zweifel („beyond reasonable doubt") feststellen, dass die Untersuchungshaft zu einem Zweck angeordnet worden war, welcher nicht von der Konvention umfasst ist, weshalb keine Verletzung des Art. 18 vorlag.[46] Der Fall handelte von türkischen Journalisten, welche für die Tageszeitung *Cumhuriyet* arbeiteten, unter ihnen auch der damalige Chefredakteur *Mehmet Murat Sabuncu*, die in Untersuchungshaft gebracht worden waren aufgrund des Verdachts, durch ihre Veröffentlichungen **Propaganda für eine Terrorgruppe** zu betreiben. Das Urteil hinsichtlich Art. 18 erging allerdings nicht einstimmig; so kritisierte Richter *Kuris* in seinem Sondervotum die seiner Meinung nach fehlerhafte Anwendung der Prinzi-

---

43 EGMR Khodorkovskiy u. Lebedev/R, 25.7.2013, §§ 905 ff.; ähnlich EGMR Nastase/RUM (E), 18.11.2014, §§ 108 f.; siehe auch EGMR Tchankotadze/GEO, 21.6.2016, §§ 112, 114 f. (dass ein Präsidentschaftskandidat im Wahlkampf mit der strafrechtlichen Verfolgung eines Betroffenen droht und der Betroffene kurz nach der Amtseinführung des vormaligen Kandidaten auch tatsächlich verfolgt wird, beweise nicht, dass Art. 18 verletzt wurde).

44 EGMR Baka/H, 27.5.2014, §§ 91 ff. m. Anm. *Küpper* OER **2014** 516 (siehe insbes. die in der Formulierung zurückhaltenden, inhaltlich dennoch klaren Ausführungen in §§ 95 f. des Urteils; zum Vorbringen der Regierung siehe § 84); bestätigt durch die (GK) 23.6.2016, § 176.

45 EGMR Kavala/TRK, 10.12.2019, §§ 159, 232.

46 EGMR Sabuncu u.a./TRK, 10.11.2020, §§ 255 ff.

pien zur Beweislast aus dem Urteil *Merabishvili*.[47] Die Festnahme der Journalisten verstieß seiner Ansicht nach gegen Art. 18, da die Haft und die Anzeigen, die gegen sie erstattet worden waren, aus politischen Gründen ergangen seien und nur unter einem „**Deckmantel" eines anderen Gesetzesbruches** gestanden hätten.[48]

Wiederum anders entschied der Gerichtshof Ende 2020, erneut gegen die **Türkei**: Der **18** Bf., einer der **Co-Vorsitzenden einer linken, prokurdischen Partei (HDP)**, die durch die Parlamentswahlen 2015 die zweitgrößte Oppositionspartei geworden war, wurde 2016, nach dem Erlass eines Gesetzes, welches die Immunität von Parlamentsmitgliedern aufheben konnte, in Untersuchungshaft genommen. Er wurde wegen der Verbreitung von Propaganda für eine terroristische Vereinigung (Rede auf einer Kundgebung in Istanbul 2013) zu vier Jahren und acht Monaten Haft verurteilt. Nachdem der Bf. nach einem Beschluss des Gerichtes eigentlich einen Anspruch auf Freilassung hatte, beantragte der Staatsanwalt am selben Tag Untersuchungshaft wegen eines gesonderten Strafverfahrens, woraufhin die erneute Inhaftierung des Bf. angeordnet wurde. Der Bf. legte dar, er sei in erster Linie wegen Äußerungen von kritischen Meinungen über die politische Autorität festgenommen worden und seine Untersuchungshaft habe so lange gedauert, um ihn politisch still zu halten, dies stelle u.a. eine Verletzung von Art. 18 dar.[49] Unter Anwendung der in den Fällen *Merabishvili* und *Navalnyy* herausgearbeiteten Prinzipien, stellte der EGMR eine Verletzung von Art. 18 i.V.m. Art. 5 fest.[50] Bei der Beurteilung, **welcher Zweck vorherrschend für die Zwangsmaßnahmen** war (Rn. 9), bezog sich der EGMR vor allem auf den Zeitraum der Verhaftungen, welche während zwei Wahlkampagnen stattgefunden hatten (Referendum 2017; Präsidentschaftswahl 2018).[51] Es sei zweifelsfrei erwiesen, dass „*die Inhaftierung des Klägers, insbesondere während der entscheidenden Kampagnen [...], dem Zweck diente, den Pluralismus zu unterdrücken und die Freiheit der politischen Debatte einzuschränken, die den Kern der Politischen Gesellschaft bildet*".[52]

4. Austausch von Schrankenbestimmungen. Wenn der vom Staat zur Rechtfertigung **19** eines Eingriffs explizit angeführte Grund diesen nicht zu rechtfertigen vermag, kann fraglich sein, ob der Eingriff trotzdem aufrechterhalten werden kann, weil ein anderer nach der jeweiligen Konventionsgarantie zulässiger Grund die Einschränkung rechtfertigt, der Eingriff also im Endergebnis mit der Konvention vereinbar war. Die Frage des **Austauschs eines Rechtfertigungsgrundes im Wege einer hypothetischen Betrachtung** („hätte sich der Staat auf diesen gestützt") kann eine Rolle spielen, wenn sich, wie etwa bei Art. 8 Abs. 2 und Art. 10 Abs. 2, die Eingriffsgründe inhaltlich überschneiden, die erforderliche Abwägung aber wegen der unterschiedlichen Gewichtung dieser Gründe zu einer unterschiedlichen Beurteilung der Rechtmäßigkeit des Eingriffs führen kann. Die nationale Norm oder Entscheidung, die den Eingriff trägt, gibt in aller Regel den sie rechtfertigenden Konventionsgrund nicht an, bei der nachträglichen Darlegung der Konventionsgemäßheit ihres Verhaltens berufen sich die Staaten meist aber auf alle in Frage kommenden Eingriffsziele, deshalb erscheint es mit den Belangen des Menschenrechtsschutzes vereinbar, wenn die Prüfung durch den EGMR ergibt, dass sich die Konventionsgemäßheit einer Maßnahme über einen **anderen Eingriffszweck erzielen lässt, der die Einschränkung der Konventionsgarantie im zumindest gleichen Umfang erlaubt**, wie der vom Staat

---

47 EGMR Sabuncu u.a./TRK, 10.11.2020, Dissenting Opinion *Kuris* § 24, 38.
48 EGMR Sabuncu u.a./TRK, 10.11.2020, Dissenting Opinion *Kuris* § 2.
49 EGMR Selahattin Demirtas/TRK (Nr. 2), 22.12.2020, § 399.
50 EGMR Selahattin Demirtas/TRK (Nr. 2), 22.12.2020, §§ 420, 438.
51 EGMR Selahattin Demirtas/TRK (Nr. 2), 22.12.2020, § 429.
52 EGMR Selahattin Demirtas/TRK (Nr. 2), 22.12.2020, § 437.

zur Rechtfertigung des Eingriffs angeführte,[53] es sei denn, es ergibt sich aus den Materialien, dass der Staat gerade diesen Zweck nicht intendiert hatte.

Zusatzprotokoll zur Konvention zum Schutz der Menschenrechte und Grundfreiheiten

vom 20.3.1952[1]

Artikel 1
Schutz des Eigentums

(1) Jede natürliche oder juristische Person hat das Recht auf Achtung ihres Eigentums. Niemandem darf sein Eigentum entzogen werden, es sei denn, dass das öffentliche Interesse es verlangt, und nur unter den durch Gesetz und durch die allgemeinen Grundsätze des Völkerrechts vorgesehenen Bedingungen.

(2) Absatz 1 beeinträchtigt jedoch nicht das Recht des Staates, diejenigen Gesetze anzuwenden, die er für die Regelung der Benutzung des Eigentums im Einklang mit dem Allgemeininteresse oder zur Sicherung der Zahlung der Steuern oder sonstigen Abgaben oder von Geldstrafen für erforderlich hält.

Artikel 2
Recht auf Bildung

Niemandem darf das Recht auf Bildung verwehrt werden. Der Staat hat bei Ausübung der von ihm auf dem Gebiet der Erziehung und des Unterrichts übernommenen Aufgabe das Recht der Eltern zu achten, die Erziehung entsprechend ihren eigenen religiösen und weltanschaulichen Überzeugungen sicherzustellen.

Artikel 3
Recht auf freie Wahlen

Die Hohen Vertragsparteien verpflichten sich, in angemessenen Zeitabständen freie und geheime Wahlen unter Bedingungen abzuhalten, welche die freie Äußerung der Meinung des Volkes bei der Wahl der gesetzgebenden Körperschaften gewährleisten.

---

53 Vgl. die sehr unterschiedliche Fälle betreffende Spruchpraxis der früheren EKMR bei *Frowein/Peukert* 3, 4. Kritisch zur kasuistischen Auslegung von Art. 18 in diesen Fragen *Villiger* 986.
1 BGBl. 1956 II S. 1879; für die BR Deutschland in Kraft seit 13.2.1957.

https://doi.org/10.1515/9783110275063-022

**IPBPR
Artikel 18**

(4) Die Vertragsstaaten verpflichten sich, die Freiheit der Eltern und gegebenenfalls des Vormunds oder Pflegers zu achten, die religiöse und sittliche Erziehung ihrer Kinder in Übereinstimmung mit ihren eigenen Überzeugungen sicherzustellen.

Artikel 25

Jeder Staatsbürger hat das Recht und die Möglichkeit, ohne Unterschied nach den in Art. 2 genannten Merkmalen und ohne unangemessene Einschränkungen

a) an der Gestaltung der öffentlichen Angelegenheiten unmittelbar oder durch frei gewählte Vertreter teilzunehmen;
b) bei echten, wiederkehrenden, allgemeinen, gleichen und geheimen Wahlen, bei denen die freie Äußerung des Wählerwillens gewährleistet ist, zu wählen und gewählt zu werden;
c) unter allgemeinen Gesichtspunkten der Gleichheit zu öffentlichen Ämtern seines Landes Zugang zu haben.

Schrifttum zum Recht auf Eigentum (Auswahl)

Allen Property and The Human Rights Act 1998 (2005); *Becker/Heuer* Die Rechtsnatur der Regelungen zur strafrechtlichen Vermögensabschöpfung, NZWiSt **2019** 411; *Bittmann* Das Gesetz zur Reform der strafrechtlichen Vermögensabschöpfung in der Rechtsprechung – Teil 1 u. 2, NStZ **2019** 383; 447; *Cremer* Eigentumsschutz der Erben von Reformland in der ehemaligen DDR, EuGRZ **2004** 134; *Dolzer* Eigentum, Enteignung und Entschädigung im geltenden Völkerrecht (1985); *ders.* Eigentumsschutz als Abwägungsgebot, Bemerkungen zu Art. 1 des Ersten Zusatzprotokolls der EMRK, FS Zeidler (1987) 1679; *Eggen* Alterssicherung und die Entwicklung in Europa, Statistisches Monatsheft Baden-Württemberg **2014** 15; *Fiedler* Die Europäische Menschenrechtskonvention und der Schutz des Eigentums, EuGRZ **1996** 354; *Fischborn* Enteignung ohne Entschädigung nach der EMRK? – Zur Vereinbarkeit des entschädigungslosen Entzugs von Eigentum mit Artikel 1 des Zusatzprotokolls zur EMRK (2010); *Frowein* Der Eigentumsschutz in der EMRK, FS Rowedder (1994) 68; *Gelinsky* Der Schutz des Eigentums gem. Art. 1 des Ersten Zusatzprotokolls zur Europäischen Menschenrechtskonvention (1996); *Hartwig* Der Eigentumsschutz nach Art. 1 1. Zusatzprotokoll zur EMRK, RabelsZ **1999** 561; *Hinderer/Blechschmitt* Die „erweiterte selbständige Einziehung" nach § 76a Abs. 4 StGB i.V.m. § 437 StPO, NZWiSt **2018** 179; *Hochhauser* Menschenrechtskonvention und Erbrecht, ÖJZ **2015** 1069; *Ismer/Endres/Piotrowski* Seminar I: Besteuerung und Nichtsteuerverträge, IStR **2014** 716; *Köhler* Die Reform der strafrechtlichen Vermögensabschöpfung – Teil 1/2, NStZ **2017** 497; *Köhler/Burkhard* Die Reform der strafrechtlichen Vermögensabschöpfung – Teil 2/2, NStZ **2017** 665; *Kraushaar* Die Einziehung nach § 76a Abs. 4 StGB – Zivilprozess im Strafprozess? NZWiSt **2019** 288; *Leisner* „Eigentum als Menschenrecht" – weder nach deutschem noch nach Völkerrecht geschützt, GedS Blumenwitz (2008) 195; *Leijten* Social Security as a Human Rights Issue in Europe – Ramaer and Van Willigen and the Development of Property Protection and Non-Discrimination under the ECHR, ZaöRV **2013** 177; *Malzahn* Bedeutung und Reichweite des Eigentumsschutzes in der Europäischen Menschenrechtskonvention (2007); *Matiss* Terrorismusbekämpfung und menschenrechtlicher Eigentumsschutz (2009); *Maxwell* The Human Right to Property – A Practical Approach to Article 1 of Protocol No. 1 to the ECHR (2022); *Meindl* Rechtsschutz gegen rückwirkende Steuergesetze durch die Europäische Menschenrechtskonvention – ein Vergleich mit der Rechtsprechung zum Grundgesetz, StUW **2013** 143; *Meißner* Die Reform der strafrechtlichen Vermögensabschöpfung – ein Ehrgeizprojekt, KriPoZ **2017** 237; *Mergner* Das Bodenreformeigentum und die Eigentumsgewährleistungen (2009); *Meyer* Abschöpfung von Vermögen unklarer Herkunft, NZWiSt **2018** 246; *Michl* Eigentumsgesetzgebung im Lichte des Grundgesetzes und der Europäischen Menschenrechtskonvention, JZ **2013** 504; *ders.* „Datenbesitz" – ein grundrechtliches Schutzgut? NJW **2019** 2729; *Mittelberger* Der Eigentumsschutz nach Art. 1 des Ersten Zusatzprotokolls zur EMRK im Lichte der Rechtsprechung der Straßburger Organe (2000); *ders.* Die Rechtsprechung des ständigen Europäischen Gerichtshofs für Menschenrechte zum Eigentumsschutz – Bilanz nach den ersten zwei Jahren (November 1998 bis April 2001), EuGRZ **2001** 364; *Müller-Michaels* Grundrechtlicher Eigentumsschutz in der Europäischen Union. Das Eigentumsrecht in der Rechtsordnung der EU, in der EMRK und in den Verfassungen Deutschlands, Italiens und Irlands (1997); *Omlor* Das europäische Grundrecht auf Stiftung, EuR **2015** 91; *Pech* Der Schutz öffentlich-rechtlicher Ansprüche durch die Eigentumsgarantie des Ersten Zusatzprotokolls, in: Grabenwarter/Thienel (Hrsg.), Kontinuität und Wandel der EMRK (1998) 233; *Pelz* Abschöpfung von Vermögen unklarer Herkunft in Deutschland, NZWiSt **2018** 251; *Peukert* Der Schutz des Eigentums nach Art. 1 des 1. Zusatzprotokolls zur Europäischen Menschenrechtskonvention, EuGRZ **1981** 97; *ders.* Die Rechtsprechung des EGMR zur Verhältnismäßigkeit einer Eigentumsentziehung nach zollrechtlichen Vorschriften, EuGRZ **1988** 509; *ders.* The fundamental right to (intellectual) property and the discretion of the legislature, in: Geiger (Hrsg.), Research Handbook on Human Rights and Intellectual Property (2015) 132; *Riedel* Entschädigung für Eigentumsentziehung nach Art. 1 des Ersten Zusatzprotokolls zur Europäischen Menschenrechtskonvention – Zur Herausbildung eines gemeineuropäischen Standards, EuGRZ **1988** 333; *Rönnau/Begemeier* Die neue erweiterte Einziehung gem. § 73a Abs. 1 StGB-E: mit Kanonen auch auf Spatzen? NZWiSt **2016** 260; *Saliger* Grundfragen der Vermögensabschöpfung, ZStW **129** (2017) 995; *Schilling/Hübner* „Non-conviction-based Confiscation" – Ein Fremdkörper im neuen Recht der Vermögensabschöpfung, StV **2018** 49; *Sebastian* Geistiges Eigentum als europäisches Menschenrecht, GRUR Int **2013** 524; *Seidl-Hohenveldern* Eigentumsschutz nach der EMRK und nach allgemeinem Völkerrecht im Lichte der EGMR-Entscheidungen in den Fällen James und Lithgow, FS Ermacora (1988) 181; *Sobotta* EMRK: Vollstreckung gegenüber insolventen Gemeinden, EuZW **2014** 319; *Theile* Die strafrechtliche Einziehung von Taterträgen sowie des Wertes von Taterträgen nach §§ 73 ff. StGB – Teil I u. II, JA **2020** 1; 81; *Trüg* Die Reform der strafrechtlichen Vermögensabschöpfung, NJW **2017** 1913; *Wildhaber* The Protection of Legitimate Expectations in European Human Rights Law, FS Baudenbacher (2007) 253.

Übersicht

I. Schutz des Eigentums
    1. Allgemeines —— 1
    2. Grundzüge der Regelung des Art. 1 des
        1. ZP-EMRK —— 5
    3. Schutzpflicht —— 11
    4. Eigentum – Begriff —— 14

    5. Eingriff —— 24
    6. Enteignung —— 29
    7. Nutzungsregelungen —— 45
    8. Einziehung —— 60
II. Recht auf Bildung —— 82
III. Recht auf freie Wahlen —— 95

I. Schutz des Eigentums

1   **1. Allgemeines.** Art. 17 AEMR v. 10.12.1948 sieht vor, dass jedermann das Recht hat, allein oder in Gemeinschaft mit anderen Personen **Eigentum zu haben**, sowie, dass niemand **willkürlich seines Eigentums beraubt** werden darf. Beide Konventionen haben dieses zu den klassischen Menschenrechten[1] zählende, auch Freiheit und Sicherheit verbürgende Recht[2] nicht in ihre Garantien aufgenommen. Es wird nur mittelbar dort mitberücksichtigt, wo die Konventionen dem Staat zum Schutz der Rechte anderer, zu denen auch das Eigentumsrecht gehört, die Einschränkung bestimmter Konventionsgarantien gestatten.

2   Während beim IPBPR auch heute noch der Eigentumsschutz fehlt,[3] ist er bei der EMRK erst nach Erreichung des zunächst fehlenden Konsenses durch **Art. 1 des 1. ZP-EMRK**

---

[1] Vgl. Art. 2 und 17 der Erklärung der Menschen- und Bürgerrechte v. 26.8.1789.

[2] Vgl. BVerfGE **50** 339; **53** 290; *Dicke* EuGRZ **1982** 361.

[3] Dies lässt sich durch den Einfluss der früheren sozialistischen Staaten erklären (vgl. *Seidl-Hohenveldern* FS Ermacora 181) und hing wohl auch mit dem Streben der sog. Dritte-Welt-Staaten nach wirtschaftlicher Selbstbestimmung (Art. 1 Abs. 1, 2 IPBPR) zusammen; vgl. *Nowak* Art. 1, 37 ff.

vom 20.3.1952 den Konventionsgarantien beigefügt worden.[4] Auf Eigentumsentziehungen, die **vor der Ratifikation** des ZP faktisch eingetreten waren, erstreckt sich die Eigentumsgarantie nicht,[5] sehr wohl aber auf Ansprüche, die nach Inkrafttreten des ZP durch innerstaatliches Recht geschaffen wurden und sich auf staatliche Eingriffe beziehen, die vor Inkrafttreten des ZP lagen, und auch auf Ansprüche, die vor Inkrafttreten des ZP durch innerstaatliches Recht geschaffen wurden, wenn dieses innerstaatliche Recht danach in Kraft blieb.[6] EKMR und EGMR haben ferner zur Bodenreform in der damaligen Sowjetischen Besatzungszone (SBZ)[7] und anderen Staaten unter sowjetischem Einfluss[8] klargestellt, dass die Vertragsstaaten nicht verpflichtet sind, von ihren Rechtsvorgängern oder von Besatzungsmächten begangenes Unrecht zu beheben. Auch in einer Entscheidung zur Versagung einer Entschädigung an Nachkommen der Opfer eines Massakers der Waffen-SS 1944 in Griechenland unterstrich der Gerichtshof, dass die Konvention den Vertragsstaaten **keine spezifische Verpflichtung** auferlegt, eine **Wiedergutmachung für Unrecht** oder solche Schäden zu leisten, welche ihre **Vorgängerstaaten** als Rechtsvorgänger verursacht haben.[9] Sollten sich die Vertragsstaaten entscheiden, in einem bestimmten Kontext Entschädigung zu leisten, so steht ihnen insoweit ein weiter Beurteilungsspielraum zu.[10]

Auch **andere völkerrechtliche Übereinkommen** erkennen das Recht auf Eigentum **3** an, so etwa Abkommen, die die Rechtsstellung von Ausländern, Flüchtlingen oder Staatenlosen meist in der Form von Meistbegünstigungsklauseln regeln. Das Eigentum wird ferner bei den ohne jede Diskriminierung zu gewährenden Bürgerrechten in Art. 5 *lit.* d des **Internationalen Übereinkommens zur Beseitigung von jeder Form der Rassendiskriminierung (CERD)** aufgeführt.[11] Die Regierungen der KSZE-Mitgliedstaaten hatten in Nr. 9.6 des **Kopenhagener Abschlussdokuments** v. 29.6.1990[12] das Recht des Einzelnen bestätigt, sich ungestört seines Eigentums zu erfreuen. Die **Charta von Paris** v. 21.11.1990 bekräftigte

---

4 Zur Entstehungsgeschichte und den Meinungsverschiedenheiten *Frowein/Peukert* 1; *Kälin/Künzli* 531; *Mittelberger* EuGRZ **2001** 364, 365; *Partsch* 219 ff.; *ders.* ZaöRV **14** (1954) 645, 656 ff.; *Seidl-Hohenveldern* FS Ermacora 181; zum Kompromisscharakter dieses Artikels *Hartwig* RabelsZ **1999** 561, 562.

5 EGMR Hadzhigeorgievi/BUL, 16.7.2013, § 62; (GK) Kopecký/SLO, 28.9.2004, § 35, NJW **2005** 2537 = NJOZ **2005** 2912; EKMR A, B u. C/D, 4.10.1977, EuGRZ **1978** 188 (Ostverträge); vgl. auch BVerfGE **6** 296 = NJW **1957** 745; zur Anwendbarkeit der EMRK *ratione temporis* Art. 1 Rn. 12.

6 EGMR (GK) Broniowski/PL, 22.6.2004, NJW **2005** 2521 = EuGRZ **2004** 472 = ÖJZ **2006** 130, §§ 125, 129 ff., insbes. § 132 (Betroffener hatte zur Zeit des Inkrafttretens des ZP diese „possession" in Gestalt eines Anspruchs); ebenso EGMR Almeida Garrett, Mascarenhas Falcão u.a./P, 11.1.2000, §§ 9, 31 f., 41, 43 (Landreform/ Enteignungen 1975/1976; Gesetz über Entschädigung 1977; Ratifizierung des ZP 1978; ZP nicht anwendbar auf die Enteignungen, wohl aber auf die Entschädigungen, auf den Anspruch hierauf). Wenn es im konkreten Fall nicht darauf ankommt, formuliert der Gerichtshof mitunter ungenau und irreführend: EGMR Paroisse gréco-catholique Lupeni u.a./RUM, 19.5.2015, §§ 149, 157 (nur Restitutionsgesetze, die *nach* Inkrafttreten des ZP erlassen werden, können Eigentum i.S.d. Art. 1 begründen); (GK) Paroisse gréco-catholique Lupeni u.a./ RUM, 29.11.2016 (nicht erneut aufgegriffen); näher zu Ansprüchen, Forderungen, Erwartungen als *Eigentum* Rn. 14 ff. Vgl. auch Meyer-Ladewig/Nettesheim/von Raumer/*Meyer-Ladewig/von Raumer* 62.

7 EKMR Weidlich u.a./D, 4.3.1996, EuGRZ **1996** 386 = NJW **1996** 2291; EGMR (GK) von Maltzan u.a., von Zitzewitz u.a. sowie MAN Ferrostaal u. Alfred Töpfer Stiftung/D (E), 2.3.2005, NJW **2005** 2530 = EuGRZ **2005** 305 = DVBl. **2005** 831 = NJ **2005** 325 = JuS **2006** 350 m. Anm. *Dörr*; (GK) Jahn u.a./D, 30.6.2005, NJW **2005** 2907 = NVwZ **2005** 1407 = NJ **2005** 513.

8 EGMR (GK) Kopecký/SLO, 28.9.2004, NJW **2005** 2537 = NJOZ **2005** 2912; J.S. u. A.S./PL, 24.5.2005.

9 EGMR Sfountouris u.a./D (E), 31.5.2011, EuGRZ **2011** 477.

10 EGMR Woś/PL, 8.6.2006, § 72, NJOZ **2007** 2326; Jantner/SLO, 4.3.2003.

11 BGBl. 1969 II S. 962.

12 EuGRZ **1990** 239.

Esser

ebenfalls das Recht des Einzelnen, allein oder in Gesellschaft mit anderen Personen Eigentum innezuhaben und selbständig Unternehmen zu betreiben.[13]

4   Art. 17 der **Charta der Grundrechte der Europäischen Union**[14] garantiert das Recht jeder Person, ihr rechtmäßig erworbenes Eigentum zu besitzen, zu nutzen, darüber zu verfügen und es zu vererben. Eine **Enteignung** ist unionsrechtlich nur aus Gründen des öffentlichen Interesses unter den im Gesetz vorgesehenen Bedingungen und gegen angemessene Entschädigung zulässig. Die Nutzung des Eigentums kann gesetzlich geregelt werden, soweit es für das Wohl der Allgemeinheit erforderlich ist. Art. 17 Abs. 2 EUC hebt hervor, dass **geistiges Eigentum** geschützt ist. Der Wortlaut ist zwar etwas anders gefasst als der des Art. 1 des 1. ZP-EMRK; Art. 52 Abs. 3 EUC bestätigt jedoch, dass sich die Vorschrift in Bedeutung und Tragweite an der Parallelbestimmung der EMRK zu orientieren hat. Von der Garantie aus Art. 17 EUC ist eine Bestimmung zu unterscheiden, die schon in den Verträgen der früheren Europäischen Gemeinschaften ausdrücklich erklärte, dass die Verträge die nationale Eigentumsordnung unberührt ließen.[15] Diese Bestimmung wird überwiegend als negative Kompetenznorm verstanden.[16] Anders als Art. 17 EUC gewährleistet sie keinen Grundrechtsschutz des Einzelnen.

5   **2. Grundzüge der Regelung des Art. 1 des 1. ZP-EMRK.** Das **Recht auf Achtung ihres Eigentums** („peaceful enjoyment of his possessions"/„droit au respect de ses biens") wird von Art. 1 Abs. 1 Satz 1 **jeder natürlichen oder juristischen Person**[17] garantiert. Achtung bedeutet, dass der Staat das im weiten Sinne als vermögenswerte Rechtsgüter zu verstehende Eigentum aller seiner Hoheitsgewalt unterliegenden Personen grundsätzlich zu respektieren hat; auch in Bezug auf seine Handlungen, die sich im Ausland auswirken.[18] Dieser Grundsatz bestimmt die **Struktur des ganzen Art. 1**, der drei unterschiedliche, wechselseitig aber zusammengehörende Regeln enthält:[19]

6   **Absatz 1 Satz 1** legt als Grundregel die Achtung des Eigentums fest, die für die Auslegung des gesamten Artikels maßgebend ist.[20] **Absatz 1 Satz 2** lässt die Entziehung des Eigentums nur unter bestimmten Voraussetzungen zu und **Absatz 2** erkennt die Befugnis des Staates an, die Benutzung des Eigentums im allgemeinen Interesse zu regeln.[21]

7   Die **Grundsatzregelung des Absatzes 1 Satz 1** bestimmt die Auslegung des gesamten Artikels. Die klassischen Eingriffsformen (Enteignung nach Absatz 1 Satz 2; Nutzungsbeschränkung nach Absatz 2) werden als besondere Beispiele für die Eingriffe und ihre Schran-

---

13 EuGRZ **1990** 517. Zum Charakter dieser Erklärungen, die keine rechtlich bindenden Vertragspflichten begründen, vgl. Teil I Rn. 36 (CERD), 76 (Kopenhagener Abschlussdokument), 77 (Charta von Paris).
14 ABlEU Nr. C 83 v. 30.3.2010 S. 389; BGBl. 2008 II S. 1165; vgl. auch die frühere Fassung aus dem Jahr 2000: ABlEG Nr. C 364 v. 18.12.2000, EuGRZ **2000** 554.
15 Vgl. Art. 222 EWGV; Art. 83 Montanvertrag; siehe nunmehr Art. 345 AEUV.
16 Eingehend etwa Grabitz/Hilf/Nettesheim/*Wernicke* Art. 345, 23 f.
17 Ist die juristische Person selbst in ihrem Recht auf Eigentum verletzt, ist nur sie selbst (bzw. ihre gesetzliche Vertretung) beschwerdebefugt, vgl. EGMR (GK) Albert u.a./H, 7.7.2020 (unzulässige Beschwerde von Aktionären [keine Opfereigenschaft] umgewandelter Banken).
18 EKMR A, B u. C/D, 4.10.1977, EuGRZ **1978** 188 (Ostverträge).
19 Erneut EGMR Stołkowski/PL, 21.12.2021, § 52; Łysak/PL, 7.10.2021, § 75. Zur sog. Drei-Normen-Regel *Cremer* EuGRZ **2004** 134, 135; *Grabenwarter/Pabel* § 25, 9 ff.; *Mittelberger* EuGRZ **2001** 364, 366, ferner *Hartwig* RabelsZ **1999** 561, 570; vertiefend zur Struktur der Vorschrift: *Maxwell*.
20 Etwa EGMR (GK) Former King of Greece u.a./GR, 23.11.2000, NJW **2002** 45 = EuGRZ **2001** 397 = ÖJZ **2002** 351 = NVwZ **2002** 321; (GK) Former King of Greece u.a./GR, 28.11.2002 = NJW **2003** 1721 (Urteil zur Entschädigung); Kalogeropoulos u.a./GR u. D (E), 12.12.2002, NJW **2004** 273.
21 Erneut EGMR (GK)Lekić/SLW, 11.12.2018, § 92; Könyv-Tár Kft u.a./H, 16.10.2018, § 41.

ken verstanden.[22] Auf die Grundregel des Art. 1 Abs. 1 Satz 1 hat deshalb der EGMR mitunter auch unmittelbar zurückgegriffen, wenn im Einzelfall zweifelhaft war, ob eine staatliche Regelung nach Absatz 1 Satz 2 oder nach den in Absatz 2 besonders angesprochenen Fällen zu beurteilen war.[23] Der EGMR prüft dann gleichfalls, ob der in Frage stehende Eingriff dem grundlegenden Gebot zur Achtung des Eigentums dadurch Rechnung trägt, dass er eine ausreichende Rechtsgrundlage hat, einen im Allgemeininteresse liegenden Zweck verfolgt und die Nachteile des Betroffenen gerecht ausgeglichen werden.[24]

Ob es bei Zuordnungsschwierigkeiten wirklich sinnvoll ist, unmittelbar aus der allge- 8
mein gehaltenen grundsätzlichen Garantie des Privateigentums zusätzlich eine ergänzende Möglichkeit der Eingriffsprüfung herzuleiten, ist strittig.[25] Da aber auch dann die Zulässigkeit des Eingriffs nach den gleichen Voraussetzungen (ausreichende Rechtsgrundlage, Allgemeininteresse, Verhältnismäßigkeit) beurteilt wird, ist es vom Ergebnis her unerheblich, ob man Absatz 1 Satz 1 als **Auffangregelung** unmittelbar heranzieht[26] oder das gleiche Ergebnis mit der analogen Anwendung der von gleichen Grundgedanken bestimmten Eingriffsschranken des Absatzes 1 Satz 2 und des Absatzes 2 gewinnt.

Absatz 1 Satz 2 betrifft die Zulässigkeit des **Eigentumsentzugs unter gesetzlich fest-** 9
gelegten Bedingungen, die hinreichend bestimmt, den Betroffenen zugänglich und vorhersehbar sein müssen.[27] Es muss ein *gerechter Ausgleich* zwischen dem mit dem Eingriff verfolgten öffentlichen Interesse und dem Schutz der Rechte des Betroffenen hergestellt werden.[28]

Absatz 2 ermächtigt die Staaten, den **Gebrauch (Benutzung) des Eigentums** entspre- 10
chend dem Allgemeininteresse zu regeln.[29] Der Staat darf ferner unter gesetzlich festgelegten Voraussetzungen in das Eigentum eingreifen oder es entziehen, so vor allem, wenn es rechtswidrig gebraucht wird oder wenn dadurch die Erfüllung von Verpflichtungen des Einzelnen gegenüber der Allgemeinheit erzwungen werden soll.[30] Aus dem grundsätzlichen Achtungsanspruch des Art. 1 Abs. 1 Satz 1 folgt auch hier eine Grenze für alle gesetzlich zulässigen Maßnahmen. Sein Schutz darf nicht leerlaufen. Vermögensentziehende Maßnah-

---

22 EGMR James u.a./UK, 21.2.1986, EuGRZ **1988** 341; Islamische Religionsgemeinschaft/D (E), 5.12.2002, NJW **2004** 669; (K) Jahn u.a./D, 22.1.2004, NJW **2004** 923 = EuGRZ **2004** 57 = DVBl. **2004** 365 = NJ **2004** 167, bestätigt durch (GK) 30.6.2005.

23 Etwa EGMR Sporrong u. Lönnroth/S, 23.9.1982, NJW **1984** 2747 = EuGRZ **1983** 523; Poiss/A, 23.4.1987, NJW **1989** 650; Stran Greek Refineries u. Stratis Andreadis/GR, 9.12.1994, ÖJZ **1995** 432; Pressos Compania Naviera S.A. u.a./B, 20.11.1995, EuGRZ **1996** 193 = ÖJZ **1996** 275; (GK) Iatridis/GR, 25.3.1999, EuGRZ **1999** 316; (GK) Beyeler/I, 5.1.2000, NJW **2003** 654; (GK) Broniowski/PL, 22.6.2004; wohl auch EGMR Kalogeropoulos u.a./GR u. D (E), 12.12.2002 (Verweigerung der erforderlichen Zustimmung zur Zwangsvollstreckung in Vermögen der Bundesrepublik); vgl. *Cremer* EuGRZ **2004** 134, 136; *Grabenwarter/Pabel* § 25, 16; Meyer-Ladewig/Nettesheim/von Raumer/*Meyer-Ladewig/von Raumer* 51 ff. m.w.N.

24 Meyer-Ladewig/Nettesheim/von Raumer/*Meyer-Ladewig/von Raumer* 53. Zur Entwicklung der wegen der Bezugnahme auf die allgemeinen Grundsätze des Völkerrechts zunächst angezweifelten Entschädigungspflicht bei der Enteignung von eigenen Staatsangehörigen bis zu deren endgültiger Anerkennung durch EGMR Sporrong u. Lönnroth/S, 23.9.1982; *Seidl-Hohenveldern* FS Ermacora 181, 182 ff.

25 Vgl. *Mittelberger* EuGRZ **2001** 364, 366 m.w.N.; ferner *Hartwig* RabelsZ **1999** 561, 570.

26 Meyer-Ladewig/Nettesheim/von Raumer/*Meyer-Ladewig/von Raumer* 51, 53.

27 EGMR (GK) Lekić/SLW, 11.12.2018, § 95; Könyv-Tár Kft u.a./H, 16.10.2018, § 44.

28 EGMR Hentrich/F, 22.9.1994, EuGRZ **1996** 593 = ÖJZ **1995** 594; Lithgow u.a./UK, 8.7.1986, EuGRZ **1988** 350; (GK) Beyeler/I, 5.1.2000; (GK) Jahn u.a./D, 30.6.2005.

29 H.M. EGMR Sporrong u. Lönnroth/S, 23.9.1982; James u.a./UK, 21.2.1986; AGOSI/UK, 24.10.1986, NJW **1989** 3079 = EuGRZ **1988** 513; Fredin/S (Nr. 1), 18.2.1991, ÖJZ **1991** 514; Wittek/D, 12.12.2002, NJW **2004** 1583 = EuGRZ **2003** 224.

30 Vgl. *Grabenwarter/Pabel* § 25, 14 f.; Meyer-Ladewig/Nettesheim/von Raumer/*Meyer-Ladewig/von Raumer* 52.

men dürfen nicht **unverhältnismäßig** sein.[31] Dem Einzelnen darf kein unvertretbares Sonderopfer zugemutet werden. Der Staat muss auch hier einen **gerechten Ausgleich** (*„fair balance"*) zwischen den verfolgten öffentlichen Belangen und der Bedeutung des fundamentalen Grundrechtes für das Individuum wahren.[32] Dazu gehört auch, dass die Behörden bei einem im Allgemeininteresse gerechtfertigten Eingriff in das Eigentum in **angemessener Zeit** handeln müssen. Sie dürfen nicht mehrere Jahre zuwarten und den Betroffenen über den Eingriff im Ungewissen lassen.[33]

11   **3. Schutzpflicht.** Eine wirksame Ausübung des in Art. 1 des 1. ZP-EMRK geschützten Rechts manifestiert sich nicht nur in der Pflicht des Staates, Eingriffe in das Eigentum zu unterlassen. Sie kann auch **positive Handlungspflichten** des Staates auslösen.[34] Solche Handlungspflichten folgen aus der **allgemeinen Schutzpflicht** aus Art. 1[35] und können darin bestehen, notwendige Maßnahmen zum Schutz des Rechts auf Eigentum zu treffen, insbesondere wenn eine direkte Verbindung besteht zwischen Maßnahmen, die ein Betroffener berechtigterweise von den Behörden erwarten kann, und der effektiven Nutzung des Eigentums durch ihn. Das gilt auch bei Streitigkeiten zwischen Privatpersonen.

12   Nicht umfasst von dieser Schutzpflicht soll hingegen der **Schutz des Eigentums vor Hochwassern oder anderen Naturkatastrophen** durch den Bau von Dämmen oder anderen Abwehrbauten sein, wenn deren Verursachung allein der Umwelt und nicht der Beeinflussung durch Menschen oder staatliche Stellen zugerechnet werden kann.[36]

13   Der Staat muss ein **gerichtliches Verfahren** für eine Verhandlung und verbindliche Entscheidung über eigentumsrelevante Streitigkeiten zur Verfügung stellen und dafür sorgen, dass sie das jeweilige Verfahren den in der Konvention enthaltenen **verfahrensmäßigen und materiellen Garantien** entspricht; das gilt vor allem dann, wenn der Staat selbst mit einer Privatperson über eine Frage des Eigentums streitet.[37]

14   **4. Eigentum – Begriff.** Eigentum wird in Art. 1 nicht definiert. Die verschiedenen Bezeichnungen (*„possessions"*, *„property"*/*„biens"*) meinen inhaltlich dasselbe. Der Begriff

---

31 EGMR Pressos Compania Naviera S.A. u.a./B, 20.11.1995; Wittek/D, 12.12.2002; (GK) Jahn u.a./D, 30.6.2005; (GK) Béláné Nagy/H, 13.12.2016, § 115. Zu dem vom EGMR nicht immer gleich gesehenen Verhältnis zwischen Gesetzmäßigkeit und dem im Wortlaut der Konvention nicht zu findenden Verhältnismäßigkeitsprinzip *Mittelberger* EuGRZ **2001** 364, 367 ff.; ferner *Fiedler* EuGRZ **1996** 354, 355 („mittelbare Kanalisation des öffentlichen Interesses"); *Hartwig* RabelsZ **1999** 561, 572 ff.
32 EGMR James u.a./UK, 21.2.1986, § 50; Lithgow u.a./UK, 8.7.1986; Poiss/A, 23.4.1987; Mellacher u.a./A, 19.12.1989, ÖJZ **1990** 150 = JBl. **1990** 507; Fredin/S (Nr. 1), 18.2.1991; (GK) Iatridis/GR, 25.3.1999; Wittek/D, 12.12.2002; (GK) Beyeler/I, 5.1.2000; Bugajny u.a./PL, 6.11.2007, § 67; K.M./H, 4.11.2013 m. Anm *Küpper* OER **2013** 364, § 42; Boljević/KRO, 31.1.2017, § 41 („reasonable relationship of proportionality"); (GK) Fábián/H, 5.9.2017, §§ 84 f. (kein Sonderopfer bei gekürztem Pensionsanspruch eines anderweitig weiterbeschäftigten Polizisten); O'Sullivan McCarthy Mussel Development Ltd/IR, 7.6.2018, § 115; Könyv-Tár Kft u.a./H, 16.10.2018, § 45; (GK) Lekić/SLW, 11.12.2018, §§ 107 ff.
33 EGMR (GK) Beyeler/I, 5.1.2000 (Ausübung eines staatlichen Vorkaufsrechts für Gemälde erst 4 Jahre nach Kenntnis des gesamten Sachverhalts).
34 EGMR (GK) Öneryildiz/TRK, 30.11.2004, § 134; Plechanow/PL, 7.7.2009; Potomska u. Potomski/PL, 29.3.2011, § 74; Zolotas/GR (Nr. 2), 29.1.2013, §§ 39, 53; *Omlor* EuR **2015** 91, 99.
35 EGMR (GK) Broniowski/PL, 22.6.2004, § 143.
36 EGMR Hadzhiyska/BUL (E), 15.5.2012; Budayeva u.a./R, 20.3.2008, §§ 74 ff.
37 EGMR Anheuser-Busch Inc./P, 11.1.2007, § 83, GRUR **2007** 696 = GRURInt **2007** 901; Plechanow/PL, 7.7.2009, § 99; Potomska u. Potomski/PL, 29.3.2011, § 74; Paulet/UK, 13.5.2014, §§ 67 ff. (Beschlagnahme konnte vom Gericht nicht in Bezug auf „fair balance" geprüft werden); Sociedad Anónima del Ucieza/E, 4.11.2014, § 74 (Eigentum an einer mittelalterlichen Kirche); Couturon/F, 25.6.2015, §§ 33, 39 ff.; (GK) Lekić/SLW, 11.12.2018, § 95.

hat eine **autonome Bedeutung;**[38] er wird weit interpretiert und nicht etwa im Sinne der unterschiedlichen Eigentumsbegriffe des jeweiligen nationalen Sachenrechtsverstanden. Auch das Unionsrecht stellt nicht auf die nationalen Eigentumsbegriffe ab (vgl. Art. 345 AEUV).

Schutzgut sind alle vom nationalen Recht als bestehend anerkannten persönlichen **15** **Vermögenswerte.** Der Schutz umfasst auch sonstige erworbene Rechte und Berechtigungen mit Vermögenswert,[39] die innerstaatlich anderen Grundrechtsverbürgungen (etwa Art. 12 GG) zugerechnet werden. Kein Eigentum besteht an menschlichen **Embryonen.**[40] Ein aufgrund einer verbindlichen innerstaatlichen Entscheidung **nichtiger Vertrag** ist nicht geeignet, einer Person eine eigentümerähnliche Stellung zu verschaffen.[41] Wenn dagegen ein Staat durch einen Schiedsspruch erlangte Ansprüche nachträglich durch ein Gesetz aufhebt, liegt darin ein Eingriff in erworbenes Eigentum.[42]

Neben dem **Eigentum an beweglichen und unbeweglichen Sachen**[43] im Sinne des **16** bürgerlichen Rechts umfasst der Begriff alle **an das Eigentum anknüpfenden Rechte**, die einen Vermögenswert darstellen, so z.B. **Forderungen**, die eine hinreichende Grundlage (gefestigte Rechtsprechung)[44] im innerstaatlichen Recht haben[45] und **geldwerte Ansprüche** oder sonstige (wohlerworbene) **vermögenswerte Rechte** („acquired rights"/„droits acquis").[46] Eigentum i.S.d. Art. 1 sind auch Rechte, die auf einer **öffentlich-rechtlichen Erlaubnis** beruhen,[47] so etwa das Recht zum Kiesabbau[48] oder die einem Restaurant er-

---

38   EGMR (GK) Beyeler/I, 5.1.2000; Riela u.a./I (E), 4.9.2001; (GK) Former King of Greece u.a./GR, 23.11.2000; Saccoccia/A, 18.12.2008, § 85, ÖJZ **2009** 619 (gemietetes Banksafe; Exequatur-Verfahren; Vermögensbeschlagnahme aufgrund amerikanischer *final forfeiture*); Flores Cardoso/P, 29.5.2012, § 50; N.K.M./H, 4.11.2013, § 33; (GK) Béláné Nagy/H, 13.12.2016, § 73; O'Sullivan McCarthy Mussel Development Ltd/IR, 7.6.2018, § 86; (GK) Čakarević/KRO, 26.4.2018, § 50; Molla Sali/GR, 19.12.2018, § 124, NJW **2021** 1213; Ehlers/*Wegener* § 5 II 1, 8.
39   EGMR van Marle u.a./NL, 26.6.1986, EuGRZ **1988** 35, §§ 11, 41 f. (Verweigerung der Registrierung als Wirtschaftsprüfer als Beeinträchtigung der Möglichkeit, mit der Tätigkeit Geld zu verdienen); Gasus Dossier- & Fördertechnik GmbH/NL, 23.2.1995; (GK) Iatridis/GR, 25.3.1999 (Kundenstamm eines Kinos); Wittek/D, 12.12.2002; Werra Naturstein GmbH u. Co KG/D, 19.4.2018, NVwZ **2019** 625 (Nutzungsrechte Steinbruch); *Peukert* EuGRZ **1981** 97, 99 ff.; *Grabenwarter/Pabel* § 25, 3; Meyer-Ladewig/Nettesheim/von Raumer/*Meyer-Ladewig/von Raumer* 9 ff.; vgl. krit. *Hartwig* RabelsZ **1999** 561, 566 (Gefahr, dass Eigentumsbegriff konturenlos wird und künftige Gewinnerwartungen abgesichert werden).
40   EGMR Parillo/I, 27.8.2015, § 215, NJW **2016** 3705; Parillo/I (E), 28.5.2013 (offengelassen, ob auch Eizellen, deren Verwertung und Weitergabe die Eizellenspenderin explizit wünscht, unter Eigentum i.S.d. 1. ZP fallen; Bf. wollte, nachdem ihr Partner verstorben war, die ihr entfernten Eizellen für wissenschaftliche Zwecke spenden).
41   EGMR Kötterl u. Schittily/A (E), 9.1.2003, ÖJZ **2003** 477.
42   EGMR Stran Greek Refineries u. Stratis Andreadis/GR, 9.12.1994.
43   Zum Schutz von „Dateneigentum" und „Datenbesitz" in der EMRK *Michl* NJW **2019** 2729, 2732 f.
44   EGMR Brezovec/KRO, 29.3.2011, §§ 39 ff.
45   EGMR (GK) Beyeler/I, 5.1.2000; Lenz/D (E), 27.9.2001, NJW **2003** 2441 = EuGRZ **2001** 484 (Forderungen mit berechtigter Erwartung der Realisierung); (GK) Kopecky/SLO, 28.9.2004, §§ 45 ff., NJW **2005** 2537 (Ls.) = NJOZ **2005** 2912; Draon/F, 6.10.2005, § 68; Maurice/F, 6.10.2005, § 63; Poznanski/D (E), 3.7.2007, NJW **2009** 489 = EuGRZ **2008** 599; Mihaies u. Sentes/RUM, 6.12.2011, NVwZ **2013** 201 (Gehaltsminderung für städtische Beschäftigte, kein Recht auf Weiterzahlung von Gehalt/Lohn in bestimmter Höhe); Bjelajac/SRB, 18.9.2012, § 50; De Luca/I, 24.9.2013, § 50; vgl. *Peukert* EuGRZ **1981** 97, 100. Speziell für Bankkonten, Spargulhaben bzw. Einlagen bei der Bank EGMR Zolotas/GR (Nr. 2), 29.1.2013; Gayduk u.a./UKR (E), 2.7.2002.
46   EGMR van Marle u.a./NL, 26.6.1986, § 41; Mamatas u.a./GR, 21.7.2016, § 90, NVwZ-RR **2017** 849 (Staatsanleihen im Rahmen der griechischen Schuldenkrise).
47   Vgl. *Hartwig* RabelsZ **1999** 561, 566 f.
48   EGMR Fredin/S (Nr. 1), 18.2.1991.

teilte Schankerlaubnis für Alkohol,[49] ferner ein aufgrund eines rechtskräftigen Urteils/ Schiedsspruchs titulierter/bekräftigter **Zahlungsanspruch**[50] oder sonstige Vermögenswerte, bei denen eine **berechtigte Erwartung** besteht, sie als Eigentum zu erlangen.[51]

17   Aus der Eigentumsnatur von Forderungen folgt kein Anspruch gegen den Staat, dass er die Kaufkraft des bei einer Bank angelegten Geldes[52] oder der gegen andere Personen bestehenden Forderungen[53] gegen **Inflation** schützt.[54] Anders liegt der Fall, wenn die Spareinlagen durch Bankenfusionen im Verlauf eines Staatenzerfalls-/-strukturierungsprozesses ihren Kunden über Jahrzehnte hinweg nicht freigegeben und letztlich entwertet werden bzw. verloren gehen.[55]

18   Eigentum sind ferner alle durch persönlichen Einsatz geschaffenen vermögenswerten Positionen, wie etwa das **geistige Eigentum,**[56] insbesondere die Inhaberschaft einer eingetragenen **Marke,**[57] das Recht am **eingerichteten Gewerbebetrieb**[58] einschließlich des *erworbenen* **Kundenstamms** („good will")[59] oder eine Steuerberater- oder Anwaltskanzlei mit ihrer Klientel.[60] Zum Eigentum werden ferner sonstige **erworbene Ansprüche** gerechnet, wie der Anspruch auf ein vertraglich vereinbartes **Vorruhestandsgeld.**[61]

---

49 EGMR Tre Traktörer AB/S, 7.7.1989, dazu *Hartwig* RabelsZ **1999** 561, 567.

50 EGMR Regent Company/UKR, 3.4.2008, § 61; Stran Greek Refineries u. Stratis Andreadis/GR, 9.12.1994, §§ 43 ff.; Kalogeropoulos/GR u. D (E), 12.12.2002.

51 EGMR Pine Valley Developments Ltd u.a./IR, 29.11.1991, ÖJZ **1992** 459, § 51; Pressos Compania Naviera S.A. u.a./B, 20.11.1995, § 31; S.A. Dangeville/F, 16.4.2002, §§ 46 ff. (Anspruch auf Rückzahlung von unter Verletzung von EU-Recht erhobenen Steuern); Islamische Religionsgemeinschaft/D (E), 5.12.2002 (Treuhandverwaltung einer PDS-Spende); Flores Cardoso/P, 29.5.2012, §§ 51 f. – Schadenersatzansprüche aufgrund unerlaubter Handlung („tort"); Société CRT France International/F (E), 3.3.2015, §§ 28 ff.; für Vermögenswerte aus einem wertvollen Buchbestand mit historischem/lithurgischem Wert: EGMR Archidiocèse Catholique d'Alba Iulia/ RUM, 25.9.2012; Grbac/KRO, 16.12.2021, § 86.

52 EGMR Rudzińska/PL (E), 7.9.1999; Gayduk u.a./UKR (E), 2.7.2002; Appolonov/R (E), 29.8.2002; Ryabykh/R, 24.7.2003, § 63; Kotov/R (GK) 3.4.2012, § 90; vgl. *Goedecke* JIR **46** (2003) 606, 629.

53 EGMR Todorov/BUL (E), 13.5.2008.

54 Ähnliches gilt auch, wenn es sich um Vermögen handelt, das durch einen geänderten Wechselkurs oder das Erlöschen einer Währung gemindert wurde, vgl. EGMR Flores Cardoso/P, 29.5.2012, §§ 51 f.; 57.

55 EGMR (GK) Ališić u.a./BIH, KRO, SRB, SLW, MAZ, 16.7.2014 (Bankenfusionen und -zersplitterungen nach der Auflösung des ehemaligen Jugoslawiens); anders noch EGMR (K) Ališić u.a./BIH u.a., 6.11.2012 (kein Verstoß gegen Art. 1 des 1. ZP-EMRK), § 91; diff. EGMR Likvidējamā p/s Selga u.a./LET (E), 1.10.2013 (Unternehmenseinbußen durch geänderte Marktwirtschaftsordnung Lettlands nach der Auflösung der Sowjetunion).

56 EGMR Ashby Donald u.a./F, 10.1.2013, § 40, NJW **2013** 2735 = GRUR **2013** 859 = K&R **2013** 313; Neij u. Sunde Kolmisoppi/S (E), 19.2.2013; Tokel/TRK, 9.2.2021 (Patentrecht); *Frowein/Peukert* 6; *Grabenwarter/Pabel* § 25, 5; Meyer-Ladewig/Nettesheim/von Raumer/*Meyer-Ladewig/von Raumer* 21; *Peukert* EuGRZ **1981** 97, 103; *Peukert* The Fundamental Right to (Intellectual) Property and the Discretion of the Legislature 132; *Sebastian* GRUR Int **2013** 524; vertiefend *Gelinsky*; vgl. auch Art. 17 Abs. 2 EUC.

57 EGMR (GK) Anheuser-Busch Inc./P, 11.1.2007; Kamoy Radyo Televizyon Yayıncılık ve Organizasyon A.Ş./ TRK, 16.4.2019 m. Anm. *Nikol* GRUR-Prax **2019** 435 (eingetragene Zeitung).

58 Vgl. EGMR O'Sullivan McCarthy Mussel Development Ltd/IR, 7.6.2018, § 88 (Miesmuschelfarm).

59 EGMR van Marle u.a./NL, 26.6.1986; (GK) Iatridis/GR, 25.3.1999; Hoerner Bank/D (E), 20.4.1999, NJW **2001** 1555; differenzierend: EGMR Tipp AG/D, 27.11.2012, NVwZ **2014** 355, §§ 24–26 (Verbot der Vermittlung von Glücksspielen im Internet); Könyv-Tár Kft u.a./H, 16.10.2018, § 43 (staatliches Monopol auf Schulbücher); *Grabenwarter/Pabel* § 25, 5; Ehlers/*Wegener* § 5 II 1, 11 f.

60 EGMR Olbertz/D (E), 25.5.1999, NJW **2001** 1558; Döring/D (E), 9.11.1999, NJW **2001** 1556 = AnwBl. **2000** 747 m. Anm. *Hoffmeister* NJ **2000** 333; Wendenburg u.a./D (E), 6.2.2003, NJW **2003** 2221 = EuGRZ **2003** 709 = ÖJZ **2004** 775; *Grabenwarter/Pabel* § 25, 5; Meyer-Ladewig/Nettesheim/von Raumer/*Meyer-Ladewig/von Raumer* 21.

61 EGMR Lenz/D (E), 27.9.2001.

Die Konvention gibt **kein Recht auf Weiterzahlung von Gehalt oder Lohn** in einer 19 bestimmten Höhe.[62] Es ist Sache des Staates, Löhne und Gehälter für seine Beschäftigten in seinem Budget nach Ermessen festzusetzen. Die Zahlung bestimmter Arbeitsentgelte kann mittels Gesetzesänderung vorgesehen, ausgesetzt oder eingestellt werden.[63] Hingegen dürfen die Behörden die Zahlung eines bestimmten Entgelts, Lohnes oder Gehaltes, das im nationalen Recht vorgesehen oder im konkreten Fall durch ein nationales Gericht (rechtskräftig) zugesprochen worden ist, nicht verweigern.[64]

Auch **Versorgungsansprüche**, die aufgrund eigener Leistungen entstanden sind, zäh- 20 len zum Eigentum,[65] wie Leistungen eines nationalen Sozialversicherungssystems[66] oder ein Pensionsanspruch;[67] es kommt nicht darauf an, ob die Ansprüche auf eigenen Leistungen, etwa Sozialversicherungsbeiträgen, beruhen, oder, wie etwa Sozialhilfe oder Arbeitslosengeld II („Hartz IV"),[68] ein Rechtsanspruch ohne eigene Beiträge besteht.[69] Dabei wird allerdings kein Recht auf Zahlungen in einer bestimmten Höhe garantiert,[70] und auch nicht, dass die Sozialleistungen auch zukünftig unverändert fortbestehen.[71] Die Bewertung, ob bei Wegfall der Leistung eine Eigentumsverletzung vorliegt, kann nicht abstrakt an der prozentualen Kürzung der Zuwendung bemessen werden, sondern muss auch die **Gesamtumstände der Reduktion** mit berücksichtigen (etwaige Diskriminierung, substitu-

---

62 EGMR Vilho Eskelinen u.a./FIN, 19.4.2007, § 94, NJOZ **2008** 1188; Mihaies u. Sentes/RUM, 6.12.2011, §§ 14–15; Torri u.a./I (E), 24.1.2012, § 33.

63 EGMR Ketchko/UKR, 8.11.2005.

64 EGMR Mihaies u. Sentes/RUM, 6.12.2011, § 15; Muresanu/RUM, 15.6.2010, § 26.

65 Vgl. *Hartwig* RabelsZ **1999** 561, 567 (Parallele zu innerstaatlichen Entwicklungen).

66 Vgl. EGMR Jurčić/KRO, 4.2.2021 (Wegfall des Versicherstatus als Erwerbstätige wegen zum Zeitpunkt des Erwerbsbeginns noch nicht erfolgreicher künstlicher Befruchtung; i.V.m. Art. 14); Jean-Michel Okitaloshima u.a./F, 8.9.2015, NVwZ **2016** 443 (Kindergeld für Kinder ohne Aufenthaltsrecht i.V.m. Art. 14 – kein Verstoß); vgl. ferner EGMR Saumier/F, 12.1.2017 (Entschädigung wegen Berufsunfähigkeit).

67 Etwa EGMR Feldbrugge/NL, 29.5.1986, EuGRZ **1988** 14; Deumeland/D, 29.5.1986, NJW **1989** 652 = EuGRZ **1988** 20; Jankovic/KRO (E), 12.10.2000; Wessels-Bergervoet/NL, 4.6.2002, ÖJZ **2003** 516 (diskriminierende Festsetzung der Pensionsansprüche); Asmundsson/ISL, 12.10.2004, §§ 39 ff.; Buchheit u. Meinberg/D (E), 2.2.2006, NVwZ **2006** 1274; Cichopek u.a./PL (E), 14.5.2013; Stefanetti u.a/I, 15.4.2014; Da Silva Carvalho Rico/P, 1.9.2015, NVwZ **2016** 1307; (GK) Fábián/H, 5.9.2017, §§ 61 f., NVwZ-RR **2018** 855; *Grabenwarter/Pabel* § 25, 6; *Hartig* RabelsZ **1999** 561, 566 f.; Meyer-Ladewig/Nettesheim/von Raumer/*Meyer-Ladewig/von Raumer* 15, Ehlers/*Wegener* § 5 II 1, 13 ff. je m.w.N.; vgl. auch *Hailbronner* JZ **1997** 397 (in Anlehnung an BVerfGE **63** 152, 174; **69** 272, 307: verneinend für Fehlen einer eigenen Leistung); zur (Nicht-)Einziehung von Gefängnisarbeit in die Alterspension: EGMR (GK) Stummer/A, 7.7.2011, ÖJZ **2012** 138, § 83. Zur „Notstandshilfe" nach österreichischem Recht: EGMR Gaygusuz/A, 16.9.1996, ÖJZ **1996** 955 = JZ **1997** 405 m. krit. Anm. *Hailbronner* JZ **1997** 397.

68 Vgl. EGMR (GK) Béláné Nagy/H, 13.12.2016, §§ 80 ff.

69 EGMR (GK) Stec u.a./UK (E), 6.7.2005, §§ 52, 54; Béláné Nagy/H, 10.2.2015, § 36 u. (GK) 13.12.2016, §§ 80 ff.; anderes gilt, wenn es sich um eine Krankenversicherung handelt, die sich hauptsächlich privat und nicht staatlich finanziert, vgl. EGMR Ramaer u. van Willigen/NL (E), 23.10.2012; dazu eingehend *Leijten* ZaöRV **2013** 177 ff.; zur Kürzung von Wohngeld trotz bestehenden Sonderbedarfs: EGMR J.D. u. A/UK, 24.10.2019 (jeweils i.V.m. Art. 14).

70 EGMR Lenz/D (E), 27.9.2001 (Vorruhestandsgeld; Anwendbarkeit des 1. ZP-EMRK offengelassen, da der in der Absenkung der Berechnungsgrundlage liegende Eingriff nicht unverhältnismäßig zu dem damit verfolgten Ziel war); Buchheit u. Meinberg/D (E), 2.2.2006; Da Conceicao Mateus u. Santos Januario/P (E), 8.10.2013, § 18; Markovics u.a./H (E), 24.6.2014 (Umwandlung einer Pension in eine „Aufwandsentschädigung" mit nur geringfügigen Einbußen); in Abgrenzung dazu EGMR Baczúr/H, 7.3.2017, §§ 26, 29 f. (Reduzierung der Sozialleistung auf ein Drittel als Eingriff); zu den Einbußen in den Sozialsystemen in Südeuropa durch Strukturreformen vgl. *Eggen* Statistisches Monatsheft Baden-Württemberg **2014** 15; (GK) Béláné Nagy/H, 13.12.2016, § 84; Šaltinytė/LIT, 26.10.2021, §§ 57 ff. (Bereitstellung von Sozialwohnungen).

71 EGMR (GK) Béláné Nagy/H, 13.12.2016, §§ 80 ff.

ierende Kompensation, Zeitpunkt und Plötzlichkeit der Kürzung, behördliche Willkürlichkeit bei der Entscheidung über den Wegfall der Unterstützung).[72] Der Schutz eines erlangten Vermögenswertes entfällt nicht etwa deshalb, weil dieser mit einem seinen Bestand in Frage stellenden Recht, wie etwa einem nationalen Vorkaufsrecht, belastet ist.[73] Nur das **private Eigentum** eines (ehem.) Staatsoberhauptes, nicht aber das ihm zur Verfügung gestellte **öffentliche Eigentum** unterfällt dem Schutz des Art. 1.[74]

21   Die Aussicht auf den **Erwerb künftigen Eigentums**, auf das noch kein durchsetzbarer Anspruch besteht,[75] wird nicht geschützt.[76] Ebenfalls keinen Schutz bietet Art. 1 des 1. ZP-EMRK für künftige Erwerbs-/Gewinnaussichten[77] oder den Bestand des Geschäftswertes („good will"), etwa gegen eine Minderung durch den Rückgang erwarteter Einnahmen.[78] Das Eigentum ist auch nicht durch die Pflicht zur Übernahme einer **unentgeltlichen oder geringer entlohnten Tätigkeit** betroffen.[79]

22   Geschützt wird dagegen das **Recht, über das eigene Vermögen zu verfügen**,[80] also auch das **Testierrecht** des Erblassers.[81] Ebenso begründet das subjektive **Erbrecht** des Erben Eigentum.[82] Durch erbrachte eigene Leistungen oder durch eine begünstigende Rechtslage **erlangte private oder öffentlich-rechtliche Rechtspositionen** sind erfasst, wenn sie eine bereits rechtlich fundierte Erwartung (**Exspektanz**) auf einen „Eigentumserwerb" begründen.[83]

23   Von Art. 1 ebenfalls geschützt ist nur die **berechtigte Erwartung** („legitimate expectation"), Eigentum zu erlangen.[84] Diese Erwartung muss sich allerdings entweder auf die nicht lediglich zukünftige Rechtslage oder gefestigte Rechtsprechung konzentrie-

---

72 EGMR Da Silva Carvalho Rico/P, 1.9.2015, § 42, NVwZ **2016** 1307 (Wirtschaftskrise Portugal); (GK) Béláné Nagy/H, 13.12.2016, § 117; (GK) Fabian/H, 5.9.2017, §§ 117 ff., NVwZ-RR **2018** 855; Šaltinytė/LIT, 26.10.2021, §§ 57 ff. (Bereitstellung von Sozialwohnungen).

73 Vgl. EGMR (GK) Beyeler/I, 5.1.2000 (wegen Vorkaufsrecht des italienischen Staates widerruflicher Eigentumserwerb an einem Gemälde).

74 EGMR (GK) Former King of Greece u.a./GR, 23.11.2000; Meyer-Ladewig/Nettesheim/von Raumer/*Meyer-Ladewig/von Raumer* 23.

75 EGMR Wendenburg u.a./D (E), 6.2.2003; Ian Edgar (Liverpool) Ltd./UK (E), 25.1.2000; Levänen u.a./FIN (E), 11.4.2006; (GK) Anheuser-Busch/P, 11.1.2007, § 64; vgl. auch EGMR van Marle u.a./NL, 26.6.1986.

76 EGMR Marckx/B, 13.6.1979, § 50, NJW **1979** 2449 = EuGRZ **1979** 454 = FamRZ **1979** 903.

77 Vgl. EGMR Andrews u.a./UK (E), 26.9.2000 (Gesetzesänderung über Feuerwaffen).

78 EGMR Tipp AG/D, 27.11.2012, § 26.

79 EGMR van der Mussele/B, 23.11.1983, EuGRZ **1985** 477, §§ 48 f.

80 EGMR Handyside/UK, 7.12.1976, EuGRZ **1977** 38, § 62; Valle Pierimpiè Società Agricola S.p.a./I, 23.9.2014, § 53.

81 EGMR Marckx/B, 13.6.1979, § 63.

82 EGMR Marckx/B, 13.6.1979, § 50 (bis zum Eintritt des Erbfalls nur als Anwartschaft bestehendes Erbrecht unterfällt nicht Art. 1 des 1. ZP-EMRK); Inze/A, 28.10.1987, ÖJZ **1988** 177, § 38; Mazurek/F, 1.2.2000, FamRZ **2000** 1077 = NJOZ **2005** 1048, §§ 42 f.; Yianopulu/TRK, 14.1.2014, §§ 39 ff.; *Grabenwarter/Pabel* § 25, 7; *Nußberger* ErbR **2014** 468 f.; *Riedel* EuGRZ **1988** 333, 334; vertiefend: *Hochhauser* ÖJZ **2015** 1069. Zur „Stichtagsregelung" bei ehelichen/nicht-ehelichen Kindern siehe EGMR Wolter u. Sarfert/D, 23.3.2017, ZEuP **2018** 948 m. Anm. *Hergenröder*. Wird zulasten des Bf. muslimisches Erbrecht gemäß der Scharia anstelle des nationalen Erbrechts angewendet und der Erbe deshalb schlechter gestellt, kann dies einen Verstoß gegen Art. 14 i.V.m. Art. 1 des 1. ZP-EMRK darstellen, vgl. EGMR (GK) Molla Sali/GR, 19.12.2018, NJW **2021** 1213.

83 Vgl. EGMR Wendenburg u.a./D (E), 6.2.2003 (offengelassen); Meyer-Ladewig/Nettesheim/von Raumer/ *Meyer-Ladewig/von Raumer* 10, 21 (good will); vertiefend: *Wildhaber* FS Baudenbacher 253.

84 EGMR (GK) Gratzinger u. Gratzingerova/CS (E), 10.7.2002; (GK) Kopecký/SLO, 28.9.2004, § 35; Sfountouris u.a./D (E), 31.5.2011, EuGRZ **2011** 477; (GK) Béláné Nagy/H, 13.12.2016, §§ 74 ff. (Ansprüche auf Sozialhilfe); Čakarević/KRO, 26.4.2018, § 51; Kurban/TRK, 24.11.2020, § 62 f.; Sakskoburggotski u. Chrobok/BUL, 7.9.2021, §§ 176 ff. (hier kein „Eigentum"); Stoyanov u. Tabakov/BUL, 7.12.2021, § 50 (Vorkaufsrecht).

ren.[85] Die einfache Hoffnung, die Rechtslage werde sich ändern, ist insoweit nicht ausreichend.[86] Von der Begründung einer „berechtigten Erwartung" kann nicht ausgegangen werden, wenn die richtige Auslegung und Anwendung des innerstaatlichen Rechts strittig ist und das Vorbringen in der Folge von den innerstaatlichen Gerichten zurückgewiesen wird.[87]

5. Eingriff. Ein Eingriff in das Eigentum (Absatz 1 Satz 1) kann in einem **aktiven Han-** 24 **deln** staatlicher Stellen zu sehen sein,[88] wozu sowohl Gesetzes-[89] als auch Rechtsprechungsänderungen[90] gehören können. Ebenso kann ein Eingriff vorliegen, wenn es der Staat entgegen seiner **Schutzpflicht** (Rn. 11) unterlässt, in seinem Herrschaftsbereich oder in Teilen davon die effektive Ausübung des Eigentumsrechts zu gewährleisten und die zum Schutz des Eigentumsrechts notwendigen Maßnahmen zu ergreifen.[91] Das bewusste **Unterlassen erforderlicher Schutzmaßnahmen** kann dann einem aktiven Eingriff des Staates in das Eigentum gleichkommen.

Der Staat hat einen von ihm zu verantwortenden Eingriff durch einen **legitimen** 25 **Zweck** zu rechtfertigen und für einen **gerechten Ausgleich** zwischen den widerstreitenden Interessen der Einzelnen und denen der Gemeinschaft zu sorgen:[92] Deshalb hat der EGMR verschiedentlich verzichtet, sich auf einen der beiden ineinander übergehenden Gesichtspunkte (aktives Tun – pflichtwidriges Unterlassen) festzulegen.[93]

Die **Nichtvollstreckung eines rechtskräftigen Urteils** stellt einen Eingriff in das 26 Eigentum dar;[94] ist der Staat Schuldner, so kann er sich für die Nichterfüllung von Forderungen nicht auf fehlende Haushaltsmittel („insufficient budgetary allocations"; „lack of

---

85 EGMR Associazione Nazionale Reduci dalla Prigionia dall'Internamento e dalla Guerra di Liberazione/ D (E), 4.9.2007, NJW **2009** 492, 493 f. m. Anm. *Dörr* JuS **2009** 741; Mottola u.a./I, 4.2.2014, § 44; vgl. auch EGMR Sfountouris u.a./D (E), 31.5.2011 (Massaker der Waffen-SS in Griechenland; nationale Gerichte hatten deutsches und internationales Recht nicht willkürlich angewandt; keine berechtigte Erwartung auf Entschädigung).

86 EGMR (GK) von Maltzan u.a., von Zitzewitz u.a. sowie MAN Ferrostaal u. Alfred Töpfer Stiftung/D (E), 2.3.2005; Ernewein u.a./D (E), 12.5.2009, EuGRZ **2009** 580; Althoff/D, 8.12.2011, NVwZ **2012** 1455, § 39 (Enteignung in der früheren DDR; „Zweitgeschädigt"; Restitutionsantrag nach dem Vermögensgesetz; rückwirkende Änderung der Antragsfrist).

87 EGMR (GK) Kopecký/SLO, 28.9.2004, § 50; (GK) Anheuser-Busch Inc./P, 11.1.2007, § 65; Hasan Tunç u.a./ TRK, 31.1.2017, § 65; Schaedel/D (E), 3.2.2009; Sfountouris u.a./D (E), 31.5.2011, EuGRZ **2011** 477; (GK) Radomilja u.a./KRO, 20.3.2018, §§ 142 ff. (unklare Rechtslage bei möglicher Ersitzung).

88 Siehe EGMR Sadykov/R, 7.10.2010, §§ 262–267 (Diebstahl durch Polizeibeamte); Couturon/F, 25.6.2015, § 28 (Bau einer Schnellstraße; Minderung Grundstückswert); ähnlich EGMR Orlov u.a./R, 14.3.2017, §§ 117 f.

89 EGMR Anheuser-Busch Inc/P, 11.1.2007, § 82.

90 EGMR Mottola u.a./I, 4.2.2014, §§ 55 ff.

91 Vgl. EGMR (GK) Georgien/R, 21.1.2021, §§ 176 ff., 220 ff. (Plünderungen/Brandschatzung in Südossetien, zugleich Verletzung von Art. 2, 3 und 8).

92 Zum legitimen Zweck für den Verlust von Forderungsrechten (konkret: Bankguthaben) durch Verjährung und zum gerechten Ausgleich (Information an Inhaber des Sparbuches, dass er Guthaben wegen langer Inaktivität verlieren wird): EGMR Zolotas/GR (Nr. 2), 29.1.2013, §§ 47 ff., 51 ff.

93 EGMR (GK) Broniowski/PL, 22.6.2004 (Verpflichtung nicht nachgekommen, entsprechend einem Gesetz für einen gerechten Ausgleich der Landverluste im ehem. Ostpolen zu sorgen).

94 EGMR Burdov/R, 7.5.2002, § 40; Jasiūnienė/LIT, 6.3.2003, § 45; Voytenko/UKR, 29.6.2004, §§ 53 f.; Jeličić/ BIH, 31.10.2006; Burdov/R (Nr. 2), 15.1.2009; Bjelajac/SRB, 18.9.2012, §§ 50–53; regelmäßig wird dann auch Art. 6 Abs. 1 verletzt sein, vgl. EGMR Hornsby/GR, 19.3.1997, ÖJZ **1998** 236 (Recht auf Vollstreckung eines rechtskräftigen Urteils als Teil der Verfahrensfairness); vgl. Art. 6 Rn. 115.

budget fundings")[95] oder fehlenden Wohnraum (wenn aufgrund Gerichtsurteils eine Wohnung bereitzustellen ist),[96] auch nicht auf eine formelle Insolvenz der zahlungspflichtigen Gebietskörperschaft und das Bedürfnis berufen, alle Gläubiger gleich (schlecht, etwa indem alle Forderungen gleichermaßen nur in Höhe eines gewissen Prozentsatzes erfüllt werden) zu behandeln.[97] Noch kein Eingriff ist jedoch darin zu sehen, dass überhaupt über eine privatrechtliche Streitigkeit gerichtlich entschieden wird, was zur Folge hat, dass eine Partei verlieren wird.[98]

27   Auch ohne formale Enteignung i.S.d. Absatzes 1 Satz 2 oder ausdrückliche Anordnung einer Nutzungsbeschränkung i.S.d. Absatzes 2 kann ein Eingriff in das Eigentum schon darin liegen, dass der Staat dem Eigentümer die **Nutzung seines Eigentums unmöglich** macht (*„de facto Enteignung"*),[99] sei es, dass er ihm durch seine Organe langfristig den **Zugang zu einem Gebiet verwehrt**, im dem sein Eigentum liegt,[100] sei es, dass er den Eigentümer langfristig durch ein vorläufiges **Bauverbot** an der Nutzung seines Eigentums hindert.[101] Ein Eingriff ist dagegen nicht anzunehmen, wenn eine zuvor weit unter dem üblichen Marktpreis liegende Miete oder Pacht aufgrund einer Gesetzesänderung auf den Normalpreis angehoben wird.[102] Anders jedoch, wenn Eigentümern verwehrt wird, ihre seit Jahrzehnten unter dem üblichen Preis liegenden Vermietungsentgelte beizubehalten und ihre Grundstücke unter Wert zu vermarkten, da so unverhältnismäßig in ihr Nutzungsrecht an ihrem Eigentum eingegriffen werde.[103] Auch eine gesetzliche Regelung, durch die eine unwirksame Eigentumsübertragung nachträglich geheilt werden soll, greift in das Eigentum ein,[104] desgleichen ist die **Zerstörung eines Hauses** durch Sicherheitskräfte ein Eingriff in das Eigentum.[105] Ein Eingriff kann in einer **Untersagung der Ausübung einer gewerblichen oder beruflichen Tätigkeit** zu sehen sein,[106] ebenso im Weg-

---

95   EGMR Voytenko/UKR, 29.6.2004, §§ 51, 55. Dieser Fall betraf, wie auch ähnliche Fälle (z.B. EGMR Tsibulko u.a./UKR, 20.6.2013, § 14; Moskalenko u.a./UKR, 18.7.2013, § 18), gerichtlich festgestellte Forderungen, jedoch sollte das Fehlen von Haushaltsmitteln bzw. der Bereitstellung von Haushaltsmitteln auch dann kein Rechtfertigungsgrund sein, wenn die Ansprüche noch nicht gerichtlich festgestellt sind. Allenfalls kann im Einzelfall in Betracht kommen, einen noch nicht gerichtlich festgestellten Zahlungsanspruch nicht als Eigentum i.S.d. Art. 1 des 1. ZP-EMRK anzusehen.

96   EGMR Tchokontio Happi/F, 9.4.2015, §§ 50, 57 ff. (hier: Anspruch kein „Eigentum"; nur Art. 6 Abs. 1 verletzt; bei Bejahung von Eigentum hätte trotz Wohnungsknappheit eine Verletzung von Art. 1 des 1. ZP-EMRK vorgelegen).

97   EGMR De Luca/I, 24.9.2013, §§ 52 ff., 55, EuZW **2014** 319 (Ls.) m. Anm. *Sobotta* (gerichtlich festgestellter Anspruch).

98   EGMR Gioka/GR, 16.4.2009, § 29; I.B./GR (E), 28.8.2012, § 61 (im konkreten Fall keine Anhaltspunkte für Willkür seitens des nationalen Gerichts).

99   Vgl. EGMR Fredin/S (Nr. 1), 18.2.1991 (Widerruf einer Kiesabbaubewilligung); keine *de facto*-Enteignung); ebenfalls verneint bei Geschäftseinbußen nach einem Verbot der Vermittlung von Glücksspielen im Internet: EGMR Tipp AG/D, 27.11.2012, §§ 27–29.

100   EGMR (GK) Loizidou/TRK, 18.12.1996, EuGRZ **1997** 555 = ÖJZ **1997** 793 (Zugang zu Grundstück in Nordzypern); Chiragov u.a./ARM, 16.6.2015, NVwZ **2016** 1149 (Vertreibung aus Bergkarabach).

101   EGMR Sporrong u. Lönnroth/S, 23.9.1982; Meyer-Ladewig/Nettesheim/von Raumer/*Meyer-Ladewig/von Raumer* 26; Hüseyin Kaplan/TRK, 1.10.2013 (nachträgliche Änderung eines Bebauungsplanes, die den Eigentümer einer Wiese hinderte, Bäume zu pflanzen und Gebäude zu errichten).

102   EGMR Berger-Krall u.a./SLW,12.6.2014.

103   EGMR Lindheim u.a./N, 22.10.2012, §§ 128 ff.

104   EGMR Forrer-Niedenthal/D, 20.2.2003, NJW **2004** 927 = VIZ **2004** 170 = ZOV **2004** 68.

105   Meyer-Ladewig/Nettesheim/von Raumer/*Meyer-Ladewig/von Raumer* 28 unter Hinweis auf EGMR Dulas/TRK, 30.1.2001.

106   EGMR Brückl/D (E), 9.5.2007; Könyv-Tár Kft u.a./H, 16.10.2018, § 43 (Kundenstamm als Vermögenswert); Art. 1 des 1. ZP-EMRK ist nicht einschlägig, wenn abhängig Beschäftigte beurlaubt bzw. vom Dienst suspen-

fall einer Sozialleistung infolge von Gesetzesänderungen.[107] Die Kürzung eines mit dem Arbeitgeber vereinbarten **Vorruhestandgeldes** durch den Gesetzgeber stellt jedoch keinen Eingriff in das Eigentum dar, da der Anspruch nur dem Grunde nach, nicht aber in einer bestimmten Höhe unter den Schutz des Art. 1 Abs. 1 Satz 1 fällt.[108]

Die bloße Nennung einer Organisation auf einer **Liste terroristischer Vereinigun-** **28** **gen,** deren Vermögen möglicherweise eingefroren werden wird, stellt noch keinen Eingriff in das Eigentum dar.[109] Ähnliche Fragen stellen sich im europarechtlichen Kontext in Hinblick auf die Sanktionslisten gegen Unterstützer Russlands im Ukraine-Konflikt. Nach Art. 2 Abs. 1 der **EU-Verordnung Nr. 269/2014**[110] werden sämtliche Gelder und wirtschaftliche Ressourcen der in der Sanktionsliste aufgeführten natürlichen oder juristischen Personen, Einrichtungen oder Organisationen eingefroren. Dies stellt einen Eingriff in das durch Art. 17 EUC geschützte Eigentumsrecht dar,[111] der sowohl in formeller als auch in materieller Hinsicht Rechtmäßigkeitsanforderungen unterliegt. Nach Art. 3 Abs. 1 *lit.* a der VO 269/2014 können u.a. solche natürlichen Personen in die Sanktionslisten mit aufgenommen werden, die für Handlungen oder politische Maßnahmen, die die territoriale Unversehrtheit, die Souveränität und die Unabhängigkeit der Ukraine oder die Stabilität oder die Sicherheit in der Ukraine untergraben oder bedrohen, verantwortlich sind, oder solche Handlungen oder politischen Maßnahmen unterstützen oder umsetzen. Der EuGH hatte in diesem Kontext in einem aktuellen Fall zu entscheiden, ob die Voraussetzungen des Art. 3 der VO 269/2014 vorlagen, und stellte diesbezüglich klar, dass es selbstverständlich nicht ausreichend sein kann, wenn die auf den Sanktionslisten geführte Person zum maßgeblichen Zeitpunkt lediglich in einem Verwandtschaftsverhältnis zu einem Unterstützer Russlands steht.[112]

6. Enteignung. Die Enteignung wird durch Art. 1 des 1. ZP-EMRK nicht ausgeschlossen, **29** sie ist aber nach Absatz 1 Satz 2 nur zulässig, wenn sie in den nationalen **Gesetzen** vorgesehen ist. Die Bedingungen, unter denen das Eigentum entzogen werden kann, müssen durch einen allen Personen zugänglichen und eindeutigen **Rechtssatz festgelegt** und damit für die

---

diert werden, in dieser Zeit nicht arbeiten (dürfen) und keinen Lohn erhalten: EGMR Buterlevičiūtė/LIT, 12.1.2016, § 70.

107 EGMR (K) Béláné Nagy/H, 10.2.2015, §§ 49 f. (4:3 Stimmen); zur Rechtfertigung siehe §§ 38 f., 51 ff.; grundlegend anders der Ansatz im ablehnenden Sondervotum, wonach Eigentum i.S.d. Art. 1 nicht vorliegen könne, wenn nach nationalem Recht kein Anspruch auf die gewünschte Sozialleistung bestehe, selbst wenn es nach früherem Recht einen solchen Anspruch gegeben habe; sodann: EGMR (GK) Béláné Nagy/H, 13.12.2016, §§ 80 ff. mit erneut (teilweise) widersprechenden Sondervoten von acht Richtern, die gegen die weite Auslegung des Eigentumsbegriffs zugunsten von staatlichen Sozialleistungen opponieren; vgl. § 45: „*We would like to end with a final remark. We are very well aware of the applicant's difficult situation. She fell through the holes of the social-security net when it was reformed. But nevertheless we consider that hard cases do not make good law. Such cases cannot be a reason to change the Court's long-standing and well-entrenched approach to the interpretation of ‚possessions' and ‚legitimate expectations' within the meaning of Article 1 Protocol No. 1 to the Convention.*"

108 EGMR Lenz/D (E), 27.9.2001.

109 EGMR Segi u.a./15 Mitgliedstaaten der EU und Gestoras Pro-Amnestia u.a./15 Mitgliedstaaten der EU (E), 23.5.2002.

110 Verordnung (EU) Nr. 269/2014 des Rates vom 17.3.2014 in der Fassung vom 25.2.2023 über restriktive Maßnahmen angesichts von Handlungen, die die territoriale Unversehrtheit, Souveränität und Unabhängigkeit der Ukraine untergraben oder bedrohen.

111 Vgl. dazu etwa bereits ausführlich Deutscher Bundestag, Unterabteilung Europa Fachbereich Europa, EU-Sanktionen gegenüber Russland, Rechtsgrundlagen und Rechtmäßigkeit restriktiver Maßnahme der EU gegenüber dem Vorsitzenden der Staatsduma, Ausarbeitung PE 6 – 3000 – 164/14.

112 Vgl. EuGH 8.3.2023, T-212/22 (Prigozhina) (Mutter des Chefs der sog. Wagner-Gruppe).

Betroffenen vorhersehbar sein (Rn. 9). Bei dem Eingriff selbst müssen die materiellen und formellen Voraussetzungen des innerstaatlichen Rechts eingehalten[113] und die Grundsätze der Rechtsstaatlichkeit beachtet werden,[114] zu denen auch die Beachtung des Grundsatzes der **Verhältnismäßigkeit** gehört. Das gilt nicht nur für die formalen Enteignungsgesetze, sondern auch für sonstige staatliche Maßnahmen, die eine Eigentumsentziehung anordnen[115] oder ihr in der Wirkung *de facto* gleichkommen.[116]

30   Die Enteignung oder die ihr *de facto* gleichkommende Maßnahme muss im **öffentlichen Interesse** liegen. Außerdem ist bei allen staatlichen Eingriffen in das Eigentum die **Verhältnismäßigkeit** zwischen dem im öffentlichen Interesse verfolgten Ziel und den Grundrechten des Betroffenen zu wahren. Es muss ein **gerechtes (faires) Gleichgewicht** zwischen den tangierten Interessen hergestellt werden. Dem Betroffenen darf durch die Enteignung keine unverhältnismäßige Last auferlegt werden.[117] Eine gewährte **Entschädigung** muss dem Wert des entzogenen Eigentums in vernünftiger Weise Rechnung tragen.[118]

31   Bei Beurteilung der Frage, ob ein **gerechter Ausgleich** zwischen den öffentlichen Interessen und dem Schutz der Rechte des Einzelnen gewahrt wurde, zieht der EGMR alle Umstände des Einzelfalles, die Anwendung der gesetzlichen Regelungen auf den Betroffenen und die Modalitäten seiner Entschädigung in Betracht.[119] In der Regel stellt eine Enteignung einen unverhältnismäßigen Eingriff dar, wenn keine **Entschädigung** gezahlt wird. Nur unter außergewöhnlichen Umständen ist eine Enteignung ohne Entschädigung konventionskonform (Rn. 43).

32   Bei Enteignungen, die **vor dem Inkrafttreten des 1. ZP-EMRK** durchgeführt wurden, ist die Hoffnung auf deren rechtliche Unwirksamkeit oder Rückgängigmachung und damit auf Anerkennung oder Wiedererlangung eines entzogenen Eigentums kein nach Art. 1 geschützter Vermögenswert.[120] Ergibt sich aber aus einem Entschädigungsgesetz über Enteignungen ein Anspruch, so kann dieser Art. 1 des 1. ZP-EMRK unterfallen; ob das 1. ZP-EMRK oder das Entschädigungsgesetz zuerst galt, spielt dann keine Rolle (Rn. 2).

33   Das für eine Enteignung zu fordernde **öffentliche Interesse** ist **weit auszulegen**. Es deckt alle Maßnahmen ab, mit denen der Staat eine legitime Politik, vor allem im Bereich

---

113 Zum Erfordernis der Gesetzmäßigkeit, dem der EGMR gegenüber dem Verhältnismäßigkeitsgrundsatz – etwa EGMR (GK) Iatridis/GR, 25.3.1999; (GK) Former King of Greece u.a./GR, 23.11.2000 – stärkeres Gewicht beimisst, vgl. *Mittelberger* EuGRZ **2001** 364, 370 ff. Eine nicht dem Gesetz entsprechende Enteignung ist unzulässig, so dass es auf ihre Verhältnismäßigkeit nicht mehr ankommt.
114 EGMR James u.a./UK, 21.2.1986; (GK) Iatridis/GR, 25.3.1999; (GK) Former King of Greece u.a./GR, 23.11.2000; Baklanov/R, 9.6.2005; Frizen/R, 24.3.2005; (GK) Jahn u.a./D, 30.6.2005; Ismayilov/R, 6.11.2008; Maksymenko u. Gerasymenko/UKR, 16.5.2013, § 54; Meyer-Ladewig/Nettesheim/von Raumer/*Meyer-Ladewig/von Raumer* 48.
115 EGMR Milhau/F, 10.7.2014 (Verpflichtung im Rahmen eines Vermögensausgleichs, bestimmtes Haus an geschiedene Ehefrau zu übereignen); Dabić/KRO, 18.3.2021 („Sequestrationsgesetz" von 1995).
116 EGMR Fredin/S (Nr. 1), 18.2.1991; Mamatas u.a./GR, 21.7.2016, NVwZ-RR **2017** 849 (verpflichtender Umtausch von Vermögenswerten in Staatsanleihen im Rahmen der griechischen Schuldenkrise).
117 EGMR Sporrong u. Lönnroth/S, 23.9.1982; Pressos Compania Naviera S.A. u.a./B, 20.11.1995; (GK) Former King of Greece u.a./GR, 23.11.2000; Wendenburg u.a./D (E), 6.2.2003; Forrer-Niedenthal/D, 20.2.2003; vgl. *Hartwig* RabelsZ **1999** 561, 572; Meyer-Ladewig/Nettesheim/von Raumer/*Meyer-Ladewig/von Raumer* 41.
118 EGMR The Holy Monasteries/GR, 9.12.1994, ÖJZ **1995** 428; (GK) Former King of Greece u.a./GR, 23.11.2000.
119 Etwa EGMR Noack u.a./D (E), 25.5.2000, LKV **2001** 69 („Gemeinde Horno"); Forrer-Niedenthal/D, 20.2.2003; Hamer/B, 27.11.2007.
120 EGMR (GK) von Maltzan u.a., von Zitzewitz u.a. sowie MAN Ferrostaal u. Alfred Töpfer Stiftung/D (E), 2.3.2005; (GK) Malhous/CS (E), 13.12.2000; Meyer-Ladewig/Nettesheim/von Raumer/*Meyer-Ladewig/von Raumer* 55 ff.; zum Klageausschluss des Überleitungsvertrags: EGMR (GK) Fürst Adam II von und zu Liechtenstein/D, 12.7.2001, NJW **2003** 649 = EuGRZ **2001** 466 = ÖJZ **2002** 347 = VIZ **2003** 174; dazu krit. *Blumenwitz* AVR **40** (2002) 215.

der Wirtschafts- und Sozialpolitik sowie der Flächen- und Bodenordnung verfolgt, so etwa für Zwecke des Straßenbaus[121] oder der Flurbereinigung.[122] Maßnahmen des Gesetzgebers, die nach einem **Wechsel des Wirtschaftssystems** im Bereich der Eigentumsordnung Rechtsfrieden und Rechtssicherheit wiederherstellen sollen,[123] sowie Enteignungen, die keine Nutzung durch die Allgemeinheit begründen, sondern in Verfolgung einer sozialpolitischen Zielsetzung **zugunsten Privater** wirken, können hierunter fallen.[124]

Bei der Entscheidung, Ausgaben und Einnahmen des Staates ins Gleichgewicht zu **34** bringen, müssen regelmäßig politische, wirtschaftliche und soziale Fragen berücksichtigt werden. Daher hat der Gesetzgeber in der Wirtschafts- und Sozialpolitik einen **Gestaltungsspielraum**. Die Entscheidung eines Staates zum „öffentlichen Interesse" in diesen Fragen ist zu respektieren, solange diese Beurteilung nicht **offensichtlich einer vernünftigen Begründung entbehrt**.[125] Die **Beachtung von Unionsrecht** durch die Mitgliedstaaten der EU stellt regelmäßig ein berechtigtes *öffentliches Interesse* dar.[126]

Dem Gesetzgeber und den staatlichen Behörden wird sowohl hinsichtlich des Vorlie- **35** gens eines öffentlichen Interesses als auch hinsichtlich der Zweckmäßigkeit des Eingriffs und der Wahl der Mittel ein **weiter Beurteilungsspielraum** zuerkannt,[127] da sie grundsätzlich besser in der Lage sind, die örtlichen Bedürfnisse und Zusammenhänge zu beurteilen. Die Maßnahmen müssen nicht notwendig sein; es genügt, wenn sie den staatlichen Stellen den Umständen nach als angeraten erscheinen, sofern sie **„vernünftig und im guten Glauben"** handeln.[128]

Der EGMR behält sich aber die Beurteilung vor, ob die **Verhältnismäßigkeit** gewahrt **36** und ein **gerechter Ausgleich** („proper balance"/„juste équilibre") hergestellt ist.[129] Je nach den Umständen kann diese Abwägung zu unterschiedlichen Ergebnissen führen.[130] Grundsätzlich achtet der EGMR dabei die Entscheidung des nationalen Gesetzgebers, dass die Enteignung im öffentlichen Interesse liegt, es sei denn, dass ihm diese **offensichtlich willkürlich** oder **unvernünftig** erscheint.[131] Zum Prüfungsumfang zählt i.d.R. auch, ob

---

121 EGMR (GK) Papachelas/GR, 25.3.1999, EuGRZ **1999** 319 = NVwZ **1999** 1325.

122 EGMR Prötsch/A, 15.11.1996, ÖJZ **1997** 190; Meyer-Ladewig/Nettesheim/von Raumer/*Meyer-Ladewig/von Raumer* 39.

123 Vgl. EGMR Forrer-Niedenthal/D, 20.2.2003; (GK) Jahn u.a./D, 30.6.2005; dazu *Hornickel* NVwZ **2004** 567 u. *Dörr* JuS **2004** 808.

124 EGMR James u.a./UK, 21.2.1986; Lithgow u.a./UK, 8.7.1986; Håkansson u. Sturesson/S, 21.2.1990, EuGRZ **1992** 5; (GK) Former King of Greece u.a./GR, 23.11.2000; *Hartwig* RabelsZ **1999** 561, 568.

125 EGMR Zvolský u. Zvolská/CS, 12.11.2002, § 67; Mihaies u. Sentes/RUM, 6.12.2011, §§ 19–21; Göbel/D, 8.12.2011, § 42; Althoff u.a./D, 8.12.2011, § 60.

126 EGMR (GK) Bosphorus Hava Yolları Turizm ve Ticaret Anonim Şirketi/IR, 30.6.2005, NJW **2006** 197 = EuGRZ **2007** 662 = EuR **2006** 78; Meyer-Ladewig/Nettesheim/von Raumer/*Meyer-Ladewig/von Raumer* 38.

127 EGMR James u.a./UK, 21.2.1986; Lithgow u.a./UK, 8.7.1986; AGOSI/UK, 24.10.1986; Fredin/S (Nr. 1), 18.2.1991; Wiesinger/A, 30.10.1991, ÖJZ **1992** 238; (GK) Chassagnou u.a./F, 29.4.1999, NJW **1999** 3695 = ÖJZ **2000** 113; (GK) Former King of Greece u.a./GR, 23.11.2000; Wittek/D, 12.12.2002; Wendenburg u.a./D (E), 6.2.2003; Forrer-Niedenthal/D, 20.2.2003; (GK) Jahn u.a./D, 30.6.2005; Althoff/D, 8.12.2011, NVwZ **2012** 1455, § 62; *Frowein/Peukert* 44; *Mittelberger* EuGRZ **2001** 364, 366; vgl. *Hartwig* RabelsZ **1999** 561, 568 (Definitionshoheit des öffentlichen Interesses).

128 EGMR Handyside/UK, 7.12.1976; Poznanski/D (E), 3.7.2007; *Peukert* EuGRZ **1981** 97, 107.

129 Etwa EGMR Wiesinger/A, 30.10.1991; Noack u.a./D, 25.5.2000; Maksymenko u. Gerasymenko/UKR, 16.5.2013, §§ 60 ff.; vgl. *Fiedler* EuGRZ **1996** 354, 355 (Abstellen auf gerechten Ausgleich positiv zu bewerten).

130 Vgl. EGMR (GK) Jahn u.a./D, 30.6.2005; *Fiedler* EuGRZ **1996** 334, 335 unter Hinweis auf EGMR Pine Valley Developments Ltd u.a./IR, 29.11.1991, einerseits und EGMR Hentrich/F, 22.9.1994, andererseits.

131 EGMR Mellacher u.a./A, 19.12.1989; Håkansson u. Sturesson/S, 21.2.1990; Wendenburg u.a./D (E), 6.2.2003; *Mittelberger* EuGRZ **2001** 364, 366 m.w.N.; Meyer-Ladewig/Nettesheim/von Raumer/*Meyer-Ladewig/von Raumer* 36.

Esser

die tatsächlichen Voraussetzungen für die Annahme eines öffentlichen Interesses wirklich gegeben waren.[132]

37   Die **Bedingungen**, unter denen das Eigentum entzogen werden kann, müssen **durch Gesetz** festgelegt[133] sein. Sie müssen im innerstaatlichen Recht vorgesehen sein und sowohl diesem als auch den Grundsätzen der Rechtsstaatlichkeit entsprechen.[134] Das gilt nicht nur für die formalen Enteignungsgesetze, sondern auch für sonstige staatliche Maßnahmen, die eine Eigentumsentziehung anordnen[135] oder die wegen ihrer Auswirkungen einer Enteignung in der Wirkung gleichkommen (*de facto*-**Enteignung**), da die verbleibende Rechtsposition keine sinnvolle Nutzung mehr zulässt.[136] Beachtet der Staat die gesetzlichen Vorgaben für die Durchführung des Eingriffs nicht, handelt er konventionswidrig.[137]

38   Der Staat darf Eingriffe in das Eigentum, insbesondere aber die Entziehung und die Rückgewähr entzogenen Eigentums **nicht willkürlich** regeln und insbesondere nicht auf Gesichtspunkte abstellen, die eine unzulässige **Diskriminierung** (Art. 14 EMRK, 12. ZP-EMRK/Art. 26 IPBPR) der Betroffenen bedeuten.[138]

39   Ob die **Enteignungsentschädigung gesetzlich geregelt** sein muss, richtet sich zunächst nach dem jeweiligen nationalen Recht. Art. 1 ZP-EMRK schreibt sie nicht ausdrücklich vor. Der Hinweis auf die **allgemeinen Grundsätze des Völkerrechts** schließt nur die entschädigungslose Enteignung bei Ausländern aus, da bei diesen das völkerrechtliche Fremdenrecht die entschädigungslose Enteignung verbietet.[139] Die zunächst strittige Entschädigungspflicht für Inländer[140] hat der EGMR dann aus allgemeinen Grundsätzen und dem Erfordernis der **Verhältnismäßigkeit** in Verbindung mit dem allgemeinen Achtungsanspruch in Absatz 1 Satz 1 hergeleitet.[141]

40   Die frühere Ansicht der Konventionsorgane, dass eine solche Entschädigungspflicht auch unter Berufung auf Art. 5 des 1. ZP-EMRK, Art. 14 EMRK nicht begründet werden könne, ist damit überholt. Die praktischen Auswirkungen dieser umstrittenen Auslegung wurden allerdings auch früher schon dadurch gemildert, dass eine entschädigungslose

---

132 EGMR Islamic Republic of Iran Shipping Lines/TRK, 13.12.2007; *Frowein/Peukert* 44.

133 Nicht notwendig ist ein förmliches Gesetz; **a.A.** *Guradze* 4 I. Auch eine Entscheidung des BVerfG (§ 31 BVerfGG) erfüllt diese Voraussetzung: EGMR Wendenburg u.a./D (E), 6.2.2003; Špaček, s.r.o./CS, 9.11.1999, § 54.

134 EGMR James u.a./UK, 21.2.1986; (GK) Iatridis/GR, 25.3.1999; (GK) Former King of Greece u.a./GR, 23.11.2000; Dimitrovi/BUL, 3.3.2015, §§ 44 f.

135 EGMR Milhau/F, 10.7.2014, § 53 (Scheidungsurteil: Pflicht zur Übereignung eines bestimmten Hauses an Ehefrau; Verstoß, da Bf. nicht gestattet wurde, den zu entrichtenden Vermögensausgleich anders herbeizuführen, etwa durch Zahlung der entsprechenden Geldsumme oder Übereignung eines anderen Hauses).

136 EGMR Papamichalopoulos u.a./GR, 24.6.1993, ÖJZ **1994** 177; Hentrich/F, 22.9.1994 (staatl. Vorkaufsrecht); (GK) Brumarescu/RUM, 28.10.1999; *Grabenwarter/Pabel* § 25, 12; Meyer-Ladewig/Nettesheim/von Raumer/*Meyer-Ladewig/von Raumer* 31; vgl. auch *Cremer* EuGRZ **2004** 134, 136.

137 EGMR Metalco B.T./H, 1.2.2011, §§ 17 f.

138 EGMR Manzanas Martín/E, 3.4.2012 (Möglichkeit der freiwilligen Beitragszahlung zum Erreichen der Mindestbeitragszeit in der Rentenversicherung für Zeiten der Tätigkeit als katholischer Priester, nicht jedoch für Zeiten der Tätigkeit als evangelischer Priester); HRC Dr. Karel Des Fours Walderode/CS, 2.11.2001, 747/1997, NJW **2002** 353 (Rückgabe entzogenen Eigentums nur an Staatsbürger).

139 *Frowein/Peukert* 50 f.; *Partsch* 225; *Peukert* EuGRZ **1981** 97, 108; ferner ausführlich dazu *Seidl-Hohenveldern* FS Ermacora 181, 182 ff.; *Hartwig* RabelsZ **1999** 561, 574, der trotz der eher dagegensprechenden Entstehungsgeschichte die Vorschrift als Rechtsfolgenverweisung versteht und sie deshalb gleichermaßen auf Inländer und Ausländer für anwendbar hält.

140 EGMR James u.a./UK, 21.2.1986; Lithgow u.a./UK, 8.7.1986; str.; dazu etwa *Böckstiegel* NJW **1967** 905; *Peukert* EuGRZ **1981** 97, 108; *Riedel* EuGRZ **1988** 333; *Seidl-Hohenveldern* FS Ermacora 181, 182 ff. m.w.N.

141 Vgl. *Cremer* EuGRZ **2004** 134, 138; *Hartwig* RabelsZ **1999** 561, 563. Siehe auch EGMR Althoff u.a./D, 8.12.2011, NVwZ **2012** 1455 = ZOV **2012** 32; Göbel/D, 8.12.2011, NJOZ **2012** 2235 = ZOV **2012** 38.

Enteignung der eigenen Staatsangehörigen im Regelfall bereits innerstaatlich nicht als zulässig angesehen wurde, und dass auch eine Entschädigung unter dem angemessenen Wert meist als übermäßiger Eingriff anzusehen ist, der gegen Art. 1 des 1. ZP-EMRK verstößt.[142]

Eine **grundsätzliche Entschädigungspflicht** wird mittlerweile aus dem Gebot der **41** Achtung des Eigentums hergeleitet, das auch bei enteignenden Maßnahmen des Staates **unverhältnismäßige Eingriffe** ausschließt (Rn. 36). Da stets ein **gerechter Ausgleich** („fair balance") zwischen dem mit der Enteignung verfolgten Allgemeininteresse und den Belangen des Betroffenen hergestellt werden muss,[143] fällt bei der hierdurch gebotenen **Abwägung** der Auswirkungen die zu gewährende Entschädigung entscheidend ins Gewicht; ihre Höhe ist maßgeblich dafür, ob ein angemessener Ausgleich für den Eigentumsentzug erreicht wird.[144] Sofern nicht außergewöhnliche Verhältnisse dies rechtfertigen (Rn. 43), bedeutet damit die **Versagung jedweder Entschädigung** regelmäßig ein unverhältnismäßiges, das faire Gleichgewicht der Interessen missachtendes Sonderopfer, zu dessen Anordnung der Staat auch durch Absatz 1 Satz 2 nicht ermächtigt wird.[145] Das Gleiche gilt, wenn eine Regelung die Betroffene **ungleich belastet**,[146] oder die Gewährung einer Entschädigung ungewiss ist.[147]

Der **Umfang der Entschädigungspflicht** muss sich grundsätzlich am **Marktwert** des **42** entzogenen Gegenstandes orientieren, wenn dadurch der Entzug des Eigentums kompensiert werden soll.[148] Eine gesetzliche Regelung, welche undifferenziert bei Maßnahmen des Straßenbaus die Höhe der Entschädigung kürzt, um eine vermutete Werterhöhung des Grundstücks durch den Straßenbau auszugleichen, wurde vom EGMR als mit Art. 1 des 1. ZP-EMRK unvereinbar angesehen, da sie zu wenig flexibel sei, um den unterschiedlichen Gegebenheiten Rechnung zu tragen und den betroffenen Eigentümer behindere, sein Recht auf volle Entschädigung geltend zu machen.[149]

Nur wenn besondere Umstände vorliegen, können bei einer rechtmäßigen Enteignung **43** berechtigte Ziele des öfflichen Interesses auch in einer demokratischen Gesellschaft[150] eine **unter dem vollen Marktwert liegende Entschädigung** als **angemessen** erscheinen

---

142 Etwa EGMR (GK) Papachelas/GR, 25.3.1999.

143 Etwa EGMR Sporrong u. Lönnroth/S, 23.9.1982; Mellacher u.a./A. 19.12.1989; The Holy Monasteries/GR, 9.12.1994; Pressos Compania Naviera S.A. u.a./B, 20.11.1995; (GK) Papachelas/GR, 25.3.1999; ferner *Cremer* EuGRZ **2004** 134, 139 zu EGMR (GK) Jahn u.a./D, 30.6.2005.

144 EGMR James u.a./UK, 21.2.1986, EuGRZ **1988** 341; Lithgow u.a./UK, 8.7.1986; (GK) Papachelas/UK, 25.3.1999. Zur Erweiterung des Abwägungsspielraums des EGMR durch das nicht an materielle Maßstäbe gebundene Verhältnismäßigkeitsprinzip vgl. *Hartwig* RabelsZ **1999** 561, 573.

145 EGMR Sporrong u. Lönnroth/S, 23.9.1982; James u.a./UK, 21.2.1986; The Holy Monasteries/GR, 9.12.1994, dazu *Fiedler* EuGRZ **1996** 354 ff.; (GK) Jahn u.a./D, 30.6.2005, dazu *Cremer* EuGRZ **2004** 134; *Frowein/Peukert* 68; Meyer-Ladewig/Nettesheim/von Raumer/*Meyer-Ladewig/von Raumer* 43; vgl. ferner *Riedel* EuGRZ **1988** 333; *Seidl-Hohenveldern* FS Ermacora 181, 186 ff.

146 Vgl. EGMR (GK) Chassagnou u.a./F, 29.4.1999 (Benachteiligung kleiner Grundeigentümer); Meyer-Ladewig/Nettesheim/von Raumer/*Meyer-Ladewig/von Raumer* 40 f.

147 EGMR Althoff/D, 8.12.2011, NVwZ **2012** 1455, § 73.

148 EGMR (GK) Papachelas/GR, 25.3.1999; Papamichalopoulos/GR, 24.6.1993; als Beispiel für einen Verstoß gegen Art. 1 durch eine „*extreme disproportion*" zwischen Wert und Entschädigung: EGMR (GK) Vistiņš u. Perepjolkins/LET, 25.10.2012, §§ 110, 119 ff., 130.

149 EGMR (GK) Papachelas/GR, 25.3.1999 m.w.N.; Meyer-Ladewig/Nettesheim/von Raumer/*Meyer-Ladewig/von Raumer* 44.

150 Nach der Konvention können nur deren Ziele ein anzuerkennendes öffentliches Interesse begründen, vgl. *Fiedler* EuGRZ **1996** 354, 356.

Esser

lassen;[151] so etwa, wenn eine globale Enteignung der Umgestaltung der gesellschaftlichen Verhältnisse dient[152] oder wenn staatsformbedingtes Eigentum beim Vollzug grundlegender Änderungen der Regierungsform, wie etwa beim Übergang von der Monarchie zur Republik, entzogen wird.[153] Eine **Enteignung ohne jegliche Entschädigung** ist nur bei Vorliegen **außergewöhnlicher Umstände** gerechtfertigt.[154]

44 Eine **unverhältnismäßige Verzögerung** bei der **Festsetzung** oder **Auszahlung** der Entschädigung kann die Betroffenen über Gebühr belasten und damit den gerechten Ausgleich zwischen dem Eigentumsentzug und dem Wert der Entschädigung wieder in Frage stellen.[155]

45 **7. Nutzungsregelungen.** Nutzungsregelungen, d.h. hoheitliche Maßnahmen, die – ohne das Eigentum im weit verstandenen Sinn des Absatzes 1 Satz 1 ganz zu entziehen – seinen Gebrauch in einem bestimmten Sinne regeln, insoweit also etwas gebieten oder untersagen, behält **Absatz 2** dem Staat ausdrücklich vor.[156] Dies eröffnet ihm einen weiten Handlungsspielraum bei der Anwendung der gesetzlichen Regelungen, durch die er die Benutzung des Eigentums einschränken kann, wenn er dies im **Allgemeininteresse** für erforderlich hält.[157] Das Allgemeininteresse wird dabei dem öffentlichen Interesse des Absatzes 1 Satz 2 (Rn. 30) vielfach gleichgesetzt.[158]

46 Im Falle von bereits vor Inkrafttreten des 1. ZP-EMRK geltenden Nutzungsregelungen soll Art. 1 anwendbar sein auf Anträge auf Aufhebung der Nutzungsregelung, die nach Geltung des 1. ZP-EMRK gestellt werden.[159] Damit sieht der EGMR, ohne dies so zu nennen, eine Nutzungsregelung offenbar als permanenten Zustand an, zumindest ähnelt diese

---

151 EGMR James u.a./UK, 21.2.1986; Lithgow u.a./UK, 8.7.1986; The Holy Monasteries/GR, 9.12.1994; (GK) Papachelas/GR, 25.3.1999; Meyer-Ladewig/Nettesheim/von Raumer/*Meyer-Ladewig/von Raumer* 44.
152 EGMR Urbárska obec Trenčianske Biskupice/SLO, 27.11.2007, § 115; vgl. *Hartwig* RabelsZ **1999** 561, 577.
153 EGMR The Holy Monasteries/GR, 9.12.1994; (GK) Former King of Greece u.a./GR, 23.11.2000; vgl. *Fiedler* EuGRZ **1996** 354, 356 f. (zur Umsetzung völkerrechtlicher Verträge); Meyer-Ladewig/Nettesheim/von Raumer/*Meyer-Ladewig/von Raumer* 44.
154 EGMR The Holy Monasteries/GR, 9.12.1994, § 71; (GK) Former King of Greece u.a./GR, 23.11.2000, § 89; Zvolský u. Zvolská/CS, 12.11.2002, § 70; (GK) Jahn u.a./D, 30.6.2005, §§ 94, 111 ff. In diesen Fällen, ausgenommen im Fall *Jahn*, wurde im Fehlen jeglicher Entschädigung ein Verstoß gegen Art. 1 gesehen; zum Ausnahmecharakter des Falles *Jahn* instruktiv die Abgrenzung in EGMR (GK) Vistiņš u. Perepjolkins/LET, 25.10.2012, §§ 123 ff., und die Kritik daran im Sondervotum). Kritisch, allerdings ohne Bezug zu Art. 1 ZP-EMRK oder zur EGMR-Rechtsprechung, zur – vermeintlichen – Umschuldung, die in Wahrheit eine entschädigungslose Einstellung der Zahlungspflichten aus Bundeswertpapieren (Schuldverschreibungen) sei, *Philipp* NVwZ-Extra **2013** (Nr. 14) – online (Zusammenfassung NVwZ **2013** 911).
155 Etwa EGMR Akkus/TRK, 9.7.1997, ÖJZ **1998** 356; Almeida Garrett, Mascarenhas Falcão u.a./P, 11.1.2000, §§ 49 ff., 54; Schembri u.a./MLT, 10.11.2009, §§ 41 ff.; Ilieva u.a./BUL, 3.2.2015, §§ 54 ff.; Popov u. Chonin/BUL, 17.2.2015, §§ 41 ff.; Meyer-Ladewig/Nettesheim/von Raumer/*Meyer-Ladewig/von Raumer* 46 f. mit Hinweisen auf weitere Judikate des EGMR; ferner EGMR (GK) Beyeler/I, 5.1.2000 (jahrelange Verzögerung der Entscheidung über staatliches Vorkaufsrecht).
156 Eine Nutzungsregelung soll es auch sein, wenn einem Betroffenen die Gewerbeerlaubnis entzogen wird, so dass das Eigentum nicht mehr so wie zuvor genutzt werden kann: EGMR S.C. Antares Transport S.A. u. S.C. Transroby S.R.L./RUM, 15.12.2015, § 40.
157 Beispiele aus der Rechtsprechung von EGMR und EKMR bei *Frowein/Peukert* 56 ff.
158 EGMR James u.a./UK, 21.2.1986; *Frowein/Peukert* 42; *Grabenwarter/Pabel* § 25, 26; Meyer-Ladewig/Nettesheim/von Raumer/*Meyer-Ladewig/von Raumer* 48 mit Fn. 117; Handyside/UK, 7.12.1976; *Mittelberger* EuGRZ **2001** 364, 367.
159 EGMR Fürst von Thurn und Taxis/D (E), 14.5.2013, NJW **2014** 757, § 19; zur Nichtanwendbarkeit *ratione temporis* auf die Nutzungsregelung siehe Rn. 2. An einer anderen Stelle dieser Entscheidung stellt der Gerichtshof seltsamerweise auf den Zeitpunkt des Erbanfalls ab. Durch die Abweisung der Beschwerde wurde BayObLGZ **2004** 298 = NJW **2005** 608 bestätigt. Zu diesem Urteil: *Michl* BayVwBl. **2015** 370.

Rechtsprechung strukturell derjenigen zu den permanenten Zuständen (Teil II Rn. 228). Als dogmatische Lösung kommt auch in Betracht, die rechtliche Möglichkeit der Aufhebung der Nutzungsregelung als Eigentum i.S.d. Art. 1 anzusehen, so dass sich die Nichtaufhebung an Art. 1 messen lassen muss. Für vor Inkrafttreten des 1. ZP-EMRK erfolgte Enteignungen hingegen entspricht es gefestigter Rechtsprechung, dass durch die Stellung eines Antrags auf Rückübertragung des Eigentums nicht plötzlich das 1. ZP-EMRK anwendbar wird (Rn. 2). Die im Fall *Fürst von Thurn und Taxis* zur Begründung herangezogenen Judikate stehen zwar nicht im Widerspruch zu dieser Rechtsprechung zur Nutzungsregelung, vermögen diese aber auch nicht wirklich zu begründen: Während es in *Fürst von Thurn und Taxis* bis zur Stellung des Antrags auf Aufhebung der Nutzungsregelung und der Ablehnung dieses Antrags kein weiteres Verhalten des Staates gegeben hatte, waren in den anderen Fällen jeweils Umstände hinzugetreten, die einen neuen, nach Inkrafttreten des 1. ZP-EMRK erfolgten Eingriff darstellen konnten.

Wesentliche Voraussetzung für die Vereinbarkeit einer Nutzungsregelung mit Art. 1 **47** ZP-EMRK ist, dass sie **gesetzmäßig** ist. Die der Maßnahme zugrunde liegende Regelung muss also im nationalen Recht **hinreichend zugänglich, bestimmt und vorhersehbar** sein. Die einschlägige Rechtsprechung muss gefestigt sein; mögliche Änderungen müssen sich durch uneinheitliche oder unklare Rechtsprechung abzeichnen.[160] Die nationalen Behörden und Gerichte dürfen die betreffenden Vorschriften **nicht offenkundig falsch oder willkürlich anwenden**.[161]

Wie die Staaten den Gebrauch des Eigentums regeln wollen und welche Einschrän- **48** kungen sie im Allgemeininteresse bei dessen Gebrauch für **notwendig** halten, ist wegen ihrer größeren Sachnähe weitgehend ihnen überlassen. Sie haben sowohl hinsichtlich der Zielsetzung einer Nutzungsregelung, der anzuwendenden Mittel (Art und Weise der Durchführung) sowie hinsichtlich der Feststellung, ob die Auswirkungen im Allgemeininteresse gerechtfertigt sind, um die Ziele des Gesetzes zu erreichen, jeweils einen weiten **Ermessensspielraum**.[162] Dem Gerichtshof obliegt jedoch eine **Missbrauchskontrolle**, die sich auch auf die Beachtung des Grundsatzes der **Verhältnismäßigkeit** durch Wahrung eines vernünftigen **(fairen) Gleichgewichts** zwischen dem Allgemeininteresse und dem Interesse des Einzelnen erstreckt.[163] Für den Betroffenen darf am Ende jedenfalls **keine unverhältnismäßige Belastung** entstehen (etwa durch einen Vermögensschaden),[164] und

---

160 EGMR OAO Neftyanaya Kompaniya Yukos/R, 20.9.2011, NJOZ **2012** 2000, § 573.

161 EGMR Potomska u. Potomski/PL, 29.3.2011, § 67, NVwZ **2012** 354 (Bauverbot auf einem früheren jüdischen Friedhof); Ruspoli Morenes/E, 28.6.2011, §§ 32–33, NJW **2012** 743.

162 EGMR AGOSI/UK, 24.10.1986, § 52; (GK) Chassagnou u.a./F, 29.4.1999; (GK) Former King of Greece u.a./GR, 23.11.2000; Kalogeropoulos u.a./GR u. D (E), 12.12.2002; Saccoccia/A, 18.12.2008, § 88 (Vermögensbeschlagnahme aufgrund einer amerikanischen *final forfeiture*); Ruspoli Morenes/E, 28.6.2011, §§ 28, 39; Fürst von Thurn und Taxis/D (E), 14.5.2013, § 26 (Erhaltung eines bedeutenden Bestandteils des kulturellen Erbes); Malfatto u. Mieille/F, 6.10.2016, § 64 (Raumordnung); Meyer-Ladewig/Nettesheim/von Raumer/*Meyer-Ladewig/von Raumer* 48; *Hartwig* RabelsZ **1999** 561, 570.

163 Zu dieser geforderten *„fair balance"*: EGMR James u.a./UK, 21.2.1986; Tre Traktörer AB/S, 7.7.1989; Fredin/S (Nr. 1), 18.2.1991; Gasus Dosier- u. Fördertechnik GmbH/NL, 23.2.1995; Air Canada/UK, 5.5.1995, ÖJZ **1995** 755; Spadea u. Scalabrino/I, 28.9.1995, ÖJZ **1996** 189; Olbertz/D (E) (E), 25.5.1999; Islamische Religionsgemeinschaft/D (E), 5.12.2002; Saccoccia/A, 18.12.2008, § 88 (Vermögensbeschlagnahme aufgrund einer amerikanischen *final forfeiture*); S.C. Antares Transport S.A. u. S.C. Transroby S.R.L./RUM, 15.12.2015, §§ 44 ff.; Meyer-Ladewig/Nettesheim/von Raumer/*Meyer-Ladewig/von Raumer* 48 f., 43; *Mittelberger* EuGRZ **2001** 368 vgl. Rn. 30 ff.

164 EGMR Ruspoli Morenes/E, 28.6.2011, § 43. Keine (unverhältnismäßige) Belastung liegt vor, wenn auch die ohne Nutzungsregelung erfolgende (uneingeschränkte, rein private) Nutzung des Eigentums Kosten verursachen würde: EGMR Fürst von Thurn und Taxis/D (E), 14.5.2013, § 28.

er muss sein Eigentum noch zweckmäßig nutzen können („making use of his property in a reasonable way").[165]

49   Da das Eigentum einschließlich des Privateigentums auch eine **soziale Funktion** hat, muss dieser Aspekt nach den Umständen bei der Prüfung in die Waagschale geworfen werden, ob ein **gerechter Ausgleich** zwischen den Erfordernissen des Allgemeininteresses und denen des Schutzes der Grundrechte des Einzelnen hergestellt worden ist. Dabei muss insbesondere berücksichtigt werden, ob der Betroffene bei Erwerb des Eigentums **bestehende oder mögliche spätere Einschränkungen kannte oder vernünftigerweise hätte kennen müssen,**[166] ob er wegen der Benutzung des Eigentums berechtigte Erwartungen oder **beim Erwerb ein Risiko in Kauf genommen hat,**[167] in welchem **Ausmaß** die Beschränkungen die Benutzung des Eigentums verhindern[168] und die **Möglichkeit, die Notwendigkeit der Beschränkungen anzufechten.**[169]

50   Zur Herstellung eines solchen Gleichgewichts gehört – in Ausprägung der staatlichen Schutzpflicht in Bezug auf das Eigentum (Rn. 11) – auch die **Vorsehung prozessualer Erfordernisse** im nationalen Recht und deren Beachtung durch die Behörden und Gerichte. Die **prozessualen Gestaltungsmöglichkeiten und Garantien** in einem Art. 1 des 1. ZP-EMRK betreffenden Verfahren müssen nicht vollumfänglich denen des Art. 6 Abs. 1 entsprechen. Sie müssen dem Einzelnen jedoch stets eine **angemessene Möglichkeit** bieten, seinen Fall den **zuständigen Behörden** zu dem Zweck vorzutragen, die Maßnahmen wirksam zu bekämpfen, die in seine durch Art. 1 des 1. ZP-EMRK garantierten Rechte eingreifen.[170]

51   Die Voraussetzungen an eine Nutzungsregelung sind gewahrt, wenn nach dem Fund erheblicher Rauschgiftmengen in einem **Flugzeug** dieses **beschlagnahmt** und nur gegen Zahlung eines Geldbetrages wieder freigegeben wird.[171] Eine zulässige Nutzungsregelung wurde auch in der zeitlichen Befristung der Befugnis zum Schotterabbau gesehen,[172] in der **Sicherstellung von ehemaligem Parteivermögen** zweifelhafter Herkunft durch Anordnung einer Treuhandverwaltung beim Empfänger,[173] in Baubeschränkungen[174] oder in einer Regelung über den **Besitz von Feuerwaffen.**[175] Als Nutzungsregelungen behandelt

---

165 Umkehrschluss aus EGMR Fürst von Thurn und Taxis/D (E), 14.5.2013, § 27.
166 EGMR Allan Jacobsson/S (Nr. 1), 25.10.1989, §§ 60 f., ÖJZ **1990** 246; Lacz/PL (E), 23.6.2009; Potomska u. Potomski/PL, 29.3.2011, § 67. Dies kann nicht bei Erwerb durch Erbanfall gelten, denn dadurch würden gegenüber dem früheren Eigentümer, dem Erblasser vorgenommene konventionswidrige Einschränkungen allein durch den Erbfall (leichter) konventionskonform, vgl. EGMR Amato Gauci/MLT, 15.9.2009, §§ 6, 9, 43, 51, 61; fehlerhaft ist daher die Rechtsprechung in EGMR Fürst von Thurn und Taxis/D (E), 14.5.2013, § 24: Dass eine Nutzungsregelung *bestand*, war im Zeitpunkt des Erbfalls bekannt (und damit „vorhersehbar"), dass aber für den Bf. gerade deswegen, weil zum Zeitpunkt des Erwerbs eine bestimmte Nutzungsregelung galt, vorhersehbar gewesen sein soll, dass ein späterer Antrag abgelehnt werden würde, ist nicht verständlich.
167 EGMR Fredin/S (Nr. 1), 18.10.1991, § 54, ÖJZ **1991** 514.
168 EGMR Katte Klitsche de la Grange/I, 27.10.1994, § 46; SCEA Ferme de Fresnoy/F, 1.12.2005.
169 EGMR Phocas/F, 23.4.1996, § 60; Papastavrou u.a./GR, 10.4.2003, § 37.
170 EGMR AGOSI/UK, 24.10.1986, § 55; Jokela/FIN, 21.5.2002, § 45; Saccoccia/A, 18.12.2008; Čolić/KRO, 18.11.2021, §§ 66 ff. (erheblicher Prozesskostenvorschuss); National Movement Ekoglasnost/BUL, 15.12.2020, § 69 (Prozesskosten).
171 EGMR Air Canada/UK, 5.5.1995.
172 EGMR Fredin/S (Nr. 1), 18.2.1991.
173 EGMR Islamische Religionsgemeinschaft/D (E), 5.12.2002 (PDS-Spende).
174 EGMR Ivanova u. Cherkezov/BUL, 21.4.2016, §§ 70 ff., NVwZ **2017** 1755 (Abriss eines Schwarzbaus); Sporrong u. Lönnroth/S, 23.9.1982; Meyer-Ladewig/Nettesheim/von Raumer/*Meyer-Ladewig/von Raumer* 49.
175 EGMR Andrews/UK (E), 26.9.2000.

wurden ferner die Mietpreisregulierung,[176] gesetzlichen Regelungen, die die Mieter vor Kündigung durch die Eigentümer schützen[177] sowie die Ausübung eines **staatlichen Vorkaufsrechts** für ein Kunstwerk.[178] Eine zulässige Nutzungsregelung ist auch darin zu sehen, dass ein Teil der **Entlohnung von Strafgefangenen** als **Überbrückungsgeld** ihrer sofortigen Verfügung entzogen wird.[179]

Die Pflicht, das **Jagdrecht** auf dem eigenen Grundstück in einen Jagdverband (§§ 3 ff. 52 BJagdG) einzubringen und damit seine Ausübung durch andere zu ermöglichen, wurde von der GK des EGMR als Verstoß gegen Art. 1 Abs. 2 des 1. ZP-EMRK gewertet. Die Ablehnung der Jagd aus ethischen Gründen könne nicht durch eine finanzielle Entschädigung für den Grundstücksbesitzer, wie sie in § 10 Abs. 3 BJagdG vorgesehen ist, aufgewogen („paid off") werden.[180] Deshalb müsse die GK auch nicht von ihrer vorherigen Rechtsprechung im Fall *Chassagnou* abweichen.[181]

Die rechtliche Vorgehensweise zur Umsetzung des Urteils der GK war zunächst un- 53 klar.[182] Als erstes Gericht hatte der BayVGH mit einer einstweiligen Anordnung auf das Urteil der GK reagiert.[183] Zwei Hauptsacheverfahren waren im Hinblick auf die in Folge des GK-Urteils zu erwartende Gesetzesänderung ausgesetzt worden;[184] zu einem früheren Zeitpunkt waren die – damals unter anderen Aktenzeichen geführten – beiden Verfahren in Erwartung des Urteils des EGMR ausgesetzt worden.[185]

Der schließlich durch das am 6.12.2013 in Kraft getretene **Gesetz zur Änderung jagd-** 54 **rechtlicher Vorschriften v. 29.5.2013** neu geschaffene § 6a BJagdG sieht eine teilweise Herausnahme einzelner Grundstücke („befriedete Bezirke") aus dem Jagdverband aus **ethischen Gründen** vor; hier ruht die Jagd, es sei denn, dass die Befriedung aus überwiegenden Interessen zu versagen ist.[186] Gleichzeitig wurde § 292 StGB durch Hinzufügen eines Absatzes 3 dahingehend geändert, dass das Betreten der so befriedeten Flächen durch Jagdausübungsberechtigte den Tatbestand der Wilderei nicht erfüllt.[187]

Nach dem weiten Verständnis des Eigentums i.S.d. Art. 1 (Rn. 14) werden auch Be- 55 schränkungen in der **Zulassung oder Ausübung** eines dem Eigentumsschutz i.S.d. Art. 1 Abs. 1 unterfallenden **Berufes** als Nutzungsregelungen angesehen, so etwa die Regelungen

---

176 EGMR Mellacher u.a./A, 19.12.1989; Bittó u.a./SLO, 28.1.2014, §§ 94 ff., 101 ff., NJW **2015** 605 = NZM **2015** 124; Statileo/KRO, 10.7.2014, §§ 116 f., 123 ff. (nicht gerechtfertigt; starke Benachteiligung des Eigentümers, nicht nur durch sehr geringe Miete, § 139, sondern auch u.a. durch Zwangsvermietung, § 134, und kaum möglicher Kündigung, selbst bei Eigenbedarf, §§ 126 f.).

177 EGMR Spadea u. Scalabrino/I, 28.9.1995; Amato Gauci/MLT, 15.9.2009, § 52.

178 EGMR Ruspoli Morenes/E, 28.6.2011, §§ 28–29, NJW **2012** 743.

179 EKMR X/A (E), 6.3.1980 bei *Bleckmann* EuGRZ **1982** 315.

180 EGMR (GK) Herrmann/D, 26.6.2012, NJW **2012** 3629 = JZ **2013** 519 m. Anm. *Maierhöfer* NVwZ **2012** 1521 und Bspr. *Michl* JZ **2013** 504 = NuR **2012** 698 m. Bespr. *Ziebarth* 693; anders noch (K) Herrmann/D, 20.1.2011, AUR **2011** 396 und die *dissenting opinion* (GK) *Björgvinsson*, Vučinić, *Nußberger*. Vgl. dazu Art. 11 Rn. 27. Zur Thematik auch: *Sailer* ZRP **2005** 88 und *Müller-Schallenberg/Förster* ZRP **2005** 230. Ferner: EGMR Weyhe/D (E), 16.10.2012, NVwZ **2013** 1535 – Unzulässiges Nichtabwarten der bis zum Urteil Herrmann zurückgestellten Entscheidung des BVerfG (Art. 35 I).

181 EGMR (GK) Chassagnou u.a./F, 29.4.1999; bestätigt durch EGMR Schneider/LUX, 10.7.2007, NuR **2008** 489, §§ 45 ff.

182 Vgl. zu verschiedenen Vorschlägen sowohl *de lege lata* als auch *de lege ferenda Maierhöfer* NVwZ **2012** 1521, 1522 ff.

183 BayVGH DVBl. **2013** 461, Tz. 3 (§§ 8 ff. BJagdG konventionswidrig; Nichtanwendung im Verfahren des einstweiligen Rechtsschutzes nach § 123 VwGO).

184 BayVGH Beschl. v. 29.11.2012 – 19 BV 12.1462; Beschl. v. 29.11.2012 – 19 BV 12.1463.

185 BayVGH Beschl. v. 9.9.2009 – 19 BV 09.2, BayVwBl.**2010** 671; Beschl. v. 9.9.2009 – 19 BV 09.3.

186 BGBl. **2013** I S. 1386; vgl. BTDrucks. **17** 12046 S. 4 ff.

187 Zur Neuregelung *Rose* VR **2014** 181; BTDrucks. **17** 12046 S. 7.

der Zulassungserfordernisse für Rechtsanwälte und Steuerberater[188] oder die Beschränkungen durch das Rechtsberatungsgesetz.[189]

56   Neben den Maßnahmen im Allgemeininteresse wird besonders erwähnt, dass Art. 1 des 1. ZP-EMRK Gesetzen zur Sicherung der Zahlung von **Steuern, sonstigen Abgaben**[190] oder **Geldstrafen**[191] nicht entgegensteht. Hierunter fallen auch etwaige Zwangs- bzw. Vollstreckungsmaßnahmen zur Durchsetzung der Steuergesetze.[192] Das Verbot zur Achtung des Eigentums bei der Regelung dieser Maßnahmen wird dadurch aber nicht gänzlich aufgehoben. So prüft der Gerichtshof, ob das Diskriminierungsverbot (Art. 14) beachtet wurde;[193] außerdem können **konfiskatorische Steuern**[194] oder **unverhältnismäßige Geldstrafen** in Extremfällen gegen das Recht auf Achtung des Eigentums verstoßen.[195] Solche Fragen sind nicht der Kontrolle des Gerichtshofs am Maßstab von Art. 1 entzogen.[196] Dies gilt vor allem, wenn diese Rechtsinstitute von einem Staat nicht entsprechend ihrer Zweckbestimmung als Strafe oder Heranziehung zu öffentlichen Lasten, sondern missbräuchlich (vgl. Art. 18) unter Umgehung der Achtungspflicht nur zum Zwecke der Eigentumsentziehung (zweckfremd) eingesetzt werden sollten. Ein Einfuhrverbot für Gold ist keine Nutzungsregelung.[197]

57   Zahlt der Staat eine **Sicherheitsleistung** (Kaution), die zur Vermeidung von Untersuchungshaft hinterlegt wurde (Art. 5 Abs. 3 Satz 2), nicht zurück, liegt ein Eingriff in Art. 1 des 1. ZP-EMRK vor.[198] Selbst im Falle eines späteren Freispruchs kann der Eingriff gerechtfertigt sein, wenn und weil der Betroffene durch sein Verhalten die Justiz behindert hat, indem er sich nicht an die Auflagen gehalten hat, insbesondere nicht zur Gerichtsverhandlung erschienen ist.[199]

58   Die Beschränkung der Vermögensverfügungsbefugnis durch eine (vorläufige) **Beschlagnahme bzw. das Einfrieren von Konten** sieht sowohl der EGMR[200] als auch das BVerfG[201] als Nutzungsbeschränkungen i.S.d. Absatzes 2 an.[202] Virulent wurde dieser Themenkreis durch die im Zusammenhang mit den **terroristischen Anschlägen** auf US-Bot-

---

188 Etwa EGMR Olbertz/D (E), 25.5.1999; Döring/D (E), 9.11.1999; Meyer-Ladewig/Nettesheim/von Raumer/ *Meyer-Ladewig/von Raumer* 49.

189 EGMR Hoerner Bank/D (E), 20.4.1999; zur Umweltabgabe für die Einfuhr von KFZ innerhalb und außerhalb der EU vgl. EGMR Coriolan Gabriel Ioviţoni/RUM (E), 3.4.2012.

190 Zum weiten Begriff vgl. die Beispiele bei *Frowein/Peukert* 74 ff.; *Grabenwarter/Pabel* § 25, 15.

191 Zur Angemessenheit vgl. *Frowein/Peukert* 74 m.w.N. aus der Rspr. des EGMR.

192 EGMR Gasus Dosier- und Fördertechnik GmbH/NL, 23.2.1995, § 59.

193 EGMR Driha/RUM, 21.2.2008, §§ 34 ff.; (GK) Burden/UK, 29.4.2008, NJW-RR **2009** 1606.

194 EGMR N.K.M./H, 4.11.2013 (98 % Grenzbesteuerung ab einer gewissen Höhe einer Abfindung von entlassenen Beamten, was zu einer Durchschnittsbesteuerung von 52 % führte); vgl. auch *Ismer/Endres/Piotrowski* IStR **2014** 716, 721.

195 EGMR Buffalo S.r.l. in liquidation/I, 3.7.2003; *Frowein/Peukert* 74.

196 EGMR Orion-Břeclav s.r.o./CS (E), 13.1.2004; Valico/I (E), 21.3.2006; Grifhorst/F (E), 7.9.2006.

197 EGMR AGOSI/UK, 24.10.1986.

198 EGMR Lavrechov/CS, 20.6.2013, § 43. Zur Rechtfertigung untersuchte der EGMR Art. 1 Abs. 1 und ließ, wegen der Ähnlichkeit der Voraussetzungen für die verschiedenen Rechtfertigungsgründe, offen, ob ein Rechtfertigungsgrund des Absatzes 2 (eher) einschlägig gewesen wäre.

199 EGMR Lavrechov/CS, 20.6.2013, §§ 43 ff., 50 ff.

200 Vermögensverfügungsbeschränkung im Insolvenzverfahren: EGMR Campagnano/I, 23.3.2006; Bottaro/ I, 17.7.2003; Luordo/I, 17.7.2003; EWiR **2003** 1135; Democracy and Human Rights Resource Centre u. Mustafay-ev/ASE, 14.10.2021, §§ 56 ff.; vgl. außerdem: EGMR Sharazova/MLT, 3.3.2022, § 104 (Einfrieren von Vermögen im Rahmen eines Strafverfahrens, um die Durchsetzung einer Sanktion sicherzustellen).

201 Sperrung von in der Bundesrepublik belegenen Konten von DDR-Bürgern: BVerfGE **62** 169 = NJW **1983** 2309 = EuGRZ **1983** 42 = wistra **1983** 67.

202 *Kämmerer* EuR **2008** Beiheft 1, 65.

---

schaften in Afrika 1998 und den Anschlägen von New York und Washington D.C. am 11.9.2001 beschlossenen **UN-SR-Resolutionen**.[203] Die Überprüfung der auf Grundlage dieser Resolutionen erfolgten Nutzungsbeschränkungen von Eigentum ist bis dato lediglich von EuG[204] und EuGH[205] vorgenommen worden. Während das EuG diesbezüglich seinen Prüfungsmaßstab allein auf das *ius cogens* verengte, zu dem es im Ergebnis auch das Recht auf Eigentum zählt, stellt der EuGH auf den verfahrensrechtlichen Aspekt der Gewährung von Grundrechten ab: Damit diese nicht zu einem reinen *ius nudum* verkümmerten, müssten – in Anlehnung an die Rspr. des EGMR[206] – **effektive verfahrensrechtliche Garantien** gewährt werden, um die Nutzungsbeschränkung des Eigentums zu rechtfertigen. Das Verfahren muss dabei der Betrachtung *in abstracto* standhalten.[207] Nach Ansicht des EuGH konnte das Verfahren vor dem Taliban Sanctions Committee[208] den gestellten Anforderungen nicht genügen.[209] An dieser Ansicht hielten EuG[210] und EuGH in einem erneuten Verfahren, welches der Betroffene *Kadi* gegen seine Listung auf der Antiterrorliste des Sicherheitsrates angestrengt hatte, fest (***Kadi II***).[211] Der EuGH entschied insbesondere, dass der Unionsrichter auch bei von Organen der UN geführten Terrorlisten die tatsächliche Grundlage der Aufnahme auf eine solche Liste überprüfen können müsse.[212] Zur Wahrung der Verteidigungsrechte des Betroffenen sei es ferner erforderlich, dass diesem die zu seiner Aufnahme führenden Beweismittel zugänglich gemacht werden; sei dies im Einzelfall aus Gründen der Sicherheitsinteressen der Mitgliedstaaten nicht möglich, so müsse der Unionsrichter dennoch Kenntnis der Beweismittel erhalten und diese in einer gerechten Abwägung der widerstreitenden Interessen würdigen.[213]

Auch in der Rs. *Yusef*[214] ging es um die Listung und Zurückhaltung von Vermögens- 59 werten. Mittels der **Verordnung (EG) Nr. 881/2002** des Rates[215] wurden derlei Maßnahmen gegen den Betroffenen verhängt. Die Verordnung stellt die Umsetzung einer UN-SR-Res. über das Einfrieren der Vermögenswerte dar. Erfasst werden Personen, Organisationen und Gruppen, die vom UN-Sanktionsausschuss mit dem *Al Qaida*-Netzwerk in Verbindung gebracht wurden. Der EuGH nahm an, dass die Kommission durch das Nichtabhelfen bei Verfahrensfehlern gegen Rechte des Betroffenen verstoßen hatte. Die Kommission ist daher angehalten, bei entsprechenden Vermögensrückhaltungen, ihrer Verpflichtung zu sorgfältiger und unparteiischer Überprüfung der Gründe für die Aufnahme in die Liste effektiv nachzukommen, sowie ggf. sogar die Zusammenarbeit mit dem Sanktionsausschuss der UN zu suchen.

---

203 UN-SR-Res. 1267 (1999) v. 15.10.1999 (Taliban-Sanktionen); UN-SR-Res. 1373 (2001) v. 28.9.2001 (Bekämpfung des Terrorismus).
204 EuG 21.9.2005, T-315/01 (Kadi), EuZW **2005** 163; 21.9.2005, T-306/01 (Yusuf u. Al Barakaat International Foundation), EuGRZ **2005** 592 = EuR **2005** 424.
205 EuGH 3.9.2008, C-415/05 P u. C-402/05 P (Kadi/Yusuf u. Al Barakaat International Foundation), EuGRZ **2008** 480 = EuZW **2008** 648; zum Rechtsschutz gegen Terrorlistung vertiefend *Feinäugle* ZRP **2010** 188.
206 EGMR Jokela/FIN, 21.5.2002.
207 EuGH 9.2008, C-415/05 P u. C-402/05 P (Kadi/Yusuf u. Al Barakaat International Foundation), EuGRZ **2008** 480 = EuZW **2008** 648.
208 Delisting procedure, vgl. § 7 der Guidelines for the (1267) Committee for the Conduct of its Work vom 7.11.2002, zuletzt geändert am 26.1.2011.
209 So schon vor der Entscheidung des EuGH: *Kämmerer* EuR **2008** Beiheft 1, 65.
210 EuG 30.9.2010, T-85/09 (Kadi), EuGRZ **2011** 48.
211 EuGH 18.7.2013, C-593/10 P u.a. (Kadi).
212 EuGH 18.7.2013, C-593/10 P u.a. (Kadi), § 125.
213 EuGH 18.7.2013, C-593/10 P u.a. (Kadi), §§ 117 ff.
214 EuG 20.3.2014, T-306/10 (Hani El Sayyed Elsebai Yusef).
215 Verordnung (EG) Nr. 881/2002, ABlEU Nr. L 139 v. 29.5.2002 S. 9.

Esser

60   **8. Einziehung.** Der entschädigungslose (endgültige) Entzug (Einziehung; früher: *Verfall*) eines Gegenstandes oder einer Forderung oder sonstiger Vermögenswerte als **strafrechtliche Nebenfolge** oder aus **sicherheitsrechtlichen** Gründen (Einziehung, Anordnung der Vernichtung usw.) wird vom EGMR als – grundsätzlich zulässige – **Nutzungsbeschränkung** des Eigentums angesehen,[216] da hierdurch nur eine dem Eigentum herkömmlich inhärente Schranke zum Tragen komme.

61   Eine gegen den überführten Täter einer Straftat gerichtete Einziehung wird allgemein bei den ***producta et instrumenta sceleris*** für zulässig gehalten.[217] Ebenso ist es möglich, im Rahmen der Korruptionsbekämpfung[218] bzw. zur Aufdecken von Schmuggel und sonstiger Organisierter Kriminalität[219] auch **ohne den Nachweis einer konkreten strafbaren Handlung** eine Beschlagnahme und anschließende Einziehung vorzunehmen.[220] In solchen Fällen bedürfe es allerdings besonderer Aufmerksamkeit für den Ausschluss eines willkürlichen Handelns der Behörden, was gleichwohl nicht voraussetze, dass die Schuld der Betroffenen bewiesen sein müsse. Eine **erhöhte Wahrscheinlichkeit** für das Vorliegen einer Straftat genüge.[221] Der **Verhältnismäßigkeitsgrundsatz** ist dabei aber stets zu beachten.

62   In einer Reihe von Fällen gegen **Italien** nahm der Gerichtshof an, dass die Einziehung von Vermögenswerten mutmaßlicher Mafia-Mitglieder in einem angemessenen Verhältnis zu dem verfolgten legitimen Ziel der Bekämpfung der Organisierten Kriminalität stehe.[222] Die nationalen Gerichte hatten anhand der **objektiven Beweislage** geschlossen, dass die Beschwerdeführer Kontakt mit Mitgliedern der Mafia hatten und dass eine **erhebliche Diskrepanz** zwischen den ihnen zur Verfügung stehenden finanziellen Mitteln und ihren Einkünften vorlag. In mehreren Rs. gegen das **UK** entschied der Gerichtshof, dass die Einziehung von Erträgen aus dem Drogenhandel nicht gegen den Grundsatz der Verhältnismäßigkeit verstoße.[223] In anderen Fällen hingegen stufte der Gerichtshof die Einziehung als unverhältnismäßig ein, da kein Zusammenhang zwischen den eingezogenen Vermögensgegenständen und einer kriminellen Tätigkeit festgestellt werden konnte.[224]

---

216 EGMR Handyside/UK, 7.12.1976; AGOSI/UK, 24.10.1986; Phillips/UK, 5.7.2001; Honecker u.a./D (E), 15.11.2001; Butler/UK (E), 27.6.2002; Yildirim/I (E), 10.4.2003; Frizen/R, 24.3.2005; Grayson u. Barnham/UK, 23.9.2008; Boljević/KRO, 31.1.2017, § 38; Sadocha/UKR, 11.7.2019, § 22; Jakimovski u. Kari Prevoz/MAZ, 14.11.2019, § 44; Gyrlyan/R, 9.10.2018, § 21; Karapetyan/GEO, 15.10.2020, § 32; Todorov u.a./BUL, 13.7.2021, §§ 181 f.; *Grabenwarter/Pabel* § 25, 11, 14; *Peukert* EuGRZ **1981** 97, 105.
217 *Frowein/Peukert* 60 ff.; *Peukert* EuGRZ **1981** 97, 112.
218 EGMR Gogitidze u.a./GEO, 12.5.2015, §§ 104 ff., NVwZ **2016** 1621 („alarmierendes Ausmaß an Korruption"); Telbis und Viziteu/RUM, 26.6.2018, §§ 77 ff.
219 EGMR Balsamo/SM, 8.10.2019, §§ 89 ff. (Geldwäsche); Yaremiychuk u.a./UKR, 9.12.2021 (Fremdwährungseinfuhr).
220 EGMR Gogitidze u.a./GEO, 12.5.2015, § 105; vgl. auch: EGMR Cacucci u. Sabatelli/I (E), 17.6.2014, § 41; El Ozair/RUM, 22.10.2019, § 23 (Geldwäscheverdacht); Todorov u.a./BUL, 13.7.2021, §§ 190 ff.
221 EGMR Gogitidze u.a./GEO, 12.5.2015, § 107; vgl. auch: EGMR Silickienė/LIT, 10.4.2012: Bei der Prüfung des Zwecks der Maßnahme handelte es sich um „außergewöhnliche" Umstände (systematischer und gut organisierter Schmuggel). Es könne nicht ausgeschlossen werden, dass die Einziehung der Vermögenswerte des Klägers „für die Bekämpfung der Organisierten Kriminalität unerlässlich" gewesen sei.
222 EGMR Arcuri u.a./I (E), 5.7.2001; Riela u.a. /I (E), 4.9.2001; Perre u.a./I (E), 12.4.2007; Bongiorno u.a./I, 5.1.2010, §§ 45 ff.
223 EGMR Phillips/UK, 5.7.2001, §§ 53 f.; Grayson u. Barnham/UK, 23.9.2008, §§ 52 f.; Butler/UK (E), 27.6.2002.
224 EGMR Geerings/NL, 1.3.2007, §§ 41 ff. (Einziehung beruhe auf „Schuldvermutung"); Rummi/EST, 15.1.2019, §§ 105 ff. (keine wesentlichen Ermittlungen zur Verdachtsklärung); Imeri/KRO, 24.6.2021, §§ 80 f. (Kriterien für Einziehung weder vorhersehbar noch konsistent).

Esser   **1548**

Verstöße können auch in Fällen auftreten, in denen die Einziehung Vermögenswerte **63** betrifft, die zuvor **von Dritten** für die Begehung von Straftaten verwendet worden waren. Hier kann es am (Zurechnungs-)Zusammenhang zwischen den Eigentümern der Vermögenswerte und den jeweils mit den Gegenständen begangenen rechtswidrigen Handlungen fehlen; zudem seien die Eigentümer regelmäßig nicht in der Lage, effektiv gegen die Beschlagnahme vorzugehen.[225]

Das **Verfahren zur Einziehung** von Tatwerkzeugen oder zur Gewinnabschöpfung **64** *selbst* stellt in der Regel **keine strafrechtliche Anklage** i.S.v. Art. 6 Abs. 1 dar. Die Unschuldsvermutung des Art. 6 Abs. 2 gilt somit im Einziehungsverfahren grundsätzlich nicht.[226] Jedoch unterfällt das *strafrechtliche* Verfahren, an dessen Ende die Einziehung als sanktionsrechtlicher Folgeausspruch steht, dem Art. 6 Abs. 1; dieses muss daher in jedem Fall den Anforderungen der Verfahrensfairness genügen.[227]

Durch das **Gesetz zur Reform der strafrechtlichen Vermögensabschöpfung** vom **65** 13.4.2017[228] wurde das Recht der Vermögensabschöpfung im Siebten Titel des StGB (vormals: „Verfall und Einziehung") neu geregelt.[229] **Zweck der Maßnahmen** nach den **§§ 73 ff. StGB** ist die Abschöpfung[230] unrechtmäßig (d.h. durch vorsätzliche oder fahrlässige rechtswidrige Taten) erlangter Vermögenswerte. Dahinter steht der Gedanke, dass eine Straftat weder dem Täter noch etwaigen Teilnehmer oder einer dritten Person einen bleibenden finanziellen Vorteil gewähren (**„crime does not pay"**).[231]

Nach **§ 73 Abs. 1 StGB** ordnet das Gericht die Einziehung an, wenn der Täter oder **66** Teilnehmer *durch* eine rechtswidrige Tat i.S.d. § 11 Abs. 1 Nr. 5 StGB (Anlasstat) oder *für sie* etwas erlangt hat (frühere Formulierung: „aus der Tat").[232] Nach **§ 73a StGB** (**„erweiterte**

---

225 EGMR Bowler International Unit/F, 23.7.2009, §§ 44 ff.; B.K.M. Lojistik Tasimacilik Ticaret Limited Sirketi v. SLW, 17.1.2017, §§ 45 ff.; Aktiva DOO/SRB, 19.1.2021, §§ 78 ff. (offengelassen, da Einziehung ohnehin unverhältnismäßig).

226 EGMR Phillips/UK, 5.7.2001, § 35.

227 EGMR Phillips/UK, 5.7.2001, § 39; Grayson u. Barnham/UK, 23.9.2008.

228 BGBl. I S. 872, in Kraft getreten am 1.7.2017; zur Umsetzung der RL 2014/42/EU des Europäischen Parlaments und des Rates vom 3.4.2014 über die Sicherstellung und Einziehung von Tatwerkzeugen und Erträgen aus Straftaten in der Europäischen Union (ABlEU Nr. L 127 v. 29.4.2014 S. 39, ber. ABlEU Nr. L 138 S. 14); zur Entstehung der RL: *Meißner* KriPoZ **2017** 237; zum über die RL hinausweisenden Regelungsgehalt *Saliger* ZStW **129** (2017) 995, 1119 ff.

229 Der Begriff „Verfall" wurde durch den der „Einziehung" ersetzt. Überdies wurde das **Bruttoprinzip** zur Bestimmung des Werts des Erlangten festgelegt (§ 73d StGB n.F.), vgl. *Köhler* NStZ **2017** 497, 504 ff.; *Trüg* NJW **2017** 1913, 1914 f.; zu weiterhin bestehenden Unklarheiten *Rönnau/Begemeir* NStZ **2020** 1 ff.; zur Entwicklungsgeschichte *Saliger* ZStW **129** (2017) 995, 1110 ff. Ersatzlos gestrichen wurden § 73 Abs. 1 Satz 2 a.F. StGB, der die Anordnung des Verfalls für Fälle ausschloss, in denen Dritten (z.B. dem Verletzten) Ansprüche gegen den Täter zustanden, sowie die **Härtefallregelung** des § 73c Abs. 2 a.F. StGB; zur Anwendung der Übergangsvorschrift des Art. 316h EGStGB vgl. *Bittmann* NStZ **2019** 383 f. m.w.N.

230 Rechtsfolge ist der Übergang des Eigentums an den eingezogenen Sachen oder den eingezogenen Rechten auf den Staat mit Rechtskraft der Entscheidung (§ 75 Abs. 1 StGB, vormals §§ 73e, 74e Abs. 1 StGB; zudem § 76a Abs. 4 Satz 2 StGB). Gemäß **Nr. 93 RiStBV** sollen bei Einstellung des Verfahrens nach **§ 153a StPO** die Auflagen den durch die Straftat erlangten Vermögensvorteil beim Beschuldigten abschöpfen.

231 *Theile* JA **2020** 1; *Trüg* NJW **2017** 1913; *Köhler* NStZ **2017** 497, 498; *Hinderer/Blechschmitt* NZWiSt **2018** 179.

232 Die Umformulierung („durch" und „für sie") soll unterstreichen, dass keine „Unmittelbarkeit" des Erlangens mehr gefordert wird, sondern eine **mittelbare Kausalbeziehung** nach den Grundsätzen des Bereicherungsrechts ausreicht, vgl. BTDrucks. **18** 9525 S. 62; *Theile* JA **2020** 1, 4; *Meißner* KriPoZ **2017** 237, 238. Das gilt auch für aus dem Erlangten gezogene Nutzungen (§ 73 Abs. 2 StGB) und Ersatzgegenstände bzw. Surrogate (§ 73 Abs. 3 StGB); zum weiterhin bestehenden Streit um die „Unmittelbarkeit" des Erlangten *Rönnau/Begemeir* NStZ **2020** 1, 3 ff.

Einziehung") ist die Anordnung auch auf solche Gegenstände erweiterbar, die durch **andere rechtswidrige Taten** oder für sie erlangt worden sind.[233] Tauglicher Einziehungsgegenstand sind hier nur **Gegenstände** (Sachen oder Rechte, vgl. § 75 Abs. 1 StGB).[234] Durch die **Dritteinziehung** nach § 73b StGB n.F. (§ 73 Abs. 3 StGB a.F.) wird auch gegenüber Personen, die nicht Täter oder Teilnehmer der Straftat sind, die Einziehung von Taterträgen nach den §§ 73, 73a StGB angeordnet.[235]

67 § 76a Abs. 1 StGB ermöglicht die **selbständige Einziehung** von Taterträgen, Wertersatz, Tatprodukten, Tatmitteln und Tatobjekten, selbst wenn wegen der Straftat keine bestimmte Person verfolgt oder verurteilt werden kann (Absatz 1), die Verfolgung der Straftat verjährt ist (Absatz 2)[236] oder das Gericht von Strafe abgesehen hat oder das Verfahren z.B. nach den §§ 153 ff. StPO, eingestellt wurde (Absatz 3).

68 In **§ 76a Abs. 4 Satz 1 StGB** wurden die **selbstständige** (i.S.d. § 76a Abs. 1 StGB) und die **erweiterte** (i.S.d. § 73a StGB) **Einziehung** kombiniert (nach dem Vorbild einer „**non-conviction-based confiscation**"[237]). Für eine Einziehung nach § 76a Abs. 4 StGB („Soll-Entscheidung") ist nicht erforderlich, dass eine Verurteilung des Täters wegen einer gegenstandsbezogenen Straftat vorliegt. Es genügt, dass der sichergestellte Gegenstand aus einer rechtswidrigen Erwerbstat herrührt.[238] Allerdings muss zum Zeitpunkt der Sicherstellung wenigstens der **Verdacht wegen einer Katalogtat nach § 76a Abs. 4 Satz 3 StGB** bestehen und die Sicherstellung gerade aufgrund dieses Verdachts erfolgen.[239]

69 Der Verfall a.F. wurde nicht als Strafe angesehen, sondern stellte eine **Maßnahme eigener Art** dar, die im Urteil angeordnet werden konnte.[240] Bei der Einziehung nach den §§ 73 ff. StGB wird dies zum Teil anders bewertet und eine **strafähnliche Wirkung** bejaht,[241] u.a. wegen der verstetigten Anwendung des „**Bruttoprinzips**".[242] Der Einziehung nach §§ 74 ff. StGB (mit Ausnahme der Sicherungseinziehung nach § 74b StGB) kommt auch nach der Rechtsprechung der Charakter einer Nebenstrafe zu.[243]

---

233 Hierzu vertiefend *Theile* JA **2020** 81 ff.; *Pelz* NZWiSt **2018** 251 ff.

234 BGH wistra **2018** 471; *Theile* JA **2020** 81, 82. Die mehrfache Einziehung desselben Gegenstands untersagt § 73a Abs. 2 StGB n.F.

235 Für Fälle, in denen die Einziehung des Gegenstands aufgrund seiner Beschaffenheit (z.B. Vermischung, Vermengung) oder aus einem anderen Grund (Verlust, rechtswirksame Übertragung) nicht mehr möglich ist, kann der Wert des Erlangten in Geld eingezogen werden, § 73c Satz 1 StGB („Verfall des Wertersatzes" nach § 73a Satz 1 StGB a.F.).

236 Die von § 316h Satz 1 EGStGB (u.a.) angeordnete Anwendung der Vorschrift auf eine Straftat, hinsichtlich der bereits vor dem Inkrafttreten der Regelung am 1.7.2017 Verfolgungsverjährung eingetreten ist, ist dabei nach Auffassung des BGH verfassungswidrig. Vgl. den diesbezüglichen Vorlagebeschluss des BGH NJW **2019** 1891 (laut BGH Teilnichtigkeit des § 316h Satz 1 EGStGB). Das BVerfG entschied demgegenüber, dass die angeordnete Rückbewirkung von Rechtsfolgen mit dem Grundgesetz vereinbar sei: Beschl. v. 10.2.2021 – 2 BvL 8/19, JZ **2021** 464 m. Anm. *Asholt*.

237 Siehe BTDrucks. **18** 9525 S. 58, 74; ausführlich *Schilling/Hübner* StV **2018** 49; *Hinderer/Blechschmitt* NZWiSt **2018** 179, 180.

238 Ob es sich dabei um eine Katalogtat handeln muss, ist strittig; unklar BTDrucks. **18** 9525 S. 73; dafür BGH NJW **2020** 164, 166; *Meyer* NZWiSt **2018** 246, 247; diff. *Kraushaar* NZWiSt **2019** 288, 290. Das „Herrühren" ist wie bei § 261 StGB zu verstehen, vgl. BTDrucks. **18** 9525 S. 73; *Köhler/Burkhard* NStZ **2017** 665, 671.

239 BGH NJW **2020** 164, 166 m. Anm. *Kraushaar*.

240 Vgl. nur BVerfG NJW **2004** 2073.

241 *Theile* JA **2020** 1, 2 6: pönaler Charakter; diff. zur erweiterten und selbstständigen Einziehung *Becker/Heuer* NZWiSt **2019** 411, 412, 416; *Pelz* NZWiSt **2018** 251, 254; *Rönnau/Begemeier* NZWiSt **2016** 261; diff. *Saliger* ZStW **129** (2017) 995, 1004 ff.; **a.A.** die stRspr, vgl. nur BVerfG NJW **2004** 2073; BGHSt 47 260, 265, noch zum *Verfall*; vgl. auch BTDrucks. **18** 9525 S. 92.

242 **A.A.** jedoch bereits BVerfG NJW **2004** 2073.

243 BGH NStZ **2020** 214; NStZ **2018** 526; NStZ-RR **2018** 241.

Prinzipiell umstritten bleibt die **erweiterte Einziehung** nach § 73a StGB. Er stehe in Kon- **70** flikt mit dem **Schuldprinzip**, der **Unschuldsvermutung** und der **Eigentumsgarantie**,[244] denn im Zusammenspiel mit **§ 111b StPO** ist die Beschlagnahme jeglichen Vermögens eines Beschuldigten möglich, sogar wenn aufgrund des konkreten (Anlass-)Tatverdachts feststeht, dass die beschlagnahmten Gegenstände nicht aus der Anlasstat herrühren können. Noch fundamentaler ist die Kritik an **§ 76a Abs. 4 StGB**: die neu geschaffene selbstständige und erweiterte Einziehung nach § 76a Abs. 4 StGB stelle eine nie dagewesene Ausweitung der Einziehungsmöglichkeiten dar,[245] die trotz ihrer einschneidenden Wirkung auf eher unbestimmte Voraussetzungen rekurriert.[246] Zwar handelt es sich formal bei § 76a Abs. 4 StGB um ein Verfahren gegen die Sache („ad rem") und nicht gegen die Person, weshalb kein strafähnlicher Charakter vorliegen soll.[247] Problematisch ist jedoch die **prozessuale Umsetzung der notwendigen Überzeugungsbildung** des Gerichts über die **Herkunft des einzuziehenden Gegenstands**.[248] Der hierzu geänderte **§ 437 StPO** bestimmt, dass das Gericht bei der Entscheidung über die selbstständige Einziehung nach § 76a Abs. 4 StGB seine Überzeugung davon, dass der Gegenstand aus einer rechtswidrigen Tat herrührt, „insbesondere auf ein **grobes Missverhältnis zwischen dem Wert des Gegenstandes und den rechtmäßigen Einkünften** des Betroffenen stützen" könne.[249] Wird durch die Staatsanwaltschaft ein Einziehungsantrag nach § 435 StPO mit einem substantierten Tatsachenvortrag zu diesem Missverhältnis vorgelegt, ist der Betroffene angehalten, die nicht-deliktische Herkunft der in Frage stehenden Vermögenswerte – ebenfalls substantiert – zu bestreiten.[250] Schweigen oder Bestreiten mit Nichtwissen genügen zur Erschütterung des Antrags nicht.[251] Wenngleich hierdurch **keine echte Beweislastumkehr** installiert – die aus Sicht des BVerfG unzulässig wäre[252] –, sondern lediglich eine **Beweiserleichterung zur Überzeugungsbildung des Gerichts mithilfe „typisierender Indizien"** eröffnet wird,[253] kann die **Verschiebung der Darlegungslast** (die derjenigen des Zivilprozesses ähnelt[254]) in Konflikt zu Art. 14 GG treten.

---

244 *Trüg* NJW **2017** 1913, 1916; noch drastischer *Saliger* ZStW **129** (2017) 995, 1119 (verfassungswidrig wegen Nichtvereinbarkeit mit Art. 14 GG).

245 *Hinderer/Blechschmitt* NZWiSt **2018** 179, 180 („Xenomorphes").

246 *Meißner* KriPoZ **2017** 237, 243; *Kraushaar* NZWiSt **2019** 288; ebenso kritisch *Trüg* NJW **2017** 1913, 1916 („Verdachtssanktion"); *Rönnau/Begemeier* NZWiSt **2016** 260; diff. *Saliger* ZStW **129** (2017) 995, 1024 ff.

247 BTDrucks. **18** 9525 S. 92.

248 Eingehend *Saliger* ZStW **129** (2017) 995, 1027 ff.

249 Weitere Entscheidungskriterien sind das Ergebnis der Ermittlungen zu der Tat, die Anlass für das Verfahren gegeben hatte, die Umstände, unter denen der Gegenstand entdeckt und sichergestellt worden ist, sowie die sonstigen persönlichen und wirtschaftlichen Verhältnisse des Betroffenen (vgl. ähnlich bereits BGHSt **40** 371); nach BGH NStZ **2021** 286, Tz. 8 kann § 437 StPO auch bei der Anwendung des § 73a StGB vergleichend herangezogen werden; vgl. BGH Urt. v. 16.7.2020 – 4 StR 91/20, Rn. 9.

250 So das Beispiel in BTDrucks. **18** 9525 S. 92.

251 BTDrucks. **18** 9525 S. 89, 92.

252 Vgl. BVerfG Beschl. v. 17.4.2015 – 2 BvR 1986/14, Rn. 12, wistra **2015** 348: „Wird im Wege vorläufiger Sicherungsmaßnahmen das gesamte oder nahezu das gesamte Vermögen der Verfügungsbefugnis des Einzelnen entzogen, fordert der Verhältnismäßigkeitsgrundsatz nicht lediglich eine Vermutung, dass es sich um strafrechtlich erlangtes Vermögen handelt."; BVerfGK **5** 292, 301; BVerfG StV **2004** 409, 410. Der EGMR (Gogitidze u.a./GEO, 12.5.2015, §§ 107 f.) scheint bzgl. der erweiterten Einziehung von Vermögenswerten großzügiger (Beweis gegen jeden vernünftigen Zweifel nicht notwendig; Beweis der überwiegenden Wahrscheinlichkeit der unerlaubten Herkunft eines Gegenstands ausreichend). Vgl. auch Art. 6 Rn. 94.

253 *Saliger* ZStW **129** (2017) 995, 1027, 1028; *Köhler/Burkhard* NStZ **2017** 665, 672; ähnlich *Meyer* NZWiSt **2018** 246, 248: auch kein Anscheinsbeweis; ebenso *Schilling/Hübner* StV **2018** 49, 55 f.; noch weitergehend BGH NJW **2020** 164, 165 („keine die am Maßstab des § 261 StPO erfolgende richterliche Überzeugungsbildung modifizierende Bedeutung").

254 Vertiefend *Kraushaar* NZWiSt **2019** 288, 291 ff.

71 Überdies berühren strafprozessuale Darlegungslasten zu Ungunsten des Betroffenen die sachlichen Schutzbereiche der **Unschuldsvermutung** und der Selbstbelastungsfreiheit (**nemo tenetur**); sie greifen darüber hinaus in den **Grundsatz der freien Beweiswürdigung** durch das Gericht nach § 261 StPO ein.[255] Der EGMR entschied zwar einerseits, dass die Einziehung von Gegenständen, die in keinem Zusammenhang zu einer Straftat stehen, wie eine Strafe wirken könne.[256] Auch dürfe es **keine automatische Einziehungsentscheidungen** geben, die dem Gericht keine Möglichkeit zur Abwägung belassen.[257] Bei mit Einnahmen aus (vermuteten) Aktivitäten krimineller Vereinigungen erworbenem Eigentum wurden nationale Einziehungsentscheidungen vom EGMR bereits des Öfteren als verhältnismäßig bewertet, auch wenn im konkreten Fall weder eine Verurteilung noch eine Schuldfeststellung gegeben war; in den Fokus gerückt hat der Gerichtshof dabei stets die Frage, ob durch die Maßnahme ein **legitimer Zweck** verfolgt wurde.[258]

72 Nicht anders zu behandeln ist die **Vollstreckung (Exequatur) der Entscheidung eines (ausländischen) Gerichts zur Einziehung von Vermögenswerten**, die im Zusammenhang mit der Begehung strafbarer Handlungen stehen. Maßnahmen, die verdächtige Kapitalbewegungen blockieren sollen, stellen daher grundsätzlich ein wirksames und notwendiges Mittel im Kampf gegen den Drogenhandel dar. Auch hier muss aber zwischen einem Allgemeininteresse und dem Interesse der Eigentümer ein **faires Gleichgewicht** bestehen.[259]

73 Dies gilt aber auch für die Einziehung **sonstiger Gegenstände**, soweit die konkrete Maßnahme die staatliche Reaktion auf Pflichtverstöße des Eigentümers ist oder wenn damit eine von der Sache ausgehende Gefahr verhindert oder beendet werden soll. Das auch hier geltende **Verbot übermäßiger Sanktionen** muss bei der Bemessung der Verhältnismäßigkeit der Maßnahme beachtet werden.[260] Insbesondere ist bei einer Einziehung von Eigentum als Sanktion neben einer originären Strafe substantiiert darzulegen, dass der Eingriff in das Recht auf Achtung des Eigentums („peaceful enjoyment of possessions") zur wirkungsvollen Ahndung des jeweils strafrechtlich relevanten Verhaltens notwendig ist.[261] Andernfalls ist die **Grenze der Sozialbindung** überschritten[262] und es liegt eine **Enteignung** i.S.v. Art. 1 Satz 2 des 1. ZP-EMRK vor. Unzulässig ist es daher, Bauten, die in einem erst nachträglich als

---

255 *Saliger* ZStW **129** (2017) 995, 1027, 1028, 1031; *Meißner* KriPoZ **2017** 237, 243; *Kraushaar* NZWiSt **2019** 288, 292; *Hinderer/Blechschmitt* NZWiSt **2018** 179, 183; **a.A.** BGH NStZ **2020** 149, 150; BTDrucks. **18** 9525 S. 92.
256 EGMR Markus/LET, 11.6.2020, § 70 (Einziehung von Grundstückseigentum, das in keinem Zusammenhang zu den zur Verurteilung führenden Betrugstaten stand).
257 EGMR (GK) G.I.E.M. S.R.L./I, 26.6.2018, § 303.
258 Vgl. EGMR Raimondo/I, 22.2.1994, § 30; Arcuri/I, 5.7.2001; Saccoccia/A, 18.12.2008, §§ 87 ff.; Gogitidze u.a./GEO, 12.5.2015, §§ 107 f.
259 EGMR Raimondo/I, 22.2.1994, § 30, ÖJZ **1994** 562; Saccoccia/A, 18.12.2008, §§ 87 f. (Vermögensbeschlagnahme aufgrund einer amerikanischen *final forfeiture*); siehe auch EGMR Boljević/KRO, 31.1.2017, §§ 41 ff. (Einziehung des gesamten Geldbetrages, den der Bf. bei der Einreise bei sich führte und gesetzwidrig nicht erklärte, unverhältnismäßig; keine Anhaltspunkte für anderweitig, außer der unterlassenen Erklärung, rechtswidriges Verhalten bzw. eine rechtswidrige Herkunft des Geldes); vgl. ferner EGMR Tilocca/KRO, 5.4.2018; Gyrlyan/R, 9.10.2018, §§ 28 ff.; Sadocha/UKR, 11.7.2019, §§ 31 ff. (Einziehung einer erheblichen Menge im Handgepäck mitgeführten Bargelds bei Grenzübertritt; kein Straftatbestand erfüllt).
260 EGMR Smirnov/R, 7.6.2007 (Einbehalt des Computers eines Rechtsanwalts als Beweismittel für 7 Jahre); Kruglov u.a./R, 4.2.2020, §§ 144 ff., NJW **2021** 1077; Pendov/BUL, 26.3.2020, NJW-RR **2021** 622 (Einbehalt eines Computers während eines gegen einen Dritten geführten Ermittlungsverfahrens; zugleich Verletzung von Art. 10).
261 EGMR Ismayilov/R, 6.11.2008; Tanasov/RUM, 31.10.2017, § 28 (Einziehung mitgeführter Silberbarren bei Grenzübertritt trotz gleichzeitig verhängter Geldbuße).
262 Vgl. BVerfGE **20** 361.

Naturschutzgebiet ausgewiesenen Flächenstück errichtet wurden, vollumfänglich und kompensationslos einzuhalten, sofern der Bauherr bereits wegen Verstoßes gegen das Bauverbot im geschützten Gebiet strafrechtlich verfolgt wurde.[263]

Strittig ist, ob dies auch der Fall ist, wenn ein an der Straftat, aufgrund derer die **74** Einziehung erfolgt, **unbeteiligter Dritter** als Eigentümer von der Einziehung betroffen wird.[264] Es stellt sich vor allem die Frage, ob die Grenze eine Nutzungsregelung nur dann eingehalten ist, wenn der Dritteigentümer **bösgläubig** ist[265] oder schon dann, wenn er die Umstände, die zum Eigentumsverlust führten, mit zu vertreten hat.[266] Der EGMR hat im Urteil *AGOSI* festgestellt, dass die Bös- bzw. Gutgläubigkeit des Eigentümers der Gegenstände zumindest bei der Bewertung des Verfahrens einer Einziehung berücksichtigt werden müsse.[267] Letztlich hat der EGMR damit die Frage offen gelassen, in welchem Maße eine etwaige Gut- bzw. Bösgläubigkeit Einfluss auf die Rechtmäßigkeit einer Beschlagnahme bzw. eine ihr nachfolgende Einziehung hat.

So verfuhr er auch in der Rs. *Veits*, wo die Bf. bei der schenkweisen Erlangung des **75** Eigentums durch Angehörige (die ihrerseits das Eigentum durch Straftaten erlangt hatten) **gutgläubig und zudem minderjährig** war. Der Gerichtshof würdigte insbesondere, dass die Argumente der Bf. durch das Vorbringen von Mutter und Großmutter im Prozess ausreichend gehört wurden, und verneinte einen Verstoß gegen die Verhältnismäßigkeit der Einziehung.[268] Die Einziehung von *producta* bzw. *instrumenta sceleris* bei einem gutgläubigen, unbeteiligten Dritten dürfte regelmäßig unverhältnismäßig sein.[269] Davon zu unterscheiden ist die Einziehung von Gegenständen naher Angehöriger, wenn es sich um gravierende Taten handelt und die mittelbare kriminelle Herkunft der Gegenstände wegen einer nicht zufriedenstellend erklärbaren Diskrepanz zwischen deklariertem bzw. offiziellem Einkommen und dem tatsächlichen Vermögen bzw. dem Lebensstil (der Familie) naheliegt.[270]

Die Einziehung eines Gegenstandes bei einem Dritten auf der Grundlage des § 73b **76** **StGB** ist vom Regelungsgehalt der Vorschrift her betrachtet prinzipiell mit Art. 1 des 1. ZP-EMRK vereinbar. Im Vergleich zur alten Regelung (§ 74a StGB a.F.) strenger ist nunmehr, dass es auf die Kenntnis des Dritten über die Herkunft des Erlangten (ausgenommen bei Böswilligkeitsvariante nach § 73b Abs. 1 Satz 1 Nr. 2b StGB) nicht ankommt und auch Erbfälle einbezogen sind (§ 73b Abs. 1 Satz 1 Nr. 3 StGB). Ist der Dritte „mittelbar" beteiligt (z.B. als Lieferant) ist ihm zumindest die Teilhabe am Einziehungsverfahren zu ermögli-

---

263 EGMR Varvara/I, 24.3.2014; Bērziņš u.a./LET, 21.9.2021, §§ 92 ff. (Ausweisung eines Schutzgebietes nicht vorhersehbar; keine Kompensation für Nutzungsuntersagung).

264 EGMR Frizen/R, 24.3.2005; AGOSI/UK, 24.10.1986; gegen Annahme einer Nutzungsregelung *Peukert* EuGRZ **1988** 509.

265 *Frowein/Peukert* 61 unter Hinweis auf EGMR AGOSI/UK, 24.10.1986. Zur Frage der Schrankenziehung bei Art. 14 GG vgl. BGHZ **27** 73.

266 Vgl. *Frowein/Peukert* 61 (für Bösgläubigkeit); ähnlich BGHZ **27** 385.

267 EGMR AGOSI/UK, 24.10.1986, § 54.

268 EGMR Veits/EST, 15.1.2015, §§ 59 f., 69 ff., 74; Waldemar Nowakowski/PL, 24.7.2012, §§ 50 ff. (Beschlagnahme antiquarischer Waffensammlung).

269 So in EGMR B.K.M. Lojistik Tasimacilik Ticaret Limited Sirketi/SLW, 17.1.2017, §§ 46 ff. (Lkw-Transport illegaler Drogen in Unkenntnis des Eigentümers des Lkw nicht verhältnismäßig; kein Risiko erkennbar, dass gerade dieser Lkw erneut für Drogentransporte verwendet werden würde); ähnlich EGMR Ünsped Paket Servisi SaN. Ve TiC. A.Ş./BUL, 13.10.2015, §§ 45 f.

270 Siehe EGMR Cacucci u. Sabatelli/I (E), 17.6.2014, §§ 37 ff., 41, 46 (zur italienischen Rechtslage zum Vorliegen des Verdachtsmoments aufgrund des hohen Vermögens der Angehörigen §§ 18, 31, 43); Aboufadda/F (E), 4.11.2014, §§ 25 ff.; Rummi/EST, 15.1.2015, § 108 (keine hinreichende Wahrscheinlichkeit der kriminellen Herkunft; Einziehung unverhältnismäßig).

chen, wenn ihm dadurch ein Schaden entsteht, dass die durch ihn bereitgestellten Güter in einem Verwaltungsverfahren eingezogen wurden.[271]

77   Auf **unionsrechtlicher Ebene** bietet Art. 3 Abs. 3 des **Rahmenbeschlusses 2005/212/ JI** über die Einziehung von Erträgen, Tatwerkzeugen und Vermögensgegenständen aus Straftaten[272] den Mitgliedstaaten der EU die Möglichkeit, bei bestimmten Straftaten ihre Vorschriften über die Einziehung auch auf unbeteiligte Dritte zu erstrecken, wobei auch hier der Begriff **„sehr nahe stehende Person"** Zweifel an einer hinreichenden Bestimmtheit weckt.

78   Durch den **Rahmenbeschluss 2006/783/JI** über die Anwendung des Grundsatzes der gegenseitigen Anerkennung auf Einziehungsentscheidungen[273] sollten Regeln festgelegt werden, nach denen ein Mitgliedstaat verpflichtet wird, Einziehungsentscheidungen, die von einem in Strafsachen zuständigen Gericht eines anderen Mitgliedstaats erlassen wurden, anzuerkennen und ohne weitere Formalitäten in seinem Hoheitsgebiet zu vollstrecken, Art. 1 Abs. 1, Art. 7 Abs. 1 RB. Eine entsprechende Einziehungsentscheidung über einen Geldbetrag sollte der zuständigen Behörde eines Mitgliedstaats übermittelt werden, wenn für die zuständige Behörde des Entscheidungsstaates ein berechtigter Grund zu der Annahme bestand, dass die betreffende natürliche oder juristische Person in dem betreffenden Mitgliedstaat über abschöpfbares Vermögen oder Einkommen verfügt, Art. 4 Abs. 1 RB. In Ausnahmefällen war auch eine Übermittlung an mehr als einen Mitgliedstaat zu ermöglichen, Art. 5 Abs. 2 RB (nunmehr Art. 4 und 5 VO [EU] 2018/1805). Bei Straftaten, die nach den Vorschriften des Entscheidungsstaats einem oder mehreren der in Art. 6 RB aufgeführten Deliktsbereiche unterfielen und im Entscheidungsstaat mit einer Freiheitsstrafe von mindestens drei Jahren bedroht waren, sollte die Einziehungsentscheidung auch ohne Überprüfung des Vorliegens der beiderseitigen Strafbarkeit der Handlungen zu einer Vollstreckung führen (nunmehr Art. 3 VO [EU] 2018/1805). Statt der Einziehung eines konkreten Vermögensgegenstandes sollte mit Zustimmung der zuständigen Behörden auch die Einziehung eines Geldbetrages in entsprechender Höhe möglich sein, Art. 7 Abs. 2 RB.

79   Nach der den RB 2006/783/JI ersetzenden **Verordnung (EU) 2018/1805** über die **gegenseitige Anerkennung von Sicherstellungs- und Einziehungsentscheidungen**[274] darf die Vollstreckung einer Sicherstellungsentscheidung u.a. versagt werden, wenn sie dem Grundsatz „ne bis in idem" zuwiderliefe (Art. 7 Abs. 1 *lit.* a VO), nach dem Recht des Vollstreckungsstaates Vorrechte oder Immunitäten bestehen (Art. 7 Abs. 1 *lit.* b VO) oder berechtigte Gründe zu der Annahme vorliegen, dass die Vollstreckung die offensichtliche Verletzung eines Grundrechts der Charta der Grundrechte, insbesondere des Rechts auf einen wirksamen Rechtsbehelf, des Rechts auf ein faires Verfahren oder des Rechts auf Verteidigung, nach sich ziehen würde (Art. 7 Abs. 1 *lit.* f VO).

---

271 EGMR Microintelect OOD/BUL, 4.3.2014 (Einziehung von Alkohol bei Billardclubbesitzer ohne Ausschanklizenz); Andonoski/MAZ, 17.9.2015, §§ 37 ff. (Einziehung eines Taxis nach Transport von Ausländern ohne Aufenthaltstitel; Taxifahrer/-unternehmer ohne Verdacht o.ä.); generell zu den Verfahrensrechten Dritter: EGMR Vasilevski/MAZ, 28.4.2016, §§ 50 ff.
272 Rahmenbeschluss 2005/212/JI des Rates vom 24.2.2005 über die Einziehung von Erträgen, Tatwerkzeugen und Vermögensgegenständen aus Straftaten, ABlEU Nr. L 68 v. 15.3.2005 S. 49.
273 ABlEU. Nr. L 328 v. 24.11.2006 S. 59; ersetzt durch die Verordnung (EU) 2018/1805 des Europäischen Parlaments und des Rates vom 14.11.2018 über die gegenseitige Anerkennung von Sicherstellungs- und Einziehungsentscheidungen, ABlEU. Nr. L 303 v. 28.11.2018 S. 1.
274 Verordnung (EU) 2018/1805 des Europäischen Parlaments und des Rates vom 14. November 2018 über die gegenseitige Anerkennung von Sicherstellungs- und Einziehungsentscheidungen ABlEU Nr. L 303 v. 28.11.2018 S. 1.

Die **Richtlinie 2014/42/EU** Sicherstellung und Einziehung von Tatwerkzeugen und Er- 80
trägen aus Straftaten in der Europäischen Union[275] normiert mit dem Ziel der **Harmonisierung des nationalen Rechts** Mindestvorschriften für die Einziehung von Vermögensgegenständen in Strafsachen sowie für die Sicherstellung solcher Vermögensgegenstände in
Bezug auf eine mögliche spätere Einziehung, Art. 1 Abs. 1 RL. Die Mitgliedstaaten haben
zu gewährleisten, dass Tatwerkzeuge und Erträge sowie Vermögensgegenstände, deren
Wert diesen Tatwerkzeugen oder Erträgen entspricht, vorbehaltlich einer rechtskräftigen
Verurteilung wegen einer Straftat ganz oder teilweise der Einziehung unterliegen, Art. 4
Abs. 1 RL. Gelangt ein Gericht aufgrund der Umstände des Falles und unter Würdigung
der konkreten Tatsachen und verfügbaren Beweismittel zu der Überzeugung, dass weitere
Vermögensgegenstände einer verurteilten Person ebenfalls aus Straftaten stammen, sollen
auch diese Vermögensgegenstände ganz oder teilweise eingezogen werden (**erweiterte
Einziehung**), Art. 5 RL. Die Einziehung muss jedoch die in der RL vorgesehenen Garantien
wahren; zudem sei erforderlich, dass die in Streit stehende Straftat zu den in Art. 5 Abs. 2
RL aufgezählten Tatbeständen gehöre und direkt oder indirekt zu einem wirtschaftlichen
Vorteil geführt haben kann.[276] Eine **Dritteinziehung** nach Art. 6 RL setzt voraus, dass eine
verdächtige oder beschuldigte Person Erträge auf eine dritte Person übertragen oder eine
dritte Person solche Erträge erworben hat und diese dritte Person aufgrund konkreter
Tatsachen und Umstände – unter anderem dass die Übertragung oder der Erwerb unentgeltlich oder deutlich unter dem Marktwert erfolgte – die Erträge in dem **Wissen** angenommen hat oder es **hätte wissen müssen**, dass hierdurch eine Umgehung der Einziehung vermieden werden sollte.

Auf der Grundlage der EMRK kann bei Annahme einer Enteignung i.S.v. Art. 1 Abs. 1 81
Satz 2 nur ausnahmsweise ein Fall vorliegen, der bei der gebotenen Abwägung der widerstreitenden Interessen (Rn. 30 ff.) den (entschädigungslosen) Eigentumsentzug gestatten
kann.

II. Recht auf Bildung

Art. 2 **Satz 1** legt in Übereinstimmung mit dem inhaltlich sehr viel weitergehenden 82
Art. 26 AEMR fest, dass niemandem das Recht auf Bildung (vor allem auf Ausbildung; vgl.
„*education*"/„*éducation*") verwehrt werden darf. Er garantiert damit ein Recht auf Bildung
als subjektives Teilhaberecht[277] sowie die Pflicht des Staates, ein – in der Regel staatliches – Ausbildungswesen mit den dafür erforderlichen Einrichtungen zu schaffen und zu
unterhalten, sowie dafür zu sorgen, dass jedem – entsprechend seinen Fähigkeiten[278] –
der Zugang zu den bestehenden Bildungseinrichtungen möglich ist. Im Strafrecht ergeben
sich hierzu relevante Fragestellungen vor allem beim **Vollzug von Straf- und Untersuchungshaft**.

Art. 2 **Satz 1** des 1. ZP-EMRK ist nicht lediglich auf grundlegende Bildungseinrichtun- 83
gen anwendbar. Auch höhere Bildungseinrichtungen, insbesondere Hochschulen, fallen

---

275 Richtlinie 2014/42/EU des Europäischen Parlaments und des Rates vom 3.4.2014 über die Sicherstellung
und Einziehung von Tatwerkzeugen und Erträgen aus Straftaten in der Europäischen Union, ABlEU Nr. L
127 v. 29.4.2014 S. 39; vgl. hierzu Gesetz zur Reform der strafrechtlichen Vermögensabschöpfung v. 13.4.2017,
BGBl. I S. 872, in Kraft getreten am 1.7.2017 (Rn. 65); zur Umsetzung in Österreich *Schumann* NZWiSt **2018**
441; weitere Umsetzungsmodellen („social re-use") bei *Meyer* ZRP **2015** 244.
276 EuGH 21.10.2021, C-845/19, C-863/19 (Okrazhna prokuratura – Varna), BeckRS **2021** 31273.
277 EGMR Kjeldsen, Busk Madsen u. Pedersen/DK, 7.12.1976, NJW **1977** 487 = EuGRZ **1976** 478.
278 Daher ist auch ein *numerus clausus* zulässig, vgl. EGMR Tarantino/I, 2.4.2013, NVwZ **2014** 929.

in seinen Schutzbereich.[279] Ein Recht des Einzelnen darauf, dass der Staat bestimmte, insbesondere weiterführende Bildungseinrichtungen schafft, kann daraus nicht hergeleitet werden.[280] Schafft er jedoch Bildungseinrichtungen der Elementarstufe, in denen in einer bestimmten Sprache unterrichtet wird, so hat er auch weiterführende Einrichtungen zu schaffen, in denen ebenfalls in dieser Sprache unterrichtet wird.[281] Aus Art. 2 ergibt sich nur die Verpflichtung des Staates, für ein **angemessenes Ausbildungssystem** zu sorgen, wozu auch die Begründung einer **Schulpflicht** gehören *kann*.[282] Zwingend vorgeschrieben wird die Vorsehung bzw. Beibehaltung einer solchen Pflicht durch die Konvention allerdings nicht.[283]

84 Über die konkrete **Ausgestaltung des Bildungssystems** trifft Art. 2, anders als Art. 26 AEMR, keine Aussage. Dem Staat wird insoweit ein weiter **Ermessensspielraum** zuerkannt,[284] wie er das Schulwesen im Interesse der Allgemeinheit organisieren will. Er ist nicht verpflichtet, auch speziellen Vorstellungen einzelner Gruppen Rechnung zu tragen. Diskriminierend und ein Verstoß gegen Art. 14 sowie gegen Art. 2 ist es allerdings, für bestimmte Ethnien eigene Schulklassen zu bilden; stattdessen hat der Staat die **Integration** zu fördern.[285]

85 Aus dem Recht auf Bildung können sich auch **positive Verpflichtungen** des Staates ergeben, nicht jedoch ein Recht auf kostenfreie Beförderung zur Schule der Wahl, wenn es eine Alternative gibt, die eine kostenfreie Beförderung einschließt und nicht im Widerspruch zu den Überzeugungen der Eltern steht.[286]

86 Der Staat ist durch Art. 2 **Satz 2** insoweit gebunden, als er das **Recht der Eltern** achten muss, die Erziehung und den Unterricht ihrer Kinder entsprechend ihren eigenen religiösen und weltanschaulichen Überzeugungen sicherzustellen.[287]

87 Das durch Art. 2 gewährte Recht auf Bildung ist **kein absolutes Recht**. Es kann von den Vertragsstaaten eingeschränkt werden, wobei es – anders als bei Art. 8 bis Art. 11 – keinen *numerus clausus* zulässiger Einschränkungsgründe gibt. Die Einschränkung wird vom Gerichtshof auf ihre **Vorhersehbarkeit** für die Betroffenen und ihren **legitimen Zweck** geprüft sowie darauf, dass sie das Recht auf Bildung nicht vollständig aushöhlt.[288]

---

279 EGMR Belg. Sprachenfall/B, 23.7.1968, EuGRZ **1975** 298; Delcourt/B, 17.1.1970; (GK) Leyla Sahin/TRK, 10.11.2005, EuGRZ **2006** 28 = NVwZ **2006** 1389 = DVBl. **2006** 167 = ÖJZ **2006** 424; Tarantino/I, 2.4.2013, NVwZ **2014** 929, § 43; Huhle/D (E), 27.8.2013, § 17, NVwZ **2014** 1293.

280 EGMR Belg. Sprachenfall/B, 23.7.1968; dazu IK-EMRK/*Wildhaber* 117 ff.; vgl. *Frowein/Peukert* 2; *Grabenwarter/Pabel* § 22, 71 ff.; Meyer-Ladewig/Nettesheim/von Raumer/*Hanschmann* 10.

281 EGMR (GK) Republik Zypern/TRK, 10.5.2001 (griechisch-sprachige weiterführende Schulen in Nordzypern).

282 Vgl. *Frowein/Peukert* 3; vgl. dazu auch Meyer-Ladewig/Nettesheim/von Raumer/*Hanschmann* 10.

283 *Beaucamp* DVBl. **2009** 220, 223; siehe auch *Grabenwarter/Pabel* § 22, 98, 101.

284 IK-EMRK/*Wildhaber* 33 ff.

285 EGMR Sampani u.a./GR, 11.12.2012 (Klassen mit ausschließlich romastämmigen Kindern, keine zureichenden staatlichen Maßnahmen zur Integrationsförderung); zu weiterer EGMR-Rechtsprechung zu diesem Thema vgl. *Weber* ZAR **2013** 188, 193 ff.

286 EGMR Huhle/D (E), 27.8.2013, § 17 (kein Anspruch auf Kostenerstattung der Beförderung mit Pkw, wenn kostenfreie Beförderung durch ÖPNV sichergestellt ist).

287 Vgl. Art. 6 Abs. 2, Art. 7 Abs. 2 GG.

288 Keinen zulässigen Ausschlussgrund von der Hochschulbildung stellt es dar, wenn ein Studierender nach einem Unfall schwerbehindert ist und sein Antrag auf barrierefreie Umbauten des Universitätsgebäudes aus Kostengründen abgelehnt wird, wenn er dadurch faktisch zum Beenden seines Studiums gezwungen ist, vgl. EGMR Enver Şahin/TRK, 30.1.2018 (gleichzeitig Verstoß gegen Art. 14); vgl. ferner EGMR Çam/TRK, 23.2.2016 (Ausschluss einer zuvor als besonders talentiert bewerteten Schülerin an einer Musikhochschule wegen nachträglich festgestellter schwerer Sehschwächen ohne Prüfung von Alternativen für eine Ermöglichung der Ausbildung).

Die Einschränkung muss darüber hinaus **verhältnismäßig** sein und darf anderen Konventionsgarantien nicht zuwiderlaufen.[289] Die Staaten dürfen Zulassungsbeschränkungen für Universitäten – namentlich Aufnahmeprüfungen und die Verwendung eines *numerus clausus* (auf Grundlage der verhältnismäßigen Kriterien Kapazität und gesellschaftlicher Bedarf an bestimmten Berufen) vorsehen.[290] Schon am **legitimen Zweck fehlte** es dagegen bei systematischen Schulschließungen transnistrischer Behörden, um die Sprache und Kultur der übrigen moldawischen Bevölkerungsgruppe in Transnistrien an russische Gepflogenheiten anzupassen.[291] Ebenso, wenn von der Universitätsleitung Disziplinarverfahren (zwei Semester Studienausschluss) gegen Studierende verhängt werden, weil diese das zusätzliche Angebot von Kursen in kurdischer Sprachen gefordert hatten.[292] Kann ein Strafgefangener seine Schulbildung, die über seine Pflichtausbildung hinausgeht, nicht beenden, weil er keine **Hafterleichterung** (Vollzugslockerungen) erhält, sei kein Verstoß gegen sein Recht auf Bildung anzunehmen, wenn er zumindest in der Haftanstalt die Möglichkeit zur kulturellen Weiterbildung erhält.[293] Anders liegt der Fall, wenn dem Betroffenen innerhalb der Haftanstalt der **Zugang zu Bildung** verwehrt wird; das gilt auch dann, wenn er als „rückfällig" eingestuft wurde. Für eine solche Beeinträchtigung bedarf es eines legitimen Grundes sowie der Abwägung der Interessen auf der Basis des Grundsatzes der Verhältnismäßigkeit.[294]

Art. 2 **Satz 2** gewährleistet ebenso wie Art. 18 Abs. 4 IBPBR das **Recht der Eltern,** **88** ihre Kinder gemäß ihren eigenen **religiösen und weltanschaulichen Überzeugungen** zu erziehen, auch gegenüber dem Staat und dessen Unterrichtswesen, bei dessen Ausgestaltung dieses Recht der Eltern staatlicherseits beachtet werden muss. Diese Verpflichtung ist auch für die **Auslegung der anderen Konventionsverbürgungen,** vor allem der Art. 8 bis 11, von Bedeutung. Das in Art. 2 Satz 2 anerkannte **elterliche Erziehungsrecht** ist grundlegender Bestandteil des Familienlebens i.S.d. Art. 8.

Die **Verpflichtung zur Achtung der religiösen oder weltanschaulichen Überzeu-** **89** **gungen der Eltern** wirkt sich auch auf die Auslegung der anderen Konventionsverbürgungen aus, da sich daraus Grenzen für den Handlungsspielraum des Staates ergeben können. Dieser muss bei all seinen Maßnahmen das in Art. 2 des 1. ZP-EMRK und Art. 18 Abs. 4 IPBPR anerkannte Erziehungsrecht der Eltern achten.[295] Es ist auch bei der Auslegung des **Art. 5 Abs. 1 Satz 2 *lit*. d** zu berücksichtigen.

---

289 EGMR (GK) Leyla Sahin/TRK, 10.11.2005.
290 EGMR Tarantino/I, 2.4.2013, NVwZ **2014** 929.
291 EGMR (GK) Catan u.a./MOL u. R, 19.10.2012, NVwZ **2014** 203.
292 EGMR Çölgeçen u.a./TRK, 12.12.2017, §§ 47 ff. (im Zusammenhang mit Art. 10).
293 EGMR Epistatu/RUM, 24.9.2013, § 61 ff. (wegen Mordes Verurteilter 18-jähriger konnte wegen der Haftstrafe sein letztes High-School-Jahr nicht vollenden); Mehmet Reşit Arslan u. Orhan Bingöl/TRK, 18.6.2019 (Weigerung der Anstaltsleitung, Häftlingen Computer für ihr Fernstudium zur Verfügung zu stellen); offengelassen in EGMR Hüseyin Uzun/TRK, 10.11.2020 (Behinderung des Fernstudiums wegen Haftbedingungen; unzulässig, da Einschränkungen nicht hinreichend belegt).
294 EGMR Velyo Velev/BUL, 27.15.2014.
295 Vgl. EGMR Mansur Yalçin u.a./TRK, 16.9.2014, §§ 64 ff. (Texte/Schulbücher, die sich für nur eine spezifische Auslegung des Islam aussprechen, können das Erziehungsrecht der Eltern von Kindern anderer muslimischer Strömungen verletzen); Papageorgiou u.a./GR, 31.10.2019, §§ 81 ff. (Verstoß, wenn die Eltern ausdrücklich erklären mussten, dass ihr Kind nicht Teil der christlich-orthodoxen Glaubensgemeinschaft sei, um es vom obligatorischen Religionsunterricht befreien zu können); vgl. aber EGMR Perovy/R, 20.10.2020 (20min. Segnung eines Klassenzimmers nach russisch-orthodoxem Ritus verletzt auch bei Anwesenheit andersgläubiger Schüler nicht automatisch das Recht der Eltern auf religionsneutrale Bildung; zudem kein Verstoß gegen Art. 9 bezüglich des Schülers).

90   Seiner Verpflichtung zur Achtung des elterlichen Erziehungsrechts kann der Staat durch eine entsprechend sachbezogene, weltanschaulich neutrale und jede Indoktrinierung vermeidende Unterrichtsgestaltung erfüllen,[296] aber auch dadurch, dass er den Eltern die Möglichkeit eröffnet, ihre Kinder auf **private Schulen** ihrer Wahl zu schicken oder sie von Schulveranstaltungen fernzuhalten, die mit ihrer religiösen Überzeugung unvereinbar sind. Dies kann etwa auch dadurch geschehen, dass er ihnen die Möglichkeit der **Befreiung vom Religionsunterricht** oder vom Schulbesuch an **religiösen Feiertagen** eröffnet.[297]

91   Die von Art. 2 Satz 2 geforderte Achtung vor der Freiheit der Eltern, ihre Kinder in Übereinstimmung mit ihren eigenen Überzeugungen sittlich und religiös zu erziehen, steht einer **allgemeinen Schulpflicht** nicht entgegen.[298]

92   Die BR Deutschland hat bei der Hinterlegung der Ratifikationsurkunde in einer Erklärung darauf hingewiesen, dass sie der Auffassung ist, dass Art. 2 Satz 2 keine Verpflichtung des Staates begründet, Schulen religiösen oder weltanschaulichen Charakters zu finanzieren.[299]

93   Die **Charta der Grundrechte der Europäischen Union**[300] garantiert ebenfalls das Recht auf Bildung und auf Zugang zur beruflichen Ausbildung und Weiterbildung (Art. 14 Abs. 1 EUC) einschließlich der unentgeltlichen Teilnahme am Pflichtschulunterricht (Art. 14 Abs. 2 EUC). Sie überlässt die Organisation des Unterrichtswesens („Gründung von Lehranstalten") der einzelstaatlichen Regelung, die jedoch die Achtung der demokratischen Grundsätze und auch das Recht der Eltern sicherstellen muss, die Erziehung ihrer Kinder nach ihren eigenen religiösen, weltanschaulichen und erzieherischen Überzeugungen sicherzustellen (Art. 14 Abs. 3 EUC). Sowohl Art. 14 Abs. 2 EUC als auch Art. 32 EUC (Verbot der Kinderarbeit) gehen in ihren Formulierungen davon aus, dass der Staat eine allgemeine Schulpflicht grundsätzlich vorsehen darf; die exakten Rahmenbedingungen bleiben allerdings offen.

94   Das in Art. 26 AEMR niedergelegte Recht auf Bildung wurde durch **Art. 13 des Internationalen Pakts über wirtschaftliche, soziale und kulturelle Rechte (IPWSKR)**[301] grundlegend erweitert. Art. 13 Abs. 2 *lit.* a IPWSKR normiert ein Recht auf unentgeltlichen

---

296 EGMR Kjeldsen, Busk Madsen u. Pedersen/DK, 7.12.1976 (Sexualkundeunterricht); Dojan u.a./D (E), 13.9.2011; A.R. u. L.R./CH, 18.1.2018 (Sexualkundeunterricht, Art. 8); siehe auch: BVerfG NJW **2009** 3151 (Grundschule; Präventionsveranstaltung zur Sensibilisierung der Kinder für etwaigen sexuellen Missbrauch; Karnevalsveranstaltung) vgl. auch: EGMR Campbell u. Cosans/UK, 25.2.1982, EuGRZ **1982** 153 (Ablehnung körperlicher Züchtigung); zum konfessionell neutralen Ethikunterricht: EGMR Appel-Irrgang/D (E), 6.10.2009, EuGRZ **2010** 177 = NVwZ **2010** 1353.

297 Vgl. auch *Grabenwarter/Pabel* § 22, 103; IK-EMRK/*Wildhaber* 80 ff.; vgl. zum Ganzen auch *Villiger* 900 ff.; zur **Befreiung vom Religionsunterricht**: EGMR (GK) Folgerø u.a./N, 29.6.2007, NJW **2008** 3274 = NVwZ **2008** 1217; vgl. Art. 9 Rn. 36.

298 EGMR Konrad u.a./D, 11.9.2006 (E); *Beaucamp* DVBl. **2009** 220, 223; zum sog. **Homeschooling** (und der strafbewehrten Nichteinschulung): BVerfG NJW **2015** 44 = FamRZ **2015** 27 m. Anm. *Salgo*, Anm. *Hufen* JuS **2015** 763, Anm. *Muckel* JA **2015** 315 u. Anm. *Vahle* DVP **2016** 123; FamRZ **2006** 1094 = BayVwBl. **2006** 633 = BVerfGK **8** 151; BVerwG NVwZ **2010** 525 (Vorinstanz OVG Bremen Urt. v. 3.2.2009 – 1 A 21/07, NordÖR **2009** 158); BayVGH BayVwBl. **2009** 19, 20; für ein solches Recht der Eltern: *Reimers* NVwZ **2008** 720, 722; kritisch und eine regulierte Freigabe fordernd: *von Lucius* Homeschooling (2017); ablehnend: *Thurn* NVwZ **2008** 718; siehe auch BGH NJW **2008** 369 (Entzug des Sorgerechts bei Verletzung der Schulpflicht); OLG Hamm FamRZ **2014** 398 = NJW-RR **2014** 6 (zu § 1666 Abs. 3 Nr. 2 BGB).

299 BGBl. 1957 II S. 226.

300 ABlEU Nr. C 303 v. 14.12.2007 S. 1, BGBl. 2008 II S. 1165; vgl. auch die frühere Fassung aus dem Jahr 2000: ABlEG Nr. C 364 v. 18.12.2000, EuGRZ **2000** 554.

301 BGBl. 1973 II S. 1569; siehe Teil II Rn. 452.

Grundschulunterricht, aber auch eine Pflicht zur Teilnahme. Diese **Grundschulpflicht** hat der Staat durch entsprechende gesetzliche Regelungen und durch die Bereitstellung geeigneter Einrichtungen sicherzustellen. Gemäß Art. 13 Abs. 3 IPWSKR sind die Vertragsstaaten verpflichtet, die Freiheit der Eltern, für ihre Kinder andere als öffentliche Schulen sowie die religiöse und sittliche Erziehung ihrer Kinder in Übereinstimmung mit ihren eigenen Überzeugungen zu wählen, sicherzustellen; die Grundschulpflicht aus Absatz 2 *lit.* a IPWSKR bleibt von dieser Bestimmung unberührt.

III. Recht auf freie Wahlen

Wie die Präambel zeigt, geht die EMRK davon aus, dass ihre Grundfreiheiten am 95 besten durch eine wahrhaft demokratische politische Ordnung in den Vertragsstaaten gewährleistet werden. Deshalb werden in Art. 3 des 1. ZP-EMRK auch das aktive und passive Wahlrecht der Bürger und alle sonst für diese Ordnung konstituierenden Wahlrechtsgrundsätze dem Konventionsschutz unterstellt. Abweichend vom sonstigen Inhalt der Konventionen werden damit grundsätzlich auch politische Rechte der Bürger in den Konventionsschutz mit einbezogen. Den **Bürgern** der einzelnen Vertragsstaaten wird damit – ebenso wie ausdrücklich in Art. 25 *lit.* b IPBPR – das **aktive und passive Wahlrecht** als subjektives Recht garantiert.[302] Zu dessen Verwirklichung werden die Vertragsstaaten verpflichtet, die Mitglieder der **gesetzgebenden Körperschaften** in allgemeinen, freien und geheimen Wahlen zu bestimmen, die periodisch in nicht allzu großen Abständen abzuhalten sind. Mittelbar wird damit auch die bereits aus dem Demokratiegebot abzuleitende Verpflichtung der Konventionsstaaten bestätigt, aus freien Wahlen hervorgegangene gesetzgebende Körperschaften zu schaffen.[303]

Die **politischen Parteien** bleiben in der EMRK unerwähnt. Ihre Bedeutung für das 96 Funktionieren der demokratischen Ordnung ist jedoch anerkannt. Sie werden durch die Vereinigungsfreiheit nach **Art. 11** geschützt und unterfallen in Bezug auf das passive Wahlrecht dem persönlichen Schutzbereich des Art. 3 des 1. ZP-EMRK.[304]

Art. 3 gewährt dieses Recht bei allen Wahlen zu **gesetzgebenden Körperschaften**; 97 dies sind alle Körperschaften, die nach dem jeweiligen nationalen Recht Aufgaben der Gesetzgebung haben, bei einem föderalistischen Staatsaufbau also sowohl die Parlamente des Bundesstaates als auch die Parlamente der Gliedstaaten, Kantone oder autonomen Regionen oder sonstige Organe mit gesetzgeberischen Aufgaben.[305] Auch das **Europäische**

---

302 EGMR Mathieu-Mohin u. Clerfayt/B, 2.3.1987, §§ 46–51; Meyer-Ladewig/Nettesheim/von Raumer/*Meyer-Ladewig/Nettesheim* 12. Das passive Wahlrecht beinhaltet – natürlich – auch das Recht der Gewählten, Mitglied im Parlament zu sein: EGMR Sadak u.a./TRK (Nr. 2), 11.6.2002, § 33. Da der EGMR von einem subjektiven Recht ausgeht (wenngleich der Wortlaut des Art. 3 auch andere Schlüsse zuließe), dringt der Konventionsstaat mit dem Argument nicht durch, der Entzug des Wahlrechts für nur wenige Personen ändere nichts an der demokratischen Regierungsform: EGMR Kulinski u. Sabev/BUL, 21.7.2016, §§ 30, 39 f.

303 *Frowein/Peukert* 1; vgl. auch *Grabenwarter/Pabel* § 23, 114; Meyer-Ladewig/Nettesheim/von Raumer/ *Meyer-Ladewig/Nettesheim* 4 ff.

304 Vgl. hierzu *Grabenwarter/Pabel* § 23, 112 m.w.N.; vgl. Art. 11 Rn. 25, 47 ff.

305 EGMR Partei Die Friesen/D, 28.1.2016, § 32, NJW **2017** 945 = DÖV **2016** 393 (Ls.); EKMR Timke/D, 11.9.1995, DR 82-A, 158; X./A, 12.7.1976, DR 6, 120 (jeweils: Landtag); EGMR Greens u. M.T./UK, 23.11.2010, § 116, und McHugh u.a./UK, 10.2.2015, §§ 5, 11 (regionale Parlamente für Schottland, Wales und Nordirland); Vito Sante Santoro/I, 1.7.2004, § 52 („Consiglio Regionale"); Mathieu-Mohin u. Clerfayt/B, 2.3.1987 („Conseil régional"); dazu IK-EMRK/*Wildhaber* 65, 75 ff.; *Frowein/Peukert* 3; *Grabenwarter/Pabel* § 23, 114; Meyer-Ladewig/Nettesheim/von Raumer/*Meyer-Ladewig/Nettesheim* 5. EKMR Polacco u. Garofalo/I, 15.9.1997, hatte die Frage nach

Parlament wird als gesetzgebende Körperschaft i.S.d. Art. 3 angesehen,[306] nicht jedoch örtliche Körperschaften, die, wie die Gemeinden, auch bei Erlass von Vorschriften keine originäre, sondern nur eine abgeleitete Staatsgewalt ausüben.[307] Nicht unter die Garantie des Art. 3 fallen Volksabstimmungen über Einzelfragen[308] oder Wahlen anderer Staatsorgane (Staatspräsidenten, Vertreter der Exekutive oder Richter).[309] Das durch Art. 25 *lit.* a IPBPR garantierte Recht der Staatsbürger zur unmittelbaren oder mittelbaren Mitwirkung bei der Gestaltung der öffentlichen Angelegenheiten umfasst dagegen alle Formen der Beteiligung an diesen, insbesondere auch Präsidentschaftswahlen und die Wahlen in den örtlichen Gebietskörperschaften.

98   Bei der konkreten **Ausgestaltung des Wahlrechts und des Wahlverfahrens** haben die Vertragsstaaten einen weiten Beurteilungsspielraum, in dem sie die Modalitäten der Wahlbeteiligung festlegen können.[310] Dabei müssen die Wahlen im weitesten Sinne „demokratisch" sein, d.h. **frei, geheim** und in **wiederkehrenden Abständen** erfolgen. Zudem muss die Freiheit der Bürger zur freien politischen Meinungsäußerung gewährleistet sein.[311] Die Mitgliedstaaten können sich dabei für so unterschiedliche Wahlsysteme, wie Mehrheits- oder Verhältnismäßigkeitswahlrecht mit allen dazwischen liegenden Varianten entscheiden.[312] Auch **indirekte Wahlen** sind zulässig;[313] konventionskonform ist auch das vielfach, auch in Deutschland, gebräuchliche System starrer Listen, wonach die Wähler nur für eine Liste einer konkreten Partei stimmen können und nicht für einzelne Kandidaten, also die Kandidaten in der von den Parteien aufgestellten Reihenfolge akzeptieren müssen.[314] Zulässig ist es, in einem Verhältniswahlsystem der Partei, die eine relative Mehrheit erlangt hat, zusätzliche Sitze (**„Mehrheitsprämie"**) zu geben.[315] Trotz erheblicher Bedenken hat der EGMR aufgrund der besonderen Umstände des konkreten Einzelfalls eine **10-Prozent-Hürde** in einem Verhältniswahlsystem noch akzeptiert.[316]

---

der Anwendbarkeit von Art. 3 des 1. ZP-EMRK auf den Regionalrat der Autonomen Region Trentino-Südtirol trotz Tendenz zur Bejahung noch offengelassen.
306   EGMR (GK) Matthews/UK, 18.2.1999, NJW **1999** 3107 = EuGRZ **1999** 200 m. Anm. *Lenz* = ÖJZ **2000** 34 = JBl. **1999** 590 (Wahlrecht britischer Bürger in Gibraltar); Mihaela Mihai Neagu/RUM (E), 6.3.2014, § 29; Occhetto/ I (E), 12.11.2013, § 42; Strack u. Richter/D (E), 5.7.2016, § 22.
307   EGMR Cherepkov/R (E), 25.1.2000; Malarde/F (E), 5.9.2000; Mółka/PL (E), 11.4.2006; McLean u. Cole/UK (E), 11.6.2013, §§ 29 f.; *Grabenwarter/Pabel* § 23, 114; IK-EMRK/*Wildhaber* 63; Meyer-Ladewig/Nettesheim/von Raumer/*Meyer-Ladewig/Nettesheim* 5.
308   EGMR Hilbe/FL (E), 7.9.1999; Borghi/I (E), 20.6.2002; McLean u. Cole/UK (E), 11.6.2013, §§ 31 ff.; Moohan u. Gillon/UK, 13.6.2017, §§ 40 ff. („Referendum" über die Unabhängigkeit Schottlands).
309   IK-EMRK/*Wildhaber* 58, 59; EGMR (GK) Paksas/LIT, 6.1.2011, § 72, NVwZ **2011** 1307; Anchugov u. Gladkov/ R, 4.7.2013, § 55; (jeweils: Präsidentschaftswahl). Zwar ist der Begriff der „gesetzgebenden Körperschaft" nicht notwendigerweise auf das nationale Parlament beschränkt, vielmehr ist die jeweilige Verfassungsstruktur maßgebend; für die Anwendbarkeit von Art. 3 des 1. ZP-EMRK auf Präsidentschaftswahlen reichen Vetorechte eines Präsidenten gegen verabschiedete Gesetze üblicherweise aber ebenso wenig aus wie die präsidiale Verordnungsmacht: EGMR Guliyev/ASE (E), 27.5.2004, schon gar nicht das Gesetzesinitiativrecht oder das aufschiebende Veto gegen beschlossene Gesetze: EGMR Krivobokov/UKR (E), 19.2.2013. Für den portugiesischen Präsidenten offengelassen: EGMR Brito da Silva Guerra u. Sousa Magno/P (E), 17.6.2008.
310   EGMR (GK) Mugemangango/B, 10.7.2020, § 73.
311   EGMR (GK) Mugemangango/B, 10.7.2020, § 68; Davydov u.a./R, 30.5.2017, § 272.
312   EGMR (GK) Yumak u. Sadak/TRK, 8.7.2008, § 110, NVwZ-RR **2010** 81; *Frowein/Peukert* 6; IK-EMRK/*Wildhaber* 38–56.
313   IK-EMRK/*Wildhaber* 45.
314   EGMR Saccomanno u.a./I (E), 13.3.2012, §§ 54 ff.
315   EGMR Saccomanno u.a./I (E), 13.3.2012, §§ 66 ff.
316   EGMR (GK) Yumak u. Sadak/TRK, 8.7.2008, § 147: („in general a 10 % electoral threshold appears excessive"); einer dieser Umstände war, dass auch unabhängige Kandidaten ins Parlament einziehen konnten

Aktives und passives Wahlrecht sind **nicht schrankenlos** gewährleistet, auch wenn 99
der Wortlaut von Art. 3 des 1. ZP-EMRK keine ausdrücklichen Einschränkungen aufführt.[317]
Den Vertragsstaaten kommt auch hier ein weiter Einschätzungsspielraum zu. Zulässig ist
das Erfordernis der Vorlage von die Kandidatur unterstützenden Unterschriften.[318] Ferner
dürfen den Parteien Vorgaben für ihre innere (demokratische) Struktur und die Verfahren
zur Aufstellung von Parlamentskandidaten gemacht werden (siehe Art. 21 Abs. 1 Satz 2
GG; § 17 PartG); die **Nichtzulassung von Kandidaten oder Wahllisten** kann nach den
Umständen des Einzelfalles zu einer Verletzung von Art. 3 des 1 ZP-EMRK führen.[319] Generell gilt, dass alle Einschränkungen des Wahlrechts eine Grundlage im nationalen Recht
haben,[320] einem legitimen Zweck dienen und verhältnismäßig sein müssen; sie dürfen die
Wahlrechtsgarantien nicht in ihrer Substanz antasten.[321] Sie haben im Rahmen **rechts-
staatlicher Verfahren** zu erfolgen[322] und müssen ferner die Rechtsgleichheit wahren.
Dazu gehört auch, dass bei der Ausgestaltung des Wahlrechts jede nach Art. 14 EMRK/
Art. 25, 26 IPBPR unzulässige Diskriminierung unterbleibt.[323] **Wahlanfechtungen und
Überprüfungen** müssen durch ein effektives Verfahren ermöglicht werden.[324] Bei der

(§§ 134 ff.; anders als bei der Erststimme bei der Bundestagswahl brauchten diese Kandidaten auch keinen
Wahlkreis zu gewinnen, vgl. § 16); Benachteiligungen für diese unabhängigen Kandidaten (sie erhielten
keinen Zugang zu staatlichen Medien und konnten von im Ausland wohnenden Wahlberechtigten nicht
gewählt werden) wurden akzeptiert von EGMR Oran/TRK, 15.4.2014, NVwZ-RR **2015** 421; näher zu Hürden,
auch zur deutschen 5-Prozent-Hürde, *Grabenwarter/Pabel* 23, 119; vgl. ferner Strack u. Richter/D, 21.5.2019
(zur durch das BVerfG aufgehobenen 5-Prozent-Hürde für die Wahlen zum EP). Eine Sperrklausel kann nach
Ansicht des Gerichtshofs zwar abschreckend auf potentielle Wähler wirken, ist aber nicht automatisch als
Verstoß gegen Art. 14 zu bewerten, auch wenn es sich um eine Partei handelt, die hauptsächlich die Interessen einer gesellschaftlichen Minderheit repräsentiert, vgl. EGMR Partei Die Friesen/D, 28.1.2016, §§ 34, 36.
317 EGMR Mathieu-Mohin u. Clerfayt/B, 2.3.1987, § 52 („implied limitations"); (GK) Matthews/UK, 18.2.1999,
§ 63. Art. 25 IPBPR verbietet nach seinem Wortlaut „unangemessene (bzw. unvernünftige) Einschränkungen"
(„unreasonable restrictions"), was im Umkehrschluss „angemessene Einschränkungen" ermöglicht. Diese
dürfen nicht diskriminierend oder unvernünftig („discriminatory or unreasonable") sein, HRC Yevdokimov
u. Rezanov/R, 1410/2005, 21.3.2011, § 7.4.
318 EGMR Soberanía de la Razón/E (E), 26.5.2015, §§ 26 ff. (keine von Art. 14 verbotene Diskriminierung,
wenn nur nicht im Parlament vertretene Parteien Unterstützungsunterschriften beibringen müssen); Mihaela Mihai Neagu/RUM (E), 6.3.2014, §§ 30 ff.; Ekoglasnost/BUL, 6.11.2012, §§ 63 f.; Federación Nacionalista Cana-
ria/E (E), 7.6.2001; EKMR Magnago u. Südtiroler Volkspartei/I, 15.4.1996. Ein Verstoß gegen Art. 3 des 1. ZP-
EMRK kann sich aus der Art und Weise des Vollzugs, etwa dem Verfahren, in dem vermeintlich die Echtheit
der Unterschriften geprüft wird, ergeben: EGMR Tahirov/ASE, 11.6.2015, §§ 58 f., 63 ff.
319 EGMR Paunović u. Milivojević/SRB, 24.5.2016 (unzulässiger Wegfall eines Parlamentssitzes, weil der
Kandidat intern aus der Partei ausgetreten war); Yabloko Russian United Democratic Party u.a./R, 8.11.2016,
§§ 76 ff.
320 EGMR Yabloko Russian United Democratic Party u.a./R, 8.11.2016, § 75.
321 EGMR Mathieu-Mohin u. Clerfayt/B, 2.3.1987, § 52; Gitonas u.a./GR, 1.7.1997, § 39; Political Party „Patria"
u.a./MOL, 4.8.2020, § 34; *Grabenwarter/Pabel* § 23, 118 ff.; *Villiger* 908; für unverhältnismäßig erklärt wurde
ein unbefristeter und endgültiger Verlust der Wählbarkeit aufgrund einer allgemeinen Regel: EGMR (GK)
Paksas/LIT, 6.1.2011, § 109; zu den Anforderungen an die Kriterien für die Beurteilung der Verhältnismäßigkeit eines generellen Verlusts der Wählbarkeit nach einem Impeachment-Verfahren vgl. EGMR (GK) Advisory
opinion v. 8.4.2022 (Nr. P16-2020-002). Diese Kriterien sollen demnach zum einen objektiver Natur sein und
zum anderen von den Anforderungen an ein ordnungsgemäßes Funktionieren derjenigen Institution abhängen, deren Mitgliedschaft die jeweilige Person anstrebt.
322 Siehe etwa EGMR Ofensiva tinerilor/RUM, 15.12.2015, §§ 53, 56 (Verfahren zur Überprüfung und Zulassung bzw. Ablehnung von Kandidaturen).
323 IK-EMRK/*Wildhaber* 34 ff.
324 EGMR (GK) Mugemangango/B, 10.7.2020, §§ 70, 115: Über eine Rüge der Wahl mit Antrag zur erneuten
Auszählung von Wahlurnen wurde nicht in regelgerechtem Verfahren entschieden; Davydov u.a./R, 30.5.2017,

Nichtzulassung von Parteien/Wahlorganisationen wegen **mutmaßlicher Verwicklung in Straftaten** muss diesen ein wirksamer Rechtsschutz gewährt werden, um willkürliches Verhalten der Behörden zu verhindern.[325] Unerlässlich ist, dass die Gesamtwürdigung des Wahlsystems ergibt, dass die Wahlen allgemein, frei und geheim sind und in regelmäßigen Zeitabständen abgehalten werden.[326] Einzelne Irregularitäten sind hierfür unschädlich, solange das **Gesamtsystem** den sonstigen Anforderungen genügt.[327]

100   Sonderregelungen zum **Schutz nationaler Minderheiten** sind möglich.[328] Eine *Verpflichtung* der Staaten, Minderheiten zu fördern bzw. positiv zu diskriminieren und ihnen im Wahlrecht besonderen Schutz zukommen zu lassen, soll jedoch nicht bestehen[329] und sich insbesondere auch nicht aus dem Rahmenübereinkommen über die Rechte nationaler Minderheiten vom 1.2.1995[330] ergeben.[331]

101   **Einschränkungen** des Wahlrechts sind aus **sachbezogenen (legitimen) Gründen**, wie etwa Staatsangehörigkeit, Altersgrenzen für das aktive und passive Wahlrecht, oder Wohnsitz,[332] ferner aber auch zur Sicherung anderer Belange des öffentlichen Wohles zulässig.[333] Das öffentliche Interesse kann unter besonderen Umständen auch einen zeitweiligen **Entzug des Wahlrechts** bei bestimmten Personen rechtfertigen.[334] So kann zur Sicherung der politischen Neutralität der Verwaltung (manchen) Beamten das Recht zur Kandidatur[335] oder zur Annahme der Wahl[336] abgesprochen werden.[337] **Psychisch-geistig beeinträchtigten Personen** kann das Wahlrecht entzogen werden, unverhältnismäßig ist

---

§ 274 (kein effektives Verfahren zur Überprüfung von Unregelmäßigkeiten zur Wahl des Parlaments in St. Petersburg und zur Wahl der Duma).

325 EGMR Political Party „Patria" u.a./MOL, 4.8.2020, § 38; Abil/ASE (Nr. 2), 5.12.2019 (vermutlich nicht vom Kandidaten unzulässig angebrachte Wahlplakate führten ohne eingehende behördliche Prüfung der Hintergründe zur Nichtzulassung des Kandidaten zur Wahl); Abdalov u.a./ASE, 11.7.2019 (undurchsichtige und benachteiligende Ablehnung von eingereichten Unterschriftenlisten für die Zulassung zur Wahl); G.K./B, 21.5.2019, §§ 60 ff. (ungeregeltes Verfahren nach Mandatsverlust wegen mutmaßlicher Drogendelikte).

326 EGMR (GK) Mugemangango/B, 10.7.2020, § 68; Meyer-Ladewig/Nettesheim/von Raumer/*Meyer-Ladewig/ Nettesheim* 13 ff.

327 EGMR (GK) Mugemangango/B, 10.7.2020, § 72; vgl. zu den Folgen dieses Urteils in der Praxis auch *Payandeh* JuS 2021 88, 89 f.

328 IK-EMRK/*Wildhaber* 50 ff.; bestehen solche Regelungen, so müssen sie klar und in ihrer Anwendung willkürfrei sein: EGMR Grosaru/RUM, 2.3.2010, §§ 46 ff., 57; Partei Die Friesen/D, 28.1.2016, § 43.

329 EGMR Partei Die Friesen/D, 28.1.2016, § 43; Ofensiva tinerilor/RUM, 15.12.2015, § 55.

330 BGBl. 1997 II S. 1408, für Deutschland in Kraft ab 1.2.1998 (BGBl. II S. 57).

331 Ausführlich hierzu: EGMR Partei Die Friesen/D, 28.1.2016, § 43. Siehe auch – vor Inkrafttreten der Rahmenkonvention über die Rechte nationaler Minderheiten – EKMR Magnago u. Südtiroler Volkspartei/I (E), 15.4.1996.

332 EGMR (GK) Sitaropoulos u. Giakomopoulos/GR, 15.3.2012, §§ 69, 71 ff. (betraf keinen rechtlichen, mangels Möglichkeit der Briefwahl o.ä. wohl aber einen faktischen Verlust des Wahlrechts für die meisten im Ausland ansässigen Staatsbürger); Hilbe/FL (E), 7.9.1999; EKMR Luksch/D, 21.5.1997. Zurückhaltend und differenzierend EGMR Shindler/UK, 7.5.2013, §§ 107 ff. (Verlust des Wahlrechts nach 15 Jahren ohne Wohnort im Inland verhältnismäßig; Gesetzgeber hatte widerstreitende Interessen abgewogen), § 115 („the matter may need to be kept under review"). Siehe auch EGMR Oran/TRK, 15.4.2014 (nicht im Inland wohnende Wahlberechtigte konnten nicht für unabhängige Kandidaten, sondern nur für Parteien stimmen; kein Verstoß; zweifelhaft).

333 Vgl. IK-EMRK/*Wildhaber* 25 ff.; *Grabenwarter/Pabel* § 23, 118.

334 Vgl. EGMR (GK) Labita/I, 6.4.2000 (Mafia-Zugehörigkeit).

335 EGMR Ahmed u.a./UK, 2.9.1998, §§ 74 ff.; Barski/PL u. Święczkowski/PL (E), 2.2.2016, §§ 40 ff.

336 EGMR Barski/PL u. Święczkowski/PL (E), 2.2.2016, § 41.

337 Derartige Inkompatibilitätsregelungen werden regelmäßig gegen Art. 3 des 1. ZP-EMKR verstoßen, wenn sie für die Betroffenen überraschend, insbesondere erst nach der Wahl bzw. während einer laufenden

---

Esser   1562

es jedoch, wenn dies als automatische Folge sogar einer nur teilweisen Aberkennung der zivilrechtlichen Geschäftsfähigkeit geschieht, ohne dass im Einzelfall geprüft wird, ob der Verlust des Wahlrechts angebracht ist.[338] Der Entzug des Wahlrechts nicht für alle unter Betreuung stehenden Personen, sondern nur für diejenigen, denen ein Betreuer für *alle* Angelegenheiten bestellt ist, dürfte konventionskonform sein (§ 13 Nr. 2 BWahlG).[339] Der in § 13 Nr. 3 BWahlG angeordnete Verlust des Wahlrechts für nach §§ 20, 63 StGB **Untergebrachte** wird der EGMR-Rechtsprechung standhalten, wenn der Gerichtshof die Feststellung der „Störung" i.S.d. § 20 StGB dahingehend ansieht und anerkennt, dass hier auch ohne gesonderte Prüfung oder ausdrückliche Feststellung die Frage untersucht und verneint wurde, ob der Betroffene bewusste und vernünftige (politische) Entscheidungen treffen kann und die Folgen seiner (politischen) Entscheidungen abschätzen kann.[340] Dem Gesetzgeber ist ausdrücklich zugute zu halten, den Verlust des Wahlrechts nicht auch für diejenigen angeordnet zu haben, deren Unterbringung auf § 21 StGB zurückzuführen ist. Völlig anders sieht dies der **UN-Ausschuss für die Rechte von Menschen mit Behinderungen**, der die BRK auslegt und jegliche Einschränkung des Wahlrechts für (geistig) Behinderte ablehnt.[341]

Unzulässig ist der generelle Entzug des Wahlrechts für alle **Strafgefangenen** oder **102** strafrechtlich Verurteilten, der unabhängig von jeglicher Einzelfallwürdigung oder Haftdauer erfolgt.[342] Auch nach Ansicht des HRC ist eine Regelung, die, wie das den Sachverhalten der EGMR-Fälle *Hirst* und *Greens u. M.T.* zugrunde liegende britische Recht, den Verlust des Wahlrechts für die Zeit der Vollstreckung der Freiheitsstrafe vorsieht, keine vernünftige bzw. angemessene Einschränkung von Art. 25 IPBPR,[343] auch wenn das Wahlrecht ausdrücklich nur für die Zeit der Inhaftierung entzogen ist.[344]

Legislaturperiode, eingeführt werden: EGMR Lykourezos/GR, 15.6.2006, §§ 55 ff.; Barski/PL u. Święczkowski/PL (E), 2.2.2016, § 46.

338 EGMR Alajos Kiss/H, 20.5.2010, §§ 41 ff.; bestätigt von EGMR Harmati/H, 21.10.2014, § 8; Gajcsi/H, 23.9.2014, § 11. Trotz weiterer Erwägungen in *Alajos Kiss* (§ 39: gerade in Ungarn ist die Zahl der betroffenen Personen offenbar besonders hoch) ist mit Art. 3 des 1. ZP-EMRK damit wohl auch die entsprechende Regelung des Art. 32 Abs. 3 der russischen Verfassung unvereinbar, der in seiner anderen Spielart (kein Wahlrecht für Strafgefangene) bereits vom EGMR (Anchugov u. Gladkov/R, 4.7.2013) und vom HRC (vgl. Rn. 102) für menschenrechtswidrig befunden wurde.

339 Kritisch zu diesem Grund des Wahlrechtsverlustes aus Sicht der Verfassung *Grziwotz* FamRZ **2013** 1630; *Lang* ZRP **2013** 133.

340 Vgl. EGMR Alajos Kiss/H, 20.5.2010, § 38 („only citizens capable of assessing the consequences of their decisions and making conscious and judicious decisions should participate in public affairs").

341 UN-Ausschuss für die Rechte von Menschen mit Behinderungen, Zsolt Bujdosó u.a./H, 9.9.2013, CRPD/C/10/D/4/2011, DÖV **2016** 613; hierzu: *Uerpmann-Wittzack* DÖV **2016** 608.

342 EGMR (K) Hirst/UK (Nr. 2), 30.3.2004, ÖJZ **2005** 195, bestätigt durch (GK) 6.10.2005; Kulinski u. Sabev/BUL, 21.7.2016, §§ 32 ff.; Brânduşe/RUM, 27.10.2015, § 45; Anchugov u. Gladkov/R, 4.7.2013, §§ 97 ff., 103 ff.; Cucu/RUM, 13.11.2012, §§ 109 ff.; (GK) Scoppola/I (Nr. 3), 22.5.2012, NVwZ-RR **2013** 617, §§ 86, 96; Calmanovici/RUM, 1.7.2008, §§ 151 ff. Zur Rechtslage in Deutschland vgl. §§ 45 Abs. 5, 92a, 101, 102, 108c, 109i StGB (betrifft das aktive und, gem. §§ 13 Nr. 1, 15 Abs. 2 Nr. 1 BWahlG, auch das passive Wahlrecht) sowie §§ 45 Abs. 1 u. 2, 129a Abs. 8, 264 Abs. 7, 358 StGB (betrifft nur das passive Wahlrecht); offengelassen in EGMR Moohan u. Gillon/UK, 13.6.2017, da das in Streit stehende „Referendum" über die Unabhängigkeit Schottlands nicht unter den Schutzbereich des Art. 3 des 1. ZP-EMRK fiel.

343 HRC Yevdokimov u. Rezanov/R, 21.3.2011, 1410/2005, § 7.4.

344 Erfolglos blieb daher das Vorbringen der russischen Regierung, HRC Yevdokimov u. Rezanov/R, 21.3.2011, 1410/2005, § 4.4; vgl. Art. 32 Abs. 3 der russischen Verfassung. Zur Einrichtung mobiler Wahlvorstände in Justizvollzugsanstalten zur Erleichterung der Wahlbeteiligung von Strafgefangenen BTDrucks. **18** 13101, **18** 12954.

103   Gemäß § 22 der (österreichischen) NRWO a.F. waren nur wegen Vorsatztat zu mindestens einem Jahr Freiheitsstrafe Verurteilte vom Wahlrecht ausgeschlossen. Dies hielt dem *„Hirst*-Test" nicht stand und wurde 2010 vom EGMR ebenfalls für konventionswidrig befunden, da die Entscheidung über den (zeitweiligen) Verlust des Wahlrechts nicht von einem Gericht unter Berücksichtigung der Umstände des Einzelfalls getroffen wurde und außerdem kein Zusammenhang zwischen der Straftat und den Themen demokratische Institutionen und Wahlen vorausgesetzt war.[345] In einem Piloturteil gegen das Vereinigte Königreich (***Greens u. M.T.***) noch im selben Jahr bestätigte der Gerichtshof diese Rechtsgrundsätze.[346] 2011 änderte Österreich das Wahlrecht und passte es den Vorgaben des EGMR an.[347] 2012 nahm die GK dies dann aber anlässlich einer Individualbeschwerde gegen Italien teilweise zurück: Nunmehr muss nicht mehr zwingend ein Gericht über die Aberkennung des Wahlrechts entscheiden; auch durch die **Gesetzgebung** kann sichergestellt werden, dass das **Wahlrecht nicht allgemein, automatisch und unterschiedslos** entzogen wird,[348] wenngleich der EGMR den Vertragsstaaten die richterliche Zuständigkeit für die Aberkennung des Wahlrechts mehr oder weniger anheim legt.[349] Die GK billigte die italienische Regelung, die den Verlust des Wahlrechts nicht nur bei Straftaten gegen den Staat oder gegen die Justiz vorsieht, sondern auch bei anderen schweren Straftaten, wobei eine Verurteilung zu einer Freiheitsstrafe von mindestens drei Jahren zum zeitweiligen und von mindestens fünf Jahren zum dauerhaften Verlust führt.[350] Gemäß der bar jeder wirklichen Argumentation abgegebenen, rein ergebnisorientierten Begründung soll dies kein allgemeiner, automatischer und unterschiedsloser Wahlrechtsentzug sein.[351] Dabei ging es dem EGMR ersichtlich darum, dem kaum noch beschreibbaren Ausmaß an **polemischer Kritik aus dem Vereinigten Königreich** den Wind aus den Segeln zu nehmen und den Kritikern etwas entgegenzukommen, was sich auch darin zeigt, dass die *Kammer* noch auf der Linie der *Hirst*-Rechtsprechung einstimmig auf eine Verletzung von Art. 3 des 1. ZP-EMRK erkannt hatte.[352] In aller Stille und ohne gesonderte Erwähnung, aber dennoch unmissverständlich verabschiedete sich die GK damit auch von dem Erfordernis einer **staatsschutz- bzw. demokratiebezogenen Straftat**, das Österreich gerade eben vorbildlich umgesetzt hatte. Was bleibt und schon bald bestätigt wurde, ist der Grundsatz, dass **nicht allen Straftätern bzw. allen Verurteilten** das Wahlrecht (ganz oder zeitweise) aberkannt werden kann, auch nicht, wenn nur diejenigen betroffen sind, die gerade aktuell in Strafhaft sind.[353]

---

345 EGMR Frodl/A, 8.4.2010, inbes. § 34 (§ 28: „preferably (...) by a judge"), ÖJZ **2010** 734; ferner EGMR (K) Hirst/UK (Nr. 2), 30.3.2004, § 49; (GK) Hirst/UK (Nr. 2), 6.10.2005, §§ 71, 82; Calmanovici/RUM, 1.7.2008, § 151.
346 EGMR Greens u. M.T./UK, 23.11.2010. Vgl. ausführlich und rechtsvergleichend: *Pabel* ÖJZ **2005** 553.
347 Das Ministerkomitee (Art. 46 Abs. 2) zeigte sich mit der Neufassung von § 22 NRWO zufrieden, vgl. Resolution CM/ResDH(2011)91 v. 14.9.2011.
348 EGMR (GK) Scoppola/I (Nr. 3), 22.5.2012, NVwZ-RR **2013** 617, §§ 97 ff., 102 („avoid any general, automatic and indiscriminate restriction").
349 EGMR (GK) Scoppola/I (Nr. 3), 22.5.2012, NVwZ-RR **2013** 617, § 99; Söyler/TRK, 17.9.2013, § 39.
350 EGMR (GK) Scoppola/I (Nr. 3), 22.5.2012, NVwZ-RR **2013** 617, §§ 106 f.
351 Diese mehr als fragwürdige Feststellung wird auch vom beachtlichen abweichenden Sondervotum *Björgvinsson* kritisiert. Zuzugestehen ist allerdings, dass nach italienischem Recht das Wahlrecht wieder zurückerlangt werden kann, was der Gerichtshof wohlwollend kommentierte, EGMR (GK) Scoppola/I (Nr. 3), 22.5.2012, § 109.
352 EGMR (K) Scoppola/I (Nr. 3), 18.1.2011.
353 EGMR Kulinski u. Sabev/BUL, 21.7.2016, §§ 32 ff., 41; Söyler/TRK, 17.9.2013, § 33 ff.; Anchugov u. Gladkov/R, 4.7.2013, §§ 97 ff., 103 ff.; Cucu/RUM, 13.11.2012, §§ 109 ff. (siehe der in § 58 des EGMR-Urteils angeführte Art. 71 Abs. 2 des rumänischen StGB, wonach das Wahlrecht für die Zeit der Vollstreckung der Haftstrafe entzogen war; zur weiteren, auf Lösung oder zumindest auf Entschärfung gerichteten Entwicklung der

Wird ein ausländischer Staatsangehöriger inhaftiert, so wird dadurch nicht in sein in **104** seinem Heimatstaat bestehendes Wahlrecht eingegriffen, auch wenn dadurch das Wahlrecht faktisch nicht ausgeübt werden kann.[354] Dies könnte anders zu sehen sein, wenn der Inhaftierungsstaat dem Betroffenen die **(Brief-)Wahlteilnahme** gezielt verweigert oder durch unverhältnismäßige Beschränkungen des Briefverkehrs erschwert

Der Entzug des Wahlrechts wegen **Insolvenz** ist nicht zulässig. Kann bei einer Aber- **105** kennung des Wahlrechts für Strafgefangene noch davon gesprochen werden, dass dies der Straftatenvorbeugung und der Sicherstellung des Respekts vor dem Rechtsstaat diene,[355] so greifen diese Erwägungen nicht bei zivilrechtlicher Insolvenz; dort ist der Entzug des Wahlrechts eine persönliche Abwertung des Betroffenen, der lediglich wegen der zivilrechtlichen Insolvenz für unwürdig befunden wird.[356]

Erklärt der EGMR ein **Parteiverbot** für konventionswidrig (Art. 11 Rn. 47 ff.), ist auch **106** das Recht der Mitglieder verletzt, für diese Partei zu Wahlen zu kandidieren.[357] Der Gerichtshof geht in diesen Fällen auf Art. 3 des 1. ZP-EMRK jedoch nicht näher ein.[358] Auch (restriktive) Parteifinanzierungsregelungen können die Möglichkeit faktisch einschränken, bei Wahlen zu kandidieren, aber auch hier prüft der Gerichtshof in erster Linie **Art. 11** und geht auf Art. 3 des 1. ZP-EMRK nicht näher ein.[359]

Mit der Rechtsprechung des EGMR unvereinbar ist der in § 46 Abs. 1 Satz 1 Nr. 5 **107** BWahlG und in den Landeswahlgesetzen (z.B. Art. 59 Abs. 1 BayLWG) vorgesehene automatische **Mandatsverlust** bei einem Parteiverbot (Art. 21 Abs. 2 GG).[360] Bei der Einstufung eines automatischen Mandatsverlustes als unverhältnismäßig zog der EGMR im konkreten, 2002 entschiedenen Fall als zusätzliches Argument den Umstand heran, dass in der Zeit zwischen dem vom Verfassungsgericht ausgesprochenen Parteiverbot und dem Urteil des EGMR über den Mandatsverlust der Abgeordneten der verbotenen Partei das türkische Recht geändert, nämlich zugunsten der Betroffenen entschärft worden war: Nach der neuen Rechtslage würden Abgeordnete nur noch dann ihr Mandat verlieren, wenn ihre

Rechtsprechung in Rumänien: EGMR Brânduşe/RUM, 27.10.2015, §§ 13, 48; Pleş/RUM (E), 8.10.2013, §§ 45 f.). Keine verhältnismäßige Einschränkung ist der Entzug des Wahlrechts „nur" in Fällen vorsätzlich begangener Straftaten: EGMR Söyler/TRK, 17.9.2013, § 42; Murat Vural/TRK, 21.10.2014, § 77 (Wahlrecht auch noch nach der vorzeitigen Freilassung für die Dauer der Bewährungszeit entzogen; zusätzliches, verschärfendes Element nicht notwendig, um einen Konventionsverstoß zu bejahen).

354 EGMR Pascale/RUM (E), 29.1.2013, § 33.

355 Siehe EGMR (GK) Hirst/UK (Nr. 2), 6.10.2005, §§ 74 f.

356 EGMR Collarile u.a./I, 18.12.2012, §§ 88 f.; Campagnano/I, 23.3.2006, §§ 48 f.; Albanese/I, 23.3.2006, §§ 48 f.; Vitiello/I, 23.3.2006, §§ 42 f.

357 Für die (geringfügigere) Einschränkung der Nicht-Zulassung zur Wahl: EGMR Political Party „Patri" u.a./MOL, 4.8.2020, §§ 37 f.; offengelassen in EGMR NPD/D, 4.10.2016 (unzulässig, da nationaler Rechtsweg nicht ausgeschöpft).

358 EGMR Linkov/CS, 7.12.2006, §§ 54 ff.; (GK) Socialist Party u.a./TRK, 25.5.1998, §§ 56 f.; (GK) United Communist Party of Turkey u.a./TRK, 30.1.1998, §§ 63 f. Zu einer separaten Feststellung einer Verletzung von Art. 3 des 1. ZP-EMRK können die Betroffenen gelangen, indem neben der Beschwerde hinsichtlich des Parteiverbots Einzelpersonen (insbesondere führende Mitglieder der verbotenen Partei) Beschwerde hinsichtlich einer Verletzung von Art. 3 des 1. ZP-EMRK einlegen; vgl. EGMR HADEP u. Demir/TRK, 14.12.2010, §§ 91 f. einerseits (Art. 3 des 1. ZP-EMRK wird – nach Feststellung einer Verletzung von Art. 11 – nicht näher geprüft); Kılıçgedik u.a./TRK, 14.12.2010, andererseits (Verletzung von Art. 3 des 1. ZP-EMRK; Bf. waren Mitglieder der *HADEP*). Ist das Parteiverbot nach Art. 11 Abs. 2 gerechtfertigt, wird hingegen wohl schon eine Verletzung des passiven Wahlrechts hinsichtlich zukünftiger Wahlen zu verneinen sein, vgl. EGMR (GK) Refah Partisi (the Welfare Party) u.a./TRK, 13.2.2003, EuGRZ **2003** 207 = NVwZ **2003** 1489 = ÖJZ **2005** 975, §§ 138 f.

359 EGMR Parti nationaliste basque – Organisation régionale d'Iparralde/F, 7.6.2007, § 34.

360 EGMR Sadak u.a./TRK (Nr. 2), 11.6.2002, §§ 36 ff.

Handlungen und Äußerungen zum Verbot der Partei geführt hätten und das Verfassungsgericht ihnen das Mandat gerade deshalb aberkenne.[361] Es kann jedoch kaum ein Zweifel daran bestehen, dass dies nur ein zusätzliches Argument war und dass folglich im Falle eines Parteiverbots eine Prüfung und konkrete Begründung für den Mandatsverlust im Einzelfall erforderlich ist, wenn auch nicht notwendig, wie im türkischen Recht vorgesehen, durch das nationale Verfassungsgericht. Keinesfalls ist diese **Einzelfallprüfung** im Fall eines mit der Konvention vereinbaren Parteiverbots entbehrlich, wie sich schon aus der Rechtsprechung ergibt; so wurde in zwei dieselbe politische Partei betreffenden Urteilen im Jahr 2002 zuerst (im Juni) der automatische Mandatsverlust als Verstoß angesehen und erst danach (im Dezember) die Konventionswidrigkeit des Parteiverbots festgestellt.[362] Befindet der EGMR ein Parteiverbot für konventionswidrig, fehlt für den Mandatsverlust die Grundlage, auch wenn er aufgrund einer Einzelfallprüfung ausgesprochen worden sein sollte, so dass Art. 3 des 1. ZP-EMRK damit auf jeden Fall verletzt sein dürfte; die innerstaatlich durchzuführende Einzelfallprüfung hat wohl nur für den Fall Bedeutung, dass der EGMR das Parteiverbot nicht für konventionswidrig erklärt, was nicht unbedingt bedeuten muss, dass das Parteiverbot den Anforderungen der EMRK (und des EGMR) standhielt, sondern auch einfach daran liegen kann, dass das Parteiverbot nicht Gegenstand einer Beschwerde vor dem EGMR ist oder war und stattdessen lediglich das passive Wahlrecht geltend gemacht wurde.

108   Einen Eingriff (und wohl meist einen Verstoß) in Art. 3 des 1. ZP-EMRK stellt die **Aberkennung eines Mandats** aufgrund einer nach der Wahl erfolgten Gesetzes- oder gar Verfassungsänderung dar.[363] Die **Feststellung oder Aufhebung/Ungültigerklärung von Wahlergebnissen** darf nicht in willkürlicher Art und Weise erfolgen.[364] Ferner ist das passive Wahlrecht verletzt, wenn es zu Unregelmäßigkeiten kommt, die einen Verstoß gegen Vorschriften des nationalen Wahlrechts begründen. Der Gerichtshof lässt sich allerdings nicht darauf ein, jedem kleinen – möglichen – Verstoß auf den Grund zu gehen, sondern bejaht eine Verletzung des Konventionsrechts nur, wenn die Legitimität der Wahl ernsthaft in Frage steht; hat die nationale Gerichtsbarkeit bereits darüber befunden, kann sich der EGMR darauf beschränken, deren Vorgehen nach Willkürlichkeit zu untersuchen.[365]

109   Wird einem Bf. ein Parlamentssitz unter Verletzung von Art. 3 des 1. ZP-EMRK aberkannt oder nicht zuerkannt, so bildet die Bezahlung, die er als Abgeordneter bekommen hätte, eine Grundlage für die nach Art. 41 zuzusprechende Entschädigung;[366] abzuziehen ist das Einkommen, das der Bf. in der fraglichen Zeit durch anderweitige Tätigkeit erzielt hat.[367] Die Formulierung in einem Urteil könnte dabei darauf hindeuten, dass auch hypothetisches Einkommen angerechnet wird, das der Bf. wegen Untätigkeit nicht erzielt hat,

---

361   EGMR Sadak u.a./TRK (Nr. 2), 11.6.2002, § 37.

362   EGMR Dicle pour le Parti de la démocratie (DEP)/TRK, 10.12.2002.

363   EGMR Lykourezos/GR, 15.6.2006, §§ 52 ff. (Aberkennung des Parlamentssitzes durch nachträglich eingeführte Inkompatibilität mit Berufstätigkeit).

364   EGMR Kovach/UKR, 7.2.2008, § 55; Kerimova/ASE, 30.9.2010, § 44.

365   EGMR Karimov/ASE, 25.9.2014, §§ 43 ff. (eigene Wahlbüros für Soldaten, was das Wahlgesetz unter den gegebenen Umständen jedoch nicht zuließ); siehe auch § 48: Aufgrund ihres Ausmaßes können die Verstöße das Ergebnis beeinflusst haben; ferner § 49: Es lagen keine bloßen „Fehler" vor, vielmehr haben die Behörden die Wahlrechtsbestimmungen bewusst und geplant verletzt („a deliberate practice of organising military voting in breach of the requirements of the Electoral Code").

366   EGMR Paunović u. Milivojević/SRB, 24.5.2016, §§ 81, 83.

367   EGMR Kerimova/ASE, 30.9.2010, §§ 60 ff.; Kovach/UKR, 7.2.2008, § 66; Lykourezos/GR, 15.6.2006, § 63. Anders noch EGMR Dicle pour le Parti de la démocratie (DEP)/TRK, 10.12.2002, § 74, wo keine materielle Entschädigung für entgangene Parlamentariereinkünfte zugesprochen wurde. Unklar ist, ob dies – auch – deswegen so geschah, weil der Bf. nicht die Verletzung seines Rechts aus Art. 3 des 1. ZP-EMRK geltend gemacht

---

Esser

dass insoweit also eine Schadensminderungspflicht bestünde.[368] Mit einigen nicht leicht verständlichen Wendungen, insbes. einer – im Sachverhalt nicht angelegten – Andeutung, die Bf. wäre vielleicht nicht über die gesamte Legislaturperiode hinweg Abgeordnete gewesen, blieb der EGMR in einem anderen Fall deutlich unter der beantragten Summe.[369] Keine Entschädigung wegen entgangener Parlamentariereinkünfte wird zugesprochen, wenn nicht feststeht, ob der Bf. gewählt worden wäre, wenn das Wahlergebnis nicht willkürlich aufgehoben worden wäre[370] bzw. wenn es keine anderweitigen Verletzungen von Art. 3 des 1. ZP-EMRK gegeben hätte;[371] das Erfordernis der Kausalität zwischen Konventionsverletzung und entgangenen Parlamentariereinkünften entspricht insoweit der Linie der Rechtsprechung zu Art. 41 bei Konventionsverletzungen in Form von Verfahrensfehlern (Teil II Rn. 273). Für nicht ersatzfähig hält der EGMR **Wahlkampfausgaben**, da sie nicht auf der Konventionsverletzung, etwa der Aufhebung des Wahlergebnisses beruhen.[372] Dem Gerichtshof ist zuzugestehen, dass die Kosten zeitlich früher entstehen als die Aufhebung der Wahl und auch angefallen wären, wenn das Wahlergebnis nicht annulliert worden wäre, allerdings ließe sich hier auch argumentieren, dass der Staat durch den Konventionsverstoß dafür gesorgt hat, dass sich die entsprechenden Ausgaben im Nachhinein als vergebens erwiesen haben.

Beruht der Entzug des passiven Wahlrechts auf einem in einem **unfairen Verfahren** 110 (Verletzung von Art. 6 Abs. 1) ergangenen Strafurteil, ist der Entzug nicht per se unwirksam, da nicht gesagt werden kann, ob ein faires Verfahren nicht auch zu einer Verurteilung geführt hätte.[373]

Der EGMR sieht den Entzug des Wahlrechts als **Dauerzustand**, was dazu führt, dass 111 die **Beschwerdefrist** (Art. 35 Abs. 1) nicht mit Aussprechen, Rechtskraft oder Wirksamwerden/Inkrafttreten des Entzugs beginnt, sondern erst mit dem Ende dieses Zustands, also der Wiedererlangung des Wahlrechts.[374] Geht es hingegen um den Ausschluss von einer

---

hatte, sondern unter Berufung auf Art. 11 gegen das Parteiverbot vorgegangen war, das den Verlust des Abgeordnetenmandats zur Folge gehabt hatte.

368 EGMR Lykourezos/GR, 15.6.2006, § 64: „[Der Bf.] was able to resume his professional activities …", allerdings hatte der Bf. in diesem Fall seine Erwerbstätigkeit auch tatsächlich wieder aufgenommen.

369 EGMR Kerimova/ASE, 30.9.2010, § 64 (50.000 € statt 85.185,83 €): „… had the applicant become a member of parliament, she could have been expected *to serve at least part of her tenure and received certain income from her service* … [es gibt] inherent uncertainty in any attempt to estimate the real losses …", Hervorhebung hier; ähnliche Formulierungen bereits bei EGMR Lykourezos/GR, 15.6.2006, § 64, wo jedoch die Angaben zum tatsächlich erzielten Einkommen offenbar wenig aussagekräftig waren; in EGMR Kovach/UKR, 7.2.2008, § 66, wurde mangels Angaben über das tatsächlich erzielte Einkommen überhaupt keine Entschädigung wegen entgangener Parlamentariereinkünfte zugestanden. In EGMR Kerimli u. Alibeyli/ASE, 10.1.2012, §§ 52, 55 (Bf. hatte keine Angaben zum tatsächlich erzielten Einkommen gemacht; der EGMR ging dennoch von Einkommenseinbußen aus, da der Bf. davor Parlamentarier gewesen und seine Wiederwahl in willkürlicher Weise annulliert worden war) und Sadak u.a./TRK (Nr. 2), 11.6.2002, §§ 54–56, wurden deutlich unter dem Beantragten liegende Summen zuerkannt.

370 EGMR Mammadov/ASE (Nr. 2), 10.1.2012, § 68; Hajili/ASE, 10.1.2012, § 68.

371 EGMR Karimov/ASE, 25.9.2014, § 62; The Georgian Labour Party/GEO, 8.7.2008, § 150; für den Entzug des passiven Wahlrechts: EGMR Sılay/TRK, 5.4.2007, § 39.

372 EGMR Mammadov/ASE (Nr. 2), 10.1.2012, §§ 66, 69; Kerimli u. Alibeyli/ASE, 10.1.2012, §§ 54, 56 ff.; Hajili/ASE, 10.1.2012, § 69; verunglückt sind die Begründungen in EGMR Namat Aliyev/ASE, 8.4.2010, § 103, und Georgian Labour Party/GEO, 8.7.2008, § 150 (kein Ersatz der Wahlkampfausgaben, da nicht sicher sei, ob die Bf. bei konventionsgemäßem Verlauf gewählt worden wären).

373 EGMR Asadbeyli u.a./ASE, 11.12.2012, § 186.

374 EGMR Paksas/LIT, 6.1.2011, §§ 82 f., NVwZ **2011** 1307; Busa/I (E), 27.11.2012, §§ 17 f.; Collarile u.a./I, 18.12.2012, § 86; Anchugov u. Gladkov/R, 4.7.2013, §§ 73 ff. Zur Problematik des Dauerzustands Teil II Rn. 228 ff.

Esser

bestimmten Wahl, so ist für den Beginn der Beschwerdefrist der Zeitpunkt der Wahl maßgeblich.[375]

Protokoll Nr. 4
zur Konvention zum Schutz der Menschenrechte und Grundfreiheiten, durch das gewisse Rechte und Freiheiten gewährleistet werden, die nicht bereits in der Konvention oder im ersten Zusatzprotokoll enthalten sind

vom 16.9.1963[1]

Artikel 1
Verbot der Freiheitsentziehung wegen Schulden

Niemandem darf die Freiheit allein deswegen entzogen werden, weil er nicht in der Lage ist, eine vertragliche Verpflichtung zu erfüllen.

Artikel 2
Freizügigkeit

(1) Jede Person, die sich rechtmäßig im Hoheitsgebiet eines Staates aufhält, hat das Recht, sich dort frei zu bewegen und ihren Wohnsitz frei zu wählen.

(2) Jeder Person steht es frei, jedes Land, einschließlich des eigenen, zu verlassen.

(3) Die Ausübung dieses Rechts darf nur Einschränkungen unterworfen werden, die gesetzlich vorgesehen und in einer demokratischen Gesellschaft notwendig sind für die nationale oder öffentliche Sicherheit, zur Aufrechterhaltung der öffentlichen Ordnung, zur Verhütung von Straftaten, zum Schutz der Gesundheit oder der Moral oder zum Schutz der Rechte und Freiheiten anderer.

(4) Die in Absatz 1 anerkannten Rechte können ferner für bestimmte Gebiete Einschränkungen unterworfen werden, die gesetzlich vorgesehen und in einer demokratischen Gesellschaft durch das öffentliche Interesse gerechtfertigt sind.

Artikel 3
Verbot der Ausweisung eigener Staatsangehöriger

(1) Niemand darf durch eine Einzel- oder Kollektivmaßnahme aus dem Hoheitsgebiet des Staates ausgewiesen werden, dessen Angehöriger er ist.

(2) Niemandem darf das Recht entzogen werden, in das Hoheitsgebiet des Staates einzureisen, dessen Angehöriger er ist.

---

375 EGMR Asadbeyli u.a./ASE, 11.12.2012, § 187 (Opfereigenschaft verneint).
1 BGBl. 1968 II S. 422; für die BR Deutschland in Kraft getreten am 1.6.1968 (BGBl. II S. 1109).

https://doi.org/10.1515/9783110275063-023

Artikel 4
Verbot der Kollektivausweisung

Kollektivausweisungen ausländischer Personen sind nicht zulässig.

IPBPR
Artikel 11

Niemand darf nur deswegen in Haft genommen werden, weil er nicht in der Lage ist, eine vertragliche Verpflichtung zu erfüllen.

Artikel 12

(1) Jedermann, der sich rechtmäßig im Hoheitsgebiet eines Staates aufhält, hat das Recht, sich dort frei zu bewegen und seinen Wohnsitz frei zu wählen.
(2) Jedermann steht es frei, jedes Land, einschließlich seines eigenen, zu verlassen.
(3) Die oben erwähnten Rechte dürfen nur eingeschränkt werden, wenn dies gesetzlich vorgesehen und zum Schutz der nationalen Sicherheit, der öffentlichen Ordnung (ordre public), der Volksgesundheit, der öffentlichen Sittlichkeit oder der Rechte und Freiheiten anderer notwendig ist und die Einschränkungen mit den übrigen in diesem Pakt anerkannten Rechten vereinbar sind.
(4) Niemand darf willkürlich das Recht entzogen werden, in sein eigenes Land einzureisen.

Übersicht

I. Verbot der Freiheitsentziehung wegen Schulden (Art. 1 des 4. ZP-EMRK) —— 1
II. Freizügigkeit (Art. 2 des 4. ZP-EMRK)
   1. Schutzgegenstand —— 2
   2. Rechtmäßiger Aufenthalt —— 6
   3. Ausreisefreiheit —— 8
   4. Einschränkungen —— 9
   5. Recht auf Einreise in das eigene Land —— 21

III. Verbot der Ausweisung eigener Staatsangehöriger (Art. 3 des 4. ZP-EMRK)
   1. Allgemeines —— 22
   2. Geschützter Personenkreis —— 25
   3. Recht auf Einreise in das eigene Land —— 28
IV. Verbot der Kollektivausweisung von Ausländern (Art. 4 des 4. ZP-EMRK/Art. 13 IPBPR) —— 34

I. Verbot der Freiheitsentziehung wegen Schulden (Art. 1 des 4. ZP-EMRK)

Der praktisch wenig relevante Art. 1 des 4. ZP-EMRK ist – ebenso wie der inhaltsgleiche Art. 11 IPBPR – bereits bei Art. 5 Rn. 6, 95, 163 behandelt. **1**

II. Freizügigkeit (Art. 2 des 4. ZP-EMRK)

1. Schutzgegenstand. Art. 2 Abs. 1 und Art. 12 Abs. 1 IPBPR schützen die **Freizügig- 2 keit**, die jedermann gewährt wird, der sich rechtmäßig im staatlichen Hoheitsgebiet aufhält, also nicht nur den eigenen Staatsangehörigen (vgl. Art. 11 GG) oder innerhalb der Europäischen Union den Unionsbürgern (Art. 21 AEUV; ex-Art. 8 EGV).[1] Auch das Recht, den **Wohnsitz frei zu wählen**, gehört zur garantierten Freizügigkeit und damit auch das Recht, an seinem frei gewählten Wohnsitz registriert zu werden, insbesondere, wenn mit einer Nichtregistrierung eine Kürzung von Sozialansprüchen einhergeht.[2] Die Freizügigkeit kann beeinträchtigt sein, wenn der Staat Ortsveränderungen und Reisen einer Person auskundschaftet, überwacht und/oder in einer Datenbank festhält.[3]

3   Nicht zum Hoheitsgebiet eines Staates zählen die sich auf dem Gebiet anderer Staaten befindenden Botschaften oder Konsulate.[4]

4   Das **Recht, das eigene Land zu verlassen**, das beide Artikel in Absatz 2 garantieren, schließt aus, dass die Freizügigkeit für die eigenen Staatsangehörigen auf die Grenzen des eigenen Hoheitsgebiets beschränkt werden kann. In diesem Recht sieht der EGMR einen festen Bestandteil des internationalen Menschenrechtsschutzes.[5]

5   Das **Recht, in ein anderes Land einzureisen** und sich dort aufhalten zu dürfen, kann aus Art. 2 nicht hergeleitet werden.[6]

6   **2. Rechtmäßiger Aufenthalt.** Voraussetzung der Freizügigkeit ist ein rechtmäßiger Aufenthalt in dem jeweiligen Land. **Rechtmäßig** ist der Aufenthalt der Staatsangehörigen in ihrem eigenen Land, aber grundsätzlich auch der Unionsbürger in einem anderen Land der Europäischen Union. Ausländer halten sich nur dann rechtmäßig im Staatsgebiet auf, wenn und solange sie nach dem jeweiligen nationalen Recht die Befugnis dazu haben. Rechtmäßig ist ein Aufenthalt nur, wenn auch die Bedingungen oder Beschränkungen eingehalten werden, an die seine Bewilligung geknüpft ist.[7] Wird einem Ausländer die Befugnis zum **Aufenthalt nur für ein bestimmtes Gebiet** erteilt, hält er sich nur dort rechtmäßig auf, für die anderen Teile des Staatsgebietes hat er das Recht auf Freizügigkeit und freie Wohnsitzwahl nicht.[8] Im Einzelfall kann sich aus Art. 8 ergeben, dass ein Ausländer das Recht hat, in andere, ihm bislang vorenthaltene Gebiete des Aufenthaltsstaates zu ziehen.[9]

---

1   Auch Art. 45 Abs. 1 EUC garantiert die Freizügigkeit im Hoheitsgebiet der EU-Mitgliedstaaten nur den Unionsbürgern. Den Staatsangehörigen dritter Staaten, die sich rechtmäßig im Hoheitsgebiet eines EU-Mitgliedstaates aufhalten, kann sie von den Organen der Union nach Art. 77 AEUV (früher: Art. 62 Abs. 1 und Abs. 3, Art. 63 Abs. 4 EGV) ebenfalls gewährt werden (Art. 45 Abs. 2 EUC).

2   EGMR Tatishvili/R, 22.2.2007.

3   EGMR Shimovolos/R, 21.6.2011, §§ 72 f. (vom EGMR nicht mehr untersucht wegen Verletzung von Art. 8).

4   EKMR M./DK, 14.10.1992, Nr. 2.

5   Vgl. EGMR (GK) Streletz, Kessler u. Krenz/D, 22.3.2001, NJW **2001** 3035 = EuGRZ **2001** 210 = ÖJZ **2002** 274 = NJ **2001** 261; HRC Baumgartner/D, 31.7.2003, EuGRZ **2004** 143.

6   *Frowein/Peukert* 2; Meyer-Ladewig/Nettesheim/von Raumer/*Meyer-Ladewig/Harrendorf/König* 3.

7   EGMR Bolat/R, 5.10.2006 (nur Beschränkungen, die ihm gegenüber rechtmäßig geäußert wurden).

8   EGMR Omwenyeke/D (E), 20.11.2007 (Wohnsitzbeschränkung von Asylbewerbern); EKMR Udayanan u. Sivakumaran/D, 1.12.1986, EuGRZ **1987** 335. Näher zur Wohnsitzbeschränkung gem. § 12 Abs. 2 AufenthG (vor dem 1.1.2005: § 12 Abs. 1, 2 AuslG) BVerwGE **100** 335 = DVBl. **1997** 165 = DÖV **1997** 161 = NVwZ-RR **1997** 317 (Asylbewerber); BayVGH BayVBl. **2012** 149 = DVBl. **2012** 1504 (Ls.) = DÖV **2012** 983 (Ls.; Sozialhilfe beziehende Ausländer, gegen die ein Abschiebungsverbot nach § 60 Abs. 7 AufenthG (AufenthG 2004) besteht); VG Freiburg Urt. v. 30.6.2011 – 4 K 1073/10. Zum prekären Rechtsstatus des Aufenthalts von Asylbewerbern 7. ZP-EMRK Rn. 2, Fn. 5.

9   EGMR Mengesha Kimfe/CH, 29.7.2010; Agraw/CH, 29.7.2010 (jeweils: Asylbewerber wurde einem bestimmten Kanton zugewiesen; auch nach Eheschließung wurde Zuweisung an den Kanton abgelehnt, in dem der Ehepartner – gleichfalls Asylbewerber – lebte; Verstoß gegen Art. 8).

Eine **Ausweisungsverfügung** beendet den rechtmäßigen Aufenthalt.[10] Zu den Grün- 7
den, aus denen die Staaten die Freizügigkeit auch bei rechtmäßigem Aufenthalt personen-
bezogen oder territorial einschränken können, vgl. Rn. 9 ff.

3. Ausreisefreiheit. Das **Recht, jedes Land einschließlich des eigenen zu verlas-** 8
sen, wird in Art. 2 Abs. 2 des 4. ZP-EMRK und in Art. 12 Abs. 2 IPBPR jedermann garantiert.
Die Ausreisefreiheit ist insbesondere für die eigenen Staatsangehörigen von Bedeutung,
die nicht ohne einen dies rechtfertigenden Grund (Rn. 9 ff.) am Verlassen ihres eigenen
Landes gehindert werden dürfen; eine derartige Hinderung liegt auch vor, wenn ihnen
die für die Ausreise notwendigen Dokumente (Reisepass) verweigert werden.[11] Wenn der
Gerichtshof feststellt, dass durch die Hinderung an der Ausreise bereits Art. 8 verletzt ist,
kann er davon Abstand nehmen, Art. 2 Abs. 2 des 4. ZP-EMRK gesondert zu untersuchen.[12]
Wird ein Ausländer rechtmäßig in sein Heimatland abgeschoben, verletzt dies sein Recht
auf Ausreisefreiheit in ein Land seiner Wahl nicht. Ein Recht, auch das eigene Vermögen
ins Ausland zu verlagern, kann aus Absatz 2 nicht hergeleitet werden.[13]

4. Einschränkungen. Einschränkungen der Freizügigkeit und Ausreisefreiheit[14] las- 9
sen **Art. 2 Abs. 3 des 4. ZP-EMRK** und Art. 12 Abs. 3 IPBPR nur zu, wenn diese **gesetzlich**
vorgesehen sind,[15] und einem der dort aufgezählten **legitimen Zwecke** dienen und der
Grundsatz der Verhältnismäßigkeit gewahrt ist.[16]

Ein **Gesetz**, auf dessen Grundlage Maßnahmen zur Einschränkung der Freizügigkeit 10
getroffen werden können, muss **hinreichend bestimmt** sein. So muss das Gesetz detailliert darüber informieren, für welche **Personengruppe** und in welcher speziellen **Situati-**
on eine Einschränkung der Freizügigkeit möglich ist, damit solche Einschränkungen für
den Betroffenen **vorhersehbar** sind, auch dann, wenn der Behörde oder dem Gericht
noch ein Beurteilungsspielraum zukommt. Dieses Erfordernis dient dem Zweck, **willkürli-**
che Eingriffe in die Freizügigkeit zu verhindern.[17]

Die Aufzählung der einzelnen Zwecke, die einen Eingriff in die Freizügigkeit und 11
Ausreisefreiheit rechtfertigen können, sind denen in Art. 8 Abs. 2 nachgebildet, so dass auf
die dortigen Ausführungen verwiesen werden kann.[18] Ebenso wie dort verlangt auch Art. 2
Abs. 3 des 4. ZP-EMRK zusätzlich, dass die Einschränkungen **in einer demokratischen**
Gesellschaft notwendig sind, während diese Einschränkung in Art. 12 Abs. 3 IPBPR (formal) fehlt. Unverhältnismäßig und damit nicht in einer demokratischen Gesellschaft notwendig können Ausreiseverbote etwa wegen ihrer Dauer,[19] insbesondere wegen der **ste-**

---

10 EGMR Piermont/F, 27.4.1995, ÖJZ **1995** 751 = InfAuslR **1996** 45.
11 EGMR Vlasov u. Benyash/R, 20.9.2016, § 29; Battista/I, 2.12.2014, § 37; Bartik/R, 21.12.2006; *Grabenwarter/*
Pabel § 21, 64.
12 EGMR Kotiy/UKR, 5.3.2015, § 79.
13 *Grabenwarter/Pabel* § 21, 61; Meyer-Ladewig/Nettesheim/von Raumer/*Meyer-Ladewig/Harrendorf/König* 5.
14 Zur Ausreisefreiheit aus Sicht des deutschen Verfassungsrechts (ohne Berücksichtigung von EMRK/4.
ZP-EMRK): *Winkler/Schadtle* JZ **2016** 764.
15 Hierzu EGMR Cherepanov/R, 6.12.2016, § 45.
16 *Frowein/Peukert* 6.
17 EGMR (GK) De Tommaso/I, 23.2.2017, §§ 116–126.
18 Siehe Zusammenfassung in EGMR Battista/I, 2.12.2014, § 36; Sarkizov u.a./BUL, 17.4.2012, § 66; Nalbantski/
BUL, 10.2.2011, § 65. Zu Art. 12 Abs. 3 IPBPR vgl. die Erläuterungen der zulässigen Eingriffszwecke bei *Nowak*
34–44.
19 EGMR Luordo/I, 17.7.2003, § 96; Bassani/I, 11.12.2003, §§ 23 ff.; Neroni/I, 22.4.2004, §§ 26 ff.; Goffi/I,
24.3.2005, §§ 19 ff. (jeweils: mehr als zehn Jahre); keine Unverhältnismäßigkeit in EGMR Diamante u. Pellic-
cioni/SM, 27.9.2011, § 214 (sechs Monate); Fedorov u. Fedorova/R, 13.10.2005, § 44; Antonenkov u.a./UKR,

reotypen, nicht auf die Notwendigkeit im Einzelfall abstellenden Anwendung eines das Ausreiseverbot ermöglichenden Gesetzes sein.[20] Eine im Einzelfall zu lange Dauer kann der Staat am besten dadurch vermeiden, dass die zuständigen Stellen immer wieder neu analysieren, ob ein Ausreiseverbot noch seinem ursprünglichen Zweck dient und verhältnismäßig ist.[21] Für unverhältnismäßig befand der EGMR ein befristetes Ausreiseverbot, das wegen der Verletzung ausländerrechtlicher Bestimmungen eines *anderen* Staates verhängt worden war.[22]

12   Während der **Corona-Pandemie 2020–2022** waren die Freizügigkeit im Inland und die Ausreisefreiheit eines der ersten Rechte, die zum Schutz der Bevölkerung vor der unkontrollierten Verbreitung des Virus in vielen Staaten Europas und weltweit eingeschränkt wurden. Maßnahmen, die anfangs noch durch den Schutz des Lebens und der Gesundheit der Menschen als gerechtfertigt eingestuft worden waren, wurden im späteren Verlauf von den nationalen Gerichten zunehmend als unverhältnismäßig bewertet. So erklärte das **Verfassungsgericht von Bosnien-Herzegowina** die dort geltenden Ausgangssperren als unverhältnismäßig und damit als Verstoß gegen Art. 2 des 4. ZP-EMRK, da auch in einer komplizierten Krise für die Gesundheit der Bevölkerung die Grundsätze der Rechtsstaatlichkeit, Demokratie und der damit einhergehenden Grundrechte gewährleistet werden müssen.[23]

13   Die möglichen Beschränkungen der Absätze 3 und 4 sind zwar gleichrangig, unterscheiden sich aber in ihrem **Umfang**. Während **Absatz 3** Beschränkungen für bestimmte Zwecke erlaubt, die nicht innerhalb eines geographischen Geltungsbereichs begrenzt sind, ermöglicht **Absatz 4** Einschränkungen, die lediglich von einer *„demokratischen Gesellschaft durch das öffentliche Interesse gerechtfertigt"* sind, dafür aber in ihrem geographischen Geltungsbereich begrenzt sind („für bestimmte Gebiete").[24]

14   Einschränkungen der Bewegungsfreiheit, die der **Sicherung der Strafverfolgung** dienen, wie etwa die Anordnung einer Wohnsitzbeschränkung oder von Hausarrest[25] oder Aufenthalts- und Ausreisebeschränkungen[26] können unter diese Schranken fallen. Gleiches gilt für die Anordnung, nach der ein Gemeinschuldner während des Insolvenzverfahrens

---

22.11.2005, § 64 (jeweils: zwar keine kurze Dauer, aber aufgrund der gesamten Umstände keine Verletzung); zur begrenzten Bedeutung des Elements der konkreten Dauer im Rahmen der erforderlichen einzelfallbezogenen Gesamtbetrachtung: EGMR Miażdżyk/PL, 24.1.2012, § 35; Stamose/BUL, 27.11.2012, § 33.

20 EGMR Nalbantski/BUL, 10.2.2011, §§ 62, 66; Khlyustov/R, 11.7.2013, §§ 98 ff.; Milen Kostov/BUL, 3.9.2013, § 17.

21 EGMR Gochev/BUL, 26.11.2009, §§ 50, 53, 55; ähnlich EGMR Rosengren/RUM, 24.4.2008, § 39; Khlyustov/R, 11.7.2013, § 99; Battista/I, 2.12.2014, §§ 41, 44, 47.

22 EGMR Stamose/BUL, 27.11.2012, §§ 32 ff. (Ziel des Verbots ersichtlich, dass eigene Staatsangehörige bei anderen Staaten nicht in Verruf kommen; Staat suchte die Ausländer-/Einwanderungspolitik der anderen Staaten auf diese Weise zu unterstützen; zur Rechtfertigung des Ausreiseverbots nicht ausreichend).

23 Verfassungsgericht Bosnien-Herzegowina, 22.4.2020, AP-1217/20.

24 EGMR Garib/NL, 6.11.2017, § 110.

25 EGMR Raimondo/I, 22.2.1994, ÖJZ **1994** 562 (unzulässig, aber verspätete Mitteilung der Aufhebung); (GK) Labita/I, 6.4.2000 (unzulässig nach Freispruch); Santoro/I, 1.7.2004; Verstoß bei EGMR Földes u. Földesné Hajlik/H, 31.10.2006 (Entzug des Reisepasses über 10 Jahre); *Grabenwarter/Pabel* § 21, 66.

26 EGMR Makedonski/BUL, 20.1.2011, §§ 38 f., 42 ff. (lange Dauer – 7 Jahre 9 Monate – der Maßnahme nicht rechtmäßig; im Einzelfall konkrete Dauer bzw. schleppende Ermittlungen; zu weiterer Rechtsprechung bezüglich akzeptierter und nicht mehr akzeptierter Dauer), § 45; zudem EGMR Rosengren/RUM, 24.4.2008, §§ 36 ff.; Miażdżyk/PL, 24.1.2012, §§ 34 ff., 41 (Dauer weniger relevant; Verbot der Nichtausreise bei Aufenthalt in fremdem Staat; größere Härte als im eigenen Land); Meyer-Ladewig/Nettesheim/von Raumer/*Meyer-Ladewig/Harrendorf/König* 8 f.

seinen Wohnort nicht verlassen darf.[27] Die Anforderungen an die Bestimmtheit und die Vorhersehbarkeit von einer solchen Einschränkung (Rn. 10) gelten hier ebenfalls.

Auch polizeiliche **Meldeauflagen**[28] oder **Aufenthaltsverbot**e[29] zur Vermeidung von **15** Straftaten fallen in den Anwendungsbereich von Art. 2 Abs. 3 u. 4 des 4. ZP-EMRK.

Problematischer ist hingegen die Zulässigkeit sog. **Kontaktverbote bzw. Abstandsge- 16 bote.** Derzeit existieren im deutschen Recht für entsprechende Weisungen und Anordnungen verschiedene gesetzliche Anknüpfungspunkte. **§ 68b Abs. 1 Satz 1 Nr. 3 StGB** eröffnet die Möglichkeit, eine angeordnete Führungsaufsicht mit einer Weisung an den Täter zu kombinieren, mit bestimmten Personen oder Personengruppen keinen Kontakt aufzunehmen. **§ 1 Abs. 1 Satz 3 GewSchG** ermächtigt das Gericht bei Gewalttaten und auf Antrag des Opfers zum Erlass einer Anordnung gegen den Täter, bestimmte Orte nicht aufzusuchen oder bestimmte Handlungen zu unterlassen. Zivilrechtlich ist eine solche Form des Opferschutzes im Rahmen von **§ 823 i.V.m. § 1004 BGB** möglich. Schon hinsichtlich der gesetzlichen Ausgestaltung solcher Regelungen sind das verfassungsrechtlich verankerte **Bestimmtheitsgebot** sowie das Grundsatz der **Verhältnismäßigkeit** zu beachten.[30]

Unabhängig davon ist **jede konkret ausgesprochene Weisung bzw. Anordnung zu- 17 sätzlich auf ihre Bestimmtheit hin zu überprüfen.** Nach Ansicht des AG Dresden kann die Anordnung eines Distanzgebotes selbst dann noch verhältnismäßig sein, wenn es die Wohnungsaufgabe und eine etwaige Obdachlosigkeit zur Folge hat.[31] Eine derart weite Ausdehnung der z.T. ohnehin schon recht weitgehenden Beeinträchtigungen der Freizügigkeit des Adressaten einer solchen Anordnung erscheint auch im Hinblick auf einen effektiven Opferschutz allenfalls im Einzelfall gerechtfertigt. Das Abstandnehmen von konkreten Verdachtstatbeständen birgt die Gefahr, dass die jeweilige Regelung letztlich nur einen Generalverdacht normiert.

Ob neben Art. 2 des 4. ZP-EMRK auch noch **Art. 5** (Recht auf Freiheit und Sicherheit) **18** anwendbar ist, hängt davon ab, ob der betroffenen Person im konkreten Fall die „**Freiheit entzogen**" wird. „Freiheit" i.S.d. Art. 5 meint die **körperliche** Freiheit der Person, wohingegen Art. 2 des 4. ZP-EMRK auch schon die (allgemeine) Bewegungsfreiheit umfasst.[32] Um zu bestimmen, ob die in Art. 5 geschützte Freiheit entzogen wurde, bedarf es einer Berücksichtigung verschiedener Faktoren, wie **Dauer**, **Art**, **Auswirkungen** und **Art und Weise der Durchführung** der Maßnahme – der Unterschied zwischen Entziehung und Einschränkung der Freiheit liegt hierbei in der **Intensität des Eingriffs**.[33] Art. 2 des 4. ZP-EMRK wird immer noch und gerade dann anwendbar sein, wenn Art. 5 nicht greift.[34]

---

27 EGMR Luordo/I, 17.7.2003, §§ 96 f.; *Grabenwarter/Pabel* § 21, 66.

28 Zur Rechtsgrundlage: VG Braunschweig Urt. v. 7.9.2016 – 5 A 99/15, BeckRS **2016** 52338 (kurz in Kriminalistik **2017** 48).

29 Siehe hierzu speziell für Aufenthaltsverbote für Fußballfans: *Böhm/Mayer* DÖV **2017** 325.

30 MüKo-StGB/*Groß* § 68b, 15 StGB; Schönke/Schröder/*Stree/Kinzig* § 68b, 7 StGB; OLG Jena Beschl. v. 26.10.2009 – 1 Ws 431/09 BeckRS **2009** 86305 (Weisung, keinen Kontakt zur rechten Szene aufzunehmen, nicht hinreichend bestimmt).

31 AG Dresden Beschl. v. 29.9.2019 – 308 F 2936/19, BeckRS **2019** 40869.

32 EGMR (GK) De Tommaso/I, 23.2.2017, § 80.

33 EGMR (GK) De Tommaso/I, 23.2.2017, § 80; siehe auch EGMR Guzzardi/I, 6.11.1980, NJW **1984** 544 = EuGRZ **1983** 633 (Internierung auf Insel als Haft).

34 Im Fall EGMR (GK) De Tommaso/I wurde eine Beschwerde unter Art. 5 zurückgewiesen, da die Intensität des Eingriffs keine Freiheitsentziehung darstellte. Eine Beschwerde unter Art. 2 des 4. ZP-EMRK war hingegen zulässig; vgl. ferner zum Verhältnis der beiden Normen zueinander *Frowein/Peukert* 3, 5 (Art. 5 Spezialregelung); *Grabenwarter/Pabel* § 21, 3.

19   Gerechtfertigt sein kann die **Einziehung eines Reisepasses** wegen erheblicher **Steuerschulden**[35] oder um zu verhindern, dass ein Ausländer vor der Verbüßung seiner Strafe das Land verlässt. Auch die Hinterlegung eines Passes zur Sicherung einer Vollzugslockerung (Freigang) bei einem Strafgefangenen oder die Weigerung, einem im Ausland lebenden Staatsangehörigen einen Reisepass auszustellen, weil er seine Wehrpflicht nicht erfüllt hatte, wurden als gerechtfertigt angesehen,[36] nicht aber die Verweigerung der Herausgabe eines sichergestellten Passes bei einer am Strafverfahren nicht beteiligten Person.[37] Die Verweigerung der Ausstellung eines Reisepasses, nur weil die betroffene Person vertrauliche Staatsinformationen besitzt, kann unverhältnismäßig und somit nicht gerechtfertigt sein.[38] Das Verbot, seine Kinder in ein anderes Land zu verbringen, wurde als zulässig erachtet, weil es die Durchführung des Verfahrens über das Sorgerecht sichern sollte.[39] Beschränkungen der Reisefreiheit müssen zumindest schriftlich niedergelegt sein, um eine Nachprüfung zu ermöglichen, ob sie mit den nationalen Regelungen übereinstimmen; mündliche Anweisungen eines Vorgesetzten sind unzureichend.[40]

20   Für **bestimmte Gebiete** können die Staaten die Freizügigkeit nach Art. 2 Abs. 1 des 4. ZP-EMRK, nicht aber das Recht auf Verlassen des Landes nach Absatz 2, einschränken, sofern dies gesetzlich vorgesehen und in einer demokratischen Gesellschaft durch das öffentliche Interesse gerechtfertigt ist (**Absatz 4**). Gemeint sind etwa militärische **Sperrgebiete**, aber auch **Naturschutzgebiete** oder **Verbote zum Schutze gefährdeter Einrichtungen** oder **Sperren** sowie **Quarantänemaßnahmen** im Interesse des Seuchenschutzes, aber auch ein behördlicher **Platzverweis**. Art. 12 IPBPR enthält diese Sonderregelung für territoriale Einschränkungen nicht. Sein Absatz 3, der gesetzlich vorgesehenen Einschränkungen u.a. zum Schutz der nationalen Sicherheit, der öffentlichen Ordnung, oder der Volksgesundheit erlaubt, ist aber weit genug, um auch solche territorialen Beschränkungen zu rechtfertigen.

21   **5. Recht auf Einreise in das eigene Land.** Zum Recht auf Einreise in das eigene Land (Art. 12 Abs. 4 IPBPR) vgl. bei Art. 3 des 4. ZP-EMRK (Rn. 28).

III. Verbot der Ausweisung eigener Staatsangehöriger (Art. 3 des 4. ZP-EMRK)

22   **1. Allgemeines.** Nach dem Vorbild von Art. 9 und Art. 13 Abs. 2 AEMR schützt Art. 3 des 4. ZP-EMRK das Recht jedes Staatsangehörigen auf Aufenthalt in seinem Heimatstaat. Er **untersagt die Ausweisung aus dem eigenen Land** und garantiert das Recht, **in den**

---

35   EGMR Riener/BUL, 23.5.2006. Aufgrund des Erfordernisses der Verhältnismäßigkeit kann der Pass aber nur so lange einbehalten werden, wie der Zweck (Eintreibung der Steuerschulden) realistisch betrachtet noch erreicht werden kann. Aus den „Rechten anderer", zu deren Schutz die Ausreisefreiheit beschränkt werden kann, kann sich die Rechtfertigung eines Ausreiseverbotes ergeben, das sicherstellen soll, dass der Betroffene private – gerichtlich festgestellte – Schulden bezahlt: EGMR Khlyustov/R, 11.7.2013, § 80; Ignatov/BUL, 2.7.2009, § 35.

36   *Grabenwarter/Pabel* § 21, 67.

37   EGMR Baumann/F, 22.5.2001; Meyer-Ladewig/Nettesheim/von Raumer/*Meyer-Ladewig/Harrendorf/König* 7.

38   EGMR Bartik/R, 21.12.2006; auch hierbei fließen die Begleitumstände in die Abwägung mit ein; siehe auch EGMR Soltysyak/R, 10.2.2011, §§ 46 ff.

39   EGMR Roldan Texeira u.a./I, 26.10.2000; Diamante u. Pelliccioni/SM, 27.9.2011, §§ 214 f.; vgl. auch Meyer-Ladewig/Nettesheim/von Raumer/*Meyer-Ladewig/Harrendorf/König* 5; zur Ausreise eines Minderjährigen für eine einwöchige Schulfahrt ohne Einverständnis des Vaters: EGMR Şandru/RUM (E), 14.1.2014, §§ 25 f.; zu dieser Thematik (Einklagen des Einverständnisses des nicht einverstandenen Elternteils): EuGH 1.10.2015, C-215/15, FamRZ **2015** 2117.

40   EGMR Timishev/R, 13.12.2005.

Heimatstaat einreisen zu können. Dieses Recht ist im Normalfall selbstverständlich, es hat aber in Ausnahmefällen große praktische Bedeutung erlangt, als einer Personengruppe außerhalb des Mutterlandes das Recht eingeräumt wurde, für die Staatsangehörigkeit des betreffenden Staates zu optieren[41] oder als den Angehörigen ehemaliger Herrscherhäuser das Recht auf Einreise in das eigene Land verwehrt wurde.[42]

Weder der IPBPR im Allgemeinen noch Art. 12 IPBPR im Speziellen enthalten ein Aus- **23** weisungsverbot für eigene Staatsangehörige,[43] es kann allenfalls begrenzt aus dem Verbot hergeleitet werden, willkürlich die Einreise in das eigene Land zu beschränken (**Art. 12 Abs. 4 IPBPR**).[44]

Im Gegensatz zur Ausweisung wird die **Auslieferung** eines eigenen Staatsangehörigen **24** an ein anderes Land weder von Art. 3 des 4. ZP-EMRK noch durch eine andere Konventionsgarantien verboten.[45] Art. 3 des 4. ZP-EMRK bietet insoweit weniger Schutz als **Art. 16 Abs. 2 GG**, der die Ausweisung eigener Staatsangehöriger grundsätzlich untersagt (Satz 1) und die Auslieferung nur an Mitgliedstaaten der Europäischen Union oder an einen internationalen Gerichtshof zulässt (Satz 2) – und auch dies nur, *soweit rechtsstaatliche Grundsätze gewahrt sind*. Ein hinreichend bestimmtes, förmliches Gesetz[46] kann demnach eine Auslieferung an andere EU-Mitgliedstaaten[47] bzw. an einen internationalen Gerichtshof[48] vorsehen.[49] Neben dem Grundsatz der **Verhältnismäßigkeit**[50] umfasst der Begriff „**rechtsstaatliche Grundsätze**" u.a. das Recht auf einen gesetzlichen Richter, die richterliche Unabhängigkeit, das Verbot rückwirkender Bestrafung, das Verbot der Doppelbestrafung, die Unschuldsvermutung, das Recht, nicht gegen sich selbst aussagen zu müssen, sowie das Gebot rechtlichen Gehörs.[51]

2. Geschützter Personenkreis. Geschützt werden von Art. 3 nur die **eigenen Staats-** **25** **angehörigen**, wobei der Beschwerdeführer die eigene Staatsangehörigkeit nachweisen muss.[52] Einen Rechtsschutz gegen die Entziehung der Staatsangehörigkeit ähnlich dem

---

41 Vgl. die Beispiele bei *Frowein/Peukert* 1.

42 Vgl. den Vorbehalt Österreichs (http://conventions.coe.int). Praxisrelevanz erlangte Art. 3 des 4. ZP-EMRK zu Beginn der Corona-Pandemie im März/April 2020, die zur Folge hatte, dass rund 250.000 EU-Bürger im Ausland festsaßen. Es stellt sich die Frage, ob sich für sie aus Art. 59 Abs. 2 Satz 1 GG i.V.m. Art. 3 des 4. ZP-EMRK auch ein subjektives Recht für einen Staatsbürger ergab, auf staatliche Initiative und ggf. Kosten in sein Land zurückgeholt zu werden; Art. 3 des 4. ZP-EMRK jedenfalls nicht erwähnend VG Berlin 17.12.2021 – 34 K 33/21, BeckRS **2021** 40074 (Rechtmäßigkeit einer Verpflichtung zur Erstattung von staatlicherseits ausgelegten Rückholkosten); ebenfalls keine Erwähnung findet die Norm in OVG Berlin-Brandenburg Beschl. v. 1.10.2020 – 10 S 45/20, BeckRS **2020** 26141. Siehe – in anderem Kontext – *Baumert* NVwZ **2020** 110: Der Heimatstaat habe „alle in seiner Sphäre liegenden Maßnahmen zu ergreifen, die seinem Staatsangehörigen die Rückkehr aus dem Ausland und die Einreise ins Inland ermöglichen" (115).

43 Zur Entstehungsgeschichte und den Gründen, aus denen dieses Verbot nicht in die Konvention aufgenommen wurde, vgl. *Nowak* 45.

44 *Nowak* 45 unter Hinweis auf die Entstehungsgeschichte.

45 *Grabenwarter/Pabel* § 21, 70.

46 Dreier/*Masing* Art. 16, 96 GG; OK-GG/*Maaßen* Art. 16, 47 GG; *Uhle* NJW **2001** 1889, 1892.

47 Vgl. § 80 IRG; eingeführt durch EuHB-Gesetz v. 20.7.2006 (BGBl. I S. 1721).

48 Vgl. § 3 Jugoslawien-Strafgerichtshof-Gesetz v. 10.4.1995 (BGBl. I S. 485); § 3 Ruanda-Strafgerichtshof-Gesetz v. 4.5.1998 (BGBl. I S. 843); zu Art. 16 Abs. 2 Satz 2 GG siehe *Zimmermann* JZ **2002** 233 ff. Der IStGH ist derzeit (Stand Juli 2023) der einzige internationale Gerichtshof, an den auch Deutsche im Einklang mit der Verfassung ausgeliefert werden können, vgl. Dürig/Herzog/Scholz/*Giegerich* Art. 16 Abs. 2 Rn. 200 GG.

49 Zu den Begriffen „Mitgliedstaaten der Europäischen Union" und „internationaler Gerichtshof" vgl. *Zimmermann* JZ **2001** 233, 235 f.; *Uhle* NJW **2001** 1889, 1892.

50 *Jarass/Pieroth* Art. 16, 23 GG; vgl. auch BRDrucks. 715/99 S. 5.

51 OK-GG/*Maaßen* Art. 16, 54 GG; *Zimmermann* JZ **2001** 233, 237; *Uhle* NJW **2001** 1889, 1893.

52 Vgl. EKMR Brückmann/D, 27.5.1974, EuGRZ **1974** 113; **1976** 244; *Grabenwarter/Pabel* § 21, 69.

Verbot des Art. 16 Abs. 1 GG sieht das 4. ZP-EMRK nicht vor. In der **willkürlichen Aberkennung oder Nichtgewährung der Staatsangehörigkeit** dürfte aber eine unzulässige Umgehung des Art. 3 liegen, die seinen Schutz nicht entfallen lässt,[53] insbesondere wenn der Staat gerade deshalb so gehandelt hat, um die Ausweisung zu ermöglichen.[54]

26   Eine **unzulässige Ausweisung** liegt vor, wenn der Betreffende gezwungen wird, den Heimatstaat ohne ein Recht auf Rückkehr zu verlassen.[55] Vom Verbot erfasst sind **sowohl Einzel- als auch Kollektivausweisungen.** Bei Letzteren handelt es sich um Ausweisungen, in denen ohne Prüfung des Einzelfalles bestimmte nach generellen Merkmalen wie Rasse oder Religion erfasste Personengruppen ausgewiesen werden.[56] Art. 3 verbietet nur die Kollektivausweisung **eigener Staatsangehöriger**, ein gleichartiges Verbot der Kollektivausweisung von **Ausländern** normiert **Art. 4 des 4. ZP-EMRK**, so dass im Ergebnis insgesamt jede Kollektivausweisung verboten ist.

27   **Einschränkungsmöglichkeiten** im Interesse anderer Staatsaufgaben ähnlich den Schrankenregelungen in den Art. 8 bis 11 bestehen beim Verbot der Ausweisung eigener Staatsangehöriger in Art. 3 Abs. 1 des 4. ZP-EMRK nicht:[57] Das **Verbot der Ausweisung eigener Staatsangehöriger** gilt **uneingeschränkt.**

28   **3. Recht auf Einreise in das eigene Land.** Die Einreise in das Gebiet des eigenen Staates darf den eigenen Staatsangehörigen nach Art. 3 Abs. 2 des 4. ZP-EMRK und Art. 12 Abs. 4 IPBPR ebenfalls nicht verwehrt werden. Jeder Staatsangehörige muss deshalb die Möglichkeit haben, wieder in das Gebiet seines Heimatstaates einzureisen, gleich, ob er damit einen zeitlich begrenzten Aufenthalt bezweckt oder eine endgültige Rückkehr. Die Ausübung dieses Rechts kann aber modifiziert werden.

29   Das Verbot, eigenen Staatsangehörigen die Einreise ins eigene Land zu verweigern, gilt (im Gegensatz zum Verbot der Ausweisung; Rn. 27) **nicht ausnahmslos.** Wie sich bereits aus dem Wortlaut „Niemandem darf das Recht entzogen werden" ergibt, schützt Art. 3 Abs. 2 des 4. ZP-EMRK nur vor dem totalen Entzug des Rechts, in das Land einreisen zu dürfen, dessen Staatsangehöriger man ist.[58]

30   So ist ein zeitlich begrenzter Ausschluss des Einreiserechts möglich, etwa bei Personen, die wegen einer ansteckenden Erkrankung im Ausland in **Quarantäne**[59] sind oder bei einem straffällig gewordenen Staatsangehörigen, der nach der Auslieferung sich der Strafverfolgung durch Flucht entzogen hat.[60] Ob dies auch für die vorzeitige Rückkehr von Personen gilt, die für eine bestimmte Zeit zu Dienstleistungen im Ausland verpflichtet sind, erscheint fraglich, denn die Sanktionierung von Dienstpflichten liegt auf einer anderen Ebene als das grundsätzlich jedem Bürger uneingeschränkt garantierte Recht auf Einreise. **Art. 12 Abs. 4 IPBPR** garantiert das Recht auf Einreise nur begrenzt. Das Recht auf

---

53 So angedeutet in EGMR (K) Sisojeva u.a./LET, 16.6.2005, EuGRZ **2006** 554, § 100 (Willkür); GK (15.1.2007, NVwZ **2008** 979 = InfAuslR **2007** 140) äußert sich hierzu nicht, stellt die Ansicht der Kammer also auch nicht in Frage.

54 Näher *Grabenwarter/Pabel* § 21, 69; so wohl auch *Villiger* 926, der es aber für schwierig hält, die Umgehung aufzuzeigen.

55 Grundlegend: EKMR Brückmann/D, 27.5.1974, EuGRZ **1974** 113; EuGRZ **1976** 244.

56 EGMR Conka/B, 5.2.2002.

57 *Grabenwarter/Pabel* § 21, 72.

58 *Grabenwarter/Pabel* § 21, 75; vgl. auch *Baumert* NVwZ **2020** 110 zur völker- und verfassungsrechtlichen Verpflichtung zur Rückübernahme deutscher IS-Anhänger aus dem Ausland.

59 Zur Frage des Richtervorbehalts bei Quarantäneanordnungen Art. 5 Rn. 61.

60 *Grabenwarter/Pabel* § 21, 72 f.

Einreise darf nicht willkürlich entzogen werden, Einschränkungen aus sachlich gerechtfertigten Gründen sind also zulässig.[61]

Für die **Einreise von Ausländern oder Staatenlosen** gilt Art. 3 Abs. 2 des 4. ZP- **31** EMRK nicht, da es das Einreiserecht ausdrücklich nur den eigenen Staatsangehörigen zuerkennt.

Der Wortlaut von **Art. 12 Abs. 4 IPBPR** spricht dagegen von der Einreise in sein *eige-* **32** *nes Land*, so dass hier die Frage aufgeworfen wurde, ob nicht auch Ausländer und Staatenlose sich darauf berufen können, wenn sie in dem Aufnahmeland so fest verwurzelt sind, dass sie dieses und nicht mehr ihr Herkunftsland als Heimat betrachten. Dies kann insbesondere bei staatenlosen Immigranten, die jede Verbindung zu ihrem Herkunftsland abgebrochen haben, der Fall sein.[62] Behält jemand die Staatsangehörigkeit seines Ursprungslandes und erwirbt nicht die des Wohnsitzlandes, obwohl ihm dies nicht willkürlich verwehrt wird, wird das Land der Einwanderung nicht sein *eigenes Land* i.S.d. Art. 12 Abs. 4 IPBPR. Ein Einbürgerungshindernis aufgrund strafgerichtlicher Verurteilungen stellt dabei keine willkürliche Schranke dar.[63]

Im Übrigen garantieren beide Konventionen Ausländern und Staatenlosen **kein un-** **33** **eingeschränktes Recht auf Aufenthalt**.[64]

IV. Verbot der Kollektivausweisung von Ausländern (Art. 4 des 4. ZP-EMRK/ Art. 13 IPBPR)

Art. 4 des 4. ZP-EMRK ergänzt das Verbot der Kollektivausweisung eigener Staatsange- **34** höriger in Art. 3 Abs. 1 (Rn. 23 ff.) durch ein in die gleiche Richtung zielendes **Verbot für Ausländer**. Durch dieses Verbot werden auch **Staatenlose** geschützt, um so dem zentralen Zweck der Norm zu entsprechen – zu verhüten, dass bestimmte Menschengruppen ohne individuelle Prüfung des Einzelfalles pauschal ausgewiesen werden können. Zur Feststellung, ob eine Ausweisung „kollektiv" ist, ist es nicht notwendig, dass die Menschengruppe eine bestimmte Personenanzahl überschreitet.[65] Umgekehrt liegt eine Kollektivausweisung nicht schon deswegen vor, weil die Ausweisungsentscheidung gegen mehrere Ausländer ergeht, die Ausweisung darf aber **nicht nach generellen Kriterien allein wegen der Zugehörigkeit** einer diese Kriterien erfüllenden Menschengruppe angeordnet werden, sondern nur aufgrund einer **objektiven individuellen Prüfung jedes Einzelfalls**, die es dem Einzelnen ermöglicht, seine eigenen Gründe gegen seine drohende Ausweisung geltend zu machen.[66]

---

61 Zur Entstehungsgeschichte *Nowak* 45 ff., der daraus eine Beschränkung auf die Fälle herleitet, in denen die Verbannung ins Ausland eine gesetzlich vorgesehene Strafe ist; vgl. zum Merkmal der Willkürlichkeit auch *Baumert* NVwZ **2020** 110, 114.

62 Dazu *Nowak* 48 ff.

63 HRC Stewart/CAN, 1.11.1996, 538/1993, § 12.2–12.9; Canepa/CAN, 3.4.1997, 558/1993, § 11.3; BVerwG NVwZ **2010** 389, 391 f.

64 *Villiger* 926; *Nowak* 45.

65 EGMR (GK) N.D. u. N.T./E, 13.2.2020, §§ 193–199, NVwZ **2020** 697 (Zurückschicken von zwei Afrikanern, die die Zäune der Enklave Melilla überwunden hatten, nach Marokko; kein Verstoß).

66 EGMR M.A./ZYP, 23.7.2013, §§ 245 f., 252 ff.; ausführlich zum Gebot einer individuellen Prüfung von Fluchtgründen: EGMR (GK) Hirsi Jamaa u.a./I, 23.2.2012 (Rückführung nach Libyen im Jahr 2009), NVwZ **2012** 809, § 184; dazu *Lehnert/Markard* ZAR **2012** 194; *Weber* ZAR **2012** 265; siehe auch EGMR Sharifi u.a./I u. GR, 21.10.2014, §§ 214 ff. Keine verbotenen Kollektivausweisungen lagen vor in EGMR Berisha u. Haljiti/MAZ (E),

35   Art. 4 des 4. ZP-EMRK garantiert allerdings nicht das Recht zu einer individuellen Befragung unter jeglichen Umständen; um der Anforderung der Norm gerecht zu werden, genügt eine **echte, wirksame Möglichkeit** des Ausländers, Argumente gegen eine Ausweisung vorzubringen, welche sodann von den Behörden überprüft wird.[67] Insoweit gewährleistet Art. 4 des 4. ZP-EMRK auch ein der Individualbeschwerde (vgl. Art. 13) zugängliches **Einzelrecht**.[68] Dieses „Recht auf Einzelfallprüfung" kann dabei als Ausdruck eines Diskriminierungs- und Willkürverbots verstanden werden.[69] Wird innerstaatlich eine Verletzung von Art. 4 des 4. ZP-EMRK gerügt, so ist zu fordern, dass das **Rechtsmittel aufschiebende Wirkung** hat.[70] Das Fehlen einer aufschiebenden Wirkung begründet jedoch nicht bereits für sich eine Verletzung von Art. 13 i.V.m. Art. 4 des 4. ZP-EMRK.[71]

36   Anders als Art. 2 Abs. 1 des 4. ZP-EMRK und Art. 1 des 7. ZP-EMRK knüpft Art. 4 des 4. ZP-EMRK den Schutz der Betroffenen nicht an die Rechtmäßigkeit ihres Aufenthaltes; der Wortlaut lässt keine andere Interpretation zu.[72] Dies bedeutet keineswegs, dass die Betroffenen nicht einzeln ausgewiesen werden können, sie dürfen lediglich nicht Gegenstand einer Kollektivmaßnahme werden.

37   Eine Kollektivausweisung kann auch vorliegen, wenn die Betroffenen sich nicht im Staatsgebiet des betreffenden Vertragsstaates aufhalten, sondern wenn sie als **Flüchtlinge** außerhalb des Staatsgebiets aufgegriffen und „zurückgeführt" werden; entscheidend ist insoweit nur, ob die Betroffenen der **Hoheitsgewalt des Vertragsstaates** unterliegen

---

16.6.2005 (einheitliche Ablehnung von gemeinsam gestellten Asylanträgen) und in Dritsas/I (E), 1.2.2011 (Bf. hatten keine Ausweispapiere vorgelegt, ihre Identität war unbekannt, also konnten die Ausweisungen nicht namentlich adressiert werden).

67 EGMR (GK) Khalifa u.a./I, 15.12.2016, § 248.

68 *Grabenwarter/Pabel* § 21, 74; vgl. hierzu auch *Zölls* Das Verbot der Kollektivausweisung nach Art. 4 Protokoll Nr. 4 EMRK (2021) 86 f., 131 ff.

69 *Zölls* Das Verbot der Kollektivausweisung nach Art. 4 Protokoll Nr. 4 EMRK (2021) 68 ff., 110 ff., 253 f.

70 EGMR Conka/B, 5.2.2002, §§ 81 ff.; (GK) Hirsi Jamaa u.a./I, 23.2.2012, § 206.

71 EGMR (GK) Khlaifia u.a./I, 15.12.2016, § 281.

72 EGMR (GK) GEO/R, 3.7.2014, § 168, NVwZ **2015** 569 (16:1 Stimmen). Anders das in der NVwZ nicht abgedruckte ablehnende Sondervotum *Dedov*, der auf den Wortlaut der einschlägigen Konventionsrechte und die Argumente seiner 16 Richterkollegen nicht ansatzweise eingeht und stattdessen den Versuch unternimmt, die Rechtsprechung der Mehrheit ins Lächerliche zu ziehen: Das Urteil laufe darauf hinaus, dass Art. 1 des 7. ZP-EMRK nur für Ausländer gelte, deren Aufenthalt im Vertragsstaat rechtmäßig sei, während Art. 4 des 4. ZP-EMRK auch bei unrechtmäßigem Aufenthalt greife (letzter Absatz des Sondervotums). Dabei ignoriert *Dedov* nicht nur den Wortlaut der Normen, aus dem sich der von ihm beklagte Unterschied zwingend ergibt, sondern auch die unmissverständliche Rechtsprechung des Gerichtshofs, in der die Normen bereits ausgelegt wurden (vgl. etwa EGMR Sejdovic u. Sulejmanovic/I (E), 14.3.2002, Nr. 4, 8: Beschwerde hinsichtlich Art. 1 des 7. ZP-EMRK mangels Rechtmäßigkeit des Aufenthalts unzulässig, hinsichtlich Art. 4 des 4. ZP-EMRK aber dennoch zulässig). Unhaltbar und bar jeder vertretbaren Argumentation ist ferner *Dedovs* Vergleich mit einer Unzulässigkeitsentscheidung des EGMR, wo ein zeitweiliges staatliches Dulden von unrechtmäßigem Verhalten des Bf. kein Recht i.S.d. Art. 6 Abs. 1 begründete. Auch hier ignoriert *Dedov* den Wortlaut, der zwar im zivilen Anwendungsbereich von Art. 6 Abs. 1, nicht aber in Art. 4 des 4. ZP-EMRK von einem bestehenden „Recht" als Tatbestandsvoraussetzung spricht. Aufbauend auf seinem Vergleich mit Art. 6 Abs. 1 ließe sich *Dedovs* Denkweise dahingehend weiterverfolgen, dass sich der unrechtmäßig Handelnde nicht auf Konventionsrechte berufen könne – soweit ersichtlich stellt aber auch *Dedov* die Anwendung von Art. 3 auf den Strafvollzug oder generell das Bestehen von Menschenrechten im Strafprozess (Art. 6) nicht in Frage. Interessanterweise deutet *Dedov* an, dass (verbotene) Kollektivausweisungen vorgenommen wurden, und gibt zu, dass die betroffenen Personen gerade deswegen ausgewiesen wurden, weil sie Georgier waren („owing to the inter-State tensions and the suspension of all links between the two States (...), friendly relations between the authorities (...) came to an end, which meant that the Russian authorities stopped tolerating the unlawful residence of many Georgians in Russian territory for many years").

(Art. 1). Dieser weite Anwendungsbereich des Art. 4 des 4. ZP-EMRK wird u.a. mit seinem Wortlaut begründet, der – anders als Art. 3 Abs. 1 des 4. ZP-EMRK – gerade nicht davon spricht, dass die Betroffenen *aus dem Hoheitsgebiet* des Staates ausgewiesen würden.[73] Dass nach dem Wortlaut von Art. 3 Abs. 1 des 4. ZP-EMRK die den eigenen Staatsangehörigen zustehenden Rechte insoweit hinter den Rechten von Ausländern zurückbleiben, ist hinzunehmen. Die Bedeutung dieser Verringerung des Schutzniveaus hält sich in Grenzen; so sind Eingriffe in Art. 3 des 4. ZP-EMRK äußerst selten (Rn. 23), außerdem genießen eigene Staatsangehörige, die sich nicht im Staatsgebiet aufhalten, den Schutz des Art. 3 Abs. 2 des 4. ZP-EMRK, der sie zwar nicht vor einem *kollektiven*, wohl aber vor dem *die einzelnen Personen betreffenden* Einreiseverbot schützt.

Nach **Art. 13 IPBPR** können Ausländer und Staatenlose, die sich rechtmäßig im Inland aufhalten, in Anlehnung an Art. 32 der Genfer Flüchtlingskonvention nur aufgrund einer rechtmäßig ergangenen, **individuellen Entscheidung** ausgewiesen werden, wogegen der Betroffene in der Regel Einwände erheben kann, die in einem **geregelten Verfahren** nachzuprüfen sind. Aus dieser Regelung wird die Unzulässigkeit einer Kollektivausweisung abgeleitet;[74] wobei jedoch, anders als beim Schutz vor Kollektivausweisung nach Art. 4 des 4. ZP-EMRK, der IPBPR diesen Schutz an die Rechtmäßigkeit des Aufenthalts des Betroffenen knüpft; näher zu Art. 13 IPBPR bei Art. 1 des 7. ZP-EMRK. **38**

Eine Kollektivausweisung kann etwa auch dann vorliegen, wenn **gleichzeitig** die **Angehörigen einer bestimmten Personengruppe** ausgewiesen werden und die Behörden dabei aufgrund von Anweisungen an die Verwaltung ohne nähere Prüfung des Einzelfalls gleichartig vorgehen.[75] Eine Einzelfallprüfung verlangt dabei mindestens die Feststellung der Identität der Person, sowie Informationen für die Person in einer Sprache, welche sie versteht.[76] Zudem muss ein wirksames Verfahren zur legalen Einreise ermöglicht werden.[77] Eine **indirekte Kollektiv-/Massenausweisung** kann vorliegen, wenn durch die Verweigerung der Arbeitserlaubnis gezielt ein Zwang zur Ausreise erzeugt wird. **39**

Ebenso kann es sich um eine Kollektivausweisung handeln, wenn *formal gesehen* über jeden Ausgewiesenen eine eigene Gerichtsentscheidung gefällt wurde, aber die Ausweisungen in einer so großen Zahl erfolgen, dass es *de facto* **nahezu unmöglich** ist, für jedes Individuum eine sachgerechte und einzelfallbezogene Prüfung durchzuführen.[78] Ein mögliches Indiz hierfür sind Instruktionen, welche die Ausweisung einer Person anordnen, wenn sie einer bestimmten Gruppe angehört; selbst, wenn dann jede Person einzeln geprüft wird, ist eine Ausweisung, die auf der Anordnung beruht, dennoch kollektiver Natur.[79] **40**

---

73 EGMR (GK) Hirsi Jamaa u.a./I, 23.2.2012, NVwZ **2012** 809, §§ 173, 178, 180; bestätigt von EGMR Sharifi u.a./I u. GR, 21.10.2014, §§ 210 ff.

74 *Nowak* 12 unter Hinweis auf HRC General Comment 15 v. 22.7.1986, § 27.

75 EGMR Conka/B, 5.2.2002 (abgelehnte Asylbewerber); (GK) GEO/R, 3.7.2014, §§ 175 f.; *Grabenwarter/Pabel* § 21, 89. Siehe auch *Muzak* ÖJZ **1999** 13, 19 f., zur Kollektivausweisung mittels eines Gesetzes, auch wenn der Gesetzgeber „formal einen Bescheid dazwischenschaltet", gegen den nicht erfolgreich vorgegangen werden kann.

76 *Grabenwarter/Pabel* § 21, 89.

77 So nahm der EGMR eine Kollektivausweisung an, nachdem der Bf. infolge einer illegalen Einreise ausgewiesen worden war, obwohl er auf einer Warteliste für ein Asylverfahren stand. Mangels jeglicher Informationen über das „Wann" und „Wie" eines etwaigen Verfahrens, konnte kein wirksames Verfahren zur legalen Einreise ermöglicht werden und es lag trotz der irregulären Einreise eine Verletzung des Art. 4 des 4. ZP-EMRK vor: EGMR H.K./H, 22.9.2022, §§ 11–13.

78 EGMR GEO/R, 3.7.2014, §§ 171–177.

79 EGMR GEO/R, 3.7.2014, §§ 174 f.

41 Umgekehrt kann eine Kollektivausweisung selbst dann ausgeschlossen sein, wenn mehrere Personen **gleichzeitig ausgewiesen** werden. Dies soll im Einzelfall etwa dann der Fall sein, wenn mehrere Personen gleichzeitig illegal eine Landesgrenze überschreiten – der Grund der Ausweisung sich also damit für jede Person als derselbe herausstellt. Eine solche **„simultane" Ausweisung** mehrerer Personen ist dann nicht als Kollektivausweisung, sondern vielmehr als eine „Reihe von individuellen" Ausweisungen einzustufen.[80]

42 Gegen eine konventionswidrige Kollektivausweisung soll es nach den hochkontrovers diskutierten und im Ergebnis nicht überzeugenden Ausführungen des EGMR in der Rs. *N.D. & N.T.* auch sprechen, wenn die Nichtberücksichtigung der individuellen Belange jeder Person darauf zurückzuführen ist, dass Asylsuchende versuchen, sich durch eine im Voraus geplante Aktion der Grenzüberquerung in **einer großen Gruppe** einen Vorteil beim illegalen Grenzübertritt zu verschaffen (*„culpable conduct"*) – und zudem **hinreichend effektive Möglichkeiten für einen „legalen" Grenzübertritt** vorhanden sind, von denen die Betroffenen ohne **zwingenden Grund** keinen Gebrauch machen.[81]

43 Diese zurückhaltende Linie bestätigte der EGMR in der Rs. *A.A.* und sah in der **Zurückweisung von rund 1.500 Flüchtlingen nach Griechenland durch Nordmazedonien** an der griechisch-nordmazedonischen Grenze durch Militärpersonal und unter Gewaltandrohung keine Kollektivausweisung.[82] Durch den illegalen Grenzübertritt hätten sich die Geflüchteten unter Ausnutzung ihrer großen Anzahl selbst in Gefahr gebracht.[83] Insbesondere stand ihnen die **Möglichkeit der legalen Einreise** offen (Asylantrag), die sie allerdings nicht nutzten. Daher sei Nordmazedonien auch kein Verstoß gegen das Recht auf wirksame Beschwerde nach Art. 13 vorzuwerfen.[84]

44 Es ist aber auch zu erkennen, dass der EGMR eine Einzelfallbetrachtung vornimmt und insbesondere nicht jede Ausweisung einer größeren Gruppe im Einklang mit Art. 4 des 4. ZP-EMRK sieht. So lag in der gewaltsamen Zurückweisung von zwölf pakistanischen Männern durch die ungarische Polizei an der **ungarisch-serbischen Grenze** eine Kollektivausweisung, da die Bf. weder Gewalt anwendeten noch vorsätzlich einen Nutzen aus der Größe ihrer Gruppe zogen.[85] Die einzige Gemeinsamkeit zum Urteil N.D. & N.T. sah der Gerichtshof im Vorliegen der **illegalen Einreise**.[86] Aufgrund der schlechten Möglichkeiten, durch eine Registrierung legal in Ungarn einzureisen, sei insbesondere **kein hinreichender Rechtsschutz** vorhanden, weshalb auch eine Verletzung von Art. 13 vorliege.[87]

---

80 EGMR (GK) Khlaifia u.a./I, 15.12.2016, §§ 251 f.
81 EGMR (GK) N.D. u. N.T./E, 13.2.2020, §§ 206–231 mit zu Recht krit. Anm. *Münch Ad Legendum* **2020** 377, 378 unter Hinweis auf den – im Zuge einer solchen als konventionskonform eingestuften „kollektiven" Ausweisung – drohenden Verstoß gegen den durch Art. 3 abgesicherten Grundsatz des *Non-Refoulement*; eingehend zu dieser Entscheidung auch *Zölls* Das Verbot der Kollektivausweisung nach Art. 4 Protokoll Nr. 4 EMRK (2021) 149 ff. Ebenso sah der Gerichtshof eine Beschwerde als offensichtlich unbegründet an, in welcher die Bf. unverzüglich nach Marokko zurückgeführt worden waren, nachdem sie mit einer Gruppe von ca. 150 Personen versucht hatten, über den Grenzzaun nach Spanien zu gelangen. Die Bf. hätten sich durch diese Handlung selbst in Gefahr gebracht, nachdem sie versucht hatten, die große Zahl der Gruppe sowie Gewalt auszunutzen: EGMR M.B. u. R.A./E, 5.7.2022, §§ 23 ff.
82 EGMR A.A. u.a./MKD, 5.4.2022, § 123.
83 EGMR A.A. u.a./MKD, 5.4.2022, § 121.
84 EGMR A.A. u.a./MKD, 5.4.2022, §§ 130 ff.
85 EGMR (GK) Shazad/H, 8.7.2021, §§ 61 ff.
86 EGMR (GK) Shazad/H, 8.7.2021, § 61; vgl. zur aktuellen Rechtsprechung des EGMR in diesem Bereich zusammenfassend auch *Schmalz* ZAR **2021** 360.
87 EGMR (GK) Shazad/H, 8.7.2021; siehe auch EGMR M.H. u.a./KRO, 18.11.2021 (Ausweisung von einer sechsköpfigen Familie).

Gerade die Situation in **Polen** stand in diesem Zusammenhang unter genauerer Beobach- 45
tung des EGMR. So kam es vermehrt zu Individualbeschwerden betreffend die Ausweisung
von tschetschenischen Geflüchteten an der polnisch-belarussischen Grenze. Bereits in der Rs.
M.K. u.a. stellte der Gerichtshof fest, dass die Abweisung von Geflüchteten an der Grenze, die
auf legalem Wege ein Asylverfahren beantragen wollten, Art. 4 des 4. ZP-EMRK verletzt hatte,
weil diese vorschnell vorgenommen und die Personen trotz gegenteiliger Angaben als „Wirt-
schaftsflüchtlinge" ausgewiesen worden waren, es also zu einer Falschdarstellung ihrer Aussagen in den von den Grenzschutzbeamten erstellten offiziellen Vermerken gekommen war.[88]
Da die polnischen Behörden den Angaben der Bf. darüber, dass ihnen im Falle einer Abschiebung sogar Verletzungen i.S.d. Art. 3 drohten, keine reelle Beachtung und Berücksichtigung
gab, lag zugleich eine Verletzung des Art. 13 i.V.m. Art. 4 des 4. ZP-EMRK vor.[89]

Zudem stellte der Gerichtshof fest, Art. 4 des 4. ZP-EMRK sei auch anwendbar, wenn 46
die Zurückweisung der Personen nicht direkt auf das Gebiet eines anderen Staates erfolge.
Weil die EMRK zum Schutze der Menschenrechte *„practical and effective"* angewendet
werden muss, kann „Ausweisung" auch schon dann vorliegen, wenn die Personen in ein
Territorium gebracht werden, dass zwar noch zum Staatsgebiet des ausweisenden Staates
gehört, faktisch jedoch nur als **„Puffer" zwischen zwei Staatsgrenzen** dient und über
keine Infrastruktur verfügt.[90] Diese gedankliche Herangehensweise erscheint in der Tat
vorzugswürdig, da die Staaten ansonsten das Verbot der Kollektivausweisung durch solche
Maßnahmen umgehen könnten.

Protokoll Nr. 6
zur Konvention zum Schutz der Menschenrechte und Grundfreiheiten
über die Abschaffung der Todesstrafe

vom 28.4.1983[*]

Die Mitgliedstaaten des Europarats, die dieses Protokoll zu der am 4. November
1950 in Rom unterzeichneten Konvention zum Schutz der Menschenrechte und
Grundfreiheiten (im Folgenden als „Konvention" bezeichnet) unterzeichnen
– in der Erwägung, dass die in verschiedenen Mitgliedstaaten des Europarats
eingetretene Entwicklung eine allgemeine Tendenz zugunsten der Abschaffung der
Todesstrafe zum Ausdruck bringt –
haben Folgendes vereinbart:

Artikel 1
Abschaffung der Todesstrafe

Die Todesstrafe ist abgeschafft. Niemand darf zu dieser Strafe verurteilt oder
hingerichtet werden.

---

88 EGMR M.K. u.a./PL, 14.12.2020, §§ 208 ff., 174; diese Linie bestätigend: EGMR A.B. u.a./PL, 14.11.2022,
§§ 52 ff.; A.I. u.a./PL, 30.6.2022, §§ 55 ff.

89 EGMR M.K. u.a./PL, 14.12.2020, §§ 219 ff.

90 EGMR (GK) Shazad/H, 8.7.2021, §§ 45 ff. (Verbringung in einen Bereich hinter einem Zaun am ungarisch-
serbischen Grenzgebiet 8 km von der eigentlichen Grenze zu Serbien).

* BGBl. 1988 II S. 663; in der BR Deutschland in Kraft seit 1.8.1989 (BGBl. II S. 814).

https://doi.org/10.1515/9783110275063-024

Artikel 2
Todesstrafe in Kriegszeiten

Ein Staat kann in seinem Recht die Todesstrafe für Taten vorsehen, die in Kriegszeiten oder bei unmittelbarer Kriegsgefahr begangen werden; diese Strafe darf nur
in den Fällen, die im Recht vorgesehen sind, und in Übereinstimmung mit dessen
Bestimmungen angewendet werden. Der Staat übermittelt dem Generalsekretär des
Europarats die einschlägigen Rechtsvorschriften.

Artikel 3
Verbot des Abweichens

Von diesem Protokoll darf nicht nach Artikel 15 der Konvention abgewichen
werden.

Artikel 4
Verbot von Vorbehalten

Vorbehalte nach Artikel 57 der Konvention zu Bestimmungen dieses Protokolls
sind nicht zulässig.

Protokoll Nr. 13
zur Konvention zum Schutz der Menschenrechte und
Grundfreiheiten, bezüglich der Abschaffung der Todesstrafe unter
allen Umständen

vom 3.5.2002[*]

Die Mitgliedstaaten des Europarats, die dieses Protokoll unterzeichnen,
   in der Überzeugung, dass in einer demokratischen Gesellschaft das Recht jedes
Menschen auf Leben einen Grundwert darstellt und die Abschaffung der Todesstrafe
für den Schutz dieses Rechts und für die volle Anerkennung der allen Menschen
innewohnenden Würde von wesentlicher Bedeutung ist;
   in dem Wunsch, den Schutz des Rechts auf Leben, der durch die am 4. November
1950 in Rom unterzeichnete Konvention zum Schutz der Menschenrechte und Grundfreiheiten (im Folgenden als „Konvention" bezeichnet) gewährleistet wird, zu stärken;
   in Anbetracht dessen, dass das Protokoll Nr. 6 zur Konvention über die Abschaffung der Todesstrafe, das am 28. April 1983 in Straßburg unterzeichnet wurde, die
Todesstrafe nicht für Taten ausschließt, die in Kriegszeiten oder bei unmittelbarer
Kriegsgefahr begangen werden;
   entschlossen, den letzten Schritt zu tun, um die Todesstrafe vollständig abzuschaffen,
   haben Folgendes vereinbart:

---

[*] Für die BR Deutschland am 1.2.2005 in Kraft getreten (BGBl. 2004 II S. 982).

Esser
https://doi.org/10.1515/9783110275063-025

Artikel 1
Abschaffung der Todesstrafe

Die Todesstrafe ist abgeschafft. Niemand darf zu dieser Strafe verurteilt oder hingerichtet werden.

Artikel 2
Verbot des Abweichens

Von diesem Protokoll darf nicht nach Artikel 15 der Konvention abgewichen werden.

Artikel 3
Verbot von Vorbehalten

Vorbehalte nach Artikel 57 der Konvention zu diesem Protokoll sind nicht zulässig.

Schrifttum (Auswahl)

Ballhausen Todesstrafe durch Alliierte – ein Verstoß gegen das Grundgesetz, NJW **1988** 2656; *Boulanger/Heyes/Hanfling* (Hrsg.), Zur Aktualität der Todesstrafe (2002); *Broda* Europas Kampf gegen die Todesstrafe, ZfRV **1986** 1; *Calliess* Die Abschaffung der Todesstrafe – Zusatzprotokoll Nr. 6 zur Europäischen Menschenrechtskonvention, NJW **1989** 1019; *Doehring* Zum „Recht auf Leben" aus nationaler und internationaler Sicht, FS Mosler (1983) 145; *Flemming* Wiedereinführung der Todesstrafe in Deutschland? (2007); *Frankenberg* Die Ausweisung und Abschiebung trotz drohender Todesstrafe, JZ **1986** 414; *Geck* Art. 102 GG und der Rechtshilfeverkehr zwischen der Bundesrepublik und Ländern mit Todesstrafe – BVerfGE 18 112, JuS **1965** 221; *Gusy* Auslieferung bei drohender Todesstrafe? GA **1983** 73; *Hartig* Abschaffung der Todesstrafe in Europa/Das 6. Zusatzprotokoll zur EMRK, EuGRZ **1983** 270; *Hodgkinson* The Death Penalty: an overview of the issues, ZIS **2006** 346; *Ishizuka/Wolfslast/Weinrich* (Hrsg.), Zur Abschaffung der Todesstrafe: Europäische und japanische Positionen. Tagungsband zum Internationalen Kolloquium am 22. und 23. August 2005 in Gießen, ZIS **2006** 318 ff.; *Junker* Zur Verpflichtung des deutschen Richters, in der internationalen Rechtshilfe in Strafsachen mitzuwirken, DRiZ **1985** 161; *Koch* Die Todesstrafe in der DDR, ZStW **110** (1998) 89; *ders.* Die Abschaffung der Todesstrafe in der Bundesrepublik – Anmerkungen zur Kontroverse über die Entstehungsgeschichte von Art. 102 GG, RuP **2005** 230; *ders.* Das Ende der Todesstrafe in Deutschland, JZ **2007** 719 ff.; *ders.* Die Todesstrafe im 21. Jahrhundert. Nationale, europäische und globale Perspektiven, in: Koch/Rossi (Hrsg.), Gerechtigkeitsfragen in Gesellschaft und Wirtschaft (2013) 165; *ders.* Theorie und Praxis der Todesstrafe in der DDR, in: Steinberg (Hrsg.), Sozialistische Straftheorie und -praxis in Europa (2018) 185 ff.; *Kreuzer* Aktuelle Entwicklungen im Kampf gegen die Todesstrafe – Religiöse, kriminologische und kriminalpolitische Aspekte, Kriminalistik **2019** 102; *ders.* Zur Entwicklung äußerster kriminalpolitischer Instrumente – Todesstrafe, FS Katoh (2008) 64; *ders.* Die Abschaffung der Todesstrafe in Deutschland – mit Vergleichen zur Entwicklung in den USA, ZIS **2006** 320; *Kühn* Schutz vor Todesstrafe im Ausland, ZRP **2001** 542; *Lu* Die Schwierigkeiten bei der Abschaffung der Todesstrafe in Taiwan, FS Kerner (2013) 403; *Möhrenschlager* Völkerrechtliche Abschaffung der Todesstrafe – geschichtliche Entwicklung gegenwärtiger Stand, FS Baumann (1992) 297; *Neubacher/Bachmann/Goeck* Konvergenz oder Divergenz? – Einstellungen zur Todesstrafe weltweit, ZIS **2011** 517; *Peters* Die Mißbilligung der Todesstrafe durch die Völkerrechtsgemeinschaft, EuGRZ **1999** 650; *Pintaske* Neue Strafrechtstheorien zur Abschaffung der Todesstrafe in China, ZIS **2011** 272; *Rosenau* Europäische Rechtspolitik zur Abschaffung der Todesstrafe, ZIS **2006** 338; *Sandherr* Die Todesstrafe: Ein Zombie in der hessischen Landesverfassung, DRiZ **2013** 87; *Schabas* The European Union and the Death Penalty, EYHR **2009** 133; *Schöch* Die

Todesstrafe aus viktimologischer Sicht, ZIS **2006** 412; *Schreiber* Todesstrafe, ZIS **2006** 327; *Schüssler* Todesstrafe und Grundgesetz im Auslieferungsverfahren, NJW **1965** 1896; *v. Liang/Lu* (Hrsg.), The Death Penalty in China, Policy, Practice, and Reform (2015); *Vogler* Auslieferung bei drohender Todesstrafe und Europäische Menschenrechtskonvention (EMRK) – Der Fall Soering vor dem Europäischen Gerichtshof für Menschenrechte (EGMR), GedS Meyer (1991) 477; *York* (Hrsg.) Against the Death Penalty – International Initiatives and Implications (2008); *Zapatero* Die Todesstrafe – Plädoyer für ein weltweites Moratorium, FS Roxin II (2011) 1148; *Zhou* China's Death Penalty Reforms and Trials under the Influence of Public Opinion, ZStW **130** (2018) 582.

Übersicht

1. Ächtung der Todesstrafe in der deutschen Rechtsordnung —— 1
2. Todesstrafe und Art. 2 EMRK —— 8
3. Internationaler Pakt über bürgerliche und politische Rechte (IPBPR) —— 9
4. Protokoll Nr. 6. zur EMRK (1983)
   a) Allgemeiner Schutzgehalt —— 11
   b) Bedeutung für die Abschaffung der Todesstrafe in Europa —— 13
   c) Konkreter Schutzgehalt —— 18
   d) Verbot von Einschränkungen —— 24
5. Protokoll Nr. 13 zur EMRK (2002) —— 25
6. Verhältnis von Art. 2 EMRK, 6. ZP-EMRK und 13. ZP-EMRK —— 31
7. Initiativen auf der Ebene der UN —— 34
8. Initiativen auf der Ebene der Europäischen Union —— 35
9. Weltweite Entwicklung zur Verhängung und Vollstreckung der Todesstrafe —— 39

1   **1. Ächtung der Todesstrafe in der deutschen Rechtsordnung. Art. 102 GG** stellt fest: **„Die Todesstrafe ist abgeschafft"**. Ein Recht, nicht hingerichtet zu werden, wurde erstaunlich lange Zeit nicht als Menschenrecht angesehen. In diesem Lichte ist rückblickend auch die kontrovers[1] geführte Diskussion einer möglichen Wiedereinführung der Todesstrafe durch Aufhebung des Art. 102 GG im Wege eines die Verfassung ändernden Gesetzes zu sehen. Die Vorschrift wurde 1949 als Reaktion auf den **exorbitanten Gebrauch der Todesstrafe im Nationalsozialismus**[2] ins Grundgesetz aufgenommen. Zu dieser Zeit votierten noch 77 % der Bevölkerung sowie weite Kreise der Politik und Rechtswissenschaft für die Beibehaltung dieser Sanktion als Kriminalstrafe.[3] Bis in die 1960er Jahre hinein sprachen sich sogar Mitglieder der Bundesregierung und auch der frühere Bundeskanzler *Adenauer* für die Wiedereinführung der Todesstrafe aus.[4] Obwohl die gesellschaftlichen Befürworter Anfang der 1970er Jahre in die Minderheit geriet, lassen sich durch Zeitgeschehnisse (u.a. der RAF Terrorismus in den 1970er Jahren oder medial begleitete Fälle von Kindesmissbrauch in den 1990er Jahren) immer wieder Aufschwünge in der politischen Diskussion um die Wiedereinführung der Todesstrafe erkennen.[5]

2   Von den Verfassungen der deutschen Länder sah **Art. 21 Abs. 1 Satz 2** der **hessischen Landesverfassung** noch bis Oktober 2018 die Todesstrafe für „besonders schwere Verbrechen" vor; aufgrund der Regel „Bundesrecht bricht Landesrecht" hatte die Vorschrift allerdings keine praktische Bedeutung. Ihre aus „symbolischen Gründen" dringend erforderli-

---

1   Vgl. Dürig/Herzog/Scholz/*Scholz* Art. 102, 11 ff. GG; *Dreier* GG, Band III, 2018, Art. 102, 57 ff. GG.
2   BVerfGE **39** 1, 36 f.; **45** 187, 225. Zur Abschaffung der Todesstrafe in Deutschland *Koch* RuP **2005** 230; *Kreuzer* ZIS **2006** 320; siehe auch *Schreiber* ZIS **2006** 327; *Zapatero* FS Roxin II 1147, 1148.
3   Vgl. *Koch* Die Todesstrafe im 21. Jahrhundert 165, 169.
4   *Koch* Todesstrafe in der DDR 185, 188.
5   *Koch* Todesstrafe im 21. Jahrhundert 165, 169–170.

che förmliche Aufhebung[6] erfolgte durch eine Volksabstimmung. Eine Mehrheit von 83,2 % sprach sich für eine Aufhebung der Vorschrift aus,[7] die am 21.12.2018 vollzogen wurde.[8]

Bereits 1998 aufgehoben wurde eine weniger verfängliche Bestimmung in der **bayeri- 3 schen Verfassung**, die die Verhängung der Todesstrafe weder anordnete noch für bestimmte Straftaten ermöglichte, sondern ihr Vorhandensein gewissermaßen voraussetzte, ihre Anwendung im Einzelfall beschränkte und damit ursprünglich (die Bayerische Verfassung trat 1946, also zeitlich vor dem Grundgesetz, in Kraft) sogar fortschrittlich war (Art. 47 Abs. 4 Satz 2 BayVerf a.F.: „Der Vollzug der Todesstrafe bedarf der Bestätigung durch die Staatsregierung.").[9]

Ein Grund für diese lange Fortdauer der beiden obsoleten Bestimmungen auf Landes- 4 ebene war, dass sowohl Hessen als auch Bayern für Verfassungsänderungen zwingend die Zustimmung des Volkes fordern (Art. 123 Abs. 2 HessVerf; Art. 75 Abs. 2 Satz 2 BayVerf), was mit administrativem und finanziellem Aufwand, einer mühseligen Mobilisierung des Volkes bei zumindest vordergründig rechtlich unbedeutenden Streichungen und nicht zuletzt mit dem Risiko eines peinlichen Scheiterns der Abstimmung verbunden war.

Die **DDR** beseitigte die Todesstrafe **1987** als erstes und einziges Land des damaligen 5 Warschauer Paktes.[10] Dies galt als überraschend, nachdem die DDR zuvor von allen sozialistischen Staaten die konsequenteste Tabuisierung der kritischen Debatte um die Existenz oder die Berechtigung der Todesstrafe betrieben hatte.[11] Erst im Beschluss zu deren Abschaffung wurde die Beibehaltung der Todesstrafe in der Zeit vor 1987 mit der historischen Verantwortung, also der Bestrafung der NS-Kriegsverbrechen begründet.[12] Die DDR brüstete sich derjenige „deutsche Staat" zu sein, der am konsequentesten gegen das Unrecht der NS-Zeit vorging.[13] Deutsche Gerichte der Westzonen sprachen demgegenüber nur vereinzelt Todesurteile aus, wie beispielsweise in Euthanasie-Prozessen gegen Anstaltsärzte, (obwohl die Todesstrafe ihre Rechtsgrundlage sowohl in dem Kontrollratsgesetz Nr. 10 als „Verbrechen gegen die Menschlichkeit" als auch in § 211 des RStGB als Rechtsgrundlage fand).[14] Trotz dieser Begründung stellte der gewöhnliche Mord den häufigsten Grund für die Anwendung der Todesstrafe dar.[15] Zwischen 1965 und 1975 erfolgten die meisten Hinrichtungen, rund 40 pro Jahr, wegen Mordes, und nicht etwa wegen der NS- oder Staatsschutzdelikte, mit denen die Todesstrafe gerechtfertigt wurde.[16] Zahlreiche Hinrichtungen aufgrund von Staatsschutzdelikten in der DDR wurden jedoch systematisch vertuscht.[17] Der plötzliche Umschwung zur Abschaffung war daher eher von außenpolitischer Motivation der internationalen Anerkennung getragen.[18] Auslöser war der Vorstoß der Bundesrepublik in Richtung einer *völkerrechtlichen* Abschaffung der Todesstrafe, dem man zuvorkommen wollte.[19]

---

6 Ebenso: *Sandherr* DRiZ **2013** 87.
7 Abrufbar unter: https://www.verfassung-hessen.de/todesstrafe.
8 GVBl. 28/2018 (für das Land Hessen) – 21.12.2018, 747.
9 Ähnlich bis heute Art. 109 Abs. 1 Satz 3 Hess Verf.
10 Vgl. *Koch* Todesstrafe im 21. Jahrhundert 165, 172.
11 *Koch* Todesstrafe in der DDR 185, 203–204; *ders.* JZ **2007** 719, 721.
12 Vgl. *Koch* Todesstrafe in der DDR 185, 207.
13 *Koch* JZ **2007** 719, 722.
14 *Koch* RuP **2005** 230.
15 *Koch* Todesstrafe in der DDR 185, 204.
16 *Koch* JZ **2007** 719, 722.
17 *Koch* Todesstrafe in der DDR 185, 202.
18 Vgl. *Koch* Todesstrafe in der DDR 185, 207.
19 *Koch* JZ **2007** 719, 722.

6   Ungeachtet einer völkerrechtlichen Bindung aufgrund der Ratifikation der Zusatzprotokolle Nr. 6 (Rn. 10 ff.) und Nr. 13 (Rn. 25 ff.) ist die Aufhebung von **Art. 102 GG** verfassungsrechtlich ausgeschlossen, da die Todesstrafe in den Schutzbereich der in **Art. 1 Abs. 1 GG** für unantastbar erklärten Menschenwürde eingreift (**Art. 79 Abs. 3 GG**). Der BGH stellte im Jahr 1995[20] noch einmal unmissverständlich klar, dass die Todesstrafe mit dem Schutz der Menschenwürde nicht vereinbar ist.[21] Dieser Ausspruch hat die weiteren intensiven Bemühungen Deutschlands zur weltweiten Abschaffung der Todesstrafe bestärkt.

7   **§ 8 IRG** macht eine Auslieferung in einen Staat, in dem die der Auslieferung zugrunde liegende Tat mit der Todesstrafe bedroht ist, davon abhängig, dass der ersuchende Staat **zusichert**, dass die Todesstrafe nicht verhängt oder nicht vollstreckt wird.[22] In diesem Sinne entschied auch das BVerfG die Verfassungsbeschwerde eines Gefährders gegen seine Ausweisung nach Tunesien: In der Verhängung der Todesstrafe bei zugleich bestehender Sicherheit, dass diese nicht vollstreckt werde, liege kein Verstoß gegen das Verbot einer menschenunwürdigen Strafvollstreckung gemäß Art. 2 Abs. 2 Satz 2 GG i.V.m. Art. 1 Abs. 1 GG.[23]

8   **2. Todesstrafe und Art. 2 EMRK.** Auf der Ebene des Europarates traf Art. 2 zwar schon 1950 eine rechtlich verbindliche Aussage zur Todesstrafe. Jedoch schränkt **Art. 2 Abs. 1 Satz 2** das allen Menschen garantierte Recht auf Leben für die Fälle der Vollstreckung eines im justizförmigen Verfahren verhängten Todesurteils gerade ein, lässt die Todesstrafe als Ausnahme des Tötungsverbotes also explizit zu.[24]

9   **3. Internationaler Pakt über bürgerliche und politische Rechte (IPBPR). Art. 6 IPBPR** (1966) normiert gewisse verfahrensrechtliche „Mindestvoraussetzungen" für die Verhängung der Todesstrafe; für Straftaten **Jugendlicher unter 18 Jahren** ist sie gänzlich verboten; eine Vollstreckung an **Schwangeren** ist unzulässig.[25]

10   Politische Bestrebungen zur weiteren Eindämmung und Abschaffung der Todesstrafe standen von nun an ganz oben auf der Agenda von UN und Europarat. Erste Ansätze zeigten sich schon 1973 in der Parlamentarischen Versammlung des Europarates,[26] die

---

20 BGHSt **41** 317, 325 (Verurteilung eines Richters der DDR wegen Rechtsbeugung, davon in zwei Fällen in Tateinheit mit Totschlag und in einem Fall in Tateinheit mit versuchtem Totschlag; dieser wirkte an drei Strafverfahren wegen „Verbrechen gem. Art. 6 Abs. 2 der Verfassung der DDR" mit, die jeweils zu Todesurteilen führten, obwohl er die Todesstrafe für nicht schuldangemessen hielt); vgl. auch BGH NStZ-RR **1999** 361 (Verhängung der Todesstrafe bei Verurteilung wegen Spionage – auch unter Berücksichtigung von DDR-Recht – als Rechtsbeugung sanktioniert); BGH NStZ **1999** 634 (deutsche Ermittlungsergebnisse für ein ausländisches Strafverfahren dürfen nur dann verwendet werden, wenn sichergestellt ist, dass diese nicht zum Zweck der Verhängung und Vollstreckung der Todesstrafe verwertet werden).

21 Siehe hierzu auch: *Hong* Todesstrafenverbot und Folterverbot (2019).

22 Zur justiziellen Praxis: Grützner/Pötz/Kreß/Gazeas/*Vogel* § 8, 33 ff. IRG; Schomburg/Lagodny/*Schomburg*/*Hackner*/*Zimmermann* § 8, 15 ff. IRG; *Frankenberg* JZ **1986** 414.

23 BVerfG Beschl. v. 4.5.2018 – 2 BvR 632/18, NVwZ **2018** 1390, 1393; Beschl. v. 30.6.1964 – 1 BvR 93/64, BVerfGE **18** 112, 118 = NJW **1964** 1783 f.; BGH NStZ **1987** 414 (Prüfung der ausreichenden Zusicherung gemäß Art. 11 a.F. des Europäischen Auslieferungsübereinkommens [EuAlÜbk] hinsichtlich der Nichtvollstreckung der Todesstrafe); eine ähnliche Argumentation findet sich etwa in EGMR Bader u. Kanbor/S, 8.11.2005, § 46 in Bezug auf eine Verletzung von Art. 2 und Art. 3.

24 Zur Abschreckungswirkung der Todesstrafe siehe *Hermann* FS Schöch 791.

25 *Neubacher/Bachmann/Goeck* ZIS **2011** 517, 519 r. Spalte.

26 Vgl. die Nachweise im Gesetzentwurf der Bundesregierung zum 6. ZP-EMRK (BTDrucks. **11** 1468 S. 1) und *Zapatero* FS Roxin II 1147, 1150 m.w.N.

dann 1983 zum Abschluss des **6. ZP-EMRK** (Rn. 11 ff.) führten. Auch das auf UN-Ebene geschlossene **2. Fakultativprotokoll zum IPBPR vom 15.12.1989 zur Abschaffung der Todesstrafe**[27] wirkte auf eine weltweite Abschaffung hin.[28] Art. 1 des 2. FP-IPBPR verbietet jede Hinrichtung und verpflichtet die Vertragsstaaten, alle erforderlichen Maßnahmen zu treffen, um die Todesstrafe in ihrem Hoheitsbereich abzuschaffen. Vorbehalte zu diesem Protokoll sind nicht zulässig mit der Ausnahme, dass Staaten bei der Ratifizierung oder beim Beitritt einen Vorbehalt machen können, der die Anwendung der Todesstrafe in Kriegszeiten wegen einer Verurteilung wegen eines in Kriegszeiten begangenen Verbrechens militärischer Art vorsieht.

4. Protokoll Nr. 6. zur EMRK (1983)

a) Allgemeiner Schutzgehalt. Das am 1.3.1985 in Kraft getretene **Protokoll Nr. 6 zur**   **11** **Konvention zum Schutz der Menschenrechte und Grundfreiheiten über die Abschaffung der Todesstrafe** (CETS 114) ist das erste internationale völkerrechtliche Abkommen, das die Verpflichtung zur Abschaffung der Todesstrafe (jedenfalls in **Friedenszeiten**) vorsieht. Von den Bestimmungen darf auch im Notstandsfall (Art. 15 EMRK) nicht abgewichen werden (Art. 3 des 6. ZP-EMRK). Das 6. Zusatzprotokoll stellt daher einen Meilenstein auf dem Weg zur vollständigen, weltweiten Abschaffung der Todesstrafe dar.[29]

Vorbehalte nach Art. 57 zu diesem Protokoll sind nicht zulässig (vgl. Art. 4 des 6. ZP- **12** EMRK). Nur für **Kriegszeiten** und in **Zeiten unmittelbar drohender Kriegsgefahr** bestand für die Vertragsstaaten die Möglichkeit einer „Öffnung" (vgl. Art. 2 des 6. ZP-EMRK; „kann in seinem Recht vorsehen").

b) Bedeutung für die Abschaffung der Todesstrafe in Europa. Schon in der **Präam-** **13** **bel** zum 6. ZP-EMRK greift der Europarat die *„allgemeine Tendenz zugunsten der Abschaffung der Todesstrafe"* auf. Eine moralische Aussage über ihre Verhängung wurde damit im Jahr 1983 allerdings noch nicht getroffen; vielmehr lässt sich die hohe Ratifikationsrate (46 Staaten)[30] politisch erklären: Seit 1994 ist die Bereitschaft der Staaten, das 6. ZP-EMRK zu ratifizieren, zwingende Voraussetzung für einen Beitritt zum Europarat.[31] Seit 1997 ist auf dem Territorium der Mitgliedstaaten des Europarates keine Hinrichtung mehr erfolgt.

Das frühere Mitglied des Europarates **Russland** hatte bis zu seinem Ausschluss aus   **14** dem Europarat am 16.3.2022 das 6. ZP-EMRK noch nicht ratifiziert. 1999 hatte das russische Verfassungsgericht ein zehnjähriges Moratorium erlassen; bereits gefällte Todesurteile wurden vom damaligen Präsidenten *Jelzin* in Gefängnisstrafen umgewandelt. Das Russische Verfassungsgericht hatte dieses Moratorium im Dezember 2009 verlängert, so dass die Todesstrafe weiterhin nicht verhängt werden konnte. Nach dem Ausscheiden Russlands aus dem Europarat infolge des am 24.2.2022 gestarteten **Angriffskrieges gegen die Ukraine** haben regierungsnahe Vertreter verlauten lassen, dass die Todesstrafe in Russland wieder eingeführt werden könnte.

---

27 BGBl. 1992 II S. 390; hierzu: *Platz* ZaöRV **1981** 345.

28 Vgl. *Fukushima* ZIS **2006** 344.

29 Zur weiteren Entwicklung bis 2010 *Zapatero* FS Roxin II 1147, 1151 ff.

30 Aktueller Ratifikationsstand abrufbar unter: https://www.coe.int/en/web/conventions/cets-number-/-ab ridged-title-known?module=treaty-detail&treatynum=114 (März 2023).

31 Siehe hierzu die Arbeiten der Parlamentarischen Versammlung des Europarates: CoE, Parliamentary Assembly, Resolution 1044 (1994) – Abolition of capital punishment v. 4.10.1994; Recommendation 1246 (1994) – Abolition of capital punishment v. 4.10.1994. Resolution 1097 (1996) – Abolition of the death penalty in Europe v. 28.6.1996.

15   **Weißrussland** ist (Juli 2023) der einzige Staat in Europa, in dem die Todesstrafe noch verhängt und auch regelmäßig vollstreckt wird,[32] meist unter strikter Geheimhaltung. Weder die zum Tode Verurteilten noch ihre Angehörigen werden von der bevorstehenden Hinrichtung in Kenntnis gesetzt. Der Leichnam wird der Familie weder übergeben, noch erfährt die Familie, wo ihr Angehöriger bestattet wurde. Oft dauerte es Wochen oder gar Monate, bevor eine offizielle Todesnachricht eintrifft.[33] Nach dem gescheiterten Militär-Putsch im Juli 2016 hatte auch die Regierung der **Türkei** angekündigt, die Wiedereinführung der Todesstrafe zu erwägen.[34] Eine Wiedereinführung erfolgte jedoch bis heute (Juli 2023) nicht.[35]

16   Die Unterzeichnung und Ratifizierung der EMRK und jedenfalls die Unterzeichnung des 6. ZP-EMRK ist seit dem Zusammenbruch der früheren Sowjetunion nachträglich Bedingung für die Aufnahme in den Europarat und damit in die EU geworden, womit die Abschaffung der Todesstrafe zum Teil des europäischen Menschenrechtsverständnisses (*idée européenne*) geworden sei.[36] Diese Praxis entwickelte sich erst im Laufe der Jahre, weshalb bereits beigetretene Staaten diese Voraussetzung nicht von vornherein erfüllten; sie wurden deshalb im Jahr 1994 dazu aufgefordert, diesen Schritt nachzuholen.[37] Jedenfalls in den ersten Jahren dieser rein politischen Praxis ist dabei diesbezüglich keine völlig einheitliche Handhabung zu erkennen. So beschreibt der Explanatory Report zum 13. ZP-EMRK, dass sich die Praxis darauf bezog, von Beitrittskandidaten zu fordern, sich auf eine Unterzeichnung und Ratifizierung des 6. ZP-EMRK *festzulegen*.[38] In der Resolution 1044 (1994) spricht der Europarat wiederum vom Erfordernis einer *Bereitschaft*, das 6. ZP-EMRK zu ratifizieren.[39] In der Resolution II, die anlässlich der Ministerkonferenz des Europarats zum Thema Menschenrechte in Rom im Jahr 2000 formuliert wurde, wurden zudem alle Mitgliedstaaten, die das 6. ZP-EMRK noch nicht ratifiziert hatten, hierzu dringend aufgefordert. Darüber hinaus wurden die Mitgliedstaaten dazu eingeladen, die vollständige Abschaffung der Todesstrafe im innerstaatlichen Recht in Betracht zu ziehen.[40]

17   Für **Deutschland** bleibt das 6. ZP-EMRK in der Schutzwirkung hinter Art. 102 GG zurück, der die Todesstrafe bedingungslos abschafft. Trotzdem[41] stimmte das deutsche Parlament aus rechtspolitischen Gründen im Sinne der weltweiten Durchsetzung der Menschenrechte dem 6. ZP-EMRK zu. Dies hatte nicht nur nach innerstaatlichem Recht, son-

---

32 Amnesty International (Hrsg.), Death Sentences and Executions 2020 (www.amnesty.de/sites/default/files/2021-04/Amnesty-Bericht-Todesstrafe-2020-April-Englische-Version.pdf) 56 ff.

33 Amnesty International (Hrsg.), Report 2010 und 2013 – Belarus, HRC Zhuk/BLR, 30.10.2013, 1910/2009, §§ 8.7, 11; HRC Yuzepchuk/BLR, 24.10.2014, 1906/2009, §§ 8.6, 11 (Missachtung einstweiliger Anordnungen des HRC in beiden Fällen).

34 Zur Unzulässigkeit der Wiedereinführung *Weber* DÖV **2016** 921; zur möglichen extraterritorialen Durchführung des Referendums auf deutschem Staatsgebiet *Gragl* ZOER **2017** 673.

35 Amnesty International (Hrsg.), Death Sentences and Executions (2021) 38 f.

36 Vgl. *Koch* Die Todesstrafe im 21. Jahrhundert 175 f. m.w.N.; EGMR Al-Saadoon u. Mufdhi/UK, 2.3.2010, § 95.

37 CoE, Parlamentary Assembly, Res 1044 (1994) – Abolition of capital punishment v. 4.10.1994.

38 CoE, European Treaty Series – No. 187, Explanatory Report to Protocol No. 13 to the Convention for the Protection of Human Rights and Fundamental Freedoms, concerning the abolition of the death penalty in all circumstances, S. 1 („*commit* themselves [...] to sign and ratify Protocol No. 6").

39 CoE, Parlamentary Assembly, Res 1044 (1994) – Abolition of capital punishment v. 4.10.1994 („*willingness* to ratify the protocol [should] be made a prerequisite for membership of the Council of Europe").

40 Siehe European Ministerial Conference on Human Rights (Rome, 3–4 November 2000), Report of the Secretary General, Resolution II, No. 13, 14.

41 BTDrucks. **11** 1468 S. 10.

dern auch aus konventionsrechtlicher Sicht keine Einschränkung des deutschen Verbots der Todesstrafe zur Folge, da gem. Art. 53 EMRK i.V.m. Art. 6 2. Hs. des 6. ZP-EMRK[42] keine Regelung dieses Protokolls als Beschränkung oder Beeinträchtigung innerstaatlich bereits bestehender Menschenrechte oder Grundfreiheiten ausgelegt werden darf.

c) Konkreter Schutzgehalt. Art. 1, der in Verbindung mit Art. 2 gelesen werden 18 muss, sieht die **Abschaffung der Todesstrafe in Friedenszeiten** vor. Zudem gilt ein Wiedereinführungsverbot für Staaten, die die Todesstrafe in Friedenszeiten bereits abgeschafft haben. Art. 1 Satz 2 unterstreicht, dass es sich beim Verbot der Todesstrafe um ein **subjektives Abwehrrecht des Einzelnen** handelt, weder zu dieser Strafe verurteilt noch hingerichtet zu werden.

Schon bei *drohender* Verhängung oder Vollstreckung der Todesstrafe ist die Erwirkung 19 einer **vorläufigen Anordnung** beim EGMR möglich (*Rule* 39 VerfO-EGMR),[43] soweit ein „ernsthaftes Drohen" der Verhängung bzw. Vollstreckung dargelegt werden kann.[44]

Bisher wurde die Verletzung des 6. ZP-EMRK meist im Zusammenhang mit der **dro-** 20 **henden Auslieferung** an einen Drittstaat, in dem die Verhängung oder die Vollstreckung der Todesstrafe drohte, geltend gemacht. Eine Auslieferung an einen Staat, in dem die ernsthafte Gefahr der Verhängung der Todesstrafe besteht, verstößt nicht nur gegen Art. 2 (dort Rn. 99), sondern auch gegen Art. 1 des 6. ZP-EMRK. Allerdings besteht diese Gefahr dann nicht, wenn die Strafverfolgungsbehörden des ersuchenden Staates versichern, dass die Todesstrafe nicht zur Anwendung kommt und wenn auch ansonsten keine Hinweise für die Annahme vorliegen, dass im konkreten Fall die Möglichkeit der Verhängung der Todesstrafe besteht. Die Regelung des § 8 IRG (Rn. 7) bestätigt dies zusätzlich.[45] Darüber hinaus kommt ein Verstoß gegen Art. 3 in Betracht.[46]

Auch im Rahmen **internationaler Friedens- und Militäreinsätze** ist bei der Überstel- 21 lung bzw. Übergabe festgenommener Personen (an Nichtvertragsstaaten zum Zwecke der

---

42 Art. 6 des 6. ZP-EMRK lautet: „Die Vertragsstaaten betrachten die Artikel 1 bis 5 dieses Protokolls als Zusatzartikel zur Konvention; alle Bestimmungen der Konvention sind dementsprechend anzuwenden.".

43 Vgl. EGMR Öcalan/TRK (E), 30.11.1999, NJW **2000** 1093 = EuGRZ **1999** 716 (bezogen auf Art. 2); die Entscheidung ordnet an (Rule 39 VerfO), dass der Bf. zunächst nicht getötet werden sollte. Grund war nicht das für die Türkei damals nicht geltende 6. ZP-EMRK, sondern der Umstand, dass einem toten Bf. ggf. zu treffende Feststellung diverser EMRK-Verletzungen nichts mehr genützt hätte. Der EGMR leitete in seinen zum Fall ergangenen Urteilen ([K] 12.3.2003, § 202, EuGRZ **2003** 472; unter Berufung darauf wiederholt von [GK] 12.5.2005, § 166, EuGRZ **2005** 463 = NVwZ **2006** 1267) aus Art. 2 und dem darin befindlichen Gebot des Staates zum Lebensschutz einen Anspruch her, nicht willkürlich zur Todesstrafe verurteilt zu werden; zur Vereinbarkeit der Todesstrafe mit Art. 2 dort Rn. 93.

44 EGMR Ismaili/D (E), 15.3.2001 (Zusicherung der marokkanischen Behörden, dass keine Verurteilung zur Todesstrafe drohe; frühere Verurteilung eines Mittäters wegen derselben Straftat lediglich zu einer Freiheitsstrafe).

45 Grützner/Pötz/Kreß/Gazeas/*Vogel* § 8, 35 ff. IRG; Schomburg/Lagodny/*Schomburg/Hackner/Zimmermann* § 8, 15 ff. IRG.

46 EGMR Al-Saadoon u. Mufdhi/UK, 4.10.210 (Übergabe von irakischen Gefangenen durch britische Militäreinheiten an den Irak nach Wiedereinführung der Todesstrafe 2004): Einen Verstoß gegen Art. 1 des 13. ZP-EMRK ließ der EGMR bei der Annahme einer realen Gefahr der Verurteilung zum Tode und der Vollstreckung des Urteils unter Hinweis der Verletzung des Art. 3 offen; vgl. hierzu auch EGMR Soering/UK, 7.7.1989, EuGRZ **1989** 314 = NJW **1990** 2183: das sog. „Todeszellensyndrom" (Warten auf die Vollstreckung der Todesstrafe aufgrund Ausschöpfung aller Rechtsbehelfe) stellt einen Verstoß gegen Art. 3 dar (dort Rn. 281); vgl. auch: EGMR Poltoratskiy/UKR, 29.4.2003.

Strafverfolgung) darauf zu achten, dass die den Betroffenen zur Last gelegten Straftaten nicht mit der Todesstrafe bedroht werden.[47]

22   Staaten, die eine Ausnahme von der Abschaffung der Todesstrafe **in Kriegszeiten oder bei unmittelbarer Kriegsgefahr** in ihrem gegenwärtigen oder zukünftigen Recht vorsehen, wird gemäß **Art. 2** die Mitgliedschaft für dieses Protokoll eröffnet. Jedoch ist die gerichtliche Anwendung nur unter Vorbehalt der in den entsprechenden Gesetzen genannten Fällen möglich – wie in Art. 2 vorgesehen. Der Staat ist dabei verpflichtet, zuvor dem Generalsekretär des Europarates die *„rechtliche"* Grundlage zu übermitteln. Art. 2 wird durch das – auch von der BR Deutschland ratifizierte – am 1.7.2003 in Kraft getretene 13. ZP-EMRK (Rn. 25 ff.) modifiziert, das die Todesstrafe ausnahmslos und auch für die Fälle des Notstands abschafft.

23   Die Limitierung der Zulässigkeit auf Kriegszeiten oder Zeiten unmittelbarer Kriegsgefahr – wie in Art. 2 vorgesehen – ist eng auszulegen.[48] Eine gerichtliche Verurteilung zum Tode stellt daher eine Verletzung von **Art. 1** des 6. ZP-EMRK dar, wenn sie nicht *„im Recht vorgesehen ist"*. Hinter dieser Formulierung verbergen sich konkrete Bestimmtheitsanforderungen. Der allgemeine Tatbestand des Völkermordes stellt keine von Art. 2. des 6. ZP-EMRK geforderte „rechtliche" Grundlage für die Verhängung einer Todesstrafe dar, wenn seine Anwendbarkeit nicht auf Kriegszeiten und unmittelbare Kriegsgefahr beschränkt ist. Die gesetzlichen Bestimmungen müssen so hinreichend konkret formuliert sein, dass sie nicht nur die Taten und Umstände definieren, sondern ebenso die Begriffe der *„Kriegszeit"* sowie der *„unmittelbaren Kriegsgefahr".*[49]

24   **d) Verbot von Einschränkungen. Art. 3** sieht ein Verbot des Abweichens von diesem Protokoll nach Art. 15 vor, der in Kriegszeiten oder einem anderen Ausnahmefall, der das Land bedroht, Ausnahmen ermöglicht. Dies verstärkt die strikte Auslegung des Art. 2 EMRK. Weiterhin erklärt **Art. 4** Vorbehalte nach Art. 57 für nicht anwendbar. **Art. 6** betont, dass das Protokoll lediglich einen Zusatz zur Konvention darstellt, so dass Art. 2 nicht verdrängt wird, sowohl Art. 2 Abs. 1 Satz 1 als auch der gesamte Absatz 2 bleiben, was die Vertragspartner betrifft, bestehen und anwendbar.

25   **5. Protokoll Nr. 13 zur EMRK (2002).** Das 13. ZP-EMRK (CETS 187) wurde am 3.5.2002 verabschiedet und steht für den dynamischen Charakter der EMRK. Während das 6. ZP-

---

47 Vgl. Art. 12 Abs. 2 der Gemeinsamen Aktion 2008/851/GASP des Rates vom 10.11.2008 über die Militäroperation der Europäischen Union als Beitrag zur Abschreckung, Verhütung und Bekämpfung von seeräuberischen Handlungen und bewaffneten Raubüberfällen vor der Küste Somalias (ABlEU Nr. L 301 v. 12.11.2008 S. 33, 36; Nr. 4 der Anlage zum *Briefwechsel der Europäischen Union und der Regierung Kenias über die Bedingungen und Modalitäten für die Übergabe von Personen, die seeräuberischer Handlungen verdächtigt werden und von den EU-geführten Streitkräften (EUNAVFOR) in Haft genommen werden, ... und für ihre Behandlung nach einer solchen Übergabe* (ABlEU Nr. L 79 v. 25.3.2009 S. 49, 52).
48 Dazu IK-EMRK/*Lagodny* Anh. zu Art. 2 Rn. 1.
49 Human Rights Chamber of Bosnia i Herzegovina, Damjanovic/BIH, CH/96/30: Verhängung der Todesstrafe durch ein Militärgericht in Bosnien-Herzegowina für Völkermord und für Verbrechen gegen die Zivilbevölkerung (Art. 141 f. des Strafgesetzbuches); die Menschenrechtskammer hielt Art. 141 f. mit dem 6. ZP-EMRK für unvereinbar und begründete so einen Verstoß gegen die Verfassung Bosnien-Herzegowinas, deren Art. 2 Abs. 2 eine direkte Anwendung aller Rechte und Freiheiten der EMRK inkl. Protokolle vorschreibt. Die Unbestimmtheit basierte darauf, dass der Tatbestand eine Vielzahl krimineller Handlungen von unterschiedlicher Schwere erfasste und in einer anderen Bestimmung lediglich darauf verwiesen wurde, dass die Todesstrafe nur in den schwersten Fällen gravierender Verbrechen zu verhängen sei. Somit war es nicht eindeutig vorhersehbar, für welche der im Tatbestand aufgezählten Handlungen im Einzelnen eine Verurteilung zur Todesstrafe erfolgen durfte.

Esser   1590

EMRK in Kriegszeiten und Zeiten unmittelbarer Kriegsgefahr die Möglichkeit einer Abweichung von der Abschaffung der Todesstrafe vorsieht, wird die **Todesstrafe** im 13. ZP-EMRK **ausnahmslos verboten**. Zahlreiche politische Bestrebungen in diese Richtung konnten seit 1994 verzeichnet werden. Der Ministerrat war von der Parlamentarischen Versammlung angehalten worden, ein Zusatzprotokoll, das die Todesstrafe auch in Kriegszeiten abschaffen sollte, zu errichten.[50] Dieses fundamentale Ziel wurde 1997 durch das Gipfeltreffen der Staats- und Regierungschefs der Mitgliedstaaten des Europarats bestärkt. Auch die EU leistete einen wichtigen Beitrag zu dieser Entwicklung. 1998 wurden *Leitlinien zum Thema Todesstrafe in Bezug auf Länder der Dritten Welt* verabschiedet, die sich dieser Art der Bestrafung vehement entgegenstellten.[51]

Das 13. ZP-EMRK trat bereits am 1.7.2003 in Kraft. Bisher haben es 44 Staaten gezeichnet und ratifiziert.[52] **Aserbaidschan** und **Russland**[53] stellen sich einer vollständigen Abschaffung der Todesstrafe weiterhin energisch in den Weg; beide Staaten haben das 13. ZP-EMRK nicht gezeichnet. **26**

Bereits in der Präambel des 13. ZP-EMRK wird auf die Entschlossenheit, *„den letzten Schritt zu tun, um die Todesstrafe vollständig abzuschaffen"*, hingewiesen.[54] In den Erwägungsgründen zur vollständigen Abschaffung wird dabei auf die *„allen Menschen innewohnende Würde"* Bezug genommen, der als unleugbares Recht höchster Wert zukomme, so dass – ganz im Gegensatz zum 6. ZP-EMRK – eine moralphilosophische Bewertung der Todesstrafe anklingt. **27**

In einer Pressemitteilung zum „European and World Day against the Death Penalty" am 10.10.2022 forderten der Europarat und die EU in einem gemeinsamen Statement Armenien und Azerbaijan als die letzten überbleibenden Mitgliedstaaten des Europarats zu einer Unterzeichnung des 13. ZP-EMRK auf. Ebenso wurde die Verhängung der Todesstrafe im russischbesetzten Donetsk unter Hinweis auf die völkerrechtlichen Verstöße scharf verurteilt. Als Hauptargument zur Notwendigkeit der weltweiten Abschaffung der Todesstrafe wird insbesondere die Fehleranfälligkeit eines jeden Rechtssystems, das mit der Verhängung zur Todesstrafe unweigerlich zu dem Verlust unschuldigen Lebens führt, und der Verstoß gegen Art. 3 EMRK durch das „death row phenomenon" angeführt.[55] **28**

Art. 1 sieht die vollständige Abschaffung der Todesstrafe unter allen Umständen vor, d.h. auch in Kriegszeiten und Zeiten unmittelbarer Kriegsgefahr. Satz 2 ist ganz im Sinne des Art. 1 Satz 2 des 6. ZP-EMRK als subjektives Abwehrrecht zu verstehen. Des Weiteren entspricht **Art. 2** dem Art. 3 des 6. ZP-EMRK; **Art. 3** spiegelt Art. 4 dieses Protokolls. Auf die Ausführungen sei hiermit Bezug genommen. **29**

Der Wortlaut des **Art. 4** folgt Art. 5 des 6. ZP-EMRK und sollte damit eine schnelle Ratifikation erleichtern. Eine Erklärung nach Abs. 1 oder Abs. 2 bedeutet somit faktisch eine Ausdehnung der Kompetenz des Gerichtshofs auf die bezeichneten Hoheitsgebiete. **30**

---

50 CoE, Parlamentary Assembly, Res 1246 (1994) – Abolition of capital punishment v. 4.10.1994.

51 Rat der Europäischen Union, Leitlinien der EU zur Todesstrafe vom 12.4.2013 – 8416/13 COHOM 64 PESC 403 OC 213 (überarbeitete und aktualisierte Fassung).

52 Aktueller Ratifikationsstand abrufbar unter: https://www.coe.int/en/web/conventions/cets-number-/-abridged-title-known?module=treaty-detail&treatynum=187 (Stand: März 2023): keine Ratifikation durch Armenien. Russland und Aserbaidschan haben das 13. ZP-EMRK nicht gezeichnet.

53 Kritisch: *Nußberger* Ende des Rechtsstaats in Russland? (2007) 52.

54 Zur Bedeutung der Milleniumserklärung *Kofi Annans* und ihrer Auswirkungen auf die vollständige Abolition der Todesstrafe siehe *Zapatero* FS Roxin II 1147, 1156 ff.

55 Rat der Europäischen Union, European and World Day against the Death Penalty, 10.10.2022: Joint statement by the High Representative, on behalf of the European Union, and the Secretary General of the Council of Europe; Press release 9.10.2022, https://nsl.consilium.europa.eu/104100/Newsletter/m7fglmefulb56js45f4x2elqnchzngmv7un2rjon7crlhsfr2g7tkf2fqowgczc4sdc7lqbcdc3ku?culture=en-GB.

Absatz 3 soll dabei eine formelle Rücknahme oder Änderung der abgegebenen Erklärung des Mitgliedstaates dann ermöglichen, wenn er sich für die internationalen Beziehungen dieses Hoheitsgebiets nicht mehr verantwortlich erklärt. Keineswegs aber ist er in dem Sinne zu verstehen, dass die Staaten beliebig die Todesstrafe dort wiedereinführen können.

31   **6. Verhältnis von Art. 2 EMRK, 6. ZP-EMRK und 13. ZP-EMRK.** Prinzipiell finden alle Bestimmungen der EMRK auf das 13. ZP-EMRK ergänzende Anwendung (vgl. Art. 5 des 13. ZP-EMRK) – mit einigen wenigen, aber wichtigen Besonderheiten.

32   Während Art. 2 Abs. 1 Satz 1, Abs. 2 EMRK nicht von den Bestimmungen des 13. ZP-EMRK verdrängt wird, ist **Art. 2 Abs. 1 Satz 2 EMRK**, der für die Vollstreckung eines Todesurteils die gerichtliche Verhängung sowie eine gesetzliche Grundlage erfordert, aufgrund dieses Protokolls nicht länger anwendbar.

33   Für Konventionsstaaten, die sowohl das 6. ZP-EMRK als auch das 13. ZP-EMRK ratifiziert haben, ist ein Rückgriff auf Art. 2 des 6. ZP-EMRK nicht mehr möglich.

34   **7. Initiativen auf der Ebene der UN.** Die **Generalversammlung der Vereinten Nationen** hat seit 2007 in mehreren Resolutionen die Forderung eines weltweiten Hinrichtungsmoratoriums („global moratorium") sowie einer schrittweisen Abschaffung der Todesstrafe als Sanktionsform bekräftigt.[56] In regelmäßigen Abständen wird ein **Weltkongress** gegen die Todesstrafe organisiert. Der nächste Weltkongress soll im November 2022 in Berlin stattfinden.

35   **8. Initiativen auf der Ebene der Europäischen Union.** Auf der Ebene der Europäischen Union gibt es ebenfalls zahlreiche Erklärungen zur Abschaffung der Todesstrafe.[57] Hierin kommt zum Ausdruck, dass sich die EU nicht nur als wirtschaftliche Interessenvereinigung, sondern spätestens seit dem Vertrag von Lissabon auch als Verfassungs- und Wertegemeinschaft versteht.[58] Schon 1994 ergingen die ersten Erklärungen und Initiativen (in diesem Fall vor allem durch die Regierung Italiens vorangetrieben). Ziel war ein erstes Moratorium der Todesstrafe. Weitere Erklärungen erfolgten 1997 und 1999, in denen vornehmlich die Beschränkung der Anwendbarkeit der Todesstrafe gefordert wurde und nunmehr eine Verhängung und Vollstreckung bei geistigen Erkrankungen sowie bei nicht gewalttätigen Steuer- und Vermögensdelikten abgeschafft werden sollte.[59] Handlungsgrundlage für die EU-Politik gegen die Todesstrafe sind deren politische Leitlinien, welche die Bekämpfung der Todesstrafe als zentrales menschenrechtliches Anliegen der gemeinsamen Außen- und Sicherheitspolitik festlegen und Grundätze des praktischen Engagements bestimmen.[60]

36   Die Forderung nach einer vollständigen Abschaffung der Todesstrafe wird anlässlich des **Welttages gegen die Todesstrafe** am **10. Oktober** (European and World Day against

---

56 UN-Res. 62/149 v. 18.12.2007; 69/186 v. 18.12.2014; 75/183 v. 16.12.2020 – Moratorium on the use of the death penalty.

57 Zu diesen Initiativen: *Schabas* European Yearbook on Human Rights (2009) 133.

58 Vgl. ABlEU Nr. C 74 E v. 20.3.2008 S. 775 f., in der sich das EP u.a. für die Erweiterung einer weltweiten Kampagne gegen die Todesstrafe ausspricht; siehe auch *Calliess* JZ **2004** 1033, 1037.

59 Für eine detaillierte Darstellung der einzelnen Erklärungen und Resolutionen: *Schabas* EYHR **2009** 139.

60 Leitlinien für eine Unionspolitik gegenüber Drittstaaten betreffend die Todesstrafe 8372/13 COHOM 63 PESC 393 v. 12.4.2013.

the Death Penalty) immer wieder laut.[61] Bereits im Jahre 2008 erging ein Beschluss zur EU-Politik betreffend die Todesstrafe in Drittländern. Dabei wurden erneut Mindeststandards formuliert, die sich allerdings im Wesentlichen auf bereits zuvor erlassene Erklärungen bezogen. Leider konnte erneut keine einheitliche Ächtung der Verhängung der Todesstrafe für Drogendelikte, wie sie vor allem in Asien vorherrscht, erzielt werden.[62] Im Jahr 2016 erhofften sich die Hohe Vertreterin der Union für Außen- und Sicherheitspolitik und der Generalsekretär des Europarates Reaktionen auf den 6. Weltkongress gegen die Todesstrafe in Oslo und forderten insbesondere Belarus auf, einen ersten Schritt in Richtung Abschaffung der Todesstrafe zu machen und noch bevorstehende Vollstreckungen auszusetzen.[63] Der nächste Weltkongress gegen die Todesstrafe soll im November 2022 in Berlin stattfinden.

Auf europäischer Ebene fanden die Arbeiten zur Ächtung der Todesstrafe ihren Abschluss durch die **Charta der Grundrechte der Europäischen Union**. Der Satz *„Niemand darf zur Todesstrafe verurteilt oder hingerichtet werden"* (**Art. 2 Abs. 2 EUC**) zählt seit 2009 zum Primärrecht der Europäischen Union.[64] **37**

Die **Verordnung (EU) 2019/125**[65] verbietet den Handel mit bestimmten Gütern, die zur Vollstreckung der Todesstrafe, zu Folter oder zu anderer grausamer, unmenschlicher oder erniedrigender Behandlung oder Strafe verwendet werden könnten. Das Ministerkomitee des Europarats hat diesbezüglich im März 2021 eine Empfehlung an die Mitgliedstaaten herausgegeben, gegen den durch die Verordnung verbotenen Handel vorzugehen, da manche solcher Güter rechtlich gesehen nach wie vor in Mitgliedstaaten produziert, beworben und verkauft werden dürfen.[66] **38**

9. Weltweite Entwicklung zur Verhängung und Vollstreckung der Todesstrafe. Mit dem Inkrafttreten des 6. ZP-EMRK wurden nicht nur im europäischen, sondern auch im **weltweiten Kontext** die Initiativen zur Abschaffung der Todesstrafe verstärkt.[67] Weder der ICTY und der ICTR noch der Internationale Strafgerichtshof erhielten in ihren Statuten die Todesstrafe als mögliche Sanktionsform.[68] Ende 2021 hatten 108 Staaten die Todesstrafe **39**

---

61   Dok. IP/10/1306 v. 8.10.2010 – „EU setzt sich weiterhin energisch für die weltweite Abschaffung der Todesstrafe ein" (PM der EU); siehe auch die Gemeinsame Erklärung des Hohen Vertreters der Union für Außen- und Sicherheitspolitik und der Generalsekretärin des Europarats zum Europäischen Tag und Welttag gegen die Todesstrafe, PM 8.10.2021, mit der die Abschaffung der Todesstrafe etwa im US-Bundesstaat Virginia sowie in Sierra Leone begrüßt und an den entsprechenden politischen Willen in anderen Ländern appelliert wurde.

62   *Schabas* EYHR **2009** 135 f.

63   Siehe die Gemeinsame Erklärung der Hohen Vertreterin der Union für Außen- und Sicherheitspolitik und des Generalsekretärs des Europarats zum Europäischen Tag und Welttag gegen die Todesstrafe, PM 10.10.2016 („formal moratorium on executions").

64   Vgl. *Koch* Die Todesstrafe im 21. Jahrhundert 176.

65   Verordnung (EU) 2019/125 des Europäischen Parlaments und des Rates v. 16.1.2019 über den Handel mit bestimmten Gütern, die zur Vollstreckung der Todesstrafe, zu Folter oder zu anderer grausamer, unmenschlicher oder erniedrigender Behandlung oder Strafe verwendet werden könnten, ABl. EU Nr. L 30 v. 31.1.2019, S. 1; vormals: Verordnung (EG) Nr. 1236/2005 des Rates v. 27.6.2005, ABl. EU Nr. L 200 v. 30.7.2005, S. 1 (geändert durch die Durchführungsverordnung (EU) Nr. 775/2014 der Kommission v. 16.7.2014, mit der insbesondere die Güteranhänge II und III der Verordnung erweitert bzw. verändert wurden).

66   Rec CM/Rec (2021)2 of the Committee of Ministers to member States on measures against the trade in goods used for the death penalty, torture and other cruel, inhuman or degrading treatment or punishment v. 31.3.2021.

67   Siehe *Hodgkinson* ZIS **2006** 346.

68   Vgl. *Koch* Die Todesstrafe im 21. Jahrhundert 180.

rechtlich für sämtliche Straftaten abgeschafft.[69] Hingegen hielten Ende 2020 insgesamt 55 Länder weiterhin an der Todesstrafe fest.[70] Unter 193 UN-Mitgliedstaaten sind aktuell 170, die die Todesstrafe entweder abgeschafft haben oder in der Praxis nicht anwenden.[71] Wieder in den Sanktionskatalog aufgenommen wurde die Todesstrafe seit den 1990er Jahren von vier Ländern (Gambia, Papua-Neuguinea, Nepal, Philippinen); Gambia, Nepal und die Philippinen verzichten jedoch inzwischen wieder auf die Todesstrafe.[72] 2022 schafften Äquatorialguinea, die Zentralafrikanische Republik und Papua-Neuguinea die Todesstrafe ab.[73] Der Weg zur Abschaffung der Todesstrafe ist oft geprägt von dem Erstreben eines radikalen Bruchs mit einer unterdrückenden Vergangenheit, wie es beispielsweise in Deutschland nach dem Zweiten Weltkrieg, in Ruanda nach dem Genozid oder in Südafrika mit dem Ende der Apartheid geschah.[74] Der oftmals erhoffte Abschreckungseffekt von Befürwortern der Todesstrafe wird durch Studien widerlegt, die aufzeigen, dass die Kriminalitätsrate nach der Abschaffung der Todesstrafe langfristig sogar sinkt und die Todesstrafe somit keinen präventiven Mehrwert vorweisen kann.[75]

40   **China** vollzieht jedes Jahr rund 90 % aller weltweit durchgeführten Hinrichtungen,[76] wobei das Land eine bewusst restriktive Informationspolitik bezüglich der genauen Hinrichtungszahlen betreibt (Staatsgeheimnis).[77] Im Jahr 2011 lag die geschätzte Zahl der Exekutionen bei rund 4.000 – mit rückläufiger Tendenz, da seit 2007 eine Überprüfung aller Todesurteile durch das Oberste Gericht erfolgt.[78] Obwohl es nach wie vor keine genauen Daten zu den Todesurteilen und Hinrichtungen gibt, vermutet **Amnesty International**, dass die Zahlen auch heute noch unverändert hoch sind.[79] Positiv ist immerhin anzumerken, dass die Zahl der Delikte, für die eine Verhängung der Todesstrafe droht, von der chinesischen Regierung 2011 um 13 auf 55 und 2015 schließlich auf 46 Delikte vermindert

---

69 Amnesty International (Hrsg.), Death Sentences and Executions 2020 57; Amnesty International (Hrsg.), Death Sentences and Executions 2021, 62.

70 Amnesty International (Hrsg.), Death Sentences and Executions 2020 57; regional vertiefend: *Muyoboke Karimunda* The Death Penalty in Africa – The Path Towards Abolition (2014).

71 UN OHCHR, Comment by UN High Commissioner for Human Rights *Michelle Bachelet* on Papua New Guinea's repeal of the death penalty, 21.1.2022, www.ohchr.org/en/2022/01/comment-un-high-commissioner-human-rights-michelle-bachelet-papua-new-guineas-repeal-death.

72 *Amnesty International* (Hrsg.), Zahlen und Fakten über die Todesstrafe (2019), Amnesty International (Hrsg.), Wenn der Staat tötet, Zahlen und Fakten über die Todesstrafe (2/2022) 4. Zur Wiedereinführung der Todesstrafe in Gambia, Papua-Neuguinea, Nepal, Philippinen: *Neubacher/Bachmann/Goeck* ZIS **2011** 517 ff.

73 Rat der Europäischen Union, European and World Day against the Death Penalty, 10.10.2022: Joint statement by the High Representative, on behalf of the European Union, and the Secretary General of the Council of Europe; 9.10.2022 https://nsl.consilium.europa.eu/104100/Newsletter/m7fglmefulb56js45f4x2elqnchzngmv7un2rjon7crlhsfr2g7tkf2fqowgczc4sdc7lqbcdc3ku?culture=en-GB.

74 International Commission Against the Death Penalty, How States Abolish the Death Penalty – 29 Case Studies (2018), 11 https://icomdp.org/wp-content/uploads/2020/10/ICDP-2018-MAYO-PENA-DE-MUERTE-V3.pdf.

75 UN OHCHR, Moving Away from the Death Penalty: Arguments, Trends and Perspectives (New York: 2015), 86, www.ohchr.org/EN/newyork/Documents/Moving-Away-from-the-Death-Penalty-2015-web.pdf; Death Penalty Information Center, Study: International Data Shows Declining Murder Rates After Abolition of Death Penalty (3.1.2019), https://deathpenaltyinfo.org/news/study-international-data-shows-declining-murder-rates-after-abolition-of-death-penalty.

76 Vgl. *Koch* Die Todesstrafe im 21. Jahrhundert 186; vertiefend: v. Liang/Lu (Hrsg.), The Death Penalty in China, Policy, Practice, and Reform (2015).

77 Hierzu: *Neubacher/Bachmann/Goeck* ZIS **2011** 517, 519 f.

78 Vgl. hierzu: Dui Hua Stiftung (Hrsg.) Death Penalty Reform should bring drop in Chinese Executions, Issue 26, Winter 2007; *dies.* Reducing Death Penalty Crimes in China – More Symbol then Substance, Issue 41, Fall 2010.

79 Amnesty International (Hrsg.), Länderübersicht: Todesurteile und Hinrichtungen (2020) 2.

wurde.[80] Ebenso erfreulich sind neuere Ansätze in der chinesischen Strafrechtsdogmatik. Auf der Ebene des **International Forum on Crime and Criminal Law in the Global Era (IFCCLGE)** wird seit 2009 in Peking mit sachverständigen Vertretern aus asiatischen und nicht-asiatischen Ländern (darunter u.a. Argentinien, Deutschland, Frankreich, Kanada, Russland) intensiv über die Rechtfertigungsansätze der Todesstrafe als Form der Sanktion diskutiert.[81] China öffnet sich insoweit in Richtung westlicher Anschauungen, als es den Zweck des staatlichen Strafens zunehmend in der Verteidigung der Menschenrechte sieht. Als Konsequenz dieser dogmatischen Wende fällt eine weiterhin konsistent begründbare Anwendung der Todesstrafe deutlich schwerer. Zu beobachten bleibt allerdings die Reaktion der chinesischen Rechtsprechung in der Anwendung und Auslegung dieser neuen Strafgrundtheorie.[82]

Nachdem in den USA und in Japan die Praxis der Todesstrafe lange Zeit nicht einmal **41** thematisiert wurde, gab das 6. ZP-EMRK einen ersten Anstoß zu innenpolitischen Diskussionen in beiden Ländern. Im Juni 2001 wurden beide Staaten vom Europarat zur Erklärung eines „unverzüglichen" Moratoriums für Hinrichtungen aufgefordert.[83] Zwar sind die USA und Japan[84] nicht Mitglieder des Europarates, jedoch haben sie dort einen **Beobachterstatus**, der bei hartnäckigem Festhalten an der Todesstrafe in Frage gestellt werden könnte.

In **Japan** wird die Todesstrafe weitgehend als geheime Staatsangelegenheit angesehen **42** und die Vollstreckung einzelner Urteile überwiegend ohne Beteiligung der Medien betrieben.[85] Der Inhaftierte selbst erfährt oft erst am Tag der Vollstreckung von dieser; Angehörige sowie die Öffentlichkeit werden erst nachträglich informiert. Eine öffentliche Diskussion um die Abschaffung dieser Sanktionsform kann daher selbst in einer Demokratie, wie sie Japan ist, gar nicht erst stattfinden. Ebenso ist eine justizielle Kontrolle der Vollstreckungspraxis nahezu unmöglich.[86] Die Vereinigung der Rechtsanwaltskammern in Japan hat im Jahr 2011 einen Ausschuss gegründet, der sich für die Abschaffung der Todesstrafe einsetzt; seit 2016 forderte die Vereinigung die Einführung einer lebenslangen Freiheitsstrafe, die die Todesstrafe bis zum Jahr 2020 ersetzen sollte.[87] Dieser Forderung kam die japanische Regierung indes nicht nach; im Jahr 2020 wurden drei Männer zum Tode verur-

---

80 Vgl. Library of Congress, China: Death Penalty Crimes to Be Further Reduced (22.9.2015), www.loc.gov/item/global-legal-monitor/2015-09-22/china-death-penalty-crimes-to-be-further-reduced/).

81 Zu den Arbeiten dieses Forums: *Sinn/Zöller* GA **2010** 44; *Mavany* Kriminalistik **2010** 254; *Sinn* GA **2011** 110; *Pintaske* ZIS **2011** 272.

82 Zur Rechtsentwicklung: *Xie* Abschaffung der Todesstrafe: China in Bewegung (2016); *Zhou* ZStW **130** (2018) 582 (China's Death Penalty Reforms and Trials under the Influence of Public Opinion).

83 CoE, Parlamentary Assembly, Resolution der 1253 (2001) v. 25.6.2001 – Abolition of the death penalty in Council of Europe observer states; Recommendation 1522 (2001) v. 25.6.2001 – Abolition of the death penalty in Council of Europe observer states; Recommendation 1760 (2006) v. 28.6.2006 – Position of the Parliamentary Assembly as regards the Council of Europe member and observer states which have not abolished the death penalty, Rn. 7; Recommendation 1827 (2008), v. 23.1.2008 – The Council of Europe and its observer states – the current situation and a way forward Rn. 9.1–9.5; Gemeinsame Erklärung der Hohen Vertreterin der Union für Außen- und Sicherheitspolitik und des Generalsekretärs des Europarates zum Europäischen Tag und Welttag gegen die Todesstrafe, PM 9.10.2018; vgl. *Kühn* ZRP **2001** 542, 543. Hierzu: Death Penalty Moratorium Bill, ZIS **2006** 409.

84 In Japan waren nach einjähriger Unterbrechung im Juli 2010 wieder zwei Todesurteile vollstreckt worden. Zur Praxis der Todesstrafe in Japan *Ishizuka* ZIS **2006** 330; *Nakamura* ZIS **2006** 378; *Ogawara* ZIS **2006** 372; zur Möglichkeit und Praxis eines Wiederaufnahmeverfahrens nach Verhängung der Todesstrafe *Kato* ZIS **2006** 354; *Kobayashi* ZIS **2006** 359; *Shinya* ZIS **2006** 380. Siehe auch die Empfehlung der Japan Federation of Bar Associations, ZIS **2006** 382.

85 *Kreuzer* FS Katoh 64 ff.

86 *Kreuzer* FS Katoh 64. 69.

87 Amnesty International (Hrsg.), Wenn der Staat tötet, Todesstrafe in Japan (4/2021) 6 f.

teilt (zum Vergleich: 2019 waren es ebenfalls drei).[88] Die Todesstrafe ist in Japan für insgesamt 18 Straftaten vorgesehen, seit über 50 Jahren wurden Todesurteile jedoch ausschließlich für Mord, Raubmord und Sprengstoffanschläge (mit Todesfolge) ausgesprochen.[89] Trotz des Rückgangs von Tötungsdelikten in der Kriminalstatistik nahm die Vollstreckung von Todesurteilen seit 2005 zu; seit 1992 erfolgte lediglich in den Jahren 2011 und 2020 keine Vollstreckung eines Todesurteils.[90] Die Todesstrafe wird in Japan auch an zum Tatzeitpunkt Minderjährigen vollstreckt.[91] Damit ist Japan neben den USA der letzte hoch industrialisierte Staat der Welt, der nach wie vor regelmäßig Todesurteile vollstreckt.[92]

43   In den **USA** besteht auf der Ebene des Bundesrechts kein Verbot der Todesstrafe. Der 8. Zusatzartikel zur US-Verfassung verbietet lediglich *„cruel and unusual punishments"* und erfasst daher nur bestimmte Formen der Vollstreckung der Todesstrafe.[93] Im März 2009 schaffte New Mexico als 15. Bundesstaat der USA die Todesstrafe ab; es folgten Illinois (2011) und Connecticut im Frühjahr 2012 (allerdings nicht rückwirkend), Maryland (2013), Delaware (2016),[94] New Hampshire (2019, nicht rückwirkend), Colorado (2020) sowie Virginia (2021).[95] Im Bundesstaat Washington erklärte das oberste Gericht die Todesstrafe im Oktober 2018 für verfassungswidrig. Die Bundesstaaten Oregon (2011)[96] und Pennsylvania (2015)[97] haben bis auf weiteres alle Hinrichtungen suspendiert. In 27 der 50 US-Bundesstaaten existiert die Todesstrafe aber weiterhin als Sanktionsform.[98] Bei einem Referendum in **Kalifornien**[99] im November 2016 sprachen sich 53 % der Befragten für eine Beibehaltung der Todesstrafe als Sanktionsform und damit gegen eine lebenslange Haft (*life imprisonment without possibility of parole*) als Alternative aus.[100] Im März 2019 verkündete der Gouverneur dann ein Moratorium durch einen unbefristeten Aufschub der Vollstreckung der Todesstrafe und folgte damit nicht dem Referendum.[101] Dies setzte ein deutliches Zei-

---

88 Amnesty International (Hrsg.), Wenn der Staat tötet, Todesstrafe in Japan (4/2021) 8; vgl. zum Ganzen die Stellungnahme der Menschenrechtsbeauftragten der Bundesregierung v. 2.8.2019, www.auswaertiges-amt.de/de/newsroom/-/2237010 (8/2022).

89 Amnesty International (Hrsg.), Wenn der Staat tötet, Todesstrafe in Japan (4/2021) 3.

90 Amnesty International (Hrsg.), Wenn der Staat tötet, Todesstrafe in Japan (4/2021) 2.

91 Amnesty International (Hrsg.), Death Sentences and Executions (2017).

92 Vgl. Amnesty International (Hrsg.), Wenn der Staat tötet, Todesstrafe in Japan (4/2021) 2.

93 Zur Entwicklung: *Brugger* JZ **2009** 609, 616 f.; *Williams* Most Deserving of Death? (2012).

94 Nachdem der oberste Gerichtshof des Bundesstaates Delaware entschied, dass die Todesstrafen-Statuten des Bundesstaates verfassungswidrig seien.

95 Zur Rechtslage im Staat New York, insbesondere zur Rechtsprechung vgl. EGMR Rrapo/ALB, 25.9.2012, §§ 57 ff.; Amnesty International (Hrsg.), Wenn der Staat tötet, Todesstrafe in den USA (5/2022), 7.

96 Das von dem Gouverneur des US-Bundesstaates Oregon beschlossene Moratorium galt zunächst bis zum Ende seiner Amtszeit im Jahr 2015, blieb aber in Kraft, vgl. Amnesty International (Hrsg.), Wenn der Staat tötet, Todesstrafe in den USA (10/2021) 7.

97 Amnesty International (Hrsg.), Death Sentences and Executions (2018) 15; Amnesty International (Hrsg.), Wenn der Staat tötet, Todesstrafe in den USA 7 (Das Moratorium gilt, bis der Bericht einer Untersuchungskommission vorliegt, die sich seit vier Jahren mit dem Thema befasst).

98 Amnesty International (Hrsg.), Wenn der Staat tötet, Todesstrafe in den USA (10/2021) 4; vgl. BTDrucks. 17 4794; kritisch *Hermann* DRiZ **2010** 406; zum Gebot der Berücksichtigung mildernder Umstände vor Verhängung der Todesstrafe *Brugger* JZ **2008** 773, 782.

99 In Kalifornien wurde die Todesstrafe 1976 wiedereingeführt.

100 https://elections.cdn.sos.ca.gov/sov/2016-general/sov/2016-complete-sov.pdf.

101 Amnesty International (Hrsg.), Todesstrafe in Kalifornien: Hinrichtungsmaschinerie gestoppt, 10.4.2019, www.amnesty.de/informieren/aktuell/vereinigte-staaten-von-amerika-todesstrafe-kalifornien-hinrichtungsmaschinerie.

chen, zumal Kalifornien der Staat mit den meisten Insassen in Todestrakten ist (aktuell 734 Häftlinge).[102]

Am 1.7.2021 gab die US-Regierung bekannt, dass die Todesstrafe auf **Bundesebene** 44 nicht mehr vollstreckt werde, bis die Untersuchung aller Vorgehensweisen und Richtlinien abgeschlossen sei, um ein verfassungsgemäßes, menschliches und faires Handeln der Strafjustiz sicherstellen zu können; Hintergrund sei eine mögliche „Willkür", eine überproportionale Betroffenheit Schwarzer und eine „beunruhigende" Zahl von Fehlurteilen.[103] Die Vollstreckung von Todesurteilen durch die Bundesstaaten ist von diesem Moratorium jedoch unabhängig.[104]

Im Jahr 2021 wurden 11 Todesurteile in insgesamt (nur) 5 Bundesstaaten der USA 45 vollstreckt (2020: 17; 2019: 22; 2018: 25; 2017: 23).[105] Häufigste Exekutionsmethode ist dabei die Verabreichung einer **Gift-/„Todes"-Spritze**,[106] die jedoch zunehmend aufgrund der mit ihrer Verabreichung einhergehenden Fehleranfälligkeit (zu geringe Dosis; kein vorheriger Verlust des Bewusstseins) in die Kritik gerät.[107]

In der Rs. **Furman v. Georgia** (1972) überprüfte der US Supreme Court die Verfas- 46 sungsmäßigkeit der Todesstrafe. Furmans Anwälte hatten mit Erfolg geltend gemacht, dass die Todesstrafe gegen den 8. („cruel and unusual punishments") und 14. (Gleichbehandlungsgrundsatz) Zusatzartikel zur Verfassung verstoße. Der Supreme Court stellte im Ergebnis die Verfassungswidrigkeit der Verhängung und Vollstreckung der Todesstrafe fest. Als Reaktion auf und in Konformität mit den Anforderungen dieser Entscheidung wurden neue Verfahrensgesetze erlassen, welche in **Gregg v. Georgia** (1976) vom Supreme Court nicht beanstandet wurden. Infolgedessen wurden die seinerzeit ausgesetzten Hinrichtungen wieder aufgenommen und es erfolgte auch seitdem keine erneute Befassung des Supreme Courts mit der grundsätzlichen Geltung der Todesstrafe; verhandelte Rechtssachen betrafen nur die Anwendbarkeit in konkreten Einzelfällen.[108]

Nachdem der Supreme Court in **Kennedy v. Louisiana** (2008) für die Verfassungswid- 47 rigkeit der Todesstrafe beim Delikt der Vergewaltigung eines Kindes gestimmt hatte, dürften als verfassungsgemäße Anwendungsfälle der Todesstrafe lediglich die vorsätzlichen (vollendeten oder versuchten) Tötungsdelikte verbleiben.[109]

In einem Urteil vom 1.3.2005 entschied der US Supreme Court (5:4), dass eine Vollstre- 48 ckung der Todesstrafe gegen Täter, die bei Begehung der Tat noch **minderjährig** waren, nicht zulässig ist. Zuvor waren zwischen 1990 und 2003 mehr als die Hälfte aller Exekutionen Jugendlicher weltweit in den USA vollstreckt worden.[110] Bizarr war der Fall einer Frau in Virginia, die 2010 mit einem Intelligenzquotienten von 72 Punkten hingerichtet wurde, der nur knapp über dem Ausschlusswert lag (absolutes Vollstreckungshindernis).

Im Winter desselben Jahres wurde ein Mann in Oklahoma wegen eines Lieferengpas- 49 ses bei Giftinjektionen mit einem **Tierbetäubungsmittel** hingerichtet.[111] Der Mangel an Inhaltsstoffen für eine Giftinjektion, welche von allen 30 die Todesstrafe praktizierenden

---

102 Ibid.

103 Amnesty International (Hrsg.), Wenn der Staat tötet, Todesstrafe in den USA (10/2021) 20.

104 Amnesty International (Hrsg.), Wenn der Staat tötet, Todesstrafe in den USA (10/2021) 20.

105 Amnesty International (Hrsg.), Wenn der Staat tötet, Todesstrafe in den USA, 5; Statista, Zahl der Hinrichtungen in den USA von 1976 bis 2022.

106 Vgl. Antwort der BReg („Todesspritzen aus deutscher Produktion"), BTDrucks. **17** 10324.

107 Amnesty International (Hrsg.), Todesstrafe in den USA, 13.

108 *Koch* Die Todesstrafe im 21. Jahrhundert 182 f.

109 Vgl. hierzu Koch Die Todesstrafe im 21. Jahrhundert 183.

110 Siehe *Neubacher/Bachmann/Goeck* ZIS **2011** 517, 519 f.

111 Vgl. *Neubacher/Bachmann/Goeck* ZIS **2011** 517.

Bundesstaaten als primäre Tötungsmethode vorgesehen ist, verschob wegen Lieferengpässen und Ausfuhrbeschränkungen im Jahr 2018 mehrere Hinrichtungen. Justizvollzugsbehörden einiger Bundesstaaten änderten daraufhin die Zusammensetzung der verwendeten Medikamente und führten **Stickstoff** als neue Hinrichtungsmethode ein.[112]

50   Die lange Zeit rückläufige Mehrheit der Befürworter der Todesstrafe in den USA dürfte neben Fehlurteilen an sog. *„botched executions"* gelegen haben. Wiederholt mussten Hinrichtungen durch die Giftspritze abgebrochen werden, nachdem Ärzte keine Vene fanden und gerichtliche Entscheidungen über eine „zweite Hinrichtung" abwarten mussten.[113] **Religiöse Lehren** tragen in den USA ebenfalls viel zum Meinungsbild in Bezug auf die Todesstrafe bei; die Forderung nach Abschaffung der Todesstrafe durch den Papst im US-Kongress 2015 und die kirchenrechtliche Abschaffung 2018 könnten weitere Eckpfeiler für eine abnehmende Befürwortung dieser Sanktionsform sein.[114]

51   Im **Iran**, in **Pakistan**, in **Saudi-Arabien**, im **Sudan**, in den **V.A. Emiraten** sowie im **Jemen** wird die Todesstrafe weiterhin verhängt und auch vollstreckt, im Iran sogar wegen Wirtschafts- oder Korruptionsstraftaten.[115] Die **Mongolei** ratifizierte am 5.1.2012 das 2. FP-IPBPR (Rn. 10), nachdem das Land bereits 2010 ein Moratorium für die Verhängung und Vollstreckung der Todesstrafe beschlossen hatte.[116] Im Juli 2017 wurde die Todesstrafe für alle Verbrechen abgeschafft.

52   In **Taiwan** war 2005 ein Moratorium für die Vollstreckung von Todesurteilen verhängt worden. Seit Aufkündigung dieses Moratoriums im April 2010 wurden wieder Todesurteile in Taiwan vollstreckt.[117] 2017 wurden erstmals seit fast einem Jahrzehnt keine Hinrichtungen vollzogen, allerdings drei weitere Todesstrafen verhängt.[118] 2021 befanden sich insgesamt 2 Personen in Todestrakten von Gefängnissen.[119] Besonders verwerflich ist dabei die Praxis, weder die Inhaftierten, noch deren Angehörige von der geplanten Exekution zu informieren. So kommt es zu heimlichen Hinrichtungen, ohne dass Angehörige die Möglichkeit erhalten, die Inhaftierten noch einmal vor ihrer Hinrichtung zu kontaktieren.[120] Repräsentative Umfragen der letzten Jahrzehnte zeigen auf, dass bis zu 80 % der Bürger Taiwans die Todesstrafe für notwendig halten.[121] Diese Auffassung wird vom Großteil der Vertreter der Justiz geteilt.[122] Gegner der Todesstrafe und Befürworter von Freiheitsstrafen als Ersatz werden öffentlich – vor allem in sozialen Netzwerken – stigmatisiert, bisweilen sogar bedroht.[123] Damit einher geht der Glaube, dass den Angehörigen der Opfer durch die Hinrichtung des Delinquenten in der Trauerbewältigung beigestanden werde.[124] In **Thailand** galt seit August 2009 ein de-facto-Moratorium für die Todesstrafe. Dieses wurde indes mit einer Hinrichtung im Juni 2018 beendet, was von der Bundesregierung mit Sorge

---

112 Amnesty International (Hrsg.), Wenn der Staat tötet, Zahlen und Fakten zur Todesstrafe (3/2019).

113 *Kreuzer* Kriminalistik **2019** 102; *Schmitt-Leonardy* JuS **2018** 848, Warum waren wir nochmal gegen die Todesstrafe? 851 m.w.N.; *Sarat* Gruesome Spectacles Botched Executions and America's Death Penalty (2014); https://deathpenaltyinfo.org/executions/botched-executions (Liste zu Hinrichtungen mit Störungen im Ablauf).

114 *Kreuzer* Kriminalistik **2019** 102.

115 *Neubacher/Bachmann/Goeck* ZIS **2011** 517, 520.

116 Vgl. zur Abschaffung der Todesstrafe in Usbekistan: *Ismatov/Ciklauri-Lammich* ZStW **130** (2018) 279.

117 Vgl. ausführlich und instruktiv zur Lage in Taiwan *Lu* FS Kerner 402 ff.

118 Amnesty International (Hrsg.), Death Sentences and Executions (2017).

119 Amnesty International (Hrsg.), Death Sentences and Executions (2021) 13.

120 *Lu* FS Kerner 402, 405.

121 *Lu* FS Kerner 402, 404, 406.

122 *Lu* FS Kerner 402, 406, 411 f.

123 *Lu* FS Kerner 402, 408 ff.

124 *Lu* FS Kerner 402, 409, 411; zum Aspekt Gerechtigkeit gegenüber dem „Opfer": *Wheeler* ICLR **2018** 354.

zur Kenntnis genommen wurde.[125] Weitere Hinrichtungen in Thailand wurden seither jedoch nicht verzeichnet.[126]

Auch bezüglich der **Delikte**, wegen derer eine Todesstrafe verhängt werden kann, unterscheiden sich die Staaten erheblich. Während nach Art. 6 Abs. 2 IPBPR die Todesstrafe auf schwerste Verbrechen beschränkt sein soll, werden vor allem auch wegen Drogendelikten (in 15 Staaten), die ausweislich nicht unter Art. 6 Abs. 2 IPBPR fallen, Todesurteile verhängt. So vollstrecken u.a. China, der Iran, Saudi- Arabien und Singapur die Todesstrafe gegenüber Tätern von Drogendelikten. In Thailand war 2017 sogar fast jeder zweite in einer Todeszelle Einsitzende (213 von insgesamt 427 Personen) wegen eines Drogendelikts verurteilt.[127] In Vietnam machten die Drogendelikte 66,42 % der in den letzten Jahren verhängten Todesurteile (insgesamt 0,2 % aller Anklagen) aus.[128]   53

Nach Angaben von Amnesty International waren im **Jahr 2020** lediglich 4 Staaten weltweit (**Iran**, **Ägypten**,[129] **Iraq**, **Saudi-Arabien**) für 88 Prozent aller bekannt gewordenen Hinrichtungen verantwortlich.[130] Aufgrund der Corona-Pandemie wurden zwar gegenüber 2019 rund 26 % weniger Todesurteile vollstreckt, jedoch nahm gleichzeitig die Grausamkeit der Vollstreckungsmethoden zu.[131]   54

Während 1970 in **Deutschland** eine Mehrheit der Bevölkerung die Todesstrafe als Sanktionsform ablehnte, änderte sich das **Meinungsbild** nach den Anschlägen vom 11. September 2001 deutlich.[132] Die Anzahl der Befürworter stieg von 17 % (2000) auf 25 % (2014), im Jahr 2019 wurde eine Zunahme auf bis zu 30 % vermutet. Dabei wird die Todesstrafe von Personen mit besserem sozialen und Bildungsstatus, bei jüngeren Menschen und liberaler eingestellten Personen tendenziell abgelehnt.[133] Weltweit ist ein allgemeiner langfristiger Trend zur Aussetzung bzw. Abschaffung der Todesstrafe trotz einiger Rückschläge in den letzten Jahren durchaus erkennbar. Der **Deutsche Bundestag** proklamiert weiter intensiv die weltweite Abschaffung der Todesstrafe.[134] Staaten, die den IPBPR und das Zweite Fakultativprotokoll noch nicht ratifiziert haben, sollen nachdrücklich zur Ratifikation aufgefordert werden.[135]   55

Die weltweite **Abschaffung der Todesstrafe** ist sowohl aus kriminologischer als auch sanktionsrechtlicher Sicht **alternativlos** (Gefahr von Fehlurteilen, Irreversibilität ihrer Vollstreckung, die Gefahr des politischen Missbrauchs, keine abschreckende Wirkung,   56

---

125 Siehe die Antwort der Bundesregierung (BTDrucks. **19** 31958) auf die Kleine Anfrage der FDP-Fraktion (BTDrucks. **19** 31497) zur Lage der Menschenrechte in Thailand, 2.

126 Vgl. hierzu auch die Stellungnahme der Menschenrechtsbeauftragten der Bundesregierung v. 19.6.2018, https://www.auswaertiges-amt.de/de/newsroom/kofler-todesstrafe-thailand/2108802 (August 2022).

127 *Neubacher/Bachmann/Goeck* ZIS **2011** 517, 520 f.; Amnesty International (Hrsg.), Death Sentences and Executions (2017).

128 JULE (Hrsg.), Research Study on Application of Alternatives to Capital Punishment and the Right to Defence Through Self-Representation in Criminal Proceedings: International Experiences and Recommendations for Viet Nam (2022) 38 m.w.N.

129 The Guardian online v. 28.4.14, Egyptian judge to rule on death penalty for 1,200 men, abrufbar unter: www.theguardian.com/world/2014/apr/28/egypt-judge-death-penalty-1200-muslim-brotherhood.

130 Death Sentences and Executions 2020, S. 9.

131 Amnesty International (Hrsg.), Death Sentences and Executions (2020) 6. Das UNO-Hochkommissariat für Menschenrechte (OHCHR) bezeichnete die Todesurteile gegen 529 ägyptische Muslimbrüder als Bruch des Völkerrechts: Mockery of justice", http://www.ohchr.org/EN/NewsEvents/Pages/DisplayNews.aspx?NewsID=14457&LangID=E.

132 *Kreuzer* Kriminalistik **2019** 102.

133 *Kreuzer* Kriminalistik **2019** 102.

134 BTDrucks. **18** 2738 S. 1; www.bundestag.de/presse/hib/2014_10/-/333496.

135 BTDrucks. **18** 2738 S. 3, 4.

hohe Kosten, fehlender Beleg einer gesellschaftlichen Notwendigkeit).[136] Sie verstößt außerdem gegen das Verbot der Folter und grausamer, erniedrigender und unmenschlicher Behandlung und Strafe (vgl. Art. 3 Rn. 281 ff.).[137]

Protokoll Nr. 7
zur Konvention zum Schutz der Menschenrechte und Grundfreiheiten

vom 22.11.1984[*]

Artikel 1
Verfahrensrechtliche Schutzvorschriften in Bezug auf die Ausweisung von Ausländern

(1) Eine ausländische Person, die sich rechtmäßig im Hoheitsgebiet eines Staates aufhält, darf aus diesem nur aufgrund einer rechtmäßig ergangenen Entscheidung ausgewiesen werden; ihr muss gestattet werden,
a) Gründe vorzubringen, die gegen ihre Ausweisung sprechen,
b) ihren Fall prüfen zu lassen und
c) sich zu diesem Zweck vor der zuständigen Behörde oder einer oder mehreren von dieser Behörde bestimmten Personen vertreten zu lassen.

(2) Eine ausländische Person kann ausgewiesen werden, bevor sie ihre Rechte nach Absatz 1 Buchstaben a, b und c ausgeübt hat, wenn eine solche Ausweisung im Interesse der öffentlichen Ordnung erforderlich ist oder aus Gründen der nationalen Sicherheit erfolgt.

Artikel 2
Rechtsmittel in Strafsachen

(1) Wer von einem Gericht wegen einer Straftat verurteilt worden ist, hat das Recht, das Urteil von einem übergeordneten Gericht nachprüfen zu lassen. Die Ausübung dieses Rechts und die Gründe, aus denen es ausgeübt werden kann, richten sich nach dem Gesetz.

(2) Ausnahmen von diesem Recht sind für Straftaten geringfügiger Art, wie sie durch Gesetz näher bestimmt sind, oder in Fällen möglich, in denen das Verfahren gegen eine Person in erster Instanz vor dem obersten Gericht stattgefunden hat oder in denen eine Person nach einem gegen ihren Freispruch eingelegten Rechtsmittel verurteilt worden ist.

---

136 Hierzu eingehend: *Kreuzer* Kriminalistik **2019** 102.
137 BTDrucks. **18** 2738 S. 3.
* Nichtamtliche Übersetzung. Von der BR Deutschland wurde das 7. ZP-EMRK bislang nicht ratifiziert.

Artikel 3
Recht auf Entschädigung bei Fehlurteilen

Ist eine Person wegen einer Straftat rechtskräftig verurteilt und ist das Urteil später aufgehoben oder die Person begnadigt worden, weil eine neue oder eine neu bekannt gewordene Tatsache schlüssig beweist, dass ein Fehlurteil vorlag, so muss sie, wenn sie aufgrund eines solchen Urteils eine Strafe verbüßt hat, entsprechend dem Gesetz oder der Übung des betreffenden Staates entschädigt werden, sofern nicht nachgewiesen wird, dass das nicht rechtzeitige Bekanntwerden der betreffenden Tatsache ganz oder teilweise ihr zuzuschreiben ist.

Artikel 4
Recht, wegen derselben Sache nicht zweimal vor Gericht gestellt oder bestraft zu werden

(1) Niemand darf wegen einer Straftat, wegen der er bereits nach dem Gesetz und dem Strafverfahrensrecht eines Staates rechtskräftig verurteilt oder freigesprochen worden ist, in einem Strafverfahren desselben Staates erneut verfolgt oder bestraft werden.

(2) Absatz 1 schließt die Wiederaufnahme des Verfahrens nach dem Gesetz und dem Strafverfahrensrecht des betreffenden Staates nicht aus, falls neue oder neu bekannt gewordene Tatsachen vorliegen oder das vorausgegangene Verfahren schwere, den Ausgang des Verfahrens berührende Mängel aufweist.

(3) Von diesem Artikel darf nicht nach Artikel 15 der Konvention abgewichen werden.

Artikel 5
Gleichberechtigung der Ehegatten

Hinsichtlich der Eheschließung, während der Ehe und bei Auflösung der Ehe haben Ehegatten untereinander und in ihren Beziehungen zu ihren Kindern gleiche Rechte und Pflichten privatrechtlicher Art. Dieser Artikel verwehrt es den Staaten nicht, die im Interesse der Kinder notwendigen Maßnahmen zu treffen.

IPBPR
Artikel 13

Ein Ausländer, der sich rechtmäßig im Hoheitsgebiet eines Vertragsstaates aufhält, kann aus diesem nur auf Grund einer rechtmäßig ergangenen Entscheidung ausgewiesen werden, und es ist ihm, sofern nicht zwingende Gründe der nationalen Sicherheit entgegenstehen, Gelegenheit zu geben, die gegen seine Ausweisung sprechenden Gründe vorzubringen und diese Entscheidung durch die zuständige Behörde oder durch eine oder mehrere von dieser Behörde besonders bestimmte Personen nachprüfen und sich dabei vertreten zu lassen.

Schrifttum (Auswahl)

Trechsel Das verflixte Siebente? Bemerkungen zum 7. Zusatzprotokoll zur EMRK, FS Ermacora (1988) 195.

Übersicht

I.   Allgemeines —— 1
II.   Schutzvorschriften zur Ausweisung von Ausländern (Art. 1) —— 2
III. Rechtsmittel in Strafsachen (Art. 2) —— 8
IV.   Recht auf Entschädigung bei Fehlurteilen (Art. 3) —— 9

V.   Ne bis in idem (Art. 4) —— 10
VI.   Gleichberechtigung der Ehegatten (Art. 5) —— 11

I. Allgemeines

1   Das 7. ZP-EMRK wurde von Deutschland bislang nicht ratifiziert.[1] Eine gegen Deutschland – dennoch unter Berufung auf das 7. ZP-EMRK eingelegte Menschenrechtsbeschwerde ist insoweit unzulässig und wird zurückgewiesen, Art. 35 Abs. 3 *lit.* a, Abs. 4.[2] Soweit dieses Protokoll inhaltlich bereits im IPBPR enthaltene Verbürgungen übernimmt, gelten diese in Deutschland nur in der Fassung des IPBPR und den dazu von der Bundesrepublik erklärten Vorbehalten.

II. Schutzvorschriften zur Ausweisung von Ausländern (Art. 1)

2   **Art. 1 Abs. 1 des 7. ZP-EMRK** übernimmt die in **Art. 13 IPBPR** enthaltene Regelung, wonach ein sich rechtmäßig im Staatsgebiet[3] aufhaltender[4] Ausländer nur aufgrund einer rechtmäßigen Entscheidung ausgewiesen werden darf, die unter Wahrung der national näher festgelegten Rechtsgarantien ergangen ist. Maßgeblich für die Rechtmäßigkeit der Ausweisungsentscheidung ist das nationale Recht;[5] es muss zugänglich und vorhersehbar

---

1 Vgl. Teil I Rn. 80.
2 EGMR G./D, 7.6.2012, § 82; Kallweit/D, 13.1.2011, § 73, EuGRZ **2011** 255 = NJOZ **2011** 1494; Schummer/D, 13.1.2011, §§ 84 f.; Rabus/D (E), 9.2.2006, ZBR **2007** 409, Nr. 1.
3 Nicht zum Hoheitsgebiet eines Staates zählen seine Botschaften oder Konsulate, die sich auf dem Gebiet anderer Staaten befinden, EKMR M./DK, 14.10.1992, Nr. 2.
4 Art. 1 gilt auch für Ausländer mit Aufenthaltserlaubnis, die sich gerade nicht im fraglichen Staatsgebiet aufhalten, denn ein Ausländer verliert seinen Status als „resident" nicht dadurch, dass er zeitweise ausreist, EGMR Nolan u. K./R, 12.2.2009, § 110.
5 EGMR Sharma/LET, 24.3.2016, §§ 73, 80. Der Aufenthalt ist nicht rechtmäßig, wenn das nationale Recht während eines laufenden Asylverfahrens zwar ein Bleiberecht („droit de rester"), nicht aber einen Aufenthaltstitel („titre de séjour") zuerkennt bzw. den Betroffenen nicht zu einem „résident" macht, so dass Art. 1 des 7. ZP-EMRK keine Anwendung findet, wenn die Behörden diesen Aufenthalt beenden wollen und die Ausweisung anordnen, obwohl (behördlich oder gerichtlich) noch nicht endgültig über den Asylantrag entschieden ist: EGMR N.M./RUM, 10.2.2015, § 104; S.C./RUM, 10.2.2015, §§ 84 ff.; diese Rechtsprechung ist fragwürdig; vorsichtiger noch EKMR S.T./F, 8.2.1993, Nr. 2 (kein rechtmäßiger Aufenthalt ab endgültiger Ablehnung des Asylantrags); siehe auch EKMR Voulfovitch u. Oulianova/S, 13.1.1993 (kein rechtmäßiger Aufenthalt, wenn das Visum [im konkreten Fall: Kurzzeittransitvisum] abgelaufen ist; in Abgrenzung dazu EGMR Nolan u. K./R, 12.2.2009, § 111 (Entzug eines Visums bzw. Verweigerung der Einreise lässt Rechtmäßigkeit des Aufenthalts

Esser

sein sowie vor willkürlichen Eingriffen der Behörden in Konventionsrechte schützen.[6] Ist eine Ausweisung nicht *gesetzlich vorgesehen* i.S.v. Art. 8, so liegt zugleich ein Verstoß gegen Art. 1 Abs. 1 des 7. ZP-EMRK vor.[7] Der Begriff der **Ausweisung** ist autonom, d.h. unabhängig von der jeweiligen Definition im nationalen Recht zu verstehen und erfasst mit Ausnahme von Auslieferungen jede Maßnahme, durch die ein Ausländer gezwungen wird, einen Vertragsstaat zu verlassen.[8]

Die Möglichkeit, den Fall überprüfen zu lassen (Art. 1 Abs. 1 *lit.* b des 7. ZP-EMRK), ist **3** nicht gegeben, wenn das zuständige nationale Gericht sich weigert, Beweise zu sammeln, um die Anschuldigungen, die der Ausweisung zugrunde liegen, zu bestätigen oder zu entkräften. Eine rein formale Überprüfung der staatlichen Entscheidung genügt den Anforderungen der Konvention nicht.[9]

Art. 1 Abs. 2 des 7. ZP-EMRK, der in bestimmten Fällen ein Absehen von diesen Verfahrensgarantien erlaubt, findet im Wortlaut des Art. 13 IPBPR keine Entsprechung. Wird ein **4** Ausländer unter Berufung auf die in Absatz 2 genannten Ausnahmen außer Landes gebracht, so kann er seine Rechte aus Absatz 1, insbesondere also das Recht auf Überprüfung der Ausweisung, hinterher geltend machen.[10]

Beruft sich ein Vertragsstaat auf die in Art. 1 Abs. 2 des 7. ZP-EMRK genannten Ausnahmen, hat er deren Vorliegen darzulegen; bezüglich der ersten Variante, die Erforderlich- **5** keit der Ausweisung aus Gründen der öffentlichen Ordnung, sollte die Kontrolldichte des Gerichtshofs höher sein als bei einer Ausweisung aus Gründen der nationalen Sicherheit.[11]

Aus Art. 13 IPBPR wird ein Verbot von Kollektivausweisungen abgeleitet (siehe 4. ZP- **6** EMRK Rn. 26).

Art. 32 Genfer Flüchtlingskonvention lässt die Ausweisung eines sich rechtmäßig **7** im Staatsgebiet eines Vertragsstaats aufhaltenden Flüchtlings nur dann zu, wenn Gründe der öffentlichen Sicherheit oder Ordnung vorliegen (Absatz 1). Eine zulässige Ausweisung setzt zudem voraus, dass sie in Ausführung einer Entscheidung erfolgt, die in einem durch gesetzliche Bestimmung geregelten Verfahren ergangen ist. Darüber hinaus soll der Flüchtling im Rahmen dieses Verfahrens die Möglichkeit haben, Entlastungsbeweise beizubringen, ein Rechtsmittel einzulegen und sich vertreten zu lassen, soweit nicht zwingende Gründe der öffentlichen Sicherheit oder Ordnung entgegenstehen (Absatz 2).

III. Rechtsmittel in Strafsachen (Art. 2)

Art. 2 des 7. ZP-EMRK räumt in **Absatz 1** ebenso wie **Art. 14 Abs. 5 IPBPR** jedem wegen **8** einer Straftat Verurteilten das Recht ein, das Urteil von einem übergeordneten Gericht nachprüfen zu lassen.[12] **Absatz 2** lässt Ausnahmen bei geringfügigen Straftaten, bei Verurteilung

---

eines seit einiger Zeit im Land lebenden Ausländers nicht entfallen; Entzug entspricht Ausweisung, gegen die gem. Art. 1 Rechtsmittel zur Verfügung stehen müssen.

6 EGMR Lupsa/RUM, 8.6.2006, §§ 54 ff.
7 EGMR C.G. u.a./BUL, 24.4.2008, § 73, ÖJZ **2008** 973.
8 EGMR Nolan u. K./R, 12.2.2009, § 112; Bolat/R, 5.10.2006, § 79.
9 EGMR C.G. u.a./BUL, 24.4.2008, § 74; Lupsa/RUM, 8.6.2006, §§ 58 ff.
10 EGMR Lupsa/RUM, 8.6.2006, § 53.
11 EGMR C.G. u.a./BUL, 24.4.2008, §§ 43, 77 f. (in §§ 77, 78 zitiert der EGMR zwar unrichtig und verwechselt die erste und die zweite Variante („first limb" bzw. „second limb") von Art. 1 Abs. 2 des 7. ZP-EMRK, aus den Ausführungen geht aber klar hervor, welchen der beiden Ausnahmetatbestände der Gerichtshof jeweils auslegt; zur unterschiedlichen Darlegungslast siehe § 31, wobei sich das in den knappen Ausführungen in §§ 77 f. nicht unbedingt wiederfindet); Nolan u. K./R, 12.2.2009, § 115.
12 Art. 2 des 7. ZP-EMRK und Art. 14 Abs. 5 IPBPR sind kommentiert bei Art. 6 Rn. 1472 ff.

durch ein oberstes Gericht oder bei einer Verurteilung aufgrund eines Rechtsmittels nach einem Freispruch zu. Im Wortlaut des Art. 14 Abs. 5 IPBPR fehlt diese Ausnahmeregelung.

IV. Recht auf Entschädigung bei Fehlurteilen (Art. 3)

9   **Art. 3 des 7. ZP-EMRK** und **Art. 14 Abs. 6 IPBPR** verpflichten die Staaten zur Entschädigung, wenn ein rechtskräftiges Strafurteil aufgehoben wurde, weil es sich nachträglich als Fehlurteil erweist.[13]

V. Ne bis in idem (Art. 4)

10   **Art. 4** legt ebenso wie **Art. 14 Abs. 7 IPBPR** das Verbot der doppelten Strafverfolgung wegen derselben Tat fest.[14]

VI. Gleichberechtigung der Ehegatten (Art. 5)

11   **Art. 5** bestimmt – ebenso wie **Art. 23 Abs. 4 IPBPR** – dass Ehegatten untereinander und in ihren Beziehungen zu ihren Kindern die gleichen Rechte und Pflichten privatrechtlicher Art hinsichtlich der Eheschließung, während der Ehe und nach deren Auflösung haben.[15] Ein Recht auf Ehescheidung kann aus Art. 5 nicht abgeleitet werden.[16] Art. 5 dürfte verletzt sein, wenn ein eheliches Kind nur den Familiennamen des Vaters, nicht aber den der Mutter tragen kann.[17] Wird ein Ehepartner nach der Scheidung aus dem bisherigen Wohnsitzstaat ausgewiesen und ist dadurch seine Beziehung zu seinen Kindern beeinträchtigt, ist er zwar gegenüber seinem ehemaligen Ehepartner benachteiligt, wenn dieser nicht ausgewiesen wird (etwa weil er Staatsangehöriger des Wohnsitzlandes ist oder als Angehöriger eines EU-Staates im anderen EU-Staat von einem privilegierten Aufenthaltsrecht profitiert), jedoch unterfällt dieser Sachverhalt nicht Art. 5 des 7. ZP-EMRK, sondern Art. 8.[18]

12   Ein von einem Vertragsstaat eingelegter Vorbehalt zum 7. ZP-EMRK, etwa dergestalt, dass Art. 5 vorbehaltlich einiger Bestimmungen des nationalen Familienrechts gilt, führt nicht zur Einschränkung von in der EMRK (etwa Art. 8 – Recht auf Achtung des Familienlebens) garantierten, vom Vertragsstaat zuvor vorbehaltlos anerkannten Rechten.[19]

---

13 Art. 3 des 7. ZP-EMRK und Art. 14 Abs. 6 IPBPR sind kommentiert bei Art. 6 Rn. 1486 ff.
14 Art. 4 des 7. ZP-EMRK und Art. 14 Abs. 7 IPBPR sind kommentiert bei Art. 6 Rn. 1494 ff.
15 Vgl. dazu Art. 12 Rn. 14, Art. 14 Rn. 5, 16 ff.
16 EGMR Johnston u.a./IR, 18.12.1986, EuGRZ **1987** 313, § 53; näher Art. 12 Rn. 13.
17 Beschwerde war zulässig, Begründetheit jedoch offengelassen von EGMR Cusan u. Fazzo/I, 7.1.2014, §§ 72 f. (Verletzung von Art. 14 i.V.m. Art. 8 bejaht); in EGMR De Chaisemartin/F (E), 10.3.2015, war Art. 5 des 7. ZP-EMRK offenbar nicht gerügt worden.
18 EGMR Chirkov/LUX (E), 10.9.2013, §§ 1, 3 f., 15 f. Generell ist der Gerichtshof zurückhaltend, auf Sorge- oder Umgangsrechtsstreitigkeiten Geschiedener neben Art. 8 auch noch Art. 5 des 7. ZP-EMRK anzuwenden, siehe etwa EGMR Coste/PL (E), 13.10.2015, §§ 21, 23.
19 EGMR Losonci Rose u. Rose/CH, 9.11.2010, §§ 22, 27, für Art. 8 und 14 (diskriminierende Regelungen beim Familiennamen; zu diesem Urteil *Sturm* IPRax **2013** 339); ebenso EGMR Burghartz/CH, 22.2.1994, ÖJZ **1994** 559, §§ 22 f., unter Berufung auf Art. 7 des 7. ZP-EMRK („Die Vertragsstaaten betrachten die Artikel 1 bis 6 dieses Protokolls als Zusatzartikel zur Konvention; alle Bestimmungen der Konvention sind dementsprechend anzuwenden."); für die Schweiz ist das 7. ZP-EMRK am 1.11.1988 in Kraft getreten, der Vorbehalt wurde am 24.2.1988 erklärt. Näher zu Vorbehalten Teil I Rn. 91 ff.

Protokoll Nr. 12
zur Konvention zum Schutz der Menschenrechte und Grundfreiheiten

vom 4.11.2000

Die Mitgliedstaaten des Europarats, die dieses Protokoll unterzeichnen –
eingedenk des grundlegenden Prinzips, nach dem alle Menschen vor dem Gesetz gleich sind und Anspruch auf gleichen Schutz durch das Gesetz haben,

entschlossen, weitere Maßnahmen zu treffen, um die Gleichberechtigung aller Menschen durch die kollektive Durchsetzung eines allgemeinen Diskriminierungsverbots durch die am 4. November 1950 in Rom unterzeichnete Konvention zum Schutz der Menschenrechte und Grundfreiheiten (im Folgenden als „Konvention" bezeichnet) zu fördern,

in Bekräftigung der Tatsache, dass der Grundsatz der Nichtdiskriminierung die Vertragsstaaten nicht daran hindert, Maßnahmen zur Förderung der vollständigen und wirksamen Gleichberechtigung zu treffen, sofern es eine sachliche und angemessene Rechtfertigung für diese Maßnahmen gibt –

haben Folgendes vereinbart:

Artikel 1
Allgemeines Diskriminierungsverbot

(1) Der Genuss eines jeden gesetzlich niedergelegten Rechtes ist ohne Diskriminierung insbesondere wegen des Geschlechts, der Rasse, der Hautfarbe, der Sprache, der Religion, der politischen oder sonstigen Anschauung, der nationalen oder sozialen Herkunft, der Zugehörigkeit zu einer nationalen Minderheit, des Vermögens, der Geburt oder eines sonstigen Status zu gewährleisten.

(2) Niemand darf von einer Behörde diskriminiert werden, insbesondere nicht aus einem der in Absatz 1 genannten Gründe.

Die Kommentierung erfolgt bei Art. 14 Rn. 72 ff.

TEIL II
Verfahren des internationalen Menschenrechtsschutzes

Schrifttum (Auswahl)

Arnemann Defizite der Wiederaufnahme in Strafsachen – Bestandsaufnahme und Reformvorschläge auf der Grundlage einer empirischen Untersuchung (2019); *Bajohr* Die Aufhebung rechtsfehlerhafter Strafurteile im Wege der Wiederaufnahme – Eine Untersuchung zur Wiederaufnahme in Strafsachen unter besonderer Berücksichtigung der Wiederaufnahmegründe in § 79 Abs. 1 BVerfGG und § 359 Nr. 6 StPO (2008); *Baldegger* Menschenrechtsschutz für juristische Personen in Deutschland, der Schweiz und den Vereinigten Staaten – Begründungsmodelle der korporativen Menschenrechtsträgerschaft (2017); *Baumann* Das Piloturteilsverfahren als Reaktion auf massenhafte Parallelverfahren – Eine Bestandsaufnahme der Rechtswirkungen der Urteile des Europäischen Gerichtshofs für Menschenrechte (2016); *Bausback* Keine Wiederaufnahme nach dem EGMR-Urteil, NJW **1999** 2483; *Bayer* Die strafrechtliche Wiederaufnahme im deutschen, französischen und englischen Recht (2019); *Bergmann* Das Bundesverfassungsgericht in Europa, EuGRZ **2004** 620; *Bleckmann* Die Beschwerde in Strafsachen vor der Europäischen Menschenrechtskommission in Straßburg, JA **1984** 705; *Bostedt* Vorsorgliche und einstweilige Maßnahmen zum Schutz der Menschenrechte (2009); *Breuer* Zur Anordnung konkreter Abhilfemaßnahmen durch den EGMR, EuGRZ **2004** 257; *ders.* Urteilsfolgen bei strukturellen Problemen – das erste „Piloturteil" des EGMR – Anmerkungen zum Fall Broniowski gegen Polen, EuGRZ **2004** 445; *ders.* Von Lyons zu Sejdovic: Auf dem Weg zu einer Wiederaufnahme konventionswidrig zustande gekommener nationaler Urteile? EuGRZ **2004** 782; *ders.* Karlsruhe und die Gretchenfrage: Wie hast du's mit Straßburg? NVwZ **2005** 412; *Brinkmann* Zum Anwendungsbereich der §§ 359 ff. StPO – Möglichkeiten und Grenzen der Fehlerkorrektur über das strafrechtliche Wiederaufnahmeverfahren (2017); *Britz* Die Individualbeschwerde nach Art. 14 des Internationalen Übereinkommens zur Beseitigung jeder Form von Rassendiskriminierung – Zur Einführung des Individualbeschwerdeverfahrens in Deutschland, EuGRZ **2002** 381; *Brunner* Subsidiaritätsgrundsatz und Tatsachenfeststellung unter der Europäischen Menschenrechtskonvention (2019); *Caflisch* La Cour européenne des droits de l'homme – un chantier permanent? ZSR **2012** 159; Caflisch/Callewaert/Liddell/Mahoney/Villiger (Hrsg.), Liber Amicorum Luzius Wildhaber – Human Rights – Strasbourg Views (2007); *Cremer, H.-J.* Zur Bindungswirkung von EGMR-Urteilen – Anmerkung zum Görgülü-Beschluss des BVerfG v. 14.10.2004, EuGRZ **2004** 683; *Cremer H.* Menschenrechtsverträge als Quelle von individuellen Rechten, AnwBl. **2011** 159; *ders.* Kinderrechte und der Vorrang des Kindeswohls, AnwBl. **2012** 327; *Csaki* Die Wiederaufnahme des Verfahrens nach Urteilen des Europäischen Gerichtshofs für Menschenrechte in der deutschen Rechtsordnung (2008); *Czech* Vorläufiger Rechtsschutz durch den Europäischen Gerichtshof für Menschenrechte, ÖJZ **2012** 213; *Czerner* Das völkerrechtliche Anschlusssystem der Art. 59 II 1, 25 und 24 I GG und deren Inkorporierungsfunktion zugunsten der innerstaatlichen EMRK-Geltung, EuR **2007** 537; *ders.* Inter partes- versus erga omnes-Wirkung der EGMR-Judikate in den Konventionsstaaten gemäß Art. 46 EMRK. Eine Problemanalyse auch aus strafverfahrensrechtlicher Perspektive, AVR **46** (2008) 345; *Dannemann* Schadensersatz bei Verletzungen der Europäischen Menschenrechtskonvention. Eine rechtsvergleichende Untersuchung zur Haftung nach Art. 50 EMRK (1993); *ders.* Haftung für die Verletzung von Verfahrensvorschriften nach Art. 41 EMRK, RabelsZ **1999** 452; *Deumeland* Kostenerstattung für die Vertretung beim EuGMR als Teil des Schadensausgleiches, NJ **2012** 195; *Drzemczewski/Meyer-Ladewig* Grundzüge des neuen EMRK-Kontrollmechanismus nach dem am 11. Mai 1994 unterzeichneten Reform-Protokoll (Nr. 11), EuGRZ **1994** 317; ECHR Practical Guide on Admissibility Criteria (Stand: 31.8.2022); *Engel* Mehr Transparenz für die Wahrung professioneller Qualität bei den Richter-Wahlen zum EGMR, EuGRZ **2012** 486; *Eschelbach* Die Umsetzung der Urteile des Europäischen Gerichtshofs für Menschenrechte im nationalen Recht – ein Beispiel für die Dissonanz völkerrechtlicher Verpflichtungen und verfassungsrechtlicher Vorgaben? StV **2005** 348; *Frowein* Der freundschaftliche Ausgleich im Individualbeschwerdeverfahren nach der Menschenrechtskonvention und das deutsche Recht, JZ **1969** 213; *Frowein/Ulsamer* EMRK und nationaler Rechtsschutz (1985); *Ghandi* Some aspects of the Exhaustion of Domestic Remedies Rule under the Jurisprudence of the Human Rights Committee, GYIL **44** (2001) 485; *Grabenwarter* Wirkungen eines Urteils des Europäischen Gerichtshofs für Menschenrechte – am Beispiel des Falls M. gegen Deutschland, JZ **2010** 857; *Greer/Gerards/Slowe* Human Rights in the Council of Europe and the European Union – Achievements, Trends and Challenges (2018); *Gundel* Erfolgsmodell Vorabentscheidungsverfahren? Die neue Vorlage zum EGMR nach dem 16. Protokoll zur EMRK und ihr Verhältnis zum EU-Rechtsschutzsystem, EuR **2015** 609; *ders.* Erste Erfahrungen mit der neuen Gutachtenvorlage zum EGMR nach dem Protokoll Nr. 16 zur EMRK, EuR **2019** 421; *Gusy* Wirkungen der Rechtsprechung des Europäischen Gerichtshofs für Menschenrechte in Deutschland, JA **2009** 407; *Haak* Die Wirkung und Umsetzung von Urteilen des Europäischen Gerichtshofs für Menschenrechte: Ein Rechtsvergleich zwischen der Bundesrepublik Deutschland und der Russischen Föderation (2018); *Hansen* Facts Before the European Court of Human Rights (2022); *Haß* Die Urteile des Europäischen Gerichtshofs für Menschenrechte – Charakter, Bindungswirkung und Durchsetzung (2006); *Hembach* Die Beschwerde beim EGMR – Zulässigkeit und Verfahren (2021); *Herndl* Recent Developments concerning fact-finding in the field of Human Rights, FS Ermacora (1988) 1; *Hoffmann/Kollmar* Ein Vorabbefassungsverfahren beim EGMR, NVwZ **2014** 1269; *Hummer* „Judicial dialogue" zwischen EGMR und nationalen Höchstgerichten – Die neue Gutachtenskompetenz des EGMR im Entwurf des Protokolls Nr. 16 zur EMRK, FS Dauses (2014) 167; *Karl* Zur Bedeutung der Entscheidungen des EGMR in der Praxis der österreichischen Höchstgerichte, ÖRiZ **2007** 130; *Kieschke* Die Praxis des Europäischen Gerichtshofs für Menschenrechte und ihre Auswirkung auf das deutsche Strafverfahrensrecht (2003); *Kilian* Die Bindungswirkungen der Entscheidungen des Europäischen Gerichtshofs für Menschenrechte auf die nationalen Gerichte der Mitgliedstaaten der Konvention zum Schutze der Menschenrechte und Grundfreiheiten vom 4. November 1950 (1994); *Klein* Anmerkung – Zur Bindung staatlicher Organe an Entscheidungen des Europäischen Gerichtshofs für Menschenrechte, JZ **2004** 1176; *Kleine-Cosack* Menschenrechtsbeschwerde im Berufsrecht der freien Berufe, AnwBl. **2009** 326; *ders.* Verfassungsbeschwerden und Menschenrechtsbeschwerde (2014)[3]; *Kollmar/Hoffmann* Harmonisierung durch Subsidiarität? – Das 15. und 16. Zusatzprotokoll zur Europäischen Menschenrechtskonvention im Spiegel des Unionsrechts, DVBl. **2015** 725; *Krüger* Vorläufige Maßnahmen nach Art. 36 der Verfahrensordnung der Europäischen Kommission für Menschenrechte (insbesondere in Ausweisungs- und Auslieferungsfällen), EuGRZ **1996** 346; *Küchler* Die Renaissance der Staatenbeschwerde – Potenzial und Gefahr der vermehrten Nutzung des Art. 33 EMRK (2020); *Lambert-Abdelgawad* The Execution of Judgements of the European Court of Human Rights (2002); *Lauff* Der Schutz bürgerlicher und politischer Rechte durch die Vereinten Nationen, NJW **1981** 2611; *Leach* Taking a case to the European Court of Human Rights (2017)[4]; *Leeb* Die innerstaatliche Umsetzung der Feststellungsurteile des Europäischen Gerichtshofs für Menschenrechte im entschiedenen Fall (2001); *Leuprecht* Der Schutz der Menschenrechte durch politische Organe – Das Beispiel des Ministerkomitees des Europarats, FS Ermacora (1988) 95; *Macdonald* Interim Measures in International Law with Special Reference to the European System for the Protection of Human Rights, ZaöRV **52** (1992) 703; *Mandla* Von Straßburg und der Wirklichkeit gedrängt – das BVerfG hat sich nach sieben Jahren ein bisschen korrigiert. Anmerkung zum Beschluss des BVerfG vom 21. Juli 2010 – 2 BvR 420/09, JR **2011** 185; *Marxen/Tiemann* Die Wiederaufnahme in Strafsachen (2014)[3]; *Masuch* Zur fallübergreifenden Bindungswirkung von Urteilen des EGMR, NVwZ **2000** 1266; *Matscher* Das Verfahren vor den Organen der EMRK, EuGRZ **1982** 489; *ders.* Die Begründung der Entscheidungen des Europäischen Gerichtshofs für Menschenrechte, FS Bernhardt (1995) 503; *ders.* Der neue Menschenrechtsschutz in Europa, FS Seidl-Hohenveldern (1988) 445; *ders.* Kollektive Garantie der Grundrechte und die Staatenbeschwerde nach der EMRK, FS Adamovich (2002) 417; *Maur* Verletzung der Europäischen Konvention zum Schutze der Menschenrechte und Grundfreiheiten als neuer Wiederaufnahmegrund im Strafverfahren, NJW **2000** 338; *Mellech* Die Rezeption der EMRK sowie der Urteile des EGMR in der französischen und deutschen Rechtsprechung (2012); *Meyer-Ladewig* Unklarheiten bei der Berechnung der Beschwerdefrist in Straßburg? NJW **2011** 1559; *Meyer-Ladewig/Petzold* Bindung deutscher Gerichte an Urteile des EGMR, NJW **2005** 15; *dies.* Trivialbeschwerden in der Rechtsprechung des EGMR, NJW **2011** 3126; *Miebach/Hohmann* Wiederaufnahme in Strafsachen (2016); *Myjer/Mol/Kempees/van Steijn/Bockwinkel/Uerpmann* EGMR-Verfahren – Die häufigsten Irrtümer bei Einreichen einer Beschwerde, MDR **2007** 505; *Mosler* Der Europäische Gerichtshof für Menschenrechte nach 20 Jahren, FS Huber (1981) 595; *Müller* Menschenrechtsmonitoring (2011); *Okresek* Die Umsetzung der EGMR-Urteile und ihre Überwachung. Probleme der Vollstreckung und der Behandlung von Wiederholungsfällen, EuGRZ **2003** 168; *Pache* Die Europäische Menschenrechtskonvention und die deutsche Rechtsordnung, EuR **2004** 393; *Papier* Umsetzung und Wirkung der Entscheidung des Europäischen Gerichtshofs für Menschenrechte aus der Perspektive der nationalen deutschen Gerichte, EuGRZ **2006** 1; *Payandeh* Konventionswidrige Gesetze vor deutschen Gerichten, DÖV **2011** 382; *Pellopää* Kontrolldichte des Grund- und Menschenrechtsschutzes in mehrpoligen Rechtsverhältnissen – Aus Sicht des Europäischen Gerichtshofs für Menschenrechte, EuGRZ **2006** 483; *Peters* Einführung in die Europäische Menschenrechtskonvention (2003); *Polakiewicz* Die innerstaatliche Durchsetzung der Urteile des Europäischen Gerichtshofs für Menschenrechte, ZaöRV **52** (1992) 149; *ders.* Die Aufhebung konventionswidriger Gerichtsentscheidungen nach einem Urteil des Europäischen Gerichtshofs für Menschenrechte,

ZaöRV **52** (1992) 804; *ders.* Die Verpflichtung der Staaten aus den Urteilen des Europäischen Gerichtshofs für Menschenrechte (1993); *Reinkenhof* Auswirkungen des EGMR-Urteils zur Bodenreform auf rechtskräftig abgeschlossene gerichtliche Verfahren, NJ **2004** 250; *Ress* Der Europäische Gerichtshof für Menschenrechte und die Grenzen seiner Judikatur in: Hilf/Kämmerer/König (Hrsg.), Höchste Gerichte an ihren Grenzen (2007), 55; *ders.* Wirkung und Beachtung der Urteile und Entscheidungen der Straßburger Konventionsorgane, EuGRZ **1996** 350; *ders.* Die „Einzelfallbezogenheit" in der Rechtsprechung des Europäischen Gerichtshofs für Menschenrechte, FS Mosler (1983) 719; *ders.* Die Europäische Menschenrechtskonvention und die Vertragsstaaten: Die Wirkung der Urteile des Europäischen Gerichtshofs für Menschenrechte im innerstaatlichen Recht und vor innerstaatlichen Gerichten, in: I. Maier (Hrsg.), Europäischer Menschenrechtsschutz (1982) 227; *ders.* Der Europäische Gerichtshof für Menschenrechte als *pouvoir neutre*, ZaöRV **2009** 289; *Rixe* Anm. zu EGMR, Urteil v. 26.2.2004, Görgülü./. Deutschland, FamRZ **2004** 1460; *ders.* Anmerkung zum Beschl. des BVerfG v. 14.10.2004, FamRZ **2004** 1863; *Robbers* Die Drittintervention vor dem Europäischen Gerichtshof für Menschenrechte, FS Schröder (2012) 371; *Rogge* Die Einlegung einer Menschenrechtsbeschwerde, EuGRZ **1996** 341; *Rohleder* Grundrechtsschutz im europäischen Mehrebenen-System – Unter besonderer Berücksichtigung des Verhältnisses zwischen Bundesverfassungsgericht und Europäischem Gerichtshof für Menschenrechte (2009); *Roth* Beweislastumkehr bezüglich der Kausalität der Verletzung von Verfahrensrechten bei der Entscheidung über die Entschädigung nach Art. 41 EMRK, NVwZ **2006** 753; *Rudolf/von Raumer* Die Beschwerde vor dem Europäischen Gerichtshof für Menschenrechte, AnwBl. **2009** 313; *dies.* Der Schutzumfang der Europäischen Menschenrechtskonvention, AnwBl. **2009** 318; *Sattler* Wiederaufnahme des Strafprozesses nach Feststellung der Konventionswidrigkeit durch Organe der EMRK (1973); *Schaupp-Haag* Die Erschöpfung des innerstaatlichen Rechtsweges nach Art. 26 EMRK und das deutsche Recht (1987); *Schlette* Das neue Rechtsschutzsystem der Europäischen Menschenrechtskonvention. Zur Reform des Kontrollmechanismus durch das 11. Protokoll, ZaöRV **56** (1996) 905; *ders.* Europäischer Menschenrechtsschutz nach der Reform der EMRK, JZ **1999** 219; *Schmahl* Piloturteile des EGMR als Mittel der Verfahrensbeschleunigung, EuGRZ **2008** 369; *Schmaltz* Menschenrechte auf dem Prüfstand – Abordnung an den Europäischen Gerichtshof für Menschenrechte, DRiZ **2010** 120; *Schmalz* Die Rechtsfolgen eines Verstoßes gegen die Europäische Menschenrechtskonvention für die Bundesrepublik Deutschland (2006); *Schöneberg* Die Berücksichtigung neuer Tatsachen durch den Europäischen Gerichtshof für Menschenrechte (2020); *Schumann* Menschenrechtskonvention und Wiederaufnahme des Verfahrens, NJW **1964** 743; *Selbmann* Anpassungsbedarf der Regelungen zur Wiederaufnahme des Verfahrens an die Vorgaben der EMRK, ZRP **2006** 124; *ders.* Restitutionsklagen aufgrund von Urteilen des EGMR? NJ **2005** 103; *Siess-Scherz* Das neue Rechtsschutzsystem nach dem Protokoll Nr. 11 zur EMRK über die Umgestaltung des durch die Konvention eingeführten Kontrollmechanismus, in: Grabenwarter/Thienel (Hrsg.), Kontinuität und Wandel der EMRK (1998), 1; *Silagi* Die allgemeinen Regeln des Völkerrechts als Bezugsgegenstand in Art. 25, 26 EMRK, EuGRZ **1980** 632; *Stadlmayr* Wiedergutmachung bei Menschenrechtsverletzungen (2013); *Stöcker* Wirkungen der Urteile des Europäischen Gerichtshofs für Menschenrechte in der Bundesrepublik, NJW **1982** 1905; *Strasser* Reform der Arbeitsmethoden und der Verfahrensordnung des Europäischen Gerichtshofs für Menschenrechte, in: Karl (Hrsg.), Internationale Gerichtshöfe und nationale Rechtsordnung (2005), 111; *Strecker* Der Umgang des Europäischen Gerichtshofs für Menschenrechte mit systematischen Menschenrechtsverletzungen: Die Pilotverfahrenstechnik, Art. 61 EGMR-VerfO, ZEuS **2016** 235; *Trechsel* Anmerkung – Ist eine vom Europäischen Gerichtshof festgestellte Menschenrechtsverletzung durch ein Strafverfahren ein Wiederaufnahmegrund? StV **1987** 187; *Villiger* Handbuch der Europäischen Menschenrechtskonvention (2020)[3]; *Weiß* Überblick über die Erfahrungen mit Individualbeschwerden unter verschiedenen Menschenrechtsabkommen, AVR **42** (2004) 142; *Wendt* Zur Frage der innerstaatlichen Geltung und Wirkung der Europäischen Konvention zum Schutze der Menschenrechte, MDR **1955** 658; *Werwie-Haas* Die Umsetzung der strafrechtlichen Entscheidungen des Europäischen Gerichtshofs für Menschenrechte in Deutschland, Österreich, der Schweiz und im Vereinigten Königreich (2008); *Wildhaber* Eine verfassungsrechtliche Zukunft für den Europäischen Gerichtshof für Menschenrechte? EuGRZ **2002** 569; *Wittinger* Die Einlegung einer Individualbeschwerde vor dem EGMR, NJW **2001** 1238; Wolfrum/Deutsch (Hrsg.), The European Court of Human Rights Overwhelmed by Applications: Problems and Possible Solutions (2009); *Zastrow* Die Rolle des Ministerkomitees bei der Umsetzung der Urteile des Europäischen Gerichtshofs für Menschenrechte (2018); *Zoellner* Das Verhältnis von Bundesverfassungsgericht und Europäischem Gerichtshof für Menschenrechte (2009); *Zwach* Die Leistungsurteile des Europäischen Gerichtshofs für Menschenrechte (1996).

Schrifttum zum 14. Protokoll und den weiteren Maßnahmen

Ang/Berghmans Friendly Settlements and Striking Out of Applications, in: Lemmens/Vandenhole (Hrsg.), Protocol No. 14 and the Reform of the European Court of Human Rights (2005) 89; *Benoît-Rohmer* Les Sages et la réforme de la Cour européenne des droits de l'homme, Rev.trim.dr.h. **2007** 3; *Caflisch* Der Europäische Gerichtshof für Menschenrechte und dessen Überwachungsmechanismen: Vergangenheit, Gegenwart, Zukunft, ZSR **122** (2003) 125; *ders.* The Reform of the European Court of Human Rights: Protocol 14 and Beyond, EHRLR **6** (2006) 403; Cohen-Jonathan/Pettiti (Hrsg.), La réforme de la Cour européenne des droits de l'homme, Droit et Justice **48** (2003); *dies.* (Hrsg.) La réforme du système de contrôle contentieux de la Convention européenne des droits de l'homme, Droit et Justice **61** (2005); *De Salvia* Rapport introductif. La protéction judiciaire européenne des droits de l'homme, in: Cohen-Jonathan/Pettiti, Droit et Justice **48** (2003) 7; *Eaton/ Schokkenbroek* Reforming the Human Rights Protection System Established by the European Convention on Human Rights, HRLJ **2005** 1; *Egli* Stellungnahmen und Berichte zur Reform des Rechtsschutzsystems der Europäischen Menschenrechtskonvention, ZaöRV **64** (2004) 759; *Flauss* Faut-il transformer la Cour européenne des droits de l'homme en juridiction constitutionnelle? Recueil Dalloz **2003** 1638; *ders.* La réforme de la réforme – propos conclusifs sous forme d'opinion séparée, in: Cohen-Jonathan/Pettiti, Droit et Justice **61** (2005) 167; *Gilch* Die Reformen am Europäischen Gerichtshof für Menschenrechte unter besonderer Berücksichtigung des 14. Zusatzprotokolls zur EMRK (2009); *Grabenwarter* Zur Zukunft des Europäischen Gerichtshofs für Menschenrechte, EuGRZ **2003** 174; *ders.* Der Europäische Gerichtshof für Menschenrechte: Opfer des eigenen Erfolges? Menschenrechte in der Bewährung. Die Rezeption der Europäischen Menschenrechtskonvention in Frankreich und Deutschland im Vergleich, Interdisziplinäre Studien zu Recht und Staat **37** (2005) 81; *Greer* Analysis – Reforming the European Convention of Human Rights: Towards Protocol 14, Public Law **2003** 663; *ders.* Protocol 14 and the Future of the European Court of Human Rights, Public Law **2005** 83; *ders.* The European Convention on Human Rights: Achievements, Problems and Prospects (2006); *Greer/Gerards/Slowe* Human Rights in the Council of Europe and the European Union (2018); *Helfer* Redesigning the European Court of Human Rights: Embeddedness as a Deep Structural Principle of the European Human Rights Regime, EJIL **19** (2008) 125; *Keller/Bertschi* Erfolgspotenzial des 14. Zusatzprotokolls zur Europäischen Menschenrechtskonvention, EuGRZ **2005** 204; *Keller* 50 Jahre danach: Rechtschutzeffektivität trotz Beschwerdeflut? Wie sich der EGMR den Herausforderungen stellt, EuGRZ **2008** 359; *Lambert* Quelle réforme pour la Cour européenne des droits de l'homme, Rev.trim.dr.h. **2002** 795; *Langbauer* Die Änderungen des Kontrollverfahrens durch das 14. Protokoll (2009); *Laubner* Relieving the Court of its Success? – Protocol no. 14 to the European Convention on Human Rights, GYIL **47** (2005) 691; *Leach* Access to the ECtHR – From a Legal Entitlement to a Lottery, HRLJ **2006** 11; *Lemmens* Single Judge Formations, Committees, Chambers and Grand Chamber, in: Lemmens/Vandenhole (Hrsg.), Protocol No. 14 and the Reform of the European Court of Human Rights (2005) 32; Lemmens/Vandenhole (Hrsg.), Protocol No. 14 and the Reform of the European Court of Human Rights (2005); *Mahoney* Speculating on the Future of the Reformed European Court of Human Rights, HRLJ **1999** 1; *ders.* Parting Thoughts of an Outgoing Registrar of the European Court of Human Rights, HRLJ **2005** 345; *ders.* Thinking the Small Unthinkable: Repatriating Reparation from the European Court of Human rights to the National Legal Order, FS Wildhaber (2007) 263; *Okresek* Die Umsetzung der EGMR-Urteile und ihre Überwachung, EuGRZ **2003** 168; *Schwaighofer* Das Verfahren des EGMR im Lichte der Neuerungen des 14. Protokolls, Der Europäische Gerichtshof für Menschenrechte vor neuen Herausforderungen. Aktuelle Entwicklungen in Verfahren und Rechtsprechung (2007) 17; *Sicilianos* L'objectif primordial du protocol n° 14 à la Convention européenne des droits de l'homme: alleger la charge de travail de la cour, in: Cohen-Jonathan/Pettiti Droit et Justice **61** (2005) 55; *Siess-Scherz* Bestandsaufnahme: Der EGMR nach der Erweiterung des Europarates, EuGRZ **2003** 100; *Starace* Modifications provided by Protocol No. 14 concerning proceedings before the European Court of Human Rights, Law and Practice of International Courts and Tribunals **5** (2006) 183; *Tomuschat* Individueller Rechtsschutz: das Herzstück des „ordre public européen" nach der Europäischen Menschenrechtskonvention, EuGRZ **2003** 95; *Vanneste* A New Admissibility Ground, in: Lemmens/Vandenhole (Hrsg.), Protocol No. 14 and the Reform of the European Court of Human Rights (2005) 69; *Weidmann* Der Europäische Gerichtshof für Menschenrechte auf dem Weg zu einem europäischen Verfassungsgerichtshof (1985); *Wildhaber* Eine verfassungsrechtliche Zukunft für den Europäischen Gerichtshof für Menschenrechte? EuGRZ **2002** 569; *ders.* The European Court of Human Rights – 1998–2006. History, Achievements, Reforms (2006); *ders.* The European Court of Human Rights: the Past, the Present, the Future, American University international law review **22** (2007) 521.

IPBPR – Human Rights Committee – Verfahren der Individualbeschwerde

Bayefsky How to Complain to the UN Human Rights Treaty System (2003); *Boerefijn* The Reporting Procedure under the Covenant on Civil and Political Rights – Practices and Procedures of the Human Rights Committee (1999); *Ghandhi* The Human Rights Committee and the Right of Individual Communication (1999); *Joseph/Castan* The International Covenant on Civil and Political Rights – Cases, Materials and Commentary (2013)[3]; *Keller* Human Rights Treaty Bodies (2012); *Nowak* Die Durchsetzung des Internationalen Paktes über bürgerliche und politische Rechte – Bestandsaufnahme der ersten 10 Tagungen des UN-Ausschusses für Menschenrechte, EuGRZ **1980** 532; *Pappa* Das Individualbeschwerdeverfahren des Fakultativprotokolls zum Internationalen Pakt über bürgerliche und politische Rechte (1996); *Sutton* The UN Special Procedures in the Field of Human Rights (2006); *Vandenhole* The Procedures Before the UN Human Rights Treaty Bodies (2004).

UNCAT – Individualbeschwerdeverfahren zum UN-Antifolterausschuss (UN-CAT)

Inglese The UN Committee against Torture (2001); *Nowak/McArthur* The United Nations Convention against Torture (2008); *Schneider* Schutz vor Folter durch einstweilige Maßnahmen bzw. durch diplomatische Zusicherungen, EuGRZ **2014** 168.

UN-Menschenrechtsrat

Gutter Thematic Procedures of the United Nations Commission on Human Rights and International Law: in Search of a Sense of Community (2005); *Karrenstein* Der Menschenrechtsrat der Vereinten Nationen (2011); *Kiwitt* Die Fortentwicklung des universellen Menschenrechtsschutzes – Von der UN-Menschenrechtskommission zum UN-Menschenrechtsrat (2007); *Nifosi* The UN Special Procedures in the Field of Human Rights (2005); *Osthoff* Weiterentwicklung des internationalen Menschenrechtsschutzes unter dem UN-Menschenrechtsrat? (2012); *Sperling* Neuere institutionelle Entwicklungen im Bereich des Menschenrechtsschutzes (Individualklagen, Menschenrechtsrat der VN, u.a.) (2008); *Spohr* Der neue Menschenrechtsrat und das Hochkommissariat für Menschenrechte der Vereinten Nationen – Entstehung, Entwicklung und Zusammenarbeit (2013); *Tistounet* The UN Human Rights Council – A Practical Anatomy (2020).

Übersicht

A. Verfahren des europäischen Menschenrechtsschutzes (EGMR)
I. Zeitliche Entwicklung des Verfahrens —— 1
II. Organisation und Struktur des Europäischen Gerichtshofs für Menschenrechte
1. Richter —— 8
2. Spruchkörper des Gerichtshofs
a) Einzelrichter (Single Judge) —— 14
b) Ausschuss (Committee) —— 15
c) Kammer (Chamber) —— 17
d) Zuweisung der Beschwerden —— 19
e) Große Kammer (Grand Chamber) —— 20
3. Plenum —— 22
4. Kanzler —— 25
5. Generalsekretär des Europarats —— 28
6. Ministerkomitee —— 29
III. Beschwerdeverfahren
1. Verfahrensarten —— 30
a) Staatenbeschwerde —— 31
b) Individualbeschwerde —— 32
2. Allgemeine Grundsätze
a) Verhandlungsort —— 33
b) Verfahrensordnung —— 34
c) Sprachen —— 35
d) Mündliche Verhandlung —— 36
e) Anwesenheit der Parteien —— 39
f) Verfahrensvertretung —— 40
g) Kosten —— 42
h) Verfahrenshilfe (legal aid) —— 43
i) Kommunikation; Recht auf wirksame Ausübung des Beschwerderechts —— 46

j) Vertraulichkeit der Korres-
    pondenz mit dem Gerichts-
    hof ⸺ 51
k) Freies Geleit ⸺ 54
l) Prüfung mehrerer Beschwer-
    den ⸺ 55
IV. Gang des Beschwerdeverfahrens
1. Beschwerdeeinlegung und Zuwei-
    sung an einen Spruchkör-
    per ⸺ 56
2. Entscheidung über die Zulässigkeit
    der Beschwerde
    a) Gemeinsame Prüfung von Zu-
        lässigkeit und Begründet-
        heit ⸺ 58
    b) Zeitpunkt ⸺ 60
    c) Form ⸺ 61
    d) Verfahren vor dem Einzelrich-
        ter ⸺ 62
    e) Verfahren vor dem Aus-
        schuss ⸺ 64
    f) Verfahren vor der Kam-
        mer ⸺ 66
3. Verfahren bei Zulässigkeit der Be-
    schwerde
    a) Ausschuss ⸺ 68
    b) Kammer ⸺ 69
    c) Gütliche Einigung („friendly
        settlement") ⸺ 72
    d) Beweiserhebung ⸺ 78
    e) Streichung der Beschwerde
        aus dem Register; Wiederein-
        tragung ⸺ 91
    f) Beteiligung Dritter („third-
        party intervention") ⸺ 95
    g) Verhandlungsproto-
        koll ⸺ 102
4. Verfahren vor der Großen Kam-
    mer
    a) Art. 30 ⸺ 103
    b) Art. 43 ⸺ 105
    c) 16. Protokoll zur
        EMRK ⸺ 109
5. Vorläufige Maßnahmen („interim
    measures")
    a) Erforderlichkeit vorläufiger
        Maßnahmen ⸺ 110
    b) Unterrichtung nach Art. 40
        VerfO ⸺ 111
    c) Vorläufige Maßnahmen nach
        Art. 39 VerfO (*interim measu-
        res*) ⸺ 112

d) Verbindlichkeit der vorläufi-
    gen Maßnahmen/Anordnun-
    gen ⸺ 116
6. Pilotverfahren ⸺ 118
V. Zulässigkeitsvoraussetzungen der Indivi-
    dualbeschwerde
1. Vereinbarkeit des Beschwerdege-
    genstandes mit der EMRK (Art. 35
    Abs. 3 *lit.* a) ⸺ 119
    a) Zeitliche Unvereinbarkeit mit
        der EMRK (*ratione tempo-
        ris*) ⸺ 119
    b) Örtliche Unvereinbarkeit mit
        der EMRK (*ratione
        loci*) ⸺ 125
    c) Sachliche Unvereinbarkeit mit
        der EMRK (*ratione mate-
        riae*) ⸺ 130
    d) Persönliche Unvereinbarkeit
        mit der EMRK (*ratione perso-
        nae*) ⸺ 131
2. Beschwerdeführer
    a) Parteifähigkeit ⸺ 137
    b) Prozess-/
        Verfahrensfähigkeit ⸺ 143
    c) Postulationsfähigkeit ⸺ 144
    d) Beschwerdebefugnis/
        Opfereigenschaft ⸺ 145
3. Erschöpfung aller innerstaatlichen
    Rechtsbehelfe ⸺ 175
    a) Allgemeines ⸺ 175
    b) Vertikale Erschöp-
        fung ⸺ 177
    c) Horizontale Erschöp-
        fung ⸺ 199
    d) Zeitpunkt ⸺ 205
    e) Prüfung von Amts wegen/Rü-
        geobliegenheit ⸺ 209
4. Form
    a) Beschwerdeformular ⸺ 211
    b) Inhalt ⸺ 212
    c) Anonyme Beschwer-
        den ⸺ 218
    d) Anwaltliche Vertre-
        tung ⸺ 220
    e) Sprache ⸺ 221
5. Frist
    a) Fristbeginn ⸺ 223
    b) Fristende ⸺ 237
6. Wiederholungs- und Kumulations-
    verbot
    a) Res iudicata ⸺ 240
    b) Litispendenz ⸺ 241

c) Identität der Beschwer-
    den —— 246
7. Offensichtlich unbegründete Beschwerden —— 250
8. Missbrauch des Beschwerderechts
   a) Allgemeines —— 252
   b) Formeller Miss-
       brauch —— 255
   c) Materieller Miss-
       brauch —— 257
9. Unerheblicher Nachteil —— 258
VI. Urteile und Entscheidungen des Gerichts-
    hofs
    1. Form und Inhalt
       a) Form —— 259
       b) Feststellung der Konventions-
           verletzung —— 265
       c) Gerechte Entschädigung
           (Art. 41) —— 270
       d) Kostenerstattung —— 281
    2. Endgültigkeit des Urteils —— 291
    3. Wiederaufnahme des Verfah-
       rens —— 295
    4. Auslegung des Urteils —— 296
    5. Durchsetzung des Urteils
       a) Befolgungspflicht des betroffe-
           nen Staates —— 297
       b) Verbindlichkeit des Urteils
           über den entschiedenen Fall
           hinaus —— 314
       c) Erga omnes-Wirkung der
           Straßburger Judika-
           tur? —— 319
       d) Verfassungsvorbehalt bei der
           Berücksichtigung der Straß-
           burger Judikatur —— 327
       e) Überwachung des Ur-
           teils —— 331
VII. Reform des Gerichtshofs
     1. Arbeitsbelastung —— 336
     2. 14. Protokoll zur EMRK v. 13.5 2004
        a) Allgemeines —— 339
        b) Einzelrichter —— 343
        c) Erweiterung der Befugnisse
            der Ausschüsse —— 348
        d) Reduktion der Kammer-
            größe —— 357
        e) Gemeinsame Entscheidung
            über Begründetheit und Zuläs-
            sigkeit —— 359
        f) Gütliche Einigung —— 360
        g) Unzulässigkeitsgrund des feh-
            lenden erheblichen Nach-
            teils —— 363

h) Auslegung des Urteils —— 375
i) Säumnisverfahren (infringe-
    ment proceedings) —— 376
j) Kommissar für Menschenrech-
    te (Commissioner for Human
    Rights) —— 377
k) Richter —— 378
l) Beitritt der EU —— 381
m) Empfehlungen des Ministerko-
    mitees —— 382
3. Weitere Reformen —— 383
   a) Lord Woolf-Report —— 384
   b) Gruppe der Weisen (Group of
       Wise Persons) —— 387
   c) Umstrukturierung des Ge-
       richtshofs —— 391
   d) Pilot Jugdement Procedure/Pi-
       lotverfahren —— 393
   e) „Einseitige Erledigung" (Unila-
       teral Declarations) —— 395
   f) Verbindlichkeit vorläufiger
       Maßnahmen —— 396
   g) 15. Protokoll zur
       EMRK —— 397
   h) 16. Protokoll zur
       EMRK —— 398
4. Rolle des EGMR —— 399
   a) Individual justice-Mo-
       dell —— 400
   b) Constitutional justice-Mo-
       dell —— 404
   c) Verlagerung des Prüfungs-
       schwerpunktes —— 416
B. Verfahren vor dem Menschenrechtsauschuss
   der Vereinten Nationen – Human Rights Committee (HRC)
   I. Allgemeines —— 422
   II. Staatenbeschwerde/
       Individualbeschwerde
       1. Staatenbeschwerde —— 428
       2. Individualbeschwerde —— 431
C. Sonstige Verfahren des internationalen Menschenrechtsschutzes
   I. Allgemeines
       1. Weitere Einrichtungen —— 441
       2. Sachliches Zusammentreffen der
           Verpflichtungen aus mehreren inter-
           nationalen Übereinkom-
           men —— 442
   II. Verfahren zum internationalen Men-
       schenrechtsschutz bei der Organisation
       der Vereinten Nationen

1. Resolution 1503 des Wirtschafts- und Sozialrats der Vereinten Nationen —— 446
2. Menschenrechtsrat (Human Rights Council) —— 448
III. Verfahren aufgrund von Spezialkonventionen
   1. Allgemeines —— 452

2. UN-Antifolterkonvention (1984) —— 454
3. Internationales Übereinkommen zum Schutz aller Personen vor dem Verschwindenlassen —— 461
D. Gesetz über die Konvention zum Schutze der Menschenrechte und Grundfreiheiten

Alphabetische Übersicht

Abhilfe, innerstaatliche 175 ff., 193, 299 ff., 400, 411
Abschiebung 110, 114, 129, 233
Amtssprachen EGMR 35, 62, 70, 86, 100, 221, 415
Anonyme Beschwerden 218 f.
Anonyme Mitteilungen 433
Anwesenheit der Parteien 39
Aufschiebende Wirkung 110
Auslieferung 110, 114, 129
Beschwer (s. Opfereigenschaft)
Beschwerdeeinlegung 56 f.
Beschwerdegegenstand 213
Beteiligung Dritter am Verfahren des EGMR 95 ff.
Beweiswürdigung, freie 89
Constitutional justice-Modell 404 ff.
Dauerzustand, konventionswidriger 228 ff.
Durchsetzung der Urteile des EGMR 297 ff.
ECOSOC Res. 1503-XLVIII 446, 451
EGMRKHG 45
Einseitige Erledigung 395, 419
Entschädigung, gerechte 270 ff., 311
Erschöpfung des innerstaatlichen Rechtswegs (EMRK) 175 ff.
– Horizontale Erschöpfung 199 ff.
– Prüfung von Amts wegen/Rügeobliegenheit 209 f.
– Vertikale Erschöpfung 177 ff.
– Zeitpunkt 205 ff.
Europäischer Gerichtshof für Menschenrechte
– ad hoc-Richter 18, 379
– Befangenheit 9 f., 18
– Beitritt der EU 381
– Berichterstatter 19, 57, 345
– Beweiserhebung 78 ff.
– Dreier-Ausschuss („Committee") 11, 15 f., 64 f., 68, 348
– Einzelrichter 11, 14, 57, 62 f., 343
– „nationaler" Richter 17
– Große Kammer 20 f., 103 ff.
– Gütliche Einigung 72 ff., 213, 216, 291 ff., 310, 360 ff.
– Kammer 17 f., 66 f., 69 ff., 357 f.
– Kanzlei 25 ff.
– Kommissar für Menschenrechte 377

– Mündliche Verhandlung 36 ff., 71
– Plenum 22 ff.
– Präsident 13, 20, 23
– Richter 8 ff., 378 ff.
– Rolle des EGMR 399 ff.
– Schriftsätze 70
– Sektionspräsident 24
– Ständiger Gerichtshof 6
– Urteil 259 ff.
– Verhandlungsprotokoll 102
– Verweisung an Große Kammer 105 ff.
Europarat 1, 8
– Generalsekretär 2, 25, 28, 264, 332
– Ministerkomitee 28 f., 382
Freies Geleit EGMR 54
Gefangene 52 f., 228, 439, 457, 460, 466
Gemeinsame Entscheidung über Begründetheit und Zulässigkeit 359 f.
Gnadengesuch 194
Günstigkeitsprinzip 442 f.
Haftbedingungen 229 ff.
Haftbeschwerde 179
Hemmung Frist EGMR 235 f.
Human Rights Committee (s. Menschenrechtsausschuss)
Human Rights Council (s. Menschenrechtsrat)
Identität der Beschwerden 246 ff.
Immunität 49
Individualbeschwerde (EMRK) 32
– Beschwerdebefugnis 4, 138
– Beschwerdeführer 137 ff.
– Entwicklung 1 ff.
– Form 211 ff.
– Frist 223 ff.
– Örtliche Unvereinbarkeit mit der EMRK 125 ff.
– Persönliche Unvereinbarkeit mit der EMRK 131 ff.
– Sachliche Unvereinbarkeit mit der EMRK 130
– Verfahrensgang 3
– Zeitliche Unvereinbarkeit mit der EMRK 119 ff.
Individualbeschwerde IPBPR 426, 431 ff.
Individualbeschwerde UN-CAT 457 f.
Individual justice-Modell 400 ff.

Insolvenz 288
Internationaler Strafgerichtshof (IStGH) 468
Komitee (siehe Dreier-Ausschuss)
Kommunikation 46
Kompensation der Konventionsverletzung 161 ff.,
    269 ff., 420
Kumulationsverbot (s. Litispendenz)
Litispendenz 241 ff.
Mehrere Beschwerden 55
Mehrpoliges Grundrechtsverhältnis 312
Menschenrechtsausschuss 422 ff.
Menschenrechtsrat 448 ff.
Minderjährige 143, 289
Ministerkomitee des Europarats 331 ff.
Missbrauch des Beschwerderechts 252 ff.
– Formeller Missbrauch 255 f.
– Materieller Missbrauch 257
Mitteilung 431 ff., 459
Öffentlichkeit des Verfahrens 37
Offensichtlich unbegründete Beschwerde 250 f.
Opfereigenschaft (EGMR) 145 ff.
– Gegenwärtigkeit 158 ff.
– Gesellschafter 148
– Juristische Personen 149
– Miteigentümer 148
– Mittelbar Betroffene 151 f., 200
– Selbstbetroffenheit 147 ff.
– Unmittelbarkeit 155 ff.
– Verwandte des Opfers 151 f.
– Wegfall der Opfereigenschaft 161 ff.
Parteifähigkeit 137 ff.
– Juristische Personen des Öffentlichen Rechts
    142
– Juristische Personen des Privatrechts 141
– Nichtstaatliche Organisationen 140
– Personengruppen 139
Pilotverfahren (Pilot Judgement Procedure) 118,
    393 f.
Post-, Telefonüberwachung 128, 160
Postulationsfähigkeit 144
Presse 37
Prinzip des weitestgehenden Schutzes 443
Prozessfähigkeit 143
Prozesskostenhilfe (s. Verfahrenshilfe)
Querulatorische Beschwerden 405
Rechtliches Gehör, Nachholung 98, 370
Reform 336 ff.
– Gruppe der Weisen 387 ff.
– Lord Woolf-Report 384 ff.
Register des EGMR, Streichung, Wiedereintragung
    91 ff.
Reisekosten 44, 273
Resolution 1503 des Wirtschafts- und Sozialrats
    der Vereinten Nationen 446 f.

Sachverständige 35, 38, 49, 78, 82, 84, 86, 88
Säumnisverfahren 376
Schadensersatzklage 183
Schutzpflicht 132, 150, 157
Sprachen EGMR 35, 100, 221 f.
Staatenberichte 424, 452
Staatenbeschwerde EGMR 31, 59, 110, 334
Staatenbeschwerde IPBPR 425, 428 ff.
Staatenbeschwerde UN-CAT 456
Statusregelungen 156
Streichung im Register > Register
Tod des unmittelbar Verletzten 138, 150 f., 171 ff.,
    421
Umstrukturierung des Gerichtshofs 391 f.
Unabhängigkeit der Gerichte 9, 302, 347, 380
UN-Antifolterkonvention 454 ff.
Unerheblicher Nachteil 258, 363 ff.
Untersuchungshaft
– Entschädigung 170
– Fristbeginn Beschwerdeeinlegung 231
Untervollmacht 215
Urteile des EGMR
– Auslegung 296, 375
– Befolgungspflicht des betroffenen Staates
    297 ff.
– Endgültigkeit 291 ff.
– Erga omnes-Wirkung 319 ff., 413
– Feststellung der Konventionsverletzung 265 ff.
– Form 259 ff.
– Kostenerstattung 281 ff.
– Orientierungswirkung für andere Staaten 314,
    402
– Überwachung der Durchführung 331 ff.
Verfahrensdauer
– EGMR 169
– überlange 187, 280, 348, 367, 397 f.
Verfahrenshilfe 43 ff., 66
Verfahrenskosten EGMR 43
Verfahrensordnung des EGMR 34
Verfahrensvertretung EGMR 40 f.; 183
Verfassungsvorbehalt 327 ff.
Verhandlungsort EGMR 33
Veröffentlichung der Urteile des EGMR 292
Verschwindenlassen 461 ff.
Vertraulichkeit der Korrespondenz EGMR 51 ff.
Vertretung EGMR 220
Vollmacht 215
Vorläufige Maßnahmen/Anordnungen 110 ff., 396
Wiederaufnahme des Verfahrens (innerstaatlich)
    301, 303, 307 ff.
Wiederaufnahme (Verfahren EGMR) 295,
Wiedergutmachung durch Staat (s. Kompensation)
Wiederholungsverbot 240 ff.

Wirtschafts- und Sozialrat der Vereinten Nationen
423
Zeugen (EGMR)
– Einvernahme 78

– Immunität 49, 54
– Ladung 84
– Sprache 35, 86
Zulässigkeit Beschwerde EGMR 58 ff.

A. Verfahren des europäischen Menschenrechtsschutzes (EGMR)

I. Zeitliche Entwicklung des Verfahrens

1   Das Rechtsschutzsystem der Europäischen Menschenrechtskonvention blieb in seinen Grundzügen seit deren Inkrafttreten am 3.9.1953 bis zum Jahr 1998 weitgehend unverändert.[1] Die Verfahrensänderungen durch das **3., 5. und 8. Protokoll** ließen seine **Grundstruktur** unangetastet. Kennzeichnend waren die **Aufteilung der Kontrollbefugnisse** auf drei verschiedene internationale Gremien – Kommission (EKMR), Gerichtshof, Ministerkomitee – und der grundsätzlich **fakultative Charakter** aller individuellen Rechtsbehelfe sowie die weitgehende Vertraulichkeit der Verhandlungen der EKMR und des Ministerkomitees.[2]

2   Die **Individualbeschwerde** war nur zulässig, wenn der dafür verantwortliche Staat die Zuständigkeit der Kommission (EKMR) in einer förmlichen Erklärung gegenüber dem Generalsekretär anerkannt hatte (Art. 25 EMRK a.F.). Der **Gerichtshof** konnte nur angerufen werden, wenn der betroffene Staat sich seiner Gerichtsbarkeit unterworfen hatte (Art. 46 Abs. 1 EMRK a.F.). Letzteres galt auch für die Staatenbeschwerde, mit der ein Vertragsstaat die Konventionsverletzung durch einen anderen Vertragsstaat vor der EKMR beanstanden konnte (Art. 48 EMRK a.F.).

3   Im Laufe der Jahre unterwarfen sich alle Mitgliedstaaten des Europarates der Gerichtsbarkeit des EGMR, zum Teil allerdings mit erheblichen Verzögerungen.[3] Eine **Individualbeschwerde** wurde zunächst von der **EKMR** auf ihre Zulässigkeit hin geprüft.[4] Über die zulässigen Beschwerden erstellte die Kommission einen vertraulichen Bericht, über den das Ministerkomitee des Europarates[5] dann mit Zweidrittelmehrheit[6] zu entscheiden hatte (Art. 32 Abs. 1 EMRK a.F.), sofern die Sache nicht innerhalb einer Drei-Monats-Frist dem Europäischen Gerichtshof für Menschenrechte (EGMR) vorgelegt wurde. Dieser durfte nur über den Teil der Beschwerde entscheiden, den die EKMR für zulässig erachtet hatte. Er konnte nur von der EKMR oder von dem Staat angerufen werden, gegen den sich die Beschwerde richtete, nicht aber von dem Betroffenen selbst, der sich mit einer Beschwerde an die EKMR gewandt hatte (Art. 48 EMRK a.F.).

4   Erst das **9. Protokoll** v. 6.11.1990 räumte dem Einzelnen die Befugnis ein, selbst den Gerichtshof anzurufen, wenn die EKMR die Beschwerde für zulässig erachtet hatte, sofern der betroffene Staat dieses Protokoll ratifiziert hatte.[7]

---

1 Vgl. *Matscher* FS Ermacora 79; *Meyer-Ladewig/Petzold* NJW **2009** 3749.

2 Meyer-Ladewig/Nettesheim/von Raumer/*Meyer-Ladewig/Nettesheim* Einl. 8.

3 Vgl. *Tomuschat* EuGRZ **2003** 95, 97; *Meyer-Ladewig/Petzold* NJW **2009** 3749, 3751.

4 Zur Entstehungsgeschichte der Individualbeschwerde IK-EMRK/*Rogge* Art. 34, 71 ff.

5 Zum Ministerkomitee des Europarats siehe Rn. 29, 262 ff.

6 Erst nach dem 10. P-EMRK (ETS 146, BGBl. 1994 II S. 490) v. 25.3.1992, das nie in Kraft trat, hätte die einfache Mehrheit im Ministerkomitee für die Feststellung einer Konventionsverletzung ausgereicht. Das 10. P-EMRK ist mit Inkrafttreten des 11. P-EMRK am 1.11.1998 hinfällig geworden.

7 Zur Entwicklung bis zum 11. P-EMRK: *Siess-Scherz* EuGRZ **2003** 100, 102 ff.; Meyer-Ladewig/Nettesheim/von Raumer/*Meyer-Ladewig/Nettesheim* Einl. 7 ff.; *Meyer-Ladewig/Petzold* NJW **2009** 3749 ff.

Das **Verfahrenssystem** wurde erstmals durch das **11. Protokoll** v. 11.5.1994 grundlegend 5
verändert.[8] Das Protokoll trat nach seiner Ratifizierung durch alle Mitgliedstaaten des Europarates[9] am **1.11.1998** in Kraft. Die EKMR wurde mit einer Übergangsfrist abgeschafft; das Ministerkomitee ist seither nur noch zuständig für die Überwachung der ergangenen Urteile nach
Art. 46 Abs. 2 EMRK. Über Menschenrechtsbeschwerden entscheidet nunmehr allein der
EGMR. Seiner Gerichtsbarkeit unterliegen automatisch alle Vertragsstaaten, ohne dass eine
Unterwerfungserklärung abgegeben werden muss. Gegen eine von einem Vertragsstaat zu
verantwortende Menschenrechtsverletzung kann jetzt nicht mehr nur ein anderer Vertragsstaat, sondern auch jeder betroffene Einzelne selbst den Gerichtshof unmittelbar anrufen.

Aufgrund dieser Aufgabenerweiterung wurde der EGMR in einen **ständigen Gerichts-** 6
hof mit **hauptamtlichen Richtern** umgewandelt. Soweit er durch eine Staaten- oder Individualbeschwerde (Art. 33, 34) oder einen Gutachtenauftrag (Art. 47) mit einer Sache befasst wird, ist er außerdem zur Auslegung und Anwendung aller die Konvention und
ihre Zusatzprotokolle betreffenden Angelegenheiten berufen (Art. 32 Abs. 1). Über seine
Zuständigkeit entscheidet er im Streitfall selbst (Art. 32 Abs. 2).[10] Einzelheiten des Verfahrens sind in den **Rules of Court** (Verfahrensordnung; im Folgenden: VerfO) in der aktuell
geltenden Fassung vom 20.3.2023 geregelt (Rn. 34).

Seit dem 1.6.2010 gilt die EMRK in der Fassung des **14. Protokolls**.[11] Mit dem **16. Proto-** 7
koll, das am 1.8.2018 in Kraft trat, wurde zudem die Möglichkeit einer Richtervorlage an
den EGMR geschaffen. Da es sich um ein Fakultativprotokoll handelt, gelangt das Verfahren allerdings nur in den Staaten zur Anwendung, die das Protokoll gezeichnet und ratifiziert haben. Die Bundesrepublik Deutschland hat dies bislang nicht getan.[12] Zur strukturellen Entwicklung des Kontrollverfahrens und zur künftigen Ausrichtung des Gerichtshofs
ausführlich Rn. 336 ff.

II. Organisation und Struktur des Europäischen Gerichtshofs für Menschenrechte

1. Richter. Der EGMR ist ein ständiger Gerichtshof mit **hauptamtlich tätigen Rich-** 8
tern (Art. 19 Satz 2, Art. 21 Abs. 2). Die Zahl der Richter entspricht der Zahl der Vertragsstaaten der Konvention (Art. 20 EMRK): im Juli 2022 bestand das Kollegium aus insgesamt
46 Richtern. Sie werden für jeden Staat aus einer von diesem Staat vorgelegten Vorschlagsliste von drei Kandidaten mit der Mehrheit der Stimmen von der **Parlamentarischen
Versammlung des Europarates** für neun Jahre gewählt (Art. 22, 23 Abs. 1 Satz 1).[13] Die
Wiederwahl ist seit Inkrafttreten des 14. P-EMRK **nicht mehr zulässig** (Art. 23 Abs. 1
Satz 2). Die Richter, deren Amtszeit mit der Vollendung des 70. Lebensjahres endet (Art. 23

---

8 Zur Entwicklung *Engel* EuGRZ **2003** 122, 127 ff.; *Egli* ZaöRV **64** (2004) 759; *Meyer-Ladewig/Petzold* NJW
2009 3749; *Haß* 41 ff.
9 Deutschland hat das 11. P-EMRK mit Gesetz v. 24.7.1995 ratifiziert (BGBl. II S. 578).
10 Vgl. z.B. *Meyer-Ladewig/Petzold* NJW **2009** 3749, 3751.
11 Siehe Bekanntmachung der Neufassung der Konvention v. 4.11.1950 zum Schutz der Menschenrechte
und Grundfreiheiten v. 22.10.2010 (BGBl. II S. 1998).
12 21 Staaten haben das 16. Protokoll (CETS Nr. 214) ratifiziert (Stand 08/2023; https://www.coe.int/en/web/
conventions/full-list/-/conventions/treaty/214/signatures?p_auth=NucAOpMZ). Eine Zeichnung des 16. P-EMRK
durch Deutschland ist bis auf Weiteres nicht beabsichtigt, da das Verfahren „im Hinblick auf den ausgebauten Verfassungsrechtsschutz in Deutschland keinen Mehrwert [biete]" (BTDrucks. **19** 10411 S. 18).
13 Die Amtszeit der Hälfte der Richter war bei der ersten Wahl auf drei Jahre begrenzt, damit alle drei
Jahre ein Teil der Richter neu gewählt werden konnte (vgl. Art. 23 Abs. 1 Satz 3 EMRK a.F.); kritisch zur
Richterwahl („Qualitätsauswahl"): *Engel* EuGRZ **2003** 122, 133; *ders.* EuGRZ **2012** 486.

Abs. 2), bleiben bis zum Amtsantritt ihres Nachfolgers im Amt (Art. 23 Abs. 3 Satz 1). Sie bleiben zeitlich darüber hinaus auch noch in den Rechtssachen weiter tätig, mit denen sie bereits befasst sind (Art. 23 Abs. 3 Satz 2). Die Regelung wird durch Art. 26 Abs. 3 VerfO (Kammer) und Art. 24 Abs. 4 VerfO (GK) dahingehend präzisiert, dass **ausscheidende Richter weiter tätig bleiben,** wenn sie an der Prüfung der Begründetheit der Beschwerde teilgenommen haben. Durch das am 1.8.2021 in Kraft getretene 15. Protokoll zur EMRK[14] wurde die bisherige Altersgrenze von 70 Jahren gestrichen und durch eine neue Regelung ersetzt, nach der Bewerber für das Richteramt auf der Vorschlagsliste der Vertragsstaaten das 65. Lebensjahr noch nicht vollendet haben dürfen (Art. 21 Abs. 2 EMRK, Art. 2 Nr. 1 des 15. P-EMRK).

9   Ein Richter kann an der Prüfung einer Beschwerde nicht teilnehmen, wenn er **befangen** ist, insbesondere wenn er an der zu entscheidenden Rechtssache ein persönliches Interesse hat, wenn er an der Rechtssache in irgendeiner Weise vorher mitgewirkt hat, wenn er als *ad hoc*-Richter (Art. 29 VerfO) oder über seine Amtszeit hinaus nach Art. 26 Abs. 3 VerfO über die Beschwerde entscheiden soll, aber seine sonstige politische, administrative oder berufliche Tätigkeit mit den Grundsätzen einer richterlichen Unabhängigkeit und Unparteilichkeit nicht zu vereinbaren ist, oder wenn er sich zu der Sache öffentlich, über die Medien etc. in einer Art und Weise geäußert hat, die seine Unparteilichkeit objektiv in Zweifel zieht (Art. 28 Abs. 2 VerfO).

10   Sieht sich ein Richter wegen einer dieser oder anderer Gründe als befangen an und will er deswegen von sich aus nicht an der Behandlung der Beschwerde teilnehmen, so hat er den Präsidenten seiner Kammer darüber zu **informieren,** der ihn dann von der Teilnahme an der Rechtssache freistellt (Art. 28 Abs. 3 VerfO). Treten **Zweifel an der Unparteilichkeit** eines Kammermitglieds im obigen Sinne auf, so entscheidet die Kammer, nach Anhörung des Betroffenen, in dessen Abwesenheit darüber (Art. 28 Abs. 4 VerfO). Ist der nationale Richter betroffen, muss er durch einen *ad hoc*-Richter nach Art. 26 Abs. 4 EMRK/Art. 29 Abs. 1 *lit.* a VerfO ersetzt werden (Rn. 18).

11   Für die Mitglieder eines **Dreier-Ausschusses** (*Committee*) und den **Einzelrichter** (*Single Judge*) gelten diese Regelungen entsprechend (Art. 28 Abs. 5 VerfO), mit dem Unterschied, dass die entsprechenden Mitteilungen an den Sektionspräsidenten zu erfolgen haben.

12   Deutsche Richterin am EGMR ist seit dem 1.1.2020 **Prof. Dr. Anja Seibert-Fohr,** Inhaberin des Lehrstuhls für Öffentliches Recht, Völkerrecht und Menschenrechte sowie Direktorin des Instituts für Staatsrecht, Verfassungslehre und Rechtsphilosophie an der Universität Heidelberg. Sie löste **Prof. Dr. Dr. h.c. Angelika Nußberger** (2011–2019) ab. Deren Vorgänger waren **Dr. h.c. Renate Jaeger** (2004–2010), **Prof. Dr. Georg Ress** (1998–2004), **Prof. Dr. Rudolf Bernhardt** (1981–1998) und **Prof. Dr. Hermann Mosler** (1959–1980).

13   Der **Präsident des Gerichtshofs** leitet den Gerichthof und repräsentiert ihn nach außen (Art. 9 Abs. 1 VerfO). Er hat außerdem den Vorsitz im Plenum inne (Art. 9 Abs. 2 VerfO; Rn. 23) und beruft dessen Sitzungen ein (Art. 20 Abs. 1 VerfO). Zudem ist er Vorsitzender der GK sowie des Ausschusses, der über die Verweisung an die GK entscheidet (Art. 43 Abs. 2 EMRK/Art. 9 Abs. 2 VerfO). Präsidentin des Gerichtshofs ist seit dem 1.11.2022 die Irin **Síofra O'Leary.** Ihre Vorgänger waren **Robert Spano** (2020–2022), **Guido Raimondi** (2015–2020), **Dean Spielmann** (2012–2015), **Sir Nicolas Bratza** (2011–2012), **Jean-Paul Costa** (2007–2011), **Luzius Wildhaber** (1998–2007), **Rudolf Bernhardt** (1998),[15] **Rolv Ryssdal** (1985–1998), **Gérard J. Wiadra** (1981–1985), **Giorgio Balladore Pallieri** (1974–1980),

---

14 ETS 213 v. 24.6.2013.

15 *Bernhardt* folgte nach dem Tod *Ryssdals* 1998 diesem im Amt nach, bis er bedingt durch die Umstrukturierung durch das 11. P-EMRK noch im selben Jahr ausschied.

Sir Humphrey Waldock (1971–1974), **Henri Rolin** (1968–1971), **René Samuel Cassin** (1965–1968), und **Lord Arnold Duncan McNair** (1959–1965).

2. Spruchkörper des Gerichtshofs

a) Einzelrichter (Single Judge). Seit dem 1.6.2010 – mit dem Inkrafttreten des 14. P- **14** EMRK – kennt die EMRK den Spruchkörper des **Einzelrichters**. Ein Einzelrichter, der niemals der **nationale Richter** sein darf (Art. 26 Abs. 3 EMRK; Art. 27A Abs. 3 VerfO), wird vom Präsidenten des Gerichtshofs für zwölf Monate bestimmt. Der Präsident entscheidet auch über die Anzahl der Einzelrichter (Art. 27A Abs. 1 VerfO). Der Einzelrichter (Rn. 343 ff.) kann Beschwerden **endgültig für unzulässig erklären**, *wenn* dies ohne weiteres möglich ist; sonst leitet er sie an einen Ausschuss (Rn. 15 ff.) oder an eine Kammer weiter (Art. 27 EMRK). Die den Einzelrichter betreffenden Regelungen galten aufgrund des Protokolls 14bis v. 27.5.2009 (Rn. 342) bereits für Beschwerden gegen diejenigen Staaten, die eine entsprechende Annahmeerklärung für dieses Protokoll abgegeben hatten.

b) Ausschuss (Committee). Ausschüsse werden aus jeweils drei Richtern derselben **15** Sektion für 12 Monate gebildet. Es gilt ein **Rotationsverfahren** (Art. 26 Abs. 1 EMRK; Art. 27 Abs. 2 VerfO). Die Zahl der Ausschüsse bestimmt der Präsident des Gerichtshofs nach Anhörung des Sektionspräsidenten (Art. 27 Abs. 1 VerfO). Die Tatsache, dass Art. 27 VerfO – anders als Art. 27A und Art. 26 Abs. 1 *lit.* a VerfO – keinerlei Vorgaben zu einem Ausschluss oder einer zwingenden Berufung des nationalen Richters des betroffenen Vertragsstaates macht, lässt die Schlussfolgerung zu, dass der nationale Richter im Rahmen der Ausschüsse zwar an der Entscheidung beteiligt sein kann, aber nicht muss. Bis zum Inkrafttreten des 14. P-EMRK waren die Ausschüsse das einzige Filterorgan, das dem EGMR zur Verfügung stand. Nach Art. 28 Satz 1 *lit.* a EMRK/Art. 53 Abs. 1 VerfO können sie **einstimmig** eine Beschwerde für **unzulässig erklären** oder **aus dem Register streichen**, *wenn* sie diese Entscheidung ohne weitere Prüfung treffen können. Die Entscheidungen der Ausschüsse sind endgültig (Art. 28 Abs. 2 EMRK; Art. 53 Abs. 4 VerfO) und damit unanfechtbar.

Neu hinzugekommen ist durch das **14. P-EMRK** die Kompetenz der Ausschüsse, **ein-** **16** **stimmig** per Urteil auch über die **Begründetheit von Beschwerden** zu entscheiden, sofern bereits eine gefestigte Rechtsprechung hinsichtlich der in Frage stehenden Konventionsverletzung besteht (Art. 28 Abs. 1 *lit.* b EMRK; Rn. 348 ff.). Die Regelungen wurden aufgrund des **14bis P-EMRK** (Rn. 342) bereits auf Beschwerden gegen diejenigen Staaten angewandt, die eine entsprechende Annahmeerklärung abgegeben hatten. Kann der Ausschuss keine Entscheidung nach Art. 28 treffen, übermittelt er die Beschwerde einer Kammer zur weiteren Prüfung (Art. 53 Abs. 6 VerfO).

c) Kammer (Chamber). Die mit **sieben Richtern** besetzten Kammern (Art. 28 Abs. 1 **17** EMRK) werden innerhalb der jeweiligen Sektion von deren Präsidenten nach einem **Rotationsverfahren** gebildet (Art. 26 Abs. 1 *lit.* b VerfO).[16] Innerhalb einer Sektion bestehen je drei Kammerformationen, die im Wechsel die Kammeraufgaben erfüllen.[17] Neben dem Sektionspräsidenten muss stets auch der jeweilige nationale Richter der Kammer angehören. **Nationaler Richter** ist der für die betroffene Vertragspartei (Staat) gewählte Richter, der auch dann nach Art. 26 Abs. 4 EMRK/Art. 26 Abs. 1 *lit.* a VerfO zur Mitwirkung berufen ist, wenn er einer anderen Sektion angehört.

---

16 Zum Verfahren *Wittinger* NJW **2001** 1238, 1240; *Meyer-Ladewig* EuGRZ **1996** 374, 375 ff.

17 *Grabenwarter/Pabel* § 8, 1.

18   Für den Fall, dass der für eine Vertragspartei gewählte Richter (nationaler Richter) – etwa wegen Befangenheit (Art. 28 VerfO), Rücktritt, Tod, etc.[18] – nicht an der Verhandlung über eine Beschwerde teilnehmen kann, wählt der Präsident der Kammer einen *ad hoc*-**Richter** von einer Liste mit drei bis fünf Richtern aus, die der betreffende Vertragsstaat vorab benannt hat (Art. 26 Abs. 4 Satz 2 EMRK/Art. 29 Abs. 1 *lit.* a VerfO). Erfüllen weniger als drei Personen auf der Liste die Kriterien des Art. 21 Abs. 1, so hat der Präsident der Kammer die Möglichkeit, einen anderen gewählten Richter als *ad hoc*-Richter zu benennen (Art. 29 Abs. 2 *lit.* b i.V.m. Abs. 1 *lit.* c VerfO).

19   **d) Zuweisung der Beschwerden.** Die Entscheidung, welchem dieser Spruchkörper die Beschwerde zugewiesen wird, trifft der durch den Sektionspräsidenten bestimmte **Berichterstatter** („Judge Rapporteur"; Art. 49 Abs. 3 *lit.* b VerfO), wobei es dem Sektionspräsidenten freisteht, die Beschwerde unabhängig von der Ansicht des Berichterstatters der Kammer zuzuweisen.[19] Der nationale Richter kommt als Berichterstatter für die sein Land betreffenden Fälle nicht in Betracht, erhält aber die nationalen Fälle – nach informeller Absprache innerhalb der Sektion – meist zur Ansicht.

20   **e) Große Kammer (Grand Chamber).** Als **übergeordneter Spruchkörper** wird die **GK** mit 17 Richtern und mindestens drei Ersatzrichtern (Art. 24 Abs. 1 VerfO) für drei Jahre (gerechnet ab der Wahl der Präsidenten der Sektionen und des Gerichtshofs) eingerichtet.[20] Ihr gehören zwingend der Präsident des Gerichtshofs, die Vizepräsidenten und die fünf Sektionspräsidenten an (Art. 26 Abs. 5 EMRK/Art. 24 Abs. 2 *lit.* a VerfO). Der für den betroffenen Staat gewählte Richter (Rn. 17) ist ebenfalls stets Mitglied der GK (Art. 24 Abs. 2 *lit.* b VerfO) und auch nicht wegen „Vorbefassung" ausgeschlossen, wenn er in derselben Sache bereits am Urteil einer Kammer mitgewirkt hat.[21]

21   Sofern eine Beschwerde der GK nach **Art. 30 EMRK** vorgelegt wurde (Abgabe der Rechtssache), wirken auch die Kammermitglieder bei der Entscheidung mit. In einem Verfahren nach **Art. 43 EMRK** dagegen (Verweisung an die GK) sind die Mitglieder der Kammer nach Art. 26 Abs. 5 EMRK/Art. 24 Abs. 2 *lit.* c VerfO von der Mitwirkung ausgeschlossen mit Ausnahme ihres Kammerpräsidenten und des „nationalen Richters".[22] Die übrigen Mitglieder werden aus den verbleibenden Richtern durch Los bestimmt. Die Modalitäten legt das Plenum fest, wobei auf Ausgewogenheit in geographischer Hinsicht und in Bezug auf die verschiedenen Rechtssysteme zu achten ist (Art. 24 Abs. 2 *lit.* d VerfO).

22   **3. Plenum.** Das **Plenum des Gerichtshofs** hat nur organisatorische Aufgaben, ist also kein Recht sprechender Spruchkörper.[23] Es ist beschlussfähig, wenn mindestens zwei Drittel der Richter der Abstimmung beiwohnen (Art. 20 Abs. 2 VerfO).

23   Das Plenum wählt den **Präsidenten** und die zwei **Vizepräsidenten** für eine Dauer von **drei Jahren,** sofern dadurch nicht die Amtszeit überschritten wird (Art. 8 Abs. 1 VerfO)[24] und verteilt auf Vorschlag des Präsidenten die Richter für denselben Zeitraum auf die der-

---

18 Siehe EGMR Hoffer u. Annen/D, 13.1.2011, NJW **2011** 3353 = ZfL **2011** 61, § 5.

19 Vgl. *Grabenwarter/Pabel* § 8, 3; *Wittinger* NJW **2001** 1238, 1240.

20 *Grabenwarter/Pabel* § 8, 5.

21 EGMR (GK) Perinçek/CH, 15.10.2015, NJW **2016** 3353, § 5 mit krit. Anm. *Meyer-Ladewig/Petzold.*

22 Vgl. *Grabenwarter/Pabel* § 8, 6; Meyer-Ladewig/Nettesheim/von Raumer/*Meyer-Ladewig/Müller-Elschner* Art. 26, 12.

23 Meyer-Ladewig/Nettesheim/von Raumer/*Meyer-Ladewig/Fuentes* Art. 25, 1; IK-EMRK/*Keller/Schmidtmadel* Art. 25, 1.

24 Eine Wiederwahl ist möglich, aber nur einmal für jede Position.

Esser

zeit fünf **Sektionen**[25] (Art. 25 Abs. 1 VerfO), wobei die Zusammensetzung der Sektionen in geographischer Hinsicht und in Bezug auf die Vertretung der Geschlechter ausgeglichen sein und auch den unterschiedlichen Rechtssystemen der Vertragsparteien Rechnung tragen soll (Art. 25 Abs. 2 VerfO). Die Sektionen sollen in ihrer Zusammensetzung gewissermaßen **Europa widerspiegeln** (Nord-Süd-Ost-West). Ausgewogenheit bei der Verbindung mehrerer Richter zu einer Sektion soll auch hinsichtlich ihres **beruflichen Hintergrundes** bestehen. Schließlich wird auf eine möglichst **gleichmäßige Verteilung der Arbeitsbelastung** geachtet, so dass Staaten mit erfahrungsgemäß hohen Beschwerdezahlen nach Möglichkeit unterschiedlichen Sektionen zugewiesen werden. Jede Sektion bearbeitet alle Beschwerden gegen die Vertragsstaaten, deren Richter ihr angehören.[26]

Das Plenum wählt die **Sektionspräsidenten**, die jeweils den innerhalb der Sektionen **24** aus sieben Richtern bestehenden Kammern vorsitzen (Art. 25 *lit.* c), sowie den Kanzler und dessen Stellvertreter (Art. 25 *lit.* e) und beschließt die **Verfahrensordnung** (Art. 25 *lit.* d; Rn. 34). Das Plenum ist außerdem befugt, Anträge nach Art. 26 Abs. 2 auf die vorübergehende Verkleinerung der Kammern auf fünf Richter (Rn. 357 f.) zu stellen (Art. 25 *lit.* f).

4. Kanzler. Die **Kanzlei** des Gerichtshofs (*„Registry"/„La plume de la Cour"*)[27] ist orga- **25** nisatorisch in den Gerichtshof eingegliedert. Sie besteht aus rund 650 permanenten und temporären Mitarbeitern (darunter Juristen, Übersetzer, Informatiker, Verwaltungsassistenten, Sekretärinnen, Boten etc.).[28] Der **Kanzler** (*„Registrar"*) und seine Stellvertreter werden vom Plenum gewählt (Art. 25 *lit.* e EMRK/Art. 15, 16 VerfO). Die übrigen Mitarbeiter der Kanzlei, auch die den Gerichtshof unterstützenden wissenschaftlichen Mitarbeiter, sind Bedienstete des Europarats (vgl. Art. 18 Abs. 3 VerfO). Sie werden vom Generalsekretär des Europarates (Rn. 28) mit Zustimmung des Präsidenten des Gerichtshofs bzw. Kanzlers ernannt.[29]

Neben der Unterstützung der Arbeit des Gerichtshofs führt die Kanzlei die **Korres-** **26** **pondenz mit den Beschwerdeführern**, nach der Zustellung auch mit den Regierungen der betroffenen Staaten, und legt **Akten über die Beschwerden** an (Art. 17 Abs. 2 VerfO), die grundsätzlich öffentlich sind (Art. 33 VerfO). Eine gegen Deutschland gerichtete Beschwerde wird dabei beispielsweise der Abteilung zugeleitet, die sich mit Fällen gegen Deutschland beschäftigt. Überwiegend finden sich hier Vertreter der deutschen Justiz, so dass die Mitarbeiter hier Deutsch sprechen und mit der nationalen Rechtsordnung vertraut sind.[30] Auch wenn eine Beschwerde gegen Deutschland in anderer Sprache eingereicht wird, wird diese Beschwerde dennoch an die deutsche Kanzleisektion weitergeleitet und ein Kollege einer anderen Abteilung zusätzlich zur Übersetzung herangezogen.[31] Die

---

25 Während die EMRK nur von den Kammern als den für die Entscheidung zuständigen Spruchkörpern spricht, verteilt die VerfO die Richter auf **Sektionen**, aus denen dann die jeweils zur Entscheidung berufene Kammer gebildet wird.

26 *Schmaltz* DRiZ **2010** 120.

27 *Schmaltz* DRiZ **2010** 120.

28 Vgl. https://www.echr.coe.int/Pages/home.aspx?p=court%26c=; siehe auch https://www.echr.coe.int/Documents/Registry_ENG.pdf (noch rund 640); *Schmaltz* DRiZ **2010** 120; IK-EMRK/*Keller/Schmidtmadel* Art. 24, 2.

29 IK-EMRK/*Keller/Schmidtmadel* Art. 24, 2.

30 Vgl. zum Ganzen die Informationsbroschüre des EGMR „Ihre Beschwerde zum EGMR", S. 5, abrufbar unter https://www.echr.coe.int/Pages/home.aspx?p=applicants/ger%26c= (Stand: August 2023).

31 Eingereicht werden kann eine Beschwerde sowohl in einer der beiden Amtssprachen des Europarats – Englisch oder Französisch – als auch in einer offiziellen Sprache eines Mitgliedstaats, vgl. die Informationsbroschüre des EGMR „Ihre Beschwerde zum EGMR", S. 4, abrufbar unter https://www.echr.coe.int/Pages/home.aspx?p=applicants/ger%26c= (Stand: 08/2023).

Mitarbeiter der Kanzlei sorgen auch für die **Vervollständigung dieser Akten.**[32] Den Juristen der Kanzlei obliegt die erste Einschätzung der Erfolgsaussichten der Beschwerde.[33] Sind die Akten vollständig, weist der bearbeitende Jurist die Beschwerde vorläufig einem Entscheidungsorgan zu. Außerdem bereitet die Kanzlei auf Anweisung des (richterlichen) Berichterstatters[34] (Rn. 19) Entscheidungs- und Urteilsentwürfe unter Berücksichtigung der Rechtsprechung des Gerichtshofs vor.[35] Zu den Aufgaben der Kanzlei gehört ferner die **Öffentlichkeitsarbeit**. Sie sorgt für die **Zugänglichkeit der Rechtsprechung** und verbreitet auch aktuelle Informationen zur Tätigkeit des Gerichtshofs sowie Statistiken.[36]

27   Dem Kanzler obliegt die Führung der Mitarbeiter des Gerichtshofs und die Beratung des Gerichts in prozessualen und praktischen Fragen. Er kann mit Genehmigung des Gerichtspräsidenten allgemeine Weisungen für die Arbeit in der Kanzlei erlassen (Art. 17 Abs. 4 VerfO), auch soweit dies die **Handhabung der Beschwerden** betrifft.[37]

28   **5. Generalsekretär des Europarats.** Der Generalsekretär (Secretary General) ist kein Organ des Gerichtshofs, sondern des Europarats. Da der Europarat nach Art. 50 die Kosten des Gerichtshofs trägt, ist der Generalsekretär für dessen Haushalt verantwortlich. Er bereitet darüber hinaus die Entscheidungen des Ministerkomitees vor (vgl. Rn. 29). Befugnisse und Aufgaben ergeben sich für den Generalsekretär aber auch aus der EMRK selbst (siehe Art. 15 Abs. 3, 52, 58 Abs. 1, 59 Abs. 5).

29   **6. Ministerkomitee.** Das Ministerkomitee des Europarates entscheidet nicht (mehr) über die Menschenrechtsbeschwerden (vgl. noch Art. 32 Abs. 1 a.F.), sondern hat nach Art. 46 Abs. 2 weiterhin die Aufgabe, die **Durchführung der Urteile des Gerichtshofs zu überwachen** (vgl. Rn. 331 ff.).

III. Beschwerdeverfahren

30   **1. Verfahrensarten.** Die EMRK kennt **zwei verschiedene Verfahrensarten** vor dem Gerichtshof. Für sie gelten zum Teil unterschiedliche Verfahrensregeln:

31   **a) Staatenbeschwerde.** Mit der Staatenbeschwerde kann jeder Vertragsstaat den Gerichtshof seit Inkrafttreten des 11. P-EMRK (1998) unmittelbar[38] mit der Behauptung anrufen, ein anderer Vertragsstaat habe ein in der Konvention oder einem ZP garantiertes Recht verletzt (Art. 33). Die für eine Staatenbeschwerde erforderlichen Angaben legt Art. 46 VerfO fest. Von der Möglichkeit einer Staatenbeschwerde haben die Vertragsstaaten

---

32 IK-EMRK/*Keller*/*Schmidtmadel* Art. 24, 5.

33 IK-EMRK/*Keller*/*Schmidtmadel* Art. 24, 5.

34 Im Falle einer offensichtlich unzulässigen Beschwerde kann dies auch ein nichtrichterlicher Berichterstatter sein (Rn. 345).

35 *Wittinger* NJW **2001** 1238, 1240; *Schmaltz* DRiZ **2010** 120 f.; IK-EMRK/*Keller*/*Schmidtmadel* Art. 24, 1, 5.

36 IK-EMRK/*Keller*/*Schmidtmadel* Art. 24, 6.

37 IK-EMRK/*Keller*/*Schmidtmadel* Art. 24, 4. Auch auf der Ebene der Sektionen gibt es Kanzler und einen Stellvertreter. Diese unterstützen die einzelnen Sektionen bei administrativen und rechtlichen Angelegenheiten (Art. 18 Abs. 1 und Abs. 2 VerfO).

38 Auch die Staatenbeschwerde ging vor dem 11. P-EMRK zunächst an die EKMR und wurde dann meist im Ministerrat behandelt. Beim Gerichtshof bzw. nach alter Rechtslage vor 1998 bei der Kommission (EKMR) waren nur elf Staatenbeschwerden eingereicht worden.

bisher eher spärlich Gebrauch gemacht.[39] In der Regel wird aus diplomatischen Gründen ein solcher Schritt vermieden, wenn die Wahrung des „ordre public européen" oft auch mit weniger öffentliches Aufsehen erregenden Maßnahmen zu erreichen ist.[40] Gerade in jüngerer Zeit häufen sich die Staatenbeschwerden allerdings; Hintergrund sind die russische Invasion auf der Krim (2014) bzw. der Angriffskrieg Russlands gegenüber der Ukraine seit dem 24.2.2022.[41]

b) Individualbeschwerde. Mit der Individualbeschwerde kann jeder Einzelne, jede **32** Personenvereinigung und jede nichtstaatliche Organisation den Gerichtshof wegen der Verletzung eines in der Konvention oder einem Zusatzprotokoll gewährleisteten Rechts anrufen (Art. 34).[42] Einzelheiten zum Inhalt einer Individualbeschwerde enthält Art. 47 VerfO.

2. Allgemeine Grundsätze

a) Verhandlungsort. Die mündliche Verhandlung – so denn eine solche anberaumt **33** wird (Rn. 36) – findet vor der Kammer am Sitz des Gerichtshofs im **Human Rights Building** in Straßburg statt. Allerdings kann die Kammer, wenn sie es für zweckmäßig hält, ihre Tätigkeit auch in einem **anderen Mitgliedstaat** des Europarats ausüben (Art. 19 VerfO). Außerhalb des ständigen Sitzes stattfindende Ortsbesichtigungen werden meist von einer **Delegation**, also nicht durch den gesamten Spruchkörper, durchgeführt.

b) Verfahrensordnung. Das Verfahren richtet sich im Wesentlichen nach der vom **34** Plenum beschlossenen VerfO. Die **Rules of Court** (vgl. Art. 25 *lit.* d) in ihrer aktuellen Fassung traten am 3.6.2022 in Kraft. Als Ergänzung hat der Präsident des Gerichtshofs nach Art. 32 VerfO insgesamt **sieben Verfahrensanordnungen** (*Practice Directions*) erlassen: **„Written Pleadings" (PD-WP)** i.d.F. vom 29.9.2014; **„Institution of proceedings" (individual applications under Article 34 of the Convention) (PD-I)** i.d.F. vom 1.2.2022; **„Just Satisfaction Claims" (Article 41 of the Convention) (PD-JS)** i.d.F. vom 9.6.2022; **„Electronic filing by applicants" (PD-EFA)** vom 29.9.2014 (in Kraft seit dem 6.9.2018); **„Secured electronic filing by Governments" (PD-SEF)** i.d.F. vom 5.7.2018; **„Requests for Interim Measures" (Rule 39 of the Rules of Court) (PD-IM)** vom 7.7.2011; **„Requests for Anonymity" (PD-RfA)** vom 14.1.2010.

---

39 Zwischen 1956 und Juli 2022 gingen insgesamt 31 Staatenbeschwerden bei der früheren EKMR bzw. beim Gerichtshof ein. Liste aller Staatenbeschwerden: https://echr.coe.int/Pages/home.aspx?p=caselaw/interstate%26c=.

40 Vgl. *Tomuschat* EuGRZ **2003** 95.

41 Allein im Zeitraum 2020–2022 erreichten den EGMR 11 neue Staatenbeschwerden (LET/DK, Beschwerde v. 19.2.2020, Nr. 9717/20; FL/CS, Beschwerde v. 19.8.2020, Nr. 35738/20; ARM/ASE, Beschwerde v. 27.9.2020, Nr. 42521/20; ARM/TRK, Beschwerde v. 4.10.2020, Nr. 43517/20; ASE/ARM, Beschwerde v. 27.10.2020, Nr. 47319/20); UKR/R, Beschwerde v. 19.2.2021, Nr. 10691/21; R/UKR, Beschwerde v. 22.7.2021, Nr. 36958/21; ARM/ASE, Beschwerde v. 29.6.2021, Nr. 33412/21; ARM/ASE, Beschwerde v. 24.8.2021, Nr. 42445/21; UKR/R, Beschwerde v. 28.2.2022, Nr. 11055/22; ARM/ASE, Beschwerde v. 24.3.2022, Nr. 15389/22; verhandelt hat die GK die erste Staatenbeschwerde der Ukraine gegen Russland bzgl. des Vorwurfs zahlreicher Menschenrechtsverletzungen auf der ukrainischen Halbinsel Krim seit der Annexion durch Russland (Nr. 20958/14); näher zur aktuellen Entwicklung: *Küchler* Die Renaissance der Staatenbeschwerde – Potenzial und Gefahr der vermehrten Nutzung des Art. 33 EMRK (2020). Entschieden in diesem Zeitraum hat der EGMR u.a. eine Staatenbeschwerde zur Krim-Annexion (EGMR [GK; E] UKR/R, 16.12.2020).

42 Näher dazu SK/*Meyer* EMRK VerfR 10 ff.

35   **c) Sprachen.** Die **Amtssprachen** des Gerichtshofs sind **Englisch und Französisch** (Art. 34 Abs. 1 VerfO). Die Beschwerde kann jedoch in jeder **Amtssprache der Vertragsparteien** eingelegt werden (Art. 34 Abs. 2 VerfO). In mündlichen Verhandlungen und ab der Zustellung der Beschwerde an den betroffenen Vertragsstaat sind in der Regel nur die Amtssprachen des Gerichtshofs zu verwenden; für die Verwendung einer anderen Sprache bedürfen der Bf. und sein Vertreter sowie der beteiligte Staat der Genehmigung des Kammerpräsidenten (Art. 34 Abs. 3 lit. a, Abs. 4 lit. a VerfO), wobei diese in der Praxis des Gerichtshofs jedenfalls bei *well-established-case-law*-Fällen nach Art. 28 Abs. 1 lit. 1 regelmäßig gegeben wird. In diesen Fällen müssen der Kanzler bzw. der jeweilige Staat für die mündliche und schriftliche Übersetzung in die Amtssprachen des Gerichtshofs sorgen (Art. 34 Abs. 3 lit. b VerfO). Der Kammerpräsident kann den betroffenen Vertragsstaat, sofern dieser sich einer der Amtssprachen des Gerichtshofs bedient, auffordern, eine Übersetzung seiner schriftlichen Stellungnahmen in einer eigenen Amtssprache vorzulegen, damit dem Bf. das Verständnis der Stellungnahme erleichtert wird (Art. 34 Abs. 5 VerfO). **Zeugen, Sachverständige** und andere Personen können sich vor dem Gerichtshof ihrer eigenen Sprache bedienen, wenn sie die Amtssprachen des Gerichts nicht hinreichend beherrschen. In diesen Fällen obliegt es dem Kanzler, die Übersetzung zu veranlassen (Art. 34 Abs. 6 VerfO). Eine besondere Sprachenregelung für Vorlagen nach dem 16. P-EMRK enthält Art. 34 Abs. 7 VerfO.

36   **d) Mündliche Verhandlung.** Das Gericht kann über die Beschwerde **im schriftlichen Verfahren** oder **aufgrund einer mündlichen Verhandlung** entscheiden. Findet eine mündliche Verhandlung statt, so ist diese grundsätzlich öffentlich und für jedermann zugänglich (Art. 63 Abs. 1 VerfO). Sie kann auch bereits zur Prüfung der Zulässigkeit anberaumt werden.

37   Von Amts wegen bzw. auf Antrag einer Partei oder einer anderen betroffenen Person können **Presse und Öffentlichkeit** während der ganzen oder eines Teiles der mündlichen Verhandlung **ausgeschlossen werden** (Art. 63 Abs. 2 VerfO), wenn dies im Interesse der Moral, der öffentlichen Ordnung oder der nationalen Sicherheit in einer demokratischen Gesellschaft liegt, wenn die Interessen von Jugendlichen oder der Schutz des Privatlebens der Parteien es verlangen oder, soweit die Kammer es für unbedingt erforderlich hält, wenn unter besonderen Umständen eine öffentliche Verhandlung die Interessen der Rechtspflege beeinträchtigen würde.

38   Der Kammerpräsident (bzw. Leiter der Delegation, Rn. 33) leitet die mündliche Verhandlung und bestimmt ihren konkreten Ablauf, d.h. die Reihenfolge, in der den Parteien, ihren Verfahrensbevollmächtigten,[43] Rechtsbeiständen und Beratern sowie den sonstigen erschienenen Personen (Zeugen, Sachverständige, Drittbeteiligte) das Wort erteilt wird (Art. 64 Abs. 1 VerfO, Rule A4 im Annex zur VerfO). Meist dauern die Verhandlungen einen Vor- oder Nachmittag. Die Redezeit wird meist im Voraus auf 45 Minuten bis zu einer Stunde begrenzt.

39   **e) Anwesenheit der Parteien.** Grundsätzlich muss der Bf. nicht zur mündlichen Verhandlung erscheinen, sondern kann sich durch seinen Verfahrensbevollmächtigten vertreten lassen. Erscheint weder der Bf. noch sein Verfahrensbevollmächtigter zur mündlichen Verhandlung – bzw. zur Untersuchung einer Delegation des Gerichtshofs –, führt dies nicht zwingend zur Einstellung des Verfahrens (Rule A3 im Annex zur VerfO). Bleibt eine Partei ohne Angabe hinreichender Gründe von der Verhandlung fern, so kann die Kammer diese gleichwohl fortsetzen, wenn ihr dies mit einer geordneten Rechtspflege vereinbar erscheint (Art. 65 VerfO). Allerdings kann der Gerichtshof die Beschwerde bei Fernblei-

---

43 Für Deutschland ist dies die Beauftragte der Bundesregierung für Menschenrechtsfragen im Bundesministerium der Justiz, vgl. Karpenstein/Mayer/*Schäfer* Art. 34, 11.

ben des Bf. wegen der Vermutung fehlenden Interesses an der Aufrechterhaltung der Beschwerde in der Liste der anhängigen Rechtssachen streichen (**Art. 37 Abs. 1 Satz 1** *lit.* **c**). Prinzipiell ist aber das Auftreten des Verfahrensbevollmächtigten ausreichend.

f) Verfahrensvertretung. Für die Einlegung der Individualbeschwerde und den Be- 40
ginn des Verfahrens besteht kein Anwaltszwang. Der Bf. *kann* sich aber vor dem Gerichtshof durch einen in den Mitgliedstaaten des Europarates zugelassenen **Anwalt** oder eine
sonst vom Kammerpräsidenten **zugelassene Person** vertreten lassen (Art. 36 Abs. 1, Abs. 4
lit. a VerfO). Nach der Mitteilung der Beschwerde nach Art. 54 Abs. 2 *lit.* b VerfO an den
betroffenen Vertragsstaat muss sich der Bf. vertreten lassen, wenn der Kammerpräsident
nicht anders entscheidet (Art. 36 Abs. 2 VerfO).[44] Ist der Bf. ohne Erlaubnis nicht vertreten,
führt dies nicht zwangsläufig zur Unzulässigkeit der Beschwerde.[45]

Zwingend ist die Vertretung durch einen Verfahrensbevollmächtigten – einen in ei- 41
nem Vertragsstaat zugelassenen Rechtsbeistand (advocate) oder eine andere vom Kammerpräsidenten zugelassene Person (*other person approved*)[46] (Art. 36 Abs. 4 *lit.* a VerfO) –
in jeder mündlichen Verhandlung vor der Kammer (Art. 36 Abs. 3 VerfO; Rn. 36). Ausnahmsweise kann dem Bf. auch noch in diesem Stadium des Verfahrens gestattet werden,
seine Interessen **selbst zu vertreten**, falls erforderlich mit Unterstützung eines Rechtsbeistands oder einer anderen Person (Art. 36 Abs. 3 VerfO).

g) Kosten. Verfahrenskosten werden für das Verfahren vor dem EGMR nicht erhoben. 42
Einer Entscheidung über **Verfahrenskosten** im Urteil (vgl. Art. 74 Abs. 1 *lit.* j VerfO) bedarf
es nur, wenn die Beschwerde Erfolg hat und der Gerichtshof gemäß Art. 41 anordnet, dass
der Staat, gegen den sich die Beschwerde richtet, den Verletzten auch für die Kosten seiner
Rechtsverfolgung zu entschädigen hat (Rn. 270 ff.).

h) Verfahrenshilfe (legal aid). Eine Verfahrenshilfe in Form der Bereitstellung fi- 43
nanzieller Mittel kann bei einer Individualbeschwerde (Art. 34) durch den Kammerpräsidenten gewährt werden, sofern der Bf. selbst nicht über ausreichende Mittel für die
Beauftragung eines Rechtsbeistands verfügt und dies für die ordnungsgemäße Prüfung
der Beschwerde vor dem Gerichtshof notwendig ist (Art. 105 Abs. 1, 106 VerfO).[47] Über
die Verfahrenshilfe wird entschieden, wenn der Staat, gegen den sich die Beschwerde
richtet, zu deren Zulässigkeit Stellung genommen hat oder die Frist dafür abgelaufen ist
(Art. 105 Abs. 1 VerfO). Der Bf. muss beglaubigte Angaben über seine wirtschaftlichen
Verhältnisse vorgelegt und der beklagte Staat dazu Stellung genommen oder die Möglichkeit dazu erhalten haben.[48] Der Kammerpräsident kann seine Entscheidung, mitgeteilt
über den Kanzler, jederzeit zurücknehmen, wenn die Voraussetzungen entfallen sind
(Art. 110 VerfO).

---

44 Siehe EGMR H.W./D, 19.9.2013, § 2 (Bf. wurde gestattet, sich selbst zu vertreten); Turluyeva/R, 20.6.2013,
§§ 2, 129 (Bf. wurden von Juristen einer NGO vertreten; der EGMR sah das offenbar so, dass die Bf. die
Organisation ermächtigt hatte, welche dann durch ihre Juristen handelte; Kostenerstattung: Überweisung
auf „the *representative*'s [Singular] bank account").
45 EGMR Lutanyuk/GR, 25.6.2015, §§ 26, 30.
46 Da der Vertreter vor dem EGMR nicht zwingend ein zugelassener Rechtsanwalt sein muss, dürfen
Treffen zwischen einem inhaftierten Bf. und einem nichtanwaltlichen Vertreter nicht mit der Begründung
untersagt bzw. vom Staat verhindert werden, die Person sei kein zugelassener Anwalt: EGMR Rasul Jafarov/
ASE, 17.3.2016, § 183; Hilal Mammadov/ASE, 4.2.2016, § 123.
47 Vgl. Meyer-Ladewig/Nettesheim/von Raumer/*Meyer-Ladewig*/*Albrecht* Art. 29, 13 ff.
48 Meyer-Ladewig/Nettesheim/von Raumer/*Meyer-Ladewig*/*Albrecht* Art. 29, 14.

44   Die Verfahrenshilfe umfasst die **Honorare** des Rechtsbeistands oder einer anderen nach Art. 36 VerfO zur Vertretung berechtigen Person (evtl. auch mehrerer Personen) sowie **Aufenthalts- und Reisekosten** und andere **notwendige Auslagen** (Art. 108 Abs. 2 VerfO). Die Höhe der Verfahrenshilfe wird vom Kanzler bestimmt, der die Höhe der Honorare nach „den geltenden Tarifen" festsetzt (Art. 109 *lit.* a VerfO).[49] Die bewilligte Verfahrenshilfe gilt für ein etwaiges Verfahren vor der GK weiter, sofern sie nicht rückgängig gemacht oder auf das Verfahren vor der Kammer beschränkt worden ist (Art. 105 Abs. 2, 110 VerfO).

45   Am 25.4.2013 ist das **EGMRKHG**[50] in Kraft getreten, das – im Sinne der Herbeiführung einer Gleichbehandlung – auf nationaler Ebene die Gewährung einer **Verfahrenshilfe für Drittbetroffene** aus der Bundeskasse vorsieht. Auf diese Weise soll eine Schutzlücke geschlossen werden, da eine Drittbeteiligung bislang von der finanziellen Leistungsfähigkeit der betreffenden Person abhängig war, obwohl auch diese in ihren Menschenrechten betroffen sein kann.[51] Das Bewilligungsverfahren richtet sich maßgeblich nach den Regelungen der ZPO zur Prozesskostenhilfe (vgl. § 1 Abs. 2 EGMRKHG); dabei tritt das **Bundesamt für Justiz** an die Stelle des Prozessgerichts. Gegen die Kostenhilfeentscheidung ist die **sofortige Beschwerde** binnen einer (im Vergleich zu § 569 Abs. 1 ZPO verlängerten) Notfrist von einem Monat statthaft, § 4 Abs. 1 EGMRKHG. Über die Beschwerde entscheidet nach § 4 Abs. 2 EGMRKGH das LG, in dessen Bezirk das Bundesamt für Justiz seinen Sitz hat (Bonn), sofern das Bundesamt der Beschwerde nicht abhilft. Die **Art und Höhe der erstattungsfähigen Kosten** richtet sich nach der EGMR-Kostenhilfe-Erstattungsbetragsverordnung (**EGMR-KEV**).[52] In einer Stellungnahme zum EGMR-KEV hat die BRAK kritisiert, „dass Verfahren vor dem EGMR einen erheblichen Aufwand bedeuten" und folglich „bei seriöser Arbeitsweise" der festgelegte Höchstsatz von 850 Euro angesichts des beachtlichen Arbeitsaufwands, der durch die notwendige Aufarbeitung aller nationalen Gerichtsentscheidungen für ein Verfahren vor dem EGMR entsteht, keinesfalls kostendeckend sein könne, sondern vielmehr allenfalls eine „Anerkennungsgebühr" darstelle.[53]

46   **i) Kommunikation; Recht auf wirksame Ausübung des Beschwerderechts.** Der Bf. hat das Recht auf **ungehinderte Kommunikation** mit dem Gerichtshof. Er darf weder bei der Einlegung der Individualbeschwerde noch im Laufe des anschließenden Verfahrens vor dem EGMR durch den betroffenen Staat an der effektiven Geltendmachung eines Konventionsverstoßes gehindert, geschweige denn zur Änderung oder gar Rücknahme der Beschwerde angehalten werden (Art. 34 Satz 2). Weder auf den Bf. noch auf seine Angehörigen und Rechtsvertreter darf von staatlicher Seite Druck oder gar Zwang ausgeübt werden. Unzulässig sind **unmittelbare Zwangswirkungen**, **Einschüchterungsversuche** und sonstige **unangemessene, indirekte Einflussnahmen**, die den Betroffenen von der Einle-

---

49 Vgl. Meyer-Ladewig/Nettesheim/von Raumer/*Meyer-Ladewig/Albrecht* Art. 29, 15: Nicht volles Honorar, sondern angemessener Beitrag zu den Kosten im Straßburger Verfahren.

50 Gesetz zur Einführung von Kostenhilfe für Drittbetroffene in Verfahren vor dem Europäischen Gerichtshof für Menschenrechte [...] v. 20.4.2013, BGBl. I S. 829; zur Änderung des § 3 vgl. BGBl. 2015 I Nr. 35, S. 1474 ff.

51 Zum EGMRKHG siehe *Behrens/Hilker* EuGRZ **2013** 247.

52 Verordnung über die Erstattungsbeträge für Kosten und Auslagen im Rahmen der Kostenhilfe für Drittbetroffene in Verfahren vor dem Europäischen Gerichtshof für Menschenrechte (EGMR-Kostenhilfe-Erstattungsverordnung – EGMR-KEV) v. 15.8.2013, BGBl. I S. 3273.

53 BRAK, Stellungnahme Nr. 15/2013 (Juli 2013), 2 f.

gung oder Aufrechterhaltung einer Beschwerde abhalten *sollen* oder auch nur *können.*[54] Das Recht auf effektive Beschwerde kann auch durch die **Einschränkung der Kontakte** zwischen dem Bf. und seinem **Rechtsvertreter** verletzt sein.[55] Ob Kontakte zwischen den Behörden und einem (möglichen) Bf. unter dem Gesichtspunkt von Art. 34 unzulässig sind, ist nach Maßgabe der besonderen Umstände des Falles zu entscheiden.[56] In dieser Hinsicht sind die Verletzbarkeit des Bf. und seine Anfälligkeit für eine Beeinflussung durch die Behörden zu berücksichtigen.[57]

Die Verletzung der **staatlichen Pflicht aus Art. 34 Satz 2** kann im Rahmen der Indivi- 47 dualbeschwerde separat geltend gemacht und vom Gerichtshof explizit und ebenso separat von etwaigen anderen Konventionsverletzungen im Urteil festgestellt werden. Dabei prüft der Gerichtshof auch, ob das staatliche Handeln eine **abschreckende Wirkung** auf die Ausübung des Individualbeschwerderechts haben kann.[58] Besonders zu achten ist auf die Situation von nicht in Freiheit befindlichen Personen; sie sind besonders verletzbar, da öffentliche Stellen naturgemäß auf sie leichter Druck ausüben können.[59] Eine Rolle spielen kann z.B. die **Gefahr der Strafverfolgung des Anwalts,**[60] **Befragungen** durch staatliche Stellen zur anstehenden oder bereits eingelegten Beschwerde[61] sowie die **Weigerung der Weiterleitung** der Beschwerde durch die Gefängnisbediensteten.[62] Es kann erforderlich sein, dem Bf. das für die Korrespondenz mit dem Gerichtshof notwendige Material zur Verfügung zu stellen,[63] eine Verletzung liegt aber nicht automatisch schon dadurch vor, dass die Portokosten für Schreiben eines Inhaftierten an den Gerichtshof nicht übernommen bzw. nicht erstattet werden.[64] Wenn der Staat auf Fragen des Gerichtshofs nach einzelnen Vorfällen, die eine Behinderung der Ausübung des Beschwerderechts nahelegen können, nicht antwortet, wird regelmäßig auf das Vorliegen von Verstößen zu schließen

---

54 EGMR (GK) Akdivar u.a./TRK, 16.9.1996, § 105; Kurt/TRK, 25.5.1998, § 159; Ergi/TRK, 28.7.1998; (GK) Tanrikulu/TRK, 8.7.1999, §§ 130–133; (GK) Salman/TRK, 27.6.2000, NJW **2001** 2001; Şarli/TRK, 22.5.2001, §§ 84–86; Orhan/TRK, 18.6.2002, §§ 400–411; Klyakhin/R, 30.11.2004, § 119; (GK) Mamatkulov u. Askarov/TRK, 4.2.2005, § 102, EuGRZ **2005** 357; Fedotova/R, 13.4.2006, §§ 48 ff.; (GK) Sisojeva u.a./LET, 15.1.2007, § 115 („not only direct coercion and flagrant acts of intimidation of applicants or their families or legal representatives but also other improper indirect acts or contact designed to dissuade or discourage them from pursuing a Convention remedy"), NVwZ **2008** 979 = InfAuslR **2007** 140; J.R. u.a./GR, 25.1.2018, §§ 150 f.; siehe auch EGMR Kosheleva u.a./R, 17.1.2012, NJOZ **2013** 839 (Beschwerde nicht im Zusammenhang mit Strafverfahren, dennoch Befragung durch die Staatsanwaltschaft sowie Hinweis auf nemo tenetur, der üblicherweise bei Straftatverdacht erfolgt).
55 EGMR Hilal Mammadov/ASE, 4.2.2015, § 122.
56 Nicht jede Kontaktaufnahme ist unzulässig: EGMR Vladimir Sokolov/R, 29.3.2011, § 81 (Rückgängigmachung der Konventionsverletzung); Novruk u.a./R, 15.3.2016, §§ 47 ff., 115 f. (Ermittlungen zum Sachverhalt für Stellungnahme der Regierung im Beschwerdeverfahren).
57 EGMR (GK) Sisojeva u.a./LET, 15.1.2007, § 116.
58 Auch wenn die Beschwerde eingelegt worden ist, kann eine Verletzung durch eine zuvor erfolgte staatliche Behinderung vorliegen: EGMR Hilal Mammadov/ASE, 4.2.2016, § 125; Rasul Jafarov/ASE, 17.3.2016, § 185.
59 EGMR Cotlet/RUM, 3.6.2003, § 71; Iambor/RUM (Nr. 1), 24.6.2008, § 217.
60 EGMR Kurt/TRK, 25.5.1998, §§ 154, 159 ff., 164; Colibaba/MOL, 23.10.2007, §§ 59 ff., 67 ff.
61 Z.B. EGMR (GK) Akdivar u.a./TRK, 16.9.1996, § 105; (GK) Tanrikulu/TRK, 8.7.1999, § 131.
62 EGMR Nurmagomedov/R, 7.6.2007, § 61. Zu weiteren Fallgruppen Karpenstein/Mayer/*Schäfer* Art. 34, 95 ff.
63 EGMR Cotlet/RUM, 3.6.2003, § 71; Yepishin/R, 27.6.2013, § 75.
64 EGMR Yepishin/R, 27.6.2013, §§ 35 ff., 72, 76; Zahlung der Portokosten habe den Bf. nicht übermäßig belastet („excessively burdensome"), u.a. aufgrund konkreter Arbeitsangebote im Gefängnis. Der EGMR geht aber nicht näher darauf ein, ob das darauf hinausläuft, dass der Wunsch, eine Beschwerde beim Gerichtshof einzulegen, eine ansonsten je nach nationalem Recht nicht bestehende Pflicht nach sich zieht, im Gefängnis zu arbeiten.

sein;[65] zum Verstoß gegen das Recht auf effektive Beschwerde durch Nichtbefolgung einer einstweiligen Anordnung (Art. 39 VerfO) siehe Rn. 116 f.

48   Das Verbot, die wirksame Ausübung des Beschwerderechts zu behindern (Art. 34 Satz 2), kann nicht nur durch Druck auf den Bf. oder durch Erschweren der Kommunikation und Eingriffe in die Korrespondenz, sondern auch dadurch verletzt werden, dass dem Bf. die **erforderliche Unterstützung vorenthalten** wird, etwa indem der Staat dem Bf. Unterlagen aus seinem Strafverfahren – das den Beschwerdegegenstand bilden soll – nicht zur Verfügung stellt.[66]

49   Zu beachten ist in diesem Zusammenhang auch das **Europäische Übereinkommen über die an Verfahren vor dem Europäischen Gerichtshof für Menschenrechte teilnehmenden Personen** vom 5.3.1996 (ETS 161; Übk-Verf).[67] Dieses gewährt allen als Partei, Vertreter oder Berater einer Partei oder als vorgeladener Zeuge oder Sachverständiger oder sonst mit Billigung des Präsidenten am Verfahren teilnehmenden Personen **Immunität** für ihre **schriftlichen oder mündlichen Äußerungen** gegenüber dem Gerichtshof, ferner für Urkunden und sonstige Beweismittel, die sie dem Gerichtshof vorlegen (Art. 2 Abs. 1 Übk-Verf). Diese Immunität besteht nicht, wenn sie Äußerungen oder Beweismittel außerhalb des Gerichtshofs anderen zur Kenntnis bringen (Art. 2 Abs. 2 Übk-Verf). Alle genannten Personen haben das Recht auf **ungehinderten schriftlichen Verkehr mit dem Gerichtshof**. Dies gilt auch für Personen, denen die **Freiheit entzogen** ist;[68] deren Korrespondenz mit dem Gerichtshof darf nicht ungebührlich verzögert oder behindert oder zum Gegenstand einer disziplinarischen Maßnahme gemacht werden. Lesen oder öffnen die Behörden die Korrespondenz zwischen dem EGMR und einem (potentiellen) Bf. (insbesondere einem in Haft befindlichen Bf.), so ist dies ein Eingriff in **Art. 8**, der kaum je zu rechtfertigen sein dürfte (dort Rn. 284).

50   Inhaftierte haben ferner das Recht, ohne Überwachung mit einem Anwalt schriftlich zu verkehren und sich mit ihm mündlich zu beraten, ohne dass eine andere Person das Gespräch mithört.[69] Treffen zwischen einem inhaftierten Bf. und seinem Rechtsvertreter dürfen nicht mit der Begründung verweigert werden, der gewünschte Rechtsvertreter sei kein Rechtsanwalt, da vor dem EGMR der Rechtsvertreter nicht unbedingt (zugelassener) Anwalt sein muss (Rn. 41). **Eingriffe** in diese Rechte sind nur aufgrund eines Gesetzes und nur insoweit zulässig, als sie in einer demokratischen Gesellschaft im Interesse der nationalen Sicherheit, zur Aufdeckung und Verfolgung von Straftaten oder zum Schutz der Gesundheit notwendig sind (Art. 3 Übk-Verf; Art. 8 Rn. 57, 61).

51   **j) Vertraulichkeit der Korrespondenz mit dem Gerichtshof.** Die Korrespondenz zwischen dem Bf. und dem Gerichtshof unterliegt ausnahmslos der Vertraulichkeit. Die inhaltliche Kontrolle des Schriftwechsels (von der Einreichung der Beschwerde an) ist unzulässig, andernfalls sind Art. 8 (dort Rn. 284) und Art. 34 (Recht auf Einlegung der Beschwerde)[70] verletzt.

52   **Schreiben eines Strafgefangenen *an den EGMR*** werden gemäß § 29 Abs. 2 Satz 1 und 2 StVollzG/Art. 32 Abs. 2 Satz 1 Nr. 9 BayStVollzG ausnahmslos nicht kontrolliert. Vo-

---

65 EGMR Khodorkovskiy u. Lebedev/R, 25.7.2013, §§ 931 f.

66 Vgl. etwa EGMR Andrey Zakharov/UKR, 7.1.2016, §§ 68 ff.

67 BGBl. 2001 II S. 359. Das am 1.1.1999 in Kraft getretene Übereinkommen ersetzt das gleichartige frühere Abkommen v. 6.5.1969 (ETS 67; BGBl. 1975 II S. 1445); dazu *Villiger* 147.

68 Siehe EGMR Peers/GR, 19.4.2001, § 84; Kornakovs/LET, 15.6.2006, §§ 157 ff.

69 In EGMR Cebotari/MOL, 13.11.2007, §§ 56 ff. (Trennscheiben zwischen inhaftiertem Bf. und seinem Anwalt; Abhörgefahr; keine Übergabe von Vollmacht/Beschwerdeformular/Dokumenten möglich).

70 Siehe EGMR Shekhov/R, 19.6.2014, §§ 57 ff.

raussetzung ist lediglich, dass sie an den EGMR *„gerichtet sind"* und *„den Absender zutreffend angeben".* **Schreiben des EGMR** *an den Strafgefangenen* sollen nur dann nicht der Überwachung unterliegen, *„sofern die Identität des Absenders zweifelsfrei feststeht"* (§ 29 Abs. 2 Satz 3 StVollzG; vgl. auch Art. 32 Abs. 2 Satz 2 BayStVollzG). An die berechtigte Annahme solcher *Zweifel* sind hohe Anforderungen zu stellen, da der EGMR das Risiko, dass eine Person außerhalb der Anstalt Briefumschläge des Gerichtshofs kopiert und auf diese Weise verbotene Substanzen in die Haftanstalt bringt, für vernachlässigbar hält.[71] In Betracht kommt auch dann nur eine Kontrolle der Identität des Absenders (EGMR); eine Kontrolle des Inhalts der Schriftstücke ist unzulässig. Der EGMR betont dabei, dass das Risiko besteht, dass die Briefe nach dem Öffnen auch gelesen werden und durch die Kenntnisnahme des Inhalts durch die Wärter eine Schlechterstellung der Strafgefangenen zu befürchten ist. Gerade auch deswegen ist die Vertraulichkeit der Korrespondenz mit dem EGMR von höchster Wichtigkeit.[72] Werden Briefe wegen solcher Zweifel an der Identität des Absenders geöffnet, so trifft den Staat zudem die Beweislast, dass der Inhalt vollständig an den Adressaten weitergegeben wurde.[73]

Problematisch ist die für die **Untersuchungshaft** in **§ 119 Abs. 4 Satz 2 StPO** getroffe- **53** ne Regelung für den „Verkehr" des Beschuldigten mit dem EGMR (Nr. 9), bei der über § 119 Abs. 4 Satz 1 StPO eine **„entsprechende" Geltung der §§ 148, 148a StPO** angeordnet wird – und damit auch des § 148 Abs. 2 Satz 1 StPO, der beim Verdacht einer Straftat nach § 129a StGB eine Schriftkontrolle der Verteidigerkorrespondenz gerade gestattet. Die Rechtsprechung des EGMR kennt hingegen keine solche Ausnahme für den Schriftwechsel zwischen Bf. und EGMR. Außerdem hat der EGMR entschieden, dass Untersuchungshäftlinge nicht schlechter behandelt werden dürfen als Strafgefangene, wenn es keinen objektiven und sachlichen Grund für die Ungleichbehandlung gibt (Art. 14).[74]

k) Freies Geleit. Das Recht auf ungehinderte Hin- und Rückreise, einschließlich des **54** durch Art. 4 Abs. 3 Übk-Verf (Rn. 49) noch gesondert gesicherten Rückkehrrechts, wird allen genannten Personen garantiert, die am Verfahren vor dem Gerichtshof teilnehmen, wobei ihnen keine Beschränkungen aus anderen als den vorerwähnten Gründen auferlegt werden dürfen (Art. 4 Abs. 1 *lit.* a, b Übk-Verf). In den Durchgangsstaaten oder in dem

---

71 EGMR Peers/GR, 19.4.2001, §§ 79 ff., insbes. § 84, Petkov/BUL, 9.12.2010, § 21; so schon EGMR Campbell/ UK, 25.3.1992, ÖJZ **1992** 595, § 62 (Briefe der EKMR).

72 Vgl. etwa EGMR Shekhov/R, 19.6.2014, § 59; Campbell/UK, 25.3.1992, § 62. Der Einwand von Seiten des Staates, nur anhand des Öffnens der Briefe könne die notwendige Registrierung erfolgen, zielt gerade auf die (zulässige) Kontrolle der Identität des Absenders ab, wird vom EGMR jedoch auf Stichhaltigkeit überprüft und – wenn er sich als nur vorgeschoben erweist – dementsprechend nicht berücksichtigt, vgl. nur EGMR Ponushkov/R, 6.11.2008, § 81. In jedem Fall haben die Vertragsstaaten dafür Sorge zu tragen, dass das Recht, eine Individualbeschwerde zum EGMR zu erheben, nicht durch abschreckende Maßnahmen faktisch beschränkt wird, siehe nur EGMR Mehmet Ali Ayhan u.a./TRK, 4.6.2019, § 41 („chilling effect").

73 EGMR Ponushkov/R, 6.11.2008, § 82; Shekhov/R, 19.6.2014, § 61. Siehe aber auch EGMR Story u.a./MLT, 29.10.2015, § 134: Die Bf. konnten die Beschwerden einlegen, und es gebe, auch für den Fall, dass Briefe des EGMR geöffnet wurden, keine Anhaltspunkte für unzulässigen Druck auf die Inhaftierten („any checks of the applicants' correspondence, even if slightly delaying their receipt, did not disclose any prejudice in the presentation of these applications"). Diese Rechtsprechung ist bedenklich, letztlich aber wohl den Umständen des Einzelfalls geschuldet, weil nicht feststand, ob die Post tatsächlich geöffnet worden war (Verletzung von Art. 34 aufgrund Gesamtschau verneint; irreführender Hinweis auf die Rs. Apandiyev/R [E], 21.1.2014, da es dort nicht um das Öffnen von Korrespondenz, sondern um eine unzureichende Unterstützung bei Absendung der Beschwerde ging).

74 EGMR Laduna/SLO, 13.12.2011, §§ 55 ff.; Gülay Çetin/TRK, 5.3.2013, § 127; Varnas/LIT, 9.7.2013, §§ 111 ff., 115 ff.

Staat, in dem die Verhandlung stattfindet, dürfen sie wegen Handlungen oder Verurteilungen aus der Zeit, die vor Beginn ihrer Reise liegen, **weder verfolgt noch in Haft genommen** noch in sonstiger Weise in ihrer persönlichen Freiheit beschränkt werden (Art. 4 Abs. 2 *lit.* a Übk-Verf). Diese Verpflichtungen aus Art. 4 Abs. 2 Übk-Verf haben nach Art. 4 Abs. 5 Übk-Verf Vorrang vor den Verpflichtungen, die sich aus sonstigen Übereinkommen des Europarats oder aus Rechtshilfe-/Auslieferungsverträgen ergeben. Die durch das Übereinkommen garantierte Bewegungs- und Reisefreiheit erlischt, wenn die betreffende Person nicht in das Land zurückgekehrt ist, von dem aus sie die Reise angetreten hat, sofern sie an 15 aufeinander folgenden Tagen die Möglichkeit dazu hatte (Art. 4 Abs. 4 Übk-Verf). Die Immunität, die den oben genannten Personen nur gewährt wird, um ihnen die Freiheit und Unabhängigkeit für die Ausübung ihrer Rechte und die Wahrnehmung ihrer Pflichten vor dem Gerichtshof zu sichern, kann der Gerichtshof durch eine zu begründende Entscheidung unter den im Übereinkommen näher festgelegten Voraussetzungen aufheben.[75]

55   **l) Prüfung mehrerer Beschwerden.** Auf Antrag der Parteien oder von Amts wegen können mehrere Beschwerden miteinander verbunden werden (*joinder*). Neben einer **förmlichen Verbindung** kommt – nach Anhörung der Parteien – auch die **gleichzeitige Prüfung** (*simultaneous examination*) von Beschwerden in Betracht, die derselben Kammer zugeteilt sind (Art. 42 VerfO).

IV. Gang des Beschwerdeverfahrens

56   **1. Beschwerdeeinlegung und Zuweisung an einen Spruchkörper.** Sobald das vollständig ausgefüllte Beschwerdeformular einschließlich der erforderlichen Anträge in der Form der zum 1.1.2014 geänderten Rule 47 bei der Kanzlei eingegangen ist, wird dort eine **Akte** angelegt und der Beschwerde eine **bestimmte Nummer** zugewiesen, die auch dem Bf. mitgeteilt wird.[76] Bis allerdings eine solche erste Benachrichtigung durch den EGMR erfolgt, können bis zu 8 Wochen vergehen. Telefonische Auskünfte zu einzelnen Beschwerden werden grundsätzlich nicht erteilt.[77] Die Beschwerdenummer ist in allen Kontaktauf-

---

75 Zu den Einzelheiten und zu den Vorbehalten, die die Vertragsstaaten erklären können, vgl. Art. 4 Abs. 2 *lit.* b; Art. 5 Abs. 3, 4; Art. 9 Übk-Verf.

76 Mit der Änderung der Rule 47 der Verfahrensordnung des EGMR im Jahr 2014 wurden weitergehende Formerfordernisse für die Einlegung der Individualbeschwerde normiert, um die Arbeitslast des EGMR zu verringern (vgl. hierzu auch den Report on the implementation of the revised rule on the lodging of new applications, 02/2015). Vor diesem Hintergrund hat der Rat der Europäischen Anwaltschaften (CCBE) Mitte 2021 eine Umfrage durchgeführt (sog. Survey of practitioners' experience of the operation of Rule 47 of the Rules of Court of the European Court of Human Rights). Anwältinnen und Anwälte waren gebeten, von ihren Erfahrungen mit der Anwendung der Regel, von technischen Problemen mit dem Formular, von ggf. überzeichneten Formerfordernissen etc. zu berichten. Ziel der Umfrage war es, Aufschlüsse über die Praktikabilität der Regel zu erhalten. Eine Publikation bzw. Zusammenfassung der Ergebnisse steht derzeit noch aus (Stand: 08/2023). Vgl. zum Ganzen den Newsletter der BRAK, Nachrichten aus Berlin 9/2021 v. 5.5.2021, https://www.brak.de/newsroom/newsletter/nachrichten-aus-berlin/2021/ausgabe-9-2021-v-552021/umfrage-zu-individualbeschwerden-vor-dem-europaeischen-gerichtshof-fuer-menschenrechte/. Für einen Praxisleitfaden für die Erhebung einer zulässigen Beschwerde siehe auch den EGMR-Guide des CCBE „The European Court of Human Rights – Questions and Answers for Lawyers" (2020); eingehend auch *Leach* Taking a Case to the European Court of Human Rights 20 ff.

77 Die Kanzlei stellt ein automatisiertes Ansagesystem zur Verfügung, das den Anrufer je nach Anliegen weiterleitet. Informationen zu laufenden Verfahren sind nicht als Option vorgesehen.

---

nahmen mit dem Gerichtshof zu nennen.[78] Zu den formellen Anforderungen (Form, Frist) Rn. 211 ff., 223 ff.

Die Beschwerde wird dann durch den Präsidenten des Gerichtshofs **einer Sektion** 57 **zugewiesen**. Dabei wird darauf geachtet, dass die Beschwerden gleichmäßig auf die fünf Sektionen verteilt werden (Art. 52 VerfO). Wenn sich bereits aus den Unterlagen ergibt, dass die Beschwerde unzulässig ist oder aus dem Register gestrichen werden muss, wird sie dem **Einzelrichter** zugewiesen. Anderenfalls bestimmt der Sektionspräsident einen **Richter als Berichterstatter** (vgl. Rn. 19), der weitere Auskünfte und Unterlagen von den Parteien anfordern kann (Art. 49 Abs. 2, 3 *lit.* a VerfO) und der danach entscheidet, ob die Beschwerde von einem Ausschuss oder der Kammer behandelt werden soll, sofern der Sektionspräsident nicht schon die Prüfung durch einen dieser Spruchkörper angeordnet hat (Art. 49 Abs. 3 *lit.* b VerfO). Zum Verfahren vor den einzelnen Spruchkörpern Rn. 62 ff.

2. Entscheidung über die Zulässigkeit der Beschwerde

a) Gemeinsame Prüfung von Zulässigkeit und Begründetheit. Gemäß Art. 29 Abs. 1 58 Satz 2 ist die gemeinsame Entscheidung über Zulässigkeit und Begründetheit der Regelfall (vgl. Art. 54A VerfO). Lediglich in Fällen, in denen dies aus Klarstellungsgründen erforderlich ist, wird die Zulässigkeit weiterhin separat behandelt, etwa wenn ein Teil der Beschwerde ausdrücklich für unzulässig erklärt werden soll.[79]

Einwendungen gegen einzelne Zulässigkeitsvoraussetzungen hat der Vertragsstaat, 59 gegen den sich die Beschwerde richtet, in seiner schriftlichen oder mündlichen Stellungnahme bis zur Entscheidung des EGMR über die Zulässigkeit vorzubringen; andernfalls sind sie **präkludiert** (vgl. Art. 55 i.V.m. 51, 54 VerfO).[80][81] Etwas anderes kann allerdings gelten, wenn besondere Gründe (*particular reasons*)[82] für ihr verspätetes Vorbringen vorliegen (z.B. Eintritt neuer Tatsachen) *und* diese vom betroffenen Vertragsstaat unverzüglich (*without delay*) nach ihrem Entstehen vorgebracht werden.[83] Für **Staatenbeschwerden** besteht die Regel einer gesondert zu treffenden Zulässigkeitsentscheidung (Art. 29 Abs. 2).

b) Zeitpunkt. Der Gerichtshof **kann jederzeit** („*at any stage of the proceedings*", Art. 35 60 Abs. 4) eine Zulässigkeitsfrage (erneut) überprüfen, unabhängig davon, ob eine entsprechende Einwendung von dem betroffenen Vertragsstaat überhaupt oder verspätet erhoben wird („*on its own motion*").[84] Allerdings macht der Gerichtshof von dieser Möglichkeit nicht immer Gebrauch; in dogmatisch fragwürdiger Art und Weise kommt es auch vor, dass er verspätetes

---

78 Siehe § 11 Practice Direction – Institution of Proceedings (Rn. 34).
79 IK-EMRK/*Keller/Schmidtmadel* Art. 29, 3.
80 Dazu vgl. EGMR (GK) Buzadji/MOL, 5.7.2016, §§ 62 ff. (Einwand fehlender Rechtswegerschöpfung).
81 EGMR (GK) Sindicatul „Păstorul cel Bun"/RUM, 9.7.2013, NJOZ **2014** 1715 m. Anm *Lörcher* AuR **2014** 31, § 69; Tsitsiriggos/GR, 17.4.2012, § 38 (keine Verspätung, solange über Zulässigkeit noch nicht entschieden ist, auch wenn Regierung den Einwand erst in ihrer zweiten Stellungnahme vorbringt).
82 EGMR (GK) Sahin/D, 8.7.2003, § 45, EuGRZ **2004** 707 = FamRZ **2004** 337.
83 Vgl. EGMR Hartman/CS, 10.7.2003; Čevizović/D, 29.7.2004, § 27, NJW **2005** 3125 = StV **2005** 136 = EuGRZ **2004** 634; (GK) Svinarenko u. Slyadnev/R, 17.7.2014, NJW **2015** 3423, §§ 79 ff.
84 EGMR (GK) Blečić/KRO, 8.3.2006, §§ 63, 69, NJW **2007** 347; Adrian Mihai Ionescu/RUM (E), 1.6.2010, § 30, EuGRZ **2010** 281; Zarubica/SRB (E), 26.5.2015, § 30. Siehe auch EGMR Pyatkov/R, 13.11.2012, § 78 (Prüfung der Einhaltung der Beschwerdefrist auch ohne entsprechenden Einwand der Regierung); so auch für die Frage, ob ein vorgetragenes Konventionsrecht einschlägig bzw. anwendbar ist: EGMR Orlovskiy/UKR, 2.4.2015, §§ 95 f.; Mikhalchuk/R, 23.4.2015, § 41; Šoš/KRO, 1.12.2015, § 104; Žaja/KRO, 4.10.2016, § 85.

Vorbringen des Vertragsstaates zu dieser Frage nicht mehr berücksichtigt (Rn. 59).[85] Eine Zulässigkeitsfrage erneut überprüfen kann der Gerichtshof selbst bei vorangegangener Zulässigkeitsentscheidung, wenn diese wegen eines der in Art. 35 Abs. 1–3 genannten Gründe negativ hätte ausfallen müssen;[86] so können die Kammer, die vorab über die Zulässigkeit entschieden hat, und insbesondere auch die GK die Unzulässigkeit einer Beschwerde auch dann noch aussprechen, wenn (durch Kammerentscheidung) die Beschwerde zuvor bereits für zulässig erklärt wurde. Ergeht nach der Zulässigkeitsentscheidung ein *Kammerurteil*, so soll ein Abweichen von der ursprünglichen Zulässigkeitsentscheidung nur bei Vorliegen neuer Gesichtspunkte bzw. unter außergewöhnlichen Umständen in Betracht kommen;[87] die GK hingegen sieht ihre Prüfungskompetenz nicht eingeschränkt (Rn. 20 f.).

61   **c) Form.** Die Zurückweisung der Beschwerde durch den Einzelrichter oder den Ausschuss als unzulässig wird **nicht ausformuliert**. Sie wird ohne Ausfertigung eines mit Gründen versehenen förmlichen **Beschlusses** dem Bf. durch einen allgemein gehaltenen **Brief des Kanzlers** der jeweiligen Sektion mitgeteilt, der nur eine abstrakte Mitteilung des Grundes der Unzulässigkeit enthält (vgl. Art. 52A Abs. 1, 53 Abs. 4, 5 VerfO; „summary reasoning").[88]

62   **d) Verfahren vor dem Einzelrichter.** Ist die Beschwerde **offensichtlich unzulässig**, wird von Juristen der Kanzlei aufgrund des Vortrags des Bf. in einer der Amtssprachen des Gerichtshofs ein Entscheidungsentwurf erstellt. Die Beschwerde wird der betroffenen Regierung nicht zugestellt.[89] Darin ist neben einer Aufstellung der Fakten auch die rechtli-

---

85 EGMR Schönbrod/D, 24.11.2011, § 64; Kronfeldner/D, 19.1.2012, § 57: Präklusion („... the question whether the Government were (partly) estopped from raising these objections at this stage of the proceedings"; *these objections at this stage of the proceedings* meint das verspätete Vorbringen, die Beschwerde sei mangels Rechtswegerschöpfung unzulässig) nur offengelassen, weil Rechtsweg erschöpft und Beschwerde zulässig war; unerheblich, ob das – rechtlich unzutreffende – Vorbringen der Regierung als zulässig oder unzulässig zu erachten war. Wegen Präklusion zurückgewiesen wurde das Vorbringen der Regierung in EGMR (GK) Mooren/D, 9.7.2009, EuGRZ **2009** 566, §§ 57 ff.; Creangă/RUM, 23.2.2012, § 62; Pop Blaga/RUM, 27.11.2012, § 51 unter Bezugnahme auf EGMR (GK) Brumărescu/RUM, 28.10.1999, §§ 52 f.; so auch zur verspäteten Geltendmachung eines Vorbehalts: EGMR Szücs/A, 24.11.1997, §§ 39 f.; siehe aber auch EGMR (GK) Medvedyev u.a./F, 29.3.2010, § 71 (insoweit in NJOZ **2011** 231 nicht veröffentlicht): „The Government are accordingly estopped from raising a preliminary objection of incompatibility *ratione materiae* at this stage in the proceedings. In spite of this estoppel, however, the Court must examine this question, which goes to its jurisdiction, the extent of which is determined by the Convention itself, in particular by Article 32, and not by the parties' submissions in a particular case (...)." Im Ergebnis ebenso, aber klarer und konsequenter argumentierend die frühere Rechtsprechung, auf die der EGMR zurückgreifen wird, wenn er es für angebracht erachten wird: EGMR (GK) Freedom and Democracy Party (ÖZDEP)/TRK, 8.12.1999, § 25: Die Regierung hatte einen Einwand gegen die Zulässigkeit verspätet vorgebracht, aber da die Zulässigkeitsvoraussetzungen von Amts wegen geprüft werden, wird das Vorbringen der Regierung nicht als verspätet zurückgewiesen, da sich ansonsten die Regierung nicht zu einer Frage äußern könnte, die von Amts wegen untersucht wurde und die einen Streitpunkt vor dem Gerichtshof bildete; insoweit übereinstimmend die in der vorangehenden Fußnote angeführte Rechtsprechung.
86 EGMR Azinas/ZYP, 28.4.2004, §§ 32, 37 ff.; (GK) Pisano/I, 24.10.2002; (GK) Odièvre/F, 13.2.2003, § 22, NJW **2003** 2145 = EuGRZ **2003** 584.
87 EGMR Cisse/F, 9.4.2002, § 32.
88 Gegen den sog. Musterbrief, der – anders als früher der „warning letter" – den Bf. im Unklaren darüber lässt, ob sein Fall gründlich geprüft und aus welchen Gründen genau eine Eingabe als unzulässig angesehen wird, werden erhebliche Bedenken erhoben. Vgl. *Siess-Scherz* EuGRZ **2003** 104 ff.; *Ohms* EuGRZ **2003** 141, 145; *Grabenwarter/Pabel* EuGRZ **2003** 174, 175; *Schmaltz* DRiZ **2010** 120, 121.
89 Karpenstein/Mayer/*Schäfer* Art. 34, 25.

che Bewertung, also der Grund der Unzulässigkeit enthalten. Nach einer Kontrolle durch einen **nichtrichterlichen Berichterstatter** (Rn. 345 ff.) erhält der Richter den Entwurf. Zur Information wird er auch dem nationalen Richter zugeleitet.[90]

Der **Einzelrichter** kann nach Art. 27 Beschwerden für unzulässig erklären oder aus **63** dem Register streichen, wenn dies ohne weiteres möglich ist. Seine Entscheidungen sind endgültig. Über diese Entscheidung wird der Bf. durch einen **abstrakt formulierten Brief** informiert (Art. 52A Abs. 1 Satz 3 VerfO). Erklärt der Richter die Beschwerde nicht für unzulässig und streicht er sie auch nicht aus dem Register, leitet er sie an einen Ausschuss oder eine Kammer weiter (Art. 27 Abs. 3). An den Ausschuss wird er die Beschwerde insbesondere dann weiterleiten, wenn er sie für (offensichtlich) begründet hält (Rn. 68).[91] Siehe zum Einzelrichter auch Rn. 14, 343 ff.

e) Verfahren vor dem Ausschuss. Soll die Beschwerde durch den Ausschuss für un- **64** zulässig erklärt werden, wird – wie bei der Entscheidung durch den Einzelrichter – ein Entscheidungsentwurf erarbeitet. Auch hier wird – ohne dass die Beschwerde der Regierung vorher zugestellt wird – nach einer kanzleiinternen Überprüfung der Entscheidungsvorschlag dem (Dreier-)Ausschuss zugeleitet.[92]

Nach Art. 28 Satz 1 *lit.* a EMRK/Art. 53 Abs. 1 VerfO können auch die **Ausschüsse** eine **65** Beschwerde für **unzulässig erklären** oder **aus dem Register streichen,** wenn dies ohne weitere Prüfung möglich ist. Ergeht keine einstimmige Entscheidung, so ist die Beschwerde an die Kammer zu verweisen (Art. 53 Abs. 6 VerfO). Die Unzulässigkeitsentscheidung ist endgültig (Art. 53 Abs. 4 Satz 1 VerfO). Zu den Urteilen des Ausschusses Rn. 68.

f) Verfahren vor der Kammer. Wird über die Beschwerde weder vom Einzelrichter **66** noch vom Ausschuss entschieden, so ist die Beschwerde an die Kammer zu verweisen (Art. 29 Abs. 1). Ist der (richterliche) Berichterstatter der Ansicht, die Beschwerde könne auch ohne Stellungnahme der Regierung für unzulässig erklärt werden, lässt er eine Unzulässigkeitsentscheidung *de plano,* also ohne vorherige Zustellung der Beschwerde an die Regierung, vorbereiten. Die Kammer kann die Beschwerde dann **sofort für unzulässig** erklären (Art. 54 Abs. 1 VerfO); die Entscheidung ist endgültig.[93]

Ist die Beschwerde **nicht offensichtlich unzulässig,** so kann auf Anweisung des Be- **67** richterstatters die Zustellung an die Regierung (Rn. 70) erfolgen.[94] Da gemäß Art. 29 Abs. 1 Satz 2 aber eine getrennte Entscheidung über die Zulässigkeit nicht mehr der Regelfall ist, erfolgt die Zustellung meist unmittelbar durch den Präsidenten oder die Kammer (Rn. 69). Soll die Beschwerde der Regierung zugestellt werden, so kann der Präsident der Sektion als Einzelrichter Teile der Beschwerde endgültig für unzulässig erklären (Art. 54 Abs. 3 VerfO).[95]

3. Verfahren bei Zulässigkeit der Beschwerde

a) Ausschuss. Durch das 14. P-EMRK haben die Ausschüsse die Kompetenz erhalten, **68** **einstimmig** auch über die **Begründetheit** von Beschwerden zu entscheiden, *sofern* be-

---

90 IK-EMRK/*Keller/Schmidtmadel* Art. 27, 2.
91 *Meyer-Ladewig/Petzold* NJW **2009** 3749, 3752.
92 IK-EMRK/*Keller/Schmidtmadel* Art. 28, 2.
93 *Schmaltz* DRiZ **2010** 120, 121.
94 *Schmaltz* DRiZ **2010** 120, 121.
95 In diesen Fällen erfährt die Öffentlichkeit durch das spätere Urteil oder die spätere Entscheidung davon, dass es eine Einzelrichterentscheidung gegeben hat. Näheres zum Beschwerdegegenstand oder gar zu den

reits eine gefestigte Rechtsprechung hinsichtlich der in Frage stehenden Konventionsverletzung besteht (Art. 28 Abs. 1 *lit.* b; Rn. 348). Das Verfahren ist gegenüber dem Verfahren in der Kammer vereinfacht und beschleunigt (Rn. 350). Trotz der offensichtlichen Begründetheit wird die Beschwerde zwar der Regierung zugestellt, die Stellungnahme ist aber fakultativ.[96] Eine etwaig eingehende Stellungnahme wird dem Bf. zur Information mitgeteilt. Er selbst muss nur seine Forderungen nach Art. 41 geltend machen.[97] Die einstimmige Entscheidung des Ausschusses ist unanfechtbar (Art. 28 Abs. 2). Trifft der Ausschuss keine (einstimmige) Entscheidung über die Zulässigkeit und fällt er auch kein Urteil, übermittelt er die Beschwerde der Kammer zur weiteren Prüfung (Art. 53 Abs. 6 VerfO).

69   **b) Kammer.** Das Verfahren vor der Kammer ist in der Regel **schriftlich**. Die Kammer oder ihr Präsident können, wenn sie die Beschwerde nicht als unzulässig zurückgewiesen haben, die Beschwerde der Regierung zur Stellungnahme zustellen. In der Zustellung wird dem betroffenen Staat der Beschwerdesachverhalt mitgeteilt und er wird aufgefordert, binnen 16 Wochen Stellung zu nehmen. Der Beschwerdeführer erhält wiederum 6 Wochen Zeit, um seinerseits zu den Ausführungen der Regierung Stellung zu nehmen und eventuelle Schadensersatzforderungen nach Art. 41 geltend zu machen (Art. 60 Abs. 1 bis 3 VerfO).[98] Die Stellungnahme erfolgt durch Schriftsätze,[99] für die eine Art „Präklusionsvorschrift" (Art. 38 VerfO) gilt,[100] die vom Gerichtshof durchweg streng interpretiert wird und zur Zurückweisung von Schriftsätzen wegen Verspätung führt.[101] Im Anschluss erhält nochmals die Regierung die Möglichkeit innerhalb von 4 Wochen auf die Stellungnahme des Bf. zu reagieren (Art. 60 Abs. 4 VerfO).[102]

70   **Schriftsätze** sind grundsätzlich in einer der Amtssprachen des Gerichtshofs einzureichen; außerdem sollen die Parteien ab diesem Zeitpunkt durch einen Verfahrensbevollmächtigten vertreten sein. Ab diesem Verfahrensstadium wird außerdem Verfahrenshilfe (*legal aid*) gewährt (Rn. 43). Der Bf. erhält Gelegenheit zur Erwiderung und kann beantragen, dass ihm eine Entschädigung nach Art. 41 zugesprochen wird (Rn. 270). Es folgt eine abschließende Stellungnahme durch die Regierung. Danach bereitet der Berichterstatter (*Judge Rapporteur*) in der Regel einen Entscheidungsvorschlag vor.[103]

71   Eine **mündliche Verhandlung** findet nur statt, wenn das Gericht dies aus eigenem Antrieb oder auf Antrag einer Partei hin beschließt (Rn. 36). Von dieser Möglichkeit macht der Gerichtshof auch bei übereinstimmenden Anträgen der Parteien nur noch zurückhaltend Gebrauch; im Interesse der Verfahrensbeschleunigung wird auf eine mündliche Verhandlung meist verzichtet. Auch nachdem er einen Termin für die mündliche Verhand-

---

Gründen für die Entscheidung des Einzelrichters werden jedoch auch hier nicht mitgeteilt, siehe EGMR Galviņš/LET (E), 20.10.2015, § 4; Blühdorn/D, 18.2.2016, § 4; Klinkenbuss/D, 25.2.2016, § 4.

96 IK-EMRK/*Keller/Schmidtmadel* Art. 28, 7.
97 *Schmaltz* DRiZ **2010** 120, 121; Karpenstein/Mayer/*Schäfer* Art. 34, 27.
98 Karpenstein/Mayer/*Schäfer* Art. 34, 29.
99 *Meyer-Ladewig/Petzold* NJW **2009** 3749, 3753; IK-EMRK/*Keller/Schmidtmadel* Art. 29, 2, 4; *Schmaltz* DRiZ **2010** 120, 121.
100 Siehe auch die PD-WP (Rn. 34). Die Vertragsstaaten haben zusätzlich die Möglichkeit, mittels eines gesicherten elektronischen Systems mit dem Gerichtshof zu kommunizieren, siehe dazu auch die Practice Direction – Secured Electronic Filing v. 22.9.2008 i.d.F. vom 5.7.2018 (PD-SEF).
101 EGMR Cojocaru/RUM, 10.2.2015, §§ 18, 37; (K) Vučković u.a./SRB, 28.8.2012, § 53; E.J./FIN (E), 6.11.2012, § 33; Andelković/SRB, 9.4.2013, § 17.
102 Karpenstein/Mayer/*Schäfer* Art. 34, 29.
103 IK-EMRK/*Keller/Schmidtmadel* Art. 29, 5.

lung festgesetzt hat, kann der Gerichtshof eine Beschwerde jederzeit als unzulässig zurückweisen (Art. 35 Abs. 4 Satz 2).

c) Gütliche Einigung („friendly settlement").[104] Gemäß **Art. 39 Abs. 1** kann eine 72 gütliche Einigung jetzt **zu jedem Verfahrenszeitpunkt** getroffen werden. Die Kanzlei nimmt nach Art. 62 Abs. 1, 4 VerfO zu diesem Zweck nach der Zustellung der Beschwerde Kontakt zu den Parteien auf. Die Vergleichsbereitschaft sollte vom betroffenen Staat möglichst frühzeitig erklärt werden.[105] Lehnt eine der Parteien eine gütliche Einigung von vornherein ab, wird das gerichtliche Verfahren in der Regel direkt fortgesetzt (siehe aber Rn. 74).[106] Das Einigungsverfahren, zu dem die Parteien Vorschläge vorlegen sollen, ist formlos. Die Vorschläge und die zu diesem Zweck geführten Verhandlungen sind **vertraulich** (Art. 39 Abs. 2 EMRK / Art. 62 Abs. 2 Satz 1 VerfO); sie dürfen Außenstehenden nicht mitgeteilt werden.

Wer als Bf. gegen die Vertraulichkeit der Verhandlungen zur friedlichen Streitbeile- 73 gung verstößt, läuft Gefahr, dass der EGMR die Beschwerde als missbräuchlich ansieht.[107] Ein Verstoß liegt unabhängig davon vor, wie viele Einzelheiten kundgetan werden, jedoch spielt auch hier der Grundsatz der Verhältnismäßigkeit eine Rolle, so dass gerade das **Ausmaß des Verstoßes** Berücksichtigung findet, etwa ob der Bf. die vom Staat angebotene Geldsumme mitgeteilt hat.[108] Nicht nur gegenüber der Öffentlichkeit, sondern auch im streitigen Verfahren vor dem Gerichtshof dürfen die bei den Verhandlungen abgegebenen Erklärungen und Zugeständnisse nicht erwähnt oder verwendet werden (Art. 62 Abs. 2 VerfO); zulässig soll es jedoch sein, den Gerichtshof über die Verhandlungen und das Angebot der Regierung zu informieren, was noch nicht einer Erwähnung oder Verwendung im streitigen Verfahren gleichkomme.[109] Außerdem folgt aus dem Gebot der Vertraulichkeit kein absolutes Verbot, Unterlagen, die sich auf Vergleichsverhandlungen beziehen, einem Dritten – etwa einem Anwalt – zu zeigen oder mit ihm darüber zu sprechen. Verboten ist, streitige Informationen **öffentlich** zu publizieren, sei es in Medien oder in Briefen, die von vielen Personen gelesen werden können.[110] Zudem muss feststehen, dass der Bf. für die Verbreitung der vertraulichen Informationen verantwortlich war, ein einfacher Verdacht genügt nicht.[111] Wenn der Staat von relevanten Verstößen erfährt, wird er den Gerichtshof informieren; selbst einschreiten gegen diese Praxis darf er nicht.[112]

Einigen sich die Parteien gütlich, so wird die Sache nach Art. 37 Abs. 1 *lit.* b EMRK / 74 Art. 43 Abs. 3 VerfO **aus dem Register gestrichen**, wenn der Gerichtshof zur Überzeugung

---

104 Siehe auch Rn. 92; vertiefend: Ahlbrecht/Böhm/Esser/Eckelmans/*Esser* 365 ff.; SK/*Meyer* EMRK VerfR 205 ff.; *Keller/Forowicz/Engi* Friendly Settlements before the European Court of Human Rights (2010).
105 *Siess-Scherz* EuGRZ **2003** 100, 106.
106 *Grabenwarter/Pabel* § 13, 70.
107 EGMR Mătăsaru/MOL (E), 21.1.2020, § 39; Stoilkovska/MAZ, 18.7.2013, § 30.
108 EGMR Lesnina Veletrgovina DOO./MAZ (E), 2.3.2010.
109 EGMR Stoilkovska/MAZ, 18.7.2013, §§ 30 f. (Information des Gerichtshofs mit separater Post über den Stand der Verhandlungen; zur selben Zeit abgeschickt wie das Verfahren betreffende Korrespondenz).
110 Siehe EGMR Miroļubovs u.a./LET, 15.9.2009, §§ 66 ff., NVwZ **2010** 1541.
111 EGMR Deceuninck/F (E), 13.12.2011, NJW-RR **2013** 118; Mandil/F (E), 13.12.2011 („la responsabilité directe de l'intéressé dans la divulgation des informations confidentielles doit toujours être établie avec suffisamment de certitude, une simple suspicion ne suffisant pas pour déclarer la requête abusive"); mangels Beweises lag kein Missbrauch vor in EGMR Miroļubovs u.a./LET, 15.9.2009, § 69.
112 So Meyer-Ladewig/Nettesheim/von Raumer/*Meyer-Ladewig/Ebert* Art. 39, 8; siehe zur Vertraulichkeit auch *Grabenwarter/Pabel* § 13, 70. Zur gütlichen Einigung und ihren Vor- und Nachteilen vgl. *Villiger* 180 ff.

gelangt ist, dass die Einigung auf der Grundlage der Achtung der Menschenrechte getroffen wurde (Art. 62 Abs. 3 VerfO).[113] Er kann das Verfahren jedoch trotz der Einigung **auch gegen den Willen des Bf.**[114] **fortsetzen**, wenn er der Ansicht ist, dass die Achtung der Menschenrechte dies erfordert, aber auch, wenn er dies aus sonstigen Gründen für angezeigt hält.[115] Sonst wird die nach Art. 39 Abs. 3 ergangene Entscheidung dem Ministerkomitee zugeleitet (Art. 43 Abs. 3 Satz 2 VerfO), das nach Art. 39 Abs. 4 die Durchführung zu überwachen hat. Hält sich der Vertragsstaat nicht an den Inhalt der getroffenen Einigung, kann der Gerichtshof die **Wiedereintragung der Beschwerde** ins Register beschließen (Art. 37 Abs. 2 EMRK, Art. 43 Abs. 5 VerfO).[116]

75   Kommt zwischen den Parteien keine gütliche Einigung zustande („**gescheiterter Vergleich**"), ist grundsätzlich das Verfahren fortzusetzen. Der Gerichtshof kann aber auch gegen den Willen des Bf. den Rechtsstreit **durch ein Urteil** (Art. 43 Abs. 3 Satz 3 VerfO) als erledigt i.S.v. Art. 37 Abs. 1 *lit.* c („weitere Prüfung nicht gerechtfertigt") erklären und die Streichung der Beschwerde aus dem Register anordnen (Rn. 92).[117] Voraussetzung ist aber, dass der Vertragsstaat den geltend gemachten **Konventionsverstoß eindeutig anerkannt** und ein **angemessenes Vergleichsangebot** gemacht hat, durch das Abhilfe geschaffen wird. In der Regel ist ein Geldbetrag anzubieten, der in der Höhe einer nach Art. 41 festzusetzenden Entschädigung entspricht.[118]

76   Der EGMR prüft dann, ob die **Achtung der Menschenrechte** eine Fortsetzung des Verfahrens erfordert. Neben der Frage der Anerkennung der Verletzung und der Angemessenheit der Entschädigung überprüft der EGMR insoweit auch, ob die zu entscheidenden Rechtsfragen bereits durch seine Rechtsprechung geklärt sind bzw. ob noch eine andere Beschwerde zu den streitgegenständlichen Fragen anhängig ist, ob dem Bf. durch die Anerkennung des Vergleichsangebots weitergehende Rechte abgeschnitten würden oder ob die in der Beschwerde aufgeworfenen Fragen eine weitere Prüfung der Begründetheit erforderlich machen.[119] Er berücksichtigt dabei die Art der Beschwerde, z.B. auch Art und Umfang der in früheren Fällen zur Durchführung von Urteilen des EGMR getroffenen Maßnahmen und

---

113 Vgl. etwa EGMR (GK) Fabris/F, 28.6.2013, § 7 (heftig widersprechend das Sondervotum *Pinto de Albuquerque*, der die Menschenrechte nicht geachtet sah, weil der Staat die Konventionsverletzung zu beenden habe, anstatt im Rahmen einer Streitbeilegung Schadenersatz zu bezahlen); Axen/D, 27.2.2003, EuGRZ **2003** 222; *Ohms* EuGRZ **2003** 141, 147.

114 EGMR Tyrer/UK, 25.4.1978, NJW **1979** 1089 = EuGRZ **1979** 162.

115 *Grabenwarter/Pabel* § 13, 70 halten die Fortsetzung bei schwersten Menschenrechtsverletzungen für angebracht, sofern sich der betroffene Staat nicht zu Maßnahmen verpflichtet, die gleichartige Verletzungen in Zukunft verhindern.

116 EGMR Canbek/TRK (E), 13.1.2015, § 44; Kalwat/D (E), 19.4.2016.

117 EGMR Akman/TRK, 26.6.2001; (GK) Tahsin Acar/TRK, 6.5.2003, NJW **2004** 2357; Meriakri/MOL, 1.3.2005; Orlowski/D (E), 1.4.2008, NJW **2009** 1403 mit Anm. *Meyer-Ladewig/Petzold*; Samadi/D (E), 7.10.2008; Kunkel/D (E), 2.6.2009, EuGRZ **2009** 472; Meyer-Ladewig/Nettesheim/von Raumer/*Meyer-Ladewig/Ebert* Art. 39, 8.

118 So etwa EGMR Werra Naturstein GmbH & Co KG/D, 19.4.2018, NVwZ **2019** 625 (Stillegung eines Steinbruchs); Giurgiu/RUM (E), 3.2.2015 („the amount of compensation proposed [...] is consistent with the amounts awarded in similar cases"), so dass dieser Fall aus dem Register gestrichen wurde. Wegen unzureichenden Entschädigungsangebots keine Streichung hingegen in EGMR Parasca/MOL, 10.2.2015, §§ 19 ff. („le montant de la compensation offerte ne couvre qu'une partie du dommage encouru par le requérant"); Mango/I, 5.5.2015, §§ 25 ff. („the sum proposed does not bear a reasonable relation to the amounts awarded by the Court in similar cases against Italy"); siehe auch: EGMR M.C./PL, 3.2.2015, §§ 78, 92 ff.; Kyriakou u. Panagioteas/GR, 7.4.2016, § 12.

119 EGMR Orlowski/D (E), 1.4.2008; Lück/D, 15.5.2008, NJOZ **2009** 5003; vgl. Meyer-Ladewig/Nettesheim/von Raumer/*Meyer-Ladewig/Ebert* Art. 39, 10.

ihre Auswirkungen auf den Fall des Bf., sowie ob der Tatsachenvortrag dem ersten Anschein nach glaubhaft ist.[120]

Durch die Streichung der Beschwerde aus dem Register nach Art. 37 Abs. 1 *lit.* c ist 77 der Bf. nicht gehindert, über den gerügten Verstoß **hinausgehende oder sich erst danach realisierende Rechtsverletzungen** geltend zu machen.

d) Beweiserhebung. Sämtliche Tatsachen, deren Kenntnis für die Entscheidung über 78 die Begründetheit der Beschwerde notwendig ist, müssen durch den Gerichtshof festgestellt werden. Obwohl er den auf nationaler Ebene festgestellten Sachverhalt grundsätzlich nicht überprüft, muss der EGMR die der Beschwerde zugrunde liegenden **Tatsachen grundsätzlich selbst ermitteln**. Im Wesentlichen stützt er sich dabei auf die Ausführungen der Parteien.[121] An den Umfang der von den Parteien vorgebrachten Tatsachen ist der Gerichtshof dabei gebunden. Er kann diese lediglich von einer anderen Perspektive aus betrachten als die Parteien.[122] Nicht bestrittene Tatsachen gelten grundsätzlich als zugestanden.[123] Bereits auf nationaler Ebene erfolgte behördliche Ermittlungen oder gerichtliche Beweiserhebungen fließen in die Untersuchung mit ein, sind aber für die Entscheidung über das Vorliegen eines Konventionsverstoßes nicht ausschlaggebend.[124] An Tatsachenfeststellungen der nationalen Gerichte ist der EGMR nicht gebunden. In der Regel wird der Gerichtshof jedoch nur bei Vorliegen stichhaltiger Gründe zu einer von der Tatsachenfeststellung des innerstaatlichen Gerichts abweichenden Beurteilung kommen.[125] Lediglich ergänzend erfolgt eine **unmittelbare Beweisaufnahme vor dem Gerichtshof**, wobei die Parteien die Einvernahme von Zeugen, Sachverständigen oder anderen Personen beantragen können.

Die in der Praxis seltene Erhebung von Beweisen findet meist in der mündlichen 79 Verhandlung im Gerichtsgebäude in Straßburg statt, kann aber auch durch **Delegationen**, d.h. beauftragte Mitglieder der Kammer oder andere Richter des Gerichtshofs erfolgen (Rule A1–A8 Annex VerfO). Der Gerichtshof kann solche Untersuchungen oder andere Beweiserhebungen in jedem Verfahrensstadium an **jedem beliebigen Ort** durch eines oder mehrere seiner Mitglieder durchführen (Art. 19 Abs. 2 VerfO). Das gilt insbesondere für die Kammer, die über die Begründetheit der Beschwerde entscheidet.

Die Parteien haben die Kammer – bzw. die beauftragte Delegation – bei der Feststellung 80 des der Beschwerde zugrunde liegenden Sachverhaltes zu **unterstützen** (Art. 38 a.E., Rule A2 im Annex zur VerfO).[126] Eine mangelhafte Unterstützung kann der Gerichtshof im Urteil explizit feststellen.[127] Der EGMR akzeptiert dabei weder den Verweis auf die nationale Rechtslage (die sich ja an der Konvention messen lassen muss), wonach die angeforderten Unterlagen „Verschlusssache" seien, noch den Verweis auf angebliche Erfordernisse der na-

---

120 EGMR Rantsev/ZYP u. R, 7.1.2010, NJW **2010** 3003; Tahirov/ASE, 11.6.2015, §§ 34 ff.

121 SK/*Meyer* EMRK VerfR 231.

122 Vgl. hierzu EGMR Radomilja u.a./KRO, 20.3.2018, § 121; siehe auch *Hansen* Facts Before the European Court of Human Rights (2022) 66.

123 Vgl. *Schmaltz* DRiZ **2010** 120, 121, Fn. 11.

124 Näher dazu: *Brunner* 83 ff. (speziell für Fälle des Art. 3). Zur Berücksichtigung sog. *subsequent developments* durch den EGMR: *Schöneberg* Die Berücksichtigung neuer Tatsachen durch den Europäischen Gerichtshof für Menschenrechte (2020); allgemein: *Hansen* Facts Before the European Court of Human Rights (2022).

125 Vgl. EGMR (GK) Gäfgen/D, 1.6.2010, § 93; Kotilainen u.a./FIN, 17.9.2020, § 79 („cogent elements"); vgl. auch *Hansen* Facts Before the European Court of Human Rights (2022) 67 ff., der diese Praxis vor dem Hintergrund des Subsidiaritätsgrundsatzes analysiert.

126 Dazu s.a. SK/*Meyer* EMRK VerfR 237 ff.

127 EGMR Sadykov/R, 7.10.2010, §§ 279–284; (GK) Janowiec u.a./R, 21.10.2013, §§ 202 ff., NJOZ **2014** 1270; (GK) GEO/R, 3.7.2014, §§ 99 ff., NVwZ **2015** 569.

tionalen Sicherheit, wovon der Gerichtshof meist selbst einen Eindruck verschaffen möchte; bei Sicherheitsbedenken könne auf die Anwendung von **Art. 33 VerfO (begrenzter Zugang zu den Gerichtsakten)** oder sogar auf die Möglichkeit einer nichtöffentlichen Gerichtsverhandlung zurückgegriffen werden.[128] Begründet die Nichtherausgabe von Dokumenten einen Verstoß gegen Art. 38, so ist dies als ein zusätzliches Argument dafür heranzuziehen, dass die Dokumente auch tatsächlich das besagen, was der Bf. behauptet, so dass also im Regelfall die mangelnde Kooperation der belangten Regierung das Vorbringen des Bf., ein Menschenrecht sei verletzt worden, plausibler erscheinen lässt.[129] Ein **Verstoß gegen Art. 38** wird unabhängig und separat von einer Verletzung eines Konventionsrechts festgestellt. Ist ein solches Recht nicht verletzt, so wird kein Schadensersatz (Rn. 270) gewährt,[130] wohl aber kann dem Bf. Kostenersatz zugesprochen werden, soweit er durch die Verweigerung der Kooperation mehr Aufwand zu betreiben hatte.[131]

81   Die Kammer kann auf Antrag einer Partei, eines Dritten sowie von Amts wegen **alle Beweise erheben**, die sie für geeignet hält, um den Sachverhalt aufzuklären, ohne dabei an bestimmte Beweismittel oder gar an Vorschriften und Grundsätze des jeweiligen nationalen Strafverfahrensrechts gebunden zu sein (Rule A1 Abs. 1 im Annex zur VerfO). Recht häufig werden die Parteien aufgefordert, **Urkunden** oder sonstige **schriftliche Beweise** für ihr Vorbringen vorzulegen.

82   Jede Person, deren Angaben oder Erklärungen für die Aufklärung des behaupteten Konventionsverstoßes nützlich erscheinen, kann als **Zeuge, Sachverständiger** oder in anderer Eigenschaft gehört werden (Rule A1 Abs. 1 Satz 2 Annex VerfO), was in der Praxis jedoch selten geschieht. Gleiches gilt für **Ortsbesichtigungen** oder **Inaugenscheinnahmen**. Außerdem kann die Kammer Personen oder Institutionen ersuchen, zu einer bestimmten Frage **Auskünfte** einzuholen, eine Stellungnahme abzugeben oder Bericht zu erstatten (Rule A1 Abs. 2 Annex VerfO).

83   Kosten für Beweiserhebungen (vor einer Delegation), die der betroffene Vertragsstaat beantragt, muss dieser grundsätzlich selbst tragen. Das gilt jedoch nicht für den Bf., dem die **Kosten** einer von ihm beantragten Beweiserhebung nur höchst selten auferlegt werden. Meist werden diese Kosten vom Europarat getragen. Die Höhe der Kosten bestimmt der Kammerpräsident (Rule A5 Abs. 6 Annex VerfO).

84   Die **Ladung von Zeugen** etc. erfolgt durch die Kanzlei (Rule A5 Abs. 1 Annex VerfO). Sie kommt vor allem dort in Betracht, wo die Sachverhaltsermittlung auf nationaler Ebene hinsichtlich eines für die Einhaltung der Konvention maßgeblichen Umstandes unzureichend gewesen ist. Allein dieser Aufklärungsmangel kann schon einen eigenständigen Konventionsverstoß zur Folge haben.[132] Jedes Kammer-/Delegationsmitglied kann den Verfahrensbevollmächtigten, Rechtsbeiständen und Beratern der Parteien, dem Bf., den Zeugen und Sachverständigen sowie jeder anderen vor der Kammer oder Delegation auftretenden Person Fragen stellen (Rule A7 Abs. 1 Annex VerfO). Umgekehrt können die Verfahrensbevollmächtigten, Rechtsbeistände und Berater der Parteien – ebenso wie ein nicht vertretener Bf. selbst – den Zeugen, Sachverständigen und den anderen zur Erforschung des Sach-

---

128   EGMR (GK) Janowiec u.a./R, 21.10.2013, §§ 211 ff.; (GK) GEO/R, 3.7.2014, §§ 105, 108.
129   EGMR (GK) GEO/R, 3.7.2014, § 140 (Urteil erging aufgrund einer Staatenbeschwerde, jedoch dürfte der dort aufgestellte Rechtsgrundsatz nicht nur für das Vorbringen der beschwerdeführenden Regierung, sondern für das eines jeden Bf. gelten).
130   EGMR (GK) Janowiec u.a./R, 21.10.2013, § 220 (insoweit in NJOZ **2014** 1270 nicht wiedergegeben).
131   EGMR (GK) Janowiec u.a./R, 21.10.2013, § 224.
132   So bedeutet z.B. eine nicht effektive Untersuchung des Sachverhalts bei behaupteten Verstößen gegen Art. 2 (dort Rn. 61 ff.) und Art. 3 (dort Rn. 45 f.) einen eigenständigen Verstoß gegen diese Konventionsbestimmungen.

verhalts herangezogenen Personen unter Aufsicht des Kammerpräsidenten bzw. Leiters der Delegation Fragen stellen. Letztere entscheiden auch, ob eine Frage zulässig ist oder nicht (Rule A7 Abs. 2 Annex VerfO).

Zu ihrem Schutz kann die **Vernehmung** einer Person **in Abwesenheit der Parteien** 85 erfolgen (Rule A7 Abs. 4 im Annex zur VerfO).

Zeugen, Sachverständige und andere Personen, die vor dem Gerichtshof auftreten, 86 dürfen sich ihrer **eigenen Sprache** bedienen, wenn sie keine der beiden Amtssprachen hinreichend beherrschen. Der Kanzler trifft die notwendigen Vorkehrungen für die mündliche und schriftliche Übersetzung (Art. 34 Abs. 6 VerfO).

Wenn ein Zeuge, eine andere Person oder eine Partei trotz ordnungsgemäßer Ladung 87 ohne ausreichenden Grund nicht vor der Kammer oder Delegation erscheint, kann die ohne sein Mitwirken mögliche Untersuchung bzw. Beweiserhebung der Delegation gleichwohl durchgeführt bzw. fortgesetzt werden (Rule A3 Annex VerfO). Im Gegensatz zu den meisten nationalen Rechtsordnungen droht die EMRK für das **Nichterscheinen** bzw. die (unberechtigte) Zeugnisverweigerung keine Sanktion an.

Jeder Zeuge oder Sachverständige leistet vor Beginn seiner Aussage bzw. vor Ausfüh- 88 rung seines Auftrags einen **Eid** oder gibt eine feierliche Erklärung ab (Rule A6 Annex VerfO). Die Parteien können die Vernehmung eines bestimmten Zeugen oder Sachverständigen nur unter engen Voraussetzungen ablehnen (z.B. wegen Befangenheit). Über den Antrag entscheidet die Kammer. Sie kann eine Person, die nicht als Zeuge oder Sachverständiger vernommen werden kann, gleichwohl zu Informationszwecken anhören (Rule A7 Abs. 5 Annex VerfO).

Der Gerichtshof ist nicht an bestimmte (nationale) Beweiserhebungs-, Beweisverwer- 89 tungs- oder Beweislastregeln gebunden, sondern entscheidet über das Vorliegen eines Konventionsverstoßes aufgrund **freier richterlicher Beweiswürdigung**. Obwohl der Bf. keine prozessuale Beweislast im engeren Sinne trägt, muss er grundsätzlich den behaupteten Konventionsverstoß substantiert darlegen und die entsprechenden tatsächlichen Umstände überzeugend nachweisen.[133]

In Fällen, in denen die **Tötung** eines Menschen, die **Anwendung physischer Gewalt** 90 **gegenüber inhaftierten Personen** oder deren **Unauffindbarkeit** behauptet wird, besteht für den betroffenen Konventionsstaat allerdings eine **qualifizierte Darlegungslast**,[134] deren Umfang je nach Einzelfall bis zu einer echten **Beweislastumkehr** und entsprechender **Exkulpationspflicht** reichen kann („*plausible/satisfactory and convincing explanation*").[135] Lässt sich in einem solchen Fall der vom Bf. behauptete Sachverhalt nicht zuverlässig aufklären, so unterstellt der Gerichtshof das entsprechende Vorbringen, wenn der Vertragsstaat gegen seine aus Art. 3 bzw. Art. 5 abzuleitende Organisations- oder Dokumentationspflicht verstoßen hat.[136]

e) Streichung der Beschwerde aus dem Register; Wiedereintragung. Der Gerichts- 91 hof kann eine Beschwerde jederzeit durch Urteil (Art. 43 Abs. 3 Satz 3 VerfO) im Register strei-

---

133 Vgl. EGMR (GK) El Masri/MAZ, 13.12.2012, §§ 151 ff.; Baka/H, 23.6.2016, §§ 143 ff.; N.D. u. N.T./E, 13.2.2020, §§ 86 ff.

134 Grundlegend: EGMR Ribitsch/A, 4.12.1995, EuGRZ **1996** 504 = ÖJZ **1996** 148.

135 EGMR Mikheyev/R, 26.1.2006, § 102.

136 EGMR Bojinov/BUL, 28.10.2004 (Dokumentation von Maßnahmen zur Durchführung einer gerichtlich angeordneten Freilassung). Die Frage eines menschenrechtlich relevanten Dokumentationsdefizits kann sich z.B. bei der Wohnraumdurchsuchung stellen (vgl. BVerfG NJW **2005** 1637 = NStZ **2005** 337 = StV **2005** 483 = EuGRZ **2005** 178 = NVwZ **2005** 1412 = wistra **2005** 219; krit. *Günther* NStZ **2005** 486). Näher zur Beweislast und zur Sachverhaltsaufklärung in Fällen des Art. 3: *Brunner* 83 ff.

chen, wenn er der Meinung ist, dass der Bf. seine Beschwerde nicht weiterverfolgen will (Art. 37 Abs. 1 *lit.* a), weil dieser dies selbst ausdrücklich erklärt hat oder die Umstände Anlass zu dieser Annahme geben,[137] etwa dadurch dass der Bf. auf Schreiben des Gerichtshofs **nicht reagiert** oder angeforderte **Unterlagen oder Stellungnahmen nicht fristgerecht einreicht**,[138] obwohl er auf die Möglichkeit der Streichung hingewiesen wurde.[139] Auch mangelnde Kontaktaufnahme mit dem Rechtsvertreter kann ein Grund für eine Streichung der Beschwerde sein.[140] Mit der Streichung – nur bei der Staatenbeschwerde muss die beklagte Partei zustimmen (Art. 43 Abs. 2 VerfO) – endet das Verfahren vor dem EGMR.

92   Das Verfahren wird in der Regel auch im Register gestrichen, wenn eine **gütliche Einigung** erzielt wurde (Art. 37 Abs. 1 Satz 1 *lit.* b; Rn. 74) oder wenn der Gerichtshof eine **weitere Prüfung der Sache aus sonstigen Gründen nicht für gerechtfertigt hält** (Art. 37 Abs. 1 Satz 1 *lit.* c), etwa, weil der Bf. **verstorben** ist und seine nahen Angehörigen das Verfahren nicht weiter betreiben,[141] oder wenn der Bf. (juristische Person o.ä.) nicht mehr existiert.[142] Eine Streichung im Register kann auch in Betracht kommen, wenn der beklagte Staat nach einer **gescheiterten Vergleichsverhandlung** einseitig die Konventionsverletzung einräumt und eine angemessene Entschädigung anbietet (Rn. 75) oder eine Zusicherung abgibt, wonach das konventionswidrige Handeln für die Zukunft eingestellt wird.[143]

93   Der Gerichtshof kann aber stets von der Streichung im Register absehen und das Verfahren **fortsetzen**, wenn er der Ansicht ist, dass die Achtung der in der Konvention und den Protokollen garantierten Menschenrechte die weitere Prüfung der Beschwerde erfordert (Art. 37 Abs. 1 Satz 2).[144] Das kommt in Betracht, wenn der Sachverhalt streitig ist und der beklagte Staat nicht eindeutig die Verantwortung übernommen und sich auch nicht eindeutig zu deren uneingeschränkter Aufklärung verpflichtet hat,[145] wenn das vorrangige Problem des Falles über die Person und die Interessen des Bf. [und seiner Erben/Angehörigen] hinausgeht und auch andere Personen berühren kann,[146] ferner auch, wenn er aus sonstigen Gründen die

---

137 EGMR A.F./NL (E), 21.6.2016, § 15.
138 EGMR Oberländer/D (E), 7.12.2010; Constantin/RUM (E), 3.7.2012; Ursa u.a./RUM (E), 15.1.2013; Ay/D (E), 23.9.2014; Rainone/I (E), 21.6.2016, §§ 15 ff.
139 Zum Erfordernis eines solches Hinweises: Meyer-Ladewig/Nettesheim/von Raumer/*Meyer-Ladewig/ Ebert* Art. 37, 4.
140 EGMR (GK) V.M./B, 17.11.2016 (nach Verurteilung des Staates im Kammer-Urteil; Antrag durch Verweisung an die GK durch den Staat; „Verlust" des Kammer-Urteils bei mangelnder Kommunikation zwischen Verfahrensbevollmächtigtem und Bf. im Verfahren vor der GK), HRLJ **2017** 162; siehe auch EGMR N.H. u.a./ F, 2.7.2020, §§ 65 ff., §§ 102 ff.
141 Meyer-Ladewig/Nettesheim/von Raumer/*Meyer-Ladewig/Ebert* Art. 37, 10; s.a. EGMR Kalantari/D, 11.10.2001, EuGRZ **2002** 576; Taskin/D, 23.7.2002, NJW **2003** 2003 = EuGRZ **2002** 593; (GK) Léger/F, 30.3.2009, §§ 43 ff., 50.
142 EGMR Benville Limited, Podružnica za transport, Ljubljana/SLW (E), 17.2.2015.
143 EGMR Ali Zada u.a./A (E), 5.7.2011, ÖJZ **2011** 981 (Zusage der vollständigen Prüfung eines Asylvorbringens); N.I./B (E), 6.9.2011 = NVwZ **2012** 1233 m. Anm. *Meyer-Ladewig/Petzold* (zum materiellrechtlichen Problem); H.S. u.a./B (E), 24.3.2015, §§ 13 ff.; siehe auch EGMR Atmaca/D (E), 6.3.2012, NJOZ **2013** 918: Bundesregierung hat zugesichert, dass Bf. (vorerst) nicht ausgeliefert werde und dass, bei Bewilligung der Auslieferung, der Bf. die Möglichkeit bekomme, den EGMR mit dem Ziel einer vorläufigen Anordnung anzurufen; damit bestand für den Bf. keine (tatsächliche und unmittelbare) Gefahr einer Auslieferung, die Beschwerde wurde gem. Art. 37 Abs. 1 Satz 1 *lit.* c gestrichen; ähnlich EGMR A.A./B (E), 19.5.2015; 18 f.; E.T. u.a./A (E), 7.4.2015, § 14; ebenfalls ähnlich, jedoch Streichung nach Art. 37 Abs. 1 Satz 1 *lit.* b: (GK) M.E./S, 8.4.2015, §§ 32 ff.
144 Dazu EGMR (GK) N.D. u. N.T./E, 13.2.2020, §§ 69 ff., 79.
145 Etwa EGMR (GK) Tahsin Acar/TRK, 6.5.2003.
146 EGMR E.B. u.a./A, 7.11.2013, § 61, ÖJZ **2014** 693 (Verweigerung der Streichung einer Verurteilung aus dem Strafregister nach Aufhebung der verfassungswidrigen Strafnorm; Fortführung der Beschwerde durch einen nahen Angehörigen).

Esser

Klärung der aufgeworfenen Fragen im Allgemeininteresse für angezeigt hält[147] oder wenn er an der Freiwilligkeit der Rücknahme der Beschwerde zweifelt.[148]

Wenn er dies nach den Umständen für gerechtfertigt hält, kann der Gerichtshof von **94** sich aus die **Wiedereintragung einer gestrichenen Beschwerde** in das Register anordnen (Art. 37 Abs. 2 EMRK; Art. 43 Abs. 5 VerfO). Dies kann u.a. der Fall sein, wenn der Bf. nachweisen kann, dass die Annahme des Gerichts, er wolle seine Beschwerde nicht weiterverfolgen, unzutreffend und nicht von ihm verschuldet ist[149] oder wenn der Staat seinen in der gütlichen Einigung eingegangenen Pflichten nicht nachkommt.[150]

f) Beteiligung Dritter („third-party intervention"). Ein **Vertragsstaat** kann sich an **95** einem Verfahren vor der Kammer (oder der GK), in dem der Bf. einer **seiner Staatsangehörigen** (oder auch eine juristische Person aus jenem Vertragsstaat)[151] ist, durch schriftliche Stellungnahmen und die Teilnahme an der mündlichen Verhandlung beteiligen (Art. 36 Abs. 1);[152] zu diesem Zweck wird der andere Vertragsstaat von der Beschwerde in Kenntnis gesetzt (Art. 44 Abs. 1 VerfO). Der EGMR benachrichtigt den betreffenden Vertragsstaat jedoch nicht, wenn sich der Bf. gerade gegen Abschiebung oder Auslieferung in sein Heimatland wehrt und sein Parteivortrag dazu führen kann, dass nach seiner möglichen Rückkehr seine Rechte aus Art. 2 bzw. Art. 3 verletzt werden.[153]

Neben dem Heimatstaat des Bf. kann der Präsident des Gerichtshofs „im Interesse der **96** Rechtspflege" außerdem **jedem Vertragsstaat, der nicht Partei ist** und **jeder betroffenen Person**, die nicht Bf. ist, Gelegenheit zu einer schriftlichen Stellungnahme oder zur Teilnahme an der mündlichen Verhandlung geben (Art. 36 Abs. 2).[154] Die Möglichkeit **finanzieller Unterstützung** für Drittbetroffene in Verfahren vor dem EGMR regelt das EGMRKHG (vgl. § 1 Abs. 1 Nr. 2 EGMRKHG; Rn. 45). Ein Staat, der sich nach Art. 36 beteiligt, wird dadurch nicht selbst Partei des Verfahrens; er wird auch nicht nach Art. 46 Abs. 1 unmittelbar durch das Urteil gebunden.

---

147 EGMR Tyrer/UK, 25.4.1978 (Klärung im Allgemeininteresse); vgl. auch die praktisch bedeutsamen Fälle des Todes des Bf.: Rn. 138, 171.

148 EGMR Tyrer/UK, 25.4.1978; *Grabenwarter/Pabel* § 13, 74.

149 *Frowein/Peukert* Art. 37, 7.

150 EGMR Canbek/TRK (E), 13.1.2015, § 44.

151 EGMR M. Schneider Schaltgerätebau und Elektroinstallationen GmbH/F (E), 9.6.2015, § 3.

152 Dies gilt auch, wenn der Betroffene sowohl die Staatsangehörigkeit jenes anderen Staates als auch die des durch die Beschwerde belangten Staates besitzt, aus Sicht des belangten Staates also Inländer ist, EGMR Hromadka u. Hromadkova/R, 11.12.2014, §§ 1, 5; Janyr/CS, 31.10.2013, §§ 1, 5 (siehe jedoch auch Yıldız u. Yanak/TRK (E), 27.5.2014: Beide Bf. hatten die türkische und die deutsche Staatsangehörigkeit; EGMR teilt nicht mit, ob sich die deutsche Regierung geäußert hat oder ob sie überhaupt verständigt wurde). Ferner hat es der EGMR nicht beanstandet, dass dem Bf. die Staatsangehörigkeit des Drittstaats erst nach Beginn des Strafverfahrens verliehen wurde (EGMR (GK) Kononov/LET, 17.5.2010, §§ 2, 12, 30 ff., insoweit in NJOZ **2011** 226 zu Beginn der Darstellung des Sachverhalts wiedergegeben) – obwohl diese Verleihung mutmaßlich, wie die Umstände des Falles nahelegen, gerade zu dem Zweck erfolgte, dem Angeklagten in einem politisch hochgradig sensiblen Verfahren konsularische Hilfe zu ermöglichen und stärkeren politischen Druck auf den das Strafverfahren durchführenden Staat ausüben oder diesen Staat leichter international diskreditieren zu können (siehe auch (K) Kononov/LET, 24.7.2008, § 8: Die Staatsangehörigkeit wurde nicht in einem gewöhnlichen Einbürgerungsverfahren erlangt, sondern durch „special decree" des russischen Präsidenten verliehen; hierzu *Schroeder/Küpper* JOR **2009** 213, 215).

153 EGMR I./S, 5.9.2013, §§ 40 ff.; M.D. u. M.A./B, 19.1.2016, § 5; A.M. u.a./F, 12.7.2016, § 5; A.A. u. A.A./F (E), 13.9.2016, § 3.

154 Siehe EGMR Anayo/D, 21.12.2010, NJW **2011** 3565 = EuGRZ **2011** 124 = FamRZ **2011** 269, § 6 (Kindschaftsrecht; gesetzliche Eltern, §§ 1591, 1592 BGB); (GK) Gäfgen/D, 1.6.2010, §§ 7, 85, 158 f., NJW **2010** 3145 = EuGRZ **2010** 417 (Nebenkläger im strafrechtlichen Ausgangsverfahren; Eltern eines getöteten Kindes).

97   Häufig sind Vereine und Verbände bzw. Nichtregierungsorganisationen als Drittpartei beteiligt.[155] Für diese Organisationen gelten – natürlich – keine besonderen „Neutralitätsanforderungen", so dass es beispielsweise nicht zu beanstanden ist, wenn der Rechtsvertreter des Bf. früher für die oder in der betreffenden Organisation tätig war.[156]

98   Die Möglichkeit einer Beteiligung Dritter ist letztlich Ausdruck des **Rechts auf rechtliches Gehör**. Insofern ist es durchaus kritisch zu sehen, dass Art. 36 Abs. 2 die Teilnahme Betroffener am Verfahren der Menschenrechtsbeschwerde letztlich in das Ermessen des Präsidenten des Gerichtshofs stellt. Eine dem § 94 Abs. 3 BVerfGG entsprechende Regelung wäre demgegenüber vorzugswürdig.[157] So beanstandete der EGMR zu Recht, dass in einem nationalen Verfassungsbeschwerdeverfahren der (andere) Betroffene, der von den Entscheidungen der Fachgerichtsbarkeit begünstigt wurde, sich nicht äußern konnte und noch nicht einmal von der Verfassungsbeschwerde erfahren hatte,[158] was natürlich auch nicht dadurch aufgewogen wird, dass der prozessuale Gegner im Verfassungsbeschwerdeverfahren (etwa eine Behörde oder das Gericht, dessen Entscheidung mit der Verfassungsbeschwerde angegriffen wird) für den Bestand der angegriffenen Gerichtsentscheidung eintritt.[159] Für das Verfahren der Menschenrechtsbeschwerde können insoweit keine anderen Grundsätze gelten. Richtet sich die Beschwerde vor dem EGMR gegen ein zivilrechtliches Urteil, so ist im Allgemeinen festzustellen, dass die gegnerische Partei des Ausgangsverfahrens durch ihre Stellung als Drittintervenient in der Individualbeschwerde nicht unerheblichen Nachteilen ausgesetzt ist, wodurch letztlich auch das Prinzip der Waffengleichheit leidet.[160]

99   Auch der **Kommissar für Menschenrechte des Europarats** kann bei allen Verhandlungen der Kammer (oder der GK) schriftliche Stellungnahmen abgeben und an den mündlichen Verhandlungen teilnehmen (Art. 36 Abs. 3 EMRK; Art. 44 Abs. 2 VerfO; Rn. 377).

100   Entsprechende Erklärungen bzw. Anträge Dritter auf Teilnahme am Verfahren müssen in einer der **Amtssprachen** eingereicht werden und bestimmten **Form- und Fristvorgaben**[161] entsprechen (Art. 44 VerfO). **Schriftliche Stellungnahmen** im Laufe des Verfahrens müssen den vom Kammerpräsidenten festgelegten Fristen und Bedingungen Rechnung tragen. Werden diese Bedingungen nicht eingehalten, so wird die jeweilige Stellungnahme meist nicht in die Verfahrensakte aufgenommen (Art. 44 Abs. 5 Satz 2 VerfO).

101   **Schriftliche Erklärungen Dritter**, die den Vorgaben entsprechen, werden den Parteien mitgeteilt, die unter Einhaltung einer bestimmten Frist ihrerseits schriftlich Stellung nehmen können (Art. 44 Abs. 6 Satz 2 VerfO).

102   **g) Verhandlungsprotokoll.** Auf Beschluss der Kammer ist über die mündliche Verhandlung ein Wortprotokoll (*verbatim record*) anzufertigen, in dem u.a. die vor der Kam-

---

155 Siehe EGMR Haas/CH, 20.1.2011, § 5 (Sterbehilfeorganisation „Dignitas" in einem Fall zur Sterbehilfe; in NJW **2011** 3773 in der Zusammenfassung des Sachverhalts wiedergegeben).

156 EGMR Kudeshkina/R (Nr. 2) (E), 17.2.2015, §§ 25, 48.

157 „Richtet sich die Verfassungsbeschwerde gegen eine gerichtliche Entscheidung, so *gibt* das BVerfG auch dem durch die Entscheidung Begünstigten Gelegenheit zur Äußerung."; Hervorhebung hier. Auch BVerfGE **111** 307, 328 = NJW **2004** 3407, 3411 (Görgülü) sieht das Konventionsprozessrecht als defizitär gegenüber dem deutschen Recht: „die Möglichkeit einer Beteiligung Dritter an dem Beschwerdeverfahren [...] ist kein institutionelles Äquivalent für die Rechte und Pflichten als Prozesspartei oder weiterer Beteiligter im nationalen Ausgangsverfahren".

158 EGMR López Guió/SLO, 3.6.2014, §§ 100 ff., NZFam **2015** 303 m. Anm. *Althammer*.

159 EGMR Frisancho Perea/SLO, 21.7.2015, §§ 71 ff., insbes. § 74.

160 Vgl. eingehend zu dieser Problematik *Robbers* FS Schröder 371, 375 ff.

161 Diesbezüglich wurden die Fristvorgaben in Art. 44 Abs. 2 und Abs. 3 *lit.* b VerfO überarbeitet und mit Änderung vom 3.3.2023 insbesondere mit Blick auf das jeweils fristauslösende Ereignis ausdifferenziert.

mer abgegebenen Erklärungen, die dort gestellten Fragen und erhaltenen Antworten wortgetreu festgehalten werden (Art. 70 VerfO).[162]

4. Verfahren vor der Großen Kammer

a) Art. 30. Zur **Abgabe einer Sache an die GK** ist die mit der Sache befasste Kammer 103 nach Art. 30 jederzeit befugt, sofern sie der Ansicht ist, dass über eine **schwerwiegende Frage der Auslegung oder Anwendung der Konvention** einschließlich ihrer Zusatzprotokolle zu entscheiden ist oder wenn ihre Entscheidung zur **Abweichung von einem früheren Urteil des Gerichtshofes** führen kann („*where a case pending before a Chamber raises a serious question affecting the interpretation of the Convention or the Protocols thereto, or where the resolution of a question before the Chamber might have a result inconsistent with a judgment previously delivered by the Court*"; demgegenüber vgl. Art. 72 Abs. 1, 2 VerfO: „*Where a case pending before a Chamber raises a serious question affecting the interpretation of the Convention or the Protocols thereto*"/„*Where the resolution of a question raised in a case before the Chamber might have a result inconsistent with the Court's case-law*").

Die Abgabe, die keiner Begründung bedarf (Art. 72 Abs. 4 VerfO), steht im pflichtgemä- 104 ßen Ermessen der Kammer. Weil den Parteien auf diesem Wege die Möglichkeit einer Überprüfung der Kammerentscheidung durch die GK – und damit praktisch eine Instanz – genommen wird, war lange Zeit Voraussetzung für die Abgabe der Rechtssache, dass keine der Parteien diesem Vorgehen unter Angabe von Gründen widersprach.[163] Mit dem Inkrafttreten des 15. Protokolls zur EMRK v. 24.6.2013 (ETS 213) am 1.8.2021 ist diese **Widerspruchsmöglichkeit entfallen** (Art. 3 des 15. P-EMRK; Art. 30 EMRK); es besteht nur noch die Möglichkeit zur **Stellungnahme** („submit any comments"); Art. 72 Abs. 1, 2, 4 VerfO).

b) Art. 43. Die **Verweisung an die GK** kann jede Partei innerhalb von drei Monaten 105 nach dem Datum des Urteils einer Kammer beantragen, damit diese als gerichtsinterne Kontrollinstanz die Sache neu entscheidet. Diese Befugnis ist ausdrücklich auf **Ausnahmefälle** begrenzt (Art. 43 Abs. 1).[164] Über die **Annahme dieses Antrags** entscheidet ein **Ausschuss** von fünf Richtern (Art. 24 Abs. 5 VerfO). Er nimmt den Antrag nur an, wenn die Rechtssache eine **schwerwiegende Frage der Auslegung oder Anwendung** der Konvention oder ihrer Protokolle aufwirft oder wenn es sich um eine **schwerwiegende Rechtsfrage von allgemeiner Bedeutung** handelt (Art. 43 Abs. 2 EMRK / Art. 73 Abs. 1 Satz 2 VerfO). Eine Annahme des Antrags auf Verweisung ist für die GK bindend und kann von ihr nicht in Frage gestellt werden.[165] Im Falle der Annahme entscheidet die GK in der Sache durch Urteil (Art. 43 Abs. 3). Maßgeblicher Zeitpunkt für die Beurteilung der Erfolgsaussichten der Sache vor der GK ist dabei wiederum der Zeitpunkt der mündlichen Verhandlung vor der Kammer. Seit diesem Zeitpunkt erfolgte innerstaatliche Gesetzesänderungen werden im Urteil nicht berücksichtigt. Dies dient auch dem Respekt gegenüber den Vertragsstaaten, denen die Möglichkeit der

---

162 Als zulässigen Inhalt eines solchen Verhandlungsprotokolls nennt Art. 70 VerfO: die Zusammensetzung der Kammer bei der Verhandlung; die Liste der erschienenen Personen; den Wortlaut der abgegebenen Erklärungen, der gestellten Fragen und erhaltenen Antworten; den Wortlaut aller während der Verhandlung verkündeten Entscheidungen.

163 Meyer-Ladewig/Nettesheim/von Raumer/*Meyer-Ladewig/Albrecht* Art. 30, 2 f.; vgl. *Wittinger* NJW **2001** 1238; kritisch zum Widerspruchsrecht *Schlette* ZaöRV **56** (1996) 905, 950, 964.

164 *Meyer-Ladewig* NJW **1995** 2813, 2816; *Schlette* ZaöRV **56** (1996) 905, 950, 952 ff.; *Wittinger* NJW **2001** 1238, 1241.

165 EGMR (GK) Pisano/I, 24.10.2002, §§ 26 ff.

Auslegung und Anwendung des neuen Gesetzes zuerst zukommen soll.[166] Lehnt der Ausschuss den Antrag ab, ist das Urteil der Kammer endgültig (Art. 44 Abs. 2 *lit.* c). Die Ablehnung muss nicht begründet werden (Art. 73 Abs. 2 Satz 3 VerfO).

106　　Eine Beschwerde kann **schwerwiegende Fragen der Auslegung** aufwerfen, wenn eine Auslegungsfrage vom Gerichtshof noch nicht entschieden wurde, die Entscheidung für die Fortentwicklung der Rechtsprechung von Bedeutung ist oder das Urteil von einem früheren abweicht. Eine schwerwiegende Frage der Anwendung von Konventionsrecht kann vorliegen, wenn ein Urteil einen erheblichen Eingriff in innerstaatliche Rechtsvorschriften oder die Verwaltungspraxis zur Folge hätte. Dagegen kann eine schwerwiegende Frage von allgemeiner Bedeutung bei politischen Problemstellungen angenommen werden.[167]

107　　Wird der Antrag angenommen, überprüft die GK die Sache vollumfänglich, **soweit** die Beschwerde vorher **für zulässig erklärt** worden ist.[168] Ausgeschlossen ist damit nicht nur eine Überprüfung von Beschwerdepunkten, die zuvor für unzulässig erklärt wurden,[169] sondern auch solcher Beschwerden, die nicht ausdrücklich für zulässig erklärt wurden, etwa weil der Bf. sich nicht auf die Verletzung eines bestimmten Rechts berufen hat.[170] Dabei scheint die GK davon auszugehen, dass sich der Bf. auch auf einen bestimmten Artikel zu berufen hat, die Rüge der Sache nach genügt demgegenüber wohl nicht (mehr).[171]

108　　Die GK kann alle rechtlichen Feststellungen, auch die Zulässigkeitsentscheidung (Rn. 58), sowie die zugrunde liegenden Fakten[172] neu bewerten.[173] Eine Beschränkung der Verweisung ist nicht möglich.[174] Es gibt also insbesondere für den Fall, dass Teile der Beschwerde als begründet und andere als unbegründet beurteilt wurden, **kein „Verschlechterungsverbot"**, weder zugunsten des Bf. noch zugunsten des belangten Staates.

166　Vgl. zum Ganzen EGMR (GK) Big Brother Watch u.a./UK, 25.5.2021, § 270.

167　Vgl. Karpenstein/Mayer/*Schaffrin* Art. 43, 6.

168　EGMR (GK) K. u. T./FIN, 12.7.2001, §§ 140–141 = NJW **2003** 809; (GK) Göç/TRK, 11.7.2002, §§ 35–37; (GK) Perna/I, 6.5.2003, §§ 23–24 = NJW **2004** 2653; (GK) Azinas/ZYP, 28.4.2004, § 32; (GK) Sisojeva u.a./LET, 15.1.2007, § 61; (GK) Ramos Nunes de Carvalho e Sá/P, 6.11.2018, § 87; *Costa* FS Wildhaber 133.

169　EGMR (GK) Kononov/LET, 17.5.2010, NJOZ **2011** 226, §§ 182 ff.; (GK) Herrmann/D, 26.6.2012, §§ 37 ff., NJW **2012** 3629 = JZ **2013**, 519 = NuR **2012** 698; (GK) Vinter u.a./UK, 9.7.2013.

170　Vgl. EGMR (GK) Herrmann/D, 26.6.2012, §§ 37–39, NJW **2012** 3629 = JZ **2013** 519 = NuR **2012** 698; siehe auch §§ 43 f. des ablehnenden Sondervotums in EGMR (GK) Béláné Nagy/H, 13.12.2016.

171　Vgl. EGMR (GK) Herrmann/D, 26.6.2012. Der Bf. hat die Verletzung seiner Rechte nach Art. 11 (i.V.m. Art. 14) wegen der Zwangsmitgliedschaft in der Jagdgenossenschaft vor der Kammer gerügt, wie auch seiner Rechte nach Art. 1 des 1. ZP-EMRK und Art. 9. Erst vor der GK berief er sich behelfsweise auch auf Art. 8. Die GK sah sich allerdings gehindert, eine Verletzung des Art. 8 zu prüfen, weil sich der Bf. nicht schon vor der Kammer auf seine Rechte nach Art. 8 berufen hatte.

172　Vgl. etwa EGMR Cruz Varas u.a./S, 20.3.1991, NJW **1991** 3079 = EuGRZ **1991** 203 = ÖJZ **1991** 519 = InfAuslR **1991** 217; (GK) Gustafsson/S, 25.4.1996, § 51 = ÖJZ **1998** 867 = AuR **1997** 408; (GK) K. u. T./FIN, 12.7.2001, § 147.

173　Etwa EGMR (GK) K. u. T./FIN, 12.7.2001; (GK) Perna/I, 6.5.2003; (GK) Vučković u.a./SRB, 25.3.2014, § 56. Klarstellend hierzu EGMR (GK) Radomilja u.a./KRO, 20.3.2018, § 126: „[...] the scope of a case ‚referred to' the Court in the exercise of the right of individual application is determined by the applicant's complaint. A complaint consists of two elements: factual allegations and legal arguments. By virtue of the *jura novit curia* principle the Court is not bound by the legal grounds adduced by the applicant under the Convention and the Protocols thereto and has the power to decide on the characterisation to be given in law to the facts of a complaint by examining it under Articles or provisions of the Convention that are different from those relied upon by the applicant. It cannot, however, base its decision on facts that are not covered by the complaint. To do so would be tantamount to deciding beyond the scope of a case; in other words, to deciding on matters that have not been ‚referred to' it, within the meaning of Article 32 of the Convention."

174　Vgl. auch EGMR (GK) Navalnyy/R, 15.11.2018, § 58 („the ‚case' referred to the Grand Chamber necessarily embraces all aspects of the application previously examined by the Chamber in its judgment, there being no basis for a merely partial referral of the case").

Esser

c) 16. Protokoll zur EMRK. Durch das 16. Protokoll zur EMRK v. 2.10.2013 (ETS 214) **109** wird ein neues Vorlageverfahren eingeführt, mit Hilfe dessen die höchsten Gerichte der Vertragsstaaten konkrete Fragen zur Auslegung der Konvention oder der Protokolle anlässlich einer bei ihnen anhängigen Rechtssache dem EGMR vorlegen können. Nach Art. 2 Nr. 2 16. P-EMRK liegt die Zuständigkeit für die Erstellung der „advisory opinion" bei der GK, wobei der vom vorlegenden Vertragsstaat entsandte Richter zu beteiligen ist (Art. 2 Nr. 3 des 16. P-EMRK).[175] Deutschland hat das 16. P-EMRK bislang nicht gezeichnet, so dass es den deutschen Gerichten (noch) verwehrt ist, sich im Wege einer Vorlage an den EGMR zu wenden.[176]

5. Vorläufige Maßnahmen („interim measures")

a) Erforderlichkeit vorläufiger Maßnahmen.[177] Die Individualbeschwerde hat, **110** ebenso wie die Staatenbeschwerde, **keine aufschiebende Wirkung**.[178] Da der Gerichtshof erst nach Erschöpfung aller innerstaatlichen Rechtsbehelfe mit einer Sache befasst werden kann und die behauptete Konventionsverletzung längst stattgefunden hat, besteht in der Regel kein zwingendes Bedürfnis für eine vorläufige Anordnung.[179] Anders ist dies nur in Einzelfällen, in denen dem Bf. ein **schwerwiegender irreparabler Schaden** droht, wie etwa bei der Auslieferung oder Abschiebung in ein Land, in dem er Todesstrafe oder Folter zu gewärtigen hat.[180] Um zu verhindern, dass durch den innerstaatlichen Vollzug einer mit der Beschwerde beanstandeten Maßnahme die behauptete Konventionsverletzung verfestigt und vollendete Tatsachen geschaffen werden, eröffnet die Verfahrensordnung mehrere Möglichkeiten.

b) Unterrichtung nach Art. 40 VerfO. Der Kanzler kann mit Genehmigung des Kam- **111** merpräsidenten die betroffene Vertragspartei vom Eingang der Beschwerde und ihrem Inhalt unterrichten (Art. 40 VerfO), damit diese durch geeignete innerstaatliche Maßnah-

---

175 Vgl. *Herz* Die konkrete Normenkontrolle in Strafsachen (2022) 341 ff.
176 Auf Vorlage durch den französischen Cour de Cassation: EGMR (GK) 10.4.2019, Advisory Opinion concerning the recognition in domestic law of a legal parent-child relationship between a child born through a gestational surrogacy arrangement abroad and the intended mother (P16-2018-001); hierzu *Gundel* EuR **2019** 421, 429 ff.; auf Vorlage des Armenian Constitutional Court: EGMR (GK) 29.5.2020, Advisory Opinion concerning the use of the „blanket reference" or „legislation by refer-ence" technique in the definition of an offence and the standards of comparison between the criminal law in force at the time of the commission of the offence and the amended criminal law (P16-2019-001); auf Vorlage des Lithuanian Supreme Administrative Court: EGMR (GK) 8.4.2022, Advisory opinion on the assessment, under Article 3 of Protocol No. 1 to the Convention, of the proportionality of a general prohibition on standing for election after removal from office in impeachment (P16-2020-002); auf Vorlage des Armenian Court of Cassation: EGMR (GK) 26.4.2022, Advisory opinion on the applicability of statutes of limitation to the prosecution, conviction and punishment in respect of an offence constituting, in substance, an act of torture (P16-2021-001); EGMR (GK) 13.7.2022, Advisory opinion on the difference in treatment between landowners' associations „having a recognised existence on the date of the creation of an approved municipal hunters' association" and landowners' associations set up after that date (P16-2021-002); nicht zur Entscheidung angenommen: EGMR (GK) 14.12.2020, P16-2020-001; Polizeigewalt).
177 Grundlegend: *Bostedt* Vorsorgliche und einstweilige Maßnahmen zum Schutz der Menschenrechte (2009).
178 Vgl. IK-EMRK/*Rogge* Art. 34, 103, 328; Meyer-Ladewig/Nettesheim/von Raumer/*Meyer-Ladewig/von Raumer* Einl. 58; SK/*Meyer* EMRK VerfR 261; EGMR Bahaddar/NL, 19.2.1998, InfAuslR **1998** 260; ferner etwa BayObLG NJW **1976** 1591; High Court of Justice EuGRZ **1978** 521.
179 Vgl. EGMR A. M./F, 29.4.2019, §§ 64, 79, NVwZ **2020** 535 (Abschiebung nach Algerien).
180 *Oellers-Frahm* EuGRZ **2003** 689.

men dafür sorgen kann, dass der (möglicherweise) konventionswidrige Zustand beseitigt wird.[181]

112   **c) Vorläufige Maßnahmen nach Art. 39 VerfO (*interim measures*).**[182] Nach Art. 39 VerfO kann die zuständige Kammer, oder, wenn sie nicht zusammengetreten ist, auch ihr Präsident allein, auf Antrag eines Betroffenen oder auch von Amts wegen den Parteien **vorläufige Maßnahmen** „empfehlen", sofern dies im Interesse einer Partei oder eines ordnungsgemäßen Verfahrensablaufs erforderlich ist. Ein Betroffener sollte den Antrag möglichst frühzeitig stellen und mit detaillierten Angaben über die befürchteten Folgen, nach Möglichkeit unter Beifügung von Beweismaterial, begründen.[183] Unter Umständen ist es zweckmäßig, schon vor dem Ergehen der in Frage stehenden nationalen Entscheidung den Antrag nach Art. 39 VerfO zu stellen, da der Gerichtshof keinen Bereitschaftsdienst hat und auch nicht alle Regierungen 24 Stunden pro Tag kontaktiert werden können.[184]

113   Eine solche Empfehlung wird vom Gerichtshof (nur) ausgesprochen, wenn dem Bf. eine nicht wiedergutzumachende (irreparable) Verletzung eines grundlegenden Rechts der Konvention droht. Die angeordnete vorläufige Maßnahme will den status quo bis zur Entscheidung des Gerichtshofs (in der Hauptsache) über die Rechtmäßigkeit der angefochtenen Maßnahme wahren und den Fortbestand der Sachlage sichern. Dem Betroffenen geht es somit um die Wahrung des geltenden Rechts vor einer unwiderruflichen Verletzung. Die Bewilligung einer vorläufigen Maßnahme dient damit der **wirksamen Ausübung des Beschwerderechts**.[185]

114   Konkret können die empfohlenen Maßnahmen die **Beweissicherung** bezwecken[186] oder dem Bf. selbst Auflagen machen.[187] Meist haben sie den Zweck zu verhüten, dass durch die Fortsetzung innerstaatlicher Maßnahmen ein Zustand geschaffen wird, der bei Bejahung einer Konventionsverletzung durch den Gerichtshof nicht mehr rückgängig gemacht werden könnte.[188] Bedeutung erlangt haben vor allem Fälle der **Abschiebung oder Auslieferung** in ein Drittland, in dem eine Gefahr für Leben oder Folter zu befürchten ist.[189] Neben diesen Art. 2 und Art. 3 betreffenden Konstellationen kann ausnahmsweise

---

181 IK-EMRK/*Rogge* Art. 34, 354.

182 Dazu s.a. *Hembach* 919 ff.

183 *Nórgaard/Krüger* FS Ermacora 109, 115; Ahlbrecht/Böhm/Esser/Eckelmans/*Esser* 201 f.; PD Request for interim measures (Rn. 34); Zusammenfassung der PD und praktische Hinweise bei *Czech* ÖJZ **2012** 213, 218.

184 Die Einreichung per E-Mail akzeptiert der EGMR nicht (mehr); vgl. PD Requests for interim measures (Rn. 34).

185 EGMR (GK) Mamatkulov u. Askarov/TRK, 4.2.2005, §§ 104 ff.; Toumi/I, 5.4.2011, NVwZ **2012** 1159, § 69.

186 Beispiele bei IK-EMRK/*Rogge* Art. 34, 340 ff.

187 Etwa, sich bei Haftentlassung zur Verfügung der Behörden zu halten oder den Hungerstreik abzubrechen, vgl. *Nórgaard/Krüger* FS Ermacora 109, 115; IK-EMRK/*Rogge* Art. 34, 353.

188 Ehlers/Schoch/*Kadelbach* § 6, 25; IK-EMRK/*Rogge* Art. 34, 328 ff.; *Nórgaard/Krüger* FS Ermacora 109, 115; vgl. etwa auch EGMR W.O. u.a./H, 25.8.2022, § 13 (Anweisung des EGMR, den Bf. während seines Aufenthalts in einem Bereich einer ungarischen Transitzone mit Essen zu versorgen).

189 Z.B. EGMR (GK) Mamatkulov u. Askarov/TRK, 4.2.2005, §§ 104; siehe auch die vorläufige Untersagung des Abschiebeflugs von Großbritannien nach Ruanda durch den EGMR im Verfahren N.S.K./UK (28774/22), vgl. Press Release v. 14.6.2022, ECHR 197 (2022), in dessen Folge die britische Regierung einen Gesetzentwurf (sog. „Bill of Rights Bill", Bill 117 2022-23) ins Parlament einbrachte, der den bisherigen nationalen Umsetzungsakt zur EMRK ersetzen soll und der unter anderem innerstaatlich dem UK Supreme Court die letztinstanzliche Autorität zur Auslegung der EMRK zuspricht (vgl. § 3 (1) des Gesetzentwurfs; abrufbar unter https://bills.parliament.uk/bills/3227); EGMR D.A. u.a./PL, 8.7.2021, §§ 10 ff. (Anweisung, die aus Syrien stammenden Bf. nicht nach Belarus auszuweisen, weil ihnen dort kein Schutz vor einer Abschiebung zurück nach Syrien zuteil würde); Ehlers/Schoch/*Kadelbach* § 6, 25; *Nórgaard/Krüger* FS Ermacora 109 ff.; *Krüger* EuGRZ **1996** 346; *Czech* ÖJZ **2012** 213, 215 m.w.N.

auch im Rahmen von Beschwerden nach Art. 8 eine vorläufige Maßnahme erforderlich sein, wenn irreversible Beeinträchtigungen des Privat- oder Familienlebens drohen.[190] Dies ist vor allem dann der Fall, wenn es um die Ausweisung eines Elternteils geht und Kinder involviert sind.[191] Das Instrument der vorläufigen Maßnahmen wurde in letzter Zeit insbesondere in Verfahren gegen Russland verwendet.[192]

Eine vorläufige Maßnahme bleibt bis zum **Widerruf durch den EGMR** bestehen. Bei **115** einem die Rechtsverletzung bestätigenden Urteil erwächst die entsprechende Verpflichtung sodann ab Endgültigkeit des Urteils (Art. 44) aus Art. 46. Wird die Rechtsverletzung hingegen im Urteil verneint, besteht die vorläufige Maßnahme in der Regel weiterhin bis zur Endgültigkeit des Urteils fort.[193] Ergeht kein Urteil, sondern wird die Beschwerde durch Unzulässigkeitsentscheidung abgewiesen, endet damit auch die vorläufige Maßnahme,[194] da die Unzulässigkeitsentscheidung endgültig ist und die GK hiergegen nicht angerufen werden kann; die vorläufige Maßnahme endet auch, wenn zwar ein Urteil ergeht, die Beschwerde jedoch hinsichtlich desjenigen Konventionsrechts, dessen mögliche Verletzung Grundlage für die einstweilige Anordnung war, als unzulässig abgewiesen wurde, da auch dann die GK nicht mehr hinsichtlich dieses Konventionsrechts tätig werden kann.[195]

d) Verbindlichkeit der vorläufigen Maßnahmen/Anordnungen. Dass eine solche **116** Empfehlung der Kammer oder ihres Vorsitzenden nach Art. 39 VerfO für den betroffenen Staat die unmittelbare Rechtspflicht zur Befolgung begründet, wurde früher überwiegend verneint.[196] Auch aus dem in Art. 25 a.F. geregelten Behinderungsverbot wurde

---

190 Meyer-Ladewig/Nettesheim/von Raumer/*Meyer-Ladewig/von Raumer* Einl. 58; siehe EGMR (GK) Evans/ UK, 10.4.2007, NJW **2008** 2013; Halilova u.a./S (E), 19.1.2010; X/KRO, 17.7.2008; Useinov/NL (E), 11.4.2006. Siehe auch die Fallgruppen bei Karpenstein/Mayer/*Schäfer* Art. 34, 101 ff.

191 Vgl. Überblick bei *Czech* ÖJZ **2012** 213, 216 f.

192 Siehe beispielsweise die von der ukrainischen Regierung beantragte vorläufige Anordnung des EGMR gegenüber Russland, Angriffe auf die Zivilbevölkerung und zivile Ziele zu unterlassen (Verfahrensnr. 11055/ 22). Das Gericht begründete die Maßnahme mit der Gefahr ernster Rechtsverletzungen, insbesondere des Rechts auf Leben, vgl. Press Release v. 4.3.2022, ECHR 073 (2022); siehe in dem Kontext ebenso die vorläufigen Anordnungen, die der IGH im März 2022 gegenüber Russland traf, vgl. ICJ Press Release No. 2022/11, 16.3.2022. Vgl. weiterhin die vorläufigen Maßnahmen im Verfahren ANO RID Novaya Gazeta u.a./R (Verfahrensnr. 11884/22), in dem der EGMR Russland unter Hinweis auf das Recht auf freie Meinungsäußerung aus Art. 10 dazu auffordert, Handlungen zu unterlassen, die die Arbeit der kremlkritischen Zeitung „Nowaja Gaseta" erschweren bzw. verhindern, siehe Press Release v. 10.3.2022, ECHR 084 (2022).

193 So z.B. EGMR Aswat/UK, 16.4.2013, §§ 61 f.; Mohammed/A, 6.6.2013, §§ 112 f., ÖJZ **2014** 525; Sow/B, 19.1.2016, §§ 83 ff.; J.K. u.a./S, 4.6.2015, § 64; A.M./NL, 5.7.2016, §§ 97 f.; siehe auch *Czech* ÖJZ **2012** 213, 218 m.w.N. Da ein (Kammer-)Urteil noch nicht endgültig ist (Art. 42, 44), weist der EGMR vorsichtshalber auch für den Fall des Obsiegens des Bf. darauf hin, dass die vorläufige Maßnahme bestehen bleibt, etwa EGMR I.K./A, 28.3.2013, §§ 92 f., ÖJZ **2014** 140; R./R, 26.1.2016, § 114; M.D. u. M.A./B, 19.1.2016, §§ 71 f.; R.V./F, 7.7.2016, §§ 69 f.; siehe auch EGMR Abdi/UK, 9.4.2013, §§ 85 ff. (vorläufige Maßnahme aufgehoben, da Staat versprochen hatte, das Vorbringen des Bf. gegen eine Abschiebung nach Somalia neu zu untersuchen, und der Bf. gegen die dabei ergehende Entscheidung Rechtsmittel, inklusive eines erneuten Antrags nach Art. 39 VerfO, einlegen konnte).

194 EGMR Halimi/A u. I (E), 18.6.2013, § 76; F.Y./FIN (E), 31.3.2015, § 50; J.G./NL (E), 5.7.2016, § 50; A.A. u. A.A./ F (E), 13.9.2016, § 80; A.J. u. F.B./S (E), 13.12.2016, § 41.

195 Zu dieser Beschränkung der Nachprüfung durch die GK: EGMR (GK) Kononov/LET, 17.5.2010, NJOZ **2011** 226, §§ 182 ff.; (GK) Herrmann/D, 26.6.2012, §§ 37 ff., NJW **2012** 3629 = JZ **2013** 519 = NuR **2012** 698; (GK) Vinter u.a./UK, 9.7.2013, NJOZ **2014** 1582, § 132.

196 Vgl. *Nórgaard/Krüger* FS Ermacora 109 ff.; Meyer-Ladewig/Nettesheim/von Raumer/*Meyer-Ladewig/von Raumer* Einl. 58 m.w.N.; vgl. aber auch *Wittinger* NJW **2001** 1238, 1241 (nach Neuordnung der Gerichtsbarkeit liege Annahme der Verbindlichkeit nahe).

nicht die generelle Verpflichtung der Staaten zur Befolgung der empfohlenen Maßnahmen hergeleitet.[197] Diese Auffassung hat der EGMR im Jahr 2005 unter Hinweis auf die Praxis des UN-Menschenrechtsausschusses (HRC) und des UN-Antifolterausschusses (UN-CAT) sowie den vor dem IGH verhandelten Fall **„La Grand"**[198] aufgegeben. Er sieht in der **Missachtung seiner vorläufigen Anordnung**, die verhindern soll, dass im konkreten Fall das Beschwerderecht und die spätere Entscheidung des Gerichtshofs praktisch durch eine vollendete Tatsachen schaffende staatliche Maßnahme obsolet werden, einen **Verstoß gegen** die in **Art. 34 Satz 2** festgelegte Pflicht des Staates, die wirksame Ausübung des Beschwerderechts nicht zu behindern und die Urteile des Gerichtshofs zu befolgen (Art. 46 Abs. 1). Durch die Missachtung der Empfehlung entziehe sich der Staat bewusst der Möglichkeit der Erfüllung seiner Konventionspflichten.[199] Der Verstoß gegen Art. 34 liegt unabhängig davon vor, ob das Individualbeschwerderecht im konkreten Fall tatsächlich beeinträchtigt wurde.[200] Prozessual ist dabei zu beachten, dass das Erfordernis der Rechtswegerschöpfung in dieser Konstellation hinfällig ist, da der EGMR die einzige Stelle darstellt, die die Einhaltung der auf Art. 39 VerfO gestützten einstweiligen Anordnung überwacht.[201]

117   Abgesehen vom Streit um die Befolgungspflicht gerät ein Staat, der sich über eine solche vorläufige Anordnung des Gerichts hinwegsetzt, unter einen erheblichen Erklärungsdruck, da das Ministerkomitee[202] von der Empfehlung informiert wird und er sich außerdem auf Anfrage des Gerichts hinsichtlich der Durchführung der empfohlenen Maßnahmen erklären muss (Art. 39 Abs. 2, 3 VerfO). Sollte später ein Konventionsverstoß festgestellt werden, würde dessen Verfestigung durch Missachtung der vorläufigen Anordnung als sehr schwerwiegend gewertet werden. Die Staaten sind daher auch schon bisher, von wenigen Ausnahmen abgesehen, solchen Empfehlungen nachgekommen. Vorläufige Maßnahmen des EGMR haben sich daher durchaus als **effektives Instrument** erwiesen.[203]

---

197 Vgl. EGMR Cruz Varas u.a./S, 20.3.1991; Conka u.a./B (E), 13.3.2001; zu den auch früher schon strittigen Fragen vgl. *Frowein/Peukert*[1] Art. 25, 51; *Rogge* NJW **1977** 1559, 1570; *Oellers-Frahm* EuGRZ **1991** 197; diff. *Macdonald* ZaöRV **52** (1992) 703 (Bindung, wenn sonst Recht auf effektive Beschwerde hinfällig).

198 Siehe auch IGH D/USA („La Grand"), 27.6.2001, EuGRZ **2001** 387 (Verpflichtung der USA zur Beachtung einstweiliger Anordnungen des IGH nach Art. 41 IGH-Statut); vertiefend: Miles (Edt.), Provisional Measures before International Courts and Tribunals (2017) 288 ff.

199 EGMR (GK) Mamatkulov u. Askarov/TRK, 4.2.2005, § 128 („irreparable harm being caused"); dazu *Oellers-Frahm* EuGRZ **2003** 689; *Tams* ZaöRV **63** (2003) 681; *Frowein/Peukert* Art. 35, 61 f.; vgl. auch Ehlers/Schoch/Kadelbach § 6, 25; siehe auch EGMR Mukhitdinov/R, 21.5.2015, §§ 91 ff.; Trabelsi/B, 4.9.2014, §§ 144 ff.; Zokhidov/R, 5.2.2013, §§ 198 ff.; Labsi/SLO, 15.5.2012, § 148; Mannai/I, 27.3.2012, § 51; Toumi/I, 5.4.2011, NVwZ **2012** 1159, §§ 68 ff.; Al-Saadoon u. Mufdhi/UK, 2.3.2010, §§ 160 ff.; (GK) Paladi/MOL, 10.3.2009, §§ 87 ff.; Ben Khemais/I, 24.2.2009; Grori/ALB, 7.7.2009; vgl. auch: EGMR Kübler/D, 13.1.2011, NJW **2011** 3703 (Missachtung einer einstweiligen Anordnung des BVerfG als Verstoß gegen das Recht auf ein faires Verfahren – Art. 6 Abs. 1 – Anwaltsnotarstelle); siehe auch *Villiger* 189 m.w.N.

200 EGMR Olaechea Cahuas/E, 10.8.2006; (GK) Paladi/MOL, 10.3.2009, §§ 88 ff.; siehe auch: EGMR Al-Moayad/D (E), 20.2.2007, § 121, NVwZ **2008** 761; *Czech* ÖJZ **2012** 213, 214.

201 Vgl. aber auch: EGMR Ahmet Tunç u.a./TRK (E), 29.1.2019, § 144 („While the Court is aware that there is no exhaustion requirement in respect of Article 34 complaints and that the Court is the sole authority to verify compliance with an interim measure, it considers that proceeding with an examination of the complaint under Article 34 in the present circumstances would in effect amount to circumventing the exhaustion rule in respect of the related complaints under Article 2 of the Convention.").

202 So bereits CoE/CM Res (80) 9 für Ersuchen der EKMR in Auslieferungssachen.

203 *Czech* ÖJZ **2012** 213.

6. Pilotverfahren. In einem Grundsatzurteil im Jahr 2004 hat der EGMR die sog. **Pilot** 118 **Judgement Procedure** entwickelt.[204] Der Gerichtshof greift beim Pilotverfahren eine von mehreren anhängigen vergleichbaren Beschwerden heraus und stellt in einem „**pilot judgement**" fest, dass die gerügte Konventionsverletzung auf einem **strukturellen Problem** des Vertragsstaates beruht, etwa auf einer bestimmten konventionswidrigen Rechtsprechung oder verwaltungsrechtlichen Praxis oder auf einer mit der Konvention unvereinbaren nationalen Norm. Der verurteilte Staat soll daraufhin ein effektives Rechtsmittel vorsehen, das für alle potenziellen Bf. offen steht, die aufgrund desselben Defizits in ihren Rechten nach der Konvention verletzt sind (Rn. 418).

V. Zulässigkeitsvoraussetzungen der Individualbeschwerde

1. Vereinbarkeit des Beschwerdegegenstandes mit der EMRK (Art. 35 Abs. 3 *lit.* a)

a) Zeitliche Unvereinbarkeit mit der EMRK (*ratione temporis*). Die Verbürgungen 119 der EMRK und der ZP sind nicht anwendbar auf Ereignisse, die **vor der Zeit** liegen, in der die Konvention oder das ZP für den Staat, dessen Herrschaftsgewalt sie zugerechnet werden, rechtsverbindlich wurde.[205] Die Zuständigkeit des EGMR ergibt sich dann auch nicht daraus, dass der Bf. ein Verfahren wegen der in Frage stehenden Handlungen angestrengt hat, das bei Beitritt noch nicht erledigt ist bzw. erst danach eingeleitet wird.[206] Allerdings kann ein **nationales Urteil** selbst einen Verstoß gegen die Konvention darstellen, wenn der Vorwurf darüber hinaus geht, dass es die vor Inkrafttreten der EMRK erfolgten Eingriffe bestätigt.[207]

Die **Vollstreckung eines vor dem Beitritt zur Konvention ergangenen Urteils** er- 120 öffnet nur dann den Anwendungsbereich der Konvention, wenn darin eine sich neu ereignende Konventionsverletzung zu sehen ist.[208]

Dauert eine Konventionsverletzung nach dem Inkrafttreten von EMRK oder ZP in dem 121 betreffenden Staat noch an, erstreckt sich die Überprüfung des Gerichtshofs nur auf die *nach* diesem Zeitpunkt liegenden Vorgänge.[209] Die **fortdauernde Konventionsverletzung** ist aber von den Vorgängen zu unterscheiden, die auf einem vor Wirksamwerden der Konvention abgeschlossenen Rechtsakt beruhen, dessen Wirkungen fortdauern, wie etwa der Eigentumsentzug bei einer vollzogenen Enteignung;[210] zu Besonderheiten bezüglich nach dem EMRK-Beitritt fortwirkenden Nutzungsregelungen in Bezug auf das Eigentum siehe 1. ZP-EMRK Rn. 45 ff.

---

204 Vgl. EGMR (GK) Broniowski/PL, 22.6.2004, NJW **2005** 2521 = EuGRZ **2004** 472 = ÖJZ **2006** 130; zur Effektivierung des Beschwerdeverfahrens vgl. auch: CoE/PA, Rec 1535 (2001) on structures, procedures and means of the European Court of Human Rights; hierzu: *Schmahl* EuGRZ **2008** 369; *Strecker* ZEuS **2016** 235; *Eschment* Musterprozesse vor dem Europäischen Gerichtshof für Menschenrechte (2011).

205 *Rudolf/von Raumer* AnwBl. **2009** 313, 316; EGMR (GK) Blečić/KRO, 8.3.2006, § 70; (GK) Šilih/SLW, 9.4.2009, § 140; siehe auch *Hembach* 33 ff.; ECHR Practical Guide Nr. 240 ff. m.w.N.

206 EGMR (GK) Blečić/KRO, 8.3.2006, §§ 77 ff.

207 Vgl. EGMR Stamoulakatos/GR (E), 26.10.1993, §§ 29 ff. Anders wohl *Grabenwarter/Pabel* § 17, 20.

208 Vgl. EGMR De Becker/B, 27.3.1962 (lebenslange Beschränkung bestimmter Rechte, z.B. der Meinungsfreiheit, aufgrund strafrechtlicher Verurteilung); zur Abgrenzung vgl. *Grabenwarter/Pabel* § 17, 21 f.

209 *Rudolf/von Raumer* AnwBl. **2009** 313, 316; *Grabenwarter/Pabel* § 17, 20.

210 Vgl. etwa EGMR (GK) Fürst Hans-Adam II von und zu Liechtenstein/D, 12.7.2001, NJW **2003** 649 = EuGRZ **2001** 466 = ÖJZ **2002** 347 = VIZ **2003** 174 (dazu *Faßbender* EuGRZ **2001** 459); (GK) Kopecký/SLO, 28.9.2004, NJW **2005** 2537 = NJOZ **2005** 2912, § 35; (GK) Maltzan (Freiherr von) u.a./D (E), 2.3.2005, NJW **2005** 2530 = EuGRZ **2005** 305 = DVBl. **2005** 831 = NJ **2005** 325 = ZOV **2005** 150, §§ 74 ff., 83. Zur Entschädigung für vor dem Inkrafttreten des 1. ZP-EMRK erfolgten Enteignungen vgl. 1. ZP-EMRK Rn. 2.

122   In der durch einen vor dem Beitritt erfolgten Eingriff geschaffenen Rechtslage wird keine neue Konventionsverletzung gesehen. Kommen dagegen nach dem Inkrafttreten einer Konventionsverbürgung **neue, auch ihrerseits selbst konventionswidrige** *Handlungen* hinzu, sind diese an der Konvention zu messen. Wenn etwa ein Verstoß gegen die materiellen Garantien („substantive aspect") von Art. 2 oder Art. 3 nicht vom EGMR geprüft werden kann, weil das in Rede stehende staatliche Verhalten vor Geltung der EMRK im betreffenden Staat stattfand, untersucht der EGMR dennoch, ob der betroffene Staat seiner davon zu trennenden Verpflichtung aus derselben Konventionsbestimmung nachgekommen ist, die Ursachen und näheren Umstände des Todes oder der erniedrigenden Behandlung aufzuklären („procedural limb").[211]

123   Bei **Ausscheiden eines Staates** aus der Konventionsverantwortlichkeit (Kündigung) fallen nur die Vorgänge, die vor dem Wirksamwerden des Ausscheidens liegen, unter die Konvention (Art. 58 Abs. 2).

124   Stichtag für die Geltung der **EMRK** im (alten) Bundesgebiet ist der **3.9.1953** (**1. ZP-EMRK**: 13.2.1957;[212] **4. ZP-EMRK**: 1.6.1968; **6. ZP-EMRK**: 1.8.1989; **13. ZP-EMRK**: 1.2.2005). Auf dem **Gebiet der früheren DDR** gilt die Konvention seit dem **3.10.1990**. Für Deutschland bislang nicht in Kraft getreten sind das **7. ZP-EMRK** und das **12. ZP-EMRK** (beide gezeichnet).

125   **b) Örtliche Unvereinbarkeit mit der EMRK (*ratione loci*).** Beschwerden bezüglich solcher Handlungen, die **außerhalb des territorialen Herrschaftsbereichs** eines Konventionsstaates geschehen oder einen nicht seiner faktischen Herrschaftsgewalt i.S.d. Art. 1 unterstehenden Sachverhalt außerhalb seines Staatsgebiets betreffen, sind *ratione loci* nicht zulässig.[213] Aber auch extraterritoriales Handeln kann die Verantwortlichkeit nach Art. 1 auslösen, wobei diese wiederum ihre Grenze in der souveränen Hoheitsgewalt des anderen Staates findet.[214] Ereignet sich ein Todesfall außerhalb des Hoheitsgebietes des Konventionsstaates, kann an die prozessuale Pflicht zur Sachverhaltsermittlung aus

---

211 EGMR Šilih/SLW, 9.4.2009, §§ 153–163; P.M./BUL, 24.1.2012, §§ 56 ff.; Sorokins u. Sorokina/LET, 28.5.2013, §§ 70–73; Janowiec u.a./R, 21.10.2013, §§ 142 ff.; 21.10.2013, §§ 127 ff.; Jelić/KRO, 12.6.2014, §§ 48 ff., 52 ff.; (GK) Mocanu u.a./RUM, 17.9.2014, §§ 205 ff.; Melnichuk u.a./RUM, 5.5.2015, §§ 72 ff.; vgl. auch EGMR (GK) Varnava u.a./TRK, 18.9.2009, §§ 121 ff. = NJOZ **2011** 516, 519 ff. zur Aufklärung über das Schicksal verschwundener Personen nach der türkischen Invasion Zyperns 1974: Keine Zuständigkeit des Gerichtshofs *ratione temporis* zur Prüfung von den Ereignissen im Jahre 1974; wohl aber Zuständigkeit hinsichtlich der Rüge, die türkischen Behörden hätten es bislang unterlassen, das Schicksal der Angehörigen der Bf. aufzuklären; Ermittlungspflicht auch dann, wenn der Betroffene vor Inkrafttreten der Konvention für den beklagten Staat verschwunden ist; vgl. auch die Aufstellung im ECHR Practical Guide Nr. 258 ff. Zur Entschädigungspflicht gem. Art. 3 des 7. ZP-EMRK für vor Inkrafttreten des 7. ZP-EMRK ergangene Fehlurteile vgl. Art. 6 Rn. 362 ff.; ähnlich die Entschädigungspflicht nach Art. 5 Abs. 5 (dort Rn. 617 ff.). Ferner EGMR Chong u.a./UK (E), 11.9.2018, §§ 83 ff. („genuine connection' test"/„Convention values' test").

212 Etwa EGMR (GK) Fürst Hans-Adam II von und zu Liechtenstein/D, 12.7.2001; vgl. Art. 1 des 1. ZP-EMRK.

213 Vgl. EGMR (GK) Banković u.a./B u.a. (E), 12.12.2001, NJW **2003** 413 = EuGRZ **2002** 133 (NATO-Einsatz im früheren Jugoslawien); (K) Öcalan/TRK, 12.3.2003, § 93, EuGRZ **2003** 472 m. Anm. *Kühne* JZ **2003** 670 u. *Breuer* EuGRZ **2003** 449; Collmann/D (E), 3.4.2007, § 1; vgl. hierzu: *Ress* ZEuS **2003** 74, 80 ff.; zu den hier bestehenden Fragen auch Art. 1 Rn. 35 ff.; siehe auch ECHR Practical Guide Nr. 231 ff.; *Hembach* 2 ff. Zu Art. 56 vgl. Art. 1 Rn. 39 und Karpenstein/Mayer/*Schäfer* Art. 35, 99.

214 Vgl. etwa EKMR Zypern/TRK (E), 10.7.1978, D.R. 13, 85; EGMR (GK) Loizidou/TRK, 18.12.1996; Drozd u. Janousek/F u. E, 26.6.1992, § 91 (Mitwirkung französischer und spanischer Richter an der Gerichtsbarkeit in Andorra nicht ausreichend), hierzu: *Husheer* ZEuS **1998** 389, 396; *Rumpf* EuGRZ **1991** 199 ff.

Art. 2 angeknüpft werden; im Hinblick auf die Zuständigkeit *ratione loci* muss dann aber ein „**jurisdictional link**" gegeben sein.[215]

Zurechenbares extraterritoriales staatliches Handeln kann auch eine **diplomatische** **126** **oder konsularische Tätigkeit** betreffen oder **an Bord eines Flugzeugs oder Schiffes** geschehen, das unter diesem Staat registriert ist.[216]

Bei **militärischen Aktionen** auf dem Territorium eines anderen Staates nimmt der **127** EGMR eine Verantwortlichkeit des militärisch handelnden Staates an, wenn dessen Organe (Streitkräfte) eine **effektive Kontrolle** über das fremde Hoheitsgebiet ausüben.[217] Sind an den militärischen Aktionen mehrere Staaten beteiligt, muss der Bf. die einzelnen Verantwortlichkeiten, d.h. die **Rolle und Arbeits-/Machtverteilung** der einzelnen Staaten sowie die **Kommandostrukturen** beschreiben.[218]

Auch im Rahmen der **internationalen Rechtshilfe** kann sich die Frage stellen, gegen **128** welchen Staat eine Individualbeschwerde zu richten ist. Beschwerdegegner ist hier grundsätzlich der um die Vornahme einer Maßnahme ersuchte **Vollstreckungsstaat**. Unter bestimmten Voraussetzungen kommt aber **zusätzlich auch der ersuchende Staat** als Beschwerdegegner in Betracht: Staaten sind für Rechtshilfemaßnahmen verantwortlich, die ihren Organen zuzurechnen sind oder von ausländischen Amtsträgern mit ihrer Duldung auf ihrem Territorium ausgeführt werden. Umgekehrt lässt sich eine Verantwortlichkeit für eine ersuchte, im Ausland geleistete Rechtshilfe nicht allein aus der Tatsache herleiten, dass diese veranlasst wurde. Vielmehr ist eine Zurechnung nur dann möglich, wenn die Handlung vom ersuchenden Staat aus effektiv kontrolliert wird. Nach diesen Kriterien gelten als extraterritorial ausgeübte Hoheitsgewalt z.B. **grenzüberschreitende Zeugeneinvernahmen** (per Video-/Telefonkonferenz), die **Nacheile** oder **Telefonüberwachungen** sowie der **Einsatz gemeinsamer Ermittlungsgruppen**.[219]

Auslieferung bzw. Ausweisung/Abschiebung sind keine Fälle extraterritorial ausge- **129** übter Hoheitsgewalt. Die Verantwortung eines Staates für die konventionswidrige Behandlung einer Person im Ausland kann aber dadurch begründet werden, dass der **ausliefernde/ausweisende Staat** die Person in die Gefahr einer konventionswidrigen Behandlung bringt, etwa dadurch, dass in dem Staat, an den ausgeliefert bzw. in den ausgewiesen werden soll, Folter oder eine unmenschliche/erniedrigende Behandlung (Art. 3) drohen. Dies gilt unabhängig davon, ob eine Person in einen Dritt-/Nichtkonventionsstaat ausgeliefert bzw. ausgewiesen/abgeschoben werden soll oder ob der um Auslieferung ersuchende bzw. (im Falle einer Abschiebung) die Aufnahme akzeptierende Staat selbst an die EMRK gebunden ist.[220] Der EGMR knüpft für die Feststellung der Verantwortlichkeit des **auslie-**

---

215 EGMR (GK) Güzelyurtlu u.a./ZYP u. TRK, 29.1.2019, § 190.

216 Vgl. *Frowein/Peukert* Art. 1, 4; EGMR (GK) Banković u.a./B u.a. (E), 12.12.2001, §§ 59–60, 67; vgl. hierzu: *Ress* ZEuS **2003** 74, 80.

217 EGMR (GK) Loizidou/TRK, 18.12.1996; Zypern/TRK, 10.5.2001, §§ 76–81; (GK) Ilaşcu u.a./MOL, R, 8.7.2004, §§ 310 ff., 316, NJW **2005** 1849 = HRLJ **2004** 332; Issa u.a./TRK, 16.11.2004, §§ 72 ff.; vgl. *Heintze* GYIL **2002** 60, 65 ff.; abgelehnt im Falle eines Luftangriffs: EGMR (GK) Banković u.a./B u.a. (E), 12.12.2001; vgl. *Frowein/ Peukert* Art. 1, 5 f.

218 EGMR Hussein/ALB u.a. (E), 14.3.2006, NJW **2006** 2971 = EuGRZ **2006** 247; hierzu Art. 1 Rn. 54 ff. In solchen Fällen steht auch die Zulässigkeit *ratione personae* in Frage.

219 Vgl. Art. 11, 13, 18 Abs. 1 *lit.* a, Abs. 2 des EU-Übereinkommens vom 29.5.2000 über die Rechtshilfe in Strafsachen zwischen den Mitgliedstaaten der Europäischen Union (ABlEG Nr. C 197 v. 12.7.2000 S. 3); vgl. EGMR (GK) Öcalan/TRK, 12.5.2005, §§ 83 ff., EuGRZ **2005** 463 = NVwZ **2006** 1267; OLG Rostock NStZ-RR **2010** 340.

220 Vgl. EGMR Soering/UK, 7.7.1989, NJW **1990** 2183 = EuGRZ **1989** 314; Mamatkulov u. Abdurasulović/ TRK, 6.2.2003, EuGRZ **2003** 704; Meyer-Ladewig/Nettesheim/von Raumer/*Meyer-Ladewig/Nettesheim* Art. 1, 29; ausführlich Art. 3 Rn. 73 ff.

fernden bzw. abschiebenden Staates immer an die Handlung an, die sich auf *dessen* Territorium vollzieht.[221] Der die **Auslieferung ersuchende bzw. die Abschiebung konsentierende Staat** ist wiederum nur für die auf seinem Territorium stattfindenden staatlichen Maßnahmen verantwortlich; eine *im Ausland* aufgrund eines Auslieferungsersuchens erfolgte Freiheitsentziehung ist dem ersuchenden Staat daher trotz Veranlassung grundsätzlich nicht i.S.v. Art. 1 zuzurechnen.[222]

130   **c) Sachliche Unvereinbarkeit mit der EMRK (*ratione materiae*).** Unzulässig *ratione materiae* sind Beschwerden, mit denen vom Schutzbereich der Konvention **offensichtlich** nicht erfasste Sachverhalte gerügt werden, z.B. weil ein in der Konvention oder in einem ZP gewährleistetes Recht eindeutig nicht anwendbar ist oder die Beschwerde ein solches Recht irrig behauptet, etwa Recht auf politisches Asyl,[223] oder weil das betreffende Konventionsrecht den Staat als Beschwerdegegner nicht bindet, da dieser insoweit einen wirksamen Vorbehalt erklärt hat oder dem fraglichen ZP nicht beigetreten ist.[224]

131   **d) Persönliche Unvereinbarkeit mit der EMRK (*ratione personae*).**[225] Fehlen die Aktivlegitimation des Beschwerdeführers oder die Passivlegitimation des Beschwerdegegners verneint der EGMR bereits die Zulässigkeit der Beschwerde.[226] Tauglicher Beschwerdegegenstand eines Verfahrens vor dem EGMR ist allein ein **hoheitlich staatliches Handeln**, also alle Handlungen staatlicher Behörden und Institutionen sowie Zustände, die durch staatliche Organe/Stellen einer der drei Gewalten unmittelbar verursacht worden sind oder dem betreffenden Vertragsstaat wenigstens **zugerechnet** werden können. Staatliche Stellen sind auch Gemeinden und andere örtliche Gebietskörperschaften.[227] Die Beschwerde ist *ratione personae* unzulässig, wenn der Staat, gegen den sich die Beschwerde richtet, nicht Vertragspartei ist oder ihm das beanstandete Handeln nicht zuzurechnen ist. Der Gerichtshof prüft die Zulässigkeit der Beschwerde insoweit von Amts wegen.[228]

---

221 EGMR Soering/UK, 7.7.1989; Ghiban/D (E), 16.9.2004, NVwZ **2005** 1046; Parlanti/D (E), 26.5.2005; Keles/D, 27.10.2005 = FamRZ **2006** 1351; Kaldik/D (E), 22.9.2005.

222 EGMR Elsner/A, 24.5.2011, § 137, ÖJZ **2011** 887.

223 *Rudolf/von Raumer* AnwBl. **2009** 313, 316. Zur Anwendbarkeit von Art. 6 dort Rn. 58. Siehe auch Karpenstein/Mayer/*Schäfer* Art. 35, 107 ff. auch zu nicht enthaltenen Rechten.

224 Vgl. Ehlers/Schoch/*Kadelbach* § 6, 10; *Rudolf/von Raumer* AnwBl. **2009** 313, 316; IK-EMRK/*Rogge* Art. 34, 160 f.; *Grabenwarter/Pabel* § 13, 58; zur Unzulässigkeit *ratione materiae* wegen eines erklärten Vorbehalts: EGMR Shestjorkin/EST (E), 15.6.2000; Laaksonen/FIN, 12.4.2007, §§ 22 ff. (ggf. präkludiert bei zu später Geltendmachung: EGMR Szücs/A, 24.11.1997, §§ 39 f.); vgl. Teil I, Einf. Rn. 73 ff.; zur Unzulässigkeit mangels Beitritt zu einem ZP: EGMR Fazilet Partisi (Parti de la vertu) u. Kutan/TRK (E), 6.4.2004, Nr. 4; Rabus/D (E), 9.2.2006, ZBR **2007** 409; Blatchford/UK (E), 22.6.2010, § 115; Kallweit/D, 13.1.2011, § 73, EuGRZ **2011** 255 = NJOZ **2011** 1494; Schummer/D, 13.1.2011, §§ 84 f.; G./D, 7.6.2012, § 82; Metin/TRK (E), 3.3.2015, §§ 79 f.; vgl. auch CoE/ PA Res 1732 (2010) – Reinforcing the effectiveness of Council of Europe treaty law (Aufruf zur Zeichnung/ Ratifizierung der wichtigsten ZP und Rücknahme von Vorbehalten).

225 Siehe ECHR Practical Guide Nr. 206 ff. m.w.N.; *Hembach* 65 ff.

226 Vgl. etwa MAH/*Eschelbach* § 32, 25.

227 EGMR Liseytseva and Maslov/R, 9.10.2014, § 151.

228 ECHR Practical Guide Nr. 207; EGMR Verein gegen Tierfabriken/CH (E), 29.9.2011 (ob Weigerung der der Schweizerischen Post, damals Anstalt des Bundes, zur Verteilung kostenloser politischer Zeitschriften dem Staat zuzurechnen war, offengelassen); Pleso/H (E), 17.1.2012, Nr. 1 (Verhalten eines Betreuers/Vormundes zuzurechnen („the responsibility of a State under the Convention may arise for acts of all its organs, agents and servants ... the acts by persons accomplished in an official capacity are imputed to the State in any case ... the obligations of a Contracting Party under the Convention can be violated by any person exercising an official function vested in him ... this consideration applies to the applicant's guardian"; konkret Nichteinlegen eines Rechtsmittels und unterlassene Information).

Eine Beschwerde gegen das **Verhalten natürlicher Personen oder privater Organi-** 132
sationen ist nicht statthaft. Sofern (auch) Private an einer eingriffsrelevanten Maßnahme
beteiligt sind, ist für die Annahme staatlicher Verantwortlichkeit erforderlich, dass das
private Handeln **staatlich veranlasst** ist oder gegenüber dem staatlichen Anteil oder Einfluss in den Hintergrund tritt.[229] Angeknüpft werden kann sowohl an ein **aktives Handeln**
als auch an ein **Unterlassen** (Verstoß gegen **Schutzpflicht**). Auch im letzteren Fall kann
das Verhalten Privater relevant werden, wenn der Konventionsstaat, gegen den sich die
Beschwerde richtet, eine (positive) Schutzpflicht zur Verhinderung des mit dem privaten
Handeln verbundenen „Eingriffs" in die Rechtssphäre des Betroffenen hat.[230]

Die Vertragsstaaten der EMRK dürfen durch den **Abschluss internationaler Verträge** 133
und der damit verbundenen Übertragung von Hoheitsrechten keine konventionswidrigen Zustände schaffen. Für die Verantwortlichkeit eines Vertragsstaates nach Art. 1 spielt es keine
Rolle, ob sich die jeweilige Handlung oder Unterlassung als Konsequenz nationalen Rechts
oder internationaler rechtlicher Verpflichtungen darstellt.[231] Ist allerdings ein Handeln staatlicher Stellen *effektiv* einer **internationalen Organisation** zuzurechnen (z.B. UN), die selbst
nicht Vertragspartei der EMRK sein könnten, ist der EGMR *ratione personae* nicht zuständig.[232]

Auch **Rechtsakte der EU** konnten bisher nicht *unmittelbar* Beschwerdegegenstand 134
eines Verfahrens vor dem EGMR sein, obwohl die Grundrechte, wie sie sich aus der EMRK
und aus den allgemeinen Verfassungsüberlieferungen der EU-Mitgliedstaaten ergeben, gemäß Art. 6 Abs. 3 EUV **allgemeine Grundsätze Teil des Unionsrechts** sind. Da die EU der
EMRK lange Zeit nicht beitreten konnte (vgl. Art. 59 Abs. 1 a.F.) und einen seit Inkrafttreten
des 14. P-EMRK am 1.6.2010 durch Art. 59 Abs. 2 *möglichen* Beitritt bislang nicht realisiert
hat, ist die Union bislang unmittelbar nur an die **Charta der Grundrechte** der Europäischen Union[233] und an die in der Rechtsprechung des **EuGH** entwickelten **Unionsgrund-**
rechte gebunden (Teil I Einf. Rn. 110 ff.).[234] Nachdem die Beitrittsverhandlungen aufgrund
des EuGH-Gutachtens aus dem Jahr 2014[235] zwischenzeitlich auf Eis gelegt waren, wurden
diese im Jahr 2020 wieder förmlich aufgenommen.[236] Von der Ausgestaltung des konkret

---

229 EGMR Stocké/D, 19.3.1991 (täuschungsbedingte Festnahme); A/F, 23.11.1993, ÖJZ **1994** 392 (telefonische
Hörfalle); zur Tatprovokation Art. 6 Rn. 206 ff.; s.a. EGMR Kuzhelev u.a./R, 15.10.2019, §§ 93 ff., 100 („sufficient
institutional and operational independence from the State at the time of the events").

230 EGMR Craxi/I (Nr. 2), 17.7.2003 (Verhinderung der Veröffentlichung von TÜ-Mitschnitten durch Presse);
Storck/D, 16.6.2005, NJW-RR **2006** 308 = EuGRZ **2008** 582 = R&P **2005** 186, §§ 102 ff. (Pflicht zur Überwachung
psychiatrischer Anstalten); (GK) Palomo Sánchez u.a./E, 12.9.2011, NZA **2012** 1421, §§ 60 f. (Kündigung eines
Arbeitsverhältnisses; Staat hat im arbeitsgerichtlichen Verfahren die Menschenrechte des Arbeitnehmers,
u.a. Art. 10, zu beachten); ähnlich EGMR Heinisch/D, 21.7.2011, §§ 43 f. = NJW **2011** 3501 = EuGRZ **2011** 555 =
NZA **2011** 1269 = AuR **2011** 355); Redfearn/UK, 6.11.2012, § 42 (Schutz vor Entlassung durch privaten Arbeitgeber; Zugehörigkeit zu einer politischen Partei); Galović/KRO (E), 5.3.2013, §§ 11 ff., 56, 63 (privatrechtliche
Streitigkeit; gerichtliche Verfügung einer Wohnungsräumung; Art. 8); zum Problem staatseigener Unternehmen ECHR Practical Guide Nr. 209.

231 EGMR (GK) Al-Dulimi u. Montana Management Inc./CH, 21.6.2016, § 95.

232 EGMR (GK) Behrami u. Behrami/F u. Saramati/F, D u. N (E), 2.5.2007 (KFOR-/UNMIK-Einsatz im Kosovo),
EuGRZ **2007** 522 = NVwZ **2008** 645; Galić/NL (E), 9.6.2009; Blagojević/NL (E), 9.6.2009 (ICTY-Verfahren); kritisch
Frowein/Peukert Art. 1, 7; *Rudolf/von Raumer* AnwBl. **2009** 313, 316; ECHR Practical Guide Nr. 223 ff.

233 ABlEG Nr. C 364 v. 18.12.2000 S. 1, EuGRZ **2000** 554; zur Entstehungsgeschichte: *Calliess* EuZW **2001** 261;
Streinz/Ohler/Herrmann § 14 II. Durch den Vertrag von Lissabon wurde die Charta als Primärrecht der Union
verbindlich: ABlEU Nr. C 303 v. 14.12.2007; zu den Auswirkungen *Kokott/Sobotta* EuGRZ **2010** 265.

234 Zur Bedeutung der Unionsgrundrechte: EuGH (GK) 27.6.2006, C-540/03, NVwZ **2006** 1033 ff. (Familienzusammenführung – Drittstaatangehörige; hierzu *Lindner* EuZW **2007** 71 ff.); vgl. ferner: *Schwarze* NJW **2005**
3459 ff.; *Bröhmer* EuZW **2006** 71 ff.; *Szczekalla* NVwZ **2006** 1019 ff.

235 EuGH (Plenum) 18.12.2014, Gutachten 2/13, EuGRZ **2014** 30 = JZ **2015** 773.

236 Dazu siehe u.a. auch BTDrucks. **19** 21482.

verhandelten Beitrittsübereinkommens wird dann auch abhängen, inwiefern zukünftig eine Überprüfung von Unionsrechtsakten durch den EGMR möglich sein wird.

135   Wenden die **EU-Mitgliedstaaten** Unionsrecht an bzw. führen sie dieses Recht aus, so sind sie dabei an die Unionsgrundrechte gebunden (vgl. Art. 51 Abs. 1 EUC). Die Überprüfung erfolgt durch den EuGH. Allerdings sind die Vertragsstaaten der EMRK nach der *Matthews*-Rechtsprechung des EGMR auch für Handlungen verantwortlich, die sie in **Erfüllung völkerrechtlicher Verpflichtungen** oder im Zusammenhang mit solchen Verpflichtungen übernommen haben.[237] Das gilt auch für die Mitgliedstaaten der EU, die als Mitglieder des Europarates und Unterzeichner der EMRK (zusätzlich) unmittelbar an die Garantien der EMRK gebunden sind. Über eine *„mitgliedstaatliche Anknüpfung"* ist also auch die Umsetzung und Ausführung von Unionsrecht auf nationaler Ebene durch den EGMR überprüfbar (Teil I, Einf. Rn. 146).

136   Unter bestimmten Voraussetzungen kann den Vertragsstaaten auf diese Weise sogar konventionswidriges *Handeln von Unionsorganen* zugerechnet werden.[238] Im *Bosphorus-**Urteil** hob der EGMR hervor, dass der Schutz der Menschenrechte in einer der EMRK entsprechenden Art und Weise auch durch das Unionsrecht (früher: Gemeinschaftsrecht) gewährleistet sei, solange dieses nicht offensichtlich fehlerhaft erscheine (*manifestly deficient*). Ein Staat wird in der Regel also nicht gegen die Konvention verstoßen, wenn er **zwingende Vorgaben des Unionsrechts** umsetzt.[239] Soweit den Vertragsstaaten dabei aber ein (Beurteilungs-/Ermessens-)**Spielraum** zukommt, prüft der EGMR die Maßnahme vollumfänglich am Maßstab der EMRK.[240]

2. Beschwerdeführer

137   **a) Parteifähigkeit.** Der Gerichtshof kann von jeder **natürlichen Person** im Wege der Individualbeschwerde angerufen werden (Art. 34), sofern sie – wenigstens zum Zeitpunkt der Verletzung – der Hoheitsgewalt des Staates unterliegt, gegen den sich die Beschwerde richtet. Parteifähig sind danach nicht nur die Staatsangehörigen (unabhängig vom Alter[241] oder ihrer Geschäftsfähigkeit[242]), sondern auch **Ausländer**[243] und **Staatenlose**.

---

237 EGMR (GK) Bosphorus Hava Yolları Turizm ve Ticaret Anonim Şirketi/IR, 30.6.2005, § 155 = NJW **2006** 197, 202 = EuGRZ **2007** 662; zur Bindung der EU-Mitgliedstaaten an die EMRK bei der Ausführung von Unionsrecht (früher: Gemeinschaftsrecht) und dessen Kontrolle am Maßstab der EMRK: EGMR Michaud/F, 6.12.2012, NJW **2013** 3423, §§ 102, 114 ff.; S.A. Dangeville/F (E), 16.4.2002 = EuGRZ **2007** 671 (fehlerhafte RL-Umsetzung als Verstoß gegen Art. 1 des 1. ZP-EMRK); (GK) Matthews/UK, 18.2.1999, NJW **1999** 3107 = EuGRZ **1999** 200 = ÖJZ **2000** 34 = JBl. **1999** 590 (Gewährleistung von Wahlen zum EP); (GK) Senator Lines GmbH/A u.a. (E), 10.3.2004, NJW **2004** 3617 = EuGRZ **2004** 279 = ÖJZ **2004** 613 (Vollstreckung aus angefochtenem Bußgeldbescheid der Europäischen Kommission).

238 Hierzu ausführlich: *Breuer* EuGRZ **2005** 229 ff. mit Bezug auf: EGMR Emesa Sugar N.V./NL, 13.1.2005, EuGRZ **2005** 234; in diese Richtung auch: *Jaeger* EuGRZ **2005** 193, 198.

239 EGMR (GK) Bosphorus Hava Yolları Turizm ve Ticaret Anonim Şirketi/IR, 30.6.2005, §§ 155 f. Zur gesamten Problematik: *Schäfer* Verletzungen der Europäischen Menschenrechtskonvention durch Europäisches Gemeinschaftsrecht und dessen Vollzug – Verantwortlichkeit und Haftung der Mitgliedsstaaten (2006).

240 EGMR (GK) Bosphorus Hava Yolları Turizm ve Ticaret Anonim Şirketi//IR, 30.6.2005, § 157: „Ein Staat bleibt aber nach der Konvention weiterhin voll verantwortlich für sein Handeln außerhalb seiner engen völkerrechtlichen Verpflichtungen.".

241 EGMR (GK) V/UK, 16.12.1999, HRLJ **1999** 459 (11-Jähriger).

242 EGMR Storck/D, 16.6.2005; Zehentner/A, 16.7.2009, §§ 36 ff., ÖJZ **2010** 92 (auch gegen den Willen des Betreuers), zu diesem Urteil vgl. *Sailer* JBl. **2010** 613, 625.

243 Z.B. EGMR Twalib/GR, 9.6.1998, ÖJZ **1999** 390 (Tansanier).

Einschränkungen des persönlichen Schutzgehaltes der EMRK ergeben sich aus den **138** einzelnen durch die Konvention garantierten Freiheitsrechten, sowie aus den Grundsätzen zur **Beschwerdebefugnis** (Rn. 145 ff.). Die Parteifähigkeit endet mit dem **Tod** des Bf., wobei die Beschwerde dann aber von den Erben oder nahen Verwandten fortgesetzt werden kann, wenn insoweit ein berechtigtes Interesse besteht oder die Beschwerde allgemeine Bedeutung hat (Rn. 171 ff.).[244]

Auch **Personengruppen** sind parteifähig. Sie sind in der Regel nicht organisierte, **139** meist gemeinsame Interessen verfolgende Gruppierungen ohne eigene Rechtsfähigkeit. Bei ihrer Parteifähigkeit geht es letztlich vielmehr um die Tatsache, dass eine Gruppe von Personen, die vom selben konventionswidrigen Sachverhalt betroffen sind, eine Sammelklage einreichen bzw. die Beschwerden bündeln kann.[245]

Nichtstaatliche Organisationen können die Verletzung eines in der Konvention nie- **140** dergelegten Rechtes geltend machen, wenn und solange[246] dieses Recht seinem Wesen nach auf sie selbst anwendbar ist.[247] Es muss dabei um eigene Rechte gehen, Organisationen und Gruppen können grundsätzlich nicht die Rechte ihrer Mitglieder geltend machen (Rn. 142). Auf die Rechtsfähigkeit nach nationalem Recht kommt es aber nicht an;[248] selbst nach ihrer vom Staat betriebenen Auflösung bleiben diese nichtstaatlichen Organisationen parteifähig,[249] da sonst die Vertragsstaaten die Beschwerdeberechtigung beeinflussen könnten.

Nach diesen Maßgaben jedenfalls parteifähig sind **juristische Personen des Privat-** **141** **rechts** (z.B. Verein, AG, GmbH) und Personengesellschaften (z.B. OHG, KG), unabhängig von ihrer inneren Organisation oder ihrem Sitz.[250] Auch **Gewerkschaften** sind unabhängig von ihrer Organisationsform parteifähig,[251] ebenso **politische Parteien**.[252] Auch privatrechtlich organisierte **Kirchen** können solche „nichtstaatlichen Organisationen" sein;[253] Kirchen können darüber hinaus auch Rechte ihrer Mitglieder nach Art. 9 geltend machen.[254] Ergeben sich aus der Firmierung einer juristischen Person des Privatrechts oder aus der von ihr wahrgenommenen Aufgabe (z.B. typische öffentliche Aufgabe der Daseins-

---

244 *Frowein/Peukert* Art. 34, 15; MAH/*Eschelbach* § 32, 27; vgl. etwa EGMR (GK) Varnava u.a./TRK, 18.9.2009: Es könne offenbleiben, ob die verschwundenen Personen als Bf. anzusehen sind, da jedenfalls ihre Angehörigen Beschwerde nach der Konvention erheben konnten.

245 Karpenstein/Mayer/*Schäfer* Art. 34, 48; SK/*Meyer* EMRK VerfR 53.

246 Insbesondere nach ihrer Auflösung.

247 Dies ist bereits eine Frage ihrer Parteifähigkeit, nicht ihrer Beschwerdebefugnis; siehe Beispiele bei *Frowein/Peukert* Art. 34, 18.

248 Ehlers/Schoch/*Kadelbach* § 6, 40.

249 EGMR (GK) United Communist Party of Turkey u.a./TRK, 30.1.1998, § 33. In EGMR (GK) Freedom and Democracy Party (ÖZDEP)/TRK, 8.12.1999, § 26, zur Beschwerdeberechtigung einer politischen Partei, die sich noch vor dem nationalen Parteiverbot selbst aufgelöst hatte, wobei die Selbstauflösung nicht wirklich freiwillig war, die Partei vielmehr den unliebsamen Folgen einer vom Verfassungsgericht ausgesprochenen Auflösung entgehen wollte.

250 EGMR Valico S.r.l./I (E), 21.3.2006 (Bußgeld für baurechtswidriges Handeln). Vgl. zur Grundrechtsberechtigung EU-ausländischer juristischer Personen nach deutschem Verfassungsrecht (Art. 19 Abs. 3 GG): BVerfG Beschl. v. 19.7.2011 – 1 BvR 1916/09, NJW **2011** 3428 m. Anm. *Ritter* u. Anm. *Sachs* JuS **2012** 379; ferner EGMR (GK) SLO/KRO (E), 18.11.2020, §§ 60 ff. (Staatenbeschwerde). Näher zu der Frage, inwiefern juristische Personen überhaupt Träger von Menschenrechten sein können: *Baldegger* Menschenrechtsschutz für juristische Personen in Deutschland, der Schweiz und den Vereinigten Staaten (2017).

251 Karpenstein/Mayer/*Schäfer* Art. 34, 43.

252 Karpenstein/Mayer/*Schäfer* Art. 34, 44.

253 EKMR Scientology Kirche Deutschland e.V./D (E), 7.4.1977. Zu Kirchen als juristischen Personen des öffentlichen Rechts Rn. 142.

254 Karpenstein/Mayer/*Schäfer* Art. 34, 45 m.w.N.; siehe Art. 9 Rn. 14.

vorsorge), besteht für den Bf. nicht nur vor dem BVerfG,[255] sondern auch im Beschwerde-verfahren vor dem EGMR Anlass, sich mit ihrer Grundrechts- und Beschwerdefähigkeit näher auseinanderzusetzen.

142   **Nicht parteifähig** sind dagegen alle **staatlichen Stellen oder Organisationen**, (Ge-biets-) Körperschaften, Anstalten und sonstige hoheitlich Tätige (Beliehene) sowie **juristische Personen des öffentlichen Rechts**, die staatliche Aufgaben wahrnehmen bzw. hoheitliche Gewalt ausüben, auch wenn sie in privatrechtlichen Organisations- und Handlungsformen agieren. Dies gilt gleichermaßen für staatliche Stellen, Organisationen usw. des Staates, gegen den sich die Beschwerde richtet, als auch jedes anderen (Konventions- und Nichtkonventi-ons-)Staates.[256] Entscheidendes Kriterium ist dabei, ob die in Frage stehende Organisation ho-heitliche Gewalt ausübt. Das soll insbesondere dann der Fall sein, wenn sie den Bedürfnissen der örtlichen Bevölkerung Rechnung tragen soll,[257] die Mitglieder durch allgemeine Wahlen bestellt werden und sie sich aus dem allgemeinen Haushalt durch Zuweisungen finanziert. Zudem sprechen bestimmte Befugnisse einer Organisation für ihren öffentlich-rechtlichen Charakter, etwa das Recht, Enteignungen vorzunehmen, Verordnungen zu erlassen oder Ver-stöße gegen Normen zu sanktionieren.[258] **Ausnahmen** bestehen für solche Einrichtungen, die dem Staat zwar organisatorisch zugeordnet sind, aber diesem in einem bestimmten grund-rechtlich geschützten Bereich, dessen Verwirklichung sie dienen, wie Private gegenüberste-hen, wie etwa **Rundfunkanstalten**,[259] **Kirchen**[260] oder **Universitäten**.[261] Nicht parteifähig sind dagegen **Gemeinden**.[262]

143   **b) Prozess-/Verfahrensfähigkeit.** Weder die EMRK noch die Verfahrensordnung (*Ru-les of Court*) stellen formal besondere Anforderungen an die Fähigkeit des Bf., selbst Ver-fahrenshandlungen vornehmen zu können. Diese Fähigkeit wird im Interesse eines effekti-ven Menschenrechtsschutzes großzügig gehandhabt und hängt daher nicht von der Geschäftsfähigkeit nach dem jeweiligen nationalen Recht ab.[263] Minderjährige[264] bzw. un-ter Betreuung stehende Personen[265] können sich selbst an den Gerichtshof wenden oder sich durch einen Verfahrensbevollmächtigten vertreten lassen.[266] Eltern können unter Um-

---

255 BVerfG Beschl. v. 2.11.2015 – 1 BvR 1530/15 u.a. = BeckRS **2015** 56099; Beschl. v. 3.11.2015 – 1 BvR 1766/15 u.a., NVwZ-RR **2016** 242 (Wohnraumversorgung und der Förderung des sozialen Wohnungsbaus).
256 EGMR Ljubljanska banka d.d./KRO (E), 12.5.2015, § 55.
257 Zu einer differenzierenden Betrachtung bei Staatsunternehmen EGMR TRANSPETROL, a.s./SLO (E), 15.11.2012, NZG **2013** 75; Ljubljanska banka d.d./KRO (E), 12.5.2015, §§ 51 ff., m.w.N.
258 Vgl. EGMR Döşemealti Belediyesi/TRK (E), 23.3.2010, NVwZ **2011** 479.
259 EGMR Radio France u.a./F, 30.3.2004, § 26 (Hervorhebung der redaktionellen Unabhängigkeit und insti-tutionellen Selbständigkeit); Österreichischer Rundfunk/A, 7.12.2006, §§ 46–54, ÖJZ **2007** 472.
260 EGMR The Holy Monasteries/GR, 9.12.1994, §§ 48 f., ÖJZ **1995** 428 = HRLJ **1995** 30; *Frowein/Peukert* Art. 34, 18.
261 *Ehlers* Jura **2000** 372, 376; vgl. auch: *Grabenwarter/Pabel* § 13, 13 unter Hinweis auf EGMR Radio France/ F (E), 23.9.2003, § 26; Österreichischer Rundfunk/A, 7.12.2006, §§ 46 ff., ÖJZ **2007** 472.
262 EGMR Bari u.a./I (E), 15.9.1998; Hatzitakis u.a./GR (E), 18.5.2000; Karagiannis/GR (E), 27.9.2007; Dösemeal-ti Belediyesi/TRK (E), 23.3.2010, NVwZ **2011** 479.
263 Etwa EGMR Marckx/B, 13.6.1979, NJW **1979** 2449 = EuGRZ **1979** 454 = FamRZ **1979** 903; *Frowein/Peukert* Art. 34, 20; *Delvaux* in: Maier (Hrsg.), Menschenrechtsschutz 40.
264 EGMR Marckx/B, 13.6.1979; (GK) Scozzari u. Giunta/I, 13.7.2000, ÖJZ **2002** 74; Haase/D (E), 12.2.2008.
265 EGMR Winterwerp/NL, 24.10.1979, EuGRZ **1979** 650.
266 EGMR Petersen/D (E), 6.12.2001, NJW **2003** 1921 = EuGRZ **2002** 32 = FamRZ **2002** 1017 = ÖJZ **2003** 114.

ständen auch dann im Namen ihrer Kinder Beschwerde einlegen, wenn kein Sorgerecht oder keine rechtliche Elternschaft (mehr) bestehen.[267]

c) Postulationsfähigkeit. Für das Verfahren vor dem EGMR besteht **kein allgemei-** 144 **ner Anwaltszwang.** Erst in der mündlichen Verhandlung muss der Bf. (regelmäßig[268]) vertreten sein (Art. 36 Abs. 3 VerfO). Parteifähige Personen oder Personengruppen können die Beschwerde daher selbst oder durch einen (gewählten) Vertreter (*representative*) ein- reichen, wobei es in diesem Stadium des Verfahrens keinerlei Vorgaben oder Einschrän- kungen hinsichtlich der als Vertreter in Betracht kommenden Personen gibt (Art. 36 Abs. 1 VerfO). Ausnahmsweise kann auch eine nach **nationalem Recht** *nicht* vertretungsberech- tigte bzw. nicht vom Bf. zu einer Vertretung autorisierte Person vor dem Gerichtshof im Namen einer anderen Person auftreten, *wenn* ansonsten die Gefahr besteht, dass dem EGMR die Interessen dieser Person sonst nicht zur Kenntnis gebracht werden und der Bf. eine besondere persönliche oder sachliche Nähe (*standing*) zur Geltendmachung dieser Interessen besitzt.[269] Darüber hinaus lässt der EGMR ausnahmsweise Beschwerden von Organisationen zu, die stellvertretend für besonders schutzbedürftige Opfer tätig werden, ohne dass diese gesondert bevollmächtigt sein müssten (*„de facto representative"*).[270] Zum Nachweis der Vertretungsmacht Rn. 215.

d) Beschwerdebefugnis/Opfereigenschaft. *„Der Gerichtshof kann von jeder natürli-* 145 *chen Person, nichtstaatlichen Organisation oder Personengruppe, die behauptet, durch eine der Hohen Vertragsparteien in einem der in dieser Konvention [...] anerkannten Rechte verletzt zu sein, mit einer Beschwerde befaßt werden."* (Art. 34 Satz 1).

Grundsätzlich muss jede parteifähige Person, nichtstaatliche Organisation oder Perso- 146 nengruppe **geltend machen, selbst, gegenwärtig und unmittelbar** in einem in der EMRK oder in einem ZP anerkannten Recht durch ein staatliches Handeln (Tun oder Unterlassen) verletzt zu sein (Art. 34; „claiming to be victim of a violation"). Ansonsten ist die Beschwer- de für als *ratione personae* unzulässig zu erklären. Der Begriff **„Opfer"** („victim") i.S.v. Art. 34 ist autonom und unabhängig von etwaigen Begrifflichkeiten des staatlichen Rechts wie dem Rechtsschutzinteresse oder dem Rechtsschutzbedürfnis zu interpretieren.[271]

Selbstbetroffenheit/Ausschluss der Popularbeschwerde. Ausgeschlossen ist die 147 Geltendmachung fremder Rechte im eigenen Namen (Prozessstandschaft; Verbandsklage) und solcher Rechte, die lediglich der Allgemeinheit oder einer nicht abgrenzbaren Perso- nenmehrheit zugeordnet sind.[272] Die Konvention sieht eine solche Popularklage (*actio populis*) zur Auslegung der in ihr garantierten Rechte nicht vor und sie gibt dem Bf. auch nicht das Recht, sich über eine Vorschrift des staatlichen Rechts zu beschweren, nur weil er meint, dass sie gegen die Konvention verstoße, ohne dass er direkt von den Wir-

---

267 EGMR A.K. u. L./KRO, 8.1.2013, §§ 46 ff. (Mutter; Entzug des Sorgerechts und Adoption gegen ihren Willen; Art. 8 auch im Namen des Kindes); so bereits EGMR (GK) Scozzari u. Giunta/I, 13.7.2000, § 138.

268 Der Kammervorsitzende kann Ausnahmen zulassen und dem Bf. gestatten, seinen Fall selbst zu prä- sentieren, falls notwendig unter dem Vorbehalt, sich von einem Anwalt oder einem anderen zugelassenen Vertreter unterstützen zu lassen (Art. 36 Abs. 3 VerfO).

269 EGMR Haase/D, 8.4.2004, § 120, NJW **2004** 3401; Petersen/D (E), 6.12.2001.

270 Vgl. EGMR (GK) Centre for Legal Resources on Behalf of Valentin Câmpeanu/RUM, 17.7.2014, §§ 104 ff., 114; L.R./MKD, 23.1.2020, §§ 46 ff., 54.

271 EGMR Hafid Ouardiri/CH (E), 28.6.2011, NVwZ **2012** 289.

272 So etwa EGMR (GK) Ilhan/TRK, 27.6.2000, § 52; (GK) Burden/UK, 29.4.2008, § 33, NJW-RR **2009** 1606; Renolde/F, 16.10.2008; L.Z./SLO (E), 27.9.2011; Petrovic/SRB (E), 18.10.2011, § 2, NJW **2012** 3501.

kungen der Vorschrift betroffen ist:[273] Die reine Geltendmachung der *Existenz* einer Norm kann daher grundsätzlich nicht Gegenstand einer Individualbeschwerde sein: die Norm muss **zum „*Nachteil*" des Betroffenen angewandt** worden sein („the law should have been applied to his detriment").[274] Dabei genügt es nicht, wenn das Risiko einer Betroffenheit durch die Maßnahme rein hypothetischer Natur ist.[275]

148   Auch eine als Bf. auftretende (parteifähige) Vereinigung muss die **Verletzung *eigener* Rechte** behaupten, nicht die ihrer Mitglieder.[276] Konventionsrechte, die einem Zusammenschluss nicht auch selbst zustehen, also solche, die nur ein Einzelner als Person innehaben kann, kann der Zusammenschluss weder für sich selbst noch im Namen seiner Mitglieder geltend machen;[277] es gibt also keine „Verbandsklage". Eine Ausnahme gilt für Kirchen (Rn. 141). Bei Maßnahmen gegen ein Wirtschaftsunternehmen können **Miteigentümer bzw. Gesellschafter** Opfer sein, wenn sie in ihren Vermögensverhältnissen unmittelbar beeinträchtigt sind.[278] Wird ein Streik untersagt, so kommt ein Beschwerderecht auch für diejenigen betroffenen Arbeitnehmer in Betracht, gegen die das Streikverbot nicht gerichtlich ausgesprochen wurde, die aber dennoch betroffen sind.[279]

149   Bei **juristischen Personen** sind in der Regel nur diese selbst beschwert und nicht ihre Teilhaber (z.B. Aktionäre; Vereinsmitglieder).[280] Eine natürliche Person kann darüber hinaus behaupten, selbst Opfer eines Konventionsverstoßes zu sein, wenn sich das betreffende nationale Verfahren (nur) gegen eine Vereinigung gerichtet hat, deren Zweck und Aufgabe es war, die Interessen der *unmittelbar* hinter ihr stehenden Mitglieder zu vertreten.[281]

150   **Direkte Opfer.** Erfasst werden in erster Linie direkte Opfer der behaupteten Verletzung („direct victim"/„victime directe"), also die von den Tatsachen, die angeblich eine Verletzung begründen, direkt Betroffenen („directly affected by the impugned measure"/„personnes di-

---

273 EGMR Norris/IR, 26.10.1988, EuGRZ **1992** 477 = ÖJZ **1989** 628, § 31; (GK) Sejdic u. Finci/BIH, 22.12.2009, § 28, NJOZ **2011** 428; Hafid Ouardiri/CH(E), 28.6.2011 (Bauverbot für Minarette); Petrovic/SRB (E), 18.10.2011, § 2; Michaud/F, 6.12.2012, § 51; Quintana Schmidt u. Hashemi Karovie/D (E), 8.10.2013, NJW **2014** 2705; Beizaras u. Levickas/LIT, 14.1.2020, § 75; vgl. auch *Kleine-Cosack* 1601; *Hembach* 135.

274 EGMR Petrovic/SRB (E), 18.10.2011, § 2.

275 Vgl. EGMR Akdeniz u.a./TRK, 4.5.2021, § 57 (bloße Akademikereigenschaft nicht ausreichend für eine Betroffenheit von einem allgemeinen Verbot der Veröffentlichung und Verbreitung von Informationen) = NVwZ **2022**, 230.

276 Dazu vgl. auch EGMR FNASS u.a./F, 18.1.2018, § 95.

277 Ebenso: *Kleine-Cosack* 1601; siehe auch EGMR Noack u.a./D (E), 25.5.2000, NVwZ **2001** 307 = LKV **2001** 69; Fairfield u.a./UK (E), 8.3.2005; Uitgeversmaatschappij De Telegraaf B.V. u.a./NL (E), 18.5.2010, §§ 54 ff. (keine Beschwerdebefugnis für Journalistenvereinigung gegen Beschlagnahme von Unterlagen eines Journalisten bzw. einer Zeitungsredaktion); Ordre des avocats défenseurs et avocats près la cour d'appel de Monaco/MCO (E), 21.5.2013, §§ 19, 56 ff.; Nencheva u.a./BUL, 18.6.2013, §§ 90 ff.; (GK) Vallianatos u.a./GR, 7.11.2013, §§ 47 f.; Beschwerdebefugnis eines Gewerkschaftsdachverbandes gegen erhebliche Gehaltskürzungen (Sparmaßnahmen im öffentlichen Dienst) offengelassen: EGMR Koufaki u. ADEYI/GR (E), 7.5.2013, §§ 4, 30.

278 Meyer-Ladewig/Nettesheim/von Raumer/*Meyer-Ladewig/Kulick* Art. 34, 24.

279 EGMR Veniamin Tymoshenko u.a./UKR, 2.10.2014, NZA **2015** 1268 = AuR **2015** 140 m. Anm. *Lörcher* 126 u. Anm. AuR **2014** 441, §§ 55 ff.

280 Vgl. Meyer-Ladewig/Nettesheim/von Raumer/*Meyer-Ladewig/Kulick* Art. 34, 24; Ausnahme für eine in Liquidation befindliche, selbst nicht mehr handlungsfähige GmbH: EGMR G.J./LUX, 26.10.2000.

281 EGMR Gorraiz Lizarraga u.a./E, 27.4.2004; vgl. auch: EGMR Greenpeace e.V. u.a./D (E), 12.5.2009 (Opfereigenschaft des e.V. offengelassen bzgl. Geltendmachung eines Verstoßes gegen Art. 8 – staatlicher Gesundheitsschutz – Feinstaubfilter).

rectement touchées par les faits prétendument")[282] Grundsätzlich obliegt nur diesen Beschwerdebefugnis. Erfordert der Schutz eines Konventionsrechts, dass der Staat entsprechende Gesetze erlässt oder konkrete Maßnahmen trifft, kann derjenige, der dadurch in seinen Rechten konkret beeinträchtigt ist, sich auch gegen eine in der **Untätigkeit** liegende Verletzung der staatlichen Schutzpflicht mit der Beschwerde wenden.[283] Verstirbt das direkte Opfer einer staatlichen Maßnahme, kann auch nach seinem **Tod** eine von diesem noch zu Lebzeiten eingelegte Beschwerde **fortgeführt** werden, wenn die fortführende Person ein **berechtigtes Interesse** daran hat.[284] Bei Erben oder nahen Angehörigen des Verstorbenen ist ein solches berechtigtes Interesse an der Fortführung dabei grundsätzlich zu bejahen.[285] Im Prozess treten diese – unter Beibehaltung des Rubrums[286] – dann an die Stelle des ursprünglichen Bf., wobei jedoch der Streitgegenstand der Gleiche bleibt.[287] Auch wenn das direkte Opfer bereits vor Einlegung der Beschwerde verstorben ist, kommt die Einlegung einer Beschwerde *in dessen Namen* nicht mehr in Betracht, wohl aber die Möglichkeit eines Auftretens in eigener Sache als sog. indirektes Opfer (Rn. 151).

Indirekte Opfer. Ausnahmsweise kann auch die Beschwerde einer Person vom EGMR **151** geprüft werden, die nur *indirekt* von einer behaupteten Konventionsverletzung in ihren Rechten betroffen ist.[288] Eine solche **Mitbetroffenheit** kann bei einer Person vorliegen, die nicht Adressat einer staatlichen Maßnahme ist, aber zumindest durch deren Folgen in ihren **eigenen Rechten** betroffen ist (z.B. Tod, Misshandlung, Unauffindbarkeit eines nahen Angehörigen).[289] In dieser Konstellation kann etwa ein naher **Angehöriger** der direkt betroffenen Person **im** *eigenen* **Namen** die Beschwerde einlegen, wenn die Folgen der Maßnahme eine gewisse Schwere aufweisen und die von ihnen betroffenen Personen ein **anerkennenswertes Interesse** an der Überprüfung der Maßnahme durch den EGMR plausibel darlegen (Rn. 247).[290] Der EGMR hat dabei neben den Eltern, Kindern, Geschwis-

---

282 Opfereigenschaft nicht zu verneinen, weil Betroffener als Parlamentarier für das Gesetz gestimmt hat, das später Grundlage für Konventionsverstoß wurde: EGMR Naidin/RUM, 21.10.2014, §§ 37 ff.; siehe außerdem: EGMR Klass u.a./D, 6.9.1978, § 33; Karner/A, 24.7.2003, § 25 („this criterion is not to be applied in a rigid, mechanical and inflexible way"); (GK) Burden/UK, 29.4.2008, § 33; Sejdić u. Finci/BIH (GK) 22.12.2009, § 28; Karpylenko/UKR, 11.2.2016, §§ 103 f.; Dzidazava/R, 20.12.2016, § 44.
283 Vgl. nur EGMR Siliadin/F, 26.7.2005, § 62 (Tun oder Unterlassen); siehe auch *Grabenwarter/Pabel* § 13, 16.
284 Siehe etwa EGMR López Ribalda u.a./E, 17.10.2019, §§ 71–73; Tagiyev und Huseynov/ASE, 5.12.2019, §§ 23 f. m.w.N. Nach *Grabenwarter/Pabel* gelten hier im Wesentlichen dieselben Voraussetzungen wie für die Situation der Beschwerdeerhebung nach Tod des unmittelbar Betroffenen (§ 13, 8). Danach wäre also auch an dieser Stelle maßgeblich, ob die die Beschwerde fortführende Person mittelbar von der Maßnahme betroffen ist; vgl. hierzu auch Ehlers/Schoch/*Kadelbach* § 6, 39.
285 EGMR Raimondo/I, 22.2.1994, § 2; Karpenstein/Mayer/*Schäfer* Art. 34, 54.
286 Siehe MAH/*Eschelbach* § 32, 27.
287 Vgl. Karpenstein/Mayer/*Schäfer* Art. 34, 54.
288 Näher: ECHR Practical Guide Nr. 22 ff.; *Hembach* 189 ff.
289 EGMR (GK) Ilhan/TRK, 27.6.2000, §§ 49–54 (Bruder; eigenständige Beschwerdeeinlegung aufgrund – auf die gerügten staatlichen Maßnahmen zurückzuführender – schwerwiegender gesundheitlicher Beeinträchtigung nicht möglich); siehe auch: EGMR Yasa/TRK, 2.9.1998, §§ 61–66; Fidan/TRK (E), 29.2.2000 (Ehegatte einer zur gynäkologischen Untersuchung gezwungenen Frau); Fairfield u.a./UK (E), 8.3.2005); Renolde/F, 16.10.2008, § 69; vgl. aber auch: EGMR Y.F./TRK, 22.7.2003 (zwangsweise gynäkologische Untersuchung – Art. 8); Brudnicka u.a./PL, 3.3.2005 (Erben; fehlende Unabhängigkeit Gericht; zivilrechtlicher Anspruch des Erblassers); Polanco Torres u. Movilla Polanco/E, 21.9.2010, §§ 30 ff. (Tochter; Schädigung des Rufes, Art. 8, ihres Vaters; verstorben nach mehrinstanzlichem Verfahren; zulässig); siehe auch Karpenstein/Mayer/*Schäfer* Art. 34, 76 f.
290 EGMR Çakici/TRK, 8.7.1999, §§ 79 f. = ÖJZ **2000** 474; Grams/D (E), 5.10.1999, NJW **2001** 1989 (Tod eines Terrorverdächtigen bei Festnahmeversuch/Eltern); (GK) Lambert u.a./F, 5.6.2015; Akbay/D, 15.10.2020, § 69 („unless that person was able to either demonstrate a direct effect on his or her own rights or where the

tern und dem Ehegatten etwa auch langjährige Lebenspartner eine Opfereigenschaft zugeschrieben und diese als **beschwerdebefugt** angesehen.[291]

152   Diese Leitlinien zum Schutz eines „indirekten Opfers" hatte der EGMR zunächst zu
den Garantien der **Art. 2** (Recht auf Leben)[292] und **Art. 3** (Misshandlungsverbote) entwickelt und nur sehr zaghaft und restriktiv, bisweilen aber auch gar nicht auf andere Konventionsgarantien (**Art. 5, Art. 8, Art. 1 des 1. ZP-EMRK** übertragen.[293] Verstirbt eine Person nach Abschluss des gegen sie geführten Strafverfahrens und ohne Beschwerde beim
EGMR eingelegt zu haben, so kann ein naher Angehöriger mangels (auch nur indirekter)
Selbstbetroffenheit (*not personally affected*) nicht die mangelnde Fairness (**Art. 6 Abs. 1**)
des gegen den Angehörigen geführten Strafverfahrens rügen[294] eine generelle Ausnahme
hat der EGMR bislang nur in der Rs. *Akbay* für die **Tatprovokation** formuliert.[295] Im
Allgemeinen muss die im Beschwerdeformular als Bf. genannte Person diejenige sein, die
von einer staatlichen Maßnahme unmittelbar und in eigener Person betroffen ist (*directly
affected by the measure complained of*). Die das Verfahren betreibende Person sollte als
ihr Vertreter (*representative*) auftreten.

153   **Mögliches Opfer.** Ausnahmsweise besteht eine Opfereigenschaft einer Person schon
dann, wenn diese möglicherweise von Tatsachen betroffen wird, die angeblich die Konvention verletzen (**„potential victim"**). Dies gilt etwa dann, wenn der Bf. nicht darlegen
kann, dass das von ihm angegriffene **Gesetz** tatsächlich auf gerade ihn angewendet worden ist, weil die darin erlaubten Maßnahmen geheim sind (*Klass*), wenn der Bf. dazu
gezwungen worden ist, **sein Verhalten wegen der Androhung strafrechtlicher Verfolgung oder disziplinarrechtlicher Maßnahmen zu ändern** (*Michaud; Dudgeon; Norris;
Bowman*) oder wenn er einer Personengruppe angehört, die Gefahr läuft, direkt von den
Auswirkungen eines angegriffenen Gesetzes betroffen zu werden (*Marckx; Johnston u.a.;
Open Door u. Dublin Well Woman*). Doch auch in diesem Fall muss der Bf. **angemessene
und überzeugende Beweise** dafür liefern, dass es zu einer ihn persönlich treffenden
Verletzung kommen wird. Die Details sind unter dem Aspekt der **Unmittelbarkeit**
(Rn. 155) und **Gegenwärtigkeit** (Rn. 158) der Betroffenheit darzustellen.

154   Zu bedauern ist, dass der EGMR noch nicht näher auf Vorbringen eingegangen ist, mit
dem ein Bf. behauptet, dass das angegriffene staatliche Handeln (auch) **zur Verletzung der
Konventionsrechte Dritter** führt. Zumindest in den Konstellationen, in denen der Staat vom
Bf. eine bestimmte Handlung verlangt, wäre eine genauere Prüfung geboten, ob gerade die
Vornahme dieser Handlung Konventionsrechte anderer Personen verletzen kann.[296]

---

complaint(s) raised an issue of general interest pertaining to „respect for human rights" and the applicant(s)
as heir(s) had a legitimate interest in pursuing the application"; hier: Tatprovokation, Art. 6 EMRK), §§ 70 ff.,
§ 79 („whether ... had a direct effect on her own rights and she is able to show a moral or material interest"),
EuGRZ **2021** 179 = NJW **2021** 3515 m. Anm. *Hoven* und Anm. *Esser* StV **2021** 383.
291 EGMR Velikova/BUL, 18.5.2000 (Lebenspartner); Ramsahai u.a./NL, 15.5.2007 (Eltern); McKerr/UK,
4.5.2011 (Kinder); Finogenov u.a./R, 20.12.2011, § 205 = NJOZ **2013** 137; Bljakaj u.a./KRO, 18.9.2014 (Geschwister,
Ehegatten).
292 Im Einzelfall hat der EGMR sogar die Maßstäbe für eine indirekte Betroffenheit der als Bf. auftretenden Person bei Art. 2 sehr niedrig angesetzt: EGMR Guerdner u.a./F, 17.4.2014, § 52; Direkci/TRK (E), 3.10.2006.
293 EGMR Poznanski u.a./D (E), 3.7.2007, NJW **2009** 489 = EuGRZ **2008** 599 (Art. 1 des 1. ZP-EMRK).
294 EGMR Direkci/TRK (E), 3.10.2006; anders jedoch: EGMR Velikova/BUL, 18.5.2000, §§ 1, 85 ff. (Lebensgefähr-
tin; zu lange Dauer des Verfahrens gegen verstorbenen Lebenspartner; zulässig; i.Erg. Verletzung von Art. 13).
295 EGMR Akbay/D, 15.10.2020, § 81 („potential violation of Article 6 based on unlawful incitement to an
offence that would otherwise not have been committed raises issues which go beyond purely procedural
flaws resulting in a finding that the proceedings in issue were unfair").
296 EGMR Michaud/F, 6.12.2012, § 134 (Auskunft in Bezug auf Geldwäsche von Mandanten; Unschuldsvermutung in Bezug auf Mandanten sei für Anwalt kein Herausgabehindernis). Auf dieser Linie auch: EGMR

Unmittelbarkeit. Ein messbarer Nachteil bzw. Schaden muss durch die staatliche 155
Maßnahme (noch) nicht eingetreten sein.[297] Entscheidend ist die **unmittelbare Betroffenheit** durch ein staatliches Handeln. Eine solche Unmittelbarkeit liegt bereits vor, wenn die
in das Recht eingreifende Maßnahme bestandskräftig angeordnet ist; ein Vollzug ist dagegen nicht erforderlich.[298] Behauptet der Bf. dagegen einen durch eine Konventionsverletzung entstandenen Schaden, so muss eine direkte Verbindung zwischen dem Bf. und dem
Schaden bestehen.[299]

Gesetzliche Regelungen begründen für sich allein in der Regel noch keine unmittel- 156
bare Betroffenheit; diese tritt erst mit dem direkten behördlichen Eingriff durch einen
Vollzugsakt ein. Ausnahmsweise kann jedoch schon die Gesetzeslage über das abstrakte
und virtuelle Betroffensein hinaus den Bf. in der Ausübung eines Konventionsrechts unmittelbar beeinträchtigen (*self-executing*). Dies kann der Fall sein bei einer Statusregelung[300] oder bei gesetzlichen Regelungen, die schon für sich das Recht auf private Lebensgestaltung dergestalt formen, dass einer Person nicht zugemutet werden kann, vor einer
Beschwerde gegen die Regelung zu verstoßen und erst ein innerstaatliches Verfahren,
etwa ein Strafverfahren, hinzunehmen, wobei dann darzulegen ist, warum und worin der
Bf. individuell betroffen ist.[301]

Erfordert der Schutz eines Konventionsrechts, dass der Staat entsprechende Gesetze 157
erlässt, kann derjenige, der durch den Mangel solcher Gesetze in seinen Rechten konkret
beeinträchtigt ist, sich auch gegen eine in der **Untätigkeit** liegende Verletzung der staatlichen Schutzpflicht wenden.[302]

Gegenwärtige Betroffenheit. Der Bf. muss darlegen, *gegenwärtig* – d.h. schon, im 158
Moment bzw. noch während des gesamten Verfahrens – in einem eigenen, ihm durch die
Konvention oder eines ihrer ZP garantierten Recht verletzt zu sein.[303] Dass ein Gesetz nur
vorläufige Auswirkungen hat, ist ausreichend.[304]

Parrillo/I (E), 28.5.2013, Nr. 2 (Verwehrung, in künstlicher Befruchtung erzeugte Embryonen Wissenschaftlern
zur Stammzellforschung zu überlassen; Art. 10 nur für Wissenschaftler relevant); (GK) Gillberg/S, 3.4.2012,
§ 64; (K) Gillberg/S, 2.11.2010, §§ 62 f.; krit. *Deutsch* MedR **2013** 100.
297 EGMR (GK) Brumarescu/RUM, 28.10.1999, § 50.
298 *Frowein/Peukert* Art. 34, 23; *Grabenwarter/Pabel* § 13, 18; IK/*Rogge* Art. 34, 266.
299 EGMR Hafid Ouardiri/CH (E), 28.6.2011 („un lien direct entre le requérant et le préjudice"); Gorraiz
Lizarraga u.a./E, 27.4.2004, § 35 („a sufficiently direct link between the applicant and the harm").
300 So etwa über die Rechtsstellung unehelicher Kinder: EGMR Marckx/B, 13.6.1979, § 27.
301 EGMR Marckx/B, 13.6.1979; Dudgeon/UK, 22.10.1981, NJW **1984** 541 = EuGRZ **1983** 488; Johnston u.a./IR,
18.12.1986, EuGRZ **1987** 313; Norris/IR, 26.10.1988, EuGRZ **1992** 477 = ÖJZ **1989** 628; Lüdi/CH, 25.6.1992, NJW
1992 3088 = StV **1992** 499 = EuGRZ **1992** 300 = ÖJZ **1992** 843; Open Door u. Dublin Well Woman/IR, 29.10.1992;
Modinos/ZYP, 22.4.1993, ÖJZ **1993** 821; Amuur/F, 25.6.1996, EuGRZ **1996** 584 = ÖJZ **1996** 956 = NVwZ **1997** 1102 =
InfAuslR **1997** 49; (GK) Balmer-Schafroth u.a./CH, 26.8.1997, EuGRZ **1999** 183 = ÖJZ **1998** 436 = RdU **1997** 188;
Skender/MAZ (E), 10.3.2005; Michaud/F, 6.12.2012, § 52 (Rechtsanwalt; disziplinarrechtliche Sanktion bis zum
Berufsverbot möglich; Beschwerde zulässig); (GK) S.A.S./F, 1.7.2014, § 57 (Burkaverbot). Auch das HRC lässt
die Individualbeschwerde nach Art. 2 FP-IPBPR zu, wenn das Risiko, eine Beeinträchtigung zu erfahren,
mehr als nur eine theoretische Möglichkeit darstellt: HRC Aumeeruddy-Cziffra u.a./MUS, 9.4.1981, 35/1978,
EuGRZ **1981** 391; vgl. *Nowak* Art. 2 FP-IPBPR, 6; *Tardu* FS Partsch 287, 294.
302 EGMR Marckx/B, 13.6.1979; X u. Y/NL, 26.3.1985, NJW **1985** 2075 = EuGRZ **1985** 297; vgl. *Villiger* 105.
303 Siehe EGMR (GK) Scordino/I (Nr. 1), 29.3.2006, § 179, NJW **2007** 1259 = ÖJZ **2007** 382. Instruktiv auch
EGMR Willis/UK, 11.6.2002, §§ 44 ff. (keine Aussicht als Witwer auf die nur für Frauen vorgesehene Witwenrente).
304 EGMR Monnat/CH, 21.9.2006, § 33, NJW-RR **2007** 1524; Michaud/F, 6.12.2012, §§ 51 ff. (Art. 8: zulässig, da
Bf. nur die Wahl hatte: Daten mitteilen oder straf-/disziplinarrechtliche Verfolgung); anders bzgl. Art. 7:
EGMR Michaud/F, 6.12.2012, § 133; Tess/LET (E), 12.12.2002 (mangels Verurteilung/Strafverfahren).

159   Ausnahmsweise kann es auch im Bereich der Gegenwärtigkeit genügen, wenn ein (potentielles) Opfer eine **künftige mögliche Verletzung** durch ein staatliches Handeln geltend macht, sofern es dem Bf. nicht zuzumuten ist, den Vollzug der Maßnahme abzuwarten (z.B. bei drohender **Auslieferung**).[305] Speziell zur **Ausweisung** hat der Gerichtshof allerdings durchweg entschieden, dass ein Bf. nicht geltend machen kann, er sei „Opfer" einer Ausweisungsentscheidung, wenn diese nicht vollziehbar ist.[306] Gleiches gilt für Fälle, in denen eine Ausweisungsanordnung unbefristet ausgesetzt worden war oder auf andere Weise ihre rechtliche Wirkung verloren hatte und die Entscheidung, mit der Abschiebung fortzufahren, vor den zuständigen Gerichten angefochten werden konnte.[307]

160   Gegenwärtig ist eine Person als potentielles Opfer einer staatlichen Maßnahme auch dann betroffen, wenn sie zwar nicht *nachweisen* kann, Opfer einer Konventionsverletzung geworden zu sein, wie etwa bei geheimen staatlichen Maßnahmen der Kommunikations-/Postüberwachung, sie aber eine diesbezügliche **Wahrscheinlichkeit aufzeigt**. Allein der Verdacht oder die Vermutung genügt jedoch nicht, um die Opfereigenschaft zu begründen.[308]

161   **Wegfall der Opfereigenschaft**.[309] Die Konventionsverletzung muss den Bf. auch noch nach Einlegung der Beschwerde **beschweren**. Ob ein Bf. tatsächlich aufgrund einer konventionswidrigen Maßnahme in eine messbar ungünstige Lage geraten ist[310] oder ihm ein (bleibender) Schaden entstanden ist,[311] ist unerheblich. Die Erledigung der staatlichen Maßnahme durch ihren Vollzug beseitigt nicht unbedingt zugleich die **Opfereigenschaft des Betroffenen**, auch wenn in Zukunft keine erneute gleichartige Beeinträchtigung zu erwarten ist.[312] Die Beschwerde ist bzw. wird aber regelmäßig unzulässig, wenn die ursprüngliche Beschwer durch die Maßnahme **innerstaatlich bereits vollständig behoben** ist. Hält der Bf. eine zugesprochene bzw. erhaltene Entschädigung für zu niedrig, steht ihm der Weg zum EGMR prinzipiell offen;[313] vorhandene Rechtsmittel sind aber auch gegen die zuerkannte Höhe der Entschädigung einzulegen, da der EGMR ansonsten nicht

---

305 *Frowein/Peukert* Art. 34, 23.
306 EGMR Vijayanathan u. Pusparajah/F, 27.8.1992, ÖJZ **1993** 101; Pellumbi/F (E) 18.1.2005; Etanji/F (E), 1.3.2005; (GK) Sisojeva u.a./LET, 15.1.2007, § 93; Ay/F (E), 3.3.2015 (noch eine längere Haftstrafe zu verbüßen); P.Z. u.a./S (E), 29.5.2012, § 31 („[für Ausweisungen/Abschiebungen:] the potential violation of the Convention does not occur by virtue of the final decision by the relevant national authority or court but through the enforcement of this decision. If, for whatever reason, the individual concerned is not removed from the territory of the respondent State, the responsibility of that State under Article 3 does not arise."), § 32 („a State may refrain from enforcing a removal order, thereby avoiding its responsibility under the Convention."). Folgerichtig beginnt mit der – nicht vollzogenen – Ausweisungsverfügung die Beschwerdefrist (Art. 35 Abs. 1) noch nicht zu laufen.
307 EGMR Andric/S (E), 23.2.1999; Benamar u.a./F (E), 14.11.2000; Kalantari/D, 11.10.2001; Djemailji/CH (E), 18.1.2005; Yildiz/D (E), 13.10.2005; (GK) Sisojeva u.a./LET, 15.1.2007, § 93.
308 EGMR Klass u.a./D, 6.9.1978, NJW **1979** 1755 = EuGRZ **1979** 278; Malone/UK, 2.8.1984, EuGRZ **1985** 17; (GK) Rotaru/RUM, 4.5.2000, ÖJZ **2001** 74; (GK) Senator Lines GmbH/A u.a. (E), 10.3.2004; *Grabenwarter/Pabel* § 13, 19 (Betroffenheit muss „im Bereich des Möglichen" liegen).
309 Näher dazu: ECHR Practical Guide Nr. 39 ff.; SK/*Meyer* EMRK VerfR 73 ff.
310 EGMR Krumpholz/A, 18.3.2010, NJW **2011** 201 = ÖJZ **2010** 782 = NZV **2011** 147 (Nachweis über Bezahlung einer Geldbuße unerheblich).
311 EGMR Eckle/D, 15.7.1982, § 66, EuGRZ **1983** 371; Corigliano/I, 10.12.1982 = EuGRZ **1985** 585; Eckle/D, 21.6.1983 = EuGRZ **1983** 553; De Jong, Baljet u. van den Brink/NL, 22.5.1984, NJW **1986** 3012 = EuGRZ **1985** 700; (GK) Burden/UK, 29.4.2008, § 33; *Frowein/Peukert* Art. 34, 22.
312 *Frowein/Peukert* Art. 34, 43 f.; EGMR Skugor/D, 10.5.2007, § 44 (dass Maßnahme gegenstandslos geworden ist, führt nicht zum Wegfall der Opfereigenschaft), FuR **2007** 410.
313 EGMR Bozkurt/TRK (E), 10.3.2015, § 20.

überprüft, ob die Entschädigung angemessen ist.[314] Ist die zunächst vorhandene Opfereigenschaft nachträglich entfallen, so verwirft der Gerichtshof die Beschwerde als offensichtlich unbegründet.[315]

Zur innerstaatlichen **Kompensation** einer eingetretenen und als solcher nicht mehr reparablen Konventionsverletzung ist zusätzlich zur **vollständigen Aufhebung** sämtlicher mit dem Konventionsverstoß verbundener (behebbarer) Nachteile (*„appropriate redress for the breach"*) Voraussetzung für einen Wegfall der Opfereigenschaft, dass der beklagte Staat den Verstoß **in eindeutiger Weise eingesteht** (*„acknowledge in a sufficiently clear way"*).[316] Dies kann entweder durch eine ausdrückliche Erklärung (*„admission of liability"*) – öffentlich bzw. individuell gegenüber dem Bf. – oder konkludent, der Sache nach (*„in substance"*) erfolgen;[317] so etwa, wenn dies in einem Verfahren geschieht, in dem dem Betroffenen ausdrücklich eine angemessene Entschädigung für eine konventionswidrige Freiheitsentziehung nach Art. 5 Abs. 5 zuerkannt wird.[318] Auch eine in jeder Hinsicht *angemessene* staatliche finanzielle **Entschädigung** als Ausgleich für einen eingetretenen materiellen bzw. immateriellen Schaden führt nur dann zum Wegfall der Opfereigenschaft, wenn damit (auch) ein staatliches Eingeständnis des Konventionsverstoßes verbunden ist.[319]

Andererseits ist neben dem staatlichen Eingeständnis eines Konventionsverstoßes regelmäßig auch eine solche Form der **Entschädigung erforderlich**. Nur in **Ausnahmefällen**, in denen der erlittene Nachteil nur von **minderem Charakter** ist, kann schon allein die staatliche Feststellung des Konventionsverstoßes als Kompensation und den damit verbundenen Wegfall der Opfereigenschaft ausreichend sein.[320]

162

163

---

314 EGMR Razzakov/R, 5.2.2013, § 72.

315 Karpenstein/Mayer/*Schäfer* Art. 34, 80 m.w.N.

316 EGMR Chevrol/F, 13.2.2003, §§ 30 f.; Koç u. Tambaş/TRK (E), 24.2.2005; Freimanis u. Līdums/LET, 9.2.2006, §§ 66 f.; Jonika/LIT (E), 20.11.2012, § 28; Lankester/B, 9.1.2014, §§ 76 ff.

317 EGMR Eckle/D, 15.7.1982, § 66; Lüdi/CH, 25.6.1992; Amuur/F, 25.6.1996; (GK) Dalban/RUM, 28.9.1999, § 44; (GK) Rotaru/RUM, 4.5.2000; Rechachi u. Abdelhafid/UK (E), 10.6.2003; Haase/D, 8.4.2004, § 69; (GK) O'Keeffe/IR, 28.1.2014, § 115; J.N./UK, 19.5.2016, §§ 56 f.; Al Husin/BIH (Nr. 2), 25.6.2019, § 89 („a decision or measure favourable to the applicant is not in principle sufficient to deprive him of his status as a victim unless the national authorities have acknowledged, either expressly or in substance, and then afforded redress for, the relevant breach of the Convention"); M.A. u.a./LIT, 11.12.2018, § 71.

318 EGMR (GK) Labita/I, 6.4.2000; Šablij/SLO, 28.4.2015, §§ 37 ff. (kein Wegfall der Opfereigenschaft; keine Entschädigung für den vom Verfassungsgericht eingestandenen Verstoß gegen Art. 5 Abs. 4); *Kühne/Esser* StV **2002** 383, 384; Meyer-Ladewig/Nettesheim/von Raumer/*Meyer-Ladewig/Kulick* Art. 34, 34.

319 Vgl. EGMR Roth/D, 22.10.2020, § 75 („a decision or measure favourable to the applicant is not, in principle, sufficient to deprive him of his status as a „victim" for the purposes of Article 34 of the Convention unless the national authorities have acknowledged, either expressly or in substance, and then afforded redress for the breach of the Convention"); in diesem Punkt ist die Straßburger Rechtsprechung nicht immer widerspruchsfrei: EGMR Timofeyev/R, 23.10.2003; Morsink/NL, 11.5.2004; Cataldo/I (E), 3.6.2004 (Verfahrensdauer); Vladimir Romanov/R, 24.7.2008; vgl. aber auch: EGMR Hay/UK (E), 17.10.2000; W./SLW, 23.1.2014, §§ 76 ff. (Entschädigung aufgrund eines Gesetzes, das überlange Verfahrensdauer, Art. 6 Abs. 1, wiedergutmachen soll, wurde unter den konkreten Umständen als Eingeständnis eines Verstoßes gegen die Ermittlungspflicht, Art. 3, gewertet); in Abgrenzung davon: EGMR Y./SLW, 28.5.2015, §§ 81 ff.

320 Vgl. EGMR Roth/D, 22.10.2020, § 78 („it is only in exceptional circumstances that the Court, having regard to what is just, fair and reasonable in all the circumstances of the case, considers that the finding of a violation constitutes in itself sufficient just satisfaction and that no monetary award is made. This concerns, in particular, cases in which the violation found is considered to be of a minor nature or as relating only to procedural deficiencies"); vgl. auch EGMR (GK) Nikolova/BUL, 25.3.1999, § 76; (GK) Janowiec u.a./R, 21.10.2013, § 220; Stollenwerk/D, 7.9.2017, § 49.

164   Zumindest außerhalb der „Gesamtbetrachtung" des Strafverfahrens zur Beantwortung der Frage nach der Verfahrensfairness (Art. 6 Rn. 126) ist es verfehlt, staatlichem Handeln den Eingriffscharakter abzusprechen, weil insgesamt für den Bf. alles gut ausgegangen sei. Richtig ist es vielmehr, einen Eingriff zu bejahen und das gute Endergebnis für die Beantwortung der Frage heranzuziehen, ob die Opfereigenschaft entfallen ist. Falls der Bf. noch als Opfer anzusehen ist, mag das geringe Ausmaß des Eingriffs, das zum für den Bf. günstigen Verlauf beitrug, als Argument für die Verhältnismäßigkeit des Eingriffs herangezogen werden oder zur Bejahung der Unerheblichkeit des Nachteils (Rn. 258) führen.[321]

165   *Allgemeine* staatliche Maßnahmen (*general measures*) zur Vermeidung vergleichbarer Konventionsverstöße in der Zukunft reichen für den Wegfall der Opfereigenschaft grundsätzlich nicht aus.[322] Ebenso führt nicht jede für den Bf. günstige Entscheidung automatisch dazu, dass er seine Opfereigenschaft verliert. Welche innerstaatlichen Abhilfemaßnahmen die individuelle Beschwer beseitigen können, hängt nicht zuletzt von der **Art des verletzten Konventionsrechts**[323] und der **(spezifischen) Wirkung der staatlichen Maßnahme** ab, die den Verstoß beenden oder ihn ausgleichen soll.[324]

166   Eine Wiedergutmachung für Verletzungen von **Art. 3** (Folter/unmenschliche Behandlung) erfordert nach den Vorgaben des EGMR zum einen, dass **effektive und sorgfältige Ermittlungen** zur Aufklärung des Sachverhalts durchgeführt werden, die auch geeignet sind, die für den Konventionsverstoß Verantwortlichen einer strafrechtlichen Verurteilung *und* **angemessenen Bestrafung** zuzuführen. Darüber hinaus ist regelmäßig eine **finanzielle Entschädigung** zu zahlen, sofern dies erforderlich ist;[325] zumindest muss aber die **effektive Möglichkeit** (Zugänglichkeit und angemessene Dauer des Verfahrens) bestehen, eine solche Entschädigung für die Folgen einer im Widerspruch zu Art. 3 stehenden Behandlung zu erlangen.[326] Die Zahlung einer Entschädigung *allein* führt nicht dazu, dass eine Person ihre Opfereigenschaft aus Art. 3 verliert.[327]

167   Auch bei einer Verletzung von **Art. 5 Abs. 1** können Ermittlungen im Rahmen eines Strafverfahrens für eine Wiedergutmachung erforderlich sein, ersatzweise die Möglichkeit, ein Zivilverfahren zu betreiben.[328]

168   Die Opfereigenschaft eines Angeklagten, dessen **Verteidigungsrechte** (Art. 6) verletzt wurden, entfällt in der Regel, wenn dieser **freigesprochen** wird[329] und der aufgetretene Verfahrensmangel keine weiterhin vorhandene „separate" Beschwer begründet, ebenso durch die nachträgliche Überprüfung und **Aufhebung eines konventionswidrigen Strafurteils** (ggf. mit Ansetzung einer Neuverhandlung der Sache unter Einhaltung der Kon-

---

321 Verfehlt daher EGMR National Union of Rail, Maritime and Transport Workers/UK, 8.4.2014, NJOZ **2015** 1744, §§ 8 ff., 45.

322 EGMR Poleshchuk/R, 7.10.2004.

323 EGMR (GK) Kurić u.a./SLO, 26.6.2012, § 260.

324 EGMR Roth/D, 22.10.2020, § 76; *Frowein/Peukert* Art. 34, 33.

325 EGMR Roth/D, 22.10.2020, § 77 („as a rule causes the person concerned non pecuniary damage which is to be compensated for by a monetary award") m.w.N., § 80.

326 Vgl. zunächst EGMR (K) Gäfgen/D, 30.6.2008, §§ 77 ff., NStZ **2008** 699 = EuGRZ **2008** 466 (Wegfall der Opfereigenschaft wegen erfolgter *Verurteilung* der für verbotene Vernehmungsmethoden verantwortlichen Polizisten und deren innerbehördlicher Versetzung sowie Nichtverwertung der gewonnen Aussagen des Betroffenen); dagegen aber die erhöhten Anforderungen (angemessene *Bestrafung*) der GK: EGMR (GK) Gäfgen/D, 1.6.2010, §§ 120–130; ferner Art. 6 Rn. 1419 ff.

327 EGMR (GK) Gäfgen/D, 1.6.2010, §§ 116–119.

328 EGMR Akopyan/UKR, 5.6.2014, §§ 89 ff. (Verantwortung des Arztes für eine wegen angeblicher psychischer Erkrankung erfolgte Unterbringung).

329 Vgl. EGMR Holzinger/A (Nr. 1), 30.1.2001, ÖJZ **2001** 478; (GK) Senator Lines GmbH/A u.a. (E), 10.3.2004 (vom EuG aufgehobene Geldbuße); *Frowein/Peukert* Art. 34, 31.

vention),[330] nicht aber allein durch die Aufhebung eines Urteils und die Löschung der Verurteilung im Vorstrafenregister, wenn der Vertragsstaat den Konventionsverstoß in keiner Weise offiziell eingestanden hat.[331]

Von besonderer praktischer Relevanz ist der Wegfall der Opfereigenschaft bei der **169** Geltendmachung einer **unangemessenen Verfahrensdauer** (Art. 6 Abs. 1). Die Herabsetzung der Strafe wegen überlanger Verfahrensdauer lässt allein den Status als Opfer i.S.d. Art. 34 nicht entfallen. Etwas anderes gilt aber dann, wenn die nationalen Gerichte (erstens) die Unangemessenheit der Verfahrensdauer in hinreichend klarer Weise anerkennen *und* (zweitens) diesen Konventionsverstoß durch eine **ausdrückliche, messbare** und vor allem **angemessene Strafmilderung** bzw. Anrechnung auf die Vollstreckungszeit bzw. durch eine Verfahrenseinstellung kompensieren.[332] Auch eine *angemessene* Entschädigung kann in solchen Fällen zum Wegfall der Opfereigenschaft führen.[333]

Dieselben Grundsätze gelten für die Wiedergutmachung einer unangemessen langen **170** **Untersuchungshaft** (Art. 5 Abs. 3 Satz 2) oder einer aus anderen Gründen nicht nach Art. 5 Abs. 1 Satz 2 *lit.* c gerechtfertigten, z.B. innerstaatlich nicht angeordneten Untersuchungshaft bzw. vorläufigen Freiheitsentziehung. Voraussetzung für den Wegfall der Beschwer ist auch hier, dass im abschließenden Urteil dargelegt wird, in welchem Umfang diese Feststellung eine **messbare Minderung der verhängten Strafe** bewirkt hat.[334] Eine **bloße Anrechnung** auf die – im Falle einer Verurteilung – noch zu verbüßende Haftdauer **genügt nicht;**[335] da eine solche Anrechnung regelmäßig auch erfolgt, wenn die Untersuchungshaft nationalem oder Konventionsrecht nicht widersprochen hat, so dass mit einer solchen Anrechnung kein spezifisches Unrecht wiedergutgemacht wird. Die Opfereigenschaft kann entfallen durch **angemessene materielle Entschädigung** für die rechtswidrige Untersuchungshaft eines später Freigesprochenen, wo die Möglichkeit der Strafmilderung naturgemäß ausscheidet.[336]

Stirbt der unmittelbar Verletzte nach Einlegung der Beschwerde, so ist die Beschwer- **171** de damit nicht automatisch unzulässig; ist zum Zeitpunkt des Todes des Verletzten die Beschwerde noch nicht eingelegt und reicht eine andere Person die Beschwerde im Namen des tatsächlichen Opfers ein, so ist die Beschwerde nicht automatisch mangels gegenwärtiger Beschwer unzulässig.[337] Der (gesetzliche) Erbe, ein (naher) Verwandter (*close relative*)[338] und der Ehegatte können im Namen des Verletzten das **Verfahren fortsetzen bzw. einleiten**. Voraussetzung ist in beiden Fällen, dass die im Namen des verstorbenen Verletz-

---

330 EGMR Strecíwilk/PL (E), 19.9.2000, § 2; Arrigo u. Vella/MLT (E), 10.5.2005; anders, wenn Verurteilung weiterhin in einem Register als Vorstrafe eingetragen bleibt: EGMR Posokhov/R (E), 9.7.2002.

331 EGMR Posokhov/R (E), 9.7.2002.

332 EGMR Jansen/D (E), 12.10.2000; Beck/N, 26.6.2001, § 27; Morby/LUX (E), 13.11.2003; Dzelili/D, 10.11.2005, §§ 83, 103, StV **2006** 474 = StraFo **2006** 147 = NVwZ-RR **2006** 513; Sprotte/D (E), 17.11.2005, NJW **2006** 3549; Cordier/D (E), 19.1.2006, EuGRZ **2006** 26.

333 EGMR Kalajzic/KRO (E), 28.9.2006; Jonika/LIT (E), 20.11.2012, §§ 28, 31 ff.

334 EGMR Dzelili/D, 10.11.2005.

335 EGMR Sigarev/R, 30.10.2014, § 36; in diese Richtung auch EGMR Dzelili/D, 10.11.2005, § 85.

336 EGMR Veh/MOL (E), 7.10.2014, §§ 13, 18, 27 ff., 32 (materielle Entschädigung im Bereich der üblicherweise vom Gerichtshof zuerkannten Höhe).

337 Zu unterscheiden ist diese Konstellation von der Einlegung der Beschwerde durch einen nahen Verwandten im eigenen Namen, der selbst zumindest *mittelbar* durch das konventionswidrige Verhalten beschwert ist (Rn. 151).

338 Entscheidend ist nicht der konkrete Verwandtschaftsgrad, sondern ein plausibel behauptetes Interesse an der Fortführung des Verfahrens. Eine entsprechende Erklärung kommt also auch für den Lebenspartner bzw. Partner einer nichtehelichen Lebensgemeinschaft in Betracht: EGMR Ivko/R, 15.12.2015, §§ 64 ff.; dagegen: EGMR Thévenon/F (E), 28.2.2006 (verneint für den mit dem Verstorbenen nicht verwandten Vermächt-

ten (Opfer) handelnde Person ein **berechtigtes Interesse**[339] am Fortgang[340] bzw. an der Einleitung des Verfahrens[341] hat.

172 Der Gerichtshof differenziert bislang genau zwischen diesen beiden Konstellationen (Fortführung und Einlegung).[342] Während der EGMR die Fortführung einer bereits vor dem Tod des Opfers eingelegten Beschwerde normalerweise erlaubt,[343] ist er bei einer erst nach dem Tod erfolgenden Einlegung der Beschwerde zurückhaltender. In letzterem Fall soll dabei insbesondere bedeutsam sein, ob der Tod oder das Verschwinden des Opfers den Verantwortungsbereich des Staates betreffen.[344] So wurde die Einlegung einer Beschwerde durch Verwandte mit einem berechtigten Interesse in Fällen des **Art. 2**, wo also der Tod oder das Verschwinden des Opfers den Verantwortungsbereich des Staates tangieren, anerkannt.[345] Restriktiver verfährt der EGMR schon in Fällen von Folter oder unmenschlicher/erniedrigender Behandlung.[346] Bei gerügten Verletzungen von **Art. 5 oder Art. 6** ist die postmortale Einleitung einer Beschwerde allenfalls ausnahmsweise in Verbindung zu einem ebenfalls gerügten Verstoß gegen Art. 2 denkbar, der den Verantwortungsbereich des Staates betrifft.[347]

173 Darüber hinaus soll bei Beschwerden, die erst *nach dem Tod* des Opfers eingereicht werden, auch von Bedeutung sein, ob es sich bei dem Beschwerdegegenstand um eine **Sache von Allgemeininteresse** handelt, z.B. weil eine bestimmte Gesetzeslage oder das Rechtssystem als Ganzes in Frage steht.[348]

174 Der EGMR hält sich in **Ausnahmefällen** für befugt, Beschwerden nach dem Tod des Bf. selbst bei Fehlen eines zur Fortführung des Verfahrens Berechtigten nicht nach Art. 37 Abs. 1 *lit.* a im Register zu streichen, sondern sie weiterzuführen, wenn eine wichtige Frage von allgemeinem Interesse aufgeworfen ist und die **Achtung der Menschenrechte** dies verlangt, um den Schutzstandard der Konvention zu verdeutlichen, zu sichern und fortzuentwickeln.[349]

---

nisnehmer; *universal legatee.* Der EGMR begründete seine Entscheidung u.a. auch mit der fehlenden *Erben*-stellung der Bf.).

339 Siehe EGMR Selami u.a./MAZ, 1.3.2018, § 58 (Interesse muss über ein rein finanzielles Motiv hinausgehen); lässt sich ein Angehöriger auffallend lange Zeit, etwa mehrere Jahre, so wird das berechtigte Interesse in der Regel nicht vorliegen: EGMR Sukhomlinov/R (E), 5.6.2016, §§ 12, 14 ff.

340 EGMR Craxi/I (E), 7.12.2000; Marie-Louise Loyen u. Bruneel/F, 5.7.2005, § 29; Poznanski u.a./D (E), 3.7.2007; Vogt/CH (E), 3.6.2014, §§ 27 ff.; Lütfiye Zengin u.a./TRK, 14.4.2015, § 34. Näher zur Abgrenzung der Fallkonstellation der Fortführung einer bereits eingelegten Beschwerde von der nachträglichen Einlegung der Beschwerde durch Angehörige: EGMR Polanco Torres u. Movilla Polanco/E, 21.9.2010, § 29; Larionovs u. Tess/LET (E), 25.11.2014, § 172; siehe auch: EGMR S.C. Fiercolect Impex S.R.L./RUM, 13.12.2016, §§ 1, 25 f., 39 ff. (Fortführung durch den einzigen Gesellschafter nach Auflösung der Gesellschaft).

341 EGMR Brudnicka u.a./PL, 3.3.2005, §§ 26 ff.; (GK) Micallef/MLT, 15.10.2009, §§ 44 ff.; Karpenstein/Mayer/*Schäfer* Art. 34, 52; vgl. auch für einen Fall, in dem das berechtigte Interesse an der Einleitung des Verfahrens verneint wurde Fairfield/UK, 8.3.2005.

342 Vgl. etwa EGMR Burlya u.a./UKR, 6.11.2018, § 68.

343 EGMR Karpylenko/UKR, 11.2.2016, §§ 104; Dzidzava/R, 20.12.2016, § 46.

344 EGMR Magnitskiy u.a./R, 27.8.2019, § 278 (Interesse an der Einleitung/Fortführung des Verfahrens wird insbesondere im Bereich von Art. 2 und Art. 3 EMRK bejaht); siehe auch EGMR Lykova/R, 22.12.2015, §§ 63 f.; Khayrullina/R, 19.12.2017, § 51.

345 EGMR Karpylenko/UKR, 11.2.2016, §§ 104 f.; Dzidzava/R, 20.12.2016, § 46; Kaburov/BUL (E), 19.6.2012, § 52; vgl. ebenfalls: EGMR Khayrullina/R, 19.3.2018 § 91; dazu Art. 2 Rn. 20.

346 Vgl. EGMR De Donder and De Clippel/B, 6.12.2011, §§ 53 ff.; Karpylenko/UKR, 11.2.2016, §§ 104 f.; Dzidzava/R, 20.12.2016, § 46.

347 EGMR Lykova/R, 22.12.2015, § 64; Khayrullina/R, 19.3.2018, § 91; Magnitskiy u.a./R, 27.8.2019, § 278.

348 EGMR (GK) Micallef/MLT, 15.10.2009, § 48; vgl. auch EGMR Karner/A, 24.7.2003, § 25.

349 Etwa EGMR Irland/UK, 18.1.1978, EuGRZ **1979** 149; Karner/A, 24.7.2003, ÖJZ **2004** 36, §§ 25 ff.; *Grabenwarter/Pabel* § 13, 8 f. Siehe auch die Konstellation in EGMR C.B./RUM, 19.7.2011, §§ 8 ff. (Regierung begehrte Wiederaufnahme nach Art. 80 VerfO [Rn. 295] gegen das Urteil v. 20.4.2010, weil sie erfahren habe, dass der

3. Erschöpfung aller innerstaatlichen Rechtsbehelfe[350]

a) Allgemeines. In Übereinstimmung mit den allgemeinen Grundsätzen des Völker- **175** rechts fordert Art. 35 Abs. 1 die **Erschöpfung aller innerstaatlichen Rechtsbehelfe.**[351] Im Sinne der Subsidiarität internationaler Kontrollverfahren sollen zunächst die sachnäheren nationalen Stellen und Behörden Gelegenheit haben, der behaupteten Rechtsverletzung abzuhelfen.[352] Der Betroffene ist deshalb verpflichtet, alle zur Wahrung der Konventionsgarantien geeigneten innerstaatlichen Möglichkeiten auszuschöpfen.[353] Dieses Erfordernis ist spiegelbildlich im engen Kontext zu der **staatlichen Verpflichtung aus Art. 13** zu sehen,[354] für nachvollziehbar behauptete Rechtsverstöße eine effektive Rechtsschutzmöglichkeit zu schaffen. Insgesamt wendet der EGMR das Erfordernis der Rechtsbehelfserschöpfung recht flexibel an.[355] So wird die Nichteinlegung eines Rechtsbehelfs dem Bf. nicht entgegengehalten, wenn ein solches Unterlassen nicht ihm, sondern dem Staat zuzurechnen ist.[356] Demgegenüber trägt jedoch der Bf. das Risiko dafür, dass ein von ihm eingelegter innerstaatlicher Rechtsbehelf den formalen Anforderungen und Fristerfordernissen[357] des nationalen Rechts nicht gerecht wird und aus diesem Grund zurückgewiesen wird.[358]

Nur in seltenen, besonders gelagerten Ausnahmefällen kommt ein **gänzlicher Ver-** **176** **zicht** auf die Voraussetzung in Betracht, dass der Bf. den Menschenrechtsverstoß zuvor im innerstaatlichen Rechtsweg geltend macht. Der Gerichtshof hat dies in Fällen angenommen, in denen psychisch Kranke **faktisch unfähig** waren sich zu beschweren.[359] Ferner erkennt der Gerichtshof an, dass aufgrund der **psychischen Folgen** von Miss-

---

Bf. bereits ein Jahr vor dem Urteil verstorben war. Da der EGMR in dem Fall sich zum ersten Mal zum – konventionswidrigen – rumänischen Unterbringungsrecht äußern konnte, hielt er den Urteilsspruch hinsichtlich der Konventionsverletzung aufrecht.

350 Näher ECHR Practical Guide Nr. 78 ff.; *Kleine-Cosack* 1614 ff.; *Hembach* 298 ff.; SK/*Meyer* EMRK VerfR 88 ff.

351 *Grabenwarter/Pabel* § 13, 24. Zur „klarstellenden Bedeutung dieses Zusatzes *Frowein/Peukert* Art. 35, 1; *Silagi* EuGRZ **1980** 632; vgl. *Nowak* Art. 5 FP-IPBPR, 19. Zur Entwicklung und Bedeutung dieses allgemeinen Grundsatzes im Völkerrecht vgl. *Delbrück* FS Partsch 213; *Amerasinghe* Local Remedies in International Law (2004)². Zur Frage des „richtigen" Rechtswegs (etwa zivilrechtlich und/oder strafrechtlich): EGMR Dumpe/ LET (E), 16.10.2018, §§ 55 ff.

352 EGMR (GK) Selmouni/F, 28.7.1999, § 74, NJW **2001** 56; (GK) Maslov/A, 23.6.2008, § 92; (GK) Gäfgen/D, 1.6.2010, § 142; Bouhamla/F (E), 25.6.2019, § 30; s.a. ECHR Practical Guide Nr. 81; siehe auch MAH/*Eschelbach* § 32, 43 (Hintergrund der Subsidiarität sei auch das völkerrechtliche Prinzip des gegenseitigen Respekts, wonach zuerst dem Staat selbst die Gelegenheit zukommen soll, entsprechende Menschenrechtsverletzungen zu bereinigen).

353 Rügen im fachgerichtlichen Verfahren sollten deshalb unter Berücksichtigung und im Hinblick auf dieses Erfordernis erhoben werden; vgl. *Villiger* 86.

354 EGMR Ulemek/KRO, 31.10.2019, §§ 71 ff., 75 ff.; M.K. u.a./PL, 23.7.2020, § 142 („close affinity").

355 *Villiger* 72.

356 EGMR Pleso/H (E), 17.1.2012, Nr. 1.

357 Vgl. etwa EGMR Fressoz u. Roire/F, 21.1.1999, § 37.

358 EGMR Skałka/PL, 3.10.2002; Mork/D, 9.6.2011, §§ 36 ff.

359 Vgl. EGMR V.D./RUM, 16.2.2010, §§ 87 f. (noch andere Umstände, die einen innerstaatlichen Rechtsweg für nicht effektiv erscheinen ließen, §§ 84–86); A.M.M./RUM, 14.2.2012, §§ 41, 57, 59; (GK) Centre for Legal Resourses on behalf of Valentin Campeanu/RUM, 17.7.2014, §§ 104 ff.; Association for the Defence of Human Rights in Romania – Helsinki Committee on behalf of Ionel Garcea/RUM, 24.3.2015; Isakov/R (E), 5.7.2016; siehe auch EGMR M.S./KRO (No. 2), 19.2.2015, §§ 123 ff.

handlungen durch Beamte (Art. 3) die Fähigkeit beeinträchtigt sein kann, sich zu beschweren.[360]

177　**b) Vertikale Erschöpfung.** Erst nach erfolglosem Durchlaufen der nationalen Rechtsschutzmöglichkeiten kann sich eine betroffene Person an den Gerichtshof wenden (sog. **vertikale Erschöpfung aller Rechtsbehelfe**). Als vorrangige innerstaatliche **Abhilfemöglichkeiten**[361] kommen alle gerichtlichen und administrativen Rechtsbehelfe in Betracht, die der **Betroffene selbst initiieren** kann, um seiner Beschwer abzuhelfen. Zu erschöpfen sind dabei nur **effektive**,[362] d.h. dem Betroffenen zugängliche und in der Sache nicht völlig aussichtslose Rechtsbehelfe. Die Anforderungen des EGMR in diesem Punkt sind allerdings streng (Rn. 195).

178　Zwar kommt es grundsätzlich auf die zum Zeitpunkt der Einlegung der Beschwerde bestehenden Rechtsbehelfe an.[363] Unter gewissen Umständen verlangt der EGMR aber, dass auch solche (effektiven) Rechtsbehelfe, die der Gesetzgeber erst **nachträglich geschaffen** hat, d.h. nach Anhängigkeit der Beschwerde beim EGMR, noch ergriffen werden (vgl. zur unangemessenen Verfahrensdauer Rn. 169, 324).[364]

179　Zu erschöpfen sind in erster Linie die im nationalen Recht vorgesehenen **Rechtsbehelfe** (z.B. im Falle von Art. 5 der **Antrag auf Haftprüfung**, § 117 StPO bzw. die **Haftbeschwerde**, §§ 304, 310 StPO; Rn. 203 f.; der **Einspruch** gegen den Strafbefehl, § 410 StPO) und die **Beschwerde**,[365] die Rechtsmittel der **Berufung** und der **Revision**. Dies gilt grundsätzlich auch, wenn eine Kontrollinstanz nur eine (auf Rechtsfragen) **beschränkte Prüfungsbefugnis** hat[366] oder wenn für ein bestimmtes Rechtsmittel erst die **Annahme** erforderlich ist (vgl. § 313 StPO) bzw. sogar beantragt werden muss und diese unsicher ist.[367] Gegen die geltend gemachte Untätigkeit einer österreichischen Behörde ist das Rechtsmittel des **Devolutionsantrags** (§ 73 AVG) zu ergreifen.[368] Dass ein Rechtsbehelf vorhanden

---

360　EGMR (GK) Mocanu u.a./RUM, 17.9.2014, §§ 273 ff., NJOZ **2016** 1383 (aufgrund Gesamtumständen keine Beanstandung, dass Bf. sich erst recht spät innerstaatlich beschwert hatte); ähnlich EGMR Beortegui Martinez/E, 31.5.2016, § 43.

361　Vertiefend speziell für das deutsche Strafverfahrensrecht: Ahlbrecht/Böhm/Esser/Eckelmans/*Esser* 92 ff.

362　Zusammenfassend: EGMR (GK) Lopes de Sousa Fernandes/P, 19.12.2017, § 134 („determining whether a domestic procedure constitutes an effective remedy within the meaning of Article 35 § 1, which an applicant must exhaust and which should therefore be taken into account for the purposes of the six-month time-limit, depends on a number of factors, notably the applicant's complaint, the scope of the obligations of the State under that particular Convention provision, the available remedies in the respondent State and the specific circumstances of the case"); Fabris u. Parziale/I, 19.3.2020, § 49.

363　EGMR (GK) Demopoulos u.a./TRK (E), 1.3.2010, § 87; Alican Demir/TRK, 25.2.2014, § 81; Hasan Yazıcı/TRK, 15.4.2014, §§ 71 ff., NJW **2015** 759; Kotiy/UKR, 5.3.2015, § 38; Şükrü Yıldız/TRK, 17.3.2015, § 45; Govedarski/BUL, 16.2.2016, § 37; wird ein Rechtsbehelf (etwa die Verfassungsbeschwerde) durch eine Änderung der Rechtsprechung des Verfassungsgerichts zum effektiven Rechtsbehelf, so wird er dies im Zeitpunkt der Veröffentlichung der verfassungsgerichtlichen Entscheidung (EGMR Marinković/SRB (E), 29.1.2013, §§ 59 f.; Vinčić u.a./SRB, 1.12.2009, § 51). Siehe auch die besondere Konstellation in EGMR Olaru u.a./MOL, 28.7.2009, §§ 59 ff.; Parasca/MOL, 12.2.2015, § 32.

364　Vgl. EGMR (GK) Demopoulos u.a./TRK (E), 1.3.2010, § 87; Demiroglu u.a./TRK (E), 4.6.2013; Preda u.a./RUM, 29.4.2014, §§ 129, 134 ff.; Karpenstein/Mayer/*Schäfer* Art. 35, 19 f.

365　Gegen sitzungspolizeiliche Anordnungen des Vorsitzenden (§ 176 GVG): BVerfG NJW **2013** 1293 m. Anm. *Zuck* u. m. Anm. *Huff* DRiZ **2015** 213.

366　EGMR (GK) Civet/F, 28.9.1999, NJW **2001** 54; L.L./F, 10.10.2006; Renaud/F, 25.2.2010.

367　EGMR Schädlich/D (E), 3.2.2009 (Dauer – verwaltungsgerichtliches Verfahren).

368　EGMR Egge/A (E), 9.10.2003; Hall/A, 6.3.2012, § 38, ÖJZ **2012** 734 (EGMR wollte Anforderungen des Art. 35 Abs. 1 nicht „überstrapazieren" [overstretch] und hat es akzeptiert, dass die Bf. den Devolutionsantrag erst nach einigen Jahren stellte).

und effektiv ist, kann sich auch gegen den Wortlaut der Rechtsnorm aus der Rechtsprechung ergeben, die sich dabei auf eine verfassungs- oder konventionskonforme Auslegung der Rechtsnorm oder eine direkte Anwendung der Konvention gründen kann.[369]

Über den regulären Instanzenzug hinaus sind auch **außerordentliche Rechtsbehel** **180** **fe**, wie etwa die **Verfassungsbeschwerde**, auszuschöpfen.[370] Die Verfassungsbeschwerde ist auch dann ein effektiver Rechtsbehelf, wenn sie im Erfolgsfall nicht zu einer unmittelbaren Aufhebung des letzten Urteils führt und vielmehr noch ein Wiederaufnahmeverfahren stattzufinden hat.[371] Wird die Verfassungsbeschwerde wegen Unzulässigkeit nicht angenommen, so gilt der Rechtsweg in der Regel als nicht erschöpft.[372] Etwas anderes gilt dann, wenn das BVerfG eine Verfassungsbeschwerde ohne weitere Begründung nicht zur Entscheidung annimmt. In einem solchen Fall geht der EGMR regelmäßig von der Erschöpfung des innerstaatlichen Rechtsbehelfs aus, auch wenn die Regierung in der Stellungnahme Gründe für die Unzulässigkeit der Verfassungsbeschwerde vorbringt (Rn. 59).[373] Auch die Nichtannahme aus (angeführten) Sachgründen steht der Zulässigkeit der Beschwerde zum EGMR nicht entgegen.[374]

Zu ergreifen sind des Weiteren alle **Zwischenrechtsbehelfe**[375] (namentlich § 238 **181** Abs. 2 StPO) und alle sonstigen (effektiven) **Antrags-, Beschwerde-, Widerspruchs-**[376] **und Abhilfemöglichkeiten.**[377] Sieht das nationale Recht **verschiedene Rechtsbehelfe** vor, hängt es von den Umständen des Einzelfalls ab, ob alle (neben- oder nacheinander) beschritten werden müssen. Kann eine Abhilfe der Konventionsverletzung über **unab** **hängig nebeneinander bestehende Rechtsbehelfe** erreicht werden, wird es in der Regel genügen, wenn derjenige gewählt und bis zur letzten Instanz verfolgt wird, der die größte Effektivität verspricht. Neben diesem braucht ein Rechtsbehelf, der im konkreten Fall kaum bessere Erfolgsaussichten hat, nicht zusätzlich ergriffen zu werden.[378] Stehen indes mehrere Rechtsbehelfe nebeneinander, die der Beschwer des Bf. abhelfen

---

369 EGMR Dragomir/RUM (E), 3.6.2014, §§ 26 ff.

370 EGMR Mogos u. Krifka/D (E), 27.3.2003; Hösl-Daum u.a./PL (E), 7.10.2014, §§ 42 ff.; Raljević/BIH (E), 27.1.2015, § 33; Prandota/PL (E), 3.2.2015, §§ 55 ff.; Gubenko/LET (E), 3.11.2015, §§ 22 f.; Stanković u. Trajković/ SRB, 22.12.2015, § 36; Cupara/SRB, 12.7.2016, § 29; Kušić u.a./KRO (E), 10.12.2019, §§ 100 ff., 105; siehe auch EGMR Uzun/TRK (E), 30.4.2013 (2010 eingeführte Individualverfassungsbeschwerde als effektiver Rechtsbehelf); Schmick/TRK (E), 7.4.2015. Ferner EGMR (GK) Magyar Kétfarkú Kutya Párt/H, 20.1.2020, §§ 52 ff.

371 EGMR Larionovs u. Tess/LET (E), 25.11.2014, §§ 161 f., 166 (Strafurteil); Prandota/PL (E), 3.2.2015, § 57; ähnlich MAH/*Eschelbach* § 32, 44.

372 Siehe MAH/*Eschelbach* § 32, 44.

373 EGMR Marc Brauer/D, 1.9.2016, §§ 25, 29, NVwZ **2018** 635 = StV **2017** 769; besonders deutlich EGMR Skugor/D, 10.5.2007, § 41 (es sei nicht Aufgabe des Gerichtshofs, über die Gründe der Nichtannahme zu spekulieren); siehe auch Karpenstein/Mayer/*Schäfer* Art. 35, 50.

374 MAH/*Eschelbach* § 32, 44.

375 So vor allem die in verschiedenen Staaten bestehenden Möglichkeiten, noch während des laufenden Verfahrens die Verletzung des Beschleunigungsgebots zu rügen, vgl. EGMR Tomé Mota/P (E), 2.12.1999, NJW **2001** 2692; Gonzalez Marin/E (E), 5.10.1999, NJW **2001** 2691; Basic/A, 30.1.2001, ÖJZ **2001** 517; Bacchini/CH (E), 21.6.2005; Kunz/CH (E), 21.6.2005; (GK) Scordino/I (Nr. 1), 29.3.2006, §§ 178 ff.; Art. 13 Rn. 78 ff. je m.w.N.

376 Z.B. Widerspruch nach § 249 Abs. 2 StPO gegen die Anordnung des **Selbstleseverfahrens** beim Urkundsbeweis bzw. die Beanstandung dessen Durchführung nach § 238 Abs. 2 StPO.

377 Vgl. etwa EGMR Stallinger u. Kuso/A, 23.4.1997, §§ 34–37, ÖJZ **1997** 755 (Antrag auf mündliche Verhandlung); Unterguggenberger/A, 25.9.2001, ÖJZ **2002** 272; Stojakovic/A, 9.11.2006; zu § 109 StVollzG bei menschenunwürdiger Unterbringung etwa: BGH NJW-RR **2010** 1465 = MDR **2010** 743 m. Anm. *Artkämper* StRR **2010** 275.

378 Vgl. EGMR Tomasi/F, 27.8.1992, EuGRZ **1994** 101 = ÖJZ **1993** 137; A/F, 23.11.1993; Manoussakis u.a./GR, 26.9.1996, ÖJZ **1997** 352; (GK) Aquilina/MLT, 29.4.1999, NJW **2001** 51; Budayeva u.a./R, 20.3.2008; Veselov u.a./ R, 2.10.2012, § 73; Lagutin u.a./R, 24.4.2014, § 75; S.C. Antares Transport S.A. u. S.C. Transroby S.R.L./RUM,

könnten, scheint der EGMR das Ergreifen aller zur Verfügung stehenden Rechtsbehelfe für die Rechtswegerschöpfung jedenfalls dann für erforderlich zu halten, wenn die Prüfprogramme innerhalb der jeweiligen Verfahren nicht völlig gleichlaufen (anderer Verfahrensgegenstand; anderer Prüfungsmaßstab etc.).[379]

182   Zu erschöpfen sind des Weiteren (je nach Beschwerdegegenstand) ein **Antrag auf Durchführung einer mündlichen Verhandlung** oder auf **Verweisung** der Sache an das zuständige Gericht, ein **Antrag auf gerichtliche Entscheidung** (z.B. § 109 StVollzG – Strafvollzug; § 119a StPO für den U-Haftvollzug), die **Wiedereinsetzung** in den vorigen Stand oder die **Nachholung des rechtlichen Gehörs** (Rn. 370), aber auch die Stellung erforderlicher **Beweisanträge**,[380] sowie die **Geltendmachung eines unbeachtet gebliebenen Angriffs- oder Verteidigungsmittels** in der nächst höheren Instanz[381] oder die **Ablehnung eines Richters** wegen Befangenheit,[382] ferner – je nach geltend gemachtem Konventionsverstoß – auch die Beantragung von **Prozesskostenhilfe** oder eine **Schadensersatz-**[383]

15.12.2015, § 31; Albrechtas/LIT, 19.1.2016, § 62; dazu *Fahrenhorst* EuGRZ **1996** 633; *Frowein/Peukert* Art. 35, 23; *Grabenwarter/Pabel* § 13, 28.

379   Rechtswegerschöpfung dementsprechend verneint in EGMR Thévenon/F, 13.9.2022, § 61 (betreffend ein Gesetz über ein Berufsausübungsverbot und eine entsprechende Dienstfreistellung bei fehlender Corona-Impfung; der Bf. – ein Feuerwehrmann – hätte laut EGMR in diesem Fall sowohl gegen seine Suspendierung als auch gegen das Gesetz selbst vorgehen müssen). Selbstverständlich gelten jedoch auch hier die allgemeinen Grundsätze, wonach ein völlig aussichtsloser Rechtsbehelf nicht ergriffen werden muss (Rn. 177).

380   *Frowein/Peukert* Art. 35, 15; EGMR Cardot/F, 19.3.1991, § 34, EuGRZ **1992** 437 = ÖJZ **1991** 605; Tønsbergs Blad As und Haukom/N, 1.3.2007, § 54.

381   *Frowein/Peukert* Art. 35, 15 m.w.N.

382   *Frowein/Peukert* Art. 35, 15; EGMR Hauschildt/DK, 24.5.1989, EuGRZ **1993** 122 = ÖJZ **1990** 188 (nicht nötig, wenn nicht erfolgversprechend).

383   Vgl. EGMR V.V.G./MAZ (E), 20.1.2015, §§ 40 ff., 43 und 46 (bevor wegen einer Verletzung von Art. 8 durch fehlerhafte Arztbehandlung (Recht auf körperliche Integrität) die mangelnde Ermittlung durch den Staat vor dem EGMR geltend gemacht werden kann, soll neben einem Strafverfahren, das nicht das vom Bf. gewünschte Ergebnis brachte und das der EGMR außerdem für ineffektiv befand, auch noch ein zivilrechtlicher Schadensersatzprozess gegen den Arzt zu führen sein); diese Rechtsprechung soll wohl auch gelten, wenn im Raum steht, dass die mangelnde Ermittlung bei ärztlichen Fehlern zu einer Verletzung von Art. 2 oder Art. 3 führt (vgl. § 40); in Abgrenzung dazu EGMR Cevat Soysal/TRK, 23.9.2014, § 84; Dvořáček/CS, 6.11.2014, § 72; Çavdar u.a./TRK (E), 31.3.2015, §§ 30 ff.; R.B./H, 12.4.2016, §§ 61 ff. (neben Strafanzeige keine Zivilklage erforderlich); siehe auch: EGMR Housein/GR, 24.10.2013, NVwZ **2014** 1437, §§ 55 ff.: Schadensersatzklage wegen Verletzung von Art. 3 durch Haftbedingungen als Rechtsbehelf, wenn der Betroffene wieder in Freiheit ist (ebenso EGMR Peša/KRO, 8.4.2010, §§ 81 f.; Bizjak/SLO (E), 8.7.2014, § 28; siehe jedoch EGMR Dedikov/R (E), 24.3.2015) oder wenn die Haft zwar andauert, die beanstandeten Haftbedingungen jedoch nicht mehr bestehen, EGMR Filippopoulos/GR, 12.11.2015, §§ 54 ff.; ferner EGMR Gonzalez Marin/E (E), 5.10.1999 (Schadensersatz; unangemessene Verfahrensdauer); Hoffen/FL, 27.7.2006; Eriksson/S, 12.4.2012, §§ 47 ff.; Ruminski/S (E), 21.5.2013, §§ 33 ff., 37; näher zur Rechtswegerschöpfung in „conditions of detention cases": EGMR Ulemek/KRO, 31.10.2019, §§ 81 ff. Es hängt letztlich vom Rechtsschutzziel des Betroffenen ab, ob diesem mit einer Staatshaftungsklage voll genüge getan werden kann; siehe EGMR Yusiv/LIT, 4.10.2016, § 49 (Bf. erstrebte keinen Schadensersatz, sondern die Anerkennung von Misshandlungen durch die Polizei und der Verantwortlichkeit der beteiligten Polizisten, braucht daher, neben den vorhandenen polizei- bzw. verwaltungsrechtlichen Rechtsbehelfen, keine Schadensersatzklage einzulegen); instruktiv auch EGMR Jovanovic/S, 22.10.2015, §§ 60 ff. (Schadensersatzklage einzulegen, wenn der behauptete Konventionsverstoß bereits beendet ist; anders jedoch, wenn die behauptete Verletzung [hier: Entziehung des Sorgerechts, Art. 8] andauert und der Bf. das Sorgerecht zurückerlangen möchte); vgl. ferner *Grabenwarter/Pabel* § 13, 33 unter Hinweis auf EGMR Hornsby/GR, 19.3.1997, ÖJZ **1998** 236; (GK) Iatridis/GR, 25.3.1999, EuGRZ **1999** 316; siehe auch Karpenstein/Mayer/*Schäfer* Art. 35, 32 (ablehnend bei schwerwiegenden Menschenrechtsverletzungen).

oder **Amtshaftungsklage**,[384] eine **Strafanzeige**,[385] wobei es auch ausreichen kann, wenn das Ermittlungsverfahren durch die Anzeige einer anderen Person eingeleitet wurde[386] und die Möglichkeit besteht, einem späteren Strafverfahren als Beteiligter (Nebenkläger) beizutreten.[387]

Hinsichtlich behaupteter Verletzungen der **Unschuldsvermutung (Art. 6 Abs. 2)** sind **183** einige Besonderheiten zu konstatieren. Wer beanstandet, dass Informationen aus strafrechtlichen Ermittlungen an Medien gegeben wurden, braucht sich nicht auf rechtliche Schritte gegen etwaige die mitgeteilten Informationen veröffentlichende Medien verweisen zu lassen.[388] Wird geltend gemacht, behördliche Verlautbarungen im strafrechtlichen Ermittlungsverfahren verletzten Art. 6 Abs. 2, so ist dagegen mittels Strafanzeige, Schadensersatzklage oder ähnlichem Rechtsbehelf, sofern vorhanden, vorzugehen; es genügt nicht, die umstrittenen Äußerungen im Rahmen der Strafverteidigung zu beanstanden.[389] Wird in einem Gerichtsverfahren eine früher (in einem freisprechenden Urteil zu einem anderen Gerichtsverfahren) erfolgte inkriminierende Äußerung wiedergegeben, so kommt – je nach den Umständen – in Betracht, dass nur die erste Äußerung, nicht aber ihre Wiederholung einen Verstoß gegen Art. 6 Abs. 2 darstellt; maßgebend für die Beschwerdefrist, ggf. auch für das Durchlaufen des innerstaatlichen Rechtswegs, ist dann nur die erste Äußerung.[390]

Eine behauptete Verletzung der **Verfahrensfairness** (Art. 6 Abs. 1, ggf. i.V.m. Art. 6 **184** Abs. 3) braucht hingegen nur im Strafverfahren beanstandet zu werden, auch wenn sie, wie die Tatprovokation, schon vor bzw. außerhalb des Ermittlungsverfahrens erfolgt ist; nicht erforderlich ist es, daneben noch Strafanzeige zu erstatten, falls bzw. auch wenn das gerügte Verhalten strafbar sein könnte.[391] Der Grund für diese Unterschiede dürfte darin zu sehen sein, dass eine Verletzung der Verfahrensfairness zur Verfahrenseinstellung führen oder sich auf das Urteil auswirken (Beweisverwertungsverbot; besondere Strafmilderung), also im Ergebnis repariert werden kann (Gesamtbetrachtung durch den EGMR), was bei öffentli-

---

384 Differenzierend Karpenstein/Mayer/*Schäfer* Art. 35, 31: Erfordernis der Erschöpfung staatshaftungsrechtlicher Rechtsbehelfe abhängig davon, ob das Rechtsschutzziel des Bf. über das hinausgeht oder ein *aliud* zu dem darstellt, was der entsprechende Rechtsbehelf zu leisten vermag; ähnlich *Grabenwarter/Pabel* § 13, 33; siehe auch EGMR Vernillo/F, 20.2.1991, § 27; vgl. auch den Vortrag der Bf. in EGMR Dömel/D (E), 9.5.2007.

385 Vgl. EGMR (GK) Oğur/TRK, 20.5.1999, NJW **2001** 1991; (GK) Selmouni/F, 28.7.1999, nur, wenn mit Nachdruck verfolgt; EGMR Slimani/F, 27.7.2004; siehe auch *Schaupp-Haag* 165 ff., die diese Spruchpraxis ablehnt, da im Strafverfahren gegen einen Dritten keine effektive Behebung der Konventionsverletzung liege; es dürfte auf den Einzelfall und das maßgebende nationale Recht ankommen: EGMR R.B./H, 12.4.2016, §§ 61 ff.

386 Vgl. EGMR (GK) Oğur/TRK, 20.5.1999 (Arbeitgeber des Getöteten); Meyer-Ladewig/Nettesheim/von Raumer/*Meyer-Ladewig/Peters* Art. 35, 17.

387 Vgl. EGMR (GK) Selmouni/F, 28.7.1999 (Möglichkeit als Privatkläger dem durch die Anzeige eingeleiteten Strafverfahren beizutreten).

388 EGMR Apostu/RUM, 3.2.2015, § 109; dies wird generell in Fällen der behördlichen Weitergabe von (möglicherweise) vertraulichen oder geschützten Daten bzw. Dienstgeheimnissen zu gelten haben, wobei insbesondere Art. 8 betroffen sein kann.

389 EGMR Cevat Soysal/TRK, 23.9.2014, § 84; siehe auch EGMR Rebegea/RUM, 15.3.2016, §§ 55 f., und Bivolaru/RUM, 28.2.2017, § 116 (gibt es keinen innerstaatlichen Rechtbehelf gegen die inkriminierende Äußerung, so liegt in der Äußerung das die Beschwerdefrist auslösende Ereignis); Januškevičiene/LIT, 3.9.2019, §§ 59 ff.

390 EGMR Schreurs/NL (E), 14.4.2015, §§ 6 ff., 13, 16 f.; in einem freisprechenden Urteil im Februar 2013 wurde der Bf. (dennoch) des Betrugs bezichtigt, seine anschließende Klage auf Schadensersatz wegen der angeblich unrechtmäßigen Freiheitsentziehung (U-Haft) wurde im Juni 2013 unter Wiederholung der inkriminierenden Passage des Urteils abgewiesen; der EGMR ist der Ansicht, dass Art. 6 Abs. 2 nur durch das Urteil vom Februar (und nicht auch durch das vom Juni) verletzt sein könnte, weshalb die Menschenrechtsbeschwerde vom November 2013 verspätet eingelegt war.

391 EGMR Lagutin u.a./R, 24.4.2014, § 75 (Tatprovokation).

---

chen Schuldzuweisungen durch die Behörden regelmäßig nicht der Fall sein wird. Letztlich geht es darum, dass der Gerichtshof Art. 6 Abs. 3 „nur" im Rahmen der „Gesamtbetrachtung" (Art. 6 Rn. 118) und in Verbindung mit Art. 6 Abs. 1 als verletzt ansieht und eine Verletzung damit üblicherweise nur bei rechtskräftiger Verurteilung vorliegen kann, wohingegen Art. 6 Abs. 2 ein „eigenes" Menschenrecht begründet.

185   Ein in diesem Sinne eigenes Menschenrecht bildet auch **Art. 8**, auch wenn es sich im konkreten Fall der Sache nach um Strafprozessrecht handelt (Durchsuchung; Kommunikationsüberwachung), dessen Verletzung zu einem Verstoß gegen Art. 6 Abs. 1 führen kann). Verstöße gegen Art. 8 können (zumindest auch) außerhalb der Gesamtbetrachtung der Verfahrensfairness geltend gemacht werden, so dass sie, zur Rechtswegerschöpfung, innerstaatlich gesondert – und wohl meist vorab, also nicht erst, wie Verletzungen von Art. 6 Abs. 3, im Rahmen des Strafverfahrens – zu beanstanden sind, unabhängig davon, ob Rechtsmittel gegen die die Maßnahme anordnenden oder durchführenden Personen zur Verfügung stehen.[392]

186   **Anhörungsrügen** oder sonstige gegen eine Verletzung des rechtlichen Gehörs im nationalen Recht vorgesehene Rechtsbehelfe müssen erhoben werden, etwa nach §§ 33a, 311a, 356a StPO, § 55 Abs. 4 JGG,[393] ggf. auch wiederholt, wenn nachträglich neue Tatsachen oder Verfahrensumstände bekannt geworden sind.[394] Gehörsrügen gegenüber dem BVerfG selbst – etwa wenn eine Verfassungsbeschwerde zurückgewiesen worden ist – kennt das deutsche Recht indes nicht,[395] so dass insoweit die Erforderlichkeit einer Rechtswegerschöpfung nicht im Raum steht.

187   Auch bei einer **überlangen Verfahrensdauer** müssen zunächst die Rechtsbehelfe ergriffen werden, die das jeweilige nationale Recht innerstaatlich zur **Abhilfe** (Beschleunigung; **Verzögerungsrüge**) und/oder zur **Kompensation** eines solchen Verstoßes vorsieht (§ 198 Abs. 1 Satz 1 GVG).[396] Nach Art. 23 des Gesetzes über den Rechtsschutz bei überlangen Gerichtsverfahren und strafrechtliche Ermittlungsverfah-

---

392 EGMR Draşovean/RUM (E), 3.6.2014, §§ 10, 16 f.; Prade/D, 3.3.2016, §§ 44 f. (Beschwerde gegen Hausdurchsuchung [Art. 8] war verfristet, da innerstaatlich hierüber schon geraume Zeit vor der strafrechtlichen Verurteilung entschieden wurde; Beschwerde gegen Strafurteil wegen Verwertung von Funden bei der Durchsuchung [Art. 6 Abs. 1] war fristgerecht und zulässig); siehe auch EGMR Duong/CS, 14.1.2016, §§ 32 ff. (2011: Verfassungsbeschwerde als einzigen innerstaatlichen Rechtsbehelf gegen Durchsuchung; noch im selben Jahr Beschwerde beim EGMR eingereicht; erst 2013 rechtskräftig verurteilt; Verfassungsbeschwerde gegen die strafrechtliche Verurteilung musste behauptete Rechtswidrigkeit der Durchsuchung nicht mehr beanstanden); zum Erfordernis der Rechtsbehelfserschöpfung im Kontext des Art. 8: EGMR Lewit/A, 10.10.2019, §§ 60 ff.
393 Meyer-Ladewig/Nettesheim/von Raumer/*Meyer-Ladewig/Peters* Art. 35, 12; für eine auf Art. 103 Abs. 1 GG gestützte Verfassungsbeschwerde: BVerfG NJW **2013** 3504; siehe auch Karpenstein/Mayer/*Schäfer* Art. 35, 27. Im Falle von rechtsstaatswidrigen Verzögerungen bei der Behandlung der Anhörungsrüge plädiert *Vielmeier* NJW **2013** 346 für die Annahme einer Rechtswegerschöpfung nach Ablauf von drei Monaten. Kritisch zur Ausweitung des Anwendungsbereichs der Anhörungsrüge durch das BVerfG: *Esser* NJW **2016** 604.
394 Siehe dagegen aber: OLG Nürnberg StRR **2013** 2 (Ls.).
395 Das Rechtsstaatsprinzip in Verbindung mit dem Grundsatz des Art. 103 Abs. 1 GG erfordert für den Fall, dass ein Gericht in entscheidungserheblicher Weise den Anspruch auf rechtliches Gehör verletzt, lediglich die Möglichkeit *fach*gerichtlicher Abhilfe, vgl. etwa BVerfG Beschl. v. 30.4.2003 – 1 PBvU 1/02; darauf Bezug nehmend auch der Regierungsentwurf zum sog. Anhörungsrügegesetz, BTDrucks. **15** 3966 S. 1; zum Thema auch *Sturm* AnwBl. Online **2018** 132. Auch die Nicht-Annahme einer Verfassungsbeschwerde zur Entscheidung ist gemäß § 93d Abs. 1 Satz 2 BVerfGG unanfechtbar.
396 EGMR Gonzalez Marin/E (E), 5.10.1999; Tomé Mota/P (E), 2.12.1999; Basic/A, 30.1.2001; A/A (E), 30.5.2003, ÖJZ **2004** 35; *Meyer-Ladewig* Art. 35, 9; Art. 13, 20 ff.; beachte auch EGMR (GK) Sürmeli/D, 8.6.2006, NJW **2006** 2389 = EuGRZ **2007** 255 = FamRZ **2007** 1449 = NdsRpfl. **2006** 318; Gräßer/D, 5.10.2006, EuGRZ **2007** 268; Herbst/D, 11.1.2007, EuGRZ **2007** 420 = NVwZ **2008** 289.

ren[397] gilt dies auch für bereits (auf nationaler Ebene oder auch vor dem EGMR) **anhängige Verfahren** (Rn. 178, auch zu den Verfahrenskosten, und Art. 6 Rn. 510 ff.). Dies führt dazu, dass der EGMR in vor ihm anhängigen Verfahren, bei denen der **nachträglich vom Gesetzgeber geschaffene Rechtsbehelf** auf Entschädigung nach § 198 Abs. 1 Satz 1 GVG (oder nach Parallelvorschriften anderer Konventionsstaaten) noch nicht durchlaufen ist, die Beschwerde als **„premature"** und damit wegen *Nichterschöpfung des nationalen Rechtsschutzes* nach Art. 35 Abs. 1 u. 4 als unzulässig einstuft.[398] Es ist nach Ansicht des Gerichtshofs Aufgabe des Betroffenen, **beschwerderelevante innerstaatliche Entwicklungen zu beobachten** und auf sie zu reagieren.[399] Ähnlich entschied der Gerichtshof über eine Beschwerde gegen fehlende innerstaatliche Rechtsmittel (Verletzung von Art. 13) gegen die Nichtvollstreckung von Gerichtsurteilen (Art. 6 Abs. 1): Die Beschwerde ist (vorläufig) unzulässig, damit der Staat Zeit hat, aufgrund eines vor wenigen Monaten ergangenen, die gleiche Rechtsfrage betreffenden EGMR-Piloturteils das innerstaatliche Recht zu ändern.[400]

Der EGMR behält sich in diesen Fällen zwar eine künftige Prüfung der konventions- **188** konformen Anwendung des § 198 Abs. 1 Satz 1 GVG vor, treibt die Bf. damit aber ggf. in eine weitere Verfassungsbeschwerde und neuerliche Individiualbeschwerde.[401] Wenn der EGMR bereits durch Urteil über die Konventionsverletzung entschieden hat und nur noch die Höhe der Entschädigung nach Art. 41 zu klären ist (Rn. 270), gehört ein solcher neuer Rechtsbehelf ebenso wenig zum zu erschöpfenden Rechtsweg[402] wie in Fällen, in denen beim Inkrafttreten des mit Rückwirkung geltenden neuen Rechtsbehelfs gegen die Verfahrenslänge die eingelegte Beschwerde bereits der Regierung übermittelt war.[403]

Der Antrag auf **Wiederaufnahme des Verfahrens** (§ 359 StPO) ist dagegen kein zu er- **189** schöpfender Rechtsbehelf i.S.v. Art. 35 Abs. 1.[404] Es ist auch nicht notwendig, dass der Betroffene vor Erhebung der Rüge eines Verstoßes gegen Art. 5 Abs. 1 bis 4 neben den innerstaatlichen Rechtsbehelfen gegen die Anordnung der Haft zusätzlich innerstaatlich einen **Antrag**

---

397 Gesetz über den Rechtsschutz bei überlangen Gerichtsverfahren und strafrechtlichen Ermittlungsverfahren v. 24.11.2011, in Kraft seit 3.12.2011, BGBl. I S. 2302.

398 EGMR Fakhretdinov u.a./R (E), 23.9.2010, § 30; Garcia Cancio/D (E), 29.5.2012, §§ 46 ff. (Beschwerde ausdrücklich als „premature" bezeichnet, § 49); Taron/D (E), 29.5.2012, NVwZ **2013** 47 = EuGRZ **2012** 514 = AuR **2012** 363 m. Anm. *Buschmann*, §§ 42 ff.; Schellmann u. JSP Programmentwicklung GmbH & Co. KG/D (E), 10.7.2012; Valcheva u. Abrashev/BUL (E), 18.6.2013; Huhle/D (E), 27.8.2013, NVwZ **2014** 1293, § 24; Nikkinen/FIN (E), 28.1.2014, § 24; Yıldız u. Yanak/TRK (E), 27.5.2014; ähnlich EGMR Clopina/RUM (E), 10.11.2015, §§ 45 ff. (nachträglich geschaffener Rechtsbehelf auf Entschädigung wegen Justizfehlern ist zuvor zu durchlaufen; Verstöße gegen Art. 5, Art. 6). Anders EGMR Bakirtzidis u.a./GR, 11.7.2013, §§ 37 f. (Beschwerde zulässig, da der nachträglich eingeführte nationale Rechtsbehelf gegen überlange Verfahrensdauer nicht rückwirkend galt).

399 EGMR Bandelin/D (E), 22.1.2013, § 15; Huhle/D (E), 27.8.2013, § 24.

400 EGMR Chervyakov u.a./R (E), 3.3.2015, §§ 42 ff. (betraf nur Beschwerde hinsichtlich Art. 13; bzgl. Art. 6 Abs. 1 aus anderen Gründen unzulässig).

401 EGMR Garcia Cancio/D (E), 29.5.2012, § 48; Taron/D (E), 29.5.2012, § 45; Schellmann u. JSP Programmentwicklung GmbH & Co. KG/D (E), 10.7.2012. Für die Türkei vgl. EGMR Turgut u.a./TRK (E), 26.3.2013, § 57 u. passim: Die Beschwerde wird für unzulässig erklärt, der EGMR kündigt aber an, im Lichte der tatsächlichen Entwicklung des neuen türkischen Rechtsmittels gegen zu lange Verfahrensdauer erneut zu prüfen, ob der Rechtsbehelf effektiv ist; ähnlich EGMR Chervyakov u.a./R (E), 3.3.2015, § 44.

402 EGMR Maria u. Dorel-Dănuț Barbu/RUM, 3.6.2014, § 9.

403 EGMR Hasan Yazıcı/TRK, 15.4.2014, §§ 71 ff., NJW **2015** 759.

404 Vgl. EGMR (GK) Sakhnovskiy/R, 2.11.2010, §§ 40 ff.; Galstyan/ARM, 15.11.2007, §§ 39 ff.; *Scheuner* FS Jahrreiß 571; *Vogler* ZStW **89** (1977) 792; Meyer-Goßner/Schmitt/*Schmitt* MRK Art. 35, 2; im Grundsatz auch *Schaupp-Haag* 153 ff. m.w.N. zur wechselnden Spruchpraxis der EKMR.

---

auf Entschädigung gestellt bzw. einen entsprechenden Anspruch geltend gemacht hat.[405] Es kann allerdings die Opfereigenschaft entfallen, wenn mit der Entschädigung zugleich die ausdrückliche staatliche Anerkenntnis der Konventionsverletzung und eine Wiedergutmachung des gerügten Konventionsverstoßes verbunden sind. Zum Wegfall der Opfereigenschaft bei gleichzeitiger ausdrücklicher Anerkenntnis der Verletzung Rn. 161 ff.

190   Anders als der Antrag auf (klassische) Wiederaufnahme gehört der Antrag auf **Erneuerung des Strafverfahrens** im österreichischen Recht in *analoger* Anwendung von § 363a öStPO[406] zum zu erschöpfenden Rechtsweg.[407] Dieser Rechtsbehelf (ermöglicht durch eine von der Rechtsprechung entwickelte **Analogie**, wonach der Konventionsverstoß auch geltend gemacht werden kann, wenn es, anders als von § 363a öStPO gefordert, kein EGMR-Urteil in der Sache gibt)[408] dient dazu, einen Konventionsverstoß rückgängig zu machen; die Analogie wurde entwickelt, weil in Strafprozessen vielfach letztinstanzlich unterhalb des OGH entschieden wird und Beschwerden gegen Österreich vor dem EGMR des Öfteren erfolgreich sind bzw. waren, wenn ein Strafurteil von untergeordneten Gerichten vorliegt.[409] Aufgrund dieser Rechtsprechung des EGMR ist die Ansicht eines Einzelrichters des EGMR (Art. 27) überholt, der ursprünglich diesen Erneuerungsantrag nicht für ein zu erschöpfendes Rechtsmittel gehalten hatte, wodurch in jenem Fall, in dem der Erneuerungsantrag gestellt worden war, die Beschwerde verfristet war.[410] Aus Gründen des Vertrauensschutzes ist zu fordern, dass der EGMR die mangelnde Rechtswegerschöpfung denjenigen Bf. nicht entgegenhält, die nach Bekanntwerden der genannten Entscheidung des Einzelrichters und vor Veröffentlichung der Entscheidung *ATV Privatfernseh-GmbH* im Jahre 2015 auf den Erneuerungsantrag verzichtet und direkt Menschenrechtsbeschwerde eingelegt hatten.[411]

191   Wer in einem Verfahren unter Betreuung gestellt wurde, braucht nur alle in diesem Verfahren vorgesehenen Rechtsmittel auszuschöpfen und ist nicht gehalten, ein neues Verfahren zur Wiedererlangung der vollen Geschäftsfähigkeit o.ä. zu betreiben;[412] dies entspricht strukturell der fehlenden Notwendigkeit, die strafrechtliche Wiederaufnahme zu beantragen (Rn. 295).

192   Macht der Bf. die Verletzung *mehrerer* Menschenrechte geltend und sieht das nationale Recht einen Rechtsbehelf, etwa die Verfassungsbeschwerde, gegen einige, nicht aber alle behaupteten Verletzungen vor, so akzeptiert es der EGMR (manchmal), dass der

---

405 EGMR Schwabe u. M.G./D, 1.12.2011, NVwZ **2012** 1089 = EuGRZ **2012** 141, § 49; (GK) Labita/I, 6.4.2000; vgl. *Kühne/Esser* StV **2002** 383, 384.

406 Die Erneuerung in *direkter* Anwendung von § 363a öStPO hingegen entspricht strukturell § 359 Nr. 6 StPO.

407 EGMR ATV Privatfernseh-GmbH/A (E), 6.10.2015, §§ 26, 32 ff.; siehe auch EGMR Batista Laborde/A (E), 2.2.2016, §§ 27, 30 ff. (OGH wegen vorausgegangener Nichtigkeitsbeschwerde schon mit dem Fall befasst; Antrag auf Erneuerung kein aussichtsreicher, zu ergreifender Rechtsbehelf).

408 OGH JBl. **2008** 62; dazu *Czech* NL **2007** 223; *Rieder* JBl. **2008** 23; *Reindl-Krauskopf* JBl. **2008** 130; zu den Zulässigkeitsvoraussetzungen eines solchen Erneuerungsantrags: OGH JBl. **2012** 607; ÖJZ **2013** 273.

409 OGH JBl. **2008** 62, 64; *Ratz* ÖJZ **2012** 581, 582 f.

410 Näher hierzu *Reindl-Krauskopf* JBl. **2011** 341; *Ratz* ÖJZ **2012** 581.

411 Die Entscheidung des Einzelrichters wird zwar weder begründet noch veröffentlicht, dennoch ist sie durch *Reindl-Krauskopf* JBl. **2011** 341 und die Verarbeitung in der Literatur der Fachwelt bekannt geworden. Auch wenn *Reindl-Krauskopf* damals empfohlen hat, beide Rechtsmittel (Erneuerung und Menschenrechtsbeschwerde) sicherheitshalber parallel zu ergreifen, ist abzulehnen, dass den Betroffenen Nachteile aufgrund der vom EGMR geschaffenen Unsicherheit entstehen. Im Fall *ATV Privatfernseh-GmbH*/A (E), 6.10.2015, ist dem EGMR kein diesbezüglicher Vorwurf zu machen, da hier der Erneuerungsantrag schon im Jahr 2009, also vor Mitteilung des Einzelrichterentscheids in der Fachliteratur, zu stellen gewesen wäre.

412 EGMR Ivinović/KRO, 18.9.2014, §§ 24, 27 ff.

Esser   1674

Rechtsbehelf eingelegt wird und die Frist für die Einlegung der Beschwerde beim EGMR hinsichtlich aller Menschenrechtsverletzungen, also auch derjenigen, gegen die kein nationaler Rechtsbehelf ergriffen werden konnte, mit der Entscheidung über das letzte nationale Rechtsmittel endet. Dem EGMR zufolge wäre es „zu formalistisch", vom Bf. zu verlangen, zunächst Beschwerde hinsichtlich des national nicht mehr rechtsmittelfähigen Rechts und später nochmals Beschwerde hinsichtlich der anderen Rechte einzulegen.[413] Leider geht der EGMR diesen Weg nicht, wenn der Bf. Menschenrechtsverletzungen sowohl in seiner Untersuchungshaft als auch im späteren Strafurteil erkennt.

Völlig aussichtslose (ineffektive) Rechtsbehelfe zu ergreifen, verlangt Art. 35 Abs. 1 **193** nicht. Ein zu erschöpfender Rechtsbehelf muss zum einen geeignet sein, eine **effektive sachliche Überprüfung** der (behaupteten) Konventionsverletzung herbeizuführen, mit dem Ziel, ihr **abzuhelfen** oder einen **anderweitigen Ausgleich** zu schaffen (dazu Art. 13 Rn. 41 ff.).[414] Insbesondere müssen keine Rechtsbehelfe ergriffen werden, die zwar existieren, durch die das eigentliche Anliegen aber nicht verwirklicht werden kann.[415] Auch Rechtsbehelfe, bei denen im Zeitpunkt, in dem sie einzulegen gewesen wären, nach **gefestigter obergerichtlicher Rechtsprechung** keinerlei Aussicht auf Erfolg bestand, müssen nicht erschöpft werden.[416] Der Bf. braucht sich **nicht wiederholt** an dieselbe Stelle bzw. an dasselbe Gericht mit seinem Anliegen zu wenden, wenn entsprechende Anträge davor bereits abgelehnt wurden und wenn sich aus den gesamten Umständen ergibt, dass neue Anträge keine Aussicht auf Erfolg haben,[417] etwa im Falle einer zuvor abgelehnten Prozesskostenhilfe mangels Aussicht der Sache auf Erfolg.[418] Ferner ist ein Rechtsbehelf offensichtlich nicht effektiv, wenn der Staat überhaupt **erst nach Einlegung der Individualbeschwerde** und der Bitte des EGMR um Stellungnahme auf den – vom Bf. ergriffenen – Rechtsbehelf **reagiert**.[419] Wenn der Rechtsbehelf einer **vergleichbar betroffenen Person** bereits abgelehnt wurde, braucht eine von derselben oder vergleichbaren Maßnahme betroffene andere Person nicht nochmals für sich selbst den gleichen Rechtsbehelf zu ergreifen.[420] Auch in der ähnlichen Fallkonstellation, in der (nur) **einige von mehreren Betroffenen** einen Rechtsbehelf eingelegt haben und das zuständige Gericht den Rechtsbehelf mit kurzer Begründung abgewiesen hat, ohne dabei ersichtlich eine eigene Einschätzung vorzunehmen, kommt in Betracht, dass denjenigen Betroffenen, die den Rechtsbehelf erst gar nicht eingelegt haben, kein Fehlen der Rechtswegerschöpfung entgegenzuhalten ist,

---

413 EGMR Sociedad Anónima del Ucieza/E, 4.11.2014, § 45; abzulehnen EGMR Zeneli/ALB (E), 10.3.2015, §§ 12 ff., 34 ff.

414 Vgl. EGMR De Wilde u.a./B, 18.6.1971; Airey/IR, 9.10.1979, EuGRZ **1979** 626; van Oosterwijck/B, 6.11.1980, NJW **1982** 497 = EuGRZ **1981** 275; Cardot/F, 19.3.1991; Pine Valley Developments Ltd. u.a./IR, 29.11.1991, ÖJZ **1992** 459; (GK) Oğur/TRK, 20.5.1999; (GK) Gherghina/RUM, 9.7.2016, §§ 83 ff., NJW **2016** 3009; A.M./F, 29.4.2019, § 63; *Frowein/Peukert* Art. 35, 11; Meyer-Ladewig/Nettesheim/von Raumer/*Meyer-Ladewig/Peters* Art. 35, 14; *Schaupp-Haag* 29 m.w.N.

415 EGMR (GK) Guerra u.a./I, 19.2.1998, EuGRZ **1999** 188 = NVwZ **1999** 57 = ÖJZ **1999** 33 (Information über Umweltrisiken; Chemiefabrik); Apostu/RUM, 3.2.2015, § 110; Béláné Nagy/H, 10.2.2015, §§ 29 f.; OLG Frankfurt NJW **2013** 2207 bestätigt durch BGH Beschl. v. 18.12.2013 – III ZR 1/13, BeckRS **2014** 01032 (Ineffizienz der Verfassungsbeschwerde gegen Verfahrensverzögerung im zivilgerichtlichen Verfahren).

416 *Frowein/Peukert* Art. 35, 27; *Matscher* EuGRZ **1982** 489, 497; *Rudolf/von Raumer* AnwBl. **2009** 313, 315; vgl. auch HRC Tillman/AUS, 18.3.2010, 1635/2007, § 6.3.

417 EGMR Abdi/UK, 9.4.2013, § 50; N.A./UK, 7.7.2008, § 91.

418 EGMR Annen/D, 26.11.2015, § 37.

419 EGMR Baisuev u. Anzorov/GEO, 18.12.2012, § 34.

420 EGMR (GK) Maktouf u.Damjanović/BIH, 18.7.2013, §§ 56 f.; Pfeifer u. Plankl/A, 25.2.1992, NJW **1992** 1873 = EuGRZ **1992** 99 = ÖJZ **1992** 455 (Briefkontrolle); vgl. EGMR (GK) Oğur/TRK, 20.5.1999.

---

da auch für sie der Rechtsbehelf nicht effektiv gewesen wäre.[421] Dasselbe gilt, wenn sich die zuständige staatliche Behörde weigert, einem innerstaatlichen Urteil zugunsten eines Betroffenen nachzukommen.[422] Der Ausgang einer Verfassungsbeschwerde ist aber jedenfalls dann abzuwarten, wenn das BVerfG die Rechtsfrage zwar zuvor schon gegen das Anliegen des Bf. entschieden hat, nun aber dem Bf. mitteilt, über die aktuelle Verfassungsbeschwerde erst nach Ausgang einer diese Rechtsfrage betreffenden EGMR-Beschwerde entscheiden zu wollen.[423]

194   Gesuche, die **keinen Rechtsanspruch** des Betroffenen **auf Prüfung in der Sache** und keinen Anspruch auf Abhilfe durch die angerufene Stelle auslösen, wie etwa **Dienstaufsichtsbeschwerden** gegen abgeschlossene Eingriffe,[424] die Anrufung eines **Ombudsmannes**,[425] **Gnadengesuche** oder **Petitionen an ein Parlament**,[426] müssen nicht gestellt werden.[427] Zur Vorlage an den EuGH Rn. 243.

195   Art. 35 Abs. 1 verlangt auch nicht, innerstaatliche Rechtsbehelfe zu ergreifen, die dem Betroffenen bei Berücksichtigung seiner Lage **nicht zumutbar** sind. Der Bf. muss nach den Umständen des Einzelfalles und seiner persönlichen Lage stets nur das, aber dann auch alles, in die Wege leiten, was vernünftigerweise von ihm in seiner Situation erwartet werden kann.[428] Ein Rechtsbehelf ist jedenfalls dann unzumutbar, wenn der Betroffene **Repressalien** zu fürchten hat,[429] aber auch, wenn der Verletzte durch staatliche Organe **gehindert** wurde, einen innerstaatlichen Rechtsbehelf einzulegen (*denial of justice*).[430] Unzumutbar kann (ausnahmsweise und im Einzelfall) auch ein Rechtsbehelf sein, wenn bei der Einstellung des Verfahrens automatisch eine Gebühr anfällt.[431]

196   Ineffektiv kann ein Rechtsbehelf auch bei **unvertretbar langer Verfahrensdauer** sein; dem Betroffenen ist ab einem bestimmten Zeitpunkt nicht mehr zuzumuten, die

---

421 EGMR Vasilkoski u.a./MAZ, 28.10.2010, § 46 (einige von mehreren mutmaßlichen Mittätern hatten Haftbeschwerde eingelegt, die das zuständige Gericht lapidar abwies, ohne auf das Vorbringen eines fehlenden Haftgrundes einzugehen; kein effektiver Rechtsbehelf für diejenigen Inhaftierten, die keine Haftbeschwerde eingelegt hatten; trotzdem ist in solchen Fällen allen Betroffenen zur Einlegung der prinzipiell vorhandenen Rechtsbehelfe zu raten, da naturgemäß unklar ist, wie schlecht – in den Augen des EGMR – die Begründung in den Fällen ausfällt, in denen der Rechtsbehelf eingelegt wurde); anders daher EGMR Valencia Baena/PL (E), 19.5.2015, §§ 15, 19 ff.; siehe auch: EGMR (GK) Mocanu u.a./RUM, 17.9.2014, § 277.
422 EGMR (GK) Iatridis/GR, 25.3.1999.
423 EGMR Weyhe/D (E), 16.10.2012, NVwZ **2013** 1535 = EuGRZ **2013** 28.
424 Siehe EGMR Horvat/KRO, 26.7.2001, § 47; *Frowein/Peukert* Art. 35, 26; *Meyer-Ladewig/Nettesheim/von Raumer/Meyer-Ladewig/Peters* Art. 35, 14; vgl. auch *Schaupp-Haag* 176 ff. m.N. zur unterschiedlichen Spruchpraxis der EKMR; zur Dienstaufsichtsbeschwerde als wirksamer Rechtsbehelf: VerfGH Saarland ZWH **2014** 205, 206 (gegen Einstellung des Ermittlungsverfahrens durch die Staatsanwaltschaft nach § 153 Abs. 1 StPO *ohne Zustimmung* des Beschuldigten; zweifelhaft).
425 EGMR Egmez/ZYP, 21.12.2000, §§ 66 ff.; Denizci u.a./ZYP, 23.5.2001; *Grabenwarter/Pabel* § 13, 32.
426 *Frowein/Peukert* Art. 35, 26; für weitere Beispiele vgl. Art. 13 Rn. 47.
427 ECHR Practical Guide Nr. 89, unter Hinweis auf EGMR Kiiskinen u. Kovalainen/FIN (E), 1.6.1999.
428 Vgl. EGMR van Oosterwijck/B, 6.11.1980; (GK) Selmouni/F, 28.7.1999 (keine Strafanzeige bei mangelnder Verfolgungsbereitschaft); (GK) Salman/TRK, 27.6.2000; Dankevich/UKR, 29.4.2003 (unzureichende Beschwerde eines Gefangenen über Rechtsbehelfe); *Frowein/Peukert* Art. 35, 29 ff.; Meyer-Ladewig/Nettesheim/von Raumer/*Meyer-Ladewig/Peters* Art. 35, 18.
429 *Frowein/Peukert* Art. 35, 29; vgl. EGMR (GK) Akdivar u.a./TRK, 16.9.1996, §§ 73 ff.; ähnlich EGMR Abashidze/GEO (E), 4.9.2012, § 6; Krombach/F, 13.2.2001, NJW **2001** 2387, §§ 66 f. (Rechtsmittel gegen Abwesenheitsurteil nur möglich, wenn der Betroffene mittlerweile festgenommen war; Betroffenem war es nicht zumutbar sich zu stellen, um Rechtsmittel in Anspruch nehmen zu können; EGMR: kein Rechtsbehelf i.S.d. Art. 35).
430 Vgl. Ehlers/Schoch/*Kadelbach* § 6, 48; ferner die ausdrückliche Regelung in Art. 5 Abs. 2 lit. b FP-IPBPR und in Art. 21 Abs. 1 lit. c, Art. 22 Abs. 5 *lit.* b UNCAT; *Nowak* Art. 5 FP-IPBPR, 25.
431 EGMR Prencipe/MCO, 16.7.2009, § 96.

innerstaatliche Entscheidung abzuwarten. Der EGMR fühlt sich nicht gehindert, über die Dauer eines Verfahrens zu entscheiden, das innerstaatlich noch nicht rechtskräftig abgeschlossen ist.[432] *Grundsätzlich* ist aber auch bei lang andauernden Verfahren der Instanzenzug zu durchlaufen. Teilweise behandelt der EGMR diese Frage aber auch explizit erst im Rahmen der Begründetheit der Beschwerde im Hinblick auf Art. 6 Abs. 1.[433]

Zweifel am Ausgang eines Rechtsschutzverfahrens entbinden grundsätzlich nicht 197 von dem Erfordernis, den entsprechenden Rechtsbehelf zu erschöpfen,[434] ebenso wie ein mit der Einlegung verbundenes (angemessenes) **Kostenrisiko**.[435] Wenn allerdings der Bf. durch Vorlage einschlägiger Gerichtsentscheidungen oder durch andere geeignete Beweise[436] aufzeigen kann, dass ein Rechtsbehelf **offensichtlich ohne jede Erfolgsaussicht** gewesen wäre, kann seine Durchführung nicht verlangt werden;[437] für die Feststellung der Ineffektivität eines Rechtsbehelfs beruft sich der EGMR mitunter auf nationale Rechtsprechung, die erst nach Einlegen der Beschwerde ergangen ist.[438] Entscheidend ist aber nicht die abstrakte innerstaatliche Rechtslage, sondern der Einzelfall mit all seinen Besonderheiten. Es gelten **strenge Maßstäbe**. Wenn eine Rechtsfrage durch das BVerfG bereits geklärt ist, der Bf. dann der Sache nach ein bestimmtes Konventionsrecht durch Verfassungsbeschwerde rügt und erwartungsgemäß verliert, muss er damit rechnen, dass die Verletzung eines anderen Konventionsrechtes, das in der Sache nicht Gegenstand der Verfassungsbeschwerde, wohl aber der vorangegangenen Rechtsprechung des BVerfG war, nicht mehr vor dem EGMR geltend gemacht werden kann, denn der EGMR wird es nicht akzeptieren, dass die Verfassungsbeschwerde wegen Verletzung des einen Rechts angeb-

---

432 EGMR Goretzki/D, 24.1.2002, EuGRZ **2002** 325; vgl. auch HRC Hernandez/PHL, 26.7.2010, 1559/2007, § 6.3 (Strafverfahren nach 8 Jahren nicht abgeschlossen; keine Gründe).
433 So etwa EGMR Polyakh u.a./UKR, 17.10.2019, §§ 145 f.
434 Vgl. etwa EGMR van Oosterwijck/B, 6.11.1980, § 37; Tomé Mota/P (E), 2.12.1999; Allaoui u.a./D (E), 19.1.1999, EuGRZ **2002** 144; Milošević/NL (E), 19.3.2002, EuGRZ **2002** 131; Weyhe/D (E), 16.10.2012, NVwZ **2013** 1535 = EuGRZ **2013** 28; (GK) Vučković u.a./SRB, 25.3.2014, §§ 74, 84; *Frowein/Peukert* Art. 35, 32; *Matscher* EuGRZ **1982** 489, 497; Meyer-Goßner/Schmitt/*Schmitt* MRK Art. 35, 2; Meyer-Ladewig/Nettesheim/von Raumer/ *Meyer-Ladewig/Peters* Art. 35, 15. Siehe aber: EGMR Kübler/D, 13.1.2011, §§ 61 f. (Zugang zum Anwaltsnotariat; Missachtung einer eA des BVerfG; kein Abwarten des Entschädigungsverfahrens/Amtshaftung notwendig, wenn Ausgang „ungewiss"; Bundesregierung hatte der noch anhängigen Klage „keine Aussicht auf Erfolg" beschieden; dann aber auch keine Gewährung einer Entschädigung durch EGMR, da Sache insoweit nicht entscheidungsreif, § 79).
435 EGMR Charzyński/PL (E), 1.3.2005 (Rechtsmittelgebühr); Reuther/D (E), 5.6.2003 (Kostenvorschuss Bay-VerfGH) m. krit. Anm. *Deumeland* AGS **2004** 241; siehe auch EGMR Perez/D (E), 6.1.2015, §§ 74, 89.
436 EGMR Kübler/D, 13.1.2011, § 70 (Stellungnahme Regierung, Rechtsbehelf sei „ohne Aussicht auf Erfolg").
437 EGMR Pressos Compania Naviera S.A. u.a./B, 20.11.1995, § 27, ÖJZ **1996** 275; Allaoui u.a./D (E), 19.1.1999; (GK) Paksas/LIT, 6.1.2011, §§ 36, 52, 82 (Beschwerde gegen Unwählbarkeit zum nationalen Parlament als gesetzliche Folge einer Absetzung vom Präsidentenamt, auch wenn Bf. nicht versucht hat, zum Parlament zu kandidieren, die Kandidatur folglich nicht abgelehnt wurde und Rechtsmittel weder eingelegt wurden noch eingelegt werden konnten); Chapman/B (E), 5.3.2013, §§ 32 f.; sehr streng EGMR Leonte/RUM (E), 10.11.2015, §§ 18 ff. (Revision gegen Strafurteil; mit Verurteilung verbundene automatische Aberkennung des Wahlrechts nicht ausdrücklich angegriffen; Rechtsbehelf gegen Aberkennung des Wahlrechts erst wenige Monate vor der schriftlichen Revisionsbegründung durch eine Rechtsprechungsänderung des Obersten Gerichtshofs – dasselbe Gericht, das auch über die Revision des Bf. befand – „effektiv" geworden; vertikale Rechtswegerschöpfung verneint, weil der – anwaltlich vertretene – Bf. sich in der Revision nicht darauf berufen hatte).
438 Siehe EGMR Zornić/BIH, 15.7.2014, §§ 1, 11, 21.

lich offensichtlich aussichtslos war, während die Verletzung eines anderen Rechts mit der Verfassungsbeschwerde angegriffen wurde.[439]

198   Für eine „direkte" Anrufung des Gerichtshofs unter Umgehung nationaler Rechtsschutzmöglichkeiten muss der Betroffene immer **plausible Gründe** vorbringen können. Steht ein **wirksamer Rechtsbehelf**, mit dem einem Konventionsverstoß nach innerstaatlichem Recht abgeholfen werden kann,[440] nachweislich nicht zur Verfügung, etwa weil sich die Rüge genau darauf bezieht, dass das innerstaatliche Recht kein den Anforderungen der Konvention genügendes Rechtsschutzverfahren kennt (Extremfall), erübrigt sich die Frage nach der Erschöpfung aller innerstaatlichen Rechtsbehelfe.

199   **c) Horizontale Erschöpfung.** Materiell (inhaltlich) entspricht es den Anforderungen des Art. 35 Abs. 1, wenn das als verletzt gerügte Konventionsrecht **wenigstens der Substanz nach**[441] mit den zur Verfügung stehenden (effektiven) innerstaatlichen Rechtsbehelfen unter Beachtung aller Erfordernisse des innerstaatlichen Verfahrensrechts – also aller (zumutbarer) Fristen und Formen und aller sachlichen Begründungserfordernisse – geltend gemacht worden ist) („**the specific Convention complaint presented before it must have been aired, either explicitly or in substance, before the national courts**").[442] Da auf diese Weise dem subsidiären Charakter des Kontrollsystems vor dem EGMR Rechnung getragen werden soll („subsidiary character of the Convention machinery"), reicht ein reiner Bezug auf das nationale Recht jedenfalls dann nicht aus, wenn die Berücksichtigung bzw. Anwendung

---

439 EGMR B./D, 19.4.2012, EuGRZ **2012** 383, §§ 94–99, insbes. § 98; S./D, 28.6.2012, §§ 111–116, insbes. § 115, JR **2013** 78 m. Anm. *Peglau*.

440 Vgl. EGMR (GK) Buscarini u.a./SM, 18.2.1999, NJW **1999** 2957 = EuGRZ **1999** 213 = ÖJZ **1999** 852 (keine Anrufung der Zivilgerichte gegen Parlamentsentscheidung); siehe auch EGMR (GK) Sürmeli/D, 8.6.2006; Gräßer/D, 5.10.2006; Herbst/D, 11.1.2007 (keine Einlegung der Verfassungsbeschwerde bei unangemessen langer Verfahrensdauer erforderlich, da weder Beschleunigung noch Ersatz für erlittene Verletzung zu erreichen).

441 Zu den Anforderungen EGMR (GK) Gäfgen/D, 1.6.2010, §§ 141 ff.; Maximum Industrie- und Gewerbeholding GmbH u. Merlin Unternehmensverwaltung GmbH/D (E), 24.3.2015, § 35 (pauschale Rüge Art. 6 nicht ausreichend; genaue Darlegung des Fairnessverstoßes); Lütfiye Zengin u.a./TRK, 14.4.2015, §§ 36 ff. Bemerkenswert und bedenklich: EGMR Petschulies/D, 2.6.2016, § 97; S./D, 28.6.2012, §§ 21, 113, und B./D, 19.4.2012, §§ 18, 96: Beschwerden hinsichtlich Art. 7 unzulässig, da die in Sicherungsverwahrung untergebrachten Bf. vor dem BVerfG der Sache nach nur die Verletzung von Art. 5, d.h. nicht auch von Art. 7 gerügt hätten; Bf. *B*. hatte sich ausdrücklich vor dem BVerfG darüber beschwert (§ 18) „(...) it was dishonourable for a State governed by the rule of law to expose persons to a risk of live-long imprisonment by retrospective changes in the law"). Ähnlich EGMR (GK) Vučković u.a./SRB, 25.3.2014, § 82 (diskriminierende Vorenthaltung von Wehrsold; „Vereinbarung" hätte vor Verfassungsgericht wörtlich beanstandet werden müssen; beachtliches Sondervotum). – Großzügiger: EGMR Žaja/KRO, 4.10.2016, §§ 68 ff. (im nationalen Verfahren ausdrücklich nur Verfahrensfairness und nicht das Bestimmtheitsgebot gerügt; Rechtsweg bzgl. Art. 7 dennoch erschöpft, da der Bf. sich darauf berufen hatte, dass ein Tatbestandsmerkmal eines Rechtssatzes eines völkerrechtlichen Vertrages falsch ausgelegt worden sei).

442 EGMR Cardot/F, 19.3.1991; Castells/E, 23.4.1992, ÖJZ **1992** 803; (GK) Fressoz u. Roire/F, 21.1.1999, NJW **1999** 1315 = EuGRZ **1999** 5 = ÖJZ **1999** 77 = AfP **1999** 251; (GK) Salman/TRK, 27.6.2000; Gäfgen/D (E), 10.4.2007, NJW **2007** 2461, 2463 = EuGRZ **2007** 508 (unterbliebene Rüge Zugang Rechtsbeistand); Carlson/CH, 6.11.2008, §§ 97 f. (Rüge erst vor Bundesgericht); Palazzolo/I (E), Zahirovic/KRO, 25.4.2013, § 36 (ragene Voreingenommenheit des Strafrichters 24.9.2013, §§ 81, 83; Janyr/CS, 31.10.2013, §§ 94, 102 f. (keine bestimmten Punkte der Unfairness in Verfassungsbeschwerde gerügt); (GK) Vučković u.a./SRB, 25.3.2014, §§ 75 f.; Marčan/KRO, 10.7.2014, §§ 27 ff.; Eckenbrecht u. Ruhmer/D (E), 10.6.2014, §§ 22 ff.; Maillard/B, 17.2.2015, § 36; Gubenko/LET (E), 3.11.2015, §§ 24 ff.; Nzapali/NL (E), 17.11.2015, § 33; Batista Laborde/A (E), 2.2.2016, §§ 28, 33 ff. (Tatprovokation nicht beanstandet); Vukušić/KRO, 31.5.2016, §§ 35 ff.; *Grabenwarter/Pabel* § 13, 36; OGH ÖJZ **2011** 564, 565.

(Abwägung) der Konventionsrechte anderen Wertungsparametern folgt.[443] In der Regel wird sich der Bf. im nationalen Verfahren vor höheren Instanzen nicht nur dann auf sein Konventionsrecht berufen müssen, wenn er vor unteren Instanzen verloren hat,[444] sondern auch, wenn ihm untere Instanzen Recht gegeben haben.[445]

Wird ein nationaler Rechtsbehelf wegen eines **Verstoßes gegen eine Form- oder Fristvorschrift oder wegen eines sonstigen Verfahrensfehlers** als unzulässig verworfen, so bewertet der EGMR dies als eine Nichterschöpfung innerstaatlicher Rechtsbehelfe,[446] es sei denn, dass die Zurückweisung des Rechtsbehelfs **willkürlich** bzw. ihrerseits konventionswidrig[447] erscheint oder auf **übertriebenem Formalismus** („excessive formalism")[448] beruht. Auf eine reine Wiederholung seiner Rügen darf sich der Betroffene nicht beschränken, sondern muss diese dem Prüfungsmaßstab von Rechtsbehelfen anpassen; vor dem BVerfG sind **spezifisch verfassungsrechtliche Ausführungen** erforderlich („specific constitutional law arguments").[449] **200**

Nimmt die nationale Stelle trotz eines Zulässigkeitsmangels eine **Prüfung in der Sache** vor (*examined the substance of the appeal*), so wird die Erschöpfung des Rechtswegs vom Gerichtshof in der Regel bejaht.[450] **201**

---

443 EGMR (E), Lee/UK, 7.12.2021, §§ 68, 74 („by relying solely on domestic law, the applicant deprived the domestic courts of the opportunity to address this important issue themselves") – speziell zu Art. 14 und dem hierfür notwendig geltend zu machenden Hauptbeschwerdegrund.

444 Siehe EGMR Görür u. İncesu/TRK (E), 24.3.2015, §§ 13 ff., 22 (erfolglose Rüge in der ersten Instanz – fehlender Beistand vor Polizei; keine erneute Rüge im Rechtsmittelverfahren; keine horizontale Rechtswegerschöpfung).

445 EGMR Pop u.a./RUM, 24.3.2015, §§ 79 ff. (erste Instanz nahm ein Beweisverwertungsverbot hinsichtlich Aufnahmen aus einer TKÜ an; zweite/dritte Instanz verurteilten auf Grundlage der Telefongespräche; Bf. berief sich nicht auf Beweisverwertungsverbot; Rechtsweg bzgl. Art. 8 nicht erschöpft). Der EGMR geht offensichtlich nicht davon aus, dass sich jemand, der in der Rechtsmittelinstanz das in der Vorinstanz Errungene bewahren will, die gerichtliche Begründung der für ihn günstigen Entscheidung implizit zu eigen macht; ähnlich EGMR Koffi/F (E), 19.5.2015, § 16.

446 EGMR Stürmer u.a./D (E), 6.11.2012, EuGRZ **2014** 533, §§ 22 f.; Schwarzenberger/D, 10.8.2006, § 30, NJW **2007** 3553 = StraFo **2006** 406. Siehe aber auch: EGMR (GK) Maktouf u.Damjanović/BIH, 18.7.2013, §§ 23, 56 ff. (Verfassungsbeschwerde verfristet, aber kein effektiver Rechtsbehelf aufgrund konkreter Umstände; Rechtswegerschöpfung trotz zu spät eingelegten (unnötigen) Rechtsbehelfs). Der Bf. hatte die Beschwerde noch vor Abweisung seiner Verfassungsbeschwerde und innerhalb der Frist des Art. 35 Abs. 1, gerechnet ab Zugang der letzten strafgerichtlichen Entscheidung, eingelegt (§§ 1, 22). Ob dies erforderlich war oder ob in solchen Fällen die Frist erst durch Abweisung des verspäteten, aber unnötigen Rechtsbehelfs beginnt, wird von der GK ebenso wenig problematisiert wie die Frage, inwiefern und weshalb sich die Rechtsprechung in *Maktouf u. Damjanović* von der in den Fällen *B./D*, 19.4.2012, und *S./D*, 28.6.2012, unterscheidet: In jenen Fällen wurden die (der Sache nach) eingelegten Rechtsbehelfe (Verfassungsbeschwerden) der Betroffenen gegen eine Verletzung von Art. 5 so interpretiert, dass diese selbst das Rechtsmittel nicht für ineffektiv befunden hatten, was der EGMR als zusätzliches Argument dafür ansah, dass nationale Rechtsbehelfe gegen eine Verletzung von Art. 7 (worauf sich, dem EGMR zufolge, die Bf. der Sache nach nicht berufen hatten) nicht aussichtslos gewesen wären.

447 Sonst könnte dem Bf. durch einen willkürlichen Entzug seines Rechts auf Zugang zu einem Gericht (Art. 6 Abs. 1) die Möglichkeit einer Individualbeschwerde genommen werden.

448 EGMR Spahiu/D (E), 7.12.2010 (reine Wiederholung von Rügen vor dem BVerfG).

449 EGMR Hofmann/D (E), 16.11.2010 (substantiierte Rüge der erkennungsdienstlichen Behandlung – Fotographien/Fingerabdrücke – erforderlich); Spahiu/D (E), 7.12.2010.

450 EGMR Carpelan/S (E), 21.4.2015, § 24; Wolter u. Sarfert/D, 23.3.2017, § 47 („[BVerfG] decided in substance on the [...] applicant's constitutional complaint [...]. As a consequence, the [...] applicant must be regarded as having complied with the requirements [...] for an exhaustion of domestic remedies"); siehe auch EGMR Paulikas/LIT, 24.2.2017, § 40.

202   Die Berufung auf ein in seinem Schutzumfang mit dem Konventionsrecht übereinstimmendes **innerstaatliches Recht** genügt.[451] Die konkrete Bezugnahme auf die EMRK
ist nicht erforderlich,[452] sie ist jedoch zweckmäßig, weil es den Nachweis erleichtert, dass
der Rechtsbehelf der Sache nach auch die Verletzung eines in der Konvention geschützten
Rechtes betraf.[453]

203   Bei einer **fortdauernden oder wiederholten Verletzung** eines Konventionsrechts ist
eine wiederholte Einlegung des gleichen Rechtsbehelfs nicht notwendig, wenn dies wegen
der unveränderten Umstände nur zu einer Wiederholung der bereits früher ergangenen
ablehnenden Entscheidung führen würde. Hat sich die zugrunde liegende Situation aber
verändert, ist die erneute Einlegung des Rechtsbehelfs zu empfehlen.[454] **Anträge auf
Überprüfung der Rechtmäßigkeit einer Haft** sind daher bei Fortdauer der Untersuchungshaft wiederholt einzulegen; allerdings muss der Beschuldigte nicht jede haftverlän-
gernde Entscheidung auf diese Weise überprüfen lassen.[455]

204   Der Rechtsbehelf muss **ernsthaft** unter **Angabe aller ihn tragenden Gründe**[456] verfolgt werden. In persönlichen Verhältnissen des Betroffenen liegende Umstände (Rechtsun-
kenntnis, falsche Beratung, Krankheit, Mittellosigkeit) entbinden ihn nicht von der Verpflichtung zur Erschöpfung aller innerstaatlichen Rechtsbehelfe.[457] Ein Antrag auf
Haftprüfung, der nur formell erhoben, materiell aber nicht begründet wird, hat der EGMR
als nicht ausreichend angesehen.[458]

205   **d) Zeitpunkt.** Für die Erschöpfung aller nationalen Rechtsbehelfe kommt es auf den
Zeitpunkt an, zu dem die Beschwerde beim Gerichtshof eingeht (*date of introduction of
the application*). Nur unter bestimmten Voraussetzungen verlangt der EGMR ausnahmsweise die Erschöpfung eines vom Vertragsstaat erst *nach* der Einlegung der Individualbeschwerde geschaffenen Rechtsbehelfs, mit dessen Hilfe der behauptete Konventionsverstoß auf nationaler Ebene effektiv geltend gemacht werden kann.[459]

206   Der Gerichtshof hat die Möglichkeit, den betroffenen Staat in einem **Piloturteil**
(Rn. 187, 393) zur Einrichtung einer Rechtsschutzmöglichkeit für die Geltendmachung eines
bestimmten Verstoßes gegen die Konvention anzuhalten, wenn weitere vergleichbare Beschwerden zu erwarten sind.[460] Richtet der jeweilige Staat einen entsprechenden Rechts-

---

451   EGMR Guzzardi/I, 6.11.1980; Glasenapp/D, 28.6.1986, EuGRZ **1986** 497; Castells/E, 23.4.1992; (GK) Fressoz u.
Roire/F, 21.1.1999; Augusto/F, 11.1.2007; *Frowein/Peukert* Art. 35, 3, 20 f.; *Rudolf/von Raumer* AnwBl. **2009** 313, 315.
452   Vgl. EGMR Fressoz u. Roire/F, 21.1.1999; *Frowein/Peukert* Art. 35, 20; *Grabenwarter/Pabel* § 13, 37.
453   Vgl. EGMR van Oosterwijck/B, 6.11.1980, §§ 30 ff.; *Frowein/Peukert* Art. 35, 21 (*iura novit curia* entbindet
nicht von Vortrag rechtlicher Argumente); *Grabenwarter/Pabel* § 13, 37 (bei Fehlen einer entsprechenden
innerstaatlichen Rechtsgrundlage).
454   *Grabenwarter/Pabel* § 13, 35; Karpenstein/Mayer/*Schäfer* Art. 35, 33.
455   EGMR Bielski/PL u. D, 3.5.2011, § 33; vgl. auch: EGMR Bronk/PL (E), 11.9.2007.
456   EGMR Kriegisch/D (E), 23.11.2010, NJW **2011** 3633 (Ausführungen, die behauptete Befangenheit eines
Instanzrichters untermauern sollten, waren vor nationalen Gerichten nicht erfolgt: „new factual information
which has not been brought to the attention of the domestic courts", *insoweit* waren also die innerstaatlichen
Rechtsbehelfe nicht erschöpft („can (...) not be considered as being relevant").
457   EGMR van Oosterwijck/B, 6.11.1980, §§ 36–40; (GK) Akdivar u.a. /TRK, 16.9.1996, §§ 68 f.; Khashiyev u.
Akayeva/R, 24.2.2005, §§ 116 f.; Isayeva u.a./R 24.2.2005, §§ 152 f., EuGRZ **2006** 41; siehe auch Negativkatalog
bei *Frowein/Peukert* Art. 35, 32; *Schaupp-Haag* 60 ff.
458   EGMR Yahiaoui/F, 20.1.2000; Favre-Clémont/F, 30.5.2000, vgl. *Kühne/Esser* StV **2002** 383, 384.
459   EGMR İçyer/TRK (E), 12.1.2006, §§ 83 ff., HRLJ **2006** 109 (Geltendmachung Entschädigungsanspruch);
Korenjak/SLW (E), 15.5.2007, §§ 63–71; Robert Lesjak/SLW, 21.7.2009; *Grabenwarter/Pabel* § 13, 27.
460   EGMR (GK) Broniowski/PL, 22.6.2004; siehe auch EGMR Rumpf/D, 2.9.2010, §§ 71 ff., NJW **2010** 3355 =
EuGRZ **2010** 700.

behelf ein, so kann der EGMR auch bereits anhängige Beschwerden für unzulässig erklären (Art. 35 Abs. 1), sofern der Rechtsbehelf selbst effektiv erscheint und die jeweiligen Bf. nicht (etwa durch einen Fristablauf) von der nachträglichen Geltendmachung des Verstoßes auf nationaler Ebene abgehalten werden.[461]

Steht die **endgültige innerstaatliche Entscheidung** noch aus, ist eine bereits vorher **207** erhobene Beschwerde grundsätzlich verfrüht und daher unzulässig. Der EGMR lässt es ausnahmsweise genügen, dass die Entscheidung erst nach Einlegung der Beschwerde, spätestens aber bei Entscheidung über deren Zulässigkeit vorliegt.[462] Unklar ist, ob daraus schon ein allgemeiner Grundsatz abgeleitet werden kann oder ob nicht doch Beschwerden, die zwar nach Anrufung des letzten zuständigen nationalen Gerichts, aber bereits vor dessen Entscheidung eingelegt werden, vielfach schon nach kurzer Zeit (Einzelrichter; Rn. 14, 343, also ohne Veröffentlichung) abgewiesen werden. In der Tat kann dem Gerichtshof durch sein insoweit großzügiges Vorgehen unnötiger Aufwand entstehen,[463] so dass nicht generell mit dieser Großzügigkeit zu rechnen und potenziellen Beschwerdeführern zur Vorsicht zu raten ist.

Maßgebend für die Frage, welche Rechtsbehelfe einem Betroffenen zur Verfügung stehen, ist ebenfalls die jeweilige innerstaatliche Rechtslage im **Zeitpunkt der Einlegung der** **208** **Beschwerde** beim Gerichtshof. Eine Ausnahme macht der EGMR, wenn ein Rechtsbehelf nachträglich, d.h. nach Einlegung der Beschwerde, aber noch vor deren abschließender Prüfung geschaffen wird (Rn. 178).[464] Der Rechtsbehelf muss selbst wiederum wirksam sein.[465]

e) Prüfung von Amts wegen/Rügeobliegenheit. Die Erschöpfung des nationalen **209** Rechtswegs wird vom Gerichtshof **von Amts wegen geprüft.** Unklarheiten über Existenz und Tragweite eines innerstaatlichen Rechtsbehelfs aufzuklären, ist der Gerichtshof aber nicht verpflichtet. Wenn der **Staat**, gegen den sich die Beschwerde richtet, die **Einwendung** erhebt, der Rechtsweg sei nicht erschöpft, muss er zur Überzeugung des Gerichtshofs aufzeigen, mit welchen ihm zugänglichen innerstaatlichen Rechtsbehelfen der Bf. mit realen Erfolgsaussichten hätte Abhilfe erreichen können.[466] Dabei sind die Erfolgsaussichten

---

461 EGMR İçyer/TRK (E), 12.1.2006, §§ 74 ff.; (GK) Scordino/I (Nr. 1), 29.3.2006, §§ 140–149; Parizov/MAZ, 7.2.2008.

462 Etwa EGMR Blühdorn/D, 18.2.2016, § 36 (bei Einlegung der Beschwerde und deren Übermittlung an die Regierung hatte das BVerfG noch nicht über die Verfassungsbeschwerde entschieden; dem Gerichtshof genügte, dass das BVerfG ein Jahr nach Einlegung der Beschwerde die Verfassungsbeschwerde abwies; Beschwerde zulässig); siehe auch: EGMR Graf/A (E), 3.6.2003, ÖJZ **2003** 856; Baytar/TRK, 14.10.2014, §§ 1, 33 f., 43; Kirpichenko/UKR, 2.4.2015, § 63; Cestaro/I, 7.4.2015, §§ 145 ff.; Delijorgji/ALB, 28.4.2015, §§ 54 f. (letzte nationale Gerichtsentscheidung zur Zeit der Übermittlung der Beschwerde an die Regierung); *Grabenwarter/Pabel* § 13, 27.

463 Anschaulich EGMR Blühdorn/D, 18.2.2016: Hätte das BVerfG *nach* der Übermittlung der Beschwerde an die Regierung den Fall zugunsten des Bf. entschieden, hätte sich der Gerichtshof bis dahin unnötig Arbeit gemacht.

464 EGMR Bottaro/I (E), 23.5.2002, Nr. 1; Nogolica/KRO, 5.9.2002; Andrášik u.a./SLO (E), 22.10.2002; İçyer/TRK (E), 12.1.2006, §§ 72 ff.

465 Siehe ECHR Practical Guide Nr. 92 ff. mit Nachweisen aus der Rechtsprechung.

466 EGMR (GK) Selmouni/F, 28.7.1999; Gutsanovi/BUL, 15.10.2013, § 179; Urechean u. Pavlicenco/MOL, 2.12.2014, § 23; Sandu Voicu/RUM, 3.3.2015, § 35; (GK) Vučković u.a./SRB, 25.3.2014, § 77; Klein u.a./D, 6.4.2017, § 67 (Regierung hatte ohne nähere Ausführungen auf Rechtsbehelfe verwiesen, die der Bf. nicht ergriffen hatte; EGMR weist das Vorbringen zurück; unklar, ob der EGMR der Ansicht war, die Regierung habe die angeblich fehlende Rechtswegerschöpfung nicht deutlich genug beanstandet, oder ob ihm die Ausführungen zu den vorgetragenen Rechtsmitteln nicht konkret genug waren („Court notes that the Government have not invoked in substance the rule to exhaust domestic remedies and, accordingly, sees no reason to address this point as an objection of inadmissibility"); Zubkov u.a./R, 7.11.2017, § 87; J.R. u.a./GR, 25.1.2018, § 98; Meyer-

---

des Vorbringens ungleich größer, wenn auf eine bestimmte Rechtsprechung verwiesen werden kann.[467] Er muss spätestens bei seiner Stellungnahme zur Zulässigkeit hinreichend klar und detailliert nachweisen, dass und welche innerstaatlich wirksamen und praktisch auch zugänglichen Rechtsbehelfe im Hinblick auf die behauptete Konventionsverletzung bestanden haben,[468] sowie, dass der Bf. sie nicht ausgeschöpft hat, obwohl er sie hätte nutzen können, u.U. auch, dass sie im maßgeblichen Zeitpunkt ergriffen werden hätten können.[469] Unterlässt der Staat dieses Vorbringen bei seiner Stellungnahme zur Zulässigkeit, kann er dieses später nicht mehr nachholen (Art. 55 VerfO); erhebt er den Einwand nicht fristgerecht, ist er mit diesem präkludiert.[470]

210   Der **Bf.** seinerseits hat schon bei Einreichen der Beschwerde nach Art. 47 Abs. 1 *lit.* f, g VerfO darzulegen, welche innerstaatlichen Rechtsbehelfe er ergriffen hat; zum Nachweis muss er die Unterlagen darüber (Entscheidungen, Rechtsmittelschriften usw.) beibringen. Hat der Staat erfolgreich dargelegt, dass (weitere) Rechtsmittel zur Verfügung standen (Rn. 209) und beruft er sich somit auf die Nichterschöpfung des nationalen Rechtswegs, muss der Bf. belegen,[471] das Rechtsmittel ergriffen zu haben, oder seinerseits dartun, weshalb er unter den gegebenen Umständen den vom Staat aufgezeigten Rechtsbehelf nicht einlegen konnte,[472] oder warum ihm die Einlegung eines innerstaatlichen Rechtsbehelfs nicht zumutbar war[473] oder der von ihm unterlassene, an sich mögliche Rechtsbehelf völlig ineffektiv gewesen wäre.[474]

4. Form

211   **a) Beschwerdeformular.** Die Individualbeschwerde ist schriftlich unter Verwendung eines von der Kanzlei zur Verfügung gestellten, im Internet zugänglichen Formulars direkt beim Gerichtshof einzureichen. Der Inhalt des Formulars ist in Art. 47 VerfO im Einzelnen festgelegt. Die Erhebung der Beschwerde per **Fax** ist seit dem 1.1.2014 nicht mehr zulässig; auch eine (fristwahrende) Vorab-Einlegung einer Beschwerde, die von einer (verfristeten)

Ladewig/Nettesheim/von Raumer/*Meyer-Ladewig/Peters* Art. 35, 20; *Frowein/Peukert* Art. 35, 9; vgl. auch ECHR Practical Guide Nr. 104 ff. Ähnlich, wenn der Bf. eine Verletzung von Art. 5 Abs. 5 rügt, weil er angeblich innerstaatlich die ihm zustehende Entschädigung nicht erlangen konnte: Der Konventionsstaat hat darzulegen, wie innerstaatlich eine Entschädigung erlangt werden kann: EGMR Antonio Messina/I, 24.3.2015, §§ 55 ff.
467 EGMR Giummarra u.a./F (E) 12.6.2001; Andrášik u.a./SLO (E), 22.10.2002; Di Sante/I (E), 24.6.2004; Paulino Tomás/P (E), 27.3.2003; Johtti Sapmelaccat Ry u.a./FIN (E),18.1.2005.
468 EGMR Deweer/B, 27.2.1980, EuGRZ **1980** 667; De Jong, Baljet u. van den Brink/NL, 22.5.1984; Johnston u.a./IR, 18.12.1986; Bozano/F, 18.12.1986, NJW **1987** 3066 = EuGRZ **1987** 101; (GK) Aquilina/MLT, 29.4.1999; (GK) Selmouni/F, 28.7.1999; Tomé Mota/P (E), 2.12.1999; (GK) Mooren/D, 9.7.2009, §§ 57 ff.; *Frowein/Peukert* Art. 35, 9; *Schaupp-Haag* 83; vgl. *Nowak* Art. 5, 26 FP-IPBPR.
469 EGMR (GK) Selmouni/F, 28.7.1999 (Verschleppung mangels Aufklärungsinteresse der Behörden).
470 EGMR Deweer/B, 27.2.1980; Artico/I, 13.5.1980, EuGRZ **1980** 662; Foti u.a./I, 10.12.1982, NJW **1986** 647 = EuGRZ **1985** 578; Corigliano/I, 10.12.1982; De Jong, Baljet u. van den Brink/NL, 22.5.1984; Bozano/F, 18.12.1986; (GK) Nikolova/BUL, 25.3.1999, NJW **2000** 2883 = EuGRZ **1999** 320 = ÖJZ **1999** 812; Dhahbi/I, 8.4.2014, § 24, NVwZ-RR **2015** 546; (GK) Buzadji/MOL, 5.7.2016, §§ 62 ff.
471 Näher zur Beweislast EGMR (GK) Vučković u.a./SRB, 25.3.2014, § 77; anschaulich EGMR Akdivar/TRK, 16.9.1996, § 68 („distribution of the burden of proof"); Karpenstein/Mayer/*Schäfer* Art. 35, 12.
472 EGMR Jabari/TRK, 11.10.2000, ÖJZ **2002** 37 = InfAuslR **2001** 57 (Frist von 5 Tagen zu kurz).
473 Vgl. EGMR Jabari/TRK, 11.10.2000.
474 *Frowein/Peukert* Art. 35, 10; vgl. auch *Nowak* Art. 5, 26 FP-IPBPR; vgl. wegen der erwiesenen Untätigkeit der Behörden trotz ernsthafter Vorwürfe EGMR (GK) Aquilina/MLT, 29.4.1999; (GK) Selmouni/F, 28.7.1999, § 76; Tomé Mota/P (E), 2.12.1999; siehe auch ECHR Practical Guide Nr. 107.

Übersendung der Beschwerde auf dem Formular gefolgt wird, ist nicht mehr vorgesehen.[475] Die **telefonische Erhebung** der Beschwerde ist formwidrig (Nr. 1 PD-I).

b) Inhalt. Ein vollständig ausgefülltes Beschwerdeformular ist zwingend, wobei aber **212** die Bezugnahme auf beigefügte Dokumente zulässig ist. Die Beschwerdeschrift muss die **Vertragspartei**(en) nennen, gegen die sich die Beschwerde richtet, und eine klare, umfassende, aber kurze Darstellung des **Sachverhalts** (*Statement of the Facts*) enthalten. Die als verletzt gerügten **Konventionsgarantien** (*Statement of Alleged Violations*) sind ebenfalls zu nennen.[476] Angaben müssen auch hinsichtlich der Zulässigkeitsvoraussetzungen des Art. 35 Abs. 1 (Erschöpfung der **innerstaatlichen Rechtsbehelfe**; Einhaltung der **Viermonatsfrist**) gemacht werden sowie dazu, ob der Fall bereits einer **anderen internationalen Untersuchungs- oder Beschwerdeinstanz** vorgelegen hat oder noch vorliegt (Art. 47 Abs. 3 Nr. 1 *lit.* c VerfO) bzw. ob **andere Beschwerden** des Bf. (unter Angabe des Aktenzeichens) vor dem Gerichtshof anhängig sind (Nr. 16 PD-I). Die dazu gemachten Angaben müssen jeweils so konkret sein, dass der Gerichtshof über Art und Gegenstand der Beschwerde entscheiden kann, ohne weitere Dokumente heranzuziehen, Art. 47 Abs. 2 *lit.* a VerfO.

Darüber hinaus sind auch Ausführungen zum **Gegenstand der Beschwerde** (*State-* **213** *ment of the Object of the Application*) einschließlich der durch die behauptete Konventionsverletzung (bereits) entstandenen **Schäden zu machen**, letzteres insbesondere im Hinblick auf einen zeitgleichen oder späteren förmlichen Antrag auf Gewährung einer gerechten Entschädigung (Art. 41; Art. 60 VerfO).

Der Beschwerdeschrift ist außerdem eine **Aufstellung aller einschlägigen Unterla-** **214** **gen** beizufügen, insbesondere der gerichtlichen und behördlichen Entscheidungen oder Schriftstücke, die sich auf den Gegenstand der Beschwerde beziehen bzw. vom Gerichtshof als Beweismittel berücksichtigt werden sollen und als Anlage in Kopie beigefügt sind (*List of Documents*; Nr. 12 PD-I), und die Erklärung des Bf. über die **Richtigkeit der Angaben** (*Declaration*) enthalten. Sie ist mit der **Unterschrift** des Bf. bzw. des Verfahrensbevollmächtigten (*Signature*) abzuschließen (Art. 45 Abs. 1 VerfO).[477]

Will sich der Bf. anwaltlich oder anderweitig vertreten lassen, so hat er seinen Vertre- **215** ter **direkt auf dem Beschwerdeformular** zu **bevollmächtigen**; der Bf. unterzeichnet die Bevollmächtigung, der Vertreter unterschreibt auf der (letzten) Seite des Formulars. Das Beschwerdeformular sieht vor, dass der Vertreter Angaben zu seiner Person macht und seine Bevollmächtigung versichert und der Bf. dies dann mit seiner Unterschrift bestätigt. Bringt der Staat vor, die Unterschrift stamme nicht vom Bf., so hat er dies zu beweisen.[478] Für die Wirksamkeit der Bevollmächtigung brauchen besondere Anforderungen des *nationalen* Rechts an die Gültigkeit von Vollmachten, etwa Bestätigungen durch Zeugen oder, bei inhaftierten Bf., durch den Gefängnisdirektor, nicht erfüllt zu werden.[479] Eine **Unter-**

---

475 Siehe Art. 47 Abs. 6 VerfO; siehe auch EGMR Polyakova u.a./R, 7.3.2017, § 62.

476 Auch unverteidigte Bf. sollten sich stets explizit auf eine bestimmte Konventionsbestimmung beziehen; einschränkend: Karpenstein/Mayer/*Schäfer* Art. 34, 16.

477 Vgl. auch *Rudolf/von Raumer* AnwBl. **2009** 313, 317; Ahlbrecht/Böhm/Esser/Eckelmans/*Esser* 201; hierzu EGMR Ngendakumana/NL (E), 5.2.2013, §§ 7, 22 (Unterschrift mit dem Vermerk „im Auftrag" durch eine nicht identifizierte Person, vermutlich einen Mitarbeiter des Rechtsanwalts, genügte nicht).

478 EGMR Dvorski/KRO, 28.11.2013, §§ 75, 79; (GK) Dvorski/KRO, 20.10.2015, äußert sich nicht zur Zulässigkeit der Beschwerde und billigt daher implizit die Ausführungen der Kammer.

479 EGMR Velikova/BUL, 18.5.2000, §§ 45, 49 f.; Ryabov/R, 31.1.2008, §§ 39 f.; zur Vollmacht auch EGMR Aliev/GEO, 13.1.2009, §§ 44 ff.

vollmacht wird im Regelfall genügen.[480] Ohne Nachweis der Bevollmächtigung ist nur die angeblich bevollmächtigte Person nicht postulationsfähig, nicht aber (auch) die durch den Bf. eingelegte Beschwerde unzulässig, sofern dieser (auf Aufforderung des Gerichts) das Antragsformular (auch) selbst unterzeichnet hat.[481] Nicht zulässig sind ferner Anträge durch nicht bevollmächtigte Personen.[482]

216   Falls der im Formular vorgesehene Platz für den **Inhalt der Beschwerdeschrift** nicht ausreicht, können ergänzend auf **maximal 20 Seiten** weitere Ausführungen **(Supplement)** gemacht werden, die die Ausführungen im Formular näher begründen (Art. 47 Nr. 2 *lit.* b VerfO; Nr. 5, 7 PD-I). Wird diese Seitenzahl überschritten, *kann* dies die Unzulässigkeit der Beschwerde zur Folge haben.

217   Der Beschwerde **als Anlage** beizufügen sind **Kopien** (Nr. 12 PD-I; keine CDs/DVDs) aller einschlägigen Unterlagen, insbesondere der **gerichtlichen oder sonstigen Entscheidungen**, die sich auf den Gegenstand der Beschwerde beziehen (Art. 47 Abs. 3 Nr. 1 *lit.* a VerfO). Der Bf. hat ferner Nachweise für die Erschöpfung aller zumutbaren innerstaatlichen Rechtsbehelfe und die Einhaltung der Beschwerdefrist zu erbringen. **Schriftstücke**, die der Gerichtshof als Beweismittel berücksichtigen soll (z.B. Protokolle, Zeugenaussagen), müssen ebenfalls der Beschwerdeschrift beigelegt werden.[483]

218   **c) Anonyme Beschwerden.** Diese Fallgruppe spielt heute kaum eine Rolle mehr. Beschwerden werden ohnehin erst registriert, wenn der Bf. ein ausgefülltes Beschwerdeformular vorgelegt hat.[484] Der Bf. muss seine **vollen Personalien** wie Name, Geburtsdatum, Staatsangehörigkeit, Beruf und Anschrift angeben. Anonyme Beschwerden, deren Verfasser nicht feststellbar sind, sind unzulässig (Art. 35 Abs. 2 *lit.* a).[485] Nichtorganisierte Personengruppen, die keine vertretungsbefugten besonderen Organe haben, müssen die **Personalien ihrer Mitglieder** anführen, deren Rechte als verletzt geltend gemacht werden. Weltanschauliche Vereinigungen und Kirchen können die Rechte ihrer Mitglieder bzw. Anhänger („adherents"/„fidèles") aus Art. 9 aus eigener Befähigung geltend machen, ohne die Namen der Mitglieder preiszugeben.[486] Die Angabe der Personalien der sie vertretenden Personen und der Nachweis ihrer Vertretungsbefugnis genügen. Gleiches gilt auch bei Vereinen und juristischen Personen.

219   Ausnahmsweise kann das Gericht auf Antrag oder von Amts wegen dem Bf. gestatten, anonym zu bleiben (Art. 47 Abs. 4 VerfO, **Practice Direction – Request for Anonymity, PD-RfA**). Der grundsätzlich zur Angabe seiner Personalien verpflichtete Bf. kann ausführen, dass und aus welchen Gründen er nicht wünscht, dass seine Identität entgegen der

---

480 EGMR Labsi/SLO, 16.5.2012, §§ 94 ff. (Untervollmacht offenbar erst nach Einlegung der Beschwerde erteilt worden; die zunächst bevollmächtigte Anwältin hatte wegen ihrer neuen Funktion als Staatssekretärin im Justizministerium ihre Anwaltstätigkeit einstellen müssen).

481 EGMR Yabloko Russian United Democratic Party u.a./R, 8.11.2016, § 48.

482 Siehe EGMR Szabo u.a./RUM, 18.3.2014, §§ 37, 46, 60 ff. (Beschwerde offenbar formgerecht eingelegt; EGMR stellte Verletzung von Art. 6 Abs. 1 fest; kein Schadensersatz, da dieser in einem Schreiben der Ehefrau des Bf. geltend gemacht wurde, ohne Bevollmächtigung).

483 *Rudolf/von Raumer* AnwBl. **2009** 313, 317; *Meyer-Ladewig/Petzold* NJW **2009** 3749, 3751; Ahlbrecht/Böhm/Esser/Eckelmans/*Esser* 218.

484 Siehe *Frowein/Peukert* Art. 35, 48; Meyer-Ladewig/Nettesheim/von Raumer/*Meyer-Ladewig/Peters* Art. 35, 32.

485 *Hembach* 455; SK/*Meyer* EMRK VerfR 124; dazu EGMR „Blondje"/NL (E), 15.9.2009; zur fehlenden Unterschrift EGMR Kuznetsova/R (E), zur Beschwerde unter einem Pseudonym: EGMR Shamayev u.a./GEO u. R, 12.4.2005.

486 EGMR (GK) Cha'are Shalom Ve Tsedek/F, 27.6.2000, § 72, ÖJZ **2001** 774; Leela Förderkreis e.V. u.a./D, 6.11.2008, § 79, NVwZ **2010** 177.

gewöhnlichen Regel gegenüber der Öffentlichkeit preisgegeben wird. Vor der Regierung des betroffenen Staates wird der Name des Bf. allerdings nicht geheim gehalten. In jedem Fall wird der Bf. durch seine Initialen oder durch einen einzelnen Buchstaben gekennzeichnet (Nr. 14 *lit.* b PD-IP).[487]

d) Anwaltliche Vertretung. Ein Anwaltszwang besteht im Zeitpunkt der Beschwerde- **220** einlegung nicht (siehe zur grundsätzlich obligatorischen Vertretung nach dem in Art. 54 Abs. 2 *lit.* b VerfO genannten Zeitpunkt Rn. 40).[488] Wird ein Bf. vertreten, so muss der Vertreter eine **schriftliche Vollmacht** des Vertretenen vorlegen (Art. 45 Abs. 3 VerfO; zur Vollmacht Rn. 215), sonst wird die Beschwerde als unzulässig *ratione personae* behandelt oder aus dem Register gestrichen (Art. 37 Abs. 1 *lit.* a, c).[489] Das gilt auch für Vertreter von juristischen Personen oder Personengruppen. Ausnahmsweise kann auch eine nach nationalem Recht *nicht* vertretungsberechtigte bzw. nicht vom Bf. zu seiner Vertretung autorisierte Person vor dem Gerichtshof im Namen einer anderen Person auftreten, *wenn* ansonsten die Gefahr besteht, dass dem EGMR die Interessen dieser Person sonst nicht zur Kenntnis gebracht werden und der Bf. einen Status (*standing*) – gemeint ist eine besondere persönliche oder sachliche Nähe – zur Geltendmachung dieser Interessen besitzt.[490] Darüber hinaus verlangt der EGMR, dass der Anwalt und der Beschwerdeführer während des Verfahrens **in Kontakt stehen**.[491]

e) Sprache. Die Beschwerde muss nicht in einer der **Amtssprachen** des Gerichtshofs **221** (Art. 34 Abs. 1 VerfO: Englisch/Französisch) abgefasst sein. Bis zur Mitteilung der Beschwerde an den betroffenen Vertragsstaat (Art. 54 Abs. 2 *lit.* b VerfO) kann sich der Bf. einer der Amtssprachen eines Vertragsstaats („**communicated**"), also auch der deutschen Sprache bedienen (Art. 34 Abs. 2 VerfO), danach ist dies nur mit Erlaubnis des Kammerpräsidenten zulässig (Art. 34 Abs. 3 VerfO). Gleiches gilt bei einer mündlichen Verhandlung (Rn. 35).

Die Nichteinhaltung der genannten formalen und inhaltlichen Vorgaben führt dazu, **222** dass die Beschwerde nicht registriert und geprüft wird. Nur im Ausnahmefall und bei entsprechender Erklärung kann die Nichteinhaltung der formalen Voraussetzungen durch die Härtefallklausel, Art. 47 Abs. 5 *lit.* a VerfO, unbeachtlich sein. Deshalb müssen die vorgenannten Formvorschriften tunlichst beachtet werden. Eine aus formalen Gründen unzulässige Beschwerde gereicht dem Bf. aber nicht zum Nachteil, wenn er innerhalb der Beschwerdefrist die Mängel behebt bzw. die Beschwerde komplett neu einreicht.[492]

5. Frist

a) Fristbeginn.[493] Die Individualbeschwerde muss seit dem 1.2.2022[494] **binnen vier Mo- 223 naten** nach der endgültigen innerstaatlichen Entscheidung eingelegt werden; das ist diejeni-

---

487 Siehe auch EGMR (GK) Sindicatul „Păstorul cel Bun"/RUM, 9.7.2013, NJOZ **2014** 1715, §§ 70 ff.

488 Etwa EGMR (GK) Buscarini u.a./SM, 18.2.1999; *Wittinger* NJW **2001** 1238, 1239; *Rudolf/von Raumer* AnwBl. **2009** 313, 316.

489 EGMR Fitzmartin u.a./UK, 21.1.2003; Post/NL (E), 20.1.2009 (Einreichung der Vollmacht unterbricht nicht die Beschwerdefrist des Art. 35 Abs. 1); vgl. auch Karpenstein/Mayer/*Schäfer* Art. 34, 59.

490 EGMR Petersen/D (E), 6.12.2001; Haase/D, 8.4.2004, § 120.

491 EGMR (GK) V.M. u.a./B, 17.11.2016, § 35; Oliyevskyy/UKR (E), 14.1.2020, § 16.

492 EGMR Bivolaru/RUM, 28.2.2017, § 77.

493 Näher dazu: ECHR Practical Guide Nr. 120 ff.

494 Art. 4 i.V.m. Art. 8 Abs. 3 des 15. Protokolls zur EMRK vom 24.6.2013 (ETS 213). Art. 4 dieses Protokolls gilt nicht für Beschwerden, bei denen die endgültige Entscheidung i.S.d. Art. 35 Abs. 1 vor dem Inkrafttreten des Art. 4 dieses Protokolls (1.2.2022) ergangen ist.

ge, mit der der nationale Rechtsweg erschöpft ist (Art. 35 Abs. 1).[495] Maßgebend ist die **endgültige Entscheidung der Hauptsache**, auch in Bezug auf Zwischenentscheidungen, die bereits früher unanfechtbar geworden sind. Außerordentliche Rechtsbehelfe, die den Eintritt der Rechtkraft nicht hindern, wie der Antrag auf Wiederaufnahme des Verfahrens, sind im Hinblick auf den Fristbeginn irrelevant. Die Verfassungsbeschwerde gehört grundsätzlich zum zu erschöpfenden Rechtsweg (Rn. 180). Außerordentliche Rechtsbehelfe sind auch dann zu erschöpfen, wenn sie die einzigen Rechtsbehelfe darstellen.[496] Diese Voraussetzung dient der Rechtssicherheit und soll gewährleisten, dass Beschwerden mit Konventionsbezug zeitnah entschieden werden.[497] Dass das Verfahren bereits vor der GK liegt, hindert diese nicht, der Fristwahrung nachzugehen (vgl. Art. 35 Abs. 4 Satz 2: „in jedem Stadium des Verfahrens").[498]

224   Die Frist beginnt grundsätzlich am Tag nach (Rn. 223) der Zustellung oder anderen Art der **förmlichen Bekanntgabe** der mit Gründen versehenen Entscheidung an den Bf. bzw. dessen Vertreter.[499] Wird die Entscheidung beiden zugestellt, so kommt es auf den (ggf. auch früheren) Zeitpunkt der **Zustellung beim Rechtsvertreter** an.[500] Eine Zustellung an den Vertreter kann (nur) unter ganz besonderen Umständen unbeachtlich sein, so dass die Zustellung an diesen die Frist nicht auslösen würde.[501] Ist eine Zustellung oder sonstige förmliche Bekanntgabe nicht vorgesehen, ist das die Frist auslösende Ereignis darin zu sehen, dass bzw. wenn die *abschließende* Entscheidung **zur Verfahrensakte gelangt** *und* den Verfahrensbeteiligten **zugänglich** ist;[502] sieht das Prozessrecht vor, dass die Entscheidung nicht an die Parteien übersandt, sondern im Internet veröffentlicht wird, so bildet (meist) die **Veröffentlichung** das für den Fristbeginn maßgebliche Ereignis.[503] Je nach Ausgestaltung des nationalen Prozessrechts kann das die Frist auslösende Ereignis auch im Ergehen der Gerichtsentscheidung zu sehen sein.[504] Für Deutschland hingegen ist es nicht vertretbar, mangels Erfordernisses einer Zustellung der verfassungsgerichtlichen Entscheidung reflexartig den Zeitpunkt dieser Entscheidung (und nicht den Zugang des Briefes des BVerfG) zugrunde zu legen.[505]

---

495   Dazu vgl. EGMR Hambardzumyan/ARM, 5.12.2019, § 41 („the time-limit only starts to run from the final decision resulting from the exhaustion of remedies which are adequate and effective to provide redress in respect of the matter complained of").

496   EGMR Oberschlick/A (Nr. 1), 23.5.1991, NJW **1992** 613 = EuGRZ **1991** 216 = ÖJZ **1991** 641; Edwards/UK (E), 7.6.2001; Berdzenichvili/R (E), 29.1.2004; *Meyer-Ladewig* NJW **2011** 1559.

497   Vgl. EGMR Walker/UK (E), 25.1.2000; vgl. auch *Meyer-Ladewig* NJW **2011** 1559.

498   EGMR Merabishvili/GEO, 28.11.2017, § 247; (GK) Lopes de Sousa Fernandes/P, 19.12.2017, §§ 127 ff.

499   Etwa EGMR Worm/A, 29.8.1997, ÖJZ **1998** 35; Kadiķis/LET (Nr. 2) (E), 25.9.2003; Radu/D, 16.5.2013, §§ 61 f., EuGRZ **2013** 584; Mater/TRK, 16.7.2013, § 40; Ataykaya/TRK, 22.7.2014, § 40; *Rudolf/von Raumer* AnwBl. **2009** 313, 316; siehe auch EGMR Abashidze/GEO (E), 4.9.2012, § 7.

500   EGMR Andorka u. Vavra/H (E), 12.9.2006; ECHR Practical Guide Rn. 135 ff.; vgl. auch Karpenstein/Mayer/*Schäfer* Art. 35, 58; anders bei der Verfassungsbeschwerde, bei der § 37 Abs. 2 StPO nicht gilt und es daher immer auf die erste Zustellung ankommt.

501   Siehe EGMR A.N./LIT, 31.5.2016, § 78 (Entmündigung; die nationale Gerichtsentscheidung war dem Vormund, der Mutter, zugestellt worden, die die Entmündigung veranlasst hatte).

502   EGMR Yavuz u.a./TRK (E), 1.2.2005; Aydan/TRK, 12.3.2013, §§ 56 f.; vgl. auch EGMR (GK) Papachelas/GR, 25.3.1999, EuGRZ **1999** 319 = NVwZ **1999** 1325, § 30; Dilek Aslan/TRK, 20.10.2015, §§ 41 f.

503   EGMR İmpuşcatu/RUM (E), 17.9.2013, § 14 (Zivilverfahren). Das Prozessrecht sah außerdem vor, dass ab Veröffentlichung im Internet die Beteiligten eine Ausfertigung des Urteils erhalten konnten. Der EGMR tat sich wohl auch deswegen leicht, die Veröffentlichung als Kenntniserlangung anzusehen, weil der Bf. anwaltlich vertreten und somit von Kenntnissen des Prozessrechts auszugehen war.

504   Siehe EGMR Apandiyev/R (E), 21.1.2014, §§ 36 ff., 89; unklar hingegen EGMR Abramyan u.a./R (E), 12.5.2015, §§ 25, 69, 104 f.

505   So aber dennoch *Stephan/Yamato* JuS **2012** 823, unter Berufung auf EGMR-Fälle, die Griechenland betrafen und wo in einem Fall die Bf. offenbar mehrere Monate nichts unternahmen, die abschließende

Wird die Gerichtsentscheidung **mündlich verkündet** und erfolgt eine schriftliche Be- 225
gründung nur nach Anforderung durch den Betroffenen, so ist es sachgerecht, dass die
Frist erst durch Zugang der **schriftlichen Begründung** ausgelöst wird, da die Begründung
auch darüber entscheiden kann, wie der Betroffene die Erfolgsaussichten einer EGMR-
Beschwerde einschätzt und es außerdem in den Händen des nationalen Gerichts liegt,
durch rasche Erstellung der Begründung für einen baldigen Beginn der Frist zu sorgen.[506]

Der Staat hat den (angeblich frühen) Zeitpunkt des Zugangs oder der Kenntniserlan- 226
gung darzulegen, wenn er sich auf verspätete Einlegung der Beschwerde beruft.[507] Andererseits nimmt der EGMR aber auch mangels einer Darlegung *durch den Bf.* hinsichtlich
des Zugangs bzw. des Zeitpunktes der Kenntniserlangung an, dass der Bf. an dem Tag
Kenntnis von der letztinstanzlichen Gerichtsentscheidung erlangte, an dem sie erging.[508]

Bei einer im innerstaatlichen Recht **nicht anfechtbaren** Maßnahme beginnt die 227
Frist mit dem Zeitpunkt, in dem der Eingriff ausgeführt und abgeschlossen wird[509] bzw.
der Betroffene davon Kenntnis erlangt oder hätte erlangen müssen.[510] Wird ein Rechtsmittel eingelegt und erfährt der Bf. später oder aber hätte ihm später klar werden müssen, dass das Rechtsmittel ungeeignet ist, die Maßnahme also innerstaatlich nicht anfechtbar war, so neigt der EGMR dazu, die Frist mit dem Zeitpunkt dieser Kenntnis bzw.
des Kennenmüssens der Unanfechtbarkeit beginnen zu lassen.[511] Ein genauer Tag dieser

---

Gerichtsentscheidung zu erhalten, obwohl ihnen dies möglich gewesen wäre (EGMR Haralambidis/GR,
29.3.2001, §§ 34, 38 f.). Siehe auch EGMR Radu/D, 16.5.2013, §§ 61 f., EuGRZ **2013** 584: Entscheidung des BVerfG
am 19.10.2006; Zustellung an den Rechtsanwalt des Bf. am 13.11.2006; Beschwerde am 4.5.2007 fristgerecht
eingelegt, wäre jedoch verfristet gewesen, wenn der EGMR vom Datum der BVerfG-Entscheidung ausgegangen wäre; ebenso EGMR Johansen/D, 15.9.2016, §§ 1, 25, 33; Petschulies/D, 2.6.2016, §§ 1, 22; Prade/D, 3.3.2016,
§§ 1, 20, 29; Lecomte/D, 6.10.2015, §§ 1, 41, 71, 75, EuGRZ **2016** 263; Scholer/D, 18.12.2014, §§ 1, 30, 37; I.S./D,
5.6.2014, §§ 1, 40, 62; Granos Organicos Nacionales S.A./D, 22.3.2012, §§ 1, 12; siehe auch Wolter u. Sarfert/D,
23.3.2017, §§ 1, 23, 53, und Langner/D, 17.9.2015, §§ 1, 23, 30, wo der EGMR jeweils das Datum der Zustellung
der BVerfG-Entscheidung nicht mitteilt und die Beschwerden für zulässig erklärt, die gerechnet ab dem
Datum der Entscheidung des BVerfG verfristet gewesen wären; ferner EGMR Boljević/KRO, 31.1.2017, §§ 1, 15,
24, 48; B.K.M. Lojistik Tasimacilik Ticaret Limited Sirketi/SLW, 17.1.2017, §§ 1, 22, 27; Figueiredo Teixeira/AND,
8.11.2016, §§ 1, 13, 30; Dedecan u. Ok/TRK, 22.9.2015, §§ 1, 13 f., 25; Čikanović/KRO, 5.2.2015, §§ 45 ff.; davor
bereits EGMR Hoffer u. Annen/D, 13.1.2011, §§ 1, 17, 20 (aus der Zusammenfassung des Sachverhalts in NJW
2011 3353, die das Datum der Zustellung des Urteils nicht enthält, geht hervor, dass die Beschwerdefrist
überschritten gewesen wäre, würde man ab dem Datum der Entscheidung des BVerfG rechnen); Paljic/D,
1.2.2007, §§ 1, 25, 34 (siehe Datumsangaben am Ende der Sachverhaltsdarstellung in NJOZ **2008** 1098); Otto/
D (E), 10.11.2009 („la décision de la Cour constitutionnelle fédérale du 17 novembre 2005, qui constitue la
décision interne définitive, est parvenue au requérant le 27 novembre 2005. Le délai fixé par l'article 35 § 1
de la Convention a dès lors commencé à courir le 28 novembre 2005 et a expiré le 27 mai 2006"; auch
deutsche Übersetzung vom BMJ und englisches *legal summary* verfügbar).

506 EGMR Braun/PL, 4.11.2014, § 31.

507 EGMR Izet Haxhia/ALB, 5.11.2013, § 46; Baghli/F, 30.11.1999, § 31 („it is for the State which relies on the
failure to comply with the six-month time-limit to establish the date when the applicant became aware of
the final domestic decision").

508 EGMR Shirinova/ASE (E), 12.11.2013, §§ 17 f.; Kemevuako/NL (E), 1.6.2010, §§ 9, 25. Siehe auch EGMR
Apandiyev/R (E), 21.1.2014, §§ 35 ff., 89 (Tag der Verurteilung durch den Obersten Gerichtshof fristauslösendes
Ereignis, allerdings war hier der Bf. bei der Verhandlung – und wohl auch bei der Urteilsverkündung –
persönlich zugegen gewesen und hatte sich nicht auf einen späteren Zeitpunkt berufen).

509 EGMR Gongadze/UKR, 8.11.2005, § 155, NJW **2007** 895.

510 EGMR Yuriy Volkov/UKR, 19.12.2013, § 77; *Meyer-Ladewig* NJW **2011** 1559.

511 EGMR Yuriy Volkov/UKR, 19.12.2013, § 77 („special considerations could apply in exceptional cases where an applicant first avails himself or herself of a domestic remedy and only at a later stage becomes aware,
or should have become aware, of the circumstances which make that remedy ineffective. In such a situation,

Kenntnis oder dieses Kennenmüssens kann bei Ausbleiben einer behördlichen oder gerichtlichen Reaktion oft nicht bestimmt werden, der EGMR belässt es dann bei der Feststellung, dass die Frist eingehalten oder nicht eingehalten sei, da der Bf. jedenfalls nicht schon sechs/vier[512] Monate vor Einlegen der Beschwerde (ersatzweise: mindestens schon sechs/vier Monate vor Einlegen der Beschwerde) gemerkt habe oder habe merken müssen, dass sein Rechtsmittel ungeeignet war.[513] Problematisch ist die Bestimmung des Fristbeginns ferner in Fällen von andauernden Konventionsverletzungen (Rn. 228) oder wenn gerügt wird, in Fällen von Verletzungen von Art. 2 bzw. Art. 3 sei nicht wirksam ermittelt worden (Rn. 232).[514]

228   Bei einem konventionswidrigen **Dauerzustand** beginnt die Einlegungsfrist erst mit dessen **Beendigung**.[515] Vorgänge, die bereits sechs Monate vor der Einlegung der Beschwerde beendet waren, hat der EGMR seinerzeit folgerichtig nicht berücksichtigt.[516] In besonderen Fällen kann der Betroffene gehalten sein, zur Vermeidung der Verfristung die Beschwerde trotz des Fortbestehens eines Dauerzustandes einzulegen, wenn offensichtlich ist, dass der Dauerzustand wohl niemals enden wird.[517] Ein Dauerzustand erfordert nicht zwangsläufig, dass die Konventionsverletzung gewissermaßen jede Minute, jeden Augenblick besteht. So handelt es sich beispielsweise um einen Dauerzustand, wenn ein Angeklagter vor Gericht **an den verschiedenen Verhandlungstagen stets** in einem Käfig präsentiert wird (Art. 3 Rn. 213).[518] Auch der **wiederholt stattfindende Transport** eines Gefangenen bzw. Angeklagten, etwa vom Untersuchungsgefängnis zum Gericht, der unter unmenschlichen/erniedrigenden Umständen (Art. 3) erfolgt, begründet einen Dauerzustand.[519]

---

the six-month period could be calculated from the time when the applicant becomes aware, or should have become aware, of these circumstances."); ebenso EGMR Volokhy/UKR, 2.11.2006, § 37; Stanimirović/SRB, 18.10.2011, § 32; Baisuev u. Anzorov/GEO, 18.12.2012, § 39; Chapman/B (E), 5.3.2013, §§ 34 f.; (GK) Mocanu u.a./RUM, 17.9.2014, NJOZ **2016** 1383, § 260; Oliari u.a./I, 21.7.2015, NJOZ **2017** 34, § 92.

512   Durch das am 1.8.2021 in Kraft getretene 15. Protokoll wurde die Beschwerdefrist (Art. 35 Abs. 1) von sechs auf vier Monate verkürzt (die Regelung selbst trat am 1.2.2022 in Kraft).

513   EGMR Baisuev u. Anzorov/GEO, 18.12.2012, § 40, und Stanimirović/SRB, 18.10.2011, § 33 („with the passage of time the applicants must have become aware of unwillingness on the part of the prosecution authorities to initiate an investigation [...] the relatively short period involved is not sufficient for the Court to conclude that the applicants should already have been aware, more than six months before they lodged their application [...] of the ineffectiveness of the measures applied").

514   *Meyer-Ladewig* NJW **2011** 1559.

515   EGMR Hadzhigeorgievi/BUL, 16.7.2013, §§ 56 f., und Nuzhdyak/UKR, 28.5.2009, § 15 (jeweils: Weigerung der Behörden, ein Urteil zu vollstrecken, als Dauerzustand; zur Beendigung der Konventionsverletzung durch Vollstreckung des Urteils siehe EGMR Khvorostyanoy u.a./UKR, 25.7.2013, §§ 21 f., 25); Di Sarno u.a./I, 10.1.2012, § 93, NVwZ **2013** 415 (keine Abfallbeseitigung als Dauerzustand); Khlyustov/R, 11.7.2013, §§ 59 ff. und Riener/BUL, 23.5.2006, § 101 (Ausreiseverbot – Art. 2 des 4. ZP-EMRK), zunächst befristet, durch weitere Anordnungen mehrmals verlängert, als (ein) Dauerzustand; Oliari u.a./I, 21.7.2015, NJOZ **2017** 34, §§ 96 f. (fehlende Möglichkeit für homosexuelle Paare, den Status einer eingetragenen Partnerschaft o.ä. zu erlangen, als Dauerzustand); Ülke/TRK (E), 1.6.2004; Sporrong u. Lönnroth/S, 23.9.1982, NJW **1984** 2747 = EuGRZ **1983** 523; EGMR (GK) Varnava u.a./TRK, 18.9.2009; zum Entzug des Wahlrechts (Art. 3 des 1. ZP-EMRK) als Dauerzustand: EGMR (GK) Paksas/LIT, 6.1.2011, §§ 82 f.; Bottaro/I (E), 23.5.2002, Nr. 6.

516   Siehe zum zeitlichen Geltungsbereich der EMRK Rn. 119.

517   EGMR Bichenok/R (E), 31.3.2015, §§ 18 ff. (Nichtvollstreckung eines Urteils). Zum Dauerzustand der nicht stattfindenden Ermittlung bei behaupteten Verstößen gegen Art. 2 oder Art. 3 und der offenbaren Aussichtslosigkeit, die zuständigen Stellen zu effektiven Ermittlungen zu bewegen, siehe Rn. 232.

518   EGMR (GK) Svinarenko u. Slyadnev/R, 17.7.2014, § 86.

519   EGMR Tychko/R, 11.6.2015, § 49.

Haftbedingungen, die den Tatbestand des Art. 3 erfüllen, stellen einen **Dauerzustand** 229
dar. Der Zustand endet mit einer Verlegung in eine andere Haftanstalt mit konventionskonformen Bedingungen. Wird der Betroffene einige Zeit danach in die ursprüngliche
Haftanstalt zurückgebracht, so beginnt eine neue Konventionsverletzung in Form eines
neuen Dauerzustandes; hinsichtlich der Bedingungen der früheren Unterbringung ist die
Beschwerde dann (meist) verfristet. Bei nur kurzen Abwesenheiten, etwa **kurzzeitigen
Verlegungen** in eine andere Einrichtung, besteht jedoch der Dauerzustand fort, so dass
der Gerichtshof dann die gesamte Zeit des Aufenthaltes untersucht.[520] Die **Verlegung einer untergebrachten Person** (Art. 5 Abs. 1) in eine andere Einrichtung markiert im Regelfall nicht das Ende eines und den Beginn eines neuen Dauerzustandes, vielmehr liegt
insgesamt nur ein (langer) Dauerzustand vor.[521]

Ferner begründen auch **Haftbedingungen**, die (nur) einen Eingriff in die Rechte aus 230
Art. 8 darstellen, einen Dauerzustand.[522]

Mit dem Ende der **Untersuchungshaft** endet auch der (ggf. konventionswidrige) Dauer- 231
zustand. Gibt es keinen innerstaatlichen Rechtsbehelf gegen ihre Dauer, so beginnt die Beschwerdefrist folglich mit dem **Ende** der Untersuchungshaft;[523] wird die Beschwerde vordergründig „fristgemäß", jedoch gerechnet ab der letztinstanzlichen Verurteilung eingelegt, wird
sie meistens verfristet sein,[524] da konventionsrechtlich die Untersuchungshaft mit der ersten
(meist erstinstanzlichen) Verurteilung endet, auch wenn diese noch nicht rechtskräftig ist
(Art. 5 Rn. 417). Zum Dauerzustand der Nichteröffnung der Festnahmegründe nach „möglichst kurzer Frist" (Art. 5 Abs. 2) siehe Art. 5 Rn. 388; zum Dauerzustand der fehlenden Unverzüglichkeit der Vorführung des Festgenommenen (Art. 5 Abs. 3; dort Rn. 399).

Im Fall **verschwundener Personen** darf mit der Anrufung des Gerichtshofs nicht zu 232
lange gewartet werden, wobei dieser die Zügigkeit auch nicht zu eng sieht. Seien Personen
im Verlauf eines internationalen Konflikts verschwunden, müssten die Angehörigen ihre Beschwerde innerhalb höchstens einiger Jahre erheben. Hätten sie mehr als zehn Jahre gewartet, müssten sie grundsätzlich darlegen, dass es während dieser Zeit Fortschritte bei der Auf-

---

520 EGMR Eugen Gabriel Radu/RUM, 13.10.2009, §§ 4, 21, 24 (Unterbrechung von 8 Monaten, die Dauerzustand beendet; anders spätere Unterbrechung von zehn Tagen wegen eines Krankenhausaufenthalts); Epista-
tu/RUM, 24.9.2013, §§ 42 ff. (Unterbrechung von 19 Monaten beendet Dauerzustand; anders die spätere Unterbrechung von drei Tagen); instruktiv auch EGMR Tychko/R, 11.6.2015, §§ 46 ff. Diese Überlegungen werden
nicht auf die Länge der Untersuchungshaft (Art. 5 Abs. 3) übertragen, wo zwischenzeitliche Freilassungen
zum Ende eines Dauerzustandes – und damit zum Beginn der Beschwerdefrist – und die erneute Inhaftierung zur Begründung eines neuen Dauerzustandes führen sollen, vgl. EGMR (GK) Idalov/R, 22.5.2012,
§§ 112 ff., 127 ff., § 130 (zur Beurteilung der Frage, ob U-Haft unangemessen lang war, können frühere U-Haft-
Zeiten berücksichtigt werden); Mikhalchuk/R, 23.4.2015, § 43.
521 EGMR Stefan Stankov/BUL, 17.3.2015, §§ 76 ff.
522 EGMR Polyakova u.a./R, 7.3.2017, §§ 63 ff. (Familienbesuche durch Unterbringung in entfernt liegenden
Haftanstalten erschwert; nicht [Entscheidung über] Verlegung, sondern die Unterbringung als Eingriff in
Art. 8; daher Dauerzustand).
523 EGMR Kaçiu u. Kotorri/ALB, 25.6.2013, § 103; Priebke/I (E), 5.4.2001, EuGRZ **2001** 387, Nr. 6.
524 So in EGMR Aktaş u. Kırtay/TRK, 16.7.2013, §§ 22 f.; Ulariu/RUM, 19.11.2013, §§ 17 f., 36, 72; Efendiyev/
ASE, 18.12.2014, § 53. Derselbe Rechtsgedanke liegt EGMR Draşovean/RUM (E), 3.6.2014, §§ 10, 16 f., zugrunde:
TKÜ (Art. 8); Einlegung der Beschwerde erst nach Verurteilung, für die Erkenntnisse aus den abgehörten
Gesprächen herangezogen wurden; Beschwerde hinsichtlich Art. 6 fristgerecht (Beginn der Frist: letzte natio-
nale Gerichtsentscheidung); hinsichtlich Art. 8 verfristet (mangels nationalem Rechtsbehelf begann Frist mit
Kenntnis von TKÜ); ebenso für die wiederholte Vorführung eines Angeklagten im Metallkäfig: (GK) Svinarenko u. Slyadnev/R, 17.7.2014, § 87 (Dauerzustand endet und Beschwerdefrist beginnt mit Ende des ersten
Prozesses, also (ggf.) der Verurteilung, mit der das Verfahren zu einem – wenigstens vorläufigen – Abschluss
kommt, wenngleich später, in einem Rechtsmittelverfahren oder nach einer Zurückverweisung, der Angeklagte in möglichen weiteren Verfahrensgängen womöglich erneut im Käfig präsentiert wird).

klärung gegeben habe, um zu rechtfertigen, dass sie den Gerichtshof erst jetzt anrufen.[525] Generell gilt bei behaupteten Verstößen gegen die **Ermittlungspflicht aus Art. 2 oder Art. 3**, dass die Frist beginnt, wenn dem Bf. klar wird oder hätte klar werden müssen, dass keine Ermittlungen stattfinden oder sie ohne Ergebnis bleiben.[526]

233   Da der EGMR in der Ausweisungsverfügung noch keine Konventionsverletzung (Art. 3) sieht, beginnt die Frist folglich auch erst mit dem **Vollzug der Abschiebung**; der EGMR spricht hier, dogmatisch nicht ganz klar, von „laufenden Konventionsverletzungen", die dem konventionswidrigen Dauerzustand (Rn. 228) nahekämen.[527]

234   Der Tag, an dem der Bf. vom beschwerenden Ereignis Kenntnis erlangt bzw. an dem die endgültige Entscheidung über den beschwerenden Akt er- bzw. ihm zugeht, werden nicht auf den Lauf der Frist angerechnet (**Ereignisfrist**).[528]

235   Die (zweckwidrige) Einlegung eines **offensichtlich unzulässigen** oder zur Abhilfe der Konventionsverletzung **völlig ungeeigneten**, also **offenkundig ineffektiven** innerstaatlichen Rechtsbehelfs hemmt die Frist nicht.[529] Ist jedoch **zweifelhaft**, ob ein innerstaatlicher Rechtsbehelf zur Abhilfe der Konventionsverletzung geeignet ist, kann dem Betroffenen nicht angelastet werden, dass er zunächst die innerstaatliche Bereinigung des Konventionsverstoßes versucht. Auch wenn dieser Rechtsbehelf als unzulässig abgewiesen wird, beginnt ausnahmsweise die Frist erst mit dessen Erledigung, allerdings nur, wenn dessen völlige Ineffektivität für den Betroffenen nicht bereits vorher ersichtlich war.[530] Es kann auch gegen die zu diesem Zeitpunkt letzte nationale Entscheidung innerhalb der 4-Monatsfrist Beschwerde eingelegt und parallel der (zweifelhafte) nationale Rechtsweg erschöpft werden. Darauf sollte der EGMR hingewiesen werden. Der Gerichtshof lässt die Beschwerde dann i.d.R. ruhen, bis der nationale Rechtsweg erschöpft ist.[531]

236   Der Beginn der Frist kann **gehemmt** sein, wenn der Bf. für die eingetretene Verzögerung eine ausreichende Erklärung liefert (z.B. Behinderung durch Gefängnispersonal). Eine nur vorübergehende Verhinderung ist unbeachtlich, wenn dem Bf. danach noch ausreichend Zeit bleibt, die Frist zu wahren. Ein schlechter Gesundheitszustand stellt i.d.R. keine ausreichende Erklärung dar.[532]

237   **b) Fristende.** Wie im deutschen Recht **endet die Frist** an dem Tag, der nach seiner Zahl dem Tag des maßgebenden Ereignisses entspricht (vgl. §§ 187 Abs. 1, 188 Abs. 2 BGB).[533]

---

525 *Frowein/Peukert* Art. 35, 42; zum Ganzen auch Ehlers/Schoch/*Kadelbach* § 6, 54 f.; zur Beschwerdeberechtigung der Angehörigen Rn. 150 ff.

526 EGMR Petrović u. Gajić/SRB (E), 17.3.2015, § 30.

527 EGMR P.Z. u.a./S (E), 29.5.2012, §§ 34 f.

528 EGMR Arslan/TRK (E), 21.11.2002; *Meyer-Ladewig* NJW **2011** 1559 unter Berufung auf den ECHR Practical Guide; ebenso im deutschen Recht, § 187 Abs. 1 BGB.

529 EGMR Rezgui/F (E), 7.11.2000; *Grabenwarter/Pabel* § 13, 42.

530 Vgl. *Grabenwarter/Pabel* § 13, 42, die raten, zur Vermeidung von Nachteilen die Beschwerde zum EGMR gleichzeitig mit dem zweifelhaften Rechtsbehelf einzulegen; ebenso *Villiger* 145; Ehlers/Schoch/*Kadelbach* § 6, 54; EGMR Edwards/UK (E), 7.6.2001; (GK) Varnava u.a./TRK, 18.9.2009, § 171. Dass die Verfassungsbeschwerde jedenfalls keinen effektiven Rechtsbehelf zur Rüge überlanger Verfahrensdauern im Zivilprozess darstellt, muss inzwischen bekannt sein, so dass ihre Einlegung die Frist nicht mehr hemmen würde, vgl. Karpenstein/Mayer/*Schäfer* Art. 35, 56.

531 *Rudolf/von Raumer* AnwBl. **2009** 313, 316.

532 EGMR Arslan/TRK (E), 21.11.2002; Poleshchuk/R, 7.10.2004, §§ 28, 35; *Grabenwarter/Pabel* § 13, 43; *Frowein/Peukert* Art. 35, 46.

533 EGMR (GK) Sabri Güneş/TRK, 29.6.2012, § 60; Ataykaya/TRK, 22.7.2014, § 40; Mater/TRK, 16.7.2013, § 41; Otto/D (E), 10.11.2009; siehe auch EGMR (K) Sabri Güneş/TRK, 24.11.2005, § 35; aufgrund einer verunglückten Formulierung in einem Urteil war kurzzeitig diskutiert worden, ob die Frist einen Tag später endet, nämlich

Die Frist wird nach Kalendermonaten berechnet, ohne Rücksicht auf deren tatsächliche Länge.[534] Die nicht nur in Deutschland (vgl. § 193 BGB), sondern vielfach geltende **Feiertagsregelung** erkennt der EGMR hingegen nicht an. Daher laufen Fristen auch am Wochenende oder an einem Feiertag ab.[535] Diese Ansicht hatte eine Kammer in der Sache *Sabri Güneş* zwar aufgegeben und entschieden, dass die Frist erst am ersten Werktag nach einem Sonn- oder Feiertag ablaufen könne,[536] die danach von der türkischen Regierung angerufene GK hatte dem jedoch widersprochen.[537]

Fristwahrend ist nach Art. 47 Abs. 1, 5 VerfO nur die Einreichung des vollständig **238** ausgefüllten, vom EGMR auf seiner Homepage zur Verfügung gestellten, **Beschwerdeformulars** zusammen mit den erforderlichen Kopien per Post.[538] Eine Ausnahme von diesem Formerfordernis nach Art. 47 VerfO kann nur gemäß Art. 47 Abs. 5 Nr. 1 bei angemessenen Erklärungen für die Nichteinhaltung gemacht werden.[539] Dieses strikte Formerfordernis gilt nicht nur für Beschwerden, die durch einen Anwalt beim EGMR eingelegt werden, sondern auch der nicht-anwaltlich vertretene Betroffene hat das Formular vollständig und mit den erforderlichen Nachweisen beim EGMR einzureichen.[540] Entscheidend für die Fristwahrung ist das **Datum des Poststempels**,[541] das die **rechtzeitige Versendung** nachweist.[542] Der Gerichtshof kann entscheiden, dass ein anderes Datum gilt (Art. 47 Abs. 6 *lit.* b VerfO), etwa das des Eingangs beim EGMR, wenn er dies für gerechtfertigt hält, etwa bei Zweifeln an der Datierung.[543]

an dem Tag, der nach seiner Zahl dem Tag des Fristbeginns entspricht, der seinerseits einen Tag nach dem maßgeblichen Ereignis liegt; dazu EGMR Fleri Soler/MLT, 26.9.2006, § 31; *Meyer-Ladewig* NJW **2011** 1559, 1560 m.w.N.; klarstellend EGMR Abashidze/GEO (E), 4.9.2012, § 7 (fristauslösendes Ereignis: 22.1.; Fristbeginn: 23.1.; Beschwerde am 23.7. eingelegt; ein Tag zu spät).

534 So in EGMR Fleri Soler/MLT, 26.9.2006; *Meyer-Ladewig* NJW **2011** 1559.

535 EGMR Otto/D (E), 10.11.2009; (GK) Sabri Güneş/TRK, 29.6.2012, §§ 46 ff., NJW **2012** 2943 m. Anm. *Meyer-Ladewig/Petzold*; **a.A.** (K) 24.5.2011, §§ 38 ff. (durch GK überholt); *Meyer-Ladewig* NJW **2011** 1559 f.; ebenso: *Frowein/Peukert* Art. 35, 44. *Rudolf/von Raumer* AnwBl. **2009** 313, 316.

536 EGMR (K) Sabri Güneş/TRK, 24.5.2011, §§ 38 ff.

537 EGMR (GK) Sabri Güneş/TRK, 29.6.2012; implizit bestätigt von EGMR Abashidze/GEO (E), 4.9.2012, § 7 (Fristablauf 22.7.; Beschwerde verspätet eingelegt am 23.7.; dass 22.7. ein Sonntag war, erwähnt EGMR dabei nicht); bemerkenswert EGMR Dalakov/R, 16.2.2016, §§ 1, 76 (Fristende Samstag; Beschwerde eingelegt an diesem Tag; siehe auch EGMR Dedecan u. Ok/TRK, 22.9.2015, §§ 1, 14 (Frist endete an einem Sonntag; Beschwerde am Freitag davor eingelegt).

538 EGMR Press Release, ECHR 365; EuGRZ **2014** 121.

539 EuGRZ **2014** 121, 121 f.

540 EGMR (Hrsg.), Your application to the ECHR, 3 f., http://www.echr.coe.int/Documents/Your_Application_ENG.pdf.

541 Rule 47 Abs. 6 *lit.* a S. 2; EGMR Your application to the ECHR 4; EuGRZ **2014** 121.

542 Anders als im deutschen Recht, wo beispielsweise §§ 23 Abs. 1, 93 Abs. 1 BVerfGG so ausgelegt werden, dass die Verfassungsbeschwerde, also die relevanten Schriftsätze, bis Fristende beim BVerfG ankommen bzw. eingehen müssen, genügt bei der Beschwerde zum EGMR das rechtzeitige Absenden: EGMR Biblical Centre of the Chuvash Republic/R, 12.6.2014, § 46; A.K./LET, 24.6.2014, §§ 59 f.; Čikanović/KRO, 5.2.2015, § 45; Caragea/RUM, 8.12.2015, §§ 14 ff.; Cincimino/I, 28.4.2016, §§ 45 ff.; D.L./BUL, 19.5.2016, § 62; Nadtoka/R, 31.5.2016, §§ 22 f.; Bivolaru/RUM, 28.2.2017, §§ 85 ff., 89; siehe auch EGMR Kopanitsyn/R, 12.3.2015, §§ 1, 14. Aus älterer Rechtsprechung EGMR Kadiķis/LET (Nr. 2) (E), 25.9.2003; Arslan/TRK (E), 21.11.2002 (*il aurait dû la déposer à la poste, au plus tard, (...) le* [Datum]; *he should have posted it at the latest on* (...) [Datum]); Oberschlick/A (Nr. 1), 23.5.1991, § 40 (*application was posted*).

543 Karpenstein/Mayer/*Schäfer* Art. 34, 6a, 6b.

239   Die **Einhaltung der Beschwerdefrist** überprüft der Gerichtshof **von Amts wegen** – also unabhängig davon, ob der betroffene Vertragsstaat eine entsprechende Rüge erhoben hat oder auf die Einhaltung dieser Frist verzichtet.[544]

6. Wiederholungs- und Kumulationsverbot

240   **a) Res iudicata.** Nach Art. 35 Abs. 2 *lit.* b befasst sich der EGMR nicht mit einer Individualbeschwerde, die mit einer schon geprüften Beschwerde übereinstimmt (**Identität des Beschwerdegegenstandes**). Es genügt, wenn ein inhaltsgleiches Gesuch bereits früher Gegenstand einer Sachentscheidung war. Dies ist auch der Fall, wenn die Beschwerde als offensichtlich unbegründet oder als unvereinbar mit der EMRK *ratione materiae* und damit als unzulässig i.S.v. Art. 35 Abs. 3 zurückgewiesen wurde, da die vorgenannten Abweisungsgründe eine summarische Sachentscheidung miteinschließen können.[545] Eine **Abweisung aus rein formalen Gründen**, etwa wegen Nichterschöpfung des nationalen Rechtswegs oder wegen sonstiger formaler Mängel oder wegen des Beschwerderechts, schließt die erneute Einlegung der Beschwerde (nach Behebung des Hindernisses) nicht aus.[546]

241   **b) Litispendenz.**[547] Das ebenfalls in Art. 35 Abs. 2 *lit.* b verankerte **Kumulationsverbot** („una via electa") soll verhindern, dass mehrere internationale Stellen zum Menschenrechtsschutz neben- oder nacheinander mit der gleichen Sache,[548] also bei Übereinstimmung von Beschwerdeführer, Sachverhalt und Beschwerdegegenstand, befasst werden.[549] Die Anforderungen an die Instanzen hat der EGMR in seiner Rechtsprechung konkretisiert. Die Verfahren müssen **zwischenstaatlich** sein, also **international** und zugleich nicht durch private Institutionen eingerichtet. Das Entscheidungsgremium muss **unabhängig** sein und die Anforderungen an ein „Gericht" nach den Vorgaben der EMRK erfüllen. Das Verfahren muss **adversatorisch** sein, die Entscheidungen müssen **begründet** und den Parteien zugestellt und veröffentlicht werden. Das Verfahren darf weder (nur) **präventiver Natur** noch vertraulich sein. Die Parteien müssen zumindest in irgendeiner Weise an dem Verfahren selbst beteiligt werden. Der Spruchkörper muss die Befugnis haben, Verantwortung festzustellen und der Verletzung ein Ende zu setzen. Zudem muss das Verfahren **effektiv** sein.

242   Instanzen, die diese Anforderungen erfüllen, sind der IStGH,[550] die **Menschenrechtsausschüsse der Vereinten Nationen**,[551] insbesondere der Menschenrechtsausschuss (**HRC**) des IPBPR, der Ausschuss (**UN-CAT**) nach Art. 17 ff. UNCAT, die UN-Arbeitsgruppe für willkürliche Inhaftierungen („**Working Group on Arbitrary Detention**")[552] und der **UN-Ausschuss zur Bekämpfung der Rassendiskriminierung** sowie sonstige durch zwischenstaatliche

---

544 EGMR Walker/UK (E), 25.1.2000; Belaousof u.a./GR, 27.5.2004; (GK) Blečić/KRO, 8.3.2006, § 68; Khlyustov/R, 11.7.2013, § 57; OAO Afanasiy-Pivo u.a./R (E), 8.11.2016, § 23; *Meyer-Ladewig* NJW **2011** 1559.

545 Vgl. EGMR Vogl u. Vogl/A (E), 23.10.2001 = ÖJZ **2002** 393 (Ablehnung durch EKMR als unzulässig); *Frowein/Peukert* Art. 35, 53.

546 *Frowein/Peukert* Art. 35, 53.

547 ECHR Practical Guide Nr. 177 ff. m.w.N.

548 Es kommt nur ein Verfahren in Betracht, das auf die Untersuchung und Beilegung des konkreten Falles gerichtet ist, die Miterwähnung in einem Staatenbericht, der eine Vielzahl von Menschenrechtsverletzungen in ihrer Gesamtheit zum Gegenstand hat, löst das Kumulationsverbot nicht aus; vgl. *Nowak* Art. 5, 9, 13 FP-IPBPR; vgl. hierzu EGMR Celniku/GR, 5.7.2007, § 40.

549 Vgl. EGMR Peraldi/F (E), 7.4.2009 (UN-Arbeitsgruppe über willkürliche Haft).

550 Vgl. MAH/*Eschelbach* § 32, 23.

551 Meyer-Ladewig/Nettesheim/von Raumer/*Meyer-Ladewig/Peters* Art. 35, 37; MAH/*Eschelbach* § 32, 23.

552 EGMR Hilal Mammadov/ASE, 4.2.2016, § 106; Dalay/TRK (E), 3.3.2015, § 28; Metin/TRK (E), 3.3.2015, § 48; Savda/TRK, 12.6.2012, § 68; Peraldi/F (E), 7.4.2009.

Vereinbarungen eingesetzte Organe, die der Einzelne oder sonstige nach Art. 34 Beschwerdeberechtigte zum Schutz individueller Menschenrechte anrufen können, wie dies etwa auch bei den Rechtsschutzorganen der Internationalen Arbeitsorganisation (**ILO**) möglich ist.[553] Verfahren im Rahmen **nichtstaatlicher Organisationen** haben diese Wirkung nicht.[554]

Der **EuGH** ist – jedenfalls vor einem (zu erwartenden) Beitritt zur EMRK – wegen **243** seiner speziellen Aufgabenstellung nicht als internationale Untersuchungsinstanz von Menschenrechtsverletzungen anzusehen, auch wenn er mitunter bei der Auslegung des Unionsrechts Fragen der EMRK thematisiert.[555] Wenn der Bf. (des EGMR-Verfahrens) sich auch noch bei der EU-Kommission beschwert, der Konventions- und EU-Mitgliedstaat habe seine Pflichten aus EU-Recht verletzt, und die EU-Kommission daraufhin ein **Vertragsverletzungsverfahren** (Art. 258 AEUV) einleitet, führt auch dies nicht zur Unzulässigkeit der Individualbeschwerde.[556]

Die Prüfung durch eine andere internationale Instanz steht der Individualbeschwerde **244** nach Art. 35 Abs. 2 *lit.* b **vom Beginn der Anhängigkeit** an[557] und auch **noch nach Erledigung des dortigen Verfahrens**[558] entgegen (Verfahrenshindernis), nicht aber, wenn die dort eingereichte Beschwerde vor einer Sachentscheidung zurückgenommen worden ist.[559]

Wenn der Bf. vor dem anderen internationalen Gremium ein Recht geltend gemacht **245** hat, das zwar die EMRK oder ein ZP, nicht aber die dem anderen Gremium zugrunde liegende Konvention kennt, und die Beschwerde vor dem anderen Gremium aus diesem Grund **unzulässig** ist, so sollte dieses andere Gremium nicht als „mit der Angelegenheit befasst" gelten und sich folglich kein Kumulationsverbot daraus ergeben können.[560]

c) **Identität der Beschwerden.** Eine Beschwerde betrifft **inhaltlich denselben Ge- 246 genstand**, wenn Sachverhalt, Beschwerdegegenstand und Beschwerdeführer identisch sind.[561] Ob eine weitere Beschwerde zulässig ist, bestimmt sich nach einem Vergleich der

---

553   Karpenstein/Mayer/*Schäfer* Art. 35, 86; EGMR Sendikası/TRK, 25.9.2012, §§ 33 ff., 37 ff. (ILO); Yücesoy/TRK (E), 5.1.2016, § 33; Eğitim ve Bilim Emekçileri ebenso der Ständige Schiedshof (Permanent Court of Arbitration, Cour Permanente d'Arbitrage) in Den Haag nach Art. 41 ff. des Haager Abkommens zur friedlichen Erledigung internationaler Streitfälle vom 18.10.1907 und Art. 20 ff. des Haager Abkommens zur friedlichen Erledigung internationaler Streitfälle vom 29.7.1899, vgl. EGMR OAO Neftanaya Kompaniya Yukos/R, 20.9.2011, NJOZ **2012** 2000, §§ 517, 520 ff.; weitere Beispiele vgl. *Ermacora* FS Verosta 187, 192; *Tardu* FS Partsch 287, 299; vgl. auch Karpenstein/Mayer/*Schäfer* Art. 35, 86 f.; SK/*Meyer* EMRK VerfR 135 f.; *Müller* Menschenrechtsmonitoring 48 ff.

554   Vgl. *Ermacora* FS Verosta 187,192; *Nowak* Art. 5, 8, 13 FP-IPBPR.

555   Ebenso *Grabenwarter/Pabel* § 13, 50; SK/*Meyer* EMRK VerfR 137. Näher zur menschenrechtlichen Rechtsprechung des EuGH: *Greer/Gerards/Slowe* 293 ff.

556   EGMR Karoussiotis/P, 1.2.2011, §§ 59 ff., 76.

557   Meyer-Ladewig/Nettesheim/von Raumer/*Meyer-Ladewig/Peters* Art. 35, 37.

558   Meyer-Ladewig/Nettesheim/von Raumer/*Meyer-Ladewig/Peters* Art. 35, 37; anders Art. 5 Abs. 2 *lit.* a FP-IPBPR, der nur während der anderweitigen Anhängigkeit die Individualbeschwerde ausschließt.

559   *Grabenwarter/Pabel* § 13, 49; *Frowein/Peukert* Art. 35, 56.

560   Soweit ersichtlich, vom EGMR bislang nicht entschieden; so jedenfalls die Spruchpraxis des HRC; näher hierzu sowie allgemein zum Kumulationsverbot bei Beschwerden vor dem HRC: Rn. 439 f.

561   EGMR (GK) Selahattin Demirtas/TRK (Nr. 2), 22.12.2020, § 181 („when the facts, the parties and the complaints are identical"); OAO Neftanaya Kompaniya Yukos/R, 20.9.2011, §§ 524 f. (keine Identität des Bf.: Aktionäre eines Unternehmens/Unternehmen [AG]); Eğitim ve Bilim Emekçileri Sendikası/TRK, 25.9.2012, § 38 (keine Identität: Gewerkschaft/Gewerkschaftsdachverband, auch weil Gewerkschaft der ILO-Beschwerde des Dachverbandes nicht beigetreten war); (GK) *Verein gegen Tierfabriken Schweiz (VgT)/CH* (Nr. 2), 30.6.2009, § 63, NJW **2010** 3699 (ausführlich *Hänni/Kühne* in: Hänni/Kühne (Hrsg.), Brennpunkt Medienrecht [2009] 117); *Frowein/Peukert* Art. 35, 50; *Grabenwarter/Pabel* § 13, 47 m.w.N.; vgl. HRC Fanali/I, 31.3.1983, 075/1980, EuGRZ **1983** 407 = HRLJ **1983** 189; *Nowak* Art. 5, 12 FP-IPBPR.

Esser

zugrunde liegenden Sachverhalte. Die Sachlage zum Zeitpunkt der ersten Entscheidung muss sich gegenüber derjenigen zum Zeitpunkt der erneuten Beschwerdeeinlegung verändert haben. Es genügt aber nicht, wenn nur Tatsachen ergänzt werden, die der Bf. auch schon vorher hätte vortragen können. War ihm die Kenntnisnahme von Tatsachen vor Einlegung der (ersten) Beschwerde nicht möglich, handelt es sich zwar noch um denselben Sachverhalt, jedoch kann dann ein Antrag nach Art. 80 VerfO (Rn. 295) gestellt werden.

247   An der Übereinstimmung mit einer bereits zuvor behandelten Beschwerde fehlt es, wenn **verschiedene Personen** wegen des gleichen Sachverhalts eine Verletzung ihrer eigenen Konventionsrechte geltend machen.[562] Die materielle Übereinstimmung genügt aber, etwa wenn in einem Verfahren eine Personenvereinigung als Bf. auftritt, in dem anderen aber die Mitglieder selbst.[563] An der Übereinstimmung fehlt es, wenn wegen der gleichen Menschenrechtsverletzung sowohl der **unmittelbar Betroffene** als auch der **mittelbar Betroffene** Individualbeschwerde erheben, sofern nicht jeder damit eigene anerkennenswerte Interessen verfolgt und deshalb zwar eine Identität des Sachverhalts, nicht aber eine Identität der potentiell Verletzten besteht.[564]

248   Eine Individualbeschwerde ist nicht deswegen unzulässig, weil ihr Gegenstand mit einer bereits geprüften **Staatenbeschwerde** übereinstimmt, da es an der Identität der Bf. fehlt.[565]

249   Ob ein Verfahren vor einer anderen internationalen Instanz entgegensteht bzw. ob ein Fall im Wesentlichen mit einer bereits behandelten Beschwerde übereinstimmt, prüft der Gerichtshof **von Amts wegen**. Der Bf. hat sich darüber nach Art. 47 Abs. 2 *lit.* b VerfO bereits bei Einreichen der Beschwerde ausdrücklich zu erklären.

250   **7. Offensichtlich unbegründete Beschwerden.** Offensichtlich unbegründet (*„manifestly ill-founded"*/*„manifestement mal fondée"*) sind Beschwerden, deren Prüfung keine Konventionsverletzung erkennen lässt (sog. **„mif"-cases**).[566] Dies sind vor allem Beschwerden, bei denen der Tatsachenvortrag die behauptete Konventionsverletzung nicht belegt, weil er **nicht schlüssig**[567] oder **ersichtlich unzutreffend oder zumindest nicht beweisbar**[568] ist, ferner auch, wenn ersichtlich ist, dass die Konvention den gerügten Eingriff in ein Konventionsrecht zulässt. Die offensichtliche Unbegründetheit muss sich nicht bereits beim **ersten Anschein** aufdrängen. Der Gerichtshof lässt es genügen, wenn die Unbegründetheit der Beschwerde erst in einem späteren Verfahrensabschnitt nach Überprüfung aller Aspekte des Falles erkennbar wird, zieht diese Grenze allerdings ziemlich weit. Selbst nach einem umfassenden und rechtlich fundierten Sach- und Rechtsvortrags kann der Gerichtshof nach der Verhandlung und Beratung zu dem Schluss kommen, dass die Be-

---

562 EGMR Folgerø u.a./N (E), 14.2.2006; Malsagova u.a./R (E), 6.3.2008; *Frowein/Peukert* Art. 35, 50 unter Hinweis auf die Praxis der Kommission, solche Fälle als einheitliche Beschwerde zu behandeln.

563 *Grabenwarter/Pabel* § 13, 49, Fn. 229.

564 *Frowein/Peukert* Art. 35, 51.

565 EGMR (GK) Varnava u.a./TRK, 18.9.2009, § 118.

566 EGMR Airey/IR, 9.10.1979; Boyle u. Rice/UK, 27.4.1988; Meyer-Ladewig/Nettesheim/von Raumer/*Meyer-Ladewig/Peters* Art. 35, 43; SK/*Meyer* EMRK VerfR 158 ff.; dazu ECHR Practical Guide Nr. 275 ff. zum Problem, dass der EGMR häufig als Superrevisionsinstanz agieren soll. Bei Beschwerden, die erkennen lassen, dass lediglich das letztinstanzliche nationale Urteil überprüft werden soll, ist eine Abweisung wegen offensichtlicher Unbegründetheit möglich. Zur offensichtlichen Unbegründetheit einer Beschwerde, weil die Freiheitsentziehung ersichtlich nicht willkürlich war (Art. 5 Abs. 1 Satz 2 *lit.* c): EGMR Magnitskiy u.a./R, 27.8.2019, §§ 198 ff., 205.

567 *Grabenwarter/Pabel* § 13, 61.

568 *Grabenwarter/Pabel* § 13, 61.

schwerde offensichtlich unbegründet ist.[569] Dagegen erklärt der Gerichtshof die Beschwerde nicht für unzulässig, wenn sie eine schwerwiegende Frage tatsächlicher oder rechtlicher Natur aufwirft.[570]

Die Begründung der ablehnenden Entscheidung beschränkt sich mitunter auf eine **251** knappe **Pauschalformel**,[571] die als sog. **„global formula"** auch benutzt wird, wenn dadurch andere Fragen der Zulässigkeit mit abgedeckt werden sollen.[572] In anderen Fällen werden die Erwägungen, aus denen sich die Unbegründetheit ergibt, ausführlich dargelegt, um dann als Endergebnis die Beschwerde als offensichtlich unbegründet und damit unzulässig zu bezeichnen. Im Interesse der Verfahrensvereinfachung steht die Einstufung einer Beschwerde als offensichtlich unbegründet genauso wie auch die Feststellung ihrer Unzulässigkeit aus sonstigen Gründen während des ganzen Verfahrens allen damit befassten Spruchkörpern offen. Im Sinne der Verfahrensführung „effektiv" ist dieses Verfahren vor allem, wenn eine Beschwerde bereits am Beginn des Verfahrens im Rahmen der Zulässigkeitsprüfung durch den Einzelrichter oder einen einstimmigen Beschluss eines Ausschusses als offensichtlich unbegründet verworfen wird oder wenn die zunächst mit der Zulässigkeitsprüfung befasste Kammer sie durch einen Mehrheitsbeschluss[573] verwirft, bevor zur Sache verhandelt wird. Für den jeweiligen Bf. ist ein solches „Handling" seiner Beschwerde allerdings äußerst frustrierend, insbesondere wenn die Begründung knapp oder komplett ausfällt.

8. Missbrauch des Beschwerderechts

a) Allgemeines. Weder die EMRK noch die *Rules of Court* (VerfO) sehen die Verhängung **252** einer Gebühr als Sanktion für die missbräuchliche Einlegung einer Beschwerde vor. In Extremfällen kann der Gerichtshof eine Individualbeschwerde jedoch für unzulässig erklären, wenn sie seiner Ansicht nach missbräuchlich erhoben wurde (Art. 35 Abs. 3 *lit.* a).

Unter einem **Missbrauch** („abuse") versteht der EGMR ein Verhalten, mit dem ein **253** Betroffener **ein Recht außerhalb seiner Zweckbestimmung auf schädliche Weise einsetzt** („harmful exercise of a right for purposes other than those for which it is designed").[574] Jedes Verhalten, das offensichtlich dem **Zweck der Individualbeschwerde zuwiderläuft** und die ordnungsgemäße Arbeit des EGMR sowie den geordneten Ablauf des Verfahrens selbst behindert, stellt einen Missbrauch des Beschwerderechts aus Art. 34 dar.[575] Das missbräuchliche Verhalten und die Verantwortlichkeit des Bf. dafür müssen feststehen bzw. bewiesen sein; bestehen Zweifel, ist zugunsten des Bf. davon auszugehen, dass er sich nicht missbräuchlich verhalten hat.[576]

---

569 Vgl. *Villiger* 178; *Grabenwarter/Pabel* § 13, 60; *Frowein/Peukert* Art. 35, 61; siehe auch MAH/*Eschelbach* § 32, 41 (offensichtliche Unbegründetheit als „dynamischer Begriff"; Offensichtlichkeit schwindet jedoch umso mehr, je mehr Prüfungsschritte für eine abschließende Beurteilung vorgenommen werden müssen).

570 EGMR (GK) Ilaşcu u.a./MOL, R, 8.7.2004; *Grabenwarter/Pabel* § 13, 60.

571 Vgl. EGMR Petersen/D (E), 12.1.2006 („... having regard to all material in its possession, the Court finds that these complaints do not disclose any appearance of a violation of the rights and freedoms set out in the Convention or its Protocols").

572 *Grabenwarter/Pabel* § 13, 62; vgl. auch *Villiger* 171 ff.

573 Auf die Diskrepanz, die darin liegen kann, wenn trotz divergierender Meinungen die offensichtliche Unbegründetheit festgestellt wird, weist *Frowein/Peukert* Art. 35, 61 hin.

574 Vgl. etwa EGMR Zhdanov u.a./R, 16.7.2019, § 79.

575 EGMR Petrovic/SRB (E), 18.10.2011, NJW **2012** 3501, § 3; Safaryan/ARM (E), 14.1.2020, § 24.

576 EGMR Bivolaru/RUM, 28.2.2017, §§ 82 f.; Deceuninck/F (E), 13.12.2011, NJW-RR **2013** 118; Mandil/F (E), 13.12.2011; Miroļubovs u.a./LET, 15.9.2009, NVwZ **2010** 1541, § 69.

254   Ein Missbrauch des Beschwerderechts kann in einem **Prozessverhalten** (formeller Missbrauch) des Bf. liegen, aber auch in einem von dem Bf. **verfolgten Zweck oder Ziel** („object one wishes to attain with the application"; sog. materieller Missbrauch).[577]

255   **b) Formeller Missbrauch.** Die Individualbeschwerde kann als Sanktion für missbräuchliches Prozessverhalten für unzulässig erklärt werden (*„for improper conduct of proceedings"*). Dies ist etwa dann der Fall, wenn der Bf. **bewusst wahrheitswidrige Tatsachen vorträgt** (*knowingly based on untrue facts*),[578] **entscheidungsrelevante Tatsachen verschweigt**[579] oder **unvollständige und damit irreführende Angaben** macht, insbesondere wenn sie den Verfahrensgang oder den Kern der Rechtssache betreffen und nicht hinreichend, d.h. plausibel erläutert worden ist, warum diese Auskunft nicht erteilt worden ist.[580] Häufig ist dann auch eine Streichung nach Art. 37 Abs. 1 *lit.* a möglich. Auch Verstöße gegen die Verfahrensordnung können dazu führen, dass eine Beschwerde als missbräuchlich eingestuft wird, etwa wenn gegen das **Gebot der Vertraulichkeit** der Verhandlungen über eine gütliche Einigung verstoßen[581] oder eine gefälschte Vollmacht vorgelegt wird.[582]

256   Missbräuchlich ist auch die **Beleidigung von Mitgliedern des Gerichtshofs** (dazu zählen auch die Mitarbeiter der Kanzlei)[583] bzw. die **Äußerung unangemessener Kritik**

---

577   EGMR (GK) S.A.S./F, 1.7.2014, EuGRZ **2015** 16 = NJW **2014** 2925, §§ 66 f.; Miroļubovs u.a./LET, 15.9.2009, §§ 62, 65; Petrovic/SRB (E), 18.10.2011, § 3; siehe auch: *Grabenwarter/Pabel* § 13, 51.
578   EGMR (GK) Akdivar u.a./TRK, 16.9.1996, §§ 53–54; Varbanov/BUL, 5.10.2000, § 36; Popov/MOL (Nr. 1), 18.1.2005, § 48; Keretchachvili/GEO (E), 2.5.2006; Hüttner/D (E), 19.6.2006, NJW **2007** 2097; Miroļubovs u.a./ LET, 15.9.2009, § 63 (zu diversen Beispielen missbräuchlichen Verhaltens siehe die Zusammenfassung in den red. Leitsätzen 1–3 in NVwZ **2010** 1541).
579   EGMR (GK) Gross/CH, 30.9.2014, NJW **2016** 143, §§ 29 ff., 34, 36 (Versterben des Bf. nach Kammer-Urteil; Verschweigen/Verheimlichen dieses Umstands durch Rechtsvertreter, damit sich GK dem Fall befasst; mit 9:8 Stimmen entschieden; zur Abgrenzung (Art. 2): EGMR Benzer u.a./TRK, 13.1.2015, §§ 8, 13, und Gülbahar Özer u.a./TRK, 10.6.2014, §§ 6, 9: Angehörige durften Beschwerde weiterführen; Tod des Bf. beeinträchtigte Zulässigkeit der Beschwerde nicht); Bekauri/GEO, 10.4.2012, NJW-RR **2013** 120, §§ 21 ff. (keine Mitteilung von nationalem Urteil, das Opfereigenschaft entfallen ließ); kein Missbrauch soll vorliegen, wenn Bf. zwar einige gegen ihn sprechende Elemente des Sachverhalts nicht vorträgt, diese sich aber aus den vorgelegten nationalen Gerichtsentscheidungen ergeben: EGMR Mikolenko/EST, 8.10.2009, §§ 43 ff. – Missbrauch, wenn der Bf. nach Einlegen der Beschwerde eingetretene Änderungen erheblicher Umstände entgegen Art. 47 Abs. 7 VerfO nicht mitteilt: EGMR Komatinović/SRB (E), 29.1.2013 (Verfassungsgericht hatte sich unerwartet doch noch mit Rechtsbehelf befasst); Vorozhba/R, 16.10.2014, §§ 66 ff.; Sindicatul Liber Solectron/RUM (E), 20.1.2015, §§ 19 ff.; Ibriş/RUM (E), 21.6.2016, §§ 27 ff.; in Abgrenzung dazu EGMR Vktar/KRO, 7.1.2016, § 88 (verschwiegene Umstände nicht so bedeutend).
580   EGMR Hüttner/D (E), 19.6.2006 (Wegfall Opfereigenschaft); Berger/D (E), 17.3.2009, EuGRZ **2009** 316; Miroļubovs u.a./LET, 15.9.2009, § 63; Miladin Milosevic/SRB, 5.7.2011, NJW-RR **2012** 1011; siehe weitere Beispiele im ECHR Practical Guide Nr. 187. Zusammenfassend zu unwahren Behauptungen und unlauterem Verschweigen: EGMR (GK) Gross/CH, 30.9.2014, § 28.
581   EGMR Miroļubovs u.a./LET, 15.9.2009, §§ 66 ff.; Deceuninck/F (E), 13.12.2011, NJW-RR **2013** 118; ferner ECHR Practical Guide Nr. 195 ff.
582   EGMR Poznanski u.a./D (E), 3.7.2007, NJW **2009** 489; hierzu EGMR Gogitidze/GEO, 12.5.2015, §§ 77 ff. (Bf. bei Einlegung der Beschwerde bereits verstorben; Unterschrift offensichtlich gefälscht; missbräuchlich, auch wenn Rechtsvertreter nichts davon weiß).
583   EGMR Duringer u.a. und Grunge/F (E), 4.2.2003 (Beleidigung von Mitgliedern des Gerichtshofs in Schriftsätzen); Jian/RUM (E), 30.3.2004 (Beifügung gefälschter Dokumente); The Georgian Labour Party/GEO (E), 22.5.2007; Miroļubovs u.a./LET, 15.9.2009, § 64; Petrovic/SRB (E), 18.10.2011, § 3 („vexing manifestations of irresponsibility and a frivolous attitude towards the Court, amounting to contempt"); *Frowein/Peukert* Art. 35, 62.

(contempt of court).[584] Die Beschwerde wird aber nicht mehr als missbräuchlich behandelt, wenn der Bf. mit den Beschimpfungen aufhört, bzw. sich dafür entschuldigt.[585] Dasselbe gilt für Beschwerden von offenkundig **querulatorischer Natur**, die keinen wirklichen Zweck verfolgen und/oder in denen es um **äußerst geringe Schäden** geht.[586]

c) Materieller Missbrauch. Schließlich kann der mit einer Beschwerde **verfolgte** 257 **Zweck** diese als missbräuchlich erscheinen lassen. Das ist z.B. dann der Fall, wenn das Ziel des Bf. erkennbar nicht die Wahrung seiner legitimen eigenen Konventionsrechte ist, sondern die Beschwerde die **Arbeit des EGMR lahmlegen** soll[587] oder wenn die Beschwerde **ausschließlich zu Propaganda- oder Reklamezwecken** eingelegt wird. Der Umstand allein, dass die Beschwerde in der Öffentlichkeit Beachtung finden und damit **auch** eine politische Propagandawirkung zugunsten des Bf. erreicht werden soll, genügt dafür aber nicht.[588] Auch dass sich der Bf. den Folgen des Urteils entziehen will, über das er sich beschwert, ist für die Annahme eines Missbrauchs nicht ausreichend.[589] Keinen Missbrauch stellt es ferner dar, dass der Betroffene als Parlamentarier für das Gesetz gestimmt hat, das später Grundlage für den vorgetragenen Konventionsverstoß wurde.[590] Ein Missbrauch kann aber angenommen werden, wenn die Inanspruchnahme internationalen Rechtsschutzes in einem Missverhältnis zum geltend gemachten Interesse steht (zum unerheblichen Nachteil Rn. 258 ff., 363 ff.).[591]

9. Unerheblicher Nachteil. Eine Beschwerde kann seit Inkrafttreten des 14. P-EMRK 258 auch dann als unzulässig eingestuft werden (Art. 35 Abs. 3 *lit.* b), wenn der Bf. keinen erheblichen Nachteil erlitten hat (*significant disadvantage*)[592] und der Fall keine menschenrechtlichen Besonderheiten aufweist (*unless respect for human rights ... requires an examination of the application on the merits*). Die Frage des erheblichen Nachteils stellt dabei das Hauptkriterium („main element")[593] dar und richtet sich vor allem nach den finanziellen Auswirkungen der Rechtsstreitigkeit und der Bedeutung des Falles für den

---

584 EGMR Rehak/CS (E), 18.5.2004; Miroļubovs u.a./LET, 15.9.2009, § 64; ECHR Practical Guide Nr. 193 f. m.w.N.
585 EGMR Miroļubovs u.a./LET, 15.9.2009, § 64.
586 *Frowein/Peukert* Art. 35, 62; siehe auch EGMR Bock/D (E), 19.1.2010, NJW **2010** 1581 = EuGRZ **2010** 42 (Erstattung von 7,99 € für Magnesiumtabletten); Petrovic/SRB (E), 18.10.2011, § 3 („succession of ill-founded and querulous complaints, creating unnecessary work").
587 EGMR Zambrano/F (E), 7.10.2021 (Corona-Gesundheitspass).
588 EGMR Lawless/IR, 1.7.1961; (GK) Buscarini u.a./SM, 18.2.1999; Miroļubovs u.a./LET, 15.9.2009, § 64; *Frowein/Peukert* Art. 35, 62; Meyer-Ladewig/Nettesheim/von Raumer/*Meyer-Ladewig/Peters* Art. 35, 49; siehe auch ECHR Practical Guide Nr. 202 m.w.N.
589 EGMR Ismoilov u.a./R, 24.4.2008, §§ 101 ff.
590 EGMR Naidin/RUM, 21.10.2014, §§ 37 ff. (nicht unter dem Gesichtspunkt des Missbrauchs, sondern der Beschwerdeberechtigung/Opfereigenschaft behandelt).
591 EGMR Bock/D (E), 19.1.2010, NJW **2010** 1581 = EuGRZ **2010** 42 (Verfahrensdauer; beamtenrechtliche Beihilfestreitigkeit, Streitwert 7,99 €).
592 EGMR Gagliano/I, 6.3.2012, § 58 bzgl. Recht auf angemessene Verfahrensdauer.
593 So etwa EGMR Savelyev/R (E), 21.5.2019, § 26; Strezovski u.a./MKD, 27.2.2020, § 46; Cimperšek/SLW, 30.6.2020, § 31; zur Prüfungsreihenfolge EGMR Grozdanić u. Gršković-Grozdanić/KRO, 28.1.2021, § 129 („[...] before being able to declare a complaint inadmissible for lack of significant disadvantage, the Court has to satisfy itself that the two safeguard clauses stipulated in Article 35 § 3 (b) of the Convention were complied with. In particular, it must examine (a) whether respect for the human rights safeguarded by the Convention and its Protocols requires an examination of this part of the application on the merits, and (b) whether the case has been duly considered by a domestic tribunal").

Bf.[594] Dies darf allerdings nicht allein anhand der subjektiven Wahrnehmung des Bf. bestimmt werden; vielmehr muss diese Wahrnehmung auf einer objektiven Grundlage beruhen.[595] Bis zum Inkrafttreten des 15. Protokolls zur EMRK (Rn. 397) gab es noch das zusätzliche, einschränkende Kriterium, dass der Fall bereits von einem nationalen Gericht gebührend geprüft wurde (*duly considered*), der seither entfallen ist (vgl. Art. 5 des 15. P-EMRK). Näheres unter Rn. 363 ff.

VI. Urteile und Entscheidungen des Gerichtshofs

1. Form und Inhalt

259   **a) Form.** Die Urteile und Entscheidungen des Gerichtshofs werden entweder in öffentlicher Sitzung verkündet oder, wie es in der Praxis die Regel ist, vom Kanzler in der Form einer beglaubigten Kopie den Parteien zugestellt, was die Verkündung ersetzt.[596] Die Beratungen finden dagegen immer in nichtöffentlicher Sitzung statt (Art. 22 Abs. 1 VerfO). Auch nach Abschluss des Verfahrens bleiben diese Beratungen geheim. Neben den Richtern nehmen nur der Kanzler bzw. sein Vertreter sowie Kanzleibedienstete und Dolmetscher an den Beratungen teil, deren Hilfe für erforderlich erachtet wird. Sollen andere Personen zur Urteilsberatung zugelassen werden, bedarf dies nach Art. 22 Abs. 2 VerfO einer besonderen Entscheidung des Gerichtshofs.

260   Sämtliche Urteile und Beschlüsse des Gerichtshofs werden mit der **Mehrheit** der anwesenden Richter getroffen (Art. 23 Abs. 1, Abs. 2 Satz 1 VerfO).[597] Im Rahmen von Schlussabstimmungen über Zulässigkeit und Begründetheit einer Beschwerde sind Enthaltungen nicht zulässig (Art. 23 Abs. 2 Satz 2 VerfO; Abstimmung in der Regel durch Handzeichen, Art. 23 Abs. 3 VerfO).

261   Sobald ein Urteil endgültig wird, wird es dem **Ministerkomitee zugeleitet** (Art. 46 Abs. 2).

262   **Urteile und Zulässigkeitsentscheidungen** sind **zu begründen** (Art. 45 Abs. 1 EMRK; Art. 56 Abs. 1, 74 VerfO).[598] Dasselbe gilt für die **Streichung** einer für zulässig erklärten Beschwerde im Register, da diese i.d.R. als Urteil ergeht (Art. 43 Abs. 3 Satz 3 VerfO). Eine entsprechende Begründungspflicht (allerdings nur Sachverhalt und Inhalt der Einigung) besteht für Entscheidungen nach Art. 39 Abs. 1, Abs. 3, durch die eine Beschwerde nach einer **gütlichen Einigung** im Register gestrichen wird.

263   Anzugeben ist, ob die Entscheidung **einstimmig oder durch Mehrheitsbeschluss** getroffen wurde. Jeder Richter kann seine im Urteil nicht zum Ausdruck gekommene über-

---

594 EGMR Konstantin Stefanov/BUL, 27.10.2015, § 44; Karastelev u.a./R, 6.10.2020, § 57 („significant disadvantage"; bejaht bei an den Bf. gerichteter Verwarnung); erheblicher Nachteil auch bejaht in Antia und Khupenia/GEO, 18.6.2020, § 31 (Verlust des Arbeitsplatzes als Folge des vor dem EGMR gerügten Strafverfahrens sowie fehlende Beseitigung des öffentlich verkündeten Urteils trotz Aufhebung des Strafausspruchs).
595 EGMR Mura/PL (E), 9.5.2016, §§ 21, 24; C.P./UK (E), 6.9.2016, § 42; Panioglu/RUM, 8.12.2020, § 73.
596 Vgl. *Grabenwarter/Pabel* § 14, 3; vertiefend zu den Entscheidungen des EGMR und deren Wirkungen *Leach* Taking a Case to the European Court of Human Rights 78 ff.
597 Vgl. aber auch Art. 53 Abs. 1 VerfO (Einstimmigkeit der Kammerentscheidung bei Unzulässigkeit der Beschwerde).
598 Zu den Besonderheiten von Aufbau und Stil der Urteile vgl. *Grabenwarter/Pabel* § 14, 4 ff.; Zur Schwierigkeit, in den meist von den Mitarbeitern des Sekretariats erstellten schriftlichen Urteilsgründen den von divergierenden Rechtstraditionen bestimmten Auffassungen der einzelnen Richter Rechnung zu tragen, und den deshalb mitunter inkonsistenten Begründungen vgl. *Kühne* StV **2001** 73, 77 ff.

einstimmende (*concurring opinion*) oder aber abweichende Meinung (*dissenting opinion*) darlegen (Art. 45 Abs. 2 EMRK; Art. 56 Abs. 1; Art. 74 Abs. 2 VerfO).

Die Urteile werden vom Kammerpräsidenten bzw. Ausschussvorsitzenden und vom **264** Kanzler **unterzeichnet** (Art. 77 Abs. 1 VerfO). **Kammerurteile** können in öffentlicher Sitzung verkündet werden (Art. 77 Abs. 2 VerfO); danach wird das Urteil dem Ministerkomitee mitgeteilt, Kopien werden an die Parteien, an den Generalsekretär des Europarats, an alle Dritten i.S.v. Art. 36, einschließlich des Kommissars für Menschenrechte, sowie an alle versendet, die im Übrigen durch das Urteil unmittelbar betroffen sind (Art. 77 Abs. 3 VerfO). Bei **Ausschussurteilen** (generell) und bei vielen Kammerurteilen ersetzt die Bekanntgabe nach Art. 77 Abs. 3 VerfO die Urteilsverkündung in öffentlicher Sitzung (Art. 77 Abs. 2 Satz 3 VerfO).

b) Feststellung der Konventionsverletzung. Im Grundsatz ist der EGMR darauf be- **265** schränkt, Konventionsverletzungen durch den beteiligten Staat zu verneinen oder aber sie festzustellen. In materieller Hinsicht ist der Gerichtshof dabei nicht auf die Prüfung der vom Bf. geltend gemachten Konventionsbestimmungen festgelegt (*„The Court who is the master of the characterisation to be given in law to the facts"*),[599] sondern lediglich insoweit gebunden, als er nur den vor ihn gebrachten **Lebenssachverhalt** bzw. das zugrunde liegende **spezielle Ereignis** prüfen kann. Wurde eine Entscheidung über die Zulässigkeit (separat) getroffen, so hat sich die Prüfung materiellrechtlich in den dadurch vorgegebenen Grenzen zu halten. Innerhalb dieses Rahmens kann der EGMR die Beschwerde *on its own motion* auch vor dem Hintergrund einer vom Bf. nicht als einschlägig eingestuften Konventionsbestimmung untersuchen[600] und dabei über **alle Tatsachen- und Rechtsfragen** entscheiden, die im Verfahren auftreten. Außer Betracht bleiben allerdings Äußerungen der Parteien im Rahmen einer streng vertraulichen Verhandlung über eine gütliche Einigung sowie die Gründe, aus denen eine solche Einigung nicht zustande gekommen ist (Art. 39 Abs. 2 EMRK; Art. 62 Abs. 2 Satz 1 VerfO).[601]

Von der Möglichkeit, auch nicht ausdrücklich als verletzt bezeichnete Bestimmungen **266** der Konvention auf den vorgetragenen Sachverhalt anzuwenden, macht der Gerichtshof nicht immer Gebrauch. Dies führt zu einem Verlust an Rechtssicherheit, im Einzelfall bisweilen zur Verweigerung von Rechtsschutz.[602]

„In cases arising from individual petitions the Court's task is not to review the relevant **267** *legislation in the abstract. Instead, it must confine itself, as far as possible, to examining the issues raised by the case before it."*[603] Daher kann die **Nichteinhaltung innerstaatlicher Rechtsnormen** als solche vor dem Gerichtshof menschenrechtlich nur über eine spezielle

---

599 Vgl. EGMR Hub/D, 9.4.2009, § 40, FuR **2009** 623 = JAmt **2010** 37; siehe auch EGMR Vanjak/KRO, 14.1.2010, § 25; Silikienė/LIT, 10.4.2012, § 51; Mateescu/RUM, 14.1.2014, § 17.

600 EGMR Bati u.a./TRK, 3.6.2004; Parlanti/D (E), 26.5.2005, § 6 (bzgl. Art. 3 bei Auslieferungsentscheidung); krit. hingegen Karpenstein/Mayer/*Schäfer* Art. 34, 18 (Kompetenzenüberschreitung).

601 EGMR (GK) Tahsin Acar/TRK, 6.5.2003, §§ 63, 74.

602 Ein besonders kritikwürdiges Beispiel: EGMR Ostermünchner/D, 22.3.2012, § 46. Der Bf., ein Ausländer in Sicherungsverwahrung, trug vor, ihm sei keine geeignete Therapie angeboten worden, durch die er seine Gefährlichkeit abbauen und seine Freilassung hätte erreichen können. Vor dem BVerfG hatte er noch separat gerügt, als Ausländer diskriminiert zu werden, während er vor dem EGMR offenbar „nur" geltend machte, dass die Therapie wegen der Anordnung der Ausweisung nicht gewährt werde (Art. 5). EGMR prüfte nicht die Verletzung des offensichtlich einschlägigen Art. 14, der zumindest inzident gerügt war (obwohl Bf. das Wort „Diskriminierung" und den einschlägigen Art. 14 nicht benannt hat), da die Ausweisung, die dem Bf. zufolge ursächlich für die Verweigerung der Therapie war, nur gegen ihn als Ausländer hatte ausgesprochen werden können.

603 EGMR (GK) Taxquet/B, 16.11.2010, § 83.

Anknüpfung in einer Bestimmung der EMRK gerügt werden, etwa im Rahmen von **Schrankenvorbehalten**, in denen die Konvention ausdrücklich auf das nationale Recht verweist (Art. 5 Abs. 1 Satz 2: „auf die gesetzlich vorgeschriebene Weise"; Art. 8 Abs. 2: „gesetzlich vorgesehen"). Aber selbst in diesen Fällen variiert die Kontrolldichte des EGMR von Fall zu Fall. Zum Teil beschränkt sich der Gerichtshof auf eine **Evidenz- oder Willkürkontrolle**,[604] teilweise geht die Prüfung aber auch recht detailliert und tief ins nationale Recht hinein.[605]

268   Macht der Bf. geltend, durch dasselbe staatliche Handeln in mehreren Rechten nach der Konvention bzw. durch unterschiedliche Handlungsmodalitäten staatlicher Organe verletzt zu sein, so nimmt der EGMR eine gesonderte Prüfung jedes einzelnen Beschwerdepunktes nur dann vor, sofern diese jeweils neue Fragestellungen aufwerfen. Es ist jedoch die Tendenz zu erkennen, dass der Gerichtshof detaillierte Ausführungen lediglich zu der **im Schwerpunkt gerügten Konventionsverletzung** macht und die Beurteilung der übrigen Aspekte der Beschwerde dahinstehen lässt.[606]

269   Grundsätzlich wird der Staat aus dem Urteil nach **Art. 46 Abs. 1** verpflichtet, die **festgestellte Verletzung zu beenden, Wiederholungen auszuschließen** sowie **Wiedergutmachung** zu leisten (zur Bindungswirkung der Urteile des EGMR Rn. 314 ff.). Abgesehen von der Verpflichtung zur Leistung der nach **Art. 41** auf Antrag ggf. festzusetzenden „gerechten Entschädigung" (siehe zu den Voraussetzungen Rn. 270 ff.) als Ersatz für eine Wiedergutmachung im Sinne einer *restitutio integrum* (Rn. 276, 301) äußert sich der Gerichtshof grundsätzlich nicht dazu, **auf welchem Weg** der verurteilte Staat seiner Befolgungspflicht aus dem Urteil (Art. 46 Abs. 1) nachkommen soll. In den letzten Jahren hat der EGMR jedoch mehrfach angedeutet, teilweise sogar unmissverständlich ausgesprochen, wie der festgestellte Konventionsverstoß seiner Ansicht nach zu beheben ist, z.B. durch eine Neuverhandlung des Falles, die Freilassung des Bf. oder durch die Rückgabe einer beschlagnahmten Sache.[607] Einem Vertragsstaat wurde sogar aufgegeben, zugunsten eines Bf., der sich nicht mehr in der Gewalt des Vertragsstaats, sondern der USA befand, von den USA zu erwirken, dass der Bf. nicht zum Tode verurteilt werde.[608] Inwiefern derart konkrete Vorgaben durch den EGMR überhaupt zulässig sind, ist allerdings umstritten, insbesondere unter dem Aspekt einer sog. **Annex-Kompetenz.**[609]

270   **c) Gerechte Entschädigung (Art. 41).** In dem Urteil, das eine Konventionsverletzung feststellt oder – sofern zu diesem Zeitpunkt der Ausspruch einer Entschädigung noch nicht spruchreif ist – in einem gesonderten Urteil am Ende eines Nachverfahrens, entscheiden Kammer oder Ausschuss auch darüber, ob und in welcher Höhe dem Bf. wegen der festgestellten Konventionsrechtsverletzung eine **gerechte Entschädigung** zuzuerkennen ist (Art. 75 VerfO).[610] Über die Höhe der Entschädigung ist auch eine gütliche Einigung mög-

---

604   EGMR Buck/D, 28.4.2005, § 37 = NJW **2006** 1495 = StV **2006** 561 = StraFo **2005** 371.

605   EGMR Gusinskiy/R, 19.5.2004, §§ 56–69.

606   Siehe EGMR Wendenburg u.a./D (E), 6.2.2003, NJW **2003** 2221, 2223 = EuGRZ **2003** 709 = ÖJZ **2004** 775 = BRAK-Mitt. **2003** 70 (Singularzulassung OLG).

607   EGMR Stoichkov/BUL, 24.3.2005, § 81 (Neuverhandlung); (GK) Assanidze/GEO, 8.4.2004, NJW **2005** 2207 = EuGRZ **2004** 268 mit Anm. *Breuer* EuGRZ **2004** 257 (Freilassung); hierzu *Csaki* 31 ff.; *Rudolf/von Raumer* AnwBl. **2009** 313, 314.

608   EGMR Al Nashiri/PL, 24.7.2014, §§ 41, 589.

609   Dazu etwa Karpenstein/Mayer/*Breuer* Art. 46, 6 ff.; *Haß* 193 ff.; *Rohleder* 70 ff.; krit. Meyer-Ladewig/ Nettesheim/von Raumer/*Meyer-Ladewig/Brunozzi* Art. 46, 5.

610   Zur oft kursorischen Behandlung der Entschädigungsfragen in den Urteilen des EGMR vgl. *Dannemann* RabelsZ **1999** 452, 492 ff.; eingehend zur Entschädigung *Leach* Taking a Case to the European Court of Human Rights 598 ff.

lich. Wird eine solche getroffen, wird die Beschwerde in Form eines Urteils aus dem Register gestrichen, sofern nicht Bedenken hinsichtlich der Fairness der Einigung bestehen (Art. 75 Abs. 4 VerfO); vgl. auch Rn. 299. Art. 41 EMRK beruht auf dem Gedanken einer unmittelbar auf der Verletzung von Menschenrechten gründenden Ersatzpflicht. Auch dem Entschädigungsanspruch kommt damit ein menschenrechtlicher Gehalt zu.[611]

Die Entschädigung umfasst zum einen den tatsächlichen **materiellen Schaden** (pecu- **271** niary damage/préjudice matériel), die **immateriellen Schäden** (z.B. psychische Schäden, Unbequemlichkeiten etc.; non-pecuniary damage/préjudice moral)[612] sowie die **Kosten und Auslagen** für die Rechtsverfolgung (*costs and expenses*/frais et dépens). Zu den Einzelheiten siehe **Practice Direction Just Satisfaction Claims** v. 28.3.2007 (PD-JS). Der EGMR kann auch die Entschädigung für immaterielle Schäden den Personen zuerkennen, die die Beschwerde zulässigerweise für den verstorbenen Bf. fortführen (Rn. 138, 171 ff.).[613] Ein Betrag, den der Bf. im Wege der Verfahrenshilfe (legal aid) erhalten hat, wird bei den Kosten in Abzug gebracht. Voraussetzung für alle Posten ist, dass eine Entschädigung vom Verletzten **rechtzeitig**,[614] also innerhalb der Frist für Ausführungen zur Begründetheit, **geltend gemacht** und **ordnungsgemäß** belegt wird (Art. 60 VerfO, Nr. 4, 5, 21, 22 PD-JS).[615]

Grundsätzlich wird eine Entschädigung nur für die aus der festgestellten Konventions- **272** verletzung *unmittelbar* erwachsenen und nachgewiesenen **materiellen oder immateriellen Schäden** ausgesprochen, nicht für sonstige Schäden, die dem Bf. aus anderen vergleichbaren Vorgängen oder aus anderen, erfolglos behaupteten Konventionsverletzungen entstanden sind.[616] Wenn der Konventionsverstoß in einer Verurteilung zu Schadensersatz bestand, ist dem Bf. regelmäßig ein Schaden in der entsprechenden Höhe entstanden,[617] es kann jedoch erforderlich sein zu belegen, dass man den Schadensersatz auch tatsächlich bezahlt hat.[618]

---

611 Vgl. hierzu BVerfG Beschl. v. 18.11.2020 – 2 BvR 477/17, NVwZ **2021** 398, 401.

612 Zum Ersatz von immateriellem Schaden bei juristischen Personen EGMR (GK) Comingersoll S.A./P, 6.4.2000, §§ 32 ff.; Ukrainian Media Group/UKR, 29.3.2005, § 75; Shesti Mai Engineering OOD u.a./BUL, 20.9.2011, § 115; Sociedade de Construções Martins & Vieira, Lda. u.a./P, 30.10.2014, §§ 1, 4, 73; Brantom International S.R.L. u.a./MOL, 10.2.2015, §§ 5, 39; Miracle Europe Kft/H, 12.1.2016, § 71; Tudor-Auto S.R.L. u. Triplu-Tudor S.R.L./MOL, 9.2.2016, §§ 23 ff.

613 EGMR Cornelia Eufrosina Radu/RUM, 12.7.2007, § 41; Salakhov u. Islyamova/UKR, 14.3.2013, §§ 230 ff.; Gülbahar Özer u.a./TRK, 10.6.2014, §§ 8, 11 (Gerichtshof ging auf Vorbringen der Regierung nicht näher ein, Entschädigung wegen eines bei einem mittlerweile Verstorbenen entstandenen immateriellen Schadens solle nicht pauschal der Bf., sondern den Erben des Verstorbenen zuerkannt werden).

614 EGMR Cojocaru/RUM, 10.2.2015, § 37; Novović/MTN, 23.10.2012, § 62 (jeweils: Zurückweisung wegen verspäteter Geltendmachung).

615 Siehe hierzu auch *Frowein/Peukert* Art. 41, 6 ff.

616 Nr. 8 f. PD-JS; speziell zur Entschädigung bei Verurteilungen aus Art. 2 (Recht auf Leben): *Bruckmann* Was kostet ein Menschenleben? (2009). Siehe EGMR Hamvas/RUM, 9.7.2013, § 55: Bf. hatte u.a. Verstöße gegen Art. 5 Abs. 3 und Art. 7 gerügt und Ersatz für immateriellen Schaden geltend gemacht, der auf der strafrechtlichen Verurteilung beruhen soll. Da der EGMR aber die EMRK nur hinsichtlich der Länge der Untersuchungshaft (Art. 5 Abs. 3) verletzt sieht, verneint er folgerichtig einen auf dem Konventionsverstoß beruhenden immateriellen Schaden. Ähnlich EGMR Ulariu/RUM, 19.11.2013, §§ 74, 76 (Ersatz für immateriellen Schaden infolge der U-Haft; Verletzung von Art. 8 wegen illegaler Aufzeichnung von Gesprächen, nicht aber von Art. 5; kein Schadensersatz; kein immaterieller Schaden aus Verletzung von Art. 8 geltend gemacht); Latipov/R, 12.12.2013, §§ 156 ff.

617 EGMR Mladina d.d. Ljubljana/SLW, 17.4.2014, §§ 51 ff.

618 Siehe EGMR (GK) Vasiliauskas/LIT, 20.10.2015, §§ 193, 195; siehe auch: EGMR Colaço Mestre et SIC – Sociedade Independente de Comunicação, S.A./P, 26.4.2007, §§ 35 f., 39 (Verurteilung zur Leistung von Schadensersatz; Verletzung von Art. 10; kein Ersatz, da Zahlung nicht belegt [„aucun justificatif établissant le

273   **Entschädigungsfähig** sind nur die Nachteile, für die die im Urteil festgestellte Konventionsverletzung **ursächlich** war (Nr. 7, 8 PD-JS). Die diesbezügliche **Darlegungs- und Beweislast** liegt allein beim **Bf**. Die Anforderungen sind beträchtlich; erforderlich sind konkrete, glaubhafte Angaben zu Eintritt, Art und Umfang der Schädigung (Nr. 7, 11 PD-JS).[619] Arztkosten u.ä. sind insbesondere bei Verletzung von Art. 3 ersatzfähig.[620] Bei Verletzung von Art. 2 kann entgangener Unterhalt, den der Getötete seinen Angehörigen geleistet hätte, zum Schaden zählen.[621] Wird entgegen dem **HKÜ** ein Kind nicht zurückgeführt (Verstoß gegen Art. 8, dort: Rn. 10 u. Fn. 24), so können **Reisekosten**, die dem benachteiligten Elternteil für Besuche beim Kind im anderen Staat entstehen, entschädigungsfähig sein.[622] Wird eine **staatliche Leistung** konventionswidrig vorenthalten, so bildet ihre Höhe den Schaden.[623] Insbesondere bei Verfahrensfehlern spekuliert der EGMR nicht darüber, wie das Verfahren bei konventionskonformem Verhalten ausgegangen wäre (Rn. 272). Mangels Kausalität ist daher ein Lohn-/Einkommensausfall bei Haftstrafen, die in einem unfairen Verfahren (Art. 6) ausgesprochen wurden, tendenziell nicht ersatzfähig;[624] die Frage muss daher vorrangig im nationalen Wiederaufnahmeverfahren geklärt werden.[625] Verstieß eine **Freiheitsentziehung** hingegen gegen **Art. 5 Abs. 1**, so ist sie tendenziell Gegenstand der Entschädigung;[626] die Freiheitsentziehung aufgrund einer Verurteilung, bei der gegen Art. 6 verstoßen wurde, führt in der Regel nicht

---

paiement effectif de ces dernières sommes ‚n'a été fourni à la Cour"]. Die PD-JS liefert keine endgültige Aufklärung, wie solche Fälle gehandhabt werden sollten (§ 10: „...This *can* involve compensation for both loss actually suffered (...) and loss, or diminished gain, *to be expected in the future* ...", Hervorhebung durch Verf.).

619 Ein seltenes Beispiel für eine großzügige Auslegung, die den sensiblen Fall einer konventionswidrigen Tötung (Art. 2) betraf: EGMR Aydan/TRK, 12.3.2013, §§ 136, 138, 140 (Witwe des Getöteten; keine konkreten Angaben zum Verdienstausfall; Ehemann hatte keine feste Beschäftigung, nur Gelegenheitsjobs; Schadensersatz, da Ehemann für die Frau gesorgt hatte (§§ 138, 140).

620 EGMR Dinu/RUM, 7.2.2017, § 90.

621 EGMR Imakayeva/R, 9.11.2006, § 213; Kayak/TRK, 10.7.2012, §§ 76, 78; Aydan/TRK, 12.3.2013, §§ 136, 138, 140; Khava Aziyeva u.a./R, 23.4.2015, § 119; Khachukayevy/R, 9.2.2016, § 82.

622 EGMR G.S./GEO, 21.7.2015, §§ 69, 72.

623 EGMR Dhahbi/I, 8.4.2014, § 59 siehe auch EGMR Di Trizio/CH, 2.2.2016, § 120 (für materiellen Schaden Verweis auf nationales Wiederaufnahmeverfahren (nach Schweizer Terminologie: Revision).

624 Vgl. EGMR Krasniki/CS, 28.2.2006, § 91 (ebenso für Verletzung von Art. 6 Abs. 3 *lit.* d); Nefedov/R, 13.3.2012, §§ 51, 53 (kein Zusammenhang zwischen Verletzung von Art. 6 Abs. 3 *lit.* c und Lohnausfall); (GK) Ibrahim u.a./UK, 13.9.2016, § 315; Torja/RUM, 4.10.2016, § 58; ähnlich EGMR Uhl/D, 10.2.2005, §§ 36–38 (kein unmittelbarer Zusammenhang zwischen überlanger Verfahrensdauer und Gehalts- und Rentenminderung); Buck/D, 28.4.2005, §§ 37, 60–62 (kein Zusammenhang zwischen konventionswidriger Durchsuchung von Geschäftsräumen und Umsatzverlust). Siehe auch die originelle Begründung in EGMR Maszni/RUM, 21.9.2006, § 76: Bf. hatte wegen einer – in unfairem Verfahren ergangenen – strafrechtlichen Verurteilung kein Visum für die NL erhalten, wo er, nach seinem Vorbringen, eine Arbeit in führender Position erhalten hätte; Kausalität zwischen Konventionsverstoß und entgangenem Lohn verneint, weil nicht sicher sei, wie sich die berufliche Karriere des Bf. entwickelt hätte (und nicht etwa, weil nicht sicher sei, wie ein faires Strafverfahren gegen den Bf. ausgegangen wäre).

625 EGMR Furcht/D, 23.10.2014, §§ 74, 78, NJW **2015** 3631 (insoweit in StraFo **2014** 504 m. Anm. *Sommer* nicht, in JR **2015** 81 m. Anm. *Petzsche* teilweise abgedruckt).

626 Vgl. EGMR (K) Paladi/MOL, 10.7.2007, §§ 102, 105 (bestätigt von [GK] 10.3.2009, §§ 108 ff.): Freiheitsentziehung, Verletzung von Art. 5 Abs. 1, Lohnausfall vollständig zu entschädigen; in diese Richtung auch: EGMR Ladent/PL, 18.3.2008, § 91: kein Ersatz des Einkommensausfalls für zehn Tage unrechtmäßige Haft; keine Erwerbstätigkeit; Bf. konnte keine näheren Angaben zu seinem Einkommen machen (also nicht etwa, weil Einkommensausfall als Folge der Unmöglichkeit zu arbeiten kein Schaden sein könnte); ferner EGMR X.Y./H, 19.3.2013, §§ 55–57: Verletzung von Art. 5 Abs. 1 (23 Tage U-Haft nicht „lawful", außerdem Verletzung von Art. 5 Abs. 3 u. 4; Bf. beantragt 10.344 € für Lohnausfall und 20.000 € für immateriellen Schaden; EGMR: „on an equitable basis" 18.000 € zuerkannt; da EGMR häufig deutlich unter der für den immateriellen Schaden

zu einem Verstoß gegen Art. 5 Abs. 1. Eine mangelhaft begründete und daher gegen **Art. 5 Abs. 3** verstoßende Untersuchungshaft ist nicht stets kausal für einen erlittenen Verdienstausfall,[627] wobei es hier auf die Umstände des Einzelfalles ankommt. Beruht eine Haft auf einer Verurteilung, bei der gegen andere Konventionsrechte, etwa **Art. 10**, nicht aber gegen Art. 5 Abs. 1 verstoßen wurde, so kommt eine **Ersatzpflicht für Lohnausfall** in Betracht;[628] dies lässt sich damit begründen, dass es bei gebührender Beachtung der Meinungsfreiheit zu keinem Urteil und damit zu keiner Strafhaft gekommen wäre.[629] Diese Erwägungen müssen auch dazu führen, dass ein Verstoß gegen *ne bis in idem* (Art. 4 des 7. ZP-EMRK), bei dem der Betroffene zu einer Strafhaft verurteilt wird, kausal für entgangenen Lohn ist.[630] Wird eine Sache konventionswidrig (insbes. **Art. 1 des 1. ZP-EMRK**) eingezogen bzw. beschlagnahmt, so kann entgangener Gewinn zum Schadensersatz gehören, was dann den strengen Anforderungen an die Darlegung des Schadens unterliegt.[631]

Einem Journalisten, der konventionswidrig **(Art. 10)** an der Arbeit gehindert wurde, wur-   274 de das **entgangene Honorar** für die nicht erstellte Reportage als Entschädigung bewilligt, allerdings hatte die Schweizer Regierung die Kausalität nicht bestritten.[632] Generell ist festzuhalten, dass Verstöße gegen Art. 10 meist nicht auf Verfahrensfehlern beruhen, so dass die Zahlung von Schadensersatz, wozu ein Bf., oftmals ein Journalist, unter Verletzung von Art. 10 wegen bestimmter Meinungsäußerungen im nationalen Verfahren verurteilt wurde, kausal für einen Schaden i.S.d. Art. 41 ist.[633] Zur Entschädigung bei konventionswidrigem (Art. 3 des 1. ZP-EMRK) Nichterlangen oder Verlust eines Parlamentssitzes vgl. 1. ZP-EMRK Rn. 109.

---

beantragten Summe bleibt, ist geltend gemachter Lohnausfall wohl zum Teil enthalten; ferner: EGMR Rasul Jafarov/ASE, 17.3.2016, §§ 189, 193, 195; siehe aber auch EGMR S./D, 28.6.2012, § 128; Murat Vural/TRK, 21.10.2014, §§ 84, 86 (Haft; Lohnausfall in Höhe des gesetzlichen Mindestlohns; mangels näherer Angaben/ Beweisen zur verunmöglichten Arbeitstätigkeit usw. abgelehnt).

627 EGMR (GK) Bykov/R, 10.3.2009, §§ 108, 110; ohne Begründung, es lässt sich aber daran denken, dass Begründungsmängel der U-Haft strukturell Verstößen gegen die Verfahrensfairness ähneln und unsicher ist, ob das Gericht bei Beachtung von Art. 5 Abs. 3 nicht auch U-Haft verhängt hätte. Da außerdem die U-Haft auf die später verhängte Strafhaft angerechnet wurde (§ 45), ließe sich ferner anführen, dass der Bf. insgesamt nur so lange inhaftiert war oder sein würde, wie es nach Art. 5 Abs. 1 Satz 2 *lit.* a gerechtfertigt war und ein Einkommensausfall daher nicht Folge einer Konventionsverletzung wäre; in jenem Sinne sind die knappen Ausführungen in EGMR Delijorgji/ALB, 28.4.2015, § 95, zu verstehen, wo nach Anrechnung der U-Haft, die nicht „lawful" i.S.d. Art. 5 Abs. 1 war, auf die Strafhaft der Lohnausfall nicht entschädigungsfähig war.

628 In diesem Sinne kann EGMR Murat Vural/TRK, 21.10.2014, §§ 84, 86, verstanden werden (Entschädigung mangels Nachweises eines tatsächlichen Einkommensausfalls abgelehnt, nicht jedoch deswegen, weil eine unter Verstoß gegen Art. 10 erfolgte strafrechtliche Verurteilung von vornherein nicht zur Pflicht zum Ersatz von entgangenem Lohn führen könnte).

629 Allerdings ließe sich auch argumentieren: Bf. hätte auch mit anderer Begründung verurteilt werden können, die ihrerseits Art. 10 nicht verletzt hätte; Fehlerhaftigkeit der Begründung wäre nicht konstitutiv für die Freiheitsentziehung und den Verdienstausfall gewesen.

630 Rätselhaft und verfehlt EGMR Butnaru u. Bejan-Piser/RUM, 23.6.2015, §§ 10 f., 13 ff., 54, 56; Bf. wurde zunächst freigesprochen; erneutes Verfahren unter Verstoß gegen Art. 4 des 7. ZP-EMRK: Freiheitsstrafe 7J; einziger Grund für Schadensersatz könne die Verletzung von Art. 4 des 7. ZP-EMRK sein, die jedoch nicht kausal für den geltend gemachten materiellen Schaden (u.a. Lohnausfall) sei – ohne Begründung. Anders als in den Fällen der Verletzung von Art. 6 Abs. 1 bildet die Erkenntnis, bei Beachtung des Grundsatzes *ne bis in idem* hätte es mangels eines Verfahrens keine Verurteilung und folglich keine Freiheitsentziehung gegeben, eine logische Schlussfolgerung, die sich nicht auf lediglich hypothetische Erwägungen gründet.

631 EGMR B.K.M. Lojistik Tasimacilik Ticaret Limited Sirketi/SLW, 17.1.2017, § 65.

632 EGMR Gsell/CH, 8.10.2009, §§ 82, 84, 86.

633 Vgl. etwa EGMR Lionarakis/GR, 5.7.2007, §§ 13, 16, 56, 59.

275   Kann aufgrund eines Konventionsverstoßes eine geplante Reise nicht angetreten werden, so können die Kosten wegen der Absage entschädigungsfähig sein.[634]

276   Die Zusprechung einer gerechten Entschädigung durch den EGMR erfolgt nur, *„wenn dies notwendig ist"* (Art. 41). Zu den Voraussetzungen einer im Urteil ausgesprochenen Entschädigungspflicht des Vertragsstaates für materielle bzw. immaterielle Schäden gehört daher, dass der durch die festgestellte Konventionsverletzung entstandene **Schaden innerstaatlich nur unvollkommen wiedergutgemacht** worden ist, der frühere Zustand also im Zeitpunkt der Entscheidung nicht in jeder Hinsicht wiederhergestellt worden ist (*restitutio integrum*).[635] Dies trifft bei den meisten an den Gerichtshof herangetragenen Konventionsverletzungen zu, denn in der Regel dürfte schon wegen des Zeitablaufs die vollkommene Wiederherstellung des früheren Zustandes nicht mehr möglich sein, zumal mehr als die Hälfte der festgestellten Konventionsverletzungen das Verfahren betrifft.[636] Eine nur **teilweise innerstaatliche Kompensation** lässt den Entschädigungsanspruch ebenso wenig vollständig entfallen, wie der Umstand, dass der Bf. möglicherweise auch auf einem innerstaatlichen Rechtsweg eine Entschädigung erstreiten könnte. Den Bf. darauf zu verweisen, erneut den innerstaatlichen Rechtsweg zu beschreiten, um eine Entschädigung zu erstreiten, sieht der EGMR als **unzumutbar** an.[637]

277   Der Gerichtshof entscheidet über eine (notwendige) Entschädigung nur dann, wenn die Sache auch insoweit **entscheidungsreif** ist; ist dies noch nicht der Fall, kann er sich die Entscheidung nach Art. 41 entsprechend **vorbehalten** (Art. 75 Abs. 1 Hs. 2 VerfO).[638] Über die Höhe einer zu gewährenden Entschädigung befindet der EGMR nach **billigem Ermessen** (*„if necessary"*), nicht zuletzt, weil sich materielle und immaterielle Schäden nicht immer exakt voneinander abgrenzen lassen. Mitunter hält er wegen der Besonderheiten des Falles eine Entschädigung überhaupt nicht für angebracht oder legt eine Entschädigung fest, die unterhalb des tatsächlich eingetretenen materiellen Schadens liegt (Nr. 2, 12 PD-JS). Die konkrete festgelegte Höhe entzieht sich oft einer vordergründigen Erschließung.[639] Auch wenn der

---

634 So angedeutet in EGMR Khlyustov/R, 11.7.2013, §§ 20, 105, 107; Verletzung von Art. 2 Abs. 2 des 4. ZP-EMRK (Ausreisefreiheit); die Überlegungen müssten auch bei konventionswidriger Freiheitsentziehung gelten. Sofern mit dem entstandenen Schaden die bereits vor Reiseantritt aufgewendeten Beträge gemeint sein sollen, die nun, nach erzwungener Absage der Reise, nicht mehr zurückerstattet werden, ist ein Ersatz dieser Beträge mit den üblichen Kausalitätsregeln kaum vereinbar, denn die Reisekosten wären auch ohne Ausreiseverbot oder Freiheitsentziehung nicht erstattet worden, allerdings hätte der Bf. die Reise dann vermutlich angetreten. Ersatzfähiger Schaden könnte allenfalls der Verlust des Äquivalents sein, also die Nichtinanspruchnahme der Reiseleistung. In Betracht käme noch, den Schaden in Aufwendungen zu sehen, die durch den Konventionsverstoß sinnlos geworden sind; siehe hierzu aber EGMR Mammadov/ASE (Nr. 2), 10.1.2012, §§ 66, 69; Kerimli u. Alibeyli/ASE, 10.1.2012, §§ 54, 56 ff.; Hajili/ASE, 10.1.2012, § 69 (Wahl der Bf. als Abgeordnete ins Parlament annulliert; Verstoß gegen Art. 3 des 1. ZP-EMRK. Die Wahlkampfausgaben gehören dem EGMR zufolge nicht zum ersatzfähigen Schaden, da sie auch ohne den Konventionsverstoß entstanden wären). Überlegungen, dass Ausgaben durch den Konventionsverstoß sinnlos geworden sind und deshalb zum Schaden i.S.d. Art. 41 gehören könnten, finden sich nicht.

635 *Frowein/Peukert* Art. 41, 3; EGMR Neumeister/A, 7.5.1974, EuGRZ **1974** 27; König/D, 10.3.1980, § 15, NJW **1981** 505 = EuGRZ **1980** 598.

636 *Dannemann* RabelsZ **1999** 452 f. (auch zur Kausalität des verfahrensbezogenen Konventionsverstoßes für das Verfahrensergebnis).

637 Vgl. *Frowein/Peukert* Art. 41, 4; der EGMR wartet mitunter aber die Entscheidung über innerstaatlich geltend gemachte Schadensersatzansprüche ab, vgl. etwa EGMR Clooth/B, 12.12.1991, ÖJZ **1992** 420.

638 EGMR Kübler/D, 13.1.2011, § 79: kein Abwarten des Entschädigungsverfahrens [Amtshaftung] notwendig i.S.v. Art. 35 Abs. 1, wenn Ausgang „ungewiss"; keine Gewährung einer Entschädigung durch EGMR (Art. 41), da Sache insoweit nicht entscheidungsreif).

639 Exemplarisch EGMR Metalco B.T./H, 1.2.2011, §§ 6, 7, 22, 24, 30, 32 (anstatt beschlagnahmte Aktien eines säumigen Steuerschuldners, die dieser hatte verkaufen wollen, innerhalb der gesetzlich vorgeschriebenen

---

Konventionsstaat selbst einen gewissen Betrag für angemessen erachtet, kann der Gerichtshof diesen Betrag noch unterschreiten.[640] Generell gilt, dass der Gerichtshof keine größere Summe zuspricht als vom Bf. gefordert,[641] auch dann nicht, wenn der Konventionsstaat selbst einen höheren Betrag vorschlägt.[642] Für den Bf. mag es daher vorzugswürdig sein, die Höhe des geltend gemachten *immateriellen* Schadens in das Ermessen des EGMR zu stellen,[643] allerdings hat dies der Bf. dann auch explizit zu erklären und darf sich nicht mit der allgemeinen Forderung nach einer unbezifferten Entschädigung begnügen.[644] Hat der Bf. **keine Entschädigung gefordert**, wird auch keine solche zugesprochen; dies gilt auch für den Fall, dass eine Entschädigung aufgrund der Verletzung *eines* bestimmten Konventionsrechts gefordert wurde, der EGMR jedoch nur die Verletzung eines *anderen* Konventionsrechts bejaht, für die keine Entschädigung gefordert wurde.

In nicht wenigen Fällen lehnt der EGMR eine Entschädigung auch deshalb ab, weil 278 durch die festgestellte Konventionsverletzung **kein nennenswerter Schaden** entstanden ist, etwa, weil dadurch das gegen den Bf. ergangene Strafurteil nicht in Frage gestellt wird,[645] oder eine konventionswidrige Untersuchungshaft durch Anrechnung auf die Strafe kompensiert ist (ohne dass dadurch die Opfereigenschaft entfällt).[646]

Liegt die Konventionsverletzung allein in einem **Verfahrensverstoß**, lehnt es der Ge- 279 richtshof ab, darüber zu spekulieren, welchen Ausgang das innerstaatliche Verfahren **hypothetisch** ohne den Verstoß genommen hätte. Häufig kann der Bf. nicht nachweisen, dass der Prozess bei Beachtung der Konvention zu seinen Gunsten ausgegangen wäre, d.h. einen Schaden oder zumindest die Ursächlichkeit der Konventionsverletzung für diesen nicht belegen;[647]

Frist zu verkaufen/versteigern, blieben die Behörden untätig und gaben die Aktien zu einem Zeitpunkt zurück, zu dem sie wegen Auflösung des Unternehmens wertlos geworden waren; Verletzung von Art. 1 des 1. ZP-EMRK; Bf. verlangte 385.000 Euro; Wert der Aktien zur Zeit der Beschlagnahme und Nennwert war; Regierung bestritt, dass zur Zeit der Beschlagnahme ein solcher Kaufpreis zu erzielen gewesen wäre; Aktien seien vier Jahre davor für ca. 120.000 Euro erworben worden; EGMR stellt zutreffend fest, dass der Staat es dem Bf. gerade wegen des gesetzwidrigen Unterbleibens der Versteigerung unmöglich gemacht habe, den erzielbaren Kaufpreis zu beweisen; Entschädigung in Höhe von 50.000 Euro.

640 EGMR Palermo/F, 30.10.2014, §§ 25 ff.; so auch beim Ersatz der Rechtsverfolgungskosten (Rn. 271), Corbet u.a./F, 19.3.2015, §§ 54 ff.

641 Siehe EGMR Khodorkovskiy u. Lebedev/R, 25.7.2013, §§ 935, 937; Bf. trug vor, der immaterielle Schaden werde nur in „absichtlich bescheidener" Höhe geltend gemacht; EGMR gewährte den verlangten Betrag und hätte wohl auch deutlich höhere Forderungen für angemessen erachtet.

642 Vgl. EGMR Tkachevy/R, 4.4.2013, §§ 18 ff.

643 So in EGMR Kim/R, 17.7.2014, §§ 59, 61; R./R, 26.1.2016, §§ 116 ff. u. Seagal/ZYP, 26.4.2016, §§ 126 ff. (Gerichtshof sprach jeweils fünfstellige Eurobeträge zu); siehe auch EGMR Copland/UK, 3.4.2007, §§ 53 ff., EuGRZ **2007** 415.

644 EGMR Turyev/R, 11.10.2016, § 27.

645 Vgl. EGMR Hauschildt/DK, 24.5.1989.

646 EGMR Tiron/RUM, 7.4.2009, § 51. Siehe hingegen EGMR Asen Kostov/BUL, 26.3.2013, §§ 11 f., 41, 61; konventionswidrige Haftzeit konnte erst zwei Jahre später infolge eines erneuten Strafurteils in anderen Sachen verrechnet werden; 2.000 € für immateriellen Schaden durch 22 Tage Haft.

647 Etwa EGMR Pakelli/D, 25.4.1983, NStZ **1983** 373 m. Anm. *Stöcker* = EuGRZ **1983** 344; (GK) Comingersoll S.A./P, 6.4.2000; Uhl/D, 10.2.2005, StV **2005** 475 = EuGRZ **2005** 121, 124; van Kück/D, 12.6.2003 = NJW **2004** 2505, 2509; Meyer-Ladewig/Nettesheim/von Raumer/*Meyer-Ladewig/Brunozzi* Art. 41, 14; vgl. auch *Dannemann* RabelsZ **1999** 452, 467; bevor außerhalb des Strafprozessrechts der Wiederaufnahmegrund der Feststellung einer Konventionsverletzung durch den EGMR eingeführt wurde (Rn. 308 f.), plädierte *Roth* NVwZ **2006** 753 ff. deshalb für eine Beweislastumkehr zugunsten des Bf., so dass der verurteilte Staat nachweisen müsste, dass der Verfahrensfehler sich nicht zum Nachteil des Bf. ausgewirkt hat.

der EGMR empfiehlt vielfach eine Wiederaufnahme[648] des Verfahrens.[649] Kritikwürdig ist in diesem Zusammenhang die Neigung des Gerichtshofs, auf einige vom Bf. behauptete Verletzungen der EMRK nicht einzugehen, wenn bereits ein Konventionsverstoß festgestellt ist. Insbesondere wenn dem vom EGMR nicht untersuchten angeblichen Konventionsverstoß ein anderer Sachverhaltsteil zugrunde liegt, sind **Folgeprobleme im Wiederaufnahmeverfahren** vorprogrammiert, wenn der EGMR nur einen, nicht aber alle denkbaren – und vom Bf. vorgetragenen – Verstöße auf ihre Vereinbarkeit mit der EMRK untersucht hat und dem Vertragsstaat demnach nur begrenzte rechtliche Hinweise für konventionskonformes Verhalten gibt.[650]

280   Im Einzelfall sieht der Gerichtshof bei Verfahrensverstößen schon in der **Feststellung der Konventionsverletzung** bereits eine ausreichende Kompensation,[651] in anderen Fällen spricht er dem Bf. aber auch schon allen wegen der **Beeinträchtigung seiner Prozesschancen** eine billige Entschädigung zu,[652] so etwa für einen geltend gemachten immateriellen Schaden.[653] Auch die in einer **überlangen Verfahrensdauer** liegenden irreparablen Belastungen können unabhängig vom Ausgang des Verfahrens eine billige Entschädigung rechtfertigen, sofern nicht bereits eine Anrechnung erfolgt ist.

---

648 Zur deutschen Rechtslage Rn. 308 f.; für Österreich vgl. § 363a öStPO; für die Schweiz (Revision) siehe Art. 410 ff. SchwStPO; zur türkischen Rechtslage, insbesondere zur zeitlichen Anwendbarkeit: EGMR Hulki Güneş/TRK (E), §§ 31 f.; für Kroatien: EGMR Erkapic/KRO, 25.4.2013, § 95.

649 So EGMR Manucharyan/ARM, 24.11.2016, §§ 67 f.; Torja/RUM, 4.10.2016, § 60; Paić/KRO, 29.3.2016, § 58; Sakit Zahidov/ASE, 12.11.2015, § 67; Shumikhin/R, 16.7.2015, § 28; Kurt/B, 17.2.2015, § 37; Duško Ivanovski/MAZ, 24.4.2014, § 64; Cēsnieks/LET, 11.2.2014, § 78; Yuriy Volkov/UKR, 19.12.2013, § 99; Izet Haxhia/ALB, 5.11.2013, § 70; Süzer/TRK, 23.4.2013, § 88; Klouvi/F, 30.6.2011, § 58; Aliykov/BUL, 3.12.2009, § 72; (GK) Salduz/TRK, 27.11.2008, § 72. Bemerkenswert EGMR Furcht/D, 23.10.2014, § 78 (insoweit in StraFo **2014** 504 m. Anm. *Sommer* und JR **2015** 81 m. Anm. *Petzsche* nicht abgedruckt): Der EGMR erwähnt die Möglichkeit der Wiederaufnahme nicht direkt, scheint vielmehr davon auszugehen, dass in Deutschland sowieso angemessene Konsequenzen aus dem EGMR-Urteil gezogen würden, und verweist hinsichtlich bestimmter Entschädigungsforderungen darauf, dass sich für den Fall eines Freispruchs die deutschen Gerichte darum kümmern könnten. Siehe auch EGMR Paulet/UK, 13.5.2014, § 73 (Fehler im Gerichtsverfahren, in dem der Bf. sich gegen eine Einziehung wehrte; EGMR spricht keine Rückzahlung der eingezogenen Geldbeträge aus; dazu Sondervotum *Kalaydjieva/Bianku*: Bedenken, dass die Konventionsverletzung in einem „Verfahrensfehler" bestanden haben soll; Klassifzierung für die Verweigerung der Anordnung der Rückzahlung entscheidend).

650 Siehe EGMR Aleksandr Valeryevich Kazakov/R, 4.12.2014, §§ 11, 13, 24, 37, 38, 45: Bf. trug vor, dass der Belastungszeuge nicht persönlich erschien und dass von der Verteidigung benannte Zeugen nicht geladen bzw. zugelassen wurden (jeweils: Art. 6 Abs. 3 *lit.* d); Gerichtshof bejaht Verstoß hinsichtlich der fehlenden Konfrontationsmöglichkeit mit dem Belastungszeugen und geht deswegen auf den Teil der Beschwerde zu den Entlastungszeugen nicht ein; bedenklich, denn wenn der Bf. im vom EGMR angeregten Wiederaufnahmeverfahren nach der Möglichkeit der Konfrontation mit dem Belastungszeugen und – weiterhin – ohne Zulassung der Entlastungszeugen erneut verurteilt wird, kann es zu einer erneuten, vermeidbaren Beschwerde beim EGMR kommen. Siehe auch: EGMR Pandjikidzé u.a./GEO, 27.10.2009, § 121; Deryan/TRK, 21.7.2015, §§ 43 f., 47, 51 (Zivilverfahren). Als Beispiel für eine zweite Beschwerde nach der aufgrund EGMR-Urteils erfolgten Wiederaufnahme: EGMR Melich u. Beck/CS (E), 4.6.2013.

651 Vgl. EGMR (GK) Aquilina/MLT, 29.4.1999; (GK) Hood/UK, 18.2.1999, EuGRZ **1999** 117 = NVwZ **2001** 304 = ÖJZ **1999** 816; (GK) Nikolova/BUL, 25.3.1999; Lietzow/D, 13.2.2001, NJW **2002** 2013 = StV **2001** 201; Atlan/UK, 19.6.2001 = StraFo **2002** 52 = ÖJZ **2002** 698.

652 Etwa EGMR Kostovski/NL, 20.11.1989, StV **1990** 481 = ÖJZ **1990** 312; Delta/F, 19.12.1990, ÖJZ **1991** 425; (GK) Elsholz/D, 13.7.2000, NJW **2001** 2315 = EuGRZ **2001** 595= ÖJZ **2002** 71 = FamRZ **2001** 341 = ZfJ **2001** 106; Whitfield/UK, 12.4.2005; *Dannemann* RabelsZ **1999** 452, 457, 465; Meyer-Ladewig/Nettesheim/von Raumer/ *Meyer-Ladewig/Brunozzi* Art. 41, 15, 25.

653 Etwa EGMR Minelli/CH, 25.3.1983, EuGRZ **1983** 475; Oberschlick/A (Nr. 1), 23.5.1991; Krone Verlag GmbH & Co KG/A, 26.2.2002, ÖJZ **2002** 466.

d) Kostenerstattung. Das **Verfahren vor dem EGMR** ist *als solches* kostenfrei, es **281** werden **keine Gerichts- oder Verfahrensgebühren** erhoben.[654] Einer Entscheidung über Verfahrenskosten im Urteil (vgl. Art. 74 Abs. 1 *lit.* j VerfO) bedarf es daher nur, wenn die Beschwerde Erfolg hat und der Gerichtshof gemäß Art. 41 anordnet, dass der Staat, gegen den sich die Beschwerde richtet, den Verletzten auch für die Kosten seiner Rechtsverfolgung zu entschädigen hat (Rn. 271, 283). Für den Bf. können durch eine etwaige **anwaltliche Vertretung, Übersetzungen** etc. durchaus erhebliche Kosten entstehen.[655]

Für die **Anordnung der Kostenerstattung** enthält die EMRK keine besondere Rechts- **282** grundlage. Deshalb wird auch die Erstattung der Kosten unter dem Blickwinkel der *gerechten Entschädigung* nach **Art. 41**[656] behandelt. Der Gerichtshof kann der verletzten Partei den Anspruch auf Erstattung ihrer nachgewiesenen Verfahrenskosten ebenso zusprechen wie auch sonstige Teile einer gerechten Entschädigung (Rn. 270 ff.). Dies setzt in der Regel voraus, dass der Bf., der die Darlegungs- und Beweislast hat, seine Ansprüche fristgerecht[657] unter Beifügung der notwendigen Unterlagen **beziffert** und **nach Rubriken geordnet** geltend gemacht hat (Art. 60 VerfO). Erstattungsfähig sind nur die tatsächlich angefallenen Kosten, *soweit* sie **zur Rechtsverfolgung erforderlich** waren und **der Höhe nach angemessen** sind.[658] Es spricht nicht gegen die Angemessenheit, dass der Bf. im Ausland ansässige Anwälte beauftragt, selbst wenn dadurch nicht nur die Nebenkosten (z.B. Kommunikationskosten), sondern auch die Honorare höher sind.[659]

Unter dieser Voraussetzung sind – neben den Kosten, die im Verfahren vor dem EGMR **283** entstanden sind (Rn. 281) – die **Kosten** erstattungsfähig, die durch die **innerstaatliche Geltendmachung des verletzten Konventionsrechts** entstanden sind, so die Kosten der Rechtsverfolgung, mit der der Bf. versucht hat, durch geeignete Rechtsbehelfe das im Urteil des EGMR als verletzt bezeichnete Konventionsrecht bereits innerstaatlich zur Geltung zu bringen, um seiner Pflicht zur Erschöpfung aller innerstaatlichen Rechtsbehelfe (Art. 35 Abs. 1) zu genügen.[660] Die innerstaatlichen Kosten und Auslagen müssen **tatsächlich angefallen** sein (eine bereits vorliegende, detaillierte Anwaltsrechnung[661] wird nor-

---

654 Siehe aber Karpenstein/Mayer/*Schäfer* Art. 34, 9 zu Überlegungen, Gerichtskosten einzuführen.

655 *Grabenwarter/Pabel* § 15, 10.

656 *Esser* 298, 313 ff.; *Frowein/Peukert* Art. 41, 85 ff.; näher dazu *Deumeland* NJ **2012** 195 ff. (sowohl zu Art. 41 als auch zur innerstaatlichen Kostenerstattung).

657 EGMR Cojocaru/RUM, 10.2.2015, § 37; Novović/MTN, 23.10.2012, §§ 60, 62 (jeweils: Zurückweisung wegen verspäteter Geltendmachung).

658 EGMR (GK) Selahattin Demirtaş/TRK (No. 2), 22.12.2020, § 453 („an applicant is entitled to the reimbursement of costs and expenses only in so far as it has been shown that these have been actually and necessarily incurred and are reasonable as to quantum"); *Grabenwarter/Pabel* § 15, 12. Zu den Ausgaben für den *costs draftsman* (etwa: Kostensachbearbeiter) nach britischem Recht vgl. EGMR James, Wells u. Lee/UK, 18.9.2012, §§ 245, 248.

659 EGMR (GK) Sejdic u. Finci/BIH, 22.12.2009, §§ 64 ff.; NJOZ **2011** 428; siehe auch EGMR Zhebrailova u.a./R, 26.3.2015, §§ 91 f. Zu der vom EGMR für sinnvoll erachteten Kooperation zwischen einer inländischen und einer ausländischen Nichtregierungsorganisation und der daraus folgenden Zusammenarbeit zwischen unterschiedlich abrechnenden Rechtsanwälten aus diesen Staaten: EGMR Kakabadze u.a./GEO, 2.10.2012, §§ 105–108 m.w.N.

660 Zur Anrechnung einer vom EGMR als Entschädigung i.S.v. Art. 41 ausgesprochenen Kostenerstattung auf nationale Erstattungsregelungen: OGH ÖJZ **2011** 332.

661 Ausführlich EGMR Raguž/SRB, 7.4.2015, § 35; siehe auch EGMR Otto/D, 22.9.2011, § 56 („itemised fee note"); Drăgan/RUM, 2.2.2015, § 101; Morari/MOL, 8.3.2016, § 44 („detailed time-sheet"); sehr zufrieden zeigte sich der Gerichtshof auch mit einem „detailed document (...) indicating the precise dates and the number of hours worked in preparing the case" (EGMR Bulea/RUM, 3.12.2013, § 69); im Gegensatz dazu EGMR Janyr/CS, 31.10.2013, §§ 110 f.

---

malerweise ausreichen, auch wenn sie noch nicht bezahlt ist (Nr. 18 PD-JS),[662] nicht jedoch genügt eine (Selbst-)Berechnung unter Berufung auf das RVG, die dem EGMR offenbar zu vage ist)[663] und Maßnahmen betreffen, die notwendig waren, um die festgestellte Konventionsverletzung zu verhüten oder zu beheben.[664] § 38a RVG (in Kraft seit 1.8.2013) schließt die davor vorhandene Lücke zu den Rechtsanwaltsgebühren in Verfahren vor dem EGMR und verweist auf die Gebühren im Revisionsverfahren im jeweiligen Rechtszug. Der Gegenstandswert ist nach billigem Ermessen zu bestimmen, beträgt aber mindestens 5000 €.

284   Ein **Erfolgshonorar** wird anerkannt bzw. ist erstattungsfähig, wenn nach dem nationalen Recht eine solche Vereinbarung zulässig ist und für den Bf. eine Zahlungspflicht entsteht.[665] Die Kosten dürfen eine **angemessene Höhe** nicht überschreiten.[666] Wurden die Ver-

---

662 Aus der Rechtsprechung etwa EGMR Namat Aliyev/ASE, 8.4.2010, § 109 („[...] although the applicant has not yet actually paid the legal fees and translation costs, he was bound to pay them pursuant to a contractual obligation. Accordingly, in so far as the lawyer and translator are entitled to seek payment of their fees under the contract, those fees were „actually incurred"); so bereits EGMR Pakelli/D, 25.4.1983, §§ 43 ff. (insoweit in NStZ **1983** 373 m. Anm. *Stöcker* nicht abgedruckt). Dies gilt nicht nur bei Vereinbarung von Erfolgshonorar (so im Fall *Namat Aliyev*), sondern generell, wenn der Bf. vertraglich zur Zahlung der Rechtsverfolgungskosten verpflichtet ist; vgl. EGMR Gözüm/TRK, 20.1.1995, § 65; Cornelia Eufrosina Radu/ RUM, 12.7.2007, § 46; Shcherbina/R, 26.6.2014, § 80; Logothetis u.a./GR, 25.9.2014, §§ 53 ff.; zusammenfassend EGMR Velinov/MAZ, 19.9.2013, § 103; außerdem entscheidet der Gerichtshof pragmatisch, dass der Staat das vom Bf. noch nicht bezahlte Honorar direkt an den Anwalt zu zahlen hat, wenn, wie auch Nr. 22 PD-JS statuiert, Bf. und Anwalt dies so wünschen (Dimitrovi/BUL, 21.7.2016, §§ 26, 29; Naimdzhon Yakubov/R, 12.11.2015, §§ 94, 96; Nedyalkov u.a./BUL, 2.6.2015, §§ 47 ff.; Cornelia Popa/RUM, 29.3.2011, §§ 54, 57); besonders sinnvoll EGMR Turluyeva/R, 20.6.2013, §§ 129 ff. (Zahlung auf das britische Bankkonto der Rechtsvertreterin, einer in Russland häufig diffamierten Nichtregierungsorganisation); ebenso EGMR Zhebrailova u.a./R, 26.3.2015, §§ 89 ff.; ferner EGMR (GK) Mocanu u.a./RUM, 17.9.2014, § 389 (insoweit in NJOZ **2016** 1383 nicht wiedergegeben); Uniya OOO u. Belcourt Trading Company/R, 19.6.2014, § 365 (Zahlung an den Anwalt, da Bf., eine Gesellschaft, mittlerweile liquidiert worden war); Milen Kostov/BUL, 3.9.2013, §§ 33, 35; G./D, 7.6.2012, §§ 84, 86, 91 (Anwalt war zur Annahme von Zahlungen der Gegenpartei, also des durch die Menschenrechtsbeschwerde belangten Staates, ermächtigt); Osmanov u. Yuseinov/BUL, 23.9.2004, § 53; siehe auch EGMR Gutsanovi/BUL, 15.10.2013, § 244 (Honorar bereits gezahlt; dass Anwalt seinem mittellosen Mandanten bislang keine Rechnung gestellt hatte, bedeutete keinen Verzicht); Pakelli/D, 25.4.1983, § 47 (insoweit in NStZ **1983** 373 m. Anm. *Stöcker* nicht abgedruckt). Ferner EGMR Kaçiu u. Kotorri/ALB, 25.6.2013, §§ 169 ff. (für Parteivortrag, Bf. und Rechtsanwalt hätten mündlich vereinbart, dass die Anwaltskosten vom Ausgang des Verfahrens vor dem EGMR abhängen würden, offenbar keine Nachweise); anders EGMR Athanasios Makris/ GR, 9.3.2017, §§ 44, 46 (Nachweis lag vor; EGMR erkannte zwar nicht in der Höhe, wohl aber dem Grunde nach die Vereinbarung von Erfolgshonorar an).

663 EGMR Otto/D, 22.9.2011, §§ 56, 58; siehe auch: EGMR S.I./SLW, 13.10.2011, § 87 (EGMR moniert, dass der Bf. keine Begründung aus dem Anwaltsvergütungsrecht abgegeben bzw. „the applicant neither explained his claim by the reference to the statutory domestic scale"; daraus kann aber nicht gefolgert werden, dass entsprechende Ausführungen bereits ausgereicht hätten; zum einen betraf das nur das Verfahren vor dem EGMR; Erstattung der Kosten der Rechtsverfolgung vor den nationalen Gerichten lehnte der EGMR ohne nähere Ausführungen ab; vermutlich keine Nachweise; zum anderen führt Gerichtshof dies nur als zusätzliches Argument an; Bf. hatte insbesondere keine Nachweise über die entstandenen Kosten vorgelegt; vgl. auch EGMR N.I./B (E), 6.9.2011, NVwZ **2012** 1233 m. Anm. *Meyer-Ladewig/Petzold* (zum materiellrechtlichen Problem).

664 Vgl. etwa EGMR (GK) Bladet Tromsø u. Stensaas/N, 20.5.1999, EuGRZ **1999** 453, § 80 (insoweit in NJW **2000** 1015 und ÖJZ **2000** 232 nicht abgedruckt).

665 EGMR Ivanova u. Cherkezov/BUL, 21.4.2016, §§ 86, 89. Siehe § 49b Abs. 2 BRAO, § 4a RVG.

666 Kriterien zur (Nicht-)Anerkennung der konkreten Höhe eines anwaltlichen Stundensatzes gibt der EGMR nicht an, vielmehr entscheidet er das im Einzelfall und meist ohne nähere Begründung. In EGMR Noé, Vajnai u. Bakó/H, 23.9.2014, §§ 21,23, wurde ein Stundensatz von 200 € anerkannt, allerdings lag hier die Stundenzahl recht niedrig (ebenso Fratanolo/H, 3.11.2011, §§ 33 ff., wo die Berechnung des EGMR aus

fahrenskosten von einem Dritten (etwa einer Menschenrechtsorganisation) getragen, so ist zu empfehlen, dass der Bf. und der Dritte für den Erfolgsfall eine Erstattung an den Dritten vorsehen, evtl. ergänzt durch eine Begrenzung der Erstattungspflicht auf den vom EGMR hierfür zuerkannten Betrag; ohne eine solche Erstattungspflicht profitiert der die Konvention verletzende Staat vom Engagement des Dritten.[667] Nicht ersetzt werden **Kosten für ungeeignete Rechtsbehelfe** oder Kosten, die **für die Durchsetzung des verletzten Konventionsrechts nicht notwendig** waren, ferner nicht belegte Kosten.[668] Hatte die innerstaatliche Rechtsverfolgung noch andere Ziele als die Durchsetzung des vom EGMR als verletzt bezeichneten Konventionsrechts, wird von den Verfahrenskosten und Auslagen nur der auf die festgestellte Konventionsverletzung entfallende **Anteil** ersetzt.[669] Zu den erstattungsfähigen Kosten der innerstaatlichen Geltendmachung der Rechtsverletzung gehören die vom Bf. getragenen **eigenen Anwaltskosten**, nicht aber die Anwaltskosten, die der Bf. aufgrund des (nunmehr für konventionswidrig befundenen) nationalen Gerichtsurteils der Gegenpartei zu erstatten hatte, sowie die Gerichtskosten, die der Bf. zu zahlen oder der Gegenpartei zu erstatten hatte; diese letzteren Posten zählen zum **Schaden** und werden dem Bf. über die „gerechte Entschädigung" (Rn. 270 ff.) zuerkannt.[670] Kostenerstattung wird vom EGMR mitunter mit der Begründung abgelehnt, dass im Rahmen des Wiederaufnahmeverfahrens, wenn ein solches in Betracht kommt (vgl. Rn. 295), über die gesamten Kosten entschieden werden könne.[671] Rechtsverfolgungskosten sollen nur insoweit erstattungsfähig sein, als sie

---

Stundensatz, Stundenzahl und Umsatzsteuer nicht aufgeht); siehe auch Shcherbina/R, 26.6.2014, §§ 78, 80; Stundensatz von 100 € ist „reasonable"; P.M./BUL, 24.1.2012, §§ 75 ff. (50 Stunden zu je 60 € wurden anerkannt); ferner Nabid Abdullayev/R, 15.10.2015, §§ 96 ff. Wenn der EGMR, wie häufig, einen niedrigeren als den beantragten Betrag zuspricht, ist meist nicht erkennbar, ob ihm die Stundenzahl oder der Stundensatz zu hoch war, siehe EGMR Béláné Nagy/H, 10.2.2015, §§ 62 ff. (150 € für die Anwaltsstunde, 50 € für den Rechtsanwaltsfachangestellten („paralegal"); ca. 80 % des geltend gemachten Gesamtbetrags anerkannt); dazu nachgehend EGMR (GK) Béláné Nagy/H, 13.12.2016, §§ 129 ff.; ferner siehe EGMR S.A./TRK, 15.12.2015, §§ 59, 61; Sarkizov u.a./BUL, 17.4.2012, §§ 78, 80; Lavents/LET, 28.11.2002, §§ 152 ff., wo durchscheint, dass der EGMR weniger die Stundenzahl und eher den Stundensatz (250 £ bzw. 390 €) beanstandete.

667 EGMR Razzakov/R, 5.2.2015, § 80.

668 Ohne Nachweis erkennt der EGMR meist keine Kostenerstattung zu, selbst wenn offensichtlich ist, dass der (anwaltlich vertretene) Bf. Kosten hatte: EGMR S.I./SLW, 13.10.2011, § 87 (keine näheren Ausführungen, vermutlich keine Nachweise; dass der Bf. im nationalen Verfahren vertreten war; §§ 36, 44, 46); Özer Öner u.a./TRK, 11.1.2011, §§ 38 ff. (mangels Nachweisen keine Kostenerstattung, obwohl kaum vorstellbar ist, dass der verlangte sehr geringe Betrag nicht wirklich entstanden war); siehe auch EGMR Voggenreiter/D, 8.1.2004, EuGRZ **2004** 150 = NJW **2005** 41, § 60 (keine Nachweise für Kopier-/Übersetzungskosten). Großzügiger: EGMR Delta Pekárny a.s./CS, 2.10.2014, § 138; Zarb/MLT, 4.7.2006, § 65.

669 EGMR Terra Woningen B.V./NL, 17.12.1996, ÖJZ **1998** 69; ferner: EGMR (GK) Beyeler/I, 28.5.2002, NJW **2003** 658; Czekalla/PL, 10.10.2002, NJW **2002** 1229; Zarb/MLT, 4.7.2006, § 65; *Frowein/Peukert* Art. 41, 86; Meyer-Ladewig/Nettesheim/von Raumer/*Meyer-Ladewig/Brunozzi* Art. 41, 32. Anders allerdings, wenn der Schwerpunkt eindeutig das verletzte Recht betraf: EGMR Eckle/D, 21.6.1983; Smith u. Grady/UK, 25.7.2000, NJW **2001** 809 = AuR **2004** 315.

670 Zur Abgrenzung EGMR Stankiewicz u.a./PL, 14.10.2014, §§ 85 ff., 88 ff.

671 EGMR Ajdaric/KRO, 13.12.2011, § 63; Klouvi/F, 30.6.2011, § 58. Diese Rechtsprechung erscheint nicht zwingend. Wenn der EGMR schon in diesem Stadium, vor der evtl. Durchführung einer Wiederaufnahme, Kostenerstattung zuspräche, so könnten die nationalen Gerichte dies im Wiederaufnahmeverfahren berücksichtigen und die Kostenerstattung ggf. entsprechend reduzieren (OGH ÖJZ **2011** 332). Einen ungerechtfertigten materiellen Vorteil durch mehrfache Kostenerstattung würde der Bf. ersichtlich nicht erzielen, ihn auf eine ungewisse zukünftige Entwicklung zu verweisen, erscheint kleinlich. Diese Judikatur erklärt sich auch nicht dadurch, dass es um in unfairen Verfahren erfolgte strafrechtliche Verurteilungen ging, wo naturgemäß unsicher ist, wie das Urteil bei Beachtung von Art. 6 ausgefallen wäre. Auch wenn der Bf., wegen (eventuell) erneuter strafrechtlicher Verurteilung in der Wiederaufnahme, letztlich „nichts davon hat", vor dem EGMR

bei der Geltendmachung des Verfahrensverstoßes entstanden sind. Wenn der Bf. im **inner-staatlichen Verfahren** den Konventionsverstoß (etwa gegen Art. 6 Abs. 1) nur vor oberen Gerichten oder aber erst im Verfassungsbeschwerdeverfahren gerügt hat, werden auch nur die hierauf entfallenden Kosten anerkannt.[672] Überlegungen, ob mangels eines fairen Verfahrens die in unteren Instanzen aufgewendeten Beträge sinnlos waren, stellt der EGMR nicht an.

285   Der EGMR verurteilt den beschwerdegegnerischen Staat ferner zur Erstattung der Kosten der **Rechtsverfolgung vor dem Gerichtshof**,[673] allerdings nur *soweit*[674] die Beschwerde Erfolg hatte. Hierzu rechnen die Kosten, die dem Bf. durch seine persönliche Teilnahme an der mündlichen Verhandlung entstanden sind, mit Ausnahme eines Verdienstausfalls, sofern das persönliche Erscheinen als nützlich erachtet werden kann.[675] Die **Anwaltskosten**[676] werden erstattet,[677] meist allerdings nicht in der geltend gemachten[678] Höhe. Vor allem wenn der zahlungspflichtige Staat die Höhe beanstandet,[679] besteht hier, ebenso wie bei der Gewährung von Verfahrenshilfe (Rn. 43 ff.), die Tendenz zu einer kritischen Prüfung. Häufig werden nicht alle tatsächlich entstandenen und geltend gemachten Kosten als notwendig und angemessen anerkannt. Ausschlaggebend sind **Umfang**, **Dauer** und **Schwierigkeit des Beschwerdeverfahrens**.[680] Ein Vertreterhonorar kann in der allgemein für angemessen erachteten Höhe er-

---

gewonnen zu haben, bleibt es dennoch dabei, dass die Verfahrensfairness verletzt war und der Bf. für diese Feststellung gehalten war, den Weg zum EGMR zu gehen. Nationale Gerichte haben diesen Umstand in der Kostenentscheidung angemessen zu berücksichtigen, auch wenn dem Bf. (etwa mangels „Beruhens" i.S.v. § 359 Nr. 6 StPO) die Wiederaufnahme verweigert wird oder er in der Wiederaufnahme erneut verurteilt wird und die Verfahrenskosten damit vordergründig dem Angeklagten (und Bf.) aufzuerlegen sind.

672 EGMR Kinsky/CS, 9.2.2012, NVwZ-RR **2013** 577, §§ 129 f.

673 *Frowein/Peukert* Art. 41, 91 ff.

674 Ist der Bf. vor dem EGMR mit seinen Rügen nur teilweise erfolgreich, so werden ihm die Verfahrenskosten regelmäßig auch nur anteilig erstattet: EGMR Sahin/D, 8.7.2003, § 105; Kübler/D, 13.1.2011, § 84; Shahanov u. Palfreeman/BUL, 21.7.2016, § 85; siehe auch EGMR S./D, 28.6.2012, §§ 130, 132; Gal/UKR, 16.4.2015, §§ 48, 53 ff.

675 *Frowein/Peukert* Art. 41, 96. Siehe EGMR (GK) Jeunesse/NL, 3.10.2014, §§ 133 ff. (Hotelübernachtung anlässlich der mündlichen Verhandlung).

676 Wenn der Kammerpräsident nicht ausnahmsweise eine andere Person zugelassen hat, darf nur ein in einem Vertragsstaat zugelassener Rechtsanwalt den Bf. vertreten (Art. 36 Abs. 4 *lit.* a VerfO), die Erstattung von Honoraren anderer, (faktisch) als Vertreter agierender Personen kommt daher wohl nicht in Betracht; siehe auch EGMR Pleso/H, 2.10.2012, § 72.

677 In EGMR Firth u.a./UK, 12.8.2014, § 21, und McHugh u.a./UK, 10.2.2015, § 14, erachtete der Gerichtshof wegen der eindeutigen Rechtslage die Mitwirkung eines Anwalts nicht für notwendig. Wenn es trotz einer solchen „eindeutigen Rechtslage" nicht gelingt, die Streitfrage gütlich beizulegen, wird der Hintergrund regelmäßig sein, dass der belangte Staat wegen Uneinsichtigkeit und menschenrechtsfeindlicher Grundeinstellung vorsätzlich Obstruktion betreibt (was in den o.g. britischen Fällen mit insgesamt über 1000 Bf. auch der Fall war). Indem der belangte Staat nicht einmal zur Erstattung von Rechtsverfolgungskosten verpflichtet wurde (was bei der hohen Zahl der Fälle mehr als nur symbolische Bedeutung hat), wollte der Gerichtshof offensichtlich vermeiden, dass sich der Konflikt weiter hochschaukelt, wohl in der Hoffnung, es werde dem Staat nun leichter fallen, die Konventionsverletzungen endlich abzustellen.

678 Großzügig hinsichtlich der Frage der ordnungsgemäßen Geltendmachung: EGMR Karimov/ASE, 25.9.2014, § 72 (Höhe der Kosten des Verfahrens vor dem EGMR nicht beziffert; 2.000 € zugesprochen); ähnlich EGMR Matheron/F, 29.3.2005, § 51. Die Ermittlung durch den Gerichtshof eines nur allgemein, nicht aber in der konkreten Höhe verlangten Betrags ist kein allgemeiner Verfahrensstandard.

679 Siehe jedoch EGMR Corbet u.a./F, 19.3.2015, §§ 54 ff. (sogar von der Regierung für angemessen befundener und eingeräumter Betrag unterschritten).

680 Vgl. EGMR S.I./SLW, 13.10.2011, § 87 (keine Bindung an nationale Regelungen bzgl. der Rechtsanwaltsvergütung; diese liefern aber Anhaltspunkte; ebenso EGMR Begheluri u.a./GEO, 7.10.2014, § 195; dort auch §§ 132 ff., 163 f., 179, 196 (komplexer Fall, u.a. wegen des umfangreichen Sachverhalts und der Passivität der

stattet werden, wenn nachgewiesen ist, dass mit dem Vertreter von Anfang an eine echte Zahlungspflicht vereinbart wurde.[681] Wenn der Rechtsanwalt für verschiedene Bf. insgesamt mehrere ähnliche Beschwerden eingelegt hat, über die der EGMR in einem einzigen Urteil (Art. 42 VerfO) entscheidet, sieht sich der EGMR (im konkreten Fall ein Ausschuss, Art. 26, 28) berufen, dem Rechtsvertreter vorzuhalten, dass wegen Ähnlichkeit der Beschwerdetexte die tatsächliche Dienstleistung nicht so umfangreich gewesen sei wie behauptet, und wird folglich nur einen geringen Teil des geltend gemachten Betrags zuzuerkennen.[682] Die behaupteten Kosten sind zu belegen;[683] ohne Nachweis gewährt der EGMR meist keine Kostenerstattung, selbst wenn offensichtlich ist, dass dem Bf. Kosten entstanden sind, etwa weil er anwaltlich vertreten wurde.[684] Es kommt aber auch vor, dass der Gerichtshof sich trotz fehlender Nachweise großzügig zeigt und gerade mit der Begründung, Kosten seien ja wohl offensichtlich entstanden, einen Kostenersatz zuspricht.[685] Eine gewährte **Verfahrenshilfe** wird vom normalerweise zu erstattenden Betrag abgezogen.[686]

Zum Verfahren vor dem Gerichtshof, in dem (erstattungsfähige) Anwaltskosten wie **286** auch andere Ausgaben anfallen können, zählt auch der Verfahrensabschnitt, der auf ein Feststellungsurteil des EGMR folgt, und der erforderlich ist, um nach der Feststellung einer Konventionsverletzung noch über die Höhe des zu ersetzenden Schadens zu entscheiden (Rn. 277).[687]

Nicht erstattungsfähig ist der **eigene Zeitaufwand**, den der Bf. selbst seiner Beschwer- **287** de oder dem nationalen Verfahren gewidmet hat, da hier keine Kosten entstehen.[688] Anwaltskosten, die entstehen, weil der Bf. ein Anliegen verfolgt, das der EGMR letztlich nicht anerkennt, sind ggf. nicht erstattungsfähig.[689]

Die vom EGMR zugesprochene Entschädigung wegen erlittener **immaterieller Schäden 288** ist (jedenfalls bei gravierenden Umständen des zugrunde liegenden Falles) **nicht abtretbar und pfändbar**; sie fällt bei Eröffnung des Insolvenzverfahrens über das Vermögen des Bf.

Behörden hinsichtlich diverser Beschwerden der Bf., was u.a. eine Verletzung der Ermittlungspflicht aus Art. 3 begründete); ferner EGMR (GK) Ehem. König von Griechenland/GR, 28.11.2002, NJW **2003** 1721 (überhöhte Kosten); *Frowein/Peukert* Art. 41, 94; vgl. *Grabenwarter/Pabel* § 15, 11 f.

681 Vgl. EGMR Öztürk/D, 23.10.1984, EuGRZ **1985** 144; Delta/F, 19.12.1990; *Frowein/Peukert* Art. 41, 95.
682 EGMR Osmanov u. Yuseinov/BUL, 23.9.2004, § 52; Soltanov u.a./ASE, 13.1.2011, § 33; ähnlich EGMR Samadbayli u.a./ASE, 13.4.2017, § 39; Aslan Ismayilov u.a./ASE, 13.4.2017, § 38.
683 Streng etwa EGMR Shesti Mai Engineering OOD u.a./BUL, 20.9.2011, §§ 117, 121 (Kosten für Anwaltstätigkeit bei Vorbereitung der Beschwerde nicht anerkannt; Anwalt hatte Zeitnachweise nicht unterschrieben; nicht erkennbar, dass der Anwalt wirklich tätig geworden war, weil er im Verfahren vor dem EGMR die Bf. nicht vertreten hatte).
684 Siehe EGMR S.I./SLW, 13.10.2011, § 87; Alkaya/TRK, 9.10.2012, §§ 2, 48; Mesesnel/SLW, 28.2.2013, §§ 3, 47; Kristiansen u. Tyvik As/N, 2.5.2013, §§ 2, 65; Contoloru/RUM, 25.3.2014, §§ 2, 64 (am selben Tag (!) anders entschieden in EGMR Vistinš u. Perepjolkins/LET, 25.3.2014); O.G./LET, 23.9.2014, § 112; Anzhelo Georgiev u.a./BUL, 30.9.2014, § 33 ff.; Yılmaz Yıldız u.a./TRK, 14.10.2014, §§ 2, 57; Shvydka/UKR, 30.10.2014, §§ 2, 60 ff.; Colac/RUM, 10.2.2015, § 66.
685 EGMR Rojas Morales/I, 16.11.2000, § 42; (GK) Öneryildiz/TRK, 30.11.2004, § 175; Svipsta/LET, 9.3.2006, § 171; Zaicevs/LET, 31.7.2007, § 64; (GK) Andrejeva/LET, 18.2.2009, § 116; (GK) Vistinš u. Perepjolkins/LET, 25.3.2014, § 51.
686 Siehe EGMR Steel u. Morris/UK, 15.2.2005, NJW **2006** 1255, § 112; Glor/CH, 30.4.2009, §§ 106 f.; Z.H./H, 8.11.2012, § 52; (GK) Oğur/TRK, 20.5.1999, § 102; (GK) Janowiec u.a./R, 21.10.2013, § 224; Gafgaz Mammadov/ASE, 15.10.2015, § 118; Caracet/MOL, 16.2.2016, § 65; so auch Nr. 18 PD-JS.
687 EGMR Nedelcheva u.a./BUL, 3.2.2015, §§ 15 ff.
688 EGMR Steel u. Morris/UK, 15.2.2005, NJW **2006** 1255, § 112 (hier Verfahren vor dem EGMR, gilt aber auch für eigenen Zeitaufwand im nationalen Verfahren).
689 Vgl. EGMR Stephen Joran/UK, 14.3.2000, § 42; Smith u. Grady/UK, 25.7.2000, §§ 26 ff.; Willis/UK, 11.6.2002, § 74.

nicht in die Insolvenzmasse. Gleiches gilt für die zuerkannte Erstattung der **Kosten für das Verfahren** vor dem EGMR. Dagegen ist der Anspruch auf Erstattung von (Mehr-)Kosten im vorausgegangenen innerstaatlichen Verfahren abtretbar, pfändbar und fällt in die Masse, wenn über das Vermögen des Bf. das Insolvenzverfahren eröffnet wird.[690] Eine **Aufrechnung** gegenüber einem Schadensersatzanspruch aus Art. 5 Abs. 5 ist möglich.[691]

289   Ist der Bf. verschwunden oder kann er aus einem anderen Grund nicht kontaktiert werden, ordnet der Gerichtshof an, wie bzw. an wen im Einzelfall die Entschädigung zu zahlen ist.[692] Im Falle eines unter Vormundschaft oder unter Betreuung gestellten Bf. ordnet der EGMR zweckmäßigerweise an, die Entschädigung an den Vormund bzw. Betreuer auszuzahlen;[693] dies wird regelmäßig bei minderjährigen Bf. zu gelten haben.

290   Wird eine Beschwerde **aus dem Register gestrichen** (Art. 37), so ist eine Kostenerstattung über Art. 41 nicht möglich, weil es an der Feststellung einer Konventionsverletzung fehlt. Rechtsgrundlage ist vielmehr **Art. 43 Abs. 4 VerfO**. Die Grundsätze sind allerdings dieselben. Kosten werden nur soweit erstattet, als sie sich auf die behaupteten Verletzungen beziehen.[694] Wird ein Erfolgshonorar vereinbart,[695] so ist zu empfehlen, einen „Erfolg" umfassend zu definieren und insbesondere auch für den Fall anzunehmen, dass die Beschwerde aus dem Register gestrichen wird, wenn und weil der beklagte Staat „nachgegeben" hat. So hat der EGMR in einem Fall keine Kostenerstattung nach Art. 43 Abs. 4 VerfO zuerkannt, in dem Erfolgshonorar vereinbart war, denn einen Erfolg habe es ja nicht gegeben. Allerdings erklärt der EGMR eine Streichung aus dem Register nicht schlechthin zum Nicht-Erfolg, sieht sich aber außerstande, im konkreten Fall einen Erfolg („gain de cause") für den Bf. festzustellen. Die sehr knappen Ausführungen des EGMR können so verstanden werden, dass auf Erstattung des Anwaltshonorars erkannt worden wäre, wenn vorgetragen und durch Vorlage der Honorarvereinbarung nachgewiesen worden wäre, dass das Einschwenken der Regierung einen „Erfolg" bedeutet. In der Sache handelte es sich um einen Erfolg, auch wenn der EGMR dies nicht so sehen will und stattdessen mit spitzfindiger Argumentation die Zuerkennung der Kostenerstattung sachwidrig verweigert.[696]

---

690 BGHZ 189 65 = NJW 2011 2296 = EuGRZ 2011 333 = WM 2011 756 = ZIP 2011 820 (überlange Verfahrensdauer; 30 Jahre; Amtshaftungsverfahren) mit Anm. *Birnbreier* GWR 2011 195; Vorinstanz: KG ZIP 2009 1873. Die (teilweise) Unpfändbarkeit ergibt sich ggf. aus dem nationalen und nicht bereits aus Konventionsrecht, der Gerichtshof jedenfalls erklärt die zuerkannten Beträge nicht für unpfändbar: EGMR (GK) Selmouni/F, 28.7.1999, § 133; Ataun Rojo/E, 7.10.2014, §§ 50 ff.; Etxebarria Caballero/E, 7.10.2014, §§ 68 ff.; etwas anders, letztlich aber nicht ganz klar: EGMR Ringeisen/A, 22.6.1972, § 27, und 23.6.1973, § 15 (Unpfändbarkeit der Entschädigung für immateriellen Schaden, im Wesentlichen unter Berufung auf das österreichische Recht). Zur Steuerfreiheit: EGMR (GK) Öneryildiz/TRK, 30.11.2004; *Frowein/Peukert* Art. 41, 97. Vgl. parallel das Verbot der Aufrechnung der Justizverwaltung gegenüber Ansprüchen des Strafgefangenen wegen menschenunwürdiger Haftbedingungen (§ 242 BGB): BGHZ 182 301 = NJW-RR 2010 167 = StraFo 2010 42 = JR 2010 489 m. Anm. *Lindemann* 469 = DRiZ 2011 259.
691 BGH NJW 2016 636.
692 EGMR Mukhitdinov/R, 21.5.2015, §§ 110 f. m.w.N.
693 EGMR Lashin/R, 22.1.2013, § 129.
694 Vgl. EGMR Grüne Alternative Wien/A, 29.11.2011, §§ 30, 33; Atmaca/D (E), 6.3.2012, NJOZ 2013 918; N.I./B (E), 6.9.2011 = NVwZ 2012 1233 m. Anm. *Meyer-Ladewig/Petzold* (zum materiellrechtlichen Problem); Scholvien u.a./D (E), 12.11.2013, §§ 20 f.; H.N./NL (E), 31.3.2015, § 14; Union of Jehovah's Witnesses u.a./GEO (E), 21.4.2015, §§ 33 f. Rätselhaft hingegen EGMR Ali Zada u.a./A (E), 5.7.2011; kein Ausspruch der beantragten Kostenerstattung ohne Begründung; aus Anhang geht hervor, dass die Bf. vertreten waren, vermutlich durch Rechtsanwälte).
695 Zur Anerkennung der Vereinbarung von Erfolgshonorar durch den EGMR im Einzelfall Rn. 284.
696 EGMR N.I./B (E), 6.9.2011; Bf., Asylbewerber, sollte 2008 aus Belgien ausgewiesen und nach GR verbracht werden, wo sein Asylantrag zu behandeln sei; Einlegung der Beschwerde am 29.10.2008; Januar 2011:

2. Endgültigkeit des Urteils. Endgültig (vergleichbar einer formellen Rechtskraft) **291** werden die Urteile der **Großen Kammer** mit ihrem Erlass (Art. 44 Abs. 1). Dasselbe gilt für die Urteile der **Ausschüsse** (Art. 28 Abs. 2, dazu Art. 77 Abs. 2, 3 VerfO; Rn. 15, 68). Die Urteile der **Kammern** werden endgültig, wenn die Parteien nicht binnen drei Monaten die Verweisung an die GK beantragt haben oder wenn sie erklären, dass sie dies nicht beantragen werden oder wenn der über die Annahme entscheidende 5er-Ausschuss den Verweisungsantrag ablehnt (Art. 44 Abs. 2).

Die endgültigen Urteile werden in **englischer oder französischer Sprache** oder, **292** wenn der Gerichtshof es beschließt, in beiden Sprachen abgefasst (Art. 76 Abs. 1 VerfO).[697] Sie sind der Öffentlichkeit zugänglich;[698] sie werden unter der Verantwortung des Kanzlers **veröffentlicht**, nachdem sie endgültig geworden sind (Art. 44 Abs. 3). Die Veröffentlichung sämtlicher Urteile, Beschlüsse und Advisory Opinions erfolgt in der **Datenbank HUDOC** (Art. 104A VerfO; aufrufbar unter https://hudoc.echr.coe.int/). Besonders bedeutsame Urteile, Beschlüsse und Advisory Opinions werden dort als Key Cases ausgewiesen (Art. 104B VerfO).

Sofern der Bf. bei Einlegung der Beschwerde keinen **Antrag auf Anonymität** gestellt **293** hat (Rn. 218 f.), kann er einen solchen Antrag auch noch nach Veröffentlichung der Entscheidung bei der Kanzlei einreichen. Dabei sollte er aber ausführen, warum er auf die Stellung des Antrags bei Beschwerdeeinlegung verzichtet hat und weshalb er durch die Veröffentlichung des Urteils oder der Entscheidung belastet wird.[699]

Die endgültigen Urteile des Gerichtshofes werden nach Art. 46 Abs. 2 dem **Ministerko- 294 mitee** des Europarates zugeleitet. Zur Überwachung und Durchsetzung der Urteile siehe Rn. 331 ff.

3. Wiederaufnahme des Verfahrens. Die Möglichkeit einer Wiederaufnahme des **295** Verfahrens vor dem EGMR ist in der Konvention nicht geregelt. Da ihre Anordnung die Bindungswirkung des **Urteils** aufhebt, lässt sie **Art. 80 Abs. 1 VerfO** nur unter engen Voraussetzungen zu. Es muss nachträglich eine entscheidungserhebliche Tatsache bekannt werden, die im Zeitpunkt der Entscheidung weder der Gerichtshof noch die Partei, die den Antrag stellt, kannten, und die dieser Partei nach menschlichem Ermessen auch nicht bekannt sein konnte.[700] Der Antrag muss **binnen sechs Monaten** nach der Erlangung der

---

Entscheidung des EGMR in einem Aufsehen erregenden Parallelfall zugunsten des – anderen – Bf. (EGMR (GK) M.S.S./B u. GR, 21.1.2011, NVwZ **2011** 413 = EuGRZ **2011** 243 = ZAR **2011** 395 m. Anm. *Thym* 368), im April 2011 teilte die belgische Regierung mit, „die Zuständigkeit für den Asylantrag des Bf. [zu] übernehmen" („les autorités belges prenaient en charge le traitement de la demande d'asile du requérant").

697 Zur Forderung nach einer Übersetzung der Urteile in die Sprachen *aller* Konventionsstaaten vgl. den fraktionsübergreifenden Antrag „60 Jahre Europäische Menschenrechtskonvention", BTDrucks. **17** 3423 S. 4.

698 Abrufbar im Internet über die Rechtsprechungsdatenbank des EGMR (http://hudoc.echr.coe.int).

699 Siehe auch PD – Requests for Anonymity (Rn. 34).

700 Anschaulich EGMR Pennino/I, 8.7.2014, §§ 10 ff., NJW **2015** 3019; De Luca/I, 8.7.2014, §§ 10 ff.; siehe auch EGMR S.C. Ecological Center S.A./RUM, 5.4.2016, §§ 12, 18 ff. (Antrag auf Wiederaufnahme abgelehnt, da sich die Regierung bei der im Fall involvierten Gemeinde hätte erkundigen können und dann die Änderung des entscheidungserheblichen Umstands gekannt hätte); ferner etwa die flexible Handhabung in EGMR Cülaz u.a./TRK, 17.3.2015, §§ 7 ff. (einer von mehreren Bf. war im Urteil vom 15.4.2014 als Sohn statt, wie richtig, als Bruder eines Getöteten (Art. 2) bezeichnet worden, so dass ihm die Türkei den vom Gerichtshof zugesprochenen Schadensersatz nicht auszahlte; der EGMR korrigiert diesen Fehler ohne seine Entstehung zu problematisieren; siehe auch EGMR Yalçınkaya u.a./TRK, 9.2.2016 (Zuerkennung der Entschädigung nach Art. 41 an die Erben des noch vor dem Urteil verstorbenen Bf.); großzügig EGMR Nicolae Augustin Rădulescu/RUM, 19.5.2015, §§ 6, 9: Der Bf. war vor Erlass des (ersten) Urteils verstorben; der Gerichtshof warf der Anwältin nicht vor, dies nicht gewusst und mitgeteilt zu haben, da sie einen direkten Kontakt weder zum inhaftierten

Kenntnis gestellt werden. Er muss das Urteil bezeichnen und alle Angaben enthalten, auf die sich der Wiederaufnahmeantrag stützt, die dafür erforderlichen Unterlagen sind in Kopie beizufügen (Art. 80 Abs. 2 VerfO). Über den Antrag entscheidet die Kammer, gegen deren Urteil die Wiederaufnahme begehrt wird. Ist dies nicht möglich, wird die Kammer durch Los ergänzt oder neu gebildet (Art. 80 Abs. 3 VerfO). Hält die Kammer keinen Wiederaufnahmegrund für gegeben, weist sie den Antrag ab. Andernfalls wird der Antrag der Gegenpartei übermittelt, die Gelegenheit zur Stellungnahme erhält. Danach entscheidet die Kammer die Sache neu durch Urteil, für das die allgemeinen Grundsätze gelten (Art. 80 Abs. 4 VerfO). War der Bf. bei Erlass des Urteils bereits verstorben, ohne dass die Regierung das wissen konnte, und sind die Voraussetzungen für die Fortführung des Verfahrens durch Angehörige nicht gegeben bzw. wollen die Angehörigen das Verfahren nicht fortsetzen, wird mit diesem Urteil die Beschwerde aus dem Register gestrichen (Art. 37 Abs. 1).[701] In Einzelfällen hat der EGMR auch bereits einen Fall wiederaufgenommen, nachdem ein Ausschuss ihn als unzulässig abgewiesen hat.[702]

296 **4. Auslegung des Urteils.** Die Auslegung des Urteils durch den Gerichtshof kann jede Partei innerhalb eines Jahres nach der Verkündung beantragen (**Art. 79 Abs. 1 VerfO**). Der an die Kanzlei zu richtende Antrag muss den Teil des Urteils genau bezeichnen, dessen Auslegung begehrt wird (Art. 79 Abs. 2 VerfO). Über den Antrag entscheidet die Kammer, die das Urteil gefällt hat, nach Möglichkeit in ihrer ursprünglichen Zusammensetzung (Art. 79 Abs. 3 VerfO). Sie kann den Antrag abweisen, wenn nach ihrer Ansicht kein Grund zur Prüfung besteht. Andernfalls übermittelt der Kanzler den Antrag den anderen Parteien mit der Aufforderung, binnen einer bestimmten Frist schriftlich Stellung zu nehmen. Die Kammer entscheidet dann durch Urteil, das auch aufgrund einer mündlichen Verhandlung ergehen kann, sofern die Kammer dies beschließt (Art. 79 Abs. 4 VerfO).

5. Durchsetzung des Urteils

297 **a) Befolgungspflicht des betroffenen Staates.** Mit der Endgültigkeit (Rn. 291) tritt die materielle Rechtskraft des Urteils ein. Die Vertragsstaaten der Konvention sind völkerrechtlich verpflichtet, in allen Rechtssachen, in denen sie Partei sind, das Urteil des Gerichtshofs zu befolgen (Art. 46 Abs. 1). Eine Bindungswirkung besteht also nur zwischen den am Verfahren **beteiligten Beschwerdeführern und Staaten** und **im Hinblick auf die entschiedene Sache**.[703]

298 Da der EGMR **kein Rechtsmittelgericht** im Verhältnis zu den nationalen Gerichten der Vertragsstaaten ist, handelt es sich bei seinen Urteilen – mit Ausnahme des eine ge-

---

Bf. (bei Bedarf rief der Bf. die Anwältin an) noch zur betagten und kranken Mutter des Bf. hatte; der EGMR revidierte das Urteil dahingehend, dass die Entschädigung (Art. 41) an die Mutter des Bf. auszuzahlen sei; siehe auch §§ 5, 7 dieses Urteils: nur die Regierung (die erreichen wollte, wegen des Todes des Bf. nicht zahlen zu müssen) hatte Revision beantragt und der Gerichtshof berief sich auf Art. 80 VerfO, obwohl der von der Regierung vorgetragene Wiederaufnahmegrund nicht vorlag – das Urteil lässt sich gut mit allgemeinen Gerechtigkeitserwägungen, weniger gut jedoch mit Art. 80 VerfO begründen; EGMR N.A./FIN, 13.7.2021 (Aufhebung des früheren Urteils v. 14.11.2019 wegen Missbrauch des Beschwerderechts durch Vorlage gefälschter Unterlagen).

701 EGMR Cipleu/RUM, 15.12.2015, §§ 8 ff.
702 So etwa in EGMR Storck/D, 16.6.2005, §§ 65 ff.
703 *Grabenwarter/Pabel* JZ **2010** 857, 859; *Haß* 70 ff. Zu den Grenzen der materiellen Rechtskraft *Mellech* 62 ff.; für eine eingehende Analyse der Umsetzung von EGMR-Urteilen im Rechtsvergleich zwischen Deutschland und der Russischen Föderation, vgl. *Haak* Wirkung und Umsetzung von Urteilen des EGMR (2018).

rechte Entschädigung betreffenden Teils (Art. 41)[704] – um reine **Feststellungsurteile**, die weder eine kassatorische noch unmittelbar gestaltende, die Rechtskraft der nationalen gerichtlichen Entscheidungen beseitigende Wirkung haben.[705] Die als konventionswidrig beanstandete Maßnahme kann das Gericht nicht selbst aufheben. Sie bleibt rechtlich voll wirksam.[706] Auch eine **unmittelbare Kontaktaufnahme** des Gerichtshofs mit den für den Konventionsverstoß verantwortlichen staatlichen Stellen zur Umsetzung des Urteils ist *formell* ausgeschlossen.

Aus einer Zusammenschau von Art. 41 und 46 ergibt sich der konkrete Inhalt der **299** Pflicht des jeweiligen verurteilten Vertragsstaates. Nach Art. 41 hat er eine Entschädigung zu entrichten, sofern die **Wiedergutmachung** nach dem nationalen Recht nur unvollkommen möglich ist. Vorrangig sind die Vertragsstaaten zur Naturalrestitution verpflichtet. Sie müssen daher innerstaatlich durch geeignete **individuelle oder auch allgemeine Maßnahmen** versuchen, der festgestellten Konventionsverletzung abzuhelfen, also fortdauernde Verletzungen zu beenden[707] und die Folgen bereits abgeschlossener Verletzungen zu beseitigen. Die Nichtbeendigung oder Wiederholung des Verhaltens, das vom EGMR als konventionswidrig beanstandet wurde, stellt eine erneute Verletzung der EMRK und damit auch einen **Verstoß gegen Art. 1** dar.[708] Wo die Konvention zu innerstaatlichem Recht geworden ist, gilt diese **Wiedergutmachungspflicht**[709] **auch unmittelbar für alle staatlichen Organe**, sowohl auf Bundes- als auch auf Landesebene. Diese müssen im Rahmen ihrer Zuständigkeit und ihrer Bindung an Gesetz und Recht (Art. 20 Abs. 3 GG) **in der entschiedenen Sache** dem Urteil des EGMR Rechnung tragen.[710] Unter Anwendung von Art. 75 Abs. 1 und 4 VerfO kann der Gerichtshof den Parteien aufgeben, sich binnen einer bestimmten Frist zu einigen, andernfalls über eine Entschädigung nach Art. 41 entschieden werde.[711] Nicht zuletzt unter Berufung auf eine auf diesem Weg erzielte gütliche Einigung wurde der Bf. des Falles *Brauer* von den nationalen Gerichten auch nach dem EGMR-Urteil kein Erbrecht zuerkannt, obwohl der EGMR die Konventionswidrigkeit dieser Nichtzuerkennung festgestellt hatte.[712]

---

704 Vertiefend: *Zwach* Die Leistungsurteile des Europäischen Gerichtshofs für Menschenrechte (1996).

705 Vgl. auch *Rohleder* 45 f.

706 EGMR Assanidze/GEO, 8.4.2004; (GK) 12.5.2005; BVerfGE **111** 307, 320 = NJW **2004** 3407; *Roth* NVwZ **2006** 753, 754; *Meyer-Ladewig/Petzold* NJW **2009** 3749, 3751; *Grabenwarter/Pabel* JZ **2010** 857, 859.

707 Z.B. EGMR (GK) Assanidze/GEO, 8.4.2004, § 198; siehe auch BVerfG **111** 307, 321.

708 Vgl. zu dieser Bindungswirkung: *Renzikowski* JZ **1999** 605, 611; *Rogge* EuGRZ **1996** 341, 346; *Wittinger* Jura **1999** 405, 406; *Ress* EuGRZ **1996** 350; *Polakiewicz* 23 ff.; allgemein dazu *Okresek* EuGRZ **2003** 168; *Grabenwarter/Pabel* JZ **2010** 857, 859 f.; siehe EGMR (GK) Scozzari u. Giunta/I, 13.7.2000, § 249; (GK) Assanidze/GEO, 8.4.2004, § 198; Çakır u.a./TRK, 4.6.2013, § 30.

709 Näher dazu *Rohleder* 131 ff.

710 EGMR (GK) Sürmeli/D, 8.6.2006; BVerfGE **111** 307 = NJW **2004** 3407 (Görgülü); BVerfG NJW **2007** 204 f.; *Gusy* JA **2009** 407, 409.

711 So EGMR Mitzinger/D, 9.2.2017, § 53; Brauer/D, 28.5.2009, EuGRZ **2010** 167, § 54 (insoweit in NJW-RR **2009** 1603, ZEV **2009** 510 m. Anm. *Leipold* 488 und FamRZ **2009** 1293 m. Anm. *Henrich* nicht abgedruckt); die erzielte gütliche Einigung (Rn. 72 ff.) wurde als friedliche Streitbeilegung („friendly settlement") i.S.v. Art. 39 gebilligt von EGMR Brauer/D, 28.1.2010, EuGRZ **2010** 173, § 7; ebenso EGMR (K) Fabris/F, 7.2.2013, § 85 (insoweit in NJW-RR **2014** 645, ZEV **2014** 491, DÖV **2013** 355 (Ls.) und FamRZ **2014** 1909 (Ls.) nicht abgedruckt), und nachfolgende Billigung der Einigung durch (GK) Fabris/F, 28.6.2013, § 7; dieser Billigung heftig widersprechend das Sondervotum *Pinto de Albuquerque*, wonach der Staat, anstatt Schadenersatz zu bezahlen, die Diskriminierung zu beenden habe.

712 LG Saarbrücken ZEV **2010** 526 = FamRZ **2010** 2106 (die gütliche Einigung war schon davor vom EGMR gebilligt worden, siehe vorangegangene Fußnote); zur erbrechtlichen Problematik, der aufgrund des EGMR-Urteils erfolgten gesetzlichen Neuregelung sowie weiterer Gerichtsentscheidungen, in denen nach Erlass

300   Was **Gegenstand des Urteils** ist, also welche Verletzung durch ein dem Staat zurechenbares Verhalten eingetreten ist, ergibt grundsätzlich sein Tenor. Dieser ist mitunter aber wenig aussagekräftig, vor allem, wenn er sich aufgrund einer Gesamtwürdigung mit der pauschalen Feststellung eines bestimmten Konventionsverstoßes begnügt.[713] Worin der EGMR
den entscheidenden Kern der Konventionsverletzung gesehen hat, ist mitunter auch durch
Heranziehung der Urteilsgründe nicht eindeutig eingrenzbar, so wenn die Feststellung der
Konventionswidrigkeit im Urteilstenor das Ergebnis einer Pauschalwertung verschiedener
Vorgänge ist, wie etwa das auf verschiedene Vorgänge und Erwägungen gestützte Urteil, dass
der Bf. insgesamt kein faires Verfahren hatte.[714] Bei solchen **einzelfallbezogenen Gesamt-
wertungen** kann es schwierig sein, in einem durch das Urteil des EGMR ausgelösten innerstaatlichen Wiederaufnahmeverfahren bei einzelnen Verfahrensvorgängen zu beurteilen,
ob sie auch isoliert betrachtet mit der Auslegung der Konvention durch den Gerichtshof zu
vereinbaren sind und welche Folgerung der betroffene Staat und andere Staaten daraus generell herleiten müssen, wenn sie allgemein sicherstellen wollen, dass auch in vergleichbaren Fällen konventionsgemäß verfahren wird.[715]

301   Auf welche **Art und Weise** der betroffene Staat der festgestellten Konventionsverletzung
abhilft, ist grundsätzlich der Entscheidung seiner Organe überlassen.[716] Die von ihnen zur Beseitigung der Folgen eines Konventionsverstoßes ausgewählten Mittel müssen jedoch zu einem Ergebnis führen, das den Anforderungen Rechnung trägt, die der Gerichtshof in seiner
Entscheidung für die Behebung der festgestellten Konventionsverletzung aufgestellt hat.[717]
Der verurteilte Staat muss also, wie es das BVerfG ausgedrückt hat, bei der Auswahl seiner
Mittel die Auffassung des EGMR zugrunde legen, das Straßburger Urteil nach den Ausführungen des BVerfG **„beachten".**[718] Die volle **Wiederherstellung des früheren Zustandes** (*restitutio integrum*) ist nur in Ausnahmefällen möglich, wie etwa durch Rückübertragung entzogenen Eigentums.[719] Die staatlichen Stellen müssen daher in **zweckorientierter** Ausschöpfung
des ihnen innerstaatlich offenen Handlungsspielraums die für eine Abhilfe geeigneten Maßnahmen auswählen.[720] Je nach Art des Konventionsverstoßes und der innerstaatlichen
Rechtslage reichen diese von der Beendigung eines noch andauernden Verstoßes, etwa durch
die Einstellung eines noch anhängigen Verfahrens oder durch das Absehen von der Vollstreckung oder Zurücknahme einer Abschiebungsandrohung bis zur Einleitung eines neuen Verfahrens zu dessen Kompensation. Dies kann die Wiederaufnahme des Verfahrens sein oder
aber auch ein sonst geeignetes Verfahren zur Beseitigung von Folgen des Konventionsversto-

---

des EGMR-Urteils wegen der eindeutigen (deutschen) erbrechtlichen Rechtslage unter möglicher Verletzung
der EMRK kein Erbrecht zuerkannt worden war vgl. BVerfG NJW **2013** 2103 = EuGRZ **2013** 238 = FamRZ **2013**
847 m. Anm. *Reimann* = ZEV **2013** 326; BGH ZEV **2012** 32; *Reimann* FamRZ **2012** 604; *Bestelmeyer* Rpfleger
2012 361; *Krug* ZEV **2011** 397; *ders.* **2010** 505.
713   Vgl. *Okresek* EuGRZ **2003** 168, 171 m.w.N.
714   Vgl. *Schroeder* GA **2003** 293.
715   Vgl. die in verschiedenen Beiträgen beim Grazer Symposium aufgezeigten Bedenken gegen diese Praktik des EGMR, so auch *Okresek* EuGRZ **2003** 168, 171.
716   Vgl. etwa EGMR Marckx/B, 13.6.1979; Vermeire/B, 29.11.1991, EuGRZ **1992** 12 = ÖJZ **1992** 516; (GK) Scozzari
u. Giunta/I, 13.7.2000; (GK) Ehem. König von Griechenland/GR, 28.11.2002; Meyer-Ladewig/Nettesheim/von
Raumer/*Meyer-Ladewig/Brunozzi* Art. 46, 4; *Wittinger* NJW **2001** 1238; *Roth* NVwZ **2006** 753, 755; *Rudolf/von
Raumer* AnwBl. **2009** 313, 314; *Grabenwarter/Pabel* JZ **2010** 857, 860.
717   EGMR (GK) Scozzari u. Giunta/I, 13.7.2000; Görgülü/D, 26.2.2004 = NJW **2004** 3397 = EuGRZ **2004** 700 =
FamRZ **2004** 1456 = JAmt **2004** 551; Meyer-Ladewig/Nettesheim/von Raumer/*Meyer-Ladewig/Brunozzi* Art. 46, 4.
718   BVerfGE **111** 307, 321; *Gusy* JA **2009** 407.
719   EGMR Hentrich/F, 22.9.1994, EuGRZ **1996** 593 = ÖJZ **1995** 594.
720   Vgl. BVerfGE **111** 307 = NJW **2004** 3467.

Esser   1716

ßes;[721] auch im Gnadenweg ist dies möglich. Nur in Einzelfällen verbleibt den Vertragsstaaten keine Wahlfreiheit.[722]

Wo wegen der mitunter großen Zeitspanne zwischen dem Konventionsverstoß und dem Urteil des EGMR eine Naturalrestitution ausscheidet,[723] kommt nur eine **anderweitige Kompensation**[724] der erlittenen Nachteile in Frage, zu der in der Regel auch gehört, dass dabei die Konventionsverletzung **ausdrücklich anerkannt** wird. **302**

Innerstaatlich kann die Maßnahme nur geändert oder aufgehoben werden, wenn und soweit das einschlägige nationale Recht einen Weg zu ihrer Korrektur eröffnet. Da wegen des Erfordernisses der Rechtswegerschöpfung (Art. 35) eine letztinstanzliche, rechtskräftige Gerichtsentscheidung vorliegt, ist dies häufig nur durch ein diese Rechtskraft durchbrechendes Verfahren zu gewährleisten, wie etwa durch die **Wiederaufnahme eines rechtskräftig abgeschlossenen Strafverfahrens** (vgl. § 359 Nr. 6 StPO;[725] § 363a öStPO;[726] näher Rn. 308 f., dort auch zur Wiederaufnahme von Zivil- und anderen Gerichtsverfahren), oder wenn die Korrektur eines bestandskräftig gewordenen Verwaltungsaktes nachträglich möglich ist,[727] oder das einschlägige Verfahrensrecht ohnehin die erneute Befassung des Gerichts durch einen neuen Antrag oder auch von Amts wegen aufgrund der veränderten Sach- und Rechtslage zulässt.[728] Andernfalls setzt die Unabhängigkeit der Gerichte und die Bindungswirkung einer unanfechtbar gewordenen Entscheidung jeder nachträglichen Korrektur Schranken.[729] Ggf. muss das nationale Recht geändert werden (vgl. Rn. 304). **303**

---

721 Siehe für den Fall einer fairnesswidrigen Tatprovokation: EGMR Lalas/LIT, 1.3.2011, § 53 („retrial", „reopening"); dazu EGMR Bannikova/R, 4.11.2010, § 57 („whatever form of procedure the domestic courts follow, the Court requires it to be adversarial, thorough, comprehensive and conclusive on the issue of entrapment").

722 Zum Beispiel: Pflicht zur Freilassung, wenn Konventionswidrigkeit der Freiheitsentziehung festgestellt wurde: BVerfGE **111** 307, 321; EGMR (GK) Assanidze/GEO, 8.4.2004, §§ 198, 202 f.

723 Vgl. EGMR (GK) Ehem. König von Griechenland/GR, 28.11.2002 (keine Naturalrestitution, da Enteignung rechtmäßig, aber Entschädigung für den in der fehlenden Entschädigungsregelung liegenden Konventionsverstoß).

724 Zu den Schwierigkeiten bei Aufhebung eines Parteiverbots durch den EGMR: *Klein* ZRP **2001** 397, 401.

725 Vgl. Art. 420 Abs. 4, 422 Abs. 1 Nr. 4 der bulgarischen StPO; siehe auch *Kieschke* 66; *Czerner* 363 ff. zu der Frage, ob die **Wiederaufnahmemöglichkeit** auf Urteile **erweitert** werden soll, die gegen einen anderen Vertragsstaat ergangen sind. Ablehnend für eine Anwendung des § 359 Nr. 6 StPO („Feststellung" einer Konventionsverletzung) auf die Entscheidung des EGMR, den Fall aufgrund einer gütlichen Einigung aus dem Register zu streichen: BVerfG NJW **2019** 1590 = NStZ-RR **2019** 123 = BeckRS **2019** 2483.

726 Umfassend dazu *Stadlmayr* 342 f. Vor dem Hintergrund dieser Regelung EuGH (GK) 24.10.2018, C-234/17 (XC), EuZW **2019** 82: Grundsätze der Äquivalenz und der Effektivität gebieten keine analoge Anwendung der Wiederaufnahmeregeln auf Verletzungen des Unionsrechts; zu dieser Frage auch *Schneider* EuR **2017** 433.

727 Etwa *Pache* EuR **2004** 393, 403 ff.

728 Vgl. BVerfGE **128** 326, 364 f. = NJW **2011** 1931, 1934, Tz. 82: Die Vereinbarkeitserklärung im Tenor einer Entscheidung des BVerfG stellt grundsätzlich ein Prozesshindernis im Hinblick auf erneute Normenkontrollen dar. Das Prozesshindernis entfällt jedoch nach ständiger Rechtsprechung bei einer Änderung der Sach- und Rechtslage. Zwar stellen die (Feststellungs-)Urteile des EGMR keine Änderung der Rechtslage im eigentlichen Sinne dar, sie werden vom BVerfG jedoch wegen des Grundsatzes der Völkerrechtsfreundlichkeit bei der Auslegung des Grundgesetzes berücksichtigt, um Konventionsverstöße zu vermeiden. Vor diesem Hintergrund können Urteile des EGMR einer rechtserheblichen Änderung gleichstehen.

729 Vgl. Meyer-Ladewig/Nettesheim/von Raumer/*Meyer-Ladewig/Brunozzi* Art. 46, 27; *Rudolf/*von Raumer AnwBl. **2009** 313, 314.

304   Die Verpflichtung zur Beseitigung der festgestellten Konventionsverletzung kann auch **generelle Anordnungen** und Hinweise[730] oder eine Änderung der Rechtsprechung erfordern, oder, wenn eine konventionskonforme Auslegung des geltenden Rechts nicht möglich ist, in letzter Konsequenz eine **Gesetzes- oder gar Verfassungsänderung.**[731] Vor allem, wenn ein Urteil des Gerichtshofs über den entschiedenen Einzelfall hinaus **strukturelle Mängel der nationalen Rechtsordnung** aufzeigt, gebieten praktische Überlegungen, aber auch die Verpflichtung zur innerstaatlichen Beachtung der EMRK (Art. 1) eine **konventionskonforme Ausgestaltung/Änderung des nationalen Rechts.** Die zuständigen innerstaatlichen Stellen müssen deshalb in aller Regel durch alsbaldige Behebung der beanstandeten Rechtsmängel dem Urteil Rechnung tragen, um fortdauernde Konventionsverstöße sowohl im entschiedenen Fall als auch in **weiteren gleichgelagerten Fällen** zu beenden.[732]

305   Grundsätzlich hat der betroffene Staat selbst darüber zu entscheiden, auf welchem Weg er innerstaatlich einen konventionskonformen Zustand herstellen will; der Gerichtshof ist aber vor allem bei gehäuft auftretenden **strukturellen Mängeln** nicht gehindert, den betroffenen Staat auf das Erfordernis einer **generellen Lösung** im nationalen Recht[733] und auch auf nahe liegende Lösungsmöglichkeiten zur Beendigung eines konventionswidrigen Zustands hinzuweisen.[734] Dies wurde vom Ministerkomitee, das die Durchführung des Urteils im betroffenen Staat zu überwachen hat, in der Resolution vom 12.5.2004 sogar empfohlen,[735] um der Überlastung des Gerichtshofs durch eine Vielzahl gleichgelagerter Fälle abzuhelfen (zum **Pilotverfahren** Rn. 118, 393).[736]

---

730 Vgl. *Okresek* EuGRZ **2003** 168, 171 (Rundschreiben mit Hinweis auf konventionskonformen Gesetzesvollzug).

731 Vgl. EGMR Chanyev/UKR, 9.10.2014, § 35; Cusan u. Fazzo/I, 7.1.2014, § 81; Abdullah Yaşa u.a./TRK, 16.7.2013, § 61; Marckx/B, 13.6.1979; Dudgeon/UK, 22.10.1981; *Grabenwarter/Pabel* § 16, 5 f.; Meyer-Ladewig/ Nettesheim/von Raumer/*Meyer-Ladewig/Brunozzi* Art. 46, 30 ff.; *Okresek* EuGRZ **2003** 168, 171 (unter Hinweis auf EGMR Vermeire/B, 29.11.1991, wonach der Staat in einem Folgefall sich nicht damit entschuldigen kann, dass sein Gesetzgebungsverfahren noch nicht abgeschlossen ist, mit dem eine bereits früher festgestellte Konventionswidrigkeit beseitigt werden soll).

732 Vgl. EGMR (GK) Fabris/F, 7.2.2013, § 75: „(...) the adoption of general measures requires the State concerned to prevent, with diligence, further violations similar to those found in the Court's judgments (...). This imposes an obligation on the domestic courts to ensure, in conformity with their constitutional order and having regard to the principle of legal certainty, the full effect of the Convention standards, as interpreted by the Court". Sehr deutlich für die Wiederherstellung der Konventionsrechte des *konkreten* Bf. EGMR (GK) Maestri/I, 17.2.2004, § 47: „(...) in ratifying the Convention the Contracting States undertake to ensure that their domestic legislation is compatible with it. Consequently, it is for the respondent State to remove any obstacles in its domestic legal system that might prevent the applicant's situation from being adequately redressed"; wiederholt z.B. in EGMR (GK) Assanidze/GEO, 8.4.2004, § 198; Çakır u.a./TRK, 4.6.2013, § 30.

733 So etwa bei den gehäuft auftretenden Verstößen Italiens (vom 1.11.1998 bis 31.1.2001: 1516 Fälle) durch überlange Verfahrensdauer in den vier Urteilen vom 28.7.1999, die im März 2001 zur Schaffung eines innerstaatlichen Rechtsbehelfs in Italien führten, vgl. dazu *Breuer* EuGRZ **2004** 445, 446 m.w.N.; EGMR İzci/TRK, 23.7.2013, §§ 95 ff.; Cahit Demirel/TRK, 7.7.2009, §§ 43–48; Katz/RUM, 13.1.2009, §§ 26–36; Faimblat/RUM, 13.1.2009, §§ 47–54.

734 Siehe für den Fall einer fairnesswidrigen Tatprovokation: EGMR Lalas/LIT, 1.3.2011, § 53 („retrial", „reopening represents in principle an appropriate way of redressing"), dazu auch das Sondervotum *Malinverni/Sajó*, insb. § 8. Siehe auch EGMR Akinnibosun/I, 16.7.2015, § 85, als Beispiel für einen negativen Hinweis des Gerichtshofs (dass die Adoption das Recht des leiblichen Vaters aus Art. 8 verletzte, bedeute nicht, dass das Kind den Adoptiveltern wegzunehmen und dem leiblichen Vater zurückzugeben sei). Allgemein zum Thema *Mellech* 69 ff.

735 Vgl. EGMR (GK) Broniowski/PL, 22.6.2004; dazu *Breuer* EuGRZ **2004** 445, 448.

736 Siehe dazu CoE/PA, Res. 1787 (2011) – Implementation of judgments of the European Court of Human Rights, in dem strukturelle Defizite einiger Vertragsstaaten mit hohem Beschwerdeaufkommen aufgeführt wurden.

Ist eine vollständige Korrektur aufgrund der innerstaatlichen Rechtslage nicht (mehr) **306** möglich, muss der Staat zur Erfüllung seiner Verpflichtung aus Art. 46 Abs. 1 die festgestellte Konventionsverletzung anderweitig kompensieren.[737] Grundsätzlich ist jeder Vertragsstaat aber durch Art. 1 gehalten, innerstaatlich durch entsprechende Regelungen dafür zu sorgen, dass er seiner Befolgungspflicht aus Art. 46 Abs. 1 nachkommen kann.[738] Dies gilt auch für einen **Bundesstaat**, der unabhängig von seiner internen Kompetenzverteilung völkerrechtlich dafür verantwortlich bleibt, dass seine Gliedstaaten und deren Organe den von ihm für den Gesamtstaat übernommenen Vertragspflichten nachkommen. Mit Organisationsmängeln kann er sich nicht exkulpieren.[739]

Weder die EMRK noch das Grundgesetz erfordern, einem Urteil des EGMR, in dem **307** ein Konventionsverstoß festgestellt wird, eine die Rechtskraft der nationalen Entscheidung durchbrechende Wirkung beizumessen.[740] Auch eine allgemeine **Verpflichtung zur Wiederaufnahme von Verfahren** aufgrund von Urteilen, die eine Konventionsverletzung festgestellt haben, begründet weder die deutsche Verfassung[741] noch die EMRK.[742] Etwas anderes ergibt sich auch nicht – Art. 50 mitbedacht – aus Art. 13.[743] Der Gerichtshof betont allerdings immer wieder, dass dieser Rechtsbehelf häufig der einzige Weg sei, um eine vollständige Wiedergutmachung des Bf. zu erreichen.[744] Dies folgt auch aus Art. 41, der gerade Fälle der ungenügenden Wiedergutmachung erfasst. Die Vorschrift wird daher so verstanden, dass sie nicht dazu verpflichtet, die innerstaatliche Rechtsordnung so zu ändern, dass eine vollständige Wiedergutmachung möglich wird.[745] Eine Empfehlung des Ministerkomitees und ein Bericht an die Parlamentarische Versammlung haben aber zur Einrichtung von Wiederaufnahmeverfahren aufgefordert.[746]

Der deutsche Gesetzgeber ist diesen Vorgaben gefolgt: Seit 1998 existiert die **Wiederauf-** **308** **nahmemöglichkeit im Strafverfahren** (§ 359 Nr. 6 StPO).[747] Ausweislich der Gesetzesbe-

---

737 EGMR (GK) Assanidze/GEO, 8.4.2004.

738 EGMR (GK) Assanidze/GEO, 8.4.2004; (GK) Broniowski/PL, 22.6.2004; dazu *Breuer* EuGRZ **2004** 257 u. 445; *Grabenwarter/Pabel* JZ **2010** 857, 860.

739 Dieser Grundsatz gilt, auch wenn er nicht durch eine vertragliche Bundesstaatsklausel verdeutlicht wird, wie etwa in Art. 50 IPBPR und seinen ZP.

740 BVerfG Beschl. v. 11.10.1985 – 2 BvR 336/85, NJW **1986** 1425.

741 BVerfG Beschl. v. 13.2.2019 – 2 BvR 2136/17, NStZ-RR **2019** 123.

742 BVerfGE **111** 307, 326 f. = NJW **2004** 3407, 3410 f.; NJW **1986** 1425 = StV **1987** 187; *Frowein* ZaöRV **46** (1986) 286; *Grabenwarter/Pabel* § 16, 5; *Herdegen* NJW **1988** 593; *Ress* EuGRZ **1996** 350, 352; *Trechsel* StV **1987** 187; *Roth* NVwZ **2006** 753, 754 f.; *Grabenwarter/Pabel* JZ **2010** 857, 860; **a.A.** *Frowein/Peukert* Art. 46, 15.

743 BVerfG Beschl. v. 11.10.1985 – 2 BvR 336/85 = NJW **1986** 1425 (1427).

744 EGMR (GK) Öcalan/TRK, 12.5.2005; Somogyi/I, 18.5.2004.

745 *Polakiewicz* ZaöRV **52** (1992) 804, 822; *Roth* NVwZ **2006** 753, 755.

746 CoE CM Rec (2002)2 on the re-examination or reopening of certain cases at domestic level following judgments of the European Court of Human Rights. Für eine Übersicht expliziter Wiederaufnahmebestimmungen in EMRK-Vertragsstaaten bei EGMR Urteilen vgl. *Stadlmayr* 415 f. Der EGMR sieht Wiederaufnahmeverfahren im nationalen Recht als grundsätzlich geeignete Möglichkeit an, eine entsprechende Konventionsverletzung wiedergutzumachen, siehe etwa EGMR Aviakompaniya A.T.I., ZAT/UKR, 5.10.2017, § 30.

747 Eingehend zur deutschen Rechtslage: *Marxen/Tiemann* Rn. 276 ff.; *Csaki* Die Wiederaufnahme des Verfahrens nach Urteilen des Europäischen Gerichtshofs für Menschenrechte (2008); *Bajohr* Die Aufhebung rechtsfehlerhafter Strafurteile im Wege der Wiederaufnahme (2008) 83 ff.; siehe ferner auch die Untersuchung aus rechtsvergleichender Perspektive: *Bayer* Die strafrechtliche Wiederaufnahme im deutschen, französischen und englischen Recht (2019); krit. zur Ausgestaltung des geltenden Wiederaufnahmerechts: *Arnemann* Defizite der Wiederaufnahme in Strafsachen (2019). Zur Auslegung des § 359 Nr. 6 StPO vgl. OLG Celle NStZ-RR **2010** 251 (extrem restriktiv); OLG Frankfurt Beschl. v. 29.6.2012 – 1 Ws 3/12, Tz. 23 (kein Beruhen, weil Folterandrohung für das Geständnis in der Hauptverhandlung keine Rolle spielte; dazu *Jahn* JuS **2013** 273); OLG Bamberg Beschl. v. 5.3.2013 – 1 Ws 98/13, BeckRS **2013** 5389 („Beruhen" wie bei § 337 Abs. 1 StPO

gründung erfolgte die Einführung dieses Tatbestands ohne verfassungsrechtliche Verpflichtung und diente „lediglich" der konventionsfreundlichen Ausgestaltung des innerstaatlichen Rechts.[748] Im Zivilprozess ist eine solche 2007 durch § 580 Nr. 8 ZPO eingeführt worden.[749] Kraft Verweisung gilt diese Norm auch in allen anderen gerichtlichen Verfahrensordnungen (§ 48 Abs. 2 FamFG, § 79 ArbGG, § 153 VwGO, § 179 SGG und § 134 FGO). Auch im VwVfG ist ein entsprechender Wiederaufnahmegrund in § 51 Abs. 1 Nr. 3 VwVfG verankert worden.[750] Das Verfassungsprozessrecht kennt bislang, abgesehen von § 61 Abs. 1 BVerfGG, keine Möglichkeit, festgestellte Konventionsverletzungen zu korrigieren. Für den Fall der Entscheidungsverfassungsbeschwerde wird dies häufig kein Problem darstellen, da diese Fälle ohnehin davor von Gerichten entschieden wurden und nunmehr im Lichte des EGMR-Urteils eine Wiederaufnahme in Betracht kommt. Anders wäre dies dann zu sehen, wenn der EGMR gerade den vor dem BVerfG stattgefundenen Teil des Verfahrens beanstandet, insbesondere die Behandlung der Verfassungsbeschwerde durch das BVerfG als unfair (Art. 6 Abs. 1) erachtet. Problematisch sind insbesondere die Fälle, in denen das Verfahren ausschließlich vor dem BVerfG stattgefunden hat, denn hierfür sieht die deutsche Rechtsordnung bisher keine adäquate Remedur vor; zur evtl. Verletzung von Art. 6 bei Verfahren nach Art. 61 GG vgl. Art. 6 Rn. 89 f.; zur möglichen Verletzung von Art. 3 des 1. ZP-EMRK siehe Art. 41, 93 Abs. 1 Nr. 4c GG; zur Verwirkung von Grundrechten und zu Parteiverboten (vgl. Art. 11 Rn. 58 ff.) siehe Art. 18 Satz 2, 21 Abs. 2 GG und die in diesen Fällen einschlägigen eingeschränkten Korrekturmöglichkeiten der §§ 41, 47 BVerfGG; zum Sonderfall der Verfahrensverzögerung im Verfassungsbeschwerdeverfahren §§ 97a ff. BVerfGG[751] (Art. 6 Rn. 405).

309 Der Wiederaufnahmegrund nach § 359 Nr. 6 StPO unterscheidet sich insofern von den übrigen Fällen der Wiederaufnahme, als die dort vorgesehene Rechtskraftdurchbrechung nicht etwa – wie in den anderen Fällen – an die materielle Unrichtigkeit der Urteilsgrund-

---

auszulegen); *Miebach/Hohmann* E Rn. 122 ff. Ferner OLG Karlsruhe Urt. v. 9.8.2004 – 3 Ws 182/04, Justiz **2005** 21 zur analogen Anwendung der Vorschrift auf gemeinschafts- bzw. unionsrechtswidrige Urteile. Dazu auch *Schmahl/Köber* EuZW **2010** 927, 932. Zur Lage in Österreich umfassend *Stadlmayr* Wiedergutmachung bei Menschenrechtsverletzungen (2013) 341 f. Näher zur Wiederaufnahme von Strafverfahren, die auf rechtlich fehlerhaften Entscheidungen beruhen: *Brinkmann* Zum Anwendungsbereich der §§ 359 ff. StPO (2017) 224 ff.

748 Vgl. BTDrucks. **13** 10333 S. 4; siehe hierzu auch Rn. 307.

749 Hierzu *Braun* NJW **2007** 1620. Wenn das nationale Verfahren, das Anlass für die EGMR-Beschwerde war, vor dem 31.12.2006 abgeschlossen war, erfolgt nach der Stichtagsregelung des § 35 EGZPO keine Wiederaufnahme, BGH NJW-RR **2014** 577 = FamRZ **2014** 927 m. Anm. *Hüßtege*; anders noch die Vorinstanz OLG Frankfurt/M. FamRZ **2014** 682: teleologische Reduktion von § 35 EGZPO, damit Deutschland in Kindschaftssachen nicht das Völkerrecht verletzt (zu: EGMR Schneider/D, 15.9.2011, NJW **2012** 2781 = EuGRZ **2011** 565 = FamRZ **2011** 1715 m. Anm. *Helms* = FPR **2013** 269 = JAmt **2011** 611); BAGE **144** 59 = NZA-RR **2014** 91 (zu: EGMR Schüth/D, 23.9.2010, NZA **2011** 279 = EuGRZ **2010** 280, wo die arbeitgeberseitige Kündigung des Arbeitsverhältnisses und die Abweisung der Klage des Arbeitnehmers (und Bf.) hiergegen den Bf. in Art. 8 verletzte; ergänzend zu diesem Fall: BAG spricht sich gegen Wiedereinstellungseinspruch aus, BAGE **153** 62 = NJW **2016** 1034 m. Anm. *Buchholtz* = NZA **2016** 299 = AuR **2016** 245 m. Anm. *Buschmann*). Ausgehend von der These, Konventionsrecht fordere nicht die Möglichkeit der Wiederaufnahme, hält es das BVerfG für konventions- (und verfassungs-)konform, dass in Altfällen keine Wiederaufnahme erfolgt: BVerfG Beschl. v. 19.5.2015 – 2 BvR 1170/14, Tz. 52, FamRZ **2015** 1263 m. Anm. *Preisner* NZFam **2015** 878 (Bestätigung des BGH im genannten Fall *Schneider*); NJW **2013** 3714 = EuGRZ **2013** 630, Tz. 40 ff. (zu: EGMR Storck/D, 16.6.2005).

750 Ehlers/Schoch/*Kadelbach* § 6, 35.

751 Auch ohne diese Rechtsnormen würde sich das Problem der innerstaatlichen Umsetzung eines einschlägigen EGMR-Urteils in der Regel nicht stellen, da Verfahrensverzögerungen nicht zu einer Wiederaufnahme, sondern zu einer ggf. vom EGMR festzusetzenden Entschädigung führen; hierzu EGMR Schulz/D (E), 31.3.2015.

lage anknüpft, sondern jedenfalls auch an die Rechtsfehlerhaftigkeit des Urteils selbst.[752] Hintergrund der Einführung des § 359 Nr. 6 StPO war ausweislich der gesetzgeberischen Begründung die konventionsfreundliche Ausgestaltung innerstaatlichen Rechts.[753] Auch aus diesem Grund soll etwa § 363 StPO grundsätzlich nicht auf § 359 Nr. 6 StPO anwendbar sein, um auch im Falle einer erstrebten Strafmilderung die Korrektur eines rechtsfehlerhaften, weil konventionswidrigen Urteils zu ermöglichen, sofern sich der Fehler auf die Strafbemessung ausgewirkt hat.[754] Die besonderen Voraussetzungen für das Bestehen des Wiederaufnahmegrundes aus Nr. 6 sind einerseits, dass der **EGMR eine Verletzung der Konvention oder ihrer Protokolle festgestellt** hat, und andererseits, dass das **Urteil** auf dieser Verletzung **beruht**. Die Feststellung eines Konventionsverstoßes liegt dabei jedenfalls dann vor, wenn der EGMR in Form eines Sachurteils entschieden hat.[755] Maßgeblich ist zudem, dass der Verurteilte, der sich auf die Feststellung einer Konventionsverletzung durch den EGMR berufen möchte, diese selbst vor dem Gerichtshof erstritten hat. Anderenfalls ist ihm laut dem in der Gesetzesbegründung zu § 359 Nr. 6 StPO zum Ausdruck kommenden Willen des Gesetzgebers die Wiederaufnahme des Verfahrens zu versagen.[756] Dabei besteht auch keine verfassungsrechtliche Verpflichtung, der Feststellung eines Konventionsverstoßes durch ein Urteil des EGMR auch in gleichgelagerten Verfahren anderer Beschwerdeführer eine die Rechtskraft der gerichtlichen Entscheidung durchbrechende Wirkung beizumessen.[757] Das angegriffene Urteil beruht schließlich auf dem durch den EGMR festgestellten Konventionsverstoß, wenn nicht auszuschließen ist, dass der Verstoß sich tatsächlich auf das Strafverfahren und das Urteil ausgewirkt hat und der Verurteilte durch das rechtskräftig gewordene Urteil deswegen unrechtmäßig beschwert ist.[758] Anders als etwa bei § 359 Nr. 1 und Nr. 2 StPO[759] wird bei der Nr. 6 ein Beruhen der Entscheidung

---

752 Vgl. *Marxen/Tiemann* Rn. 276; OK-StPO/*Singelnstein* § 359, 40 (Rechtskraftdurchbrechung „zugunsten fehlerfreier Rechtsanwendung"); vgl. auch LR/*Schuster* § 359, 169 StPO („fehlerhafte, weil konventionswidrige Rechtsanwendung").

753 BTDrucks. **13** 10333 S. 4; siehe hierzu bereits Rn. 308.

754 So die überwiegende Literatur, vgl. nur SSW/*Kaspar* § 363, 1 StPO; KK/*Schmidt* § 359, 40 StPO; eingehend *Marxen/Tiemann* Rn. 283; Meyer-Goßner/Schmitt/*Schmitt* § 359, 52 m.w.N.; vgl. hierzu auch LR/*Schuster* § 359, 179 ff. (diskutiert unter dem Gesichtspunkt des zulässigen Wiederaufnahmeziels); **a.A.** OLG Celle Beschl. v. 25.2.2010 – 2 Ws 13/10, NStZ-RR **2010** 251.

755 Siehe etwa OK-StPO/*Singelnstein* § 359, 41; vgl. zur Anwendung des § 359 Nr. 6 StPO bei anderen Formen der Verfahrensbeendigung vor dem EGMR Rn. 310.

756 BTDrucks. **13** 10333 S. 3 f. Ein Gesetzesvorschlag zur Ausweitung auch auf andere Parteien wurde nicht umgesetzt, vgl. auch *Schneider* EuR **2017** 433, 441. Diese engere Auslegung kann ggf. auch am Wortlaut des § 359 Nr. 6 StPO festgemacht werden („dieser" Verletzung; so wohl auch OK-StPO/*Singelnstein* § 359, 42. Besonders bei Verstößen gegen Rechtsnormen, die im Rechtsvergleich kein Äquivalent finden, wird die primär „inter partes" wirkende Spruchkraft des EGMR deutlich, näher KK/*Schmidt* § 359, 40 StPO; vgl. in diesem Sinne zur Wiederaufnahmeberechtigung auch LR/*Schuster* § 359, 172 f. StPO (unter Hinweis darauf, dass dies vor dem Hintergrund der seit 2004 praktizierten Pilotverfahren problematisch erscheint); Meyer-Goßner/Schmitt/*Schmitt* § 359, 52 StPO; differenzierend hingegen SSW/*Kaspar* § 359, 42 StPO; eingehend hierzu auch *Marxen/Tiemann* Rn. 286 mit **a.A.** (entsprechende Beschränkung des Anwendungsbereichs des § 359 Nr. 6 StPO systemwidrig).

757 Zum Ganzen BVerfG Beschl. v. 13.2.2019 – 2 BvR 2333/08, NStZ-RR **2019** 123.

758 Siehe etwa OLG Frankfurt Beschl. v. 29.6.2012 – 1 Ws 3/12, BeckRS **2012** 15152 = JuS **2013** 273 (m. Anm. *Jahn*); vgl. auch LR/*Schuster* § 359, 184 StPO; KK/*Schmidt* § 359, 40 StPO; SSW/*Kaspar* § 359, 41 StPO; für die endgültige Prüfung kommt es auch nur auf diesen Zusammenhang an, nicht etwa auf eine über diesen Kausalzusammenhang hinausgehende Erheblichkeitserwägung, vgl. LR/*Schuster* § 370, 14 StPO; Maßstab sei entsprechend § 337 StPO anzunehmen, vgl. Meyer-Goßner/Schmitt/*Schmitt* § 359, 52 StPO; *Roxin/Schünemann* § 57, 7; für einen etwas strengeren Maßstab *Marxen/Tiemann* Rn. 280.

759 Vgl. hierzu § 370 Abs. 1 StPO.

auf dem Konventionsverstoß nicht gesetzlich vermutet, sondern muss vom Verurteilten positiv nachgewiesen werden.[760] Auch im Rahmen der Nr. 6 gelten dabei prinzipiell die allgemein für die Wiederaufnahme des Strafverfahrens entwickelten Grundsätze, so beispielsweise, dass die Wiederaufnahme auf eines der aus § 395 Nr. 5 StPO herzuleitenden zulässigen Wiederaufnahmeziele gerichtet sein muss.[761] Auch in Hinblick darauf, dass § 359 Nr. 6 StPO vom Prinzip der konventionsfreundlichen Auslegung hinterzeichnet sei, sei der Tatbestand in dieser Hinsicht nicht großzügiger auszulegen als die restlichen Wiederaufnahmegründe. Für eine derartige enge Auslegung spreche auch der gesetzgeberische Wille, wonach auch auf die Nr. 6 die allgemeinen Grundsätze des Wiederaufnahmerechts anzuwenden seien.[762]

310   Auch in einer **gütlichen Einigung** (Rn. 92) vor dem EGMR soll keine Feststellung der Verletzung der EMRK zu sehen sein, selbst wenn diese unter Verweis auf eine vorangegangene Verurteilung der Bundesrepublik Deutschland in einem vergleichbaren Fall durch den Gerichtshof angeregt wurde.[763] Unter Hinweis auf diese im Allgemeinen enge Auslegung des Wiederaufnahmegrundes aus § 359 Nr. 6 StPO hat der EGMR auch bereits die Streichung einer Beschwerde trotz **einseitiger Erklärung der Regierung** über den Konventionsverstoß abgelehnt. Es sei – insbesondere auch aufgrund fehlender innerstaatlicher Rechtsprechung zum konkreten Thema – nicht mit hinreichender Gewissheit anzunehmen gewesen, dass dem Bf. die innerstaatliche Wiederaufnahme zur Verfügung gestanden hätte.[764] Der EGMR hat bislang in mehreren Sachen[765] eine einseitige Erklärung der Regierung zurückgewiesen, jeweils unter Hinweis darauf, dass die Möglichkeit einer Wiederaufnahme des Verfahrens nach nationalem Recht eine geeignete Wiedergutmachung darstellte, eine solche im konkreten Fall jedoch nicht mit hinreichender Sicherheit gegeben wäre. Abzulehnen ist die Ansicht des OLG Frankfurt, wonach es im Rahmen eines Wiederaufnahmeantrags nach § 359 Nr. 6 StPO erforderlich sei, das Beruhen des Urteils auf dem vom EGMR festgestellten Verstoß gegen die EMRK substantiiert darzulegen.[766] Diese Auffassung verkennt vollkommen den Sinn und Zweck des Wiederaufnahmegrunds des § 359 Nr. 6 StPO und setzt sich im zugrundeliegenden Fall in einen eklatanten Wertungswiderspruch zu § 338 Nr. 3 StPO.[767] Die Wiederaufnahmemöglichkeit des § 359 Nr. 6 StPO schafft – ersatzweise – eine Korrekturmöglichkeit im Falle konventionswidriger Urteile vor dem Hintergrund, dass den Entscheidungen des EGMR keine unmittelbare Gestaltungswirkung in Bezug auf die innerstaatliche Rechtsfolge zukommt und der EGMR die

---

760 OLG Stuttgart Beschl. v. 26.10.1999 – 1 Ws 157/99, NStZ-RR **2000** 243; *Marxen/Tiemann* Rn. 287 (Darlegung von Umständen, nach denen es jedenfalls möglich erscheint, dass das Urteil auf der Verletzung beruht).
761 So etwa OLG Celle Beschl. v. 25.2.2010 – 2 Ws 13/10, NStZ-RR **2010** 251 (Wiederaufnahmeantrag im konkreten Fall eher von Entschädigungs- bzw. Kompensationsverlangen geprägt).
762 Vgl. zum Ganzen OLG Celle Beschl. v. 25.2.2010 – 2 Ws 13/10, NStZ-RR **2010** 251, unter Verweis auf BTDrucks. **13** 10333 S. 4; für die prinzipielle Abgeschlossenheit der §§ 359 ff. auch Meyer-Goßner/Schmitt/ *Schmitt* vor § 359, 1 StPO; grundsätzlich **a.A.**, abgeleitet aus dem Sinn und Zweck der Wiederaufnahme, SSW/*Kaspar* vor §§ 359, 9 ff. StPO.
763 BVerfG Beschl. v. 13.2.2019 – 2 BvR 2333/08, NStZ-RR **2019** 123; hierzu: LR/*Schuster* § 359, 173 ff. StPO.
764 EGMR Dridi/D, 26.7.2018, § 24, NJW **2019** 3051; siehe aber auch im Gegensatz dazu (ähnlich gelagert) EGMR Molashvili/GEO, in dem im innerstaatlichen Recht eine Wiederaufnahme im konkreten Fall möglich war, und in dem die Regierung in ihrer einseitigen Erklärung dieses Recht des Bf. auf Beantragung eines Wiederaufnahmeverfahrens anerkannte (§ 33).
765 Siehe EGMR Vojtěchová/SLO, 25.9.2012, §§ 26 ff.; Hakimi/B, 29.6.2010, § 29; Davydov/ R, 30.10.2014, §§ 31 f.
766 Vgl. OLG Frankfurt Beschl. v. 8.7.2022 – 1 Ws 21/22, NStZ-RR **2023** 118 m. krit. Anm. *Müller-Metz* (Ablehnung des auf die EGMR-Rechtsprechung im Fall **Meng** folgenden Wiederaufnahmeantrags); vgl. dazu auch Art. 6 Rn. 494; kritisch dazu: *Frister* StV **2023** 84 ff.
767 Vgl. zum Ganzen *Müller-Metz* NStZ-RR **2023** 120.

Esser

Revisionsentscheidung daher nicht selbst aufheben kann.[768] Um dieser „Ersatzfunktion" des § 359 Nr. 6 StPO gerecht zu werden, dürfen bei seiner Anwendung dann allerdings in der Konsequenz auch keine höheren Anforderungen gestellt werden als in der Revision, d.h. der ursprünglich „regulär" vorgesehenen Korrekturmöglichkeit des nationalen Rechts, die den konventionskonformen Zustand nicht hergestellt hat.[769] Für eine zulässige Revision bedarf es im vorliegenden Fall (Besorgnis der Befangenheit) gemäß § 338 Nr. 3 StPO gerade keiner substantiierten Ausführungen zum Beruhen des Urteils auf dem Verstoß, was als Parallelwertung – entgegen der Auffassung des OLG Frankfurt – auch im Rahmen des § 359 Nr. 6 StPO gelten muss.[770]

Soweit der Gerichtshof selbst dem Bf. auf dessen Antrag hin nach Art. 41 eine **gerech-** **311** **te Entschädigung** zugesprochen hat (vgl. Rn. 270 ff.), weil eine Beseitigung nach innerstaatlichem Recht nicht oder nicht umfassend möglich ist, ist der Staat nach Art. 46 Abs. 1 zu deren alsbaldiger Zahlung verpflichtet.[771] Für den zu zahlenden Betrag setzt der EGMR dem verurteilten Staat meist eine **Frist** und ordnet die **Verzinsung** der zu zahlenden Beträge an.[772] Ein innerstaatlich unmittelbar im Wege der Zwangsvollstreckung vom Betroffenen selbst gegen den Staat durchsetzbares Urteil (**Vollstreckungstitel**) begründet eine solche Entscheidung aber nicht.[773] Ein Titel, mit dem der Bf. gegen den betroffenen Staat die Zwangsvollstreckung betreiben kann, muss vor den nationalen Gerichten erstritten werden, in Deutschland im Wege des **Amtshaftungsanspruchs** (Verstoß gegen die Zahlungspflicht aus Art. 41 i.V.m. Art. 46). Auch eine Sanktionierung durch die Festsetzung eines Zwangsgeldes hat der EGMR abgelehnt.[774]

Eine besondere Problemlage besteht, wenn die Behebung der Konventionsverletzung **312** nicht nur das vom EGMR beurteilte Verhältnis zwischen Staat und dem Bf. betrifft, sondern zugleich das Verhältnis des Bf. zu anderen, am Verfahren vor dem EGMR nicht beteiligten und oftmals dort auch nicht gehörten Personen („**mehrpolige Grundrechtsverhältnisse**"). Deren Rechte, die mitunter auf einer **anderen Abwägung gegenläufiger Konventionsrechte** beruhen, stehen mit Rechtskraft der innerstaatlichen Entscheidung verbindlich fest. Dies kann der Pflicht des verurteilten Staates zur innerstaatlichen Abhilfe der festgestellten Konventionsverletzung rechtliche Schranken setzen (vgl. Rn. 327).[775]

---

768 Vgl. *Frister* StV **2023** 84, 85; *Müller-Metz* NStZ-RR **2023** 120.

769 Vgl. ausführlich: *Müller-Metz* NStZ-RR **2023** 120.

770 Vgl. *Müller-Metz* NStZ-RR **2023** 120.

771 Insoweit liegt ein Leistungsurteil vor, vgl. *Okresek* EuGRZ **2003** 168, 169; *Matscher* EuGRZ **1982** 517, 525; Meyer-Ladewig/Nettesheim/von Raumer/*Meyer-Ladewig*/*Brunozzi* Art. 46, 21; *Wittinger* NJW **2001** 1239. Nach *Villiger* 226 begründet die Anordnung der Entschädigung unmittelbar eine völkerrechtliche Verpflichtung des Staates, die der zu Entschädigende nicht vor einem innerstaatlichen Gericht einklagen muss und kann. Zur Frage, ob und wieweit der Anspruch auf die zuerkannte Entschädigung innerstaatlich gepfändet oder mit anderen Forderungen verrechnet werden darf, siehe Rn. 288.

772 *Frowein*/*Peukert* Art. 41, 98; SK/*Meyer* EMRK VerfR 322; EGMR Liblik u.a./EST, 28.5.2019, § 153; Margulev/R, 8.10.2019, § 63; Sakvarelidze/GEO, 6.2.2020, § 61 (3 % Verzugszinsen).

773 *Rudolf*/*von Raumer* AnwBl. **2009** 313, 314; Ehlers/Schoch/*Kadelbach* § 6, 32 („Verpflichtung völkerrechtlicher Art"); siehe auch BGH NJW **2011** 2296 = WM **2011** 756, Tz. 15 f.; dagegen: *Wittinger* NJW **2001** 1239 (Leistungsurteil, das innerstaatlich für vollstreckbar erklärt werden kann).

774 EGMR Pauwels/B, 26.5.1988; *Frowein*/*Peukert* Art. 41, 98.

775 Dazu vgl. auch BAG NJW **2016** 1034, 1035: „Die EMRK sowie das nationale Verfassungsrecht verlangen [...] die Berücksichtigung eines Urteils des *EGMR* im Rahmen der Auslegung nationalen Gesetzesrechts dann, wenn eine erneute Entscheidung der Sache in ‚anderem Gewand' ansteht und damit trotz Rechtskraft der vorangegangenen Entscheidung auf Grund des anderen Streitgegenstands verfahrensrechtlich möglich ist. Nicht geboten ist es jedoch, ein materiellrechtlich ‚neues Gewand erst zu schneidern', um eine abermalige gerichtliche Entscheidung zu Gunsten des im rechtskräftig entschiedenen Vorprozess Unterlegenen zu er-

Ist eine neue innerstaatliche Entscheidung in der gleichen Sache zulässig, müssen nach der gebotenen Anhörung aller Beteiligten unter **Berücksichtigung etwaiger zwischenzeitlich eingetretenen tatsächlichen Veränderungen** die vom EGMR herausgestellten Gesichtspunkte entsprechend dem ihnen vom Gerichtshof zuerkannten Stellenwert **berücksichtigt** und gewichtet werden. Bei einer neuen Abwägung der kollidierenden Interessen wird dies oft, aber nicht notwendig immer, zu einem von der ursprünglichen Entscheidung abweichenden Ergebnis führen.[776]

313   Die Befolgungspflicht des Art. 46 Abs. 1 betrifft nur die Behebung der festgestellten Konventionsverletzung. Liegt diese in der falschen **Gewichtung eines Abwägungsgesichtspunktes,** kann sich die Bindung formal nicht auch auf das neue Abwägungs*ergebnis* erstrecken, das durch weitere, eventuell neue Gesichtspunkte von Gewicht mitbestimmt wird. Es ist erforderlich aber auch ausreichend, wenn in die neue Abwägung die vom EGMR geforderte konventionsgemäße Gewichtung des in seinem Stellenwert verkannten Gesichtspunktes eingeflossen ist. Wo eine Konventionsverbürgung den nationalen Stellen wegen ihrer größeren Sachnähe einen weiten Beurteilungsspielraum belässt und damit auch deren unterschiedliche tatsächliche Würdigungen akzeptiert, sind diese Stellen durch Art. 46 Abs. 1 nicht gehindert, ihre erneut zu treffende Entscheidung aufgrund einer neuen eigenen Abwägung zu treffen. Die Begründung der neuen Entscheidung muss dann allerdings aufzeigen, dass bei der jetzt getroffenen Abwägung die Auffassungen und Wertungen des EGMR berücksichtigt wurden, ggf. auch, aus welchen gewichtigen Gründen die neue Abwägung trotzdem zu einem anderen Ergebnis geführt hat.

314   **b) Verbindlichkeit des Urteils über den entschiedenen Fall hinaus.** Noch nicht endgültig geklärt ist, ob die Urteile des EGMR eine über den entschiedenen Einzelfall hinaus reichende (rechtliche) **Verbindlichkeit** für alle Vertragsstaaten besitzen oder ob ihnen bezüglich anderer Personen lediglich eine (faktische) **Orientierungswirkung** insofern zukommt, als alle Staaten in einer vergleichbaren Konstellation oder Fragestellung ebenfalls mit einer Verurteilung rechnen müssen. Dabei ist zu unterscheiden zwischen Urteilen, die gegen den Vertragsstaat ergehen und thematisch auch andere Personen neben dem Bf. betreffen (Rn. 315–318), und Urteilen, die gegen andere Vertragsstaaten ausgesprochen werden (Rn. 319).

315   Unbestritten ist, dass der verurteilte Vertragsstaat sicherzustellen hat, dass sich der festgestellte Konventionsverstoß in **zukünftigen, ähnlich gelagerten oder gar parallelen Konstellationen** nicht wiederholt, denn dadurch würde der Staat sich erneut menschenrechtswidrig verhalten.[777] Ob sich allerdings auch diese Pflicht des Vertragsstaates nur *inter partes* auf die Person des erfolgreichen Bf. bezieht oder sich auf **alle seiner Hoheitsgewalt unterstehenden Personen** erstreckt, etwa wenn die Konventionswidrigkeit einer abstrakt-generellen Norm festgestellt wurde, wird uneinheitlich beantwortet.

---

möglichen. Dies gilt im Sinne der Gewaltenteilung zumindest dann, wenn aus dem ,Stoff' des vorhandenen Gesetzesrechts der Anspruch nicht geschöpft werden kann und deshalb ein normativer Anknüpfungspunkt für die Rechtsfortbildung fehlt.".

776 Vgl. BVerfGE **111** 307 = NJW **2004** 3407; vgl. auch BVerfGE **128** 326, 367 ff., 402 f. = NJW **2011** 1931, Tz. 87 ff., 164 f. – Allgemein zur Rezeption vor den deutschen ordentlichen Gerichten: *Mellech* 186 ff.

777 BVerfGE **111** 307, 321 = NJW **2004** 3407, 3409 („... Wiederholung ... gegenüber dem Bf."); Frowein/ *Ulsamer* 37; *Frowein/Peukert* Art. 46, 6 ff.; *Weigend* StV **2000** 384, 389; *Wittinger* NJW **2001** 1238; *Schroth* EuGRZ **1985** 557, 561, Fn. 44a; *Ehlers* Jura **2000** 372, 382 („gleichartige Verletzung"); *Lambert-Abdelgawad* 10 („*avoid similar violations*"); *Grabenwarter/Pabel* JZ **2010** 857, 860.

Der Beschwerdegegenstand und damit auch der Umfang der sachlichen (materiellen) **316**
Rechtskraft eines Straßburger Urteils sind nach den **Vorgaben von EGMR und BVerfG**[778]
eng zu interpretieren und betreffen nur den konkret entschiedenen Sachverhalt, den
jeweiligen Bf. sowie den betroffenen Vertragsstaat. Dies entspricht zweifellos dem Wesen
eines Individualrechtsstreits, schließt es aber nicht aus, auf Seiten des Vertragsstaats von
einer darüberhinausgehenden völkerrechtlichen Befolgungspflicht aus Art. 46 auszugehen,
die dem Wortlaut nach nicht auf den Urteilstenor beschränkt ist, sondern sich auch auf
die Urteilsgründe bezieht.[779]

Darüber hinaus kann die Verbindlichkeit eines Urteils des EGMR für „Parallelfälle" in **317**
dem betreffenden Vertragsstaat aus **Art. 1** abgeleitet werden.[780] Auch wenn das Urteil den
betroffenen Staat über Art. 46 nur für den entschiedenen Fall *unmittelbar* bindet, folgt
eine darüber hinausreichende **rechtliche Bindung** des Staates daraus, dass dieser nach
Art. 1 (und seine Organe nach Art. 59 Abs. 2 i.V.m. Art. 20 Abs. 3 GG) zur Beachtung der
Konvention verpflichtet sind, deren Inhalt durch die Urteile des EGMR konkretisiert wird.
Wer beim Wiederholungsverbot im Interesse eines wirksamen Menschenrechtsschutzes
eine Erstreckung auf (künftige) gleichgelagerte nationale Fälle propagiert, die andere Per-
sonen betreffen, muss letztlich auch für die Pflicht zur *Behebung* bereits eingetretener
Konventionsverstöße bei anderen Personen plädieren.[781]

Der EGMR hat in einem Pilotverfahren (*pilot judgement procedure*) gegen die Nachfol- **318**
gestaaten des ehemaligen Jugoslawiens, in dem es um die Möglichkeit des Abhebens von
Kontoguthaben in ausländischer Währung ging, festgestellt, dass im hier gegebenen Fall
allgemeine Maßnahmen auf nationaler Ebene erforderlich seien, obwohl er grundsätzlich
den Vertragsstaaten nicht im Einzelnen vorschreiben könne, welche Maßnahmen sie zur
Erfüllung der Umsetzungspflicht des Urteils des EGMR zu ergreifen hätten.[782] Der EGMR
regt an, dass die Bf. und **„all others in their position"** binnen 6 Monaten nach Rechtskraft
des Urteils ihre ursprünglichen Kontoguthaben zurückerhalten.[783] Entschädigung sollten
aber nur die Bf. erhalten. Sollten die Staaten der Aufforderung des EGMR nicht nachkommen, so würde das Gericht jedoch den Zuspruch von Entschädigungen in Erwägung ziehen.[784] Nach wie vor spricht also der EGMR nicht am Verfahren beteiligten Personen keine
Entschädigung zu, auch wenn sie sich in der gleichen Lage wie die Bf. befinden.

---

778 Ebenso: KG NJW **2005** 605, 606; *Klein* JZ **2004** 1171, 1177 („… soweit sie zuständigkeitshalber mit dem
Fall befasst sind"); *Meyer-Ladewig/Petzold* NJW **2005** 15 f., 20 („nur auf den Sachverhalt, über den entschieden
ist"); *Cremer* EuGRZ **2004** 683, 690.
779 LR/*Gollwitzer*[25] MRK Verfahren 76; *Esser* 835; *Kieschke* 63; vgl. auch *Villiger* 228; *Frowein/Peukert*
Art. 46, 2; so wohl auch: Frowein/*Ulsamer* 37; *Gusy* JA **2009** 407, 409.
780 So: *Meyer-Ladewig/Petzold* NJW **2005** 15, 18 f.; in andere Richtung *Grabenwarter/Pabel* JZ **2010** 857, 860 f.;
Ambos ZStW **115** (2003) 583, 590 („Verpflichtungskraft über die Auslegung der Norm"); *Polakiewicz* 347 ff.
781 Letztlich hängt die Lösung des Problems davon ab, ob man den Schwerpunkt der Kontrolltätigkeit
des EGMR im Individualrechtsschutz oder in der Herausbildung eines *für den betroffenen Vertragsstaat*
verbindlichen Standards in der konkret zu beurteilenden Frage auf der Grundlage eines Einzelfalles sieht.
782 EGMR Ališič u.a./BIH, KRO, SRB, SLW, MAZ, 6.11.2012, § 99: „While it is in principle not for the Court
to determine what remedial measures may be appropriate to satisfy the respondent States' obligations
under Article 46 of the Convention, in view of the systemic situation which it has identified, the Court would
observe that general measures at national level are undoubtedly called for in the execution of the present
judgment.".
783 EGMR Ališič u.a./BIH, KRO, SRB, SLW, MAZ, 6.11.2012, § 99: „Notably, Slovenia should undertake all
necessary measures within six months from the date on which the present judgment becomes final in order
to allow Ms Ališić, Mr Sadžak and all others in their position to be paid back their ‚old' foreign-currency
savings under the same conditions as those who had such savings in domestic branches of Slovenian banks.".
784 EGMR Ališič u.a./BIH, KRO, SRB, SLW, MAZ, 6.11.2012, § 99.

319   **c) Erga omnes-Wirkung der Straßburger Judikatur?** Weder aus Art. 46 Abs. 1 noch aus Art. 1 lässt sich allerdings für Deutschland als Vertragsstaat – geschweige denn für die deutschen Behörden und Gerichte als ihre Organe – eine *unmittelbare*, formale völkerrechtliche Bindung an die **gegen andere Vertragsstaaten ergehenden Urteile** (*als solche*) begründen.[785] Auch hier ergibt sich aber eine **Pflicht zur Beachtung und Berücksichtigung des übertragungsfähigen Inhalts** aus Art. 1 (Rn. 317).[786]

320   Hinzu kommt, dass **Art. 32** dem EGMR eine (wenngleich nicht ausschließliche) Kompetenz für alle die Auslegung und Anwendung der Konvention nebst ihrer Zusatzprotokolle betreffenden Angelegenheiten zuweist. Diese Vorschrift ist, sowie auch die einzelnen Garantien der EMRK, über das Zustimmungsgesetz (Art. 59 Abs. 2 GG) Teil der deutschen Rechtsordnung geworden, so dass von den deutschen Gerichten und Behörden die *gesamte* Rechtsprechung des Gerichtshofs – d.h. der **übertragungsfähige Inhalt** sämtlicher Urteile – bei der Auslegung und Anwendung der EMRK als Teil des *nationalen* Rechtes **zu berücksichtigen** ist.[787] In diese Richtung hatte bereits 2002 das BVerwG[788] argumentiert, indem es feststellte, dass der Auslegung der Konvention durch den EGMR über den entschiedenen Fall hinaus eine **„normative Leitfunktion"**[789] zukommt, an der sich die Vertragsstaaten zu orientieren haben. Lässt sich aufgrund einer gefestigten Rechtsprechung des EGMR eine verallgemeinerungsfähige und allgemeine Gültigkeit beanspruchende Auslegung einer Konventionsbestimmung feststellen, haben dem die deutschen Gerichte vorrangig Rechnung zu tragen. Diese *„Beachtenspflicht"* in Bezug auf die Rechtsprechung des EGMR rechtfertigt sich aus dem besonderen Charakter der Konvention als Menschenrechtsvertrag. Die Feststellungsurteile des Gerichtshofs sollen daher über den Streitgegenstand hinausgehende **objektive, auf Rechtsklärung gerichtete Elemente** haben, da Garantien der Konvention sonst weitgehend ineffektiv blieben, wenn sich die Wirkungen der Normauslegung in der Entscheidung von Einzelfällen erschöpften. Vor allem, wenn sich bereits eine gefestigte Rechtsprechung abzeichnet und deshalb ersichtlich ist, wie der Gerichtshof in vergleichbaren Fällen entscheiden wird, werden sich vor allem die Gerichte in der Regel an der Rechtsauffassung des EGMR orientieren.[790]

321   Die (innerstaatliche) **Pflicht** aller staatlichen Stellen **zur Berücksichtigung der gesamten Spruchpraxis des EGMR** hat das BVerfG verfassungsrechtlich über das Prinzip vom **Vorrang des Gesetzes** (Art. 20 Abs. 3 GG) abgesichert.[791] Da die EMRK innerhalb der deutschen Rechtsordnung im Range eines Bundesgesetzes steht, kann ein Betroffener vor dem *BVerfG* nicht unmittelbar die Verletzung eines in der Konvention enthaltenen Men-

---

785 Dazu s.a. *Haß* 162 ff.
786 Siehe dagegen *Mellech* 75 ff., die die Befolgung allein in der Furcht vor einer Verurteilung begründet sieht, wenn ein vergleichbarer Sachverhalt zugrunde liegt. Zur Bindung an die „gefestigte Rechtsprechung" des EGMR: *Rohleder* 229 ff., 266 ff.
787 BVerfGE **111** 307, 323 f.; siehe auch: BVerfG NJW **2013** 3291 = NStZ-RR **2013** 324 = StraFo **2013** 393 (gleich mehrere gegen andere Vertragsstaaten ergangene Urteile herangezogen); *Drzemczewski/Meyer-Ladewig* EuGRZ **1994** 317, 320; *Frowein* DÖV **1998** 806, 809 f.; *Gusy* JA **2009** 407, 410; *Payandeh* DÖV **2011** 382, 384.
788 BVerwGE **110** 203, 210 f.; BVerwG NVwZ **2002** 87. Zu Umfang und Grenzen der Berücksichtigungspflicht *Payandeh* DÖV **2011** 382, 385 f.
789 Siehe auch BVerfGE **128** 326, 368 f., 403 = NJW **2011** 1931, Tz. 89, 165, wobei das BVerfG auch von einer faktischen Präzedenzwirkung spricht, die jedoch nicht streng zu verstehen ist, da es an einer § 31 BVerfGG vergleichbaren Regelung fehlt. Die nationalen Gerichte können innerhalb der Willkürgrenzen auch von der Rechtsprechung des EGMR abweichen.
790 Vgl. *Masuch* NVwZ **2000** 1266, auch zu den Divergenzen mit Auffassungen des BVerwG; ferner *Pache* EuR **2004** 393, 407 ff.; *Grabenwarter/Pabel* § 16, 8 f.
791 BVerfGE **111** 307, 321; BVerfG NJW **2007** 204, 205; BGH NJW **2007** 237, 239; ausführlich: *Esser* StV **2005** 348 ff.; *Cremer* EuGRZ **2004** 683.

schenrechts mit einer Verfassungsbeschwerde rügen.[792] Die Bestimmungen der Konvention selbst ebenso wie die Urteile des EGMR scheiden daher als unmittelbarer Prüfungsmaßstab für ein Verfahren vor dem BVerfG aus (vgl. Art. 93 Abs. 1 Nr. 4a GG; § 90 Abs. 1 BVerfGG). Da die EMRK zwar geltendes Bundesrecht, nicht aber zugleich Teil der Verfassungen der Länder ist, kann (auch) eine Verfassungsbeschwerde nach Landesrecht nicht auf eine ihrer Bestimmungen gestützt werden.[793] Die „Nichtberücksichtigung" eines EGMR-Urteils i.S.d. *Görgülü*-Rechtsprechung des BVerfG kann aber als Verstoß gegen das jeweils betroffene (parallele) Grundrecht i.V.m. dem Rechtsstaatsprinzip (Art. 20 Abs. 3 GG) gerügt werden.[794]

Daher zieht das BVerfG nicht nur den Konventionstext, sondern auch die Straßburger Urteile auf der Ebene des Verfassungsrechts als **Auslegungshilfe für die Bestimmung von Inhalt und Reichweite der vom Grundgesetz geschützten Grundrechte und rechtsstaatlichen Grundsätze** heran. Die nationalen Gerichte müssen die Anwendung und Auslegung der Vorschriften und Gesetze im Einklang mit den völkerrechtlichen Verpflichtungen der Bundesrepublik Deutschland auslegen, da nicht anzunehmen sei – so das BVerfG – dass der Gesetzgeber, sofern er dies nicht klar bekundet habe, von diesen völkerrechtlichen Verpflichtungen abweichen oder ihre Verletzung ermöglichen wolle.[795] Dabei kommt den Entscheidungen des EGMR über den jeweils konkret entschiedenen Einzelfall hinaus eine Orientierungs- und Leitfunktion für die Auslegung der EMRK zu (vgl. Rn. 320), so dass sie auch dann gebührend zu berücksichtigen sind, wenn sie einen abweichenden Streitgegenstand betreffen.[796]   **322**

Über diese **völkerrechtsfreundliche Auslegung** kommt der EMRK und mittelbar   **323** auch der gesamten Rechtsprechung des EGMR eine **weitreichende Klarstellungs- und Konkretisierungsfunktion** für das deutsche Strafverfahrensrecht zu, insbesondere und gerade für solche Garantien, die im Grundgesetz nicht ausdrücklich genannt sind (z.B. der Grundsatz eines fairen Verfahrens): „*Auf eine den grundrechtlichen Anforderungen nicht genügende Berücksichtigung vorhandener Erkenntnisse oder auf eine den grundrechtlichen Anforderungen nicht entsprechende Gewichtung der Belange der Inhaftierten kann es hindeuten, wenn völkerrechtliche Vorgaben oder internationale Standards mit Menschenrechtsbezug, wie sie in den im Rahmen der Vereinten Nationen oder von Organen des Europarats*

---

792 Vgl. BVerfGE **111** 307, 317 = NJW **2004** 3407 m.w.N.; vgl. auch BVerfGE **128** 326, 366 f. = NJW **2011** 1931, Tz. 86 f.

793 Für Bayern: BayVerfGH **57** 144, 150; hierzu: *Lindner* BayVBl. **2009** 65, 72 f.

794 So auch für die Nichtbeachtung von Art. 36 WÜK: BVerfG NJW **2011** 207, Tz. 28 f.; zum Problem des Aufeinandertreffens der Bindungen nach §§ 31 BVerfGG und Art. 46: *Grabenwarter/Pabel* JZ **2010** 857, 862 ff. Zur überwiegenden Kohärenz der Rechtsprechung: *Mellech* 173 ff.

795 Vgl. BVerfGE **74** 358, 370; **82** 106, 115; **83** 119, 128; NJW **2001** 2245, 2246; BVerfGE **128** 326, 367 ff. = NJW **2011** 1931, Tz. 88 f.; BVerfG (K) Beschl. v. 9.12.2021 – 2 BvR 1789/16, Tz. 19, BeckRS **2021** 41147; BGHSt **45** 321, 329; **46** 93 = NJW **2000** 3505, 3507; vgl. auch die in die gleiche Richtung tendierende Rechtsprechung des **schweizerischen Bundesgerichts**: BGE **107** Ia 167; **109** Ia 244; **120** Ia 299; **120** Ia 89, 93; **118** IV 153, 163; vgl. zu einer solchen Berücksichtigungspflicht hinsichtlich der **Rechtsprechung des IGH**: BVerfG NJW **2011** 207, Tz. 28 ff.; zu der Frage, wie die Gerichte vorgehen sollen, wenn die konventionskonforme Auslegung der Gesetze nicht möglich ist: *Payandeh* DÖV **2011** 382 f., 387 f. insbesondere im Hinblick auf die nach dem Urteil des EGMR M./D (17.12.2009 = NJW **2010** 2495 = NStZ **2010** 263 = StV **2010** 181= EuGRZ **2010** 25 = JR **2010** 218 = R&P **2010** 38) und nach dem Urteil des BVerfG (E **128** 326) ergangene Rechtsprechung der Fachgerichte.

796 Siehe etwa BVerfG Beschl. v. 9.12.2021 – 2 BvR 1789/16, BeckRS **2021** 41147; vgl. zur Berücksichtigung von Entscheidungen des EGMR durch deutsche Gerichte auch bereits BVerfG Beschl. v. 14.10.2004 – 2 BvR 1481/04, NJW **2004** 3407.

beschlossenen einschlägigen Richtlinien und Empfehlungen enthalten sind nicht beachtet bzw. unterschritten werden."[797]

324   Dass die angemessene Rezeption der EGMR-Rechtsprechung nicht immer in idealer Weise stattfindet, ist bedauerlich. Einzelne Judikate sind geradezu skandalös. Ein besonders krasses Beispiel bietet ein Urteil des **OLG Braunschweig**[798] in einem Verfahren zur Entschädigung nach §§ 198 ff. GVG (unangemessene Verfahrensdauer, Art. 6 Rn. 509 ff.). Darin findet sich der Satz: „In diesem Zusammenhang hat das Bundesverfassungsgericht im Übrigen klargestellt, dass die Rechtsprechung des EGMR keine verbindlichen Richtlinien darstellen [sic], sie *lediglich* in den Willensprozess des zur Entscheidung berufenen Gerichts *mit einfließen kann*" (Hervorhebungen hier); zur Begründung beruft sich das OLG auf das BVerfG.[799] In jenem Beschluss, der inhaltlich ebenfalls die rechtsstaatswidrige Verfahrensverzögerung betraf, äußert sich das BVerfG wie folgt: „Die Angemessenheit der Dauer eines Verfahrens ist aber stets nach den besonderen Umständen des einzelnen Falls zu bestimmen [...]. Es gibt keine allgemeingültigen Zeitvorgaben; verbindliche Richtlinien können auch der Rechtsprechung des EGMR nicht entnommen werden.", gefolgt von Rechtsprechungshinweisen auf einen Beschluss des BVerfG und ein Urteil des EGMR. Das BVerfG hat damit lediglich festgestellt, dass die EGMR-Rechtsprechung **inhaltlich keine allgemeinen Vorgaben** zu der Frage enthalte, bei konkret welchen Zeiträumen die Verfahrensdauer allgemein und in jedem Fall rechtsstaatswidrig sei, und äußert sich im fraglichen Beschluss keineswegs zur rechtlichen Maßgeblichkeit, sondern vielmehr zur inhaltlichen Aussagekraft der EGMR-Rechtsprechung. Wie das OLG Braunschweig dazu kommt, diesen BVerfG-Beschluss für die Frage nach der *Verbindlichkeit* der EGMR-Rechtsprechung heranzuziehen und ihm obendrein die Aussage anzudichten, die EGMR-Rechtsprechung könne *lediglich mit einfließen*, ist schlechterdings unerklärlich.[800]

325   In **Österreich**, wo die EMRK Verfassungsrang hat, besteht nach der Rechtsprechung des Verfassungsgerichtshofs eine unmittelbare Verpflichtung zur Befolgung nur von gegen Österreich ergangenen endgültigen EGMR-Urteilen. Eine Vorlagepflicht nach Art. 140 BV-G (Parallelvorschrift zu Art. 100 Abs. 1 GG) bejaht der Verfassungsgerichtshof folglich nur bei Unvereinbarkeit einer Gesetzesnorm mit einem Österreich betreffenden Urteil, nicht jedoch, wenn das Gesetz im Widerspruch zu gegen andere Vertragsstaaten ergangenen Urteilen steht.[801]

326   In **Frankreich** findet eine der deutschen Entwicklung ähnliche Rechtsprechungsevolution statt, wenn auch eher verdeckt: Der Conseil d'État erkennt die Rechtsprechung des EGMR nicht offiziell als formelle Rechtsquelle an, er zitiert sie denn auch nicht oder nur selten in seinen eigenen Urteilen. Dennoch ist seine Rechtsprechung nicht unbeeinflusst von derjenigen des EGMR geblieben, nicht zuletzt wegen der Befürchtung, die eigene Autorität, könne unter einer Verurteilung durch den EGMR in Mitleidenschaft gezogen werden.[802] Ähnlich verhält es sich mit der ordentlichen Gerichtsbarkeit. Meist geben die Gerichte vor, sie legen die Konventionsgarantien eigenständig aus, sie rekurrieren kaum je auf die Rechtsprechung des EGMR. Eine Angleichung findet dennoch statt.[803] Der Conseil constitutionnel wiederum prüft nationale Gesetze, wie auch das BVerfG, nicht anhand der

---

797 BVerfG NJW **2006** 2093, 2097 (gesetzliche Grundlage Jugendstrafvollzug).

798 OLG Braunschweig Urt. vom 8.2.2013 – 4 SchH 1/12, FamRZ **2014** 59.

799 BVerfG NJW-RR **2010** 207.

800 Die fragwürdige Äußerung wurde nicht wiederholt, aber auch nicht beanstandet vom BGH als Revisionsgericht BGH NJW **2014** 1816 = FamRZ **2014** 933, Tz. 29 m. Anm. *Friederici* NZFam **2014** 416.

801 ÖVfGH Erkenntnis v. 28.6.2012 – G 114/11, JBl. **2012** 783.

802 Siehe die Darstellung bei *Mellech* 150 ff. zur französischen Verwaltungsgerichtsbarkeit.

803 Dazu *Mellech* 132 ff.

EMRK, legt jedoch bei der Auslegung der eigenen Grundrechte, nicht selten die EMRK in ihrer Auslegung durch den EGMR zugrunde.[804]

d) Verfassungsvorbehalt bei der Berücksichtigung der Straßburger Judikatur. Im **327** *Görgülü*-Beschluss[805] hat das BVerfG den Grundsatz der völkerrechtsfreundlichen Auslegung und die Pflicht zur *Berücksichtigung* der gesamten Rechtsprechung des EGMR allerdings unter den vieldiskutierten **Vorbehalt gestellt, dass *dies nicht zu einer Einschränkung oder Minderung des Grundrechtsschutzes nach dem Grundgesetz führt".*[806] Ausgangspunkt dieser Überlegung ist, dass das Individualbeschwerdeverfahren vor dem EGMR (Art. 34) darauf ausgerichtet sei, konkrete Einzelfälle im Verhältnis zwischen Beschwerdeführer und Vertragspartei zu entscheiden. Die deutschen Gerichte müssten aber bei der Berücksichtigung von Urteilen des EGMR auch die **Auswirkungen deren Anwendung auf die nationale Rechtsordnung** mit einbeziehen und die Wertungen des EGMR in das innerstaatliche Recht einpassen, insbesondere dann, wenn es sich bei dem einschlägigen nationalen Recht *„um ein ausbalanciertes Teilsystem handelt, das verschiedene Grundrechtspositionen zum Ausgleich bringen will".*[807] Zu beachten seien auch die **zeitlichen Grenzen** und die **verfassungsrechtlichen Bindungen**. Eine zwischenzeitliche Änderung der zugrunde liegenden Situation könne das mit der Sache befasste Gericht dazu zwingen, auch zu bedenken, ob die Durchführung des Urteils noch angemessen sei.

Auch soll eine völkerrechtsfreundliche Auslegung nur *„im Rahmen des demokrati-* **328** *schen und rechtsstaatlichen Systems des Grundgesetzes"* erfolgen können. Ausnahmsweise dürfe deshalb Völkervertragsrecht unbeachtet bleiben, *„sofern nur auf diese Weise ein Verstoß gegen **tragende Grundsätze der Verfassung** abzuwenden ist".* Der Richter könne daher zu dem Ergebnis kommen, dass der Pflicht, der konventionsgemäßen Auslegung den Vorrang zu geben, nicht Rechnung getragen werden kann. Die Entscheidung müsse aber substantiiert *„begründen, warum sie der völkerrechtlichen Rechtsauffassung nicht folgt."*[808] Konkretisiert hat das BVerfG diese Vorgaben in einem späteren Beschluss hinsichtlich der innerstaatlichen Wirkung der Entscheidungen des IGH. Die Gerichte dürften nur dann von der Auslegung eines völkerrechtlichen Vertrags durch ein internationales Gericht abweichen, wenn diese zu einer Kollision mit nationalem Verfassungsrecht führten.[809] Hat das BVerfG einen Grundrechtsverstoß verbindlich festgestellt, so sind die Fachgerichte daran gehindert, von diesem Ergebnis unter Berufung auf die EMRK abzuweichen.[810]

Dieses Plädoyer des BVerfG für einen **„Verfassungsvorbehalt"** bei der Umsetzung der **329** Vorgaben des EGMR ist kritisch zu sehen, weil es staatlichen Stellen einen erheblichen Spielraum hinsichtlich der Befolgung und Umsetzung eines Straßburger Urteils belässt. Unter Berufung auf höheres Verfassungsrecht (Art. 33 Abs. 5 GG: Streikverbot für Beamte)

---

804 Zur Rezeption durch den Verfassungsrat: *Mellech* 111 ff.

805 BVerfGE **111** 307 = NJW **2004** 3407.

806 Vgl. BVerfG NJW **2008** 2978, 2981; ebenso BVerfG NJW **2007** 499; vgl. dazu *Mellech* 102 ff. Ferner BAG NJW **2016** 1034, 1035.

807 BVerfGE **111** 307, 315 = NJW **2004** 3407, 3410 f.

808 BVerfGE **111** 307, 315 = NJW **2004** 3407, 3410; hierzu *Bergmann* EuR **2006** 101, 109 f.; vgl. auch BVerfG NJW **2007** 499; *Payandeh* DÖV **2011** 382, 386.

809 BVerfG NJW **2007** 499; *Payandeh* DÖV **2011** 382, 386.

810 BVerwG NVwZ **2017** 65 m. Anm. *Heusch* = DVBl. **2017** 192 m. Anm. *Breuer.* Umfassend zur Behandlung von Rechtsprechungsdivergenzen zwischen BVerfG und EGMR: *Rohleder* 285 ff., 415 ff.

entschied sich das BVerwG dafür, von der EGMR-Rechtsprechung abzuweichen.[811] Besagter Verfassungsvorbehalt, den das BVerfG in künftigen Entscheidungen klarer konturieren muss, darf jedenfalls nicht dahingehend missdeutet werden, dass ein deutsches Gericht bei Schwierigkeiten hinsichtlich der Einpassung eines Straßburger Urteils ins nationale deutsche Recht berechtigt wäre, das Urteil nicht zu befolgen. Stellt der EGMR fest, dass Deutschland seinen Spielraum bei der Umsetzung der Vorgaben der Konvention überschritten hat, so kann ein nationales Gericht nicht das Recht für sich beanspruchen, die Interessenabwägung anders vorzunehmen.[812] Entgegenstehendes nationales Recht – auch Verfassungsrecht – ist an die Vorgaben des EGMR anzupassen, ggf. über den „Umweg" der **konkreten Normenkontrolle** (Art. 100 Abs. 1 GG).

330   Nur der Vollständigkeit halber sei darauf hingewiesen, dass in der Literatur auch versucht wird, die Verbindlichkeit und Maßgeblichkeit der EGMR-Rechtsprechung durch den Hinweis auf den angeblich **undemokratischen Charakter des EGMR** zu relativieren.[813] Diese Pauschalkritik verkennt, dass die demokratische Legitimation des Gerichtshofs daraus folgt, dass die EMRK im verfassungsmäßigen Verfahren, also unter ordnungsgemäßer Zusammenwirkung der zuständigen, demokratisch legitimierten Organe ins deutsche Recht inkorporiert wurde und sich die Verfahrensart der Individualbeschwerde sowie die Zusammensetzung des Gerichtshofs wiederum aus dieser EMRK ergeben. Kritik an der Straßburger Rechtsprechung mag im Einzelfall – oder auch vielfach – fundiert sein, ferner man mag sich wünschen, dass bestimmte grundlegende Rechtsänderungen vorwiegend oder ausschließlich von Parlament, Regierung und deutscher Öffentlichkeit diskutiert werden, und auch die Auslegung und die inhaltliche Brauchbarkeit für das deutsche Recht von gegen andere Konventionsstaaten ergangener Rechtsprechung mag kontrovers diskutiert werden können – die angeblich fehlende demokratische Legitimation des EGMR belegt all dies nicht.

331   **e) Überwachung des Urteils.** Das **Ministerkomitee des Europarats**[814] hat die Aufgabe, die Durchführung der Urteile des Gerichtshofs zu überwachen (Art. 46 Abs. 2).[815] Die Urteile stellen die Konventionsverletzung fest, haben darüber hinaus aber **weder Kassati-**

---

811 BVerwGE **149** 117 = NVwZ **2014** 736 m. Anm. *Schaks* = DVBl. **2014** 780 m. Anm. *Buchholtz* = NZA **2014** 616, Tz. 23 ff., 52 ff., 57 f.; krit. u.a. *Kutscha* AuR **2014** 408, 410, der u.a. vorbringt, dass durch Erweiterung des Streikrechts auf (manche) Beamte weder Grundrechtsschutz der betroffenen Beamten noch anderer eingeschränkt werde. Dazu BVerfGE **148** 296 = NJW **2018** 2695.
812 *Meyer-Ladewig/Petzold* NJW **2005** 15, 17; in BVerfGE **128** 326, 368 ff., 402 f. = NJW **2011** 1931, Tz. 89 ff., 164 f. bestätigt aber das BVerfG seine Ansicht: Das „letzte Wort" der deutschen Verfassung solle zwar der Einbindung in inter- bzw. supranationale Zusammenhänge nicht entgegenstehen, sondern nur die normative Grundlage des Rechtsprechungsdialogs darstellen. Gleichzeitig wiederholt das Gericht das Erfordernis der Einpassung internationaler Vorgaben in die nationale Rechtsordnung; eine „unreflektierte Adaption" verbiete sich. Alle Gerichte könnten zudem innerhalb der Willkürgrenzen auch von der Rechtsprechung des EGMR abweichen. Eine strenge Präjudizwirkung gebe es nicht.
813 So *Lorse* ZBR **2015** 109, 113; das BVerwG nahm an, dass sich aus – gegen andere Konventionsstaaten ergangener – Rechtsprechung ein Streikrecht für manche Beamte ergebe, wohingegen deutsches Verfassungsrecht dieses verbiete; *Lorse* kritisiert das BVerwG, denn „das Schädliche der Entscheidung [liegt] in dem Teil der Ausführungen, die als Obiter Dicta das deutsche Berufsbeamtentum in seinem Kernbestand zur Disposition eines demokratisch nicht legitimierten Gerichts stellen.".
814 Diese Aufgabe wird in der Regel durch die ständigen Vertretungen der Konventionsstaaten in Straßburg ausgeübt. Die Zusammensetzung und das Verfahren richten sich nach der Satzung des Europarates, soweit nicht besondere Regeln für das Verfahren getroffen worden sind.
815 Vertiefend: *Haß* 205 ff.; *Zastrow* Die Rolle des Ministerkomitees bei der Umsetzung der Urteile des Europäischen Gerichtshofs für Menschenrechte (2018).

onswirkung noch greifen sie sonst in das innerstaatliche Recht ein.[816] Auch hat das Ministerkomitee **weder ein Weisungsrecht noch eine Exekutivgewalt**,[817] die ihm unmittelbar Maßnahmen im verurteilten Staat ermöglichen würden. Es kann von diesem nur einen Bericht darüber anfordern, durch welche Maßnahmen er seiner Verpflichtung zur Befolgung des Urteils nach Art. 46 Abs. 1 nachkommt.[818] Solange dies nicht zur vollen Zufriedenheit des Ministerkomitees dargetan und die Sache nicht durch eine formelle Entschließung abgeschlossen ist, kann es den Fall immer wieder auf die Tagesordnung setzen und die Erledigung anmahnen. Der betroffene Staat kann um zusätzliche Mitteilungen über alle von ihm ergriffenen oder beabsichtigten Maßnahmen ersucht werden. Bei Verzögerung oder ungenügender Befolgung der Umsetzungspflicht können zudem alle **Formen politischen Drucks** ausgeübt werden.

Das Ministerkomitee kann sich bei einer beharrlichen Nichterfüllung der Vertrags- **332** pflichten auch an den Europarat wenden und diesen um geeignete Maßnahmen ersuchen.[819] Vor allem kann es den **Generalsekretär des Europarates** einschalten, der berechtigt ist, jeden Vertragsstaat zu befragen, auf welche Weise er die wirksame Anwendung der Konvention innerstaatlich sicherstellt (Art. 52). Das Ministerkomitee sieht seine Aufgabe erst dann als erfüllt an, wenn es aufgrund der Berichte des betroffenen Staates über die getroffenen Maßnahmen überzeugt ist, dass dem Urteil im vollen Umfang Rechnung getragen wurde.[820] Bis dahin erlässt es nur vorläufige Resolutionen, die es ermöglichen, die Sache später erneut aufzugreifen.[821]

Der EGMR ist zur Überprüfung der Resolutionen des Ministerkomitees nicht befugt. **333** Neben der Einzelüberwachung der Durchführung der Urteile hat sich das Ministerkomitee aber auch **allgemein zu innerstaatlichen Regelungsdefiziten geäußert**, wenn diese gehäuft Konventionsverletzungen zur Folge hatten.[822] In einer Resolution v. 12.5.2004 forderte es den Gerichtshof außerdem auf, in seinen Urteilen strukturelle Probleme der einzelnen Vertragsstaaten zu identifizieren und diese nicht nur dem Ministerkomitee und dem betroffenen Staat, sondern auch der **Parlamentarischen Versammlung**,[823] dem Generalsekretär und dem Menschenrechtskommissar mitzuteilen.[824] Zudem wurde den Vertragsstaaten u.a. empfohlen, eine nationale Koordinierungsstelle einzurichten, um die Durchführung von Urteilen zu erleichtern und beschleunigen.[825]

Auch der **betroffene Einzelne** selbst kann sich bei einer Verzögerung oder mangelhaf- **334** ter innerstaatlicher Umsetzung des Urteils mit einer entsprechenden Mitteilung an das Ministerkomitee wenden, welches die Ausführungen dann in Betracht zieht.[826] Wegen der Nichtbe-

---

816 Vgl. zum Ganzen MAH/*Eschelbach* § 32, 7.

817 Vgl. Karpenstein/Mayer/*Breuer* Art. 46, 87; *Grabenwarter/Pabel* § 16, 15, 20; *Villiger* 233 ff.

818 Vgl. *Frowein/Peukert* Art. 46, 18.

819 Vgl. Meyer-Ladewig/Nettesheim/von Raumer/*Meyer-Ladewig/Brunozzi* Art. 46, 54 (politischer Druck durch Resolutionen, im Extremfall Entzug des Rechts auf Vertretung und Ausschluss); siehe hierzu auch CoE/PA Rec. 1955 (2011) – Implementation of judgments of the European Court of Human Rights.

820 Vgl. *Okresek* EuGRZ **2003** 168, 172.

821 *Villiger* 234 (auch zu den Kontrollintervallen).

822 Vgl. CM/Inf/DH (2006) 19 rev 3 v. 4.6.2007 – Memorandum: Non-enforcement of domestic judicial decisions in Russia: general measures to comply with the European Court's judgments, HRLJ **2007** 468.

823 Vgl. hierzu: CoE/PA Res. 1516 (2006) v. 2.10.2006 – Implementation of judgments of the European Court of Human Rights, HRLJ **2007** 465; Rec. 1764 (2006) v. 2.10.2006, HRLJ **2007** 468.

824 Vgl. dazu *Breuer* EuGRZ **2004** 445, 447 ff., auch zu dem „Piloturteil" EGMR (GK) Broniowski/PL, 22.6.2004.

825 Coe/CM Rec(2008)2 on efficient domestic capacity for rapid execution of judgements of the European Court of Human Rights.

826 Vgl. *Okresek* EuGRZ **2003** 168, 169.

---

folgung des früheren Urteils durch den Staat kann aber nicht erneut der Gerichtshof angerufen werden, da nicht dieser, sondern das Ministerkomitee nach Art. 46 Abs. 2 für die Überwachung zuständig ist, und da die Nichtbefolgung für sich genommen keinen Verstoß gegen die EMRK darstellt, den der EGMR aufgrund einer Individualbeschwerde feststellen könnte.[827] Durch die mit dem 14. P-EMRK eingeführten *„infringement proceedings"* kann die GK auf Antrag des Ministerkomitees die Nichtbefolgung eines Urteils des EGMR feststellen (Art. 46 Abs. 4; Art. 31 *lit.* b; Rn. 376).[828] Der Bf. kann selbst mit einer neuen Beschwerde den EGMR anrufen, wenn sich nach dem Urteil eine **neue Konventionsverletzung** ergeben hat, die mit der bereits geprüften Beschwerde nicht übereinstimmt.[829] Eine neue Verletzung kann sich z.B. **bei der Durchführung** des früheren Urteils ergeben haben.[830] Denkbar ist weiter, dass mit der neuen Beschwerde eine Verletzung gerügt werden soll, die außerhalb des Zeitraums liegt, der mit der ersten Beschwerde gerügt wurde.[831] Für zulässig wird es zudem gehalten, dass ein Vertragsstaat eine **Staatenbeschwerde** nach Art. 33 gegen den Staat erhebt, der seine Verpflichtung zur Befolgung des Urteils beharrlich verweigert.[832]

335 Auch gütliche Einigungen werden vom **Ministerkomitee** überwacht (Art. 39 Abs. 4 EMRK; Art. 43 Abs. 3 Satz 2 VerfO). Wurde die Beschwerde durch Urteil aus dem Register gestrichen, erfolgt eine Weiterleitung an das Ministerkomitee, das sämtliche Schritte überwacht, die an die Verfahrensbeendigung bzw. „Lösung" der Angelegenheit geknüpft sind (Art. 43 Abs. 3 Satz 4 VerfO). Hält sich der Vertragsstaat nicht an den Inhalt der Einigung, kann der Gerichtshof die **Wiedereintragung der Beschwerde** ins Register beschließen (Art. 37 Abs. 2; Art. 43 Abs. 5 VerfO).[833]

VII. Reform des Gerichtshofs

336 **1. Arbeitsbelastung.** Im Jahr 1960 verkündete der EGMR sein erstes Urteil (Lawless/ IR). Als das 11. Protokoll zur EMRK am 1.11.1998 in Kraft trat und einen unmittelbaren Zugang zum EGMR für rund 800 Millionen Menschen in Europa schuf, hatte der Gerichtshof gerade einmal 837 Urteile erlassen.[834] Der rasche Beitritt der Staaten Osteuropas zum

---

827 EGMR Kapan u.a./TRK (E), 9.2.2016, § 12; (GK) Bochan/UKR (Nr. 2), 5.2.2015, §§ 33 ff., NJOZ **2016** 395; Hulki Güneş/TRK (E), §§ 52 ff.; Öcalan/TRK (E), 6.7.2010, NJW **2010** 3703; Franz Fischer/A (E), 6.5.2003, ÖJZ **2003** 816.
828 EGMR (GK) 29.5.2019 (Ilgar Mammadov/AZB); siehe auch EGMR (GK) Kavala/TRK, 11.7.2022, HRLJ **2022** 157.
829 EGMR Hulki Güneş/TRK (E), § 53 m.w.N.
830 Vgl. Meyer-Ladewig/Nettesheim/von Raumer/*Meyer-Ladewig*/*Brunozzi* Art. 46, 49 unter Hinweis auf EGMR (GK) Verein gegen Tierfabriken (VgT)/CH, 30.6.2009, §§ 62 ff. (für aus formalistischen Gründen abgelehntes Wiederaufnahmeverfahren).
831 Vgl. Meyer-Ladewig/Nettesheim/von Raumer/*Meyer-Ladewig*/*Brunozzi* Art. 46, 49 unter Hinweis auf EGMR Wasserman/R, 10.4.2008 (weitere Nichtbefolgung eines nationalen Urteils trotz zweier Urteile des Gerichtshofs mit der Feststellung der Verletzung von Art. 6). Das kommt in die Nähe der Überwachung der Durchführung von Urteilen, für die in erster Linie das Ministerkomitee zuständig ist. Man wird aber nicht annehmen können, dass die durch das 14 P-EMRK eingeführte Anrufung des EGMR durch das Ministerkomitee (Art. 46 Abs. 4) diese Möglichkeit für den Bf. ausschließen oder einschränken wollte, denn die Kontrolle durch den Gerichtshof sollte verstärkt und nicht geschwächt werden.
832 Meyer-Ladewig/Nettesheim/von Raumer/*Meyer-Ladewig*/*Brunozzi* Art. 46, 54.
833 EGMR Canbek/TRK (E), 13.1.2015, § 44.
834 Wegen des mit Wirkung vom 1.1.2002 geänderten Registrierungsverfahrens sind die Vergleiche mit den früheren Zahlen erschwert; jetzt werden alle Eingänge sofort registriert, während nach dem alten System die Eingänge zunächst in *„Provisional Files"* erfasst wurden, nur die weiterbehandelten Beschwerden wurden im Beschwerderegister erfasst; vgl. *Siess-Scherz* EuGRZ **2003** 100, 104 (den im Jahre 2002 registrier-

Europarat und die Möglichkeit jedes Einzelnen, wegen der Verletzung der ihm durch die Konvention und die Zusatzprotokolle garantierten Rechte den EGMR anzurufen, haben schnell zu einer Überlastung des Gerichtshofs geführt.[835] Der EGMR konnte die Fülle der bei ihm eingehenden Beschwerden nicht bewältigen, auch wenn mehr als 95 % aller Beschwerden als unzulässig zurückgewiesen wurden.[836] Am 18.9.2008, also etwa 10 Jahre nach der grundlegenden Reform des Gerichtshofs durch das 11. P-EMRK, fällte der Gerichtshof bereits das **10.000ste Urteil** (Takhayeva u.a./R).

Statistiken und **Tätigkeitsberichte** des EGMR aus den letzten Jahren sind ebenso beeindruckend wie besorgniserregend.[837] Allein im Jahr **2022** wurden in Straßburg **4168 Urteile** verkündet,[838] knapp 796 davon durch Ausschüsse. Insgesamt wurden 39.570 Beschwerden beschieden, zugleich aber 45.500 Beschwerden neu anhängig (Ende 2022 damit **74.560 Beschwerden**). 337

Insgesamt nur **vier Staaten** (Russland, Türkei, Rumänien und die Ukraine) verursachen derzeit zusammen rund **63 % des Beschwerdeaufkommens**. Gegen Russland ergingen allein im Jahr 2022 insgesamt 1759 Urteile; gegen die Türkei 752 und gegen die Ukraine 372.[839] Von allen im Jahr 2021 ergangenen Urteilen konnte der EGMR in 84 % der Fälle mindestens eine Konventionsverletzung durch den jeweiligen Staat feststellen.[840] Aussagen und Statistiken dieser Art sind allerdings in ihrem Aussagegehalt begrenzt – in jedem Fall in **Bezug zur Bevölkerungszahl** und zum **Beschwerdegegenstand** zu setzen. Zu beachten ist bei einer rechtspolitischen Bewertung des Weiteren stets der **zeitliche Verzerrungsfaktor** aufgrund der Verfahrensdauer. 338

2. 14. Protokoll zur EMRK v. 13.5 2004

a) Allgemeines. Im Europarat wurden bereits Ende der 1990er Jahre weitere Reformen des EMRK-Kontrollverfahrens erörtert, die die Funktionsfähigkeit des Gerichtshofs verbessern und seine Überlastung durch Maßnahmen zur Vereinfachung und Straffung seines Verfahrens verringern sollten, so vor allem auch bei der Behandlung aussichtsloser Beschwerden oder bei der großen Zahl von Beschwerden, die vom Gerichtshof bereits entschiedene Fragen betreffen.[841] Ein Meilenstein in dieser Reformdiskussion war das **14. Protokoll über die Änderung des Kontrollsystems der Konvention** (CETS 194), das zu signifikanten Änderungen im Individualbeschwerdeverfahren (Art. 34) geführt hat.[842] 339

Für das **Inkrafttreten des 14. Protokolls** waren die Bindungserklärungen sämtlicher Unterzeichnerstaaten der EMRK erforderlich. Am 15.9.2007 hatten 46 Vertragsstaaten der 340

---

ten 30.828 Beschwerden stehen nach dem alten System 2001 gegenüber 31.393 „provisional files" und 13.858 registrierte Beschwerden).

835 Näher zur Entwicklung: Meyer-Ladewig/Nettesheim/von Raumer/*Meyer-Ladewig/Nettesheim* Einl. Rn. 7 ff.; siehe auch MAH/*Eschelbach* § 32, 10.

836 *Ohms* EuGRZ **2003** 141, 143.

837 Die nachfolgenden Zahlen sind dem jährlich vom Gerichtshof herausgegebenen Tätigkeitsbericht (*Analysis of statistics*) zu entnehmen (aufrufbar unter https://www.echr.coe.int/Pages/home.aspx?p=home – Statistics). Zur Arbeitslast des EGMR – im Verhältnis zu BVerfG und EuGH: *Jestaedt* JZ **2011** 872, 878 f.

838 Da mehrere Urteile verbundene Beschwerden betrafen, wurden eigentlich nur 1163 Urteile gefällt, EGMR (Hrsg.), The ECHR in Analysis of Statistics – 2022.

839 EGMR (Hrsg.), The ECHR in Analysis of Statistics – 2022.

840 EGMR (Hrsg.), The ECHR in Facts & Figures – 2021.

841 Nach *Ohms* EuGRZ **2003** 141, 145 betreffen 75 % der sachlich behandelten Beschwerden sog. „repetitive cases".

842 Vgl. *Langbauer* Die Änderungen des Kontrollverfahrens durch das 14. Protokoll (2008).

EMRK das Protokoll ratifiziert.[843] Die russische Staatsduma hatte die Ratifizierung am 22.12.2006 (aus politischen Gründen) zunächst scheitern lassen,[844] nach jahrelanger Blockade dann aber am 15.1.2010 dem Protokoll zugestimmt. Nach der Ratifizierung durch Russland trat das 14. Protokoll am 1.6.2010 in Kraft.

341   Da das 14. P-EMRK aufgrund der fehlenden Ratifikation Russlands lange Zeit nicht in Kraft treten konnte, sollte der kritischen Lage des EGMR durch eine vorläufige Anerkennung einzelner Regelungen abgeholfen werden. Gemäß dem **Madrider Abkommen v. 12.5.2009**[845] konnten die Konventionsstaaten durch einseitige Erklärung wesentliche Teile des 14. Protokolls für sich für vorläufig anwendbar erklären. Auch Deutschland nutzte diese Möglichkeit, so dass alle Beschwerden gegen Deutschland bereits ab dem 1.6.2009 gemäß Art. 24 Abs. 2, 26 Abs. 1, 3, 27 und 28 n.F. behandelt wurden.[846]

342   Am 27.5.2009 wurde sodann das **14. Protokoll**[bis][847] zur Zeichnung aufgelegt. Dieses enthielt zwei der erfolgversprechendsten Maßnahmen des 14. P-EMRK: die **Einzelrichterbesetzung** und die erweiterten **Befugnisse der Ausschüsse** (Rn. 343 ff., 348 ff.). Gemäß Art. 6 und 7 des Protokolls konnte **jeder einzelne Vertragsstaat** der EMRK sich seinen Wirkungen unterwerfen. Für das Inkrafttreten des Protokolls waren lediglich drei Ratifikationen erforderlich, so dass es bereits ab dem 1.10.2009 angewendet werden konnte. Das Protokoll 14bis wurde nach den Vorgaben des am 1.7.2009 in Kraft getretenen Zusatzes zur Verfahrensordnung ausgeführt. Auf diese Weise sollte eine möglichst schnelle Anwendbarkeit der Maßnahmen für die größtmögliche Zahl der Vertragsstaaten sichergestellt werden.[848] Das Protokoll 14bis trat nach dem Inkrafttreten des 14. P-EMRK (Rn. 340) automatisch außer Kraft (vgl. Art. 9 des Protokolls).

343   **b) Einzelrichter.** Das Protokoll hat den **Einzelrichter** als neuen Spruchkörper eingeführt. Er wird durch Mitarbeiter der Kanzlei *(Rapporteurs)* unterstützt. Der Einzelrichter kann eine Beschwerde (endgültig) für unzulässig erklären oder aus dem Register streichen, *„wenn eine solche Entscheidung ohne weitere Prüfung getroffen werden kann"* (Art. 27 Abs. 1 n.F.).

344   Im Unterschied zu dem bisherigen Verfahren wird also die **Zulässigkeitsprüfung** in diesen Fällen regelmäßig nur noch durch **einen** statt durch drei **Richter** getroffen. Dadurch entfällt die Zeit für Ausschusssitzungen sowie für die Vorbereitung darauf, was von **einer bis zu acht Stunden** pro Sitzung in Anspruch nehmen kann.[849] Zugleich wird die Zahl der Spruchkörper vervielfacht, da jeder Richter als Einzelrichter tätig werden kann, so dass theoretisch **47 Filterorgane** gleichzeitig tagen können.[850]

345   Daneben werden die (Einzel-)Richter von ihrer Aufgabe als **Berichterstatter** (Art. 49 Abs. 3 VerfO) befreit. Allein diese Aufgabe nahm bisher **15–20 % der Zeit** der Richter in Anspruch.[851] Eine vergleichbare Funktion wird jetzt von einem **Mitglied der Kanzlei**

---

843 Vgl. für die Deutschland: Gesetz v. 21.2.2006 zu dem Protokoll Nr. 14 v. 13.5.2004 (BGBl. 2006 II S. 138); BTDrucks. **16** 42 (vgl. zum Ratifikationsstand: www.coe.int).

844 Deutliche Kritik hieran bei: *Engel* EuGRZ 2007 241.

845 Agreement on the provisional application of certain provisions of Protocol No. 14 pending its entry into force.

846 Vgl. Bekanntmachung des Auswärtigen Amtes v. 6.7.2009 über die vorläufige Anwendung von Bestimmungen des Protokolls Nr. 14 (BGBl. 2009 II S. 823); *Meyer-Ladewig/Petzold* NJW **2009** 3749, 3752.

847 CETS 204; CM (2009) 58 final (12.5.2009).

848 Vgl. CM (2009) 58 addendum Anm. 22 f.

849 Vgl. *Eaton/Schokkenbroek* HRLJ **2005** 1, 5, Fn. 23.

850 Vgl. *Eaton/Schokkenbroek* HRLJ **2005** 1, 5; im Jahr 2010 wurden allein 20.000 Beschwerden durch den Einzelrichter entschieden.

851 Vgl. *Eaton/Schokkenbroek* HRLJ **2005** 1, 5, Fn. 23.

---

wahrgenommen (Art. 24 Abs. 2 EMRK; Art. 18A VerfO). Ein **nichtrichterlicher Berichter-statter** soll den Einzelrichter über den Sachverhalt informieren und die Akten prüfen.[852] Der Berichterstatter ist ein erfahrener Jurist in der jeweiligen Abteilung des Gerichtshofs, der die Sprache und das Rechtssystem des betroffenen Staates kennt. Er wird vom Präsidenten des Gerichtshofs auf Vorschlag des Kanzlers für einen bestimmten Zeitraum ernannt (sechs Monate oder ein Jahr).[853]

Bereits vor Inkrafttreten des 14. P-EMRK wurde hinsichtlich des nichtrichterlichen **346** Berichterstatters ein **Modellversuch** gestartet, indem in einigen Abteilungen derartige Stellen geschaffen wurden. In einer Abteilung mit besonders hohem Beschwerdeaufkommen konnte eine „Produktivitätssteigerung" von 500 % erreicht werden, obwohl die Entscheidung noch durch einen Ausschuss gefällt werden musste.[854]

Durch die Schaffung der Einzelrichterbesetzung wurde das **Prinzip der Kollegialität** **347** aufgelockert. Die Gefahr von Fehlentscheidungen ist dementsprechend seither größer als bei der Spruchtätigkeit der Ausschüsse. Zudem wurde befürchtet, dass die Kohärenz der Rechtsprechung unter dieser Maßnahme leiden wird, da jeder Einzelrichter auch mit dem Merkmal der offensichtlichen Unbegründetheit arbeiten kann, welches das materielle Recht betrifft.[855] Allerdings ist die Entscheidungskompetenz des Einzelrichters beschränkt: Er kann eine Beschwerde nur in **eindeutigen Fällen** für **unzulässig** erklären, wenn sie also nach gefestigter Rechtsprechung unzulässig ist oder wenn die formalen Mindestanforderungen nicht erfüllt sind.[856] Zum anderen wird der Einzelrichter keine Beschwerden gegen den Vertragsstaat verhandeln können, für den er gewählt wurde (Art. 26 Abs. 3), so dass seine Unabhängigkeit und Unparteilichkeit nicht in Frage stehen sollte. Außerdem wird durch den nichtrichterlichen Berichterstatter zumindest informell ein **Vier-Augen-Prinzip** gewahrt und so auch die Kollegialität nicht gänzlich aufgegeben.

c) Erweiterung der Befugnisse der Ausschüsse. Während seither die Befugnis der un- **348** ter dem bisherigen Kontrollsystem wichtigen **Dreier-Ausschüsse** – sie erledigten schon in der Zeit davor 90 % aller eingehenden Beschwerden – (auch) von Einzelrichtern wahrgenommen werden kann, erweiterte Art. 28 Abs. 1 *lit.* b den Aufgabenbereich der Ausschüsse: Diese können nach der Entscheidung über die Zulässigkeit auch per Urteil über die **Begründetheit einer Beschwerde** befinden, allerdings nur auf der Grundlage einer „gefestigten Rechtsprechung" (*well-established case-law*) des Gerichtshofs (vgl. Art. 53 Abs. 2 VerfO). Insbesondere Beschwerden wegen überlanger Verfahrensdauer wurden bereits seit Mitte 2009[857] auf dieser Grundlage durch die Ausschüsse behandelt.[858]

Im konkreten Einzelfall muss der Ausschuss selbst festlegen, ob eine **gefestigte Recht-** **349** **sprechung** vorliegt. Nach dem *Explanatory Report* zum 14. P-EMRK ist immer dann von gefestigter Rechtsprechung auszugehen, wenn die Kammern in vergleichbaren Fällen konsequent eine bestimmte Entscheidungspraxis zugrunde legen. Ausnahmsweise soll aber auch ein einziges Urteil ausreichend sein, insbesondere, wenn es von der GK gefällt wur-

---

852   Vgl. *Schwaighofer* 17, 22.
853   IK-EMRK/*Keller*/*Schmidtmadel* Art. 24, 13.
854   Vgl. *Keller* EuGRZ **2008** 359, 366 f.; IK-EMRK/*Keller*/*Schmidtmadel* Art. 24, 8.
855   Zusammenfassung der Podiumsdiskussion „Bedeutung der Gerichts- und Verfahrensorganisation für den effektiven Rechtsschutz" von *Ungern-Sternberg* EuGRZ **2008** 390, 392.
856   Vgl. *Lemmens*/Vandenhole 32, 34; *Egli* ZaöRV **64** (2004) 759, 774 f.
857   Dies war möglich wegen des Protokoll 14bis, Rn. 342.
858   EGMR Kressin/D, 22.12.2009; Jesse/D, 22.12.2009; Petermann/D, 25.3.2010; Wetjen/D, 25.3.2010; Kantorova/SLO, 14.12.2010.

de.[859] Außerdem können die Kammern und die GK in den Entscheidungsgründen ausführen, ob sie bei einer bestimmten Problematik eine gefestigte Rechtsprechung für anwendbar halten, so dass die Ausschüsse bei der Entscheidung ähnlicher Beschwerden einen Anhaltspunkt haben. Im Übrigen hat der EGMR auch begonnen, explizite **Kriterien für die Bemessung der Entschädigung nach Art.** 41 festzulegen, so dass das *well-established case-law*-Erfordernis auch in dieser Hinsicht nicht entgegenstehen wird.[860] Auch für die **Piloturteile** (Rn. 393) wird das neue Verfahren anwendbar sein.

350   Hält der Ausschuss eine gefestigte Rechtsprechung für anwendbar, wird ein **beschleunigtes und vereinfachtes Verfahren** angewandt, unter Beibehaltung des Kollegialprinzips und des kontradiktorischen Charakters.[861] Der Ausschuss erklärt gegenüber dem jeweiligen Vertragsstaat, dass nach seiner Auffassung die Rechtsfrage bereits durch gefestigte Rechtsprechung geklärt ist. Stimmt der betroffene Staat zu, kann der Ausschuss sofort ein **Urteil** fällen. Darin entscheidet er sowohl über die **Zulässigkeit als auch über die Begründetheit der Beschwerde** und setzt eine **gerechte Entschädigung** fest. Jede dieser Entscheidungen muss einstimmig getroffen werden. Die Urteile des Ausschusses sind **endgültig.** Anders als Kammerurteile können sie nicht vor einem anderen Spruchkörper, insbesondere nicht vor der Großen Kammer angegriffen werden.

351   Bestreitet die Vertragspartei die Vergleichbarkeit des Sachverhalts der Leitentscheidung mit dem der vorliegenden Beschwerde oder hat er andere Einwände, etwa, dass der innerstaatliche Rechtsweg nicht erschöpft sei, kann das vereinfachte Verfahren trotzdem durchgeführt werden. Die Vertragsparteien haben insoweit **kein Vetorecht.** Der Ausschuss kann aber auch weiterhin die Beschwerde einstimmig für unzulässig erklären, z.B. wenn der Vertragsstaat ihn von der fehlenden Rechtswegerschöpfung überzeugt hat (Art. 28 Abs. 1 *lit.* a).

352   Kann eine Einigung zwischen den Richtern nicht erzielt werden, leitet der Ausschuss das **Kammerverfahren** ein. Dann fällt es der Kammer zu, über die Anwendbarkeit des vereinfachten Verfahrens zu entscheiden.[862]

353   Dem Ausschuss muss, anders als der Kammer und der GK, **kein** für den betroffenen **Vertragsstaat gewählter Richter** angehören, obwohl der Ausschuss über die Begründetheit der Beschwerde entscheiden kann (Art. 28 Abs. 3; vgl. Rn. 348 f.). Dies trägt der Überlegung Rechnung, dass insbesondere bei den *repetitive cases,* aber auch in allen anderen Fällen, in denen eine gefestigte Rechtsprechung bereits besteht, die Expertise eines von der Vertragspartei gewählten Richters in der Regel nicht von Nöten ist. Der Ausschuss soll den **nationalen Richter allerdings einladen, den Sitz eines seiner Mitglieder einzunehmen,** wenn er dies für erforderlich hält, z.B. wenn Fragen hinsichtlich der Rechtswegerschöpfung ungeklärt sind.[863]

354   Der **Vorteil** der beschriebenen Entscheidungsfindung ist, dass die mit der Beschwerde befassten Richter auf eine erschöpfende Einarbeitung in die Details des Falles verzichten können, insbesondere wenn der Vertragsstaat der Anwendbarkeit einer gefestigten Rechtsprechung des EGMR zustimmt. Zudem können mehrere Beschwerden gegen einen Vertragsstaat auf einmal in einem **summarischen Verfahren** beendet werden.[864]

---

859 Vgl. Explanatory Report zu Protokoll 14 (CETS 194) Anm. 68; *Egli* ZaöRV **64** (2004) 759, 775; IK-EMRK/ *Keller/Schmidtmadel* Art. 28, 6.
860 Vgl. *Lemmens* in: Lemmens/Vandenhole (Hrsg.) 32, 36 f.
861 Vgl. Explanatory Report zu Protokoll 14 (CETS 194) Anm. 69.
862 Vgl. *Egli* ZaöRV **64** (2004) 759, 776 f.; *Grabenwarter/Pabel* Interdisziplinäre Studien zu Recht und Staat **37** (2005) 81, 98 f.
863 Vgl. Explanatory Report zu Protokoll 14 (CETS 194) Anm. 71; *Eaton/Schokkenbroek* HRLJ **2005** 1, 10.
864 Vgl. *Laubner* GYIL **47** (2005) 691, 702.

Auch für den **Beschwerdeführer** bringt diese Maßnahme eine **Erleichterung** mit 355
sich. Er muss, vorbehaltlich der Zulässigkeit seiner Beschwerde, lediglich darstellen, dass
auf den von ihm gerügten Sachverhalt eine gefestigte Rechtsprechung anwendbar ist.[865]
Außerdem wird durch das beschleunigte Verfahren sichergestellt, dass solchen Bf., deren
Beschwerde **offensichtlich begründet** ist, **zeitnah** abgeholfen wird.[866]

Das fehlende Vetorecht, der Verzicht auf die Beteiligung eines für den betroffenen 356
Vertragsstaat gewählten Richters und die fehlende Normierung einer Beschwerdemöglichkeit an die GK waren **Zugeständnisse der Vertragsstaaten** angesichts der Überlastung
des Gerichtshofs. Diese freiwillige Beschränkung der eigenen staatlichen Souveränität
zeigt die Bereitschaft der Mitgliedstaaten des Europarats, an einem wirksamen Menschenrechtsschutz in Europa mitzuwirken.[867] Die Einführung dieses neuen Verfahrens war aber
auch deshalb bemerkenswert, weil darin die Anerkennung der Tatsache zu sehen war,
dass ein Urteil des EGMR nicht nur den Streit zwischen zwei Parteien beendet, sondern
auch eine dem **Präzedenzfall** ähnliche Wirkung entfaltet.[868]

d) Reduktion der Kammergröße. Den Kammern gehören **sieben Richter** an. Diese 357
Spruchkörpergröße wurde durch das 14. P-EMRK nicht verändert. Allerdings sieht Art. 26
Abs. 2 vor, dass auf Antrag des Plenums des Gerichtshofs die Zahl der Richter durch einstimmigen Beschluss des Ministerkomitees auf **fünf Richter** herabgesetzt werden kann.
Diese Maßnahme ist damit die einzige des 14. P-EMRK, die dem Gerichtshof ermöglicht,
seine Produktivität kurzfristig zu steigern, wenn er dies für erforderlich hält, ohne dass
dazu die Verabschiedung eines Protokolls erforderlich wäre.[869]

Ein solcher Beschluss erfasst **alle Kammern**. Es kann also kein System etabliert wer- 358
den, in dem unterschiedlich stark besetzte Kammern für verschiedene Beschwerdetypen
vorgesehen werden.[870] Zudem kann die Verkleinerung nur für **einen bestimmten Zeitraum** erfolgen. Bei einer dauerhaften Reduktion könnten mit den freigewordenen Richtern weitere Kammern gebildet werden. Darin läge aber eine Gefahr für die Einheitlichkeit
der Rechtsprechung und die Qualität der Entscheidungen. Dies wird durch die zeitliche
Begrenzung verhindert.

e) Gemeinsame Entscheidung über Begründetheit und Zulässigkeit. In den An- 359
fangsjahren seiner Tätigkeit ergingen die Entscheidungen des Gerichtshofs über Zulässigkeit
und Begründetheit in der Regel gesondert. Nur in Ausnahmefällen konnten beide Entscheidungen in einem Urteil getroffen werden (Art. 29 Abs. 3 a.F.). In der Praxis wurden Entscheidungen über Zulässigkeit und Begründetheit aber dann auch schon vor dem Inkrafttreten
des 14. P-EMRK aufgrund der gestiegenen Arbeitslast häufig gemeinsam getroffen. Nach dem
heutigen Art. 29 Abs. 1 ist die **gemeinsame Entscheidung über Begründetheit und Zulässigkeit** der Regelfall. Dadurch entfällt ein unter Umständen zeitaufwendiger Verfahrens-
schritt, da der Zulässigkeitsentscheid separat begründet werden musste (Art. 45 Abs. 1 a.F.).
Außerdem werden nicht alle Richter, sondern lediglich der Berichterstatter (Judge Rapporteur), der nationale Richter sowie der Sektionspräsident zweimal mit demselben Fall befasst.[871]

---

865   Vgl. *Sicilianos* in: *Cohen-Jonathan/Pettiti* Droit et Justice **61** (2005) 55, 62.
866   Vgl. *Keller/Bertschi* EuGRZ **2005** 204, 219.
867   Vgl. *Sicilianos* in: *Cohen-Jonathan/Pettiti* Droit et Justice **61** (2005) 55, 62.
868   Vgl. *Lemmens* in: Lemmens/Vandenhole (Hrsg.) 32, 36.
869   Vgl. *Sicilianos* in: *Cohen-Jonathan/Pettiti* Droit et Justice **61** (2005) 55, 66.
870   Vgl. Explanatory Report zu Protokoll 14 (CETS 194) Anm. 62; *Lemmens* /Vandenhole (Hrsg.) 32, 42.
871   IK-EMRK/*Keller/Schmidtmadel* Art. 29, 3.

Esser

360   **f) Gütliche Einigung.**[872] Nach dem ursprünglichen Wortlaut der Art. 38 und 39 konnte der Gerichtshof zu einer gütlichen Einigung anregen, nachdem er eine Beschwerde für zulässig erklärt hatte. Da aber nach der Neufassung der EMRK durch das 14. P-EMRK separate Zulässigkeitsentscheide weder bei Verfahren vor den Ausschüssen noch vor den Kammern vorgesehen sind (Art. 28 Abs. 1 lit. b, Art. 29 Abs. 1 n.F.), musste auch die Regelung bezüglich der Vergleichsverfahren flexibler gestaltet werden. Gestützt auf Art. 39 Abs. 1 EMRK, Art. 62 Abs. 4 VerfO ist eine **gütliche Einigung** seither **in jedem Verfahrensstadium** möglich.

361   Teilweise wurde angenommen, dass dadurch die Anzahl gütlicher Einigungen weiter steigen und somit der EGMR, insbesondere da er unter Umständen bereits **von der Untersuchung der Zulässigkeit befreit** wird, weiter entlastet werden könnte.[873] Die Schöpfer des 14. P-EMRK versprachen sich davon vor allem eine Effizienzsteigerung bei der Behandlung der *repetitive cases*.[874] Allerdings war es **in der Praxis** auch schon vor der Einführung des Zulässigkeitsentscheides möglich, gütliche Einigungen zu erzielen, so dass der Neuregelung tatsächlich eher geringe Auswirkungen auf die Arbeitslast des Gerichtshofs bescheinigt wurden.[875]

362   Positiv zu sehen ist, dass durch Art. 39 Abs. 4 die **Überwachung der Durchführung der gütlichen Einigung** durch das Ministerkomitee lückenlos gewährleistet ist.[876] Das Komitee war bisher nur zur Überwachung von endgültigen Urteilen berufen (Art. 46 Abs. 2). Nach Art. 39 a.F. sollte allerdings kein Urteil, sondern eine Entscheidung ergehen, wenn die Beschwerde mit einer gütlichen Einigung endete. Zuvor war diese Lücke dadurch geschlossen worden, dass auf der Grundlage des Art. 43 Abs. 3 VerfO a.F. entgegen Art. 39 a.F. auch im Fall von gütlichen Einigungen ein Urteil erging.[877] Dies rief bei den Vertragsstaaten Bedenken dahingehend hervor, dass der **Unterschied** zwischen einer **Verurteilung** und einer gütlichen Einigung, zumindest für den Laien, nicht mehr feststellbar wäre, wenn in jedem Fall ein **Urteil** ergehe. Dieser Umstand dürfte einige Vertragsstaaten davon abgehalten haben, in der Praxis häufig Vergleiche zu schließen.[878]

363   **g) Unzulässigkeitsgrund des fehlenden erheblichen Nachteils.** Auf der Zulässigkeitsebene wurde durch das 14. P-EMRK neben der Feststellung einer offensichtlichen Unbegründetheit der Beschwerde eine **weitere Möglichkeit der *materiellen* Filtrierung** eingeführt.[879] Eine Beschwerde konnte von nun an auch dann als unzulässig eingestuft werden (Art. 35 Abs. 3 lit. b), wenn der Bf. keinen erheblichen Nachteil erlitten hatte (*significant disadvantage*), der Fall bereits von einem nationalen Gericht gebührend geprüft worden war (*duly considered;* dieses Kriterium ist später mit dem Inkrafttreten des 15. P-EMRK am 1.8.2021 entfallen) und keine menschenrechtlichen Besonderheiten aufweist (*un-*

---

872 Vertiefend: *Keller/Forowicz/Engi* Friendly Settlements before the European Court of Human Rights (2010).

873 Vgl. *Starace* Law and Practice of International Courts and Tribunals **5** (2006) 183, 187; Explanatory Report zu Protokoll 14 (CETS 194) Anm. 93.

874 Vgl. Explanatory Report zu Protokoll 14 (CETS 194) Anm. 92 f.; *Egli* ZaöRV **64** (2004) 759, 783.

875 Vgl. Lemmens/Vandenhole/*Ang*/*Berghmans* 89, 90 f.; *Lord Woolf* Review of the Working Methods of the ECtHR 44.

876 Nach *Schwaighofer* 17, 30 kommt es in immerhin **20 %** aller Fälle zu **Problemen** bei der Durchführung der gütlichen Einigungen.

877 Vgl. Explanatory Report zu Protokoll 14 (CETS 194) Anm. 94.

878 Vgl. *Sicilianos* in: *Cohen-Jonathan*/*Pettiti* Droit et Justice **61** (2005) 55, 68.

879 Zum Verhältnis der Missbrauchsklausel nach Art. 35 Abs. 3 lit. a zu dem neuen Unzulässigkeitsgrund, siehe *Meyer-Ladewig*/*Petzold* NJW **2011** 3126, 3130.

less respect for human rights requires an examination). Auch dieses Zulässigkeitskriterium prüft der Gerichtshof von Amts wegen.[880]

Der Begriff des **„erheblichen Nachteils"** ist wohl der umstrittenste des gesamten **364** Protokolls. Er enthält einen beträchtlichen **Interpretationsrahmen**, der dem Gerichtshof mehr Flexibilität bei der Zulässigkeitsprüfung ermöglichen soll. Seiner Rechtsprechung obliegt es daher auch, diesem Begriff Konturen zu geben.[881] In dieser Hinsicht ist auf die Übergangsvorschrift in Art. 20 Abs. 2 des 14. P-EMRK hinzuweisen. Danach soll in den ersten beiden Jahren nach Inkrafttreten des Protokolls Art. 35 Abs. 3 *lit.* b nur von den Kammern und der GK angewandt werden, damit diese **konkrete Fallgruppen** für den neuen Unzulässigkeitsgrund bilden können.[882]

Sicherlich ist der Begriff enger als der des „Opfers"; sonst hätte Art. 35 Abs. 3 *lit.* b kei- **365** ne eigenständige Bedeutung.[883] Die Kanzlei des Gerichtshofs hat in einer Studie den möglichen Einfluss des Kriteriums geprüft. Insbesondere soll danach bei der Verletzung der **Art. 2, Art. 3** (Recht auf Leben und Verbot der Folter), **Art. 4** (Verbot der Sklaverei/Zwangsarbeit),[884] **Art. 5** (Recht auf Freiheit),[885] **Art. 7** (*nulla poena sine lege*) und **Art. 13** (Nichtvorhandensein eines effektiven Rechtsbehelfs) **grundsätzlich ein erheblicher Nachteil** angenommen werden. Bei den übrigen Konventionsbestimmungen soll es darauf ankommen, was für den Bf. **auf dem Spiel steht.** Zum Beispiel wird bei einer Rüge hinsichtlich der Verfahrensdauer nach **Art. 6 Abs. 1** bei Strafverfahren, in denen Freiheitsentzug droht, stets ein erheblicher Nachteil anzunehmen sein, während in Zivilprozessen Kriterien wie der Einfluss auf die Anstellung des Betroffenen bzw. auf dessen Ruf oder seine Familie eine Rolle spielen sollen.[886] Zudem wird vorgeschlagen, bei einem Streitwert unter 500 € grundsätzlich keinen erheblicher Nachteil anzunehmen. Auch bei Beschwerden bezüglich der **Art. 8–12** sollen die für Art. 6 entwickelten Grundsätze anwendbar sein. Hinsichtlich einer Verletzung des **Art. 14** soll es auf den **Grad der Diskriminierung** ankommen.[887]

Die entwickelten Kriterien scheinen größtenteils **praktikabel.**[888] Sie sind auch mit **366** Art. 15 Abs. 2 vereinbar, so dass die Verletzung der „notstandsfesten" Rechte stets einen erheblichen Nachteil begründet.[889] Problematisch erscheint die finanzielle Grenze im Rahmen des Art. 6, die die Kanzlei aufstellt. Zum einen könnte die Bestimmung des Nachteils

---

880 Vgl. auch *Meyer-Ladewig/Petzold* NJW **2011** 3126, 3126 f.

881 Vgl. Explanatory Report zu Protokoll 14 (CETS 194) Anm. 78, 80; siehe auch MAH/*Eschelbach* § 32, 35; *Keller/Bertschi* EuGRZ **2005** 204, 221; *Caflisch* EHRLR **2006** 403, 410; in EGMR Dudek/D (E), 23.11.2010, NJW **2011** 3145, sah es der EGMR als Missbrauch an, den EGMR anlässlich eines Verfahrens, das aufgrund seiner Länge von 7 Jahren Art. 6 verletzte, anzurufen, da der Bf. nur einen Schaden von insgesamt wenigen hundert Euro geltend machte, die zudem seine Zahnarztpraxis betrafen und auch für diese in keiner Weise existenzbedrohlich waren.

882 Für eine Übersicht an entsprechenden Fällen vgl. auch *Meyer-Ladewig/Petzold* NJW **2011** 3126, 3127 f.

883 Vgl. *Keller/Bertschi* EuGRZ **2005** 204, 221.

884 Art. 4 wurde in der Studie nicht explizit genannt, da Fälle in dieser Hinsicht praktisch nicht vorkommen. Eine Verletzung dürfte aber dennoch stets einen erheblichen Nachteil begründen.

885 Siehe auch EGMR Čamans u. Timofejeva/LET, 28.4.2016, §§ 80 f.

886 Siehe dazu EGMR Havelka/CS (E), 20.9.2011 (Verhalten des Bf. vor Gericht spreche für Beitrag zur Verzögerung des Verfahrens beitrug; Beschleunigung habe keine besondere Bedeutung für ihn gehabt).

887 Vgl. CDDH-GDR (2003)017, Document prepared by a study group of the registry, Annex; *Eaton/Schokkenbroek* HRLJ **2005** 1, 9; Lemmens/Vandenhole/*Vanneste* 69, 77 f.; vgl. auch *Meyer-Ladewig/Petzold* NJW **2011** 3126, 3127 f., dort zur nur ausnahmsweise möglichen Annahme eines unerheblichen Nachteils im Falle der Freiheitsentziehung.

888 Vgl. auch EGMR Giusti/I, 18.10.2011, §§ 26 ff. (zur Judikatur bis dahin).

889 Vgl. *Keller/Bertschi* EuGRZ **2005** 204, 221.

anhand finanzieller Kriterien Frauen benachteiligen.[890] Zudem ist aufgrund der **äußerst unterschiedlichen wirtschaftlichen Gegebenheiten** in den einzelnen Mitgliedstaaten des Europarats die Bestimmung einer für alle Staaten geltenden Schadensgrenze kaum möglich.[891] Generell sagt der finanzielle Schaden wenig über die Erheblichkeit einer Beschwer aus: Zumindest aber bei Beschwerden hinsichtlich Art. 6 wegen der Länge eines Zivilprozesses scheint die finanzielle Grenze grundsätzlich vorstellbar.[892] In dem ersten Verfahren, in dem der Gerichtshof dieses neue Kriterium angewandt hat, war Art. 6 im Rahmen eines zivilrechtlichen Verfahrens als verletzt gerügt worden. Der Streitwert des nationalen Verfahrens betrug allerdings lediglich 90 €. Die Beschwerde wurde als unzulässig abgewiesen, wobei der Gerichtshof darauf hinwies, dass die finanziellen Auswirkungen der Streitfrage ein taugliches Kriterium zur Bestimmung des Nachteils seien.[893] Der EGMR machte aber auch deutlich, dass die Erheblichkeit des Nachteils **stets relativ** sei und der finanzielle Nachteil **flexibel interpretiert** werden müsse.[894]

367   Inzwischen liegen auch erste Unzulässigkeitserklärungen vor, in denen ein ***unerheblicher Nachteil*** unabhängig vom finanziellen Nachteil beurteilt wurde: Einige Beschwerden betrafen das Verfassungsbeschwerdeverfahren in der Tschechischen Republik. Der tschechische Verfassungsgerichtshof hatte den Bf. die Stellungnahmen der ordentlichen Gerichte nicht zugestellt, so dass diese nicht Stellung nehmen konnten. Der EGMR stellte fest, dass die Gerichte lediglich auf ihre Urteile verwiesen hatten und der VerfGH auf diese nicht eingegangen war. Der Gerichtshof ging deswegen davon aus, dass die Urteile auch ohne die Stellungnahmen so ausgefallen wären.[895] Zudem hatten die Bf. nicht ausgeführt, was sie hätten vortragen wollen, wenn ihnen die Stellungnahmen zugestellt worden wären. Sie hätten in ihrem Recht, angemessen am Verfahren teilzunehmen, deswegen keinen erheblichen Nachteil erlitten.[896] Auch die konkrete – überlange – Dauer und die Gründe für die Verzögerung können dazu führen, dass der Nachteil nicht als unerheblich anzusehen ist.[897]

368   Erkennbar und zu begrüßen ist eine gewisse Sensibilität des Gerichtshofs im Umgang mit Fragen, die zwar offenbar **keine materiellen Aspekte** haben, für die Betroffenen aber dennoch von erheblicher Bedeutung sind, etwa ob ein Elternteil mit seinen Kindern zusammenleben kann[898] oder andere Fragen des Familien- und Privatlebens.[899] Außerdem

---

890 Vgl. Coe/PA Opinion No. 251 (2004) Anm. 11.

891 Vgl. *Laubner* GYIL **47** (2005) 691, 708.

892 Vgl. die Aufstellung bei *Meyer-Ladewig/Petzold* NJW **2011** 3126, 3127; **a.A.** Lemmens/Vandenhole/*Vanneste* 69, 78 f.

893 EGMR Adrian Mihai Ionescu/RUM (E), 1.6.2010, §§ 30, 34 f. unter Hinweis auf EGMR Bock/D (E), 19.1.2010, siehe auch Beschwerde bzgl. Art. 1 des 1. ZP-EMRK, Art. 4, Art. 13: EGMR Kovalenko u. Boyko/UKR (E), 30.11.2010 (wegen offener Forderungen in Höhe von 40 ct).

894 EGMR Korolev/R (E), 1.7.2010 („even modest pecuniary damage may be significant in the light of the person's specific condition and the economic situation of the country or region in which he or she lives"); siehe auch EGMR Kücher/A, 5.2.2015, §§ 21 f.

895 Anders in EGMR Joos/CH, 15.11.2012, § 20 (Stellungnahmen einer Behörde, die dem Bf. nicht übermittelt worden waren, flossen in die Entscheidungsfindung ein, so dass kein nur „unerheblicher Nachteil" für das Recht des Bf. auf ein kontradiktorisches (faires) Verfahren vorlag).

896 EGMR Holub/CS (E), 14.12.2010, NJW **2011** 3143; Brati Zatkové/CS (E), 8.2.2011; Cavajda/CS (E), 29.3.2011; Matousek/CS (E), 29.3.2011. Gerade das letzte Argument erscheint allerdings zweifelhaft. Da die Beschwerdeführer den Inhalt der Stellungnahmen der ordentlichen Gerichte nicht kannten, kann ihnen nicht vorgeworfen werden, dass sie nicht ausgeführt haben, was sie dazu hätten vortragen wollen.

897 EGMR Fiocca/I, 16.7.2013, § 34.

898 EGMR Gajtani/CH, 9.9.2014, § 42.

899 EGMR Cusan u. Fazzo/I, 7.1.2014, §§ 37 ff. (Ehepaar wollte der gemeinsamen Tochter den Familiennamen der Mutter geben; in Italien damals nicht möglich; bemerkenswert das Sondervotum *Popovic*: Da im

kann der vom Betroffenen erlittene **immaterielle Nachteil erheblich** sein, auch wenn zusätzlich ein unerheblicher materieller Nachteil vorliegt.[900]

Zu bedenken ist, dass viele der **wichtigsten Urteile** des EGMR oft nur **banale Verlet-** 369 **zungen** betrafen.[901] Diese weniger Aufsehen erregenden Beschwerden sind gerade für den EGMR von großer Bedeutung, da er keine Möglichkeit hat, die Durchführung seiner Urteile zu erwirken, sondern auf die Akzeptanz der verurteilten Staaten angewiesen ist. Diese wird sich aber bei Fällen von peripherer Bedeutung leichter erreichen lassen, als bei solchen, die mehr Aufmerksamkeit erregen und für den Vertragsstaat daher besonders peinlich sind.[902] Würde allein nach der Erheblichkeit der Verletzung differenziert, könnten dem Gerichtshof einige Fälle entgehen, die zur Erfüllung seiner objektiven Funktion (Rn. 401 ff.) besonders geeignet wären. Der EGMR darf aber, auch wenn ein erheblicher Nachteil nicht festgestellt werden kann, die Beschwerde nur dann für unzulässig erklären, wenn nicht die **Achtung der Menschenrechte**, wie sie in der Konvention und in den Zusatzprotokollen dazu anerkannt sind, eine Begründetheitsprüfung erforderlich macht. Der Wortlaut ist angelehnt an **Art. 37 Abs. 1 Satz 2**.[903] Nach dem Explanatory Report zum 14. P-EMRK soll sich diese Klausel gerade auf solche Beschwerden beziehen, die schwerwiegende Fragen hinsichtlich der Anwendung oder Auslegung der Konvention bzw. hinsichtlich des nationalen Rechts aufwerfen.[904] Über diese Schutzklausel kann der EGMR also sicherstellen, dass ihm nicht diejenigen Beschwerden entgehen, die zwar für den Betroffenen keinen erheblichen Nachteil begründen, anhand derer der EGMR aber gemeineuropäische Menschenrechtsstandards entwickeln (Rn. 404 f.) kann.[905] Folgerichtig beruft sich der EGMR darauf, dass es zur Rechtsfrage eine gefestigte Rechtsprechung gebe, und erklärt damit – bei Unerheblichkeit des Nachteils – die Beschwerde für unzulässig.[906]

Die Ablehnung der Prüfung aufgrund des Art. 35 Abs. 3 *lit.* b war darüber hinaus 370 nur möglich, wenn ein nationales Gericht die Beschwerde **bereits gebührend geprüft** hatte. Ob die nationale Instanz, die zunächst mit der Rechtssache befasst war, den Ansprüchen des Art. 35 Abs. 3 *lit.* b an ein **„innerstaatliches Gericht"** genügt, war anhand der Rechtsprechung des EGMR zu Art. 6 zu beurteilen.[907] Das Erfordernis der gebührenden Prüfung stellte sicher, dass jedem Individuum ein **effektives Recht auf rechtliches**

Laufe des Verfahrens erlaubt worden sei, dem Kind einen Doppelnamen mit beiden Elternnamen zu geben, hätten die Bf. keinen erheblichen Nachteil erlitten, hilfsweise seien sie nicht als Opfer der Verletzung anzusehen).

900 EGMR Urechean u. Pavlicenco/MOL, 2.12.2014, §§ 25, 27 (Bf. sah sich verleumdet und wollte auf Schadensersatz von umgerechnet 0,5 Cent (!) klagen; vor dem EGMR beschwerte er sich über den fehlenden Zugang zur nationalen Gerichtsbarkeit (Art. 6 Abs. 1); Nachteil unerheblich).

901 Vgl. *Flauss* in: *Cohen-Jonathan/Pettiti* Droit et Justice **61** (2005) 167, 179.

902 Vgl. *Keller/Bertschi* EuGRZ **2005** 204, 211.

903 Vgl. Explanatory Report zu Protokoll 14 (CETS 194), Anm. 81.

904 Vgl. Explanatory Report zu Protokoll 14 (CETS 194), Anm. 83; vgl. auch *Meyer-Ladewig/Petzold* NJW **2011** 3126, 3128 f., durch deren Darstellung Zweifel entstehen, ob die Handhabung der Klausel durch den Gerichtshof ihrer Bedeutung entspricht.

905 Vgl. Lemmens/Vandenhole/*Vanneste* 69, 74; in diesem Sinne EGMR Cusan u. Fazzo/I, 7.1.2014, § 39 (Nachteil erheblich; „une décision de la Cour sur cette question de principe guiderait les juridictions nationales").

906 EGMR Borg u. Vella/MLT (E), 3.2.2015, § 43.

907 Vgl. *Sicilianos* in: *Cohen-Jonathan/Pettiti* Droit et Justice **61** (2005) 55, 76. Vgl. *Keller/Bertschi* EuGRZ **2005** 204, 222; *Eaton/Schokkenbroek* HRLJ **2005** 1, 9 f. Es sollten aber nicht die strengen Maßstäbe des fairen Verfahrens angewendet werden, der Wortlaut verlangte lediglich eine „gebührende" Prüfung, vgl. EGMR Holub/CS (E), 14.12.2010; Cecchetti/SM (E), 9.4.2013, § 44. Die Rs. *Holub* und *Dudek* (E), 23.11.2010, setzten sich insoweit in Widerspruch, als der Bezugspunkt einmal das Ausgangsverfahren und einmal die Beschwerde wegen überlanger Verfahrensdauer selbst war, vgl. *Meyer-Ladewig/Petzold* NJW **2011** 3126, 3129.

Gehör gewährt wurde, primär auf nationaler Ebene, im Notfall aber auch auf supranationaler Ebene, selbst wenn der Nachteil, den der Betroffene erlitten hatte, objektiv als gering einzuschätzen war.[908] Nicht möglich war deswegen die Anwendung des neuen Unzulässigkeitskriteriums, wenn kein Zugang zu einem nationalen Gericht eröffnet war, wie auch in Fällen der überlangen Verfahrensdauer bei letztinstanzlichen Gerichten.[909] Mit Inkrafttreten des **15. Protokolls zur EMRK** (ETS 213) am 1.8.2021 ist das Kriterium der gebührenden Prüfung durch ein nationales Gericht (*duly considered*) ersatzlos entfallen (Art. 5 des 15. P-EMRK).

371   Mehr als andere Vorschläge hatte der neue Art. 35 Abs. 3 *lit.* b die **Kritik** der am Reformprozess Beteiligten hervorgerufen. Befürchtet wurde, dass das neue Zulässigkeitskriterium das **Individualbeschwerderecht unterminieren** könnte.[910] Die Maßnahme erschien paradox, nachdem erst 1998 ein unbeschränkter Zugang jedes Individuums zum Gerichtshof ermöglicht worden war. Insbesondere wurde argumentiert, dass es aus der **Sicht des Betroffenen keine unerheblichen Nachteile** gebe und dass jede Verletzung einer in der Konvention enthaltenen Garantie, unabhängig von dessen Schwere, ein Angriff auf den europäischen „ordre public" sei.[911] Darüber hinaus wurde die Gefahr gesehen, dass der Gerichtshof das neue Kriterium **allein zur Beseitigung der enormen Arbeitslast** nutzen könnte, was dem Menschenrechtsschutz nicht gerecht würde.[912]

372   Die EMRK wurde unter dem Eindruck des Zweiten Weltkriegs und der damaligen totalitären Regime geschaffen. Heute wenden sich Individualbeschwerden meist gegen **alltägliche staatliche Akte**. Nicht selten geht es dem Bf. nur um eine finanzielle Entschädigung und die Befassung eines internationalen Gerichtshofs mit gewissen Rügen erscheint zuweilen absurd.[913] Das neue Kriterium trug dieser Entwicklung Rechnung, indem es seither gerade nicht mehr auf die subjektive Sicht des Betroffenen ankommen sollte. Vielmehr ist der Nachteil anhand **objektiver Kriterien** zu bestimmen. Zwar gibt die EMRK selbst keine **Hierarchie** einzelner Rechte vor. Es ist jedoch nicht zu leugnen, dass einige Rechte unter der Konvention einen höheren Stellenwert einnehmen als andere und dass manche deshalb einer intensiveren Prüfung bedürfen.[914] Dies kann nicht zuletzt aus Art. 15 Abs. 2 geschlossen werden, der nur gewisse Rechte als „notstandsfest" herausgreift. Zudem kann die Verletzung ein und desselben Artikels unterschiedlich schwer ausfallen.[915] Durch das neue Kriterium wird erstmals diese Differenzierung und damit auch die Erkenntnis, dass **nicht alle Garantien der EMRK gleichwertig** sind, in der EMRK festgeschrieben.[916]

---

908   Vgl. *Schwaighofer* 17, 27 f.; Explanatory Report zu Protokoll 14 (CETS 194) Anm. 82; *Egli* ZaöRV **64** (2004) 759, 778.

909   *Meyer-Ladewig/Petzold* NJW **2011** 3126, 3129 unter Hinweis auf EGMR Dudek/D (E), 23.11.2010, NJW **2011** 3145.

910   Vgl. *Tomuschat* EuGRZ **2003** 95.

911   Vgl. *Flauss* in: *Cohen-Jonathan/Pettiti* Droit et Justice **61** (2005) 167, 179; *Sicilianos* in: *Cohen-Jonathan/ Pettiti* Droit et Justice **61** (2005) 55, 70 f.; *Lambert* Rev.trim.dr.h **2002** 795, 801.

912   Vgl. *Tomuschat* EuGRZ **2003** 95, 98 f.

913   Vgl. *Mahoney* HRLJ **1999** 1, 2; *Sicilianos* in: *Cohen-Jonathan/Pettiti* Droit et Justice **61** (2005) 55, 70 f.; *Flauss* in: *Cohen-Jonathan/Pettiti* Droit et Justice **61** (2005) 167, 170; so auch *Costa* auf dem Kolloquium zum Thema „Future Developments of the European Court of Human Rights in the light of the Wise Persons' Report" in San Marino, 22.-23.3.2007, 41 (www.coe.int/t/f/droits_de_l'homme/San_Marino_Proceedings.pdf); *ders.* HRLJ **2007** 12.

914   Vgl. *Lemmens/Vandenhole/Vanneste* 69, 77 f., 80.

915   Vgl. *Greer* 174; *ders.* Public Law **2005** 83, 99.

916   Vgl. *Flauss* in: *Cohen-Jonathan/Pettiti* Droit et Justice **61** (2005) 167, 180 f.

Zudem wird bereits eine faktische Gewichtung dadurch vorgenommen, dass nur be- **373** stimmte Beschwerden für die Veröffentlichung in den Monatsberichten ausgewählt werden und die Suchmaske **HUDOC** nach dem ***„importance level"*** der Beschwerden differenziert. Viele „unwichtigere" Beschwerden gelangen also auch heute nicht ins Bewusstsein derjenigen, die sich mit der Straßburger Rechtsprechung auseinandersetzen.

Der tatsächliche Einfluss, den Art. 35 Abs. 3 *lit.* b auf die Spruchpraxis haben wird, **374** spielt sich nach den obigen Prognosen im Bereich hinter dem Komma ab. Auch heute endet nicht jede legitime Beschwerde mit einem Urteil zu Gunsten des Bf. Durch das Kriterium des *erheblichen Nachteils* wird dem Gerichtshof die Möglichkeit gegeben, **bedeutendere Beschwerden**, die in Anbetracht der Überlastung des Gerichtshofs möglicherweise einem anderen Kriterium zum Opfer gefallen wären, den **Vorrang** einzuräumen. Da die 5 % aller zulässigen Beschwerden, die nach der Studie der Kanzlei durch das Kriterium betroffen wären, auf eine zurückhaltende Schätzung zurückgehen, könnte dieser Effekt sogar noch stärker ausfallen.[917]

h) Auslegung des Urteils. Damit die **Urteile schnell und wirksam umgesetzt** wer- **375** den, kann nach Art. 46 Abs. 3 das Ministerkomitee in Fällen, in denen die Überwachung der Urteilsdurchführung durch eine **Auslegungsfrage** behindert wird, den EGMR anrufen, um zu verhindern, dass der verurteilte Staat wegen Unsicherheiten bezüglich seiner Verpflichtung aus dem Urteil die erforderlichen Maßnahmen nicht ergreift.[918]

i) Säumnisverfahren (infringement proceedings). Die fehlende Umsetzung von Ur- **376** teilen des EGMR stellt teilweise ein akutes, systemisches Problem dar.[919] Weigert sich eine Vertragspartei ein Urteil zu vollziehen, konnte das Ministerkomitee bis zum Inkrafttreten des 14. P-EMRK diesem Staat lediglich vorläufig die Vertretung im Europarat entziehen oder ihn zum Austritt aus demselben auffordern. Durch Art. 46 Abs. 4 erhielt das Ministerkomitee ein größeres Repertoire an Druckmitteln.[920] Die Vertragsstaaten sind nach Art. 46 Abs. 1 n.F. verpflichtet, Urteilen des EGMR nachzukommen. Hält das Ministerkomitee diese Pflicht für verletzt, kann es den **Gerichtshof anrufen** (Art. 46 Abs. 4 n.F.). Die Anrufung soll aber nur im Ausnahmefall erfolgen und bedarf einer **Zweidrittelmehrheit** im Ministerkomitee.[921] Zuständig ist gemäß Art. 32 Abs. 2 *lit.* b n.F. die **GK**. Sieht diese im Verhalten des Staates eine Verletzung des Art. 46 Abs. 1, stellt sie dies in einem Urteil fest (Art. 104 VerfO). Das Komitee kann dann geeignete Maßnahmen nach Absatz 2 treffen. Ziel eines solchen Verfahrens ist es dabei nicht, den ursprünglichen Bf. (ggf. erneut) finanziell zu kompensieren, sondern vielmehr politischen Druck auf den Vertragsstaat auszuüben, um die Durchsetzung des ursprünglichen Urteils zu sichern.[922] Selbstverständlich kann dem Bf. jedoch auch im Rahmen eines solchen Überprüfungsverfahrens die Erstattung von Kosten und Auslagen, die ihm

---

917 Vgl. *Langbauer* 28 f.

918 Vgl. *Schwaighofer* 17, 30.

919 Vgl. zum Ganzen etwa die gemeinsame Studie von European Implementation Network (EIN) und Democracy Reporting International (DRI): Justice Delayed and Justice Denied: Non-Implementation of European Courts' Judgments and the Rule of Law (2022) 11 ff. über Mangelhaftigkeiten bei der Umsetzung von EGMR-Urteilen in Staaten der Europäischen Union; siehe auch EGMR Korolev/R, 1.7.2020, NJW **2010** 3081 (Hinweis des EGMR auf ein strukturelles Umsetzungsproblem in Russland).

920 Vgl. Explanatory Report zu Protokoll 14 (CETS 194) Anm. 99 f.

921 Vgl. Explanatory Report zu Protokoll 14 (CETS 194) Anm. 96, 100; siehe auch EGMR (GK) Kavala/TRK, 11.7.2022, § 129 („measure of last resort").

922 EGMR (GK) Kavala/TRK, 11.7.2022, § 132.

durch die Verfahrensbeteiligung angefallen sind, zugesprochen werden.[923] Stellt die GK eine Verletzung nicht fest, stellt das Ministerkomitee die Prüfung ein (Art. 46 Abs. 5 n.F.).[924]

377   **j) Kommissar für Menschenrechte (Commissioner for Human Rights).** Der Menschenrechtskommissar agiert als unabhängige Institution, mit der Aufgabe, die Mitgliedstaaten des Europarates bei der Einhaltung der in der EMRK enthaltenen Garantien zu unterstützen. Er besucht dazu die Vertragsstaaten und fasst seine dort gewonnenen Kenntnisse hinsichtlich der Defizite auf dem Gebiet des Menschenrechtsschutzes in vergleichenden Studien zusammen.[925] Nach Art. 36 Abs. 3 wird dem Menschenrechtskommissar die Befugnis eingeräumt, in allen Verfahren vor einer Kammer bzw. vor der GK **schriftliche Stellungnahmen** abzugeben und **mündlichen Verhandlungen** beizuwohnen. Diese Kompetenz hatte er bisher nur, wenn er vom Präsidenten des Gerichtshofs dazu aufgefordert wurde. Durch das **Interventionsrecht** kann der Gerichtshof von den Kenntnissen des Kommissars und seinen Erfahrungen hinsichtlich der Rechtssysteme der Vertragsstaaten und deren strukturellen Mängeln profitieren.[926] Durch diese Maßnahme wird das Individualbeschwerdeverfahren zwar komplizierter, aber der EGMR erhält auf diese Weise **objektive und verlässliche Informationen** über die Situation des Menschenrechtsschutzes in den jeweiligen Staaten, was angesichts der mangelnden Kooperationsbereitschaft mancher Staaten nicht hoch genug eingeschätzt werden kann.[927]

378   **k) Richter.** Die Richter am EGMR waren bisher auf sechs Jahre gewählt, wobei eine einmalige Wiederwahl möglich war (Art. 23 a.F.). Durch das 14. P-EMRK wurde die Amtszeit auf **neun Jahre** verlängert, die **Wiederwahl** aber **ausgeschlossen** (Art. 23 Abs. 1). Wie bisher endet die Amtszeit unabhängig davon mit Vollendung des 70. Lebensjahres (Art. 23 Abs. 2).

379   Geändert wurde auch das Verfahren zur Bestimmung der *ad hoc*-Richter. Der GK und den Kammern gehört von Amts wegen ein Richter der beklagten Vertragspartei an. Kann dieser an der Sitzung nicht teilnehmen, nimmt seinen Platz ein *ad hoc*-Richter ein. Bisher konnte die beteiligte Nation selbst eine Person als *ad hoc*-Richter benennen (Art. 27 Abs. 2 a.F.). Nach der neuen Regelung wird der *ad hoc*-Richter vom Präsidenten des Gerichtshofs aus einer **Reserveliste** gewählt, die die Vertragspartei vorab erstellt hat, Art. 26 Abs. 4.[928]

380   Beide Maßnahmen sollen die Mängel hinsichtlich der Sicherung der **Unabhängigkeit und Unparteilichkeit** der Richter beseitigen. Bedenklich schien insbesondere die mögliche Beeinflussung des Richters, der erneut gewählt werden will, und dass die Vertragsparteien über die Bestimmung eines ad-hoc-Richters Einfluss auf den Verfahrensgang nehmen konnten.[929]

381   **l) Beitritt der EU.**[930] Schließlich soll das 14. P-EMRK den **Beitritt der EU** zur EMRK ermöglichen, Art. 59 Abs. 2. Dies war bisher nicht möglich, da die Zeichnung der Konventi-

---

923   Siehe etwa EGMR (GK) Kavala/TRK, 11.7.2022, § 175 f.
924   Vgl. CDDH (2003)006 Addendum final, C. Improving and accelerating execution of judgements of the Court Anm. 1; Explanatory Report zu Protokoll 14 (CETS 194) Anm. 100.
925   Vgl. *Laubner* GYIL **47** (2005) 691, 717; *Schwaighofer* 17, 29.
926   Vgl. Explanatory Report zu Protokoll 14 (CETS 194) Anm. 87; *Egli* ZaöRV **64** (2004) 759, 784 f.
927   Vgl. *Caflisch* EHRLR **6** (2006) 403, 412.
928   Vgl. *Egli* ZaöRV **64** (2004) 759, 786.
929   *Schwaighofer* 17, 28 f.
930   Siehe zu den Konsequenzen *Ress* EuZW **2010** 841; *Reich* EuZW **2010** 641.

on nur Mitgliedstaaten des Europarates offenstand, die EU also mangels Staateneigenschaft nicht beitreten konnte (Art. 59 Abs. 1 i.V.m. Art. 4 der Satzung des Europarates).[931] Zumindest im Grundsatz ist die Beitrittsmöglichkeit der EU zur EMRK jetzt also festgehalten, ohne dass zugleich ein Beitritt zum Europarat erforderlich ist.[932] Siehe hierzu Teil I, Einf. Rn. 110.

m) Empfehlungen des Ministerkomitees. Im Zusammenhang mit dem 14. Protokoll **382** verabschiedete das Ministerkomitee drei Empfehlungen. Zum einen plädiert es für die Verbesserung der Ausbildung insbesondere von Richtern und Anwälten hinsichtlich der Konvention und seines Rechtsschutzmechanismus.[933] Zum anderen empfiehlt das Ministerkomitee, auf nationaler Ebene Mechanismen bereitzustellen, um die Konventionskonformität von Gesetzentwürfen und geltendem Recht überprüfen zu können.[934] Schließlich sollen die Vertragsstaaten sicherstellen, dass sie ihrer Verpflichtung nach Art. 13 gerecht werden und innerstaatliche Rechtsmittel für jeden Bürger, der eine Konventionsverletzung rügen will, vorsehen.[935]

3. Weitere Reformen. Die Hoffnungen, die in das 14. P-EMRK gesetzt wurden, konnten **383** im ersten Jahr seiner Anwendbarkeit nur teilweise erfüllt werden. Es sind weitere Reformen erforderlich, die das Verfahren vor dem EGMR effektiver gestalten. Dass das Protokoll nicht alle Probleme lösen würde, hatte man früh erkannt, so dass es parallel zu diesem Reformvorhaben vielseitige anderweitige Bemühungen gab und gibt, die die Effektivität des Gerichtshofs steigern sollen.[936]

a) Lord Woolf-Report. Neben dem 14. P-EMRK wurden weitere Versuche unternom- **384** men, die Effektivität des Gerichtshofs zu verbessern. Der Generalsekretär des Europarates und der Präsident des EGMR beauftragten den britischen Oberhausabgeordneten und früheren Lord Chief Justice **Lord Woolf**[937] mit der Zusammenstellung weiterführender Reformvorschläge. Im Dezember 2005 veröffentlichte Lord Woolf einen Bericht, in dem Maßnahmen zur Diskussion gestellt werden, die auch ohne eine weitere Änderung des Konventionstextes vom Gerichtshof getroffen werden könnten.

So schlug er unter anderem vor, die **Kriterien neu zu bestimmen**, anhand derer eine **385** **Beschwerde *als solche*** zu qualifizieren sei. Von einer Beschwerde solle seiner Ansicht nach erst dann ausgegangen werden, wenn alle erforderlichen Unterlagen vorlägen.[938] Letztlich würde dies aber nicht zur Entlastung des EGMR beitragen, sondern lediglich ein verzerrtes Bild von der tatsächlichen Arbeitsbelastung erzeugen. Zudem ginge die vorgeschlagene Defi-

---

931 Für eine ausführliche Darstellung der Problematik siehe: *Verstichel* European Union Accession to the European Convention on Human Rights, in: Lemmens/Vandenhole (Hrsg.), Protocol No. 14 and the Reform of the European Court of Human Rights (2005) 123, 130 ff.

932 Vgl. *Grabenwarter/Pabel* in: Interdisziplinäre Studien zu Recht und Staat **37** (2005) 81, 90; siehe auch EP Entschließung v. 19.5.2010, EuGRZ **2010** 362; zum Verhältnis von EGMR und EuGH: Reflexionspapier des EuGH zu bestimmten Aspekten des Beitritts der EU zur EMRK, 5.5.2010, EuGRZ **2010** 366.

933 Vgl. CM/Rec(2004)4E v. 12.5.2004.

934 Vgl. CM/Rec(2004)5E v. 12.5.2004.

935 Vgl. CM/Rec(2004)6E v. 12.5.2004.

936 Konferenzen in Kopenhagen (2018), Brüssel (2015), Oslo (2014); https://www.echr.coe.int/Pages/home. aspx?p=home (Official Texts – Reform of the Court).

937 Review of the Working Methods of the European Court of Human Rights, erhältlich unter http://www.echr.coe.int/NR/rdonlyres/40C335A9-F951-401F-9FC2-241CDB8A9D9A/0/LORDWOOLF REVIEWONWORKIN GMETHODS.pdf.

938 *Lord Woolf* Review of the Working Methods of the ECtHR 21 ff.

nition des Beschwerdebegriffs hauptsächlich zu Lasten derjenigen Bf., die des Schutzes des EGMR besonders bedürfen und keinen Rechtsbeistand haben.[939]

386　　Auch Lord Woolfs Vorschlag, **Satellitenbüros in den Vertragsstaaten** einzurichten, die die Bf. **über** Zulässigkeitskriterien informieren und gegebenenfalls auf eine außergerichtliche Streitbeilegung hinwirken,[940] ist kritisch zu sehen. Abgesehen von den enormen Kosten und dem Personalaufwand eines solchen Projekts erscheint die Unabhängigkeit und Neutralität solcher staatlichen Büros zumindest zweifelhaft.[941]

387　　**b) Gruppe der Weisen (Group of Wise Persons).** Im Mai 2005 wurde die sog. „Gruppe der Weisen"[942] eingerichtet, die auf der Grundlage des 14. P-EMRK eine umfassende Strategie zur Sicherung der Effektivität des Rechtsschutzes durch den EGMR erarbeiten sollte.[943] Dabei erachtete es die Gruppe – insbesondere nach den Erfahrungen mit der zögerlichen Ratifikation des 14. P-EMRK – u.a. als wichtig, dem Gerichtshof durch die Schaffung eines **Statuts** zu ermöglichen, Anpassungen, die nicht die materiellen Konventionsbestimmungen betreffen, durch einstimmigen Beschluss des Ministerkomitees herbeiführen zu können, ohne an ein langwieriges Ratifikationsverfahren gebunden zu sein.[944]

388　　Des Weiteren wird die Einrichtung eines **richterlichen Filterorgans** (Judicial Committee) diskutiert, das über alle Beschwerden entscheiden soll, die offensichtlich unzulässig oder offensichtlich begründet sind.[945] So könnte sich der Gerichtshof auf die Fälle konzentrieren, die einer tiefgehenden Prüfung bedürfen. Abteilungsintern hat sich eine solche Aufgabenteilung hinsichtlich der Ausschuss- und Kammerfälle als positiv erwiesen.[946]

389　　Eine **verbesserte Informationspolitik** soll alle wichtigen Entscheidungen des Gerichtshofs den Bürgern in der jeweiligen Landessprache zugänglich machen,[947] wozu allerdings auch eine knappe und verständliche Fassung der jeweiligen Entscheidung und die konkrete und nachvollziehbare juristische Zuordnung der entschiedenen Fragen gehören würde.[948]

390　　Nach Ansicht der Gruppe der Weisen sind für einen effektiven Menschenrechtsschutz **innerstaatliche Rechtsmittel** eine essentielle Voraussetzung.[949] Untersucht wurden auch Möglichkeiten, die Zusammenarbeit zwischen dem Gerichtshof und den Vertragsstaaten zu verbessern,[950] z.B. durch die Einführung eines **Vorabentscheidungsverfahrens**,[951] welches wegen des großen Begründungsaufwands hinsichtlich der Überlastung des EGMR

939　Vgl. *Keller* EuGRZ 2008 359, 362.

940　*Lord Woolf* Review of the Working Methods of the ECtHR 28 ff.

941　Vgl. *Keller* EuGRZ 2008 359, 363.

942　Report of the Group of Wise Persons to the Committee of Ministers, CM(2006)203; *Rodríguez Iglesias* HRLJ 2007 9; *Costa* HRLJ 2007 12; *Bemelmans-Videc* HRLJ 2007 16; *Hammarberg* HRLJ 2007 24.

943　Umfassende Auswertung bei *Benoît-Rohmer* Rev.trim.dr.h 2007 3.

944　Vgl. *Benoît-Rohmer* Rev.trim.dr.h 2007 3, 8 f.; *Keller* EuGRZ 2008 359, 363.

945　Vgl. CM(2006)203 Anm. 52 ff.; hierzu: *Eaton* HRLJ 2007 1, 19.

946　Vgl. *Keller* EuGRZ 2008 359, 363.

947　Vgl. CM(2006)203 Anm. 71 ff.

948　Zur Sprachbarriere *Stoltenberg* EuGRZ 2003 139; vgl. *Ohms* EuGRZ 2003 141; *Grabenwarter/Pabel* EuGRZ 2003 174, 178.

949　Vgl. CM(2006)203 Anm. 87 ff., 93.

950　Ausführlich hierzu *Thomassen* auf dem Kolloquium zum Thema „Future Developments of the European Court of Human Rights in the light of the Wise Persons' Report" in San Marino, 22.–23.3.2007, 58–65 (erhältlich unter www.coe.int/t/f/droits_de_l'homme/San_Marino_Proceedings.pdf).

951　Vgl. CM(2006)203 Anm. 81 ff. Dieses Vorlageverfahren wurde mit dem am 1.8.2018 in Kraft getretenen 16. Protokoll realisiert.

allerdings zu einer Verschärfung der Problematik führen würde.[952] Es wurde auch darüber beraten, ob die Entscheidung über die Höhe einer angemessenen Entschädigung gemäß Art. 41 auf die nationale Ebene verlagert werden könnte.[953]

c) Umstrukturierung des Gerichtshofs. Intern wurden bereits zahlreiche Veränderungen vorgenommen, die auch teilweise die Maßnahmen des 14. P-EMRK vorwegnahmen. Zum Beispiel wurde 2006 eine **fünfte Sektion** eingerichtet und die **Zahl der Kanzleimitarbeiter** wurde erhöht. Es wurde ein *„task force secreteriat"* eingerichtet, das mit der Bearbeitung von Kammerfällen beauftragt ist, denen auf der Grundlage von Art. 41 VerfO Vorrang eingeräumt wurde (wegen der lange andauernden Anhängigkeit bei Gericht oder wegen der besonderen Schwere der Konventionsverletzung).[954] Im Hinblick auf Art. 41 VerfO kommt die sog. „Priority Policy"[955] des EGMR zu tragen: Dringende Beschwerden, bei denen es um Leben oder Gesundheit des Bf., das Wohl eines Kindes oder ähnlich schwerwiegende Konstellationen geht, insbesondere auch wenn eine Maßnahme nach *Rule* 39 im Raum steht, werden vorrangig behandelt. Sonstige Fragen die von Bedeutung für die Effektivität des Rechtsschutzsystems der Konvention sind (Pilotverfahren!) oder sonst Fragen von allgemeiner Bedeutung betreffen, stehen auf der zweiten Stufe. Die dritte Kategorie umfasst (sonstige) Beschwerden hinsichtlich Art. 2, Art. 3, Art. 4 oder Art. 5 Abs. 1, unabhängig davon, ob sie vor einem Ausschuss oder der Kammer zu entscheiden sind. An vierter Stelle stehen alle Beschwerden im Hinblick auf andere Konventionsgarantien, wenn sie „offensichtlich begründet" (*„well-founded"*) sind. Schließlich folgen Fälle, die der Sache nach bereits entschieden sind (*„well-established case-law cases"*). Die letzten beiden Garantien bilden schließlich solche Beschwerden, die Fragen hinsichtlich der Zulässigkeit aufwerfen und schließlich solche, die offensichtlich unbegründet sind. | 391

Außerdem wurde bereits 2001 das Amt des **Jurisconsult** eingerichtet, das die Einheitlichkeit der Rechtsprechung gewährleisten soll (vgl. Art. 18B Satz 1 VerfO). Zusammen mit der **Case-law Conflicts Prevention Group** und der **Research Division** untersucht der Jurisconsult die Entscheidungen und Urteile auf Widersprüche und achtet darauf, dass diese den qualitativen Anforderungen genügen. Lassen sich diese durch Rücksprache mit den Sektionen nicht beheben, setzt er das **„Conflicts Resolution Board"** davon in Kenntnis, das dann Empfehlungen verabschiedet.[956] Zum **Protokoll 14bis**, durch das bereits vor Inkrafttreten des 14. P-EMRK einige dort vorgesehene Maßnahmen genutzt werden konnten (Rn. 342), und zum **Modellversuch der Einführung nichtrichterlicher Berichterstatter** siehe auch Rn. 345. | 392

d) Pilot Jugdement Procedure/Pilotverfahren. Der Gerichtshof hat auch in seiner Rechtsprechung eine aktive Rolle bei dem Versuch eingenommen, seine Effektivität zu steigern: So hat er u.a. die sog. **Pilot Judgement Procedure** entwickelt, die mittlerweile in **Art. 61 VerfO** verankert ist.[957] Der Gerichtshof greift beim Pilotverfahren eine von mehreren | 393

---

952 Vgl. Opinion of the Court on the Wise Persons' Report, 2.4.2007, 3; kritisch auch *Costa* auf dem Kolloquium zum Thema „Future Developments of the European Court of Human Rights in the light of the Wise Persons' Report" in San Marino, 22.-23.3.2007 (www.coe.int/t/f/droits_de_l'homme/San_Marino_Proceedings.pdf).

953 Vgl. CM(2006)203 Anm. 96.

954 Vgl. *Keller* EuGRZ **2008** 359, 366 f.; IK-EMRK/*Keller*/*Schmidtmadel* Art. 24, 8.

955 https://www.echr.coe.int/Documents/Priority_policy_ENG.pdf.

956 Vgl. *Keller* EuGRZ **2008** 359, 367 f.; IK-EMRK/*Keller*/*Schmidtmadel* Art. 24, 9.

957 Vgl. EGMR (GK) Broniowski/PL, 22.6.2004; CoE/PA Rec. 1535 (2001) on structures, procedures and means of the European Court of Human Rights. Vgl. auch Karpenstein/Mayer/*Breuer* Art. 46, 20 ff. Ausführlich zum Pilotverfahren: *Strecker* ZEuS **2016** 235, 242 ff.

anhängigen vergleichbaren Beschwerden heraus und stellt in einem **„pilot judgement" (Piloturteil)** fest, dass die gerügte Verletzung auf einem **strukturellen Problem** des Vertragsstaates beruht, etwa auf einer bestimmten konventionswidrigen Rechtsprechung oder verwaltungsrechtlichen Praxis oder auf einer mit der Konvention unvereinbaren nationalen Norm.[958] Das Gericht beschreibt auch die **Mittel**, die der betroffene Staat ergreifen kann, um den konventionswidrigen Zustand zu beenden (Art. 61 Abs. 3 VerfO). Der verurteilte Staat soll darüber hinaus ein **effektives Rechtsmittel** vorsehen, das für alle potenziellen Bf. offen steht, die aufgrund desselben Defizits in ihren Rechten nach der Konvention verletzt sind.

394   Indem die Beseitigung der individuellen Beschwer auf nationaler Ebene erfolgt und möglichst auch der Ursprung der Verletzung beseitigt wird, wird der EGMR von einer Vielzahl von *repetitive cases* entlastet. Die bereits anhängigen Beschwerden werden vorerst zurückgestellt, bis der Vertragsstaat entsprechende Maßnahmen ergriffen hat. Falls dies nicht innerhalb einer angemessenen Frist geschieht (Art. 61 Abs. 4 VerfO), werden die Beschwerden wiedereröffnet (Art. 61 Abs. 6 *lit.* a, c; Abs. 8 VerfO) und in einem summarischen Verfahren vor den Ausschüssen abgehandelt.[959] Die Piloturteilstechnik hat sich inzwischen in der Rechtspraxis als besonders wertvoll erwiesen, da sie auch eine **präventive Wirkung** entfaltet, wie etwa in der Rs. *İçyer* deutlich wurde.[960] Die Türkei hatte schon vorbeugend eine Entschädigungskommission eingerichtet, vor der die Bf. ihre Ansprüche geltend machen konnten. Der Gerichtshof konnte daraufhin alle Beschwerden wegen mangelnder Rechtswegerschöpfung für unzulässig erklären.[961]

395   **e) „Einseitige Erledigung" (Unilateral Declarations).** Bei der sog. *Unilateral Declaration* (Art. 62A VerfO) handelt es sich um ein weiteres Mittel der vereinfachten Verfahrenserledigung.[962] Der EGMR streicht in diesem Fall gemäß Art. 37 Abs. 1 *lit.* c eine Beschwerde von der Prozessliste, wenn der Bf. ausdrücklich eine gütliche Einigung abgelehnt hat, die betroffene Regierung aber in einer einseitigen Erklärung dessen Verletzung anerkennt und die Verantwortung dafür übernimmt (Rn. 75).[963] Nach der Rechtsprechung der Großen Kammer soll gegen diese Praxis auch in schwerwiegenden Fällen, wie Verletzungen von Art. 2 und 3, grundsätzlich nichts einzuwenden sein, sofern der Staat die Verletzung anerkenne.[964]

396   **f) Verbindlichkeit vorläufiger Maßnahmen.** Schließlich hat der Gerichtshof auch ein Grundsatzurteil hinsichtlich der Verbindlichkeit vorläufiger Maßnahmen gemäß Art. 39 VerfO gefällt (Rn. 112 ff.). Für die Effektivität des Rechtsschutzes ist die Verbindlichkeit entsprechender Anordnungen unerlässlich, insbesondere angesichts der stetig ansteigenden Zahl der Anträge, die auf einstweiligen Rechtsschutz gerichtet sind.[965]

---

958 Vgl. *Strecker* ZEuS **2016** 235, 246 ff. Ferner *Rohleder* 90 ff.
959 Vgl. *Greer* Public Law **2003** 663, 666; *Schmahl* EuGRZ **2008** 369, 372.
960 EGMR İçyer/TRK (E), 12.1.2006; siehe auch die krit. Ausführungen zur Effektivität des Pilotverfahrens bei *Strecker* ZEuS **2016** 235, 260 ff.
961 Vgl. *Schmahl* EuGRZ **2008** 369, 376; vertiefend *Baumann* Das Piloturteilsverfahren als Reaktion auf massenhafte Parallelverfahren (2016).
962 Allgemein zu unilateral declarations: *Myjer* FS Wildhaber 309 ff.; Lemmens/Vandenhole/*Ang/Berghmans* 89, 97–102.
963 Vgl. EGMR (E) Paterson/UK, 3.9.2013, §§ 34 ff.; van Houten/NL, 29.9.2005; Kapko u. Kapková/SLO, 19.11.2020; siehe auch EGMR Feldhaus/D (E), 13.5.2008, NJW **2008** 394; Prencipe/MCO, 16.7.2009, §§ 55–64; dazu Meyer-Ladewig/Nettesheim/von Raumer/*Meyer-Ladewig/Ebert* Art. 37, 11 ff.
964 Vgl. EGMR (GK) Tahsin Acar/TRK, 8.4.2004, §§ 61–64. Kritisch dazu Karpenstein/Mayer/*Wenzel* Art. 37, 15.
965 Vgl. *Keller* EuGRZ **2008** 359, 365 f.

g) 15. Protokoll zur EMRK. Am 16.5.2013 hatte das Ministerkomitee des Europarates 397
das 15. Protokoll zur EMRK (15. P-EMRK v. 24.6.2013, ETS 213) verabschiedet. Es trat am
1.8.2021 in Kraft, nachdem es von allen Vertragsstaaten der EMRK ratifiziert worden war
(Art. 7 des 15. P-EMRK). Inhalt des Protokolls ist zunächst eine Änderung der Präambel mit
dem Hinweis auf das Prinzip der Subsidiarität. Der EGMR soll durch eine vorrangige effektive innerstaatliche Umsetzung der EMRK entlastet werden und nur die Einhaltung repressiv
überwachen. Zum einen kann die Konvention nur im staatlichen Bereich verletzt werden,
zum anderen würde aufgrund einer überlangen Verfahrensdauer, die auch der vorherigen
innerstaatlichen Rechtswegerschöpfung geschuldet ist, zulasten der Betroffenen gehandelt
werden.[966] Des Weiteren schafft das 15. P-EMRK einen Einschätzungsspielraum (**„margin of
appreciation"**) der Vertragsstaaten der EMRK bei Anwendung von Konventionsrechten
(Art. 1 des 15. P-EMRK). Die innerstaatlichen Behörden können den Inhalt von Anforderungen eher beurteilen als ein internationaler Richter, da sie den in ihren Ländern wirkenden
Kräften näherstehen. Hintergrund dieser Änderung könnte sein, die Rechtsprechung trans-
parenter zu gestalten und die Eingriffstiefe einzelner Judikate des EGMR abzuschwächen.
Andererseits könnte die Regelung auch auf eine Verringerung der Beschwerdeverfahren,
aufgrund zuverlässiger Einhaltung der Konventionrechte in den Staaten, abzielen. Ins 15. P-
EMRK wurde weiterhin die Möglichkeit einer Kammer des EGMR, den Fall an die GK zu verweisen, selbst wenn die Parteien der Verweisung widersprechen (Art. 3 des 15. P-EMRK), aufgenommen. Somit soll die GK gestärkt und eine einheitliche Konventionsauslegung und –
anwendung garantiert werden.[967] Außerdem beinhaltete die Änderung die Festsetzung eines
Höchstalters von 65 Jahren für Kandidaten für einen Richterposten beim EGMR (Art. 2 Nr. 1
des 15. P-EMRK, bei gleichzeitiger Aufgabe des bisherigen Höchstalters von 70 Jahren für die
Ausübung des Richteramtes) und nicht zuletzt die Herabsetzung der **Frist für die Einlegung
der Individualbeschwerde** nach Art. 35 Abs. 1 auf **vier Monate** nach dem Ergehen der letzten nationalen Entscheidung (Art. 4 des 15. P-EMRK). Zudem ist eine Verwerfung der Beschwerde als unzulässig wegen Unerheblichkeit des Nachteils gem. Art. 35 Abs. 3 *lit.* b auch
dann möglich, wenn die Sache von den nationalen Gerichten nicht hinreichend aufgeklärt
worden ist (Art. 5 des 15. P-EMRK).

h) 16. Protokoll zur EMRK. Mit dem 16. Protokoll zur EMRK (16. P-EMRK; ETS 214) vom 398
2.10.2013, das am 1.8.2018 in Kraft trat und seither in den Unterzeichnerstaaten (aber auch
nur dort) Anwendung findet (dazu Rn. 109), wird nationalen Gerichten der Vertragsstaaten
die Möglichkeit eröffnet, dem Gerichtshof Fragen im Bezug auf ein anhängiges Verfahren
vorzulegen, welche die Auslegung der Konvention oder ihrer Protokolle betreffen (Art. 1 des
16. P-EMRK).[968] Allerdings ist die Vorlagefähigkeit auf relevante Grundsatzfragen der Auslegung und Anwendung der EMRK und ihrer Protokolle beschränkt; bloß abstrakte, hypothetische Fragen sind ausgeschlossen (Art. 1 Nr. 1, Nr. 2 des 16. P-EMRK).[969] Vorlageberechtigt sind
nur die zuvor von den Mitgliedstaaten benannten „höchsten" nationalen Gerichte (Art. 1
Nr. 1, Art. 10 des 16. P-EMRK). Zunächst entscheidet ein Ausschuss von 5 Richtern über die

---

966 Vgl. *Kollmar/Hoffmann* DVBl. **2015** 725, 727.
967 Vgl. *Kollmar/Hoffmann* DVBl. **2015** 725, 726 ff.
968 Zum 16. Protokoll: *Hoffmann/Kollmar* NVwZ **2014** 1269; *Gundel* EuR **2015** 609; *ders.* EuR **2019** 421.
969 Bereits abgegeben hat der EGMR eine Advisory Opinion nach dem 16. Protokoll auf Vorlage der französischen Cour de Cassation (EGMR [GK] v. 10.4.2019, P16-2018-001 – Frage zum Familienrecht) sowie auf
Vorlage des armenischen Verfassungsgerichtshofs (EGMR [GK] v. 29.5.2020, P16-2019-001 – Frage zu Blankett-
strafnormen). Abgelehnt hat der EGMR die Abgabe einer Advisory Opinion hinsichtlich der Vorlage des
Supreme Court der Slowakischen Republik (EGMR [GK Panel] Beschl. v. 14.12.2020, P16-2020-001 – Frage zu
einem im nationalen Recht bestehenden Beschwerdemechanismus zur Aufklärung von Polizeigewalt).

Esser

Annahme einer Vorlagefrage nach Maßgabe von Art. 1 des 16. P-EMRK (Art. 2 Nr. 1 des 16. P-EMRK). Zuständig für die Erstellung einer sog. „advisory opinion" ist die GK des Gerichtshofs (Art. 2 Nr. 2 16. P-EMRK), wobei der für den vorlegenden Vertragsstaat entsandte Richter mitwirken soll (Art. 2 Nr. 3 des 16. P-EMRK). Die „advisory opinion" ist zu begründen (wobei sie auch abweichende Meinungen enthalten kann); sie wird sowohl dem vorlegenden Gericht als auch dem entsprechenden Vertragsstaat zugestellt und durch den Gerichtshof veröffentlicht (Art. 4 des 16. P-EMRK). Nach Art. 5 des 16. P-EMRK ist eine „advisory opinion" nicht bindend. Ziel des Vorabbefassungsverfahrens beim EGMR ist es den Dialog der Gerichtsebenen und die Rolle des EGMR als Gericht mit verfassungsrechtlichem Aufgabenzuschnitt zu stärken. So soll der nationale Menschenrechtsschutz effektiver gestaltet und das Verhältnis des EGMR zu den nationalen Gerichten verbessert werden.[970] Des Weiteren könnten die Rechtsgutachten Interpretationsfragen in nationalen Rechtsordnungen hinsichtlich der EMRK bereits ex-ante klären und somit die Anzahl von Individualbeschwerden verringern, was zu einer Entlastung des Gerichtshofs führen würde. Die Rechtsmeinung des EGMR wird nicht nur für den konkreten Einzelfall, sondern auch für spätere Streitfälle ersichtlich. Als positiv erweisen sich zudem die Stärkung der Autorität des EGMR sowie die Ausgestaltung der Beantragung eines Gutachtens als Ermessensentscheidung. Problematisch erscheint hingegen, dass die Gutachtertätigkeit zu einer weiteren Belastung des überlasteten EGMR und zu einer Verletzung des Art. 6, dem Schutz vor überlanger Verfahrensdauer, führen könnte. Fraglich ist auch die Wertigkeit gutachterlicher Äußerungen, da diesen keine Bindungswirkung zukommt. Zudem besteht die Gefahr, dass sich der EGMR mit derselben Streitsache zweimal befassen muss, einmal bei der Erstellung eines Gutachtens und in der Folge als streitiges Verfahren, da das Gutachten eine Individualbeschwerde nach Art. 34 nicht ausschließt.[971]

399 **4. Rolle des EGMR.** Neben den zahlreichen Versuchen, die Arbeitslast des Gerichtshofs durch Rationalisierungsmaßnahmen und organisatorische Umstrukturierungen zu reduzieren, haben sich auch einige Stimmen dafür ausgesprochen, nicht nur die Symptome der Überbelastung zu bekämpfen, sondern deren Ursprung durch ein **Umdenken** bezüglich der Funktion des Gerichtshofs **zu beseitigen.**[972]

400 **a) Individual justice-Modell.** Der wirksame Schutz des Individuums gegen staatliche Willkür war ohne Zweifel eines der ersten und vorrangigen Ziele der EMRK. Die unmenschlichen Kriegsverbrechen in den Jahren 1938–45 hatten die Staaten Europas dazu bewegt, eine Beschränkung ihrer Souveränität zu Gunsten des Menschenrechtsschutzes zu akzeptieren.[973] Im Zentrum der EMRK, wenn auch zumindest bis 1998 nicht im Zentrum des Straßburger Rechtsschutzsystems, steht daher nach Ansicht der Verfechter des heutigen Beschwerdemodells der Einzelne, das Individuum. Die Aufgabe des Gerichtshofs ist es, der **individuellen Beschwer** der Bürger Europas abzuhelfen. Daher müsse der Gerichtshof ein **Urteil zu Gunsten jedes Individuums** fällen, das in seinen Rechten nach der EMRK verletzt worden ist. Insbesondere soll dabei das Ausmaß der Verletzung keine Rolle spielen, ebenso wenig wie z.B. die Höhe der Kosten oder die Auswirkung des Urteils in der Praxis. Alle anderen Aufgaben des Gerichtshofs seien diesem **primären Ziel** nach-

---

970 Vgl. *Hoffmann* NVwZ **2014** 1269 ff.
971 Vgl. *Hummer* FS Dauses 173 ff.
972 Zum Wandel im Selbstverständnis des EGMR: *Bates* The Evolution of the European Convention on Human Rights (2010).
973 Vgl. *Weidmann* 236.

geordnet.[974] Zwar wird eingeräumt, dass die Menschenrechte auf nationaler Ebene effektiver geschützt werden können als durch den EGMR und dass es deshalb zu allererst die Aufgabe der Mitgliedstaaten des Europarates sei, die Achtung der Freiheiten und Garantien der EMRK zu gewährleisten (Art. 1). Dennoch sei das Straßburger Rechtsschutzsystem als **Sicherheitsnetz** erforderlich, um denjenigen, die sich an den Gerichtshof wenden, Gerechtigkeit zu Teil werden zu lassen, **unabhängig von der Bedeutung** oder Generalisierbarkeit der Beschwerde oder des Urteils.[975]

Anfangs hatte der EGMR nur wenige Beschwerden zu prüfen, die dafür aber extreme **401** Menschenrechtsverletzungen betrafen. Im Laufe der Zeit gewannen die Urteile des Gerichtshofs eine zunehmend **objektiv-rechtliche Bedeutung**.[976] Fragestellungen, die auf nationaler Ebene keiner befriedigenden Lösung zugeführt werden konnten, wurden zunehmend auf die europäische Plattform getragen, die der EGMR bot. So rückten immer mehr **gesellschaftspolitische Themen** in den Vordergrund.[977] Heute prüft der Gerichtshof häufig nicht mehr nur den konkreten Vollzugsakt, sondern inzident auch das zugrunde liegende nationale Recht, nicht selten ein Gesetz, auf seine Konventionskonformität,[978] so dass in solchen Fällen die Grenze zu einer abstrakten **Normenkontrolle** nur noch in der Theorie besteht, wenngleich auch der Gerichtshof selbst immer wieder betont, dass er dazu keine Kompetenz besitze.[979]

Diese Objektivierung war auch mit einer **Orientierungswirkung** (Rn. 314) für die **402** Vertragsstaaten, sowie für andere Gerichtshöfe auf der ganzen Welt, verbunden,[980] die heute wichtiger ist denn je. Die Rechtsprechung des EGMR wurde für viele der post-kommunistischen Staaten und die Türkei zum Leitfaden bei der Neuordnung ihrer Rechtssysteme und trägt dazu bei, dass die Rechtsordnungen der Mitgliedstaaten des Europarates mit demokratischen und rechtsstaatlichen Prinzipien angereichert werden und deren Anwendung in der Praxis sichergestellt wird.[981]

Diese objektiv-rechtliche Funktion der Urteile ist aber im individual justice-Modell **403** gegenüber der subjektiven Ausrichtung des Gerichtshofs nachrangig. Da vorrangig die individuelle Beschwer Gegenstand der Entscheidung des EGMR sein und der Gerichtshof so vielen Betroffenen wie möglich zu Gerechtigkeit verhelfen soll, darf das **Individualbeschwerderecht**, das Ausdruck dieses Gedankens ist, in seinem Wesensgehalt **nicht beschränkt** werden. Das Essenzielle an diesem Recht ist, dass eine **verbindliche Feststellung einer Verletzung** zu Gunsten jedes Einzelnen getroffen wird.[982] Die Überlastung des Gerichtshofs könne nur dadurch beseitigt werden, dass die Anzahl der Verletzungen auf

---

974 Vgl. Joint Response AI Index: IOR 61/008/2003 Anm. 2, 8; *Okresek* EuGRZ **2003** 168 f.; *Siess-Scherz* EuGRZ **2003** 100, 107; *Grabenwarter/Pabel* EuGRZ **2003** 174; *Tomuschat* EuGRZ **2003** 95, 100; *Greer* 166 f.; *Czerner* AVR **46** (2008) 349 f.

975 Vgl. EG Court (2001)1 Anm. 44; *Eaton/Schokkenbroek* HRLJ **2005** 1, 7.

976 Ausführlich zur Entwicklung: *Weidmann* 48–53; *Wildhaber* The ECtHR 1998–2006, 139 ff.

977 Z.B. EGMR Marckx/B, 13.6.1979 (Ungleichbehandlung nichtehelicher Kinder im belgischen Erb- und Familienrecht); Dudgeon/UK, 22.10.1981: Strafbarkeit von Homosexualität in Nordirland; vgl. *Meyer-Ladewig/ Petzold* NJW **2009** 3749, 3750.

978 *Schmahl* EuGRZ **2008** 369, 377.

979 Vgl. *Esser* 844; *Flauss* in: *Cohen-Jonathan/Pettiti* Droit et Justice **61** (2005) 167, 170 f.; *De Salvia* 7, 20; *Weidmann* 49 f., 80.

980 Vgl. *Esser* 839 ff.; *Weidmann* 291 ff.; *Meyer-Ladewig/Petzold* NJW **2009** 3749, 3750.

981 Vgl. *Greer* 117 ff.; *Schlette* ZaöRV **56** (1996) 905, 925; *Meyer-Ladewig/Petzold* NJW **2009** 3749, 3750.

982 Vgl. NGO Comments on the Group of Wise Persons' Interim Report, AI Index: IOR 61/019/ 2006 Anm. 3; *Tomuschat* EuGRZ **2003** 95, 99 f.; *Siess-Scherz* EuGRZ **2003** 100, 107; *Keller/Bertschi* EuGRZ **2005** 204, 211.

nationaler Ebene reduziert wird, aber keinesfalls durch die Beschränkung des Zugangs zum Gerichtshof.[983]

404   **b) Constitutional justice-Modell.** Dass der EGMR heute gewisse Ähnlichkeiten mit einem Verfassungsgericht[984] aufweist, ist nicht zu leugnen: Der Gerichtshof hat immerhin das „letzte Wort" hinsichtlich aller Angelegenheiten, die die Menschenrechte europäischer Bürger betreffen. Er korrigiert diejenigen Entscheidungen nationaler Gerichte, die trotz gebührender Prüfung nicht im Einklang mit den Werten der EMRK stehen. Der ehemalige Präsident des Gerichtshofs *Wildhaber* sprach in diesem Zusammenhang von einem **„quasi-constitutional court** *sui generis*".[985]

405   Nach Ansicht der Vertreter des constitutional justice-Modells muss der EGMR einen **wirksamen Grundrechtsschutz für alle Personen in den Mitgliedstaaten des Europarates** schaffen, nicht nur für die einzelnen Bf. Er solle präventiv, nicht repressiv tätig werden. Dazu müsse er gewährleisten, dass die Regelungen der EMRK über den Einzelfall und die Staatsgrenzen hinaus einheitlich ausgelegt werden und so einen gemeinsamen Mindeststandard, eine **europäische öffentliche Ordnung**, etablieren. Deshalb solle sich der Gerichtshof künftig auf Grundsatzentscheide beschränken. Unwichtige, repetitive oder querulatorische Beschwerden müssten dagegen zurückgewiesen werden.[986]

406   Unter **„constitutional justice"** versteht man also die Zielsetzung, sowohl bei der Auswahl als auch bei der Aburteilung von Beschwerden, den Ursprung der Verletzungen zu identifizieren und zu beseitigen, insbesondere hinsichtlich solcher Verletzungen, die gravierende Auswirkungen auf den Bf., den Vertragsstaat oder auf ganz Europa haben.[987] Der zentrale Vorschlag dieses Modells ist, dass der EGMR **nach eigenem Ermessen** die Prüfung von Beschwerden **ablehnen** können soll.[988]

407   Auch für das constitutional justice-Modell ist die Individualbeschwerde von essentieller Bedeutung. Nur durch sie gelangen die für die Entwicklung des Menschenrechtsschutzes geeigneten Beschwerden an den Gerichtshof.[989] Der EGMR entscheidet zwar stets nur über den konkreten Fall, versucht aber über die **Orientierungswirkung** seiner Leitentscheidungen **europäische Standards** auf dem Gebiet des Menschenrechtsschutzes zu etablieren, so dass nicht nur die konkrete Beschwer beseitigt werden kann, sondern eine Wiederholung der Verletzung verhindert wird.[990] Mit den Worten *Wildhabers*: Die Individualbeschwerde ist das Thermometer, das die demokratischen Temperaturen in den Mitgliedstaaten des Europarates misst, die Lupe, die die Fehler der innerstaatlichen Rechtsordnungen aufdeckt.[991]

408   Die **Essenz des Individualbeschwerderechts** besteht nach Ansicht der Verfechter dieses Modells darin, dass zwar jeder Mensch im Geltungsbereich der EMRK das Recht haben muss, sich **an den Gerichtshof zu wenden** und eine **Antwort** von ihm zu erhalten. Aber nur ein geringer Anteil zulässiger Beschwerden soll – innerhalb angemessener Zeit –

---

983   Vgl. *Leach* HRLJ **2006** 11, 13.
984   Ausführliche Darstellung: *Alkema* FS Ryssdal 41–63.
985   Vgl. *Wildhaber* HRLJ **2002** 161 = EuGRZ **2002** 570; *Meyer-Ladewig/Petzold* NJW **2009** 3749, 3751; zur Eignung des EGMR als *pouvoir neutre*, siehe *Ress* ZaöRV **2009** 289.
986   Vgl. *Wildhaber* HRLJ **2002** 163, 165 = EuGRZ **2002** 571 f.; *Flauss* Recueil Dalloz **2003** 1638 ff.
987   Vgl. *Greer* 166 f.
988   Vgl. *Flauss* Recueil Dalloz **2003** 1641 f.; *Wildhaber* The ECtHR 1998–2006, 147.
989   Vgl. *Wildhaber* HRLJ **2002** 164 = EuGRZ **2002** 572.
990   Vgl. *Schwaighofer* 17, 20; *Mahoney* in: Caflisch u.a. (Hrsg.) 263, 268; Lemmens/Vandenhole/*Vanneste* 69, 72; *Flauss* Recueil Dalloz **2003** 1638, 1641.
991   Vgl. *Wildhaber* HRLJ **2002** 164 = EuGRZ **2002** 573.

Esser   1752

mit der **verbindlichen Feststellung** einer Verletzung enden.[992] Welche Beschwerden für zulässig erklärt werden, **bestimmt** in diesem Modell der **Gerichtshof** selbst.

Zuzugestehen ist, dass der Gerichtshof derzeit weder hinsichtlich seiner Kapazitäten **409** noch hinsichtlich seiner Kompetenzen in der Lage ist, in jedem Einzelfall einer idealtypischen „individual justice" effektiv zu dienen. Wenn Einzelfallgerechtigkeit das Hauptziel des Straßburger Kontrollverfahrens sein soll, so müsste dort auch ein effektives Verfahren bereitgestellt werden. Ein solches kann der Gerichtshof jedoch schon seit längerem aufgrund seiner Arbeitsbelastung nicht mehr gewährleisten; dem Ideal des Individualbeschwerderechts wird er daher nicht mehr gerecht. In Anbetracht der Statistiken der letzten Jahre kann nicht davon ausgegangen werden, dass tatsächlich jede legitime Beschwerde mit einem Urteil zu Gunsten des Bf. endet. Zwar sind etwa **94 %** *aller zulässigen* Beschwerden **erfolgreich** in dem Sinne, dass tatsächlich eine Verletzung der in der EMRK enthaltenen Garantien festgestellt werden kann: Auf die Begründetheit hin geprüft werden allerdings im Extremfall max. **2 %** aller eingehenden Beschwerden. Die meisten Beschwerden werden dem betroffenen Vertragsstaat nicht einmal zugestellt.[993]

Zudem liegt heute die durchschnittliche Verfahrensdauer bereits bei **4 bis 5 Jahren.** **410** Der EGMR wird damit paradoxerweise den von ihm selbst formulierten Anforderungen an eine angemessene Verfahrensdauer nicht gerecht. Dadurch wird vielen Bf. die Gerechtigkeit verwehrt, denen sie tatsächlich zu Teil werden sollte, insbesondere wenn ihre Beschwerden zulässig und begründet sind und eine schwerwiegende Konventionsverletzung gerügt wird.[994]

Zugleich fehlt es dem Gerichtshof an den geeigneten **Mitteln**, der Beschwer tatsäch- **411** lich abzuhelfen, denn die Möglichkeiten des EGMR in dieser Hinsicht sind äußerst begrenzt. Er kann zwar eine **finanzielle Entschädigung** nach Art. 41 zusprechen. Darüber hinaus haben seine Urteile aber nur **deklaratorische** Wirkung. Der Gerichtshof kann gerade keine Urteile des betreffenden Vertragsstaats aufheben oder eine innerstaatliche Norm für nichtig erklären und so den Ursprung der Verletzung beseitigen. Die Herstellung des konventionskonformen Zustands, etwa durch eine Gesetzesänderung oder Änderung einer Verwaltungspraxis, obliegt allein den Vertragsstaaten (Rn. 298),[995] was nicht selten zu Problemen führt.

Gleichwohl sieht sich auch das constitutional justice-Modell **erheblichen Bedenken** **412** ausgesetzt. Die Funktionsfähigkeit des Gerichtshofs könnte durch diese Umwandlung zweifellos gewährleistet werden, da nur noch ein Bruchteil der heute anhängigen Beschwerden bearbeitet werden müsste. Auch die Prämisse, dass der EGMR sich grundsätzlich der Einhaltung der Menschenrechte in ganz Europa annehmen müsse, erscheint wegen des Wortlauts des Art. 19 und der Idee, die hinter der Konvention steht, gegenüber der allein auf den jeweiligen Bf. ausgerichteten Betrachtung vorzugswürdig. Jedenfalls der Vorschlag, dem Gerichtshof selbst die Entscheidung zu überlassen, über welche Beschwerden er entscheiden will, ist aber in Anbetracht der Zusammensetzung des Europarats nicht mit dem Ziel des Menschenrechtsschutzes zu vereinbaren. Ein solches Annahmeverfahren, das mit dem *writ of certiorari*-**Verfahren** des US Supreme Court vergleichbar ist, kommt nur innerhalb eines funktionierenden Gerichtssystems in Frage und setzt voraus, dass ein

---

992 Vgl. Lemmens/Vandenhole/*Vanneste* 69, 70 f.; *Lord Woolf* Review of the Working Methods of the ECtHR 23 f.; *Greer* Public Law **2005** 83, 97 f.; *Mahoney* HRLJ **2005** 345, 347.

993 Vgl. *Greer* 169 f., 318; *Meyer-Ladewig/Petzold* NJW **2009** 3749, 3751 f.; *Jestaedt* JZ **2011** 872, 878.

994 Vgl. *Lord Woolf* Review of the Working Methods of the ECtHR 8; *Meyer-Ladewig/Petzold* NJW **2009** 3749, 3752.

995 Vgl. *Wildhaber* HRLJ **2002** 162 = EuGRZ **2002** 571; *Caflisch* ZSR/NF **122/1** (2003) 125, 135. Zur Diskussion über die relative Bindungswirkung in Frankreich: *Mellech* 81 ff.

effektives Rechtsschutzinstrument auf erstinstanzlicher Ebene besteht. Dies ist derzeit jedoch noch nicht in allen Vertragsstaaten gewährleistet.[996] Für viele Menschen ist die Individualbeschwerde daher die einzige effektive Rechtsschutzmöglichkeit; sie darf deswegen nicht allein unter dem Aspekt der Bedeutung der Beschwerde für die objektiv-rechtliche Funktion des Gerichtshofs versagt werden. Zudem besteht die Gefahr, dass die Auswahl der Beschwerden von politischen Motiven beeinflusst wird, was der Glaubwürdigkeit einer Institution, die allein dem Menschenrechtsschutz dienen soll, schaden und den Eindruck von Willkür erwecken könnte.[997]

413   Hinzu kommt, dass die Urteile des EGMR als solche, anders als die nationalen Verfassungsgerichte, **keine erga omnes-Wirkung** haben.[998] Sie binden über Art. 46 Abs. 1 jeweils nur die beiden Parteien des Rechtsstreits. Eine erga omnes-Wirkung würde nicht nur das Ministerkomitee überfordern, das auch bei allen anderen Vertragsstaaten die Urteilsdurchführung überwachen müsste,[999] sie wäre auch politisch kaum durchsetzbar. Das constitutional justice-System aber setzt voraus, dass alle Vertragsstaaten die in der Rechtsprechung entwickelten Standards auch umsetzen. Denn sonst wäre die Versagung des Rechtsschutzes auf supranationaler Ebene angesichts der unzureichenden Rechtsschutzmöglichkeiten in manchen Ländern kaum zu rechtfertigen.[1000]

414   Die Rechtsprechung der EGMR, der große Anteil an *repetitive cases*, so wie die Einführung der *infringement proceedings* zeigen jedoch, dass es hinsichtlich der Urteilsdurchführung auch heute häufig zu Problemen kommt. Der Grund dafür liegt in der Regel nicht einmal darin, dass der Vertragsstaat das Urteil nicht akzeptiert. Es spielen meist politische, strukturelle oder auch finanzielle Probleme eine Rolle.[1001] Diese Problematik würde sich noch verschärfen, wenn die Staaten nicht nur Maßnahmen zur Umsetzung der gegen sie gerichteten Urteile ergreifen müssten, sondern auch noch alle in Urteilen gegen andere Staaten entwickelten Grundsätze in das nationale Recht einzuarbeiten hätten.

415   Darüber hinaus bestehen auch einige praktische Bedenken hinsichtlich der Geeignetheit der Urteile des EGMR als Leitentscheidungen: Problematisch ist zum einen die **Argumentationsstruktur der Urteile**. Dem Gerichtshof gehören 46 Richter an, die in zum Teil höchst unterschiedlichen Rechtssystemen ausgebildet wurden. Dies zeigt sich nicht selten auch in den Urteilsgründen, denen es zuweilen an Stringenz mangelt.[1002] Die **Abgrenzung** zwischen **tragenden Urteilsgründen** und **obiter dicta** fällt häufig schwer.[1003] Außerdem werden die Urteile des Gerichtshofs meist nur in einer der beiden Amtssprachen des Europarats, **Englisch oder Französisch**, veröffentlicht (Art. 57 VerfO). Nur die Urteile der Großen Kammer ergehen in beiden Amtssprachen.[1004] Im Geltungsbereich der EMRK werden offiziell aber 41 Sprachen gesprochen.[1005] Dass alle Richter, gerade in den neueren Beitrittsländern, über vertiefte Kenntnisse in einer der beiden Amtssprachen des Gerichts-

---

996 Vgl. *Keller/Bertschi* EuGRZ **2005** 204, 217 f.

997 Vgl. *Keller/Bertschi* EuGRZ **2005** 204, 211; *Benoît-Rohmer* Rev.trim.dr.h **2007** 3, 11.

998 Vgl. hierzu § 31 Abs. 1 BVerfGG: Verbindlichkeit der Entscheidungen des BVerfG für alle Verfassungsorgane des Bundes und der Länder, sowie für alle Gerichte und Behörden.

999 Vgl. *Esser* 839; *Czerner* AVR **46** (2008) 355 f., 365, der darauf hinweist, dass das Ministerkomitee 2005 die Durchführung von ca. 200 Urteilen pro Arbeitstag überwachen musste.

1000 Vgl. *Flauss* Recueil Dalloz **2003** 1638, 1642.

1001 Vgl. EGMR Kalashnikov/R, 15.7.2002, § 94; CDDH (2003)006 Addendum final, C. Improving and accelerating execution of judgements of the Court Anm. 2; siehe auch die Resolution der Parlamentarischen Versammlung 1226 (2000) – Execution of judgments of the European Court of Human Rights.

1002 Vgl. *Esser* 861 ff.

1003 *Czerner* AVR **46** (2008) 361 f., 365.

1004 Vgl. *De Salvia* 7, 26.

1005 Kritisch insoweit: *Wildhaber* AUILR **22** (2007) 521, 527.

hofs verfügen, ist kaum anzunehmen. Dies setzt aber der Orientierungsfunktion der Urteile schon von vornherein Grenzen.[1006]

c) Verlagerung des Prüfungsschwerpunktes. Bereits im 14. P-EMRK zeichnet sich **416** eine **Verlagerung** zu Gunsten des constitutional justice-Modells ab, wenn es auch keine kohärente Lösung der Identitätsfrage bereithält: Insbesondere Art. 35 Abs. 3 *lit.* b ist hier von Bedeutung, der eindeutig feststellt, dass das Individualbeschwerderecht nicht sakrosankt ist. Auch die Verkleinerung der Spruchkörper ist durchaus in diesem Zusammenhang zu sehen. Insbesondere das summarische Verfahren vor den Ausschüssen mit der Anerkennung der Präzedenzwirkung der Urteile des Gerichtshofs verstärkt die objektivrechtliche Ausrichtung der Urteile. Alle aufgrund gefestigter Rechtsprechung offensichtlich begründeten Beschwerden werden jetzt nur noch von drei Richtern in einem wesentlich vereinfachten Verfahren geprüft. So soll sich der Gerichtshof auf die Fälle konzentrieren können, die für die Etablierung gemeinsamer Standards von Bedeutung sind.

Auch die **Rechtsprechung** selbst hat den Schwerpunkt ihrer Prüfung bereits in vielen **417** Fällen insoweit verlagert, dass der Individualrechtsschutz nicht mehr ohne weiteres als primäres Ziel des EGMR bezeichnet werden kann:

Zum einen soll hier auf das **Pilotverfahren** hingewiesen werden (Rn. 118, 393). In der **418** Vergangenheit hat der Gerichthof in der Regel keine Stellung zur Konventionskonformität der im Einzelfall einem staatlichen Eingriff zugrunde liegenden gesetzlichen Regelung genommen, und wenn dann nur am Rande. Stattdessen betonte er beständig die Einzelfallbezogenheit seiner Kontrolltätigkeit. Im Urteil **Broniowski** griff der Gerichtshof dann zum ersten Mal eine Beschwerde heraus, um an ihr exemplarisch ein strukturelles Defizit der nationalen Rechtslage aufzuzeigen und eine Art Normenkontrolle durchzuführen. Alle übrigen Beschwerden zur selben Problematik wurden zurückgestellt, bis innerstaatlich Maßnahmen nach den Vorgaben des Urteils ergriffen wurden.[1007] Der Einzelfallcharakter der Urteile des EGMR trat also zu Gunsten der Möglichkeit, **strukturelle Mängel zu beheben** und somit die innereuropäischen Standards auf dem Gebiet des Menschenrechtsschutzes aneinander anzugleichen, zurück.

Ein weiterer Anhaltspunkt für die Betonung der objektiv-rechtlichen Funktion des **419** Gerichtshofs ist der Umgang des EGMR mit dem Institut der **unilateral declaration** (Rn. 395). Die Anerkennung dieser nur einseitigen Erklärung auch gegen den Willen des Bf. wäre kaum möglich, wenn die Beseitigung der individuellen Beschwer vom Gerichtshof als seine primäre Aufgabe gesehen würde. Dem EGMR kommt es stattdessen darauf an, dass der jeweilige Staat die **Verantwortung** für einen Missstand **übernimmt**,[1008] was durch eine Verurteilung unter Umständen nicht zu erreichen wäre und somit auch als Betonung der objektiven Funktion des Gerichtshofs zu sehen ist.[1009]

Eine ähnliche Tendenz ist auch in der Rechtsprechung des Gerichtshofs zu Entschädi- **420** gungsfragen (Art. 41) erkennbar. Grundsätzlich verlangt der EGMR, dass der verurteilte Vertragsstaat den vor der Verletzung bestehenden Zustand wiederherstellt (*restitutio in integrum*). Ist die Wiedergutmachung nach nationalem Recht unzureichend, kann dem Bf. eine billige Entschädigung zugesprochen werden (Art. 41; Rn. 270). Wenn der EGMR dem Bf. eine Entschädigung zubilligt, handelt es sich dabei meist eher um geringe, beinahe symbolische Beträge. Offensichtlich geht es dem Gerichtshof also nicht darum, den erfolg-

---

1006 *Esser* 865.
1007 Vgl. bei *Schmahl* EuGRZ **2008** 369, 377.
1008 Z.B. EGMR Prencipe/MCO, 16.7.2009, §§ 55–64.
1009 Vgl. *Langbauer* 48.

reichen Bf. zu bereichern.[1010] Kennzeichnend für die Verlagerung des Prüfungsschwerpunktes ist auch, dass nach gefestigter Rechtsprechung des EGMR, die **Feststellung einer Verletzung** bereits ausreichende **Wiedergutmachung** sein kann (Rn. 280).[1011] Eine Entschädigung durch den EGMR ist also nicht die automatische Folge der Feststellung einer Verletzung, was aber bei einer konsequenten Ausrichtung am Interesse des Individuums zu erwarten wäre, denn die meisten Bf. fordern auch eine finanzielle Entschädigung und geben sich nicht mit dem moralischen Obsiegen zufrieden.[1012]

421   Als letztes Beispiel soll die Praxis des Gerichtshofs dienen, in manchen Fällen die Prüfung fortzusetzen, auch wenn **die individuelle Beschwer bereits beseitigt** ist bzw. **nicht mehr beseitigt werden kann**, etwa im Falle des Todes des Bf.[1013] oder der Aufhebung des angegriffenen Strafurteils. Bei einer konsequenten Ausrichtung am individual justice-Gedanken wäre der Abbruch der Prüfung zu erwarten. Sieht der Gerichtshof die Möglichkeit, durch die Beschwerden den europäischen Menschenrechtsstandard weiterzuentwickeln, setzt er stattdessen jedoch die Prüfung fort,[1014] so etwa im Urteil *Süß*. Der Bf. rügte, dass er in seinem Recht auf Achtung des Familienlebens nach Art. 8 verletzt wurde, indem ihm der Umgang mit seiner Tochter verwehrt wurde. Diese war inzwischen volljährig geworden. Der Gerichtshof erklärte die Beschwerde für zulässig, wenn auch die Beseitigung der individuellen Beschwer durch Feststellung des Umgangsrechts rechtlich unmöglich geworden war, da im deutschen Recht die Eltern nach Eintritt der Volljährigkeit kein Umgangsrecht mit ihren Kindern mehr haben.[1015]

B. Verfahren vor dem Menschenrechtsauschuss der Vereinten Nationen – Human Rights Committee (HRC)

I. Allgemeines

422   Die Vertragsstaaten des IPBPR haben einen **Ausschuss für Menschenrechte** (Human Rights Committee – HRC) errichtet (Art. 28 IPBPR), dessen 18 Mitglieder von den Vertragsstaaten auf vier Jahre gewählt werden (Art. 29 ff. IPBPR). Der Ausschuss ist kein Organ der Vereinten Nationen, sondern ein **eigenständiges Konventions-/Kontrollorgan**.[1016]

423   Die **Mitglieder des HRC** werden in ihrer persönlichen Eigenschaft und nicht als Vertreter ihres Staates tätig; sie sind zur unparteiischen und gewissenhaften Ausübung ihres Amtes verpflichtet (vgl. Art. 38 IPBPR).[1017] Organisatorisch ist der Ausschuss, der dreimal im Jahr für jeweils ca. drei Wochen tagt,[1018] an die Vereinten Nationen angebunden, deren Generalsekretär Verwaltungsaufgaben übertragen wurden (vgl. etwa Art. 30 Abs. 3; Art. 33 Abs. 2; Art. 34, 36, 37 Abs. 1 IPBPR) und aus deren Mitteln die Ausschussmitglieder Bezüge erhalten (Art. 35 IPBPR). Die Verpflichtung des Ausschusses gegenüber den Vereinten Nati-

---

1010   Vgl. Caflisch/*Mahoney* 263, 276.

1011   So EGMR (GK) Micallef/MLT, 15.10.2009, § 110; Lalas/LIT, 1.3.2011, §§ 52 f.

1012   Vgl. Caflisch/*Mahoney* u.a. 263, 274.

1013   Vgl. EGMR (GK) Micallef/MLT, 15.10.2009, §§ 44 ff.

1014   Vgl. *Langbauer* 49 f.

1015   Vgl. EGMR Süß/D, 10.11.2005, NJW **2006** 2241.

1016   Dazu *Nowak* Art. 28, 1: kein Organ der Vereinten Nationen (Mitgliedstaaten nicht identisch), sondern selbständiges Konventionsorgan.

1017   Vgl. *Nowak* Art. 28, 4 (quasi richterliche Funktion).

1018   Vgl. *Weiß* AVR **42** (2004) 142, 146; ferner s.a. die Auflistung vergangener Sitzungen des HRC unter https://tbinternet.ohchr.org/_layouts/15/TreatyBodyExternal/SessionsList.aspx?Treaty=CCPR.

onen beschränkt sich im Wesentlichen darauf, der Mitgliederversammlung über den Wirtschafts- und Sozialrat einen Jahresbericht über seine Tätigkeit vorzulegen (Art. 55 IPBPR), sowie auf die Möglichkeit der Übermittlung von Berichten und der Befugnis, sog. Allgemeinen Bemerkungen (General Comments) zur Auslegung des IPBPR zu verfassen (Art. 40 Abs. 2, 4 IPBPR).

Als einziges **obligatorisches Kontrollmittel** sieht der IPBPR die **Staatenberichte** 424 (Art. 40 IPBPR) vor, die vom HRC periodisch angefordert werden und die ihm Anlass geben, seine Auffassung zur Auslegung einzelner Konventionsgarantien und zu den Anforderungen an die Staatenberichte nach Art. 40 Abs. 4 IPBPR in (durchlaufend nummerierten) Allgemeinen Bemerkungen (General Comments/Observations Générales) festzulegen.[1019] Die Vertragsstaaten können hierzu gegenüber dem Ausschuss Stellung nehmen (Art. 40 Abs. 5 IPBPR).

Die weiteren Kontrollmöglichkeiten des Ausschusses sind **fakultativ**. Die Zulässigkeit 425 der zu keiner echten Streitentscheidung führenden **Staatenbeschwerde** hängt davon ab, dass sowohl der Staat, der sie erhebt, als auch der Staat, gegen den sie sich richtet, befristet oder zeitlich unbegrenzt die Befugnis des Ausschusses zu ihrer Entgegennahme und Prüfung anerkannt haben (Art. 41 IPBPR).

Die **Individualbeschwerde**, die einzelnen Personen gestattet, den Ausschuss für Men- 426 schenrechte gegen einen Vertragsstaat des IPBPR anzurufen, ist in einem **Fakultativprotokoll** v. 19.12.1966 (FP-IPBPR),[1020] geregelt. Sie ist ebenfalls nur zulässig gegenüber den Staaten, die dem FP-IPBPR beigetreten sind (Art. 1 FP-IPBPR). Wie mehrere andere europäische Staaten ist Deutschland dem Protokoll erst spät und mit einem Vorbehalt zu Art. 5 Abs. 2 *lit.* a FP-IPBPR beigetreten. Nach diesem Vorbehalt[1021] gilt die Zuständigkeit des HRC nicht für Mitteilungen, die bereits in einem anderen internationalen Untersuchungs- oder Streitregelungsverfahren geprüft wurden (*lit.* a) oder die ein Ereignis betreffen, das vor dem Inkrafttreten des FP-IPBPR für Deutschland seinen Ursprung hatte (*lit.* b) oder eine Verletzung des Art. 26 IPBPR zum Gegenstand hat, die sich nicht auf ein im IPBPR Pakt garantiertes Recht bezieht (*lit.* c).[1022]

Ergänzende Regelungen zum Verfahren vor dem HRC finden sich in der Verfahrens- 427 ordnung des Ausschusses (**Rules of Procedure**) in der derzeit geltenden Fassung vom 4. Januar 2021.[1023]

II. Staatenbeschwerde/Individualbeschwerde

1. Staatenbeschwerde. Die (fakultative) Staatenbeschwerde (**Art. 41 IPBPR**) ist kaum 428 mehr als ein Schlichtungsverfahren. Wohl wegen der dennoch damit verbundenen diplomatischen und politischen Auswirkungen eines solchen Verfahrens hat die Staatenbeschwerde

---

1019 Abgedruckt bei *Nowak* 875 ff.; vgl. auch *Nowak* EuGRZ **1984** 421 sowie *Nowak* EuGRZ **1980** 532, 537, 542, wonach die Staatenberichte durch den Berichtszwang und ihre öffentliche Zugänglichkeit als Kontrollmittel wirken. Zuletzt hat das HRC einen General Comment zur Versammlungsfreiheit (Art. 21 IPBPR) abgegeben, vgl. HRC General Comment No. 37 (2020) v. 17.9.2020, CCPR/C/GC/37.
1020 BGBl. 1992 II S. 1247; für Deutschland am 25.11.1993 in Kraft getreten (BGBl. 1994 II S. 311): dazu Denkschrift der Bundesregierung BTDrucks. 7 660 S. 66. Text abgedruckt S. 61 ff.
1021 Mitgeteilt in der Bek. v. 30.12.1993 (BGBl. 1994 II S. 311); Vertragsteil S. 61.
1022 Vgl. auch Teil I, Einf. Rn. 103; ferner Denkschrift der Bundesregierung zu Art. 5 des 2. FP-IPBPR, BRDrucks. 302/91 S. 12.
1023 Vgl. HRC Rules of procedure of the Human Rights Committee, CCPR/C/R/Rev. 12.

praktisch keine Bedeutung.[1024] Sie ist nur zwischen den Vertragsstaaten zulässig, die sich diesem Verfahren unterworfen haben.[1025] Sie wird dadurch eingeleitet, dass der Staat, der von einem anderen Staat annimmt, dass dieser gegen seine Konventionspflichten verstößt, dies dem anderen Staat mitteilt, der seinerseits binnen drei Monaten dazu Stellung nehmen muss. Wird die Angelegenheit nicht binnen sechs Monaten zur Zufriedenheit beider Staaten bereinigt, kann jeder der beiden Staaten die Sache durch eine Mitteilung dem HRC unterbreiten, das in einem nichtöffentlichen Verfahren als Vermittlungsorgan tätig wird und auf eine gütliche Beilegung hinwirken soll. Kommt diese nicht zustande, erstellt das HRC einen Sachverhaltsbericht, der aber keine eigene Stellungnahme zum Vorliegen einer Vertragsverletzung enthält; er ist den beteiligten Vertragsstaaten zuzuleiten.

429   Mit Zustimmung der beteiligten Vertragsstaaten kann der Ausschuss zur gütlichen Beilegung auch eine **Ad-hoc-Vergleichskommission** nach Art. 42 IPBPR einsetzen, die bei Scheitern einer gütlichen Beilegung ebenfalls nur einen Bericht über die Sachfragen erstellt, dem sie ihre Ansichten über die Möglichkeit einer gütlichen Einigung beifügt (Art. 42 Abs. 7 *lit.* c IPBPR).

430   Die **rechtliche Unverbindlichkeit des gesamten Verfahrens** wird dadurch verstärkt, dass die beteiligten Staaten innerhalb von drei Monaten dem Ausschussvorsitzenden mitteilen, ob sie mit dem Bericht einverstanden sind, wobei sie auch dessen tatsächliche Feststellungen in Frage stellen können.[1026] Das ganze Verfahren nach Art. 42 IPBPR beruht letztlich auf der – mitunter durch politischen Druck und den Druck der öffentlichen Meinung herbeigeführten – Bereitschaft des betroffenen Staates zur Kooperation. Es führt zu keiner nicht freiwillig eingegangenen rechtlichen Bindung. Es bleibt daher hinter dem Verfahren der EMRK zurück, dessen Art. 55 vorsieht, dass es grundsätzlich zwischen den Vertragsstaaten der EMRK ausschließlich anzuwenden ist.[1027] Wie Art. 44 IPBPR klarstellt, steht der IPBPR dem nicht entgegen. Auf die Einzelheiten ist hier nicht einzugehen.

431   **2. Individualbeschwerde.** Die ebenfalls fakultative Individualbeschwerde nach dem FP-IPBPR gibt jeder Einzelperson,[1028] die behauptet, Opfer der Verletzung eines im IPBPR niedergelegten Rechts durch einen Vertragsstaat zu sein, die Befugnis, sich mit einer diesbezüglichen schriftlichen Mitteilung an das HRC zu wenden. Dieses prüft die sog. **Mitteilungen** („communications") unter Berücksichtigung aller von dem Bf. und dem betroffenen Vertragsstaat unterbreiteten Angaben in einem vertraulichen Verfahren. Es teilt seine entscheidungsähnliche **Auffassung** („views"/„contestations"),[1029] in der es das Vorliegen einer Menschenrechtsverletzung bejaht oder verneint, dem Vertragsstaat und der Einzelperson mit. Seine Sachentscheidungen werden auch veröffentlicht.[1030] Sie wirken durch die Autorität des Ausschusses und durch ihre Publizität, **völkerrechtlich verpflichtend sind sie nicht.**[1031]

432   Das **Verfahren** der Individualbeschwerde ist im FP-IPBPR geregelt. Das Verfahren wird durch eine **schriftliche Mitteilung einer Einzelperson** ausgelöst; diese Mitteilung

---

1024 *Joseph/Castan* 1.45.

1025 So auch Deutschland, vgl. Erkl. v. 24.3.1986, BGBl. II S. 746.

1026 Vgl. *Nowak* Art. 42, 15; *Bartsch* NJW **1977** 474; *Nowak* EuGRZ **1980** 532, 537.

1027 Zur Tragweite beider Bestimmungen vgl. *Nowak* Art. 44, 6; 7, sowie die Res. (70) 17 des Ministerkomitees des Europarats, deutsche Übersetzung bei *Simma/Fastenrath* Nr. 38.

1028 Ob wie bei anderen Pakten auch Personengruppen als Opfer beschwerdeberechtigt sind, ist strittig; vgl. *Nowak* Art. 2 FP, 1 ff.; *Nowak* EuGRZ **1980** 532, 537 f.; verneinend *Bartsch* NJW **1977** 476.

1029 Vgl. *Nowak* Art. 5 FP, 30 ff.

1030 *Nowak* Art. 5 FP, 32.

1031 *Nowak* Art. 5 FP, 33 ff.; *Joseph/Castan* 1.60; ferner *Weiß* AVR **42** (2004) 142, 151, wonach die Entscheidungen des HRC nach Schätzungen nur in etwa einem Drittel der Fälle befolgt werden. Zur Implementierung auf nationaler Ebene: *Principi* HRLJ **2018** 237.

ist **nicht fristgebunden**. Wird die Mitteilung jedoch fünf Jahre nach Erschöpfung des innerstaatlichen Rechtswegs erhoben, so kann darin ein Missbrauch des Beschwerderechts liegen (Rule 99 *lit.* c VerfO). Ein entsprechendes Beschwerdeformular wird auf der Internetseite des HRC zum Download bereitgestellt.[1032]

Mitteilungen, die anonym sind oder die als missbräuchlich oder unvereinbar mit den **433** Bestimmungen des IPBPR angesehen werden, weist das HRC als unzulässig zurück (Art. 3 FP-IPBPR, Rule 99 *lit.* c und d VerfO). Im Übrigen übermittelt es die Mitteilung dem Vertragsstaat, dem die Verletzung des Paktes vorgeworfen wird. Dieser muss dazu binnen sechs Monaten Stellung nehmen und ggf. auch die von ihm getroffenen Abhilfemaßnahmen mitteilen (Art. 4 FP-IPBPR). Aufgrund der dem Ausschuss zugegangenen schriftlichen Angaben prüft dieser die Mitteilung.[1033]

Der **innerstaatliche Rechtsweg** muss erschöpft sein, es sei denn, dass das Verfahren **434** bei dessen Inanspruchnahme unangemessen lang dauern würde. Art. 5 Abs. 2 *lit.* b FP-IPBPR enthält (anders als Art. 35 Abs. 1) keine Bezugnahme auf die Grundsätze des allgemeinen Völkerrechts; dafür wird dort jedoch ausdrücklich hervorgehoben, dass nur die dem Betroffenen verfügbaren und nicht unangemessen lange dauernden Rechtsbehelfsverfahren ausgeschöpft werden müssen.[1034]

Eine Beschwerde wird vom HRC nicht geprüft, wenn *dieselbe* Angelegenheit („*the* **435** *same matter*"; interpretiert vom HRC als: „*the same authors, the same facts and the same substantive rights*)[1035] bereits und noch Gegenstand eines **anderen internationalen Untersuchungs- oder Streitregelungsverfahrens** ist (Art. 5 Abs. 2 *lit.* a FP-IPBPR, Rule 99 *lit.* e VerfO). Als unzulässige Parallelverfahren gelten u.a. das Individualbeschwerdeverfahren vor dem **EGMR** (Art. 34) und die Beschwerde zum UN-Antifolterausschuss (**UN-CAT**).[1036] Art. 5 Abs. 2 *lit.* a FP-IPBPR enthält aber nur ein temporäres Kumulationsverbot, das die Behandlung einer Beschwerde nicht für immer ausschließt, sondern nur für die Dauer der Befassung eines anderen internationalen Kontrollgremiums mit der gleichen Sache.[1037] Es erlaubt also die Prüfung einer vom EGMR entschiedenen oder einer bereits in einem anderen internationalen Gremium behandelten Eingabe;[1038] weitergehende **staatliche Vorbehalte** sind allerdings zu prüfen.[1039]

Weist der EGMR eine Beschwerde ratione materiae als unzulässig ab (Art. 35 Abs. 3, **436** siehe Rn. 130), da die EMRK und die Zusatzprotokolle das geltend gemachte Recht nicht kennen, so gilt der EGMR nicht als damit befasst; das Kumulationsverbot greift dann nicht.[1040]

1032 Vgl. https://www.ohchr.org/en/hrbodies/ccpr/pages/ccprindex.aspx („model complaint form").

1033 Zu den damit verbundenen Beweisproblemen siehe *Joseph/Castan* 1.53 f.

1034 Ebenso Art. 21 Abs. 1 *lit.* c; Art. 22 Abs. 5 *lit.* b UNCAT; zu den Unterschieden zwischen IPBPR und EMRK *Schaupp-Haag* 6 ff., 68 ff.

1035 HRC Wallmann/A, 1.4.2004, 1002/2001, § 8.4; Käkkäläjärvi u.a./FIN, 2.11.2018, § 8.2.

1036 Dazu *Nowak* EuGRZ **1980** 532, 539; Verfahren vor dem Wirtschafts- und Sozialrat (Res. 1503) wurden nicht als dieselbe Angelegenheit wie eine Einzelbeschwerde angesehen, da sie einen „Gesamtzusammenhang grober und verläßlich belegter Menschenrechtsverletzungen" voraussetzten (Rn. 446 f.).

1037 „Suspensive Wirkung" *Nowak* Art. 5 FP-IPBPR, 6; vgl. *Ermacora* FS Verosta 195.

1038 Siehe aber HRC Paksas/LIT, 25.3.2014, 2155/2012, § 7.2: EGMR hat zwar sein Urteil bereits gefällt, das Ministerkomitee befasst sich aber noch gem. Art. 46 Abs. 2 mit der Umsetzung des Urteils durch den Vertragsstaat, so dass noch ein Kumulationsverbot besteht.

1039 *Nowak* EuGRZ **1980** 532, 536, 539; ferner *Bartsch* NJW **1994** 1323; vgl. den Vorbehalt Deutschlands zu Art. 5 Abs. 2 *lit.* a FP-IPBPR (BGBl. 1994 II S. 311), Rn. 426.

1040 HRC Paksas/LIT, 25.3.2014, 2155/2012, §§ 7.2 ff. Bezüglich des Beschwerdepunktes der Unwählbarkeit zum Parlament bestand ein Konventionsrecht (Art. 3 1. ZP-EMRK), woraus ein Kumulationsverbot resultierte; kein Konventionsrecht hinsichtlich der Unwählbarkeit zum Präsidenten, gegen die sich der Bf. vor dem

437   Die Beschwerde muss auch in zeitlicher Hinsicht zulässig sein (**ratione temporis**). Grundsätzlich werden nur solche Sachverhalte geprüft, die sich nach Inkrafttreten des FP-IPBPR ereigneten.[1041] Eine Ausnahme gilt für fortdauernde Verletzungen (*continuous violations*).[1042]

438   Hat ein von der EMRK und vom IPBPR garantiertes Recht einen unterschiedlichen Schutzgehalt („differ in substance") und wird eine Beschwerde vom EGMR *ratione materiae* als unzulässig eingestuft, so liegt keine bereits erfolgte „Prüfung" i.S.v. Art. 5 Abs. 2 lit. a FP-IPBPR vor; die Beschwerde kann vom HRC geprüft werden.[1043]

439   Anders als für die Korrespondenz von Strafgefangenen mit dem EGMR (dazu Rn. 51 f.) und dem *Europäischen* Antifolterausschuss (CPT) fehlt es in § 29 Abs. 2 StVollzG an einer entsprechenden Regelung für die Nichtüberwachung der Korrespondenz mit dem HRC. In Bayern sind Schreiben von Strafgefangenen an das HRC nach Art. 32 Abs. 2 Satz 1 Nr. 12 BayStVollzG hingegen von der Überwachung ausgenommen.

440   Der Ausschuss berät aufgrund der ihm vorliegenden Unterlagen über die Mitteilung in nichtöffentlicher Sitzung und teilt dann seine Auffassung („**View**") dem betroffenen Vertragsstaat und der Einzelperson mit, von der die Mitteilung stammt. Ein im Jahre 1990 eingerichtetes **Nachfolgeverfahren** („**Follow-Up-Procedure**") soll überwachen, in welchem Umfang die betroffenen Staaten dieser Auffassung nachkommen.[1044] Dabei werden die unternommenen Schritte anhand einer Skala von A („reply/action largely satisfactory") bis E („information or measures taken are contrary to or reflect rejection of the recommendation") bewertet.[1045] Insgesamt ähnelt das Verfahren in seinen Grundzügen dem früheren Verfahren vor der EKMR (oben Rn. 1–4), das jedoch nicht zuletzt wegen der eigenen Aufklärungsbefugnisse und der Möglichkeit der Herbeiführung einer bindenden Entscheidung besser und wirksamer ausgestaltet war. Dies gilt erst recht für das justizförmige Verfahren vor dem EGMR.

C. Sonstige Verfahren des internationalen Menschenrechtsschutzes

I. Allgemeines

441   **1. Weitere Einrichtungen.** Neben dem Verfahren nach dem IPBPR und dem FP-IPBPR sind im Rahmen der Vereinten Nationen **weitere Einrichtungen** geschaffen worden, die Menschenrechtsverletzungen unter verschiedenen, auch strafrechtlichen Aspekten nachgehen können (Rn. 446 f.). Verschiedene Übereinkommen, die den Menschenrechtsschutz in Teilbereichen international absichern, haben ihrerseits Einrichtungen zur internationalen Überprüfung der von der jeweiligen Konvention erfassten Menschenrechtsverletzungen geschaffen (Rn. 452 ff.), die jeweils ein quasi-richterliches Verfahren vor Spezialgremien (Ausschüsse) vorsehen, das mit einer **rechtlich unverbindlichen**

EGMR gleichwohl beschwert hatte (siehe EGMR [GK] Paksas/LIT, 25.3.2014, § 72), so dass sich in dieser Hinsicht auch kein Kumulationsverbot ergab.

1041 Vgl. HRC E.Z./KAZ, 1.4.2015, 2021/2010, § 7.4.

1042 Siehe HRC Huseynov/ASE, 21.7.2014, §§ 6.5. f. Für eine ausführliche Darstellung anhand einzelner Entscheidungen des HRC siehe *Joseph/Castan* 2.01 ff.

1043 HRC Lederbauer/A, 13.7.2007, 1454/2006, §§ 7.1–7.3, HRLJ **2007** 332.

1044 Zur teilweise geringen Abhilfebereitschaft der betroffenen Staaten vgl. *Weiß* AVR **42** (2004) 142, 152 ff.; vgl. auch die Studie von *Principi* HRLJ **2017** 1 ff.

1045 Vgl. etwa HRC Follow-up progress report on individual communications v. 19.11.2020, CCPR/C/130/R.2. Parallel dazu existiert ein „Follow-up on Concluding Observations".

Erkenntnis endet, dessen Umsetzung dem jeweiligen Vertragsstaat überlassen ist.[1046] Alle diese Konventionen stehen nebeneinander. Der gleiche Vorfall kann deshalb mitunter von mehreren erfasst werden, so dass sich die Frage stellt, wie sich die überschneidenden Konventionsverbürgungen sachlich zueinander verhalten und wie die verschiedenen konkurrierenden Verfahren zueinanderstehen.

2. Sachliches Zusammentreffen der Verpflichtungen aus mehreren internationa- 442 **len Übereinkommen.** Die meisten der den Menschenrechtsschutz im weitesten Sinn bezweckenden internationalen Übereinkommen haben in Deutschland durch die Ratifizierung innerstaatlich den Rang eines Bundesgesetzes erhalten. Sie überschneiden sich zum Teil untereinander und auch mit einzelnen Menschenrechtsgarantien der EMRK und des IPBPR. Da sie im Regelfall nach dem **Günstigkeitsprinzip** weitergehende Rechte nicht ausschließen, muss im Einzelfall geprüft werden, ob und aus welcher Konvention dem Betroffenen die am weitestgehenden Rechte erwachsen. Dies gilt auch für das Verhältnis zum nationalen Recht, vor allem zum Verfassungsrecht.[1047]

Das **Prinzip des weitestgehenden Schutzes** sichert dem Betroffenen im zweipoli- 443 gen Staat-Bürgerverhältnis das jeweils höchste Schutzniveau. In einem **mehrpoligen Menschenrechtsverhältnis**, in dem verschiedene private Rechtsträger einander gegenüberstehen, versagt das einzelrechtsbezogene Günstigkeitsprinzip, weil dann eine über die Ausgangsrechtsordnung hinausgehende Besserstellung des einen mit einer Benachteiligung des anderen verbunden sein kann. In solchen Fällen muss der Rechtsordnung der Vorrang eingeräumt werden, die den kollidierenden Rechten ausgewogen Rechnung trägt; dies dürfte in der Regel eine **beide Rechte umfassende Kodifikation** sein.[1048] Im Übrigen muss bei einer Kollision von Konventionsrechten mehrerer Personen versucht werden, sie in Abwägung ihrer Schutzzwecke zu einer **praktischen Konkordanz** zu bringen.

Soweit allerdings der Individualrechtschutz durch ein **spezielles Vertragsorgan** einer 444 Konvention angestrebt wird, können im Verfahren vor diesem Vertragsorgan immer nur die Individualrechte aus der jeweiligen Konvention geltend gemacht werden, nicht aber, dass ein darüberhinausgehendes nationales Recht oder ein Recht aus einer anderen Konvention verletzt worden ist. Wieweit umgekehrt dort zu berücksichtigen ist, dass ein Konventionsrecht durch Rechte eines Dritten aus einer anderen Konvention eingeschränkt wird, beurteilt sich in der Regel nach den gleichen Gesichtspunkten, die für die Einschränkbarkeit einer Konventionsgarantie durch innerstaatliche Gesetze gelten.

Verfahrensrechtlich sind die meisten Übereinkommen, die dem Betroffenen gestat- 445 ten, bei Verletzung eines in ihnen garantierten Rechts ein durch dieses Übereinkommen geschaffenes Organ (in der Regel einen besonderen Ausschuss) anzurufen, einander ähnlich. In späteren Verfahrensregelungen (zumeist Fakultativprotokolle) sind die Befugnisse der Ausschüsse nicht selten erweitert worden.[1049] Die Übereinkommen sehen meist ein durch eine „**Mitteilung**" des Betroffenen in Gang gesetztes Verfahren vor, das nach Einholung einer Auskunft des betroffenen Staates mit einer **unverbindlichen Entscheidung** endet. Die meisten Verfahren setzen voraus, dass nicht ein anderes internationales Organ

---

1046 Vgl. *Weiß* AVR **42** (2004) 142, 149 ff.; zur Implementierung von Entscheidungen der UN-Kontrollgremien auf nationaler Ebene: *Principi* HRLJ **2018** 237.
1047 *Grabenwarter/Pabel* § 2, 14 f.; vgl. auch Karpenstein/Mayer/*Thienel* Art. 53, 5 ff., 12.
1048 Vgl. *Grabenwarter/Pabel* VVDStL **60** 290, 340; ferner *Grabenwarter/Pabel* § 2, 15 f. (auch zum Verhältnis zwischen den Rechten aus der EMRK und den Rechten der EU).
1049 Anlass sind nicht selten Unzulänglichkeiten der in anderen (älteren) Fakultativprotokollen geregelten Verfahren; vgl. *Weiß* AVR **42** (2004) 142, 151.

Esser

mit der gleichen Sache befasst ist.[1050] Je nach der Formulierung in den einzelnen Übereinkommen kann dieser Ausschluss endgültig sein, er kann aber auch nur für die Zeit der Anhängigkeit der gleichen Sache bei einem anderen internationalen Kontrollgremium gelten.

II. Verfahren zum internationalen Menschenrechtsschutz bei der Organisation der Vereinten Nationen

446   **1. Resolution 1503 des Wirtschafts- und Sozialrats der Vereinten Nationen.** Die Resolution 1503 des Wirtschafts- und Sozialrats (ECOSOC Res. 1503-XLVIII) v. 27.5.1970[1051] hatte ein Verfahren zur Prüfung besonders schwerer und zuverlässig bezeugter Menschenrechtsverletzungen geschaffen, das nicht primär die Abhilfe bei einer Menschenrechtsverletzung im Einzelfall bezweckte,[1052] sondern das Gesamtbild der Menschenrechtslage daraufhin überprüfen sollte, ob sich ein System („consistent pattern") schwerwiegender Verletzungen abzeichnete, um so menschenrechtsfeindliche Staatspraktiken zu identifizieren.[1053] Sie ermächtigte die Unterkommission zur Verhütung von Diskriminierung und Minderheitenschutz der bis März 2006 tätigen UN-Menschenrechtskommission, jährlich in einer nicht öffentlich tagenden Arbeitsgruppe die **Mitteilungen von Einzelpersonen** oder nichtamtlichen Personengruppen über Menschenrechtsverletzungen zu prüfen.[1054]

447   Das Verfahren konnte keine Abhilfe im Einzelfall erzwingen und nur auf schwerwiegende und symptomatische Menschenrechtsverletzungen abstellen, so dass es meist von begrenztem Nutzen für den individuellen Rechtsschutz war. Auch nach einer (geringfügigen) Überarbeitung auf der Grundlage einer weiteren Resolution aus dem Jahr 2000[1055] erwies sich das Verfahren als zu schwerfällig und zeitintensiv, mithin insgesamt als wenig effektiv. Mit dem Ziel der Verbesserung der bisherigen Kontroll-, Berichts- und Beschwerdeverfahren wurde die aufgrund ihrer politischen Abhängigkeiten in Verruf geratene UN-Menschenrechtskommission im Jahr 2006 durch den **UN-Menschenrechtsrat (Human Rights Council)** abgelöst.[1056] Das bisherige sog. 1503-Beschwerdeverfahren galt zunächst fort.[1057] Am 18.6.2007 wurde durch die Resolution 5/1 eine neue Verfahrensordnung verabschiedet (s. Rn. 448).[1058]

448   **2. Menschenrechtsrat (Human Rights Council).** Der **UN Menschenrechtsrat** ist ein Unterorgan der UN-Generalversammlung mit der Aufgabe, weltweit gravierende und zu-

---

1050 Vgl. auch Art. 35 Abs. 2 *lit.* b. Zum Kumulationsverbot (Grundsatz der una via electa) vgl. Teil I, Einf. Rn. 230 f.; ferner oben Rn. 241 ff.

1051 Deutsche Übersetzung bei *Meyer-Ladewig/Uhink* Völkerrechtliche Übereinkommen und andere Dokumente des Europarats und der Vereinten Nationen (1988) 189 oder bei *Simma/Fastenrath* Nr. 2; die deutschen Übersetzungen der diesem Verfahren mit zugrunde liegenden Resolutionen 728 F (XXVIII) und 1235 (XLII) sind dort ebenfalls abgedruckt.

1052 Die Resolution 728 F (XXVIII) des Wirtschafts- und Sozialrats billigt ausdrücklich, dass die Kommission für Menschenrechte keine Befugnis hat, hinsichtlich der Beschwerden irgendwelche Maßnahmen zu treffen.

1053 *Bartsch* NJW 1977 477.

1054 Zur großen Zahl der Eingaben vgl. *Bartsch* NJW 1977 477: 1975: 30.000, 1976: 55.000; zum Problem der Befugnisübertragung auf die Unterkommission *Ramcharan* FS Ermacora 37.

1055 Res. 2000/3 v. 16.6.2000.

1056 Res. 60/251 v. 15.3.2006; Ende der letzten (62.) Sitzungsperiode am 27.3.2006.

1057 Menschenrechtsrat Decision 2006/102.

1058 Vgl. zur Reformbedürftigkeit der Verfahren in der UN-Menschenrechtskommission auch BTDrucks. 15 5098.

verlässig dokumentierte Verletzungen von Menschenrechten und Grundfreiheiten zu überprüfen.[1059] Zu diesem Zweck besteht auch nach der Ablösung der Menschenrechtskommission (Rn. 374) die Möglichkeit eines Beschwerdeverfahrens. Es gilt insoweit jedoch die neue Verfahrensordnung, die durch die Resolution 5/1 v. 18.6.2007 (**Human Rights Council: Institution Building – Complaint Procedure**) verabschiedet wurde. Sie erlaubt es (natürlichen) Personen oder Personengruppen, die behaupten, selbst Opfer einer Menschenrechtsverletzung (geworden) zu sein, sowie Personen, Personengruppen oder NGOs, die ohne eigene Betroffenheit unmittelbare und zuverlässige Erkenntnisse sowie verlässliche Beweise über Menschenrechtsverletzungen besitzen, sich mit einer Beschwerde gegen jeden Staat der Erde (eine Mitgliedschaft der UN ist nicht erforderlich) an den Rat zu wenden. Mit ihrer Beschwerde wird ein Verfahren initiiert, in dem die Beschwerdeführer keine Beteiligtenstellung erhalten.

Als **Beschwerdegegenstand** kommt die Verletzung eines in der Allgemeinen Erklä- **449** rung der Menschenrechte v. 10.12.1948 oder in einem anderen völkerrechtlichen Dokument niedergelegten oder (völker-)gewohnheitsrechtlich anerkannten Menschenrechtes in Betracht. Eine Beschränkung auf einen abgeschlossenen Katalog von Menschenrechten besteht nicht. Die Beschwerde darf sich inhaltlich allerdings nicht auf die Geltendmachung eines einmaligen oder individuellen Menschenrechtsverstoßes beschränken (wohl aber diesen als Ausgangspunkt wählen), sondern muss darüber hinaus einen **Gesamtzusammenhang bzw. ein Muster gravierender und zuverlässig belegter Verletzungen von Menschenrechten oder Grundfreiheiten** enthalten.[1060]

Grundsätzlich ist eine Beendigung der behaupteten Menschenrechtsverletzung zu- **450** nächst auf nationaler Ebene mit allen bereitgestellten Rechtsmitteln und Rechtsbehelfen anzustreben, da eine Beschwerde an den Rat erst nach ihrer erfolglosen Erschöpfung zulässig ist (Ausnahme: kein *effektiver* Rechtsschutz vorhanden; unzumutbare Dauer). Diese Regel hat wegen der allgemeinen Beschwerdebefugnis auch nicht individuell Betroffener praktisch nur eine geringe Relevanz. Gleichwohl ist dringend anzuraten, sowohl den **nationalen Rechtsweg** vollständig zu beschreiten als auch entsprechende Angaben über die durchgeführten Schritte in die Beschwerdeschrift aufzunehmen.

In seiner Entscheidung kann der Rat eine Menschenrechtsverletzung feststellen und **451** missbilligen. Es kommt jedoch nicht zu einer Prüfung und Feststellung einer Menschenrechtsverletzung *im konkreten Einzelfall*. Der Menschenrechtsrat hat auch keine Befugnis, gegenüber einem Staat aus Anlass einer Menschenrechtsbeschwerde konkrete Maßnahmen zu ergreifen oder anzuordnen. Regelmäßig wird das Verfahren mit einem **Bericht an den ECOSOC** enden. Art. 62 UN-Charta räumt dem ECOSOC das Recht ein, Empfehlungen bezüglich der Achtung und Verwirklichung der Menschenrechte abzugeben. Im Wesentlichen wird es dabei um die Aufnahme eines verstärkten Dialogs über die Verbesserung der Menschenrechtslage in dem betroffenen Staat gehen. Abschließend kann der ECOSOC in seinem Jahresbericht eine Menschenrechtsverletzung feststellen, verurteilen und den betroffenen Staat zur Abhilfe auffordern oder aber die Situation an die UN-Generalversammlung zur Diskussion weiterleiten.

1059 Vgl. ausführlich zum Menschenrechtsrat *Karrenstein* Der Menschenrechtsrat der Vereinten Nationen (2011); *Spohr* Der neue Menschenrechtsrat und das Hochkommissariat für Menschenrechte der Vereinten Nationen – Entstehung, Entwicklung und Zusammenarbeit (2013); *Osthoff* Weiterentwicklung des internationalen Menschenrechtsschutzes unter dem UN-Menschenrechtsrat (2012); *Tistounet* The UN Human Rights Council (2020).

1060 „Consistent pattern of gross and reliably attested violations of human rights and fundamental freedoms" (Res. 5/1, § 85).

Esser

III. Verfahren aufgrund von Spezialkonventionen

452   **1. Allgemeines.** Der durch den IPBPR geschaffene **internationale Menschenrechtsschutz im Rahmen der Vereinten Nationen** wird durch **weitere Konventionen** ergänzt, die meist im Rahmen der Vereinten Nationen verabschiedet oder novelliert wurden und die jeweils eine große Zahl von Staaten, darunter auch Deutschland, ratifiziert hat. Diese schützen, meist unter speziellen Gesichtspunkten, bestimmte Menschenrechte noch einmal gesondert.[1061] Mehrere von ihnen sehen auch **vertragseigene Kontrollmechanismen** vor, die eine internationale Überprüfung der eingegangenen Vertragsverpflichtungen ermöglichen und die von der Verpflichtung zu periodischen Staatenberichten bis zum unmittelbaren Beschwerderecht des Betroffenen reichen; so etwa

– das Übereinkommen über **Zwangs- und Pflichtarbeit** (ILO-Übereinkommen 29) v. 28.6.1930,[1062] geändert durch Übereinkommen ILO 116 v. 26.6.1961,[1063]
– das Übereinkommen über die **Abschaffung der Zwangs- und Pflichtarbeit** (ILO-Übereinkommen 105) v. 25.6.1957,[1064]
– das **Übereinkommen über die politischen Rechte der Frau** v. 31.3.1953[1065] und
– das Internationale Übereinkommen zur **Beseitigung von jeder Form der Rassendiskriminierung** v. 7.3.1966 (CERD),[1066]
– der **Internationale Pakt über wirtschaftliche, soziale und kulturelle Rechte** v. 19.12.1966 (IPWSKR),[1067]
– das Übereinkommen zur **Beseitigung von jeder Form der Diskriminierung der Frau** v. 18.12.1979 (CEDAW),[1068] ergänzt durch das Fakultativprotokoll v. 6.10.1999,[1069]
– das **Übereinkommen gegen Folter und andere grausame, unmenschliche oder erniedrigende Behandlung** v. 10.12.1984 (UNCAT), ergänzt durch das Fakultativprotokoll v. 18.12.2002 (OPCAT, in Kraft seit 22.6.2006)[1070] sowie durch die Verfahrensordnung v. 1.9.2014 (Rules of Procedure) in Verbindung mit den „Addis-Ababa-Guidelines" (Anhang zu der Verfahrensordnung), dazu Rn. 457,

---

[1061] Vgl. Teil I, Einf.-Rn. 31.
[1062] BGBl. 1956 II S. 641.
[1063] BGBl. 1963 II S. 1136.
[1064] BGBl. 1959 II S. 442.
[1065] BGBl. 1969 II S. 1930.
[1066] BGBl. 1969 II S. 961. Die Neufassung („amendment") von Art. 8 des Übereinkommens v. 15.1.1992 ist noch nicht in Kraft getreten (Stand: 08/2023).
[1067] BGBl. 1973 II S. 1570, auch für Deutschland in Kraft getreten am 3.1.1976 (BGBl. II S. 428). Das ergänzende Fakultativprotokoll v. 10.12.2008 ist im Februar 2013, nach Ratifikation durch den zehnten Vertragsstaat, in Kraft getreten. Für Deutschland: Gesetz v. 4.1.2023 zu dem Fakultativprotokoll vom 10. Dezember 2008 zum Internationalen Pakt vom 19. Dezember 1966 über wirtschaftliche, soziale und kulturelle Rechte, BGBl. 2023 II Nr. 4 v. 12.1.2023; vgl. auch SPD, Bündnis 90/Die Grünen, FDP: Koalitionsvertrag 2021–2025, S. 116–117 ferner siehe BTDrucks. **19** 22927 und **19** 23182). Das FP ermöglicht es Einzelpersonen oder Gruppen – auch im Namen anderer – Beschwerden einzulegen, wenn sie die im UN-Sozialpakt festgeschriebenen wirtschaftlichen, sozialen und kulturellen Rechte (WSK-Rechte) verletzt sehen.
[1068] Zustimmungsgesetz BGBl. 1985 II S. 647, geändert durch Gesetz v. 3.12.2001 (BGBl. II S. 1234; Rücknahme eines Vorbehalts); noch nicht in Kraft getreten: Neufassung („amendment") des Art. 20 Abs. 1 des Übereinkommens v. 22.12.1995 (Stand: 08/2023).
[1069] In Kraft getreten am 22.12.2000; von Deutschland am 15.1.2002 ratifiziert; in Kraft getreten in Deutschland am 15.4.2002.
[1070] Gesetz zu dem Fakultativprotokoll v. 18.12.2002 zum Übereinkommen gegen Folter und andere grausame, unmenschliche oder erniedrigende Behandlung oder Strafe v. 26.8.2008 (BGBl. II S. 854); OPCAT für Deutschland in Kraft getreten am 3.1.2009.

– das Internationale Übereinkommen zum **Schutz der Rechte aller Wanderarbeitnehmer und ihrer Familienangehörigen** v. 18.12.1990,[1071]
– das Übereinkommen über die **Rechte des Kindes** v. 20.11.1989 (CRC),[1072] ergänzt durch das Fakultativprotokoll v. 25.5.2000, welches sich gegen die Beteiligung von Jugendlichen unter 18 Jahren an bewaffneten Konflikten richtet;[1073] zweites Fakultativprotokoll v. 25.5.2000[1074] betreffend den Verkauf von Kindern, die Kinderprostitution und die Kinderpornographie; drittes Fakultativprotokoll v. 19.12.2011 betreffend von Mitteilungsverfahren,[1075]
– das Übereinkommen über die **Rechte von Menschen mit Behinderungen** v. 13.12.2006, ergänzt durch das **Fakultativprotokoll** v. 13.12.2006,[1076]
– das Internationale **Übereinkommen zum Schutz aller Personen vor dem Verschwindenlassen** v. 20.12.2006; dazu Rn. 387.[1077]

Verschiedene **dieser Übereinkommen** eröffnen auch dem Einzelnen ein Beschwerderecht. Er kann bei einer Verletzung seiner im jeweiligen Übereinkommen garantierten Rechte ein besonderes Vertragsorgan (meist einen besonderen Ausschuss) anrufen. Die Einhaltung der speziellen Vertragsgarantien wird somit der alleinigen Kontrolle der Vertragsstaaten entzogen. Dass auch der betroffene Einzelne die internationale Kontrolle der innerstaatlichen Vertragsumsetzung auslösen kann, soll die Schutzwirkung der Vertragsgarantien verstärken und der Tendenz in den Vertragsstaaten vorbeugen, die eingegangenen Vertragspflichten innerstaatlich nur zögerlich oder mit Abstrichen umzusetzen. **453**

2. UN-Antifolterkonvention (1984). Das **Übereinkommen gegen Folter und andere** **454** **grausame, unmenschliche oder erniedrigende Behandlung oder Strafe** v. 10.12.1984 (UNCAT) sieht in Art. 17 einen **Ausschuss gegen Folter** (UN-CAT) vor. Diesem zehnköpfigen Experten-Gremium, das zweimal jährlich tagt,[1078] sind über den UN-Generalsekretär alle vier Jahre **periodische Berichte der Vertragsstaaten** über die zur Erfüllung der Vertragspflichten getroffenen Maßnahmen vorzulegen. Diese Berichte werden auch den anderen Vertragsstaaten zugeleitet. Der Ausschuss, der keine bindenden Entscheidungsbefugnisse hat,[1079] kann seine Bemerkungen zu dem Bericht dem jeweiligen Staat übermitteln, der seinerseits dazu Stellung nehmen kann (Art. 19 UNCAT).

Ein **besonderes Untersuchungsverfahren von Amts wegen** sieht Art. 20 UNCAT vor, **455** das jedoch wegen der Nichtanerkennungsklausel des Art. 28 UNCAT letztlich fakultativ

---

1071 Resolution 45/158 der Generalversammlung, in Kraft getreten am 1.7.2003, von der Bundesregierung jedoch weder gezeichnet noch ratifiziert (Stand: 08/2023).
1072 Zustimmungsgesetz v. 17.2.1992 (BGBl. II S. 131).
1073 Protokoll und Zustimmungsgesetz v. 16.9.2004 (BGBl. II S. 1354).
1074 OP to the Convention on the Rights of the Child on the Sale of Children, Child Prostitution and Child Pornography; Gesetz v. 31.10.2008 (BGBl. II S. 1222); am 15.8.2009 für Deutschland in Kraft getreten.
1075 OP to the Convention on the Rights of the Child on a communications procedure; Zustimmungsgesetz v. 20.12.2012 (BGBl. II S. 1546); in Kraft getreten am 14.4.2014.
1076 Gesetz v. 21.12.2008 zu dem Übereinkommen über die Rechte von Menschen mit Behinderungen sowie zu dem Fakultativprotokoll (BGBl. II S. 1419); in Kraft getreten am 26.3.2009.
1077 In Kraft getreten am 23.12.2010; (auf UN-Ebene bislang lediglich Working Group on Enforced or Involuntary Disappearances); unterzeichnet von der Bundesregierung am 26.9.2007, ratifiziert am 24.9.2009; Gesetz zu dem Internationalen Übereinkommen v. 20.12.2006 zum Schutz aller Personen vor dem Verschwindenlassen v. 30.7.2009 (BGBl. 2009 II S. 932); vgl. auch den Gesetzentwurf v. 8.4.2009, BTDrucks. **16** 12592.
1078 Vgl. *Weiß* AVR **42** (2004) 142, 147.
1079 Zum Durchsetzungsverfahren vgl. etwa *Hailbronner/Randelzhofer* EuGRZ **1986** 641.

ist.[1080] Der UN-CAT wird ermächtigt, von sich aus zuverlässigen Informationen nachzugehen, wenn diese wohlbegründete Hinweise darauf enthalten, dass im Hoheitsgebiet eines Vertragsstaates systematische Folterungen stattfinden.[1081] Er kann eines oder mehrere seiner Mitglieder mit einer vertraulichen Untersuchung beauftragen und den betreffenden Vertragsstaat zur Mitwirkung auffordern. Im Einvernehmen mit dem betreffenden Staat kann eine solche Untersuchung auch einen Besuch in dessen Hoheitsgebiet einschließen. Das Untersuchungsergebnis übermittelt der Ausschuss dann zusammen mit seinen Bemerkungen und Vorschlägen dem betroffenen Staat. Das Verfahren ist **vertraulich**. Nach Abschluss der Untersuchungen kann der Ausschuss nach Konsultation des betroffenen Staates beschließen, eine Zusammenfassung des Ergebnisses in seinem Jahresbericht nach Art. 24 UNCAT aufzunehmen (Art. 20 Abs. 4 UNCAT).

456   Fakultativ ist die **Staatenbeschwerde**, mit der ein Staat geltend machen kann, ein anderer Staat komme seinen Verpflichtungen aus der Konvention nicht nach. Sie ist nur zulässig, wenn beide Staaten sich diesem Verfahren unterworfen haben (Art. 21 Abs. 1 UNCAT). Der innerstaatliche Rechtsweg muss erschöpft sein. Mit ihr wird – ähnlich der Staatenbeschwerde nach dem IPBPR – zunächst eine gütliche Einigung angestrebt. Kommt diese nicht zustande, beschränkt der Ausschuss seinen darüber abzugebenden Bericht auf die kurze Darstellung des Sachverhalts, der die Stellungnahmen der beteiligten Staaten beizufügen sind (Art. 22 UNCAT).

457   Fakultativ ist auch die Zulassung der **Individualbeschwerde** nach Art. 22 UNCAT, die nur gegen einen Staat erhoben werden darf, der die Zuständigkeit des Ausschusses gegen Folter anerkannt hat.[1082] Nur dann ist dieser befugt, Mitteilungen (Beschwerden) von Personen oder im Namen von Personen entgegenzunehmen, die geltend machen, Opfer einer Verletzung der Konvention durch den betreffenden Vertragsstaat zu sein. Das Verfahren wird in der Verfahrensordnung (Rules of Procedure) des UN-CAT v. 1.9.2014[1083] und in den „Addis-Ababa-Guidelines" (Anhang zu der Verfahrensordnung) näher geregelt.[1084] Anders als für die Korrespondenz von Strafgefangenen mit dem EGMR (dazu Rn. 51 f.) und dem *Europäischen* Antifolterausschuss (CPT) fehlt es in § 29 Abs. 2 Satz 1 und 2 StVollzG an einer entsprechenden Regelung für die Nichtüberwachung der Korrespondenz mit dem UN-CAT. In Bayern wird der Schriftwechsel von Strafgefangenen mit dem UN-CAT hingegen ausweislich der Regelung in Art. 32 Abs. 2 Satz 1 Nr. 14 BayStVollzG nicht überwacht.

458   In Bezug auf Deutschland sind die beiden Individualbeschwerden *M.A.K.*[1085] und *Abichou*[1086] zu nennen. Die Beschwerdeführer machten jeweils eine Verletzung des sog. Nonrefoulement-Gebotes aus Art. 3 UNCAT geltend. Während der UN-CAT im Fall *M.A.K.*, der eine Auslieferung in die Türkei betraf, eine Verletzung der Konvention verneinte, hat er im Fall *Abichou* hinsichtlich einer erfolgten Auslieferung nach Tunesien erstmals eine Konventionsverletzung durch deutsche Behörden angenommen.

459   Eine **Mitteilung** *(communication)* darf weder anonym noch missbräuchlich oder unvereinbar mit den Bestimmungen der Konvention sein. Dies setzt voraus, dass dieselbe Sache nicht bereits in einem anderen internationalen Untersuchungs- und Streitregelungsverfahren geprüft wird und dass der innerstaatliche Rechtsweg erschöpft ist. Letzteres ist

---

1080 Vgl. *Nowak* EuGRZ **1985** 109; nach *Nowak* FS Ermacora 493, 504 haben nur wenige Staaten beim Beitritt von der „opting out"-Klausel Gebrauch gemacht.
1081 *Nowak* FS Ermacora 493, 504 sieht darin ein innovatives Element.
1082 Deutschland ist dem Protokoll am 19.10.2001 beigetreten, vgl. *Weiß* AVR **42** (2004) 142, 147.
1083 UN CAT/C/3/Rev. 6; aufrufbar unter https://www.ohchr.org/en/hrbodies/cat/pages/catindex.aspx.
1084 Siehe hierzu: Ahlbrecht/Böhm/Esser/Eckelmans/*Esser* 649 ff.
1085 UN-CAT 12.5.2004, 214/2002 (M.A.K./D).
1086 UN-CAT 21.5.2013, 430/2010 (Abichou/D) m. Anm. *Schneider* EuGRZ **2014** 168.

jedoch nicht notwendig, wenn der Rechtsweg unangemessen lang dauert oder wenn davon keine wirksame Abhilfe für das Opfer zu erwarten ist. Der Ausschuss prüft die Mitteilung aufgrund der ihm erteilten Informationen, er ist aber auch befugt, eine mündliche Verhandlung durchzuführen und Zeugen anzuhören.[1087] Der Ausschuss kann eines oder mehrere seiner Mitglieder mit der Durchführung einer vertraulichen Untersuchung beauftragen, die mit Einverständnis des betroffenen Vertragsstaates auch einen Besuch in dessen Hoheitsgebiet einschließen kann. Nach Abschluss seiner Überprüfung teilt er seine rechtlich unverbindliche **Auffassung** *(view)* dem betroffenen Vertragsstaat und der Einzelperson mit.

Das ergänzende **Fakultativprotokoll** v. 18.12.2002 (OPCAT)[1088] dient der Etablierung **460** eines internationalen **Präventionsmechanismus und Systems zur Inspektion von Haftanstalten** und sonstigen Einrichtungen. Als internationales Organ wurde hierfür mit dem Fakultativprotokoll eigens ein **Unterausschuss des UN-CAT** *(Subcommittee on Prevention)* geschaffen, der uneingeschränkten Zugang zu Vollzugs- und Gewahrsamseinrichtungen in den Vertragssaaten hat. Zu seinen wichtigsten Rechten gehört die Möglichkeit, sich vertraulich, d.h. in Abwesenheit von Zeugen, mit Gefangenen zu unterhalten. Des Weiteren obliegt es den Vertragsstaaten, unabhängige nationale Stellen zu schaffen, die auf nationaler Ebene dem Schutz vor Folter dienen und über dieselben Rechte wie der Unterausschuss verfügen (sog. nationale Präventionsmechanismen). Sie sollen im Wesentlichen die Vollzugs- und Gewahrsamseinrichtungen überprüfen, Mängel beanstanden und Verbesserungen anregen. In der Bundesrepublik kommt diese Aufgabe der **Nationalen Stelle zur Verhütung von Folter** zu, die ihren Sitz in Wiesbaden hat. Sie vereint unter ihrem Dach sowohl die Bundesstelle (für alle Einrichtungen des Bundes) als auch die Länderkommission (für die Einrichtungen der Länder).[1089]

3. Internationales Übereinkommen zum Schutz aller Personen vor dem Ver- **461** **schwindenlassen**[1090]. Der erste völkervertragliche Schritt zur Sanktionierung des Verschwindenlassens von Personen erfolgte durch das IStGH-Statut von 1998. In **Art. 7 IStGH-Statut** wird das Verschwindenlassen als **Verbrechen gegen die Menschlichkeit** eingestuft.

Das **Übereinkommen zum Schutz aller Personen vor dem Verschwindenlassen** v. **462** 20.12.2006 geht auf eine weiterführende Initiative der Vereinten Nationen zurück und definiert den Begriff des Verschwindenlassens („enforced disappearance") als *„die Festnahme, den Entzug der Freiheit, die Entführung oder jede andere Form der Freiheitsberaubung durch Bedienstete des Staates oder durch Personen oder Personengruppen, die mit Ermächtigung, Unterstützung oder Duldung des Staates handeln, gefolgt von der Weigerung, diese Freiheitsberaubung anzuerkennen, oder der Verschleierung des Schicksals oder des Verbleibs der verschwundenen Person, wodurch sie dem Schutz des Gesetzes entzogen wird"* (Art. 2).

Das Verschwindenlassen von Personen ist nicht selten mit einer Vielzahl unterschied- **463** licher Menschenrechtsverletzungen verbunden, die nicht nur die verschwundene Person, sondern regelmäßig auch deren Angehörige betreffen: das Recht auf persönliche Freiheit

---

1087 *Nowak* FS Ermacora 493.
1088 In Kraft seit 22.6.2006; Gesetz zu dem Fakultativprotokoll v. 18.12.2002 zum Übereinkommen gegen Folter und andere grausame, unmenschliche oder erniedrigende Behandlung oder Strafe v. 26.8.2008 (BGBl. II S. 854); OPCAT für Deutschland in Kraft getreten am 3.1.2009.
1089 Zur Notwendigkeit einer Reform der Nationalen Stelle siehe: BTDrucks. **18** 13006.
1090 Hierzu zusammenfassend schon: *Schubert* Deutscher Bundestag, Wiss. Dienste, Aktueller Begriff Nr. 84/09.

Esser

und Sicherheit der Person (Art. 5),[1091] das Misshandlungsverbot bzw. das Recht auf menschenwürdige Haftbedingungen (Art. 3) und das Recht auf Achtung des Privat- und Familienlebens (Art. 8), ggf. sogar das Recht auf Leben (Art. 2).[1092]

464 Das Übereinkommen[1093] statuiert ein **umfassendes Verbot des Verschwindenlassens** und stellt klar, dass Akte von Verschwindenlassen auch durch außergewöhnliche Umstände nicht zu rechtfertigen sind (Art. 1). Es qualifiziert die *systematische* Praxis des Verschwindenlassens als Verbrechen gegen die Menschlichkeit (Art. 5) und verpflichtet die Vertragsstaaten, das Verschwindenlassen von Personen im nationalen Recht zu verbieten, es unter eine angemessene Strafe zu stellen und effektive Maßnahmen zur Strafverfolgung zu ergreifen (Art. 3, 4, 7, 8).

465 Die Vertragsstaaten sind gehalten, ihr nationales Recht ebenso wie Exekutive und Judikative so einzurichten, dass nicht nur Einzelpersonen und Untergebene, sondern auch Vorgesetzte strafrechtlich zur Verantwortung gezogen werden (Art. 6). Um eine effektive Verfolgung der Täter sicherzustellen, sieht das Übereinkommen eine strafrechtliche Verfolgungszuständigkeit nach dem **Weltrechtsprinzip** (Art. 9) vor. Nach dem Vorbild der UN-CAT verpflichtet es die Vertragsstaaten, etwaige Tatverdächtige entweder selbst vor Gericht zu stellen oder sie (an einen verfolgungswilligen Staat oder ein internationales Strafgericht) auszuliefern (Art. 11).

466 Das Übereinkommen erlegt den Vertragsstaaten darüber hinaus **Verpflichtungen zur Verhinderung des Verschwindenlassens** auf (vgl. hierzu schon Art. 5 Rn. 34). So statuiert es ein absolutes Verbot der geheimen Haft und lässt Freiheitsentzug nur in offiziell anerkannten und überwachten Einrichtungen zu, in denen Gefangene registriert sind. Effektive Rechtsbehelfe zur gerichtlichen Überprüfung der Haft (vgl. Art. 5 Rn. 506 ff.) müssen ebenso garantiert werden wie das Recht aller Personen mit legitimem Interesse, Informationen über Gefangene zu erhalten (Art. 17 f.). Des Weiteren wird den Opfern, d.h. allen Personen, die als unmittelbare Folge eines Aktes des Verschwindenlassens Schaden genommen haben, ausdrücklich das Recht zugebilligt, die Wahrheit zu erfahren, sowie den Vertragsstaaten die Pflicht auferlegt, ihnen ein Recht auf Wiedergutmachung und angemessene Entschädigung zu gewähren (Art. 24).

467 Zur Überprüfung der Umsetzung der im Übereinkommen niedergelegten Rechte und Pflichten ist die Schaffung eines **Ausschusses über das Verschwindenlassen** vorgesehen (Art. 26 ff.). Dieser hat die Aufgabe, die von den Staaten abzugebenden Berichte über die Umsetzung des Abkommens zu prüfen. Ferner kann er bei Vorliegen von Beweisen nach schriftlicher Information des belangten Staates Mitglieder zur Untersuchung behaupteter Konventionsverstöße vor Ort entsenden sowie dem betreffenden Staat Stellungnahmen und Empfehlungen mitteilen (Art. 33). Bei wohlbegründeten Hinweisen darauf, dass auf dem Hoheitsgebiet eines Vertragsstaates das Verschwindenlassen in ausgedehnter und systematischer Form praktiziert wird, kann der Ausschuss die Angelegenheit nach Einholung aller relevanten Informationen von dem betroffenen Vertragsstaat der Generalversammlung als dringlich zur Kenntnis bringen (Art. 34). Sofern entsprechende staatliche Unterwerfungserklärungen vorliegen, ist der Ausschuss darüber hinaus zur **Entgegennahme und Prüfung von Individual- und Staatenbeschwerden** berechtigt (Art. 31 f.).

1091 *Jötten* Enforced Disappearances und EMRK (2012).
1092 Dazu vgl. auch *Staffler* EuGRZ **2016** 344 ff.
1093 Zum Inhalt des Übereinkommens: *Hummer/Mayr-Singer* UN **2007** 183; *Heinz* Das neue internationale Übereinkommen zum Schutz aller Personen vor dem Verschwindenlassen, Deutsches Institut für Menschenrechte (2008). Speziell zur Thematik des Verschwindenlassens von Personen in Nepal: *Esser/Sümnick*, Menschenrechtsschutz in der Polizeiarbeit: Rechtliche und praktische Umsetzung internationaler Standards in Nepal – Studie mit Empfehlungen (2023).

D. Internationale Strafgerichtsbarkeit

Das am 17.7.1998 in Rom verabschiedete Statut des **Internationalen Strafgerichtshofs** 468
zur Ahndung von Völkermord, Verbrechen gegen die Menschlichkeit und Kriegsverbre-
chen[1094] ist am 1.7.2002 für Deutschland in Kraft getreten.[1095] Es eröffnet die Möglichkeit, die
dort genannten Verbrechen – unter Berücksichtigung des Komplementaritätsprinzips (Art. 17
IStGH-Statut) – auch vor einem internationalen Gerichtshof zu verfolgen. Da es sich meist
um schwere Menschenrechtsverletzungen handelt, fördert die Einrichtung des IStGH zugleich und im Kern auch den internationalen Menschenrechtsschutz.

Bereits die **Konvention über Verhütung und Bestrafung des Völkermords** v. 469
9.12.1948[1096] hatte neben der Feststellung der Strafbarkeit des Völkermords den Gedanken
angesprochen, dass die Aburteilung derartiger Verbrechen einem internationalen Strafgericht, dessen Gerichtsbarkeit die Parteien anerkannt haben, übertragen werden könne
(Art. VI). Dass die Verfolgung derartiger Verbrechen auch eine internationale Aufgabe ist,
wurde durch die Ereignisse auf dem Balkan und in Afrika deutlich.

Die **internationalen Strafgerichtshöfe (Tribunale)** für die Ahndung von Völkermord 470
und schwerwiegenden Menschenrechtsverletzungen in **Ruanda (ICTR)** und im **ehem. Jugo-**
slawien (ICTY)[1097] konnte der UN-Sicherheitsrat wegen des Fehlens anwendbarer Vertrags-
regelungen nur in Anwendung von Kapitel VII der Charta der Vereinten Nationen[1098] *ad hoc*
einsetzen. Fortgeführt werden die beiden Gerichtshöfe durch den im Jahr 2010 geschaffenen
Internationalen Residualmechanismus (IRMCT).[1099]

Auf **Einzelheiten** über Struktur und Verfahren des Residualmechanismus und über 471
die Rechtsprechung der Ad-hoc-Strafgerichtshöfe kann im Rahmen dieser Kommentierung
ebenso wenig eingegangen werden wie auf die völkerrechtliche Aufarbeitung von Völkermord, Kriegsverbrechen und Verbrechen gegen die Menschlichkeit durch die Sonderge-
richtsbarkeiten in Kambodscha, Ost-Timor, Sierra-Leone und im Kosovo. Für weitere Details wird hierzu auf die einschlägige Spezialliteratur verwiesen.[1100]

1094 Zustimmungsgesetz v. 4.12.2000 (BGBl. II S. 1393) mit Ausführungsgesetz v. 21.6.2002 (BGBl. I S. 2144),
dazu etwa *Ambos* ZStW **111** (1999) 175; *Kinkel* NJW **1998** 2650.

1095 BGBl. 2003 II S. 293 („nach Maßgabe der unter II abgedruckten Erklärungen"); dazu etwa *MacLean*
ZRP **2002** 260, zur temporären Begrenzung der Tätigkeit des Internationalen Strafgerichtshofs durch die
Resolution 1422 (2002) des Sicherheitsrats vgl. *Heselhaus* ZaöRV **62** (2002) 907.

1096 BGBl. 1954 II S. 730.

1097 Resolution 827 vom 25.5.1993 und Resolution 955 vom 8.11.1994.

1098 Befugnis des Sicherheitsrats zu Maßnahmen bei Bedrohung oder Bruch des Friedens.

1099 Vgl. UN Sicherheitsrat Res. 1966 (2010); Res. 2422 (2018); Res. 2529 (2020).

1100 Siehe *Ambos* § 8 Rn. 1 ff.; *Schabas* (Hrsg.), The Cambridge Companion to International Criminal Law
(2016).

TEIL III
Vertragstexte

Gesetz über die Konvention zum Schutze der Menschenrechte und Grundfreiheiten

Vom 7. August 1952
(BGBl. II S. 685, ber. S. 953)

Der Bundestag hat das folgende Gesetz beschlossen:

Artikel I

Der in Rom am 4. November 1950 von den Regierungen der Mitgliedstaaten des Europarates unterzeichneten Konvention zum Schutze der Menschenrechte und Grundfreiheiten wird zugestimmt.

Artikel II

(1) Die Konvention wird nachstehend mit Gesetzeskraft veröffentlicht.

(2) Die Bundesregierung wird ermächtigt, die Zuständigkeit der Kommission für Menschenrechte nach Artikel 25 der Konvention anzuerkennen.

(3) Die Bundesregierung wird ermächtigt, die Gerichtsbarkeit des Europäischen Gerichtshofes für Menschenrechte nach Artikel 46 der Konvention in allen die Auslegung und Anwendung dieser Konvention betreffenden Angelegenheiten als obligatorisch anzuerkennen.

(4) Der Tag, an dem das Abkommen gemäß seinem Artikel 66 in Kraft tritt, ist im Bundesgesetzblatt bekanntzugeben.

Artikel III

Die Konvention gilt im gesamten Geltungsbereich des Grundgesetzes.

Artikel IV

Dieses Gesetz tritt am Tage nach seiner Verkündung in Kraft.

**Bekanntmachung
der Neufassung der Konvention vom 4. November 1950
zum Schutz der Menschenrechte und Grundfreiheiten**

Vom 22. Oktober 2010

Auf Grund des Artikels 2 des Gesetzes vom 21. Februar 2006 zu dem Protokoll Nr. 14 vom 13. Mai 2004 zur Konvention zum Schutz der Menschenrechte
und Grundfreiheiten über die Änderung des Kontrollsystems der Konvention
(BGBl. 2006 II S. 138) wird nachstehend der Wortlaut der Konvention zum Schutz
der Menschenrechte und Grundfreiheiten vom 4. November 1950 (BGBl. 1952 II
S. 685, 686, 953), welche für die Bundesrepublik Deutschland am 3. September
1953 in Kraft getreten ist (BGBl. 1954 II S. 14) und die zuletzt durch das Protokoll Nr. 14 vom 13. Mai 2004 (BGBl. 2006 II S. 138, 139; 2010 II S. 1196) geändert worden ist, mit einer sprachlich überarbeiteten deutschen Übersetzung in
der ab 1. Juni 2010 geltenden Fassung mit

– dem Zusatzprotokoll vom 20. März 1952 zur Konvention zum Schutz der Menschenrechte und Grundfreiheiten (BGBl. 1956 II S. 1879, 1880), für die Bundesrepublik Deutschland in Kraft getreten am 13. Februar 1957 (BGBl. 1957 II
S. 226),

– dem Protokoll Nr. 4 vom 16. September 1963 zur Konvention zum Schutz der
Menschenrechte und Grundfreiheiten, durch das gewisse Rechte und Freiheiten gewährleistet werden, die nicht bereits in der Konvention oder im ersten
Zusatzprotokoll enthalten sind (BGBl. 1968 II S. 422, 423), für die Bundesrepublik Deutschland in Kraft getreten am 1. Juni 1968 (BGBl. 1968 II S. 1109),

– dem Protokoll Nr. 6 vom 28. April 1983 zur Konvention zum Schutz der Menschenrechte und Grundfreiheiten über die Abschaffung der Todesstrafe (BGBl.
1988 II S. 662, 663), für die Bundesrepublik Deutschland in Kraft getreten am
1. August 1989 (BGBl. 1989 II S. 814),

– dem Protokoll Nr. 13 vom 3. Mai 2002 zur Konvention zum Schutz der Menschenrechte und Grundfreiheiten über die vollständige Abschaffung der Todesstrafe (BGBl. 2004 II S. 982, 983), für die Bundesrepublik Deutschland in
Kraft getreten am 1. Februar 2005 (BGBl. 2004 II S. 1722),

nachstehend bekannt gemacht.

Berlin, den 22. Oktober 2010

Die Bundesministerin der Justiz
S. Leutheusser-Schnarrenberger

 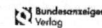

Bundesgesetzblatt Jahrgang 2010 Teil II Nr. 30, ausgegeben zu Bonn am 29. Oktober 2010 **1199**

Konvention
zum Schutz der Menschenrechte und Grundfreiheiten

Convention
for the Protection of Human Rights and Fundamental Freedoms

Convention
de sauvegarde des droits de l'homme et des libertés fondamentales

(Übersetzung)

The governments signatory hereto, being members of the Council of Europe,

Les gouvernements signataires, membres du Conseil de l'Europe,

Die Unterzeichnerregierungen, Mitglieder des Europarats –

Considering the Universal Declaration of Human Rights proclaimed by the General Assembly of the United Nations on 10 December 1948;

Considérant la Déclaration universelle des droits de l'homme, proclamée par l'Assemblée générale des Nations Unies le 10 décembre 1948;

in Anbetracht der Allgemeinen Erklärung der Menschenrechte, die am 10. Dezember 1948 von der Generalversammlung der Vereinten Nationen verkündet worden ist;

Considering that this Declaration aims at securing the universal and effective recognition and observance of the Rights therein declared;

Considérant que cette déclaration tend à assurer la reconnaissance et l'application universelles et effectives des droits qui y sont énoncés;

in der Erwägung, dass diese Erklärung bezweckt, die universelle und wirksame Anerkennung und Einhaltung der in ihr aufgeführten Rechte zu gewährleisten;

Considering that the aim of the Council of Europe is the achievement of greater unity between its members and that one of the methods by which that aim is to be pursued is the maintenance and further realisation of human rights and fundamental freedoms;

Considérant que le but du Conseil de l'Europe est de réaliser une union plus étroite entre ses membres, et que l'un des moyens d'atteindre ce but est la sauvegarde et le développement des droits de l'homme et des libertés fondamentales;

in der Erwägung, dass es das Ziel des Europarats ist, eine engere Verbindung zwischen seinen Mitgliedern herzustellen, und dass eines der Mittel zur Erreichung dieses Zieles die Wahrung und Fortentwicklung der Menschenrechte und Grundfreiheiten ist;

Reaffirming their profound belief in those fundamental freedoms which are the foundation of justice and peace in the world and are best maintained on the one hand by an effective political democracy and on the other by a common understanding and observance of the human rights upon which they depend;

Réaffirmant leur profond attachement à ces libertés fondamentales qui constituent les assises mêmes de la justice et de la paix dans le monde et dont le maintien repose essentiellement sur un régime politique véritablement démocratique, d'une part, et, d'autre part, sur une conception commune et un commun respect des droits de l'homme dont ils se réclament;

in Bekräftigung ihres tiefen Glaubens an diese Grundfreiheiten, welche die Grundlage von Gerechtigkeit und Frieden in der Welt bilden und die am besten durch eine wahrhaft demokratische politische Ordnung sowie durch ein gemeinsames Verständnis und eine gemeinsame Achtung der diesen Grundfreiheiten zugrunde liegenden Menschenrechte gesichert werden;

Being resolved, as the governments of European countries which are likeminded and have a common heritage of political traditions, ideals, freedom and the rule of law, to take the first steps for the collective enforcement of certain of the rights stated in the Universal Declaration,

Résolus, en tant que gouvernements d'Etats européens animés d'un même esprit et possédant un patrimoine commun d'idéal et de traditions politiques, de respect de la liberté et de prééminence du droit, à prendre les premières mesures propres à assurer la garantie collective de certains des droits énoncés dans la Déclaration universelle,

entschlossen, als Regierungen europäischer Staaten, die vom gleichen Geist beseelt sind und ein gemeinsames Erbe an politischen Überlieferungen, Idealen, Achtung der Freiheit und Rechtsstaatlichkeit besitzen, die ersten Schritte auf dem Weg zu einer kollektiven Garantie bestimmter in der Allgemeinen Erklärung aufgeführter Rechte zu unternehmen –

Have agreed as follows:

Sont convenus de ce qui suit:

haben Folgendes vereinbart:

1200 Bundesgesetzblatt Jahrgang 2010 Teil II Nr. 30, ausgegeben zu Bonn am 29. Oktober 2010

Article 1

Obligation to respect human rights

The High Contracting Parties shall secure to everyone within their jurisdiction the rights and freedoms defined in Section I of this Convention.

Article 1

Obligation de respecter les droits de l'homme

Les Hautes Parties contractantes reconnaissent à toute personne relevant de leur juridiction les droits et libertés définis au titre I de la présente Convention:

Artikel 1

Verpflichtung zur Achtung der Menschenrechte

Die Hohen Vertragsparteien sichern allen ihrer Hoheitsgewalt unterstehenden Personen die in Abschnitt I bestimmten Rechte und Freiheiten zu.

Section I

Rights and freedoms

Titre I

Droits et libertés

Abschnitt I

Rechte und Freiheiten

Article 2

Right to life

1. Everyone's right to life shall be protected by law. No one shall be deprived of his life intentionally save in the execution of a sentence of a court following his conviction of a crime for which this penalty is provided by law.

2. Deprivation of life shall not be regarded as inflicted in contravention of this Article when it results from the use of force which is no more than absolutely necessary:

(a) in defence of any person from unlawful violence;

(b) in order to effect a lawful arrest or to prevent the escape of a person lawfully detained;

(c) in action lawfully taken for the purpose of quelling a riot or insurrection.

Article 2

Droit à la vie

1. Le droit de toute personne à la vie est protégé par la loi. La mort ne peut être infligée à quiconque intentionnellement, sauf en exécution d'une sentence capitale prononcée par un tribunal au cas où le délit est puni de cette peine par la loi.

2. La mort n'est pas considérée comme infligée en violation de cet article dans les cas où elle résulterait d'un recours à la force rendu absolument nécessaire:

a) pour assurer la défense de toute personne contre la violence illégale;

b) pour effectuer une arrestation régulière ou pour empêcher l'évasion d'une personne régulièrement détenue;

c) pour réprimer, conformément à la loi, une émeute ou une insurrection.

Artikel 2

Recht auf Leben

(1) Das Recht jedes Menschen auf Leben wird gesetzlich geschützt. Niemand darf absichtlich getötet werden, außer durch Vollstreckung eines Todesurteils, das ein Gericht wegen eines Verbrechens verhängt hat, für das die Todesstrafe gesetzlich vorgesehen ist.

(2) Eine Tötung wird nicht als Verletzung dieses Artikels betrachtet, wenn sie durch eine Gewaltanwendung verursacht wird, die unbedingt erforderlich ist, um

a) jemanden gegen rechtswidrige Gewalt zu verteidigen;

b) jemanden rechtmäßig festzunehmen oder jemanden, dem die Freiheit rechtmäßig entzogen ist, an der Flucht zu hindern;

c) einen Aufruhr oder Aufstand rechtmäßig niederzuschlagen.

Article 3

Prohibition of torture

No one shall be subjected to torture or to inhuman or degrading treatment or punishment.

Article 3

Interdiction de la torture

Nul ne peut être soumis à la torture ni à des peines ou traitements inhumains ou dégradants.

Artikel 3

Verbot der Folter

Niemand darf der Folter oder unmenschlicher oder erniedrigender Behandlung oder Strafe unterworfen werden.

Article 4

Prohibition of slavery and forced labour

1. No one shall be held in slavery or servitude.

2. No one shall be required to perform forced or compulsory labour.

3. For the purpose of this Article the term "forced or compulsory labour" shall not include:

(a) any work required to be done in the ordinary course of detention imposed according to the provisions of Article 5 of this Convention or during conditional release from such detention;

(b) any service of a military character or, in case of conscientious objectors in countries where they are recognised, service exacted instead of compulsory military service;

(c) any service exacted in case of an emergency or calamity threatening the life or well-being of the community;

Article 4

Interdiction de l'esclavage et du travail forcé

1. Nul ne peut être tenu en esclavage ni en servitude.

2. Nul ne peut être astreint à accomplir un travail forcé ou obligatoire.

3. N'est pas considéré comme «travail forcé ou obligatoire» au sens du présent article:

a) tout travail requis normalement d'une personne soumise à la détention dans les conditions prévues par l'article 5 de la présente Convention, ou durant sa mise en liberté conditionnelle;

b) tout service de caractère militaire ou, dans le cas d'objecteurs de conscience dans les pays où l'objection de conscience est reconnue comme légitime, à un autre service à la place du service militaire obligatoire;

c) tout service requis dans le cas de crises ou de calamités qui menacent la vie ou le bien-être de la communauté;

Artikel 4

Verbot der Sklaverei und der Zwangsarbeit

(1) Niemand darf in Sklaverei oder Leibeigenschaft gehalten werden.

(2) Niemand darf gezwungen werden, Zwangs- oder Pflichtarbeit zu verrichten.

(3) Nicht als Zwangs- oder Pflichtarbeit im Sinne dieses Artikels gilt:

a) eine Arbeit, die üblicherweise von einer Person verlangt wird, der unter den Voraussetzungen des Artikels 5 die Freiheit entzogen oder die bedingt entlassen worden ist;

b) eine Dienstleistung militärischer Art oder eine Dienstleistung, die an die Stelle des im Rahmen der Wehrpflicht zu leistenden Dienstes tritt, in Ländern, wo die Dienstverweigerung aus Gewissensgründen anerkannt ist;

c) eine Dienstleistung, die verlangt wird, wenn Notstände oder Katastrophen das Leben oder das Wohl der Gemeinschaft bedrohen;

Das Bundesgesetzblatt im Internet: www.bundesgesetzblatt.de I Ein Service des Bundesanzeiger Verlag www.bundesanzeiger-verlag.de

Esser

1774

Europäische Menschenrechtskonvention —— EMRK

Bundesgesetzblatt Jahrgang 2010 Teil II Nr. 30, ausgegeben zu Bonn am 29. Oktober 2010   **1201**

(d) any work or service which forms part of normal civic obligations.

d) tout travail ou service formant partie des obligations civiques normales.

d) eine Arbeit oder Dienstleistung, die zu den üblichen Bürgerpflichten gehört.

Article 5
Right to liberty and security

1. Everyone has the right to liberty and security of person. No one shall be deprived of his liberty save in the following cases and in accordance with a procedure prescribed by law:

(a) the lawful detention of a person after conviction by a competent court;

(b) the lawful arrest or detention of a person for non-compliance with the lawful order of a court or in order to secure the fulfilment of any obligation prescribed by law;

(c) the lawful arrest or detention of a person effected for the purpose of bringing him before the competent legal authority on reasonable suspicion of having committed an offence or when it is reasonably considered necessary to prevent his committing an offence or fleeing after having done so;

(d) the detention of a minor by lawful order for the purpose of educational supervision or his lawful detention for the purpose of bringing him before the competent legal authority;

(e) the lawful detention of persons for the prevention of the spreading of infectious diseases, of persons of unsound mind, alcoholics or drug addicts or vagrants;

(f) the lawful arrest or detention of a person to prevent his effecting an unauthorised entry into the country or of a person against whom action is being taken with a view to deportation or extradition.

2. Everyone who is arrested shall be informed promptly, in a language which he understands, of the reasons for his arrest and of any charge against him.

3. Everyone arrested or detained in accordance with the provisions of paragraph 1 (c) of this Article shall be brought promptly before a judge or other officer authorised by law to exercise judicial power and shall be entitled to trial within a reasonable time or to release pending trial. Release may be conditioned by guarantees to appear for trial.

4. Everyone who is deprived of his liberty by arrest or detention shall be entitled to take proceedings by which the lawfulness of his detention shall be decided speedily

Article 5
Droit à la liberté et à la sûreté

1. Toute personne a droit à la liberté et à la sûreté. Nul ne peut être privé de sa liberté, sauf dans les cas suivants et selon les voies légales:

a) s'il est détenu régulièrement après condamnation par un tribunal compétent;

b) s'il a fait l'objet d'une arrestation ou d'une détention régulières pour insoumission à une ordonnance rendue, conformément à la loi, par un tribunal ou en vue de garantir l'exécution d'une obligation prescrite par la loi;

c) s'il a été arrêté et détenu en vue d'être conduit devant l'autorité judiciaire compétente, lorsqu'il y a des raisons plausibles de soupçonner qu'il a commis une infraction ou qu'il y a des motifs raisonnables de croire à la nécessité de l'empêcher de commettre une infraction ou de s'enfuir après l'accomplissement de celle-ci;

d) s'il s'agit de la détention régulière d'un mineur, décidée pour son éducation surveillée ou de sa détention régulière, afin de le traduire devant l'autorité compétente;

e) s'il s'agit de la détention régulière d'une personne susceptible de propager une maladie contagieuse, d'un aliéné, d'un alcoolique, d'un toxicomane ou d'un vagabond;

f) s'il s'agit de l'arrestation ou de la détention régulières d'une personne pour l'empêcher de pénétrer irrégulièrement dans le territoire, ou contre laquelle une procédure d'expulsion ou d'extradition est en cours.

2. Toute personne arrêtée doit être informée, dans le plus court délai et dans une langue qu'elle comprend, des raisons de son arrestation et de toute accusation portée contre elle.

3. Toute personne arrêtée ou détenue, dans les conditions prévues au paragraphe 1 c) du présent article, doit être aussitôt traduite devant un juge ou un autre magistrat habilité par la loi à exercer des fonctions judiciaires et a le droit d'être jugée dans un délai raisonnable, ou libérée pendant la procédure. La mise en liberté peut être subordonnée à une garantie assurant la comparution de l'intéressé à l'audience.

4. Toute personne privée de sa liberté par arrestation ou détention a le droit d'introduire un recours devant un tribunal, afin qu'il statue à bref délai sur la légalité de sa

Artikel 5
Recht auf Freiheit und Sicherheit

(1) Jede Person hat das Recht auf Freiheit und Sicherheit. Die Freiheit darf nur in den folgenden Fällen und nur auf die gesetzlich vorgeschriebene Weise entzogen werden:

a) rechtmäßige Freiheitsentziehung nach Verurteilung durch ein zuständiges Gericht;

b) rechtmäßige Festnahme oder Freiheitsentziehung wegen Nichtbefolgung einer rechtmäßigen gerichtlichen Anordnung oder zur Erzwingung der Erfüllung einer gesetzlichen Verpflichtung;

c) rechtmäßige Festnahme oder Freiheitsentziehung zur Vorführung vor die zuständige Gerichtsbehörde, wenn hinreichender Verdacht besteht, dass die betreffende Person eine Straftat begangen hat, oder wenn begründeter Anlass zu der Annahme besteht, dass es notwendig ist, sie an der Begehung einer Straftat oder an der Flucht nach Begehung einer solchen zu hindern;

d) rechtmäßige Freiheitsentziehung bei Minderjährigen zum Zweck überwachter Erziehung oder zur Vorführung vor die zuständige Behörde;

e) rechtmäßige Freiheitsentziehung mit dem Ziel, eine Verbreitung ansteckender Krankheiten zu verhindern, sowie bei psychisch Kranken, Alkohol- oder Rauschgiftsüchtigen und Landstreichern;

f) rechtmäßige Festnahme oder Freiheitsentziehung zur Verhinderung der unerlaubten Einreise sowie bei Personen, gegen die ein Ausweisungs- oder Auslieferungsverfahren im Gange ist.

(2) Jeder festgenommenen Person muss innerhalb möglichst kurzer Frist in einer ihr verständlichen Sprache mitgeteilt werden, welches die Gründe für ihre Festnahme sind und welche Beschuldigungen gegen sie erhoben werden.

(3) Jede Person, die nach Absatz 1 Buchstabe c von Festnahme oder Freiheitsentziehung betroffen ist, muss unverzüglich einem Richter oder einer anderen gesetzlich zur Wahrnehmung richterlicher Aufgaben ermächtigten Person vorgeführt werden; sie hat Anspruch auf ein Urteil innerhalb angemessener Frist oder auf Entlassung während des Verfahrens. Die Entlassung kann von der Leistung einer Sicherheit für das Erscheinen vor Gericht abhängig gemacht werden.

(4) Jede Person, die festgenommen oder der die Freiheit entzogen ist, hat das Recht zu beantragen, dass ein Gericht innerhalb kurzer Frist über die Rechtmäßigkeit der

1202   Bundesgesetzblatt Jahrgang 2010 Teil II Nr. 30, ausgegeben zu Bonn am 29. Oktober 2010

by a court and his release ordered if the detention is not lawful.

5. Everyone who has been the victim of arrest or detention in contravention of the provisions of this Article shall have an enforceable right to compensation.

détention et ordonne sa libération si la détention est illégale.

5. Toute personne victime d'une arrestation ou d'une détention dans des conditions contraires aux dispositions de cet article a droit à réparation.

Freiheitsentziehung entscheidet und ihre Entlassung anordnet, wenn die Freiheitsentziehung nicht rechtmäßig ist.

(5) Jede Person, die unter Verletzung dieses Artikels von Festnahme oder Freiheitsentziehung betroffen ist, hat Anspruch auf Schadensersatz.

Article 6

Right to a fair trial

1. In the determination of his civil rights and obligations or of any criminal charge against him, everyone is entitled to a fair and public hearing within a reasonable time by an independent and impartial tribunal established by law. Judgment shall be pronounced publicly but the press and public may be excluded from all or part of the trial in the interests of morals, public order or national security in a democratic society, where the interests of juveniles or the protection of the private life of the parties so require, or to the extent strictly necessary in the opinion of the court in special circumstances where publicity would prejudice the interests of justice.

Article 6

Droit à un procès équitable

1. Toute personne a droit à ce que sa cause soit entendue équitablement, publiquement et dans un délai raisonnable, par un tribunal indépendant et impartial, établi par la loi, qui décidera, soit des contestations sur ses droits et obligations de caractère civil, soit du bien-fondé de toute accusation en matière pénale dirigée contre elle. Le jugement doit être rendu publiquement, mais l'accès de la salle d'audience peut être interdit à la presse et au public pendant la totalité ou une partie du procès dans l'intérêt de la moralité, de l'ordre public ou de la sécurité nationale dans une société démocratique, lorsque les intérêts des mineurs ou la protection de la vie privée des parties au procès l'exigent, ou dans la mesure jugée strictement nécessaire par le tribunal, lorsque dans des circonstances spéciales la publicité serait de nature à porter atteinte aux intérêts de la justice.

Artikel 6

Recht auf ein faires Verfahren

(1) Jede Person hat ein Recht darauf, dass über Streitigkeiten in Bezug auf ihre zivilrechtlichen Ansprüche und Verpflichtungen oder über eine gegen sie erhobene strafrechtliche Anklage von einem unabhängigen und unparteiischen, auf Gesetz beruhenden Gericht in einem fairen Verfahren, öffentlich und innerhalb angemessener Frist verhandelt wird. Das Urteil muss öffentlich verkündet werden; Presse und Öffentlichkeit können jedoch während des ganzen oder eines Teiles des Verfahrens ausgeschlossen werden, wenn dies im Interesse der Moral, der öffentlichen Ordnung oder der nationalen Sicherheit in einer demokratischen Gesellschaft liegt, wenn die Interessen von Jugendlichen oder der Schutz des Privatlebens der Prozessparteien es verlangen oder – soweit das Gericht es für unbedingt erforderlich hält – wenn unter besonderen Umständen eine öffentliche Verhandlung die Interessen der Rechtspflege beeinträchtigen würde.

2. Everyone charged with a criminal offence shall be presumed innocent until proved guilty according to law.

2. Toute personne accusée d'une infraction est présumée innocente jusqu'à ce que sa culpabilité ait été légalement établie.

(2) Jede Person, die einer Straftat angeklagt ist, gilt bis zum gesetzlichen Beweis ihrer Schuld als unschuldig.

3. Everyone charged with a criminal offence has the following minimum rights:

3. Tout accusé a droit notamment à:

(3) Jede angeklagte Person hat mindestens folgende Rechte:

(a) to be informed promptly, in a language which he understands and in detail, of the nature and cause of the accusation against him;

a) être informé, dans le plus court délai, dans une langue qu'il comprend et d'une manière détaillée, de la nature et de la cause de l'accusation portée contre lui;

a) innerhalb möglichst kurzer Frist in einer ihr verständlichen Sprache in allen Einzelheiten über Art und Grund der gegen sie erhobenen Beschuldigung unterrichtet zu werden;

(b) to have adequate time and facilities for the preparation of his defence;

b) disposer du temps et des facilités nécessaires à la préparation de sa défense;

b) ausreichende Zeit und Gelegenheit zur Vorbereitung ihrer Verteidigung zu haben;

(c) to defend himself in person or through legal assistance of his own choosing or, if he has not sufficient means to pay for legal assistance, to be given it free when the interests of justice so require;

c) se défendre lui-même ou avoir l'assistance d'un défenseur de son choix et, s'il n'a pas les moyens de rémunérer un défenseur, pouvoir être assisté gratuitement par un avocat d'office, lorsque les intérêts de la justice l'exigent;

c) sich selbst zu verteidigen, sich durch einen Verteidiger ihrer Wahl verteidigen zu lassen oder, falls ihr die Mittel zur Bezahlung fehlen, unentgeltlich den Beistand eines Verteidigers zu erhalten, wenn dies im Interesse der Rechtspflege erforderlich ist;

(d) to examine or have examined witnesses against him and to obtain the attendance and examination of witnesses on his behalf under the same conditions as witnesses against him;

d) interroger ou faire interroger les témoins à charge et obtenir la convocation et l'interrogation des témoins à décharge dans les mêmes conditions que les témoins à charge;

d) Fragen an Belastungszeugen zu stellen oder stellen zu lassen und die Ladung und Vernehmung von Entlastungszeugen unter denselben Bedingungen zu erwirken, wie sie für Belastungszeugen gelten;

(e) to have the free assistance of an interpreter if he cannot understand or speak the language used in court.

e) se faire assister gratuitement d'un interprète, s'il ne comprend pas ou ne parle pas la langue employée à l'audience.

e) unentgeltliche Unterstützung durch einen Dolmetscher zu erhalten, wenn sie die Verhandlungssprache des Gerichts nicht versteht oder spricht.

Article 7

No punishment without law

1. No one shall be held guilty of any criminal offence on account of any act or

Article 7

Pas de peine sans loi

1. Nul ne peut être condamné pour une action ou une omission qui, au moment où

Artikel 7

Keine Strafe ohne Gesetz

(1) Niemand darf wegen einer Handlung oder Unterlassung verurteilt werden, die zur

omission which did not constitute a criminal offence under national or international law at the time when it was committed. Nor shall a heavier penalty be imposed than the one that was applicable at the time the criminal offence was committed.

2. This Article shall not prejudice the trial and punishment of any person for any act or omission which, at the time when it was committed, was criminal according to the general principles of law recognised by civilised nations.

elle a été commise, ne constituait pas une infraction d'après le droit national ou international. De même il n'est infligé aucune peine plus forte que celle qui était applicable au moment où l'infraction a été commise

2. Le présent article ne portera pas atteinte au jugement et à la punition d'une personne coupable d'une action ou d'une omission qui, au moment où elle a été commise, était criminelle d'après les principes généraux de droit reconnus par les nations civilisées.

Zeit ihrer Begehung nach innerstaatlichem oder internationalem Recht nicht strafbar war. Es darf auch keine schwerere als die zur Zeit der Begehung angedrohte Strafe verhängt werden.

(2) Dieser Artikel schließt nicht aus, dass jemand wegen einer Handlung oder Unterlassung verurteilt oder bestraft wird, die zur Zeit ihrer Begehung nach den von den zivilisierten Völkern anerkannten allgemeinen Rechtsgrundsätzen strafbar war.

Article 8
Right to respect for private and family life

1. Everyone has the right to respect for his private and family life, his home and his correspondence.

2. There shall be no interference by a public authority with the exercise of this right except such as is in accordance with the law and is necessary in a democratic society in the interests of national security, public safety or the economic well-being of the country, for the prevention of disorder or crime, for the protection of health or morals, or for the protection of the rights and freedoms of others.

Article 8
Droit au respect de la vie privée et familiale

1. Toute personne a droit au respect de sa vie privée et familiale, de son domicile et de sa correspondance.

2. Il ne peut y avoir ingérence d'une autorité publique dans l'exercice de ce droit que pour autant que cette ingérence est prévue par la loi et qu'elle constitue une mesure qui, dans une société démocratique, est nécessaire à la sécurité nationale, à la sûreté publique, au bien-être économique du pays, à la défense de l'ordre et à la prévention des infractions pénales, à la protection de la santé ou de la morale, ou à la protection des droits et libertés d'autrui.

Artikel 8
Recht auf Achtung des Privat- und Familienlebens

(1) Jede Person hat das Recht auf Achtung ihres Privat- und Familienlebens, ihrer Wohnung und ihrer Korrespondenz.

(2) Eine Behörde darf in die Ausübung dieses Rechts nur eingreifen, soweit der Eingriff gesetzlich vorgesehen und in einer demokratischen Gesellschaft notwendig ist für die nationale oder öffentliche Sicherheit, für das wirtschaftliche Wohl des Landes, zur Aufrechterhaltung der Ordnung, zur Verhütung von Straftaten, zum Schutz der Gesundheit oder der Moral oder zum Schutz der Rechte und Freiheiten anderer.

Article 9
Freedom of thought, conscience and religion

1. Everyone has the right to freedom of thought, conscience and religion; this right includes freedom to change his religion or belief and freedom, either alone or in community with others and in public or private, to manifest his religion or belief, in worship, teaching, practice and observance.

2. Freedom to manifest one's religion or beliefs shall be subject only to such limitations as are prescribed by law and are necessary in a democratic society in the interests of public safety, for the protection of public order, health or morals, or for the protection of the rights and freedoms of others.

Article 9
Liberté de pensée, de conscience et de religion

1. Toute personne a droit à la liberté de pensée, de conscience et de religion; ce droit implique la liberté de changer de religion ou de conviction, ainsi que la liberté de manifester sa religion ou sa conviction individuellement ou collectivement, en public ou en privé, par le culte, l'enseignement, les pratiques et l'accomplissement des rites.

2. La liberté de manifester sa religion ou ses convictions ne peut faire l'objet d'autres restrictions que celles qui, prévues par la loi, constituent des mesures nécessaires, dans une société démocratique, à la sécurité publique, à la protection de l'ordre, de la santé ou de la morale publiques, ou à la protection des droits et libertés d'autrui.

Artikel 9
Gedanken-, Gewissens- und Religionsfreiheit

(1) Jede Person hat das Recht auf Gedanken-, Gewissens- und Religionsfreiheit; dieses Recht umfasst die Freiheit, seine Religion oder Weltanschauung zu wechseln, und die Freiheit, seine Religion oder Weltanschauung einzeln oder gemeinsam mit anderen öffentlich oder privat durch Gottesdienst, Unterricht oder Praktizieren von Bräuchen und Riten zu bekennen.

(2) Die Freiheit, seine Religion oder Weltanschauung zu bekennen, darf nur Einschränkungen unterworfen werden, die gesetzlich vorgesehen und in einer demokratischen Gesellschaft notwendig sind für die öffentliche Sicherheit, zum Schutz der öffentlichen Ordnung, Gesundheit oder Moral oder zum Schutz der Rechte und Freiheiten anderer.

Article 10
Freedom of expression

1. Everyone has the right to freedom of expression. This right shall include freedom to hold opinions and to receive and impart information and ideas without interference by public authority and regardless of frontiers. This Article shall not prevent States from requiring the licensing of broadcasting, television or cinema enterprises.

2. The exercise of these freedoms, since it carries with it duties and responsibilities,

Article 10
Liberté d'expression

1. Toute personne a droit à la liberté d'expression. Ce droit comprend la liberté d'opinion et la liberté de recevoir ou de communiquer des informations ou des idées sans qu'il puisse y avoir ingérence d'autorités publiques et sans considération de frontière. Le présent article n'empêche pas les Etats de soumettre les entreprises de radiodiffusion, de cinéma ou de télévision à un régime d'autorisations.

2. L'exercice de ces libertés comportant des devoirs et des responsabilités peut être

Artikel 10
Freiheit der Meinungsäußerung

(1) Jede Person hat das Recht auf freie Meinungsäußerung. Dieses Recht schließt die Meinungsfreiheit und die Freiheit ein, Informationen und Ideen ohne behördliche Eingriffe und ohne Rücksicht auf Staatsgrenzen zu empfangen und weiterzugeben. Dieser Artikel hindert die Staaten nicht, für Hörfunk-, Fernseh- oder Kinounternehmen eine Genehmigung vorzuschreiben.

(2) Die Ausübung dieser Freiheiten ist mit Pflichten und Verantwortung verbunden; sie

1204   Bundesgesetzblatt Jahrgang 2010 Teil II Nr. 30, ausgegeben zu Bonn am 29. Oktober 2010

may be subject to such formalities, conditions, restrictions or penalties as are prescribed by law and are necessary in a democratic society, in the interests of national security, territorial integrity or public safety, for the prevention of disorder or crime, for the protection of health or morals, for the protection of the reputation or rights of others, for preventing the disclosure of information received in confidence, or for maintaining the authority and impartiality of the judiciary.

soumis à certaines formalités, conditions, restrictions ou sanctions prévues par la loi, qui constituent des mesures nécessaires, dans une société démocratique, à la sécurité nationale, à l'intégrité territoriale ou à la sûreté publique, à la défense de l'ordre et à la prévention du crime, à la protection de la santé ou de la morale, à la protection de la réputation ou des droits d'autrui, pour empêcher la divulgation d'informations confidentielles ou pour garantir l'autorité et l'impartialité du pouvoir judiciaire.

kann daher Formvorschriften, Bedingungen, Einschränkungen oder Strafdrohungen unterworfen werden, die gesetzlich vorgesehen und in einer demokratischen Gesellschaft notwendig sind für die nationale Sicherheit, die territoriale Unversehrtheit oder die öffentliche Sicherheit, zur Aufrechterhaltung der Ordnung oder zur Verhütung von Straftaten, zum Schutz der Gesundheit oder der Moral, zum Schutz des guten Rufes oder der Rechte anderer, zur Verhinderung der Verbreitung vertraulicher Informationen oder zur Wahrung der Autorität und der Unparteilichkeit der Rechtsprechung.

Article 11

Freedom of assembly and association

1. Everyone has the right to freedom of peaceful assembly and to freedom of association with others, including the right to form and to join trade unions for the protection of his interests.

2. No restrictions shall be placed on the exercise of these rights other than such as are prescribed by law and are necessary in a democratic society in the interests of national security or public safety, for the prevention of disorder or crime, for the protection of health or morals or for the protection of the rights and freedoms of others. This Article shall not prevent the imposition of lawful restrictions on the exercise of these rights by members of the armed forces, of the police or of the administration of the State.

Article 11

Liberté de réunion et d'association

1. Toute personne a droit à la liberté de réunion pacifique et à la liberté d'association, y compris le droit de fonder avec d'autres des syndicats et de s'affilier à des syndicats pour la défense de ses intérêts.

2. L'exercice de ces droits ne peut faire l'objet d'autres restrictions que celles qui, prévues par la loi, constituent des mesures nécessaires, dans une société démocratique, à la sécurité nationale, à la sûreté publique, à la défense de l'ordre et à la prévention du crime, à la protection de la santé ou de la morale, ou à la protection des droits et libertés d'autrui. Le présent article n'interdit pas que des restrictions légitimes soient imposées à l'exercice de ces droits par les membres des forces armées, de la police ou de l'administration de l'Etat.

Artikel 11

Versammlungs- und Vereinigungsfreiheit

(1) Jede Person hat das Recht, sich frei und friedlich mit anderen zu versammeln und sich frei mit anderen zusammenzuschließen; dazu gehört auch das Recht, zum Schutz seiner Interessen Gewerkschaften zu gründen und Gewerkschaften beizutreten.

(2) Die Ausübung dieser Rechte darf nur Einschränkungen unterworfen werden, die gesetzlich vorgesehen und in einer demokratischen Gesellschaft notwendig sind für die nationale oder öffentliche Sicherheit, zur Aufrechterhaltung der Ordnung oder zur Verhütung von Straftaten, zum Schutz der Gesundheit oder der Moral oder zum Schutz der Rechte und Freiheiten anderer. Dieser Artikel steht rechtmäßigen Einschränkungen der Ausübung dieser Rechte für Angehörige der Streitkräfte, der Polizei oder der Staatsverwaltung nicht entgegen.

Article 12

Right to marry

Men and women of marriageable age have the right to marry and to found a family, according to the national laws governing the exercise of this right.

Article 12

Droit au mariage

A partir de l'âge nubile, l'homme et la femme ont le droit de se marier et de fonder une famille selon les lois nationales régissant l'exercice de ce droit.

Artikel 12

Recht auf Eheschließung

Männer und Frauen im heiratsfähigen Alter haben das Recht, nach den innerstaatlichen Gesetzen, welche die Ausübung dieses Rechts regeln, eine Ehe einzugehen und eine Familie zu gründen.

Article 13

Right to an effective remedy

Everyone whose rights and freedoms as set forth in this Convention are violated shall have an effective remedy before a national authority notwithstanding that the violation has been committed by persons acting in an official capacity.

Article 13

Droit à un recours effectif

Toute personne dont les droits et libertés reconnus dans la présente Convention ont été violés, a droit à l'octroi d'un recours effectif devant une instance nationale, alors même que la violation aurait été commise par des personnes agissant dans l'exercice de leurs fonctions officielles.

Artikel 13

Recht auf wirksame Beschwerde

Jede Person, die in ihren in dieser Konvention anerkannten Rechten oder Freiheiten verletzt worden ist, hat das Recht, bei einer innerstaatlichen Instanz eine wirksame Beschwerde zu erheben, auch wenn die Verletzung von Personen begangen worden ist, die in amtlicher Eigenschaft gehandelt haben.

Article 14

Prohibition of discrimination

The enjoyment of the rights and freedoms set forth in this Convention shall be secured without discrimination on any ground such as sex, race, colour, language,

Article 14

Interdiction de discrimination

La jouissance des droits et libertés reconnus dans la présente Convention doit être assurée, sans distinction aucune, fondée notamment sur le sexe, la race, la

Artikel 14

Diskriminierungsverbot

Der Genuss der in dieser Konvention anerkannten Rechte und Freiheiten ist ohne Diskriminierung insbesondere wegen des Geschlechts, der Rasse, der Hautfarbe, der

religion, political or other opinion, national or social origin, association with a national minority, property, birth or other status.

couleur, la langue, la religion, les opinions politiques ou toutes autres opinions, l'origine nationale ou sociale, l'appartenance à une minorité nationale, la fortune, la naissance ou toute autre situation.

Sprache, der Religion, der politischen oder sonstigen Anschauung, der nationalen oder sozialen Herkunft, der Zugehörigkeit zu einer nationalen Minderheit, des Vermögens, der Geburt oder eines sonstigen Status zu gewährleisten.

Article 15

Derogation in time of emergency

1. In time of war or other public emergency threatening the life of the nation any High Contracting Party may take measures derogating from its obligations under this Convention to the extent strictly required by the exigencies of the situation, provided that such measures are not inconsistent with its other obligations under international law.

2. No derogation from Article 2, except in respect of deaths resulting from lawful acts of war, or from Articles 3, 4 § 1 and 7 shall be made under this provision.

3. Any High Contracting Party availing itself of this right of derogation shall keep the Secretary General of the Council of Europe fully informed of the measures which it has taken and the reasons therefor. It shall also inform the Secretary General of the Council of Europe when such measures have ceased to operate and the provisions of the Convention are again being fully executed.

Article 15

Dérogation en cas d'état d'urgence

1. En cas de guerre ou en cas d'autre danger public menaçant la vie de la nation, toute Haute Partie contractante peut prendre des mesures dérogeant aux obligations prévues par la présente Convention, dans la stricte mesure où la situation l'exige et à la condition que ces mesures ne soient pas en contradiction avec les autres obligations découlant du droit international.

2. La disposition précédente n'autorise aucune dérogation à l'article 2, sauf pour le cas de décès résultant d'actes licites de guerre, et aux articles 3, 4 § 1 et 7.

3. Toute Haute Partie contractante qui exerce ce droit de dérogation tient le Secrétaire général du Conseil de l'Europe pleinement informé des mesures prises et des motifs qui les ont inspirées. Elle doit également informer le Secrétaire général du Conseil de l'Europe de la date à laquelle ces mesures ont cessé d'être en vigueur et les dispositions de la Convention reçoivent de nouveau pleine application.

Artikel 15

Abweichen im Notstandsfall

(1) Wird das Leben der Nation durch Krieg oder einen anderen öffentlichen Notstand bedroht, so kann jede Hohe Vertragspartei Maßnahmen treffen, die von den in dieser Konvention vorgesehenen Verpflichtungen abweichen, jedoch nur, soweit es die Lage unbedingt erfordert und wenn die Maßnahmen nicht im Widerspruch zu den sonstigen völkerrechtlichen Verpflichtungen der Vertragspartei stehen.

(2) Aufgrund des Absatzes 1 darf von Artikel 2 nur bei Todesfällen infolge rechtmäßiger Kriegshandlungen und von Artikel 3, Artikel 4 Absatz 1 und Artikel 7 in keinem Fall abgewichen werden.

(3) Jede Hohe Vertragspartei, die dieses Recht auf Abweichung ausübt, unterrichtet den Generalsekretär des Europarats umfassend über die getroffenen Maßnahmen und deren Gründe. Sie unterrichtet den Generalsekretär des Europarats auch über den Zeitpunkt, zu dem diese Maßnahmen außer Kraft getreten sind und die Konvention wieder volle Anwendung findet.

Article 16

Restrictions on political activity of aliens

Nothing in Articles 10, 11 and 14 shall be regarded as preventing the High Contracting Parties from imposing restrictions on the political activity of aliens.

Article 16

Restrictions à l'activité politique des étrangers

Aucune des dispositions des articles 10, 11 et 14 ne peut être considérée comme interdisant aux Hautes Parties contractantes d'imposer des restrictions à l'activité politique des étrangers.

Artikel 16

Beschränkungen der politischen Tätigkeit ausländischer Personen

Die Artikel 10, 11 und 14 sind nicht so auszulegen, als untersagten sie den Hohen Vertragsparteien, die politische Tätigkeit ausländischer Personen zu beschränken.

Article 17

Prohibition of abuse of rights

Nothing in this Convention may be interpreted as implying for any State, group or person any right to engage in any activity or perform any act aimed at the destruction of any of the rights and freedoms set forth herein or at their limitation to a greater extent than is provided for in the Convention.

Article 17

Interdiction de l'abus de droit

Aucune des dispositions de la présente Convention ne peut être interprétée comme impliquant pour un Etat, un groupement ou un individu, un droit quelconque de se livrer à une activité ou d'accomplir un acte visant à la destruction des droits ou libertés reconnus dans la présente Convention ou à des limitations plus amples de ces droits et libertés que celles prévues à ladite Convention.

Artikel 17

Verbot des Missbrauchs der Rechte

Diese Konvention ist nicht so auszulegen, als begründe sie für einen Staat, eine Gruppe oder eine Person das Recht, eine Tätigkeit auszuüben oder eine Handlung vorzunehmen, die darauf abzielt, die in der Konvention festgelegten Rechte und Freiheiten abzuschaffen oder sie stärker einzuschränken, als es in der Konvention vorgesehen ist.

Article 18

Limitation on use of restrictions on rights

The restrictions permitted under this Convention to the said rights and freedoms shall not be applied for any purpose other than those for which they have been prescribed.

Article 18

Limitation de l'usage des restrictions aux droits

Les restrictions qui, aux termes de la présente Convention, sont apportées auxdits droits et libertés ne peuvent être appliquées que dans le but pour lequel elles ont été prévues.

Artikel 18

Begrenzung der Rechtseinschränkungen

Die nach dieser Konvention zulässigen Einschränkungen der genannten Rechte und Freiheiten dürfen nur zu den vorgesehenen Zwecken erfolgen.

Das Bundesgesetzblatt im Internet: www.bundesgesetzblatt.de I Ein Service des Bundesanzeiger Verlag www.bundesanzeiger-verlag.de   Bundesanzeiger Verlag

Esser

1206   Bundesgesetzblatt Jahrgang 2010 Teil II Nr. 30, ausgegeben zu Bonn am 29. Oktober 2010

Section II	Titre II	Abschnitt II
European Court of Human Rights	Cour européenne des droits de l'homme	Europäischer Gerichtshof für Menschenrechte

Article 19

Establishment of the Court

To ensure the observance of the engagements undertaken by the High Contracting Parties in the Convention and the Protocols thereto, there shall be set up a European Court of Human Rights, hereinafter referred to as "the Court". It shall function on a permanent basis.

Article 19

Institution de la Cour

Afin d'assurer le respect des engagements résultant pour les Hautes Parties contractantes de la présente Convention et de ses Protocoles, il est institué une Cour européenne des droits de l'homme, ci-dessous nommée «la Cour». Elle fonctionne de façon permanente.

Artikel 19

Errichtung des Gerichtshofs

Um die Einhaltung der Verpflichtungen sicherzustellen, welche die Hohen Vertragsparteien in dieser Konvention und den Protokollen dazu übernommen haben, wird ein Europäischer Gerichtshof für Menschenrechte, im Folgenden als „Gerichtshof" bezeichnet, errichtet. Er nimmt seine Aufgaben als ständiger Gerichtshof wahr.

Article 20

Number of judges

The Court shall consist of a number of judges equal to that of the High Contracting Parties.

Article 20

Nombre de juges

La Cour se compose d'un nombre de juges égal à celui des Hautes Parties contractantes.

Artikel 20

Zahl der Richter

Die Zahl der Richter des Gerichtshofs entspricht derjenigen der Hohen Vertragsparteien.

Article 21

Criteria for office

1. The judges shall be of high moral character and must either possess the qualifications required for appointment to high judicial office or be jurisconsults of recognised competence.

2. The judges shall sit on the Court in their individual capacity.

3. During their term of office the judges shall not engage in any activity which is incompatible with their independence, impartiality or with the demands of a full-time office; all questions arising from the application of this paragraph shall be decided by the Court.

Article 21

Conditions d'exercice des fonctions

1. Les juges doivent jouir de la plus haute considération morale et réunir les conditions requises pour l'exercice de hautes fonctions judiciaires ou être des jurisconsultes possédant une compétence notoire.

2. Les juges siègent à la Cour à titre individuel.

3. Pendant la durée de leur mandat, les juges ne peuvent exercer aucune activité incompatible avec les exigences d'indépendance, d'impartialité ou de disponibilité requise par une activité exercée à plein temps; toute question soulevée en application de ce paragraphe est tranchée par la Cour.

Artikel 21

Voraussetzungen für das Amt

(1) Die Richter müssen hohes sittliches Ansehen genießen und entweder die für die Ausübung hoher richterlicher Ämter erforderlichen Voraussetzungen erfüllen oder Rechtsgelehrte von anerkanntem Ruf sein.

(2) Die Richter gehören dem Gerichtshof in ihrer persönlichen Eigenschaft an.

(3) Während ihrer Amtszeit dürfen die Richter keine Tätigkeit ausüben, die mit ihrer Unabhängigkeit, ihrer Unparteilichkeit oder mit den Erfordernissen der Vollzeitbeschäftigung in diesem Amt unvereinbar ist; alle Fragen, die sich aus der Anwendung dieses Absatzes ergeben, werden vom Gerichtshof entschieden.

Article 22

Election of judges

The judges shall be elected by the Parliamentary Assembly with respect to each High Contracting Party by a majority of votes cast from a list of three candidates nominated by the High Contracting Party.

Article 22

Election des juges

Les juges sont élus par l'Assemblée parlementaire au titre de chaque Haute Partie contractante, à la majorité des voix exprimées, sur une liste de trois candidats présentés par la Haute Partie contractante.

Artikel 22

Wahl der Richter

Die Richter werden von der Parlamentarischen Versammlung für jede Hohe Vertragspartei mit der Mehrheit der abgegebenen Stimmen aus einer Liste von drei Kandidaten gewählt, die von der Hohen Vertragspartei vorgeschlagen werden.

Article 23

Terms of office and dismissal

1. The judges shall be elected for a period of nine years. They may not be re-elected.

2. The terms of office of judges shall expire when they reach the age of 70.

3. The judges shall hold office until replaced. They shall, however, continue to deal with such cases as they already have under consideration.

4. No judge may be dismissed from office unless the other judges decide by a majority of two-thirds that that judge has ceased to fulfil the required conditions.

Article 23

Durée du mandat et révocation

1. Les juges sont élus pour une durée de neuf ans. Ils ne sont pas rééligibles.

2. Le mandat des juges s'achève dès qu'ils atteignent l'âge de 70 ans.

3. Les juges restent en fonction jusqu'à leur remplacement. Ils continuent toutefois de connaître des affaires dont ils sont déjà saisis.

4. Un juge ne peut être relevé de ses fonctions que si les autres juges décident, à la majorité des deux tiers, que ce juge a cessé de répondre aux conditions requises.

Artikel 23

Amtszeit und Entlassung

(1) Die Richter werden für neun Jahre gewählt. Ihre Wiederwahl ist nicht zulässig.

(2) Die Amtszeit der Richter endet mit Vollendung des 70. Lebensjahrs.

(3) Die Richter bleiben bis zum Amtsantritt ihrer Nachfolger im Amt. Sie bleiben jedoch in den Rechtssachen tätig, mit denen sie bereits befasst sind.

(4) Ein Richter kann nur entlassen werden, wenn die anderen Richter mit Zweidrittelmehrheit entscheiden, dass er die erforderlichen Voraussetzungen nicht mehr erfüllt.

Article 24

Registry and rapporteurs

1. The Court shall have a Registry, the functions and organisation of which shall be laid down in the rules of the Court.

2. When sitting in a single-judge formation, the Court shall be assisted by rapporteurs who shall function under the authority of the President of the Court. They shall form part of the Court's Registry.

Article 24

Greffe et rapporteurs

1. La Cour dispose d'un greffe dont les tâches et l'organisation sont fixées par le règlement de la Cour.

2. Lorsqu'elle siège en formation de juge unique, la Cour est assistée de rapporteurs qui exercent leurs fonctions sous l'autorité du président de la Cour. Ils font partie du greffe de la Cour.

Artikel 24

Kanzlei und Berichterstatter

(1) Der Gerichtshof hat eine Kanzlei, deren Aufgaben und Organisation in der Verfahrensordnung des Gerichtshofs festgelegt werden.

(2) Wenn der Gerichtshof in Einzelrichterbesetzung tagt, wird er von Berichterstattern unterstützt, die ihre Aufgaben unter der Aufsicht des Präsidenten des Gerichtshofs ausüben. Sie gehören der Kanzlei des Gerichtshofs an.

Article 25

Plenary Court

The plenary Court shall

(a) elect its President and one or two Vice-Presidents for a period of three years; they may be re-elected;

(b) set up Chambers, constituted for a fixed period of time;

(c) elect the Presidents of the Chambers of the Court; they may be re-elected;

(d) adopt the rules of the Court;

(e) elect the Registrar and one or more Deputy Registrars;

(f) make any request under Article 26 § 2.

Article 25

Assemblée plénière

La Cour réunie en Assemblée plénière

a) élit, pour une durée de trois ans, son président et un ou deux viceprésidents; ils sont rééligibles;

b) constitue des chambres pour une période déterminée;

c) élit les présidents des chambres de la Cour, qui sont rééligibles;

d) adopte le règlement de la Cour;

e) élit le greffier et un ou plusieurs greffiers adjoints;

f) fait toute demande au titre de l'article 26 § 2.

Artikel 25

Plenum des Gerichtshofs

Das Plenum des Gerichtshofs

a) wählt seinen Präsidenten und einen oder zwei Vizepräsidenten für drei Jahre; ihre Wiederwahl ist zulässig;

b) bildet Kammern für einen bestimmten Zeitraum;

c) wählt die Präsidenten der Kammern des Gerichtshofs; ihre Wiederwahl ist zulässig;

d) beschließt die Verfahrensordnung des Gerichtshofs;

e) wählt den Kanzler und einen oder mehrere stellvertretende Kanzler;

f) stellt Anträge nach Artikel 26 Absatz 2.

Article 26

Single-judge formation, Committees, Chambers and Grand Chamber

1. To consider cases brought before it, the Court shall sit in a single-judge formation, in Committees of three judges, in Chambers of seven judges and in a Grand Chamber of seventeen judges. The Court's Chambers shall set up Committees for a fixed period of time.

2. At the request of the plenary Court, the Committee of Ministers may, by a unanimous decision and for a fixed period, reduce to five the number of judges of the Chambers.

3. When sitting as a single judge, a judge shall not examine any application against the High Contracting Party in respect of which that judge has been elected.

4. There shall sit as an *ex officio* member of the Chamber and the Grand Chamber the judge elected in respect of the High Contracting Party concerned. If there is none or if that judge is unable to sit, a person chosen by the President of the Court from a list submitted in advance by that Party shall sit in the capacity of judge.

5. The Grand Chamber shall also include the President of the Court, the Vice-Presidents, the Presidents of the Chambers and other judges chosen in accordance with the

Article 26

Formations de juge unique, comités, chambres et Grande Chambre

1. Pour l'examen des affaires portées devant elle, la Cour siège en formations de juge unique, en comités de trois juges, en chambres de sept juges et en une Grande Chambre de dix-sept juges. Les chambres de la Cour constituent les comités pour une période déterminée.

2. A la demande de l'Assemblée plénière de la Cour, le Comité des Ministres peut, par une décision unanime et pour une période déterminée, réduire à cinq le nombre de juges des chambres.

3. Un juge siégeant en tant que juge unique n'examine aucune requête introduite contre la Haute Partie contractante au titre de laquelle ce juge a été élu.

4. Le juge élu au titre d'une Haute Partie contractante au litige est membre de droit de la chambre et de la Grande Chambre. En cas d'absence de ce juge, ou lorsqu'il n'est pas en mesure de siéger, une personne choisie par le président de la Cour sur une liste soumise au préalable par cette partie siège en qualité de juge.

5. Font aussi partie de la Grande Chambre, le président de la Cour, les vice-présidents, les présidents des chambres et d'autres juges désignés conformément au

Artikel 26

Einzelrichterbesetzung, Ausschüsse, Kammern und Große Kammer

(1) Zur Prüfung der Rechtssachen, die bei ihm anhängig gemacht werden, tagt der Gerichtshof in Einzelrichterbesetzung, in Ausschüssen mit drei Richtern, in Kammern mit sieben Richtern und in einer Großen Kammer mit siebzehn Richtern. Die Kammern des Gerichtshofs bilden die Ausschüsse für einen bestimmten Zeitraum.

(2) Auf Antrag des Plenums des Gerichtshofs kann die Anzahl Richter je Kammer für einen bestimmten Zeitraum durch einstimmigen Beschluss des Ministerkomitees auf fünf herabgesetzt werden.

(3) Ein Richter, der als Einzelrichter tagt, prüft keine Beschwerde gegen die Hohe Vertragspartei, für die er gewählt worden ist.

(4) Der Kammer und der Großen Kammer gehört von Amts wegen der als Partei beteiligte Hohe Vertragspartei gewählte Richter an. Wenn ein solcher nicht vorhanden ist oder er an den Sitzungen nicht teilnehmen kann, nimmt eine Person in der Eigenschaft eines Richters an den Sitzungen teil, die der Präsident des Gerichtshofs aus einer Liste auswählt, welche ihm die betreffende Vertragspartei vorab unterbreitet hat.

(5) Der Großen Kammer gehören ferner der Präsident des Gerichtshofs, die Vizepräsidenten, die Präsidenten der Kammern und andere nach der Verfahrensordnung

1208   Bundesgesetzblatt Jahrgang 2010 Teil II Nr. 30, ausgegeben zu Bonn am 29. Oktober 2010

rules of the Court. When a case is referred to the Grand Chamber under Article 43, no judge from the Chamber which rendered the judgment shall sit in the Grand Chamber, with the exception of the President of the Chamber and the judge who sat in respect of the High Contracting Party concerned.

règlement de la Cour. Quand l'affaire est déférée à la Grande Chambre en vertu de l'article 43, aucun juge de la chambre qui a rendu l'arrêt ne peut y siéger, à l'exception du président de la chambre et du juge ayant siégé au titre de la Haute Partie contractante intéressée.

des Gerichtshofs ausgewählte Richter an. Wird eine Rechtssache nach Artikel 43 an die Große Kammer verwiesen, so dürfen Richter der Kammer, die das Urteil gefällt hat, der Großen Kammer nicht angehören; das gilt nicht für den Präsidenten der Kammer und den Richter, welcher in der Kammer für die als Partei beteiligte Hohe Vertragspartei mitgewirkt hat.

Article 27

Competence of single judges

1. A single judge may declare inadmissible or strike out of the Court's list of cases an application submitted under Article 34, where such a decision can be taken without further examination.

2. The decision shall be final.

3. If the single judge does not declare an application inadmissible or strike it out, that judge shall forward it to a Committee or to a Chamber for further examination.

Article 27

Compétence des juges uniques

1. Un juge unique peut déclarer une requête introduite en vertu de l'article 34 irrecevable ou la rayer du rôle lorsqu'une telle décision peut être prise sans examen complémentaire.

2. La décision est définitive.

3. Si le juge unique ne déclare pas une requête irrecevable ou ne la raye pas du rôle, ce juge la transmet à un comité ou à une chambre pour examen complémentaire.

Artikel 27

Befugnisse des Einzelrichters

(1) Ein Einzelrichter kann eine nach Artikel 34 erhobene Beschwerde für unzulässig erklären oder im Register streichen, wenn eine solche Entscheidung ohne weitere Prüfung getroffen werden kann.

(2) Die Entscheidung ist endgültig.

(3) Erklärt der Einzelrichter eine Beschwerde nicht für unzulässig und streicht er sie auch nicht im Register des Gerichtshofs, so übermittelt er sie zur weiteren Prüfung an einen Ausschuss oder eine Kammer.

Article 28

Competence of Committees

1. In respect of an application submitted under Article 34, a Committee may, by a unanimous vote,

(a) declare it inadmissible or strike it out of its list of cases, where such decision can be taken without further examination; or

(b) declare it admissible and render at the same time a judgment on the merits, if the underlying question in the case, concerning the interpretation or the application of the Convention or the Protocols thereto, is already the subject of well-established case-law of the Court.

2. Decisions and judgments under paragraph 1 shall be final.

3. If the judge elected in respect of the High Contracting Party concerned is not a member of the Committee, the Committee may at any stage of the proceedings invite that judge to take the place of one of the members of the Committee, having regard to all relevant factors, including whether that Party has contested the application of the procedure under paragraph 1 (b).

Article 28

Compétence des comités

1. Un comité saisi d'une requête individuelle introduite en vertu de l'article 34 peut, par vote unanime,

a) la déclarer irrecevable ou la rayer du rôle lorsqu'une telle décision peut être prise sans examen complémentaire; ou

b) la déclarer recevable et rendre conjointement un arrêt sur le fond lorsque la question relative à l'interprétation ou à l'application de la Convention ou de ses Protocoles qui est à l'origine de l'affaire fait l'objet d'une jurisprudence bien établie de la Cour.

2. Les décisions et arrêts prévus au paragraphe 1 sont définitifs.

3. Si le juge élu au titre de la Haute Partie contractante partie au litige n'est pas membre du comité, ce dernier peut, à tout moment de la procédure, l'inviter à siéger en son sein en lieu et place de l'un de ses membres, en prenant en compte tous facteurs pertinents, y compris la question de savoir si cette partie a contesté l'application de la procédure du paragraphe 1.b).

Artikel 28

Befugnisse der Ausschüsse

(1) Ein Ausschuss, der mit einer nach Artikel 34 erhobenen Beschwerde befasst wird, kann diese durch einstimmigen Beschluss

a) für unzulässig erklären oder im Register streichen, wenn eine solche Entscheidung ohne weitere Prüfung getroffen werden kann; oder

b) für zulässig erklären und zugleich ein Urteil über die Begründetheit fällen, sofern die der Rechtssache zugrunde liegende Frage zur Auslegung oder Anwendung dieser Konvention oder der Protokolle dazu Gegenstand einer gefestigten Rechtsprechung des Gerichtshofs ist.

(2) Die Entscheidungen und Urteile nach Absatz 1 sind endgültig.

(3) Ist der für die als Partei beteiligte Hohe Vertragspartei gewählte Richter nicht Mitglied des Ausschusses, so kann er von Letzterem jederzeit während des Verfahrens eingeladen werden, den Sitz eines Mitglieds im Ausschuss einzunehmen; der Ausschuss hat dabei alle erheblichen Umstände einschließlich der Frage, ob diese Vertragspartei der Anwendung des Verfahrens nach Absatz 1 Buchstabe b entgegengetreten ist, zu berücksichtigen.

Article 29

Decisions by Chambers on admissibility and merits

1. If no decision is taken under Article 27 or 28, or no judgment rendered under Article 28, a Chamber shall decide on the admissibility and merits of individual applications submitted under Article 34. The decision on admissibility may be taken separately.

Article 29

Décisions des chambres sur la recevabilité et le fond

1. Si aucune décision n'a été prise en vertu des articles 27 ou 28 ni aucun arrêt rendu en vertu de l'article 28, une chambre se prononce sur la recevabilité et le fond des requêtes individuelles introduites en vertu de l'article 34. La décision sur la recevabilité peut être prise de façon séparée.

Artikel 29

Entscheidungen der Kammern über die Zulässigkeit und Begründetheit

(1) Ergeht weder eine Entscheidung nach Artikel 27 oder 28 noch ein Urteil nach Artikel 28, so entscheidet eine Kammer über die Zulässigkeit und Begründetheit der nach Artikel 34 erhobenen Beschwerden. Die Entscheidung über die Zulässigkeit kann gesondert ergehen.

Das Bundesgesetzblatt im Internet: www.bundesgesetzblatt.de I Ein Service des Bundesanzeiger Verlag www.bundesanzeiger-verlag.de   Bundesanzeiger Verlag

Bundesgesetzblatt Jahrgang 2010 Teil II Nr. 30, ausgegeben zu Bonn am 29. Oktober 2010   **1209**

2. A Chamber shall decide on the admissibility and merits of inter-State applications submitted under Article 33. The decision on admissibility shall be taken separately unless the Court, in exceptional cases, decides otherwise.

2. Une chambre se prononce sur la recevabilité et le fond des requêtes étatiques introduites en vertu de l'article 33. Sauf décision contraire de la Cour dans des cas exceptionnels, la décision sur la recevabilité est prise séparément.

(2) Eine Kammer entscheidet über die Zulässigkeit und Begründetheit der nach Artikel 33 erhobenen Staatenbeschwerden. Die Entscheidung über die Zulässigkeit ergeht gesondert, sofern der Gerichtshof in Ausnahmefällen nicht anders entscheidet.

Article 30

Relinquishment of jurisdiction to the Grand Chamber

Article 30

Dessaisissement en faveur de la Grande Chambre

Artikel 30

Abgabe der Rechtssache an die Große Kammer

Where a case pending before a Chamber raises a serious question affecting the interpretation of the Convention or the Protocols thereto, or where the resolution of a question before the Chamber might have a result inconsistent with a judgment previously delivered by the Court, the Chamber may, at any time before it has rendered its judgment, relinquish jurisdiction in favour of the Grand Chamber, unless one of the parties to the case objects.

Si l'affaire pendante devant une chambre soulève une question grave relative à l'interprétation de la Convention ou de ses Protocoles, ou si la solution d'une question peut conduire à une contradiction avec un arrêt rendu antérieurement par la Cour, la chambre peut, tant qu'elle n'a pas rendu son arrêt, se dessaisir au profit de la Grande Chambre, à moins que l'une des parties ne s'y oppose.

Wirft eine bei einer Kammer anhängige Rechtssache eine schwerwiegende Frage der Auslegung dieser Konvention oder der Protokolle dazu auf oder kann die Entscheidung einer ihr vorliegenden Frage zu einer Abweichung von einem früheren Urteil des Gerichtshofs führen, so kann die Kammer diese Sache jederzeit, bevor sie ihr Urteil gefällt hat, an die Große Kammer abgeben, sofern nicht eine Partei widerspricht.

Article 31

Powers of the Grand Chamber

Article 31

Attributions de la Grande Chambre

Artikel 31

Befugnisse der Großen Kammer

The Grand Chamber shall

La Grande Chambre

Die Große Kammer

(a) determine applications submitted either under Article 33 or Article 34 when a Chamber has relinquished jurisdiction under Article 30 or when the case has been referred to it under Article 43;

a) se prononce sur les requêtes introduites en vertu de l'article 33 ou de l'article 34 lorsque l'affaire lui a été déférée par la chambre en vertu de l'article 30 ou lorsque l'affaire lui a été déférée en vertu de l'article 43;

a) entscheidet über nach Artikel 33 oder Artikel 34 erhobene Beschwerden, wenn eine Kammer die Rechtssache nach Artikel 30 an sie abgegeben hat oder wenn die Sache nach Artikel 43 an sie verwiesen worden ist,

(b) decide on issues referred to the Court by the Committee of Ministers in accordance with Article 46 § 4; and

b) se prononce sur les questions dont la Cour est saisie par le Comité des Ministres en vertu de l'article 46 § 4; et

b) entscheidet über Fragen, mit denen der Gerichtshof durch das Ministerkomitee nach Artikel 46 Absatz 4 befasst wird, und

(c) consider requests for advisory opinions submitted under Article 47.

c) examine les demandes d'avis consultatifs introduites en vertu de l'article 47.

c) behandelt Anträge nach Artikel 47 auf Erstattung von Gutachten.

Article 32

Jurisdiction of the Court

Article 32

Compétence de la Cour

Artikel 32

Zuständigkeit des Gerichtshofs

1. The jurisdiction of the Court shall extend to all matters concerning the interpretation and application of the Convention and the Protocols thereto which are referred to it as provided in Articles 33, 34, 46 and 47.

1. La compétence de la Cour s'étend à toutes les questions concernant l'interprétation et l'application de la Convention et de ses Protocoles qui lui seront soumises dans les conditions prévues par les articles 33, 34, 46 et 47.

(1) Die Zuständigkeit des Gerichtshofs umfasst alle die Auslegung und Anwendung dieser Konvention und der Protokolle dazu betreffenden Angelegenheiten, mit denen er nach den Artikeln 33, 34, 46 und 47 befasst wird.

2. In the event of dispute as to whether the Court has jurisdiction, the Court shall decide.

2. En cas de contestation sur le point de savoir si la Cour est compétente, la Cour décide.

(2) Besteht Streit über die Zuständigkeit des Gerichtshofs, so entscheidet der Gerichtshof.

Article 33

Inter-State cases

Article 33

Affaires interétatiques

Artikel 33

Staatenbeschwerden

Any High Contracting Party may refer to the Court any alleged breach of the provisions of the Convention and the Protocols thereto by another High Contracting Party.

Toute Haute Partie contractante peut saisir la Cour de tout manquement aux dispositions de la Convention et de ses Protocoles qu'elle croira pouvoir être imputé à une autre Haute Partie contractante.

Jede Hohe Vertragspartei kann den Gerichtshof wegen jeder behaupteten Verletzung dieser Konvention und der Protokolle dazu durch eine andere Hohe Vertragspartei anrufen.

Article 34

Individual applications

Article 34

Requêtes individuelles

Artikel 34

Individualbeschwerden

The Court may receive applications from any person, non-governmental organisation or group of individuals claiming to be the victim of a violation by one of the High Contracting Parties of the rights set forth in

La Cour peut être saisie d'une requête par toute personne physique, toute organisation non gouvernementale ou tout groupe de particuliers qui se prétend victime d'une violation par l'une des Hautes Parties

Der Gerichtshof kann von jeder natürlichen Person, nichtstaatlichen Organisation oder Personengruppe, die behauptet, durch eine der Hohen Vertragsparteien in einem der in dieser Konvention oder den Proto-

the Convention or the Protocols thereto. The High Contracting Parties undertake not to hinder in any way the effective exercise of this right.

contractantes des droits reconnus dans la Convention ou ses Protocoles. Les Hautes Parties contractantes s'engagent à n'entraver par aucune mesure l'exercice efficace de ce droit.

kollen dazu anerkannten Rechte verletzt zu sein, mit einer Beschwerde befasst werden. Die Hohen Vertragsparteien verpflichten sich, die wirksame Ausübung dieses Rechts nicht zu behindern.

Article 35

Admissibility criteria

1. The Court may only deal with the matter after all domestic remedies have been exhausted, according to the generally recognised rules of international law, and within a period of six months from the date on which the final decision was taken.

2. The Court shall not deal with any application submitted under Article 34 that

(a) is anonymous; or

(b) is substantially the same as a matter that has already been examined by the Court or has already been submitted to another procedure of international investigation or settlement and contains no relevant new information.

3. The Court shall declare inadmissible any individual application submitted under Article 34 if it considers that:

(a) the application is incompatible with the provisions of the Convention or the Protocols thereto, manifestly ill-founded, or an abuse of the right of individual application; or

(b) the applicant has not suffered a significant disadvantage, unless respect for human rights as defined in the Convention and the Protocols thereto requires an examination of the application on the merits and provided that no case may be rejected on this ground which has not been duly considered by a domestic tribunal.

4. The Court shall reject any application which it considers inadmissible under this Article. It may do so at any stage of the proceedings.

Article 35

Conditions de recevabilité

1. La Cour ne peut être saisie qu'après l'épuisement des voies de recours internes, tel qu'il est entendu selon les principes de droit international généralement reconnus, et dans un délai de six mois à partir de la date de la décision interne définitive.

2. La Cour ne retient aucune requête individuelle introduite en application de l'article 34, lorsque

a) elle est anonyme; ou

b) elle est essentiellement la même qu'une requête précédemment examinée par la Cour ou déjà soumise à une autre instance internationale d'enquête ou de règlement, et si elle ne contient pas de faits nouveaux.

3. La Cour déclare irrecevable toute requête individuelle introduite en application de l'article 34 lorsqu'elle estime:

a) que la requête est incompatible avec les dispositions de la Convention ou de ses Protocoles, manifestement mal fondée ou abusive; ou

b) que le requérant n'a subi aucun préjudice important, sauf si le respect des droits de l'homme garantis par la Convention et ses Protocoles exige un examen de la requête au fond et à condition de ne rejeter pour ce motif aucune affaire qui n'a pas été dûment examinée par un tribunal interne.

4. La Cour rejette toute requête qu'elle considère comme irrecevable par application du présent article. Elle peut procéder ainsi à tout stade de la procédure.

Artikel 35

Zulässigkeitsvoraussetzungen

(1) Der Gerichtshof kann sich mit einer Angelegenheit erst nach Erschöpfung aller innerstaatlichen Rechtsbehelfe in Übereinstimmung mit den allgemein anerkannten Grundsätzen des Völkerrechts und nur innerhalb einer Frist von sechs Monaten nach der endgültigen innerstaatlichen Entscheidung befassen.

(2) Der Gerichtshof befasst sich nicht mit einer nach Artikel 34 erhobenen Individualbeschwerde, die

a) anonym ist oder

b) im Wesentlichen mit einer schon vorher vom Gerichtshof geprüften Beschwerde übereinstimmt oder schon einer anderen internationalen Untersuchungs- oder Vergleichsinstanz unterbreitet worden ist und keine neuen Tatsachen enthält.

(3) Der Gerichtshof erklärt eine nach Artikel 34 erhobene Individualbeschwerde für unzulässig,

a) wenn er sie für unvereinbar mit dieser Konvention oder den Protokollen dazu, für offensichtlich unbegründet oder für missbräuchlich hält oder

b) wenn er der Ansicht ist, dass dem Beschwerdeführer kein erheblicher Nachteil entstanden ist, es sei denn, die Achtung der Menschenrechte, wie sie in dieser Konvention und den Protokollen dazu anerkannt sind, erfordert eine Prüfung der Begründetheit der Beschwerde, und vorausgesetzt, es wird aus diesem Grund nicht eine Rechtssache zurückgewiesen, die noch von keinem innerstaatlichen Gericht gebührend geprüft worden ist.

(4) Der Gerichtshof weist eine Beschwerde zurück, die er nach diesem Artikel für unzulässig hält. Er kann dies in jedem Stadium des Verfahrens tun.

Article 36

Third party intervention

1. In all cases before a Chamber or the Grand Chamber, a High Contracting Party one of whose nationals is an applicant shall have the right to submit written comments and to take part in hearings.

2. The President of the Court may, in the interest of the proper administration of justice, invite any High Contracting Party which is not a party to the proceedings or any person concerned who is not the appli-

Article 36

Tierce intervention

1. Dans toute affaire devant une chambre ou la Grande Chambre, une Haute Partie contractante dont un ressortissant est requérant a le droit de présenter des observations écrites et de prendre part aux audiences.

2. Dans l'intérêt d'une bonne administration de la justice, le président de la Cour peut inviter toute Haute Partie contractante qui n'est pas partie à l'instance ou toute personne intéressée autre que le requérant

Artikel 36

Beteiligung Dritter

(1) In allen bei einer Kammer oder der Großen Kammer anhängigen Rechtssachen ist die Hohe Vertragspartei, deren Staatsangehörigkeit der Beschwerdeführer besitzt, berechtigt, schriftliche Stellungnahmen abzugeben und an den mündlichen Verhandlungen teilzunehmen.

(2) Im Interesse der Rechtspflege kann der Präsident des Gerichtshofs jeder Hohen Vertragspartei, die in dem Verfahren nicht Partei ist, oder jeder betroffenen Person, die nicht Beschwerdeführer ist, Gelegenheit

Esser

cant to submit written comments or take part in hearings.

3. In all cases before a Chamber or the Grand Chamber, the Council of Europe Commissioner for Human Rights may submit written comments and take part in hearings.

à présenter des observations écrites ou à prendre part aux audiences.

3. Dans toute affaire devant une chambre ou la Grande Chambre, le Commissaire aux droits de l'homme du Conseil de l'Europe peut présenter des observations écrites et prendre part aux audiences.

geben, schriftlich Stellung zu nehmen oder an den mündlichen Verhandlungen teilzunehmen.

(3) In allen bei einer Kammer oder der Großen Kammer anhängigen Rechtssachen kann der Kommissar für Menschenrechte des Europarats schriftliche Stellungnahmen abgeben und an den mündlichen Verhandlungen teilnehmen.

Article 37

Striking out applications

1. The Court may at any stage of the proceedings decide to strike an application out of its list of cases where the circumstances lead to the conclusion that

(a) the applicant does not intend to pursue his application; or

(b) the matter has been resolved; or

(c) for any other reason established by the Court, it is no longer justified to continue the examination of the application.

However, the Court shall continue the examination of the application if respect for human rights as defined in the Convention and the Protocols thereto so requires.

2. The Court may decide to restore an application to its list of cases if it considers that the circumstances justify such a course.

Article 37

Radiation

1. A tout stade de la procédure, la Cour peut décider de rayer une requête du rôle lorsque les circonstances permettent de conclure

a) que le requérant n'entend plus la maintenir; ou

b) que le litige a été résolu; ou

c) que, pour tout autre motif dont la Cour constate l'existence, il ne se justifie plus de poursuivre l'examen de la requête.

Toutefois, la Cour poursuit l'examen de la requête si le respect des droits de l'homme garantis par la Convention et ses Protocoles l'exige.

2. La Cour peut décider la réinscription au rôle d'une requête lorsqu'elle estime que les circonstances le justifient.

Artikel 37

Streichung von Beschwerden

(1) Der Gerichtshof kann jederzeit während des Verfahrens entscheiden, eine Beschwerde in seinem Register zu streichen, wenn die Umstände Grund zur Annahme geben, dass

a) der Beschwerdeführer seine Beschwerde nicht weiterzuverfolgen beabsichtigt;

b) die Streitigkeit einer Lösung zugeführt worden ist oder

c) eine weitere Prüfung der Beschwerde aus anderen vom Gerichtshof festgestellten Gründen nicht gerechtfertigt ist.

Der Gerichtshof setzt jedoch die Prüfung der Beschwerde fort, wenn dies die Achtung der Menschenrechte, wie sie in dieser Konvention und den Protokollen dazu anerkannt sind, dies erfordert.

(2) Der Gerichtshof kann die Wiedereintragung einer Beschwerde in sein Register anordnen, wenn er dies den Umständen nach für gerechtfertigt hält.

Article 38

Examination of the case

The Court shall examine the case together with the representatives of the parties and, if need be, undertake an investigation, for the effective conduct of which the High Contracting Parties concerned shall furnish all necessary facilities.

Article 38

Examen contradictoire de l'affaire

La Cour examine l'affaire de façon contradictoire avec les représentants des parties et, s'il y a lieu, procède à une enquête pour la conduite efficace de laquelle les Hautes Parties contractantes intéressées fourniront toutes facilités nécessaires.

Artikel 38

Prüfung der Rechtssache

Der Gerichtshof prüft die Rechtssache mit den Vertretern der Parteien und nimmt, falls erforderlich, Ermittlungen vor; die betreffenden Hohen Vertragsparteien haben alle zur wirksamen Durchführung der Ermittlungen erforderlichen Erleichterungen zu gewähren.

Article 39

Friendly settlements

1. At any stage of the proceedings, the Court may place itself at the disposal of the parties concerned with a view to securing a friendly settlement of the matter on the basis of respect for human rights as defined in the Convention and the Protocols thereto.

2. Proceedings conducted under paragraph 1 shall be confidential.

3. If a friendly settlement is effected, the Court shall strike the case out of its list by means of a decision which shall be confined to a brief statement of the facts and of the solution reached.

4. This decision shall be transmitted to the Committee of Ministers, which shall supervise the execution of the terms of the friendly settlement as set out in the decision.

Article 39

Règlements amiables

1. A tout moment de la procédure, la Cour peut se mettre à la disposition des intéressés en vue de parvenir à un règlement amiable de l'affaire s'inspirant du respect des droits de l'homme tels que les reconnaissent la Convention et ses Protocoles.

2. La procédure décrite au paragraphe 1 est confidentielle.

3. En cas de règlement amiable, la Cour raye l'affaire du rôle par une décision qui se limite à un bref exposé des faits et de la solution adoptée.

4. Cette décision est transmise au Comité des Ministres qui surveille l'exécution des termes du règlement amiable tels qu'ils figurent dans la décision.

Artikel 39

Gütliche Einigung

(1) Der Gerichtshof kann sich jederzeit während des Verfahrens zur Verfügung der Parteien halten mit dem Ziel, eine gütliche Einigung auf der Grundlage der Achtung der Menschenrechte, wie sie in dieser Konvention und den Protokollen dazu anerkannt sind, zu erreichen.

(2) Das Verfahren nach Absatz 1 ist vertraulich.

(3) Im Fall einer gütlichen Einigung streicht der Gerichtshof durch eine Entscheidung, die sich auf eine kurze Angabe des Sachverhalts und der erzielten Lösung beschränkt, die Rechtssache in seinem Register.

(4) Diese Entscheidung ist dem Ministerkomitee zuzuleiten; dieses überwacht die Durchführung der gütlichen Einigung, wie sie in der Entscheidung festgehalten wird.

Article 40	Article 40	Artikel 40
Public hearings and access to documents	**Audience publique et accès aux documents**	**Öffentliche Verhandlung und Akteneinsicht**

1. Hearings shall be in public unless the Court in exceptional circumstances decides otherwise.

1. L'audience est publique à moins que la Cour n'en décide autrement en raison de circonstances exceptionnelles.

(1) Die Verhandlung ist öffentlich, soweit nicht der Gerichtshof auf Grund besonderer Umstände anders entscheidet.

2. Documents deposited with the Registrar shall be accessible to the public unless the President of the Court decides otherwise.

2. Les documents déposés au greffe sont accessibles au public à moins que le président de la Cour n'en décide autrement.

(2) Die beim Kanzler verwahrten Schriftstücke sind der Öffentlichkeit zugänglich, soweit nicht der Präsident des Gerichtshofs anders entscheidet.

Article 41	Article 41	Artikel 41
Just satisfaction	**Satisfaction équitable**	**Gerechte Entschädigung**

If the Court finds that there has been a violation of the Convention or the Protocols thereto, and if the internal law of the High Contracting Party concerned allows only partial reparation to be made, the Court shall, if necessary, afford just satisfaction to the injured party.

Si la Cour déclare qu'il y a eu violation de la Convention ou de ses Protocoles, et si le droit interne de la Haute Partie contractante ne permet d'effacer qu'imparfaitement les conséquences de cette violation, la Cour accorde à la partie lésée, s'il y a lieu, une satisfaction équitable.

Stellt der Gerichtshof fest, dass diese Konvention oder die Protokolle dazu verletzt worden sind, und gestattet das innerstaatliche Recht der Hohen Vertragspartei nur eine unvollkommene Wiedergutmachung für die Folgen dieser Verletzung, so spricht der Gerichtshof der verletzten Partei eine gerechte Entschädigung zu, wenn dies notwendig ist.

Article 42	Article 42	Artikel 42
Judgments of Chambers	**Arrêts des chambres**	**Urteile der Kammern**

Judgments of Chambers shall become final in accordance with the provisions of Article 44 § 2.

Les arrêts des chambres deviennent définitifs conformément aux dispositions de l'article 44 § 2.

Urteile der Kammern werden nach Maßgabe des Artikels 44 Absatz 2 endgültig.

Article 43	Article 43	Artikel 43
Referral to the Grand Chamber	**Renvoi devant la Grande Chambre**	**Verweisung an die Große Kammer**

1. Within a period of three months from the date of the judgment of the Chamber, any party to the case may, in exceptional cases, request that the case be referred to the Grand Chamber.

1. Dans un délai de trois mois à compter de la date de l'arrêt d'une chambre, toute partie à l'affaire peut, dans des cas exceptionnels, demander le renvoi de l'affaire devant la Grande Chambre.

(1) Innerhalb von drei Monaten nach dem Datum des Urteils der Kammer kann jede Partei in Ausnahmefällen die Verweisung der Rechtssache an die Große Kammer beantragen.

2. A panel of five judges of the Grand Chamber shall accept the request if the case raises a serious question affecting the interpretation or application of the Convention or the Protocols thereto, or a serious issue of general importance.

2. Un collège de cinq juges de la Grande Chambre accepte la demande si l'affaire soulève une question grave relative à l'interprétation ou à l'application de la Convention ou de ses Protocoles, ou encore une question grave de caractère général.

(2) Ein Ausschuss von fünf Richtern der Großen Kammer nimmt den Antrag an, wenn die Rechtssache eine schwerwiegende Frage der Auslegung oder Anwendung dieser Konvention oder der Protokolle dazu oder eine schwerwiegende Frage von allgemeiner Bedeutung aufwirft.

3. If the panel accepts the request, the Grand Chamber shall decide the case by means of a judgment.

3. Si le collège accepte la demande, la Grande Chambre se prononce sur l'affaire par un arrêt.

(3) Nimmt der Ausschuss den Antrag an, so entscheidet die Große Kammer die Sache durch Urteil.

Article 44	Article 44	Artikel 44
Final judgments	**Arrêts définitifs**	**Endgültige Urteile**

1. The judgment of the Grand Chamber shall be final.

1. L'arrêt de la Grande Chambre est définitif.

(1) Das Urteil der Großen Kammer ist endgültig.

2. The judgment of a Chamber shall become final

2. L'arrêt d'une chambre devient définitif

(2) Das Urteil einer Kammer wird endgültig,

(a) when the parties declare that they will not request that the case be referred to the Grand Chamber; or

a) lorsque les parties déclarent qu'elles ne demanderont pas le renvoi de l'affaire devant la Grande Chambre; ou

a) wenn die Parteien erklären, dass sie die Verweisung der Rechtssache an die Große Kammer nicht beantragen werden; oder

(b) three months after the date of the judgment, if reference of the case to the Grand Chamber has not been requested; or

b) trois mois après la date de l'arrêt, si le renvoi de l'affaire devant la Grande Chambre n'a pas été demandé; ou

b) drei Monate nach dem Datum des Urteils, wenn nicht die Verweisung der Rechtssache an die Große Kammer beantragt worden ist; oder

(c) when the panel of the Grand Chamber rejects the request to refer under Article 43.

c) lorsque le collège de la Grande Chambre rejette la demande de renvoi formulée en application de l'article 43.

c) wenn der Ausschuss der Großen Kammer den Antrag auf Verweisung nach Artikel 43 abgelehnt hat.

Bundesgesetzblatt Jahrgang 2010 Teil II Nr. 30, ausgegeben zu Bonn am 29. Oktober 2010   **1213**

3. The final judgment shall be published.

3. L'arrêt définitif est publié.

(3) Das endgültige Urteil wird veröffentlicht.

Article 45

Reasons for judgments and decisions

1. Reasons shall be given for judgments as well as for decisions declaring applications admissible or inadmissible.

2. If a judgment does not represent, in whole or in part, the unanimous opinion of the judges, any judge shall be entitled to deliver a separate opinion.

Article 45

Motivation des arrêts et décisions

1. Les arrêts, ainsi que les décisions déclarant des requêtes recevables ou irrecevables, sont motivés.

2. Si l'arrêt n'exprime pas en tout ou en partie l'opinion unanime des juges, tout juge a le droit d'y joindre l'exposé de son opinion séparée.

Artikel 45

Begründung der Urteile und Entscheidungen

(1) Urteile sowie Entscheidungen, mit denen Beschwerden für zulässig oder für unzulässig erklärt werden, werden begründet.

(2) Bringt ein Urteil ganz oder teilweise nicht die übereinstimmende Meinung der Richter zum Ausdruck, so ist jeder Richter berechtigt, seine abweichende Meinung darzulegen.

Article 46

Binding force and execution of judgments

1. The High Contracting Parties undertake to abide by the final judgment of the Court in any case to which they are parties.

2. The final judgment of the Court shall be transmitted to the Committee of Ministers, which shall supervise its execution.

3. If the Committee of Ministers considers that the supervision of the execution of a final judgment is hindered by a problem of interpretation of the judgment, it may refer the matter to the Court for a ruling on the question of interpretation. A referral decision shall require a majority vote of two thirds of the representatives entitled to sit on the Committee.

4. If the Committee of Ministers considers that a High Contracting Party refuses to abide by a final judgment in a case to which it is a party, it may, after serving formal notice on that Party and by decision adopted by a majority vote of two-thirds of the representatives entitled to sit on the Committee, refer to the Court the question whether that Party has failed to fulfil its obligation under paragraph 1.

5. If the Court finds a violation of paragraph 1, it shall refer the case to the Committee of Ministers for consideration of the measures to be taken. If the Court finds no violation of paragraph 1, it shall refer the case to the Committee of Ministers, which shall close its examination of the case.

Article 46

Force obligatoire et exécution des arrêts

1. Les Hautes Parties contractantes s'engagent à se conformer aux arrêts définitifs de la Cour dans les litiges auxquels elles sont parties.

2. L'arrêt définitif de la Cour est transmis au Comité des Ministres qui en surveille l'exécution.

3. Lorsque le Comité des Ministres estime que la surveillance de l'exécution d'un arrêt définitif est entravée par une difficulté d'interprétation de cet arrêt, il peut saisir la Cour afin qu'elle se prononce sur cette question d'interprétation. La décision de saisir la Cour est prise par un vote à la majorité des deux tiers des représentants ayant le droit de siéger au Comité.

4. Lorsque le Comité des Ministres estime qu'une Haute Partie contractante refuse de se conformer à un arrêt définitif dans un litige auquel elle est partie, il peut, après avoir mis en demeure cette partie et par décision prise par un vote à la majorité des deux tiers des représentants ayant le droit de siéger au Comité, saisir la Cour de la question du respect par cette partie de son obligation au regard du paragraphe 1.

5. Si la Cour constate une violation du paragraphe 1, elle renvoie l'affaire au Comité des Ministres afin qu'il examine les mesures à prendre. Si la Cour constate qu'il n'y a pas eu violation du paragraphe 1, elle renvoie l'affaire au Comité des Ministres, qui décide de clore son examen.

Artikel 46

Verbindlichkeit und Durchführung der Urteile

(1) Die Hohen Vertragsparteien verpflichten sich, in allen Rechtssachen, in denen sie Partei sind, das endgültige Urteil des Gerichtshofs zu befolgen.

(2) Das endgültige Urteil des Gerichtshofs ist dem Ministerkomitee zuzuleiten; dieses überwacht seine Durchführung.

(3) Wird die Überwachung der Durchführung eines endgültigen Urteils nach Auffassung des Ministerkomitees durch eine Frage betreffend die Auslegung dieses Urteils behindert, so kann das Ministerkomitee den Gerichtshof anrufen, damit er über diese Auslegungsfrage entscheidet. Der Beschluss des Ministerkomitees, den Gerichtshof anzurufen, bedarf der Zweidrittelmehrheit der Stimmen der zur Teilnahme an den Sitzungen des Komitees berechtigten Mitglieder.

(4) Weigert sich eine Hohe Vertragspartei nach Auffassung des Ministerkomitees, in einer Rechtssache, in der sie Partei ist, ein endgültiges Urteil des Gerichtshofs zu befolgen, so kann das Ministerkomitee, nachdem es die betreffende Partei gemahnt hat, durch einen mit Zweidrittelmehrheit der Stimmen der zur Teilnahme an den Sitzungen des Komitees berechtigten Mitglieder gefassten Beschluss den Gerichtshof mit der Frage befassen, ob diese Partei ihrer Verpflichtung nach Absatz 1 nachgekommen ist.

(5) Stellt der Gerichtshof eine Verletzung des Absatzes 1 fest, so weist er die Rechtssache zur Prüfung der zu treffenden Maßnahmen an das Ministerkomitee zurück. Stellt der Gerichtshof fest, dass keine Verletzung des Absatzes 1 vorliegt, so weist er die Rechtssache an das Ministerkomitee zurück; dieses beschließt die Einstellung seiner Prüfung.

Article 47

Advisory opinions

1. The Court may, at the request of the Committee of Ministers, give advisory opinions on legal questions concerning the interpretation of the Convention and the Protocols thereto.

Article 47

Avis consultatifs

1. La Cour peut, à la demande du Comité des Ministres, donner des avis consultatifs sur des questions juridiques concernant l'interprétation de la Convention et de ses Protocoles.

Artikel 47

Gutachten

(1) Der Gerichtshof kann auf Antrag des Ministerkomitees Gutachten über Rechtsfragen erstatten, welche die Auslegung dieser Konvention und der Protokolle dazu betreffen.

1214   Bundesgesetzblatt Jahrgang 2010 Teil II Nr. 30, ausgegeben zu Bonn am 29. Oktober 2010

2. Such opinions shall not deal with any question relating to the content or scope of the rights or freedoms defined in Section I of the Convention and the Protocols thereto, or with any other question which the Court or the Committee of Ministers might have to consider in consequence of any such proceedings as could be instituted in accordance with the Convention.

2. Ces avis ne peuvent porter ni sur les questions ayant trait au contenu ou à l'étendue des droits et libertés définis au titre I de la Convention et dans les Protocoles ni sur les autres questions dont la Cour ou le Comité des Ministres pourraient avoir à connaître par suite de l'introduction d'un recours prévu par la Convention.

(2) Diese Gutachten dürfen keine Fragen zum Gegenstand haben, die sich auf den Inhalt oder das Ausmaß der in Abschnitt I dieser Konvention und in den Protokollen dazu anerkannten Rechte und Freiheiten beziehen, noch andere Fragen, über die der Gerichtshof oder das Ministerkomitee auf Grund eines nach dieser Konvention eingeleiteten Verfahrens zu entscheiden haben könnte.

3. Decisions of the Committee of Ministers to request an advisory opinion of the Court shall require a majority vote of the representatives entitled to sit on the Committee.

3. La décision du Comité des Ministres de demander un avis à la Cour est prise par un vote à la majorité des représentants ayant le droit de siéger au Comité.

(3) Der Beschluss des Ministerkomitees, ein Gutachten beim Gerichtshof zu beantragen, bedarf der Mehrheit der Stimmen der zur Teilnahme an den Sitzungen des Komitees berechtigten Mitglieder.

Article 48

Advisory jurisdiction of the Court

The Court shall decide whether a request for an advisory opinion submitted by the Committee of Ministers is within its competence as defined in Article 47.

Article 48

Compétence consultative de la Cour

La Cour décide si la demande d'avis consultatif présentée par le Comité des Ministres relève de sa compétence telle que définie par l'article 47.

Artikel 48

Gutachterliche Zuständigkeit des Gerichtshofs

Der Gerichtshof entscheidet, ob ein vom Ministerkomitee gestellter Antrag auf Erstattung eines Gutachtens in seine Zuständigkeit nach Artikel 47 fällt.

Article 49

Reasons for advisory opinions

1. Reasons shall be given for advisory opinions of the Court.

2. If the advisory opinion does not represent, in whole or in part, the unanimous opinion of the judges, any judge shall be entitled to deliver a separate opinion.

3. Advisory opinions of the Court shall be communicated to the Committee of Ministers.

Article 49

Motivation des avis consultatifs

1. L'avis de la Cour est motivé.

2. Si l'avis n'exprime pas en tout ou en partie l'opinion unanime des juges, tout juge a le droit d'y joindre l'exposé de son opinion séparée.

3. L'avis de la Cour est transmis au Comité des Ministres.

Artikel 49

Begründung der Gutachten

(1) Die Gutachten des Gerichtshofs werden begründet.

(2) Bringt das Gutachten ganz oder teilweise nicht die übereinstimmende Meinung der Richter zum Ausdruck, so ist jeder Richter berechtigt, seine abweichende Meinung darzulegen.

(3) Die Gutachten des Gerichtshofs werden dem Ministerkomitee übermittelt.

Article 50

Expenditure on the Court

The expenditure on the Court shall be borne by the Council of Europe.

Article 50

Frais de fonctionnement de la Cour

Les frais de fonctionnement de la Cour sont à la charge du Conseil de l'Europe.

Artikel 50

Kosten des Gerichtshofs

Die Kosten des Gerichtshofs werden vom Europarat getragen.

Article 51

Privileges and immunities of judges

The judges shall be entitled, during the exercise of their functions, to the privileges and immunities provided for in Article 40 of the Statute of the Council of Europe and in the agreements made thereunder.

Article 51

Privilèges et immunités des juges

Les juges jouissent, pendant l'exercice de leurs fonctions, des privilèges et immunités prévus à l'article 40 du Statut du Conseil de l'Europe et dans les accords conclus au titre de cet article.

Artikel 51

Vorrechte und Immunitäten der Richter

Die Richter genießen bei der Ausübung ihres Amtes die Vorrechte und Immunitäten, die in Artikel 40 der Satzung des Europarats und den aufgrund jenes Artikels geschlossenen Übereinkünften vorgesehen sind.

Section III

Miscellaneous provisions

Titre III

Dispositions diverses

Abschnitt III

Verschiedene Bestimmungen

Article 52

Inquiries by the Secretary General

On receipt of a request from the Secretary General of the Council of Europe any High Contracting Party shall furnish an explanation of the manner in which its internal law ensures the effective implementation of any of the provisions of the Convention.

Article 52

Enquêtes du Secrétaire général

Toute Haute Partie contractante fournira sur demande du Secrétaire général du Conseil de l'Europe les explications requises sur la manière dont son droit interne assure l'application effective de toutes les dispositions de cette Convention.

Artikel 52

Anfragen des Generalsekretärs

Auf Anfrage des Generalsekretärs des Europarats erläutert jede Hohe Vertragspartei, auf welche Weise die wirksame Anwendung aller Bestimmungen dieser Konvention in ihrem innerstaatlichen Recht gewährleistet wird.

Das Bundesgesetzblatt im Internet: www.bundesgesetzblatt.de I Ein Service des Bundesanzeiger Verlag www.bundesanzeiger-verlag.de   Bundesanzeiger Verlag

Bundesgesetzblatt Jahrgang 2010 Teil II Nr. 30, ausgegeben zu Bonn am 29. Oktober 2010   **1215**

Article 53	Article 53	Artikel 53
Safeguard for existing human rights	**Sauvegarde des droits de l'homme reconnus**	**Wahrung anerkannter Menschenrechte**

Nothing in this Convention shall be construed as limiting or derogating from any of the human rights and fundamental freedoms which may be ensured under the laws of any High Contracting Party or under any other agreement to which it is a party.	Aucune des dispositions de la présente convention ne sera interprétée comme limitant ou portant atteinte aux droits de l'homme et aux libertés fondamentales qui pourraient être reconnus conformément aux lois de toute Partie contractante ou à toute autre Convention à laquelle cette Partie contractante est partie.	Diese Konvention ist nicht so auszulegen, als beschränke oder beeinträchtige sie Menschenrechte und Grundfreiheiten, die in den Gesetzen einer Hohen Vertragspartei oder in einer anderen Übereinkunft, deren Vertragspartei sie ist, anerkannt werden.

Article 54	Article 54	Artikel 54
Powers of the Committee of Ministers	**Pouvoirs du Comité des Ministres**	**Befugnisse des Ministerkomitees**

Nothing in this Convention shall prejudice the powers conferred on the Committee of Ministers by the Statute of the Council of Europe.	Aucune disposition de la présente Convention ne porte atteinte aux pouvoirs conférés au Comité des Ministres par le Statut du Conseil de l'Europe.	Diese Konvention berührt nicht die dem Ministerkomitee durch die Satzung des Europarats übertragenen Befugnisse.

Article 55	Article 55	Artikel 55
Exclusion of other means of dispute settlement	**Renonciation à d'autres modes de règlement des différends**	**Ausschluss anderer Verfahren zur Streitbeilegung**

The High Contracting Parties agree that, except by special agreement, they will not avail themselves of treaties, conventions or declarations in force between them for the purpose of submitting, by way of petition, a dispute arising out of the interpretation or application of this Convention to a means of settlement other than those provided for in this Convention.	Les Hautes Parties contractantes renoncent réciproquement, sauf compromis spécial, à se prévaloir des traités, conventions ou déclarations existant entre elles, en vue de soumettre, par voie de requête, un différend né de l'interprétation ou de l'application de la présente Convention à un mode de règlement autre que ceux prévus par ladite Convention.	Die Hohen Vertragsparteien kommen überein, dass sie sich vorbehaltlich besonderer Vereinbarung nicht auf die zwischen ihnen geltenden Verträge, sonstigen Übereinkünfte oder Erklärungen berufen werden, um eine Streitigkeit über die Auslegung oder Anwendung dieser Konvention einem anderen als den in der Konvention vorgesehenen Beschwerdeverfahren zur Beilegung zu unterstellen.

Article 56	Article 56	Artikel 56
Territorial application	**Application territoriale**	**Räumlicher Geltungsbereich**

1. Any State may at the time of its ratification or at any time thereafter declare by notification addressed to the Secretary General of the Council of Europe that the present Convention shall, subject to paragraph 4 of this Article, extend to all or any of the territories for whose international relations it is responsible.	1. Tout Etat peut, au moment de la ratification ou à tout autre moment par la suite, déclarer, par notification adressée au Secrétaire général du Conseil de l'Europe, que la présente Convention s'appliquera, sous réserve du paragraphe 4 du présent article, à tous les territoires ou à l'un quelconque des territoires dont il assure les relations internationales.	(1) Jeder Staat kann bei der Ratifikation oder jederzeit danach durch eine an den Generalsekretär des Europarats gerichtete Notifikation erklären, dass diese Konvention vorbehaltlich des Absatzes 4 auf alle oder einzelne Hoheitsgebiete Anwendung findet, für deren internationale Beziehungen er verantwortlich ist.
2. The Convention shall extend to the territory or territories named in the notification as from the thirtieth day after the receipt of this notification by the Secretary General of the Council of Europe.	2. La Convention s'appliquera au territoire ou aux territoires désignés dans la notification à partir du trentième jour qui suivra la date à laquelle le Secrétaire général du Conseil de l'Europe aura reçu cette notification.	(2) Die Konvention findet auf jedes in der Erklärung bezeichnete Hoheitsgebiet ab dem dreißigsten Tag nach Eingang der Notifikation beim Generalsekretär des Europarats Anwendung.
3. The provisions of this Convention shall be applied in such territories with due regard, however, to local requirements.	3. Dans lesdits territoires les dispositions de la présente Convention seront appliquées en tenant compte des nécessités locales.	(3) In den genannten Hoheitsgebieten wird diese Konvention unter Berücksichtigung der örtlichen Notwendigkeiten angewendet.
4. Any State which has made a declaration in accordance with paragraph 1 of this Article may at any time thereafter declare on behalf of one or more of the territories to which the declaration relates that it accepts the competence of the Court to receive applications from individuals, non-governmental organisations or groups of individuals as provided by Article 34 of the Convention.	4. Tout Etat qui a fait une déclaration conformément au premier paragraphe de cet article, peut, à tout moment par la suite, déclarer relativement à un ou plusieurs des territoires visés dans cette déclaration qu'il accepte la compétence de la Cour pour connaître des requêtes de personnes physiques, d'organisations non gouvernementales ou de groupes de particuliers, comme le prévoit l'article 34 de la Convention.	(4) Jeder Staat, der eine Erklärung nach Absatz 1 abgegeben hat, kann jederzeit danach für eines oder mehrere der in der Erklärung bezeichneten Hoheitsgebiete erklären, dass er die Zuständigkeit des Gerichtshofs für die Entgegennahme von Beschwerden von natürlichen Personen, nichtstaatlichen Organisationen oder Personengruppen nach Artikel 34 anerkennt.

1216   Bundesgesetzblatt Jahrgang 2010 Teil II Nr. 30, ausgegeben zu Bonn am 29. Oktober 2010

Article 57	Article 57	Artikel 57
Reservations	Réserves	Vorbehalte

1. Any State may, when signing this Convention or when depositing its instrument of ratification, make a reservation in respect of any particular provision of the Convention to the extent that any law then in force in its territory is not in conformity with the provision. Reservations of a general character shall not be permitted under this Article.

2. Any reservation made under this Article shall contain a brief statement of the law concerned.

1. Tout Etat peut, au moment de la signature de la présente Convention ou du dépôt de son instrument de ratification, formuler une réserve au sujet d'une disposition particulière de la Convention, dans la mesure où une loi alors en vigueur sur son territoire n'est pas conforme à cette disposition. Les réserves de caractère général ne sont pas autorisées aux termes du présent article.

2. Toute réserve émise conformément au présent article comporte un bref exposé de la loi en cause.

(1) Jeder Staat kann bei der Unterzeichnung dieser Konvention oder bei der Hinterlegung seiner Ratifikationsurkunde einen Vorbehalt zu einzelnen Bestimmungen der Konvention anbringen, soweit ein zu dieser Zeit in seinem Hoheitsgebiet geltendes Gesetz mit der betreffenden Bestimmung nicht übereinstimmt. Vorbehalte allgemeiner Art sind nach diesem Artikel nicht zulässig.

(2) Jeder nach diesem Artikel angebrachte Vorbehalt muss mit einer kurzen Darstellung des betreffenden Gesetzes verbunden sein.

Article 58	Article 58	Artikel 58
Denunciation	Dénonciation	Kündigung

1. A High Contracting Party may denounce the present Convention only after the expiry of five years from the date on which it became a party to it and after six months' notice contained in a notification addressed to the Secretary General of the Council of Europe, who shall inform the other High Contracting Parties.

2. Such a denunciation shall not have the effect of releasing the High Contracting Party concerned from its obligations under this Convention in respect of any act which, being capable of constituting a violation of such obligations, may have been performed by it before the date at which the denunciation became effective.

3. Any High Contracting Party which shall cease to be a member of the Council of Europe shall cease to be a party to this Convention under the same conditions.

4. The Convention may be denounced in accordance with the provisions of the preceding paragraphs in respect of any territory to which it has been declared to extend under the terms of Article 56.

1. Une Haute Partie contractante ne peut dénoncer la présente Convention qu'après l'expiration d'un délai de cinq ans à partir de la date d'entrée en vigueur de la Convention à son égard et moyennant un préavis de six mois, donné par une notification adressée au Secrétaire général du Conseil de l'Europe, qui en informe les autres Parties contractantes.

2. Cette dénonciation ne peut avoir pour effet de délier la Haute Partie contractante intéressée des obligations contenues dans la présente Convention en ce qui concerne tout fait qui, pouvant constituer une violation de ces obligations, aurait été accompli par elle antérieurement à la date à laquelle la dénonciation produit effet.

3. Sous la même réserve cesserait d'être partie à la présente Convention toute Partie contractante qui cesserait d'être membre du Conseil de l'Europe.

4. La Convention peut être dénoncée conformément aux dispositions des paragraphes précédents en ce qui concerne tout territoire auquel elle a été déclarée applicable aux termes de l'article 56.

(1) Eine Hohe Vertragspartei kann diese Konvention frühestens fünf Jahre nach dem Tag, an dem sie Vertragspartei geworden ist, unter Einhaltung einer Kündigungsfrist von sechs Monaten durch eine an den Generalsekretär des Europarats gerichtete Notifikation kündigen; dieser unterrichtet die anderen Hohen Vertragsparteien.

(2) Die Kündigung befreit die Hohe Vertragspartei nicht von ihren Verpflichtungen aus dieser Konvention in Bezug auf Handlungen, die sie vor dem Wirksamwerden der Kündigung vorgenommen hat und die möglicherweise eine Verletzung dieser Verpflichtungen darstellen.

(3) Mit derselben Maßgabe scheidet eine Hohe Vertragspartei, deren Mitgliedschaft im Europarat endet, als Vertragspartei dieser Konvention aus.

(4) Die Konvention kann in Bezug auf jedes Hoheitsgebiet, auf das sie durch eine Erklärung nach Artikel 56 anwendbar geworden ist, nach den Absätzen 1 bis 3 gekündigt werden.

Article 59	Article 59	Artikel 59
Signature and ratification	Signature et ratification	Unterzeichnung und Ratifikation

1. This Convention shall be open to the signature of the members of the Council of Europe. It shall be ratified. Ratifications shall be deposited with the Secretary General of the Council of Europe.

2. The European Union may accede to this Convention.

3. The present Convention shall come into force after the deposit of ten instruments of ratification.

4. As regards any signatory ratifying subsequently, the Convention shall come into force at the date of the deposit of its instrument of ratification.

5. The Secretary General of the Council of Europe shall notify all the members of the Council of Europe of the entry into force of the Convention, the names of the High Contracting Parties who have ratified it, and

1. La présente Convention est ouverte à la signature des membres du Conseil de l'Europe. Elle sera ratifiée. Les ratifications seront déposées près le Secrétaire général du Conseil de l'Europe.

2. L'Union européenne peut adhérer à la présente Convention.

3. La présente Convention entrera en vigueur après le dépôt de dix instruments de ratification.

4. Pour tout signataire qui la ratifiera ultérieurement, la Convention entrera en vigueur dès le dépôt de l'instrument de ratification.

5. Le Secrétaire général du Conseil de l'Europe notifiera à tous les membres du Conseil de l'Europe l'entrée en vigueur de la Convention, les noms des Hautes Parties contractantes qui l'auront ratifiée, ainsi que

(1) Diese Konvention liegt für die Mitglieder des Europarats zur Unterzeichnung auf. Sie bedarf der Ratifikation. Die Ratifikationsurkunden werden beim Generalsekretär des Europarats hinterlegt.

(2) Die Europäische Union kann dieser Konvention beitreten.

(3) Diese Konvention tritt nach Hinterlegung von zehn Ratifikationsurkunden in Kraft.

(4) Für jeden Unterzeichner, der die Konvention später ratifiziert, tritt sie mit der Hinterlegung seiner Ratifikationsurkunde in Kraft.

(5) Der Generalsekretär des Europarats notifiziert allen Mitgliedern des Europarats das Inkrafttreten der Konvention, die Namen der Hohen Vertragsparteien, die sie ratifiziert haben, und jede spätere Hinter-

Das Bundesgesetzblatt im Internet: www.bundesgesetzblatt.de I Ein Service des Bundesanzeiger Verlag www.bundesanzeiger-verlag.de   **Bundesanzeiger** Verlag

Bundesgesetzblatt Jahrgang 2010 Teil II Nr. 30, ausgegeben zu Bonn am 29. Oktober 2010   **1217**

the deposit of all instruments of ratification which may be effected subsequently.

Done at Rome this 4th day of November 1950, in English and French, both texts being equally authentic, in a single copy which shall remain deposited in the archives of the Council of Europe. The Secretary General shall transmit certified copies to each of the signatories.

le dépôt de tout instrument de ratification intervenu ultérieurement.

Fait à Rome, le 4 novembre 1950, en français et en anglais, les deux textes faisant également foi, en un seul exemplaire qui sera déposé dans les archives du Conseil de l'Europe. Le Secrétaire général du Conseil de l'Europe en communiquera des copies certifiées conformes à tous les signataires.

legung einer Ratifikationsurkunde.

Geschehen zu Rom am 4. November 1950 in englischer und französischer Sprache, wobei jeder Wortlaut gleichermaßen verbindlich ist, in einer Urschrift, die im Archiv des Europarats hinterlegt wird. Der Generalsekretär übermittelt allen Unterzeichnern beglaubigte Abschriften.

1218   Bundesgesetzblatt Jahrgang 2010 Teil II Nr. 30, ausgegeben zu Bonn am 29. Oktober 2010

Zusatzprotokoll
zur Konvention zum Schutz der Menschenrechte und Grundfreiheiten

Protocol to the Convention
for the Protection of Human Rights and Fundamental Freedoms

Protocole additionnel
à la Convention de sauvegarde
des droits de l'homme et des libertés fondamentales

(Übersetzung)

The governments signatory hereto, being members of the Council of Europe,

Being resolved to take steps to ensure the collective enforcement of certain rights and freedoms other than those already included in Section I of the Convention for the Protection of Human Rights and Fundamental Freedoms signed at Rome on 4 November 1950 (hereinafter referred to as "the Convention"),

Have agreed as follows:

Article 1
Protection of property

Every natural or legal person is entitled to the peaceful enjoyment of his possessions. No one shall be deprived of his possessions except in the public interest and subject to the conditions provided for by law and by the general principles of international law.

The preceding provisions shall not, however, in any way impair the right of a State to enforce such laws as it deems necessary to control the use of property in accordance with the general interest or to secure the payment of taxes or other contributions or penalties.

Article 2
Right to education

No person shall be denied the right to education. In the exercise of any functions which it assumes in relation to education and to teaching, the State shall respect the right of parents to ensure such education and teaching in conformity with their own religious and philosophical convictions.

Article 3
Right to free elections

The High Contracting Parties undertake to hold free elections at reasonable intervals by secret ballot, under conditions which will

---

Les gouvernements signataires, membres du Conseil de l'Europe,

Résolus à prendre des mesures propres à assurer la garantie collective de droits et libertés autres que ceux qui figurent déjà dans le titre I de la Convention de sauvegarde des droits de l'homme et des libertés fondamentales, signée à Rome le 4 novembre 1950 (ci-après dénommée «la Convention»),

Sont convenus de ce qui suit:

Article 1
Protection de la propriété

Toute personne physique ou morale a droit au respect de ses biens. Nul ne peut être privé de sa propriété que pour cause d'utilité publique et dans les conditions prévues par la loi et les principes généraux du droit international.

Les dispositions précédentes ne portent pas atteinte au droit que possèdent les Etats de mettre en vigueur les lois qu'ils jugent nécessaires pour réglementer l'usage des biens conformément à l'intérêt général ou pour assurer le paiement des impôts ou d'autres contributions ou des amendes.

Article 2
Droit à l'instruction

Nul ne peut se voir refuser le droit à l'instruction. L'Etat, dans l'exercice des fonctions qu'il assumera dans le domaine de l'éducation et de l'enseignement, respectera le droit des parents d'assurer cette éducation et cet enseignement conformément à leurs convictions religieuses et philosophiques.

Article 3
Droit à des élections libres

Les Hautes Parties contractantes s'engagent à organiser, à des intervalles raisonnables, des élections libres au scrutin secret,

---

Die Unterzeichnerregierungen, Mitglieder des Europarats –

entschlossen, Maßnahmen zur kollektiven Gewährleistung gewisser Rechte und Freiheiten zu treffen, die in Abschnitt I der am 4. November 1950 in Rom unterzeichneten Konvention zum Schutz der Menschenrechte und Grundfreiheiten (im Folgenden als „Konvention" bezeichnet) noch nicht enthalten sind –

haben Folgendes vereinbart:

Artikel 1
Schutz des Eigentums

Jede natürliche oder juristische Person hat das Recht auf Achtung ihres Eigentums. Niemandem darf sein Eigentum entzogen werden, es sei denn, dass das öffentliche Interesse es verlangt, und nur unter den durch Gesetz und durch die allgemeinen Grundsätze des Völkerrechts vorgesehenen Bedingungen.

Absatz 1 beeinträchtigt jedoch nicht das Recht des Staates, diejenigen Gesetze anzuwenden, die er für die Regelung der Benutzung des Eigentums im Einklang mit dem Allgemeininteresse oder zur Sicherung der Zahlung der Steuern oder sonstigen Abgaben oder von Geldstrafen für erforderlich hält.

Artikel 2
Recht auf Bildung

Niemandem darf das Recht auf Bildung verwehrt werden. Der Staat hat bei Ausübung der von ihm auf dem Gebiet der Erziehung und des Unterrichts übernommenen Aufgaben das Recht der Eltern zu achten, die Erziehung und den Unterricht entsprechend ihren eigenen religiösen und weltanschaulichen Überzeugungen sicherzustellen.

Artikel 3
Recht auf freie Wahlen

Die Hohen Vertragsparteien verpflichten sich, in angemessenen Zeitabständen freie und geheime Wahlen unter Bedingungen

Bundesgesetzblatt Jahrgang 2010 Teil II Nr. 30, ausgegeben zu Bonn am 29. Oktober 2010 **1219**

ensure the free expression of the opinion of the people in the choice of the legislature.

dans les conditions qui assurent la libre expression de l'opinion du peuple sur le choix du corps législatif.

abzuhalten, welche die freie Äußerung der Meinung des Volkes bei der Wahl der gesetzgebenden Körperschaften gewährleisten.

Article 4
Territorial application

Any High Contracting Party may at the time of signature or ratification or at any time thereafter communicate to the Secretary General of the Council of Europe a declaration stating the extent to which it undertakes that the provisions of the present Protocol shall apply to such of the territories for the international relations of which it is responsible as are named therein.

Any High Contracting Party which has communicated a declaration in virtue of the preceding paragraph may from time to time communicate a further declaration modifying the terms of any former declaration or terminating the application of the provisions of this Protocol in respect of any territory.

A declaration made in accordance with this Article shall be deemed to have been made in accordance with paragraph 1 of Article 56 of the Convention.

Article 4
Application territoriale

Toute Haute Partie contractante peut, au moment de la signature ou de la ratification du présent Protocole ou à tout moment par la suite, communiquer au Secrétaire général du Conseil de l'Europe une déclaration indiquant la mesure dans laquelle elle s'engage à ce que les dispositions du présent Protocole s'appliquent à tels territoires qui sont désignés dans ladite déclaration et dont elle assure les relations internationales.

Toute Haute Partie contractante qui a communiqué une déclaration en vertu du paragraphe précédent peut, de temps à autre, communiquer une nouvelle déclaration modifiant les termes de toute déclaration antérieure ou mettant fin à l'application des dispositions du présent Protocole sur un territoire quelconque.

Une déclaration faite conformément au présent article sera considérée comme ayant été faite conformément au paragraphe 1 de l'article 56 de la Convention.

Artikel 4
Räumlicher Geltungsbereich

Jede Hohe Vertragspartei kann im Zeitpunkt der Unterzeichnung oder Ratifikation dieses Protokolls oder zu jedem späteren Zeitpunkt an den Generalsekretär des Europarats eine Erklärung darüber richten, in welchem Umfang sie sich zur Anwendung dieses Protokolls auf die in der Erklärung angegebenen Hoheitsgebiete verpflichtet, für deren internationale Beziehungen sie verantwortlich ist.

Jede Hohe Vertragspartei, die eine Erklärung nach Absatz 1 abgegeben hat, kann jederzeit eine weitere Erklärung abgeben, die den Inhalt einer früheren Erklärung ändert oder die Anwendung der Bestimmungen dieses Protokolls auf irgendein Hoheitsgebiet beendet.

Eine nach diesem Artikel abgegebene Erklärung gilt als eine Erklärung im Sinne des Artikels 56 Absatz 1 der Konvention.

Article 5
Relationship to the Convention

As between the High Contracting Parties the provisions of Articles 1, 2, 3 and 4 of this Protocol shall be regarded as additional Articles to the Convention and all the provisions of the Convention shall apply accordingly.

Article 5
Relations avec la Convention

Les Hautes Parties contractantes considéreront les articles 1, 2, 3 et 4 de ce Protocole comme des articles additionnels à la Convention et toutes les dispositions de la Convention s'appliqueront en conséquence.

Artikel 5
Verhältnis zur Konvention

Die Hohen Vertragsparteien betrachten die Artikel 1, 2, 3 und 4 dieses Protokolls als Zusatzartikel zur Konvention; alle Bestimmungen der Konvention sind dementsprechend anzuwenden.

Article 6
Signature and ratification

This Protocol shall be open for signature by the members of the Council of Europe, who are the signatories of the Convention; it shall be ratified at the same time as or after the ratification of the Convention. It shall enter into force after the deposit of ten instruments of ratification. As regards any signatory ratifying subsequently, the Protocol shall enter into force at the date of the deposit of its instrument of ratification.

The instruments of ratification shall be deposited with the Secretary General of the Council of Europe, who will notify all members of the names of those who have ratified.

Done at Paris on the 20th day of March 1952, in English and French, both texts being equally authentic, in a single copy which shall remain deposited in the archives of the Council of Europe. The Secretary General shall transmit certified copies to each of the signatory governments.

Article 6
Signature et ratification

Le présent Protocole est ouvert à la signature des membres du Conseil de l'Europe, signataires de la Convention; il sera ratifié en même temps que la Convention ou après la ratification de celle-ci. Il entrera en vigueur après le dépôt de dix instruments de ratification. Pour tout signataire qui le ratifiera ultérieurement, le Protocole entrera en vigueur dès le dépôt de l'instrument de ratification.

Les instruments de ratification seront déposés près le Secrétaire général du Conseil de l'Europe qui notifiera à tous les membres les noms de ceux qui l'auront ratifié.

Fait à Paris, le 20 mars 1952, en français et en anglais, les deux textes faisant également foi, en un seul exemplaire qui sera déposé dans les archives du Conseil de l'Europe. Le Secrétaire général du Conseil de l'Europe en communiquera copie certifiée conforme à chacun des gouvernements signataires.

Artikel 6
Unterzeichnung und Ratifikation

Dieses Protokoll liegt für die Mitglieder des Europarats, die Unterzeichner der Konvention sind, zur Unterzeichnung auf; es wird gleichzeitig mit der Konvention oder zu einem späteren Zeitpunkt ratifiziert. Es tritt nach Hinterlegung von zehn Ratifikationsurkunden in Kraft. Für jeden Unterzeichner, der das Protokoll später ratifiziert, tritt es mit der Hinterlegung seiner Ratifikationsurkunde in Kraft.

Die Ratifikationsurkunden werden beim Generalsekretär des Europarats hinterlegt, der allen Mitgliedern die Namen derjenigen Staaten, die das Protokoll ratifiziert haben, notifiziert.

Geschehen zu Paris am 20. März 1952 in englischer und französischer Sprache, wobei jeder Wortlaut gleichermaßen verbindlich ist, in einer Urschrift, die im Archiv des Europarats hinterlegt wird. Der Generalsekretär übermittelt allen Unterzeichnerregierungen beglaubigte Abschriften.

1220   Bundesgesetzblatt Jahrgang 2010 Teil II Nr. 30, ausgegeben zu Bonn am 29. Oktober 2010

Protokoll Nr. 4
zur Konvention zum Schutz der Menschenrechte und Grundfreiheiten, durch das gewisse Rechte und Freiheiten gewährleistet werden, die nicht bereits in der Konvention oder im ersten Zusatzprotokoll enthalten sind

Protocol No. 4
to the Convention for the Protection of Human Rights and Fundamental Freedoms securing certain rights and freedoms other than those already included in the Convention and in the first Protocol thereto

Protocole n⁰ 4
à la Convention de sauvegarde des droits de l'homme et des libertés fondamentales, reconnaissant certains droits et libertés autres que ceux figurant déjà dans la Convention et dans le premier Protocole additionnel à la Convention

(Übersetzung)

The governments signatory hereto, being members of the Council of Europe,

Les gouvernements signataires, membres du Conseil de l'Europe,

Die Unterzeichnerregierungen, Mitglieder des Europarats –

Being resolved to take steps to ensure the collective enforcement of certain rights and freedoms other than those already included in Section I of the Convention for the Protection of Human Rights and Fundamental Freedoms signed at Rome on 4 November 1950 (hereinafter referred to as the "Convention") and in Articles 1 to 3 of the First Protocol to the Convention, signed at Paris on 20 March 1952,

Résolus à prendre des mesures propres à assurer la garantie collective de droits et libertés autres que ceux qui figurent déjà dans le titre I de la Convention de sauvegarde des droits de l'homme et des libertés fondamentales, signée à Rome le 4 novembre 1950 (ci-après dénommée «la Convention») et dans les articles 1 à 3 du premier Protocole additionnel à la Convention, signé à Paris le 20 mars 1952,

entschlossen, Maßnahmen zur kollektiven Gewährleistung gewisser Rechte und Freiheiten zu treffen, die in Abschnitt I der am 4. November 1950 in Rom unterzeichneten Konvention zum Schutz der Menschenrechte und Grundfreiheiten (im Folgenden als „Konvention" bezeichnet) und in den Artikeln 1 bis 3 des am 20. März 1952 in Paris unterzeichneten ersten Zusatzprotokolls zur Konvention noch nicht enthalten sind –

Have agreed as follows:

Sont convenus de ce qui suit:

haben Folgendes vereinbart:

Article 1
Prohibition of imprisonment for debt

Article 1
Interdiction de l'emprisonnement pour dette

Artikel 1
Verbot der Freiheits- entziehung wegen Schulden

No one shall be deprived of his liberty merely on the ground of inability to fulfil a contractual obligation.

Nul ne peut être privé de sa liberté pour la seule raison qu'il n'est pas en mesure d'exécuter une obligation contractuelle.

Niemandem darf die Freiheit allein deshalb entzogen werden, weil er nicht in der Lage ist, eine vertragliche Verpflichtung zu erfüllen.

Article 2
Freedom of movement

Article 2
Liberté de circulation

Artikel 2
Freizügigkeit

1. Everyone lawfully within the territory of a State shall, within that territory, have the right to liberty of movement and freedom to choose his residence.

1. Quiconque se trouve régulièrement sur le territoire d'un Etat a le droit d'y circuler librement et d'y choisir librement sa résidence.

(1) Jede Person, die sich rechtmäßig im Hoheitsgebiet eines Staates aufhält, hat das Recht, sich dort frei zu bewegen und ihren Wohnsitz frei zu wählen.

2. Everyone shall be free to leave any country, including his own.

2. Toute personne est libre de quitter n'importe quel pays, y compris le sien.

(2) Jeder Person steht es frei, jedes Land, einschließlich des eigenen, zu verlassen.

3. No restrictions shall be placed on the exercise of these rights other than such as are in accordance with law and are necessary in a democratic society in the interests of national security or public safety, for the maintenance of *ordre public*, for the prevention of crime, for the protection of health or morals, or for the protection of the rights and freedoms of others.

3. L'exercice de ces droits ne peut faire l'objet d'autres restrictions que celles qui, prévues par la loi, constituent des mesures nécessaires, dans une société démocratique, à la sécurité nationale, à la sûreté publique, au maintien de l'ordre public, à la prévention des infractions pénales, à la protection de la santé ou de la morale, ou à la protection des droits et libertés d'autrui.

(3) Die Ausübung dieser Rechte darf nur Einschränkungen unterworfen werden, die gesetzlich vorgesehen und in einer demokratischen Gesellschaft notwendig sind für die nationale oder öffentliche Sicherheit, zur Aufrechterhaltung der öffentlichen Ordnung, zur Verhütung von Straftaten, zum Schutz der Gesundheit oder der Moral oder zum Schutz der Rechte und Freiheiten anderer.

Das Bundesgesetzblatt im Internet: www.bundesgesetzblatt.de I Ein Service des Bundesanzeiger Verlag www.bundesanzeiger-verlag.de   Bundesanzeiger Verlag

4. The rights set forth in paragraph 1 may also be subject, in particular areas, to restrictions imposed in accordance with law and justified by the public interest in a democratic society.

4. Les droits reconnus au paragraphe 1 peuvent également, dans certaines zones déterminées, faire l'objet de restrictions qui, prévues par la loi, sont justifiées par l'intérêt public dans une société démocratique.

(4) Die in Absatz 1 anerkannten Rechte können ferner für bestimmte Gebiete Einschränkungen unterworfen werden, die gesetzlich vorgesehen und in einer demokratischen Gesellschaft durch das öffentliche Interesse gerechtfertigt sind.

Article 3

Prohibition of expulsion of nationals

1. No one shall be expelled, by means either of an individual or of a collective measure, from the territory of the State of which he is a national.

2. No one shall be deprived of the right to enter the territory of the State of which he is a national.

Article 3

Interdiction de l'expulsion des nationaux

1. Nul ne peut être expulsé, par voie de mesure individuelle ou collective, du territoire de l'Etat dont il est le ressortissant.

2. Nul ne peut être privé du droit d'entrer sur le territoire de l'Etat dont il est le ressortissant.

Artikel 3

Verbot der Ausweisung eigener Staatsangehöriger

(1) Niemand darf durch eine Einzel- oder Kollektivmaßnahme aus dem Hoheitsgebiet des Staates ausgewiesen werden, dessen Angehöriger er ist.

(2) Niemandem darf das Recht entzogen werden, in das Hoheitsgebiet des Staates einzureisen, dessen Angehöriger er ist.

Article 4

Prohibition of collective expulsion of aliens

Collective expulsion of aliens is prohibited.

Article 4

Interdiction des expulsions collectives d'étrangers

Les expulsions collectives d'étrangers sont interdites.

Artikel 4

Verbot der Kollektivausweisung ausländischer Personen

Kollektivausweisungen ausländischer Personen sind nicht zulässig.

Article 5

Territorial application

1. Any High Contracting Party may, at the time of signature or ratification of this Protocol, or at any time thereafter, communicate to the Secretary General of the Council of Europe a declaration stating the extent to which it undertakes that the provisions of this Protocol shall apply to such of the territories for the international relations of which it is responsible as are named therein.

2. Any High Contracting Party which has communicated a declaration in virtue of the preceding paragraph may, from time to time, communicate a further declaration modifying the terms of any former declaration or terminating the application of the provisions of this Protocol in respect of any territory.

3. A declaration made in accordance with this Article shall be deemed to have been made in accordance with paragraph 1 of Article 56 of the Convention.

4. The territory of any State to which this Protocol applies by virtue of ratification or acceptance by that State, and each territory to which this Protocol is applied by virtue of a declaration by that State under this Article, shall be treated as separate territories for the purpose of the references in Articles 2 and 3 to the territory of a State.

5. Any State which has made a declaration in accordance with paragraph 1 or 2 of this Article may at any time thereafter declare on behalf of one or more of the territories to which the declaration relates that it accepts the competence of the Court to receive applications from individuals, non-governmental organisations or groups

Article 5

Application territoriale

1. Toute Haute Partie contractante peut, au moment de la signature ou de la ratification du présent Protocole ou à tout moment par la suite, communiquer au Secrétaire général du Conseil de l'Europe une déclaration indiquant la mesure dans laquelle elle s'engage à ce que les dispositions du présent Protocole s'appliquent à tels territoires qui sont désignés dans ladite déclaration et dont elle assure les relations internationales.

2. Toute Haute Partie contractante qui a communiqué une déclaration en vertu du paragraphe précédent peut, de temps à autre, communiquer une nouvelle déclaration modifiant les termes de toute déclaration antérieure ou mettant fin à l'application des dispositions du présent Protocole sur un territoire quelconque.

3. Une déclaration faite conformément au présent article sera considérée comme ayant été faite conformément au paragraphe 1 de l'article 56 de la Convention.

4. Le territoire de tout Etat auquel le présent Protocole s'applique en vertu de sa ratification ou de son acceptation par ledit Etat, et chacun des territoires auxquels le Protocole s'applique en vertu d'une déclaration souscrite par ledit Etat conformément au présent article, seront considérés comme des territoires distincts aux fins des références au territoire d'un Etat faites par les articles 2 et 3.

5. Tout Etat qui a fait une déclaration conformément au paragraphe 1 ou 2 du présent article peut, à tout moment par la suite, déclarer relativement à un ou plusieurs des territoires visés dans cette déclaration qu'il accepte la compétence de la Cour pour connaître des requêtes de personnes physiques, d'organisations non

Artikel 5

Räumlicher Geltungsbereich

(1) Jede Hohe Vertragspartei kann im Zeitpunkt der Unterzeichnung oder Ratifikation dieses Protokolls oder zu jedem späteren Zeitpunkt an den Generalsekretär des Europarats eine Erklärung darüber richten, in welchem Umfang sie sich zur Anwendung dieses Protokolls auf die in der Erklärung angegebenen Hoheitsgebiete verpflichtet, für deren internationale Beziehungen sie verantwortlich ist.

(2) Jede Hohe Vertragspartei, die eine Erklärung nach Absatz 1 abgegeben hat, kann jederzeit eine weitere Erklärung abgeben, die den Inhalt einer früheren Erklärung ändert oder die Anwendung der Bestimmungen dieses Protokolls auf irgendein Hoheitsgebiet beendet.

(3) Eine nach diesem Artikel abgegebene Erklärung gilt als eine Erklärung im Sinne des Artikels 56 Absatz 1 der Konvention.

(4) Das Hoheitsgebiet eines Staates, auf das dieses Protokoll aufgrund der Ratifikation oder Annahme durch diesen Staat Anwendung findet, und jedes Hoheitsgebiet, auf welches das Protokoll aufgrund einer von diesem Staat nach diesem Artikel abgegebenen Erklärung Anwendung findet, werden als getrennte Hoheitsgebiete betrachtet, soweit die Artikel 2 und 3 auf das Hoheitsgebiet eines Staates Bezug nehmen.

(5) Jeder Staat, der eine Erklärung nach Absatz 1 oder 2 abgegeben hat, kann jederzeit danach für eines oder mehrere der in der Erklärung bezeichneten Hoheitsgebiete erklären, dass er die Zuständigkeit des Gerichtshofs, Beschwerden von natürlichen Personen, nichtstaatlichen Organisationen oder Personengruppen nach Artikel 34 der

of individuals as provided in Article 34 of the Convention in respect of all or any of Articles 1 to 4 of this Protocol.

gouvernementales ou de groupes de particuliers, comme le prévoit l'article 34 de la Convention, au titre des articles 1 à 4 du présent Protocole ou de certains d'entre eux.

Konvention entgegenzunehmen, für die Artikel 1 bis 4 dieses Protokolls insgesamt oder für einzelne dieser Artikel annimmt.

Article 6

Relationship to the Convention

As between the High Contracting Parties the provisions of Articles 1 to 5 of this Protocol shall be regarded as additional Articles to the Convention, and all the provisions of the Convention shall apply accordingly.

Article 6

Relations avec la Convention

Les Hautes Parties contractantes considéreront les articles 1 à 5 de ce Protocole comme des articles additionnels à la Convention et toutes les dispositions de la Convention s'appliqueront en conséquence.

Artikel 6

Verhältnis zur Konvention

Die Hohen Vertragsparteien betrachten die Artikel 1 bis 5 dieses Protokolls als Zusatzartikel zur Konvention; alle Bestimmungen der Konvention sind dementsprechend anzuwenden.

Article 7

Signature and ratification

1. This Protocol shall be open for signature by the members of the Council of Europe who are the signatories of the Convention; it shall be ratified at the same time as or after the ratification of the Convention. It shall enter into force after the deposit of five instruments of ratification. As regards any signatory ratifying subsequently, the Protocol shall enter into force at the date of the deposit of its instrument of ratification.

2. The instruments of ratification shall be deposited with the Secretary General of the Council of Europe, who will notify all members of the names of those who have ratified.

In witness whereof the undersigned, being duly authorised thereto, have signed this Protocol.

Done at Strasbourg, this 16th day of September 1963, in English and in French, both texts being equally authoritative, in a single copy which shall remain deposited in the archives of the Council of Europe. The Secretary General shall transmit certified copies to each of the signatory States.

Article 7

Signature et ratification

1. Le présent Protocole est ouvert à la signature des membres du Conseil de l'Europe, signataires de la Convention; il sera ratifié en même temps que la Convention ou après la ratification de celle-ci. Il entrera en vigueur après le dépôt de cinq instruments de ratification. Pour tout signataire qui le ratifiera ultérieurement, le Protocole entrera en vigueur dès le dépôt de l'instrument de ratification.

2. Les instruments de ratification seront déposés près le Secrétaire général du Conseil de l'Europe qui notifiera à tous les membres les noms de ceux qui l'auront ratifié.

En foi de quoi, les soussignés, dûment autorisés à cet effet, ont signé le présent Protocole.

Fait à Strasbourg, le 16 septembre 1963, en français et en anglais, les deux textes faisant également foi, en un seul exemplaire qui sera déposé dans les archives du Conseil de l'Europe. Le Secrétaire général du Conseil de l'Europe en communiquera copie certifiée conforme à chacun des Etats signataires.

Artikel 7

Unterzeichnung und Ratifikation

(1) Dieses Protokoll liegt für die Mitglieder des Europarats, die Unterzeichner der Konvention sind, zur Unterzeichnung auf; es wird gleichzeitig mit der Konvention oder zu einem späteren Zeitpunkt ratifiziert. Es tritt nach Hinterlegung von fünf Ratifikationsurkunden in Kraft. Für jeden Unterzeichner, der das Protokoll später ratifiziert, tritt es mit der Hinterlegung der Ratifikationsurkunde in Kraft.

(2) Die Ratifikationsurkunden werden beim Generalsekretär des Europarats hinterlegt, der allen Mitgliedern die Namen derjenigen Staaten, die das Protokoll ratifiziert haben, notifiziert.

Zu Urkund dessen haben die hierzu gehörig befugten Unterzeichneten dieses Protokoll unterschrieben.

Geschehen zu Straßburg am 16. September 1963 in englischer und französischer Sprache, wobei jeder Wortlaut gleichermaßen verbindlich ist, in einer Urschrift, die im Archiv des Europarats hinterlegt wird. Der Generalsekretär übermittelt allen Unterzeichnerstaaten beglaubigte Abschriften.

 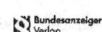

Bundesgesetzblatt Jahrgang 2010 Teil II Nr. 30, ausgegeben zu Bonn am 29. Oktober 2010   **1223**

Protokoll Nr. 6
zur Konvention zum Schutz der Menschenrechte und Grundfreiheiten über die Abschaffung der Todesstrafe

Protocol No. 6
to the Convention for the Protection of Human Rights and Fundamental Freedoms concerning the abolition of the death penalty

Protocole n° 6
à la Convention de sauvegarde des droits de l'homme et des libertés fondamentales, concernant l'abolition de la peine de mort

(Übersetzung)

The member States of the Council of Europe, signatory to this Protocol to the Convention for the Protection of Human Rights and Fundamental Freedoms, signed at Rome on 4 November 1950 (hereinafter referred to as "the Convention"),

Considering that the evolution that has occurred in several member States of the Council of Europe expresses a general tendency in favour of abolition of the death penalty;

Have agreed as follows:

Les Etats membres du Conseil de l'Europe, signataires du présent Protocole à la Convention de sauvegarde des droits de l'homme et des libertés fondamentales, signée à Rome le 4 novembre 1950 (ci-après dénommée «la Convention»),

Considérant que les développements intervenus dans plusieurs Etats membres du Conseil de l'Europe expriment une tendance générale en faveur de l'abolition de la peine de mort,

Sont convenus de ce qui suit:

Die Mitgliedstaaten des Europarats, die dieses Protokoll zu der am 4. November 1950 in Rom unterzeichneten Konvention zum Schutz der Menschenrechte und Grundfreiheiten (im Folgenden als „Konvention" bezeichnet) unterzeichnen –

in der Erwägung, dass die in verschiedenen Mitgliedstaaten des Europarats eingetretene Entwicklung eine allgemeine Tendenz zugunsten der Abschaffung der Todesstrafe zum Ausdruck bringt –

haben Folgendes vereinbart:

Article 1
Abolition of the death penalty

The death penalty shall be abolished. No one shall be condemned to such penalty or executed.

Article 1
Abolition de la peine de mort

La peine de mort est abolie. Nul ne peut être condamné à une telle peine ni exécuté.

Artikel 1
Abschaffung der Todesstrafe

Die Todesstrafe ist abgeschafft. Niemand darf zu dieser Strafe verurteilt oder hingerichtet werden.

Article 2
Death penalty in time of war

A State may make provision in its law for the death penalty in respect of acts committed in time of war or of imminent threat of war; such penalty shall be applied only in the instances laid down in the law and in accordance with its provisions. The State shall communicate to the Secretary General of the Council of Europe the relevant provisions of that law.

Article 2
Peine de mort en temps de guerre

Un Etat peut prévoir dans sa législation la peine de mort pour des actes commis en temps de guerre ou de danger imminent de guerre; une telle peine ne sera appliquée que dans les cas prévus par cette législation et conformément à ses dispositions. Cet Etat communiquera au Secrétaire général du Conseil de l'Europe les dispositions afférentes de la législation en cause.

Artikel 2
Todesstrafe in Kriegszeiten

Ein Staat kann in seinem Recht die Todesstrafe für Taten vorsehen, die in Kriegszeiten oder bei unmittelbarer Kriegsgefahr begangen werden; diese Strafe darf nur in den Fällen, die im Recht vorgesehen sind, und in Übereinstimmung mit dessen Bestimmungen angewendet werden. Der Staat übermittelt dem Generalsekretär des Europarats die einschlägigen Rechtsvorschriften.

Article 3
Prohibition of derogations

No derogation from the provisions of this Protocol shall be made under Article 15 of the Convention.

Article 3
Interdiction de dérogations

Aucune dérogation n'est autorisée aux dispositions du présent Protocole au titre de l'article 15 de la Convention.

Artikel 3
Verbot des Abweichens

Von diesem Protokoll darf nicht nach Artikel 15 der Konvention abgewichen werden.

Article 4
Prohibition of reservations

No reservation may be made under Article 57 of the Convention in respect of the provisions of this Protocol.

Article 4
Interdiction de réserves

Aucune réserve n'est admise aux dispositions du présent Protocole en vertu de l'article 57 de la Convention.

Artikel 4
Verbot von Vorbehalten

Vorbehalte nach Artikel 57 der Konvention zu Bestimmungen dieses Protokolls sind nicht zulässig.

Das Bundesgesetzblatt im Internet: www.bundesgesetzblatt.de I Ein Service des Bundesanzeiger Verlag www.bundesanzeiger-verlag.de   **Bundesanzeiger Verlag**

Esser

Article 5	Article 5	Artikel 5
Territorial application	**Application territoriale**	**Räumlicher Geltungsbereich**

1. Any State may at the time of signature or when depositing its instrument of ratification, acceptance or approval, specify the territory or territories to which this Protocol shall apply.

2. Any State may at any later date, by a declaration addressed to the Secretary General of the Council of Europe, extend the application of this Protocol to any other territory specified in the declaration. In respect of such territory the Protocol shall enter into force on the first day of the month following the date of receipt of such declaration by the Secretary General.

3. Any declaration made under the two preceding paragraphs may, in respect of any territory specified in such declaration, be withdrawn by a notification addressed to the Secretary General. The withdrawal shall become effective on the first day of the month following the date of receipt of such notification by the Secretary General.

1. Tout Etat peut, au moment de la signature ou au moment du dépôt de son instrument de ratification, d'acceptation ou d'approbation, désigner le ou les territoires auxquels s'appliquera le présent Protocole.

2. Tout Etat peut, à tout autre moment par la suite, par une déclaration adressée au Secrétaire général du Conseil de l'Europe, étendre l'application du présent Protocole à tout autre territoire désigné dans la déclaration. Le Protocole entrera en vigueur à l'égard de ce territoire le premier jour du mois qui suit la date de réception de la déclaration par le Secrétaire général.

3. Toute déclaration faite en vertu des deux paragraphes précédents pourra être retirée, en ce qui concerne tout territoire désigné dans cette déclaration, par notification adressée au Secrétaire général. Le retrait prendra effet le premier jour du mois qui suit la date de réception de la notification par le Secrétaire général.

(1) Jeder Staat kann bei der Unterzeichnung oder bei der Hinterlegung seiner Ratifikations-, Annahme- oder Genehmigungsurkunde einzelne oder mehrere Hoheitsgebiete bezeichnen, auf die dieses Protokoll Anwendung findet.

(2) Jeder Staat kann jederzeit danach durch eine an den Generalsekretär des Europarats gerichtete Erklärung die Anwendung dieses Protokolls auf jedes weitere in der Erklärung bezeichnete Hoheitsgebiet erstrecken. Das Protokoll tritt für dieses Hoheitsgebiet am ersten Tag des Monats in Kraft, der auf den Eingang der Erklärung beim Generalsekretär folgt.

(3) Jede nach den Absätzen 1 und 2 abgegebene Erklärung kann in Bezug auf jedes darin bezeichnete Hoheitsgebiet durch eine an den Generalsekretär gerichtete Notifikation zurückgenommen werden. Die Rücknahme wird am ersten Tag des Monats wirksam, der auf den Eingang der Notifikation beim Generalsekretär folgt.

Article 6	Article 6	Artikel 6
Relationship to the Convention	**Relations avec la Convention**	**Verhältnis zur Konvention**

As between the States Parties the provisions of Articles 1 to 5 of this Protocol shall be regarded as additional Articles to the Convention and all the provisions of the Convention shall apply accordingly.

Les Etats parties considèrent les articles 1 à 5 du présent Protocole comme des articles additionnels à la Convention et toutes les dispositions de la Convention s'appliquent en conséquence.

Die Vertragsstaaten betrachten die Artikel 1 bis 5 dieses Protokolls als Zusatzartikel zur Konvention; alle Bestimmungen der Konvention sind dementsprechend anzuwenden.

Article 7	Article 7	Artikel 7
Signature and ratification	**Signature et ratification**	**Unterzeichnung und Ratifikation**

The Protocol shall be open for signature by the member States of the Council of Europe, signatories to the Convention. It shall be subject to ratification, acceptance or approval. A member State of the Council of Europe may not ratify, accept or approve this Protocol unless it has, simultaneously or previously, ratified the Convention. Instruments of ratification, acceptance or approval shall be deposited with the Secretary General of the Council of Europe.

Le présent Protocole est ouvert à la signature des Etats membres du Conseil de l'Europe, signataires de la Convention. Il sera soumis à ratification, acceptation ou approbation. Un Etat membre du Conseil de l'Europe ne pourra ratifier, accepter ou approuver le présent Protocole sans avoir simultanément ou antérieurement ratifié la Convention. Les instruments de ratification, d'acceptation ou d'approbation seront déposés près le Secrétaire général du Conseil de l'Europe.

Dieses Protokoll liegt für die Mitgliedstaaten des Europarats, welche die Konvention unterzeichnet haben, zur Unterzeichnung auf. Es bedarf der Ratifikation, Annahme oder Genehmigung. Ein Mitgliedstaat des Europarats kann dieses Protokoll nur ratifizieren, annehmen oder genehmigen, wenn er die Konvention gleichzeitig ratifiziert oder sie früher ratifiziert hat. Die Ratifikations-, Annahme- oder Genehmigungsurkunden werden beim Generalsekretär des Europarats hinterlegt.

Article 8	Article 8	Artikel 8
Entry into force	**Entrée en vigueur**	**Inkrafttreten**

1. This Protocol shall enter into force on the first day of the month following the date on which five member States of the Council of Europe have expressed their consent to be bound by the Protocol in accordance with the provisions of Article 7.

2. In respect of any member State which subsequently expresses its consent to be bound by it, the Protocol shall enter into force on the first day of the month following the date of the deposit of the instrument of ratification, acceptance or approval.

1. Le présent Protocole entrera en vigueur le premier jour du mois qui suit la date à laquelle cinq Etats membres du Conseil de l'Europe auront exprimé leur consentement à être liés par le Protocole conformément aux dispositions de l'article 7.

2. Pour tout Etat membre qui exprimera ultérieurement son consentement à être lié par le Protocole, celui-ci entrera en vigueur le premier jour du mois qui suit la date du dépôt de l'instrument de ratification, d'acceptation ou d'approbation.

(1) Dieses Protokoll tritt am ersten Tag des Monats in Kraft, der auf den Tag folgt, an dem fünf Mitgliedstaaten des Europarats nach Artikel 7 ihre Zustimmung ausgedrückt haben, durch das Protokoll gebunden zu sein.

(2) Für jeden Mitgliedstaat, der später seine Zustimmung ausdrückt, durch das Protokoll gebunden zu sein, tritt es am ersten Tag des Monats in Kraft, der auf die Hinterlegung der Ratifikations-, Annahme- oder Genehmigungsurkunde folgt.

Das Bundesgesetzblatt im Internet: www.bundesgesetzblatt.de I Ein Service des Bundesanzeiger Verlag www.bundesanzeiger-verlag.de Bundesanzeiger Verlag

Bundesgesetzblatt Jahrgang 2010 Teil II Nr. 30, ausgegeben zu Bonn am 29. Oktober 2010   **1225**

Article 9
Depositary functions

The Secretary General of the Council of Europe shall notify the member States of the Council of:

(a) any signature;

(b) the deposit of any instrument of ratification, acceptance or approval;

(c) any date of entry into force of this Protocol in accordance with Articles 5 and 8;

(d) any other act, notification or communication relating to this Protocol.

In witness whereof the undersigned, being duly authorised thereto, have signed this Protocol.

Done at Strasbourg, this 28th day of April 1983, in English and in French, both texts being equally authentic, in a single copy which shall be deposited in the archives of the Council of Europe. The Secretary General of the Council of Europe shall transmit certified copies to each member State of the Council of Europe.

Article 9
Fonctions du dépositaire

Le Secrétaire général du Conseil de l'Europe notifiera aux Etats membres du Conseil:

a) toute signature;

b) le dépôt de tout instrument de ratification, d'acceptation ou d'approbation;

c) toute date d'entrée en vigueur du présent Protocole conformément à ses articles 5 et 8;

d) tout autre acte, notification ou communication ayant trait au présent Protocole.

En foi de quoi, les soussignés, dûment autorisés à cet effet, ont signé le présent Protocole.

Fait à Strasbourg, le 28 avril 1983, en français et en anglais, les deux textes faisant également foi, en un seul exemplaire, qui sera déposé dans les archives du Conseil de l'Europe. Le Secrétaire général du Conseil de l'Europe en communiquera copie certifiée conforme à chacun des Etats membres du Conseil de l'Europe.

Artikel 9
Aufgaben des Verwahrers

Der Generalsekretär des Europarats notifiziert den Mitgliedstaaten des Rates

a) jede Unterzeichnung;

b) jede Hinterlegung einer Ratifikations-, Annahme- oder Genehmigungsurkunde;

c) jeden Zeitpunkt des Inkrafttretens dieses Protokolls nach den Artikeln 5 und 8;

d) jede andere Handlung, Notifikation oder Mitteilung im Zusammenhang mit diesem Protokoll.

Zu Urkund dessen haben die hierzu gehörig befugten Unterzeichneten dieses Protokoll unterschrieben.

Geschehen zu Straßburg am 28. April 1983 in englischer und französischer Sprache, wobei jeder Wortlaut gleichermaßen verbindlich ist, in einer Urschrift, die im Archiv des Europarats hinterlegt wird. Der Generalsekretär des Europarats übermittelt allen Mitgliedstaaten des Europarats beglaubigte Abschriften.

Das Bundesgesetzblatt im Internet: www.bundesgesetzblatt.de I Ein Service des Bundesanzeiger Verlag www.bundesanzeiger-verlag.de

1799   Esser

1226   Bundesgesetzblatt Jahrgang 2010 Teil II Nr. 30, ausgegeben zu Bonn am 29. Oktober 2010

Protokoll Nr. 13
zur Konvention zum Schutz der Menschenrechte und Grundfreiheiten über die vollständige Abschaffung der Todesstrafe

Protocol No. 13
to the Convention for the Protection of Human Rights and Fundamental Freedoms concerning the abolition of the death penalty in all circumstances

Protocole n° 13
à la Convention de sauvegarde des droits de l'homme et des libertés fondamentales, relatif à l'abolition de la peine de mort en toutes circonstances

(Übersetzung)

The member States of the Council of Europe signatory hereto,

Convinced that everyone's right to life is a basic value in a democratic society and that the abolition of the death penalty is essential for the protection of this right and for the full recognition of the inherent dignity of all human beings;

Wishing to strengthen the protection of the right to life guaranteed by the Convention for the Protection of Human Rights and Fundamental Freedoms signed at Rome on 4 November 1950 (hereinafter referred to as "the Convention");

Noting that Protocol No. 6 to the Convention concerning the abolition of the death penalty, signed at Strasbourg on 28 April 1983, does not exclude the death penalty in respect of acts committed in time of war or of imminent threat of war;

Being resolved to take the final step in order to abolish the death penalty in all circumstances,

Have agreed as follows:

Les Etats membres du Conseil de l'Europe, signataires du présent Protocole,

Convaincus que le droit de toute personne à la vie est une valeur fondamentale dans une société démocratique, et que l'abolition de la peine de mort est essentielle à la protection de ce droit et à la pleine reconnaissance de la dignité inhérente à tous les êtres humains;

Souhaitant renforcer la protection du droit à la vie garanti par la Convention de sauvegarde des droits de l'homme et des Libertés Fondamentales signée à Rome le 4 novembre 1950 (ci-après dénommée «la Convention»);

Notant que le Protocole n° 6 à la Convention concernant l'abolition de la peine de mort, signé à Strasbourg le 28 avril 1983, n'exclut pas la peine de mort pour des actes commis en temps de guerre ou de danger imminent de guerre;

Résolus à faire le pas ultime afin d'abolir la peine de mort en toutes circonstances,

Sont convenus de ce qui suit:

Die Mitgliedstaaten des Europarats, die dieses Protokoll unterzeichnen,

in der Überzeugung, dass in einer demokratischen Gesellschaft das Recht jedes Menschen auf Leben einen Grundwert darstellt und die Abschaffung der Todesstrafe für den Schutz dieses Rechts und für die volle Anerkennung der allen Menschen innewohnenden Würde von wesentlicher Bedeutung ist;

in dem Wunsch, den Schutz des Rechts auf Leben, der durch die am 4. November 1950 in Rom unterzeichnete Konvention zum Schutz der Menschenrechte und Grundfreiheiten (im Folgenden als „Konvention" bezeichnet) gewährleistet wird, zu stärken;

in Anbetracht dessen, dass das Protokoll Nr. 6 zur Konvention über die Abschaffung der Todesstrafe, das am 28. April 1983 in Straßburg unterzeichnet wurde, die Todesstrafe nicht für Taten ausschließt, die in Kriegszeiten oder bei unmittelbarer Kriegsgefahr begangen werden;

entschlossen, den letzten Schritt zu tun, um die Todesstrafe vollständig abzuschaffen,

haben Folgendes vereinbart:

Article 1
Abolition of the death penalty

The death penalty shall be abolished. No one shall be condemned to such penalty or executed.

Article 1
Abolition de la peine de mort

La peine de mort est abolie. Nul ne peut être condamné à une telle peine ni exécuté.

Artikel 1
Abschaffung der Todesstrafe

Die Todesstrafe ist abgeschafft. Niemand darf zu dieser Strafe verurteilt oder hingerichtet werden.

Article 2
Prohibitions of derogations

No derogation from the provisions of this Protocol shall be made under Article 15 of the Convention.

Article 2
Interdiction de dérogations

Aucune dérogation n'est autorisée aux dispositions du présent Protocole au titre de l'article 15 de la Convention.

Artikel 2
Verbot des Abweichens

Von diesem Protokoll darf nicht nach Artikel 15 der Konvention abgewichen werden.

Article 3
Prohibitions of reservations

No reservation may be made under Article 57 of the Convention in respect of the provisions of this Protocol.

Article 3
Interdiction de réserves

Aucune réserve n'est admise aux dispositions du présent Protocole au titre de l'article 57 de la Convention.

Artikel 3
Verbot von Vorbehalten

Vorbehalte nach Artikel 57 der Konvention zu diesem Protokoll sind nicht zulässig.

Das Bundesgesetzblatt im Internet: www.bundesgesetzblatt.de I Ein Service des Bundesanzeiger Verlag www.bundesanzeiger-verlag.de   Bundesanzeiger Verlag

Article 4	Article 4	Artikel 4
Territorial application	**Application territoriale**	**Räumlicher Geltungsbereich**

1. Any State may, at the time of signature or when depositing its instrument of ratification, acceptance or approval, specify the territory or territories to which this Protocol shall apply.

1. Tout Etat peut, au moment de la signature ou au moment du dépôt de son instrument de ratification, d'acceptation ou d'approbation, désigner le ou les territoires auxquels s'appliquera le présent Protocole.

(1) Jeder Staat kann bei der Unterzeichnung oder bei der Hinterlegung der Ratifikations-, Annahme- oder Genehmigungsurkunde einzelne oder mehrere Hoheitsgebiete bezeichnen, auf die dieses Protokoll Anwendung findet.

2. Any State may at any later date, by a declaration addressed to the Secretary General of the Council of Europe, extend the application of this Protocol to any other territory specified in the declaration. In respect of such territory the Protocol shall enter into force on the first day of the month following the expiration of a period of three months after the date of receipt by the Secretary General of such declaration.

2. Tout Etat peut, à tout autre moment par la suite, par une déclaration adressée au Secrétaire général du Conseil de l'Europe, étendre l'application du présent Protocole à tout autre territoire désigné dans la déclaration. Le Protocole entrera en vigueur à l'égard de ce territoire le premier jour du mois qui suit l'expiration d'une période de trois mois après la date de réception de la déclaration par le Secrétaire général.

(2) Jeder Staat kann jederzeit danach durch eine an den Generalsekretär des Europarats gerichtete Erklärung die Anwendung dieses Protokolls auf jedes weitere in der Erklärung bezeichnete Hoheitsgebiet erstrecken. Das Protokoll tritt für dieses Hoheitsgebiet am ersten Tag des Monats in Kraft, der auf einen Zeitabschnitt von drei Monaten nach Eingang der Erklärung beim Generalsekretär folgt.

3. Any declaration made under the two preceding paragraphs may, in respect of any territory specified in such declaration, be withdrawn or modified by a notification addressed to the Secretary General. The withdrawal or modification shall become effective on the first day of the month following the expiration of a period of three months after the date of receipt of such notification by the Secretary General.

3. Toute déclaration faite en vertu des deux paragraphes précédents pourra être retirée ou modifiée, en ce qui concerne tout territoire désigné dans cette déclaration, par notification adressée au Secrétaire général. Le retrait ou la modification prendra effet le premier jour du mois qui suit l'expiration d'une période de trois mois après la date de réception de la notification par le Secrétaire général.

(3) Jede nach den Absätzen 1 und 2 abgegebene Erklärung kann in Bezug auf jedes darin bezeichnete Hoheitsgebiet durch eine an den Generalsekretär gerichtete Notifikation zurückgenommen oder geändert werden. Die Rücknahme oder Änderung wird am ersten Tag des Monats wirksam, der auf einen Zeitabschnitt von drei Monaten nach Eingang der Notifikation beim Generalsekretär folgt.

Article 5	Article 5	Artikel 5
Relationship to the Convention	**Relations avec la Convention**	**Verhältnis zur Konvention**

As between the States Parties the provisions of Articles 1 to 4 of this Protocol shall be regarded as additional Articles to the Convention, and all the provisions of the Convention shall apply accordingly.

Les Etats parties considèrent les articles 1 à 4 du présent Protocole comme des articles additionnels à la Convention, et toutes les dispositions de la Convention s'appliquent en conséquence.

Die Vertragsstaaten betrachten die Artikel 1 bis 4 dieses Protokolls als Zusatzartikel zur Konvention; alle Bestimmungen der Konvention sind dementsprechend anzuwenden.

Article 6	Article 6	Artikel 6
Signature and ratification	**Signature et ratification**	**Unterzeichnung und Ratifikation**

This Protocol shall be open for signature by member States of the Council of Europe which have signed the Convention. It is subject to ratification, acceptance or approval. A member State of the Council of Europe may not ratify, accept or approve this Protocol without previously or simultaneously ratifying the Convention. Instruments of ratification, acceptance or approval shall be deposited with the Secretary General of the Council of Europe.

Le présent Protocole est ouvert à la signature des Etats membres du Conseil de l'Europe qui ont signé la Convention. Il sera soumis à ratification, acceptation ou approbation. Un Etat membre du Conseil de l'Europe ne peut ratifier, accepter ou approuver le présent Protocole sans avoir simultanément ou antérieurement ratifié la Convention. Les instruments de ratification, d'acceptation ou d'approbation seront déposés près le Secrétaire général du Conseil de l'Europe.

Dieses Protokoll liegt für die Mitgliedstaaten des Europarats, welche die Konvention unterzeichnet haben, zur Unterzeichnung auf. Es bedarf der Ratifikation, Annahme oder Genehmigung. Ein Mitgliedstaat des Europarats kann dieses Protokoll nur ratifizieren, annehmen oder genehmigen, wenn er die Konvention gleichzeitig ratifiziert oder bereits zu einem früheren Zeitpunkt ratifiziert hat. Die Ratifikations-, Annahme- oder Genehmigungsurkunden werden beim Generalsekretär des Europarats hinterlegt.

Article 7	Article 7	Artikel 7
Entry into force	**Entrée en vigueur**	**Inkrafttreten**

1. This Protocol shall enter into force on the first day of the month following the expiration of a period of three months after the date on which ten member States of the Council of Europe have expressed their consent to be bound by the Protocol in accordance with the provisions of Article 6.

1. Le présent Protocole entrera en vigueur le premier jour du mois qui suit l'expiration d'une période de trois mois après la date à laquelle dix Etats membres du Conseil de l'Europe auront exprimé leur consentement à être liés par le présent Protocole conformément aux dispositions de son article 6.

(1) Dieses Protokoll tritt am ersten Tag des Monats in Kraft, der auf einen Zeitabschnitt von drei Monaten nach dem Tag folgt, an dem zehn Mitgliedstaaten des Europarats nach Artikel 6 ihre Zustimmung ausgedrückt haben, durch das Protokoll gebunden zu sein.

2. In respect of any member State which subsequently expresses its consent to be bound by it, the Protocol shall enter into force on the first day of the month following the expiration of a period of three months

2. Pour tout Etat membre qui exprimera ultérieurement son consentement à être lié par le présent Protocole, celui-ci entrera en vigueur le premier jour du mois qui suit l'expiration d'une période de trois mois après

(2) Für jeden Mitgliedstaat, der später seine Zustimmung ausdrückt, durch dieses Protokoll gebunden zu sein, tritt es am ersten Tag des Monats in Kraft, der auf einen Zeitabschnitt von drei Monaten nach

after the date of the deposit of the instrument of ratification, acceptance or approval.

la date du dépôt de l'instrument de ratification, d'acceptation ou d'approbation.

der Hinterlegung der Ratifikations-, Annahme- oder Genehmigungsurkunde folgt.

Article 8
Depositary functions

The Secretary General of the Council of Europe shall notify all the member States of the Council of Europe of:

(a) any signature;

(b) the deposit of any instrument of ratification, acceptance or approval;

(c) any date of entry into force of this Protocol in accordance with Articles 4 and 7;

(d) any other act, notification or communication relating to this Protocol.

In witness whereof the undersigned, being duly authorised thereto, have signed this Protocol.

Done at Vilnius, this 3rd day of May 2002, in English and in French, both texts being equally authentic, in a single copy which shall be deposited in the archives of the Council of Europe. The Secretary General of the Council of Europe shall transmit certified copies to each member State of the Council of Europe.

Article 8
Fonctions du dépositaire

Le Secrétaire général du Conseil de l'Europe notifiera à tous les Etats membres du Conseil de l'Europe:

a) toute signature;

b) le dépôt de tout instrument de ratification, d'acceptation ou d'approbation;

c) toute date d'entrée en vigueur du présent Protocole conformément à ses articles 4 et 7;

d) tout autre acte, notification ou communication, ayant trait au présent Protocole.

En foi de quoi, les soussignés, dûment autorisés à cet effet, ont signé le présent Protocole.

Fait à Vilnius, le 3 mai 2002, en français et en anglais, les deux textes faisant également foi, en un seul exemplaire qui sera déposé dans les archives du Conseil de l'Europe. Le Secrétaire général du Conseil de l'Europe en communiquera copie certifiée conforme à chacun des Etats membres du Conseil de l'Europe.

Artikel 8
Aufgaben des Verwahrers

Der Generalsekretär des Europarats notifiziert allen Mitgliedstaaten des Europarats

a) jede Unterzeichnung;

b) jede Hinterlegung einer Ratifikations-, Annahme- oder Genehmigungsurkunde;

c) jeden Zeitpunkt des Inkrafttretens dieses Protokolls nach Artikel 4 und 7;

d) jede andere Handlung, Notifikation oder Mitteilung im Zusammenhang mit diesem Protokoll.

Zu Urkund dessen haben die hierzu gehörig befugten Unterzeichneten dieses Protokoll unterschrieben.

Geschehen zu Wilna am 3. Mai 2002 in englischer und französischer Sprache, wobei jeder Wortlaut gleichermaßen verbindlich ist, in einer Urschrift, die im Archiv des Europarats hinterlegt wird. Der Generalsekretär des Europarats übermittelt allen Mitgliedstaaten des Europarats beglaubigte Abschriften.

Esser

Gesetz
zu dem Protokoll Nr. 15 vom 24. Juni 2013
zur Änderung der Konvention
zum Schutz der Menschenrechte und Grundfreiheiten

Vom 2. Dezember 2014

Der Bundestag hat das folgende Gesetz beschlossen:

Artikel 1

Dem in Straßburg am 24. Juni 2013 von der Bundesrepublik Deutschland unterzeichneten Protokoll Nr. 15 zur Konvention zum Schutz der Menschenrechte und Grundfreiheiten wird zugestimmt. Das Protokoll wird nachstehend mit einer amtlichen deutschen Übersetzung veröffentlicht.

Artikel 2

(1) Dieses Gesetz tritt am Tag nach der Verkündung in Kraft.

(2) Der Tag, an dem das Protokoll nach seinem Artikel 7 für die Bundesrepublik Deutschland in Kraft tritt, ist im Bundesgesetzblatt bekannt zu geben.

———

Die verfassungsmäßigen Rechte des Bundesrates sind gewahrt.

Das vorstehende Gesetz wird hiermit ausgefertigt. Es ist im Bundesgesetzblatt zu verkünden.

Berlin, den 2. Dezember 2014

Der Bundespräsident
Joachim Gauck

Die Bundeskanzlerin
Dr. Angela Merkel

Der Bundesminister
der Justiz und für Verbraucherschutz
Heiko Maas

Der Bundesminister des Auswärtigen
Steinmeier

Protokoll Nr. 15
zur Konvention zum Schutz der Menschenrechte und Grundfreiheiten

Protocol No. 15
amending the Convention for the Protection of Human Rights and Fundamental Freedoms

Protocole n° 15
portant amendement à la Convention de sauvegarde des Droits de l'Homme et des Libertés fondamentales

(Übersetzung)

Preamble

The member States of the Council of Europe and the other High Contracting Parties to the Convention for the Protection of Human Rights and Fundamental Freedoms, signed at Rome on 4 November 1950 (hereinafter referred to as "the Convention"), signatory hereto,

Having regard to the declaration adopted at the High Level Conference on the Future of the European Court of Human Rights, held in Brighton on 19 and 20 April 2012, as well as the declarations adopted at the conferences held in Interlaken on 18 and 19 February 2010 and İzmir on 26 and 27 April 2011;

Having regard to Opinion No. 283 (2013) adopted by the Parliamentary Assembly of the Council of Europe on 26 April 2013;

Considering the need to ensure that the European Court of Human Rights (hereinafter referred to as "the Court") can continue to play its pre-eminent role in protecting human rights in Europe,

Have agreed as follows:

Article 1

At the end of the preamble to the Convention, a new recital shall be added, which shall read as follows:

"Affirming that the High Contracting Parties, in accordance with the principle of subsidiarity, have the primary responsibility to secure the rights and freedoms defined in this Convention and the Protocols thereto, and that in doing so they enjoy a margin of appreciation, subject to the supervisory jurisdiction of the European Court of Human Rights established by this Convention,".

Préambule

Les Etats membres du Conseil de l'Europe et les autres Hautes Parties contractantes à la Convention de sauvegarde des Droits de l'Homme et des Libertés fondamentales, signée à Rome le 4 novembre 1950 (ci-après dénommée «la Convention»), signataires du présent Protocole,

Vu la Déclaration adoptée lors de la Conférence de haut niveau sur l'avenir de la Cour européenne des Droits de l'Homme, tenue à Brighton les 19 et 20 avril 2012, ainsi que les Déclarations adoptées lors des Conférences tenues à Interlaken les 18 et 19 février 2010 et à İzmir les 26 et 27 avril 2011;

Vu l'Avis n° 283 (2013) adopté par l'Assemblée parlementaire du Conseil de l'Europe le 26 avril 2013;

Considérant qu'il est nécessaire de veiller à ce que la Cour européenne des Droits de l'Homme (ci-après dénommée «la Cour») continue de jouer son rôle prééminent dans la protection des droits de l'homme en Europe,

Sont convenus de ce qui suit:

Article 1

A la fin du préambule de la Convention, un nouveau considérant est ajouté et se lit comme suit:

«Affirmant qu'il incombe au premier chef aux Hautes Parties contractantes, conformément au principe de subsidiarité, de garantir le respect des droits et libertés définis dans la présente Convention et ses protocoles, et que, ce faisant, elles jouissent d'une marge d'appréciation, sous le contrôle de la Cour européenne des Droits de l'Homme instituée par la présente Convention,»

Präambel

Die Mitgliedstaaten des Europarats und die anderen Hohen Vertragsparteien der am 4. November 1950 in Rom unterzeichneten Konvention zum Schutz der Menschenrechte und Grundfreiheiten (im Folgenden als „Konvention" bezeichnet), die dieses Protokoll unterzeichnen –

im Hinblick auf die Erklärung, die auf der am 19. und 20. April 2012 in Brighton abgehaltenen hochrangigen Konferenz zur Zukunft des Europäischen Gerichtshofs für Menschenrechte angenommen wurde, sowie auf die Erklärungen, die auf den am 18. und 19. Februar 2010 in Interlaken und am 26. und 27. April 2011 in Izmir abgehaltenen Konferenzen angenommen wurden;

im Hinblick auf die Stellungnahme Nr. 283 (2013), die von der Parlamentarischen Versammlung des Europarats am 26. April 2013 angenommen wurde;

in der Erwägung, dass es notwendig ist zu gewährleisten, dass der Europäische Gerichtshof für Menschenrechte (im Folgenden als „Gerichtshof" bezeichnet) weiterhin seine herausragende Rolle beim Schutz der Menschenrechte in Europa spielen kann –

haben Folgendes vereinbart:

Artikel 1

Am Ende der Präambel der Konvention wird ein neuer Beweggrund mit folgendem Wortlaut angefügt:

„in Bekräftigung dessen, dass es nach dem Grundsatz der Subsidiarität in erster Linie Aufgabe der Hohen Vertragsparteien ist, die Achtung der in dieser Konvention und den Protokollen dazu bestimmten Rechte und Freiheiten zu gewährleisten, und dass sie dabei über einen Ermessensspielraum verfügen, welcher der Kontrolle des durch diese Konvention errichteten Europäischen Gerichtshofs für Menschenrechte untersteht –".

Das Bundesgesetzblatt im Internet: www.bundesgesetzblatt.de | Ein Service des Bundesanzeiger Verlag www.bundesanzeiger-verlag.de

Bundesanzeiger Verlag

Article 2	Article 2	Artikel 2

1 In Article 21 of the Convention, a new paragraph 2 shall be inserted, which shall read as follows:

"Candidates shall be less than 65 years of age at the date by which the list of three candidates has been requested by the Parliamentary Assembly, further to Article 22."

2 Paragraphs 2 and 3 of Article 21 of the Convention shall become paragraphs 3 and 4 of Article 21 respectively.

3 Paragraph 2 of Article 23 of the Convention shall be deleted. Paragraphs 3 and 4 of Article 23 shall become paragraphs 2 and 3 of Article 23 respectively.

1 A l'article 21 de la Convention, un nouveau paragraphe 2 est inséré et se lit comme suit:

«Les candidats doivent être âgés de moins de 65 ans à la date à laquelle la liste de trois candidats est attendue par l'Assemblée parlementaire, en vertu de l'article 22.»

2 Les paragraphes 2 et 3 de l'article 21 de la Convention deviennent respectivement les paragraphes 3 et 4 de l'article 21.

3 Le paragraphe 2 de l'article 23 de la Convention est supprimé. Les paragraphes 3 et 4 de l'article 23 deviennent respectivement les paragraphes 2 et 3 de l'article 23.

(1) In Artikel 21 der Konvention wird ein neuer Absatz 2 mit folgendem Wortlaut eingefügt:

„Die Kandidaten dürfen zu dem Zeitpunkt, zu dem die Liste von drei Kandidaten nach Artikel 22 bei der Parlamentarischen Versammlung eingehen soll, das 65. Lebensjahr nicht vollendet haben."

(2) Die Absätze 2 und 3 des Artikels 21 der Konvention werden die Absätze 3 und 4 des Artikels 21.

(3) Artikel 23 Absatz 2 der Konvention wird aufgehoben. Die Absätze 3 und 4 des Artikels 23 werden die Absätze 2 und 3 des Artikels 23.

Article 3	Article 3	Artikel 3

In Article 30 of the Convention, the words "unless one of the parties to the case objects" shall be deleted.

A l'article 30 de la Convention, les mots «à moins que l'une des parties ne s'y oppose» sont supprimés.

In Artikel 30 der Konvention werden die Wörter „sofern nicht eine Partei widerspricht" gestrichen.

Article 4	Article 4	Artikel 4

In Article 35, paragraph 1 of the Convention, the words "within a period of six months" shall be replaced by the words "within a period of four months".

A l'article 35, paragraphe 1, de la Convention, les mots «dans un délai de six mois» sont remplacés par les mots «dans un délai de quatre mois».

In Artikel 35 Absatz 1 der Konvention werden die Wörter „innerhalb einer Frist von sechs Monaten" durch „innerhalb einer Frist von vier Monaten" ersetzt.

Article 5	Article 5	Artikel 5

In Article 35, paragraph 3, sub-paragraph b of the Convention, the words "and provided that no case may be rejected on this ground which has not been duly considered by a domestic tribunal" shall be deleted.

A l'article 35, paragraphe 3, alinéa b, de la Convention, les mots «et à condition de ne rejeter pour ce motif aucune affaire qui n'a pas été dûment examinée par un tribunal interne» sont supprimés.

In Artikel 35 Absatz 3 Buchstabe b der Konvention werden die Wörter „und vorausgesetzt, es wird aus diesem Grund nicht eine Rechtssache zurückgewiesen, die noch von keinem innerstaatlichen Gericht gebührend geprüft worden ist" gestrichen.

Final and transitional provisions	Dispositions finales et transitoires	Schluss- und Übergangsbestimmungen

Article 6	Article 6	Artikel 6

1 This Protocol shall be open for signature by the High Contracting Parties to the Convention, which may express their consent to be bound by:

a signature without reservation as to ratification, acceptance or approval; or

b signature subject to ratification, acceptance or approval, followed by ratification, acceptance or approval.

2 The instruments of ratification, acceptance or approval shall be deposited with the Secretary General of the Council of Europe.

1 Le présent Protocole est ouvert à la signature des Hautes Parties contractantes à la Convention, qui peuvent exprimer leur consentement à être liées par:

a la signature sans réserve de ratification, d'acceptation ou d'approbation; ou

b la signature sous réserve de ratification, d'acceptation ou d'approbation, suivie de ratification, d'acceptation ou d'approbation.

2 Les instruments de ratification, d'acceptation ou d'approbation seront déposés près le Secrétaire Général du Conseil de l'Europe.

(1) Dieses Protokoll liegt für die Hohen Vertragsparteien der Konvention zur Unterzeichnung auf; sie können ihre Zustimmung, gebunden zu sein, ausdrücken,

a) indem sie es ohne Vorbehalt der Ratifikation, Annahme oder Genehmigung unterzeichnen oder

b) indem sie es vorbehaltlich der Ratifikation, Annahme oder Genehmigung unterzeichnen und später ratifizieren, annehmen oder genehmigen.

(2) Die Ratifikations-, Annahme- oder Genehmigungsurkunden werden beim Generalsekretär des Europarats hinterlegt.

Article 7	Article 7	Artikel 7

This Protocol shall enter into force on the first day of the month following the expiration of a period of three months after the date on which all High Contracting Parties to the Convention have expressed their consent to be bound by the Protocol, in accordance with the provisions of Article 6.

Le présent Protocole entrera en vigueur le premier jour du mois qui suit l'expiration d'une période de trois mois après la date à laquelle toutes les Hautes Parties contractantes à la Convention auront exprimé leur consentement à être liées par le Protocole, conformément aux dispositions de l'article 6.

Dieses Protokoll tritt am ersten Tag des Monats in Kraft, der auf einen Zeitabschnitt von drei Monaten nach dem Tag folgt, an dem alle Hohen Vertragsparteien der Konvention nach Artikel 6 ihre Zustimmung ausgedrückt haben, durch das Protokoll gebunden zu sein.

Article 8

1 The amendments introduced by Article 2 of this Protocol shall apply only to candidates on lists submitted to the Parliamentary Assembly by the High Contracting Parties under Article 22 of the Convention after the entry into force of this Protocol.

2 The amendment introduced by Article 3 of this Protocol shall not apply to any pending case in which one of the parties has objected, prior to the date of entry into force of this Protocol, to a proposal by a Chamber of the Court to relinquish jurisdiction in favour of the Grand Chamber.

3 Article 4 of this Protocol shall enter into force following the expiration of a period of six months after the date of entry into force of this Protocol. Article 4 of this Protocol shall not apply to applications in respect of which the final decision within the meaning of Article 35, paragraph 1 of the Convention was taken prior to the date of entry into force of Article 4 of this Protocol.

4 All other provisions of this Protocol shall apply from its date of entry into force, in accordance with the provisions of Article 7.

Article 9

The Secretary General of the Council of Europe shall notify the member States of the Council of Europe and the other High Contracting Parties to the Convention of:

a   any signature;

b   the deposit of any instrument of ratification, acceptance or approval;

c   the date of entry into force of this Protocol in accordance with Article 7; and

d   any other act, notification or communication relating to this Protocol.

In witness whereof, the undersigned, being duly authorised thereto, have signed this Protocol.

Done at Strasbourg, this 24th day of june 2013, in English and in French, both texts being equally authentic, in a single copy which shall be deposited in the archives of the Council of Europe. The Secretary General of the Council of Europe shall transmit certified copies to each member State of the Council of Europe and to the other High Contracting Parties to the Convention.

Article 8

1 Les amendements introduits par l'article 2 du présent Protocole s'appliquent uniquement aux candidats figurant sur les listes soumises à l'Assemblée parlementaire par les Hautes Parties contractantes, en vertu de l'article 22 de la Convention, après l'entrée en vigueur du présent Protocole.

2 L'amendement introduit par l'article 3 du présent Protocole ne s'applique pas aux affaires pendantes dans lesquelles l'une des parties s'est opposée, avant l'entrée en vigueur du présent Protocole, à une proposition d'une chambre de la Cour de se dessaisir au profit de la Grande Chambre.

3 L'article 4 du présent Protocole entrera en vigueur à l'expiration d'une période de six mois après la date d'entrée en vigueur du présent Protocole. L'article 4 du présent Protocole ne s'applique pas aux requêtes au regard desquelles la décision définitive au sens de l'article 35, paragraphe 1, de la Convention a été prise avant la date d'entrée en vigueur de l'article 4 du présent Protocole.

4 Toutes les autres dispositions du présent Protocole s'appliquent à la date de son entrée en vigueur, conformément aux dispositions de l'article 7.

Article 9

Le Secrétaire Général du Conseil de l'Europe notifiera aux Etats membres du Conseil de l'Europe et aux autres Hautes Parties contractantes à la Convention:

a   toute signature;

b   le dépôt de tout instrument de ratification, d'acceptation ou d'approbation;

c   la date d'entrée en vigueur du présent Protocole, conformément à l'article 7; et

d   tout autre acte, notification ou communication ayant trait au présent Protocole.

En foi de quoi, les soussignés, dûment autorisés à cet effet, ont signé le présent Protocole.

Fait à Strasbourg, le 24 juin 2013, en français et en anglais, les deux textes faisant également foi, en un seul exemplaire qui sera déposé dans les archives du Conseil de l'Europe. Le Secrétaire Général du Conseil de l'Europe en communiquera copie certifiée conforme à chacun des Etats membres du Conseil de l'Europe et aux autres Hautes Parties contractantes à la Convention.

Artikel 8

(1) Die durch Artikel 2 dieses Protokolls eingeführten Änderungen gelten nur für Kandidaten auf Listen, die nach dem Inkrafttreten dieses Protokolls der Parlamentarischen Versammlung gemäß Artikel 22 der Konvention vorgelegt werden.

(2) Die durch Artikel 3 dieses Protokolls eingeführte Änderung gilt nicht für anhängige Rechtssachen, bei denen eine der Parteien vor dem Inkrafttreten dieses Protokolls dem Vorschlag einer Kammer des Gerichtshofs widersprochen hat, die Rechtssache an die Große Kammer abzugeben.

(3) Artikel 4 dieses Protokolls tritt nach Ablauf eines Zeitabschnitts von sechs Monaten nach dem Inkrafttreten dieses Protokolls in Kraft. Artikel 4 dieses Protokolls gilt nicht für Beschwerden, bei denen die endgültige Entscheidung im Sinne des Artikels 35 Absatz 1 der Konvention vor dem Inkrafttreten des Artikels 4 dieses Protokolls ergangen ist.

(4) Alle anderen Bestimmungen dieses Protokolls gelten ab seinem Inkrafttreten nach Artikel 7.

Artikel 9

Der Generalsekretär des Europarats notifiziert den Mitgliedstaaten des Europarats und den anderen Hohen Vertragsparteien der Konvention

a)   jede Unterzeichnung,

b)   jede Hinterlegung einer Ratifikations-, Annahme- oder Genehmigungsurkunde,

c)   den Zeitpunkt des Inkrafttretens dieses Protokolls nach Artikel 7 und

d)   jede andere Handlung, Notifikation oder Mitteilung im Zusammenhang mit diesem Protokoll.

Zu Urkund dessen haben die hierzu gehörig befugten Unterzeichneten dieses Protokoll unterschrieben.

Geschehen zu Straßburg am 24. Juni 2013 in englischer und französischer Sprache, wobei jeder Wortlaut gleichermaßen verbindlich ist, in einer Urschrift, die im Archiv des Europarats hinterlegt wird. Der Generalsekretär des Europarats übermittelt allen Mitgliedstaaten des Europarats und den anderen Hohen Vertragsparteien der Konvention beglaubigte Abschriften.

Protokoll Nr. 16 zur Konvention zum Schutze der Menschenrechte und Grundfreiheiten

Straßburg/Strasbourg, 2.X.2013
Nichtamtliche Übersetzung

Präambel

Die Mitgliedstaaten des Europarats und die anderen Hohen Vertragsparteien, die dieses Protokoll zu der am 4. November 1950 in Rom unterzeichneten Konvention zum Schutz der Menschenrechte und Grundfreiheiten (im Folgenden als „Konvention" bezeichnet) unterzeichnen –

im Hinblick auf Artikel 19 der Konvention über die Errichtung des Europäischen Gerichtshofs für Menschenrechte (im Folgenden als „der Gerichtshof" bezeichnet);

in der Erwägung, dass die Ausweitung der Zuständigkeit des Gerichtshofs, Gutachten zu erstatten, die wechselseitigen Beziehungen zwischen dem Gerichtshof und den innerstaatlichen Behörden stärken und daher in Übereinstimmung mit dem Grundsatz der Subsidiarität die Umsetzung der Konvention festigen wird;

im Hinblick auf die Stellungnahme Nr. 285 (2013) der Parlamentarischen Versammlung des Europarats vom 28. Juni 2013 –

haben Folgendes vereinbart:

Artikel 1

(1) Die gemäß Artikel 10 bezeichneten obersten Gerichte einer Hohen Vertragspartei können den Gerichtshof um Gutachten zu Grundsatzfragen der Auslegung oder Anwendung der in der Konvention oder den Protokollen dazu bestimmten Rechte und Freiheiten ersuchen.

(2) Das ersuchende Gericht darf nur im Rahmen eines bei ihm anhängigen Verfahrens ein Gutachten beantragen.

(3) Das ersuchende Gericht begründet sein Ersuchen und legt die maßgeblichen rechtlichen und tatsächlichen Umstände des anhängigen Verfahrens vor.

Artikel 2

(1) Ein Ausschuss von fünf Richtern der Großen Kammer entscheidet über die Annahme des Gutachtenantrags unter Berücksichtigung von Artikel 1. Der Ausschuss begründet jede Abweisung eines Gutachtenantrags.

(2) Nimmt der Ausschuss den Antrag an, so erstattet die Große Kammer ein Gutachten.

(3) Dem Ausschuss und der Großen Kammer gehört von Amts wegen der für die Hohe Vertragspartei, deren Hoheitsgewalt das ersuchende Gericht untersteht, gewählte Richter an. Wenn ein solcher nicht vorhanden ist oder er an den Sitzungen nicht teilnehmen kann, sitzt eine vom Präsidenten des Gerichtshofs aus einer von dieser Partei vorab unterbreiteten Liste ausgewählte Person als Richter.

Artikel 3

Der Kommissar für Menschenrechte des Europarats und die Hohe Vertragspartei, deren Hoheitsgewalt das ersuchende Gericht untersteht, können schriftliche Stellungnahmen abgeben und an den mündlichen Verhandlungen teilnehmen. Der Präsident des Gerichtshofs kann im Interesse der Rechtspflege jeder anderen Hohen Vertragspartei oder jeder Person Gelegenheit geben, ebenfalls schriftliche Stellungnahmen abzugeben oder an den mündlichen Verhandlungen teilzunehmen.

Artikel 4

(1) Die Gutachten werden begründet.

(2) Bringt ein Gutachten ganz oder teilweise nicht die übereinstimmende Meinung der Richter zum Ausdruck, so ist jeder Richter berechtigt, seine abweichende Meinung darzulegen.

(3) Die Gutachten werden dem ersuchenden Gericht und der Hohen Vertragspartei, deren Hoheitsgewalt dieses Gericht untersteht, übermittelt.

(4) Die Gutachten werden veröffentlicht.

Artikel 5

Die Gutachten sind nicht verbindlich.

Artikel 6

Die Hohen Vertragsparteien betrachten die Artikel 1 bis 5 dieses Protokolls als Zusatzartikel zur Konvention; alle Bestimmungen der Konvention sind dementsprechend anzuwenden.

Artikel 7

(1) Dieses Protokoll liegt für die Hohen Vertragsparteien der Konvention zur Unterzeichnung auf, die ihre Zustimmung, gebunden zu sein, ausdrücken durch,

a   Unterzeichnung unbeschadet der Ratifizierung, Annahme oder Genehmigung; oder

b   Unterzeichnung vorbehaltlich der Ratifizierung, Annahme oder Zustimmung, gefolgt von Ratifizierung, Annahme oder Genehmigung.

(2) Die Ratifikations-, Annahme- oder Genehmigungsurkunden werden beim Generalsekretär des Europarats hinterlegt.

Artikel 8

(1) Dieses Protokoll tritt am ersten Tag des Monats in Kraft, der auf einen Zeitabschnitt von drei Monaten nach dem Tag folgt, an dem zehn Hohe Vertragsparteien der Konvention nach Artikel 7 ihre Zustimmung ausgedrückt haben, durch das Protokoll gebunden zu sein.

(2) Für jede Hohe Vertragspartei, die später ihre Zustimmung ausdrückt, durch dieses Protokoll gebunden zu sein, tritt es am ersten Tag des Monats in Kraft, der dem Ablauf eines Zeitraums von drei Monaten ab dem Datum folgt, an dem sie ihre Zustimmung, an das Protokoll gebunden zu sein, gemäß Artikel 7 ausgedrückt hat.

Artikel 9

Vorbehalte nach Artikel 57 der Konvention zu Bestimmungen dieses Protokolls sind nicht zulässig.

Artikel 10

Jede Hohe Vertragspartei der Konvention bezeichnet im Zeitpunkt der Unterzeichnung oder der Hinterlegung ihrer Ratifikations-, Annahmeoder Genehmigungsurkunde mittels einer an den Generalsekretär des Europarats gerichteten Erklärung, welche Gerichte sie für die Zwecke von Artikel 1 Absatz 1 dieses Protokolls bestimmt. Diese Erklärung kann zu jedem Zeitpunkt in gleicher Weise geändert werden.

Artikel 11

Der Generalsekretär des Europarats notifiziert den Mitgliedstaaten des Europarats und den anderen Hohen Vertragsparteien der Konvention

a jede Unterzeichnung;
b jede Hinterlegung einer Ratifikations-, Annahme- oder Genehmigungsurkunde; (c) jeden Zeitpunkt des Inkrafttretens dieses Protokolls nach Artikel 8;
c jede Erklärung nach Artikel 10;
d jede andere Handlung, Notifikation oder Mitteilung im Zusammenhang mit diesem Protokoll.

Zu Urkund dessen haben die hierzu gehörig befugten Unterzeichneten dieses Protokoll unterschrieben.

Geschehen zu Straßburg am 2. Oktober 2013 in englischer und französischer Sprache, wobei jeder Wortlaut gleichermaßen verbindlich ist, in einer Urschrift, die im Archiv des Europarats hinterlegt wird. Der Generalsekretär des Europarats übermittelt allen Mitgliedstaaten des Europarats und den anderen Hohen Vertragsparteien der Konvention beglaubigte Abschriften.

Rules of Court

20 March 2023
Registry of the Court
Strasbourg

Note by the Registry

This edition of the Rules of Court incorporates amendments in respect of Rule 44 §§ 2 and 3 of the Rules of Court made by the Plenary Court as well as the Practice direction on third-party intervention under Article 36 § 2 of the Convention or under Article 3, second sentence, of Protocol No. 16 issued by the President of the Court in accordance with Rule 32 of the Rules of Court.

This edition entered into force on 20 March 2023.

Any additional texts and updates will be made public on the Court's website (www.echr.coe.int).

Table of Contents
Rule 1 – Definitions

Title I – Organisation and Working of the Court
Chapter I – Judges
Rule 2 – Calculation of term of office
Rule 3 – Oath or solemn declaration
Rule 4 – Incompatible activities
Rule 5 – Precedence
Rule 6 – Resignation
Rule 7 – Dismissal from office
Chapter II – Presidency of the Court and the role of the Bureau
Rule 8 – Election of the President and Vice-Presidents of the Court and the Presidents and Vice-Presidents of the Sections
Rule 9 – Functions of the President of the Court
Rule 9A – Role of the Bureau
Rule 10 – Functions of the Vice-Presidents of the Court
Rule 11 – Replacement of the President and the Vice-Presidents of the Court
Rule 12 – Presidency of Sections and Chambers
Rule 13 – Inability to preside
Rule 14 – Balanced representation of the sexes
Chapter III – The Registry
Rule 15 – Election of the Registrar
Rule 16 – Election of the Deputy Registrars
Rule 17 – Functions of the Registrar
Rule 18 – Organisation of the Registry
Rule 18A – Non-judicial rapporteurs
Rule 18B – Jurisconsult
Chapter IV – The Working of the Court
Rule 19 – Seat of the Court
Rule 20 – Sessions of the plenary Court

Rule 21 – Other sessions of the Court
Rule 22 – Deliberations
Rule 23 – Votes
Rule 23A – Decision by tacit agreement
Chapter V – The Composition of the Court
Rule 24 – Composition of the Grand Chamber
Rule 25 – Setting-up of Sections
Rule 26 – Constitution of Chambers
Rule 27 – Committees
Rule 27A – Single-judge formation
Rule 28 – Inability to sit, withdrawal or exemption
Rule 29 – *Ad hoc* judges
Rule 30 – Common interest

Title II – Procedure
Chapter I – General Rules
Rule 31 – Possibility of particular derogations
Rule 32 – Practice directions
Rule 33 – Public character of documents
Rule 34 – Use of languages
Rule 35 – Representation of Contracting Parties
Rule 36 – Representation of applicants
Rule 37 – Communications, notifications and summonses
Rule 38 – Written pleadings
Rule 38A – Examination of matters of procedure
Rule 39 – Interim measures
Rule 40 – Urgent notification of an application
Rule 41 – Order of dealing with cases
Rule 42 – Joinder and simultaneous examination of applications
Rule 43 – Striking out and restoration to the list
Rule 44 – Third-party intervention
Rule 44A – Duty to cooperate with the Court
Rule 44B – Failure to comply with an order of the Court
Rule 44C – Failure to participate effectively
Rule 44D – Exclusion from representation or assisting before the Court
Rule 44E – Failure to pursue an application
Chapter II – Institution of Proceedings
Rule 45 – Signatures
Rule 46 – Contents of an inter-State application
Rule 47 – Contents of an individual application
Chapter III – Judge Rapporteurs
Rule 48 – Inter-State applications
Rule 49 – Individual applications
Rule 50 – Grand Chamber proceedings
Chapter IV – Proceedings on Admissibility
Inter-State applications
Rule 51 – Assignment of applications and subsequent procedure
Individual applications
Rule 52 – Assignment of applications to the Sections
Rule 52A – Procedure before a single judge

Rule 53 – Procedure before a Committee
Rule 54 – Procedure before a Chamber
Rule 54A – Joint examination of admissibility and merits
Inter-State and individual applications
Rule 55 – Pleas of inadmissibility
Rule 56 – Decision of a Chamber
Rule 57 – Language of the decision
Chapter V – Proceedings after the Admission of an Application
Rule 58 – Inter-State applications
Rule 59 – Individual applications
Rule 60 – Claims for just satisfaction
Rule 61 – Pilot-judgment procedure
Rule 62 – Friendly settlement
Rule 62A – Unilateral declaration
Chapter VI – Hearings
Rule 63 – Public character of hearings
Rule 64 – Conduct of hearings
Rule 65 – Failure to appear
Rule 70 – Verbatim record of a hearing
Chapter VII – Proceedings before the Grand Chamber
Rule 71 – Applicability of procedural provisions
Rule 72 – Relinquishment of jurisdiction in favour of the Grand Chamber
Rule 73 – Request by a party for referral of a case to the Grand Chamber
Chapter VIII – Judgments
Rule 74 – Contents of the judgment
Rule 75 – Ruling on just satisfaction
Rule 76 – Language of the judgment
Rule 77 – Signature, delivery and notification of the judgment
Rule 79 – Request for interpretation of a judgment
Rule 80 – Request for revision of a judgment
Rule 81 – Rectification of errors in decisions and judgments
Chapter IX – Advisory Opinions under Articles 47, 48 and 49 of the Convention
Rule 82
Rule 83
Rule 84
Rule 85
Rule 86
Rule 87
Rule 88
Rule 89
Rule 90
Chapter X – Advisory opinions under Protocol No. 16 to the Convention
Rule 91 – General
Rule 92 – The introduction of a request for an advisory opinion
Rule 93 – Examination of a request by the panel
Rule 94 – Proceedings following the panel's acceptance of a request
Rule 95 – Costs of the advisory-opinion proceedings and legal aid

Chapter XI – Proceedings under Article 46 §§ 3, 4 and 5 of the Convention
Proceedings under Article 46 § 3 of the Convention
Rule 96
Rule 97
Rule 98
Proceedings under Article 46 §§ 4 and 5 of the Convention
Rule 99
Rule 100
Rule 101
Rule 102
Rule 103
Rule 104
Chapter XIA – Publication of judgments, decisions and advisory opinions
Rule 104A – Publication on the Court's case-law database
Rule 104B – Key cases
Chapter XII – Legal Aid
Rule 105
Rule 106
Rule 107
Rule 108
Rule 109
Rule 110

Title III – Transitional Rules
Rule 111 – Relations between the Court and the Commission
Rule 112 – Chamber and Grand Chamber proceedings
Rule 113 – Grant of legal aid
Rule 114 – Request for revision of a judgment

Title IV – Final Clauses
Rule 115 – Suspension of a Rule
Rule 116 – Amendment of a Rule
Rule 117 – Entry into force of the Rules

Annex to the Rules (concerning investigations)
Rule A1 – Investigative measures
Rule A2 – Obligations of the parties as regards investigative measures
Rule A3 – Failure to appear before a delegation
Rule A4 – Conduct of proceedings before a delegation
Rule A5 – Convocation of witnesses, experts and of other persons to proceedings before a delegation
Rule A6 – Oath or solemn declaration by witnesses and experts heard by a delegation
Rule A7 – Hearing of witnesses, experts and other persons by a delegation
Rule A8 – Verbatim record of proceedings before a delegation

Practice Directions
Requests for interim measures
Institution of proceedings
Written pleadings

Esser

Just satisfaction claims
Secured electronic filing by Governments
Requests for anonymity
Electronic filing by applicants
Processing of applications in the event of a mass influx
Requests under Article 43 of the Convention
Third-party intervention under Article 36 § 2 of the Convention or under Article 3, second sentence, of Protocol No. 16

The European Court of Human Rights,
Having regard to the Convention for the Protection of Human Rights and Fundamental Freedoms and the Protocols thereto,
Makes the present Rules:

Rule 1.[1] Definitions

For the purposes of these Rules unless the context otherwise requires:
(a) the term „Convention" means the Convention for the Protection of Human Rights and Fundamental Freedoms and the Protocols thereto;
(b) the expression „plenary Court" means the European Court of Human Rights sitting in plenary session;
(c) the expression „Grand Chamber" means the Grand Chamber of seventeen judges constituted in pursuance of Article 26 § 1 of the Convention;
(d) the term „Section" means a Chamber set up by the plenary Court for a fixed period in pursuance of Article 25 (b) of the Convention and the expression „President of the Section" means the judge elected by the plenary Court in pursuance of Article 25 (c) of the Convention as President of such a Section;
(e) the term „Chamber" means any Chamber of seven judges constituted in pursuance of Article 26 § 1 of the Convention and the expression „President of the Chamber" means the judge presiding over such a „Chamber";
(f) the term „Committee" means a Committee of three judges set up in pursuance of Article 26 § 1 of the Convention and the expression „President of the Committee" means the judge presiding over such a „Committee";
(g) the expression „single-judge formation" means a single judge sitting in accordance with Article 26 § 1 of the Convention;
(h) the term „Court" means either the plenary Court, the Grand Chamber, a Section, a Chamber, a Committee, a single judge or the panel of five judges referred to in Article 43 § 2 of the Convention and in Article 2 of Protocol No. 16 thereto;
(i) the expression *"ad hoc judge"* means any person chosen in pursuance of Article 26 § 4 of the Convention and in accordance with Rule 29 to sit as a member of the Grand Chamber or as a member of a Chamber;
(j) the terms „judge" and „judges" mean the judges elected by the Parliamentary Assembly of the Council of Europe or *ad hoc* judges;
(k) the expression „Judge Rapporteur" means a judge appointed to carry out the tasks provided for in Rules 48 and 49;
(l) the term „non-judicial rapporteur" means a member of the Registry charged with assisting the single-judge formations provided for in Article 24 § 2 of the Convention;

---

1   As amended by the Court on 7 July 2003, 13 November 2006 and 19 September 2016.

(m) the term „delegate" means a judge who has been appointed to a delegation by the Chamber and the expression „head of the delegation" means the delegate appointed by the Chamber to lead its delegation;

(n) the term „delegation" means a body composed of delegates, Registry members and any other person appointed by the Chamber to assist the delegation;

(o) the term „Registrar" denotes the Registrar of the Court or the Registrar of a Section according to the context;

(p) the terms „party" and „parties" mean
- the applicant or respondent Contracting Parties;
- the applicant (the person, non-governmental organisation or group of individuals) that lodged a complaint under Article 34 of the Convention;

(q) the expression „third party" means any Contracting Party or any person concerned or the Council of Europe Commissioner for Human Rights who, as provided for in Article 36 §§ 1, 2 and 3 of the Convention and in Article 3 of Protocol No. 16, has exercised the right to submit written comments and take part in a hearing, or has been invited to do so;

(r) the terms „hearing" and „hearings" mean oral proceedings held on the admissibility and/or merits of an application or in connection with a request for revision or an advisory opinion, a request for interpretation by a party or by the Committee of Ministers, or a question whether there has been a failure to fulfil an obligation which may be referred to the Court by virtue of Article 46 § 4 of the Convention;

(s) the expression „Committee of Ministers" means the Committee of Ministers of the Council of Europe;

(t) the terms „former Court" and „Commission" mean respectively the European Court and European Commission of Human Rights set up under former Article 19 of the Convention.

Title I
Organisation and Working of the Court

Chapter I
Judges

Rule 2.[1] Calculation of term of office

1. Where the seat is vacant on the date of the judge's election, or where the election takes place less than three months before the seat becomes vacant, the term of office shall begin as from the date of taking up office which shall be no later than three months after the date of election.

2. Where the judge's election takes place more than three months before the seat becomes vacant, the term of office shall begin on the date on which the seat becomes vacant.

3. In accordance with Article 23 § 2 of the Convention, an elected judge shall hold office until a successor has taken the oath or made the declaration provided for in Rule 3.

---

1 As amended by the Court on 13 November 2006 and 2 April 2012.

Rule 3. Oath or solemn declaration

1. Before taking up office, each elected judge shall, at the first sitting of the plenary Court at which the judge is present or, in case of need, before the President of the Court, take the following oath or make the following solemn declaration:

„I swear" – or „I solemnly declare" – „that I will exercise my functions as a judge honourably, independently and impartially and that I will keep secret all deliberations."

2. This act shall be recorded in minutes.

Rule 4.[2] Incompatible activities

1. In accordance with Article 21 § 4 of the Convention, the judges shall not during their term of office engage in any political or administrative activity or any professional activity which is incompatible with their independence or impartiality or with the demands of a full-time office. Each judge shall declare to the President of the Court any additional activity. In the event of a disagreement between the President and the judge concerned, any question arising shall be decided by the plenary Court.

2. A former judge shall not represent a party or third party in any capacity in proceedings before the Court relating to an application lodged before the date on which he or she ceased to hold office. As regards applications lodged subsequently, a former judge may not represent a party or third party in any capacity in proceedings before the Court until a period of two years from the date on which he or she ceased to hold office has elapsed.

Rule 5.[3] Precedence

1. Elected judges shall take precedence after the President and Vice-Presidents of the Court and the Presidents of the Sections, according to the date of their taking up office in accordance with Rule 2 §§ 1 and 2.

2. Vice-Presidents of the Court elected to office on the same date shall take precedence according to the length of time they have served as judges. If the length of time they have served as judges is the same, they shall take precedence according to age. The same rule shall apply to Presidents of Sections.

3. Judges who have served the same length of time shall take precedence according to age.

4. *Ad hoc* judges shall take precedence after the elected judges according to age.

Rule 6. Resignation

Resignation of a judge shall be notified to the President of the Court, who shall transmit it to the Secretary General of the Council of Europe. Subject to the provisions of Rules 24 § 4 *in fine* and 26 § 3, resignation shall constitute vacation of office.

---

2   As amended by the Court on 29 March 2010 and 1 June 2015.
3   As amended by the Court on 14 May 2007.

Rule 7. Dismissal from office

No judge may be dismissed from his or her office unless the other judges, meeting in plenary session, decide by a majority of two-thirds of the elected judges in office that he or she has ceased to fulfil the required conditions. He or she must first be heard by the plenary Court. Any judge may set in motion the procedure for dismissal from office.

Chapter II[1]
Presidency of the Court and the role of the Bureau

Rule 8.[2] Election of the President and Vice-Presidents of the Court and the Presidents and Vice-Presidents of the Sections

1. The plenary Court shall elect its President and two Vice-Presidents for a period of three years as well as the Presidents of the Sections for a period of two years, provided that such periods shall not exceed the duration of their terms of office as judges.

2. Each Section shall likewise elect a Vice-President for a period of two years, provided that such period shall not exceed the duration of his or her term of office as judge.

3. A judge elected in accordance with paragraphs 1 or 2 above may be re-elected but only once to the same level of office.

4. The Presidents and Vice-Presidents shall continue to hold office until the election of their successors.

5. The elections referred to in paragraph 1 of this Rule shall be by secret ballot. Only the elected judges who are present shall take part. If no candidate receives an absolute majority of the votes cast, an additional round or rounds shall take place until one candidate has achieved an absolute majority. After the first round, any candidate receiving fewer than five votes shall be eliminated, and the vote shall take place between the remaining candidates. If none of the candidates has received fewer than five votes in the first round, the candidate who has received the least number of votes shall be eliminated. In each subsequent round, the candidate who has received the least number of votes shall be eliminated. If there is more than one candidate in this position, only the candidate who is lowest in the order of precedence in accordance with Rule 5 shall be eliminated. If there are only two candidates left and in two rounds of voting neither of them has achieved an absolute majority of the votes cast, the candidate who obtains a majority of the votes cast in the next round, excluding blank and invalid votes, shall be elected. In the event of a tie between two candidates in the final round, preference shall be given to the judge having precedence in accordance with Rule 5.

6. The rules set out in the preceding paragraph shall apply to the elections referred to in paragraph 2 of this Rule. However, where more than one round of voting is required until one candidate has achieved the required majority, only the candidate who has received the least number of votes shall be eliminated after each round.

---

1 As amended by the Court on 7 July 2003.
2 As amended by the Court on 7 November 2005, 20 February 2012, 14 January 2013, 14 April 2014, 1 June 2015, 19 September 2016, 2 June 2021 and 30 May 2022.

Rule 9. Functions of the President of the Court

1. The President of the Court shall direct the work and administration of the Court. The President shall represent the Court and, in particular, be responsible for its relations with the authorities of the Council of Europe.

2. The President shall preside at plenary meetings of the Court, meetings of the Grand Chamber and meetings of the panel of five judges.

3. The President shall not take part in the consideration of cases being heard by Chambers except where he or she is the judge elected in respect of a Contracting Party concerned.

Rule 9A.[3] Role of the Bureau

1.

(a) The Court shall have a Bureau, composed of the President of the Court, the Vice-Presidents of the Court and the Section Presidents. Where a Vice-President or a Section President is unable to attend a Bureau meeting, he or she shall be replaced by the Section Vice-President or, failing that, by the next most senior member of the Section according to the order of precedence established in Rule 5.

(b) The Bureau may request the attendance of any other member of the Court or any other person whose presence it considers necessary.

2. The Bureau shall be assisted by the Registrar and the Deputy Registrars.

3. The Bureau's task shall be to assist the President in carrying out his or her function in directing the work and administration of the Court. To this end the President may submit to the Bureau any administrative or extra-judicial matter which falls within his or her competence.

4. The Bureau shall also facilitate coordination between the Court's Sections.

5. The President may consult the Bureau before issuing practice directions under Rule 32 and before approving general instructions drawn up by the Registrar under Rule 17 § 4.

6. The Bureau may report on any matter to the Plenary. It may also make proposals to the Plenary.

7. A record shall be kept of the Bureau's meetings and distributed to the Judges in both the Court's official languages. The secretary to the Bureau shall be designated by the Registrar in agreement with the President.

Rule 10. Functions of the Vice-Presidents of the Court

The Vice-Presidents of the Court shall assist the President of the Court. They shall take the place of the President if the latter is unable to carry out his or her duties or the office of President is vacant, or at the request of the President. They shall also act as Presidents of Sections.

---

3 Inserted by the Court on 7 July 2003.

Rule 11. Replacement of the President and the Vice-Presidents of the Court

If the President and the Vice-Presidents of the Court are at the same time unable to carry out their duties or if their offices are at the same time vacant, the office of President of the Court shall be assumed by a President of a Section or, if none is available, by another elected judge, in accordance with the order of precedence provided for in Rule 5.

Rule 12.[4] Presidency of Sections and Chambers

The Presidents of the Sections shall preside at the sittings of the Section and Chambers of which they are members and shall direct the Sections' work. The Vice-Presidents of the Sections shall take their place if they are unable to carry out their duties or if the office of President of the Section concerned is vacant, or at the request of the President of the Section. Failing that, the judges of the Section and the Chambers shall take their place, in the order of precedence provided for in Rule 5.

Rule 13.[5] Inability to preside

Judges of the Court may not preside in cases in which the Contracting Party of which they are nationals or in respect of which they were elected is a party, or in cases where they sit as a judge appointed by virtue of Rule 29 § 1 (a) or Rule 30 § 1.

Rule 14. Balanced representation of the sexes

In relation to the making of appointments governed by this and the following chapter of the present Rules, the Court shall pursue a policy aimed at securing a balanced representation of the sexes.

Chapter III
The Registry

Rule 15.[1] Election of the Registrar

1. The plenary Court shall elect its Registrar. The candidates shall be of high moral character and must possess the legal, managerial and linguistic knowledge and experience necessary to carry out the functions attaching to the post.

2. The Registrar shall be elected for a term of five years and may be re-elected. The Registrar may not be dismissed from office, unless the judges, meeting in plenary session, decide by a majority of two-thirds of the elected judges in office that the person concerned has ceased to fulfil the required conditions. He or she must first be heard by the plenary Court. Any judge may set in motion the procedure for dismissal from office.

---

4   As amended by the Court on 17 June and 8 July 2002.
5   As amended by the Court on 4 July 2005.
1   As amended by the Court on 14 April 2014.

3. The elections referred to in this Rule shall be by secret ballot; only the elected judges who are present shall take part. If no candidate receives an absolute majority of the votes cast, an additional round or rounds of voting shall take place until one candidate has achieved an absolute majority. After each round, any candidate receiving fewer than five votes shall be eliminated; and if more than two candidates have received five votes or more, the one who has received the least number of votes shall also be eliminated. In the event of a tie in an additional round of voting, preference shall be given, firstly, to the female candidate, if any, and, secondly, to the older candidate.

4. Before taking up office, the Registrar shall take the following oath or make the following solemn declaration before the plenary Court or, if need be, before the President of the Court:

„I swear" – or „I solemnly declare" – „that I will exercise loyally, discreetly and conscientiously the functions conferred upon me as Registrar of the European Court of Human Rights."

This act shall be recorded in minutes.

Rule 16.[2] Election of the Deputy Registrars

1. The plenary Court shall also elect one or more Deputy Registrars on the conditions and in the manner and for the term prescribed in the preceding Rule. The procedure for dismissal from office provided for in respect of the Registrar shall likewise apply. The Court shall first consult the Registrar in both these matters.

2. Before taking up office, a Deputy Registrar shall take an oath or make a solemn declaration before the plenary Court or, if need be, before the President of the Court, in terms similar to those prescribed in respect of the Registrar. This act shall be recorded in minutes.

Rule 17. Functions of the Registrar

1. The Registrar shall assist the Court in the performance of its functions and shall be responsible for the organisation and activities of the Registry under the authority of the President of the Court.

2. The Registrar shall have the custody of the archives of the Court and shall be the channel for all communications and notifications made by, or addressed to, the Court in connection with the cases brought or to be brought before it.

3. The Registrar shall, subject to the duty of discretion attaching to this office, reply to requests for information concerning the work of the Court, in particular to enquiries from the press.

4. General instructions drawn up by the Registrar, and approved by the President of the Court, shall regulate the working of the Registry.

2　As amended by the Court on 14 April 2014.

Rule 18.[3] Organisation of the Registry

1. The Registry shall consist of Section Registries equal to the number of Sections set up by the Court and of the departments necessary to provide the legal and administrative services required by the Court.
2. The Section Registrar shall assist the Section in the performance of its functions and may be assisted by a Deputy Section Registrar.
3. The officials of the Registry shall be appointed by the Registrar under the authority of the President of the Court. The appointment of the Registrar and Deputy Registrars shall be governed by Rules 15 and 16 above.

Rule 18A.[4] Non-judicial rapporteurs

1. When sitting in a single-judge formation, the Court shall be assisted by non-judicial rapporteurs who shall function under the authority of the President of the Court. They shall form part of the Court's Registry.
2. The non-judicial rapporteurs shall be appointed by the President of the Court on a proposal by the Registrar. Section Registrars and Deputy Section Registrars, as referred to in Rule 18 § 2, shall act *ex officio* as non-judicial rapporteurs.

Rule 18B.[5] Jurisconsult

For the purposes of ensuring the quality and consistency of its case-law, the Court shall be assisted by a Jurisconsult. He or she shall be a member of the Registry. The Jurisconsult shall provide opinions and information, in particular to the judicial formations and the members of the Court.

Chapter IV
The Working of the Court

Rule 19. Seat of the Court

1. The seat of the Court shall be at the seat of the Council of Europe at Strasbourg. The Court may, however, if it considers it expedient, perform its functions elsewhere in the territories of the member States of the Council of Europe.
2. The Court may decide, at any stage of the examination of an application, that it is necessary that an investigation or any other function be carried out elsewhere by it or one or more of its members.

---

3 As amended by the Court on 13 November 2006 and 2 April 2012.
4 Inserted by the Court on 13 November 2006 and amended on 14 January 2013.
5 Inserted by the Court on 23 June 2014.

Esser

Rule 20. Sessions of the plenary Court

1. The plenary sessions of the Court shall be convened by the President of the Court whenever the performance of its functions under the Convention and under these Rules so requires. The President of the Court shall convene a plenary session if at least one-third of the members of the Court so request, and in any event once a year to consider administrative matters.

2. The quorum of the plenary Court shall be two-thirds of the elected judges in office.

3. If there is no quorum, the President shall adjourn the sitting.

Rule 21. Other sessions of the Court

1. The Grand Chamber, the Chambers and the Committees shall sit full time. On a proposal by the President, however, the Court shall fix session periods each year.

2. Outside those periods the Grand Chamber and the Chambers shall be convened by their Presidents in cases of urgency.

Rule 22. Deliberations

1. The Court shall deliberate in private. Its deliberations shall remain secret.

2. Only the judges shall take part in the deliberations. The Registrar or the designated substitute, as well as such other officials of the Registry and interpreters whose assistance is deemed necessary, shall be present. No other person may be admitted except by special decision of the Court.

3. Before a vote is taken on any matter in the Court, the President may request the judges to state their opinions on it.

Rule 23. Votes

1. The decisions of the Court shall be taken by a majority of the judges present. In the event of a tie, a fresh vote shall be taken and, if there is still a tie, the President shall have a casting vote. This paragraph shall apply unless otherwise provided for in these Rules.

2. The decisions and judgments of the Grand Chamber and the Chambers shall be adopted by a majority of the sitting judges. Abstentions shall not be allowed in final votes on the admissibility and merits of cases.

3. As a general rule, votes shall be taken by a show of hands. The President may take a roll-call vote, in reverse order of precedence.

4. Any matter that is to be voted upon shall be formulated in precise terms.

Rule 23A.[1] Decision by tacit agreement

Where it is necessary for the Court to decide a point of procedure or any other question other than at a scheduled meeting of the Court, the President may direct that a

---

1 Inserted by the Court on 13 December 2004.

draft decision be circulated among the judges and that a deadline be set for their comments on the draft. In the absence of any objection from a judge, the proposal shall be deemed to have been adopted at the expiry of the deadline.

Chapter V
The Composition of the Court

Rule 24.[1] Composition of the Grand Chamber

1. The Grand Chamber shall be composed of seventeen judges and at least three substitute judges.

2.

(a) The Grand Chamber shall include the President and the Vice-Presidents of the Court and the Presidents of the Sections. Any Vice-President of the Court or President of a Section who is unable to sit as a member of the Grand Chamber shall be replaced by the Vice-President of the relevant Section.

(b) The judge elected in respect of the Contracting Party concerned or, where appropriate, the judge designated by virtue of Rule 29 or Rule 30 shall sit as an *ex officio* member of the Grand Chamber in accordance with Article 26 §§ 4 and 5 of the Convention.

(c) In cases referred to it under Article 43 of the Convention, the Grand Chamber shall not include any judge who sat in the Chamber which rendered the judgment in the case so referred, with the exception of the President of that Chamber and the judge who sat in respect of the State Party concerned, or any judge who sat in the Chamber or Chambers which ruled on the admissibility of the application.

(d) The judges and substitute judges who are to complete the Grand Chamber in each case referred to it shall be designated from among the remaining judges by a drawing of lots by the President of the Court in the presence of the Registrar. The modalities for the drawing of lots shall be laid down by the Plenary Court, having due regard to the need for a geographically balanced composition reflecting the different legal systems among the Contracting Parties.

(e) In examining a request under Article 46 § 4 of the Convention, the Grand Chamber shall include, in addition to the judges referred to in paragraph 2 (a) and (b) of this Rule, the members of the Chamber or Committee which rendered the judgment in the case concerned. If the judgment was rendered by a Grand Chamber, the Grand Chamber shall be constituted as the original Grand Chamber. In all cases, including those where it is not possible to reconstitute the original Grand Chamber, the judges and substitute judges who are to complete the Grand Chamber shall be designated in accordance with paragraph 2 (d) of this Rule.

(f) In examining a request for an advisory opinion under Article 47 of the Convention, the Grand Chamber shall be constituted in accordance with the provisions of paragraph 2 (a) and (d) of this Rule.

(g) In examining a request for an advisory opinion under Protocol No. 16 to the Convention, the Grand Chamber shall be constituted in accordance with the provision of paragraph 2 (a), (b) and (d) of this Rule and include the judge designated as Judge Rapporteur under Rule 93 § 1.1 (b).

---

[1] As amended by the Court on 8 December 2000, 13 December 2004, 4 July and 7 November 2005, 29 May and 13 November 2006, 6 May 2013, 19 September 2016 and 11 October 2021.

3. If any judges are prevented from sitting, they shall be replaced by the substitute judges in the order in which the latter were selected under paragraph 2 (d) of this Rule. Until such replacement takes place, substitute judges shall not take part in the vote.

4. The judges and substitute judges designated in accordance with the above provisions shall continue to sit in the Grand Chamber for the consideration of the case until the proceedings have been completed. Even after the end of their terms of office, they shall continue to deal with the case if they have participated in the consideration of the merits. These provisions shall also apply to proceedings relating to advisory opinions.

5.

(a) The panel of five judges of the Grand Chamber called upon to consider a referral request submitted under Article 43 of the Convention shall be composed of
  – the President of the Court. If the President of the Court is prevented from sitting, he or she shall be replaced by the Vice-President of the Court taking precedence;
  – two Presidents of Sections designated by rotation. If the Presidents of the Sections so designated are prevented from sitting, they shall be replaced by the Vice-Presidents of their Sections;
  – two judges designated by rotation from among the judges elected by the remaining Sections to serve on the panel for a period of six months;
  – at least two substitute judges designated in rotation from among the judges elected by the Sections to serve on the panel for a period of six months.

(b) When considering a referral request, the panel shall not include any judge who took part in the consideration of the admissibility or merits of the case in question.

(c) No judge elected in respect of, or who is a national of, a Contracting Party concerned by a referral request may be a member of the panel when it examines that request. An elected judge appointed pursuant to Rules 29 or 30 shall likewise be excluded from consideration of any such request.

(d) Any member of the panel unable to sit, for the reasons set out in (b) or (c) shall be replaced by a substitute judge designated in rotation from among the judges elected by the Sections to serve on the panel for a period of six months.

(e) When considering a request for an advisory opinion submitted under Article 1 of Protocol No. 16 to the Convention, the panel shall be composed in accordance with the provisions of Rule 93.

Rule 25. Setting-up of Sections

1. The Chambers provided for in Article 25 (b) of the Convention (referred to in these Rules as „Sections") shall be set up by the plenary Court, on a proposal by its President, for a period of three years with effect from the election of the presidential office-holders of the Court under Rule 8. There shall be at least four Sections.

2. Each judge shall be a member of a Section. The composition of the Sections shall be geographically and gender balanced and shall reflect the different legal systems among the Contracting Parties.

3. Where a judge ceases to be a member of the Court before the expiry of the period for which the Section has been constituted, the judge's place in the Section shall be taken by his or her successor as a member of the Court.

4. The President of the Court may exceptionally make modifications to the composition of the Sections if circumstances so require.

5. On a proposal by the President, the plenary Court may constitute an additional Section.

Rule 26.[2] Constitution of Chambers

1. The Chambers of seven judges provided for in Article 26 § 1 of the Convention for the consideration of cases brought before the Court shall be constituted from the Sections as follows.

(a) Subject to paragraph 2 of this Rule and to Rule 28 § 4, last sentence, the Chamber shall in each case include the President of the Section and the judge elected in respect of any Contracting Party concerned. If the latter judge is not a member of the Section to which the application has been assigned under Rules 51 or 52, he or she shall sit as an *ex officio* member of the Chamber in accordance with Article 26 § 4 of the Convention. Rule 29 shall apply if that judge is unable to sit or withdraws.

(b) The other members of the Chamber shall be designated by the President of the Section in rotation from among the members of the relevant Section.

(c) The members of the Section who are not so designated shall sit in the case as substitute judges.

2. The judge elected in respect of any Contracting Party concerned or, where appropriate, another elected judge or *ad hoc* judge appointed in accordance with Rules 29 and 30 may be dispensed by the President of the Chamber from attending meetings devoted to preparatory or procedural matters. For the purposes of such meetings the first substitute judge shall sit.

3. Even after the end of their terms of office, judges shall continue to deal with cases in which they have participated in the consideration of the merits.

Rule 27.[3] Committees

1. Committees composed of three judges belonging to the same Section shall be set up under Article 26 § 1 of the Convention. After consulting the Presidents of the Sections, the President of the Court shall decide on the number of Committees to be set up.

2. The Committees shall be constituted for a period of twelve months by rotation among the members of each Section, excepting the President of the Section.

3. The judges of the Section, including the President of the Section, who are not members of a Committee may, as appropriate, be called upon to sit. They may also be called upon to take the place of members who are unable to sit.

4. The President of the Committee shall be the member having precedence in the Section.

Rule 27A.[4] Single-judge formation

1. A single-judge formation shall be introduced in pursuance of Article 26 § 1 of the Convention. After consulting the Bureau, the President of the Court shall decide on the number of single judges to be appointed and shall appoint them in respect of one or more Contracting Parties.

---

2 As amended by the Court on 17 June and 8 July 2002 and 6 May 2013.
3 As amended by the Court on 13 November 2006 and 16 November 2009.
4 Inserted by the Court on 13 November 2006 and amended on 14 January 2013 and 9 September 2019.

2. The following shall also sit as single judges
(a) the Presidents of the Sections when exercising their competences under Rule 54 §§ 2 (b) and 3;
(b) Vice-Presidents of Sections appointed to decide on requests for interim measures in accordance with Rule 39 § 4.

3. In accordance with Article 26 § 3 of the Convention, a judge may not examine as a single judge any application against the Contracting Party in respect of which that judge has been elected. In addition, a judge may not examine as a single judge any application against a Contracting Party of which that judge is a national.

4. Single judges shall be appointed for a period of twelve months. They shall continue to carry out their other duties within the Sections of which they are members in accordance with Rule 25 § 2.

5. Pursuant to Article 24 § 2 of the Convention, when deciding, each single judge shall be assisted by a non-judicial rapporteur.

Rule 28.[5] Inability to sit, withdrawal or exemption

1. Any judge who is prevented from taking part in sittings which he or she has been called upon to attend shall, as soon as possible, give notice to the President of the Chamber.

2. A judge may not take part in the consideration of any case if
(a) he or she has a personal interest in the case, including a spousal, parental or other close family, personal or professional relationship, or a subordinate relationship, with any of the parties;
(b) he or she has previously acted in the case, whether as the Agent, advocate or adviser of a party or of a person having an interest in the case, or as a member of another national or international tribunal or commission of inquiry, or in any other capacity;
(c) he or she, being an *ad hoc* judge or a former elected judge continuing to sit by virtue of Rule 26 § 3, engages in any political or administrative activity or any professional activity which is incompatible with his or her independence or impartiality;
(d) he or she has expressed opinions publicly, through the communications media, in writing, through his or her public actions or otherwise, that are objectively capable of adversely affecting his or her impartiality;
(e) for any other reason, his or her independence or impartiality may legitimately be called into doubt.

3. If a judge withdraws for one of the said reasons, he or she shall notify the President of the Chamber, who shall exempt the judge from sitting.

4. In the event of any doubt on the part of the judge concerned or the President as to the existence of one of the grounds referred to in paragraph 2 of this Rule, that issue shall be decided by the Chamber. After hearing the views of the judge concerned, the Chamber shall deliberate and vote, without that judge being present. For the purposes of the Chamber's deliberations and vote on this issue, he or she shall be replaced by the first substitute judge in the Chamber. The same shall apply if the judge sits in respect of any Contracting Party concerned in accordance with Rules 29 and 30.

5. The provisions above shall apply also to a judge's acting as a single judge or participation in a Committee, save that the notice required under paragraphs 1 or 3 of this Rule shall be given to the President of the Section.

---

5 As amended by the Court on 17 June and 8 July 2002, 13 December 2004, 13 November 2006 and 6 May 2013.

Esser

Rule 29.[6] *Ad hoc* judges

1.

(a) If the judge elected in respect of a Contracting Party concerned is unable to sit in the Chamber, withdraws, or is exempted, or if there is none, the President of the Chamber shall appoint an *ad hoc* judge, who is eligible to take part in the consideration of the case in accordance with Rule 28, from a list submitted in advance by the Contracting Party containing the names of three to five persons whom the Contracting Party has designated as eligible to serve as *ad hoc* judges for a renewable period of four years and as satisfying the conditions set out in paragraph 1 (c) of this Rule.
The list shall include both sexes and shall be accompanied by biographical details of the persons whose names appear on the list. The persons whose names appear on the list may not represent a party or a third party in any capacity in proceedings before the Court.

(b) The procedure set out in paragraph 1 (a) of this Rule shall apply if the person so appointed is unable to sit or withdraws.

(c) An *ad hoc* judge shall possess the qualifications required by Article 21 § 1 of the Convention and must be in a position to meet the demands of availability and attendance provided for in paragraph 5 of this Rule. For the duration of their appointment, an *ad hoc* judge shall not represent any party or third party in any capacity in proceedings before the Court.

2. The President of the Chamber shall appoint another elected judge to sit as an *ad hoc* judge where

(a) at the time of notice being given of the application under Rule 54 § 2 (b), the Contracting Party concerned has not supplied the Registrar with a list as described in paragraph 1 (a) of this Rule, or

(b) the President of the Chamber finds that less than three of the persons indicated in the list satisfy the conditions laid down in paragraph 1 (c) of this Rule.

3. The President of the Chamber may decide not to appoint an *ad hoc* judge pursuant to paragraph 1 (a) or 2 of this Rule until notice of the application is given to the Contracting Party under Rule 54 § 2 (b). Pending the decision of the President of the Chamber, the first substitute judge shall sit.

4. An *ad hoc* judge shall, at the beginning of the first sitting held to consider the case after the judge has been appointed, take the oath or make the solemn declaration provided for in Rule 3. This act shall be recorded in minutes.

5. Ad hoc judges are required to make themselves available to the Court and, subject to Rule 26 § 2, to attend the meetings of the Chamber.

6. The provisions of this Rule shall apply mutatis mutandis to proceedings before a panel of the Grand Chamber in connection with a request for an advisory opinion submitted under Article 1 of Protocol No. 16 to the Convention, as well as to proceedings before the Grand Chamber constituted to examine requests accepted by the panel.

---

6 As amended by the Court on 17 June and 8 July 2002, 13 November 2006, 29 March 2010, 6 May 2013, 19 September 2016, 16 April 2018 and 3 June 2019.

Esser

Rule 30.[7] Common interest

1. If two or more applicant or respondent Contracting Parties have a common interest, the President of the Chamber may invite them to agree to appoint a single judge elected in respect of one of the Contracting Parties concerned as common-interest judge who will be called upon to sit *ex officio*. If the Parties are unable to agree, the President shall choose the common-interest judge by lot from the judges proposed by the Parties.

2. The President of the Chamber may decide not to invite the Contracting Parties concerned to make an appointment under paragraph 1 of this Rule until notice of the application has been given under Rule 54 § 2.

3. In the event of a dispute as to the existence of a common interest or as to any related matter, the Chamber shall decide, if necessary after obtaining written submissions from the Contracting Parties concerned.

Title II
Procedure

Chapter I
General Rules

Rule 31. Possibility of particular derogations

The provisions of this Title shall not prevent the Court from derogating from them for the consideration of a particular case after having consulted the parties where appropriate.

Rule 32. Practice directions

The President of the Court may issue practice directions, notably in relation to such matters as appearance at hearings and the filing of pleadings and other documents.

Rule 33.[1] Public character of documents

1. All documents deposited with the Registry by the parties or by any third party in connection with an application, except those deposited within the framework of friendly-settlement negotiations as provided for in Rule 62, shall be accessible to the public in accordance with arrangements determined by the Registrar, unless the President of the Chamber, for the reasons set out in paragraph 2 of this Rule, decides otherwise, either of his or her own motion or at the request of a party or any other person concerned.

---

7 As amended by the Court on 7 July 2003.
1 As amended by the Court on 17 June and 8 July 2002, 7 July 2003, 4 July 2005, 13 November 2006, 14 May 2007 and 4 November 2019.

2. Public access to a document or to any part of it may be restricted in the interests of morals, public order or national security in a democratic society, where the interests of juveniles or the protection of the private life of the parties or of any person concerned so require, or to the extent strictly necessary in the opinion of the President of the Chamber in special circumstances where publicity would prejudice the interests of justice.

3. Any request for confidentiality made under paragraph 1 of this Rule must include reasons and specify whether it is requested that all or part of the documents be inaccessible to the public.

Rule 34.[2] Use of languages

1. The official languages of the Court shall be English and French.

2. In connection with applications lodged under Article 34 of the Convention, and for as long as no Contracting Party has been given notice of such an application in accordance with these Rules, all communications with and oral and written submissions by applicants or their representatives, if not in one of the Court's official languages, shall be in one of the official languages of the Contracting Parties. If a Contracting Party is informed or given notice of an application in accordance with these Rules, the application and any accompanying documents shall be communicated to that State in the language in which they were lodged with the Registry by the applicant.

3.

(a) All communications with and oral and written submissions by applicants or their representatives in respect of a hearing, or after notice of an application has been given to a Contracting Party, shall be in one of the Court's official languages, unless the President of the Chamber grants leave for the continued use of the official language of a Contracting Party.

(b) If such leave is granted, the Registrar shall make the necessary arrangements for the interpretation and translation into English or French of the applicant's oral and written submissions respectively, in full or in part, where the President of the Chamber considers it to be in the interests of the proper conduct of the proceedings.

(c) Exceptionally the President of the Chamber may make the grant of leave subject to the condition that the applicant bear all or part of the costs of making such arrangements.

(d) Unless the President of the Chamber decides otherwise, any decision made under the foregoing provisions of this paragraph shall remain valid in all subsequent proceedings in the case, including those in respect of requests for referral of the case to the Grand Chamber and requests for interpretation or revision of a judgment under Rules 73, 79 and 80 respectively.

4.

(a) All communications with and oral and written submissions by a Contracting Party which is a party to the case shall be in one of the Court's official languages. The President of the Chamber may grant the Contracting Party concerned leave to use one of its official languages for its oral and written submissions.

(b) If such leave is granted, it shall be the responsibility of the requesting Party

(i) to file a translation of its written submissions into one of the official languages of the Court within a time-limit to be fixed by the President of the Chamber.

---

2 As amended by the Court on 13 December 2004 and 19 September 2016.

Should that Party not file the translation within that time-limit, the Registrar may make the necessary arrangements for such translation, the expenses to be charged to the requesting Party;

(ii) to bear the expenses of interpreting its oral submissions into English or French. The Registrar shall be responsible for making the necessary arrangements for such interpretation.

(c) The President of the Chamber may direct that a Contracting Party which is a party to the case shall, within a specified time, provide a translation into, or a summary in, English or French of all or certain annexes to its written submissions or of any other relevant document, or of extracts therefrom.

(d) The preceding sub-paragraphs of this paragraph shall also apply, mutatis mutandis, to third- party intervention under Rule 44 and to the use of a non-official language by a third party.

5. The President of the Chamber may invite the respondent Contracting Party to provide a translation of its written submissions in the or an official language of that Party in order to facilitate the applicant's understanding of those submissions.

6. Any witness, expert or other person appearing before the Court may use his or her own language if he or she does not have sufficient knowledge of either of the two official languages. In that event the Registrar shall make the necessary arrangements for interpreting or translation.

7. In respect of a request for an advisory opinion under Article 1 of Protocol No. 16 to the Convention, the requesting court or tribunal may submit the request as referred to in Rule 92 to the Court in the national official language used in the domestic proceedings. Where the language is not an official language of the Court, an English or French translation of the request shall be filed within a time-limit to be fixed by the President of the Court.

Rule 35.
Representation of Contracting Parties

The Contracting Parties shall be represented by Agents, who may have the assistance of advocates or advisers.

Rule 36.[3] Representation of applicants

1. Persons, non-governmental organisations or groups of individuals may initially present applications under Article 34 of the Convention themselves or through a representative.

2. Following notification of the application to the respondent Contracting Party under Rule 54

§ 2 (b), the applicant should be represented in accordance with paragraph 4 of this Rule, unless the President of the Chamber decides otherwise.

3. The applicant must be so represented at any hearing decided on by the Chamber, unless the President of the Chamber exceptionally grants leave to the applicant to present his or her own case, subject, if necessary, to being assisted by an advocate or other approved representative.

---

3   As amended by the Court on 7 July 2003 and 7 February 2022.

4.

(a) The representative acting on behalf of the applicant pursuant to paragraphs 2 and 3 of this Rule shall be an advocate authorised to practise in any of the Contracting Parties and resident in the territory of one of them, or any other person approved by the President of the Chamber.

(b) If the representative of a party in the proceedings makes abusive, frivolous, vexatious, misleading or prolix submissions, the President of the Chamber may refuse to accept all or part of the submissions or make any other order which he or she considers it appropriate to make, without prejudice to Article 35 § 3 of the Convention.

(c) In exceptional circumstances and at any stage of the proceedings in the examination of an application, the President of the Chamber may, where he or she considers that the circumstances or the conduct of the advocate or other person appointed under paragraph 4 (a) of this Rule so warrant, direct that the latter may no longer represent or assist the applicant in those proceedings and that the applicant should seek alternative representation. Before such an order is made, the representative must be given the opportunity to comment.

5.

(a) The advocate or other approved representative, or the applicant in person who seeks leave to present his or her own case, must even if leave is granted under the following sub-paragraph have an adequate understanding of one of the Court's official languages.

(b) If he or she does not have sufficient proficiency to express himself or herself in one of the Court's official languages, leave to use one of the official languages of the Contracting Parties may be given by the President of the Chamber under Rule 34 § 3.

Rule 37.[4] Communications, notifications and summonses

1. Communications or notifications addressed to the Agents or advocates of the parties shall be deemed to have been addressed to the parties.

2. If, for any communication, notification or summons addressed to persons other than the Agents or advocates of the parties, the Court considers it necessary to have the assistance of the Government of the State on whose territory such communication, notification or summons is to have effect, the President of the Court shall apply directly to that Government in order to obtain the necessary facilities.

Rule 38. Written pleadings

1. No written observations or other documents may be filed after the time-limit set by the President of the Chamber or the Judge Rapporteur, as the case may be, in accordance with these Rules. No written observations or other documents filed outside that time-limit or contrary to any practice direction issued under Rule 32 shall be included in the case file unless the President of the Chamber decides otherwise.

2. For the purposes of observing the time-limit referred to in paragraph 1 of this Rule, the material date is the certified date of dispatch of the document or, if there is none, the actual date of receipt at the Registry.

---

4 As amended by the Court on 7 July 2003.

Esser

Rule 38A.[5] Examination of matters of procedure

Questions of procedure requiring a decision by the Chamber shall be considered simultaneously with the examination of the case, unless the President of the Chamber decides otherwise.

Rule 39.[6] Interim measures

1. The Chamber or, where appropriate, the President of the Section or a duty judge appointed pursuant to paragraph 4 of this Rule may, at the request of a party or of any other person concerned, or of their own motion, indicate to the parties any interim measure which they consider should be adopted in the interests of the parties or of the proper conduct of the proceedings.

2. Where it is considered appropriate, immediate notice of the measure adopted in a particular case may be given to the Committee of Ministers.

3. The Chamber or, where appropriate, the President of the Section or a duty judge appointed pursuant to paragraph 4 of this Rule may request information from the parties on any matter connected with the implementation of any interim measure indicated.

4. The President of the Court may appoint Vice-Presidents of Sections as duty judges to decide on requests for interim measures.

Rule 40. Urgent notification of an application

In any case of urgency the Registrar, with the authorisation of the President of the Chamber, may, without prejudice to the taking of any other procedural steps and by any available means, inform a Contracting Party concerned in an application of the introduction of the application and of a summary of its objects.

Rule 41.[7] Order of dealing with cases

In determining the order in which cases are to be dealt with, the Court shall have regard to the importance and urgency of the issues raised on the basis of criteria fixed by it. The Chamber, or its President, may, however, derogate from these criteria so as to give priority to a particular application.

Rule 42. Joinder and simultaneous examination of applications (former Rule 43)

1. The Chamber may, either at the request of the parties or of its own motion, order the joinder of two or more applications.

---

5 Inserted by the Court on 17 June and 8 July 2002.
6 As amended by the Court on 4 July 2005, 16 January 2012 and 14 January 2013.
7 As amended by the Court on 17 June and 8 July 2002 and 29 June 2009.

2. The President of the Chamber may, after consulting the parties, order that the proceedings in applications assigned to the same Chamber be conducted simultaneously, without prejudice to the decision of the Chamber on the joinder of the applications.

Rule 43.[8] **Striking out and restoration to the list** (former Rule 44)

1. The Court may at any stage of the proceedings decide to strike an application out of its list of cases in accordance with Article 37 of the Convention.

2. When an applicant Contracting Party notifies the Registrar of its intention not to proceed with the case, the Chamber may strike the application out of the Court's list under Article 37 of the Convention if the other Contracting Party or Parties concerned in the case agree to such discontinuance.

3. If a friendly settlement is effected in accordance with Article 39 of the Convention, the application shall be struck out of the Court's list of cases by means of a decision. In accordance with Article 39 § 4 of the Convention, this decision shall be transmitted to the Committee of Ministers, which shall supervise the execution of the terms of the friendly settlement as set out in the decision. In other cases provided for in Article 37 of the Convention, the application shall be struck out by means of a judgment if it has been declared admissible or, if not declared admissible, by means of a decision. Where the application has been struck out by means of a judgment, the President of the Chamber shall forward that judgment, once it has become final, to the Committee of Ministers in order to allow the latter to supervise, in accordance with Article 46 § 2 of the Convention, the execution of any undertakings which may have been attached to the discontinuance or solution of the matter.

4. When an application has been struck out in accordance with Article 37 of the Convention, the costs shall be at the discretion of the Court. If an award of costs is made in a decision striking out an application which has not been declared admissible, the President of the Chamber shall forward the decision to the Committee of Ministers.

5. Where an application has been struck out in accordance with Article 37 of the Convention, the Court may restore it to its list if it considers that exceptional circumstances so justify.

Rule 44.[9] **Third-party intervention**

1.

(a) When notice of an application lodged under Article 33 or 34 of the Convention is given to the respondent Contracting Party under Rules 51 § 1 or 54 § 2 (b), a copy of the application shall at the same time be transmitted by the Registrar to any other Contracting Party one of whose nationals is an applicant in the case. The Registrar shall similarly notify any such Contracting Party of a decision to hold an oral hearing in the case.

(b) If a Contracting Party wishes to exercise its right under Article 36 § 1 of the Convention to submit written comments or to take part in a hearing, it shall so advise the Registrar in writing not later than twelve weeks after the transmission or notification

---

8 As amended by the Court on 17 June and 8 July 2002, 7 July 2003, 13 November 2006 and 2 April 2012.

9 As amended by the Court on 7 July 2003, 13 November 2006, 19 September 2016, 3 June 2022 and 3 March 2023.

referred to in the preceding sub-paragraph. Another time-limit may be fixed by the President of the Chamber for exceptional reasons.

2. If the Council of Europe Commissioner for Human Rights wishes to exercise the right under Article 36 § 3 of the Convention to submit written comments, he or she shall so advise the Registrar in writing not later than twelve weeks after the publication on the Court's case-law database, HUDOC, of the information that notice of the application has been given to the respondent Contracting Party. If the Council of Europe Commissioner for Human Rights wishes to exercise the right under Article 36 § 3 of the Convention to take part in a hearing before a Chamber, he or she shall so advise the Registrar in writing not later than four weeks after the publication on the Court's website of the information on the decision of the Chamber to hold an oral hearing. Other time-limits may be fixed by the President of the Chamber for exceptional reasons.

Should the Commissioner for Human Rights be unable to take part in the proceedings before the Court himself, he or she shall indicate the name of the person or persons from his or her Office whom he or she has appointed to represent him. He or she may be assisted by an advocate.

3.

(a) Once notice of an application has been given to the respondent Contracting Party under Rules 51 § 1 or 54 § 2 (b), the President of the Chamber may, in the interests of the proper administration of justice, as provided in Article 36 § 2 of the Convention, invite, or grant leave to, any Contracting Party which is not a party to the proceedings, or any person concerned who is not the applicant, to submit written comments or, in exceptional cases, to take part in a hearing.

(b) Requests for leave for this purpose must be duly reasoned and submitted in writing in one of the official languages as provided in Rule 34 § 4. Requests for leave to submit written comments must be submitted not later than twelve weeks after the publication on the Court's case-law database, HUDOC, of the information that notice of the application has been given to the respondent Contracting Party. Requests for leave to take part in a hearing before a Chamber must be submitted not later than four weeks after the publication on the Court's website of the information on the decision of the Chamber to hold an oral hearing. Other time-limits may be fixed by the President of the Chamber for exceptional reasons.

4.

(a) In cases to be considered by the Grand Chamber, the periods of time prescribed in the preceding paragraphs shall run from the publication on the Court's website of the information on the decision of the Chamber under Rule 72 § 1 to relinquish jurisdiction in favour of the Grand Chamber or on the decision of the panel of the Grand Chamber under Rule 73 § 2 to accept a request by a party for referral of the case to the Grand Chamber.

(b) The time-limits laid down in this Rule may exceptionally be extended by the President of the Chamber if sufficient cause is shown.

5. Any invitation or grant of leave referred to in paragraph 3 (a) of this Rule shall be subject to any conditions, including time-limits, set by the President of the Chamber. Where such conditions are not complied with, the President may decide not to include the comments in the case file or to limit participation in the hearing to the extent that he or she considers appropriate.

6. Written comments submitted under this Rule shall be drafted in one of the official languages as provided in Rule 34 § 4. They shall be forwarded by the Registrar to the parties to the case, who shall be entitled, subject to any conditions, including time-limits, set by the President of the Chamber, to file written observations in reply or, where appropriate, to reply at the hearing.

7. The provisions of this Rule shall apply mutatis mutandis to proceedings before the Grand Chamber constituted to deliver advisory opinions under Article 2 of Protocol No. 16 to the Convention. The President of the Court shall determine the time-limits which apply to third-party interveners.

Rule 44A.[10] Duty to cooperate with the Court

The parties have a duty to cooperate fully in the conduct of the proceedings and, in particular, to take such action within their power as the Court considers necessary for the proper administration of justice. This duty shall also apply to a Contracting Party not party to the proceedings where such cooperation is necessary.

Rule 44B.[11] Failure to comply with an order of the Court

Where a party fails to comply with an order of the Court concerning the conduct of the proceedings, the President of the Chamber may take any steps which he or she considers appropriate.

Rule 44C.[12] Failure to participate effectively

1. Where a party fails to adduce evidence or provide information requested by the Court or to divulge relevant information of its own motion or otherwise fails to participate effectively in the proceedings, the Court may draw such inferences as it deems appropriate.

2. Failure or refusal by a respondent Contracting Party to participate effectively in the proceedings shall not, in itself, be a reason for the Chamber to discontinue the examination of the application.

Rule 44D.[13] Exclusion from representation or assisting before the Court

1. The President of the Court may, in exceptional circumstances, where he or she considers that the conduct of the advocate, or of the person appointed under Rule 36 § 4 (a) so warrants, direct that the said advocate or other person may no longer represent or assist a party before the Court. Such exclusion order may be for a definite or indefinite period.

2. Such a decision shall be reasoned and shall be taken upon a reasoned proposal by a Chamber, after the person concerned, any Government concerned, and any Bar Association concerned, have been given the possibility of submitting comments. The person concerned, any Government concerned and any Bar Association concerned shall be informed of the decision.

3. Upon a reasoned request by the person excluded under paragraph 1, the President of the Court may, after consulting the Chamber mentioned in paragraph 2, as appropriate,

---

10 Inserted by the Court on 13 December 2004.
11 Inserted by the Court on 13 December 2004.
12 Inserted by the Court on 13 December 2004.
13 Inserted by the Court on 13 December 2004 and amended on 7 February 2022.

as well as any Government concerned and any Bar Association concerned, restore the rights of representation. The person concerned, any Government concerned and any Bar Association concerned shall be informed of such a decision.

Rule 44E.[14] Failure to pursue an application

In accordance with Article 37 § 1 (a) of the Convention, if an applicant Contracting Party or an individual applicant fails to pursue the application, the Chamber may strike the application out of the Court's list under Rule 43.

Chapter II
Institution of Proceedings

Rule 45. Signatures

1. Any application made under Articles 33 or 34 of the Convention shall be submitted in writing and shall be signed by the applicant or by the applicant's representative.

2. Where an application is made by a non-governmental organisation or by a group of individuals, it shall be signed by those persons competent to represent that organisation or group. The Chamber or Committee concerned shall determine any question as to whether the persons who have signed an application are competent to do so.

3. Where applicants are represented in accordance with Rule 36, a power of attorney or written authority to act shall be supplied by their representative or representatives.

Rule 46.[1] Contents of an inter-State application

Any Contracting Party or Parties intending to bring a case before the Court under Article 33 of the Convention shall file with the Registry an application setting out
(a) the name of the Contracting Party against which the application is made;
(b) a statement of the facts;
(c) a statement of the alleged violation(s) of the Convention and the relevant arguments;
(d) a statement on compliance with the admissibility criteria (exhaustion of domestic remedies and the time-limit) laid down in Article 35 § 1 of the Convention;
(e) the object of the application and a general indication of any claims for just satisfaction made under Article 41 of the Convention on behalf of the alleged injured party or parties; and
(f) the name and address of the person or persons appointed as Agent; and accompanied by
(g) copies of any relevant documents and in particular the decisions, whether judicial or not, relating to the object of the application.

---

14 Inserted by the Court on 13 December 2004.
1 As amended by the Court on 1 June 2015.

Rule 47.[2] **Contents of an individual application**

1. An application under Article 34 of the Convention shall be made on the application form provided by the Registry, unless the Court decides otherwise. It shall contain all of the information requested in the relevant parts of the application form and set out

(a) the name, date of birth, nationality and address of the applicant and, where the applicant is a legal person, the full name, date of incorporation or registration, the official registration number (if any) and the official address;

(b) the name, address, telephone and fax numbers and e-mail address of the representative, if any;

(c) where the applicant is represented, the dated and original signature of the applicant on the authority section of the application form; the original signature of the representative showing that he or she has agreed to act for the applicant must also be on the authority section of the application form;

(d) the name of the Contracting Party or Parties against which the application is made;

(e) a concise and legible statement of the facts;

(f) a concise and legible statement of the alleged violation(s) of the Convention and the relevant arguments; and

(g) a concise and legible statement confirming the applicant's compliance with the admissibility criteria laid down in Article 35 § 1 of the Convention.

2.

(a) All of the information referred to in paragraph 1 (e) to (g) above that is set out in the relevant part of the application form should be sufficient to enable the Court to determine the nature and scope of the application without recourse to any other document.

(b) The applicant may however supplement the information by appending to the application form further details on the facts, alleged violations of the Convention and the relevant arguments. Such information shall not exceed 20 pages.

3.1. The application form shall be signed by the applicant or the applicant's representative and shall be accompanied by

(a) copies of documents relating to the decisions or measures complained of, judicial or otherwise;

(b) copies of documents and decisions showing that the applicant has complied with the exhaustion of domestic remedies requirement and the time-limit contained in Article 35 § 1 of the Convention;

(c) where appropriate, copies of documents relating to any other procedure of international investigation or settlement;

(d) where the applicant is a legal person as referred to in Rule 47 § 1 (a), a document or documents showing that the individual who lodged the application has the standing or authority to represent the applicant.

3.2. Documents submitted in support of the application shall be listed in order by date, numbered consecutively and be identified clearly.

4. Applicants who do not wish their identity to be disclosed to the public shall so indicate and shall submit a statement of the reasons justifying such a departure from the normal rule of public access to information in proceedings before the Court. The Court may authorise anonymity or grant it of its own motion.

5.1. Failure to comply with the requirements set out in paragraphs 1 to 3 of this Rule will result in the application not being examined by the Court, unless

---

2 As amended by the Court on 17 June and 8 July 2002, 11 December 2007, 22 September 2008, 6 May 2013 and 1 June and 5 October 2015.

(a) the applicant has provided an adequate explanation for the failure to comply;

(b) the application concerns a request for an interim measure;

(c) the Court otherwise directs of its own motion or at the request of an applicant.

5.2. The Court may in any case request an applicant to provide information or documents in any form or manner which may be appropriate within a fixed time-limit.

6.

(a) The date of introduction of the application for the purposes of Article 35 § 1 of the Convention shall be the date on which an application form satisfying the requirements of this Rule is sent to the Court. The date of dispatch shall be the date of the postmark.

(b) Where it finds it justified, the Court may nevertheless decide that a different date shall be considered to be the date of introduction.

7. Applicants shall keep the Court informed of any change of address and of all circumstances relevant to the application.

Chapter III
Judge Rapporteurs

Rule 48.[1] Inter-State applications

1. Where an application is made under Article 33 of the Convention, the Chamber constituted to consider the case shall designate one or more of its judges as Judge Rapporteur(s), who shall submit a report on admissibility when the written observations of the Contracting Parties concerned have been received.

2. The Judge Rapporteur(s) shall submit such reports, drafts and other documents as may assist the Chamber and its President in carrying out their functions.

Rule 49.[2] Individual applications

1. Where the material submitted by the applicant is on its own sufficient to disclose that the application is inadmissible or should be struck out of the list, the application shall be considered by a single-judge formation unless there is some special reason to the contrary.

2. Where an application is made under Article 34 of the Convention and its examination by a Chamber or a Committee exercising the functions attributed to it under Rule 53 § 2 seems justified, the President of the Section to which the case has been assigned shall designate a judge as Judge Rapporteur, who shall examine the application.

3. In their examination of applications, Judge Rapporteurs

(a) may request the parties to submit, within a specified time, any factual information, documents or other material which they consider to be relevant;

---

1 As amended by the Court on 17 June and 8 July 2002.

2 As amended by the Court on 17 June and 8 July 2002, 4 July 2005, 13 November 2006 and 14 May 2007.

(b) shall, subject to the President of the Section directing that the case be considered by a Chamber or a Committee, decide whether the application is to be considered by a single-judge formation, by a Committee or by a Chamber;

(c) shall submit such reports, drafts and other documents as may assist the Chamber or the Committee or the respective President in carrying out their functions.

Rule 50. Grand Chamber proceedings

Where a case has been submitted to the Grand Chamber either under Article 30 or under Article 43 of the Convention, the President of the Grand Chamber shall designate as Judge Rapporteur(s) one or, in the case of an inter-State application, one or more of its members.

Chapter IV
Proceedings on Admissibility

Inter-State applications

Rule 51.[1] Assignment of applications and subsequent procedure

1. When an application is made under Article 33 of the Convention, the President of the Court shall immediately give notice of the application to the respondent Contracting Party and shall assign the application to one of the Sections.

2. In accordance with Rule 26 § 1 (a), the judges elected in respect of the applicant and respondent Contracting Parties shall sit as *ex officio* members of the Chamber constituted to consider the case. Rule 30 shall apply if the application has been brought by several Contracting Parties or if applications with the same object brought by several Contracting Parties are being examined jointly under Rule 42.

3. On assignment of the case to a Section, the President of the Section shall constitute the Chamber in accordance with Rule 26 § 1 and shall invite the respondent Contracting Party to submit its observations in writing on the admissibility of the application. The observations so obtained shall be communicated by the Registrar to the applicant Contracting Party, which may submit written observations in reply.

4. Before the ruling on the admissibility of the application is given, the Chamber or its President may decide to invite the Parties to submit further observations in writing.

5. A hearing on the admissibility shall be held if one or more of the Contracting Parties concerned so requests or if the Chamber so decides of its own motion.

6. Before fixing the written and, where appropriate, oral procedure, the President of the Chamber shall consult the Parties.

---

1 As amended by the Court on 17 June and 8 July 2002.

Individual applications

Rule 52.[2] Assignment of applications to the Sections

1. Any application made under Article 34 of the Convention shall be assigned to a Section by the President of the Court, who in so doing shall endeavour to ensure a fair distribution of cases between the Sections.

2. The Chamber of seven judges provided for in Article 26 § 1 of the Convention shall be constituted by the President of the Section concerned in accordance with Rule 26 § 1.

3. Pending the constitution of a Chamber in accordance with paragraph 2 of this Rule, the President of the Section shall exercise any powers conferred on the President of the Chamber by these Rules.

Rule 52A.[3] Procedure before a single judge

1. In accordance with Article 27 of the Convention, a single judge may declare inadmissible or strike out of the Court's list of cases an application submitted under Article 34, where such a decision can be taken without further examination. The decision shall be final. It shall contain a summary reasoning. It shall be communicated to the applicant.

2. If the single judge does not take a decision of the kind provided for in the first paragraph of the present Rule, that judge shall forward the application to a Committee or to a Chamber for further examination.

Rule 53.[4] Procedure before a Committee

1. In accordance with Article 28 § 1 (a) of the Convention, the Committee may, by a unanimous vote and at any stage of the proceedings, declare an application inadmissible or strike it out of the Court's list of cases where such a decision can be taken without further examination.

2. If the Committee is satisfied, in the light of the parties' observations received pursuant to Rule 54

§ 2 (b), that the case falls to be examined in accordance with the procedure under Article 28 § 1 (b) of the Convention, it shall, by a unanimous vote, adopt a judgment including its decision on admissibility and, as appropriate, on just satisfaction.

3. If the judge elected in respect of the Contracting Party concerned is not a member of the Committee, the Committee may at any stage of the proceedings before it, by a unanimous vote, invite that judge to take the place of one of its members, having regard to all relevant factors, including whether that Party has contested the application of the procedure under Article 28 § 1 (b) of the Convention.

4. Decisions and judgments under Article 28 § 1 of the Convention shall be final. They shall be reasoned. Decisions may contain a summary reasoning when they have been adopted following referral by a single judge pursuant to Rule 52A § 2.

---

2 As amended by the Court on 17 June and 8 July 2002.
3 Inserted by the Court on 13 November 2006 and amended on 9 September 2019 and 4 November 2019.
4 As amended by the Court on 17 June and 8 July 2002, 4 July 2005, 14 May 2007, 16 January 2012 and 4 November 2019.

5. The decision of the Committee shall be communicated by the Registrar to the applicant as well as to the Contracting Party or Parties concerned where these have previously been involved in the application in accordance with the present Rules.

6. If no decision or judgment is adopted by the Committee, the application shall be forwarded to the Chamber constituted under Rule 52 § 2 to examine the case.

7. The provisions of Rule 42 § 1 and Rules 79 to 81 shall apply, mutatis mutandis, to proceedings before a Committee.

Rule 54.[5] Procedure before a Chamber

1. The Chamber may at once declare the application inadmissible or strike it out of the Court's list of cases. The decision of the Chamber may relate to all or part of the application.

2. Alternatively, the Chamber or the President of the Section may decide to
(a) request the parties to submit any factual information, documents or other material considered by the Chamber or its President to be relevant;
(b) give notice of the application or part of the application to the respondent Contracting Party and invite that Party to submit written observations thereon and, upon receipt thereof, invite the applicant to submit observations in reply;
(c) invite the parties to submit further observations in writing.

3. In the exercise of the competences under paragraph 2 (b) of this Rule, the President of the Section, acting as a single judge, may at once declare part of the application inadmissible or strike part of the application out of the Court's list of cases. The decision shall be final. It shall be summarily reasoned. It shall be communicated to the applicant as well as to the Contracting Party or Parties concerned by a letter containing that reasoning.

4. Paragraph 2 of this Rule shall also apply to Vice-Presidents of Sections appointed as duty judges in accordance with Rule 39 § 4 to decide on requests for interim measures. Any decision to declare inadmissible the application shall be summarily reasoned. It shall be communicated to the applicant by a letter containing that reasoning.

5. Before taking a decision on admissibility, the Chamber may decide, either at the request of a party or of its own motion, to hold a hearing if it considers that the discharge of its functions under the Convention so requires. In that event, unless the Chamber shall exceptionally decide otherwise, the parties shall also be invited to address the issues arising in relation to the merits of the application.

Rule 54A.[6] Joint examination of admissibility and merits

1. When giving notice of the application to the respondent Contracting Party pursuant to Rule 54 § 2 (b), the Chamber may also decide to examine the admissibility and merits at the same time in accordance with Article 29 § 1 of the Convention. The parties shall be invited to include in their observations any submissions concerning just satisfaction and any proposals for a friendly settlement. The conditions laid down in Rules 60 and 62 shall apply, mutatis mutandis. The Court may, however, decide at any stage, if necessary, to take a separate decision on admissibility.

---

5 As amended by the Court on 17 June and 8 July 2002 and 14 January 2013.
6 Inserted by the Court on 17 June and 8 July 2002 and amended on 13 December 2004 and 13 November 2006.

2. If no friendly settlement or other solution is reached and the Chamber is satisfied, in the light of the parties' arguments, that the case is admissible and ready for a determination on the merits, it shall immediately adopt a judgment including the Chamber's decision on admissibility, save in cases where it decides to take such a decision separately.

Inter-State and individual applications

Rule 55. Pleas of inadmissibility

Any plea of inadmissibility must, in so far as its character and the circumstances permit, be raised by the respondent Contracting Party in its written or oral observations on the admissibility of the application submitted as provided in Rule 51 or 54, as the case may be.

Rule 56.[7] Decision of a Chamber

1. The decision of the Chamber shall state whether it was taken unanimously or by a majority and shall be reasoned.
2. The decision of the Chamber shall be communicated by the Registrar to the applicant. It shall also be communicated to the Contracting Party or Parties concerned and to any third party, including the Council of Europe Commissioner for Human Rights, where these have previously been informed of the application in accordance with the present Rules. If a friendly settlement is effected, the decision to strike an application out of the list of cases shall be forwarded to the Committee of Ministers in accordance with Rule 43 § 3.

Rule 57.[8] Language of the decision

Unless the Court decides that a decision shall be given in both official languages, all decisions shall be given either in English or in French. Decisions of the Grand Chamber shall, however, be given in both official languages, and both language versions shall be equally authentic.

Chapter V
Proceedings after the Admission of an Application

Rule 58.[1] Inter-State applications

1. Once the Chamber has decided to admit an application made under Article 33 of the Convention, the President of the Chamber shall, after consulting the Contracting Parties

---

7 As amended by the Court on 17 June, 8 July 2002, 13 November 2006 and 4 November 2019.
8 As amended by the Court on 17 June, 8 July 2002 and 4 November 2019.
1 As amended by the Court on 17 June and 8 July 2002.

concerned, lay down the time-limits for the filing of written observations on the merits and for the production of any further evidence. The President may however, with the agreement of the Contracting Parties concerned, direct that a written procedure is to be dispensed with.

2. A hearing on the merits shall be held if one or more of the Contracting Parties concerned so requests or if the Chamber so decides of its own motion. The President of the Chamber shall fix the oral procedure.

Rule 59.[2] Individual applications

1. Once an application made under Article 34 of the Convention has been declared admissible, the Chamber or its President may invite the parties to submit further evidence and written observations.

2. Unless decided otherwise, the parties shall be allowed the same time for submission of their observations.

3. The Chamber may decide, either at the request of a party or of its own motion, to hold a hearing on the merits if it considers that the discharge of its functions under the Convention so requires.

4. The President of the Chamber shall, where appropriate, fix the written and oral procedure.

Rule 60.[3] Claims for just satisfaction

1. An applicant who wishes to obtain an award of just satisfaction under Article 41 of the Convention in the event of the Court finding a violation of his or her Convention rights must make a specific claim to that effect.

2. The applicant must submit itemised particulars of all claims, together with any relevant supporting documents, within the time-limit fixed for the submission of the applicant's observations on the merits unless the President of the Chamber directs otherwise.

3. If the applicant fails to comply with the requirements set out in the preceding paragraphs the Chamber may reject the claims in whole or in part.

4. The applicant's claims shall be transmitted to the respondent Contracting Party for comment.

Rule 61.[4] Pilot-judgment procedure

1. The Court may initiate a pilot-judgment procedure and adopt a pilot judgment where the facts of an application reveal in the Contracting Party concerned the existence of a structural or systemic problem or other similar dysfunction which has given rise or may give rise to similar applications.

2.

(a) Before initiating a pilot-judgment procedure, the Court shall first seek the views of the parties on whether the application under examination results from the existence

---

2 As amended by the Court on 17 June and 8 July 2002.
3 As amended by the Court on 13 December 2004.
4 Inserted by the Court on 21 February 2011.

of such a problem or dysfunction in the Contracting Party concerned and on the suitability of processing the application in accordance with that procedure.

(b) A pilot-judgment procedure may be initiated by the Court of its own motion or at the request of one or both parties.

(c) Any application selected for pilot-judgment treatment shall be processed as a matter of priority in accordance with Rule 41 of the Rules of Court.

3. The Court shall in its pilot judgment identify both the nature of the structural or systemic problem or other dysfunction as established as well as the type of remedial measures which the Contracting Party concerned is required to take at the domestic level by virtue of the operative provisions of the judgment.

4. The Court may direct in the operative provisions of the pilot judgment that the remedial measures referred to in paragraph 3 above be adopted within a specified time, bearing in mind the nature of the measures required and the speed with which the problem which it has identified can be remedied at the domestic level.

5. When adopting a pilot judgment, the Court may reserve the question of just satisfaction either in whole or in part pending the adoption by the respondent Contracting Party of the individual and general measures specified in the pilot judgment.

6.

(a) As appropriate, the Court may adjourn the examination of all similar applications pending the adoption of the remedial measures required by virtue of the operative provisions of the pilot judgment.

(b) The applicants concerned shall be informed in a suitable manner of the decision to adjourn. They shall be notified as appropriate of all relevant developments affecting their cases.

(c) The Court may at any time examine an adjourned application where the interests of the proper administration of justice so require.

7. Where the parties to the pilot case reach a friendly-settlement agreement, such agreement shall comprise a declaration by the respondent Contracting Party on the implementation of the general measures identified in the pilot judgment as well as the redress to be afforded to other actual or potential applicants.

8. Subject to any decision to the contrary, in the event of the failure of the Contracting Party concerned to comply with the operative provisions of a pilot judgment, the Court shall resume its examination of the applications which have been adjourned in accordance with paragraph 6 above.

9. The Committee of Ministers, the Parliamentary Assembly of the Council of Europe, the Secretary General of the Council of Europe, and the Council of Europe Commissioner for Human Rights shall be informed of the adoption of a pilot judgment as well as of any other judgment in which the Court draws attention to the existence of a structural or systemic problem in a Contracting Party.

10. Information about the initiation of pilot-judgment procedures, the adoption of pilot judgments and their execution as well as the closure of such procedures shall be published on the Court's website.

Rule 62.[5] Friendly settlement

1. Once an application has been declared admissible, the Registrar, acting on the instructions of the Chamber or its President, shall enter into contact with the parties with

---

5   As amended by the Court on 17 June and 8 July 2002 and 13 November 2006.

a view to securing a friendly settlement of the matter in accordance with Article 39 § 1 of the Convention. The Chamber shall take any steps that appear appropriate to facilitate such a settlement.

2. In accordance with Article 39 § 2 of the Convention, the friendly-settlement negotiations shall be confidential and without prejudice to the parties' arguments in the contentious proceedings. No written or oral communication and no offer or concession made in the framework of the attempt to secure a friendly settlement may be referred to or relied on in the contentious proceedings.

3. If the Chamber is informed by the Registrar that the parties have agreed to a friendly settlement, it shall, after verifying that the settlement has been reached on the basis of respect for human rights as defined in the Convention and the Protocols thereto, strike the case out of the Court's list in accordance with Rule 43 § 3.

4. Paragraphs 2 and 3 apply, mutatis mutandis, to the procedure under Rule 54A.

Rule 62A.[6] Unilateral declaration

1.

(a) Where an applicant has refused the terms of a friendly-settlement proposal made pursuant to Rule 62, the Contracting Party concerned may file with the Court a request to strike the application out of the list in accordance with Article 37 § 1 of the Convention.

(b) Such request shall be accompanied by a declaration clearly acknowledging that there has been a violation of the Convention in the applicant's case together with an undertaking to provide adequate redress and, as appropriate, to take necessary remedial measures.

(c) The filing of a declaration under paragraph 1 (b) of this Rule must be made in public and adversarial proceedings conducted separately from and with due respect for the confidentiality of any friendly-settlement proceedings referred to in Article 39 § 2 of the Convention and Rule 62 § 2.

2. Where exceptional circumstances so justify, a request and accompanying declaration may be filed with the Court even in the absence of a prior attempt to reach a friendly settlement.

3. If it is satisfied that the declaration offers a sufficient basis for finding that respect for human rights as defined in the Convention and the Protocols thereto does not require it to continue its examination of the application, the Court may strike it out of the list, either in whole or in part, even if the applicant wishes the examination of the application to be continued.

4. This Rule applies, mutatis mutandis, to the procedure under Rule 54A.

---

6 Inserted by the Court on 2 April 2012.

Chapter VI
Hearings

Rule 63.[1] Public character of hearings

1. Hearings shall be public unless, in accordance with paragraph 2 of this Rule, the Chamber in exceptional circumstances decides otherwise, either of its own motion or at the request of a party or any other person concerned.

2. The press and the public may be excluded from all or part of a hearing in the interests of morals, public order or national security in a democratic society, where the interests of juveniles or the protection of the private life of the parties so require, or to the extent strictly necessary in the opinion of the Chamber in special circumstances where publicity would prejudice the interests of justice.

3. Any request for a hearing to be held in camera made under paragraph 1 of this Rule must include reasons and specify whether it concerns all or only part of the hearing.

Rule 64.[2] Conduct of hearings

1. The President of the Chamber shall organise and direct hearings and shall prescribe the order in which those appearing before the Chamber shall be called upon to speak.

2. Any judge may put questions to any person appearing before the Chamber.

Rule 65.[3] Failure to appear

Where a party or any other person due to appear fails or declines to do so, the Chamber may, provided that it is satisfied that such a course is consistent with the proper administration of justice, nonetheless proceed with the hearing.

Rules 66 to 69. deleted

Rule 70.[4] Verbatim record of a hearing

1. If the President of the Chamber so directs, the Registrar shall be responsible for the making of a verbatim record of the hearing. Any such record shall include:
(a)   the composition of the Chamber;
(b)   a list of those appearing before the Chamber;
(c)   the text of the submissions made, questions put and replies given;
(d)   the text of any ruling delivered during the hearing.

2. If all or part of the verbatim record is in a non-official language, the Registrar shall arrange for its translation into one of the official languages.

---

1   As amended by the Court on 7 July 2003.
2   As amended by the Court on 7 July 2003.
3   As amended by the Court on 7 July 2003.
4   As amended by the Court on 17 June and 8 July 2002.

3. The representatives of the parties shall receive a copy of the verbatim record in order that they may, subject to the control of the Registrar or the President of the Chamber, make corrections, but in no case may such corrections affect the sense and bearing of what was said. The Registrar shall lay down, in accordance with the instructions of the President of the Chamber, the time-limits granted for this purpose.

4. The verbatim record, once so corrected, shall be signed by the President of the Chamber and the Registrar and shall then constitute certified matters of record.

Chapter VII
Proceedings before the Grand Chamber

Rule 71.[1] Applicability of procedural provisions

1. Any provisions governing proceedings before the Chambers shall apply, mutatis mutandis, to proceedings before the Grand Chamber.

2. The powers conferred on a Chamber by Rules 54 § 5 and 59 § 3 in relation to the holding of a hearing may, in proceedings before the Grand Chamber, also be exercised by the President of the Grand Chamber.

Rule 72.[2] Relinquishment of jurisdiction in favour of the Grand Chamber

1. Where a case pending before a Chamber raises a serious question affecting the interpretation of the Convention or the Protocols thereto, the Chamber may relinquish jurisdiction in favour of the Grand Chamber.

2. Where the resolution of a question raised in a case before the Chamber might have a result inconsistent with the Court's case-law, the Chamber shall relinquish jurisdiction in favour of the Grand Chamber.

3. The Registrar shall notify the parties of the Chamber's intention to relinquish jurisdiction and invite them to submit any comments thereon within a period of two weeks from the date of notification.

4. Reasons need not be given for the decision to relinquish jurisdiction. The Registrar shall inform the parties of the Chamber's decision.

Rule 73. Request by a party for referral of a case to the Grand Chamber

1. In accordance with Article 43 of the Convention, any party to a case may exceptionally, within a period of three months from the date of delivery of the judgment of a Chamber, file in writing at the Registry a request that the case be referred to the Grand Chamber. The party shall specify in its request the serious question affecting the interpretation or application of the Convention or the Protocols thereto, or the serious issue of general importance, which in its view warrants consideration by the Grand Chamber.

---

1 As amended by the Court on 17 June and 8 July 2002.
2 As amended by the Court on 6 February 2013 and 1 June 2015.

2. A panel of five judges of the Grand Chamber constituted in accordance with Rule 24 § 5 shall examine the request solely on the basis of the existing case file. It shall accept the request only if it considers that the case does raise such a question or issue. Reasons need not be given for a refusal of the request.

3. If the panel accepts the request, the Grand Chamber shall decide the case by means of a judgment.

Chapter VIII
Judgments

Rule 74.[1] Contents of the judgment

1. A judgment as referred to in Articles 28, 42 and 44 of the Convention shall contain
(a) the names of the President and the other judges constituting the Chamber or the Committee concerned, and the name of the Registrar or the Deputy Registrar;
(b) the dates on which it was adopted and delivered;
(c) a description of the parties;
(d) the names of the Agents, advocates or advisers of the parties;
(e) an account of the procedure followed;
(f) the facts of the case;
(g) a summary of the submissions of the parties;
(h) the reasons in point of law;
(i) the operative provisions;
(j) the decision, if any, in respect of costs;
(k) the number of judges constituting the majority;
(l) where appropriate, a statement as to which text is authentic.

2. Any judge who has taken part in the consideration of the case by a Chamber or by the Grand Chamber shall be entitled to annex to the judgment either a separate opinion, concurring with or dissenting from that judgment, or a bare statement of dissent.

Rule 75.[2] Ruling on just satisfaction

1. Where the Chamber or the Committee finds that there has been a violation of the Convention or the Protocols thereto, it shall give in the same judgment a ruling on the application of Article 41 of the Convention if a specific claim has been submitted in accordance with Rule 60 and the question is ready for decision; if the question is not ready for decision, the Chamber or the Committee shall reserve it in whole or in part and shall fix the further procedure.

2. For the purposes of ruling on the application of Article 41 of the Convention, the Chamber or the Committee shall, as far as possible, be composed of those judges who sat to consider the merits of the case. Where it is not possible to constitute the original Chamber or Committee, the President of the Section shall complete or compose the Chamber or Committee by drawing lots.

---

1 As amended by the Court on 13 November 2006.
2 As amended by the Court on 13 December 2004 and 13 November 2006.

3. The Chamber or the Committee may, when affording just satisfaction under Article 41 of the Convention, direct that if settlement is not made within a specified time, interest is to be payable on any sums awarded.

4. If the Court is informed that an agreement has been reached between the injured party and the Contracting Party liable, it shall verify the equitable nature of the agreement and, where it finds the agreement to be equitable, strike the case out of the list in accordance with Rule 43 § 3.

Rule 76.[3] Language of the judgment

Unless the Court decides that a judgment shall be given in both official languages, all judgments shall be given either in English or in French. Judgments of the Grand Chamber shall, however, be given in both official languages, and both language versions shall be equally authentic.

Rule 77.[4] Signature, delivery and notification of the judgment

1. Judgments shall be signed by the President of the Chamber or the Committee and the Registrar.

2. The judgment adopted by a Chamber may be read out at a public hearing by the President of the Chamber or by another judge delegated by him or her. The Agents and representatives of the parties shall be informed in due time of the date of the hearing. Otherwise, and in respect of judgments adopted by Committees, the notification provided for in paragraph 3 of this Rule shall constitute delivery of the judgment.

3. The judgment shall be transmitted to the Committee of Ministers. The Registrar shall send copies to the parties, to the Secretary General of the Council of Europe, to any third party, including the Council of Europe Commissioner for Human Rights, and to any other person directly concerned. The original copy, duly signed, shall be placed in the archives of the Court.

Rule 78.
deleted

Rule 79. Request for interpretation of a judgment

1. A party may request the interpretation of a judgment within a period of one year following the delivery of that judgment.

2. The request shall be filed with the Registry. It shall state precisely the point or points in the operative provisions of the judgment on which interpretation is required.

3. The original Chamber may decide of its own motion to refuse the request on the ground that there is no reason to warrant considering it. Where it is not possible to constitute the original Chamber, the President of the Court shall complete or compose the Chamber by drawing lots.

---

3 As amended by the Court on 17 June, 8 July 2002 and 4 November 2019.
4 As amended by the Court on 13 November 2006, 1 December 2008 and 1 June 2015.

4. If the Chamber does not refuse the request, the Registrar shall communicate it to the other party or parties and shall invite them to submit any written comments within a time-limit laid down by the President of the Chamber. The President of the Chamber shall also fix the date of the hearing should the Chamber decide to hold one. The Chamber shall decide by means of a judgment.

Rule 80. Request for revision of a judgment

1. A party may, in the event of the discovery of a fact which might by its nature have a decisive influence and which, when a judgment was delivered, was unknown to the Court and could not reasonably have been known to that party, request the Court, within a period of six months after that party acquired knowledge of the fact, to revise that judgment.

2. The request shall mention the judgment of which revision is requested and shall contain the information necessary to show that the conditions laid down in paragraph 1 of this Rule have been complied with. It shall be accompanied by a copy of all supporting documents. The request and supporting documents shall be filed with the Registry.

3. The original Chamber may decide of its own motion to refuse the request on the ground that there is no reason to warrant considering it. Where it is not possible to constitute the original Chamber, the President of the Court shall complete or compose the Chamber by drawing lots.

4. If the Chamber does not refuse the request, the Registrar shall communicate it to the other party or parties and shall invite them to submit any written comments within a time-limit laid down by the President of the Chamber. The President of the Chamber shall also fix the date of the hearing should the Chamber decide to hold one. The Chamber shall decide by means of a judgment.

Rule 81. Rectification of errors in decisions and judgments

Without prejudice to the provisions on revision of judgments and on restoration to the list of applications, the Court may, of its own motion or at the request of a party made within one month of the delivery of a decision or a judgment, rectify clerical errors, errors in calculation or obvious mistakes.

Chapter IX
Advisory Opinions under Articles 47, 48 and 49 of the Convention[1]

Rule 82.[2]

In proceedings relating to advisory opinions requested by the Committee of Ministers the Court shall apply, in addition to the provisions of Articles 47, 48 and 49 of the Convention, the provisions which follow. It shall also apply the other provisions of these Rules to the extent to which it considers this to be appropriate.

---

1 Inserted by the Court on 19 September 2016.
2 As amended by the Court on 19 September 2016.

Rule 83.[3]

The request for an advisory opinion shall be filed with the Registrar. It shall state fully and precisely the question on which the opinion of the Court is sought, and also
(a) the date on which the Committee of Ministers adopted the decision referred to in Article 47 § 3 of the Convention;
(b) the name and address of the person or persons appointed by the Committee of Ministers to give the Court any explanations which it may require.
The request shall be accompanied by all documents likely to elucidate the question.

Rule 84.[4]

1. On receipt of a request, the Registrar shall transmit a copy of it and of the accompanying documents to all members of the Court.
2. The Registrar shall inform the Contracting Parties that they may submit written comments on the request.

Rule 85.[5]

1. The President of the Court shall lay down the time-limits for filing written comments or other documents.
2. Written comments or other documents shall be filed with the Registrar. The Registrar shall transmit copies of them to all the members of the Court, to the Committee of Ministers and to each of the Contracting Parties.

Rule 86.

After the close of the written procedure, the President of the Court shall decide whether the Contracting Parties which have submitted written comments are to be given an opportunity to develop them at an oral hearing held for the purpose.

Rule 87.[6]

1. A Grand Chamber shall be constituted to consider the request for an advisory opinion.
2. If the Grand Chamber considers that the request is not within its competence as defined in Article 47 of the Convention, it shall so declare in a reasoned decision.

---

3 As amended by the Court on 4 July 2005.
4 As amended by the Court on 4 July 2005.
5 As amended by the Court on 4 July 2005.
6 As amended by the Court on 4 July 2005.

Esser

Rule 88.[7]

1. Reasoned decisions and advisory opinions shall be given by a majority vote of the Grand Chamber. They shall mention the number of judges constituting the majority.

1B. Reasoned decisions and advisory opinions shall be given in both official languages of the Court, and both language versions shall be equally authentic.

2. Any judge may, if he or she so desires, attach to the reasoned decision or advisory opinion of the Court either a separate opinion, concurring with or dissenting from the reasoned decision or advisory opinion, or a bare statement of dissent.

Rule 89.[8]

The reasoned decision or advisory opinion may be read out in one of the two official languages by the President of the Grand Chamber, or by another judge delegated by the President, at a public hearing, prior notice having been given to the Committee of Ministers and to each of the Contracting Parties. Otherwise the notification provided for in Rule 90 shall constitute delivery of the opinion or reasoned decision.

Rule 90.[9]

The advisory opinion or reasoned decision shall be signed by the President of the Grand Chamber and by the Registrar. The original copy, duly signed, shall be placed in the archives of the Court. The Registrar shall send certified copies to the Committee of Ministers, to the Contracting Parties and to the Secretary General of the Council of Europe.

Chapter X[1]
Advisory opinions under Protocol No. 16 to the Convention

Rule 91. General

In proceedings relating to advisory opinions requested by courts or tribunals designated by Contracting Parties pursuant to Article 10 of Protocol No. 16 to the Convention, the Court shall apply, in addition to the provisions of that Protocol, the provisions which follow. It shall also apply the other provisions of these Rules to the extent to which it considers this to be appropriate.

Rule 92. The introduction of a request for an advisory opinion

1. In accordance with Article 1 of Protocol No. 16 to the Convention, a court or tribunal of a Contracting Party to that Protocol may request the Court to give an advisory opinion

---

7 As amended by the Court on 4 July 2005 and 4 November 2019.
8 As amended by the Court on 4 July 2005.
9 As amended by the Court on 4 July 2005 and 1 June 2015.
1 Inserted by the Court on 19 September 2016.

on questions of principle relating to the interpretation or application of the rights and freedoms defined in the Convention and the Protocols thereto. Any such request shall be filed with the Registrar of the Court.

2.1. The request shall be reasoned and shall set out

(a) the subject matter of the domestic case and its relevant legal and factual background;

(b) the relevant domestic legal provisions;

(c) the relevant Convention issues, in particular the rights or freedoms at stake;

(d) if relevant, a summary of the arguments of the parties to the domestic proceedings on the question; and

(e) if possible and appropriate, a statement of the requesting court's or tribunal's own views on the question, including any analysis it may itself have made of the question.

2.2. The requesting court or tribunal shall submit any further documents of relevance to the legal and factual background of the pending case.

2.3. The requesting court or tribunal shall notify the Registrar in the event of the withdrawal of its request. On receipt of such a notification the Court shall discontinue the proceedings.

Rule 93.[2] **Examination of a request by the panel**

1.1. The request for an advisory opinion shall be examined by a panel of five judges of the Grand Chamber. The panel shall be composed of

(a) the President of the Court. If the President of the Court is prevented from sitting, he or she shall be replaced by the Vice-President of the Court taking precedence;

(b) a judge designated as Judge Rapporteur in accordance with Rule 91 and, mutatis mutandis, Rule 49;

(c) two Presidents of Sections designated by rotation. If the Presidents of the Sections so designated are prevented from sitting, they shall be replaced by the Vice-Presidents of their Sections;

(d) the judge elected in respect of the Contracting Party to which the requesting court or tribunal pertains or, where appropriate, a judge appointed pursuant to Rule 29; and

(e) at least two substitute judges designated in rotation from among the judges elected by the Sections to serve on the panel for a period of six months.

1.2. Judges serving on the panel shall continue to serve where they have participated in the examination of a request for an advisory opinion and no final decision has been taken on it at the date of expiry of their period of appointment to the panel.

2. Requests for advisory opinions shall be processed as a matter of priority in accordance with Rule 41.

3. The panel of the Grand Chamber shall accept the request if it considers that it fulfils the requirements of Article 1 of Protocol No. 16 to the Convention.

4. The panel shall give reasons for a refusal of a request.

5. The requesting court or tribunal and the Contracting Party to which it pertains shall be notified of the panel's decision to accept or refuse a request.

---

2 As amended by the Court on 11 October 2021.

Rule 94.[3] Proceedings following the panel's acceptance of a request

1. Where the panel accepts a request for an advisory opinion in accordance with Rule 93, a Grand Chamber shall be constituted pursuant to Rule 24 § 2 (g) to consider the request and to deliver an advisory opinion.

2. The President of the Grand Chamber may invite the requesting court or tribunal to submit any further information which is considered necessary for clarifying the scope of the request or its own views on the question raised by the request.

3. The President of the Grand Chamber may invite the parties to the domestic proceedings to submit written observations and, if appropriate, to take part in an oral hearing.

4. Written comments or other documents shall be filed with the Registrar in accordance with the time-limits laid down by the President of the Grand Chamber. The written procedure shall then be deemed to be closed.

5. The provisions in Rules 59 § 3 and 71 § 2 shall apply, mutatis mutandis, to proceedings before the Grand Chamber constituted to deliver advisory opinions under Article 2 of Protocol No. 16 to the Convention. At the latest after the close of the written procedure, the President of the Grand Chamber shall decide whether an oral hearing should be held.

6. Copies of any submissions filed in accordance with the provisions of Rule 44 shall be transmitted to the requesting court or tribunal, which shall have the opportunity to comment on those submissions, without this affecting the close of the written procedure.

7. Advisory opinions shall be given by a majority vote of the Grand Chamber. They shall mention the number of judges constituting the majority.

7B. Advisory opinions shall be given in both official languages of the Court, and both language versions shall be equally authentic.

8. Any judge may, if he or she so desires, attach to the advisory opinion of the Court either a separate opinion, concurring with or dissenting from the advisory opinion, or a bare statement of dissent.

9. The advisory opinion shall be signed by the President of the Grand Chamber and by the Registrar. The original copy, duly signed, shall be placed in the archives of the Court. The Registrar shall send certified copies to the requesting court or tribunal and to the Contracting Party to which that court or tribunal pertains.

10. Any third party who has intervened in the proceedings in accordance with Article 3 of Protocol No. 16 to the Convention and Rule 44 of the Rules of Court shall also receive a copy of the advisory opinion.

Rule 95. Costs of the advisory-opinion proceedings and legal aid

1. Where the President of the Grand Chamber has invited a party to the domestic proceedings to intervene in the advisory opinion proceedings pursuant to Rule 44 § 7 and Rule 94 § 3, the reimbursement of that party's costs and expenses shall not be decided by the Court but shall be determined in accordance with the law and practice of the Contracting Party to which the requesting court or tribunal pertains.

2. The provisions of Chapter XII shall apply mutatis mutandis where the President of the Grand Chamber has invited pursuant to Rules 44 § 7 and 94 § 3 a party to the domestic proceedings to intervene in the advisory opinion proceedings and that party lacks sufficient means to meet all or part of the costs entailed.

---

3 As amended by the Court on 4 November 2019 and 11 October 2021.

Chapter XI[1]
Proceedings under Article 46 §§ 3, 4 and 5 of the Convention

Proceedings under Article 46 § 3 of the Convention

Rule 96. (former Rule 91)

Any request for interpretation under Article 46 § 3 of the Convention shall be filed with the Registrar. The request shall state fully and precisely the nature and source of the question of interpretation that has hindered execution of the judgment mentioned in the request and shall be accompanied by
(a) information about the execution proceedings, if any, before the Committee of Ministers in respect of the judgment;
(b) a copy of the decision referred to in Article 46 § 3 of the Convention;
(c) the name and address of the person or persons appointed by the Committee of Ministers to give the Court any explanations which it may require.

Rule 97. (former Rule 92)

1. The request shall be examined by the Grand Chamber, Chamber or Committee which rendered the judgment in question.
2. Where it is not possible to constitute the original Grand Chamber, Chamber or Committee, the President of the Court shall complete or compose it by drawing lots.

Rule 98. (former Rule 93)

The decision of the Court on the question of interpretation referred to it by the Committee of Ministers is final. No separate opinion of the judges may be delivered thereto. Copies of the ruling shall be transmitted to the Committee of Ministers and to the parties concerned as well as to any third party, including the Council of Europe Commissioner for Human Rights.

Proceedings under Article 46 §§ 4 and 5 of the Convention

Rule 99. (former Rule 94)

In proceedings relating to a referral to the Court of a question whether a Contracting Party has failed to fulfil its obligation under Article 46 § 1 of the Convention the Court shall apply, in addition to the provisions of Article 31 (b) and Article 46 §§ 4 and 5 of the Convention, the provisions which follow.
It shall also apply the other provisions of these Rules to the extent to which it considers this to be appropriate.

---

1 Inserted by the Court on 13 November 2006 and 14 May 2007.

Rule 100. (former Rule 95)

Any request made pursuant to Article 46 § 4 of the Convention shall be reasoned and shall be filed with the Registrar. It shall be accompanied by

(a) the judgment concerned;
(b) information about the execution proceedings before the Committee of Ministers in respect of the judgment concerned, including, if any, the views expressed in writing by the parties concerned and communications submitted in those proceedings;
(c) copies of the formal notice served on the respondent Contracting Party or Parties and the decision referred to in Article 46 § 4 of the Convention;
(d) the name and address of the person or persons appointed by the Committee of Ministers to give the Court any explanations which it may require;
(e) copies of all other documents likely to elucidate the question.

Rule 101.[2] (former Rule 96)

A Grand Chamber shall be constituted, in accordance with Rule 24 § 2 (e), to consider the question referred to the Court.

Rule 102. (former Rule 97)

The President of the Grand Chamber shall inform the Committee of Ministers and the parties concerned that they may submit written comments on the question referred.

Rule 103. (former Rule 98)

1. The President of the Grand Chamber shall lay down the time-limits for filing written comments or other documents.
2. The Grand Chamber may decide to hold a hearing.

Rule 104. (former Rule 99)

The Grand Chamber shall decide by means of a judgment. Copies of the judgment shall be transmitted to the Committee of Ministers and to the parties concerned as well as to any third party, including the Council of Europe Commissioner for Human Rights.

---

2 As amended by the Court on 11 October 2021.

Chapter XIA[1]
Publication of judgments, decisions and advisory opinions

Rule 104A. Publication on the Court's case-law database

All judgments, all decisions and all advisory opinions shall be published, under the responsibility of the Registrar, on the Court's case-law database, HUDOC. However, this rule shall not apply to single judge decisions as provided by Rule 52A § 1, to decisions taken by a Section President or a Section Vice-President acting as a single judge, as provided by Rule 54 §§ 3 and 4, and to committee decisions summarily reasoned, pursuant to Rule 52A § 2; the Court shall periodically make accessible to the public general information about these decisions.

Rule 104B. Key cases

In addition, attention shall be drawn by the Registrar, in an appropriate way, to those judgments, decisions and advisory opinions that have been selected by the Bureau as key cases.

Chapter XII
Legal Aid

Rule 105. (former Rule 100)

1. The President of the Chamber may, either at the request of an applicant having lodged an application under Article 34 of the Convention or of his or her own motion, grant free legal aid to the applicant in connection with the presentation of the case from the moment when observations in writing on the admissibility of that application are received from the respondent Contracting Party in accordance with Rule 54 § 2 b, or where the time-limit for their submission has expired.

2. Subject to Rule 110, where the applicant has been granted legal aid in connection with the presentation of his or her case before the Chamber, that grant shall continue in force for the purposes of his or her representation before the Grand Chamber.

Rule 106. (former Rule 101)

Legal aid shall be granted only where the President of the Chamber is satisfied
(a) that it is necessary for the proper conduct of the case before the Chamber;
(b) that the applicant has insufficient means to meet all or part of the costs entailed.

---

1 Inserted by the Court on 4 November 2019.

Rule 107. (former Rule 102)

1. In order to determine whether or not applicants have sufficient means to meet all or part of the costs entailed, they shall be required to complete a form of declaration stating their income, capital assets and any financial commitments in respect of dependants, or any other financial obligations. The declaration shall be certified by the appropriate domestic authority or authorities.

2. The President of the Chamber may invite the Contracting Party concerned to submit its comments in writing.

3. After receiving the information mentioned in paragraph 1 of this Rule, the President of the Chamber shall decide whether or not to grant legal aid. The Registrar shall inform the parties accordingly.

Rule 108. (former Rule 103)

1. Fees shall be payable to the advocates or other persons appointed in accordance with Rule 36 § 4. Fees may, where appropriate, be paid to more than one such representative.

2. Legal aid may be granted to cover not only representatives' fees but also travelling and subsistence expenses and other necessary expenses incurred by the applicant or appointed representative.

Rule 109. (former Rule 104)

On a decision to grant legal aid, the Registrar shall fix
(a) the rate of fees to be paid in accordance with the legal-aid scales in force;
(b) the level of expenses to be paid.

Rule 110. (former Rule 105)

The President of the Chamber may, if satisfied that the conditions stated in Rule 106 are no longer fulfilled, revoke or vary a grant of legal aid at any time.

Title III
Transitional Rules

Rule 111. Relations between the Court and the Commission (former Rule 106)

1. In cases brought before the Court under Article 5 §§ 4 and 5 of Protocol No. 11 to the Convention, the Court may invite the Commission to delegate one or more of its members to take part in the consideration of the case before the Court.

2. In cases referred to in paragraph 1 of this Rule, the Court shall take into consideration the report of the Commission adopted pursuant to former Article 31 of the Convention.

3. Unless the President of the Chamber decides otherwise, the said report shall be made available to the public through the Registrar as soon as possible after the case has been brought before the Court.

4. The remainder of the case file of the Commission, including all pleadings, in cases brought before the Court under Article 5 §§ 2 to 5 of Protocol No. 11 shall remain confidential unless the President of the Chamber decides otherwise.

5. In cases where the Commission has taken evidence but has been unable to adopt a report in accordance with former Article 31 of the Convention, the Court shall take into consideration the verbatim records, documentation and opinion of the Commission's delegations arising from such investigations.

Rule 112. Chamber and Grand Chamber proceedings (former Rule 107)

1. In cases referred to the Court under Article 5 § 4 of Protocol No. 11 to the Convention, a panel of the Grand Chamber constituted in accordance with Rule 24 § 5 shall determine, solely on the basis of the existing case file, whether a Chamber or the Grand Chamber is to decide the case.

2. If the case is decided by a Chamber, the judgment of the Chamber shall, in accordance with Article 5 § 4 of Protocol No. 11, be final and Rule 73 shall be inapplicable.

3. Cases transmitted to the Court under Article 5 § 5 of Protocol No. 11 shall be forwarded by the President of the Court to the Grand Chamber.

4. For each case transmitted to the Grand Chamber under Article 5 § 5 of Protocol No. 11, the Grand Chamber shall be completed by judges designated by rotation within one of the groups mentioned in Rule 24 § 3[1], the cases being allocated to the groups on an alternate basis.

Rule 113. Grant of legal aid (former Rule 108)

Subject to Rule 101, in cases brought before the Court under Article 5 §§ 2 to 5 of Protocol No. 11 to the Convention, a grant of legal aid made to an applicant in the proceedings before the Commission or the former Court shall continue in force for the purposes of his or her representation before the Court.

Rule 114. Request for revision of a judgment (former Rule 109)

1. Where a party requests revision of a judgment delivered by the former Court, the President of the Court shall assign the request to one of the Sections in accordance with the conditions laid down in Rule 51 or 52, as the case may be.

2. The President of the relevant Section shall, notwithstanding Rule 80 § 3, constitute a new Chamber to consider the request.

3. The Chamber to be constituted shall include as *ex officio* members
(a) the President of the Section;
and, whether or not they are members of the relevant Section,
(b) the judge elected in respect of any Contracting Party concerned or, if he or she is unable to sit, any judge appointed under Rule 29;

---

1 As amended by the Court on 13 December 2004.

(c) any judge of the Court who was a member of the original Chamber that delivered the judgment in the former Court.
4.
(a) The other members of the Chamber shall be designated by the President of the Section by means of a drawing of lots from among the members of the relevant Section.
(b) The members of the Section who are not so designated shall sit in the case as substitute judges.

Title IV
Final Clauses

Rule 115. Suspension of a Rule (former Rule 110)

A Rule relating to the internal working of the Court may be suspended upon a motion made without notice, provided that this decision is taken unanimously by the Chamber concerned. The suspension of a Rule shall in this case be limited in its operation to the particular purpose for which it was sought.

Rule 116. Amendment of a Rule (former Rule 111)

1. Any Rule may be amended upon a motion made after notice where such a motion is carried at the next session of the plenary Court by a majority of all the members of the Court. Notice of such a motion shall be delivered in writing to the Registrar at least one month before the session at which it is to be discussed. On receipt of such a notice of motion, the Registrar shall inform all members of the Court at the earliest possible moment.

2. The Registrar shall inform the Contracting Parties of any proposals by the Court to amend the Rules which directly concern the conduct of proceedings before it and invite them to submit written comments on such proposals. The Registrar shall also invite written comments from organisations with experience in representing applicants before the Court as well as from relevant Bar associations.

Rule 117. Entry into force of the Rules (former Rule 112[1])

The present Rules shall enter into force on 1 November 1998.

---

1 The amendments adopted on 8 December 2000 entered into force immediately. The amendments adopted on 17 June 2002 and 8 July 2002 entered into force on 1 October 2002. The amendments adopted on 7 July 2003 entered into force on 1 November 2003. The amendments adopted on 13 December 2004 entered into force on 1 March 2005. The amendments adopted on 4 July 2005 entered into force on 3 October 2005. The amendments adopted on 7 November 2005 entered into force on 1 December 2005. The amendments adopted on 29 May 2006 entered into force on 1 July 2006. The amendments adopted on 14 May 2007 entered into force on 1 July 2007. The amendments adopted on 11 December 2007, 22 September and 1 December 2008 entered into force on 1 January 2009. The amendments adopted on 29 June 2009 entered into force on 1 July 2009. The amendments relating to Protocol No. 14 to the Convention, adopted on 13 November 2006 and 14 May 2007, entered into force on 1 June 2010. The amendments adopted on 21 February 2011 entered into

Annex to the Rules[1] (concerning investigations)

Rule A1. Investigative measures

1. The Chamber may, at the request of a party or of its own motion, adopt any investigative measure which it considers capable of clarifying the facts of the case. The Chamber may, inter alia, invite the parties to produce documentary evidence and decide to hear as a witness or expert or in any other capacity any person whose evidence or statements seem likely to assist it in carrying out its tasks.

2. The Chamber may also ask any person or institution of its choice to express an opinion or make a written report on any matter considered by it to be relevant to the case.

3. After a case has been declared admissible or, exceptionally, before the decision on admissibility, the Chamber may appoint one or more of its members or of the other judges of the Court, as its delegate or delegates, to conduct an inquiry, carry out an on-site investigation or take evidence in some other manner. The Chamber may also appoint any person or institution of its choice to assist the delegation in such manner as it sees fit.

4. The provisions of this Chapter concerning investigative measures by a delegation shall apply, mutatis mutandis, to any such proceedings conducted by the Chamber itself.

5. Proceedings forming part of any investigation by a Chamber or its delegation shall be held in camera, save in so far as the President of the Chamber or the head of the delegation decides otherwise.

6. The President of the Chamber may, as he or she considers appropriate, invite, or grant leave to, any third party to participate in an investigative measure. The President shall lay down the conditions of any such participation and may limit that participation if those conditions are not complied with.

---

force on 1 April 2011. The amendments adopted on 16 January 2012 entered into force on 1 February 2012. The amendments adopted on 20 February 2012 entered into force on 1 May 2012. The amendments adopted on 2 April 2012 entered into force on 1 September 2012. The amendments adopted on 14 January and 6 February 2013 entered into force on 1 May 2013. The amendments adopted on 6 May 2013 entered into force on 1 July 2013 and 1 January 2014. The amendments adopted on 14 April and 23 June 2014 entered into force on 1 July 2014. Certain amendments adopted on 1 June 2015 entered immediately into force and others adopted on that date and related to Protocol No. 15 entered into force on 1 August 2021 and 1 February 2022 respectively. The amendments to Rule 47 which were adopted on 1 June and 5 October 2015 entered into force on 1 January 2016. The amendments to Rule 8 which were adopted on 19 September 2016 entered into force on the same date. The amendments adopted on 14 November 2016 entered into force on the same date. The amendments to Rule 29 which were adopted on 16 April 2018 entered into force on the same date. The amendments which were adopted on 19 September 2016 entered into force on 1 August 2018. The amendment to Rule 29 § 1 which was adopted on 3 June 2019 entered into force on the same date. The amendments to Rules 27A and 52A which were adopted on 9 September 2019 entered into force on the same date. The amendments adopted on 4 November 2019 entered into force on 1 January 2020. The amendments to Rule 8 which were adopted on 2 June 2021 entered into force on the same date. The amendments to Rules 24, 93, 94 and 101 which were adopted on 11 October 2021 entered into force on 18 October 2021. The amendments to Rules 36 and 44D which were adopted on 7 February 2022 entered into force on the same date. The amendment to Rule 8 § 5 was adopted on 30 May 2022 and entered into force on the same date. The amendments to Rule 44 § 4 were adopted on 3 June 2022 and entered into force on the same date. The amendments to Rule 44 §§ 2 and 3 (b) were adopted on 3 March 2023 and entered into force on the same date.

1 Inserted by the Court on 7 July 2003.

Rule A2. Obligations of the parties as regards investigative measures

1. The applicant and any Contracting Party concerned shall assist the Court as necessary in implementing any investigative measures.

2. The Contracting Party on whose territory on-site proceedings before a delegation take place shall extend to the delegation the facilities and cooperation necessary for the proper conduct of the proceedings. These shall include, to the full extent necessary, freedom of movement within the territory and all adequate security arrangements for the delegation, for the applicant and for all witnesses, experts and others who may be heard by the delegation. It shall be the responsibility of the Contracting Party concerned to take steps to ensure that no adverse consequences are suffered by any person or organisation on account of any evidence given, or of any assistance provided, to the delegation.

Rule A3. Failure to appear before a delegation

Where a party or any other person due to appear fails or declines to do so, the delegation may, provided that it is satisfied that such a course is consistent with the proper administration of justice, nonetheless continue with the proceedings.

Rule A4. Conduct of proceedings before a delegation

1. The delegates shall exercise any relevant power conferred on the Chamber by the Convention or these Rules and shall have control of the proceedings before them.

2. The head of the delegation may decide to hold a preparatory meeting with the parties or their representatives prior to any proceedings taking place before the delegation.

Rule A5. Convocation of witnesses, experts and of other persons to proceedings before a delegation

1. Witnesses, experts and other persons to be heard by the delegation shall be summoned by the Registrar.

2. The summons shall indicate
(a) the case in connection with which it has been issued;
(b) the object of the inquiry, expert opinion or other investigative measure ordered by the Chamber or the President of the Chamber;
(c) any provisions for the payment of sums due to the person summoned.

3. The parties shall provide, in so far as possible, sufficient information to establish the identity and addresses of witnesses, experts or other persons to be summoned.

4. In accordance with Rule 37 § 2, the Contracting Party in whose territory the witness resides shall be responsible for servicing any summons sent to it by the Chamber for service. In the event of such service not being possible, the Contracting Party shall give reasons in writing. The Contracting Party shall further take all reasonable steps to ensure the attendance of persons summoned who are under its authority or control.

5. The head of the delegation may request the attendance of witnesses, experts and other persons during on-site proceedings before a delegation. The Contracting Party on

whose territory such proceedings are held shall, if so requested, take all reasonable steps to facilitate that attendance.

6. Where a witness, expert or other person is summoned at the request or on behalf of a Contracting Party, the costs of their appearance shall be borne by that Party unless the Chamber decides otherwise. The costs of the appearance of any such person who is in detention in the Contracting Party on whose territory on-site proceedings before a delegation take place shall be borne by that Party unless the Chamber decides otherwise. In all other cases, the Chamber shall decide whether such costs are to be borne by the Council of Europe or awarded against the applicant or third party at whose request or on whose behalf the person appears. In all cases, such costs shall be taxed by the President of the Chamber.

Rule A6. Oath or solemn declaration by witnesses and experts heard by a delegation

1. After the establishment of the identity of a witness and before testifying, each witness shall take the oath or make the following solemn declaration:

„I swear" – or „I solemnly declare" – „that I will discharge my duty as an expert honourably and conscientiously."

This act shall be recorded in minutes.

2. After the establishment of the identity of the expert and before carrying out his or her task for the delegation, every expert shall take the oath or make the following solemn declaration:

„I swear" – or „I solemnly declare upon my honour and conscience" – „that I shall speak the truth, the whole truth and nothing but the truth."

This act shall be recorded in minutes.

Rule A7. Hearing of witnesses, experts and other persons by a delegation

1. Any delegate may put questions to the Agents, advocates or advisers of the parties, to the applicant, witnesses and experts, and to any other persons appearing before the delegation.

2. Witnesses, experts and other persons appearing before the delegation may, subject to the control of the head of the delegation, be examined by the Agents and advocates or advisers of the parties. In the event of an objection to a question put, the head of the delegation shall decide.

3. Save in exceptional circumstances and with the consent of the head of the delegation, witnesses, experts and other persons to be heard by a delegation will not be admitted to the hearing room before they give evidence.

4. The head of the delegation may make special arrangements for witnesses, experts or other persons to be heard in the absence of the parties where that is required for the proper administration of justice.

5. The head of the delegation shall decide in the event of any dispute arising from an objection to a witness or expert. The delegation may hear for information purposes a person who is not qualified to be heard as a witness or expert.

Rule A8. Verbatim record of proceedings before a delegation

1. A verbatim record shall be prepared by the Registrar of any proceedings concerning an investigative measure by a delegation. The verbatim record shall include:
(a) the composition of the delegation;
(b) a list of those appearing before the delegation, that is to say Agents, advocates and advisers of the parties taking part;
(c) the surname, forenames, description and address of each witness, expert or other person heard;
(d) the text of statements made, questions put and replies given;
(e) the text of any ruling delivered during the proceedings before the delegation or by the head of the delegation.

2. If all or part of the verbatim record is in a non-official language, the Registrar shall arrange for its translation into one of the official languages.

3. The representatives of the parties shall receive a copy of the verbatim record in order that they may, subject to the control of the Registrar or the head of the delegation, make corrections, but in no case may such corrections affect the sense and bearing of what was said. The Registrar shall lay down, in accordance with the instructions of the head of the delegation, the time-limits granted for this purpose.

4. The verbatim record, once so corrected, shall be signed by the head of the delegation and the Registrar and shall then constitute certified matters of record.

Practice Directions

Requests for interim measures[1]
(Rule 39 of the Rules of Court)

Under Rule 39 of the Rules of Court, the Court may indicate interim measures, which will be binding on the State concerned.

Interim measures are only indicated in exceptional cases. The Court will direct a member State to apply such a measure only where, having reviewed all the relevant information, it considers that the applicant would otherwise face an imminent risk of irreparable damage.

Applicants or their representatives[2] who make a request for an interim measure pursuant to Rule 39 of the Rules of Court should comply with the requirements set out below.

---

[1] Practice direction issued by the President of the Court in accordance with Rule 32 of the Rules of Court on 5 March 2003 and amended on 16 October 2009, 7 July 2011 and 3 May 2022.
[2] It is essential that full contact details be provided.

I. Accompanying information

Any request lodged with the Court must state <u>reasons</u>. The applicant must in particular specify in detail the grounds on which his or her particular fears are based, the nature of the alleged risks and the Convention provisions alleged to have been violated.

A mere reference to submissions in other documents or domestic proceedings is not sufficient. It is essential that requests be accompanied by all necessary supporting documents, <u>in particular</u> <u>relevant domestic court, tribunal or other decisions</u>, together with any other material which is considered to substantiate the applicant's allegations.

Requests which do not include the information necessary to make a decision will not normally be submitted to a judge for a decision. The Court will not necessarily contact applicants whose request for interim measures is incomplete.

Where the case is already pending before the Court, reference should be made to the application number allocated to it.

In cases concerning expulsion or extradition, details should be provided of the expected <u>date and</u> <u>time</u> of the removal, the applicant's address or place of detention and the official case-reference number. The Court must be notified of any change to those details (date and time of removal, address etc.) as soon as possible.

The request should, where possible, be in one of the official languages of the Contracting Parties.

The Court may decide to take a decision on the admissibility of the case at the same time as considering the request for interim measures.

II. Requests to be made via the „ECHR Rule 39 Site", by fax, or by post

Requests for interim measures under Rule 39 should be sent via the <u>ECHR Rule 39 Site</u>, or by <u>fax</u>, or by <u>post</u>.[3] <u>The Court will not deal with requests sent by e-mail</u>. All requests by fax or by post should be marked as follows in bold on the face of the request:
  „Rule 39 – Urgent
  Person to contact (name and contact details): ...

  [In deportation or extradition cases]
  Scheduled date and time of removal and destination: ..."

III. Timely submission of requests

Requests for interim measures should normally be sent <u>as soon as possible</u> after the final domestic decision has been taken, in order to enable the Court and its Registry to have sufficient time to examine the matter. The Court may not be able to deal with requests in expulsion or extradition cases received less than a working day before the scheduled time of removal.[4]

Where the final domestic decision is imminent and there is a risk of immediate enforcement, especially in expulsion or extradition cases, applicants and their representatives should submit the request for interim measures without waiting for that decision, indica-

---

[3] It must be born in mind that requests made by post must not be sent by ordinary mail.

[4] The list of public and other holidays when the Court's Registry is closed can be consulted on the Court's internet site: www.echr.coe.int/contact.

ting clearly the date on which it will be taken and that the request is subject to the final domestic decision being negative.

IV. Domestic measures with suspensive effect

The Court does not hear appeals against decisions of domestic courts, and applicants in expulsion or extradition cases should pursue domestic remedies which are capable of suspending removal, before applying to the Court for interim measures. Where it remains open to an applicant to pursue domestic remedies which have suspensive effect, the Court will not apply Rule 39 to prevent removal.

V. Follow-up

Applicants who apply for an interim measure under Rule 39 should ensure that they reply to correspondence from the Court's Registry. In particular, where a measure has been refused, they should inform the Court whether they wish to pursue the application. Where a measure has been applied, they must keep the Court regularly and promptly informed about the state of any pending domestic proceedings. Failure to do so may lead to the case being struck out of the Court's list of cases.

Institution of proceedings[1]
(Individual applications under Article 34 of the Convention)

Übersicht

I.	General	IV.	Failure to comply with requests for information or directions
II.	Form and contents		
III.	Grouped applications and multiple applicants		

I. General

1. An application under Article 34 of the Convention must be submitted in writing. No application may be made by telephone. Except as provided otherwise by Rule 47 of the Rules of Court, only a completed application form will interrupt the running of the four-month time-limit set out in Article 35 § 1 of the Convention. An application form is available online from the Court's website.[2] Applicants are strongly encouraged to download and print the application form instead of contacting the Court for a paper copy to be sent by post. By doing this, applicants will save time and will be in a better position to ensure that their completed application form is submitted within the four-month time-limit. Help with the completion of the various fields is available online.

---

1 Practice direction issued by the President of the Court in accordance with Rule 32 of the Rules of Court on 1 November 2003 and amended on 22 September 2008, 24 June 2009, 6 November 2013, 5 October 2015, 27 November 2019, 25 January 2021 and 1 February 2022. This practice direction supplements Rules 45 and 47.
2 www.echr.coe.int.

2. An application must be sent to the following address:
The Registrar
European Court of Human Rights
Council of Europe
67075 Strasbourg Cedex
FRANCE

3. Applications sent by fax will not interrupt the running of the four-month time-limit set out in Article 35 § 1 of the Convention. Applicants must also dispatch the signed original by post within the same four-month time-limit.

4. An applicant should be diligent in corresponding with the Court's Registry. A delay in replying or failure to reply may be regarded as a sign that the applicant is no longer interested in pursuing his or her application.

II. Form and contents

5. The submissions in the application form concerning the facts, complaints and compliance with the requirements of exhaustion of domestic remedies and the time-limit set out in Article 35 § 1 of the Convention must respect the conditions set out in Rule 47 of the Rules of Court. Any additional submissions, presented as a separate document, must not exceed 20 pages (see Rule 47 § 2 (b)) and should:
a)   be in an A4 page format with a margin of not less than 3.5 cm wide;
b)   be wholly legible and, if typed, the text should be at least 12 pt in the body of the document and 10 pt in the footnotes, with one and a half line spacing;
c)   have all numbers expressed as figures;
d)   have pages numbered consecutively;
e)   be divided into numbered paragraphs;
f)   be divided into headings corresponding to „Facts", „Complaints or statements of violations" and „Information about the exhaustion of domestic remedies and compliance with the time-limit set out in Article 35 § 1".

6. All applicable fields in the application form must be filled in by use of words. Avoid using symbols, signs or abbreviations. Explain in words, even if the answer is negative or the question does not appear relevant.

7. The applicant must set out the facts of the case, his or her complaints and the explanations as to compliance with the admissibility criteria in the space provided in the application form. The information should be enough to enable the Court to determine the nature and scope of the application and, as such, the completed application form alone should suffice. It is not acceptable merely to annex a statement of facts, complaints and compliance to the application form, with or without the mention „see attached". Filling in this information on the application form is to assist the Court in speedily assessing and allocating incoming cases. Additional explanations may be appended, if necessary, in a separate document up to a maximum of 20 pages: these only develop and cannot replace the statement of facts, complaints and compliance with the admissibility criteria that must be on the application form itself. An application form will not be regarded as compliant with Rule 47 if this information is not found on the form itself.

8. A legal person (which includes a company, non-governmental organisation or association) that applies to the Court must do so through a representative of that legal person who is identified in the relevant section of the application form and who provides contact details and explains his or her capacity or relationship with the legal person. Proof must be supplied with the application form that the representative has authority to act on

behalf of the legal person, for example an extract from the Chamber of Commerce register or minutes of the governing body. The representative of the legal person is distinct from the lawyer authorised to act before the Court as legal representative. It may be that a legal person's representative is also a lawyer or legal officer and has the capacity to act additionally as legal representative. Both parts of the application form concerning representation must still be filled in, and requisite documentary proof provided of authority to represent the legal person must be attached.

9. An applicant does not have to have legal representation at the introductory stage of proceedings. If he or she does instruct a lawyer, the authority section on the application form must be filled in. Both the applicant and the representative must sign the authority section. A separate power of attorney is not acceptable at this stage as the Court requires all essential information to be contained in its application form. If it is claimed that it is not possible to obtain the applicant's signature on the authority section in the application form due to insurmountable practical difficulties, this should be explained to the Court with any substantiating elements. The requirement of completing the application form speedily within the four-month time-limit will not be accepted as an adequate explanation.

10. An application form must be accompanied by the relevant documents
(a) relating to the decisions or measures complained of;
(b) showing that the applicant has complied with the exhaustion of available domestic remedies and the time-limit contained in Article 35 § 1 of the Convention;
(c) showing, where applicable, information regarding other international proceedings.

If the applicant is unable to provide a copy of any of these documents, he or she must provide an adequate explanation: merely stating that he or she encountered difficulties (in obtaining the documents) will not suffice if it can be reasonably expected for the explanation to be supported by documentary evidence, such as proof of indigence, a refusal of an authority to furnish a decision or otherwise demonstrating the applicant's inability to access the document. If the explanation is not forthcoming or adequate, the application will not be allocated to a judicial formation.

Where documents are provided by electronic means, they must be in the format required by this practice direction; they must also be arranged and numbered in accordance with the list of documents on the application form.

11. An applicant who has already had a previous application or applications decided by the Court or who has an application or applications pending before the Court must inform the Registry accordingly, stating the application number or numbers.
(a) 12. Where an applicant does not wish to have his or her identity disclosed, he or she should state the reasons for his or her request in writing, pursuant to Rule 47 § 4.
(b) The applicant should also state whether, in the event of anonymity being authorised by the President of the Chamber, he or she wishes to be designated by his or her initials or by a single letter (e.g. „X", „Y" or „Z").

13. The applicant or the designated representative must sign the application form. If represented, both the applicant and the representative must sign the authority section of the application form. Neither the application form nor the authority section can be signed *per procurationem* (p.p.).

III. Grouped applications and multiple applicants

14. Where an applicant or representative lodges complaints on behalf of two or more applicants whose applications are based on different facts, a separate application form

should be filled in for each individual giving all the information required. The documents relevant to each applicant should also be annexed to that individual's application form.

15. Where there are more than ten applicants, the representative should provide – in addition to the application forms and documents – a table setting out for each applicant the required personal information; this table may be downloaded from the Court's website.[3] Where the representative is a lawyer, the table should also be provided in electronic form.

16. In cases of large groups of applicants or applications, applicants or their representatives may be directed by the Court to provide the text of their submissions or documents by electronic or other means. Other directions may be given by the Court as to steps required to facilitate the effective and speedy processing of applications.

IV. Failure to comply with requests for information or directions

17. Failure, within the specified time-limit, to provide further information or documents at the Court's request or to comply with the Court's directions as to the form or manner of the lodging of an application – including grouped applications or applications by multiple applicants – may result, depending on the stage reached in the proceedings, in the complaint(s) not being examined by the Court or the application(s) being declared inadmissible or struck out of the Court's list of cases.

Written pleadings[1]

Übersicht

I.   Filing of pleadings
        General
        Filing by fax
        Electronic filing
II. Form and contents
        Form

            Contents
III. Time-limits
        General
        Extension of time-limits
IV. Failure to comply with requirements for pleadings

I. Filing of pleadings

General

1. A pleading must be filed with the Registry within the time-limit fixed in accordance with Rule 38 of the Rules of Court and in the manner described in paragraph 2 of that Rule.

2. The date on which a pleading or other document is received at the Court's Registry will be recorded on that document by a receipt stamp.

3. With the exception of pleadings and documents for which a system of electronic filing has been set up (see the relevant practice directions), all other pleadings, as well as all documents annexed thereto, should be submitted to the Court's Registry in three copies sent by post or in one copy by fax,[2] followed by three copies sent by post.

---

3 www.echr.coe.int.

1 Practice direction issued by the President of the Court in accordance with Rule 32 of the Rules of Court on 1 November 2003 and amended on 22 September 2008 and 29 September 2014.

2 Fax no. +33 (0)3 88 41 27 30; other fax numbers can be found on the Court's website (www.echr.coe.int).

4. Pleadings or other documents submitted by electronic mail shall not be accepted.

5. Secret documents should be filed by registered post.

6. Unsolicited pleadings shall not be admitted to the case file unless the President of the Chamber decides otherwise (see Rule 38 § 1).

Filing by fax

7. A party may file pleadings or other documents with the Court by sending them by fax.

8. The name of the person signing a pleading must also be printed on it so that he or she can be identified.

Electronic filing

9. The Court may authorise the Government of a Contracting Party or, after the communication of an application, an applicant to file pleadings and other documents electronically. In such cases, the practice direction on written pleadings shall apply in conjunction with the practice directions on electronic filing.

II. Form and contents

Form

10. A pleading should include:

(a) the application number and the name of the case;

(b) a title indicating the nature of the content (e.g., observations on admissibility [and the merits]; reply to the Government's/the applicant's observations on admissibility [and the merits]; observations on the merits; additional observations on admissibility [and the merits]; memorial etc.).

11. In addition, a pleading should normally:

(a) be in an A4 page format having a margin of not less than 3.5 cm wide;

(b) be typed and wholly legible, the text appearing in at least 12 pt in the body and 10 pt in the footnotes, with one-and-a-half line spacing;

(c) have all numbers expressed as figures;

(d) have pages numbered consecutively;

(e) be divided into numbered paragraphs;

(f) be divided into chapters and/or headings corresponding to the form and style of the Court's decisions and judgments („Facts"/„Domestic law [and practice]"/„Complaints"/ „Law"; the latter chapter should be followed by headings entitled „Preliminary objection on ...", „Alleged violation of Article ...", as the case may be);

(g) place any answer to a question by the Court or to the other party's arguments under a separate heading;

(h) give a reference to every document or piece of evidence mentioned in the pleading and annexed thereto;

(i) if sent by post, have its text printed on one side of the page only and pages and attachments placed together in such a way as to enable them to be easily separated (they must not be glued or stapled).

12. If a pleading exceptionally exceeds thirty pages, a short summary should also be filed with it.

13. Where a party produces documents and/or other exhibits together with a pleading, every piece of evidence should be listed in a separate annex.

Contents

14. The parties' pleadings following communication of the application should include:

(a) any comments they wish to make on the facts of the case; however,

   (i) if a party does not contest the facts as set out in the statement of facts prepared by the Registry, it should limit its observations to a brief statement to that effect;

   (ii) if a party contests only part of the facts as set out by the Registry, or wishes to supplement them, it should limit its observations to those specific points;

   (iii) if a party objects to the facts or part of the facts as presented by the other party, it should state clearly which facts are uncontested and limit its observations to the points in dispute;

(b) legal arguments relating firstly to admissibility and, secondly, to the merits of the case; however,

   (i) if specific questions on a factual or legal point were put to a party, it should, without prejudice to Rule 55, limit its arguments to such questions;

   (ii) if a pleading replies to arguments of the other party, submissions should refer to the specific arguments in the order prescribed above.

(a) 15. The parties' pleadings following the admission of the application should include:

   (i) a short statement confirming a party's position on the facts of the case as established in the decision on admissibility;

   (ii) legal arguments relating to the merits of the case;

   (iii) a reply to any specific questions on a factual or legal point put by the Court.

(b) An applicant party submitting claims for just satisfaction at the same time should do so in the manner described in the practice direction on filing just satisfaction claims.

16. In view of the confidentiality of friendly-settlement proceedings (see Article 39 § 2 of the Convention and Rule 62 § 2), all submissions and documents filed as part of the attempt to secure a friendly settlement should be submitted separately from the written pleadings.

17. No reference to offers, concessions or other statements submitted in connection with the friendly settlement may be made in the pleadings filed in the contentious proceedings.

III. Time-limits

General

18. It is the responsibility of each party to ensure that pleadings and any accompanying documents or evidence are delivered to the Court's Registry in time.

Extension of time-limits

19. A time-limit set under Rule 38 may be extended on request from a party.

A party seeking an extension of the time allowed for submission of a pleading must make a request as soon as it has become aware of the circumstances justifying such an extension and, in any event, before the expiry of the time-limit. It should state the reason for the delay.

20. If an extension is granted, it shall apply to all parties for which the relevant time-limit is running, including those which have not asked for it.

IV. Failure to comply with requirements for pleadings

21. Where a pleading has not been filed in accordance with the requirements set out in paragraphs 8 to 15 of this practice direction, the President of the Chamber may request the party concerned to resubmit the pleading in compliance with those requirements.

22. A failure to satisfy the conditions listed above may result in the pleading being considered not to have been properly lodged (see Rule 38 § 1).

Just satisfaction claims[1]

Übersicht

I.   Introduction
II. Claims for just satisfaction: scope
     A.   General principles
     B.   Pecuniary damage
     C.   Non-pecuniary damage

     D.   Costs and expenses
III. Formal requirements
IV. The form of the Court's awards
V.   Binding force and execution of judgments

I. Introduction

1. Awarding of sums of money to applicants by way of just satisfaction is not one of the Court's main duties but is incidental to its task under Article 19 of the Convention of ensuring the observance by States of their obligations under the Convention.

2. The purpose of the Court's award under Article 41 of the Convention in respect of damage is to compensate the applicant for the actual harmful consequences of a violation. No award can therefore be made for damage caused by events or situations that have not been found to constitute a violation of the Convention, or for damage related to complaints declared inadmissible by the Court. It is also not intended to punish the Contracting Party responsible. The Court has therefore considered it inappropriate to accept claims for damages with labels such as „punitive", „aggravated" or „exemplary"; nor does the Court make symbolic awards.

3. Additionally, the wording of Article 41 allows the Court discretion in deciding on the matter of just satisfaction. It makes it clear that the Court shall award just satisfaction only „if the internal law of the High Contracting Party concerned allows only partial reparation to be made", and even then, only „if necessary" (*s'il y a lieu* in the French text). Moreover, the Court shall only award such satisfaction as it considers to be „just" (*équitable* in the French text), namely, as appears to it to be appropriate in the circumstances. Consequently, in examining the matter before deciding what amount to award, if any, regard will be had to the particular features and context of each case, an important role being played by the nature and the effects of the violation(s) found, the Court's own practice in respect of similar cases, as well as different economic situations in the Respondent States.

4. The Court may also decide that there are reasons of equity to award less than the value of the actual damage sustained or the costs and expenses actually incurred; or that for some heads of alleged prejudice the finding of violation constitutes in itself sufficient just satisfaction, without there being any call to afford financial compensation. In this latter respect, it is recalled that under Article 41 the Court remains free to decide that no award should be made, for example, where there is a possibility of reopening of the proceedings or of obtaining other compensation at domestic level; where the violation found was of a minor or of a conditional nature; where general measures would constitute the most appropriate redress; or otherwise, because of the general or specific context of

---

[1] Practice direction issued by the President of the Court in accordance with Rule 32 of the Rules of Court on 28 March 2007 and amended on 9 June 2022.

the situation complained of. It should be borne in mind that the public vindication of the wrong suffered by the applicant, in a judgment binding on the Contracting State, is a powerful form of redress in itself.

II. Claims for just satisfaction: scope

A. General principles

5. Just satisfaction is afforded under Article 41 of the Convention so as to compensate the applicant for the actual damage established as being consequent to a violation; in that respect, it may cover pecuniary damage; non-pecuniary damage; and costs and expenses (see below). Depending on the specific circumstances of the case, the Court may consider it appropriate to make an aggregate award for pecuniary and non-pecuniary damage.

6. In setting the amount of an award, the Court will consider the respective positions of the applicant as the party injured by a violation and the Contracting Party as responsible for the public interest. In that connection and in so far as the case before it is of a repetitive nature, the Court may base its just satisfaction awards on the reference amount already granted in the corresponding leading or pilot case, while having regard also to the simplified and standardised approach to the processing of such follow-up cases.

7. In accordance with the *ne ultra petita* principle, the Court does not award anything more than what the applicant has actually claimed.

B. Pecuniary damage

8. The principle with regard to pecuniary damage is that the applicant should be placed, as far as possible, in the position in which he or she would have been had the violation found not taken place, in other words, *restitutio in integrum*. This can involve compensation for both loss actually suffered (*damnum emergens*) and loss, or diminished gain, to be expected in the future (*lucrum cessans*).

9. It is for the applicant to show that pecuniary damage has resulted from the violations alleged. A direct causal link must be established between the damage and the violation found. A merely tenuous or speculative connection is not enough. The applicant should submit relevant evidence to prove, as far as possible, not only the existence but also the amount or value of the damage. Normally, the Court's award will reflect the full calculated amount of the damage, unless it finds reasons in equity to award less (see point 4 above). If the actual damage cannot be precisely calculated, or if there are significant discrepancies between the parties' calculations thereto, the Court will make an as accurate as possible estimate, based on the facts at its disposal.

C. Non-pecuniary damage

10. The Court's award in respect of non-pecuniary damage serves to give recognition to the fact that non-material harm, such as mental or physical suffering, occurred as a result of a breach of a fundamental human right and reflects in the broadest of terms the severity of the damage. Hence, the causal link between the alleged violation and the moral harm is often reasonable to assume, the applicants being not required to produce any additional evidence of their suffering.

11. It is in the nature of non-pecuniary damage that it does not lend itself to precise calculation. The claim for non-pecuniary damage suffered needs therefore not be quantified or substantiated, the applicant can leave the amount to the Court's discretion.

12. If the Court considers that a monetary award is necessary, it will make an assessment on an equitable basis, which above all involves flexibility and an objective considera-

tion of what is just, fair and reasonable in all the circumstances of the case, including not only the position of the applicant as well as his or her own possible contribution to the situation complained of, but the overall context in which the breach occurred.

13. Exercising the discretion, the Court relies on its own relevant practice in respect of similar violations to establish internal principles as a necessary starting point in fixing an appropriate award in the circumstances of each case. Among factors considered by the Court to determine the value of such awards are the nature and gravity of the violation found, its duration and effects; whether there have been several violations of the protected rights; whether a domestic award has already been made or other measures have been taken by the Respondent State that could be regarded as constituting the most appropriate means of redress; any other context or case-specific circumstances that need to be taken into account.

14. Furthermore, as an aspect of „just satisfaction" the Court takes into account the local economic circumstances in the Respondent States in its calculations. In doing so, it has regard to the publicly available and updated macroeconomic data, such as that published by the International Monetary Fund (IMF). In view of these changing economic circumstances for the countries concerned, the amounts of awards made to injured parties in similar circumstances could vary in respect of different Respondent States and over a period of time.

D. Costs and expenses

15. The Court can order the reimbursement to the applicant of costs and expenses which he or she has necessarily, thus unavoidably, incurred – first at the domestic level, and subsequently in the proceedings before the Court itself – in trying to prevent the violation from occurring, or in trying to obtain redress therefor. Such costs and expenses will typically include the cost of legal assistance, court registration and translation fees, postal expenses. They may also include travel and subsistence expenses, in particular if these have been incurred by attendance at a hearing of the Court.

16. Where the applicant is represented by any other person than „an advocate authorised to practise", the fees may be reimbursed only if that person has previously obtained leave for that representation (Rule 36 §§ 2 and 4 (a) of the Rules of Court).

17. The Court will uphold claims for costs and expenses only in so far as they relate to the violations it has found. It will reject them in so far as they relate to complaints that have not led to the finding of a violation, or to complaints declared inadmissible. This being so, applicants may wish to link separate claim items to particular complaints.

18. Costs and expenses must have been actually incurred. That is, the applicant must have paid them, or be bound to pay them, pursuant to a legal or contractual obligation. Documents showing that the applicant has paid or is under an obligation to pay such fees should be submitted. Consequently, the hours or work carried out by the applicants themselves cannot be considered as costs actually incurred. Any sums paid or payable by domestic authorities or by the Council of Europe by way of legal aid will be deducted.

19. Costs and expenses must be reasonable as to quantum. If the Court finds them to be excessive, it will award a sum which, on its own estimate, is reasonable. Given variations across the countries in the fees charged by lawyers, for the assessment of what is a reasonable award the Court may take into account claims and awards in respect of similar cases against the same country. The Court may also take into account whether the violation found falls into the category of „well-established case- law".

III. Formal requirements

20. Time-limits, precision, relevant supporting documents and other formal requirements for submitting claims for just satisfaction are laid down in Rule 60 of the Rules of Court. Claimants are warned that compliance with the formal and substantive requirements deriving from the Convention and the Rules of Court is the essential preliminary condition for the award of just satisfaction.

21. Unless the parties are otherwise informed (in particular in cases raising repetitive issues, see point 23 below), the Court requires first, that clear, comprehensive claims are submitted within the time-limits fixed by the President of the Chamber and indicated to the parties in the communication letter; second, that those claims relating to the material damage and costs and expenses are supported by appropriate documentary evidence (ie. expert reports, itemised bills, invoices), wherever that is possible and reasonably available to the parties; and, third, that failing these conditions without an appropriate justification, the Court will normally make no award. The Court is not bound by the applicant's classification of the claims and may find it more appropriate, for example, to consider certain claims as falling under pecuniary damage rather than under costs and expenses.

22. Subject to its own discretion in some exceptional cases, the Court will normally reject claims set out on the application form but not resubmitted at the appropriate stage of the proceedings, as indicated by the President of the Chamber, as well as claims unjustifiably lodged out of time.

23. In cases raising repetitive issues which are dealt with in a simplified manner in line with the relevant well-established case-law of the Court, the applicants may be exempt from the requirement to submit a separate just satisfaction claim. In such case, the parties would be clearly informed in the communication letter that the just satisfaction award would be based on the appropriate awards in the leading case, on a friendly settlement proposal, or that the Court may decide that the finding of a violation constitutes just satisfaction in itself. It is recalled that the Court's task under Article 19 to „ensure the observance of the engagements undertaken by the High Contracting Parties in the Convention and the Protocols thereto" is not necessarily best achieved by repeating the same findings and making relatively substantial and individualised awards in large series of repetitive cases.

24. Applicants are invited to identify a bank account into which they wish any sums awarded to be paid. If they wish particular amounts, such as the sums awarded in respect of costs and expenses, to be paid separately, for example, directly into the bank account of their representative, they should so specify. Where the application is lodged by several applicants, they should also specify if they ask for the award to made to them jointly or separately. Normally, the Court would make the award jointly to the members of the same household.

IV. The form of the Court's awards

25. Just satisfaction can be awarded to the victims of the violations found, including indirect victims. It can be awarded to legal entities. The Court may order that the award be held in trust for the applicants who are for some reason unable to receive it at the relevant time.

26. The Court's awards, if any, will normally be in the form of a sum of money to be paid by the respondent Contracting Party to the victims of the violations found. Any monetary award under Article 41 will normally be in euros (EUR, €) irrespective of the currency in which the applicant expresses his or her claims. If the applicant is to receive payment

in a currency other than the euro, the Court will order the sums awarded to be converted into that other currency at the exchange rate applicable on the date of payment. When formulating their claims the applicants should, where appropriate, consider the implications of this policy in the light of the effects of converting sums expressed in a different currency into euros or contrariwise.

27. The Court will of its own motion set a time-limit for any payments that may need to be made, which will normally be three months from the date on which its judgment becomes final and binding. The Court will also order default interest to be paid in the event that that time-limit is exceeded, normally at a simple rate equal to the marginal lending rate of the European Central Bank during the default period plus three percentage points.

V. Binding force and execution of judgments

28. The Court's judgments are essentially declaratory in nature. In general, it is primarily for the State concerned to choose, subject to supervision by the Committee of Ministers, the individual and general measures to be used to discharge its obligations under Article 46 of the Convention, provided that such means are compatible with the conclusions set out in the Court's judgment. In practical terms, this means that only in certain special circumstances the Court has found it useful to indicate to a respondent State the type of measures that might be taken to put an end to the situation which has given rise to the finding of a violation, other than the payment of sums of money by way of just satisfaction under Article 41. Most often, this happens in cases addressing systemic problems, in particular pilot judgments.

29. Any question as to whether or not the respondent Government has complied with its obligations as set out in the final judgment is considered by the Committee of Ministers and if necessary by the Court itself (Article 46 §§ 3—5 of the Convention).

Secured electronic filing by Governments[1]

Übersicht

I. Scope of application	IV. Relevant date with regard to time-limits
II. Technical requirements	V. Different versions of one and the same document
III. Format and naming convention	

I. Scope of application

1. The Governments of the Contracting Parties that have opted for the Court's system of secured electronic filing shall send all their written communications with the Court by uploading them on the secured website set up for that purpose and shall accept written communications sent to them by the Registry of the Court by downloading them from that site, with the following exceptions:

(a) in the event of a dysfunction on the secure site, it is mandatory that the documents concerning a request for the indication of an interim measure under Rule 39 of the

---

1 Practice direction issued by the President of the Court in accordance with Rule 32 of the Rules of Court on 22 September 2008 and amended on 29 September 2014 and on 5 July 2018.

Rules of Court be sent by fax or email; in such cases the document must be clearly headed „**Rule 39. Urgent**";

(b) attachments, such as plans, manuals, etc. that may not be comprehensively viewed in an electronic format may be filed by post;

(c) the Court's Registry may request that a paper document or attachment be submitted by post.

2. If the Government have filed a document by post or fax, they shall, as soon as possible, file electronically a notice of filing by post or fax, describing the document sent, stating the date of dispatch and setting forth the reasons why electronic filing was not possible.

II. Technical requirements

3. The Government shall possess the necessary technical equipment and follow the user manual sent to them by the Court's Registry.

III. Format and naming convention

4. A document filed electronically shall be in PDF format, preferably in searchable PDF.

5. Unsigned letters and written pleadings shall not be accepted. Signed documents to be filed electronically shall be generated by scanning the original paper copy. The Government shall keep the original paper copy in their files.

6. The name of a document filed electronically shall be prefixed by the application number, followed by the name of the applicant as spelled in Latin script by the Registry of the Court, and contain an indication of the contents of the document.[2]

IV. Relevant date with regard to time-limits

7. The date on which the Government have successfully uploaded a document on the secured website shall be considered as the date of dispatch within the meaning of Rule 38 § 2 or the date of filing for the purposes of Rule 73 § 1.

8. To facilitate keeping track of the correspondence exchanged, every day shortly before midnight the secured server generates automatically an electronic mail message listing the documents that have been filed electronically within the past twenty-four hours.

V. Different versions of one and the same document

9. The secured website shall not permit the modification, replacement or deletion of an uploaded document. If the need arises for the Government to modify a document they have uploaded, they shall create a new document named differently (for example, by adding the word „modified" in the document name). This opportunity should only be used where genuinely necessary and should not be used to correct minor errors.

---

2 For example, 65051/01 Karagyozov Observ Adm Merits.

10. Where the Government have filed more than one version of the same document, only the document filed in time shall be taken into consideration. Where more than one version has been filed in time, the latest version shall be taken into consideration, unless the President of the Chamber decides otherwise.

Requests for anonymity[1]
(Rules 33 and 47 of the Rules of Court)

Übersicht

General principles	Retroactive requests
Requests in pending cases	Other measures

General principles

1. The parties are reminded that, unless a derogation has been obtained pursuant to Rules 33 or 47 of the Rules of Court, documents in proceedings before the Court are public. Thus, all information that is submitted in connection with an application in both written and oral proceedings, including information about the applicant or third parties, will be accessible to the public.

2. The parties should also be aware that the statement of facts, decisions and judgments of the Court are usually published in HUDOC[2] on the Court's website (Rule 104A).

Requests in pending cases

3. Any request for anonymity should be made when completing the application form or as soon as possible thereafter. In both cases the applicant should provide reasons for the request and specify the impact that publication may have for him or her.

Retroactive requests

4. If an applicant wishes to request anonymity in respect of a case or cases published on HUDOC before 1 January 2010, he or she should send a letter to the Registry setting out the reasons for the request and specifying the impact that this publication has had or may have for him or her. The applicant should also provide an explanation as to why anonymity was not requested while the case was pending before the Court.

5. In deciding on the request the President shall take into account the explanations provided by the applicant, the level of publicity that the decision or judgment has already received and whether or not it is appropriate or practical to grant the request.

6. When the President grants the request, he or she shall also decide on the most appropriate steps to be taken to protect the applicant from being identified. For example, the decision or judgment could, *inter alia*, be removed from the Court's website or the personal data deleted from the published document.

---

1 Practice direction issued by the President of the Court in accordance with Rule 32 of the Rules of Court on 14 January 2010.

2 http://hudoc.echr.coe.int/.

Other measures

7. The President may also take any other measure he or she considers necessary or desirable in respect of any material published by the Court in order to ensure respect for private life.

Electronic filing by applicants[1]

Übersicht

I.   Scope of application
II. Technical requirements
III. Format and naming convention

IV. Relevant date with regard to time limits
V. Different versions of one and the same document

I. Scope of application

1. After the communication of a case, applicants who have opted to file pleadings electronically shall send all written communications with the Court by using the Court's Electronic Communications Service (eComms) and shall accept written communications sent to them by the Registry of the Court by means of eComms, with the following exceptions:
(a) all written communications in relation to a request for interim measures under Rule 39 of the Rules of Court shall be sent only by fax or post;
(b) attachments, such as plans, manuals, etc., that may not be comprehensively viewed in an electronic format may be filed by post;
(c) the Court's Registry may request that a paper document or attachment be submitted by post.
2. If an applicant has filed a document by post or fax, he or she shall, as soon as possible, file electronically a notice of filing by post or fax, describing the document sent, stating the date of dispatch and setting forth the reasons why electronic filing was not possible.

II. Technical requirements

3. Applicants shall possess the necessary technical equipment and follow the user manual available on the eComms site.

III. Format and naming convention

4. A document filed electronically shall be in PDF format. The PDF documents must be of the type ‚text searchable PDF‘ rather than ‚image-based‘ PDF.
5. Unsigned letters and written pleadings shall not be accepted. Signed documents to be filed electronically shall be generated by scanning the original paper copy. Applicants shall keep the original paper copy in their files.

---

1 Issued by the President of the Court in accordance with Rule 32 of the Rules of Court on 29 September 2014. This practice direction becomes operational on 6 September 2018.

6. The name of a document filed electronically shall be prefixed by the application number, followed by the name of the applicant as spelled in Latin script by the Registry of the Court, and contain an indication of the contents of the document.[2]

IV. Relevant date with regard to time limits

7. The date on which an applicant has successfully filed the document electronically with the Court shall be considered as the date, based on Strasbourg time, of dispatch within the meaning of Rule 38 § 2 or the date of filing for the purposes of Rule 73 § 1.

8. To facilitate keeping track of the correspondence exchanged and to ensure compliance with the time limits set by the Court, the applicant should regularly check his or her email account and eComms account.

V. Different versions of one and the same document

9. eComms shall not permit the modification, replacement or deletion of a filed document. If the need arises for the applicant to modify a document he or she has filed, they shall create a new document named differently (for example, by adding the word „modified" in the document name). This opportunity should only be used where genuinely necessary and should not be used to correct minor errors.

10. Where an applicant has filed more than one version of the same document, only the document filed in time shall be taken into consideration. Where more than one version has been filed in time, the latest version shall be taken into consideration, unless the President of the Chamber decides otherwise.

Processing of applications in the event of a mass influx[1] (Individual applications under Article 34 of the Convention)

Übersicht

I. Introduction
II. Special measures that may be resorted to following the receipt of a large number of applications

III. The date of introduction of the application
IV. Communication with the applicants

I. Introduction

1. Over the past years, the Court has increasingly been faced with a mass influx of applications, which commonly result from various structural or systemic problems[2] or

---

2 The following is an example: 65051/01 Karagyozov Observ Adm Merits.
1 Practice Direction issued by the President of the Court in accordance with Rule 32 of the Rules of Court on 25 August 2022.
2 See, for instance, *Burmych and Others v. Ukraine* (striking out) [GC], nos. 46852/13 et al., §§ 8–44, 12 October 2017.

specific factual developments[3] affecting a large number of persons in a State Party. It is clear that a mass influx of applications may affect the Court's ability to fulfil its mandate set out under Article 19 of the Convention, unless special measures are taken to manage the processing of such applications from the moment of their arrival to the Court and prior to their assignment to the Sections in accordance with Rule 52 of the Rules of Court.

II. Special measures that may be resorted to following the receipt of a large number of applications

2. In the event of an influx of a large number of similar applications, the Registrar, under the authority of the President of the Court, may decide, in the interests of the proper administration of justice, to suspend provisionally the registration of some or all of these applications, pending a decision by a judicial formation in one or more leading cases on how the relevant applications are to be processed.

3. Where the applications concerned are based on similar facts and/or involve similar complaints, the Registrar may, if necessary, request the presentation of the applications to be coordinated at national level and the re-submission of grouped applications within a fixed time-limit, in a particular format.[4] Further instructions may be given by the Registrar, in accordance with the Rules of Court and other relevant Practice Directions, as to steps required to facilitate the effective and speedy processing of applications.

4. The failure to re-submit an application as directed may result in the application not being examined by the Court.

III. The date of introduction of the application

5. The date of introduction of the application for the purposes of Article 35 § 1 of the Convention would, in principle, be the date of the submission of the completed application form in accordance with the conditions set out in Rules 45 and 47 of the Rules of Court or the further instructions given by the Registrar.

6. However, as per Rule 47 § 6 (b) of the Rules of Court, the Court may decide that a different date shall be considered to be the date of introduction, where it finds it justified.

IV. Communication with the applicants

7. The Court may decide to communicate information regarding these applications via press releases, instead of corresponding with individual applicants or responding to individual queries.

---

3 See, for instance, *Zambrano v. France* (dec.), no. 41994/21, §§ 4–11,20, 36 and 37, 21 September 2021.

4 For further instructions on the submission of grouped applications and multiple applicants, see the Practice Directions on Institution of Proceedings.

Requests under Article 43 of the Convention[1]

1. This practice direction concerns requests for the referral of a case to the Grand Chamber in accordance with Article 43 of the Convention and Rule 73 of the Rules of Court.

2. The directions on the filing of pleadings set out in paragraphs 2, 3, 4, 7, 8 and 9 of the Practice Direction on Written Pleadings apply to Article 43 requests.

Übersicht

Time-limits	*Language*
Contents	*Form and maximum length*

Time-limits

3. The parties' attention is drawn to the fact that in order to respect the time-limit laid down in Article 43 § 1, a request must reach the Court before the end of the last day of the three-month period. This time-limit cannot be extended. Once it has elapsed, the Chamber judgment automatically becomes final (Article 44 § 2 (b) of the Convention).

Contents

4. Requests under Article 43 should be reasoned in light of the specific terms of that provision. They should indicate in what respect the case concerned can be regarded as exceptional and identify the serious question(s) affecting the interpretation or application of the Convention or the Protocols thereto, and/or the serious issue(s) of general importance raised by the case. The panel of five judges of the Grand Chamber takes its decision solely on the basis of the existing case-file, i.e. the judgment of the Chamber and the arguments made by the party (or parties) in favour of referral (Rule 73 § 2).

Language

5. An applicant who has been granted leave under Rule 34 to use the official language of a Contracting State may use that language in their request under Article 43 (see Rule 34 § 3 (d)). With respect to translation into one of the official languages of the Court, Rule 34 § 3 (b)–(c) shall apply.

Form and maximum length

6. Requests should normally:
(a) be in an A4 page format having a margin of not less than 3.5 cm wide;
(b) be typed and wholly legible, the text appearing in at least 12 pt in the body and 10 pt in the footnotes, with one-and-a-half line spacing;
(c) have all numbers expressed as figures;

---

1 Practice Direction issued by the President of the Court in accordance with Rule 32 of the Rules of Court on 3 February 2023.

(d) have pages numbered consecutively;

(e) be divided into numbered paragraphs;

(f) if sent by post, have its text printed on one side of the page only and pages and attachments placed together in such a way as to enable them to be easily separated (they must not be glued or stapled).

7. Requests under Article 43 should not in principle exceed 10 pages.

Third-party intervention under Article 36 § 2 of the Convention or under Article 3, second sentence, of Protocol No. 16[1]

Übersicht

I. Purpose of this practice direction

II. Role of third-party intervention in the Court's procedure
   A. Third-party intervention under Article 36 § 2 of the Convention
   B. Third-party intervention under Article 3, second sentence, of Protocol No. 16

III. Who can intervene as a third party under Article 36 § 2 of the Convention?
   A. Contracting States other than the Contracting State of the nationality of the applicant(s), and other States
   B. *Amici curiae*
   C. „Interested third parties"

IV. Who can intervene as a third party under Article 3, second sentence, of Protocol No. 16?

V. When is third-party intervention invited or permitted?

VI. Representation of third parties

VII. What does third-party intervention involve?

VIII. Stages in the proceedings before the Court when third-party intervention is possible and time-limits for seeking leave to intervene
   A. In contentious proceedings under Article 33 or 34 of the Convention
   B. In proceedings for an advisory opinion under Protocol No. 16
   C. Observing the time-limit
   D. Effect of the grant of leave to intervene as a third party

IX. Language, content and manner of filing of a request for leave to intervene
   A. Language
   B. Content
   C. Manner of filing

X. Third parties' written comments
   A. Time-limit for submission
   B. Language
   C. Form and content
   D. Manner of filing
   E. Consequences of failure to comply with the above conditions
   F. Right of reply of the parties (in contentious proceedings) or of the requesting court or tribunal (in proceedings for an advisory opinion)
   G. Written comments already made at an earlier stage of the proceedings

XI. Third parties' oral submissions at hearings

XII. Miscellaneous points
   A. Just satisfaction (in particular, costs and expenses)
   B. Legal aid
   C. Right of third parties to be informed of, and to receive a copy of, the Court's ensuing judgment, decision or advisory opinion

I. Purpose of this practice direction

1. The purpose of this practice direction is to clarify the manner in which third parties can intervene under Article 36 § 2 of the Convention or under Article 3, second sentence,

---

1 Practice direction issued by the President of the Court in accordance with Rule 32 of the Rules of Court on 13 March 2023.

of Protocol No. 16, the applicable procedures and requirements, and the role of such intervention in the Court's work.

II. Role of third-party intervention in the Court's procedure

A. Third-party intervention under Article 36 § 2 of the Convention

2. Third-party intervention under Article 36 § 2 of the Convention is a procedural device whose chief purpose is to enable the Court to become acquainted with the views of States and other persons who are not parties to a case before it on the issues raised by that case, and be presented with information or arguments which are broader than or different from those put forward by the parties. Such intervention can take place either on the initiative of the Court itself (a possibility expressly envisaged by Article 36 § 2 of the Convention), or on the initiative of the would-be third party. The role of third parties invited or granted leave to intervene under Article 36 § 2 of the Convention is to put before the Court, as impartially and objectively as possible, legal or factual points capable of assisting it in resolving the matters in dispute before it on a more enlightened basis. In consequence, third parties are not entitled to express support directly for one or the other party, make requests as regards the procedures before the Court, seek a remedy from the Court, participate in friendly-settlement negotiations between the parties, or seek the relinquishment or referral of a case to the Grand Chamber.

3. All third-party submissions are invariably placed in the file put before the formation of the Court deliberating on the case, and may be referred to, even if briefly, in the Court's ensuing decision or judgment.

B. Third-party intervention under Article 3, second sentence, of Protocol No. 16

4. Third-party intervention under Article 3, second sentence, of Protocol No. 16 serves the same purpose, but must be compatible with the special nature of the proceedings under that Protocol. All third-party submissions are used by the Court in the same way as in contentious proceedings (see paragraph 3 above).

III. Who can intervene as a third party under Article 36 § 2 of the Convention?

5. The possibility of intervening as a third party is open to „any [High] Contracting Party which is not a party to the proceedings" or to „any person concerned who is not the applicant" (Article 36 § 2 of the Convention and Rule 44 § 3 (a) of the Rules of Court). The phrase „any person concerned" may comprise (a) so-called *"amici curiae"* („friends of the Court" – see paragraph 10 below) and (b) so-called „interested third parties" (see paragraph 12 below). Unlike intervention under Article 36 § 1 of the Convention by the Contracting State of the nationality of the applicant(s), intervention under Article 36 § 2 is not as of right; it is at the discretion of the Court, and is only possible if the Court is satisfied that it would be „in the interest[s] of the proper administration of justice". Unlike the position in some other jurisdictions, a would-be third party is not required to have a direct legal interest in the outcome of the case.

6. The would-be third party may have an indirect legal interest in the case, a broader interest in its outcome, or indeed no tangible interest at all. That may depend on whether it is a Contracting State, an *amicus curiae*, or an „interested third party" (see paragraphs 8, 10 and 12 below).

7. Nor is it formally required that the would-be third party be a national of a Contracting State or reside or be based in one.

A. Contracting States other than the Contracting State of the nationality of the applicant(s), and other States

8. For Contracting States other than the Contracting State of the nationality of the applicant(s), the interest in intervening as a third party usually lies in the fact that the Court's judgments, although formally binding only on the respondent Contracting State (Article 46 § 1 of the Convention), also elucidate and develop the rules laid down in the Convention and the Protocols thereto. Contracting States, as bearers of obligations under the Convention and the Protocols thereto, thus normally have a legitimate interest in making their views known about a legal issue arising in a case before the Court, even though the application under examination is not directed against them.

9. Non-Contracting States may also seek to intervene under Article 36 § 2 of the Convention, since they can also fall under the rubric „any person concerned". They must, however, likewise have a legitimate reason to do so.

B. *Amici curiae*

10. The term „any person concerned" can comprise non-governmental organisations, academics, private individuals, business enterprises, other international organisations, other bodies of the Council of Europe, independent national human-rights institutions, and so on. For them, the interest in intervening normally lies in the opportunity to provide submissions which may assist the Court, and thus to further the „interest[s] of the proper administration of justice". In that sense, they are „friends of the Court" (*amici curiae*).

11. Although they can also fall under the rubric „any person concerned", State authorities – such as legislatures, courts, or local or regional authorities – are normally not considered to be entitled to intervene. That is because in international litigation the authorities of a State should, in principle, be represented by its central government (see *Assanidze v. Georgia* [GC], no. 71503/01, § 12, ECHR 2004-II). This concerns both the authorities of the respondent State and the authorities of another Contracting or non-Contracting State.

C. „Interested third parties"

12. The term „any person concerned" can also include persons whose legal rights may be affected, albeit indirectly, if the Court finds a violation of the Convention or the Protocols thereto – for instance, the applicant's opponent(s) in the domestic civil proceedings which gave rise to an individual application before the Court, or the other parent in cases relating to the custody of children. For such „interested third parties", the „interest[s] of justice" may require that they be heard before the Court rules on a question which may, even if indirectly, affect their rights. The usual reason for such persons' wish to intervene is that a finding of a violation by the Court may lead to (a) the reopening of the domestic proceedings in which the case before the Court originated, or (b) other individual measures for the execution of the Court's judgment which may directly affect their domestic legal position.

IV. Who can intervene as a third party under Article 3, second sentence, of Protocol No. 16?

13. In proceedings under Protocol No. 16, the request for an advisory opinion originates from a court or tribunal of a Contracting State, and must relate to a case pending

before that court or tribunal (Article 1 §§ 1 and 2 of Protocol No. 16). Furthermore, the Court's advisory opinion, although not binding (Article 5 of Protocol No. 16), is intended to provide the relevant national court with guidance on the application of the Convention or the Protocols thereto, and thus to influence the further conduct and outcome of the domestic case in connection with which it is given. It follows that the parties to that domestic case are in a special position and should normally be able to intervene as third parties in the proceedings before the Court (Rule 94 § 3 of the Rules of Court), even if they are State authorities. The Court's practice is to systematically invite them to do so.

14. Any Contracting State or other „person" may also be invited or granted leave to intervene (Article 3, second sentence, of Protocol No. 16, and Rule 44 § 7 read in conjunction with Rule 44 § 3 (a) of the Rules of Court). Their reasons for seeking to intervene will usually be similar to those prompting intervention under Article 36 § 2 of the Convention.

V. When is third-party intervention invited or permitted?

15. Third-party intervention under Article 36 § 2 of the Convention or under Article 3, second sentence, of Protocol No. 16, will be invited or permitted only if the Court is satisfied that it would be „in the interest[s] of the proper administration of justice" (Article 36 § 2 of the Convention; Article 3, second sentence, of Protocol No. 16; and Rule 44 § 3 (a) of the Rules of Court).

16. The Court does not consult the parties before deciding whether to invite or permit a third party to intervene.

VI. Representation of third parties

17. If the third party is a Contracting State, it must be represented by its Agent, who may have the assistance of advocates or advisers (Rule 35 of the Rules of Court). Other third parties intervening under Article 36 § 2 of the Convention or under Article 3, second sentence, of Protocol No. 16 do not need to be represented at any stage of the proceedings.

If a third party chooses to be represented, it is subject to the same prohibitions as a party on being represented by a former judge of the Court, by a current *ad hoc* judge, or by a person featuring on a current list of persons whom a Contracting Party has designated as eligible to serve as *ad hoc* judges (see Rule 4 § 2 and Rule 29 § 1 (a) *in fine* and (c) *in fine* of the Rules of Court).

18. For joint representation of third parties at hearings, see paragraph 43 below.

VII. What does third-party intervention involve?

19. A third party intervening under Article 36 § 2 of the Convention or under Article 3, second sentence, of Protocol No. 16 is normally granted leave solely to submit written comments. It may be allowed to take part in a hearing and make oral submissions only „in exceptional circumstances" (Rule 44 § 3 (a) of the Rules of Court).

In the case of third-party intervention in an investigation under the Annex to the Rules of Court, the third party may „participate in an investigative measure" (Rule A1 § 6 of the Annex to the Rules of Court). The nature and extent of that participation will depend on what specific investigative measure is being carried out: production of documentary evidence, hearing of a witness or expert, or the conduct of an inquiry or on-site investigation. A third party may request the hearing of a witness or expert, but such a request is subject to the discretion of the Court (Rule A1 § 1 read in conjunction with Rule A5 § 6). The President of the Chamber or the delegates carrying out the investigation may lay down the conditions of the third party's participation and limit it if these are not complied with (Rule A1 § 6 and Rule A4 § 1).

VIII. Stages in the proceedings before the Court when third-party intervention is possible and time-limits for seeking leave to intervene

A. In contentious proceedings under Article 33 or 34 of the Convention

20. In contentious proceedings under Articles 33 or 34 of the Convention, third-party intervention is possible:
(a) After the respondent Contracting State is given notice of an application (or part of it) (Rule 44 § 3 (a) of the Rules of Court). The time-limit for seeking leave to intervene in this situation is twelve weeks, and starts to run when information that notice of the application has been given to the respondent Contracting Party is published on the Court's case-law database, HUDOC (Rule 44 § 3 (b)). In some cases the President of the Chamber may, however, fix a shorter or a longer time-limit (Rule 44 § 3 (b) *in fine*).
(b) In the course of a hearing before a Chamber (Rule 44 § 3 (a) *in fine* of the Rules of Court). This is possible only in „exceptional cases" (ibid.). Requests for leave to take part in a hearing before a Chamber must be submitted not later than four weeks after the publication on the Court's website of the information on the decision of the Chamber to hold an oral hearing (Rule 44 § 3 (b)).
(c) After a Chamber decides to relinquish jurisdiction in favour of the Grand Chamber (Rule 44 § 4 (a) of the Rules of Court). The time-limit is again twelve weeks, which starts to run on the date on which information about the decision of the Chamber to relinquish jurisdiction is published on the Court's website (ibid.). In some cases the President of the Grand Chamber may, however, fix a shorter or a longer time-limit (Rule 44 § 3 (b) *in fine* read in conjunction with Rule 71 § 1).
(d) After the panel of the Grand Chamber accepts a party's request for referral of a case to the Grand Chamber (Rule 44 § 4 (a) of the Rules of Court). The time-limit is again twelve weeks, which starts to run on the date on which information about the decision of the panel to accept the request is published on the Court's website (ibid.). In some cases the President of the Grand Chamber may, however, fix a shorter or a longer time-limit (Rule 44 § 3 (b) *in fine* read in conjunction with Rule 71 § 1).
(e) In the course of an investigation carried out by the Court (Rule A1 § 6 of the Annex to the Rules of Court). The time-limit is fixed by the President of the Chamber (ibid.).
21. Third-party intervention before the panel deciding under Article 44 of the Convention whether to accept a request for referral of a case to the Grand Chamber is not possible. See also paragraph 42 below.

B. In proceedings for an advisory opinion under Protocol No. 16

22. In proceedings for an advisory opinion under Protocol No. 16, third-party intervention is possible after the panel of five judges of the Grand Chamber accepts the request for an advisory opinion (Article 3, second sentence, of Protocol No. 16). The parties to the domestic case are normally invited to intervene (Rule 94 § 3 of the Rules of Court; see also paragraph 13 above), and do not therefore need to seek leave to do so. For other third parties, the time-limit for seeking leave to intervene is normally eight weeks, which starts to run on the date on which information about the decision of the panel to accept the

request is published on the Court's website (Rule 44 § 7 read in conjunction with Rule 44 § 4 (a)).

23. Third-party intervention before the panel deciding whether to accept a request under Protocol No. 16 is not possible.

C. Observing the time-limit

24. For the purposes of observing the above-mentioned time-limits, the material date is the certified date of dispatch of the request to intervene or, if there is none, the date of its receipt at the Court's Registry (Rule 38 § 2 of the Rules of Court). Would-be third parties are, however, strongly encouraged not to await the end of the relevant time-limit to seek leave, but to do so as soon as practicable.

D. Effect of the grant of leave to intervene as a third party

25. Leave to intervene as a third party by making written comments remains valid throughout all subsequent stages of the proceedings before the Court (for instance, leave granted in the course of Chamber proceedings remains valid in Grand Chamber proceedings). See also paragraphs 41 and 42 below.

IX. Language, content and manner of filing of a request for leave to intervene

A. Language

26. The request for leave to intervene must be in one of the Court's official languages, English or French (Rule 44 § 3 (b) of the Rules of Court). The initial request may, however, be in one of the official languages of the Contracting States (Rule 44 § 3 (b) read in conjunction with Rule 34 § 4). In that case, it must be followed by a translation into one of the Court's official languages, filed within a time-limit fixed by the President of the Chamber (or of the Grand Chamber) (Rule 34 § 4 (b)).

B. Content

27. The request must be succinct, normally not more than two pages long. It must identify the name and number of the case to which it relates, and contain enough information about:
(a) the would-be third party;
(b) any links between that would-be third party and any of the parties to the case;
(c) the reasons why the would-be third party wishes to intervene;
(d) if relevant, the would-be third party's special knowledge about an issue or issues arising in the case;
(e) the point(s) on which the would-be third party proposes to make submissions and, as far as practicable, the reasons for believing that those submissions will be useful to the Court and different from those of the parties or other third parties; and
(f) whether the third party proposes to make written comments, to take part in a hearing, or both.

All those details are needed to enable to the Court to assess whether it would be „in the interest[s] of the proper administration of justice" to permit the intervention.

C. Manner of filing

28. The request must be submitted in writing (Rule 44 § 3 (b) of the Rules of Court), and sent by post, or by fax and post. Filing by email is not accepted (paragraphs 3 and 4 of the Practice Direction on Written Pleadings).

X. Third parties' written comments

A. Time-limit for submission

29. A third party's written comments should be submitted within a time-limit fixed by the President of the Chamber (or of the Grand Chamber) (Rule 44 § 5 of the Rules of Court). That time-limit will usually be set out in the letter informing the third party that leave to intervene has been granted.

30. For the purposes of observing that time-limit, the material date is the certified date of dispatch of the written comments or, if there is none, the date of their receipt at the Court's Registry (Rule 38 § 2 of the Rules of Court).

B. Language

31. A third party's written comments must be in one of the Court's official languages, English or French (Rule 44 § 6 of the Rules of Court). Interveners may seek leave to use one of the official languages of the Contracting States (Rule 34 § 4 (a) read in conjunction with Rule 34 § 4 (d)). In that case, they must provide a translation of their written comments into English or French within a time-limit fixed by the President of the Chamber (or of the Grand Chamber) (Rule 34 § 4 (b)(i) read in conjunction with Rule 34 § 4 (d)).

C. Form and content

32. Any invitation or grant of leave to intervene under Article 36 § 2 of the Convention or under Article 3 of Protocol No. 16 is subject to conditions set by the President of the Chamber (or of the Grand Chamber) (Rule 44 §§ 5 and 7 of the Rules of Court).

33. The Court's usual practice is to set the following conditions for the form of written comments by third parties:

(a) they must set forth the name and number of the case to which they relate;

(b) they must bear a title which clearly indicates that they have been made by a third party, and which identifies that third party;

(c) they must not exceed ten pages (the page limit does not apply to any annexes, but these must not amount to a continuation of the comments themselves);

(d) they must be typewritten in black on a white background, in A4 format, and with page margins of not less than 3.5 cm;

(e) their text must be at least 12 pt in the body of the document and 10 pt in the footnotes;

(f) their pages must be numbered consecutively;

(g) they must be divided into numbered paragraphs;

(h) in their text, quotations in excess of fifty words must be indented; and

(i) they must give a reference to every document or piece of evidence mentioned in them and to any annexes.

34. The Court's usual practice is to set the following conditions for the content of such written comments:

(a) The comments of a Contracting State or a non-Contracting State intervening under Article 36 § 2 of the Convention should relate solely to the aspects of the case that are relevant to its interest(s) in it.

(b) The comments of an *amicus curiae* should not touch upon the particular circumstances of the case or upon the admissibility or merits of the application as such, but rather deal with the general issues raised by the case, usually on the basis of the third party's special expertise or knowledge.

(c) The comments of an „interested third party" should relate solely to the factual and legal aspects of the case which relate to its specific interest in it.

35. In cases in which two or more third parties have been granted leave to intervene, the Court may direct them to make joint written comments rather than do so individually.

D. Manner of filing

36. A third party's written comments, as well as all annexes to them, must be filed in three copies sent by post, or in one copy by fax, followed by three copies sent by post. Filing by email is not accepted (paragraphs 3 and 4 of the Practice Direction on Written Pleadings).

E. Consequences of failure to comply with the above conditions

37. If the above conditions have not been complied with, the President of the Chamber (or of the Grand Chamber) may refuse to include the third party's written comments in the case file (Rule 44 § 5 of the Rules of Court), or, if appropriate, may direct the third party to submit fresh written comments which comply with those conditions.

F. Right of reply of the parties (in contentious proceedings) or of the requesting court or tribunal (in proceedings for an advisory opinion)

38. In contentious proceedings, written comments by a third party are sent to the parties to the case, who are entitled, subject to any conditions, including time-limits, fixed by the President of the Chamber (or of the Grand Chamber), to make written observations in reply or, where appropriate, to reply at the hearing (Rule 44 § 6 of the Rules of Court). In practice, the parties are often invited to incorporate the reply in their observations on the admissibility or merits of the case.

39. In proceedings for an advisory opinion, written comments by a third party (including the parties to the domestic proceedings) are sent to the requesting court or tribunal, which may comment on them (Rule 94 § 5 of the Rules of Court).

40. Third parties are not entitled to respond in turn to the observations or comments made in reply to their written comments.

G. Written comments already made at an earlier stage of the proceedings

41. If a third party has intervened in the proceedings before a Chamber, and jurisdiction is then relinquished in favour of the Grand Chamber or the case is referred to it by the panel of the Grand Chamber, the third party's written comments addressed to the Chamber will normally be included in the file put before the Grand Chamber. The Court may, however, ask the third party whether it wishes to submit fresh written comments to the Grand Chamber.

42. By contrast, any written comments by a third party, including a third party granted leave to intervene in the proceedings before the Chamber, are not put before the panel of the Grand Chamber when it decides under Article 44 of the Convention whether to accept a request for referral of the case to the Grand Chamber.

XI. Third parties' oral submissions at hearings

43. If a third party is, exceptionally, granted leave to take part in a hearing, such leave is usually subject to the condition that the third party's oral submissions must not last longer than ten minutes. If two or more third parties (in particular, Contracting States) are granted leave to take part in a hearing, they may be requested to designate one or two speakers to make oral submissions on behalf of all of them jointly. All these conditions

are imposed with a view to ensuring respect for the procedural equality of the parties, which must not be upset by the grant of leave to a third party to take part in a hearing.

44. The content of oral submissions by a third party at a hearing is subject to the same conditions as the content of written comments by a third party (see paragraph 34 above).

XII. Miscellaneous points

A. Just satisfaction (in particular, costs and expenses)

45. Third parties cannot be awarded just satisfaction. This follows from the wording of Article 41 of the Convention, according to which just satisfaction can only be afforded to „the injured party", that is, the applicant or persons who have pursued the application on the applicant's behalf. This means, in particular, that third parties must bear their own costs and expenses.

46. The question of costs and expenses incurred by a party to the domestic proceedings invited to intervene as a third party under Article 3, second sentence, of Protocol No. 16 in proceedings for an advisory opinion is a matter reserved for the national courts of the Contracting State from which the request for an advisory opinion emanates, and is to be decided by them in accordance with the law and practice of that Contracting State (Rule 95 § 1 of the Rules of Court).

47. A third party may be ordered to bear the costs incurred for the appearance of a witness, expert or other person called at its request in the course of an investigation carried out by the Court (Rule A5 § 6 of the Annex to the Rules of Court).

B. Legal aid

48. Third parties intervening in contentious proceedings under Articles 33 or 34 of the Convention are not entitled to legal aid from the Court; only applicants are (Rule 105 of the Rules of Court).

49. The same applies to third parties intervening in proceedings for an advisory opinion under Protocol No. 16, with the exception of the parties to the domestic case when they are invited to intervene by the Court. In that case, they may seek legal aid from the Court if they lack sufficient means to meet all or part of the costs entailed by their intervention in the proceedings before it (Rule 95 § 2).

C. Right of third parties to be informed of, and to receive a copy of, the Court's ensuing judgment, decision or advisory opinion

50. All third parties will be informed of the Court's ensuing judgment, decision or advisory opinion, and sent a copy of it (Rule 56 § 2, Rule 77 § 3 and Rule 94 § 10 of the Rules of Court). This applies also to interpretation judgments under Article 46 § 3 of the Convention and to judgments in infringement proceedings under Article 46 § 5 (Rules 99 and 104).

Gesetz zu dem Internationalen Pakt vom 19. Dezember 1966 über bürgerliche und politische Rechte

Vom 15. November 1973
(BGBl. II S. 1533)

Der Bundestag hat mit Zustimmung des Bundesrates das folgende Gesetz beschlossen:

Artikel 1

Dem in New York am 9.Oktober 1968 von der Bundesrepublik Deutschland unterzeichneten Internationalen Pakt vom 19.Dezember 1966 über bürgerliche und politische Rechte wird mit folgender Maßgabe zugestimmt:

1. Artikel 19, 21 und 22 in Verbindung mit Artikel 2 Abs. 1 des Paktes werden in dem Artikel 16 der Konvention zum Schutze der Menschenrechte und Grundfreiheiten vom 4. November 1950 entsprechenden Rahmen angewandt.

2. Artikel 14 Abs. 3 Buchstabe d des Paktes wird derart angewandt, daß die persönliche Anwesenheit eines nicht auf freiem Fuß befindlichen Angeklagten zur Revisionshauptverhandlung in das Ermessen des Gerichts gestellt wird.

3. Artikel 14 Abs. 5 des Paktes wird derart angewandt, daß

a) ein weiteres Rechtsmittel nicht in allen Fällen allein deshalb eröffnet werden muß, weil der Beschuldigte in der Rechtsmittelinstanz erstmals verurteilt worden ist, und

b) bei Straftaten von geringer Schwere die Überprüfung eines nicht auf Freiheitsstrafe lautenden Urteils durch ein Gericht höherer Instanz nicht in allen Fällen ermöglicht werden muß.

4. Artikel 15 Abs. 1 des Paktes wird derart angewandt, daß im Falle einer Milderung der zur Zeit in Kraft befindlichen Strafvorschriften in bestimmten Ausnahmefällen das bisher geltende Recht auf Taten, die vor der Gesetzesänderung begangen wurden, anwendbar bleiben kann.

Der Pakt wird nachstehend veröffentlicht.

Artikel 2

Dieses Gesetz gilt auch im Land Berlin, sofern das Land Berlin die Anwendung dieses Gesetzes feststellt.

Artikel 3

(1) Dieses Gesetz tritt am Tage nach seiner Verkündung in Kraft.

(2) Der Tag, an dem der Pakt nach seinem Artikel 49 Abs. 1 für die Bundesrepublik Deutschland in Kraft tritt, ist im Bundesgesetzblatt bekanntzugeben.*)

---

* Der IPBPR ist für die Bundesrepublik am 23.3.1976 in Kraft getreten (BGBl. II S. 1086). Die Zuständigkeit des Ausschusses nach Art. 41 IPBPR wurde nur zeitlich befristet (jeweils 5 Jahre) anerkannt.

International Covenant on Civil and Political Rights	Pacte international relatif aux droits civils et politiques	Internationaler Pakt über bürgerliche und politische Rechte

Preamble / Préambule / Präambel

THE STATES PARTIES TO THE PRESENT COVENANT,

CONSIDERING that, in accordance with the principles proclaimed in the Charter of the United Nations, recognition of the inherent dignity and of the equal and inalienable rights of all members of the human family is the foundation of freedom, justice and peace in the world,

RECOGNIZING that these rights derive from the inherent dignity of the human person,

RECOGNIZING that, in accordance with the Universal Declaration of Human Rights, the ideal of free human beings enjoying civil and political freedom and freedom from fear and want can only be achieved if conditions are created whereby everyone may enjoy his civil and political rights, as well as his economic, social and cultural rights,

CONSIDERING the obligation of States under the Charter of the United Nations to promote universal respect for, and observance of, human rights and freedoms,

REALIZING that the individual, having duties to other individuals and to the community to which he belongs, is under a responsibility to strive for the promotion and observance of the rights recognized in the present Covenant,

AGREE upon the following articles:

LES ETATS PARTIES AU PRESENT PACTE,

CONSIDERANT que, conformément aux principes énoncés dans la Charte des Nations Unies, la reconnaissance de la dignité inhérente à tous les membres de la famille humaine et de leurs droits égaux et inaliénables constitue le fondement de la liberté, de la justice et de la paix dans le monde,

RECONNAISSANT que ces droits découlent de la digneté inhérente à la personne humaine,

RECONNAISSANT que, conformément à la Déclaration universelle des droits de l'homme, l'idéal de l'être humain libre, jouissant des libertés civiles et politiques et libéré de la crainte et de la misère, ne peut être réalisé que si des conditions permettant à chacun de jouir de ses droits civils et politiques, aussi bien que de ses droits économiques, sociaux et culturels, sont créés,

CONSIDERANT que la Charte des Nations Unies impose aux Etats l'obligation de promouvoir le respect universel et effectif des droits et des libertés de l'homme,

PRENANT en considération le fait que l'individu a des devoirs envers autrui et envers la collectivité à laquelle il appartient et est tenu de s'efforcer de promouvoir et de respecter les droits reconnus dans le présent Pacte,

SONT CONVENUS des articles suivants:

DIE VERTRAGSSTAATEN DIESES PAKTES,

IN DER ERWÄGUNG, daß nach den in der Charta der Vereinten Nationen verkündeten Grundsätzen die Anerkennung der allen Mitgliedern der menschlichen Gesellschaft innewohnenden Würde und der Gleichheit und Unveräußerlichkeit ihrer Rechte die Grundlage von Freiheit, Gerichtigkeit und Frieden in der Welt bildet,

IN DER ERKENNTNIS, daß sich diese Rechte aus der dem Menschen innewohnenden Würde herleiten,

IN DER ERKENNTNIS, daß nach der Allgemeinen Erklärung der Menschenrechte das Ideal vom freien Menschen, der bürgerliche und politische Freiheit genießt und frei von Furcht und Not lebt, nur verwirklicht werden kann, wenn Verhältnisse geschaffen werden, in denen jeder seine bürgerlichen und politischen Rechte ebenso wie seine wirtschaftlichen, sozialen und kulturellen Rechte genießen kann,

IN DER ERWÄGUNG, daß die Charta der Vereinten Nationen die Staaten verpflichtet, die allgemeine und wirksame Achtung der Rechte und Freiheiten des Menschen zu fördern,

IM HINBLICK DARAUF, daß der einzelne gegenüber seinen Mitmenschen und der Gemeinschaft, der er angehört, Pflichten hat und gehalten ist, für die Förderung und Achtung der in diesem Pakt anerkannten Rechte einzutreten,

VEREINBAREN folgende Artikel:

Part I / Première Partie / Teil I
Article 1 / Article premier / Artikel 1

1. All peoples have the right of self-determination. By virtue of that right they freely determine their political status and freely pursue their economic, social and cultural development.

2. All peoples may, for their own ends, freely dispose of their natural wealth and resources without prejudice to any obligations arising out of international economic co-operation, based upon the principle of mutual benefit, and international law. In no case may a people be deprived of its own means of subsistence.

3. The States Parties to the present Covenant, including those having responsibility for the administration of Non-Self-Governing and Trust Territories, shall promote the realization of the right of self-determination, and shall respect that

1. Tous les peuples ont le droit de disposer d'eux-mêmes. En vertu de ce droit, ils déterminent librement leur statut politique et assurent librement leur dèveloppement économique, social et culturel.

2. Pour atteindre leurs fins, tous les peuples peuvent disposer librement de leurs richesses et de leurs ressources naturelles, sans préjudice des obligations qui découlent de la coopération économique internationale, fondée sur le principe de l'intérêt mutuel, et du droit international. En aucun cas, un peuple ne pourra être privé de ses propres moyens de subsistance.

3. Les Etats parties au présent Pacte, y compris ceux qui ont la responsabilité d'administrer des territoires non autonomes et des Territoires sous tutelle, sont tenus de faciliter la réalisation du droit des peuples à disposer d'eux-

(1) Alle Völker haben das Recht auf Selbstbestimmung. Kraft dieses Rechts entscheiden sie frei über ihren politischen Status und gestalten in Freiheit ihre wirtschaftliche, soziale und kulturelle Entwicklung.

(2) Alle Völker können für ihre eigenen Zwecke frei über ihre natürlichen Reichtümer und Mittel verfügen, unbeschadet aller Verpflichtungen, die aus der internationalen wirtschaftlichen Zusammenarbeit auf der Grundlage des gegenseitigen Wohles sowie aus dem Völkerrecht erwachsen. In keinem Falle darf ein Volk seiner eigenen Existenzmittel beraubt werden.

(3) Die Vertragsstaaten, einschließlich der Staaten, die für die Verwaltung von Gebieten ohne Selbstregierung und von Treuhandgebieten verantwortlich sind, haben entsprechend den Bestimmungen der Charta der Vereinten Nationen die

right, in conformity with the provisions of the Charter of the United Nations.

mêmes, et de respecter ce droit, conformément aux dispositions de la Charte des Nations Unies.

Verwirklichung des Rechts auf Selbstbestimmung zu fördern und dieses Recht zu achten.

Part II
Article 2

1. Each State Party to the present Covenant undertakes to respect and to ensure to all individuals within its territory and subject to its jurisdiction the rights recognized in the present Covenant, without distinction of any kind, such as race, colour, sex, language, religion, political or other opinion, national or social origin, property, birth or other status.

2. Where not already provided for by existing legislative or other measures, each State Party to the present Covenant undertakes to take the necessary steps, in accordance with its constitutional processes and with the provisions of the present Covenant, to adopt such legislative or other measures as may be necessary to give effect to the rights recognized in the present Covenant.

3. Each State Party to the present Covenant undertakes:

(a) To ensure that any person whose rights or freedoms as herein recognized are violated shall have an effective remedy, notwithstanding that the violation has been committed by persons acting in an official capacity;

(b) To ensure that any person claiming such a remedy shall have his right thereto determined by competent judicial, administrative or legislative authorities, or by any other competent authority provided for by the legal system of the State, and to develop the possibilities of judicial remedy;

(c) To ensure that the competent authorities shall enforce such remedies when granted.

Article 3

The State Parties to the present covenant undertake to ensure the equal right of men and women to the enjoyment of all civil and political rights set forth in the present Covenant.

Deuxième Partie
Article 2

1. Les Etats parties au présent Pacte s'engagent à respecter et à garantir à tous les individus se trouvant sur leur territoire et relevant de leur compétence les droits reconnus dans le présent Pacte, sans distinction aucune, notamment de race, de couleur, de sexe, de langue, de religion, d'opinion politique ou de toute autre opinion d'origine nationale ou sociale, de fortune, de naissance ou de toute autre situation.

2. Les Etats parties au présent Pacte s'engagent à prendre, en accord avec leurs procédures constitutionelles et avec les dispositions du présent Pacte, les arrangements devant permettre l'adoption de telles mesures d'ordre législatif ou autre, propres à donner effet aux droits reconnus dans le présent Pacte qui ne seraient pas déjà en vigueur.

3. Les Etats parties au présent Pacte s'engagent à:

a) Garantir que toute personne dont les droits et libertés reconnus dans le présent Pacte auront été violeés disposera d'un recours utile, alors même que la violation aurait été commise par des personnes agissant dans l'exercice de leurs fonctions officielles;

b) Garantir que l'autorité compétente, judiciaire, administrative ou législative ou toute autre autorité compétente selon la législation de l'Etat, statuera sur les droits de la personne qui forme le recours et à développer les possibilités de recours juridictionnel;

c) Garantir la bonne suite donnée par les autorités compétentes à tout recours qui aura été reconnu justifié.

Article 3

Les Etats parties au présent Pacte s'engagent à assurer le droit égal des hommes et des femmes de jouir de tous les droits civils et politiques énoncés dans le présent Pacte.

Teil II
Artikel 2

(1) Jeder Vertragsstaat verpflichtet sich, die in diesem Pakt anerkannten Rechte zu achten und sie allen in seinem Gebiet befindlichen und seiner Herrschaftsgewalt unterstehenden Personen ohne Unterschied wie insbesondere der Rasse, der Hautfarbe des Geschlechts, der Sprache, der Religion, der politischen oder sonstigen Anschauung, der nationalen oder sozialen Herkunft, des Vermögens, der Geburt oder des sonstigen Status zu gewährleisten.

(2) Jeder Vertragsstaat verpflichtet sich, im Einklang mit seinem verfassungsmäßigen Verfahren und mit den Bestimmungen dieses Paktes die erforderlichen Schritte zu unternehmen, um die gesetzgeberischen oder sonstigen Vorkehrungen zu treffen, die notwendig sind, um den in diesem Pakt anerkannten Rechten Wirksamkeit zu verleihen, soweit solche Vorkehrungen nicht bereits getroffen worden sind.

(3) Jeder Vertragsstaat verpflichtet sich,

a) dafür Sorge zu tragen, daß jeder, der in seinen in diesem Pakt anerkannten Rechten oder Freiheiten verletzt worden ist, das Recht hat, eine wirksame Beschwerde einzulegen, selbst wenn die Verletzung von Personen begangen worden ist, die in amtlicher Eigenschaft gehandelt haben;

b) dafür Sorge zu tragen, daß jeder, der eine solche Beschwerde erhebt, sein Recht durch das zuständige Gerichts-, Verwaltungs- oder Gesetzgebungsorgan oder durch eine andere, nach den Rechtsvorschriften des Staates zuständige Stelle feststellen lassen kann, und den gerichtlichen Rechtsschutz auszubauen;

c) dafür Sorge zu tragen, daß die zuständigen Stellen Beschwerden, denen stattgegeben wurde, Geltung verschaffen.

Artikel 3

Die Vertragsstaaten verpflichten sich, die Gleichberechtigung von Mann und Frau bei der Ausübung aller in diesem Pakt festgelegten bürgerlichen und politischen Rechte sicherzustellen.

Aricle 4

1. In time of public emergency which threatens the life of the nation and the existence of which is officially proclaimed, the States Parties to the present Covenant may take measures derogating from their obligations under the present Covenant to the extent strictly required by the exigencies of the situation, provided that such measures are not inconsistent with their other obligations under international law and do not involve discrimination solely on the ground of race, colour, sex, language, religion or social origin.

2. No derogation from article 6, 7, 8 (paragraphs 1 and 2), 11, 15, 16 and 18 may be made under this provision.

3. Any State Party to the present Covenant availing itself of the right of derogation shall immediately inform the other States Parties to the present Covenant, through the intermediary of the Secretary-General of the United Nations, of the provisions from which it has derogated and of the reasons by which it was actuated. A further communication shall be made, through the same intermediary, on the date on which it terminates such derogation.

Article 5

1. Nothing in the present Covenant may be interpreted as implying for any State, group or person any right to engage in any activity or perform any act aimed at the destruction of any of the rights and freedoms recognized herein or at their limitation to a greater extent than is provided for in the present Covenant.

2. There shall be no restriction upon or derogation from any of the fundamental human rights recognized or existing in any State Party to the present Covenant pursuant to law, conventions, regulations or custom on the pretext that the present Covenant does not recognize such rights or that it recognizes them to a lesser extent.

Part III

Article 6

1. Every human being has the inherent right to life. This right shall be protected by law. No one shall be arbitrarily deprived of his life.

2. In countries which have not abol-

Article 4

1. Dans le cas où danger public exceptionnel menace l'existence de la nation et est proclamé par un acte officiel, les Etats parties au présent Pacte peuvent prendre, dans la stricte mesure où la situation l'exige, des mesures dérogeant aux obligations prévues dans le présent Pacte, sous réserve que ces mesures ne soient pas incompatibles avec les autres obligations que leur impose le droit international et qu'elles n'entraînent pas une discrimination fondée uniquement sur la race, la couleur, le sexe, la langue, la religion ou l'origine sociale.

2. La disposition précédente n'autorise aucune dérogation aux article 6, 7, 8 (Par. 1 et 2), 11, 15, 16 et 18.

3. Les Etats parties au présent Pacte qui usent du droit de dérogation doivent, par l'entremise du Secrétaire général de l'Organisation des Nations Unies, signaler aussitôt aux autres Etats parties les dispositions auxquelles ils ont dérogé ainsi que les motifs qui ont provoqué cette dérogation. Une nouvelle communication sera faite par la même entremise, à la date à laquelle ils ont mis fin à ces dérogations.

Article 5

1. Aucune disposition du présent Pacte ne peut être interprétée comme impliquant pour un Etat, un groupement ou un individu, un droit quelconque de se livrer à une activité ou d'accomplir un acte visant à la destruction des droits et des libertés reconnus dans le présent Pacte ou à des limitations plus amples que celles prévues audit Pacte.

2. Il ne peut être admis aucune restriction ou dérogation aux droits fondamentaux de l'homme reconnus ou en vigueur dans tout Etat partie au présent Pacte en application de lois, de conventions, de règlements ou de coutumes, sous prétexte que le présent Pacte ne les reconnaît pas ou les reconnaît à un moindre degré.

Troisième Partie

Article 6

1. Le droit à la vie est inhérent à la personne humaine. Ce droit doit être protégé par la loi. Nul ne peut être arbitrairement privé de la vie.

2. Dans les pays où la peine de mort

Artikel 4

(1) Im Falle eines öffentlichen Notstandes, der das Leben der Nation bedroht und der amtlich verkündet ist, können die Vertragsstaaten Maßnahmen ergreifen, die ihre Verpflichtungen aus diesem Pakt in dem Umfang, den die Lage unbedingt erfordert, außer Kraft setzen, vorausgesetzt, daß diese Maßnahmen ihren sonstigen völkerrechtlichen Verpflichtungen nicht zuwiderlaufen und keine Diskriminierung allein wegen der Rasse, der Hautfarbe, des Geschlechts, der Sprache, der Religion oder der sozialen Herkunft enthalten.

(2) Auf Grund der vorstehenden Bestimmung dürfen die Artikel 6, 7, 8 (Absätze 1 und 2), 11, 15, 16 und 18 nicht außer Kraft gesetzt werden.

(3) Jeder Vertragsstaat, der das Recht, Verpflichtungen außer Kraft zu setzen, ausübt, hat den übrigen Vertragsstaaten durch Vermittlung des Generalsekretärs der Vereinten Nationen unverzüglich mitzuteilen, welche Bestimmungen er außer Kraft gesetzt hat und welche Gründe ihn dazu veranlaßt haben. Auf demselben Wege ist durch eine weitere Mitteilung der Zeitpunkt anzugeben, in dem eine solche Maßnahme endet.

Artikel 5

(1) Keine Bestimmung dieses Paktes darf dahin ausgelegt werden, daß sie für einen Staat, eine Gruppe oder eine Person das Recht begründet, eine Tätigkeit auszuüben oder eine Handlung zu begehen, die auf die Abschaffung der in diesem Pakt anerkannten Rechte und Freiheiten oder auf weitergehende Beschränkungen dieser Rechte und Freiheiten, als in dem Pakt vorgesehen, hinzielt.

(2) Die in einem Vertragsstaat durch Gesetze, Übereinkommen, Verordnungen oder durch Gewohnheitsrecht anerkannten oder bestehenden grundlegenden Menschenrechte dürfen nicht unter dem Vorwand beschränkt oder außer Kraft gesetzt werden, daß dieser Pakt derartige Rechte nicht oder nur in einem geringeren Ausmaße anerkenne.

Teil III

Artikel 6

(1) Jeder Mensch hat ein angeborenes Recht auf Leben. Dieses Recht ist gesetzlich zu schützen. Niemand darf willkürlich seines Lebens beraubt werden.

(2) In Staaten, in denen die Todesstrafe

ished the death penalty, sentence of death may be imposed only for the most serious crimes in accordance with the law in force at the time of the commission of the crime and not contrary to the provisions of the present Covenant and to the Convention on the Prevention and Punishment of the Crime of Genocide. This penalty can only be carried out pursuant to a final judgement rendered by a competent court.

3. When deprivation of life constitutes the crime of genocide, it is understood that nothing in this article shall authorize any State Party to the present Covenant to derogate in any way from any obligation assumed under the provisions of the Convention on the Prevention and Punishment of the Crime of Genocide.

4. Anyone sentenced to death shall have the right to seek pardon or commutation of the sentence. Amnesty, pardon or commutation of the sentence of death may be granted in all cases.

5. Sentence of death shall not be imposed for crimes committed by persons below eighteen years of age and shall not be carried out on pregnant women.

6. Nothing in this article shall be invoked to delay or to prevent the abolition of capital punishment by any State Party to the present Covenant.

Article 7

No one shall be subjected to torture or to cruel, inhuman or degrading treatment or punishment. In particular, no one shall be subjected without his free consent to medical or scientific experimentation.

Article 8

1. No one shall be held in slavery; slavery and the slave-trade in all their forms shall be prohibited.

2. No one shall be held in servitude.

3. (a) No one shall be required to perform forced or compulsory labour;

(b) Paragraph 3 (a) shall not be held to preclude, in countries where imprisonment with hard labour may be imposed as a punishment for a crime, the performance of hard labour in pursuance of a

---

n'a pas été abolie, une sentence de mort ne peut être prononcée que pour les crimes les plus graves, conformément à la législation en vigueur au moment où le crime a été commis et qui ne doit pas être en contradiction avec les dispositions du prrésent Pacte, ni avec la Convention pour la prévention et la répression du crime de génocide. Cette peine ne peut être appliquée qu'en vertu d'un jugement définitif rendu par un tribunal compétent.

3. Lorsque la privation de la vie constitue le crime de génocide, il est entendu qu'aucune disposition du présent article n'autorise un Etat partie au présent Pacte à déroger d'aucune manière à une obligation quelconque assumée en vertu des dispositions de la Convention pour la prévention et la répression du crime de génocide.

4. Tout condamné à mort a le droit de solliciter la grâce ou la commutation de la peine. L'amnistie, la grâce ou la commutation de la peine de mort peuvent dans tous les cas être accordées.

5. Une sentence de mort ne peut être imposée pour des crimes commis par des personnes âgées de moins de 18 ans et ne peut être exécutée contre des femmes enceintes.

6. Aucune disposition du présent article ne peut être invoquée pour retarder ou empêcher l'abolition de la peine capitale par un Etat partie au présent Pacte.

Article 7

Nul ne sera soumis à la torture ni à des peines ou traitements cruels, inhumains ou dégradants. En particulier, il est interdit de soumettre une personne sans son libre consentement à une expérience médicale ou scientifique.

Article 8

1. Nul ne sera tenu en esclavage; l'esclavage et la traite des esclaves, sous toutes leurs formes, sont interdits.

2. Nul ne sera tenu en servitude.

3. a) Nul ne sera astreint à accomplir un travail forcé ou obligatoire;

b) L'alinéa a du présent paragraphe ne saurait être interprété comme interdisant, dans les pays où certains crimes peuvent être punis de détention accompagnée de travaux forcés, l'accomplissement d'une

---

nicht abgeschafft worden ist, darf ein Todesurteil nur für schwerste Verbrechen auf Grund von Gesetzen verhängt werden, die zur Zeit der Begehung der Tat in Kraft waren und die den Bestimmungen dieses Paktes und der Konvention über die Verhütung und Bestrafung des Völkermordes nicht widersprechen. Diese Strafe darf nur auf Grund eines von einem zuständigen Gericht erlassenen rechtskräftigen Urteils vollstreckt werden.

(3) Erfüllt die Tötung den Tatbestand des Völkermordes, so ermächtigt dieser Artikel die Vertragsstaaten nicht, sich in irgendeiner Weise einer Verpflichtung zu entziehen, die sie nach den Bestimmungen der Konvention über die Verhütung und Bestrafung des Völkermordes übernommen haben.

(4) Jeder zum Tode Verurteilte hat das Recht, um Begnadigung oder Umwandlung der Strafe zu bitten. Amnestie, Begnadigung oder Umwandlung der Todesstrafe kann in allen Fällen gewährt werden.

(5) Die Todesstrafe darf für strafbare Handlungen, die von Jugendlichen unter 18 Jahren begangen worden sind, nicht verhängt und an schwangeren Frauen nicht vollstreckt werden.

(6) Keine Bestimmung dieses Artikels darf herangezogen werden, um die Abschaffung der Todesstrafe durch einen Vertragsstaat zu verzögern oder zu verhindern.

Artikel 7

Niemand darf der Folter oder grausamer, unmenschlicher oder erniedrigender Behandlung oder Strafe unterworfen werden. Insbesondere darf niemand ohne seine freiwillige Zustimmung medizinischen oder wissenschaftlichen Versuchen unterworfen werden.

Artikel 8

(1) Niemand darf in Sklaverei gehalten werden; Sklaverei und Sklavenhandel in allen ihren Formen sind verboten.

(2) Niemand darf in Leibeigenschaft gehalten werden.

(3) a) Niemand darf gezwungen werden, Zwangs- oder Pflichtarbeit zu verrichten;

b) Buchstabe a ist nicht so auszulegen, daß er in Staaten, in denen bestimmte Straftaten mit einem mit Zwangsarbeit verbundenen Freiheitsentzug geahndet werden können, die Leistung von

---

Esser

sentence to such punishment by a competent court;

(c) For the purpose of this paragraph the term "forced or compulsory labour" shall not include:

(i) Any work or service, not referred to in sub-paragraph (b), normally required of a person who is under detention in consequence of a lawful order of a court, or of a person during conditional release from such detention;

(ii) Any service of a military character and, in countries where conscientious objection is recognized, any national service required by law of conscientious objectors;

(iii) Any service exacted in cases of emergency or calamity threatening the life or well-being of the community;

(iv) Any work or service which forms part of normal civil obligations.

Article 9

1. Everyone has the right to liberty and security of person. No one shall be subjected to arbitrary arrest or detention. No one shall be deprived of his liberty except on such grounds and in accordance with such procedure as are established by law.

2. Anyone who is arrested shall be informed, at the time of arrest, of the reasons for his arrest and shall be promptly informed of any charges against him.

3. Anyone arrested or detained on a criminal charge shall be brought promptly before a judge or other officer authorized by law to exercise judicial power and shall be entitled to trial within a reasonable time or to release. It shall not be the general rule that persons awaiting trial shall be detained in custody, but release may be subject to guarantees to appear for trial, at any other stage of the judicial proceedings, and, should occasion arise, for execution of the judgement.

4. Anyone who is deprived of his liberty

---

peine de travaux forcés, infligée par un tribunal compétent;

c) N'est pas considéré comme »travail forcé ou obligatoire« au sens du présent paragraphe:

i) Tout travail ou service, non visé à l'alinéa b, normalement requis d'un individu qui est détenu en vertu d'une décision de justice régulière ou qui, ayant fait l'objet d'une telle décision, est libéré conditionnellement;

ii) Tout service de caractère militaire et, dans les pays où l'objection de conscience est admise, tout service national exigé des objecteurs de conscience en vertu de la loi;

iii) Tout service exigé dans les cas de force majeure ou de sinistres qui menacent la vie ou le bienêtre de la communauté;

iv) Tout travail ou tout service formant partie des obligations civiques normales.

Article 9

1. Tout individu a droit à la liberté et à la sécurité de sa personne. Nul ne peut faire l'objet d'une arrestation ou d'une détention arbitraires. Nul ne peut être privé de sa liberté, si ce n'est pour des motifs et conformément à la procédure prévus par la loi.

2. Tout individu arrêté sera informé, au moment de son arrestation, des raisons de cette arrestation et recevra notification, dans le plus court délai, de toute accusation portée contre lui.

3. Tout individu arrêté ou détenu du chef d'une infraction pénale sera traduit dans le plus court délai devant un juge ou une autre autorité habilitée par la loi à exercer des fonctions judiciaires, et devra être jugé dans un délai raisonnable ou libéré. La détention de personnes qui attendent de passer en jugement ne doit pas être de règle, mais la mise en liberté peut être subordonnée à des garanties assurant la comparution de l'intéressé à l'audience, à tous les autres actes de la procédure et, le cas échéant, pour l'exécution du jugement.

4. Quiconque se trouve privé de sa li-

Zwangsarbeit auf Grund einer Verurteilung durch ein zuständiges Gericht ausschließt;

c) als „Zwangs- oder Pflichtarbeit" im Sinne dieses Absatzes gilt nicht

i) jede nicht unter Buchstabe b genannte Arbeit oder Dienstleistung, die normalerweise von einer Person verlangt wird, der auf Grund einer rechtmäßigen Gerichtsentscheidung die Freiheit entzogen oder die aus einem solchen Freiheitsentzug bedingt entlassen worden ist;

ii) jede Dienstleistung militärischer Art sowie in Staaten, in denen die Wehrdienstverweigerung aus Gewissensgründen anerkannt wird, jede für Wehrdienstverweigerer gesetzlich vorgeschriebene nationale Dienstleistung;

iii) jede Dienstleistung im Falle von Notständen oder Katastrophen, die das Leben oder das Wohl der Gemeinschaft bedrohen;

iv) jede Arbeit oder Dienstleistung, die zu den normalen Bürgerpflichten gehört.

Artikel 9

(1) Jedermann hat ein Recht auf persönliche Freiheit und Sicherheit. Niemand darf willkürlich festgenommen oder in Haft gehalten werden. Niemand darf seine Freiheit entzogen werden, es sei denn aus gesetzlich bestimmten Gründen und unter Beachtung des im Gesetz vorgeschriebenen Verfahrens.

(2) Jeder Festgenommene ist bei seiner Festnahme über die Gründe der Festnahme zu unterrichten und die gegen ihn erhobenen Beschuldigungen sind ihm unverzüglich mitzuteilen.

(3) Jeder, der unter dem Vorwurf einer strafbaren Handlung festgenommen worden ist oder in Haft gehalten wird, muß unverzüglich einem Richter oder einer anderen gesetzlich zur Ausübung richterlicher Funktionen ermächtigten Amtsperson vorgeführt werden und hat Anspruch auf ein Gerichtsverfahren innerhalb angemessener Frist oder auf Entlassung aus der Haft. Es darf nicht die allgemeine Regel sein, daß Personen, die eine gerichtliche Aburteilung erwarten, in Haft gehalten werden, doch kann die Freilassung davon abhängig gemacht werden, daß für das Erscheinen zur Hauptverhandlung oder zu jeder anderen Verfahrenshandlung und gegebenenfalls zur Vollstreckung des Urteils Sicherheit geleistet wird.

(4) Jeder, dem seine Freiheit durch

---

by arrest or detention shall be entitled to take proceedings before a court, in order that that court may decide without delay on the lawfulness of his detention and order his release if the detention is not lawful.

5. Anyone who has been the victim of unlawful arrest or detention shall have an enforceable right to compensation.

Article 10

1. All persons deprived of their liberty shall be treated with humanity and with respect for the inherent dignity of the human person.

2. (a) Accused persons shall, save in exceptional circumstances, be segregated from convicted persons and shall be subject to separate treatment appropriate to their status as unconvicted persons;

(b) Accused juvenile persons shall be separated from adults and brought as speedily as possible for adjudication.

3. The penitentiary system shall comprise treatment of prisoners the essential aim of which shall be their reformation and social rehabilitation. Juvenile offenders shall be segregated from adults and be accorded treatment appropriate to their age and legals status.

Article 11

No one shall be imprisoned merely on the ground of inability to fulfil a contractual obligation.

Article 12

1. Everyone lawfully within the territory of a State shall, within that territory, have the right to liberty of movement and freedom to choose his residence.

2. Everyone shall be free to leave any country, including his own.

3. The above-mentioned rights shall not be subject to any restrictions except those which are provided by law, are necessary to protect national security, public order (ordre public), public health or morals or the rights and freedoms of others, and are consistent with the other rights recognized in the present Covenant.

4. No one shall be arbitrarily deprived of the right to enter his own country.

berté par arrestation ou détention a le droit d'introduire un recours devant un tribunal afin que celui-ci statue sans délai sur la légalité de sa détention et ordonne sa libération si la détention est illégale.

5. Tout individu victime d'arrestation ou de détention illégales a droit à réparation.

Article 10

1. Toute personne privée de sa liberté est traitée avec humanité et avec le respect de la dignité inhérente à la personne humaine.

2. a) Les prévenus sont, sauf dans des circonstances exceptionnelles, séparés des condamnés et sont soumis à un régime distinct, approprié à leur condition de personnes non condamnées;

b) Les jeunes prévenus sont séparés des adultes et il est décidéde leur cas aussi rapidement que possible.

3. Le régime pénitentiaire comporte un traitement des condamnés dont le but essentiel est leur amendement et leur reclassement social. Les jeunes délinquants sont séparés des adultes et soumis à un régime approprié à leur âge et à leur statut légal.

Article 11

Nul ne peut être emprisonné pour la seule raison qu'il n'est pas en mesure d'exécuter une obligation contractuelle.

Article 12

1. Quiconque se trouve légalement sur le territoire d'un Etat a le droit d'y circuler librement et d'y choisir librement sa résidence.

2. Toute personne est libre de quitter n'importe quel pays, y compris le sien.

3. Les droits mentionnés ci-dessus ne peuvent être l'objet de restrictions que si celles-ci sont prévues par la loi, nécessaires pour protéger la sécurité nationale, l'ordre public, la santé ou la moralité publiques, ou les droits et libertés d'autrui, et compatibles avec les autres droits reconnus par le présent Pacte.

4. Nul ne peut être arbitrairement privé du droit d'entrer dans son propre pays.

Festnahme oder Haft entzogen ist, hat das Recht, ein Verfahren vor einem Gericht zu beantragen, damit dieses unverzüglich über die Rechtmäßigkeit der Freiheitsentziehung entscheiden und seine Entlassung anordnen kann, falls die Freiheitsentziehung nicht rechtmäßig ist.

(5) Jeder, der unrechtmäßig festgenommen oder in Haft gehalten worden ist, hat einen Anspruch auf Entschädigung.

Artikel 10

(1) Jeder, dem seine Freiheit entzogen ist, muß menschlich und mit Achtung vor der dem Menschen innewohnenden Würde behandelt werden.

(2) a) Beschuldigte sind, abgesehen von außergewöhnlichen Umständen, von Verurteilten getrennt unterzubringen und so zu behandeln, wie es ihrer Stellung als Nichtverurteilte entspricht;

b) jugendliche Beschuldigte sind von Erwachsenen zu trennen, und es hat so schnell wie möglich ein Urteil zu ergehen.

(3) Der Strafvollzug schließt eine Behandlung der Gefangenen ein, die vornehmlich auf ihre Besserung und gesellschaftliche Wiedereingliederung hinzielt. Jugendliche Straffällige sind von Erwachsenen zu trennen und ihrem Alter und ihrer Rechtsstellung entsprechend zu behandeln.

Artikel 11

Niemand darf nur deswegen in Haft genommen werden, weil er nicht in der Lage ist, eine vertragliche Verpflichtung zu erfüllen.

Artikel 12

(1) Jedermann, der sich rechtmäßig im Hoheitsgebiet eines Staates aufhält, hat das Recht, sich dort frei zu bewegen und seinen Wohnsitz frei zu wählen.

(2) Jedermann steht es frei, jedes Land einschließlich seines eigenen zu verlassen.

(3) Die oben erwähnten Rechte dürfen nur eingeschränkt werden, wenn dies gesetzlich vorgesehen und zum Schutz der nationalen Sicherheit, der öffentlichen Ordnung (ordre public), der Volksgesundheit, der öffentlichen Sittlichkeit oder der Rechte und Freiheiten anderer notwendig ist und die Einschränkungen mit den übrigen in diesem Pakt anerkannten Rechten vereinbar sind.

(4) Niemand darf willkürlich das Recht entzogen werden, in sein eigenes Land einzureisen.

Article 13

An alien lawfully in the territory of a State Party to the present Covenant may be expelled therefrom only in pursuance of a decision reached in accordance with law and shall, except where compelling reasons of national security otherwise require, be allowed to submit the reasons against his expulsion and to have his case reviewed by, and be represented for the purpose before, the competent authority or a person or persons especially designated by the competent authority.

Article 14

1. All persons shall be equal before the courts and tribunals. In the determination of any criminal charge against him, or of his rights and obligations in a suit at law, everyone shall be entitled to a fair and public hearing by a competent, independent and impartial tribunal established by law. The Press and the public may be excluded from all or part of a trial for reasons of morals, public order (ordre public) or national security in a democratic society, or when the interest of the private lives of the parties so requires, or to the extent strictly necessary in the opinion of the court in special circumstances where publicity would prejudice the interests of justice; but any judgement rendered in a criminal case or in a suit at law shall be made public except where the interest of juvenile persons otherwise requires or the proceedings concern matrimonial disputes or the guardianship of children.

2. Everyone charged with a criminal offence shall have the right to be presumed innocent until proved guilty according to law.

3. In the determination of any criminal charge against him, everyone shall be entitled to the following minimum guarantees, in full equality:

(a) To be informed promptly and in detail in a language which he understands of the nature and cause of the charge against him;

(b) To have adequate time and facilities for the preparation of his defence and to

Article 13

Un étranger qui se trouve légalement sur le territoire d'un Etat partie au présent Pacte ne peut en être expulsé qu'en exécution d'une décision prise conformément à la loi et, à moins que des raisons impérieuses de sécurité nationale ne s'y opposent, il doit avoir la possibilité de faire valoir les raisons qui militent contre son expulsion et de faire examiner son cas par l'autorité compétente, ou par une ou plusieurs personnes spécialement désignées par ladite autorité, en se faisant représenter à cette fin.

Article 14

1. Tous sont égaux devant les tribunaux et les cours de justice. Toute personne a droit à ce que sa cause soit entendue équitablement et publiquement par un tribunal compétent, indépendant et impartial, établi par la loi, qui décidera soit du bien-fondé de toute accusation en matière pénale dirigée contre elle, soit des contestations sur ses droits et obligations de caractère civil. Le huis-clos peut être prononcé pendant la totalité ou une partie du procès soit dans l'intérêt des bonnes mœurs, de l'ordre public ou de la sécurité nationale dans une société démocratique, soit lorsque l'intérêt de la vie privée des parties en cause l'exige, soit encore dans la mesure où le tribunal l'estimera absolument nécessaire, lorsqu'en raison des circonstances particulières de l'affaire la publicité nuirait aux intérêt de la justice; cependant, tout jugement rendu en matière pénale ou civile sera public, sauf si l'intérêt de mineurs exige qu'il en soit autrement ou si le procès porte sur des différends matrimoniaux ou sur la tutelle des enfants.

2. Toute personne accusée d'une infraction pénale est présumée innocente jusqu'à ce que sa culpabilité ait été légalement établie.

3. Toute personne accusée d'une infraction pénale a droit, en pleine égalité, au moins aux garanties suivantes:

a) A être informée, dans le plus court délai, dans une langue qu'elle comprend et de façon détaillée, de la nature et des motifs de l'accusation portée contre elle;

b) A disposer du temps et des facilités nécessaires à la préparation de sa

Artikel 13

Ein Ausländer, der sich rechtmäßig im Hoheitsgebiet eines Vertragsstaates aufhält, kann aus diesem nur auf Grund einer rechtmäßig ergangenen Entscheidung ausgewiesen werden, und es ist ihm, sofern nicht zwingende Gründe der nationalen Sicherheit entgegenstehen, Gelegenheit zu geben, die gegen seine Ausweisung sprechenden Gründe vorzubringen und diese Entscheidung durch die zuständige Behörde oder durch eine oder mehrere von dieser Behörde besonders bestimmte Personen nachprüfen und sich dabei vertreten zu lassen.

Artikel 14

(1) Alle Menschen sind vor Gericht gleich. Jedermann hat Anspruch darauf, daß über eine gegen ihn erhobene strafrechtliche Anklage oder seine zivilrechtlichen Ansprüche und Verpflichtungen durch ein zuständiges, unabhängiges, unparteiisches und auf Gesetz beruhendes Gericht in billiger Weise und öffentlich verhandelt wird. Aus Gründen der Sittlichkeit, der öffentlichen Ordnung (ordre public) oder der nationalen Sicherheit in einer demokratischen Gesellschaft oder wenn es im Interesse des Privatlebens der Parteien erforderlich ist oder — soweit dies nach Auffasung des Gerichts unbedingt erforderlich ist — unter besonderen Umständen, in denen die Öffentlichkeit des Verfahrens die Interessen der Gerechtigkeit beeinträchtigen würde, können Presse und Öffentlichkeit während der ganzen oder eines Teils der Verhandlung ausgeschlossen werden; jedes Urteil in einer Straf- oder Zivilsache ist jedoch öffentlich zu verkünden, sofern nicht die Interessen Jugendlicher dem entgegenstehen oder das Verfahren Ehestreitigkeiten oder die Vormundschaft über Kinder betrifft.

(2) Jeder wegen einer strafbaren Handlung Angeklagte hat Anspruch darauf, bis zu dem im gesetzlichen Verfahren erbrachten Nachweis seiner Schuld als unschuldig zu gelten.

(3) Jeder wegen einer strafbaren Handlung Angeklagte hat in gleicher Weise im Verfahren Anspruch auf folgende Mindestgarantien:

a) Er ist unverzüglich und im einzelnen in einer ihm verständlichen Sprache über Art und Grund der gegen ihn erhobenen Anklage zu unterrichten;

b) er muß hinreichend Zeit und Gelegenheit zur Vorbereitung seiner Verteidi-

communicate with counsel of his own choosing;

(c) To be tried without undue delay;

(d) To be tried in his presence, and to defend himself in person or through legal assistance of his own choosing; to be informed, if he does not have legal assistance, of this right; and to have legal assistance assigned to him, in any case where the interests of justice so require, and without payment by him in any such case if he does not have sufficient means to pay for it;

(e) To examine, or have examined, the witnesses against him and to obtain the attendance and examination of witnesses on his behalf under the same conditions as witnesses against him;

(f) To have the free assistance of an interpreter if he cannot understand or speak the language used in court;

(g) Not to be compelled to testify against himself or to confess guilt.

4. In the case of juvenile persons, the procedure shall be such as will take account of their age and the desirability of promoting their rehabilitation.

5. Everyone convicted of a crime shall have the right to his conviction and sentence being reviewed by a higher tribunal according to law.

6. When a person has by a final decision been convicted of a criminal offence and when subsequently his conviction has been reversed or he has been pardoned on the ground that a new or newly discovered fact shows conclusively that there has been a miscarriage of justice, the person who has suffered punishment as a result of such conviction shall be compensated according to law, unless it is proved that the non-disclosure of the unknown fact in time is wholly or partly attributable to him.

7. No one shall be liable to be tried or punished again for an offence for which he has already been finally convicted or acquitted in accordance with the law and penal procedure of each country.

défense et à communiquer avec le conseil de son choix;

c) A être jugée sans retard excessif;

c) A être présente au procès et à se défendre elle-même ou à avoir l'assistance d'un défenseur de son choix; si elle n'a pas de défenseur, à être informée de son droit d'en avoir un, et, chaque fois que l'intérêt de la justice l'exige, à se voir attribuer d'office un défenseur, sans frais, si elle n'a pas les moyens de le rémunérer;

e) A interroger ou faire interroger les témoins à charge et à obentir la comparution et l'interrogatoire des témoins à décharge dans les mêmes conditions que les témoins à charge;

f) A se faire assister gratuitement d'un interprète si elle ne comprend pas ou ne parle pas la langue employée à l'audience;

g) A ne pas être forcée de témoigner contre elle-même ou de s'avouer coupable.

4. La procédure applicable aux jeunes gens qui ne sont pas encore majeurs au regard de la loi pénale tiendra compte de leur âge et de l'intérêt que présente leur rééducation.

5. Toute personne déclarée coupable d'une infraction a le droit de faire examiner par une juridiction supérieure la déclaration de culpabilité et la condamnation, conformément à la loi.

6. Lorsqu'une condamnation pénale définitive est ultérieurement annulée ou lorsque la grâce est accordée parce qu'un fait nouveau ou nouvellement révélé prouve qu'ils s'est produit une erreur judiciaire, la personne qui a subi une peine à raison de cette condamnation sera indemnisée, conformément à la loi, à moins qu'il ne soit prouvé que la non-révélation en temps utile du fait inconnu lui est imputable en tout ou partie.

7. Nul ne peut être poursuivi ou puni en raison d'une infraction pour laquelle il a déjà été acquitté ou condamné par un jugement définitif conformément à la loi et à la procédure pénale de chaque pays.

gung und zum Verkehr mit einem Verteidiger seiner Wahl haben;

c) es muß ohne unangemessene Verzögerung ein Urteil gegen ihn ergehen;

d) er hat das Recht, bei der Verhandlung anwesend zu sein und sich selbst zu verteidigen oder durch einen Verteidiger seiner Wahl verteidigen zu lassen; falls er keinen Verteidiger hat, ist er über das Recht, einen Verteidiger in Anspruch zu nehmen, zu unterrichten; fehlen ihm die Mittel zur Bezahlung eines Verteidigers, so ist ihm ein Verteidiger unentgeltlich zu bestellen, wenn dies im Interesse der Rechtspflege erforderlich ist;

e) er darf Frangen an die Belastungszeugen stellen oder stellen lasen und das Erscheinen und die Vernehmung der Entlastungszeugen unter den für die Belastungszeugen geltenden Bedingungen erwirken;

f) er kann die unentgeltliche Beiziehung eines Dolmetschers verlangen, wenn er die Verhandlungssprache des Gerichts nicht versteht oder spricht;

g) er darf nicht gezwungen werden, gegen sich selbst als Zeuge auszusagen oder sich schuldig zu bekennen.

(4) Gegen Jugendliche ist das Verfahren in einer Weise zu führen, die ihrem Alter entspricht und ihre Wiedereingliederung in die Gesellschaft fördert.

(5) Jeder, der wegen einer strafbaren Handlung verurteilt worden ist, hat das Recht, das Urteil entsprechend dem Gesetz durch ein höheres Gericht nachprüfen zu lassen.

(6) Ist jemand wegen einer strafbaren Handlung rechtskräftig verurteilt und ist das Urteil später aufgehoben oder der Verurteilte begnadigt worden, weil eine neue oder neu bekannt gewordenen Tatsache schlüssig beweist, daß ein Fehlurteil vorlag, so ist derjenige, der auf Grund eines solchen Urteils eine Strafe verbüßt hat, entsprechend dem Gesetz zu entschädigen, sofern nicht nachgewiesen wird, daß das nicht rechtzeitige Bekanntwerden der betreffenden Tatsache ganz oder teilweise ihm zuzuschreiben ist.

(7) Niemand darf wegen einer strafbaren Handlung, wegen der er bereits nach dem Gesetz und dem Strafverfahrensrecht des jeweiligen Landes rechtskräftig verurteilt oder freigesprochen worden ist, erneut verfolgt oder bestraft werden.

Article 15

1. No one shall be held guilty of any criminal offence on account of any act or omission which did not constitute a criminal offence, under national or international law, at the time when it was committed. Nor shall a heavier penalty be imposed than the one that was applicable at the time when the criminal offence was committed. If, subsequent to the commission of the offence, provision is made by law for the imposition of a lighter penalty, the offender shall benefit thereby.

2. Nothing in this article shall prejudice the trial and punishment of any person for any act or omission which, at the time when it was committed, was criminal according to the general principles of law recognized by the community of nations.

Article 16

Everyone shall have the right to recognition everywhere as a person before the law.

Article 17

1. No one shall be subjected to arbitrary or unlawful interference with his privacy, family, home or correspondence, nor to unlawful attacks on his honour and reputation.

2. Everyone has the right to the protection of the law against such interference or attacks.

Article 18

1. Everyone shall have the right to freedom of thought, conscience and religion. This right shall include freedom to have or to adopt a religion or belief of his choice, and freedom, either individually or in community with others and in public or private, to manifest his religion or belief in worship, observance, practice and teaching.

2. No one shall be subject to coercion which would impair his freedom to have or to adopt a religion or belief of his choice.

3. Freedom to manifest one's religion or beliefs may be subject only to such limitations as are prescribed by law and are necessary to protect public safety, order, health, or morals or the fundamental rights and freedoms of others.

Article 15

1. Nul ne sera condamné pour des actions ou omissions qui ne constituaient pas un acte délictueux d'après le droit national ou international au moment où elles ont été commises. De même, il ne sera infligé aucune peine plus forte que celle qui était applicable au moment où l'infraction a été commise. Si, postérieurement à cette infraction, la loi prévoit l'application d'une peine plus légère, le délinquant doit en bénéficier.

2. Rien dans le présent article ne s'oppose au jugement ou à la condamnation de tout individu en raison d'actes ou omissions qui, au moment où ils ont été commis, étaient tenus pour criminels, d'après les principes généraux de droit reconnus par l'ensemble des nations.

Article 16

Chacun a droit à la reconnaissance en tous lieux de sa personnalité juridique.

Article 17

1. Nul ne sera l'objet d'immixtions arbitraires ou illégales dans sa vie privée, sa famille, son domicile ou sa correspondance, ni d'atteintes illégales à son honneur et à sa réputation.

2. Toute personne a droit à la protection de la loi contre de telles immixtions ou de telles atteintes.

Article 18

1. Toute personne a droit à la liberté de pensée, de conscience et de religion; ce droit implique la liberté d'avoir ou d'adopter une religion ou une conviction de son choix, ainsi que la liberté de manifester sa religion ou sa conviction, individuellement ou en commun, tant en public qu'en privé, par le culte et l'accomplissement des rites, les pratiques et l'enseignement.

2. Nul ne subira de contrainte pouvant porter atteinte à sa liberté d'avoir ou d'adopter une religion ou une conviction de son choix.

3. La liberté de manifester sa religion ou ses convictions ne peut faire l'objet que des seules restrictions prévues par la loi et qui sont nécessaires à la protection de la sécurité, de l'ordre et de la santé publique, ou de la morale ou des libertés et droits fondamentaux d'autrui.

Artikel 15

(1) Niemand darf wegen einer Handlung oder Unterlassung verurteil werden, die zur Zeit ihrer Begehung nach inländischem oder nach internationalem Recht nicht strafbar war. Ebenso darf keine schwerere Strafe als die im Zeitpunkt der Begehung der strafbaren Handlung angedrohte Strafe verhängt werden. Wird nach Begehung einer strafbaren Handlung durch Gesetz eine mildere Strafe eingeführt, so ist das mildere Gesetz anzuwenden.

(2) Dieser Artikel schließt die Verurteilung oder Bestrafung einer Person wegen einer Handlung oder Unterlassung nicht aus, die im Zeitpunkt ihrer Begehung nach den von der Völkergemeinschaft anerkannten allgemeinen Rechtsgrundsätzen strafbar war.

Artikel 16

Jedermann hat das Recht, überall als rechtsfähig anerkannt zu werden.

Artikel 17

(1) Niemand darf willkürlichen oder rechtswidrigen Eingriffen in sein Privatleben, seine Familie, seine Wohnung und seinen Schriftverkehr oder rechtswidrigen Beeinträchtigungen seiner Ehre und seines Rufes ausgesetzt werden.

(2) Jedermann hat Anspruch auf rechtlichen Schutz gegen solche Eingriffe oder Beeinträchtigungen.

Artikel 18

(1) Jedermann hat das Recht auf Gedanken-, Gewissens- und Religionsfreiheit. Dieses Recht umfaßt die Freiheit, eine Religion oder eine Weltanschauung eigener Wahl zu haben oder anzunehmen, und die Freiheit, seine Religion oder Weltanschauung allein oder in Gemeinschaft mit anderen, öffentlich oder privat durch Gottesdienst, Beachtung religiöser Bräuche, Ausübung und Unterricht zu bekunden.

(2) Niemand darf einem Zwang ausgesetzt werden, der seine Freiheit, eine Religion oder eine Weltanschauung seiner Wahl zu haben oder anzunehmen, beeinträchtigen würde.

(3) Die Freiheit, seine Religion oder Weltanschauung zu bekunden, darf nur den gesetzlich vorgesehenen Einschränkungen unterworfen werden, die zum Schutz der öffentlichen Sicherheit, Ordnung, Gesundheit, Sittlichkeit oder Grundrechte und -freiheiten anderer erforderlich sind.

4. The States Parties to the present Covenant undertake to have respect for the liberty of parents and, when applicable, legal guardians to ensure the religious and moral eductation of their children in conformity with their own convictions.

Article 19

1. Everyone shall have the right to hold opinions without interference.

Everyone shall have the right to freedom of expression; this right shall include freedom to seek, receive and impart information and ideas of all kinds, regardless of frontiers, either orally, in writing or in print, in the form of art, or through any other media of his choice.

3. The exercise of the rights provided for in paragraph 2 of this article carries with it special duties and responsibilities. It may therefore be subject to certain restrictions, but these shall only be such as are provided by law and are necessary:

(a) For respect of the rights or reputations of others;

(b) For the protection of national security or of public order (ordre public), or of public health or morals.

Article 20

1. Any propaganda for war shall be prohibited by law.

2. Any advocacy of national, racial or religious hatred that constitutes incitement to discrimination, hostility or violence shall be prohibited by law.

Article 21

The right of peaceful assembly shall be recognized. No restrictions may be placed on the exercise of this right other than those imposed in conformity with the law and which are necessary in a democratic society in the interests of national security or public safety, public order (ordre public), the protection of public health or morals or the protection of the rights and freedoms of others.

Article 22

1. Everyone shall have the right to freedom of association with others, including the right to form and join trade unions for the protection of his interests.

---

4. Les Etats parties au présent Pacte s'engagent à respecter la liberté des parents et, le cas échéant, des tuteurs légaux, de faire assurer l'éducation religieuse et morale de leurs enfants conformément à leurs propres convictions.

Article 19

1. Nul ne peut être inquiété pour ses opinions.

2. Toute personne a droit à la liberté d'expression; ce droit comprend la liberté de rechercher, de recevoir et de répandre des informations et des idées de toute espèce, sans considération de frontières, sous une forme orale, écrite, imprimée ou artistique, ou par tout autre moyen de son choix.

3. L'exercice des libertés prévues au paragraphe 2 du présent article comporte des devoirs spéciaux et des responsabilités spéciales. Il peut en conséquence être soumis à certaines restrictions qui doivent toutefois être expressément fixées par la loi et qui sont nécessaires:

a) Au respect des droits ou de la réputation d'autrui;

b) A la sauvegarde de la sécurité nationale, de l'ordre public, de la santé ou de la moralité publiques.

Article 20

1. Toute propaganda en faveur de la guerre est interdit par la loi.

2. Tout appel à la haine nationale, raciale ou religieuse qui constitue une incitation à la discrimination, à l'hostilité ou à la violence est interdit par la loi.

Article 21

Le droit de réunion pacifique est reconnu. L'exercice de ce droit ne peut faire l'objet que des seules restrictions imposées conformément à la loi et qui sont nécessaires dans une société démocratique, dans l'intérêt de la sécurité nationale, de la sûreté publique, de l'ordre public ou pour protéger la santé ou la moralité publiques, ou les droits et les libertés d'autrui.

Article 22

1. Toute personne a le droit de s'associer librement avec d'autres, y compris le droit de constituer des syndicats et d'y adhérer pour la protection de ses intérêts.

---

(4) Die Vertragsstaaten verpflichten sich, die Freiheit der Eltern und gegebenenfalls des Vormunds oder Pflegers zu achten, die religiöse und sittliche Erziehung ihrer Kinder in Übereinstimmung mit ihren eigenen Überzeugungen sicherzustellen.

Artikel 19

(1) Jedermann hat das Recht auf unbehinderte Meinungsfreiheit.

(2) Jedermann hat das Recht auf freie Meinungsäußerung; dieses Recht schließt die Freiheit ein, ohne Rücksicht auf Staatsgrenzen Informationen und Gedankengut jeder Art in Wort, Schrift oder Druck, durch Kunstwerke oder andere Mittel eigener Wahl sich zu beschaffen, zu empfangen und weiterzugeben.

(3) Die Ausübung der in Absatz 2 vorgesehenen Rechte ist mit besonderen Pflichten und einer besonderen Verantwortung verbunden. Sie kann daher bestimmten, gesetzlich vorgesehenen Einschränkungen unterworfen werden, die erforderlich sind.

a) für die Achtung der Rechte oder des Rufs anderer;

b) für den Schutz der nationalen Sicherheit, der öffentlichen Ordnung (ordre public), der Volksgesundheit oder der öffentlichen Sittlichkeit.

Artikel 20

(1) Jede Kriegspropaganda wird durch Gesetz verboten.

(2) Jedes Eintreten für nationalen, rassischen oder religiösen Haß, durch das zu Diskriminierung, Feindseligkeit oder Gewalt aufgestachelt wird, wird durch Gesetz verboten.

Artikel 21

Das Recht, sich friedlich zu versammeln, wird anerkannt. Die Ausübung dieses Rechts darf keinen anderen als den gesetzlich vorgesehenen Einschränkungen unterworfen werden, die in einer demokratischen Gesellschaft im Interesse der nationalen oder der öffentlichen Sicherheit, der öffentlichen Ordnung (ordre public), zum Schutz der Volksgesundheit, der öffentlichen Sittlichkeit oder zum Schutz der Rechte und Freiheiten anderer notwendig sind.

Artikel 22

(1) Jedermann hat das Recht, sich frei mit anderen zusammenzuschließen sowie zum Schutz seiner Interessen Gewerkschaften zu bilden und ihnen beizutreten.

---

2. No restrictions may be placed on the exercise of this right other than those which are prescribed by law and which are necessary in a democratic society in the interests of national security or public safety, public order (ordre public), the protection of public health or morals or the protection of the rights and freedoms of others. This article shall not prevent the imposition of lawful restrictions on members of the armed forces and of the police in their exercise of this right.

3. Nothing in this article shall authorize States Parties to the International Labour Organisation Convention of 1948 concerning Freedom of Association and Protection of the Right to Organize to take legislative measures which would prejudice, or to apply the law in such a manner as to prejudice, the guarantees provided for in that Convention.

Article 23
1. The family is the natural and fundamental group unit of society and is entitled to protection by society and the State.

2. The right of men and women of marriageable age to marry and to found a family shall be recognized.

3. No marriage shall be entered into without the free and full consent of the intending spouses.

4. States Parties to the present Covenant shall take appropriate steps to ensure equality of rights and responsibilities of spouses as to marriage, during marriage and at its dissolution. In the case of dissolution, provision shall be made for the necessary protection of any children.

Article 24
1. Every child shall have, without any discrimination as to race, colour, sex, language, religion, national or social origin, property or birth, the right to such measures of protection as are required by his status as a minor, on the part of his family, society and the State.

2. Every child shall be registered immediately after birth and shall have a name.

3. Every child has the right to acquire a nationality.

---

2. L'exercice de ce droit ne peut faire l'objet que des seules restrictions prévues par la loi et qui sont nécessaires dans une société démocratique, dans l'intérêt de la sécurité nationale, de la sûreté publique, de l'ordre public, ou pour protéger la santé ou la moralité publiques ou les droits et les libertés d'autrui. Le présent article n'empêche pas de soumettre à des restrictions légales l'exercice de ce droit par les membres des forces armées et de la police.

3. Aucune disposition du présent article ne permet aux Etats parties à la Convention de 1948 de l'Organisation internationale du travail concernant la liberté syndicale et la protection du droit syndical de prendre des mesures législative portant atteinte — ou d'appliquer la loi de façon à porter atteinte — aux garanties prévues dans ladite convention.

Article 23
1. La famille est l'élément naturel et fondamental de la société et a droit à la protection de la société et de l'Etat.

2. Le droit de se marier et de fonder une famille est reconnu à l'homme et à la femme à partier de l'âge nubile.

3. Nul mariage ne peut être conclu sans le libre et plein consentement des futurs époux.

4. Les Etats parties au présent Pacte prendront les mesures appropriées pour assurer l'égalité de droits et de responsabilités des époux au regard du mariage, durant le mariage et lors de sa dissolution. En cas de dissolution, des dispositions seront prises afin d'assurer aux enfants la protection nécessaire.

Article 24
1. Tout enfant, sans discrimination aucune fondée sur la race, la couleur, le sexe, la langue, la religion, l'origine nationale ou sociale, la fortune ou la naissance, a droit, de la part de sa famille, de la société et de l'Etat, aux mesures de protection qu'exige sa condition de mineur.

2. Tout enfant doit être enregistré immédiatement après sa naissance et avoir un nom.

3. Tout enfant a le droit d'acquérir une nationalité.

---

(2) Die Ausübung dieses Rechts darf keinen anderen als den gesetzlich vorgesehenen Einschränkungen unterworfen werden, die in einer demokratischen Gesellschaft im Interesse der nationalen oder der öffentlichen Sicherheit, der öffentlichen Ordnung (ordre public), zum Schutz der Volksgesundheit, der öffentlichen Sittlichkeit oder zum Schutz der Rechte und Freiheiten anderer notwendig sind. Dieser Artikel steht gesetzlichen Einschränkungen der Ausübung dieses Rechts für Angehörige der Streitkräfte oder der Polizei nicht entgegen.

(3) Keine Bestimmung dieses Artikels ermächtigt die Vertragsstaaten des Übereinkommens der Internationalen Arbeitsorganisation von 1948 über die Vereinigungsfreiheit und den Schutz des Vereinigungsrechts, gesetzgeberische Maßnahmen zu treffen oder Gesetze so anzuwenden, daß die Garantien des oben genannten Übereinkommens beeinträchtigt werden.

Artikel 23
(1) Die Familie ist die natürliche Kernzelle der Gesellschaft und hat Anspruch auf Schutz durch Gesellschaft und Staat.

(2) Das Recht von Mann und Frau, im heiratsfähigen Alter eine Ehe einzugehen und eine Familie zu gründen, wird anerkannt.

(3) Eine Ehe darf nur im freien und vollen Einverständnis der künftigen Ehegatten geschlossen werden.

(4) Die Vertragsstaaten werden durch geeignete Maßnahmen sicherstellen, daß die Ehegatten gleiche Rechte und Pflichten bei der Eheschließung, während der Ehe und bei Auflösung der Ehe haben. Für den nötigen Schutz der Kinder im Falle einer Auflösung der Ehe ist Sorge zu tragen.

Artikel 24
(1) Jedes Kind hat ohne Diskriminierung hinsichtlich der Rasse, der Hautfarbe, des Geschlechts, der Sprache, der Religion, der nationalen oder sozialen Herkunft, des Vermögens oder der Geburt das Recht auf diejenigen Schutzmaßnahmen durch seine Familie, die Gesellschaft und den Staat, die seine Rechtsstellung als Minderjähriger erfordert.

(2) Jedes Kind muß unverzüglich nach seiner Geburt in ein Register eingetragen werden und seinen Namen erhalten.

(3) Jedes Kind hat das Recht, eine Staatsangehörigkeit zu erwerben.

Article 25

Every citizen shall have the right and the opportunity, without any of the distinctions mentioned in article 2 and without unreasonable restrictions:

(a) To take part in the conduct of public affairs, directly or through freely chosen representatives;

(b) To vote and to be elected at genuine periodic elections which shall be by universal and equal suffrage and shall be held by secret ballot, guaranteeing the free expression of the will of the electors;

(c) To have access, on general terms of equality, to public service in his country.

Article 26

All persons are equal before the law and are entitled without any discrimination to the equal protection of the law. In this respect, the law shall prohibit any discrimination and guarantee to all persons equal and effective protection against discrimination on any ground such as race, colour, sex, language, religion, political or other opinion, national or social origin, property, birth or other status.

Article 27

In those States in which ethnic, religious or linguistic minorities exist, persons belonging to such minorities shall not be denied the right, in community with the other members of their group, to enjoy their own culture, to profess and practise their own religion, or to use their own language.

Part IV
Article 28

1. There shall be established a Human Rights Committee (hereafter referred to in the present Covenant as the Committee). It shall consist of eighteen members and shall carry out the funcitons hereinafter provided.

2. The Committee shall be composed of nationals of the States Parties to the present Covenant who shall be persons of high moral character and recognized competence in the field of human rights, consideration being given to the useful-

Article 25

Tout citoyen a le droit et la possibilité, sans aucune des discriminations visées à l'article 2 et sans restrictions déraisonnables:

a) De prendre part à la direction des affaires publiques, soit directement, soit par l'intermédiaire de représentants librement choisis;

b) De voter et d'être élu, au cours d'élections périodiques, honnêtes, au suffrage universel et égal et au scrutin secret, assurant l'expression libre de la volonté des électeurs;

c) D'accéder, dans des conditions générales d'égalité, aux fonctions publiques de son pays.

Article 26

Toutes les personnes sont égales devant la loi et ont droit sans discrimination à une égale protection de la loi. A cet égard, la loi doit interdire toute discrimination et garantir à toutes les personnes une protection égale et efficace contre toute discrimination, notamment de race, de couleur, de sexe, de langue, de religion, d'opinion politique et de toute autre opinion, d'origine nationale ou sociale, de fortune, de naissance ou de toute autre situation.

Article 27

Dans les Etats où il existe des minorités ethniques, religieuses ou linguistiques, les personnes appartenant à ces minorités ne peuvent être privées du droit d'avoir, en commun avec les autres membres de leur groupe, leur propre vie culturelle, de professer et de pratiquer leur propre religion, ou d'employer leur propre langue.

Quatrième Partie
Article 28

1. Il est institué un comité des droits de l'homme (ci-après dénommé le Comité dans le présent Pacte). Ce Comité est composé de dix-huit membres et a les fonctions définies ci-dessous.

2. Le Comité est composé de ressortissants des Etats parties au présent Pacte, qui doivent être des personnalités de haute moralité et possédant une compétence reconnue dans le domaine des droits de l'homme. Il sera tenu compte de

Artikel 25

Jeder Staatsbürger hat das Recht und die Möglichkeit, ohne Unterschied nach den in Artikel 2 genannten Merkmalen und ohne unangemessene Einschränkungen

a) an der Gestaltung der öffentlichen Angelegenheiten unmittelbar oder durch frei gewählte Vertreter teilzunehmen;

b) bei echten, wiederkehrenden, allgemeinen, gleichen und geheimen Wahlen, bei denen die freie Äußerung des Wählerwillens gewährleistet ist, zu wählen und gewählt zu werden;

c) unter allgemeinen Gesichtspunkten der Gleichheit zu öffentlichen Ämtern seines Landes Zugang zu haben.

Artikel 26

Alle Menschen sind vor dem Gesetz gleich und haben ohne Diskriminierung Anspruch auf gleichen Schutz durch das Gesetz. In dieser Hinsicht hat das Gesetz jede Diskriminierung zu verbieten und allen Menschen gegen jede Diskriminierung, wie insbesondere wegen der Rasse, der Hautfarbe, des Geschlechts, der Sprache, der Religion, der politischen oder sonstigen Anschauung, der nationalen oder sozialen Herkunft, des Vermögens, der Geburt oder des sonstigen Status, gleichen und wirksamen Schutz zu gewährleisten.

Artikel 27

In Staaten mit ethnischen, religiösen oder sprachlichen Minderheiten darf Angehörigen solcher Minderheiten nicht das Recht vorenthalten werden, gemeinsam mit anderen Angehörigen ihrer Gruppe ihr eigenes kulturelles Leben zu pflegen, ihre eigene Religion zu bekennen und auszuüben oder sich ihrer eigenen Sprache zu bedienen.

Teil IV
Artikel 28

(1) Es wird ein Ausschuß für Menschenrechte (im folgenden als „Ausschuß" bezeichnet) errichtet. Er besteht aus achtzehn Mitgliedern und nimmt die nachstehend festgelegten Aufgaben wahr.

(2) Der Ausschuß setzt sich aus Staatsangehörigen der Vertragsstaaten zusammen, die Persönlichkeiten von hohem sittlichen Ansehen und anerkannter Sachkenntnis auf dem Gebiet der Menschenrechte sind, wobei die Zweckmä-

ness of the participation of some persons having legal experience.

3. The members of the Committee shall be elected and shall serve in their personal capacity.

Article 29

1. The members of the Committee shall be elected by secret ballot from a list of persons possessing the qualifications prescribed in article 28 and nominated for the purpose by the States Parties to the present Covenant.

2. Each State Party to the present Covenant may nominate not more than two persons. These persons shall be nationals of the nominating State.

3. A person shall be eligible for renomination.

Article 30

1. The initial election shall be held no later than six months after the date of the entry into force of the present Covenant.

2. At least four months before the date of each election to the Committee, other than an election to fill a vacancy declared in accordance with article 34, the Secretary-General of the United Nations shall address a written invitation to the States Parties to the present Covenant to submit their nominations for membership of the Committee within three months.

3. The Secretary-General of the United Nations shall prepare a list in alphabetical order of all the persons thus nominated, with an indication of the States Parties which have nominated them, and shall submit it to the States Parties to the present Covenant no later than one month before the date of each election.

4. Elections of the members of the Committee shall be held at a meeting of the States Parties to the present Covenant convened by the Secretary-General of the United Nations at the Headquarters of the United Nations. At that meeting, for which two thirds of the States Parties to the present Covenant shall constitute a quorum, the persons elected to the Committee shall be those nominees who obtain the largest number of votes and an absolute majority of the votes of the representatives of States Parties present and voting.

l'intérêt que présente la participation aux travaux du Comité de quelques personnes ayant une expérience juridique.

3. Les membres du Comité sont élus et siègent à titre individuel.

Article 29

1. Les membres du Comité sont élus au scrutin secret sur une liste de personnes réunissant les conditions prévues à l'article 28, et présentées à cet effet par les Etats parties au présent Pacte.

2. Chaque Etat partie au présent Pacte peut présenter deux personnes au plus. Ces personnes doivent être des ressortissants de l'Etat qui les présente.

3. La même personne peut être présentée à nouveau.

Article 30

1. La première élection aura lieu au plus tard six mois après la date de l'entrée en vigueur du présent Pacte.

2. Quatre mois au moins avant la date de toute élection au Comité, autre qu'une élection en vue de pourvoir à une vacance déclarée conformément à l'article 34, le Secrétaire général de l'Organisation des Nations Unies invite par écrit les Etats parties au présent Pacte à désigner, dans un délai de trois mois, les candidats qu'ils proposent comme membres du Comité.

3. Le Secrétaire général de l'Organisation des Nations Unies dresse la liste alphabétique de toutes les personnes ainsi présentées en mentionnant les Etats parties qui les ont présentées et la communique aux Etats parties au présent Pacte au plus tard un mois avant la date de chaque élection.

4. Les membres du Comité sont élus au cours d'une réunion des Etats parties convoquée par le Secrétaire général de l'Organisation des Nations Unies au Siège de l'Organisation. A cette réunion, où le quorum est constitué par les deux tiers des Etats parties au présent Pacte, sont élus membres du Comité des candidats qui obtiennent le plus grand nombre de voix et la majorité absolue des votes des représentants des Etats parties présents et votants.

ßigkeit der Beteiligung von Personen mit juristischer Erfahrung zu berücksichtigen ist.

(3) Die Mitglieder des Ausschusses werden in ihrer persönlichen Eigenschaft gewählt und sind in dieser Eigenschaft tätig.

Artikel 29

(1) Die Mitglieder des Ausschusses werden in geheimer Wahl aus einer Liste von Personen gewählt, die die in Artikel 28 vorgeschriebenen Anforderungen erfüllen und von den Vertragsstaaten dafür vorgeschlagen worden sind.

(2) Jeder Vertragsstaat darf höchstens zwei Personen vorschlagen. Diese müssen Staatsangehörige des sie vorschlagenden Staates sein.

(3) Eine Person kann wieder vorgeschlagen werden.

Artikel 30

(1) Die erste Wahl findet spätestens sechs Monate nach Inkrafttreten dieses Paktes statt.

(2) Spätestens vier Monate vor jeder Wahl zum Ausschuß — außer bei einer Wahl zur Besetzung eines gemäß Artikel 34 für frei geworden erklärten Sitzes — fordert der Generalsekretär der Vereinten Nationen die Vertragsstaaten schriftlich auf, ihre Kandidaten für den Ausschuß innerhalb von drei Monaten vorzuschlagen.

(3) Der Generalsekretär der Vereinten Nationen fertigt eine alphabetische Liste aller auf diese Weise vorgeschlagenen Personen unter Angabe der Vertragsstaaten, die sie vorgeschlagen haben, an und übermittelt sie den Vertragsstaaten spätestens einen Monat vor jeder Wahl.

(4) Die Wahl der Ausschußmitglieder findet in einer vom Generalsekretär der Vereinten Nationen am Sitz dieser Organisation einberufenen Versammlung der Vertragsstaaten statt. In dieser Versammlung, die beschlußfähig ist, wenn zwei Drittel der Vertragsstaaten vertreten sind, gelten diejenigen Kandidaten als in den Ausschuß gewählt, die die höchste Stimmenzahl und die absolute Stimmenmehrheit der anwesenden und abstimmenden Vertreter der Vertragsstaaten auf sich vereinigen.

Article 31

1. The Committee may not include more than one national of the same State.

2. In the election of the Committee, consideration shall be given to equitable geographical distribution of membership and to the representation of the different forms of civilization and of the principal legal systems.

Article 32

1. The members of the Committee shall be elected for a term of four years. They shall be eligible for reelection if renominated. However, the terms of nine of the members elected at the first election shall expire at the end of two years; immediately after the first election, the names of these nine members shall be chosen by lot by the Chairman of the meeting referred to in article 30, paragraph 4.

2. Elections at the expiry of office shall be held in accordance with the preceding articles of this part of the present Covenant.

Article 33

1. If, in the unanimous opinion of the other members, a member of the Committee has ceased to carry out his functions for any cause other than absence of a temporary character, the Chairman of the Committee shall notify the Secretary-General of the United Nations, who shall then declare the seat of that member to be vacant.

2. In the event of the death or the resignation of a member of the Committee, the Chairman shall immediately notify the Secretary-General of the United Nations, who shall declare the seat vacant from the date of death or the date on which the resignation takes effect.

Article 34

1. When a vacancy is declared in accordance with article 33 and if the term of office of the member to be replaced does not expire within six months of the declaration of the vacancy, the Secretary-General of the United Nations shall notify each of the States Parties to the present Covenant, which may within two months submit nominations in accordance with article 29 for the purpose of filling the vacancy.

2. The Secretary-General of the United Nations shall prepare a list in alphabetical order of the persons thus nominated

Article 31

1. Le comité ne peut comprendre plus d'un ressortissant d'un même Etat.

2. Pour les élections au Comité, il est tenu compte d'une répartition géographique équitable et de la représentation des diverses formes de civilisation ainsi que des principaux systèmes juridiques.

Article 32

1. Les membres du Comité sont élus pour quatre ans. Ils sont rééligibles s'ils sont présentés à nouveau. Toutefois, le mandat de neuf des membres élus lors de la première élection prend fin au bout de deux ans; immédiatement après la première élection, les noms de ces neuf membres sont tirés au sort par le président de la réunion visée au paragraphe 4 de l'article 30.

2. A l'expiration du mandat, les élections ont lieu conformément aux dispositions des articles précédents de la présente partie du Pacte.

Article 33

1. Si, de l'avis unanime des autres membres, un membre du Comité a cessé de remplir ses fonctions pour toute cause autre qu'une absence de caractère temporaire, le président du Comité en informe le Secrétaire général de l'Organisation des Nations Unies, qui déclare alors vacant le siège qu'occupait ledit membre.

2. En cas de décès ou de démission d'un membre du Comité, le président en informe immédiatement le Secrétaire général de l'Organisation des Nations Unies, qui déclare le siège vacant à compter de la date du décès ou de celle à laquelle la démission prend effet.

Article 34

1. Lorsqu'une vacance est déclarée conformément à l'article 33 et si le mandat du membre à remplacer n'expire pas dans les six mois qui suivent la date à laquelle la vacance a été déclarée, le Secrétaire général de l'Organisation des Nations Unies en avise les Etats parties au présent Pacte qui peuvent, dans un délai de deux mois, désigner des candidats conformément aux dispositions de l'article 29 en vue de pourvoir à la vacance.

2. Le Secrétaire général de l'Organisation des Nations Unies dresse la liste alphabétique des personnes ainsi présen-

Artikel 31

(1) Dem Ausschuß darf nicht mehr als ein Angehöriger desselben Staates angehören.

(2) Bei den Wahlen zum Ausschuß ist auf eine gerechte geographische Verteilung der Sitze und auf die Vertretung der verschiedenen Zivilisationsformen sowie der hauptsächlichen Rechtssysteme zu achten.

Artikel 32

(1) Die Ausschußmitglieder werden für vier Jahre gewählt. Auf erneuten Vorschlag können sie wiedergewählt werden. Die Amtszeit von neun der bei der ersten Wahl gewählten Mitglieder läuft jedoch nach zwei Jahren ab; unmittelbar nach der ersten Wahl werden die Namen dieser neun Mitglieder vom Vorsitzenden der in Artikel 30 Absatz 4 genannten Versammlung durch das Los bestimmt.

(2) Für Wahlen nach Ablauf einer Amtszeit gelten die vorstehenden Artikel dieses Teils des Paktes.

Artikel 33

(1) Nimmt ein Ausschußmitglied nach einstimmiger Feststellung der anderen Mitglieder seine Aufgaben aus einem anderen Grund als wegen vorübergehender Abwesenheit nicht mehr wahr, so teilt der Vorsitzende des Ausschusses dies dem Generalsekretär der Vereinten Nationen mit, der daraufhin den Sitz des betreffenden Mitglieds für frei geworden erklärt.

(2) Der Vorsitzende teilt den Tod oder Rücktritt eines Ausschußmitglieds unverzüglich dem Generalsekretär der Vereinten Nationen mit, der den Sitz vom Tag des Todes oder vom Wirksamwerden des Rücktritts an für frei geworden erklärt.

Artikel 34

(1) Wird ein Sitz nach Artikel 33 für frei geworden erklärt und läuft die Amtszeit des zu ersetzenden Mitglieds nicht innerhalb von sechs Monaten nach dieser Erklärung ab, so teilt der Generalsekretär der Vereinten Nationen dies allen Vertragsstaaten mit, die innerhalb von zwei Monaten nach Maßgabe des Artikel 29 Kandidaten zur Besetzung des frei gewordenen Sitzes vorschlagen können.

(2) Der Generalsekretär der Vereinten Nationen fertigt eine alphabetische Liste der auf diese Weise vorgeschlagenen

and shall submit it to the States Parties to the present Covenant. The election to fill the vacancy shall then take place in accordance with the relevant provisions of this part of the present Covenant.

3. A member of the Committee elected to fill a vacancy declared in accordance with article 33 shall hold office for the remainder of the term of the member who vacated the seat on the Committee under the provisions of that article.

Article 35

The members of the Committee shall, with the approval of the General Assembly of the United Nations, receive emoluments from United Nations resources on such terms and conditions as the General Assembly may decide, having regard to the importance of the Committee's responsibilities.

Artickel 36

The Secretary-General of the United Nations shall provide the necessary staff and facilities for the effective performance of the functions of the Committee under the present Covenant.

Article 37

1. The Secretary-General of the United Nations shall convene the initial meeting of the Committee at the Headquarters of the United Nations.

2. After its initial meeting, the Committee shall meet at such times as shall be provided in its rules of procedure.

3. The Committee shall normally meet at the Headquarters of the United Nations or at the United Nations Office at Geneva.

Article 38

Every member of the Committee shall, before taking up his duties, make a solemn declaration in open committee that he will perform his functions impartially and conscientiously.

Article 39

1. The Committee shall elect its officers for a term of two years. They may be re-elected.

2. The Committee shall establish its own rules of procedure, but these rules shall provide, inter alia, that:

tées et la communique aux Etats parties au présent Pacte. L'élection en vue de pourvoir à la vacance a lieu ensuite conformément aux dispositions pertinentes de la présente partie du Pacte.

3. Tout membre du Comité élu à un siège déclaré vacant, conformément à l'article 33, fait partie du Comité jusqu'à la date normale d'expiration du mandat du membre dont le siège est devenu vacant au Comité conformément aux dispositions du dit article.

Article 35

Les membres du Comité reçoivent, avec l'approbation de l'Assemblée générale des Nations Unies, des émoluments prélevés sur les ressources de l'Organisation des Nations Unies dans les conditions fixées par l'Assemblée générale, eu égard à l'importance des fonctions du Comité.

Article 36

Le Secrétaire général de l'Organisation des Nations Unies met à la disposition du Comité le personnel et les moyens matériels qui lui sont nécessaires pour s'acquitter efficacement des fonctions qui lui sont confiées en vertu du présent Pacte.

Article 37

1. Le Secrétaire général de l'Organisation des Nations Unies convoque les membres du Comité, pour la première réunion, au Siège de l'Organisation.

2. Après sa première réunion, le Comité se réunit à toute occasion prévue par son règlement intérieur.

3. Les réunions du Comité ont normalement lieu au Siège de l'Organisation des nations Unies ou à l'Office des Nations Unies à Genève.

Article 38

Tout membres du Comité doit, avant d'entrer en fonctions, prendre en séance publique l'engagement solennel de s'acquitter de ses fonctions en toute impartialité et en toute conscience.

Article 39

1. Le Comité élit son bureau pour une période de deux ans. Les membres du bureau sont rééligibles.

2. Le Comité établit lui-même son règlement intérieur; celui-ci doit, toutefois, contenir entre autres les dispositions suivantes:

Personen an und übermittelt sie den Vertragsstaaten. Sodann findet die Wahl zur Besetzung des frei gewordenen Sitzes entsprechend den einschlägigen Bestimmungen dieses Teils des Paktes statt.

(3) Die Amtszeit eines Ausschußmitglieds, das auf einen nach Artikel 33 für frei geworden erklärten Sitz gewählt worden ist, dauert bis zum Ende der Amtszeit des Mitglieds, dessen Sitz im Ausschuß nach Maßgabe des genannten Artikels frei geworden ist.

Artikel 35

Die Ausschußmitglieder erhalten mit Zustimmung der Generalversammlung der Vereinten Nationen aus Mitteln der Vereinten Nationen Bezüge, wobei die Einzelheiten von der Generalversammlung unter Berücksichtigung der Bedeutung der Aufgaben des Ausschusses festgesetzt werden.

Artikel 36

Der Generalsekretär der Vereinten Nationen stellt dem Ausschuß das Personal und die Einrichtungen zur Verfügung, die dieser zur wirksamen Durchführung der ihm nach diesem Pakt obliegenden Aufgaben benötigt.

Artikel 37

(1) Der Generalsekretär der Vereinten Nationen beruft die erste Sitzung des Ausschusses am Sitz der Vereinten Nationen ein.

(2) Nach seiner ersten Sitzung tritt der Ausschuß zu den in seiner Geschäftsordnung vorgesehenen Zeiten zusammen.

(3) Die Sitzungen des Ausschusses finden in der Regel am Sitz der Vereinten Nationen oder beim Büro der Vereinten Nationen in Genf statt.

Artikel 38

Jedes Ausschußmitglied hat vor Aufnahme seiner Amtstätigkeit in öffentlicher Sitzung des Ausschusses feierlich zu erklären, daß es sein Amt unparteiisch und gewissenhaft ausüben werde.

Artikel 39

(1) Der Ausschuß wählt seinen Vorstand für zwei Jahre. Eine Wiederwahl der Mitglieder des Vorstands ist zulässig.

(2) Der Ausschuß gibt sich eine Geschäftsordnung, die unter anderem folgende Bestimmungen enthalten muß:

(a) Twelve members shall constitute a quorum;

(b) Decisions of the Committee shall be made by a majority vote of the members present.

Article 40

1. The States Parties to the present Covenant undertake to submit reports on the measures they have adopted which give effect to the rights recognized herein and on the progress made in the enjoyment of those rights:

(a) Within one year of the entry into force of the present Covenant for the States Parties concerned;

(b) Thereafter whenever the Committee so requests.

2. All reports shall be submitted to the Secretary-General of the United Nations, who shall transmit them to the Committee for consideration. Reports shall indicate the factors and difficulties, if any, affecting the implementation of the present Covenant.

3. The Secretary-General of the United Nations may, after consultation with the Committee, transmit to the specialized agencies concerned copies of such parts of the reports as may fall within their field of competence.

4. The Committee shall study the reports submitted by the States Parties to the present Covenant. It shall transmit its reports, and such general comments as it may consider appropriate, to the States Parties. The Committee may also transmit to the Economic and Social Council these comments along with the copies of the reports it has received from States Parties to the present Covenant.

5. The States Parties to the present Covenant may submit to the Committee observations on any comments that may be made in accordance with paragraph 4 of this article.

Article 41

1. A State Party to the present Covenant may at any time declare under this article that it recognizes the competence of the Committee to receive and consider communications to the effect that a State Party claims that another State Party is not fulfilling its obligations under the present Covenant. Communications under this article may be received and

a) Le quorum est de douze membres;

b) Les décisions du Comité sont prises à la majorité des membres présents.

Article 40

1. Les Etats parties au présent Pacte s'engagent à présenter des rapports sur les mesures qu'ils auront arrêtées et qui donnent effet aux droits reconnus dans le présent Pacte et sur les progrès réalisés dans la jouissance de ces droits;

a) Dans un délai d'un an à compter de l'entrée en vigueur du présent Pacte, pour chaque Etat partie intéressé en ce qui le concerne;

b) Par la suite, chaque fois que le Comité en fera la demande.

2. Tous les rapports seront adressés au Secrétaire général de l'Organisation des Nations Unies qui les transmettra au Comité pour examen. Les rapports devront indiquer, le cas échéant, les facteurs et les difficultés qui affectent la mise en oeuvre des dispositions du présent Pacte.

3. Le Secrétaire général de l'Organisation des Nations Unies peut, après consultation du Comité, communiquer aux institutions spécialisées intéressées copie de toutes parties des rapports pouvant avoir trait à leur domaine de compétence.

4. Le Comité étudie les rapports présentés par les Etats parties au présent Pacte. Il adresse aux Etats parties ses propres rapports, ainsi que toutes observations générales qu'il jugerait appropriées. Le Comité peut également transmettre au Conseil économique et social ces observations accompagnées de copies des rapports qu'il a reçus d'Etats parties au présent Pacte.

5. Les Etats parties au présent Pacte peuvent présenter au Comité des commentaires sur toute observation qui serait faite en vertu du paragraphe 4 du présent article.

Article 41

1. Tout Etat partie au présent Pacte peut, en vertu du présent article, déclarer à tout moment qu'il reconnaît la compétence du Comité pour recevoir et examiner des communications dans lesquelles un Etat partie prétend qu'un autre Etat partie ne s'acquitte pas de ses obligations au titre du présent Pacte. Les communications présentées en vertu du pré-

a) Der Ausschuß ist bei Anwesenheit von zwölf Mitgliedern beschlußfähig;

b) der Ausschuß faßt seine Beschlüsse mit der Mehrheit der anwesenden Mitglieder.

Artikel 40

(1) Die Vertragsstaaten verpflichten sich, über die Maßnahmen, die sie zur Verwirklichung der in diesem Pakt anerkannten Rechte getroffen haben, und über die dabei erzielten Fortschritte Berichte vorzulegen, und zwar

a) innerhalb eines Jahres nach Inkrafttreten dieses Paktes für den betreffenden Vertragsstaat,

b) danach jeweils auf Anforderung des Ausschusses.

(2) Alle Berichte sind dem Generalsekretär der Vereinten Nationen zu übermitteln, der sie dem Ausschuß zur Prüfung zuleitet. In den Berichten ist auf etwa bestehende Umstände und Schwierigkeiten hinzuweisen, die die Durchführung dieses Paktes behindern.

(3) Der Generalsekretär der Vereinten Nationen kann nach Beratung mit dem Ausschuß den Sonderorganisationen Abschriften der in ihren Zuständigkeitsbereich fallenden Teile der Berichte zuleiten.

(4) Der Ausschuß prüft die von den Vertragsstaaten eingereichten Berichte. Er übersendet den Vertragsstaaten seine eigenen Berichte sowie ihm geeignet erscheinende allgemeine Bemerkungen. Der Ausschuß kann diese Bemerkungen zusammen mit Abschriften der von den Vertragsstaaten empfangenen Berichte auch dem Wirtschafts- und Sozialrat zuleiten.

(5) Die Vertragsstaaten können dem Ausschuß Stellungnahmen zu den nach Absatz 4 abgegebenen Bemerkungen übermitteln.

Artikel 41

(1) Ein Vertragsstaat kann auf Grund dieses Artikels jederzeit erklären, daß er die Zuständigkeit des Ausschusses zur Entgegennahme und Prüfung von Mitteilungen anerkennt, in denen ein Vertragsstaat geltend macht, ein anderer Vertragsstaat komme seinen Verpflichtungen aus diesem Pakt nicht nach. Mitteilungen auf Grund dieses Artikels können

considered only if submitted by a State Party which has made a declaration recognizing in regard to itself the competence of the Committee. No communication shall be received by the Committee if it concerns a State Party which has not made such a declaration. Communications received under this article shall be dealt with in accordance with the following procedure:

(a) If a State Party to the present Covenant considers that another State Party is not giving effect to the provisions of the present Covenant, it may, by written communication, bring the matter to the attention of that State Party. Within three months after the receipt of the communication, the receiving State shall afford the State which sent the communication an explanation or any other statement in writing clarifying the matter, which should include, to the extent possible and pertinent, reference to domestic procedures and remedies taken, pending, or available in the matter.

(b) If the matter is not adjusted to the satisfaction of both States Parties concerned within six months after the receipt by the receiving State of the initial communication, either State shall have the right to refer the matter to the Committee, by notice given to the Committee and to the other State.

(c) The Committee shall deal with a matter referred to it only after it has ascertained that all available domestic remedies have been invoked and exhausted in the matter in conformity with the generally recognized principles of international law. This shall not be the rule where the application of the remedies is unreasonably prolonged.

(d) The Committee shall hold closed meetings when examining communications under this article.

(e) Subject to the provisions of subparagraph (c), the Committee shall make available its good offices to the States Parties concerned with a view to a friendly solution of the matter on the basis of respect for human rights and fundamental freedoms as recognized in the present Covenant.

(f) In any matter referred to it, the Committee may call upon the States Parties

sent article ne peuvent être recues et examinées que si elle émanent d'un Etat partie qui a fait une déclaration reconnaissant, en ce qui le concerne, la compétence du Comité. Le Comité ne reçoit aucune communication intéressant un Etat partie qui n'a pas fait une telle déclaration. La procédure ci-après s'applique à l'égard des communications reçues conformément au présent article:

a) Sie un Etat partie au présent Pacte estime qu'un autre Etat également partie à ce Pacte n'en applique pas les dispositions, il peut appeler, par communication écrite, l'attention de cet Etat sur la question. Dans un délai de trois mois à compter de la réception de la communication, l'Etat destinataire fera tenir à l'Etat qui a adressé la communication des explications ou toutes autres déclarations écrites élucidant la question, qui devront comprendre, dans toute la mesure possible et utile, des indications sur ses règles de procédure et sur les moyens de recours soit déjà utilisés, soit en instance, soit encore ouverts.

b) Si, dans un délai de six mois à compter de la date de réception de la communication originale par l'Etat destinataire, la question n'est pas réglée à la satisfaction des deux Etats parties intéressés, l'un comme l'autre auront le droit de la soumettre au Comité, en adressant une notification au Comité ainsi qu'à l'autre Etat intéressé.

c) Le Comité ne peut connaître d'une affaire qui lui est soumise qu'après s'être assuré que tous les recours internes disponibles ont été utilisés et épuisés, conformément aux principes de droit international généralement reconnus. Cette règle ne s'applique pas dans les cas où les procédures de recours excèdent les délais raisonnables.

d) Le Comité tient ses séances à huit clos lorsqu'il examine les communications prévues au présent article.

e) Sous réserve des dispositions de l'alinéa c, le Comité met ses bons offices à la disposition des Etats parties intéressés, afin de parvenir á une solution amiable de la question fondé sur le respect des droits de l'homme et des libertés fondamentales, tels que les reconnaît le présent Pacte.

f) Dans toute affaire qui lui est soumise, le Comité peut demander aux Etats par-

nur entgegengenommen und geprüft werden, wenn sie von einem Vertragsstaat eingereicht werden, der für sich selbst die Zuständigkeit des Ausschusses durch eine Erklärung anerkannt hat. Der Ausschuß darf keine Mitteilung entgegennehmen, die einen Vertragsstaat betrifft, der keine derartige Erklärung abgegeben hat. Auf Mitteilungen, die auf Grund dieses Artikels eingehen, ist folgendes Verfahren anzuwenden:

a) Ist ein Vertragsstaat der Auffassung, daß ein anderer Vertragsstaat die Bestimmungen dieses Paktes nicht durchführt, so kann er den anderen Staat durch eine schriftliche Mitteilung darauf hinweisen. Innerhalb von drei Monaten nach Zugang der Mitteilung hat der Empfangsstaat dem Staat, der die Mitteilung übersandt hat, in bezug auf die Sache eine schriftliche Erklärung oder sonstige Stellungnahme zukommen zu lassen, die, soweit es möglich und angebracht ist, einen Hinweis auf die in der Sache durchgeführten, anhängigen oder zur Verfügung stehenden innerstaatlichen Verfahren und Rechtsbehelfe enthalten soll.

b) Wird die Sache nicht innerhalb von sechs Monaten nach Eingang der einleitenden Mitteilung bei dem Empfangsstaat zur Zufriedenheit der beiden beteiligten Vertragsstaaten geregelt, so hat jeder der beiden Staaten das Recht, die Sache dem Ausschuß zu unterbreiten, indem er diesem und dem anderen Staat eine entsprechende Mitteilung macht.

c) Der Ausschuß befaßt sich mit einer ihm unterbreiteten Sache erst dann, wenn er sich Gewißheit verschafft hat, daß alle in der Sache zur Verfügung stehenden innerstaatlichen Rechtsbehelfe in Übereinstimmung mit den allgemein anerkannten Grundsätzen des Völkerrechts eingelegt und erschöpft worden sind. Dies gilt nicht, wenn das Verfahren bei der Anwendung der Rechtsbehelfe unangemessen lange gedauert hat.

d) Der Ausschuß berät über Mitteilungen auf Grund dieses Artikels in nichtöffentlicher Sitzung.

e) Sofern die Voraussetzungen des Buchstaben c erfüllt sind, stellt der Ausschuß den beteiligten Vertragsstaaten seine guten Dienste zur Verfügung, um eine gütliche Regelung der Sache auf der Grundlage der Achtung der in diesem Pakt anerkannten Menschenrechte und Grundfreiheiten herbeizuführen.

f) Der Ausschuß kann in jeder ihm unterbreiteten Sache die unter Buchstabe b

concerned, referred to in sub-paragraph (b), to supply any relevant information.

(g) The States Parties concerned, referred to in sub-paragraph (b), shall have the right to be represented when the matter is being considered in the Committee and to make submissions orally and/or in writing.

(h) The Committee shall, within twelve months after the date of receipt of notice under sub-paragraph (b), submit a report:

(i) If a solution within the terms of sub-paragraph (e) is reached, the Committee shall confine its report to a brief statement of the facts and of the solution reached;

(ii) If a solution within the terms of sub-paragraph (e) is not reached, the Committee shall confine its report to a brief statement of the facts; the written submissions and record of the oral submissions made by the State Parties concerned shall be attached to the report.

In every matter, the report shall be communicated to the States Parties concerned.

2. The provisions of this article shall come into force when ten States Parties to the present Covenant have made declarations under paragraph 1 of this article. Such declarations shall be deposited by the States Parties with the Secretary-General of the United Nations, who shall transmit copies thereof to the other States Parties. A declaration may be withdrawn at any time by notification to the Secretary-General. Such a withdrawal shall not prejudice the consideration of any matter which is the subject of a communication already transmitted under this article; no further communication by any State Party shall be received after the notification of withdrawal of the declaration has been received by the Secretary-General, unless the state Party concerned had made a new declaration.

Article 42

1. (a) If a matter referred to the Committee in accordance with article 41 is not resolved to the satisfaction of the States Parties concerned, the Committee may, with the prior consent of the States Parties cocerned, appoint an ad hoc Conciliation Commission (hereinafter referred to as the Commission). The good offices

---

ties intéressés visés à l'alinéa b de lui fournir tout renseignement pertinent.

g) Les Etats parties intéressés, visés à l'alinéa b, ont le droit de se faire représenter lors de l'examen de l'affaire par le Comité et de présenter des observations oralement ou par écrit, ou sous l'une et l'autre forme.

h) Le Comité doit présenter un rapport dans un délai de douze mois à compter du jour où il a reçu la notification visée à l'alinéa b:

i) Si une solution a pu être trouvée conformément aux dispositions de l'alinéa e, le Comité se borne, dans son rapport, à un bref exposé des faits et de la solution intervenue;

ii) Si une solution n'a pu être trouvée conformément aux dispositions de l'alinéa e, le Comité se borne, dans son rapport, à un bref exposé des faits; le texte des observations écrites et le procès-verbal des observations orales présentées par les Etats parties intéressés sont joints au rapport.

Pour chaque affaire, le rapport est communiqué aux Etats parties intéressés.

2. Les dispositions du présent article entreront en vigueur lorsque dix Etats parties au présent Pacte auront fait la déclaration prévue au paragraphe 1 du présent article. Ladite déclaration est déposée par l'Etat partie auprès du Secrétaire général de l'Organisation des Nations Unies, qui en communique copie aux autres Etats parties. Une déclaration peut être retirée à tout moment au moyen d'une notification adressée au Secrétaire général. Ce retrait est sans préjudice de l'examen de toute question qui fait l'objet d'une communication déjà transmise en vertu du présent article; aucune autre communication d'un Etat partie ne sera reçue après que le Secrétaire général aura reçu notification du retrait de la déclaration, à moins que l'Etat partie intéressé n'ait fait une nouvelle déclaration.

Article 42

1. a) Si une question soumise au Comité conformément à l'article 41 n'est pas réglée à la satisfaction des Etats parties intéressés, le Comité peut, avec l'assentiment préalable des Etats parties intéressés, désigner une commission de conciliation ad hoc (ci-après dénommée la Commission). La Commission met ses

---

genannten beteiligten Vertragsstaaten auffordern, alle erheblichen Angaben beizubringen.

g) Die unter Buchstabe b genannten beteiligten Vertragsstaaten haben das Recht, sich vertreten zu lassen sowie mündlich und/oder schriftlich Stellung zu nehmen, wenn die Sache vom Ausschuß verhandelt wird.

h) Der Ausschuß legt innerhalb von zwölf Monaten nach Eingang der unter Buchstabe b vorgesehenen Mitteilung einen Bericht vor:

i) Wenn eine Regelung im Sinne von Buchstabe e zustandegekommen ist, beschränkt der Ausschuß seinen Bericht auf eine kurze Darstellung des Sachverhalts und der erzielten Regelung;

ii) Wenn eine Regelung im Sinne von Buchstabe e nicht zustandegekommen ist, beschränkt der Auschuß seinen Bericht auf eine kurze Darstellung des Sachverhalts; die schriftlichen Stellungnahmen und das Protokoll über die mündlichen Stellungnahmen der beteiligten Vertragsparteien sind dem Bericht beizufügen.

In jedem Fall wird der Bericht den beteiligten Vertragsstaaten übermittelt.

(2) Die Bestimmungen dieses Artikels treten in Kraft, wenn zehn Vertragsstaaten Erklärungen nach Absatz 1 abgegeben haben. Diese Erklärungen werden von den Vertragsstaaten beim Generalsekretär der Vereinten Nationen hinterlegt, der den anderen Vertragsstaaten Abschriften davon übermittelt. Eine Erklärung kann jederzeit durch eine an den Generalsekretär gerichtete Notifikation zurückgenommen werden. Eine solche Zurücknahme berührt nicht die Prüfung einer Sache, die Gegenstand einer auf Grund dieses Artikels bereits vorgenommenen Mitteilung ist; nach Eingang der Notifikation über die Zurücknahme der Erklärung beim Generalsekretär wird keine weitere Mitteilung eines Vertragsstaates entgegengenommen, es sei denn, daß der betroffene Vertragsstaat eine neue Erklärung abgegeben hat.

Artikel 42

(1) a) Wird eine nach Artikel 41 dem Ausschuß unterbreitete Sache nicht zur Zufriedenheit der beteiligten Vertragsstaaten geregelt, so kann der Ausschuß mit vorheriger Zustimmung der beteiligten Vertragsstaaten eine ad hoc-Vergleichskommission (im folgenden als „Kommission" bezeichnet) einsetzen. Die

---

Esser

of the Commission shall be made available to the States Parties concerned with a view to an amicable solution of the matter on the basis of respect for the present Covenant;

(b) The Commission shall consist of five persons acceptable to the States Parties concerned. If the States Parties concerned fail to reach agreement within three months on all or part of the composition of the Commission, the members of the Commission concerning whom no agreement has been reached shall be elected by secret ballot by a two-thirds majority vote of the Committee from among its members.

2. The members of the Commission shall serve in their personal capacity. They shall not be nationals of the States Parties concerned, or of a State not party to the present Covenant, or of a State Party which has not made a declaration under article 41.

3. The Commission shall elect its own Chairman and adopt its own rules of procedure.

4. The meetings of the Commission shall normally be held at the Headquarters fo the United Nations or at the United Nations Office at Geneva. However, they may be held at such other convenient places as the Commission may determine in consultation with the Secretary-General of the United Nations and the States Parties concerned.

5. The secretariat provided in accordance with article 36 shall also service the commissions appointed under this article.

6. The information received and collated by the Committee shall be made available to the Commission and the Commission may call upon the States Parties concerned to supply any other relevant information.

7. When the Commission has fully considered the matter, but in any event not later than twelve months after having been seized of the matter, it shall submit to the Chairman of the Committee a report for communication to the States Parties concerned:

(a) If the Commission is unable to complete its consideration of the matter within twelve months, it shall confine its report to a brief statement of the status of its consideration of the matter;

(b) If an amicable solution to the matter

bons offices à la disposition des Etats parties intéressés, afin de parvenir à une solution amiable de la question, fondée sur le respect du présent Pacte;

b) La Commission est composée de cinq membres nommés avec l'accord des Etats parties intéressés. Si les Etats parties intéressés ne parviennent pas à une entente sur tout ou partie de la composition de la Commission dans un délai de trois mois, les membres de la Commission au sujet desquels l'accord ne s'est pas fait sont élus au scrutin secret parmi les membres du Comité, à la majorité des deux tiers des membres du Comité.

2. Les membres de la Commission siègent à titre individuel. Ils ne doivent être ressortissants ni des Etats parties intéressés, ni d'un Etat qui n'est pas partie au présent Pacte, ni d'un Etat partie qui n'a pas fait la déclaration prévue à l'article 41.

3. La Commission élit son président et adopte son règlement intérieur.

4. La Commission tient normalement ses réunions au Siège de l'Organisation des Nations Unies ou à l'Office des Nations Unies à Genève. Toutefois, elle peut se réunir en tout autre lieu approprié que peut déterminer la Commission en consultation avec le Secrétaire général de l'Organisation des Nations Unies et les Etats parties intéressés.

5. Le secrétariat prévu à l'article 36 prête également ses services aux commissions désignées en vertu du présent article.

6. Les renseignements obtenus et dépouillés par le Comité sont mis à la disposition de la Commission, et la commission peut demander aux Etats parties intéressés de lui fournir tout renseignement complémentaire pertinent.

7. Après avoir étudié la question sous tous ses aspects, mais en tout cas dans un délai maximum de douze mois après qu'elle en aura été saisie, la Commission soumet un rapport au président du Comité qui le communique aux Etats parties intéressés:

a) Si la Commission ne peut achever l'examen de la question dans les douze mois, elle se borne à indiquer brièvement dans son rapport où elle en est de l'examen de la question;

b) Si l'on est parvenu à un règlement

Kommission stellt den beteiligten Vertragsstaaten ihre guten Dienste zur Verfügung, um auf der Grundlage der Achtung dieses Paktes eine gütliche Regelung der Sache herbeizuführen.

b) Die Kommission besteht aus fünf mit Einverständnis der beteiligten Vertragsstaaten ernannten Personen. Können sich die beteiligten Vertragsstaaten nicht innerhalb von drei Monaten über die vollständige oder teilweise Zusammensetzung der Kommission einigen, so wählt der Ausschuß aus seiner Mitte die Kommissionsmitglieder, über die keine Einigung erzielt worden ist, in geheimer Abstimmung mit einer Mehrheit von zwei Dritteln seiner Mitglieder.

(2) Die Mitglieder der Kommission sind in ihrer persönlichen Eigenschaft tätig. Sie dürfen nicht Staatsangehörige der beteiligten Vertragsstaaten, eines Nichtvertragsstaates oder eines Vertragsstaates sein, der eine Erklärung gemäß Artikel 41 nicht abgegeben hat.

(3) Die Kommission wählt ihren Vorsitzenden und gibt sich eine Geschäftsordnung.

(4) Die Sitzungen der Kommission finden in der Regel am Sitz der Vereinten Nationen oder beim Büro der Vereinten Nationen in Genf statt. Sie können jedoch auch an jedem anderen geeigneten Ort stattfinden, den die Kommission im Benehmen mit dem Generalsekretär der Vereinten Nationen und den beteiligten Vertragsstaaten bestimmt.

(5) Das in Artikel 36 vorgesehene Sekretariat steht auch den auf Grund dieses Artikels eingesetzten Kommissionen zur Verfügung.

(6) Die dem Ausschuß zugegangenen und von ihm zusammengestellten Angaben sind der Kommission zugänglich zu machen, und die Kommission kann die beteiligten Vertragsstaaten um weitere erhebliche Angaben ersuchen.

(7) Die Kommission legt, sobald sie die Sache vollständig geprüft hat, keinesfalls jedoch später als zwölf Monate, nachdem sie damit befaßt worden ist, dem Vorsitzenden des Ausschusses einen Bericht zur Übermittlung an die beteiligten Vertragsstaaten vor:

a) Wenn die Kommission die Prüfung der Sache nicht innerhalb von zwölf Monaten abschließen kann, beschränkt sie ihren Bericht auf eine kurze Darstellung des Standes ihrer Prüfung;

b) wenn die Sache auf der Grundlage

on the basis of respect for human rights as recognized in the present Covenant is reached, the Commission shall confine its report to a brief statement of the facts and of the solution reached;

(c) If a solution within the terms of sub-paragraph (b) is not reached, the Commission's report shall embody its findings on all questions of fact relevant to the issues between the States Parties concerned, and its views on the possibilities of an amicable solution of the matter. This report shall also contain the written submissions and a record of the oral submissions made by the States Parties concerned;

(d) If the Commission's report is submitted under sub-paragraph (c), the States Parties concerned shall within three months of the receipt of the report, notify the Chairman of the Comittee whether or not they accept the contents of the report of the Commission.

8. The provisions of this article are without prejudice to the responsibilities of the Committee under article 41.

9. The States Parties concerned shall share equally all the expenses of the members of the Commission in accordance with estimates to be provided by the Secretary-General of the United Nations.

10. The Secretary-General of the United Nations shall be empowered to pay the expenses of the members of the Commission, if necessary, before reimbursement by the States Parties concerned, in accordance with paragraph 9 of this article.

Article 43

The members of the Committee, and of the ad hoc conciliation commissions which may be appointed under article 42, shall be entitled to the facilities, privileges and immunities of experts on mission for the United Nations as laid down in the relevant sections of the Convention on the Privileges and Immunities of the United Nations.

Article 44

The provisions for the implementation of the present Covenant shall apply without prejudice to the procedures prescribed in the field of human rights by or

amiable de la question, fondé sur le respect des droits de l'homme reconnus dans le présent Pacte, la Commission se borne à indiquer brièvement dans son rapport les faits et le règlement auquel on est parvenu;

c) Si l'on n'est pas parvenu à un règlement au sens de l'alinéa b, la Commission fait figurer dans son rapport ses conclusions sur tous les points de fait relatifs à la question débattue entre les Etats parties intéressés ainsi que ses constatations sur les possibilités de règlement amiable de l'affaire; le rapport renferme également les observations écrites et un procès-verbal des observations orales présentées par les Etats parties intéressés;

d) Sie le rapport de la Commission est soumis conformément à l'alinéa c, les Etats parties intéressés font savoir au président du Comité, dans un délai de trois mois après la réception du rapport, s'ils acceptent ou non les termes du rapport de la Commission.

8. Les dispositions du présent article s'entendent sans préjudice des attributions du Comité prévues à l'article 41.

9. Toutes les dépenses des membres de la Commission sont réparties également entre les Etats parties intéressés, sur la base d'un état estimatif établi par le Secrétaire général de l'Organisation des Nations Unies.

10. Le Secrétaire général de l'Organisation des Nations Unies est habilité, si besoin est, à défrayer les membres de la Commission de leurs dépenses, avant que le remboursement en ait été effectué par les Etats parties intéressés, conformément au paragraphe 9 du présent article.

Article 43

Les membres du Comité et les membres des commissions de conciliation ad hoc qui pourraient être désignés conformément à l'article 42 ont droit aux facilités, privilèges et immunités reconnus aux experts en mission pour l'Organisation des Nations Unies, tels qu'ils sont énoncés dans les sections pertinentes de la Convention sur les privilèges et immunités des Nations Unies.

Article 44

Les dispositions de mise en œuvre du présent Pacte s'appliquent sans préjudice des procédures instituées en matière de droits de l'homme aux termes ou

der Achtung der in diesem Pakt anerkannten Menschenrechte gütlich geregelt worden ist, beschränkt die Kommission ihren Bericht auf eine kurze Darstellung des Sachverhalts und der erzielten Regelung;

c) wenn eine Regelung im Sinne von Buchstabe b nicht erzielt worden ist, nimmt die Kommission in ihren Bericht ihre Feststellungen zu allen für den Streit zwischen den beteiligten Vertragsstaaten erheblichen Sachfragen sowie ihre Ansichten über Möglichkeiten einer gütlichen Regelung auf. Der Bericht enthält auch die schriftlichen Stellungnahmen der beteiligten Vertragsstaaten und ein Protokoll über ihre mündlichen Stellungnahmen;

d) wenn der Bericht der Kommission gemäß Buchstabe c vorgelegt wird, teilen die beteiligten Vertragsstaaten dem Vorsitzenden des Ausschusses innerhalb von drei Monaten nach Erhalt des Berichts mit, ob sie mit dem Inhalt des Kommissionsberichts einverstanden sind.

(8) Die Bestimmungen dieses Artikels lassen die in Artikel 41 vorgesehenen Aufgaben des Ausschusses unberührt.

(9) Die beteiligten Vertragsstaaten tragen gleichermaßen alle Ausgaben der Kommissionsmitglieder auf der Grundlage von Voranschlägen, die der Generalsekretär der Vereinten Nationen erstellt.

(10) Der Generalsekretär der Vereinten Nationen ist befugt, erforderlichenfalls für die Ausgaben der Kommissionsmitglieder aufzukommen, bevor die beteiligten Vertragsstaaten sie nach Absatz 9 erstattet haben.

Artikel 43

Die Mitglieder des Ausschusses und der ad hoc-Vergleichskommissionen, die nach Artikel 42 bestimmt werden können, haben Anspruch auf die Erleichterungen, Vorrechte und Befreiungen, die in den einschlägigen Abschnitten des Übereinkommens über die Vorrechte und Befreiungen der Vereinten Nationen für die im Auftrag der Vereinten Nationen tätigen Sachverständigen vorgesehen sind.

Artikel 44

Die Bestimmungen über die Durchführung dieses Paktes sind unbeschadet der Verfahren anzuwenden, die auf dem Gebiet der Menschenrechte durch oder

under the constituent instruments and the conventions of the United Nations and of the specialized agencies and shall not prevent the States Parties to the present Covenant from having recourse to other procedures for settling a dispute in accordance with general or special international agreements in force between them.

en vertu des instruments constitutifs et des conventions de l'Organisation des Nations Unies et des institutions spécialisées, et n'empêchent pas les Etats parties de recourir à d'autres procédures pour le règlement d'un différend conformément aux accords internationaux généraux ou spéciaux qui les lient.

auf Grund der Satzungen und Übereinkommen der Vereinten Nationen und der Sonderorganisationen vorgeschrieben sind und hindern die Vertragsstaaten nicht, in Übereinstimmung mit den zwischen ihnen in Kraft befindlichen allgemeinen oder besonderen internationalen Übereinkünften andere Verfahren zur Beilegung von Streitigkeiten anzuwenden.

Article 45

The Committee shall submit to the General Assembly of the United Nations, through the Economic and Social Council, an annual report on its activities.

Article 45

Le Comité adresse chaque année à l'Assemblée générale des Nations Unies, par l'intermédiaire du Conseil économique et social, un raport sur ses travaux.

Artikel 45

Der Ausschuß legt der Generalversammlung der Vereinten Nationen auf dem Wege über den Wirtschafts- und Sozialrat einen Jahresbericht über seine Tätigkeit vor.

Part V
Article 46

Nothing in the present Covenant shall be interpreted as impairing the provisions of the Charter of the United Nations and of the constitutions of the specialized agencies which define the respective responsibilities of the various organs of the United Nations and of the specialized agencies in regard to the matters dealt with in the present Covenant.

Cinquième Partie
Article 46

Aucune disposition du présent Pacte ne doit être interprétée comme portant atteinte aux dispositions de la Charte des Nations Unies et des institutions spécialisées qui définissent les responsabilités respectives des divers organes de l'Organisation des Nations Unies et des institutions spécialisées en ce qui concerne les questions traitées dans le présent Pacte.

Teil V
Artikel 46

Keine Bestimmung dieses Paktes ist so auszulegen, daß sie die Bestimmungen der Charta der Vereinten Nationen und der Satzungen der Sonderorganisationen beschränkt, in denen die jeweiligen Aufgaben der verschiedenen Organe der Vereinten Nationen und der Sonderorganisationen hinsichtlich der in diesem Pakt behandelten Fragen geregelt sind.

Articel 47

Nothing in the present Covenant shall be interpreted as impairing the inherent right of all peoples to enjoy and utilize fully and freely their natural wealth and resources.

Article 47

Aucune disposition du présent Pacte ne sera interprétée comme portant atteinte au droit inhérent de tous les peuples à profiter et à user pleinement et librement de leurs richesses et ressources naturelles.

Artikel 47

Keine Bestimmung dieses Paktes ist so auszulegen, daß sie das allen Völkern innewohnende Recht auf den Genuß und die volle und freie Nutzung ihrer natürlichen Reichtümer und Mittel beeinträchtigt.

Part VI
Article 48

1. The present Covenant is open for signature by any State Member of the United Nations or member of any of its specialized agencies, by any State Party to the Statute of the International Court of Justice, and by any other State which has been invited by the General Assembly of the United Nations to become a party to the present Covenant.

2. The present Covenant is subject to ratification. Instruments of ratification shall be deposited with the Secretary-General of the United Nations.

3. The present Covenant shall be open to accession by any State referred to in paragraph 1 of the article.

4. Accession shall be effected by the

Sixième partie
Article 48

1. Le présent Pacte est ouvert à la signature de tout Etat membre de l'Organisation des Nations Unies ou membre de l'une quelconque de ses institutions spécialisées, de tout Etat partie au Statut de la Cour internationale de justice, ainsi que de tout autre Etat invité par l'Assemblée générale des Nations Unies à devenir partie au présent Pacte.

2. Le présent Pacte est sujet à ratification et les instruments de ratification seront déposés auprès du Secrétaire général de l'Organisation des Nations Unies.

3. Le présent Pacte sera ouvert à l'adhésion de tout Etat visé au paragraphe 1 du présent article.

4. L'adhésion se fera par le dépôt d'un

Teil VI
Artikel 48

(1) Dieser Pakt liegt für alle Mitgliedstaaten der Vereinten Nationen, für alle Mitglieder einer ihrer Sonderorganisationen, für alle Vertragsstaaten der Satzung des Internationalen Gerichtshofs und für jeden anderen Staat, den die Generalversammlung der Vereinten Nationen einlädt, Vertragspartei dieses Paktes zu werden, zur Unterzeichnung auf.

(2) Dieser Pakt bedarf der Ratifikation. Die Ratifikationsurkunden sind beim Generalsekretär der Vereinten Nationen zu hinterlegen.

(3) Dieser Pakt liegt für jeden in Absatz 1 bezeichneten Staat zum Beitritt auf.

(4) Der Beitritt erfolgt durch Hinterle-

deposit of an instrument of accession with the Secretary-General of the United Nations.

5. The Secretary-General of the United Nations shall inform all States which have signed this Covenant or acceded to it of the deposit of each instrument of ratification or accession.

Article 49

1. The present Covenant shall enter into force three months after the date of the deposit with the Secretary-General of the Untied Nations of the thirty-fifth instrument of ratification or instrument of accession.

2. For each State ratifying the present Covenant or acceding to it after the deposit of the thirty-fifth instrument of ratification or instrument of accession, the present Covenant shall enter into force three months after the date of the deposit of its own instrument of ratification or instrument of accession.

Article 50

The provisions of the present Covenant shall extend to all parts of federal States without any limitations or exceptions.

Article 51

1. Any State Party to the present Covenant may propose an amendment and file it with the Secretary-General of the United Nations. The Secretary-General of the United Nations shall thereupon communicate any proposed amendments to the States Parties to the present Covenant with a request that they notify him wether they favour a conference of States Parties for the purpose of considering and voting upon the proposals. In the event that at least one third of the States Parties favours such a conference, the Secretary-General shall convene the conference under the auspices of the United Nations. Any amendment adopted by a majority of the States Parties present and voting at the conference shall be submitted to the General Assembly of the United Nations for approval.

2. Amendments shall come into force when they have been approved by the General Assembly of the United Nations and accepted by a two-thirds majority of the States Parties to the present Covenant in accordance with their respective constitutional processes.

3. When amendments come into force,

instrument d'adhésion auprès du Secrétaire général de l'Organisation des Nations Unies.

5. Le Secrétaire général de l'Organisation des Nations Unies informe tous les Etats qui ont signé le présent Pacte ou qui y ont adhéré du dépôt de chaque instrument de ratification ou d'adhésion.

Article 49

1. Le présent Pacte entrera en vigueur trois mois après la date du dépôt auprès du Secrétaire général de l'Organisation des Nations Unies du trente-cinquième instument de ratification ou d'adhésion.

2. Pour chacun des Etats qui ratifieront le présent Pacte ou y adhéreront après le dépôt du trente-cinquième instrument le ratification ou d'adhésion, ledit Pacte entrera en vigueur trois mois après la date du dépôt par cet Etat de son instrument de ratification ou d'adhésion.

Article 50

Les dispositions du présent Pacte s'appliquent, sans limitation ni exception aucune, à toutes les unités constitutives des Etats fédératifs.

Article 51

1. Tout Etat partie au présent Pacte peut proposer un amendement et en déposer le texte auprès du Secrétaire général de l'Organisation des Nations Unies. Le Secrétaire général transmet alors tous projets d'amendements aux Etats parties au présent Pacte en leur demandant de lui indiquer s'ils désirent voir convoquer une conférence d'Etats parties pour examiner ces projets et les mettre aux voix. Si un tiers au moins des Etats se déclarent en faveur de cette convocation, le Secrétaire général convoque la conférence sous les auspices de l'Organisation des Nations Unies. Tout amendement adopté par la majorité des Etats présents et votants à la conférence est soumis pour approbation à l'Assemblée générale des Nations Unies.

2. Ces amendements entrent en vigueur lorsqu'ils ont été approuvés par l'Assemblée générale des Nations Unies et acceptés, conformément à leurs règles constitutionnelles respectives, par une majorité des deux tiers des Etats parties au présent Pacte.

3. Lorsque ces amendements entrent

gung einer Beitrittsurkunde beim Generalsekretär der Vereinten Nationen.

(5) Der Generalsekretär der Vereinten Nationen unterrichtet alle Staaten, die diesen Pakt unterzeichnet haben oder ihm beigetreten sind, von der Hinterlegung jeder Ratifikations- oder Beitrittsurkunde.

Artikel 49

(1) Dieser Pakt tritt drei Monate nach Hinterlegung der fünfunddreißigsten Ratifikations- oder Beitrittsurkunde beim Generalsekretär der Vereinten Nationen in Kraft.

(2) Für jeden Staat, der nach Hinterlegung der fünfunddreißigsten Ratifikations- oder Beitrittsurkunde diesen Pakt ratifiziert oder ihm beitritt, tritt er drei Monate nach Hinterlegung seiner eigenen Ratifikations- oder Beitrittsurkunde in Kraft.

Artikel 50

Die Bestimmungen dieses Paktes gelten ohne Einschränkung oder Ausnahme für alle Teile eines Bundesstaates.

Artikel 51

(1) Jeder Vertragsstaat kann eine Änderung des Paktes vorschlagen und ihren Wortlaut beim Generalsekretär der Vereinten Nationen einreichen. Der Generalsekretär übermittelt sodann alle Änderungsvorschläge den Vertragsstaaten mit der Aufforderung, ihm mitzuteilen, ob sie eine Konferenz der Vertragsstaaten zur Beratung und Abstimmung über die Vorschläge befürworten. Befürwortet wenigstens ein Drittel der Vertragsstaaten eine solche Konferenz, so beruft der Generalsekretär die Konferenz unter der Schirmherrschaft der Vereinten Nationen ein. Jede Änderung, die von der Mehrheit der auf der Konferenz anwesenden und abstimmenden Vertragsstaaten angenommen wird, ist der Generalversammlung der Vereinten Nationen zur Billigung vorzulegen.

(2) Die Änderungen treten in Kraft, wenn sie von der Generalversammlung der Vereinten Nationen gebilligt und von einer Zweidrittelmehrheit der Vertragsstaaten nach Maßgabe der in ihrer Verfassung vorgesehenen Verfahren angenommen worden sind.

(3) Treten die Änderungen in Kraft, so

they shall be binding on those States Parties which have accepted them, other States Parties still being bound by the provisions of the present Covenant and any ealier amendment which they have accepted.

Article 52

Irrespective of the notifications made under article 48, paragraph 5, the Secretary-General of the United Nations shall inform all States referred to in paragraph 1 of the same article of the following particulars:

(a) Signatures, ratifications and accessions under article 48;

(b) The date of the entry into force of the present Covenant under article 49 and the date of the entry into force of any amendments under article 51.

Article 53

1. The present Covenant, of which the Chinese, English, French, Russian, and Spanish texts are equally authentic, shall be deposited in the archives of the United Nations.

2. The Secretary-General of the United Nations shall transmit certified copies of the present Covenant to all States referred to in article 48.

en vigueur, ils sont obligatoires pour les Etats parties qui les ont acceptés, les autres Etats parties restant liés par les dispositions du présent Pacte et par tout amendement antérieur qu'ils ont accepté.

Article 52

Indépendamment des notifications prévues au paragraphe 5 de l'article 48, le Secrétaire général de l'Organisation des Nations Unies informera tous les Etats visés au paragraphe 1 dudit article:

a) Des signatures apposées au présent Pacte et des instruments de ratification et d'adhésion déposés conformément à l'article 48;

b) De la date à laquelle le présent Pacte entrera en vigueur conformément à l'article 49 et de la date à laquelle entreront en vigueur les amendements prévus à l'article 51.

Article 53

1. Le présent Pacte, dont les textes anglais, chinois, espagnol, français et russe font également foi, sera déposé aux archives de l'Organisation des Nations Unies.

2. Le Secrétaire général de l'Organisation des Nations Unies transmettra une copie certifiée conforme du présent Pacte à tous les Etats visés à l'article 48.

sind sie für die Vertragsstaaten, die sie angenommen haben, verbindlich, während für die anderen Vertragsstaaten weiterhin die Bestimmungen dieses Paktes und alle früher von ihnen angenommenen Änderungen gelten.

Artikel 52

Unabhängig von den Notifikationen nach Artikel 48 Absatz 5 unterrichtet der Generalsekretär der Vereinten Nationen alle in Absatz 1 jenes Artikels bezeichneten Staaten.

a) von den Unterzeichnungen, Ratifikationen und Beitritten nach Artikel 48;

b) vom Zeitpunkt des Inkrafttretens dieses Paktes nach Artikel 49 und vom Zeitpunkt des Inkrafttretens von Änderungen nach Artikel 51.

Artikel 53

(1) Dieser Pakt, dessen chinesischer, englischer, französischer, russischer und spanischer Wortlaut gleichermaßen verbindlich ist, wird im Archiv der Vereinten Nationen hinterlegt.

(2) Der Generalsekretär der Vereinten Nationen übermittelt allen in Artikel 48 bezeichneten Staaten beglaubigte Abschriften dieses Paktes.

Gesetz zum Fakultativprotokoll vom 19. Dezember 1966 zum Internationalen Pakt über bürgerliche und politische Rechte

Vom 21. Dezember 1992
(BGBl. II S. 1246)

Der Bundestag hat mit Zustimmung des Bundesrates das folgende Gesetz beschlossen:

Artikel 1

Dem von der Generalversammlung der Vereinten Nationen am 19. Dezember 1966 angenommenen und am 23. März 1976 in Kraft getretenen Fakultativprotokoll zum Internationalen Pakt über bürgerliche und politische Rechte wird zugestimmt. Das Protokoll wird nachstehend veröffentlicht.

Artikel 2

(1) Dieses Gesetz tritt am Tage nach seiner Verkündung in Kraft.
(2) Der Tag, an dem das Übereinkommen nach seinem Artikel 9 Abs. 2 für die Bundesrepublik Deutschland in Kraft tritt, ist im Bundesgesetzblatt bekanntzugeben.

Bekanntmachung über das Inkrafttreten des Fakultativprotokolls zum Internationalen Pakt über bürgerliche und politische Rechte

Vom 30. Dezember 1993
(BGBl. II 1994 S. 311)

I.

Nach Artikel 2 Abs. 2 des Gesetzes vom 21. Dezember 1992 zu dem Fakultativprotokoll vom 19. Dezember 1966 zum Internationalen Pakt über bürgerliche und politische Rechte (BGBI. 1992 ll S.1246) wird bekanntgemacht, daß das Fakultativprotokoll nach seinem Artikel 9 Abs. 2 für   Deutschland am 25. November 1993
in Kraft getreten ist; die Beitrittsurkunde ist am 25. August 1993 bei dem Generalsekretär der Vereinten Nationen hinterlegt worden.

Bei Hinterlegung der Beitrittsurkunde hat Deutschland den folgenden Vorbehalt angebracht:

„Die Bundesrepublik Deutschland bringt einen Vorbehalt im Hinblick auf Artikel 5 Absatz 2 Buchstabe a dahingehend an, daß die Zuständigkeit des Ausschusses nicht für Mitteilungen gilt,

a) die bereits in einem anderen internationalen Untersuchungs- oder Streitregelungsverfahren geprüft wurden,
b) mit denen eine Rechtsverletzung gerügt wird, die in Ereignissen vor dem Inkrafttreten des Fakultativprotokolls für die Bundesrepublik Deutschland ihren Ursprung hat, oder

c) mit denen eine Verletzung des Artikels 26 des Internationalen Paktes über bürgerliche und politische Rechte gerügt wird, wenn und soweit sich die gerügte Verletzung auf andere als im vorgenannten Pakt garantierte Rechte bezieht."

Optional Protocol to the International Covenant on Civil and Political Rights	Protocole facultatif se rapportant au Pacte international relatif aux droits civils et politiques	Fakultativprotokoll zum Internationalen Pakt über bürgerliche und politische Rechte
		(Übersetzung)

The States Parties to the present Protocol,

Les Etats parties au présent Protocole,

Die Vertragsstaaten dieses Protokolls –

Considering that in order further to achieve the purposes of the Covenant on Civil and Political Rights (hereinafter referred to as the Covenant) and the implementation of its provisions it would be appropriate to enable the Human Rights Committee set up in part IV of the Covenant (hereinafter referred to as the Committee) to receive and consider, as provided in the present Protocol, communications from individuals claiming to be victims of violations of any of the rights set forth in the Covenant;

Considérant que, pour mieux assurer l'accomplissement des fins du Pacte international relatif aux droits civils et politiques (ci-après dénommé le Pacte) et l'application de ses dispositions, il conviendrait d'habiliter le Comité des droits de l'homme, constitué aux termes de la quatrième partie du Pacte (ci-après dénommé le Comité), à recevoir et à examiner, ainsi qu'il est prévu dans le présent Protocole, des communications émanant de particuliers qui prétendent être victimes d'une violation d'un des droits énoncés dans le Pacte,

in der Erwägung, daß es zur weiteren Verwirklichung der Ziele des Paktes über bürgerliche und politische Rechte (im folgenden als „Pakt" bezeichnet) und zur Durchführung seiner Bestimmungen angebracht wäre, den nach Teil IV des Paktes errichteten Ausschuß für Menschenrechte (im folgenden als „Ausschuß" bezeichnet) zu ermächtigen, nach Maßgabe dieses Protokolls Mitteilungen von Einzelpersonen, die behaupten, Opfer einer Verletzung eines in dem Pakt niedergelegten Rechts zu sein, entgegenzunehmen und zu prüfen –

Have agreed as follows:

Sont convenus de ce qui suit:

haben folgendes vereinbart:

Article 1

A State Party to the Covenant that becomes a party to the present Protocol recognizes the competence of the Committee to receive and consider communications from individuals subject to its jurisdiction who claim to be victims of a violation by that State Party of any of the rights set forth in the Covenant. No communication shall be received by the Committee if it concerns a State Party to the Covenant which is not a party to the present Protocol.

Article premier

Tout Etat partie au Pacte qui devient partie au présent Protcole reconnaît que le Comité a compétence pour recevoir et examiner des communications émanant de particuliers relevant de sa juridiction qui prétendent être victimes d'une violation, par cet Etat partie, de l'un quelconque des droits énoncés dans le Pacte. Le Comité ne reçoit aucune communication intéressant un Etat partie au Pacte qui n'est pas partie au présent Protocole.

Artikel 1

Jeder Vertragsstaat des Paktes, der Vertragspartei dieses Protokolls wird, erkennt die Zuständigkeit des Ausschusses für die Entgegennahme und Prüfung von Mitteilungen seiner Herrschaftsgewalt unterstehender Einzelpersonen an, die behaupten, Opfer einer Verletzung eines in dem Pakt niedergelegten Rechts durch diesen Vertragsstaat zu sein. Der Ausschuß nimmt keine Mitteilung entgegen, die einen Vertragsstaat des Paktes betrifft, der nicht Vertragspartei dieses Protokolls ist.

Article 2

Subject to the provisions of article 1, individuals who claim that any of their rights enumerated in the Covenant have been violated and who have exhausted all available domestic remedies may submit a written communication to the Committee for consideration.

Article 2

Sous réserve des dispositions de l'article premier, tout particulier qui prétend être victime d'une violation de l'un quelconque des droits énoncés dans le Pacte et qui a épuisé tous les recours internes disponibles peut présenter une communication écrite au Comité pour qu'il l'examine.

Artikel 2

Vorbehaltlich des Artikels 1 können Einzelpersonen, die behaupten, in einem ihrer im Pakt niedergelegten Rechte verletzt zu sein, und die alle zur Verfügung stehenden innerstaatlichen Rechtsbehelfe erschöpft haben, dem Ausschuß eine schriftliche Mitteilung zur Prüfung einreichen.

Article 3

The Committee shall consider inadmissible any communication under the present Protocol which is anonymous, or which it considers to be an abuse of the right of submission of such communications or to be incompatible with the provisions of the Covenant.

Article 3

Le Comité déclare irrecevable toute communication présentée en vertu du présent Protocole qui est anonyme ou qu'il considère être un abus du droit de présenter de telles communications ou être incompatible avec les dispositions du Pacte.

Artikel 3

Der Ausschuß erklärt jede nach diesem Protokoll eingereichte Mitteilung für unzulässig, die anonym ist oder die er für einen Mißbrauch des Rechts auf Einreichung solcher Mitteilungen oder für unvereinbar mit den Bestimmungen des Paktes hält.

Article 4

1. Subject to the provisions of article 3, the Committee shall bring any communications submitted to it under the present Protocol to the attention of the State Party to

Article 4

1. Sous réserve des dispositions de l'article 3, le Comité porte toute communication qui lui est présentée en vertu du présent Protocole à l'attention de l'Etat partie audit

Artikel 4

(1) Vorbehaltlich des Artikels 3 bringt der Ausschuß jede ihm nach diesem Protokoll eingereichte Mitteilung dem Vertragsstaat dieses Protokolls zur Kenntnis, dem vorge-

the present Protocol alleged to be violating any provision of the Covenant.

2. Within six months, the receiving State shall submit to the Committee written explanations or statements clarifying the matter and the remedy, if any, that may have been taken by that State.

Article 5

1. The Committee shall consider communications received under the present Protocol in the light of all written information made available to it by the individual and by the State Party concerned.

2. The Committee shall not consider any communication from an individual unless it has ascertained that:

(a) The same matter is not being examined under another procedure of international investigation or settlement;

(b) The individual has exhausted all available domestic remedies. This shall not be the rule where the application of the remedies is unreasonably prolonged.

3. The Committee shall hold closed meetings when examining communications under the present Protocol.

4. The Committee shall forward its views to the State Party concerned and to the individual.

Article 6

The Committee shall include in its annual report under article 45 of the Covenant a summary of its activities under the present Protocol.

Article 7

Pending the achievement of the objectives of resolution 1514 (XV) adopted by the General Assembly of the United Nations on 14 December 1960 concerning the Declaration on the Granting of Independence to Colonial Countries and Peoples, the provisions of the present Protocol shall in no way limit the right of petition granted to these peoples by the Charter of the United Nations and other international conventions and instruments under the United Nations and its specialized agencies.

Article 8

1. The present Protocol is open for signature by any State which has signed the Covenant.

Protocole qui a prétendument violé l'une quelconque des dispositions du Pacte.

2. Dans les six mois qui suivent, ledit Etat soumet par écrit au Comité des explications ou déclarations éclaircissant la question et indiquant, le cas échéant, les mesures qu'il pourrait avoir prises pour remédier à la situation.

Article 5

1. Le Comité examine les communications reçues en vertu du présent Protocole en tenant compte de toutes les informations écrites qui lui sont soumises par le particulier et par l'Etat partie intéressé.

2. Le Comité n'examinera aucune communication d'un particulier sans s'être assuré que:

a) La même question n'est pas déjà en cours d'examen devant une autre instance internationale d'enquête ou de règlement;

b) Le particulier a épuisé tous les recours internes disponibles. Cette règle ne s'applique pas si les procédures de recours excèdent des délais raisonnables.

3. Le Comité tient ses séances à huis clos lorsqu'il examine les communications prévues dans le présent Protocole.

4. Le Comité fait part de ses constatations à l'Etat partie intéressé et au particulier.

Article 6

Le Comité inclut dans le rapport annuel qu'il établit conformément à l'article 45 du Pacte un résumé de ses activités au titre du présent Protocole.

Article 7

En attendant la réalisation des objectifs de la résolution 1514 (XV) adoptée par l'Assemblée générale des Nations Unies le 14 décembre 1960, concernant la Déclaration sur l'octroi de l'indépendance aux pays et aux peuples coloniaux, les dispositions du présent Protocole ne restreignent en rien le droit de pétition accordé à ces peuples par la Charte des Nations Unies et d'autres conventions et instruments internationaux conclus sous les auspices de l'Organisation des Nations Unies ou de ses institutions spécialisées.

Article 8

1. Le présent Protocole est ouvert à la signature de tout Etat qui a signé le Pacte.

---

worfen wird, eine Bestimmung des Paktes verletzt zu haben.

(2) Der betroffene Staat hat dem Ausschuß innerhalb von sechs Monaten schriftliche Erklärungen oder Stellungnahmen zur Klärung der Sache zu übermitteln und die gegebenenfalls von ihm getroffenen Abhilfemaßnahmen mitzuteilen.

Artikel 5

(1) Der Ausschuß prüft die ihm nach diesem Protokoll zugegangenen Mitteilungen unter Berücksichtigung aller ihm von der Einzelperson und dem betroffenen Vertragsstaat unterbreiteten schriftlichen Angaben.

(2) Der Ausschuß prüft die Mitteilung einer Einzelperson nur, wenn er sich vergewissert hat,

a) daß dieselbe Sache nicht bereits in einem anderen internationalen Untersuchungs- oder Streitregelungsverfahren geprüft wird;

b) daß die Einzelperson alle zur Verfügung stehenden innerstaatlichen Rechtsbehelfe erschöpft hat. Dies gilt jedoch nicht, wenn das Verfahren bei der Anwendung der Rechtsbehelfe unangemessen lange gedauert hat.

(3) Der Ausschuß berät über Mitteilungen auf Grund dieses Protokolls in nichtöffentlicher Sitzung.

(4) Der Ausschuß teilt seine Auffassungen dem betroffenen Vertragsstaat und der Einzelperson mit.

Artikel 6

Der Ausschuß nimmt in seinen Jahresbericht nach Artikel 45 des Paktes eine Übersicht über seine Tätigkeit auf Grund dieses Protokolls auf.

Artikel 7

Bis zur Verwirklichung der Ziele der Entschließung 1514 (XV) der Generalversammlung der Vereinten Nationen vom 14. Dezember 1960 betreffend die Erklärung über die Gewährung der Unabhängigkeit an Kolonialgebiete und Kolonialvölker wird das diesen Völkern durch die Charta der Vereinten Nationen und andere internationale Übereinkommen und Vereinbarungen im Rahmen der Vereinten Nationen und ihrer Sonderorganisationen gewährte Petitionsrecht durch dieses Protokoll in keiner Weise eingeschränkt.

Artikel 8

(1) Dieses Protokoll liegt für jeden Staat, der den Pakt unterzeichnet hat, zur Unterzeichnung auf.

2. The present Protocol is subject to ratification by any State which has ratified or acceded to the Covenant. Instruments of ratification shall be deposited with the Secretary-General of the United Nations.

3. The present Protocol shall be open to accession by any State which has ratified or acceded to the Covenant.

4. Accession shall be effected by the deposit of an instrument of accession with the Secretary-General of the United Nations.

5. The Secretary-General of the United Nations shall inform all States which have signed the present Protocol or acceded to it of the deposit of each instrument of ratification or accession.

Article 9

1. Subject to the entry into force of the Covenant, the present Protocol shall enter into force three months after the date of the deposit with the Secretary-General of the United Nations of the tenth instrument of ratification or instrument of accession.

2. For each State ratifying the present Protocol or acceding to it after the deposit of the tenth instrument of ratification or instrument of accession, the present Protocol shall enter into force three months after the date of the deposit of its own instrument of ratification or instrument of accession.

Article 10

The provisions of the present Protocol shall extend to all parts of federal States without any limitations or exceptions.

Article 11

1. Any State Party to the present Protocol may propose an amendment and file it with the Secretary-General of the United Nations. The Secretary-General shall thereupon communicate any proposed amendments to the States Parties to the present Protocol with a request that they notify him whether they favour a conference of States Parties for the purpose of considering and voting upon the proposal. In the event that at least one third of the States Parties favours such a conference, the Secretary-General shall convene the conference under the auspices of the United Nations. Any amendment adopted by a majority of the States Parties present and voting at the conference shall be submitted to the General Assembly of the United Nations for approval.

2. Le présent Protocole est soumis à la ratification de tout Etat qui a ratifié le Pacte ou qui y a adhéré. Les instruments de ratification seront déposés auprès du Secrétaire général de l'Organisation des Nations Unies.

3. Le présent Protocole sera ouvert à l'adhésion de tout Etat qui a ratifié le Pacte ou qui y a adhéré.

4. L'adhésion se fera par le dépôt d'un instrument d'adhésion auprès du Secrétaire général de l'Organisation des Nations Unies.

5. Le Secrétaire général de l'Organisation des Nations Unies informe tous les Etats qui ont signé le présent Protocole ou qui y ont adhéré du dépôt de chaque instrument de ratification ou d'adhésion.

Article 9

1. Sous réserve de l'entrée en vigueur du Pacte, le présent Protocole entrera en vigueur trois mois après la date du dépôt auprès du Secrétaire général de l'Organisation des Nations Unies du dixième instrument de ratification ou d'adhésion.

2. Pour chacun des Etats qui ratifieront le présent Protocole ou y adhéreront après le dépôt du dixième instrument de ratification ou d'adhésion, ledit Protocole entrera en vigueur trois mois après la date du dépôt par cet Etat de son instrument de ratification ou d'adhésion.

Article 10

Les dispositions du présent Protocole s'appliquent, sans limitation ni exception aucune, à toutes les unités constitutives des Etats fédératifs.

Article 11

1. Tout Etat partie au présent Protocole peut proposer un amendement et en déposer le texte auprès du Secrétaire général de l'Organisation des Nations Unies. Le Secrétaire général transmet alors tous projets d'amendements aux Etats parties audit Protocole en leur demandant de lui indiquer s'ils désirent voir convoquer une conférence d'Etats parties pour examiner ces projets et les mettre aux voix. Si le tiers au moins des Etats se déclarent en faveur de cette convocation, le Secrétaire général convoque la conférence sous les auspices de l'Organisation des Nations Unies. Tout amendement adopté par la majorité des Etats présents et votants à la conférence est soumis pour approbation à l'Assemblée générale des Nations Unies.

(2) Dieses Protokoll bedarf der Ratifikation, die von allen Staaten vorgenommen werden kann, die den Pakt ratifiziert haben oder ihm beigetreten sind. Die Ratifikationsurkunden sind beim Generalsekretär der Vereinten Nationen zu hinterlegen.

(3) Dieses Protokoll liegt für jeden Staat, der den Pakt ratifiziert hat oder ihm beigetreten ist, zum Beitritt auf.

(4) Der Beitritt erfolgt durch Hinterlegung einer Beitrittsurkunde beim Generalsekretär der Vereinten Nationen.

(5) Der Generalsekretär der Vereinten Nationen unterrichtet alle Staaten, die dieses Protokoll unterzeichnet haben oder ihm beigetreten sind, von der Hinterlegung jeder Ratifikations- oder Beitrittsurkunde.

Artikel 9

(1) Vorbehaltlich des Inkrafttretens des Paktes tritt dieses Protokoll drei Monate nach Hinterlegung der zehnten Ratifikations- oder Beitrittsurkunde beim Generalsekretär der Vereinten Nationen in Kraft.

(2) Für jeden Staat, der nach Hinterlegung der zehnten Ratifikations- oder Beitrittsurkunde dieses Protokoll ratifiziert oder ihm beitritt, tritt es drei Monate nach Hinterlegung seiner eigenen Ratifikations- oder Beitrittsurkunde in Kraft.

Artikel 10

Die Bestimmungen dieses Protokolls gelten ohne Einschränkung oder Ausnahme für alle Teile eines Bundesstaates.

Artikel 11

(1) Jeder Vertragsstaat dieses Protokolls kann eine Änderung vorschlagen und ihren Wortlaut beim Generalsekretär der Vereinten Nationen einreichen. Der Generalsekretär übermittelt sodann alle Änderungsvorschläge den Vertragsstaaten dieses Protokolls mit der Aufforderung, ihm mitzuteilen, ob sie eine Konferenz der Vertragsstaaten zur Beratung und Abstimmung über die Vorschläge befürworten. Befürwortet wenigstens ein Drittel der Vertragsstaaten eine solche Konferenz, so beruft der Generalsekretär die Konferenz unter der Schirmherrschaft der Vereinten Nationen ein. Jede Änderung, die von der Mehrheit der auf der Konferenz anwesenden und abstimmenden Vertragsstaaten angenommen wird, ist der Generalversammlung der Vereinten Nationen zur Billigung vorzulegen.

Esser

2. Amendments shall come into force when they have been approved by the General Assembly of the United Nations and accepted by a two-thirds majority of the States Parties to the present Protocol in accordance with their respective constitutional processes.

3. When amendments come into force, they shall be binding on those States Parties which have accepted them, other States Parties still being bound by the provisions of the present Protocol and any earlier amendment which they have accepted.

Article 12

1. Any State Party may denounce the present Protocol at any time by written notification addressed to the Secretary-General of the United Nations. Denunciation shall take effect three months after the date of receipt of the notification by the Secretary-General.

2. Denunciation shall be without prejudice to the continued application of the provisions of the present Protocol to any communication submitted under article 2 before the effective date of denunciation.

Article 13

Irrespective of the notifications made under article 8, paragraph 5, of the present Protocol, the Secretary-General of the United Nations shall inform all States referred to in article 48, paragraph 1, of the Covenant of the following particulars:

(a) Signatures, ratifications and accessions under article 8;

(b) The date of the entry into force of the present Protocol ünder article 9 and the date of the entry into force of any amendments under article 11;

(c) Denunciations under article 12.

Article 14

1. The present Protocol, of which the Chinese, English, French, Russian and Spanish texts are equally authentic, shall be deposited in the archives of the United Nations.

2. The Secretary-General of the United Nations shall transmit certified copies of the present Protocol to all States referred to in article 48 of the Covenant.

---

2. Ces amendements entrent en vigueur lorsqu'ils ont été approuvés par l'Assemblée générale des Nations Unies, et acceptés, conformément à leurs règles constitutionnelles respectives, par une majorité des deux tiers des Etats parties au présent Protocole.

3. Lorsque ces amendements entrent en vigueur, ils sont obligatoires pour les Etats parties qui les ont acceptés, les autres Etats parties restant liés par les dispositions du présent Protocole et par tout amendement antérieur qu'ils ont accepté.

Article 12

1. Tout Etat partie peut, à tout moment, dénoncer le présent Protocole par voie de notification écrite adressée au Secrétaire général de l'Organisation des Nations Unies. La dénonciation portera effet trois mois après la date à laquelle le Secrétaire général en aura reçu notification.

2. La dénonciation n'entravera pas l'application des dispositions du présent Protocole à toute communication présentée en vertu de l'article 2 avant la date à laquelle la dénonciation prend effet.

Article 13

Indépendamment des notifications prévues au paragraphe 5 de l'article 8 du présent Protocole, le Secrétaire général de l'Organisation des Nations Unies informera tous les Etats visés au paragraphe 1 de l'article 48 du Pacte:

a) Des signatures apposées au présent Protocole et des instruments de ratification et d'adhésion déposés conformément à l'article 8;

b) De la date à laquelle le présent Protocole entrera en vigueur conformément à l'article 9.

c) Des dénonciations faites en vertu de l'article 12.

Article 14

1. Le présent Protocole, dont les textes anglais, chinois, espagnol, français et russe font également foi, sera déposé aux archives de l'Organisation des Nations Unies.

2. Le Secrétaire général de l'Organisation des Nations Unies transmettra une copie certifiée conforme du présent Protocole à tous les Etats visés à l'article 48 du Pacte.

---

(2) Die Änderungen treten in Kraft, wenn sie von der Generalversammlung der Vereinten Nationen gebilligt und von einer Zweidrittelmehrheit der Vertragsstaaten dieses Protokolls nach Maßgabe der in ihrer Verfassung vorgesehenen Verfahren angenommen worden sind.

(3) Treten die Änderungen in Kraft, so sind sie für die Vertragsstaaten, die sie angenommen haben, verbindlich, während für die anderen Vertragsstaaten weiterhin die Bestimmungen dieses Protokolls und alle früher von ihnen angenommenen Änderungen gelten.

Artikel 12

(1) Jeder Vertragsstaat kann dieses Protokoll jederzeit durch schriftliche Notifikation an den Generalsekretär der Vereinten Nationen kündigen. Die Kündigung wird drei Monate nach Eingang der Notifikation beim Generalsekretär wirksam.

(2) Die Kündigung berührt nicht die weitere Anwendung dieses Protokolls auf Mitteilungen nach Artikel 2, die vor dem Wirksamwerden der Kündigung eingegangen sind.

Artikel 13

Unabhängig von den Notifikationen nach Artikel 8 Absatz 5 dieses Protokolls unterrichtet der Generalsekretär der Vereinten Nationen alle in Artikel 48 Absatz 1 des Paktes bezeichneten Staaten

a) von den Unterzeichnungen, Ratifikationen und Beitritten nach Artikel 8;

b) vom Zeitpunkt des Inkrafttretens dieses Protokolls nach Artikel 9 und vom Zeitpunkt des Inkrafttretens von Änderungen nach Artikel 11;

c) von Kündigungen nach Artikel 12.

Artikel 14

(1) Dieses Protokoll, dessen chinesischer, englischer, französischer, russischer und spanischer Wortlaut gleichermaßen verbindlich ist, wird im Archiv der Vereinten Nationen hinterlegt.

(2) Der Generalsekretär der Vereinten Nationen übermittelt allen in Artikel 48 des Paktes bezeichneten Staaten beglaubigte Abschriften dieses Protokolls.

Gesetz zum Zweiten Fakultativprotokoll vom 15. Dezember 1989 zu dem Internationalen Pakt über bürgerliche und politische Rechte zur Abschaffung der Todesstrafe

Vom 2. Juni 1992
(BGBl. II S. 390)

Der Bundestag hat das folgende Gesetz beschlossen:

Artikel 1

Dem in New York am 13.Februar 1990 von der Bundesrepublik Deutschland gezeichneten Zweiten Fakultativprotokoll vom 15.Dezember 1989 zu dem Internationalen Pakt über bürgerliche und politische Rechte zur Abschaffung der Todesstrafe wird zugestimmt. Das Protokoll wird nachstehend mit einer amtlichen deutschen Übersetzung veröffentlicht.

Artikel 2

(1) Dieses Gesetz tritt am Tage nach seiner Verkündung in Kraft.

(2) Der Tag, an dem das Protokoll gemäß seinem Artikel 8 für die Bundesrepublik Deutschland in Kraft tritt, ist im Bundesgesetzblatt bekanntzugeben.[*]

Second Optional Protocol	Deuxième Protocole facultatif	Zweites Fakultativprotokoll
to the International Covenant on Civil and Political Rights, aiming at the abolition of the death penalty	se rapportant au Pacte international relatif aux droits civils et politiques, visant à abolir la peine de mort	zu dem Internationalen Pakt über bürgerliche und politische Rechte zur Abschaffung der Todesstrafe
		(Übersetzung)
The States Parties to the present Protocol,	Les Etats parties au présent Protocole,	Die Vertragsstaaten dieses Protokolls –
Believing that abolition of the death penalty contributes to enhancement of human dignity and progressive development of human rights,	Convaincus que l'abolition de la peine de mort contribue à promouvoir la dignité humaine et le développement progressif des droits de l'homme,	im Vertrauen darauf, daß die Abschaffung der Todesstrafe zur Förderung der Menschenwürde und zur fortschreitenden Entwicklung der Menschenrechte beiträgt,
Recalling article 3 of the Universal Declaration of Human Rights adopted on 10 December 1948 and article 6 of the International Covenant on Civil and Political Rights adopted on 16 December 1966,	Rappelant l'article 3 de la Déclaration universelle des droits de l'homme adoptée le 10 décembre 1948, ainsi que l'article 6 du Pacte international relatif aux droits civils et politiques adopté le 16 décembre 1966,	unter Hinweis auf Artikel 3 der am 10. Dezember 1948 angenommenen Allgemeinen Erklärung der Menschenrechte und auf Artikel 6 des am 16. Dezember 1966 angenommenen Internationalen Paktes über bürgerliche und politische Rechte,
Noting that article 6 of the International Covenant on Civil and Political Rights refers to abolition of the death penalty in terms that strongly suggest that abolition is desirable,	Notant que l'article 6 du Pacte international relatif aux droits civils et politiques se réfère à l'abolition de la peine de mort en des termes qui suggèrent sans ambiguïté que l'abolition de cette peine est souhaitable,	in Anbetracht dessen, daß Artikel 6 des Internationalen Paktes über bürgerliche und politische Rechte auf die Abschaffung der Todesstrafe in einer Weise Bezug nimmt, die eindeutig zu verstehen gibt, daß die Abschaffung wünschenswert ist,

---

[*] Das Zweite Fakultativprotokoll ist am 18.11.1992 für die Bundesrepublik in Kraft getreten (BGBl. II 1993 S. 880).

https://doi.org/10.1515/9783110275063-037

Convinced that all measures of abolition of the death penalty should be considered as progress in the enjoyment of the right to life,

Desirous to undertake hereby an international commitment to abolish the death penalty,

Have agreed as follows:

Article 1

1. No one within the jurisdiction of a State Party to the present Protocol shall be executed.

2. Each State Party shall take all necessary measures to abolish the death penalty within its jurisdiction.

Article 2

1. No reservation is admissible to the present Protocol, except for a reservation made at the time of ratification or accession that provides for the application of the death penalty in time of war pursuant to a conviction for a most serious crime of a military nature committed during wartime.

2. The State Party making such a reservation shall at the time of ratification or accession communicate to the Secretary-General of the United Nations the relevant provisions of its national legislation applicable during wartime.

3. The State Party having made such a reservation shall notify the Secretary-General of the United Nations of any beginning or ending of a state of war applicable to its territory.

Article 3

The States Parties to the present Protocol shall include in the reports they submit to the Human Rights Committee, in accordance with article 40 of the Covenant, information on the measures that they have adopted to give effect to the present Protocol.

Article 4

With respect to the States Parties to the Covenant that have made a declaration under article 41, the competence of the Human Rights Committee to receive and consider communications when a State Party claims that another State Party is not fulfilling its obligations shall extend to the provisions of the present Protocol, unless the State Party concerned has made a statement to the contrary at the moment of ratification or accession.

Article 5

With respect to the States Parties to the first Optional Protocol to the International Covenant on Civil and Political Rights adopted on 16 December 1966, the competence of the Human Rights Committee to receive and consider communications from

Convaincus que toutes. les mesures prises touchant l'abolition de la peine de mort doivent être considérées comme un progrès quant à la jouissance du droit à la vie,

Désireux de prendre, par le présent Protocole, l'engagement international d'abolir la peine de mort,

Sont convenus de ce qui suit:

Article premier

1. Aucune personne relevant de la juridiction d'un Etat partie au présent Protocole ne sera exécutée.

2. Chaque Etat partie prendra toutes les mesures voulues pour abolir la peine de mort dans le ressort de sa juridiction.

Article 2

1. Il ne sera admis aucune réserve au présent Protocole, en dehors de la réserve formulée lors de la ratification ou de l'adhésion et prévoyant l'application de la peine de mort en temps de guerre à la suite d'une condamnation pour un crime de caractère militaire, d'une gravité extrême, commis en temps de guerre.

2. L'Etat partie formulant une telle réserve communiquera au Secrétaire général de l'Organisation des Nations Unies, lors de la ratification ou de l'adhésion, les dispositions pertinentes de sa législation interne qui s'appliquent en temps de guerre.

3. L'Etat partie ayant formulé une telle réserve notifiera au Secrétaire général de l'Organisation des Nations Unies la proclamation ou la levée de l'état de guerre sur son territoire.

Article 3

Les Etats parties au présent Protocole feront état, dans les rapports qu'ils présentent au Comité des droits de l'homme en vertu de l'article 40 du Pacte, des mesures qu'ils auront adoptées pour donner effet au présent Protocole.

Article 4

En ce qui concerne les Etats parties au Pacte qui ont fait la déclaration prévue à l'article 41, la compétence reconnue au Comité des droits de l'homme pour recevoir et examiner des communications dans lesquelles un Etat partie prétend qu'un autre Etat partie ne s'acquitte pas de ses obligations s'étend aux dispositions du présent Protocole, à moins que l'Etat partie en cause n'ait fait une déclaration en sens contraire lors de la ratification ou de l'adhésion.

Article 5

En ce qui concerne les Etats parties au premier Protocole facultatif se rapportant au Pacte international relatif aux droits civils et politiques adopté le 16 décembre 1966, la compétence reconnue au Comité des droits de l'homme pour recevoir et examiner des

überzeugt, daß alle Maßnahmen zur Abschaffung der Todesstrafe im Hinblick auf die Wahrung des Rechtes auf Leben einen Fortschritt bedeuten,

in dem Wunsch, hiermit eine internationale Verpflichtung zur Abschaffung der Todesstrafe einzugehen –

haben folgendes vereinbart:

Artikel 1

(1) Niemand, der der Hoheitsgewalt eines Vertragsstaats dieses Fakultativprotokolls untersteht, darf hingerichtet werden.

(2) Jeder Vertragsstaat ergreift alle erforderlichen Maßnahmen, um die Todesstrafe in seinem Hoheitsbereich abzuschaffen.

Artikel 2

(1) Vorbehalte zu diesem Protokoll sind nicht zulässig, ausgenommen ein im Zeitpunkt der Ratifikation oder des Beitritts angebrachter Vorbehalt, der die Anwendung der Todesstrafe in Kriegszeiten aufgrund einer Verurteilung wegen eines in Kriegszeiten begangenen besonders schweren Verbrechens militärischer Art vorsieht.

(2) Ein Vertragsstaat, der einen solchen Vorbehalt anbringt, wird dem Generalsekretär der Vereinten Nationen im Zeitpunkt der Ratifikation oder des Beitritts die in Kriegszeiten anzuwendenden einschlägigen Bestimmungen seiner innerstaatlichen Rechtsvorschriften mitteilen.

(3) Ein Vertragsstaat, der einen solchen Vorbehalt angebracht hat, wird dem Generalsekretär der Vereinten Nationen Beginn und Ende eines für sein Hoheitsgebiet geltenden Kriegszustands notifizieren.

Artikel 3

Die Vertragsstaaten dieses Protokolls nehmen in die Berichte, die sie nach Artikel 40 des Paktes dem Ausschuß für Menschenrechte vorlegen, Angaben über die von ihnen zur Verwirklichung dieses Protokolls getroffenen Maßnahmen auf.

Artikel 4

Für die Vertragsstaaten des Paktes, die eine Erklärung nach Artikel 41 abgegeben haben, erstreckt sich die Zuständigkeit des Ausschusses für Menschenrechte zur Entgegennahme und Prüfung von Mitteilungen, in denen ein Vertragsstaat geltend macht, ein anderer Vertragsstaat komme seinen Verpflichtungen nicht nach, auf dieses Protokoll, sofern nicht der betreffende Vertragsstaat im Zeitpunkt der Ratifikation oder des Beitritts eine gegenteilige Erklärung abgegeben hat.

Artikel 5

Für die Vertragsstaaten des am 16. Dezember 1966 angenommenen (Ersten) Fakultativprotokolls zu dem Internationalen Pakt über bürgerliche und politische Rechte erstreckt sich die Zuständigkeit des Ausschusses für Menschenrechte zur Entge-

Esser

individuals subject to its jurisdiction shall extend to the provisions of the present Protocol, unless the State Party concerned has made a statement to the contrary at the moment of ratification or accession.

communications émanant de particuliers relevant de leur juridiction s'étend aux dispositions du présent Protocole, à moins que l'Etat partie en cause n'ait fait une déclaration en sens contraire lors de la ratification ou de l'adhésion.

gennahme und Prüfung von Mitteilungen ihrer Hoheitsgewalt unterstehender Personen auf dieses Protokoll, sofern nicht der betreffende Vertragsstaat im Zeitpunkt der Ratifikation oder des Beitritts eine gegenteilige Erklärung abgegeben hat.

Article 6

1. The provisions of the present Protocol shall apply as additional provisions to the Covenant.

2. Without prejudice to the possibility of a reservation under article 2 of the present Protocol, the right guaranteed in article 1, paragraph 1, of the present Protocol shall not be subject to any derogation under article 4 of the Covenant.

Article 6

1. Les dispositions du présent Protocole s'appliquent en tant que dispositions additionnelles du Pacte.

2. Sans préjudice de la possibilité de formuler la réserve prévue à l'article 2 du présent Protocole, le droit garanti au paragraphe 1 de l'article premier du présent Protocole ne peut faire l'objet d'aucune des dérogations visées à l'article 4 du Pacte.

Artikel 6

(1) Die Bestimmungen dieses Protokolls werden als Zusatzbestimmungen zu dem Pakt angewendet.

(2) Unbeschadet der Möglichkeit eines Vorbehalts nach Artikel 2 dieses Protokolls darf das in Artikel 1 Absatz 1 des Protokolls gewährleistete Recht nicht nach Artikel 4 des Paktes außer Kraft gesetzt werden.

Article 7

1. The present Protocol is open for signature by any State that has signed the Covenant.

2. The present Protocol is subject to ratification by any State that has ratified the Covenant or acceded to it. Instruments of ratification shall be deposited with the Secretary-General of the United Nations.

3. The present Protocol shall be open to accession by any State that has ratified the Covenant or acceded to it.

4. Accession shall be effected by the deposit of an instrument of accession with the Secretary-General of the United Nations.

5. The Secretary-General of the United Nations shall inform all States that have signed the present Protocol or acceded to it of the deposit of each instrument of ratification or accession.

Article 7

1. Le présent Protocole est ouvert à la signature de tout Etat qui a signé le Pacte.

2. Le présent Protocole est soumis à la ratification de tout Etat qui a ratifié le Pacte ou qui y a adhéré. Les instruments de ratification seront déposés auprès du Secrétaire général de l'Organisation des Nations Unies.

3. Le présent Protocole sera ouvert à l'adhésion de tout Etat qui a ratifié le Pacte ou qui y a adhéré.

4. L'adhésion se fera par le dépôt d'un instrument d'adhésion auprès du Secrétaire général de l'Organisation des Nations Unies.

5. Le Secrétaire général de l'Organisation des Nations Unies informera tous les Etats qui ont signé le présent Protocole ou qui y ont adhéré du dépôt de chaque instrument de ratification ou d'adhésion.

Artikel 7

(1) Dieses Protokoll liegt für jeden Staat, der den Pakt unterzeichnet hat, zur Unterzeichnung auf.

(2) Dieses Protokoll bedarf der Ratifikation, die von allen Staaten vorgenommen werden kann, die den Pakt ratifiziert haben oder ihm beigetreten sind. Die Ratifikationsurkunden werden beim Generalsekretär der Vereinten Nationen hinterlegt.

(3) Dieses Protokoll steht jedem Staat, der den Pakt ratifiziert hat oder ihm beigetreten ist, zum Beitritt offen.

(4) Der Beitritt erfolgt durch Hinterlegung einer Beitrittsurkunde beim Generalsekretär der Vereinten Nationen.

(5) Der Generalsekretär der Vereinten Nationen unterrichtet alle Staaten, die dieses Protokoll unterzeichnet haben oder ihm beigetreten sind, von der Hinterlegung jeder Ratifikations- oder Beitrittsurkunde.

Article 8

1. The present Protocol shall enter into force three months after the date of the deposit with the Secretary-General of the United Nations of the tenth instrument of ratification or accession.

2. For each State ratifying the present Protocol or acceding to it after the deposit of the tenth instrument of ratification or accession, the present Protocol shall enter into force three months after the date of the deposit of its own instrument of ratification or accession.

Article 8

1. Le présent Protocole entrera en vigueur trois mois après la date du dépôt auprès du Secrétaire général de l'Organisation des Nations Unies du dixième instrument de ratification ou d'adhésion.

2. Pour chacun des Etats qui ratifieront le présent Protocole ou y adhéreront après le dépôt du dixième instrument de ratification ou d'adhésion, ledit Protocole entrera en vigueur trois mois après la date du dépôt par cet Etat de son instrument de ratification ou d'adhésion.

Artikel 8

(1) Dieses Protokoll tritt drei Monate nach Hinterlegung der zehnten Ratifikations- oder Beitrittsurkunde beim Generalsekretär der Vereinten Nationen in Kraft.

(2) Für jeden Staat, der nach Hinterlegung der zehnten Ratifikations- oder Beitrittsurkunde dieses Protokoll ratifiziert oder ihm beitritt, tritt es drei Monate nach Hinterlegung seiner eigenen Ratifikations- oder Beitrittsurkunde in Kraft.

Article 9

The provisions of the present Protocol shall extend to all parts of federal States without any limitations or exceptions.

Article 9

Les dispositions du présent Protocole s'appliquent, sans limitation ni exception aucune, à toutes les unités constitutives des Etats fédératifs.

Artikel 9

Die Bestimmungen dieses Protokolls gelten ohne Einschränkung oder Ausnahme für alle Teile eines Bundesstaats.

Article 10

The Secretary-General of the United Nations shall inform all States referred to in article 48, paragraph 1, of the Covenant of the following particulars:

(a) Reservations, communications and notifications under article 2 of the present Protocol;

Article 10

Le Secrétaire général de l'Organisation des Nations Unies informera tous les Etats visés au paragraphe 1 de l'article 48 du Pacte:

a) Des réserves, communications et notifications reçues au titre de l'article 2 du présent Protocole;

Artikel 10

Der Generalsekretär der Vereinten Nationen unterrichtet alle in Artikel 48 Absatz 1 des Paktes bezeichneten Staaten

a) von Vorbehalten, Mitteilungen und Notifikationen nach Artikel 2 dieses Protokolls;

(b) Statements made under articles 4 or 5 of the present Protocol;

(c) Signatures, ratifications and accessions under article 7 of the present Protocol;

(d) The date of the entry into force of the present Protocol under article 8 thereof.

Article 11

1. The present Protocol, of which the Arabic, Chinese, English, French, Russian and Spanish texts are equally authentic, shall be deposited in the archives of the United Nations.

2. The Secretary-General of the United Nations shall transmit certified copies of the present Protocol to all States referred to in article 48 of the Covenant.

b) Des déclarations faites en vertu des articles 4 ou 5 du présent Protocole;

c) Des signatures apposées au présent Protocole et des instruments de ratification et d'adhésion déposés conformément à l'article 7 du présent Protocole;

d) De la date, à laquelle le présent Protocole entrera en vigueur conformément à l'article 8 de celui-ci.

Article 11

1. Le présent Protocole, dont les textes anglais, arabe, chinois, espagnol, français et russe font également foi, sera déposé aux archives de l'Organisation des Nations Unies.

2. Le Secrétaire général de l'Organisation des Nations Unies transmettra une copie certifiée conforme du présent Protocole à tous les Etats visés à l'article 48 du Pacte.

b) von Erklärungen nach Artikel 4 oder 5 dieses Protokolls;

c) von Unterzeichnungen, Ratifikationen und Beitritten nach Artikel 7 dieses Protokolls;

d) vom Zeitpunkt des Inkrafttretens dieses Protokolls nach seinem Artikel 8.

Artikel 11

(1) Dieses Protokoll, dessen arabischer, chinesischer, englischer, französischer, russischer und spanischer Wortlaut gleichermaßen verbindlich ist, wird im Archiv der Vereinten Nationen hinterlegt.

(2) Der Generalsekretär der Vereinten Nationen übermittelt allen in Artikel 48 des Paktes bezeichneten Staaten beglaubigte Abschriften dieses Protokolls.

Gesetz zu dem VN-Übereinkommen vom 10. Dezember 1984 gegen Folter und andere grausame, unmenschliche oder erniedrigende Behandlung oder Strafe

Vom 6. April 1990
(BGBl. II S. 246)

Der Bundestag hat mit Zustimmung des Bundesrates das folgende Gesetz beschlossen:

Artikel 1

Dem in New York am 13.Oktober 1986 von der Bundesrepublik Deutschland unterzeichneten Übereinkommen vom 10. Dezember 1984 gegen Folter und andere grausame, unmenschliche oder erniedrigende Behandlung oder Strafe wird zugestimmt. Das Übereinkommen wird nachstehend mit einer amtlichen deutschen Übersetzung veröffentlicht.

Artikel 2

Dieses Gesetz gilt auch im Land Berlin, sofern das Land Berlin die Anwendung dieses Gesetzes feststellt.

Artikel 3

(1) Dieses Gesetz tritt am Tage nach seiner Verkündung in Kraft.
(2) Der Tag, an dem das Übereinkommen nach seinem Artikel 27 für die Bundesrepublik Deutschland in Kraft tritt, ist im Bundesgesetzblatt bekanntzugeben.[*]

---

[*] Das Übereinkommen ist gemäß der Bekanntmachung vom 9.2.1993 (BGBl. II S. 715) am 31.10.1990 für die Bundesrepublik in Kraft getreten. Nach dieser Bekanntmachung hat die Bundesregierung bei Hinterlegung der Ratifikationsurkunde zu Art. 3 des Übereinkommens erklärt, daß nach ihrer Auffassung dieser Artikel ebenso wie die anderen Bestimmungen „ausschließlich Staatenverpflichtungen begründet, die die Bundesrepublik nach näherer Bestimmung ihres mit dem Übereinkommen übereinstimmenden innerstaatlichen Rechts erfüllt".

Gesetz zu der Resolution vom 15. Januar 1992 zur Änderung des Internationalen Übereinkommens vom 7. März 1966 zur Beseitigung jeder Form von Rassendiskriminierung und zu der Resolution vom 8. September 1992 zur Änderung des Übereinkommens vom 10. Dezember 1984 gegen Folter und andere grausame, unmenschliche oder erniedrigende Behandlung oder Strafe

Vom 7. März 1996
(BGBl. II S. 282)

Der Bundestag hat folgendes Gesetz beschlossen:

Artikel 1

(1) Den folgenden Resolutionen zur Änderung von Übereinkünften wird zugestimmt:

a) Der von der 14.Versammlung der Vertragsstaaten des Internationalen Übereinkommens vom 7.März 1966 zur Beseitigung jeder Form von Rassendiskriminierung (BGBl. 1969 II S. 961) in New York am 15. Januar 1992 angenommenen Resolution zur Änderung des genannten Übereinkommens,

b) der von der Konferenz der Vertragsstaaten des Übereinkommens vom 10. Dezember 1984 gegen Folter und andere grausame, unmenschliche oder erniedrigende Behandlung oder Strafe (BGBl. 1990 II S. 246) in New York am 8. September 1992 angenommenen Resolution zur Änderung des genannten Übereinkommens.

(2) Die Resolutionen werden nachstehend mit einer amtlichen deutschen Übersetzung veröffentlicht.

Artikel 2

(1) Dieses Gesetz tritt am Tage nach seiner Verkündung in Kraft.

(2) Der Tag, an dem die Resolution vom 15. Januar 1992 nach ihrer Nummer 4 und die Resolution vom 8. September 1992 nach ihrer Nummer II für die Bundesrepublik Deutschland in Kraft treten, ist im Bundesgesetzblatt bekanntzugeben.[*]

---

[*] Die Bekanntmachung steht noch aus; die mit der Resolution vom 8.9.1992 angenommenen Änderungen des Übereinkommens sind jedoch im nachstehenden Text bereits berücksichtigt.

Convention against Torture and Other Cruel, Inhuman or Degrading Treatment or Punishment

Convention contre la torture et autres peines ou traitements cruels, inhumains ou dégradants

Übereinkunft gegen Folter und andere grausame, unmenschliche oder erniedrigende Behandlung oder Strafe

(Übersetzung)

The States Parties to this Convention,

Considering that, in accordance with the principles proclaimed in the Charter of the United Nations, recognition of the equal and inalienable rights of all members of the human family is the foundation of freedom, justice and peace in the world,

Recognizing that those rights derive from the inherent dignity of the human person,

Considering the obligation of States under the Charter, in particular Article 55, to promote universal respect for, and observance of, human rights and fundamental freedoms,

Having regard to article 5 of the Universal Declaration of Human Rights and article 7 of the International Covenant on Civil and Political Rights, both of which provide that no one shall be subjected to torture or to cruel, inhuman or degrading treatment or punishment,

Having regard also to the Declaration on the Protection of All Persons from Being Subjected to Torture and Other Cruel, Inhuman or Degrading Treatment or Punishment, adopted by the General Assembly on 9 December 1975,

Les Etats parties à la présente Convention,

Considérant que, conformément aux principes proclamés dans la Charte des Nations Unies, la reconnaissance des droits égaux et inaliénables de tous les membres de la famille humaine est le fondement de la liberté, de la justice et de la paix dans le monde,

Reconnaissant que ces droits procèdent de la dignité inhérente à la personne humaine,

Considérant que les Etats sont tenus, en vertu de la Charte, en particulier de l'article 55, d'encourager le respect universel et effectif des droits de l'homme et des libertés fondamentales,

Tenant compte de l'article 5 de la Déclaration universelle des droits de l'homme et de l'article 7 du Pacte international relatif aux droits civils et politiques qui prescrivent tous deux que nul ne sera soumis à la torture, ni à des peines ou traitements cruels, inhumains ou dégradants,

Tenant compte également de la Déclaration sur la protection de toutes les personnes contre la torture et autres peines ou traitements cruels, inhumains ou dégradants, adoptée par l'Assemblée générale le 9 décembre 1975,

Die Vertragsstaaten dieses Übereinkommens –

in der Erwägung, daß nach den in der Charta der Vereinten Nationen verkündeten Grundsätzen die Anerkennung der Gleichheit und Unveräußerlichkeit der Rechte aller Mitglieder der menschlichen Gesellschaft die Grundlage von Freiheit, Gerechtigkeit und Frieden in der Welt bildet,

in der Erkenntnis, daß sich diese Rechte aus der dem Menschen innewohnenden Würde herleiten,

in der Erwägung, daß die Charta, insbesondere Artikel 55, die Staaten verpflichtet, die allgemeine Achtung und Verwirklichung der Menschenrechte und Grundfreiheiten zu fördern,

im Hinblick auf Artikel 5 der Allgemeinen Erklärung der Menschenrechte und Artikel 7 des Internationalen Paktes über bürgerliche und politische Rechte, die beide vorsehen, daß niemand der Folter oder grausamer, unmenschlicher oder erniedrigender Behandlung oder Strafe unterworfen werden darf,

sowie im Hinblick auf die von der Generalversammlung am 9. Dezember 1975 angenommene Erklärung über den Schutz aller Personen vor Folter und anderer grausamer, unmenschlicher oder erniedrigender Behandlung oder Strafe,

Desiring to make more effective the struggle against torture and other cruel, inhuman or degrading treatment or punishment throughout the world,

Désireux d'accroître l'efficacité de la lutte contre la torture et les autres peines ou traitements cruels, inhumains ou dégradants dans le monde entier,

in dem Wunsch, dem Kampf gegen Folter und andere grausame, unmenschliche oder erniedrigende Behandlung oder Strafe in der ganzen Welt größere Wirksamkeit zu verleihen –

Have agreed as follows:

Sont convenus de ce qui suit:

sind wie folgt übereingekommen:

Part I

Première Partie

Teil I

Article 1

Article premier

Artikel 1

1. For the purposes of this Convention, the term "torture" means any act by which severe pain or suffering, whether physical or mental, is intentionally inflicted on a person for such purposes as obtaining from him or a third person information or a confession, punishing him for an act he or a third person has committed or is suspected of having committed, or intimidating or coercing him or a third person, or for any reason based on discrimination of any kind, when such pain or suffering is inflicted by or at the instigation of or with the consent or acquiescence of a public official or other person acting in an official capacity. It does not include pain or suffering arising only from, inherent in or incidental to lawful sanctions.

1. Aux fins de la présente Convention, le terme «torture» désigne tout acte par lequel une douleur ou des souffrances aiguës, physiques ou mentales, sont intentionnellement infligées à une personne aux fins notamment d'obtenir d'elle ou d'une tierce personne des renseignements ou des aveux, de la punir d'un acte qu'elle ou une tierce personne a commis ou est soupçonnée d'avoir commis, de l'intimider ou de faire pression sur elle ou d'intimider ou de faire pression sur une tierce personne, ou pour tout autre motif fondé sur une forme de discrimination quelle qu'elle soit, lorsqu'une telle douleur ou de telles souffrances sont infligées par un agent de la fonction publique ou toute autre personne agissant à titre officiel ou à son instigation ou avec son consentement exprès ou tacite. Ce terme ne s'étend pas à la douleur ou aux souffrances résultant uniquement de sanctions légitimes, inhérentes à ces sanctions ou occasionnées par elles.

(1) Im Sinne dieses Übereinkommens bezeichnet der Ausdruck „Folter" jede Handlung, durch die einer Person vorsätzlich große körperliche oder seelische Schmerzen oder Leiden zugefügt werden, zum Beispiel um von ihr oder einem Dritten eine Aussage oder ein Geständnis zu erlangen, um sie für eine tatsächlich oder mutmaßlich von ihr oder einem Dritten begangene Tat zu bestrafen oder um sie oder einen Dritten einzuschüchtern oder zu nötigen, oder aus einem anderen, auf irgendeiner Art von Diskriminierung beruhenden Grund, wenn diese Schmerzen oder Leiden von einem Angehörigen des öffentlichen Dienstes oder einer anderen in amtlicher Eigenschaft handelnden Person, auf deren Veranlassung oder mit deren ausdrücklichem oder stillschweigendem Einverständnis verursacht werden. Der Ausdruck umfaßt nicht Schmerzen oder Leiden, die sich lediglich aus gesetzlich zulässigen Sanktionen ergeben, dazu gehören oder damit verbunden sind.

2. This article is without prejudice to any international instrument or national legislation which does or may contain provisions of wider application.

2. Cet article est sans préjudice de tout instrument international ou de toute loi nationale qui contient ou peut contenir des dispositions de portée plus large.

(2) Dieser Artikel läßt alle internationalen Übereinkünfte oder innerstaatlichen Rechtsvorschriften unberührt, die weitergehende Bestimmungen enthalten.

Article 2

Article 2

Artikel 2

1. Each State Party shall take effective legislative, administrative, judicial or other measures to prevent acts of torture in any territory under its jurisdiction.

1. Tout Etat partie prend des mesures législatives, administratives, judiciaires et autres mesures efficaces pour empêcher que des actes de torture soient commis dans tout territoire sous sa juridiction.

(1) Jeder Vertragsstaat trifft wirksame gesetzgeberische, verwaltungsmäßige, gerichtliche oder sonstige Maßnahmen, um Folterungen in allen seiner Hoheitsgewalt unterstehenden Gebieten zu verhindern.

2. No exceptional circumstances whatsoever, whether a state of war or a threat of war, internal political instability or any other public emergency, may be invoked as a justification of torture.

2. Aucune circonstance exceptionnelle, quelle qu'elle soit, qu'il s'agisse de l'état de guerre ou de menace de guerre, d'instabilité politique intérieure ou de tout autre état d'exception, ne peut être invoquée pour justifier la torture.

(2) Außergewöhnliche Umstände gleich welcher Art, sei es Krieg oder Kriegsgefahr, innenpolitische Instabilität oder ein sonstiger öffentlicher Notstand, dürfen nicht als Rechtfertigung für Folter geltend gemacht werden.

3. An order from a superior officer or a public authority may not be invoked as a justification of torture.

3. L'ordre d'un supérieur ou d'une autorité publique ne peut être invoqué pour justifier la torture.

(3) Eine von einem Vorgesetzten oder einem Träger öffentlicher Gewalt erteilte Weisung darf nicht als Rechtfertigung für Folter geltend gemach werden.

Article 3

Article 3

Artikel 3

1. No State Party shall expel, return ("refouler") or extradite a person to another State where there are substantial grounds for believing that he would be in danger of being subjected to torture.

1. Aucun Etat partie n'expulsera, ne refoulera, ni n'extradera une personne vers un autre Etat où il y a des motifs sérieux de croire qu'elle risque d'être soumise à la torture.

(1) Ein Vertragsstaat darf eine Person nicht in einen anderen Staat ausweisen, abschieben oder an diesen ausliefern, wenn stichhaltige Gründe für die Annahme bestehen, daß sie dort Gefahr liefe, gefoltert zu werden.

2. For the purpose of determining whether there are such grounds, the competent authorities shall take into account all relevant considerations including, where applicable, the existence in the State concerned of a consistent pattern of gross, flagrant or mass violations of human rights.

2. Pour déterminer s'il y a de tels motifs, les autorités compétentes tiendront compte de toutes les considérations pertinentes, y compris, le cas échéant, de l'existence, dans l'Etat intéressé, d'un ensemble de violations systématiques des droits de l'homme, graves, flagrantes ou massives.

(2) Bei der Feststellung, ob solche Gründe vorliegen, berücksichtigen die zuständigen Behörden alle maßgeblichen Erwägungen einschließlich des Umstands, daß in dem betreffenden Staat eine ständige Praxis grober, offenkundiger oder massenhafter Verletzungen der Menschenrechte herrscht.

Article 4

Article 4

Artikel 4

1. Each State Party shall ensure that all acts of torture are offences under its crimi-

1. Tout Etat partie veille à ce que tous les actes de torture constituent des infractions

(1) Jeder Vertragsstaat trägt dafür Sorge, daß nach seinem Strafrecht alle Folterhand-

nal law. The same shall apply to an attempt to commit torture and to an act by any person which constitutes complicity or participation in torture.

2. Each State Party shall make these offences punishable by appropriate penalties which take into account their grave nature.

Article 5

1. Each State Party shall take such measures as may be necessary to establish its jurisdiction over the offences referred to in article 4 in the following cases:

(a) When the offences are committed in any territory under its jurisdiction or on board a ship or aircraft registered in that State;

(b) When the alleged offender is a national of that State;

(c) When the victim is a national of that State if that State considers it appropriate.

2. Each State Party shall likewise take such measures as may be necessary to establish its jurisdiction over such offences in cases where the alleged offender is present in any territory under its jurisdiction and it does not extradite him pursuant to article 8 to any of the States mentioned in paragraph 1 of this article.

3. This Convention does not exclude any criminal jurisdiction exercised in accordance with internal law.

Article 6

1. Upon being satisfied, after an examination of information available to it, that the circumstances so warrant, any State Party in whose territory a person alleged to have committed any offence referred to in article 4 is present shall take him into custody or take other legal measures to ensure his presence. The custody and other legal measures shall be as provided in the law of that State but may be continued only for such time as is necessary to enable any criminal or extradition proceedings to be instituted.

2. Such State shall immediately make a preliminary inquiry into the facts.

3. Any person in custody pursuant to paragraph 1 of this article shall be assisted in communicating immediately with the nearest appropriate representative of the State of which he is a national, or, if he is a stateless person, with the representative of the State where he usually resides.

4. When a State, pursuant to this article, has taken a person into custody, it shall immediately notify the States referred to in article 5, paragraph 1, of the fact that such person is in custody and of the circumstances which warrant his detention. The

au regard de son droit pénal. Il en est de même de la tentative de pratiquer la torture ou de tout acte commis par n'importe quelle personne qui constitue une complicité ou une participation à l'acte de torture.

2. Tout Etat partie rend ces infractions passibles de peines appropriées qui prennent en considération leur gravité.

Article 5

1. Tout Etat partie prend les mesures nécessaires pour établir sa compétence aux fins de connaître des infractions visées à l'article 4 dans les cas suivants:

a) Quand l'infraction a été commise sur tout territoire sous la juridiction dudit Etat ou à bord d'aéronefs ou de navires immatriculés dans cet Etat;

b) Quand l'auteur présumé de l'infraction est un ressortissant dudit Etat;

c) Quand la victime est un ressortissant dudit Etat et que ce dernier le juge approprié.

2. Tout Etat partie prend également les mesures nécessaires pour établir sa compétence aux fins de connaître desdites infractions dans le cas où l'auteur présumé de celles-ci se trouve sur tout territoire sous sa juridiction et où ledit Etat ne l'extrade pas conformément à l'article 8 vers l'un des Etats visés au paragraphe 1 du présent article.

3. La présente Convention n'écarte aucune compétence pénale exercée conformément aux lois nationales.

Article 6

1. S'il estime que les circonstances le justifient, après avoir examiné les renseignements dont il dispose, tout Etat partie sur le territoire duquel se trouve une personne soupçonnée d'avoir commis une infraction visée à l'article 4 assure la détention de cette personne ou prend toutes autres mesures juridiques nécessaires pour assurer sa présence. Cette détention et ces mesures doivent être conformes à la législation dudit Etat; elles ne peuvent être maintenues que pendant le délai nécessaire à l'engagement de poursuites pénales ou d'une procédure d'extradition.

2. Ledit Etat procède immédiatement à une enquête préliminaire en vue d'établir les faits.

3. Toute personne détenue en application du paragraphe 1 du présent article peut communiquer immédiatement avec le plus proche représentant qualifié de l'Etat dont elle a la nationalité ou, s'il s'agit d'une personne apatride, avec le représentant de l'Etat où elle réside habituellement.

4. Lorsqu'un Etat a mis une personne en détention, conformément aux dispositions du présent article, il avise immédiatement de cette détention et des circonstances qui la justifient les Etats visés au paragraphe 1 de l'article 5. L'Etat qui procède à l'enquête

lungen als Straftaten gelten. Das gleiche gilt für versuchte Folterung und für von irgendeiner Person begangene Handlungen, die eine Mittäterschaft oder Teilnahme an einer Folterung darstellen.

(2) Jeder Vertragsstaat bedroht diese Straftaten mit angemessenen Strafen, welche die Schwere der Tat berücksichtigen.

Artikel 5

(1) Jeder Vertragsstaat trifft die notwendigen Maßnahmen, um seine Gerichtsbarkeit über die in Artikel 4 genannten Straftaten in folgenden Fällen zu begründen:

a) wenn die Straftat in einem der Hoheitsgewalt des betreffenden Staates unterstehenden Gebiet oder an Bord eines in diesem Staat eingetragenen Schiffes oder Luftfahrzeugs begangen wird;

b) wenn der Verdächtige Angehöriger des betreffenden Staates ist;

c) wenn das Opfer Angehöriger des betreffenden Staates ist, sofern dieser Staat es für angebracht hält.

(2) Ebenso trifft jeder Vertragsstaat die notwendigen Maßnahmen, um seine Gerichtsbarkeit über diese Straftaten für den Fall zu begründen, daß der Verdächtige sich in einem der Hoheitsgewalt des betreffenden Staates unterstehenden Gebiet befindet und er ihn nicht nach Artikel 8 an einen der in Absatz 1 des vorliegenden Artikels bezeichneten Staaten ausliefert.

(3) Dieses Übereinkommen schließt eine Strafgerichtsbarkeit, die nach innerstaatlichem Recht ausgeübt wird, nicht aus.

Artikel 6

(1) Hält ein Vertragsstaat, in dessen Hoheitsgebiet sich ein der Begehung einer in Artikel 4 genannten Straftat Verdächtiger befindet, es nach Prüfung der ihm vorliegenden Informationen in Anbetracht der Umstände für gerechtfertigt, so nimmt er ihn in Haft oder trifft andere rechtliche Maßnahmen, um seine Anwesenheit sicherzustellen. Die Haft und die anderen rechtlichen Maßnahmen müssen mit dem Recht dieses Staates übereinstimmen; sie dürfen nur so lange aufrechterhalten werden, wie es notwendig ist, um die Einleitung eines Straf- oder Auslieferungsverfahrens zu ermöglichen.

(2) Dieser Staat führt unverzüglich eine vorläufige Untersuchung zur Feststellung des Sachverhalts durch.

(3) Einer auf Grund des Absatzes 1 in Haft befindlichen Person wird jede Erleichterung gewährt, damit sie mit dem nächsten zuständigen Vertreter des Staates, dessen Staatsangehörigkeit sie besitzt, oder, wenn sie staatenlos ist, mit dem Vertreter des Staates, in dem sie sich gewöhnlich aufhält, unmittelbar verkehren kann.

(4) Hat ein Staat eine Person auf Grund dieses Artikels in Haft genommen, so zeigt er unverzüglich den in Artikel 5 Absatz 1 genannten Staaten die Tatsache an, daß diese Person in Haft ist, sowie die Umstände an, welche die Haft rechtfertigen. Der Staat, der

State which makes the preliminary inquiry contemplated in paragraph 2 of this article shall promptly report its findings to the said States and shall indicate whether it intends to exercise jurisdiction.

préliminaire visée au paragraphe 2 du présent article en communique rapidement les conclusions auxdits Etats et leur indique s'il entend exercer sa compétence.

die vorläufige Untersuchung nach Absatz 2 durchführt, unterrichtet die genannten Staaten unverzüglich über das Ergebnis der Untersuchung und teilt ihnen mit, ob er seine Gerichtsbarkeit auszuüben beabsichtigt.

Article 7

1. The State Party in the territory under whose jurisdiction a person alleged to have committed any offence referred to in article 4 is found shall in the cases contemplated in article 5, if it does not extradite him, submit the case to its competent authorities for the purpose of prosecution.

2. These authorities shall take their decision in the same manner as in the case of any ordinary offence of a serious nature under the law of that State. In the cases referred to in article 5, paragraph 2, the standards of evidence required for prosecution and conviction shall in no way be less stringent than those which apply in the cases referred to in article 5, paragraph 1.

3. Any person regarding whom proceedings are brought in connection with any of the offences referred to in article 4 shall be guaranteed fair treatment at all stages of the proceedings.

Article 7

1. L'Etat partie sur le territoire sous la juridiction duquel l'auteur présumé d'une infraction visée à l'article 4 est découvert, s'il n'extrade pas ce dernier, soumet l'affaire, dans les cas visés à l'article 5, à ses autorités compétentes pour l'exercice de l'action pénale.

2. Ces autorités prennent leur décision dans les mêmes conditions que pour toute infraction de droit commun de caractère grave en vertu du droit de cet Etat. Dans les cas visés au paragraphe 2 de l'article 5, les règles de preuve qui s'appliquent aux poursuites et à la condamnation ne sont en aucune façon moins rigoureuses que celles qui s'appliquent dans les cas visés au paragraphe 1 de l'article 5.

3. Toute personne poursuivie pour l'une quelconque des infractions visées à l'article 4 bénéficie de la garantie d'un traitement équitable à tous les stades de la procédure.

Artikel 7

(1) Der Vertragsstaat, der die Hoheitsgewalt über das Gebiet ausübt, in dem der einer in Artikel 4 genannten Straftat Verdächtige aufgefunden wird, unterbreitet den Fall, wenn er den Betreffenden nicht ausliefert, in den in Artikel 5 genannten Fällen seinen zuständigen Behörden zum Zweck der Strafverfolgung.

(2) Diese Behörden treffen ihre Entscheidung in der gleichen Weise wie im Fall einer gemeinrechtlichen Straftat schwerer Art nach dem Recht dieses Staates. In den in Artikel 5 Absatz 2 genannten Fällen dürfen für die Strafverfolgung und Verurteilung keine weniger strengen Maßstäbe bei der Beweisführung angelegt werden als in den in Artikel 5 Absatz 1 genannten Fällen.

(3) Jedem, gegen den ein Verfahren wegen einer der in Artikel 4 genannten Straftaten durchgeführt wird, ist während des gesamten Verfahrens eine gerechte Behandlung zu gewährleisten.

Article 8

1. The offences referred to in article 4 shall be deemed to be included as extraditable offences in any extradition treaty existing between States Parties. States Parties undertake to include such offences as extraditable offences in every extradition treaty to be concluded between them.

2. If a State Party which makes extradition conditional on the existence of a treaty receives a request for extradition from another State Party with which it has no extradition treaty, it may consider this Convention as the legal basis for extradition in respect of such offences. Extradition shall be subject to the other conditions provided by the law of the requested State.

3. States Parties which do not make extradition conditional on the existence of a treaty shall recognize such offences as extraditable offences between themselves subject to the conditions provided by the law of the requested State.

4. Such offences shall be treated, for the purpose of extradition between States Parties, as if they had been committed not only in the place in which they occurred but also in the territories of the States required to establish their jurisdiction in accordance with article 5, paragraph 1.

Article 8

1. Les infractions visées à l'article 4 sont de. plein droit comprises dans tout traité d'extradition conclu entre Etats parties. Les Etats parties s'engagent à comprendre lesdites infractions dans tout traité d'extradition à conclure entre eux.

2. Si un Etat partie qui subordonne l'extradition à l'existence d'un traité est saisi d'une demande d'extradition par un autre Etat partie avec lequel il n'est pas lié par un traité d'extradition, il peut considérer la présente Convention comme constituant la base juridique de l'extradition en ce qui concerne lesdites infractions. L'extradition est subordonnée aux autres conditions prévues par le droit de l'Etat requis.

3. Les Etats parties qui ne subordonnent pas l'extradition à l'existence d'un traité reconnaissant lesdites infractions comme cas d'extradition entre eux dans les conditions prévues par le droit de l'Etat requis.

4. Entre Etats parties lesdites infractions sont considérées aux fins d'extradition comme ayant été commises tant au lieu de leur perpétration que sur le territoire sous la juridiction des Etats tenus d'établir leur compétence en vertu du paragraphe 1 de l'article 5.

Artikel 8

(1) Die in Artikel 4 genannten Straftaten gelten als in jeden zwischen Vertragsstaaten bestehenden Auslieferungsvertrag einbezogene, der Auslieferung unterliegende Straftaten. Die Vertragsstaaten verpflichten sich, diese Straftaten als der Auslieferung unterliegende Straftaten in jeden zwischen ihnen zu schließenden Auslieferungsvertrag aufzunehmen.

(2) Erhält ein Vertragsstaat, der die Auslieferung vom Bestehen eines Vertrags abhängig macht, ein Auslieferungsersuchen von einem anderen Vertragsstaat, mit dem er keinen Auslieferungsvertrag hat, so kann er dieses Übereinkommen als Rechtsgrundlage für die Auslieferung in bezug auf solche Straftaten ansehen. Die Auslieferung unterliegt im übrigen den im Recht des ersuchten Staates vorgesehenen Bedingungen.

(3) Vertragsstaaten, welche die Auslieferung nicht vom Bestehen eines Vertrags abhängig machen, erkennen unter sich solche Straftaten als der Auslieferung unterliegende Straftaten vorbehaltlich der im Recht des ersuchten Staates vorgesehenen Bedingungen an.

(4) Solche Straftaten werden für die Zwecke der Auslieferung zwischen Vertragsstaaten so behandelt, als seien sie nicht nur an dem Ort, an dem sie sich ereignet haben, sondern auch in den Hoheitsgebieten der Staaten begangen worden, die verpflichtet sind, ihre Gerichtsbarkeit nach Artikel 5 Absatz 1 zu begründen.

Article 9

1. States Parties shall afford one another the greatest measure of assistance in connection with criminal proceedings brought in respect of any of the offences referred to in

Article 9

1. Les Etats parties s'accordent l'entraide judiciaire la plus large possible dans toute procédure pénale relative aux infractions visées à l'article 4, y compris en ce qui

Artikel 9

(1) Die Vertragsstaaten gewähren einander die weitestgehende Hilfe im Zusammenhang mit Strafverfahren, die in bezug auf eine der in Artikel 4 genannten Straf-

article 4, including the supply of all evidence at their disposal necessary for the proceedings.

2. States Parties shall carry out their obligations under paragraph 1 of this article in conformity with any treaties on mutual judicial assistance that may exist between them.

Article 10

1. Each State Party shall ensure that education and information regarding the prohibition against torture are fully included in the training of law enforcement personnel, civil or military, medical personnel, public officials and other persons who may be involved in the custody, interrogation or treatment of any individual subjected to any form of arrest, detention or imprisonment.

2. Each State Party shall include this prohibition in the rules or instructions issued in regard to the duties and functions of any such persons.

Article 11

Each State Party shall keep under systematic review interrogation rules, instructions, methods and practices as well as arrangements for the custody and treatment of persons subjected to any form of arrest, detention or imprisonment in any territory under its jurisdiction, with a view to preventing any cases of torture.

Article 12

Each State Party shall ensure that its competent authorities proceed to a prompt and impartial investigation, wherever there is reasonable ground to believe that an act of torture has been committed in any territory under its jurisdiction.

Article 13

Each State Party shall ensure that any individual who alleges he has been subjected to torture in any territory under its jurisdiction has the right to complain to, and to have his case promptly and impartially examined by, its competent authorities. Steps shall be taken to ensure that the complainant and witnesses are protected against all ill-treatment or intimidation as a consequence of his complaint or any evidence given.

---

concerne la communication de tous les éléments de preuve dont ils disposent et qui sont nécessaires aux fins de la procédure.

2. Les Etats parties s'acquittent de leurs obligations en vertu du paragraphe 1 du présent article en conformité avec tout traité d'entraide judiciaire qui peut exister entre eux.

Article 10

1. Tout Etat partie veille à ce que l'enseignement et l'information concernant l'interdiction de la torture fassent partie intégrante de la formation du personnel civil ou militaire chargé de l'application des lois, du personnel médical, des agents de la fonction publique et des autres personnes qui peuvent intervenir dans la garde, l'interrogatoire ou le traitement de tout individu arrêté, détenu ou emprisonné de quelque façon que ce soit.

2. Tout Etat partie incorpore ladite interdiction aux règles ou instructions édictées en ce qui concerne les obligations et les attributions de telles personnes.

Article 11

Tout Etat partie exerce une surveillance systématique sur les règles, instructions, méthodes et pratiques d'interrogatoire et sur les dispositions concernant la garde et le traitement des personnes arrêtées, détenues ou emprisonnées de quelque façon que ce soit sur tout territoire sous sa juridiction, en vue d'éviter tout cas de torture.

Article 12

Tout Etat partie veille à ce que les autorités compétentes procèdent immédiatement à une enquête impartiale chaque fois qu'il y a des motifs raisonnables de croire qu'un acte de torture a été commis sur tout territoire sous sa juridiction.

Article 13

Tout Etat partie assure à toute personne qui prétend avoir été soumise à la torture sur tout territoire sous sa juridiction le droit de porter plainte devant les autorités compétentes dudit Etat qui procéderont immédiatement et impartialement à l'examen de sa cause. Des mesures seront prises pour assurer la protection du plaignant et des témoins contre tout mauvais traitement ou toute intimidation en raison de la plainte déposée ou de toute déposition faite.

---

taten eingeleitet werden, einschließlich der Überlassung aller ihnen zur Verfügung stehenden und für das Verfahren erforderlichen Beweismittel.

(2) Die Vertragsstaaten kommen ihren Verpflichtungen aus Absatz 1 im Einklang mit allen möglicherweise zwischen ihnen bestehenden Verträgen über gegenseitige Rechtshilfe nach.

Artikel 10

(1) Jeder Vertragsstaat trägt dafür Sorge, daß die Erteilung von Unterricht und die Aufklärung über das Verbot der Folter als vollgültiger Bestandteil in die Ausbildung des mit dem Gesetzesvollzug betrauten zivilen und militärischen Personals, des medizinischen Personals, der Angehörigen des öffentlichen Dienstes und anderer Personen aufgenommen wird, die mit dem Gewahrsam, der Vernehmung oder der Behandlung einer Person befaßt werden können, die der Festnahme, der Haft, dem Strafvollzug oder irgendeiner anderen Form der Freiheitsentziehung unterworfen ist.

(2) Jeder Vertragsstaat nimmt dieses Verbot in die Vorschriften oder Anweisungen über die Pflichten und Aufgaben aller dieser Personen auf.

Artikel 11

Jeder Vertragsstaat unterzieht die für Vernehmungen geltenden Vorschriften, Anweisungen, Methoden und Praktiken sowie die Vorkehrungen für den Gewahrsam und die Behandlung von Personen, die der Festnahme, der Haft, dem Strafvollzug oder irgendeiner anderen Form der Freiheitsentziehung unterworfen sind, in allen seiner Hoheitsgewalt unterstehenden Gebieten einer regelmäßigen systematischen Überprüfung, um jeden Fall von Folter zu verhüten.

Artikel 12

Jeder Vertragsstaat trägt dafür Sorge, daß seine zuständigen Behörden umgehend eine unparteiische Untersuchung durchführen, sobald ein hinreichender Grund für die Annahme besteht, daß in einem seiner Hoheitsgewalt unterstehenden Gebiet eine Folterhandlung begangen wurde.

Artikel 13

Jeder Vertragsstaat trägt dafür Sorge, daß jeder, der behauptet, er sei in einem der Hoheitsgewalt des betreffenden Staates unterstehenden Gebiet gefoltert worden, das Recht auf Anrufung der zuständigen Behörden und auf umgehende unparteiische Prüfung seines Falles durch diese Behörden hat. Es sind Vorkehrungen zu treffen, um sicherzustellen, daß der Beschwerdeführer und die Zeugen vor jeder Mißhandlung oder Einschüchterung wegen ihrer Beschwerde oder ihrer Aussagen geschützt sind.

Article 14

1. Each State Party shall ensure in its legal system that the victim of an act of torture obtains redress and has an enforceable right to fair and adequate compensation, including the means for as full rehabilitation as possible. In the event of the death of the victim as a result of an act of torture, his dependants shall be entitled to compensation.

2. Nothing in this article shall affect any right of the victim or other persons to compensation which may exist under national law.

Article 15

Each State Party shall ensure that any statement which is established to have been made as a result of torture shall not be invoked as evidence in any proceedings, except against a person accused of torture as evidence that the statement was made.

Article 16

1. Each State Party shall undertake to prevent in any territory under its jurisdiction other acts of cruel, inhuman or degrading treatment or punishment which do not amount to torture as defined in article 1, when such acts are committed by or at the instigation of or with the consent or acquiescence of a public official or other person acting in an official capacity. In particular, the obligations contained in articles 10, 11, 12 and 13 shall apply with the substitution for references to torture of references to other forms of cruel, inhuman or degrading treatment or punishment.

2. The provisions of this Convention are without prejudice to the provisions of any other international instrument or national law which prohibits cruel, inhuman or degrading treatment or punishment or which relates to extradition or expulsion.

Part II

Article 17 *)

1. There shall be established a Committee against Torture (hereinafter referred to as the Committee) which shall carry out the functions hereinafter provided. The Committee shall consist of ten experts of high moral standing and recognized competence in the field of human rights, who shall serve in their personal capacity. The experts shall be elected by the States Parties, consideration being given to equitable geographical distribution and to the usefulness of the participation of some persons having legal experience.

Article 14

1. Tout Etat partie garantit, dans son système juridique, à la victime d'un acte de torture, le droit d'obtenir réparation et d'être indemnisée équitablement et de manière adéquate, y compris les moyens nécessaires à sa réadaptation la plus complète possible. En cas de mort de la victime résultant d'un acte de torture, les ayants cause de celle-ci ont droit à indemnisation.

2. Le présent article n'exclut aucun droit à indemnisation qu'aurait la victime ou toute autre personne en vertu des lois nationales.

Article 15

Tout Etat partie veille à ce que toute déclaration dont il est établi qu'elle a été obtenue par la torture ne puisse être invoquée comme un élément de preuve dans une procédure, si ce n'est contre la personne accusée de torture pour établir qu'une déclaration a été faite.

Article 16

1. Tout Etat partie s'engage à interdire dans tout territoire sous sa juridiction d'autres actes constitutifs de peines ou traitements cruels, inhumains ou dégradants qui ne sont pas des actes de torture telle qu'elle est définie à l'article premier lorsque de tels actes sont commis par un agent de la fonction publique ou toute autre personne agissant à titre officiel, ou à son instigation ou avec son consentement exprès ou tacite. En particulier, les obligations énoncées aux articles 10, 11, 12 et 13 sont applicables moyennant le remplacement de la mention de la torture par la mention d'autres formes de peines ou traitements cruels, inhumains ou dégradants.

2. Les dispositions de la présente Convention sont sans préjudice des dispositions de tout autre instrument international ou de la loi nationale qui interdisent les peines ou traitements cruels, inhumains ou dégradants, ou qui ont trait à l'extradition ou à l'expulsion.

Deuxième Partie

Article 17 *)

1. Il est institué un Comité contre la torture (ci-après dénommé le Comité) qui a les fonctions définies ci-après. Le Comité est composé de dix experts de haute moralité et possédant une compétence reconnue dans le domaine des droits de l'homme, qui siègent à titre personnel. Les experts sont élus par les Etats parties, compte tenu d'une répartition géographique équitable et de l'intérêt que présente la participation aux travaux du Comité de quelques personnes ayant une expérience juridique.

Artikel 14

(1) Jeder Vertragsstaat stellt in seiner Rechtsordnung sicher, daß das Opfer einer Folterhandlung Wiedergutmachung erhält und ein einklagbares Recht auf gerechte und angemessene Entschädigung einschließlich der Mittel für eine möglichst vollständige Rehabilitation hat. Stirbt das Opfer infolge der Folterhandlung, so haben seine Hinterbliebenen Anspruch auf Entschädigung.

(2) Dieser Artikel berührt nicht einen nach innerstaatlichem Recht bestehenden Anspruch des Opfers oder anderer Personen auf Entschädigung.

Artikel 15

Jeder Vertragsstaat trägt dafür Sorge, daß Aussagen, die nachweislich durch Folter herbeigeführt worden sind, nicht als Beweis in einem Verfahren verwendet werden, es sei denn gegen eine der Folter angeklagte Person als Beweis dafür, daß die Aussage gemacht wurde.

Artikel 16

(1) Jeder Vertragsstaat verpflichtet sich, in jedem seiner Hoheitsgewalt unterstehenden Gebiet andere Handlungen zu verhindern, die eine grausame, unmenschliche oder erniedrigende Behandlung oder Strafe darstellen, ohne der Folter im Sinne des Artikels 1 gleichzukommen, wenn diese Handlungen von einem Angehörigen des öffentlichen Dienstes oder einer anderen in amtlicher Eigenschaft handelnden Person, auf deren Veranlassung oder mit deren ausdrücklichem oder stillschweigendem Einverständnis begangen werden. Die in den Artikeln 10, 11, 12 und 13 aufgeführten Verpflichtungen bezüglich der Folter gelten auch entsprechend für andere Formen grausamer, unmenschlicher oder erniedrigender Behandlung oder Strafe.

(2) Dieses Übereinkommen berührt nicht die Bestimmungen anderer internationaler Übereinkünfte oder innerstaatlicher Rechtsvorschriften, die grausame, unmenschliche oder erniedrigende Behandlung oder Strafe verbieten oder die sich auf die Auslieferung oder Ausweisung beziehen.

Teil II

Artikel 17 *)

(1) Es wird ein Ausschuß gegen Folter (im folgenden als „Ausschuß" bezeichnet) errichtet, der die nachstehend festgelegten Aufgaben wahrnimmt. Der Ausschuß besteht aus zehn Sachverständigen von hohem sittlichen Ansehen und anerkannter Sachkenntnis auf dem Gebiet der Menschenrechte, die in ihrer persönlichen Eigenschaft tätig sind. Die Sachverständigen werden von den Vertragsstaaten gewählt, wobei eine ausgewogene geographische Verteilung und die Zweckmäßigkeit der Beteiligung von Personen mit juristischer Erfahrung zu berücksichtigen sind.

---

*) Fassung auf Grund der Resolution vom 8. 9. 1992 (Gesetz vom 7. 3. 1996, BGBl. II S. 282).

2. The members of the Committee shall be elected by secret ballot from a list of persons nominated by States Parties. Each State Party may nominate one person from among its own nationals. States Parties shall bear in mind the usefulness of nominating persons who are also members of the Human Rights Committee established under the International Covenant on Civil and Political Rights and who are willing to serve on the Committee against Torture.

3. Elections of the members of the Committee shall be held at biennial meetings of States Parties convened by the Secretary-General of the United Nations. At those meetings, for which two thirds of the States Parties shall constitute a quorum, the persons elected to the Committee shall be those who obtain the largest number of votes and an absolute majority of the votes of the representatives of States Parties present and voting.

4. The initial election shall be held no later than six months after the date of the entry into force of this Convention. At least four months before the date of each election, the Secretary-General of the United Nations shall address a letter to the States Parties inviting them to submit their nominations within three months. The Secretary-General shall prepare a list in alphabetical order of all persons thus nominated, indicating the States Parties which have nominated them, and shall submit it to the States Parties.

5. The members of the Committee shall be elected for a term of four years. They shall be eligible for re-election if renominated. However, the term of five of the members elected at the first election shall expire at the end of two years; immediately after the first election the names of these five members shall be chosen by lot by the chairman of the meeting referred to in paragraph 3 of this article.

6. If a member of the Committee dies or resigns or for any other cause can no longer perform his Committee duties, the State Party which nominated him shall appoint another expert from among its nationals to serve for the remainder of his term, subject to the approval of the majority of the States Parties. The approval shall be considered given unless half or more of the States Parties respond negatively within six weeks after having been informed by the Secretary-General of the United Nations of the proposed appointment.

2. Les membres du Comité sont élus au scrutin secret sur une liste de candidats désignés par les Etats parties. Chaque Etat partie peut désigner un candidat choisi parmi ses ressortissants. Les Etats parties tiennent compte de l'intérêt qu'il y a à désigner des candidats qui soient également membres du Comité des droits de l'homme institué en vertu du Pacte international relatif aux droits civils et politiques et qui soient disposés à siéger au Comité contre la torture.

3. Les membres du Comité sont élus au cours de réunions biennales des Etats parties convoquées par le Secrétaire général de l'Organisation des Nations Unies. A ces réunions, où le quorum est constitué par les deux tiers des Etats parties, sont élus membres du Comité les candidats qui obtiennent le plus grand nombre de voix et la majorité absolue des votes des représentants des Etats parties présents et votants.

4. La première élection aura lieu au plus tard six mois après la date d'entrée en vigueur de la présente Convention. Quatre mois au moins avant la date de chaque élection, le Secrétaire général de l'Organisation des Nations Unies envoie une lettre aux Etats parties pour les inviter à présenter leurs candidatures dans un délai de trois mois. Le Secrétaire général dresse une liste par ordre alphabétique de tous les candidats ainsi désignés, avec indication des Etats parties qui les ont désignés, et la communique aux Etats parties.

5. Les membres du Comité sont élus pour quatre ans. Ils sont rééligibles s'ils sont présentés à nouveau. Toutefois, le mandat de cinq des membres élus lors de la première élection prendra fin au bout de deux ans; immédiatement après la première élection, le nom de ces cinq membres sera tiré au sort par le président de la réunion mentionnée au paragraphe 3 du présent article.

6. Si un membre du Comité décède, se démet de ses fonctions ou n'est plus en mesure pour quelque autre raison de s'acquitter de ses attributions au Comité, l'Etat partie qui l'a désigné nomme parmi ses ressortissants un autre expert qui siège au Comité pour la partie du mandat restant à courir, sous réserve de l'approbation de la majorité des Etats parties. Cette approbation est considérée comme acquise à moins que la moitié des Etats parties ou davantage n'émettent une opinion défavorable dans un délai de six semaines à compter du moment où ils ont été informés par le Secrétaire général de l'Organisation des Nations Unies de la nomination proposée.

(2) Die Mitglieder des Ausschusses werden in geheimer Wahl aus einer Liste von Personen gewählt, die von den Vertragsstaaten vorgeschlagen worden sind. Jeder Vertragsstaat darf einen seiner Staatsangehörigen vorschlagen. Die Vertragsstaaten berücksichtigen dabei, daß es zweckmäßig ist, Personen vorzuschlagen, die auch Mitglieder des aufgrund des Internationalen Paktes über bürgerliche und politische Rechte eingesetzten Ausschusses für Menschenrechte sind und die bereit sind, dem Ausschuß gegen Folter anzugehören.

(3) Die Wahl der Ausschußmitglieder findet alle zwei Jahre in vom Generalsekretär der Vereinten Nationen einberufenen Versammlungen der Vertragsstaaten statt. In diesen Versammlungen, die beschlußfähig sind, wenn zwei Drittel der Vertragsstaaten vertreten sind, gelten diejenigen Kandidaten als in den Ausschuß gewählt, welche die höchste Stimmenzahl und die absolute Stimmenmehrheit der anwesenden und abstimmenden Vertreter der Vertragsstaaten auf sich vereinigen.

(4) Die erste Wahl findet spätestens sechs Monate nach Inkrafttreten dieses Übereinkommens statt. Spätestens vier Monate vor jeder Wahl fordert der Generalsekretär der Vereinten Nationen die Vertragsstaaten schriftlich auf, innerhalb von drei Monaten ihre Kandidaten vorzuschlagen. Der Generalsekretär fertigt eine alphabetische Liste aller auf diese Weise vorgeschlagenen Personen unter Angabe der Vertragsstaaten an, die sie vorgeschlagen haben, und übermittelt sie den Vertragsstaaten.

(5) Die Ausschußmitglieder werden für vier Jahre gewählt. Auf erneuten Vorschlag können sie wiedergewählt werden. Die Amtszeit von fünf der bei der ersten Wahl gewählten Mitglieder läuft jedoch nach zwei Jahren ab; unmittelbar nach der ersten Wahl werden die Namen dieser fünf Mitglieder vom Vorsitzenden der in Absatz 3 genannten Versammlung durch das Los bestimmt.

(6) Stirbt ein Ausschußmitglied, tritt es zurück oder kann es aus irgendeinem anderen Grund seine Aufgaben im Ausschuß nicht mehr wahrnehmen, so ernennt der Vertragsstaat, der es vorgeschlagen hat, vorbehaltlich der Zustimmung der Mehrheit der Vertragsstaaten einen anderen Sachverständigen seiner Staatsangehörigkeit, der dem Ausschuß während der restlichen Amtszeit angehört. Die Zustimmung gilt als erteilt, sofern sich nicht mindestens die Hälfte der Vertragsstaaten binnen sechs Wochen, nachdem sie vom Generalsekretär der Vereinten Nationen von der vorgeschlagenen Ernennung unterrichtet wurde, dagegen ausspricht.

Article 18 *)

1. The Committee shall elect its officers for a term of two years. They may be re-elected.

2. The Committee shall establish its own rules of procedure, but these rules shall provide, inter alia, that:

(a) Six members shall constitute a quorum;

(b) Decisions of the Committee shall be made by a majority vote of the members present.

3. The Secretary-General of the United Nations shall provide the necessary staff and facilities for the effective performance of the functions of the Committee under this Convention.

4. The members of the Committee established under the present Convention shall receive emoluments from United Nations resources on such terms and conditions as the General Assembly shall decide.

4. The Secretary-General of the United Nations shall convene the initial meeting of the Committee. After its initial meeting, the Committee shall meet at such times as shall be provided in its rules of procedure.

Article 19

1. The States Parties shall submit to the Committee, through the Secretary-General of the United Nations, reports on the measures they have taken to give effect to their undertakings under this Convention, within one year after the entry into force of the Convention for the State Party concerned. Thereafter the States Parties shall submit supplementary reports every four years on any new measures taken and such other reports as the Committee may request.

2. The Secretary-General of the United Nations shall transmit the reports to all States Parties.

3. Each report shall be considered by the Committee which may make such general comments on the report as it may consider appropriate and shall forward these to the State Party concerned. That State Party may respond with any observations it chooses to the Committee.

4. The Committee may, at its discretion, decide to include any comments made by it in accordance with paragraph 3 of this article, together with the observations thereon received from the State Party concerned, in its annual report made in accordance with article 24. If so requested by the State Party concerned, the Committee may also include

Article 18 *)

1. Le Comité élit son bureau pour une période de deux ans. Les membres du bureau sont rééligibles.

2. Le Comité établit lui-même son règlement intérieur; celui-ci doit, toutefois, contenir notamment les dispositions suivantes:

a) Le quorum est de six membres;

b) Les décisions du Comité sont prises à la majorité des membres présents.

3. Le Secrétaire général de l'Organisation des Nations Unies met à la disposition du Comité le personnel et les installations matérielles qui lui sont nécessaires pour s'acquitter efficacement des fonctions qui lui sont confiées en vertu de la présente Convention.

4. Les membres du Comité créé par la présente Convention perçoivent des émoluments qui sont prélevés sur les ressources de l'Organisation des Nations Unies dans les conditions fixées par l'Assemblée générale.

4. Le Secrétaire général de l'Organisation des Nations Unies convoque les membres du Comité pour la première réunion. Après sa première réunion, le Comité se réunit à toute occasion prévue par son règlement intérieur.

Article 19

1. Les Etats parties présentent au Comité, par l'entremise du Secrétaire général de l'Organisation des Nations Unies, des rapports sur les mesures qu'ils ont prises pour donner effet à leurs engagements en vertu de la présente Convention, dans un délai d'un an à compter de l'entrée en vigueur de la Convention pour l'Etat partie intéressé. Les Etats parties présentent ensuite des rapports complémentaires tous les quatre ans sur toutes nouvelles mesures prises, et tous autres rapports demandés par le Comité.

2. Le Secrétaire général de l'Organisation des Nations Unies transmet les rapports à tous les Etats parties.

3. Chaque rapport est étudié par le Comité, qui peut faire les commentaires d'ordre général sur le rapport qu'il estime appropriés et qui transmet lesdits commentaires à l'Etat partie intéressé. Cet Etat partie peut communiquer en réponse au Comité toutes observations qu'il juge utiles.

4. Le Comité peut, à sa discrétion, décider de reproduire dans le rapport annuel qu'il établit conformément à l'article 24 tous commentaires formulés par lui en vertu du paragraphe 3 du présent article, accompagnés des observations reçues à ce sujet de l'Etat partie intéressé. Si l'Etat partie intéressé le demande, le Comité peut aussi

Artikel 18 *)

(1) Der Ausschuß wählt seinen Vorstand für zwei Jahre. Eine Wiederwahl der Mitglieder des Vorstands ist zulässig.

(2) Der Ausschuß gibt sich eine Geschäftsordnung, die unter anderem folgende Bestimmungen enthalten muß:

a) Der Ausschuß ist bei Anwesenheit von sechs Mitgliedern beschlußfähig;

b) der Ausschuß faßt seine Beschlüsse mit der Mehrheit der anwesenden Mitglieder.

(3) Der Generalsekretär der Vereinten Nationen stellt dem Ausschuß das Personal und die Einrichtungen zur Verfügung, die dieser zur wirksamen Durchführung der ihm nach diesem Übereinkommen obliegenden Aufgaben benötigt.

4. Die Mitglieder des nach diesem Übereinkommen errichteten Ausschusses erhalten zu den von der Generalversammlung festzulegenden Bedingungen Bezüge aus den Mitteln der Vereinten Nationen.

(4) Der Generalsekretär der Vereinten Nationen beruft die erste Sitzung des Ausschusses ein. Nach seiner ersten Sitzung tritt der Ausschuß zu den in seiner Geschäftsordnung vorgesehenen Zeiten zusammen.

Artikel 19

(1) Die Vertragsstaaten legen dem Ausschuß über den Generalsekretär der Vereinten Nationen innerhalb eines Jahres nach Inkrafttreten dieses Übereinkommens für den betreffenden Vertragsstaat Berichte über die Maßnahmen vor, die sie zur Erfüllung ihrer Verpflichtungen aus dem Übereinkommen getroffen haben. Danach legen die Vertragsstaaten alle vier Jahre ergänzende Berichte über alle weiteren Maßnahmen sowie alle sonstigen Berichte vor, die der Ausschuß anfordert.

(2) Der Generalsekretär der Vereinten Nationen leitet die Berichte allen Vertragsstaaten zu.

(3) Der Ausschuß prüft jeden Bericht; er kann ihn mit den ihm geeignet erscheinenden allgemeinen Bemerkungen versehen und leitet diese dem betreffenden Vertragsstaat zu. Dieser kann dem Ausschuß hierzu jede Stellungnahme übermitteln, die er abzugeben wünscht.

(4) Der Ausschuß kann nach eigenem Ermessen beschließen, seine Bemerkungen nach Absatz 3 zusammen mit den hierauf eingegangenen Stellungnahmen des betreffenden Vertragsstaats in seinen gemäß Artikel 24 erstellten Jahresbericht aufzunehmen. Auf Ersuchen des betreffenden Vertragsstaats kan der Ausschuß auch

---

*) Fassung auf Grund der Resolution vom 8. 9. 1992 (Gesetz vom 7. 3. 1996, BGBl. II S. 282).

Esser

a copy of the report submitted under paragraph 1 of this article.

reproduire le rapport présenté au titre du paragraphe 1 du présent article.

eine Abschrift des nach Absatz 1 vorgelegten Berichts beifügen.

Article 20

1. If the Committee receives reliable information which appears to it to contain well-founded indications that torture is being systematically practised in the territory of a State Party, the Committee shall invite that State Party to co-operate in the examination of the information and to this end to submit observations with regard to the information concerned.

2. Taking into account any observations which may have been submitted by the State Party concerned, as well as any other relevant information available to it, the Committee may, if it decides that this is warranted, designate one or more of its members to make a confidential inquiry and to report to the Committee urgently.

3. If an inquiry is made in accordance with paragraph 2 of this article, the Committee shall seek the co-operation of the State Party concerned. In agreement with that State Party, such an inquiry may include a visit to its territory.

4. After examining the findings of its member or members submitted in accordance with paragraph 2 of this article, the Committee shall transmit these findings to the State Party concerned together with any comments or suggestions which seem appropriate in view of the situation.

5. All the proceedings of the Committee referred to in paragraphs 1 to 4 of this article shall be confidential, and at all stages of the proceedings the co-operation of the State Party shall be sought. After such proceedings have been completed with regard to an inquiry made in accordance with paragraph 2, the Committee may, after consultations with the State Party concerned, decide to include a summary account of the results of the proceedings in its annual report made in accordance with article 24.

Article 21

1. A State Party to this Convention may at any time declare under this article that it recognizes the competence of the Committee to receive and consider communications to the effect that a State Party claims that another State Party is not fulfilling its obligations under this Convention. Such communications may be received and considered according to the procedures laid down in this article only if submitted by a State Party which has made a declaration recognizing in regard to itself the competence of the Committee. No communication shall be dealt with by the Committee under this article if it concerns a State Party which has not made such a declaration. Com-

Article 20

1. Si le Comité reçoit des renseignements crédibles qui lui semblent contenir des indications bien fondées que la torture est pratiquée systématiquement sur le territoire d'un Etat partie, il invite ledit Etat à coopérer dans l'examen des renseignements et, à cette fin, à lui faire part de ses observations à ce sujet.

2. En tenant compte de toutes observations éventuellement présentées par l'Etat partie intéressé et de tous autres renseignements pertinents dont il dispose, le Comité peut, s'il juge que cela se justifie, charger un ou plusieurs de ses membres de procéder à une enquête confidentielle et de lui faire rapport d'urgence.

3. Si une enquête est faite en vertu du paragraphe 2 du présent article, le Comité recherche la coopération de l'Etat partie intéressé. En accord avec cet Etat partie, l'enquête peut comporter une visite sur son territoire.

4. Après avoir examiné les conclusions du membre ou des membres qui lui sont soumises conformément au paragraphe 2 du présent article, le Comité transmet ces conclusions à l'Etat partie intéressé, avec tous commentaires ou suggestions qu'il juge appropriés compte tenu de la situation.

5. Tous les travaux du Comité dont il est fait mention aux paragraphes 1 à 4 du présent article sont confidentiels et, à toutes les étapes des travaux, on s'efforce d'obtenir la coopération de l'Etat partie. Une fois achevés ces travaux relatifs à une enquête menée en vertu du paragraphe 2, le Comité peut, après consultations avec l'Etat partie intéressé, décider de faire figurer un compte rendu succinct des résultats des travaux dans le rapport annuel qu'il établit conformément à l'article 24.

Article 21

1. Tout Etat partie à la présente Convention peut, en vertu du présent article, déclarer à tout moment qu'il reconnaît la compétence du Comité pour recevoir et examiner des communications dans lesquelles un Etat partie prétend qu'un autre Etat partie ne s'acquitte pas de ses obligations au titre de la présente Convention. Ces communications ne peuvent être reçues et examinées conformément au présent article que si elles émanent d'un Etat partie qui a fait une déclaration reconnaissant, en ce qui le concerne, la compétence du Comité. Le Comité ne reçoit aucune communication intéressant un Etat partie qui n'a pas fait une telle déclaration. La procédure ci-après

Artikel 20

(1) Erhält der Ausschuß zuverlässige Informationen, die nach seiner Meinung wohlbegründete Hinweise darauf enthalten, daß im Hoheitsgebiet eines Vertragsstaats systematisch Folterungen stattfinden, so fordert der Ausschuß diesen Vertragsstaat auf, bei der Prüfung der Informationen mitzuwirken und zu diesem Zweck Stellungnahmen zu den Informationen abzugeben.

(2) Wenn es der Ausschuß unter Berücksichtigung der von dem betreffenden Vertragsstaat abgegebenen Stellungnahmen sowie aller sonstigen ihm zur Verfügung stehenden einschlägigen Informationen für gerechtfertigt hält, kann er eines oder mehrere seiner Mitglieder beauftragen, eine vertrauliche Untersuchung durchzuführen und ihm sofort zu berichten.

(3) Wird eine Untersuchung nach Absatz 2 durchgeführt, so bemüht sich der Ausschuß um die Mitwirkung des betreffenden Vertragsstaats. Im Einvernehmen mit diesem Vertragsstaat kann eine solche Untersuchung einen Besuch in dessen Hoheitsgebiet einschließen.

(4) Nachdem der Ausschuß die von seinem Mitglied oder seinen Mitgliedern nach Absatz 2 vorgelegten Untersuchungsergebnisse geprüft hat, übermittelt er sie zusammen mit allen angesichts der Situation geeignet erscheinenden Bemerkungen oder Vorschlägen dem betreffenden Vertragsstaat.

(5) Das gesamte in den Absätzen 1 bis 4 bezeichnete Verfahren des Ausschusses ist vertraulich; in jedem Stadium des Verfahrens wird die Mitwirkung des betreffenden Vertragsstaats angestrebt. Nachdem das mit einer Untersuchung gemäß Absatz 2 zusammenhängende Verfahren abgeschlossen ist, kann der Ausschuß nach Konsultation des betreffenden Vertragsstaats beschließen, eine Zusammenfassung der Ergebnisse des Verfahrens in seinen nach Artikel 24 erstellten Jahresbericht aufzunehmen.

Artikel 21

(1) Ein Vertragsstaat kann auf Grund dieses Artikels jederzeit erklären, daß er die Zuständigkeit des Ausschusses zur Entgegennahme und Prüfung von Mitteilungen anerkennt, in denen ein Vertragsstaat geltend macht, ein anderer Vertragsstaat komme seinen Verpflichtungen aus diesem Übereinkommen nicht nach. Diese Mitteilungen können nur dann nach dem in diesem Artikel festgelegten Verfahren entgegengenommen und geprüft werden, wenn sie von einem Vertragsstaat eingereicht werden, der für sich selbst die Zuständigkeit des Ausschusses durch eine Erklärung anerkannt hat. Der Ausschuß darf keine Mitteilung auf Grund dieses Artikels behan-

munications received under this article shall be dealt with in accordance with the following procedure:

(a) If a State Party considers that another State Party is not giving effect to the provisions of this Convention, it may, by written communication, bring the matter to the attention of that State Party. Within three months after the receipt of the communication the receiving State shall afford the State which sent the communication an explanation or any other statement in writing clarifying the matter, which should include, to the extent possible and pertinent, reference to domestic procedures and remedies taken, pending or available in the matter;

(b) If the matter is not adjusted to the satisfaction of both States Parties concerned within six months after the receipt by the receiving State of the initial communication, either State shall have the right to refer the matter to the Committee, by notice given to the Committee and to the other State;

(c) The Committee shall deal with a matter referred to it under this article only after it has ascertained that all domestic remedies have been invoked and exhausted in the matter, in conformity with the generally recognized principles of international law. This shall not be the rule where the application of the remedies is unreasonably prolonged or is unlikely to bring effective relief to the person who is the victim of the violation of this Convention;

(d) The Committee shall hold closed meetings when examining communications under this article;

(e) Subject to the provisions of subparagraph (c), the Committee shall make available its good offices to the States Parties concerned with a view to a friendly solution of the matter on the basis of respect for the obligations provided for in this Convention. For this purpose, the Committee may, when appropriate, set up an *ad hoc* conciliation commission;

(f) In any matter referred to it under this article, the Committee may call upon the States Parties concerned, referred to in subparagraph (b), to supply any relevant information;

(g) The States Parties concerned, referred to in subparagraph (b), shall have the right to be represented when the matter is being considered by the Committee

s'applique à l'égard des communications reçues en vertu du présent article:

a) Si un Etat partie à la présente Convention estime qu'un autre Etat également partie à la Convention n'en applique pas les dispositions, il peut appeler, par communication écrite, l'attention de cet Etat sur la question. Dans un délai de trois mois à compter de la date de réception de la communication, l'Etat destinataire fera tenir à l'Etat qui a adressé la communication des explications ou toutes autres déclarations écrites élucidant la question, qui devront comprendre, dans toute la mesure possible et utile, des indications sur ses règles de procédure et sur les moyens de recours, soit déjà utilisés, soit en instance, soit encore ouverts;

b) Si, dans un délai de six mois à compter de la date de réception de la communication originale par l'Etat destinataire, la question n'est pas réglée à la satisfaction des deux Etats parties intéressés, l'un comme l'autre auront le droit de la soumettre au Comité, en adressant une notification au Comité, ainsi qu'à l'autre Etat intéressé;

c) Le Comité ne peut connaître d'une affaire qui lui est soumise en vertu du présent article qu'après s'être assuré que tous les recours internes disponibles ont été utilisés et épuisés, conformément aux principes de droit international généralement reconnus. Cette règle ne s'applique pas dans les cas où les procédures de recours excèdent des délais raisonnables ni dans les cas où il est peu probable que les procédures de recours donneraient satisfaction à la personne qui est la victime de la violation de la présente Convention;

d) Le Comité tient ses séances à huis clos lorsqu'il examine les communications prévues au présent article;

e) Sous réserve des dispositions de l'alinéa c), le Comité met ses bons offices à la disposition des Etats parties intéressés, afin de parvenir à une solution amiable de la question, fondée sur le respect des obligations prévues par la présente Convention. A cette fin, le Comité peut, s'il l'estime opportun, établir une commission de conciliation ad hoc;

f) Dans toute affaire qui lui est soumise en vertu du présent article, le Comité peut demander aux Etats parties intéressés, visés à l'alinéa b), de lui fournir tout renseignement pertinent;

g) Les Etats parties intéressés, visés à l'alinéa b), ont le droit de se faire représenter lors de l'examen de l'affaire par le Comité et de présenter des observa-

deln, die einen Vertragsstaat betrifft, der keine derartige Erklärung abgegeben hat. Auf Mitteilungen, die auf Grund dieses Artikels eingehen, ist folgendes Verfahren anzuwenden:

a) Ist ein Vertragsstaat der Auffassung, daß ein anderer Vertragsstaat die Bestimmungen dieses Übereinkommens nicht durchführt, so kann er den anderen Staat durch eine schriftliche Mitteilung darauf hinweisen. Innerhalb von drei Monaten nach Zugang der Mitteilung hat der Empfangsstaat dem Staat, der die Mitteilung übersandt hat, in bezug auf die Sache eine schriftliche Erklärung oder sonstige Stellungnahme zukommen zu lassen, die, soweit es möglich und angebracht ist, einen Hinweis auf die in der Sache durchgeführten, anhängigen oder zur Verfügung stehenden innerstaatlichen Verfahren und Rechtsbehelfe enthalten soll;

b) wird die Sache nicht innerhalb von sechs Monaten nach Eingang der einleitenden Mitteilung bei dem Empfangsstaat zur Zufriedenheit der beiden beteiligten Vertragsstaaten geregelt, so hat jeder der beiden Staaten das Recht, die Sache dem Ausschuß zu unterbreiten, indem er diesem und dem anderen Staat eine entsprechende Mitteilung macht;

c) der Ausschuß befaßt sich mit einer ihm auf Grund dieses Artikels unterbreiteten Sache erst dann, wenn er sich Gewißheit verschafft hat, daß in der Sache alle innerstaatlichen Rechtsbehelfe in Übereinstimmung mit den allgemein anerkannten Grundsätzen des Völkerrechts eingelegt und erschöpft worden sind. Dies gilt nicht, wenn das Verfahren bei der Anwendung der Rechtsbehelfe unangemessen lange gedauert hat oder für die Person, die das Opfer einer Verletzung dieses Übereinkommens geworden ist, keine wirksame Abhilfe erwarten läßt;

d) der Ausschuß berät über Mitteilungen auf Grund dieses Artikels in nichtöffentlicher Sitzung;

e) sofern die Voraussetzungen des Buchstabens c erfüllt sind, stellt der Ausschuß den beteiligten Vertragsstaaten seine guten Dienste zur Verfügung, um eine gütliche Regelung der Sache auf der Grundlage der Einhaltung der in diesem Übereinkommen vorgesehenen Verpflichtungen herbeizuführen. Zu diesem Zweck kann der Ausschuß gegebenenfalls eine Ad-hoc-Vergleichskommission einsetzen;

f) der Ausschuß kann in jeder ihm auf Grund dieses Artikels unterbreiteten Sache die unter Buchstabe b genannten beteiligten Vertragsstaaten auffordern, alle erheblichen Angaben beizubringen;

g) die unter Buchstabe b genannten beteiligten Vertragsstaaten haben das Recht, sich vertreten zu lassen sowie mündlich und/oder schriftlich Stellung zu nehmen,

and to make submissions orally and/or in writing;

(h) The Committee shall, within twelve months after the date of receipt of notice under subparagraph (b), submit a report:

(i) If a solution within the terms of sub-paragraph (e) is reached, the Committee shall confine its report to a brief statement of the facts and of the solution reached;

(ii) If a solution within the terms of sub-paragraph (e) is not reached, the Committee shall confine its report to a brief statement of the facts; the written submissions and record of the oral submissions made by the States Parties concerned shall be attached to the report.

In every matter, the report shall be communicated to the States Parties concerned.

2. The provisions of this article shall come into force when five States Parties to this Convention have made declarations under paragraph 1 of this article. Such declarations shall be deposited by the States Parties with the Secretary-General of the United Nations, who shall transmit copies thereof to the other States Parties. A declaration may be withdrawn at any time by notification to the Secretary-General. Such a withdrawal shall not prejudice the consideration of any matter which is the subject of a communication already transmitted under this article; no further communication by any State Party shall be received under this article after the notification of withdrawal of the declaration has been received by the Secretary-General, unless the State Party concerned has made a new declaration.

Article 22

1. A State Party to this Convention may at any time declare under this article that it recognizes the competence of the Committee to receive and consider communications from or on behalf of individuals subject to its jurisdiction who claim to be victims of a violation by a State Party of the provisions of the Convention. No communication shall be received by the Committee if it concerns a State Party which has not made such a declaration.

2. The Committee shall consider inadmissible any communication under this article which is anonymous or which it considers to be an abuse of the right of submission of such communications or to be incompatible with the provisions of this Convention.

3. Subject to the provisions of paragraph 2, the Committee shall bring any communications submitted to it under this article to

tions oralement ou par écrit, ou sous l'une et l'autre forme;

h) Le Comité doit présenter un rapport dans un délai de douze mois à compter du jour où il a reçu la notification visée à l'alinéa b):

i) Si une solution a pu être trouvée conformément aux dispositions de l'alinéa e), le Comité se borne dans son rapport à un bref exposé des faits et de la solution intervenue;

ii) Si une solution n'a pu être trouvée conformément aux dispositions de l'alinéa e), le Comité se borne, dans son rapport, à un bref exposé des faits; le texte des observations écrites et le procès-verbal des observations orales présentées par les Etats parties intéressés sont joints au rapport.

Pour chaque affaire, le rapport est communiqué aux Etats parties intéressés.

2. Les dispositions du présent article entreront en vigueur lorsque cinq Etats parties à la présente Convention auront fait la déclaration prévue au paragraphe 1 du présent article. Ladite déclaration est déposée par l'Etat partie auprès du Secrétaire général de l'Organisation des Nations Unies, qui en communique copie aux autres Etats parties. Une déclaration peut être retirée à tout moment au moyen d'une notification adressée au Secrétaire général. Ce retrait est sans préjudice de l'examen de toute question qui fait l'objet d'une communication déjà transmise en vertu du présent article; aucune autre communication d'un Etat partie ne sera reçue en vertu du présent article après que le Secrétaire général aura reçu notification du retrait de la déclaration, à moins que l'Etat partie intéressé ait fait une nouvelle déclaration.

Article 22

1. Tout Etat partie à la présente Convention peut, en vertu du présent article, déclarer à tout moment qu'il reconnaît la compétence du Comité pour recevoir et examiner des communications présentées par ou pour le compte de particuliers relevant de sa juridiction qui prétendent être victimes d'une violation, par un Etat partie, des dispositions de la Convention. Le Comité ne reçoit aucune communication intéressant un Etat partie qui n'a pas fait une telle déclaration.

2. Le Comité déclare irrecevable toute communication soumise en vertu du présent article qui est anonyme ou qu'il considère être un abus du droit de soumettre de telles communications, ou être incompatible avec les dispositions de la présente Convention.

3. Sous réserve des dispositions du paragraphe 2, le Comité porte toute communication qui lui est soumise en vertu du présent

wenn die Sache vom Ausschuß verhandelt wird;

h) der Ausschuß legt innerhalb von zwölf Monaten nach Eingang der unter Buchstabe b vorgesehenen Mitteilung einen Bericht vor:

i) Wenn eine Regelung im Sinne des Buchstabens e zustande gekommen ist, beschränkt der Ausschuß seinen Bericht auf eine kurze Darstellung des Sachverhalts und der erzielten Regelung;

ii) wenn eine Regelung im Sinne des Buchstabens e nicht zustandegekommen ist, beschränkt der Ausschuß seinen Bericht auf eine kurze Darstellung des Sachverhalts; die schriftliche Stellungnahmen und das Protokoll über die mündlichen Stellungnahmen der beteiligten Vertragsstaaten sind dem Bericht beizufügen.

In jedem Fall wird der Bericht den beteiligten Vertragsstaaten übermittelt.

(2) Die Bestimmungen dieses Artikels treten in Kraft, wenn fünf Vertragsstaaten Erklärungen nach Absatz 1 abgegeben haben. Diese Erklärungen werden von den Vertragsstaaten beim Generalsekretär der Vereinten Nationen hinterlegt, der den anderen Vertragsstaaten Abschriften davon übermittelt. Eine Erklärung kann jederzeit durch eine an den Generalsekretär gerichtete Notifikation zurückgenommen werden. Eine solche Zurücknahme berührt nicht die Prüfung einer Sache, die Gegenstand einer auf Grund dieses Artikels bereits vorgenommenen Mitteilung ist; nach Eingang der Notifikation über die Zurücknahme der Erklärung beim Generalsekretär wird keine weitere Mitteilung eines Vertragsstaats auf Grund dieses Artikels entgegengenommen, es sei denn, daß der betroffene Vertragsstaat eine neue Erklärung abgegeben hat.

Artikel 22

(1) Ein Vertragsstaat kann auf Grund dieses Artikels jederzeit erklären, daß er die Zuständigkeit des Ausschusses zur Entgegennahme und Prüfung von Mitteilungen einzelner Personen anerkennt, die der Hoheitsgewalt des betreffenden Staates unterstehen und die geltend machen, Opfer einer Verletzung dieses Übereinkommens durch einen Vertragsstaat zu sein. Der Ausschuß darf keine Mitteilung entgegennehmen, die einen Vertragsstaat betrifft, der keine derartige Erklärung abgegeben hat.

(2) Der Ausschuß erklärt jede nach diesem Artikel eingereichte Mitteilung für unzulässig, die anonym ist oder die er für einen Mißbrauch des Rechts auf Einreichung solcher Mitteilungen oder für unvereinbar mit den Bestimmungen dieses Übereinkommens hält.

(3) Vorbehaltlich des Absatzes 2 bringt der Ausschuß jede ihm nach diesem Artikel eingereichte Mitteilung dem Vertragsstaat

the attention of the State Party to this Convention which has made a declaration under paragraph 1 and is alleged to be violating any provisions of the Convention. Within six months, the receiving State shall submit to the Committee written explanations or statements clarifying the matter and the remedy, if any, that may have been taken by that State.

4. The Committee shall consider communications received under this article in the light of all information made available to it by or on behalf of the individual and by the State Party concerned.

5. The Committee shall not consider any communications from an individual under this article unless it has ascertained that:

(a) The same matter has not been, and is not being, examined under another procedure of international investigation or settlement;

(b) The individual has exhausted all available domestic remedies; this shall not be the rule where the application of the remedies is unreasonably prolonged or is unlikely to bring effective relief to the person who is the victim of the violation of this Convention.

6. The Committee shall hold closed meetings when examining communications under this article.

7. The Committee shall forward its views to the State Party concerned and to the individual.

8. The provisions of this article shall come into force when five States Parties to this Convention have made declarations under paragraph 1 of this article. Such declarations shall be deposited by the States Parties with the Secretary-General of the United Nations, who shall transmit copies thereof to the other States Parties. A declaration may be withdrawn at any time by notification to the Secretary-General. Such a withdrawal shall not prejudice the consideration of any matter which is the subject of a communication already transmitted under this article; no further communication by or on behalf of an individual shall be received under this article after the notification of withdrawal of the declaration has been received by the Secretary-General, unless the State Party has made a new declaration.

article à l'attention de l'Etat partie à la présente Convention qui a fait une déclaration en vertu du paragraphe 1 et a prétendument violé l'une quelconque des dispositions de la Convention. Dans les six mois qui suivent, ledit Etat soumet par écrit au Comité des explications ou déclarations éclaircissant la question et indiquant, le cas échéant, les mesures qu'il pourrait avoir prises pour remédier à la situation.

4. Le Comité examine les communications reçues en vertu du présent article en tenant compte de toutes les informations qui lui sont soumises par ou pour le compte du particulier et par l'Etat partie intéressé.

5. Le Comité n'examinera aucune communication d'un particulier conformément au présent article sans s'être assuré que:

a) La même question n'a pas été et n'est pas en cours d'examen devant une autre instance internationale d'enquête ou de règlement;

b) Le particulier a épuisé tous les recours internes disponibles; cette règle ne s'applique pas si les procédures de recours excèdent des délais raisonnables ou s'il est peu probable qu'elles donneraient satisfaction au particulier qui est la victime d'une violation de la présente Convention.

6. Le Comité tient ses séances à huis clos lorsqu'il examine les communications prévues dans le présent article.

7. Le Comité fait part de ses constatations à l'Etat partie intéressé et au particulier.

8. Les dispositions du présent article entreront en vigueur lorsque cinq Etats parties à la présente Convention auront fait la déclaration prévue au paragraphe 1 du présent article. Ladite déclaration est déposée par l'Etat partie auprès du Secrétaire général de l'Organisation des Nations Unies, qui en communique copie aux autres Etats parties. Une déclaration peut être retirée à tout moment au moyen d'une notification adressée au Secrétaire général. Ce retrait est sans préjudice de l'examen de toute question qui fait l'objet d'une communication déjà transmise en vertu du présent article; aucune autre communication soumise par ou pour le compte d'un particulier ne sera reçue en vertu du présent article après que le Secrétaire général aura reçu notification du retrait de la déclaration, à moins que l'Etat partie intéressé ait fait une nouvelle déclaration.

zur Kenntnis, der eine Erklärung nach Absatz 1 abgegeben hat und dem vorgeworfen wird, eine Bestimmung dieses Übereinkommens verletzt zu haben. Der Empfangsstaat hat dem Ausschuß innerhalb von sechs Monaten schriftliche Erläuterungen oder Stellungnahmen zur Klärung der Sache zu übermitteln und die gegebenenfalls von ihm getroffenen Abhilfemaßnahmen mitzuteilen.

(4) Der Ausschuß prüft die ihm nach diesem Artikel zugegangenen Mitteilungen unter Berücksichtigung aller ihm von der Einzelperson und von dem betroffenen Vertragsstaat unterbreiteten Informationen.

(5) Der Ausschuß prüft Mitteilungen einer Einzelperson auf Grund dieses Artikels erst dann, wenn er sich Gewißheit verschafft hat,

a) daß dieselbe Sache nicht bereits in einem anderen internationalen Untersuchungs- oder Streitregelungsverfahren geprüft wurde oder wird;

b) daß die Einzelperson alle zur Verfügung stehenden innerstaatlichen Rechtsbehelfe erschöpft hat; dies gilt nicht, wenn das Verfahren bei der Anwendung der Rechtsbehelfe unangemessen lange gedauert hat oder für die Person, die das Opfer einer Verletzung dieses Übereinkommens geworden ist, keine wirksame Abhilfe erwarten läßt.

(6) Der Ausschuß berät über Mitteilungen auf Grund dieses Artikels in nichtöffentlicher Sitzung.

(7) Der Ausschuß teilt seine Auffassungen dem betroffenen Vertragsstaat und der Einzelperson mit.

(8) Die Bestimmungen dieses Artikels treten in Kraft, wenn fünf Vertragsstaaten Erklärungen nach Absatz 1 abgegeben haben. Diese Erklärungen werden von den Vertragsstaaten beim Generalsekretär der Vereinten Nationen hinterlegt, der den anderen Vertragsstaaten Abschriften davon übermittelt. Eine Erklärung kann jederzeit durch eine an den Generalsekretär gerichtete Notifikation zurückgenommen werden. Eine solche Zurücknahme berührt nicht die Prüfung einer Sache, die Gegenstand einer auf Grund dieses Artikels bereits vorgenommenen Mitteilung ist; nach Eingang der Notifikation über die Zurücknahme der Erklärung beim Generalsekretär wird keine weitere von einer Einzelperson oder in deren Namen gemachte Mitteilung auf Grund dieses Artikels entgegengenommen, es sei denn, daß der betroffene Vertragsstaat eine neue Erklärung abgegeben hat.

Article 23

The members of the Committee and of the *ad hoc* conciliation commissions which may be appointed under article 21, paragraph 1(e), shall be entitled to the facilities, privileges and immunities of experts on mission for the United Nations as laid down in the relevant sections of the Convention on

Article 23

Les membres du Comité et les membres des commissions de conciliation *ad hoc* qui pourraient être nommés conformément à l'alinéa e) du paragraphe 1 de l'article 21 ont droit aux facilités, privilèges et immunités reconnus aux experts en mission pour l'Organisation des Nations Unies, tels qu'ils

Artikel 23

Die Mitglieder des Ausschusses und der Ad-hoc-Vergleichskommissionen, die nach Artikel 21 Absatz 1 Buchstabe e bestimmt werden können, haben Anspruch auf die Erleichterungen, Vorrechte und Immunitäten, die in den einschlägigen Abschnitten des Übereinkommens über die Vorrechte

the Privileges and Immunities of the United Nations.

sont énoncés dans les sections pertinentes de la Convention sur les privilèges et les immunités des Nations Unies.

und Immunitäten der Vereinten Nationen für die im Auftrag der Vereinten Nationen tätigen Sachverständigen vorgesehen sind.

Article 24

The Committee shall submit an annual report on its activities under this Convention to the States Parties and to the General Assembly of the United Nations.

Article 24

Le Comité présente aux Etats parties et à l'Assemblée générale de l'Organisation des Nations Unies un rapport annuel sur les activités qu'il aura entreprises en application de la présente Convention.

Artikel 24

Der Ausschuß legt den Vertragsstaaten und der Generalversammlung der Vereinten Nationen einen Jahresbericht über seine Tätigkeit auf Grund dieses Übereinkommens vor.

Part III

Troisième Partie

Teil III

Article 25

1. This Convention is open for signature by all States.

2. This Convention is subject to ratification. Instruments of ratification shall be deposited with the Secretary-General of the United Nations.

Article 25

1. La présente Convention est ouverte à la signature de tous les Etats.

2. La présente Convention est sujette à ratification. Les instruments de ratification seront déposés auprès du Secrétaire général de l'Organisation des Nations Unies.

Artikel 25

(1) Dieses Übereinkommen liegt für alle Staaten zur Unterzeichnung auf.

(2) Dieses Übereinkommen bedarf der Ratifikation. Die Ratifikationsurkunden werden beim Generalsekretär der Vereinten Nationen hinterlegt.

Article 26

This Convention is open to accession by all States. Accession shall be effected by the deposit of an instrument of accession with the Secretary-General of the United Nations.

Article 26

Tous les Etats peuvent adhérer à la présente Convention. L'adhésion se fera par le dépôt d'un instrument d'adhésion auprès du Secrétaire général de l'Organisation des Nations Unies.

Artikel 26

Dieses Übereinkommen steht allen Staaten zum Beitritt offen. Der Beitritt erfolgt durch Hinterlegung einer Beitrittsurkunde beim Generalsekretär der Vereinten Nationen.

Article 27

1. This Convention shall enter into force on the thirtieth day after the date of the deposit with the Secretary-General of the United Nations of the twentieth instrument of ratification or accession.

2. For each State ratifying this Convention or acceding to it after the deposit of the twentieth instrument of ratification or accession, the Convention shall enter into force on the thirtieth day after the date of the deposit of its own instrument of ratification or accession.

Article 27

1. La présente Convention entrera en vigueur le trentième jour après la date du dépôt auprès du Secrétaire général de l'Organisation des Nations Unies du vingtième instrument de ratification ou d'adhésion.

2. Pour tout Etat qui ratifiera la présente Convention ou y adhérera après le dépôt du vingtième instrument de ratification ou d'adhésion, la Convention entrera en vigueur le trentième jour après la date du dépôt par cet Etat de son instrument de ratification ou d'adhésion.

Artikel 27

(1) Dieses Übereinkommen tritt am dreißigsten Tag nach Hinterlegung der zwanzigsten Ratifikations- oder Beitrittsurkunde beim Generalsekretär der Vereinten Nationen in Kraft.

(2) Für jeden Staat, der nach Hinterlegung der zwanzigsten Ratifikations- oder Beitrittsurkunde dieses Übereinkommen ratifiziert oder ihm beitritt, tritt es am dreißigsten Tag nach Hinterlegung seiner eigenen Ratifikations- oder Beitrittsurkunde in Kraft.

Article 28

1. Each State may, at the time of signature or ratification of this Convention or accession thereto, declare that it does not recognize the competence of the Committee provided for in article 20.

2. Any State Party having made a reservation in accordance with paragraph 1 of this article may, at any time, withdraw this reservation by notification to the Secretary-General of the United Nations.

Article 28

1. Chaque Etat pourra, au moment où il signera ou ratifiera la présente Convention ou y adhérera, déclarer qu'il ne reconnaît pas la compétence accordée au Comité aux termes de l'article 20.

2. Tout Etat partie qui aura formulé une réserve conformément aux dispositions du paragraphe 1 du présent article pourra à tout moment lever cette réserve par une notification adressée au Secrétaire général de l'Organisation des Nations Unies.

Artikel 28

(1) Jeder Staat kann bei der Unterzeichnung oder der Ratifikation dieses Übereinkommens oder dem Beitritt zu diesem erklären, daß er die in Artikel 20 vorgesehene Zuständigkeit des Ausschusses nicht anerkennt.

(2) Jeder Vertragsstaat, der einen Vorbehalt nach Absatz 1 gemacht hat, kann diesen Vorbehalt jederzeit durch eine an den Generalsekretär der Vereinten Nationen gerichtete Notifikation zurücknehmen.

Article 29

1. Any State Party to this Convention may propose an amendment and file it with the Secretary-General of the United Nations. The Secretary-General shall thereupon communicate the proposed amendment to the States Parties with a request that they notify him whether they favour a conference of States Parties for the purpose of con-

Article 29

1. Tout Etat partie à la présente Convention pourra proposer un amendement et déposer sa proposition auprès du Secrétaire général de l'Organisation des Nations Unies. Le Secrétaire général communiquera la proposition d'amendement aux Etats parties en leur demandant de lui faire savoir s'ils sont favorables à l'organisation d'une

Artikel 29

(1) Jeder Vertragsstaat kann eine Änderung dieses Übereinkommens vorschlagen und seinen Vorschlag beim Generalsekretär der Vereinten Nationen einreichen. Der Generalsekretär übermittelt sodann den Änderungsvorschlag den Vertragsstaaten mit der Aufforderung, ihm mitzuteilen, ob sie eine Konferenz der Vertragsstaaten zur

sidering and voting upon the proposal. In the event that within four months from the date of such communication at least one third of the States Parties favours such a conference, the Secretary-General shall convene the conference under the auspices of the United Nations. Any amendment adopted by a majority of the States Parties present and voting at the conference shall be submitted by the Secretary-General to all the States Parties for acceptance.

2. An amendment adopted in accordance with paragraph 1 of this article shall enter into force when two thirds of the States Parties to this Convention have notified the Secretary-General of the United Nations that they have accepted it in accordance with their respective constitutional processes.

3. When amendments enter into force, they shall be binding on those States Parties which have accepted them, other States Parties still being bound by the provisions of this Convention and any earlier amendments which they have accepted.

Article 30

1. Any dispute between two or more States Parties concerning the interpretation or application of this Convention which cannot be settled through negotiation shall, at the request of one of them, be submitted to arbitration. If within six months from the date of the request for arbitration the Parties are unable to agree on the organization of the arbitration, any one of those Parties may refer the dispute to the International Court of Justice by request in conformity with the Statute of the Court.

2. Each State may, at the time of signature or ratification of this Convention or accession thereto, declare that it does not consider itself bound by paragraph 1 of this article. The other States Parties shall not be bound by paragraph 1 of this article with respect to any State Party having made such a reservation.

3. Any State Party having made a reservation in accordance with paragraph 2 of this article may at any time withdraw this reservation by notification to the Secretary-General of the United Nations.

Article 31

1. A State Party may denounce this Convention by written notification to the Secretary-General of the United Nations. Denunciation becomes effective one year after the date of receipt of the notification by the Secretary-General.

2. Such a denunciation shall not have the effect of releasing the State Party from its

conférence d'Etats parties en vue de l'examen de la proposition et de sa mise aux voix. Si, dans les quatre mois qui suivent la date d'une telle communication, le tiers au moins des Etats parties se prononcent en faveur de la tenue de ladite conférence, le Secrétaire général organisera la conférence sous les auspices de l'Organisation des Nations Unies. Tout amendement adopté par la majorité des Etats parties présents et votants à la conférence sera soumis par le Secrétaire général à l'acceptation de tous les Etats parties.

2. Un amendement adopté selon les dispositions du paragraphe 1 du présent article entrera en vigueur lorsque les deux tiers des Etats parties à la présente Convention auront informé le Secrétaire général de l'Organisation des Nations Unies qu'ils l'ont accepté conformément à la procédure prévue par leurs constitutions respectives.

3. Lorsque les amendements entreront en vigueur, ils auront force obligatoire pour les Etats parties qui les auront acceptés, les autres Etats parties demeurant liés par les dispositions de la présente Convention et par tous amendements antérieurs qu'ils auront acceptés.

Article 30

1. Tout différend entre deux ou plus des Etats parties concernant l'interprétation ou l'application de la présente Convention qui ne peut pas être réglé par voie de négociation est soumis à l'arbitrage à la demande de l'un d'entre eux. Si, dans les six mois qui suivent la date de la demande d'arbitrage, les parties ne parviennent pas à se mettre d'accord sur l'organisation de l'arbitrage, l'une quelconque d'entre elles peut soumettre le différend à la Cour internationale de Justice en déposant une requête conformément au Statut de la Cour.

2. Chaque Etat pourra, au moment où il signera ou ratifiera la présente Convention ou y adhérera, déclarer qu'il ne se considère pas lié par les dispositions du paragraphe 1 du présent article. Les autres Etats parties ne seront pas liés par lesdites dispositions envers tout Etat partie qui aura formulé une telle réserve.

3. Tout Etat partie qui aura formulé une réserve conformément aux dispositions du paragraphe 2 du présent article pourra à tout moment lever cette réserve par une notification adressée au Secrétaire général de l'Organisation des Nations Unies.

Article 31

1. Un Etat partie pourra dénoncer la présente Convention par notification écrite adressée au Secrétaire général de l'Organisation des Nations Unies. La dénonciation prend effet un an après la date à laquelle la notification aura été reçue par le Secrétaire général.

2. Une telle dénonciation ne libérera pas l'Etat partie des obligations qui lui incom-

Beratung und Abstimmung über den Vorschlag befürworten. Befürwortet innerhalb von vier Monaten nach dem Datum der Übermittlung wenigstens ein Drittel der Vertragsstaaten eine solche Konferenz, so beruft der Generalsekretär die Konferenz unter der Schirmherrschaft der Vereinten Nationen ein. Jede Änderung, die von der Mehrheit der auf der Konferenz anwesenden und abstimmenden Vertragsstaaten beschlossen wird, wird vom Generalsekretär allen Vertragsstaaten zur Annahme vorgelegt.

(2) Eine nach Absatz 1 beschlossene Änderung tritt in Kraft, wenn zwei Drittel der Vertragsstaaten dem Generalsekretär der Vereinten Nationen notifiziert haben, daß sie die Änderung nach Maßgabe der in ihrer Verfassung vorgesehenen Verfahren angenommen haben.

(3) Treten die Änderungen in Kraft, so sind sie für die Vertragsstaaten, die sie angenommen haben, verbindlich, während für die anderen Vertragsstaaten weiterhin die Bestimmungen dieses Übereinkommens und alle früher von ihnen angenommenen Änderungen gelten.

Artikel 30

(1) Jede Streitigkeit zwischen zwei oder mehr Vertragsstaaten über die Auslegung oder Anwendung dieses Übereinkommens, die nicht durch Verhandlungen beigelegt werden kann, ist auf Verlangen eines dieser Staaten einem Schiedsverfahren zu unterwerfen. Können sich die Parteien binnen sechs Monaten nach dem Zeitpunkt, zu dem das Schiedsverfahren verlangt worden ist, über seine Ausgestaltung nicht einigen, so kann jede dieser Parteien die Streitigkeit dem Internationalen Gerichtshof unterbreiten, indem sie einen seinem Statut entsprechenden Antrag stellt.

(2) Jeder Staat kann bei der Unterzeichnung oder der Ratifikation dieses Übereinkommens oder dem Beitritt zu diesem erklären, daß er sich durch Absatz 1 nicht als gebunden betrachtet. Die anderen Vertragsstaaten sind gegenüber einem Vertragsstaat, der einen solchen Vorbehalt gemacht hat, durch Absatz 1 nicht gebunden.

(3) Ein Vertragsstaat, der einen Vorbehalt nach Absatz 2 gemacht hat, kann diesen Vorbehalt jederzeit durch eine an den Generalsekretär der Vereinten Nationen gerichtete Notifikation zurücknehmen.

Artikel 31

(1) Ein Vertragsstaat kann dieses Übereinkommen durch eine an den Generalsekretär der Vereinten Nationen gerichtete schriftliche Notifikation kündigen. Die Kündigung wird ein Jahr nach Eingang der Notifikation beim Generalsekretär wirksam.

(2) Eine solche Kündigung enthebt den Vertragsstaat nicht der Verpflichtungen, die

obligations under this Convention in regard to any act or omission which occurs prior to the date at which the denunciation becomes effective, nor shall denunciation prejudice in any way the continued consideration of any matter which is already under consideration by the Committee prior to the date at which the denunciation becomes effective.

3. Following the date at which the denunciation of a State Party becomes effective, the Committee shall not commence consideration of any new matter regarding that State.

bent en vertu de la présente Convention en ce qui concerne tout acte ou toute omission commis avant la date à laquelle la dénonciation prendra effet; elle ne fera nullement obstacle à la poursuite de l'examen de toute question dont le Comité était déjà saisi à la date à laquelle la dénonciation a pris effet.

3. Après la date à laquelle la dénonciation par un Etat partie prend effet, le Comité n'entreprend l'examen d'aucune question nouvelle concernant cet Etat.

er auf Grund dieses Übereinkommens in bezug auf vor dem Wirksamwerden der Kündigung begangene Handlungen oder Unterlassungen hat; die Kündigung berührt auch nicht die weitere Prüfung einer Sache, mit welcher der Ausschuß bereits vor dem Wirksamwerden der Kündigung befaßt war.

(3) Nach dem Tag, an dem die Kündigung eines Vertragsstaats wirksam wird, darf der Ausschuß nicht mit der Prüfung einer neuen diesen Staat betreffenden Sache beginnen.

Article 32

The Secretary-General of the United Nations shall inform all States Members of the United Nations and all States which have signed this Convention or acceded to it of the following:

(a) Signatures, ratifications and accessions under articles 25 and 26;

(b) The date of entry into force ot this Convention under article 27 and the date of the entry into force of any amendments under article 29;

(c) Denunciations under article 31.

Article 32

Le Secrétaire général de l'Organisation des Nations Unies notifiera à tous les Etats Membres de l'Organisation des Nations Unies et à tous les Etats qui auront signé la présente Convention ou y auront adhéré:

a) Les signatures, les ratifications et les adhésions reçues en application des articles 25 et 26;

b) La date d'entrée en vigueur de la Convention en application de l'article 27 et la date d'entrée en vigueur de tout amendement en application de l'article 29;

c) Les dénonciations reçues en application de l'article 31.

Artikel 32

Der Generalsekretär der Vereinten Nationen unterrichtet alle Mitgliedstaaten der Vereinten Nationen und alle Staaten, die dieses Übereinkommen unterzeichnet haben oder ihm beigetreten sind,

a) von den Unterzeichnungen, Ratifikationen und Beitritten nach den Artikeln 25 und 26;

b) vom Zeitpunkt des Inkrafttretens dieses Übereinkommens nach Artikel 27 und vom Zeitpunkt des Inkrafttretens von Änderungen nach Artikel 29;

c) von den Kündigungen nach Artikel 31.

Article 33

1. This Convention, of which the Arabic, Chinese, English, French, Russian and Spanish texts are equally authentic, shall be deposited with the Secretary-General of the United Nations.

2. The Secretary-General of the United Nations shall transmit certified copies of this Convention to all States.

Article 33

1. La présente Convention, dont les textes anglais, arabe, chinois, espagnol, français et russe font également foi, sera déposée auprès du Secrétaire général de l'Organisation des Nations Unies.

2. Le Secrétaire général de l'Organisation des Nations Unies fera tenir une copie certifiée conforme de la présente Convention à tous les Etats.

Artikel 33

(1) Dieses Übereinkomm en, dessen arabischer, chinesischer, englischer, französischer, russischer und spanischer Wortlaut gleichermaßen verbindlich ist, wird beim Generalsekretär der Vereinten Nationen hinterlegt.

(2) Der Generalsekretär der Vereinten Nationen übermittelt allen Staaten beglaubigte Abschriften dieses Übereinkommens.

Gesetz zu dem Fakultativprotokoll vom 18. Dezember 2002 zum Übereinkommen gegen Folter und andere grausame, unmenschliche oder erniedrigende Behandlung oder Strafe

Vom 26. August 2008
(BGBl. II S. 854)

Der Bundestag hat mit Zustimmung des Bundesrates das folgende Gesetz beschlossen:

Artikel 1

Dem in New York am 20. September 2006 von der Bundesrepublik Deutschland unterzeichneten Fakultativprotokoll vom 18. Dezember 2002 zum Übereinkommen vom 10. Dezember 1984 gegen Folter und andere grausame, unmenschliche oder erniedrigende Behandlung oder Strafe (BGBl. 1990 II S. 246) wird zugestimmt. Das Protokoll wird nachstehend mit einer amtlichen deutschen Übersetzung veröffentlicht.

Artikel 2

Die Aufgaben des Nationalen Präventionsmechanismus nach Artikel 3 des Protokolls werden im Zuständigkeitsbereich der Länder durch eine von diesen einzurichtende Kommission und im Zuständigkeitsbereich des Bundes durch eine vom Bundesministerium der Justiz einzurichtende Bundesstelle wahrgenommen.

Artikel 3

(1) Dieses Gesetz tritt am Tag nach seiner Verkündung in Kraft.
(2) Der Tag, an dem das Fakultativprotokoll nach seinem Artikel 28 für die Bundesrepublik Deutschland in Kraft tritt, ist im Bundesgesetzblatt bekannt zu geben.

Bundesgesetzblatt Jahrgang 2008 Teil II Nr. 23, ausgegeben zu Bonn am 2. September 2008   **855**

Fakultativprotokoll
zum Übereinkommen gegen Folter
und andere grausame, unmenschliche oder erniedrigende Behandlung oder Strafe

Optional Protocol
to the Convention against Torture
and Other Cruel, Inhuman or Degrading Treatment or Punishment

Protocole facultatif
se rapportant à la Convention contre la torture
et autres peines ou traitements cruels, inhumains ou dégradants

(Übersetzung)

Preamble	Préambule	Präambel
The States Parties to the present Protocol,	Les États Parties au présent Protocole,	Die Vertragsstaaten dieses Protokolls –
Reaffirming that torture and other cruel, inhuman or degrading treatment or punishment are prohibited and constitute serious violations of human rights,	Réaffirmant que la torture et autres peines ou traitements cruels, inhumains ou dégradants sont interdits et constituent des violations graves des droits de l'homme,	in Bekräftigung der Tatsache, dass Folter und andere grausame, unmenschliche oder erniedrigende Behandlung oder Strafe verboten sind und schwere Verletzungen der Menschenrechte darstellen,
Convinced that further measures are necessary to achieve the purposes of the Convention against Torture and Other Cruel, Inhuman or Degrading Treatment or Punishment (hereinafter referred to as the Convention) and to strengthen the protection of persons deprived of their liberty against torture and other cruel, inhuman or degrading treatment or punishment,	Convaincus que d'autres mesures sont nécessaires pour atteindre les objectifs de la Convention contre la torture et autres peines ou traitements cruels, inhumains ou dégradants (ci-après dénommée la Convention) et renforcer la protection des personnes privées de liberté contre la torture et autres peines ou traitements cruels, inhumains ou dégradants,	in der Überzeugung, dass weitere Maßnahmen erforderlich sind, um die Ziele des Übereinkommens gegen Folter und andere grausame, unmenschliche oder erniedrigende Behandlung oder Strafe (im Folgenden als „Übereinkommen" bezeichnet) zu erreichen und den Schutz von Personen, denen die Freiheit entzogen ist, vor Folter und anderer grausamer, unmenschlicher oder erniedrigender Behandlung oder Strafe zu verstärken,
Recalling that articles 2 and 16 of the Convention oblige each State Party to take effective measures to prevent acts of torture and other cruel, inhuman or degrading treatment or punishment in any territory under its jurisdiction,	Rappelant les articles 2 et 16 de la Convention, qui font obligation à tout État Partie de prendre des mesures efficaces pour empêcher que des actes de torture et autres peines ou traitements cruels, inhumains ou dégradants soient commis dans tout territoire sous sa juridiction,	eingedenk dessen, dass jeder Vertragsstaat nach den Artikeln 2 und 16 des Übereinkommens verpflichtet ist, wirksame Maßnahmen zu treffen, um Folterungen und andere grausame, unmenschliche oder erniedrigende Behandlung oder Strafe in allen seiner Hoheitsgewalt unterstehenden Gebieten zu verhindern,
Recognizing that States have the primary responsibility for implementing those articles, that strengthening the protection of people deprived of their liberty and the full respect for their human rights is a common responsibility shared by all and that international implementing bodies complement and strengthen national measures,	Conscients qu'il incombe au premier chef aux États d'appliquer ces articles, que le renforcement de la protection des personnes privées de liberté et le plein respect de leurs droits de l'homme sont une responsabilité commune partagée par tous, et que les organes internationaux chargés de veiller à l'application de ces principes complètent et renforcent les mesures prises à l'échelon national,	in der Erkenntnis, dass für die Durchführung dieser Artikel in erster Linie die Staaten verantwortlich sind, dass die Verstärkung des Schutzes von Personen, denen die Freiheit entzogen ist, und die volle Achtung ihrer Menschenrechte eine gemeinsame Verpflichtung aller sind und dass internationale Durchführungsorgane innerstaatliche Maßnahmen ergänzen und verstärken,
Recalling that the effective prevention of torture and other cruel, inhuman or degrading treatment or punishment requires education and a combination of various legislative, administrative, judicial and other measures,	Rappelant que la prévention efficace de la torture et autres peines ou traitements cruels, inhumains ou dégradants requiert un programme d'éducation et un ensemble de mesures diverses, législatives, administratives, judiciaires et autres,	eingedenk dessen, dass für die wirksame Verhütung von Folter und anderer grausamer, unmenschlicher oder erniedrigender Behandlung oder Strafe Bildungsmaßnahmen und eine Kombination verschiedener gesetzgeberischer, verwaltungsrechtlicher, gerichtlicher und sonstiger Maßnahmen erforderlich sind,

856   Bundesgesetzblatt Jahrgang 2008 Teil II Nr. 23, ausgegeben zu Bonn am 2. September 2008

Recalling also that the World Conference on Human Rights firmly declared that efforts to eradicate torture should first and foremost be concentrated on prevention and called for the adoption of an optional protocol to the Convention, intended to establish a preventive system of regular visits to places of detention,

Rappelant également que la Conférence mondiale sur les droits de l'homme a déclaré avec fermeté que les efforts tendant à éliminer la torture devaient, avant tout, être centrés sur la prévention et a lancé un appel en vue de l'adoption d'un protocole facultatif se rapportant à la Convention, visant à mettre en place un système préventif de visites régulières sur les lieux de détention,

ferner im Hinblick darauf, dass die Weltkonferenz über Menschenrechte mit Entschlossenheit erklärte, dass sich die Bemühungen zur vollständigen Beseitigung der Folter in erster Linie auf deren Verhütung konzentrieren sollen, und dazu aufrief, ein Fakultativprotokoll zum Übereinkommen zu beschließen, um ein auf die Verhütung von Folter ausgerichtetes System regelmäßiger Besuche von Orten der Freiheitsentziehung einzurichten,

Convinced that the protection of persons deprived of their liberty against torture and other cruel, inhuman or degrading treatment or punishment can be strengthened by non-judicial means of a preventive nature, based on regular visits to places of detention,

Convaincus que la protection des personnes privées de liberté contre la torture et autres peines ou traitements cruels, inhumains ou dégradants peut être renforcée par des moyens non judiciaires à caractère préventif, fondés sur des visites régulières sur les lieux de détention,

in der Überzeugung, dass der Schutz von Personen, denen die Freiheit entzogen ist, vor Folter und anderer grausamer, unmenschlicher oder erniedrigender Behandlung oder Strafe durch nichtgerichtliche Maßnahmen vorbeugender Art, die auf regelmäßigen Besuchen von Orten der Freiheitsentziehung beruhen, verstärkt werden kann –

Have agreed as follows:

Sont convenus de ce qui suit:

sind wie folgt übereingekommen:

Part I
General principles

Première partie
Principes généraux

Teil I
Allgemeine Grundsätze

Article 1

The objective of the present Protocol is to establish a system of regular visits undertaken by independent international and national bodies to places where people are deprived of their liberty, in order to prevent torture and other cruel, inhuman or degrading treatment or punishment.

Article premier

Le présent Protocole a pour objectif l'établissement d'un système de visites régulières, effectuées par des organismes internationaux et nationaux indépendants, sur les lieux où se trouvent des personnes privées de liberté, afin de prévenir la torture et autres peines ou traitements cruels, inhumains ou dégradants.

Artikel 1

Ziel dieses Protokolls ist es, ein System regelmäßiger Besuche einzurichten, die von unabhängigen internationalen und nationalen Stellen an Orten, an denen Personen die Freiheit entzogen ist, durchgeführt werden, um Folter und andere grausame, unmenschliche oder erniedrigende Behandlung oder Strafe zu verhindern.

Article 2

1. A Subcommittee on Prevention of Torture and Other Cruel, Inhuman or Degrading Treatment or Punishment of the Committee against Torture (hereinafter referred to as the Subcommittee on Prevention) shall be established and shall carry out the functions laid down in the present Protocol.

Article 2

1. Il est constitué un Sous-Comité pour la prévention de la torture et autres peines ou traitements cruels, inhumains ou dégradants du Comité contre la torture (ci-après dénommé le Sous-Comité de la prévention), qui exerce les fonctions définies dans le présent Protocole.

Artikel 2

(1) Zum Ausschuss gegen Folter wird ein Unterausschuss zur Verhütung von Folter und anderer grausamer, unmenschlicher oder erniedrigender Behandlung oder Strafe (im Folgenden als „Unterausschuss zur Verhütung von Folter" bezeichnet) errichtet, der die in diesem Protokoll festgelegten Aufgaben wahrnimmt.

2. The Subcommittee on Prevention shall carry out its work within the framework of the Charter of the United Nations and shall be guided by the purposes and principles thereof, as well as the norms of the United Nations concerning the treatment of people deprived of their liberty.

2. Le Sous-Comité de la prévention conduit ses travaux dans le cadre de la Charte des Nations Unies et s'inspire des buts et principes qui y sont énoncés, ainsi que des normes de l'Organisation des Nations Unies relatives au traitement des personnes privées de liberté.

(2) Der Unterausschuss zur Verhütung von Folter nimmt seine Aufgaben im Rahmen der Charta der Vereinten Nationen wahr und lässt sich von deren Zielen und Grundsätzen sowie den Normen der Vereinten Nationen für die Behandlung von Personen, denen die Freiheit entzogen ist, leiten.

3. Equally, the Subcommittee on Prevention shall be guided by the principles of confidentiality, impartiality, non-selectivity, universality and objectivity.

3. Le Sous-Comité de la prévention s'inspire également des principes de confidentialité, d'impartialité, de non-sélectivité, d'universalité et d'objectivité.

(3) Der Unterausschuss zur Verhütung von Folter lässt sich ferner von den Grundsätzen der Vertraulichkeit, Unparteilichkeit, Nichtselektivität, Universalität und Objektivität leiten.

4. The Subcommittee on Prevention and the States Parties shall cooperate in the implementation of the present Protocol.

4. Le Sous-Comité de la prévention et les États Parties coopèrent en vue de l'application du présent Protocole.

(4) Der Unterausschuss zur Verhütung von Folter und die Vertragsstaaten arbeiten bei der Durchführung dieses Protokolls zusammen.

Article 3

Each State Party shall set up, designate or maintain at the domestic level one or several visiting bodies for the prevention of torture and other cruel, inhuman or

Article 3

Chaque État Partie met en place, désigne ou administre, à l'échelon national, un ou plusieurs organes de visite chargés de prévenir la torture et autres peines ou

Artikel 3

Jeder Vertragsstaat errichtet, bestimmt oder unterhält auf innerstaatlicher Ebene eine oder mehrere Stellen, die zur Verhütung von Folter und anderer grausamer,

Das Bundesgesetzblatt im Internet: www.bundesgesetzblatt.de | Ein Service des Bundesanzeiger Verlag www.bundesanzeiger.de   Bundesanzeiger Verlag

degrading treatment or punishment (hereinafter referred to as the national preventive mechanism).	traitements cruels, inhumains ou dégradants (ci-après dénommés mécanisme national de prévention).	unmenschlicher oder erniedrigender Behandlung oder Strafe Besuche durchführen (im Folgenden als „nationaler Mechanismus zur Verhütung von Folter" bezeichnet).

Article 4

1. Each State Party shall allow visits, in accordance with the present Protocol, by the mechanisms referred to in articles 2 and 3 to any place under its jurisdiction and control where persons are or may be deprived of their liberty, either by virtue of an order given by a public authority or at its instigation or with its consent or acquiescence (hereinafter referred to as places of detention). These visits shall be undertaken with a view to strengthening, if necessary, the protection of these persons against torture and other cruel, inhuman or degrading treatment or punishment.

2. For the purposes of the present Protocol, deprivation of liberty means any form of detention or imprisonment or the placement of a person in a public or private custodial setting which that person is not permitted to leave at will by order of any judicial, administrative or other authority.

Article 4

1. Chaque État Partie autorise les mécanismes visés aux articles 2 et 3 à effectuer des visites, conformément au présent Protocole, dans tout lieu placé sous sa juridiction ou sous son contrôle où se trouvent ou pourraient se trouver des personnes privées de liberté sur l'ordre d'une autorité publique ou à son instigation, ou avec son consentement exprès ou tacite (ci-après dénommé lieu de détention). Ces visites sont effectuées afin de renforcer, s'il y a lieu, la protection desdites personnes contre la torture et autres peines ou traitements cruels, inhumains ou dégradants.

2. Aux fins du présent Protocole, on entend par privation de liberté toute forme de détention ou d'emprisonnement, ou le placement d'une personne dans un établissement public ou privé de surveillance dont elle n'est pas autorisée à sortir à son gré, ordonné par une autorité judiciaire ou administrative ou toute autre autorité publique.

Artikel 4

(1) Jeder Vertragsstaat gestattet Besuche nach diesem Protokoll durch die in den Artikeln 2 und 3 bezeichneten Mechanismen an allen seiner Hoheitsgewalt und Kontrolle unterstehenden Orten, an denen Personen entweder aufgrund einer Entscheidung einer Behörde oder auf deren Veranlassung oder mit deren ausdrücklichem oder stillschweigendem Einverständnis die Freiheit entzogen ist oder entzogen werden kann (im Folgenden als „Orte der Freiheitsentziehung" bezeichnet). Diese Besuche werden durchgeführt, um erforderlichenfalls den Schutz dieser Personen vor Folter und anderer grausamer, unmenschlicher oder erniedrigender Behandlung oder Strafe zu verstärken.

(2) Im Sinne dieses Protokolls bedeutet Freiheitsentziehung jede Form des Festhaltens oder der Haft oder die durch eine Justiz-, Verwaltungs- oder sonstige Behörde angeordnete Unterbringung einer Person in einer öffentlichen oder privaten Gewahrsamseinrichtung, die diese Person nicht nach Belieben verlassen darf.

Part II
Subcommittee on Prevention

Deuxième partie
Sous-Comité de la prévention

Teil II
Unterausschuss zur Verhütung von Folter

Article 5

1. The Subcommittee on Prevention shall consist of ten members. After the fiftieth ratification of or accession to the present Protocol, the number of the members of the Subcommittee on Prevention shall increase to twenty-five.

2. The members of the Subcommittee on Prevention shall be chosen from among persons of high moral character, having proven professional experience in the field of the administration of justice, in particular criminal law, prison or police administration, or in the various fields relevant to the treatment of persons deprived of their liberty.

3. In the composition of the Subcommittee on Prevention due consideration shall be given to equitable geographic distribution and to the representation of different forms of civilization and legal systems of the States Parties.

4. In this composition consideration shall also be given to balanced gender representation on the basis of the principles of equality and non-discrimination.

Article 5

1. Le Sous-Comité de la prévention se compose de dix membres. Lorsque le nombre des ratifications ou adhésions au présent Protocole aura atteint cinquante, celui des membres du Sous-Comité de la prévention sera porté à vingt-cinq.

2. Les membres du Sous-Comité de la prévention sont choisis parmi des personnalités de haute moralité ayant une expérience professionnelle reconnue dans le domaine de l'administration de la justice, en particulier en matière de droit pénal et d'administration pénitentiaire ou policière, ou dans les divers domaines ayant un rapport avec le traitement des personnes privées de liberté.

3. Dans la composition du Sous-Comité de la prévention, il est dûment tenu compte de la nécessité d'assurer une répartition géographique équitable ainsi que la représentation des diverses formes de civilisation et systèmes juridiques des États Parties.

4. Dans la composition du Sous-Comité de la prévention, il est également tenu compte de la nécessité d'assurer une représentation respectueuse de l'équilibre entre les sexes, sur la base des principes d'égalité et de non-discrimination.

Artikel 5

(1) Der Unterausschuss zur Verhütung von Folter besteht aus zehn Mitgliedern. Nach der fünfzigsten Ratifikation dieses Protokolls oder dem fünfzigsten Beitritt zu ihm erhöht sich die Zahl der Mitglieder des Unterausschusses zur Verhütung von Folter auf fünfundzwanzig.

(2) Die Mitglieder des Unterausschusses zur Verhütung von Folter werden unter Persönlichkeiten von hohem sittlichen Ansehen ausgewählt, die nachweislich über berufliche Erfahrung auf dem Gebiet der Rechtspflege, insbesondere des Strafrechts, des Strafvollzugs oder der Polizeiverwaltung, oder auf den verschiedenen für die Behandlung von Personen, denen die Freiheit entzogen ist, einschlägigen Gebieten verfügen.

(3) Bei der Zusammensetzung des Unterausschusses zur Verhütung von Folter sind eine ausgewogene geographische Verteilung und die Vertretung der verschiedenen Kulturkreise und Rechtsordnungen der Vertragsstaaten gebührend zu berücksichtigen.

(4) Bei der Zusammensetzung ist ferner eine ausgewogene Vertretung der Geschlechter auf der Grundlage der Grundsätze der Gleichstellung und Nichtdiskriminierung zu berücksichtigen.

---

5. No two members of the Subcommittee on Prevention may be nationals of the same State.

6. The members of the Subcommittee on Prevention shall serve in their individual capacity, shall be independent and impartial and shall be available to serve the Subcommittee on Prevention efficiently.

5. Le Sous-Comité de la prévention ne peut comprendre plus d'un ressortissant d'un même État.

6. Les membres du Sous-Comité de la prévention siègent à titre individuel, agissent en toute indépendance et impartialité et doivent être disponibles pour exercer efficacement leurs fonctions au sein du Sous-Comité de la prévention.

(5) Dem Unterausschuss zur Verhütung von Folter darf jeweils nur ein Angehöriger desselben Staates angehören.

(6) Die Mitglieder des Unterausschusses zur Verhütung von Folter sind in persönlicher Eigenschaft tätig; sie müssen unabhängig und unparteiisch sein und dem Unterausschuss zur Verhütung von Folter zur wirksamen Mitarbeit zur Verfügung stehen.

Article 6 / Article 6 / Artikel 6

1. Each State Party may nominate, in accordance with paragraph 2 of the present article, up to two candidates possessing the qualifications and meeting the requirements set out in article 5, and in doing so shall provide detailed information on the qualifications of the nominees.

1. Chaque État Partie peut désigner, conformément au paragraphe 2 ci-après, deux candidats au plus, possédant les qualifications et satisfaisant aux exigences énoncées à l'article 5, et fournit à ce titre des informations détaillées sur les qualifications des candidats.

(1) Jeder Vertragsstaat darf nach Absatz 2 bis zu zwei Kandidaten vorschlagen, die über die Befähigungen verfügen und die Voraussetzungen erfüllen, die in Artikel 5 beschrieben sind; mit seinem Vorschlag übermittelt er genauere Angaben zu den Befähigungen der Kandidaten.

2.

(a) The nominees shall have the nationality of a State Party to the present Protocol;

(b) At least one of the two candidates shall have the nationality of the nominating State Party;

(c) No more than two nationals of a State Party shall be nominated;

(d) Before a State Party nominates a national of another State Party, it shall seek and obtain the consent of that State Party.

2.

a) Les candidats désignés doivent avoir la nationalité d'un État Partie au présent Protocole;

b) L'un des deux candidats au moins doit avoir la nationalité de l'État Partie auteur de la désignation;

c) Il ne peut être désigné comme candidats plus de deux ressortissants d'un même État Partie;

d) Tout État Partie doit, avant de désigner un candidat ressortissant d'un autre État Partie, demander et obtenir le consentement dudit État Partie.

(2)

a) Die Kandidaten müssen die Staatsangehörigkeit eines Vertragsstaats dieses Protokolls haben;

b) mindestens einer der beiden Kandidaten muss die Staatsangehörigkeit des vorschlagenden Vertragsstaats haben;

c) es dürfen nicht mehr als zwei Angehörige eines Vertragsstaats vorgeschlagen werden;

d) bevor ein Vertragsstaat einen Angehörigen eines anderen Vertragsstaats vorschlägt, hat er die Zustimmung des betreffenden Vertragsstaats einzuholen.

3. At least five months before the date of the meeting of the States Parties during which the elections will be held, the Secretary-General of the United Nations shall address a letter to the States Parties inviting them to submit their nominations within three months. The Secretary-General shall submit a list, in alphabetical order, of all persons thus nominated, indicating the States Parties that have nominated them.

3. Cinq mois au moins avant la date de la réunion des États Parties au cours de laquelle aura lieu l'élection, le Secrétaire général de l'Organisation des Nations Unies envoie une lettre aux États Parties pour les inviter à présenter leurs candidats dans un délai de trois mois. Le Secrétaire général dresse la liste par ordre alphabétique de tous les candidats ainsi désignés, avec indication des États Parties qui les ont désignés.

(3) Spätestens fünf Monate vor der Versammlung der Vertragsstaaten, bei der die Wahl stattfindet, fordert der Generalsekretär der Vereinten Nationen die Vertragsstaaten schriftlich auf, innerhalb von drei Monaten ihre Kandidaten vorzuschlagen. Der Generalsekretär übermittelt eine alphabetische Liste aller auf diese Weise vorgeschlagenen Personen unter Angabe der Vertragsstaaten, die sie vorgeschlagen haben.

Article 7 / Article 7 / Artikel 7

1. The members of the Subcommittee on Prevention shall be elected in the following manner:

(a) Primary consideration shall be given to the fulfilment of the requirements and criteria of article 5 of the present Protocol;

(b) The initial election shall be held no later than six months after the entry into force of the present Protocol;

(c) The States Parties shall elect the members of the Subcommittee on Prevention by secret ballot;

(d) Elections of the members of the Subcommittee on Prevention shall be held at biennial meetings of the States Parties convened by the Secretary-General of the United Nations. At those meetings, for which two thirds of the States Parties shall constitute a quorum, the persons elected to the Subcommittee on Prevention shall be

1. Les membres du Sous-Comité de la prévention sont élus selon la procédure suivante:

a) Il est tenu compte au premier chef des exigences et critères énoncés à l'article 5 du présent Protocole;

b) La première élection aura lieu au plus tard six mois après la date d'entrée en vigueur du présent Protocole;

c) Les membres du Sous-Comité de la prévention sont élus par les États Parties au scrutin secret;

d) Les membres du Sous-Comité de la prévention sont élus au cours de réunions biennales des États Parties, convoquées par le Secrétaire général de l'Organisation des Nations Unies. À ces réunions, où le quorum est constitué par les deux tiers des États Parties, sont élus membres du Sous-Comité de la prévention les candidats qui obtien-

(1) Die Mitglieder des Unterausschusses zur Verhütung von Folter werden auf folgende Weise gewählt:

a) In erster Linie wird darauf geachtet, dass die Voraussetzungen und Kriterien nach Artikel 5 dieses Protokolls erfüllt sind;

b) die erste Wahl findet spätestens sechs Monate nach Inkrafttreten dieses Protokolls statt;

c) die Vertragsstaaten wählen die Mitglieder des Unterausschusses zur Verhütung von Folter in geheimer Wahl;

d) die Wahl der Mitglieder des Unterausschusses zur Verhütung von Folter findet alle zwei Jahre in vom Generalsekretär der Vereinten Nationen einberufenen Versammlungen der Vertragsstaaten statt. In diesen Versammlungen, die beschlussfähig sind, wenn zwei Drittel der Vertragsstaaten vertreten sind, gelten diejenigen Kandidaten

Bundesgesetzblatt Jahrgang 2008 Teil II Nr. 23, ausgegeben zu Bonn am 2. September 2008   **859**

those who obtain the largest number of votes and an absolute majority of the votes of the representatives of the States Parties present and voting.	nent le plus grand nombre de voix et la majorité absolue des voix des représentants des États Parties présents et votants.	als in den Unterausschuss zur Verhütung von Folter gewählt, welche die höchste Stimmenzahl und die absolute Stimmenmehrheit der anwesenden und abstimmenden Vertreter der Vertragsstaaten auf sich vereinigen.

2. If during the election process two nationals of a State Party have become eligible to serve as members of the Subcommittee on Prevention, the candidate receiving the higher number of votes shall serve as the member of the Subcommittee on Prevention. Where nationals have received the same number of votes, the following procedure applies:

(a) Where only one has been nominated by the State Party of which he or she is a national, that national shall serve as the member of the Subcommittee on Prevention;

(b) Where both candidates have been nominated by the State Party of which they are nationals, a separate vote by secret ballot shall be held to determine which national shall become the member;

(c) Where neither candidate has been nominated by the State Party of which he or she is a national, a separate vote by secret ballot shall be held to determine which candidate shall be the member.

2. Si, au cours de l'élection, il s'avère que deux ressortissants d'un État Partie remplissent les conditions requises pour être élus membres du Sous-Comité de la prévention, c'est le candidat qui obtient le plus grand nombre de voix qui est élu. Si les deux candidats obtiennent le même nombre de voix, la procédure est la suivante:

a) Si l'un seulement des candidats a été désigné par l'État Partie dont il est ressortissant, il est élu membre du Sous-Comité de la prévention;

b) Si les deux candidats ont été désignés par l'État Partie dont ils sont ressortissants, un vote séparé au scrutin secret a lieu pour déterminer celui qui est élu;

c) Si aucun des deux candidats n'a été désigné par l'État Partie dont il est ressortissant, un vote séparé au scrutin secret a lieu pour déterminer celui qui est élu.

(2) Sind in dem Wahlverfahren zwei Angehörige eines Vertragsstaats in den Unterausschuss zur Verhütung von Folter gewählt worden, so wird der Kandidat mit der höheren Stimmenzahl Mitglied des Unterausschusses zur Verhütung von Folter. Haben zwei Angehörige eines Vertragsstaats dieselbe Stimmenzahl erhalten, so wird folgendes Verfahren angewendet:

a) Wurde nur einer der beiden von dem Vertragsstaat, dessen Staatsangehörige sie sind, als Kandidat vorgeschlagen, so wird er Mitglied des Unterausschusses zur Verhütung von Folter;

b) wurden beide Kandidaten von dem Vertragsstaat vorgeschlagen, dessen Staatsangehörige sie sind, so wird in geheimer Wahl gesondert darüber abgestimmt, welcher Staatsangehörige Mitglied wird;

c) wurde keiner der Kandidaten von dem Vertragsstaat vorgeschlagen, dessen Staatsangehörige sie sind, so wird in geheimer Wahl gesondert darüber abgestimmt, welcher Kandidat Mitglied wird.

Article 8	**Article 8**	**Artikel 8**

If a member of the Subcommittee on Prevention dies or resigns, or for any cause can no longer perform his or her duties, the State Party that nominated the member shall nominate another eligible person possessing the qualifications and meeting the requirements set out in article 5, taking into account the need for a proper balance among the various fields of competence, to serve until the next meeting of the States Parties, subject to the approval of the majority of the States Parties. The approval shall be considered given unless half or more of the States Parties respond negatively within six weeks after having been informed by the Secretary-General of the United Nations of the proposed appointment.

Si un membre du Sous-Comité de la prévention décède, se démet de ses fonctions ou n'est plus en mesure pour quelque autre raison de s'acquitter de ses attributions au Sous-Comité de la prévention, l'État Partie qui l'a désigné propose, en tenant compte de la nécessité d'assurer un équilibre adéquat entre les divers domaines de compétence, un autre candidat possédant les qualifications et satisfaisant aux exigences énoncées à l'article 5, qui siège jusqu'à la réunion suivante des États Parties, sous réserve de l'approbation de la majorité des États Parties. Cette approbation est considérée comme acquise à moins que la moitié des États Parties ou davantage n'émettent une opinion défavorable dans un délai de six semaines à compter du moment où ils ont été informés par le Secrétaire général de l'Organisation des Nations Unies de la nomination proposée.

Stirbt ein Mitglied des Unterausschusses zur Verhütung von Folter, tritt es zurück oder kann es aus irgendeinem anderen Grund seine Aufgaben nicht mehr wahrnehmen, so schlägt der Vertragsstaat, der das Mitglied vorgeschlagen hat, unter Berücksichtigung eines ausgewogenen Verhältnisses zwischen den verschiedenen Fachgebieten eine andere geeignete Person vor, die über die Befähigungen verfügt und die Voraussetzungen erfüllt, die in Artikel 5 bezeichnet sind, die bis zur nächsten Versammlung der Vertragsstaaten dem Unterausschuss zur Verhütung von Folter vorbehaltlich der Zustimmung der Mehrheit der Vertragsstaaten angehört. Die Zustimmung gilt als erteilt, sofern sich nicht mindestens die Hälfte der Vertragsstaaten binnen sechs Wochen, nachdem sie vom Generalsekretär der Vereinten Nationen von der vorgeschlagenen Ernennung unterrichtet wurden, dagegen ausspricht.

Article 9	**Article 9**	**Artikel 9**

The members of the Subcommittee on Prevention shall be elected for a term of four years. They shall be eligible for re-election once if renominated. The term of half the members elected at the first election shall expire at the end of two years; immediately after the first election the names of those members shall be chosen by lot by the Chairman of the meeting referred to in article 7, paragraph 1 (d).

Les membres du Sous-Comité de la prévention sont élus pour quatre ans. Ils sont rééligibles une fois si leur candidature est présentée de nouveau. Le mandat de la moitié des membres élus lors de la première élection prend fin au bout de deux ans; immédiatement après la première élection, le nom de ces membres est tiré au sort par le Président de la réunion visée à l'alinéa d du paragraphe 1 de l'article 7.

Die Mitglieder des Unterausschusses zur Verhütung von Folter werden für vier Jahre gewählt. Auf erneuten Vorschlag können sie einmal wiedergewählt werden. Die Amtszeit der Hälfte der bei der ersten Wahl gewählten Mitglieder läuft nach zwei Jahren ab; unmittelbar nach der ersten Wahl werden die Namen dieser Mitglieder vom Vorsitzenden der in Artikel 7 Absatz 1 Buchstabe d genannten Versammlung durch das Los bestimmt.

Das Bundesgesetzblatt im Internet: www.bundesgesetzblatt.de | Ein Service des Bundesanzeiger Verlag www.bundesanzeiger.de   **⊠ Bundesanzeiger** Verlag

Esser

860   Bundesgesetzblatt Jahrgang 2008 Teil II Nr. 23, ausgegeben zu Bonn am 2. September 2008

Article 10	Article 10	Artikel 10
1. The Subcommittee on Prevention shall elect its officers for a term of two years. They may be re-elected.	1. Le Sous-Comité de la prévention élit son bureau pour une période de deux ans. Les membres du bureau sont rééligibles.	(1) Der Unterausschuss zur Verhütung von Folter wählt seinen Vorstand für zwei Jahre. Eine Wiederwahl der Mitglieder des Vorstands ist zulässig.
2. The Subcommittee on Prevention shall establish its own rules of procedure. These rules shall provide, inter alia, that:	2. Le Sous-Comité de la prévention établit son règlement intérieur, qui doit contenir notamment les dispositions suivantes:	(2) Der Unterausschuss zur Verhütung von Folter gibt sich eine Geschäftsordnung. Diese Geschäftsordnung muss unter anderem folgende Bestimmungen enthalten:
(a) Half the members plus one shall constitute a quorum;	a) Le quorum est de la moitié des membres plus un;	a) Der Unterausschuss zur Verhütung von Folter ist bei Anwesenheit der Hälfte plus eines seiner Mitglieder beschlussfähig;
(b) Decisions of the Subcommittee on Prevention shall be made by a majority vote of the members present;	b) Les décisions du Sous-Comité de la prévention sont prises à la majorité des membres présents;	b) der Unterausschuss zur Verhütung von Folter fasst seine Beschlüsse mit der Mehrheit der anwesenden Mitglieder;
(c) The Subcommittee on Prevention shall meet in camera.	c) Le Sous-Comité de la prévention se réunit à huis clos.	c) die Sitzungen des Unterausschusses zur Verhütung von Folter finden unter Ausschluss der Öffentlichkeit statt.
3. The Secretary-General of the United Nations shall convene the initial meeting of the Subcommittee on Prevention. After its initial meeting, the Subcommittee on Prevention shall meet at such times as shall be provided by its rules of procedure. The Subcommittee on Prevention and the Committee against Torture shall hold their sessions simultaneously at least once a year.	3. Le Secrétaire général de l'Organisation des Nations Unies convoque la première réunion du Sous-Comité de la prévention. Après sa première réunion, le Sous-Comité de la prévention se réunit à toute occasion prévue par son règlement intérieur. Les sessions du Sous-Comité de la prévention et du Comité contre la torture ont lieu simultanément au moins une fois par an.	(3) Der Generalsekretär der Vereinten Nationen beruft die erste Sitzung des Unterausschusses zur Verhütung von Folter ein. Nach seiner ersten Sitzung tritt der Unterausschuss zur Verhütung von Folter zu den in seiner Geschäftsordnung vorgesehenen Zeiten zusammen. Der Unterausschuss zur Verhütung von Folter und der Ausschuss gegen Folter halten ihre Tagungen mindestens einmal im Jahr gleichzeitig ab.

Part III	Troisième partie	Teil III
Mandate of the Subcommittee on Prevention	Mandat du Sous-Comité de la prévention	Mandat des Unterausschusses zur Verhütung von Folter

Article 11	Article 11	Artikel 11
The Subcommittee on Prevention shall:	Le Sous-Comité de la prévention:	Der Unterausschuss zur Verhütung von Folter wird
(a) Visit the places referred to in article 4 and make recommendations to States Parties concerning the protection of persons deprived of their liberty against torture and other cruel, inhuman or degrading treatment or punishment;	a) Effectue les visites mentionnées à l'article 4 et formule, à l'intention des États Parties, des recommandations concernant la protection des personnes privées de liberté contre la torture et autres peines ou traitements cruels, inhumains ou dégradants;	a) die in Artikel 4 bezeichneten Orte besuchen und den Vertragsstaaten Empfehlungen hinsichtlich des Schutzes von Personen, denen die Freiheit entzogen ist, vor Folter und anderer grausamer, unmenschlicher oder erniedrigender Behandlung oder Strafe unterbreiten;
(b) In regard to the national preventive mechanisms:	b) En ce qui concerne les mécanismes nationaux de prévention:	b) in Bezug auf die nationalen Mechanismen zur Verhütung von Folter
(i) Advise and assist States Parties, when necessary, in their establishment;	i) Offre des avis et une assistance aux États Parties, le cas échéant, aux fins de la mise en place desdits mécanismes;	i) die Vertragsstaaten erforderlichenfalls bei deren Einrichtung beraten und unterstützen;
(ii) Maintain direct, and if necessary confidential, contact with the national preventive mechanisms and offer them training and technical assistance with a view to strengthening their capacities;	ii) Entretient avec lesdits mécanismes des contacts directs, confidentiels s'il y a lieu, et leur offre une formation et une assistance technique en vue de renforcer leurs capacités;	ii) unmittelbare und erforderlichenfalls vertrauliche Kontakte zu den nationalen Mechanismen zur Verhütung von Folter pflegen und ihnen Ausbildungshilfe und technische Hilfe zur Stärkung ihrer Leistungsfähigkeit anbieten;
(iii) Advise and assist them in the evaluation of the needs and the means necessary to strengthen the protection of persons deprived of their liberty against torture and other cruel, inhuman or degrading treatment or punishment;	iii) Leur offre des avis et une assistance pour évaluer les besoins et les moyens nécessaires afin de renforcer la protection des personnes privées de liberté contre la torture et autres peines ou traitements cruels, inhumains ou dégradants;	iii) sie bei der Beurteilung der Erfordernisse und der Mittel, die zur Verstärkung des Schutzes von Personen, denen die Freiheit entzogen ist, vor Folter und anderer grausamer, unmenschlicher oder erniedrigender Behandlung oder Strafe notwendig sind, beraten und unterstützen;

Das Bundesgesetzblatt im Internet: www.bundesgesetzblatt.de | Ein Service des Bundesanzeiger Verlag www.bundesanzeiger.de   Bundesanzeiger Verlag

(iv) Make recommendations and observations to the States Parties with a view to strengthening the capacity and the mandate of the national preventive mechanisms for the prevention of torture and other cruel, inhuman or degrading treatment or punishment;

(c) Cooperate, for the prevention of torture in general, with the relevant United Nations organs and mechanisms as well as with the international, regional and national institutions or organizations working towards the strengthening of the protection of all persons against torture and other cruel, inhuman or degrading treatment or punishment.

iv) Formule des recommandations et observations à l'intention des États Parties en vue de renforcer les capacités et le mandat des mécanismes nationaux de prévention de la torture et autres peines ou traitements cruels, inhumains ou dégradants;

c) Coopère, en vue de prévenir la torture, avec les organes et mécanismes compétents de l'Organisation des Nations Unies ainsi qu'avec les organisations ou organismes internationaux, régionaux et nationaux qui œuvrent en faveur du renforcement de la protection de toutes les personnes contre la torture et autres peines ou traitements cruels, inhumains ou dégradants.

iv) den Vertragsstaaten Empfehlungen und Beobachtungen mit dem Ziel der Stärkung der Leistungsfähigkeit und des Mandats der nationalen Mechanismen zur Verhütung von Folter und anderer grausamer, unmenschlicher oder erniedrigender Behandlung oder Strafe unterbreiten;

c) zur Verhütung von Folter im Allgemeinen mit den zuständigen Organen und Mechanismen der Vereinten Nationen sowie mit den internationalen, regionalen und nationalen Einrichtungen und Organisationen zusammenarbeiten, die auf die Verstärkung des Schutzes aller Personen vor Folter und anderer grausamer, unmenschlicher oder erniedrigender Behandlung oder Strafe hinwirken.

Article 12

In order to enable the Subcommittee on Prevention to comply with its mandate as laid down in article 11, the States Parties undertake:

(a) To receive the Subcommittee on Prevention in their territory and grant it access to the places of detention as defined in article 4 of the present Protocol;

(b) To provide all relevant information the Subcommittee on Prevention may request to evaluate the needs and measures that should be adopted to strengthen the protection of persons deprived of their liberty against torture and other cruel, inhuman or degrading treatment or punishment;

(c) To encourage and facilitate contacts between the Subcommittee on Prevention and the national preventive mechanisms;

(d) To examine the recommendations of the Subcommittee on Prevention and enter into dialogue with it on possible implementation measures.

Article 12

Afin que le Sous-Comité de la prévention puisse s'acquitter du mandat défini à l'article 11, les États Parties s'engagent:

a) À recevoir le Sous-Comité de la prévention sur leur territoire et à lui donner accès aux lieux de détention visés à l'article 4 du présent Protocole;

b) À communiquer au Sous-Comité de la prévention tous les renseignements pertinents qu'il pourrait demander pour évaluer les besoins et les mesures à prendre pour renforcer la protection des personnes privées de liberté contre la torture et autres peines ou traitements cruels, inhumains ou dégradants;

c) À encourager et à faciliter les contacts entre le Sous-Comité de la prévention et les mécanismes nationaux de prévention;

d) À examiner les recommandations du Sous-Comité de la prévention et à engager le dialogue avec lui au sujet des mesures qui pourraient être prises pour les mettre en œuvre.

Artikel 12

Um dem Unterausschuss zur Verhütung von Folter die Erfüllung seines in Artikel 11 festgelegten Mandats zu ermöglichen, verpflichten sich die Vertragsstaaten,

a) den Unterausschuss zur Verhütung von Folter in ihr Hoheitsgebiet einreisen zu lassen und ihm Zugang zu allen in Artikel 4 bezeichneten Orten der Freiheitsentziehung zu gewähren;

b) dem Unterausschuss zur Verhütung von Folter alle einschlägigen Informationen zur Verfügung zu stellen, die dieser möglicherweise anfordert, um die Erfordernisse und die Maßnahmen beurteilen zu können, die zur Verstärkung des Schutzes von Personen, denen die Freiheit entzogen ist, vor Folter und anderer grausamer, unmenschlicher oder erniedrigender Behandlung oder Strafe ergriffen werden sollen;

c) Kontakte zwischen dem Unterausschuss zur Verhütung von Folter und den nationalen Mechanismen zur Verhütung von Folter zu fördern und zu erleichtern;

d) die Empfehlungen des Unterausschusses zur Verhütung von Folter zu prüfen und mit ihm in einen Dialog über mögliche Maßnahmen zu ihrer Umsetzung einzutreten.

Article 13

1. The Subcommittee on Prevention shall establish, at first by lot, a programme of regular visits to the States Parties in order to fulfil its mandate as established in article 11.

2. After consultations, the Subcommittee on Prevention shall notify the States Parties of its programme in order that they may, without delay, make the necessary practical arrangements for the visits to be conducted.

3. The visits shall be conducted by at least two members of the Subcommittee on Prevention. These members may be

Article 13

1. Le Sous-Comité de la prévention établit, d'abord par tirage au sort, un programme de visites régulières dans les États Parties en vue de s'acquitter de son mandat tel qu'il est défini à l'article 11.

2. Après avoir procédé à des consultations, le Sous-Comité de la prévention communique son programme aux États Parties afin qu'ils puissent prendre, sans délai, les dispositions d'ordre pratique nécessaires pour que les visites puissent avoir lieu.

3. Les visites sont conduites par au moins deux membres du Sous-Comité de la prévention. Ceux-ci peuvent être accom-

Artikel 13

(1) Der Unterausschuss zur Verhütung von Folter erstellt, zunächst durch das Los, ein Programm regelmäßiger Besuche in den Vertragsstaaten, um sein in Artikel 11 festgelegtes Mandat zu erfüllen.

(2) Nach Beratungen teilt der Unterausschuss zur Verhütung von Folter den Vertragsstaaten sein Programm mit, damit diese unverzüglich die erforderlichen praktischen Vorkehrungen für die durchzuführenden Besuche treffen können.

(3) Die Besuche werden von mindestens zwei Mitgliedern des Unterausschusses zur Verhütung von Folter durchgeführt. Diese

Esser

accompanied, if needed, by experts of demonstrated professional experience and knowledge in the fields covered by the present Protocol who shall be selected from a roster of experts prepared on the basis of proposals made by the States Parties, the Office of the United Nations High Commissioner for Human Rights and the United Nations Centre for International Crime Prevention. In preparing the roster, the States Parties concerned shall propose no more than five national experts. The State Party concerned may oppose the inclusion of a specific expert in the visit, whereupon the Subcommittee on Prevention shall propose another expert.

pagnés, si besoin est, d'experts ayant une expérience et des connaissances professionnelles reconnues dans les domaines visés dans le présent Protocole, qui sont choisis sur une liste d'experts établie sur la base des propositions des États Parties, du Haut Commissariat des Nations Unies aux droits de l'homme et du Centre des Nations Unies pour la prévention internationale du crime. Pour établir la liste d'experts, les États Parties intéressés proposent le nom de cinq experts nationaux au plus. L'État Partie intéressé peut s'opposer à l'inscription sur la liste d'un expert déterminé, à la suite de quoi le Sous-Comité de la prévention propose le nom d'un autre expert.

Mitglieder können sich erforderlichenfalls von Sachverständigen mit nachgewiesener beruflicher Erfahrung und Kenntnissen auf den von diesem Protokoll erfassten Gebieten begleiten lassen, die aus einer Liste von Sachverständigen ausgewählt werden, die auf der Grundlage von Vorschlägen der Vertragsstaaten, des Amtes des Hohen Kommissars der Vereinten Nationen für Menschenrechte und des Zentrums für internationale Verbrechensverhütung der Vereinten Nationen erstellt wird. Zur Erstellung dieser Liste schlagen die betreffenden Vertragsstaaten nicht mehr als fünf nationale Sachverständige vor. Der betreffende Vertragsstaat kann die Beteiligung eines bestimmten Sachverständigen an dem Besuch ablehnen, woraufhin der Unterausschuss zur Verhütung von Folter einen anderen Sachverständigen vorschlägt.

4. If the Subcommittee on Prevention considers it appropriate, it may propose a short follow-up visit after a regular visit.

4. Le Sous-Comité de la prévention peut, s'il le juge approprié, proposer une brève visite pour faire suite à une visite régulière.

(4) Hält es der Unterausschuss zur Verhütung von Folter für angebracht, so kann er nach einem regelmäßigen Besuch einen kurzen Anschlussbesuch vorschlagen.

Article 14

1. In order to enable the Subcommittee on Prevention to fulfil its mandate, the States Parties to the present Protocol undertake to grant it:

(a) Unrestricted access to all information concerning the number of persons deprived of their liberty in places of detention as defined in article 4, as well as the number of places and their location;

(b) Unrestricted access to all information referring to the treatment of those persons as well as their conditions of detention;

(c) Subject to paragraph 2 below, unrestricted access to all places of detention and their installations and facilities;

(d) The opportunity to have private interviews with the persons deprived of their liberty without witnesses, either personally or with a translator if deemed necessary, as well as with any other person who the Subcommittee on Prevention believes may supply relevant information;

(e) The liberty to choose the places it wants to visit and the persons it wants to interview.

2. Objection to a visit to a particular place of detention may be made only on urgent and compelling grounds of national defence, public safety, natural disaster or serious disorder in the place to be visited that temporarily prevent the carrying out of such a visit. The existence of a declared state of emergency as such shall not be invoked by a State Party as a reason to object to a visit.

Article 14

1. Pour permettre au Sous-Comité de la prévention de s'acquitter de son mandat, les États Parties au présent Protocole s'engagent à lui accorder:

a) L'accès sans restriction à tous les renseignements concernant le nombre de personnes se trouvant privées de liberté dans les lieux de détention visés à l'article 4, ainsi que le nombre de lieux de détention et leur emplacement;

b) L'accès sans restriction à tous les renseignements relatifs au traitement de ces personnes et à leurs conditions de détention;

c) Sous réserve du paragraphe 2 ci-après, l'accès sans restriction à tous les lieux de détention et à leurs installations et équipements;

d) La possibilité de s'entretenir en privé avec les personnes privées de liberté, sans témoins, soit directement, soit par le truchement d'un interprète si cela paraît nécessaire, ainsi qu'avec toute autre personne dont le Sous-Comité de la prévention pense qu'elle pourrait fournir des renseignements pertinents;

e) La liberté de choisir les lieux qu'il visitera et les personnes qu'il rencontrera.

2. Il ne peut être fait objection à la visite d'un lieu de détention déterminé que pour des raisons pressantes et impérieuses liées à la défense nationale, à la sécurité publique, à des catastrophes naturelles ou à des troubles graves là où la visite doit avoir lieu, qui empêchent provisoirement que la visite ait lieu. Un État Partie ne saurait invoquer l'existence d'un état d'urgence pour faire objection à une visite.

Artikel 14

(1) Um dem Unterausschuss zur Verhütung von Folter die Erfüllung seines Mandats zu ermöglichen, verpflichten sich die Vertragsstaaten dieses Protokolls,

a) ihm unbeschränkten Zugang zu allen Informationen zu gewähren, welche die Anzahl der Personen, denen an Orten der Freiheitsentziehung im Sinne des Artikels 4 die Freiheit entzogen ist, sowie die Anzahl dieser Orte und ihre Lage betreffen;

b) ihm unbeschränkten Zugang zu allen Informationen zu gewähren, welche die Behandlung dieser Personen und die Bedingungen ihrer Freiheitsentziehung betreffen;

c) ihm vorbehaltlich des Absatzes 2 unbeschränkten Zugang zu allen Orten der Freiheitsentziehung und ihren Anlagen und Einrichtungen zu gewähren;

d) ihm die Möglichkeit zu geben, mit Personen, denen die Freiheit entzogen ist, entweder direkt oder, soweit dies erforderlich erscheint, über einen Dolmetscher sowie mit jeder anderen Person, von welcher der Unterausschuss zur Verhütung von Folter annimmt, dass sie sachdienliche Auskünfte geben kann, ohne Zeugen Gespräche zu führen;

e) ihm die Entscheidung darüber zu überlassen, welche Orte er besuchen und mit welchen Personen er Gespräche führen möchte.

(2) Einwände gegen einen Besuch an einem bestimmten Ort der Freiheitsentziehung können nur aus dringenden und zwingenden Gründen der nationalen Verteidigung oder der öffentlichen Sicherheit, wegen Naturkatastrophen oder schwerer Störungen der Ordnung an dem zu besuchenden Ort, die vorübergehend die Durchführung eines solchen Besuchs verhindern, erhoben werden. Das Vorliegen eines erklärten Notstands allein darf von

einem Vertragsstaat nicht als Grund für einen Einwand gegen einen Besuch geltend gemacht werden.

Article 15

No authority or official shall order, apply, permit or tolerate any sanction against any person or organization for having communicated to the Subcommittee on Prevention or to its delegates any information, whether true or false, and no such person or organization shall be otherwise prejudiced in any way.

Article 15

Aucune autorité publique ni aucun fonctionnaire n'ordonnera, n'appliquera, n'autorisera ou ne tolérera de sanction à l'encontre d'une personne ou d'une organisation qui aura communiqué des renseignements, vrais ou faux, au Sous-Comité de la prévention ou à ses membres, et ladite personne ou organisation ne subira de préjudice d'aucune autre manière.

Artikel 15

Behörden oder Amtsträger dürfen keine Sanktionen gegen eine Person oder Organisation anordnen, anwenden, erlauben oder dulden, weil diese dem Unterausschuss zur Verhütung von Folter oder seinen Mitgliedern Auskünfte erteilt hat, unabhängig davon, ob diese Auskünfte richtig oder falsch waren; eine solche Person oder Organisation darf auch sonst in keiner Weise benachteiligt werden.

Article 16

1. The Subcommittee on Prevention shall communicate its recommendations and observations confidentially to the State Party and, if relevant, to the national preventive mechanism.

2. The Subcommittee on Prevention shall publish its report, together with any comments of the State Party concerned, whenever requested to do so by that State Party. If the State Party makes part of the report public, the Subcommittee on Prevention may publish the report in whole or in part. However, no personal data shall be published without the express consent of the person concerned.

3. The Subcommittee on Prevention shall present a public annual report on its activities to the Committee against Torture.

4. If the State Party refuses to cooperate with the Subcommittee on Prevention according to articles 12 and 14, or to take steps to improve the situation in the light of the recommendations of the Subcommittee on Prevention, the Committee against Torture may, at the request of the Subcommittee on Prevention, decide, by a majority of its members, after the State Party has had an opportunity to make its views known, to make a public statement on the matter or to publish the report of the Subcommittee on Prevention.

Article 16

1. Le Sous-Comité de la prévention communique ses recommandations et observations à titre confidentiel à l'État Partie et, le cas échéant, au mécanisme national de prévention.

2. Le Sous-Comité de la prévention publie son rapport, accompagné d'éventuelles observations de l'État Partie intéressé, à la demande de ce dernier. Si l'État Partie rend publique une partie du rapport, le Sous-Comité de la prévention peut le publier, en tout ou en partie. Toutefois, aucune donnée personnelle n'est publiée sans le consentement exprès de la personne concernée.

3. Le Sous-Comité de la prévention présente chaque année au Comité contre la torture un rapport public sur ses activités.

4. Si l'État Partie refuse de coopérer avec le Sous-Comité de la prévention conformément aux dispositions des articles 12 et 14, ou de prendre des mesures pour améliorer la situation à la lumière des recommandations du Sous-Comité de la prévention, le Comité contre la torture peut, à la demande du Sous-Comité de la prévention, décider à la majorité de ses membres, après que l'État Partie aura eu la possibilité de s'expliquer, de faire une déclaration publique à ce sujet ou de publier le rapport du Sous-Comité de la prévention.

Artikel 16

(1) Der Unterausschuss zur Verhütung von Folter teilt dem Vertragsstaat und gegebenenfalls dem nationalen Mechanismus zur Verhütung von Folter seine Empfehlungen und Beobachtungen vertraulich mit.

(2) Der Unterausschuss zur Verhütung von Folter veröffentlicht seinen Bericht zusammen mit einer etwaigen Stellungnahme des betreffenden Vertragsstaats, wenn dieser darum ersucht. Macht der Vertragsstaat einen Teil des Berichts öffentlich zugänglich, so kann der Unterausschuss zur Verhütung von Folter den Bericht ganz oder teilweise veröffentlichen. Personenbezogene Daten dürfen jedoch nicht ohne ausdrückliche Zustimmung der betroffenen Person veröffentlicht werden.

(3) Der Unterausschuss zur Verhütung von Folter legt dem Ausschuss gegen Folter einen öffentlichen Jahresbericht über seine Tätigkeit vor.

(4) Weigert sich ein Vertragsstaat, mit dem Unterausschuss zur Verhütung von Folter nach den Artikeln 12 und 14 zusammenzuarbeiten oder Maßnahmen zu treffen, um die Lage im Sinne der Empfehlungen des Unterausschusses zur Verhütung von Folter zu verbessern, so kann der Ausschuss gegen Folter auf Antrag des Unterausschusses zur Verhütung von Folter mit der Mehrheit seiner Mitglieder beschließen, eine öffentliche Erklärung in der Sache abzugeben oder den Bericht des Unterausschusses zur Verhütung von Folter zu veröffentlichen, nachdem der Vertragsstaat Gelegenheit hatte, sich zu äußern.

Part IV

National preventive mechanisms

Quatrième partie

Mécanismes nationaux de prévention

Teil IV

Nationale Mechanismen zur Verhütung von Folter

Article 17

Each State Party shall maintain, designate or establish, at the latest one year after the entry into force of the present Protocol or of its ratification or accession, one or several independent national preventive mechanisms for the prevention of torture at the domestic level. Mechanisms established by decentralized units may be desig-

Article 17

Chaque État Partie administre, désigne ou met en place au plus tard un an après l'entrée en vigueur du présent Protocole, ou son adhésion audit Protocole, ou son adhésion audit Protocole, un ou plusieurs mécanismes nationaux de prévention indépendants en vue de prévenir la torture à l'échelon national. Les mécanismes mis en place par

Artikel 17

Jeder Vertragsstaat unterhält, bestimmt oder errichtet auf innerstaatlicher Ebene spätestens ein Jahr nach Inkrafttreten dieses Protokolls oder nach seiner Ratifikation oder dem Beitritt zu ihm einen oder mehrere unabhängige nationale Mechanismen zur Verhütung von Folter. Durch dezentralisierte Einheiten errichtete Mechanismen

864   Bundesgesetzblatt Jahrgang 2008 Teil II Nr. 23, ausgegeben zu Bonn am 2. September 2008

nated as national preventive mechanisms for the purposes of the present Protocol if they are in conformity with its provisions.

des entités décentralisées pourront être désignés comme mécanismes nationaux de prévention aux fins du présent Protocole, s'ils sont conformes à ses dispositions.

können als nationale Mechanismen zur Verhütung von Folter im Sinne dieses Protokolls bestimmt werden, wenn sie im Einklang mit dessen Bestimmungen stehen.

Article 18

1. The States Parties shall guarantee the functional independence of the national preventive mechanisms as well as the independence of their personnel.

2. The States Parties shall take the necessary measures to ensure that the experts of the national preventive mechanism have the required capabilities and professional knowledge. They shall strive for a gender balance and the adequate representation of ethnic and minority groups in the country.

3. The States Parties undertake to make available the necessary resources for the functioning of the national preventive mechanisms.

4. When establishing national preventive mechanisms, States Parties shall give due consideration to the Principles relating to the status of national institutions for the promotion and protection of human rights.

Article 18

1. Les États Parties garantissent l'indépendance des mécanismes nationaux de prévention dans l'exercice de leurs fonctions et l'indépendance de leur personnel.

2. Les États Parties prennent les mesures nécessaires pour veiller à ce que les experts du mécanisme national de prévention possèdent les compétences et les connaissances professionnelles requises. Ils s'efforcent d'assurer l'équilibre entre les sexes et une représentation adéquate des groupes ethniques et minoritaires du pays.

3. Les États Parties s'engagent à dégager les ressources nécessaires au fonctionnement des mécanismes nationaux de prévention.

4. Lorsqu'ils mettent en place les mécanismes nationaux de prévention, les États Parties tiennent dûment compte des Principes concernant le statut des institutions nationales pour la promotion et la protection des droits de l'homme.

Artikel 18

(1) Die Vertragsstaaten garantieren die funktionale Unabhängigkeit der nationalen Mechanismen zur Verhütung von Folter sowie die Unabhängigkeit deren Personals.

(2) Die Vertragsstaaten treffen die erforderlichen Maßnahmen, um sicherzustellen, dass die Sachverständigen der nationalen Mechanismen zur Verhütung von Folter über die erforderlichen Fähigkeiten und Fachkenntnisse verfügen. Sie bemühen sich um eine ausgewogene Vertretung der Geschlechter und um eine angemessene Vertretung der ethnischen Gruppen und der Minderheiten des Landes.

(3) Die Vertragsstaaten verpflichten sich, die erforderlichen Mittel für die Arbeit der nationalen Mechanismen zur Verhütung von Folter zur Verfügung zu stellen.

(4) Bei der Errichtung der nationalen Mechanismen zur Verhütung von Folter berücksichtigen die Vertragsstaaten die Grundsätze, welche die Stellung nationaler Einrichtungen zur Förderung und zum Schutz der Menschenrechte betreffen.

Article 19

The national preventive mechanisms shall be granted at a minimum the power:

(a) To regularly examine the treatment of the persons deprived of their liberty in places of detention as defined in article 4, with a view to strengthening, if necessary, their protection against torture and other cruel, inhuman or degrading treatment or punishment;

(b) To make recommendations to the relevant authorities with the aim of improving the treatment and the conditions of the persons deprived of their liberty and to prevent torture and other cruel, inhuman or degrading treatment or punishment, taking into consideration the relevant norms of the United Nations;

(c) To submit proposals and observations concerning existing or draft legislation.

Article 19

Les mécanismes nationaux de prévention sont investis à tout le moins des attributions suivantes:

a) Examiner régulièrement la situation des personnes privées de liberté se trouvant dans les lieux de détention visés à l'article 4, en vue de renforcer, le cas échéant, leur protection contre la torture et autres peines ou traitements cruels, inhumains ou dégradants;

b) Formuler des recommandations à l'intention des autorités compétentes afin d'améliorer le traitement et la situation des personnes privées de liberté et de prévenir la torture et autres peines ou traitements cruels, inhumains ou dégradants, compte tenu des normes pertinentes de l'Organisation des Nations Unies;

c) Présenter des propositions et des observations au sujet de la législation en vigueur ou des projets de loi en la matière.

Artikel 19

Den nationalen Mechanismen zur Verhütung von Folter wird zumindest die Befugnis erteilt,

a) regelmäßig die Behandlung von Personen, denen an Orten der Freiheitsentziehung im Sinne des Artikels 4 die Freiheit entzogen ist, mit dem Ziel zu prüfen, erforderlichenfalls den Schutz dieser Personen vor Folter und anderer grausamer, unmenschlicher oder erniedrigender Behandlung oder Strafe zu verstärken;

b) den zuständigen Behörden Empfehlungen mit dem Ziel zu unterbreiten, die Behandlung und die Bedingungen der Personen, denen die Freiheit entzogen ist, zu verbessern und Folter und andere grausame, unmenschliche oder erniedrigende Behandlung oder Strafe unter Berücksichtigung der einschlägigen Normen der Vereinten Nationen zu verhüten;

c) Vorschläge und Beobachtungen zu bestehenden oder im Entwurf befindlichen Rechtsvorschriften zu unterbreiten.

Article 20

In order to enable the national preventive mechanisms to fulfil their mandate, the States Parties to the present Protocol undertake to grant them:

(a) Access to all information concerning the number of persons deprived of their liberty in places of detention as defined in article 4, as well as the number of places and their location;

Article 20

Pour permettre aux mécanismes nationaux de prévention de s'acquitter de leur mandat, les États Parties au présent Protocole s'engagent à leur accorder:

a) L'accès à tous les renseignements concernant le nombre de personnes privées de liberté se trouvant dans les lieux de détention visés à l'article 4, ainsi que le nombre de lieux de détention et leur emplacement;

Artikel 20

Um den nationalen Mechanismen zur Verhütung von Folter die Erfüllung ihres Mandats zu ermöglichen, verpflichten sich die Vertragsstaaten dieses Protokolls,

a) ihnen Zugang zu allen Informationen zu gewähren, welche die Anzahl der Personen, denen an Orten der Freiheitsentziehung im Sinne des Artikels 4 die Freiheit entzogen ist, sowie die Anzahl dieser Orte und ihre Lage betreffen;

Das Bundesgesetzblatt im Internet: www.bundesgesetzblatt.de | Ein Service des Bundesanzeiger Verlag www.bundesanzeiger.de   Bundesanzeiger Verlag

Esser

(b) Access to all information referring to the treatment of those persons as well as their conditions of detention;

(c) Access to all places of detention and their installations and facilities;

(d) The opportunity to have private interviews with the persons deprived of their liberty without witnesses, either personally or with a translator if deemed necessary, as well as with any other person who the national preventive mechanism believes may supply relevant information;

(e) The liberty to choose the places they want to visit and the persons they want to interview;

(f) The right to have contacts with the Subcommittee on Prevention, to send it information and to meet with it.

Article 21

1. No authority or official shall order, apply, permit or tolerate any sanction against any person or organization for having communicated to the national preventive mechanism any information, whether true or false, and no such person or organization shall be otherwise prejudiced in any way.

2. Confidential information collected by the national preventive mechanism shall be privileged. No personal data shall be published without the express consent of the person concerned.

Article 22

The competent authorities of the State Party concerned shall examine the recommendations of the national preventive mechanism and enter into a dialogue with it on possible implementation measures.

Article 23

The States Parties to the present Protocol undertake to publish and disseminate the annual reports of the national preventive mechanisms.

Part V
Declaration

Article 24

1. Upon ratification, States Parties may make a declaration postponing the implementation of their obligations under either part III or part IV of the present Protocol.

(b) L'accès à tous les renseignements relatifs au traitement de ces personnes et à leurs conditions de détention;

(c) L'accès à tous les lieux de détention et à leurs installations et équipements;

(d) La possibilité de s'entretenir en privé avec les personnes privées de liberté, sans témoins, soit directement, soit par le truchement d'un interprète si cela paraît nécessaire, ainsi qu'avec toute autre personne dont le mécanisme national de prévention pense qu'elle pourrait fournir des renseignements pertinents;

(e) La liberté de choisir les lieux qu'ils visiteront et les personnes qu'ils rencontreront;

(f) Le droit d'avoir des contacts avec le Sous-Comité de la prévention, de lui communiquer des renseignements et de le rencontrer.

Article 21

1. Aucune autorité publique ni aucun fonctionnaire n'ordonnera, n'appliquera, n'autorisera ou ne tolérera de sanction à l'encontre d'une personne ou d'une organisation qui aura communiqué des renseignements, vrais ou faux, au mécanisme national de prévention, et ladite personne ou organisation ne subira de préjudice d'aucune autre manière.

2. Les renseignements confidentiels recueillis par le mécanisme national de prévention seront protégés. Aucune donnée personnelle ne sera publiée sans le consentement exprès de la personne concernée.

Article 22

Les autorités compétentes de l'État Partie intéressé examinent les recommandations du mécanisme national de prévention et engagent le dialogue avec lui au sujet des mesures qui pourraient être prises pour les mettre en œuvre.

Article 23

Les États Parties au présent Protocole s'engagent à publier et à diffuser les rapports annuels des mécanismes nationaux de prévention.

Cinquième partie
Déclaration

Article 24

1. Au moment de la ratification, les États Parties peuvent faire une déclaration indiquant qu'ils ajournent l'exécution des obligations qui leur incombent en vertu de la troisième ou de la quatrième partie du présent Protocole.

(b) ihnen Zugang zu allen Informationen zu gewähren, welche die Behandlung dieser Personen und die Bedingungen ihrer Freiheitsentziehung betreffen;

(c) ihnen Zugang zu allen Orten der Freiheitsentziehung und ihren Anlagen und Einrichtungen zu gewähren;

(d) ihnen die Möglichkeit zu geben, mit Personen, denen die Freiheit entzogen ist, entweder direkt oder, soweit dies erforderlich erscheint, über einen Dolmetscher sowie mit jeder anderen Person, von welcher der nationale Mechanismus zur Verhütung von Folter annimmt, dass sie sachdienliche Auskünfte geben kann, ohne Zeugen Gespräche zu führen;

(e) ihnen die Entscheidung darüber zu überlassen, welche Orte sie besuchen und mit welchen Personen sie Gespräche führen möchten;

(f) ihnen das Recht einzuräumen, in Kontakt mit dem Unterausschuss zur Verhütung von Folter zu stehen, ihm Informationen zu übermitteln und mit ihm zusammenzutreffen.

Artikel 21

(1) Behörden oder Amtsträger dürfen keine Sanktionen gegen eine Person oder Organisation anordnen, anwenden, erlauben oder dulden, weil diese dem nationalen Mechanismus zur Verhütung von Folter Auskünfte erteilt hat, unabhängig davon, ob diese richtig oder falsch waren; eine solche Person oder Organisation darf auch sonst in keiner Weise benachteiligt werden.

(2) Vertrauliche Informationen, die vom nationalen Mechanismus zur Verhütung von Folter gesammelt werden, sind geschützt. Personenbezogene Daten dürfen nicht ohne ausdrückliche Zustimmung der betroffenen Person veröffentlicht werden.

Artikel 22

Die zuständigen Behörden des betreffenden Vertragsstaats prüfen die Empfehlungen des nationalen Mechanismus zur Verhütung von Folter und treten mit ihm in einen Dialog über mögliche Maßnahmen zu ihrer Umsetzung ein.

Artikel 23

Die Vertragsstaaten dieses Protokolls verpflichten sich, die Jahresberichte der nationalen Mechanismen zur Verhütung von Folter zu veröffentlichen und zu verbreiten.

Teil V
Erklärung

Artikel 24

(1) Die Vertragsstaaten können bei der Ratifikation eine Erklärung abgeben, durch die sie die Erfüllung ihrer Verpflichtungen nach Teil III oder Teil IV dieses Protokolls aufschieben.

866   Bundesgesetzblatt Jahrgang 2008 Teil II Nr. 23, ausgegeben zu Bonn am 2. September 2008

2. This postponement shall be valid for a maximum of three years. After due representations made by the State Party and after consultation with the Subcommittee on Prevention, the Committee against Torture may extend that period for an additional two years.

2. Cet ajournement vaut pour un maximum de trois ans. À la suite de représentations dûment formulées par l'État Partie et après consultation du Sous-Comité de la prévention, le Comité contre la torture peut proroger cette période de deux ans encore.

(2) Dieser Aufschub gilt höchstens für drei Jahre. Aufgrund hinreichender Ausführungen durch den Vertragsstaat und Konsultation des Unterausschusses zur Verhütung von Folter kann der Ausschuss gegen Folter diesen Zeitraum um weitere zwei Jahre verlängern.

Part VI

Financial provisions

Sixième partie

Dispositions financières

Teil VI

Finanzielle Bestimmungen

Article 25

1. The expenditure incurred by the Subcommittee on Prevention in the implementation of the present Protocol shall be borne by the United Nations.

2. The Secretary-General of the United Nations shall provide the necessary staff and facilities for the effective performance of the functions of the Subcommittee on Prevention under the present Protocol.

Article 25

1. Les dépenses résultant des travaux du Sous-Comité de la prévention créé en vertu du présent Protocole sont prises en charge par l'Organisation des Nations Unies.

2. Le Secrétaire général de l'Organisation des Nations Unies met à la disposition du Sous-Comité de la prévention le personnel et les installations qui lui sont nécessaires pour s'acquitter efficacement des fonctions qui lui sont confiées en vertu du présent Protocole.

Artikel 25

(1) Die Kosten, die durch den Unterausschuss zur Verhütung von Folter bei der Durchführung dieses Protokolls entstehen, werden von den Vereinten Nationen getragen.

(2) Der Generalsekretär der Vereinten Nationen stellt das Personal und die Einrichtungen zur Verfügung, die der Unterausschuss zur Verhütung von Folter für die wirksame Erfüllung der von ihm nach diesem Protokoll wahrzunehmenden Aufgaben benötigt.

Article 26

1. A Special Fund shall be set up in accordance with the relevant procedures of the General Assembly, to be administered in accordance with the financial regulations and rules of the United Nations, to help finance the implementation of the recommendations made by the Subcommittee on Prevention after a visit to a State Party, as well as education programmes of the national preventive mechanisms.

2. The Special Fund may be financed through voluntary contributions made by Governments, intergovernmental and non-governmental organizations and other private or public entities.

Article 26

1. Il est établi, conformément aux procédures pertinentes de l'Assemblée générale, un fonds spécial, qui sera administré conformément au règlement financier et aux règles de gestion financière de l'Organisation des Nations Unies, pour aider à financer l'application des recommandations que le Sous-Comité de la prévention adresse à un État Partie à la suite d'une visite, ainsi que les programmes d'éducation des mécanismes nationaux de prévention.

2. Le Fonds spécial peut être financé par des contributions volontaires versées par les gouvernements, les organisations intergouvernementales et non gouvernementales et d'autres entités privées ou publiques.

Artikel 26

(1) In Übereinstimmung mit den einschlägigen Verfahren der Generalversammlung wird ein nach der Finanzordnung und den Finanzvorschriften der Vereinten Nationen zu verwaltender Sonderfonds eingerichtet, der dazu beitragen soll, die Umsetzung der Empfehlungen, die der Unterausschuss zur Verhütung von Folter nach einem Besuch in einem Vertragsstaat unterbreitet, sowie Bildungsprogramme der nationalen Mechanismen zur Verhütung von Folter zu finanzieren.

(2) Der Sonderfonds kann durch freiwillige Beiträge von Regierungen, zwischenstaatlichen sowie nichtstaatlichen Organisationen und anderen privaten oder öffentlichen Stellen finanziert werden.

Part VII

Final provisions

Septième partie

Dispositions finales

Teil VII

Schlussbestimmungen

Article 27

1. The present Protocol is open for signature by any State that has signed the Convention.

2. The present Protocol is subject to ratification by any State that has ratified or acceded to the Convention. Instruments of ratification shall be deposited with the Secretary-General of the United Nations.

3. The present Protocol shall be open to accession by any State that has ratified or acceded to the Convention.

4. Accession shall be effected by the deposit of an instrument of accession with the Secretary-General of the United Nations.

Article 27

1. Le présent Protocole est ouvert à la signature de tout État qui a signé la Convention.

2. Le présent Protocole est soumis à la ratification de tout État qui a ratifié la Convention ou y a adhéré. Les instruments de ratification seront déposés auprès du Secrétaire général de l'Organisation des Nations Unies.

3. Le présent Protocole est ouvert à l'adhésion de tout État qui a ratifié la Convention ou qui y a adhéré.

4. L'adhésion se fera par le dépôt d'un instrument d'adhésion auprès du Secrétaire général de l'Organisation des Nations Unies.

Artikel 27

(1) Dieses Protokoll liegt für jeden Staat, der das Übereinkommen unterzeichnet hat, zur Unterzeichnung auf.

(2) Dieses Protokoll bedarf der Ratifikation, die von allen Staaten vorgenommen werden kann, die das Übereinkommen ratifiziert haben oder ihm beigetreten sind. Die Ratifikationsurkunden werden beim Generalsekretär der Vereinten Nationen hinterlegt.

(3) Dieses Protokoll steht jedem Staat, der das Übereinkommen ratifiziert hat oder ihm beigetreten ist, zum Beitritt offen.

(4) Der Beitritt erfolgt durch Hinterlegung einer Beitrittsurkunde beim Generalsekretär der Vereinten Nationen.

5. The Secretary-General of the United Nations shall inform all States that have signed the present Protocol or acceded to it of the deposit of each instrument of ratification or accession.

5. Le Secrétaire général de l'Organisation des Nations Unies informera tous les États qui auront signé le présent Protocole ou qui y auront adhéré du dépôt de chaque instrument de ratification ou d'adhésion.

(5) Der Generalsekretär der Vereinten Nationen unterrichtet alle Staaten, die dieses Protokoll unterzeichnet haben oder ihm beigetreten sind, von der Hinterlegung jeder Ratifikations- oder Beitrittsurkunde.

Article 28

1. The present Protocol shall enter into force on the thirtieth day after the date of deposit with the Secretary-General of the United Nations of the twentieth instrument of ratification or accession.

2. For each State ratifying the present Protocol or acceding to it after the deposit with the Secretary-General of the United Nations of the twentieth instrument of ratification or accession, the present Protocol shall enter into force on the thirtieth day after the date of deposit of its own instrument of ratification or accession.

Article 28

1. Le présent Protocole entrera en vigueur le trentième jour suivant la date du dépôt auprès du Secrétaire général de l'Organisation des Nations Unies du vingtième instrument de ratification ou d'adhésion.

2. Pour chaque État qui ratifiera le présent Protocole ou y adhérera après le dépôt auprès du Secrétaire général de l'Organisation des Nations Unies du vingtième instrument de ratification ou d'adhésion, le présent Protocole entrera en vigueur le trentième jour suivant la date du dépôt par cet État de son instrument de ratification ou d'adhésion.

Artikel 28

(1) Dieses Protokoll tritt am dreißigsten Tag nach Hinterlegung der zwanzigsten Ratifikations- oder Beitrittsurkunde beim Generalsekretär der Vereinten Nationen in Kraft.

(2) Für jeden Staat, der nach Hinterlegung der zwanzigsten Ratifikations- oder Beitrittsurkunde beim Generalsekretär der Vereinten Nationen dieses Protokoll ratifiziert oder ihm beitritt, tritt es am dreißigsten Tag nach Hinterlegung seiner eigenen Ratifikations- oder Beitrittsurkunde in Kraft.

Article 29

The provisions of the present Protocol shall extend to all parts of federal States without any limitations or exceptions.

Article 29

Les dispositions du présent Protocole s'appliquent, sans limitation ni exception aucune, à toutes les unités constitutives des États fédéraux.

Artikel 29

Dieses Protokoll gilt ohne Einschränkung oder Ausnahme für alle Teile eines Bundesstaats.

Article 30

No reservations shall be made to the present Protocol.

Article 30

Il ne sera admis aucune réserve au présent Protocole.

Artikel 30

Vorbehalte zu diesem Protokoll sind nicht zulässig.

Article 31

The provisions of the present Protocol shall not affect the obligations of States Parties under any regional convention instituting a system of visits to places of detention. The Subcommittee on Prevention and the bodies established under such regional conventions are encouraged to consult and cooperate with a view to avoiding duplication and promoting effectively the objectives of the present Protocol.

Article 31

Les dispositions du présent Protocole sont sans effet sur les obligations contractées par les États Parties en vertu d'une convention régionale instituant un système de visite des lieux de détention. Le Sous-Comité de la prévention et les organes établis en vertu de telles conventions régionales sont invités à se consulter et à coopérer afin d'éviter les doubles emplois et de promouvoir efficacement la réalisation des objectifs du présent Protocole.

Artikel 31

Dieses Protokoll lässt die Verpflichtungen von Vertragsstaaten aus regionalen Übereinkünften, durch die ein System von Besuchen an Orten der Freiheitsentziehung eingerichtet wird, unberührt. Der Unterausschuss zur Verhütung von Folter und die nach solchen regionalen Übereinkünften eingerichteten Stellen werden aufgefordert, sich zu konsultieren und zusammenzuarbeiten, um Doppelarbeit zu vermeiden und die Ziele dieses Protokolls wirksam zu fördern.

Article 32

The provisions of the present Protocol shall not affect the obligations of States Parties to the four Geneva Conventions of 12 August 1949 and the Additional Protocols thereto of 8 June 1977, nor the opportunity available to any State Party to authorize the International Committee of the Red Cross to visit places of detention in situations not covered by international humanitarian law.

Article 32

Les dispositions du présent Protocole sont sans effet sur les obligations qui incombent aux États Parties en vertu des quatre Conventions de Genève du 12 août 1949 et des Protocoles additionnels du 8 juin 1977 s'y rapportant, ou sur la possibilité qu'a tout État Partie d'autoriser le Comité international de la Croix-Rouge à se rendre sur des lieux de détention dans des cas non prévus par le droit international humanitaire.

Artikel 32

Dieses Protokoll lässt die Verpflichtungen der Vertragsstaaten der vier Genfer Abkommen vom 12. August 1949 und ihrer Zusatzprotokolle vom 8. Juni 1977 sowie die Möglichkeit jedes Vertragsstaats, dem Internationalen Komitee vom Roten Kreuz in Situationen, die nicht unter das humanitäre Völkerrecht fallen, den Besuch an Orten der Freiheitsentziehung zu erlauben, unberührt.

Article 33

1. Any State Party may denounce the present Protocol at any time by written notification addressed to the Secretary-General of the United Nations, who shall thereafter inform the other States Parties to the present Protocol and the Convention. Denunciation shall take effect one year after the date of receipt of the notification by the Secretary-General.

Article 33

1. Tout État Partie peut dénoncer le présent Protocole à tout moment, par notification écrite adressée au Secrétaire général de l'Organisation des Nations Unies, qui en informe alors les autres États Parties au Protocole et à la Convention. La dénonciation prend effet un an après la date à laquelle la notification est reçue par le Secrétaire général.

Artikel 33

(1) Jeder Vertragsstaat kann dieses Protokoll jederzeit durch eine an den Generalsekretär der Vereinten Nationen gerichtete schriftliche Notifikation kündigen; dieser unterrichtet sodann die anderen Vertragsstaaten dieses Protokolls und des Übereinkommens. Die Kündigung wird ein Jahr nach Eingang der Notifikation beim Generalsekretär wirksam.

868   Bundesgesetzblatt Jahrgang 2008 Teil II Nr. 23, ausgegeben zu Bonn am 2. September 2008

2. Such a denunciation shall not have the effect of releasing the State Party from its obligations under the present Protocol in regard to any act or situation that may occur prior to the date on which the denunciation becomes effective, or to the actions that the Subcommittee on Prevention has decided or may decide to take with respect to the State Party concerned, nor shall denunciation prejudice in any way the continued consideration of any matter already under consideration by the Subcommittee on Prevention prior to the date on which the denunciation becomes effective.

3. Following the date on which the denunciation of the State Party becomes effective, the Subcommittee on Prevention shall not commence consideration of any new matter regarding that State.

2. Une telle dénonciation ne libère pas l'État Partie des obligations qui lui incombent en vertu du présent Protocole en ce qui concerne tout acte ou toute situation qui se sera produit avant la date à laquelle la dénonciation prendra effet, ou toute mesure que le Sous-Comité de la prévention aura décidé ou pourra décider d'adopter à l'égard de l'État Partie concerné; elle ne fera nullement obstacle à la poursuite de l'examen de questions dont le Sous-Comité de la prévention était déjà saisi avant la date à laquelle la dénonciation a pris effet.

3. Après la date à laquelle la dénonciation par un État Partie prend effet, le Sous-Comité de la prévention n'entreprend l'examen d'aucune question nouvelle concernant cet État.

(2) Eine solche Kündigung enthebt den Vertragsstaat nicht der Verpflichtungen, die er aufgrund dieses Protokolls in Bezug auf Handlungen oder Situationen hat, die sich vor dem Wirksamwerden der Kündigung ereignet haben, oder der Verpflichtungen in Bezug auf die Maßnahmen, die der Unterausschuss zur Verhütung von Folter hinsichtlich des betreffenden Vertragsstaats beschlossen hat oder beschließen kann; die Kündigung berührt auch nicht die weitere Prüfung einer Sache, mit welcher der Unterausschuss zur Verhütung von Folter bereits vor dem Wirksamwerden der Kündigung befasst war.

(3) Nach dem Tag, an dem die Kündigung des Vertragsstaats wirksam wird, darf der Unterausschuss zur Verhütung von Folter nicht mit der Prüfung einer neuen diesen Staat betreffenden Sache beginnen.

Article 34

1. Any State Party to the present Protocol may propose an amendment and file it with the Secretary-General of the United Nations. The Secretary-General shall thereupon communicate the proposed amendment to the States Parties to the present Protocol with a request that they notify him whether they favour a conference of States Parties for the purpose of considering and voting upon the proposal. In the event that within four months from the date of such communication at least one third of the States Parties favour such a conference, the Secretary-General shall convene the conference under the auspices of the United Nations. Any amendment adopted by a majority of two thirds of the States Parties present and voting at the conference shall be submitted by the Secretary-General of the United Nations to all States Parties for acceptance.

2. An amendment adopted in accordance with paragraph 1 of the present article shall come into force when it has been accepted by a two-thirds majority of the States Parties to the present Protocol in accordance with their respective constitutional processes.

3. When amendments come into force, they shall be binding on those States Parties that have accepted them, other States Parties still being bound by the provisions of the present Protocol and any earlier amendment that they have accepted.

Article 34

1. Tout État Partie au présent Protocole peut proposer un amendement et déposer sa proposition auprès du Secrétaire général de l'Organisation des Nations Unies. Le Secrétaire général communique la proposition d'amendement aux États Parties au présent Protocole en leur demandant de lui faire savoir s'ils sont favorables à l'organisation d'une conférence d'États Parties en vue de l'examen de la proposition et de sa mise aux voix. Si, dans les quatre mois qui suivent la date d'une telle communication, le tiers au moins des États Parties se prononcent en faveur de la tenue de ladite conférence, le Secrétaire général organise la conférence sous les auspices de l'Organisation des Nations Unies. Tout amendement adopté à la majorité des deux tiers des États Parties présents et votants à la conférence est soumis par le Secrétaire général à l'acceptation de tous les États Parties.

2. Un amendement adopté selon les dispositions du paragraphe 1 du présent article entre en vigueur lorsque les deux tiers des États Parties au présent Protocole l'ont accepté conformément à la procédure prévue par leurs constitutions respectives.

3. Lorsque les amendements entrent en vigueur, ils ont force obligatoire pour les États Parties qui les ont acceptés, les autres États Parties demeurant liés par les dispositions du présent Protocole et par tout amendement antérieur qu'ils auraient accepté.

Artikel 34

(1) Jeder Vertragsstaat dieses Protokolls kann eine Änderung des Protokolls vorschlagen und seinen Vorschlag beim Generalsekretär der Vereinten Nationen einreichen. Der Generalsekretär übermittelt sodann den Änderungsvorschlag den Vertragsstaaten dieses Protokolls mit der Aufforderung, ihm mitzuteilen, ob sie eine Konferenz der Vertragsstaaten zur Beratung und Abstimmung über den Vorschlag befürworten. Befürwortet innerhalb von vier Monaten nach dem Datum der Übermittlung wenigstens ein Drittel der Vertragsstaaten eine solche Konferenz, so beruft der Generalsekretär die Konferenz unter der Schirmherrschaft der Vereinten Nationen ein. Jede Änderung, die mit Zweidrittelmehrheit der auf der Konferenz anwesenden und abstimmenden Vertragsstaaten beschlossen wird, wird vom Generalsekretär der Vereinten Nationen allen Vertragsstaaten zur Annahme vorgelegt.

(2) Eine nach Absatz 1 beschlossene Änderung tritt in Kraft, wenn sie von einer Zweidrittelmehrheit der Vertragsstaaten dieses Protokolls nach Maßgabe der in ihrer Verfassung vorgesehenen Verfahren angenommen worden ist.

(3) Treten die Änderungen in Kraft, so sind sie für die Vertragsstaaten, die sie angenommen haben, verbindlich, während für die anderen Vertragsstaaten weiterhin die Bestimmungen dieses Protokolls und alle früher von ihnen angenommenen Änderungen gelten.

Article 35

Members of the Subcommittee on Prevention and of the national preventive mechanisms shall be accorded such privileges and immunities as are necessary for the independent exercise of their functions. Members of the Subcommittee on Prevention shall be accorded the privileges and immunities specified in section 22 of the

Article 35

Les membres du Sous-Comité de la prévention et des mécanismes nationaux de prévention jouissent des privilèges et immunités qui leur sont nécessaires pour exercer leurs fonctions en toute indépendance. Les membres du Sous-Comité de la prévention jouissent des privilèges et immunités prévus à la section 22 de la

Artikel 35

Mitglieder des Unterausschusses zur Verhütung von Folter und der nationalen Mechanismen zur Verhütung von Folter genießen die zur unabhängigen Wahrnehmung ihrer Aufgaben erforderlichen Vorrechte und Immunitäten. Mitglieder des Unterausschusses zur Verhütung von Folter genießen die in Abschnitt 22 des Über-

Convention on the Privileges and Immunities of the United Nations of 13 February 1946, subject to the provisions of section 23 of that Convention.

Convention sur les privilèges et immunités des Nations Unies, du 13 février 1946, sous réserve des dispositions de la section 23 de ladite Convention.

einkommens vom 13. Februar 1946 über die Vorrechte und Immunitäten der Vereinten Nationen festgelegten Vorrechte und Immunitäten vorbehaltlich des Abschnitts 23 dieses Übereinkommens.

Article 36

When visiting a State Party, the members of the Subcommittee on Prevention shall, without prejudice to the provisions and purposes of the present Protocol and such privileges and immunities as they may enjoy:

(a) Respect the laws and regulations of the visited State;

(b) Refrain from any action or activity incompatible with the impartial and international nature of their duties.

Article 36

Lorsqu'ils se rendent dans un État Partie, les membres du Sous-Comité de la prévention doivent, sans préjudice des dispositions et des buts du présent Protocole ni des privilèges et immunités dont ils peuvent jouir:

a) Respecter les lois et règlements en vigueur dans l'État où ils se rendent;

b) S'abstenir de toute action ou activité incompatible avec le caractère impartial et international de leurs fonctions.

Artikel 36

Besuchen die Mitglieder des Unterausschusses zur Verhütung von Folter einen Vertragsstaat, so haben sie unbeschadet der Bestimmungen und Ziele dieses Protokolls sowie der Vorrechte und Immunitäten, die sie genießen,

a) die Gesetze und sonstigen Vorschriften des besuchten Staates zu achten;

b) jede Maßnahme oder Handlung zu unterlassen, die mit der Unparteilichkeit und dem internationalen Charakter ihrer Pflichten unvereinbar ist.

Article 37

1. The present Protocol, of which the Arabic, Chinese, English, French, Russian and Spanish texts are equally authentic, shall be deposited with the Secretary-General of the United Nations.

2. The Secretary-General of the United Nations shall transmit certified copies of the present Protocol to all States.

Article 37

1. Le présent Protocole, dont les textes anglais, arabe, chinois, espagnol, français et russe font également foi, sera déposé auprès du Secrétaire général de l'Organisation des Nations Unies.

2. Le Secrétaire général de l'Organisation des Nations Unies fera tenir une copie certifiée conforme du présent Protocole à tous les États.

Artikel 37

(1) Dieses Protokoll, dessen arabischer, chinesischer, englischer, französischer, russischer und spanischer Wortlaut gleichermaßen verbindlich ist, wird beim Generalsekretär der Vereinten Nationen hinterlegt.

(2) Der Generalsekretär der Vereinten Nationen übermittelt allen Staaten beglaubigte Abschriften dieses Protokolls.

Gesetz zu dem Europäischen Übereinkommen vom 26. November 1987 zur Verhütung von Folter und unmenschlicher oder erniedrigender Behandlung oder Strafe

Vom 29. November 1989
(BGBl. II S. 946)

Der Bundestag hat mit Zustimmung des Bundesrates das folgende Gesetz beschlossen.

Artikel 1

Dem in Straßburg am 26.November 1987 von der Bundesrepublik Deutschland unterzeichneten Europäischen Übereinkommen zur Verhütung von Folter und unmenschlicher oder erniedrigender Behandlung oder Strafe wird zugestimmt. Das Übereinkommen wird nachstehend mit einer amtlichen deutschen Übersetzung veröffentlicht.

Artikel 2

Dieses Gesetz gilt auch im Land Berlin, sofern das Land Berlin die Anwendung dieses Gesetzes feststellt.

Artikel 3

(1) Dieses Gesetz tritt am Tage nach seiner Verkündung in Kraft.
(2) Der Tag, an dem das Übereinkommen nach seinem Artikel 19 für die Bundesrepublik Deutschland in Kraft tritt, ist im Bundesgesetzblatt bekanntzugeben.[*]

Gesetz zu den Protokollen Nr. 1 und Nr. 2 vom 4. November 1993 zu dem Europäischen Übereinkommen zur Verhütung von Folter und unmenschlicher oder erniedrigender Behandlung oder Strafe

Vom 17. Juli 1996
(BGBl. II S. 1114)

Der Bundestag hat das folgende Gesetz beschlossen:

Artikel 1

Den in Straßburg am 4.November 1993 von der Bundesrepublik Deutschland unterzeichneten Protokollen Nr. 1 und Nr. 2 zu dem Übereinkommen zur Verhütung von Folter und unmenschlicher oder erniedrigender Behandlung oder Strafe (BGBl. 1989 II S. 946)

---

[*] Das Übereinkommen ist für die Bundesrepublik am 1.6.1990 in Kraft getreten (BGBl. II S. 491).

wird zugestimmt. Die Protokolle werden nachstehend mit einer amtlichen deutschen Übersetzung veröffentlicht.

Artikel 2

(1) Dieses Gesetz tritt am Tage nach seiner Verkündung in Kraft.

(2) Der Tag, an dem das Protokoll Nr. 1 nach seinem Artikel 8 und das Protokoll Nr. 2
nach seinem Artikel 3 für die Bundesrepublik Deutschland in Kraft treten, ist im Bundesgesetzblatt bekanntzugeben.**

** Die Änderungen auf Grund der Protokolle Nr. 1 und Nr. 2 sind gemäß der Bekanntmachung vom
22.3.2002 (BGBl. II S. 1019) am 1.3.2002 für die Bundesrepublik in Kraft getreten.

Esser

European Convention for the Prevention of Torture and Inhuman or Degrading Treatment or Punishment*)

Convention européenne pour la prévention de la torture et des peines ou traitements inhumains ou dégradants*)

Europäisches Übereinkommen zur Verhütung von Folter und andere grausame, unmenschliche oder erniedrigende Behandlung oder Strafe*)

(Übersetzung)

The member States of the Council of Europe, signatory hereto,

Having regard to the provisions of the Convention for the Protection of Human Rights and Fundamental Freedoms;

Recalling that, under Article 3 of the same Convention, "no one shall be subjected to torture or to inhuman or degrading treatment or punishment";

Noting that the machinery provided for in that Convention operates in relation to persons who allege that they are victims of violations of Article 3;

Convinced that the protection of persons deprived of their liberty against torture and inhuman or degrading treatment or punishment could be strengthened by non-judicial means of a preventive character based on visits,

Les Etats membres du Conseil de l'Europe, signataires de la présente Convention,

Vu les dispositons de la Convention de sauvegarde des Droits de l'Homme et des Libertés fondamentales;

Rappelant qu'aux termes de l'article 3 de la même Convention, «nul ne peut être soumis à la torture ni à des peines ou traitements inhumains ou dégradants»;

Constatant que les personnes qui se prétendent victimes de violations de l'article 3 peuvent se prévaloir du mécanisme prévu par cette Convention;

Convaincus que la protection des personnes privées de liberté contre la torture et les peines ou traitements inhumains ou dégradants pourrait être renforcée par un mécanisme non judiciare, à caracère préventif, fondé sur des visites,

Die Mitgliedstaaten des Europarats, die dieses Übereinkommen unterzeichnen –

in Anbetracht der Bestimmungen der Konvention zum Schutze der Menschenrechte und Grundfreiheiten,

eingedenk dessen, daß nach Artikel 3 der genannten Konvention niemand der Folter oder unmenschlicher oder erniedrigender Behandlung oder Strafe unterworfen werden darf,

unter Hinweis darauf, daß Personen, die sich durch eine Verletzung des Artikels 3 beschwert fühlen, die in jener Konvention vorgesehenen Verfahren in Anspruch nehmen können,

überzeugt, daß der Schutz von Personen, denen die Freiheit entzogen ist, vor Folter und unmenschlicher oder erniedrigender Behandlung oder Strafe durch nichtgerichtliche Maßnahmen vorbeugender Art, die auf Besuchen beruhen, verstärkt werden könnte –

Have agreed as follows:

Sont convenus de ce qui suit:

sind wie folgt übereingekommen:

Chapter I

Chapitre I

Kapitel I

Article 1

There shall be established a European Committee for the Prevention of Torture and Inhuman or Degrading Treatment or Punishment (hereinafter referred to as "the Committee"). The Committee shall, by means of visits, examine the treatment of persons deprived of their liberty with a view to strengthening, if necessary, the protection of such persons from torture and from inhuman or degrading treatment or punishment.

Article 1er

Il est institué un Comité européen pour la prévention de la torture et des peines ou traitements inhumains ou dégradants (ci-après dénommé: «le Comité»). Par le moyen de visites, le Comité examine le traitement des personnes privées de liberté en vue de renforcer, le cas échéant, leur protection contre la torture et les peines ou traitements inhumains ou dégradants.

Artikel 1

Es wird ein Europäischer Ausschuß zur Verhütung von Folter und unmenschlicher oder erniedrigender Behandlung oder Strafe (im folgenden als „Ausschuß" bezeichnet) errichtet. Der Ausschuß prüft durch Besuche die Behandlung von Personen, denen die Freiheit entzogen ist, um erforderlichenfalls den Schutz dieser Personen vor Folter und unmenschlicher oder erniedrigender Behandlung oder Strafe zu verstärken.

Article 2

Each Party shall permit visits, in accordance with this Convention, to any place within its jurisdiction where persons are deprived of their liberty by a public authority.

Article 2

Chaque Partie autorise la visite, conformément à la présente Convention, de tout lieu relevant de sa juridiction où des personnes sont privées de liberté par une autorité publique.

Artikel 2

Jede Vertragspartei läßt Besuche nach diesem Übereinkommen an allen ihrer Hoheitsgewalt unterstehenden Orten zu, an denen Personen durch eine öffentliche Behörde die Freiheit entzogen ist.

Article 3

In the application of this Convention, the Committee and the competent national authorities of the Party concerned shall co-operate with each other.

Article 3

Le Comité et les autorités nationales compétentes de la Partie concernée coopèrent en vue de l'application de la présente Convention.

Artikel 3

Bei der Anwendung dieses Übereinkommens arbeiten der Ausschuß und die zuständigen innerstaatlichen Behörden der betreffenden Vertragspartei zusammen.

---

*) in der durch die Protokolle 1 und 2 geänderten Fassung.

Chapter II

Article 4

1. The Committee shall consist of a number of members equal to that of the Parties.

2. The members of the Committee shall be chosen from among persons of high moral character, known for their competence in the field of human rights or having professional experience in the areas covered by this Convention.

3. No two members of the Committee may be nationals of the same State.

4. The members shall serve in their individual capacity, shall be independent and impartial, and shall be available to serve the Committee effectively.

Article 5

1. The members of the Committee shall be elected by the Committee of Ministers of the Council of Europe by an absolute majority of votes, from a list of names drawn up by the Bureau of the Consultative Assembly of the Council of Europe; each national delegation of the Parties in the Consultative Assembly shall put forward three candidates, of whom two at least shall be its nationals.

Where a member is to be elected to the Committee in respect of a non-member State of the Council of Europe, the Bureau of the Consultative Assembly shall invite the Parliament of that State of put forward three candidates, of whom two at least shall be its nationals. The election by the Committee of Ministers shall take place after consultation with the Party concerned.

2. The same procedure shall be followed in filling casual vacancies.

3. The members of the Committee shall be elected for a period of four years. They may be re-elected twice. However, among the members elected at the first election, the terms of three members shall expire at the end of two years. The members whose terms are to expire at the end of the initial period of two years shall be chosen by lot by the Secretary General of the Council of Europe immediately after the first election has been completed.

4. In order to ensure that, as far as possible, one half of the membership of the Committee shall be renewed every two years, the Committee of Ministers may decide, before proceeding to any subsequent election, that the term or terms of office of one or more members to be elected shall be for a period other than four years but not more than six and not less than two years.

5. In cases where more than one term of office is involved and the Committee of Ministers applies the preceding paragraph, the allocation of the terms of office shall be effected by the drawing of lots by the Secretary General, immediately after the election.

Chapitre II

Article 4

1. Le Comité se compose d'un nombre de membres égal à celui des Parties.

2. Les membres du Comité sont choisis parmi des personnalités de haute moralité, connues pour leur compétence en matière de droits de l'homme ou ayant une expérience professionnelle dans les domaines dont traite la présente Convention.

3. Le Comité ne peut comprendre plus d'un national du même Etat.

4. Les membres siègent à titre individuel, sont indépendants et impartiaux dans l'exercice de leurs mandats et se rendent disponibles pour remplir leurs fonctions de manière effective.

Article 5

1. Les membres du Comité sont élus par le Comité des Ministres du Conseil de l'Europe à la majorité absolue des voix, sur une liste de noms dressée par le Bureau de l'Assemblée Consultative du Conseil de l'Europe; la délégation nationale à l'Assemblée Consultative de chaque Partie présente trois candidats dont deux au moins sont de sa nationalité.

En cas d'élection d'un membre du Comité au titre d'un Etat non membre du Conseil de l'Europe, le Bureau de l'Assemblée Consultative invite le parlement de l'Etat concerné à présenter trois candidats, dont deux au moins seront de sa nationalité. L'élection par le Comité des Ministres aura lieu après consultation de la Partie concernée.

2. La même procédure est suivie pour pourvoir les sièges devenus vacants.

3. Les membres du Comité sont élus pour une durée de quatre ans. Ils sont rééligibles deux fois. Toutefois, en ce qui concerne les membres désignés à la première élection, les fonctions de trois membres prendront fin à l'issue d'une période de deux ans. Les membres dont les fonctions prendront fin au terme de la période initiale de deux ans sont désignés par tirage au sort effectué par le Secrétaire Général du Conseil de l'Europe immédiatement après qu'il aura été procédé à la première élection.

4. Afin d'assurer dans la mesure du possible le renouvellement d'une moité du Comité tous les deux ans, le Comité des Ministres peut, avant de procéder à toute élection ultérieure, décider qu'un ou plusieurs mandats de membres à élire auront une durée autre que quatre ans sans que cette durée puisse toutefois excéder six ans ou être inférieure à deux ans.

5. Dans le cas où il y a lieu de conférer plusieurs mandats et lorsque le Comité des Ministres fait application du paragraphe précédent, la répartition des mandats s'opère suivant un tirage au sort effectué par le Secrétaire Général du Conseil de l'Europe, immédiatement après l'élection.

Kapitel II

Artikel 4

(1) Die Zahl der Mitglieder des Ausschusses entspricht derjenigen der Vertragsparteien.

(2) Die Mitglieder des Ausschusses werden unter Persönlichkeiten von hohem sittlichem Ansehen ausgewählt, die für ihre Sachkenntnis auf dem Gebiet der Menschenrechte bekannt sind oder in den von diesem Übereinkommen erfaßten Bereichen über berufliche Erfahrung verfügen.

(3) Dem Ausschuß darf jeweils nur ein Angehöriger desselben Staates angehören.

(4) Die Mitglieder sind in persönlicher Eigenschaft tätig; sie müssen unabhängig und unparteiisch sein und dem Ausschuß zur wirksamen Mitarbeit zur Verfügung stehen.

Artikel 5

(1) Die Mitglieder des Ausschusses werden vom Ministerkomitee des Europarats mit absoluter Stimmenmehrheit nach einem vom Büro der Beratenden Versammlung des Europarats aufgestellten Namensverzeichnis gewählt; die nationale Delegation jeder Vertragspartei in der Beratenden Versammlung schlägt drei Kandidaten vor, darunter mindestens zwei eigene Staatsangehörige.

Soll für einen Nichtmitgliedstaat des Europarats ein Mitglied in den Ausschuß gewählt werden, so lädt das Büro der Beratenden Versammlung das Parlament dieses Staates ein, drei Kandidaten vorzuschlagen, darunter mindestens zwei eigene Staatsangehörige. Das Ministerkomitee nimmt die Wahl nach Konsultation der betreffenden Vertragspartei vor.

(2) Nach demselben Verfahren werden freigewordene Sitze neu besetzt.

(3) Die Mitglieder des Ausschusses werden für die Dauer von vier Jahren gewählt. Sie können zweimal wiedergewählt werden. Die Amtszeit von drei der bei der ersten Wahl gewählten Mitglieder läuft jedoch nach zwei Jahren ab. Die Mitglieder, deren Amtszeit nach Ablauf der ersten Amtsperiode von zwei Jahren endet, werden vom Generalsekretär des Europarats unmittelbar nach der ersten Wahl durch das Los bestimmt.

(4) Um soweit wie möglich sicherzustellen, daß die Hälfte der Mitglieder des Ausschusses alle zwei Jahre neu gewählt wird, kann das Ministerkomitee vor jeder späteren Wahl beschließen, daß die Amtszeit eines oder mehrerer der zu wählenden Mitglieder nicht vier Jahre betragen soll, wobei sie jedoch weder länger als sechs noch kürzer als zwei Jahre sein darf.

(5) Handelt es sich um mehrere Amtszeiten und wendet das Ministerkomitee Absatz 4 an, so wird die Zuteilung der Amtszeiten vom Generalsekretär des Europarats unmittelbar nach der Wahl durch das Los bestimmt.

Article 6

1. The Committee shall meet in camera. A quorum shall be equal to the majority of its members. The decisions of the Committee shall be taken by a majority of the members present, subject to the provisions of Article 10, paragraph 2.

2. The Committee shall draw up its own rules of procedure.

3. The Secretariat of the Committee shall be provided by the Secretary General of the Council of Europe.

Chapter III

Article 7

1. The Committee shall organise visits to places referred to in Article 2. Apart from periodic visits, the Committee may organise such other visits as appear to it to be required in the circumstances.

2. As a general rule, the visits shall be carried out by at least two members of the Committee. The Committee may, if it considers it necessary, be assisted by experts and interpreters.

Article 8

1. The Committee shall notify the Government of the Party concerned of its intention to carry out a visit. After such notification, it may at any time visit any place referred to in Article 2.

2. A Party shall provide the Committee with the following facilities to carry out its task:

a. access to its territory and the right to travel without restriction;

b. full information on the places where persons deprived of their liberty are being held;

c. unlimited access to any place where persons are deprived of their liberty, including the right to move inside such places without restriction;

d. other information available to the Party which is necessary for the Committee to carry out its task. In seeking such information, the Committee shall have regard to applicable rules of national law and professional ethics.

3. The Committee may interview in private persons deprived of their liberty.

4. The Committee may communicate freely with any person whom it believes can supply relevant information.

5. If necessary, the Committee may immediately communicate observations to the competent authorities of the Party concerned.

Article 6

1. Le Comité siège à huis clos. Le quorum est constitué par la majorité de ses membres. Les décisions du Comité sont prises à la majorité des membres présents, sous réserve des dispositons de l'article 10, paragraphe 2.

2. Le Comité établit son règlement intérieur.

3. Le Secrétariat du Comité est assuré par le Secrétaire Général du Conseil de l'Europe.

Chapitre III

Article 7

1. Le Comité organise la visite des lieux visés à l'article 2. Outre des visites périodiques, le Comité peut organiser toute autre visite lui paraissant exigée par les circonstances.

2. Les visites sont effectuées en règle générale par au moins deux membres du Comité. Ce dernier peut, s'il l'estime nécessaire, être assisté par des experts et des interprètes.

Article 8

1. Le Comité notifie au gouvernement de la Partie concernée son intention d'effectuer une visite. A la suite d'une telle notification, le Comité est habilité à visiter, à tout moment, les lieux visés à l'article 2.

2. Une Partie doit fournir au Comité les facilités suivantes pour l'accomplissement de sa tâche:

a. l'accès à son territoire et le droit de s'y déplacer sans restrictions;

b. tous renseignements sur les lieux où se trouvent des personnes privées de liberté;

c. la possibilité de se rendre à son gré dans tout lieu où se trouvent des personnes privées de liberté, y compris le droit de se déplacer sans entrave à l'intérieur de ces lieux;

d. toute autre information dont dispose la Partie et qui est nécessaire au Comité pour l'accomplissement de sa tâche. En recherchant cette information, le Comité tient compte des règles de droit et de déontologie applicables au niveau national.

3. Le Comité peut s'entretenir sans témoin avec les personnes privées de liberté.

4. Le Comité peut entrer en contact librement avec toute personne dont il pense qu'elle peut lui fournir des informations utiles.

5. S'il y a lieu, le Comité communique sur-le-champ des observations aux autorités compétentes de la Partie concernée.

Artikel 6

(1) Die Sitzungen des Ausschusses finden unter Ausschluß der Öffentlichkeit statt. Der Ausschuß ist bei Anwesenheit der Mehrheit seiner Mitglieder beschlußfähig. Vorbehaltlich des Artikels 10 Absatz 2 faßt der Ausschuß seine Beschlüsse mit der Mehrheit der anwesenden Mitglieder.

(2) Der Ausschuß gibt sich eine Geschäftsordnung.

(3) Das Sekretariat des Ausschusses wird vom Generalsekretär des Europarats gestellt.

Kapitel III

Artikel 7

(1) Der Ausschuß organisiert Besuche der in Artikel 2 bezeichneten Orte. Neben regelmäßigen Besuchen kann der Ausschuß alle weiteren Besuche organisieren, die ihm nach den Umständen erforderlich erscheinen.

(2) Die Besuche werden in der Regel von mindestens zwei Mitgliedern des Ausschusses durchgeführt. Der Ausschuß kann sich, sofern er dies für notwendig hält, von Sachverständigen und Dolmetschern unterstützen lassen.

Artikel 8

(1) Der Ausschuß notifiziert der Regierung der betreffenden Vertragspartei seine Absicht, einen Besuch durchzuführen. Nach einer solchen Notifikation kann der Ausschuß die in Artikel 2 bezeichneten Orte jederzeit besuchen.

(2) Eine Vertragspartei hat dem Ausschuß zur Erfüllung seiner Aufgabe folgende Erleichterungen zu gewähren:

a) Zugang zu ihrem Hoheitsgebiet und das Recht, sich dort uneingeschränkt zu bewegen;

b) alle Auskünfte über die Orte, an denen sich Personen befinden, denen die Freiheit entzogen ist;

c) unbeschränkten Zugang zu allen Orten, an denen sich Personen befinden, denen die Freiheit entzogen ist, einschließlich des Rechts, sich innerhalb dieser Orte ungehindert zu bewegen;

d) alle sonstigen der Vertragspartei zur Verfügung stehenden Auskünfte, die der Ausschuß zur Erfüllung seiner Aufgabe benötigt. Bei der Beschaffung solcher Auskünfte beachtet der Ausschuß die innerstaatlichen Rechtsvorschriften einschließlich des Standesrechts.

(3) Der Ausschuß kann sich mit Personen, denen die Freiheit entzogen ist, ohne Zeugen unterhalten.

(4) Der Ausschuß kann sich mit jeder Person, von der er annimmt, daß sie ihm sachdienliche Auskünfte geben kann, ungehindert in Verbindung setzen.

(5) Erforderlichenfalls kann der Ausschuß den zuständigen Behörden der betreffenden Vertragspartei seine Beobachtungen sogleich mitteilen.

Article 9

1. In exceptional circumstances, the competent authorities of the Party concerned may make representations to the Committee against a visit at the time or to the particular place proposed by the Committee. Such representations may only be made on grounds of national defence, public safety, serious disorder in places where persons are deprived of their liberty, the medical condition of a person or that an urgent interrogation relating to a serious crime is in progress.

2. Following such representations, the Committee and the Party shall immediately enter into consultations in order to clarify the situation and seek agreement on arrangements to enable the Committee to exercise its functions expeditiously. Such arrangements may include the transfer to another place of any person whom the Committee proposed to visit. Until the visit takes place, the Party shall provide information to the Committee about any person concerned.

Article 10

1. After each visit, the Committee shall draw up a report on the facts found during the visit, taking account of any observations which may have been submitted by the Party concerned. It shall transmit to the latter its report containing any recommendations it considers necessary. The Committee may consult with the Party with a view to suggesting, if necessary, improvements in the protection of persons deprived of their liberty.

2. If the Party fails to co-operate or refuses to improve the situation in the light of the Committee's recommendations, the Committee may decide, after the Party has had an opportunity to make known its views, by a majority of two-thirds of its members to make a public statement on the matter.

Article 11

1. The information gathered by the Committee in relation to a visit, its report and its consultations with the Party concerned shall be confidential.

2. The Committee shall publish its report, together with any comments of the Party concerned, whenever requested to do so by that Party.

3. However, no personal data shall be published without the express consent of the person concerned.

Article 12

Subject to the rules of confidentiality in Article 11, the Committee shall every year submit to the Committee of Ministers a general report on its activities which shall be transmitted to the Consultative Assembly and to any non-member State of the Council of Europe which is a party to the Convention, and made public.

Article 9

1. Dans des circonstances exceptionnelles, les autorités compétentes de la Partie concernée peuvent faire connaître au Comité leurs objections à la visite au moment envisagé par le Comité ou au lieu déterminé que ce Comité a l'intention de visiter. De telles objections ne peuvent être faites que pour des motifs de défense nationale ou de sûreté publique ou en raison de troubles graves dans les lieux où des personnes sont privées de liberté, de l'état de santé d'une personne ou d'un interrogatoire urgent, dans une enquête en cours, en relation avec une infraction pénale grave.

2. Suite à de telles objections, le Comité et la Partie se consultent immédiatement afin de clarifier la situation et pour parvenir à un accord sur des dispositons permettant au Comité d'exercer ses fonctions aussi rapidement que possible. Ces dispositions peuvent comprendre le transfert dans un autre endroit de toute personne que le Comité a l'intention de visiter. En attendant que la visite puisse avoir lieu, la Partie fournit au Comité des informations sur toute personne concernée.

Article 10

1. Après chaque visite, le Comité établit un rapport sur les faits constatés à l'occasion de celle-ci en tenant compte de toutes observations éventuellement présentées par la Partie concernée. Il transmet à cette dernière son rapport qui contient les recommandations qu'il juge nécessaires. Le Comité peut entrer en consultation avec la Partie en vue de suggérer, s'il y a lieu, des améliorations dans la protection des personnes privées de liberté.

2. Si la Partie ne coopère pas ou refuse d'améliorer la situation à la lumière des recommandations du Comité, celui-ci peut décider, à la majorité des deux tiers de ses membres, après que la Partie aura eu la possibilité de s'expliquer, de faire une déclaration publique à ce sujet.

Article 11

1. Les informations recueillies par le Comité à l'occasion d'une visite, son rapport et ses consultations avec la Partie concernée sont confidentiels.

2. Le Comité publie son rapport ainsi que tout commentaire de la Partie concernée, lorsque celle-ci le demande.

3. Toutefois, aucune donnée à caractère personnel ne doit être rendue publique sans le consentement explicite de la personne concernée.

Article 12

Chaque année, le Comité soumet au Comité des Ministres, en tenant compte des règles de confidentialité prévues à l'article 11, un rapport général sur ses activités, qui est transmis à l'Assemblée Consultative ainsi qu'à tout Etat non membre du Conseil de l'Europe partie à la Convention, et rendu public.

Artikel 9

(1) Unter außergewöhnlichen Umständen können die zuständigen Behörden der betreffenden Vertragspartei gegenüber dem Ausschuß Einwände gegen einen Besuch zu dem vom Ausschuß vorgeschlagenen Zeitpunkt oder an dem von ihm vorgeschlagenen Ort geltend machen. Solche Einwände können nur aus Gründen der nationalen Verteidigung oder der öffentlichen Sicherheit oder wegen schwerer Störungen der Ordnung an Orten, an denen Personen die Freiheit entzogen ist, wegen des Gesundheitszustands einer Person oder einer dringenden Vernehmung in einer laufenden Ermittlung im Zusammenhang mit einer schweren Straftat erhoben werden.

(2) Werden solche Einwände erhoben, so nehmen der Ausschuß und die Vertragspartei sofort Konsultationen auf, um die Lage zu klären und zu einer Einigung über Regelungen zu gelangen, die es dem Ausschuß ermöglichen, seine Aufgaben so schnell wie möglich zu erfüllen. Diese Regelungen können die Verlegung einer Person, die der Ausschuß zu besuchen beabsichtigt, an einen anderen Ort einschließen. Solange der Besuch nicht stattgefunden hat, erteilt die Vertragspartei dem Ausschuß Auskünfte über jede betroffene Person.

Artikel 10

(1) Nach jedem Besuch verfaßt der Ausschuß einen Bericht über die bei dem Besuch festgestellten Tatsachen unter Berücksichtigung von Äußerungen der betreffenden Vertragspartei. Er übermittelt ihr seinen Bericht, der die von ihm für erforderlich gehaltenen Empfehlungen enthält. Der Ausschuß kann Konsultationen mit der Vertragspartei führen, um erforderlichenfalls Verbesserungen des Schutzes von Personen vorzuschlagen, denen die Freiheit entzogen ist.

(2) Verweigert die Vertragspartei die Zusammenarbeit oder lehnt sie es ab, die Lage im Sinne der Empfehlungen des Ausschusses zu verbessern, so kann der Ausschuß, nachdem die Vertragspartei Gelegenheit hatte sich zu äußern, mit Zweidrittelmehrheit seiner Mitglieder beschließen, dazu eine öffentliche Erklärung abzugeben.

Artikel 11

(1) Die Informationen, die der Ausschuß bei einem Besuch erhält, sein Bericht und seine Konsultationen mit der betreffenden Vertragspartei sind vertraulich.

(2) Der Ausschuß veröffentlicht seinen Bericht zusammen mit einer etwaigen Stellungnahme der betreffenden Vertragspartei, wenn diese darum ersucht.

(3) Personenbezogene Daten dürfen jedoch nicht ohne ausdrückliche Zustimmung des Betroffenen veröffentlicht werden.

Artikel 12

Unter Beachtung der in Artikel 11 enthaltenen Bestimmungen über die Vertraulichkeit legt der Ausschuß dem Ministerkomitee alljährlich einen allgemeinen Bericht über seine Tätigkeit vor, welcher der Beratenden Versammlung und jedem Nichtmitgliedstaat des Europarats, der Vertragspartei des Übereinkommens ist, zugeleitet und veröffentlicht wird.

Article 13

The members of the Committee, experts and other persons assisting the Committee are required, during and after their terms of office, to maintain the confidentiality of the facts or information of which they have become aware during the discharge of their functions.

Article 14

1. The names of persons assisting the Committee shall be specified in the notification under Article 8, paragraph 1.

2. Experts shall act on the instructions and under the authority of the Committee. They shall have particular knowledge and experience in the areas covered by this Convention and shall be bound by the same duties of independence, impartiality and availability as the members of the Committee.

3. A Party may exceptionally declare that an expert or other person assisting the Committee may not be allowed to take part in a visit to a place within its jurisdiction.

Chapter IV

Article 15

Each Party shall inform the Committee of the name and address of the authority competent to receive notifications to its Government, and of any liaison officer it may appoint.

Article 16

The Committee, its members and experts referred to in Article 7, paragraph 2, shall enjoy the privileges and immunities set out in the annex to this Convention.

Article 17

1. This Convention shall not prejudice the provisions of domestic law or any international agreement which provide greater protection for persons deprived of their liberty.

2. Nothing in this Convention shall be construed as limiting or derogating from the competence of the organs of the European Convention on Human Rights or from the obligations assumed by the Parties under that Convention.

3. The Committee shall not visit places which representatives or delegates of protecting powers or the International Committee of the Red Cross effectively visit on a regular basis by virtue of the Geneva Conventions of 12 August 1949 and the Additonal Protocols of 8 June 1977 thereto.

Article 13

Les membres du Comité, les experts et les autres personnes qui l'assistent sont soumis, durant leur mandat et après son expiration, à l'obligation de garder secrets les faits ou informations dont ils ont connaissance dans l'accomplissement de leurs fonctions.

Article 14

1. Les noms des personnes qui assistent le Comité sont indiqués dans la notification faite en vertu de l'article 8, paragraphe 1.

2. Les experts agissent sur les instructions et sous la responsabilité du Comité. Ils doivent posséder une compétence et une expérience propres aux matières relevant de la présente Convention et sont liés par les mêmes obligations d'indépendance, d'impartialité et de disponibilité que les membres du Comité.

3. Exceptionnellement, une Partie peut déclarer qu'un expert ou une autre personne qui assiste le Comité ne peut pas être admis à participer à la visite d'un lieu relevant de sa juridiction.

Chapitre IV

Article 15

Chaque Partie communique au Comité le nom et l'adresse de l'autorité compétente pour recevoir les notifications adressées à son gouvernement et ceux de tout agent de liaison qu'elle peut avoir désigné.

Article 16

Le Comité, ses membres et les experts mentionnés à l'article 7, paragraphe 2, jouissent des privilèges et immunités prévus par l'annexe à la présente Convention.

Article 17

1. La présente Convention ne porte pas atteinte aux dispositions de droit interne ou des accords internationaux qui assurent une plus grande protection aux personnes privées de liberté.

2. Aucune disposition de la présente Convention ne peut être interprétée comme une limite ou une dérogation aux compétences des organes de la Convention européenne des Droits de l'Homme ou aux obligations assumées par les Parties en vertu de cette Convention.

3. Le Comité ne visitera pas les lieux que des représentants ou délégués de puissances protectrices ou du Comité international de la Croix-Rouge visitent effectivement et régulièrement en vertu des Conventions de Genève du 12 août 1949 et de leurs Protocoles additionnels du 8 juin 1977.

Artikel 13

Die Mitglieder des Ausschusses, die Sachverständigen und die anderen Personen, die den Ausschuß unterstützen, haben während und nach ihrer Tätigkeit die Vertraulichkeit der ihnen bei der Erfüllung ihrer Aufgaben bekannt gewordenen Tatsachen oder Angaben zu wahren.

Artikel 14

(1) Die Namen der Personen, die den Ausschuß unterstützen, werden in der Notifikation nach Artikel 8 Absatz 1 angegeben.

(2) Die Sachverständigen handeln nach den Weisungen und unter der Verantwortung des Ausschusses. Sie müssen besondere Kenntnisse und Erfahrungen in den von dem Übereinkommen erfaßten Bereichen besitzen und unterliegen in derselben Weise wie die Mitglieder des Ausschusses der Pflicht zur Unabhängigkeit, Unparteilichkeit und Verfügbarkeit.

(3) Eine Vertragspartei kann ausnahmsweise erklären, daß einem Sachverständigen oder einer anderen Person, die den Ausschuß unterstützt, die Teilnahme an dem Besuch eines ihrer Hoheitsgewalt unterstehenden Ortes nicht gestattet wird.

Kapitel IV

Artikel 15

Jede Vertragspartei teilt dem Ausschuß Namen und Anschrift der Behörde, die für die Entgegennahme von Notifikationen an ihre Regierung zuständig ist, sowie etwa von ihr bestimmter Verbindungsbeamter mit.

Artikel 16

Der Ausschuß, seine Mitglieder und die in Artikel 7 Absatz 2 bezeichneten Sachverständigen genießen die in der Anlage zu diesem Übereinkommen bezeichneten Vorrechte und Immunitäten.

Artikel 17

(1) Dieses Übereinkommen läßt die Bestimmungen des innerstaatlichen Rechts oder internationaler Übereinkünfte unberührt, die Personen, denen die Freiheit entzogen ist, weitergehenden Schutz gewähren.

(2) Keine Bestimmung dieses Übereinkommens ist so auszulegen, daß sie die Befugnisse der Organe der Europäischen Menschenrechtskonvention oder die von den Vertragsparteien nach jener Konvention eingegangenen Verpflichtungen einschränkt oder aufhebt.

(3) Der Ausschuß besucht keine Orte, die von Vertretern oder Delegierten von Schutzmächten oder des Internationalen Komitees vom Roten Kreuz aufgrund der Genfer Abkommen vom 12. August 1949 und der Zusatzprotokolle vom 8. Juni 1977 tatsächlich und regelmäßig besucht werden.

Esser

Chapter V

Article 18

1. This Convention shall be open for signature by the member States of the Council of Europe. It is subject to ratification, acceptance or approval. Instruments of ratification, acceptance or approval shall be deposited with the Secretary General of the Council of Europe.

2. The Committee of Ministers of the Council of Europe may invite any non-member State of the Council of Europe to accede to the Convention.

Article 19

1. This Convention shall enter into force on the first day of the month following the expiration of a period of three months after the date on which seven member States of the Council of Europe have expressed their consent to be bound by the Convention in accordance with the provisions of Article 18.

2. In respect of any State which subsequently expresses its consent to be bound by it, the Convention shall enter into force on the first day of the month following the expiration of a period of three months after the date of the deposit of the instrument of ratification, acceptance, approval or accession.

Article 20

1. Any State may at the time of signature of when depositing its instrument of ratification, acceptance, approval or accession specify the territory or territories to which this Convention shall apply.

2. Any State may at any later date, by a declaration addressed to the Secretary General of the Council of Europe, extend the application of this Convention to any other territory specified in the declaration. In respect of such territory the Convention shall enter into force on the first day of the month following the expiration of a period of three months after the date of receipt of such declaration by the Secretary General.

3. Any declaration made under the two preceding paragraphs may, in respect of any territory specified in such declaration, be withdrawn by a notification addressed to the Secretary General. The withdrawal shall become effective on the first day of the month following the expiration of a period of three months after the date of receipt of such notification by the Secretary General.

Article 21

No reservation may be made in respect of the provisions of this Convention.

Article 22

1. Any Party may, at any time, denounce this Convention by means of a notification addressed to the Secretary General of the Council of Europe.

2. Such denunciation shall become effective on the first day of the month following

Chapitre V

Article 18

1. La présente Convention est ouverte à la signature des Etats membres du Conseil de l'Europe. Elle sera soumise à ratification, acceptation ou approbation. Les instruments de ratification, d'acceptation ou d'approbation seront déposés près le Secrétaire Général du Conseil de l'Europe.

2. Le Comité des Ministres du Conseil de l'Europe peut inviter tout Etat non membre du Conseil de l'Europe à adhérer à la Convention.

Article 19

1. La présente Convention entrera en vigueur le premier jour du mois qui suit l'expiration d'une période de trois mois après la date à laquelle sept Etats membres du Conseil de l'Europe auront exprimé leur consentement à être liés par la Convention conformément aux dispositions de l'article 18.

2. Pour tout Etat qui exprimera ultérieurement son consentement à être lié par la Convention, celle-ci entrera en vigueur le premier jour du mois qui suit l'expiration d'une période de trois mois après la date du dépôt de l'instrument de ratification, d'acceptation, d'approbation ou d'adhésion.

Article 20

1. Tout Etat peut, au moment de la signature ou au moment du dépôt de son instrument de ratification, d'acceptation, d'approbation ou d'adhésion désigner le ou les territoires auxquels s'appliquera la présente Convention.

2. Tout Etat peut, à tout autre moment par la suite, par une déclaration adressée au Secrétaire Général du Conseil de l'Europe, étendre l'application de la présente Convention à tout autre territoire désigné dans la déclaration. La Convention entrera en vigueur à l'égard de ce territoire le premier jour du mois qui suit l'expiration d'une période de trois mois après la date de réception de la déclaration par le Secrétaire Général.

3. Toute déclaration faite en vertu des deux paragraphes précédents pourra être retirée, en ce qui concerne tout territoire désigné dans cette déclaration, par notification adressée au Secrétaire Général. Le retrait prendra effet le premier jour du mois qui suit l'expiration d'une période de trois mois après la date de réception de la notification par le Secrétaire Général.

Article 21

Aucune réserve n'est admise aux dispositions de la présente Convention.

Article 22

1. Toute Partie peut, à tout moment, dénoncer la présente Convention en adressant une notification au Secrétaire Général du Conseil de l'Europe.

2. La dénonciation prendra effet le premier jour du mois qui suit l'expiration d'une

Kapitel V

Artikel 18

(1) Dieses Übereinkommen liegt für die Mitgliedstaaten des Europarats zur Unterzeichnung auf. Es bedarf der Ratifikation, Annahme oder Genehmigung. Die Ratifikations-, Annahme- oder Genehmigungsurkunden werden beim Generalsekretär des Europarats hinterlegt.

(2) Das Ministerkomitee des Europarats kann jeden Nichtmitgliedstaat des Europarats einladen, dem Übereinkommen beizutreten.

Artikel 19

(1) Dieses Übereinkommen tritt am ersten Tag des Monats in Kraft, der auf einen Zeitabschnitt von drei Monaten nach dem Tag folgt, an dem sieben Mitgliedstaaten des Europarats nach Artikel 18 ihre Zustimmung ausgedrückt haben, durch das Übereinkommen gebunden zu sein.

(2) Für jeden Staat, der später seine Zustimmung ausdrückt, durch das Übereinkommen gebunden zu sein, tritt es am ersten Tag des Monats in Kraft, der auf einen Zeitabschnitt von drei Monaten nach Hinterlegung der Ratifikations-, Annahme-, Genehmigungs- oder Beitrittsurkunde folgt.

Artikel 20

(1) Jeder Staat kann bei der Unterzeichnung oder bei der Hinterlegung seiner Ratifikations-, Annahme- oder Beitrittsurkunde einzelne oder mehrere Hoheitsgebiete bezeichnen, auf die dieses Übereinkommen Anwendung findet.

(2) Jeder Staat kann jederzeit danach durch eine an den Generalsekretär des Europarats gerichtete Erklärung die Anwendung dieses Übereinkommens auf jedes weitere in der Erklärung bezeichnete Hoheitsgebiet erstrecken. Das Übereinkommen tritt für dieses Hoheitsgebiet am ersten Tag des Monats in Kraft, der auf einen Zeitabschnitt von drei Monaten nach Eingang der Erklärung beim Generalsekretär folgt.

(3) Jede nach den Absätzen 1 und 2 abgegebene Erklärung kann in bezug auf jedes darin bezeichnete Hoheitsgebiet durch eine an den Generalsekretär gerichtete Notifikation zurückgenommen werden. Die Rücknahme wird am ersten Tag des Monats wirksam, der auf einen Zeitabschnitt von drei Monaten nach Eingang der Notifikation beim Generalsekretär folgt.

Artikel 21

Vorbehalte zu diesem Übereinkommen sind nicht zulässig.

Artikel 22

(1) Jede Vertragspartei kann dieses Übereinkommen jederzeit durch eine an den Generalsekretär des Europarats gerichtete Notifikation kündigen.

(2) Die Kündigung wird am ersten Tag des Monats wirksam, der auf einen Zeitab-

the expiration of a period of twelve months after the date of receipt of the notification by the Secretary General.

période de douze mois après la date de réception de la notification par le Secrétaire Général.

schnitt von zwölf Monaten nach Eingang der Notifikation beim Generalsekretär folgt.

Article 23

"The Secretary General of the Council of Europe shall notify the member States and any non-member State of the Council of Europe party to the Convention of":

a. any signature;

b. the deposit of any instrument of ratification, acceptance "approval or accession";

c. any date of entry into force of this Convention in accordance with Articles 19 and 20;

d. any other act, notification or communication relating to this Convention, except for action taken in pursuance of Articles 8 and 10.

In witness whereof, the undersigned, being dûly authorised thereto, have signed this Convention.

Done at Strasbourg, this 26th day of November 1987, in English and French, both texts being equally authentic, in a single copy which shall be deposited in the archives of the Council of Europe. The Secretary General of the Council of Europe shall transmit certified copies to each member State of the Council of Europe.

Article 23

«Le Secrétaire Général du Conseil de l'Europe notifiera aux Etats membres ainsi qu'á tout Etat non membre du Conseil de l'Europe partie à la Convention»:

a. toute signature;

b. le dépôt de tout instrument de ratification, d'acceptation «d'approbation ou d'adhésion»;

c. toute date d'entrée en vigueur de la présente Convention conformément à ses articles 19 et 20;

d. tout autre acte, notification ou communication ayant trait à la présente Convention, à l'exception des mesures prévues aux articles 8 et 10.

En foi de quoi, les soussignés, dûment autorisés à cet effet, ont signé la présente Convention.

Fait à Strasbourg, le 26 novembre 1987, en français et en anglais, les deux textes faisant également foi, en un seul exemplaire qui sera déposé dans les archives du Conseil de l'Europe. Le Secrétaire Général du Conseil de l'Europe en communiquera copie certifiée conforme à chacun des Etats membres du Conseil de l'Europe.

Artikel 23

„Der Generalsekretär des Europarats notifiziert den Mitgliedstaaten und jedem Nichtmitgliedstaat des Europarats, der Vertragspartei des Übereinkommens ist":

a) jede Unterzeichnung;

b) jede Hinterlegung einer Ratifikations-, Annahme-, Genehmigungs- oder Beitrittsurkunde";

c) jeden Zeitpunkt des Inkrafttretens dieses Übereinkommens nach den Artikeln 19 und 20;

d) jede andere Handlung, Notifikation oder Mitteilung im Zusammenhang mit diesem Übereinkommen mit Ausnahme der nach den Artikeln 8 und 10 getroffenen Maßnahmen.

Zu Urkund dessen haben die hierzu gehörig befugten Unterzeichneten dieses Übereinkommen unterschrieben.

Geschehen zu Straßburg am 26. November 1987 in englischer und französischer Sprache, wobei jeder Wortlaut gleichermaßen verbindlich ist, in einer Urschrift, die im Archiv des Europarats hinterlegt wird. Der Generalsekretär des Europarats übermittelt allen Mitgliedstaaten des Europarats beglaubigte Abschriften.

Sachregister

5/7-Punkt-Fixierung 5 EMRK 67

A

Abfangen von Flüchtlingen 1 EMRK 71
Abschiebung
    Abschiebehindernisse 8 EMRK 222
    Abschiebungs-/Auslieferungsverbot
        3 EMRK 73, 90 ff., s.a. dort
    EU-Staatsangehörige 8 EMRK 219
    Familienleben 8 EMRK 210
    Haftbedingungen 3 EMRK 74
    Lebensschutzpflicht, staatliche 2 EMRK 60
    Misshandlungsverbote 3 EMRK 73 ff.
    Rechtsbehelfsgarantie 13 EMRK 67
    UNCAT 3 EMRK 5
    Unterbringungszentren 8 EMRK 218
    Unterlassen 3 EMRK 79
    vorläufige Anordnung 3 EMRK 79
Abschiebungs-/Auslieferungsverbot 3 EMRK 73, 90 ff.
    absehbare Folgen der Abschiebung/Auslieferung 3 EMRK 132
    ADX-Gefängnis 3 EMRK 129
    allgemeine Lebensbedingungen 3 EMRK 125
    allgemeine Sicherheitslage 3 EMRK 140 ff.
    Anhörungsgebot 3 EMRK 95
    Aufenthaltsverbot 3 EMRK 95
    Auslieferungsvertrag 3 EMRK 96
    diplomatische Zusicherung 3 EMRK 146
    Dublin-Verfahren 3 EMRK 95
    Durchreisestaat 3 EMRK 94
    Entscheidungsgrundlage 3 EMRK 147 ff.
    erniedrigende Behandlung 3 EMRK 92
    failed states 3 EMRK 130
    Folter 3 EMRK 92
    Gefahrengrad 3 EMRK 97
    Haftbedingungen 3 EMRK 92, 120 ff.
    Hochsicherheitsgefängnis USA 3 EMRK 129
    innerstaatliche Fluchtalternative
        3 EMRK 144
    Konventionsstaat 3 EMRK 94
    Lebensbedingungen 3 EMRK 92
    lebenslange Freiheitsstrafe 3 EMRK 93
    menschenunwürdige Lage 3 EMRK 125
    Militär-/Polizeieinsätze, internationale
        3 EMRK 98
    Mitwirkungsobliegenheit 3 EMRK 149
    Nicht-Konventionsstaaten 3 EMRK 99 f.
    Personengewalt 3 EMRK 92
    Piraterie 3 EMRK 98
    Prüfungsdichte 3 EMRK 131 ff.
    relevante Gefahren 3 EMRK 120 ff.
    Religionswechsel 3 EMRK 122
    Schutzpflicht 3 EMRK 90
    Selbsttötungsgefahr 3 EMRK 123
    Situation allgemeiner Instabilität
        3 EMRK 140 ff.

    sozioökonomische Verhältnisse 3 EMRK 125
    unmenschliche Behandlung 3 EMRK 92
    Vollstreckungsverbot eines Europäischen
        Haftbefehls 3 EMRK 101 ff.
    zwingende humanitäre Gründe 3 EMRK 124
Abschiebungshaft 5 EMRK 300, 302
    eigenständige Hafteinrichtungen
        5 EMRK 324
    Trennungsgebot 5 EMRK 325 f.
    Unterrichtung des Beschuldigten
        5 EMRK 332
Absehen von Strafe 6 EMRK 501
Abwesenheitsverfahren, echte 6 EMRK 979 ff.
    Anwesenheitsverzicht 6 EMRK 985
    Auslieferung 6 EMRK 993 f.
    Einschränkung des Anwesenheitsrechts
        6 EMRK 980
    Europäischer Haftbefehl 6 EMRK 995 ff.
    Re-Trial 6 EMRK 984
    Rs. Melloni 6 EMRK 999
    Voraussetzungen 6 EMRK 979 ff.
    Vorbereitung der Verteidigung 6 EMRK 982
    Wahlverteidiger 6 EMRK 981, 987 f.
actual authority and control-Test 1 EMRK 55
ad hoc-Richter Verf. EGMR 379
Adhäsionsverfahren
    Beiordnung eines Verteidigers 6 EMRK 1074
    Verfahrenseinstellung 6 EMRK 703
    Verfahrensrechte 6 EMRK 70
Aditionsverfahren 6 EMRK 135
Adoption 8 EMRK 181, 204
ADX-Gefängnis 3 EMRK 129
**Afrikanische Charta der Rechte des Menschen
und der Völker** Einf. EMRK 24 ff.
agent provocateur 6 EMRK 352 ff., s.a. Tatprovokation
Akteneinsicht 5 EMRK 541 ff., 6 EMRK 909 ff.
    Abschluss der Ermittlungen 6 EMRK 914
    Antrag 5 EMRK 575, 6 EMRK 938
    Art/Weise des Zugangs 5 EMRK 568 ff.,
        6 EMRK 927 ff.
    Ausnahmen 5 EMRK 555 ff.
    Ausschluss 5 EMRK 548
    Berechtigter 5 EMRK 562, 6 EMRK 925 f.
    Beschränkung 5 EMRK 548, 555 ff., 561,
        6 EMRK 921
    Beweisstücke 6 EMRK 922
    Beweisverwertungsverbot bei Verweigerung
        5 EMRK 545
    case materials 5 EMRK 547
    effektive Verteidigung 5 EMRK 541
    elektronische Akte 5 EMRK 580 f.,
        6 EMRK 934
    elektronische Datenerfassung 6 EMRK 913
    elektronische Speichermedien 5 EMRK 547
    EU-Grundrechtecharta 6 EMRK 942
    Fairnessgebot 5 EMRK 543, 6 EMRK 277

Freiheitsentziehung **5 EMRK** 541 ff.,
 6 EMRK 924
Geheimhaltungsinteressen **6 EMRK** 921
Gericht **5 EMRK** 549, 551
Gerichte der Union **6 EMRK** 941
gesammelte Erkenntnisse **6 EMRK** 910
große Datenmengen **6 EMRK** 933
Haftfälle **6 EMRK** 924
Handakten **6 EMRK** 922
Kopie der Akte **5 EMRK** 569, **6 EMRK** 928
neue Aktenbestandteile **6 EMRK** 936 f.
nicht verteidigter Beschuldigter
 5 EMRK 563 ff., **6 EMRK** 926
Niederschriften über Verhandlungen/Verneh-
 mungen **6 EMRK** 914
öffentliche Interessen **5 EMRK** 558
Ordnungswidrigkeiten **6 EMRK** 916
Originalakte **5 EMRK** 569 f., **6 EMRK** 927 f.
Papierakte **5 EMRK** 581
Recht auf Privatheit **8 EMRK** 40
rechtliches Gehör **5 EMRK** 543
rechtswidrige Verweigerung **5 EMRK** 543,
 545
RL 2012/13/EU **5 EMRK** 586
Rohmessdaten **6 EMRK** 916 ff.
Rs. Kolev **5 EMRK** 587 f.
Rs. Sigurdur Einarsson **6 EMRK** 913
Sachverständige **5 EMRK** 552, **6 EMRK** 916
Sicherheitsrisiken **6 EMRK** 921
specific reasons **6 EMRK** 911
Strafprozessordnung **5 EMRK** 578 ff.
Überlassung der Akte **5 EMRK** 572,
 6 EMRK 931 ff.
Umfang **5 EMRK** 547 ff., **6 EMRK** 909 ff.
unbeschränkte ~ **5 EMRK** 560, **6 EMRK** 914
Unterrichtung des Beschuldigten
 6 EMRK 782
Verfahren gegen Jugendliche **6 EMRK** 1468
Verteidiger **5 EMRK** 562, **6 EMRK** 925
Verweigerung **6 EMRK** 923
Verweigerungsüberprüfung **6 EMRK** 939 f.
Verwendungsverbot **5 EMRK** 553
Verzicht **5 EMRK** 575 ff.
Vorbereitung der Verteidigung **6 EMRK** 813
Waffengleichheit **6 EMRK** 297
wesentliche Aktenbestandteile
 5 EMRK 550 ff., 560
Wesentlichkeits-Vorbehalt **6 EMRK** 915
Zeugenschutz **6 EMRK** 921
Zweck **5 EMRK** 541
Allgemeine Erklärung der Menschenrechte
Diskriminierungsverbot **14 EMRK** 1
Eigentumsschutz **1. ZP–EMRK** 1
Gesetzlichkeitsprinzip **7 EMRK** 8
Meinungsfreiheit **10 EMRK** 1
Menschenrechtsschutz **Einf. EMRK** 12 f.
Misshandlungsverbote **3 EMRK** 1
Recht auf Bildung **1. ZP–EMRK** 82
Recht auf Eheschließung **12 EMRK** 1
Recht auf Privatheit **8 EMRK** 4
Rechtsbehelfsgarantie **13 EMRK** 1

Religions-/Überzeugungsfreiheit **9 EMRK** 1
Verfahrensrechte **6 EMRK** 5
Versammlungs-/Vereinigungsfreiheit
 11 EMRK 1
Völkergewohnheitsrecht **Einf. EMRK** 13
allgemeine Gleichheitsgarantie
 14 EMRK 66 ff.
allgemeines Diskriminierungsverbot
 14 EMRK 72 ff.
Amerikanische Menschenrechtskonvention
 Einf. EMRK 19 ff.
Amnestiegesetz 6 EMRK 1524
AMRK Einf. EMRK 19
Amtsenthebungsverfahren 6 EMRK 98
Amtsermittlungsgrundsatz
Beweisgewinnung **6 EMRK** 399
 Verfahrensdauer **6 EMRK** 455
 Waffengleichheit **6 EMRK** 294
Amtshaftung
 Haftentschädigung **5 EMRK** 618
 Misshandlungsverbote **3 EMRK** 150
Analogieverbot 7 EMRK 33 ff.
Angehörige
 Aufklärung der Todeursache **2 EMRK** 72
 Lebensschutz **2 EMRK** 19 f.
 Misshandlungsverbote **3 EMRK** 62 ff.
Angemessenheit der Untersuchungshaftdauer
 5 EMRK 420 ff.
 Alternativmaßnahmen **5 EMRK** 431
 Aufrechterhaltung der öffentlichen Ordnung
  5 EMRK 462
 Beschleunigungsgebot **5 EMRK** 464 f.
 Corona-Pandemie **5 EMRK** 475
 Entstehung öffentlicher Unruhe **5 EMRK** 428
 Ermittlungsmaßnahmen **5 EMRK** 466
 Fluchtgefahr **5 EMRK** 428, 446 ff.
 Gerichtsorganisation **5 EMRK** 472 ff.
 Gesamtbetrachtung **5 EMRK** 488
 Haftfortdauerentscheidungen **5 EMRK** 437
 Haftgründe **5 EMRK** 425 ff.
 Haftzeiten von über vier Jahren Dauer
  5 EMRK 430
 Kollusionsgefahr **5 EMRK** 457 ff.
 Komplexität des Falles **5 EMRK** 483 ff.
 nationale Haftentscheidungen **5 EMRK** 434
 Schwere der Tat/Schuld **5 EMRK** 445
 Überhaft **5 EMRK** 464
 Unschuldsvermutung **5 EMRK** 488
 Verdunkelungsgefahr **5 EMRK** 428, 457 ff.
 Verfahrensführung **5 EMRK** 463 ff., 469
 Verhalten des Beschuldigten **5 EMRK** 467,
  476 ff.
 Verhalten des Verteidigers **5 EMRK** 477
 Wiederholungsgefahr **5 EMRK** 428, 461
 Zwei-Stufen-Prüfung **5 EMRK** 422 ff.
Anhörungsgebot 3 EMRK 95
Annexkompetenz 8 EMRK 44
Antiterrordatei 8 EMRK 100
Anwaltszwang
 Individualbeschwerde **Verf. EGMR** 144, 220
 Zugang zu den Gerichten **6 EMRK** 163

Anwesenheitsrecht in der Verhandlung
6 EMRK 946 ff.
Abwesenheitsverfahren, echte
6 EMRK 979 ff., *s.a. dort*
Befragung von Belastungszeugen
6 EMRK 957
Befragung von Sachverständigen
6 EMRK 959
effektive Teilnahme 6 EMRK 949,
6 EMRK 955 ff.
Einschränkungen 6 EMRK 974 ff.
EMRK 6 EMRK 947 f.
Inhalt 6 EMRK 949
IPBPR 6 EMRK 946 ff.
Recht auf Abwesenheit 6 EMRK 1011
Recht auf Verteidigung bei Abwesenheit
6 EMRK 1012 ff., *s.a. dort*
Rechtsmittelverfahren 6 EMRK 1033 ff.
Revisionsinstanz 6 EMRK 1038
Verfahren gegen Jugendliche 6 EMRK 1464
Verhandlungsfähigkeit 6 EMRK 950 ff.
Verzicht 6 EMRK 962 ff., 970 ff., 1011
Videoübertragung 6 EMRK 960
Waffengleichheit 6 EMRK 1039
zeitweilige Entfernung 6 EMRK 977
zeitweiser Ausschluss 6 EMRK 960
Zeugenschutz 6 EMRK 977
Zweck 6 EMRK 947
Arab Charter of Human Rights Einf. EMRK 27 ff.
Arab Human Rights Committee Einf. EMRK 29
Arbeitshaus 4 EMRK 89
Arbeitsschutz 2 EMRK 46
Arbeitsüberlastung 6 EMRK 453
ärztliche Kunstfehler 2 EMRK 43, 65
ASEAN Charta Einf. EMRK 31 ff.
Asylverfahren
Familienleben 8 EMRK 209
Rechtsbehelfsgarantie 13 EMRK 59
Atlantik Charta Einf. EMRK 8
Aufenthaltsbestimmungsrecht 5 EMRK 241
Aufenthaltsgebot 5 EMRK 70
Aufenthaltsrecht
Familienleben 8 EMRK 208
Freizügigkeit 4. ZP–EMRK 33
Religions-/Überzeugungsfreiheit 9 EMRK 24
Aufenthaltsverbot 5 EMRK 70
Aufklärung der Toderursache 2 EMRK 61 ff.
Angehörige 2 EMRK 72
ärztliche Kunstfehler 2 EMRK 65
Aufklärung rechtswidriger Polizeigewalt
2 EMRK 75 ff., *s.a. dort*
Autopsie 2 EMRK 70
bewaffneter Konflikt 2 EMRK 74
effektive Ermittlungen 2 EMRK 63
Einnahme verschriebener Medikamente
2 EMRK 86
Ermittlung der Verantwortlichen 2 EMRK 67
freiheitsentziehende Maßnahmen
2 EMRK 84 ff., 88 f.
Obduktion 2 EMRK 70
psychiatrische Behandlung 2 EMRK 87

Suizidgefahr 2 EMRK 85
unabhängige öffentliche Stelle 2 EMRK 66
versuchte Tötung 2 EMRK 64
Zeitrahmen 2 EMRK 71
Zeugenbefragung 2 EMRK 69
Aufklärung rechtswidriger Polizeigewalt
2 EMRK 75 ff.
Beauftragte 2 EMRK 75
Berichtspflicht 2 EMRK 76
Beschwerdemanagement 2 EMRK 75
Compliance-Systeme 2 EMRK 78
Europäischer Kodex für die Polizeiethik
2 EMRK 82
Früherkennung 2 EMRK 75
interne Ermittlungen 2 EMRK 76
kriminologische Forschungsgruppe
2 EMRK 77
neutrale Stelle 2 EMRK 75 f.
Ombudsperson 2 EMRK 75
Polizeibeamte 2 EMRK 79 ff.
pseudonyme Kennzeichnung 2 EMRK 80
Whistleblowing 2 EMRK 78
Aufruhr 2 EMRK 114
Aufstand 2 EMRK 114
Aufstiftung 6 EMRK 388
Augenscheinsobjekte
Beweiswürdigung 6 EMRK 407
Waffengleichheit 6 EMRK 303
Auslandszeugen 6 EMRK 1181 ff.
Auslegungsgrundsätze Einf. EMRK 232 ff.
Anwendungsebenen Einf. EMRK 258 ff.
autonome Begriffsauslegung Einf. EMRK 235
Beurteilungsspielraum der Staaten
Einf. EMRK 253 ff.
dynamische Interpretation
Einf. EMRK 247 ff.
effet utile Einf. EMRK 244
Entstehungsgeschichte Einf. EMRK 241
fair balance Einf. EMRK 245
Freiheit der Person 5 EMRK 10 f.
gemeinsame Rechtsüberzeugungen aller Ver-
tragsstaaten Einf. EMRK 245 f.
gemeinsames, übernationales Ziel
Einf. EMRK 242 f.
gesellschaftlicher Wandel Einf. EMRK 256
Gleichheitsgrundsatz Einf. EMRK 245
harmonisierende Auslegung Einf. EMRK 239
IPBPR Einf. EMRK 251 ff.
Kollektivgarantie Einf. EMRK 234
lebendes Instrument Einf. EMRK 236
Mindeststandards an Menschenrechten
Einf. EMRK 234
nationale Rechtsbegriffe Einf. EMRK 240
nationale Vorschriften Einf. EMRK 234
Rechtsstaatsprinzip Einf. EMRK 245
teleologische Auslegung Einf. EMRK 242 ff.
Verhältnismäßigkeit Einf. EMRK 256
völkerrechtliche ~ Einf. EMRK 232 f.
Vorrang der teleologischen Auslegung
Einf. EMRK 242 ff.
Wortlaut Einf. EMRK 237 ff.

Wortlaut der Vertragssprachen **Einf. EMRK** 238

zweckbezogenes Verständnis **Einf. EMRK** 233

Auslieferung

Abschiebungs-/Auslieferungsverbot **3 EMRK** 73, 90 ff., *s.a. dort*

Abwesenheitsverfahren, echte **6 EMRK** 993 f.

anerkannter Flüchtlingsstatus **3 EMRK** 78

Auslieferungshindernis **3 EMRK** 86

Ausweisungsverbot eigener Staatsangehöriger **4. ZP–EMRK** 24

Beiordnung eines Verteidigers **6 EMRK** 1122

deutsche Staatsangehörige **3 EMRK** 89

Dolmetscherunterstützung **6 EMRK** 1267

Europäischer Haftbefehl **6 EMRK** 1004

Familienleben **8 EMRK** 225 ff.

Freiheit der Person **5 EMRK** 36

Freiheitsentziehung **5 EMRK** 193

Freiheitsentziehung zur Ausweisung/Auslieferung **5 EMRK** 292 ff., *s.a. dort*

Garantien **3 EMRK** 85

Grundrechtsstandards **3 EMRK** 82

Haftbedingungen **3 EMRK** 74

lebenslange Freiheitsstrafe **3 EMRK** 87 f.

Lebensschutzpflicht, staatliche **2 EMRK** 60

Misshandlungsverbote **3 EMRK** 73 ff.

ordre public **3 EMRK** 83

Rechtsbehelfsgarantie **13 EMRK** 67

strafrechtliche Anklage **6 EMRK** 102 ff.

Todesstrafe **2 EMRK** 99 f., **6. ZP–EMRK** 7, 20

UNCAT **3 EMRK** 5

Unschuldsvermutung **6 EMRK** 637

Unterlassen **3 EMRK** 79

Verfassungsrecht **3 EMRK** 81 ff.

Verhältnismäßigkeit **3 EMRK** 84, 86

Zusicherung des ausländischen Staates **3 EMRK** 85

Auslieferungshaft 5 EMRK 306 ff.

Hoheitsgewalt **1 EMRK** 76

Unterrichtung des Beschuldigten **5 EMRK** 332

Auslieferungshindernis 3 EMRK 86

Doppelbestrafungsverbot **6 EMRK** 1645 ff.

Auslieferungsvertrag 3 EMRK 96

Ausnahmegericht 6 EMRK 188

Ausreisefreiheit 4. ZP–EMRK 4, 8

Einschränkungen **4. ZP–EMRK** 9 ff.

Ausschuss Verf. EGMR 15 f.

beschleunigtes Verfahren **Verf. EGMR** 350

gefestigte Rechtsprechung **Verf. EGMR** 349

Verfahren bei Zulässigkeit **Verf. EGMR** 68

Zulässigkeitsentscheidung **Verf. EGMR** 64 f.

Ausschuss der Rechtsberater Einf. EMRK 54

Aussetzung zur Bewährung

Sicherungsverwahrung **5 EMRK** 156

Verfahrensdauer, überlange **6 EMRK** 501

Ausweisung

Ausländer **7. ZP–EMRK** 2 ff.

Ausweisungsverbot eigener Staatsangehöriger **4. ZP–EMRK** 22 ff., *s.a. dort*

Befristung **8 EMRK** 224

Familienleben **8 EMRK** 211

Freiheitsentziehung zur Ausweisung/Auslieferung **5 EMRK** 292 ff., *s.a. dort*

Immigranten der zweiten Generation **8 EMRK** 221

kontradiktorisches Verfahren **8 EMRK** 229

Misshandlungsverbote **3 EMRK** 73 ff.

simultane ~ **4. ZP–EMRK** 41

strafrechtliche Anklage **6 EMRK** 109

Terrorismusunterstützung **8 EMRK** 220

Ausweisungsverbot eigener Staatsangehöriger

Auslieferung **4. ZP–EMRK** 24

Einreise in das eigene Land **4. ZP–EMRK** 28 ff.

geschützter Personenkreis **4. ZP–EMRK** 25 ff.

Kollektivausweisung **4. ZP–EMRK** 26

Autopsie 2 EMRK 70

B

Banjul-Charta Einf. EMRK 24 ff.

Bayerische Psychisch-Kranken-Hilfe-Gesetz 5 EMRK 277

Befangenheitsrüge 6 EMRK 464

Befolgungspflicht Verf. EGMR 297 ff.

Entschädigung **Verf. EGMR** 311

Feststellungsurteile **Verf. EGMR** 298

Gegenstand des Urteils **Verf. EGMR** 300

gütliche Einigung **Verf. EGMR** 310

Kontaktaufnahme des Gerichtshofs **Verf. EGMR** 298

Wiederaufnahme **Verf. EGMR** 303, 307 ff.

Wiedergutmachung **Verf. EGMR** 299

Begrenzung der Rechtseinschränkungen 18 EMRK 1 ff.

Anwendungsbereich **18 EMRK** 3

Austausch von Schrankenbestimmungen **18 EMRK** 19

Konventionsrechtsverstoß **18 EMRK** 3

Mehrheit der Zwecke **18 EMRK** 9

Rs. Baka **18 EMRK** 15

Rs. Kavala **18 EMRK** 16

Rs. Lutsenko **18 EMRK** 13

Rs. Sabuncu **18 EMRK** 17

Rs. Tymoshenko **18 EMRK** 13

Vermutung lauterer Absichten **18 EMRK** 8 ff.

Behandlung Inhaftierter 5 EMRK 640 ff.

andere Konventionsgarantien **5 EMRK** 643 f.

Arten/Formen der Freiheitsentziehung **5 EMRK** 659

Corona-Pandemie **5 EMRK** 647

EMRK **5 EMRK** 644

European Prison Rules **5 EMRK** 668

Grundsätze **5 EMRK** 640 ff.

Jugendliche **5 EMRK** 662 ff.

Menschenwürde **5 EMRK** 651 ff.

Minderjährige **5 EMRK** 662 ff.

Rechte eines Nichtverurteilten **5 EMRK** 660

Resozialisierung **5 EMRK** 665 ff.

Strafgefangene **5 EMRK** 642, 665 ff.

Strafvollzugsgesetz **5 EMRK** 655

UN Bangkok Rules **5 EMRK** 670

UN-Mindestgrundsätze **5 EMRK** 645

Untersuchungsgefangene **5 EMRK** 642
Untersuchungshaft **5 EMRK** 649
Verfassungsrecht **5 EMRK** 648
Verschwindenlassen **5 EMRK** 652 ff.
Beijing-Rules 6 EMRK 1455
Beiordnung eines Verteidigers 6 EMRK 1068 ff.
Adhäsionsverfahren **6 EMRK** 1074
Antrag **6 EMRK** 1090
Aufhebung **6 EMRK** 1101
Auslieferung **6 EMRK** 1122
Auswahl des Verteidigers **6 EMRK** 1091 ff.
Autonomie der Verteidigung
6 EMRK 1096 ff.
Bagatellsachen **6 EMRK** 1086
Bedürftigkeitsprüfung **6 EMRK** 1110
Belehrung über ~ **6 EMRK** 1124 ff.
besondere Sachkunde **6 EMRK** 1093
Bestellung eines anderen Verteidigers
6 EMRK 1101
Disziplinarmaßnahmen **6 EMRK** 1086
Dolmetscher **6 EMRK** 1084
Dolmetscherunterstützung **6 EMRK** 1246
Erweiterung der Anklage **6 EMRK** 1087
Freiheitsentziehung **6 EMRK** 1078
inhaltliche Garantien **6 EMRK** 1106
Interesse der Rechtspflege **6 EMRK** 1073 ff.
Jugendstrafrecht **6 EMRK** 1079
Kontrolle der Tätigkeit **6 EMRK** 1098 f.
Mittellosigkeit **6 EMRK** 1072
Nebenklage **6 EMRK** 1074
PKH-Richtlinie **6 EMRK** 1108 ff.
Rechtsmittelinstanzen **6 EMRK** 1088 f.
Schwere der Strafe **6 EMRK** 1077
Unentgeltlichkeit **6 EMRK** 1105, 1110
Unfähigkeit des Verteidigers **6 EMRK** 1104
Verzicht **6 EMRK** 1071
Wahlverteidiger **6 EMRK** 1060
Zeitpunkt **6 EMRK** 1107
Beirat der Europäischen Richter
Einf. EMRK 55 ff.
Belastungszeugen 6 EMRK 1133
Benachrichtigung der konsularischen Vertre-
tung 6 EMRK 877 ff.
Abwägungslehre **6 EMRK** 884
Belehrungspflicht **6 EMRK** 877
Beruhensprüfung **6 EMRK** 883
Beweisverwertungsverbot **6 EMRK** 882 ff.
Fairnessgebot **6 EMRK** 879
Freiheitsentziehung **6 EMRK** 886
Vollstreckungslösung **6 EMRK** 882
WÜK **6 EMRK** 877
Berufsrichter 6 EMRK 203
Besatzungsmacht 1 EMRK 64
beschleunigtes Verfahren
Ausschuss **Verf. EGMR** 350
Unterrichtung des Beschuldigten
6 EMRK 792
Vorbereitung der Verteidigung **6 EMRK** 899
Beschleunigungsgebot
Angemessenheit der Untersuchungshaftdau-
er **5 EMRK** 464 f.

Haftentlassung gegen Sicherheitsleistung
5 EMRK 504
Recht auf Aburteilung/Haftentlassung
5 EMRK 405 ff.
Wahlverteidiger **6 EMRK** 1066
Beschuldigtenrechte *s.a.* Verfahrensrechte
Beweisgewinnung **6 EMRK** 390
Fairnessgebot **6 EMRK** 345 ff., *s.a. dort*
Sachverständigenbeweis **6 EMRK** 1237 ff.
Unschuldsvermutung **6 EMRK** 631
Beschwerde zum Europäischen Bürgerbeauf-
tragten Einf. EMRK 184 ff.
Befugnis **Einf. EMRK** 185
Europäische Staatsanwaltschaft
Einf. EMRK 186
Europol **Einf. EMRK** 186
Frontex **Einf. EMRK** 186
OLAF **Einf. EMRK** 186
Beschwerdemanagement 2 EMRK 75
Beschwerdeverfahren Verf. EGMR 1 ff., 30 ff.
Amtssprachen **Verf. EGMR** 35
Anwesenheit der Parteien **Verf. EGMR** 39
aufschiebende Wirkung **Verf. EGMR** 110
Behinderungsverbot **Verf. EGMR** 46 ff.
Beschwerdeeinlegung **Verf. EGMR** 56
EGMRKHG **Verf. EGMR** 45
Entwicklung **Verf. EGMR** 1 ff.
freies Geleit **Verf. EGMR** 54
Gang des ~s **Verf. EGMR** 56 ff.
Große Kammer **Verf. EGMR** 103 ff.
Individualbeschwerde **Verf. EGMR** 32, 119 ff.,
s.a. dort
Kommunikation **Verf. EGMR** 46, 49
mündliche Verhandlung **Verf. EGMR** 33, 36 ff.
Pilotverfahren **Verf. EGMR** 118
Prüfung mehrerer Beschwerden **Verf.**
EGMR 55
Staatenbeschwerde **Verf. EGMR** 31
Strafgefangene **Verf. EGMR** 52
Streichung der Beschwerde **Verf.**
EGMR 91 ff.
unbeeinflusste Führung des ~s **Verf.**
EGMR 46 ff.
Untersuchungshaft **Verf. EGMR** 53
Verfahren bei Zulässigkeit **Verf. EGMR** 68 ff.,
s.a. dort
Verfahrensarten **Verf. EGMR** 30 ff.
Verfahrenshilfe **Verf. EGMR** 43 ff.
Verfahrenskosten **Verf. EGMR** 42
Verfahrensordnung **Verf. EGMR** 34
Verfahrensvertretung **Verf. EGMR** 40 f.
Verhandlungsort **Verf. EGMR** 33
Vertraulichkeit der Korrespondenz **Verf.**
EGMR 51 ff.
vorläufige Maßnahmen **Verf. EGMR** 110 ff.
Wiedereintragung der Beschwerde **Verf.**
EGMR 94
Zulässigkeitsentscheidung **Verf. EGMR** 58 ff.,
s.a. dort
Zuweisung an einen Spruchkörper **Verf.**
EGMR 57

Besuchszusammenführung 8 EMRK 194
Better Migration Management 4 EMRK 32
Beugemaßnahmen 5 EMRK 170, 176
bewaffneter Konflikt 2 EMRK 74
Beweiserhebungsverbot
   konventionswidrige Beweiserhebung
     6 EMRK 411
   Selbstbelastungsfreiheit 6 EMRK 414
   Verletzung nationalen Rechts 6 EMRK 410
Beweisgewinnung 6 EMRK 390 ff., 394 ff.
   Amtsermittlungsgrundsatz 6 EMRK 399
   Angleichung nationaler Regeln
     6 EMRK 424 ff.
   Begriff 6 EMRK 394
   Beschuldigtenrechte 6 EMRK 390
   Beweiserhebungsverbot 6 EMRK 409 ff.
   Beweismittel 6 EMRK 398
   Beweistransfers in Europa 6 EMRK 393
   Beweisverbote 6 EMRK 391, 408 ff.
   Beweisverwertungsverbot 6 EMRK 415 ff.,
     s.a. dort
   Beweiswürdigung 6 EMRK 402 ff.
   Einschränkung 6 EMRK 391
   Europäische Beweisanordnung 6 EMRK 425
   europäische Beweislehre 6 EMRK 393
   Europäische Ermittlungsanordnung in Straf-
     sachen 6 EMRK 426
   Fairnessgebot 6 EMRK 258, 390 ff.
   Gesetzlichkeitsprinzip 6 EMRK 397
   Grenzen 6 EMRK 401
   materielles Beweisrecht 6 EMRK 390
   Selbstbelastungsfreiheit 6 EMRK 401
   Verhältnismäßigkeit 6 EMRK 397
   Waffengleichheit 6 EMRK 401
Beweislastumkehr Verf. EGMR 90
Beweismittel
   Akteneinsicht 6 EMRK 922
   Beweisgewinnung 6 EMRK 398
   Unterrichtung des Beschuldigten 6 EMRK 772
Beweissicherungsverfahren 6 EMRK 48
Beweisverwertungsverbot 6 EMRK 415 ff.
   Benachrichtigung der konsularischen Vertre-
     tung 6 EMRK 882 ff.
   Folter 6 EMRK 420
   Konfrontationsrecht 6 EMRK 1201 ff.
   Misshandlungsverbote 3 EMRK 151, 165,
     6 EMRK 420
   Rs. Barbera 6 EMRK 422
   Rs. Schenk 6 EMRK 422
   Rs. Teixeira de Castro 6 EMRK 422
   Selbstbelastungsfreiheit 6 EMRK 423, 1365,
     1418
   selbstständiges ~ 6 EMRK 416
   Tatprovokation 6 EMRK 378 ff.
   Unschuldsvermutung 6 EMRK 418
   unselbstständiges ~ 6 EMRK 417
   Wohnung 8 EMRK 244
Beweiswürdigung 6 EMRK 402 ff.
   Augenscheinsobjekte 6 EMRK 407
   Begründungspflicht 6 EMRK 404
   Beweislast 6 EMRK 405

Fragerecht 6 EMRK 406
Konfrontationsrecht 6 EMRK 406
Binnenpluralität 10 EMRK 26
Blankettvorschriften 7 EMRK 36
Blutentnahmen 6 EMRK 651
botched executions 6. ZP–EMRK 50
Brechmitteleinsatz
   Selbstbelastungsfreiheit 6 EMRK 1388
   unmenschliche Behandlung 3 EMRK 199
Brexit
   EMRK **Einf. EMRK** 159
   EU-Grundrechtecharta **Einf. EMRK** 196
Burka-Verbot 9 EMRK 42

C
caning 3 EMRK 184
case materials 5 EMRK 547
Case-law Conflicts Prevention Group Verf.
   EGMR 392
CAT-Unterausschuss 3 EMRK 8
CESCR Einf. EMRK 17
Charta von Paris
   Eigentumsschutz **1. ZP–EMRK** 3
   Menschenrechtsschutz **Einf. EMRK** 106
chilling effect
   Eingriffe in die Kommunikationsfreiheiten
     10 EMRK 80 f.
   Eingriffe in die Versammlungs-/Vereinigungs-
     freiheit 11 EMRK 35
civil rights
   Fairnessgebot 6 EMRK 280
   Verfahrensrechte 6 EMRK 56 ff., 62 ff., 70 ff.
common law
   Eingriffe in das Recht auf Privatheit 8 EMRK 42
   Freiheitsentziehung 5 EMRK 90
   Gesetzlichkeitsprinzip 7 EMRK 24
Compliance-Systeme 2 EMRK 78
Conflicts Resolution Board Verf. EGMR 392
Constitutional justice-Modell Verf. EGMR 404 ff.
Consultative Council of European Judges
   6 EMRK 243
Corona-Pandemie
   Angemessenheit der Untersuchungshaftdau-
     er 5 EMRK 475
   Behandlung Inhaftierter 5 EMRK 647
   Eingriffe in die Versammlungs-/Vereinigungs-
     freiheit 11 EMRK 44
   Freiheit der Person 5 EMRK 38
   Freizügigkeit 4. ZP–EMRK 12
   Notstandsmaßnahmen 15 EMRK 11, 24
   Öffentlichkeit der Verhandlung 6 EMRK 567
   Überwachung der Gefangenenkorrespon-
     denz 8 EMRK 283
CPT Einf. EMRK 49
CSR-Richtlinie Einf. EMRK 64

D
Datenbanken über Sexualstraftäter 8 EMRK 99
Dauerobservation 8 EMRK 81
   personenbezogene Daten 8 EMRK 145
   Privatleben 8 EMRK 90

de facto-Enteignung **1. ZP–EMRK** 27, 37
de-facto-Lebensgemeinschaften **8 EMRK** 72
Death-Row-Phenomenon **3 EMRK** 281
Deeskalationsstrategien **2 EMRK** 24
Delegierte Europäische Staatsanwälte
    Einf. EMRK 188
Deutsches Institut für Menschenrechte
    Einf. EMRK 221
diplomatische Immunität **6 EMRK** 168
diplomatische Vertretungen **1 EMRK** 48
diplomatische Zusicherung **3 EMRK** 146
Diskriminierungsverbot **14 EMRK** 1 ff.
    akzessorisches ~ **14 EMRK** 3
    Allgemeine Erklärung der Menschenrechte
        14 EMRK 1
    allgemeine Gleichheitsgarantie
        14 EMRK 66 ff.
    allgemeines ~ **14 EMRK** 3 f., 72 ff.
    Ausländer **14 EMRK** 7
    Ausübung eines Konventionsrechts
        14 EMRK 21
    Begriff **14 EMRK** 24
    Beispiele für Diskriminierung **14 EMRK** 33 ff.
    Beschränkung auf Konventionsrechte
        14 EMRK 17 ff.
    Dolmetscherunterstützung **6 EMRK** 1243
    Einschränkungen eines Konventionsrechts
        14 EMRK 20
    EMRK **14 EMRK** 3
    Enteignung **1. ZP–EMRK** 38
    EU-Grundrechtecharta **14 EMRK** 12
    faktische Diskriminierung **14 EMRK** 27
    Freiheitsentziehung **5 EMRK** 79
    gerechtfertigte/angemessene Ungleichbehand-
        lung **14 EMRK** 45 ff.
    Grenzen **14 EMRK** 7 ff.
    Haftbedingungen **14 EMRK** 48
    indirekte Diskriminierung **14 EMRK** 27
    IPBPR **14 EMRK** 2
    IPWSKR **14 EMRK** 13
    KSZE **14 EMRK** 14
    Minderheitenschutz **14 EMRK** 89 f.
    Notstandsmaßnahmen **14 EMRK** 10,
        15 EMRK 30 f.
    Predictive Profiling **14 EMRK** 55
    Racial Profiling **14 EMRK** 55 ff.
    Rechtfertigungsgründe **14 EMRK** 28 ff.
    Religions-/Überzeugungsfreiheit **9 EMRK** 3
    Staatsbürger **14 EMRK** 7
    Terrorismusbekämpfung **14 EMRK** 65
    Unionsrecht **14 EMRK** 11
    Unterlassen **14 EMRK** 25
    Verfassungsrecht **14 EMRK** 15 f.
    Verpflichtete **14 EMRK** 32
    Wertvorstellungen **14 EMRK** 29
Disziplinarmaßnahmen
    Beiordnung eines Verteidigers **6 EMRK** 1086
    Doppelbestrafungsverbot **6 EMRK** 1499, 1535
    Gesetzlichkeitsprinzip **7 EMRK** 1, 54
    militärische ~ **5 EMRK** 62
    Misshandlungsverbote **3 EMRK** 72

Öffentlichkeit der Verhandlung **6 EMRK** 566
    Soldaten **5 EMRK** 76
    strafrechtliche Anklage **6 EMRK** 95
    Strafvollzug **5 EMRK** 63
    Unschuldsvermutung **6 EMRK** 636
    Verfahrensdauer **6 EMRK** 507
    Verfahrensrechte **6 EMRK** 55
DNA-Profil **8 EMRK** 46, 148
Dokumentation der Untersuchungen
    3 EMRK 45 ff.
    Betroffene **3 EMRK** 49
    Effektivität der Untersuchungen **3 EMRK** 46
    Istanbul-Protokoll **3 EMRK** 45
    Kontrolle durch die Öffentlichkeit
        3 EMRK 48
    Motiv der Tat **3 EMRK** 46
    Polizeibeamte **3 EMRK** 50
    Straffreiheit **3 EMRK** 46
    Suspendierung von Amtsträgern **3 EMRK** 47
Dolmetscher
    Beiordnung eines Verteidigers **6 EMRK** 1084
    Unterrichtung des Beschuldigten
        5 EMRK 354, **6 EMRK** 787
    Zeugenbefragung **6 EMRK** 1143
Dolmetscherunterstützung **6 EMRK** 1241 ff.
    Ablehnung **6 EMRK** 1251
    amtswegige Prüfung **6 EMRK** 1256
    Auslieferung **6 EMRK** 1267
    Auswahl des Dolmetschers **6 EMRK** 1286
    Beginn **6 EMRK** 1308
    Beiordnung eines Verteidigers **6 EMRK** 1246
    Bestellung des Dolmetschers **6 EMRK** 1295
    BGH **6 EMRK** 1271
    BVerfG **6 EMRK** 1271
    Diskriminierungsverbot **6 EMRK** 1243
    Eid **6 EMRK** 1295
    Einvernehmensanwalt **6 EMRK** 1302
    Ermittlungsverfahren **6 EMRK** 1255
    EU-Richtlinie Dolmetsch-/Übersetzungsleistun-
        gen **6 EMRK** 1306 ff.
    Form der Übersetzung **6 EMRK** 1292 ff.
    Freiheitsentziehung **6 EMRK** 1273 ff.
    Gerichtssprache **6 EMRK** 1242,
        6 EMRK 1249 ff.
    Haftprüfungsverfahren **6 EMRK** 1268
    Hauptverhandlung **6 EMRK** 1268
    Kommunikationstechnologien **6 EMRK** 1310
    Kontrolle der Tätigkeit **6 EMRK** 1288
    Kostenfreistellung **6 EMRK** 1299 ff.
    Mandantengespräche **6 EMRK** 1291
    mehrere Beschuldigte **6 EMRK** 1258
    Mindestqualitätsstandards **6 EMRK** 1287
    Mindeststandard **6 EMRK** 1321
    mündliche Übersetzung **6 EMRK** 1292
    Nebenklage **6 EMRK** 1301
    Ordnungswidrigkeiten **6 EMRK** 1260
    partielle Kenntnisse der Gerichtssprache
        6 EMRK 1269
    Privatklage **6 EMRK** 1301
    Qualitätsanforderungen **6 EMRK** 1319
    rechtliches Gehör **6 EMRK** 1243

Rechtsbehelfe **6 EMRK** 1262
rechtskräftiges Urteil **6 EMRK** 1315
RL 2010/64/EU **6 EMRK** 1306 ff.
Rs. Covaci **6 EMRK** 1262
Schwere des Tatvorwurfs **6 EMRK** 1247
Selbstleseverfahren **6 EMRK** 1297
Strafbefehlsverfahren **6 EMRK** 1323 ff.
Strafverfahren **6 EMRK** 1254
Stumme **6 EMRK** 1245
Taube **6 EMRK** 1245
Telefonüberwachung **6 EMRK** 1282
Übersetzung aller Schriftstücke
   6 EMRK 1272 ff.
Übersetzung aller wesentlichen Unterlagen
   6 EMRK 1311 ff.
Übersetzung der Urteilsbegründung
   6 EMRK 1275
Überwachung von Besuchen **6 EMRK** 1283
Umfang **6 EMRK** 1252 ff.
Umfang der Sprachübertragung **6 EMRK** 1294
Unentgeltlichkeit **6 EMRK** 1242, 1299 ff.
Unionsbürger **6 EMRK** 1290
Unparteilichkeit **6 EMRK** 1288
Verfahren gegen Jugendliche **6 EMRK** 1467
Verfassungsrecht **6 EMRK** 1243
Verhandlung in einer bestimmten Sprache
   6 EMRK 1289
Verkehr mit dem Verteidiger **6 EMRK** 1277 ff.
Vernehmungen **6 EMRK** 1268
Verteidigergespräche **6 EMRK** 1309
Vertraulichkeit **6 EMRK** 1320
Verzicht **6 EMRK** 1318
Vollstreckungsverfahren **6 EMRK** 1261
Voraussetzung **6 EMRK** 1249 ff.
Vorbereitung der Verteidigung **6 EMRK** 1280
Zweck **6 EMRK** 1242
domaine reservé Einf. EMRK 5
Doppelbestrafungsverbot 6 EMRK 22, 1494 ff.
Amnestiegesetz **6 EMRK** 1524
Auslieferungshindernis **6 EMRK** 1645 ff.
Begriff **6 EMRK** 1547 ff.
beschränkte Rechtskraft **6 EMRK** 1500
DDR-Gerichte **6 EMRK** 1502
Disziplinarmaßnahmen **6 EMRK** 1499, 1535
Durchführung des EU-Rechts **6 EMRK** 1622,
   1624
Einziehung **6 EMRK** 1531
EMRK **6 EMRK** 1508, 1570 f.
Engel-Kriterien **6 EMRK** 1528
Ermittlungsverfahren **6 EMRK** 1514
EU-Grundrechtecharta **6 EMRK** 1617 ff.
EU-Rahmenbeschluss Kompetenzkonflikte
   6 EMRK 1642 ff.
Europäischer Haftbefehl **6 EMRK** 1649 ff.
Freiheitsentziehung **6 EMRK** 1532
Freispruch **6 EMRK** 1500, 1519 ff., 1524
gerichtliche Einstellungsentscheidungen
   6 EMRK 1521
Identität der Tat **6 EMRK** 1556 ff.
Inhalt **6 EMRK** 1512 ff.
IPBPR **6 EMRK** 1508

IStGH-Statut **6 EMRK** 1509 ff.
ius cogens des Allgemeinen Völkerrechts
   6 EMRK 1569
Kartellrecht **6 EMRK** 1504, 1538 ff., 1544 ff.
Kernstrafrecht **6 EMRK** 1499
Kompetenzkonflikte nationaler Gerichte
   6 EMRK 1641 ff.
Kürzung von Beihilfen **6 EMRK** 1632
NATO-Truppenstatut **6 EMRK** 1577
Nebenstrafrecht **6 EMRK** 1499
Ordnungswidrigkeiten **6 EMRK** 1499
ordre public **6 EMRK** 1646
Personenidentität **6 EMRK** 1556
Prozessgrundrecht **6 EMRK** 1496
Rechtskraft der Entscheidung
   6 EMRK 1525 ff.
rechtskräftige Verurteilung **6 EMRK** 1628
Regelungsbereich **6 EMRK** 1512 ff.
Rs. A u. B **6 EMRK** 1552
Rs. Fischer **6 EMRK** 1560
Rs. Gradinger **6 EMRK** 1557
Rs. Mantello **6 EMRK** 1652
Rs. Mihalache **6 EMRK** 1526
Rs. Oliveira **6 EMRK** 1559
Rs. Zolotukhin **6 EMRK** 1563
Schengener Durchführungsübereinkommen
   6 EMRK 1579 ff., *s.a. dort*
Schwere der Sanktion **6 EMRK** 1532
staatliche Verfahren **6 EMRK** 1548
strafähnliche Maßnahmen **6 EMRK** 1629
Strafbefehl **6 EMRK** 1518
Strafklageverbrauch **6 EMRK** 1500
Straftatbegriff **6 EMRK** 1528 ff., 1534
Strafverfolgungshindernis **6 EMRK** 1512 f.
Tatidentität **6 EMRK** 1556 ff.
Teerfarben-Entscheidung **6 EMRK** 1505
transnationales ~ **6 EMRK** 1495, 1568 ff., 1579,
   1617 ff.
Unternehmensverbund **6 EMRK** 1546
Urteile ausländischer Gerichte **6 EMRK** 1503
US-Verfassung **6 EMRK** 1507
Verfahrenseinstellung **6 EMRK** 1520 ff.
Verfahrenshindernis **6 EMRK** 1496, 1514
Verfassungsrecht **6 EMRK** 1496 ff.
Verurteilung **6 EMRK** 1500, 1516 ff.
verwaltungsrechtliche Sanktionen
   6 EMRK 1537, 1633
Völkervertragsrecht **6 EMRK** 1572 ff.
Wiederaufnahme **6 EMRK** 1497, 1564 ff.
Zusammenhang zwischen Verfahren
   6 EMRK 1550 ff., 1553 ff.
Dritteinziehung 1. ZP–EMRK 66
Drohneneinsatz 8 EMRK 93
DSGVO 6 EMRK 1363
Durchreisestaat 3 EMRK 94
Durchsuchung
Durchsuchung der Wohnung **8 EMRK** 245 ff.,
   s.a. dort
Eingriffe in das Recht auf Privatheit
   8 EMRK 76
erniedrigende Behandlung **3 EMRK** 208 f.

erniedrigende Behandlung von Gefangenen
3 EMRK 240
strafrechtliche Anklage **6 EMRK** 114
Unterrichtung des Beschuldigten
6 EMRK 783
Durchsuchung der Wohnung 8 EMRK 236, 245 ff.
alternative Maßnahmen **8 EMRK** 250
Aufstellung der beschlagnahmten Gegenstände **8 EMRK** 259
aufzuklärende Straftat **8 EMRK** 252
Benachrichtigung **8 EMRK** 256 f.
Berufsgeheimnisträger **8 EMRK** 251
Ermächtigungsgrundlage **8 EMRK** 246
falsche Wohnung **8 EMRK** 248
Haftbefehl **8 EMRK** 254
Kanzleiräume **8 EMRK** 258
konkreter Verdacht **8 EMRK** 247
maskierte Sondereinsatzkräfte **8 EMRK** 262 f.
privilegierte Dokumente **8 EMRK** 258 f.
Rs. Keegan **8 EMRK** 248
Rs. Robathin **8 EMRK** 260
Rs. Servulo & Associados **8 EMRK** 260
Tatvorwurf **8 EMRK** 253
Verhältnismäßigkeit **8 EMRK** 249
Zufallsfunde **8 EMRK** 259

E
E-Mail 8 EMRK 264
ECPT 3 EMRK 15 ff.
effective control 1 EMRK 56
effektive Verteidigung 6 EMRK 1050 ff.
effet utile Einf. EMRK 244
EGMR Einf. EMRK 72, **Verf. EGMR** 8 ff.
ad hoc-Richter **Verf. EGMR** 379
Arbeitsbelastung **Verf. EGMR** 336 ff.
Ausschuss **Verf. EGMR** 15 f.
Beschwerdeverfahren **Verf. EGMR** 1 ff., *s.a. dort*
Case-law Conflicts Prevention Group **Verf. EGMR** 392
Conflicts Resolution Board **Verf. EGMR** 392
Constitutional justice-Modell **Verf. EGMR** 404 ff.
einseitige Erledigung **Verf. EGMR** 395
Einzelrichter **Verf. EGMR** 14, 343 ff.
Entscheidungen *s.* Rs.
Europäischer Haftbefehl **3 EMRK** 111 ff.
Generalsekretär des Europarats **Verf. EGMR** 28
Große Kammer **Verf. EGMR** 20 f.
Gruppe der Weisen **Verf. EGMR** 387 ff.
Haftentschädigung **5 EMRK** 637 ff.
Hoheitsgewalt **1 EMRK** 47 ff.
Individual justice-Modell **Verf. EGMR** 400 ff.
Informationspolitik **Verf. EGMR** 389
Jurisconsult **Verf. EGMR** 392
Kammer **Verf. EGMR** 17 f.
Kanzler **Verf. EGMR** 25 ff.
Kontrollsystem der Konvention **Verf. EGMR** 339
Lord Woolf-Report **Verf. EGMR** 384 ff.

Militär-/Polizeieinsätze, internationale
1 EMRK 55
Normenkontrolle **Verf. EGMR** 401
Organisation **Verf. EGMR** 8 ff.
Pilotverfahren **Verf. EGMR** 393 f.
Plenum **Verf. EGMR** 22 ff.
Präsident **Verf. EGMR** 13
Reform **Verf. EGMR** 336 ff.
Research Division **Verf. EGMR** 392
Richter **Verf. EGMR** 8 ff., 378 ff.
Rs. Bosphorus **Einf. EMRK** 147, 190
Sektionspräsidenten **Verf. EGMR** 24
Selbstbelastungsfreiheit **6 EMRK** 1332
Sicherungsverwahrung **7 EMRK** 62 ff.
Spruchkörper **Verf. EGMR** 14 ff.
Struktur **Verf. EGMR** 8 ff.
Tatprovokation **6 EMRK** 358 ff., *s.a. dort*
Umstrukturierung **Verf. EGMR** 391 f.
Unilateral Declaration **Verf. EGMR** 395
Urteile des ~ **Verf. EGMR** 259 ff., *s.a. dort*
Verbindlichkeit vorläufiger Maßnahmen
Verf. EGMR 396
Verfahrensdauer **13 EMRK** 85 ff.
Verlagerung des Prüfungsschwerpunktes
Verf. EGMR 416 ff.
Zuweisung der Beschwerden **Verf. EGMR** 19
EGMRKHG Verf. EGMR 45
Ehre/Ruf 8 EMRK 287 ff.
EIDHR Einf. EMRK 60
Eigentumsschutz 1. ZP–EMRK 1 ff.
Achtung des Eigentums **1. ZP–EMRK** 5
Allgemeine Erklärung der Menschenrechte
1. ZP–EMRK 1
CERD **1. ZP–EMRK** 3
Charta von Paris **1. ZP–EMRK** 3
de facto Enteignung **1. ZP–EMRK** 27
Eigentum **1. ZP–EMRK** 14
Eingriff **1. ZP–EMRK** 24 ff.
Einziehung **1. ZP–EMRK** 60 ff.
Embryonen **1. ZP–EMRK** 15
Enteignung **1. ZP–EMRK** 6 f., 9, 29 ff., *s.a. dort*
Erwerb künftigen Eigentums **1. ZP–EMRK** 21
EU-Grundrechtecharta **1. ZP–EMRK** 4
Exspektanz **1. ZP–EMRK** 22 f.
geistiges Eigentum **1. ZP–EMRK** 18
Inflation **1. ZP–EMRK** 17
Marken **1. ZP–EMRK** 18
Naturkatastrophen **1. ZP–EMRK** 12
Nutzungsbeschränkung **1. ZP–EMRK** 6 f., 10, 45 ff., *s.a. dort*
Rechte **1. ZP–EMRK** 16
Sachen **1. ZP–EMRK** 16
Sanktionslisten **1. ZP–EMRK** 28
Schutzgut **1. ZP–EMRK** 15
Schutzpflicht **1. ZP–EMRK** 11 ff.
Testierrecht **1. ZP–EMRK** 22
Unterlassen des ~es **1. ZP–EMRK** 24
Vermögenswerte **1. ZP–EMRK** 15
vermögenswerte Positionen **1. ZP–EMRK** 18
Versorgungsansprüche **1. ZP–EMRK** 20

Eingriffe in das Recht auf Privatheit
8 EMRK 42 ff.
Annexkompetenz 8 EMRK 44
Beschlagnahme 8 EMRK 76
Beurteilungsspielraum 8 EMRK 69 f.
common law 8 EMRK 42
de-facto-Lebensgemeinschaften 8 EMRK 72
DNA-Profil 8 EMRK 46, 148
Durchsuchung 8 EMRK 76
Eingriffszwecke 8 EMRK 54 ff.
Entscheidung über die Rechtmäßigkeit
8 EMRK 45
Ermessen 8 EMRK 47
faires Gleichgewicht 8 EMRK 77
Fairnessgebot 8 EMRK 78
Fingerabdrücke 8 EMRK 149
Gesetzlichkeitsprinzip 8 EMRK 42 ff.
Handabdrücke 8 EMRK 149
Inzestverbot 8 EMRK 74
IPBPR 8 EMRK 50
materielle Voraussetzungen 8 EMRK 44
mehrere ~ 8 EMRK 46
Mund-Nasen-Schutz 8 EMRK 62
nationale Sicherheit 8 EMRK 58
Notwendigkeit 8 EMRK 49, 67 ff.
öffentliche Sicherheit 8 EMRK 57, 59
personenbezogene Daten 8 EMRK 142
Rechtsstaatsprinzip 8 EMRK 68
Schranken 8 EMRK 53 ff.
Schutz der Gesundheit 8 EMRK 61
Schutz der Moral 8 EMRK 65
Schutz der Rechte/Freiheiten anderer
8 EMRK 66
Sterbehilfe 8 EMRK 63
strafprozessuale Maßnahmen 8 EMRK 124 ff.
Telekommunikationsüberwachung 8 EMRK 48
Verhältnismäßigkeit 8 EMRK 68
Verhütung von Straftaten 8 EMRK 57
Verwaltungsvorschriften 8 EMRK 43
Willkürverbot 8 EMRK 51
wirtschaftliches Wohl des Landes
8 EMRK 60
Zeugnisverweigerungsrecht 8 EMRK 71
Eingriffe in die Kommunikationsfreiheiten
10 EMRK 44 ff.
Allgemeininteresse 10 EMRK 72 f.
Ansehen/Unparteilichkeit der Rechtspflege
10 EMRK 113 ff.
berechtigtes Ziel 10 EMRK 46, 53 ff.
Beurteilungsspielraum 10 EMRK 69 ff.
bewusst ehrverletzende Äußerung
10 EMRK 80
chilling effect 10 EMRK 80 f.
Eingriff 10 EMRK 45
Erforderlichkeit 10 EMRK 61
Fragen von öffentlichem Interesse
10 EMRK 73, 77
Gesetzlichkeitsprinzip 10 EMRK 49 ff.
Gesundheitsschutz 10 EMRK 124
Hinweisgeberschutz 10 EMRK 62 ff.
Holocaustleugnung 10 EMRK 60

Internet-Nachrichtenportal 10 EMRK 48
Justizkritik 10 EMRK 121
Maßnahmen des Staates 10 EMRK 47
Meinungspluralismus 10 EMRK 57
nationale Sicherheit 10 EMRK 109
Notwendigkeit 10 EMRK 56 ff., 59 ff.
öffentliche Verlautbarung 10 EMRK 52
ordre public 10 EMRK 110 ff.
politische Meinungsäußerungen
10 EMRK 74, 81
Presse 10 EMRK 74
Pressefreiheit 10 EMRK 82 ff., s.a. dort
Presseveröffentlichung 10 EMRK 115
Rs. Morice 10 EMRK 121
Schutz der Rechte anderer 10 EMRK 137 ff.
Schutz des guten Rufes 10 EMRK 127 ff.
Schutz von Moral/Sittlichkeit 10 EMRK 125 f.
Strafverteidiger 10 EMRK 118
Verbreitung vertraulicher Nachrichten
10 EMRK 122 f.
Verhältnismäßigkeit 10 EMRK 68
Veröffentlichung der Anklageschrift
10 EMRK 116
Whistleblowing 10 EMRK 62 ff., s.a. dort
Willkürverbot 10 EMRK 78
zulässige Beschränkungen 10 EMRK 109 ff.
Eingriffe in die Versammlungs-/Vereinigungs-
freiheit 11 EMRK 33 ff.
Bestrafung 11 EMRK 33
chilling effect 11 EMRK 35
Corona-Pandemie 11 EMRK 44
Eingriffsintensitäten 11 EMRK 40
Eingriffszwecke 11 EMRK 36 f.
Gefahrenprognose 11 EMRK 43
Genehmigungsvorbehalte 11 EMRK 40
Gesetzlichkeitsprinzip 11 EMRK 38
Notwendigkeit 11 EMRK 39
Parteiverbot 11 EMRK 47 ff., s.a. dort
präventives Einschreiten 11 EMRK 42
Spontanversammlungen 11 EMRK 41
Verbot 11 EMRK 33
Vereinigungsfreiheit 11 EMRK 45 f.
Versammlungsfreiheit 11 EMRK 40 ff.
Einreise in das eigene Land 4. ZP–EMRK 21,
28 ff.
Quarantäne 4. ZP–EMRK 30
Einsatzleitung 2 EMRK 25
einstweiliger Rechtsschutz
Öffentlichkeit der Verhandlung
6 EMRK 563
Todesstrafe 6. ZP–EMRK 19
Verfahrensrechte 6 EMRK 49
Einvernehmensanwalt 6 EMRK 1302
Einzelhaft
erniedrigende Behandlung von Gefangenen
3 EMRK 243 ff.
Minderjährige 3 EMRK 245
Einzelrichter Verf. EGMR 14, 343 ff.
nichtrichterlicher Berichterstatter **Verf.**
EGMR 345
Zulässigkeitsentscheidung **Verf. EGMR** 62 f.

Einziehung 1. ZP–EMRK 60 ff.
  Bruttoprinzip **1. ZP–EMRK** 69
  Doppelbestrafungsverbot **6 EMRK** 1531
  Dritteinziehung **1. ZP–EMRK** 66
  Eigentumsschutz **1. ZP–EMRK** 60 ff., *s.a. dort*
  Enteignung **1. ZP–EMRK** 73
  erweiterte ~ **1. ZP–EMRK** 66, 70
  Exequatur **1. ZP–EMRK** 72
  Gesetzlichkeitsprinzip **7 EMRK** 52
  non-conviction-based-confiscation
    1. ZP–EMRK 68
  Organisierte Kriminalität **1. ZP–EMRK** 61 f.
  Rahmenbeschluss 2005/212/JI **1. ZP–EMRK** 77
  Rahmenbeschluss 2006/783/JI
    1. ZP–EMRK 78
  RL 2014/42/EU **1. ZP–EMRK** 80
  Rs. Veits **1. ZP–EMRK** 75
  Schuldprinzip **1. ZP–EMRK** 70
  selbständige ~ **1. ZP–EMRK** 67
  Selbstbelastungsfreiheit **1. ZP–EMRK** 71
  strafähnliche Wirkung **1. ZP–EMRK** 69
  strafrechtliche Anklage **6 EMRK** 94
  unbeteiligte Dritte **1. ZP–EMRK** 74
  Unschuldsvermutung **6 EMRK** 695,
    1. ZP–EMRK 70
  Verfahren **1. ZP–EMRK** 64
  VO (EU) 2018/1805 **1. ZP–EMRK** 79
  Zweck der Maßnahmen **1. ZP–EMRK** 65
elektronische Aufenthaltsüberwachung
  5 EMRK 52 ff.
  Anrechnung der Überwachungszeit
    5 EMRK 54
  Aussetzung des Strafrestes **5 EMRK** 53
  Freiheitsentziehung **5 EMRK** 52 ff.
  Freiheitsentziehung zur Ausweisung/Auslieferung **5 EMRK** 302
  Führungsaufsicht **5 EMRK** 55
  Gefährder **5 EMRK** 302
  große Fußfessel **5 EMRK** 52
  Modellversuch Hessen **5 EMRK** 53
  Österreich **5 EMRK** 57
  präventiv-polizeiliche ~ **5 EMRK** 56
  Russland **5 EMRK** 57
  Sicherungsverwahrung **5 EMRK** 55
  Überwachungsstelle der Länder **5 EMRK** 55
  USA **5 EMRK** 57
  Vollzugslockerungen **5 EMRK** 53
Elektroschockpistole 3 EMRK 193
Embryonen
  Eigentumsschutz **1. ZP–EMRK** 15
  Lebensschutz **2 EMRK** 11
EMRK Einf. EMRK 18, 69 ff.
  Aktivlegitimation **1 EMRK** 14 ff.
  Anwendungsebenen **Einf. EMRK** 258 ff.
  Anwesenheitsrecht in der Verhandlung
    6 EMRK 947 ff., *s.a. dort*
  Auslegungsgrundsätze **Einf. EMRK** 232 ff.,
    s.a. dort
  Begrenzung der Rechtseinschränkungen
    18 EMRK 1 ff., *s.a. dort*
  Behandlung Inhaftierter **5 EMRK** 644

Beitritt der EU **Einf. EMRK** 151 ff.
Berlin **Einf. EMRK** 95
Beschwerde zum Europäischen Bürgerbeauftragten **Einf. EMRK** 184 ff., *s.a. dort*
BeschwerdeEuropäischer Bürgerbeauftragter
  Einf. EMRK 184 ff.
Bindung Europäischer Polizei-/ Strafverfolgungsbehörden **Einf. EMRK** 165 ff.
Brexit **Einf. EMRK** 159
Diskriminierungsverbot **14 EMRK** 1 ff., *s.a. dort*
Doppelbestrafungsverbot **6 EMRK** 1508,
  1570 f.
Durchsetzung, innerstaatliche **1 EMRK** 4
EGMR **Einf. EMRK** 72, **1 EMRK** 7
Eigentumsschutz **1. ZP–EMRK** 1 ff., *s.a. dort*
Einwilligung **1 EMRK** 94
Entschädigung bei Fehlurteil **6 EMRK** 1486
EPPO **Einf. EMRK** 187 ff.
EU-Grundrechtecharta **Einf. EMRK** 115,
  191 ff.
Eurojust **Einf. EMRK** 171 f.
Europäische Grundrechte Agentur
  Einf. EMRK 221 ff., *s.a. dort*
Europäische Menschenrechtskommission
  1 EMRK 7
Europäische Staatsanwaltschaft
  Einf. EMRK 187 ff.
Europäischer Bürgerbeauftragter
  Einf. EMRK 184 ff.
Europäisches Amt für Betrugsbekämpfung
  Einf. EMRK 173 ff.
Europol **Einf. EMRK** 165 ff.
Freiheit der Person **5 EMRK** 1 ff., *s.a. dort*
Freizügigkeit **4. ZP–EMRK** 2 ff., *s.a. dort*
Frontex **Einf. EMRK** 177 ff.
Geltung in der EU **Einf. EMRK** 142 ff.
Geltungsbereich **1 EMRK** 2 ff., 11 ff.
Gemeinschaftsverfassungsrang
  Einf. EMRK 148
Generalsekretär des Europarates
  Einf. EMRK 71
Generalversammlung des Europarates
  Einf. EMRK 70
Gericht **6 EMRK** 178 ff., *s.a. dort*
Gerichtshof, ständiger **Einf. EMRK** 72, *s.a.*
  EGMR
Geschäftsfähigkeit **1 EMRK** 17
Gesetzlichkeitsprinzip **7 EMRK** 2, *s.a. dort*
Großbritannien **Einf. EMRK** 159
Grundfreiheiten **Einf. EMRK** 149
Hoheitsgewalt **1 EMRK** 35 ff., *s.a. dort*
humanitäres Völkerrecht **1 EMRK** 54
Individualbeschwerde **1 EMRK** 7
innerstaatliche Rechtsanwendung
  Einf. EMRK 259 f.
innerstaatliches Verfassungsrecht
  Einf. EMRK 261 ff.
Instanzenzug **6 EMRK** 1472
Interpretationserklärung **Einf. EMRK** 94
IPBPR **Einf. EMRK** 227 ff.

Klie

juristische Personen **1 EMRK** 19
Kinder **1 EMRK** 17
Kommunikationsfreiheiten **10 EMRK** 1 ff.,
  s.a. dort
Konvention (Grundtext) **Einf. EMRK** 69 ff.
Lebensschutz **2 EMRK** 1 ff., *s.a. dort*
Leibeigenschaftsverbot **4 EMRK** 1 ff., *s.a.*
  Sklavereiverbot
Menschenwürde **2 EMRK** 2
Ministerkomitee des Europarates
  Einf. EMRK 70
Missbrauchsverbot **17 EMRK** 1 ff., *s.a. dort*
Misshandlungsverbote **3 EMRK** 2
multilateraler völkerrechtlicher Vertrag
  Einf. EMRK 69
natürliche Personen **1 EMRK** 15 ff.
neue Bundesländer **Einf. EMRK** 96
normative Grundrechtsverbürgungen
  Einf. EMRK 143 f., 160
Notstandsmaßnahmen **15 EMRK** 1 ff., *s.a.*
  dort
OLAF **Einf. EMRK** 173 ff.
Passivlegitimation **1 EMRK** 20 ff.
Personengruppen **1 EMRK** 19
persönlicher Schutzbereich **1 EMRK** 13 ff.
Präambel **Prä. EMRK** 1 f., 6
privates Handeln **1 EMRK** 90 ff.
Protokolle **Einf. EMRK** 73 ff.
ratione loci **1 EMRK** 2, 35 ff.
ratione materiae **1 EMRK** 2, 78
ratione personae **1 EMRK** 2, 13 ff.
ratione temporis **1 EMRK** 2, 12
räumlicher Schutzbereich **1 EMRK** 35 ff.
Recht auf Bildung **1. ZP–EMRK** 82 ff., *s.a.*
  dort
Recht auf Eheschließung **12 EMRK** 1 ff., *s.a.*
  dort
Recht auf Privatheit **8 EMRK** 5
Rechtsbehelfsgarantie **13 EMRK** 1 ff., *s.a. dort*
Rechtschutzvermutung auf Unionsebene
  Einf. EMRK 147
Regelungsbereich der EU **Einf. EMRK** 265
Religions-/Überzeugungsfreiheit **9 EMRK** 5 ff.
Rs. Bosphorus **Einf. EMRK** 147, 190
Selbstbelastungsfreiheit **6 EMRK** 1328 ff., *s.a.*
  dort
Sklavereiverbot **4 EMRK** 1 ff., *s.a. dort*
staatliches Handeln **1 EMRK** 79 ff., *s.a. dort*
unmittelbare Rechte **1 EMRK** 3 f.
Unschuldsvermutung **6 EMRK** 607
Verfahren gegen Jugendliche **6 EMRK** 1428,
  1459 ff.
Verfahrensdauer **6 EMRK** 428 ff., *s.a. dort*
Verfahrensrechte **6 EMRK** 11, *s.a. dort*
Verfassungsbeschwerde **1 EMRK** 5
Versammlungs-/Vereinigungsfreiheit
  11 EMRK 1 ff., *s.a. dort*
Verstöße durch Gemeinschaftsrecht
  Einf. EMRK 145
Vertrag von Lissabon **Einf. EMRK** 151 ff.
Verzicht **1 EMRK** 94

völkerrechtliche Ebene des Schutzes
  Einf. EMRK 266 f.
Vorbehalte **Einf. EMRK** 91 ff.
Wahlrecht **1. ZP–EMRK** 95 ff., *s.a. dort*
zeitlicher Schutzbereich **1 EMRK** 12
Zurechenbarkeit staatlicher Handlungen
  1 EMRK 21 ff., *s.a. dort*
Zusatzprotokolle **Einf. EMRK** 73 ff.,
  1 EMRK 2
Zwangsarbeitsverbot **4 EMRK** 34 ff.,
  s.a. dort
Engel-Kriterien
  Art des Vergehens **6 EMRK** 86 f.
  Art/Schwere der Sanktionen **6 EMRK** 92
  Doppelbestrafungsverbot **6 EMRK** 1528
  Gesetzlichkeitsprinzip **7 EMRK** 48
  Ordnungswidrigkeiten **6 EMRK** 87
  Strafrecht nach nationalem Recht
    6 EMRK 84 f.
  strafrechtliche Anklage **6 EMRK** 83 ff.
Enteignung 1. ZP–EMRK 29 ff.
  Bedingungen **1. ZP–EMRK** 37
  Beurteilungsspielraum **1. ZP–EMRK** 35
  de facto-Enteignung **1. ZP–EMRK** 37
  Diskriminierungsverbot **1. ZP–EMRK** 38
  Einziehung **1. ZP–EMRK** 73
  Entschädigung **1. ZP–EMRK** 30, 39
  Entschädigungspflicht **1. ZP–EMRK** 41 ff.
  gerechter Ausgleich **1. ZP–EMRK** 31, 36
  Gesetzlichkeitsprinzip **1. ZP–EMRK** 29
  Marktwert **1. ZP–EMRK** 42 f.
  öffentliches Interesse **1. ZP–EMRK** 30, 33 ff.
  willkürliche ~ **1. ZP–EMRK** 36, 38
Entschädigung bei Fehlurteil 6 EMRK 1486 ff., **7.**
  ZP–EMRK 9
  aufgehobenes Urteil **6 EMRK** 1490
  Ausschluss **6 EMRK** 1492
  Begnadigung **6 EMRK** 1490 f.
  EMRK **6 EMRK** 1486
  Freiheitsentziehung **6 EMRK** 1488
  gesetzliche Regelung **6 EMRK** 1493
  IPBPR **6 EMRK** 1486 ff.
  rechtskräftige Verurteilung **6 EMRK** 1489
  Voraussetzungen **6 EMRK** 1487, 1489 ff.
Entscheidungsverkündung 6 EMRK 577 ff.
  Absehen von der ~ **6 EMRK** 579
  Ausschluss der Öffentlichkeit **6 EMRK** 599
  Entscheidungssammlungen **6 EMRK** 582
  höchstgerichtliche Entscheidungen
    6 EMRK 581
  IPBPR **6 EMRK** 585
  schriftliches Verfahren **6 EMRK** 584
  Urteilsformel **6 EMRK** 578
  Veröffentlichungspflicht **6 EMRK** 586
  Verzicht **6 EMRK** 585
  Zugänglichkeit ohne ~ **6 EMRK** 580
EPPO Einf. EMRK 187 ff.
Equality of Arms 6 EMRK 286 ff.
Erklärung der Vereinten Nationen
  Einf. EMRK 8
Erledigungszahlen 6 EMRK 198

Ermittlungsverfahren
Dolmetscherunterstützung **6 EMRK** 1255
Doppelbestrafungsverbot **6 EMRK** 1514
Fairnessgebot **6 EMRK** 257
Konfrontationsrecht **6 EMRK** 1153, 1155
Menschenhandel **4 EMRK** 23
Sachverständige **6 EMRK** 1219
strafrechtliche Anklage **6 EMRK** 110
Unschuldsvermutung **6 EMRK** 635, 651
Unterrichtung des Beschuldigten
    6 EMRK 767 f.
Verfahrensdauer **6 EMRK** 511
Verteidigerzugang **6 EMRK** 821 ff., *s.a. dort*
Waffengleichheit **6 EMRK** 295, 298
Wahlverteidiger **6 EMRK** 1053
erniedrigende Behandlung 3 EMRK 201 ff.
Abschiebungs-/Auslieferungsverbot
    3 EMRK 92
Absicht **3 EMRK** 202
Begriff **3 EMRK** 201
Bevölkerungsgruppe **3 EMRK** 205
Erheblichkeit der Beeinträchtigung
    3 EMRK 202
Fesselung **3 EMRK** 210, 215
Gefangene mit Behinderung **3 EMRK** 229
Gewaltanwendung durch die Polizei
    3 EMRK 214
Haftbedingungen **3 EMRK** 224
Hafturlaub **3 EMRK** 231
Intimkontrolle **3 EMRK** 211
körperliche Durchsuchung **3 EMRK** 208 f.
legitimer Zweck **3 EMRK** 207
Menschenwürde **3 EMRK** 203
Metallkäfig **3 EMRK** 213
Negierung der Menschenwürde **3 EMRK** 203
psychiatrische Einweisung **3 EMRK** 220
Sicherungsgürtel **3 EMRK** 218
Strafvollzug **3 EMRK** 223 ff.
UNCAT **3 EMRK** 6
Verbinden der Augen **3 EMRK** 219
Versorgung von Asylbewerbern/Flüchtlingen
    3 EMRK 222
Zwangsheirat **4 EMRK** 57
erniedrigende Behandlung von Gefangenen
    3 EMRK 223 ff.
Ausschluss aller Kontakte **3 EMRK** 245
Bewegungsverbot im Freien **3 EMRK** 226
demütigende Begleitumstände **3 EMRK** 242
Durchsuchung **3 EMRK** 240
Einschlusszeit **3 EMRK** 266
Einzelhaft **3 EMRK** 243 ff.
European Prison Rules **3 EMRK** 226
Fesselung **3 EMRK** 236
Freilassungsanspruch **3 EMRK** 257
Gesamtheit der Haftumstände **3 EMRK** 239
Gewaltverbot **3 EMRK** 233 ff.
Haftbedingungen **3 EMRK** 252
Haftraumgröße/-ausstattung **3 EMRK** 264 ff.
HIV-infizierte **3 EMRK** 259
IPBPR **3 EMRK** 274
Kastration, chirurgische **3 EMRK** 263

Kleidung **3 EMRK** 272
körperlich behinderte Gefangene **3 EMRK** 260
körperliche Misshandlungen **3 EMRK** 234
medizinische Versorgung **3 EMRK** 248 ff.
Minderjährige **3 EMRK** 228
Nelson Mandela Rules **3 EMRK** 227, 241
psychisch kranke Gefangene **3 EMRK** 260
Raumtemperatur **3 EMRK** 269
sanitäre Einrichtungen **3 EMRK** 264, 267
Schlafentzug/-mangel **3 EMRK** 270
Schutz vor Übergriffen **3 EMRK** 247
Sehschwäche **3 EMRK** 254
Sicherungsmaßnahmen **3 EMRK** 238
soft-law **3 EMRK** 227
strip searches **3 EMRK** 240
Untergebrachte **3 EMRK** 223 ff.
Verlegungen, häufige **3 EMRK** 246
Verschwindenlassen **3 EMRK** 245
Videoüberwachung **3 EMRK** 270
Zahnersatz **3 EMRK** 254
Zwangsbehandlung **3 EMRK** 261 ff., 261
Ersatzverteidiger 6 EMRK 842
Erschöpfung innerstaatlicher Rechtsbehelfe
    Verf. EGMR 175 ff.
Anhörungsrügen **Verf. EGMR** 186
Erneuerung des Strafverfahrens **Verf.**
    EGMR 190
Fairnessgebot **Verf. EGMR** 184
horizontale ~ **Verf. EGMR** 199 ff.
Prüfung von Amts wegen **Verf. EGMR** 209
Rechtsbehelfe **Verf. EGMR** 179
Rechtsbehelfe, außerordentliche **Verf.**
    EGMR 180
Rechtsbehelfe, ineffektive **Verf. EGMR** 193 ff.
Rechtsbehelfe, nebeneinander bestehende
    Verf. EGMR 181
Unschuldsvermutung **Verf. EGMR** 183
Verfahrensdauer **Verf. EGMR** 187
Verfassungsbeschwerde **Verf. EGMR** 180
vertikale ~ **Verf. EGMR** 177 ff.
Verzicht **Verf. EGMR** 176
Wiederaufnahme **Verf. EGMR** 189
Wiedereinsetzung **Verf. EGMR** 182
Zeitpunkt **Verf. EGMR** 205 ff.
Zwischenrechtsbehelfe **Verf. EGMR** 181
Erziehungsrecht
Familienleben **8 EMRK** 204 f.
Recht auf Bildung **1. ZP–EMRK** 88 ff.
Recht auf Privatheit **8 EMRK** 7
Ethikunterricht 9 EMRK 36
EU-Grundrechtecharta Einf. EMRK 110 ff.
Akteneinsicht **6 EMRK** 942
Anwendungsvorrang **Einf. EMRK** 193, 202
Brexit **Einf. EMRK** 196
Diskriminierungsverbot **14 EMRK** 12
Doppelbestrafungsverbot **6 EMRK** 1617 ff.
Eigentumsschutz **1. ZP–EMRK** 4
EMRK **Einf. EMRK** 115, 191 ff.
Erläuterungen **Einf. EMRK** 203
Europäische Staatsanwaltschaft
    Einf. EMRK 189

Europol **Einf. EMRK** 169
Fairnessgebot **6 EMRK** 261 f.
Freiheit der Person **5 EMRK** 2
freiheitsbeschränkende Maßnahmen
 Einf. EMRK 205
Gesetzlichkeitsprinzip **7 EMRK** 7
gleichgeschlechtliche Lebensgemeinschaften
 12 EMRK 4
Justizielle Rechte **Einf. EMRK** 206
Kommunikationsfreiheiten **10 EMRK** 5
Lebensschutz **2 EMRK** 5
materiell-strafrechtlicher Gehalt
 Einf. EMRK 204, 208
Menschenhandel **4 EMRK** 14
Misshandlungsverbote **3 EMRK** 22 ff.
Niveauschutzklausel **Einf. EMRK** 199
Protokoll Nr. 30 **Einf. EMRK** 195
Recht auf Bildung **1. ZP–EMRK** 93
Recht auf Eheschließung **12 EMRK** 4
Recht auf Privatheit **8 EMRK** 6
Rechtsbehelfsgarantie **13 EMRK** 6
Rechtsverbindlichkeit **Einf. EMRK** 193
Religions-/Überzeugungsfreiheit **9 EMRK** 2
Rs. Fransson **6 EMRK** 1624
Rs. Spasic **6 EMRK** 1638
sachlicher Anwendungsbereich
 Einf. EMRK 200
Sklavereiverbot **4 EMRK** 14
Todesstrafe **6. ZP–EMRK** 37
Unschuldsvermutung **6 EMRK** 608
Verfahren gegen Jugendliche
 6 EMRK 1440 f.
Verfahrensdauer **6 EMRK** 428
Verfahrensrechte **6 EMRK** 9
Verfassungsbeschwerde **6 EMRK** 1619
Versammlungs-/Vereinigungsfreiheit
 11 EMRK 6
Vertrag von Lissabon **Einf. EMRK** 193,
 6 EMRK 1620
Vollstreckungsklausel **6 EMRK** 1636
Wiederaufnahme **6 EMRK** 1639
EU-Rückführungsrichtlinie 5 EMRK 304
EU-Sanktionslisten 6 EMRK 1357
EU-Sonderbeauftragter für Menschenrechte
 Einf. EMRK 59
Eurojust
EMRK **Einf. EMRK** 171 f.
institutioneller Grundrechtsschutz
 Einf. EMRK 181 ff.
Nichtigkeitsklage **Einf. EMRK** 182
Vorabentscheidungsverfahren
 Einf. EMRK 183
Europäische Beweisanordnung 6 EMRK 425
Europäische Charta für Pressefreiheit
 10 EMRK 106
Europäische Ermittlungsanordnung in Strafsa-
 chen 6 EMRK 426
Europäische Grundrechte Agentur
 Einf. EMRK 221 ff.
Aufgaben **Einf. EMRK** 223 ff.
Tätigkeitsbereiche **Einf. EMRK** 222

Untersuchung individueller Beschwerden
 Einf. EMRK 225
Zusammensetzung **Einf. EMRK** 222
Europäische Kommission für Demokratie durch
 Recht Einf. EMRK 46 ff.
Europäische Kommission für die Wirksamkeit
 der Justiz Einf. EMRK 51
Europäische Menschenrechtskommission
 Einf. EMRK 85, **1 EMRK** 7
Europäische Menschenrechtskonvention
 Einf. EMRK 18, *s.a.* EMRK
Europäische Sozialcharta Einf. EMRK 38
Europäische Staatsanwaltschaft
Beschwerde zum Europäischen Bürgerbeauf-
 tragten **Einf. EMRK** 186
Delegierte Europäische Staatsanwälte
 Einf. EMRK 188
Einrichtung der EU **Einf. EMRK** 189
EMRK **Einf. EMRK** 187 ff.
EU-Grundrechtecharta **Einf. EMRK** 189
Geschäftsordnung **Einf. EMRK** 187
Rechtspersönlichkeit **Einf. EMRK** 189
zentrale Dienststelle **Einf. EMRK** 188
Europäische Überwachungsanordnung
 5 EMRK 490
Europäischer Ausschuss für rechtliche Zusam-
 menarbeit Einf. EMRK 53
Europäischer Ausschuss für Strafrechtsfragen
 Einf. EMRK 52
Europäischer Bürgerbeauftragter
 Einf. EMRK 184 ff.
Europäischer Haftbefehl
Abwesenheitsverfahren, echte
 6 EMRK 995 ff.
Auslieferung **6 EMRK** 1004
deutsches Auslieferungsersuchen
 3 EMRK 118 f.
Doppelbestrafungsverbot **6 EMRK** 1649 ff.
EGMR **3 EMRK** 111 ff.
Freiheitsentziehung zur Ausweisung/Ausliefe-
 rung **5 EMRK** 318
Gesetzlichkeitsprinzip **7 EMRK** 17
Haftbedingungen **3 EMRK** 106, 108, 113 ff.
Hoheitsgewalt **1 EMRK** 76
Misshandlungsverbote
 3 EMRK 101 ff.
Rs. Dorobantu **6 EMRK** 1010
Rs. Melloni **6 EMRK** 999
Rs. Romeo Castano **1 EMRK** 77
Vollstreckungsaufschub **3 EMRK** 104
Vollstreckungsverbot **3 EMRK** 101 ff.,
 111 ff.
Zusicherung des ausländischen Staates
 3 EMRK 109
Europäischer Kodex für die Polizeiethik
 2 EMRK 82
Europäisches Amt für Betrugsbekämpfung
 Einf. EMRK 173 ff.
Europäisches Niederlassungsabkommen
 Einf. EMRK 38
Europäisches Parlament 1. ZP–EMRK 97

Europäisches Übereinkommen über die Ausübung von Kinderrechten 6 EMRK 1429
Europäisches Übereinkommen zur Verhütung von Folter 3 EMRK 15 ff.
Europarat Einf. EMRK 38
    Ämter/Gremien **Einf. EMRK** 42 ff.
    Generalsekretär **Einf. EMRK** 71, **Verf. EGMR** 28
    Generalversammlung **Einf. EMRK** 70
    Menschenrechtskommissar **Einf. EMRK** 42 ff., **Verf. EGMR** 377
    Ministerkomitee **Einf. EMRK** 70, **Verf. EGMR** 29
    Todesstrafe **6. ZP–EMRK** 13
European Charta on the Statute for Judges 6 EMRK 242
European Prison Rules
    Behandlung Inhaftierter **5 EMRK** 668
    erniedrigende Behandlung **3 EMRK** 226
    Misshandlungsverbote **3 EMRK** 31
Europol
    Agentur **Einf. EMRK** 169
    Beschwerde zum Europäischen Bürgerbeauftragten **Einf. EMRK** 186
    EMRK **Einf. EMRK** 165 ff.
    EU-Grundrechtecharta **Einf. EMRK** 169
    Europol-Beschluss **Einf. EMRK** 169
    Europol-Verordnung **Einf. EMRK** 170
    institutioneller Grundrechtsschutz **Einf. EMRK** 181 ff.
    Nichtigkeitsklage **Einf. EMRK** 182
    Vorabentscheidungsverfahren **Einf. EMRK** 183
Exequatur
    strafrechtliche Anklage **6 EMRK** 106
    Verurteilung **5 EMRK** 117
Exklusivität der strafrichterlichen Schuldfeststellung 6 EMRK 615, 738 ff.
Exkulpationspflicht Verf. EGMR 90

F
Fahndungsmaßnahmen 6 EMRK 667
Fahrtenbuch 6 EMRK 1413 f.
failed states 3 EMRK 130
Fairnessgebot 6 EMRK 247 ff.
    Absprache im Strafverfahren **6 EMRK** 337 ff.
    Akteneinsicht **5 EMRK** 543, **6 EMRK** 277
    Anwendungsbereich **6 EMRK** 271 ff.
    Befugnisse **6 EMRK** 267
    Begründung einer Entscheidung **6 EMRK** 319 ff., 322 ff., 327 f.
    Benachrichtigung der konsularischen Vertretung **6 EMRK** 879
    Beschuldigtenrechte **6 EMRK** 345 ff.
    Beweisgewinnung **6 EMRK** 258, 390 ff., *s.a. dort*
    Beweismaterial **6 EMRK** 266
    civil rights **6 EMRK** 280
    Doppelbestrafungsverbot **6 EMRK** 22
    einfachgesetzliche Verfahrensregeln **6 EMRK** 273

Eingriffe in das Recht auf Privatheit **8 EMRK** 78
Ermittlungsverfahren **6 EMRK** 257
Erschöpfung innerstaatlicher Rechtsbehelfe **Verf. EGMR** 184
EU-Grundrechtecharta **6 EMRK** 261 f.
EU-Recht **6 EMRK** 261 f.
fairer Ausgleich **6 EMRK** 350
Fallgruppen **6 EMRK** 284 f.
gerichtliche Fürsorge **6 EMRK** 329 ff.
Gesamtwürdigung **6 EMRK** 258
Geschworenengericht **6 EMRK** 327
Gleichheit vor Gericht **6 EMRK** 252 ff.
Haftprüfungsverfahren **5 EMRK** 557
Hilfestellungen **6 EMRK** 267
Individualbeschwerde **6 EMRK** 274
Inhalt **6 EMRK** 279
justizförmiges Verfahren **6 EMRK** 15
Konfrontationsrecht **6 EMRK** 275
kontradiktorisches Verfahren **6 EMRK** 257, 307 ff.
Menschenrechtsschutz **6 EMRK** 1 ff.
Menschenwürde **6 EMRK** 13, 256, 263
nationaler Gesetzgeber **6 EMRK** 249
nemo tenetur-Grundsatz **6 EMRK** 278
Prozesshindernis **6 EMRK** 268
Prozessmaxime **6 EMRK** 267
Rechte der Verteidigung **6 EMRK** 259
rechtliches Gehör **6 EMRK** 17 f., 263 f., 281, 307 ff.
Rechtsstaatsprinzip **6 EMRK** 13
Rs. Natsvlishvili und Togonidze **6 EMRK** 339
Rs. Saranchov **6 EMRK** 341
Rs. Stojkovic **6 EMRK** 348
Rs. Taxquet **6 EMRK** 327
Rs. V.C.L. u. A.N. **6 EMRK** 342
Sachverhaltsaufklärung **6 EMRK** 276
Selbstbelastungsfreiheit **6 EMRK** 278, 1331
Strafmilderungsgrund **6 EMRK** 268
strafrechtliche Anklage **6 EMRK** 250 f., 270, 282
Strafverfahren **6 EMRK** 269
Strafverfahrensrecht **6 EMRK** 263
Tatprovokation **6 EMRK** 352 ff., *s.a. dort*
Unabhängigkeit der Richter **6 EMRK** 22
Unschuldsvermutung **6 EMRK** 19, 347
Unterrichtung des Beschuldigten **6 EMRK** 758 ff., *s.a. dort*
Verfahrensarten **6 EMRK** 262
Verfahrensdauer **6 EMRK** 428 ff., *s.a. dort*
Verfahrensrechte **6 EMRK** 256, 345 ff.
Verfahrensrüge **6 EMRK** 268
Verfahrensverzögerung **6 EMRK** 274
Verfahrensvoraussetzung **6 EMRK** 272
Verfassungsrecht **6 EMRK** 263
Verständigung **6 EMRK** 337 ff.
Vertrauensschutz **6 EMRK** 332 ff.
Völkervertragsrecht **6 EMRK** 272
vollständige Information **6 EMRK** 264
Vorbereitungszeit **6 EMRK** 265
Waffengleichheit **6 EMRK** 263, 281, 286 ff., *s.a. dort*

Zeugenbefragung **6 EMRK** 1128
Zugang zum Beweismaterial
   6 EMRK 310 ff.
Zweck **6 EMRK** 247
falanga 3 EMRK 184
Familienleben 8 EMRK 178 ff.
Abschiebung **8 EMRK** 210
Adoption **8 EMRK** 181, 204
Asylrecht **8 EMRK** 209
Aufenthaltsrecht **8 EMRK** 208
Ausländerpolitik **8 EMRK** 212
Auslieferung **8 EMRK** 225 ff.
Ausweisung **8 EMRK** 211
Ausweisung von Straftätern **8 EMRK** 213 f.,
   8 EMRK 218
beabsichtigtes ~ **8 EMRK** 186
Beerdigung eines nahen Verwandten
   8 EMRK 192
Besuch bei Strafgefangenen **8 EMRK** 196
Besuch von Strafgefangenen **8 EMRK** 195
Besuchszusammenführung **8 EMRK** 194
Eheschließung **8 EMRK** 178
eingetragene Lebenspartnerschaften
   8 EMRK 190
Eingriff in die Eltern-Kind-Beziehung
   8 EMRK 200
enge zwischenmenschliche Beziehungen
   8 EMRK 185
Erbrecht **8 EMRK** 191
Erziehungsrecht **8 EMRK** 204 f.
faktische familiäre Bindungen **8 EMRK** 182 f.
Familie **8 EMRK** 178 ff.
Förderung der Eltern-Kind-Beziehung
   8 EMRK 199 ff.
Freiheitsentziehung **8 EMRK** 193
gleichgeschlechtliche Beziehung
   8 EMRK 179
gleichgeschlechtliche Eheschließung
   8 EMRK 189
Heimunterricht **8 EMRK** 206
nichteheliches Kind **8 EMRK** 182
nichteheliches Vater/Kind-Verhältnis
   8 EMRK 203
Privatleben **8 EMRK** 187
Recht auf Eheschließung **8 EMRK** 188
Rs. Nnyanzi **8 EMRK** 209
Rs. Osman **8 EMRK** 209
Schulpflicht **8 EMRK** 206
Schutzbereich **8 EMRK** 178 ff.
staatliche Maßnahmen **8 EMRK** 207
Strafgefangene **8 EMRK** 193 ff.
Verfahrensgarantien **8 EMRK** 229
Verhältnis Eltern-Kinder **8 EMRK** 181
Wahl des Gefängnisortes **8 EMRK** 197
Wiederzusammenführung **8 EMRK** 201
Fesselung
Bauchgurt **3 EMRK** 215
erniedrigende Behandlung **3 EMRK** 210, 215
erniedrigende Behandlung von Gefangenen
   3 EMRK 236
unmenschliche Behandlung **3 EMRK** 192

Festnahme 5 EMRK 14
Freiheitsentziehung **5 EMRK** 44
Freiheitsentziehung bei Minderjährigen
   5 EMRK 242
Freiheitsentziehung wegen Krankheit/Sucht
   5 EMRK 250
Lebensschutz **2 EMRK** 109 ff.
Militär-/Polizeieinsätze, internationale
   1 EMRK 51
strafrechtliche Anklage **6 EMRK** 114
Filmaufnahmen
Öffentlichkeit der Verhandlung
   6 EMRK 544
Pressefreiheit **10 EMRK** 27
finaler Rettungsschuss 2 EMRK 102 ff.
Fingerabdrücke 8 EMRK 149
Fluchtgefahr
Angemessenheit der Untersuchungshaft-
   dauer **5 EMRK** 428, 446 ff.
Auflagenverstoß **5 EMRK** 453
Fluchtmöglichkeiten **5 EMRK** 451
Freiheitsentziehung zur Strafverfolgungs-
   sicherung **5 EMRK** 216 ff.
Haftentlassung gegen Sicherheitsleistung
   5 EMRK 498
hohe Straferwartung **5 EMRK** 451 f.
Nichterscheinen vor Gericht
   5 EMRK 453
real-konkrete ~ **5 EMRK** 446
Untersuchungshaft **5 EMRK** 217
Wohnsitz im Ausland **5 EMRK** 450
Flughäfen 1 EMRK 73
Fluglärm 8 EMRK 237
Flugzeuge 1 EMRK 43
Folter 3 EMRK 171 ff.
Abschiebungs-/Auslieferungsverbot
   3 EMRK 92
Abschneiden eines Ohres **3 EMRK** 174
Androhung von ~ **3 EMRK** 175
Begriff **3 EMRK** 171, 179
Beispiele **3 EMRK** 182, 184
Beweisverwertungsverbot **6 EMRK** 420
caning **3 EMRK** 184
falanga **3 EMRK** 184
Gefahrenabwehr **3 EMRK** 178
Gesamtwürdigung aller Umstände
   3 EMRK 173
helicopter position **3 EMRK** 184
IPBPR **3 EMRK** 187
Leibesstrafen **3 EMRK** 186
Mindestmaß an Schwere **3 EMRK** 172
psychische ~ **3 EMRK** 175
Psychotechniken **3 EMRK** 174
Rachsucht **3 EMRK** 177
Rettungsfolter **3 EMRK** 178
sadistische Behandlung **3 EMRK** 177, 180
Strafvollzug **3 EMRK** 186
swallow-Folter **3 EMRK** 174
UNCAT **3 EMRK** 5, 179 ff.
unmenschliche Behandlung **3 EMRK** 191
Vergewaltigung in der Haft **3 EMRK** 174

Verschwindenlassen von Personen
3 EMRK 183
Zweck **3 EMRK** 176
FRA Einf. EMRK 221 ff.
Fragerecht 6 EMRK 406
Frauenhandel 4 EMRK 2
Leibeigenschaft **4 EMRK** 58
Sklaverei **4 EMRK** 52
Übereinkommen zum Schutz von Frauen
4 EMRK 9
Freiheit der Person 5 EMRK 1 ff.
Aufsichtspflicht **5 EMRK** 33
Auskunftspflicht **5 EMRK** 34
Auslegungsgrundsätze **5 EMRK** 10 f.
Auslieferung **5 EMRK** 36
Berechtigte **5 EMRK** 30 ff.
Bereitstellung von Geheimgefängnissen
5 EMRK 36
Bewegungsfreiheit **5 EMRK** 12
Corona-Pandemie **5 EMRK** 38
Duldung von Geheimgefängnissen **5 EMRK** 36
Einreiseverbot **5 EMRK** 7
elektronische Aufenthaltsüberwachung
5 EMRK 52 ff., *s.a. dort*
EU-Grundrechtecharta **5 EMRK** 2
Festnahme **5 EMRK** 14
Freiheitsbeschränkung **5 EMRK** 42 ff., *s.a.
dort*
Freiheitsentziehung **5 EMRK** 1,
5 EMRK 42 ff., *s.a. dort*
Geheimgefängnisse **5 EMRK** 36
Grundgesetz **5 EMRK** 3
Haft **5 EMRK** 14
Haftprüfungsverfahren **5 EMRK** 1
Kinder **5 EMRK** 31
Kontrollpflicht **5 EMRK** 33
körperliche Freiheit **5 EMRK** 12 ff.
Minderjährige **5 EMRK** 31
Nachweispflicht **5 EMRK** 34
Rechtssicherheit **5 EMRK** 20
Rs. Del Rio Prada **5 EMRK** 26
Rs. Ilicak **5 EMRK** 39
Rs. Mehmet Hasan Altan **5 EMRK** 39
Rs. Sahin Alpay **5 EMRK** 39
Schutzpflicht **5 EMRK** 37
Sicherheit **5 EMRK** 20 ff.
Staatsnotstand **5 EMRK** 38 ff.
Untersuchungen **5 EMRK** 35
verfahrensrechtlicher Schutz **5 EMRK** 28
Verpflichtung des Staates **5 EMRK** 33 ff.
Freiheitsbeschränkung 5 EMRK 42 ff.
Abgrenzung **5 EMRK** 48 ff.
Aufenthaltsgebot **5 EMRK** 70
Aufenthaltsverbot/-beschränkung
5 EMRK 70
Begriff **5 EMRK** 42
in der Praxis **5 EMRK** 70 ff.
kurzfristige ~ **5 EMRK** 71 ff.
Meldeauflage **5 EMRK** 70
Platzverweis **5 EMRK** 70
Transitzonen **5 EMRK** 64

Freiheitsentziehung 5 EMRK 42 ff.
5/7-Punkt-Fixierung **5 EMRK** 67
Abgrenzung **5 EMRK** 48 ff.
Akteneinsicht **5 EMRK** 541 ff., **6 EMRK** 924,
s.a. dort
Anspruch auf Freilassung **5 EMRK** 104 ff.
Arglist **5 EMRK** 79
Asylsuchende **5 EMRK** 65
Aufzeichnungen **5 EMRK** 81
Auslieferung **5 EMRK** 193
Begriff **5 EMRK** 42, 44 ff.
Behandlung Inhaftierter **5 EMRK** 640 ff., *s.a.
dort*
Beiordnung eines Verteidigers **6 EMRK** 1078
Benachrichtigung der konsularischen Vertre-
tung **6 EMRK** 886
Bettgitter **5 EMRK** 67
Beugemaßnahmen **5 EMRK** 170, 176
common law **5 EMRK** 90
in der Praxis **5 EMRK** 58 ff.
Diskriminierungsverbot **5 EMRK** 79
Disziplinarmaßnahmen gegen Soldaten
5 EMRK 76
Doppelbestrafungsverbot **6 EMRK** 1532
drohende staatliche ~ **5 EMRK** 19
Einkesseln **5 EMRK** 50
Einreise von Ausländern **5 EMRK** 80
Einwilligung des Betroffenen **5 EMRK** 68 f.
elektronische Aufenthaltsüberwachung
5 EMRK 52 ff., *s.a. dort*
Entschädigung bei Fehlurteil **6 EMRK** 1488
Erweiterung der Haftgründe **5 EMRK** 86
Erzwingung der Erfüllung gesetzlicher Ver-
pflichtungen **5 EMRK** 170 ff., 174 ff.
Erzwingung eines Unterlassens **5 EMRK** 175
erzwungener Hotelaufenthalt **5 EMRK** 60
Familienleben **8 EMRK** 193
Festnahme **5 EMRK** 44
Fixierung im Stuhl **5 EMRK** 67
flagrant denial of justice **5 EMRK** 101
freiheitsentziehende Maßregel **5 EMRK** 83
Freiheitsentziehung bei Minderjährigen
5 EMRK 239 ff., *s.a. dort*
Freiheitsentziehung wegen Krankheit/Sucht
5 EMRK 250 ff., *s.a. dort*
Freiheitsentziehung zur Ausweisung/Ausliefe-
rung **5 EMRK** 292 ff.
Freiheitsentziehung zur Straftatverhinderung **5 EMRK** 221 ff., *s.a. dort*
Freiheitsentziehung zur Strafverfolgungssicherung **5 EMRK** 195 ff., *s.a. dort*
Garantien **5 EMRK** 43
Gefahr erneuter Straftaten **5 EMRK** 84
gefestigte Rechtsprechung **5 EMRK** 90
gelockerter Vollzug **5 EMRK** 60
Gesetzesvorbehalt **5 EMRK** 4, 89 ff., 92
gesetzlich vorgeschriebenes Verfahren
5 EMRK 97
Gesetzlichkeitsprinzip **7 EMRK** 51
Haft **5 EMRK** 44
haftähnliche Bedingungen **5 EMRK** 46

Haftentlassung gegen Sicherheitsleistung
  5 EMRK 494 ff., *s.a. dort*
Haftentschädigung **5 EMRK** 617 ff., *s.a. dort*
Haftgründe **5 EMRK** 5, 108 f., *s.a. dort*
Haftprüfungsverfahren **5 EMRK** 1, 506 ff.,
  s.a. dort
Hausarrest **5 EMRK** 60
hinreichende Bestimmtheit der Rechtsgrund-
  lage **5 EMRK** 93 ff.
Identitätsfeststellung **5 EMRK** 66
illegale Einreise **5 EMRK** 80
Internierung **5 EMRK** 60
Kontext/Zweck der Maßnahme **5 EMRK** 50
Lockdown **5 EMRK** 61
materielle Rechtmäßigkeit **5 EMRK** 89 ff.
mechanische Vorrichtungen **5 EMRK** 67
Medikamente **5 EMRK** 67
militärische Disziplinarmaßnahmen
  5 EMRK 62
neue Art der ~ **5 EMRK** 17
Nichtbefolgung einer gerichtlichen Anord-
  nung **5 EMRK** 164 ff.
Nichtstörer **5 EMRK** 179
Notstandsmaßnahmen **15 EMRK** 21 ff.
Personen im besonderen Pflichtenverhältnis
  5 EMRK 76
polizeirechtliche ~ **5 EMRK** 179
Putschversuch Türkei **5 EMRK** 103
Quarantäne **5 EMRK** 61
räumliche Aufenthaltsbegrenzung
  5 EMRK 49
Rechtmäßigkeit **5 EMRK** 78, 132 ff., 190 ff.
Rechtssystem **5 EMRK** 88
richterlicher Bereitschaftsdienst **5 EMRK** 67
Rs. Alparslan Altan **5 EMRK** 103
Rs. Radu **5 EMRK** 102
Rs. Terheş **5 EMRK** 51
Schadensersatz **5 EMRK** 1
Schulden **4. ZP–EMRK** 1
Schuldturm **5 EMRK** 6
Selbsttötungsgefahr **5 EMRK** 108
separate ~ **5 EMRK** 63
Sicherungs-/Disziplinarmaßnahmen im Straf-
  vollzug **5 EMRK** 63
Sicherungsverwahrung **5 EMRK** 142 ff., *s.a.
  dort*
Störer **5 EMRK** 179
Täuschungsabsicht **5 EMRK** 79
Therapieangebote **5 EMRK** 83
Transitzonen **5 EMRK** 64
Überschreitung einer Höchstdauer
  5 EMRK 100
Überweisung in eine Strafkompanie
  5 EMRK 60
unbestimmte gesetzliche Gründe **5 EMRK** 24
Unschuldsvermutung **5 EMRK** 183
Unterbringung **5 EMRK** 42
Unterrichtung des Beschuldigten
  5 EMRK 327 ff., *s.a. dort*
Verbot der willkürlichen ~ **5 EMRK** 77 ff.
Verbringungsgewahrsam **5 EMRK** 58

Verfahren gegen Jugendliche **6 EMRK** 1448,
  1456
Verfahrensfehler **5 EMRK** 98
Verfahrensgarantien **5 EMRK** 327 ff.
Verhältnismäßigkeit **5 EMRK** 96
Verurteilung **5 EMRK** 115 ff., *s.a. dort*
verwaltungsinterne Dienstanweisungen
  5 EMRK 91
Verwaltungspraxis **5 EMRK** 91
Vorführung **5 EMRK** 182 ff., 185 ff., 360 ff., *s.a.
  dort*
vorhersehbare gesetzliche Gründe
  5 EMRK 24 f., 91
vorzeitige Haftentlassung **5 EMRK** 18
willkürliche ~ **5 EMRK** 27, 77 ff., 80 ff.
Zugang zur Verfahrensakte **5 EMRK** 541 ff.,
  s.a. Akteneinsicht
Zulässigkeitsvoraussetzungen **5 EMRK** 77 ff.,
  108 ff.
Zurechenbarkeit staatlicher Handlungen
  5 EMRK 44
Freiheitsentziehung bei Minderjährigen
  5 EMRK 239 ff.
Abtreibung **5 EMRK** 245
Aufenthaltsbestimmungsrecht **5 EMRK** 241
Erziehung **5 EMRK** 245
Festnahme **5 EMRK** 242
Hilfe-/Betreuungsangebot **5 EMRK** 246
Jugendstrafe/-arrest **5 EMRK** 247
provisorische Maßnahme **5 EMRK** 247
rechtmäßige ~ **5 EMRK** 240
Schulunterricht **5 EMRK** 246
überwachte Erziehung **5 EMRK** 244 ff.
Vorführung vor die zuständige Behörde
  5 EMRK 249
Zweck **5 EMRK** 244 ff., 249
Freiheitsentziehung wegen Krankheit/Sucht
  5 EMRK 250 ff.
Alkohol-/Rauschgiftsüchtige **5 EMRK** 284 f.
ansteckende Krankheiten **5 EMRK** 257 f.
ärztliche Begutachtung **5 EMRK** 256
dringende Fälle **5 EMRK** 267
Festnahme **5 EMRK** 250
HIV-infizierte **5 EMRK** 258
Landstreicher **5 EMRK** 286 ff.
psychisch Kranke **5 EMRK** 261 ff., *s.a. dort*
Rechtmäßigkeit **5 EMRK** 251
Richtervorbehalt **5 EMRK** 253, 269
Selbstgefährdung **5 EMRK** 259
sozialschädliche Entwicklungen
  5 EMRK 287
unfreiwillige Obdachlosigkeit **5 EMRK** 289
Unterbringung **5 EMRK** 270
Verdacht einer Straftat **5 EMRK** 254
Verfahren **5 EMRK** 252
**Freiheitsentziehung zur Ausweisung/Ausliefe-
  rung 5 EMRK** 292 ff.
Abschiebungshaft **5 EMRK** 300, 302
Auslieferung eigener Staatsangehöriger
  5 EMRK 293
Auslieferungshaft **5 EMRK** 306 ff.

Ausweisungs-/Auslieferungsverfahren
    5 EMRK 320 ff.
Belehrungen **5 EMRK** 312
Beschränkungen der Bewegungsfreiheit
    5 EMRK 292
Einhaltung der nationalen Regeln **5 EMRK** 310
elektronische Aufenthaltsüberwachung
    5 EMRK 302
EU-Rückführungsrichtlinie **5 EMRK** 304
Europäischer Haftbefehl **5 EMRK** 318
geeignete Einrichtungen **5 EMRK** 324
hinreichender Tatverdacht **5 EMRK** 319
Hotspot-Zentren **5 EMRK** 301
Kollektivausweisung **5 EMRK** 294 f.
Minderjährige **5 EMRK** 314
Rechtmäßigkeit **5 EMRK** 309 ff.
Rechtmäßigkeit der Auslieferung/Abschie-
    bung **5 EMRK** 317
schutzbedürftige Person **5 EMRK** 314
Sicherung der Auslieferung **5 EMRK** 306 ff.
Sicherung der Ausweisung **5 EMRK** 300 ff.
Transitzonen **5 EMRK** 296, 316
Verhältnismäßigkeit **5 EMRK** 313
Verhinderung der unerlaubten Einreise
    5 EMRK 297 ff.
Freiheitsentziehung zur Straftatverhinderung
    5 EMRK 221 ff.
bereits begangene Straftat **5 EMRK** 225 ff.
Haftgründe **5 EMRK** 225 ff.
Klimaproteste **5 EMRK** 222
Ordnungswidrigkeiten **5 EMRK** 221 ff.
Pflicht zur Vorführung **5 EMRK** 231
Präventivhaft **5 EMRK** 225
Rs. Guzzardi **5 EMRK** 227
Rs. Ječius **5 EMRK** 227
Rs. Ostendorf **5 EMRK** 224, 226
Rs. S., V. u. A. **5 EMRK** 223, 230
Rs. Schwabe **5 EMRK** 228
Rs. Shimovolos **5 EMRK** 227
Sicherungsverwahrung **5 EMRK** 236 ff.
Straftat **5 EMRK** 221
Unterbindungsgewahrsam, präventiv-polizei-
    licher **5 EMRK** 232
Vergehen **5 EMRK** 222
Vorführung vor einen Richter **5 EMRK** 230
Freiheitsentziehung zur Strafverfolgungssiche-
    rung 5 EMRK 195 ff.
Alternativmaßnahmen **5 EMRK** 220
Fluchtgefahr **5 EMRK** 216 ff.
Haftbefehl **5 EMRK** 201
hinreichender Tatverdacht **5 EMRK** 203 ff.,
    211 ff.
konkrete Verdachtsmomente **5 EMRK** 207
Minderjährige **5 EMRK** 220
nicht strafmündige Person **5 EMRK** 199
Ordnungswidrigkeiten **5 EMRK** 198
Recht auf Aburteilung/Haftentlassung
    5 EMRK 405 ff., *s.a. dort*
rechtswidrige Tat **5 EMRK** 200
Strafanzeige **5 EMRK** 206
Straftat **5 EMRK** 196 ff.

terroristische Straftaten **5 EMRK** 208
Unschuldsvermutung **5 EMRK** 209
Vorführung **5 EMRK** 360 ff., *s.a. dort*
zusätzliche Haftgründe **5 EMRK** 214
Freispruch 6 EMRK 1524
Freitagsgebet 9 EMRK 41
Freizügigkeit 4. ZP–EMRK 2 ff.
Aufenthaltsrecht **4. ZP–EMRK** 33
Aufenthaltsverbot **4. ZP–EMRK** 15
Ausreisefreiheit **4. ZP–EMRK** 4, 8
Ausweisungsverbot eigener Staatsangehöri-
    ger **4. ZP–EMRK** 22 ff., *s.a. dort*
bestimmte Gebiete **4. ZP–EMRK** 20
Bestimmtheit der Weisung/Anordnung
    4. ZP–EMRK 17
Corona-Pandemie **4. ZP–EMRK** 12
Einreise in das eigene Land **4. ZP–EMRK** 21
Einschränkungen **4. ZP–EMRK** 9 ff.
Einziehung eines Reisepasses
    4. ZP–EMRK 19
Hoheitsgebiet **4. ZP–EMRK** 2 f.
Kontaktverbot **4. ZP–EMRK** 16
Meldeauflagen **4. ZP–EMRK** 15
Naturschutzgebiete **4. ZP–EMRK** 20
Privatleben **8 EMRK** 102
Quarantäne **4. ZP–EMRK** 20
rechtmäßiger Aufenthalt **4. ZP–EMRK** 6
Schutzgegenstand **4. ZP–EMRK** 2 ff.
Sperrgebiete **4. ZP–EMRK** 20
Wohnsitz **4. ZP–EMRK** 2
Fremdenrecht Einf. EMRK 4
friendly settlement Verf. EGMR 72 ff.
Frontex
Beschwerde zum Europäischen Bürgerbeauf-
    tragen **Einf. EMRK** 186
EMRK **Einf. EMRK** 177 ff.
Grundrechtsbeauftragter **Einf. EMRK** 178
Grundrechtsbeobachter **Einf. EMRK** 178
Pushbacks, illegale **Einf. EMRK** 179
Früchte des verbotenen Baumes 3 EMRK 158
Führungsaufsicht 5 EMRK 55
full command 1 EMRK 64
Funksender 8 EMRK 264

G
Garage 8 EMRK 231
Gebärdensprache 5 EMRK 351
Gebietshoheit 1 EMRK 37 f.
Gedankenfreiheit 9 EMRK 5
Gefährder
elektronische Aufenthaltsüberwachung
    5 EMRK 302
Präventivhaft **5 EMRK** 303
Gefährderansprache 8 EMRK 91
Gefahrenabwehr
Folter **3 EMRK** 178
Misshandlungsverbote **3 EMRK** 159
Gefängnispersonal 3 EMRK 59
Gegenüberstellung
Unschuldsvermutung **6 EMRK** 651
Verteidigerzugang **6 EMRK** 828

Geheimgefängnisse 5 **EMRK** 36
Geiselbefreiung
    Lebensschutzpflicht, staatliche 2 **EMRK** 37
    Tötungsverbot 2 **EMRK** 27
Geldwäscheregister 8 **EMRK** 99
gelockerter Vollzug 5 **EMRK** 60
Genfer Flüchtlingskonvention Einf. **EMRK** 35
Genfer Konventionen 15 **EMRK** 27
Gericht 6 **EMRK** 178 ff.
    administrative Anordnung 6 **EMRK** 188
    Akteneinsicht 5 **EMRK** 549, 551
    Amtsträger der Exekutive 6 **EMRK** 202
    Amtszeit der Richter 6 **EMRK** 199
    Anwesenheit der Richter 6 **EMRK** 236
    Ausnahmegericht 6 **EMRK** 188
    Begriff 6 **EMRK** 178 ff.
    Berufsrichter 6 **EMRK** 203
    Consultative Council of European Judges
      6 **EMRK** 243
    eigene Prüfungs-/Entscheidungskompetenz
      6 **EMRK** 181 ff.
    Einflussnahme von außen 6 **EMRK** 192, 194
    Erledigungszahlen 6 **EMRK** 198
    Ernennung der Richter 6 **EMRK** 191
    Ernennung durch die Exekutive
      6 **EMRK** 204
    European Charta on the Statute for Judges
      6 **EMRK** 242
    geregeltes Verfahren 6 **EMRK** 179
    gesetzliche Grundlage 6 **EMRK** 184 ff.
    Gleichheit vor ~ 6 **EMRK** 252 ff.
    Haftprüfungsverfahren 5 **EMRK** 516 ff.
    Justizräte 6 **EMRK** 204
    Konzentrationsfähigkeit der Richter
      6 **EMRK** 236
    Laienrichter 6 **EMRK** 187
    Magna Carta of Judges 6 **EMRK** 244
    Militärgericht 6 **EMRK** 189, 202
    Schiedsgericht 6 **EMRK** 180
    Selbstverwaltung der Justiz 6 **EMRK** 204
    Spezialgericht 6 **EMRK** 189
    Standesvertretungen 6 **EMRK** 179
    Strafmaßrichtlinien 6 **EMRK** 195
    UN Basic Principles on the Independence of
      the Judiciary 6 **EMRK** 239
    Unabhängigkeit 6 **EMRK** 192 ff., 205 ff.
    Unabsetzbarkeit/-versetzbarkeit der Richter
      6 **EMRK** 199 ff.
    Unparteilichkeit 6 **EMRK** 230 ff.
    Unparteilichkeit des ~s 6 **EMRK** 213 ff., *s.a.*
      dort
    Weisungsfreiheit 6 **EMRK** 197
    Wiederwahl 6 **EMRK** 205 ff.
    Zugang zu den ~en 6 **EMRK** 142 ff.,
      s.a. dort
    Zusammensetzung des Spruchkörpers
      6 **EMRK** 190
    zuständiges ~ 6 **EMRK** 186
Gerichtskosten 6 **EMRK** 162
Gerichtssystem 2 **EMRK** 57
gesetzlicher Richter 6 **EMRK** 1459

Gesetzlichkeitsprinzip
    Allgemeine Erklärung der Menschenrechte
      7 **EMRK** 8
    Analogieverbot 7 **EMRK** 33 ff.
    Auslegungsgebot 7 **EMRK** 31 f.
    Ausnahme 7 **EMRK** 78 f.
    bestrafende Sanktionen 7 **EMRK** 50
    Bestrafung wegen Straftaten
      7 **EMRK** 47 ff.
    Blankettvorschriften 7 **EMRK** 36
    common law 7 **EMRK** 24
    Dauerdelikt 7 **EMRK** 20
    Disziplinarmaßnahmen 7 **EMRK** 1, 54
    Eingriffe in das Recht auf Privatheit
      8 **EMRK** 42 ff.
    Eingriffe in die Kommunikationsfreiheiten
      10 **EMRK** 49 ff.
    Eingriffe in die Versammlungs-/Vereinigungs-
      freiheit 11 **EMRK** 38
    Einziehung 7 **EMRK** 52
    Engel-Kriterien 7 **EMRK** 48
    Enteignung 1. ZP–**EMRK** 29
    erfasste Sanktionen 7 **EMRK** 47 ff.
    EU-Grundrechtecharta 7 **EMRK** 7
    Europäischer Haftbefehl 7 **EMRK** 17
    Festlegung der Strafe 7 **EMRK** 28 ff.
    Festlegung des Straftatbestandes
      7 **EMRK** 12 ff.
    Freiheitsentziehung 7 **EMRK** 51
    geschriebenes Recht 7 **EMRK** 23
    Grenzen 7 **EMRK** 47 ff.
    IStGH-Statut 7 **EMRK** 25
    lex mitior 7 **EMRK** 7
    Maßregeln der Besserung/Sicherung
      7 **EMRK** 55 f.
    Mauerschützen-Urteile 7 **EMRK** 27
    mental link 7 **EMRK** 15
    nationales Verjährungsrecht 7 **EMRK** 18
    Notstandsfestigkeit 7 **EMRK** 9
    Nutzungsbeschränkung 1. ZP–**EMRK** 47
    Ordnungswidrigkeiten 7 **EMRK** 1
    Parlamentsgesetz 7 **EMRK** 23
    Parteiverbot 7 **EMRK** 61, 11 **EMRK** 51
    Rechtsstaatlichkeit 7 **EMRK** 5
    Rs. Balsamo 7 **EMRK** 53
    Rs. G.I.E.M. 7 **EMRK** 15
    Rs. Rohlena 7 **EMRK** 21
    Rs. Sud Fondi 7 **EMRK** 14
    Rs. Varvara 7 **EMRK** 14
    Rückwirkungsverbot 7 **EMRK** 38 ff.,
      s.a. dort
    Schranken 7 **EMRK** 3
    Sicherungsverwahrung 7 **EMRK** 62 ff.
    Strafbarkeit 7 **EMRK** 4
    Strafbarkeit nach internationalem Recht
      7 **EMRK** 25
    Strafe 7 **EMRK** 47 ff.
    Strafsanktion 7 **EMRK** 4
    Titulierung bürgerlich-rechtlicher Ansprüche
      7 **EMRK** 61
    Verfahrensregelungen 7 **EMRK** 59 f.

Völkervertragsrecht **7 EMRK** 25
Vorbehalt **7 EMRK** 10 f.
Wohnung **8 EMRK** 241
Zweck **7 EMRK** 1
Gewerkschaften 11 EMRK 1, 28 ff.
Individualbeschwerde **Verf. EGMR** 141
Gewissensfreiheit 9 EMRK 5
Gleichbehandlungsgebot 9 EMRK 12
Gleichheit vor Gericht 6 EMRK 255
Gleichheitsgrundsatz Einf. EMRK 245
Global Slavery Index 2018 4 EMRK 85
GRETA 4 EMRK 11
Große Kammer Verf. EGMR 20 f., 103 ff.
Abgabe an die ~ **Verf. EGMR** 103 f.
Verweisungsantrag **Verf. EGMR** 105 ff.
Vorlageverfahren **Verf. EGMR** 109
Grundfreiheiten Einf. EMRK 149
Grundrechtsbeauftragter Einf. EMRK 178
Grundrechtsbeobachter Einf. EMRK 178
Grundrechtsschutz
Freiheit der Person **5 EMRK** 3
Harmonisierung nationaler Strafrechtsordnungen **Einf. EMRK** 211 ff., *s.a. dort*
Günstigkeitsprinzip Verf. EGMR 442
gütliche Einigung Verf. EGMR 72 ff., 360 ff.
Befolgungspflicht **Verf. EGMR** 310
Ministerkomitee **Verf. EGMR** 335
Überwachung der Durchführung **Verf. EGMR** 362

H
Habeas Corpus-Doktrin
Haftprüfungsverfahren **5 EMRK** 506
Justizgrundrechte **Einf. EMRK** 133
Haft 5 EMRK 14
Freiheitsentziehung **5 EMRK** 44
Freiheitsentziehung zur Straftatverhinderung **5 EMRK** 221 ff., *s.a. dort*
Haftbedingungen 3 EMRK 74
Abschiebungs-/Auslieferungsverbot **3 EMRK** 120 ff.
Diskriminierungsverbot **14 EMRK** 48
erniedrigende Behandlung **3 EMRK** 224
erniedrigende Behandlung von Gefangenen **3 EMRK** 252
Europäischer Haftbefehl **3 EMRK** 106, 108, 113 ff.
Recht auf Privatheit **8 EMRK** 17
Rechtsbehelfsgarantie **13 EMRK** 40
unmenschliche/erniedrigende Strafen **3 EMRK** 290
Vorbereitung der Verteidigung **6 EMRK** 817
Haftbefehl
Anspruch auf Aushändigung **5 EMRK** 353
Durchsuchung der Wohnung **8 EMRK** 254
Europäischer ~ *s. dort*
Freiheitsentziehung zur Strafverfolgungssicherung **5 EMRK** 201
Unterrichtung des Beschuldigten **5 EMRK** 341, 353
Verfahrensdauer **6 EMRK** 469

Haftentlassung gegen Sicherheitsleistung 5 EMRK 494 ff.
Art/Höhe der Sicherheit **5 EMRK** 501
Beschleunigungsgebot **5 EMRK** 504
Einschränkung der Bewegungsfreiheit **5 EMRK** 496
Ermessen **5 EMRK** 499
Fluchtgefahr **5 EMRK** 498
Haftgründe **5 EMRK** 498
Hausarrest **5 EMRK** 495
Meldeauflagen **5 EMRK** 496
Richter **5 EMRK** 503
Sicherungszweck **5 EMRK** 501
Verfahren **5 EMRK** 503
Voraussetzungen **5 EMRK** 495 ff.
Vorführung **5 EMRK** 380
Widerruf **5 EMRK** 497
Haftentschädigung 5 EMRK 617 ff.
Amtshaftung **5 EMRK** 618
Anspruch **5 EMRK** 617
Anspruchsberechtigte **5 EMRK** 627
Anspruchsgegner **5 EMRK** 629 f.
EGMR **5 EMRK** 637 ff.
Höhe **5 EMRK** 617
immaterieller Schaden **5 EMRK** 632
Rechtsweg **5 EMRK** 636
rechtswidrige Freiheitsentziehung **5 EMRK** 619, 622 f.
Schadensersatz **5 EMRK** 631 ff.
Verfahrensrechte **6 EMRK** 75
Verfahrensrechteverletzung **5 EMRK** 624
Verjährung **5 EMRK** 635
Voraussetzung **5 EMRK** 622 ff.
Haftgründe 5 EMRK 5
abschließende Aufzählung **5 EMRK** 108 f.
Angemessenheit der Untersuchungshaftdauer **5 EMRK** 425 ff.
Auslegung **5 EMRK** 111
Entstehung öffentlicher Unruhe **5 EMRK** 428
Erweiterung der ~ **5 EMRK** 86
Fluchtgefahr **5 EMRK** 428
Freiheitsentziehung zur Straftatverhinderung **5 EMRK** 225 ff.
Geisteskrankheit **5 EMRK** 129 ff.
Haftentlassung gegen Sicherheitsleistung **5 EMRK** 498
Haftprüfungsverfahren **5 EMRK** 510 ff.
mehrere ~ **5 EMRK** 113
Nachprüfung **5 EMRK** 87
nachträglicher Wegfall **5 EMRK** 141
nationale Rechtsgrundlage **5 EMRK** 87
Sicherungsverwahrung **5 EMRK** 142 ff., *s.a. dort*
Verdunkelungsgefahr **5 EMRK** 428
Völkerrecht **5 EMRK** 86
Wiederholungsgefahr **5 EMRK** 428
Haftprüfungsverfahren 5 EMRK 506 ff.
Antrag **5 EMRK** 591
Beweisaufnahme **5 EMRK** 533
Dolmetscherunterstützung **6 EMRK** 1268
Entlassung aus der Haft **5 EMRK** 594

Fairnessgebot **5 EMRK** 557
Formalkontrolle **5 EMRK** 519
Freiheitsentziehung **5 EMRK** 1
Gericht **5 EMRK** 516 ff.
Habeas Corpus-Doktrin **5 EMRK** 506
Haftgründe **5 EMRK** 510 ff.
Kommunikation Verteidiger-Inhaftierter
   5 EMRK 540
Kontrolldichte **5 EMRK** 520
mündliche Verhandlung **5 EMRK** 528, 537
Öffentlichkeit **5 EMRK** 526
Öffentlichkeit der Verhandlung
   6 EMRK 565
Prüfungsumfang **5 EMRK** 520
rechtliches Gehör **5 EMRK** 529
Rechtsbehelf **5 EMRK** 523
Schengener Durchführungsübereinkommen
   6 EMRK 1615
schriftliches Verfahren **5 EMRK** 528
Überprüfungsdauer **5 EMRK** 606 ff.
Überprüfungsintervalle **5 EMRK** 597 ff., 616
Unterbringung **5 EMRK** 602 f.
Unterrichtung des Beschuldigten **5 EMRK** 507
Untersuchungshaft **5 EMRK** 531 ff.
Verfahren **5 EMRK** 517, 524 ff.
Verzögerungen **5 EMRK** 612 ff.
Vorführung **5 EMRK** 379
vorläufige Festnahme **5 EMRK** 531 ff.
Waffengleichheit **5 EMRK** 537
zuständiges Gericht **5 EMRK** 522
zweite Instanz **5 EMRK** 536
Haftraumgröße/-ausstattung 3 EMRK 264 ff.
Halterverantwortlichkeit für Verkehrsverstöße
Selbstbelastungsfreiheit **6 EMRK** 1409 ff.
Unschuldsvermutung **6 EMRK** 680
Handabdrücke 8 EMRK 149
Handakten 6 EMRK 922
Harmonisierung nationaler Strafrechtsordnungen Einf. EMRK 211 ff.
justizielle Zusammenarbeit in Strafsachen
   Einf. EMRK 211 f.
Mindestvorschriften **Einf. EMRK** 211
Regelungsmaterie **Einf. EMRK** 212
Richtlinien **Einf. EMRK** 211, 220
Stockholmer Programm **Einf. EMRK** 219 f.
Verfahrensgarantien für Verdächtige/Beklagte **Einf. EMRK** 213 ff.
Hate Speech 10 EMRK 154
Hauptverhandlung, öffentliche 6 EMRK 565
Hausangestellte 4 EMRK 61
Hausarrest
Freiheitsentziehung **5 EMRK** 60
Haftentlassung gegen Sicherheitsleistung
   5 EMRK 495
Hausboot 8 EMRK 231
häusliche Gewalt 3 EMRK 68
Havanna-Rules 6 EMRK 1456
Heimunterricht 8 EMRK 206
helicopter position 3 EMRK 184
Hinweisgeberschutz 10 EMRK 62 ff., *s.a.* Whistleblowing

HIV-infizierte
erniedrigende Behandlung von Gefangenen
   3 EMRK 259
Freiheitsentziehung wegen Krankheit/Sucht
   5 EMRK 258
Hohe See 1 EMRK 70 f.
Hoheitsgewalt 1 EMRK 35 ff.
Abfangen von Flüchtlingen
   1 EMRK 71
Auslieferungshaft **1 EMRK** 76
Ausübung fremder ~ **1 EMRK** 46
autonome Gebiete **1 EMRK** 38
diplomatische Vertretungen **1 EMRK** 48
EGMR **1 EMRK** 47 ff.
Europäischer Haftbefehl **1 EMRK** 76
Flughäfen **1 EMRK** 73
Flugzeuge **1 EMRK** 43
Gebietshoheit **1 EMRK** 37 f.
Hohe See **1 EMRK** 70 f.
Immunität **1 EMRK** 43
internationale Rechtsstreitigkeiten
   1 EMRK 74 ff.
IPBPR **1 EMRK** 98
Kolonialklausel **1 EMRK** 39
konsularische Vertretungen **1 EMRK** 48
Militär-/Polizeieinsätze, internationale
   1 EMRK 50 ff., *s.a. dort*
militärische Besetzung **1 EMRK** 45
Niederlassung einer Internationalen Organisation **1 EMRK** 44
Personalhoheit **1 EMRK** 36, 48
Personalitätsprinzip **1 EMRK** 43
Piraterie **1 EMRK** 70
Push-backs **1 EMRK** 71
Rechtshilfe **1 EMRK** 75
Schiffe **1 EMRK** 43
Schutzstaat **1 EMRK** 39
separatistische Bewegungen **1 EMRK** 37, 45
stationierte Truppen **1 EMRK** 46
Territorialitätsprinzip **1 EMRK** 37
Terrorismusbekämpfung **1 EMRK** 70
Transitzonen **1 EMRK** 72
völkerrechtliche Ausnahmen **1 EMRK** 42 ff.
Wirkung im Ausland **1 EMRK** 49
Zurechenbarkeit staatlicher Handlungen
   1 EMRK 35
Holocaustleugnung 10 EMRK 60
Hörfalle 8 EMRK 272
Tatprovokation **6 EMRK** 354
Hotspot-Zentren 5 EMRK 301
Human Rights Committee Einf. EMRK 15
Individualbeschwerde **Verf. EGMR** 426, 431 ff.
Mitglieder **Verf. EGMR** 423
Nachfolgeverfahren **Verf. EGMR** 440
Notstandsmaßnahmen **15 EMRK** 35
Staatenberichte **Verf. EGMR** 424
Staatenbeschwerde **Verf. EGMR** 425, 428 ff.
Verfahren **Verf. EGMR** 422 ff.
Human Rights Compliance Einf. EMRK 63 f.

humanitäres Völkerrecht
EMRK **1 EMRK** 54
Misshandlungsverbote **3 EMRK** 25
Verfahrensrechte **6 EMRK** 8
Hungerstreik 2 EMRK 36
Hygiene-Pranger 6 EMRK 692

I
ICAT 4 EMRK 19
ICC-Statut 2 EMRK 6
illegale Einreise
Freiheitsentziehung **5 EMRK** 80
Freiheitsentziehung zur Ausweisung/Auslieferung **5 EMRK** 297 ff.
ILO-Übereinkommen Einf. EMRK 36, **Verf. EGMR** 452
Versammlungs-/Vereinigungsfreiheit **11 EMRK** 3
Zwangsarbeitsverbot **4 EMRK** 34
immaterieller Schaden 5 EMRK 632
Immunität
Gleichheit vor Gericht **6 EMRK** 255
Hoheitsgewalt **1 EMRK** 43
Selbstbelastungsfreiheit **6 EMRK** 1352
strafrechtliche Anklage **6 EMRK** 122
Zugang zu den Gerichten **6 EMRK** 166 ff.
Impfpflicht
Notstandsmaßnahmen **15 EMRK** 24
Privatleben **8 EMRK** 107
Impfung 2 EMRK 44
in dubio pro reo-Regel 6 EMRK 677
In-vitro-Fertilisation 2 EMRK 11
Individual justice-Modell Verf. EGMR 400 ff.
Individualbeschwerde Verf. EGMR 32, 119 ff.
Amtssprachen **Verf. EGMR** 221 f.
anonyme ~ **Verf. EGMR** 218 f.
anwaltliche Vertretung **Verf. EGMR** 220
Anwaltszwang **Verf. EGMR** 144
Beschwerdebefugnis **Verf. EGMR** 145 ff.
Beschwerdeformular **Verf. EGMR** 211
Beschwerdeführer **Verf. EGMR** 137 ff.
direkte Opfer **Verf. EGMR** 150
EMRK **1 EMRK** 7
Erschöpfung innerstaatlicher Rechtsbehelfe **Verf. EGMR** 175 ff., *s.a. dort*
Fairnessgebot **6 EMRK** 274
Form **Verf. EGMR** 211 ff.
Frist **Verf. EGMR** 223 ff.
Fristbeginn bei Dauerzustand **Verf. EGMR** 228 ff.
Fristende **Verf. EGMR** 237 ff.
gegenwärtige Betroffenheit **Verf. EGMR** 158
Gewerkschaften **Verf. EGMR** 141
Human Rights Committee **Verf. EGMR** 426, 431 ff.
Identität der Beschwerden **Verf. EGMR** 246 ff.
indirekte Opfer **Verf. EGMR** 151
Inhalt **Verf. EGMR** 212 ff.
IPBPR **Einf. EMRK** 16

IPWSKR **Einf. EMRK** 17
juristische Personen **Verf. EGMR** 141, 149
Kinderrechtskonvention **6 EMRK** 1453
Kollektivausweisung **4. ZP–EMRK** 35
Kumulationsverbot **Verf. EGMR** 241 ff.
Litispendenz **Verf. EGMR** 241 ff.
Missbrauch des Beschwerderechts **Verf. EGMR** 252 ff.
Missbrauch, formeller **Verf. EGMR** 255 f.
Missbrauch, materieller **Verf. EGMR** 257
mögliches Opfer **Verf. EGMR** 153
nichtstaatliche Organisationen **Verf. EGMR** 140
offensichtlich unbegründete ~ **Verf. EGMR** 250 f.
Opfereigenschaft **Verf. EGMR** 146
Parteifähigkeit **Verf. EGMR** 137 ff.
Personengruppen **Verf. EGMR** 139
politische Parteien **Verf. EGMR** 141
Popularbeschwerde **Verf. EGMR** 147
Postulationsfähigkeit **Verf. EGMR** 144
Prozessfähigkeit **Verf. EGMR** 143
ratione loci **Verf. EGMR** 119 ff.
ratione materiae **Verf. EGMR** 130
ratione personae **Verf. EGMR** 131 ff.
ratione temporis **Verf. EGMR** 119 ff.
Recht auf Privatheit **8 EMRK** 2
Rechtsakte der EU **Verf. EGMR** 134
res iudicata **Verf. EGMR** 240
Selbstbetroffenheit **Verf. EGMR** 147
Todes des Verletzten **Verf. EGMR** 171 ff.
UN-Antifolterkonvention **Verf. EGMR** 457
unerheblicher Nachteil **Verf. EGMR** 258, 363 ff.
unmittelbare Betroffenheit **Verf. EGMR** 155 ff.
Untersuchungshaft **Verf. EGMR** 170
Unvereinbarkeit Beschwerdegegenstand-EMRK **Verf. EGMR** 119 ff.
Unvereinbarkeit, örtliche **Verf. EGMR** 125 ff.
Unvereinbarkeit, persönliche **Verf. EGMR** 131 ff.
Unvereinbarkeit, sachliche **Verf. EGMR** 130
Unvereinbarkeit, zeitliche **Verf. EGMR** 119 ff.
Verfahrensdauer **Verf. EGMR** 169
Verfahrensfähigkeit **Verf. EGMR** 143
Wegfall der Opfereigenschaft **Verf. EGMR** 161 ff.
Wiederholungsverbot **Verf. EGMR** 240
Zulässigkeitsvoraussetzungen **Verf. EGMR** 119 ff.
Inertia-Effekt 6 EMRK 221
Inflation 1. ZP–EMRK 17
Informanten 6 EMRK 352
Informationsbeschaffungsfreiheit 10 EMRK 1, 16 ff.
Informationen der öffentlichen Hand **10 EMRK** 20
Internetzugang **10 EMRK** 17
staatliche Beeinträchtigung **10 EMRK** 18 f.
infringement proceedings Verf. EGMR 334, 376

Insolvenzverfahren
  private Kommunikation **8 EMRK** 275
  Selbstbelastungsfreiheit **6 EMRK** 1361
  Wahlrecht **1. ZP–EMRK** 105
Instanzenzug 6 EMRK 173 ff., 1472 ff.
  Begründung der fehlenden Erfolgsaussichten
    des Rechtsmittels **6 EMRK** 1480
  EMRK **6 EMRK** 1472
  Gericht **6 EMRK** 1474
  geringfügige Straftaten **6 EMRK** 1481
  Ministeranklagen **6 EMRK** 1482
  Rechtsmittelbefugnis **6 EMRK** 1478
  Rechtsmittelinstanz **6 EMRK** 1485
  Rügeverkümmerung **6 EMRK** 1476
  Überprüfung der erstinstanzlichen Entschei-
    dung **6 EMRK** 1475
  Umsetzungsspielraum **6 EMRK** 1474
  Vollstreckung der Strafe **6 EMRK** 1479
  Vorbehalt **6 EMRK** 1481
  Zugang zu den Gerichten **6 EMRK** 173 ff.
  Zulässigkeitsvoraussetzungen **6 EMRK** 1478
**Inter-Amerikanische Kommission für Menschen-
    rechte Einf. EMRK** 20
internationale Rechtsstreitigkeiten
  1 EMRK 74 ff.
**Internationaler Pakt über bürgerliche und poli-
    tische Rechte Einf. EMRK** 14 ff., *s.a.* IPBPR
**Internationaler Pakt über wirtschaftliche, sozia-
    le und kulturelle Rechte Einf. EMRK** 15 ff.,
    s.a. IPWSKR
Internationaler Strafgerichtshof Einf. EMRK 62
  Verfahrensrechte **6 EMRK** 37 ff.
Internierung 5 EMRK 60
Interpretationserklärung Einf. EMRK 94
Intimkontrolle 3 EMRK 211
Inzestverbot 8 EMRK 74
IPBPR Einf. EMRK 14 ff.
  Anwesenheitsrecht in der Verhandlung
    6 EMRK 946 ff., *s.a. dort*
  Auslegungsgrundsätze **Einf. EMRK** 251 ff.
  Begünstigungsklausel **17 EMRK** 11
  Behandlung Inhaftierter **5 EMRK** 640 ff., *s.a.
    dort*
  Beschwerdebefugnis **1 EMRK** 96
  Diskriminierungsverbot **14 EMRK** 1 ff., *s.a. dort*
  Doppelbestrafungsverbot **6 EMRK** 1508
  Durchsetzung, innerstaatliche **1 EMRK** 9
  Eingriffe in das Recht auf Privatheit
    8 EMRK 50
  EMRK **Einf. EMRK** 227 ff.
  Entschädigung bei Fehlurteil **6 EMRK** 1486 ff.
  Entscheidungsverkündung **6 EMRK** 585
  Fakultativprotokoll **Einf. EMRK** 16,
    1 EMRK 10
  Fakultativprotokolle **Einf. EMRK** 101 f.
  Folter **3 EMRK** 187
  Freiheit der Person **5 EMRK** 1 ff., *s.a. dort*
  Freizügigkeit **4. ZP–EMRK** 2 ff., *s.a. dort*
  Geltung in der EU **Einf. EMRK** 142 ff., 227 ff.
  Gericht **6 EMRK** 178 ff., *s.a. dort*
  Gesetzlichkeitsprinzip **7 EMRK** 2, *s.a. dort*

Gewährleistungspflichten **1 EMRK** 100
Grundkonvention **Einf. EMRK** 97 ff.
Hoheitsgewalt **1 EMRK** 98
Human Rights Committee **Einf. EMRK** 15,
  Verf. EGMR 422 ff., *s.a. dort*
Individualbeschwerde **Einf. EMRK** 16
juristische Personen **1 EMRK** 97
Kommunikationsfreiheiten **10 EMRK** 1 ff.,
  s.a. dort
Kumulationsverbot **Einf. EMRK** 230
Lebensschutz **2 EMRK** 1 ff., *s.a. dort*
lex mitior **7 EMRK** 43
Militär-/Polizeieinsätze, internationale
  1 EMRK 99
Missbrauchsverbot **17 EMRK** 1 ff., *s.a. dort*
Misshandlungsverbote **3 EMRK** 2
Notstandsmaßnahmen **15 EMRK** 1 ff., *s.a.
  dort*
periodische Staatenberichte **Einf. EMRK** 15
Präambel **Prä. EMRK** 1, 3, 5
Recht auf Eheschließung **12 EMRK** 1 ff., *s.a.
  dort*
Recht auf Privatheit **8 EMRK** 4
Rechtsbehelfsgarantie **13 EMRK** 1 ff., *s.a. dort*
Rechtsschutz **Einf. EMRK** 229
Religions-/Überzeugungsfreiheit **9 EMRK** 4 ff.
Selbstbelastungsfreiheit **6 EMRK** 1328 ff., *s.a.
  dort*
Sklavereiverbot **4 EMRK** 1 ff., *s.a. dort*
Todesstrafe **2 EMRK** 93 f., **6. ZP–EMRK** 9 f.
Tötungsverbot **2 EMRK** 30
UN-Menschenrechtsausschuss **1 EMRK** 8
unmittelbare Rechte **1 EMRK** 8
Unschuldsvermutung **6 EMRK** 607
Verfahren gegen Jugendliche **6 EMRK** 1438 f.,
  1459 ff.
Verfahrensdauer **6 EMRK** 429, *s.a. dort*
Verfahrensrechte **6 EMRK** 11, *s.a. dort*
Versammlungs-/Vereinigungsfreiheit
  11 EMRK 1 ff., *s.a. dort*
Vorbehalte **Einf. EMRK** 103
Zwangsarbeitsverbot **4 EMRK** 34 ff., *s.a. dort*
IPWSKR Einf. EMRK 15 ff.
CESCR **Einf. EMRK** 17
Diskriminierungsverbot **14 EMRK** 13
Fakultativprotokoll **Einf. EMRK** 17
Individualbeschwerde **Einf. EMRK** 17
periodische Staatenberichte **Einf. EMRK** 15
Recht auf Bildung **1. ZP–EMRK** 94
Versammlungs-/Vereinigungsfreiheit
  11 EMRK 4
Iraqi Freedom 1 EMRK 30
Istanbul-Konvention Einf. EMRK 38
IStGH-Statut Verf. EGMR 468
  Doppelbestrafungsverbot **6 EMRK** 1509 ff.
  Gesetzlichkeitsprinzip **7 EMRK** 25
  Misshandlungsverbote **3 EMRK** 26
ius cogens des Allgemeinen Völkerrechts
  Doppelbestrafungsverbot **6 EMRK** 1569
  Misshandlungsverbote **3 EMRK** 29 f.
  Sklavereiverbot **4 EMRK** 36

J

Jugendliche
Öffentlichkeit der Verhandlung
6 EMRK 592 ff.
Todesstrafe **6. ZP–EMRK** 9
Verfahren gegen ~ **6 EMRK** 1426 ff.,
s.a. dort
Verfahrensdauer **6 EMRK** 438
Jugendstrafe/-arrest 5 EMRK 247
Jurisconsult Verf. EGMR 392
jurisdictional link 1 EMRK 58 f., 68
juristische Personen 1 EMRK 97
EMRK **1 EMRK** 19
Individualbeschwerde **Verf. EGMR** 141, 149
IPBPR **1 EMRK** 97
Recht auf Privatheit **8 EMRK** 19
Selbstbelastungsfreiheit **6 EMRK** 1341
Verfahrensrechte **6 EMRK** 27
Versammlungsfreiheit **11 EMRK** 18
Justizgewährleistungspflicht 6 EMRK 453
Justizgrundrechte Einf. EMRK 129 ff.
Analogieverbot **Einf. EMRK** 131
gesetzlicher Richter **Einf. EMRK** 130
Habeas Corpus-Doktrin **Einf. EMRK** 133
Rückwirkungsverbot **Einf. EMRK** 132
Justizielle Rechte Einf. EMRK 206
justizielle Zusammenarbeit in Strafsachen
Einf. EMRK 211 f.
Justizräte 6 EMRK 204

K

Kammer
Reduktion der Kammergröße **Verf.**
EGMR 357 f.
Verfahren bei Zulässigkeit
Verf. EGMR 69 ff.
Zulässigkeitsentscheidung **Verf. EGMR** 66 f.
Kanzler Verf. EGMR 25 ff.
Kastration, chirurgische 3 EMRK 263
Kaution 5 EMRK 380
Kennzeichenerkennungssysteme 8 EMRK 111
Kinder
EMRK **1 EMRK** 17
Freiheit der Person **5 EMRK** 31
Unterrichtung des Beschuldigten
6 EMRK 780
Kinderhandel
Leibeigenschaft **4 EMRK** 58
Sklaverei **4 EMRK** 52
Übereinkommen zum Schutz von Kindern
4 EMRK 8
Kinderrechtskonvention Einf. EMRK 36
Individualbeschwerde **6 EMRK** 1453
Recht auf Privatheit **8 EMRK** 10
Verfahren gegen Jugendliche **6 EMRK** 1451 ff.
Klageerzwingungsverfahren 2 EMRK 63
Klimakrise 2 EMRK 45
Klimaproteste
Freiheitsentziehung zur Straftatverhinde-
rung **5 EMRK** 222
Präventivhaft **5 EMRK** 233

Koalitionsfreiheit 11 EMRK 28 ff.
closed shop agreements **11 EMRK** 29
Gewerkschaften **11 EMRK** 28 ff.
Monopol der Gewerkschaften **11 EMRK** 31
negative ~ **11 EMRK** 32
Streikrecht **11 EMRK** 30
Zwangsgewerkschaften **11 EMRK** 31
Kollektivausweisung 4. ZP–EMRK 34 ff.
Ausweisungsverbot eigener Staatsangehöri-
ger **4. ZP–EMRK** 26
Freiheitsentziehung zur Ausweisung/Ausliefe-
rung **5 EMRK** 294 f.
Hoheitsgewalt **4. ZP–EMRK** 37
indirekte ~ **4. ZP–EMRK** 39
Individualbeschwerde **4. ZP–EMRK** 35
Rs. M.K u.a. **4. ZP–EMRK** 45
Rs. N.D. & N.T. **4. ZP–EMRK** 42
simultane Ausweisung **4. ZP–EMRK** 41
Staatenlose **4. ZP–EMRK** 34
Kollusionsgefahr 5 EMRK 457 ff.
Kolonialklausel 1 EMRK 39
Kommunikationsfreiheiten
Allgemeininteresse **10 EMRK** 32
Aufstachelung zu Hassverbrechen
10 EMRK 143
Ausländer **10 EMRK** 40
beleidigende Inhalte eines Dritten
10 EMRK 155
Eingriffe in die ~ **10 EMRK** 44 ff., *s.a. dort*
Einschränkung **10 EMRK** 3
EMRK **10 EMRK** 2
EU-Grundrechtecharta **10 EMRK** 5
Gefangene **10 EMRK** 39
Gegendarstellung **10 EMRK** 36
geschützte Personen **10 EMRK** 40 ff.
grenzüberschreitende ~ **10 EMRK** 30
Grundrecht **10 EMRK** 4
Hasskriminalität **10 EMRK** 147
Hate Speech **10 EMRK** 154
Informationsbeschaffungsfreiheit
10 EMRK 1, 16 ff.
IPBPR **10 EMRK** 2
Kommunikationsmittel **10 EMRK** 14 f.
Kriegspropaganda **10 EMRK** 143,
10 EMRK 162
Kunstfreiheit **10 EMRK** 1, 28
Massenkommunikationsmittel **10 EMRK** 22
Mäßigungsgebot **10 EMRK** 41
Medienberichterstattung **10 EMRK** 8
Meinungsäußerungsfreiheit **10 EMRK** 1,
12 ff.
Meinungsbildungsfreiheit **10 EMRK** 1, 11
Meinungsfreiheit **10 EMRK** 1
Meldepflicht sozialer Netzwerke für Strafta-
ten **10 EMRK** 151
negative Medienfreiheit **10 EMRK** 15
Nutzung von öffentlichen Straßen/Plätzen
10 EMRK 37
obligatorische Schranke **10 EMRK** 142 ff.
öffentlicher Dienst **10 EMRK** 41 f.
Polizeibeamte **10 EMRK** 41

Presse **10 EMRK** 8
Pressefreiheit **10 EMRK** 4, 22 ff., *s.a. dort*
Pressekonzentration, exzessive **10 EMRK** 35
Rs. Nachova **10 EMRK** 149
Schutz gegen staatliche Eingriffe
   10 EMRK 31 ff.
Schutzgut **10 EMRK** 11 ff.
Schutzpflicht **10 EMRK** 34 ff., 142
Schweigerecht **10 EMRK** 10
Soldaten **10 EMRK** 41
Sonderstatus einer Person **10 EMRK** 39
Strafverfahren **10 EMRK** 9
Tragweite **10 EMRK** 31 ff.
Verfassungsrecht **10 EMRK** 4
Verhetzende Beleidigung **10 EMRK** 152
Verteidiger **10 EMRK** 9
Verwirkung des Grundrechtes **10 EMRK** 4
Völkervertragsrecht **10 EMRK** 158 ff.
Wahlrecht **10 EMRK** 43
Wissenschaftsfreiheit **10 EMRK** 1, 29
Kommunikationsumstände 8 EMRK 164
Konfrontationsrecht 6 EMRK 1127 ff., 1145 ff.
Abspielen der Videoaufzeichnung
   6 EMRK 1193
Angaben außerhalb der Hauptverhandlung
   6 EMRK 1194
anonyme Gewährsleute **6 EMRK** 1154
anonyme Zeugen **6 EMRK** 1202,
   6 EMRK 1206
Anwesenheit bei Zeugeneinvernahmen
   6 EMRK 1147
Art **6 EMRK** 1160
audiovisuelle Vernehmung **6 EMRK** 1196
Auslandszeugen **6 EMRK** 1181 ff.
Belastungszeugen **6 EMRK** 1145
Beweisverwertungsverbot **6 EMRK** 1201 ff.
Beweiswürdigung **6 EMRK** 406
Disponibilität **6 EMRK** 1152
Drei-Stufen-Prüfung **6 EMRK** 1167 ff.,
   6 EMRK 1172 ff., 1175 ff.
Einschränkung **6 EMRK** 1164 ff.
Entlastungszeugen **6 EMRK** 1208 ff.
ergänzende Befragung **6 EMRK** 1151
Ermittlungsverfahren **6 EMRK** 1153,
   6 EMRK 1155
Fairnessgebot **6 EMRK** 275
faktische Beschränkungen **6 EMRK** 1167 ff.
Form **6 EMRK** 1159
Gelegenheit zur Ausübung **6 EMRK** 1152
Hauptverhandlung **6 EMRK** 1149
inhaltliche Grenzen **6 EMRK** 1164 ff.
Ladung von Entlastungszeugen
   6 EMRK 1208 ff., 1214 f.
mittelbare Befragung **6 EMRK** 1161
Prüfungsmodell **6 EMRK** 1179 ff.
re-examination **6 EMRK** 1151
Recht auf Privatheit **8 EMRK** 36
Rs. Al-Khawaja u. Tahery **6 EMRK** 1175
Rs. Lobarev **6 EMRK** 1200
Rs. Schatschaschwili **6 EMRK** 1150, 1177
Rs. Štefančič **6 EMRK** 1190

schriftliche Beantwortung eines Fragenkata-
   logs **6 EMRK** 1195
Selbstladungsrecht **6 EMRK** 1213
Sichtblende **6 EMRK** 1195
Sperrerklärung **6 EMRK** 1173, 1180
Umfang **6 EMRK** 1160
Unmittelbarkeitsgrundsatz **6 EMRK** 1149
Verfahrensgestaltung **6 EMRK** 1192
Verlesung von Vernehmungsniederschriften
   6 EMRK 1155 ff.
Verteidiger **6 EMRK** 869, 1146
Vorhersehbarkeit der Einschränkung
   6 EMRK 1199
Wahrung der Effektivität der Verteidigung
   6 EMRK 1205
Wiederholungsfrage **6 EMRK** 1151
Zeugenschutz **6 EMRK** 1184
konsularische Vertretungen 1 EMRK 48
Kontaktsperre 6 EMRK 875
Kontaktverbot 4. ZP–EMRK 16
Kopftuch 9 EMRK 37
Krankenversicherung 6 EMRK 57
Krieg 15 EMRK 2 f.
Kriegspropaganda 10 EMRK 143, 162
Kriegsverbrechen 3 EMRK 27
Kriegszeiten 6. ZP–EMRK 22
Kriminalisierungsgebot 6 EMRK 84
Kronzeugenregelung 6 EMRK 1354
KSZE
Diskriminierungsverbot **14 EMRK** 14
Menschenrechtsschutz **Einf. EMRK** 104 ff.
Verfahrensrechte **6 EMRK** 7
Kundus-Bombardement 1 EMRK 65 ff.
Kunstfreiheit 10 EMRK 1, 28
Künstliche Intelligenz 6 EMRK 757

L
Laienrichter 6 EMRK 187
Unparteilichkeit des Gerichts **6 EMRK** 215
Landstreicher
Freiheitsentziehung wegen Krankheit/Sucht
   5 EMRK 286 ff.
Präventivhaft **5 EMRK** 290
Langzeitbesuche 12 EMRK 22
Lautsprecher 11 EMRK 19
Lebensmittelaufsicht 6 EMRK 692
Lebensschutz 2 EMRK 1 ff.
Abtreibungsverbote **2 EMRK** 10
Angehörige **2 EMRK** 19 f.
Ausnahmen **2 EMRK** 3 f., 93 ff.
Betroffene **2 EMRK** 19
Embryonen **2 EMRK** 11
Entschädigungspflicht **2 EMRK** 90 f.
EU-Grundrechtecharta **2 EMRK** 5
Festnahme, ordnungsgemäße **2 EMRK** 109 ff.
finaler Rettungsschuss **2 EMRK** 102 ff.
ICC-Statut **2 EMRK** 6
In-vitro-Fertilisation **2 EMRK** 11
lebensgefährdende staatliche Maßnahme
   2 EMRK 14 ff.
Lebensgefährdung durch Dritte **2 EMRK** 18

Lebensschutzpflicht, staatliche **2 EMRK** 33 ff., *s.a. dort*
Nasciturus **2 EMRK** 9
Osman-Test **2 EMRK** 18
Rechtsordnung **2 EMRK** 15
Reichweite des Schutzes **2 EMRK** 13 ff.
Sachgüternotwehr **2 EMRK** 106
Schutzgut **2 EMRK** 8 ff.
Schutzpflicht **2 EMRK** 16
Selbsttötung **2 EMRK** 8
Sterbehilfe **2 EMRK** 12
Strafvorschriften **2 EMRK** 15
Todesstrafe **2 EMRK** 93 ff., *s.a. dort*
Tötungsverbot **2 EMRK** 22 ff., *s.a. dort*
Unterdrückung eines Aufruhrs/Aufstandes
    2 EMRK 114 f.
Verhältnis zwischen Privatpersonen
    2 EMRK 92
Verhindern des Entkommens **2 EMRK** 109 ff.
Verteidigung eines Menschen **2 EMRK** 101 ff.
Völkermord-Konvention **2 EMRK** 6
werdendes Leben **2 EMRK** 9
Zusatzprotokolle **2 EMRK** 7
Lebensschutzpflicht, staatliche 2 EMRK 33 ff.
Abschiebung **2 EMRK** 60
Amnestie **2 EMRK** 55
Arbeitsschutz **2 EMRK** 46
ärztliche Kunstfehler **2 EMRK** 43
Aufklärung der Todesursache **2 EMRK** 61 ff.,
    s.a. dort
Auslieferung **2 EMRK** 60
Basic Principles on the Use of Force and Fire-
    arms by Law Enforcement Officials
    2 EMRK 41
besondere Sorgfalt **2 EMRK** 54
gefährliche Anlagen/Aktivitäten **2 EMRK** 51
Geiselbefreiung **2 EMRK** 37
Gerichtssystem **2 EMRK** 57
Gesundheitswesen **2 EMRK** 42
Handeln sämtlicher Staatsorgane
    2 EMRK 56 ff.
Hungerstreik **2 EMRK** 36
Impfung **2 EMRK** 44
Klageerzwingungsverfahren **2 EMRK** 63
Klimakrise **2 EMRK** 45
Medikamente **2 EMRK** 44
Militär-/Polizeieinsätze, internationale
    2 EMRK 40 f.
Mindestmaß gesetzlicher Regelungen
    2 EMRK 47 ff.
Personenschutz **2 EMRK** 58 f.
Polizeibeamte **2 EMRK** 56
präventive ~ **2 EMRK** 34
Recht auf Strafverfolgung **2 EMRK** 62 f.
repressive ~ **2 EMRK** 61 ff.
Sicherheit im öffentlichen Raum **2 EMRK** 46
Sicherungsverwahrung **2 EMRK** 53
Straftäter **2 EMRK** 52
Strafvorschriften **2 EMRK** 49
Straßenverkehr **2 EMRK** 46
Suizidandrohungen **2 EMRK** 36

Umfang **2 EMRK** 33 ff.
Umweltschäden **2 EMRK** 45
Waffenbesitz **2 EMRK** 54
Zwangsernährung **2 EMRK** 36
Leibeigenschaft 4 EMRK 58 ff.
Frauenhandel **4 EMRK** 58
Hausangestellte **4 EMRK** 61
Kinderhandel **4 EMRK** 58
Schuldknechtschaft **4 EMRK** 58
Verfassungsrecht **4 EMRK** 38
Zwangsarbeit **4 EMRK** 59
Leibeigenschaftsverbot 4 EMRK 1 ff., 58 ff., *s.a.*
Sklavereiverbot
ähnliche Praktiken **4 EMRK** 62 ff.
Leibeigenschaft **4 EMRK** 58 ff.
Militärdienst **4 EMRK** 63
Leibesstrafen 3 EMRK 186
unmenschliche/erniedrigende Strafen
    3 EMRK 278
**Leitungskomitee für Menschenrechte
Einf. EMRK** 50
Lichtbilder 6 EMRK 544
Lockdown 5 EMRK 61
Lockspitzel-Einsatz 6 EMRK 389
locus standi 1 EMRK 66 ff.
Lord Woolf-Report Verf. EGMR 384 ff.

M
Mädchenhandel 4 EMRK 2
Magna Carta of Judges 6 EMRK 244
Massenüberwachungssystem 8 EMRK 129
Maßregeln der Besserung/Sicherung
Gesetzlichkeitsprinzip **7 EMRK** 55 f.
strafrechtliche Anklage **6 EMRK** 93
Verfahrensdauer, überlange **6 EMRK** 501
Verurteilung **5 EMRK** 121
Mauerschützen-Urteile 7 EMRK 27
Medienberichterstattung 10 EMRK 8,
    s.a. Presse
Medikamente
Freiheitsentziehung **5 EMRK** 67
Lebensschutzpflicht, staatliche
    2 EMRK 44
Megaphone 11 EMRK 19
Mehrheitsprämie 1. ZP–EMRK 98
Meinungsäußerungsfreiheit 10 EMRK 1, 12 ff.
Äußerungsdelikte **10 EMRK** 156
Presse **10 EMRK** 8
Meinungsbildungsfreiheit 10 EMRK 1, 11
Meinungsfreiheit 10 EMRK 1 ff., *s.a.* Kommunika-
tionsfreiheiten
negative ~ **10 EMRK** 13
Versammlungsfreiheit **11 EMRK** 11
Meinungspluralismus 10 EMRK 57
Meldeauflagen
Freiheitsbeschränkung **5 EMRK** 70
Freizügigkeit **4. ZP–EMRK** 15
Haftentlassung gegen Sicherheitsleistung
    5 EMRK 496
Menschenhandel
Begriff **4 EMRK** 55

Berichterstatter-Stelle **4 EMRK** 13
Better Migration Management **4 EMRK** 32
Ermittlungsverfahren **4 EMRK** 23
EU-Grundrechtecharta **4 EMRK** 14
EU-Strategiepapier **4 EMRK** 17
grenzüberschreitender ~ **4 EMRK** 45
GRETA **4 EMRK** 11
ICAT **4 EMRK** 19
Konvention gegen ~ **4 EMRK** 7
operative Maßnahmen **4 EMRK** 49
OSZE-Aktionsplan **4 EMRK** 33
Palermo-Protokoll **4 EMRK** 55
Plattform der Zivilgesellschaft **4 EMRK** 31
Prostitution **4 EMRK** 20 ff.
RL-Opferschutz **4 EMRK** 27
Rs. L.E. **4 EMRK** 46
Rs. Rantsev **4 EMRK** 19
Rs. S.M. **4 EMRK** 48
Rs. T.I. **4 EMRK** 50
Rs. Zoletic **4 EMRK** 48
Sklaverei **4 EMRK** 52, 54
Strategie fur Opferrechte **4 EMRK** 28
Übereinkommen zum Schutz von Frauen
    4 EMRK 9
Übereinkommen zum Schutz von Kindern
    4 EMRK 8
UN-Resolutionen gegen ~ **4 EMRK** 4 ff.
Zwangsheirat **4 EMRK** 56
Menschenrechtskommissar des Europarates
    Einf. EMRK 42 ff., **Verf. EGMR** 377
Menschenrechtskonventionen Einf. EMRK 18 ff.,
    116 ff.
Afrikanische Charta der Rechte des Men-
    schen und der Völker **Einf. EMRK** 24 ff.
Amerikanische Menschenrechtskonvention
    Einf. EMRK 19 ff.
Anwendungsebenen **Einf. EMRK** 258 ff.
Arab Charter of Human Rights
    Einf. EMRK 27 ff.
ASEAN Charta **Einf. EMRK** 31 ff.
Auslegung des Grundgesetzes **Einf. EMRK** 136
Auslegungsgrundsätze **Einf. EMRK** 232 ff., *s.a.*
    dort
Banjul-Charta **Einf. EMRK** 24 ff.
Bundesrecht **Einf. EMRK** 137 ff.
Europäische Menschenrechtskonvention
    Einf. EMRK 18
Geltungsbereich **1 EMRK** 1
innerstaatliche Geltung **Einf. EMRK** 118 ff.
innerstaatliche Rechtsanwendung
    Einf. EMRK 259 f.
innerstaatliches Verfassungsrecht
    Einf. EMRK 261 ff.
Justizgrundrechte **Einf. EMRK** 129 ff.
Rangwirkung **Einf. EMRK** 119
Regelungsbereich der EU **Einf. EMRK** 265
strafrechtliche Verfassungsstandards
    Einf. EMRK 126 ff.
Verfassungsrecht **Einf. EMRK** 120 ff.
völkerrechtliche Ebene des Schutzes
    Einf. EMRK 266 f.

Menschenrechtsschutz Einf. EMRK 1 ff.
Afrikanische Charta der Rechte des Men-
    schen und der Völker **Einf. EMRK** 24 ff.
Allgemeine Erklärung der Menschenrechte
    Einf. EMRK 12 f.
Amerikanische Menschenrechtskonvention
    Einf. EMRK 19 ff.
AMRK **Einf. EMRK** 19
Ämter/Gremien der EU **Einf. EMRK** 59 f.
Ämter/Gremien der Vereinten Nationen
    Einf. EMRK 39 ff.
Ämter/Gremien des Europarates
    Einf. EMRK 42 ff.
Arab Charter of Human Rights
    Einf. EMRK 27 ff.
Arab Human Rights Committee
    Einf. EMRK 29
ASEAN Charta **Einf. EMRK** 31 ff.
Atlantik Charta **Einf. EMRK** 8
Aufklärung **Einf. EMRK** 1
Ausschuss der Rechtsberater
    Einf. EMRK 54
Banjul-Charta **Einf. EMRK** 24 ff.
Beirat der Europäischen Richter
    Einf. EMRK 55 ff.
Beschwerdeverfahren **Verf. EGMR** 1 ff.
Charta von Paris **Einf. EMRK** 106
CPT **Einf. EMRK** 49
CSR-Richtlinie **Einf. EMRK** 64
Deutsches Institut für Menschenrechte
    Einf. EMRK 221
domaine reservé **Einf. EMRK** 5
EIDHR **Einf. EMRK** 60
EMRK **Einf. EMRK** 18, 69 ff., *s.a. dort*
Entwicklung **Einf. EMRK** 1 ff.
Erklärung der Rechte indigener Völker
    Einf. EMRK 36
Erklärung der Vereinten Nationen
    Einf. EMRK 8
EU-Grundrechtecharta **Einf. EMRK** 110 ff.
EU-Sonderbeauftragter für Menschenrechte
    Einf. EMRK 59
Europäische Grundrechte Agentur
    Einf. EMRK 221 ff., *s.a. dort*
Europäische Kommission für Demokratie
    durch Recht **Einf. EMRK** 46 ff.
Europäische Kommission für die Wirksam-
    keit der Justiz **Einf. EMRK** 51
Europäische Menschenrechtskonvention
    Einf. EMRK 18, *s.a.* EMRK
Europäische Sozialcharta **Einf. EMRK** 38
Europäische Union **Einf. EMRK** 37
Europäischer Ausschuss für rechtliche Zusam-
    menarbeit **Einf. EMRK** 53
Europäischer Ausschuss für Strafrechtsfra-
    gen **Einf. EMRK** 52
Europäisches Niederlassungsabkommen
    Einf. EMRK 38
Europarat **Einf. EMRK** 38
European Instrument for Democracy and Hu-
    man Rights **Einf. EMRK** 60

Fairnessgebot **6 EMRK** 1 ff., *s.a. dort*
Fremdenrecht **Einf. EMRK** 4
Genfer Flüchtlingskonvention **Einf. EMRK** 35
Günstigkeitsprinzip **Verf. EGMR** 442
Harmonisierung nationaler Strafrechtsord-
    nungen **Einf. EMRK** 211 ff., *s.a. dort*
Human Rights Compliance **Einf. EMRK** 63 f.
ILO-Übereinkommen **Einf. EMRK** 36, **Verf.**
    EGMR 452
individueller ~ **Einf. EMRK** 252
innere Staatsangelegenheiten **Einf. EMRK** 4
Inter-Amerikanische Kommission für Men-
    schenrechte **Einf. EMRK** 20
Internationaler Pakt über bürgerliche und po-
    litische Rechte **Einf. EMRK** 14 ff.
Internationaler Pakt über wirtschaftliche, so-
    ziale und kulturelle Rechte
    Einf. EMRK 15 ff., *s.a.* IPWSKR
Internationaler Strafgerichtshof
    Einf. EMRK 62, **Verf. EGMR** 468 ff.
IPBPR **Einf. EMRK** 14 ff.
IPWSKR **Einf. EMRK** 15 ff.
Istanbul-Konvention **Einf. EMRK** 38
Kinderrechtskonvention **Einf. EMRK** 36
KSZE **Einf. EMRK** 104 ff.
Leitungskomitee für Menschenrechte
    Einf. EMRK 50
mehrpoliges Menschenrechtsverhältnis **Verf.**
    EGMR 443
Menschenrechtskommissar des Europarates
    Einf. EMRK 42 ff.
Menschenrechtskonventionen
    Einf. EMRK 18 ff., *s.a. dort*
Missbrauchsverbot **17 EMRK** 1 ff., *s.a. dort*
multinationale Verträge **Einf. EMRK** 14 ff.
Nationaler Aktionsplan Wirtschaft und Men-
    schenrechte **Einf. EMRK** 67 f.
NDICI **Einf. EMRK** 60
Notstandsmaßnahmen **15 EMRK** 1 ff., *s.a. dort*
OECD Guidelines for Multinational Enterpri-
    ses **Einf. EMRK** 66
OSZE **Einf. EMRK** 109 ff.
Prinzip des weitestgehenden Schutzes **Verf.**
    EGMR 443
Rat der europäischen Staatsanwälte
    Einf. EMRK 58
Rechtsnatur der Konventionen
    Einf. EMRK 116 ff.
Souveränität **Einf. EMRK** 3, 6
Spezialkonventionen **Verf. EGMR** 452 ff.
Staatsgrenze **Einf. EMRK** 2
Übereinkommen zum Schutz vor dem Ver-
    schwindenlassen **Verf. EGMR** 461 ff.
UN Charta **Einf. EMRK** 9 ff.
UN Guiding Principles on Business and Hu-
    man Rights **Einf. EMRK** 65
UN High Commissioner for Human Rights
    Einf. EMRK 39
UN Menschenrechtsrat **Verf. EGMR** 448 ff.
UN Special Rapporteur on Human Rights and
    the Environment **Einf. EMRK** 41

UN Special Rapporteur on Torture
    Einf. EMRK 40
UN Wirtschafts-/Sozialrat **Verf. EGMR** 446 f.
UN-Antifolterkonvention **Verf. EGMR** 454 ff.
UNCAT **Einf. EMRK** 36
Universalität der Menschenrechte
    Einf. EMRK 6
Unternehmen **Einf. EMRK** 63
Venedig-Kommission **Einf. EMRK** 46 ff.
Verbrechen gegen die Menschlichkeit
    Einf. EMRK 61 f.
Verfahrensrechte **6 EMRK** 1 ff., *s.a. dort*
Verrechtlichung des internationalen ~es
    Einf. EMRK 9 ff.
VO (EG) 2020/1998 **Einf. EMRK** 37
Völkermord **Einf. EMRK** 61 f.
Völkerrecht **Einf. EMRK** 3
völkerrechtliches Vertragsrecht
    Einf. EMRK 116 f.
Wirtschaftsstrafrecht **Einf. EMRK** 63 ff.
Zivilpakt **Einf. EMRK** 14 ff.
zwischenstaatliche Beziehungen
    Einf. EMRK 3
Menschenwürde
    Behandlung Inhaftierter **5 EMRK** 651 ff.
    EMRK **2 EMRK** 2
    erniedrigende Behandlung **3 EMRK** 203
    Fairnessgebot **6 EMRK** 13, 256, 263
    Haftraumgröße/-ausstattung **3 EMRK** 264
    Misshandlungsverbote **3 EMRK** 35
    Recht auf Privatheit **8 EMRK** 1
    Selbstbelastungsfreiheit **6 EMRK** 1340
    Todesstrafe **6. ZP–EMRK** 6, 27
    Unschuldsvermutung **6 EMRK** 609
Migrationsströme 3 EMRK 76
Militär-/Polizeieinsätze, internationale
    1 EMRK 50 ff.
    Abschiebungs-/Auslieferungsverbot
        3 EMRK 98
    actual authority and control-Test **1 EMRK** 55
    Besatzungsmacht **1 EMRK** 64
    Bestimmung von Organen **1 EMRK** 53
    dauerhafte Maßnahmen **1 EMRK** 52 ff.
    effective control **1 EMRK** 56
    EGMR **1 EMRK** 55
    Einsetzung von UN-Übergangsregierungen
        1 EMRK 52
    Festnahme **1 EMRK** 51
    full command **1 EMRK** 64
    hoheitliche Beziehung **1 EMRK** 58
    humanitäres Völkerrecht **1 EMRK** 54
    IPBPR **1 EMRK** 99
    jurisdictional link **1 EMRK** 58 f., 68
    Kundus-Bombardement **1 EMRK** 65 ff.
    Lebensschutzpflicht, staatliche **2 EMRK** 40 f.
    locus standi **1 EMRK** 66 ff.
    militärische Besetzung/Kontrolle **1 EMRK** 54,
        64
    Nordzypern-Konflikt **1 EMRK** 56
    Notstandsmaßnahmen **15 EMRK** 9
    öffentliche Befugnisse **1 EMRK** 59

Klie

operational control **1 EMRK** 64
punktuelle Maßnahmen **1 EMRK** 51
Rs. Al-Skeini **1 EMRK** 60
Rs. Bankovic **1 EMRK** 58
Rs. Hanan **1 EMRK** 66 ff.
Rs. Hassan **1 EMRK** 55
Rs. Jaloud **1 EMRK** 61 ff.
Rules of Engagement **1 EMRK** 64
Taschenkarten **1 EMRK** 64
Todesstrafe **6. ZP–EMRK** 21
Tötungsverbot **2 EMRK** 29
UNMIK-Mission **1 EMRK** 52
Militärdienst
Leibeigenschaftsverbot **4 EMRK** 63
Zwangsarbeitsverbot **4 EMRK** 95 f.
Militärgericht 6 EMRK 189
Unabhängigkeit **6 EMRK** 202
militärische Disziplinarmaßnahmen 5 EMRK 62
Minderheitenschutz 14 EMRK 89 f.
Minderjährige
Behandlung Inhaftierter **5 EMRK** 662 ff.
Einzelhaft **3 EMRK** 245
erniedrigende Behandlung von Gefangenen
3 EMRK 228
Freiheit der Person **5 EMRK** 31
Freiheitsentziehung bei ~n **5 EMRK** 239 ff.,
s.a. dort
Freiheitsentziehung zur Ausweisung/Ausliefe-
rung **5 EMRK** 314
Freiheitsentziehung zur Strafverfolgungssi-
cherung **5 EMRK** 220
Öffentlichkeit der Verhandlung
6 EMRK 592 ff.
Recht auf Aburteilung/Haftentlassung
5 EMRK 408
Recht auf Privatheit **8 EMRK** 15 f.
Todesstrafe **6. ZP–EMRK** 9
Verfahren gegen Jugendliche
6 EMRK 1426 ff., *s.a. dort*
Verfahrensdauer **6 EMRK** 438
Verteidigerzugang **6 EMRK** 827
Vorführung **5 EMRK** 390
Zugang zu den Gerichten **6 EMRK** 158
Ministeranklagen 6 EMRK 100
Ministerkomitee
Empfehlungen **Verf. EGMR** 382
gütliche Einigung **Verf. EGMR** 335
Urteile des EGMR **Verf. EGMR** 261, 331 ff.
Missbrauchsgebühr 6 EMRK 160
Missbrauchsverbot 17 EMRK 1 ff.
Einschränkung eines Konventionsrechts
17 EMRK 3 ff.
Handlungen Privater **17 EMRK** 6 ff.
Parteiverbot **11 EMRK** 54, **17 EMRK** 8
Rs. Kasymakhunov u. Saybatalov
17 EMRK 10
staatliche Maßnahmen **17 EMRK** 5
Verpflichtete **17 EMRK** 2
wertorientierte Schranken **17 EMRK** 1
Misshandlungsverbote 3 EMRK 1 ff.
Abgrenzung der Verbote **3 EMRK** 167 ff.

Abschiebung **3 EMRK** 73 ff.
Abschiebungs-/Auslieferungsverbot
3 EMRK 90 ff., *s.a. dort*
Allgemeine Erklärung der Menschenrechte
3 EMRK 1
Amtshaftung **3 EMRK** 150
Angehörige **3 EMRK** 62 ff.
Auslieferung **3 EMRK** 73 ff.
Ausweisung **3 EMRK** 73 ff.
Behandlung **3 EMRK** 71
Bestrafung **3 EMRK** 72
Beweisverwertungsverbot **3 EMRK** 151, 165,
6 EMRK 420
Darlegungspflichten **3 EMRK** 54
Demonstrationen **3 EMRK** 55
Disziplinarmaßnahmen **3 EMRK** 72
Dokumentation der Untersuchungen
3 EMRK 45 ff., *s.a. dort*
ECPT **3 EMRK** 15 ff.
Einschreiten des Staates **3 EMRK** 41 ff.
EMRK **3 EMRK** 2
erniedrigende Behandlung **3 EMRK** 201 ff.,
s.a. dort
EU-Grundrechtecharta **3 EMRK** 22 ff.
Europäischer Haftbefehl **3 EMRK** 101 ff.
Europäisches Übereinkommen zur Verhütung
von Folter **3 EMRK** 15 ff.
European Prison Rules **3 EMRK** 31
Folter **3 EMRK** 171 ff., *s.a. dort*
Früchte des verbotenen Baumes **3 EMRK** 158
Gefahrenabwehr **3 EMRK** 159
Gefängnispersonal **3 EMRK** 59
Gewährleistungspflicht des Staates
3 EMRK 41 ff.
häusliche Gewalt **3 EMRK** 68
humanitäres Völkerrecht **3 EMRK** 25
IPBPR **3 EMRK** 2
IStGH-Statut **3 EMRK** 26
ius cogens des Allgemeinen Völkerrechts
3 EMRK 29 f.
Kriegsverbrechen **3 EMRK** 27
Menschenwürde **3 EMRK** 35
Migrationsströme **3 EMRK** 76
Notstandsfestigkeit **3 EMRK** 34
Opferschutz **3 EMRK** 70
Präventionsmaßnahmen **3 EMRK** 58 ff.
private Akteure **3 EMRK** 152 ff.
Recht auf körperliche Unversehrtheit
3 EMRK 35
Rs. Ćwik **3 EMRK** 152
Rs. El Haski **6 EMRK** 1424
Rs. El Motassadeq **3 EMRK** 161
Rs. Gäfgen **6 EMRK** 1423
Rs. Jalloh **6 EMRK** 1422
Schulstrafen **3 EMRK** 72
Schutz vor Privatpersonen **3 EMRK** 67 ff.
Schutzpflichten **3 EMRK** 41
Selbstbelastungsfreiheit **6 EMRK** 1338,
6 EMRK 1419 ff.
Standard Minimum Rules for the Treatment
of Prisoners **3 EMRK** 31

Strafvorschriften **3 EMRK** 69
transstaatliche Strafvollzugsordnung
   3 EMRK 31 ff.
UN-Antifolterkonvention **3 EMRK** 3 ff.
UNCAT **3 EMRK** 3 ff.
unmenschliche Behandlung **3 EMRK** 189 ff.,
   s.a. dort
unmenschliche/erniedrigende Strafen
   3 EMRK 275 ff.
Unterlassungspflicht des Staates
   3 EMRK 38 ff.
Untersuchungen **3 EMRK** 41 ff.
Verbrechen gegen die Menschlichkeit
   3 EMRK 26
Verfassungsrecht **3 EMRK** 35 ff.
Verstoßfolgen **3 EMRK** 150 ff.
Völkervertragsrecht **3 EMRK** 1 ff.
Mittelsmann 6 EMRK 365
multinationale Verträge Einf. EMRK 14 ff.
Mund-Nasen-Schutz 8 EMRK 62
mündliche Verhandlung
Beschwerdeverfahren **Verf. EGMR** 33, 36 ff.
Haftprüfungsverfahren **5 EMRK** 528, 537
Öffentlichkeit der Verhandlung
   6 EMRK 538 ff., *s.a. dort*
Verfahren bei Zulässigkeit **Verf. EGMR** 71

N
Nachtragsanklage 6 EMRK 892
nationale Sicherheit
Eingriffe in das Recht auf Privatheit
   8 EMRK 58
Eingriffe in die Kommunikationsfreiheiten
   10 EMRK 109
Recht auf Privatheit **8 EMRK** 41
Vorbereitung der Verteidigung **6 EMRK** 812
Vorratsdatenspeicherung **8 EMRK** 172
Nationaler Aktionsplan Wirtschaft und Men-
   schenrechte Einf. EMRK 67 f.
NATO 1 EMRK 31
NATO-Truppenstatut 6 EMRK 1577
Naturkatastrophen
Eigentumsschutz **1. ZP–EMRK** 12
Notstandsmaßnahmen **15 EMRK** 10
Naturschutzgebiete 4. ZP–EMRK 20
NDICI Einf. EMRK 60
ne bis in idem 6 EMRK 1494 ff., *s.a.* Doppelbestra-
   fungsverbot
Nebenentscheidungen 6 EMRK 654
Nebenklage
Beiordnung eines Verteidigers **6 EMRK** 1074
Recht auf Privatheit **8 EMRK** 30
Religions-/Überzeugungsfreiheit **9 EMRK** 40
Verfahrensrechte **6 EMRK** 71
negative Medienfreiheit 10 EMRK 15
negative Meinungsfreiheit 10 EMRK 13
Nelson Mandela Rules 3 EMRK 227, 241
nemo tenetur-Grundsatz 6 EMRK 1328 ff., *s.a.*
   Selbstbelastungsfreiheit
Beweiserhebungsverbot **6 EMRK** 414
Fairnessgebot **6 EMRK** 278

Nervendrucktechniken 3 EMRK 192
non-conviction-based-confiscation
   1. ZP–EMRK 68
Selbstbelastungsfreiheit **6 EMRK** 1357
Nordzypern-Konflikt 1 EMRK 56
Normenkontrolle Verf. EGMR 401
Notstandsfestigkeit
Gesetzlichkeitsprinzip **7 EMRK** 9
Misshandlungsverbote **3 EMRK** 34
Notstandsmaßnahmen **15 EMRK** 36 ff.
Religions-/Überzeugungsfreiheit **9 EMRK** 4
Sklavereiverbot **4 EMRK** 37
Zwangsarbeitsverbot **4 EMRK** 37
Notstandsmaßnahmen 15 EMRK 1 ff.
amtliche Notstandsverkündung
   15 EMRK 12 f.
Beurteilungsspielraum **15 EMRK** 32 ff.
Corona-Pandemie **15 EMRK** 11, 24
Diskriminierungsverbot **14 EMRK** 10,
   15 EMRK 30 f.
Erforderlichkeit **15 EMRK** 18 ff.
Freiheit der Person **5 EMRK** 38 ff.
Freiheitsentziehung **15 EMRK** 21 ff.
fundamentale Verfahrensgrundsätze
   15 EMRK 20
Genfer Konventionen **15 EMRK** 27
Human Rights Committee **15 EMRK** 35
Impfpflicht **15 EMRK** 24
Krieg **15 EMRK** 2 f.
Militär-/Polizeieinsätze, internationale
   15 EMRK 9
Naturkatastrophen **15 EMRK** 10
Notifikation **15 EMRK** 14 ff.
Notstandsfestigkeit **15 EMRK** 36 ff., *s.a. dort*
öffentlicher Notstand **15 EMRK** 2 f.
Staatskrise **15 EMRK** 4
Subsidiarität **15 EMRK** 33
Terrorismusbekämpfung **15 EMRK** 4 ff., 34
terroristische Bedrohungslage **15 EMRK** 4
Verhältnismäßigkeit **15 EMRK** 19
völkerrechtliche Verpflichtungen
   15 EMRK 27 f.
notwendige Verteidigung 6 EMRK 1050 ff.
Recht, sich selbst zu verteidigen
   6 EMRK 1048
nullum crimen, nulla poena sine lege
   7 EMRK 1 ff., *s.a.* Gesetzlichkeitsprinzip
Nutzungsbeschränkung 1. ZP–EMRK 45 ff.
Allgemeininteresse **1. ZP–EMRK** 45
Einfrieren von Konten **1. ZP–EMRK** 58
Einziehung **1. ZP–EMRK** 60 ff., *s.a. dort*
Ermessen **1. ZP–EMRK** 48
gerechter Ausgleich **1. ZP–EMRK** 49
Gesetzlichkeitsprinzip **1. ZP–EMRK** 47
Jagdrecht **1. ZP–EMRK** 52
konfiskatorische Steuern **1. ZP–EMRK** 56
Missbrauchskontrolle **1. ZP–EMRK** 48
Vermögensverfügungsbefugnis
   1. ZP–EMRK 58
Zulassung/Ausübung eines Berufes
   1. ZP–EMRK 55

O

Obduktion 2 EMRK 70
Observationen 6 EMRK 1400
ODIHR Einf. EMRK 109
OECD Guidelines for Multinational Enterprises
Einf. EMRK 66
Öffentlichkeit der Verhandlung 6 EMRK 538 ff.
Absprachen **6 EMRK** 554
Anspruch auf Ausschluss **6 EMRK** 597
Anwesenheitsverzicht **6 EMRK** 558
Ausnahmen **6 EMRK** 559 ff., 587 ff.
Bekanntgabe von Ort/Zeit **6 EMRK** 543
Corona-Pandemie **6 EMRK** 567
Disziplinarmaßnahmen **6 EMRK** 566
Dritte **6 EMRK** 540
einstweiliger Rechtsschutz **6 EMRK** 563
Entscheidungsverkündung **6 EMRK** 577 ff.,
s.a. dort
Filmaufnahmen **6 EMRK** 544
Haftprüfungsverfahren **6 EMRK** 565
Hauptverhandlung **6 EMRK** 565
Heilung **6 EMRK** 575 f.
Informationsaustausch **6 EMRK** 560
Jugendliche **6 EMRK** 592 ff.
Kontrolle **6 EMRK** 538
Lichtbilder **6 EMRK** 544
Minderjährige **6 EMRK** 592 ff.
Mündlichkeit der Verhandlung
6 EMRK 547 ff.
Ortstermin **6 EMRK** 543
Presse **6 EMRK** 544
Privatleben der Parteien **6 EMRK** 592 ff.
räumliche Gegebenheiten **6 EMRK** 542
Rechtsmittelinstanz **6 EMRK** 568 ff.
schriftliches Verfahren **6 EMRK** 549
Schutz öffentlicher Interessen **6 EMRK** 590
Selbstleseverfahren **6 EMRK** 548
Strafsachen **6 EMRK** 565
subjektives Recht **6 EMRK** 540
Teilausschluss **6 EMRK** 594
Urteilsberatung **6 EMRK** 565
Verfahren gegen Jugendliche **6 EMRK** 1461
Verfahren gegen Strafgefangene **6 EMRK** 591
Verfahrenssprache **6 EMRK** 551
Verständigung **6 EMRK** 554
Verzicht **6 EMRK** 552 ff., 555 ff.
Volksöffentlichkeit **6 EMRK** 541
Wiederholung der Verhandlung **6 EMRK** 575
Zeugenaussage **6 EMRK** 598
Zeugenschutz **6 EMRK** 560
zivilrechtliche Angelegenheiten **6 EMRK** 563
Zugangsmodalitäten **6 EMRK** 542
Zweck **6 EMRK** 538 ff.
OLAF
Beschwerde zum Europäischen Bürgerbeauf-
tragten **Einf. EMRK** 186
EMRK **Einf. EMRK** 173 ff.
Ombudsperson 2 EMRK 75
Online-Datenarchive 10 EMRK 85
OPCAT 3 EMRK 8
operational control 1 EMRK 64

oral hearing 6 EMRK 547
Ordnungshaft 5 EMRK 122
Ordnungswidrigkeiten
Akteneinsicht **6 EMRK** 916
Dolmetscherunterstützung **6 EMRK** 1260
Doppelbestrafungsverbot **6 EMRK** 1499
Engel-Kriterien **6 EMRK** 87
Freiheitsentziehung zur Straftatverhinde-
rung **5 EMRK** 221 ff.
Freiheitsentziehung zur Strafverfolgungssi-
cherung **5 EMRK** 198
Gesetzlichkeitsprinzip **7 EMRK** 1
Strafklageverbrauch **6 EMRK** 1534
Unschuldsvermutung **6 EMRK** 610,
6 EMRK 635
Verfahrensdauer **6 EMRK** 432
ordre public
Auslieferung **3 EMRK** 83
Doppelbestrafungsverbot **6 EMRK** 1646
Eingriffe in die Kommunikationsfreiheiten
10 EMRK 110 ff.
Osman-Test 2 EMRK 18
OSZE
Menschenrechtsschutz **Einf. EMRK** 109 ff.
ODIHR **Einf. EMRK** 109
Trial Monitoring **Einf. EMRK** 109

P
Palermo-Protokoll
Menschenhandel **4 EMRK** 55
Sklavereiverbot **4 EMRK** 3
Parität des Wissens 6 EMRK 297
Parlamentsgesetz 7 EMRK 23
Parteiverbot 11 EMRK 47 ff.
Beurteilungsspielraum **11 EMRK** 50
Gesetzlichkeitsprinzip **7 EMRK** 61,
11 EMRK 51
Handlungen **11 EMRK** 53
Menschenrechtsbeschwerde **11 EMRK** 47
Missbrauchsverbot **11 EMRK** 54
Notwendigkeit **11 EMRK** 52 ff.
NPD-Verbotsverfahren **11 EMRK** 61
Rechtfertigung **11 EMRK** 48
Selbstauflösung **11 EMRK** 47
undemokratisches Gesellschaftsmodell
11 EMRK 53 ff.
Verhältnismäßigkeit **11 EMRK** 59 ff.
Verlautbarungen **11 EMRK** 53
Wahlrecht **1. ZP–EMRK** 106
Parteiverbotsverfahren 6 EMRK 60 f.
Perseveranz-Effekt 6 EMRK 221
Personalhoheit 1 EMRK 36, 48
Personalitätsprinzip 1 EMRK 43
Personalnot 6 EMRK 453
personenbezogene Daten 8 EMRK 140 ff.
abgeschlossenes Strafverfahren **8 EMRK** 145
automatische Datenverarbeitung
8 EMRK 154
automatisiertes Meldesystem **8 EMRK** 142
Begriff **8 EMRK** 140
Datenerhebung **8 EMRK** 150

Dauerobservation **8 EMRK** 145
Eingriffe in das Recht auf Privatheit
   8 EMRK 142
Eingriffsvoraussetzungen **8 EMRK** 151 ff.
Gesundheitszustand **8 EMRK** 152 f.
Höchstspeicherfristen **8 EMRK** 155
Prepaid SIM-Karte **8 EMRK** 147
Pressefreiheit **10 EMRK** 85
Privacy Shield **8 EMRK** 163
Privatleben **8 EMRK** 97 ff., 140 ff.
Recht auf Privatheit **8 EMRK** 6
Recht auf Vergessenwerden **8 EMRK** 151
Rs. Müller **8 EMRK** 162
Rs. P.N. **8 EMRK** 157
Rs. S. und Marper **8 EMRK** 156
Rs. Sommer **8 EMRK** 161
Safe-Harbor-Abkommen **8 EMRK** 163
Schutzpflichten **8 EMRK** 159
systematische Sammlung **8 EMRK** 141
Telekommunikationsdaten **8 EMRK** 140
Verarbeitung **8 EMRK** 142, 150
Verhältnismäßigkeit der Speicherung
   8 EMRK 155
Weitergabe **8 EMRK** 142
Personengewalt 3 EMRK 92
Personenschutz 2 EMRK 58 f.
Personenvereinigungen 6 EMRK 27
Persönlichkeitsrecht
Konfrontationsrecht **8 EMRK** 36
Privatleben **8 EMRK** 85
Recht auf Vergessenwerden **10 EMRK** 88
Selbstbelastungsfreiheit **6 EMRK** 1340
Unschuldsvermutung **6 EMRK** 658
Persönlichkeitsschutz 6 EMRK 612
Persönlichkeitsstörung 5 EMRK 261
Pflichtarbeit 4 EMRK 69
Pflichtarbeitsverbot 4 EMRK 34 ff., 69, *s.a.*
Zwangsarbeitsverbot
Pilotverfahren Verf. EGMR 118, 318, 393 f.
Piraterie
Abschiebungs-/Auslieferungsverbot
   3 EMRK 98
Hoheitsgewalt **1 EMRK** 70
PKH-Richtlinie 6 EMRK 1108 ff.
Platzverweis 5 EMRK 70
Plaumann-Formel 13 EMRK 7
Plenum Verf. EGMR 22 ff.
police incitement 6 EMRK 357
Politiker 6 EMRK 661
politische Meinungsäußerungen 10 EMRK 74,
81
politische Parteien
Individualbeschwerde **Verf. EGMR** 141
Parteiverbot **11 EMRK** 47 ff., *s.a. dort*
Vereinigungsfreiheit **11 EMRK** 25
Wahlrecht **1. ZP–EMRK** 96
politische Tätigkeiten von Ausländern
   16 EMRK 1 ff.
Begrenzung der Rechtseinschränkungen
   16 EMRK 7
Begrenzungsbefugnis **16 EMRK** 3

Präventivgründe **16 EMRK** 4
Unionsbürger **16 EMRK** 6
Versammlungs-/Vereinigungsfreiheit
   11 EMRK 2
Polizeibeamte
Aufklärung rechtswidriger Polizeigewalt
   2 EMRK 79 ff.
Dokumentation der Untersuchungen
   3 EMRK 50
Kommunikationsfreiheiten **10 EMRK** 41
Lebensschutzpflicht, staatliche **2 EMRK** 56
Religions-/Überzeugungsfreiheit **9 EMRK** 39
Versammlungs-/Vereinigungsfreiheit
   11 EMRK 64 ff.
Polygamieverbot 12 EMRK 7
Popularbeschwerde Verf. EGMR 147
Präventionsmaßnahmen 3 EMRK 58 ff.
Präventivhaft
Freiheitsentziehung zur Straftatverhinde-
   rung **5 EMRK** 225, 233
Gefährder **5 EMRK** 303
Klimaproteste **5 EMRK** 233
Landstreicher **5 EMRK** 290
Präzedenzfälle 13 EMRK 77
Predictive Profiling 14 EMRK 55
Prepaid SIM-Karte 8 EMRK 147
Presse
Eingriffe in die Kommunikationsfreiheiten
   10 EMRK 74
Kommunikationsfreiheiten **10 EMRK** 8
Meinungsäußerungsfreiheit **10 EMRK** 8
Öffentlichkeit der Verhandlung **6 EMRK** 544
Privatleben **8 EMRK** 85
Unschuldsvermutung **6 EMRK** 623, 657 ff., 664
Pressefreiheit 10 EMRK 4, 22 ff.
Alltagsleben einer Person **10 EMRK** 84
Aussagen Dritter **10 EMRK** 94
Äußerungsverbot **10 EMRK** 25
Beamte **10 EMRK** 100
Binnenpluralität **10 EMRK** 26
Blogger **10 EMRK** 22
Eingriffe in die Kommunikationsfreiheiten
   10 EMRK 82 ff.
Europäische Charta für ~ **10 EMRK** 106
Fernsehunternehmen **10 EMRK** 26
Filmaufnahmen **10 EMRK** 27
journalistische Sorgfaltspflichten
   10 EMRK 93
Massenüberwachungen **10 EMRK** 103
Online-Datenarchive **10 EMRK** 85
personenbezogene Daten **10 EMRK** 85
public watchdog **10 EMRK** 83
Quellenschutz **10 EMRK** 102
Recherche **10 EMRK** 92
Recht auf Vergessenwerden **10 EMRK** 86 ff.,
   90 ff.
Rs. Voskuil **10 EMRK** 104
Rundfunk **10 EMRK** 26
Tatsachengrundlage **10 EMRK** 101
verdeckte Methoden **10 EMRK** 95 ff.,
   10 EMRK 98 ff.

Vorzensurverbot **10 EMRK** 25
Werturteile **10 EMRK** 100
Zeugnisverweigerungsrecht **10 EMRK** 24, 105
Pressekonzentration, exzessive 10 EMRK 35
Privacy Shield 8 EMRK 163
private Kommunikation 8 EMRK 264 ff.
Aufzeichnung/Mithören eines Telefonge-
spächs **8 EMRK** 271
Briefverkehr **8 EMRK** 264
E-Mail **8 EMRK** 264
Eingriff **8 EMRK** 268 ff.
fernmündliche ~ **8 EMRK** 264
Funksender **8 EMRK** 264
Garantie der Individualkommunikation
8 EMRK 264
geschützte Personen **8 EMRK** 265
Hörfalle **8 EMRK** 272
Insolvenzverfahren **8 EMRK** 275
Schutzpflichten **8 EMRK** 286
Strafgefangene **8 EMRK** 276 ff.
Tonaufzeichnungen **8 EMRK** 268
Überwachung der Gefangenenkorrespon-
denz **8 EMRK** 276 ff., *s.a. dort*
Überwachungsmaßnahmen **8 EMRK** 273
unbefugte Kenntnisnahme **8 EMRK** 268
Vertrauensverhältnis Anwalt-Mandant
8 EMRK 266
Verzögerung/-hinderung **8 EMRK** 268
Zugang gespeicherter Korrespondenz
8 EMRK 268
privates Handeln 1 EMRK 90 ff.
mittelbare Drittwirkung der EMRK
1 EMRK 91
unmittelbare Drittwirkung der EMRK
1 EMRK 90
Privatklage
Recht auf Privatheit **8 EMRK** 30
Verfahrenseinstellung **6 EMRK** 700
Verfahrensrechte **6 EMRK** 72
Wahlverteidiger **6 EMRK** 1063
Privatleben 8 EMRK 3, 79 ff.
allgemeine Video-Überwachung **8 EMRK** 88
Antiterrordatei **8 EMRK** 100
Befindlichkeit der Person **8 EMRK** 80
Begriff **8 EMRK** 79
berufliche Aktivitäten **8 EMRK** 82
Bewegungsprofil **8 EMRK** 128
Beziehungen zu anderen **8 EMRK** 80, 104, 118
Datenbanken über Sexualstraftäter
8 EMRK 99
Datenbanken zur Prävention **8 EMRK** 101
Dauerobservation **8 EMRK** 81, 90
Drohneneinsatz **8 EMRK** 93
erkennungsdienstliche Behandlung
8 EMRK 124
Familie **8 EMRK** 105
Familienleben **8 EMRK** 187
Fortpflanzungstechnologie **8 EMRK** 119
Freiheit **8 EMRK** 79
Freizügigkeit **8 EMRK** 102
Führungsaufsicht **8 EMRK** 116

Geburtsort eines Kindes **8 EMRK** 108
Gefährderansprache **8 EMRK** 91
geistige Gesundheit **8 EMRK** 107
Geldwäscheregister **8 EMRK** 99
Geschlechtsumwandlung **8 EMRK** 122
Hausgeburt **8 EMRK** 108
Identitätsfeststellung **8 EMRK** 89
Impfpflicht **8 EMRK** 107
informationelle Selbstbestimmung
8 EMRK 110 f.
Informationsinteresse der Öffentlichkeit
8 EMRK 86
Innenraum eines Kraftfahrzeugs
8 EMRK 103
Kennzeichenerkennungssysteme **8 EMRK** 111
Kommunikation **8 EMRK** 82, 105, 110
körperliche/seelische Integrität **8 EMRK** 107
Markierung mit künstlicher DNA
8 EMRK 94
Massenüberwachungssystem **8 EMRK** 129
medizinische Behandlung **8 EMRK** 109
Mitarbeiterüberwachung **8 EMRK** 83
nichtöffentliche Äußerungen **8 EMRK** 110
öffentliche Demonstration **8 EMRK** 87
personenbezogene Daten **8 EMRK** 97 ff.,
140 ff., *s.a. dort*
Persönlichkeitsrecht **8 EMRK** 85
Presse **8 EMRK** 85
private Schriften **8 EMRK** 126
Recht auf Identität **8 EMRK** 106
Rechts auf den eigenen Tod **8 EMRK** 108
Reproduktionsmedizin **8 EMRK** 120
Rs. Evans **8 EMRK** 120
Rs. Litbert **8 EMRK** 83
Rs. Söderman **8 EMRK** 174
Schutzbereich **8 EMRK** 79 ff.
Schutzpflichten **8 EMRK** 174 ff.
Schwangerschaft **8 EMRK** 95
selbstgewählte Lebensführung **8 EMRK** 106
Sexualverhalten **8 EMRK** 119
Staatsangehörigkeit **8 EMRK** 123
staatsfreier Raum **8 EMRK** 81
Sterbehilfe **8 EMRK** 112
Strafgefangene **8 EMRK** 113 ff.
strafprozessuale Maßnahmen **8 EMRK** 124 ff.
Strafregister **8 EMRK** 177
Suizid **8 EMRK** 112
Telekommunikationsüberwachung
8 EMRK 131
Transplantation **8 EMRK** 80
Unschuldsvermutung **8 EMRK** 96, 99
Unversehrtheit **8 EMRK** 79
verdeckte Ermittlungsmaßnahmen
8 EMRK 128 ff.
Verlautbarungen über Strafverfahren
8 EMRK 96
Versammlungen **8 EMRK** 89
Vorgänge im öffentlichen Raum **8 EMRK** 84
Vorratsdatenspeicherung **8 EMRK** 164 ff., *s.a.*
dort
Wohnung **8 EMRK** 105, 240

Privatleben der Parteien
Öffentlichkeit der Verhandlung
6 EMRK 592 ff.
Unschuldsvermutung **6 EMRK** 666,
670
Probationsverfahren 6 EMRK 137
Prognosebeurteilungen 6 EMRK 726 f.
Prostitution 4 EMRK 20 ff.
Prozesskostenhilfe
PKH-Richtlinie **6 EMRK** 1108 ff.
Unparteilichkeit des Gerichts **6 EMRK** 234
Zugang zu den Gerichten **6 EMRK** 163
Prügelstrafe 3 EMRK 279
pseudonyme Kennzeichnung 2 EMRK 80
psychisch Kranke
ärztliches Gutachten **5 EMRK** 264
Bayerische Psychisch-Kranken-Hilfe-Gesetz
5 EMRK 277
dringende Fälle **5 EMRK** 267
Entlassung unter Auflagen **5 EMRK** 275
Freiheitsentziehung wegen Krankheit/Sucht
5 EMRK 261 ff.
Persönlichkeitsstörung **5 EMRK** 261
psychiatrische Einrichtung **5 EMRK** 273
Recht auf eine Behandlung **5 EMRK** 276
Schweregrad **5 EMRK** 264
Sicherungsverwahrung **5 EMRK** 278 ff.
Therapieunterbringungsgesetz **5 EMRK** 280
UN-Behindertenrechtskonvention
5 EMRK 271
Unterrichtung des Beschuldigten **5 EMRK** 349
Verhältnismäßigkeit **5 EMRK** 274
Winterwerp-Kriterien **5 EMRK** 263
Psychopharmaka 6 EMRK 1350
public watchdog 10 EMRK 83
Push-backs
Frontex **Einf. EMRK** 179
Hoheitsgewalt **1 EMRK** 71

Q
Quarantäne
Einreise in das eigene Land **4. ZP–EMRK** 30
Freiheitsentziehung **5 EMRK** 61
Freizügigkeit **4. ZP–EMRK** 20
Quellenschutz 10 EMRK 102

R
Racial Profiling 14 EMRK 55 ff.
ratione loci 1 EMRK 2, 35 ff., **Verf. EGMR** 119 ff.
ratione materiae 1 EMRK 2, 78, **Verf. EGMR** 130
ratione personae 1 EMRK 2, 13 ff., **Verf.**
EGMR 131 ff.
ratione temporis 1 EMRK 2, 12, **Verf.**
EGMR 119 ff.
Re-Trial 6 EMRK 984
Recherche 10 EMRK 92
Recht am eigenen Bild 8 EMRK 31
Recht auf Aburteilung/Haftentlassung
5 EMRK 405 ff.
Angemessenheit der Untersuchungshaftdau-
er **5 EMRK** 420 ff., *s.a. dort*

Beschleunigungsgebot **5 EMRK** 405 ff.
Fristbeginn **5 EMRK** 412 ff.
Fristende **5 EMRK** 417 ff.
Gesamtverfahrensdauer **5 EMRK** 410
mehrfache Inhaftierung **5 EMRK** 415
Minderjährige **5 EMRK** 408
Status Quo Bias **5 EMRK** 421
Überhaft **5 EMRK** 409
Verfahrensdauer **5 EMRK** 410
Zweck **5 EMRK** 405 ff.
Recht auf Bildung 1. ZP–EMRK 82 ff.
Allgemeine Erklärung der Menschenrechte
1. ZP–EMRK 82
Ausbildungssystem **1. ZP–EMRK** 83
Ausgestaltung des Bildungssystems
1. ZP–EMRK 84
Einschränkungsgründe **1. ZP–EMRK** 87
Erziehungsrecht **1. ZP–EMRK** 88 ff.
EU-Grundrechtecharta **1. ZP–EMRK** 93
IPWSKR **1. ZP–EMRK** 94
positive Verpflichtungen **1. ZP–EMRK** 85
Recht der Eltern **1. ZP–EMRK** 86
Schulpflicht **1. ZP–EMRK** 83, 91
Recht auf Eheschließung 12 EMRK 1 ff.
Allgemeine Erklärung der Menschenrechte
12 EMRK 1
Einschränkungen **12 EMRK** 18 ff.
EMRK **12 EMRK** 2
Familienleben **8 EMRK** 188
Freiwilligkeit der Eheschließung
12 EMRK 12 f.
Gleichberechtigung **12 EMRK** 14,
7. ZP–EMRK 11 f.
gleichgeschlechtliche Lebensgemeinschaften
12 EMRK 4, 8
IPBPR **12 EMRK** 2
Kinderschutz bei Eheauflösung **12 EMRK** 15
Modalitäten der Eheschließung **12 EMRK** 9
Polygamieverbot **12 EMRK** 7
Recht auf Gründung einer Familie
12 EMRK 16 f.
Recht auf Scheidung **12 EMRK** 13
Recht auf Wiederverheiratung **12 EMRK** 13
Scheinehen **12 EMRK** 18
Schranken-Schranken **12 EMRK** 19
Schutzbereich **12 EMRK** 6 ff.
Strafgefangene **12 EMRK** 20 ff.
traditionelle Ehe **12 EMRK** 4, 7
Transsexuelle **12 EMRK** 7
Verfassungsrecht **12 EMRK** 5
Völkervertragsrecht **12 EMRK** 3
Recht auf körperliche Unversehrtheit
3 EMRK 35
Recht auf Privatheit 8 EMRK 1 ff.
Abwehrmaßnahmen **8 EMRK** 27
Achtungsanspruch **8 EMRK** 29
Akteneinsicht **8 EMRK** 40
Allgemeine Erklärung der Menschenrechte
8 EMRK 4
effektives Strafverfahren **8 EMRK** 30
Ehre/Ruf **8 EMRK** 287 ff.

Eingriffe des Staates **8 EMRK** 20 ff., 25 ff.
Eingriffe in das ~ **8 EMRK** 42 ff., *s.a. dort*
Eingriffsschranken **8 EMRK** 37
EMRK **8 EMRK** 5
Erziehungsrecht **8 EMRK** 7
EU-Grundrechtecharta **8 EMRK** 6
Familienleben **8 EMRK** 178 ff., *s.a. dort*
Gedanken-/Gewissensfreiheit **8 EMRK** 7
Gefährdung der Gesundheit **8 EMRK** 32 f.
gerechter Ausgleich **8 EMRK** 28
geschützte Rechtsbereiche **8 EMRK** 79 ff.
Haftbedingungen **8 EMRK** 17
Individualbeschwerde **8 EMRK** 2
IPBPR **8 EMRK** 4
juristische Personen **8 EMRK** 19
Kinderrechtskonvention **8 EMRK** 10
Konfrontationsrecht **8 EMRK** 36
Menschenwürde **8 EMRK** 1
Minderjährige **8 EMRK** 15 f.
nationale Sicherheit **8 EMRK** 41
Nebenklage **8 EMRK** 30
personenbezogene Daten **8 EMRK** 6
positive Schutzpflichten **8 EMRK** 29 ff.
private Kommunikation **8 EMRK** 264 ff., *s.a. dort*
Privatklage **8 EMRK** 30
Privatleben **8 EMRK** 3, 79 ff., *s.a. dort*
Recht am eigenen Bild **8 EMRK** 31
Recht auf Ehe und Familie **8 EMRK** 7
Rechtsordnung **8 EMRK** 29
Religionsfreiheit **8 EMRK** 7
Schutz der privaten Lebensführung **8 EMRK** 31
Schutzbereiche **8 EMRK** 2
Schutzgehalt **8 EMRK** 13 f.
Schutzpflichten **8 EMRK** 29 ff.
spezielle Konventionsgewährleistungen **8 EMRK** 7 ff.
strafrechtliche Bestimmungen **8 EMRK** 35
Strafverfolgung **8 EMRK** 30
Träger der Rechte **8 EMRK** 15 ff.
verdeckte Ermittlungsmaßnahmen **8 EMRK** 21
Verfahrensdauer **8 EMRK** 40
Verfahrensgarantien **8 EMRK** 39 ff.
Verfassungsrecht **8 EMRK** 11 f.
Verjährungsregelungen **8 EMRK** 38
Völkervertragsrecht **8 EMRK** 10
vorgelagerte Beschränkungen **8 EMRK** 20 ff.
Wohnung **8 EMRK** 230 ff., *s.a. dort*
Zugang zu den Gerichten **8 EMRK** 40
Zweck **8 EMRK** 1
Recht auf Strafverfolgung 2 EMRK 62 f.
Recht auf Vergessenwerden 8 EMRK 151
Persönlichkeitsrecht **10 EMRK** 88
Pressefreiheit **10 EMRK** 86 ff., 90 ff.
**Recht auf Verteidigung bei Abwesenheit
6 EMRK** 1012 ff.
Ausschluss des Verteidigers **6 EMRK** 1019
Berufungsgericht **6 EMRK** 1027

Görgülü-Beschluss **6 EMRK** 1022
Rechtsmittelverfahren **6 EMRK** 1013
Rs. Neziraj **6 EMRK** 1024
Vertretungsvollmacht **6 EMRK** 1031
Wahlverteidiger **6 EMRK** 1012 ff.
**Recht, sich selbst zu verteidigen
6 EMRK** 1043 ff.
Einschränkungen **6 EMRK** 1045
Interessen der Rechtspflege **6 EMRK** 1045
notwendige Verteidigung **6 EMRK** 1048
rechtliches Gehör **6 EMRK** 1047
Strafverfahren **6 EMRK** 1043
Verteidigungsbefugnisse **6 EMRK** 1045 f.
Waffengleichheit **6 EMRK** 1044
rechtliches Gehör
Akteneinsicht **5 EMRK** 543
Dolmetscherunterstützung **6 EMRK** 1243
Fairnessgebot **6 EMRK** 17 f., 263 f., 281, 307 ff.
Recht, sich selbst zu verteidigen **6 EMRK** 1047
Rechtsbehelfsgarantie **13 EMRK** 45
Verfahren gegen Jugendliche **6 EMRK** 1463
Rechtsbehelfsgarantie 13 EMRK 1 ff.
Abhilfemöglichkeit **13 EMRK** 58
Abschiebung **13 EMRK** 67
akzessorische ~ **13 EMRK** 1, 17 ff.
Allgemeine Erklärung der Menschenrechte **13 EMRK** 1
Ansprüche zwischen Privaten **13 EMRK** 32
Asylverfahren **13 EMRK** 59
Aufsichtsbeschwerden **13 EMRK** 46
Auslieferung **13 EMRK** 67
Bedeutung **13 EMRK** 9
Beweislast **13 EMRK** 77
BVerfG **13 EMRK** 29
Effektivität des Rechtsbehelfs **13 EMRK** 41 ff.
EMRK **13 EMRK** 1 ff.
Entschädigung **13 EMRK** 58
Entscheidungsbefugnisse **13 EMRK** 48
Ermittlung relevanter Tatsachen **13 EMRK** 66
EU-Grundrechtecharta **13 EMRK** 6
EU-Recht **13 EMRK** 6
Geeignetheit des Rechtsbehelfs **13 EMRK** 42 ff.
gerichtliche Entscheidungen **13 EMRK** 33
Haftbedingungen **13 EMRK** 40
hierarchische Beschwerde **13 EMRK** 47
Individualrecht **13 EMRK** 30 f.
Inhalt **13 EMRK** 17 ff.
innerstaatliches Verfahren **13 EMRK** 56
IPBPR **13 EMRK** 2 f.
Kostenrisiko **13 EMRK** 74
Landesverfassungsgerichte **13 EMRK** 29
Ministerium **13 EMRK** 46
nationales Recht **13 EMRK** 25
Plaumann-Formel **13 EMRK** 7
Präzedenzfälle **13 EMRK** 77
Prüfungskompetenz **13 EMRK** 50
rechtliches Gehör **13 EMRK** 45

Rechtsanspruch **13 EMRK** 47
Rechtsschutzbedürfnis **13 EMRK** 73
Reichweite **13 EMRK** 17 ff.
richterliche Entscheidungen **13 EMRK** 36
Schadensersatz **13 EMRK** 61, 63
Subsidiarität **13 EMRK** 10
systematische Grenzen **13 EMRK** 32 ff.
Träger der öffentlichen Gewalt
  13 EMRK 32
Überprüfungsrechte **13 EMRK** 48
Unabhängigkeit der entscheidenden Behörde
  13 EMRK 43 ff.
unangemessen lange Verfahrensdauer
  13 EMRK 35 ff.
verdeckte Ermittlungsmaßnahmen
  13 EMRK 52
verdeckte Kommunikationsüberwachung
  13 EMRK 53
Verfahrensdauer **13 EMRK** 35 ff., 62, 68
Verfassungsrecht **13 EMRK** 8
Verhältnis zu anderen ~n **13 EMRK** 10
Verletzter **13 EMRK** 24
Verletzung eines Konventionsrechts
  13 EMRK 1, 17 ff.
Vollzugsorgane **13 EMRK** 69
Wiedergutmachung **13 EMRK** 58, 60
Zugänglichkeit **13 EMRK** 70 ff.
Zusammenwirken mehrerer Rechtsbehelfe
  13 EMRK 76
Rechtshilfe
  Auslandszeugen **6 EMRK** 1183
  Hoheitsgewalt **1 EMRK** 75
  Verteidigerzugang **6 EMRK** 828
Rechtskraft 5 EMRK 124
Rechtsreferendare 9 EMRK 38
Rechtsstaatsprinzip
  Auslegungsgrundsätze **Einf. EMRK** 245
  Eingriffe in das Recht auf Privatheit
    8 EMRK 68
  Fairnessgebot **6 EMRK** 13
  Unschuldsvermutung **6 EMRK** 609,
    612
Religions-/Überzeugungsfreiheit 9 EMRK 1 ff.
  Allgemeine Erklärung der Menschenrechte
    9 EMRK 1
  andere Schutzzwecke **9 EMRK** 34 ff.
  Aufenthaltsrecht **9 EMRK** 24
  Austrittsrecht **9 EMRK** 16
  Ausübung **9 EMRK** 23 ff., 30
  Ausübungsbeschränkungen, zulässige
    9 EMRK 30 ff., 33 ff.
  Autonomie religiöser Gemeinschaften
    9 EMRK 14
  Bekundung **9 EMRK** 30
  Beleidigungen **9 EMRK** 19
  Bildung **9 EMRK** 13
  Bräuche/Riten **9 EMRK** 23
  Burka-Verbot **9 EMRK** 42
  Diskriminierungsverbot **9 EMRK** 3
  Eintreten für religiösen Hass **9 EMRK** 32
  EMRK **9 EMRK** 5

  Erziehung der Kinder **9 EMRK** 27 ff.
  Ethikunterricht **9 EMRK** 36
  EU-Grundrechtecharta **9 EMRK** 2
  forum internum **9 EMRK** 6
  Freitagsgebet **9 EMRK** 41
  Gedankenfreiheit **9 EMRK** 5
  Gefangene **9 EMRK** 43 f.
  Gewissensfreiheit **9 EMRK** 5
  Gleichbehandlungsgebot **9 EMRK** 12
  Gottesdienst **9 EMRK** 23
  Hausarrest **9 EMRK** 45
  IPBPR **9 EMRK** 4 ff.
  Kirchensteuererhebung **9 EMRK** 9
  Kopftuch **9 EMRK** 37
  Nebenklage **9 EMRK** 40
  negative Bekenntnisfreiheit **9 EMRK** 9
  Notstandsfestigkeit **9 EMRK** 4
  Polizeibeamte **9 EMRK** 39
  Praktizieren **9 EMRK** 6
  Private **9 EMRK** 21
  Rechtsreferendare **9 EMRK** 38
  Religionsfreiheit **9 EMRK** 5, 9
  religiöse Symbole **9 EMRK** 37 f.
  Rolle des Staates **9 EMRK** 10
  Rs. Belcacemi u. Oussar **9 EMRK** 42
  Rs. Ebrahimian **9 EMRK** 37
  Rs. S. A.S. **9 EMRK** 42
  Schuluniform **9 EMRK** 36
  Schutzpflichten **9 EMRK** 18
  Schutzpflichten, besondere **9 EMRK** 20
  Selbstverwaltungsrecht **9 EMRK** 15
  Sexualkundeunterricht **9 EMRK** 28
  Staatsreligion/-kirche **9 EMRK** 17
  Störungen Dritter **9 EMRK** 19
  Unterricht **9 EMRK** 13, 23
  Verfassungsrecht **9 EMRK** 47 ff.
  Verlautbarungen staatlicher Stellen
    9 EMRK 26
  Wehrdienstverweigerung **9 EMRK** 2, 8
  Zeugen **9 EMRK** 40
  Zwang **9 EMRK** 11
Religionsgemeinschaften 6 EMRK 58
Research Division Verf. EGMR 392
Resozialisierung 5 EMRK 665 ff.
Rettungsfolter 3 EMRK 178
richterlicher Bereitschaftsdienst
  Freiheitsentziehung **5 EMRK** 67
  Vorführung **5 EMRK** 398
Richtervorlage 6 EMRK 436
Richterwechsel 6 EMRK 453
Riyadh Guidelines 6 EMRK 1457
Rohmessdaten 6 EMRK 916 ff.
Rs. A u. B 6 EMRK 1552
Rs. A.D. 3 EMRK 200
Rs. Adiguzel 4 EMRK 72
Rs. Akbay u.a. 6 EMRK 387
Rs. Al-Dulimi 1 EMRK 33
Rs. Al-Jedda 1 EMRK 30
Rs. Al-Skeini 1 EMRK 60
Rs. Aleksandr Zaichenko 6 EMRK 1381
Rs. Allan 6 EMRK 1392

Rs. Alparslan Altan 5 EMRK 103
Rs. Anto Furundzija 6 EMRK 41
Rs. Averill 6 EMRK 1380
Rs. Baka 18 EMRK 15
Rs. Balsamo 7 EMRK 53
Rs. Bankovic 1 EMRK 58
Rs. Barbera 6 EMRK 422
Rs. Belcacemi u. Oussar 9 EMRK 42
Rs. Bergmann 5 EMRK 160, 7 EMRK 73
Rs. Beuze 6 EMRK 835
Rs. Big Brother Watch u.a. 8 EMRK 136
Rs. Böhmer 6 EMRK 719
Rs. Bosphorus Einf. EMRK 147, 190
Rs. Brogan 5 EMRK 403
Rs. Bru 6 EMRK 836
Rs. Brusco 6 EMRK 857
Rs. Bykov 6 EMRK 1393
Rs. Chitos 4 EMRK 96
Rs. Chowdury 4 EMRK 70
Rs. Cleve 6 EMRK 647
Rs. Covaci 6 EMRK 1262
Rs. Ćwik 3 EMRK 152
Rs. Del Rio Prada 5 EMRK 26
Rs. Dorobantu 6 EMRK 1010
Rs. Doyle 6 EMRK 857
Rs. Drélingas 7 EMRK 40
Rs. Edwards and Lewis 6 EMRK 314
Rs. Egmez 6 EMRK 141
Rs. Ekimdzhiev 8 EMRK 137
Rs. El Haski 6 EMRK 1424
Rs. El Motassadeq 3 EMRK 161
Rs. Evans 8 EMRK 120
Rs. Fischer 6 EMRK 1560
Rs. Furcht 6 EMRK 380
Rs. G.I.E.M. 7 EMRK 15
Rs. Gäfgen 6 EMRK 1423
Rs. Gawlik 10 EMRK 62
Rs. Greens u. M.T. 1. ZP–EMRK 102 f.
Rs. Grzęda 6 EMRK 157
Rs. Gül 6 EMRK 116
Rs. Guzelyurtlu 1 EMRK 67
Rs. Guzzardi 5 EMRK 227
Rs. Hadzihasanovic 6 EMRK 40
Rs. Hanan 1 EMRK 66 ff.
Rs. Hassan 1 EMRK 55
Rs. Hirst 1. ZP–EMRK 102 f.
Rs. Ibrahim 6 EMRK 833, 1383
Rs. Ilnseher 7 EMRK 74
Rs. Jalloh 6 EMRK 1422
Rs. Jaloud 1 EMRK 61 ff.
Rs. Jėčius 5 EMRK 227
Rs. Kasymakhunov u. Saybatalov 17 EMRK 10
Rs. Kavala 18 EMRK 16
Rs. Keegan 8 EMRK 248
Rs. Kolev 5 EMRK 587 f.
Rs. Krumpholz 6 EMRK 1378
Rs. L.E. 4 EMRK 46
Rs. Litbert 8 EMRK 83
Rs. Lutsenko 18 EMRK 13
Rs. M. 7 EMRK 62
Rs. M./D 5 EMRK 144

Rs. Mantello 6 EMRK 1652
Rs. Maresti 6 EMRK 133
Rs. Matanović 6 EMRK 374
Rs. Mehmet Hasan Altan 5 EMRK 39
Rs. Meier 4 EMRK 81
Rs. Melloni 6 EMRK 999
Rs. Meng 6 EMRK 230
Rs. Mihalache 6 EMRK 1526
Rs. Morice 10 EMRK 121
Rs. Müller 8 EMRK 162
Rs. N.D. & N.T. 4. ZP–EMRK 42
Rs. Nachova 10 EMRK 149
Rs. Nada 1 EMRK 32
Rs. Natsvlishvili und Togonidze 6 EMRK 339
Rs. Neziraj 6 EMRK 1024
Rs. Nnyanzi 8 EMRK 209
Rs. O'Halloran u. Francis 6 EMRK 680
Rs. Oliveira 6 EMRK 1559
Rs. Osman 8 EMRK 209
Rs. Ostendorf 5 EMRK 224, 226
Rs. P.N. 8 EMRK 157
Rs. Panovits 6 EMRK 796
Rs. Pishchalnikov 6 EMRK 857
Rs. Radu 5 EMRK 102
Rs. Rantsev 4 EMRK 19
Rs. Robathin 8 EMRK 260
Rs. Rohlena 7 EMRK 21
Rs. Romeo Castano 1 EMRK 77
Rs. S. und Marper 8 EMRK 156
Rs. S., V. u. A. 5 EMRK 223, 230
Rs. S.M. 4 EMRK 48
Rs. Sabuncu 18 EMRK 17
Rs. Sahin Alpay 5 EMRK 39
Rs. Salduz 6 EMRK 830, 833
Rs. San Leonhard Band Club 6 EMRK 132
Rs. Saranchov 6 EMRK 341
Rs. Schatschaschwili 6 EMRK 1150, 1177
Rs. Schenk 6 EMRK 422
Rs. Schwabe 5 EMRK 228
Rs. Servulo & Associados 8 EMRK 260
Rs. Shimovolos 5 EMRK 227
Rs. Sigurdur Einarsson 6 EMRK 913
Rs. Siliadin 4 EMRK 40
Rs. Söderman 8 EMRK 174
Rs. Sommer 8 EMRK 161
Rs. Štefančič 6 EMRK 1190
Rs. Stojkovic 6 EMRK 348
Rs. Sud Fondi 7 EMRK 14
Rs. T.I. 4 EMRK 50
Rs. Tadic 6 EMRK 40
Rs. Taxquet 6 EMRK 327
Rs. Teixeira de Castro 6 EMRK 369, 422
Rs. Terheş 5 EMRK 51
Rs. Tymoshenko 18 EMRK 13
Rs. V.C.L. u. A.N. 6 EMRK 342
Rs. Varvara 7 EMRK 14
Rs. Vasiliauskas 7 EMRK 39
Rs. Veits 1. ZP–EMRK 75
Rs. Voskuil 10 EMRK 104
Rs. Zoletic 4 EMRK 48
Rs. Zolotukhin 6 EMRK 1563

Rückwirkungsverbot 7 EMRK 1 ff., 38 ff.
  lex mitior 7 EMRK 42
  nichtig erklärtes Gesetz 7 EMRK 41
  Rechtsprechungsänderungen 7 EMRK 44 ff.
  Rs. Drélingas 7 EMRK 40
  Rs. Vasiliauskas 7 EMRK 39
  Verschärfung der Rechtsfolgen 7 EMRK 38
Rügeverkümmerung 6 EMRK 1476
Rules of Engagement 1 EMRK 64

S
Sachgüternotwehr 2 EMRK 106
Sachverständige 6 EMRK 1216 ff.
  Abgrenzung 6 EMRK 1216
  Akteneinsicht 5 EMRK 552, 6 EMRK 916
  Belastungszeuge 6 EMRK 1218, 1232 ff.
  Ermittlungsverfahren 6 EMRK 1219
  Neutralität 6 EMRK 1217
  Objektivität 6 EMRK 1217
  Verfahren bei Zulässigkeit **Verf. EGMR** 82
  Zeugen 6 EMRK 1216
  Zeugenbefragung 6 EMRK 1143
Sachverständigenbeweis 6 EMRK 1216 ff.
  Ablehnung der Sachverständigenverneh-
    mung 6 EMRK 1228
  Anwesenheits-/Auskunftsrecht
    6 EMRK 1237
  aussagepsychologische Begutachtung
    6 EMRK 1225 ff.
  Auswahl des Sachverständigen
    6 EMRK 1221 f.
  Belastungszeuge 6 EMRK 1232
  Beschuldigtenrechte 6 EMRK 1237 ff.
  Bestellung eines weiteren Sachverständigen
    6 EMRK 1229 ff.
  Entlastungszeuge 6 EMRK 1233
  Erforderlichkeit zur Sachaufklärung
    6 EMRK 1224
  Glaubwürdigkeit eines Zeugen
    6 EMRK 1225 ff.
  Pflicht zur Einholung 6 EMRK 1223 ff.
  Sachverständige 6 EMRK 1216 ff., *s.a. dort*
  Stellungnahmerecht 6 EMRK 1238 f.
  Unschuldsvermutung 6 EMRK 1240
  Waffengleichheit 6 EMRK 1223
Safe-Harbor-Abkommen 8 EMRK 163
Sanktionslisten
  Eigentumsschutz **1. ZP–EMRK** 28
  Selbstbelastungsfreiheit 6 EMRK 1357
Schadensersatz
  Freiheitsentziehung 5 EMRK 1
  Haftentschädigung 5 EMRK 631 ff.
  Rechtsbehelfsgarantie 13 EMRK 61, 63
Scheinehen 12 EMRK 18
Schengener Durchführungsübereinkommen
  6 EMRK 1579 ff.
  Abwesenheitsurteil 6 EMRK 1585
  außerordentliche Rechtsbehelfe
    6 EMRK 1586
  Doppelbestrafungsverbot 6 EMRK 1580
  Evidenzkontrolle 6 EMRK 1590

  Haftprüfungsverfahren 6 EMRK 1615
  Inhalt eines Urteils 6 EMRK 1587
  Personenidentität 6 EMRK 1581
  Rechtsfolge eines Verstoßes 6 EMRK 1616
  rechtskräftige Aburteilung 6 EMRK 1582 ff.,
    1594
  Sachprüfung 6 EMRK 1588
  Schleuserkriminalität 6 EMRK 1605
  Schmuggelfahrten 6 EMRK 1605
  Steuerstrafverfahren 6 EMRK 1583
  Strafklageverbrauch 6 EMRK 1584
  Tatidentität 6 EMRK 1602 ff.
  verfahrensbeendende Entscheidung
    6 EMRK 1583
  Verfahrenseinstellung 6 EMRK 1596 ff.
  Verwaltungsbehörden 6 EMRK 1583
  Vollstreckungsklausel 6 EMRK 1607 ff.
  Vorbehalte 6 EMRK 1611
  vorläufige Festnahme 6 EMRK 1612 ff.
  wechselseitige Anerkennung von Urteilen
    6 EMRK 1585
  Wiederaufnahme 6 EMRK 1586
Schiedsgericht 6 EMRK 180
Schiffe 1 EMRK 43
Schlafentzug/-mangel 3 EMRK 270
Schuldknechtschaft 4 EMRK 58
Schuldturm 5 EMRK 6
Schulpflicht
  Familienleben 8 EMRK 206
  Recht auf Bildung **1. ZP–EMRK** 91
Schuluniform 9 EMRK 36
Schutzstaat 1 EMRK 39
Schweigerecht 6 EMRK 1329, 1369 ff.
  Belehrung 6 EMRK 1379, 1381 ff.
  Belehrung von Geschworenen
    6 EMRK 1374
  Belehrungspflicht 6 EMRK 1383 f.
  Bewertung des Schweigens 6 EMRK 1375 ff.
  Kommunikationsfreiheiten **10 EMRK** 10
  Konsularbeamter 6 EMRK 1385
  Pflicht zur Achtung 6 EMRK 1370
  Rs. Aleksandr Zaichenko 6 EMRK 1381
  Rs. Averill 6 EMRK 1380
  Rs. Ibrahim 6 EMRK 1383
  Rs. Krumpholz 6 EMRK 1378
  Teilschweigen 6 EMRK 1372
  Verteidiger 6 EMRK 1369, 1380
  Zeichen der Schuld 6 EMRK 1373
Sektionspräsidenten Verf. EGMR 24
Selbstbelastungsfreiheit 6 EMRK 1328 ff.
  Abhörmaßnahmen 6 EMRK 1398, 1400
  Abschöpfen von Informationen
    6 EMRK 1400
  Androhung von Nachteilen/Gewalt
    6 EMRK 1350
  Anreizsysteme 6 EMRK 1354
  Arbeitsrecht 6 EMRK 1364 ff.
  Auskunftspflichten des Arbeitnehmers
    6 EMRK 1365
  außerstrafrechtliches Verfahren
    6 EMRK 1356

Äußerungen gegenüber Privatpersonen
6 EMRK 1390
Bandidos-Fall 6 EMRK 1397
Besteuerungsverfahren 6 EMRK 1362
Beweiserhebungsverbot 6 EMRK 414
Beweisgewinnung 6 EMRK 401
Beweisverwertungsverbot 6 EMRK 423, 1365,
1418
Börsenaufsicht 6 EMRK 1364
Brechmitteleinsatz 6 EMRK 1388
de facto-Beweisverwertungsverbot
6 EMRK 1418
DSGVO 6 EMRK 1363
EGMR 6 EMRK 1332
Einziehung 1. ZP–EMRK 71
EMRK 6 EMRK 1331
Entscheidungserheblichkeit des Beweises
6 EMRK 1417
EU-Sanktionslisten 6 EMRK 1357
Exekutive 6 EMRK 1334
Fahrtenbuch 6 EMRK 1413 f.
Fairnessgebot 6 EMRK 278, 1331
freie Wahl 6 EMRK 1347
freiwillige Selbstbelastung 6 EMRK 1403
Gerichte 6 EMRK 1334
Gesetzgeber 6 EMRK 1334
Gewinnung von körperlichem Material
6 EMRK 1387
Halterverantwortlichkeit für Verkehrsverstö-
ße 6 EMRK 1409 ff.
Herausgabe von Beweismaterial
6 EMRK 1386
Immunität 6 EMRK 1352
Insolvenzverfahren 6 EMRK 1361
IPBPR 6 EMRK 1328 ff.
juristische Personen 6 EMRK 1341
kartellrechtliche Ermittlungsverfahren
6 EMRK 1404 ff.
Kronzeugenregelung 6 EMRK 1354
Marokkaner-Fall 6 EMRK 1398
Menschenwürde 6 EMRK 1340
Misshandlungsverbote 6 EMRK 1338,
1419 ff.
Mithäftling 6 EMRK 1391
mittelbare Drittwirkung 6 EMRK 1335
Mitwirkungsfreiheit 6 EMRK 1330
non-conviction-based-confiscation
6 EMRK 1357
Observationen 6 EMRK 1400
öffentliche Interessen 6 EMRK 1337,
1351
Personengruppen 6 EMRK 1341
Persönlichkeitsrecht 6 EMRK 1340
Privatpersonen 6 EMRK 1335
Probenentnahme 6 EMRK 1387
Psychopharmaka 6 EMRK 1350
Rechtsfolgen eines Verstoßes 6 EMRK 1415 ff.
Rs. Allan 6 EMRK 1392
Rs. Bykov 6 EMRK 1393
Schweigerecht 6 EMRK 1329, 1369 ff., s.a.
dort

Steuerhinterziehung 6 EMRK 1358 ff.
Stimmprobe 6 EMRK 1387
strafrechtliche Anklage 6 EMRK 1333, 1343
Strafverfahren 6 EMRK 1342 ff.
Straßenverkehrsrecht 6 EMRK 1409 ff., 1413
Täuschung 6 EMRK 1394
Telekommunikationsüberwachung
6 EMRK 1400
Tonbandaufzeichnungen 6 EMRK 1401
UN-Sanktionslisten 6 EMRK 1357
Unschuldsvermutung 6 EMRK 1338, 1340
Untersuchungshaft 6 EMRK 1336
Verbot unangemessenen Zwangs
6 EMRK 1345 ff.
verdeckte Ermittlungsmaßnahmen
6 EMRK 1391 ff., 1396 ff.
Verfassungsrecht 6 EMRK 1340
Vorenthaltung des Beschuldigtenstatus
6 EMRK 1350
Vorwirkung 6 EMRK 1356 f.
Zellspitzel 6 EMRK 1392
Zwang 6 EMRK 1349
Zwangsausübung, unzulässige 6 EMRK 1332,
1338
Zweck 6 EMRK 1329, 1332
Selbstleseverfahren
Dolmetscherunterstützung 6 EMRK 1297
Öffentlichkeit der Verhandlung
6 EMRK 548
Selbsttötungsgefahr
Abschiebungs-/Auslieferungsverbot
3 EMRK 123
Freiheitsentziehung 5 EMRK 108
Sexualkundeunterricht 9 EMRK 28
sham-proceedings 6 EMRK 1511
Sicherungsgürtel 3 EMRK 218
Sicherungshaftbefehl 6 EMRK 724
Sicherungsmaßnahmen 3 EMRK 238
Sicherungsverwahrung 5 EMRK 142 ff.
Aussetzung zur Bewährung 5 EMRK 156
BVerfG 7 EMRK 65 f.
EGMR 7 EMRK 62 ff.
elektronische Aufenthaltsüberwachung
5 EMRK 55
Freiheitsentziehung zur Straftatverhinde-
rung 5 EMRK 236 ff.
Gesetzlichkeitsprinzip 7 EMRK 62 ff.
im Urteil angeordnete ~ 5 EMRK 142 ff.
Lebensschutzpflicht, staatliche 2 EMRK 53
nachträgliche ~ 5 EMRK 146 ff., 158,
7 EMRK 63, 77
nachträgliche ~ nach Unterbringung
5 EMRK 150 f.
nachträgliche Verlängerung der ~
5 EMRK 144 f., 158, 7 EMRK 62 ff.
psychiatrische Untersuchung 5 EMRK 143
psychisch Kranke 5 EMRK 278 ff.
psychische Störung 5 EMRK 157
Rs. Bergmann 5 EMRK 160, 7 EMRK 73
Rs. Ilnseher 7 EMRK 74
Rs. M. 7 EMRK 62

Rs. M./D **5 EMRK** 144
Strafe **7 EMRK** 62 ff.
Therapie-/Unterbringungsgesetz
    5 EMRK 152
Verurteilung **5 EMRK** 157
vorbehaltene ~ **5 EMRK** 146 ff.
Welch-Kriterien **7 EMRK** 73
Zwangsarbeitsverbot **4 EMRK** 86
Sichtblende 6 EMRK 1195
Sitzblockade 11 EMRK 13
Sklaverei 4 EMRK 51 ff.
    Begriff **4 EMRK** 53
    Frauenhandel **4 EMRK** 52
    Kinderhandel **4 EMRK** 52
    Menschenhandel **4 EMRK** 52, 54
Sklavereiverbot 4 EMRK 1 ff., 51 ff.
    Adressat der Verpflichtungen **4 EMRK** 39 ff.
    EU-Grundrechtecharta **4 EMRK** 14
    Frauenhandel **4 EMRK** 2
    Global Slavery Index 2018 **4 EMRK** 85
    IPBPR **4 EMRK** 1
    ius cogens des Allgemeinen Völkerrechts
        4 EMRK 36
    Konvention gegen Menschenhandel
        4 EMRK 7
    Mädchenhandel **4 EMRK** 2
    Menschenhandel **4 EMRK** 4 ff., *s.a. dort*
    mittelbare Drittwirkung **4 EMRK** 39
    Notstandsfestigkeit **4 EMRK** 37
    Palermo-Protokoll **4 EMRK** 3
    Schutzpflichten **4 EMRK** 39
    Sklaverei **4 EMRK** 51 ff.
    Slavery Convention **4 EMRK** 1
    Tragweite **4 EMRK** 64 f.
    Übereinkommen zum Schutz von Frauen
        4 EMRK 9
    Übereinkommen zum Schutz von Kindern
        4 EMRK 8
    UN-Resolutionen gegen Menschenhandel
        4 EMRK 4 ff.
    Unterlassungspflichten **4 EMRK** 39
    Verfassungsrecht **4 EMRK** 38
Slavery Convention 4 EMRK 1
soft law
    erniedrigende Behandlung **3 EMRK** 227
    Verfahren gegen Jugendliche **6 EMRK** 1431
Souveränität Einf. EMRK 3, 6
Sozialleistungen 6 EMRK 57
Sozialpakt Einf. EMRK 15 ff., *s.a.* IPWSKR
Sperrerklärung 6 EMRK 1173, 1180
Sperrgebiete 4. ZP–EMRK 20
Spezialeinsatzkräfte 2 EMRK 25
Spezialgericht 6 EMRK 189
Spontanversammlungen 11 EMRK 12
    Eingriffe in die Versammlungs-/Vereinigungs-
        freiheit **11 EMRK** 41
Staatenbeschwerde
    EGMR **Verf. EGMR** 31
    Human Rights Committee **Verf. EGMR** 425,
        428 ff.
    UN-Antifolterkonvention **Verf. EGMR** 456

staatliches Handeln 1 EMRK 79 ff.
    Billigung von Handlungen Privater
        1 EMRK 84
    Eingriff **1 EMRK** 79 ff.
    fehlende Strafvorschriften **1 EMRK** 86
    Gewährung diplomatischen Schutzes
        1 EMRK 89
    Handlungspflichten **1 EMRK** 83
    Konventionsverletzung **1 EMRK** 82
    Schutzpflicht **1 EMRK** 83, 88
    Unterlassen **1 EMRK** 83
Staatsreligion/-kirche 9 EMRK 17
Standard Minimum Rules for the Treatment of
    Prisoners 3 EMRK 31
Status of Forces-Agreements 1 EMRK 29
Sterbehilfe
    Eingriffe in das Recht auf Privatheit
        8 EMRK 63
    Lebensschutz **2 EMRK** 12
    Privatleben **8 EMRK** 112
    Whistleblowing **10 EMRK** 62
Steuerhinterziehung 6 EMRK 1358 ff.
Stimmprobe 6 EMRK 1387
Strafklageverbrauch 6 EMRK 1500
    beschränkter ~ **6 EMRK** 1598
    Ordnungswidrigkeiten **6 EMRK** 1534
    Schengener Durchführungsübereinkommen
        6 EMRK 1584
    Straftatbegriff **6 EMRK** 1534
    transnationaler ~ **6 EMRK** 1593
Strafmaßrichtlinien 6 EMRK 195
Strafmilderungsgrund
    Fairnessgebot **6 EMRK** 268
    Tatprovokation **6 EMRK** 381
    Verfahrensdauer **6 EMRK** 488
strafrechtliche Anklage 6 EMRK 79 ff.
    Aditionsverfahren **6 EMRK** 135
    administrative Maßnahme **6 EMRK** 108
    Amtsenthebungsverfahren **6 EMRK** 98
    Anklage **6 EMRK** 114
    Art/Schwere der Sanktionen **6 EMRK** 92
    Auslieferungsverfahren **6 EMRK** 102 ff.
    Ausweisung **6 EMRK** 109
    Begriff **6 EMRK** 79
    behördeninterne Abschlussbericht
        6 EMRK 119
    Betroffene **6 EMRK** 81
    Disziplinarmaßnahmen **6 EMRK** 95
    Durchsuchung **6 EMRK** 114
    Einziehung **6 EMRK** 94
    Einziehungsbeteiligte **6 EMRK** 82
    Ende des Verfahrens **6 EMRK** 124 ff.
    Engel-Kriterien **6 EMRK** 83 ff.
    Erhebung **6 EMRK** 110 ff., 114
    Ermittlungsverfahren **6 EMRK** 110
    Exequaturverfahren **6 EMRK** 106
    Fahrverbot **6 EMRK** 92
    Fairnessgebot **6 EMRK** 250 f., 270, 282
    faktische Beschuldigtenstellung
        6 EMRK 114
    Festnahme **6 EMRK** 114

Immunität **6 EMRK** 122
Klärung des Anfangsverdachts **6 EMRK** 117
Maßregeln der Besserung/Sicherung
    6 EMRK 93
Ministeranklagen **6 EMRK** 100
official notification **6 EMRK** 111
Ordnungsmittel **6 EMRK** 89
Präsidentenanklage **6 EMRK** 98 f.
Präventivmaßnahmen **6 EMRK** 93
Probationsverfahren **6 EMRK** 137
Rs. Egmez **6 EMRK** 141
Rs. Gül **6 EMRK** 116
Rs. Maresti **6 EMRK** 133
Rs. San Leonhard Band Club **6 EMRK** 132
Selbstbelastungsfreiheit **6 EMRK** 1333,
    1343
spezielle Verfahrenskonstellationen
    6 EMRK 107
Strafanzeige **6 EMRK** 117
Unschuldsvermutung **6 EMRK** 634 ff.
Untersuchungsausschuss **6 EMRK** 122
verdeckte Ermittlungsmaßnahmen
    6 EMRK 115
verfassungsgerichtliche Verfahren
    6 EMRK 97 ff.
Verwaltungsentscheidungen
    6 EMRK 123
Wiederaufnahme **6 EMRK** 128 ff., 131
Wiedereinsetzung **6 EMRK** 127
Zeitpunkt der Erhebung **6 EMRK** 110 ff.
Zeugen **6 EMRK** 121
Straftäter 2 EMRK 52
Strafzumessungslösung
    Tatprovokation **6 EMRK** 381, 383
    Verfahrensdauer **6 EMRK** 488
Straßenverkehr 2 EMRK 46
Streichung der Beschwerde
    Verf. EGMR 91 ff.
Streikrecht 11 EMRK 30
    Beamte **11 EMRK** 66 f.
strip searches 3 EMRK 240
Subcommittee on Prevention of Torture
    3 EMRK 8
Suizidandrohungen 2 EMRK 36
swallow-Folter 3 EMRK 174

T
Taschenkarten 1 EMRK 64
Taser 3 EMRK 193
Tatprovokation 6 EMRK 352 ff.
    aktive Beeinflussung **6 EMRK** 358
    Aufstiftung **6 EMRK** 388
    bereits gefasster Tatplan **6 EMRK** 359
    Beweisverwertungsverbot **6 EMRK** 378 ff.
    BGH **6 EMRK** 366 ff.
    Druckausübung auf Personen **6 EMRK** 364
    EGMR **6 EMRK** 358 ff.
    gerichtliche Überprufung **6 EMRK** 363
    Hörfalle **6 EMRK** 354
    Informanten **6 EMRK** 352
    Kompensationsmodelle **6 EMRK** 376 ff.

latente Tatgeneigtheit **6 EMRK** 367
Lockspitzel-Einsatz **6 EMRK** 389
mittelbare staatliche Einflussnahme
    6 EMRK 367
Mittelsmann **6 EMRK** 365
passive Untersuchung **6 EMRK** 358
police incitement **6 EMRK** 357
Quantensprung **6 EMRK** 366
Rechtsfolge **6 EMRK** 369 ff.
Rs. Akbay u.a. **6 EMRK** 387
Rs. Furcht **6 EMRK** 380
Rs. Matanović **6 EMRK** 374
Rs. Teixeira de Castro **6 EMRK** 369
Strafmilderungsgrund **6 EMRK** 381
Strafzumessungslösung **6 EMRK** 381,
    383
test of incitement **6 EMRK** 374
Überwachung durch unabhängige Stelle
    6 EMRK 362
undercover agent **6 EMRK** 352
Verbot **6 EMRK** 389
verdeckte Ermittlungsmaßnahmen
    6 EMRK 352, 356
Verfahrenshindernis **6 EMRK** 383, 385,
    388
Vertrauenspersonen **6 EMRK** 389
Verwendung der Erkenntnisse im Strafpro-
    zess **6 EMRK** 370 f.
Voraussetzungen **6 EMRK** 357 ff.
Zurechenbarkeit staatlicher Handlungen
    6 EMRK 352 ff.
Zwei-Stufen-Modell **6 EMRK** 372 ff.
Telekommunikationsdaten 8 EMRK 140
Telekommunikationsüberwachung
    Eingriffe in das Recht auf Privatheit
    8 EMRK 48
    Privatleben **8 EMRK** 131
    Selbstbelastungsfreiheit **6 EMRK** 1400
    Vertrauensverhältnis Anwalt-Mandant
    8 EMRK 267
Territorialitätsprinzip 1 EMRK 37
Terrorismusbekämpfung
    Ausweisung **8 EMRK** 220
    Diskriminierungsverbot **14 EMRK** 65
    Hoheitsgewalt **1 EMRK** 70
    Notstandsmaßnahmen **15 EMRK** 4 ff.,
    34
terroristische Straftaten 5 EMRK 403
Testierrecht 1. ZP–EMRK 22
Therapieangebote 5 EMRK 83
Therapieunterbringungsgesetz
    5 EMRK 280
Todesstrafe 2 EMRK 93 ff., **6. ZP–EMRK** 1 ff.
    Abschaffung **6. ZP–EMRK** 10, 25 ff.
    Abschaffung, weltweite **6. ZP–EMRK** 39 ff.,
    56
    Auslieferung **2 EMRK** 99 f.,
        6. ZP–EMRK 7, 20
    botched executions **6. ZP–EMRK** 50
    China **6. ZP–EMRK** 40
    DDR **6. ZP–EMRK** 5

Deutschland **6. ZP–EMRK** 17, 55
einstweiliger Rechtsschutz
    6. ZP–EMRK 19
EU-Grundrechtecharta **6. ZP–EMRK** 37
Europarat **6. ZP–EMRK** 13
Friedenszeiten **6. ZP–EMRK** 18
IPBPR **2 EMRK** 93 f., **6. ZP–EMRK** 9 f.
Iran **6. ZP–EMRK** 51
Japan **6. ZP–EMRK** 42
Jemen **6. ZP–EMRK** 51
Jugendliche **6. ZP–EMRK** 9
Kriegszeiten **2 EMRK** 97, **6. ZP–EMRK** 22,
    25
Menschenwürde **6. ZP–EMRK** 6, 27
Militär-/Polizeieinsätze, internationale
    6. ZP–EMRK 21
Minderjährige **6. ZP–EMRK** 9
Pakistan **6. ZP–EMRK** 51
Rs. Furman v. Georgia **6. ZP–EMRK** 46
Rs. Gregg v. Georgia **6. ZP–EMRK** 46
Rs. Kennedy v. Louisiana **6. ZP–EMRK** 47
Russland **6. ZP–EMRK** 14
Saudi-Arabien **6. ZP–EMRK** 51
Schwangere **6. ZP–EMRK** 9
Sudan **6. ZP–EMRK** 51
Taiwan **6. ZP–EMRK** 52
Türkei **6. ZP–EMRK** 15
Umwandlung **2 EMRK** 94
UN-Generalversammlung **6. ZP–EMRK** 34
unmenschliche Behandlung **3 EMRK** 190
unmenschliche/erniedrigende Strafen
    3 EMRK 281 ff.
USA **6. ZP–EMRK** 43 ff.
V.A. Emirate **6. ZP–EMRK** 51
Verbot von Einschränkungen
    6. ZP–EMRK 24
Verfahren gegen Jugendliche
    6 EMRK 1438
Verfassungsrecht **6. ZP–EMRK** 1
Völkervertragsrecht **6. ZP–EMRK** 11 f.
Weißrussland **6. ZP–EMRK** 15
Tokyo-Rules 6 EMRK 1456
Tonbandaufzeichnungen 6 EMRK 1401
Tötungsverbot 2 EMRK 22 ff.
absichtliche Tötung **2 EMRK** 22
Abwehrmittel **2 EMRK** 24
Ausnahmesituationen **2 EMRK** 23
Deeskalationsstrategien **2 EMRK** 24
Einsatzleitung **2 EMRK** 25
Gefahren für Unbeteiligte **2 EMRK** 26
Geiselbefreiung **2 EMRK** 27
gestuftes Vorgehen **2 EMRK** 24
Handlungen des Staates **2 EMRK** 31 f.
IPBPR **2 EMRK** 30
Kennzeichnungspflicht der Amtsträger
    2 EMRK 23
Militär-/Polizeieinsätze, internationale
    2 EMRK 29
Narkosegas **2 EMRK** 27
Schutzmaßnahmen **2 EMRK** 24
Spezialeinsatzkräfte **2 EMRK** 25

Waffeneinsatz **2 EMRK** 24
willkürliche Tötung **2 EMRK** 30
Transitzonen
Freiheitsbeschränkung **5 EMRK** 64
Freiheitsentziehung zur Ausweisung/Ausliefe-
    rung **5 EMRK** 296, 316
Hoheitsgewalt **1 EMRK** 72
Transsexuelle 12 EMRK 7
Trennungsgebot 5 EMRK 325 f.
Tribunale 6 EMRK 178
Gleichheit vor Gericht **6 EMRK** 253

U
Übereinkommen zum Schutz vor dem Ver-
    schwindenlassen Verf. EGMR 461 ff.
Überhaft
Angemessenheit der Untersuchungshaftdau-
    er **5 EMRK** 464
Recht auf Aburteilung/Haftentlassung
    5 EMRK 409
Überlastungsanzeige 6 EMRK 453
Überwachung der Gefangenenkorrespondenz
    8 EMRK 276 ff.
Briefverkehr **8 EMRK** 277 f.
Corona-Pandemie **8 EMRK** 283
Ermessen **8 EMRK** 276
medizinische Versorgung **8 EMRK** 277
Notwendigkeit **8 EMRK** 277
Portokosten **8 EMRK** 278
Rechtsgrundlage **8 EMRK** 276
Schreiben an den EGMR **8 EMRK** 284
Telefongespräche **8 EMRK** 276
Verhältnismäßigkeit **8 EMRK** 282
Verteidigerpost **8 EMRK** 280, 285
Verzögerung der Weiterleitung **8 EMRK** 278
Vorenthalten der Post **8 EMRK** 279
Umwelteinflüsse 8 EMRK 237
Umweltschäden 2 EMRK 45
UN Antifolterkonvention Verf. EGMR 454 ff.
Fakultativprotokoll **Verf. EGMR** 460
Individualbeschwerde **Verf. EGMR** 457
Misshandlungsverbote **3 EMRK** 3 ff.
Staatenbeschwerde **Verf. EGMR** 456
UN Bangkok Rules 5 EMRK 670
UN Behindertenrechtskonvention
psychisch Kranke **5 EMRK** 271
Zwangsarbeitsverbot **4 EMRK** 88
UN Charta
domaine reservé **Einf. EMRK** 5
Menschenrechtsschutz **Einf. EMRK** 9 ff.
UN Guiding Principles on Business and Human
    Rights Einf. EMRK 65
UN High Commissioner for Human Rights
    Einf. EMRK 39
UN Menschenrechtsausschuss 1 EMRK 8
UN Menschenrechtsrat Verf. EGMR 448 ff.
UN Sanktionslisten 6 EMRK 1357
UN Special Rapporteur on Human Rights and
    the Environment Einf. EMRK 41
UN Special Rapporteur on Torture
    Einf. EMRK 40

UN Wirtschafts-/Sozialrat **Verf. EGMR** 446 f.
UNCAT Einf. EMRK 36
   Abschiebung **3 EMRK** 5
   Auslieferung **3 EMRK** 5
   Bundesstelle zur Verhütung von Folter
      3 EMRK 9
   CAT-Unterausschuss **3 EMRK** 8
   erniedrigende Behandlung **3 EMRK** 6
   Fakultativprotokoll **3 EMRK** 8 ff.
   Folter **3 EMRK** 5, 179 ff.
   Misshandlungsverbote **3 EMRK** 3 ff.
   nationale Präventionsmechanismen
      3 EMRK 8
   OPCAT **3 EMRK** 8
   Subcommittee on Prevention of Torture
      3 EMRK 8
   unmenschliche Behandlung **3 EMRK** 6
undercover agent 6 EMRK 352
Ungehorsamsstrafen 5 EMRK 122
Unilateral Declaration Verf. EGMR 395
Universalität der Menschenrechte
   Einf. EMRK 6
unmenschliche Behandlung 3 EMRK 189 ff.
   Abgrenzung **3 EMRK** 191
   Abschiebungs-/Auslieferungsverbot
      3 EMRK 92
   Begriff **3 EMRK** 190
   Brechmitteleinsatz **3 EMRK** 199
   Elektroschockpistole **3 EMRK** 193
   Experimente **3 EMRK** 197
   Fesselung **3 EMRK** 192
   Folter **3 EMRK** 191
   fünf Techniken **3 EMRK** 192
   harte Verhörmethoden **3 EMRK** 194
   Heilbehandlungsmaßnahmen **3 EMRK** 196
   Injektionen **3 EMRK** 198
   medizinische Eingriffe zur Beweisgewinnung
      3 EMRK 199
   Mindestmaß an Schwere **3 EMRK** 191
   Nervendrucktechniken **3 EMRK** 192
   psychiatrische Behandlung **3 EMRK** 198
   Rs. A.D. **3 EMRK** 200
   Taser **3 EMRK** 193
   Todesstrafe **3 EMRK** 190
   UNCAT **3 EMRK** 6
   Vernachlässigung von Kindern **3 EMRK** 192
   Walling **3 EMRK** 194
   Water-Boarding **3 EMRK** 194
   wissenschaftliche Versuche **3 EMRK** 195
   Zwangsernährung **3 EMRK** 198
unmenschliche/erniedrigende Strafen
   3 EMRK 275 ff.
   außergewöhnliche Strafen **3 EMRK** 280
   Begriffe **3 EMRK** 276
   Death-Row-Phenomenon **3 EMRK** 281
   Haftbedingungen **3 EMRK** 290
   lebenslange Freiheitsstrafe **3 EMRK** 284 ff.
   Leibesstrafen **3 EMRK** 278
   Prügelstrafe **3 EMRK** 279
   Todesstrafe **3 EMRK** 281 ff.
   Übermaßverbot **3 EMRK** 288

unbestimmte Freiheitsstrafe **3 EMRK** 278
   Vollstreckungsübernahme **3 EMRK** 289
UNMIK-Mission 1 EMRK 52
Unparteilichkeit des Gerichts 6 EMRK 213 ff.
   Angebot einer Strafmilderung **6 EMRK** 233
   Ermittlungs-/Untersuchungsrichter, vorheri-
      ger **6 EMRK** 218
   Haftfrage **6 EMRK** 220
   Heilung von Verstößen **6 EMRK** 237 f.
   Inertia-Effekt **6 EMRK** 221
   kollidierende Verwaltungsfunktionen
      6 EMRK 222
   mehrfunktionales Auftreten **6 EMRK** 217
   Militärangehörige **6 EMRK** 222
   Perseveranz-Effekt **6 EMRK** 221
   persönliche Bekanntschaft **6 EMRK** 226
   Prozesskostenhilfe **6 EMRK** 234
   Rs. Meng **6 EMRK** 230
   Verfahren gegen Jugendliche **6 EMRK** 1460
   Verfahrensdauer **6 EMRK** 228
   Vorbefassung **6 EMRK** 229 ff.
   zweifelhafte ~ **6 EMRK** 223 ff.
Unschuldsvermutung 6 EMRK 605 ff.
   Abschluss des Erkenntnisverfahrens
      6 EMRK 656
   abstrakte Gefährdungsdelikte **6 EMRK** 682
   amtliche Verlautbarungen **6 EMRK** 657 ff.
   Angemessenheit der Untersuchungshaftdau-
      er **5 EMRK** 488
   Auslagenerstattung **6 EMRK** 697
   Auslieferung **6 EMRK** 637
   Außenwirkung **6 EMRK** 737
   außerhalb eines Strafverfahrens
      6 EMRK 728 ff.
   Äußerungen staatlicher Stellen **6 EMRK** 611
   Begrenzung **6 EMRK** 616
   Bemessung der Rechtsfolgen **6 EMRK** 638 ff.
   Beschuldigtenrechte **6 EMRK** 631
   Beweisverwertungsverbot **6 EMRK** 418
   Blutentnahmen **6 EMRK** 651
   Datenbanken über Sexualstraftäter
      6 EMRK 670
   Disziplinarverfahren **6 EMRK** 636
   in dubio pro reo-Regel **6 EMRK** 677
   Durchführung des vorgesehenen Verfahrens
      6 EMRK 632, 685 f.
   Einziehung **6 EMRK** 695, **1. ZP–EMRK** 70
   EMRK 4 607
   Entschädigung **6 EMRK** 697
   Entscheidung der Schuldfrage **6 EMRK** 653 ff.
   Entscheidungsregel **6 EMRK** 673 f.
   ergebnisoffene Entscheidungsfindung
      6 EMRK 606
   Ermittlungsrichter **6 EMRK** 669
   Ermittlungsverfahren **6 EMRK** 635, 651
   Erschöpfung innerstaatlicher Rechtsbehelfe
      Verf. EGMR 183
   EU-Grundrechtecharta **6 EMRK** 608
   Exklusivität der strafrichterlichen Schuldfest-
      stellung **6 EMRK** 615, 738 ff.
   Fahndungsmaßnahmen **6 EMRK** 667

Fairnessgebot **6 EMRK** 19, 347
Folgeverfahren **6 EMRK** 730 f.
Formulierung der Urteilsgründe **6 EMRK** 647
Formulierung von Entscheidungen
   6 EMRK 646
Freiheitsentziehung **5 EMRK** 183
Freiheitsentziehung zur Strafverfolgungssi-
   cherung **5 EMRK** 209
Gefahrenabwehrmaßnahmen **6 EMRK** 611
Gegenüberstellung **6 EMRK** 651
Haftentscheidungen **6 EMRK** 646
Halterverantwortlichkeit für Verkehrsverstö-
   ße **6 EMRK** 680
Hygiene-Pranger **6 EMRK** 692
innerstaatliches Recht **6 EMRK** 609 ff.
IPBPR **6 EMRK** 607
Kostenausspruch **6 EMRK** 696
Künstliche Intelligenz **6 EMRK** 757
Lebensmittelaufsicht **6 EMRK** 692
Medienberichterstattung **6 EMRK** 623
Menschenwürde **6 EMRK** 609
mittelbare Drittwirkung **6 EMRK** 623
Monopol des Strafrichters **6 EMRK** 615
Nebenentscheidungen **6 EMRK** 654
nicht abgeurteilte Straftaten **6 EMRK** 640 f.
nicht verfahrensgegenständliche Straftaten
   6 EMRK 711 ff.
Ordnungswidrigkeiten **6 EMRK** 610, 635
Persönlichkeitsrecht **6 EMRK** 658
Persönlichkeitsschutz **6 EMRK** 612
Politiker **6 EMRK** 661
Polizei **6 EMRK** 669
Presse **6 EMRK** 657 ff., 664
Privatleben **8 EMRK** 96, 99
Privatleben der Parteien **6 EMRK** 666,
   670
Prognosebeurteilungen **6 EMRK** 726 f.
Rechtsstaatsprinzip **6 EMRK** 609, 612
Regulierung von Künstlicher Intelligenz
   6 EMRK 757
RL (EU) 2016/343 **6 EMRK** 748 ff.
Rs. Böhmer **6 EMRK** 719
Rs. Cleve **6 EMRK** 647
Rs. El Kaada **6 EMRK** 720
Rs. O'Halloran u. Francis **6 EMRK** 680
Schadensersatzklage **6 EMRK** 734
Schuldfeststellung **6 EMRK** 662, 697
Schuldnachweis **6 EMRK** 675 ff.
Schuldvermutungen **6 EMRK** 678 ff.
Schuldzuweisungen durch Dritte
   6 EMRK 672
Schutz im Unionsrecht **6 EMRK** 748 ff.
Schutz vor Zuweisung unbewiesener Schuld
   6 EMRK 737
Schutzpflicht des Staates **6 EMRK** 625
Selbstbelastungsfreiheit **6 EMRK** 1338,
   1340
Staatsanwaltschaft **6 EMRK** 669
Steuerverfahren **6 EMRK** 636
strafrechtliche Anklage **6 EMRK** 634 ff.
Strafrechtspflege **6 EMRK** 616

Strafverfahren **6 EMRK** 668 ff.
Strafverfolgungsmaßnahmen **6 EMRK** 643 ff.
Tragweite **6 EMRK** 629 ff.
unmittelbare Drittwirkung **6 EMRK** 621 ff.
Untersuchungshaft **6 EMRK** 644
Untersuchungsrichter **6 EMRK** 669
urheberrechtliche Abmahnung **6 EMRK** 693
Verdachtsberichterstattung **6 EMRK** 660
Verdachtskündigung **6 EMRK** 735 f.
Verdachtsstrafen **6 EMRK** 673
Verfahren gegen Jugendliche **6 EMRK** 1470
Verfahrenseinstellung **6 EMRK** 687 ff.
Verfahrenshindernis **6 EMRK** 701
Verfassungsgarantien **6 EMRK** 619 f.
Verfassungsgrundsatz **6 EMRK** 610
Verhaltensprinzip **6 EMRK** 629
Verhaltensregel für das Gericht
   6 EMRK 668 ff.
Verzicht **6 EMRK** 626 ff.
Vorstrafen **6 EMRK** 639
Wahlfeststellung **6 EMRK** 676
Widerruf der Bewährung **6 EMRK** 642, 723 ff.
Widerruf des Geständnisses **6 EMRK** 628
Wiederholungsgefahr **6 EMRK** 645
zeitlicher Anwendungsbereich
   6 EMRK 650 ff.
Zivilverfahren **6 EMRK** 730
Untätigkeitsverfassungsbeschwerde
   6 EMRK 526
Unterbindungsgewahrsam, präventiv-polizeili-
   cher 5 EMRK 232
Unterbringung
   Freiheitsentziehung **5 EMRK** 42
   Freiheitsentziehung wegen Krankheit/Sucht
      5 EMRK 270
   Haftprüfungsverfahren **5 EMRK** 602 f.
   Sicherungsverwahrung **5 EMRK** 150 f.
   Therapie-/Unterbringungsgesetz **5 EMRK** 152
   Unterrichtung des Beschuldigten
      5 EMRK 332
Unterrichtung des Beschuldigten
   5 EMRK 327 ff., **6 EMRK** 758 ff.
   Abschiebungshaft **5 EMRK** 332
   Akteneinsicht **6 EMRK** 782
   allgemeine Erklärungen **5 EMRK** 345
   alternative Geschehensabläufe **6 EMRK** 774
   Anklageschrift **6 EMRK** 782
   Anlass **6 EMRK** 762
   Anwendungsbereich **5 EMRK** 327 ff.
   Aufschub **6 EMRK** 766
   Auslieferungshaft **5 EMRK** 332
   ausreichende ~ **5 EMRK** 347
   Beiordnung eines Verteidigers **6 EMRK** 770
   Belehrung **6 EMRK** 797 ff.
   beschleunigtes Verfahren **6 EMRK** 792
   Beschuldigungen, erhobene **5 EMRK** 332, 356
   Beschwerdefrist **5 EMRK** 359
   Beweismittel **6 EMRK** 772
   deutsches Recht **5 EMRK** 333
   Dokumentation **5 EMRK** 347
   Dolmetscher **5 EMRK** 354, **6 EMRK** 787

Durchsuchungsbeschluss **6 EMRK** 783
Einleitung des behördliches Verfahrens
   6 EMRK 763
Ermittlungsstand **6 EMRK** 773
Ermittlungsverfahren **6 EMRK** 767 f.
EU-Richtlinie Belehrung/Unterrichtung
   6 EMRK 796 ff.
EU-Richtlinie Dolmetsch-/Übersetzungsleistun-
   gen **6 EMRK** 793 ff.
Festnahmegründe **5 EMRK** 331, 355
Form **5 EMRK** 343 ff., **6 EMRK** 779 ff.
Frist **5 EMRK** 334, 338, 340
Gebärdensprache **5 EMRK** 351
Gefährdung des Untersuchungserfolgs
   6 EMRK 766
Gegenstand **6 EMRK** 771 ff.
Haftbefehl **5 EMRK** 341, 353
Haftprüfungsverfahren **5 EMRK** 507
Hinweis in der Hauptverhandlung
   6 EMRK 776
Inhalt **5 EMRK** 355, **6 EMRK** 773 ff.
Kinder **6 EMRK** 780
Kompensation **5 EMRK** 358
mehrere ~en **6 EMRK** 765
Mitteilung unter Drohungen **5 EMRK** 346
mündliche ~ **5 EMRK** 344
psychisch Kranke **5 EMRK** 349
rechtliche Bewertungen **6 EMRK** 771
Rechtsbehelfe **6 EMRK** 804 f.
RL 2010/64/EU **6 EMRK** 793 ff.
RL 2012/13/EU **6 EMRK** 796 ff.
Rs. Panovits **6 EMRK** 796
schriftliche Übersetzung **6 EMRK** 788, 792
Schriftstück **5 EMRK** 344
spätere Änderungen **6 EMRK** 777
Sprache **6 EMRK** 785 ff.
Strafbefehl **6 EMRK** 782
Tatsachen **6 EMRK** 771
Übersetzung der Anklageschrift **6 EMRK** 764
Übertragung auf andere Personen
   5 EMRK 350
Unterbringung **5 EMRK** 332
Untersuchungshaft **5 EMRK** 332
verdeckte Ermittlungsmaßnahmen
   6 EMRK 766
verständliche Sprache **5 EMRK** 351 ff.
Verteidiger **6 EMRK** 781, 786
Verzicht **6 EMRK** 790
Vorbereitung der Verteidigung **6 EMRK** 764,
   889
Wiederholung **5 EMRK** 357
Zeitpunkt **5 EMRK** 334 ff., **6 EMRK** 763 ff.
Zweck **5 EMRK** 327, **6 EMRK** 759 ff.
Untersuchungen
Dokumentation der ~ **3 EMRK** 45 ff., *s.a. dort*
Freiheit der Person **5 EMRK** 35
Misshandlungsverbote **3 EMRK** 41 ff.
Untersuchungsausschuss 6 EMRK 122
Untersuchungshaft
Angemessenheit der Dauer der ~
   5 EMRK 420 ff., *s.a. dort*

Behandlung Inhaftierter **5 EMRK** 649
Beschwerdeverfahren **Verf. EGMR** 53
Fluchtgefahr **5 EMRK** 217
Haftprüfungsverfahren **5 EMRK** 531 ff.
Höchstfrist **5 EMRK** 420 ff.
Individualbeschwerde **Verf. EGMR** 170
Recht auf Aburteilung/Haftentlassung
   5 EMRK 405 ff., *s.a. dort*
Selbstbelastungsfreiheit **6 EMRK** 1336
Subsidiarität **5 EMRK** 220
Unschuldsvermutung **6 EMRK** 644
Unterrichtung des Beschuldigten
   5 EMRK 332
Verteidiger **5 EMRK** 384
Verurteilung **5 EMRK** 124
Vorführung **5 EMRK** 360 ff., 364 ff.,
   s.a. dort
Untersuchungshaftvollzug 4 EMRK 90
Urteile des EGMR Verf. EGMR 259 ff.
Auslegung **Verf. EGMR** 296, 375
Beachtenspflicht **Verf. EGMR** 320
Befolgungspflicht **Verf. EGMR** 297 ff., *s.a.*
   dort
Begründung **Verf. EGMR** 262
Durchsetzung **Verf. EGMR** 297 ff.
Endgültigkeit **Verf. EGMR** 291 ff.
Entschädigung **Verf. EGMR** 270 ff.
entschädigungsfahige Nachteile **Verf.**
   EGMR 273 f.
Entschädigungspflicht **Verf. EGMR** 276
erga omnes-Wirkung **Verf. EGMR** 319 ff.
Feststellung der Konventionsverletzung **Verf.**
   EGMR 265 ff.
Feststellungsurteile **Verf. EGMR** 298
Form **Verf. EGMR** 259 ff.
Gegenstand **Verf. EGMR** 300
gemeinsame Entscheidung über Begründet-
   heit/Zulässigkeit **Verf. EGMR** 359
infringement proceedings **Verf. EGMR** 334,
   376
Kostenerstattung **Verf. EGMR** 281 ff.
Ministerkomitee **Verf. EGMR** 261, 331 ff.
Pilotverfahren **Verf. EGMR** 318
Rezeption der EGMR-Rechtsprechung **Verf.**
   EGMR 324
Säumnisverfahren **Verf. EGMR** 376
Überwachung **Verf. EGMR** 331 ff.
Unterzeichnung **Verf. EGMR** 264
Verbindlichkeit über den Fall hinaus **Verf.**
   EGMR 314 ff.
Verfassungsvorbehalt **Verf. EGMR** 327 ff.
Wiederaufnahme **Verf. EGMR** 295
ÜVerfBesG 6 EMRK 518

V

Venedig-Kommission Einf. EMRK 46 ff.
Verbrechen gegen die Menschlichkeit
   3 EMRK 26
Verbringungsgewahrsam 5 EMRK 58
Verdachtsberichterstattung 6 EMRK 660
Verdachtskündigung 6 EMRK 735 f.

Verdachtsstrafen 6 EMRK 673
verdeckte Ermittlungsmaßnahmen
  Art der Straftaten 8 EMRK 133
  Kontrollmechanismen 8 EMRK 135
  Mindestgarantien 8 EMRK 132
  Notwendigkeit 8 EMRK 138
  Privatleben 8 EMRK 128 ff.
  Recht auf Privatheit 8 EMRK 21
  Rechtsbehelfsgarantie 13 EMRK 52
  Rechtsgrundlage 8 EMRK 131
  Richtervorbehalt 8 EMRK 135
  Rs. Big Brother Watch u.a. 8 EMRK 136
  Rs. Ekimdzhiev 8 EMRK 137
  Selbstbelastungsfreiheit 6 EMRK 1391 ff.,
    1396 ff.
  strafrechtliche Anklage 6 EMRK 115
  Tatprovokation 6 EMRK 352, 356, *s.a. dort*
  transnationale Nutzung 8 EMRK 134
  Unterrichtung des Beschuldigten
    6 EMRK 766
  Verfahrensdauer 6 EMRK 470
  Zulässigkeit 6 EMRK 356
Verdunkelungsgefahr 5 EMRK 428, 457 ff.
Vereine 6 EMRK 58
Vereinigungsfreiheit 11 EMRK 22 ff.
  allgemeine ~ 11 EMRK 22 ff.
  Eingriffe 11 EMRK 45 f.
  Fernbleiben 11 EMRK 26
  Gründung 11 EMRK 22
  Koalitionsfreiheit 11 EMRK 28 ff., *s.a. dort*
  Minderheiten 11 EMRK 23
  Mitgliedschaft 11 EMRK 22
  negative ~ 11 EMRK 26
  öffentlich-rechtliche Zusammenschlüsse
    11 EMRK 27
  politische Parteien 11 EMRK 25
  Rechtsformen 11 EMRK 24
  wirtschaftliche Vereinigungen 11 EMRK 23
  Zwangsmitgliedschaft 11 EMRK 27
Verfahren bei Zulässigkeit Verf. EGMR 68 ff.
  Ausschuss Verf. EGMR 68
  Beteiligung Dritter Verf. EGMR 95 ff.
  Beweiserhebung Verf. EGMR 78 ff., 81 ff.
  Beweislastumkehr Verf. EGMR 90
  Beweiswürdigung Verf. EGMR 89
  Exkulpationspflicht Verf. EGMR 90
  friendly settlement Verf. EGMR 72 ff.
  Große Kammer Verf. EGMR 103 ff.
  gütliche Einigung Verf. EGMR 72 ff.
  Kammer Verf. EGMR 69 ff.
  mündliche Verhandlung Verf. EGMR 71
  Sachverständige Verf. EGMR 82
  Streichung der Beschwerde Verf.
    EGMR 91 ff.
  Verhandlungsprotokoll Verf. EGMR 102
  Vernehmung in Abwesenheit der Parteien
    Verf. EGMR 85
  Vor-Ort-Termin Verf. EGMR 79
  Wiedereintragung der Beschwerde Verf.
    EGMR 94
  Zeugen Verf. EGMR 82

Verfahren gegen Jugendliche 6 EMRK 1426 ff.
  Akteneinsicht 6 EMRK 1468
  Anwesenheitsrecht in der Verhandlung
    6 EMRK 1464
  Ausschluss der Öffentlichkeit 6 EMRK 1447
  Begutachtung 6 EMRK 1447
  Beijing-Rules 6 EMRK 1455
  Beistand 6 EMRK 1451, 1469
  Dolmetscherunterstützung 6 EMRK 1467
  effektive Verteidigung 6 EMRK 1465 ff.
  Eltern 6 EMRK 1449
  Empfehlungen des Europarats
    6 EMRK 1431 ff.
  EMRK 6 EMRK 1428, 1459 ff.
  EU-Grundrechtecharta 6 EMRK 1440 f.
  EU-Recht 6 EMRK 1440 ff.
  Europäisches Übereinkommen über die Aus-
    übung von Kinderrechten 6 EMRK 1429
  Fair-trial-Gebot 6 EMRK 1455
  Freiheitsentziehung 6 EMRK 1448, 1456
  gesetzlicher Richter 6 EMRK 1459
  Havanna-Rules 6 EMRK 1456
  IPBPR 6 EMRK 1438 f., 1459 ff.
  Kinderrechtskonvention 6 EMRK 1451 ff.
  Leitlinien der EU 6 EMRK 1450
  Öffentlichkeit der Verhandlung 6 EMRK 1461
  rechtliches Gehör 6 EMRK 1463
  Rechtsmittel 6 EMRK 1471
  Riyadh Guidelines 6 EMRK 1457
  RL 2013/48/EU 6 EMRK 1446
  RL 2016/800/EU 6 EMRK 1444
  soft law 6 EMRK 1431
  soziale Wiedereingliederung 6 EMRK 1451
  Strafmündigkeit 6 EMRK 1427
  Tokyo-Rules 6 EMRK 1456
  Unparteilichkeit des Gerichts 6 EMRK 1460
  Unschuldsvermutung 6 EMRK 1470
  Verbot der Todesstrafe 6 EMRK 1438
  Verfahrensgarantien 6 EMRK 1444
  Verfahrensgestaltung 6 EMRK 1439
  Verteidigerzugang 6 EMRK 1451, 1465 ff.
Verfahrensdauer
  Abhilfemöglichkeiten bei überlanger ~
    13 EMRK 78 ff.
  Absehen von Strafe 6 EMRK 501
  Amtsermittlungsgrundsatz 6 EMRK 455
  angemessene ~ 6 EMRK 428 ff.
  Angemessenheitskriterien 6 EMRK 437 ff.,
    514
  Arbeitsüberlastung 6 EMRK 453
  Aussetzung zur Bewährung 6 EMRK 501
  Bedeutung des Verfahrens 6 EMRK 459
  Befangenheitsrüge 6 EMRK 464
  Beginn des Verfahrens 6 EMRK 468 ff.
  Belastungen des Angeklagten 6 EMRK 491
  Beschleunigungsrüge 6 EMRK 536
  besonderes Beschleunigungsinteresse
    6 EMRK 459
  Beweisantragsrechtsmissbrauch 6 EMRK 465 f.
  Disziplinarmaßnahmen 6 EMRK 507
  EGMR 13 EMRK 85 ff.

Ende des Verfahrens **6 EMRK** 472 ff.
Entschädigungsanspruch **6 EMRK** 510 ff.,
 515 ff.
Ermittlungsverfahren **6 EMRK** 511
Erschöpfung des Rechtswegs **6 EMRK** 477
Erschöpfung innerstaatlicher Rechtsbehelfe
 Verf. EGMR 187
EU-Grundrechtecharta **6 EMRK** 428
Fairnessgebot **6 EMRK** 428 ff.
Gerichtsverfahren **6 EMRK** 513
Gesetz über den Rechtsschutz bei überlangen
 Gerichtsverfahren **6 EMRK** 510
Gesundheitszustand des Beschuldigten
 6 EMRK 463
Haftbefehl **6 EMRK** 469
Individualbeschwerde **Verf. EGMR** 169
IPBPR **6 EMRK** 429
Jugendliche **6 EMRK** 438
Justizgewährleistungspflicht **6 EMRK** 453
Justizorganisation **6 EMRK** 446 ff.
Kompensationsmöglichkeiten **6 EMRK** 483 ff.,
 501 ff.
Komplexität des Verfahrens **6 EMRK** 444 f.
Maßregeln der Besserung/Sicherung
 6 EMRK 501
Minderjährige **6 EMRK** 438
Ordnungswidrigkeitenverfahren **6 EMRK** 432
Organisationspflicht **6 EMRK** 448, 450
Personalnot **6 EMRK** 453
Prozessverhalten **6 EMRK** 461
Recht auf Aburteilung/Haftentlassung
 5 EMRK 410
Recht auf Privatheit **8 EMRK** 40
Rechtsbehelfe **6 EMRK** 464, 479
Rechtsbehelfsgarantie **13 EMRK** 35 ff., 62, 68
Rechtsfolgen einer unangemessenen ~
 6 EMRK 477 ff.
Rechtsmittel **6 EMRK** 454
Revisionsgericht **6 EMRK** 480
Richtervorlage **6 EMRK** 436
Richterwechsel **6 EMRK** 453
Rügeobliegenheiten **6 EMRK** 479 ff.
Sachrüge **6 EMRK** 481
Staatshaftungsanspruch **6 EMRK** 504
Strafbefehlsverfahren **6 EMRK** 434
Strafmilderungsgrund **6 EMRK** 488
Strafverfahren **6 EMRK** 432, **13 EMRK** 84
Strafzumessungslösung **6 EMRK** 488
Überlastungsanzeige **6 EMRK** 453
Überschreitung nationaler Fristen
 6 EMRK 451
unangemessene ~ **6 EMRK** 477 ff.
Unparteilichkeit des Gerichts **6 EMRK** 228
Untätigkeitsklage **6 EMRK** 531
Untätigkeitsverfassungsbeschwerde
 6 EMRK 526
ÜVerfBesG **6 EMRK** 518
Verbindung von Verfahren **6 EMRK** 457
verdeckte Ermittlungsmaßnahmen
 6 EMRK 470
Verfahrenseinstellung **6 EMRK** 501

Verfahrensgang **6 EMRK** 446 ff.
Verfahrensrechte **6 EMRK** 21
Verfahrensrüge **6 EMRK** 480
Verfahrensverzögerung **6 EMRK** 491
Verfassungsbeschwerde **6 EMRK** 477, 482,
 13 EMRK 79 ff.
Verfassungsgerichte **6 EMRK** 449
verfassungsgerichtliches Verfahren
 6 EMRK 436
Verhalten der Verfahrensbeteiligten
 6 EMRK 460 ff.
vermeidbare Unterbrechungen **6 EMRK** 451
Verständigung **6 EMRK** 501
Verzögerungsbeschwerde **6 EMRK** 522
Verzögerungsrüge **6 EMRK** 518 ff., *s.a. dort*
Vollstreckungslösung **6 EMRK** 489 ff., 496 ff.
Vorabentscheidungsverfahren **6 EMRK** 436
Wiedergutmachung **6 EMRK** 483
zeitlicher Abstand Tat-Urteil **6 EMRK** 491
Zugang zu den Gerichten **6 EMRK** 148
zügige Verfahrenserledigung **6 EMRK** 428 ff.
zuzurechnende Verzögerung **6 EMRK** 441
Zwischenverfahren **6 EMRK** 478
Verfahrenseinstellung
 Adhäsionsverfahren **6 EMRK** 703
 Auflagen **6 EMRK** 690
 Doppelbestrafungsverbot **6 EMRK** 1520 ff.
 fortbestehender Verdacht **6 EMRK** 705
 hypothetische Bewertung **6 EMRK** 699
 Kostenerstattung **6 EMRK** 689
 Nichtausräumung des Verdachts
  6 EMRK 706
 Privatklage **6 EMRK** 700
 Schengener Durchführungsübereinkommen
  6 EMRK 1596 ff.
 Teileinstellung **6 EMRK** 691
 Unschuldsvermutung **6 EMRK** 687 ff.
 Verfahrensdauer, überlange **6 EMRK** 501
Verfahrensgebühr 6 EMRK 162
Verfahrenshilfe Verf. EGMR 43 ff.
Verfahrenshindernis
 Doppelbestrafungsverbot **6 EMRK** 1514
 Tatprovokation **6 EMRK** 383, 385, 388
Verfahrensrechte 6 EMRK 1 ff., *s.a.* Fairnessgebot
 Adhäsionsverfahren **6 EMRK** 70
 Akteneinsicht **6 EMRK** 909 ff., *s.a. dort*
 Allgemeine Erklärung der Menschenrechte
  6 EMRK 5
 Anwesenheitsrecht in der Verhandlung
  6 EMRK 946 ff.
 Aufenthaltsrecht **6 EMRK** 63
 Beiordnung eines Verteidigers
  6 EMRK 1068 ff., *s.a. dort*
 Berufsbezeichnung **6 EMRK** 63
 besonderes Statusverhältnis **6 EMRK** 26
 Beweisgewinnung **6 EMRK** 390 ff., *s.a. dort*
 Beweissicherungsverfahren **6 EMRK** 48
 civil rights **6 EMRK** 56 ff., 62 ff., 70 ff.
 Disziplinarmaßnahmen **6 EMRK** 55
 Dolmetscherunterstützung **6 EMRK** 1241 ff.,
  s.a. dort

Doppelaburteilung **6 EMRK** 22
Doppelbestrafungsverbot **6 EMRK** 22,
  1494 ff., *s.a. dort*
effektive Verteidigung **6 EMRK** 1050 ff.
einstweiliger Rechtsschutz **6 EMRK** 49
EMRK **6 EMRK** 11
Entschädigung bei Fehlurteil
  6 EMRK 1486 ff., *s.a. dort*
EU-Grundrechtecharta **6 EMRK** 9
Fairnessgebot **6 EMRK** 247 ff., *s.a. dort*
Geltungsbereich, persönlicher **6 EMRK** 24 ff.
Geltungsbereich, sachlicher **6 EMRK** 32 ff.
Gericht **6 EMRK** 178 ff., *s.a. dort*
Haftentschädigung **5 EMRK** 624, **6 EMRK** 75
humanitäres Völkerrecht **6 EMRK** 8
Instanzenzug **6 EMRK** 173 ff., 1472 ff., *s.a. dort*
internationale Gerichte **6 EMRK** 35 f.
Internationaler Strafgerichtshof
  6 EMRK 37 ff.
IPBPR **6 EMRK** 11
juristische Personen **6 EMRK** 27
kirchliche Selbstverwaltung **6 EMRK** 64
Krankenversicherung **6 EMRK** 57
KSZE **6 EMRK** 7
Meinungsverschiedenheit **6 EMRK** 45 ff.
Menschenrechtsschutz **6 EMRK** 1 f.
Nebenbeteiligung Strafverfahren **6 EMRK** 73
Nebenklage **6 EMRK** 71
öffentlich-rechtliche Streitigkeiten
  6 EMRK 54 ff.
Öffentlicher Dienst **6 EMRK** 66 ff.
Öffentlichkeit der Verhandlung
  6 EMRK 538 ff., *s.a. dort*
Parteiverbotsverfahren **6 EMRK** 60 f.
Personenvereinigungen **6 EMRK** 27
Privatklage **6 EMRK** 72
Recht auf ein gerichtliches Verfahren
  6 EMRK 1, 142 ff.
Recht, sich selbst zu verteidigen
  6 EMRK 1043 ff., *s.a. dort*
rechtliches Gehör **6 EMRK** 17 f.
Religionsgemeinschaften **6 EMRK** 58
Rs. Anto Furundzija **6 EMRK** 41
Rs. Hadzihasanovic **6 EMRK** 40
Rs. Tadic **6 EMRK** 40
Sachbereiche **6 EMRK** 32 ff.
Sachverständigenbeweis **6 EMRK** 1216 ff.
Schutzzweck **6 EMRK** 44
Selbstbelastungsfreiheit **6 EMRK** 1328 ff., *s.a. dort*
Sicherung der Verteidigung **6 EMRK** 945
Sozialleistungen **6 EMRK** 57
Steuerfestsetzungsverfahren **6 EMRK** 88
strafrechtliche Anklage **6 EMRK** 3,
  6 EMRK 28 ff., 79 ff., *s.a. dort*
Streitigkeiten im Öffentlichen Dienst
  6 EMRK 66 ff.
Umweltrecht **6 EMRK** 59
Unabhängigkeit der Richter **6 EMRK** 22
Unschuldsvermutung **6 EMRK** 605 ff., *s.a. dort*

Unterrichtung des Beschuldigten
  5 EMRK 327 ff., **6 EMRK** 758 ff., *s.a. dort*
Vereine **6 EMRK** 58
Verfahren gegen Jugendliche
  6 EMRK 1426 ff., *s.a. dort*
Verfahrensdauer **6 EMRK** 21, 428 ff., *s.a. dort*
verfassungsgerichtliche Verfahren
  6 EMRK 78
Verfassungsrecht **6 EMRK** 12 ff.
Vorbereitung der Verteidigung
  6 EMRK 806 ff., *s.a. dort*
Wahlrecht **6 EMRK** 62
Wahlverteidiger **6 EMRK** 1053 ff., *s.a. dort*
Wehrpflicht **6 EMRK** 63
Zeugenbefragung **6 EMRK** 1127 ff.,
  s.a. dort
zivilrechtliche Ansprüche im Strafverfahren
  6 EMRK 70 ff.
zivilrechtliche Streitigkeiten **6 EMRK** 31,
  43 f., 52 f.
Zugang zu den Gerichten **6 EMRK** 20,
  6 EMRK 142 ff., *s.a. dort*
Zwangsversteigerungsverfahren **6 EMRK** 51
Zwischenverfahren **6 EMRK** 48
Verfahrensrüge 6 EMRK 268
Verfassungsbeschwerde
  EMRK **1 EMRK** 5
  Erschöpfung innerstaatlicher Rechtsbehelfe
    Verf. EGMR 180
  EU-Grundrechtecharta **6 EMRK** 1619
  Verfahrensdauer **6 EMRK** 477, 482,
    13 EMRK 79 ff.
Verhetzende Beleidigung 10 EMRK 152
Verjährung
  Haftentschädigung **5 EMRK** 635
  Zugang zu den Gerichten **6 EMRK** 159
Versammlung 11 EMRK 12
Versammlungs-/Vereinigungsfreiheit
  11 EMRK 1 ff.
  Allgemeine Erklärung der Menschenrechte
    11 EMRK 1
  besondere Einschränkungen **11 EMRK** 64 ff.
  Eingriffe in die ~ **11 EMRK** 33 ff., *s.a. dort*
  EMRK **11 EMRK** 1 ff.
  EU-Grundrechtecharta **11 EMRK** 6
  Gewerkschaften **11 EMRK** 1
  ILO-Abkommen **11 EMRK** 3
  IPBPR **11 EMRK** 1 ff.
  IPWSKR **11 EMRK** 4
  Parteiverbot **11 EMRK** 47 ff., *s.a. dort*
  politische Tätigkeiten von Ausländern
    11 EMRK 2
  Polizeibeamte **11 EMRK** 64 ff.
  Schutzpflichten **11 EMRK** 68 f.
  Soldaten **11 EMRK** 64 ff.
  Staatsverwaltung **11 EMRK** 64 ff.
  Strafrecht **11 EMRK** 7 ff.
  Strafvollzug **11 EMRK** 8
  Verbot sonstiger Vereinigungen **11 EMRK** 63
  Vereinigungsfreiheit **11 EMRK** 22 ff., *s.a. dort*
  Versammlungsfreiheit **11 EMRK** 11 ff., *s.a. dort*

Versammlungsfreiheit 11 EMRK 11 ff.
  Anmeldepflicht 11 EMRK 16
  Eingriffe 11 EMRK 40 ff.
  Einzelpersonen 11 EMRK 18
  Erlaubnispflicht 11 EMRK 16
  Fernbleiben 11 EMRK 20
  friedliche Versammlung 11 EMRK 13 ff.
  Gesetzgebungskompetenz 11 EMRK 21
  juristische Personen 11 EMRK 18
  Lautsprecher 11 EMRK 19
  Megaphone 11 EMRK 19
  Meinungsfreiheit 11 EMRK 11
  Personenvereinigungen 11 EMRK 18
  Schutzpflichten 11 EMRK 17
  Sitzblockade 11 EMRK 13
  Spontanversammlungen 11 EMRK 12
  Versammlung 11 EMRK 12
Verständigung
  Öffentlichkeit der Verhandlung
    6 EMRK 554
  Verfahrensdauer, überlange 6 EMRK 501
Verteidiger
  Abwesenheitsverfahren, echte 6 EMRK 981,
    987 ff.
  Akteneinsicht 5 EMRK 562, 6 EMRK 925
  Anwesenheit des ~s
    6 EMRK 856 ff.
  Beiordnung eines ~s 6 EMRK 1068 ff., *s.a.*
    dort
  Ermittlungsverfahren 6 EMRK 821 ff.
  Ersatzverteidiger 6 EMRK 842
  Kommunikationsfreiheiten 10 EMRK 9
  Konfrontationsrecht 6 EMRK 869
  notwendige Verteidigung 6 EMRK 1050 ff.
  Schweigerecht 6 EMRK 1369, 1380
  Unterrichtung des Beschuldigten
    6 EMRK 770, 781, 786
  Verkehr mit dem ~ 6 EMRK 868
  Vorbereitung der Verteidigung
    6 EMRK 806 ff., *s.a. dort*
  Vorführung 5 EMRK 383
  Waffengleichheit 6 EMRK 301
Verteidigerkorrespondenz 6 EMRK 871 ff.
Verteidigerpost
  Überwachung der Gefangenenkorrespon-
    denz 8 EMRK 280, 285
  Waffengleichheit 6 EMRK 290
Verteidigerzugang
  Belehrungspflicht 6 EMRK 852
  Bereitstellung von Kommunikationsmitteln
    6 EMRK 841
  Erklärung der Rechte 6 EMRK 854
  Ersatzverteidiger 6 EMRK 842
  Gegenüberstellung 6 EMRK 828
  Minderjährige 6 EMRK 827
  Recht auf Verteidigerkonsultation
    6 EMRK 825
  Rechtshilfe 6 EMRK 828
  RL 2013/48/EU 6 EMRK 900 ff.
  Rs. Beuze 6 EMRK 835
  Rs. Bru 6 EMRK 836

  Rs. Ibrahim 6 EMRK 833
  Rs. Salduz 6 EMRK 830, 833
  systematische Vorenthaltung 6 EMRK 831
  Verfahren gegen Jugendliche 6 EMRK 1451,
    1465 ff.
  Verfahrensdauer 6 EMRK 851
  Verzicht 6 EMRK 844 ff., 847 ff.
Vertrauenspersonen
  Tatprovokation 6 EMRK 389
  Zeugenbefragung 6 EMRK 1141
Verurteilung 5 EMRK 115 ff.
  Aufhebung 5 EMRK 141
  Begriff 5 EMRK 120 ff.
  Berufsrichter 5 EMRK 116
  Bezeichnung 5 EMRK 123
  causal link 5 EMRK 136 ff.
  Disziplinarstrafen 5 EMRK 121
  Exequatur 5 EMRK 117
  Freiheitsstrafe 5 EMRK 121
  gerichtliche Entscheidung 5 EMRK 115 ff.
  im schriftlichen Verfahren 5 EMRK 123
  Jugendstrafe/-arrest 5 EMRK 121
  Kausalzusammenhang 5 EMRK 136 ff.
  Laienrichter 5 EMRK 116
  Maßregeln der Besserung/Sicherung
    5 EMRK 121
  Ordnungshaft 5 EMRK 122
  Rechtskraft 5 EMRK 124
  Rechtsmittelzug 5 EMRK 128
  Sicherungsverwahrung 5 EMRK 121, 142 ff.,
    157, *s.a. dort*
  Übernahme der Strafvollstreckung
    5 EMRK 118
  Ungehorsamsstrafen 5 EMRK 122
  Untersuchungshaft 5 EMRK 124
  Urteilsgründe 5 EMRK 126
  Verfahrensart 5 EMRK 119
Verwendungsverbot 5 EMRK 553
Verwertungsverbot 5 EMRK 545
Verzögerungsbeschwerde 6 EMRK 522
Verzögerungsrüge 6 EMRK 518 ff.
  Erhebung 6 EMRK 520
  Obliegenheit 6 EMRK 528
  Präventivwirkung 6 EMRK 527
  richterliche Unabhängigkeit 6 EMRK 533
  unverzügliche ~ 6 EMRK 519
  Vollstreckungslösung 6 EMRK 526
  Wiederholung 6 EMRK 521
Völkergewohnheitsrecht Einf. EMRK 13
Völkermord Einf. EMRK 61 f.
Völkermord-Konvention 2 EMRK 6
Völkerrecht Einf. EMRK 3
Völkervertragsrecht
  Doppelbestrafungsverbot 6 EMRK 1572 ff.
  Fairnessgebot 6 EMRK 272
  Gesetzlichkeitsprinzip 7 EMRK 25
  Kommunikationsfreiheiten 10 EMRK 158 ff.
  Misshandlungsverbote 3 EMRK 1 ff.
  Recht auf Eheschließung 12 EMRK 3
  Recht auf Privatheit 8 EMRK 10
  Todesstrafe 6. ZP–EMRK 11 f.

Volksöffentlichkeit 6 EMRK 541
Vollstreckungslösung
    Benachrichtigung der konsularischen Vertre-
       tung 6 EMRK 882
    Verfahrensdauer 6 EMRK 489 ff., 496 ff.
    Verzögerungsrüge 6 EMRK 526
Vorabentscheidungsverfahren 6 EMRK 436
Vorbereitung der Verteidigung 6 EMRK 806 ff.
    Abwesenheitsverfahren, echte 6 EMRK 982
    Akteneinsicht 6 EMRK 813
    Anträge 6 EMRK 814
    Anwesenheit des Verteidigers 6 EMRK 856 ff.
    ausreichende Vorbereitungszeit
       6 EMRK 887 ff.
    Befragung von Belastungszeugen
       6 EMRK 867
    Begriff 6 EMRK 809 ff.
    Benachrichtigung der konsularischen Vertre-
       tung 6 EMRK 877 ff., *s.a. dort*
    beschleunigtes Verfahren 6 EMRK 899
    Bestellung eines Verteidigers 6 EMRK 867
    Dolmetscherunterstützung 6 EMRK 1280
    Ersatzverteidiger 6 EMRK 893
    Fairnessgebot 6 EMRK 265
    festgenommer/inhaftierter Beschuldigter
       6 EMRK 866 ff.
    Gelegenheit zur ~ 6 EMRK 861 ff.
    gerichtliche Fürsorgepflicht 6 EMRK 816
    Gesuche 6 EMRK 814
    Haftbedingungen 6 EMRK 817
    Konfrontationsrecht 6 EMRK 869
    Kontaktsperre 6 EMRK 875
    Konvention zum Schutz der Anwaltschaft
       6 EMRK 907 f.
    Nachtragsanklage 6 EMRK 892
    nationale Sicherheit 6 EMRK 812
    Notizen 6 EMRK 810
    Revisionsbegründungsfrist 6 EMRK 896
    RL 2013/48/EU 6 EMRK 900 ff.
    Rs. Beuze 6 EMRK 835, 857
    Rs. Bru 6 EMRK 836
    Rs. Brusco 6 EMRK 857
    Rs. Doyle 6 EMRK 857
    Rs. Ibrahim 6 EMRK 833
    Rs. Pishchalnikov 6 EMRK 857
    Schreibmaterial 6 EMRK 867
    Sicherheitsmaßnahmen 6 EMRK 875
    Unterrichtung des Beschuldigten
       6 EMRK 764, 889
    Verfahrensabschnitt 6 EMRK 888
    Verkehr mit dem Verteidiger 6 EMRK 868
    Verteidigerkorrespondenz 6 EMRK 871 ff.
    Verteidigersuche 6 EMRK 818
    Verteidigerzugang 6 EMRK 821 ff., *s.a. dort*
    Verteidigung in eigener Verantwortung
       6 EMRK 861 ff.
    Waffengleichheit 6 EMRK 808, 811
    Wechsel der Anschuldigung 6 EMRK 890 ff.
    widerstreitende Interessen 6 EMRK 812
    Zeugenschutz 6 EMRK 812
    Zweck 6 EMRK 808

Vorführung 5 EMRK 360 ff.
    Beschleunigung 5 EMRK 390
    Beschleunigungsgrundsatz 5 EMRK 363
    Entscheidung 5 EMRK 382
    Festnahme auf Hoher See 5 EMRK 392
    Festnahme zur Auslieferung 5 EMRK 393
    Freiheitsentziehung 5 EMRK 182 ff., 185 ff.
    Freiheitsentziehung bei Minderjährigen
       5 EMRK 249
    Freiheitsentziehung zur Straftatverhinde-
       rung 5 EMRK 230
    Haftentlassung 5 EMRK 402
    Haftentlassung gegen Sicherheitsleistung
       5 EMRK 380
    Haftprüfungsverfahren 5 EMRK 379
    Höchstfrist 5 EMRK 388, 396 f.
    Kaution 5 EMRK 380
    Minderjährige 5 EMRK 390
    persönliche Anhörung 5 EMRK 378
    Pflicht 5 EMRK 231, 361, 400
    Recht auf ~ 5 EMRK 369 ff.
    Richter 5 EMRK 373 ff.
    richterlicher Bereitschaftsdienst 5 EMRK 398
    Rs. Brogan 5 EMRK 403
    terroristische Straftaten 5 EMRK 403
    Unparteilichkeit 5 EMRK 376
    Untersuchungshaft 5 EMRK 364 ff.
    Unverzüglichkeit 5 EMRK 386 ff.
    Verfahren 5 EMRK 379
    Verteidiger 5 EMRK 383
    Verzicht 5 EMRK 400
    von Amts wegen 5 EMRK 377
    wiederholte ~ 5 EMRK 362
    Zweck 5 EMRK 371 f.
Vorlageverfahren Verf. EGMR 109
vorläufige Maßnahmen Verf. EGMR 110 ff.
Vorratsdatenspeicherung 8 EMRK 164 ff.
    BVerfG 8 EMRK 166
    EuGH 8 EMRK 164 f., 168 ff.
    Kommunikationsumstände 8 EMRK 164
    legitimes Ziel 8 EMRK 165
    Mobiltelefone 8 EMRK 169 ff.
    nationale Sicherheit 8 EMRK 172
    ÖVerfG 8 EMRK 166
    Unzulässigkeit 8 EMRK 170
    Verhältnismäßigkeit 8 EMRK 168
Vorverfahren 6 EMRK 148, 159
Vorzensurverbot 10 EMRK 25

W
Waffenbesitz 2 EMRK 54
Waffeneinsatz 2 EMRK 24
Waffengleichheit 6 EMRK 286 ff.
    Akteneinsicht 6 EMRK 297
    Amtsermittlungsgrundsatz 6 EMRK 294
    Anwesenheitsrecht in der Verhandlung
       6 EMRK 1039
    Aufzeichnung von Vernehmungen
       6 EMRK 298
    Augenscheinsobjekte 6 EMRK 303
    Begriff 6 EMRK 286, 288

Beschränkungen **6 EMRK** 293
Bestellung eines Verteidigers **6 EMRK** 301
Beweisgewinnung **6 EMRK** 401
Beweismaterial **6 EMRK** 302
Differenzierungen, sachliche **6 EMRK** 294
Dokumentationspflicht **6 EMRK** 298
Einwirkung auf die Entscheidungsfindung
    6 EMRK 288
Einwirkungsmöglichkeiten **6 EMRK** 301
Ermittlungsverfahren **6 EMRK** 295, 298
Fairnessgebot **6 EMRK** 263, 281, 286 ff.
Haftprüfungsverfahren **5 EMRK** 537
Informationsrecht **6 EMRK** 297
Kontrolle der Verteidigerpost **6 EMRK** 290
Missachtung einer Vorlagepflicht
    6 EMRK 305
nicht-staatliche Akteure **6 EMRK** 289
Parität des Wissens **6 EMRK** 297
Recht, sich selbst zu verteidigen
    6 EMRK 1044
Sachverständigenbeweis **6 EMRK** 1223
Strukturprinzip **6 EMRK** 287
Verfahrensgestaltung **6 EMRK** 301
Verlust von Akten/Beweismaterial
    6 EMRK 304
Verteidigerpost **6 EMRK** 290
Vorbereitung der Verteidigung **6 EMRK** 808,
    811
wesentliche Ungleichbehandlung
    6 EMRK 300
Zeugenbefragung **6 EMRK** 1129
Zugang zum Verfahrensstoff **6 EMRK** 292
Wahlrecht 1. ZP–EMRK 95 ff.
Aberkennung eines Mandats
    1. ZP–EMRK 108
Ausgestaltung **1. ZP–EMRK** 98
automatischer Mandatsverlust
    1. ZP–EMRK 107
Einschränkungen **1. ZP–EMRK** 99, 101 ff.
Entzug des ~s **1. ZP–EMRK** 110 f.
Europäisches Parlament **1. ZP–EMRK** 97
gesetzgebende Körperschaften
    1. ZP–EMRK 95, 97
indirekte Wahlen **1. ZP–EMRK** 98
Insolvenzverfahren **1. ZP–EMRK** 105
Mehrheitsprämie **1. ZP–EMRK** 98
nationale Minderheiten **1. ZP–EMRK** 100
Nichtzulassung von Kandidaten/Wahllisten
    1. ZP–EMRK 99
Parteiverbot **1. ZP–EMRK** 106
politische Parteien **1. ZP–EMRK** 96
Rs. Greens u. M.T. **1. ZP–EMRK** 102 f.
Rs. Hirst **1. ZP–EMRK** 102 f.
Strafgefangene **1. ZP–EMRK** 102
Verfahrensrechte **6 EMRK** 62
Wahlanfechtung **1. ZP–EMRK** 99
Wahlergebnis **1. ZP–EMRK** 108
Wahlverfahren **1. ZP–EMRK** 98
Wahlverteidiger 6 EMRK 1053 ff.
Abwesenheitsverfahren, echte **6 EMRK** 981,
    987 f.

Befähigungsnachweis **6 EMRK** 1053 ff.
Beiordnung eines Verteidigers
    6 EMRK 1060
Beschleunigungsgebot **6 EMRK** 1066
Beschränkung der Zahl **6 EMRK** 1067
Ermittlungsverfahren **6 EMRK** 1053
Privatklage **6 EMRK** 1063
Recht auf Verteidigung bei Abwesenheit
    6 EMRK 1012 ff.
Reichweite der Rechts **6 EMRK** 1056
Störung des Vertrauensverhältnisses
    6 EMRK 1066
Terminierung **6 EMRK** 1065
unüberwachte Kommunikation **6 EMRK** 1056
Verfahrensgestaltung **6 EMRK** 1065
Verhandlung trotz Erkrankung **6 EMRK** 1058
Verspätung **6 EMRK** 1065
Walling 3 EMRK 194
Water-Boarding 3 EMRK 194
Weisungsfreiheit 6 EMRK 197
Welch-Kriterien 7 EMRK 73
Whistleblowing 10 EMRK 62 ff.
Aufklärung rechtswidriger Polizeigewalt
    2 EMRK 78
Hinweisgeberschutzgesetz **10 EMRK** 67
öffentlicher Dienst **10 EMRK** 63
Rs. Gawlik **10 EMRK** 62
Sterbehilfe **10 EMRK** 62
UN-Sonderbericht **10 EMRK** 65
Whistleblowing-Richtlinie **10 EMRK** 67
Wiederaufnahme
Befolgungspflicht **Verf. EGMR** 303, 307 ff.
Doppelbestrafungsverbot **6 EMRK** 1497,
    1564 ff., 1639
Erschöpfung innerstaatlicher Rechtsbehelfe
    Verf. EGMR 189
EU-Grundrechtecharta **6 EMRK** 1639
Schengener Durchführungsübereinkommen
    6 EMRK 1586
strafrechtliche Anklage **6 EMRK** 128 ff., 131
Wiedereinsetzung
Erschöpfung innerstaatlicher Rechtsbehelfe
    Verf. EGMR 182
strafrechtliche Anklage **6 EMRK** 127
Wiederholungsgefahr
Angemessenheit der Untersuchungshaftdau-
    er **5 EMRK** 428, 461
Haftgründe **5 EMRK** 428
Unschuldsvermutung **6 EMRK** 645
Willkürverbot
Eingriffe in das Recht auf Privatheit
    8 EMRK 51
Eingriffe in die Kommunikationsfreiheiten
    10 EMRK 78
Freiheitsentziehung **5 EMRK** 77 ff.
Tötung **2 EMRK** 30
Winterwerp-Kriterien 5 EMRK 263
Wirtschaftsstrafrecht Einf. EMRK 63 ff.
Wissenschaftsfreiheit 10 EMRK 1, 29
Wohnung 8 EMRK 230 ff.
Anspruch auf Bereitstellung **8 EMRK** 234

Begriff **8 EMRK** 230
beruflich genutzte Räume **8 EMRK** 232
Betriebsstätten **8 EMRK** 232
Beweisverwertungsverbot **8 EMRK** 244
Durchsuchung der ~ **8 EMRK** 236, 245 ff.
Durchsuchung der Wohnung *s.a. dort*
Eingriffe in das Privatleben **8 EMRK** 240
Eingriffsvoraussetzungen **8 EMRK** 235 ff.
Fahrzeug **8 EMRK** 231
Firmensitz **8 EMRK** 232
Fluglärm **8 EMRK** 237
Garage **8 EMRK** 231
Gefahr im Verzug **8 EMRK** 243
Gefahrenabwehr **8 EMRK** 237
Gesetzlichkeitsprinzip **8 EMRK** 241
Hausboot **8 EMRK** 231
Kaserne **8 EMRK** 232
Privatleben **8 EMRK** 105
Richtervorbehalt **8 EMRK** 242
Schutzpflicht **8 EMRK** 238
Sphäre des privaten Lebensraums
    8 EMRK 231
Umwelteinflüsse **8 EMRK** 237
wohnungsnahe Gebäudeteile **8 EMRK** 231
Wohnwagen **8 EMRK** 231
Zufallsfunde **8 EMRK** 244
Wohnwagen 8 EMRK 231

Z
Zellspitzel 6 EMRK 1392
Zeugen 6 EMRK 1133 ff.
Belastungszeugen **6 EMRK** 1133
mittelbare ~ **6 EMRK** 1136 f.
Religions-/Überzeugungsfreiheit **9 EMRK** 40
Sachverständige **6 EMRK** 1216
Selbstladungsrecht des Angeklagten
    6 EMRK 1213
Verfahren bei Zulässigkeit **Verf. EGMR** 82
Zeugenbefragung 6 EMRK 1127 ff.
Aufklärung der Toderursache **2 EMRK** 69
Belastungszeugen **6 EMRK** 1128, 1133
Beweis durch Urkunden **6 EMRK** 1132
Chancengleichheit **6 EMRK** 1129
Dolmetscher **6 EMRK** 1143
Entlastungszeugen **6 EMRK** 1128, 1144
erneute Einvernahme **6 EMRK** 1134
Fairnessgebot **6 EMRK** 1128
frühere Vernehmungsperson **6 EMRK** 1143
Konfrontationsrecht **6 EMRK** 1145 ff., *s.a.*
    dort
mittelbare Zeugen **6 EMRK** 1136 f.
Sachverständige **6 EMRK** 1143
Verdeckte Ermittler **6 EMRK** 1141
Vertrauenspersonen **6 EMRK** 1141
Vorbereitung der Verteidigung **6 EMRK** 867
Waffengleichheit **6 EMRK** 1129
Zeugen **6 EMRK** 1133 ff.
Zeugen im Vorverfahren **6 EMRK** 1138
Zeugen vom Hörensagen **6 EMRK** 1142
Zeugenschutz
Akteneinsicht **6 EMRK** 921

Anwesenheitsrecht in der Verhandlung
    6 EMRK 977
Konfrontationsrecht **6 EMRK** 1184
Öffentlichkeit der Verhandlung
    6 EMRK 560
Vorbereitung der Verteidigung
    6 EMRK 812
Zeugnisverweigerungsrecht
Eingriffe in das Recht auf Privatheit
    8 EMRK 71
Pressefreiheit **10 EMRK** 24, 105
Zivildienst 4 EMRK 95 f.
Zivilpakt Einf. EMRK 14 ff., *s.a.* IPBPR
Zufallsfunde 8 EMRK 244, 259
Zugang zu den Gerichten 6 EMRK 142 ff.
Anwaltszwang **6 EMRK** 163
Ausgestaltung **6 EMRK** 146
Ausschluss von Klagen **6 EMRK** 169
Bindungswirkung an gerichtliche Tatsachen-
    feststellungen **6 EMRK** 172
diplomatische Immunität **6 EMRK** 168
Einschränkungen **6 EMRK** 154 ff.
freie Willensentscheidung **6 EMRK** 143
Gerichtskosten **6 EMRK** 162
Geschaftsfähigkeit **6 EMRK** 144
Immunität **6 EMRK** 166 ff.
Instanzenzug **6 EMRK** 173 ff.
Minderjährige **6 EMRK** 158
Missbrauchsgebühr **6 EMRK** 160
physischer ~ **6 EMRK** 149
Prozesskostenhilfe **6 EMRK** 163
Rs. Grzęda **6 EMRK** 157
Rügeverkümmerung **6 EMRK** 164
Schutzgehalt **6 EMRK** 142 ff.
Staatssicherheit **6 EMRK** 155
Strafverfolgung eines Dritten **6 EMRK** 142
Stundung **6 EMRK** 163
Verfahrensdauer **6 EMRK** 148
Verfahrensgebühr **6 EMRK** 162
Verjährung **6 EMRK** 159
Verzicht **6 EMRK** 145
Vollstreckungsverfahren **6 EMRK** 150
Vorverfahren **6 EMRK** 148, 159
Zugangsvoraussetzungen **6 EMRK** 147
Zugang zum Beweismaterial
Ausnahmen **6 EMRK** 310
Entscheidungsprozess **6 EMRK** 313
gegenläufige Interessen **6 EMRK** 311
Rs. Edwards and Lewis **6 EMRK** 314
Stellungnahme des Anklagervertreters
    6 EMRK 315
Zulässigkeitsentscheidung Verf. EGMR 58 ff.
Ausschuss **Verf. EGMR** 64 f.
Einwendungen **Verf. EGMR** 59
Einzelrichter **Verf. EGMR** 62 f.
Form **Verf. EGMR** 61
Kammer **Verf. EGMR** 66 f.
Prüfung von Zulässigkeit/Begründetheit
    Verf. EGMR 58 f.
unerheblicher Nachteil **Verf. EGMR** 363 ff.,
    367 ff.

Verfahren bei Zulässigkeit **Verf. EGMR** 68 ff., *s.a. dort*

Zeitpunkt **Verf. EGMR** 60

Zurechenbarkeit staatlicher Handlungen
1 EMRK 21 ff.

Aufnahmestaaten **1 EMRK** 29

Entsendestaaten **1 EMRK** 30

Europäische Union **1 EMRK** 26

Freiheitsentziehung **5 EMRK** 44

Grenzgebiet **1 EMRK** 23

Hoheitsgewalt **1 EMRK** 35 ff., *s.a. dort*

internationale Organisationen **1 EMRK** 25

NATO **1 EMRK** 31

Rs. Al-Dulimi **1 EMRK** 33

Rs. Al-Jedda **1 EMRK** 30

Rs. Nada **1 EMRK** 32

Status of Forces-Agreements **1 EMRK** 29

Tatprovokation **6 EMRK** 352 ff.

UN-Auslandseinsätze **1 EMRK** 28 ff.

Weisungs-/Kontrollbefugnisse **1 EMRK** 30

zwischenstaatliche Einrichtungen **1 EMRK** 25

Zusicherung des ausländischen Staates

Auslieferung **3 EMRK** 85

Europäischer Haftbefehl **3 EMRK** 109

Zwang 6 EMRK 1349

Zwangsarbeit 4 EMRK 69

Leibeigenschaft **4 EMRK** 59

Zwangsarbeitsverbot 4 EMRK 34 ff., 66 ff.

Adressat der Verpflichtungen **4 EMRK** 39 ff.

Arbeitsauflagen **4 EMRK** 94

Arbeitshaus **4 EMRK** 89

Arbeitspflicht für Strafgefangene
4 EMRK 80 ff.

Arbeitspflicht während einer Freiheitsentziehung **4 EMRK** 78 ff.

Arbeitsrecht **4 EMRK** 42

Berufsfreiheit **4 EMRK** 38

Dienstleistungen bei Notständen/Katastrophen **4 EMRK** 97

Eingrenzung **4 EMRK** 71

Entlohnung **4 EMRK** 93

gemeinnützige Arbeit **4 EMRK** 71

Gerichtsmediziner **4 EMRK** 72

Global Slavery Index 2018 **4 EMRK** 85

ILO-Übereinkommen **4 EMRK** 34

ius cogens des Allgemeinen Völkerrechts
4 EMRK 36

legislativer/administrativer Rahmen
4 EMRK 41

Lieferketten **4 EMRK** 35

Militärdienst **4 EMRK** 95 f.

mittelbare Drittwirkung **4 EMRK** 39

Mitwirkungspflichten der Bürger **4 EMRK** 99

normale Bürgerpflichten **4 EMRK** 98 f.

Notstandsfestigkeit **4 EMRK** 37

psychiatrisches Krankenhaus **4 EMRK** 87

Rs. Adiguzel **4 EMRK** 72

Rs. Chitos **4 EMRK** 96

Rs. Chowdury **4 EMRK** 70

Rs. Meier **4 EMRK** 81

Rs. Siliadin **4 EMRK** 40

Schutzpflichten **4 EMRK** 39

Sicherungsverwahrung **4 EMRK** 86

soziales/ökologisches Pflichtjahr **4 EMRK** 74

Sozialrecht **4 EMRK** 42

tatbestandliche Ausgrenzungen
4 EMRK 76 ff.

übliche Arbeiten in Haftanstalten
4 EMRK 91 f.

UN-Behindertenrechtskonvention **4 EMRK** 88

Unterlassungspflichten **4 EMRK** 39

Untersuchungshaftvollzug **4 EMRK** 90

Zivildienst **4 EMRK** 95 f.

Zwangsarbeit **4 EMRK** 69

Zwangsarbeit als eigenständige Strafe
4 EMRK 77

Zwangsernährung

Lebensschutzpflicht, staatliche **2 EMRK** 36

unmenschliche Behandlung **3 EMRK** 198

Zwangsheirat

erniedrigende Behandlung **4 EMRK** 57

Menschenhandel **4 EMRK** 56

Zwangsmitgliedschaft 11 EMRK 27

Zwangsversteigerungsverfahren 6 EMRK 51

Zwischenverfahren

Verfahrensdauer **6 EMRK** 478

Verfahrensrechte **6 EMRK** 48